Krauß
Vermögensnachfolge in der Praxis
5. Auflage

Krauß

Vermögensnachfolge in der Praxis

Vorweggenommene Erbfolge in Privat- und Betriebsvermögen

Von

Dr. Hans-Frieder Krauß, LL.M. (University of Michigan)
Notar in München

5. Auflage

Carl Heymanns Verlag 2018

Zitiervorschlag: Krauß, Vermögensnachfolge, Rn.

Bibliografische Information der Deutschen Nationalbibliothek

Die Deutsche Nationalbibliothek verzeichnet diese Publikation in der Deutschen Nationalbibliografie; detaillierte bibliografische Daten sind im Internet über http://dnb.d-nb.de abrufbar.

ISBN 978-3-452-28837-0

www.wolterskluwer.de
www.carl-heymanns.de

Alle Rechte vorbehalten.
© 2018 Wolters Kluwer Deutschland GmbH, Luxemburger Straße 449, 50939 Köln.

Das Werk einschließlich aller seiner Teile ist urheberrechtlich geschützt. Jede Verwertung außerhalb der engen Grenzen des Urheberrechtsgesetzes ist ohne Zustimmung des Verlages unzulässig und strafbar. Das gilt insbesondere für Vervielfältigungen, Übersetzungen, Mikroverfilmungen und die Einspeicherung und Verarbeitung in elektronischen Systemen.

Verlag und Autor übernehmen keine Haftung für inhaltliche oder drucktechnische Fehler.

Umschlagkonzeption: Martina Busch, Grafikdesign, Homburg Kirrberg
Satz: WMTP Wendt-Media Text-Processing GmbH, Birkenau
Druck und Weiterverarbeitung: Williams Lea & Tag GmbH, München

Gedruckt auf säurefreiem, alterungsbeständigem und chlorfreiem Papier.

Vorwort

Die vier Vorauflagen dieses Werks, erschienen zunächst Ende 2006 bzw. Ende 2009 jeweils unter dem Titel »Überlassungsverträge in der Praxis« und sodann Anfang 2012 in dritter und Anfang 2015 in vierter Auflage als »Vermögensnachfolge in der Praxis«, haben eine überaus freundliche Aufnahme gefunden. Das praxisorientierte Konzept einer umfassenden Darstellung »aus einer Hand« der schuld-, sachen-, erb-, sozial-, ertragsteuer- und schenkungsteuerlichen Aspekte der vorweggenommenen Erbfolge sowie der Übertragung unter Ehegatten und Lebensgefährten einschließlich der Gestaltung letztwilliger Verfügungen bei bedürftigen oder behinderten Destinatären hat sich offensichtlich bewährt.

Die nun vorgelegte fünfte Auflage berücksichtigt umfangreiche neue Rechtsprechung, insbesondere des BGH, des BFH und des BSG, einschließlich der begleitenden Kommentierung durch die praxisorientierte Literatur, aber auch die Änderungen im Bereich der Pflegeversicherung und der schenkung-/erbschaftsteuerlichen Privilegierung bei der lebzeitigen oder letztwilligen Übertragung unternehmerischen Vermögens. Die steuer- und gesellschaftsrechtlichen Ausführungen wurden auf vielfältigen Wunsch deutlich ausgeweitet, ebenso Darstellungen zur Betreuung, zum Nießbrauch an Erbteilen und beweglichen Sachen, zur späteren Änderung des »Verteilungsplans« unter Geschwistern, zu den Konsequenzen lebzeitiger Übertragungen auf diesbezügliche Vermächtnisanordnungen, zum Verzicht auf Rückforderungsrechte, zur Vorwegnahme der Nacherbfolge, sowie zur Abwägung zwischen konkurrierenden Varianten steuereffizienter Immobiliennachfolge.

Die Zahl der Formulierungsvorschläge (Textbausteine) hat sich damit auf mehr als 500 erhöht, ebenso die im Anhang enthaltenen Gesamtvertragsmuster, die nun z.B. sechs Muster für »Güterstandsschaukeln« sowie drei Muster für »Familienpools« umfassen.

Das Buch ist auf dem Rechtsstand vom 12.11.2017.

Ich freue mich auf einen lebendigen Dialog mit Ihnen! Haben Sie Vorschläge, vermissen Sie etwas, stellen Sie Fehler fest oder wollen Sie auf Entwicklungen in der Praxis aufmerksam machen, bitte ich um Ihre Nachricht an: info@notarkrauss.de.

München, im November 2017   Notar Dr. Hans-Frieder Krauß LL.M. (Univ of Michigan)

Inhaltsverzeichnis

Vorwort	V
Verzeichnis der Formulierungsvorschläge und Muster	LI
Literaturverzeichnis	LXXI
Abkürzungsverzeichnis	LXXXI

Kapitel 1: Grundtypus und Varianten – Das Schenkungsrecht des BGB und typische Fallgruppen 1
A. Begriff, Rechtsnatur 3
B. Rahmenbedingungen 4
    I. Rechtstatsächliches 4
   II. Weichenstellungen 4
  III. Rolle des Notars 6
C. Der Schenkungsbegriff des BGB 8
    I. Voraussetzungen einer Schenkung 8
      1. Bereicherung des Empfängers 9
        a) Definition 9
        b) Zuwendung 10
        c) aus vorhandenem Vermögen, § 517 BGB 10
        d) Beispielsfälle 11
      2. Unentgeltlichkeit der Zuwendung 12
      3. Einigung 13
   II. Einzelfälle möglicher Gegenleistungsverknüpfungen 14
      1. Bereits erbrachte Leistungen 14
      2. Zu erbringende Leistungen bzw. zu erduldende Vorbehalte .. 17
        a) Arten 17
        b) Zivilrechtliche Minderung der Unentgeltlichkeit 17
          aa) Grundsatz 17
          bb) Duldungsvorbehalte 17
          cc) (Bedingte) Leistungspflichten 18
          dd) Rückforderungsvorbehalte 20
        c) Steuerliche Minderung der Unentgeltlichkeit 20
      3. Verrechnung mit Pflichtteils-, Zugewinnausgleichs- bzw. Unterhaltsansprüchen 21
        a) Pflichtteilsanspruch/Pflichtteilsverzicht 21
          aa) Liegt in der Zuwendung als Abfindung für einen Erb- und/oder Pflichtteilsverzicht nach § 2346 BGB ebenfalls eine Schenkung? ... 22
          bb) Abgeltung des Pflichtteilsgeldanspruchs 24
        b) Zugewinnausgleichsanspruch 25
          aa) Schenkungsteuer 26
          bb) Zivilrecht 27
          cc) Ertragsteuerrecht 31
        c) Unterhaltsanspruch 33
      4. Schenkungscharakter/Verwertbarkeit erbrechtlicher Präventivmaßnahmen .. 35
        a) Pflichtteilsverzichtsvertrag 35
          aa) »normaler Gläubiger« 35
          bb) Regelinsolvenz 35
          cc) Wohlverhaltensphase 35
          dd) Sozialleistungsträger 36

		b)	Ausschlagung	37
			aa) »normaler Gläubiger«	37
			bb) Regelinsolvenz	38
			cc) Wohlverhaltensphase	38
			dd) Sozialleistungsträger	39
		c)	Entstandene Pflichtteilsansprüche	40
			aa) »normaler Gläubiger«	40
			bb) Regelinsolvenz	40
			cc) Wohlverhaltensphase	40
			dd) Sozialleistungsträger	42
	III.	Abgrenzung zur Schenkung: Familienrechtliche Verträge		44
		1. Gütergemeinschaft		44
		2. Fortgesetzte Gütergemeinschaft		45
		3. Gütertrennung und Vereinbarungen zum Zugewinnausgleich		47
		4. Anrechnung gem. § 1380 BGB		47
		5. Rückwirkende Vereinbarung der Zugewinngemeinschaft		47
		6. Güterrechtliche Besonderheiten im Beitrittsgebiet		48
	IV.	Weitere Abgrenzung: Gesellschaftsrechtliche Vereinbarungen		49
		1. Verpflichtungen causa societatis		49
		2. Nachfolgeregelungen bei Personengesellschaften		50
			a) Gestaltungsvarianten	50
			b) Unvererblichkeitsklausel mit Abfindungsausschluss	52
			c) Schenkung durch Aufnahme eines Gesellschafters?	56
D. Schenkungsrecht des BGB				56
	I.	Form		56
		1. Erfordernis		56
		2. Heilung		56
	II.	Besonderheiten des Schenkungsrechts		59
		1. Beginn und Ende des Rechtsverhältnisses		59
		2. Sekundärpflichten		59
		3. Rückforderung: Grober Undank		61
	III.	Schenkung unter Auflage (§§ 525 bis 527 BGB)		64
	IV.	Privilegierung von Schenkungen		65
	V.	Bestandsschwäche von Schenkungen		66
		1. Bestandsschwäche im Verhältnis zwischen Schenker und Beschenktem		66
		2. Bestandsschwäche im Verhältnis zu Dritten		66
		3. Insb.: Gläubigeranfechtungsrecht		68
			a) Allgemeine Voraussetzungen	68
			b) Anfechtungstatbestände	72
			c) Beurkundungsrecht	77
		4. Dingliche Schenkungsverbote; Betreuung		78
			a) Testamentsvollstreckung	79
			b) Betreuung	83
			c) Nacherbfolge	86
	VI.	»Asset Protection«		88
E. Weitere Typen lebzeitiger Zuwendungen				90
	I.	Ausstattung (§ 1624 BGB)		90
		1. Voraussetzungen		90
		2. Folgen		92
		3. Risiken		92
	II.	Gemischte Schenkung		93
	III.	Weitere Typen der vorweggenommenen Erbfolge		94

	IV.	Gegenseitige Zuwendungsversprechen auf den Todesfall	95
		1. Zivilrecht	95
		2. Steuerrecht	96
		3. Gestaltung	97
	V.	Erbauseinandersetzung	100
		1. Grundsatz	100
		2. Rechtsgeschäftliche Auseinandersetzung	101
		a) Auseinandersetzungsvertrag	103
		aa) Ausschluss	103
		bb) Zeitpunkt	103
		cc) Sachverhaltserfassung	104
		dd) Sonderfälle	106
		b) Erbteilsübertragung	106
		c) Abschichtung	109
		3. Gesetzliche Verfahren	111
		a) Vermittlungsverfahren	111
		b) Auseinandersetzungsklage	112
		c) Gerichtliche Zuweisung, §§ 13 ff. GrdStVG	112
F.		Besonderheiten bei der Unternehmensnachfolge	114
	I.	Allgemeines	114
	II.	Interessenlage	115
	III.	Formen der Nachfolgeplanung	118
		1. Unternehmensnachfolge von Todes wegen	118
		a) Alleinerben-Vermächtnisnehmer-Modell	119
		b) »Frankfurter Testament«	120
		c) Wahlvermächtnis-Modell	121
		d) Schlusserbenlösung mit Abänderungsvorbehalt	123
		e) Mitunternehmerschaften	125
		f) Nachfolge in Freiberufler-Gesellschaften	128
		g) Dauertestamentsvollstreckung	130
		aa) Vor- und Nachteile	130
		bb) Gestaltungsgrenzen	132
		2. Unternehmensnachfolge zu Lebzeiten	135
		a) Vorbereitung und Absicherung	135
		b) Zwischenformen: Übertragung auf den Todeszeitpunkt	143
		c) Lebzeitige Übertragung	143
	IV.	Möglichkeiten lebzeitiger Unternehmensübertragung	144
		1. Einzelunternehmen	144
		2. Gesellschaftsbeteiligung	147
		3. Änderung der Rechtsform	147
	V.	Besonderheiten bei landwirtschaftlichen Übergaben	149
		1. Interessenlage	149
		2. Rückbehalt	149
		3. Übertragungsumfang	151
		4. Milchreferenzmenge	152
		5. Zuckerrübenlieferungsrechte	153
		6. Agrarförderung	154
		7. Höferechtliche Besonderheiten	157

Kapitel 2: Sozialfürsorgerecht – ein Überblick 163
A. Sozialhilfe 165
   I. Grundbegriffe, Arten der Hilfegewährung 167

Inhaltsverzeichnis

	1. Definitionen	167
	a) Normgrundlagen	167
	b) Zuständigkeit	168
	c) Prinzipien	168
	d) Leistungsarten	171
	e) Statistik	172
	2. Hilfe zum Lebensunterhalt (§§ 27 bis 40 SGB XII)	173
	a) Regelbedarf	173
	b) Mehrbedarf	175
	c) Zusatzbedarf	175
	d) Einsatz- und Bedarfsgemeinschaft	176
	3. »Hilfe in besonderen Lebenslagen«	177
	4. Bundesteilhabegesetz	179
II.	Berücksichtigung von Vermögen und Einkommen	181
	1. Vermögensschonung (§ 90 SGB XII)	181
	a) Begriff des Vermögens	181
	aa) Grundsatz	181
	bb) Einordnung einer Erbschaft	182
	b) Unverwertbares Vermögen (§ 90 Abs. 1 SGB XII)	184
	c) Schonvermögen (§ 90 Abs. 2 SGB XII)	189
	d) Unbillige Härte (§ 90 Abs. 3 SGB XII)	194
	2. Einkommen (§§ 82, 85 SGB XII)	195
	a) Einkommensbegriff (§ 82 SGB XII)	195
	aa) Positive Definition	195
	bb) Negative Definition: Abgrenzung zum Vermögen	196
	cc) Nichteinkommen kraft Fiktion	198
	dd) SozialversicherungsentgeltVO	198
	b) Absetzbare Beträge (§ 82 Abs. 2 und 3 SGB XII)	199
	c) Einkommensschongrenze bei Leistungen des 5.–9. Kapitels	200
	aa) Allgemeine Einkommensgrenze (§ 85 SGB XII)	201
	bb) Abweichende Einkommensberücksichtigung	203
	(1) Erhöhter Grundbetrag (§ 86 SGB XII)	203
	(2) Reduzierte Einkommensanrechnung bei Leistungen für Behinderte	203
	(3) Einkommensunabhängige Leistungen	204
	cc) Einsatz des Einkommens über der Einkommensgrenze (§ 87 SGB XII)	204
	dd) Einsatz des Einkommens unter der Einkommensgrenze (§ 88 SGB XII)	205
	d) Abweichende Bedarfsbestimmung aufgrund Zuwendungen Dritter, §§ 27a Abs. 4, 43 Nr. 1 SGB XII	206
III.	Regress, Erbenhaftung, Überleitung	207
	1. Überblick	207
	2. Rückforderungsrechte nach allgemeinem Sozialverwaltungsrecht	208
	3. Aufwendungs- bzw. Kostenersatz	209
	4. Erbenhaftung (§ 102 SGB XII)	210
	a) Zu ersetzende Leistungen	210
	b) Ersatzpflichtiger Personenkreis	211
	c) Ersatzpflichtiger Nachlass	213
	d) Geltendmachung des Erbenregresses	217
	e) Nachlasshaftung nach dem Tod eines Betreuten, § 1836e Abs. 1 Satz 3 BGB	218

	5.	Überleitung von Ansprüchen gem. § 93 SGB XII (bzw. § 27g BVG, § 33 Abs. 1 SGB II, § 95 Abs. 3 SGB VIII)	219
		a) Überleitungsgegenstand	219
		b) Überleitungsbetroffener	220
		c) Überleitungsvoraussetzungen	220
		d) Überleitungsverfahren	221
		e) Folgen der Überleitung	222
	6.	Übergang von Unterhaltsansprüchen gem. § 94 SGB XII (§ 27h BVG, § 33 Abs. 2 SGB II)	222
		a) Forderungsübergang	222
		b) Gegenstand des Übergangs	224
		aa) Kongruenz	224
		bb) Unterhaltsrechtliche Differenzierung	225
		cc) Sozialhilferechtliche Differenzierung	225
		c) Strukturunterschiede zum Unterhaltsrecht	226
		aa) Personenkreis	226
		bb) Schonung des Berechtigten	227
		cc) Zeitlicher Beginn	227
		dd) Schonung des Verpflichteten	228
		ee) Art des Bedarfs	229
		ff) Schuldnermehrheit	229
		d) Härtefall gem. § 94 Abs. 3 Satz 1 Nr. 2 SGB XII	229
		e) Schonung von Eltern behinderter Kinder (§ 94 Abs. 2 SGB XII)	230
	7.	Inanspruchnahme bei Verarmung von Geschwistern	232
		a) § 419 BGB a.F.	233
		b) § 528 BGB	233
		c) §§ 2325, 2316 BGB	234
B.	Grundsicherung		234
	I.	Grundsicherung im Alter und bei Erwerbsminderung (4. Kap. SGB XII)	234
		1. Leistungsbezieher	235
		2. Leistungsansprüche	236
		3. »Regress«	237
		a) Erbenhaftung	237
		b) Anspruchsüberleitung	237
		c) Unterhaltsregress	237
	II.	Hartz IV: Grundsicherung für Arbeit Suchende seit 01.01.2005 (SGB II)	239
		1. Geschichtliches: Arbeitslosenhilfe und Rechtspolitik	239
		2. Anspruchsberechtigung	242
		a) Persönliche Anforderungen	242
		b) Bedarfsgemeinschaft	242
		c) Einsatzgemeinschaft	243
		d) Haushaltsgemeinschaft	245
		3. Insb. Erwerbsfähigkeit/Hilfebedürftigkeit	246
		a) Definitionen	246
		b) Zumutbarkeit	247
		c) Einkommen	247
		d) Vermögen	251
		4. Eingliederungsleistungen	261
		5. Finanzielle Leistungen	262
		a) Allgemeines	262
		b) ALG II	262
		c) Sozialgeld	266
		d) Kinderzuschlag	267

Inhaltsverzeichnis

			e) Sanktionen		268
		6. Regress			268
			a) Tatbestände		268
				aa) Verschuldensregress	268
				bb) Erbenregress	268
				cc) Überleitungsregress	269
			b) Insb. »Ahndung« von Vermögensverlusten		272
		7. Checkliste			273
		8. Würdigung und Ausblick			275
C. Elternunterhalt					279
	I. Grundlagen				283
		1. Rechtspolitische Überlegungen			283
		2. Bürgerlich-rechtlicher Unterhaltsrang			284
	II. Berechtigte: Bedarf, Bedürftigkeit, Schonung				284
		1. Bedarf			284
		2. Bedürftigkeit			285
			a) Einkommenseinsatz		285
			b) Vermögenseinsatz		286
		3. Sozialhilferechtliche Besonderheiten			288
			a) Einkommensschonung		288
			b) Vermögensschonung		288
			c) Einsatz- und Bedarfsgemeinschaft		289
	III. Bemessung der Leistungsfähigkeit von Kindern aus Einkommen				289
		1. Einkommensermittlung			289
		2. Einkommensbereinigung			291
		3. Minderung der Leistungsfähigkeit durch vorrangige Unterhaltspflichten			294
			a) Kindesbarunterhalt		294
			b) Kindesnaturalunterhalt		294
			c) Geschiedenenunterhalt		295
			d) Ehegattenunterhalt		296
		4. Mindestselbstbehalt und Eigenbedarf			298
		5. Einkommenseinsatz ohne Rücksicht auf den Mindestselbstbehalt			300
			a) Vermögensbildung		300
			b) Überobligatorischer Erwerb außerhalb des eheprägenden Bedarfs		301
			c) Auskömmliches Schwiegerkindeinkommen		301
		6. Berechnungsbeispiele			303
	IV. Heranziehung aus Vermögen				305
		1. Grundsatz			305
		2. Freistellungstatbestände			307
	V. Ausschlusstatbestände				312
		1. Beschränkung oder Wegfall gem. § 1611 Abs. 1 BGB			312
			a) Bedürftigkeit der Eltern durch »sittliches Verschulden«, also unterhaltsbezogene Leichtfertigkeit (§ 1611 Abs. 1 Satz 1, 1. Alt. BGB)		312
			b) Frühere grobe Vernachlässigung der eigenen Unterhaltspflicht ggü. dem Kind (§ 1611 Abs. 1 Satz 1, 2. Alt. BGB)		312
			c) Vorsätzliche schwere Verfehlungen gegen das Kind oder nahe Angehörige (§ 1611 Abs. 1 Satz 1, 3. Alt. BGB)		313
		2. Verwirkung nach § 242 BGB			313
	VI. Verhältnis mehrerer Unterhaltspflichtiger zueinander				313
		1. Rangabstufungen			313
		2. Verteilung im Gleichrang			314
		3. Haftungsverhältnis mehrerer gleichzeitig Beschenkter			316
		4. Regelungsbedarf			317

VII.	Sozialrechtliche »Reaktionen« auf den Elternunterhalt			318
VIII.	Strategien zur Vermeidung einer Heranziehung			318

Kapitel 3: Sozialrechtliche Fragen der Grundstücksüberlassung ... 321
A. Vorüberlegung: Rolle des Notars ... 322
B. Risiko der Nichtigkeit wegen Verstoßes gegen das sozialrechtliche Nachrangprinzip (§ 138 BGB) ... 323
    I. Sittenwidrigkeit der Übertragung ... 323
        1. Exkurs: Familienrecht ... 324
            a) Sozialrechtlich bedingte Sittenwidrigkeit ... 324
            b) Inhalts- und Ausübungskontrolle im Verhältnis der Ehegatten zueinander ... 325
        2. Erbrecht ... 328
        3. Vermögensübertragungen ... 330
    II. Sittenwidrigkeit einzelner Rechtsakte beim Vermögenswechsel ... 333
        1. Sittenwidrigkeit des Rückforderungsverlangens ... 333
        2. Sittenwidrigkeit der Ausschlagung/Annahme einer Erbschaft ... 333
        3. Übersicht: Zulässigkeit erbrechtlicher Gestaltung mit nachteiliger Auswirkung für Dritte ... 334
C. Risiko der Rückforderung bei späterer Verarmung des Veräußerers (§ 528 BGB) ... 335
    I. Tatbestandsvoraussetzungen ... 335
        1. Schenkung ... 335
            a) Begriff ... 335
            b) Vollzogene Schenkung ... 336
        2. Verarmungstatbestand ... 338
        3. Umgestaltung des zivilrechtlichen Anspruchs durch das Sozialrecht ... 339
            a) Eingeschränkte Abtretbarkeit ... 340
            b) Fortbestehen des Anspruchs trotz Wegfalls des Notbedarfs ... 342
            c) Transmortales Fortbestehen ... 342
            d) Immunität ggü. Konfusion ... 343
            e) Pfändbarkeit? ... 344
            f) Sozialrechtliche Besonderheiten bei der Überleitung ... 345
                aa) Sozialhilferechtliche Erweiterungen der Möglichkeiten zur Deckung des Notbedarfs ... 345
                bb) Sozialhilferechtliche Schranken gem. § 93 Abs. 1 Satz 3 SGB XII .. 346
    II. Inhalt des Rückforderungsanspruchs ... 348
        1. Bedarfslücke überschreitet Aktivwert des Geschenks ... 348
        2. Ausübung der gesetzlichen Ersetzungsbefugnis (§ 528 Abs. 1 Satz 2 BGB).. 348
        3. Regelfall: Aktivwert des Geschenks überschreitet Bedarfslücke ... 349
        4. »Umgekehrte Ersetzungsbefugnis« ... 351
            a) Zivilrechtliche Zulässigkeit ... 351
            b) Sozialrechtliche Relevanz der »umgekehrten Ersetzungsbefugnis« (§ 93 Abs. 1 Satz 3 SGB XII, § 33 Abs. 1 SGB II) ... 352
            c) Zivilrechtliche Relevanz der »umgekehrten Ersetzungsbefugnis« (§ 529 Abs. 2 BGB) ... 353
            d) Erfüllung des Anspruchs nach Ausübung der umgekehrten Ersetzungsbefugnis ... 354
    III. Rückforderungsobjekt ... 355
    IV. Konkurrenzverhältnis ... 356
    V. Ausschlusstatbestände ... 357
        1. 10-Jahres-Frist (§ 529 Abs. 1 a.E. BGB) ... 357

Inhaltsverzeichnis

	2. Vorsätzliche oder grob fahrlässige Herbeiführung der Bedürftigkeit (§ 529 Abs. 1, 1. Alt. BGB)	358
	3. Gefährdung des eigenen Unterhalts (§ 529 Abs. 2 BGB: Einkommens- und Vermögensschonung des Erwerbers)	358
	4. Pflicht- und Anstandsschenkungen (§ 534 BGB)	360
	5. Verjährung	360
VI.	Quintessenz	361
	1. Verarmungsrisiko auf Veräußererseite	361
	2. Verarmungsrisiko auf Erwerberseite	362
	3. Verarmungsrisiko auf Geschwisterseite	364

D. Auswirkungen der Übertragung bzw. vereinbarter Gegenleistungen auf sozialrechtliche Ansprüche 364
    I. Vermögens- und einkommensunabhängige Ansprüche 364
   II. Vermögensabhängige Sozialleistungsansprüche 365
       1. Betroffene Sozialleistungen 365
       2. Einfluss der Übertragung bzw. vereinbarter Gegenleistungen auf vermögensabhängige Ansprüche 365
          a) Anknüpfung an den Vermögensverlust 365
          b) Anknüpfung an die Gegenleistungen 366
  III. Einkommensabhängige, nicht pflegefallspezifische Sozialleistungsansprüche 367
       1. Sanktionsmechanismen 367
          a) Anknüpfung an die veräußerungsbedingte Einkommensminderung 367
          b) Anknüpfung an den Einkommenswert der Gegenleistungen 367
       2. Enger Einkommensbegriff (ohne vertragliche Versorgungsansprüche) 368
       3. Kürzung aufgrund Einkommensanrechnung der Gegenleistungen 369

E. Pflegefallspezifische Ansprüche nach SGB XII und SGB XI und ihre Wechselbeziehung zu Grundbesitzübertragungen 373
    I. Häusliche Pflege 374
       1. Erstattung von Aufwendungen 374
       2. Kostenübernahme für externe Pflegekräfte 375
          a) Voraussetzungen 375
          b) Kriterien für mögliche Kürzungen 375
       3. Pflegegeld 376
          a) Voraussetzungen 376
          b) Kriterien für mögliche Kürzungen 377
   II. Pflege bei Unterbringung in Heimen 378
       1. Reduzierter Schonbereich 378
       2. Wegfall vertraglicher Ansprüche (Wohnungsrecht)? 379
          a) Gesetzeslage 379
          b) Löschung durch Betreuer 380
          c) Auflösende Bedingung 380
       3. Überleitung vertraglicher Ansprüche? 382
       4. »Umwandlung« in Geldansprüche? 383
          a) Leibgedingsrecht 383
          b) Änderung der Geschäftsgrundlage (§ 313 BGB)? 386
          c) »Interessengerechte« Vertragsauslegung? 387
  III. Rechtslage gemäß Pflegeversicherungsgesetz 391
       1. Grundzüge des SGB XI 391
          a) Versicherte, Beiträge 391
          b) Pflegebedürftigkeit (Pflegestufen) 394
          c) Pflegegeldleistung 398
          d) Pflegesachleistung 399
          e) Teilstationäre Leistungen 402

	f)	Vollstationäre Leistungen	402
	g)	Leistungserbringung	403
	h)	Private Pflichtversicherung	403
	i)	(Familien-)Pflegezeit	403
2.		Wechselbezüge mit Übertragungsverträgen	404
IV.		Landespflegegesetze; Beihilfe	406
V.		Exkurs: Steuerliche Förderung bei Pflegebedürftigkeit	407

Kapitel 4: Absicherung des Veräußerers 409

A. Nießbrauch 413
- I. Begriff, Rechtsinhalt 413
  1. Rechtsnatur 413
  2. Entstehung und Beendigung 414
     a) Grundverhältnis 414
     b) Entstehung des dinglichen Rechts 416
     c) Erlöschen durch Tod oder Fristablauf 416
     d) »Verzicht« 418
  3. Belastungsgegenstand 418
     a) Kein Gesamtnießbrauch 418
     b) Bruchteilsnießbrauch 419
     c) Nießbrauch an Wald 420
  4. Berechtigter 420
     a) Grundsatz 420
     b) Mehrheit von Berechtigten 421
     c) Sukzessivberechtigung 423
     d) Anspruch auf Nießbrauchsbestellung 423
  5. Rechtsinhalt 425
     a) Grundsatz 425
     b) Ausschluss einzelner Nutzungsarten 425
     c) Örtliche Begrenzung 426
     d) Wohnungseigentum 428
     e) Besitz- und Abwehrrechte 430
  6. Nießbrauch und Mietverhältnis 430
  7. Übertragung eines Nießbrauchs zur Ausübung 432
  8. Gläubigerzugriff 433
     a) Pfändung 433
     b) Zwangsversteigerung 434
     c) Zwangsverwaltung 434
     d) Überleitung auf den Sozialfürsorgeträger 436
- II. Lastentragung 436
  1. Unterhaltung der Sache 436
  2. Kosten 437
  3. Abweichende Vereinbarungen 438
  4. Finanzierung der Lasten des Nießbrauchers 442
     a) Bestehende Grundpfandrechte 443
     b) Künftige Grundpfandrechte 444
     c) Bedingtes Abstandsgeld 445
     d) Ablösung des Nießbrauchs durch wiederkehrende Leistungen (»Rentenwahlrecht«) 446
     e) Ablösung des Nießbrauchs durch Einmalzahlung 447
  5. Verfügungsvollmachten 448
- III. Pflichtteilsergänzung, Bewertung 449

Inhaltsverzeichnis

		1.	Beginn der Frist des § 2325 Abs. 3 BGB	450
			a) Fristbeginn beim Bruchteils- oder Quotennießbrauch	450
			b) Fristbeginn beim Zuwendungsnießbrauch an den Ehegatten	451
		2.	Bewertung des Vorbehaltsnießbrauchs i.R.d. § 2325 BGB	452
			a) Bewertungsstichtag	453
			b) Abzugsbetrag	453
		3.	Bewertung des Nießbrauchs i.R.d. Zugewinns	455
		4.	Nachträglicher Verzicht auf den Nießbrauch	459
	IV.	Nießbrauch an Geld- und Wertpapiervermögen		460
		1.	Zivilrecht	460
			a) Bargeld, Bankguthaben	460
			b) Wertpapiere, Darlehen	460
			c) Sicherung der Beteiligten	461
		2.	Steuerrecht	462
	V.	Nießbrauch an beweglichen Sachen		462
		1.	Bestellung	462
		2.	Andere Sicherungsmittel	462
		3.	Exkurs: Rückbehalt des Eigentums an beweglichen Sachen	463
	VI.	Nießbrauch an Unternehmen		465
		1.	Allgemeine Grundsätze	466
		2.	Einzelunternehmen	466
		3.	Personengesellschaften	467
			a) Zulässigkeit	469
			b) Ertragsbezogene Rechte	469
			c) Mitwirkungsrechte des Nießbrauchers	471
			aa) Gesellschafterrechte/Geschäftsführung	471
			bb) Informations- und Kontrollrechte	472
			d) Surrogation	473
			e) Steuerrecht	474
			aa) Bedeutung der Mitunternehmerstellung	474
			bb) Mitunternehmerstellung des Gesellschafters	474
			cc) Mitunternehmerstellung des Nießbrauchers	477
			dd) Steuerliche Folgen	477
		4.	Kapitalgesellschaften	478
			a) Zivilrecht	478
			b) Steuerrecht	484
	VII.	Nießbrauch an Erbteilen		485
B.	Wohnungsrecht			486
	I.	Begriff, Rechtsinhalt		486
		1.	Abgrenzung zu ähnlichen Rechtsinstituten	486
			a) Schuldrechtliches Wohnungsrecht: Wohnungsleihe	486
			b) (Mit-)Benutzungsrecht gem. §§ 1090 ff. BGB	487
			c) Wohnungsgewährungsreallast (§ 1105 BGB)	492
			d) Dauerwohnrecht (§§ 31 ff. WEG)	493
		2.	Grundbuchlicher Belastungsgegenstand	495
		3.	Dinglicher Ausübungsbereich	496
		4.	Berechtigte	497
		5.	Dinglicher Inhalt des Wohnungsrechts	499
			a) Wohnnutzung	499
			b) Überlassung zur Ausübung	499
			c) Abwehrrechte	500

	6.	Gläubigerzugriff	501
		a) Pfändung	501
		b) Sozialrechtliche Überleitung	501
		c) Sozialrechtliche Anrechnung	502
	7.	Beendigung des Wohnungsrechts	503
II.	Lastentragung		505
	1.	Erhaltung	505
	2.	Kosten des Wohnens	507
	3.	Gesamtformulierung	508
	4.	»Miete«	510
III.	Wohnungsrecht und Pflichtteilsergänzungsansprüche		511
	1.	Beginn der Frist	511
	2.	Wertanrechnung	513

C. Wart und Pflege . . . 513
- I. Checkliste: Vertragliche Pflegeverpflichtung . . . 515
- II. Verbotener »Vertrag zulasten Dritter« als Gestaltungsgrenze? . . . 516
- III. Festlegung des Umfangs der geschuldeten Leistung . . . 517
  1. Inhalt der Tätigkeit . . . 518
  2. Auslösender Tatbestand . . . 519
  3. Leistungsort . . . 519
  4. Zeitlicher Umfang und Zumutbarkeitsgrenzen . . . 519
     - a) Deckung des Restbedarfs . . . 520
     - b) Deckung des Sockelbedarfs . . . 522
     - c) Anpassung bisheriger Vereinbarungen . . . 525
  5. Pflegeansprüche als Einkommensersatz? . . . 527
- IV. Vermeidung von Leistungserhöhungen bei Wegzug des Veräußerers . . . 527
- V. Wegfall von Leistungen in sozialleistungsverdächtigem Kontext? . . . 528
  1. Nachbildung gesetzlicher Vermutungen . . . 529
  2. Wegfall ortsbezogener Naturalleistungen . . . 529
  3. Wegfall auf Geld gerichteter Surrogatansprüche . . . 529
  4. Wegfall nicht ortsbezogener Leistungspflichten? . . . 533
- VI. Regelungen im Verhältnis zu weichenden Geschwistern . . . 533
  1. Schaffung eigener Forderungsrechte . . . 533
  2. Freistellungsvereinbarungen . . . 533
  3. Vereinbarungen zur Konkurrenz mehrerer Beschenkter . . . 536
  4. Besicherung . . . 537
- VII. Regelungen zur Ausübung des Sozialleistungsbezugs . . . 538
- VIII. Pflegedienstvertrag . . . 540
- IX. Naturalleistungen und hauswirtschaftliche Verrichtungen . . . 544

D. Leibgeding . . . 545
- I. Gesetzliche Bedeutung . . . 545
- II. Definition . . . 546
- III. Grundbuchrecht . . . 547
  1. Eintragung . . . 547
  2. Löschung und Freigabe . . . 548
- IV. Landesrecht . . . 550
- V. Leibgeding im Zugewinnausgleich . . . 552

E. Wiederkehrende Geldleistungen/Reallasten . . . 553
- I. Bedeutung im Schenkungsrecht . . . 553
- II. Steuerrechtliche Differenzierung . . . 553
  1. Fallgruppenbildung . . . 553

		2.	Insb.: dauernde Last/Leibrente	554
			a) »Altfälle« vor 2008	554
			b) Neufälle ab 2008	556
	III.	Zivilrechtliche Differenzierungen und Detailausgestaltung		556
		1.	Fälligkeit der Leistung	557
		2.	Beteiligtenmehrheit	557
		3.	Familienrecht	558
		4.	Gesamtformulierung	558
	IV.	Wertsicherungsvereinbarungen		558
		1.	Leistungsbestimmungsvorbehalte	559
		2.	Spannungsklauseln	559
		3.	Wertsicherungsklauseln	559
			a) Zulässigkeit	559
			b) Regelungsbedarf	561
	V.	Ausgestaltung des Vorbehalts gem. § 323a ZPO/§ 239 FamFG analog		562
		1.	Anpassungsmaßstab bzw. Anpassungsmaßstäbe	563
		2.	Schutz gegen atypische Entwicklungen	563
		3.	Maßgeblichkeitsgrenze	564
		4.	Anpassungsmechanismus	564
	VI.	Sicherung		566
		1.	Vollstreckungsunterwerfung	566
		2.	Dingliche Sicherung durch Reallast (§ 1105 BGB)	567
			a) Arten	567
			b) dingliche Voraussetzungen	569
			c) Verwertung	570
		3.	Persönlicher Reallastanspruch gegen den jeweiligen Eigentümer (§ 1108 BGB)	571
		4.	Mögliche Modifikationen der Reallast	571
			a) Kein Erlöschen des Stammrechts	571
			b) Verfallvereinbarung	574
			c) Vorsorge zum Verjährungsproblem	575
	VII.	Kombination von Mietvertrag und dauernder Last		575
		1.	»Stuttgarter Modell«	575
		2.	Steuerliche Bedenken	578
		3.	Zivilrechtliche Erwägungen	580
		4.	Sozialrechtliche Erwägungen	581
F.	Regelungen im Verhältnis zu weichenden Geschwistern			582
	I.	Rahmenbedingungen		582
		1.	Ausgleichsmotive	582
		2.	Ausgleichsvolumen	582
		3.	Ausgleichswege	583
	II.	Nicht anwesendes Geschwister		583
		1.	Nachgenehmigung	583
		2.	Vertrag zugunsten Dritter	585
	III.	Lebzeitiger Ausgleich		586
		1.	Zu Lasten des Veräußerers	586
		2.	Zu Lasten des Erwerbers	587
			a) Unbedingte Leistungspflicht	588
			b) Bedingte Leistungspflicht	590
			c) Vorbehalt späterer Leistungsanordnung	593
		3.	Verjährung	594
		4.	Korrektur des Verteilungsplans unter Geschwistern	595
			a) Steuerfreie Rückabwicklung	595

			b)	(»abgekürzter«) Tausch	596
			c)	Abfindung für einen Pflichtteilsverzicht	596
			d)	Erbschaftsvertrag gem. § 311b Abs. 4 u. 5 BGB	598
	IV.	Ausgleich von Todes wegen			598
		1.	Ausgleichungsanordnung (§§ 2050 ff. BGB)		599
			a)	Wirkungsweise	599
			b)	Geborene Ausgleichungspflichten	599
			c)	Gekorene Ausgleichungspflichten	603
			d)	Nachträgliche Änderungen	604
			e)	Wirkungsweise der Ausgleichung	607
			f)	Berechnung	608
			g)	Abweichende Wertansätze	610
		2.	Ausgleichung beim Berliner Testament		610
			a)	Nachversterben des veräußernden Ehegatten	611
			b)	Erstversterben des veräußernden Ehegatten	612
		3.	Minderjährigkeit		616
		4.	Internationale Anknüpfung		616
		5.	Schicksal von Vermächtnisanordnungen bei lebzeitiger Übertragung		617
			a)	Übertragung an den Vermächtnisnehmer	617
			b)	Übertragung an den Erben oder einen Dritten	618
G.	Übernahme von Verbindlichkeiten und/oder Grundpfandrechten				618
	I.	Schuldübernahme			619
		1.	Zeitpunkt		619
		2.	Abwicklung		620
			a)	Schuldübernahmegenehmigung	621
			b)	Abstrakte Schuldanerkenntnisse/Vollstreckungsunterwerfung	622
			c)	Zweckbestimmung/Sicherungsvereinbarung	625
		3.	Erfüllungsübernahme		627
			a)	Anwendbarkeit der §§ 491 ff. BGB	627
			b)	Ausgestaltung	629
	II.	Grundpfandrechtsübernahme			634
		1.	Bedeutung der Rückgewähransprüche		634
		2.	Abwicklung; Nichtvalutierungserklärung		638
			a)	Neuvalutierung durch den bisherigen Gläubiger	638
			b)	Neuvalutierung durch einen neuen Gläubiger	639
		3.	Belehrungspflichten bei vorrangigen Grundpfandrechten		641
		4.	Mögliche Abmilderungen der Risiken des Veräußerers bei vorrangig bestehen bleibenden Grundschulden		643
			a)	Bewusste Nichtregelung?	643
			b)	Verpflichtung zum Unterlassen einer Neuvalutierung?	643
			c)	Selektiver Rangrücktritt	644
			d)	Beschränkung der Rückgewähransprüche auf Löschung	644
			e)	Rückgewähransprüche in GbR	645
		5.	Verwendung stehenbleibender Grundpfandrechte beim Nießbrauchsvorbehalt		648
			a)	Aufschiebend bedingte Schuld- oder Erfüllungsübernahme	648
			b)	Zuordnung der Eigentümerrechte und Rückgewähransprüche	651
	III.	Zweckgebundene Vorwegbeleihung			652
H.	Vertragliche Rückforderungsrechte				652
	I.	Anwendungsbereich			652
		1.	Rückforderungsrechte zur Sicherung der Vertragserfüllung?		653
			a)	Auflagenschenkung	653
			b)	Gemischte Schenkung	654

			c)	Kautelarjuristische Vorsorge	655
		2.		Funktion und Wirkung vertraglicher Rückforderungsrechte	656
			a)	Ziele	656
			b)	Wirkungen	657
			c)	Risiken	658
		3.		Alternative Regelungsmöglichkeiten	659
		4.		Gläubigerzugriff	661
			a)	Gläubigerzugriff auf das Rückforderungsrecht	661
			b)	Gläubigerzugriff auf den Rückforderungsanspruch	663
			c)	Weitere Zugriffsmöglichkeiten	666
	II.			Risiken des jederzeitigen Rückerwerbsrechts	666
		1.		Schenkungsteuerliche Folgen	668
		2.		Ertragsteuerliche Erwägungen	668
			a)	Gewerbliche Einkünfte sowie land- und forstwirtschaftliche Einkünfte	669
			b)	Einkünfte aus Kapitalvermögen	670
			c)	Einkünfte aus Vermietung und Verpachtung	670
			d)	Selbstgenutzte Immobilien	670
	III.			Ausgestaltungsvarianten des Rückforderungsrechts	671
		1.		Rückforderungsberechtigte	671
			a)	Mehrere gemeinsam Rückforderungsberechtigte	671
				aa) Gestaltungsalternativen	671
				bb) § 428 BGB	672
			b)	Übergang auf den überlebenden Mitberechtigten	674
			c)	Übergang der Rückerwerbsberechtigung auf einen bisher nicht Beteiligten	675
				aa) Originäres, aufschiebend bedingtes Recht	676
				bb) Abtretungslösung	677
				cc) § 428 BGB	678
				dd) Vermächtnislösung	679
			d)	Generelle Abtretbarkeit und Vererblichkeit des Rückforderungsrechts?	680
			e)	Höchstpersönlichkeit/Demenzrisiko	681
		2.		Rückübertragungsverpflichteter	683
			a)	Gesamtrechtsnachfolge	683
			b)	Einzelrechtsnachfolge	683
			c)	Tatbestandsverwirklichung durch den »jeweiligen Eigentümer«	684
			d)	Mehrheit von Erwerbern (samt GbR)	685
				aa) Rückübertragung des Gesamtobjektes	685
				bb) Übertragung eines quotenentsprechenden Miteigentumsanteils	685
				cc) Wahlrecht	687
		3.		Rückforderungsobjekt	690
			a)	Surrogation	690
			b)	teilweise Rückforderung beim Einzelobjekt	690
			c)	teilweise Rückforderung bei Mehrheit von Objekten	690
			d)	Gesamtrückforderung bei Teilstörung	692
			e)	Rückgewähransprüche bei Grundpfandrechten	692
		4.		Rückforderungszeitraum	694
		5.		Häufige Rückforderungstatbestände	695
			a)	Schuldrechtliche Verfügungsbeschränkung	696
			b)	Vermögensverfall des Eigentümers	699
			c)	Scheidung des Eigentümers	703
			d)	Ableben des Eigentümers	705
			e)	Fehlverhalten des Eigentümers	707
			f)	Nichterfüllung von Auflagen	709

		g)	Steuerliche Tatbestände	710
		h)	Bedarf des Veräußerers	715
	6.		Durchführung der Rückabwicklung	716
		a)	Betroffene Gegenstände	716
		b)	Ausübungsfrist	717
		c)	Form und Adressat	718
		d)	Auflassung	718
		e)	Schicksal der »Gegenleistungen«	719
			aa) Investitionen und eingegangene Verpflichtungen	719
			bb) pflichtteilsbezogene Erklärungen	723
			cc) Wiederaufleben erloschener Beschränkungen?	725
		f)	Ersetzungsbefugnis	725
	7.		Verzicht auf vorbehaltene Rückforderungsrechte	726
IV.	Sicherung durch Vormerkung			727
	1.		Grundbucheintragung	727
		a)	Voraussetzungen	727
		b)	Rang	729
		c)	Änderungen des vorgemerkten Inhalts	731
	2.		»Löschungserleichterung«	733
	3.		»Antizipierte Freigabe« und ihre Besicherung	737
	4.		Vormerkung bei Weitergabeverpflichtung	738
	5.		Vormerkung bei Schuldübernahme	740
	6.		Belehrungen	742
V.	Vorschlag einer Gesamtformulierung			743
VI.	Rückforderungsrechte im Gesellschaftsrecht			744
	1.		Mögliche Rückforderungstatbestände	744
	2.		Abfindung und Schicksal von Gegenleistungen	747
	3.		Durchführung und Sicherung	748
VII.	Rückgaberechte			750
I.	Verhältnis mehrerer Berechtigter bei Vorbehalten und Gegenleistungen			751
I.	Überblick			751
II.	Vorteile und Risiken			752
	1.		Bruchteilsberechtigung	752
	2.		Gesamtgläubigerschaft (§ 428 BGB)	752
		a)	Vorteile	752
		b)	Nachteile	752
		c)	Steuerliche und sozialrechtliche Folgen	754
	3.		Mitgläubigerschaft (§ 432 BGB)	754

Kapitel 5: Gesellschaftsrechtliche Lösungen 757

A.	Abwägung zum Bruchteilserwerb		758
	I.	Vor- und Nachteile	758
	II.	Regelungen unter Miteigentümern, § 1010 BGB	760
	III.	Ankaufsrechte	764
B.	Erwerb in GbR		765
	I.	»Grundbuchfähigkeit« der GbR	765
		1. Entscheidung des BGH 2008	765
		2. Wege aus der Kalamität	766
		3. Mögliche weitere Konsequenzen	769
	II.	Gesetzliche Neuregelung	770
	III.	Nachweise zur Berichtigung des Grundbuches	774
		1. Beitritt weiterer Gesellschafter	776

Inhaltsverzeichnis

	2.	Abtretung eines Gesellschaftsanteils	776
	3.	Austritt oder Ausschluss eines Gesellschafters	777
	4.	Tod eines Gesellschafters	778
	5.	Insolvenz eines Gesellschafters; Verfügungsbeschränkungen	783
	6.	Änderung sonstiger Identifikationsmerkmale	785
IV.		Rechtssichere Übertragung von GbR-Anteilen	786

C. Gesellschaftslösungen unter Beteiligung der Veräußerer, »Familienpool« 788
   I. Vor- und Nachteile des Familienpools 788
  II. GbR, KG oder gewerblich geprägte KG? 790
      1. Übersicht zur Rechtsformwahl 790
         a) Zivilrecht 790
         b) Grunderwerbsteuer 791
         c) Schenkungsteuer 791
         d) Ertragsteuer 792
           aa) Vermögensverwaltende Personengesellschaft 792
           bb) Gewerbliche und gewerblich geprägte Personengesellschaft .. 792
           cc) Kapitalgesellschaft 793
      2. GbR 794
      3. Vermögensverwaltende KG 798
      4. Gewerblich geprägte GmbH & Co. KG 803
         a) Merkmale 803
         b) Gestaltungsinstrument zur Schaffung von Betriebsvermögen 804
         c) Gestaltungsmittel: tauschähnlich-entgeltliche Einbringung oder unentgeltliche verdeckte Einlage? 805
           aa) Gestaltungsvarianten 805
           bb) Privatvermögen, entgeltliche Einbringung 806
           cc) Privatvermögen, unentgeltliche Einlage 809
           dd) Exkurs: Privatvermögenseinbringung in eine Kapitalgesellschaft ... 811
           ee) Betriebsvermögenseinbringung in Personengesellschaft: § 6 Abs. 5 EStG 811
           ff) Exkurs: Betriebsvermögenseinbringung in Kapitalgesellschaft ... 812
  III. Detailausgestaltung des Personengesellschaftsvertrages 814
      1. Gestaltungsgrenze: Erhalt der steuerlichen Mitunternehmerschaft 814
      2. Einlageverpflichtung 816
      3. Gesellschafterkonten 816
      4. Verwaltung, Geschäftsführung, Vertretung 819
      5. Stimmrecht 821
      6. Vertragsänderung durch Mehrheitsbeschluss 821
      7. Tod von Gesellschaftern 822
      8. Scheidungsrisiko 823
      9. Hinauskündigungsmöglichkeit 824
     10. Rückforderungsvorbehalt 825
     11. Risiko eigener Kündigung 825
     12. Abfindungsanspruch bei Kündigung oder Ausschluss 826
         a) Berechnung 826
         b) Reduzierung 827
     13. Steuerung der Gesellschafterstellung 829
         a) Vinkulierung, Vorerwerbsrechte 830
         b) Shoot-out-Klauseln 831
         c) »tag-along/drag-along«-Klauseln 832
     14. Gewinn- und Verlustverteilung, Entnahmen 833
         a) Gewinnermittlung 833
           aa) Hauptbilanz 833

			bb) Ergänzungsbilanzen	833
			cc) »Sonderbilanzen«	834
		b)	Gewinnverteilungsabrede	834
		c)	Nießbrauch	837
		d)	Sonderbetriebseinnahmen	838
		e)	Entnahmeberechtigung	838
		f)	Gewinnanspruch bei unterjährigem Gesellschafterwechsel	838
	15.	Haftungsrisiken		839
	16.	Beteiligung Minderjähriger		840
	17.	Eintrittsrecht und »Öffnungsklausel für Nachgeborene«		840
	18.	Vorkehrungen gegen »vorzeitige« Gesellschaftsbeendigung		841
IV.	Misch- und Sonderformen			841
	1.	Stille Gesellschaften		841
		a)	Arten	841
		b)	Entstehung	842
		c)	Rechte und Pflichten	842
		d)	Steuerliche Anerkennung	843
		e)	Steuerliche Konsequenzen	843
		f)	GmbH & Still	846
	2.	Unterbeteiligungen		848
	3.	GmbH & Co. KG		851
		a)	Varianten	851
			aa) GmbH oder UG?	851
			bb) Personengleich oder -verschieden?	851
			cc) Einheits – GmbH & Co KG	852
		b)	Haftung	854
		c)	Steuer	857
V.	Familien-Kapitalgesellschaften			858
	1.	Gesellschaftsrecht		858
		a)	Körperschaftliche Struktur	858
		b)	Haftung	861
			aa) Haftung der Geschäftsführer	861
			bb) Haftung der Gesellschafter	864
		c)	Übertragung von Anteilen	872
			aa) Durchführung	872
			bb) Teilung von Anteilen	877
			cc) Vinkulierung	878
			dd) Besonderheiten bei börsennotierten Aktiengesellschaften	879
		d)	Vererbung von Anteilen	880
			aa) Grundsatz	880
			bb) Einziehungs- und Abtretungsklauseln	881
		e)	Gesellschafterrechte	884
			aa) Mindestbestand	884
			bb) Stimmrechte	885
			cc) Gewinnbezugsrechte	886
		f)	Rechnungslegung, Offenlegung	888
	2.	Die »Limited« als bessere Alternative?		890
	3.	Ertragsteuerrechtliche Grundzüge		893
		a)	Körperschaftsteuer	893
			aa) Grundsatz	893
			bb) Verlustvorträge	893
			(1) Grundsatz	893

			(2) Einzelheiten	894
			(3) Ausnahmen	896
		cc)	Verdeckte Gewinnausschüttungen	897
		dd)	Varianten des Gewinntransfers auf die Gesellschafterebene	899
	b)	Gewerbesteuer		901
	c)	Organschaft		901
	d)	Einkommensteuer		906
4.	Besteuerungsvergleich Personen-/Kapitalgesellschaft seit der Unternehmensteuerreform 2008/2009			906
	a)	Grundzüge der Unternehmensteuerreform 2008		907
		aa)	Thesaurierungsbegünstigung	907
		bb)	Kapitalgesellschaften	907
		cc)	Abgeltungsteuer	908
			(1) Erfasste Sachverhalte	908
			(2) Ausgenommene Tatbestände	909
			(3) Ausnahme für Veräußerungen gem. § 17 EStG	913
			(4) Werbungskosten- und Verlustabzug	915
			(5) Optionsmöglichkeiten	916
			(6) Erhebungsverfahren	917
			(7) Auswirkungen	918
			(8) Übersicht	919
		dd)	Gewerbesteuer	920
		ee)	Gegenfinanzierung	921
	b)	Besteuerungsvergleich		923
		aa)	Regelbesteuerung von Personenunternehmen	923
			(1) Ohne Thesaurierungsbegünstigung	923
			(2) Mit Thesaurierungsbegünstigung	924
		bb)	Besteuerung von Kapitalgesellschaftsausschüttungen	925
			(1) An Kapitalgesellschaften	925
			(2) In das Betriebsvermögen von Personenunternehmen	926
			(3) In Privatvermögen	926
			(4) Berechnungsbeispiel	926
			(5) Vergleich zu Personengesellschaftsausschüttungen	927
		cc)	Fazit	929
		dd)	Fortbestehende Strukturunterschiede	930

Kapitel 6: Stiftungen 933

A. Übersicht 934
    I. Verbreitung 934
    II. Anwendbares Recht 934
    III. Merkmale 936
        1. Stiftungszweck 936
        2. Stiftungsvermögen 937
        3. Stiftungsorganisation 938
            a) Organe 938
            b) Rechnungslegung 940
        4. »Destinatäre« 940
    IV. Erscheinungsformen 940
        1. Öffentlich-rechtliche/kirchliche/kommunale Stiftungen 940
        2. Öffentliche/private Stiftungen 941
        3. Tätigkeitsformen 941
            a) Operative Stiftungen/Förderstiftung 941

				b)	Verbrauchsstiftung	941
				c)	Unternehmensverbundene Stiftung	943
				d)	Stiftungsverbund	946
				e)	Familienstiftung	946
				f)	Bürger- oder Gemeinschaftsstiftung	948
		4.	Kombinationsmodelle			949
				a)	Doppelstiftung	949
				b)	Stiftung & Co. KG	950
				c)	Gemeinnützige Stiftung mit Familienbegünstigung	952
		5.	Ersatzformen der rechtsfähigen Stiftung			953
				a)	Unselbstständige Stiftung	953
					aa) unter Lebenden	953
					bb) von Todes wegen	954
					cc) »Umwandlung« in eine rechtsfähige Stiftung	955
				b)	Stiftungsverein und Stiftungskapitalgesellschaft	955
		6.	Ausländische Stiftungen und Trusts			956
				a)	Anstalten liechtensteinischen Rechts	957
				b)	Stiftungen des liechtensteinischen Rechts	959
				c)	Österreichische Privatstiftung	962
				d)	Trusts	965
B.	Errichtung, Ausstattung und Verwaltung einer selbstständigen Stiftung					966
	I.	Stiftungsgeschäft				966
		1.	Stiftungsgeschäft unter Lebenden			966
		2.	Stiftung von Todes wegen			968
	II.	Anerkennung				970
	III.	Zustiftung				970
	IV.	Stiftungsaufsicht				972
		1.	Aufgaben			972
		2.	Satzungsänderung und Umwandlung von Stiftungen			973
C.	Steuerrecht					973
	I.	Gemeinnützigkeit				973
		1.	Voraussetzungen			973
		2.	Beteiligung gemeinnütziger Stiftungen an anderen Gesellschaften			978
	II.	Steuerrechtliche Begünstigung bei Gemeinnützigkeit				979
		1.	Begünstigung der Stiftung			979
				a)	Erbschaftsteuer	979
				b)	Einkommensteuer	979
				c)	Grunderwerbsteuer	980
				d)	Körperschaft- und Gewerbesteuer	980
				e)	Umsatzsteuer und Grundsteuer	981
		2.	Steuerliche Förderung des Stifters/Spenders			981
				a)	Einkommensteuer	981
					aa) Spendenabzug	982
					bb) Dotation von Stiftungen	983
					cc) Buchwertprivileg für Einbringung von Betriebsvermögen	985
				b)	Schenkung-/Erbschaftsteuer	985
		3.	Steuerliche Behandlung der Destinatäre			986
	III.	Besteuerung der nicht gemeinnützigen Stiftung				986
		1.	Besteuerung der Vermögensausstattung			986
		2.	Besteuerung der Stiftung			988
		3.	Besteuerung der Destinatäre			989

Inhaltsverzeichnis

D.	Eignung privatnütziger Stiftungen als Instrument der asset protection?	990
	I. Anfechtbarkeit der Stiftungserrichtung und -ausstattung	991
	II. Risiko der Rückforderung (§ 528 BGB)	991
	III. Zugriff auf die Destinatärsrechte	992

Kapitel 7: Besonderheiten bei Zuwendungen unter Ehegatten 993

A.	Definition und Fallgruppen der ehebedingten Zuwendung	994
	I. Negative Abgrenzung: Fehlen einer Schenkung	994
	1. Gesetzliches Unterhaltsrecht	994
	2. Gesellschaftsvertrag	998
	3. Treuhandabreden	998
	II. Positive Abgrenzung: Varianten der ehebedingten Zuwendung	1000
	III. Motivationslagen	1001
	IV. Rechtliche Besonderheiten der ehebedingten Zuwendung	1001
	V. Die »reine Ehegattenschenkung«	1002
	1. Abgrenzung	1002
	2. Rückabwicklung	1003
	3. Behandlung im Zugewinnausgleich	1003
B.	Schicksal ehebedingter Zuwendungen bei Scheitern der Ehe	1003
	I. Rückforderungsrechte bei Fehlen einer vertraglichen Vereinbarung?	1003
	1. Kondiktionsrecht	1004
	2. Gesellschaftsrecht	1005
	a) Innengesellschaft bürgerlichen Rechts	1005
	b) Gemeinschaft des bürgerlichen Rechtes, Gemeinschaftskonto	1007
	3. Besonderer familienrechtlicher Vertrag	1008
	4. Rückabwicklung gem. §§ 528 ff. BGB	1009
	a) Spätere Verarmung	1009
	b) Grober Undank	1009
	5. Rückforderung gem. § 313 BGB (Wegfall der Geschäftsgrundlage)	1010
	a) Fortbestand der Ehe als Geschäftsgrundlage	1010
	b) Einzelfälle	1010
	c) Verjährung	1011
	6. Auseinandersetzung von Miteigentümergemeinschaften	1012
	7. Besonderheiten bei Schwiegerelternzuwendungen	1013
	a) Zuwendungen durch Schwiegereltern	1013
	b) Zuwendungen an Schwiegereltern	1016
	II. Vertragliche Rückforderungsvorbehalte	1016
	1. Übertragung des Familienheims	1018
	2. Ausübungsfrist?	1018
	3. Abstimmung mit Zugewinnausgleichsregelungen	1019
	a) Bei Nichtausübung des Rückforderungsrechtes	1019
	b) Bei Ausübung des Rückforderungsrechtes	1020
	III. Berücksichtigung von Ehegattenzuwendungen im Zugewinnausgleich	1024
	1. Teleologische Reduktion des § 1374 Abs. 2 BGB	1024
	2. Zuwendungen durch Schwiegereltern	1025
	3. Anrechnung gem. § 1380 BGB	1025
	a) Anwendbarkeit des § 1380 BGB	1026
	b) Tatbestandsvoraussetzungen	1027
	c) Durchführung der Anrechnung	1027
	d) Relevanz des § 1380 BGB	1028
	e) Relevanz der Zuwendung?	1029
	f) Vertragliche Modifizierung des § 1380 BGB?	1030

	IV.	Berücksichtigung im Unterhaltsrecht?	1031
		1. Wohnvorteil	1031
		2. Übertragung zur Unterhaltsabgeltung	1032
C.	Privilegierte Wirkungen im Verhältnis zu Dritten?		1033
	I.	Grundsatz	1033
	II.	Pflichtteilsergänzung	1034
	III.	Ausnahmen	1034
	IV.	Formulierung einer ehebedingten Zuwendung	1035
D.	Steuerliche Überlegungen zur ehebedingten Zuwendung		1036
	I.	Schenkungsteuer	1036
		1. Eigenheimzuwendung (§ 13 Abs. 1 Nr. 4a ErbStG)	1036
		a) Rechtslage bis Ende 2008	1036
		b) Rechtslage ab 2009	1038
		2. Weitere Zuwendungsfälle	1040
	II.	Eigenheimzulage	1043
	III.	Einkünfte aus Vermietung und Verpachtung	1043
	IV.	Betriebsvermögen	1044
E.	Kettenschenkungen		1044
	I.	Weiterübertragung des Erworbenen an den Ehegatten	1045
		1. Schenkungsteuer	1045
		2. Zivilrecht	1047
		3. Vorsorge für den Scheidungsfall	1048
		4. Nebeneinander mehrerer Rückforderungsverhältnisse	1050
	II.	Vorabübertragung des zu Übertragenden an den Ehegatten	1051
F.	Ausblick: Zuwendungen in nichtehelicher Lebensgemeinschaft		1052
	I.	Zivilrichterliche Rückabwicklung	1053
		1. Innengesellschaft	1053
		2. Bereicherungsrecht	1055
		3. Wegfall der Geschäftsgrundlage	1055
	II.	Schenkungsteuer	1057
	III.	Gestaltungsalternativen	1058
		1. Ausdrücklicher Schenkungscharakter	1058
		a) Unter Lebenden	1058
		b) Auf den Todesfall	1058
		2. Ehefiktion	1058
		3. Darlehen	1059
		4. Wohnungsleihe	1064
		5. Miteigentümervereinbarungen	1065
		6. Erwerbsrechte	1065
		7. Innengesellschaft	1067
		8. Außengesellschaft bürgerlichen Rechtes	1068
	IV.	Ansprüche Dritter aufgrund lebensgemeinschaftsbedingter Zuwendungen	1070
		1. §§ 812, 138 BGB?	1070
		2. §§ 2325 ff. BGB	1070
		3. §§ 2287 f. BGB	1071

Kapitel 8: Rechtsgeschäfte unter Lebenden auf den Tod 1073

A.	Schenkungen auf den Todesfall		1073
	I.	Handschenkungen auf den Todesfall (§ 516 BGB)	1074
	II.	Auf den Tod befristete Versprechensschenkung ohne Überlebensbedingung des Beschenkten (§ 518 BGB)	1075

Inhaltsverzeichnis

	III.	Vollzogene Schenkungsversprechen auf den Tod mit echter Überlebensbedingung (§ 2301 Abs. 2 BGB)	1076
	IV.	Vergleich mit erbrechtlichen Lösungen	1078
	V.	Abgrenzung: Schenkungen aufgrund trans-/postmortaler Vollmacht	1079
	VI.	Exkurs: Testamentsvollstreckung für die vorweggenommene Erbfolge?	1086
B.	Der Vertrag zugunsten Dritter auf den Todesfall (§§ 328, 331 BGB)		1087
	I.	Grundbesitz: die »lebzeitige Vor- und Nacherbfolge«	1087
	II.	Sparbuch	1091
C.	Insbesondere: der Lebensversicherungsvertrag		1092
	I.	Rechtliche Konstruktion	1092
	II.	Bezugsberechtigung	1094
		1. Fehlen einer Benennung	1094
		2. Art und Inhalt der Benennung	1094
		3. Widerrufliche Benennung	1095
		4. Unwiderrufliche Benennung	1095
		5. Valutaverhältnis: Rechtsgrund zum Behaltendürfen	1096
	III.	Versicherungsanspruch als Nachlassbestandteil?	1097
		1. Regelfall: Übertragung außerhalb des Erbrechts	1097
		2. Ausnahme: Versicherungsanspruch im Nachlass	1098
		a) Fehlen eines Bezugsberechtigten	1098
		b) Lebensversicherung zur Kreditsicherung	1098
		c) Abweichende versicherte Person	1099
		d) Fehlerhaftes Valutaverhältnis	1099
	IV.	Lebensversicherung und Pflichtteilsrecht	1099
		1. Beeinträchtigende Schenkungen (§ 2287 Abs. 1 BGB)	1100
		2. Pflichtteilsergänzungsanspruch bei Schenkungen (§ 2325 BGB)	1100
		3. Anrechnung von Zuwendungen auf den Pflichtteil (§ 2315 BGB)	1102
	V.	Schenkung- und Erbschaftsteuer	1103
		1. Bewertungsfragen	1103
		2. Besteuerungstatbestände	1103
		3. Gestaltungsempfehlungen	1105
		4. Ertragsteuerlicher Ausblick	1106
	VI.	Lebensversicherungen als Mittel der »Asset Protection«?	1107
		1. Liechtensteinische Lebensversicherungen	1107
		2. Pfändungsschutz zur Altersvorsorge (§§ 851c, 851d ZPO)	1108
D.	Rechtsgeschäfte unter Lebenden auf den Tod eines Dritten (§ 311b Abs. 4 und 5 BGB)		1110
	I.	Gem. § 311b Abs. 4 BGB verbotene Gestaltungen	1111
	II.	Gem. § 311b Abs. 4 BGB erlaubte Rechtsgeschäfte	1112
	III.	Gem. § 311b Abs. 5 BGB erlaubte Rechtsgeschäfte	1113

Kapitel 9: Erb- und pflichtteilsrechtliche Problematik ... 1117

A.	Allgemeine Fragen zum Pflichtteils- und Pflichtteilsergänzungsanspruch		1119
	I.	Verfassungs- und Reformfragen	1119
	II.	Internationale Anknüpfung	1120
	III.	Grundwertungen	1125
	IV.	§§ 2303, 2305, 2306 BGB: pflichtteilsrechtliche Anknüpfung an letztwillige Verfügungen	1126
		1. § 2303 BGB	1126
		2. § 2305 BGB	1127
		3. § 2306 BGB	1128
		a) § 2306 BGB a.F. (Sterbefälle bis zum 31.12.2009)	1128

			b)	Neuregelung durch die Erbrechtsreform (Sterbefälle ab dem 01.01.2010)	1128
	V.	Auskunftsanspruch			1131
		1.	Auskunftspflicht der Erben (§ 2314 BGB)		1131
		2.	Weitere Auskunftsansprüche		1135
		3.	Wertermittlungsanspruch		1137
	VI.	Wert des Nachlasses, § 2311 BGB			1138
		1.	Grundsatz		1138
		2.	Aktiva		1138
			a)	Grundbesitz	1138
			b)	Finanzvermögen	1139
			c)	Einzelunternehmen	1139
			d)	Gesellschaftsbeteiligungen	1139
		3.	Passiva		1141
			a)	Grundsatz	1141
			b)	güterrechtliche Ausgleichsforderung	1141
				aa) Zugewinngemeinschaft	1141
				bb) Wahlzugewinngemeinschaft	1142
			c)	Andere Herausgabe- und Ausgleichsansprüche	1143
	VII.	Verjährung			1144
		1.	Fristlauf		1144
		2.	Abweichende Vereinbarungen		1146
	VIII.	Fälligkeit, Verzug			1147
	IX.	Verteilung der Pflichtteilslast			1148
B.	Pflichtteilsergänzung				1150
	I.	Pflichtteilsergänzungsanspruch bei Schenkungen (§ 2325 BGB)			1150
		1.	Grundlagen		1150
		2.	Voraussetzungen		1151
			a)	Schenkung	1151
				aa) Schenkungsbegriff	1151
				bb) Ehebedingte Zuwendung	1152
				cc) Vorwegnahme der Nacherbfolge	1152
				dd) Stiftungssachverhalte	1152
			b)	Zeitpunkt der Leistung	1154
				aa) Rechtlicher Leistungserfolg	1154
				bb) Wirtschaftliche Ausgliederung	1156
			c)	Fristanlauf unter Ehegatten und Verpartnerten	1158
		3.	Gläubigerstellung		1159
			a)	Personenkreis	1159
			b)	Zeitliches Kriterium	1160
		4.	Ermittlungsschritte		1162
		5.	Abzug von Eigengeschenken		1163
			a)	Anrechnung nur gem. § 2327 BGB	1163
			b)	Anrechnung nach § 2327 und § 2315 BGB	1164
			c)	Anrechnung nach §§ 2327 und 2316 BGB	1165
		6.	Ausschluss des Pflichtteilsergänzungsanspruchs		1165
		7.	Bewertung der Schenkung		1166
		8.	Schuldner		1167
		9.	Einrede des Gesamtpflichtteils, § 2328 BGB		1168
		10.	Haftung des Beschenkten gem. § 2329 BGB		1169
	II.	»Schleichwege« am Pflichtteilsergänzungsanspruch vorbei?			1172
		1.	Konsum		1172
		2.	Minderung des anzusetzenden Werts; Landgutprivileg und Höfeordnung		1172

Inhaltsverzeichnis

		3. Flucht in ausländische Sachwerte oder Rechtsordnungen	1175
		4. Ausstattung; Pflicht- und Anstandsschenkungen	1177
		5. Anderweitige Entleerung des Nachlasses	1178
		6. Reduzierung der Pflichtteilsquote; Beendigung der Pflichtteilsberechtigung	1178
	III.	Möglichkeiten nachträglicher »Heilung«?	1179
	IV.	Konkurrenz zu § 2316 BGB	1182
C.	Pflichtteilsanrechnung gem. § 2315 BGB		1183
	I.	Allgemeine Grundsätze/Abgrenzung	1183
	II.	Voraussetzungen der Anrechnung auf den Pflichtteil	1184
		1. Lebzeitige, freigiebige Zuwendung des Erblassers	1184
		2. Anrechnungsbestimmung	1184
		3. Keine Änderung durch die Pflichtteilsreform	1184
	III.	Berechnung des Pflichtteils unter Anrechnung	1186
		1. Grundsätze	1186
		2. Berechnungsbeispiele	1186
		3. Kombination von § 2315 und § 2325 BGB	1188
		4. Kombination von § 2315 BGB und § 2327 BGB	1188
		5. Kombination von § 2315 BGB und § 1380 BGB	1188
	IV.	Problemfälle	1189
		1. Streit beim Tod des nicht veräußernden Ehegatten	1189
		2. Fehlgeschlagene »Gleichstellungszahlung«	1189
D.	Der Ausgleichspflichtteil (§ 2316 BGB)		1190
	I.	Pflichtteilsfernwirkung der Ausgleichung (§ 2316 BGB)	1190
		1. Allgemeine Grundsätze	1190
		2. Voraussetzungen der Ausgleichung	1191
		3. Bewertung und Berechnung	1191
	II.	Kombination von Ausgleichung und Anrechnung	1192
E.	Erb- und Pflichtteilsverzicht		1194
	I.	Erbverzicht	1194
		1. Wirkung	1194
		2. Varianten	1195
		a) Auflösende Bedingung	1195
		b) Beschränkungen	1196
		c) Wirkung für den Stamm	1196
		d) Zuwendungsverzicht, § 2352 BGB	1197
		3. Form	1200
		4. Zustandekommen	1201
		5. Grundgeschäft	1202
		6. Verzicht gegen Abfindung	1203
		7. Sittenwidrigkeit?	1204
		8. Störung der Geschäftsgrundlage (§ 313 BGB)	1205
		9. Internationales Privatrecht	1208
		a) Ausländische Rechtsordnungen	1208
		b) Anknüpfung bis zum 17. August 2015	1208
		c) Anknüpfung seit dem 17. August 2015	1209
		10. Muster: Erbverzicht	1211
	II.	Pflichtteilsverzicht	1212
		1. Wirkungen	1212
		2. Pflichtteilsverzicht gegen Abfindung	1216
		a) Gestaltungsalternativen	1216
		b) Bedingter Verzicht	1216
		c) Leistungserbringung durch den Erblasser	1218
		d) Leistungserbringung durch den Erwerber	1219

		3. Gegenständlicher Pflichtteilsverzicht und Zustimmung des Ehegatten des Veräußerers	1220
		4. Aufhebung bzw. Aufhebungssperre	1221
		5. Inhaltskontrolle?	1223
	III.	Beschränkter Pflichtteilsverzicht	1225
		1. Beschränkung auf rechtliche Teile des Gesamtpflichtteils	1225
		2. Beschränkung auf pflichtteilserhöhende Wirkung einer Zuwendung	1226
		3. Neutralisierung von Einzelgegenständen	1227
		4. Betragsbegrenzung; Bewertungsabschläge	1232
		5. Erweiterungen der Wirkungen des § 2315 BGB	1234
		6. Stundung	1234
		7. Verzicht auf den ersten Sterbefall; Verzicht nur zugunsten bestimmter Personen	1238
		8. Verzicht »auf Wunsch des Beschwerten« (Naturalobligation)	1239
	IV.	Verzicht auf Ansprüche nach der Höfeordnung	1240
	V.	Exkurs: Die Pflichtteilsentziehung	1242
F.	Den Vertragserben beeinträchtigende Schenkungen (§§ 2287 f. BGB)		1244
	I.	Schutz des Vertrags-/Schlusserben, § 2287 BGB	1244
		1. Vorüberlegungen	1244
		a) § 2286 BGB: keine lebzeitige Vorwirkung	1244
		b) Verfügungsunterlassungsverträge	1244
		2. Schenkung	1246
		3. Eingriff in letztwillige Bindung	1247
		4. Beeinträchtigungsabsicht	1248
		5. Anspruchsgläubiger	1250
		6. Anspruchsschuldner	1251
		7. Anspruchsinhalt	1251
		8. Zustimmung des Vertragserben	1253
		9. Verjährung	1254
	II.	Schutz des Vermächtnisnehmers (§ 2288 BGB)	1254
		1. Grundsatz	1254
		2. Tatsächliche Beeinträchtigungen (§ 2288 Abs. 1 BGB)	1254
		3. Rechtsgeschäftliche Beeinträchtigungen (§ 2288 Abs. 2 BGB)	1255
		4. Anwendung auf Geld- oder Gattungsvermächtnisse	1256
		5. Beeinträchtigungsabsicht, Zustimmung, Ausschluss	1256
	III.	Erbschaftsteuer	1256

Kapitel 10: Beteiligung Minderjähriger ... 1257

A.	Vertretung Minderjähriger		1257
	I.	Vertretung durch die Eltern	1257
	II.	Handeln des Kindes mit Genehmigung der Eltern	1259
	III.	Vormundschaft	1260
	IV.	Lediglich rechtlich vorteilhaftes Geschäft	1261
		1. Grundstücksrecht	1261
		2. Gesellschaftsrecht	1266
		a) Abschluss des Gesellschaftsvertrags	1266
		b) Erwerb von Gesellschaftsanteilen	1267
		c) Gesellschafterbeschlüsse	1267
	V.	Gesetzlicher Ausschluss der elterlichen Vertretungsmacht	1268
	VI.	Pflegschaft	1270
	VII.	Angeordneter Ausschluss der elterlichen Vertretung oder Verwaltung	1272

Inhaltsverzeichnis

B. (Familien-)Gerichtliche Genehmigungen 1277
    I. Genehmigungsbedürftige Sachverhalte 1277
        1. Immobilientransaktionen 1277
        2. Grundpfandrechtsbestellung 1281
        3. Gesellschaftsrechtliche Vorgänge 1283
            a) Abschluss eines Gesellschaftsvertrages 1283
            b) Erwerb von Gesellschaftsanteilen 1284
            c) Veräußerung von Gesellschaftsanteilen 1284
            d) Veräußerung und Erwerb von Gesellschaftsimmobilien 1285
            e) Satzungsändernde Beschlüsse 1286
        4. Sonstige Sachverhalte 1286
    II. Verfahren 1286
        1. Zuständigkeiten 1286
        2. Entscheidungskriterien 1287
        3. Rechtskraft des Genehmigungsbeschlusses 1288
            a) Beginn der Beschwerdefrist: Bekanntgabe bzw. Erlass 1288
            b) Beschwerdeverzicht 1291
            c) Rechtskraftzeugnis 1292
        4. Weitergehende Mitwirkung des Notars? 1292
        5. »Doppelvollmacht« 1294
C. Exkurs: Prüfung der Geschäftsfähigkeit 1297

Kapitel 11: Vollzug; Kosten 1301
A. Vollzug 1301
    I. Auftrag und Vollmacht 1301
    II. Vollzugstätigkeit 1306
        1. Einholung von Genehmigungen 1306
            a) Rechtsgeschäftliche Genehmigungen 1306
            b) Behördliche Genehmigungen 1307
        2. Eigenurkunden 1308
        3. Vollzugsnachricht 1309
    III. Wichtige Genehmigungserfordernisse 1310
        1. Grundstücksverkehrsgesetz 1311
            a) Genehmigungssachverhalt 1311
            b) Genehmigungsfreistellung 1312
            c) Genehmigungsvoraussetzungen 1313
            d) Verfahren 1314
        2. Grundstücksverkehrsordnung 1316
        3. Genehmigungen nach BauGB 1317
            a) Teilungsgenehmigung 1317
            b) Weitere Genehmigungen nach BauGB 1319
                aa) Sanierungsverfahren 1319
                bb) Umlegungsverfahren 1320
                cc) Erhaltungssatzungsgebiete 1322
                dd) Flurbereinigungsverfahren 1323
        4. Verwalterzustimmung gem. § 12 WEG 1325
            a) Anordnung 1325
            b) Verfahren 1328
            c) Versagung 1333
        5. Nacherbfolge 1335
            a) Zustimmungserfordernisse 1335
                aa) Erforderlichkeit der Zustimmung 1336

			bb) Kreis der abstrakt Zustimmungsberufenen	1337
			cc) Konkrete Bezeichnung der Zustimmungsberufenen	1338
			dd) Verfahren	1339
			ee) beschränkt dingliche Rechte	1339
			ff) Ausnahme: Akzeptierter Fortbestand der Nacherbenbeschränkungen	1340
		b)	Löschung des Nacherbenvermerks	1340
			aa) Verzicht auf die Eintragung.....................................	1340
			bb) Veräußerung des Gegenstandes	1341
			cc) umfassende »Entstrickung«	1343
			dd) »Entstrickung« eines Einzelgegenstandes	1343
			ee) Surrogation	1344
		c)	Vorwegnahme der Nacherbfolge.......................................	1345
			aa) in Einzelgegenstände, mit endgültiger Wirkung	1345
			bb) in Einzelgegenstände, unter »Aufrechterhaltung« der Bindungen ...	1346
			cc) hinsichtlich des gesamten Nachlasses	1346
	6.	Testamentsvollstreckervermerk..		1347
	7.	Zustimmung des Ehegatten		1348
		a) § 1365 BGB..		1348
		b) Ausländischer Güterstand...		1351
		c) Art. 5 Abs. 1 des Abkommens zum deutsch-französischen Wahlgüterstand (WZGA)..		1352
IV.	Schieds- und Schlichtungsverfahren			1354
	1.	Schiedsverfahren..		1354
	2.	Mediation		1358
	3.	Erledigungsklauseln...		1360
B. Notarkosten..				1361
I.	Beurkundungsgebühr			1361
II.	Geschäftswert			1361
	1.	Grundsatz: Verkehrswert		1362
	2.	Vierfacher Einheitswert bei land- oder forstwirtschaftlichen Betrieben........		1363
	3.	Bewertung der Erwerberleistungen		1365
III.	Steuerliche Abzugsfähigkeit			1367
IV.	Vollzugs- und Betreuungsgebühren..			1369
	1.	Gebührenauslösende Tatbestände		1369
	2.	Geschäftswert, Gebührensatz		1371
	3.	Gestaltungsüberlegungen...		1371
	4.	Betreuungs- und Treuhandgebühren		1372
		a) Betreuungsgebühr...		1372
		b) Treuhandgebühr...		1373
C. Grundbuchkosten				1374

Kapitel 12: Verkehrssteuern 1381

A. Schenkungsteuerrecht...			1387
I.	Einleitung		1387
	1.	Bedeutung der Steuer	1387
	2.	Rechtsgrundlagen...	1388
	3.	Rechtsprechung des BVerfG 1995 und 2006	1388
	4.	Reform 2009..	1390
		a) Entwicklung..	1390
		b) In-Kraft-Treten, Wahlrechte	1390
		c) ErbStR 2011	1392

Inhaltsverzeichnis

- 5. Reform 2015/2016 1393
  - a) Entscheidung des BVerfG 1393
  - b) Gesetzgebungsprozess; Grundzüge der Neuregelung 1397
  - c) In-Kraft-Treten; Übergangsrecht 1402
- 6. Position des Notars 1404
- II. Exkurs: Erbschaftsteuerrecht 1405
  - 1. Bürgerlich-rechtliche Prägung 1405
    - a) Erbvergleich 1405
    - b) unwirksame Vermächtnisse 1408
  - 2. Grundzüge (§ 3 ErbStG) 1409
  - 3. Vor- und Nacherbfolge (§ 6 ErbStG) 1411
    - a) Grundsatz 1411
    - b) »Umwandlung« zur Vollerbenstellung 1411
    - c) Nacherbenanwartschaft 1412
    - d) Eintritt des Nacherbfalls, Wahlrecht 1412
    - e) Nacherbfolge zu Lebzeiten des Vorerben 1414
    - f) Vor- und Nachvermächtnis 1414
    - g) Empfehlung 1415
- III. Steuerbare Vorgänge gem. § 7 ErbStG 1415
  - 1. Freigebige Zuwendungen (§ 7 Abs. 1 Nr. 1 ErbStG) 1415
    - a) Tatbestandsvoraussetzungen 1415
    - b) Beispielsfälle 1417
    - c) Gesellschaftsrechtliche Vorgänge 1420
      - aa) Personengesellschaften 1420
      - bb) Kapitalgesellschaften, § 7 Abs. 8 ErbStG 1421
        - (1) Leistungen des Gesellschafters an »seine« Gesellschaft: Schenkungsteuer im Verhältnis zu mittelbar begünstigten (Mit-)gesellschaftern 1421
        - (2) Leistungen des Gesellschafters an »seine« Gesellschaft: Schenkungsteuer im Verhältnis zur Gesellschaft selbst? 1425
        - (3) Leistungen der Gesellschaft an ihren Gesellschafter 1426
        - (4) Leistungsverkehr zwischen Gesellschaft und »Angehörigen« des Gesellschafters 1427
        - (5) Leistungsverkehr zwischen Gesellschaft und Nichtgesellschaftern 1427
      - cc) Umwandlungsvorgänge 1428
  - 2. Erwerb infolge Vollziehung einer Auflage oder Bedingung (§ 7 Abs. 1 Nr. 2 ErbStG) 1429
  - 3. § 7 Abs. 1 Nr. 4 ErbStG: Bereicherung durch Gütergemeinschaft 1430
  - 4. Abfindungserwerb und vorzeitiger Nacherbenerwerb (§ 7 Abs. 1 Nr. 5, 7 und 10 ErbStG) 1431
  - 5. Stiftungserwerb (§ 7 Abs. 1 Nr. 8 und 9 ErbStG) 1431
  - 6. Gesellschaftsrechtliche Vorgänge (§ 7 Abs. 5 bis 7 ErbStG) 1432
    - a) Nachträgliche Steuerherabsetzung bei Buchwertabfindung (§ 7 Abs. 5 ErbStG) 1432
    - b) Zuerwerb beim Ausscheiden eines Gesellschafters (§ 7 Abs. 7 ErbStG) . 1432
    - c) Übermäßige Gewinnbeteiligung (§ 7 Abs. 6 ErbStG) 1433
  - 7. Pflichtteilsrecht, Ausschlagung und Erbschaftsteuer 1434
    - a) Pflichtteilsrecht 1434
      - aa) Verzicht auf den Pflichtteil vor dem Erbfall 1434
      - bb) Unterlassen der Geltendmachung des Pflichtteilsanspruchs 1435
      - cc) Geltendmachung des Pflichtteilsanspruchs 1436

Inhaltsverzeichnis

			dd) Verzicht auf entstandenen, jedoch nicht geltend gemachten Pflichtteilsanspruch	1439
			ee) Verzicht auf bereits geltend gemachten Pflichtteilsanspruch	1441
			ff) Optimierung des Berliner Testamentes, Super-Vermächtnisse	1441
		b)	Ausschlagung	1446
			aa) Zivilrechtliche Aspekte	1446
			bb) Einsatzmöglichkeiten	1450
			cc) Erbschaftsteuerliche Aspekte	1453
			dd) Ertragsteuerrecht	1454
	8.	Vermächtnis und Erbschaftsteuer		1454
		a)	Zivilrechtlicher Erwerb	1454
		b)	Erbschaftsteuer	1455
			aa) Ausschlagung des Vermächtnisses	1455
			bb) Annahme des Vermächtnisses	1455
			cc) Wertansatz	1457
IV.	Entstehung der Schenkungsteuer (§ 9 ErbStG)			1459
	1.	Bedeutung		1459
	2.	Grundsatz		1460
	3.	Ausführung der Schenkung		1460
	4.	Aufschiebend bedingter Erwerb		1463
V.	Wertermittlung (§ 10 ErbStG)			1463
	1.	Stichtag		1464
	2.	Übernahme der Schenkungsteuer durch den Schenker		1464
VI.	Bewertung nach altem Recht (Rechtslage bis Ende 2008)			1465
VII.	Bewertung nach neuem Recht (Rechtslage ab 2009)			1466
	1.	Grundvermögen		1466
		a)	Begriff des Grundvermögens (§ 176 BewG)	1466
		b)	Bewertungsgrundsatz	1467
		c)	Unbebaute Grundstücke	1468
			aa) Grundsatz	1468
			bb) Ermittlung der Bodenrichtwerte	1468
			cc) Anpassung der Bodenrichtwerte	1469
			(1) Abweichende Geschossflächenzahl	1469
			(2) Übergröße/Grundstückstiefe	1469
			(3) Abweichender Erschließungszustand	1470
		d)	Grundstücke im Zustand der Bebauung	1470
		e)	Bebaute Grundstücke (§§ 182 ff. BewG)	1470
			aa) Vergleichsverfahren	1471
			(1) Vergleichspreisverfahren	1471
			(2) Vergleichsfaktorverfahren	1471
			bb) Ertragswertverfahren	1472
			(1) Rohertrag	1473
			(a) Vertragliche Jahresmiete	1473
			(b) Übliche Miete	1473
			(2) Bewirtschaftungskosten	1474
			(3) Bodenverzinsung	1474
			(4) Vervielfältiger	1475
			(5) Mindestwert: Bodenwert	1476
			(6) Berechnungsbeispiel Ertragswertverfahren	1477
			cc) Sachwertverfahren	1477
			(1) Grundsatz	1477
			(2) Bodenwert	1479
			(3) Gebäudesachwert	1479

				(a) Gebäuderegelherstellungswert	1479
				(b) Alterswertminderung	1480
			(4)	Marktanpassung durch Wertzahl	1481
			(5)	Berechnungsbeispiel	1481
	f)	Bewertung des Erbbaurechts (§ 193 BewG)			1482
		aa)	Vergleichswertverfahren		1482
		bb)	Finanzmathematisches Verfahren		1482
			(1)	Bodenwertanteil	1483
			(2)	Gebäudewertanteil	1483
		cc)	Berechnungsbeispiel		1484
	g)	Bewertung des Erbbaugrundstücks (§ 194 BewG)			1484
		aa)	Bodenwertanteil		1485
		bb)	Gebäudewertanteil		1485
		cc)	Berechnungsbeispiel		1486
	h)	Gebäude auf fremdem Grund und Boden (§ 195 BewG)			1486
	i)	»Escape-Klausel« (Verkehrswertnachweis, § 198 BewG)			1486
		aa)	Verfahren		1486
		bb)	Anwendungsfälle		1489
2.	Bewertung land- und forstwirtschaftlicher Betriebe (§§ 158 ff. BewG)				1491
	a)	Begriff des »LuF-Vermögens«			1491
	b)	Umfang des Betriebsvermögens der LuF			1492
	c)	Bewertung des Wohnteils und der Betriebswohnungen			1492
	d)	Bewertung des Wirtschaftsteils			1493
		aa)	Fortführungswert		1493
		bb)	Mindestwirtschaftswert		1494
		cc)	Obergrenze Verkehrswert		1495
		dd)	Ersatzweise: Liquidationswert		1495
		ee)	Wertung		1496
3.	Bewertung des Betriebsvermögens				1497
	a)	Grundsatz			1497
	b)	Ableitung aus Verkäufen			1498
	c)	Vereinfachtes Ertragswertverfahren (§§ 199 ff. BewG)			1499
		aa)	Nachhaltig erzielbarer Jahresertrag		1500
		bb)	Kapitalisierungsfaktor		1501
			(1)	Rechtslage von 2009 bis 2015	1501
			(2)	Rechtslage seit 2016	1501
		cc)	Hinzurechnungen gemeiner Werte		1502
			(1)	Nicht betriebsnotwendiges Vermögen	1503
			(2)	Gesellschaftsbeteiligungen	1503
			(3)	»Junge Wirtschaftsgüter«	1503
			(4)	Sonderbetriebsvermögen	1503
		dd)	Mindestwert: Substanzwert		1504
		ee)	Ausnahme: Untergrenze Liquidationswert		1505
	d)	Andere Bewertungsverfahren			1506
		aa)	Einzelbewertungsverfahren		1507
		bb)	Mischbewertungsverfahren		1507
		cc)	Gesamtbewertungsverfahren		1507
			(1)	»Discounted-cash-flow«-Verfahren (DCF-Verfahren)	1507
			(2)	Multiplikatorenverfahren	1508
			(3)	AWH-Standard und andere branchenspezifische Methoden	1508
			(4)	Leitfaden der OFD Rheinland und Münster	1508
			(5)	IDW S 1 (2008)	1509

		e)	Feststellungsverfahren	1509
		f)	Wertung	1509
	4.		Nutzungs- und Duldungsrechte, wiederkehrende Leistungen	1510
		a)	Bewertung des Rechtes selbst	1510
		b)	Berücksichtigung des Rechtes als »Gegenleistung«	1514
	5.		Bewertung sonstigen Inlandsvermögens	1515
	6.		Auslandsvermögen	1515
VIII.			Berücksichtigung von Gegenleistungen und Auflagen	1516
	1.		Gemischte Schenkungen (Alte Rechtslage bis Ende 2008)	1516
		a)	Privatvermögen (alte Rechtslage bis Ende 2008)	1516
		b)	Betriebsvermögen (alte Rechtslage bis Ende 2008)	1518
	2.		Gemischte Schenkung (neue Rechtslage ab 2009)	1519
		a)	Grundsatz	1519
		b)	Abzugsbeschränkungen: § 10 Abs. 6 Satz 4 ErbStG	1520
	3.		Schenkung unter Duldungsauflage (alte Rechtslage bis 2008)	1522
		a)	Duldungsauflage anderer Personen als des Veräußerers und dessen Ehegatten	1522
		b)	Duldungsauflage zugunsten des Veräußerers und/oder dessen Ehegatten (§ 25 ErbStG a.F.)	1523
			aa) Anwendbarkeit des § 25 ErbStG a.F.	1523
			bb) Ermittlung des Stundungsbetrages	1524
			cc) Beendigung der Stundung	1525
			dd) Weitere Schenkung an den Mitberechtigten (§ 428 BGB)	1526
			ee) Unentgeltlicher Verzicht auf das vorbehaltene Nutzungsrecht	1527
			ff) Entgeltlicher Verzicht	1528
		c)	Zusammenfassendes Berechnungsbeispiel zur Rechtslage gem. § 25 ErbStG a.F.	1529
	4.		Schenkung unter Duldungsauflage (neue Rechtslage ab 2009)	1532
		a)	Abschaffung des § 25 ErbStG	1532
		b)	Weitere Schenkung an den Mitberechtigten (§ 428 BGB)	1534
		c)	nachträglicher Verzicht auf den Nießbrauch	1535
			aa) unentgeltlich	1535
			bb) entgeltlich	1537
			cc) Surrogation	1538
		d)	Abzugsbeschränkungen	1538
		e)	Berechnungsbeispiele	1539
		f)	Berücksichtigung auf der Bewertungsebene	1540
		g)	Nießbrauchsvermächtnis	1541
		h)	Grunderwerbsteuer	1542
	5.		Leistungsauflagen	1542
		a)	unbedingte Leistungsauflagen	1542
		b)	aufschiebend/auflösend bedingte Leistungsauflagen	1543
	6.		Gemischte Schenkung/Leistungsauflagen neben Duldungsauflagen	1545
	7.		Rückforderungsvorbehalte	1545
IX.			Steuerbefreiungen und -begünstigungen	1546
	1.		Zugewinnausgleich (§ 5 ErbStG)	1546
		a)	Erbrechtlicher Zugewinnausgleich (§ 5 Abs. 1 ErbStG)	1546
		b)	Güterrechtlicher Zugewinnausgleich (§ 5 Abs. 2 ErbStG)	1549
		c)	Ausgleich bei »deutsch-französischer« Wahl-Zugewinngemeinschaft (§ 5 Abs. 3 ErbStG)	1554
		d)	Zugewinnausgleich zur Reparatur erfolgter Schenkungen, § 29 Abs. 1 Nr. 3 ErbStG	1555

Inhaltsverzeichnis

  2. Sachliche Steuerbefreiungen (§ 13 Abs. 1 Nr. 1 bis 18 ErbStG) 1556
   a) Hausrat, Kunstgegenstände etc. (§ 13 Abs. 1 Nr. 1 u. Nr. 2 ErbStG) ... 1556
   b) Ehebedingte Zuwendung des selbst genutzten Familienheims
    (§ 13 Abs. 1 Nr. 4a ErbStG) 1558
   c) Vererbung des Familienheims an den Ehegatten
    (§ 13 Abs. 1 Nr. 4b ErbStG) (ab 2009) 1558
    aa) Umfang des begünstigten Erwerbs 1559
    bb) Begünstigte Immobilie 1561
    cc) Selbstnutzung durch den Erblasser 1562
    dd) Selbstnutzung durch den Erwerber 1562
    ee) Nachversteuerung 1563
   d) Vererbung des Familienheims an Abkömmlinge
    (§ 13 Abs. 1 Nr. 4c ErbStG) (ab 2009) 1565
    aa) Erwerbstatbestand 1565
    bb) Angemessenheit 1567
    cc) Begünstigungstransfer 1567
   e) Erwerb durch erwerbsunfähige oder erwerbsgehinderte Personen
    (§ 13 Abs. 1 Nr. 6 ErbStG) 1569
   f) Leistungen für Pflege (§ 13 Abs. 1 Nr. 9, 9a ErbStG) 1570
   g) Rückvererbung geschenkten Vermögens (§ 13 Abs. 1 Nr. 10 ErbStG) .. 1571
   h) Sonstige Steuerbefreiungen (§ 13 Abs. 1 Nr. 12, 14, 16 u. 17,
    Abs. 2 ErbStG) 1571
  3. Verschonung bei Grundvermögen ab 2009 (§ 13d ErbStG) 1572
  4. Persönliche Steuerbefreiungen (Freibeträge) (§ 16 ErbStG) 1573
   a) Rechtslage bis 31.12.2008 1573
   b) Rechtslage ab 2009 1574
  5. »Steuerstorno« (§ 29 ErbStG) 1575
   a) Gesetzliche Rückforderungsrechte 1575
   b) Vertragliche Rückforderungsrechte 1578
   c) Besteuerung gezogener Nutzungen (§ 29 Abs. 2 ErbStG) 1579
   d) Weitere Tatbestände 1580
  6. Jahressteuer bei Nutzungen und wiederkehrenden Leistungen
   (§ 23 ErbStG) 1581
X. Begünstigung von Betriebsvermögen 1582
  1. Grundkonzept 1583
   a) Rechtslage von 2009 bis 30.06.2016: 1583
   b) Rechtslage seit 01.07.2016: 1584
  2. Begünstigtes Vermögen (§ 13b Abs. 1 ErbStG) 1585
   a) Land- und forstwirtschaftliches Vermögen (§ 13b Abs. 1 Nr. 1 ErbStG) 1585
   b) Betriebsvermögen i.S.d. § 13b Abs. 1 Nr. 2 ErbStG
    (Betrieb, Teilbetrieb, Mitunternehmeranteil) 1585
   c) Kapitalgesellschaftsanteil (§ 13b Abs. 1 Nr. 3 ErbStG) 1588
    aa) Grundsatz 1588
    bb) Insb.: Poolvereinbarung 1589
     (1) Verfügungsbeschränkung 1590
     (2) Einheitliche Stimmrechtsausübung 1592
     (3) Mindestbeteiligung 1594
     (4) Muster einer Gesamtvereinbarung 1596
  3. Ausschluss der Betriebsvermögensbegünstigung bei Verwaltungsvermögen
   (§ 13b Abs. 2 ErbStG) 1598
   a) Verfahren; vom begünstigungsfähigen zum begünstigten Vermögen 1598
    aa) Rechtslage für Erwerbe zwischen 2009 und 30.06.2016 1598
    bb) Rechtslage für Erwerbe seit 01.07.2016 1599

b) Verwaltungsvermögen im Einzelnen (§ 13b Abs. 4 ErbStG) 1608
  aa) Dritten zur Nutzung überlassene Grundstücke (§ 13b Abs. 4
      Nr. 1 ErbStG) 1608
      (1) Ausnahme Sonderbetriebsvermögen und Betriebsaufspaltung
          (lit. a) 1609
      (2) Ausnahme Betriebsverpachtung (lit. b) 1609
      (3) Ausnahme Konzernfälle (lit. c) 1610
      (4) Wohnungsunternehmen (lit. d) 1610
      (5) Verpachtung zur Produktabsatzförderung (lit. e) 1612
      (6) Überlassung zur landwirtschaftlichen Nutzung (lit. f) 1613
  bb) Minderheitsanteile an Kapitalgesellschaften
      (§ 13b Abs. 4 Nr. 2 ErbStG) 1613
  cc) Kunstgegenstände etc. (§ 13b Abs. 4 Nr. 3 ErbStG 2016,
      § 13b Abs. 2 Satz 2 Nr. 5 ErbStG 2009) 1613
  dd) Wertpapiere und vergleichbare Forderungen
      (§ 13b Abs. 4 Nr. 4 ErbStG) 1614
  ee) Finanzmittel 1616
      (1) Frühere Rechtslage: § 13b Abs. 2 Satz 2 Nr. 4a ErbStG 2009 .. 1616
      (2) Neue Rechtslage: § 13b Abs. 4 Nr. 5 ErbStG 2016 1620
  ff) Rechtslage bis 30.06.2016: Anteile an Gesellschaften mit
      überwiegendem Verwaltungsvermögen (§ 13b Abs. 2 Satz 2
      Nr. 3 ErbStG 2009) 1621
c) Verbundvermögensaufstellung (§ 13b Abs. 9 ErbStG) 1622
d) Umqualifizierung altersvorsorgegewidmeten Verwaltungsvermögens
   (§ 13b Abs. 3 ErbStG) 1630
e) Rückwirkende Umqualifizierung von Verwaltungsvermögen bei
   letztwilligem Erwerb, § 13b Abs. 5 ErbStG 1631
f) Umqualifizierung in unschädliches Verwaltungsvermögen,
   »Kulanzpuffer« gem. § 13b Abs. 7 ErbStG 1632
g) Schuldenabzug, § 13b Abs. 6 ErbStG 1633
h) Junges Verwaltungsvermögen 1635
   aa) Rechtslage bis 30.06.2016 (§ 13b Abs. 2 Satz 3 ErbStG 2009) 1635
   bb) Rechtslage seit 01.07.2016 (§ 13b Abs. 7 ErbStG 2016) 1636
i) Junges Finanzmittelvermögen (§ 13b Abs. 4 Nr. 5 Satz 2 ErbStG) 1637
j) Ausschluss jeglicher Begünstigung bei übermäßigem Verwaltungsvermögen (§ 13b Abs. 2 Satz 2 ErbStG) 1638
4. Vorwegabzug für Familienunternehmen seit 01.07.2016,
   § 13a Abs. 9 ErbStG 1639
   a) Entnahmebeschränkung 1640
   b) Verfügungsbeschränkung 1643
   c) Abfindungsbeschränkung 1644
   d) Höhe des Vorwegabschlags 1645
   e) Folgen eines Verstoßes 1646
   f) Verfahren 1647
5. Mögliche Vergünstigungen für Erwerbe bis 26 Mio. Euro 1647
   a) Verschonungsabschlag und Abzugsbetrag (§ 13a Abs. 1 und 2 ErbStG) . 1647
   b) Tarifbegrenzung (§ 19a ErbStG) 1648
   c) Optionsverschonung: volle Steuerbefreiung (§ 13a Abs. 10 ErbStG) .. 1649
6. Mögliche Vergünstigungen für Erwerbe über 26 Mio. Euro 1651
   a) Einhaltung der Freigrenze 1651
   b) Verschonungsabschlag (§ 13c ErbStG) 1653
   c) Verschonungsbedarfsprüfung (§ 28a ErbStG) 1654
      aa) Regelungsprinzip 1654

		bb)	Modalitäten der Vermögensprüfung	1655
		cc)	Einzusetzendes Vermögen	1656
		dd)	Ausspruch und Widerruf des Erlasses	1657
		ee)	Verfahren; Antrag	1657
		ff)	Familienstiftung	1658
7.	Lohnsummenkriterium (§ 13a Abs. 3 ErbStG)			1658
	a)	Ausnahmen		1658
	b)	Zeiträume		1659
	c)	Ermittlung		1659
	d)	Tochtergesellschaften		1660
	e)	Folgen des Unterschreitens		1662
	f)	Änderungen seit 01.07.2016		1663
8.	Behaltensregelungen (§ 13a Abs. 6 ErbStG)			1664
	a)	Grundsatz		1664
	b)	Schädliche Vorgänge im Einzelnen		1665
		aa)	§ 13a Abs. 6 Satz 1 Nr. 1 ErbStG (Veräußerung)	1665
		bb)	§ 13a Abs. 6 Satz 1 Nr. 4 ErbStG (Kapitalgesellschaftsvorgänge)	1668
		cc)	§ 13a Abs. 6 Satz 1 Nr. 3 ErbStG (Überentnahmen)	1668
		dd)	§ 13a Abs. 6 Satz 1 Nr. 5 ErbStG (Aufhebung einer Pool-Vereinbarung)	1669
	c)	Folge: Nachversteuerung		1671
	d)	Verfahrensrecht: Zuständigkeiten und Anzeigepflichten		1672
9.	Gestaltungsmöglichkeiten bei Betriebsvermögen seit 2009			1673
	a)	Gestaltung i.R.d. Bewertung		1673
	b)	Gestaltung zur Sicherung der Verschonung		1674
		aa)	Schaffung begünstigten Vermögens	1675
		bb)	Reduzierung des Verwaltungsvermögens	1675
		cc)	Aufstockung des Verwaltungsvermögens (bis 30.06.2016)	1677
		dd)	Maßnahmen in Bezug auf das Verwaltungsvermögen seit 01.07.2016	1678
		ee)	Maßnahmen in Bezug auf den Familienunternehmensabschlag	1679
		ff)	Optimierung der Verschonungsbedarfsprüfung, § 28a ErbStG	1680
			(1) Vermeidung der »Großerwerbsmerkmale«	1680
			(2) Verwendung »optimierter Erwerber«	1681
			(3) Rechtzeitige und ausreichend lange Verarmung des Erwerbers	1683
			(4) Umgruppierung des Übertragungsobjektes	1684
			(5) Steuerung letztwilliger Unternehmenserwerbe, Erbauseinandersetzung	1684
			(6) Notanker: Rückforderungsrechte	1685
			(7) Fazit: Variantenvergleich zu § 13c ErbStG	1685
		gg)	Bestehen der Lohnsummenkontrolle	1686
			(1) Maßnahmen vor dem Stichtag	1686
			(2) Maßnahmen nach dem Stichtag	1687
		hh)	Einhaltung der Behaltensfristen	1687
	c)	Gestaltungsvergleich Sondergewinnbezugsrechte/Vorbehaltsnießbrauch		1688
10.	Übersicht: Vor- und Nachsorgezeiträume			1688
11.	Erbauseinandersetzung			1689
	a)	Rechtslage bis Ende 2008		1689
	b)	Grundzüge der Neuregelung seit 2009		1690
	c)	§ 13a Abs. 5 Satz 3 ErbStG: positive Allokation		1691
	d)	§ 13a Abs. 5 Satz 1 und 2 ErbStG: negative Allokation		1693
	e)	Anwendungsbereich im Einzelnen		1693

		f) Verfahren	1695
		g) Wertung	1695
	12.	Milderung der Doppelbelastung aus Einkommen- und Schenkungsteuer (§ 35b EStG)	1695
XI.	Mittelbare (Grundstücks-)Schenkung		1697
	1.	Begriff; Tatbestandsvoraussetzungen	1697
	2.	Zivilrechtliche Aspekte	1699
	3.	Schenkungsteuer	1704
	4.	Ertragsteuern; Eigenheimzulage	1705
	5.	Mittelbare Schenkungen bei Betriebsvermögen	1706
	6.	Exkurs: Die »indirekte« (Erlös-)Schenkung	1706
XII.	Steuertarif		1707
	1.	Steuerklassen (§ 15 ErbStG)	1707
		a) Einteilung	1707
		b) Gestaltung durch Adoption	1709
	2.	Steuersätze (§ 19 ErbStG)	1712
	3.	Berücksichtigung früherer Erwerbe (§ 14 ErbStG)	1714
XIII.	Persönliche Steuerpflicht; Besteuerungsverfahren		1718
	1.	Auslandssachverhalte	1718
		a) (un)beschränkte Steuerpflicht	1718
		b) Doppelbesteuerungsabkommen	1720
		c) Anrechnung, § 21 ErbStG	1720
		d) Gestaltungsmöglichkeiten	1721
		e) Freibeträge, § 16 Abs. 2 ErbStG	1722
	2.	Besteuerungsverfahren	1723
		a) Anzeigepflichten	1723
		b) Kontrollmitteilungen, »Schwarzgeld«	1727
		c) Erhebungsverfahren	1730
		d) Stundung, § 28 ErbStG	1731
		e) Steuerschuldnerschaft, § 20 ErbStG	1732
XIV.	Übersicht: Gestaltungshinweise zur Steuerreduzierung		1734
	1.	Gestaltungsoptionen seit 2009	1734
	2.	Gestaltungsoptionen bis Ende 2008	1735
B. Grunderwerbsteuer			1736
I.	Vorrang der Schenkungsteuer		1736
II.	Gesellschafterwechsel		1741
	1.	§ 1 Abs. 2a GrEStG	1741
	2.	§ 1 Abs. 3 GrEStG	1744
	3.	§ 1 Abs. 3a GrEStG	1749
	4.	Gesamthandsfälle: §§ 5, 6 GrEStG	1750
III.	Umwandlungsvorgänge		1754
IV.	Ausnahmen von der Besteuerung		1755
	1.	Näheverhältnisse	1756
	2.	Umwandlungsvorgänge im Konzern	1757
	3.	Realteilungen	1760
	4.	Rückabwicklung	1762
V.	Bemessung		1766
VI.	Anzeigepflichten		1769
C. Umsatzsteuer			1771
I.	Erbfolge		1771
II.	Lebzeitige Geschäftsveräußerung im Ganzen		1772
III.	Steuerpflicht durch Entnahmevorgänge?		1772

Inhaltsverzeichnis

IV. Nießbrauchsfälle 1773
V. Übertragung von (Miteigentums-)Anteilen 1774

Kapitel 13: Einkommensteuerrecht 1777
A. Voraussetzung der steuerlichen Anerkennung von Geschäften unter Verwandten 1781
    I. Zivilrechtliche Wirksamkeit 1781
    II. Ernsthaftigkeit der Vereinbarung und ihrer Durchführung 1782
    III. Fremdvergleich 1784
        1. Grundsatz 1784
        2. Darlehen 1784
        3. Mietverträge 1786
        4. Arbeitsverträge 1788
    IV. Exkurs: Gestaltungsmissbrauch/Gesamtplan 1789
B. Unterscheidung Privat-/Betriebsvermögen 1790
    I. Selbstständige Wirtschaftsgüter 1790
        1. Nutzungsbereiche 1791
        2. »Verdecktes Betriebsvermögen« 1793
            a) Betriebsaufspaltung 1793
                aa) Anforderungen 1793
                bb) Erscheinungsformen 1795
                cc) Folgen 1796
                dd) Konkurrenzen 1799
                ee) Beendigung 1800
            b) Sonderbetriebsvermögen 1801
                aa) Erscheinungsformen 1801
                bb) Steuernachteile bei unterbliebener Einbeziehung 1802
            c) Verpächterwahlrecht 1804
            d) Gewerblicher Grundstückshandel 1805
        3. »Geborenes Betriebsvermögen« bei Gesellschaften 1805
            a) Kapitalgesellschaften 1805
            b) Gewerbliche Personengesellschaft 1806
                aa) Gewerblich tätige Personengesellschaft 1806
                bb) Gewerblich geprägte Personengesellschaft 1808
            c) Vermögensverwaltende Personengesellschaft 1808
    II. Gewerbesteuer 1809
        1. Steuerobjekt und -subjekt 1809
        2. Bemessungsgrundlage 1810
        3. Berechnung der Gewerbesteuer 1812
        4. Unternehmensteuerreform 2008 1812
C. Steuerliche Folgen der Übertragung des Wirtschaftsguts selbst 1813
    I. Gefahr der Entnahme 1813
        1. Entnahmetatbestand 1814
            a) Grundfall 1814
            b) »Verdecktes Betriebsvermögen« (SBV; Betriebsaufspaltung) 1814
            c) Nießbrauchsvorbehalt 1817
            d) Vermeidungsstrategien 1818
            e) Betriebsaufgabe 1819
                aa) Tatbestand 1819
                bb) Privilegierungen 1820
                cc) Abgrenzung zur Betriebsabwicklung und Betriebsunterbrechung... 1821
        2. Nießbrauchsbedingte Mehrheit von Betrieben 1821

II.	Zurechnung des Wirtschaftsguts, AfA-Berechtigung	1823
	1. Zurechnung beim Erwerber	1823
	a) Übergang der AfA-Befugnis	1823
	aa) Zeitpunkt der Anschaffung	1823
	bb) Durchführung (Besitzübergabe)	1824
	cc) Wirkungen	1827
	b) Anerkennung von Fremdwerbungskosten	1827
	c) Anerkennung eigener Werbungskosten	1828
	2. Besonderheiten beim Nießbrauch (»Nießbrauchserlass«)	1829
	a) Unentgeltlich bestellter Vorbehalts- bzw. Zuwendungsnießbrauch	1830
	b) Entgeltlich bestellter Nießbrauch	1833
	c) Vermächtnisnießbrauch	1834
	d) Ablösung eines Nießbrauchs	1834
III.	Eigenheimzulage/Eigenheimriesterförderung	1835
	1. Eigenheimzulage	1835
	2. »Wohnriester«	1836
IV.	Ertragsteuerliche Folgen des Erbfalles und der Erbauseinandersetzung/Vermächtniserfüllung	1840
	1. Ertragsteuerliche Folgen des Erbfalls selbst: Grundsatz	1840
	2. Besonderheiten bei der »Vererbung« von Anteilen an einer Personengesellschaft	1840
	a) Auflösung (§ 727 BGB)	1841
	b) Fortsetzungsklausel	1842
	aa) Zivilrecht	1842
	bb) Ertragsteuerrecht	1842
	cc) Erbschaftsteuerrecht	1844
	c) Einfache Nachfolgeklausel	1845
	aa) Zivilrecht	1845
	bb) Ertragsteuerrecht	1846
	cc) Erbschaftsteuerrecht	1848
	d) Qualifizierte Nachfolgeklausel	1849
	aa) Zivilrecht	1849
	bb) Ertragsteuerrecht	1851
	cc) Erbschaftsteuerrecht	1854
	e) Eintrittsklausel	1855
	aa) Zivilrecht	1855
	bb) Ertragsteuerrecht	1857
	cc) Erbschaftsteuerrecht	1858
	f) Einlage anlässlich des Erbfalls	1858
	3. Veräußerung von Nachlassgegenständen	1858
	4. Auseinandersetzung durch gegenständliche Zuordnung (»Realteilung«)	1859
	a) Anschaffungsvorgang?	1859
	b) Zurechnung laufender Einkünfte und Schuldzinsen	1862
	c) Buchwertfortführung/Entnahme bei Betriebsvermögen (Realteilungsgrundsätze)	1865
	5. Erbteilsveräußerung	1868
	6. Ausscheiden durch Abschichtung	1868
V.	Ertragsteuerliche Fragen der Betriebsübergabe	1868
	1. Haftung für Betriebsteuern (§ 75 AO)	1868
	2. Buchwertfortführung	1869
	a) Vorüberlegung: Für und Wider der Alternativen	1869
	b) »Einheitstheorie« zur Feststellung der Unentgeltlichkeit	1870

Inhaltsverzeichnis

		c) Voraussetzungen des § 6 Abs. 3 EStG	1870
		aa) Betrieb, Teilbetrieb	1871
		bb) Unentgeltlichkeit	1873
		cc) Keine Aufrechterhaltung unternehmerischer Tätigkeit beim Veräußerer	1873
		dd) Fortbestand deutschen Besteuerungsrechtes	1874
		ee) Ausnahme: Aufstockung der Buchwerte	1874
3.	Unentgeltliche Aufnahme einer natürlichen Person in ein Einzelunternehmen		1875
	a) Aufnahme gem. § 6 Abs. 3 EStG		1875
	b) Einbringung gem. § 24 UmwStG		1876
4.	Entgeltliche Aufnahme einer natürlichen Person in ein Einzelunternehmen		1878
	a) Bargründung einer Personengesellschaft		1879
	b) Einbringungsvorgang gem. § 24 UmwStG		1879
	c) Einbringung außerhalb des § 24 UmwStG		1881
5.	Unentgeltliche Übertragung eines Mitunternehmeranteils		1881
6.	Unentgeltliche Übertragung eines Teils eines Mitunternehmeranteils		1885
7.	Entgeltliche Veräußerung eines Einzelunternehmens oder Mitunternehmeranteils		1888
	a) Einkommensteuerbelastung des Veräußerers		1888
		aa) Veräußerungsgewinn	1888
		(1) Kapitalgesellschaft als Verkäufer	1889
		(2) Natürliche Person/Personengesellschaft als Verkäufer	1890
		(3) Konsequenz aus Verkäufersicht: Formwechsel von der Personen- in die Kapitalgesellschaft	1892
		bb) Verschonungen (§§ 16, 34 EStG)	1893
	b) Einkommensbesteuerung des Erwerbers		1894
		aa) Nutzung der Anschaffungskosten	1894
		bb) Abzugsfähigkeit der Finanzierungsaufwendungen	1895
	c) Gewerbesteuer		1895
	d) Umsatz- und Grunderwerbsteuer		1897
8.	Übertragung eines einzelnen Wirtschaftsguts des Betriebsvermögens		1897
	a) »Überführung« ohne Rechtsträgerwechsel		1898
	b) Mit Rechtsträgerwechsel		1898
		aa) Unentgeltlich	1898
		bb) Teilentgeltlich: Trennungstheorie	1899
		cc) Vollentgeltlich	1899
	c) Besonderheiten bei Kapitalgesellschaften		1900
	d) Besonderheiten bei Personengesellschaften		1900
		aa) »Mitunternehmererlass«	1901
		(1) Rechtslage bis 31.12.1998	1901
		(2) Rechtslage in den Jahren 1999 und 2000	1901
		(3) Rechtslage seit 2001: § 6 Abs. 5 EStG	1901
		bb) Ausscheiden gegen Sachabfindung	1904
		cc) Realteilung im engeren Sinne	1905
9.	Übertragung eines Unternehmens/Mitunternehmeranteils unter Nießbrauchsvorbehalt		1909
10.	Betriebsverpachtung		1912
11.	Übertragung von Kapitalgesellschaftsanteilen unter Lebenden und von Todes wegen		1913
	a) Einkommensteuer		1914
		aa) Unentgeltliche Übertragung	1914
		bb) Trennungstheorie bei Teilentgeltlichkeit	1915

		cc) Entgeltliche Übertragung: Überblick	1916
		dd) Einzelheiten: Besteuerung beim Verkäufer	1917
		(1) Kapitalgesellschaft als Verkäufer	1917
		(2) Natürliche Person/Personengesellschaft als Verkäufer	1918
		ee) Einzelheiten: Besteuerung beim Käufer	1921
		(1) Nutzung der Anschaffungskosten	1921
		(2) Abzugsfähigkeit der Finanzierungsaufwendungen	1924
		(a) Privatvermögen	1924
		(b) Betriebsvermögen einer natürlichen Person/ Personengesellschaft	1925
		(c) Betriebsvermögen einer erwerbenden Kapitalgesellschaft	1926
		(3) Konsequenz aus Käufersicht: Formwechsel von der Kapital- in die Personengesellschaft	1927
		ff) Verrentung	1930
	b)	Körperschaftsteuer	1931
	c)	Erbschaftsteuer	1933
VI.	Exkurs: Außensteuerrecht		1934
D. Überlassungsvereinbarungen mit Entgeltcharakter			1937
I.	Steuerliche Vorfragen		1937
	1.	Teilentgeltlichkeit (Einheits- versus Trennungsmethode)	1938
	2.	Steuerliche Bedeutung der Entgeltlichkeitsfrage	1939
	3.	Entgeltverteilung bei Mehrheit von Wirtschaftsgütern	1940
II.	Entgeltlichkeit – suchen oder meiden?		1940
	1.	Allgemeine Abwägungskriterien	1940
	2.	Anwendungsbeispiel: Varianten der steuereffizienten Immobiliennachfolge	1942
III.	Gegenleistungen mit ertragsteuerlichem Entgeltcharakter im Einzelnen		1943
	1.	Abstandsgelder an den Veräußerer	1944
		a) Erscheinungsformen	1944
		b) Abzinsung, § 12 Abs. 3 BewG	1945
	2.	Verrechnung mit Geldansprüchen gegenüber dem Veräußerer	1948
	3.	Gleichstellungsgelder an Geschwister	1951
	4.	Schuldübernahme	1954
	5.	»Austauschrenten« (wiederkehrende Leistungen mit ertragsteuerlichem Gegenleistungscharakter)	1955
		a) Vollentgeltliche Übertragung bei kaufmännisch abgewogener Rente	1956
		b) Teilentgeltliche Übertragung	1957
		c) »Überentgeltliche« Rente	1958
		d) Zeitrenten	1959
		e) »Ungewollte Austauschrenten«	1960
		f) Kaufpreisrenten bei Betriebsvermögen	1961
	6.	Positionen ohne ertragsteuerlichen Entgeltcharakter: Nutzungs- und Rückforderungsrechte, Dienstleistungspflichten	1963
IV.	»Spekulationsbesteuerung« i.R.d. vorweggenommenen Erbfolge		1964
	1.	Betroffene Objekte	1964
	2.	Steuerfreiheit bei fehlender Identität	1966
	3.	Anschaffungs- und Veräußerungsvorgänge	1966
		a) Betroffene Vorgänge	1966
		b) Entgeltlichkeit	1967
		c) Die »Spekulationsfalle«: Immobilien zum Ausgleich des Zugewinns	1970
	4.	Ermittlung des Veräußerungsgewinns	1971
	5.	Entstehung und Entfallen der Steuer	1972

Inhaltsverzeichnis

E.	Versorgungsrenten	1973
I.	Sonderinstitut der Vermögensübergabe gegen Versorgungsleistungen	1973
1.	Entwicklung	1973
	a) Wesen der Versorgungsleistung	1973
	b) Reform 2008	1974
	aa) Ziele	1974
	bb) Übergangsregelung	1975
2.	Ertragsteuerliche Differenzierung (Rententypen)	1976
	a) Austauschrenten	1976
	b) Unterhaltsrenten	1976
	c) Betriebliche Renten	1977
	d) Letztwillige Renten	1977
	e) Beitragserkaufte Renten	1979
II.	»Unentgeltlichkeit«	1979
III.	»Vermögen«	1980
1.	Rechtslage für Altfälle bis 31.12.2007	1980
	a) Existenzsicherndes Vermögen	1980
	aa) Geeignete Wirtschaftsgüter	1980
	bb) Nachträgliche Umschichtung in geeignete Objekte	1982
	cc) Sonderbehandlung von Betriebsvermögen?	1983
	b) »Ausreichend ertragbringend«	1984
	aa) Ertragsprognose	1984
	bb) Teilentgeltliche Übertragungen	1985
	cc) Unternehmensübertragung	1986
	dd) Unzureichende Erträge: der frühere »Typus 2«	1987
2.	Rechtslage für Neufälle ab 2008	1988
	a) Beschränkung auf »Betriebsvermögen«	1988
	aa) Betriebe oder Teilbetriebe	1988
	bb) Mitunternehmeranteile	1989
	cc) GmbH-Anteile	1990
	dd) »Versorgungsrenten« bei »ungeeignetem« Vermögen	1992
	ee) Umschichtung in »geeignetes Vermögen«	1994
	ff) Gestaltungsalternativen für »nunmehr ungeeignetes« Vermögen	1994
	b) Ausreichende Ertragsprognose	1995
IV.	»Behaltensdauer«; Umschichtungen innerhalb geeigneten Vermögens	1996
1.	Erster Rentenerlass	1996
2.	Zweiter Rentenerlass	1996
3.	Dritter Rentenerlass	1998
4.	Vierter Rentenerlass	1998
	a) Umschichtungsfälle	1998
	b) Gleitende Vermögensübergabe	1999
V.	»Lebenszeit«	2000
VI.	Destinatäre	2001
1.	Vermögensempfänger	2001
2.	Versorgungsleistungsempfänger	2001
VII.	Korrespondenzprinzip	2003
VIII.	Formale Anforderungen	2004
IX.	Umfang der absetzbaren Sonderausgaben/der zu besteuernden wiederkehrenden Bezüge	2004
1.	Nichtgeldleistungen	2005
2.	Insb. Nutzungsüberlassung	2006
3.	Geldleistungen	2007

		4.	Sonderausgabenabzug bei vorbehaltenem Wohnungsrecht des Veräußerers nach altem Recht?	2009

            4. Sonderausgabenabzug bei vorbehaltenem Wohnungsrecht des Veräußerers nach altem Recht? 2009
            5. Sonderausgabenabzug bei Selbstnutzung durch Erwerber nach altem Recht? 2009

Kapitel 14: »Behinderten- bzw. Bedürftigentestament« 2011
A. Ziel und Anwendungsbereich 2012
    I. Motive 2012
   II. »Enterbungslösung« 2014
B. »Auflagenlösung« als mittelbare Zuwendung 2015
    I. Auflage 2015
   II. Insb.: Stiftungen 2015
  III. Risiko: Überleitung des Pflichtteilsanspruchs 2016
C. Unmittelbare Zuwendung an den Destinatär: Vermächtnislösungen 2018
    I. Reiz des Vermächtnisses 2018
   II. Vermächtnistyp 2019
  III. Insb.: Vor- und Nachvermächtnis (§ 2191 BGB) 2020
       1. Ausgestaltung 2020
       2. Bedenken 2021
           a) Nachvermächtnisvollstreckung? 2021
           b) Verhältnis zur sozialrechtlichen Nachlasshaftung 2022
           c) Ausschlagung (§ 2307 BGB) 2024
           d) Analogie zu § 102 SGB XII? 2025
           e) Analogie zu § 2385 Abs. 1 BGB? 2025
   IV. Vermächtnisgegenstand 2026
    V. Der seidene Faden aller Gestaltung: Überleitungsfähigkeit des Ausschlagungsrechtes 2029
       1. Überleitung 2029
       2. Aufforderung zur Selbsthilfe 2030
D. Erbschaftslösungen 2031
    I. Das »klassische Behindertentestament«: Destinatär als Mitvorerbe, Testamentsvollstreckung 2031
       1. Regelungsziel 2031
       2. Konstruktionselemente 2032
           a) Vorerbschaft 2032
           b) Testamentsvollstreckung 2034
       3. Gefährdungen 2037
           a) § 2338 BGB als Vorkehrung? 2037
           b) § 2306 Abs. 1 Satz 1 BGB a.F. (Sterbefälle bis Ende 2009) .. 2038
           c) § 2305 BGB 2040
              aa) Gefahren aufgrund früherer Zuwendungen 2040
              bb) Gefahren aufgrund Ausschlagung durch den überlebenden Ehegatten 2044
           d) § 2306 Abs. 1 BGB 2045
              aa) Ausschlagung 2045
              bb) Zusätzliche Gefahren aus Pflichtteilsstrafklauseln ... 2046
           e) § 2325 BGB 2050
           f) § 2216 Abs. 2 Satz 2 BGB 2051
           g) Niedrigzinsphase und Substanzverwertung 2053
           h) Person des Testamentsvollstreckers 2054
           i) Ungeplante Entwicklungen 2060

		j)	Änderungen der Rechtslage, z.B. Bundesteilhabegesetz	2061
		k)	fehlerhafte Ausübung der Testamentsvollstreckung	2063
	4.		Erleichterung der Rechtsposition anderer Beteiligter	2065
		a)	Teilungsanordnung	2065
		b)	Trennungslösung?	2066
		c)	Herausgabevermächtnis auf den Überrest?	2067
	5.		Sozialfürsorgerechtliche Wertung	2069
	6.		§ 138 BGB?	2072
		a)	Subsidiaritätsverstoß?	2072
		b)	Sättigungsgrenze?	2073
		c)	Sittenwidrigkeit ggü. dem Behinderten?	2074
		d)	Sittenwidrigkeit der Erbschaftsannahme?	2075
	7.		§ 134 BGB i.V.m. § 14 HeimG?	2075
II.			Destinatär als alleiniger Vorerbe	2078
III.			Destinatär als Mitnacherbe	2081

E. Bedürftigentestament 2083
    I. Unterschiede und Gemeinsamkeiten zum »Behindertentestament« 2083
        1. »Standardkonstruktion« 2083
        2. »Vermächtniskonstruktion« 2086
            a) Vor- und Nachvermächtnis 2086
            b) »schwebendes« Vermächtnis 2087
    II. Die Wirkungsweise der Konstruktionselemente 2090
        1. Vor- und Nacherbfolge 2090
        2. Testamentsvollstreckung 2093
    III. Aufhebung der Beschränkungen 2100
        1. Durch den Erblasser selbst 2100
        2. Durch die Erben 2101
        3. Durch Vorkehrung in der letztwilligen Verfügung selbst 2103
            a) Ermöglichung der Anfechtung? 2103
            b) Auflösend bedingte bzw. befristete Vorerbenstellung? 2104
            c) Aufschiebend bedingte Befreiung des Vorerben? 2108
            d) Befristete Testamentsvollstreckung? 2109
            e) Gestufte Ausschlagung? 2109
            f) Auflage? 2110

Kapitel 15: Vertragsmuster 2113

A. Lebzeitige Übertragung von Grundbesitz (»Überlassung«)/Merkblatt für Veräußerer, Erwerber und Geschwister 2113
B. Merkblatt: Schenkung- und Erbschaftsteuer 2124
C. Merkblatt: Stiftungen 2146
D. Fragebogen und Datenerfassung zu einer Hausübergabe 2151
E. Fragebogen zur Übergabe eines landwirtschaftlichen Anwesens 2156
F. Übertragung eines städtischen Anwesens auf Abkömmlinge unter Nutzungs- und Verfügungsvorbehalt 2163
G. Muster einer Bauplatzübertragung als Ausstattung mit Ausgleichspflichtteilsverzicht eines weichenden Geschwisters 2169
H. Teilungserklärung im Eigenbesitz und Übertragung des Sondereigentums zum Eigenausbau 2174
I. Landwirtschaftlicher Übergabevertrag (mit weiteren Erläuterungen) 2183
J. Ehebedingte Zuwendung eines Halbanteils an einer Immobilie 2200
K. Ehebedingte Übertragung von Grundbesitz in das künftige Alleineigentum eines Ehegatten 2204

Inhaltsverzeichnis

L. »Güterstandsschaukeln« 2210
M. »Familienpool« in Form einer vermögensverwaltenden KG (Gründung und Einbringung des Grundbesitzes mit Schuldübernahme und Verfügungssperre) mit Registeranmeldung 2223
N. »Familienpool« in Form einer GbR (Gründung und Einbringung des Grundbesitzes mit Nießbrauchsvorbehalt und Verfügungssperre) 2235
O. »Familienpool« in Form einer GmbH & Co. KG (Einbringung von Grundbesitz, Übertragung von Gesellschaftsanteilen, Neufassung des Gesellschaftsvertrages) 2246
P. Schenkung eines Kommanditanteils im Wege vorweggenommener Erbfolge mit Handelsregisteranmeldung 2269
Q. Schenkung einer atypischen Unterbeteiligung an einem Kommanditanteil 2276
R. Abtretung eines GmbH-Geschäftsanteils im Wege vorweggenommener Erbfolge (mit Gesellschafterliste) 2282
S. »Stuttgarter Modell« (Überlassung mit Mietvertrag; Vereinbarung einer dauernden Last) 2288
T. Übertragung eines einzelkaufmännischen Gewerbebetriebes mit Grundbesitz (mit Handelsregisteranmeldung) 2293
U. Erbschaftsvertrag nach § 311b Abs. 5 BGB 2304
V. Schenkung eines Erbteils 2308
W. Abschichtung gegen Abfindung 2314
X. Muster eines »klassischen« Behindertentestamentes (als Erbvertrag) 2316
Y. Einzeltestament bei überschuldetem Abkömmling 2325
Z. Stiftungsgeschäft unter Lebenden (Familienstiftung) 2330

Stichwortverzeichnis 2335

Verzeichnis der Formulierungsvorschläge und Muster

Rdn.

Kapitel 1: Grundtypus und Varianten – Das Schenkungsrecht des BGB und typische Fallgruppen

Vereinbarung der fortgesetzten Gütergemeinschaft	133
Beantragung einer Vormerkung durch den Erwerber (im Hinblick auf § 140 Abs. 2 Satz 1 InsO)	213
Ausstattungscharakter	268
Umfang und Folgen der Ausstattung	274
Gegenseitige entgeltliche Zuwendungsversprechen auf den Todesfall (Miteigentumsanteile)	295
Gegenseitige entgeltliche Zuwendungsversprechen auf den Todesfall (Nießbrauchsrechte)	297
Umfassende Abgeltungsklausel bei Erbauseinandersetzung	312
»Frankfurter Testament« zur Unternehmensnachfolge	361
Steuerausgleichsvermächtnis beim »Frankfurter Testament«	364
Wahlvermächtnis gem. § 2151 BGB zur Bestimmung des Unternehmensnachfolgers	367
Unternehmertestament (Dauervollstreckung mit Zuordnungsbefugnis hinsichtlich Betriebs- und Privatvermögen)	370
Beschränkter Abänderungsvorbehalt hinsichtlich der Einsetzung eines Unternehmenserben	372
Sog. Super-Vermächtnis nach Gutdünken des Längerlebenden anstelle des Pflichtteils	374
Sog. Super-Vermächtnis nach Gutdünken des Längerlebenden anstelle des Pflichtteils mit sofortiger Abzugsmöglichkeit	376
Anordnung eines Vermächtnisses bzgl. Personengesellschaftsanteilen	380
Nachfolgeklausel in Freiberufler-Kapitalgesellschaft	387
Einsetzung mehrerer Testamentsvollstrecker bei Betriebsvermögen	394
Dauervollstreckungs-Modell bei Betriebsnachfolge von Todes wegen (Einzelunternehmen)	398
Regelung zur Vorsorgevollmacht im Personengesellschaftsvertrag	409
einzelunternehmerische Betriebsfortführungsvollmacht als Notfallvorsorge	412
Verpflichtung zu betrieblicher Vorsorgevollmacht im Gesellschaftsvertrag	413
Vorsorgevollmacht in Bezug auf unternehmerische Gesellschaftsbeteiligungen	414
Anmeldung des Haftungsausschlusses gem. § 25 Abs. 2 HGB beim die Firma fortführenden Rechtsträger	430
Übertragung eines Hofes i.S.d. Höfeordnung	451
Vereinbarung über mitübertragene Zuckerrübenlieferungsrechte	459
Mitübertragene Gegenstände bei landwirtschaftlicher Übergabe	464

Verzeichnis der Formulierungsvorschläge und Muster

Kapitel 3: Sozialrechtliche Fragen der Grundstücksüberlassung

Modifizierung des § 528 BGB hinsichtlich »umgekehrter Ersetzungsbefugnis« 1106
Erlöschen des dinglichen Wohnungsrechts bei Unmöglichkeit seiner Ausübung 1196
Löschungsverpflichtung bei dauerndem Unterlassen der Ausübung des Wohnungsrechtes . 1197
(Er-)löschen des dinglichen Wohnungsrechts gegen amtsärztliches Attest 1198
(Er-)Löschen des dinglichen Wohnungsrechts durch Abmeldebescheinigung 1200
(Er-)Löschen des dinglichen Wohnungsrechts gegen notarielle Eigenurkunde 1202
Notarielle Eigenurkunde zur Löschung eines Wohnungsrechtes 1203
Antrag des Notars als auflösende Bedingung des Wohnungsrechtes 1205

Kapitel 4: Absicherung des Veräußerers

Besitzübergang beim Vorbehaltsnießbrauch 1288
Weitergabepflicht bei schuldrechtlichen Abreden zum Nießbrauch 1291
»Surrogation«: Bestellung eines Nießbrauchs am Folgeobjekt als Ersatz für die Löschung am verkauften Erstobjekt 1293
Befugnis zur einseitigen Aufgabe des Nießbrauchs 1302
Bruchteilsvorbehaltsnießbrauch 1306
Bruchteilszuwendungsnießbrauch 1307
Nießbrauchsrecht in Gütergemeinschaft 1313
Quotenvorbehaltsnießbrauch 1318
Quotenzuwendungsnießbrauch 1320
Aufschiebend bedingter Nießbrauch für den überlebenden Ehegatten des Veräußerers 1322
Anspruch auf Sukzessivnießbrauch (vormerkungsgesichert) für den überlebenden Ehegatten des Veräußerers 1324
Befristeter Anspruch auf Vorbehaltsnießbrauch (vormerkungsgesichert) 1326
Nießbrauch mit Fremdvermietungs- und Leerstandsverbot gem. § 1030 Abs. 2 BGB 1330
Sicherungsnießbrauch 1332
Örtlich beschränkter Nießbrauch (als unechte Teilbelastung) 1335
Nießbrauch an Sondereigentum 1340
Verjährungsverlängerung beim Nießbrauch 1342
Vermietung durch Nießbraucher 1345
Beitritt des Eigentümers zur Vermietung durch den Nießbraucher 1347
Zustimmungsvorbehalt und Vormietrecht des Eigentümers bei Vermietung durch den Nießbraucher 1350
vollstreckungsbewehrte Duldungsverpflichtung des Nießbrauchers für den Fall der Zwangsverwaltung 1363

Verzeichnis der Formulierungsvorschläge und Muster

Eigenübliche Sorgfalt des Nießbrauchers	1369
Nießbrauch mit gesetzlicher Lastenverteilung	1376
Bruttonießbrauch	1379
Außerordentliche Unterhaltungspflichten des Eigentümers mit dinglicher Wirkung	1382
Nettonießbrauch	1390
Nettonießbrauch mit Erhaltungsverpflichtung	1391
Dinglich-entgeltlicher Nießbrauch (Monatszahlung mit Währungssicherung)	1393
Verwendung stehen bleibender Grundpfandrechte zugunsten des Vorbehaltsnießbrauchers	1398
Beleihungsverpflichtung und -vollmacht des Eigentümers	1404
Rentenwahlrecht des Nießbrauchers	1408
Begrenzte Rangrücktrittsverpflichtung und -vollmacht des Nießbrauchers	1414
Rangvorbehalt beim Nießbrauch für Beleihungen durch den Eigentümer (mit schuldrechtlichen Einschränkungen)	1416
Modifizierung des Zugewinnausgleichs (Ausschluss in Bezug auf Vermögen gem. § 1374 Abs. 2 BGB)	1443
»Steuerklausel« beim Zuwendungsnießbrauch an Wertpapiervermögen	1455
Rückbehalt der Fotovoltaikanlage bis zum Tod des Veräußerers	1464
Auskunfts- und Einsichtsrechte des Nießbrauchers	1476
Regelung des Gewinnanspruchs beim Nießbrauch an einem Personengesellschaftsanteil	1483
Anspruch auf Erstattung nicht entnommener Gewinne bei Beendigung des Nießbrauchs	1485
Keine Nießbrauchsberechtigung an den Erträgen aus »Finanzvermögen«	1488
Gesellschafterrechte bei Nießbrauch an Personengesellschaftsanteil	1490
Surrogate beim Nießbrauch an Personengesellschaftsanteilen	1494
Stimmrechtsverteilung zwischen Gesellschafter und Nießbraucher	1500
Stimmrechtsausübung durch Gesellschafter mit begrenztem Zustimmungsvorbehalt des Nießbrauchers	1502
Surrogate und Verwaltungsrechte beim Nießbrauch an einem GmbH-Anteil	1514
Schenkung börsennotierter Aktien unter Nießbrauchsvorbehalt	1514e
Ausschüttungsumfang beim unentgeltlichen Zuwendungsnießbrauch an GmbH-Anteil	1516
Schuldrechtliches Wohnungsrecht mit Schutzvorkehrungen	1527
Mitbenutzungsrecht mit aufschiebend bedingtem Wohnungsrecht bei Eigentumsverlust oder Trennung	1533
Mitbenutzungsrecht mit aufschiebend bedingtem Wohnungsrecht oder wahlweise Rückforderungsrecht bei Eigentumsverlust oder Trennung	1535
Erlöschen der Wohnungsrechts-Sekundärpflichten beim Abriss des Gebäudes	1537
Wohnungsgewährungsreallast als Sekundärrecht	1542
Rechtliches Interesse für Wohnungsrecht vor Nießbrauchsrecht	1551

Verzeichnis der Formulierungsvorschläge und Muster

Wohnungsrecht in Gütergemeinschaft	1558
Überlassung eines Wohnungsrechts zur Ausübung unter der Bedingung der Lastentragung wie beim Nießbrauch	1564
Überlassung eines Wohnungsrechts zur Ausübung unter der Bedingung vollständiger Lastentragung	1566
Überlassung eines Wohnungsrechts zur Ausübung bei Pflegebedürftigkeit	1568
Bedingte Rentenzahlungspflicht bei Erlöschen des Wohnungsrechtes	1581
Wohnungsrecht (Gesamtbaustein)	1591
Nettowohnungsrecht (Gesamtbaustein)	1593
Wohnungsrecht verknüpft mit Mietvertrag	1596
Hinweis auf sozialhilferechtliche Anerkennungsrisiken bei Leistungsbeschränkungsklauseln	1615
Übernahme des ungedeckten Pflegebedarfs	1625
Pflege- und Dienstleistungspflichten (kurz)	1634
Schuldrechtliche Einschränkung der Reallast	1640
Pflege- und Dienstleistungspflichten (ausführlich)	1642
Keine Anpassung der dauernden Last bei Ortswechsel	1651
Ruhen ortsgebundener Rechte bei Abwesenheit; Ausschluss von Geldersatzansprüchen außer bei »verschuldeter Verdrängung«	1667
Erlöschen ortsgebundener Rechte aufgrund fachärztlicher Feststellung (Ergänzung im Anschluss an den vorstehenden Formulierungsvorschlag)	1669
Erlöschen ortsgebundener Rechte; vollständiger Ausschluss von Geldersatzansprüchen	1671
Forderungsrechte weichender Geschwister	1675
Allgemeiner Freistellungsanspruch unter Geschwistern	1677
Formulierungsvorschlag (Alternative): Begrenzter Freistellungsanspruch unter Geschwistern	1679
Begrenzter Freistellungsanspruch unter Geschwistern, mit Entreicherungseinwand	1682
Freistellung unter Geschwistern hinsichtlich des Elternunterhalts	1684
Geschwisterabrede zur Verteilung der »Soziallast der Eltern« nach festen Quoten	1689
Rücktrittsvorbehalt beim Pflichtteilsverzicht zur Absicherung einer Freistellungspflicht unter Geschwistern	1694
Regelung zur Auskehr des Pflegegeldes	1696
Ausübung der Leistungswahlrechte bei Pflege (ausführlich)	1700
Pflege- und Versorgungsvertrag	1702
Pflegevergütungsvermächtnis	1711
Verköstigungspflicht	1714
Besorgungspflichten	1715
Eintragungsbewilligung für Leibgeding	1723

Verzeichnis der Formulierungsvorschläge und Muster

Gegenseitige Verfügungsvollmacht bei mehreren Leibgedingsberechtigten	1726
Pflicht zur Freigabe bzw. zum Rangrücktritt des Leibgedings	1728
Im Innenverhältnis gebundene Vollmacht an den Erwerber zur Verfügung über Leibgedingsrechte	1731
Vertragliche Vereinbarung der landesrechtlichen Bestimmungen zum Leibgeding	1738
Abwehrklausel gegen die Annahme einer dauernden Last nach altem Recht (bis Ende 2007)	1750
Zivil- und steuerrechtliche Leibrente	1762
Leistungsvorbehaltsklausel als Wertsicherungsvereinbarung	1765
Spannungsklausel als Wertsicherungsvereinbarung	1767
Zeitabhängige Indexgleitklausel als Wertsicherungsvereinbarung	1776
Schwellen- und verlangensabhängige Indexgleitklausel als Wertsicherungsvereinbarung	1777
Dauernde Last ohne Wertsicherung (unterhaltsähnliche Maßstäbe)	1785
Dauernde Last ohne Wertsicherung (Maßstab: Jahresüberschuss/mit Mindestbetrag)	1789
Vollstreckungsunterwerfung bei wertgesicherter schuldrechtlicher Zahlung	1795
Bestellung einer Reallast	1798
Sicherungsreallast	1800
Reallast nur für den Ausgangsbetrag	1806
Vollstreckungsunterwerfung für »Haftungstrias«	1813
Rückstandssicherung bei Reallast	1819
Ablösevereinbarung bei Reallast	1823
Verjährungsverlängerung des Leibrentenstammrechts	1826
Bedingter Anspruch auf Sicherungswohnungsrecht	1833
Nachgenehmigung durch weichendes Geschwisterteil	1863
Dingliche Rechte für nicht Anwesende (noch unter Vorbehalt)	1866
Lebzeitige Ausgleichspflicht (Leistungserbringung erfolgt wirtschaftlich durch den Erwerber)	1878
Wohnungsrecht für weichendes Geschwisterteil bis zur Verheiratung	1882
Nachabfindungsverpflichtung (im Anschluss an Zustimmungsvorbehalt des Veräußerers)	1885
Weitere Fälle des Ausschlusses einer Nachabfindungspflicht (im Anschluss an Textbaustein Rdn. 1885)	1887
Modifizierung des höferechtlichen Nachabfindungsanspruchs gem. § 13 HöfeO	1888
Absicherung des bedingten Nachabfindungsanspruchs der weichenden Geschwister	1890
Anspruch der weichenden Geschwister auf künftige Absicherung	1892
Bedingter Anspruch auf Übertragung eines Bauplatzes bei späterer Bebaubarkeit zugunsten weichender Geschwister	1896
Vorbehalt künftiger lebzeitiger Gleichstellungsverpflichtung	1898

Verzeichnis der Formulierungsvorschläge und Muster

Vorbehalt nachträglicher Anordnung einer lebzeitigen Ausgleichszahlung, Ergänzung/Befugnis auch seitens des überlebenden Ehegatten	1900
Ausschluss der Ausgleichung von Pflegeleistungen unter Kindern gem. § 2057a BGB	1923
Ausdrückliche (»gekorene«) Ausgleichungsanordnung (Standardfall)	1931
Gekorene Ausgleichungspflicht ohne Pflichtteilsfernwirkung, »Abbedingung des § 2316 Abs. 1 BGB«	1933
Vorausvermächtnis zur nachträglichen Freistellung des ausgleichspflichtigen Abkömmlings von der Ausgleichung	1936
Ausgleichungspflicht selbst bei Nachlasserschöpfung, »Abbedingung des § 2056 BGB«	1954
Ausgleichungsanordnung auflösend bedingt bei Pflichtteilsverlangen weichender Geschwister nach dem erstversterbenden Ehegatten	1967
Allseitige »postmortale Ausgleichungsvereinbarung« zur Gleichstellung im Schlusserbfall unabhängig von der Versterbensreihenfolge	1975
Vorausvermächtnis zur Sicherung der Ausgleichung auf den Sterbefall des überlebenden Veräußerers	1978
Bis zur Schuldübernahmegenehmigung ausgesetzte Auflassungsbewilligung	2000
Schuldübernahme (mit schuldrechtlicher und dinglicher Vollstreckungsunterwerfung)	2014
Erfüllungsübernahme	2022
Variante Erfüllungsübernahme bei bereits erklärter persönlicher Vollstreckungsunterwerfung	2024
Fortsetzung Erfüllungsübernahme mit Einholung der Erklärung nach § 415 BGB durch den Notar	2026
Variante Erfüllungsübernahme mit Einholung der Erklärung nach § 415 BGB durch die Beteiligten	2027
Fortsetzung Erfüllungsübernahme/Umschreibung nur bei Schuldbefreiung, sonst Rücktrittsrecht	2030
Variante Erfüllungsübernahme, Umschreibung nur bei Schuldbefreiung, kein Rücktrittsrecht (am Beispiel dann fortbestehenden Miteigentums bei Scheidung)	2031
Variante Erfüllungsübernahme, Umschreibung auch ohne Schuldbefreiung	2032
Einholung einer Schuldübernahmegenehmigung durch den Notar (Vollzugsbrief)	2035
Übernahme eines Grundpfandrechts zur Neuvalutierung mit Vollstreckungsunterwerfung	2049
Übernahme eines Grundpfandrechtes zur Neuvalutierung nach Abtretung	2053
Belehrung bei Rangrücktritt hinter Grundpfandrechte	2059
Selektiver Rangvorbehalt mit Belehrungsvermerk	2062
Beschränkung der Rückgewähransprüche auf Löschung sowie Löschungsvormerkung bei nachrangigen Rechten des Veräußerers	2069
Abtretung der Rückgewähransprüche bei übernommenen Grundpfandrechten	2072
Abtretung von Rückgewähransprüchen (ausführlich)	2076
Schuldübernahme aufschiebend bedingt auf den Zeitpunkt des Erlöschens des Nießbrauches	2079

Verzeichnis der Formulierungsvorschläge und Muster

Sofortige Schuldübernahme mit Freistellung bis zum Erlöschen des Nießbrauches 2082
Vollmacht zur »Vorwegfinanzierung« einer Ausgleichsleistung 2086
Vertragliche Geldersatzrente außerhalb des Leibgedingsrechts 2094
Güterrechtliche Wirkungen der Durchführung der Rückübertragung 2127
Wegfall der Pflichtteilswirkungen mit Durchführung der Rückübertragung 2129
Erlöschen des Rückforderungsrechts bei Schweigen nach Aufforderung des Eigentümers .. 2136
Freies Rückforderungsrecht 2142
Rückforderungsrecht bei Berechtigten in Gütergemeinschaft 2156
Rückforderungsberechtigung gem. § 428 BGB mit festgelegter Eigentumsstruktur 2161
Rückforderungsberechtigung nach § 428 BGB mit freier Eigentumsstruktur 2164
Alleinige Rückforderungsberechtigung des überlebenden Miteigentümers kraft Abtretung . 2168
Inhaltlich begrenzte, aufschiebend bedingte selbstständige Rückforderungsberechtigung des überlebenden Ehegatten 2171
aufschiebend bedingte selbstständige Rückforderungsberechtigung des überlebenden Ehegatten 2174
aufschiebend und auflösend bedingte selbstständige Rückforderungsberechtigung des überlebenden Ehegatten 2175
Rückforderungsberechtigung des Ehegatten (Nichteigentümers) des Veräußerers kraft Abtretung 2179
»Über-Kreuz-Abtretung« des Rückforderungsrechtes unter mehreren Erwerbern zur Verlängerung des Schutzzeitraums.. 2181
Rückforderungsberechtigung gem. § 428 BGB mit Vorrang des Veräußerers 2183
bedingter Übertragungsanspruch als Vermächtnisinhalt................................ 2186
Rückforderungsrecht mit einmaliger Vererblichkeit 2190
Rückforderungsrecht mit bedingter Vererblichkeit 2192
Keine gesetzliche Vertretung bei Ausübung des Rückforderungsrechts (Einleitung)........ 2194
Erteilung/Versagung der Einwilligung in eine Verfügung durch eine »Ersatzperson« bei Betreuungsbedürftigkeit 2196
Erlöschen des Rückforderungsvorbehalts bei Betreuungsbedürftigkeit................... 2198
Rückforderung eines quotenentsprechenden Miteigentumsanteils bei Erwerbern in GbR .. 2212
Rückforderung wahlweise des Gesamtobjekts oder eines quotenentsprechenden Miteigentumsanteils bei Erwerbern in GbR 2215
Rückübertragungsverpflichtung hinsichtlich eines übertragenen GbR-Anteils............. 2218
Rückforderung lediglich des betreffenden Miteigentumsanteils 2224
Rückforderung des betreffenden Miteigentumsanteils oder des Gesamtobjekts nach Wahl des Berechtigten 2226
Mitübertragung grundpfandrechtsbezogener Positionen bei Rückforderung 2231
Anspruch auf Erteilung der Zustimmung zu »ordnungsgemäßer« Verfügung 2247

LVII

Verzeichnis der Formulierungsvorschläge und Muster

Rückforderungsrecht im »ungeschützten« Scheidungsfall 2264
Rückforderungsrecht bei Nichtvorlage eines Ehevertrages 2266
Nur begrenztes Rückforderungsrecht im Todesfall 2271
Jederzeitiges Rückforderungsrecht im Todesfall 2273
Weitere Rückforderungsrechte 2280
Suchttatbestände 2281
Definition »Sekte« 2282
Rückforderungsvorbehalt bei Nichterfüllung einer Auflage (Vermögensverwaltungsbindung einer Geldschenkung) 2284
Rückforderungsvorbehalt als »Steuerklausel« 2286
Rückforderungsmöglichkeit bei künftigen Steuererleichterungen 2288
Rückforderungsvorbehalt bei Inanspruchnahme als Zweitschuldner für die Schenkungsteuer 2293
Rückforderungsvorbehalt bei Nachbesteuerungstatbeständen gemäß §§ 13a, 13b ErbStG . 2295
Weitere Rückforderungsrechte bei Betriebsvermögen 2297
Rückforderungsrecht bei Pflegebedürftigkeit 2301
Rückforderungsobjekt »Betrieb« 2304
Vollmacht zur Rückabwicklung bei Vorversterben des Erwerbers 2310
Pflicht zur Freistellung von »unüblichen« Mietverhältnissen bei Rückforderung 2312
Ausschluss jeglicher Erstattung bei Rückforderung 2315
Rückabwicklung bei Ausübung des Rückforderungsrechts 2325
Pflichtteilsverzicht mit auflösender Bedingung, hilfsweise Wertersatzanspruch 2331
Subjektive Wahlschuld des Rückübertragungsverpflichteten 2335
Rangvorbehalt bei der Rückübertragungsvormerkung 2344
Vormerkungsgesicherte Pflicht zum Rangrücktritt mit der Rückübertragungsvormerkung . 2345
Spätere Änderung der Rückforderungstatbestände bei »diskreter Vormerkung« 2351
Vormerkung mit umfassendem Grundbuchinhalt 2355
Spätere Änderung der Rückforderungstatbestände bei »Vormerkung mit umfassendem Grundbuchinhalt« 2356
Auflösend befristete Vormerkung für Rückforderungsanspruch 2363
Vollmacht zur Löschung der Rückübertragungsvormerkung 2367
Vollzugsauftrag zur Reduzierung des vormerkungsgesicherten Rückforderungsanspruchs bei einem Teilflächenverkauf 2371
Verlautbarung der Inhaltsreduzierung der Vormerkung durch auflösende Bedingung ... 2373
Verlautbarung der Inhaltsreduzierung der Vormerkung durch Wirksamkeitsvermerk 2375
Übernahme der bedingten vormerkungsgesicherten Rückauflassungsverpflichtung 2383
Risikohinweise bei Rückforderungsvorbehalt 2386

Verzeichnis der Formulierungsvorschläge und Muster

Verzicht auf Rückforderungs- und sonstige Vorbehalte 2389

Gesamtbaustein »Rückforderungsrecht« 2391

Haftungsbeschränkende »Umwandlung« des zurück zu übertragenden Unternehmens auf Verlangen des Schenkers 2399

Rückforderungsrecht im Vorfeld einer Unternehmensinsolvenz 2401

Rückforderungsvorbehalt (auflösende Bedingung) bei GmbH-Anteil 2410

Rückgaberecht 2416

Modifizierung des § 428 BGB 2427

Sukzessivberechtigung bei Mitgläubigerschaft 2435

Kapitel 5: Gesellschaftsrechtliche Lösungen

Ausschluss des Versteigerungsrechts unter Miteigentümern 2447

Miteigentümervereinbarung mit Separierung von Nutzungs- und Kostentragungsbereichen 2449

wechselseitige Ankaufsrechte unter Miteigentümern 2451

Berichtigung bei identitätswahrendem Formwechsel einer eingetragenen GbR in OHG ... 2458

Risikohinweis bei Veräußerung z.B. beweglicher Sachen durch eine GbR 2471

Schuldrechtliche Doppelverpflichtung bei Veräußerung durch GbR 2473

Erwerb in GbR (schuldrechtliche Einigung) 2475

Vollstreckungsunterwerfung bei erwerbender GbR 2477

Grundbuchberichtigung bei Tod eines GbR-Gesellschafters, Variante »einfache Nachfolgeklausel« 2502

Grundbuchberichtigung bei Tod eines GbR-Gesellschafters, Variante »qualifizierte Nachfolgeklausel« 2503

Grundbuchberichtigung bei Tod eines GbR-Gesellschafters, Variante »Anwachsungsklausel« 2505

Grundbuchberichtigung bei Tod eines GbR-Gesellschafters, Variante »§ 727 BGB« 2508

Wirksamwerden der Kommanditanteilsübertragung 2561

Bemessung des gemeinen Werts bei der Einbringung von Grundbesitz gegen Gewährung von Gesellschaftsrechten 2585

Fünfkontenmodell bei der Personengesellschaft 2617

Zustimmungsvorbehalte eines Beirats 2620

Natürliche Person als weiterer Vollhafter ohne Befugnisse (zur Vermeidung der Registerpublizität) 2622

Sondergeschäftsführungsrecht bei der Komplementär-GmbH 2624

Vetorecht 2628

Güterstandsklausel im Gesellschaftsvertrag 2633

drag-along-Klausel im Gesellschaftsvertrag 2663

LIX

Verzeichnis der Formulierungsvorschläge und Muster

Abweichende Gewinnverteilung bei Personengesellschaft	2672
Vorabgewinn bei Personengesellschaft	2673
Eintrittsrecht für Minderjährige nach Eintritt der Volljährigkeit	2689
Einheits-GmbH & Co. KG, Wahrnehmung der Stimmrechte in der Komplementär-GmbH durch die Kommanditistenversammlung	2734
GmbH & Co KG, Offenlegung der Weitergabe der GmbH-Stammeinlage als Darlehen an die KG	2743
Beirat bei einer GmbH	2751
Auflösung von Pattsituationen durch gesellschaftsexternen Dritten	2753
Hinweis in Geschäftsanteilskaufvertrag bei Mitabtretung eines Gesellschafterdarlehens	2768
Qualifizierter Rangrücktritt eines Darlehens	2771
Kombinierte Einziehungs- und Abtretungsklausel bei Erbfall in GmbH	2802
Persönlicher Gewinnvoraus bei der GmbH	2815

Kapitel 6: Stiftungen

Verbrauchsstiftung	2967
Begrenzte Flexibilität bei Unternehmensbeteiligungsstiftung	2980
Regelung des Zwecks einer Familienstiftung	2985
»Starker« Beirat bei einer unternehmensverbundenen Familienstiftung	2987
Errichtung einer Stiftung von Todes wegen	3049
Regelung zu Zustiftungen in der Stiftungs-Satzung	3058
»Lenkungsrecht« des Zustifters	3060
Bedingte Zweckerweiterungskompetenz des Stiftungsvorstands	3062
Mustersatzung für Vereine, Stiftungen, Betriebe gewerblicher Art von juristischen Personen des öffentlichen Rechts, geistliche Genossenschaften und Kapitalgesellschaften (Anlage 1 zu § 60 AO) – enthält nur die aus steuerlichen Gründen notwendigen Bestimmungen –	3073
Satzungsregelung zur Vorstandsvergütung bei Gemeinnützigkeit	3077

Kapitel 7: Besonderheiten bei Zuwendungen unter Ehegatten

Verwaltungsvereinbarung unter Ehegatten zur Schenkungsvermeidung	3143
Vereinbarung zur Vermeidung einer Ehegattenschenkung bei Gemeinschaftskonto	3174
Ehegattenschenkung unter auflösender Bedingung der »Rückvererbung«	3204
Rückforderung unter Ehegatten ist spätestens bei Scheidung auszuüben	3206
Berücksichtigung einer Ehegattenzuwendung bei Fehlen oder Nichtausübung eines Rückforderungsvorbehaltes lediglich i.R.d. § 1380 BGB	3209
Rückabwicklung bei Ausübung des Rückforderungsrechtes unter Ehegatten bei Gütertrennung	3214

Berücksichtigung der Ehegattenzuwendung bei Ausübung des Rückforderungsvorbehaltes im Scheidungsfall lediglich nach Zugewinnausgleichsrecht	3217
Berücksichtigung der Ehegattenzuwendung bei Ausübung des Rückforderungsvorbehaltes im Scheidungsfall nach Zugewinnausgleichsrecht, aber mit Mindesterstattung der hälftigen Eigeninvestitionen	3220
Rückforderungsrecht mit Erstattung lediglich außerhalb des Zugewinnausgleichs	3222
Rückforderungsrecht mit direkter Erstattung werterhöhender Investitionen und Erfassung sonstiger Steigerungen i.R.d. Zugewinnausgleichs	3224
Nichtanrechnungsbestimmung gemäß § 1380 BGB	3233
Erweiterung der Zugewinnausgleichswirkung einer Ehegattenzuwendung über § 1380 BGB hinaus	3252
Rückforderungsvorbehalt bei Immobilienübertragung zur Unterhaltsabgeltung	3258
Vorliegen einer ehebedingten Zuwendung (am Beispiel der Übertragung eines Halbanteils an einer Immobilie in das nunmehrige Alleineigentum des Ehegatten)	3269
Weiterübertragung eines Halbanteiles an den Ehegatten des Erwerbers	3314
Weiterübertragung an den Ehegatten des Erwerbers – Verzicht auf gegenständliche Rückforderung bei Scheidung	3317
Rückforderungsrecht mit Berücksichtigung allein i.R.d. Zugewinnausgleichs	3319
Rückforderungsrecht mit ausschließlicher Erstattung werterhöhender Investitionen	3322
Rückforderungsrecht mit Erstattung werterhöhender Investitionen und Erfassung sonstiger Steigerungen i.R.d. Zugewinnausgleichs	3324
Darlehensvertrag zur Investitionsabsicherung unter Lebensgefährten	3355
Wahlrecht zwischen Darlehensrückzahlung und Wohnungsrecht (Ergänzung)	3357
Nutzungsabrede zur Sicherung des Lebensgefährten	3362
Wechselseitige Erwerbsrechte unter Lebensgefährten bei Scheitern der Beziehung	3366
Innengesellschaft bürgerlichen Rechtes	3369
GbR auf Erwerberseite mit Quotenanpassungsabrede nach Finanzierungsbeiträgen	3372

Kapitel 8: Rechtsgeschäfte unter Lebenden auf den Tod

Auf den Tod des Schenkers vollzugsbefristete Grundstücks-Versprechensschenkung ohne echte Überlebensbedingung mit sofortiger Erklärung der Auflassung	3390
Versprechensschenkung unter Lebenden auf den Tod des Schenkers unter echter Überlebensbedingung, jedoch lebzeitigem Vollzug i.S.d. § 2301 Abs. 2 BGB	3393
Handeln aufgrund transmortaler Vollmacht	3405
Bedingter, vormerkungsgesicherter, Übereignungsanspruch Dritter nach dem Tod des Versprechensempfängers und des Veräußerers	3425
Vormerkungsgesicherter Übereignungsanspruch Dritter nach dem Tod des Versprechensempfängers, »lebzeitige Vor- und Nacherbfolge«	3427

Verzeichnis der Formulierungsvorschläge und Muster

Kapitel 9: Erb- und pflichtteilsrechtliche Problematik

Umfassende Rechtswahl zugunsten des deutschen Rechts gem. Art 22 EU-ErbVO (einseitige und mehrseitige Alternativen)	3544
Fortgeltungserklärung für Rechtswahl aus der Zeit bis 16.08.2015	3546
Cautela socini (§ 2306 BGB n.F.)	3560
Übernahme der Pflichtteilslast durch den Beschenkten	3608
Anordnung gem. § 2324 BGB (Befreiung des Vermächtnisnehmers von der Pflichtteilslast)	3610
Übernahme der Pflichtteilsergänzungslast durch den Beschenkten	3669
Auflösend bedingter Pflichtteilsverzicht zur Erhaltung der Einrede des § 2328 BGB	3673
Anordnung der Ertragswertklausel gem. § 2312 BGB	3687
Anrechnungsbestimmung nach § 2315 BGB	3718
Anrechnungsbestimmung nach § 2315 BGB mit »Niederstwertprinzip«	3720
Kombination von Ausgleichung und Anrechnung mit Optimierung der Pflichtteilsreduzierung	3760
Beschränkter Zuwendungsverzicht (Anordnung der Testamentsvollstreckung und Vermächtnisse zugunsten der Enkel bei Berliner Testament)	3778
Ungültigkeit von Ersatzerbeinsetzungen bei Zuwendungsverzicht des »Vormannes«	3781
Endgültiger Charakter einer Abfindungsvereinbarung bei Erb- oder Pflichtteilsverzicht	3807
Anpassungsvorbehalt beim Erb-/Pflichtteilsverzicht hinsichtlich der Abfindungshöhe (entsprechend § 313 BGB)	3809
Hinweis auf EU-ErbVO und Empfehlung einer Rechtswahl im Pflichtteilsverzicht	3819
Erbverzicht eines Abkömmlings	3821
Erbverzicht unter Ehegatten	3823
Allgemeiner Pflichtteilsverzicht eines Verwandten	3829
Zuwendungsverzicht auf Pflichtteilsvermächtnis	3831
Allgemeiner Pflichtteilsverzicht eines Ehegatten sowie (bedingter) Verzicht auf den güterrechtlichen Ausgleich im Todesfall	3833
Abfindung beim Pflichtteilsverzicht (unmittelbare Leistung des Erblassers)	3847
Abfindung beim Pflichtteilsverzicht (Leistungserbringung erfolgt wirtschaftlich durch den Erwerber)	3849
Umfassende Zustimmung des Ehegatten des Veräußerers mit gegenständlichem Pflichtteilsverzicht auch gem. § 1586b BGB	3852
Verzicht auf Pflichtteilsergänzungsansprüche auch gem. § 2329 BGB gegenüber dem Beschenkten	3855
Erbschaftsvertrag gem. § 311b Abs. 5 BGB zwischen Erwerber und weichendem Geschwister	3857
»Abbedingung des § 2306 BGB«	3869

Verzeichnis der Formulierungsvorschläge und Muster

Gegenständlich beschränkter Verzicht auf den Ausgleichspflichtteil (§ 2316 BGB)	3871
Gegenständlich beschränkter Pflichtteilsverzicht (§ 2325 und § 2316 BGB)	3873
Hinsichtlich Betriebsvermögens gegenständlich beschränkter Pflichtteilsverzicht	3875
Modifizierung des Zugewinnausgleichs und des Pflichtteilsrechts, gegenständlich beschränkt auf Betriebsvermögen	3881
Modifizierung des Zugewinnausgleichs durch generellen Ausschluss im Scheidungsfall	3883
Vereinbarung der Ertragswertklausel unabhängig von § 2312 BGB	3886
Schiedsgutachterklausel und Bewertungsfestlegung für Betriebsvermögenswertermittlung	3888
Pflichtteilsrechtliche Vereinbarung der Gleichstellung mit gesellschaftsvertraglichen Abfindungsbestimmungen	3890
Vertragliche Pflichtteilsanrechnungsvereinbarung analog § 2315 BGB bei Zuwendung eines Dritten	3892
Sicherstellung der vollständigen Anrechnung auf den Pflichtteil nach dem Ableben beider Veräußerer	3894
Stundung des Pflichtteils bis zum Ableben des länger lebenden Elternteils	3901
Stundung des gesamten Pflichtteilsanspruchs nach dem ersten Elternteil	3903
Hinausschieben des Entstehens des gesamten Pflichtteilsanspruchs nach dem ersten Elternteil	3905
Stundungsvereinbarung nach Entstehung des Pflichtteilsanspruchs	3908
Bedingter Pflichtteilsverzicht für den ersten Sterbefall der Eltern	3910
Persönlich beschränkter Pflichtteilsverzicht nur zugunsten des überlebenden Elternteils	3912
Qualitativer Pflichtteilsverzicht (Herabstufung zur Naturalobligation) zur Erhaltung der erbschaftsteuerlichen Entlastungswirkung	3916
Verzicht auf einen bereits entstandenen höferechtlichen Abfindungsanspruch	3919
Erklärungen des Ehegatten des Veräußerers bei der Hofübertragung	3921
Verzicht auf künftige höferechtliche Abfindungsansprüche	3922
Verzicht auf höferechtliche Nachabfindungsansprüche nach der Veräußerung einzelner Hofgrundstücke	3924
Verzicht auf künftige höferechtliche Nachabfindungsansprüche nach dem Zeitpunkt der Übergabe/dem Erbfall	3925
Verzicht auf künftige höferechtliche Nachabfindungsansprüche vor der Übergabe/dem Erbfall	3926
Modifizierung künftiger Nachabfindungsansprüche	3927
Erbvertrag, Verfügungsunterlassungspflicht, und bedingte Übertragungsverpflichtung	3935
Lebzeitiges Eigeninteresse	3944
Abweichende Regelungen bei minderjährigem Erwerber (Pflichtteilsanrechnung, Abwicklung nach Rückforderung, Schuldübernahme nach Nießbrauchsbeendigung)	3981

Kapitel 10: Beteiligung Minderjähriger

Begleitschreiben an Eltern zur Herbeiführung der Bestellung eines Ergänzungspflegers	4002
Noch vorzunehmende Bestellung eines Pflegers	4007
Eigenurkunde über die Aushändigung der Bestellungsurkunde/Bestallungsurkunde des Pflegers	4008
Ausschluss der Eltern von der Verwaltung	4014
Ausschluss des anderen Elternteils von der Verwaltung (§ 1638 BGB)	4015
Anordnungen zur Verwaltung gem. §§ 1639, 1640 BGB bei Schenkung	4018
Ausschluss des anderen Elternteils von der Annahme/Ausschlagung der Erbschaft durch testamentarische Anordnung gem. § 1638 BGB	4019a
Antizipierte Ablehnung einer Sprungrechtsbeschwerde	4069
»Umfassende Vollzugsbetreuung« durch den Notar bei der Einholung der gerichtlichen Genehmigung	4076
Anschreiben an den Verfahrensvertreter bei »umfassender Vollzugsbetreuung« zur Einholung der gerichtlichen Genehmigung	4077
Vollzugsauftrag zur Einholung der gerichtlichen Genehmigung	4081
Eigenurkunde aufgrund Doppelvollmacht	4083
Ausführungen zur Geschäftsfähigkeit bei Beurkundungen im Krankenhaus oder Pflegeheim	4091

Kapitel 11: Vollzug; Kosten

Allgemeine Vollzugsvollmacht	4101
Angestelltenvollmacht zur Behebung von Zwischenverfügungen	4106
Beurkundung mit vollmachtlosem Vertreter mit Hinweis auf die Folge	4114
Standardbelehrungen	4117
Rücktrittsrecht statt gerichtlicher Verfahren bei ablehnenden Bescheiden nach GrdStVG	4144
Belehrungshinweis beim Teilflächenerwerb	4150
Umlegungsverhaftetes Grundstück	4166
Grundstück im Flurbereinigungsverfahren	4178
Löschung Nacherbenvermerk (nicht befreit)	4213
Bewilligung der Eintragung des Nacherbenvermerks am Surrogat	4219
Zustimmungserfordernis gem. § 1365 BGB	4237
Schiedsgerichtsvereinbarung im Vermögensnachfolgevertrag	4252
Dynamische Verweisung auf die Schiedsordnung des SGH	4254
Schiedsklausel im Testament (SGH)	4256
Obligatorische Schlichtung durch den SGH	4260
Mediationsklausel in einem Vermögensnachfolgevertrag	4261

Verzeichnis der Formulierungsvorschläge und Muster

Mediationsklausel in einem Testament 4264
Umfassende Erledigungsklausel 4266
Tragung der Mehrkosten der Lastenfreistellung durch den Veräußerer 4303

Kapitel 12: Verkehrssteuern

Vermächtnis mit bestimmtem Wert zur Reduzierung der Erbschaftsteuerbelastung beim Berliner Testament 4501
Super-Vermächtnis ohne bestimmten Wert zur Reduzierung der Erbschaftsteuerbelastung beim Berliner Testament für beide Sterbefälle 4507
Übernahme der Schenkungsteuer und Nebenkosten durch den Schenker 4563
Begrenzte Übernahme der Schenkungsteuer für Nachbesteuerungstatbestände 4564
Wahl- und Herausgabevermächtnis zur steuerfreien Vererbung des Eigenheims 4925
Zuordnung des Eigenheims unter mehreren Kindern durch Testamentsvollstrecker 4941
Bedingtes Vermächtnis zugunsten des nach eigener Ankündigung eigennutzenden Schlusserben-Abkömmlings 4942
Steuerliches Ausgleichsvermächtnis bei Vererbung des Familienheims an einen Abkömmling 4944
Übertragung von Kommanditanteil und Grundbesitz im Sonderbetriebsvermögen mit gleichzeitiger (sofortiger) schenkungsteuerlicher Wirkung 5012b
Gebot einheitlicher Verfügung/Vererbung beim Poolvertrag 5030
Stimmrechtsbindung beim Poolvertrag 5037
Poolvereinbarung als Satzungsbestandteil 5043
Umfangreiche schuldrechtliche Poolvereinbarung (shareholder agreement) 5045
Poolmitgliedschaft als Satzungsbestandteil 5047
Entnahmebeschränkung gem. § 13a Abs. 9 ErbStG für Familien-Personengesellschaften .. 5213
Entnahmebeschränkung gem. § 13a Abs. 9 ErbStG für Familien-Kapitalgesellschaften ... 5214
Verfügungsverbot gem. § 13a Abs. 9 ErbStG 5221
Beschlussabhängige Verfügungsbeschränkung gem. § 13a Abs. 9 ErbStG 5222
Abfindungsbeschränkung gem. § 13a Abs. 9 ErbStG 5227
Abwehrklausel gegen Gesellschaftsvertragsänderungen zur Erhaltung des Familienunternehmens-Wertabschlags gem. § 13a Abs. 9 ErbStG 5385
Ausgleichsklausel zur nachträglichen Teilung der Erbschaftsteuerprivilegien bei Erbauseinandersetzung 5428
Mittelbare Grundstücksschenkung mit Nießbrauchsvorbehalt (als Teil eines Kaufvertrages) 5460
Mittelbare Grundstücksschenkung mit Nießbrauchs- und Rückforderungsvorbehalt (als Teil eines Kaufvertrages) 5461
Mittelbare hälftige Grundstücksschenkung durch den Ehegatten (als Teil eines Kaufvertrages) 5462

Verzeichnis der Formulierungsvorschläge und Muster

Begrenzte Übernahme der Schenkungsteuerschuld durch den Betriebsveräußerer	5546
Hinweis des Notars an die Beteiligten einer Anteilsübertragung auf Anzeigepflicht gem. §§ 19, 20 GrEStG, mit Beteiligungsübersicht	5594

Kapitel 13: Einkommensteuerrecht

Einräumung des unmittelbaren und des mittelbaren Besitzes	5805
Übergang des Jagdrechts	5812
Besitzübergang (Stichtagsregelung) für Betriebsübertragung (mit Selbstvornahmemöglichkeit)	5813
Fortsetzungsklausel bei Personengesellschaft mit Abfindung	5866
Fortsetzungsklausel bei Personengesellschaft mit Abfindungsausschluss	5870
Erfordernis einheitlicher Vertretung bei Nachfolge einer Personenmehrheit in Gesellschaftsanteil	5877
Einfache Nachfolgeklausel bei Personengesellschaft	5878
Freier Anteilserwerb bei Beendigung eines Treuhandverhältnisses über Personengesellschaftsanteil	5886
Qualifizierte Nachfolgeklausel bei Personengesellschaften, hilfsweise als Eintrittsklausel für nachfolgeberechtigte Nicht-Erben	5891
Rechtsgeschäftliche Eintrittsklausel (mit Benennungsrecht)	5907
Rechtsgeschäftliche Nachfolgeklausel	5909
Gesellschaftsrechtliche Übernahmeklausel	5911
Steuererstattungspflicht bei späterer Gewinnrealisierung nach Realteilung einer Erbengemeinschaft	5941
Verfügungsunterlassungs- und Nachzahlungspflicht bei Übertragung von Mitunternehmerteilanteilen	6009
»Sanktionen« bei Verstoß gegen ertragsteuerliche Sperrklausel	6010
§ 7 Satz 2 Nr. 2 GewStG – Erstattung der Gewerbesteuerbelastung bei Veräußerung eines Personengesellschaftsanteils durch eine Kapitalgesellschaft	6043
Gewerbesteuerklausel im Gesellschaftsvertrag	6045
Gewerbesteuerklausel im Kaufvertrag über einen Mitunternehmeranteil (Erfassung beim Verkäufer)	6046
Kaufpreisminderung zur Zuordnung der Gewerbesteuerbelastung aus dem Verkauf eines Mitunternehmeranteils beim Veräußerer	6048
Steuererstattungspflicht bei späterer Gewinnrealisierung nach Realteilung einer Personengesellschaft	6080
Pflicht zur Erstattung der Nachversteuerung beim Anteilstausch gem. § 22 Abs. 2 UmwStG	6116
Vinkulierungsklausel mit Ausgleichspflicht bei Untergang von Verlustvorträgen (§ 8c KStG)	6167
Entgeltlichkeit aufgrund Verrechnung mit Verwendungsersatzansprüchen	6234

Verzeichnis der Formulierungsvorschläge und Muster

Anpassung der Versorgungsrente bei späterem Wegfall des Sonderausgabenabzugs nach Übertragung von GmbH-Anteilen 6374

Versorgungsrente als Netto-Betrag, »Wegzugs-Klausel« 6416

Kapitel 14: »Behinderten- bzw. Bedürftigentestament«

Vor- und Nachvermächtnis beim »Behindertentestament« 6494

Quotengeldvermächtnis mit Ersetzungsbefugnis (als Vor- und Nachvermächtnis beim Behindertentestament) 6496

Pflichtteilsbeschränkung in wohlmeinender Absicht bei überschuldeten Kindern 6524

Bedingtes Vorausvermächtnis (als Vor- und Nachvermächtnis) beim »Behindertentestament« (als Vorsorge gegen die Werttheorie sowie gegen überleitbare Pflichtteilsansprüche) . 6543

Automatische Pflichtteilsstrafklausel beim »Behindertentestament« 6556

Fakultative Pflichtteilsstrafklausel 6557

Bedingte Quotenvermächtnisse zur Pflichtteilsangleichung bei »ungleichen Patchwork-Familien« 6559

Vorsorgliche Auflage zur Absicherung der Testamentsvollstreckeranordnungen beim »Behindertentestament« 6570

Beschränkte Verwertungsbefugnis hinsichtlich der Vorerbschaftssubstanz 6572

Nebenvollstreckung bei Personenidentität zwischen Hauptvollstrecker und Betreuer/Elternteil 6581

Dauertestamentsvollstreckung über den Vorerbenanteil beim »Behindertentestament« 6584

Hinweise und vorsorgende Hilfslösung beim Behindertentestament 6594

Teilungsanordnung beim »Behindertentestament« 6603

Ausgleichsvermächtnis für die nicht behinderten Geschwister 6608

Herausgabevermächtnis auf den Überrest 6610

Möglichkeit der Auskehr nicht mehr verwendbarer Reinertrags-Überschüsse an den Vorerben 6614

»umgekehrte Vermächtnislösung« beim »Behindertentestament«, lediglich Abkömmlinge .. 6643

»umgekehrte Vermächtnislösung« beim »Behindertentestament«; Ehegatten und mehrere Abkömmlinge 6646

»umgekehrte Vermächtnislösung« beim »Behindertentestament«; zusätzliches Nießbrauchsuntervermächtnis für den Längerlebenden 6648

Einfluss des bedürftigen Erben auf die Person des Testamentsvollstreckers 6659

Vor- und Nachvermächtnis beim Bedürftigen-Testament; Sicherung durch aufschiebend befristete Erfüllung 6669

Testamentsvollstreckung beim Bedürftigentestament 6702

Auseinandersetzungsverbot bei Testamentsvollstreckung (mit Surrogatwirkung) 6705

Teilungsanordnung bei Testamentsvollstreckung im Bedürftigentestament (mit Surrogatwirkung) 6708

Verzeichnis der Formulierungsvorschläge und Muster

Überführung eines einzelnen Nachlassgegenstands in das »freie Vermögen« des Vorerben	6714
Motivangabe beim Bedürftigentestament zur Ermöglichung der Anfechtung nach § 2078 BGB bei wirtschaftlicher Erholung	6724
Auflösend bedingte Nacherbschaft mit lebzeitiger Übergabebefugnis	6727
Bedingte Befreiung von den Vorerbschaftsbeschränkungen und bedingter Wegfall der Testamentsvollstreckung beim Bedürftigentestament	6739
Befristete Testamentsvollstreckung beim Bedürftigentestament	6741
Bedürftigentestament; Vorsorge bei späterem Wegfall der Bedürftigkeit (Auflagenlösung)	6748

Kapitel 15: Vertragsmuster

Merkblatt: Lebzeitige Übertragung von Grundbesitz (»Überlassung«)	6749
Schenkung- und Erbschaftsteuer	6750
Merkblatt: Stiftungen	6751
Fragebogen und Datenerfassung zu einer Hausübergabe	6752
Fragebogen zur Übergabe eines landwirtschaftlichen Anwesens	6753
Übertragung eines städtischen Anwesens auf Abkömmlinge unter Nutzungs- und Verfügungsvorbehalt	6754
Bauplatzübertragung als Ausstattung mit Ausgleichspflichtteilsverzicht eines weichenden Geschwisters	6755
Teilungserklärung im Eigenbesitz und Übertragung des Sondereigentums zum Eigenausbau	6756
Landwirtschaftlicher Übergabevertrag (mit weiteren Erläuterungen)	6757
Ehebedingte Zuwendung eines Halbanteils an einer Immobilie	6758
Ehebedingte Übertragung von Grundbesitz in das künftige Alleineigentum eines Ehegatten	6759
»Klassische Schaukel«, Schritt 1: Wechsel in die Gütertrennung mit Immobilienübertragung zur Erfüllung des Zugewinnausgleichsanspruchs	6761
»Klassische Schaukel«, Schritt 2: Zurück in den gesetzlichen Güterstand	6762
»Klassische Schaukel«, Ein-Urkunds-Modell	6763
»Umgekehrte Schaukel«, Schritt 1: Rückwirkende Begründung des gesetzlichen Güterstands	6764
»Umgekehrte Schaukel«, Schritt 2: Wechsel in die Gütertrennung mit Zugewinnbestimmung	6765
»Umgekehrte Schaukel«, Ein-Urkunds-Modell	6766
»Familienpool« in Form einer vermögensverwaltenden KG (Gründung und Einbringung des Grundbesitzes mit Schuldübernahme und Verfügungs»sperre«)	6767
Handelsregisteranmeldung: Gründung einer KG	6768
»Familienpool« in Form einer GbR (Gründung und Einbringung des Grundbesitzes mit Nießbrauchsvorbehalt und Verfügungs»sperre«)	6769

Verzeichnis der Formulierungsvorschläge und Muster

»Familienpool« in Form einer GmbH & Co. KG (Einbringung von Grundbesitz, Übertragung von Gesellschaftsanteilen, Neufassung des Gesellschaftsvertrages) 6771

Handelsregisteranmeldung zur Anteilsübertragung an der GmbH & Co. KG 6772

Schenkung eines Kommanditanteils im Wege vorweggenommener Erbfolge.............. 6773

Handelsregisteranmeldung: Anteilsübertragung an einer KG 6774

Schenkung einer atypischen Unterbeteiligung an einem Kommanditanteil 6775

Abtretung eines GmbH-Geschäftsanteils im Wege vorweggenommener Erbfolge 6776

Notarbescheinigte Liste der Gesellschafter 6777

»Stuttgarter Modell« (Überlassung mit Mietvertrag; Vereinbarung einer dauernden Last) .. 6778

Übergabe eines einzelkaufmännischen Gewerbebetriebes mit Grundbesitz................ 6779

Anmeldung zum Handelsregister: Übertragung eines Gewerbebetriebes 6780

Erbschaftsvertrag unter künftigen gesetzlichen Erben 6782

Schenkung eines Erbteils 6783

Abschichtung gegen Abfindung 6784

Muster eines »klassischen« Behindertentestamentes (als Erbvertrag) 6785

Einzeltestament bei überschuldetem Abkömmling 6786

Stiftungsgeschäft unter Lebenden (Familienstiftung) 6788

LXIX

Literaturverzeichnis

Abele/Klinger/Maulbetsch	Pflichtteilsansprüche vermeiden und reduzieren, 1. Aufl. 2010
Adams	21st Century Estate Planning, 2005
Ahrens	Dingliche Nutzungsrechte, 2. Aufl. 2007
Amann/Brambring/Hertel	Vertragspraxis nach neuem Schuldrecht, 2. Aufl. 2002
Andres/Leithaus	Insolvenzordnung: InsO, 3. Aufl. 2014
Arndt/Lerch/Sandkühler	Bundesnotarordnung: BNotO, 8. Aufl. 2016
Baltzer	Das Vor- und Nachvermächtnis in der Kautelarjurisprudenz, 1. Aufl. 2007
Baltzer/Reisnecker	Vorsorgen mit Sorgenkindern, 1. Aufl. 2012
Bamberger/Roth	Kommentar zum Bürgerlichen Gesetzbuch, 3. Aufl. 2012
Bärenz	Der zwischenzeitliche Zugewinnausgleich, 1. Aufl. 2010
Bärmann	Wohnungseigentumsgesetz: WEG, 13. Aufl. 2015
Bauer/v. Oefele	Grundbuchordnung: GBO, 3. Aufl. 2013
Baumbach/Hopt	Handelsgesetzbuch: HGB, 37. Aufl. 2016
Baumbach/Hueck	GmbH-Gesetz, 20. Aufl. 2013
Baumbach/Lauterbach/Albers/Hartmann	Zivilprozessordnung: ZPO, 74. Aufl. 2016
Baus	Die Familienstrategie, 4. Aufl. 2013
Bayer/Koch	Unternehmens- und Vermögensnachfolge, 1. Aufl. 2009
Bärenz	Der zwischenzeitliche Zugewinnausgleich, Diss. 2010
Beckervordersandfort (Hrsg)	Gestaltungen zum Erhalt des Familienvermögens, 2016
BeckOK	Online-Kommentar zum BGB, hrsg. v. Bamberger/Roth, Stand: 01.04.2017
Beck'sches Formularbuch Erbrecht	hrsg. v. Brambring/Mutter, 3. Aufl. 2014
Beck'sches Notar-Handbuch	hrsg. v. Brambring/Jerschke, 6. Aufl. 2015
Beck'sches Handbuch der GmbH	hrsg. v. Müller/Winkeljohann, 5. Aufl. 2014
Bengel/Reimann	Handbuch der Testamentsvollstreckung, 5. Aufl. 2013
Bergschneider	Familienvermögensrecht, 3. Aufl. 2016
Bieritz-Harder/Conradis/Thie (Hrsg.)	Sozialgesetzbuch XII – Sozialhilfe, Lehr- und Praxiskommentar, 10. Auflage 2015, bis zur 8. Auflage 2008 unter dem Titel: *Münder/Armborst/Berlit/Bieritz-Harder/Birk/Brühl/Conradis/Geiger/Krahmer/Niewald/Roscher/Schoch*, Sozialgesetzbuch XII, Lehr- und Praxiskommentar (LPK)
Bitter	Festschrift für Karsten Schmidt zum 70. Geburtstag, 2009
Blaurock	Handbuch Stille Gesellschaft, 8. Aufl. 2016
Bleifuß	Beschränkungen und Beschwerungen des pflichtteilsberechtigten Erben, Diss. 2000
Blumenberg/Benz	Die Unternehmensteuerreform 2008, 2007
Blümich	EStG, KStG, GewStG, Loseblatt, 132. Aufl. 2016
Blydt-Hansen	Die Rechtsstellung der Destinatäre der rechtsfähigen Stiftung bürgerlichen Rechts, Diss. 1998
Bonefeld/Wachter	Der Fachanwalt für Erbrecht, 3. Aufl. 2014
Böning	Die Anwendung des § 2325 BGB auf Grundstücksschenkungen unter Widerrufs- und Nießbrauchsvorbehalt, Diss. 1991
Böttcher	ZVG: Gesetz über die Zwangsversteigerung und die Zwangsverwaltung, 6. Aufl. 2016

Literaturverzeichnis

Boruttau	Grunderwerbsteuergesetz, 18. Aufl. 2016
Brandmüller/Klinger	Unternehmensverbundene Stiftungen, 4. Aufl. 2014
Brambring	Ehevertrag und Vermögenszuordnung unter Ehegatten, 7. Aufl. 2012
Brams/Taylos	Fair Division: From cake-cutting to dispute resolution, 1996
Braun	Insolvenzordnung: InsO, 6. Aufl. 2014
Brühl	Sozialhilfe für Betroffene von A – Z, 3. Aufl. 1992
Buchholz	Sammel- und Nachschlagewerk der Rechtsprechung des Bundesverwaltungsgerichts, hrsg. v. Mitgliedern des Bundesverwaltungsgerichts, Loseblattwerk
Bundesrechtsanwaltskammer/ Bundesnotarkammer	Festschrift 50 Jahre Deutsches Anwaltsinstitut e.V., 1. Aufl. 2003
Burandt/Leplow	Immobilien in Erbschaft und Schenkung, 2001
Caemmerer	Gesammelte Schriften Bd. I, 1968
Carlé	Die Betriebsaufspaltung, 2. Aufl. 2014
Cornelius	Der Pflichtteilsergänzungsanspruch, Diss. 2004
Corsten	Nachfolgeplanung in Familienunternehmen, 1. Aufl. 2011
Crezelius	Erbschaft- und Schenkungsteuer in zivilrechtlicher Sicht, 1998
Crezelius.	Unternehmenserbrecht, 2. Aufl. 2009
Damrau	Praxiskommentar Erbrecht, 3. Aufl. 2014
Damrau	Der Erbverzicht als Mittel zweckmäßiger Vorsorge für den Todesfall, 1995
Daragan/Halaczinsky/Riedel (Hrsg.)	Praxiskommentar ErbStG und BewG, 3. Aufl. 2016
Dauner-Lieb/Heidel/Ring	Anwaltkommentar BGB, 2. Aufl. 2016
Dauner-Lieb/Grziwotz/ Hohmann-Dennhardt (Hrsg.)	Pflichtteilsrecht, Handkommentar, 2. Aufl. 2016
Dazert	Mithaftung und Sukzession bei Verbraucherkreditverträgen, Diss. 1998
Deininger/Götzenberger	Internationale Vermögensnachfolgeplanung mit Auslandsstiftungen und Trusts, 2006
Deininger/Lang	Wegzug aus steuerlichen Gründen, 2. Aufl. 2009
Demharter	Grundbuchordnung: GBO, 30. Aufl. 2016
v. Dickhuth-Harrach	Handbuch der Erbfolgegestaltung, 1. Aufl. 2010
Döbereiner	Die Restschuldbefreiung nach der InsO, Diss. 1997
Döring-Striening	Sozialhilferegress bei Erbfall und Schenkung, 1. Aufl. 2015.
Dötsch/Patt/Pung/Möhlenbrock	Umwandlungssteuerrecht, 7. Aufl. 2012
Eberl-Borges	Die Erbauseinandersetzung, Habil.- Schrift 2000
Eicher/Spellbrink	SGB II, Kommentar, 3. Aufl. 2013
Eidenmüller	Ausländische Kapitalgesellschaften im deutschen Recht, 2. Aufl. 2016
Eisele	Erbschaftsteuerreform 2009, 2. Aufl. 2009
Engelmann	Letztwillige Verfügungen zugunsten Verschuldeter oder Sozialhilfebedürftiger, 2. Aufl. 2001
Erman	Handkommentar zum Bürgerlichen Gesetzbuch, 14. Aufl. 2014
Esch/Baumann/ Schulze zur Wiesche	Handbuch der Vermögensnachfolge, 7. Aufl. 2009 mit Nachtrag 2010
Eschenbruch/Klinkhammer	Der Unterhaltsprozess, 6. Aufl. 2013
Esskandari/Franck/Künnemann	Unternehmensnachfolge, 1. Aufl. 2012
Eulberg/Ott-Eulberg/ Halaczinsky	Die Lebensversicherung im Erb- und Erbschaftsteuerrecht, 2. Aufl. 2011

Literaturverzeichnis

Eylmann/Vaasen	Bundesnotarordnung, Beurkundungsgesetz: BNotO und BeurkG, 4. Aufl. 2016
Faßbender/Grauel/Kemp/ Ohmen/Peter	Notariatskunde, 18. Aufl. 2014
Faude	Selbstverantwortung und Solidarverantwortung im Sozialrecht, 1983
Fischer	Die Unentgeltlichkeit im Zivilrecht, 2002
Fischer/Jüptner/Pahlke/ Wachter	ErbStG Kommentar, 5. Auflage 2014
Frieser/Sarres/Stückemann/ Tschichoflos	Handbuch des Fachanwalts Erbrecht, 6. Aufl. 2015
Frommann	Sozialhilferecht SGB XII, 4. Aufl. 2009
Gaberdiel/Gladenbeck	Kreditsicherung durch Grundschulden, 9. Aufl. 2011
Gagel	SGB II/SGB III, Loseblatt, 62. Aufl. 2016
Ganter/Hertel/Wöstmann	Handbuch der Notarhaftung, 3. Aufl. 2014
Gasser	Zur Rechtsnatur des Übergabevertrages, 1993
Gastl	Stiftung & Sponsoring, 2008
Gebel	Betriebsvermögen und Unternehmensnachfolge, 2. Aufl. 2002
Gockel	Verzichtsverträge im Erbrecht, 1. Aufl. 2011
Gottschalk	Leistungen in das Gesellschaftsvermögen einer GmbH als freigebige Zuwendung gem. § 7 Abs. 1 ErbStG, Diss. 2001
Gottschick/Giese	Das Bundessozialhilfegesetz, 10. Aufl. 1998
Gottwald (Hrsg.)	Insolvenzrechts-Handbuch, 5. Aufl. 2015
Götz/Pach-Hanssenheimb	Handbuch der Stiftung, 2. Aufl. 2016
Götz/Hülsmann	Der Nießbrauch im Zivil- und Steuerrecht, 10. Aufl. 2014
Götzenberger	Optimale Vermögensübertragung, 5. Aufl. 2017
Griesel/Mertes	Die neue Abgeltungssteuer, 2008
Groll/Rösler	Praxis-Handbuch Erbrechtsberatung, 4. Aufl. 2015
Großfeld	Recht der Unternehmensbewertung, 7. Aufl. 2012
Grotherr (Hrsg.)	Handbuch der internationalen Steuerplanung, 4. Aufl. 2015
Grube/Wahrendorf	SGB XII, Kommentar, 5. Aufl. 2014
Grziwotz	Partnerschaftsvertrag für die nichteheliche und nicht eingetragene Lebensgemeinschaft, 4. Aufl. 2002, Neuauflage: 2017
ders.	Nichteheliche Lebensgemeinschaft, 5. Aufl. 2014
Grziwotz/Döbertin	Spaziergang durch die Antike, 2002
Grziwotz/Lüke/Saller	Praxishandbuch Nachbarrecht, 2. Aufl. 2013
Güthel/Triebel	Grundbuchordnung, 6. Aufl. 1937
Gürsching/Stenger	Bewertungsrecht, BewG/ErbStG, Loseblatt; 132. Auflage 2016
Haase/Dorn	Vermögensverwaltende Personengesellschaften, 2. Aufl. 2015
Habersack	Festschrift für Peter Ulmer zum 70. Geburtstag am 2. Januar 2003, 2003
Hahn/Radeisen	Bauordnung für Berlin, 4. Aufl. 2007
Halaczinsky	Die Erbschaft- und Schenkungsteuererklärung, 3. Aufl. 2013
Handzik	Die Bewertung des Grundvermögens für die Erbschaft- und Schenkungsteuer, 2. Aufl. 2011
Handzik	Erbschaft- und Schenkungsteuer, 8. Aufl. 2012
Hannes (Hrsg)	Formularbuch Vermögens- und Unternehmensnachfolge, 2. Auflage 2017
Happ	Stifterwille und Zweckänderung, 2007
Harenberg/Zöller	Abgeltungsteuer 2010, 2. Aufl. 2010
Hasse	Lebensversicherung und erbrechtliche Ausgleichsansprüche, 2005

Literaturverzeichnis

Haug/Zimmermann	Die Amtshaftung des Notars, 3. Aufl. 2011
Hausen/Kohlrust-Schulz	Die Eigenheimzulage, 2. Aufl. 1998
Hausmann	Nichteheliche Lebensgemeinschaft und Vermögensausgleich, 1989
Hauß	Elternunterhalt – Grundlagen und anwaltliche Strategien, 5. Aufl. 2015
Heckelmann	Abfindungsklauseln in Gesellschaftsverträgen, 1973
Heckschen/Heidinger	Die GmbH in der Gestaltungs- und Beratungspraxis, 3. Aufl. 2014
Heinz-Grimm/Pieroth/Krampe	Testamente zugunsten von Menschen mit geistiger Behinderung, 3. Aufl. 1997
Heiß/Born	Unterhaltsrecht, Loseblatt-Handbuch, 49. Aufl. 2016
Heisse	Die Beschränkung der Geschäftsführerhaftung gegenüber der Gesellschaft, 1988
Henssler	Risiko als Vertragsgegenstand, 1994
Herberger/Martinek/Rüßmann/Weth	juris PraxisKommentar BGB, 7. Aufl. 2014
Herrler/Schneider	Von der Limited zur GmbH, 2010
Hess/Weis/Wienberg	Kommentar zur Insolvenzordnung und EGInsO, 2. Aufl. 2001
Hesselmann/Tillman	Handbuch der GmbH & Co., 21. Aufl. 2016
Hirtel/Bücker	Grenzüberschreitende Gesellschaften, 2. Aufl. 2006
Holler	Satzungen, 2004
Hopt/Hehl	Gesellschaftsrecht, 5. Aufl. 2016, Vorauflage: *Hopt/Hehl*
v. Hoyenberg	Vorweggenommene Erbfolge, Recht – Steuern – Formulare, 2010
Hönn/Konzen/Kreutz	Festschrift für A. Kraft zum 70. Geburtstag, 1998
Huber	Gesetz über die Anfechtung von Rechtshandlungen des Schuldners außerhalb des Insolvenzverfahrens, 11. Aufl. 2016
Huber	Anteilsgewährungspflicht im Umwandlungsrecht, 2005
Huhn/v. Schuckmann	BeurkG, DONot, Kommentar, 7. Aufl. 2015
Hübner	Erbschaftsteuerreform 2009, 2008
Hübschmann/Hepp/Spitaler	Abgabenordnung – Finanzgerichtsordnung, Loseblatt-Kommentar, 238. Auflage 2016
Hügel/Wilsch	Grundbuchordnung, GBO, 3. Aufl. 2016
Hüttemann	Gemeinnützigkeits- und Spendenrecht, 3. Aufl. 2015
Hüttenbrink	Sozialhilfe und Arbeitslosengeld II, 12. Aufl. 2011
IDW	Wirtschaftsprüfer-Handbuch, Bd. II, 14. Aufl. 2014
Jauernig	Bürgerliches Gesetzbuch, 16. Aufl. 2015
Jeep	Ehegattenzuwendungen im Zugewinnausgleich, 1999
Joachim	Die Haftung des Erben für Nachlassverbindlichkeiten, 3. Aufl. 2011
Joachim/Lange	Pflichtteilsrecht, 3. Aufl. 2017
Juchem	Vermögensübertragung zugunsten behinderter Menschen durch vorweggenommene Erbfolge und Verfügung von Todes wegen, Diss. 2002
Jürgens	Pflegeleistungen für Behinderte, Diss. 1986
Just	Die englische Limited in der Praxis, 4. Aufl. 2012
Kalthoener/Büttner/Niepmann	Die Rechtsprechung zur Höhe des Unterhalts, 13. Aufl. 2016
Kapp/Ebeling	Erbschaftsteuer- und Schenkungsteuergesetz (Kommentar), Loseblatt, Stand: 04/2017
Kappler/Kappler	Die vorweggenommene Erbfolge, 2017 (FamRZ-Buch Nr. 43)
Kasper	Anrechnung und Ausgleichung im Pflichtteilsrecht, 1999
Kenitz	Der sozialhilferechtliche Nachranggrundsatz bei testamentarischen Zuwendungen an ein behindertes Kind, 2012

Literaturverzeichnis

Kerscher/Riedel/Lenz	Pflichtteilsrecht in der anwaltlichen Praxis, 3. Aufl. 2002
Kersten/Bühling	Formularbuch und Praxis der Freiwilligen Gerichtsbarkeit, 25. Aufl. 2016
Kipp/Coing	Erbrecht, 14. Aufl. 1990
Kirchhoff	Wertsicherungsklauseln für Euro-Verbindlichkeiten, 2005
Kirchhof	EStG, KompaktKommentar Einkommensteuergesetz, 15. Aufl. 2016
Kirchhof/Söhn/Mellinghoff	Einkommensteuergesetz, Loseblatt; 270. Auflage 2016
Klie/Krahmer	Sozialgesetzbuch XI, Soziale Pflegeversicherung, Lehr- und Praxiskommentar, 4. Aufl. 2013
Klein	Abgabenordnung: AO, 13. Aufl. 2016
Klingelhöffer	Pflichtteilsrecht, 4. Aufl. 2014
Knott/Mielke	Unternehmenskauf, 5. Aufl. 2016
Kötz/Rawert/K. Schmidt/Walz	Non Profit Law Yearbook 2001, 2002
Korintenberg	Gerichts- und Notarkostengesetz: GNotKG, 19. Aufl. 2015, Vorauflage: *Korintenberg/Lappe/Bengel/Reimann*, Kostenordnung: KostO, 18. Aufl. 2010
Korn/Carlé/Stahl	Personengesellschaften, 2006
Kornex	Nachlassplanung bei Problemkindern, 2. Aufl. 2009
ders.	Der Zuwendungsverzicht, 1998
Krafka/Willer/Kühn	Registerrecht, 9. Aufl. 2013
Krauß	Immobilienkaufverträge in der Praxis, 7. Aufl. 2014
Kreienberg	Wart- und Pflegeverpflichtungen in Übergabeverträgen, 1. Aufl. 2014.
Kreft (Hrsg.)	Heidelberger Kommentar zur Insolvenzordnung (InsO), 8. Aufl. 2016
Kübler	Das sogenannte Behindertentestament unter besonderer Berücksichtigung der Stellung des Betreuers, Diss. 1998
Kübler/Prütting/Bork	InsO, Kommentar zur Insolvenzordnung, Loseblatt, 66. Aufl. 2015
Kuntze/Ertl/Herrmann/Eickmann	Grundbuchrecht, 7. Aufl. 2015
Lambert-Lang/Tropf/Frenz	Handbuch der Grundstückspraxis, 2. Aufl. 2005
Lambrecht	Der Zugriff des Sozialhilfeträgers auf den erbrechtlichen Erwerb, 2001
Lambrecht	Pflichtteilsreduzierung bei der Nachfolge in Personengesellschaften, Diss. 2009
Landsittel	Gestaltungsmöglichkeiten von Erbfällen und Schenkungen, 3. Aufl. 2006
Lange/Kuchinke	Erbrecht, 5. Aufl. 2001
Langenfeld	Testamentsgestaltung, 5. Aufl. 2015
ders.	Vertragsgestaltung, 3. Aufl. 2004
ders.	Handbuch der Eheverträge und Scheidungsvereinbarungen, 7. Aufl. 2015
ders.	Gesellschaft bürgerlichen Rechts, 7. Aufl. 2009
Langenfeld/Günther	Grundstückszuwendungen zur lebzeitigen Vermögensnachfolge, 6. Aufl. 2010
Lehmann/Treptow	Zusammensetzung und Diskrepanz der Erbschaft- und Schenkungsteuer 2002, 1. Aufl. 2007
Leingärtner	Die Einkommensbesteuerung der Land- und Forstwirtschaft, 2. Aufl. 1991
Lieb	Die Vergütung des Testamentsvollstreckers, 1. Aufl. 2004
Limmer/Hertel/Frenz/J. Mayer	Würzburger Notarhandbuch, 4. Aufl. 2015
Linhart/Adolph/Gröschel-Gundermann	SGB II, SGB XII, Asylbewerberleistungsgesetz, Loseblatt; 96. Aufl. 2016

Literaturverzeichnis

Link	Zur (teilweisen) Unentgeltlichkeit von Übergabeverträgen im Rahmen vorweggenommener Erbfolge – Auswirkungen im Zivilrecht und Steuerrecht, 1. Aufl. 2003
Littmann/Bitz/Pust	Das Einkommensteuerrecht, Kommentar, Loseblatt, Stand: 04/2016
Lohr	Der Nießbrauch an Unternehmen und Unternehmensanteilen: Grundlagen und Gestaltungsmöglichkeiten für Anteilseigner und deren Angehörige aus ertrag- und erbschaftsteuerlicher Sicht, Diss. 1989
Lorz/Kirchdorfer	Unternehmensnachfolge, 2. Aufl. 2011
Ludyga	Inhaltskontrolle von Pflichtteilsverzichtsverträgen, 2008
Lüdtke-Handjery/von Jeinsen (Hrsg)	Höfeordnung, 11. Aufl. 2015
Luthin/Koch	Handbuch des Unterhaltsrechts, 12. Aufl. 2012
Lutter/Hommelhoff	GmbHG, 19. Auflage 2016
v. Maydell	Weiterentwicklung des landwirtschaftlichen Sozialrechts, 1988
v. Maydell/Ruland/Becker (Hrsg.)	Sozialrechtshandbuch (SRH), 5. Aufl. 2012
Mayer, J./Geck	Der Übergabevertrag, 3. Aufl. 2013
Mayer, J./Bonefeld (Hrsg.)	Testamentsvollstreckung, 4. Aufl. 2015
Mayer, J./Littig	Sozialhilferegress gegenüber Erben und Beschenkten, 1999
Mayer, J./Süß/Tanck/Wälzholz	Handbuch des Pflichtteilsrechts, 3. Aufl. 2013
Medicus/Petersen	Bürgerliches Recht, 25. Aufl. 2015
Mehring/Farny	Festschrift für Dieter Farny, 1994
Meikel	Grundbuchordnung: GBO, 11. Aufl. 2015
Meincke	Erbschaftsteuer- und Schenkungsteuergesetz: ErbStG (Kommentar), 16. Aufl. 2012
Menzel	Erbschafts- und Schenkungssteuerrecht, 12. Aufl. 2005
Mergler/Zink	Handbuch der Grundsicherung und Sozialhilfe, Teil II: SGB XII, Loseblatt
Merten/Schuhmann	Vermögen richtig schützen, 2016
Mertes/Klümpen-Neusel	Gestaltungen und Formulierungen in der Erbschaft- und Schenkungsteuer, 2010
Michalski	Kommentar zum Gesetz betreffend die Gesellschaften mit beschränkter Haftung (GmbH-Gesetz), 2. Aufl. 2010
Millich	Der Pflegefall des Altenteilers unter besonderer Berücksichtigung des Sozialhilferechtes, 1989
Moench/Weinmann	Erbschaft- und Schenkungssteuergesetz, Grundwerk mit Ergänzungslieferungen; 74. Auflage 2016
Moench/Albrecht	Erbschaftsteuerrecht – einschließlich Schenkungsteuerrecht und Bewertung, 2. Aufl. 2009
Müller	Der Rückgriff gegen Angehörige von Sozialleistungsempfängern, 7. Aufl. 2016
Müller/Stöcker/Lieber	Die Organschaft, 9. Aufl. 2014
Müller/Winkeljohann	Beck'sches Handbuch der GmbH, 5. Aufl. 2014
Münch	Ehebezogene Rechtsgeschäfte, 4. Aufl. 2015
ders.	Die Unternehmerehe, 1. Aufl. 2007
ders.	Handbuch Familiensteuerrecht, 2015
Münchener Anwaltshandbuch Erbrecht	hrsg. v. Scherer, 4. Aufl. 2014
Münchener Anwaltshandbuch Familienrecht	hrsg. v. Schnitzler, 4. Aufl. 2014

Münchener Handbuch des Gesellschaftsrechts	– Bd. 1: BGB-Gesellschaft, Offene Handelsgesellschaft, Partnergesellschaft, Partnerrederei, EWIV, hrsg. v. Gummert/Weipert, 4. Aufl. 2014
	– Bd. 2: Kommanditgesellschaft, GmbH & Co. KG, Publikums-KG, Stille Gesellschaft, hrsg. v. Gummert/Weipert, 4. Aufl. 2014
	– Bd. 3: Gesellschaft mit beschränkter Haftung, hrsg. v. Priester/Mayer, 4. Aufl. 2012
Münchener Kommentar zum Bürgerlichen Gesetzbuch	– Bd. 1/Teilbd. 1: Allgemeiner Teil (§§ 1–240, ProstG), 7. Aufl. 2015
	– Bd. 2: Schuldrecht Allgemeiner Teil (§§ 241–432), 7. Aufl. 2015
	– Bd. 3: Schuldrecht Besonderer Teil I (§§ 433–610, Finanzierungsleasing, HeizkostenV, BetriebskostenV, CISG), 7. Aufl. 2015
	– Bd. 6: Sachenrecht (§§ 854–1296, Wohnungseigentumsgesetz, Erbbaurechtsgesetz), 7. Aufl. 2015
	– Bd. 7: Familienrecht I (§§ 1297–1588, VAHRG, VAÜG, HausratsV), 7. Aufl. 2015
	– Bd. 9: Erbrecht (§§ 1922 –2385, §§ 27–35 BeurkG), 7. Aufl. 2015
Münchener Kommentar zum Handelsgesetzbuch	Bd. 3: Zweites Buch. Handelsgesellschaften und stille Gesellschaft. Zweiter Abschnitt. Kommanditgesellschaft. Dritter Abschnitt. Stille Gesellschaft §§ 161–237. Konzernrecht der Personengesellschaften, 4. Aufl. 2016
Münchener Kommentar zur Insolvenzordnung	hrsg. v. Kirchhof/Lwowski/Stürner, Bd. 2: §§ 103–216, 4. Aufl. 2016
Münchener Vertragshandbuch	– Bd. 4: Wirtschaftsrecht III, hrsg. v. Schütze/Weipert, 7. Aufl. 2012
	– Bd. 6: Bürgerliches Recht II, 7. Aufl. 2016
Münder (Hrsg.)	Sozialgesetzbuch II, Lehr- und Praxiskommentar, 5. Aufl. 2013
Nagelschmitz	Einlagen in Kapitalgesellschaften im Schenkungsteuerrecht, Diss. 2010
Nerlich/Römermann	Insolvenzordnung: InsO, 30. Aufl. 2016, Loseblatt, Stand: 04/2017
Neyer	Der Mantelkauf, 2008
Nieder/Kössinger	Handbuch der Testamentsgestaltung, 5. Aufl. 2015
Nörr/Scheyhing	Sukzessionen, 1999
Notarkasse	Streifzug durch das GNotKG, 12. Aufl. 2017
Oberfinanzdirektion Karlsruhe	OFD Einkommensteuerkartei der OFD Karlsruhe, Loseblatt; 92. Aufl. 2015
Omlor	Verkehrsschutz im Kapitalgesellschaftsrecht, zugleich Diss., 2010
Otta	Vorausleistungen auf den Pflichtteil, Diss. 2000
von Oertzen/Ponath	Asset Protection im deutschen Recht, 2. Aufl. 2012
Oestreicher	SGB II/SGB XII, Loseblatt-Kommentar, 78. Aufl. 2016
Oestreicher/Schelter/Kunz	Bundessozialhilfegesetz, Loseblatt
Palandt	Bürgerliches Gesetzbuch: BGB, 75. Aufl. 2016
Pauli	Unternehmensnachfolge durch Vermächtnis, 1. Aufl. 2007
Pauli/Maßbaum/Reiser	Erbschaftsteuerreform 2009, 2009
Pikalo/Bendel	Grundstücksverkehrsgesetz, 1963
Pöllath	Unternehmensfortführung durch Nachfolge oder Verkauf, 1. Aufl. 2007
Prölss/Martin	Versicherungsvertragsgesetz: VVG, 29. Aufl. 2015
Rastätter	Der Einfluss des § 14 HeimG auf Verfügungen von Todes wegen, 2004
RGRK	Reichsgerichtsräte-Kommentar zum BGB, 12. Aufl. 1981
Reiff	Die Dogmatik der Schenkung unter Nießbrauchsvorbehalt und ihre Auswirkungen auf die Ergänzung des Pflichtteils und die Schenkungsteuer, Diss. 1989
Reimann	Festschrift für Professor Jürgen Damrau, 2007
Reimann/Bengel/Mayer	Testament und Erbvertrag, 5. Aufl. 2006

Literaturverzeichnis

Reithmann	Allgemeines Urkundenrecht, 1972
ders.	Vorsorgende Rechtspflege auch Notare und Gerichte, 1989
Reithmann/Albrecht	Handbuch der notariellen Vertragsgestaltung, 8. Aufl. 2001
Renn/Schoch/Löcher	Grundsicherung für Arbeitsuchende (SGB II), 3. Aufl. 2012, Vorauflage: *Renn/Schoch*, Die neue Grundsicherung, 2002
Reul/Heckschen/Wienberg	Insolvenzrecht in der Kautelarpraxis, 2. Aufl. 2012
Richter	Die Abfindung ausscheidender Gesellschafter unter Beschränkung auf den Buchwert, 2002
Rieckel/Schmid (Hrsg.)	WEG-Kommentar, 4. Aufl. 2014, Vorauflage: *Rieckel/Schmid (Hrsg.)*, Fachanwaltskommentar Wohnungseigentumsrecht, 3. Aufl. 2010
Preißer/Rödl/Seltenreich (Hrsg.)	Erbschaft- und Schenkungsteuer, 2. Aufl. 2013, Vorauflage: *Rödl/Preißer*, ErbStG, Kompaktkommentar, 2009
Rössler/Troll	Bewertungsgesetz: BewG, Loseblatt, 24. Aufl. 2016
Rothkegel	Sozialhilferecht, 2005
Ruby/Schindler/Wirich	Das Behindertentestament, 2. Aufl. 2014
Sarres	Vermächtnis, 2009
ders.	Erbrechtliche Auskunftsansprüche, 2. Aufl. 2011
Schäfer	Der stimmrechtslose GmbH-Geschäftsanteil, Diss. 1997
Schaub	Arbeitsrechts-Handbuch, 16. Aufl. 2015
Schauhoff	Handbuch der Gemeinnützigkeit, 3. Aufl. 2010
Schellhorn/Schellhorn/Hohm	Kommentar zum SGB XII – Sozialhilfe, 19. Aufl. 2015
Schrenck-Notzing, Freih. v.	Unerlaubte Bedingungen in letztwilligen Verfügungen, 2009
Scherer/Kormann/Blanc/Groth/Wimmer	Familienunternehmen, 2. Aufl. 2012
Schindler	Pflichtteilsberechtigter Erbe und pflichtteilsberechtigter Beschenkter, Diss. 2004
Schippel/Bracker	Bundesnotarordnung: BNotO, 9. Aufl. 2011
Schlecht & Partner/Taylor Wessing (Hrsg.)	Unternehmensnachfolge, 2. Aufl. 2010
Schlitt	Der Schutz des Pflichtteilsberechtigten vor belastenden Anordnungen des Erblassers, Diss. 1990
Schlitt/Müller (Hrsg.)	Handbuch Pflichtteilsrecht, 2010
Schmidt K.	Gesellschaftsrecht, 5. Aufl. 2016
Schmidt L.	Einkommensteuergesetz: EStG, 35. Aufl. 2016
Schmitz	Ausgleichung unter Miterben, Diss. 2005
Schnorr	Die Gemeinschaft nach Bruchteilen (§§ 741–758 BGB), 2004
Scholz	GmbHG, 10. Aufl. 2010
Schön	Steuerberaterjahrbuch 1996/1997, 1997
Schöner/Stöber	Grundbuchrecht, 15. Aufl. 2012
Schörnig	Die obligatorische Gruppenvertretung, 2001
Schulin/Igl/Welti	Sozialrecht, 8. Aufl. 2007
Schulz/Hauß	Vermögensauseinandersetzung bei Trennung und Scheidung, 6. Aufl. 2015
Schumacher	Rechtsgeschäfte zu Lasten der Sozialhilfe im Familien- und Erbrecht, 2000
Schulte-Bunert/Weinreich	FamFG Kommentar, 5. Aufl. 2016
Seifart/v. Campenhausen	Stiftungsrechts-Handbuch, 4. Aufl. 2014
Semrau	Das Unternehmertestament, 2. Aufl. 2010
Settergren	Das »Behindertentestament« im Spannungsfeld zwischen Privatautonomie und sozialhilferechtlichem Nachrangprinzip, 1999

Soergel	Bürgerliches Gesetzbuch mit Einführungsgesetz und Nebengesetzen, Kommentar, 13. Aufl. 2003
Spanke	Das Ausscheiden einzelner Miterben aus der Erbengemeinschaft durch Abschichtung, 2002
Spiegelberger	Unternehmensnachfolge, Gestaltung nach Zivil- und Steuerrecht, 2. Aufl. 2009
Spiegelberger	Vermögensnachfolge, Gestaltung nach Zivil- und Steuerrecht, 2. Aufl. 2010
Sprau/Bauer	Justizgesetze in Bayern |Kommentar zum AGBGB, AGGVG und zur Vertretungsverordnung mit einer Einführung zum Unschädlichkeitszeugnis, 1988
Staub	Handelsgesetzbuch: HGB, 5. Aufl. 2008 ff.
von Staudinger	Kommentar zum Bürgerlichen Gesetzbuch mit Einführungsgesetz und Nebengesetzen, 14. Aufl. 2005 ff.
Steiner	Das neue Erbschaftsteuergesetz, 2009
Sticherling	Schenkungen in fraudem testamenti, 2005
Stöber	Forderungspfändung, 16. Aufl. 2013
ders.	Zwangsversteigerungsgesetz: ZVG, 21. Aufl. 2016
Straub	Die Rechtsfolge ehebezogener Zuwendungen im Erbrecht, 2009
Strohal	Das Deutsche Erbrecht, 3. Aufl. 1903
Sudhoff	Unternehmensnachfolge, 5. Aufl. 2005
ders.	Familienunternehmen, 2. Aufl. 2005
Süß	Erbrecht in Europa, 3. Aufl. 2015
Tanck/Krug	Anwaltsformulare Testamente, 5. Aufl. 2015
Thielmann	Sittenwidrige Verfügungen von Todes wegen, 1973
Tipke/Kruse	Abgabenordnung – Finanzgerichtsordnung, Loseblatt; 144. Aufl. 2016
Tiedtke	Erbrechtsberatung – aktuelle Entwicklungen im Erbrecht und Erbschaftsteuerrecht, Tagungsband, 2007
Trimborn v. Landenberg	Die Vollmacht vor und nach dem Erbfall, 3. Aufl. 2017.
Troll/Gebel/Jülicher	Erbschaftsteuer und Schenkungsgesetz, Loseblatt – Kommentar, 50. Aufl. 2016
Turner	Bürgerstiftung als Treuhänder, 2006
Uhlenbruck/Hirte	Insolvenzordnung: InsO, 14. Aufl. 2015
Veltins	Der Gesellschaftsvertrag der Kommanditgesellschaft, 3. Aufl. 2015
Viskorf/Knobel/Schuck/Wälzholz	Erbschaftsteuer- und Schenkungsteuergesetz, Bewertungsgesetz, Kommentar, 4. Aufl. 2012
Wachter (Hrsg.)	Handbuch des Fachanwalts für Handels- und Gesellschaftsrecht, 2. Aufl. 2010
Wahl	Vertragliche Versorgungsrechte in Übergabeverträgen und sozialrechtliche Ansprüche, Diss. 1989
Waldner	Vorweggenommene Erbfolge für die notarielle und anwaltliche Praxis, 2. Aufl. 2010
Walz	Formularbuch außergerichtliche Streitbeilegung, 2006
Wanger	Liechtensteinisches Wirtschafts- und Gesellschaftsrecht, 3. Aufl. 1998
Wegmann	Grundstücksüberlassung. Zivil- und Steuerrecht, 2. Aufl. 1999
ders.	Eheverträge, 2. Aufl. 2002
ders.	Vermögensnachfolgevollstreckung, 2012
Weigl	Stille Gesellschaft, Treuhand und Unterbeteiligung, 3. Aufl. 2012

Literaturverzeichnis

Weirich	Erben und Vererben. Handbuch des Erbrechts und der vorweggenommenen Vermögensnachfolge, 6. Aufl. 2010
Wellhöfer/Peltzer/Müller	Die Haftung von Vorstand Aufsichtsrat Wirtschaftsprüfer und GmbH-Geschäftsführern, 2008
Wendl/Dose	Unterhaltsrecht in der familienrichterlichen Praxis, 9. Aufl. 2015, Vorauflage: *Wendl/Staudigl*
Wenzel	Baulasten in der Praxis, 2006
Wever	Vermögensauseinandersetzung der Ehegatten außerhalb des Güterrechts, 6. Aufl. 2014.
Widmann/Mayer	Umwandlungsrecht, Loseblatt; 155. Aufl. 2016
Wiedemann/Frey	Gesellschaftsrecht I, 8. Aufl. 2012, Vorauflage: *Wiedemann*
ders.	Die Übertragung und Vererbung von Mitgliedschaftsrechten bei Handelsgesellschaften, 1965
Wietek	Verfügung von Todes wegen zugunsten behinderter Menschen, 1996
Winkeljohann (Hrsg.)	Familienunternehmen – Deutschland 2008, 2008
Winkler	Beurkundungsgesetz: BeurkG, 17. Aufl. 2013
Wirich	Das Leibgeding, 2006
Wöhrmann	Das Landwirtschaftserbrecht, Kommentar zur Höfeordnung, zum BGB-Landguterbrecht und zum GrstVG-Zuweisungsverfahren, 10. Aufl. 2011
Wolfsteiner	Die vollstreckbare Urkunde, 3. Aufl. 2011
Wollny	Unternehmens- und Praxisübertragungen, 8. Aufl. 2015
Zeranski	Die Rückforderung von Schenkungen wegen Verarmung, 2015
Zimmermann	Der Verlust der Erbschaft, 2005
Zimmermann	Die Testamentsvollstreckung, 4. Aufl. 2014
Zöller	Zivilprozessordnung, 31. Aufl. 2016.

Abkürzungsverzeichnis

a.A.	andere Ansicht
a.a.O.	am angegebenen Ort
ABGB	Allgemeines bürgerliches Gesetzbuch für Österreich
ABM	Arbeitsbeschaffungsmaßnahme
Abs.	Absatz
Abt.	Abteilung
Abschn.	Abschnitt
abzgl.	abzüglich
AcP	Archiv für civilistische Praxis (Zs.)
AdopG	Adoptionsgesetz
a.E.	am Ende
AEAO	Anwendungserlass zur Abgabenordnung
AEUV	Vertrag über die Arbeitsweise der Europäischen Union
a.F.	alte Fassung
AfA	Absetzung für Abnutzungen
AFG	Arbeitsförderungsgesetz
AG	Aktiengesellschaft/Amtsgericht/Die Aktiengesellschaft (Zs.)
AGBGB	Gesetz zur Ausführung des Bürgerlichen Gesetzbuchs und anderer Gesetze
AgrarR	Agrarrecht (Zs.)
AktG	Aktiengesetz
ALG	Arbeitslosengeld/Gesetz über die Alterssicherung der Landwirte
ALG I	Arbeitslosengeld I
ALG II	Arbeitslosengeld II
ALG II-VO	Arbeitslosengeld II/Sozialgeld-Verordnung
AlhiVO	Arbeitslosenhilfe-Verordnung
Alt.	Alternative
AltZertG	Gesetz über die Zertifizierung von Altersvorsorge- und Basisrentenverträgen (Altersvorsorgeverträge-Zertifizierungsgesetz)
AnfG	Anfechtungsgesetz
Anm.	Anmerkung
AnwK	Anwaltkommentar
AO	Abgabenordnung
AP	Arbeitsrechtliche Praxis – Nachschlagewerk des Bundesarbeitsgerichts
APV	Adjusted Present Value
ARGE	Arbeitsgemeinschaft
ARoV	Amt zur Regelung offener Vermögensfragen
Art.	Artikel
AStG	Gesetz über die Besteuerung bei Auslandsbeziehungen
Aufl.	Auflage
AuR	Arbeit und Recht (Zs.)
AusglV	Verordnung über die Einkommensfeststellung nach dem Bundesversorgungsgesetz
AVG	Angestelltenversicherungsgesetz
AWH	Arbeitsgemeinschaft der Wert ermittelnden Betriebsberater im Handwerk
Az.	Aktenzeichen

B

BA	Bundesagentur
BAFA	Bundesamt für Wirtschaft und Ausfuhrkontrolle
BAföG	Bundesgesetz über individuelle Förderung der Ausbildung
BAG	Bundesarbeitsgericht
Banz.	Bundesanzeiger
BAO	Bundesabgabenordnung (Österreich)
BARoV	Bundesamt zur Regelung offener Vermögensfragen
BauGB	Baugesetzbuch

Abkürzungsverzeichnis

BauNVO	Baunutzungsverordnung
BauOBln	Bauordnung für Berlin
BauO NRW	Bauordnung für das Land Nordrhein-Westfalen
BayAGBGB	Bayerisches Ausführungsgesetz zum Bürgerlichen Gesetzbuch
BayAGBSHG	Bayerisches Gesetz zur Ausführung des Bundessozialhilfegesetzes
BayGO	Gemeindeordnung für den Freistaat Bayern
BayGVBl.	Bayerisches Gesetz- und Verordnungsblatt
BayObLG	Bayerisches Oberstes Landesgericht
BayObLGZ	Entscheidungen des BayObLG in Zivilsachen
BayStG	Bayerisches Stiftungsgesetz
BayPfleWoqG	Bayerisches Gesetz zur Regelung der Pflege-, Betreuungs- und Wohnqualität im Alter und bei Behinderung
BaySHR	Sozialhilferichtlinien des Bayerischen Städtetages, des Bayerischen Landkreistages und des Verbandes der bayerischen Bezirke
BayStMinFin	Bayerisches Staatsministerium der Finanzen
BayVGH	Bayerischer Verwaltungsgerichtshof
BB	Der Betriebs-Berater (Zs.)
BBEV	BeraterBrief Erben und Vermögen (Zs.)
Bd.	Band
BDI	Bundesverband der Deutschen Industrie
BeckRS	Beck-Rechtsprechung
BeckVerw	Beck-Verwaltungsanweisungen
BekM	Bekanntmachung
BErzGG	Bundeserziehungsgeldgesetz
Beschl.	Beschluss
BetrAVG	Gesetz zur Verbesserung der betrieblichen Altersversorgung
BetrKV	Verordnung über die Aufstellung von Betriebskosten
BetrPrämDurchfG	Betriebsprämiendurchführungsgesetz
BeurkG	Beurkundungsgesetz
BewG	Bewertungsgesetz
BFH	Bundesfinanzhof
BFHE	Sammlung der Entscheidungen des BFH
BFH/NV	Sammlung amtlich nicht veröffentlichter Entscheidungen des BFH
BgA	Betrieb gewerblicher Art
BGB	Bürgerliches Gesetzbuch
BGBl.	Bundesgesetzblatt
BGH	Bundesgerichtshof
BGHZ	Entscheidungen des BGH in Zivilsachen
BilMoG	Bilanzrechtsmodernisierungsgesetz
BKGG	Bundeskindergeldgesetz
BKleingG	Bundeskleingartengesetz
BMF	Bundesministerium der Finanzen
BMJ	Bundesministerium der Justiz
BMVEL	Bundesministerium für Verbraucherschutz, Ernährung und Landwirtschaft
BMWi	Bundesministerium für Wirtschaft und Technologie
BNotK	Bundesnotarkammer
BNotO	Bundesnotarordnung
BRD	Bundesrepublik Deutschland
BR-Drucks.	Bundesratsdrucksache
BSchAV	Berufsschadensausgleichsverordnung
BSG	Bundessozialgericht
BSGE	Entscheidungen des BSG
BSHG	Bundessozialhilfegesetz
Bsp.	Beispiel
bspw.	beispielsweise
BStBl.	Bundessteuerblatt
BT-Drucks.	Bundestags-Drucksache
Buchst.	Buchstabe

Abkürzungsverzeichnis

II. BV	Verordnung über wohnungswirtschaftliche Berechnungen nach dem Zweiten Wohnungsbaugesetz
BVerfG	Bundesverfassungsgericht
BVerwG	Bundesverwaltungsgericht
BVerwGE	Entscheidungen des BVerwG
BVFG	Gesetz über die Angelegenheiten der Vertriebenen und Flüchtlinge
BVG	Bundesversorgungsgesetz
BvS	Bundesanstalt für vereinigungsbedingte Sonderaufgaben
BWNotZ	Zeitschrift für das Notariat in Baden-Württemberg
bzgl.	bezüglich
bzw.	beziehungsweise

C

ca.	circa
CC	Codice Civile
c.i.c.	culpa in contrahendo

D

DAI	Deutsches Anwaltsinstitut
DA-FamEStG	Dienstanweisung zur Durchführung des Familienleistungsausgleichs nach dem X. Abschnitt des Einkommensteuergesetzes
DAVorm	Der Amtsvormund (Zs.)
DB	Der Betrieb (Zs.)
DBA	Doppelbesteuerungsabkommen
DCF-Verfahren	Discounted-cash-flow-Verfahren
DDR	Deutsche Demokratische Republik
DGB	Deutscher Gewerkschaftsbund
d.h.	das heißt
DIHT	Deutscher Industrie- und Handelstag
DIN	Deutsches Institut für Normung e.V.
DM	Deutsche Mark
DNotI	Deutsches Notarinstitut
DNotZ	Deutsche Notarzeitschrift
DStR	Deutsches Steuerrecht (Zs.)
DStRE	Deutsche Steuerrechtsentscheidungen (Zs.)
DStZ	Deutsche Steuer-Zeitung
DVBl.	Deutsches Verwaltungsblatt
DVEV	Deutsche Vereinigung für Erbrecht und Vermögensnachfolge e.V.
DVO	Durchführungsverordnung

E

EAG Bau	Gesetz zur Anpassung des Baugesetzbuchs an EU-Richtlinien
EBITDA	Earnings before Interest, Taxes, Depreciation and Amortisation
EFG	Entscheidungen der Finanzgerichte (Zs.)
e.G.	eingetragene Genossenschaft
EG	Europäische Gemeinschaft
EGBGB	Einführungsgesetz zum Bürgerlichen Gesetzbuch
EGE	Europäische Größeneinheit
EGFGB	Einführungsgesetz zum Familiengesetzbuch
EGHGB	Einführungsgesetz zum Handelsgesetzbuch
EGInsO	Einführungsgesetz zur Insolvenzordnung
EGV	Vertrag zur Gründung der Europäischen Gemeinschaft
EGVVG	Einführungsgesetz zum Versicherungsvertragsgesetz
EGZVG	Einführungsgesetz zum Zwangsversteigerungsgesetz
EheG	Ehegesetz
EHUG	Gesetz über elektronische Handelsregister und Genossenschaftsregister sowie das Unternehmensregister
EigZulG	Eigenheimzulagengesetz

Abkürzungsverzeichnis

e.K.	eingetragener Kaufmann
EL	Ergänzungslieferung
ErbbauRG	Erbbaurechtsgesetz
ErbbauVO	Erbbaurechtsverordnung
ErbBstg	Erbfolgebesteuerung (Zs.)
ErbR	Zeitschrift für die gesamte erbrechtliche Praxis
ErbStB	Der Erbschaft-Steuer-Berater (Zs.)
ErbStDV	Erbschaftsteuer-Durchführungsverordnung
ErbStG	Erbschaftsteuer- und Schenkungsteuergesetz
ErbStH	Erbschaftsteuer-Hinweise
ErbStR	Erbschaftsteuer-Richtlinien
ErbStRG	Gesetz zur Reform des Erbschaftsteuer- und Bewertungsrechts
ERP	European Recovery Program
ESt	Einkommensteuer
EStB	Der Ertrag-Steuer-Berater (Zs.)
EStDV	Einkommensteuer-Durchführungsverordnung
EStG	Einkommensteuergesetz
EStH	Einkommensteuer-Hinweise
ESt-Kartei	Einkommensteuerkartei der Oberfinanzdirektion Karlsruhe (Loseblattwerk)
EStR	Einkommensteuer-Richtlinien
et al.	et alii (und andere)
etc.	et cetera
EU	Europäische Union
EUInsVO	Europäische Insolvenzverordnung
EuGH	Europäischer Gerichtshof
e.V.	eingetragener Verein
evtl.	eventuell
EWiR	Entscheidungen zum Wirtschaftsrecht (Zs.)
EWR	Europäischer Wirtschaftsraum

F

f.	folgende
FA	Finanzamt
FamFG	Gesetz über das Verfahren in Familiensachen und in den Angelegenheiten der freiwilligen Gerichtsbarkeit
FamRÄndG	Gesetz zur Vereinheitlichung und Änderung familienrechtlicher Vorschriften
FamRB	Der Familien-Rechts-Berater (Zs.)
FamRZ	Zeitschrift für das gesamte Familienrecht
FAUB	Fachausschuss Unternehmensbewertung und Betriebswirtschaft
FAZ	Frankfurter Allgemeine Zeitung
FEVS	Fürsorgerechtliche Entscheidungen der Verwaltungs- und Sozialgerichte
ff.	fort folgende
FF	Forum Familienrecht (Zs.)
FG	Finanzgericht
FGB-DDR	Familiengesetzbuch der DDR
FGG	Gesetz über die Angelegenheiten der freiwilligen Gerichtsbarkeit
FGPrax	Praxis der Freiwilligen Gerichtsbarkeit (Zs.)
FinMin	Finanzministerium
FinStrG	Finanzstrafgesetz
FKPG	Gesetz zur Umsetzung des Föderalen Konsolidierungsprogramms
Flst.	Flurstück
FlurbG	Flurbereinigungsgesetz
Fn.	Fußnote
FN-IDW	IDW Fachnachrichten
FPR	Familie Partnerschaft Recht (Zs.)
FR	Finanz-Rundschau (Zs.)
FS	Festschrift
FTD	Financial Times Deutschland

FuR	Familie und Recht (Zs.)
FPR	Familie Partnerschaft Recht (Zs.)

G

GBO	Grundbuchordnung
GbR	Gesellschaft bürgerlichen Rechts
GBV	Verordnung zur Durchführung der Grundbuchordnung (Grundbuchverfügung)
GDV	Gesamtverband der Deutschen Versicherungswirtschaft
geb.	geboren/geborene
gem.	gemäß
GenG	Genossenschaftsgesetz
GewArch	Das Gewerbearchiv (Zs.)
GewStG	Gewerbesteuergesetz
GewStR	Gewerbesteuer-Richtlinien
GEZ	Gebühreneinzugszentrale
GFZ	Geschossflächenzahl
GG	Grundgesetz
ggf.	gegebenenfalls
ggü.	gegenüber
GKV	Gesetzliche Krankenversicherung
GmbH	Gesellschaft mit beschränkter Haftung
GmbHG	Gesetz betreffend die Gesellschaften mit beschränkter Haftung
GmbHR	Die GmbH-Rundschau (Zs.)
GmbH-StB	Der GmbH-Steuer-Berater (Zs.)
GoA	Geschäftsführung ohne Auftrag
grds.	grundsätzlich
GrEStG	Grunderwerbsteuergesetz
GrdstVG	Grundstückverkehrsgesetz
GrundVZÜV	Grundstücksverkehrsgenehmigungszuständigkeitsübertragungsverordnung
GSiG	Gesetz über eine bedarfsorientierte Grundsicherung im Alter und bei Erwerbsminderung
GVBl.	Gesetz- und Verordnungsblatt
GVG	Gerichtsverfassungsgesetz
GVO	Grundstücksverkehrsordnung
GWB	Gesetz gegen Wettbewerbsbeschränkungen

H

H	Hinweise zu den Erbschaftsteuer-Richtlinien
HBauO	Hamburgische Bauordnung
HeimG	Heimgesetz
ha	Hektar
Halbs	Halbsatz
HausratsVO	Hausratsverordnung
HbL	Hilfe in besonderen Lebenslagen
HessVGH	Hessischer Verwaltungsgerichtshof
HGB	Handelsgesetzbuch
HLU	Hilfe zum Lebensunterhalt
h.M.	herrschende Meinung
HöfeO	Höfeordnung
HöfeVfO	Verfahrensordnung für Höfesachen
HRA	Handelsregister Abteilung A

I

IAB	Institut für Arbeitsmarkt- und Berufsforschung
i.d.F.	in der Fassung
i.d.R.	in der Regel
IDW	Institut der Wirtschaftsprüfer in Deutschland e.V.

Abkürzungsverzeichnis

IDW S 1	Grundsätze zur Durchführung von Unternehmensbewertungen des Instituts der Wirtschaftsprüfer
i.E.	im Ergebnis
i.H.d.	in Höhe der/des
IHK	Industrie- und Handelskammer
i.H.v.	in Höhe von
INF	Information über Steuer und Wirtschaft (Zs.)
info also	Informationen zum Arbeitslosenrecht und Sozialhilferecht (Zs.)
insb.	insbesondere
InsO	Insolvenzordnung
InVeKoSDG	Gesetz über die Verarbeitung und Nutzung von Daten im Rahmen des integrierten Verwaltungs- und Kontrollsystems nach den gemeinschaftsrechtlichen Vorschriften für landwirtschaftliche Stützungsregelungen
InvestmentStG	Investmentsteuergesetz
IPR	Internationales Privatrecht
IPRax	Praxis des Internationalen Privat- und Verfahrensrechts
i.R.d.	im Rahmen der/des
i.S.d.	im Sinne der/des
i.S.e.	im Sinne einer
IStR	Internationales Steuerrecht (Zs.)
i.Ü.	im Übrigen
i.V.m.	in Verbindung mit

J

JR	Juristische Rundschau (Zs.)
JStG	Jahressteuergesetz
JurBüro	Das juristische Büro (Zs.)
JurionRS	Jurion Rechtsprechung
juris	Juristisches Informationssystem
jurisPR-SteuerR	juris PraxisReport Steuerrecht
JW	Juristische Wochenzeitschrift
JZ	Juristenzeitung

K

Kap.	Kapitel
KbLVAB	Allgemeine Bedingungen für die kapitalbildende Lebensversicherung
K.d.ö.R.	Körperschaft des öffentlichen Rechts
KESt	Kapitalertragsteuer
KfW	früher: Kreditanstalt für Wiederaufbau, jetzt: KfW Bankengruppe
Kfz	Kraftfahrzeug
KG	Kammergericht/Kommanditgesellschaft
KGaA	Kommanditgesellschaft auf Aktien
KGJ	Jahrbuch für Entscheidungen des Kammergerichts
Kl.	Klasse
KO	Konkursordnung
KÖSDI	Kölner Steuerdialog (Zs.)
KostO	Kostenordnung
KFürsVO	Verordnung zur Kriegsopferfürsorge
krit.	kritisch
KStG	Körperschaftsteuergesetz
KStR	Körperschaftsteuer-Richtlinien
KTS	Konkurs – Treuhand – Sanierung (Zs.)
KV	Krankenversicherung
KVLG	Krankenversicherung der Landwirte

L

LandesWaldG M-V	Waldgesetz für das Land Mecklenburg-Vorpommern
LARoV	Landesamt zur Regelung offener Vermögensfragen

lfd. Nr.	laufende Nummer
LG	Landgericht
lit.	Litera
Lit.	Literatur
LJZ	Liechtensteinische Juristenzeitung
LKK	Landeskrankenkasse
LM	Lindenmaier/Möhring, Nachschlagewerk des BGH (Zs.)
LNotK	Landesnotarkammer
LPartG	Lebenspartnerschaftsgesetz
LPK-SGB XII	Lehr- und Praxiskommentar Sozialgesetzbuch XII
LS	Leitsatz
LSG	Landessozialgericht
LStDV	Lohnsteuer-Durchführungsverordnung
LStiftG LSA	Stiftungsgesetz Sachsen-Anhalt
LStiftG-RP	Landesstiftungsgesetz Rheinland-Pfalz
lt.	laut
Ltd.	Limited
LuF-Vermögen	Land- und forstwirtschaftliches Vermögen
LVwG	Landesverwaltungsgesetz
LwVG	Gesetz über das gerichtliche Verfahren in Landwirtschaftssachen
LZ	Leipziger Zeitschrift für Deutsches Recht

M

MAH	Münchener Anwaltshandbuch
m. abl. Anm.	mit ablehnender Anmerkung
m.Anm.	mit Anmerkung
MdE	Minderung der Erwerbstätigkeit
MDR	Monatsschrift für Deutsches Recht (Zs.)
m.E.	meines Erachtens
MilchQuotV	Verordnung zur Durchführung der EG-Milchquotenregelung
Mio.	Million
MitBestG	Gesetz über die Mitbestimmung der Arbeitnehmer
MittBayNot	Mitteilungen der bayerischen Notarkammer (Zs.)
MittRhNotK	Mitteilungen der Rheinischen Notarkammer (Zs.)
m. krit. Anm.	mit kritischer Anmerkung
Mm.	Mindermeinung
MoMiG	Gesetz zur Modernisierung des GmbH-Rechts und zur Bekämpfung von Missbräuchen
MoRaKG	Gesetz zur Modernisierung der Rahmenbedingungen für Kapitalbeteiligungen
Mrd.	Milliarde
MünchKomm	Münchener Kommentar
m.w.N.	mit weiteren Nachweisen
m. zust. Anm.	mit zustimmender Anmerkung

N

NBauO	Niedersächsische Bauordnung
NdsAGBGB	Niedersächsisches Ausführungsgesetz zum Bürgerlichen Gesetzbuch
NdsRpflege	Niedersächsische Rechtspflege
NDV	Nachrichtendienst des Deutschen Vereins für öffentliche und private Fürsorge e.V.
NDV-RD	Rechtsprechungsdienst des Deutschen Vereins für öffentliche und private Fürsorge e.V.
n.F.	neue Fassung
NJ	Neue Justiz (Zeitschrift)
NJOZ	Neue juristische Online-Zeitschrift
NJW	Neue Juristische Wochenschrift
NJW-FER	NJW-Entscheidungsdienst Familien- und Erbrecht
NJW-RR	NJW-Rechtsprechungs-Report Zivilrecht (Zs.)

Abkürzungsverzeichnis

NotBZ	Zeitschrift für die notarielle Beratungs- und Beurkundungspraxis
NotK	Notarkammer
NotRV	Deutsche Notarrechtliche Vereinigung e.V.
Nr.	Nummer
n.rk.	Nicht rechtskräftig
NRW	Nordrhein-Westfalen
n.v.	nicht veröffentlicht
NV-Bescheinigung	Nichtveranlagungsbescheinigung
NVwZ	Neue Zeitschrift für Verwaltungsrecht
NVwZ-RR	NVwZ-Rechtsprechungs-Report Verwaltungsrecht (Zs.)
NW	Nordrhein-Westfalen
NWB	Neue Wirtschaftsbriefe (Zs.)
NWVBl.	Nordrhein-Westfälische Verwaltungsblätter
NZA	Neue Zeitschrift für Arbeitsrecht
NZA-RR	NZA-Rechtsprechungs-Report Arbeitsrecht (Zs.)
NZG	Neue Zeitschrift für Gesellschaftsrecht
NZM	Neue Zeitschrift für Miet- und Wohnungsrecht
NZS	Neue Zeitschrift für Sozialrecht

O

o.Ä.	oder Ähnliches
OFD	Oberfinanzdirektion
o.g.	oben genannt
OLG	Oberlandesgericht
OLGR	OLGReport
OLG-Report	Schnelldienst zur Zivilrechtssprechung der Oberlandesgerichte (Zs.)
OLGZ	Entscheidungen der Oberlandesgerichte in Zivilsachen einschließlich der freiwilligen Gerichtsbarkeit
OVG	Oberverwaltungsgericht

P

p.a.	pro anno
PartGG	Gesetz über Partnerschaftsgesellschaften Angehöriger Freier Berufe
PGR	Personen- und Gesellschaftsrecht des Fürstentums Liechtenstein
PflegeVG	Pflegeversicherungsgesetz
PKH	Prozesskostenhilfe
P-Konto	Pfändungsschutzkonto
Pkw	Personenkraftwagen
PrAGBGB	Preußisches Ausführungsgesetz zum Bürgerlichen Gesetzbuch
PrALR	Preußisches Allgemeines Landrecht
PreisAngG	Preisangabengesetz
PreisG	Preisgesetz
PreisklauselG	Gesetz über das Verbot der Verwendung von Preisklauseln bei der Bestimmung von Geldschulden
PrKV	Preisklauselverordnung
pVV	positive Vertragsverletzung

Q

qm	Quadratmeter

R

R	Richtlinie
RdL	Recht der Landwirtschaft (Zs.)
RdLH	Rechtsdienst der Lebenshilfe
Rdn.	Randnummer
Recht	Das Recht (Zs.)
RegE	Regierungsentwurf
Rev.	Revision

Abkürzungsverzeichnis

RG	Reichsgericht
RGRK	Reichsgerichtsräte-Kommentar zum BGB
RGZ	Entscheiden des RG in Zivilsachen
RiBGH	Richter am BGH
Rk.	Rechtskräftig
Rn.	Randnummer
RNotZ	Rheinische Notar-Zeitschrift
Rpfleger	Der deutsche Rechtspfleger (Zs.)
RSB	Restschuldbefreiung
RSO	Liechtensteinische Rechtssicherung-Ordnung
Rspr.	Rechtsprechung
RVO	Reichsversicherungsordnung

S

S.	Seite
s.	siehe
s.a.	siehe auch
SachbezugsV	Sachbezugsverordnung
SBV	Sonderbetriebsvermögen
SchKG	Schwangerschaftskonfliktgesetz
SchlHA	Schleswig-Holsteinische Anzeigen (Zs.)
SchlHolLVwG	Allgemeines Verwaltungsgesetz für das Land Schleswig-Holstein
SchweizZGB	Schweizerisches Zivilgesetzbuch
SED	Sozialistische Einheitspartei Deutschlands
SEStEG	Gesetz über steuerliche Begleitmaßnahmen zur Einführung der Europäischen Gesellschaft und zur Änderung weiterer steuerrechtlicher Vorschriften
SeuffA	Seufferts Archiv für Entscheidungen der obersten Gerichte in den deutschen Staaten
SG	Sozialgericht
SGB	Sozialgesetzbuch
SGG	Sozialgerichtsgesetz
SGH	Statut des Schlichtungs- und Schiedsgerichtshofs deutscher Notare
SH-Richtlinien	Sozialhilferichtlinien
s.o.	siehe oben
sog.	so genannt
SozR	Sozialrechtliche Rechtsprechung und Schrifttum, bearb. v.d. Richtern d. BSG
Sp.	Spalte
StBerG	Steuerberatungsgesetz
Stbg	Die Steuerberatung (Zs.)
StGB	Strafgesetzbuch
StiftG	Stiftungsgesetz
Std.	Stunde
str.	streitig
st. Rspr.	ständige Rechtsprechung
s.u.	siehe unten
SvEV	Verordnung über die sozialversicherungsrechtliche Beurteilung von Zuwendungen des Arbeitgebers als Arbeitsentgelt (Sozialversicherungsentgeltverordnung)
SWK	Steuer- und WirtschaftsKartei (Zs.)
SZ	Süddeutsche Zeitung

T

ThürAGBGB	Thüringer Gesetz zur Ausführung des Bürgerlichen Gesetzbuchs
ThürBO	Thüringer Bauordnung
ThürGVBl.	Gesetz- und Verordnungsblatt für das Land Thüringen
Tz.	Teilziffer

Abkürzungsverzeichnis

U
u.	und
u.a.	und andere/unter anderem
Ubg	Die Unternehmensbesteuerung (Zs.)
UG	Unternehmergesellschaft
UmwG	Umwandlungsgesetz
UmwStG	Umwandlungssteuergesetz
UR.Nr.	Urkunden-Nummer
Urt.	Urteil
USt	Umsatzsteuer
UStG	Umsatzsteuergesetz
UStR	Umsatzsteuer-Richtlinien
u.U.	unter Umständen
UVG	Unterhaltsvorschussgesetz
UVR	Umsatzsteuer- und Verkehrssteuer-Recht (Zs.)

V
v.	vom
v.a.	vor allem
Var.	Variante
VDR	Verband Deutscher Rentenversicherungsträger
VermG	Vermögensgesetz
VersR	Versicherungsrecht (Zs.)
VersVG	Versicherungsvertragsgesetz
VG	Verwaltungsgericht
vGA	verdeckte Gewinnausschüttung
VGH	Verwaltungsgerichtshof
vgl.	vergleiche
v.H.	vom Hundert
VIZ	Zeitschrift für Vermögens- und Immobilienrecht
VO	Verordnung
VOB	Vergabe- und Vertragsordnung für Bauleistungen
VPI	Verbraucherpreisindex
VVG	Versicherungsvertragsgesetz
VwGO	Verwaltungsgerichtsordnung
VwVfG	Verwaltungsverfahrensgesetz
VwZG	Verwaltungszustellungsgesetz

W
WACC	Weighted Average Cost of Capital
WährG	Währungsgesetz
WarnR	Rechtsprechung des Reichsgerichts, hrsg. v. Warneyer
WEG	Wohnungseigentumsgesetz
WertR	Wertermittlungsrichtlinien
WertV	Verordnung über Grundsätze für die Ermittlung der Verkehrswerte von Grundstücken
WGV	Wohnungsgrundbuchverfügung
WiPrO	Gesetz über eine Berufsordnung der Wirtschaftsprüfer
WM	Zeitschrift für Wirtschafts- und Bankrecht (bis 2000: Wertpapiermitteilungen)
WoBauG	Wohnungsbaugesetz
WoBindG	Gesetz zur Sicherung der Zweckbestimmung von Sozialwohnungen
WoFG	Wohnraumförderungsgesetz
WoGG	Wohngeldgesetz
WoGV	Wohngeldverordnung
WohnflVO	Wohnflächenverordnung
WpAIV	Verordnung zur Konkretisierung von Anzeige-, Mitteilungs- und Veröffentlichungspflichten sowie der Pflicht zur Führung von Insiderverzeichnissen nach dem Wertpapierhandelsgesetz

WPg	Die Wirtschaftsprüfung (Zs.)
WpHG	Wertpapierhandelsgesetz
WPO	Gesetz über eine Berufsordnung der Wirtschaftsprüfer
WpÜG	Wertpapiererwerbs- und Übernahmegesetz
www	world wide web
WuW	Wirtschaft und Wettbewerb (Zs.)
WuW/E	Entscheidungssammlung der WuW
WZB	Wissenschaftszentrums Berlin für Sozialforschung
Z	
ZAP	Zeitschrift für die Anwaltspraxis
ZAP-EN	ZAP-Eilnachrichten
ZAVO	Landesverordnung über die Zulassung von Abwasseruntersuchungsstellen
z.B.	zum Beispiel
Zerb	Zeitschrift für die Steuer- und Erbrechtspraxis
ZEV	Zeitschrift für Erbrecht und Vermögensnachfolge
ZFE	Zeitschrift für Familien- und Erbrecht
ZfF	Zeitschrift für Familienforschung
ZfIR	Zeitschrift für Immobilienrecht
ZfSH/SGB	Zeitschrift für Sozialhilfe und Sozialgesetzbuch
ZGB	Zivilgesetzbuch
ZGB-DDR	Zivilgesetzbuch der Deutschen Demokratischen Republik
ZGR	Zeitschrift für Unternehmens- und Gesellschaftsrecht
ZGS	Zeitschrift für das gesamte Schuldrecht
ZHR	Zeitschrift für das gesamte Handelsrecht und Wirtschaftsrecht
Ziff.	Ziffer
ZInsO	Zeitschrift für das gesamte Insolvenzrecht
ZIP	Zeitschrift für Wirtschaftsrecht
ZIV	Zinsinformationsverordnung
ZMR	Zeitschrift für Miet- und Raumrecht
ZNotP	Zeitschrift für die Notarpraxis
ZollVG	Zollverwaltungsgesetz
ZOV	Zeitschrift für offene Vermögensfragen
ZPO	Zivilprozessordnung
Zs.	Zeitschrift
ZSt	Zeitschrift zum Stiftungswesen
z.T.	zum Teil
zust.	zustimmend
ZVG	Gesetz über die Zwangsversteigerung und die Zwangsverwaltung
zzgl.	zuzüglich
z.Zt.	zur Zeit

# Kapitel 1: Grundtypus und Varianten – Das Schenkungsrecht des BGB und typische Fallgruppen

Übersicht

		Rdn.
A.	**Begriff, Rechtsnatur**	2
B.	**Rahmenbedingungen**	7
I.	Rechtstatsächliches	7
II.	Weichenstellungen	9
III.	Rolle des Notars	18
C.	**Der Schenkungsbegriff des BGB**	25
I.	Voraussetzungen einer Schenkung	26
	1. Bereicherung des Empfängers	27
	a) Definition	27
	b) Zuwendung	29
	c) aus vorhandenem Vermögen, § 517 BGB	30
	d) Beispielsfälle	32
	2. Unentgeltlichkeit der Zuwendung	34
	3. Einigung	41
II.	Einzelfälle möglicher Gegenleistungsverknüpfungen	44
	1. Bereits erbrachte Leistungen	44
	2. Zu erbringende Leistungen bzw. zu erduldende Vorbehalte	49
	a) Arten	49
	b) Zivilrechtliche Minderung der Unentgeltlichkeit	50
	aa) Grundsatz	50
	bb) Duldungsvorbehalte	51
	cc) (Bedingte) Leistungspflichten	52
	dd) Rückforderungsvorbehalte	56
	c) Steuerliche Minderung der Unentgeltlichkeit	58
	3. Verrechnung mit Pflichtteils-, Zugewinnausgleichs- bzw. Unterhaltsansprüchen	60
	a) Pflichtteilsanspruch/Pflichtteilsverzicht	61
	aa) Liegt in der Zuwendung als Abfindung für einen Erb- und/oder Pflichtteilsverzicht nach § 2346 BGB ebenfalls eine Schenkung?	62
	bb) Abgeltung des Pflichtteilsgeldanspruchs	69
	b) Zugewinnausgleichsanspruch	72
	aa) Schenkungsteuer	74
	bb) Zivilrecht	80
	cc) Ertragsteuerrecht	89
	c) Unterhaltsanspruch	96
	4. Schenkungscharakter/Verwertbarkeit erbrechtlicher Präventivmaßnahmen	100
	a) Pflichtteilsverzichtsvertrag	101
	aa) »normaler Gläubiger«	101
	bb) Regelinsolvenz	102
	cc) Wohlverhaltensphase	103
	dd) Sozialleistungsträger	104

		Rdn.
	b) Ausschlagung	107
	aa) »normaler Gläubiger«	107
	bb) Regelinsolvenz	108
	cc) Wohlverhaltensphase	109
	dd) Sozialleistungsträger	111
	c) Entstandene Pflichtteilsansprüche	113
	aa) »normaler Gläubiger«	113
	bb) Regelinsolvenz	114
	cc) Wohlverhaltensphase	115
	dd) Sozialleistungsträger	117
III.	Abgrenzung zur Schenkung: Familienrechtliche Verträge	123
	1. Gütergemeinschaft	123
	2. Fortgesetzte Gütergemeinschaft	128
	3. Gütertrennung und Vereinbarungen zum Zugewinnausgleich	134
	4. Anrechnung gem. § 1380 BGB	135
	5. Rückwirkende Vereinbarung der Zugewinngemeinschaft	136
	6. Güterrechtliche Besonderheiten im Beitrittsgebiet	138
IV.	Weitere Abgrenzung: Gesellschaftsrechtliche Vereinbarungen	140
	1. Verpflichtungen causa societatis	140
	2. Nachfolgeregelungen bei Personengesellschaften	147
	a) Gestaltungsvarianten	147
	b) Unvererblichkeitsklausel mit Abfindungsausschluss	153
	c) Schenkung durch Aufnahme eines Gesellschafters?	164
D.	**Schenkungsrecht des BGB**	166
I.	Form	166
	1. Erfordernis	166
	2. Heilung	167
II.	Besonderheiten des Schenkungsrechts	175
	1. Beginn und Ende des Rechtsverhältnisses	176
	2. Sekundärpflichten	178
	3. Rückforderung: Grober Undank	184
III.	Schenkung unter Auflage (§§ 525 bis 527 BGB)	194
IV.	Privilegierung von Schenkungen	197
V.	Bestandsschwäche von Schenkungen	200
	1. Bestandsschwäche im Verhältnis zwischen Schenker und Beschenktem	200
	2. Bestandsschwäche im Verhältnis zu Dritten	201
	3. Insb.: Gläubigeranfechtungsrecht	209
	a) Allgemeine Voraussetzungen	210
	b) Anfechtungstatbestände	220
	c) Beurkundungsrecht	235

Kapitel 1 Grundtypus und Varianten – Das Schenkungsrecht des BGB und typische Fallgruppen

		Rdn.
	4. Dingliche Schenkungsverbote; Betreuung	237
	a) Testamentsvollstreckung	238
	b) Betreuung	245
	c) Nacherbfolge	252
VI.	»Asset Protection«	257
E.	**Weitere Typen lebzeitiger Zuwendungen**	264
I.	Ausstattung (§ 1624 BGB)	265
	1. Voraussetzungen	265
	2. Folgen	270
	3. Risiken	271
II.	Gemischte Schenkung	275
III.	Weitere Typen der vorweggenommenen Erbfolge	279
IV.	Gegenseitige Zuwendungsversprechen auf den Todesfall	283
	1. Zivilrecht	283
	2. Steuerrecht	286
	3. Gestaltung	291
V.	Erbauseinandersetzung	298
	1. Grundsatz	298
	2. Rechtsgeschäftliche Auseinandersetzung	299
	a) Auseinandersetzungsvertrag	302
	aa) Ausschluss	303
	bb) Zeitpunkt	305
	cc) Sachverhaltserfassung	307
	dd) Sonderfälle	313
	b) Erbteilsübertragung	315
	c) Abschichtung	325
	3. Gesetzliche Verfahren	329
	a) Vermittlungsverfahren	329
	b) Auseinandersetzungsklage	331
	c) Gerichtliche Zuweisung, §§ 13 ff. GrdStVG	334
F.	**Besonderheiten bei der Unternehmensnachfolge**	339

		Rdn.
I.	Allgemeines	339
II.	Interessenlage	342
III.	Formen der Nachfolgeplanung	351
	1. Unternehmensnachfolge von Todes wegen	351
	a) Alleinerben-Vermächtnisnehmer-Modell	354
	b) »Frankfurter Testament«	360
	c) Wahlvermächtnis-Modell	366
	d) Schlusserbenlösung mit Abänderungsvorbehalt	371
	e) Mitunternehmerschaften	377
	f) Nachfolge in Freiberufler-Gesellschaften	385
	g) Dauertestamentsvollstreckung	391
	aa) Vor- und Nachteile	391
	bb) Gestaltungsgrenzen	395
	2. Unternehmensnachfolge zu Lebzeiten	405
	a) Vorbereitung und Absicherung	405
	b) Zwischenformen: Übertragung auf den Todeszeitpunkt	424
	c) Lebzeitige Übertragung	426
IV.	Möglichkeiten lebzeitiger Unternehmensübertragung	427
	1. Einzelunternehmen	427
	2. Gesellschaftsbeteiligung	434
	3. Änderung der Rechtsform	437
V.	Besonderheiten bei landwirtschaftlichen Übergaben	440
	1. Interessenlage	440
	2. Rückbehalt	443
	3. Übertragungsumfang	449
	4. Milchreferenzmenge	452
	5. Zuckerrübenlieferungsrechte	456
	6. Agrarförderung	460
	7. Höferechtliche Besonderheiten	470

1 Vermögensübertragungen (unter Lebenden und von Todes wegen) sind von außerordentlicher tatsächlicher Relevanz und damit ein ebenso forderndes wie attraktives Aufgabenfeld juristischer, steuerlicher und unternehmerischer Beratung: Zwischen 2015 und 2024 sind Vermögenswerte i.H.v. insgesamt ca. 3,1 Billionen € zu übertragen (das ist ca ein Viertel des Vermögensbestandes aller privaten Haushalte), davon entfällt etwa die Hälfte auf Immobilien[1] (interessanterweise ist der Immobilienanteil ausweislich der Erbschaftsteuerstatistik beim Erwerb in vorweggenommener Erbfolge höher als beim letztwilligen Erwerb).[2] Das jährlich übertragene Volumen dürfte zwi-

---

[1] Vgl. Pressemitteilung des Deutschen Instituts für Altersvorsorge v. 15.06.2011. Im Durchschnitt entfallen auf jeden Erblasser (freilich mit erheblichen Schwankungen) 305.000,00 €, davon ca. 50.000,00 € Geldvermögen.

[2] Nach Erhebungen der Postbank im Juli 2011 wurden 2010 in Deutschland ca. 233 Mrd. € vererbt; die Zahl soll bis 2020 auf ca. 330 Mrd. € ansteigen. Nach einer Umfrage des Instituts für Demoskopie Allensbach 2015 war in 72 % der Fälle Finanzmittel im Nachlass, in 46 % der Fälle Immobilien, 36 % Möbel,

schen 218 und 307 Milliarden Euro liegen,³ wovon ca 1/3 auf die vorweggenommene, 2/3 auf die letztwillige Erbfolge entfällt. In Bezug auf Erbschaften⁴ enthalten 46 % der Nachlässe Immobilienvermögen (dann im Durchschnitt 1,6 Objekte), davon 47 % Einfamilien-, 26 % Zweifamilien- und 9 % Mehrfamilienhäuser, 4 % unbebaute Grundstücke; während anderseits 24 % der immobilienlosen Nachlässe wertlos oder überschuldet sind.

Der Anteil der Schenkung- bzw. Erbschaftsteuer hieran beläuft sich auf (2016) magere 6,8 Milliarden Euro; das Steueraufkommen ist zudem regional höchst unterschiedlich verteilt.⁵ 17 % der Erben berichten ausweislich einer Umfrage der Deutschen Bank (2015) über anschließende Streitigkeiten über den Nachlass; die Zahl der Fachanwälte für Erbrecht ist in Deutschland von 2010 bis 2015 von 1.076 auf 1.629 gestiegen.

A. Begriff, Rechtsnatur

Ausgehend vom jeweils verfolgten Vertragszweck hat die moderne Vertragstypenlehre⁶ als offenes System Fallgruppen von Zuwendungen herausgearbeitet. Die kautelarjuristische Entwicklung hat demzufolge die im Gesetz angelegte Aufgliederung in Schenkung, Schenkung unter Auflage, gemischte Schenkung und Ausstattung weiter aufgefächert. Die Bestimmungen der §§ 516 ff. BGB bieten insoweit nur mehr eine Auffangregelung für nicht individualvertraglich geregelte Vertragsstörungen als das am ehesten nahekommende Rechtsfolgensystem, jedoch nicht i.S.e. notwendigen tatbestandlichen Einordnung solcher kautelarjuristischen Vertragstypen als »Schenkung« i.S.d. §§ 516, 518 BGB.

Wesentliche Vertragstypen sind:
(1) die **vorweggenommene Erbfolge**, in der notariellen Praxis traditionell auch als »Übergabevertrag« oder »Überlassungsvertrag« bezeichnet,⁷ deren typenbestimmender Zweck in der lebzeitigen Klärung der Erbfolge in den betroffenen Vermögensgegenstand liegt. Mitverfolgte Nebenzwecke können bspw. in der Freistellung von Lasten, der Absicherung von Investitionen des Erwerbers in das Objekt, der Versorgung des Veräußerers, der Ausschaltung von Pflichtteils(ergänzung)berechtigten oder in der Nutzung steuerlicher Vorteile liegen. Typische Störfallvorsorge betrifft die weitere Nutzung durch den Veräußerer, den Vorbehalt des wirtschaftlichen Eigentums (»Verfügungssperre«) sowie das Versprechen von Dienst- und Versorgungsleistungen, etwa im Bereich der Haushaltsführung oder der Pflege.
(2) Der »**Generationennachfolgevertrag**« ist demgegenüber stärker dadurch geprägt, dass der folgenden Generation »das Nachrücken in eine die Existenz wenigstens teilweise begründende Wirtschaftseinheit ermöglicht wird«, wodurch gleichzeitig die Versorgung des Übergebers aus dem übernommenen Vermögen zumindest z.T. gesichert sei.⁸ Als klassischer »Altenteilsvertrag«, für den regelmäßig landesrechtliche Bestimmungen, basierend auf Art. 96 EGBGB, ergänzend gelten, stellt er deren Urform dar, allerdings nicht notwendig begrenzt auf die Generationennachfolge, sondern bspw. auch unter Geschwistern⁹ oder gar Fremden¹⁰ denkbar. Urform ist die Übergabe landwirtschaftlicher Hofstellen. Die Übertragung städtischer Anwe-

---

30 % Schmuck, 4 % Gold, 3 % Unternehmen; nur in 4 % der Fälle enthielt der Nachlass nennenswerte Schulden.
3 Ersteres ergibt sich aus einer Studie des Deutschen Instituts für Wirtschaftsforschung (2016), Letzteres aus einer Studie des Deutschen Instituts für Altersvorsorge (2015).
4 Deutsches Institut für Altersvorsorge, Studie »Erbschaften in Deutschland 2015 – 2024« (2015), S. 33 ff.
5 Einnahmen in Mio Euro je 100.000 Einwohner im Jahr 2014: in Mecklenburg-Vorpommern 0,6, in Hamburg 16,1, Bayern 9,8, Hessen und Baden-Württemberg je 7,8, Nordrhein-Westfalen 7,1.
6 Grundlegend *Langenfeld*, Vertragsgestaltung – Methode, Verfahren, Vertragstypen.
7 Vgl. *Langenfeld/Günther*, Grundstückszuwendungen zur lebzeitigen Vermögensnachfolge, Rn. 28.
8 Vgl. etwa BGH, 04.12.1981 – V Zr 37/81, DNotZ 1982, 697; BayObLG, DNotZ 1965, 434.
9 Vgl. BGH, 23.09.1994 – V ZR 113/93, DNotZ 1996, 636.
10 Vgl. BGH, 19.06.1964 – V ZR 4/63, MDR 1964, 741.

sen stellt sich (mit reduzierten Pflege- und Versorgungsverpflichtungen) häufig als »Schrumpfungsmodell« der traditionellen Hofübergabe dar.[11]

5 (3) Daneben tritt die Vermögensnachfolge zur **Ausstattung eines Kindes** i.S.d. § 1624 BGB, häufig bezogen auf Bauplätze oder Objekte zur Eigennutzung bzw. Geldzuwendungen zur Existenzgründung/-sicherung. Sie ist i.d.R. durch das Fehlen von Nutzungs- oder Verfügungsvorbehalten des Veräußerers, jedoch durch die Betonung der Ausgleichsthematik zu weichenden Geschwistern geprägt.

6 (4) Einen eigenen Bereich der Vermögensnachfolge bilden **Ehegattenzuwendungen**, die sich je nach dem verfolgten Zweck als vorweggenommener Zugewinnausgleich, als freiwilliger Zugewinnausgleich bei Gütertrennung, als Vertrag zur Vermeidung des Gläubigerzugriffs auf den Kernbestand des Privatvermögens oder als Versorgungsvertrag zugunsten des anderen Ehegatten darstellen können.[12] Typisch hierfür sind Rückforderungsklauseln bei Trennung/Scheidung und – bei gesetzlichem Güterstand – Regelungen zur Berücksichtigung der Zuwendung i.R.d. §§ 1374 ff. BGB.

B. Rahmenbedingungen

I. Rechtstatsächliches[13]

7 **Motive für eine vorweggenommene Erbfolge** sind in erster Linie **erbschaftsteuerlicher Natur** (54,78 %), bei Grundstücken insb. die 1996 und erneut 2009 eintretende Verschärfung der Bewertung. Ebenso große Bedeutung hat das Anliegen der Eltern, das **Vermögen unter den Kindern zu Lebzeiten** (am besten unter deren Mitwirkung) **aufzuteilen**, um spätere – oft substanzschädigende – Streitigkeiten zu vermeiden (48,96 %). Hintergrund der Übertragung ist weiter die **Sicherstellung der Versorgung des Übergebers im Alter** (20,5 %), **Vermeidung eines künftigen Sozialhilferegresses** (21,3 %) und die **Existenzsicherung des Erwerbers** (21,9 %).

8 Bei einer großen Mehrheit der Fälle (70–80 %, sowohl bei Grundstücksübertragungen als auch bei Übertragungen von Gesellschaftsanteilen) wird eine Anrechnung des Vorempfangs auf den Pflichtteil vereinbart. Häufig wird eine Sicherung des Veräußerers gewünscht, wobei v.a. Nießbrauch, Leibrente sowie Wart und Pflege gewählt werden.

II. Weichenstellungen

9 In weit stärkerem Maße als die entgeltliche Grundstücksveräußerung ist die »Überlassung«, gleich ob in vorweggenommener Erbfolge oder unter Ehegatten, in einen von Empfindlichkeiten und Rücksichtnahme geprägten Kontext eingebettet, begründet sie doch eine »faktische Dauerrechtsbeziehung«, die im Regelfall bis zum Ableben des Veräußerers anhält. Daher spielen in der Gestaltungsberatung bereits i.R.d. **Vorbesprechung** grundsätzliche Fragen eine besondere Rolle:

10 (1) **Soll überhaupt lebzeitig übergeben werden oder ist die Übertragung durch letztwillige Verfügung nicht vorzuziehen?** Für die lebzeitige Übertragung streitet der oft gewollte sofortige Entlastungseffekt (Übertragung der Verantwortung und Verwaltungslasten auf den Erwerber) sowie die Möglichkeit, in allseitigem Einvernehmen einen Konsens und Ausgleich unter mehreren Nachkommen herbeizuführen. Dafür sprechen aber auch ertragsteuerliche Motive (z.B. Möglichkeit des Sonderausgabenabzugs für Versorgungsleistungen im Zusammenhang mit Betriebsvermögen, vor 2008 auch mit Privatvermögen; bis 2005 ferner: Investitionsförderung beim Erwerber durch Eigenheimzulage) und schenkungsteuerliche Überlegungen (neuerliche Ausnutzung der personenbezogenen Freibeträge nach Ablauf von 10 Jahren; Abzug vorbehaltener Nutzungsrechte seit der Streichung des § 25 ErbStG). Sollte die Vermögensteuer[14] oder

---

11 Vgl. *Langenfeld/Günther*, Grundstückszuwendungen zur lebzeitigen Vermögensnachfolge, Rn. 31.
12 Vgl. zu dieser Differenzierung BGH, 17.01.1990 – XII ZR 1/89, NJW-RR 1990, 386.
13 Vgl. hierzu die Studie von *Bengel*, MittBayNot 2003, 270, 275.
14 Vgl. hierzu *Siemers/Birnbaum*, ZEV 2013, 8 ff.

eine vergleichbare Vermögensabgabe i.S.d. Art. 106 Abs. 1 Nr. 5 GG (wieder) eingeführt werden, erlaubt nur die lebzeitige Übertragung die Ausnutzung der personenbezogenen Freibeträge der weiteren Familienmitglieder.[15] Als vorteilhaft empfunden wird ferner die Möglichkeit, nach Ablauf von zehn Jahren seit der Schenkung dem Rückforderungsregress späterer Sozialleistungsträger zu entgehen (§ 528 BGB), und die Chance, unliebsame dritte Pflichtteilsberechtigte vom »ordentlichen Pflichtteil« auf den (u.U. abschmelzenden) Pflichtteilsergänzungsanspruch zu verweisen, der zudem um in der Vergangenheit erhaltene Schenkungen per se gekürzt wird (§ 2327 BGB im Unterschied zu § 2315 BGB).

Die Übertragung durch Testament ist hingegen überlegen hinsichtlich der dinglichen Wirkung von kontroll- und verfügungsentziehenden Elementen (Testamentsvollstreckung, Vor- und Nacherbfolge), die auch einen praktisch sehr weit gehenden pfändungs- und sozialrechtlichen Zugriffsschutz gewähren, sowie zur Erhaltung sog. »Traditionsvermögens«.[16] Bei hoch belasteten Immobilien ermöglichte die Vererbung bis 31.12.2008 den vollen Abzug der Verbindlichkeiten zur Steuerminderung, während auf der Aktivseite lediglich der steuerlich ggf. geringere Bedarfswert angesetzt wird (bei lebzeitiger Übertragung wurden die Verbindlichkeiten im Verhältnis des Verkehrs- zum Steuerwert gekürzt); seit 2009 fallen beide Übertragungswege in Bezug auf den Schuldenabzug für die Berechnung der Schenkung-/Erbschaftsteuer nicht mehr auseinander, vgl. Rdn. 4791 ff. Ferner knüpfen sich oft an die rechtsgeschäftliche Übertragung während bestimmter Behaltensfristen steuerliche Nachteile (Bsp.: Verlust der Erbschaftsteuerfreistellung des Familienheims gem. § 13 Abs. 1 Nr. 4b und 4c ErbStG auch bei vorweggenommener Erbfolge unter Nießbrauchsvorbehalt, Rdn. 4932). Schließlich erlaubt die testamentarische Variante Planänderungen bis zum buchstäblich letzten Moment, allerdings auf das Risiko hin, dass bspw. bei notwendig werdender Heimunterbringung das Vermögen einer Verwertung zugeführt werden muss, was bei mehr als 10 Jahre zurückliegender Übertragung hätte vermieden werden können (§ 528 BGB).

(2) **Wann ist der rechte Zeitpunkt?** Nicht zu früh und nicht zu spät! Häufig wird der Berater mit dem Wunsch konfrontiert, Vermögen, bspw. zur Vermeidung eines Gläubigerzugriffs nach »Überstehen« der Anfechtungsfrist, bereits an Kleinkinder zu übertragen oder aber jedenfalls an Nachkommen, welche die drei entscheidenden Phasen der Persönlichkeitsprägung (Pubertät, Berufsfindung, Partnerwahl) noch nicht durchlaufen haben. Mögen auch Rückforderungsrechte – jedenfalls für einzelne »Katastrophen« – Notlösungen (allerdings i.S.e. »alles oder nichts«) bereithalten, kreist doch manches Beratungsgespräch um die allzu menschlichen Risiken des Lebens, seien sie im Charakterlichen, im Umgang oder in äußeren Umständen (Arbeitslosigkeit etc.) begründet. Der beabsichtigte Erwerb durch Minderjährige bietet zugleich Gelegenheit, auf die verkomplizierenden Mechanismen der familiengerichtlichen Genehmigung bzw. Ergänzungspflegschaft hinzuweisen.

Erfolgt die Übergabe dagegen zu spät, ist sie häufig materiell für den Erwerber nicht mehr von entscheidender Hilfe, sondern wird ebenfalls als Last empfunden, wenn sie nicht gar gem. § 528 BGB wirtschaftlich zumindest teilweise rückabgewickelt wird, da bei kurz darauffolgender Pflegebedürftigkeit des Veräußerers steuerfinanzierte Sozialfürsorgeleistungen in Anspruch genommen werden müssen. Das In-Kraft-Treten der Abschmelzungsregelung gem. § 2325 Abs. 3 Satz 1 BGB (Rdn. 3647) für Sterbefälle nach dem 01.01.2010, eröffnet für lebzeitige Übertragungen ferner die Chance, für jedes abgelaufene Jahr seit Vollziehung der Schenkung den Pflichtteilsergänzungsanspruch um 1/10 zu verringern, sofern nur die Frist überhaupt angelaufen ist.

---

15 Arbeitspapier der Länder Rheinland-Pfalz, Nordrhein-Westfalen, Baden-Württemberg und Hamburg vom Mai 2012: 1 % jährliche Abgabe, Freibetrag von 2 Mio € je Person (in allerdings dann abschmelzender Höhe), vgl. *Hildebrand/Kotzenberg,* ZErb 2013, 228.

16 Hierzu *von Oertzen/Blüm,* ZEV 2016, 71 ff., etwa zur abstrakten Bestimmung des Nacherben unter Bezugnahme auf ein »Hausgesetz«.

Als Alternative zu einer möglicherweise zu früh erfolgenden Vollübertragung können »Teillösungen« ins Gespräch gebracht werden, z.B. die Begründung eines Erbbaurechts bzw. eines Dauerwohnrechts zur Sicherung von Investitionen des Erwerbers (und deren steuerlicher Förderung) bzw. die »gleitende Übergabe« durch Gesellschaftslösungen (»Familien-Pool« unter maßgeblicher weiterer Beteiligung des Veräußerers, s.u. Rdn. 2524 ff.).

15 (3) **An wen soll übergeben werden?** Die fachlichen und kommunikativen Fähigkeiten des Erwerbers spielen bei der Übergabe von Betriebsvermögen eine ausschlaggebende, bei der Übertragung sonstiger Quellen zur Einkunftserzielung (vermietete Immobilien) eine deutlich reduzierte und bei der Übertragung von zur Eigennutzung bestimmtem Wohnraum eine eher marginale Rolle, während im umgekehrten Sinn das Maß an Übereinstimmung und »menschlicher Chemie« bei den zur gemeinsamen Eigennutzung (Wohnungsrecht für den Veräußerer, zugleich Bewohnen durch den Erwerber) bestimmten Objekten am höchsten ist. Ins Auge zu fassen sind jedoch auch andere Risiken in der Person des Erwerbers, bspw. längere anhaltende Bedürftigkeit (mit der Gefahr des Sozialleistungszugriffs gem. SGB XII oder SGB II [»Hartz IV«]), Trennung der Erwerberfamilie (Thematik des Zugewinnausgleichs bzw. der Weiterübertragung an Schwiegerkinder) sowie die Notwendigkeiten beruflich-räumlicher Umorientierung (die von besonderer Maßgeblichkeit sind bei ausbedungenen ortsgebundenen Leistungen, wie etwa Wart und Pflege).

16 (4) **Welche Absicherungen sind sinnvoll, welche gar notwendig?** Die alltägliche Beratungssituation bewegt sich oft zwischen entgegengesetzten Extremen: Während einzelne Veräußerer erst durch drastische Beispiele mühsam für die Gefahren sensibilisiert werden, die sich bei vollständigem Verzicht auf Nutzungsrechte, Rückforderungsvorbehalte etc. ergeben, drohen die vorgefassten Sicherheitserwartungen anderer Veräußerer, den Erwerb in einem Maße zu befrachten, dass eine innere Identifizierung des Erwerbers mit dem neu gewonnenen »Eigentum« nicht möglich ist und eine Beleihung durch Dritte (Kreditinstitute) i.d.R. ausscheidet, in extremen Fällen auch der steuerliche Erfolg versagt werden kann (kein Übergang der betrieblichen Mitunternehmerschaft bei jederzeitigem Rückforderungsrecht). Eine »Ideallinie« kann nur für jeden Einzelfall gefunden werden, und zwar nach Kenntnis der individuellen Bedarfs- und Versorgungssituation, der Planungen des Erwerbers sowie der psychologischen Befindlichkeiten und Empfindlichkeiten der Beteiligten.

17 In dieser »Steuerbarkeit« des jeweiligen Erwerbs, der konkreten Zuordnung zum bestgeeigneten und optimal interessierten Erwerber, liegt einer der entscheidenden Vorteile der lebzeitigen Zuwendung ggü. der letztwilligen Zuweisung in eine gesamthänderisch strukturierte Erbengemeinschaft, welche die gegenständliche Teilung sich u.U. nervenaufreibend und kostenintensiv »erkämpfen« muss (oder zu distributiven Hilfsverfahren der außergerichtlichen Streitbeilegung[17] greift, wie etwa der Aufteilung nach alternierendem Wahlrecht, dem Losverfahren, dem Auktionsverfahren, dem Prinzip »einer teilt, der andere sucht aus«, der Drittentscheidung anhand verbindlicher Angebote etc.).

III. Rolle des Notars

18 In der sensiblen Aufdeckung der wechselseitigen Befürchtungen, deren behutsamer Verbalisierung und deren Eindämmung durch bewährte und auch steuer- und sozialrechtlich abgesicherte Vertragsgestaltung liegt die wahre Meisterschaft der Übergabeberatung. Die **Aufmerksamkeit** des Notars ist daher sowohl bei der **Erforschung und begleitenden Konkretisierung des Parteiwillens** als auch bei der **Formulierung von Vereinbarungsvorschlägen** in erhöhtem Maße gefordert. Dieses Buch soll hierzu einen praxisorientierten Beitrag leisten.

19 § 17 BeurkG beschränkt die Prüfungs- und Belehrungspflicht auf die Aufklärung der unmittelbaren Urkundsbeteiligten hinsichtlich der **unmittelbar eintretenden rechtlichen Folgen** des

---

17 Vgl. hierzu ausführlich Walz/*Schneeweiß*/*Walz*/*Schwarz*, Formularbuch außergerichtliche Streitbeilegung, Kap. 7 [§§ 14 bis 20].

Rechtsgeschäftes. Mittelbare, v.a. wirtschaftliche – etwa durch die Sozialgesetze herbeigeführte – Konsequenzen der Transaktion scheiden damit aus dem Bereich notarieller Verantwortung ohnehin aus, solange sie nicht zur Nichtigkeit (§ 138 BGB) führen und die Beurkundung daher abzulehnen ist (zu diesen seltenen »Außengrenzen« vgl. etwa Rdn. 1003 ff. zur Sozialwidrigkeit). Dass ein Vermögens- oder Einkommenszuwachs bspw. zur Reduzierung der Möglichkeiten führt, steuerfinanzierte Sozialfürsorgeleistungen anzunehmen, stellt keinen »Schaden« dar, vor welchem die Belehrungspflicht des Notars zu bewahren hätte.[18]

Die Haftungsrechtsprechung schafft jedoch zunehmend »erweiterte Belehrungspflichten« des Notars in Richtung auf eine **Warn- und Hinweispflicht** einerseits, eine Pflicht zur **betreuenden Beratung** andererseits (gestützt auf §§ 1, 14 Abs. 1 Satz 2 BNotO, vgl. Rdn. 5669 ff. am Beispiel der steuerrechtlichen Folgen). Solche konsultativen Pflichten treffen den Notar nicht nur bei der unmittelbaren Betreuungstätigkeit i.S.d. § 24 BNotO, sondern nach Maßgabe der nachstehenden Voraussetzungen auch bei Beurkundungen und sonstigen notariellen Amtsgeschäften. Sie umfassen jedoch nicht die Verpflichtung, den Beteiligten zu raten, was wirtschaftlich am zweckmäßigsten zu unternehmen wäre,[19] und machen ihn damit auch nicht zum »Ausfallbürgen« fehlgeschlagener Geschäfte der Beteiligten.[20] Erforderlich sind zwei **Voraussetzungen**: 20

(1) Als **objektiver Anlass** für die Belehrung muss einem Beteiligten aus der vorgesehenen Art der Durchführung oder des Inhalts des Vertragswerks ein wirtschaftlicher Schaden entstehen können, dessen er sich nicht bewusst ist,[21] und der durch – dem anderen Vertragsteil zumutbare – Vorkehrungen gebannt werden kann. Solche besonderen Umstände können sich auch aus gesetzlichen Regelungen außerhalb des Vertrags ergeben, die den Beteiligten offenbar nicht bekannt sind.[22] 21

(2) Subjektiv muss der Notar bei »notarüblicher Sorgfalt« **Grund zur Befürchtung** haben, dass dem Beteiligten ein solcher Schaden drohe.[23] Bei rechtlichen Gefahren außerhalb des Zivilrechts, etwa des Steuerrechts, genügt jedoch insoweit nicht bloße Fahrlässigkeit, da der Notar kein Steuerberater ist.[24] Anderes gilt, wenn sich die Steuerpflicht aus einer ungewöhnlichen, vom Notar selbst vorgeschlagenen Gestaltung ergibt, oder wenn der Notar einen vom Steuerberater geprüften Entwurf ohne erneute Rücksprache mit Letzterem ändert (vgl. Rdn. 4389 f.).

Geht es (wie allerdings bei Überlassungen selten) sogar um die **Absicherung der Zug-um-Zug-Leistung**, also das Vermeiden riskanter Vorausleistungen, trifft den Notar das »gestalterische« Aufzeigen von Vermeidungsstrategien, sofern sie denselben Sicherungsgrad aufweisen,[25] was tunlich in der Urkunde vermerkt werden sollte.[26] 22

Wird der Notar jedoch **konkret zu mittelbaren** (etwa sozialrechtlichen oder steuerlichen) Auswirkungen befragt und antwortet er insoweit nicht i.S.e. bloßen Weiterverweisung z.B. an den Steuerberater, haftet er für falsche Beratung unmittelbar nach § 24 Abs. 1 Satz 1 BNotO, allerdings beschränkt auf den Gegenstand der Beratung bzw. seines Eingreifens in die Vertragsgestaltung.[27] Gleiches gilt bei einem Auftrag zur »**gestaltenden Beratung**«, etwa wenn die Beteiligten im Vorgespräch lediglich das Gestaltungsziel vorgeben, jedoch hinsichtlich des Weges den Rat des Notars 23

---

18 Vgl. DNotI-Gutachten, Faxabruf-Nr. 55923, Stand: Januar 2005.
19 BGH, 12.07.1968 – VI ZR 91/66, VersR 1968, 1139.
20 BGH, 20.09.1977 – VI ZR 180/76, NJW 1978, 219.
21 Beispiel: BGH, 03.07.1986 – IX ZR 51/85, NJW-RR 1987, 84 – Belehrungspflicht zur Bestellung von Vorwegbeleihungsgrundschulden zugunsten des Käufers.
22 Vgl. Beck'sches Notar-Handbuch/*Bernhard*, Teil F, Rn. 124 f. mit weiteren Beispielen.
23 Vgl. *Ganter*, DNotZ 1998, 859.
24 Vgl. BGH, 14.05.1992 – IV ZR 262/91, DNotZ 1992, 813, 817.
25 Ihn trifft das Gebot, zum »sicheren Weg« zu raten; vgl. *Reithmann*, Vorsorgende Rechtspflege für Notare und Gerichte, S. 170 ff.
26 Vgl. *Basty*, in: FS für *Schippel*, S. 582 f.
27 OLG München, 18.01.2007 – 1 U 3684/06, RNotZ 2007, 355.

Kapitel 1   Grundtypus und Varianten – Das Schenkungsrecht des BGB und typische Fallgruppen

erbeten (z.B. bzgl. der Abwägung zwischen letztwilliger und lebzeitiger Übertragung). Für Letztere gilt ebenfalls unmittelbar § 24 BNotO, mithin gem. § 19 Abs. 1 Satz 2 BNotO nicht das Verweisungsprivileg auf andere Haftungsquellen.

24 Im Zusammenhang mit der umfassenden rechtlichen Betreuung von Familien durch den Notar wird ihm häufig auch die Unterstützung beim »**estate planning**«, also der Vermögens- und Nachlassplanung, angesonnen.[28] Ziel ist dann die Aufbereitung von Vermögen so, dass es möglichst optimal in die nächste Generation übergeleitet werden kann, also unter Einschluss erbrechtlicher, familienrechtlicher, gesellschaftsrechtlicher und – v.a., aber nicht ausschließlich – steuerrechtlicher Fragen. Allgemeine Regelungsziele sind dabei die Sicherung der Familie und die Erhaltung des Vermögens, also das Geringhalten von Pflichtteils- und Steuerlasten sowohl erbschaftsteuerlicher als auch ertragsteuerlicher Art. Besonderheiten gelten bei krisenbelasteten Ehen, bei Vorhandensein überschuldeter, missratener oder hilfebedürftiger (z.B. behinderter) Kinder, ferner bei Betriebsvermögen (Rdn. 422). Das »estate planning« erfasst dann bspw. auch die rechtzeitige Bildung ausreichenden Privatvermögens zur Abfindung weichender Geschwister, wenn der Betrieb in die Hand eines Kindes übergehen soll. Lebensversicherungen, Bankverfügungen und sonstige Wege der Sondernachfolge außerhalb des Nachlasses flankieren diese Beratungsaufgabe ebenso wie begleitende Erb- und Pflichtteilsverzichte sowie vorbereitende oder transmortale Vollmachten bzw. Vorsorgevollmachten für den Fall der Handlungsunfähigkeit (Rdn. 405). Die Zusammenstellung aller wesentlichen Informationen in einer Art »**Notfall-Mappe**« steht oft am Ende eines solchen umfassenden »estate plannings«.

C. Der Schenkungsbegriff des BGB

25 Die Schenkung gem. § 516 Abs. 1 BGB bildet neben der Leihe (§§ 598 ff. BGB, Rdn. 1525), der unentgeltlichen Dienst- bzw. Werkleistung (§§ 612 Abs. 1, 632 Abs. 1 BGB) und dem Auftrag (§§ 662 ff. BGB) den wichtigsten Anwendungsfall eines unentgeltlichen Rechtsgeschäfts.

I. Voraussetzungen einer Schenkung

26 Die Schenkung ist ein **Vertrag**. Nicht ausreichend ist also bspw. (mangels Vertrags) das bloße Verjährenlassen von Forderungen, sofern diesem faktischen Geschehen nicht eine entsprechende Verpflichtungsabrede zugrunde liegt.

Häufig wird übersehen, dass sich im Kontext einer Immobilienübertragung weitere **begleitende Schenkungen** vollziehen können, etwa parallele Zuwendungen an weichende Geschwister (schenkweise Abtretung des Anspruchs des Veräußerers gegen den Immobilienerwerber auf Zahlung eines Gleichstellungsgelds, Rdn. 1877 ff.; Zuwendung eines »Wohnungsrechts auf die Dauer des ledigen Standes«: Rdn. 1882) oder an den Ehegatten des Veräußerers (Zuwendungsnießbrauch, Zuwendungswohnungsrecht[29] – zur entsprechenden schenkungsteuerrechtlichen Bewertung, Rdn. 4815 ff.). Auch diese bedürfen der Annahmeerklärung, die jedoch nicht der Formpflicht des § 518 Abs. 1 BGB unterliegt (s. Rdn. 1859 ff.), ebenso wie schenkweise zugewendete dingliche Rechte nicht gem. § 328 BGB bestellt werden können, sondern eine dingliche Einigung gem. § 873 BGB erfordern[30] (Rdn. 1865 f.).

Ein solcher Schenkungsvertrag setzt voraus:

---

28 Vgl. zur erbrechtsübergreifenden Beratungsaufgabe der Nachlassplanung *Reimann*, ZEV 1997, 129 ff.
29 FG Hessen, 18.03.2008 – 1 K 3128/05, ErbStB 2008, 165: »Rückbehalt« eines Wohnungsrechtes zugunsten des Lebensgefährten des Veräußerers ist Zuwendung des Veräußerers, nicht des Erwerbers.
30 OLG München, 24.11.2010 – 34 Wx 103/10, JurionRS 2010, 33245.

C. Der Schenkungsbegriff des BGB

1. Bereicherung des Empfängers

a) Definition

Eine Schenkung setzt **objektiv** eine **Bereicherung des Empfängers** voraus. Sie kann in einer Vermehrung der Aktiva, aber auch in einer Verminderung der Passiva (Schuldenerlass,[31] pactum de non petendo, Aufgabe einer Sicherheit) bestehen. Die Bereicherung braucht nicht von der Absicht des Schenkers umfasst zu sein; der Schenker kann also auch eigensüchtig handeln, etwa mit dem Endziel, sein eigenes Vermögen durch erwartete Rückerwerbe zu mehren. Leistet ein Dritter auf eine Schuld, kann darin eine Zuwendung an den Gläubiger oder (im Regelfall) an den eigentlichen Schuldner liegen. Die Bereicherung darf allerdings ihrem Wesen nach nicht nur vorübergehend, also z.B. nicht nur treuhänderisch, oder unter dem Vorbehalt des Rückgriffs (Stellung einer Bürgschaft für fremde Schuld: Regress gem. § 774 BGB)[32] bzw. unter dem Vorbehalt eigener Verfügungen über den Gegenstand erfolgen. Bloßes »Durchgangseigentum« (wie etwa im Fall einer sog. Kettenschenkung)[33] reicht nicht aus. 27

So vertrat z.B. das OLG Dresden[34] zunächst die Ansicht, dass Spenden an eine juristische Person, die zur Förderung eines gemeinnützigen Zwecks (Stiftung Frauenkirche Dresden) errichtet wurde, auch zivilrechtlich (§ 2325 BGB!) keine Schenkung darstellen. Es fehle an einer objektiven und gefestigten Bereicherung, vielmehr handle es sich um bloßes **Durchgangseigentum** (Weitergabe an das »Erbbaurecht Frauenkirche«). Dies vertrug sich nicht mit der herrschenden Meinung, wonach bei Zustiftungen oder der Ausstattung einer selbst errichteten **Stiftung** §§ 2325 ff. BGB zumindest analog angewendet werde.[35] Der BGH[36] hatte kurz darauf in einem obiter dictum die Spende an eine gemeinnützige Organisation (die ja in Kenntnis der Weitergabe erfolgt) als Schenkung angesehen (vgl. auch Rdn. 3625). Richtet sich der Pflichtteilsergänzungsanspruch unmittelbar gegen den Beschenkten (§ 2329 BGB, z.B. weil der Anspruchsinhaber selbst Alleinerbe ist), kann die Stiftung regelmäßig Entreicherung im Stadium der Gutgläubigkeit einwenden wegen der »unentgeltlichen«, bestimmungsgemäßen Weitergabe an den endgültigen Destinatär; der gegen den Endbegünstigten gerichtete Anspruch aus § 822 BGB scheitert (z.B. bei Zuwendungen an viele Einzelempfänger oder an Personen in ausländischen Hungergebieten) regelmäßig mangels dessen Feststellbarkeit oder an dortiger Entreicherung.[37] Die Revisionsentscheidung[38] hat das Urteil des OLG Dresden demnach aufgehoben und zur weiteren Ermittlung zurückverwiesen: Die für Treuhandverhältnisse typischen Merkmale wie wirtschaftliches Eigentum des Treugebers, Kündigungsrecht des Treugebers jedenfalls aus wichtigem Grund (§ 671 Abs. 3 BGB) und Vermögensrückfall bei Insolvenz des Treuhänders lägen hier gerade nicht vor. Auch lasse sich bei einer juristischen Person nicht zwischen Dauer- und Durchgangserwerb (Eigen- und Fremdverwaltung) unterscheiden, da sie letztlich alles Vermögen, das ihrem Zweck gewidmet sei, für sich verwende.[39] Auch die Voraussetzungen des § 2330 BGB (pflichtteilsfeste sog. Anstandsschenkun- 28

---

31 RG, SeuffA, 76 Nr. 202; im Rahmen von Sanierungsversuchen ist der Schuldenerlass jedoch gem. § 13 Abs. 1 Nr. 5 ErbStG teilweise schenkungsteuerlich privilegiert.
32 Vgl. Hinweis 14, ErbStR 2003: In der Übernahme einer Bürgschaft der Eltern für eine Investition des Kindes liegt noch keine Schenkung (BFH, BStBl. 2000 II, S. 596), ebenso wenig in der Zahlung an den Gläubiger, aber im anschließenden Verzicht auf den Regress.
33 *Muscheler*, AcP 2003, 471 f.
34 OLG Dresden, 02.05.2002 – 7 U 2905/01, ZEV 2002, 415.
35 Vgl. *Muscheler*, ZEV 2002, 417; *Rawert*, NJW 2002, 3151.
36 BGH, 05.11.2002 – X ZR 140/01, ZEV 2003, 114.
37 *Kollhosser*, ZEV 2003, 206.
38 BGH, 10.12.2003 – IV ZR 249/02, ZEV 2004, 115, m. Anm. *Kollhosser*, S. 117 f. und *Schiffer*, NJW 2004, 1565.
39 So bereits RGZ, 07.05.1909 – VII 365/08, 71, 143.

gen) sind jedenfalls de lege lata nicht gegeben (vgl. Rdn. 190). Schwierig mag allerdings die Ermittlung der Höhe der Bereicherung (§ 822 BGB) beim Drittempfänger (Erbbaurecht Frauenkirche) sein: Werterhöhung einer unverkäuflichen res sacra? Oder (eher) Befreiung von Verbindlichkeiten durch Bezahlung von Rechnungen – es handelt sich nicht um Aufwendungen, die sonst nicht getätigt worden wären, so dass § 818 Abs. 3 BGB nicht befreit.[40]

b) Zuwendung

29 Die Bereicherung muss **Folge der Zuwendung** aus dem Vermögen des Schenkers sein, wobei jedoch die Bereicherung des Beschenkten und die Entreicherung des Schenkers nicht durch denselben Gegenstand einzutreten brauchen (z.B. bei der sog. »mittelbaren Grundstücksschenkung«: Abfluss von Geld, Zufluss einer Immobilie, Rdn. 5450 ff.).

c) aus vorhandenem Vermögen, § 517 BGB

30 Anders als im allgemeinen Sprachgebrauch setzt also eine Schenkung im rechtlichen Sinn eine Verminderung des gegenwärtigen Vermögens voraus, so dass der bloß zugunsten einer anderen Person **unterlassene Vermögenserwerb**, der Verzicht auf ein angefallenes, noch nicht endgültig erworbenes[41] Recht oder die Ausschlagung einer Erbschaft[42] oder eines Vermächtnisses bzw. das Unterlassen einer Ausschlagung in den Fällen des § 2306 BGB[43] nicht genügen (**§ 517 BGB**, vgl. Rdn. 107 ff., wobei die steuerliche Behandlung davon allerdings teilweise abweicht).[44] Anders liegt es jedoch bei dem ohne Gegenleistung abgeschlossenen Erlassvertrag (§ 397 BGB) über den bereits mit dem Erbfall entstandenen und damit zum Bestandteil des Vermögens gewordenen Pflichtteilsanspruch (§ 2317 BGB).

31 In vielen Gestaltungsfällen ist das Ausweichen auf die bloße Erwerbsmöglichkeit, die schlicht verfallen (oder auf die Verzicht geleistet werden) kann, ohne dadurch eine Schenkung – vgl. § 517 BGB – (und ohne damit Schenkungsteuer, Rdn. 4556 ff.) auszulösen, die bessere Alternative im Vergleich zum »automatisch« eintretenden Erwerb, der nur durch Schenkung rückgängig gemacht werden kann, vgl. z.B. Rdn. 1324 zum bloßen Anspruch auf einen Nießbrauch zugunsten des überlebenden Ehegatten bzw. Rdn. 1326 zum bloßen Anspruch auf Einräumung eines Vorbehaltsnießbrauchs zugunsten des Veräußerers selbst. Ebenso sind Ausschlagungen, Rdn. 107 ff., (zur sog. negativen Erbfreiheit vgl. Rdn. 113, 1028) auch im Erbschaftsteuerrecht, Rdn. 4523 ff., sowie »schwebende erbrechtliche Erwerbe«, Rdn. 6670 ff., gerade in Situationen mit drohendem Gläubigerzugriff, eine intelligente Wahl.

---

40 Zur vergleichbaren Konstellation des § 2287 BGB bei Zuwendung an mildtätige Stiftungen Gutachten, DNotI-Report 2007, 195.

41 Z.B. auf ein aufschiebend bedingtes Recht, auch wenn bereits eine Anwartschaft besteht: OLG Schleswig, 25.10.1948 – 2 W 411/48, SchlHA 1949, 23; ferner auf ein aufschiebend befristetes Recht; anders allerdings bei auflösend bedingten Rechten sowie beim Erlass eines betagten (noch nicht fälligen) Rechts.

42 Die Anfechtung einer Ausschlagung durch Gläubiger innerhalb und außerhalb einer Insolvenz ist daher ausgeschlossen; selbst bei Pfändung eines Erbteils gem. § 859 ZPO steht dem Erben bis zur Erbauseinandersetzung weiterhin das Recht auf Ausschlagung zu (vgl. *Engelmann*, Letztwillige Verfügungen zugunsten Verschuldeter oder Sozialhilfebedürftiger, S. 43).

43 BGH, 26.09.2001 – IV ZR 198/00, MittBayNot 2001, 570: Unterlässt die als Vorerbin eingesetzte Ehefrau eine ihr gem. § 2306 Abs. 1 Satz 2 BGB zu Gebote stehende Ausschlagung, liegt hierin keine Schenkung zugunsten der Nacherben, die Pflichtteilsergänzungsansprüche Dritter begründen könnte.

44 Die Finanzverwaltung wertet eine Ausschlagung gegen einmalige Abfindungszahlung als entgeltlichen Vorgang (bei anteiliger Verteilung der Abfindung auf die übergehenden Wirtschaftsgüter führt dies ggf. zu Veräußerungsgewinnen oder zur Besteuerung nach § 23 EStG), vgl. Rdn. 4526. Auch erbschaftsteuerlich wird die Abfindung für eine Ausschlagung erfasst, und zwar als Erwerb vom Erblasser, § 3 Abs. 2 Nr. 4 ErbStG (vgl. Rdn. 4518).

C. Der Schenkungsbegriff des BGB

Kapitel 1

d) Beispielsfälle

Unentgeltliche Arbeits- und Dienstleistungen sind keine Schenkungen i.S.d. § 516 Abs. 1 BGB, da keine Verminderung der Vermögenssubstanz des Schenkers eintritt.[45] Gegenstand der Schenkung kann jedoch die ersparte Vergütung sein, z.B. durch Erlass der entstandenen Vergütungsschuld. Abweichende Vereinbarungen sind allerdings häufig (z.B. bei Arbeitsleistungen zum Hausbau, Rdn. 3210, v.a. unter nicht verheirateten Personen, Rdn. 3346). Dementsprechend ist auch die Gewährung freien Wohnraums (»Wohnungsleihe«, Rdn. 1525 ff.; vgl. auch Rdn. 3358) keine Schenkung,[46] und zwar auch dann nicht, wenn das »Eigenbedarfskündigungsrecht« des Verleihers vertraglich ausgeschlossen ist[47] – anders kann es allenfalls liegen, wenn in einem sonst ausschließlich fremd vermieteten Mehrfamilienhaus eine Wohnung unentgeltlich überlassen wird.[48] Auch kann das Zur-Verfügung-Stellen von Wohnraum seinerseits (auch vorweggenommene) Gegenleistung einer Übertragung sein, also eine Schenkung vermeiden bzw. mindern (Rdn. 47). **Unentgeltliche Nutzungsüberlassungen**[49] (auch zinsfreie Darlehensgewährungen) können aber schenkungsteuerlich relevant werden, da i.R.d. § 7 Abs. 1 Nr. 1 ErbStG keine Vermögenssubstanz überzugehen braucht (vgl. Rdn. 4422, 4433). 32

Bei Lebensversicherungen auf den Todesfall (§ 331 BGB) bilden lediglich die entrichteten Prämien – da sie aus dem Vermögen des Schenkers stammen – das Objekt der zivilrechtlichen Zuwendung, nicht jedoch die tatsächlich durch Überschuss- und Gewinnanteile erhöhte Auszahlungssumme,[50] wobei die neuere insolvenzgerichtliche[51] Rechtsprechung darin eine mittelbare Schenkung der Versicherungssumme im Wege der unentgeltlichen Einräumung eines Bezugsrechts aus der Lebensversicherung sieht (Prämien als Entreicherungsgegenstand, Versicherungssumme als Zuwendungsgegenstand des Valutaverhältnisses, Rdn. 3450), und in der Pflichtteilsergänzung der Betrag zugrundegelegt werden soll, den der Erblasser unmittelbar vor seinem Tode hätte realisieren können (Rückkaufswert, ggf. höherer nachgewiesener Veräußerungswert auf dem Zweitmarkt,[52] vgl. näher Rdn. 3462 ff.). 33

Schenkungsteuerlich wird jedoch lediglich die Prämienübernahme (als Geldschenkung) besteuert, nicht stattdessen die mittelbare Erhöhung des Auszahlungsanspruchs, da eine mittelbare Schenkung im steuerrechtlichen Sinne voraussetzt, dass der Erwerbsgegenstand auch steuerliches Zuwendungsobjekt sein kann, was bei der mittelbaren Erhöhung der Auszahlungsanwartschaft nicht der Fall ist (Rdn. 3474, 5450).

---

45 BGH, 01.07.1987 – IVb ZR 70/86, NJW 1987, 2816, 2817.
46 Vgl. OLG Hamm, 05.02.1996 – 2 U 139/95, NJW-RR 1996, 717, auch keine Schenkung i.S.d. § 2287 BGB: BGH, 11.07.2007 – IV ZR 218/06, ZEV 2008, 192.
47 BGH, 27.01.2016 – XII ZR 33/15, ZErb 2016, 141 = EE 2016, 74 ff. m. Anm. *Möller*; zu Recht krit. hierzu *R. Kössinger*, MittBayNot 2017, 477 f.: formfreie Nutzungsüberlassung auf 30 Jahre durch eine 74jährige Vorerbin! Der Übereilungsschutz des § 518 Abs. 1 BGB und der Schutz der Nacherben vor komplensationsfreier Aushöhlung des Nachlasses gem. 2113 Abs. 2 BGB (ebenso der Vertragserben vor Schenkungen ohne lebzeitiges Eigeninteresse gem. § 2287 BGB) hätten eine andere Sicht geboten; fraglich ist, wie der IV. Senat entscheiden würde.
48 So *Schlitt*, ZEV 2006, 395, wobei dadurch keine ertragsteuerliche Vermietung vorliegt. Einer Pflichtteilsergänzung als Folge dieser »Schenkung« der Mietzahlung kann jedoch u.U. § 2330 BGB (Pflicht- und Anstandsschenkung, etwa als Ausgleichung für Betreuungsleistungen) entgegenstehen.
49 BFH, 02.03.1994 – II R 59/92, BStBl. 1994 II, S. 366.
50 BGH, 04.02.1976 – IV ZR 156/73, FamRZ 1976, 616; anders jedoch, wenn die Lebensversicherung der Kreditsicherung diente: Nach BGH, 08.05.1996 – IV ZR 112/95, ZEV 1996, 263 soll dann i.R.d. Pflichtteilsergänzung die Versicherungssumme in der Höhe zum Nachlass gehören und bei der Pflichtteilsberechnung zu berücksichtigen sein, in der sie beim Erbfall noch an das Kreditinstitut abgetreten war.
51 BGH, 23.10.2003 – IX ZR 252/01, NJW 2004, 214; hierzu ausführlich *Gebel*, ZEV 2005, 236.
52 BGH, 28.04.2010 – IV ZR 73/08, ZEV 2010, 305, m. abl. Anm. *Wall*, und BGH, 28.04.2010 – IV ZR 230/08, JurionRS 2010, 15745; abl. auch *Frohn*, Rpfleger 2011, 185; *Mayer* DNotZ 2011, 89 ff.; rechtfertigend *Wendt*, ZNotP 2011, 242 ff.

2. Unentgeltlichkeit der Zuwendung

34 Weitere Voraussetzung ist die Unentgeltlichkeit der Zuwendung, die zwar nach der objektiven Sachlage zu beurteilen ist, aber von den Vertragsparteien **subjektiv** auch **als unentgeltlich gewollt** sein muss. Bedingung ist das Fehlen einer Gegenleistung, die nicht notwendig geldwert oder vermögensrechtlich sein muss und deren Erbringung auch an Dritte geschuldet sein kann (häufig liegt dann im Verhältnis zwischen Veräußerer und begünstigtem Dritten [etwa dessen Ehegatten] zivil- und schenkungsteuerrechtlich[53] eine weitere, verdeckte, Schenkung vor).[54] Die ganz herrschende Auffassung geht von einem **einheitlichen Unentgeltlichkeitsbegriff im Zivilrecht** (und möglicherweise auch im Bereich des Anfechtungsgesetzes) aus,[55] während teilweise im Bereich drittschützender Normen[56] (§§ 528, 2287, 2325 BGB) eine »rechtsfolgenorientierte Differenzierung« gefordert wird, so dass es zur Missbrauchsvermeidung zusätzlich des Merkmals »objektiver Entgelttauglichkeit«[57] bedürfe.

35 Die Unentgeltlichkeit folgt nicht schon aus der Bezeichnung des Rechtsgeschäfts, bspw. als »vorweggenommene Erbfolge«.[58] Andererseits weist z.B. der Vertragstypus eines Vergleichs – also die Beseitigung einer bei verständiger Würdigung des Sachverhalts oder der Rechtslage bestehenden Ungewissheit durch gegenseitiges Nachgeben – auf das Fehlen der Unentgeltlichkeit hin (etwa in Gestalt einer »Schenkung eines Teils einer Forderung«).[59] Bei auf Austausch gerichteten Verträgen sind Verknüpfungen mit Gegenleistungen auf den drei möglichen, nachfolgend genannten Ebenen zu untersuchen:

36 (1) **synallagmatisch** i.S.e. gegenseitigen Vertrags gem. §§ 320 ff. BGB, z.B. häufig bei der gemischten Schenkung, wobei das bloße materielle Missverhältnis zwischen Zuwendung und Gegenleistung nicht für die Annahme einer Teilunentgeltlichkeit ausreicht;[60] auch die wechselseitige Zuwendung nur (durch das jeweils eigene Vorversterben) bedingter Leistungen (etwa in Gestalt einer Risikolebensversicherung) ist denkbar;[61]

37 (2) **konditional** in dem Sinn, dass das Eingehen einer Verpflichtung oder das Bewirken einer Leistung die Bedingung (§ 158 BGB) der Zuwendung sei,[62] so dass bei Zweckverfehlung eine Rückabwicklung gem. § 812 Abs. 1 Satz 1, 1. Alt. oder Satz 2, 1. Alt. BGB stattfindet, oder

38 (3) **kausal**, indem die Zuwendung rechtlich (und nicht nur tatsächlich oder wirtschaftlich) auf der Geschäftsgrundlage beruht, dass dafür (ggf. von einem Dritten) eine Verpflichtung eingegangen oder eine Leistung bewirkt werde. Anders liegt es jedoch, wenn ein über die Zuwendung an den Beschenkten hinausgehender Zweck verfolgt wird, auf den jedoch kein Anspruch auf Vollziehung besteht (sog. »Zweckschenkung« – in Erwartung des Fortbestands der Ehe; ggf. Rückabwicklung bei Nichterreichen des Zwecks gem. § 812 Abs. 1 Satz 2 Nr. 2 BGB).[63]

---

53 Berechnungsbeispiel für die gleichzeitig ausbedungene Mitberechtigung des Ehegatten des Veräußerers am Nießbrauch s. Rdn. 4815.
54 Vgl. MünchKomm-BGB/*Koch*, § 516 Rn. 24.
55 Vgl. im Einzelnen *Fischer*, Die Unentgeltlichkeit im Zivilrecht, S. 399 ff., 447.
56 So etwa *J. Mayer*, DNotZ 1996, 616 ff.; *Waldner*, Vorweggenommene Erbfolge, Rn. 90.
57 Vgl. etwa *Fischer*, Die Unentgeltlichkeit im Zivilrecht, S. 380 f. m.w.N.
58 BGH, 01.02.1995 – IV ZR 36/94, NJW 1995, 1349.
59 BGH, 09.11.2006 – IX ZR 285/03, DNotZ 2007, 286 (Ablehnung einer Schenkungsanfechtung).
60 BGH, 09.11.1960 – V ZR 96/59, NJW 1961, 604.
61 LG Konstanz, 30.08.2016 – 4 O 453/15, ZErb 2017, 57.
62 Nach BGH, 10.01.1951 – II ZR 18/50, NJW 1951, 268 soll konditionale Verknüpfung auch vorliegen bei der Schenkung einer Rente an ein Geschwister unter der angestrebten Bedingung, dass der Vater den Schenker dafür zum Erben einsetzt.
63 Beispiel in OLG Düsseldorf, 22.11.1995 – 9 U 71/95, DNotZ 1996, 652: Übertragung »mit Rücksicht auf die in der Vergangenheit erbrachten Pflegeleistungen« = kausale Verknüpfung sowie »mit Rücksicht auf künftige Pflegeleistungen« = konditionale Verknüpfung.

Keine ausreichende Gegenleistung, mit der eine Zuwendung verknüpft sein mag, liegt in der mit einer Schenkung verbundenen **Abstattung von Dank** (sog. »belohnende oder remuneratorische Schenkung«) sowie in der mit einer Zuwendung verbundenen **Erfüllung einer sittlichen oder gesellschaftlichen »Pflicht«** (sog. »Pflicht- oder Anstandsschenkung«, § 534 BGB).

39

Die neuere Dogmatik neigt unter dem Einfluss der Vertragstypenlehre[64] verstärkt dazu, als objektives Abgrenzungskriterium der Schenkung nicht ihre Unentgeltlichkeit, sondern den Vertragszweck der **Freigebigkeit**, d.h. der Freiwilligkeit oder Liberalität, zu sehen.[65] Aus dieser Ermittlung des Vertragszwecks ergebe sich eine sachgerechte Abgrenzung von anderen Vertragstypen, etwa der ehebedingten Zuwendung. Es bedarf sodann jedoch noch einer wertenden Entscheidung darüber, welche Normen des bürgerlich-rechtlichen Schenkungsrechts (§§ 516 ff. BGB) auf die anderen Zuwendungstypen entsprechend anwendbar sind.

40

3. Einigung

Subjektiv ist die (auch stillschweigende) Einigung der Vertragsparteien über die Unentgeltlichkeit der Zuwendung[66] (bzw. – im Lichte der neueren Vertragstypenlehre – ihrer Freiwilligkeit/Freigebigkeit) erforderlich. An einer solchen Einigung fehlt es bspw., wenn eine Partei irrigerweise[67] annimmt, es bestehe eine Pflicht zur Zuwendung, oder wenn den Parteien ein (möglicherweise auch fehlerhaftes) Wertgutachten bekannt war;[68] Gleiches kann gelten, wenn der Rechtsgrund der Leistung in einem familien- oder gesellschaftsrechtlichen Vertrag liegt (z.B. Vereinbarung der Gütergemeinschaft; Anwachsungsklausel ohne Abfindung in GbR; vgl. unten Rdn. 123 ff. bzw. Rdn. 147 ff.).

41

Ein auffallendes, grobes **Missverhältnis** zwischen den wirklichen Werten von Leistung und Gegenleistung,[69] jedenfalls aber die Vereinbarung von Gegenleistungen die weniger als die Hälfte des Verkehrswertes der Zuwendung ausmachen,[70] möglicherweise auch bereits ein »ein geringes Maß deutlich hinausgehendes Missverhältnis«,[71] führt allerdings zu einer Beweiserleichterung in Form einer der Lebenserfahrung entsprechenden tatsächlichen Vermutung zugunsten einer Einigung der Beteiligten über die zumindest teilweise Unentgeltlichkeit der Zuwendung.[72] Auf diese Beweiserleichterung können sich jedenfalls Dritte berufen, die aus einer behaupteten Schenkung Rechte herleiten (z.B. §§ 2287, 2325 BGB etc.); sie gilt jedoch nicht für denjenigen, der sich zur Abwehr eines Anspruchs auf eine Schenkung beruft (etwa i.R.d. § 1374 Abs. 2 BGB mit dem Ziel der Reduzierung einer Zugewinnausgleichsschuld).[73]

42

Umgekehrt können gerade Angehörige, deren Vertragsbeziehungen nicht von kaufmännischer Abgewogenheit geprägt sind, auch Leistungen, die bei strenger verkehrswertbezogener Bewertung

43

---

64 Vgl. insb. *Langenfeld/Günther*, Grundstückszuwendungen zur lebzeitigen Vermögensnachfolge, Rn. 619 ff. m.w.N.
65 Umfassend *Gasser*, Zur Rechtsnatur des Übergabevertrags, S. 47 ff.
66 Für Zwecke des Schenkungsteuerrechts genügt die Kenntnis der Umstände der Unentgeltlichkeit; eine Bereicherungsabsicht ist nicht erforderlich: BFH, 02.03.1994 – II R 59/92, BStBl. 1994 II, S. 366; R E 7.1 Abs. 1 und 3 ErbStR 2003.
67 Die bloße Behauptung eines solchen Irrtums genügt nicht zur Beseitigung der Schenkungsteuerpflicht, FG Düsseldorf, 12.05.2004 – 4 K 2028/01 Erb, ErbStB 2005, 5.
68 OLG Düsseldorf, 11.07.2014 – – I-7 U 177/11, ErbR 2015, 93.
69 BGH, 27.11.1991 – IV ZR 266/90, NJW 1993, 558, 559.
70 OLG Düsseldorf, 11.07.2014 – – I-7 U 177/11, ErbR 2015, 93; MünchKomm-BGB/*Koch*, § 516 Rn. 22.
71 So BGH, 01.02.1995 – IV ZR 36/94, DNotZ 1996, 640.
72 Nach *Kerscher*, Pflichtteilsrecht in der anwaltlichen Praxis, 1997, S. 122 soll diese Beweislastumkehr bereits bei einem objektiven Mehrwert von 25 % eintreten.
73 OLG Brandenburg, 27.02.2008 – 9 UF 219/07, NotBZ 2008, 468.

um **bis zu 20 %** differieren,[74] (dies entspricht interessanterweise der Schwelle, ab deren Überschreitung die Finanzverwaltung die Vermutung der Vollentgeltlichkeit unter fremden Dritten als widerlegt ansieht und damit von freigebigen Zuwendungen ausgeht, Rdn. 4457) als ihrer Überzeugung nach gleichwertig betrachten und damit dem Schenkungsrecht entziehen (sog. Prinzip der »**subjektiven Äquivalenz**« als Ausfluss der Privatautonomie):[75] Die von den Beteiligten zugrunde gelegten Bewertungen der wechselseitigen Leistungen seien maßgeblich, sofern sie »bei verständiger, die konkreten Umstände berücksichtigender Beurteilung noch als vertretbar gelten können«.[76] Dieser Spielraum stützt sich auch auf den Umstand, dass das BGB eine Vermutung für den Schenkungscharakter von Leistungen auch unter nahen Angehörigen nur in engen Grenzen (etwa in §§ 685, 1620 BGB) kennt. Insoweit mag es sich empfehlen, die Einschätzung der Beteiligten, auch unter Angabe konkreter Zahlen[77] wiederzugeben; eine Pflicht hierzu besteht jedoch nicht.[78] Gegen die Berücksichtigung subjektiver Äquivalenzeinschätzungen auch im »drittschützenden« Bereich (also zulasten des Sozialleistungsträgers bei § 528 BGB, zulasten des Pflichtteilsergänzungsberechtigten bei § 2325 BGB) wendet sich die neuere Lehre der sog. »objektiven Unentgeltlichkeit« (vgl. Rdn. 3620).[79]

II. Einzelfälle möglicher Gegenleistungsverknüpfungen

1. Bereits erbrachte Leistungen

44 Häufig besteht Anlass zu prüfen, inwieweit außer den regelmäßig mitgeteilten »künftigen« Gegenleistungen des Erwerbers an Veräußerer und weichende Geschwister auch **bereits erbrachte Zuwendungen** des Erwerbers die Unentgeltlichkeit mindern. Zu denken ist etwa an Investitionen, die der Erwerber bereits ohne beiderseitige Einigkeit über ihren Schenkungscharakter auf dem nunmehr überlassenen Grundstück des Veräußerers getätigt hat, und hinsichtlich derer er jetzt auf Verwendungs- und Ersatzansprüche verzichtet. Hierin können auch steuerlich relevante **Anschaffungskosten** liegen,[80] Rdn. 6229 ff.

45 **Kritisch** ist jedoch zivilrechtlich das tatsächliche **Vorliegen eines Verwendungsersatzanspruchs** gem. §§ 951, 812 BGB. Einer Leistungskondiktion steht die Kenntnis der Freiwilligkeit entgegen (§ 814 BGB) und die Eingriffskondiktion scheitert daran, dass der verfolgte Zweck (Erwerb der Immobilie) durch die Übertragung eintritt und nicht ausfällt[81] (vgl. im Einzelnen Rdn. 6229 ff.;

---

74 OLG Koblenz, 06.03.2006 – 6 W 114/06, ZErb 2006, 282 wendet die 20 %-Grenze an auf das Verhältnis zwischen Gegenleistung einer gemischten Schenkung und dem Restwert, der vom Verkehrswert nach Abzug der Schenkungsauflage verbleibt (Verkehrswert der Immobilie: 127.000,00 € abzgl. Vorbehaltsnießbrauch 63.330,00 €; Schuldübernahme i.H.v. 52.000,00 € macht 81 % des Restwerts aus).
75 Vgl. OLG Oldenburg, 18.02.1992 – 5 U 102/91, NJW-RR 1992, 779; FamRZ 1998, 516; OLG Hamm, 27.02.1997 – 22 U 51/96, AgrarR 1997, 441; *Mayer*, in: Mayer/Süß/Tanck/Bittler/Wälzholz, Handbuch Pflichtteilsrecht, § 11 Rn. 137 ff.
76 BGH, 15.03.1989 – IVa ZR 338/87, FamRZ 1989, 732; BGH, 01.02.1995 – IV ZR 36/94, NJW 1995, 1349; BGH, 17.04.2002 – IV ZR 259/01, FamRZ 2002, 884.
77 Zur »geltungserhaltenden Reduzierung« objektiv überhöhter Zahlen, *v. Dickhuth-Harrach*, in: FS Rheinisches Notariat, S. 185, 232.
78 *Reithmann/Albrecht*, Handbuch der notariellen Vertragsgestaltung, Rn. 667.
79 Eingehend *Pawlytta*, in: Mayer/Süß/Tanck/Bittler/Wälzholz, Handbuch Pflichtteilsrecht, § 7 Rn. 34; krit. *Lange/Kuchinke*, Erbrecht, § 25 Abs. 5 Satz 5a, 37 Abs. 10 Satz 3.
80 Vgl. zum Verwendungsbegriff BGH, 24.11.1995 – V ZR 88/95, DNotZ 1996, 441 (umfasst auch geldwerte Arbeitsleistung).
81 Der Bereicherungsanspruch wegen Zweckverfehlung gem. § 812 Abs. 1 Satz 2, Alt. 2 BGB (Leistung in Erwartung späteren Eigentumserwerbs) richtet sich auf Abschöpfung des Wertzuwachses, BGH, 19.07.2013 – V ZR 93/12, ZfIR 2013, 857 m. Anm. *Krüger; Herrler*, in: DAI, Aktuelle Probleme der notariellen Vertragsgestaltung im Immobilienrecht 2013/2014, S. 202 ff. Der Anspruch ist vererblich (entsteht also spätestens mit dem Tod des Leistungsempfängers – auch unfertige Leistungsbeziehungen

C. Der Schenkungsbegriff des BGB

auch zur ertragsteuerlichen Einordnung). Es bedarf also einer zumindest stillschweigenden Vereinbarung, dass die Investitionen an sich in Geld auszugleichen seien, an Erfüllungs statt jedoch auch die Verschaffung des Sachwerts in Betracht komme.[82] Ein verrechnungsfähiger bereicherungsrechtlicher Ausgleichsanspruch scheidet auf jeden Fall aus für Investitionen in Räumlichkeiten, die der Aufwendende selbst nutzt, da der angestrebte Erfolg mit dem Einzug bzw. der Nutzung eingetreten ist.[83]

46 Häufig wird der Erwerber bereits bisher über die gesetzliche Pflicht (z.B. § 1619 BGB) hinaus auf dem Hof bzw. im Betrieb des Übergebers mitgearbeitet haben. Es ist dann zu prüfen, ob Überlassung und Mitarbeit in einer synallagmatischen, konditionalen oder kausalen Leistungs-/Gegenleistungsverknüpfung zueinanderstehen oder nicht. Hierbei ist die feine Unterscheidung zu treffen, ob die nachträgliche Zuwendung des Grundbesitzes nach dem Willen der Beteiligten als »Belohnung« (remuneratorische Schenkung,[84] somit Unentgeltlichkeit gegeben, Rdn. 39) gedacht war oder ob sie tatsächlich »**Entlohnung**« darstellte. Denn nur um letztgenannten Fall mindert die frühere überobligationsmäßige Mitarbeit, deren Darstellung in der Urkunde sich allerdings schon mit Blick auf § 2057a BGB empfehlen kann,[85] die Unentgeltlichkeit der Zuwendung.[86] In der Vergangenheit erbrachte Dienstleistungen werden nur mit dem damaligen Wert (z.B.i.H.d. damals entgangenen Verdienstes aus unterbliebener Berufstätigkeit) angerechnet, also ohne Indexierung, da es nicht um einen Vermögensvergleich geht.[87]

47 Nach OLG Düsseldorf[88] und OLG Oldenburg[89] kann eine »mit Rücksicht auf **in der Vergangenheit erbrachte Pflegeleistungen**« erfolgte Zuwendung nach den Umständen des Einzelfalls auch dann nicht mehr als Schenkung zu qualifizieren sein, wenn dadurch Vermögenswerte dem Zugriff des Sozialhilfeträgers entzogen werden sollen. Dies gilt auch für Pflegezuwendungen unter nichtehelichen Lebensgefährten.[90] Auch die **kostenlose Gewährung von Wohnraum** kann in der beiderseitigen Erwartung der Abgeltung durch Übertragung eines Grundstücks erfolgt sein und damit Gegenleistungscharakter haben, also nicht nur Motiv einer belohnenden Schenkung sein.[91] Gemäß OLG Düsseldorf[92] kann schließlich volle Entgeltlichkeit aufgrund Verrechnung mit früheren Zuwendungen, die nach dem Willen der Beteiligten nicht ohne Entschädigung bleiben sollten, auch dann in Betracht kommen, wenn der Ausgleich ursprünglich auf erbrechtlichem Weg und ohne Rechtsanspruch hergestellt werden sollte (also die Beteiligten bspw. eine testamen-

---

sind vererblich –, zahlbar an den Erben des Leistenden), BGH, 22.03.2013 – V ZR 28/12, MittBayNot 2013, 471 m. Anm. *Grziwotz*.
82 Bsp: BGH, 15.05.2012 – X ZR 5/11, ZEV 2013, 213, Tz. 23.
83 BGH, 18.10.2011 – X ZR 45/10, ZEV 2012, 110 (Tz. 25); hierzu krit. Anm. in FamRZ 2012, 210.
84 Beispiele [Schenkungscharakter bejaht]: OLG Düsseldorf, 20.04.1978 – 12 U 138/77, OLGZ 1978, 324; Gegenbeispiel OLG Hamm, 01.10.1991 – 27 U 109/91, ZMR 1992, 113: Gewährung eines Wohnrechts keine schenkweise Zuwendung, wenn sie als Gegenleistung für jahrzehntelange Dienste gewährt worden ist. Zum Ganzen instruktiv MünchKomm-BGB/*Koch*, § 516 Rn. 27 ff.; *Keim*, FamRZ 2004, 1081 ff.
85 Vgl. *Reithmann/Albrecht*, Handbuch der notariellen Vertragsgestaltung, Rn. 721.
86 Vgl. etwa *Ritter*, FamRZ 1965, 430; *Karpen*, MittRhNotK 1988, 139. Ähnlich BGH, DNotZ 1991, 498 zur Entgeltlichkeit einer Zuwendung unter Ehegatten durch welche langjährige Dienste des Erwerbers »vergütet« werden.
87 OLG Oldenburg, 30.08.2006 – 5 U 154/05, ZErb 2008, 118.
88 OLG Düsseldorf, 22.11.1995 – 9 U 71/95, DNotZ 1996, 652.
89 OLG Oldenburg, 04.06.1996 – 5 U 27/96, NJW-RR 1997, 263 = MittBayNot 1997, 183.
90 OLG Köln, 22.11.1996 – 11 U 107/96, FamRZ 1997, 1113.
91 OLG Düsseldorf, 05.02.2001 – 9 U 136/00, NJW-RR 2001, 1518 = NotBZ 2002, 151.
92 OLG Düsseldorf, 05.02.2001 – 9 U 136/00, NJW-RR 2001, 1518 = NotBZ 2002, 151.

tarische Einsetzung durch lebzeitige Zuwendung vorwegnehmen). Auch schenkungsteuerrechtlich können zuvor erbrachte Dienstleistungen wie »Entgelt« behandelt werden.[93]

48 Es ist sogar möglich, im Wege einer **nachträglichen Vereinbarung der Entgeltlichkeit**[94] eine bereits als unentgeltlich erbrachte Leistung zur vorweggenommenen Erfüllungshandlung für einen nunmehr abzuschließenden Übertragungsvertrag »umzuwidmen«[95] oder für eine bereits vollzogene Übertragung Gegenleistungen erst durch »Nachtrag« zu vereinbaren oder zu erhöhen[96] – Abreden, die sich allerdings häufig nahe am Scheingeschäft (§ 117 BGB) bewegen,[97] insb. wenn es um die nachträgliche Entlohnung von früheren unentgeltlichen Leistungen des Erwerbers geht. Jedenfalls nach Ansicht des BGH[98] ist jedoch die nachträgliche Vereinbarung eines Entgelts für eine frühere Schenkung des Veräußerers **pflichtteilsergänzungsfest** (Rdn. 3707 ff.),[99] allerdings möglicherweise nicht anfechtungsfest[100] und sozialleistungsfest (Rdn. 1021). Die Umqualifikationsmöglichkeit ist hilfreich gerade in Fällen, in denen erst später erkannt wird, dass – etwa mangels wirtschaftlicher Ausgliederung (Rdn. 3633 ff.) oder bei Schenkungen unter Ehegatten – die Frist für den Ablauf des Pflichtteilsergänzungsrisikos noch gar nicht anlaufen konnte, so dass lediglich die nachträgliche Entgeltlichkeit zu einer »Heilung« führen kann. Offen ist jedoch die schenkungsteuerliche Folge einer solchen nachträglichen Entgeltlichkeit, Rdn. 4425.[101] Mitunter lassen sich die Fälle eines nachträglich erkannten Übermaßes an Unentgeltlichkeit (etwa da ein allseitiger Wertausgleich unter mehreren Kindern nicht zu leisten ist) über § 313 BGB lösen, so dass § 29 Abs. 1 Nr. 1 ErbStG hilft, vgl. Rdn. 4975.

---

93 Nach FG Hessen, 25.10.2010 – 1 K 2123/08, ErbStB 2011, 127 bedarf es einer vorher getroffenen Entgeltabrede.
94 BGH, 21.05.1986 – IVa ZR 171/84, NJW-RR 1986, 1135; BGH, 15.03.1989 – IVa ZR 338/87, NJW-RR 1989, 706; LGOLG Düsseldorf, 22.11.1995 – 9 U 71/95, DNotZ 1996, 653; a.A. Staudinger/*Cremer*, BGB, § 516 Rn. 30.
95 BGH, 17.06.1992 – XII ZR 145/91, NJW 1992, 2567; OLG Oldenburg, 04.06.1996 – 5 U 27/96, MittBayNot 1997, 183; ebenso BGH, 08.03.2006 – IV ZR 263/04, ZEV 2006, 265, m. Anm. *Ruby/Schindler*, ZEV 2006, 471: »übernommene Pflegeverpflichtungen und -leistungen können zudem – auch nachträglich – in Form echter Gegenleistungen als Abzugsposten in Betracht kommen«.
96 RG, 22.11.1909 – VI 437/08, RGZ 72, 188; BGH, 15.03.1989 – IVa ZR 338/87, DNotZ 1991, 498 bei einer Ehegattenzuwendung; *Mayer*, in: Mayer/Süß/Tanck/Bittler/Wälzholz, Handbuch Pflichtteilsrecht, § 11 Rn. 135 f.
97 So etwa in BGH, 17.01.1996 – IV ZR 214/94, ZEV 1996, 186: Begründung einer Zahlungspflicht für erbrachte Pflegeleistungen in einer Notarurkunde; Erlass eben dieser Forderung in derselben Urkunde im Hinblick auf die Grundstücksübertragung.
98 Skeptisch z.B. *Mayer*, ZEV 2004, 169 und *Keim*, FamRZ 2004, 1084; für die Linie der Rspr. *J. Weber*, ZEV 2017, 117 ff.
99 BGH, 14.02.2007 – IV ZR 258/05, MittBayNot 2008, 225, m. Anm. *Dietz*: nachträgliche Bezahlung der geschenkten Immobilie; für eine Wirksamkeit solcher nachträglichen Vereinbarungen auch ggü. dem Pflichtteilsberechtigten; *Fischer*, Die Unentgeltlichkeit im Zivilrecht, S. 44 ff., 96, 133; *Schindler*, ZErb 2004, 46: Da Entstehungszeitpunkt der Todesfall sei, müsse auf die Leistungsbilanz in ihrer endgültigen Fassung abgestellt werden. Dem BGH folgend OLG Schleswig, 27.03.2012 – 3 U 39/11 MittBayNot 2013, 59 m. Anm. *Everts* sowie *Schindler*, ZErb 2012, 149, 154; vgl. auch *Leitzen*, BWNotZ 2012, 86 ff.
100 So jedenfalls BFH, 10.02.1987 – VII R 122/84, NJW 1988, 3174: Aus Gründen des Gläubigerschutzes könne die einmal gegebene Anfechtbarkeit nicht nachträglich »geheilt« werden, da auch das entstandene Anfechtungsrecht schützenswert sei. Das Pflichtteilsergänzungsrecht entsteht aber erst mit dem Erbfall.
101 Gesetzliche Regelungen (wie etwa in § 29 ErbStG) fehlen. *Kornexl*, ZEV 2007, 326, 328 plädiert dafür, wegen der Maßgeblichkeit des Zivilrechts auch schenkungsteuerlich die Freigebigkeit rückwirkend entfallen zu lassen. Zugleich entfällt damit aber auch die »Sperrwirkung« ggü. der Grunderwerbsteuer.

2. Zu erbringende Leistungen bzw. zu erduldende Vorbehalte

a) Arten

Typisch ist jedoch die Verknüpfung mit Gegenleistungen oder Schenkungsminderungen, die im Übertragungsvertrag mit Blick auf die Zukunft vereinbart sind (vgl. im Einzelnen deren Darstellung im 4. Kap., Rdn. 1287 ff.). Die Gegenleistung kann auch immaterieller Art sein (Verzicht auf gerichtliche Schritte, Einräumung des gemeinsamen Sorgerechtes für die Kinder, »Mitgiftversprechen an den Schwiegersohn zur Übernahme der Ehelasten«;[102] Auslobung eines Geldbetrages, falls der Begünstigte einen Sportwettbewerb gewinnt).[103] In der Leistungsbilanz zu berücksichtigen sind sie auch, wenn sie stillschweigend vereinbart, im Übergabevertrag jedoch nicht ausdrücklich genannt sind (Heilung des Formverstoßes gem. § 311b Abs. 1 Satz 2, 518 Abs. 2 BGB).[104] Die Art der »Gegenleistung« kann in (nunmehr seltenen) Fällen auch zur Sittenwidrigkeit der Schenkung an sich führen (»Schenkkreis«, der nach dem Schneeballsystem organisiert ist;[105] früher auch Schenkungen die ausschließlich sexuell motiviert sind[106]). In atypischen Fällen kann sich ferner die zu erbringende Leistung/der zu erduldende Vorbehalt aus einem Testament ergeben (wenn das dort geregelte Vermächtnis bereits lebzeitig erfüllt wurde, ohne dass die im Untervermächtnis enthaltene »Gegenleistung« ausdrücklich aufgehoben worden wäre,[107] vgl. Rdn. 1984).

b) Zivilrechtliche Minderung der Unentgeltlichkeit

aa) Grundsatz

In der Praxis schwierig ist dabei die **Berechnung** der durch Versorgungsansprüche oder Nutzungsvorbehalte eintretenden **Reduzierung der zivilrechtlichen Unentgeltlichkeit.** Abzustellen ist dabei auf den Zeitpunkt der Schenkung, nicht z.B. den späteren Todesfall des Schenkers[108] (nur im Rahmen der Pflichtteilsergänzungsberechnung ist insoweit gem. § 2325 Abs. 2 Satz 2 BGB vorrangig nach dem Niederstwertprinzip der maßgebliche Beurteilungszeitpunkt zu erbringen mit der Folge, dass bei Abstellen auf den Todeszeitpunkt die Vorbehalte, die mit dem Ableben sich »erledigt« haben, nicht mehr erfasst werden, vgl. Rdn. 1430 ff.). Auch ein vorbehaltenes »freies« Rückforderungsrecht (Rdn. 2140 ff.) führt nicht zu einer Verschiebung des Beurteilungszeitpunktes.

bb) Duldungsvorbehalte

Bei auf Lebenszeit des Berechtigten vereinbarten wiederkehrenden Leistungen oder **Nutzungsvorbehalten (Wohnungsrecht, Nießbrauch)** ist der Jahreswert der Nutzung/Leistung zu kapitalisieren. Richtig ist eine abstrakte »ex ante« Bewertung[109] nach den jeweils aktuellen[110] Werten der

---

102 RG, 11.01.1906 – IV 329/05, RGZ, 62, 273, 276.
103 BGH, 28.05.2009 – Xa ZR 9/08, NotBZ 2009, 359 (Sponsor sagt dem Trainer einer Mannschaft mündlich 5.000,00 € zu, falls Meisterschaftstitel gewonnen wird).
104 Beispiel: BGH, 26.10.2011 – IV ZR 72/11, notar 2012, 22 m. Anm. *Odersky* (reduziert den unentgeltlichen Anteil i.R.d. Prüfung gem. § 2287 BGB).
105 BGH, 10.11.2005 – III ZR 72/05, NJW 2006, 45.
106 BGH, 31.03.1970 – III ZB 23/68, NJW 1970, 1273.
107 OLG Köln, 31.07.2013 – 2 U 153/12, RNotZ 2014, 495; mit *Litzenburger*, FD-ErbR 2014, 358876 sollte diese Entscheidung freilich nicht überbetont werden.
108 BayObLG, 27.09.1957 – BReg. 2 Z 131/57, DNotZ 1958, 89, 91; BGH, 28.09.2016 – IV ZR 513/15, ZNotP 2016, 319 = DNotI-Report 2016, 162, Tz. 9.
109 Vgl. OLG Celle, 08.07.2008 – 6 W 59/08, NotBZ 2008, 469 = ZFE 2008, 478.
110 Derzeit Sterbetafel 2013/2015 des Statistischen Bundesamtes, kostenfrei zu beziehen unter www.destatis.de unter dem Menüpunkt Bevölkerung/Geburten und Sterbefälle/Periodensterbetafeln und Lebenserwartung/aktuelle Sterbetafeln für Deutschland. Das Deutsche Zentrum für Altersfragen Berlin ermöglicht die Berechnung der durchschnittlichen Lebenserwartung zumeist nach neueren Sterbetabellen, www.gerostat.de.

allgemeinen Sterbetafel,[111] abzuzinsen mit einem Zinssatz von derzeit ca. 2,5–3 %[112] zur Errechnung des Gegenwartswerts (Summe der Barwerte der Einzelbeträge des Jahreswertes der Nutzungen),[113] oder – zwar einfacher, jedoch mit geringerer Unentgeltlichkeitsminderung wegen des überhöhten, lediglich für die Finanzverwaltung verbindlichen, gesetzlichen Abzinsungszinssatzes von 5,5 % gem. § 12 Abs. 3 BewG, Rdn. 6217 ff. – eine Orientierung an Anlage 8[114] zu § 14 Abs. 1 BewG[115] (i.d.F. der Anlage bei Vertragsschluss,[116] d.h. seit 01.01.2009 nach Maßgabe der jährlich neu bekannt gemachten Kapitalwerte gem. § 14 Abs. 1 Satz 4 BewG, Rdn. 4764),[117] nach der Mm. auch eine konkrete Bewertung anhand des tatsächlich erreichten Lebensalters des Berechtigten, was jedoch bei der regelmäßig erfolgenden Inanspruchnahme zu Lebzeiten des Veräußerers ohnehin ausscheidet.[118]

cc) (Bedingte) Leistungspflichten

52 **Die Übernahme von Verbindlichkeiten**[119] des Veräußerers[120] wird mit dem Kapitalbetrag am Stichtag, Abstandszahlungen oder (zur Weitergabe an weichende Geschwister bestimmte) Gleichstellungsgelder an den Veräußerer sind mit dem Nominalbetrag (bei zinsfreier Stundung über mehr als ein Jahr in allerdings abgezinster Höhe)[121] anzusetzen. Für die Übernahme der Bestattungskosten können pauschal 5.000,00 €, für die Grabpflege je nach Liegedauer weitere 1.000,00–2.000,00 € veranschlagt werden.[122]

53 **Bedingte Leistungsverpflichtungen** (z.B. **Pflegeverpflichtungen**) sind dabei anders als im **Schenkungsteuerrecht** (dort Berücksichtigung erst ab dem Zeitpunkt der Erbringung [Rdn. 4866], zu den schenkungsteuerlich anzusetzenden Werten vgl. Rdn. 4864 f.; zum wiederum völlig abwei-

---

111 So *Schneider/Winkler*, ZfF 1996, 196 und OLG Köln, 03.08.1992 – 9 U 47/91, OLGR 1993, 43; ebenso FG Köln, 07.04.2003 – 9 K 6330/01, DStRE 2004, 39 für die schenkungsteuerliche Anrechnung als Leistungsauflage und KG, 12.08.1987 – 18 UF 6287/86, FamRZ 1988, 171 zur Wertermittlung im Zugewinnausgleich, da dem BewG verfälschende steuerliche Erwägungen zugrundelägen: Der Vervielfältiger gem. § 14 Abs. 1 Satz 4 BewG berücksichtigt die Abzinsung auf den Gegenwartswert gem. § 12 Abs. 3 BewG mit finanzmathematischen 5,5 %, mithin deutlich über dem sonst derzeit üblichen Abzinsungssatz von ca. 3 %. Die aktuellen Sterbetafeln werden nun jährlich gem. § 14 Abs. 1 Satz 4 BewG im Bundessteuerblatt veröffentlicht, vgl. Rdn. 4764.
112 *Gehse*, RNotZ 2009, 361, 375. Handelsrechtlich bestimmt § 253 Abs. 2 HGB den durchschnittlichen Marktzinssatz der letzten 10 Geschäftsjahre, vgl. www.bundesbank.de/download/statistik/abzinsungszinssaetze.pdf.
113 Vgl. www.n-heydorn.de/barwertrechner.html (einzugeben ist der Jahreswert der Nutzung, die nach der letzten Sterbetafel oder konkret abweichender Prognose im Einzelfall zu erwartende Lebensdauer in Jahren, und der Zinsfuß).
114 Identisch mit der früheren Anlage 9 zum BewG, vgl. BStBl. 2001 I, S. 1041, 1057.
115 So OLG Köln, 09.03.2017 – 7 U 119/16, MDR 2017, 697 (»geeignete Grundlage i.R.d. § 287 ZPO«); OLG Düsseldorf, 22.11.1995 – 9 U 71/95, DNotZ 1996, 655; OLG Koblenz, 17.10.2001 – 9 U 166/01, RNotZ 2002, 337; OLG Celle, 13.06.2002 – 22 U 104/01, ZEV 2003, 83, m. Anm. *Hannes*; ebenso *Reiff*, NJW 1992, 2857; *Nieder*, Handbuch der Testamentsgestaltung, Rn. 139.
116 OLG Celle, 25.04.2002 – 22 U 51/01, OLGR 2002, 220.
117 So wohl der BGH, 28.09.2016 – IV ZR 513/15, Tz. 10, ZNotP 2016, 319 = DNotI-Report 2016, 162.
118 Vgl. eingehend hierzu *Reiff*, ZEV 1998, 246 ff.
119 Die bloße Übernahme eines nicht mehr valutierenden Grundpfandrechtes (als Ausnahme von der Pflicht zur rechtsmängelfreien Lieferung) bleibt außer Betracht, BGH, 14.12.2004 – X ZR 3/03, ZEV 2005, 213.
120 Demnach keine Berücksichtigung, wenn der Erwerber bereits Schuldner der zu übernehmenden Verbindlichkeit war, OLG Düsseldorf, 25.09.2000 – 9 U 45/00, NJW-RR 2001, 519.
121 Derzeit üblicher zivilrechtlicher Abzinsungssatz ca. 3 % – vgl. *Gehse*, RNotZ 2009, 361, 375; eine Stundungsverzinsung in dieser Höhe vermeidet die Abzinsung (§ 12 Abs. 3 BewG legt für steuerliche Bewertungszwecke 5,5 % zugrunde).
122 *Müller*, Erbrecht effektiv 2008, 31.

chenden ertragsteuerlichen Ansatz vgl. Rdn. 6317 ff.) zivilrechtlich mit einem **Wahrscheinlichkeitswert**[123] auch dann anzusetzen, wenn sich das Risiko (noch) nicht verwirklicht haben sollte[124] oder sich – wie im Nachhinein feststeht – niemals verwirklicht hat.[125] Die Urkunde sollte daher auf alle Umstände hinweisen, die eine außergewöhnliche Höherbewertung der Verpflichtung rechtfertigen.[126] Konkrete Bewertungen der Beteiligten, die sich in einem vernünftigen Rahmen bewegen, sind dabei anzuerkennen.[127] Andernfalls erfolgt der Ansatz üblicherweise mit einem an der Wahrscheinlichkeit orientierten Teilwert des kapitalisierten Jahresbetrags der Pflege (Rdn. 54).[128]

Die **Bemessung des Wertes** solcher »Leistungen an einer Person« ist schwierig,[129] so dass in der Urkunde enthaltene gemeinsame Wertansätze zu akzeptieren sind, auch wenn sich dadurch der Veräußerer die Pflege »etwas kosten lässt«.[130] Fehlen ausdrückliche Wertansätze, ist die i.S.d. § 612 Abs. 2 BGB übliche Vergütung zu ermitteln. Letztere war i.d.R. bisher orientiert an dem Pflegegeldbetrag der jeweiligen Stufe (Stufe I ab 90 Minuten durchschnittlichen täglichen Aufwandes: 235,00 €; Stufe II ab 180 Minuten täglich: 440,00 €; Stufe III ab 300 Minuten: 700,00 € monatlich). Die im (aus anderen Gründen nicht umgesetzten) § 2057b BGB-E zum Ausdruck kommende gesetzgeberische Wertung (Erbrechtsreform 2010) weist auf höhere Ansätze hin: ebenso wie im Rahmen einer Ausgleichung unter gesetzlichen Erben sollte demnach künftig auch im Verhältnis zum Veräußerer (und damit zur Ermittlung des unentgeltlich verbleibenden Wertanteils) etwa hinsichtlich des Rückforderungsrisikos (§ 528 BGB) und der Pflichtteilsergänzung (§ 2325 BGB) sowie der Gläubigeranfechtung auf die Pflegesachleistungswerte der betreffenden Stufe (§ 36 SGB XI),[131] abgestellt werden.[132] Ein dritter, versicherungsmathematischer, Ansatz trägt der Ungewissheit des Eintritts der Pflegeverpflichtung wie auch der Ungewissheit über die Leistungshöhe dadurch Rechnung, dass er die jährlich zu zahlenden Prämien einer privaten Pflegeversicherung, die einen dem Geschuldeten vergleichbaren Pflegeeinsatz finanziell absichert, heranzieht.[133] Abzuziehen ist jedoch stets der Betrag des Pflegegeldes selbst, sofern dies im Fall der Pflege an den Pflegenden auszukehren ist (Rdn. 1696).

54

Ein alternatives Berechnungsmodell[134] orientiert sich stattdessen zur Bewertung der (bedingten) Wart- und Pflegeverpflichtungen an den ersparten Aufwendungen, also fußend auf den durchschnittlichen Vergütungen je Bundesland für die vollstationäre Dauerpflege, die Zahl der Pflegebedürftigen, und die »Pflegequote« in jeder Altersgruppe, wie sie in der alle zwei Jahre aktualisierten Pflegestatistik des Statistischen Bundesamtes enthalten sind. Die Tabellen sind zu ergänzen um ei-

55

---

123 BGH, 28.09.2016 – IV ZR 513/15, ZNotP 2016, 319 = DNotI-Report 2016, 162, Tz. 11: »zu ermitteln, von welchem möglichen Pflegeaufwand die Beteiligten bei Vertragsschluss ausgegangen sind«.
124 BGH, 07.12.1994 – IV ZR 281/93, DNotZ 1996, 104; OLG Oldenburg, 01.07.1997 – 5 U 23/97, FamRZ 1998, 516; OLG Koblenz, 17.10.2001 – 9 U 166/01, RNotZ 2002, 338 (dort nur 300,00 DM/Monat).
125 BGH, 28.09.2016 – IV ZR 513/15, ZNotP 2016, 319 = DNotI-Report 2016, 162, Tz. 11 f.
126 Vgl. *Nieder*, Handbuch der Testamentsgestaltung, Rn. 139; *Beckmann*, MittRhNotK 1977, 27.
127 OLG Bamberg, 01.10.2007 – 6 U 44/07, NotBZ 2008, 236.
128 Zur Bewertung einer Pflegeverpflichtung als wertmindernder Auflage im Rahmen eines Pflichtteilsergänzungsverfahrens vgl. etwa OLG Hamburg, 20.08.1991 – 2 U 30/90, FamRZ 1992, 228, m. Anm. *Reiff*, FamRZ 1992, 363. Vgl. auch *Mayer/Geck*, Der Übergabevertrag, § 9 Rn. 118 ff.
129 OLG Düsseldorf, 25.09.2000 – 9 U 45/00, NJW-RR 2001, 519.
130 OLG Oldenburg, 04.06.1996 – 5 U 27/96, NJW-RR 1997, 263: 3.000,00 DM/Monat; die Formulierung »es sich etwas kosten lassen« verwendet auch BGH, 26.10.2011 – IV ZR 72/11, notar 2012, 22 m. Anm. *Odersky* im Rahmen des § 2287 BGB, vgl. Rdn. 3943.
131 Das sind seit 01.01.2013 450,00 €/Monat in Pflegestufe I, 1.100,00 €/Monat in Pflegestufe II, 1.550,00 €/Monat in Pflegestufe III.
132 Ebenso bereits VGH Mannheim, 15.04.1999 – 7 S 909/98, NJW 2000, 376; *Müller*, Erbrecht effektiv 2008, 32.
133 Diesen Hinweis verdanke ich Kollegen *Gerhard Ruby*, www.ruby-erbrecht.de.
134 Monografisch: *Kreienberg*, Wart- und Pflegeverpflichtungen in Übergabeverträgen, 1. Aufl. 2014, Übersicht bei *Kreienberg*, ErbR 2015, 118 ff. und (mit Beispielsrechnungen) *Kreienberg*, ZErb 2015, 101 ff.

nen Kostenansatz für niederschwellige Hilfsleistungen unterhalb der offiziellen Pflegestufen (bis 2016)/Pflegegrade (ab 2017) und die Jahresbeiträge für das »reine Risiko«, also den Wahrscheinlichkeitswert »ex ante«, der als fiktiver Ersparnisbetrag für verschiedene Alterskorridore (70–75 Jahre, 75–80 Jahre etc.) addiert wird. In der Tendenz führt dieser Ansatz jedenfalls bei »leistungsnahen« Überlassungen zu noch höheren Werten.

dd) Rückforderungsvorbehalte

56   Für **schuldrechtliche** »**Verfügungssperren**« (an den Eintritt bestimmter Voraussetzungen und die Ausübung eines Optionsrechtes anknüpfende Rück- oder Weiterübertragungspflichten) wird jedenfalls bei der Berechnung des Pflichtteilsergänzungsanspruchs ein Abschlag von 10 % des Immobilienwerts anerkannt,[135] i.R.d. Vermögensvergleichs bei der Zugewinnausgleichsberechnung sogar von 33 % (vgl. Rdn. 2108).[136] Maßgeblich für die Höhe des Abschlags ist der Grad der Wahrscheinlichkeit der Ausübung des vorbehaltenen Rechts.

▶ **Zusammenfassendes Beispiel:**

57   Bei der Übertragung einer Immobilie, deren Verkehrswert angesichts von Vergleichsverkäufen mit 180.000,00 € realistisch geschätzt werden kann, bedingt sich der derzeit gesunde 65-jährige Veräußerer ein vormerkungsgeschütztes Rückforderungsrecht für bestimmte Sachverhalte, ein Wohnungsrecht auf Lebenszeit an der Erdgeschosswohnung (Kaltmiete 500,00 €) sowie, sofern erforderlich, Wart und Pflege bis zum Erreichen der Pflegestufe I = Pflegegrad 2 aus. Zivilrechtlich bewirkt die »Verfügungssperre« eine Minderung der Unentgeltlichkeit, wenn die Rückübertragung nicht überdurchschnittlich wahrscheinlich ist, um etwa 10 % auf noch 162.000,00 € (vgl. Rdn. 2108). Der Jahreswert des Wohnungsrechts (6.000,00 € – u.U. höher, wenn der Eigentümer auch zu Instandhaltungen verpflichtet ist) wird (zur Erzielung der Abzinsung) vereinfachend, allerdings damit zu gering – Rdn. 49 – mit dem Faktor aus Anlage gem. § 14 Abs. 1 Satz 4 BewG (männlich, 65 Jahre: 11,135) multipliziert, so dass sich eine weitere Minderung um 66.810,00 € ergibt. Der Monatswert der zu übernehmenden Grundpflege wird angesichts der gesetzgeberischen Wertung, die der (aus anderen Gründen nicht umgesetzten) Einführung des geplanten § 2057b BGB n.F. zugrunde lag, i.H.d. betreffenden Pflegesachleistungspauschbetrages von (seit 01.01.2017) 689,00 € angesetzt, vereinfachend mal obigem Faktor nach BewG ergibt 92.064,18 €, weiter multipliziert mit einem Wahrscheinlichkeitswert, wie viele Jahre des verbleibenden Lebenszeitraums diese Pflege tatsächlich zu leisten sein wird (geschätzt z.B. bei robuster Gesundheit × 0,3) verbleiben 27.619,25 €, so dass der unentgeltliche Anteil der Überlassung sich noch auf 67.570,75 € (180.000,00 € – 18.000,00 € – 66.810,00 € – 27.619,25 €) beläuft. Bei exakter, nicht steuerrechtlich-fiskalischer Ermittlung des Gegenwartswerts (also unter Zugrundelegung der aktuellen Sterbetafeln und einer realistischen Abzinsung von derzeit ca. 2 %) liegt der tatsächlich unentgeltliche Anteil noch deutlich niedriger.

c) Steuerliche Minderung der Unentgeltlichkeit

58   Von der vorstehend erläuterten zivilrechtlichen Bewertung (Unentgeltlichkeitsminderung) zu unterscheiden ist die Berücksichtigung der vereinbarten Gegenleistungen (Duldungs- und Leistungsauflagen) im Ertragsteuerrecht (s. Rdn. 6188 ff.) und im Schenkungsteuerrecht (s. Rdn. 4774 ff.) Die Berücksichtigung der Gegenleistungen differiert sowohl vom Zivilrecht als auch untereinander: **Ertragsteuerrechtlich** zählen lediglich die an den Veräußerer oder weichende Geschwister erbrachten Abgeltungszahlungen (auch in Form einer Schuldübernahme) sowie sog. »Veräuße-

---

135   OLG Koblenz, 17.10.2001 – 9 U 166/01, RNotZ 2002, 338, OLG Düsseldorf, 17.02.1999 – 9 U 125/98, MittRhNotK 2000, 208; ebenso OLG Hamm, 22.02.2005 – 10 U 134/04, n.v.; *Müller*, Erbrecht effektiv 2008, 30.
136   OLG München, 13.04.2000 – 12 UF 765/00, MittBayNot 2001, 85.

rungs(= Kaufpreis)renten« und – in gewissem Umfang – die Verrechnung mit Verwendungsersatzansprüchen zu den als »Kaufpreis« (Entgelt) zu berücksichtigenden Umständen (so dass bei Einkunftserzielung Abschreibungen bzw. bis Ende 2006 im Fall der Eigennutzung Eigenheimzulage geltend gemacht werden kann, während im betrieblichen Bereich möglicherweise Veräußerungsgewinne anfallen). Vorbehaltene Nutzungsrechte sowie auf Dienstleistung (z.B. Pflege) gerichtete Verpflichtungen ebenso wie Rückforderungsvorbehalte bleiben bei der Bemessung solcher Anschaffungskosten außer Betracht;[137] sie können sich jedoch (bspw. im Fall der jederzeitigen Rückforderungsmöglichkeit) mittelbar ertragsteuerlich dahingehend auswirken, dass die Einkunftsquelle als nicht übergegangen gilt (vgl. Rdn. 2145 ff.)

Im **Schenkungsteuerrecht** verlaufen die Trennlinien wiederum abweichend: Rückforderungsvorbehalte führen nicht zu einer Minderung des einzusetzenden Bereicherungswertes, ermöglichen jedoch die nachträgliche Steuerfreistellung sowohl der Übertragung als auch der Rückübertragung (§ 29 ErbStG; vgl. Rdn. 4970 ff.); der Durchführung einer Schenkung im schenkungsteuerlichen Sinn stehen sie selbst bei jederzeitiger Widerrufsmöglichkeit nicht entgegen (vgl. Rdn. 2145). Bedingte Gegenleistungen sind im Schenkungsteuerrecht (anders als im Zivilrecht) erst mit dem Eintritt dieser Bedingungen zu berücksichtigen (vgl. Rdn. 4772, 4866 mit Berechnungsbeispiel zur Pflegeverpflichtung und zum Wertansatz der Finanzverwaltung in Rdn. 4868); gleiches gilt korrespondierend für die Berücksichtigung im Rahmen der Grunderwerbsteuer (als nachträgliches Entgelt, vgl. Rdn. 5639). I.Ü. war bis zum In-Kraft-Treten der Erbschaftsteuerreform zu differenzieren zwischen Duldungsauflagen (Nießbrauch, Wohnungsrechtsvorbehalten) zugunsten des Veräußerers und/oder dessen Ehegatten, einerseits, die gem. § 25 ErbStG a.F. lediglich zu einer teilweisen Stundung, nicht jedoch zu einer echten Reduzierung der Erbschaftsteuer führten (Rdn. 4807 ff.) und Duldungsauflagen zugunsten anderer Personen bzw. Leistungsauflagen gleich welcher Art, andererseits, die nach den Regeln der gemischten Schenkung für Privat- und Betriebsvermögen unterschiedlich (Rdn. 4779 ff., 4787 ff.) die Bereicherung mindern. Mit dem Wegfall des § 25 ErbStG i.R.d. Erbschaftsteuerreform 2009 führen sowohl Gegenleistungen, die auf Duldung, also auch solche, die auf Leistung gerichtet sind, zu einer Minderung der Schenkungsteuerlast (s. im Einzelnen Rdn. 4834 ff.)

3. Verrechnung mit Pflichtteils-, Zugewinnausgleichs- bzw. Unterhaltsansprüchen

Die Entgeltlichkeit von Grundstücksübertragungen »an Erfüllungs statt« (§ 364 BGB) zur Abgeltung von Pflichtteils-, Zugewinnausgleichs- und Unterhaltsansprüchen (bzw. als »Gegenleistung« für den Verzicht hierauf) wird bisher nicht einheitlich beurteilt:[138]

a) Pflichtteilsanspruch/Pflichtteilsverzicht

Zwei Fragen sind insoweit zu unterscheiden:
(1) Liegt in der »Abfindung« für einen solchen künftigen Verzicht eine Schenkung bzw. umgekehrt formuliert: Führt die Abgabe eines solchen Verzichtes als »Gegenleistungsbaustein« zur (Teil-)Entgeltlichkeit (Rdn. 62)?
(2) Ist der »an Erfüllungs statt« für einen bereits entstandenen Pflichtteilsanspruch geleistete Gegenstand entgeltlich oder unentgeltlich geleistet (Rdn. 69)?

---

137 Allerdings mindern sie naturgemäß den Verkehrswert des Objektes, etwa zur Beurteilung der Frage, ob i.R.d. § 33a Abs. 1 Satz 3 EStG die unterhaltsberechtigte Person über ein »nicht geringes Vermögen« verfügt, BFH, 29.05.2008 – III R 48/05, ZflR 2008, 743.
138 Vgl. hierzu umfassend *Tiedtke*, Auswirkungen des § 23 EStG im Zusammenhang mit Trennungs- und Scheidungsvereinbarungen, in: »Vertragsobjekt Ehe und Lebenspartnerschaft«, Symposium des Instituts für Notarrecht 2002, S. 112 ff. (Deutsche notarrechtliche Vereinigung, Gerberstr. 19, 97079 Würzburg).

aa) Liegt in der Zuwendung als Abfindung für einen Erb- und/oder Pflichtteilsverzicht nach § 2346 BGB ebenfalls eine Schenkung?

62 Die Frage ist umstritten:[139] Wegen des Risikocharakters des Pflichtteilsverzichts (insb. der Ungewissheit, ob und in welcher Höhe überhaupt ein Pflichtteilsanspruch entstanden wäre) wird unter Betonung des Aspekts der objektiven Bewertung **ganz überwiegend die Entgeltlichkeit abgelehnt**,[140] während entschiedene Verfechter des Prinzips der subjektiven Äquivalenz[141] auf die Vorstellungen der Beteiligten abstellen und daher die Entgeltlichkeit jedenfalls dann bejahen, wenn der Abfindungsbetrag nicht über den voraussichtlichen Pflichtteil hinausgeht[142] (mit zusätzlichen Problemen, wenn der Abfindungsempfänger selbst gem. § 2329 BGB in Anspruch genommen wird – Entreicherungseinwand).[143] Schließlich wird vermittelnd Entgeltlichkeit dann bejaht, wenn ein bisher erbrechtlich gebundener Beteiligter auf diese Weise die Aufhebung der Bindungen des Erbvertrags/gemeinschaftlichen Testaments erreicht und sich mittels der Abfindung von eingegangenen Bindungen »freikauft«.[144]

63 Tragender Gesichtspunkt für die Unentgeltlichkeit der Abfindung (also die Untauglichkeit des schlichten Pflichtteilsverzichts als »Gegenleistung«), welche wohl auch vom BGH vertreten wird,[145] ist der Umstand, dass durch die Gewährung der Abfindung dem Nachlass Werte entzogen werden, ohne dass aufgrund des Pflichtteilsverzichts eines Beteiligten zwingend ein Zuwachs zu verzeichnen wäre, so dass der Schutzzweck des § 2325 BGB verletzt wäre, wollte man die Abfindungsleistung aus der Pflichtteilsergänzung herausnehmen.

64 **Erbschaftsteuerrechtlich** hat der BFH mehrfach entschieden, dass der Pflichtteilsverzicht selbst ein »unentgeltliches« Rechtsgeschäft darstelle, also nicht als Entgelt-Baustein tauge, und demnach auch die dafür gewährte Abfindung schenkungsteuerpflichtig ist (vgl. Rdn. 4476 ff.).[146] Der Geldbetrag, der als Gegenleistung für den Verzicht auf einen künftigen Pflichtteilsanspruch des Zahlungsempfängers ggü. einem Dritten geleistet wird (Vertrag zwischen zwei künftigen Erben gem. § 311b Abs. 5 BGB, Rdn. 3514 ff.), stellt also schenkungsteuerlich eine freigiebige Zuwendung gem. § 7 Abs. 1 Nr. 1 ErbStG dar; der Wegfall des künftigen, ungewissen Pflichtteils(ergänzungs)anspruchs mindert die Bereicherung nicht.[147] Die Steuerklasse richtet sich entgegen früherer großzügigerer Rechtsprechung nach dem Verhältnis der unmittelbaren Leistungsbeziehung – Geschwister, Steuerklasse II, nur bei Zuwendung direkt vom Erblasser Steuerklasse I –, vgl. Rdn. 3529, 4477 ff. und Rdn. 1902 f. Wiederkehrende Zahlungen sind demnach ebenso wenig »Gegenleistung« für den Pflichtteilsverzicht, sondern haben den Charakter freiwillig begründeter Unterhaltsrenten, die

---

139 Vgl. zum Meinungsstand *Wegmann*, Grundstücksüberlassung, Rn. 230, *Schindler*, ZErb 2012, 149, 155; *Theiss/Boger*, ZEV 2006, 143 ff. Am Anfang stand die von *Speckmann*, NJW 1970, 117 ff., problematisierte Frage, ob eine Grundstücksübertragung gegen Erb- oder Pflichtteilsverzicht eine Schenkung i.S.d. § 2325 BGB darstelle; vgl. umfassend (gegen Schenkungscharakter) auch *Kollhosser*, AcP 1994, 258 ff.
140 Vgl. *Kollhosser*, AcP 1994, 258 ff.; Staudinger/*Schotten*, BGB, § 2346 Rn. 122 ff. m.w.N.
141 So etwa *Otta*, Vorausleistungen auf den Pflichtteil, S. 64 ff.; *Heinrichs*, MittRhNotK 1995, 157 f.
142 So etwa *Kornexl*, Der Zuwendungsverzicht, Rn. 188 ff. (ex post – Vergleichsbetrachtung); wohl auch LG Paderborn, 03.09.2010 – 2 O 53/10, BeckRS 2011, 24446, vgl. *Schindler*, ZErb 2012, 149, 156.
143 Mit Rechenbeispiel *Kornexl*, Nachlassplanung bei Problemkindern, Rn. 689 f.
144 So etwa *Nieder*, Handbuch der Testamentsgestaltung, Rn. 155.
145 BGH, 08.07.1985 – II ZR 150/84, NJW 1986, 129; krit. hiergegen *Dieckmann*, FamRZ 1986, 258 f. Zahlungen als Abfindung für einen Erb- und Pflichtteilsverzicht unterliegen daher als unentgeltliche Zuwendungen der Gläubigeranfechtung nach AnfG bzw. InsO, vgl. BVerfG, 14.05.1991 – 1 BvR 502/91, NJW 1991, 2695.
146 So etwa BFH, 16.03.2001 – IV B 96/00, ZEV 2001, 449.
147 BFH, 25.01.2001 – II R 22/98, NWB, Fach 10, S. 1241 f.; anders noch die Vorinstanz FG München, 07.07.1997 – 4 K 2747/93, EFG 1997, 1525.

somit beim Bezieher nicht steuerbar (§ 22 Nr. 1 Satz 2 EStG), aber auch beim Zahlenden nicht als Sonderausgaben abzugsfähig sind.[148]

Im **ertragsteuerlichen Sinn** dürfte jedoch die Abfindungsleistung für einen Pflichtteilsverzicht nicht als »entgeltlich« i.S.d. § 23 EStG gelten, da der Pflichtteilsverzicht keine taugliche, ertragsteuerlich relevante Gegenleistungskomponente darstellt (anders als bei der Übertragung zur Erfüllung eines tatsächlich entstandenen Pflichtteilsanspruchs, Rdn. 70).[149]

65

Besondere Schwierigkeiten entstehen allerdings beim echten **Erbverzicht** (der sich wegen § 2310 Satz 2 BGB häufig als notarieller Kunstfehler darstellt). Bleibt man auch hier bei der Unentgeltlichkeit der Abfindung, erhöht die Abfindungsleistung über die Pflichtteilsergänzung den Anspruch des weichenden Geschwisters (§ 2325 BGB) und zugleich erhöht der Erbverzicht die Pflichtteilsquote des weichenden Geschwisters.

66

Zur Frage der **Entgeltlichkeit der Abfindung für einen Erbverzicht** wurden bisher im Wesentlichen drei Auffassungen vertreten:
(1) Die erste sieht – ausgehend von der **subjektiven Äquivalenz** – die Entgeltlichkeit als gegeben an, soweit sich die Abfindung am Wert des Erbteils orientiert.[150]
(2) Die **traditionelle Auffassung** geht von Unentgeltlichkeit aus, da der – gleichfalls unentgeltliche – Erwerb von Todes wegen sozusagen vorweggenommen würde[151] und sich auf diese Weise ein Gleichklang mit dem Steuerrecht erzielen lasse, wo die Abfindung für den Erbverzicht in § 7 Abs. 1 Nr. 5 ErbStG ebenfalls als Schenkung angesehen wird. Der ggf. notwendige Schutz des Abfindungsempfängers könne über eine analoge Anwendung der §§ 2329 Abs. 1 Satz 1, 818 Abs. 3 BGB erreicht werden.[152]
(3) Die **vermittelnde Auffassung**[153] hält lediglich i.R.d. § 2325 BGB, also nicht bei der Anwendung sonstiger schenkungsrelevanter Vorschriften (etwa § 528 BGB), eine teleologische Reduktion für erforderlich, da die Vermögensweggabe durch die Erhöhung der Pflichtteilsquote nach § 2310 Satz 2 BGB kompensiert wird. Teilweise wird insoweit vertreten, bei der Berechnung des Ergänzungsanspruchs die Abfindung bis zu der Höhe nicht zu berücksichtigen, in der aufgrund des Erbverzichts eine zusätzliche Pflichtteilsquote entsteht,[154] oder das Geschenk zu halbieren[155] oder die Gegenleistung nur i.H.d. Pflichtteils ergänzungsfrei zu stellen.[156]

Der **BGH** hat[157] zunächst zur Thematik des § 2325 BGB im Zusammenhang mit der Abfindung für einen Erbverzicht Stellung genommen; frühere Entscheidungen tendierten eher zur generellen Unentgeltlichkeit der Abfindung.[158] Demnach unterliege der Pflichtteilsergänzung nur, was über eine »angemessene Abfindung« für den Erbverzicht hinausgehe, wobei auf den Wert des Erbteils (nicht des Pflichtteils!) zum Zeitpunkt des Verzichts abzustellen sei. Diese Rechtsprechung ist jedoch, da sie wesentlich auf dem »Ausgleich« zugunsten des Pflichtteilsberechtigten infolge § 2310 Satz 2 BGB beruht, nicht auf die Abfindung für einen Pflichtteilsverzicht übertragbar.

67

---

148 BFH, 20.10.1999 – X R 132/95, BStBl. 2000 II, S. 82; FG Nürnberg, 04.04.2006 – I 370/2007, ZErb 2007, 26.
149 Vgl. *Wälzholz*, MittBayNot 2001, 361; *Wälzholz*, NotBZ 2017, 135, 138; zu den Gegenleistungselementen im Ertragsteuerrecht vgl. Rdn. 6188 ff.
150 Etwa *Rheinbay*, ZEV 2000, 278, 279; MünchKomm-BGB/*Lange*, 4. Aufl. 2005, § 2325 Rn. 17.
151 Staudinger/*Schotten*, BGB (2004), § 2346 Rn. 122 ff.
152 So *J. Mayer*, in: Bamberger/Roth, BGB, § 2329 Rn. 13.
153 Vertreten etwa durch das OLG Hamm, 18.05.1999 – 10 U 65/98, ZEV 2000, 277, m. Anm. *Rheinbay*.
154 Staudinger/*Schotten*, BGB (2004), § 2346 Rn. 136.
155 OLG Hamm, 18.05.1999 – 10 U 65/98, ZEV 2000, 277.
156 *Haegele*, BWNotZ 1971, 39.
157 BGH, 03.12.2008 – IV ZR 58/07, ZEV 2009, 77, m. Anm. *Schindler*; vgl. auch *Dietz*, MittBayNot 2009, 475.
158 So etwa BGH, 08.07.1985 – II ZR 150/84, NJW 1986, 127, 129; BGH, 28.02.1991 – IX ZR 74/90, NJW 1991, 1610 f. (freilich zum Pflichtteilsverzicht).

▶ Hinweis:

68 Es ist also davor zu warnen, das Urteil als Basis von Gestaltungen zur Schädigung missliebiger Pflichtteilsberechtigter zu stark zu belasten.[159] So dürfte bspw. die »Angemessenheit der Abfindung« generell zu verneinen sein, wenn ein Erbverzicht (d.h. Verzicht auf das gesetzliche Erbrecht!) geschlossen wird trotz erbvertraglich oder im gemeinschaftlichen Testament geschaffener bindender Schlusserbeinsetzung des Verzichtenden. Ähnlich dürfte (vergleichbar der »Umgehungsrechtsprechung« bei der Schenkungsvermeidung durch Eheverträge, etwa im Zusammenhang mit der nur kurzzeitigen Vereinbarung der Gütergemeinschaft, Rdn. 124) zu entscheiden sein, wenn anstelle des Verzichtenden aufgrund eines »Gesamtplans« ihm nahestehende Personen, z.B. seine eigenen Kinder, testamentarisch eingesetzt werden.[160] Wurde schließlich der Erbverzicht als »andere Form der Anrechnung des Zugewendeten auf das Erbrecht des Erwerbers« gewählt (wofür spricht, dass der Wert der Zuwendung [»Abfindung«] etwa dem gesetzlichen Erbteil entspricht oder diesen gar übersteigt), geht der BGH auch im Hinblick auf die Anwendung **sonstigen Schenkungsrechtes** (§§ 528, 530 BGB) davon aus, dass die Abfindung unentgeltlich gewährt wurde[161] (möglicherweise anders als beim Vertragstyp eines vom Erblasser »erkauften« Erbverzichts, bei dem nicht die Zuwendung als solche im Vordergrund stand[162]). Vorsichtigerweise sollte generell vom uneingeschränkten (zivil- und steuerrechtlichen) Schenkungscharakter der Abfindung für einen Erb- oder Pflichtteilsverzicht ausgegangen werden.[163]

bb) Abgeltung des Pflichtteilsgeldanspruchs

69 Wird »**anstelle**«[164] des Pflichtteilsgeldanspruchs ein Nachlassgegenstand übertragen, hatte die untergerichtliche Rechtsprechung im Steuerrecht[165] traditionell stets einen entgeltlichen Erwerb des Nachlassgegenstands abgelehnt, weil der Pflichtteilsanspruch selbst unentgeltlich erlangt worden sei und seiner wirtschaftlichen, wenngleich auch nicht rechtlichen Natur nach auf eine Nachlassbeteiligung ohnehin »hinauslaufe«. Auch die »Verrechnung« einer Grundstücksübertragung mit einem bereits entstandenen, geltend gemachten Pflichtteil solle demnach ertragsteuerlich[166] nicht zu einer entgeltlichen Anschaffung führen.

70 Der **BFH** hat jedoch (unabhängig von der zivilrechtlichen Ausgestaltung der Leistung an Erfüllungs statt als Austauschvertrag, Änderungsvertrag oder Erfüllungsabrede) einen **entgeltlichen**

---

159 Zurückhaltend auch *Mayer/Geck,* Der Übergabevertrag, § 9 Rn. 60 ff.
160 Ebenso *Schindler,* ZEV 2009, 81.
161 BGH, 07.07.2015 – X ZR 59/13, ZEV 2016, 90 m. Anm. *Keim* = ZErb 2016, 117 m. Anm. *Grunewald;* hierzu auch *Kanzleiter,* NotBZ 2016, 186 und *Streßig,* ErbR 2016, 2 ff.; dafür spricht auch, dass offensichtlich für die Beteiligten die Sachzuwendung im Vordergrund stand und der Erbverzicht erst im weiteren Verlauf der Urkunde enthalten ist; hierzu auch *Gemmer,* EE 2016, 137 ff. und *G. Müller,* ZNotP 2016, 82 f. Dem BGH folgend OLG München, 08.11.2016 – I-3 Wx 47/16, ErbR 2017, 179.
162 Darauf weist *v. Proff,* NJW 2016, 539, 541 hin. *Keim,* ZEV 2016, 94 wiederum betont, dass bei der im Urteil betroffenen Fragestellung der Rückforderung wegen groben Undanks [anders als bei der Pflichtteilsergänzung: BGH, 03.12.2008 – IV ZR 58/07, ZEV 2009, 77, m. Anm. *Schindler,* vgl. Rdn. 67] keine Interessen Dritter betroffen sind.
163 Ausführlich begründet von *Schindler,* Hereditare 7 (2017), 1 ff.
164 Erbschaftsteuerrechtlich ist dabei ohne Bedeutung die Abgrenzung zwischen § 3 Abs. 1 Nr. 1 ErbStG einerseits (Übertragung an Erfüllungs statt lässt weiter den Geldbetrag des Pflichtteilsanspruchs maßgeblich sein) und § 3 Abs. 2 Nr. 4 ErbStG andererseits (Übertragung als Abfindung für den Verzicht auf einen zwar entstandenen, aber noch nicht geltend gemachten Anspruch lässt den Steuerwert des übertragenen Gegenstandes maßgeblich sein), vgl. im Einzelnen Rdn. 4491 ff.
165 Z.B. FG Köln, 27.05.1993 – 10 K 4218/87, EFG 1994, 94; FG Düsseldorf, ErbStB 2003, 145 auch zur ertragsteuerlichen Wertung.
166 FG Düsseldorf, 08.11.2002 – 1 K 5974/99 E, ZEV 2003, 299: bloße Schuldumschaffung, kein entgeltlicher Austauschvertrag.

Vorgang angenommen, wenn »zur Abgeltung« des geltend gemachten Pflichtteilsanspruchs eine Unternehmensbeteiligung übertragen wird;[167] dies gilt auch für die Übertragung von Privatvermögen an Erfüllungs statt.[168] Die Finanzverwaltung hat sich zwischenzeitlich dieser Betrachtung angeschlossen, sieht also bspw. in der Übertragung eines Grundstücks zur Erfüllung einer entstandenen Pflichtteilsschuld ein entgeltliches Rechtsgeschäft[169] (vgl. Rdn. 5923). Die »Veräußerung«, die in der Übertragung von Betriebsvermögen zur Erfüllung eines entstandenen Pflichtteilsanspruchs liegt, führt auch zum Verlust bestehender Verschonungen nach §§ 13a, 13b ErbStG (Verstoß gegen die Behaltensfristen).[170] Schließlich löst die Hingabe eines Grundstücks zur Erfüllung eines entstandenen Pflichtteilsanspruchs dem Grunde nach **Grunderwerbsteuer** aus.[171]

Auch **zivilrechtlich** ist der mit dem Ableben entstandene und (zumindest) durch die »Einstellung« in die Verrechnungsabrede geltend gemachte Pflichtteilsgeldanspruch als entgelttaugliches Gegenleistungselement anzuerkennen,[172] nicht jedoch der (aleatorischen) Verzicht auf den künftigen Pflichtteil als solchen.

71

b) Zugewinnausgleichsanspruch

An sich würden diese Grundsätze auch bei der Leistung eines Grundstücks an Erfüllungs statt für einen eherechtlichen Zugewinnausgleichsanspruch[173] gelten, denn auch dieser wurde »unentgeltlich« kraft Gesetzes erworben; § 1383 Abs. 1 BGB eröffnet darüber hinaus auch hier im Einzelfall auf Anordnung des Familiengerichts eine gegenständliche Zuordnung. Besonders deutlich wird die Identität der Ausgangssituation in den Fällen, in denen die Ehe durch den Tod des Beteiligten aufgelöst und der überlebende Partner vollständig enterbt wurde. Ihm stehen dann gem. § 1371 Abs. 2 BGB der kleine Pflichtteil und die familienrechtliche Ausgleichsforderung zu.

72

Die grundsätzliche »**Entgelttauglichkeit**« des Zugewinnausgleichsanspruchs war jedoch, anders als die bzgl. des Pflichtteilsanspruchs, nie umstritten, weder in schenkungsteuerlicher (vgl. dazu Rdn. 74 ff.), noch in zivilrechtlicher (vgl. dazu Rdn. 80 ff.) noch in ertragsteuerlicher Hinsicht (vgl. dazu Rdn. 89 ff.). Ein Gesamtmuster für eine Grundstücksübertragung an Erfüllungs statt zur Abgeltung des durch ehevertragliche Beendigung der Zugewinngemeinschaft entstehenden Zugewinnausgleichs-Geldanspruchs ist im Formularteil (Kap. 14) unter Rdn. 6761 enthalten. Häufig schließt sich an den »Ausstieg« aus dem gesetzlichen Güterstand der »Wiedereinstieg« an (»Güterstandsschaukel«).[174]

73

---

167 BFH, 16.12.2004 – III R 38/00, DStRE 2005, 449; krit. hiergegen *Tiedtke/Langheim*, FR 2007, 368: Einbringung eines Unternehmens in eine KG ist bzgl. »Zuzahlungen« nicht zu Buchwerten gem. § 6 Abs. 3 EStG möglich, wenn die pflichtteilsberechtigten Kinder zu mehr als ihrer Einzahlungsquote beteiligt werden und im Gegenzug auf eine private Forderung gegen den Einbringenden (Pflichtteilsanspruch) verzichten: Es entsteht ein laufender, nicht begünstigter Veräußerungsgewinn, der allerdings durch eine § 6b-Rücklage neutralisiert werden kann (BFH, BStBl. 1996 II, S. 60 hatte noch eine vorherige Entnahme aus Betriebsvermögen angenommen, bevor die Übertragung zur Pflichtteilsabfindung erfolge). Ähnlich BFH, 10.07.2002 – II R 11/01, BStBl. 2002 II, S. 775 zur Grunderwerbsteuer.
168 FG Berlin-Brandenburg, 25.06.2008 – 3 K 1012/06 B, JurionRS 2008, 17896; der Immobilienerwerber startet daher eine neue Abschreibungsreihe.
169 OFD Münster v. 07.06.2006 – III R 38/00, ZEV 2006, 311; vgl. *Friedrich-Büttner/Herbst*, ErbStB 2012, 213, 215 f.
170 FG Münster, 10.05.2012 – 3 K 667/10 Erb, ErbStB 2012, 325; BFH:, 26.02.2014 – II R 36/12, DStR 2014, 847; ebenso R 62 Abs. 2 Satz 2 ErbStR 2003, vgl. zur aktuellen Rechtslage R E 13a.5, ErbStR 2011.
171 BFH, 10.07.2002 – II R 11/01, BStBl 2002 II 775.
172 Dafür plädiert *Wälzholz*, in: Mayer/Süß/Tanck/Bittler/Wälzholz, Handbuch Pflichtteilsrecht, § 17 Rn. 138 ff.
173 Einführung zum Ausgleich des Zugewinns bei *Weinreich*, ZNotP 2016, 183 ff. und 2016, 210 ff.
174 Guter Überblick zur »Güterstandsschaukel«: *Gluth/Rund*, StB-Sonderheft 2014/2015, S. 8–21, vgl. auch *Beckervordersandfort (Hrsg)*, Gestaltungen zum Erhalt des Familienvermögens, 2016, S. 67 ff.

aa) Schenkungsteuer

74 Der kraft Gesetzes (§ 1378 Abs. 3 Satz 1 BGB) – sofern nicht ehevertraglich ausgeschlossen[175] – mit Beendigung des gesetzlichen Güterstandes entstehende Zahlungsanspruch auf Ausgleich des bisherigen Zugewinns ist nicht rechtsgeschäftlich zugewendet und somit **nicht schenkungsteuerbar** (§ 5 Abs. 2 ErbStG; vgl. ausführlich Rdn. 4885 ff.). Dies gilt für den Anspruch in seiner vollen gesetzlich entstehenden Höhe, also ohne Kürzung im Verhältnis zwischen Verkehrs- und Steuerwert,[176] so dass die konkrete güterrechtliche Ausgleichung des Zugewinns schenkungsteuerlich eine höhere Vergünstigung als die pauschal-letztwillige (§ 5 Abs. 1 ErbStG) verschafft.

75 Auf diese Weise lässt sich bspw. bei »Vermögensdiskrepanz-Ehen« auch eine günstigere Vermögensverteilung unter Ehegatten zur anschließenden Weiterübertragung an Abkömmlinge[177] oder zur Vermeidung einer allzu üppig dotierten Erbengemeinschaft in streitigen Patchwork-Situationen erreichen, ebenso aber die Versorgung des jüngeren Partners steuerfrei sichern bei deutlich unterschiedlicher Lebenserwartung der Ehegatten.

76 Die Steuerfreiheit gilt jedoch nicht für den Forderungsteil, der etwa aufgrund ehevertraglicher Vereinbarung eines vor Ehebeginn liegenden Anfangsvermögensstichtags oder abweichenden Anfangsvermögens geschaffen wurde (vgl. im Einzelnen zur Abgrenzung Rdn. 4897). Erforderlich ist auch hier ein **Wechsel des Güterstandes** (kein bloßer »fliegender Ausgleich« durch schlichte »Zwischenabrechnung« i.R.d. fortbestehenden gesetzlichen Güterstandes, Rdn. 4898; auch Ausgleichsleistungen für bloße Modifikationen des fortbestehenden gesetzlichen Güterstandes oder zur Vermeidung richterlicher Beanstandungen i.R.d. Wirksamkeits- oder Anfechtungskontrolle von Eheverträgen sind daher schenkungsteuerpflichtig, vgl. Rdn. 4891).

77 Bei fortbestehender Gütertrennung besteht jedoch im Sterbefall nicht der dem gesetzlichen Güterstand[178] vorbehaltene Steuerfreibetrag gem. § 5 Abs. 1 ErbStG i.H.d. fiktiven, inflationsbereinigten[179] und auf Steuerwerte umgerechneten[180] Zugewinnausgleichs; auch entfällt die pauschale erbrechtliche Quotenerhöhung.[181] Die anschließende sofortige Neubegründung des gesetzlichen Güterstandes (»**Güterstandsschaukel**« oder auch »Gütertrennung für einen Abend«) gefährdet die Schenkungsteuerfreiheit (vgl. aber zu Bedenken hinsichtlich der zivilrechtlichen Schenkungsver-

---

175 Daher sollte die Modifizierung des gesetzlichen Güterstands durch Ausschluss oder betragsmäßige Begrenzung des Zugewinnausgleichs ausdrücklich nur den Fall der Scheidung oder der Eheaufhebung, nicht den Fall eines Güterstandswechsels erfassen, vgl. mit Formulierungsvorschlägen, *Jülicher*, ZEV 2006, 338 ff.
176 Also anders als bei der erbrechtlichen Freistellung gem. § 5 Abs. 1 Satz 5 ErbStG, s. Rdn. 4890.
177 Um eine steuerschädliche »Kettenschenkung« zu vermeiden, ist die steuerfreie Zugewinnforderung ohne Auflage zur Weiterschenkung zu erfüllen; das Geleistete muss dem Ehegatten zunächst zur freien Verfügung stehen.
178 Möglicherweise wegen der europarechtlich verbürgten Personenverkehrsfreiheit (Art. 18, 39 ff., 43 ff. EG-Vertrag a.F., nun Art. 20, 33 AEUV) auch im Fall eines der deutschen Zugewinngemeinschaft vergleichbaren ausländischen Güterstandes hinsichtlich der in Deutschland zu entrichtenden Erbschaftsteuer, vgl. *Jeremias*, ZEV 2005, 414.
179 BMF-Schreiben v. 22.10.2003, DB 2003, 2626 (Änderung der Verwaltungspraxis ab dem Jahr 1998, vgl. R 11 Abs. 3 Satz 2 ErbStR 1998. Dies begegnet gemäß FG Düsseldorf, ErbStB 2005, 307 keinen Bedenken, obwohl nicht recht einzusehen ist, weshalb der Kaufkraftschwund bei der Höhe des Anfangsvermögens, nicht jedoch bei während der Ehe erworbenem Vermögen berücksichtigt wird). Zur neuen Praxis vgl. H 11 Abs. 3 ErbStR 2003 und BMF-Schreiben v. 30.03.2005, ZEV 2005, 203. Jahreswertindizes ab 1958 in ZEV 2005, 525.
180 Diese Umrechnung von Verkehrs- auf Steuer(Bedarfs-)werte erfasst jedoch nach BFH, 29.06.2005 – II R 7/01, ZEV 2005, 488, m. Anm. *Gebel* entgegen R 11 Abs. 5 ErbStR 2003 nur solche Positionen des gesetzlichen (fiktiven) Zugewinnausgleichsanspruchs, die auch tatsächlich in den Nachlass fallen, nicht also z.B. die Hinzurechnungen von getätigten Schenkungen zum Endvermögen gem. § 1375 Abs. 2 Nr. 1 BGB, vgl. *Schlünder/Geißler*, FamRZ 2006, 1658.
181 Vgl. *Wetzel*, BWNotZ 2001, 10 ff.

meidung Rdn. 86 ff.) der Zugewinnausgleichsforderung nicht (da es für § 5 Abs. 2 ErbStG lediglich auf das gesetzeskonforme Entstehen des Ausgleichsanspruchs ankommt).[182] Der Güterstandswechsel (mit zeitnaher Rückkehr zum gesetzlichen Güterstand zur Ermöglichung des Anwachsens neuen Verrechnungspotenzials und zur Vermeidung der sonst verbleibenden Erb-/Pflichtteilsquotenverschlechterung des Ehegatten) erlaubt also zwischen Ehegatten die Aufstockung des »Basisfreibetrags« von 500.000,00 € (vor der Reform 307.000,00 €) bzw. schaffte vor der Erbschaftsteuerreform innerhalb einer eingetragenen Lebenspartnerschaft überhaupt erstmals[183] »Übertragungsfreibeträge«.[184]

78 Wird eine bereits als Folge eines wirksamen Ehevertrages bestehende Gütertrennung durch Begründung des gesetzlichen Güterstandes mit Rückwirkung auf den Zeitpunkt der Eheschließung beendet, ist diese Rückwirkung (anders als beim erbrechtlichen Ausgleich i.S.d. § 5 Abs. 1 ErbStG) i.S.d. § 5 Abs. 2 ErbStG anzuerkennen, so dass das gesamte Zugewinnausgleichspotenzial als »entgelttaugliche Verfügungsmasse« zu werten ist (vgl. Rdn. 4896). Wurde jedoch der Zugewinn der Vergangenheit bereits (anlässlich des Wechsels in die Gütertrennung) insoweit »genutzt«, steht er aber nicht erneut zur Verfügung. Gänzlich unproblematisch ist die Rechtslage, wenn sich der anfängliche Gütertrennungsvertrag als nichtig, da der richterlichen Wirksamkeitskontrolle (Rdn. 1009) nicht standhaltend, erweisen sollte, so dass von Anfang an Zugewinngemeinschaft bestand.[185]

79 Über § 29 Abs. 1 Nr. 3 ErbStG (nachträgliche Anrechnung früherer Schenkungen auf entstandene Zugewinnausgleichsforderungen, auch über § 1380 BGB hinaus [Rdn. 4987 ff.]) lässt sich das »Entgeltpotenzial« von Zugewinnausgleichsverbindlichkeiten auch für bereits in der Vergangenheit erfolgte und versteuerte Schenkungen unter Ehegatten nutzen[186] (vgl. Rdn. 4902 ff., zur Vermeidung eines Veräußerungsvorgangs im ertragsteuerlichen Sinn vgl. Rdn. 95).

bb) Zivilrecht

80 Erfolgt eine Übertragung in Anrechnung auf die familienrechtlich nach den jeweils geltenden Vorschriften ermittelte Ausgleichsforderung an Erfüllungs statt bzw. als Gegenleistung für den Verzicht auf deren Geltendmachung, wird hierdurch auch zivilrechtlich eine **Veräußerung durch entgeltlichen Erwerb** ausgelöst, so als ob die Zugewinndifferenz-Hälfte in Geld ausgeglichen worden wäre und dieses zum Erwerb des Gegenstandes (etwa Grundstücks) eingesetzt worden wäre. Die Literatur warnt davor, zusätzliche Vereinbarungen zu treffen, die für einen entgeltlichen Leistungsaustausch untypisch sind (etwa einen Rückforderungsvorbehalt);[187] tatsächlich kann es sich dabei aber durchaus um eine »weitere Gegenleistung« (Rdn. 56) neben der Zugewinnerfüllung handeln. Zugewinnausgleichsschulden gewährleisten auch die »Entgeltlichkeit«, soweit pri-

---

182 BFH, 12.07.2005 – II R 29/02, ZEV 2005, 490, m. Anm. *Münch*: Die sofortige Neuvereinbarung des gesetzlichen Güterstandes auch im selben Ehevertrag sei regelmäßig nicht rechtsmissbräuchlich; ebenso bereits FG Köln, ErbStB 2003, 5 = RNotZ 2003, 65: Kein Gestaltungsmissbrauch (§ 42 AO) oder Scheingeschäft (§ 41 Abs. 2 AO) bei »alsbaldiger« Neubegründung des gesetzlichen Güterstandes. Dem ist insoweit zuzustimmen als es keinen Unterschied machen kann, ob der Zugewinn insgesamt am Ende der Ehe (bei Scheidung oder Tod) steuerfrei gestellt wird oder in sich addierenden Teilen bei zwischenzeitlichen Güterstandswechseln – abgesehen von Zinsvorteilen und der abweichenden steuerlichen Berechnung der Zugewinnausgleichsforderung in § 5 Abs. 1 ErbStG, vgl. *Münch*, Ehebezogene Rechtsgeschäfte, Rn. 253 ff.
183 Die frühere Einordnung Verpartnerter in Steuerklasse III ist verfassungsgemäß, BFH, 20.06.2007 – II R 56/05, ErbStB 2007, 292.
184 Vgl. zur Rechtslage vor der Erbschaftsteuerreform den Erlass des BayStMinFin v. 15.07.2005, ZEV 2005, 477, Nr. 2.3.a). Im Todesfall bestand mangels Geltung des § 5 ErbStG a.F. für Lebenspartnerschaften keine Freistellung i.H.e. fiktiven Ausgleichsforderung.
185 Vgl. *Kesseler*, ZEV 2008, 27 (»nichtige Eheverträge – ein steuerlicher Segen«).
186 Vgl. *Müller*, ErbStB 2007, 15.
187 Vgl. *Geck* ZEV 2006, 62, 65.

vatrechtliche Vereinbarungen auf diesen Begriff abstellen (etwa im Rahmen einer Nachbesserungsklausel über die nachträgliche teilweise Ablieferung unentgeltlicher Erwerbe).[188]

81 Damit liegt auch **anfechtungsrechtlich** keine unentgeltliche Zuwendung i.S.d. § 4 AnfG vor. Der »statusverändernde« Wechsel des Güterstandes als solcher ist nicht anfechtbar,[189] allerdings der »Ausführungsvertrag« zur Erfüllung des entstandenen Anspruchs in Geld- oder Sachwerten. Die Zugewinnausgleichsverrechnung ist entgeltlich zwischen nahestehenden Personen i.S.d. § 3 Abs. 2 AnfG/§ 133 Abs. 2 InsO vorgenommen, der nicht nur schuldrechtliche, sondern auch güterrechtliche Verträge erfasst.[190] Er führt auch – entgegen großzügigerer Ansichten in der Literatur[191] – zu einer ursächlichen Verkürzung des Gläubigerzugriffs i.S.d. § 1 Abs. 1 AnfG (»unmittelbare Gläubigerbenachteiligung«): zwar fließt der Masse eine vollwertige Gegenleistung in Gestalt der Befreiung von einer gesetzlichen Verbindlichkeit zu, andererseits wäre diese gesetzliche Verpflichtung ohne den Ehevertrag in die »Bilanz« gar nicht einzubeziehen gewesen.[192] Damit wird bei Vorgängen binnen 2 Jahren vor dem Eröffnungsantrag (§ 133 Abs. 2 Satz 2 InsO, Rdn. 223) – widerleglich – vermutet, dass Benachteiligungsvorsatz beim Schuldner als auch Kenntnis davon beim Anfechtungsgegner vorlagen. Der Umstand allein, dass die Entscheidung zur Geltendmachung des Zugewinnausgleichs zu einem bestimmten Zeitpunkt getroffen wird, ist seinerseits nicht rechtsmissbräuchlich.[193] Nach dem Ehevertrag hinzutretende Gläubiger sind allerdings nicht anfechtungsberechtigt, da sie keinen Anspruch auf Fortdauer eines bestimmten Güterstandes haben.[194]

82 Die unmittelbare Absichtsanfechtung nach § 3 Abs. 1 AnfG/§ 133 Abs. 1 InsO außerhalb des Zwei-Jahres-Zeitraums wird demnach, da keine Beweislastumkehr greift, am Nachweis der objektiven Gläubigerbenachteiligung scheitern, jedenfalls sofern keine ehefremden Zwecke verfolgt werden[195] (problematisch daher das »Sofort-Schaukelmodell«, vgl. Rdn. 86, möglicherweise auch die rückwirkende Neubegründung des gesetzlichen Güterstandes, Rdn. 136, 4880[196]).

▶ Hinweis:

83 Im Zeitpunkt des Ehevertragsschlusses **bereits bekannte Gläubigerforderungen** (ebenso latente Ertragsteuern[197]) mindern bereits die Höhe des schenkungsfreien Zugewinnausgleichsanspruchs, so dass die ehevertraglich geschaffene Entgeltlichkeit »asset protection« in erster Linie im Hinblick auf erst künftig entstehende Verpflichtungen leisten kann.[198]

84 Voraussetzung der Entgeltlichkeit ist allerdings, dass gem. § 1378 Abs. 3 BGB tatsächlich eine Zugewinnausgleichsforderung entstanden ist, d.h. der gesetzliche **Güterstand beendet** wird (also nicht bspw. bei bloßer Vereinbarung einer Modifizierung der Zugewinngemeinschaft etwa durch

---

188 Bsp: BGH, 21.10.2014 – XI ZR 210/13, DNotZ 2015, 56.
189 *von Oertzen/Ponath*, Asset Protection im deutschen Recht, 2. Aufl. 2013, S. 31.
190 MünchKomm-InsO/*Kirchhof*, § 133 Rn. 40.
191 V.a. *Klühs*, NZI 2010, 921, 923.
192 BGH, 01.07.2010 – IX ZR 58/09, FamRZ 2010, 1548 Rn. 9, m. Anm. *Bergschneider* = MittBayNot 2010, 493, m. Anm. *Lotter*; ausführlich *Hosser*, ZEV 2011, 174 ff. und *von Oertzen/Ponath*, Asset Protection im deutschen Recht, 2. Aufl. 2013 S. 24 ff.; ablehnend *Klühs*, NZI 2010, 521.
193 Ähnlich im Steuerrecht zu § 42 AO: BFH, 12.07.2005 – II R 29/02, ZEV 2005, 490.
194 BGH, 20.10.1971 – VIII ZR 212/69, WM 1971, 1435–1437, vgl. *Hosser*, ZEV 2011, 174, 176.
195 In Übertragung der Rspr. des BGH zum Schenkungscharakter bzw. der Anfechtbarkeit des Güterstandswechsels in die Gütergemeinschaft, BGH, 27.11.1991 – IV ZR 266/90, BGHZ 116, 178; *Ponath*, ZEV 2006, 49 ff. Noch großzügiger *Klühs*, NotBZ 2010, 287 ff.: anfechtbar sind nur Ausgleichszahlungen für den Verzicht auf möglichen künftigen Zugewinnausgleich bzw. möglichen künftigen nachehelichen Unterhalt.
196 Diese Vermutung äußert *von Oertzen/Ponath*. Asset Protection im deutschen Recht, 2. Aufl. 2013, S. 37.
197 Rechtsprechungsübersicht bei *Bruschke*, ErbStB 2016, 80 ff.
198 Vgl. *Scherer/Kirchhain*, ZErb 2006, 106.

Ausschluss des Ausgleichs im – noch nicht gegebenen – Scheidungsfall[199] oder aber beim »fliegenden Zugewinnausgleich« i.S.e. im Gesetz außerhalb von §§ 1385, 1386 BGB [vorzeitiger Zugewinnausgleich] nicht vorgesehenen »Zwischenabrechnung«,[200] bei welchem sich die Beteiligten lediglich schuldrechtlich so zu stellen haben, als ob der gesetzliche Güterstand beendet worden wäre).[201] Andernfalls liegt lediglich eine **Erwerbsaussicht** vor, der kein Vermögenswert beigemessen werden kann, die demnach auch nicht als tauglicher Erwerbs- oder Zuwendungsgegenstand in Betracht kommt, so dass weder eine entreichernde Vermögenshingabe vorliegen kann noch eine Anerkennung als Gegenleistung in Betracht kommt.[202] Regelmäßig gewählt wird bisher die Gütertrennung, wobei seit 01.05.2013 auch der Güterstand der Wahlzugewinngemeinschaft (§ 1519 BGB, vgl. Rdn. 3588 ff.) in Erwägung zu ziehen ist, der dem Grunde nach auch während der »Ausweichphase« (oder als dauernd verbleibender »Zielgüterstand«) weiteren steuerfreien Zugewinnausgleich erlaubt.

Auch im Scheidungskontext empfiehlt sich die Vereinbarung der Gütertrennung anstelle des (sonst gewollten) Verzichts auf entstandene Zugewinnausgleichsansprüche gem. § 1378 Abs. 3 Satz 2 BGB,[203] da Letztere nur für den konkreten Scheidungsfall, nicht für die weitere Ehedauer im Fall einer Versöhnung gilt.[204] Anders als unter Geltung der KostO werden die Notargebühren seit In-Kraft-Treten des GNotKG dadurch nicht mehr erhöht.[205] Der zivilrechtlich wirksame Zugewinnausgleichserwerb ist auch während der Wohlverhaltensphase (§§ 287 ff. InsO) geschützt.[206]

85

---

199 Beispiel: BGH, 08.12.2011 – IX ZR 33/11, ZNotP 2012, 106 [Anfechtung einer Übertragung aus Anlass einer solchen Modifizierung des gesetzlichen Güterstands als unentgeltliche Zuwendung unter Ehegatten].
200 Die Zugewinnausgleichsreform hat allerdings die Anforderungen an den vorzeitigen Zugewinnausgleich, auch im vorläufigen Rechtsschutzverfahren, erleichtert.
201 Zum »fliegenden Ausgleich« a.A. *Hüttemann*, DB 1999, 248 ff. unter Berufung auf die Materialien; DNotI-Gutachten Nr. 1254, Stand 27.02.2002, wie hier – steuerrechtlich – BFH, 24.08.2005 – II R 28/02, ZEV 2006, 41, m. Anm. *Münch*; FG Köln, DStRE 2002, 1248; s.a. Rdn. 4898. Das Verpflichtungs- und Verfügungsverbot des § 1378 Abs. 3 Satz 3 BGB (hierzu BGH, 21.04.2004 – XII ZR 170/01, FamRZ 2004, 1353) würde durch die Beurkundung (Abs. 3 Satz 2) bereits vor Rechtshängigkeit eines Scheidungsverfahrens überwunden, da § 1378 Abs. 3 Satz 2 auch für Beurkundungen außerhalb eines Scheidungsverfahrens gilt: *Gutachten*, DNotI-Report 2017, 113 ff.; BGH, 16.12.1982 – IX ZR 90/81, BGHZ 86, 143, 149 f.; OLG Düsseldorf, 09.09.2004 – 9 UF 119/03, FamRZ 2005, 273, 274 [dann kann auch bereits in der güterstandsbeendenden Urkunde, nicht erst nach deren Unterzeichnung, die Forderung nicht nur anerkannt und bestätigt sondern auch darüber verfügt werden, vgl. Nr. 2c, erster Absatz der Entscheidungsgründe im Urteil BGH, 21.04.2004 – XII ZR 170/01, FamRZ 2004, 1353]. *Bärenz*, Der zwischenzeitliche Zugewinnausgleich, plädiert allerdings dafür, die Umsetzung einer ehevertraglichen Modifizierung des § 1363 Abs. 2 Satz 2 BGB als auch im Verhältnis zu Dritten entgeltliches Geschäft anzusehen.
202 Vgl. BGH, 28.02.1991 – IX ZR 74/90, BGHZ 113, 393; ebenso für das Schenkungsteuerrecht: BFH, 20.10.1999 – X R 132/95, BStBl. 2000 II, S. 82; Gutachten, DNotI-Report 2005, 40.
203 Vgl. *Gutachten*, DNotI-Report 2017, 113 ff.: erforderlich ist jedenfalls eine konkret beabsichtigte Scheidung.
204 Vor der Zugewinnausgleichsreform sprach hierfür auch, dass die Vermögenswertgrenze des § 1378 Abs. 2 BGB an den Zeitpunkt der Beendigung des Güterstands, nicht die Rechtshängigkeit des Scheidungsantrags anknüpfte.
205 In beiden Fällen (Gütertrennung wie auch Modifikation des gesetzlichen Güterstands durch vollständigen Ausschluss des Zugewinnausgleichs im Scheidungsfall) gilt § 100 Abs. 1 GNotKG: zugrundezulegen ist das beiderseitige Aktivvermögen, wobei Schulden nur maximal zur Hälfte abzuziehen sind (nur bei güterrechtlichen Regelungen zu einzelnen Gegenständen ist lediglich dieser maßgebend, § 100 Abs. 2 GNotKG, bei Regelungen über möglichen künftigen Erwerb sind 30 % dessen Wertes anzusetzen).
206 § 295 Abs. 1 Nr. 2 InsO erfasst nur den erbrechtlichen Erwerb, nicht den Zugewinnausgleich, auch nicht den familienrechtlichen Zugewinnausgleich im Todesfall, vgl. Gutachten, DNotI-Report 2011, 52.

86 Wird unmittelbar nach[207] dem Wechsel des Güterstandes (»**Schaukelmodell**«) der gesetzliche Güterstand neu begründet (»Gütertrennung für eine logische Sekunde«), ist allerdings – anders als im Schenkungsteuerrecht (Rdn. 77) – zivilrechtlich außerordentlich fraglich, ob dennoch (auch mit Wirkung ggü. Dritten, etwa i.R.d. § 2325 BGB) eine Schenkung ausgeschlossen bliebe.[208] Durch die Wiederherstellung der Zugewinngemeinschaft wird die Pflichtteilsreduzierung der Abkömmlinge (wegen des pauschalierenden Charakters des § 1931 Abs. 3 BGB unabhängig vom tatsächlichen Entstehen eines weiteren Zugewinns) besonders deutlich. Vielmehr liegt nahe, dass der BGH in der Gesamttransaktion wegen Verfolgens »ehewidriger Zwecke« (ähnlich wie bei Missbrauchsfällen der Gütergemeinschaft, vgl. Rdn. 124 und die dort referierte Rechtsprechung) eine Schenkung i.S.d. § 2325 BGB sieht.[209] Auch die gesetzliche Wertung des § 1378 Abs. 2 BGB (vgl. Rdn. 3211) weist in diese Richtung: Durch den Zugewinnausgleich darf keine Überschuldung eintreten, die Interessen anderer Gläubiger sollen also ggü. Zugewinnausgleichsvereinbarungen geschützt werden. Aus Sicherheitsgründen empfehlenswert ist es also, die Rückkehr in den Ursprungsgüterstand ausreichend lange nach dessen Verlassen vorzunehmen,[210] und ohne Verpflichtung hierzu bereits im Ehevertrag zum ersten Teil der »Schaukel«.[211]

87 Ist die Rückkehr zum gesetzlichen Güterstand allerdings für zumindest einen Ehegatten so entscheidend, dass die Bereitschaft zur Gütertrennung damit »steht und fällt«, muss zumindest die Verpflichtung zum Abschluss des zweiten Ehevertrages gem. § 1410 BGB in der ersten Urkunde mit aufgenommen werden.[212] Noch weitergehend ist zu erwägen, beide Eheverträge (den Wechsel aus dem gesetzlichen Güterstand und sodann den Wiedereintritt in diesen) in einer Urkunde zusammenzufassen, Letzteres erst für einen künftigen Zeitpunkt.[213] Es ist allerdings nicht höchstrichterlich geklärt (wenngleich unter dem Gesichtspunkt der Ehevertragsfreiheit wahrscheinlich), dass ein Güterstandswechsel aufschiebend bedingt auf das Erleben eines künftigen Zeitpunktes vereinbart werden kann. Schenkungsteuerrechtlich bestehen insoweit keine Bedenken, zivilrechtlich ist allerdings fraglich, ob eine Schenkung dadurch vermieden werden kann (Rdn. 86).

Kostenrechtlich hätte dieses »Ein-Urkunds-Modell« immerhin den Vorteil, dass der Wert des kombinierten Reinvermögens beider Ehegatten i.S.d. § 100 Abs. 1 GNotKG ungeachtet des Umstandes, dass mehrere Güterstandsänderungen vereinbart sind, nur einmal anzusetzen ist.[214]

---

207 Zum sog. »Ein-Urkunds-Modell« vgl. Rdn. 87.
208 *Klingelhöffer*, Pflichtteilsrecht, Rn. 343; *Mayer*, in: Mayer/Süß/Tanck/Bittler/Wälzholz, Handbuch Pflichtteilsrecht, § 11 Rn. 117 ff.; auch *Münch*, ZEV 2005, 491 rät dazu, die Gütertrennung für einen kurzen Zeitraum eintreten zu lassen, ebenso *von Oertzen/Cornelius*, ErbStB 2005, 350; vgl. auch RG, 22.11.1915 – IV 176/15, RGZ 87, 301. Gegen die Anwendung von § 2325 BGB auf »unmittelbare Schaukelmodelle« jedoch *Forster*, FS für Jan Schapp (2010), S. 143 ff.; in der Tendenz auch *Schindler*, ZErb 2012, 149, 153.
209 Ebenso *Wall*, ZEV 2007, 251 f. Gegen diese Sichtweise *Forster*, FS für Jan Schapp (2010), S. 143 ff.; abwägend *G. Müller*, in: Schlitt/Müller, Handbuch Pflichtteilsrecht, § 11 Rn. 97; ähnlich *Apelt*, Güterstandswechsel: Schenkung im Sinne des Pflichtteilsergänzungsrechts? (2011), wonach ein Missbrauch der Ehevertragsfreiheit – etwa bei erneuter Wiederbegründung des gesetzlichen Güterstands kurz nach der Beendigung – zur analogen Anwendbarkeit der §§ 2325 ff. BGB führen müsse.
210 *Ponath*, ZEV 2006, 53, sieht 2 Jahre Zwischenzeit als notwendig an, was übertrieben vorsichtig erscheint (hiesige Empfehlung: 6 Monate, orientiert an der naturrechtlichen Sicht der Vegetationsperioden). Für unbedenklich im Hinblick auf das Risiko der Gläubigeranfechtung hält dagegen *Klühs*, NotBZ 2010, 292 die sofortige Rückkehr.
211 Eine solche Pflicht ware gem. § 1410 BGB beurkundungspflichtig, vgl. *Mayer*, in: Mayer/Süß/Tanck/Bittler/Wälzholz, Pflichtteilsrecht, 2. Aufl. 2010, § 11 Rn. 117.
212 Vgl. *Kornexl*, Nachlassplanung bei Problemkindern, Rn. 704.
213 So etwa Münchener Vertragshandbuch, Band 6, Muster IX.5 (Güterstandsschaukel) Rn. 5–6.
214 Vgl. *Notarkasse*, Streifzug durch das GNotKG, 12. Aufl. 2017 Rn. 578, a.A. *Münch*, Ehebezogene Rechtsgeschäfte, Rn. 1102 mit Hinweis auf § 111 Nr. 2 GNotKG.

C. Der Schenkungsbegriff des BGB   **Kapitel 1**

▶ Hinweis:

Die Beendigung des gesetzlichen Güterstandes durch Ehevertrag und die Übertragung eines **88**
Gegenstands zur Erfüllung des Ausgleichsanspruchs erfolgt zweckmäßigerweise in einer Urkunde. Unter Geltung der KostO war der Ehevertrag und die Regelung zur Abgeltung dadurch entstandener Zugewinnausgleichsansprüche gegenstandsgleich (§ 44 Abs. 1 KostO); dies ist unter Geltung des GNotKG wegen § 111 Nr. 2 GNotKG nicht mehr der Fall. Allerdings werden die Geschäftswerte für den Ehevertrag (§ 100 Abs. 1 GNotKG, modifiziertes Reinvermögen = Summe der Werte des gegenwärtigen Vermögens beider Ehegatten, wobei Verbindlichkeiten nur bis zur Hälfte des Vermögens abgezogen werden können) und der Verkehrswert für das zur Erfüllung des Zugewinnausgleichsanspruchs übertragene Vermögen, § 97 Abs. 1 GNotKG) addiert, so dass sich ein Degressionsvorteil ergibt. Zu bedenken ist freilich, dass etwaige Vollzugsgebühren (vgl. Rdn. 4294 ff.) sich gem. § 112 GNotKG aus dem gesamten, addierten Geschäftswert berechnen.

▶ Hinweis:

Muster für »Güterstandsschaukeln«, sowohl in »klassischer Richtung« (also aus dem gesetzlichen Güterstand in die Gütertrennung mit Ausgleich des Zugewinns durch Immobilienübertragung an Erfüllungs Statt: Rdn. 6761, und zurück in den gesetzlichen Güterstand: Rdn. 6762, ebenso als »Ein-Urkunds-Modell«: Rdn. 6763) als auch in »umgekehrter Richtung« (also aus der Gütertrennung rückwirkend in den gesetzlichen Güterstand: Rdn. 6764, und zurück in die Gütertrennung mit Vortrag des Zugewinnausgleichs auf künftige Rechnung: Rdn. 6765, ebenso als »Ein-Urkunds-Modell«: Rdn. 6766) finden sich in Kapitel 15.

cc) Ertragsteuerrecht

Dieselbe Wertung vollzieht auch das Ertragsteuerrecht nach[215] (vgl. auch Rdn. 6238, 6308): Eine **89**
Übertragung, die in zeitnaher[216] Abgeltung eines tatsächlich entstandenen Zugewinnausgleichsanspruchs, an Erfüllung statt oder als Gegenleistung für den Verzicht auf dessen Geltendmachung stattfindet, vollzieht sich auch im ertragsteuerlichen Sinn als Anschaffungs- bzw. Veräußerungsvorgang (vgl. Verfügung der OFD Frankfurt am Main[217] und der OFD München).[218] (Anderes gilt nur, wenn das FamG auf Antrag gem. § 1383 BGB anstelle des Geldanspruchs bestimmte Gegenstände im Eigentum zuweist, also eine »Zwangsveräußerung« vorliegt;[219] dagegen haben es die Beteiligten nicht in der Hand, durch vorangehenden Ehevertrag den Zugewinnausgleichsanspruch auch mit ertragsteuerlicher Wirkung auf einen bestimmten Gegenstand zu konkretisieren[220]). **Konsequenzen** dieser ertragsteuerlichen Entgeltlichkeit sind:
(1) Bei **Privatvermögen** löst dies Besteuerungsfolgen aus, wenn der betreffende Gegenstand »steu- **90**
erverstrickt« ist, also i.R.d. § 17 EStG, des § 21 UmwStG oder wenn die »Spekulationsfrist« des § 23 EStG – bei nicht eigengenutzten Grundstücken 10 Jahre – noch nicht abgelaufen ist (vgl. Rdn. 6308 ff.).

---

215 Vgl. *Kensbock/Menhorn*, DStR 2006, 1073; *Sagmeister*, DStR 2011, 1589 ff.
216 Wird der Anspruch zinsfrei gestundet, liegt eine »Zinsschenkung« i.H.v. 5,5 % (§ 15 Abs. 1 BewG) vor, *Gumpp*, DStZ 1995, 329, anders bei Vereinbarung eines auch niedrigeren marktüblichen Zinses: FinMin Baden-Württemberg, DStR 2000, 204. Übersteigt die Stundung ein Jahr, erfolgt Aufspaltung in einen gem. § 20 Abs. 1 Nr. 7 EStG steuerpflichtigen Zinsanteil (von wiederum 5,5 %) – BFH, 26.06.1996 – VIII R 67/95, DStRE 1997, 65 – und einen Kapitalanteil. Um ein »Übermaß« an nicht erfüllbarem Zugewinnausgleichsanspruch zu vermeiden, müsste daher dessen Höhe zuvor und unabhängig davon ehevertraglich »gekappt« werden mit der Folge, dass sodann bei tatsächlichem Güterstandswechsel der Ausgleichsanspruch nur insoweit entsteht.
217 OFD Frankfurt a.M., 05.02.2001 – S 2256 A-16 – St II 27, RNotZ 2001, 414 m. Anm. S. 380 ff.
218 OFD München, 26.06.2001 – S 2256–17 St 41, DStR 2001, 1298.
219 *Kusterer*, EStB 2007, 344; a.A. *Fichtelmann*, EStB 2006, 255.
220 A.A. *Stein*, DStR 2012, 1063 ff.

▶ **Beispiel:**

Ein vermietetes[221] Objekt wird im Rahmen einer Scheidungsvereinbarung an einen Ehegatten zur Abgeltung von Zugewinnausgleichsansprüchen oder Unterhaltsansprüchen an Erfüllungs statt übertragen.

(2) Die vom Großen Senat des BFH aufgestellten Grundsätze zur Möglichkeit **gewinnneutraler Realteilung bei Erbauseinandersetzung** eines sog. Mischnachlasses (Rdn. 5920 ff.) gelten bei Auseinandersetzungen aus Anlass der Beendigung einer ehelichen Zugewinngemeinschaft unter Lebenden nicht.[222] Die auch ertragsteuerliche »Entgeltlichkeit« wird dabei nicht nur für den Veräußerungsvorgang (»Besteuerung privater Veräußerungsgewinne« [§ 23 EStG] geschaffen; auch die Nutzungsüberlassung »zur Abgeltung von Zugewinnausgleichsansprüchen« stellt eine entgeltliche Vermietung dar und generiert (i.H.d. steten Verminderung der Zugewinnausgleichsschuld) Einkünfte aus Vermietung und Verpachtung, § 21 EStG[223] (zu unterscheiden ist hiervon: Die Überlassung einer Wohnung als vereinbarte Unterhaltsleistung führt nicht zu steuerpflichtigen Einnahmen, da sie selbst als solche geschuldet ist, also nicht zur Begleichung einer anderen Geldforderung dient).[224]

▶ **Hinweis:**

Sofern der Verkehrswert steuerverstrickter Objekte unter den maßgeblichen Anschaffungswert (ggf. abzgl. bisheriger AfA) gesunken ist, lässt sich das Vorliegen einer ertragsteuerlich relevanten Veräußerung i.H.d. Verkehrswerts = Anrechnungswerts auf den Zugewinnausgleich andererseits auch zur gezielten ertragsteuerlichen Aufdeckung solcher Verluste nutzen (etwa bei Immobilien in den neuen Bundesländern).

(3) Wird **Betriebsvermögen** zur Abgeltung (bzw. an Erfüllung statt oder als Gegenleistung für den Verzicht auf die Geltendmachung) eines tatsächlich entstandenen Zugewinnausgleichsanspruchs übertragen, handelt es sich hinsichtlich der Differenz zwischen dem Buchwert und dem tatsächlichen höheren Anspruch um einen laufenden betrieblichen Gewinn, der nicht nach § 16 Abs. 4 i.V.m. § 34 EStG begünstigt ist (allenfalls kann der aufgedeckte Gewinn beim Übertragenden nach § 6b EStG durch Ersatzinvestitionen neutralisiert werden). Unproblematisch ist lediglich die Übertragung von Mitunternehmeranteilen im Ganzen oder in Teilen sowie von Betrieben oder Teilbetrieben, wenn der Buchwert des übertragenen Vermögens höher ist als der Zugewinnausgleichsanspruch, so dass nach § 6 Abs. 3 EStG zwingend die Buchwerte ohne Gewinnrealisierung fortgeführt werden.

(4) Schließlich kann die **Übertragung eines Grundstücks** i.R.d. Zugewinnausgleichs auch als **Zählobjekt** i.S.d. Grundsätze über den gewerblichen Grundstückshandel[225] gewertet werden.[226]

---

221 War die Immobilie bisher zu eigenen Wohnzwecken genutzt und zieht einer der Ehepartner anlässlich der Trennung aus, hindert dies die Privilegierung aus § 23 Abs. 1 Nr. 1 Satz 3 EStG ebenso wenig, wie ein vollständiger Leerstand vor einer anschließenden Veräußerung schaden würde, OFD München, 26.06.2001 – S 2256–17 St 41, DStR 2001, 1298, Tz. 2.1.2.1; *Hermanns*, DStR 2002, 1067.
222 BFH, 21.03.2002 – IV R 1/01, DStR 2002, 1209.
223 BFH, 08.03.2006 – IX R 34/04, EStB 2006, 175; anders noch die Vorinstanz FG München, 30.01.2004 – 8 K 4747/00, DStRE 2005, 15.
224 Auch hier sei wieder auf BFH, 08.03.2006 verwiesen – IX R 34/04, EStB 2006, 244.
225 Vgl. *Krauß*, Immobilienkaufverträge in der Praxis, 8. Aufl. Rn. 4851 ff.
226 BFH, 04.10.2001 – X B 157/00, BFH/NV 2002, 330; allerdings nicht im Fall des seit mehr als 5 Jahren selbst genutzten Objekts, Tz. 10 des BMF-Schreibens v. 26.03.2004, BStBl. 2004 I, S. 436; differenzierter *Obermaier*, NWB 2007, 695 = Fach 3, S. 14387.

C. Der Schenkungsbegriff des BGB

Die Übertragung mit bloßer **Anrechnungsbestimmung nach § 1380 BGB** wird vereinzelt[227] ebenfalls als zivilrechtlich entgeltliche gewertet; richtigerweise entscheidet die Anrechnungsbestimmung nur über die Abgrenzung zwischen »freier« (ohne § 1380 BGB) und »ehebedingter« Zuwendung (unter Geltung des § 1380 BGB). Daher ist möglicherweise das Modell »Erst schenken, dann beendigen«[228] zur Vermeidung einer Veräußerungsbesteuerung tragfähig: Steuerverstrickte Wirtschaftsgüter werden zunächst schenkungsweise, jedoch unter ausdrücklicher Anrechnungsbestimmung gem. § 1380 Abs. 1 Satz 1 BGB übertragen. Sofern nach ausreichender Schamfrist (zur Vermeidung der Annahme eines Gesamtplanes)[229] der Güterstand tatsächlich beendet wird und damit die Anrechnung zum Tragen kommt, erlischt die bereits entstandene Schenkungsteuer gem. § 29 Abs. 1 Satz 3 ErbStG, soweit in den Fällen des § 5 Abs. 2 ErbStG unentgeltliche Zuwendungen auf die Ausgleichsforderung tatsächlich anzurechnen sind (vgl. Rdn. 4987 ff.). — 94

Dadurch werde jedoch **nicht rückwirkend** die Schenkung (ertragsteuerliche Buchwertfortführung) zu einem **ertragsteuerlichen Veräußerungsvorgang** umqualifiziert.[230] Nach anderer Auffassung, der sich die Finanzverwaltung allerdings anschließen könnte,[231] liegt in der späteren Anrechnung auf den Zugewinnausgleich der Eintritt einer auflösenden Bedingung des ertragsteuerlich unentgeltlichen Charakters. Dann allerdings kann durch dieses Modell wenigstens der Zeitpunkt des Veräußerungsvorgangs gesteuert werden. — 95

c) Unterhaltsanspruch

Ähnlich wie beim Pflichtteilsanspruch (Rdn. 61) wird insoweit zu differenzieren sein zwischen einer Übertragung »als Gegenleistung« für den Verzicht auf einen möglichen künftigen (nachehelichen) Unterhaltsanspruch einerseits und der Übertragung an Erfüllung statt bzw. zur kapitalisierten Abgeltung eines entstandenen Anspruchs andererseits. Die bloße Eventualität eines künftig entstehenden Anspruchs, im erstgenannten Sachverhalt, ist kein entgelttaugliches Element. Dementsprechend hat der BFH[232] eine als »Abgeltung« für den Verzicht auf mögliche künftige nacheheliche Unterhaltsansprüche eheverträglich vereinbarte Zahlung jedenfalls schenkungsteuerlich als freigebige Zuwendung i.S.d. § 7 Abs. 1 Nr. 1 ErbStG angesehen.[233] Zum einen entsteht der Unterhaltsanspruch lediglich aufschiebend bedingt (durch Scheidung),[234] zum anderen ist ungewiss, ob und in welcher Höhe dann ein Unterhaltstatbestand vorliegt, vgl. Rdn. 4432).[235] Auch zivilrechtlich handelt es sich in diesen Fällen um eine Schenkung. — 96

Anders dürfte es sich jedoch verhalten, wenn ein auf Zahlung gerichteter[236] Unterhaltsanspruch kraft Gesetzes entstanden und in einer dem voraussichtlichen Umfang entsprechenden Kapitali- — 97

---

227 Etwa von *Hollender/Schlütter*, DStR 2002, 1932, gegen *Hermanns*, DStR 2002, 1068; wenn überhaupt, kann Entgeltlichkeit allenfalls nachträglich (»aufschiebend bedingt«) i.H.d. tatsächlichen Reduzierung der Ausgleichsforderung eintreten, vgl. *Söffing/Thoma*, ErbStB 2003, 321 m.w.N.
228 *Hermanns*, DStR 2002, 1067; *Milatz/Herbst*, DStR 2011, 706.
229 *Strahl*, KÖSDI 2003, 13918 ff.: jedenfalls 2 Jahre.
230 *Blusz*, ZEV 2016, 626, 630; *Stein*, DStR 2012, 1734; *Griesel*, ErbStB 2003, 62; *Hermanns*, DStR 2002, 1065, 1067; ähnlich BFH, 24.01.2012 – IX R 8/10, ZEV 2012, 386 m. Anm. *Geck* zu § 17 Abs. 1 Satz 4 EStG.
231 *A. Söffing/Thoma*, ErbStB 2003, 321; *von Oertzen/Cornelius*, ErbStB 2005, 354.
232 BFH, 17.10.2007 – II R 53/05, ZEV 2008, 208; krit. zur Vorinstanz (FG Nürnberg) *Schuck*, NotBZ 2004, 119.
233 Anders kann es sich nach Ansicht der Rspr. nur verhalten, wenn Ausgleichszahlungen im Rahmen eines Scheidungsverfahrens ausgelöst werden, vgl. BFH, 28.11.1967 – II 72/63, BStBl. 1968 II, S. 239; BStBl. 1971 II, S. 223.
234 Dies entspricht der Wertung des § 4 BewG: Wirtschaftsgüter, deren Erwerb vom Eintritt einer aufschiebenden Bedingung eintritt, werden erst dann berücksichtigt.
235 BFH, 17.10.2007 – II R 53/05, MittBayNot 2008, 417, m. Anm. *Schuck*.
236 Auch bei der Kinderbetreuung im Rahmen des sog. »Wechselmodells« bestehen Barunterhaltsansprüche, vgl. BGH, 05.11.2014 – XII ZB 599/13, DNotZ 2015, 141 (und zwar nicht nur als Ausgleichsansprüche

sierung durch Leistung an Erfüllung statt abgegolten wird bzw. Vermögenswerte als »Abfindung« für den Verzicht auf die zeitabschnittsweise Geltendmachung übertragen werden. Auch insoweit liegt (wie beim Zugewinnausgleichs- sowie beim entstandenen Unterhaltsanspruch) ein **zivilrechtlich entgeltlicher** Übertragungsvorgang vor. Zu Vorkehrungen i.R.d. Übertragung einer Immobilie als Unterhaltsabgeltung für den Fall, dass dennoch Ansprüche auf (z.B. Trennungs-)Unterhalt geltend gemacht werden (Rückforderungsvorbehalt etc.) s. Rdn. 3256 mit Formulierungsvorschlag Rdn. 3258.

98 Im Bereich des Verwandtschaftsunterhalts, insb. des **Unterhalts ggü. Kindern**, (und des Getrenntlebensunterhalts[237]) ist dagegen eine Vermögensübertragung mit Abgeltungswirkung für künftigen Unterhalt nicht möglich (§ 1614 Abs. 1 BGB). Wie sich aus § 1614 Abs. 2 i.V.m. § 760 Abs. 2 BGB ergibt, leistet der Pflichtige ferner auf eigene Gefahr, wenn er im Voraus Unterhalt für mehr als 3 Monate zahlt und der Berechtigte sodann erneut Geld für seinen Lebensunterhalt benötigt, z.B. wegen Verlusts, Verschwendung oder unrichtigen Umgangs mit dem Geld. Will also ein Elternteil Vermögenswerte (oder Geld) an Kinder schenken zu dem Zweck, hieraus Unterhaltsansprüche der Kinder zu decken, kommt allenfalls eine Schenkung unter Auflage (§ 525 BGB) in Betracht, wobei diese Auflage (Heranziehung der Vermögenserträge als Unterhaltsleistung) nur schuldrechtlich wirkt, sofern sie nicht durch Rückforderungsrechte für den Fall des Verstoßes gegen die Auflage abgesichert ist. Wegen des Verbots der Aufrechnung gegen den Kindesunterhalt (§ 394 BGB) muss ein solcher Rückforderungsanspruch zudem stets selbstständig geltend gemacht werden; eine Verrechnung mit dem laufenden Unterhalt kommt nicht in Betracht. Aufgrund der Auflagebehaftung liegt kein lediglich rechtlich vorteilhaftes Geschäft vor, so dass ein Ergänzungspfleger erforderlich ist.[238] Eine familiengerichtliche Genehmigung ist allerdings nicht notwendig. Nicht empfehlenswert ist ein (unwirksamer) »Verzicht« auf den Verwandtschafts-/Getrenntlebensunterhalt gegen Abfindung, die im Falle der Geltendmachung des Unterhalts aufgrund vorbehaltenen Rückforderungsrechtes zurückzugeben sei, da die Unwirksamkeit des Verzichtes im Zweifel (§ 139 BGB) auch das Rückforderungsrecht erfasst, so dass allenfalls Kondiktionsrecht zur Anwendung kommt.[239]

99 Der **Stamm des geschenkten Vermögens** kann hingegen nicht einmal per Auflage als Unterhaltssurrogat bestimmt werden, da minderjährige, unverheiratete Kinder gem. § 1602 Abs. 2 BGB nicht verpflichtet sind, ihre Vermögenssubstanz einzusetzen, solange die Eltern noch leistungsfähig sind (§ 1603 Abs. 2 Satz 3 BGB), also auch dann als bedürftig gelten, wenn sie über eigenes Vermögen verfügen, das keine Erträge abwirft. Denkbar sind insoweit lediglich Freistellungsabreden zwischen beiden Elternteilen hinsichtlich der nach Grund und Höhe unberührt bleibenden Unterhaltsansprüche des beschenkten Kindes (Erfüllungsübernahme durch den nicht schenkenden Elternteil).

---

unter Ehegatten, vgl. BGH, 11.01.2017 – XII ZB 565/15, ZNotP 2017, 65); es sei denn ein Elternteil trägt die »Hauptverantwortung« für das Kind, BGH, 12.03.2014 – XII ZB 234/13, FamRZ 2014, 917. Besteht keine Kooperationsfähigkeit mehr, kann das Familiengericht Anordnungen zum Umgangsrecht treffen, die dem von den Eltern gewünschten Wechselmodell zuwider laufen, vgl. BGH, 01.02.2017 – XII ZB 601/15, ZNotP 2017, 152.

237 § 1361 Abs. 3, § 1360a Abs. 3 i.V.m. § 1614 Abs. 1 BGB; zum Toleranzrahmen von ca 20 % vgl *Reetz*, in: DAI-Skript 12. Jahresarbeitstagung des Notariats, 2014, S. 486 ff. und BGH, 30.09.2015 – XII ZB 1/15, DNotI-Report 2015, 189. Ein Unterschreiten des rechnerisch geschuldeten Unterhalts um mehr als ein Drittel ist auf jeden Fall mit § 1614 Abs. 1 BGB unvereinbar, für den dazwischenliegenden Bereich [zwischen 20 % und 33 %] sind die Umstände des Einzelfalls entscheidend. Zur Unzulässigkeit der Umgehung durch »pactum de non petendo«: BGH, 29.01.2014 – XII ZB 303/13, FamRZ 2014, 629.

238 Vgl. DNotI-Gutachten, Faxabruf-Nr. 12455 v. 27.07.2007.

239 Vgl. *Gutachten*, DNotI-Report 1999, 182; *Reetz*, in: DAI-Skript 12. Jahresarbeitstagung des Notariats, 2014, S. 492 f.

4. Schenkungscharakter/Verwertbarkeit erbrechtlicher Präventivmaßnahmen

Praxisrelevant sind die Möglichkeiten des **Gläubigerzugriffs auf eigene Maßnahmen zur Beseitigung erbrechtlicher Positionen**, bspw. der Verzicht auf künftige eigene Pflichtteilsansprüche (§ 2346 BGB, nachstehend a, Rdn. 100 ff.), die **Ausschlagung eines sonst anfallenden Erbes oder Erbteils** (nachstehend b, Rdn. 107 ff.) und schließlich die **Nicht-Geltendmachung bzw. der Erlassvertrag (§ 397 BGB)** bzgl. eines entstandenen Pflichtteilsanspruchs (nachstehend c, Rdn. 113 ff.), und zwar jeweils – i.S.e. Steigerung – aus der Sicht eines »normalen« Gläubigers (Pfändungszugriff auf Ansprüche oder Anfechtung unentgeltlicher Verträge – jeweils aa), bei Insolvenz des Erklärenden (jeweils bb), hinsichtlich dessen RSB (jeweils cc) und schließlich in Bezug auf den Zugriff des Sozialleistungsträgers (jeweils dd): 100

a) Pflichtteilsverzichtsvertrag

aa) »normaler Gläubiger«

Inwieweit der Pflichtteilsverzicht gem. § 2346 Abs. 2 BGB seinerseits als unentgeltlichkeitsmindernde Gegenleistung im Austausch gegen eine Vermögensübertragung gewertet werden kann, ist umstritten, wird aber von der überwiegend zivilrechtlichen Rechtsprechung verneint (vgl. oben Rdn. 62). Auch der BFH wertet die »Abfindung« für einen solchen Pflichtteilsverzicht als schenkungsteuerpflichtigen Vorgang (vgl. Rdn. 64). Aus diesem fehlenden Entgeltcharakter kann jedoch nicht geschlossen werden, der Verzicht auf den künftigen Pflichtteil unterläge der **Anfechtung durch Gläubiger** nach dem AnfG oder der Insolvenzanfechtung: Da er nicht zum Ausscheiden eines Gegenstands aus dem Vermögen des Schuldners führt, sondern lediglich eine potenzielle Nichtvermehrung des künftigen Vermögens zur Folge hat, liegt darin keine Schenkung i.S.d. § 516 BGB (vgl. auch die Wertung des § 517 BGB: Verzicht auf ein nicht endgültig erworbenes Recht), so dass eine Anfechtung[240] auch i.R.d. Insolvenz[241] ausscheidet. Gleiches gilt wohl für den Erb- und den Zuwendungsverzicht (§§ 2346 Abs. 1, 2352 BGB).[242] 101

bb) Regelinsolvenz

Auch wenn der Verzichtende sich in Insolvenz befindet, kann er **ohne Mitwirkung des Insolvenzverwalters** auf künftige Pflichtteilsansprüche verzichten, da sich das Verwaltungs- und Verfügungsrecht des Verwalters gem. § 80 Abs. 1 InsO nur auf gegenwärtiges, nicht auf mögliches künftiges Vermögen bezieht.[243] 102

cc) Wohlverhaltensphase

Auch im Rahmen einer **Restschuldbefreiung (RSB)** nach der Insolvenz natürlicher Personen (§§ 286 ff. InsO) dürfte der Pflichtteilsverzicht nicht zu einem Obliegenheitsverstoß i.S.d. § 295 Abs. 1 Nr. 2 InsO (wonach die Hälfte des Wertes eines während der Wohlverhaltensphase eingetretenen Erwerbs von Todes wegen herauszugeben ist)[244] führen, da noch kein tatsächlich erworbenes Vermögen, sondern lediglich die bloße Möglichkeit eines Erwerbs »weggegeben« wird und auch die 103

---

240 *Huber*, AnfG, § 1 Rn. 26; ebenso *Schumacher-Hey*, RNotZ 2004, 556.
241 BGH, 06.05.1997 – IX ZR 147/96, NJW 1997, 2384.
242 Vgl. *Reul/Heckschen/Wienberg*, Insolvenzrecht in der Kautelarpraxis, S. 332.
243 Vgl. *Reul*, MittRhNotK 1997, 374; Gutachten, DNotI-Report 2003, 181.
244 Zu erfüllen grundsätzlich durch Zahlung des entsprechenden Geldbetrages, vgl. BGH, 10.01.2013 – IX ZB 163/11, ZEV 2013, 268 m. Anm. *Wollmann*; vor der Entscheidung über den Antrag auf RSB muss daher dem Schuldner Gelegenheit gegeben werden, die Versilberung des Nachlasses bzw. seines Anteils daran zu betreiben (selbst wenn die Auseinandersetzung der Erbengemeinschaft gem. § 2044 Abs. 1 BGB durch letztwillige Verfügung ausgeschlossen wäre, läge in der Herausgabepflicht ein wichtiger Grund i.S.d. § 2044 Abs. 2 BGB).

noch stärker wirkende Ausschlagung einer bereits angefallenen Erbschaft nach herrschender Auffassung nicht die RSB gefährdet, Rdn. 109.[245]

dd) Sozialleistungsträger

104 Dieselben Wertungen sprechen **gegen** die **Sittenwidrigkeit** vorheriger Pflichtteilsverzichte eines Sozialleistungsempfängers;[246] erst Recht gegen Leistungskürzungen wegen unwirtschaftlichen Verhaltens gem. § 26 Abs. 1 Nr. 1 SGB XII (künftiger Pflichtteil ist kein »gegenwärtiges Vermögen« oder Kostenersatzpflichten gem. § 103 SGB XII (kein sozialwidriges Verhalten, Rdn. 646).[247] Der **BGH**[248] (ihm folgend die Sozialgerichte[249]) haben den (auf dem Sterbebett, also mit nur mehr geringem aleatorischem Element, ausgesprochenen) Pflichtteilsverzicht eines (geschäftsfähigen) Behinderten ggü. den Eltern, beschränkt auf den ersten Sterbefall,[250] als wirksam erachtet: Darin liege kein unzulässiger Vertrag zulasten Dritter (sondern nur eine faktisch nachteilige Wirkung auf Dritte), und auch der Nachranggrundsatz des Sozialhilferechts sei bei Behinderten deutlich zurückgenommen und repräsentiere daher keine übergeordnete Wertung, zu deren Verteidigung die Nichtigkeit des Pflichtteilsverzichtes anzuordnen sei.[251] Diese Wertung entspreche dem Grundsatz, dass es einem Übergeber offen stehe, nur solche Versorgungsleistungen zu vereinbaren, die auf dem übernommenen Anwesen selbst erbracht werden können (so dass Leistungsbegrenzungsklauseln für den Fall des Wegzugs nicht sittenwidrig sind, Rdn. 1663). Ihr stehe auch nicht entgegen, dass der Leistungsbezieher beim Pflichtteilsverzicht (anders als beim Behindertentestament) selbst aktiv an der Gestaltung beteiligt und nicht lediglich der Gestaltung eines Dritten (des Erblassers) unterworfen ist, denn auch die Ausschlagung einer ihm sonst zufallenden Erbschaft hätte er (entgegen OLG Stuttgart und Hamm, Rdn. 111) wirksam erklären können (Grundsatz der sog. »negativen Erbfreiheit«[252]).

105 Schließlich hätten die Eltern den Pflichtteilsanspruch des Verzichtenden auch wirksam durch Einsetzung zum (mit Nacherbfolge und Testamentsvollstreckung) beschwerten Miterben verhindern können, denn eine Überleitung des Ausschlagungsrechtes gem. § 2306 BGB hätte der Sozialleistungsträger nicht bewirken können (Rdn. 6497 ff.). Des weiteren ist zu berücksichtigen, dass El-

---

245 *Nerlich/Römermann*, InsO, § 295 Rn. 27.
246 Ebenso *Vaupel*, RNotZ 2009, 497, 508; *Mayer/Littig*, Sozialhilferegress ggü. Erben und Beschenkten, S. 103; DNotI-Gutachten, Faxabruf-Nr. 92744 v. 23.03.2009; a.A. *Lambrecht*, Der Zugriff des Sozialhilfeträgers auf den erbrechtlichen Erwerb, S. 172; *Schumacher*, Rechtsgeschäfte zulasten der Sozialhilfe im Familien- und Erbrecht, S. 142.
247 *v. Proff*, RNotZ 2012, 272, 277.
248 BGH, 19.01.2011 – IV ZR 7/10, ZEV 2011, 258, m. Anm. *Zimmer* = NotBZ 2011, 168, m. Anm. *Krauß* = MittBayNot 2012, 138 m. Anm. *Spall*, ebenso zuvor OLG Köln, 09.12.2009 – 2 U 46/09, ZEV 2010, 85, m. krit. Anm. *Armbrüster* einerseits und zu Recht zust. Anm. *Bengel/Spall*, ZEV 2010, 195 (Replik *Armbrüster*, ZEV 2010, 555) andererseits; zust. auch *v. Proff zu Irnich*, ZErb 2010, 206 ff. und *Vaupel*, RNotZ 2010, 141 ff. Abl.: *Dutta*, AcP 2009, 793; *ders.*, FamRZ 2010, 841, 843. Differenzierend *Klühs*, ZEV 2011, 15, 18 (bei Behinderten ja, bei Bedürftigen nein).
249 SG Stuttgart, 08.03.2012 – S 15 AS 925/12 ER, NotBZ 2012, 398.
250 Für den Pflichtteilsverzicht auf den zweiten Sterbefall dürfte nichts anderes gelten, vgl. *Spall*, MittBayNot 2012, 141, 143. Allerdings gilt die vom BGH (Tz. 29) gebilligte Überlegung, der überlebende Elternteil solle von Pflichtteilsansprüchen verschont bleiben, hierfür nicht.
251 Vgl. § 94 Abs. 2 SGB XII: eingeschränkte Heranziehung der elterlichen Unterhaltspflicht ggü. behinderten Kindern, sowie § 92 Abs. 2 SGB XII: stark zurückgenommene Heranziehung eigenen Einkommens, völlig ausgeschlossene Heranziehung eigenen Vermögens für bestimmte, dort genannte Eingliederungsleistungen.
252 Kritisch (»kühne Neuerung«) *Leipold*, ZEV 2011, 528; verteidigend *v. Proff*, RNotZ 2012, 272, 274. *Menzel*, MittBayNot 2013, 289 ff. untersucht die Übertragbarkeit der »neuen Rechtsfigur« auch auf den Erlass eines bereits entstandenen Pflichtteilsanspruchs, warnt aber vor »zu viel Euphorie«. Verfassungsrechtlich dürfte die negative Erbfreiheit tatsächlich eher bei Art. 2 GG als bei Art. 14 Abs. 1 GG angesiedelt sein.

tern (unter dem Aspekt der Unterhaltsgewährung aus Einkommen) zu Lebzeiten nur eingeschränkt zum Ausgleich der ihrem behinderten Kind gewährten Leistungen herangezogen werden konnten (§ 94 Abs. 2 SGB XII: i.H.v. pauschaliert derzeit [2017] 57,32 € monatlich); damit wäre es nicht zu vereinbaren, den verbleibenden Elternteil (beim Berliner Testament) postmortal im Weg der Zwangsauszahlung eines Pflichtteilsanspruchs stärker heranzuziehen.

Offen ist derzeit, inwieweit die Entscheidung auf den schlicht bedürftigen, nicht behinderten, Sozialleistungs- (Grundsicherungs-)empfänger übertragen werden kann, zumal untergerichtliche Entscheidungen der Verwendung erbrechtlicher Instrumente (etwa der Anordnung der Testamentsvollstreckung) mit dem Ziel, »verwertungsfreies Vermögen« für den arbeitslosen Miterben zu schaffen, die Gefolgschaft zu verweigern beginnen (vgl. etwa Rdn. 6690). Die Entscheidungsgründe des BGH stellen nicht darauf ab, ob dem Verzichtenden eigener Erwerb objektiv möglich sei; und auch die ins Feld geführten Abmilderungen des Nachrangprinzips im Verhältnis zwischen behinderten Kindern zu ihren Eltern gelten ähnlich im Verhältnis zwischen arbeitslosen Kindern und ihren Eltern (vgl. etwa § 33 Abs. 2 Satz 1 Nr. 2 SGB II, wonach Unterhaltsansprüche von Kindern, die über eine abgeschlossene Berufsausbildung verfügen oder über 25 Jahre alt sind, gegen ihre Eltern nur übergeleitet werden können, wenn die Kinder diese Ansprüche selbst geltend machen, ein »Verzicht« auf die Geltendmachung, also insoweit sozialrechtlich respektiert wird). Dies spricht – im Verein mit der aleatorischen, nicht von Äquivalenzvermutung geprägten Natur des Rechtsgeschäfts – für die Wirksamkeit auch des Verzichtes eines Grundsicherungsempfängers (»wirtschaftlich Behinderten«).[253]

106

b) Ausschlagung

aa) »normaler Gläubiger«

Eine Schenkung – auch zugunsten des Nächstberufenen – liegt gem. § 517, 3. Alt. BGB nicht vor (auch nicht im schenkungsteuerlichen Sinn, Rdn. 4514 f.).[254] Eine **Anfechtung** nach §§ 129 ff. InsO und §§ 1 ff. AnfG scheidet aus diesem Grund und wegen des sonst eintretenden Wertungswiderspruchs zur Höchstpersönlichkeit der Ausschlagung (§ 83 InsO; Rdn. 108) aus.[255] Auch kann das »Recht« zur Annahme einer Erbschaft nicht gepfändet und überwiesen werden.[256] Möglicherweise ist aber der Wert eines (noch nicht endgültig angenommenen) Vermächtnisses, das der Erbe des Vermächtnisnehmers im Nachlass vorfindet, trotz späterer Ausschlagung durch den Erben noch im Verhältnis zu Pflichtteilsberechtigten zu berücksichtigen (§ 2311 BGB).[257]

107

---

253 LSG Hamburg, 13.09.2012 – L 4 AS 167/10, FamRZ 2013, 1428; ebenso *Kleensang*, ZErb 2011, 121, 124 und *Ivo*, DNotZ 2011, 387, 389; hierzu tendierend auch *Wendt* (RiBGH), ZNotP 2011, 362, 377; für eine Einzelfallbetrachtung *Gutachten*, DNotI Nr. 125 189 v. 14.03.2013.
254 Der durch die Ausschlagung Begünstigte gilt von vornherein als Erbe nach dem Erblasser. Abfindungszahlungen an den zunächst berufenen Ausschlagenden werden als Erwerb vom Erblasser besteuert (§ 3 Abs. 2 Nr. 4 ErbStG) nach dem Gegenstand der Zuwendung (allerdings ohne Privilegierung für übertragenes Betriebsvermögen: R 55 Abs. 4 Satz 4 ErbStR); beim Nächstberufenen zählt die Abfindung zu den Kosten des Erwerbs und ist daher wie eine Nachlassverbindlichkeit nach § 10 Abs. 5 Nr. 3 ErbStG abziehbar, auch wenn sie nicht durch ihn selbst, sondern einen Dritten erbracht wurde (darin liegt allerdings eine weitere freigiebige Zuwendung, vgl. *Wachter*, ZNotP 2004, 182).
255 BGH, 06.05.1997 – IX ZR 147/96828, DNotZ 1998, 827; MünchKomm-InsO/*Schumann*, § 83 Rn. 12; a.A. nur *Bartels*, KTS 2003, 49 ff.
256 OLG München, 19.01.2015 – 31 Wx 370/14, RNotZ 2015, 304.
257 *De Leve*, ZEV 2010, 75; a.A. *J. Mayer*, in: Bamberger/Roth, BGB, § 2311 Rn. 5.

bb) Regelinsolvenz

108 Auch ein in **Insolvenz** befindlicher »Erbanwärter« kann die Entscheidung über die Annahme oder die Ausschlagung der Erbschaft, der Nacherbschaft[258] oder des Vermächtnisses ohne Mitwirkung des Insolvenzverwalters treffen (§ 83 Abs. 1 Satz 1 InsO); das Ausschlagungsrecht wird nicht Bestandteil der Insolvenzmasse. Dies gilt unabhängig davon, ob der Sterbefall vor oder nach Eröffnung des Insolvenzverfahrens stattfindet. Demzufolge kann auch ein bindend eingesetzter, nun in Insolvenz befindlicher Schlusserbe auf sein testamentarisches Erbrecht gem. § 2352 BGB verzichten.[259]

cc) Wohlverhaltensphase

109 Der Treuhänder) im **Restschuldbefreiungsverfahren** ist nicht zur Ausschlagung berufen; ihm fehlt bereits die umfassende Verfügungsbefugnis (§ 291 Abs. 1 InsO).[260] Ein Obliegenheitsverstoß ist nach überwiegender Auffassung, wohl auch (obiter) des BGH,[261] bei Ausschlagung durch den Schuldner selbst zu verneinen, so dass die RSB nicht gefährdet ist. Der in § 295 Abs. 1 Nr. 2 InsO normierte Halbteilungsgrundsatz (Obliegenheit zur Verwertung[262]) betrifft nur das[263] tatsächlich angefallene, also nicht ausgeschlagene Erbschaftsvermögen. Die Entschließungsfreiheit des Erben wird also auch im Verbraucherinsolvenzverfahren respektiert.[264] Bei Vermächtnissen kann der Begünstigte mangels einer a priori geltenden Ausschlagungsfrist (§ 2180 BGB) ohnehin die Annahme bis nach Ablauf des Restschuldbefreiungsverfahrens hinauszögern, sofern er nicht vom Erben gem. § 2307 Abs. 2 BGB zur Annahme aufgefordert wird,[265] so dass auch im Unterlassen der Annahme eines »in der Schwebe bleibenden« Vermächtnisses, Rdn. 6670 ff., kein Obliegenheitsverstoß liegt.[266]

110 Möglicherweise[267] zu einem anderen Ergebnis führen mag insoweit allenfalls die analoge Anwendung der »Zurückstellungslösung« des BGH,[268] wonach die Entscheidung über die Erteilung der Restschuldbefreiung so lange zurückzustellen sei, als der Schuldner die Verwertung des Nachlasses noch betreibt, aber nicht zu Ende bringen konnte, sofern diese Rechtsprechung auch analog Anwendung finden soll auf die Fälle, in denen der Erwerb von Todes wegen vor Ablauf der Wohlverhaltensphase noch nicht (mangels Annahme) als endgültig angesehen werden kann;[269] ein »Hi-

---

258 Die Ausschlagung ist ab Eintritt des Vorerbfalls möglich (§ 2142 Abs. 1 BGB) bis zum Ablauf der Ausschlagungsfrist nach dem Eintritt des Nacherbfalls, § 1944 Abs. 2 Satz 1 BGB.
259 *Gutachten*, DNotI-Report 2014, 43.
260 Im Gegensatz zum Treuhänder im Verbraucherinsolvenzverfahren, § 313 InsO.
261 BGH, 25.06.2009 – IX ZB 196/08, MittBayNot 2010, 52, m. Anm. *Menzel*; BGH, 10.03.2011 – IX ZB 168/09, NotBZ 2011, 212, m. Anm. *Krauß* (zur Ausschlagung eines Vermächtnisses).
262 Durch Auseinandersetzung gem. § 2042 BGB, zuvor durch Vorschusszahlung aus dem Barnachlass: AG Göttingen, 15.01.2015 – 74 IN 94/10, BeckRS 2015, 01796.
263 Nach der Beendigung des regulären Insolvenzverfahrens (durch Beschluss des Insolvenzgerichts), vgl. BGH, 15.07.2010 – IX ZB 229/07, DNotZ 2011, 219.
264 *Nerlich/Römermann*, InsO, § 295 Rn. 27; *Döbereiner*, Die Restschuldbefreiung nach InsO, S. 167; *Ivo*, ZErb 2003, 252 f.; LG Mainz, ZInsO 2003, 525.
265 Vgl. *Limmer*, ZEV 2004, 136. Die spätere Annahme wirkt nicht auf den Zeitpunkt des Anfalls zurück.
266 BGH, 10.03.2011 – IX ZB 168/09, NotBZ 2011, 212, m. Anm. *Krauß*.
267 Dagegen spricht sich aus *Weinland*, in: *Ahrens/Gehrlein/Ringstmeier*, Fachanwaltskommentar Insolvenzrecht, 2. Aufl. 2015, § 295 Rn. 28.
268 BGH, 10.01.2013 – IX ZB 163/11, ZEV 2013, 268; vgl. zum folgenden *Regenfus*, ZNotP 2016, 216 ff.
269 Wobei *Regenfus*, ZNotP 2016, 216, 224 ff., zu Recht darauf hinweist, dass die durch die Insolvenzrechtsreform geschaffenen vorzeitigen Restschuldbeendigungsmöglichkeiten des § 300 Abs. 1 Satz 2 Nr. 2 oder Nr. 3 InsO nach fünf bzw. lediglich drei Jahren vorrangig sein müssen, also eine Zurückstellung da nicht in Betracht kommt.

nauszögern« der Vermächtnisannahme auf die Zeit nach der Wohlverhaltensphase käme dann nicht in Betracht.

dd) Sozialleistungsträger

Die Entscheidungsbefugnis über die Ausschlagung als Gestaltungsrecht kann auch der **Sozialleistungsgläubiger** nicht gem. § 93 Abs. 1 Satz 4 SGB XII, § 33 Abs. 1 Satz 3 SGB II mangels Anspruchsqualität auf sich überleiten[270] (s. im Einzelnen Rdn. 6497 ff.). Der Betroffene kann also selbst ausschlagen und damit einen Vermögensanfall, der weiteren aktuellen Sozialleistungsbezug verhindert und nach seinem Tod 10 Jahre rückwirkend zur Verwertung freigegeben ist (Rdn. 648 ff.), verhindern. Entgegen der Ansicht des OLG Stuttgart[271] und des OLG Hamm[272] verstößt eine (vom Erben selbst oder seinem Betreuer ausgehende) tatsächlich erklärte Ausschlagung (einer nicht i.S.d. § 2306 BGB beschwerten, somit an sich verwertbaren) Erbschaft nach Ansicht des BGH nicht gegen die guten Sitten[273] (und ist demnach, sofern vom Betreuer erklärt, als im Interesse des Betreuten liegend betreuungsgerichtlich zu genehmigen, wenn dem Betreuten dafür verbesserende Abfindungsleistungen geboten werden; die Annahme einer [beschwerten] Erbschaft bzw. das bloße Verstreichenlassen der Ausschlagungsfrist bedarf ohnehin keiner gerichtlichen Genehmigung);[274] vgl. im Einzelnen Rdn. 1028 f. Die sozialgerichtliche Rspr. ist insoweit allerdings zurückhaltender und verweist darauf, dass bei der Ausschlagung (anders als bei einem vorherigen Pflichtteils- oder Erbverzicht) Wert und Zusammensetzung des Nachlasses bekannt seien.[275] Dennoch gibt es auch dann (selbst bei einem deutlich werthaltigen Nachlass) keine sittliche Pflicht zur Annahme einer Erbschaft (»negative Erbfreiheit«).

111

Allenfalls dürfte auch hier (wie in Rdn. 104) lediglich eine Anspruchskürzung gem. § 26 Abs. 1 Satz 1 Nr. 1 SGB XII (vormals §§ 25 Abs. 2 Nr. 1, 29a BSHG) bzw. §§ 31, 31a, 31b SGB II (dort begrenzt auf drei Monate) in Betracht kommen. Die vorausgesetzte willentliche Vermögensminderung in der Absicht des Sozialleistungsbezugs (»sich maßgeblich davon leiten lassen«)[276] ist allerdings dann nicht anzunehmen, wenn der Bedürftige dadurch erkennbar Vorteile erhält. Steht der Hilfeempfänger unter Betreuung, wird eine Kürzung nach § 26 Abs. 1 Satz 1 Nr. 1 SGB XII regelmäßig ausscheiden, da er sich das Verhalten seines gesetzlichen Vertreters nicht zurechnen lassen muss.[277]

112

---

270 BGH, 19.01.2011 – IV ZR 7/10, ZEV 2011, 258, m. Anm. *Zimmer* = NotBZ 2011, 168, m. Anm. *Krauß*.
271 OLG Stuttgart, 25.06.2001 – 8 W 494/99, NJW 2001, 3484 = ZEV 2002, 367, m. abl. Anm. *Mayer*; ähnlich krit. *Ivo*, FamRZ 2003, 6; a.A. zu Recht LG Aachen, 04.11.2004 – 7 T 99/04, NJW-RR 2005, 307; ähnlich abl. OLG Köln, 29.06.2007 – 16 Wx 112/07, ZEV 2008, 196: keine vormundschaftsgerichtliche Genehmigung zur Ausschlagung für einen zum nicht befreiten Vorerben eingesetzten, betreuten Behinderten.
272 OLG Hamm, 16.07.2009 – I-15 Wx 85/09, ZEV 2009, 471, m. zust. Anm. *Leipold*: zwar schaffe das Nachrangprinzip keine Verpflichtung Dritter, dem Bedürftigen zu helfen (Behindertentestament!), es richte sich aber an den Bedürftigen selbst.
273 BGH, 19.01.2011 – IV ZR 7/10, ZEV 2011, 258, m. Anm. *Zimmer* = NotBZ 2011, 168, m. Anm. *Krauß* (obiter).
274 OLG Köln, 16.07.2007 – 5 W 535/07, ZErb 2008, 119: keine Analogie zu § 1643 Abs. 2 BGB mangels Regelungslücke.
275 Für mögliche Sittenwidrigkeit daher LSG Bayern, 30.07.2015 – L 8 SO 146/15 B ER, MittBayNot 2016, 442 m. abl. Anm. *Krauß* = ZEV 2016, 43 m. krit. Anm. *Litzenburger* = ErbR 2016, 152 m. krit. Anm. *Doering-Striening*.
276 Vgl. LSG Berlin-Brandenburg, 10.10.2007 – L 23 B 146/07 SO, NotBZ 2008, 242.
277 Gutachten, DNotI-Report 1996, 48, 53; *Ivo*, FamRZ 2003, 9; *Settgren*, Das »Behindertentestament« im Spannungsfeld zwischen Privatautonomie und sozialhilferechtlichem Nachrangprinzip, S. 128.

c) Entstandene Pflichtteilsansprüche

aa) »normaler Gläubiger«

113 Wegen § 852 Abs. 1 ZPO kann ein zivilrechtlicher Gläubiger den Pflichtteilsberechtigten nicht dazu zwingen, den Pflichtteilsanspruch geltend zu machen (Ausfluss auch der sog. »negativen Erbfreiheit«).[278] Das bloße Untätigbleiben des Schuldners genügt, um den Pflichtteilsanspruch für seine Gläubiger letztlich unerreichbar zu machen.[279] Im schlichten Eintretenlassen der Verjährung liegt auch (mangels Vertrags) keine Schenkung i.S.d. § 516 BGB, anders im Erlassvertrag (§ 397 BGB) auf den Pflichtteilsanspruch. Wegen des sonst eintretenden Wertungswiderspruchs zu § 852 Abs. 1 ZPO ist jedoch eine Anfechtung des bloßen Nichtgeltendmachens des Pflichtteilsanspruchs oder des Erlassvertrags nach dem AnfG ausgeschlossen.[280] Auch Unterhaltsberechtigte können den Unterhaltsschuldner nicht klageweise anhalten, den Pflichtteilsanspruch durchzusetzen, allerdings muss sich letzterer dann in den Fällen der gesteigerten Unterhaltspflicht gefallen lassen, bei der Berechnung seiner Leistungsfähigkeit so behandelt zu werden, als habe er seine Obliegenheit, den Vermögenswert zu realisieren, nicht verletzt.[281]

bb) Regelinsolvenz

114 **Unpfändbare Gegenstände** zählen nicht zur Insolvenzmasse (§ 36 Abs. 1 Satz 1 InsO). Die Schutzvorschrift des § 852 Abs. 1 ZPO wird von der neueren Rechtsprechung nicht als Pfändungsverbot, sondern als »aufschiebende Bedingtheit der Verwertbarkeit« eines bereits – dem Grunde nach – vorab pfändbaren Anspruchs verstanden,[282] so dass eine Vorabpfändung mit rangwahrender Wirkung möglich ist. Demnach zählt zwar der (in seiner Verwertbarkeit aufschiebend bedingte) Pflichtteilsanspruch zur Insolvenzmasse, der **Insolvenzverwalter** ist jedoch nicht in der Lage, den Schuldner dazu zu verpflichten, ihn geltend zu machen.[283]

cc) Wohlverhaltensphase

115 Dies gilt entgegen der zuvor wohl herrschenden Meinung auch im Rahmen einer **RSB**.[284] § 295 Abs. 1 Nr. 2 InsO statuiert eine Obliegenheit zur Herausgabe der Hälfte des »von Todes wegen erworbenen Vermögens«; hierzu würde dem Wortlaut nach auch der bereits mit dem Ableben entstandene Pflichtteilsanspruch gem. § 2317 Abs. 1 BGB zählen, so dass die RSB versagt werden müsste, wenn der Gemeinschuldner einer Verbraucherinsolvenz den entstandenen Pflichtteil nicht geltend macht (also durch Untätigkeit verjähren lässt oder gar durch Erlassvertrag beseitigt).[285]

---

278 Vor vertraglicher Anerkennung oder Rechtshängigkeit erfolgt die Pfändung wie bei einem aufschiebend bedingten Anspruch; die Überweisung zur Einziehung darf erst erfolgen, wenn die Voraussetzungen des § 852 Abs. 1 ZPO vorliegen, BGH, 26.02.2009 – VII ZB 30/08, ZNotP 2009, 192 = ZEV 2009, 247, m. Anm. *Musielak*.
279 BGH, 06.05.1997 – IX ZR 147/96828, DNotZ 1998, 827.
280 Staudinger/*Haas*, BGB, § 2317 Rn. 57; *Klumpp*, ZEV 1998, 126.
281 BGH, 28.11.2012 – XII ZR 19/10, ZEV 2013, 92 (Unterhaltsanspruch eines minderjährigen Kindes).
282 BGH, 08.07.1993 – IX ZR 116/92, DNotZ 1994, 780.
283 Vgl. *Horn/Selker*, ZEV 2017, 439, 442; *Klumpp*, ZEV 1998, 127; *Keim*, ZEV, 1998, 127. Nach LG Göttingen, 26.10.2009 – 10 T 86/09, ZEV 2010, 99 zählen Pflichtteilsansprüche des Schuldners jedoch überhaupt nur dann zur Insolvenzmasse, wenn sie bei Eröffnung anerkannt oder rechtshängig waren.
284 Genauer: ab Aufhebung des Insolvenzverfahrens und Ankündigung der RSB, BGH, 18.12.2008 – IX ZB 249/07, ZEV 2009, 250: Pflichtteilsansprüche, die bereits während des eigentlichen Insolvenzverfahrens (nur bedingt gem. § 852 Abs. 1 ZPO, § 36 InsO pfändbar) erworben wurden, fallen nicht darunter, auch wenn die Verjährungsfrist teilweise mit der Wohlverhaltensphase sich überlappt. Zur möglichen Nachtragsverteilung gem. § 203 InsO, wenn der Anspruch später tatsächlich anerkannt (bzw. gar erfüllt) oder rechtshängig gemacht wird, vgl. Rdn. 116.
285 Vgl. MünchKomm-InsO/*Ehricke*, § 295 Rn. 57 m.w.N.; Braun/*Lang*, InsO, § 295 Rn. 11; *Döbereiner*, Die Restschuldbefreiung nach der InsO, S. 165 f.; *Andres/Leithaus*, InsO (2006), § 295 Rn. 5; Hess/Weis/Wienberg, § 295 InsO, Rn. 22; *Ivo*, ZErb 2003, 255; Kübler/Prütting/Bork, InsO, § 295 Rn. 19; a.A.

C. Der Schenkungsbegriff des BGB

Der BGH[286] zieht jedoch eine Parallele zum Schutz der Entscheidungsfreiheit hinsichtlich einer Ausschlagung der Erbschaft (Rdn. 134) und betont, die Ablieferung des geltend gemachten Pflichtteils nur zur Hälfte sei als gesetzgeberischer Anreiz, ihn einzufordern, nur verständlich vor dem Hintergrund einer an sich nicht gegebenen Obliegenheit der Geltendmachung (auch ein angefallenes Vermächtnis ist erst nach Annahme zur Hälfte abzuliefern).[287] Die Situation unterscheidet sich also nicht von der Behandlung des Pflichtteils in der Regelinsolvenz, § 36 Abs. 1 InsO (bzw. der Behandlung des Vermächtnisses in der Regelinsolvenz, wo § 83 Abs. 1 InsO die höchstpersönliche Entscheidung über Annahme oder Ausschlagung des Vermächtnisses schützt). Auch eine Rechtspflicht zur Offenlegung des möglichen Pflichtteilanspruchs ggü. dem Treuhänder in der Wohlverhaltensphase besteht so lange nicht, als noch nicht feststeht, ob er tatsächlich geltend gemacht wird,[288] so dass die Versagung der RSB ebenso wenig auf § 295 Abs. 1 Nr. 3 InsO (»Verheimlichung«) gestützt werden kann.[289] Die Obliegenheit zur Herausgabe des (hälftigen) Pflichtteils entsteht erst mit der Gutschrift auf dem Konto des Betroffenen, und nur unter dem Vorbehalt, dass er nicht durch vorrangige sozialrechtliche »Verrechnungen« geschmälert ist, etwa die Erstattung unechten Aufwendungsersatzes gem. § 19 Abs. 5 SGB XII.[290]

Wird allerdings der Pflichtteilsanspruch nach Ablauf der Wohlverhaltensphase (also nach Beendigung der Abtretungserklärung und Schlusstermin gem. § 197 InsO) anerkannt oder rechtshängig gemacht, findet eine **Nachtragsverteilung** statt,[291] da i.S.d. § 203 Abs. 1 Nr. 3 InsO »nachträglich Gegenstände der Masse ermittelt wurden« (wie in Rdn. 114 erläutert, gehört der – in seiner Verwertbarkeit aufschiebend bedingte – Pflichtteilsanspruch bereits als solcher zur Insolvenzmasse; der nachträgliche Eintritt der Verwertbarkeit eines bereits bekannten Anspruchs ist dem gesetzlichen Tatbestandsmerkmal der nachträglichen »Ermittlung« eines bisher noch nicht bekannten Anspruchs im Wege des Erst-Recht-Schlusses gleichgestellt). Ein bereits während der Regelinsolvenz erworbener Pflichtteilsanspruch ist dabei in voller Höhe, ein während der Wohlverhaltensphase erworbener zur Hälfte seines Wertes zur Nachtragsverteilung heranzuziehen (Letzteres str.).[292] Zum selben Ergebnis gelangt die durch den BGH später[293] entwickelte »Zurückstellungslösung«, die für während der Wohlverhaltensperiode dem Grunde nach erlangte Vermögenswerte eine Nachtragsverteilung ablehnt, aber die Entscheidung über die Restschuldbefreiung so lange suspendiert, bis die Entscheidung über die Geltendmachung des Pflichtteils gefällt ist.[294]

116

---

jedoch *Nerlich/Römermann*, InsO, § 295 Rn. 24 und *Schumacher-Hey*, RNotZ 2004, 557 mit Blick auf den Schutz der Entscheidungsfreiheit, § 852 Abs. 1 ZPO; *Reul/Heckschen/Wienberg*, Insolvenzrecht in der Kautelarpraxis, S. 334 und *Hartmann*, ZNotP 2005, 82.
286 BGH, 25.06.2009 – IX ZB 196/08, MittBayNot 2010, 52, m. Anm. *Menzel*; BGH, 16.07.2009 – IX ZB 72/09, ZInsO 2009, 1831.
287 BGH, 10.03.2011 – IX ZB 168/09, NotBZ 2011, 212, m. Anm. *Krauß*.
288 Dann ist jedoch die Hälfte abzuführen, hinsichtlich des Restes wird jedoch als Einkommen kein zusätzlicher Schutz, etwa gem. § 850i ZPO, gewährt, vgl. BGH, 07.04.2016 – IX ZB 69/15, ZErb 2016, 239.
289 BGH, 10.03.2011 – IX ZB 168/09, NotBZ 2011, 212, m. Anm. *Krauß*; ein schlichtes Unterlassen steht dem aktiven Verheimlichen nur bei Bestehen einer solchen Rechtspflicht zur Offenlegung gleich: BGH, 22.10.2009 – IX ZB 249/08, FamRZ 2010, 26.
290 LSG Baden-Württemberg, 16.12.2015 – L 2 SO 5064/14, BeckRS 2016, 68528.
291 BGH, 02.12.2010 – IX ZB 184/09, ZEV 2011, 87, m. Anm. *Reul*.
292 Für Letzteres spricht BGH, 01.12.2005 – IX ZB 17/04, NZI 2006, 180: § 203 InsO gilt auch im Verbraucherinsolvenzverfahren. Gegen eine Heranziehung des Pflichtteils beim Erbfall während des Restschuldbefreiungsverfahrens bei Geltendmachung erst nach der Restschuldbefreiung *Horn/Selker*, ZEV 2017, 439, 443 und Staudinger/*Herzog*, § 2317 BGB Rn. 155.
293 BGH, 10.01.2013 – IX ZB 163/11, ZEV 2013, 268; hierzu *Regenfus*, ZNotP 2016, 216 ff.
294 Wobei die Zurückstellungslösung vom BGH nur für den Fall ausdrücklich angewendet wurde, dass die Erbschaft bereits angenommen ist, die Verwertung des Nachlasses aus rechtlichen oder tatsächlichen Gründen aber längere Zeit in Anspruch nimmt, so dass die Barzahlungsverpflichtung des § 295 Abs. 1 Nr. 2 InsO noch nicht erfüllt werden kann; sie ist dem Grunde nach nicht geeignet für die zeitlich un-

Zur Rechtslage bei nachträglicher Annahme eines zuvor »in der Schwebe gehaltenen« Vermächtnisses vgl. Rdn. 6674.

dd) Sozialleistungsträger

117 Der **Sozialhilfeträger** als Gläubiger ist hingegen gem. § 93 Abs. 1 Satz 4 SGB XII uneingeschränkt berechtigt, den Pflichtteilsanspruch (auch vor dessen Geltendmachung)[295] auf sich überzuleiten und einzufordern, da die Pfändbarkeits- und Abtretbarkeitsbeschränkung ihm ggü. nicht gilt.[296] Auf den Träger der Grundsicherung für Arbeit Suchende (»Hartz IV«) geht der Pflichtteilsanspruch sogar gem. § 33 SGB II kraft Gesetzes über (vgl. Rdn. 846), i.H.d. bereits gewährten Leistungen. Dies gilt nach bisheriger[297] Ansicht des BGH auch dann, wenn durch dessen Geltendmachung eine Enterbung für den zweiten Sterbefall ausgelöst wird;[298] wobei jedoch häufig die Auslegung solcher »Pflichtteilsstrafklauseln« ergibt, dass diese erzwungene Geltendmachung nicht zum Entfallen der Erbenstellung führen solle[299] (vgl. im Einzelnen Rdn. 6461 ff.).

▶ Hinweis:

118 Daher ist der präventive, auch ggü. dem Sozialleistungsträger wirksame (Rdn. 104 ff.) Pflichtteils- oder Pflichtteilsergänzungsverzicht von entscheidender Bedeutung, auch als flankierende Maßnahme z.B. bei Schenkungen »am Verzichtenden vorbei« (Zuwendung der Großeltern an die Enkel: Verzicht des »übersprungenen« Sozialleistungsempfängers zur Vermeidung eines übergeleiteten/überleitbaren Anspruchs aus § 2325 BGB beim Ableben des Zuwendenden in den folgenden 10 Jahren, da nur Eigengeschenke an ihn selbst, nicht an seinen Stamm, gem. § 2327 BGB angerechnet werden). Es reicht keinesfalls, lediglich Anreize für die Nichtgeltendmachung des Pflichtteils zu setzen (etwa in Gestalt einer Klausel, dem behinderten Kind sei jährlich eine Urlaubsreise zu finanzieren, wenn es den Pflichtteil nicht geltend mache – dies steht der Überleitung auf den Sozialleistungsträger nicht entgegen).[300]

119 Ein Versuch des Hilfeempfängers, trotz des Bezugs von Sozialhilfeleistungen auf den bereits angefallenen (allerdings noch nicht übergeleiteten) Pflichtteilsanspruch durch Erlassvertrag einzuwir-

---

befristeten Entscheidungsmöglichkeiten des Betroffenen, den Pflichtteil zu fordern bzw. ein Vermächtnis anzunehmen oder auszuschlagen (auch nach Ablauf der jeweils dreijährigen Verjährungsfrist!), da dies sonst zu einer zeitlich unbegrenzten, dem Schuldner nicht zumutbaren Suspendierung der Restschuldbefreiung führen könnte.

295 Anders verhält es sich lediglich für den »sekundären Pflichtteilsanspruch«, der erst nach einer Ausschlagung, etwa gem. § 2306 BGB, entsteht, da das Ausschlagungsrecht selbst nicht übergeleitet werden kann, s.o. Rdn. 111 und Rdn. 6473 ff.
296 BGH, 08.12.2004 – IV ZR 223/03, RNotZ 2005, 176, m. Anm. *Litzenburger*, S. 162; OLG Karlsruhe, 24.09.2003 – 9 U 59/03, DNotI-Report 2004, 37, sowie OLG Frankfurt, 07.10.2003 – 14 U 233/02, DNotI-Report 2004, 38; a.A. möglicherweise, jedoch ohne Begründung BayObLG, 18.09.2003 – 3Z BR 167/03, DNotI-Report 2003, 189.
297 *Wendt* (Richter am IV. BGH-Senat) plädiert in ZNotP 2011, 362, 377 dafür, diese Rspr. zu überdenken: um Einflussnahme auf die Erbfolge zu unterbinden, müsse ggf. die Durchsetzung von Pflichtteilsansprüchen im ersten Sterbefall generell untersagt werden.
298 BGH, 08.12.2004 – IV ZR 223/03, RNotZ 2005, 176, m. Anm. *Litzenburger*, S. 162; *Spall*, MittBayNot 2003, 356; zuvor bereits OLG Karlsruhe, 24.09.2003 – 9 U 59/03, DNotI-Report 2004, 37 – gegen OLG Frankfurt, 07.10.2003 – 14 U 233/02, DNotI-Report 2004, 38 (aufgehoben durch BGH, 19.10.2005, – IV ZR 235/03, FamRZ 2006, 194). Zur möglichen Bedeutung von Pflichtteilsstrafklauseln bei der sozialrechtlichen Prüfung der Unwirtschaftlichkeit bzw. besonderer Härte vgl. Rdn. 120.
299 OLG Karlsruhe, 24.09.2003 – 9 U 59/03, DNotI-Report 2004, 37 durch BGH, 08.12.2004 – IV ZR 223/03, RNotZ 2005, 176, m. Anm. *Litzenburger*, S. 162 nunmehr bestätigt.
300 LSG NRW, 11.06.2015 – L 9 SO 410/14 B, MittBayNot 2016, 552, hierzu *Doering-Striening*, ErbR 2016, 10, 11.

ken, verstößt wohl gegen § 138 BGB (Rdn. 1014),[301] zumindest liegt darin ein schuldhaftes Herbeiführen der Hilfebedürftigkeit (mit der Folge einer Kürzung gem. § 26 Abs. 2 Satz 1 SGB XII).[302] Ist der Pflichtteilsanspruch bereits übergegangen, gehen Erlassverträge ohnehin ins Leere (die Voraussetzungen des §§ 407, 412 BGB werden angesichts der zumindest laienhaften Kenntnis der Beteiligten über den Forderungsübergang bzw. der angezeigten Rechtsnachfolge durch Verwaltungsakt gem. SGB XII regelmäßig nicht vorliegen).[303]

Ist der Pflichtteilsanspruch (durch Enterbung oder Ausschlagung) entstanden, *bevor* steuerfinanzierte Fürsorgeleistungen nach SGB II oder SGB XII beantragt wurden, zählt der Pflichtteilsanspruch als solcher zum berücksichtigungsfähigen Vermögen i.S.d. § 12 Abs. 1 SGB II bzw. § 90 Abs. 1 SGB XII, das die Hilfebedürftigkeit des Pflichtteilsberechtigten ausschließt.[304] Seine – rechtlich stets mögliche – Verwertbarkeit muss auch tatsächlich in überschaubarer Zeit (Rdn. 563: 6 bzw. 12 Monate) möglich sein.[305] Im Einzelfall kann allerdings gem. § 12 Abs. 3 Nr. 6, 1. Alt. SGB II die Verwertung wegen »**Unwirtschaftlichkeit**« nicht geschuldet sein, wenn bspw. eine Pflichtteilsstrafklausel als Folge der Geltendmachung zum quantifizierbaren, viel höheren Verlust der Schlusserbschaft führen würde,[306] oder gem. § 12 Abs. 3 Nr. 6, 2. Alt. SGB II (ebenso § 90 Abs. 3 SGB XII, Rdn. 589) wegen Vorliegens einer »besonderen Härte« (Rdn. 797) entfallen:

120

Eine solche **besondere Härte** kann zum einen

121

(1) – moralisch/ethisch – in einer nachhaltigen Störung des Familienfriedens liegen,[307] oder in unzumutbaren Auswirkungen auf den pflichtteilsbelasteten Erben – etwa weil dieser den nun pflichtteilsberechtigten Sozialleistungsempfänger lange Zeit gepflegt und damit höhere Sozialleistungen vermieden hat,[308] oder aber
(2) – materiell, einkommensbezogen – sich dadurch verwirklichen, dass den Erben die Aufnahme eines Darlehens zur Auszahlung des Pflichtteilsanspruchs finanziell so einschränken würde, dass ihm weniger Einkommen bleibt als Verwandte gem § 9 Abs. 5 SGB II – Rdn. 774 – ggü. dem Hilfeempfänger verteidigen könnten (§ 1 Abs. 2 und § 4 Abs. 2 ALG II-VO: doppelte Regelleistung – also ab 2015 798,00 € – zuzüglich Kosten der Unterkunft und Heizung, zuzüglich der Hälfte des übersteigenden Einkommens, Rdn. 776). Sie kann schließlich
(3) – materiell, vermögensbezogen – auch vorliegen, wenn der Erbe verpflichtet wäre, zur Erfüllung des Pflichtteilsanspruchs Vermögen zu verwerten, das er als Sozialleistungsbezieher verteidigen könnte, etwa das selbst genutzte Familienheim,[309] § 90 Abs. 2 Nr. 8 SGB XII/§ 12 Abs. 3 Nr. 4 SGB II.

---

301 VGH Baden-Württemberg, 08.06.1993 – 6 S 1068/92, NJW 1993, 2953, 2955; OLG Frankfurt, 22.06.2004 – 20 W 332/03, FamRZ 2005, 60; *Muscheler*, ZEV 2005, 119, 120; *v. Proff zu Irnich*, ZErb 2010, 207. A.A. jedoch (im Hinblick auf BGH, 19.01.2011 – IV ZR 7/10, DNotZ 2011, 381) nun *Keim*, DAI-Skript »Aktuelles zum Behindertentestament«, 27.04.2012, S. 65; zweifelnd auch *von Proff*, ErbR 2016, 250, 252.
302 *Klühs*, ZEV 2011, 15, 17 (zum noch bis zum 31.12.2010 geltenden § 31 SGB II a.F.; vgl. nunmehr zum Wegfalls der SGB II-Leistungen für höchstens 3 Monate §§ 31 Abs. 2 Nr. 1, 31a, 31b SGB II; dort fehlt es jedoch bereits an der Aktivlegitimation).
303 *von Proff zu Irnich*, ZErb 2010, 206 m.w.N.
304 LSG NRW, 24.11.2008 – L 20 AS 92/07, JurionRS 2008, 30679; BeckOK/*Merten* § 33 SGB II Rn. 3; *Klühs*, ZEV 2011, 15.
305 BSG, 06.05.2010 – B 14 AS 2/09, ZEV 2010, 585, Tz. 21.
306 Hohes Alter des vermögenden Zweitversterbenden im Zeitpunkt der Antragstellung nach SGB II bei i.Ü. bindender Schlusserbeinsetzung (Rückverweisung zur Sachverhaltsaufklärung durch BSG, 06.05.2010 – B 14 AS 2/09 R, ZEV 2010, 585).
307 Nach BSG, 06.05.2010 – B 14 AS 2/09 R, ZEV 2010, 585 genügt dafür aber nicht die Wertung, die in der Abfassung eines Berliner Testaments zum Ausdruck kam; großzügiger *Klühs*, ZEV 2011, 15, 16, bei Vorliegen einer Pflichtteilsstrafklausel.
308 BVerwG, 10.03.1995 – 5 B 37.95 – Buchholz 436.0, BeckRS 1995, 31259873, § 90 BSHG Nr. 23.
309 *Angermeier*, Soziale Sicherung 2010, 194, 196.

122 Stets wird (vom übergeleiteten bzw., sofern noch kein Sozialleistungsbezug vorliegt, zu dessen Vermeidung einzusetzenden) Pflichtteilsanspruch der etwaige noch unverbrauchte Freibetrag abgezogen, der einem Leistungsempfänger verbleiben kann (im Fall der Sozialhilfe also der sog. kleinere Barbetrag i.S.d. § 90 Abs. 2 Nr. 9 SGB XII: 5.000,00 €– Rdn. 585 –, soweit noch nicht durch anderes Finanzvermögen aufgezehrt; im Fall der Grundsicherung die altersabhängigen Freibeträge gem. § 12 Abs. 2 Satz 1 Nr. 1 und Nr. 4 SGB II: 150,00 € je Lebensjahr, Rdn. 811 ff., soweit noch nicht durch andere belassene Vermögenswerte – nicht nur Finanzvermögen – aufgezehrt).[310]

III. Abgrenzung zur Schenkung: Familienrechtliche Verträge

1. Gütergemeinschaft

123 Der **Abschluss eines Ehevertrags**, insb. Begründung einer Gütergemeinschaft, stellt regelmäßig – auch anfechtungsrechtlich[311] und pflichtteilsergänzungsrechtlich – keine Schenkung dar,[312] selbst wenn dadurch ein Ehegatte objektiv eine deutliche Bereicherung erfährt. Die Vereinbarung der Gütergemeinschaft wird daher bewusst eingesetzt, bspw. zur Versorgung eines Ehegatten, wenn der andere durch bindend gewordene letztwillige Verfügung in seiner Testierfreiheit (und gem. § 2287 BGB in seiner Schenkungsfreiheit) eingeschränkt ist und auf das Recht zur Selbstanfechtung bei Wiederheirat verzichtet hat. Jedenfalls seit 01.01.2005 steht die Gütergemeinschaft auch eingetragenen Lebenspartnern zur Verfügung.[313]

124 **Rechtsgrund** der Gütergemeinschaft ist ein »**familienrechtlicher Vertrag**«. Dieser ist nur ausnahmsweise eine Schenkung, wenn der verfolgte Zweck nicht in der Verwirklichung der Ehe liegt.

▶ Beispiele:

Vereinbarung »im Angesicht des Todes«, kurz nach Vereinbarung wieder Aufhebung mit völlig neuer Vermögenszuordnung,[314] Verschiebung wertvoller Vermögensgegenstände in das Vorbehaltsgut des weniger begüterten Ehegatten,[315] Vereinbarung einer höheren als hälftigen (§ 1476 BGB) Ausgleichsquote zugunsten des weniger vermögenden Ehegatten.[316]

125 Allerdings reduziert sich die gesetzliche **Ehegattenerbquote** durch die Vereinbarung der Gütergemeinschaft auf lediglich ein Viertel, so dass eine Pflichtteilskürzung nur eintritt, wenn das Vermögen desjenigen Ehegatten, der Pflichtteilsansprüche reduzieren möchte, mehr als dreimal so groß ist wie das Vermögen des weiteren Ehegatten.[317] Nachteilig ist jedoch die (auch bei gemeinschaftlicher Verwaltung eintretende) **Haftungserweiterung** für Verpflichtungen, die bereits vor Eintritt der Gütergemeinschaft bestanden haben, und solche, die aufgrund Gesetzes entstehen, etwa aus unerlaubter Handlung und Unterhaltspflichten[318] sowie die Mitberücksichtigung des Einkommens des Ehegatten bei der Beurteilung der Leistungsfähigkeit im Unterhaltsrecht (§ 1604 BGB),[319] ebenso die Komplexität der Gesamtgutsauseinandersetzung bei Beendigung, etwa im Scheidungsfall. Gem. § 7 Abs. 1 Nr. 4 ErbStG stellt die Bereicherung aufgrund Vereinbarung der

---

310 BSG, 06.05.2010 – B 14 AS 2/09 R, ZEV 2010, 585, Tz. 32.
311 Daher allenfalls 2-jährige Anfechtung nach § 133 Abs. 2 InsO; vgl. OLG München, 28.01.1997 – 21 W 3421/96, OLGR 1997, 94.
312 BGH, 27.11.1991 – IV ZR 266/90, NJW 1992, 558; eingehend *Wegmann*, ZEV 1996, 204.
313 Aufgrund Neufassung des § 7 LPartG; zuvor umstritten (dagegen etwa *Grziwotz*, DNotZ 2001, 287; dafür *Schwab*, FamRZ 2001, 388).
314 Vgl. RG 22.11.1915 – IV 176/15, RGZ 87, 301.
315 RG, Recht 1908 Nr. 1550 – es handelt sich also keineswegs um ein »neues« Modell!
316 BGH, 27.11.1991 – IV ZR 266/90, DNotZ 1992, 503.
317 Eingehend *Wieser*, MittBayNot 1970, 137 ff.
318 Vgl. *Behmer*, MittBayNot 1994, 382; *Everts*, ZFE 2004, 273.
319 Vgl. OLG Frankfurt, 09.08.2001 – 1 UF 66/01, FamRZ 2002, 982.

Gütergemeinschaft eine **steuerpflichtige Schenkung** dar (ausgenommen ist das Familienwohnheim gem. § 13 Abs. 1 Nr. 4a ErbStG); Steuergrundlage ist die Hälfte des Differenzbetrags des von beiden Ehegatten eingebrachten Vermögens.[320]

Einkommensteuerliche Wirkung kommt der Gütergemeinschaft (anders als ihrer Auseinandersetzung)[321] nicht zu, allerdings sind bei einem land- und forstwirtschaftlichen oder Gewerbebetrieb (und bei freiberuflicher Tätigkeit, § 18 Abs. 5 EStG)[322] beide Ehegatten regelmäßig (bis zur Auflösung und Beendigung der Gütergemeinschaft, also ggf. über die Scheidung hinaus![323]) als Mitunternehmer i.S.d. § 15 Abs. 1 Nr. 2 EStG anzusehen, es sei denn, es wird ohne nennenswertes Kapital gewirtschaftet und die persönliche Arbeitsleistung des unternehmensführenden Ehegatten ist allein bestimmend. Etwaige Löhne, einschließlich der Arbeitgeberanteile zur Sozialversicherung, die der »mitarbeitende«, tatsächlich jedoch mitunternehmerisch veranlagte Ehegatte bezieht, sind also keine Betriebsausgaben, sondern zählen zu den Einkünften aus Gewerbebetrieb, unterliegen der Gewerbesteuer, vermitteln keinen Arbeitnehmerpauschbetrag gem. § 9a Nr. 1 EStG und können nicht zur Pauschalversteuerung nach §§ 40, 40a EStG veranlagt werden. Kommt es bei der Beendigung der Gütergemeinschaft zur gegenständlichen Auseinandersetzung, gelten dieselben Grundsätze wie bei der Vermögensübertragung zur Erfüllung eines Zugewinnausgleichsanspruchs (vgl. Rdn. 89 ff.: ertragsteuerliche Entgeltlichkeit).[324] Übernimmt ein Ehegatte den bisher zum Gesamtgut gehörenden Betrieb allein, liegt darin das Ausscheiden aus einer zweigliedrigen »Personengesellschaft«.[325]

▶ Hinweis:

Um zu vermeiden, dass beim Vorversterben des »falschen«, nämlich durch die Vereinbarung der Gütergemeinschaft faktisch bereicherten Ehegatten der andere wesentliche Teile des Vermögens zurückerhält, ist eine flankierende Verfügung von Todes wegen (Vor- und Nacherbfolge) notwendig.

2. Fortgesetzte Gütergemeinschaft

Noch stärker pflichtteilsabwehrende Wirkung hat die **fortgesetzte**[326] **Gütergemeinschaft** mit gemeinschaftlichen Abkömmlingen: Gem. § 1483 Abs. 1 Satz 3 BGB gehört das Gesamtgut beim Tod des erstversterbenden Ehegatten im Verhältnis zu den gemeinschaftlichen Abkömmlingen zivilrechtlich[327] nicht zum Nachlass, so dass diesbezüglich weder ordentliche Pflichtteilsansprüche noch Pflichtteilsergänzungsansprüche geltend gemacht werden können. Gem. § 1505 BGB gilt für Zwecke der Pflichtteilsergänzung der erstverstorbene Ehegatte als erst zum Zeitpunkt der Beendigung der fortgesetzten Gütergemeinschaft (regelmäßig also bei Versterben des zweiten Ehegatten, sofern die gemeinsamen Abkömmlinge keine vorzeitige Aufhebung erzwingen können) verstorben. Das Anlaufen der Zehn-Jahres-Frist gem. § 2325 Abs. 3 BGB wird dadurch jedoch

---

320 Wobei infolge des Wechsels vom gesetzlichen Güterstand dem weniger vermögenden Ehegatten eine Zugewinnausgleichsforderung zustehen kann, die materiell-rechtlich ebenfalls in das Gesamtgut eingebracht wird, BGH, 19.10.1989 – IVb ZR 82/88, FamRZ 1990, 257.
321 Es gelten wohl die Realteilungsgrundsätze, vgl. FG München, 25.03.1993 – II 242/91, EFG 1993, 812; BFH, 21.03.2002 – IV R 1/01, BStBl. 2002 II, S. 519; *Fichtelmann*, EStB 2006, 257.
322 Wobei hier häufig die besondere Qualifikation des freiberuflich tätigen Ehegatten im Vordergrund steht, so dass keine Mitunternehmerschaft eintritt.
323 BFH, 26.10.2011 – IV B 66/10, BFH/NV 2012, 411, 412.
324 *Kusterer*, EStB 2007, 344.
325 *Liebelt*, NJW 1994, 609, 613.
326 Wurde die allgemeine Gütergemeinschaft vor dem 01.07.1958 begründet, handelt es sich stets um eine fortgesetzte; danach nur bei ausdrücklicher Vereinbarung.
327 Erbschaftsteuerlich ist dagegen der Anteil des Erstverstorbenen gem. § 4 ErbStG allein den gemeinsamen Kindern zuzurechnen (was für die Ausnutzung der Freibeträge natürlich günstiger ist), vgl. *Bruschke*, ErbStB 201, 22, 23.

nicht berührt, so dass Schenkungen aus dem Gesamtgut zu Lebzeiten beider Ehegatten immer dann ergänzungsfest sind, wenn wenigstens einer der beiden Ehegatten[328] den Schenkungszeitpunkt mehr als 10 Jahre überlebt (bzw., sofern es sich um Schenkungen durch einen Ehegatten in das Vorbehaltsgut des anderen Ehegatten handelt, der beschenkte Ehegatte den schenkenden um mehr als 10 Jahre überlebt, Rdn. 131; davor tritt immerhin eine jährliche periodische Abschmelzung ein). Die persönliche Auseinandersetzung der fortgesetzten Gütergemeinschaft wird erleichtert durch die Möglichkeit der »Abschichtung« eines Abkömmlings in Gestalt der einseitigen, dem Nachlassgericht gegenüber abzugebenden beglaubigten Verzichtserklärung (§ 1491 Abs. 1 BGB) oder eines beurkundeten allseitigen Verzichtsvertrages, § 1491 Abs. 2 BGB;[329] ferner kann ein anteilsberechtigter Abkömmling bereits zu Lebzeiten (ähnlich einem Erbverzicht) auf seinen künftigen Anteil am Gesamtgut verzichten, § 1517 BGB.

129 Dieses Zusammenspiel führt dazu, dass Schenkungen, die länger als zehn Jahre vor Beendigung der fortgesetzten Gütergemeinschaft (also regelmäßig vor dem Ableben des längerlebenden Ehegatten) stattgefunden haben (sofern die Frist überhaupt angelaufen ist), unberücksichtigt bleiben.[330] (Sofern die Schenkung an den Ehegatten selbst erfolgt, beginnt die Frist, § 2325 Abs. 3 Satz 2 BGB, allerdings nicht vor Auflösung der Ehe, also dem Tod des ersten Ehegatten[331]). Zur Nutzung des Abschmelzungszeitraums steht mithin die Lebenserwartung beider Ehegatten zur Verfügung, was sich insbesondere bei einem großen Altersunterschied zwischen Ehemann und Ehefrau im Zusammenhang mit Betriebsübergaben zur Vermeidung von Pflichtteilsergänzungsansprüchen weichender Geschwister günstig auswirken kann. Allerdings ist darauf hinzuweisen, dass diese **Entschärfung der pflichtteilsrechtlichen Zeitkomponente** nur bei der Pflichtteilsergänzung (§ 2325 BGB) eintritt, nicht beim Ausgleichungspflichtteil (§ 2316 BGB), der überhaupt keine Zeitkomponente kennt, vgl. Rdn. 271, 3747 ff., so dass die sonst (etwa im Hinblick auf § 528 BGB und die sonstigen Schwächen des Schenkungsrechts) empfohlene Wahl der Variante der Ausstattung (§ 1624 BGB), Rdn. 265 ff., sich hier nicht anbietet.

130 Zur Erleichterung der pflichtteilsrechtlichen Absicherung einer Betriebsübergabe unter Nutzung der fortgesetzten Gütergemeinschaft wird diese daher durch Übergeber-Ehegatten im ersten Schritt ehevertraglich vereinbart (Rdn. 133). Dabei sind ertragsteuerliche Nachteile der Gütergemeinschaft (etwa der Wegfall von steuerlich abzugsfähigen Ehegatten-Arbeitsverhältnissen) zu berücksichtigen, so dass gegebenenfalls zuvor die Umwandlung des Unternehmens in eine GmbH zu erwägen ist. Dass die vorhandenen Werte, einschließlich des zu übergebenden Unternehmens, »automatisch« Bestandteil des Gesamtguts der Gütergemeinschaft werden, löst regelmäßig auch die »disparitätischer Einspeisung« in das Gesamtgut keine Pflichtteilsergänzung aus, da (jedenfalls sofern keine ehefremden Zwecke verfolgt werden) keine Schenkung vorliegt, vgl. Rdn. 123. Anschließend kann der Betrieb (als Einzelunternehmen oder als zuvor formgewechselte GmbH) gemäß §§ 13a, 13b ErbStG vergünstigt an den Unternehmensnachfolger übertragen werden.

131 Wenn gewünscht, können zusätzlich noch – etwa zur Alterssicherung – einem der Ehegatten z.B. das Familienheim oder sonstige Vermögenswerte zum **Vorbehaltsgut übertragen** werden, vgl. § 1418 Abs. 2 Nr. 1 BGB. Darin liegt zwar eine (hinsichtlich des Familienwohnheims gem. § 13 Abs. 1 Nr. 4a ErbStG steuerfreie) zivilrechtliche Schenkung, sofern jedoch ab dem gem. § 2325 Abs. 3 Satz 3 BGB maßgebenden Zeitpunkt des Fristbeginns (Beendigung der Ehe durch den Tod des ersten Ehegatten) bis zum Ableben des längerlebenden Ehegatten (also der Beendigung der fort-

---

328 Während der Fortsetzung der Gütergemeinschaft können Schenkungen aus dem Gesamtgut nur mit Zustimmung der fortsetzenden Abkömmlinge erfolgen (vgl. §§ 1487, 1425 BGB).
329 Vgl. *Becker*, RNotZ 2013, 535 ff.
330 Vgl. *Milzer*, ZEV 2015, 260 ff.
331 Anderer Ansicht nur *J. Mayer* in: Bamberger/Roth, § 1505 Rn. 2, der von einem Redaktionsversehen ausgeht, wonach nur auf § 2325 BGB a. F. verwiesen sei. Andererseits hat der Gesetzgeber im Rahmen der Erbrechtsreform 2010 auch § 1513 Abs. 1 Satz 2 BGB angepasst, so dass die Verweisung in § 1505 BGB auf die Pflichtteilsergänzungsvorschriften dynamisch sein dürfte, vgl. *Milzer*, ZEV 2015, 260, 261.

gesetzten Gütergemeinschaft gem. § 1494 BGB durch den Tod des zweiten Ehegatten, vgl. § 1505 BGB[332]) mindestens zehn Jahre verstrichen sind, ist auch diese Schenkung pflichtteilsergänzungsfest (verstreichen weniger Jahre, wird immerhin ein entsprechendes Abschmelzen erreicht).

Die dadurch insgesamt erreichte weitgehende Zurückdrängung des Pflichtteilsergänzungsrechts weichender Geschwister ist gesetzeskonform (§ 1505 BGB) und dürfte auch den verfassungsrechtlichen Schutz des Pflichtteilsrechts, Art. 14 GG, nicht verletzen, zumal die ungestörte Unternehmensnachfolge des Mittelstands ein ebenfalls von Art. 14 GG geschütztes Ziel ist. Hierzu[333] 132

▶ **Formulierungsvorschlag: Vereinbarung der fortgesetzten Gütergemeinschaft:**

Wir beenden hiermit einvernehmlich den bisher bestehenden Güterstand der Zugewinngemeinschaft und vereinbaren als Güterstand künftig die Gütergemeinschaft, ohne deren Fortsetzung auszuschließen. Wir verwalten das Gesamtgut gemeinschaftlich. Die durch die Aufhebung des bisherigen Güterstands entstandenen Zugewinnausgleichsansprüche ordnen wir ausdrücklich dem Gesamtgut der Gütergemeinschaft zu. Vorbehaltsgut ist nicht vereinbart. Uns ist bekannt, dass aufgrund der Fortsetzung der Gütergemeinschaft nach dem Tod des erstversterbenden Ehegatten diese mit den gemeinschaftlichen Abkömmlingen, die bei gesetzlicher Erbfolge zu Erben berufen wären, fortgesetzt wird. 133

Eine Eintragung in das Güterrechtsregister beantragen wir nicht, jedoch die Berichtigung des Grundbuchs, Blatt ... Der Notar hat ferner zu HRB ..., Amtsgericht ..., eine berichtigte, mit seiner Bescheinigung versehene Gesellschafterliste gemäß § 40 Abs. 2 GmbHG einzureichen.

3. Gütertrennung und Vereinbarungen zum Zugewinnausgleich

Der kraft Gesetzes (§ 1378 Abs. 3 Satz 1 BGB) – sofern nicht ehevertraglich ausgeschlossen – mit Beendigung des gesetzlichen Güterstandes entstehende Zahlungsanspruch auf Ausgleich des bisherigen Zugewinns ist nicht rechtsgeschäftlich zugewendet und somit nicht schenkungsteuerbar (§ 5 Abs. 2 ErbStG; vgl. ausführlich Rdn. 4885 ff.). Erfolgt eine Übertragung in Anrechnung auf die familienrechtliche Ausgleichsforderung, an Erfüllungs statt bzw. als Gegenleistung für den Verzicht auf deren Geltendmachung, liegt hierin auch **zivilrechtlich** ein entgeltlicher Erwerb (vgl. Rdn. 80 ff.). Dieselbe Wertung vollzieht auch das **Ertragsteuerrecht** nach (vgl. ausführlich Rdn. 89 ff., Rdn. 6303 ff). 134

4. Anrechnung gem. § 1380 BGB

Erfolgt eine Übertragung unter Ehegatten in Anrechnung auf einen künftigen Zugewinnausgleichsanspruch nach § 1380 BGB, nimmt die Literatur ab Entstehung des Ausgleichsanspruchs nachträgliche (Teil-)Entgeltlichkeit in Höhe dessen anrechnungsbedingter Minderung an[334] (vgl. Rdn. 94 ff. zur ertragsteuerlichen Sicht und Rdn. 79 mit weiteren Verweisungen zum Schenkungsteuerrecht, § 29 Abs. 1 Nr. 3 ErbStG, Rdn. 4884). 135

5. Rückwirkende Vereinbarung der Zugewinngemeinschaft

Die mit der ehevertraglichen Vereinbarung der Zugewinngemeinschaft einhergehende Erhöhung des gesetzlichen Ehegattenerbteils um ein Viertel reduziert nachhaltig und mit sofortiger Wirkung die Pflichtteilsquote anderer Berechtigter. Ebenso wie die Vereinbarung der Gütergemeinschaft dürfte sie in erster Linie familienrechtliche Gründe haben und damit keine Schenkung darstellen. 136

---

332 Beim Tod des längerlebenden Ehegatten treten dessen Erben an die Stelle seiner abzuwickelnden hälftigen Gesamthandsbeteiligung ein, die andere Gesamtgutshälfte halten die anteilsberechtigten Abkömmlinge bereits nach dem erstverstorbenen Elternteil, wenn auch bisher noch unter »Witwenherrschaft«. Zunächst ist die beendete Gütergemeinschaft auseinanderzusetzen, dann die Erbengemeinschaft am Witwen/Witwer-Gesamthandsanteil, vgl. *Ruby*, ZEV 2017, 496 ff.
333 Gemäß *Milzer*, ZEV 2015, 260, 262.
334 Vgl. *Söffing/Thoma*, ErbStB 2003, 321 m.w.N.

Zivilrechtlich ist es weiterhin möglich, als Anfangsvermögen i.S.v. § 1374 Abs. 1 BGB bei späterer Vereinbarung der Zugewinngemeinschaft nicht das Vermögen beim Ehevertrag, sondern das bei Eheschließung vorhandene Vermögen zu vereinbaren.[335] Diese »rückwirkende« Wiedervereinbarung der Zugewinngemeinschaft wird allerdings erbschaftsteuerlich bei der »erbrechtlichen Lösung« gem. § 5 Abs. 1 Satz 4 ErbStG[336] nicht anerkannt; steuerfrei gestellt wird lediglich der errechnete Zugewinn ab tatsächlichem Ehevertragsdatum (Rdn. 4880).

137 § 5 Abs. 2 ErbStG (güterrechtlicher Ausgleich beim gesetzlichen Güterstand) sowie § 5 Abs. 3 ErbStG (Beendigung des Güterstandes der Wahl-Zugewinngemeinschaft, § 1519 BGB, Rdn. 4899) erwähnt dagegen schlicht »die Ausgleichsforderung (§ 1378 BGB)« und kennt keine ausdrückliche Verweisung auf das **Rückwirkungsverbot** des § 5 Abs. 1 Satz 4 ErbStG. Daher besteht (Schenkungs-)steuerfreiheit auch des »rückwirkend« auf den Beginn der Ehe »**wiedervereinbarten**« Zugewinns beim güterrechtlichen Ausgleich[337] nunmehr auch nach Ansicht der Finanzverwaltung[338] (vgl. näher Rdn. 4896 ff. auch zu den Grenzen: Nichtanerkennung eines vor Ehebeginn liegenden Stichtages etc.).

6. Güterrechtliche Besonderheiten im Beitrittsgebiet

138 § 40 FGB-DDR[339] gibt bei Beendigung der ehelichen Vermögensgemeinschaft, also des gesetzlichen, bis zum 01.10.1990 auch einzigen, Güterstands des Familiengesetzbuchs der DDR, eine **Ausgleichsforderung**, deren Höhe gem. § 40 Abs. 2 FGB-DDR im richterlichen Ermessen steht. Dabei ist auch die mittelbare Entlastung des anderen Ehepartners durch Leistungen im Haushalt und bei der Erziehung der Kinder ein berücksichtigungsfähiger Umstand; es ist nicht erforderlich, dass daneben finanzielle Beiträge geleistet werden. Maßgeblich ist der Wert des Alleinvermögens des anderen Ehegatten zum 03.10.1990, so dass die Wertsteigerung seit der Sozial- und Währungsunion (Freigabe der Stopp-Preise am 01.07.1990) noch miterfasst wird.[340] Anders als beim Zugewinnausgleich werden also nicht nur Werterhöhungs-, sondern auch Werterhaltungsmaßnahmen berücksichtigt. Der Anspruch entsteht mit der gesetzlichen Beendigung des DDR-Güterstands, der als noch nicht abgewickelte Liquidationsgemeinschaft fortbesteht, und ist in seiner Verjährung gem. § 207 Satz 1 BGB gehemmt. Dieser Anspruch,[341] dessen Höhe nicht zu unterschätzen ist, wird transfersteuerlich wie der Zugewinnausgleichsanspruch bei vorzeitiger Beendi-

---

335 Vgl. BGH, 01.04.1998 – XII ZR 278/96, FamRZ 1998, 903.
336 Gilt gem. § 37 Abs. 10 ErbStG a.F. für alle Erwerbe, für die die Steuer al 01.01.1994 entstanden ist (verfassungskonforme unechte Rückwirkung gem. BFH, 13.04.2005 – I R 46/03, FamRZ 2006, 1667).
337 FG Düsseldorf, 14.06.2006 – 4 K 7107/02 Erb, RNotZ 2007, 55 = ErbStB 006, 305, rk. Das FA hatte zuvor in der rückwirkenden Wiedervereinbarung des gesetzlichen Güterstandes eine Schenkung des Erblassers auf den Todesfall gesehen.
338 Bayerisches Landesamt für Steuern, Erlass v. 05.10.2006 – S 3804–4 St35N, ZEV 2007, 48; vgl. auch *Müller*, ErbStB 2007, 14.
339 Gem. Art. 234 § 4 EGBGB leben Ehegatten, die am 02.10.1990 im gesetzlichen Güterstand der »Errungenschaftsgemeinschaft« des FGB-DDR verheiratet waren, ab 03.10.1990 (also nicht ab Ehebeginn!) im Güterstand der Zugewinngemeinschaft. Für die güterrechtliche Auseinandersetzung des bis zum 03.10.1990 erworbenen vormals gemeinschaftlichen Vermögens gelten im Fall einer späteren Scheidung gem. Art. 234 § 4 Abs. 4 EGBGB weiterhin §§ 39 ff. FGB.
340 Nach § 40 Abs. 1 FGB-DDR war zwar die Beendigung der Ehe erforderlich, us § 40 Abs. 3 FGB, wonach auch schon vor Beendigung der Ehe in einzelnen Fällen der Anspruch geltend gemacht werden konnte, schöpfte der BGH jedoch das Entstehen des Anspruchs bereits mit Beendigung des DDR-Güterstands: BGH, 05.06.2002 – XII ZR 194/00, NotBZ 2003, 30; BGH, 05.05.999 – XII ZR 184–97, VIZ 1999, 502.
341 Vgl. hierzu auch die Rspr. der OLG der neuen Bundesländer: OLG Naumburg 16.03.2003 – 8 WF 39/03, NJ 2003, 438; OLG Brandenburg, 06.11.2001 – 9 UF 39/01, FamRZ 2003, 452; OLG Dresden, 28.04.2000 – 10 UF 518/99, VIZ 2001, 343; OLG Rostock, 29.06.1999 – 3 UF 61/98, FamRZ 2000, 887.

gung der Zugewinngemeinschaft behandelt (§ 5 Abs. 2 ErbStG) und löst keine Pflichtteilsergänzungsansprüche aus.

Im Beitrittsgebiet sind zusätzlich **gesetzliche Miterwerbe** des Ehegatten zu berücksichtigen, etwa gem. Art. 233 § 11 Abs. 5 EGBGB[342] bei ehemaligen Bodenreformgrundstücken hinsichtlich des »gesetzlichen Erwerbs« zum 15.03.1990, gem. § 4 EGFGB bzgl. des Miterwerbs von Vermögensgegenständen durch den Ehegatten bei Eintritt des gesetzlichen Güterstands des FGB-DDR am 01.05.1965,[343] weiter gem. § 9 Abs. 4 Sachenrechtsbereinigungsgesetz[344] und bzgl. des Baulichkeitseigentums gem. § 296 ZGB.[345]

IV. Weitere Abgrenzung: Gesellschaftsrechtliche Vereinbarungen

1. Verpflichtungen causa societatis

Insb. in der Gründungsphase sowie in Zeiten finanzieller Bedrängnis übernehmen Gesellschafter ggü. »ihrer« Gesellschaft Verpflichtungen, etwa zur Übernahme von Verlusten, im Rahmen sog. **Patronatserklärungen**[346] oder durch freiwillige Sanierungsleistungen (Zuschüsse) bzw. Gewährung sog. Finanzplankredite.[347] Werden lediglich Sicherheiten mit Regressberechtigung gestellt (Übernahme einer Bürgschaft), liegt hierin bereits wegen der Rückgriffsberechtigung keine Schenkung (vgl. Rdn. 27). Aber auch Patronatserklärungen oder sonstige Beiträge, zu denen keine satzungsmäßige oder durch Beschluss begründete Verpflichtung besteht, werden i.d.R. nicht als Gegenstand eines (beurkundungspflichtigen) Schenkungsversprechens, sondern im Hinblick auf die Mitgliedschaft in dieser Gesellschaft oder in diesem Verein[348] (»causa societatis«) abgegeben.

Eine solche kausale Verknüpfung **schließt das Vorliegen einer Schenkung im Verhältnis zur Gesellschaft aus**;[349] die Leistung (z.B. Verlustübernahmeerklärung)[350] wird zum Zweck der Stärkung der Gesellschaft und damit zur Erhöhung des Werts der Beteiligung erbracht. Demnach fällt für die Übertragung eines Grundstücks auf eine Kapitalgesellschaft zur Verstärkung der Beteiligung des Einbringenden Grunderwerbsteuer an, nicht jedoch Schenkungsteuer[351] (vgl. Rdn. 4439). Zuwendungen an eine Familienstiftung sind jedoch zivilrechtlich und schenkungsteuerlich (mangels zu stärkender »Beteiligung« an der Stiftung) Schenkung, selbst wenn der Zuwendende als Destinatär mittelbar wiederum von der Zuwendung profitiert (vgl. Rdn. 3107).

Auch Zuwendungen der Gesellschaft an ihre Gesellschafter können zivilrechtlich causa societatis erfolgen,[352] also nicht als unentgeltliche Zuwendung i.S.d. § 516 Abs. 2 BGB (mit der Form-

---

342 Vgl. hierzu *Stavorinus*, NotBZ 2000, 107; § 891 BGB (Vermutung der Richtigkeit des Grundbuchs) gilt insoweit bei Bodenreformgrundstücken nicht, vgl. OLG Rostock, 05.05.1994 – 3 W 21/94, MittBayNot 1994, 441; a.A. (lediglich Verpflichtung des Notars, den Sachverhalt zu klären) LG Neubrandenburg, 14.12.1993 – 3 T 142/93, Rpfleger 1994, 293.
343 Vgl. OLG Dresden, 20.12.1995 – 7 U 1511/95, ZEV 1997, 31.
344 Vgl. OLG Brandenburg, 21.08.1997 – 5 U 15/97, VIZ 1998, 151.
345 Vgl. OLG Brandenburg, 19.03.2002 – 9 U 28/01, FamRZ 2003, 159.
346 Nach BGH, 20.09.2010 – II ZR 296/08 – »Star 21«, GmbH-StB 2010, 319 ist eine Patronatserklärung mit Wirkung für die Zukunft jedenfalls dann kündbar, wenn sie vereinbarungsgemäß nur die Prüfung der Sanierungsfähigkeit der Tochtergesellschaft erlauben sollte, sog. »mittelharte Patronatserklärung«; vgl. auch *Vossius*, NotBZ 2011, 33.
347 BGH, 09.12.1996 – II ZR 341/95, DStR 1997, 505; *Groh*, DStR 1999, 1051.
348 BGH, 14.01.2008 – II ZR 245/06, ErbStB 2008, 139.
349 MünchKomm-BGB/*Koch*, § 516 Rn. 28.
350 BGH, 08.05.2006 – II ZR 94/05, DNotZ 2006, 870 (eines Aktionärs ggü. seiner AG; die Berufung auf den Formmangel der »auf einer Serviette« abgegebenen Erklärung blieb daher ungehört).
351 BFH, 17.10.2007 – II R 63/05, ZNotP 2008, 86.
352 BGH, 18.09.2012 – II ZR 127/11, NotBZ 2013, 106 m. Anm. *Vossius*, gegen OLG Hamburg, 11.02.2011 – 11 U 12/10, ErbStB 2011, 188; wie der BGH schon zuvor OLG Schleswig, 02.03.2011 – 9 U 22/10, ErbStB 2011, 310.

pflicht des § 518 Abs. 1 BGB), sondern im Hinblick auf die Mitgliedschaft, da sie der gesellschaftsvertraglich verabredeten gemeinsamen Zweckverfolgung dienen, an deren Erfolg der Gesellschafter teilhaben soll. Dies gilt auch bei der stillen Gesellschaft.[353]

143 Im Regelfall fehlt es auch in **schenkungsteuerlicher Hinsicht** an einer Schenkung, jedenfalls im Verhältnis zur Gesellschaft selbst (Rdn. 4439). Allerdings kann in der **Bereicherung der Mitgesellschafter**, die keine entsprechenden Ausgleichsbeiträge geleistet haben, eine zumindest objektive und damit steuerbare Schenkung liegen (Rdn. 4442 f.), wenn es auch für das Vorliegen einer zivilrechtlichen Schenkung regelmäßig am Bereicherungswillen fehlen wird. Auch in Übermaßzuwendungen einer Gesellschaft an Gesellschafter oder nahestehende Dritte (»verdeckte Gewinnausschüttungen«) kann eine Schenkung liegen (vgl. Rdn. 4449).

144 Davon zu unterscheiden ist die **zivilrechtliche Einordnung** solcher einseitiger Gesellschaftsbeiträge, die nicht zur Erfüllung einer satzungsmäßigen durch Beschluss geschaffenen Pflicht genügen (insbesondere sog. »disquotaler Einlagen«), im **Verhältnis zu den mittelbar davon profitierenden Mitgesellschaftern**, also im Hinblick auf §§ 2325, 2329 BGB, auf §§ 2287, 2288 BGB sowie auf § 2113 Abs. 2 Satz 1 BGB.[354] Nach dem Willen des einlegenden Gesellschafters wird dahingehend zu differenzieren sein, ob
(1) die Leistung mit Rücksicht darauf geschieht, dass sich andere Mitgesellschafter um die Gesellschaft verdient gemacht haben oder ähnliche Leistungen erbringen, oder
(2) der leistende Gesellschafter seinen Mitgesellschaftern keine Leistung abverlangen will oder
(3) es dem leistenden Gesellschafter allein um die Stärkung der Kapitalausstattung »seiner« Gesellschaft geht, also ohne Willensbezug zu den Mitgesellschaftern.

145 In der ersten Fallgruppe fehlt es an der Einigkeit über die Unentgeltlichkeit, so dass eine zivilrechtliche Schenkung im Verhältnis zu den Mitgesellschaftern in jeder denkbaren Hinsicht ausscheidet.

In der zweiten Fallgruppe liegt hingegen eine Schenkung in jeder denkbaren Hinsicht vor.

In der dritten Fallgruppe verfolgt der Zuwendende ein lebzeitiges Eigeninteresse, so dass ein Verstoß gegen §§ 2287, 2288 BGB ausscheidet, jedoch i.S.d. §§ 2325, 2329 BGB ebenfalls eine ergänzungspflichtige Schenkung an die mittelbar begünstigten Mitgesellschafter vorliegt. Auch ein Testamentsvollstrecker, der Maßnahmen der im zweiten oder dritten Spiegelstrich genannten Art verwirklicht, verstößt gegen § 2205 Satz 3 BGB, so dass der Erbe Herausgabeansprüche gegen die Gesellschaft hätte.

146 Die Bereicherung der Mitgesellschafter bemisst sich nach der durch die disquotale Einlage eintretende Wertsteigerung; spätere Wertverluste sind über § 2325 Abs. 2 BGB bzw. (im Rahmen des § 2287 BGB) gemäß § 818 Abs. 3 BGB aufzufangen.

2. Nachfolgeregelungen bei Personengesellschaften

a) Gestaltungsvarianten

147 Unter Gestaltungsaspekten interessant, zugleich jedoch komplex, ist der Grenzbereich zwischen Erbrecht und Gesellschaftsrecht. Stirbt ein Gesellschafter, wird eine GbR nach der gesetzlichen Vermutung des § 727 Abs. 1 BGB aufgelöst (die Erben treten in die Liquidationsgesellschaft ein, vgl. Rdn. 2496 ff.), bei einer OHG scheidet gem. § 131 Abs. 3 Nr. 1 HGB der verstorbene Gesellschafter aus und die Gesellschaft wird – ohne Eintritt der Erben – mit den verbleibenden Gesellschaftern fortgesetzt (bzw., bei einer zuvor zweigliedrigen Gesellschaft, liquidationslos vollbeendet unter

---

353 Beispiel nach dem Urteil des BGH aus vorangehender Fußnote: Zusage von Sonderzahlungen an einen stillen Gesellschafter, die – in Verlustjahren – nach dem Gesellschaftsvertrag nicht geschuldet sind, ist auch ohne notarielle Beurkundung dieser Zusage wirksam.
354 Vgl. hierzu und zum Folgenden *Mylich*, ZEV 2012, 229 ff.

gleichzeitigem Übergang aller Aktiva und Passiva auf den verbleibenden »Gesellschafter«).[355] Gleiches gilt gem. § 9 Abs. 1 PartGG (wobei Nachfolgeklauseln insoweit nur in Grenzen des Berufsrechts zulässig sind, § 1 Abs. 3 PartGG). Bei der KG gilt für den Komplementär dieselbe Rechtslage wie bei der OHG, allerdings eröffnet § 139 HGB die Option, in die Stellung eines Kommanditisten einzutreten. Beim Ableben eines Kommanditisten wird gem. § 177 HGB die Gesellschaft im Zweifel mit dessen Erben fortgesetzt, ebenfalls beim Ableben eines stillen Gesellschafters gem. § 234 Abs. 2 HGB.

Vertragliche Nachfolgeregelungen (im Detail: Rdn. 5860 ff.) können abweichend vom Gesetz konzipiert sein als: **148**

(1) **Fortsetzungsklauseln** (z.B. einfache Fortsetzungsklausel bei der GbR: Anteil wächst den verbleibenden Gesellschaftern[356] an, GbR ist nicht aufgelöst), auch als qualifizierte Fortsetzungsklausel nur beim Tod bestimmter Gesellschafter oder i.S.e. Anwachsung nur an bestimmte andere Gesellschafter: Der Gesellschaftsanteil erlischt und fällt nicht in den Nachlass; dort befinden sich allenfalls Abfindungsansprüche, soweit nicht ausgeschlossen.

(2) **Eintrittsklauseln** (Zuwendung eines Eintrittsrechts): Der Mitgliedschaftswechsel selbst vollzieht sich durch Erklärung des Berechtigten oder Aufnahmevertrag. Die Zuwendung des Eintrittsrechts kann durch Gesellschaftsvertrag oder erbrechtlich erfolgen. Zusätzlich kann dem Eintrittsberechtigten auch der Kapitalanteil des verstorbenen Gesellschafters zugewendet werden; die verbleibenden Gesellschafter halten ihn dann bis zu dessen Eintritt für ihn treuhänderisch, so dass eine Abfindungsanspruch noch nicht entstanden ist (vgl. Rdn. 5906 ff.). **149**

(3) Eintritt durch **rechtsgeschäftliche Nachfolgeklausel**, also aufschiebend auf den Tod bedingte Schenkung und Abtretung des Anteils an den Berechtigten durch Vertrag mit diesem. Der Anteil ist dann bereits zu Lebzeiten und damit außerhalb des Nachlasses übertragen. **150**

(4) **Erbrechtliche Nachfolgeklausel**: Der Vorrang des Gesellschaftsrechts wird durch schlichte Vererblichstellung des Anteils (einfache erbrechtliche Nachfolgeklausel) aufgehoben, es gilt sodann die erbrechtliche Verfügung (allerdings mit der Besonderheit, dass mehrere Erben ihn in Höhe ihrer Erbquote, nicht in Erbengemeinschaft halten,[357] und Sonderrechtsnachfolge eintritt, vgl. Rdn. 5876). Die **qualifizierte erbrechtliche Nachfolgeklausel** stellt den Anteil allerdings nur zugunsten namentlich benannter oder nach eindeutigen Merkmalen bezeichneter Personen (z.B. ältester Sohn mit abgeschlossenem BWL-Studium) vererblich und muss daher durch eine Verfügung von Todes wegen flankiert werden.[358] Sind qualifizierte Nachfolgeeröffnung im Gesellschaftsvertrag und Verfügung von Todes wegen konkordant, soll die personenbezogene Mitgliedschaft im Weg einer Sondererbfolge (ähnlich dem Höfe- und Heimstättenrecht) unmittelbar dem benannten Erben zustehen[359] – übertragbare Vermögensrechte aus der Beteiligung wie etwa der Gewinnanspruch oder der Anspruch auf das künftige Auseinandersetzungsguthaben fallen allerdings in den Nachlass.[360] Weichende Erben haben i.d.R. al-

---

355 Auch bei der KG; die Rspr. billigt dem verbleibenden Kommanditisten, sofern er das Unternehmen nicht fortführt (sonst: §§ 25, 27 HGB), eine Haftungsbeschränkung zu und ermöglicht ein Partikularinsolvenzverfahren über das ihm angewachsene Gesellschaftsvermögen, vgl. Gutachten, DNotI-Report 2010, 45 ff.
356 Die Fortsetzungsklausel gilt auch, wenn die Mehrheit der Gesellschafter kündigt: BGH, 07.04.2008 – II ZR 3/06, ZNotP 2008, 411.
357 Soll nur eine Person den Anteil als Vermächtnisnehmer erhalten, bedarf es also einer erbrechtlichen Eintrittsklausel, vgl. Gutachten, DNotI-Report 2004, 141.
358 Nach BGH, 29.09.1977 – II ZR 214/75, NJW 1978, 264 soll bei Unterlassung der Benennung und damit Fehlschlagen der qualifizierten erbrechtlichen Nachfolgeklausel diese in eine einfache Fortsetzungsklausel mit Eintrittsrecht des Benannten umgedeutet werden können.
359 Erfolgt die Zuweisung der Mitgliedschaft allerdings lediglich durch eine Teilungsanordnung, bedarf es ihrer rechtsgeschäftlichen Umsetzung (im Handelsregister sind dann mangels einer § 40 GBO vergleichbaren Vorschrift die Einzelschritte anzumelden), vgl. Gutachten, DNotI-Report 2006, 109.
360 BGH, 03.07.1989 – II ZB 1/89, BGHZ 108, 187. Damit soll Testamentsvollstreckung, Nachlassverwaltung etc. wenigstens an diesen Rechten ermöglicht werden.

lenfalls[361] erbrechtliche Ausgleichsansprüche.[362] Da nicht Bestandteil des Nachlasses, werden solche durch Sondererbfolge übergegangene Personengesellschaftsanteile von etwaigen Erbteilsübertragungen nicht erfasst.[363]

▶ Hinweis:

151   Bei allen vorgenannten vertraglichen Regelungsmöglichkeiten ist zu berücksichtigen, dass Sonderbetriebsvermögen das Schicksal der mitunternehmerischen Beteiligung selbst nicht teilt, so dass flankierende lebzeitige Gestaltungen wie z.B. Einbringung in die Gesellschaft oder aufschiebend bedingte Übertragung notwendig sind (vgl. Rdn. 5906 ff.).[364] Fällt das Sonderbetriebsvermögen in den Nachlass, wird es zu Privatvermögen, so dass ein Entnahmegewinn entsteht und stille Reserven aufgedeckt werden[365] (zur Vermeidung vgl. Rdn. 5906 ff.). Zu den ertragsteuerlichen Folgen der verschiedenen Regelungsmöglichkeiten der Nachfolge in Personengesellschaften vgl. insgesamt ausführlich Rdn. 5860 ff.

152   **Pflichtteilsrechtlich** führt die zuletzt genannte erbrechtliche Nachfolgeklausel zu keiner Abweichung, da der Anteil zumindest wertmäßig in den Nachlass fällt. Bei der rechtsgeschäftlichen Nachfolgeklausel vollzieht sich die Schenkung pflichtteilsrechtlich erst beim Tod des Vorgängers, so dass die Zehn-Jahres-Frist noch nicht angelaufen ist. Gleiches gilt bei einer Eintrittsklausel im Fall der Ausübung des Eintrittsrechts, wenn zugleich die Kapitalbeteiligung (ebenfalls aufschiebend bedingt auf den Todesfall) zugewendet ist. Beschenkter im Sinne des Verfolgungsanspruchs gem. § 2329 BGB ist der begünstigte bzw. eintretende Gesellschafter, in den nachstehend Rdn. 153 ff. zu behandelnden Fällen der Fortsetzung mit den verbleibenden Gesellschaftern unter Ausschluss jeglicher Abfindung für die Erben mit Ausschluss des (sonst die Gesellschaft treffenden[366] Abfindungsanspruchs i.S.d. § 738 Abs. 1 Satz 2 BGB (wohl) die Gesellschaft selbst.[367]

b) Unvererblichkeitsklausel mit Abfindungsausschluss

153   Eine mögliche pflichtteilsrechtliche Minderung kann jedoch bei **einfachen Fortsetzungsklauseln mit Abfindungsausschluss** eintreten, da weder der (unvererbliche, also mit dem Tod untergehende) Anteil selbst noch (mangels Existenz) ein Abfindungsanspruch in den Nachlass fallen. **Modifizierungen** (z.B. Herabsetzung auf den Buchwert, Änderung der Wertermittlungsart, durch Ausschluss des Firmenwerts, Substanzwertmethode statt Ertragswert), **Stundungen** oder gar der **Ausschluss einer Abfindung** können für den Fall der Gläubigerbenachteiligung (Abfindung wird nur für den Fall der Insolvenz und der Gläubigerkündigung herabgesetzt) oder der Knebelung gegen § 138 BGB verstoßen[368] oder bei wesentlicher Herabsetzung zulasten des Kündigenden wegen Verstoßes gegen § 723 Abs. 3 BGB unwirksam sein[369] (vgl. Rdn. 2641 ff.). Auch in diesem

---

361 Der gesellschaftsrechtliche Abfindungsanspruch nicht nachfolgeberechtigter Personen wird regelmäßig ausgeschlossen, vgl. Rdn. 5869 ff. und Formulierungsvorschlag bei *Wälzholz*, FamRB 2007, 89.
362 BGH, 25.10.1995 – IV ZR 362/94, NJW-RR 1996, 577: Analogie zur Teilungsanordnung, es sei denn, zugunsten des nachfolgeberechtigten Miterben wäre ein Vorausvermächtnis ausgesetzt.
363 Vgl. *Keller*, MittBayNot 2007, 96. Erfasst sind jedoch schuldrechtliche Ansprüche (etwa auf das künftige Auseinandersetzungsguthaben), möglicherweise besteht auch aufgrund der Surrogationsnorm des § 2374 BGB eine Verpflichtung zur Übertragung des Gesamthandsanteils auf den Erbteilserwerber.
364 Vorbeugend kann auch der Unternehmensnachfolger zum Alleinerben eingesetzt werden, beschwert mit Vermächtnissen zugunsten der weichenden Geschwister.
365 Vgl. hierzu *Tiedtke/Hils*, ZEV 2004, 441 ff.
366 BGH, 12.07.2016 – II ZR 74/14, NJW 2016, 3597 m. zust. Anm. *Graf Wolffskeel von Reichenberg*.
367 Vgl., auch zur Gegenansicht (wonach die reflexhaft begünstigten überlebenden Mitgesellschafter »Beschenkte« seien), *Pogorzelski*, RNotZ 2017, 489, 507 f.
368 Gem. BGH, 12.06.1975 – II ZB 12/73, BGHZ 65, 22 ist die Klausel dann insgesamt nichtig, so dass die gesetzliche Abfindung i.H.d. Verkehrswerts geschuldet ist, eine geltungserhaltende Reduktion würde den sittenwidrig Handelnden belohnen.
369 BGH, 09.01.1989 – II ZR 83/88, NJW 1989, 2685.

C. Der Schenkungsbegriff des BGB Kapitel 1

Fall tritt an die Stelle der nichtigen gesellschaftsvertraglichen Vereinbarung die gesetzliche Abfindung, anders nur dann, wenn das Missverhältnis zwischen wahrem Wert und Buchwert erst im Lauf der Zeit entsteht.[370]

Gesellschaftsrechtlich zulässig ist jedoch der Ausschluss jeglicher Abfindung bei **Tod eines Gesellschafters**.[371] Die Formvorschrift des § 2301 Abs. 1 BGB gilt für gesellschaftsrechtliche Abfindungsausschlüsse nicht; es fehlt sowohl (siehe nachstehend Rdn. 155 ff.) am Tatbestand der »Schenkung« als auch an der »Überlebensbedingung«, da der Kreis der letztendlich begünstigten Gesellschafter beim Abschluß des Vertrags noch gar nicht feststeht; schließlich wäre auch i.S.d. § 2301 Abs. 2 BGB die Zuwendung – sofern eine solche überhaupt vorläge – bereits zu Lebzeiten so vollzogen, dass es außer dem Eintritt des Todes des Erblassers keines weiteren Zutuns bedarf. **Pflichtteilsansprüche** bestehen dann weder nach § 2303 BGB (die gesellschaftsvertragliche Vereinbarung stellt keine Verfügung von Todes wegen dar) noch nach § 2306 Abs. 1 Satz 2 BGB (die dort abschließend aufgezählten Beschränkungen erfassen nicht gesellschaftsrechtliche Regelungen[372]) oder nach § 2305 BGB (der Gesellschaftsanteil fällt nicht in den Nachlass). 154

Allerdings könnte § 2325 BGB erfüllt sein, wenn im Abfindungsverzicht eine Schenkung läge. Wird die Fortsetzungsklausel mit Abfindungsausschluss für alle Gesellschafter gleichmäßig vereinbart und ist das Risiko des Ablebens etwa vergleichbar (Altersunterschied, Erkrankung), verhindert die Risikoparität nach h.M. das Vorliegen einer Schenkung; alternativ lässt sich das Fehlen des Zuwendungselements auch durch den Charakter eines »Spiel- und Wettvertrages« begründen,[373] ähnlich wechselseitigen Zuwendungen auf den Todesfall, Rdn. 283 ff.: 155

Der **BGH** hat zunächst in der Entscheidung vom 22.11.1956[374] die grundsätzliche Zulässigkeit allseitiger Abfindungausschlüsse bejaht und – allerdings im Hinblick auf § 2301 BGB – geurteilt, dass es sich nicht um eine Schenkung handele, aufgrund der aleatorischen Natur des Rechtsgeschäfts:[375] Jeder Gesellschafter setzt für die Chance, den Anteil eines Mitgesellschafters hinzuzuerwerben, seine eigene Beteiligung als Gegenleistung ein. In der Folgeentscheidung vom 20.12.1965[376] stellte der BGH klar, dass die Abfindungs(Ausschluss)klausel auch nicht den Charakter eines Erbvertrags habe, der nach § 2276 BGB der notariellen Beurkundung bedurft hätte, da sie nicht den Sinn habe, dem in Aussicht genommenen Nachfolger letztwillig etwas zuzuwenden, sondern den Fortbestand des Gesellschaftsunternehmens beim Tod eines Gesellschafters erleichtern solle. Ausdrücklich hat der BGH im Urteil vom 14.07.1971[377] (ebenso wie die Vorinstanz) bestätigt, dass es sich bei einem für alle Gesellschafter geltenden Abfindungsausschluss nicht um eine Schenkung i.S.d. § 2325 Abs. 1 BGB handele. 156

Der BGH führt in diesem Zusammenhang auch aus, dass ebenso wenig ein Verstoß gegen die guten Sitten vorliege, wenn alle Gesellschafter in gleicher Weise von der betreffenden Regelung, beim Tod eines anderen Gesellschafters, profitieren können. Im Urteil vom 26.03.1981 schließ- 157

---

370 BGH, NJW 1993, 2101 führt durch ergänzende Vertragsauslegung zu einem Zwischenwert zwischen Buch- und Verkehrswert.
371 BGH, 24.05.1993 – II ZR 36/92, BGHZ 22, 194; RG, 23.10.1934 – II 129/34, RGZ 145, 294; *Wälzholz*, NWB 2008, 4332 = Fach 19, S. 3974 m.w.N.; *Lange*, ZErb 2014, 121, 122. Ausführlicher Überblick bei *Pogorzelski*, RNotZ 2017, 489, 495 ff.
372 *Reimann*, ErbR 2011, 34 ff.; *Schindler*, ZErb 2012, 149, 150. Gegen eine analoge Anwendung auch *Keim*, in: Hager/Kanzleiter, Fragen aus dem Bereich der Rechtsnachfolge unter Lebenden und von Todes wegen, S. 87, 99.
373 Vgl. zu beiden Begründungsansätzen m.w.N. *Lange*, ZErb 2014, 121, 123 ff. Ausführlicher Überblick bei *Pogorzelski*, RNotZ 2017, 489, 495 ff.
374 BGH, 22.11.1956 – II R 222/55, BGHZ 22, 187, 194 = NJW 1957, 180,181.
375 Grundlegend *Buchwald*, JR 1955, 173.
376 BGH, 20.12.1965 – II ZR 145/6, DNotZ 1966, 620, 621.
377 BGH, 14.07.1971 – III ZR 91/70, WM 1971, 1338, 1340.

lich³⁷⁸ wurde der Sachverhaltsfall zwar zu weiteren tatrichterlichen Feststellung zurückverwiesen, in einer begleitenden »Segelanweisung« bestätigte der BGH jedoch, dass der allseitige Abfindungsausschluss nach der bisherigen Rechtsprechung des BGH nicht als Schenkung gewertet werden dürfe, und nur dann eine unentgeltliche Zuwendung vorliegen könne, wenn die Beteiligten bei Abschluss des Gesellschaftsvertrags von unterschiedlichen Lebenserwartungen ausgegangen sind. Es müsse aber auch berücksichtigt werden, ob der vom Todesfall profitierende Gesellschafter seinerseits bereits auf begünstigende Weise in die Gesellschaft aufgenommen wurde, etwa durch Gewährung eines Gesellschaftsanteils an einem in Gang gesetzten Unternehmen ohne Erbringung einer Kapitaleinlage, so dass insoweit schon eine historische Zuwendung gegeben sein kann.

158 Die ganz überwiegende **herrschende Lehre**,³⁷⁹ einschließlich der hierzu veröffentlichten Dissertationen,³⁸⁰ folgt dieser Rechtsprechung des BGH, und begründet dies im Wesentlichen mit dem Argument der aleatorischen Natur des Rechtsgeschäfts und damit dem Fehlen des »Schenkungselements« i.S.d. § 516 BGB,³⁸¹ teilweise aber auch mit den vorrangigen Notwendigkeiten des Unternehmenserhalts, schließlich damit, dass der Abfindungsausschluss als Abrede mitgliedschaftlicher Natur schon von vornherein nicht in den Begriffsrahmen entgeltlich/unentgeltlich passe,³⁸² und auch eine analoge Anwendung der §§ 2325 ff. BGB ausscheide.³⁸³ Auch der Umstand, dass schenkungsteuerrechtlich eine Schenkung gemäß § 7 Abs. 7 ErbStG, vgl. Rdn. 4471 ff. sowie § 3 Abs. 1 Nr. 2 Satz 2 ErbStG, vgl. Rdn. 4401, fingiert werden muss, spricht dafür, da zivilrechtlich eine solche Schenkung eben an sich nicht gegeben ist.

159 Objektive und subjektive **Unentgeltlichkeit** kann sich also in erster Linie ergeben, wenn Risikodisparität besteht, etwa personenbezogen aufgrund deutlich abweichender Lebenserwartung bzw. bereits erkennbarer Krankheit oder objektbezogen aufgrund erheblich divergierender Beteiligung am Gesellschaftsvermögen ohne Risikoausgleich – wobei insoweit auch das Lebensalter der Gesellschafter beim Eintritt maßgeblich ist: Je jünger der Gesellschafter bei Abschluss der ihn treffenden Vereinbarung ist, desto eher werden Altersunterschiede nivelliert werden und um so eher liegen Missbrauchsabsichten fern – sowie unter Einbeziehung der Eintrittsbedingungen in die Gesamtbetrachtung (also angesichts des Umstands, dass der letztendlich durch den Todesfall begünstigte Gesellschafter bereits bei seinem lebzeitigen Eintritt begünstigt wurde).

160 Dieses Ergebnis (Pflichtteilsfestigkeit des allseitigen Abfindungsausschlusses im Todesfall) wird jedenfalls dann als **wertungsgerecht** hingenommen, wenn der Abfindungsausschluss weniger von der Absicht, dem Nachfolger etwas zuzuwenden geprägt ist, sondern in erster Linie das Unternehmen beim Tod des Gesellschafters erhalten, insb. seine Gefährdung durch Abfindungsansprüche abwehren soll³⁸⁴ – wobei die Rechtsprechung des BGH auf diesen Umstand nicht ausdrücklich rekurriert.³⁸⁵ Auf rein vermögensverwaltende Gesellschaften, insb. zur Immobilienverwaltung,

---

378 BGH, 26.03.1981 – IVa ZR 154/80, NJW 1981, 1956, 1957.
379 Vgl. die Übersicht bei *Pogorzelski*, RNotZ 2017, 489, 497 ff.; *Hölscher*, ErbR 2015, 422 ff.; *Wälzholz*, NWB 2008, 4332 = Fach 19, S. 3974 sowie *Hölscher* ZEV 2010, 609 (mit Formulierung eines Warnhinweises S. 615) und *Klühs*, ZNotP 2011, 410 ff.; monografisch *Lambrecht*, Pflichtteilsreduzierung bei der Nachfolge in Personengesellschaften (2010) S. 109 ff. Kritisch hiergegen *Schlitt* in Schlitt/Müller, Handbuch Pflichtteilsrecht 2010, § 5 Rn. 141; *Worm* RNotZ 2003, 535, 543; Bamberger/Roth/*J. Mayer*, § 2325 BGB Rn. 15; *Keim/Mayer*, in: DAI-Skript 12. Jahresarbeitstagung des Notariats, 2014, S. 699 f.
380 Etwa *Koch*, Die Kollision von gesellschaftsvertraglicher Abfindungsbeschränkung und Pflichtteilslast in der Person des Gesellschafter-Erben, 2014, S. 246 ff.
381 So eingehend *Pogorzelski*, RNotZ 2017, 489, 500 ff.
382 Zurückgehend auf *Rittner*, FamRZ 1961, 510 ff.
383 Eingehend *Pogorzelski*, RNotZ 2017, 489, 502 ff.
384 Vgl. BGH, 20.12.65 II – ZR 145/64, DNotZ 1966, 620.
385 *Hölscher* ZEV 2010, 609, 612 hat überzeugend nachgewiesen, dass die Kritiker der h.M. keine Argumente vorgetragen haben, die der BGH bei seinen Entscheidungen nicht bereits hätte berücksichtigen können.

dürfte diese Rechtsprechung daher nur mit Vorsicht anzuwenden sein.[386] Gegen die Andersbehandlung rein vermögensverwaltender Gesellschaften spricht allerdings der Umstand, dass es am subjektiven Element, also der Einigung über die Unentgeltlichkeit (Rdn. 41 ff.) unabhängig vom Geschäftszweck der betroffenen Gesellschaft fehlt, dies insbesondere dann, wenn an der Gesellschaft nicht nur Angehörige i.S.d. § 15 AO beteiligt sind. Erst recht gilt dies, wenn die Gesellschaft früher unternehmerisch tätig war und sich nun – etwa mit zunehmendem Alter der Gesellschafter – auf die Vermögensverwaltung beschränkt.

▶ **Beispiel 1:**

Der Vater nimmt seine Tochter in die bestehende OHG mit einem kleinen Anteil auf. Der Gesellschaftsvertrag bestimmt seit jeher, dass beim Ausscheiden der Anteil des Verstorbenen an die anderen Gesellschafter ohne Abfindung für die Erben übergeht (einfache Fortsetzungsklausel zur Anwachsung unter Abfindungsausschluss). 161

▶ **Beispiel 2:**

Der Ehemann betreibt mit seiner Frau einen gut gehenden Betrieb in der Rechtsform der GbR. Zu seinem 60. Geburtstag wird eine Klausel in den Vertrag aufgenommen, wonach bei Tod eines Gesellschafters die Gesellschaft ohne Liquidation auf den Überlebenden alleine übergeht, ohne Abfindung für die Erben. 162

Ergebnis: Beim Tod des Ehemannes haben die Kinder keinen Erb- oder Pflichtteilsanspruch aus dem Wert der GbR.

Begründung:
(1) In den Nachlass fällt keine Abfindung;
(2) die Aufnahme der Klausel in den GbR-Vertrag stellt keine ergänzungspflichtige Schenkung dar, weil sie bei etwa gleicher Risikolage gegenseitig abgewogen und daher nicht unentgeltlich ist. Sie ist auch nicht nach § 2301 BGB formunwirksam.[387]

▶ **Hinweis:**

Daraus ergibt sich zugleich, dass Missbrauchsfälle anders zu entscheiden sind, etwa die Übertragung eines Zwerganteils an einer Gesellschaft an die Tochter unter Vereinbarung der genannten Klauseln oder ganz allgemein die Vereinbarung solcher gesellschaftsrechtlicher Klauseln bei erheblich abweichender Lebenserwartung der Gesellschafter (d.h. bei großen Altersunterschieden oder schwerer Erkrankung).[388] Allerdings führt § 3 Abs. 1 Nr. 2 Satz 2 ErbStG zur Erhebung von Erbschaftsteuer bei Fortsetzungs- oder Übernahmeklauseln, soweit der Wert des Anteils den Abfindungsanspruch des Erben (hier: null) übersteigt. Letzteres gilt unabhängig davon, ob die Beschränkung zulasten aller Gesellschafter bzw. deren Erben vereinbart wurde. 163

---

386 So auch *U. Mayer*, ZEV 2003, 355; *G. Müller*, in: *Grziwotz (Hrsg)*, Erbrecht und Vermögenssicherung, 2011, S. 41, 56 f.; *Schindler*, ZErb 2012, 149, 154, *Keim*, in: Hager/Kanzleiter, Fragen aus dem Bereich der Rechtsnachfolge unter Lebenden und von Todes wegen, München 2016, S. 87, 92.
387 Auch bei einer zweigliedrigen Gesellschaft ist auf das »Schenkungsversprechen, das unter der Bedingung erteilt wird, dass der Beschenkte den Schenker überlebe«, § 2301 BGB nicht anwendbar, da es sich um eine vorrangig gesellschaftsrechtliche Regelung handele (BGH, 11.05.1959 – II ZR 2/58, NJW 1959, 1433).
388 Vgl. Gutachten, DNotI-Report 2002, 43 ff. m.w.N.; BGH, 22.11.1956 – II ZR 222/55, BGHZ 22, 186; BGH, 26.03.1981 – IVa ZR 154/80, NJW 1981, 1957; OLG Düsseldorf, 13.05.1977 – 7 U 243/76, MDR 1977, 932 bei 15-jährigem Enkelsohn; a.A. KG, 10.03.1977 – 12 U 1601/76, DNotZ 1978, 111: Trotz Krebserkrankung eines Gesellschafters liege keine Schenkung vor. Liegt bereits in der Zuwendung eines Kommanditanteils eine Schenkung – bei welcher der Abfindungsausschluss als wertbestimmend mit zu berücksichtigen ist – löst der Ausschluss der Abfindung beim Tod des Erblassers keine neue Schenkung aus.

c) Schenkung durch Aufnahme eines Gesellschafters?

164 Allerdings ist zu berücksichtigen, dass die **Aufnahme in eine Personengesellschaft** selbst als Schenkung gewertet werden kann (hingegen möglicherweise nicht die Aufnahme als persönlich haftende Gesellschafter[389] wegen des regelmäßig geschuldeten Einsatzes der vollen Arbeitskraft bzw. der Übernahme der persönlichen Haftung, s. Rdn. 435). Die Übertragung eines Kommanditanteils ist jedoch tauglicher Schenkungsgegenstand.[390] Besteht keine Pflicht zur Erbringung von Arbeitsleistungen bzw. keine Gefahr der Übernahme der Schuldenhaftung, etwa bei vermögensverwaltender GbR oder OHG, ist allerdings fraglich, ob nicht auch bei Vollhaftung eine Schenkung in Betracht kommt.[391] Bei der Ermittlung der Bereicherung ist auch auf die Gestaltung des Gesellschaftsvertrags, insb. die Vereinbarung einer ausgleichsfreien Fortsetzungsklausel, abzustellen.

165 Liegt in der Beteiligung einer Person an einer Gesellschaft eine Schenkung, ist fraglich, ob die **Zehn-Jahres-Frist** des § 2325 Abs. 3 BGB bereits mit dem Eintritt in die Gesellschaft zu laufen beginnt[392] oder erst mit dem Tod des bisherigen Gesellschafters. Wenn insb. bei Einbringung von Vermögen in Familien-Pools unterschiedliche Stimmrechte sowie Gewinn-[393] und Verlustanteile vorgesehen sind, dürfte der bereits lebzeitig weggeschenkte, also auch gegen den Willen des Schenkers forderbare Anteil nicht identisch sein mit der abstrakten Gesellschaftsquote.

Da wirtschaftlicher Zuwendungsgegenstand der Geschäftsanteil ist, dürfte mit dessen wirtschaftlicher Ausgliederung die Zehn-Jahres-Frist in Gang gesetzt sein; bei Vereinbarung des Abfindungsausschlusses allerdings erst mit dessen Realisierung beim Tod des Gesellschafters.[394]

D. Schenkungsrecht des BGB

I. Form

1. Erfordernis

166 Das Gesetz behandelt die »Handschenkung« als den Normalfall, bei der die für den Vertragsschluss erforderliche Willenserklärung zumindest einer Partei typischerweise durch die Handlung (Bewirkung des Leistungserfolgs) schlüssig erklärt wird. Das bei wirtschaftlich gewichtigeren Sachverhalten i.d.R. gegebene **Schenkungsversprechen** ist im Unterschied zur Realschenkung (§ 516 BGB) zum Schutz des Schenkers vor übereilten Entschlüssen formgebunden. Nicht erfasst sind Ausstattungsversprechen (Rdn. 269) und (wohl) ehebedingte Zuwendungen (vgl. Rdn. 3155). Zum überlagernden Formerfordernis des § 311b Abs. 1 BGB (in Bezug auf Grundbesitz) vgl. Rdn. 172, des § 311b Abs. 3 BGB (bei Gesamtvermögensgeschäften) vgl. Rdn. 174.

2. Heilung

167 Die **Formnichtigkeit** bei Fehlen notarieller Beurkundung wird **geheilt** durch »die Bewirkung der versprochenen Leistung« (§ 518 Abs. 2 BGB);[395] darin liegt zugleich, weitgehend deckungs-

---

389 BGH, 26.03.1981 – IVa ZR 154/80, NJW 1981, 1956.
390 BGH, 02.07.1990 – II ZR 243/89, NJW 1990, 2616.
391 *Keim*, ZEV 2003, 356; krit. auch *Mayer*, ZEV 2004, 171. Für die Annahme einer Schenkung beim unentgeltlichen Erwerb eines Anteils an einer vermögensverwaltenden GbR z.B. OLG Koblenz, 02.05.2002 – 5 U 1272/01, NZG 2002, 570; OLG Schleswig, 27.03.2012 – 3 U 39/11, MittBayNot 2013, 59 m. Anm. *Everts*, zustimmend *Werner*, ZEV 2013, 66 ff.
392 So *Wegmann*, ZEV 1998, 135.
393 Zur schenkungsteuerlichen Bewertung inkongruenter Gewinnbeteiligungen vgl. *Fuhrmann*, ErbStB 2003, 388 f.
394 *Kerscher/Riedel/Lenz*, Pflichtteilsrecht in der anwaltlichen Praxis, S. 216; *Winkler*, ZEV 2005, 94; a.A. *Wegmann*, ZEV 1998, 135.
395 Vgl. hierzu *Steiner*, ZEV 2009, 68 ff.

gleich,³⁹⁶ die für die Entstehung der Schenkungsteuer maßgebliche »Ausführung der Zuwendung« i.S.d. § 9 Abs. 1 Nr. 2 ErbStG (Rdn. 4544 ff.); korrespondierend können Beträge, die ein Erbe zur Erfüllung eines formunwirksam (z.B. mündlich) abgegebenen Schenkungsversprechens aufgewendet hat, als Nachlassverbindlichkeiten gem. § 10 Abs. 5 ErbStG abgezogen werden.³⁹⁷ Es handelt sich dann, auch wenn die Erfüllung erst durch den Erben erfolgt, um eine Zuwendung noch des Erblassers.³⁹⁸

168 Es genügt für die Bewirkung der Heilung, dass der Schenker (Schuldner) alles getan hat, was seinerseits für den Vollzug erforderlich ist, so dass auch bedingter oder befristeter Vollzug (§§ 158, 163 BGB) oder der Vorbehalt eines Rückforderungsrechtes ausreicht. Das Vollzugsgeschäft selbst muss jedoch wirksam sein.

169 Sind **Berechtigungen** Gegenstand der Schenkung, genügt der Erwerb des Rechts; seine Ausübung ist nicht erforderlich.³⁹⁹ Schenkungen in Form eines Vertrages zugunsten Dritter sind ausgeführt, sobald der Dritte das Forderungsrecht erworben hat, sonst erst mit Erfüllung des Versprochenen selbst.⁴⁰⁰ Ist der Schenker vor der Erfüllung verstorben, kann ggf. Umdeutung in ein Vermächtnis erfolgen.⁴⁰¹ Die Schenkung beweglicher Sachen ist erfolgt mit Erwerb des zivilrechtlichen Eigentums, §§ 929 ff. BGB (so etwa auch bei der unmittelbaren Übergabe von Bargeld), Buchgeldschenkungen durch Einzahlung bzw. Überweisung auf ein Konto des Beschenkten (wobei der BGH bei der Schenkung eines Scheckbetrags nicht nur die Übergabe, sondern auch die Einlösung des Schecks fordert).⁴⁰² Wertpapiere können in natura, § 929 BGB, oder – wie bei depotverwahrten Papieren die Regel – durch Abtretung des Herausgabeanspruchs gegen die Bank, § 929 i.V.m. § 931 BGB, vollzogen werden.⁴⁰³ Nicht der Beurkundungsform genügende Forderungsschenkungen werden durch Abtretung, § 398 BGB, geheilt, für die Schenkung eines formnichtig versprochenen GmbH-Anteils bedarf es allerdings nicht nur der Abtretung des Geschäftsanteils (in notarieller Form), § 15 Abs. 3 GmbHG, sondern im Verhältnis zur Gesellschaft nunmehr auch der Aufnahme des neuen Inhabers in die Gesellschafterliste beim Handelsregister, § 16 Abs. 1 GmbHG. Die Schenkung von durch Kapitalerhöhung entstehenden Anteilen ist mit Vollzug der Kapitalerhöhung eingetreten.⁴⁰⁴

170 Schenkungsversprechen in Bezug auf Beteiligungen an **Personengesellschaften** (soweit überhaupt schenkungsfähig, was hinsichtlich Vollhafterstellungen fraglich ist, vgl. Rdn. 435) sind durchgeführt mit Abschluss des Gesellschaftsvertrags bzw. (formloser) Übertragung bestehender Kommanditanteile, §§ 398, 413 BGB, wobei noch ausstehende Zustimmungserklärungen von Mitgesellschaftern oder Dritten die zivilrechtliche Heilung (ähnlich einer aufschiebenden Bedingung) nicht hindern,⁴⁰⁵ jedoch die steuerrechtliche Ausführung der Vollziehung (§ 9 Abs. 1 Nr. 2 ErbStG) hinausschieben. Wirtschaftsgüter des Sonderbetriebsvermögens sind allerdings selbstständig zu übertragen. Formwirksame Schenkungen von stillen Gesellschaftsbeteiligungen oder

---

396 Abweichungen bestehen insb. beim Vollzug unter aufschiebender Bedingung, wo Besteuerung erst mit Eintritt der Bedingung eintritt, Rdn. 4424, 4546.
397 Hessisches FG, 09.12.2008 – 1 K 1709/06, ZErb 2009, 249.
398 BFH, 23.06.2015 – II R 52/13, EStB 2015, 360.
399 BGH, 19.07.2005 – X ZR 92/03, ZEV 2006, 36 zu einem Holzeinschlagsrecht.
400 BFH, 20.01.2005 – II R 20/03, BStBl. 2005 II, S. 408.
401 Nicht in eine Erbeinsetzung, jedenfalls wenn weiteres Vermögen vorhanden ist, vgl. KG, 26.05.2009 – 1 W 61/08, FGPrax 2009, 170.
402 BGH, 12.04.1978 – IV ZR 68/77, NJW 1978, 2027.
403 Bei der Teilschenkung eines Depots bedarf es allerdings der genauen Bezeichnung der erfassten Positionen oder der Eröffnung eines neuen Depots, vgl. *Steiner*, ZEV 2009, 69.
404 So für § 9 Abs. 1 Nr. 2 ErbStG: FG Münster 01.12.2006 – 3 K 2910/04 Erb, EFG 2007, 860; a.A. FG Nürnberg, 20.09.2007 – IV 277/2004, ErbStB 2008, 38, m. Anm. *Kirschstein*; (die Revisionsentscheidung BFH, 20.01.2010 – II R 54/07, JurionRS 2010, 11450, betrifft lediglich die Frage der Einheitlichkeit der Zuwendung).
405 A.A. MünchKomm-BGB/*Koch*, § 518 Rn. 32.

Unterbeteiligungen lässt allerdings die Rechtsprechung erst eintreten, wenn entsprechende Gewinnanteile ausgezahlt werden, da der stille Gesellschafter/Unterbeteiligte zuvor nur schuldrechtliche Ansprüche gegen den Geschäftsinhaber erhalte[406] (vgl. Rdn. 2717 ff., auch zur teilw. abweichenden zivilrechtlichen Betrachtung und zur dadurch eintretenden Doppelbelastung der Erträge mit Schenkungsteuer und Einkommensteuer, § 20 Abs. 1 Nr. 4 EStG).

171 Wer sich gegenüber einer Klage auf Herausgabe einer rechtsgrundlosen Bereicherung auf ein angebliches (zunächst formunwirksames, später durch Vollzug geheiltes) Schenkungsversprechen beruft, hat zunächst lediglich die **Beweislast** dafür, dass die Leistung mit Wissen und Wollen des Leistenden bewirkt und der Formmangel damit geheilt worden ist,[407] wohingegen der Leistende das Fehlen eines Schenkungsversprechens zu beweisen hat.

172 Bei Grundbesitzzuwendungen wird die Formvorschrift des § 518 BGB jedoch i.d.R. durch **§ 311b Abs. 1 BGB** und die dann vorrangige Heilungsvorschrift des § 311b Abs. 1 Satz 2 BGB (Vollzug im Grundbuch) überlagert. Anders verhält es sich, wenn statt Grundbesitz **GbR-Anteile** übertragen werden: Weder das schuldrechtliche Geschäft noch die Abtretung selbst bedarf der notariellen Beurkundung, selbst dann nicht, wenn das Gesellschaftsvermögen lediglich aus Grundbesitz oder bspw. GmbH-Anteilen besteht, es sei denn, die Errichtung der GbR hätte nur dazu gedient, die Formpflicht zu umgehen:[408] Stehen die künftige Zuwendungsrichtung und deren Adressat bereits beim Ersterwerb der später weiter zu übertragenden Immobilie fest, lassen sich beide, Veräußerer und künftiger Erwerber, als Gesellschafter bürgerlichen Rechts beim Erwerb im Grundbuch eintragen, wobei der Anteil des künftigen Erwerbers derzeit lediglich 0 % beträgt.[409] Allerdings bedarf in diesem Fall die Gründung der GbR der notariellen Beurkundung (Einbringungs- bzw. Mitwirkungsverpflichtung bzgl. bestimmter Immobilie),[410] und der Veräußerer und »materielle Alleineigentümer« ist faktisch an den in Aussicht genommenen Erwerber gebunden (jedwede Veräußerung an andere bedarf zumindest grundbuchlich der Mitwirkung des weiteren Gesellschafters); bis zum Vollzug der Weiterveräußerung bestehen gesamthänderische »Verstrickungen«, die durch den Gesellschaftsvertrag allenfalls abgemildert werden können (z.B. Gesamthaftung mit dem vollen Vermögen, Gesamtvertretung, Kündigungsrecht).

173 Insb. Vermögensübertragungen unter Ehegatten, aber auch an Abkömmlinge, sind mitunter Bestandteil einer umfassenden **Trennungs- und Scheidungsfolgenvereinbarung**, die auch Regelungen über den Zugewinnausgleich vor Beendigung des Güterstands beinhaltet. Letztere bedarf gem. § 1378 Abs. 3 Satz 2 BGB ebenfalls der notariellen Beurkundung, ebenso wie der Wechsel des Güterstands (§ 1410 BGB). Im Regelfall bilden alle genannten Vereinbarungen, auch zu Unterhalt, Ehewohnung etc., ein »Gesamtpaket«, dessen einzelne Bestandteile nicht ohne die anderen zustande gekommen wären bzw. aufrechterhalten werden sollen. Findet insoweit eine unvollständige Beurkundung statt, etwa weil lediglich die Immobilienübertragung protokolliert wird und der Notar über die weiter getroffenen Vereinbarungen im Unklaren gelassen werden soll, würde die Heilungswirkung des § 311b Abs. 1 Satz 2 BGB mit Eintragung im Grundbuch nicht

---

406 BGH, 24.09.1952 – II ZR 136/51, NJW 1952, 1412; vgl. die Nachweise zur abweichenden Lit. bei Erman/*Herrmann*, BGB, 12. Aufl. 2008, § 518 Rn. 5b.
407 BGH, 11.03.2014 – X ZR 150/11, ZEV 2014, 555, anders noch BGH, 14.11.2006 – X UR 34/05, ZErb 2007, 301, m. Anm. *Klessinger*: Vollbeweis für das Bestehen eines Schenkungsversprechens ist erforderlich, das bloße Bestehen einer Kontovollmacht genügt nicht als Nachweis der angeblichen Zuwendung des mit dessen Hilfe abgehobenen Guthabens.
408 BGH, 10.03.2008 – II ZR 312/06, GmbHR 2008, 589, m. Anm. *Werner*.
409 In der »Zuwendung« einer Gesellschaftsbeteiligung ohne Vermögensanteil liegt jedenfalls bei vollhaftenden Gesellschaften ihrerseits keine Schenkung, vgl. BGH, 11.05.1959 – II ZR 2/58, BB 1959, 574.
410 Was *Carlé*, ErbStB 2004, 316 übersieht.

helfen, da diese lediglich damit im Zusammenhang stehende weitere Regelungen erfasst, die ihrerseits nicht per se wegen anderer Normen beurkundungspflichtig sind.[411]

§ 311b Abs. 3 BGB schließlich statuiert eine Beurkundungspflicht bei (entgeltlichen wie unentgeltlichen) Verträgen über das **gesamte Vermögen als Sach- und Rechtsgesamtheit**.[412] Voraussetzung ist die Übertragung des gesamten Vermögens »in Bausch und Bogen« (auch bei Einzelaufzählung, jedoch mit Catch-All-Klausel), auch durch eine juristische Person;[413] die Übertragung nur z.B. des Betriebsvermögens ist jedoch nicht umfasst (»Sondervermögen«, Rdn. 1469). Ratio legis ist neben dem Übereilungsschutz die Vermeidung einer Umgehung der für letztwillige Verfügungen geltenden Formerfordernisse, da Zuwendungsversprechen dieser Art häufig kurz vor dem eigenen Ableben gemacht werden. Eine Heilungsmöglichkeit durch späteren Vollzug (z.B. durch »Selbsterfüllung«, da der Zuwendungsempfänger über entsprechende Vollmachten verfügt) besteht nicht.[414]

II. Besonderheiten des Schenkungsrechts

§§ 516 bis 534 BGB enthalten **Privilegierungen des Schenkers**, die nachstehend kurz im Überblick skizziert werden sollen (einzelne Tatbestände [z.B. § 528 BGB: Rückforderungsrecht bei Verarmung] werden in den weiteren Kapiteln vertieft untersucht werden):

1. Beginn und Ende des Rechtsverhältnisses

(1) Ist bei einer Realschenkung die Zuwendung ohne Willen des Beschenkten erfolgt, kann der Schenker ihn unter Fristsetzung zur Annahme auffordern. Ein **Schweigen gilt** dann ausnahmsweise **als Zustimmung** zur Schenkung (§ 516 Abs. 2 BGB).

(2) Gerät der Schenker in finanzielle Kalamitäten, bevor das Schenkungsversprechen erfüllt wurde, steht ihm eine (**aufschiebende**) **Notbedarfseinrede** gem. § 519 BGB zu, als Sonderregelung der Grundsätze über den Wegfall der Geschäftsgrundlage mit Vorrang ggü. § 313 BGB. Für den Erben des Schenkers gilt § 519 BGB nicht (Rechtsgedanke des § 226 Abs. 2 Nr. 3 KO a.F.).

(3) Bei der **schenkweisen Zuwendung einer Rente** (wiederkehrende Leistung mit Unterstützungscharakter) erlischt im Zweifel die Rentenzahlungspflicht mit dem Tod des Schenkers, wird also keine Nachlassverbindlichkeit i.S.d. § 1967 BGB (vgl. § 520 BGB).

2. Sekundärpflichten

(4) **Schadensersatzpflichten des Schenkers** bei leichter Fahrlässigkeit sind gem. § 521 BGB ausgeschlossen (eine weiter gehende Freistellung ist vertraglich möglich bis zur Grenze des § 276 Abs. 3 BGB). Die Milderung des Verschuldensmaßstabes gilt bspw. für zu vertretende Pflichtverletzungen leistungsbezogener und leistungsunabhängiger Pflichten gem. § 280 BGB. Für Rechts- und Sachmängelhaftung gehen jedoch §§ 523 und 524 BGB vor.

(5) Bei **schuldhaft verzögerter Erfüllung** eines Geldschenkungsversprechens schuldet der Schenker keine Verzugszinsen (§ 522 BGB), allerdings sonstigen, nunmehr konkret nachzuweisenden Verzögerungsschaden gem. § 288 Abs. 4 BGB.

(6) Die **Haftung für Rechtsmängel** (bei Schenkung von Sachen und Rechten) ist gem. § 523 Abs. 1 BGB auf arglistig verschwiegene Mängel beschränkt. Geschuldet ist nur das negative Interesse (Vertrauensschaden, z.B. sonst unterlassene Aufwendungen für den Gegenstand).

---

411 Vgl. *Herr*, FuR 2005, 544 der zudem befürchtet, auch die Heilung des Grundstücksteils selbst träte nicht ein, da dieses noch an weiteren Mängeln (aufgrund der Nichteinhaltung der weiteren Beurkundungserfordernisse) leide, was jedoch wohl nicht zutrifft: Bzgl. des Grundstücksgeschäfts besteht lediglich eine auf § 311b Abs. 1 BGB fußende Beurkundungspflicht.
412 Vgl. ausführlich *Hüren*, RNotZ 2014, 77, 91 ff.
413 OLG Hamm, 26.03.2010 – 19 U 145/09, DStR 2010, 2093.
414 BGH, 28.06.2016 – X ZR 65/14, DNotZ 2016, 914; vgl. *Möller*, EE 2016, 200.

Der Beschenkte ist also so zu stellen, wie er stünde, wenn er sich mit dem Schenker niemals eingelassen hätte (Umkehrschluss zu § 523 Abs. 2 BGB, wo bei erst noch zu beschaffenden Gegenständen das Erfüllungsinteresse zu ersetzen ist).

Handelt es sich bei dem Schenkungsobjekt um erst noch zu beschaffende Gegenstände (z.B. ein dem Schenker noch gar nicht gehörendes Grundstück), ist gem. § 523 Abs. 2 BGB das Erfüllungsinteresse zu ersetzen, sofern dem Schenker der Rechtsmangel zumindest grob fahrlässig verborgen geblieben ist. Unter dieser Voraussetzung verweist § 523 Abs. 2 Satz 2 BGB auf die kaufrechtliche Rechtsmängelhaftung (§§ 435, 436, 442, 452 BGB).

▶ Hinweis:

181 Als Folge dieser Verweisung würde der Schenker z.B. gem. § 436 BGB noch solche im Grundbuch nicht eintragungsfähige öffentliche Lasten (also Erschließungskosten/Anliegerbeiträge) tragen müssen, die bis zum Tag des Schenkungsversprechens bautechnisch begonnen wurden. Nicht einzustehen hat er jedoch für Rückstände an anderen nicht eintragungsfähigen öffentliche Lasten (z.B. Grundsteuer). Dieses Ergebnis kann kautelarjuristisch in verschiedene Richtungen modifiziert werden: Zum einen kann der Schenker im Anwendungsbereich des § 523 Abs. 2 BGB (also bei noch zu beschaffenden Sachen) von der Haftung für alle nicht eintragungsfähigen öffentlichen Lasten, einschließlich der Erschließungskosten, freigestellt werden (oder umgekehrt ihm auch die Haftung für den Restbereich der nicht eintragungsfähigen öffentlichen Lasten, z.B. die Grundsteuer, aufgebürdet werden). Zum anderen kann im Bereich des § 523 Abs. 1 BGB (also bei Schenkung aus eigenem Vermögen) die Haftung für die Freiheit rückständiger öffentlicher Lasten gleich welcher Art über den engen gesetzlichen Rahmen hinaus (Arglist) erweitert werden.

182 (7) Auch die **Haftung für Sachmängel** bei Schenkungsversprechen in Bezug auf Sachen aus eigenem Vermögen (nicht Rechte) ist auf arglistig verschwiegene Tatbestände beschränkt. Die Privilegierung gilt nicht für garantierte Eigenschaften (Rechtsgedanke des § 444 BGB; die Zusicherung bedarf jedoch der Form des § 518 BGB)! I.R.d. § 524 BGB ist ebenfalls nur der Vertrauensschaden geschuldet, einschließlich des Folgeschadens (str.); es besteht also kein Anspruch auf Erstattung der Aufwendungen zur Beseitigung des Fehlers. Im Einzelnen ist die Abgrenzung oft schwierig:

▶ Beispiel:

183 Im verschenkten Hausanwesen sind durch einen dem Schenker nicht bekannten Frostschaden die Wasserleitungen gebrochen, so dass die vom Beschenkten eingebrachten wertvollen technischen Geräte zerstört werden. Überwiegend wird § 524 BGB auch auf Mängelfolgeschäden angewendet. Eine Mm. hält § 524 BGB für nur auf den unmittelbaren Mangelschaden anwendbar (wie auch vor der Schuldrechtsreform im Kaufrecht) und sieht daher eine Haftung aus § 280 i.V.m. § 241 Abs. 2 BGB – früher c.i.c. oder pVV – gegeben, die jedoch gem. § 521 BGB bei leichter Fahrlässigkeit ausgeschlossen sei. Eine weitere Mm. wiederum beschränkt auch § 521 BGB auf das unmittelbare Erfüllungsinteresse, nicht auf das Integritätsinteresse und würde daher in diesem Fall eine Haftung bejahen. Besonders schwierig wird die Lösung des Falls, wenn (wie häufig) eine gemischte Schenkung vorliegt. Da der Sachmangel nicht unmittelbar dem entgeltlichen oder unentgeltlichen Teil des Geschäfts zuzuordnen ist, sind dann wertende Betrachtungen (Schwerpunkt? Subjektive Vorstellungen zum überwiegenden Moment?) erforderlich.

Wurde die Schenkung einer noch zu beschaffenden, nur der Gattung nach bestimmten Sache versprochen, schuldet der Schenker bei Kenntnis und grob fahrlässiger Unkenntnis eines Mangels der Sache, auch Nachlieferung einer fehlerfreien Sache. Hat er jedoch den Fehler des noch zu beschaffenden Gattungsstücks gar arglistig verschwiegen, kann der Beschenkte statt der Nachlieferung auch vollen Schadensersatz statt der Leistung verlangen; es gelten dann gem. § 524 Abs. 2 Satz 3 BGB die Regeln des Kaufrechts.

3. Rückforderung: Grober Undank

(8) Die Regelung über die **Rückforderung wegen Notbedarfs** gem. §§ 528, 529 BGB werden unter Rdn. 1032 ff. eingehend dargestellt. Sie entsprechen für die Zeit nach Vollziehung der Schenkung der vor deren Durchführung gegebenen Notbedarfseinrede gem. § 519 BGB und stellen ebenfalls einen gesetzlich normierten Anwendungsfall der Geschäftsgrundlagenlehre (clausula rebus sic stantibus) dar. Von Bedeutung ist das Rückforderungsrecht insb. aufgrund seiner Überleitungsfähigkeit durch Verwaltungsakt auf den Sozialhilfeträger gem. § 93 Abs. 1 SGB XII (die eingeschränkte Abtretbarkeit und Pfändbarkeit [§ 852 Abs. 2 ZPO, § 400 BGB] wird durch § 93 Abs. 1 Satz 4 SGB XII überwunden). 184

(9) §§ 530 bis 533 BGB gewähren ein Recht zum **Widerruf wegen groben Undanks** des Beschenkten in Gestalt einer schweren Verfehlung gegen den Schenker oder dessen nahen Angehörigen (auch Lebensgefährten!). Es handelt sich um ein höchstpersönliches Recht, das nicht abtretbar (und daher nicht pfändbar) sowie nur eingeschränkt vererblich ist.[415] Der Widerruf ist **ausgeschlossen** bei endgültiger Verzeihung (analog § 2337 BGB), bei Ablauf eines Jahres ab Kenntniserlangung von den Widerrufsgründen sowie nach dem Tod des Beschenkten (§ 532 BGB). Ein **Verzicht** auf das Widerrufsrecht kann nicht im Vorhinein erklärt werden, sondern allenfalls durch einseitige Willenserklärung nach Kenntnis der Umstände, die den Undank begründen (§ 533 BGB). Der Widerruf erfolgt durch Erklärung ggü. dem Beschenkten (Stellvertretung ist dabei möglich) und lässt den Rechtsgrund der Schenkung entfallen (Rdn. 186). Im Fall einer **gemischten Schenkung** bei Überwiegen des Schenkungselements[416] ist der Anspruch so eingeschränkt, dass er nur Zug um Zug gegen Wertausgleich des entgeltlichen Teils geltend gemacht werden kann.[417] Sonstige Gegenansprüche des Beschenkten, die im Zusammenhang mit dem Geschenk stehen, können über § 818 Abs. 3 BGB geltend gemacht werden.[418] 185

Bei der Verweisung in § 532 Abs. 2 BGB auf § 812 BGB handelt es sich, anders als bei § 528 BGB, um eine Rechtsgrundverweisung. Der Anspruch kann demnach bei Verfolgung sittenwidriger Zwecke im Rahmen der Schenkung ausgeschlossen sein, § 817 Satz 2 BGB. Herauszugeben sind auch die Nutzungen; wertsteigernde Investitionen können möglicherweise zur Unzumutbarkeit der Herausgabe führen, etwa bei grundlegenden Umbaumaßnahmen auf einem geschenkten Bauplatz.[419] Die Haftungsverschärfung nach Bereicherungsrecht folgt allgemeinen Regeln, §§ 818 Abs. 4, 819 Abs. 1, 292, 985 bis 1007 BGB. Hinsichtlich getätigter **Aufwendungen** des Beschenkten ist zu differenzieren: Finanzielle Aufwendungen vor Abschluss des Schenkungsvertrags fließen nicht in den Bereicherungsausgleich ein, können aber gegebenenfalls eigene Bereicherungsansprüche des Beschenkten begründen. Aufwendungen des Beschenkten zwischen dem Abschluss des Schenkungsvertrags und dem Zugang des Widerrufs wirken sich bereicherungsmindernd aus, soweit sie zu einer Wertsteigerung des Geschenks geführt haben; auch die Kosten der Übertragung sind dem Beschenkten zu ersetzen. Erbrachte Arbeitsleistungen (Verwendungen) sind nicht von Amts wegen, sondern auf Geltendmachung einer Einrede zu berücksichtigen mit der Folge des § 812 Abs. 1 Satz 1, 2. Alt., BGB. Finanzielle Aufwendungen nach Zugang der Widerrufserklärung sind nur noch hinsichtlich notwendiger Verwendungen zu ersetzen, sofern sie im Prozeß geltend gemacht werden (§§ 273, 274 BGB). 186

187

---

415 § 530 Abs. 2 BGB: Widerruf durch den Erben des Schenkers nur, wenn der Beschenkte den Schenker getötet oder vorsätzlich am Widerruf gehindert hat!

416 Überwiegen dagegen die Gegenleistungen (Schuldübernahme, Altenteil etc), findet § 530 BGB bereits dem Grunde nach keine Anwendung, vgl. OLG Celle, 16.07.2012 – 7 W 15/12 (L).), BeckRS 2013, 01304.

417 BGH, 07.04.1989 – V ZR 252/89, BGHZ 107, 156.

418 BGH, 19.01.1999 – X ZR 42–97, NJW 1999, 1626.

419 BGH, 02.10.1987 – V ZR 85/86, WM 1987, 1533: wesentliche Funktionsänderung.

Kapitel 1 Grundtypus und Varianten – Das Schenkungsrecht des BGB und typische Fallgruppen

Prozessual hat der Schenker das Vorliegen des groben Undanks bzw. einer anhaltenden inneren Kränkung trotz äußerer Verzeihungshandlung zu beweisen und die Erklärung des Widerrufs gemäß § 532 BGB. Der Beschenkte hat die Tatbestandsvoraussetzungen, die das vorwerfbare Verhalten ausschließen, zu beweisen, ebenso das Vorliegen von Ausschlussgründen (wie Verzeihung, Jahresfrist, verspäteter Widerruf etc.) Gleiches gilt für den Verzicht auf das Widerrufsrecht oder das Vorliegen eines Erlassvertrags nach § 533 BGB bzw. einer widerrufsausschließenden Pflicht- oder Anstandsschenkung, § 534 BGB.

188 Die als Widerrufsgrund erforderliche **schwere Verfehlung** (die auch in einem Unterlassen bestehen kann) muss sich objektiv gegen den Schenker und/oder dessen Angehörigen richten, subjektiv eine tadelnswerte, **auf Undank deutende Gesinnung** offenbaren.[420] Rechtswidrigkeit ist nicht erforderlich, Schuld nur i.S.e. moralischen Vorwerfbarkeit. Die erforderliche Schwere der Verfehlung[421] ist durch Würdigung aller Tatumstände[422] festzustellen; sie kann sich z.B. auch aus konsequenter Weigerung zur Vertragserfüllung (Unterbinden der Wahrnehmung eines Wohnungsrechtes), Nichterfüllung eines Nießbrauchs,[423] Gefährdung der Veräußererrechte durch Geschehenlassen der Versteigerung aus vorrangigen Rechten,[424] Weiterveräußerung des geschenkten Gegenstands ohne vereinbarte Rücksprache mit dem Schenker[425] ergeben. Handlungen eines Organs sind der betreffenden juristischen Person als Beschenkter (Stiftung!) zuzurechnen;[426] ggü. einer juristischen Person als Schenker kann allerdings kein grober Undank verübt werden. Kein grober Undank liegt im Gebrauchmachen von gesetzlichen Ansprüchen (Verlangen des Pflichtteils).[427] Im Einzelfall wird über das Vorliegen groben Undanks oft erbittert gestritten, im privaten[428] wie im unternehmerischen Bereich.[429] Im landwirtschaftlichen Hofübergabevertrag ist die Rechtsprechung mit der Anwendung des § 530 BGB besonders zurückhaltend.[430]

▶ Beispiele:

189 Die Rechtsprechung bejaht groben Undank bei
- körperlicher Misshandlung,
- grundloser Strafanzeige,
- Vornahme belastender Aussagen trotz Bestehens eines Zeugnisverweigerungsrechts,

---

420 St. Rspr., z.B. BGH, 27.09.1991 – V ZR 55/90, NJW 1992, 183 m.w.N. Bloße Unbeholfenheit oder Scham genügen daher als Beweggründe nicht, BGH, 14.12.2004 – X ZR 3/03, FamRZ 2005, 511.
421 Zu deren Konkretisierung kann auf die Erbunwürdigkeits- sowie die Pflichtteilsentziehungsgründe (§§ 2339, 2333 ff. BGB) zurückgegriffen werden, vgl. *Wacke*, JZ 2003, 179 ff.
422 Unter Erschöpfung aller zulässigen Beweisanträge, vgl. BGH, Urteil vom 11.10.2005 – X ZR 270/02, FamRZ 2006, 196.
423 BGH, 05.02.1993 – V ZR 181/91, NJW 1993, 1577.
424 OLG Köln, 19.03.2002 – 11 W 19/02, RNotZ 2002, 280.
425 BGH, 14.12.2004 – X ZR 3/03, ZEV 2005, 213.
426 *Muscheler*, AcP 203 (2003), 469, 500 ff., dort (S. 502) auch zum groben Undank der Destinatäre ggü. Stifter und Stiftung. A.A. OLG Schleswig, NJW 1966, 1269 f.: eine juristische Person könne sich nicht als undankbar erweisen.
427 OLG Karlsruhe, 26.10.2009 – 3 U 22/09, ZErb 2010, 55.
428 BGH, 25.03.2014 – X ZR 94/12, notar 2014, 261 m. Anm. *Michael*: Beschenkter Sohn lässt die schenkende Mutter nach Sturz gegen ihren Willen in ein Pflegeheim einweisen und unterbindet Kontakte mit anderen Personen, hierzu *Schwab*, FamRZ 2014, 888 ff.
429 Beispiele aus dem industriellen Umfeld: Rückforderung von Anteilen am Flick-Konzern durch Friedrich Flick von Otto-Ernst Flick; Rückforderung der Anteile an der Verlagsgruppe DuMont durch Alfred Neven DuMont von Konstantin DuMont, Rückforderung von Anteilen an der Tönnies-Gruppe durch Robert Tönnies von seinem Onkel Clemens Tönnies.
430 OLG Celle, 16.07.2012 – 7 W 15/12, BeckRS 2013, 01304: da die Gegenleistungen mehr als 50 % des übertragenen Wertes ausmachen, sei nur § 313 BGB (Wegfall der Geschäftsgrundlage) anwendbar, mit den Kriterien des § 2333 BGB (Pflichtteilsentziehung).

D. Schenkungsrecht des BGB

- schweren Beleidigungen,[431]
- grundlosem Antrag auf Bestellung eines Betreuers,
- Androhung der Zwangsversteigerung,
- Gründung eines Konkurrenzunternehmens
- ehewidrigem Verhalten (insb. bei Ehebruch), hier allerdings nur, wenn weitere besondere Umstände hinzutreten.[432]
- beschenkte Ehefrau wird entgegen ihres Versprechens wieder als Prostituierte tätig.[433]
- der beschenkte Geschäftsanteilserwerber beraubt den Schenker jeglicher Information über den Stand der Geschäfte und die Geschäftsführung, entgegen der mit der Schenkung verfolgten Intention, den späteren Vermögensübertrag steuergünstig vorzubereiten.[434]

(10) Eine Sonderrolle spielen die **Pflicht- und Anstandsschenkungen**[435] des § 534 BGB: Einer sittlichen Pflicht kann die Schenkung bspw. genügen, wenn Zuwendungen an bedürftige Geschwister, Stiefkinder oder den nichtehelichen Lebensgefährten, Patenkinder oder als Abfindung an den verlassenen Lebensgefährten (also ohne Bestehen einer gesetzlichen Unterhalts- oder Ausgleichspflicht) vorgenommen werden, i.d.R. aber nicht bei der Belohnung für Pflege durch nahe Verwandte[436] oder bei der Versorgung von Eltern, die bereits über (wenn auch knappen) Wohnraum verfügen.[437] Anstandsschenkungen sind insb. gebräuchliche Gelegenheitsgeschenke zu Geburtstagen, Weihnachten, Hochzeiten und auch bei guten Vermögensverhältnissen in Bezug auf Grundstücke oder sonstige Luxusgüter (Yacht im Wert von fast 600.000 €[438]) nicht zu bejahen,[439] da die Vornahme kostspieliger Schenkungen zwar zur Steigerung des Ansehens führt, deren Ausbleiben aber keinen Ansehensverlust zur Folge hat.[440] Maßgeblich ist, dass nach den Anschauungen in den dem Schenker sozial gleichstehenden Kreisen die Zuwendung nicht unterbleiben könnte, ohne dass der Schenkende dort an Ansehen oder Achtung verlieren würde.

Die restriktive Rechtsprechung des BGH[441] hat § 534 BGB auf Gelegenheits- und Geburtstagszuwendungen zurückgedrängt: Der Schenker wurde von seinem nicht mehr berufstätigen Sohn und der Schwiegertochter jahrelang versorgt und verpflegt. 3 Jahre vor der Übersiedlung in ein Pflegeheim übertrug er an den Sohn einen Geldbetrag von 42.000,00 DM. Der BGH führt aus, die »Hege und Pflege« des Vaters habe zwar einer sittlichen Pflicht des Sohnes entsprochen, nicht jedoch die Übergabe des Gelds vom Vater auf den Sohn. Nur wenn der Pflegende **schwerwiegende persönliche Opfer** bringt und deswegen selbst in eine Notlage gerät (z.B. eine Berufstätigkeit aufgibt), könne davon ausgegangen werden, dass solche Zuwendungen einer moralischen oder sittlichen Pflicht entsprächen und daher (da

---

431 BGH, 11.10.2005 – X ZR 270/02, FamRZ 2006, 196: »alte Hexe«, »verlogene Saubrut«.
432 Abzulehnen ist jedoch die Auffassung, seit der Abschaffung des Verschuldensprinzips im Scheidungsrecht bedürfe es eines »exzessiven Fehlverhaltens«, da die Familienrechtsreform bewusst § 530 BGB nicht geändert hat, vgl. MünchKomm-BGB/*Koch*, § 530 Rn. 10.
433 BGH, 13.11.2012 – X ZR 80/11, DNotZ 2013, 292: zu weiteren Ermittlungen zurückverwiesen, insbesondere ob der schenkende Ehemann selbst im Rotlichtmilieu verkehrte.
434 OLG Brandenburg, 21.06.2016 – 6 U 101/14, ErbStB 2016, 337.
435 *Migsch*, AcP 1973, 46 ff. plädiert dafür, sie als eigenen Vertragstyp zu begreifen.
436 BGH, 09.04.1986 – IVa ZR 125/84, NJW 1986, 1926; krit. zu dieser zu engen Auffassung *Keim*, FamRZ 2004, 1085.
437 OLG Koblenz, 13.07.2006 – 7 U 1801/05, ZErb 2006, 419.
438 So zu Recht *Hölscher* in seiner Anm. gegen das anderslautende Urteil OLG Düsseldorf, 27.01.2017 – I-7 U 40/16, ZEV 2017, 328.
439 BGH, 18.04.1986 – V ZR 280/84, NJW-RR 1986, 1202.
440 BGH, 19.09.1980 – V ZR 78/79, NJW 1981, 111.
441 Vgl. etwa BGH, 09.04.1986 – IVa ZR 125/84, NJW 1986, 1926.

§ 528 BGB hierfür nicht gilt) »rückforderungsfest« seien.[442] Monatliche Taschengeldzahlungen von 50 € an die Enkelin können jedoch Anstandsschenkungen sein.[443]

192 Für Pflicht- und Anstandsschenkungen gelten die §§ 516 ff. BGB in gleicher Weise, jedoch ist das Recht auf Rückforderung wegen Verarmung (Rdn. 1124) oder Widerruf wegen groben Undanks ausgeschlossen;[444] auch eine Pflichtteilsergänzung findet gem. § 2330 BGB nicht statt (vgl. Rdn. 3701; eine generelle Freistellung von Schenkungen für gemeinnützige Zwecke besteht jedoch, anders als gem. § 785 Abs. 3 Satz 1, 2. Alt. österr. AGBGB,[445] nicht, sie wird jedoch zunehmend gefordert).[446] Weitere Privilegierungen enthalten §§ 1425 Abs. 2, 1641, 1804, 2113 Abs. 2, 2205, 2207 (Ausnahmen vom Schenkungsverbot bei gesetzlichen Vertretern und Nacherbenbeschränkungen).

▶ Hinweis:

193 Dem Kautelarjuristen muss die Lückenhaftigkeit des gesetzlichen Schenkungsrechts Ansporn sein, wichtige Punkte im Vertrag selbst durch Vereinbarung oder durch konkrete Verweisung auf Normen zu regeln. In diesem Sinn zählen zu den regelungsbedürftigen Fragen insb.
- Absicherung des Veräußerers durch Auflagen und Gegenleistungen,
- Leistungen an den Ehegatten des Veräußerers,
- Leistungen an weichende Erben,
- Rückforderungsrechte als weitere Einwirkungsmöglichkeit auf den Vertraggegenstand,
- Vorsorge für »Schenkungsreue«,
- Störfallregelung bei nicht ordnungsgemäßer Erbringung der Absicherungsleistungen,
- Erb- und pflichtteilsrechtliche Anordnungen.

III. Schenkung unter Auflage (§§ 525 bis 527 BGB)

194 Der gesetzlich nicht definierte Begriff der **Auflage** wird in ständiger Rechtsprechung verstanden i.S.e. der Schenkung hinzugefügten Bestimmung, dass der Empfänger zu einer Leistung (Tun, Dulden oder Unterlassen, auch ohne vermögensrechtlichen Wert) verpflichtet sein soll, die aus dem Zuwendungsobjekt zumindest wirtschaftlich zu entnehmen ist.

▶ Beispiele:
- Zuwendung einer Immobilie unter Vorbehalt des zu bestellenden Nießbrauchs,[447]
- Übereignung eines Geldbetrags unter der Auflage, die zugewendete Summe als Darlehen dem Schenker zurückzugewähren.[448]

---

442 Einen solchen Ausnahmefall nimmt LG Kassel, 12.10.2012 – 3 T 349/12, ZErb 2012, 331 an bei der Zuwendung von 40.000 Euro an ein Kind durch einen Betreuer, sofern der Betreute finanziell abgesichert ist, der Empfänger zuvor auf den Pflichtteil nach dem vorverstorbenen Elternteil verzichtet hatte, und der finanzielle Engpass des Kindes ihm sonst die Berufszulassung kosten würde.
443 LG Aachen, 14.02.2017 – 3 S 127/16, ErbR 2017, 638.
444 Weitere Sonderregelungen ergeben sich aus §§ 814, 1425 Abs. 2, 1641, 1804, 2113 Abs. 2, 2205, 2207, 2330 BGB.
445 Dort beträgt allerdings die Pflichtteilsergänzungsfrist lediglich 2 Jahre.
446 Für eine Ausweitung des § 2330 BGB plädieren z.B. *Medicus*, in: FS für Helmut Heinrichs, 1998, S. 392 und *Richter*, ZErb 2005, 139; zum rechtspolitischen Wertungskonflikt von Gemeinnützigkeit und Generationengerechtigkeit *Röthel*, ZEV 2006, 8 ff.; *Hüttemann/Rawert* entwickeln einen Gesetzgebungsvorschlag (Freistellung i.H.d. Erbteils eines weiteren, fiktiv hinzugedachten Kindes), ZEV 2007, 107 ff.
447 OLG Köln, 10.11.1993 – 27 U 220/93, FamRZ 1994, 1242.
448 Die Darlehensgewährung an den Betrieb des Schenkers in Erfüllung einer Auflage oder in Vollzug eines vorgefassten Plans soll allerdings nicht zum Betriebsausgabenabzug der geleisteten Schuldzinsen berechtigen, vgl. BFH, 12.02.1992 – X R 121/88, BStBl. 1992 II, S. 468 beim Einzelunternehmen, BFH, 22.01.2002 – VIII R 46/00, BStBl. 2002 II, S. 685 zur Personengesellschaft anders jedoch bei der

Die Hinzufügung einer Auflage ändert zivilrechtlich nichts daran, dass der **gesamte Gegenstand** **195** **geschenkt** ist, also das Schenkungsrecht insgesamt Anwendung findet. Stehen sich Zuwendung und Gegengewährung jedoch i.S.e. (teilweisen) Austausches von Leistung und Gegenleistung ggü., handelt es sich um eine gemischte Schenkung (hierzu nachstehend Rdn. 275 ff.), auf deren Gesamtabwicklung das Schenkungsrecht nur eingeschränkt Anwendung findet. Beide Formen – die Schenkung unter Auflage sowie die gemischte Schenkung – sind ihrerseits wiederum abzugrenzen von der reinen Schenkung eines seinerseits belasteten Gegenstands (etwa bei der Übernahme dinglicher Lasten), mag diese Belastung auch erst im Moment des Schenkungsversprechens bestellt worden sein (wie etwa häufig bei der Übertragung unter Vorbehaltsnießbrauch oder -wohnungsrecht).[449]

Die **Vollziehung der Auflage** kann erst verlangt werden, wenn die Schenkung geleistet ist; eine **196** Befreiung von der Auflage ist bspw. möglich bei nachträglicher Unmöglichkeit gem. § 275 Abs. 1 BGB sowie bei Entwertung des geschenkten Gegenstands.[450] Sofern wegen eines Rechts- oder Sachmangels der Wert der Zuwendung hinter den Aufwendungen zur Erfüllung der Auflage zurückbleibt, gewährt § 526 BGB ein Leistungsverweigerungsrecht. Gleiches gilt nach herrschender Meinung auch dann, wenn dieses Missverhältnis schon von Anfang an, also ohne Hinzutreten eines Rechts- oder Sachmangels, bestand. Wird die Auflage nicht vollzogen, hat der Schenker weiterhin den Anspruch aus § 525 BGB sowie ggf. auf Schadensersatz.[451] Handelt es sich (selten) zugleich um einen synallagmatischen Vertrag (also eine gemischte Schenkung mit Überwiegen des Gegenleistungselements) steht ihm ferner nach Kündigung infolge erfolgloser Nachfristsetzung oder im Fall der Unmöglichkeit (§ 323 Abs. 1 bzw. 5 BGB)[452] ein **Herausgabeanspruch** hinsichtlich der Zuwendung zu. Dieser richtet sich (Rechtsfolgenverweisung) nach Konditionsrecht und ist beschränkt (»insoweit«) auf dasjenige, was zum Vollzug der Auflage zu verwenden gewesen wäre. § 527 BGB kann abbedungen, aber auch (z.B.i.S.e. allgemeinen Rücktrittsrechts) erweitert werden.

IV. Privilegierung von Schenkungen

Ähnlich wie der Erwerb von Todes wegen sind Schenkungen bzw. Übertragungen in vorweg- **197** genommener Erbfolge in verschiedener Hinsicht privilegiert. So zählen sie, da sie keinen spezifischen Ehebezug aufweisen, sondern auf die besondere persönliche Beziehung des Erwerbers zum Zuwendenden zurückgehen, gem. § 1374 Abs. 2 BGB nicht zum Zugewinn, werden also dem Anfangsvermögen hinzugerechnet,[453] soweit sie die Vermögensebene betreffen, also nicht allein zur Deckung der laufenden Kosten des Lebensunterhalts bestimmt sind.[454] **Wertsteigerungen** des geschenkten/in vorweggenommener Erbfolge erworbenen Vermögens, soweit sie über den Kaufkraftschwund des Gelds (Indexierung gem. Verbraucherpreisindex) hinausgehen, unterliegen allerdings dem Zugewinnausgleich.

Die rein rechnerische Wertsteigerung, die aufgrund Absinkens des Werts vorbehaltener Nutzungs- **198** rechte eintritt (Nießbrauch, Wohnungsrecht, Altenteilsrechte), unterliegt (nach zwischenzeitlichen

---

GmbH als eigenem Steuersubjekt: BFH, 19.12.2007 – VIII R 13/05, GmbHR 2008, 325, m. krit. Anm. *Hoffmann*, so dass bei Letzterer keine verdeckten Gewinnausschüttungen anzunehmen sind. Das Darlehen selbst ist ertragsteuerlich nicht anzuerkennen, wenn die Schenkung erst nach Abschluss des Darlehensvertrags erfolgt, da wirtschaftlich der Beschenkte nie über den Betrag verfügen konnte, so dass er das Darlehen nicht aus »eigenem Vermögen« gewährte: FG Baden-Württemberg, 08.06.2005 – 10 K 20/03, ZErb 2005, 343.
449 Ausführlich *Reiff*, Die Dogmatik der Schenkung unter Nießbrauchsvorbehalt, S. 100 ff.
450 Analog § 526 BGB: RG, 10.12.1925 – IV 374/25, RGZ 112, 210.
451 §§ 280, 283, 286 BGB, jedoch behaftet mit dem Problem des Nachweises des Schadens.
452 Nach neuem Schuldrecht auch ohne Verzug oder Verschulden.
453 Vgl. umfassend J. *Mayer*, in: Bamberger/Roth, BGB, § 1374 Rn. 9.
454 OLG Brandenburg, 27.03.2014 – 9 UF 177/13, MittBayNot 2014, 535.

Kapriolen des BGH) allerdings nicht dem Zugewinnausgleich, vgl. Rdn. 1439. Anders verhält es sich jedoch bei auf Leistung gerichteten Versprechen im Rahmen einer Schenkung/vorweggenommenen Erbfolge (etwa einer Leibrente): diese ist sowohl im Anfangs- als auch – sofern in diesem Zeitpunkt noch bestehend – mit dem verbleibenden niedrigeren Stammwert im Endvermögen mindernd zu berücksichtigen. Der im Lauf der Ehe wachsende Wert der Netto-Zuwendung ist insoweit nicht unentgeltlich i.S.d. § 1374 Abs. 2 BGB und damit auch nicht privilegiert.[455]

199 Als Folge der zum 01.09.2009 in Kraft getretenen Reform des Zugewinnausgleichsrechtes kann das Anfangsvermögen, auch das aus während der Ehezeit erfolgenden Schenkungen herrührende »fiktive« Anfangsvermögen des § 1374 Abs. 2 BGB, negativ sein, da der Abzug von Verbindlichkeiten nicht auf den Aktivwert begrenzt ist (§ 1374 Abs. 3 BGB[456]). Ein scheidungswilliger Ehegatte könnte sich also vor dem Stichtag des § 1384 BGB (Zustellung des Scheidungsantrags) »arm schenken lassen«, indem er eine überschuldete Schenkung annimmt. In evidenten Missbrauchsfällen hilft möglicherweise eine Korrektur durch analoge Anwendung des § 1375 BGB (vgl. Rdn. 206).[457]

V. Bestandsschwäche von Schenkungen

1. Bestandsschwäche im Verhältnis zwischen Schenker und Beschenktem

200 Die Schwäche des unentgeltlichen Geschäfts zwischen den Parteien manifestiert sich insb. in den teilweise bereits geschilderten erleichterten Möglichkeiten einer **Auflösung zugunsten des Schenkers**,[458] v.a. dem Widerruf bei grobem Undank (§ 530 BGB; Rdn. 185 ff.), sowie der Rückforderung bei Verarmung des Schenkers, § 528 BGB (Rdn. 1032 ff.).

2. Bestandsschwäche im Verhältnis zu Dritten

201 Wesentlich verstreuter, jedoch ebenfalls Ausdruck eines allgemeinen Rechtsgedankens, sind die **Bestandsschwächen des unentgeltlichen Erwerbs im Verhältnis zu Dritten**. Zu nennen sind folgende Beispielsfälle:[459]

(1) **Unentgeltliche Verfügungen eines Nichtberechtigten**: Auch der unentgeltliche Erwerber kann, sofern er redlich ist, vom Nichtberechtigten dinglich wirksam Eigentum oder Inhaberschaft erwerben. § 816 Abs. 1 Satz 2 BGB führt zu einer schuldrechtlichen Korrektur, indem das unentgeltlich erworbene Recht kondizierbar wird. Die Position des geschädigten Rechtsverlierers verdient mehr Schutz als der redliche, aber unentgeltliche Erwerber.

202 (2) **Unentgeltliche Verfügungen eines Bereicherungsschuldners**: Soweit ein zur Herausgabe Verpflichteter wirksam über den Gegenstand verfügt und seine Kondiktionshaftung demnach gem. § 818 Abs. 3 BGB erlischt, führt § 822 BGB zu einem eigenen Kondiktionsanspruch gegen den unentgeltlichen Zweiterwerber (ebenso Dritt-, Vierterwerber) in gleicher Weise, als wenn der Zweit- oder Dritterwerber nicht unentgeltlich, sondern rechtsgrundlos erworben hätte. Schenkungen können die Kondiktionsbehaftung nicht »abwaschen« (ebenso wenig wie sie die »Anfechtungsbehaftung« abwaschen können, Rdn. 215: § 145 Abs. 2 InsO, § 15 Abs. 2 AnfG). Ist also bspw. der Beschenkte gem. § 528 BGB wegen Verarmung des Schenkers zur Herausgabe nach Kondiktionsgrundsätzen verpflichtet und hat er vor dem Eintritt der Rechtshängigkeit oder Bösgläubigkeit den ihm geschenkten Gegenstand weiterverschenkt, haftet in gleicher Weise der Zweiterwerber für die Rückforderung wegen Verarmung des Ursprungsschenkers.

---

455 Vgl. BGH, 07.09.2005 – XII ZR 209/02, DNotI-Report 2005, 198.
456 Das Anfangsvermögen bleibt auch dann negativ, wenn die Schulden später aufgrund Restschuldbefreiung erlöschen: OLG Naumburg, 17.12.2014 – 4 UF 153/14, FamRZ 2015, 748.
457 *Münch*, MittBayNot 2009, 261.
458 Z.B. §§ 519, 528, 530 BGB; vergleichbar §§ 605 Nr. 1, 671 BGB.
459 Vgl. hierzu auch *Medicus*, Bürgerliches Recht, § 16 Abs. 3.

(3) Auch ein **redlicher Besitzer, der seinen Besitz unentgeltlich erlangt hat**, muss dem Eigentümer gem. § 988 BGB die gezogenen Nutzungen uneingeschränkt herausgeben. Er soll keine Vorteile behalten können, die er aus einem ohne eigene Opfer erworbenen Recht zulasten des fremden Eigentümers erlangt hat.

(4) **Schenkungen des Erblassers zulasten des Vertragserben**, denen kein lebzeitiges Eigeninteresse[460] zugrunde liegt (sog. »böslicher Schenkungen«, wobei an die Stelle des gesetzlichen Merkmals der Beeinträchtigungsabsicht faktisch eine Missbrauchsprüfung getreten ist)[461] sind zwar ebenfalls dinglich wirksam, unterliegen jedoch der Rückforderung nach Bereicherungsrecht (Rechtsfolgenverweisung) gem. § 2287 BGB (im Einzelnen Rdn. 3932 ff.). Auf die Redlichkeit des Beschenkten, der unmittelbar Anspruchsgegner ist, kommt es auch hier nicht an.

(5) Gem. § 1390 BGB kann in ähnlicher Weise ein Ehegatte, dessen **Zugewinnausgleichsforderung** durch solche Schenkungen verkürzt worden ist, den Drittempfänger kondiktionsrechtlich in Anspruch nehmen, und zwar seit 01.09.2009 nicht mehr allein auf Herausgabe gerichtet, sondern unmittelbar auf Zahlung in Geld. Sie kommt zum Tragen, wenn der ausgleichspflichtige Ehegatte Schenkungen an einen Dritten in Benachteiligungsabsicht getätigt hat (kollusives Zusammenwirken ist nicht erforderlich), seine Ausgleichspflicht jedoch wegen Eingreifens der Kappungsgrenze (§ 1378 BGB) erschöpft ist. Soweit auch der Ehegatte selbst (etwa wegen der Erweiterung der Kappungsgrenze bei illoyalen Verschiebungen: § 1378 Abs. 2 BGB, Rdn. 206) haftet, stehen der Zahlungsanspruch gegen den Dritten und der güterrechtliche Anspruch gegen den Ehegatten nunmehr gesamtschuldnerisch nebeneinander, § 1390 Abs. 1 Satz 4 BGB. Ferner ist das Erfordernis der Sicherheitsleistung (§ 1390 Abs. 4 BGB a.F.) entfallen.

(6) Bereits auf der Berechnungsebene sind unentgeltliche Zuwendungen, die ein Ehegatte an Dritte getätigt hat, seinem Endvermögen zuzurechnen (§ 1375 Abs. 2 Nr. 1 BGB), es sei denn sie lägen (§ 1375 Abs. 3 BGB) länger als 10 Jahre zurück oder wären mit (nicht formgebundener) Einwilligung des anderen Ehegatten erfolgt, vgl. Rdn. 3852; andere Schenkungen sind also nicht zugewinnausgleichsfest (Pflicht- und Anstandsschenkungen werden allerdings gem. § 1375 Abs. 2 Nr. 1 a.E. BGB dem Endvermögen nicht hinzugerechnet).

Die Reform des Zugewinnausgleichsrechts hat zum 01.09.2009 insoweit zwei weitere Verschärfungen bewirkt:

(a) die Höhe der Ausgleichsforderung wurde – bisher – gem. § 1378 Abs. 2 Satz 1 BGB durch das bei Ende des Güterstandes (bzw. an dem nach § 1384 BGB maßgeblichen Stichtag[462]) vorhandene Vermögen begrenzt. Der Ausgleichsschuldner muss in den Fällen, in denen er bei Beginn des Güterstandes vorhandene Schulden getilgt hat, notfalls sein gesamtes nach der Schuldentilgung erworbenes Vermögen an den Ausgleichsgläubiger abführen, er muss aber keine Verbindlichkeiten eingehen. Hat der Ausgleichsschuldner aber sein Vermögen in den Fällen des

---

460 Die Anforderungen sind streng: Der Wunsch, durch lebzeitige Verfügung für eine Gleichbehandlung der Abkömmlinge zu sorgen, soll bspw. nicht ausreichen (BGH, 29.06.2005 – IV ZR 56/04, ZEV 2005, 479; ebenso BGH, 25.01.2006 – IV ZR 153/04, ZEV 2006, 312: jedenfalls dann, wenn die Begünstigung des anderen Abkömmlings bereits beim Abschluss des Erbvertrags gegeben war). Eine Schenkung als Ausgleich für Pflegeleistungen ist regelmäßig privilegiert, es sei denn, der Vertragserbe war seinerseits zur Pflege vertraglich verpflichtet und bereit und der Schenker wünschte dessen Leistungen lediglich nicht mehr, OLG Koblenz, NJW-RR 2005, 883.
461 *Schindler*, ZEV 2005, 334 m.w.N.
462 Nach BGH, 04.07.2012 – XII ZR 80/10, DNotZ 2012, 851 = NotBZ 2013, 109 m. Anm. *Krause*; *Eickelberg*, notar 2012, 338 ist auch bei einem nach der Rechtshängigkeit des Scheidungsantrags unverschuldet eintretenden Vermögensverlust § 1384 BGB nicht dahingehend teleologisch zu reduzieren, dass die Begrenzung des § 1378 Abs. 2 Satz 1 BGB an die Stelle derjenigen des § 1384 BGB trete, im Einzelfall könne allerdings gem. § 1381 BGB eine Korrektur erfolgen. § 1384 BGB gilt nicht bei vor dem 01.09.2009 rechtskräftig geschiedenen Ehen, BGH, 16.07.2014 – XII ZR 108/12, MittBayNot 2015, 143.

§ 1375 Abs. 2 BGB illoyal verwendet, muss er gem. § 1378 Abs. 2 Satz 2 BGB n.F.[463] zur Erfüllung der Ausgleichsforderung ein Darlehen aufnehmen, und zwar i.H.d. illoyal verwendeten Betrages, der im eigenen Vermögen fehlt.

(b) Darüber hinaus wird gem. § 1375 Abs. 2 Satz 2 BGB nunmehr (widerlegbar) vermutet, dass Minderungen des Endvermögens, die nach der Erteilung einer Auskunft[464] über die Vermögensverhältnisse zum Trennungszeitpunkt eingetreten sind, auf illoyalen Verschiebungen beruhen. Letztere liegen allerdings nicht vor, wenn der in Rede stehende Betrag im Rahmen einer ordnungsgemäßen Lebensführung verbraucht worden sein kann.[465]

207 (7) **Schenkungen zulasten eines Pflichtteilsberechtigten** können gem. § 2329 BGB (vgl. Rdn. 3677 ff.), ohne dass es auf Benachteiligungsabsicht des Schenkers ankäme, vom Beschenkten nach Bereicherungsrecht (Rechtsfolgenverweisung) herausgefordert werden, soweit der zur Pflichtteilsergänzung verpflichtete Erbe (z.B. wegen Dürftigkeit des Nachlasses oder weil er selbst pflichtteilsberechtigt ist und ihm nicht einmal der eigene Pflichtteil verbliebe) ihn nicht zu erfüllen braucht.

208 (8) Unentgeltliche Verfügungen eines **Vorerben**, auch eines befreiten, werden gem. § 2113 Abs. 2 Satz 1, 1. Alt. BGB mit Eintritt des Nacherbfalls insoweit unwirksam, als sie das Recht des Nacherben vereiteln oder beeinträchtigen würden – der Nacherbe wird also zu diesem Zeitpunkt Eigentümer des schenkungshalber hingegebenen Nachlassgegenstandes[466] und kann z.B. bei Grundstücken Grundbuchberichtigung gem. § 894 BGB – bei teilentgeltlichen Geschäften Zug um Zug gegen Rückerstattung der Gegenleistung – verlangen (zur Nacherbenzustimmung vgl. Rdn. 4195 ff.: Stimmen alle Nacherben zu, können ihre Rechte nicht mehr beeinträchtigt werden).

3. Insb.: Gläubigeranfechtungsrecht

209 Dem Bemühen des pfändungsgefährdeten Vermögensinhabers, sich i.R.d. »asset protection« auch kurzfristig von seinen Gütern zu trennen (möglichst ohne den wirtschaftlichen Zugriff hierauf aufgeben zu müssen), wird – außer durch Mittel des Strafrechts (§§ 283 ff. StGB) – durch das Recht der Gläubiger- und der Insolvenzanfechtung[467] Grenzen gesetzt, jedenfalls wenn die Übertragung nicht rechtzeitig erfolgt ist.

a) Allgemeine Voraussetzungen

210 Das Vorliegen eines Anfechtungstatbestands[468] nach dem Anfechtungsgesetz (AnfG) oder der (ab Eröffnung des Insolvenzverfahrens vorrangigen) InsO schafft ein gesetzliches Schuldverhältnis zwischen Gläubiger und Anfechtungsgegner mit dem Ziel der Wiederherstellung der Zugriffslage, das nicht – auch nicht durch Rechtshängigkeitsvermerk – im Grundbuch dokumentiert werden kann.[469] **Berechtigt** zur Insolvenzanfechtung ist lediglich der Insolvenzverwalter (§ 129 InsO),[470]

---

463 Gilt nicht bei Ehescheidungen vor dem 01.09.2009, BGH, 22.10.2014 – XII ZR 194/13, NotBZ 2015, 104 (nur Ls.).
464 Der Auskunftsanspruch wurde gem. § 1379 Abs. 2 BGB vorverlegt, vgl. *Reetz*, DNotZ 2009, 836 ff. Für einen Auskunftsanspruch ist allerdings konkreter Tatsachenvortrag, der illoyale Vermögensverfügungen nahe legen könnte, erforderlich, OLG Zweibrücken, 29.08.2014 – 2 UF 45/14, NJW-RR 2015, 133.
465 BGH, 12.11.2014 – XII ZB 469/13, FamRZ 2015, 232; BGH, 20.05.2015 – XII ZB 314/14, DNotZ 2015, 681.
466 OLG Bamberg, 08.05.2009 – 6 U 38/08, JurionRS 2009, 34686.
467 Vgl. hierzu im Überblick *Huber/Armbruster*, NotBZ 2011, 206 ff., 233 ff.
468 Vgl. hierzu im Überblick *Huber/Armbruster* NotBZ 2011, 206 ff. und 233 ff.
469 BayObLG, 30.06.2004 – 2Z BR 111/04, NotBZ 2004, 396. Zum richterlichen Verfügungsverbot vgl. aber Rdn. 216 a.E.
470 Ausnahme bis zum 30.06.2014 gem. § 313 Abs. 2 Satz 1 InsO a.F: jeder Insolvenzgläubiger beim vereinfachten Insolvenzverfahren.

D. Schenkungsrecht des BGB   Kapitel 1

zur Gläubigeranfechtung gem. § 2 AnfG jeder (nach h.M. auch nach der Vornahme der anfechtbaren Rechtshandlung hinzugekommene)[471] Gläubiger, der einen vollstreckbaren Schuldtitel über eine fällig gewordene Forderung erlangt hat, sofern die Vollstreckung in das Vermögen des Schuldners nicht zu einer vollständigen Befriedigung des Gläubigers geführt hat oder dies zumindest anzunehmen ist.

Anfechtbar sind die Wirkungen von **Rechtshandlungen**, d.h. aller Willenserklärungen, rechtsgeschäftsähnlicher oder prozessualer Handlungen sowie willentlicher[472] Unterlassungen, die das Vermögen des Schuldners zum Nachteil der Gläubiger verändern können (allerdings nicht das bloße Unterlassen eines möglichen Vermögenserwerbs).[473] Die für die Fristberechnung und – jedenfalls nach Ansicht der Literatur[474] – das Vorliegen des subjektiven Tatbestands maßgebliche »**Vornahme**« solcher Rechtshandlungen erfolgt mit dem Eintritt ihrer rechtlichen Wirkungen[475] (§ 140 InsO, § 8 AnfG), bei Immobiliarverfügungen allerdings bereits zu dem Zeitpunkt, an dem entweder die Einigung wirksam geworden und der **Eintragungsantrag vom Erwerber gestellt** wurde (Rdn. 213) oder gar, sofern das Rechtsgeschäft durch Vormerkung gesichert wird, in dem Zeitpunkt, in dem die Voraussetzungen des § 878 BGB für die Vormerkung eingetreten und der vorgemerkte Anspruch entstanden[476] sind (§ 140 Abs. 2 Satz 1 bzw. Satz 2 InsO, § 8 Abs. 2 Satz 1 bzw. Satz 2 AnfG). Der Zeitpunkt, bis zu dem das Vorliegen der subjektiven Voraussetzungen, also die Kenntnis des Anfechtungsgegners von der Zahlungsunfähigkeit oder der Stellung des Insolvenzantrags, schädlich ist, ist allerdings nach herrschender Rechtsprechung[477] weiterhin der Zeitpunkt der Eintragung selbst, nicht der Antragstellung.

211

Nach überwiegender, wenngleich unrichtiger,[478] Auffassung genügt zur Schaffung der Voraussetzungen des § 140 Abs. 2 Satz 1 InsO die lediglich auf § 15 GBO gestützte Antragstellung durch den Notar nicht, da sie ohne Zustimmung des Berechtigten gem. § 24 Abs. 3 Satz 1 BNotO wieder zurückgenommen werden könnte,[479] anders jedoch wenn eine ausdrückliche, unwiderrufliche Ermächtigung für den Notar vorliegt (die § 15 GBO ergänzende vertragliche Vollzugsvollmacht berechtigt ihrerseits auch zur Rücknahme und ist ihrerseits widerruflich ausgestaltet). Am sichers-

212

---

471 Vgl. BGH, 13.08.2009 – IX ZR 159/06, DNotZ MittBayNot 2010, 149 m. Anm. *Lotter*, sowie die Nachweise bei *Schumacher-Hey* RNotZ 2004, 544 unter A II 1 und 4; krit. *Lotter* MittBayNot 1998, 422 und MittBayNot 2010, 151; ebenso nun BGH, 23.05.2012 – IV ZR 250/11, ZNotP 2012, 311 beim Pflichtteilsergänzungsanspruch (Aufgabe des Grundsatzes der sog. »Doppelberechtigung«, Rdn. 3642). Mit *Amann* DNotZ 2010, 241, 260 ist wohl zwischen der Insolvenzanfechtung (wo der Grundsatz der Gleichbehandlung aller Gläubiger für die Lösung des BGH spricht) einerseits und der Gläubigeranfechtung andererseits (wo Vertrauen auf vorhandenes Schuldnervermögen verlangt werden muss) zu differenzieren.
472 Z.B. bei bewusstem Fördern von Vollstreckungshandlungen anderer Gläubiger BGH, 10.02.2005 – IX ZR 211/02, NJW 2005, 1121. Ist allerdings jede Möglichkeit selbstbestimmten Handelns ausgeschaltet, fehlt es an einer »Rechtshandlung des Schuldners« i.S.d. § 133 Abs. 1 InsO.
473 Daher sind z.B. nicht anfechtbar die Nichtannahme eines Schenkungsantrags, die Ausschlagung einer Erbschaft/eines Vermächtnisses sowie der Erbverzicht.
474 Vgl. etwa *Wacke* ZZP 1969, 396; *Röll* DNotZ 1976, 457; a.A. allerdings BGH, 11.12.1963 – VIII ZR 168/62, NJW 1964, 1277; BGH, 05.11.1987 – VII ZR 364/86, WM 1988, 307: Kenntnis schadet bis zum Zeitpunkt der Eintragung.
475 Folgt (atypischerweise) die wirksame Einigung der Eintragung nach, ist der Einigungszeitpunkt maßgeblich: OLG Düsseldorf, 23.04.2015 – 12 U 39/14, NotBZ 2016, 44.
476 BGH, 10.12.2009 – IX ZR 203/06, DNotZ 2010, 294 m. Anm. *Amann* S. 241 ff.: auch ohne Erklärung der Auflassung.
477 Vgl. etwa BGH, 11.12.1963 – VIII ZR 168/62, NJW 1964, 1277; BGH, 02.12.1987 – IVa ZR 149/86, WM 1988, 307; a.A. die überwiegende Lit., vgl. etwa *Wacke* ZZP 1969, 396; *Röll* DNotZ 1976, 457.
478 Vgl. *Amann* DNotZ 2010, 241, 257 ff. Gegen die herrschende Praxis spricht auch, dass bei der parallelen Frage des Bestehens eines Anwartschaftsrechts keine Zweifel an dessen Existenz bestehen, wenn der Berechtigte aufgrund Vollmacht vertreten wird.
479 BGH, 08.05.2008 – IX ZR 116/07, MittBayNot 2009, 61 m. abl. Anm. *Kesseler*.

ten erscheint es, den Antrag auf Eintragung der Vormerkung in der Urkunde unmittelbar durch den Käufer stellen zu lassen und als Notar diesen Antrag im Wege der Botenschaft dem Grundbuchamt zu übersenden[480]:

▶ **Formulierungsvorschlag: Beantragung einer Vormerkung durch den Erwerber (im Hinblick auf § 140 Abs. 2 Satz 1 InsO)**

213 *Regelungen im Erwerbsvertrag:*

Der Veräußerer bewilligt und der Erwerber beantragt selbst, zur Sicherung dieses Erwerbsanspruchs eine Vormerkung am betroffenen Grundbuch an nächstoffener Rangstelle einzutragen. Der Notar wird angewiesen, den Antrag auf Eintragung der Vormerkung ausdrücklich im Namen des Erwerbers als Bote zu stellen.

Antragstellung beim Grundbuchamt:

Die oben genannte Urkunde übermittle ich als Bote und bitte, den in der Urkunde gestellten Antrag des Erwerbers auf Eintragung der Vormerkung zu vollziehen. Weiter beantrage ich, gestützt auf § 15 GBO – bei Grundpfandrechtseintragungen auch namens des Gläubigers –, den Vollzug folgender weiterer Anträge: … .

214 In objektiver Hinsicht ist zudem das Vorliegen einer **Gläubigerbenachteiligung** erforderlich, d.h. die Verschlechterung der Zugriffsmöglichkeiten – auch künftiger, Rdn. 210 – Gläubiger auf das Vermögen des Schuldners. Eine **unmittelbare Benachteiligung** setzt voraus, dass sein dem Zugriff der Gläubiger ausgesetztes Vermögen unter Einbeziehung des veräußerten Gegenstandes größer ist als ohne diesen, also der in der Versteigerung erzielbare[481] Wert des Grundstücks die vorrangigen Belastungen[482] und die Kosten des Versteigerungsverfahrens übersteigt.[483] Unproblematisch ist demnach[484] jedenfalls die Weggabe (1) von Gegenständen, die der Aussonderung oder Absonderung unterliegen, sowie (2) von wertlosen oder wertausschöpfend belasteten[485] Objekten. Weiter ist unantastbar (3) die Ausübung von Persönlichkeitsrechten (Heirat, Scheidung, Adoption, Güterstandswechsel, Ausschlagung einer Erbschaft, Mitwirkung an der Aufhebung einer bindenden [eigenen] Erbeinsetzung,[486] Nichtgeltendmachung des Pflichtteils, Nichtantritt einer gut bezahlten Arbeit). Die früher angenommene vierte Fallgruppe (Weggabe unpfändbarer Gegenstände) kann aufgrund neuerer Rechtsprechung[487] nicht mehr uneingeschränkt aufrechterhalten werden. Bei einigen Anfechtungstatbeständen genügt auch die mittelbare Gläubigerbenachteiligung, s. Rdn. 221.

---

480 Vgl. *Reul,* MittBayNot 2010, 363 ff.
481 Bei der Insolvenzanfechtung ist der in einer freihändigen Veräußerung erzielbare Erlös maßgebend, wenn diesem freihändigen Verkauf nicht z.B. die Zwangsvollstreckung durch einen anderen dinglichen Gläubiger entgegen steht, BGH, 09.06.2016 – IX ZR 153/15, ZfIR 2016, 680 m. Anm. *Holzer.*
482 In ihrer vollen valutierenden Höhe, auch wenn dieser Gläubiger auf andere Sicherheiten (verpfändete Lebensversicherungen) zurückgreifen könnte, dies jedoch nicht muss: BGH, 23.11.2006 – IX ZR 126/03, ZNotP 2007, 113. Dies gilt auch, wenn der Veräußerer sich zur weiteren Bedienung der wertausschöpfenden Belastungen verpflichtet hat (in den Tilgungsleistungen können jedoch selbstständig anfechtbare mittelbare weitere Zuwendungen liegen), BGH, 03.05.2007 – IX ZR 16/06, ZNotP 2007, 354. Beispiel hierfür: BGH, 19.05.2009 – IX ZR 129/06, MittBayNot 2010, 228 m. Anm. *Huber.*
483 BGH, 20.10.2005 – IX ZR 276/02, RNotZ 2006, 200 m. Anm. *Kesseler.*
484 *Bitter* Insolvenzanfechtung bei Weggabe unpfändbarer Gegenstände, FS Karsten Schmidt S. 123; *Suppliet* NotBZ 2010, 97.
485 OLG Dresden, 10.08.2016 – 13 U 163/16; OLG Frankfurt am Main, 15.11.2012 – 3 U 70/12, ZfIR 2013, 76 (nur Ls.).
486 BGH, 20.12.2012 – IX ZR 56/12, NotBZ 2013, 132 m. Anm. *Suppliet* = DNotI-Report 2013, 42; hierzu *Möller* EE 2013, 44 ff.
487 BGH, 06.10.2009 – IX ZR 191/05, NotBZ 2010, 95 m. Anm. *Suppliet:* Zahlungen aufgrund geduldeter Kontoüberziehung sind anfechtbar, obwohl der »geduldete Rahmen« nicht gepfändet werden könnte.

Anfechtungsgegner ist derjenige, der durch die anfechtbare Rechtshandlung etwas aus dem Vermögen des Schuldners erlangt hat, ebenso sein Gesamtrechtsnachfolger (§ 145 Abs. 1 InsO, § 15 Abs. 1 AnfG). Gleiches gilt gem. § 145 Abs. 2 InsO, § 15 Abs. 2 AnfG für **Sonderrechtsnachfolger**, die entweder z.Zt. ihres Erwerbs Kenntnis von den Umständen hatten, die zur Anfechtbarkeit des Erwerbs des Vorgängers geführt haben, oder die das Erlangte **unentgeltlich** erworben haben. Anfechtungsansprüche nach AnfG und InsO verjähren gem. § 195 BGB (i.V.m. § 146 InsO) drei Jahre nach Ablauf des Jahres, in dem Kenntnis (oder grob fahrlässige Unkenntnis) von den anspruchsbegründenden Tatsachen und der Person des Anfechtungsgegners vorlag.

215

Die **Rechtsfolge** der Insolvenzanfechtung ist gem. § 143 InsO ein schuldrechtlicher Anspruch auf Rückgewähr[488] der weggegebenen Leistung[489] bzw. Wertersatz, i.R.d. Gläubigeranfechtung gem. § 11 AnfG die Duldung der Zwangsvollstreckung aus dem Gläubigertitel in den anfechtbar weggegebenen Gegenstand, die nicht vormerkbar ist, aber durch (im einstweiligen Rechtsschutz ergehendes) richterliches Verfügungsverbot gesichert werden kann.[490] Fällt der Anfechtungsgegner in Insolvenz, nachdem die »normale« Gläubigeranfechtung geltend gemacht wurde, kann der Insolvenzverwalter gem. § 17 Abs. 2 AnfG den Klageantrag auf Rückgewähr des gesamten Gegenstands erweitern.[491]

216

Der Duldungsanspruch nach dem AnfG besteht auch, wenn der Übertragungsgegenstand (Miteigentumsanteil) wegen Vereinigung in einer Hand nicht mehr besteht.[492] Gegenstand dieser Vollstreckungsduldungspflicht ist das Grundstück in seinem ursprünglichen rechtlichen Zustand, also mit den aus dem Kaufvertrag weggefertigten Grundbuchgläubigern, was[493] vereinfachend dergestalt umgesetzt wird, dass die Aufwendungen des Erwerbers zur Wegfertigung bisheriger Belastungen, sofern gem. § 45 Abs. 1 ZVG angemeldet, in das geringste Gebot (§ 44 ZVG) aufgenommen werden. Hinsichtlich übersteigender, an den Verkäufer selbst geflossener Leistungen ist der Käufer jedoch gem. § 12 ZVG auf einen kaum realisierbaren Rückzahlungsanspruch gegen den Verkäufer verwiesen. Dies entspricht wirtschaftlich der Risikolage im Fall einer Rückabwicklung nach Insolvenzanfechtung.[494]

217

Wurde ein **beschränkt dingliches Recht anfechtbar erworben**, richtet sich die Rechtsfolge i.R.d. Gläubigeranfechtung nicht auf dessen Löschung (davon würden auch andere als der anfechtende Gläubiger profitieren), vielmehr wird der Berechtigte verurteilt, von seinem Recht (z.B. einem Nießbrauch) gegenüber dem anfechtenden Gläubiger keinen Gebrauch zu machen; betreibt Letzterer dann die Zwangsversteigerung, wird das anfechtbare Recht abweichend von § 44 Abs. 1 ZVG nicht in das geringste Gebot aufgenommen.[495]

218

---

488 BGH, 21.09.2006 – IX ZR 235/04, DNotZ 2007, 210.
489 Selbst dann, wenn der in anfechtbarer Weise erworben Habende nochmals im Weg des Versteigerungszuschlags erwirbt: BGH, 29.06.2004 – IX ZR 258/02, MittBayNot 2005, 160, m. Anm. *Huber*.
490 BGH, 14.06.2007 – IX ZR 219/05, ZInsO 2007, 943; es gilt das Prioritätsprinzip (der durch das erste Verbot geschützte Gläubiger kann vom später Geschützten den Rücktritt hinter eine dann eingetragene Zwangssicherungshypothek verlangen).
491 Dadurch verlängert sich zugleich faktisch die Anfechtungsfrist, da der Insolvenzverwalter die Anfechtbarkeit innerhalb der Frist des § 146 Abs. 1 InsO, also weiterer 3 Jahre gerichtlich geltend machen kann, vgl. *Huber/Armbruster*, NotBZ 2011, 208.
492 Übertragen der schuldende und die anderen Miteigentümer das Grundstück gemeinsam, hat der Gläubiger nach BGH, 06.04.2000 – IX 160/98, vgl. *Lögering* ZfIR 2010, 610 ff. Duldungsanspruch hinsichtlich des gesamten Grundstücks.
493 Nach BGH, 19.02.1976 – III ZR 75/74, NJW 1976, 1398, 1401, dem die Praxis folgt: *Stöber* ZVG § 44 Rn. 4.13.
494 Kommt es zur Anfechtung, sind alle Zahlungen, die zur Ablösung bevorrechtigter (dinglicher) Gläubiger geleistet wurden, »gesichert«, während Zahlungen an den Gemeinschuldner selbst oder auf dessen Weisung an dessen private Gläubiger ungesicherte Insolvenzforderungen sind (§ 144 Abs. 2 Satz 2 InsO).
495 BGH, 12.09.2013 – V ZB 195/12, ZfIR 2013, 19 m. zust. Anm. *Böttcher*.

219 Ausnahmsweise erfasst die Anfechtung nicht den gesamten Vertrag, sondern **lediglich einzelne Bestandteile**. Die Masse ist also so zu stellen, als wäre der Vertrag ohne die beanstandete Bestimmung geschlossen worden (Einrede gem. § 146 Abs. 2 InsO): Dies gilt für Klauseln, die sich nicht anders rechtfertigen können, als alleine für den Insolvenzfall dem Gläubiger einen ihm sonst nicht zukommenden Vorteil zu verschaffen, der also nicht zum Schutz anerkennenswerter Interessen des Gläubigers erforderlich ist, und den der Schuldner, da er sich dann ohnehin in Insolvenz befindet, leichtfertig hinzugeben bereit ist.

▶ **Beispiele:**

- Heimfallanspruch bereits bei Insolvenz des Erbbauberechtigten – also vor Erreichen des Zweijahresrückstandes des § 9 Abs. 4 ErbbauRG – sofern das Erbbaurecht gem. § 42 SachenRBerG an die Stelle eines nicht heimfallbehafteten Gebäudeeigentums tritt[496] oder wenn der Heimfall (bei Gewerbeimmobilien) nicht vergütet wird,[497]
- Rückforderungsrecht des Veräußerers bei Insolvenzeröffnung mit Ausschluss jeglichen Verwendungsersatzes nur für diesen Fall (Rdn. 2313).

b) Anfechtungstatbestände

220 Zwischen den Anfechtungstatbeständen herrscht ein **Stufenverhältnis** mit strenger werdenden Anforderungen bei zunehmender zeitlicher Entfernung zur Insolvenzeröffnung/Anfechtungserklärung und – soweit es sich nicht um die Einräumung von Eigentümerrechten handelt, Rdn. 224[498] – geringer Nähebeziehung zwischen Schuldner und Vertragspartner sowie Kenntnis des Vertragspartners von den Umständen:[499]

221 **(1)** Wurde die Rechtshandlung (oder das ihr gleichstehende Unterlassen) in **Benachteiligungsabsicht** (dolus eventualis genügt[500]) – ab dem 05.04.2017 ist weiter einschränkend nicht mehr das »zielgerichtete Verschieben von Vermögen an Dritte« erfasst, siehe nachstehend Rdn. 222 – vorgenommen und kannte der Vertragspartner diesen subjektiven Vorsatztatbestand (die Kenntnis wird gem. § 133 Abs. 1 Satz 2 InsO, § 3 Abs. 1 Satz 2 AnfG widerlegich vermutet,[501] wenn er zumindest von der objektiven Benachteiligungswirkung und der drohenden Zahlungsunfähigkeit des Schuldners wusste), kann die Anfechtung gem. § 133 Abs. 1 Satz 1 InsO, § 3 Abs. 1 Satz 1 AnfG bis zu **10 Jahre** zurückliegende Rechtshandlungen erfassen. Ungewöhnliche Vertragsgestaltungen (Verkauf gegen geringen Kaufpreis und lebenslanges Nutzungsrecht für den Veräußerer; einvernehmliche Aufhebung eines der Pfändbarkeit unterliegenden Angebots auf unentgeltlichen Rückerwerb in Kenntnis der Gläubigerkulisse[502]) können dabei Indiz sowohl für die Kenntnis des Käufers von der drohenden Zahlungsunfähigkeit des Verkäufers

---

[496] BGH, 19.04.2007 – IX ZR 59/06, ZNotP 2007, 307, m. zust. Anm. *Kesseler*, S. 303 (Verstoß gegen das Leitbild des § 9 Abs. 4 ErbbauRG); vgl. *Reul*, ZEV 2007, 649 ff. (maßgebend sei die »Nachträglichkeit« der Heimfallabrede).

[497] BGH, 12.06.2008 – IX ZB 220/07, NotBZ 2008, 462: dass der Vertrag in sich ausgewogen sei bzw. im Hinblick auf die Heimfallklausel möglicherweise andere Klauseln akzeptiert wurden, steht nicht entgegen – zumal auf diese Weise der Insolvenzschuldner sich einen Vorteil verschafft hätte, während der Nachteil die Insolvenzgläubiger trifft.

[498] BFH, 30.03.2010 – VII R 22/09, ZIP 2010, 1356 ff.; hierzu *Klühs*, RNotZ 2010, 516 ff. und *Huber/Armbruster*, NotBZ 2011, 238 sowie *Huber*, ZfIR 2015, 127, 131: die Tatbestandsanforderungen des Anfechtungsrechtes, die auf »den anderen Teil« abstellen, entfallen naturgemäß bei der Einräumung von Eigentümerdienstbarkeiten.

[499] Vgl. hierzu und zum Folgenden: *Schumacher-Hey*, RNotZ 2004, 547 ff.

[500] BGH, 23.11.1995 – IX ZR 18/95, NJW 1996, 461.

[501] Zu den Beweisanzeichen vgl. *Pape*, DB 2015, 1147 ff. Sie können z.B. durch eine Liquiditätsbilanz eines Sachverständen widerlegt werden, BGH, 26.03.2015 – IX ZR 134/13, DB 2015, 1218.

[502] OLG Oldenburg, 28.06.2016 – 2 U 28/16, notar 2017, 286 m. Anm. *Behrens*.

als auch für das Vorliegen des Gläubigerbenachteiligungsvorsatzes sein.[503] In den Fällen der Absichtsanfechtung genügt auch eine lediglich **mittelbare** Gläubigerbenachteiligung,[504] die z.B. in der gegenständlichen Umschichtung des Gläubigervermögens von sicheren zu flüchtigeren Werten liegen kann (der Verkäufer eines zum Verkehrswert veräußerten Grundstücks erhält i.H.d. die Belastungen übersteigenden Kaufpreises Geld statt Sachwert), oder durch eine Erhöhung des Verkehrswertes der anfechtbar veräußerten Immobilie zwischen Vornahme der Handlung (Rdn. 211) und letzter mündlicher Verhandlung in der Tatsacheninstanz des Anfechtungsprozesses eintreten kann, außer das Objekt war bei Veräußerung wertausschöpfend belastet. Außerdem sind »Bargeschäfte« (Rdn. 230) nur eingeschränkt privilegiert.

Aufgrund der erheblichen Belastung des Wirtschaftsverkehrs, die insb. durch die weite Auslegung des § 133 Abs. 1 InsO in der Rechtsprechung des BGH[505] verursacht wurde (wonach bereits verspätete Zahlung oder Mahnung als Beleg dafür gewertet wurden, dass ein Unternehmen von der drohenden Zahlungsunfähigkeit des Geschäftspartners gewusst habe), wurde mit Wirkung zum 05.04.2017 § 133 Abs. 1 InsO (Vorsatzanfechtung) faktisch auf zielgerichtete Vermögensverschiebungen an Dritte beschränkt. Nunmehr gilt: Sofern die Rechtshandlung dem anderen Teil eine Sicherung oder Befriedigung gewährt oder ermöglicht hat, also **Deckungshandlungen** vorliegen, beträgt die Anfechtungsfrist nur mehr **vier Jahre**. Sofern es sich um eine **kongruente Deckung** handelt (also eine Sicherung oder Befriedigung, die der andere Teil in der Art und zu der Zeit tatsächlich beanspruchen konnte), ist gem. § 133 Abs. 3 Satz 1 InsO, § 3 Abs. 3 Satz 1 AnfG zur Vermutung der Kenntnis über Vorsatz und Benachteiligungsabsicht (abweichend von § 133 Abs. 1 Satz 2 InsO, § 3 Abs. 1 Satz 2 AnfG) erforderlich, dass der andere Teil wusste, dass die Zahlungsunfähigkeit tatsächlich eingetreten ist (also nicht lediglich, dass sie drohte). Darüber hinaus wird gem. § 133 Abs. 3 Satz 2 InsO, § 3 Abs. 3 Satz 2 AnfG in diesem Fall vermutet, dass der andere Teil zur Zeit der Handlung die Zahlungsunfähigkeit des Schuldners nicht kannte, wenn er mit dem Schuldner eine Zahlungsvereinbarung getroffen oder diesem in sonstiger Weise eine Zahlungserleichterung gewährt hat. Damit tritt eine **Umkehrung der Beweislast** zulasten des Insolvenzverwalters ein. **222**

(2) Für einen Teilbereich besonders verdächtiger Rechtshandlungen kehrt § 133 Abs. 2 InsO, § 3 Abs. 2 AnfG sogar die Beweislast um: Ein **entgeltlicher** Vertrag **mit nahestehenden Personen**[506] während der zurückliegenden **2 Jahre**, der zu einer *unmittelbaren* Gläubigerbenachteiligung führt, erfordert zwar hinsichtlich der Anfechtung identische subjektive Voraussetzungen (Benachteiligungsabsicht des Schuldners, Kenntnis des Vertragspartners hiervon), allerdings wird deren Vorliegen kraft Gesetzes (widerleglich) vermutet: der Gläubiger braucht insoweit (auch bei güterrechtlichen Verträgen, etwa zur Schaffung von Zugewinnausgleichsansprüchen, Rdn. 81)[507] nichts weiter vorzutragen, es obliegt der Behauptungs- und Beweislast des Schuldners, darzutun, er habe nicht mit Benachteiligungsvorsatz gehandelt bzw. der Anfechtungsgegner habe jedenfalls davon keine Kenntnis gehabt.[508] An der unmittelbaren **223**

---

503 BGH, 18.12.2008 – IX ZR 79/07, ZNotP 2009, 162.
504 Vgl. *Amann* DNotZ 2010, 246, 249 ff.
505 Vgl. etwa BGH, IX ZR 188/15, NZI 2016, 837.
506 Vgl. im Einzelnen § 3 Abs. 2 Satz 1 AnfG, § 138 InsO: Aufgrund familienrechtlicher oder gesellschaftsrechtlicher Beziehung oder einer Verbindung beider, z.B. Nähebeziehung des Sohns eines GmbH-Geschäftsführers zur GmbH. Der nichteheliche Partner des Schuldners zählt nicht dazu, BGH, 17.03.2011 – IX ZA 3/11, JurionRS 2011, 13610.
507 Bsp: OLG Saarbrücken, 10.05.2011 – 4 U 297/10, ZIP 2011, 1480, referiert bei *Michael*, notar 2011, 359, 361. Allerdings weist der BGH in Tz. 13 des in nachstehender Fußnote genannten Urteils obiter darauf hin, die Vermutung des § 133 Abs. 2 Satz 1 InsO gelte nicht für »Verträge, die an die Stelle eines Zugewinnausgleichsverlangens nach §§ 1385, 1386 BGB treten«; in diesen Fällen fehlt es wohl bereits am Merkmal eines »entgeltlichen Vertrages«, vgl. auch *Supplet*, NotBZ 2011, 96.
508 BGH, 01.07.2010 – IX ZR 58/09, Tz. 11; FamRZ 2010, 1548, m. Anm. *Bergschneider*. Nicht geeignet zur Widerlegung sind z.B. Vermögensaufstellungen des Steuerberaters, die auf Angaben des Schuldners zurückgehen.

Gläubigerbenachteiligung fehlt es jedoch, wenn das Objekt zum Verkehrswert veräußert wird, gleichgültig ob der Kaufpreis zur Ablösung von Gläubigern Verwendung findet oder an den Verkäufer direkt fließt – solange ein Bargeschäft i.S.d. Rdn. 230 vorliegt –; sie liegt vor bei einem »vergünstigten« Verkauf, es sei denn, der Käufer kann dartun, dass das Objekt bis zu dem Zeitpunkt, an dem es vom Vollstreckungszugriff des anfechtenden Gläubigers erfasst worden wäre, an Wert entsprechend verloren hat.[509]

224 (3) Die Vornahme einer **unentgeltlichen Leistung**, gleich mit welchem Vertragspartner, berechtigt dagegen zur Anfechtung binnen 4 Jahren (§ 4 AnfG, § 134 InsO). Maßgeblich ist im **Zwei-Personen-Verhältnis** die objektive Wertrelation von Leistung und Gegenleistung, der Einigkeit über die Unentgeltlichkeit bedarf es also abweichend von § 516 BGB nicht (andernfalls könnten die Beteiligten allein dadurch, dass sie einer für den Schuldner objektiv wertlosen Leistung in ihren rechtsgeschäftlichen Erklärungen einen subjektiven Wert beimessen, den Zweck des Gesetzes vereiteln). Unterliegen allerdings beide Beteiligte im Zeitpunkt des Rechtsgeschäfts einem später zutage tretenden Irrtum über die wahren Wertverhältnisse, und vereinbaren daher eine aus dieser Sicht objektiv wertausschöpfende Gegenleistung, liegt keine unentgeltliche Leistung i.S.d. § 134 InsO vor.[510] Eine Darlehensgewährung ist nicht unentgeltlich.[511] Die Anfechtung kann sich auch auf das spätere Erfüllungsgeschäft beziehen, obwohl die Erfüllung einer bereits begründeten Rechtspflicht eigentlich nicht unentgeltlich ist,[512] sofern nur der Anspruch selbst unentgeltlich war; sogar wenn der unentgeltlich begründete Anspruch unter dem Schutz einer Vormerkung steht,[513] z.B. die spätere Tilgung einer Verbindlichkeit zur Löschung einer Grundschuld, die ursprünglich der Erwerber einer übertragenen Immobilie zumindest dinglich übernehmen sollte.[514] Die schlichte Bestellung einer Sicherheit für eine entgeltlich erworbene Forderung ist ihrerseits nicht »unentgeltlich«,[515] möglicherweise aber »inkongruent« i.S.d. nachstehenden Rdn. 227.

225 Bei **gemischten Schenkungen** wird z.T. auf den Schwerpunkt des Rechtsgeschäfts abgestellt,[516] überwiegend jedoch die Möglichkeit der Anfechtung des gesamten Rechtsgeschäfts (also Duldung der Zwangsvollstreckung in den zugewendeten Gegenstand als solchen) bejaht, gerichtet auf Rückgewähr der Leistung Zug um Zug gegen Erstattung der aus dem Vermögen des Beschenkten erbrachten Gegenleistung (bzw. bevorzugte Befriedigung des Rückgewähranspruchs des Zuwendenden aus dem Verwertungserlös[517]), es sei denn, der Anfechtungsgegner wendet die Rückgewähr durch anteiligen Wertersatz in Geld ab.[518] Wird allerdings eine Schenkung an-

---

509 Vgl. *Amann*, DNotZ 2010, 246, 250.
510 BGH, 15.09.2016 – IX ZR 250/15, DNotZ 2017, 144.
511 BGH, 13.10.2016 – IX ZR 184/14, DNotZ 2017, 151: keine Anfechtung der Gewährung eines Gesellschafterdarlehens in der Insolvenz des Gesellschafters.
512 Vgl. MünchKomm-InsO/*Kirchhof*, § 129 Rn. 61, 62, § 134 Rn. 24.
513 Bejahend BGH, MittBayNot 1988, 798; verneinend *Reul*, DNotZ 2007, 649, 659 m.w.N. Folgt man dem BGH, gelangt der Anfechtungsgläubiger nur dann ans Ziel, wenn sich aus der Anfechtung entgegen Staudinger/*Gursky*, BGB (2002), § 886 Rn. 6 eine dauernde Einrede i.S.d. § 886 BGB ergibt.
514 BGH, 13.02.2014 – IX ZR 133/13, ZfIR 2014, 391 m. Anm. *Sußner* = NotBZ 2014, 215 m. Anm. *Suppliet*; vgl. *Fischer*, ZNotP 2014, 362, 368 ff. Die Teilleistung »Löschung der Grundschuld« ist gem. § 140 Abs. 2 Satz 1 InsO erst mit Vollzug im Grundbuch bewirkt. Auch die Zahlungen des Veräußerers in den letzten 4 Jahren vor Insolvenzeröffnung auf die vom Erwerber angeblich im Innenverhältnis übernommenen Verbindlichkeiten sind unentgeltliche Leistungen i.S.d. § 134 Abs. 1 InsO, vgl. OLG Düsseldorf, 02.03.2017 – I-12 U 25/16, ZfIR 2017, 588 (nur Ls.).
515 BGH, 22.07.2004 – IX ZR 183/03, DNotZ 2005, 129. Wird die Sicherheit jedoch zu einem Zeitpunkt bestellt, an dem die Forderung nicht mehr einbringlich gewesen wäre, liegt (jedenfalls) Unentgeltlichkeit vor, das »Stehenlassen« der (z.B. Kredit-)Forderung ist dann keine »Gegenleistung« mehr, vgl. BGH, 01.06.2006 – IX ZR 159/04, ZNotP 2006, 334.
516 Vgl. Braun/*de Bra*, InsO, § 124 Rn. 6.
517 BGH, 15.12.2016 – IX ZR 113/15, ZfIR 2017, 198 m. Anm. *Riedel*.
518 Vgl. *Schillig*, MittBayNot 2002, 354.

gefochten, bei welcher sich der Veräußerer Duldungs- und/oder Rückforderungsrechte vorbehalten hat (Schenkung unter Auflage, § 525 BGB) – auch wenn dieser Vorbehalt als »Gegenleistung« des Erwerbers tituliert ist – ist auch die Bestellung dieser Rechte anfechtbar; dem Recht des Gläubigers ist also der Vorrang einzuräumen (§ 11 AnfG, § 880 BGB analog).[519]

226 Im **Drei-Personen-Verhältnis** kommt es dagegen für die Beurteilung der Unentgeltlichkeit i.S.d. § 134 InsO nicht entscheidend darauf an, ob der Leistende selbst einen Ausgleich für seine Leistung erhalten hat; maßgeblich ist vielmehr, ob der Zuwendungsempfänger seinerseits eine Gegenleistung zu erbringen hat. Bezahlt der Leistende die gegen einen Dritten gerichtete Forderung des Zuwendungsempfängers, liegt dessen Leistung[520] darin, dass er diese Forderung verliert; Unentgeltlichkeit liegt also nur vor, wenn die Forderung objektiv wertlos war. Erfüllt der Leistende mit der Zahlung an den Dritten jedoch zugleich eine eigene Schuld (z.B. indem er als Komplementär einer KG deren Schuld gegenüber dem Dritten begleicht und damit zugleich seine eigene akzessorische Außenhaftung gem. §§ 161 Abs. 2, 128 Satz 1 HGB gegenüber dem Dritten, aber auch seine eigene Haftungsverpflichtung gegenüber der KG zum Erlöschen bringt), liegt stets Entgeltlichkeit vor (auch wenn die KG selbst im genannten Beispiel zahlungsunfähig gewesen sein sollte).[521] Die schlicht »freiwillige« Leistung auf die Schuld eines Dritten kann jedoch diesem Dritten gegenüber unentgeltlich i.S.d. § 134 InsO sein.[522]

227 (4) §§ 130 bis 132 InsO schließlich sollen im Vorfeld einer Insolvenz (die schlichte Gläubigeranfechtung kennt solche Vorschriften nicht) dem Prinzip der gleichmäßigen Gläubigerbefriedigung bereits ab dem Zeitpunkt des Offenbarwerdens der Krise Geltung verschaffen. Differenziert wird dabei nicht nur in zeitlicher Hinsicht, sondern auch zwischen Rechtshandlungen des Schuldners oder eines Dritten mit Wirkung einer kongruenten bzw. einer inkongruenten Deckung.

228 (a) **Inkongruenz** liegt vor, wenn eine Sicherung oder Befriedigung (auch durch Schaffung einer Aufrechnungslage)[523] ermöglicht wurde, die dem späteren Insolvenzgläubiger nicht, nicht in der Art. oder nicht zu dieser Zeit[524] zugestanden hätte. Liegt inkongruente Sicherung oder Befriedigung im **letzten Monat** vor dem Eröffnungsantrag oder nach diesem Antrag vor, bedarf die Anfechtung keiner weiteren objektiven oder subjektiven Voraussetzungen (§ 131 Abs. 1 Nr. 1 InsO). Gleiches gilt bei inkongruenten Rechtshandlungen innerhalb des zweiten oder dritten Monats vor dem Eröffnungsantrag, wenn der Schuldner zum Zeitpunkt der Vornahme der Handlung objektiv zahlungsunfähig war (§ 131 Abs. 1 Nr. 2 InsO). Anstelle der objektiven Zahlungsunfähigkeit ist dann auch (§ 131 Abs. 1 Nr. 3 InsO) die subjektive Kenntnis des Anfechtungsgegners von der objektiven Benachteiligung der Insolvenzgläubiger ausreichend, deren Nachweis durch § 131 Abs. 2 InsO erleichtert wird.

229 (b) Bei einer **kongruenten Deckung** dagegen gestattet § 130 InsO die Anfechtung bei Rechtshandlungen binnen drei Monaten vor Eröffnungsantrag nur, wenn zusätzlich der Schuldner zu diesem Zeitpunkt zahlungsunfähig war und der Gläubiger hiervon Kenntnis hatte (insoweit mit ähnlichen Beweiserleichterungen gem. § 130 Abs. 2 InsO).[525]

---

519 BFH, 30.03.2010 – VII R 22/09, ZIP 2010, 1356, Tz. 42; hierzu *Klühs*, RNotZ 2010, 516, 520.
520 Er könnte diese Leistung gem. § 267 Abs. 2 BGB nur bei Widerspruch des Dritten (Schuldners) ablehnen.
521 BGH, 29.10.2015 – IX ZR 123/13, DNotZ 2016, 212.
522 BGH, 22.10.2009 – IX ZR 182/08, NotBZ 2010, 48, m. Anm. *Suppliet*. Fallen sowohl der Leistende als auch der Hauptschuldner sodann in Insolvenz, ist zwar zunächst die »Deckungsanfechtung« zwischen Hauptschuldner und Leistungsempfänger vorrangig (BGHZ 174, 228), sind die Fristen des § 131 Abs. 1 Nr. 1 und 2 InsO jedoch abgelaufen, bleibt die Schenkungsanfechtung seitens des Leistenden.
523 Hierzu BGH, 29.06.2004 – IX ZR 195/03, DNotZ 2005, 38. Zur Aufrechnung in den verschiedenen Stadien einer Insolvenz: *Busch/Hilbertz* NWB 2005, 1465 = Fach 2, S. 8751 ff.
524 Daher sicherlich keine Inkongruenz bei einer Schuldnerzahlung nach Vollstreckungsbescheid, vgl. BGH, 07.12.2006 – IX ZR 157/05, NJW 2007, 848.
525 Ausreichend ist, dass der Gläubiger aus den ihm bekannten Tatsachen und dem Verhalten des Schuldners den Schluss zieht, jener werde wesentliche Teile der ernsthaft eingeforderten Verbindlichkeiten nicht binnen etwa eines Monats tilgen können, vgl. HK-InsO/*Kreft*, § 130 Rn. 22.

230 (5) Gem. § 142 InsO (Gleiches gilt ungeschrieben i.R.d. Gläubigeranfechtung) ausgeschlossen ist die Anfechtung kongruenter, inkongruenter und unentgeltlicher Rechtsgeschäfte (§§ 130 bis 132, 134 InsO) jedoch dann, wenn es sich um »**Bargeschäfte**« handelte. Aufgrund der zum 05.04.2017 (für ab diesem Zeitpunkt eröffnete Insolvenzverfahren) in Kraft getretenen, weitreichenden Änderung des Gesetzes unterliegen demnach Leistungen des Schuldners, für die unmittelbar eine gleichwertige Gegenleistung in sein Vermögen gelangt, nur dann der Anfechtung, wenn die Voraussetzungen des § 133 Abs. 1 bis 3 InsO gegeben sind (Absichtsanfechtung mit gestufter 4- bzw. 10-Jahres-Frist, vgl. oben Rdn. 221, 222) und der andere Teil erkannt hat, dass der Schuldner »**unlauter**« handelte. Der Begriff der Unlauterkeit ist im Gesetz nicht definiert, wird also sicherlich Gegenstand richterlicher Auslegung werden. Unlauterkeit wird sicherlich gegebenen sein, wenn der Schuldner sein Geld verschleudert, etwa durch Konsum flüchtiger Luxusgüter, oder seine Gläubiger zielgerichtet benachteiligt.

231 Die erforderliche »**Unmittelbarkeit**« **des Austausches** von Leistung und Gegenleistung ist gem. § 142 Abs. 2 Satz 1 InsO gegeben, wenn der Austausch nach Art der ausgetauschten Leistungen und unter Berücksichtigung der Gepflogenheiten des Geschäftsverkehrs in einem engen zeitlichen Zusammenhang erfolgt (in Bezug auf bezahlten Arbeitslohn wird dies gem. § 142 Abs. 2 Satz 2 InsO noch für einen Nachzahlungszeitraum von drei Monaten akzeptiert). Liegen die Voraussetzungen des § 133 Abs. 1 bis 3 InsO nicht vor, genügt bereits die Unmittelbarkeit und Gleichwertigkeit des Leistungsaustausches, um jede Anfechtung auszuschließen, gleich ob es sich um kongruente oder inkongruente Rechtsgeschäfte handelt. Unentgeltliche Rechtsgeschäfte (§ 134 InsO) sind jedoch bereits per Definition vom Bargeschäftsprivileg ausgeschlossen, da keine gleichwertige Gegenleistung in das Schuldnervermögen gelangt. Nach der vor dem 05.04.2017 geltenden Rechtslage waren Absichtsanfechtungen nach § 133 InsO gänzlich aus dem Anwendungsbereich des Bargeschäftsprivilegs ausgenommen, so dass die Reform auch insoweit zu einer Besserstellung des Rechtsverkehrs (und einer Zurückdrängung der Befugnisse des Insolvenzverwalters) geführt hat.

232 Bei Grundstücksgeschäften hat der BGH sogar einen Zeitraum von einem bis 2 Monaten gemäß den Gepflogenheiten des Rechtsverkehrs als ausreichend angesehen,[526] sofern keine Stundung gewährt[527] oder sonstige Vorleistung vereinbart wurde. Teilweise wird empfohlen, bereits die Bewilligung der Vormerkung vom Finanzierungsnachweis des Käufers abhängig zu machen,[528] um »Vorleistungen« zu verhindern. Allerdings scheidet insb. beim »Notverkauf« einer Immobilie in der Vorphase einer Insolvenz ein Bargeschäft i.d.R. schon deshalb aus, weil die Gegenleistung nicht in das Vermögen des Verkäufers gelangt, sondern unmittelbar zur Tilgung der objektbezogenen Verbindlichkeiten eingesetzt wird.[529] In engen Grenzen kann allerdings beim Bauträgervertrag eine Direktzahlungsabrede (des Erwerbers an den Baustofflieferanten) ein Bargeschäft darstellen.[530]

---

[526] BGH, 26.01.1977 – VIII ZR 122/75, NJW 1977, 718; vgl. *Jenn* ZfIR 2009, 181. bei Vergütungen für freiberufliche Beratungsleistungen liegt bei Zahlung binnen 30 Tagen (orientiert an § 286 Abs. 3 BGB) noch ein Bargeschäft vor, BGH, 13.04.2006 – IX ZR 158/65, vgl. NWB 2007, 3063 = Fach 19, S. 3749.

[527] Davon ist in Anlehnung an § 286 Abs. 3 BGB ab einem Zeitraum von 30 Tagen auszugehen, BGH, 10.07.2014 – IX ZR 192/13, ZInsO 2014, 1602 Rn. 31 ff.

[528] *Heckschen* MittRhNotK 1999, 16. Nach RG DRiZ 1934, 315 kann sich der Notar, der die Eintragung einer Vormerkung veranlasst, ohne dass die Zahlung des Kaufpreises gesichert wäre, gar einer Bankrottstraftat gem. § 283 Abs. 1 Nr. 1 StGB strafbar machen.

[529] MünchKomm-InsO/*Kirchhof* § 142 Rn. 20.

[530] Nach BGH, 17.07.2014 – IX ZR 240/13, NotBZ 2015, 98 m. Anm. *Suppliet* muss die Direktzahlungsabrede (1) vor der ersten Leistungserbringung getroffen worden sein, (2) sodann die Direktzahlung Zug um Zug mit der Baustofflieferung erfolgt sein und (3) der Werkunternehmer die berechtigte Aussicht haben, als Folge der dadurch möglichen Werkausführung seine Abschlagsrate noch zu verdienen.

D. Schenkungsrecht des BGB

▶ Hinweis:

Für die Vertragsgestaltung besonders tückisch ist das Risiko der Anfechtung durch den Insolvenzverwalter gem. §§ 130, 131 InsO in den 3 Monaten vor Insolvenzeröffnung wegen kongruenter oder inkongruenter Deckung, bei welcher mittelbare Gläubigerbenachteiligung genügt und geringe Anforderungen an den subjektiven Tatbestand gestellt werden (das zusätzliche Risiko der Unwirksamkeit erlangter Sicherheiten aufgrund der einmonatigen [in der Verbraucherinsolvenz gem. § 312 Abs. 1 Satz 3 InsO: dreimonatigen] **Rückschlagsperre** des § 88 InsO trifft allenfalls Vormerkungen, die aufgrund einstweiliger Verfügung eingetragen wurden). Es kann sich daher empfehlen, Leistungen des potenziellen Anfechtungsgegners (Erwerbers) erst nach Ablauf von 3 Monaten fällig werden zu lassen bzw. Geldbeträge erst dann aus dem Anderkonto auszubezahlen, wenn keine Insolvenzeröffnung beantragt wurde.[531] Die Eröffnung selbst kann, ebenso wie die Einsetzung eines vorläufigen »starken« Verwalters, gem. §§ 23, 30, 9 Abs. 1 Nr. 1 InsO der Plattform www.insolvenzbekanntmachungen.de entnommen werden (allerdings leider nicht die – für den Drei-Monats-Zeitraum eigentlich maßgebliche Antragstellung!).

Käme es nämlich zur Anfechtung, sind zwar alle Zahlungen, die zur Ablösung bevorrechtigter (dinglicher) Gläubiger geleistet wurden, »gesichert«, während Zahlungen an den Gemeinschuldner selbst oder auf dessen Weisung an dessen private Gläubiger ungesicherte Insolvenzforderungen sind (§ 144 Abs. 2 Satz 2 InsO).

Eine dem Anfechtungsrecht vergleichbare Erweiterung der Zugriffsmöglichkeit des (Fiskal-)Gläubigers enthält **§ 278 Abs. 2 AO**: Werden einem Steuerschuldner von einer mit ihm zusammen veranlagten Person (insb. also dem Ehegatten) in oder nach dem Veranlagungszeitraum, für den noch Steuerrückstände bestehen, unentgeltlich (auch in Form einer ehebedingten Zuwendung[532]) Vermögensgegenstände zugewendet, so kann der Empfänger bis zum Ablauf des zehnten Kalenderjahres nach dem Zeitpunkt des Ergehens des Aufteilungsbescheids bis zur Höhe des gemeinen Werts dieser Zuwendung für die Steuer in Anspruch genommen werden. Bei der Berechnung des gemeinen Werts werden bloß dingliche Grundschuldbelastungen naturgemäß nicht abgezogen, da/soweit sie durch die rückübertragenen Rückgewähransprüche hinsichtlich der bereits getilgten Darlehensteile kompensiert werden.[533] Die seit dem 25.12.2008 aufgenommene Beschränkung der Zugriffsmöglichkeit auf einen 10-Jahres-Zeitraum entspricht der früheren Rechtslage bei § 3 Abs. 1 AnfG.[534]

c) Beurkundungsrecht

In beurkundungsrechtlicher Hinsicht führt die schlichte Anfechtbarkeit eines Rechtsgeschäfts aus Gläubigerschutzgesichtspunkten noch nicht zur Pflicht des Notars, die **Beurkundung** gem. § 14 Abs. 2 BNotO, § 4 BeurkG **abzulehnen**, sofern nicht die Stufe der sittenwidrigen Schädigung gem. § 826 BGB erreicht ist, also bspw. der Schuldner planmäßig und erkennbar mit eingeweihten Helfern zusammenwirkt, um wesentliches Vermögen dem Zugriff der Gläubiger zu entziehen.[535] Eine gleiche Ablehnungspflicht mag gelten, wenn das zu beurkundende Geschäft deutlich auf eine strafbare Gläubigerbegünstigung (§ 283c StGB), Vollstreckungsvereitelung (§ 288 StGB)[536] oder eine

---

531 *Reul*, MittBayNot 2011, 363, 368.
532 FG Münster, 29.03.2017 – 7 K 2304/14 AO, ErbStB 2017, 200, n. rkr., Az. BFH: VII R 18/17.
533 BFH, 11.12.2007 – VII R 1/07, ZEV 2008, 250.
534 BFH, 09.05.2006 – VII R 15/05, DStRE 2006, 1160; vgl. *Geck/Messner*, ZEV 2006, 380.
535 BGH, 13.07.1995 – IX ZR 81/94, NJW 1995, 2846; BGH, 09.05.1996 – IX ZR 50/95, NJW 1996, 2232.
536 Zu strafrechtlichen Risiken für den Notar i.R.d. Übertragung von Vermögensgegenständen aus Haftungsgründen vgl. *Schwarz*, DNotZ 1995, 121 ff.

Bankrottstraftat (insb. § 283 Abs. 1 Nr. 1 StGB)[537] hinausläuft (auch zur Vermeidung eigener Beihilfestrafbarkeit).[538] Die unter der Geltung des früheren Anfechtungsrechts, wo für die Benachteiligungsabsicht unlauteres Handeln vorausgesetzt wurde,[539] vereinzelt vertretene Auffassung,[540] auch die schlichte Anfechtbarkeit müsse zur Ablehnung der Beurkundung führen, da die Unlauterkeit der Zwecke auch ein Tatbestandsmerkmal des § 14 Abs. 2 BNotO sei, kann nach der Neufassung des Gesetzes, das Benachteiligungs-»vorsatz« (wobei bedingter Vorsatz ausreicht) verlangt, nicht mehr aufrechterhalten werden.[541] Ebensowenig liegt in der anfechtbaren Handlung per se eine unerlaubte Handlung i.S.d. Deliktsrechts.[542] Erst recht gilt dies für die besonderen Insolvenzanfechtungstatbestände der §§ 130 bis 132 InsO: Sie sollen nach dem Willen des Gesetzgebers nur dann rückabgewickelt werden, wenn es tatsächlich zur Insolvenzeröffnung kommt.[543]

▶ Hinweis:

236   Über die Gefahr und Möglichkeit einer Gläubigeranfechtung wird der **Notar** allerdings gem. § 17 Abs. 1 Satz 1 BeurkG **belehren müssen**,[544] jedenfalls i.R.d. erweiterten Belehrungspflicht[545] (Warnpflicht analog § 14 Abs. 1 Satz 2 BNotO, die aus Besonderheiten des beurkundeten Rechtsgeschäfts herrührt, die dem Notar bekannt sind oder bekannt sein müssen, jedoch demjenigen unbekannt sind, dessen Interessen gefährdet sind) sowie in den Fallgruppen der sog. »außerordentlichen Belehrungspflicht« (bei erkennbaren Anfechtungsmöglichkeiten, etwa wenn dem Notar bekannt ist, dass gegen den Schuldner ein Insolvenzantrag gestellt worden ist).[546] Eine über die Befragung der Beteiligten – mag diese auch Bösgläubigkeit schaffen – hinausgehende Beweiserhebung ist allerdings mit der Stellung des Notars nicht vereinbar; er ist weder berechtigt noch verpflichtet, nach Beweggründen oder Vermögensverhältnissen der Beteiligten zu forschen.[547]

4. Dingliche Schenkungsverbote; Betreuung

237   Besonders manifest wird der geringe Stellenwert der Schenkung in der »Werteskala« des BGB (ähnlich ausländischer Rechtsordnungen, etwa in Gestalt gesetzlicher Ehegattenschenkungsverbote, Rdn. 3149) in **dinglich wirkenden Schenkungsverboten** (z.B. §§ 1425 Abs. 1, 1641,[548]

---

537 Wurden Vermögensgegenstände in der Krise in einer den Rahmen einer ordnungsgemäßen Wirtschaft überschreitenden Weise übertragen, liegt hierin i.d.R. ein »Beiseiteschaffen« i.S.d. Gesetzes. Objektive Strafbarkeitsbedingung (die also nicht vom subjektiven Tatbestand erfasst zu sein braucht) ist weiter die Einstellung der Zahlungen oder die Eröffnung bzw. Ablehnung mangels Masse des Insolvenzverfahrens.
538 An der Strafbarkeit einer Beihilfehandlung fehlt es jedoch stets dann, wenn der Notar aus berufs- und standesrechtlicher Sicht (§ 4 BeurkG, § 14 Abs. BNotO) seine Mitwirkung nicht zu verweigern hatte: Rechtfertigungsgrund oder Fehlen des Vorsatzes, vgl. *Volk*, BB 1987, 139; *Schumacher-Hey*, RNotZ 2004, 561.
539 BGH, 18.04.1991 – IX ZR 149/90, NJW 1991, 2145.
540 OLG Köln, 08.03.1988 – 2 VA (Not) 5/87, DNotZ 1989, 54; dagegen und mit zahlreichen Nachweisen *Ganter*, DNotZ 2004, 422.
541 So auch BGH, 17.07.2003 – IX ZR 272/02, NJW 2003, 3561; ausführlich hierzu *Schumacher-Hey*, RNotZ 2004, 560.
542 Vgl. *Uhlenbruck/Hirte*, InsO, § 129 Rn. 27.
543 Vgl. *Röll*, DNotZ 1976, 143 ff.
544 RG, DNotZ 1933, 799); im Einzelnen *Huber/Armbruster*, NotBZ 2011, 309 ff.
545 A.A. *Goost*, MittRhNotK 1965, 46, da die Information über die Zahlungsunfähigkeit oder den Eröffnungsantrag zugunsten des Vertragsbeteiligten, der sie bisher möglicherweise nicht kennt, gerade die Anfechtungsvoraussetzungen schaffen würde; zum Ganzen umfassend *Schumacher-Hey*, RNotZ 2004, 562.
546 So etwa *Armbrüster*, in: Huhn/von Schuckmann, BeurkG, § 17 Rn. 68; a.A. *Ganter/Hertel/Wöstmann*, Handbuch der Notarhaftung, Rn. 466, 479.
547 Vgl. *Schippel/Bracker*, BNotO, § 14 Rn. 13; *Röll*, DNotZ 1976, 470.
548 Die Vertretungsmacht der Eltern ggü. Dritten [etwa bei der Erteilung eines Überweisungsauftrags zulasten des Kindeskontos zugunsten des Kontos der Eltern] wird dadurch nicht berührt, BGH, 15.06.2004 – XI ZR 220/03, NJW 2004, 2517.

D. Schenkungsrecht des BGB Kapitel 1

1804 BGB bei Schenkung durch die Eltern, den Vormund, Betreuer oder Pfleger und den Ehegatten im Fall der Gütergemeinschaft, § 2205 Satz 3 BGB[549]] bei Schenkung durch den Testamentsvollstrecker.[550] Sie führen bei Mitwirkung gesetzlicher Vertreter zur unmittelbaren Unwirksamkeit der über bloße Pflicht- und Anstandsgeschenke[551] hinausgehenden, keine Ausstattung darstellenden Zuwendung, so dass der Gegenstand selbst vom Vermögensinhaber herausverlangt werden kann. Eine etwa gleichwohl erteilte betreuungs- bzw. familiengerichtliche Genehmigung hat naturgemäß keine Heilungswirkung.[552] Verfassungsrechtliche Bedenken ob der dadurch herbeigeführten Beschränkung der Umsetzung eines in früheren gesunden Tagen geäußerten Schenkungswillens (z.B. Stiftungswillens) teilt die Rechtsprechung nicht.[553]

a) Testamentsvollstreckung

Werden Beteiligte aufgrund Verfügung von Todes wegen durch den **Testamentsvollstrecker** als Partei kraft Amtes vertreten, kann – ab der Annahme des Amtes,[554] zuvor abgegebene unwirksame Verfügungen werden durch die spätere Amtsannahme nicht geheilt[555] – nur dieser wirksame Erklärungen abgeben (Verpflichtungen gem. § 2206 Abs. 1 Satz 2 BGB, Verfügungen gem. § 2205 Satz 2 BGB;[556] die Erben sind dementsprechend gem. § 2211 Abs. 1 BGB verfügungsbeschränkt). Ein zur Erfüllung eines Vermächtnisses (**§ 2223 BGB**) eingesetzter Testamentsvollstrecker handelt dabei sowohl für die Erben als auch für den Vermächtnisnehmer, er kann die Auflassung auch (ohne Mitwirkung der Eltern) für einen minderjährigen Erwerber entgegennehmen.[557] Das Verbot des § 181 BGB gilt an sich entsprechend, sofern nicht – wie bei der Erfüllung eines Vermächtnisses – 238

---

549 An die subjektiven Voraussetzungen sind naturgemäß besonders strenge Anforderungen zu stellen, wenn der Testamentsvollstrecker ohne Marktpreisermittlung das Objekt an sich überträgt, OLG Düsseldorf, 16.06.2015 – I-21 U 166/14, RNotZ 2016, 269 [nur Ls.].
550 Bei letzterer Schenkungssperre kann Wirksamkeitsvorsorge durch Mitwirkung aller Miterben und Vermächtnisnehmer (Rdn. 4229) getroffen werden, nachdem der Testamentsvollstrecker das Verfügungsobjekt »freigibt«; bei Zuwendungen durch einen Betreuer ist zu prüfen, ob ggf. der Betreute selbst geschäftsfähig ist.
551 Einen solchen Ausnahmefall nimmt LG Kassel, 12.10.2012 – 3 T 349/12, ZErb 2012, 331 an bei der Zuwendung von 40.000 Euro an ein Kind durch einen Betreuer, sofern der Betreute finanziell abgesichert ist, der Empfänger zuvor auf den Pflichtteil nach dem vorverstorbenen Elternteil verzichtet hatte, und der finanzielle Engpass des Kindes ihm sonst die Berufszulassung kosten würde.
552 BayObLG, 24.05.1996 – 3Z BR 104/96, MittBayNot 1996, 432. Allerdings ist die Genehmigung als starkes Indiz für die Entgeltlichkeit zu werten, KG, 13.03.2012 – 1 W 542/11, NotBZ 2012, 219, jedenfalls wenn der zwischen Fremden vereinbarte Kaufpreis bei 80 % des Gutachtenpreises liegt.
553 BayObLG, NJW-RR 1997, 452 – 3Z BR 104/96, NJW-RR 1997, 452 gegen *Canaris*, JZ 1987, 993. Für eine verfassungskonform einschränkende Auslegung bei Stiftungsgeschäften plädiert *Grziwotz*, ZEV 2005, 338.
554 Durch (nicht formgebundene) Erklärung ggü. dem Nachlassgericht, § 2202 BGB; zuvor kann analog § 1960 BGB ein Nachlasspfleger (nach a.A. analog § 1913 BGB ein Pfleger für den noch unbekannten Testamentsvollstrecker) bestellt werden; vgl. *Schaal* notar 2010, 431, 432. Der Erbe selbst ist jedoch bereits in der »testamentsvollstreckerlosen Vorphase« durch § 2211 BGB an der Verfügung gehindert, ein Dritter jedoch durch guten Glauben (§ 2211 Abs. 2 BGB) geschützt, vgl. *Gutachten*, DNotI-Report 2013, 37.
555 OLG Nürnberg, 22.09.2016 – 15 W 509/16, ZEV 2017, 98 m. Anm. *Zimmermann*: keine direkte oder analoge Anwendung des § 185 Abs. 2 Satz 1, 2. Alt. BGB.
556 Auch wenn dem Testamentsvollstrecker lediglich die Verwaltung gem. § 2209 Satz 1 Halbs. 1 BGB übertragen wurde, also ohne die Regelaufgaben der §§ 2203 [Ausführung der letztwilligen Verfügung] und 2204 [Nachlassauseinandersetzung] BGB, vgl. OLG Bremen, 24.01.2013 – 3 W 26/12, RNotZ 2013, 225.
557 OLG Hamm, 27.07.2010 – 15 Wx 374/09, ZEV 2011, 198; kritisch zur Begründung *Muscheler* ZEV 2011, 230 ff.: die Frage des § 181 BGB (analog) stellt sich nur, wenn der Testamentsvollstrecker mit sich selbst als Privatperson oder mit einem nachlassfremden Dritten kontrahiert.

die Erfüllung einer Verbindlichkeit vorliegt (§ 181 BGB a.E.)[558] oder aber ausdrückliche oder zumindest konkludente Befreiung erteilt wurde. Die Entgegennahme des Vermächtnisses ist sogar bereits möglich, bevor die Annahme des Vermächtnisses durch den Vermächtnisnehmer selbst erfolgt ist.[559] Erwirbt der Testamentsvollstrecker (aus Mitteln des von ihm verwalteten Nachlasses) ein Grundstück für den minderjährigen Alleinerben, bedarf er hierzu ebenso wenig einer familiengerichtlichen Genehmigung.[560]

239 Der Vollstrecker hat seine Testamentsvollstreckereigenschaft durch Vorlage der Urschrift oder Ausfertigung des Testamentsvollstreckerzeugnisses nachzuweisen. Die Rechtsprechung verlangt die Vorlage des Dokuments in dieser Form zur Einsichtnahme beim Grundbuchamt,[561] die Praxis begnügt sich regelmäßig mit der Beifügung einer beglaubigten Abschrift und der Versicherung des Notars, dass die Vorlage der Urschrift/Ausfertigung bei der Beurkundung erfolgte.[562] Sofern die Nachlassakten beim selben AG[563] geführt werden wie das Grundbuchamt, genügt auch eine Bezugnahme auf die (dann genau zu zitierenden) Akten, in denen sich ein Vermerk über die Erteilung des **Testamentsvollstreckerzeugnisses** und keine weiteren Aktenvorgänge über die vorzeitige Beendigung des Amtes[564] befinden.

▶ Hinweis:

240 Vorsichtigerweise kann die dort verwahrte Verfügung von Todes wegen eingesehen werden zur Prüfung, ob sich in jenen Beschränkungen der Verfügungsmacht des Testamentsvollstreckers mit Außenwirkung finden, die im Testamentsvollstreckerzeugnis möglicherweise entgegen § 354 Abs. 2 FamFG nicht angegeben wurden.[565] Solche »Sperren mit Außenwirkung« sind jedoch wegen § 137 Satz 1 BGB überwindbar durch gemeinsames Zusammenwirken aller Erben und des Testamentsvollstreckers.[566] Dem Testamentsvollstrecker können ferner In-Sich-Geschäfte durch den Erblasser gestattet werden; eine solche Befreiung von § 181 BGB liegt regelmäßig z.B. vor bei der Ernennung eines Miterben zum Vollstrecker.[567] Zum Nachweis der Befreiung von § 181 BGB im Grundbuchverkehr genügt eine beglaubigte Abschrift auch des privatschriftlichen Testaments samt Eröffnungsvermerk, zumal die Befreiung nicht in das Testamentsvollstreckerzeugnis aufgenommen werden muss.[568] Bei der Erfüllung von (Vermächt-

---

558 Bsp: OLG Düsseldorf, 14.08.2013 – I-3 Wx 41/13, MittBayNot 2014, 67. Zum Nachweis genügt die Vorlage eines privatschriftlichen Testaments mit Eröffnungsvermerk (im Testamentsvollstreckerzeugnis, das dem Ausweis im Rechtsverkehr mit Dritten dient, wird die Befreiung von § 181 BGB i.d.R. nicht ausgewiesen, vgl. OLG Hamm, 23.03.2004 – 15 W 75/04, DNotZ 2004, 808).
559 OLG München, 25.02.2013 – 34 Wx 30/13, MittBayNot 2013, 393 m. Anm. *Reimann*, da sonst z.B. die Erfüllung von Untervermächtnissen verzögert werden könnte, sowie wegen der sichernden Funktion der Testamentsvollstreckung.
560 OLG Karlsruhe, 01.06.2015 – 11 Wx 29/15, MittBayNot 2016, 152.
561 BayObLG, 16.03.1995 – 2 ZBR 8/95, DNotZ 1996, 20; OLG Hamm, 27.05.2016 – 15 W 209/16, MittBayNot 2017, 249 m. Anm. *Berger* m.w.N.
562 LG Köln, 13.05.1976 – 11 T 38/76, Rpfleger 1977, 29; *Haegele* Rpfleger 1967, 40.
563 Andernfalls liegt keine Offenkundigkeit i.S.d. § 29 Abs. 1 Satz 2 GBO vor, OLG Bremen, 12.01.2010 – 3 W 14/10, ZEV 2011, 586.
564 Nach BayObLG, 22.12.2004 – 2Z BR 215/04, NotBZ 2005, 186 kann das Grundbuchamt wegen § 35 Abs. 2 GBO das Testamentsvollstreckerzeugnis allenfalls zurückweisen, wenn ihm Umstände bekannt sind, welche dessen Unrichtigkeit belegen und die Einziehung (nicht lediglich die ex nunc wirkende Abberufung, § 2227 BGB) erwarten lassen.
565 Zur Frage der aufzunehmenden Beschränkungsvermerke KG, 16.01.2015 – 6 W 1/15, ErbR 2015, 328.
566 Nicht des Vermächtnisnehmers, auch wenn sein Vermächtnissubstrat betroffen ist, vgl. *J. Mayer* MittBayNot 2010, 345, 348.
567 Vgl. *Klepsch/Klepsch* NotBZ 2008, 326 m.w.N.
568 OLG Köln, 21.11.2012 – 2 Wx 214/12, RNotZ 2013, 103.

D. Schenkungsrecht des BGB

nis-)Verbindlichkeiten gilt das Verbot des In-Sich-Geschäfts bzw. der Mehrfachvertretung nicht, vgl. § 181 letzter Hs. BGB, Rdn. 789 a.E.

Gem. **§ 40 Abs. 2 GBO** bedarf es keiner Voreintragung der Erben, wenn eine Eintragung aufgrund Bewilligung des Testamentsvollstreckers erfolgt und den Erben gegenüber wirksam ist, also sie im Rahmen seiner Befugnisse abgegeben wurde und nicht unentgeltlicher Natur ist. Ein Erbschein ist also dann entbehrlich, und zwar (anders als im Rahmen des § 40 Abs. 1, 1. Alt. GBO Rdn. 1070) nicht nur für Übertragungen und Aufhebungen von Rechten, sondern für jede Eintragung, auch z.B. eines Finanzierungsgrundpfandrechtes.[569]

241

Gem. § 2205 Satz 3 BGB sind auch dem Vollstrecker **unentgeltliche Verfügungen** verwehrt, es sei denn, alle Erben, Vermächtnisnehmer[570] und Nacherben[571] stimmen der Verfügung zu.[572] Keine Unentgeltlichkeit liegt vor, wenn der Testamentsvollstrecker eine ausdrückliche[573] letztwillige Anordnung vollzieht[574] (insbesondere ein Vermächtnis[575]), es sei denn, diese wäre unwirksam.[576] Bei einem Zweckvermächtnis (mit Drittbestimmungsrecht, §§ 2156, 2151 BGB) oder einer Zweckauflage (§§ 1940, 2193 Abs. 1 BGB: »mein Vermögen soll einer Initiative von älteren Menschen für ältere Menschen zugute kommen«) muss das Grundbuchamt das Vorliegen dieser Voraussetzungen prüfen.[577] Werden Nachlassgegenstände zur Auseinandersetzung an einen Miterben übertragen, entscheidet der Wertvergleich zwischen der Erbquote und dem Zugewandten.[578] Zum Nachweis des Inhalts der letztwilligen Verfügung genügen auch privatschriftliche Testamente;[579] auf diese Weise kann auch das Bestehen eines Vermächtnisses, zu dessen Erfüllung an sich selbst der Testamentsvollstrecker (befreit von § 181 BGB) berufen ist, nachgewiesen werden,[580] es sei denn es sprechen ernsthafte Anhaltspunkte gegen die Testierfähigkeit des Erblassers.[581]

242

---

569 Vgl. *Gutachten*, DNotI-Report 2013, 75.
570 Auch diese werden vom Schutzzweck des § 2205 Satz 3 BGB erfasst, OLG Köln, 09.07.2014 – 2 Wx 148/14, es sei denn, das Vermächtnis ist bereits erfüllt worden, BayObLG, 13.06.1986 – BReg. 2 Z 47/86, BayObLGZ 1986, 208, 210.
571 Wohl nicht die Ersatznacherben, vgl. *Zimmermann* Die Testamentsvollstreckung Rn. 488; *Reimann* ZEV 2007, 262.
572 BGH, 24.09.1971 – V ZB 6/71, DNotZ 1972, 90.
573 Ist allerdings im Testament nur »ein Bauplatz« vermacht, zählt dazu im Zweifel nicht das, als selbständiges Flurstück gebildete, Zufahrtsgrundstück, vgl. OLG München, 15.07.2014 – 34 Wx 243/14, ErbR 2014, 541.
574 OLG München, 31.05.2010 – 34 Wx 28/10, ZEV 2011, 197; OLG Karlsruhe, 26.04.2005 – 14 Wx 11/04, NJW-RR 2005, 1097.
575 Auch ein Wahlvermächtnis bei Ausübung des Wahlrechts durch den Vermächtnisnehmer, OLG München, 15.07.2014 – 34 Wx 243/14, ErbR 2014, 541.
576 OLG München, 30.06.2010 – 34 Wx 31/10, ZEV 2011, 195: bei ernsthaften Zweifeln an der Testierfähigkeit (trotz der Vollbeweiswirkung des Testamentsvollstreckerzeugnisses, § 35 Abs. 2 GBO: eine rechtsgrundlose Verfügung ist unentgeltlich).
577 OLG München, 03.02.2017 – 34 Wx 342/16, RNotZ 2017, 386.
578 OLG München, 18.11.2013 – 34 Wx 189/13, BeckRS 2014, 01157 (nicht etwa muss der andere Miterbe gleichzeitig denselben Wert erhalten).
579 OLG München, 16.03.2015 – 34 Wx 430/14, RNotZ 2015, 359; OLG München, 18.02.2010 – 34 Wx 9/10, RNotZ 2010, 397; BayObLG, 18.01.1989 – BReg. 2 Z 4/89, NJW-RR 1989, 587. Auch die Abtretung des Vermächtnisanspruchs an einen Dritten, an den nun erfüllt wird, braucht nicht in der Form des § 29 GBO nachgewiesen zu werden, OLG München, 17.06.2016 – 34 Wx 93/16, RNotZ 2016, 528.
580 OLG Köln, 21.11.2012 – I-2 Wx 214/12, RNotZ 2013, 103; OLG Düsseldorf, 14.08.2013 – I-3 Wx 41/13; vgl. *Hertel*, in: DAI, Aktuelle Probleme der notariellen Vertragsgestaltung im Immobilienrecht 2013/2014, S. 333 ff.
581 OLG München, 30.06.2010 – 34 Wx 31/10, ZEV 2011, 195.

243 Dabei sind die allgemeine Lebenserfahrung – wonach sich Fremde nichts zu schenken pflegen – und auch nur als wahrscheinlich nachgewiesene Geschehensabläufe zugrunde zu legen; Unentgeltlichkeit liegt nicht schon dann vor, wenn objektiv noch ein besserer Preis erzielbar gewesen wäre, sondern nur, wenn der Testamentsvollstrecker wusste oder sich der Erkenntnis verschloss, dass dem Nachlass keine gleichwertige Gegenleistung zufließt.[582] Es genügt zum Nachweis der Entgeltlichkeit, dass die maßgeblichen Beweggründe im Einzelnen angegeben werden, verständlich und der Wirklichkeit gerecht werdend erscheinen und begründete Zweifel an der Pflichtmäßigkeit der Handlung nicht ersichtlich sind.[583] Angesichts der Marktgegebenheiten sind demnach beim Erwerb eines bloßen ideellen Miteigentumsanteils auch prozentuale Abschläge vom anteiligen Verkehrswert möglich,[584] es sei denn es handelt sich um den Hinzuerwerb des letzten verbleibenden Fremdanteils.[585] Auch zugunsten des Veräußerers ausbedungene Rechte (z.B. Nießbrauch) sind zu berücksichtigen.[586] Hat das Betreuungs- oder Familiengericht den Kaufvertrag genehmigt, spricht ebenfalls ein allgemeiner Erfahrungssatz für die Entgeltlichkeit der Veräußerung,[587] ebenso wenn der Kaufpreis einer rezenten nachlassgerichtlichen Ermittlung (die den Bodenrichtwert zuzüglich des Gebäudewertes nach dem Brandversicherungswert kombiniert) entspricht. Fließt der Gegenwert nicht in den Nachlass, sondern (abkürzend) an einen Vermächtnisnehmer, muss dessen Vermächtnisnehmerstellung (nicht notwendig in der Form des § 29 GBO) hinreichend glaubhaft nachgewiesen werden.[588]

244 Kein Erfahrungssatz spricht dagegen für das Vorliegen einer (zulässigen) Anstandsschenkung,[589] ebenso können konkrete Zweifel **gegen die Entgeltlichkeit** vorliegen, wenn ein neueres Wertgutachten zu einem höheren Wert als dem vereinbarten Kaufpreis kommt,[590] oder beim Erwerb durch einen engen Verwandten;[591] in diesem Fall kann das Grundbuchamt weitere Nachweise anfordern, ist jedoch auch dann zu eigenen Ermittlungen oder Beweiserhebungen weder berechtigt noch verpflichtet.

---

582 BayObLG, 04.08.1988 – BReg. 2 Z 19/88, DNotZ 1989, 182 und OLG München, 06.12.2011 – 34 Wx 403/11, MittBayNot 2012, 292; hierzu *Amann* MittBayNot 2012, 267 ff. Die Form des § 29 GBO muss bei Beweisnot nicht eingehalten werden, vgl. *Gutachten* DNotI-Report 2011, 135.
583 OLG Köln, 09.07.2014 – 2 Wx 148/14, BeckRS 2014, 18407 zu einem Verkauf gegen Schuldübernahme.
584 OLG Düsseldorf, 30.06.2015 – 3 U 11/14, RNotZ 2015, 575: 15 %; a.A. BGH, 13.05.2015 – IV ZR 138/14, ErbR 2015, 436 bei der Bestimmung des »Wertes des Nachlasses« i.S.d. § 2311 BGB.
585 BGH, 24.02.2016 – IV ZR 342/15, MittBayNot 2017, 264 m. Anm. *Braun*: dann ist kein Wertabschlag von 13,7 % gerechtfertigt.
586 OLG München, 02.09.2014 – 34 Wx 415/13, MDR 2014, 1384 (zur Vorerbschaft); OLG München, 10.06.2016 – 34 Wx 390/15, ErbR 2016, 527.
587 KG, 13.03.2012 – 1 W 542/11, ZEV 2013, 32.
588 OLG München, 05.07.2013 – 34 Wx 191/13, MittBayNot 2014, 69 m. Anm. *Keim*; *Hertel,* in: DAI, Aktuelle Probleme der notariellen Vertragsgestaltung im Immobilienrecht 2013/2014, S. 331 ff. (fraglich: anders läge es nämlich – so auch das Gericht unter 2a) der Urteilsgründe –, wenn die Gegenleistung zunächst in den Nachlass gelangte, und sodann vom Testamentsvollstrecker an den »Vermächtnisnehmer« herausgegeben würde, so auch der in der selben Sache ergangene Beschluss OLG München, 17.07.2014 – 34 Wx 161/14, ErbR 2014, 543.
589 OLG München, 15.02.2012 – 34 Wx 151/11, DNotZ 2012, 551, zur Vorerbschaft.
590 OLG Frankfurt, 15.08.2011 – 20 W 356/11, ZEV 2012, 672.
591 KG, 06.03.2012 – 1 W 778/11, ZEV 2013, 94.

D. Schenkungsrecht des BGB   Kapitel 1

▶ Hinweis:

Sofern der vom Grundbuchamt bei Eigentumsumschreibung[592] verlangte Nachweis[593] über die Vollentgeltlichkeit nicht ohne Schwierigkeit geführt werden kann, empfiehlt es sich daher, die (gem. §§ 35, 36 GBO legitimierten) Erben an der Urkunde mit zu beteiligen. Allerdings sollte der Testamentsvollstrecker dann den Erben alle ihm vorliegenden Erkenntnisse, z.B. den Inhalt eingeholter Sachverständigengutachten, zugänglich machen, um nicht wegen einer Verletzung der Informationspflichten (§§ 2218 Abs. 1, 666 Abs. 1 BGB) schadenersatzpflichtig zu werden, sofern die Erben einer im Nachhinein doch als teilunentgeltlich erkannten Übertragung aufgrund seiner Empfehlung zustimmen.[594]

Zur Löschung des Testamentsvollstreckervermerks mit der Eigentumsumschreibung (als Frage der »Rechtsmängelfreiheit«) vgl. Rdn. 4226 ff.

b) Betreuung

Ist ein **Betreuer** bestellt[595] – z.B., weil eine bestehende Vorsorgevollmacht den zu regelnden Bereich ausdrücklich nicht umfasst[596] oder sie möglicherweise wirksam widerrufen wurde[597] oder die aufgrund der geplanten, in der 18. Legislaturperiode nicht mehr verabschiedeten Neufassung des § 1358 Abs. 1 Satz 1 BGB vermutete gesetzliche Vertretung unter nicht getrennt lebenden Ehegatten für Fragen der Gesundheitsfürsorge nicht reicht[598] –, gilt **an sich** der Grundsatz, dass stets dieser an der Urkunde **mitwirken**. Es ist zwar durchaus denkbar, dass auch der Betreute selbst (noch) geschäftsfähig ist (die frühere statusrechtliche Entmündigung ist ja seit dem 01.01.1992 abgeschafft, sodass der Notar sich von der Geschäftsfähigkeit in jedem Einzelfall überzeugen muss), und daher u.U. auch die Erklärung des Betreuten selbst wirksam wäre. Da jedoch möglicherweise übersehen wird, dass eine **Betreuung mit Einwilligungsvorbehalt** (§ 1903 BGB) vorliegt[599] und die Erklärung des Betreuers selbst auf jeden Fall (auch bei bestehender Geschäftsfähigkeit des Betreuten) wirksam ist, liegt die Empfehlung nahe, als »sicherer Weg« immer auf die Mitwirkung des Betreuers an der Urkunde hinzuwirken. Die Bestellungsurkunde des Betreuers (früherer »Betreuerausweis«) gem. § 290 FamFG genießt freilich keinen öffentlichen

245

---

592 Die Eintragung der Vormerkung kann wegen des formellen Konsensprinzips (§ 19 GBO) nur von diesem Nachweis abhängig gemacht werden, wenn das Grundbuchamt aus den vorgelegten Unterlagen und sonstigen ihm bekannten Umständen mit Sicherheit erkennt, dass § 2205 Satz 3 BGB verletzt ist, vgl. OLG Zweibrücken, 03.11.2006 – 3 W 188/06, ZEV 2007, 32 und OLG Frankfurt, 16.09.2010 – 20 W 360/10, ZEV 2011, 534. Für eine erweiterte Prüfung bereits bei Eintragung der Vormerkung plädiert *Amann* MittBayNot 2012, 267, 269, da eine »Verpflichtung«, an die der Veräußerer (wegen § 2205 Satz 2 BGB) nicht gebunden ist, nicht vormerkungsfähig wäre; ähnlich *Keim*, ZEV 2014, 648, 650, da auch für die Bewilligung einer Vormerkung für eine (teil)unentgeltliche Übertragung als »Verfügung« über die Immobilie dem Testamentsvollstrecker die Befugnis fehlt.
593 OLG Frankfurt, 17.03.2011 – 20 W 66/11, ZEV 2012, 325 hält sogar das Verlangen eines Wertgutachtens für zulässig. Allgemein zum Prüfungsumfang des Grundbuchamtes *Keim*, ZEV 2014, 648 ff.
594 OLG Karlsruhe, 08.05.2015 – X U 29/13, ErbR 2016, 220.
595 Zum insoweit anzuwendenden Verfahren vgl. *Schaal* notar 2010, 268 ff. (ärztliches Gutachten, Anhörung, regelmäßig Bestellung eines Verfahrenspflegers gem. § 276 FamFG, mündliche Verpflichtung gem. § 289 FamFG, Aushändigung der Bestellungsurkunde gem. § 290 FamFG).
596 BGH, 01.04.2015 – XII ZB 29/15, DNotZ 2015, 543.
597 Wegen der besseren Akzeptanz im Rechtsverkehr ist auch dann ein Betreuer zu bestellen, BGH, 19.08.2015 – XII ZB 610/14, EE 2015, 201.
598 Dies gilt nicht, wenn eine Vollmacht an einen Anderen erteilt wurde oder ein Widerspruch im Vorsorgeregister eingetragen ist oder eine Betreuung besteht.
599 In diesem Fall hängt das Wirksamwerden des Rechtsgeschäfts von der Genehmigung des Betreuers ab, § 108 BGB, es sei denn, die Willenserklärung bringt dem Betreuten einen lediglich rechtlichen Vorteil (§ 1903 Abs. 3 BGB). Zu den Anforderungen (»erforderlich zur Abwendung einer konkreten Gefahr für Person oder Vermögen«) vgl. BGH, 28.07.2015 – XII ZB 92/15, DNotZ 2015, 854.

Glauben, weder hinsichtlich der wirksamen Anordnung und des Umfangs der Betreuung noch in Bezug auf etwaige Einwilligungsvorbehalte.[600] Für den grundbuchlichen Nachweis genügt sie freilich, ebenso wie sich der Nachweis der gesetzlichen Vertretungsmacht aus dem späteren gerichtlichen Beschluss über die Genehmigung der Erklärung des Betreuers ergeben würde.[601]

246 **Andererseits** existieren Sachverhalte, in denen der Betreuer an der Mitwirkung gehindert ist, so insbes. im Rahmen der Gestaltung der **vorweggenommenen Erbfolge**. Stets zu beachten sind nämlich die **gesetzlichen Schenkungsverbote** für Betreuer, Vormünder, Pfleger und Testamentsvollstrecker (z.B. §§ 1641, 1804, 2205 Satz 3 BGB), die bspw. auch die Beurkundung einer gemischten Schenkung im Gewand eines Grundstückskaufvertrages mit Nichtigkeitsfolge[602] verbieten. Eine etwa gleichwohl erteilte betreuungsgerichtliche (in Verfahren bis zum 31.08.2009: vormundschaftsgerichtliche) Genehmigung hat naturgemäß keine Heilungswirkung.[603]

247 Der **Nachweis der Entgeltlichkeit** des Betreuerhandelns (bzw. des Vorliegens einer privilegierten »Anstandsschenkung«[604] [§ 1804 Satz 2 BGB] oder einer Ausstattung[605] [§ 1908 BGB]) ggü. dem Grundbuchamt **bei Eintragung der Auflassung**[606] erfolgt nach den gleichen Grundsätzen wie bei der Testamentsvollstreckung (Rdn. 242 ff.), wird also jedenfalls vermutet, wenn das Betreuungsgericht die Veräußerung genehmigt hat.[607] Ausstattungen bedürfen stets der Genehmigung des Betreuungsgerichts (§ 1908 BGB).[608] Gemischte Schenkungen unterfallen ebenfalls der Nichtigkeit.[609] Eine verbotene Schenkung liegt jedoch nicht vor, wenn lediglich im Rahmen einer Nachtragsurkunde eine falsa demonstratio (versehentliches Nichterwähnen weiterer, vom Übertragungswillen des damals noch selbst handelnden Veräußerers erfasster Grundstücke) bereinigt wird.[610]

248 Dingliche Schenkungsverbote gesetzlicher Vertreter, insb. des **Betreuers sowie Ergänzungsbetreuers** (für den Fall, dass es um ein Rechtsgeschäft zwischen Betreuer und Betreutem geht,[611] da der

---

600 MünchKomm-ZPO/*Schmidt-Recla* § 290 FamFG Rn. 1; *Neuhausen*, RNotZ 2003, 157, 163.
601 OLG Hamm, 31.08.2016 – 15 W 308/16, NotBZ 2017, 155.
602 Es sei denn, der Vertretene (z.B. Betreute), in dessen Namen unwirksam gehandelt wurde, ist selbst geschäftsfähig und genehmigt die Verfügung, § 177 BGB. Gleiches gilt beim unwirksamen Handeln im eigenen Namen mit Wirkung für fremdes Vermögen, z.B. beim Testamentsvollstrecker, wenn alle Erben zustimmen. Dies mag sich in Zweifelsfällen (»Freundschaftspreis«) vorsorglich empfehlen. Die Erbenstellung der Zustimmenden ist dann jedoch dem Grundbuchamt nachzuweisen LG Hamburg, 28.06.2005 – 321 T 96/03, Rpfleger 2005, 665.
603 BayObLG, 24.05.1996 – 3 Z BR 104/96, MittBayNot 1996, 432. Allerdings ist die Genehmigung als starkes Indiz für die Entgeltlichkeit zu werten, KG, 13.03.2012 – 1 W 542/11, BeckRS 2012, 06987, jedenfalls wenn der zwischen Fremden vereinbarte Kaufpreis bei 80 % des Gutachterwertes liegt.
604 Zu weitgehend LG Traunstein, 07.04.2004 – 4 T 1365/04, MittBayNot 2005, 231, m. abl. Anm. *Böhmer*, wo »sittliche Pflicht« mit »Sitte« [Üblichkeit] gleichgesetzt wird. In der Übertragung einer Immobilie gegen eine [eingeschränkte] Pflegeverpflichtung liegt keine Anstandsschenkung, vgl. OLG Frankfurt, 10.09.2007 – 20 W 69/07, Rpfleger 2008, 72.
605 Großzügig OLG Stuttgart, 30.06.2004 – 8 W 495/03, MittBayNot 2005, 229, m. krit. Anm. *Böhmer*, das die Angemessenheit i.S.d. § 1624 BGB nicht alleine danach bemisst, was den Eltern noch verbleibt, sondern auch die Nachhaltigkeit der Versorgungssicherung in Gestalt der »Gegenleistungen« prüft.
606 Bei Eintragung der Vormerkung ist der mögliche Verstoß wegen des begrenzten Prüfungsumfangs des § 19 GBO nicht zu berücksichtigen, BayObLG, 13.05.2003 – 2Z BR 57/03, DNotI-Report 2003, 126.
607 KG, 13.03.2012, – 1 W 542/11, FGPrax 2012, 145.
608 Vgl. hierzu BayObLG, 06.06.2003 – 3 Z BR 88/03, Rpfleger 2003, 649: Strenge Anforderungen an das Vorliegen einer Ausstattung, wenn vor Eintritt der Betreuungsbedürftigkeit keine diesbezüglichen Planungen vorlagen.
609 OLG Frankfurt, 10.09.2007 – 20 W 69/07, Rpfleger 2008, 198.
610 OLG Frankfurt, 30.08.2007 – 20 W 153/07, RNotZ 2008, 229.
611 Hieran fehlt es, wenn der Betreuer für den Betreuten die Übertragung einer Immobilie erklärt, und sodann, aufschiebend bedingt auf das Versterben eines vorrangig Berechtigten, Begünstigter eines z.B.

Betreuer nicht von § 181 BGB befreit ist) können durch eine **Vorsorgegeneralvollmacht** überwunden werden, freilich nur dann, wenn diese nicht auf das Niveau der gesetzlichen Vertretung reduziert wird (z.B. durch eine Formulierung des Inhalts, der Bevollmächtigte sei »zu allen Rechtshandlungen befugt, zu denen auch ein Betreuer in Vermögensangelegenheiten berechtigt wäre«. Sie macht eine Betreuung grundsätzlich überflüssig (§ 1896 Abs. 2 Satz 2 BGB). Hinzu kommt, dass die Befugnis zum Widerruf z.B. einer Vorsorgevollmacht durch einen Betreuer (auch einen Kontrollbetreuer gem. § 1896 Abs. 3 BGB[612]) nur besteht, wenn der Vollmachtswiderruf ausdrücklich zu seinem Aufgabenkreis zählt,[613] wofür tragfähige Feststellungen erforderlich sind, dass ein Festhalten an der Vorsorgevollmacht eine künftige Verletzung des Wohls des Betroffenen mit hinreichender Wahrscheinlichkeit und erheblicher Schwere befürchten lässt.[614]

Bestehen Zweifel, ob eine Vorsorgevollmacht noch wirksam oder widerrufen ist, kommt allerdings eine Betreuerbestellung stets in Betracht,[615] ebenso, wenn die Vollmacht (z.B. mangels notarieller Beglaubigung) für die ins Auge gefasste (grundstücksbezogene) Maßnahme inhaltlich nicht ausreichend ist[616] oder wenn sie den Aufgabenkreis (z.B. Eingehen von Verbindlichkeiten) von vorneherein nicht umfasst[617] oder sie, etwa wegen Geschäftsunfähigkeit im Zeitpunkt der Erteilung, unwirksam ist.[618] Es genügt bereits, dass Dritte die Vollmacht wegen Zweifeln an ihrer Wirksamkeit zurückgewiesen haben.[619]

Auch in gesundheitlichen Angelegenheiten darf ein **Kontrollbetreuer** nur bestellt werden, wenn offenkundig ist, dass der Bevollmächtigte sich mit seiner Entscheidung über den Willen des Betroffenen hinweg setzen würde,[620] ebenso darf in Vermögensangelegenheiten eine Kontrollbetreuung nur angeordnet werden, wenn nach den üblichen Maßstäben aus der Sicht eines vernünftigen Vollmachtgebers unter Berücksichtigung des in den Bevollmächtigten gesetzten Vertrauens eine ständige Kontrolle schon deshalb geboten ist, weil Anzeichen dafür sprechen, dass der Bevollmächtigte mit dem Umfang und der Schwierigkeit der Geschäfte überfordert ist oder wenn gegen

---

Wohnungsrechtes an dieser Immobilie wird, auch wenn beide Vorgänge in derselben Urkunde zusammengefasst sind, OLG Düsseldorf, 14.10.2015 – I-3 Wx 168/15., NJW-RR 2016, 211.

612 Allerdings hat der Vorsorgebevollmächtigte gem. BGH, 05.11.2014 – XII ZB 117/14, MittBayNot 2016, 147 m. Anm. *Harders* kein eigenes Beschwerderecht gegen den Beschluss über die Anordnung einer Betreuung (sehr wohl aber gem. § 303 Abs. 4 Satz 1 FamFG im Namen des Vollmachtgebers).

613 BGH, 28.07.2015 – XII ZB 674/14, DNotZ 2015, 848 = NotBZ 2016, 34 m. Anm. *G. Müller*. Der Widerruf führt zum endgültigen Erlöschen der Vollmacht (KG, FamRZ 2009, 908), auch wenn die Betreuerbestellung auf Beschwerde hin später aufgehoben wird (§ 47 FamFG, zur möglicherweise gebotenen verfassungskonformen Reduktion *Harders*, MittBayNot 2016, 149); zur Beschwerde ist auch der Bevollmächtigte bis zum Abschluss des Verfahrens berechtigt (§ 303 Abs. 4 FamFG).

614 BGH, 14.10.2015 – XII ZB 177/15, DNotZ 2016, 128 = NotBZ 2016, 35 m. Anm. *G. Müller*.

615 BGH, 19.08.2015 – XII ZB 610/14, DNotZ 2016, 193, allerdings nur, wenn Dritte die Vollmacht aufgrund der Zweifel zurückgewiesen haben oder dies zu besorgen ist, BGH, 03.02.2016 – XII ZB 425/14, ZEV 2016, 461.

616 BGH, 03.02.2016 – XII ZB 307/15 und XII ZB 454/15, MittBayNot 2016, 516.

617 BGH, 01.04.2015 – XII ZB 29/15, ZEV 2015, 536; erforderlich ist dann aber konkreter Bedarf für das Rechtsgeschäft.

618 Zu den dabei zu treffenden umfangreichen Feststellungen BGH, 15.06.2016 – XII ZB 581/15, ZNotP 2016, 197, BGH, 02.08.2017 – XII ZB 502/16, RNotZ 2017, 592.

619 BGH, 19.10.2016 – XII ZB 289/16, DNotZ 2017, 1298.

620 BGH, 06.07.2016 – XII ZB 61/16, Tz. 43, DNotZ 2017, 199 m. zust. Anm. *Renner* = ZErb 2016, 330 m. (in Bezug auf die strengen Anforderungen an die Bestimmtheit von Patientenverfügungen) krit. Anm. *Schiffer* = ErbR 2016, 632 m. Anm. *W. Lange* = ZEV 2016, 649, krit. hierzu *G. Müller* ZEV 2016, 605 ff.; zustimmend *Reetz*, RNotZ 2016, 571 ff.; vgl. *Möller*, EE 2016, 182 ff. Großzügiger zu den inhaltlichen Anforderungen an eine bindende Patientenverfügung nun BGH, 08.02.2017 – XII ZB 604/15, ErbR 2017, 336 m. Anm. *W. Lange*, hierzu *Möller*, EE 2017, 74 ff. und *G. Müller*, ZEV 2017, 340 f. sowie *Weigl*, MittBayNot 2017, 346 ff. Zur Erlaubnisfähigkeit des Erwerbs von Natrium-Pentobarbital zur Selbsttötung im Ausnahmefall BVerwG, 02.03.2017 – 3 C 19.15, ZNotP 2017, 226.

seine Redlichkeit[621] oder Tauglichkeit Bedenken bestehen. Ein konkreter Vollmachtsmissbrauch ist allerdings nicht erforderlich,[622] es reichen konkrete Anhaltspunkte dafür, dass der Bevollmächtigte nicht mehr entsprechend der Vereinbarung und im Interesse des Vollmachtgebers handelt[623] oder konkrete Interessenkonflikte bestehen.[624]

251 § 1896 Abs. 2 Satz 2 BGB steht der Anordnung einer Betreuung auch dann entgegen, wenn eine umfassende Vorsorgevollmacht an eine dazu bereite und befähigte Person noch erteilt werden kann.[625] Existiert eine Vorsorgevollmacht,[626] bleibt diese auch dann maßgeblich, wenn der – im Stadium der Geschäftsunfähigkeit – geäußerte »natürliche Wille« des Vollmachtgebers nun in eine andere Richtung geht, solange die Bevollmächtigten subjektiv und objektiv geeignet sind.[627]

c) Nacherbfolge

252 Ist der **Vorerbe befreit**, ist eine Beeinträchtigung des Nacherben dem Grunde nach ausgeschlossen, wenn es sich um einen **vollentgeltlichen Vorgang** handelt, das kein Unentgeltlichkeitselement i.S.d. (nicht abdingbaren) § 2113 Abs. 2 BGB aufweist bzw. der Erfüllung einer gesetzlichen bzw. letztwilligen Verpflichtung dient. Dieser Nachweis ist gegenüber dem Grundbuchamt besonders schwer zu führen (vgl. im Einzelnen auch Rdn. 4211 ff. zum Unrichtigkeitsnachweis mit dem Ziel der Löschung des Nacherbenvermerks), so dass ungeachtet § 29 GBO Beweiserleichterungen gelten.[628]

253 Auch **teilentgeltliche Verfügungen** verstoßen gegen § 2113 Abs. 2 BGB, sind also nicht dauerhaft mit Wirkung gegen den Nacherben möglich. Ein solcher Verstoß liegt vor, wenn objektiv für das vom Vorerben Weggebene keine gleichwertige Gegenleistung in den Nachlass fließt und subjektiv der Vorerbe diesen Umstand kennt oder doch bei ordnungsgemäßer Verwaltung der Nachlassmasse unter Berücksichtigung seiner künftigen Pflicht, die Erbschaft dem Nacherben herauszugeben, die Unzulänglichkeit der Gegenleistung hätte erkennen können.[629] Dass die Gegenleistung in den Nachlass fließt, wird i.d.R. über die Surrogationswirkung des § 2111 BGB bewerkstelligt, anders jedoch dann, wenn aufgrund der Art der Gegenleistung die Surrogation ausgeschlossen ist und damit die Gegenleistung (wie etwa bei Leibrenten)[630] in das persönliche Vermögen des Vorerben gelangt.

254 Veräußert jedoch ein von allen Beschränkungen **befreiter Vorerbe** und kommt die Gegenleistung ihm allein zugute, ist die Verfügung dennoch wirksam, da ein solcher Vorerbe Nachlassgegenstän-

---

621 Allgemein zur Risikoreduzierung bei Vorsorgevollmachten (keine Befreiung von § 181 BGB, Vier-Augen-Prinzip, Installation eines Überwachungsbevollmächtigten für bestimmte wichtige Rechtsgeschäfte, Hinweis auf mögliche Schadensersatzpflichten und Strafbarkeiten in der Vollmacht selbst) *Weigl*, MittBayNot 2017, 538.
622 BGH, 23.09.2015 – XII ZB 624/14, ErbR 2016, 167 (nur Ls).
623 Zu den hierbei zu stellenden Anforderungen BGH, 09.09.2015 – XII ZB 125/15, ZNotP 2015, 389: eigenmächtige Verwendung von 7.000 €.
624 BGH, 26.07.2017 – XII ZB 143/17, ZNotP 2017, 346: Vorsorgebevollmächtigter muss als Erbe eines Dritten ein Vermächtnis zugunsten des Vollmachtgebers erfüllen und hat dabei Wahlmöglichkeiten.
625 BGH, 23.09.2015 – XII ZB 225/15, MittBayNot 2016, 41.
626 Vgl. umfassend zur Formulierung von Vorsorgevollmachten sowie des zugrunde liegenden Auftragsverhältnisses (»Kümmerungsvertrag«) *Stückemann*, ZNotP 2016, 374 ff.
627 BGH, 17.02.2016 – XII ZB 498/15, MittBayNot 2017, 258 m. Anm. *Bergmann*, vgl. *Möller*, EE 2017, 4 ff.
628 OLG Hamm, 29.03.1999 – 15 W 39/99, Rpfleger 1999, 386; *Jung* Rpfleger 1999, 207; OLG München, 28.02.2005 – 32 Wx 17/05, DNotZ 2005, 697: Übertragung eines Grundstücks durch Gesellschafter an die Personenhandelsgesellschaft gegen Erhöhung des Kapitalanteils; OLG München, 02.09.2014 – 34 Wx 415/13, ErbR 2014, 545: Gegenleistung besteht aus Nießbrauchsgewährung und Restkaufpreiszahlung. Allerdings gilt das Zeugenbeweisverbot auch hier: OLG Hamm, 17.02.2005 – 15 W 460/04, ZErb 2005, 429.
629 BGH, NJW 1984, 366, Beck OK-BGB/*Litzenburger*, § 2113, Rn. 15.
630 Vgl. MünchKomm-BGB/*Grunsky*, § 2113, Rn. 30.

de für sich verwenden kann, ohne Ausgleichsansprüche des Nacherben auszulösen, so dass ihm auch die Entgegennahme der Gegenleistung dafür als persönlicher Anspruch nicht verwehrt sein kann.[631] Der befreite Vorerbe kann daher beispielsweise ein Nachlassgrundstück veräußern und sich ein gleichwertiges Altenteil bzw. eine gleichwertige Leibrente gewähren lassen.[632] In diesem Zusammenhang wird relevant, mit welchem Faktor bspw. Nutzungsrechte oder Leistungsansprüche auf Lebensdauer zu kapitalisieren sind, vgl. insoweit Rdn. 1435, 1744, auch zur Frage des an Stelle des § 12 Abs. 3 BewG anzusetzenden – tatsächlich deutlich niedrigeren – Abgeltungsabzinsungsfaktors.

Nach (leider[633]) einhelliger Auffassung sind allerdings die Nacherben (für die ggf. ein gesetzlicher Vertreter – sog. Anhörungspfleger – zu bestellen ist) vom Grundbuchamt zur Gewährung **rechtlichen Gehörs** vor der **Löschung des Nacherbenvermerks** stets[634] anzuhören,[635] selbst wenn die Entgeltlichkeit nicht ernstlich bestritten werden kann[636] oder wenn die Bundesrepublik Deutschland als Erbe auftritt[637] – dies führt zu einer ungerechtfertigten Verzögerung der Eigentumsumschreibung! Stimmen jedoch die Nacherben vorsorglich (in der Form des § 29 GBO) zu, bedarf es des Nachweises der Entgeltlichkeit nicht. Die Rechtsprechung sieht den Nacherben analog § 2120 BGB sogar in der Verpflichtung, die (materiellrechtlich nicht erforderliche) Zustimmung auf Verlangen des befreiten Vorerben zu erteilen, wenn der Käufer es (z.B. auf Betreiben des Grundbuchamtes) verlangt.[638]

Die erst beim Endvollzug (zur Löschung des Nacherbenvermerks) durchzuführenden Anhörungsprozeduren wirken sich insbesondere für den Käufer, der ja Kaufpreis und Grunderwerbsteuer bereits entrichtet hat, nachteilig aus: Investitionen und weitere Verfügungen sind blockiert, darüber hinaus ist er mit dem (allerdings unter fremden Dritten eher abstrakten) Risiko behaftet, dass der Antrag auf Vollzug der »lastenfreien« Auflassung möglicherweise gar zurückgewiesen wird. Dies lässt sich verhindern, indem (wie selten im Rahmen der vorweggenommenen Erbfolge) eine Erwerbervormerkung bewilligt und zugleich die Eintragung eines Vermerks beantragt wird, der die Wirksamkeit der Vormerkung gegenüber allen Nacherben verlautbaren soll. Dann ist nämlich bereits vor Eintragung des **Wirksamkeitsvermerks**[639] bei der Vormerkung den von der Eintragung Betroffenen (also allen – möglicherweise noch nicht abschließend bestimmten – Nacherben und Nachnacherben) rechtliches Gehör zu gewähren, gleichgültig, ob das Gericht auf diesen Vermerk die Verfahrensregeln der Berichtigung[640] oder der Richtigstellung[641] anwen-

---

631 Vgl. *Raude*, ErbR 2017, 454, 456.
632 BGH, NJW 1955, 1354; BGH, NJW 1977, 1631; BayObLG, DNotZ 1958, 89, 91.
633 Zutreffend die krit. Stellungnahme von *Jurksch*, ZfIR 2016, 392 ff., gegen ihn freilich *Bestelmeyer*, RPfleger 2016, 694, 701.
634 Die formlose Anhörung dient der Vermeidung einer Amtshaftung, um Anhaltspunkte für eine weitere Amtsermittlung gem. § 26 FamFG zuerkennen, vgl. *Hartmann*, DNotZ 2017, 28, 34.
635 BayObLG, 15.06.1994 – 2Z BR 44/94, Rpfleger 1995, 105. Ersatznacherben sind nicht anzuhören, vgl. OLG Karlsruhe, 25.08.2015 – 11 Wx 66/15, BeckRS 2015, 15066; ebenso nun auch OLG München, 10.02.2015 – 34 Wx 416/14, FamRZ 2015, 1429.
636 OLG Bamberg, 22.01.2015 – 3 W 3/15, MittBayNot 2015, 402, hierzu krit. *Morhard*, MittBayNot 2015, 361 ff. und *Volmer*, MittBayNot 2015, 535 (der hierfür Nacherbenvollstreckung gem. § 2222 BGB empfiehlt).
637 OLG Düsseldorf, 19.03.2012 – I-3 Wx 299/11, RNotZ 2012, 328; die Person und Anschrift des/der Nacherben müsse das Grundbuchamt selbst ermitteln.
638 OLG Frankfurt, 20.04.2011 – 4 U 78/10, NotBZ 2011, 398.
639 Zur Formulierung im Grundbuch: § 18 GBV.
640 Dafür überzeugend *Hartmann*, DNotZ 2017, 28, 37 ff.
641 Dafür *Hügel/Holzer*, § 22 GBO, Rn. 36, 92 ff.; so dass kein Antrag i.S.d. § 13 Abs. 1 GBO erforderlich ist, sondern das Grundbuchamt nach pflichtgemäßem Ermessen (§ 26 FamFG) über die begehrte Eintragung des richtigstellenden Wirksamkeitsvermerks zu befinden hätte. Erfolgt die Eintragung der Vormerkung ohne den richtigstellenden Wirksamkeitsvermerk, wäre hiergegen die unbeschränkte Fassungsbeschwerde nach § 71 Abs. 1 GBO eröffnet.

det.⁶⁴² Bei der späteren Eigentumsumschreibung ist dann die erneute Gewährung rechtlichen Gehörs entbehrlich (abstrakt besteht freilich weiterhin die Gefahr, dass der Wirksamkeitsvermerk aufgrund neuerer »Erkenntnisse« bis zur Löschung des Nacherbenvermerks gelöscht wird⁶⁴³). Diese Gestaltung ist freilich in erster Linie bedeutsam, wenn der Erwerber Investitionen auf das Erwerbsobjekt erbringt, seien es (Teil-)Kaufpreise oder sonstige Verwendungen, die er naturgemäß erst dann tätigen sollte, wenn der Erwerb (aufgrund des Wirksamkeitsvermerks) im Verhältnis zum Nacherben gesichert erscheint.⁶⁴⁴

VI. »Asset Protection«

257 Gegenstand der (angloamerikanisch sogenannten) »asset protection«⁶⁴⁵ ist die Beratung über legale Vorsorgemaßnahmen zur Vermeidung oder Beschränkung des Haftungszugriffs Dritter. Hauptursachen solcher Haftungszugriffe sind:
(1) zivilrechtliche Überfinanzierung (Einzelvollstreckung durch Gläubiger oder umfassender Zugriff: Insolvenz),
(2) Verpflichtungen als Arbeitgeber (bis hin zur Sozialplanhaftung gem. § 112 BetrVG)
(3) private Verpflichtungen (Pflichtteils-, Unterhalts-, Zugewinnausgleichslasten),
(4) öffentlich-rechtliche Verpflichtungen (Steuern),
(5) deliktische Handlungen des Zivil- und öffentlichen Rechts (Haftpflicht- und Umweltschäden, z.B. die verschuldensunabhängige Produktionshaftung gem. § 10 ProdHaftG bis zu 85 Mio Euro),
(6) Inanspruchnahme aus beruflicher Pflichtverletzung bzw. der Rückgriff entsprechender Haftpflichtversicherer,
(7) Inanspruchnahme aus Pflichtverletzungen bei Organtätigkeit (z.B. als Vorstand, Aufsichtsrat, Geschäftsführer) bzw. der Rückgriff entsprechender D & O-Versicherungen.

258 Im angloamerikanischen Rechtskreis haben sich insb. Alaska und Delaware mit der Zulassung sog. »asset protection trusts« hervorgetan,⁶⁴⁶ wobei der Pfändungsschutz durch steuerliche Nachteile erkauft wird. Nicht umfasst von seriöser »asset protection«-Beratung ist (auch zum Schutz des Beraters vor ggf. strafrechtlicher Inanspruchnahme wegen Beihilfe zum Bankrott, zur Gläubigerbegünstigung oder zur Vereitelung der Zwangsvollstreckung, §§ 27, 283, 283c, 288 StGB⁶⁴⁷) eine Gestaltung, die lediglich auf der Verfälschung von Tatsachen, der Verheimlichung von Vermögenswerten oder einer sonstigen Verdeckung des vollen Sachverhalts beruht.⁶⁴⁸

259 Dem Grund nach kann »asset protection« bewirkt werden durch:
(1) **vorsorgende Reduzierung** der drohenden Verpflichtungen selbst, z.B. steuervermeidende Gestaltung oder ehevertragliche Maßnahmen zum Ausschluss bzw. zur Verringerung nachehelicher Zugewinnausgleichs- oder Unterhaltsansprüche, allerdings ohne die enger werdenden

---

642 OLG München, 02.03.2016 – 34 Wx 408/15, RNotZ 2016, 305 = DNotI-Report 2016, 45; es gilt also nichts anderes als für die Löschung des Nacherbenvermerks vor Eintritt des Nacherbfalls.
643 Vgl. *Hartmann*, DNotZ 2017, 28; dagegen hilft nur die Anderkontolösung [Einzahlung bei Eintragung des Wirksamkeitsvermerks, Auszahlung nach Löschung des Nacherbenvermerks].
644 Formulierungsvorschlag für den Wirksamkeitsvermerk als Fälligkeitsvoraussetzung in einem Kaufvertrag bei *Krauß*, Immobilienkaufverträge in der Praxis, 8. Aufl., Rn. 2267.
645 Vgl. zum Folgenden umfassend *v. Oertzen/Ponath*, Asset Protection im deutschen Recht, 2. Aufl. 2013 S. 137 ff.; *v. Oertzen*, NWB 2011, 3463 ff.; Übersicht bei *Wälzholz*, FamRB 2006, 380 ff.
646 Vgl. *Adams*, 21st Century Estate Planning, S. 252.
647 *Beck* und *Köhler* in *Wabnitz/Janovsky*, Handbuch des Wirtschafts- und Steuerstrafrechts, 3. Aufl. 2007 Kapitel 6 und 7; *von Oertzen/Ponath*, Asset Protection im deutschen Recht, 2. Aufl. 2013 S. 157 ff.
648 »Asset protection planning must not involve hiding assets, committing fraud or perjury or engaging in fraudulent transfers«, so *Rosen/Rothschild*, Asset Protection Planning, 2003 (zitiert nach *v. Oertzen*, Asset Protection im deutschen Recht, Rn. 4).

Gestaltungsgrenzen zu überschreiten (Rdn. 1007 ff.) –, im Hinblick auf die sonst drohende Gefahr der Gesamtnichtigkeit, also des »Zurückschnellens« auf das gesetzlich hohe Niveau.
(2) **Widerlegung gesetzlicher Pfändungserleichterungsvorschriften**, z.B. der Eigentumsvermutung der § 1362 BGB, § 739 ZPO unter Ehegatten[649] durch ein rechtzeitig gefertigtes (zur Entkräftung des Rückdatierungsvorwurfs notariell beglaubigtes) Vermögensverzeichnis gem. § 1377 BGB.
(3) **Bildung von oder Umschichtung in Vermögenswerte**, die bspw. mangels Übertragbarkeit **nicht gepfändet** werden können, z.B. Wohnungsrechte ohne Befugnis zur Überlassung zur Ausübung oder Gewährung lediglich wiederkehrender Leistungen, die dem Pfändungsprivileg des § 850b Abs. 1 Nr. 3 ZPO unterliegen, seit 31.03.2007 auch entsprechende Altersvorsorgeverträge für Selbstständige (§§ 851c, 851d ZPO, vgl. Rdn. 3490).
(4) Einrichtung eines[650] (seit 01.07.2010 zur Verfügung stehenden)[651] sog. »**Pfändungsschutzkontos**«[652] (P-Konto, § 850k ZPO), wonach für alle Arten von Einkünften (auch aus freiberuflicher Tätigkeit etc.) monatlich (ab 01.07.2013)[653] 1049,999 € (§ 850c ZPO; »Basispfändungsschutz« bei ledigen Personen ohne Unterhaltsverpflichtung) pfändungsfrei bleiben, so dass hieraus Überweisungen, Lastschriften, Daueraufträge etc. getätigt werden können. Der in einem Monat nicht ausgeschöpfte Teil des pfändungsfreien Guthabens wird in den Folgemonat übertragen (zur Reservenbildung für einmaligen Aufwand, etwa Versicherungsprämien). Durch Vorlage entsprechender Bescheinigungen von Arbeitgebern, Schuldnerberatungsstellen oder Sozialleistungsträgern (über Unterhaltspflichten bzw. die Höhe von Sozialleistungen) beim Kreditinstitut kann der Basispfändungsschutz erhöht werden, eine Erhöhung oder Herabsetzung ist auch durch das Gericht möglich. Auch überwiesenes Kindergeld ist zusätzlich geschützt. Bisher war der Arbeitgeber, nicht aber das Kreditinstitut zur Berücksichtigung des Pfändungsschutzes verpflichtet; durch gerichtliche Verfügung gem. § 850k ZPO a.F. konnte der Kontoinhaber die anteilige Freigabe des pfändungsgeschützten Arbeitseinkommens ab der Pfändung bis zum nächsten Monatsersten erreichen. Seit 2012 sind ausschließlich Guthaben auf P-Konten geschützt, bis dahin bestanden beide Schutzsysteme nebeneinander. Als Ausgleich verbessert der Gesetzgeber die Rechtsstellung von Gläubigern ab 2013: nach fruchtloser Sachpfändung über mindestens 500,00 € kann der Gerichtsvollzieher beim Bundeszentralamt für Steuern die Kontendaten des Schuldners abfragen.
(5) Übertragung des Vermögens in den Geltungsbereich solcher **ausländischer Rechtsordnungen**, die (z.B. zur Alterssicherung) erhöhten Pfändungsschutz gewähren (vgl. hierzu insb. Rdn. 3485).
(6) Einbringung des Vermögens in Gesellschaften, deren Satzung im Fall der Pfändung oder der Insolvenz (wie auch des sonstigen Ausscheidens) eine geringere Abfindung gewährt, so dass die Differenz sich dem Gläubigerzugriff entzieht (vgl. Rdn. 153; zur Höhe der möglichen Reduzierung vgl. Rdn. 2641 ff.).
(7) Übertragung unter höchstpersönlichen Rückforderungsvorbehalten u.a. für den Fall des Gläubigerzugriffs bzw. der Insolvenz (s. Rdn. 2249 ff.; zum Gläubigerzugriff auf das Rückforderungsrecht selbst vgl. Rdn. 2122 ff.).

---

649 § 1362 Abs. 1 BGB gilt nicht unter nichtehelichen Lebensgefährten, BGH, 14.12.2006 – IX ZR 92/05, NJW 2007, 992.
650 Die SCHUFA wird zur Vermeidung mehrfacher P-Kontoeröffnung auch dieses Kontomerkmal speichern.
651 Ab 01.07.2010 können auch bestehende Konten binnen eines Monats nach Pfändung in ein P-Konto umgewandelt werden (§ 850k Abs. 7 Satz 2 und 3 ZPO), vgl. i.Ü. www.f-sb.de.
652 Vgl. *Singer*, ZAP 2010, 653 ff. = Fach 14 S. 613 ff.
653 *Eilts*, NWB 2014, 207; BGBl. 2013 I, S. 710.

(8) im Wege der vorrangigen Absicherung anderer, bereits vorhandener Gläubiger[654] aus dem Familien- und Bekanntenkreis durch Eintragung von Grundpfandrechten, Wohnungsrechten etc. zur Absicherung von jenen gegenüber bestehenden Verpflichtungen, sofern eine solche Absicherung als »kongruente Deckung« vereinbart war (vgl. Rdn. 227).

(9) Verlagerung von Vermögen auf einen selbstständigen Rechtsträger, wo es mangels Eigentümers keinem Fremdzugriff mehr unterliegt (z.B. auf eine inländische Stiftung, Rdn. 3118 ff., oder eine ausländische Stiftung, Rdn. 3024 ff.), samt »Rückbegünstigung« der Familie des Zuwendenden und des Zuwendenden selbst (als Stifter) durch Versorgungsleistungen, auf die kein Anspruch besteht, so dass auch keine pfändbare Positionen geschaffen werden.

262 Bei **Zuwendung von Vermögen durch Verfügung von Todes wegen** wird »asset protection« insb. durch Verwendung solcher erbrechtlicher Instrumente erreicht, die dem Vermögensinhaber selbst die Verfügungsmöglichkeit nehmen, also nichtbefreite Vor- und Nacherbfolge und Dauertestamentsvollstreckung: Wenn und soweit der Vermögensinhaber selbst nicht bzw. nicht allein über das Vermögen verfügen kann, kann erst recht kein Zugriff Dritter erfolgen (vgl. §§ 2214 und 2115 BGB und Rdn. 6678 ff. zum sog. »Bedürftigentestament«).

263 Eine deutliche Verbesserung des Vermögensschutzes, wenn auch keine umfassende Vollstreckungsabwehr, wird schließlich durch alle Instrumente erreicht, die der **Vermeidung oder zumindest Reduzierung der Unentgeltlichkeit** dienen, um zum einen das Rückforderungsrisiko bei späterer Verarmung gem. § 528 BGB zu reduzieren, zum anderen die 4-jährige Schenkungsanfechtung (Rdn. 224) zugunsten der max. 2-jährigen Anfechtung entgeltlicher Verträge unter Angehörigen zu vermeiden. Große Teile dieses Buches sind dem Bestreben gewidmet, alle im zivilrechtlichen Sinn als Gegenleistung tauglichen Bausteine zu identifizieren und einzusetzen. Hierzu zählt z.B. auch die Verwendung gesellschaftsrechtlicher Mittel (Fortsetzungsklausel bei Versterben eines Gesellschafters mit Abfindungsausschluss, Rdn. 147 ff.) oder die Kombination mit eherechtlichen Verträgen (»Güterstandsschaukel«, Rdn. 80 ff.).

E. Weitere Typen lebzeitiger Zuwendungen

264 Außerhalb des Schenkungsrechts, also neben
(1) der klassischen Schenkung, §§ 516 ff. BGB (Rdn. 175 ff.),
(2) der gleichwohl vollständig unentgeltlichen Schenkung unter Auflagen, §§ 525 ff. BGB (Rdn. 194 ff.) und
(3) der Pflichtschenkung, § 534 BGB (Rdn. 190)
kennt das BGB als einzigen weiteren Typ der Vermögenszuwendung die Ausstattung.

I. Ausstattung (§ 1624 BGB)

1. Voraussetzungen

265 Wenn Eltern als Veräußerer und ein Kind als Erwerber an einer Grundstückszuwendung beteiligt sind, kann es sich um eine Ausstattung[655] handeln, bei der Schenkungsrecht nur nach Maßgabe des § 1624 BGB anwendbar ist. Erforderlich sind:
(1) **Beteiligte**: Eltern auf Veräußererseite, deren Kind(er) (wohl auch Enkel[656]) auf Erwerberseite; Zuwendungen Dritter, Übertragungen an Verlobte oder Schwiegerpartner etc. scheiden aus.

---

654 Untauglich ist naturgemäß die Eintragung einer Fremdgrundschuld, die keine Forderung sichert; diese führt zudem wegen »Verschwendung« zur Versagung der Restschuldbefreiung, BGH, 30.06.2011 – IX ZB 169/10, notar 2011, 372 m. Anm. *Böttcher*.
655 Hierzu *Sailer*, NotBZ 2002, 81 ff.; *Everts*, MittBayNot 2011, 107 ff.
656 Jedenfalls bei vorverstorbenem Kind: OLG Karlsruhe, 27.04.2011 – 6 U 137/09, ZEV 2011, 531, mit allerdings dann unzutreffender Pflichtteilsberechnung gem. § 2316 BGB: *Ruby/Schindler*, ZEV 2011, 524, 526.

E. Weitere Typen lebzeitiger Zuwendungen Kapitel 1

(2) **Anlass und Zuwendungszweck**: Verheiratung bzw. (von 26.11.2015 bis 30.09.2017) Eingehung einer eingetragenen Lebenspartnerschaft (»Aussteuer, Mitgift«), Erlangung einer angemessenen Lebensstellung (Haushaltsgründung; Start in die eigene berufliche Existenz), die Erhaltung der Lebensstellung oder der Wirtschaft (z.B. bei der Tilgung von Verbindlichkeiten des Kindes auf dem Familieneigenheim oder in seiner betrieblichen Sphäre); nicht ausreichend sind daher lediglich auf den Veräußerer bezogene Motive, etwa der Wunsch, unter den Kindern eine gerechte Vermögensgleichstellung herbeizuführen[657] oder die Erhaltung des geschäftlichen Ansehens des Vaters bei den Gläubigern des Sohnes.[658]

(3) **Angemessenheitskriterium**: Ein den Vermögensverhältnissen der Eltern (also ihrem eigenen Unterhaltsbedarf und den Bedürfnissen der vorhandenen weiteren Geschwister) entsprechendes Maß. Eine Zuwendung in Höhe von 20 % des gesamten elterlichen Vermögens ist regelmäßig nicht übermäßig.[659]

▶ Hinweis:

Das »Übermaß« ist jedoch trotz des Wortlautes (»gilt«) nicht zwingend Schenkung i.S.d. 266
§§ 516 ff. BGB, sondern nur dann, wenn es eines anderen Rechtsgrundes entbehrt. Daher steht es den Beteiligten frei, auch das Übermaß als Ausstattung zu vereinbaren.[660]

Ausstattungsfähig sind nicht nur Sachleistungen oder Kapitalzuwendungen,[661] sondern auch Naturalleistungen[662] oder Rechte.[663]

Der Vertragszweck der Haushalts- oder Existenzgründung bzw. -sicherung sollte wegen der eigenständigen Rechtsform der Ausstattung in der Urkunde zum Ausdruck kommen, zumal die Beteiligten die Ausstattungsabsicht bei der Zuwendung ausschließen können.[664] Fehlen nähere Angaben, ist bei größeren Zuwendungen das Vorliegen einer Ausstattung zu vermuten, sofern die weiteren Kriterien erfüllt sind.[665] 267

▶ **Formulierungsvorschlag: Ausstattungscharakter**

Die Zuwendung wird als Ausstattung gem. § 1624 BGB zur Begründung eines eigenen Hausstandes gewährt. 268

Für den Vertragstypus der Ausstattung sind wegen ihres endgültigen Charakters **Nutzungsvorbehalte** untypisch; **Rückforderungsvorbehalte** sind mit ihm allenfalls insoweit vereinbar, als es um die Abwehr externer Zugriffe (Insolvenz, Zwangsversteigerung) oder zweckwidriger Verwendung geht.[666] 269

---

657 *Schmitz*, Ausgleichung unter Miterben, S. 50 ff.
658 RG, Recht 1912 Nr. 444.
659 SG Dortmund, 26.06.2003 – S 27 AL 108/02, BeckRS 2009, 65302.
660 *Schindler*, ZEV 2006, 391 m.w.N.; RG, 23.12.1907 – VI 350/07, JW 1908, 71 f.
661 Auch z.B. Verzicht auf eine Forderung, OLG Hamburg, Recht 1911, Nr. 753.
662 Z.B. Arbeitsleistungen, wenn eigentlich Lohn geschuldet wäre, aber hierauf verzichtet wird.
663 Z.B. mietfreies Wohnen, LG Mannheim, 18.03.1970 – 5 S 139/69, NJW 1970, 2111 – anders als i.R.d. Schenkung, s.o. Rdn. 32 und *Schlitt*, ZEV 2006, 394.
664 Staudinger/*Coester*, BGB (2000), § 1624 Rn. 11 f.
665 AG Stuttgart, 25.02.1998 – 23 F 1157/97, NJW-RR 1999, 1449.
666 Ähnlich *Schindler*, ZEV 2006, 391; *Bothe*, in: Damrau, Erbrecht, § 2050 Rn. 19, sieht dagegen Nutzungs- oder Rückforderungsvorbehalte generell als ausstattungsschädlich an.

2. Folgen

270 Rechtsfolgen sind:
(1) **Schenkungsrecht** ist **nicht anwendbar**, also auch nicht die Formpflicht des Schenkungsversprechens aus § 518 BGB,[667] ebenso wenig § 528 BGB. Nur hinsichtlich der Mängelhaftung verweist § 1624 Abs. 2 BGB auf die §§ 523, 524 BGB. In schenkungsteuerlicher Hinsicht allerdings wird die Ausstattung der Schenkung gleichgestellt.
(2) Die Ausstattung unterliegt wohl **nicht** der **Gläubigeranfechtung** nach § 4 AnfG = § 134 InsO (Anfechtung von unentgeltlichen Leistungen innerhalb von 4 Jahren),[668] wohl aber der Anfechtung nach § 3 Abs. 2 AnfG = § 133 Abs. 2 InsO (Anfechtung innerhalb von 2 Jahren bei entgeltlichen Verträgen mit nahestehenden Personen).
(3) Die Ausstattung unterliegt nicht der Pflichtteilsergänzung nach § 2325 BGB.
(4) Die **Ausgleichung bei gesetzlicher Erbfolge** wird gesetzlich im Zweifel angeordnet (§ 2050 Abs. 1 BGB).[669]

3. Risiken

▶ Hinweis:

271 Eine ausdrückliche Regelung dieser Frage ist zu empfehlen, auch eine Stellungnahme zur Frage der Anrechnung der Ausstattung und des Übermaßes auf den Pflichtteil nach § 2315 BGB, welche nicht vermutet werden. Bei einem (ohne Weiteres möglichen) ausdrücklichen Ausschluss der Ausgleichung ist allerdings § 2316 Abs. 3 BGB zu beachten, wonach kein Ausschluss zum Nachteil eines Pflichtteilsberechtigten erfolgen kann. Auch eine vertragliche Regelung, dass keine Ausgleichungspflicht bestehe, hindert also nicht, dass die frühere Ausstattung zu einer Erhöhung des Pflichtteils des nicht ausgestatteten Geschwisters führt, und zwar ohne zeitliche Befristung, da die Zehnjahresgrenze des § 2325 BGB bei der Ausstattung nicht gilt. In diesem Kontext ist also die Ausstattung u.U. der Schenkung ggü. nachteilig.[670] Gegensteuern kann ein gegenständlich auf den Ausgleichspflichtteil (Erhöhungswirkung) beschränkter Verzicht der nicht ausgestatteten Geschwister ggü. dem Veräußerer (vgl. Rdn. 3870 ff.) oder aber die Vermeidung der Entstehung eines Pflichtteilsanspruchs als solchen, d.h. die Einsetzung auch des zu benachteiligenden Abkömmlings zum Miterben des verbleibenden, spärlichen Restnachlasses, so dass (auch bei Ausschlagung) kein Pflichtteilsanspruch entsteht und somit der Wertverschiebungseffekt des § 2316 Abs. 3 BGB nicht zum Tragen kommt. Auf der Ebene der Erbschaft kann die von § 2050 Abs. 1 BGB vermutete Ausgleichungspflicht ohne Weiteres ausgeschlossen werden.

272 Ist das Entstehen eines Pflichtteilsanspruchs nicht zu vermeiden und auch ein jedenfalls auf den Ausgleichspflichtteil beschränkter Verzicht nicht zu erlangen und bewerten die Beteiligten die damit zwingend eintretende (unbefristete) Pflichtteilserhöhung zugunsten der weichenden Abkömmlinge als in stärkerem Maße negativ im Vergleich zu den durch die Ausstattung vermittelten Vorteilen (etwa ggü. schlichten und Sozialleistungsgläubigern: AnfG/§ 528 BGB), ist zu raten, die Eigenschaft einer Ausstattung ausdrücklich zu verneinen, auch wenn deren objektive Merkmale vorliegen. Jedenfalls durch Negierung des erforderlichen Zweckmoments (»aus Anlass der

---

667 Bei auf Grundstücken bezogenen Ausstattungen setzt sich allerdings die Formpflicht des § 311b Abs. 1 BGB durch.
668 A.A. MünchKomm-BGB/*v. Sachsen-Gessaphe*, § 1624 Rn. 16.
669 Hierzu ausführlich *Kerscher*, ZEV 1997, 354.
670 Hat allerdings der Erblasser sein gesamtes Vermögen zu Lebzeiten übertragen, scheitert die ausstattungsbedingte Erhöhung des Pflichtteils der anderen Abkömmlinge an § 2056 Satz 1 BGB (keine Herausgabe des »Mehrempfangs«; keine Korrektur über Direktkondiktion beim »Beschenkten« wie bei § 2329 BGB).

Hochzeit«, »zur Begründung eines eigenen Hausstands«) haben es die Beteiligten in der Hand, es insgesamt bei der »schlichten Schenkung« gem. §§ 516 ff. BGB zu belassen.

Andernfalls führt erst das **Übermaß**, d.h. soweit das den Vermögensverhältnissen der Eltern entsprechende Maß überschritten wird, und nur hierauf begrenzt, zur Anwendung von Schenkungsrecht, sofern nicht auch insoweit eine Ausstattung vereinbart wird (Rdn. 266). Wer die Übermäßigkeit behauptet (z.B. ein Pflichtteilsberechtigter oder ein Gläubiger) ist für sie beweispflichtig. Die Beteiligten können hierzu in der Urkunde konkretisierende (den potenziell Pflichtteilsberechtigten allerdings naturgemäß nicht bindende) Angaben aufnehmen. 273

▶ Formulierungsvorschlag: Umfang und Folgen der Ausstattung

Die Zuwendung erfolgt als Ausstattung gem. § 1624 BGB anlässlich der Heirat des Erwerbers am .... Der Wert der Ausstattung beträgt ..... €, der Wert des Übermaßes beträgt ..... €. Beide sind auf den Pflichtteil des Erwerbers i.S.d. § 2315 BGB anzurechnen. Eine Ausgleichung bei gesetzlicher Erbfolge unter Geschwistern ist entgegen § 2050 Abs. 1 BGB nicht angeordnet. Uns ist bekannt, dass gem. § 2316 Abs. 3 BGB gleichwohl deren Ausgleichspflichtteile sich erhöhen; gegenständlich beschränkte Pflichtteilsverzichte sollen jedoch entgegen der Empfehlung des Notars nicht eingeholt werden. 274

II. Gemischte Schenkung

Eine gemischte Schenkung liegt vor, wenn eine real unteilbare[671] Zuwendung vorgenommen wird und diese höherwertig ist als die Gegenleistung. Nicht erforderlich ist, dass der objektive Wert der Zuwendung mehr als doppelt so hoch sei wie der Wert der Gegenleistungen, also der unentgeltliche Anteil überwiegen müsste,[672] allerdings bedarf es eines »objektiven, über ein geringes Maß deutlich hinausgehenden Missverhältnisses«.[673] In diesem Fall besteht gegenüber Dritten eine tatsächliche Vermutung für das Vorliegen einer gemischten Schenkung.[674] Aus Sicht der Beteiligten setzt sie sich aus einem entgeltlichen und einem unentgeltlichen Teil zusammen (Abrede der teilweisen Unentgeltlichkeit), die dogmatische Einordnung dieses Typenverschmelzungsvertrags[675] ist umstritten (»Einheitstheorie«, »Trennungstheorie«, »Zweckwürdigungstheorie«). 275

▶ Beispiel:

Schenkung gegen Pflicht zur Zahlung eines Abstandsgelds oder einer Leibrente oder dauernden Last.

Im Zweifel solle der **Parteiwille** entscheiden, so dass z.B. eine übernommene Pflegeverpflichtung als Gegenleistung, aber auch als Auflage verstanden werden kann.[676]

Unabhängig von der dogmatischen Einordnung ist **Schenkungsrecht** jedenfalls nur **mit Einschränkungen anwendbar**: 276
(1) Für die **Haftung des Veräußerers** nimmt die herrschende Meinung an, dass die Privilegien der §§ 521, 523, 524 BGB (Haftung und Mängel) nur für den Schenkungsteil gelten sollen.

---

671 Andernfalls liegen zwei selbstständige, nur äußerlich zusammengefasste Verträge vor.
672 BGH, 18.10.2011 – X ZR 45/10, ZEV 2012, 110.
673 BGH, 06.11.2013 – XII ZB 434/12, ZNotP 2014, 63.
674 Allerdings nicht zwingend zwischen den Beteiligten selbst, BGH, 06.11.2013 – XII ZB 434/12, ZNotP 2014, 63.
675 Negotium mixtum cum donatione.
676 Vgl. OLG Oldenburg, 21.11.1997 – 6 U 175/97, ZEV 1999, 33; *Rundel*, MittBayNot 2003, 183; OLG Koblenz, 17.10.2001 – 9 U 166/01, FamRZ 2002, 773; ausführlich zur Abgrenzung zwischen objektiven und subjektiven Merkmalen *Link*, Zur (teilweisen) Unentgeltlichkeit von Übergabeverträgen im Rahmen vorweggenommener Erbfolge, S. 117 ff., der im Regelfall von einer Auflage ausgeht (S. 129–134).

Kapitel 1   Grundtypus und Varianten – Das Schenkungsrecht des BGB und typische Fallgruppen

(2) Die Verpflichtung zur **Lastenfreistellung** sollte ausdrücklich geregelt werden, da §§ 433 Abs. 1 Satz 2, 435 BGB (Verpflichtung zur Lastenfreistellung in Abt. II und III des Grundbuchs) nur für den Kaufvertrag gilt.

277 (3) Im Fall des § 528 BGB (**Rückforderung wegen Verarmung**) besteht nach herrschender Meinung bei der gemischten Schenkung eines unteilbaren Gegenstandes (»soweit«; § 818 Abs. 2 BGB bei Unmöglichkeit der Rückgabe des unmittelbaren Konditionsobjekts aufgrund rechtlicher Unteilbarkeit) nur ein Geldanspruch, kein Recht auf Rückforderung des Vertragsgegenstandes.

(4) Bei **Rückforderung wegen groben Undanks** (§ 530 BGB) kann der Veräußerer das Geschenk zurückfordern, wenn der unentgeltliche Charakter des Geschäfts überwiegt.[677] Dieser Anspruch besteht nur Zug um Zug gegen Wertausgleich des entgeltlichen Teils (§ 812 Abs. 1 Satz 1 i.V.m. § 818 Abs. 3 BGB analog). Wurde der Gegenstand jedoch überwiegend entgeltlich erworben, verbleibt er dem Teilbeschenkten gegen Erstattung des die Gegenleistung übersteigenden Mehrwerts (§ 818 Abs. 2 BGB).

278 (5) Nach neuerer Auffassung soll die Einordnung als gemischte Schenkung (im Unterschied zur Schenkung unter Auflage) auch auf die Höhe der Anrechnung bei der Bestimmung der Unentgeltlichkeit von Einfluss sein: Während bei einer gemischten Schenkung auf den objektivierten voraussichtlichen Aufwand der zu erbringenden Gegenleistung – aus dem Blickwinkel des Schenkungszeitpunkts – abzustellen sei, müsse bei der Schenkung unter Auflage, bei der ja der Schenker in Vorleistung tritt und sodann der Beauflagte seinerseits zu leisten habe, die im Nachhinein ermittelte, tatsächlich erbrachte Leistung zugrunde gelegt werden (etwa i.R.d. § 2287 BGB bei einer Pflegeverpflichtung, die je nach Parteiwillen als Gegenleistung oder als Auflage verstanden sein kann).[678]

III. Weitere Typen der vorweggenommenen Erbfolge

279 Verträge i.R.d. vorweggenommenen Erbfolge (die im Gesetz an einzelnen Stellen, z.B. § 593a BGB als Begriff vorausgesetzt wird) sind dadurch gekennzeichnet, dass der Vermögensgegenstand an den vorgesehenen Erben (i.d.R. eine Person aus dem Kreis der gesetzlichen Erben) übertragen wird und dass dem Begünstigten Leistungen zur Versorgung des Zuwendenden auferlegt werden. Die Versorgung des Veräußerers bildet allerdings nicht den Hauptzweck.

Die wertende Zuordnung angesichts der Interessenlage führt dazu, dass auf die vorweggenommene Erbfolge regelmäßig die Normen des Schenkungsrechts durchweg Anwendung finden.

280 Beim **Versorgungsvertrag** steht die Alterssicherung des Veräußerers im Vordergrund. Dieser eher seltene Vertragstyp bedarf einer genauen Regelung der Rechtsfolgen von Leistungsstörungen, da das Schenkungsrecht grds. nicht anwendbar ist, jedenfalls stellt sich das Problem der Einordnung der Versorgungsleistungen und vorbehaltenen Rechte als Auflagen oder sonstige Gegenleistungen i.S.e. gemischten Schenkung oder aber der Übergang zum Austauschvertrag nach §§ 320 ff. BGB mit abgewogener Leistung und Gegenleistung.

281 Gesetzlich erfasst als Ausschnitt möglicher Versorgungsvarianten ist der **Verpfründungsvertrag**,[679] bei dem lebzeitige Zuwendungsversprechen (z.B. Pflege bis zum Tod) durch vertragsmäßige Einsetzung als Erben abgegolten[680] werden sollen. **§ 2295 BGB** gewährt in diesem Fall ein außer-

---

677 Nicht etwa entscheidet das Kriterium des »Überwiegens« der Entgeltlichkeit über das Vorliegen einer gemischten Schenkung als solcher. Maßgeblich ist das Überwiegen jedoch für die Anwendbarkeit des § 323 BGB (Rücktritt bei synallagmatischen Verträgen), vgl. Rdn. 2097.
678 Vgl. hierzu *Schindler*, ZErb 2006, 19, 21.
679 »Entgeltlicher Erbvertrag«, vgl. *J. Mayer*, DNotZ 2012, 89 ff., sowie *Harryers*, RNotZ 2013, 1, 14 ff.
680 Es genügt für die Verknüpfung i.S.d. § 2295 BGB nicht allein, dass Erbvertrag und Unterhaltsverpflichtung in verschiedenen Dokumenten am selben Tag beurkundet werden, OLG München, 16.04.2009 – 31 Wx 90/08, ZEV 2009, 345, m. Anm. *Keim*; vgl. zum Ganzen *G. Müller*, ZEV 2011, 240 ff.

ordentliches Rücktrittsrecht von der erbvertraglichen Verfügung bei Nichterbringung der Pflege (auch wenn deren Erbringung i.S.d. § 275 Abs. 1 BGB unmöglich geworden ist, da die zu pflegende Person in ein Heim übersiedeln musste).[681] Im umgekehrten Sachverhalt (der zu Pflegende überträgt den erbvertraglich »zugesagten« Gegenstand einem Dritten) kann der Pflegende (wohl) seine Verpflichtung gem. § 314 Abs. 1 Satz 1 BGB aus wichtigem Grund kündigen und in der Vergangenheit erbrachte Leistungen gem. 812 Abs. 1 Satz 2 Halbs. 2 BGB zurückfordern.

Die **Umstrukturierung des Vermögens zur Haftungsvermeidung** wird oft als Unterform der ehebedingten Zuwendung behandelt, da sie regelmäßig, nicht aber stets zu Überlassungen unter Ehegatten führt. In diesem Fall dient der Vertrag auch der Sicherstellung der Lebensgrundlagen der Ehe und Familie. Grds. kommt Schenkungsrecht zur Anwendung. Der Vertragstyp zeichnet sich in der Praxis dadurch aus, dass umfangreiche Rückforderungsrechte vereinbart werden.   282

IV. Gegenseitige Zuwendungsversprechen auf den Todesfall

1. Zivilrecht

Objektive Entgeltlichkeit (die auch subjektiv gewollt sein wird) liegt wohl dann vor, wenn sich zwei Leistungspflichten »spiegelbildlich« in dem Sinn bedingen, dass die des erstverstorbenen Beteiligten auf dessen Ableben hin zu erfüllen ist.[682] Auch Zuwendungen, die durch das eigene Vorversterben bedingt sind, können im Synallagma stehen.[683] Sind also zwei Ehepartner oder Lebensgefährten (bei denen die Frage transfersteuerlich von größerer Bedeutung ist!) etwa gleich alt und gleich gesund, führt die gegenseitige Übertragung ihrer Immobilienmiteigentumsanteile auf den Todesfall (ähnlich wie das abfindungslose Ausscheiden eines verstorbenen Gesellschafters aus einer Personengesellschaft ohne Abfindung der Erben bei etwa gleich hoher Sterbewahrscheinlichkeit) zur Entgeltlichkeit, vgl. Rdn. 155. Die eigene Verpflichtung wird gerade im Hinblick darauf eingegangen, dass der andere Miteigentümer sich in gleicher Weise verpflichtet.[684] Die jeweils bedingten Leistungspflichten (Risikoübernahme des Eigentumsverlustes bzw. -zuwachses) schaffen einen gegenseitigen Vertrag (vergleichbar dem Lotterievertrag [§ 763 BGB] oder dem Versicherungsvertrag [Prämie im Austausch gegen Risikoübernahme, nicht erst gegen Schadenszahlung] und anderen aleatorischen Rechtsgeschäften).[685] Etwaige geringfügige Abweichungen in der Erstversterbenswahrscheinlichkeit werden durch die Vorstellung der Beteiligten, der Ausgleich sei erzielt (»gemeinsam alt werden«), kompensiert (Prinzip der subjektiven Äquivalenz). Bestehen tatsächlich gravierende Unterschiede im Mortalitätsrisiko, lassen sich diese durch höhere oder geringere Bemessung des Miteigentumsanteils kompensieren.   283

---

681 *Möller*, Erbrecht Effektiv 2011, 2; BGH, 19.12.2012 – IV ZR 207/12, ZEV 2013, 330. Für den Rücktritt vom daneben bestehenden lebzeitigen Vertrag (Pflegeverpflichtung im Synallagma z.B. mit der Verpflichtung, vorhandenen Grundbesitz nicht zu veräußern oder zu belasten) sind die Voraussetzungen des § 323 BGB einzuhalten, vgl. BGH, 05.10.2010 – IV ZR 30/10, ZEV 2011, 254, m. Anm. *Kanzleiter* = MittBayNot 2011, 318, m. Anm. *Kornexl* zur eindeutigen Leistungsaufforderung. Der BGH hat (im Beschluss v. 26.02.2013 – IV ZR 207/12, BeckRS 2013, 04947) offengelassen, ob bei schon langjährig gewährter, nun unmöglich gewordener Pflege im Falle des Rücktritts ein finanzieller Ausgleichsanspruch besteht, vgl. auch *Wendt*, ErbR 2015, 62, 68 ff.
682 Vgl. zum Folgenden umfassend *Egerland*, NotBZ 2002, 233 ff.
683 LG Konstanz, 30.08.2016 – 4 O 453/15, ZErb 2017, 57 zum wechselseitigen Abschluss von Risikolebensversicherungen (allerdings in casu verneint, da die Bezugsberechtigung nur widerruflich eingeräumt wurde).
684 Dies unterscheidet den Sachverhalt gegenseitiger Grundstücksübertragungen vom Sachverhalt abfindungslosen Ausscheidens aus der Gesellschaft, wo von Teilen der Lit. geltend gemacht wird, die Verpflichtung werde nicht eingegangen, um von einer Wertsteigerung des eigenen Anteils zu profitieren, sondern um den Bestand der Gesellschaft zu sichern: *Heckelmann*, Abfindungsklauseln in Gesellschaftsverträgen, S. 77 ff.
685 Vgl. hierzu umfassend *Henssler*, Risiko als Vertragsgegenstand, S. 454 ff.

284 Die objektiv gegebene und vom subjektiven Willen getragene Entgeltlichkeit dürfte auch im Hinblick auf § 2325 BGB anzuerkennen sein:[686] Es handelt sich nicht um bloße unbeachtliche Motive, sondern um Leistungsgegenstände eines gegenseitigen Vertrags. Allerdings ist zuzugeben, dass bei der eigentlichen Verfügung von Todes wegen, etwa dem Erbvertrag mit bindend gegenseitiger Einsetzung, das eigene Vererbungsversprechen vom Nachlasswert oder der erbschaftsteuerlichen Bemessungsgrundlage (als »Kosten des Erwerbs«) nicht abgezogen werden kann, und zwar aufgrund gesetzlicher Anordnung (§ 2311 BGB; § 10 Abs. 5 Nr. 3 ErbStG). Die Rechtsordnung behandelt nämlich erbrechtliche Zuwendungen als a priori aufgrund unentgeltlichen Rechtsgeschäfts erworben,[687] womit jedoch die Entscheidung auf der Ebene lebzeitiger Austauschverträge noch nicht präjudiziert ist! Dem Vorwurf der unbilligen **Verkürzung der Pflichtteilsposition** der Verwandten des Erstverstorbenen ist zu entgegnen, dass der potenzielle Anspruch der Pflichtteilsberechtigten des Zweitversterbenden in simultaner Weise verdoppelt wird, also keine Reduzierung, sondern lediglich eine Verschiebung der Pflichtteilslast stattfindet (allerdings möglicherweise zugunsten personenverschiedener Verwandter des Zweitversterbenden!).

285 Es handelt sich demnach zivil- und transfersteuerrechtlich um ein entgeltliches Rechtsgeschäft unter Lebenden auf den Todesfall, das neben die im Gesetz geregelten Verträge zugunsten Dritter auf den Todesfall (§ 331 BGB) und die vollzogene Schenkung auf den Todesfall (§ 2301 Abs. 2 BGB; die nicht vollzogene Schenkung wird in § 2301 Abs. 1 BGB bekanntlich den Voraussetzungen und Rechtsfolgen des Erbrechts unterstellt) tritt. Verpflichtungen unter Lebenden auf den Todesfall bzgl. des **gesamten künftigen Vermögens** sind gem. § 311b Abs. 4 BGB (Rdn. 3497 ff.) nichtig, da sie auch die Verpflichtung zur Übertragung aller zu einem künftigen Zeitpunkt vorhandenen Aktiva beinhaltet, so dass Gegenstand stets nur ein Einzelobjekt sein wird.

2. Steuerrecht

286 Auch im **Schenkungsteuerrecht** hat der BFH die Frage der objektiven Entgeltlichkeit von gesellschaftsvertraglichen Anwachsungsklauseln mit Abfindungsausschluss ausdrücklich offengelassen (sie war wegen der für diesen Fall in §§ 7 Abs. 7 – Rdn. 4471 – und 3 Abs. 1 Nr. 2 Satz 2 ErbStG, Rdn. 4401, ausdrücklich angeordneten Besteuerung auch nicht entscheidungserheblich).[688] Gerade die Notwendigkeit einer ausdrücklichen gesetzlichen Regelung und der im Wesentlichen durchgehaltene Gleichlauf des Entgeltlichkeitsbegriffs im Zivilrecht und Schenkungsteuerrecht spricht für die an sich gegebene Entgeltlichkeit; dass die »Gegenleistung« (Übertragungsverpflichtung des anderen Teils) eine lediglich bedingte ist, schadet insoweit nicht; die Berücksichtigung bedingter Verpflichtungen erst bei ihrem Eintritt (§ 6 BewG) ist lediglich eine Bewertungsvorschrift, die steuersystematisch erst dann zur Anwendung gelangt, wenn feststeht, dass eine freigiebige Zuwendung i.S.d. Steuerrechts vorläge (R E 7.1 Abs. 4 ErbStR 2011). Für die Unentgeltlichkeit im schenkungsteuerlichen Sinne könnte andererseits der Vergleich mit der Behandlung gemeinsam abgeschlossener und besparter Kapitallebensversicherungen »auf verbundene Leben« sprechen, wo eine Zuwendung i.H.d. hälftigen Versicherungsleistung, die durch Prämienzahlungen des anderen Partners erwirtschaftet wurde, trotz der aleatorischen Bezugsberechtigung angenommen wird (R E 3.6 Abs. 3 ErbStR 2011).[689]

---

686 MünchKomm-BGB/*Lange*, § 2325 Rn. 17 m.w.N.; *Egerland*, NotBZ 2002, 233, 236; unentschieden *Schindler*, ZErb 2012, 149, 155 (»ein Versuch ist's wert«); eher abgeneigt *Herrler*, in: *Dauber-Lieb/Grziwotz*, Pflichtteilsrecht, 2. Aufl., Anhang 2 Rn. 49 (»kein großer Anlass zur Hoffnung«).
687 Vgl. *Egerland*, NotBZ 2002, 234, Fn. 9 m.w.N.
688 BFH, 01.07.1992 – II R 12/90, BStBl. 1992 II, S. 927 f.; vgl. hierzu *Neumayer/Imschweiler*, DStR 2010, 201.
689 Argument *v. Proff zu Irnich*, RNotZ 2008, 330.

> **Hinweis:**
> Keinen sicheren Vorteil verspricht insoweit die Gestaltung,[690] die wechselseitigen Übertragungen der Halbanteile sofort vorzunehmen (»Tausch«), allerdings beschwert mit einem vorbehaltenen Rückforderungsrecht, wenn der Erwerber vor dem Veräußerer versterben sollte. Sollte das Finanzamt diese Übertragungen (beide, obwohl wirtschaftlich keine Änderung der Situation eintritt, sondern nur ein »Platztausch«) wider Erwarten als schenkungsteuerpflichtig ansehen, wird nur die auf den betroffenen Halbanteil entfallende Steuer bei Ausübung des Rückforderungsrechts zurückerstattet, § 29 Nr. 1 ErbStG.[691]

287

Der Anspruch dürfte auch nicht durch **Konfusion** erlöschen, wenn die überlebende Vertragspartei zugleich Alleinerbe des verstorbenen Übertragungsverpflichteten ist, jedenfalls nicht für Zwecke des Pflichtteils- und Erbschaftsteuerrechts.[692] Ebenso wenig handelt es sich um eine »unvollkommene Verbindlichkeit« i.S.d. § 762 BGB – verfolgt sie doch einen ernsthaften wirtschaftlichen und sittlichen Zweck – oder um sittenwidrige Abreden (§ 138 BGB).[693] Denkbar ist jedoch, dass die Finanzverwaltung diese Gestaltungsmöglichkeit mit dem Verdikt des § 42 AO belegt:[694] Die Konstruktion weicht zwar vom einfachsten rechtlichen Weg (Erbvertrag) ab und ist damit »unangemessen« i.S.d. § 42 AO, führt auch zu einer Steuerreduzierung, ist allerdings – so lässt sich mit guten Gründen darlegen – durch außersteuerliche Motive gerechtfertigt; der Vormerkungsschutz im Grundbuch geht deutlich weiter als § 2287 BGB (vgl. auch Rdn. 292).

288

Allerdings ist zu bedenken, dass die Entgeltlichkeit (unter Lebensgefährten, nicht unter Ehegatten)[695] zur **Grunderwerbsteuerpflicht** führt, da der Befreiungstatbestand des § 3 Abs. 1 Nr. 2 GrEStG (vorrangige Schenkungsteuerpflicht) nicht greift. Die Steuer entsteht erst mit Bedingungseintritt (erster Sterbefall; § 14 Abs. 1 GrEStG). Bemessungsgrundlage ist wohl nicht nur der Bedarfswert (§ 8 Abs. 2 Nr. 1 GrEStG, Rdn. 5640) bzw. die statistische Risikoübernahmebewertung nach Lebensalter, sondern der Verkehrswert des übergehenden (Halb-)Anteils. Diese Belastung ist typischerweise gleichwohl geringer als die (bei Wahl der Vererbungsalternative) anfallende Erbschaftsteuer, außer der Zuwendungswert würde durch erhebliche zu übernehmende Schulden deutlich reduziert.

289

Ertragsteuerlich liegt wohl im »Entgelt« für die Risikoübernahme (Immobilienerwerb) kein steuerbarer sonstiger Bezug i.S.d. § 22 Nr. 3 EStG.

290

3. Gestaltung

Ist nicht absehbar, ob der Eintritt der lebzeitig geschaffenen Bedingung oder die Vererbung (aufgrund eines parallel abgeschlossenen Erbvertrags mit oder ohne Rücktrittsmöglichkeit) sich als transfersteuerlich günstiger darstellen wird, kann ein Rücktrittsrecht vorbehalten werden, das auch durch den Alleinerben noch ausgeübt werden kann, wenn – gegen Ende der Nachlassabwicklung – Nachlassverwaltung beantragt wird (vgl. § 1976 BGB).[696]

291

---

690 Vorschlag von *G. Müller* in: Grziwotz (Hrsg), Erbrecht und Vermögenssicherung, 2011, S. 41, 58.
691 *Klühs*, ZNotP 2011, 410, 413.
692 Vgl. § 10 Abs. 3 ErbStG für die Berechnung der Erbschaftsteuer, BGH, 22.10.1986 – IVa ZR 143/85, BGHZ 98, 389, im Pflichtteilsrecht.
693 Wenn schon bei Schenkungen hinsichtlich der Annahme der Sittenwidrigkeit Vorsicht geboten ist, da sonst der zeitlich befristete Schutz des § 2325 BGB entgegen der gesetzgeberischen Intention verewigt würde, muss dies erst recht für entgeltliche Übertragungen gelten. Anerkennenswertes Ziel ist die Ermöglichung der Weiternutzung des gemeinsamen Grundbesitzes.
694 *Egerland*, NotBZ 2002, 239.
695 Abzustellen ist bei bedingten Geschäften auf die Verwandtschaftsverhältnisse z.Zt. des Vertragsabschlusses, mag auch bei Eintritt der Bedingung die Ehe durch Tod eine juristische Sekunde zuvor beendet sein: *Sack*, in: Boruttau, GrEStG § 3 Rn. 69.
696 Vgl. im Einzelnen *Egerland*, NotBZ 2002, 242.

► Hinweis:

292 Ein Rücktrittsvorbehalt ist stets anzuraten, um zu vermeiden, dass die Miteigentümer nicht fester »aneinander gebunden« sind als sie bspw. im Fall einer Verheiratung wären, wo nämlich durch Eheschließung im Zweifel die Bindungswirkung eines gemeinschaftlichen Testaments entfällt, vgl. §§ 2077, 2268 BGB sowie § 2279 BGB für den Erbvertrag. Allerdings ist zu bedenken, dass ein jederzeitiges, freies Rücktritts- oder Widerrufsrecht des Verpflichteten die Möglichkeit einer Sicherung[697] durch Eintragung einer Vormerkung vereitelt;[698] eine etwa dennoch eingetragene Vormerkung hat gegenüber Dritten keine rangwahrende, pfändungssichernde oder insolvenzschützende Wirkung. Anders verhält es sich jedoch, wenn das Rücktrittsrecht an weitere Voraussetzungen geknüpft ist, bspw. an zumindest die schriftliche Glaubhaftmachung eines mindestens sechsmonatigen Getrenntlebens der Beteiligten (so im nachstehenden Formulierungsvorschlag, Rdn. 295).[699] Für Erklärung und Vollzug[700] der Auflassung wird i.d.R. transmortale Vollmacht erteilt, vgl. Rdn. 295.

293 Würde der betreffende Grundbesitz in einer »**Familien-GbR**« gehalten, bzgl. dessen der jetzt versterbende Gesellschafter abfindungslos ausscheidet, wird zwar auch hierdurch pflichtteilsergänzungsrechtlich eine Schenkung vermieden,[701] allerdings führt § 3 Abs. 1 Nr. 2 Satz 2 ErbStG[702] zur Erhebung von Erbschaftsteuer bei Fortsetzungs- oder Übernahmeklauseln, soweit der Steuerwert des Anteils den Abfindungsanspruch des Erben (hier: null) übersteigt.[703] Letzteres gilt unabhängig davon, ob die Beschränkung zulasten aller Gesellschafter bzw. deren Erben vereinbart wurde oder nicht; und erfasst (wohl) sowohl den Anwachsungserwerb als auch auf dem Gesellschaftsvertrag beruhende Abtretungsklauseln.[704] § 3 Abs. 1 Nr. 2 Satz 2 ErbStG, Rdn. 4401, gilt jedoch (wie auch die Parallelvorschrift zu lebzeitigem Ausscheiden, § 7 Abs. 7 ErbStG, Rdn. 4471 ff.) nicht für Bruchteilsgemeinschaften und kann (als gegen die aleatorische Gestaltung in Gesellschaftsverträgen gerichtete Ausnahmevorschrift) hierauf auch nicht steuerverschärfend analog angewendet werden (zum Verbot von Analogien im Steuerrecht zum Nachteil des Steuerpflichtigen vgl. §§ 4, 85 AO).

► Hinweis:

294 Vorsichtige Vertragsgestaltung berücksichtigt auch die Auswirkungen für den Fall, dass die Rechtsprechung die oben vorgetragene Einschätzung des »Modells« nicht teilen sollte (»Risiko-

---

697 Der gegen eine Vormerkbarkeit mitunter von Grundbuchämtern vorgebrachte Verweis auf BayObLG, 16.05.2002 – 2 Z BR 181/01, NJOZ 2002, 2063, wonach erbrechtliche Ansprüche nicht vormerkbar seien, geht fehl, da vorliegend keine (als erbrechtlich zu qualifizierende) nicht vollzogene Schenkung auf den Todesfall gem. § 2301 Abs. 1 BGB vorliegt, sondern ein entgeltliches Geschäft auf den Todesfall.
698 Vgl. *Schöner/Stöber*, Grundbuchrecht, Rn. 1489c; *Amann*, MittBayNot 2007, 13, 17 ff.
699 Wobei LG Kleve, 05.12.2006 – 4 T 17/06 – RPfleger 2007, 45465, zur Vormerkungsfähigkeit verlangt, dass der (z.B.) Angebotswiderruf an Voraussetzungen geknüpft sein muss, die nicht allein vom Anbietenden allein gesetzt werden können (also vorliegend: die Erklärung des Getrenntlebenswillens durch den anderen Teil).
700 Wurde der erwerbende Beteiligte bereits kraft Erbfolge Eigentümer, bedarf des dern Vollzug naturgemäß nicht (vgl. auch OLG Schleswig, 04.05.2017 – 2 Wx 28/17), was aber für transfersteuerliche Zwecke irrelevant ist, vgl. § 10 Abs. 3 ErbStG, sowie Rdn. 3203 für einen vergleichbaren Sachverhalt.
701 BGH, NJW 1981, 1957; vgl. Rdn. 155.
702 Hierzu auch DNotI-Gutachten, Faxabruf-Nr. 47535 v. Februar 2004; zur Parallelvorschrift des § 7 Abs. 7 ErbStG vgl. Rdn. 4471.
703 Ertragsteuerlich liegt bei der gesellschaftsrechtlichen Anwachsung ohne Abfindung ein unentgeltlicher Erwerb vor, der gem. § 6 Abs. 3 EStG die Buchwertfortführung erlaubt. Wird Abfindung gezahlt, die den Buchwert übersteigt, werden stille Reserven aufgedeckt (Ergänzungsbilanz bei den anderen Gesellschaftern).
704 *Troll/Gebel/Jülicher*, ErbStG, § 7 Rn. 259 ff.

abwägung durch Gegenprobe«): Werden die gegenseitigen Übertragungsversprechen entgegen des aleatorischen Gedankens als »unentgeltlich« eingestuft, läge eine (trotz Eintragung der Vormerkung) nicht vollzogene Schenkung auf den Todesfall vor, die nach § 2301 Abs. 1 BGB als Erbvertrag gilt, mit gegenseitigen Vermächtnisanordnungen. Eine Schlechterstellung in Hinsicht auf Pflichtteilsrecht und Schenkungsteuerrecht ggü. der unmittelbaren Errichtung eines Erbvertrags ist damit nicht verbunden. Stuft die Finanzverwaltung die Gestaltung als missbräuchlich i.S.d. § 42 AO ein, unterläge sie der Erbschaftsteuer (nicht aber zusätzlich der Grunderwerbsteuer).[705] Würde das Vertragswerk allerdings als zivilrechtlich wegen § 138 BGB nichtig eingestuft, hülfe lediglich eine vorsorglich begleitend errichtete Verfügung von Todes wegen.

▶ **Formulierungsvorschlag: Gegenseitige entgeltliche Zuwendungsversprechen auf den Todesfall (Miteigentumsanteile)**

Die Beteiligten verpflichten sich gegenseitig, ihren hälftigen Miteigentumsanteil an dem in § 1 beschriebenen Grundbesitz mit allen wesentlichen Bestandteilen und dem Zubehör auf den jeweils anderen Beteiligten zu übertragen. Die Verpflichtung zur Übertragung steht jeweils unter der aufschiebenden Bedingung, dass der Übertragende verstirbt und der Erwerber den Übertragenden überlebt (echte Überlebensbedingung); sie ist auflösend bedingt durch Erwerb des anderen Miteigentumsanteils und durch die Erklärung des nachstehend vorbehaltenen Rücktritts durch den anderen Beteiligten. Die Übertragung erfolgt im Weg des entgeltlichen Rechtsgeschäfts unter Lebenden auf den Todesfall zur Vermögensnachfolge außerhalb der Formen des Erbrechts.

Wir sind uns darüber einig, dass dieser Übertragungsvertrag ein gegenseitiger und vollentgeltlicher ist. Die volle Entgeltlichkeit ergibt sich aus der Gleichwertigkeit der Leistungsgegenstände und der Tatsache, dass unsere Lebenserwartungen angesichts unseres etwa gleichen Lebensalters und des Fehlens atypischer Umstände, etwa bekannter schwerer Krankheiten, gefährlichen Berufs etc., nicht deutlich unterschiedlich hoch sind (aleatorisches Geschäft).

Der Besitz am Vertragsgegenstand ist unverzüglich nach dem Tod des Übertragenden zu übergeben.

Zur Sicherung des vorstehend begründeten Anspruchs des jeweils anderen Beteiligten auf Übertragung des Miteigentumsanteils bewilligen und beantragen beide Beteiligte die Eintragung einer (auflösend bedingten) Eigentumsvormerkung zulasten ihres jeweiligen Anteils in das Grundbuch. Jeder Beteiligte bevollmächtigt den jeweils anderen, befreit von § 181 BGB, über den Tod hinaus und mit dem Recht zur Erteilung von Untervollmacht, die Auflassung des Halbanteils des Erstversterbenen an den Längerlebenden an der Amtsstelle des amtierenden Notars zu erklären und entgegenzunehmen.

Ein jeder der Beteiligten behält sich für den Fall, dass die zwischen den Beteiligten bestehende Lebensgemeinschaft beendet ist, den Rücktritt von diesem Übertragungsversprechen und der vorstehend erteilten Vollmacht vor mit der Maßgabe, dass
- der Rücktritt nur mit Zugang auch an der Amtsstelle des amtierenden Notars wirksam wird und nur dann, wenn dem Rücktritt ein Schriftstück beiliegt, dem zufolge einer der Beteiligten dem anderen das Getrenntleben angezeigt hat, und seit dem im Schriftstück angezeigten Datum bis zur Rücktrittserklärung mindestens sechs Monate verstrichen sind, und
- mit Zugang des Rücktritts zugleich die auflösende Bedingung für das Übertragungsversprechen beider Beteiligten eintritt, so dass der Notar hierüber Eigenurkunde zu errichten hat und beide Vormerkungen, da sie auch als dingliches Recht durch die Existenz dieser Eigenurkunde auflösend bedingt sind, zu löschen sind.

Denkbar ist auch, als Inhalt der wechselseitigen Zuwendungsversprechen nicht das (Mit-)Eigentum, sondern – eine Stufe »tiefer« – Nutzungs- (also Nießbrauchs-)Rechte am jeweiligen Miteigentumsanteil zu vereinbaren. Auch insoweit liegt (bei vergleichbarer Versterbenswahrscheinlichkeit)

---

705 § 42 Satz 2 AO: Zu besteuern ist – zugunsten wie zulasten des Steuerpflichtigen – die aus Sicht des Steuerrechts »angemessene« Gestaltung (Vererbung).

Entgeltlichkeit vor, die jedoch zu keinen einkommensteuerlichen oder grunderwerbsteuerlichen Konsequenzen führt (da auf beschränkt dingliche Rechte als Übertragungsgegenstand keine Grunderwerbsteuer erhoben wird). Da aufschiebend bedingte dingliche Rechte (§ 873, 158 BGB) anders als aufschiebend bedingte Auflassungen (§ 925 Satz 2 BGB) möglich sind, bedarf es nicht der »Zwischenstufe« einer Vormerkungseintragung, vielmehr kann der (bedingte) Bruchteilsnießbrauch jeweils sofort eingetragen werden:

▶ Formulierungsvorschlag: Gegenseitige entgeltliche Zuwendungsversprechen auf den Todesfall (Nießbrauchsrechte)

297 Im Falle des Ablebens eines Vertragsteils wird aufschiebend bedingt auf diesen Zeitpunkt an dessen Miteigentumsanteil an dem Vertragsbesitz zugunsten des jeweils anderen Vertragsteils, sofern dieser der Längerlebende ist, ein

Nießbrauchsrecht

bestellt, für das die gesetzlichen Bestimmungen gelten sollen mit der Abweichung, dass der Nießbraucher auch die außerordentlichen, als auf den Stammwert der Sache gelegt anzusehenden Lasten sowie die Tilgung bestehender Verbindlichkeiten trägt. Ebenso trägt der Nießbraucher auch Ausbesserungen und Erneuerungen, die über die gewöhnliche Unterhaltung der Sache hinausgehen.

Dem Nießbraucher stehen keine Verwendungsersatzansprüche und Wegnahmerechte zu, während umgekehrt der Eigentümer keine Sicherheitsleistung (§ 1051 BGB) verlangen kann.

Die Überlassung der Ausübung des Nießbrauches an einen anderen zur Ausübung (z.B. Übertragung der Vermieterstellung, § 1059 Satz 2 BGB) ist ausgeschlossen.

Die Eintragung des aufschiebend bedingten Nießbrauchsrechtes am hälftigen Miteigentumsanteil des Herrn X zugunsten von Frau Y und umgekehrt an nächstoffener Rangstelle wird

bewilligt und beantragt,

mit dem Vermerk, dass zur Löschung des Rechts der Nachweis des Todes des Berechtigten genügen soll, was hiermit vereinbart wird.

Die wechselseitige Zuwendung der Nießbrauchsrechte erfolgt im Wege des entgeltlichen Rechtsgeschäfts unter Lebenden auf den Todesfall zur Vermögensnachfolge außerhalb der Formen des Erbrechts.

Wir sind uns darüber einig, dass dieser Zuwendungsvertrag ein gegenseitiger und vollentgeltlicher ist.

Die volle Entgeltlichkeit ergibt sich aus der Gleichwertigkeit der Leistungsgegenstände und der Tatsache, dass unsere Lebenserwartungen angesichts unseres etwa gleichen Lebensalters und des Fehlens atypischer Umstände, etwa bekannter schwerer Krankheiten, gefährlichen Berufs etc., nicht deutlich unterschiedlich hoch sind (aleatorisches Geschäft). Einen Rücktrittsvorbehalt von dieser wechselseitigen Nießbrauchseinräumung (etwa für den Fall, dass unsere eheähnliche Gemeinschaft nicht mehr bestehen sollte) wünschen wir ausdrücklich nicht.

V. Erbauseinandersetzung

1. Grundsatz

298 Eine Mehrheit von Personen, gleich ob kraft Gesetzes oder aufgrund Verfügung von Todes wegen berufen, hält den Nachlass als **Erbengemeinschaft**[706] zur gesamten Hand, ohne damit eine rechts-

---

706 Hierzu monografisch *Ruhwinkel*, Die Erbengemeinschaft, 2013; Kurzübersicht zur aktuellen Rechtsprechung: *Wendt*, notar 2016, 363 ff.

fähige Organisation zu bilden.[707] Sie kann unbefristet fortbestehen, ja sogar unternehmerisch tätig sein (zur steuerlichen Zurechnung der Einnahmen vgl. Rdn. 5929). Maßnahmen ordnungsgemäßer Verwaltung – hierzu mag auch die Veräußerung eines Grundstücks,[708] die Einziehung einer Nachlassforderung[709] oder die Kündigung eines Mietvertrages[710] bzw. eines Darlehens[711] (auch gegenüber einem Miterben[712]) oder eines Sparkontovertrages[713] sowie die Ausübung des Stimmrechts in GmbH-Gesellschafterversammlungen[714] zählen – können mehrheitlich (§§ 2038 Abs. 2, 745 BGB), alle anderen nur einstimmig beschlossen werden.[715] Nutzt ein Miterbe (etwa der überlebende Ehegatte) einen Nachlassgegenstand (das Familienheim) alleine, ist er der Gemeinschaft gegenüber zur Entschädigung verpflichtet.[716] Die Erbengemeinschaft kann sich zwar zur Erleichterung der Willensbildungsprozesse eine »Geschäftsordnung« geben,[717] ist ihrer Natur nach auf Auseinandersetzung angelegt. Diese kann sich rechtsgeschäftlich (Rdn. 299 ff.), hilfsweise gerichtlich (Rdn. 331 ff.) vollziehen.

2. Rechtsgeschäftliche Auseinandersetzung

Die rechtsgeschäftliche Auseinandersetzung kann sich wiederum 299
(1) durch Abschluss eines Auseinandersetzungsvertrags gem. § 2042 BGB (Rdn. 302 ff.),
(2) durch Übertragung von Erbanteilen an einen Miterben oder einen Dritten (Rdn. 315 ff.), oder
(3) durch Abschichtung, also Ausscheiden eines Miterben aus der Gemeinschaft mit Anwachsungsfolge bei den Miterben (Rdn. 325 ff.) vollziehen,
(4) ferner unter Beteiligung eines Testamentsvollstreckers durch Vollzug eines von ihm aufgestellten Teilungsplans, §§ 2203, 2204 BGB.

---

707 BGH, 17.10.2006 – VIII ZB 94/05, DNotZ 2007, 134; a.A. *Ann,* MittBayNot 2003, 193 und *C. Schmidt,* »Von der Rechtsfähigkeit der Erbengemeinschaft«, Diss 2015; es fehlt sowohl an der dauerhaften Anlage als auch an notwendigen Organen.
708 Vgl. OLG Koblenz, 22.07.2010 – 5 U 505/10, ZEV 2011, 321; der Zustimmungsanspruch stehe »der Erbengemeinschaft« zu, kann aber von einem einzelnen Miterben klageweise durchgesetzt werden (kritisch zu diesem Ansatz *Schindler* a.a.O.: der Mitwirkungsanspruch aus § 2038 Abs. 1 Satz 2 BGB ist per se nicht nachlassgebundener Individualanspruch des einzelnen Miterben).
709 BGH, 19.09.2012 – XII ZR 151/10, ZEV 2013, 81 m. Anm. *Leipold.*
710 BGH, 26.04.2010 – II ZR 159/09, ZEV 2010, 476. Einschränkend LG Berlin, 11.10.2016 – 67 S 190/16, ZErb 2017, 51: keine Maßnahme ordnungsgemäßer Nachlassverwaltung, wenn es an einer Anschlussvermietung fehlt.
711 OLG Frankfurt, 29.07.2011 – 2 U 255/10, ZEV 2012, 258.
712 BGH, 03.12.2014 – IV ZA 22/14, ErbR 2015, 196 (PKH-Entscheidung zu OLG Schleswig, 18.09.2014 – 3 U 82/13, ZEV 2015, 101 m. Anm. *Eberl-Borges.*
713 OLG Brandenburg, 24.08.2011 – 13 U 56/10, ZEV 2012, 261. Allgemein sollen Miterben mehrheitlich solche Positionen wieder aufheben können, die sie im Rahmen der Nachlassverwaltung mehrheitlich begründet haben, vgl. *Sarres,* EE 2013, 65, 67.
714 OLG Jena, 18.04.2012 – 2 U 523/11, ZEV 2012, 493; hierzu *Kaya,* ZEV 2013, 593 ff. mit Formulierungsvorschlägen; ebenso die Benennung eines gemeinsamen Stimmrechtsvertreters für den erbengemeinschaftlichen GmbH-Anteil, OLG Nürnberg, 16.07.2014 – 12 U 2267/12, ErbR 2014, 578.
715 Zu Stimmrechtsverboten vgl. *Löhnig,* FamRZ 2007, 1600; eine trotz starker Interessenkollision abgegebene Stimme ist nichtig. Zu gesellschaftsrechtlichen Stimmverboten im Zusammenhang mit der Prüfung von Ansprüchen gegen ein Organmitglied BGH, 07.02.2012 – II ZR 230/09, NotBZ 2012, 268 m. Anm. *Vossius* (Ausschluss, sofern diese Person das Abstimmungsverhalten eines Gesellschafters bestimmen kann; kein Ausschluss, wenn Abstimmungsentscheidungen lediglich verhindert werden können, ebenso wenig im Verhältnis zum Ehegatten).
716 Entgegen der h.M. kann der Miterbe wohl nicht (gem. § 2038 Abs. 2 Satz 1 i.V.m. § 745 Abs. 2 BGB) unmittelbar auf anteilige Zahlung an ihn selbst klagen, da § 2038 Abs. 2 Satz 2 BGB die Teilung der Früchte erst bei der Auseinandersetzung anordnet, *Sachs,* ZEV 2011, 512 f.
717 Formulierungsvorschläge bei *Bonefeld,* ZErb 2017, 121, 126 ff. (für den Gesamtnachlass) bzw. S. 128 ff. (für den nach Teilerbauseinandersetzung verbleibenden Gesellschaftsanteil).

Zur ertragsteuerlichen Behandlung der Erbauseinandersetzung, Erbteilsübertragung und Abschichtung, insb. nach Maßgabe des BMF-Erlasses v. 14.03.2006, vgl. Rdn. 5917 ff., zur erbschaftsteuerlichen Behandlung seit 2009 vgl. Rdn. 5423 ff.

300 Gem. Anm. (1) zu KV 14110 GNotKG (vormals § 60 Abs. 4 KostO) ist die Berichtigung (samt Eintragung von Nacherben- oder Testamentsvollstreckervermerken)[718] binnen 2 Jahren[719] nach dem Erbfall **kostenfrei**,[720] sogar wenn ohne Voreintragung der Erbengemeinschaft eine Erbteilsübertragung oder Auseinandersetzung stattfindet und der Miterbe erst dann eingetragen wird – dies war unter Geltung der KostO umstritten,[721] ist jedoch unter Geltung des GNotKG durch Anm. 1 Satz 2 zu KV Nr. 14110 GNotKG ausdrücklich klargestellt,[722] allerdings nur, wenn die Erben »des eingetragenen Eigentümers« erst infolge einer Erbauseinandersetzung eingetragen werden, d.h. die Erbengemeinschaft selbst darf sich (noch) nicht haben eintragen lassen. An der Auseinandersetzung dürfen des Weiteren nur Miterben (keine fremden Vermächtnisnehmer!) beteiligt sein; privilegiert ist dann jedoch sowohl die rechtsgeschäftliche Auflassung eines Nachlassgrundstücks,[723] als auch die Übertragung eines Erbanteils oder die Abschichtung.

301 War hingegen die Erbengemeinschaft (binnen zwei Jahren kostenfrei) bereits eingetragen worden, ist die Privilegierung verbraucht.[724] Für die anschließende Übertragung eines Erbanteils an einen Miterben bzw. den »Austritt« aus einer noch verbleibenden Erbengemeinschaft (Abschichtung, Rdn. 325 ff.) fällt allerdings (ähnlich wie beim »Austritt« aus einer GbR) mangels Eintragung eines neuen Eigentümers keine Gebühr an; die Auflassung, Übertragung aller Erbanteile auf einen (dann Allein-)Eigentümer, oder Abschichtung des vorletzten Miterben führt hingegen zu einer Gebühr gem. KV 14110, allerdings nur aus dem halben Geschäftswert (§ 70 Abs. 2 Satz 1 GNotKG[725]).

301a Sofern § 892 BGB keine Voreintragung der »Erbengemeinschaft« gebietet, lohnt es sich also unter Kostengesichtspunkten häufig, von der Privilegierung des § 40 Abs. 1 GBO Gebrauch zu machen: die gem. § 39 GBO erforderliche Voreintragung ist ausnahmsweise entbehrlich, wenn die Bewilligung noch vom Erblasser stammt oder wenn nur die Eintragung der Vormerkung bzw. die Umschreibung des Eigentums durch den (oder die) Erben (auch an einen Miterben als Erbauseinandersetzung[726]), durch den Nachlassverwalter[727] oder den Nachlassinsolvenzverwalter,[728]

---

718 OLG Frankfurt, 21.05.2012 – 20 W 353/11, ZEV 2012, 555.
719 Es genügt die rechtzeitige Antragstellung, OLG Frankfurt, 27.02.2007 – 27 W 487/06, MittBayNot 2007, 522.
720 Andernfalls fiel unter Geltung der KostO bei Berichtigung auf Ehegatten und/oder Abkömmlinge eine 5/10-Gebühr, für die Eintragung anderer Erben eine 10/10-Grundbuchgebühr an; unter Geltung des GNotKG wird stets eine 1,0 Gebühr nach KV Nr. 14110 erhoben. Der Berichtigungsantrag selbst kann gem. § 30 GBO formfrei gestellt werden.
721 OLG München, 02.02.2006 – 32 Wx 142/05, RNotZ 2006, 253; a.A. OLG Düsseldorf, 20.06.2006 – I-10 W 40/06, MittBayNot 2007, 245 und OLG Celle, 24.04.2012 – 4 W 26/12, ZEV 2012, 369 m. zust. ausführl. Anm. *Böhringer*.
722 Vgl. etwa OLG Stuttgart, 16.07.2015 – 8 W 255/15, ZErb 2015, 309 (Ausübung eines eingeräumten Übernahmerechtes durch einen Erben).
723 Bsp: OLG Stuttgart, 16.07.2015 – 8 W 255/15, ZErb 2015, 309.
724 *Gutfried*, DNotZ 2013, 804, 807; OLG Köln, 19.03.2014 – 2 Wx 73/14, notar 2014, 342 m. Anm. *Rupp*; OLG München, 10.02.2016 – 34 Wx 425/15; zweifelnd *Wilsch*, ZEV 2013, 428, 429.
725 A.A. *Böhringer*, BWNotZ 2013, 67, 71: voller Geschäftswert bei Abschichtung des vorletzten Miterben.
726 OLG Bamberg, 24.01.2017 – 5 W 1/17, ebenso OLG Hamm, 07.12.2016 – 15 W 393/16.
727 Vgl. Gutachten, DNotI-Report 2014, 66 ff.
728 LG Mainz, 31.01.2007 – 8 T 225/06, NotBZ 2007, 226.

E. Weitere Typen lebzeitiger Zuwendungen Kapitel 1

oder (in analoger Anwendung) den Erbschaftserwerber[729] sowie einen Miterben als Erbteilserwerber[730] bewilligt wird.

a) Auseinandersetzungsvertrag

§§ 2046 bis 2057a, 2042 Abs. 2 i.V.m. §§ 752 bis 756 BGB enthalten dispositive Normen zur inhaltlichen Ausgestaltung der Auseinandersetzung einer Erbengemeinschaft, denen ggü. jedoch – stets einvernehmlich zu treffende – privatautonome Lösungen vorrangig sind.[731] Anordnungen des Erblassers (wie Vorausvermächtnisse oder Teilungsanordnungen) geben – nochmals übergeordnet – dem einzelnen Miterben ein Recht, auf deren Einhaltung zu klagen. Fehlen solche, bewahrheitet sich auf der Suche nach freivertraglichen Lösungen oft die Erkenntnis: »If you want to know the true character of a person, divide an inheritance with him« (Benjamin Franklin).[732] Einer Umfrage zufolge[733] gibt es in 17 % aller Erbfälle »Streit ums Erbe«; künftige Erben erwarten dies gar in 26 % aller Fälle. Ursache ist ganz überwiegend (73 %) das Gefühl eines der beteiligten Erben, benachteiligt zu sein. 302

aa) Ausschluss

Das Recht jedes Miterben, die Auseinandersetzung jederzeit zu verlangen, § 2042 Abs. 1 BGB, kann durch den Erblasser in Bezug auf einzelne Gegenstände oder insgesamt **ausgeschlossen** oder von der Einhaltung einer Kündigungsfrist abhängig gemacht werden, § 2044 Abs. 1 Satz 1 BGB. Es besteht eine 30-jährige Höchstgrenze, § 2044 Abs. 2 BGB. Die (1) schlichte Anordnung i.S.d. § 2044 Abs. 1 BGB hat nur schuldrechtlichen Charakter, so dass sich die Miterben stets einvernehmlich darüber hinwegsetzen können. Daneben kann die Anordnung (2) eine Auflage darstellen, §§ 2192 ff. BGB, mit der Folge, dass ein Verstoß hiergegen dem i.S.d. § 2194 BGB Vollziehungsberechtigten Schadensersatzansprüche gewähren kann, oder (3) Gegenstand eines Vermächtnisses sein zugunsten eines dadurch begünstigten Miterben oder aber (4) gar eine bedingte Enterbung i.S.d. § 2075 BGB für den Fall anordnen, dass das Erbteilungsverbot missachtet wird. 303

Trotz Auseinandersetzungsverbots sieht die herrschende Meinung im Eintritt der Volljährigkeit eines Miterben einen wichtiger Grund, die Auseinandersetzung verlangen zu können, §§ 2042 Abs. 2, 749 Abs. 2 Satz 1 BGB: verlangt nämlich ein Minderjähriger nicht binnen 3 Monaten nach Eintritt der Volljährigkeit die Auseinandersetzung des Nachlasses, ist gem. § 1629a Abs. 4 BGB im Zweifel anzunehmen, dass die Nachlassverbindlichkeiten erst nach Eintritt der Volljährigkeit entstanden sind, so dass ihm die Haftungsbeschränkung (§ 1629a Abs. 1 BGB) auf das bei Eintritt der Volljährigkeit vorhandene Vermögen nicht mehr zur Verfügung stünde. 304

bb) Zeitpunkt

Eine verfrüht, also vor vollständiger Ermittlung und Erfüllung aller Nachlassverbindlichkeiten, erfolgende Erbteilung, birgt Risiken: § 2046 Abs. 1 Satz 1 BGB fordert aus gutem Grund zunächst die vorherige Begleichung der Nachlassverbindlichkeiten; für streitige oder noch nicht fällige Pflichten ist das »zur Berichtigung Erforderliche« zurückzubehalten.[734] Stellen sich nämlich später, nach der Erbteilung, weitere Verbindlichkeiten heraus, steht gem. § 2062 Halbs. 2 BGB eine 305

---

729 LG Nürnberg-Fürth, 28.08.2007 – 7 T 7087/07, Rpfleger 2007, 657 (beim Erwerb aller Erbanteile).
730 OLG Nürnberg, 25.09.2013 – 15 W 1799/13, MittBayNot 2014, 355 m. Anm. Ruhwinkel; nicht jedoch beim Erwerb eines Erbteils durch einen Dritten, BayObLG, 09.06.1994 – 2Z BR 52/94, NJW-RR 1995, 272. Wegen der (älteren) Gegenauffassung sieht es OLG Köln, 19.03.2014 – 2 Wx 74/14, NotBZ 2014, 297 nicht als unrichtige Sachbehandlung an, dennoch zunächst die Erbengemeinschaft voreinzutragen.
731 Vgl. hierzu monographisch *Eberl-Borges*, Die Erbauseinandersetzung, 2000.
732 Zitiert nach *Brams/Taylor*, Fair Division: From cake-cutting to dispute resolution, 1996, S. 12.
733 Vgl. Financial Times Deutschland v. 05.05.2011, S. 21 (Umfrage im Auftrag der Postbank).
734 Beispiel: OLG Dresden, 18.06.2010 – 3 U 1322/09, Jurion RS 2010, 37565.

Nachlassverwaltung als Instrument zur erbrechtlichen Haftungsbeschränkung[735] (§ 1975 BGB) nicht mehr zur Verfügung, es bleibt nur noch ein Nachlassinsolvenzverfahren gem. §§ 317 ff. InsO, §§ 1975, 1981 BGB.[736]

306 Des Weiteren haften die Miterben nach der Teilung des Nachlasses für Verbindlichkeiten gesamtschuldnerisch und ohne Möglichkeit der Haftungsbeschränkung, § 2058 BGB, da sie durch die Auseinandersetzung die Einrede des nichtgeteilten Nachlasses, § 2059 BGB,[737] verlieren. Sind die anderen Miterbe nicht mehr greifbar, erweist sich der interne Ausgleichsanspruch gem. § 426 BGB als wertlos. Es empfiehlt sich daher, in Zweifelsfällen ein Gläubigeraufgebot, §§ 1970 ff. BGB,[738] beim AG durchzuführen, das zu einer Haftung jedes Erben nur für den seinem Erbteil entsprechenden Teil der Nachlassverbindlichkeiten führt, § 2060 Nr. 1 BGB; gleiche Wirkung hat ein privater Gläubigeraufruf nach § 2061 BGB,[739] wenn die Forderung bei der Teilung noch nicht bekannt war. Der Notar sollte daher gem. § 17 Abs. 1 BeurkG auf diese Risiken hinweisen, wenn noch nicht erfüllte Nachlassverbindlichkeiten (z.B. Steuerschulden aus einer die Zeit vor dem Erbfall betreffenden Betriebsprüfung, Mietschulden des Verstorbenen oder aus dem Dreimonatszeitraum des § 564 Satz 2 BGB nach seinem Tod[740] etc.) wahrscheinlich sind.

cc) Sachverhaltserfassung

307 Während Erbauseinandersetzungsverträge hinsichtlich der rechtliche Gestaltung regelmäßig keine Besonderheiten bieten, liegt umso mehr Problempotential in der Ermittlung des Sachverhalts. So kann es zunächst schwierig sein, den Umfang des Gesamtnachlasses zuverlässig zu ermitteln, etwa im Hinblick auf kraft Gesetzes eingetretene (im Grundbuch noch nicht vermerkte) Surrogationen gem. § 2041 BGB,[741] auch der tatsächliche Sachbestand wird von den Beteiligten oft nicht korrekt wiedergegeben; insoweit können die zur Gebührenfestsetzung beim Nachlassgericht eingereichten Verzeichnisse oder in der Nachlassakte enthaltenen Kopien der Anzeigen von inländischen Kreditinstituten (auch in Bezug auf ihre Zweigstellen im EU-Ausland![742]) über hinterlassene Guthabenkonten gem. § 33 Abs. 1 ErbStG bzw. Aktenspuren von Anfragen von Gläubigern über den Stand des Verfahrens auf der Passivseite hilfreich sein. Auch darf sich der Gestalter nicht allein mit der Vorlage eines Erbscheins zur Ermittlung der Erbquoten begnügen, vielmehr sind geborene oder gekorene Ausgleichungspflichten (vgl. Rdn. 1917 ff.) häufig mitzuberücksichtigen (»Wert statt Quote«).

308 Gleiches gilt für den Kreis der betroffenen Personen: Stellt sich im Nachhinein heraus, dass andere als die im Grundbuch eingetragenen bzw. im Erbschein ausgewiesenen Personen tatsächlich zur Erbengemeinschaft gehörten (etwa aufgrund eines später aufgefundenen, abändernden Testaments), ist gutgläubiger Erwerb gem. §§ 892 Abs. 1, 2366 Abs. 1 BGB (und eine gutgläubige Leistung an den Nichtberechtigten, § 2367 BGB[743]) regelmäßig nicht eingetreten, da es am erfor-

---

735 Zur Nachlassverwaltung als Sanierungsinstrument bei todesfallbedingten Unternehmenskrisen *Nöll/Flitsch*, ZEV 2017, 247 ff.
736 Überblick hierzu bei *Isekeit/Weiß*, ZErb 2016, 249 ff.
737 Zur Gesamthandklage eines Gläubigers gem. § 2059 Abs. 2 BGB im Unterschied zur Gesamtschuldnerklage: *Zeising*, ZErb 2013, 52 ff.
738 Hierfür reicht es, dass der Antragsteller seine Erbenstellung lediglich glaubhaft macht, OLG Hamm, 02.12.2011 – I-15 W 384/11 und OLG München, 08.06.2015 – 34 Wx 163/15, ErbR 2015, 576 m. Anm. *Osthold*. Vgl. zum Nachlassgläubigeraufgebot, mit Formulierungsvorschlägen, *Holzer*, ZEV 2014, 583 ff. sowie *Osthold*, ErbR 2016, 670 ff.
739 Vgl. *Zimmermann*, ZErb 2011, 259 ff.
740 BGH, 23.01.2013 – VIII ZR 68/12: § 564 Satz 1 BGB begründet keine Eigenhaftung des Erben.
741 Vgl. *Böhringer*, NotBZ 2011, 317, 322.
742 BFH, 16.11.2016 – II R 29/13, ErbStB 2017, 61.
743 BGH, 08.04.2015 – IV ZR 161/14, ErbR 2015, 556 m. Anm. *Wendt* = NotBZ 2015, 259 m. Anm. *Krauß* zu § 2367, 2. Alt. BGB: Kündigung eines Darlehens durch einen im Erbschein ausgewiesenen Erben gegen den anderen Miterben, tatsächlich existierte jedoch ein dritter Erbe: weder Wirksamkeit

derlichen Verkehrsgeschäft fehlt, wenn auf Erwerberseite nur einzelne Mitglieder der Gesamthand beteiligt sind.[744] Der »**übergangene**« **Erbe** kann jedoch das Verfügungsgeschäft (die Auflassung[745]), das an sich nur gemeinsam gem. § 2040 Abs. 1 BGB möglich war, nachträglich gem. § 185 Abs. 2 BGB genehmigen, und zwar gem. § 182 Abs. 2 BGB sogar formfrei.[746]

Das nicht von allen materiell Beteiligten zustande gebrachte Verpflichtungsgeschäft ist seinerseits wirksam unter den damals beteiligten Miterben, aufgrund der Genehmigung des »übergangenen« Miterben zum dinglichen Geschäft liegt ein Fall des § 816 Abs. 1 BGB vor (mit der Folge, dass bei einer entgeltlichen Erbauseinandersetzung die Handelnden dem neu hinzutretenden Miterben zur anteiligen Herausgabe des Erlangten verpflichtet sind, § 816 Abs. 1 Satz 1 BGB, bei einer – auch nur teilweise – unentgeltlichen Verfügung jedoch der im Grundbuch als Folge der Erbauseinandersetzung eingetragene Miterbe die Immobilie an die tatsächlichen Miterben zur gesamten Hand herauszugeben hätte: § 816 Abs. 1 Satz 2 BGB). Ein der Genehmigung der Verfügung zugrunde liegendes Kausalgeschäft mit dem Inhalt, gegen eine Ausgleichssumme auf Ansprüche aus § 816 Abs. 1 BGB zu verzichten und die Grundstücksverfügung nachträglich zu genehmigen, ist seinerseits beurkundungspflichtig (unmittelbare oder mittelbare Verpflichtung zur Erteilung der Genehmigung);[747] in solchen Fällen kann die Formpflicht unter dem Gesichtspunkt der Geschäftseinheit auch die Genehmigungserklärung selbst erfassen.[748]

309

Sinnvoll (freilich nicht zwingend) ist es auch, etwaige Ansprüche im Zusammenhang mit der bisherigen Nutzung der erbengemeinschaftlichen Gegenstände mit zu erledigen. Die Rechtsprechung[749] ist insoweit zurückhaltend: allein die faktische (Allein-)Nutzung gewährt noch keine Entschädigungsansprüche der Miterben, solange Letzteren der Mitgebrauch nicht »hartnäckig verweigert« wird *und* sie den Mitgebrauch eingefordert haben. Andernfalls haben die Erben erst Anspruch auf Teilung der Früchte nach Durchführung der Erbauseinandersetzung, sofern nicht die Verweigerung einer vorweggenommenen Auseinandersetzung auch insoweit angesichts besonderer Umstände arglistig wäre.

310

Der Umfang der sächlichen Abgeltungswirkung (**Erledigung** aller oder nur einzelner Sachverhalte in Bezug auf einen oder mehrere Erbfälle) bedarf ebenfalls genauer Wiedergabe. Die Rechtsprechung[750] erkennt insoweit an, dass »außerhalb« (richtiger: »mit«) der formulierten Vereinbarung sogar eine noch weitergehende Erledigung bezweckt gewesen sei. Eine zweifelsfreie »umfassende Abgeltungsklausel« könnte z.B.[751] lauten:

311

▶ Formulierungsvorschlag: Umfassende Abgeltungsklausel bei Erbauseinandersetzung

Die Urkundsbeteiligten sind darüber einig, dass im Zeitpunkt der vollständigen Erfüllung dieser Urkunde im Verhältnis zwischen ihnen alle Ansprüche, die ihren tatsächlichen oder rechtlichen

312

---

der Kündigung gem. § 2367 BGB noch gem. § 2038 Abs. 1 Satz 2 Hs. 1 BGB, da es durch die Mitwirkung lediglich eines von drei Erben an einer Mehrheitsentscheidung fehlte.
744 OLG Hamm, 18.11.1974 – 15 Wx 111/74, FamRZ 1975, 510; vgl. MünchKomm-BGB/*Kohler*, § 892 Rn. 34 ff.: es fehlt insbesondere am Fremdgeschäft, wenn die Übertragung der Vorwegnahme der Erbfolge dient und auch tatsächlich so ausgestaltet ist, vgl. Vgl. BayObLG, 17.04.1986 – BReg. 2 Z 79/85, MittBayNot 1986, 129; BayObLG, 18.02.1988 – BReg. 2 Z 36/87, DNotZ 1988, 781; a.A. LG Bielefeld, 26.08.1998 – 25 (3) t 855/97, Rpfleger 1999, 22. Allerdings soll ein Verkehrsgeschäft vorliegen, wenn der Erwerber eines Miteigentumsanteils bereits Eigentümer eines anderen Bruchteils ist oder als solcher zu Unrecht eingetragen ist, vgl. BGH, 29.06.2007 – V ZR 5/07, ZNotP 2007, 380.
745 Diese ist auch bei Übertragung aus der Erbengemeinschaft in eine quotengleiche Miteigentümergemeinschaft notwendig, OLG München, 18.08.2011 – 34 Wx 320/11, ZEV 2012, 415.
746 BGH DNotZ 1994, 40.
747 MünchKomm-BGB/*Kanzleiter/Krüger*, § 311b Rn. 36.
748 Gutachten, DNotI-Report 2010, 221.
749 LG Münster, 26.09.2014 – 10 O 160/08, ErbR 2015, 108 (Nutzung von Hallen als Lager).
750 OLG Koblenz, 15.05.2014 – 3 U 258/14, MittBayNot 2015, 325 m. krit. Anm. *Braun*.
751 Im Anschluss an *Braun*, MittBayNot 2015, 326.

Grund in dem Tod des Erblassers haben, insbesondere in der Erbfolge nach diesem, der Verwaltung und Auseinandersetzung des Nachlasses oder in lebzeitigen Zuwendungen des Erblassers, vollständig und endgültig abgegolten sind. Gleiches gilt für alle in den Nachlass fallenden Ansprüche gegen einen der Urkundsbeteiligten, gleich aus welchem Rechtsgrund diese bestehen mögen, sofern diese nicht (alternativ: selbst wenn diese) auf einer unerlaubten Handlung beruhen. Soweit in dieser Erklärung ein Verzicht auf noch bestehende Ansprüche liegt, wird dieser Verzicht hiermit wechselseitig erklärt und angenommen.

dd) Sonderfälle

313 Besonderheiten gelten bei der Beteiligung von **Vorerben**. Der von den Beschränkungen des § 2113 Abs. 1 BGB befreite Vorerbe kann ohne Zustimmung des Nacherben mitwirken, sofern er nichts »verschenkt«, also Surrogationsgegenstände im Wert seiner Erbquote erwirbt (was freilich dem Grundbuchamt ggü. allenfalls glaubhaft gemacht werden kann und typischerweise dennoch zur Anhörung der Nacherben zur Gewährung rechtlichen Gehörs führt); das erhaltene Gut unterliegt gem. § 2111 BGB surrogationsweise den Nacherbenbeschränkungen, so dass der Nacherbenvermerk dort wieder eingetragen wird.[752] Erfolgt die Verfügung in Erfüllung einer wirksamen Teilungsanordnung oder eines wirksamen Vermächtnisses des Erblassers, sind Zustimmungen Dritter nicht erforderlich. Möglich ist des Weiteren, einzelne Gegenstände mit Zustimmung der Nacherben (nicht jedoch der Ersatznacherben) aus der Vorerbenbindung herauszulösen (sog. Eigenerwerb des Vorerben, vgl. Rdn. 6713).

314 Sind **Minderjährige** an der Erbengemeinschaft beteiligt, hindern §§ 1629 Abs. 2, 1795 BGB die Eltern an der Vertretung, so dass es eines Ergänzungspflegers gem. § 1909 BGB bedarf, und zwar für jedes Kind getrennt.[753] Eine solche Beteiligung der Eltern »auf beiden Seiten«, auch für den Minderjährigen, liegt bspw. auch dann vor, wenn zwar die Veräußerung von erbengemeinschaftlichem Grundbesitz gemeinsam an einen Dritten stattfindet, jedoch dann der Erlös auf getrennte Konten überwiesen werden soll; in diesem Fall liegt bereits in der vorbereitenden Veräußerung, die zur Beendigung der Erbengemeinschaft führt, ein ohne Beteiligung eines Ergänzungspflegers unzulässiges In-sich-Geschäft.[754] Ist einer der Miterben zugleich Betreuer eines anderen beteiligten Miterben, bedarf es (wegen § 181 BGB) der Bestellung eines Ergänzungsbetreuers, sobald von der gesetzlichen Auffangregelung (§§ 2042 ff. BGB) abgewichen wird, weil z.B. eine Umwandlung in Bruchteilseigentum stattfindet, oder eine gegenständliche Teilerbauseinandersetzung, oder eine Übertragung von Grundbesitz an einen Miterben gegen Ausgleichszahlung.[755] Verkaufen alle Miterben Nachlassgegenstände an einen Dritten und nehmen den Erlös in den ungeteilten Nachlass auf, stehen sie jedoch »auf derselben Seite«, so dass § 181 BGB nicht entgegen steht.[756]

b) Erbteilsübertragung

315 Die Übertragung eines Erbteils (bezeichnet durch die Erbquote und den Erbfall[757]) bildet den in der Praxis wichtigsten Fall des **Erbschaftskaufs**, §§ 2371 ff. BGB. Erwerbsgegenstand ist die ver-

---

752 In der notariellen Urkunde sind die Umstände glaubhaft zu machen und die Berichtigung des Grundbuchs zu bewilligen und zu beantragen; vgl. OLG München, 10.02.2012 – 34 Wx 143/11, ZErb 2012, 115.
753 Vgl. BGH, 09.07.1956 – V BLw 11/56, BGHZ 21, 229 ff. (es sei denn, die Erbauseinandersetzung erfolgt exakt unter Beachtung der gesetzlichen Regeln).
754 Vgl. *J. Mayer*, MittBayNot 2010, 345, 350.
755 OLG München, 17.07.2015 – 34 Wx 179/15, MittBayNot 2015, 489.
756 Vgl. *Schriftleitung*, RNotZ 2015, 500.
757 Wobei eine nachträgliche Richtigstellung der Entstehungsgrundlage der Erbengemeinschaft in Betracht kommt und die Auslegung regelmäßig ergibt, dass die gesamte Erbberechtigung, auch wenn sie sich die Quote später als größer herausstellt, erfasst sein sollte, vgl. OLG München, 19.07.2016 – 34 Wx 62/16, ErbR 2016, 658.

mögens- bzw. mitgliedschaftliche Seite des Erbanteils;[758] der Erwerber wird hierdurch jedoch nicht Miterbe, sondern hat lediglich einen schuldrechtlichen Anspruch, wie ein (Mit-)Erbe gestellt zu werden.[759] Ein Erbteils- oder Erbschaftserwerber ist zwar berechtigt, einen Antrag auf Erteilung eines Erbscheins zu stellen, in diesem aufgeführt wird jedoch der Veräußerer als unmittelbarer Miterbe bzw. Erbe. Möglich ist auch die Übertragung eines Bruchteils eines Erbanteils[760] oder eines Erbteils an mehrere Personen zu Bruchteilen.[761] Ist der Erwerber bereits Miterbe, hält er künftig nach h.M. nur einen vereinigten Erbteil, während sich beim Übergang eines Erbteils von Todes wegen an Mehrere an diesem eine »Untererbengemeinschaft« bildet.[762]

Ist Gegenstand der Übertragung ein **Nacherbenanwartschaftsrecht** (in der Phase zwischen dem Erbanfall an den Vorerben und dem Eintritt des Nacherbfalls) bedarf es hierzu keiner Mitwirkung der Ersatznacherben (weder der ausdrücklich eingesetzten noch der nach der Auslegungsregel des § 2069 BGB Bestimmten).[763] Allerdings erhält der Vorerbe dadurch nach h.M.[764] noch nicht die Stellung eines unbeschränkten Vollerben, da die Position des Ersatznacherben durch die Übertragung der Nacherbenanwartschaft nicht berührt wird. Fällt also der Nacherbe vor dem Eintritt des Nacherbfalls weg und tritt demnach der Ersatznacherbe an dessen Stelle, verliert der Vorerbe seine Rechtsstellung wieder an den Ersatznacherben im Zeitpunkt des Eintritts des Nacherbfalls. Die Löschung eines grundbuchlichen Nacherbenvermerks als Folge der bloßen Übertragung der Nacherbenanwartschaft ist daher nicht möglich. Will der Vorerbe hinsichtlich seiner Stellung sicher sein, müsste er sich die Ersatznacherbenanwartschaftsrechte mitübertragen lassen; ggf. bedarf es hierzu einer Pflegschaft für noch nicht geborene Ersatznacherben (dessen Zustimmung samt betreuungsgerichtlicher Genehmigung ist freilich praktisch kaum zu erlangen). Anders liegt es, wenn bereits im Testament die Ersatznacherbfolge auflösend bedingt angeordnet ist für den Fall der Übertragung des unmittelbaren Nacherbenanwartschaftsrechts an den Vorerben.

316

Aus dem **schuldrechtlichen Geschäft** der Erbteils- bzw. Erbschaftsveräußerung ergibt sich die Verpflichtung, dem Erwerber alle Positionen zu vermitteln, die ihm zustünden, wenn er anstelle des Veräußerers Erbe bzw. Miterbe geworden wäre. Daher sind auch Surrogate oder Ersatzobjekte zu übertragen (§§ 2374, 2375 BGB). Umgekehrt kann der Veräußerer vom Erwerber Ersatz der Aufwendungen verlangen, die er zur Begleichung von Nachlassverbindlichkeiten seit dem Erbfall getätigt hat, § 2378 Abs. 2 BGB, und Ersatz seiner sonstigen notwendigen oder werterhöhenden Verwendungen, § 2381 BGB, und der für die Erbschaft entrichteten Abgaben und außerordentlichen Lasten, § 2379 Satz 2 BGB (nicht jedoch der – personenbezogenen – Erbschaftsteuer).

317

Die **dingliche Erfüllung** dieser Verpflichtungen tritt eo ipso nur bei der dinglichen Übertragung eines Erbteils (§ 2033 BGB) ein, da sie zum Erwerb der gesamthänderischen Mitgliedschaft im

318

---

758 Zur Vererbung von Erbanteilen, insb. zur IPR-rechtlichen Qualifikation und »Belegenheit«, vgl. *Eule*, ZEV 2010, 508 ff.
759 Vgl. *Muscheler*, RNotZ 2009, 65.
760 Dadurch entsteht nach h.M. kein weiterer Erbteil, sondern eine Bruchteilsgemeinschaft am ursprünglichen Erbanteil.
761 Werden alle Erbteile an mehrere durch Bruchteilsgemeinschaft verbundene Personen übertragen, führt dies nicht zur Auflösung der Erbengemeinschaft und Entstehung von Bruchteilseigentum an den Nachlassgegenständen, BGH, 22.10.2015 – V ZB 126/14, ZEV 2016, 84 m. Anm. *Zimmer*, hierzu *Weber*, ZNotP 2016, 2 ff., gegen die Vorinstanz: OLG Jena, 16.06.2014 – 3 W 184/14, MittBayNot 2015, 323 m. zust. Anm. RiBGH *Lohmann* (da es eine »Bruchteilsgemeinschaft« als Rechtssubjekt nicht gibt, existiert an jedem Erbteil eine eigene Bruchteilsgemeinschaft), a.A. BFH, 11.06.1975 – II R 5/72, NJW 1975, 2119, *Werner*, ZEV 2014, 604 und *Bayer/Scholz*, ZErb 2015, 149 ff.
762 Vgl. näher *Gutachten*, DNotI-Report 2014, 25 f.
763 Vgl. BayObLG, 27.05.1970 BReg. 2 Z 16/70, DNotZ 1970, 687686, m. Anm. *Kanzleiter*: Der Vorerbe kann nach Erwerb der Nacherbenanwartschaftsrechte auch mit Wirkung gegen die Ersatznacherben frei über die Nachlassgegenstände verfügen.
764 A.A. insoweit (gegen die ganz h.M.) *Muscheler*, ZEV 2012, 289 ff. (Konsolidation auch ohne Mitwirkung der Ersatz- oder Nachnacherben).

Nachlass und damit zur wirtschaftlichen Mitbeteiligung an den Gegenständen des Nachlasses führt. Die dingliche Erbteilsübertragung gem. § 2033 BGB scheidet daher aus, wenn der Nachlass bereits vollständig auseinandergesetzt ist. Verfügungen über einen Erbteil schließen allerdings nicht den in Singularsukzession erworbenen Personengesellschaftsanteil ein (Rdn. 5876), da dieser zwar zum Nachlass,[765] aber nicht zum erbengemeinschaftlichen Vermögen gehört. Beim Kauf einer **Gesamterbschaft** erfolgt die Erfüllung der schuldrechtlichen Verpflichtungen dagegen durch Einzelübertragungsakte (Übereignungen, Auflassungen, Abtretungen), da der »Nachlass« als solcher keine Sachgesamtheit bildet, die als Ganzes übergehen könnte.

319 Die Erbteils- sowie die Erbschaftsveräußerung bedürfen sowohl hinsichtlich des schuldrechtlichen Geschäfts als auch (in Bezug auf die Erbteilsabtretung) des dinglichen Erfüllungsgeschäfts der **notariellen Beurkundung**, unabhängig davon, ob sich im Nachlass Grundbesitz befindet oder nicht. Für das schuldrechtliche Geschäft ergibt sich dies aus § 2371 BGB (für den Erbteilstausch bzw. die Erbteilsschenkung i.V.m. § 2385 BGB), für die Abtretung des Erbteils aus § 2033 BGB. Die Formzwecke liegen im Übereilungsschutz, dem erleichterten Rechtsnachfolgenachweis ggü. Dritten und in den Interessen der Nachlassgläubiger.[766] Gleiches gilt für die Aufhebung solcher Geschäfte. Eine Heilung durch dinglichen Vollzug tritt nicht ein.[767]

320 Hinsichtlich der **Haftung der Miterben** schützen die Beschränkungsmöglichkeiten der §§ 1967 bis 2017 BGB den/die Erben vor dem Zugriff von Nachlassgläubigern auf sein Eigenvermögen; bis zur Teilung lässt darüber hinaus § 2059 Abs. 1 Satz 1 BGB den Zugriff nur auf den (ungeteilten) Nachlass zu; daher haftet im Zweifel der Erbteilsveräußerer gem. § 2376 Abs. 1 BGB schuldrechtlich dafür, dass keine unbeschränkte Haftung eingetreten sei. Nach der Teilung ermöglichen es §§ 2060, 2061 BGB, die Haftung wenigstens anteilig auf die ideelle Erbquote zu beschränken.

321 Gem. § 2382 Abs. 1 BGB haftet der Erwerber (zwingend) neben dem forthaftenden Veräußerer ab Vertragschluss (§ 2380 BGB nicht erst ab Erfüllung!) ggü. Nachlassgläubigern, sogar für solche Verbindlichkeiten, für die er dem Verkäufer ggü. seine Haftung gem. §§ 2378, 2379 BGB ausgeschlossen hat. Weiter trägt der Erwerber das Risiko, dass ein gutgläubiger Erwerb des Erbteils nicht in Betracht kommt, auch nicht gestützt auf einen Erbschein, da dieser gem. § 2366 BGB nur den Erwerber einzelner Nachlassgegenstände schützt. Eine Absicherung des Erwerbs ähnlich einer Vormerkung kommt selbst dann nicht in Betracht, wenn sich im Nachlass nur noch ein Grundstück befindet. Daher stellt die Absicherung der Zug-um-Zug-Leistung bei entgeltlichen Erbteilsübertragungen den Gestalter vor besondere Herausforderungen.

322 Ratsam ist, dass
(1) zur Sicherung beider Beteiligter die dingliche Abtretung des Erbteils nach § 2033 Abs. 1 BGB durch die Entrichtung des Kaufpreises bedingt sein sollte:
Handelt es sich um eine aufschiebende Bedingung (nämlich der Kaufpreiszahlung),[768] kann die auf § 161 BGB beruhende Verfügungsbeschränkung in Abteilung II des Grundbuchs zugunsten des Erwerbers eingetragen werden; sie verhindert auch Verfügungen über einzelne

---

765 So dass Testamentsvollstreckung insoweit denkbar ist, vgl. Gutachten, DNotI-Report 2011, 10; OLG München, 07.07.2009 – 31 Wx 115/08, MittBayNot 2010, 144, m. Anm. *Tersteegen*.
766 Vgl. *Muscheler*, RNotZ 2009, 65, 66.
767 BGH, 29.06.1970 III ZR 21/68, DNotZ 1971, 37.
768 Diese mag beim Erwerb des Erbteils des einzigen anderen Miterben vorzuziehen sein: Bei sofortigem Rechtsübergang wäre die Erbengemeinschaft durch Alleineigentumserwerb beendet, und es ist nicht gesichert, dass sie bei Eintritt einer auflösenden Bedingung wieder (gem. § 158 Abs. 2, letzter Halbs. BGB rückwirkend) entstehen würde. Es muss aber dann bestimmt sein, dass die aufschiebende Bedingung dem Grundbuchamt ggü. ferner als eingetreten gilt, sobald der Notar die eigentliche Grundbuchberichtigung beantragt; im Innenverhältnis ist er angewiesen, dies erst nach Zahlungsnachweis vorzunehmen (vgl. *Heinze*, RNotZ 2010, 281, 307).

Nachlassgegenstände durch die Gemeinschaft der Miterben.[769] Handelt es sich (wie i.d.R. bei Erbteilserwerb durch einen Dritten) um eine auflösende Bedingung (des Rücktritts wegen Nichtzahlung), ist mit Berichtigung des Grundbuches auf den Erwerber wegen § 892 Abs. 1 Satz 2 BGB die für den Fall des Eintritts der auflösenden Bedingung eintretende rückwirkende (§ 158 Abs. 2, letzter Halbs. BGB) Verfügungsbeschränkung zugunsten des Veräußerers einzutragen (zur Vermeidung des gem. § 161 Abs. 3 BGB möglichen gutgläubigen Zwischenerwerbs Dritter).[770] Diese darf erst mit Zahlung des Kaufpreises gelöscht werden (durch Vollmacht an den Notar, die Löschung dann zu bewilligen, oder Bewilligung in der Urkunde mit der Anweisung an den Notar, vollständige Ausfertigungen/beglaubigte Abschriften erst nach Kaufpreiszahlung zu erteilen).

(2) Weiterhin sollte zur Sicherung des Erwerbers, sobald der Erbteil dinglich (sei es auch auflösend bedingt) übergegangen ist, bis zur Berichtigung des Grundbuches (die z.B. wegen Fehlens der grunderwerbsteuerlichen Unbedenklichkeitsbescheinigung[771] noch aussteht) ein **Widerspruch eingetragen** werden. Dieser zerstört den öffentlichen Glauben des Grundbuches daran, dass bei Verfügungen über Nachlassgegenstände der Veräußerer noch mitberechtigt sei. Der Widerspruch ist mit Berichtigung des Grundbuches zu löschen, sofern keine Zwischeneintragungen ohne Zustimmung des Erwerbers stattgefunden haben.

323

Die schuldrechtliche Abwicklung (**Kaufpreiszahlung**) erfolgt zur Absicherung beider Beteiligter dergestalt, dass der Erbteilserwerber zur Zahlung verpflichtet ist, sobald (bei auflösend bedingtem Sofortübergang) der Widerspruch im Grundbuch eingetragen ist und ggf. bestehende **Miterbenvorkaufsrechte** nicht ausgeübt wurden (bei der Variante der auflösend bedingten Sofortabtretung ist dieses Miterbenvorkaufsrecht abweichend von § 464 Abs. 1 Satz 1 BGB dem Erwerber ggü. auszuüben, § 2035 Abs. 1 BGB), so dass das sonst bestehende Risiko der Verheimlichung einer dem Verkäufer zugegangenen Ausübungserklärung ausscheidet. Erfolgt die Berichtigung des Grundbuches aufgrund der sofort (auflösend bedingt) erklärten dinglichen Erbteilsübertragung bereits vor der Entrichtung des Kaufpreises, wird zur Sicherung des Verkäufers die oben erwähnte Verfügungsbeschränkung in Abteilung II des Grundbuches eingetragen und mit Bestätigung des Geldeingangs gelöscht.

324

Die Schenkung eines Erbanteils an einen Minderjährigen ist, wegen der Gefahr der Erbenhaftung, nie lediglich rechtlich vorteilhaft, vgl. Rdn. 3982 Nr. (9).

Muster einer Erbteilsübertragung findet sich im Materialteil, Rdn. 6781.

c) Abschichtung

Anstelle einer Einzelrechtsübertragung des Erbanteils kann die persönliche Teilerbauseinandersetzung auch durch Aufgabe der Mitgliedschaftsrechte an der Erbengemeinschaft erfolgen, so dass die bisherige wirtschaftliche Beteiligung des Ausscheidenden den übrigen Miterben kraft Gesetzes im Verhältnis ihrer bisherigen Beteiligungen anwächst.[772] Der BGH hat diese sog. Abschichtung[773] in Analogie zum Gesamthandsmodell der GbR (§ 738 BGB) und zum »Austritt« eines Abkömmlings aus der fortgesetzten Gütergemeinschaft durch einseitigen Verzicht (§ 1491 Abs. 1 BGB)[774] als dritten Weg der Erbauseinandersetzung anerkannt. Die dingliche Rechtsänderung an

325

---

769 BayObLG, 14.02.1994 – 2 Z BR 17/94, MittBayNot 1994, 223; *Mauch*, BWNotZ 1993, 140 (§ 892 Abs. 1 Satz 2 BGB gilt nach h.M. analog für absolute Verfügungsverbote zur Vermeidung gutgläubigen Erwerbs).

770 Ebenso bei der Gestaltungsvariante einer aufschiebend (auf den Rücktritt wegen Nichtzahlung) bedingten Rückabtretung des Erbanteils an den Erbteilsverkäufer: OLG München, 11.11.2015 – 34 Wx 225/14, RNotZ 2016, 234.

771 Diese ist erforderlich, vgl. OLG Celle, 19.05.2011 – 4 W 56/11, ZEV 2012, 368.

772 Guter Überblick bei *Krug*, ErbR 2017, 2 ff.

773 In den Urteilen v. 21.01.1998, DNotZ 1999, 60, sowie v. 27.10.2004, ZEV 2005, 22.

774 Vgl. *Becker*, RNotZ 2013, 535 ff.

den Nachlassgegenständen[775] tritt eo ipso ein; scheidet der »vorletzte« Miterbe aus, wachsen alle Nachlassgegenstände dem Verbleibenden an. Befinden sich im Nachlass Grundstücke, bedarf es also lediglich einer Grundbuchberichtigung (§ 894 BGB). Ein etwaiger Nacherbe muss zustimmen.[776] Der Erbschein bleibt jedoch (ebenso wie bei einer Erbteilsveräußerung) unverändert.[777]

326 Die Abschichtung ist nach Ansicht des BGH[778] formfrei, da der Schutzzweck der §§ 2033 Abs. 1 Satz 2, 2371 BGB nicht zutreffe; dem ist die herrschende Literatur entgegengetreten.[779] An das Vorliegen eines Rechtsbindungswillens sind jedenfalls erhöhte Anforderungen zu stellen.[780] Befinden sich im Nachlass Grundstücke, bedarf es jedenfalls der unterschriftsbeglaubigten Berichtigungsbewilligungen (§§ 22, 29 GBO) aller[781] Miterben samt schlüssiger Darlegung des Sachverhalts, so dass auch der (i.Ü. privatschriftliche) Abschichtungsvertrag vorzulegen ist. Da Rechtsgrund der Abschichtungsvereinbarung die Erbschaft ist, besteht Grundbuchgebührenfreiheit in den ersten zwei Jahren, Anm. (1) zu KV 14110 GNotKG (vormals § 60 Abs. 4 KostO).[782]

327 Erfolgt die Abschichtung – wie regelmäßig – gegen Entgelt, sollte zur **Absicherung der Zug-um-Zug-Leistung** der dingliche Anteilsverzicht des Ausscheidenden aufschiebend bedingt auf die Erbringung dieser Gegenleistung erklärt werden. Zum Nachweis des Bedingungseintritts ggü. dem Grundbuchamt eignet sich die notarielle Eigenurkunde, zu deren Fertigung der Notar nach Eingang der Zahlungsbestätigung ermächtigt wird. Die Haftung für Nachlassverbindlichkeiten wird durch den Ausscheidensakt nicht beendet;[783] hierzu bedürfte es (wie bei der GbR) der »Entlassung« durch den Gläubiger.[784] Darüber hinaus entfällt die Möglichkeit der Haftungsbegrenzung gem. § 2059 Abs. 1 Satz 1 BGB für den Abgeschichteten, so dass Nachlassgläubigeraufgebote gem. § 2045 BGB vorher stattfinden sollten.[785] Daher wird regelmäßig der dingliche Anteilsverzicht weiterhin aufschiebend bedingt auf die Genehmigung der (dann befreienden) Schuldübernahme durch den Gläubiger erklärt. Ob und in welcher Höhe einem Miterben ein über seinen Erbteil hinaus gehender Zusatzpflichtteil gem. § 2305 BGB oder Ergänzungspflichtteil gem. § 2326 BGB zusteht, richtet sich nach Durchführung der Abschichtung nach der neuen, durch

---

775 Nicht umfasst sind demnach Anteile an Personengesellschaften, *Jünemann*, ZEV 2012, 65, 69.
776 Der etwaige Abfindungsanspruch ist persönliches Vermögen des Abgeschichteten, kein Surrogat i.S.d. § 2111 BGB, vgl. *Jünemann*, ZEV 2012, 61, 68, a.A. *Bredemeyer/Tews*, ZEV 2012, 352, 356: die Abfindung unterliegt der Nacherbfolge.
777 *Bredemeyer/Tews*, ZEV 2012, 352; a.A. *Jünemann*, ZEV 2012, 647.
778 BGH, 21.01.1998 – IV ZR 346/96, DNotZ 1999, 60; dem hat die Grundbuchpraxis zu folgen, OLG Hamm, 12.11.2013 – 15 W 43/13, DNotZ 2014, 695 m. krit. Anm. *Kanzleiter*, sowie OLG Frankfurt, 12.03.2015 – 20 W 76/15, EE 2016, 127.
779 *Keller*, ZEV 1998, 281, 283 ff.; *Keim*, RNotZ 2003, 375, 386, *Spanke*, Das Ausscheiden einzelner Miterben aus der Erbengemeinschaft durch Abschichtung, S. 50 ff.: zumindest analoge Anwendung als Schutz vor Übereilung.
780 OLG Rostock, 26.02.2009 – 3 U 212/08, ZEV 2009, 464.
781 A.A. OLG Zweibrücken, 25.11.2011 – 3 W 124/11, ZEV 2012, 264 m. zust. Anm. *Böhringer*: nur der Abgeschichtete müsse die Grundbuchberichtigung bewilligen (im Anschluss an die Rechtslage beim Wechsel eines GbR-Gesellschafters, wo die Rechtsfrage ebenso umstritten ist, vgl. *Böttcher*, ZfIR 2011, 719 ff.).
782 OLG Zweibrücken, 19.06.2012 – 3 W 50/11, ZEV 2012, 416; allerdings nur, wenn nicht zuvor die Erbengemeinschaft sich im Wege der Berichtigung hat eintragen lassen. Letzteres zu verlangen, ist jedenfalls für das Grundbuchamt keine offenkundig unrichtige Sachbehandlung i.S.d. § 21 Abs. 1 Satz 1 GNotKG, OLG Köln, 19.03.2014 – 2 Wx 73/14, RNotZ 2014, 455.
783 Allerdings ist der Abgeschichtete nicht mehr beteiligt an Nachlasserbenschulden, die nach seinem Ausscheiden begründet wurden, vgl. *Krug*, ErbR 2017, 2, 9.
784 *Van Venrooy*, DNotZ 2012, 119, 126 m.w.N.; im Einzelnen vgl. *Jünemann*, ZEV 2012, 61, 69 ff. zu Erblasser-, Erbfall-, Nachlasserben- und Geschäftsschulden sowie zur Nachlassinsolvenz.
785 *Bredemeyer/Tews*, ZEV 2012, 352, 356.

Anwachsung erhöhten Quote, so dass auch diese Ansprüche vorher geklärt und erledigt werden sollten.[786]

Unklar ist, ob nach Ansicht des BGH nicht nur die Formbestimmungen, sondern auch die schuldrechtlichen Regelungen des Erbschaftskaufs nicht auf die Abschichtung Anwendung finden. Vorsichtshalber empfiehlt sich die vertragliche Ausgestaltung, üblicherweise im Sinn eines Ausschlusses der Sachmängelrechte, bei weitgehender Aufrechterhaltung der Rechtsmängelansprüche. Auch ist vorsichtshalber die Anzeige beim Nachlassgericht analog § 2384 BGB ratsam. 328

Zur ertragsteuerlichen Wertung s. Rdn. 5945.

Muster einer Abschichtung gegen Abfindung (mit Vollzugsunterstützung durch den unterschriftsbeglaubigenden Notar) findet sich in Kap. 14, Rdn. 6784.

3. Gesetzliche Verfahren

a) Vermittlungsverfahren

Die freiwillige Gerichtsbarkeit kennt ferner in §§ 363 bis 372 FamFG (vor dem 01.09.2009: §§ 86 bis 98 FGG) ein **notarielles Vermittlungsverfahren**,[787] (vor dem 01.09.2013: ein nachlassgerichtliches Vermittlungsverfahren, überwiegend in der Hand des Rechtspflegers – § 3 Nr. 2 lit. c) RPflG –;[788] landesrechtlich – wie etwa in Bayern[789] – konnte daneben oder anstelle dessen auch bisher der Notar zuständig sein, bzw. es bestehen Sonderzuständigkeiten, etwa der Gemeinden in Baden-Württemberg, fort, § 487 FamFG). Der zuständige[790] Notar lädt nach Antragstellung (§ 363 FamFG) die Beteiligten durch Bekanntgabe, §§ 15, 365 FamFG, und beurkundet, wenn auch nur ein Beteiligter erscheint, auf dessen Verlangen eine Miterbenvereinbarung (auch Vereinbarungen über die Auseinandersetzung einer beendeten Gütergemeinschaft, § 373 Abs. 1 FamFG), etwa über die Art der Teilung (§ 366 Abs. 1 FamFG), und fertigt den Auseinandersetzungsplan (§ 368 Abs. 1 Satz 1 FamFG), der jedoch erst mit allseitiger Zustimmung (siehe auch Rdn. 330) zustande kommt.[791] Für die Überprüfung von »unanfechtbaren« Entscheidungen, die der Notar nun anstelle des Amtsgerichts trifft (also Zwischenentscheidungen wie Ladung, Gutachtenseinholung, Zeugenladung etc. im Rahmen der Amtsermittlung: § 26 FamFG), ist gem. § 492 Abs. 2 Satz 1 (vorbehaltlich Abs. 3) FamFG die kostenfreie[792] Erinnerung zum Amtsgericht eröffnet, gegen Endentscheidungen (in der Form eines Beschlusses, mit Begründung, Kostenentscheidung und Rechtsmittelbelehrung, §§ 38, 39, 81 ff. FamFG) die Beschwerde zum OLG, § 119 Abs. 1 Nr. 1b GVG. Bei vorgreiflichen Streitigkeiten, etwa über das Erbrecht, den Umfang der Teilungsmasse, oder Ausgleichspflichten gem. § 2050 BGB, ist das Verfahren gem. § 370 FamFG auszusetzen.[793] 329

---

786 Vgl. *Krug*, ErbR 2017, 2, 7.
787 Vgl. *Eberl-Borges*, ErbR 2017, 590 ff.; *J. Mayer*, RPfleger 2011, 245 ff.; *Ihrig*, MittBayNot 2012, 353 ff.; *Zimmermann*, NotBZ 2013, 335 ff.; *Holzer*, ZEV 2013, 656 ff. mit Entwurf eines Antrags und eines Auseinandersetzungsplanes, sowie *Heinemann*, FamFG für Notare, 2009, Rn. 386 ff. (mit Muster z.B. des Ladungsschreibens Rn. 386 und der Bekanntgabe der Vereinbarung mit Hinweis auf die Folgen passiven Verhaltens Rn. 395); vgl. auch Kapitel 6 in *Walz* (Hrsg), Außergerichtliche Streitbeilegung, 2006.
788 Dem Richter vorbehalten ist lediglich die Genehmigung gem. § 368 Abs. 3 FamFG.
789 Art. 38 BayAGBGB, ebenso Art. 22 ff. HessFGG, Art. 14 ff. NdsFGG, Art. 21 ff. PrFGG.
790 Gem. § 344 Abs. 4a FamFG: mangels einvernehmlicher Bestimmung (a.a.O Satz 4) der zuerst angegangene Notar, dessen Amtssitz im Bezirk des Nachlassgerichts des letzten Wohnsitzes (bei Auslandssachverhalten: von Nachlassgegenständen) des Erblassers liegt.
791 Zum gerichtlichen Teilungsverfahren vgl. *J. Mayer*, Rpfleger 2011, 245 ff.
792 *Preuß*, DNotZ 2013, 740, 746.
793 Vgl. OLG Schleswig, 09.10.2012 – 3 Wx 7/12, NotBZ 2013, 439. Bloßer Streit über die Auseinandersetzung (auch schriftliche Vorabklärungen, das Verfahren nicht zu wollen) genügt nicht, vgl. OLG Schleswig, 24.01.2013 – 3 Wx 117/12, NotBZ 2013, 365.

330 Einziges »Sanktionsmittel« ist die Möglichkeit der Fristsetzung mit anschließender Präklusion (säumige[794] Miterben werden also gem. §§ 366 Abs. 3, 368 Abs. 2 FamFG so behandelt, als hätten sie der bekannt gegebenen Vereinbarung zugestimmt, sofern sie nicht innerhalb einer zu setzenden, angemessenen Frist einen neuen Verhandlungstermin beantragt oder im beantragten Termin wieder nicht erscheint). Zur Verhinderung einer Einigung bedarf es demnach aktiver Opposition: der unwillige Erbe muss zu allen angesetzten Notarterminen erscheinen, stimmt jedoch nicht zu. Liegt allseitiges Einverständnis vor bzw. wird es durch Präklusion vermutet, bestätigt der Notar den beurkundeten Auseinandersetzungsplan (§ 368 Abs. 1 Satz 2 und 3 FamFG), aus dem die Zwangsvollstreckung stattfinden kann (§ 371 Abs. 2 FamFG). Bisher führt dieses Verfahren freilich ein Schattendasein. Der Notar erhält eine 6,0 Gebühr nach KV 23900 GNotKG, aus dem Wert des betroffenen Nachlasses (ohne Abzug der Verbindlichkeiten, vgl. § 118a GNotKG); endet das Verfahren nach Eintritt in die mündliche Verhandlung ohne Bestätigung der Auseinandersetzung, ermäßigt sich die Gebühr auf 3,0 (KV Nr. 23903 Ziffer 1 GNotKG).

b) Auseinandersetzungsklage

331 Scheitert die vertragliche – hilfsweise eine durch den Notar vermittelte – Erbauseinandersetzung, hat der die Erbauseinandersetzung begehrende Miterbe einen vollständigen Auseinandersetzungsplan vorzulegen,[795] der den gesetzlichen Bestimmungen des § 2042 Abs. 2 i.V.m. §§ 752 bis 756, 2046 bis 2057a BGB zu entsprechen hat. Demnach ist an sich jeder Nachlassgegenstand zu teilen bzw., wo dies der Natur nach nicht möglich ist, zu veräußern zur Verteilung des Erlöses; bei Immobilien kommt eine Teilungsversteigerung nach §§ 180 ff. ZVG in Betracht.[796] Der vorgelegte Teilungsplan muss also den gesamten Nachlass erfassen und zu einer vollständigen Auseinandersetzung führen; gegebenenfalls kann die vollständige »Teilungsreife« auch erst im Berufungsverfahren eintreten.[797] Hat der Erblasser dies bestimmt (§ 1066 ZPO), kann auch ein Schiedsgericht zuständig sein.

332 Abweichungen von den gesetzlichen Teilungsnormen sind nur begrenzt möglich, etwa bei der Veräußerung von Mobiliarvermögen gem. § 1246 Abs. 2 BGB i.V.m. § 410 Nr. 4 FamFG durch Bestimmung einer abweichenden Verkaufsart im Weg eines gerichtlichen Beschlusses (etwa freihändiger Verkauf oder Versteigerung durch den Notar und in einem begrenzten Teilnehmerkreis, z.B. nur unter den Miterben).

333 Die bei einer »Zwangsversilberung« durch Versteigerung eintretende Wertevernichtung übt einen hohen Einigungsdruck auf die Miterben aus und schien dem Gesetzgeber des BGB deshalb vertretbar, weil jeder Miterbe die Möglichkeit habe, zur Teilung anstehende Nachlassgegenstände selbst zu erwerben und den Kaufpreis aus dem ihm Zufallenden zu zahlen.[798] In der Praxis nutzt freilich ein einzelner, oft nur zu geringer Quote beteiligter Miterbe die Drohung mit der Auseinandersetzungsklage, um die Miterben zu seiner Lösung zu nötigen.

c) Gerichtliche Zuweisung, §§ 13 ff. GrdStVG

334 Nur in wenigen Fällen kennt das Gesetz die Möglichkeit einer **gerichtlichen Zuweisung**, um die Zerschlagung wirtschaftlich zusammengehörender Einheiten zu vermeiden, so etwa bei landwirt-

---

794 Dem ist gleichgestellt, dass die Ladung ungeöffnet zurückgesandt wird: OLG Zweibrücken, 04.11.2015 – 8 W 9/15, BeckRS 2016, 04432.
795 Monografisch die Dissertation von *Roth*, Die Erbauseinandersetzungsklage (2015).
796 Allerdings nur als Teil einer Gesamtauseinandersetzung, nicht lediglich um einen Nachlassgegenstand »Grundstück« durch Geld zu ersetzen, es sei denn alle Miterben sind einverstanden: KG, 01.08.2012 – 21 U 169/10, EE 2013, 47 ff. (Anm. *Worch*).
797 OLG Koblenz, 18.01.2014 – 3U 1142/13, EE 2014, 135 m. Anm. *Sarres*.
798 Motive V, S. 695.

schaftlichen Betrieben gem. §§ 13 bis 17, 33 GrdstVG.[799] Demzufolge kann, sofern ein Vollerwerbslandwirtschaftsbetrieb durch gesetzliche Erbfolge an eine Erbengemeinschaft gefallen ist, jeder Miterbe beim zuständigen Landwirtschaftsgericht (als Abteilung des Amtsgerichts) beantragen, dass der Betrieb einem Miterben durch Beschluss ungeteilt zugewiesen werde, gegen eine (moderate) Abfindungszahlung zugunsten der weichenden Miterben nach dem sogenannten »landwirtschaftlichen Ertragswert« gemäß § 2049 BGB. Nebenerwerbsbetriebe sind zuweisungsfähig sofern sie im Wesentlichen zum Unterhalt einer bäuerlichen Familie beitragen; hierzu sind auch die ersparten Wohn- und Heizkosten zu berücksichtigen.[800] Der Zuweisungsbewerber muss geeignet sein, den Betrieb ordnungsgemäß zu bewirtschaften; die Zuweisung hat dem wirklichen oder jedenfalls mutmaßlichen Willen des Erblassers zu entsprechen. Abkömmlingen kommt dabei kein »natürlicher Vorrang« vor dem überlebenden Ehegatten zu, v.a. wenn der Betrieb längere Zeit durch beide Ehegatten arbeitsteilig geführt worden ist.[801] Die Zuweisungsentscheidung kann auch Genossenschafts- oder sonstige Gesellschaftsanteile mit umfassen (§ 13 Abs. 1 Satz 3 GrdstVG).

Daneben ist die **Abfindung der Miterben** festzulegen, § 16 GrdstVG. Der dabei zugrunde zu legende »Ertragswert« i.S.d. § 2049 BGB (vgl. Art. 137 EGBGB) – in der Praxis durch Sachverständigengutachten festgestellt – fußt auf dem bei ordnungsgemäßer Bewirtschaftung nachhaltig erzielbaren jährlichen Reinertrag (also Überschuss des Rohertrags über den Aufwand, zu dem auch die Löhne, Betriebssteuern, Abschreibungen und die fiktiven Löhne der unentgeltlich mitarbeitenden Familienmitglieder und der fiktive Unternehmerlohn gehören). Dieser Reinertrag[802] wird je nach Bundesland mit Faktoren zwischen 17 und 25 multipliziert.[803] Die sich ergebende Abfindung kann gemäß § 16 Abs. 3 GrdstVG gestundet oder durch Gewährung beschränkt dinglicher Rechte (Wohnungsrecht/Nießbrauchs etwa zugunsten des überlebenden Ehegatten, 16 Abs. 5 GrdstVG) abgegolten werden.

335

Das Landwirtschaftsgericht entscheidet weiter über **Nachabfindungsansprüche** der weichenden Erben, sofern der Erwerber in den folgenden 15 Jahren durch Veräußerung oder auf andere Weise, die den Zwecken der Zuweisung fremd ist, Gewinne erzielt (§ 17 GrdstVG). Der Vorteilsausgleich erfasst alle landwirtschaftsfremde Unternehmertätigkeit, etwa aus Gewerbebetrieb, Verpachtung eines Grundstücks zum Betrieb einer Reitschule, dem Betrieb von oder der Verpachtung von Flächen für Windkraft- oder Biogasanlagen, Entgelten für Auskiesungs- oder Bergbaugestattungen. Die Veräußerung des Viehbestands oder des Maschinenparks führt jedoch nur dann zu einer Nachabfindung, wenn der Erlös nicht wieder in den Betrieb reinvestiert wird. Die Nachabfindungsansprüche sind vererblich und übertragbar, und unterliegen gem. § 17 Abs. 2 GrdStVG einer kurzen Verjährung.

336

Das Zuweisungsverfahren nach GrdStVG ist **ausgeschlossen**, wenn vorrangige landesrechtliche Anerbenrechte zur Anwendung kommen (wie etwa nach dem badischen Hofgütergesetz für 4409 Schwarzwaldhöfe, nach dem württembergischen Anerbengesetz für vormals 7346 Betriebe, wenn der Erblasser vor dem 01.01.1930 geboren war, ferner für 159 Betriebe nach dem bremischen Höfegesetz, nach der Höfeordnung in Hamburg, Nordrhein-Westfalen, Niedersachsen, Schleswig-Holstein, sowie nach der rheinland-pfälzischen Höfeordnung für 6681 eingetragene Betriebe

337

---

799 Vgl. hierzu die vorzügliche Kommentierung (mit Musterantrag) von *Ruby* in: Burandt/Rojahn, Erbrecht, 2. Aufl. 2014, OrdnungsNr. 12 (S. 1068 ff.).
800 Vgl. *Ruby* in: Burandt/Rojahn, Erbrecht, 2. Aufl. 2014, § 14 GrdstVG, Rn. 9; in der Literatur werden derzeit Zahlen von 1.000 € monatlich pro erwachsener Person genannt. *Ruby* plädiert dafür, die Grenze bei Betrieben zu ziehen, die nicht mindestens die Sozialregelleistungen für eine Familie mit zwei Kindern über 14 Jahren (also ca. 15.000 € netto jährlich) zzgl. nicht real gedeckter Wohnungskosten für Heizung und Wohnraum erbringen.
801 OLG Brandenburg, 07.05.2015 – 5 (Lw) 7/14, FamRZ 2016, 934.
802 BVerfG, 26.04.1988 – 2 BvL 13, 14/86, NJW 1988, 2723.
803 Vgl. *Ruby*, ZEV 2007, 265.

und 155 Betriebe nach der hessischen Landgüterordnung).[804] Vorrangig ist ein beantragtes Vermittlungsverfahren zur Auseinandersetzung durch den Notar gemäß § 363 FamFG (§ 23a Abs. 3 GVG), während umgekehrt eine bereits eingeleitete Erbteilungsklage nach §§ 2042, 753 BGB ruht, wenn der landwirtschaftliche Zuordnungsantrag gestellt wird. Gleiches gilt für einen Zwangsversteigerungsantrag zur Teilung der Gemeinschaft (vgl. auch § 185 Abs. 3 ZVG).

338 Im Anschluss an französische Vorbilder[805] wird **de lege ferenda** eine in stärkerem Maße gestaltende richterliche Zuweisung von Gegenständen gefordert.[806] Möglicherweise wird künftig auch die Mediation insoweit eine stärkere Rolle spielen,[807] etwa nach dem Adjusted Winner-Verfahren, in dem vorab jeder Mediationsteilnehmer durch Vergabe von »Punkten« aus seinem Gesamtkonto zu erkennen gibt, wie wichtig ihm persönlich ein bestimmter Gegenstand ist, oder nach dem Prinzip »der eine teilt, der andere wählt«.

F. Besonderheiten bei der Unternehmensnachfolge

I. Allgemeines

339 Nach Untersuchung des **Instituts für Mittelstandsforschung** Bonn[808] stehen Jahr für Jahr in Deutschland ca. 22.000 Familienunternehmen mit ca. 290.000 Beschäftigten vor der Lösung der Nachfolgefrage; in den nächsten 5 Jahren ist 1/4 der Familienunternehmen von diesem Eigentümerwechsel betroffen. 95 % aller Unternehmen in Deutschland sind familienbeherrscht; sie beschäftigen 57 % aller sozialversicherungspflichtigen Beschäftigten. Die 500 größten deutschen Familienunternehmen haben zwischen 2003 und 2005 300.000 neue Stellen geschaffen, davon 200.000 in Deutschland.[809] Etwa 2/3 aller Unternehmensübergaben erfolgen planmäßig, ca. 25 % gehen jedoch auf unvorhersehbare externe Ereignisse zurück, z.B. Unfall, Erkrankung des Unternehmers, finanzielle Notlage. Ca. 8 % (mit steigender Tendenz) aller Übergabeanlässe beruhen auf persönlichen Entscheidungen des Unternehmers (z.B. Wunsch nach Veränderung, Ehestreitigkeiten). Untersuchungen einer Expertengruppe der Europäischen Kommission aus dem Jahr 2002 ergeben ähnliche Zahlen im europäischen Rahmen.[810]

340 Statistisch[811] haben im Jahr 2005 die Beteiligten in 43,8 % der Fälle eine familieninterne Übergabegestaltung gewählt, 10,2 % den Verkauf an Mitarbeiter (»management buy-out«, **MBO**) durchgeführt, 16,5 % den Verkauf an externe Management-Teams favorisiert (sog. »management buy-in«, **MBI**), 21,1 % den Verkauf an andere Unternehmen, Finanzinvestoren etc. (sog. »**Industrieverkauf**«) herbeigeführt und in den verbleibenden 8,3 % das Unternehmen stillgelegt oder auf Stiftungen übertragen. Den Schwerpunkt bildet also auch hier die vorweggenommene Erbfolge in fast der Hälfte der Fälle (hinsichtlich der betroffenen Mitarbeiter sogar mehrheitlich: rund 351.000 von gesamt 678.000). Angestrebt wird stattdessen in 70 % aller Fälle eine familieninterne Lösung, in ca. 20 % ein Verkauf an Konkurrenten oder an Mitarbeiter und in immerhin be-

---

804 Vgl. *Ruby*, ZEV 2006, 254.
805 Reform zum 01.01.2007: Anstelle der Teilung in natura findet eine wertmäßige Teilung statt, bei der wirtschaftliche Einheiten nicht zerschlagen werden sollen; auf Antrag kann das Gericht Ehewohnung, Betrieb und freiberufliche Einheiten zuteilen; i.Ü. werden Teile, die aus dem Nachlass gem. Art. 826 Abs. 3 CC gebildet werden, durch einen vom Gericht beauftragten Notar verlost. Restbeträge werden in Geld ausgeglichen.
806 Vgl. etwa *Eberl-Borges*, ZErb 2010, 255 ff.
807 Vgl. *Brandt*, ZEV 2010, 133 ff.; *Eberl-Borges*, ZErb 2010, 255, 257 ff.
808 Statistik zur Unternehmensnachfolge www.ifm-bonn.org; vgl. auch *Gesmann-Nuissl*, BB-Spezial, Heft 6 2006, S. 2 ff.
809 In derselben Zeit haben die DAX-Konzerne ihre Belegschaft um 3 % reduziert.
810 Vgl. Abschlussbericht der Sachverständigengruppe zur Übertragung von kleinen und mittleren Unternehmen der Europäischen Kommission, Generaldirektion Unternehmen (2002), S. 7 ff.
811 Vgl. hierzu *Pöllath*, Unternehmensfortführung durch Nachfolge oder Verkauf, 2007; www.pplaw.com.

reits 13 % ein Verkauf an Private-Equity-Investoren.[812] In Betracht ziehen mittelständische Unternehmer allerdings in zunehmendem Maße den Verkauf des Unternehmens, immerhin können sich 28 % der Befragten[813] eine Veräußerung an europäische Bieter, 25 % an lokale Bieter, 16 % an außereuropäische Bieter und 11 % an Finanzinvestoren vorstellen. Online-Börsen erleichtern die Käufer- bzw. die Objektsuche.[814]

Gerade mittelständische Familienunternehmen – das Rückgrat der deutschen Wirtschaft[815] – stehen vor der Herausforderung des Nachfolgeproblems. Die Sensibilisierung der betroffenen Unternehmer nimmt zu.[816] Zwischen 2006 und 2010 sind ca. 30 % aller Betriebe übergegangen, in etwa der Hälfte[817] der Fälle auf Familienmitglieder – sei es, dass hinsichtlich der verbleibenden Hälfte keine geeigneten Unternehmenspersönlichkeiten zur Verfügung stehen, diese den hohen zeitlichen und finanziellen Einsatz einer Unternehmensfortführung scheuen oder ihnen (insb. im Bereich Hotel- und Gaststättengewerbe sowie im Einzelhandel) die Ertragslage ungenügend erscheint.

341

Trotz der objektiven Notwendigkeit, sich frühzeitig mit der Nachfolgeplanung zu beschäftigen, verdrängen viele Betroffene eine geordnete Planung aus emotionalen Gründen oder weil sie geschäftliche Nachteile bei Kunden befürchten, wenn Ruhestandswünsche ruchbar werden.[818] Hinzu kommen undurchschaubare gesetzliche und steuerrechtliche Vorschriften.

II. Interessenlage

Die grundlegenden Regelungsziele[819] der Vermögensnachfolgeplanung bei Betrieben, insb. mittelständischen Familienunternehmen, ähneln denen der Übertragung von Privatvermögen. Zu erreichen ist
(1) ein optimaler Vermögenserhalt
(2) bei **bestmöglicher Versorgung der Familie des Übergebers** (einschließlich der Freistellung aus übernommenen Bürgschaften und sonstigen Haftungsrisiken)
(3) unter gleichzeitiger **Absicherung des Erwerbers** durch möglichst geringe finanziellen Belastungen (Reduzierung von Schenkung- bzw. Erbschaftsteuer und/oder Abfindungs- bzw. Pflichtteilszahlungen).

342

Für den Veräußerer spielt gerade bei eigentümerdominierten Unternehmen weiterhin die **Wahrung des Familiencharakters** eine Rolle. Dieser kann gefährdet sein durch die Veräußerung des Betriebs oder von Mitunternehmeranteilen an Außenstehende – bspw. auch im Rahmen einer pri-

343

---

812 Studie von PriceWaterhouseCoopers, vgl. PriceWaterhouseCoopers (verantwortlicher Herausgeber: *Winkeljohann*), Familienunternehmen 2008, www.pwc.de. 89 % der Befragten wünschen sich eine einfachere Steuergesetzgebung, 79 % eine engere Zusammenarbeit mit Hochschulen.
813 Befragung durch die Mannheimer Unternehmensberatung IMAP M&A Consultants AG 2008, vgl. GmbHR 2008, R 267.
814 So etwa ab Januar 2011 die »Deutsche Unternehmerbörse – DUB« (www.dub.de) sowie seit 2004 der »Entrepreneurs Club« (www.entrepreneursclub.eu).
815 Die ca. 3,4 Mio. mittelständischen Unternehmen beschäftigen ca. 70 % aller Arbeitnehmer (sogar 80 % aller Auszubildenden). Auf sie entfallen nach Ermittlung des IfM (Instituts für Mittelstandsforschung Bonn) 57 % der Bruttowertschöpfung und 75 % aller Patente.
816 Als Gründe für die Befassung mit der Übergabefrage wurden genannt (Markt und Mittelstand, Heft 6/2007, S. 34): Selbstbefassung 9 %, gescheiterte Fälle im Bekanntenkreis 10 %, Sicherung des Ruhestandes 18 %, Druck der Banken (Basel II) 24 %, härterer Wettbewerb 31 %, Thematisierung in den Medien 65 %.
817 Bei geringen Umsätzen (bis 250.000,00 €/Jahr) ca. 40 %, bei Umsätzen von 2,5 bis 12,5 Mio. €/Jahr ca. 70 %.
818 Vgl. die Schilderung der Unternehmensnachfolge bei »Haribo« (Familie Riegel) durch *Astheimer*, FAZ v. 24.06.2006, S. 65.
819 Vgl. die Übersichtsdarstellung samt Checklisten bei *Birkner*, Nachfolgeratgeber Familienunternehmen, 2009.

vate equity Beteiligung –, die Gefahr einer »Verschleppung« der Familienhabe an Schwiegerkinder bzw. an eine »neue Familie« aus Anlass von Ehescheidungen oder als Folge des Ehegattenerbrechts[820] oder durch mangelnde testamentarische Vorsorge mit der Folge einer Zersplitterung der Anteile.

344 In psychologisch-unternehmerischer Hinsicht ist schließlich unabdingbare Voraussetzung, die **Management- und Betriebsführungsqualitäten** der vorgesehenen **Nachfolger** rechtzeitig und realistisch einzuschätzen.[821] Ist derzeit kein »geeigneter« und »fortführungswilliger« Angehöriger vorhanden, besteht aber noch Aussicht, dass ein solcher sich finden wird, kann der Ehegatte als zwischenzeitlicher Unternehmensträger eine Brückenfunktion übernehmen (bei der letztwilligen Alternative des Unternehmertestaments wird dann dem Ehegatten oder einem Dritten gem. § 2151 Abs. 2 BGB die Auswahl des Vermächtnisnehmers bzw. gem. § 2048 Satz 2 BGB die Durchführung der Teilungsanordnung überantwortet). Besteht keine Chance auf eine familieninterne Nachfolge, empfiehlt sich (ggf. nach Umwandlung in eine dafür geeignete Gesellschaftsform, also die GmbH & Co. KG oder eine Kapitalgesellschaft) die Installation einer **Fremdgeschäftsführung**.[822] Gibt der Veräußerer bei Vorhandensein eines zwar willigen, aber ungeeigneten Nachfolgers jedoch nach und überträgt das Unternehmen an ein Familienmitglied, das sich nur durch die Gnade der Geburt, nicht durch Leistung und Fähigkeit legitimiert, ist der Keim für den Betriebskollaps gelegt (»Buddenbrook-Schicksal«).

345 Ist dagegen ein geeigneter und bereiter Nachfolger vorhanden, sind ihm – v.a. im Hinblick auf weichende Geschwister – rechtzeitig die Wege zu ebnen. Hierzu zählt auch die Bildung ausreichenden Privatvermögens durch genügende Entnahmen, um die Abfindung weichender Geschwister zu ermöglichen und den eigenen Lebensabend aus den Einnahmen des Privatvermögens zu finanzieren. Dadurch wird das Betriebsvermögen entlastet. Gefährlich wäre es, ungeeignete Geschwister durch eine Beschäftigungsgarantie im Unternehmen absichern zu wollen, oder gar deren ggf. gezeigtem Drängen nachzugeben und den Betrieb an alle Kinder gemeinsam zu übertragen. Auch Großbetriebe sind durch Diadochenkämpfe zerrieben worden (vgl. Bahlsen, Villeroy & Boch, Underberg, Herlitz etc.). Nicht aktive Familienmitglieder sollten auch nicht für Überwachungsaufgaben (Aufsichtsrat) eingesetzt werden, denen sie nicht gewachsen sind bzw. die sie für bloße Machtproben missbrauchen könnten.

346 Häufig hilft eine **vorgeschaltete »Probezeit«** durch verantwortungsvolle Tätigkeit in einem Fremdunternehmen – der Übergeber befürchtet allerdings, dass der Nachfolger sich dort abwerben lassen könnte – oder durch Übernahme eines Betriebsteils im elterlichen Unternehmen als »Profitcenter« für einige Jahre. Wichtig ist auch die **Wahl des »rechten Zeitpunktes«** (»Prinz-Charles-Syndrom«). Die Gründer- und Aufbaugeneration gibt das Ruder oft erst aus der Hand, wenn äußere Umstände (Krankheit) dazu zwingen, kaschiert mit dem Argument, der Nachfolger müsse erst in seine Aufgabe »hineinwachsen«. Im Zuge der Übergabe selbst kommt es sodann häufig zu einem Generationenkonflikt, in welchem die Erfahrung des Seniors und die technologischen Fertigkeit des Juniors (EDV!) nicht zusammenwirken, sondern zur Bloßstellung des anderen genutzt werden. Die versteckte Führung des Unternehmens vom Rücksitz aus (»back seat driving«) mithilfe installierter »alter Gefährten« vereitelt die Chance des Nachfolgers, zur eigenen Unternehmerpersönlichkeit zu werden (z.B. Modeunternehmen Steilmann).[823]

---

820 Vgl. *Strätz*, FamRZ 1998, 1558.
821 Selten bringt jede Generation Unternehmerpersönlichkeiten hervor mit dem Willen und der Fähigkeit, Überdurchschnittliches zu leisten: »Der Vater erstellt's, der Sohn erhält's, beim Enkel verfällt's«.
822 Nach Ermittlungen von PriceWaterhouseCoopers müssen mittlerweile bei 3/4 aller Familienunternehmen bei der Besetzung von Führungspositionen Familienmitglieder mit externen Bewerbern konkurrieren.
823 Nachdem die Tochter Britta durch den Vater zweimal aus der Geschäftsführung »vergrault« wurde, verkaufte die weitere Tochter Ute das Unternehmen 2005 an den italienischen Konkurrenten Miro Radici.

F. Besonderheiten bei der Unternehmensnachfolge   Kapitel 1

Die Unternehmenspsychologie[824] stellt ab auf fünf Faktoren: die Persönlichkeit des Übergebers, des Übernehmers, die Art der Beziehung zwischen beiden, die Einbindung in das Familiensystem und in die innerbetriebliche Organisation. Sie erklärt die Unternehmensübergabe als »kritisches Lebensereignis«, welches das bisherige Lebenskonzept des Übergebers revidiert und einen selbstwertmindernden Statusverlust vom Unternehmer zum »alten Menschen« einleitet. Entscheidend ist es, rechtzeitig nachberufliche Ziele zu finden, auf die er sich fokussieren kann.   347

Stehen schließlich mehrere »Prätendenten« bereit, ist oft die **Realteilung des Betriebs** eine sinnvolle Lösung, andernfalls sind **Maßnahmen zur Konfliktbereinigung** und -lösung unabdingbar (z.B. **Beirat**[825] – Rdn. 2750 – mit mehr als nur beratender, vielmehr streitschlichtender oder gar schiedsrichterlicher Funktion bei Patt-Situationen, Schiedsgerichtsklauseln,[826] begrenztes fortdauerndes Mitsprache- oder Vetorecht des Veräußerers).   348

▶ Hinweis:

Nur eine umfassende betriebswirtschaftliche, finanzielle, steuerliche, juristische und psychologische Analyse gewährleistet damit den idealen Betriebsübergang.

Fehlt es an geeigneten und bereiten Nachfolgern, verbleibt die Alternative des **Unternehmensverkaufs** (v.a. wenn gem. § 34 Abs. 3 EStG wegen Überschreitens des 55. Lebensjahres oder Erwerbsunfähigkeit zum halben Steuersatz möglich, vgl. Rdn. 5789 ff.). Sie bietet häufig den Vorteil, dass aus dem Verkaufserlös zumindest die bestehenden Verbindlichkeiten (und damit die persönliche Haftung des Verkäufers hierfür) zurückgeführt werden können, wenn auch damit nicht die Altersversorgung auf Dauer gesichert sein mag.   349

Finanzierungshilfen wie das »Startgeld«,[827] Mikro-Darlehen,[828] das Fremdkapitalprogramm der KfW,[829] und Mezzanine Finanzierungen[830] erleichtern die Übernahme durch den (auch familieninternen) Erwerber als Existenzgründer. Daneben treten – bei Gründungen aus der Arbeitslosigkeit – Förderungsmöglichkeiten i.R.d. ALG I (Gründungszuschuss)[831] und des ALG II (Einstiegsgeld).[832]   350

---

824 Vgl. *Jarchow*, notar 2015, 3 ff. (fußend auf *McCrae/Costa*, Personality in adulthood: A five-factor perspective, London 2005.
825 Zu Beiräten in Familienunternehmen und den Grenzen der Aufgabenübertragung [Kernbereichslehre und Abspaltungsverbot, bei der Personengesellschaft auch Selbstorganschaft] vgl. *Groß*, ErbStB 2010, 216 ff. [Implementierung] und ErbStB 2010, 252 ff. [Beiratsverfassung], mit Formulierungsvorschlägen, sowie *Werner*, ZEV 2010, 619 ff.
826 Zu Schiedsvereinbarungen in Gesellschaftsverträgen *Hauschild/Böttcher*, DNotZ 2012, 577 ff.
827 KfW-Mittelstandsbank, max. 50.000,00 €, 10 Jahre Laufzeit, davon 2 tilgungsfrei. Die KfW gewährt der Hausbank eine 80 %ige Freistellung.
828 Max. 25.000,00 €, insgesamt 20 staatlich geförderte Programme, vgl. *Tödtmann/Achtruth*, NWB 2011, 142.
829 Unternehmerkredit mit einer Laufzeit von max. 20 Jahren, davon bis zu 3 Jahre tilgungsfrei; zur Finanzierung des Kaufpreises samt Warenlager, anstehender Investitionen und (Betriebsmittelvariante) auch laufender Aufwendungen. Höchstbetrag 25 Mio. €, (vor 2015 10 Mio. €) bis zum fünften (vor 2015: dritten) Jahr nach Aufnahme der Geschäftstätigkeit; Zinskonditionen je nach Risiko und Sicherheiten des Unternehmers.
830 ERP-Kapital bis zu 2 Jahre nach Geschäftsübernahme (Aufstockung vorhandener Eigenmittel von i.d.R. 15 % auf bis zu 40 % der Aufwendungen). Höchstbetrag 500.000,00 €; Laufzeit 15 Jahre (davon 7 Jahre tilgungsfrei). Näheres unter www.kfw-mittelstandsbank.de.
831 §§ 57, 58 SGB III bei mindestens 90 Tage Restanspruch auf Alg I und positiver Stellungnahme einer fachkundigen Stelle: 9 Monate nach steuerfreier Zuschuss i.H.d. bisherigen individuellen Arbeitslosengeldes zuzüglich 300,00 € monatlicher Sozialversicherungspauschale, sodann weitere 6 Monate nach 300,00 € Sozialversicherungspauschale.
832 §§ 16b, 16c SGB II: Regelförderung von 12 Monate (max. 24 Mon.) lang 50 % der ALG II – Regelleistung zuzüglich 10 % je weitere Person der Bedarfsgemeinschaft und zuzüglich 20 % bei längerer Ar-

III. Formen der Nachfolgeplanung

1. Unternehmensnachfolge von Todes wegen

351 Verantwortliche Nachfolgeplanung steuert zwar die lebzeitige Übertragung an und stellt hierfür rechtzeitig die Weichen (z.B. durch gegenständlich beschränkte Pflichtteilsverzichte, Vorab-Übertragung von Privatvermögen an weichende Geschwister mit Anrechnungsbestimmung gem. § 2315 BGB oder im Austausch gegen einen gegenständlich auf das Betriebsvermögen beschränkten Verzicht, Vorabentnahme ins Privatvermögen des derzeitigen Betriebsinhabers zur Sicherung der Altersversorgung, Förderung der Ausbildung des Nachfolgeprätendenten), sieht aber zugleich – für den Fall dass diese gesteuerte, im Ganzen oder sukzessive sich vollziehende Überleitung in die nächste Generation nicht mehr selbst vollzogen werden kann, auch aufgrund »umgekehrter Versterbensreihenfolge« – eine **testamentarische Vorsorgelösung** vor.[833] Lediglich 1/3 aller Unternehmer soll derzeit ein Testament errichtet haben,[834] obwohl auch Banken (Basel II) und Investoren mittlerweile auf einer solchen Notfallplanung bestehen und der Governance Codex für Familienunternehmen[835] deren Bedeutung hervorhebt. *Felix*[836] hat diesen Befund treffend so gekennzeichnet: »Während der Abschluss eines Feuerversicherungsvertrags für ein Unternehmen selbstverständlich ist, obwohl die Brandgefahr relativ gering ist, liegt die Nachfolgevorsorge oft – wenn nicht gar regelmäßig – im Argen. Dabei wird übersehen: Der Tod ist sicher, das Feuer nur ein seltenes, und bewältigbares, Risiko.«

352 **Laienhaft errichtete Testamente** stiften oft mehr Streit als Rechtsfrieden[837] und laden zu Gerichtsprozessen ein mit hohen emotionalen und materiellen[838] Kosten. Doch selbst wenn sie bei ihrer Errichtung eine angemessene Lösung enthielten, sollten sie einer regelmäßigen Überprüfung zugänglich sein und unterzogen werden, so dass Bindungswirkungen wie etwa beim gemeinschaftlichen Testament und beim Erbvertrag (§§ 2265 ff. BGB, insb. Wechselbezüglichkeit[839] gem. § 2269 BGB; §§ 2274 ff. BGB) zu vermeiden oder durch klar formulierte[840] Befugnisse zu einseitiger Abänderung zu beseitigen sind. Auch enge »dingliche« Bindungen des Unternehmensnachfolgers, wie etwa die Beschränkung durch einen Nacherben, sind nicht empfehlenswert,[841]

---

beitslosigkeit bis max. 100 %; ferner bis zu 5.000,00 € Zuschüsse für die Beschaffung von Sachgütern gem. § 16c Abs. 2 SGB II.

833 Vgl. z.B. im Überblick *von Hoyenberg*, RNotZ 2007, 377 ff.; *Werner*, NWB 2011, 213 ff.; monografisch *Sudhoff*, Unternehmensnachfolge und *Semrau*, Das Unternehmertestament; guter Überblick bei *Langenfeld/Fröhler*, Testamentsgestaltung, 5. Aufl. 2015 Kapitel 7.

834 Vgl. *Klein-Benkers*, ZEV 2001, 329; statistische Informationen auch bei www.ifm-bonn.de, www.nexxt.org.

835 Vgl. www.kodex-fuer-familienunternehmen.de, dort Tz. 3.3 und Tz. 7, hierzu *Lange*, BB 2005, 2585.

836 Steuerkongressreport 1977, 330, 340.

837 Bekannt ist das Testament des Tchibo-Gründers Max Herz, wonach »zwei seiner befähigsten Jungen mind. 52 % seiner Firma« erhalten sollen.

838 Grobkalkulation des Kostenrisikos bei einem Streitwert von 50.000,00 €: erste Instanz 7.600,00 €, Berufung 8.800,00 €, Revision 11.800,00 €, insgesamt also mit 28.200,00 € mehr als die Hälfte des Streitwerts! Bei 200.000,00 € beläuft sich die Summe aller drei Instanzen auf 57.000,00 €, bei einer Mio. € auf 151.000,00 €!

839 Rechtsprechungsübersicht zur Wechselbezüglichkeit: *Zimmer*, ZEV 2015, 450 ff.; Indizien für den Bindungswillen bei *U. Mayer*, ZEV 2016, 420 ff.

840 »Der überlebende Ehegatte hat die Verfügungsgewalt über das gemeinsame Vermögen« reicht hierfür (als möglicherweise bloßer Hinweis auf § 2286 BGB) nicht, OLG Bamberg, 06.11.2015 – 4 W 105/15, ErbR 2016, 89.

841 Selbst bei der befreiten Vorerbschaft werden z.B. Grundpfandrechtsbestellungen wegen des Schenkungsverbots (§ 2113 Abs. 2 BGB) nur mit Zustimmung des Nacherben möglich sein, da die »statthafte«, vollentgeltliche Verwendung der Kreditmittel kaum rechtssicher belegt werden kann. Monografisch zur »ordnungsgemäßen Verwaltung« durch den Vorerben in Personen- oder Kapitalgesellschaften als Unternehmensträgern *Iden*, Der Vorerbe im Unternehmen, 2016.

so dass eher mit Vor- und Nachvermächtnis gearbeitet werden sollte (§ 2191 BGB: lediglich schuldrechtlicher Anspruch auf Übertragung, durch Schadensersatzverpflichtung gesichert).

Einige **taugliche Grundmodelle erbrechtlicher Nachfolgeregelungen für Unternehmer** (mit allerdings deutlich abweichenden ertragsteuerlichen Konsequenzen, vgl. Rdn. 5856 ff. mit plastischem Beispielsfall in Rdn. 5934) werden nachfolgend (Rdn. 354 ff.) vorgestellt. Typologisch lässt sich differenzieren 353

(1) zwischen Sachverhalten, in denen die vorsorgende Unternehmensgestaltung im Vordergrund steht (bei **Fehlen geeigneter Nachfolger**: Umstrukturierung eines Einzelunternehmens in eine GmbH & Co KG)

(2) und solchen, in denen zumindest ein beschränkter **Kreis potentiell geeigneter Nachfolger** besteht (Wahlvermächtnisse gem. Rdn. 366 ff.; Auswahlentscheidungen durch Testamentsvollstrecker)

(3) und schließlich solchen, in denen der **Nachfolger feststeht**, und die Abwägung der eigenen Versorgungs- und der Abfindungsinteressen anderer Beteiligter im Vordergrund steht, wie etwa in der Regel bei Landwirten.

a) Alleinerben-Vermächtnisnehmer-Modell

Bei dieser in aller Regel empfohlenen[842] (zu Ausnahmen im Hinblick auf § 28a ErbStG bezüglich großindustriellen Erwerben vgl. Rdn. 5402) Gestaltung wird der Unternehmensnachfolger (bzw. Übernehmer der Gesellschaftsanteile)[843] zum Alleinerben benannt, zugunsten der übrigen Personen werden Vermächtnisse, möglichst aus dem im Nachlass vorhandenen Privatvermögen, sonst als Verschaffungsvermächtnisse, ausgesetzt. Die **Vermeidung einer Erbengemeinschaft** erspart Konflikte. Eine Erbauseinandersetzung, die ESt auslösen könnte, findet nicht statt, und auch die Leistung der Vermächtnisse ist einkommensteuerlich neutral, soweit sie aus Privatvermögen erfolgt. Liquiditätsprobleme beim Erben treten, wenn keine Geldzahlungen aus dem betrieblichen Bereich angeordnet werden, nicht auf. Das ungewollte Auseinanderfallen von Sonderbetriebs- (= zivilrechtlichem Allein-)vermögen und zivilrechtlichem (Gesamthands-)Betriebsvermögen ist nicht möglich (eine solche Entnahme mit der Folge der Auflösung stiller Reserven im Betriebsgebäude tritt z.B. ein, wenn lediglich ein »Vermächtnis hinsichtlich der Gesellschaftsanteile« ausgesetzt wird, wovon das Sonderbetriebsvermögen zivilrechtlich nicht erfasst ist). 354

Besonders flexibel ist dabei eine Lösung, welche auch die Inhalte des Vermächtnisses zugunsten des aus dem Privatvermögen zu versorgenden Ehegatten dem »Unternehmensvollstrecker« (s. hierzu auch den Formulierungsvorschlag in Rdn. 370) überantwortet (§ 2156 BGB); im Regelfall wird (auch zur Erzielung möglicher Steuerfreiheit gem. § 13 Abs. 1 Nr. 4b ErbStG bei 10-jähriger Selbstnutzung) jedenfalls das Eigenheim davon erfasst sein. Je nach Ausgestaltung ist das Vermächtnis erbschaftsteuerlich sofort oder erst mit Erfüllung abzugsfähig, vgl. Rdn. 375 und 4500. 355

Sollte das (im Nachlass oder beim Erben vorhandene) Privatvermögen zur Abfindung von Pflichtteils- bzw. Abfindungslasten nicht genügen, kann eine **Einräumung typisch stiller Beteiligungen (Rdn. 2695 ff.) oder einer dauernden Last** erwogen werden.[844] Diese Lösung ist der Aufnahme eines Darlehens zur Finanzierung von Ausgleichszahlungen an die »weichenden Erben« überlegen, da Darlehenszinsen zur Erfüllung von Geldvermächtnissen nicht abzugsfähig wären, ebenso wie 356

---

842 *Ivens*, ZEV 2010, 462 ff.; *Spiegelberger*, Unternehmensnachfolge, § 2 Rn. 29.
843 Insb. bei der Kapitalgesellschaft, wo keine Sonderrechtsnachfolge möglich ist, vgl. *Ivens*, ZEV 2011, 177 ff.
844 Zu beiden *Ivens*, ZEV 2010, 462, 463. Wird sie vermächtnisweise eingeräumt, kann der Pflichtteilsberechtigte freilich ausschlagen, § 2307, vgl. *H.P. Westermann*, in: *Bayer/Koch (Hrsg.)* Personen- und Kapitalgesellschaftsrecht an den Schnittstellen zum Familien- und Erbrecht, Schriften zum Notarrecht Bd. 42, S. 69, 85.

das Geldvermächtnis selbst nicht ertragsteuerlich berücksichtigt werden kann[845] (keine Analogie zu lebzeitigen Gleichstellungsgeldern, zu diesen vgl. Rdn. 6239).

357 Seltener ist die umgekehrte Zuwendung des (dann komplett zu erfassenden – Problemkreise: Sonderbetriebsvermögen und Betriebsaufspaltungen!) Betriebsvermögens durch Vermächtnis an den Unternehmensnachfolger (in der Form eines Vorausvermächtnisses, falls er zugleich an der weiter bestehenden Erbengemeinschaft beteiligt ist). Ertragsteuerlich wird die Auflösung stiller Reserven in den meisten Fällen auch hier vermieden (vgl. im Einzelnen Rdn. 5935 ff.); eine Gewinnrealisierung findet jedoch z.B. statt, sofern der Vermächtnisnehmer seinerseits mit Gegenleistungen beschwert ist.[846]

358 Wegen der besonderen Lasten und Verantwortung, die mit betrieblichem Vermögen verbunden sind, wird der Unternehmenserbe typischerweise wertmäßig besser bedacht als die Privatvermögens-Vermächtnisnehmer. Die häufig anzutreffende Gleichsetzung von »Gleichheit« und »Gerechtigkeit« kann allenfalls, wenn überhaupt, für das Privatvermögen (und auch dort kaum für alle Objektarten, z.B. nicht für Immobilien im Vergleich zu Geldvermögen) Geltung beanspruchen.

359 Der Erbe kann die bei Vererbung eines einzelkaufmännischen Unternehmens eintretende unbeschränkte Haftung dadurch vermeiden, dass er das Handelsgeschäft unter einem anderen Namen fortführt[847] (und zusätzlich Maßnahmen der Begrenzung der Erbenhaftung gem. §§ 1975 ff. BGB, 780 ff. ZPO ergreift) oder aber durch vollständige Einstellung des Geschäfts binnen (nur) 3 Monaten gem. § 27 Abs. 2 HGB.[848] Mehrere Erben können sich über den Nachlass auseinandersetzen (zu den ertragsteuerlichen Folgen, also zur Möglichkeit der Buchwertfortführung und zur Geltendmachung von Finanzierungsaufwendungen vgl. Rdn. 5920 ff.) oder den Betrieb als Erbengemeinschaft weiterführen, so dass gem. § 31 Abs. 1 HGB die Miterben als Inhaber im Handelsregister einzutragen sind. Für Letztere gelten (wohl) die Vertretungs- und Geschäftsführungsregeln der OHG entsprechend.[849]

b) »Frankfurter Testament«

360 Das »Frankfurter Testament«[850] bietet immer dann einen relativ stabilen Lösungsansatz, wenn das Betriebsvermögen das Privatvermögen übersteigt. Es setzt allerdings eine (streitanfällige) Unternehmens- und Grundstücksbewertung voraus.

▶ Formulierungsvorschlag: »Frankfurter Testament« zur Unternehmensnachfolge

361 Ich setze meine beiden Kinder A und B zu Miterben im Verhältnis der Werte ein, welche die ihnen nachstehend durch Teilungsanordnung zugewiesenen Vermögensteile haben. Hierbei erhält mein Sohn A das Einzelunternehmen ....., meine Tochter B die zum Privatvermögen zählenden Gegenstände des beweglichen und unbeweglichen Vermögens. Der hierfür eingesetzte Testamentsvollstrecker ..... hat nach freiem Ermessen, orientiert an den Grundsätzen ordnungsgemäßer Unternehmens- und Grundstücksbewertung, das Betriebs- und das Privatvermögen zu bewerten.

(*Anm.: ggf. weiter:*) Meine Tochter B erhält aus dem Anteil des Sohnes ein nicht anrechnungspflichtiges Vorausvermächtnis in Höhe eines ..... Teils der Bewertungsdifferenz in bar, erfüllbar in

---

845 FG Nürnberg, 31.03.2010 – 3 K 1179/2007, ZErb 2010, 216.
846 Tz. 71 des BMF-Schreibens zur Erbauseinandersetzung, BStBl. 1993 I, S. 62.
847 H.M., vgl. Baumbach/Hopt, HGB, § 27 Rn. 3.
848 Vgl. im Einzelnen *Bredemeyer*, ZErb 2013, 294 ff.
849 Str., vgl. *K. Schmidt*, NJW 1985, 2785, 2789. Eine »automatische« Gesellschaftsgründung erfolgt jedoch nicht, vgl. BGH, 08.10.1984 – II ZR 223/83, NJW 1985, 136. Sind Miterben minderjährig, bedürfen die gesetzlichen Vertreter zu deren Vertretung keiner gerichtlichen Genehmigung, allerdings sind sie nach Erlangung der Volljährigkeit durch § 1629a BGB geschützt, vgl. *Bredemeyer*, ZErb 2013, 294, 298 f.
850 Der Name stammt von *Felix*, KÖSDI 1990, 8265.

F. Besonderheiten bei der Unternehmensnachfolge Kapitel 1

drei gleichen Jahresraten und ab dem zweiten Jahr mit .....% nachträglich zu verzinsen (*Alt.: eine typisch stille Beteiligung am Unternehmen zu folgenden Konditionen .....*)

Durch die »dynamische« Einsetzung nach Wertquoten und die prozentuale Berechnung des Vorausvermächtnisses ist eine Anpassung des Testaments nach dem Verhältnis der künftigen Vermögensentwicklung nicht erforderlich. Das bare Vorausvermächtnis führt zu nicht abziehbarem Zinsaufwand, so dass eine typisch stille Beteiligung vorzuziehen ist. 362

Zur Entlastung der nichtunternehmerischen Miterben sollte allerdings angeordnet sein, dass der Unternehmenserbe die anderen Miterben freizuhalten hat von Steuernachzahlungen, die auf das frühere Einzelunternehmen noch in der Hand des nachmaligen Erblassers, etwa aufgrund von Betriebsprüfungen für die davor liegende Zeit, entfallen. Diese würden sonst alle Erben treffen (anders bei der Gewerbe- und der Umsatzsteuer). 363

▶ **Formulierungsvorschlag: Steuerausgleichsvermächtnis beim »Frankfurter Testament«**

Diejenigen Miterben, welche die Privatvermögensteile erhalten, haben vermächtnisweise einen Anspruch gegen den Miterben, der das Unternehmen erhält, auf Erstattung derjenigen Steuernachzahlungen, die – etwa aufgrund einer Betriebsprüfung – aufgrund von Gewinnen und Vermögen des Einzelunternehmens während der Eigentumszeit des Erblassers nachzuzahlen sind. 364

Der unternehmerische Miterbe kann die Vergünstigungen der §§ 13a, 19a ErbStG in Anspruch nehmen (Rdn. 4996 ff.); die erbschaftsteuerliche Bewertung des Betriebsvermögens wiederum folgt den Vorschriften des BewG, vgl. Rdn. 4701 ff. 365

c) Wahlvermächtnis-Modell

Weiter sind Fälle denkbar, in denen der überlebende Ehegatte, ggf. für einen lediglich begrenzten Zeitraum (z.B. vorübergehende Betriebserlaubnis der Handwerkskammer bei Fehlen der Ausbildungsvoraussetzungen für einen Handwerksbetrieb zugunsten des Ehegatten!) – oder ein Testamentsvollstrecker (s. Rdn. 391) – das Unternehmen des Verstorbenen weiter führt und sodann, aus dem Kreis der Abkömmlinge, einen (oder mehrere: §§ 2157 bis 2159 BGB[851]) geeigneten Betriebsnachfolger aussucht, dem das Unternehmen gem. § 2151 Abs. 2 BGB (Bestimmungsvermächtnis)[852] gegen Gewährung z.B. einer Versorgungsrente zu übertragen ist (auch bei einer Teilungsanordnung kann der Ehegatte oder ein sonstiger Dritter den Unternehmensnachfolger gem. § 2048 Abs. 2 BGB bestimmen; die unmittelbare Bestimmung eines Erben durch einen Dritten wäre jedoch gem. § 2065 Abs. 2 BGB unzulässig). Mangels Anwendbarkeit des § 2307 BGB kann vor der Auswahlentscheidung jeder mögliche Bedachte (ohne auszuschlagen) seinen Pflichtteil geltend machen.[853] 366

Im Kern ist eine solche Gestaltung in der (häufiger gewählten) Vermächtnisvariante etwa wie folgt zu formulieren:

▶ **Formulierungsvorschlag: Wahlvermächtnis gem. § 2151 BGB zur Bestimmung des Unternehmensnachfolgers**

Ich setze meine Ehefrau zur Alleinerbin ein. Meinen Handwerksbetrieb mit allen Aktiva und Passiva wende ich demjenigen meiner Abkömmlinge zu, der die Voraussetzungen der Eintragung in die Handwerksrolle erlangt. Meine Ehefrau bestimmt den Zeitpunkt der Nachfolge, also die Erfüllung des Vermächtnisses, und hat bei mehreren geeigneten Abkömmlingen gem. § 2151 BGB die Wahl, ob und ggf. welchem oder welchen Abkömmlingen sie den Betrieb zu welchen Quoten überträgt. Meiner Ehefrau steht es auch frei, den Betrieb zu veräußern, solange keiner meiner Ab- 367

---

851 Zum gemeinschaftlichen Vermächtnis OLG Hamm, 16.07.2015 – 10 U 38/14, ErbR 2016, 269, hierzu *Hölscher*, ErbR 2016, 244 ff.: Mitgläubigerschaft gem. § 432 BGB im Außenverhältnis, auch wenn die Berechtigten im Innenverhältnis Teilgläubigerschaft vereinbart haben.
852 Vgl. *Jünemann*, ZEV 2011, 163 ff.
853 Vgl. *Hölscher*, ZEV 2015, 676 ff. (weder auflösend noch aufschiebend bedingtes Vermächtnis).

kömmlinge die entsprechende Befähigung erlangt hat. Sind handwerksrechtlich befähigte Abkömmlinge vorhanden, muss die Betriebsübertragung jedoch spätestens mit Vollendung des ..... Lebensjahres meiner Ehefrau erfolgen. Bis zur Übertragung, also der Erfüllung des Vermächtnisses, ist meine Ehefrau zur Unternehmensführung berechtigt sowie zur freien Verwendung der Erträge. Sollte die Fortführung des Betriebs handwerksrechtlich nicht ausreichend lange möglich sein, ist meine Ehefrau berechtigt, anstelle eines Verkaufs das Unternehmen in eine Kapitalgesellschaft einzubringen und einen handwerksrechtlich zugelassenen technischen Betriebsleiter anzustellen.

Ab dem Zeitpunkt der Vermächtniserfüllung ist der Vermächtnisnehmer, also der Betriebsübernehmer, im Weg eines Untervermächtnisses damit belastet, zugunsten meiner Ehefrau eine Versorgungsrente i.H.v. monatlich ..... € auf deren Lebenszeit zu entrichten. Dieser Betrag, der nach den derzeitigen Verhältnissen bemessen ist, ändert sich bis zum Zeitpunkt der ersten Fälligkeit nach Maßgabe der Veränderung des Verbraucher-Preisindex in Deutschland auf der jeweils aktuellen Originalbasis im Vergleich zum derzeitigen Monat. Nach Entstehung der Versorgungsrente findet eine Anpassung jeweils statt, wenn weitere Veränderungen von 10 % nach oben oder unten stattgefunden haben.

368 Erbschaftsteuerlich[854] war bis 31.12.2008 die Zuweisung des Freibetrags gem. § 13a ErbStG empfehlenswert, um dessen Aufteilung zwischen Erben und Vermächtnisnehmern zu vermeiden; die Weiterübertragung des Betriebs aufgrund des schuldrechtlichen Vermächtnisanspruchs verstieß, auch wenn sie binnen 5 Jahren nach dem Tod erfolgte, nicht gegen die Behaltensregelung und war damit nicht steuerschädlich. Seit 2009 erfolgt bereits durch § 13b Abs. 3 ErbStG eine unmittelbare Allokation der Steuerprivilegien beim endgültigen Übernehmer (vgl. Rdn. 5425 ff.). Die im Weg des Untervermächtnisses ausgesetzte Versorgungsrente dürfte den Sonderausgabenabzug beim Unternehmenserwerber ermöglichen, sofern sie aus dem Ertrag des Betriebs aufgebracht werden kann (Rdn. 6362 ff.).[855]

369 Die Auswahlmöglichkeit gem. § 2151 BGB kann auch (a.a.O., Abs. 1) dritten Personen, etwa einem Testamentsvollstrecker, überantwortet werden, dem dann regelmäßig auch die Erfüllung des Vermächtnisses obliegt:

▶ Formulierungsvorschlag: Unternehmertestament (Dauervollstreckung mit Zuordnungsbefugnis hinsichtlich Betriebs- und Privatvermögen)

370 (Anm.: *im Anschluss an die Erbeinsetzung der Kinder*:)

Wenn meine Ehefrau nicht (Ersatz-)Erbin wird, so erhält sie, sofern bei meinem Tod die Ehe nicht geschieden oder ihre Scheidung beantragt ist, zu ihrer Versorgung als Vermächtnis mein gesamtes Privatvermögen, also das Vermögen, das nicht zu dem derzeit unter der .....-GmbH betriebenen Unternehmen gehört, insbesondere das Familienheim. Den genauen Gegenstand des Vermächtnisses bestimmen nach § 2156 BGB die Testamentsvollstrecker.

Es ist mein Anliegen, den Fortbestand des derzeit in Form der genannten GmbH betriebenen Unternehmens – nachfolgend als Unternehmen bezeichnet – zu sichern, auch im Interesse der leitenden Mitarbeiter und der Arbeitnehmer. Deshalb ordne ich Testamentsvollstreckung an. Die Testamentsvollstrecker haben alle gesetzlich möglichen Befugnisse und sind insbesondere auch zur Dauervollstreckung befugt, bis der Fortbestand des Unternehmens gesichert ist. Sie sind auch zur Erfüllung der Vermächtnisse verpflichtet (Abwicklungsvollstreckung).

---

854 Zum Zeitpunkt der Abzugsfähigkeit beim Beschwerten vgl. unten Rdn. 375.
855 Dritter Rentenerlass des BMF, BStBl. 2004 II, S. 922, Tz. 40 f.; a.A. zuvor die strengere Rspr. des X. Senats des BFH, 17.04.1996 – X R 160/94, DB 1996, 1958, wonach der Sonderausgabenabzug bei einer testamentarisch angeordneten privaten Versorgungsrente nur gewährt werde, wenn die Rente anstelle des Erbteils gewährt wird, die Ehefrau also nicht Erbin des Restvermögens bliebe, vgl. *Schwenk*, DStR 2004, 1679, 1685.

F. Besonderheiten bei der Unternehmensnachfolge   Kapitel 1

Zu Testamentsvollstreckern ernenne ich Herrn Rechtsanwalt ..... und Herrn Steuerberater ....., und zwar zur gemeinsamen einvernehmlichen Amtsausübung. Jeder Testamentsvollstrecker kann einen Nachfolger benennen. *(Anm.: Es folgen Regelungen zur Vergütung etc.)*

Im Wege der Dauervollstreckung haben die Testamentsvollstrecker die Aufgabe, den Fortbestand des Unternehmens zu sichern.

1. Dies geschieht in erster Linie dadurch, dass einer oder mehrere geeignete Abkömmlinge das Unternehmen übernehmen können. Sind diese Voraussetzungen bei meinem Tod noch nicht gegeben, aber voraussehbar, so verwalten die Testamentsvollstrecker das Unternehmen bis zu dem Zeitpunkt der Übergabe an einen oder mehrere Abkömmlinge.
2. Als Zweckvermächtnis und Vorausvermächtnis i.S.v. §§ 2156, 2150 BGB setze ich dem oder den zur Fortführung des Unternehmens geeigneten Erben das Unternehmen aus. Die Testamentsvollstrecker bestimmen nach §§ 2151, 2153 BGB, wer von mehreren Erben geeignet ist und zu welchen Anteilen mehrere Vermächtnisnehmer zu welchem Zeitpunkt und unter welchen Bedingungen sie das Vermächtnis erhalten sollen.
3. Als Zweckvermächtnis und Vorausvermächtnis i.S.d. §§ 2156, 2150 BGB setze ich den Erben, die im Falle der Erfüllung des Vermächtnisses gemäß vorstehender Nr. 2. nicht am Unternehmen beteiligt werden, zu ihrer Versorgung geeignete stimmrechtlose Beteiligungen, Nutzungsrechte oder Rentenbezugsrechte zulasten des Unternehmens aus. Die Testamentsvollstrecker bestimmen nach ihrem billigen Ermessen den Inhalt des Zweckvermächtnisses und nach §§ 2151, 2153 BGB die Personen und Anteile der Vermächtnisnehmer.
4. Ist keiner der Erben aus dem Kreis der Abkömmlinge zur Fortführung des Unternehmens geeignet oder wird kein geeigneter Abkömmling Erbe, so haben die Testamentsvollstrecker den Fortbestand des Unternehmens durch dessen Veräußerung sicherzustellen. Hierbei haben sie die Vorstellungen und Wünsche der leitenden Angestellten des Unternehmens zu berücksichtigen.
5. In erster Linie ist anzustreben, das Unternehmen den Mitarbeitern zur Fortführung zu veräußern.
6. In zweiter Linie ist das Unternehmen an einen Käufer zu veräußern, der das Unternehmen in seinem Fortbestand erhalten wird.
7. Der Fortbestand des Unternehmens und der Erhalt der Arbeitsplätze hat auch dann Vorrang, wenn bei der Veräußerung an einen Käufer, der sich hierzu verpflichtet, ein geringerer Kaufpreis erzielt wird als bei der Veräußerung an einen Käufer, der das Unternehmen nicht erhalten wird.

d) Schlusserbenlösung mit Abänderungsvorbehalt

Soll der Unternehmensnachfolger erst für die Zeit nach dem Tod des längerlebenden Ehegatten, also als Schlusserbe, berufen werden, ist dringend anzuraten, diese Schlusserbeinsetzung von der erbvertraglichen Bindung bzw. der Wechselbezüglichkeit eines gemeinschaftlichen Testaments auszunehmen und dem Längerlebenden die Möglichkeit zu Reaktionen auf sich ändernde Verhältnisse zu geben. Ein solcher **Aufhebungs- und Änderungsvorbehalt** ist nach neuerer Rechtsprechung[856] selbst dann zulässig, wenn der Erbvertrag/das gemeinschaftliche Testament keine weitere vertragsmäßig bindende Verfügung enthält – dann allerdings nur, wenn die Ausübung des Vorbehalts hinsichtlich dieser einzigen vertragsmäßigen Verfügung nur unter bestimmten Voraussetzungen möglich ist.[857] Auch der Umfang der eröffneten Änderungen muss genau bestimmt sein, bspw. zur Klärung, ob auch eine komplette Enterbung möglich ist,[858] und ob bei einer festgelegten Mindestquote zusätzlich Beschwerungen wie etwa Testamentsvollstreckung angeordnet werden

371

---

856 OLG München, 10.10.2006 – 31 Wx 29/06, DNotZ 2007, 53.
857 Sog. Lehre vom spezifizierten Abänderungsvorbehalt, vgl. OLG München, 18.09.2008 – 31 Wx 8/08, MittBayNot 2009, 237, m. Anm. *Kornexl*.
858 Nach OLG Düsseldorf, 29.01.2007 – 3 Wx 256/06, FamRZ 2007, 769 berechtigt ein »Änderungsvorbehalt hinsichtlich anderweitiger Festlegung der Erbquoten« im Zweifel nicht zu einer vollständigen Enterbung; krit. hiergegen *Münch*, FamRZ 2007, 1145 f.

können.⁸⁵⁹ Das OLG München⁸⁶⁰ hat einen Abänderungsvorbehalt hinsichtlich einer (der einzigen) an sich erbvertraglich bindenden Einsetzung des Sohnes für zulässig gehalten mit folgendem Wortlaut:

▶ **Formulierungsvorschlag: Beschränkter Abänderungsvorbehalt hinsichtlich der Einsetzung eines Unternehmenserben**

372 Die Mutter kann nach dem Ableben des Vaters den Sohn E, der vorstehend zum Schlusserben insbesondere des väterlichen Betriebs eingesetzt wurde, von jeglicher Erbfolge ganz oder teilweise ausschließen und über den freiwerdenden Anteil zugunsten eines oder mehrerer der gemeinschaftlichen ehelichen Abkömmlinge anderweitig verfügen, wenn Tatsachen ernste Zweifel an der Eignung des Sohnes E für die ordnungsgemäße Fortführung des Betriebs rechtfertigen. Zur Änderung berechtigt insbesondere alles, was zur Erbunwürdigkeit oder zum Pflichtteilsentzug führen kann, ferner verschwenderische Lebensführung, Arbeitsscheue, Interesselosigkeit am Betriebsgeschehen, Unterlassung einer dem Lebensalter angemessenen, der Unternehmensfortführung dienlichen Berufsausbildung, schwere körperliche Mängel, geistige Erkrankung, grober Leichtsinn in geschäftlichen Angelegenheiten, außerbetriebliche Verschuldung, Trunk- oder Rauschgiftsucht sowie schwere Straftaten.

373 Verwandt ist die bei Berliner Testamenten anzutreffende Gestaltung, dem länger lebenden Ehegatten Vermächtnisse unbestimmter Höhe, unbestimmten Inhalts und unbestimmter Fälligkeit zugunsten der Kinder des Erstversterbenden aufzuerlegen, auch um erbschaftsteuerliche Freibeträge zu nutzen und ihnen eine »Anerkennung« für die Nichtgeltendmachung des Pflichtteilsanspruchs zukommen zu lassen.⁸⁶¹

▶ **Formulierungsvorschlag: Sog. Super-Vermächtnis nach Gutdünken des Längerlebenden anstelle des Pflichtteils**

374 Der Erstversterbende wendet seinen Kindern als Anerkennung dafür, dass sie ihre Enterbung ohne Pflichtteilsverlangen hinnehmen, und zur zumindest teilweisen Ausnutzung der erbschaftsteuerlichen Freibeträge Vermächtnisse zu, wenn und sobald entstandene Pflichtteilsansprüche verjährt oder durch Erlassvertrag erloschen sind bzw. Gegenstand eines Pflichtteilsverzichtsvertrages waren. Der überlebende Ehegatte (Erbe) als Beschwerter hat die Befugnis, unter allen Kindern den oder die Bedachten gem. § 2151 BGB und unter den Ausgewählten zu bestimmen, was jeder gem. § 2153 BGB erhält. Die Beschwerte kann ferner die Leistung und gem. § 2156 BGB die Leistung und gem. § 2181 BGB die Fälligkeit nach billigem Ermessen bestimmen. Er kann nach billigem Ermessen ebenso einzelne Gegenstände zuweisen, diese bewerten und Ausgleichs- bzw. Gleichstellungszahlungen festlegen. Die Berechtigten können eine einstweilige Sicherung ihres Vermächtnisses nicht verlangen. (*Anm.: ggf. Beschränkung: Jedes Kind muss jedoch mindestens so viel erhalten, wie seinem Pflichtteil nach dem zuerst Verstorbenen wertmäßig entspricht.*)

375 Die zeitlich völlig unbestimmte Fälligkeit dieses »Supervermächtnisses«⁸⁶² führt allerdings dazu, dass gem. § 9 Abs. 1 Nr. 1a ErbStG das Vermächtnis erst mit dem (selbstgewählten) Eintritt der Fälligkeit als abzugsfähig zu werten ist, d.h. der erbschaftsteuermindernde Effekt für den längerlebenden Ehegatten zunächst noch nicht eintritt,⁸⁶³ vielmehr eine spätere Korrektur erfolgt (vgl.

---

859 Dafür OLG Köln, 16.10.2013 – 2 Wx 252/13, MittBayNot 2014, 538 m. Anm. *Braun*, in Abgrenzung zu OLG München, 03.06.2008 – 34 Wx 29/08, ZEV 2008, 340, wo aus der Nennung einzelner Änderungsmöglichkeiten in einem notariellen Testament geschlossen wurde, andere Änderungen seien nicht möglich, krit. hierzu *Keim/Mayer*, in: DAI-Skript 12. Jahresarbeitstagung des Notariats, 2014, S. 681 ff.
860 Im bereits zitierten Beschl. des OLG München, 10.10.2006 – 31 Wx 29/06, DNotZ 2007, 53.
861 *S. Schmidt*, BWNotZ 1998, 98; *Ebeling*, ZEV 2007, 87.
862 Vgl. hierzu *Everts*, NJW 2008, 557; *J. Mayer*, DStR 2004, 1409 ff. (auch – dann losgelöst vom Unterbleiben eines Pflichtteilsverlangens – unter der Bezeichnung »Erbschaftsteuervermächtnis« diskutiert, vgl. hierzu Rdn. 4501).
863 BFH, 27.08.2003 – II R 58/01, BStBl. 2003 II, S. 921, vgl. *Everts*, ZErb 2004, 373. Dies entspricht der zivilrechtlichen Vermutung des § 2181 BGB, wonach im Zweifel die Leistung mit dem Tod des Beschwerten fällig werde.

im Einzelnen Rdn. 4500). Der Sofortabzug (allerdings gemindert um eine Abzinsung i.H.v. 5,5 %/Jahr gem. § 12 Abs. 3 BewG, Rdn. 6217 ff.)[864] ist jedoch gewährleistet, wenn ein letzter, hilfsweise eintretender Zeitpunkt der Fälligkeit bestimmt ist, der jedoch (da sonst eine wirtschaftliche Belastung fehlt, Rechtsgedanke des § 6 Abs. 4 ErbStG)[865] nicht mit dem Tod des Längerlebenden zusammenfallen und auch nicht (§ 42 AO) in unrealistisch ferner Zukunft (»40 Jahre nach meinem Tod«) liegen darf. Den Vermächtnisnehmern sollte ferner zum Schutz des Erben auferlegt werden, dass eine einstweilige Sicherung (etwa durch Arrest, § 916 ZPO), nicht verlangt werden kann (Untervermächtnis, gerichtet auf Abschluss einer Vollstreckungsschutzvereinbarung).[866]

▶ Formulierungsvorschlag: Sog. Super-Vermächtnis nach Gutdünken des Längerlebenden anstelle des Pflichtteils mit sofortiger Abzugsmöglichkeit

Der Erstversterbende wendet seinen Kindern als Anerkennung dafür, dass sie ihre Enterbung ohne Pflichtteilsverlangen hinnehmen, und zur zumindest teilweisen Ausnutzung der erbschaftsteuerlichen Freibeträge Vermächtnisse zu, wenn und sobald entstandene Pflichtteilsansprüche verjährt oder durch Erlassvertrag erloschen sind bzw. Gegenstand eines Pflichtteilsverzichtsvertrages waren. Der überlebende Ehegatte (Erbe) als Beschwerter hat die Befugnis, unter allen Kindern den oder die Bedachten gem. § 2151 BGB und unter den Ausgewählten zu bestimmen, was jeder gem. § 2153 BGB erhält. Der Beschwerte kann ferner gem. § 2156 BGB die Leistung und gem. § 2181 BGB die Fälligkeit nach billigem Ermessen (§ 315 BGB) festlegen. Er kann nach billigem Ermessen ebenso einzelne Gegenstände zuweisen, diese bewerten und Ausgleichs- bzw. Gleichstellungszahlungen festlegen. (Anm.: ggf. Beschränkung: Jedes Kind muss jedoch mindestens so viel erhalten, wie seinem Pflichtteil nach dem zuerst Verstorbenen wertmäßig entspricht.) Spätester Zeitpunkt der Fälligkeit dieser Vermächtnisse ist jedoch der ......; hat der Beschwerte dann noch keine Festlegungen getroffen, trifft sie [der Präsident der örtlich zuständigen Industrie- und Handelskammer/Handwerkskammer] als Dritter. Die Berechtigten können eine einstweilige Sicherung ihres Vermächtnisses nicht verlangen.

Zum in der Struktur vergleichbaren, unmittelbaren Steuerfreibetragsvermächtnis (mit oder ohne bestimmte Wertfestschreibung) beim Berliner Testament s. Rdn. 4501 ff.

e) Mitunternehmerschaften

Besonderer, auch haftungsträchtiger[867] Koordinationsbedarf ergibt sich wegen des Vorrangs des Gesellschaftsrechts ggü. dem Erbrecht (Art. 2 Abs. 1 EGHGB; vgl. Rdn. 5860 ff. zu den zivil-, ertrag- und erbschaftsteuerlichen Folgen der verschiedenen Nachfolgeregelungsmöglichkeiten: schlichte Fortsetzungsklausel, einfache und qualifizierte Nachfolgeklausel, erbrechtliche und rechtsgeschäftliche Eintrittsklausel). Letztwillige Verfügungen sind nur in den gesellschaftsvertraglich eröffneten Grenzen möglich, die daher (einschließlich etwaiger späterer Satzungsnachträge) i.R.d. Sachverhaltsaufklärung genau festgestellt werden müssen. Ist der Gesellschaftsanteil **unvererblich gestellt** (mit der Folge der Fortsetzung unter den verbleibenden Gesellschaftern, vgl. Rdn. 5865 ff.),

---

864 Sofern, wie regelmäßig, der letzte Fälligkeitstermin später als ein Jahr nach dem Todesfall liegt. Auch einkommensteuerlich tritt eine entsprechende Zerlegung in einen (steuerfreien) Kapitalanteil und einen (kapitalertragsteuerpflichtigen) Zinsanteil ein, es sei denn, Leistungsgegenstand des Wahlvermächtnisses sind an sich Sachwerte, die seitens des Erben durch Geldleistung ersetzt werden können.
865 BFH, 27.06.2007 – II R 30/05, ErbStB 2007, 291, m. krit. Anm. *Heinrichshofen; Wälzholz*, ZEV 2007, 503.
866 Der zu sichernde Anspruch ist nicht so unbestimmt, dass die Schwelle des § 916 Abs. 2 ZPO überschritten wäre: gem. § 2151 Abs. 3 BGB sind im Zweifel alle Benannten Gesamtgläubiger (§ 428 BGB), Fälligkeit tritt im Zweifel ein mit dem Tod des beschwerten Ehegatten (§ 2181 BGB); und bei verzögerter Bestimmung des Leistungsinhalts erfolgt diese durch gerichtliches Urteil, § 2156 Satz 2 i.V.m. § 319 Abs. 1 Satz 2 BGB.
867 BGH, 18.04.2002 – IX ZR 72/99, DNotZ 2002, 768: Notarhaftungsfall (mit übergebene Satzung der KG schloss die »Vererbung« an Ehegatten aus).

kann letztwillig allenfalls über den Abfindungsanspruch verfügt werden, sofern dieser nicht (wirksam) ausgeschlossen wurde.

378 Ist der Anteil dagegen **unbeschränkt vererblich** (etwa als Folge der einfachen Nachfolgeklausel, Rdn. 5875 ff., oder wegen Aufrechterhaltung der gesetzlichen Regelung des § 177 HGB bei Kommanditanteilen), kann beliebig durch Erbeinsetzung oder Vermächtnis verfügt werden. Aufgrund ihrer Teilrechtsfähigkeit dürfte eine zum Zeitpunkt des Erbfalls bereits gegründete **GbR** ebenfalls **erbfähig** sein,[868] allerdings (wegen der Vervielfältigung der Gesellschafterstellung) wohl nur, wenn der »Ober-Gesellschaftsvertrag« dies gestattet. In diesem Fall böte die Satzung dieser GbR die Möglichkeit, umfangreiche Regelungen zur Bündelung der Interessen zu treffen und dabei auch die »Nebenerben« zur Nachfolge zuzulassen, ihre Mitspracherechte jedoch einzudämmen.

379 Die **Vermächtniserfüllung** (durch Übertragung des dem Erben angefallenen Anteils) bedarf der Mitwirkung der anderen Gesellschafter,[869] die vorsorglich bereits in der Satzung erteilt werden kann (vgl. Rdn. 5878). Hilfsweise kann sie als Abtretung der vermögensrechtlichen Ansprüche (§ 717 Satz 2 BGB), aufrechterhalten werden.[870] Schwierigkeiten bereitet weiter die Zuordnung der Gewinnansprüche beim Vermächtnis zwischen Anfall (= Todeszeitpunkt, § 2176 BGB) und Erfüllung des Vermächtnisses: Gem. § 2184 BGB würden dem Vermächtnisnehmer nur die zwischen Anfall und Erfüllung tatsächlich ausgeschütteten Gewinne zustehen, die noch nicht festgestellten und zur Verwendung beschlossenen Gewinne der Vergangenheit würden jedoch gem. § 101 Nr. 2 BGB dem beschwerten Erben verbleiben.[871] Regelungsbedürftig ist ferner der Umfang des Vermächtnisses beim Personengesellschaftsanteil, etwa im Hinblick auf Sonderbetriebsvermögen[872] (das sonst ertragsteuerlich entnommen würde und erbschaftsteuerlich nicht mehr unter die Betriebsvermögensprivilegierung fiele) oder das Schicksal gesonderter Darlehens- und Privatkonten, die nicht an die Kommanditbeteiligung zwingend gebunden sind, auch wenn sie Entnahmebeschränkungen unterliegen (vgl. Rdn. 2612). Darüber hinaus wird der Vermächtnisnehmer möglicherweise im Weg eines Untervermächtnisses verpflichtet sein, Personal- und Realsicherheiten, die der verstorbene Gesellschafter im Interesse der Gesellschaft gestellt hatte, in Entlastung der Erben ebenfalls in eigener Person beizubringen.

Hierzu der folgende Formulierungsvorschlag.[873]

▶ **Formulierungsvorschlag: Anordnung eines Vermächtnisses bzgl. Personengesellschaftsanteilen**

380 Mein Sohn X erhält vermächtnisweise meinen Gesellschaftsanteil an der im Handelsregister ..... unter HRA ..... eingetragenen Kommanditgesellschaft in Firma ..... samt allen Ansprüchen und Verbindlichkeiten, die am Todestag auf dem Kapitalkonto I (festes Kapitalkonto), dem Kapitalkonto II (variables Kapitalkonto) und dem Darlehens- sowie dem Verlustvortragskonto in Soll oder Haben ausgewiesen sind. Mitübertragen sind alle vermögensrechtlichen Ansprüche (§ 717 Satz 2 BGB), insbesondere Gewinnanteile und Ansprüche auf den Liquidationserlös. Sollte ich bei meinem Ableben noch Personal- oder Realsicherheiten (Grundpfandrechte, Bürgschaften etc.) zur Besicherung von Gesellschaftsverbindlichkeiten gestellt haben, hat der Vermächtnisnehmer in Entlastung der Erben selbst entsprechende Sicherheiten zu stellen. Etwa bei meinem Ableben zur

---

[868] Vgl. *Scherer/Feick*, ZEV 2003, 341; *Hadding*, ZGR 2001, 712.
[869] Für einen ipso iure eintretenden dinglichen Vollzug auf gesellschaftsrechtlicher Grundlage plädiert gegen die h.M. *Pauli*, Unternehmensnachfolge durch Vermächtnis, S. 192 ff. (»erbrechtliche causa«, vergleichbar der Hofnachfolge).
[870] Vgl. *Reymann*, ZEV 2006, 307.
[871] Vgl. Gutachten, DNotI-Report 2002, 131.
[872] Wohlwollende Auslegung eines mehrdeutigen Testaments: FG Münster, 18.01.2007 – 3 K 4009/04 Erb, ErbStB 2007, 296.
[873] Vgl. *Reymann*, ZEV 2006, 307, 309. Monografisch zum Thema: *Pauli*, Unternehmensnachfolge durch Vermächtnis, der anknüpfend an die Sonderrechtsnachfolge in Personengesellschaftsanteile einen unmittelbar dinglich wirkenden Vollzug auch der Vermächtnisanordnung propagiert.

Finanzierung der Kommanditbeteiligung bestehende Verbindlichkeiten sind in Entlastung der Erben in schuldbefreiender Weise ebenfalls zu übernehmen oder bis zum Ablauf eines Jahres nach meinem Ableben umzuschulden, sofern meine Erben nicht auf den Enthaftungsanspruch verzichten und sich mit einer schlichten Freistellungsverpflichtung begnügen.

381 Bei einer **qualifizierten Nachfolgeklausel** muss der den Kriterien des Gesellschaftsvertrags genügende, bestimmte Nachfolger auch zum Erben oder zumindest Miterben[874] eingesetzt sein, um die Sonderrechtsnachfolge in den Anteil auszulösen. Wird er lediglich zum Vermächtnisnehmer eingesetzt, muss entweder der Erbe ebenfalls nachfolgeberechtigt und die Übertragbarkeit auf den eigentlich vorgesehenen Vermächtnisbegünstigten durch die Mitgesellschafter oder bereits im Gesellschaftsvertrag gestattet sein oder aber es bedarf satzungsrechtlich der Ermöglichung des vorübergehenden Erwerbs durch den nicht nachfolgeberechtigten Erben (vgl. Rdn. 5890 f. mit Formulierungsvorschlag).

▶ Hinweis:

382 Gerade bei qualifizierten Nachfolgeklauseln können sich aus der mangelnden Abstimmung zwischen Gesellschafts- und Erbrecht katastrophale Folgen ergeben. Wird niemand, der den Qualifikationskriterien genügt, zumindest Miterbe, geht der Anteil der Familie gänzlich verloren – er wächst den anderen Gesellschaftern an – (und allenfalls eine etwa vorgesehene Abfindung für die Anwachsung bleibt erhalten), es sei denn, durch Ausschlagung (ggf. gegen Abfindung) könnte noch eine Notreparatur erfolgen, indem mind. ein Ersatzerbe zum Kreis der zugelassenen Gesellschaftsanteilsnachfolger zählt. Ähnlich gefährlich sind die Folgen eines Auseinanderfallens von Sonderbetriebsvermögen (erbrechtliche Nachfolge) und Gesellschaftsanteil (Sonderrechtsnachfolge). Vgl. Rdn. 5999 und Rdn. 5895 ff. zur Vermeidung (Überführung in das Gesamthandsvermögen, Alleinerbenmodell, gewerblich geprägte Schwestergesellschaft etc.).

383 Bei **Eintrittsklauseln** kann die Bestimmung des Eintrittsberechtigten i.d.R. sowohl durch lebzeitige Erklärung ggü. der Gesellschaft als auch durch Verfügung von Todes wegen erfolgen. Darüber hinaus können die Abfindungsansprüche der Erben des Gesellschafter-Erblassers, sofern sie nicht ausgeschlossen sind, Gegenstand einer Teilungs- oder Vermächtnisanordnung sein und demnach auch z.B. dem Eintrittsberechtigten als Vorausvermächtnis zugewendet werden (vgl. Rdn. 5905). Sind die Abfindungsansprüche der Erben des Erblasser-Gesellschafters durch Gesellschaftsvertrag ausgeschlossen, ist an sich neben der Benennung des Eintrittsberechtigten, falls diese nicht bereits durch lebzeitige Vereinbarung erfolgt ist, keine weitere Regelung erforderlich; aus Gründen der Vorsicht[875] sollte jedoch dem Eintrittsberechtigten auch der Kapitalanteil des Erblassers bzw. etwaige doch bestehende Abfindungsansprüche zugewendet werden.

384 Keine Probleme bereitet die letztwillige Gestaltung bei (stets vererblichen) **Kapitalgesellschaftsanteilen.**[876] Bei der GmbH & Co. KG gelten für den Gesellschaftsanteil an der Komplementär-GmbH und an der KG demnach jeweils unterschiedliche Regelungen, es sei denn, es handelt sich um eine sog. Einheitsgesellschaft, bei welcher der Komplementäranteil mittelbar über den Kommanditanteil mitübertragen wird.

---

874 In diesem Fall sind die anderen Miterben, die nicht von der Sondererbfolge profitieren, ausgleichsberechtigt, es sei denn, die Miterbschaftsquote entspräche den Wertverhältnissen des Kommanditanteils oder der Mehrwert wäre durch Vorausvermächtnis (§ 2150 BGB) zugewiesen.
875 Insb. wegen des möglichen Streits über das Formerfordernis des § 2301 Abs. 1 BGB.
876 Allerdings kann mittelbar der Verbleib des Erben, etwa durch Abtretungs- oder Einziehungsklauseln bzw. durch die Anordnung zwingender Vertretung durch einen Sprecher hinsichtlich des Stimmrechts, beschränkt werden, vgl. *Ivo*, ZEV 2006, 252 ff.; Musterformulierung zur Benennung eines gemeinsamen Bevollmächtigten *Lohr*, GmbH-StB 2015, 21.

f) Nachfolge in Freiberufler-Gesellschaften

385 Ähnliche Schwierigkeiten ergeben sich schließlich bei der Vererbung freiberuflicher Unternehmen, zum einen angesichts der dafür erforderlichen Zulassungsvoraussetzungen, die beim erhofften Nachfolger-Erben möglicherweise noch nicht erfüllt sind, zum anderen wegen der schädlichen Infektionswirkung (§ 15 Abs. 3 Nr. 1 EStG, Rdn. 5749) des Eintritts eines nicht qualifizierten Erben in eine freiberufliche Personengesellschaft[877] (Gewerbesteuerpflicht des Gesamtgewinns, Rdn. 5749). Auch berufsrechtlich ist bei Freiberufler-Kapitalgesellschaften oder GmbH & Co KG[878] die Gesellschafterstellung eines Nicht-Berufsträgers nur zeitlich begrenzt zulässig (z.B. 5 Jahre gem. § 55 Abs. 2 StBerG, § 34 Abs. 1 Nr. 2 WiPrO). Bei der Rechtsnachfolge von Todes wegen in Freiberufler-Praxen existieren berufsrechtliche »Überbrückungsmöglichkeiten«, wenn ein Eintritt des letztwilligen Nachfolgers nicht oder nicht sofort möglich ist. (Beispiel für Steuerberaterkanzleien: bei Fehlen eines Nachfolgers Bestellung eines Praxis-Abwicklers gem. § 70 Abs. 1 StBerG; zur Überbrückung Bestellung eines Praxis-Treuhänders, der auch neue Mandate annehmen darf und demzufolge das Haftpflichtrisiko selbst trägt;[879] bei Rechtsanwaltskanzleien: Kanzleiabwickler gem. § 55 Abs. 1 BRAO,[880] bei Arztpraxen: Vertretung für max. sechs, bei Zahnärzten neun Monate nach Maßgabe der Berufsordnung der zuständigen Ärztekammer;[881] Ausschreibung des sog. Vertragsarztsitzes in »Überversorgungsgebieten« auf Antrag der Erben, wobei die Erben den Praxisübernahmevertrag taktisch möglichst vor der Entscheidung des Zulassungsausschusses schließen sollten[882]).

386 Die Zeit bis zum Abschluss der Ausbildung kann durch einen Anspruch auf Beschäftigung und ein Eintrittsrecht des qualifizierten Abkömmlings überbrückt werden. Scheiden Eintritt oder Praxisnachfolge seitens Familienangehöriger aus, können die begünstigten, verbleibenden Freiberufler-Gesellschafter mit einer betrieblichen Versorgungsrente[883] (vgl. Rdn. 6330) oder einer privaten Versorgungsrente (Sonderausgabenabzug, Rdn. 6338 ff.) belastet werden.[884] Da der Ausscheidende die Behaltensfrist nicht hat einhalten können (mag dies auch auf berufsrechtlich zwingenden Vor-

---

877 Überblick zur Qualifizierung der Einkünfte von Freiberuflererben *Urban,* ZEV 2016, 297 ff. (differenziert nach Vereinnahmungs-, Verwertungs- und Abwicklungsfällen, auch mit Blick auf § 24 Nr. 2 EStG). Zur Steuerberatungs-GmbH & Co KG: *Neufang/Beißwenger,* BB 2009, 932. Gewerblich geprägte Freiberuflergesellschaften unterliegen gem. BFH, 08.04.2008 – VIII R 73/05, NJW 2008, 3165, der Gewerbesteuer, dagegen *Karl,* NJW 2010, 967 ff.

878 Für Steuerberater und Wirtschaftsprüfer h.M. (berufsrechtlich gem. § 27 Abs. 2 WPO bzw. § 49 Abs. 2 StBerG erlaubt; handelsrechtlich aufgrund der damit einhergehenden Treuhandtätigkeiten mit Handelsgewerbecharakter, §§ 105 Abs. 1, 161 Abs. 1 HGB möglich, vgl. BGH, 18.07.2011 – AnwZ 18/10, NJW 2011, 3036 Tz 17 ff.; BGH, 15.07.2014 – II ZB 2/13, DNotZ 2015, 57 m. Anm. *Lubberich,* vgl. auch *Seebach,* RNotZ 2015, 17 ff.; a.A. die Vorinstanz OLG Dresden, 06.12.2012 – 12 W 865/12, DStR 2013, 1102 m. abl. Anm. *Arens);* zur Rechtsformwahl der Freiberufler: *Heckschen/Bretschneider,* NotBZ 2013, 81; des Steuerberaters: *Ehlers,* NWB 2012, 411 ff. Für Rechtsanwälte stehen Handelsgesellschaften dagegen nicht zur Verfügung, vgl. BGH, 18.07.2011 – AnwZ 18/10, NJW 2011, 3036; dagegen gerichtete Verfassungsbeschwerde nicht angenommen: BVerfG, 06.12.2011 – 1 BvR 2280/11, GmbHR 2012, 341; vgl. *Henssler,* NZG 2011, 1121 ff. Trotz Eintragung würde es sich um eine GbR handeln, mit Vollhaftung aller Gesellschafter.

879 OLG Stuttgart, MDR 2005, 115; bei der Praxisabwicklung tragen dies die »vertretenen« Erben.

880 Vgl. *Joachim,* ZEV 2014, 236 ff.

881 Vgl. *Mörschner,* ErbR 2015, 676 ff.

882 *Klapp* in: Abgabe und Übernahme einer Arztpraxis, 3. Aufl., S. 42.

883 Der Gesellschaftsanteil geht dann gleichwohl unentgeltlich gem. § 6 Abs. 3 EStG auf die übrigen Sozien über, die betriebliche Versorgungsrente stellt also keine Gegenleistung dar. Der Nachweis des betrieblichen Anlasses der Versorgungsrente wird in der Praxis nicht streng gehandhabt, vgl. BFH, BStBl. 1979 II, S. 403 und Rdn. 6330.

884 Sofern die Versorgungsrente zugunsten des überlebenden Ehegatten ausgesetzt ist, kann auch ein Dritter, etwa der begünstigte Freiberufler-Mitgesellschafter, Vermögensempfänger sein, vgl. Tz. 35 des 3. Rentenerlasses des BMF, BStBl. 2004 I, S. 922.

F. Besonderheiten bei der Unternehmensnachfolge
Kapitel 1

gaben beruhen), scheidet die schenkungsteuerliche Betriebsvermögensprivilegierung aus; hinzu kommt die einkommensteuerliche Belastung aus dem »Verkauf« des Anteils (bei sofortigem Ausscheiden noch durch den Erblasser auf dem Sterbebett realisiert und der Erbengemeinschaft hinterlassen – doppelte Besteuerung der stillen Reserven! Seit 2009 wird diese Doppelbelastung etwas gemildert durch Anrechnung gem. § 35b EStG).

Eine entsprechende Klausel im Gesellschaftsvertrag einer Steuerberater-GmbH könnte etwa wie folgt lauten:

▶ **Formulierungsvorschlag: Nachfolgeklausel in Freiberufler-Kapitalgesellschaft**

Sofern beim Ableben eines Gesellschafters dessen Erbe oder Vermächtnisnehmer nicht die Voraussetzungen einer beruflichen Zulassung zum Steuerberater oder zu einem anderen, soziierungsfähigen freien Beruf erlangt hat, kann er für die berufsrechtlich höchstzulässige Frist (derzeit z.B. gem. § 55 Abs. 2 StBerG: fünf Jahre) in der Gesellschaft verbleiben. Sofern er nach Ausbildungsstand und Kenntnissen hierzu befähigt ist, hat er Anspruch auf fremdübliche Anstellung und Beschäftigung durch die Gesellschaft.

387

Bis zum Erlangen der berufsrechtlichen Voraussetzungen ist der Erbe/Vermächtnisnehmer und nach Ablauf der höchstzulässigen Bleibefrist die übrigen Gesellschafter zur Kündigung/Hinauskündigung des Erben/Vermächtnisnehmers berechtigt. Dieser erhält dann die in § ..... vereinbarte Abfindung. Der ausgeschlossene Gesellschafter hat jedoch bis zum ..... das Recht, den Wiedereintritt in die Gesellschaft in Höhe seines zuletzt gehaltenen Anteils zu verlangen, sobald er die berufsrechtlichen Zulassungsvoraussetzungen erfüllt hat, gegen Erstattung des erhaltenen Abfindungsbetrags zuzüglich Zinsen i.H.d. Basiszinses (§ 247 BGB).

Verbleibt nur noch ein Gesellschafter, ohne dass die Verbleibens- oder Übernahmeregelungen zum Tragen kommen, kann der Verbleibende die Kanzlei veräußern, der Erlös steht den Nachlassbeteiligten der verstorbenen weiteren Gesellschafter beim Verkauf im ersten Jahr nach dem Sterbefall i.H.d. vollen Anteils, in jedem späteren Jahr jeweils um ein Fünftel gemindert zu.

Erben und Vermächtnisnehmer haben das Recht auf Einsicht in Bilanzen, Gewinn- und Verlustrechnungen, betriebswirtschaftliche Auswertungen und die Steuerunterlagen einschließlich Steuerveranlagungen.

Die rechtsgeschäftliche Übertragung einer Freiberufler-Praxis im Ganzen (gleich ob unentgeltlich, teilentgeltlich oder entgeltlich) begegnet zusätzlichen Problemen aufgrund des besonderen, auch strafrechtlichen, Schutzes des **Vertrauensverhältnisses zum Klienten/Mandanten/Patienten**, § 203 StGB. Klauseln, wonach die Überlassung von Akten auch ohne Einwilligung des betroffenen Mandanten geschuldet sei, oder die den Verkauf freiberuflicher Honorarforderungen ohne Zustimmung des betreffenden Mandanten an den Erwerber zum Gegenstand haben, sind daher gem. § 134 BGB unwirksam und können zur Unwirksamkeit des gesamten Austauschverhältnisses führen.[885] Da bei einer ausdrücklichen Befragung aller Kunden möglicherweise ein Teil der Mandantschaft »verlorengeht«, ist stattdessen an ein Stufenmodell zu denken, wonach der prospektive Erwerber zunächst als Mitarbeiter in die Kanzlei aufgenommen wird, und sodann einen Sozietätsanteil oder die Praxis insgesamt übernimmt. Hat der Erwerber als Mitarbeiter nämlich zuvor die Angelegenheiten des Mandanten umfassend kennengelernt, liegt nach Ansicht des BGH[886] kein Verstoß gegen § 203 Abs. 1 Nr. 3 StGB vor.

388

Weitere Unwirksamkeitsgründe, die auf die gesamte Veräußerung ausgreifen können, ergeben sich aus in sachlicher, zeitlicher und örtlicher Hinsicht nicht ausreichend begrenzten **Wettbewerbsverboten** zulasten des Verkäufers (Verstoß gegen Art. 101 ff. AEUV, § 1 GWB, § 138 BGB i.V.m.

389

---

885 BGH, 11.10.1995 – VIII ZR 25/94, DStR 1995, 1924; BGH, 07.05.1995 – VIII ZR 94/94, DNotI-Report 1995, 194, ebenso bei Arztpraxen: BGH, 11.12.1991 – VIII ZR 4/91, MedR 1992, 104.
886 BGH, 10.08.1995 – IX ZR 220/94, NJW 1995, 2915.

Art. 2, 12 GG).[887] Eine erweiterte Anwendung der §§ 74 ff. HGB auf Mitgesellschafter[888] bzw. Betriebsinhaber bzw. Geschäftsführer,[889] die zugleich Gesellschafter sind, wird ganz überwiegend abgelehnt.[890] Nur in engen Grenzen kann eine überlange[891] Wettbewerbsunterlassungspflicht auf das noch zulässige Maß geltungserhaltend reduziert werden.[892] Weniger bedenklich sind Klauseln, wonach der Veräußerer nach der Durchführung der Übertragung keine wichtigen Mitarbeiter abwerben darf (im Sinn einer Pflicht, kein Angebot zum Abschluss eines Anstellungs-, Beratungs- oder Dienstvertrags zu unterbreiten oder Vorteile für den Fall anzubieten, dass der bestehende Anstellungsvertrag gekündigt werde), oder Mandanten- bzw. Kundenschutzklauseln (Verbot der Aufnahme von Geschäftsbeziehungen mit den derzeitigen Kunden des übertragenen Unternehmens),[893] jedenfalls wenn sie sich auch zeitlich auf das notwendige Maß (i.d.R. zwei Jahre[894]) beschränken.

390 Ist der gesamte Übertragungsvertrag wegen Verstoßes gegen die Geheimhaltungspflicht oder wettbewerbsrechtliche Normen unwirksam, führt die Rückabwicklung regelmäßig zu unlösbaren Problemen: Sind die Mandanten mit einer »Rückkehr« nicht einverstanden, ist lediglich der gutachterlich zu schätzende Restwert (§ 818 Abs. 2 BGB: Unmöglichkeit der Herausgabe der Bereicherung) zu ersetzen, Zug um Zug gegen Rückzahlung des Kaufpreises.[895]

g) Dauertestamentsvollstreckung

aa) Vor- und Nachteile

391 Schließlich sind Sachverhalte denkbar, in denen aus Sicht des Erblassers (noch) keiner der Erbprätendenten zur Unternehmensübernahme und -führung geeignet ist. Als »weiche« und psychologisch weniger belastende Lösung kann z.B. durch letztwillige Verfügung ein Beirat installiert werden, mit dann allerdings mehr als lediglich beratender Funktion, vielmehr vergleichbar einem Aufsichtsrat[896] oder mit der Befugnis zum »Stichentscheid«[897] bei einem Patt zwischen mehreren Gesellschafter(stämme)n. Die »harte«, allerdings oft als Bevormundung empfundene Lösung liegt in der Benennung eines Testamentsvollstreckers auf bestimmte Zeit (§ 2210 BGB) zur Führung des Unternehmens bzw. zur Ausübung des Stimmrechts aus Gesellschaftsanteilen. Die Testamentsvollstreckung bietet sich ferner an bei verschuldeten Erben (§ 2214 BGB!), bei minderjähri-

---

887 Vgl. bspw. BGH, 13.03.1979 – KZR 23/77, NJW 1979, 1605; BGH, 26.03.1984 – II ZR 229/83, NJW 1984, 2366; *Rudersdorf*, RNotZ 2011, 509 ff.
888 BGH, 30.11.2009 – II ZR 208/08, ZNotP 2010, 113: umfassendes Wettbewerbsverbot für Gesellschafter gilt nur bis zum Austritt aus der Gesellschaft, ab dann käme sie einem gegen § 138 BGB i.V.m. Art. 12 GG verstoßenden Berufsverbot gleich. Die Nichtigkeit wird nicht dadurch abgewendet, dass die (GmbH-)Satzung eine Befreiung vom Verbot durch Beschluss ermöglicht, OLG München, 11.11.2010 – U (K) 2143/10, RNotZ 2011, 191.
889 Zur Gestaltung eines vertraglichen nachwirkenden Wettbewerbsverbotes (mit Formulierungsvorschlag) *Fröhlich*, GmbH-StB 2014, 59 ff.
890 Vgl. *Knott/Mielke*, Unternehmenskauf, S. 281.
891 I.d.R. 2 Jahre, in besonderen Fällen – hochspezialisierte, langjährige Tätigkeit des Veräußerers – bis zu 5 Jahre, vgl. OLG Düsseldorf, 22.08.1984 – U (Kart) 13/83, WuW/E OLG 3326, 3327.
892 BGH, 08.05.2000 – II ZR 308/98, NJW 2000, 2584, 2585; BGH, 29.01.1996 – II ZR 286/94, NJW-RR 1996, 741 f.
893 Vgl. *Bauer/Diller*, Wettbewerbsverbote, 5. Aufl. 2009 Rn. 147 ff.; zu Mandantenschutzklauseln in einer Anwaltssozietät BGH, 08.05.2000 – II ZR 308/98, NZG 2000, 831 f.
894 BGH, 20.01.2015 – II ZR 369/13, ZNotP 2015, 69; hierzu *Miras*, notar 2015, 204 ff. mit Formulierungsvorschlägen für Fremdgeschäftsführer und für Gesellschafter.
895 So der Sachverhalt BGH, 05.07.2006 – VIII ZR 172/05, DStR 2006, 1958, m. Anm. *Mutschler*: Im Ergebnis verblieb weniger als die Hälfte des ursprünglich vereinbarten Kaufpreises!
896 Vgl. etwa zur GmbH *Huber*, GmbHR 2004, 774.
897 Zur Förderung der Entschlusskraft der Beiräte sollte ihre Haftung für Fälle leichter Fahrlässigkeit ausgeschlossen sein, *Wälzholz*, DStR 2003, 517.

gen Erben zur Vermeidung der Abhängigkeit vom Familiengericht, bei zerstrittenen Erben, zur Vorbereitung einer Stiftungslösung und zur Bestimmung eines Nachfolgers unter mehreren Prätendenten (Verteilungsvermächtnis, kombiniert mit Anteilsbestimmungsrecht und Zweckvermächtnis: §§ 2151, 2153, 2156 BGB – vgl. den Formulierungsvorschlag in Rdn. 370; oder mit dem Recht zur Bestimmung des Begünstigten aus einer Auflage, § 2193 BGB).

Riskant ist allerdings die **Machtfülle**, über die insb. ein Dauervollstrecker (nicht lediglich ein Abwicklungsvollstrecker) verfügt, und die nicht durch präventive richterliche Aufsicht, sondern allenfalls durch die Gefahr persönlicher Haftung (§ 2219 BGB)[898] oder durch die Benennung mehrerer Testamentsvollstrecker (§ 2224 BGB, Rdn. 393) kompensiert wird. Die Personalisierung des »Misstrauens« des Erblassers in Gestalt des Vollstreckers kann unnötige psychologische Hemmnisse aufbauen, die bspw. durch Wahl einer »neutralen«, subjektlosen Familienstiftung vermieden werden können,[899] bei noch höherer Dauerhaftigkeit der gefundenen Lösung. Zählt der von Testamentsvollstreckung Betroffene zum Kreis der Pflichtteilsberechtigten, kann er durch Ausschlagung gem. §§ 2306, 2307 BGB anstelle des »zwangsverwalteten« Erbteils bzw. Vermächtnisses den unbelasteten Pflichtteil in Geld erlangen. Schließlich ist zu berücksichtigen, dass eine Dauerergänzungspflegschaft durch einen Dritten erforderlich werden kann, wenn der überlebende Ehegatte zum Testamentsvollstrecker bestimmt ist oder letzterer zugleich die betroffenen minderjährigen Kinder als Vormund gesetzlich vertritt (vgl. Rdn. 6469, 6574). 392

Zur gegenseitigen Kontrolle und um von den persönlichen und fachlichen Kompetenzen Näherer zu profitieren, ist gerade bei Betriebsvermögen (und größeren Privatnachlässen) die Einsetzung **mehrerer Testamentsvollstrecker** (§ 2197 Abs. 1 BGB), in der Regel aufgrund Benennung durch den Erblasser, aber auch kraft Ermächtigung eines Dritten: § 2198 BGB, durch das Nachlassgericht: § 2200 BGB,[900] oder durch den ernannten »Hauptvollstrecker«: § 2199 Abs. 1 BGB ein sinnvolles Gestaltungsmittel.[901] Gemäß § 2224 Abs. 1 Satz 3 BGB kann der Erblasser, als Abweichung von der gesetzlich vermuteten »Gesamt«geschäftsführung und -vertretung (außerhalb der Notmaßnahmen des § 2224 Abs. 2 BGB) – Einzelzuständigkeiten anordnen, ebenso für den Fall von Meinungsverschiedenheiten einem Dritten die Entscheidung anstelle des sonst gemäß § 2224 Abs. 1 Satz 1, Hs. 2 BGB anzurufenden Nachlassgerichts überantworten etc. sowie schließlich Anordnungen zur Willensbildung (Mehrfachstimmrechte, Widerspruchsrechte etc.) im »Testamentsvollstreckergremium« treffen.[902] Hierzu[903] folgender 393

▶ Formulierungsvorschlag: Einsetzung mehrerer Testamentsvollstrecker bei Betriebsvermögen

Über das in meinem Nachlass befindliche Unternehmen (also sämtliche Gesellschaftsanteile an der ... GmbH, Amtsgericht ..., HRB ...) ordne ich Dauertestamentsvollstreckung an, bis der Erbe das ... Lebensjahr vollendet hat. 394

Zu gemeinschaftlichen Testamentsvollstreckern ernenne ich A, B und C, wobei A die alleinige Verwaltungs- und Verfügungsbefugnis in Bezug auf die Veräußerung oder Belastung der Gesellschaftsanteile selbst sowie die Ausübung des Stimmrechts in Bezug auf Satzungsänderungen jeder Art sowie Gewinnausschüttungsbeschlüsse innehat, während B und C gemeinschaftlich alle anderen Rechte, insbesondere die sonstigen Stimmrechte in Gesellschafterversammlungen, die

---

898 Während der Gesellschafter bspw. einer GmbH seine Überwachungsaufgabe (§ 46 Nr. 6 GmbHG) auf einen Dritten, z.B. einen Beirat, übertragen kann, steht diese Möglichkeit dem Testamentsvollstrecker nicht zur Verfügung.
899 Vgl. hierzu *Werner*, ZEV 2006, 539.
900 Nicht ausreichend für ein solches Ersuchen ist die im Testament enthaltene Formulierung »die Bestimmung des Testamentsvollstreckers erfolgt gesondert privatschriftlich«, vgl. OLG Frankfurt, 20.09.2016 – 20 W 158/16, ZErb 2017, 86.
901 Vgl. *Lutz*, NotBZ 2016, 16 ff.
902 Zur sogenannten »Geschäftsordnungslösung«: *Staudinger/Reimann* (2012), § 2224, Rz. 7.
903 In Anlehnung an *Lutz*, NotBZ 2016, 16, 23 ff.

Einsetzung und Überwachung der Geschäftsführung sowie die unternehmerisch-strategischen Entscheidungen in gemeinsamer Verwaltung und Vertretung wahrnehmen.

Der Verwaltungs- und Verfügungsbefugnis des A unterliegen auch diejenigen Vermögenswerte, die als Folge eines Verkaufs, einer Kapitalherabsetzung, Entnahme oder einer Gewinnausschüttung im weitesten Sinn, ebenso als Gesellschafterdarlehen oder Guthaben auf »Privatkonten« eines Gesellschafters dem Erben zufließen, wiederum bis zur Vollendung des ... Lebensjahres. Er soll diese Vermögenswerte zuvörderst zur Aus- und Berufsbildung, Familien- und Existenzgründung und für sonstige wirtschaftliche ... Lebensplanung vernünftige Zwecke zugunsten des Erben einsetzen.

Alle Testamentsvollstrecker sind im Rahmen des ihnen jeweils zugewiesenen Aufgabenkreises von den Beschränkungen des § 181 BGB befreit und bei der Eingehung von Verbindlichkeiten für den Nachlass nicht beschränkt.

Sollte der Testamentsvollstrecker A das Amt nicht annehmen können oder wollen oder später wegfallen, benenne ich an seiner Stelle als Ersatztestamentsvollstrecker D, sollte einer der Testamentsvollstrecker B oder C das Amt nicht annehmen können oder wollen oder später wegfallen, ist der Verbleibende alleiniger Testamentsvollstrecker für den bisher B und C gemeinsam zugewiesenen Geschäftsführungs- und Vertretungsbereich. *Alternativ: soll das Nachlassgericht auf Vorschlag der IHK München einen in der Branche erfahrenen Mit-Ersatztestamentsvollstrecker benennen.*

Sofern B und C als »Testamentsvollstreckergremium« über die in ihrem Geschäftsführungs- und Vertretungsbereich zu treffenden Entscheidungen in zwei aufeinanderfolgenden Sitzungen bzw. Einigungsversuchen keine Einstimmigkeit erzielen können, entscheiden – anstelle des Nachlassgerichts – alle drei Testamentsvollstrecker mit einfacher Stimmenmehrheit, wobei jeder Testamentsvollstrecker eine Stimme hat. *Alternativ denkbar sind auch z.B. Mehrfachstimmrechte.*

Für die Einberufung und Durchführung der Versammlungen zur Fassung solcher Beschlüsse gelten die Regelungen in der Satzung, hilfsweise im GmbH-Gesetz, zu Gesellschafterversammlungen entsprechend.

Die Pflichten zur Rechnungslegung gemäß §§ 2218, 666 BGB haben die Testamentsvollstrecker für den ihnen jeweils zugewiesenen Aufgabenbereich zu erfüllen; lediglich auf diesen beschränkt sich auch ihre Haftung gemäß § 2219 BGB. Jeder Testamentsvollstrecker erhält neben der Erstattung seiner Auslagen eine angemessene Vergütung nach Maßgabe der Empfehlungen des Deutschen Notarvereins.

bb) Gestaltungsgrenzen

395 Die Verwaltungsvollstreckung über **GmbH-Geschäftsanteile** ist selbst bei personalistisch strukturierten kleinen Gesellschaften mit vinkulierten Anteilen stets zulässig.[904] Ihr Umfang kann allerdings durch die Satzung eingeschränkt werden, etwa wenn zur Vertretung eines Gesellschafters nur Verwandte und Mitgesellschafter zugelassen sind,[905] ist jedoch wohl nicht begrenzt durch die sog. »Kernbereichslehre«, die nur im Verhältnis der Gesellschafter untereinander gilt als Schutz gegen Eingriffe in solche Rechtspositionen, die von der Gesellschafterversammlung nicht einmal mit satzungsändernder Mehrheit beseitigt werden können (z.B. mitgliedschaftliche Sonderrechte, Einführung neuer Leistungspflichten, Wettbewerbsverbote, Abweichungen vom Gleichheitsgrundsatz, Eingriffe in das Stimmrecht und das Gewinnbezugsrecht),[906] jedoch nicht im Verhältnis zwischen Erbe und Testamentsvollstrecke. So ist bspw. der Testamentsvollstrecker (und nicht

---

904 Überblick bei *Todtenhöfer*, RNotZ 2017, 557 ff. Zur Ausübung des Stimmrechtes und zur gerichtlichen Anfechtung von Beschlüssen: BGH, 13.05.2014 – II ZR 250/12, MittBayNot 2015, 491 m. Anm. *Everts* = ZEV 2014, 662 m. Anm. *Reimann* = NotBZ 2014, 417 m. Anm. *Vossius*; zust. auch *Heckschen/Strnad*, NZG 2014, 1201 ff.
905 Auch dann soll jedoch die Überlassung einzelner Rechte zur Ausübung durch den Testamentsvollstrecker möglich sein, vgl. *Werner*, NWB, Fach 19, S. 3833.
906 Vgl. im Einzelnen Staudinger/*Zimmermann*, § 2205 BGB (Bearb. 2012) Rn. 129 ff.

der Erbe) berechtigt, gem. § 50 Abs. 3 GmbHG die Einberufung einer Gesellschafterversammlung zu verlangen.[907]

Daneben treten – bei allen Formen der Testamentsvollstreckung sowohl über Betriebs- als auch Privatvermögen – die erbrechtlichen Schranken: das Verbot von Schenkungen (also auch lediglich teilentgeltlicher Geschäfte) zulasten des Nachlasses (§ 2205 Satz 3 BGB) sowie das Verbot einer persönlichen Verpflichtung des Erben (so dass die Mitwirkung des Vollstreckers an Kapitalerhöhungsmaßnahmen begrenzt ist auf Erhöhungen aus Gesellschaftsmitteln oder auf Erhöhungen gegen solche Einlagen, die aus dem verwalteten Nachlass erbracht werden können, und die sofort fällig sind, zur Vermeidung der sonst drohenden kollektiven Ausfallhaftung gem. § 24 GmbHG).[908] In der Gesellschafterliste wird die Testamentsvollstreckung nicht vermerkt.[909]

396

Bei **Einzelunternehmen** scheidet allerdings die Dauervollstreckung (im Unterschied zur Abwicklungsvollstreckung) aus, da weder der Vollstrecker persönlich haften noch er die Erben über den Nachlass hinaus persönlich verpflichten könnte.[910] Die hierzu entwickelten Ausweichlösungen sind entweder für den Erben gefährlich (Verpflichtung des Erben zur Erteilung einer bzw. zum Nichtwiderruf einer dem Vollstrecker erteilten umfassenden Vollmacht, durch deren Ausübung allerdings der Erbe persönlich verpflichtet wird) oder aber für den Vollstrecker riskant (treuhänderische Übertragung des Einzelunternehmens an den Vollstrecker, so dass er die unbegrenzte Haftung trägt). Vorzugswürdig ist es, den Testamentsvollstrecker das Einzelunternehmen in geeignete Gesellschaften, z.B. eine GmbH & Co. KG, durch Einbringung »umwandeln« zu lassen, so dass er entweder selbst die Geschäfte führt oder einen Geschäftsführer der Komplementär-GmbH (der ggf. auch – wider Erwarten – einer der Erben sein kann) benennt.

397

▶ Formulierungsvorschlag: Dauervollstreckungs-Modell bei Betriebsnachfolge von Todes wegen (Einzelunternehmen)

Mein *Einzelunternehmen* ..... mit allen Aktiva und Passiva wende ich als (ggf. Voraus-)Vermächtnis den Kindern A, B, C zu gleichen Teilen zu. Ich ordne Dauervollstreckung auf den Zeitraum von 30 Jahren nach meinem Ableben an. Vollstrecker ist ....., ersatzweise ..... *(Anm.: weitere Regelungen zur Vergütung, Ersatz- und Nachfolgerbenennung etc.)*

398

Er hat die Einzelunternehmung in eine Personen- oder Kapitalgesellschaft, die nach seiner pflichtgemäßen Einschätzung geeignet ist, »umzuwandeln«, vorzugsweise in eine GmbH & Co. KG, an der die Vermächtnisnehmer zu gleichen Teilen beteiligt sind. Bei Personengesellschaften soll das Recht zur ordentlichen Kündigung auf einen möglichst langen Zeitraum ausgeschlossen sein und der Übergang der Anteile lediglich auf Abkömmlinge in gerader Linie eröffnet bleiben, anderen Personen steht kein Abfindungsanspruch zu.

Der Vollstrecker übt die Stimmrechte meiner Abkömmlinge aus ihren Beteiligungen aus und ist daher auch befugt, sich selbst oder einen geeigneten Dritten zum Geschäftsführer bzw. gesetzlichen Vertreter der Gesellschaft einzusetzen. Der Vollstrecker ist weiter zur Verwaltung der aus dieser Gesellschaft erwirtschafteten und ausgeschütteten Erträge berufen, jedoch lediglich bis zum Erreichen des 25. Lebensjahres des jeweiligen Vermächtnisnehmers.

Es ist mein Wunsch, dass ihre aus dem Unternehmen erzielten Erträge vor allem zur Förderung der Ausbildung und Existenzgründung sowie zur Gründung eines eigenen Hausstands eingesetzt werden.

---

907 BGH, 13.05.2014 – II ZR 250/12, ZEV 2014, 662 m. Anm. *Reimann* (ohne Erwähnung der Kernbereichslehre).
908 Aus demselben Grund muss der Erbe persönlich die gem. §§ 51 Abs. 1 Satz 1 und 3, 125 UmwG erforderliche Zustimmung erteilen, wenn bei Verschmelzung oder Spaltung auf eine bestehende GmbH die Anteile an der aufnehmenden Gesellschaft nicht in voller Höhe bewirkt sind.
909 BGH, 24.02.2015 – II ZB 17/14, DNotZ 2015, 456.
910 BGH, 18.01.1954 – IV ZR 130/53, BGHZ 12, 100.

399 Bei **Personengesellschaften**[911] sind eine bloße Abwicklungsvollstreckung[912] (z.B. bei durch den Tod aufgelösten Gesellschaften) sowie eine lediglich den Abfindungsanspruch (im Fall der Fortsetzung unter den verbleibenden Gesellschaftern) erfassende Vollstreckung ohne Bedenken zulässig. Nach heute herrschender Auffassung kann auch der Personengesellschaftsanteil selbst Gegenstand einer Dauervollstreckung sein, und zwar sogar dann, wenn der Erbe bereits zuvor selbst Mitgesellschafter war (Durchbrechung des Grundsatzes von der Einheitlichkeit der Mitgliedschaft).[913] Bei vollhaftenden Personengesellschaftsanteilen (GbR, OHG, Komplementär einer KG) ist die Reichweite einer Dauertestamentsvollstreckung jedoch beschränkt auf die mit dem Anteil verbundenen Vermögensrechte (die »Außenseite« zur Vermeidung eigenmächtiger Verfügung durch den Erben oder gegen ihn gerichteter Vollstreckung in den Anteil und die Vermögensrechte),[914] sie kann in diesem Umfang als erbrechtliche Anordnung auch nicht durch gesellschaftsvertragliche Regelungen unterbunden werden; die Testamentsvollstreckung erfasst jedoch nicht die Ausübung des Stimmrechtes, die Geschäftsführung, sowie die Prozessführungsbefugnis im Gesellschafterkreis (also die »Innenseite«).

400 Eine Kommanditbeteiligung kann hingegen in vollem Umfang, auch hinsichtlich der Innenseite von der Testamentsvollstreckung erfasst sein[915] Im Verhältnis zu den Mitgesellschaftern bedarf allerdings die Erstreckung auch auf die Innenseite, also über die abspaltbaren Vermögensrechte der Außenseite hinaus, der Zulassung im Gesellschaftsvertrag oder der ausdrücklichen oder stillschweigenden Billigung durch alle Mitgesellschafter. Letztere kann auch darin liegen, dass die Anteile frei übertragbar sind oder aber Gegenstand freier erbrechtlicher Nachfolgeregelungen sein können.

401 Beschränkungen unterliegt aber u.U. nicht nur das Verhältnis des Vollstreckers zu den Mitgesellschaftern, sondern auch zum Gesellschafter-Erben selbst: bei allen (auch den haftungsbeschränkten) Personengesellschaftsanteilen bedarf der Vollstrecker keiner Mitwirkung des »Gesellschafter-Erben«,[916] anders jedoch möglicherweise für Maßnahmen im »Kernbereich«, also der »Innenseite« der Mitgliedschaft: Das Stimmrecht in Angelegenheiten, die sich auf die persönliche Rechtsstellung des Betroffenen (auch nach Wegfall der Testamentsvollstreckung) auswirken, müssen beide gemeinsam ausüben,[917] es sei denn, die Satzung würde den Entscheidungsbereich des Vollstreckers insoweit erweitern.[918] Ob an dieser **Kernbereichslehre** festzuhalten ist, ist allerdings fraglich, da der BGH[919] sich bei der Überprüfung der formellen Legitimation einer Mehrheitsbeschluss in Gesellschaftsverträgen vom Bestimmtheits- und Kernbereichsgrundsatz distanziert hat, so dass an Stelle dieses Kriteriums eine Einzelfallabwägung unter dem Gesichtspunkt der gesellschaftlichen Treuepflicht träte, ob der Eingriff in die Gesellschafterstellung im Interesse der Gesellschaft geboten und dem betroffenen Gesellschafter unter Berücksichtigung seiner eigenen schutzwerten Belange zumutbar ist.[920]

---

911 Vgl. zum Folgenden umfassend *Kämper,* RNotZ 2016, 625–648.
912 Diese berechtigt (anders als die Dauertestamentsvollstreckung) nicht zur Anmeldung der Rechtsnachfolge beim Handelsregister, OLG München, 07.07.2009 – 31 Wx 115/08, MittBayNot 2010, 144, m. Anm. *Everts.*
913 Jedenfalls bezogen auf die vermögensrechtliche Seite des Anteils, BGH, 10.01.1996 – IV ZB 21/94, ZEV 1996, 110, 112.
914 Vgl. etwa OLG Düsseldorf, 24.09.2007 – I-9 U 26/07, RNotZ 2008, 303.
915 BGH, 03.07.1989 – II Z B 1/89, DNotZ 1990, 183, 189 m. Anm. *Reimann.*
916 *Kreppel,* DStR 1996, 430; *Everts,* MittBayNot 2003, 427, 429.
917 Möglicherweise mit Ausnahmen bei im Gesellschaftsinteresse dringend gebotenen Vertragsänderungen, *Ulmer,* NJW 1990, 73, 81.
918 BGH, 03.07.1989 – II ZB 1/89, DB 1989, 1331; eine letztwillige Festlegung genügt insoweit nicht (Art. 2 EGHGB).
919 Im Urteil v. 21.10.2014 – II ZR 84/13, DNotZ 2015, 65, 71; vgl. hierzu *Wicke,* MittBayNot 2017, 125 ff.
920 Vgl. *Heckschen/Bachmann,* NZG 2015, 531.

Angesichts des schutzwürdigen Interesses des Rechtsverkehrs, über die Dauervollstreckung an einer Kommanditbeteiligung informiert zu werden, ist diese im Handelsregister eintragungsfähig.[921]

402

Als **Ausweichlösungen**[922] kommen auch hier die Vollrechtstreuhand (der Vollstrecker hält den Anteil im eigenen Namen, jedoch für Rechnung des Gesellschafter-Erben) oder die Generalvollmachtslösung in Betracht.

Schließlich sind auch hier die unter Rdn. 395 geschilderten **erbrechtlichen Einschränkungen** bedeutsam, also das Schenkungsverbot (§ 2205 Satz 3 BGB) und das Verbot einer persönlichen Verpflichtung des Erben, das etwa verletzt würde durch die Entgegennahme einer Teilrückzahlung der Einlage (§ 172 Abs. 4 HGB, wegen § 171 Abs. 1 Halbs. 1 HGB) oder durch die Mitwirkung an einer Haftsummenerhöhung, wenn die erhöhte Einlage nicht sofort aus dem verwalteten Nachlass geleistet werden kann.

403

Viele Erblasser unternehmerischen Vermögens sind versucht, den Erben (oder Vermächtnisnehmer) durch Auflagen (§ 1940 BGB) hinsichtlich seines unternehmerischen Tuns (oder Unterlassens) zu lenken. Solche **Auflagen** sind (bis zur Grenze der Sittenwidrigkeit oder des Verstoßes gegen ein gesetzliches Verbot, vgl. §§ 2192, 2171 BGB) wirksam und können z.B. die Verpflichtung umfassen, eine Beteiligung nicht zu kündigen oder nicht zu veräußern, eine bestimmte Betriebsimmobilie oder sonstigen wesentlichen Betriebsgegenstand nicht zu veräußern, einen Dritten nicht zum Prokuristen oder Geschäftsführer einer GmbH zu bestellen,[923] oder eine Gesellschaft zur Fortführung des Unternehmens in anderer Rechtsform zu gründen. Solange die Nichterfüllung der Auflage nicht als auflösende Bedingung der Erbeinsetzung oder Vermächtnisnehmerstellung (Verwirkungs- oder Strafklausel) ausgestaltet ist, wirkt sie freilich nur schuldrechtlich, nicht dinglich; selbst eine zur Überwachung der Auflage angeordnete Testamentsvollstreckung bewirkt keine faktische Grundbuchsperre, da sie gem. § 52 GBO nur einzutragen wäre, wenn zusätzlich angeordnet ist, dass der Eigentümer für Verfügungen der Mitwirkung des Vollstreckers bedarf.[924]

404

2. Unternehmensnachfolge zu Lebzeiten

a) Vorbereitung und Absicherung

Im Umfeld ist weiter das Bereitliegen von **Vollmachten** (insb. Vorsorgevollmachten[925] bei Verlust der Geschäfts- oder Handlungsfähigkeit, bei längerer – auch ungewollter, Entführungen – Ortsabwesenheit) von nicht zu unterschätzender Bedeutung, ggf. auch als gegenständlich beschränkte Generalvollmacht lediglich zur Fortführung, ggf. Umwandlung und Veräußerung des Unternehmens,[926] oder als Vollmacht, die bei wirtschaftlich irreversiblen Entscheidungen wie etwa der Stilllegung oder Veräußerung des Betriebes die Mitwirkung eines weiteren »Unterstützungs- und Kontrollbevollmächtigten« verlangt. Hierfür stehen auch »Berufsbevollmächtigte« zur Verfügung.[927]

405

---

921 BGH, 14.02.2012 – II ZB 15/11, DNotZ 2012, 788.
922 Vgl. *Kämper*, RNotZ 2016, 625, 640 ff.
923 Vgl. hierzu OLG Koblenz, 24.04.1986 – 6 U 87/86, NJW-RR 1986, 1039, 1040.
924 *Schmitz*, ErbR 2014, 568 ff., BayObLG, 22.03.1990 – 2 Z 112/89, NJW-RR 1990, 884, sub II c.
925 Zur Vorsorgevollmacht des GmbH-Gesellschafters und -geschäftsführers und zu den ratsamen Vorkehrungen hierfür in der GmbH-Satzung vgl. *Heckschen/Kreußlein*, NotBZ 2012, 321 ff.; *Heckschen*, NZG 2010, 10 ff. [auch zu Personengesellschaften]; und *Wedemann*, in: *Bayer/Koch* [Hrsg] Personen- und Kapitalgesellschaftsrecht an den Schnittstellen zum Familien- und Erbrecht, Schriften zum Notarrecht Bd. 42, S. 95 ff.; Muster von *Renner*, in: Münch [Hrsg], Familienrecht in der Notar- und Gestaltungspraxis, 2013, § 16 Rz. 86 ff. Allgemein zur Vorsorge gegen das Risiko der Geschäftsunfähigkeit *Beckervordersandfort [Hrsg]*, Gestaltungen zum Erhalt des Familienvermögens, 2016, S. 105–134.
926 Sofern zu einem Einzelunternehmen auch Grundbesitz gehört, bedarf die Vollmacht zumindest der notariellen Beglaubigung; die Veräußerung von GmbH-Geschäftsanteilen oder Kommanditanteilen könnte auch aufgrund privatschriftlicher Vollmacht erfolgen.
927 Z.B. lightzins eG/Europäisches Institut zur Sicherung der Vermögensnachfolge EWIV, www.eu-sv.eu.

406 Besonders tückisch und damit unbedingt zu vermeiden ist die Bestellung eines Betreuers für **Personengesellschafter**. Betreuer sind oft unternehmensfremd und unternehmerisch unerfahren; sie dürfen selbst unabweisbar notwendigen Entscheidungen nicht zustimmen, solange sie mit wirtschaftlichen Risiken verbunden sind.[928] Auf Belange der Mitgesellschafter dürfen sie nicht Rücksicht nehmen, auf Formen und Fristen (etwa bei Beschlussfassungen) nicht verzichten. Grenzen für eine gemäß § 1896 Abs. 2 Satz 2 BGB verdrängende »Dauer-Vorsorgevollmacht«[929] setzt im Personengesellschaftsrecht zum Einen das sog. Abspaltungsverbot (§ 717 Satz 1 BGB, wonach Verwaltungsrechte nicht isoliert von der Mitgliedschaft übertragen werden können),[930] zum Anderen das Erfordernis der Selbstorganschaft[931] (Verbot der organschaftlichen[932] Vertretung durch Dritte), die allerdings bspw. im Hinblick auf die Testamentsvollstreckung bereits gelockert worden sind, vgl. Rdn. 399 ff.; beide würden dem Tätigwerden eines gerichtlichen Betreuers nicht grds. entgegen stehen.

407 Allerdings verlangt das Personengesellschaftsrecht für die Wahrnehmung des Stimmrechts durch einen rechtsgeschäftlichen Vertreter **die Zulassung in der Satzung** oder hilfsweise die Zustimmung aller Gesellschafter.[933] Die dauernde Vorsorgevertretung sollte daher bereits im Gesellschaftsvertrag erlaubt (wenn nicht gar vorgeschrieben, vgl. Rdn. 413 und Rdn. 409, Abs. [3]!) werden, allerdings unter der Voraussetzung, dass (a) der Bevollmächtigte sich vor Ausübung der Vollmacht schriftlich zur Einhaltung der gesellschaftsrechtlichen Treuepflichten zu verpflichten hat, auch als Bestandteil des der Vollmacht zugrundeliegenden Geschäftsbesorgungsverhältnisses, (b) die Vollmacht zumindest notariell beglaubigt erteilt wird, um z.B. auch Beschlussfassungen im Umwandlungsrecht mittragen zu können, und (c) der Bevollmächtigte bestimmten negativen und ggf. auch positiven Qualifikationskriterien genügen muss (z.B. keine Tätigkeit für einen Wettbewerber, Berufsverschwiegenheit, Mitgesellschafter sind stets tauglich etc.), wobei diese Kriterien bei rein vermögensverwaltenden Personengesellschaften sicherlich anders ausfallen werden als bei unternehmerisch Tätigen. Ferner kann (d) als »Auffanglösung« bei Nichterteilung oder Erlöschen einer Vorsorgevollmacht die Bevollmächtigung durch je zwei der verbleibenden Gesellschafter vorgesehen werden. Als (e) (harte) Sanktion kann der Gesellschaftsvertrag die Ausschließung desjenigen Gesellschafters vorsehen, der nicht nachweislich eine entsprechende Vollmacht erteilt und aufrechterhalten hat.

408 Inhaltlich muss die Vollmacht die Befugnis zur Erteilung von Untervollmacht und die Befreiung von § 181 BGB umfassen und sollte (zur Überbrückung der unternehmerisch oft besonders schwierigen Phase unmittelbar nach dem Tod) transmortal erteilt sein. Einschränkungen inhaltlicher Art, z.B. ein Verbot auch teilunentgeltlicher Rechtsgeschäfte, sind untunlich, da sonst z.B. disquotale Einlageleistungen, Zuwendungen societatis causa, die Vereinbarung geringerer als vollwertiger Abfindungen etc. nicht in Betracht kommen und die dann notwendige Betreuerbestellung mit gerichtlicher Genehmigung am Schenkungsverbot der §§ 1908i Abs. 2, 1804 BGB scheitert. In Betracht kommt durchaus auch, mehrere einzelvertretungsberechtigte Bevollmächtigte zu be-

---

[928] Vgl. hierzu und zum folgenden *Baumann/Selzener*, RNotZ 2015, 605 ff.
[929] Monografisch *Uphoff,* Die Vorsorgevollmacht des Personengesellschafters, 2016 (Diss. Münster).
[930] Wobei *Volmer*, MittBayNot 2017, 370 zu Recht darauf hinweist, dass das Abspaltungsverbot dem Schutz der Mitgesellschafter dient, eine (Vorsorge-)Vollmacht dagegen dem Schutz des Geschäftsunfähigen. Gänzlich unproblematisch ist das Abspaltungsverbot schließlich bei der Erteilung einer Vollmacht an Mitgesellschafter.
[931] Weniger kritisch *Wedemann*, in: *Bayer/Koch (Hrsg)* Personen- und Kapitalgesellschaftsrecht an den Schnittstellen zum Familien- und Erbrecht, Schriften zum Notarrecht Bd. 42, S. 95, 113 ff.
[932] Der Eintritt der Geschäftsunfähigkeit macht eine Kontrolle des Bevollmächtigten oder einen Widerruf der Vollmacht selbst faktisch unmöglich, so dass – anders als etwa bei einem Prokuristen – organähnliche Kompetenzen entstehen.
[933] BGH, 10.11.1951 – II ZR 111/50, BGHZ 3, 354, 357.

nennen, da deren gegenseitige »Kontrolle« die Bestellung eines gerichtlichen Kontrollbetreuers regelmäßig entbehrlich macht.[934]

Zu den Formulierungen im Gesellschaftsvertrag[935] hierzu folgender[936]

▶ **Formulierungsvorschlag: Regelung zur Vorsorgevollmacht im Personengesellschaftsvertrag**

(1) Alle Gesellschafter stimmen der dauerhaften Vertretung eines Mitgesellschafters durch einen Vorsorgebevollmächtigten zur Vermeidung einer sonst notwendigen Anordnung einer Betreuung (§ 1896 Abs. 2 Satz 2 BGB) zu, sofern
 a) die Vorsorgevollmacht in zumindest notariell beglaubigter Form erteilt ist und nicht unter einer im Außenverhältnis zu überprüfenden Bedingung steht *(alternativ: und allenfalls unter der im Außenverhältnis zu überprüfenden Bedingung steht, dass zwei Bevollmächtigte gemeinsam zu handeln haben)*,
 b) die Vollmacht über den Tod hinaus erteilt ist und die Erteilung von Untervollmacht einschließt,
 c) der Bevollmächtigte sich vor Ausübung der Vollmacht schriftlich zur Einhaltung der gesellschaftsvertraglichen Treuepflicht und zur Geheimhaltung zu verpflichten hat, auch im Verhältnis zu den Mitgesellschaftern,
 d) der Bevollmächtigte nicht für ein Wettbewerbsunternehmen tätig ist *(ggf. Nennung weiterer positiver Qualifikationskriterien)*.

(2) Unter diesen Voraussetzungen sind die Mitgesellschafter bereits jetzt uneingeschränkt mit der Dauervertretung einverstanden. Sollten diese Voraussetzungen nicht vorliegen, wird zur Vermeidung einer sonst erforderlichen Betreuung gemäß § 1896 Abs. 2 BGB bereits jetzt eine auf die Ausübung der Mitgliedschaftsrechte und vor allem der Mitgliedschaftspflichten aus diesem Gesellschaftsvertrag beschränkte Vorsorgevollmacht an je zwei gemeinsam handelnde Mitgesellschafter des Betroffenen erteilt, die zu diesem Zweck von § 181 BGB befreit sind.

(3) Kann ein Mitgesellschafter auf Anfordern eines anderen Gesellschafters nicht innerhalb eines Monats die Existenz einer den Kriterien des Absatz 1 genügenden Vorsorgevollmacht nachweisen, kann er durch Beschluss aus der Gesellschaft ausgeschlossen werden, für die Beschlussfassung und Abfindung gelten im übrigen die Bestimmungen dieser Satzung zur Ausschließung von Gesellschaftern in den §§ … *(alternativ: ….., ist ihm gemäß § 712 Abs. 1, Halbsatz 2 und § 715 BGB bei dauerhafter Geschäftsunfähigkeit oder Bestellung eines auch nur vorläufigen gerichtlichen Betreuers in Vermögensangelegenheiten die Befugnis zur Geschäftsführung und zur Vertretung zu entziehen)*.

(Vorsorge-)Vollmachten zur Wahrnehmung von **Geschäftsführungsaufgaben** sind dagegen wenig hilfreich: mit Eintritt der Geschäftsunfähigkeit erlischt bei der GmbH zwingend das Geschäftsführeramt (§ 6 Abs. 2 Satz 1 GmbHG) und damit auch die davon abgeleitete Vollmacht;[937] gleiches gilt, wenn (ohne die Vollmacht) ein Betreuer mit Einwilligungsvorbehalt bestellt werden müsste (§ 6 Abs. 2 Satz 2 Nr. 1 GmbHG). Ferner kann ein Geschäftsführer keine »organersetzende Generalvollmacht« erteilen.[938]

Erfordert der Betrieb schließlich besondere **berufsrechtliche Zulassungen** (Approbation, Anwaltszulassung) oder gewerberechtliche Zuverlässigkeitsatteste, muss auch der Bevollmächtigte diese aufweisen. Die Fortführung des Betriebes kann ferner daran scheitern, dass Konzessionen, Lizen-

---

934 BGH, 30.03.2011 – XII ZB 537/10, ZEV 2011, 431,432; vgl. auch *Milzer*, FamFR 2011, 311.
935 Formulierungsvorschläge für die Personengesellschafts-Vorsorgevollmacht selbst und das zugrundeliegende Geschäftsbesorgungsverhältnis bei *Baumann/Selzener*, RNotZ 2015, 605, 623 ff.
936 Umfangreicher bei *Baumann/Selzener*, RNotZ 2015, 605, 625.
937 *Schäfer*, ZHR 2011, 557, 572.
938 Vgl. BGH, 18.07.2002 – III ZR 124/01, DNotZ 2003, 147; zu den Zulässigkeitsgrenzen im Einzelnen (mit Blick auf »shared legal services« im Konzernverbund) vgl. *Schippers* DNotZ 2009, 353 ff., der bei Überschreiten der Grenzen für eine geltungserhaltende Reduktion (anstelle einer »Vergiftung« der gesamten Vollmacht) plädiert.

zen, oder Franchiseverträge mitunter höchstpersönlich ausgestaltet sind und einem Vertreter daher nicht zur Verfügung stehen.

▶ **Formulierungsvorschlag: einzelunternehmerische Betriebsfortführungsvollmacht als Notfallvorsorge**

412 Ich bin Inhaber des einzelkaufmännischen Unternehmens ....., das im Handelsregister des Amtsgerichts ..... unter HRA ..... eingetragen ist (*Alt.:* ..... *derzeit nicht eingetragen ist*). Ich erteile hiermit Herrn/Frau ..... (*Alt.: Herrn A und Herrn B gemeinsam/Herrn A und Herrn B je einzeln*) Vollmacht, mich gegenständlich beschränkt auf dieses Unternehmen umfassend zu vertreten, soweit eine Stellvertretung überhaupt gesetzlich zulässig ist. Der Bevollmächtigte kann demnach Rechtsgeschäfte aller Art mit Bezug auf dieses Betriebsvermögen abschließen, ändern und aufheben, über die betrieblichen Konten umfassend verfügen, Verpflichtungserklärungen jeder Art abgeben, das Unternehmen zu beliebigen Bedingungen veräußern, die Rechtsform des Unternehmens beliebig verändern, das Unternehmen verpachten, Fremdgeschäftsführer bestellen und abberufen und alle mit ihnen abzuschließenden Verträge zustande bringen, überhaupt alle Erklärungen abgeben, die für die Fortführung des Unternehmens zweckdienlich sind.

Lediglich im Innenverhältnis, also ohne Auswirkung auf den Bestand der Vollmacht im Außenverhältnis und ohne Prüfungspflicht für Geschäftspartner, darf der Bevollmächtigte von dieser Vollmacht nur Gebrauch machen, wenn ich selbst etwa infolge Krankheit oder sonstiger Gebrechen, auf die Dauer von mind. drei Monaten nicht der Lage bin, das Unternehmen selbstständig zu führen. Einen Verkauf soll er nur dann durchführen, wenn nachhaltig ausgeschlossen erscheint, dass ich das Unternehmen selbst werde weiterführen können. Vor einer (nachrangig zu einem Verkauf in Betracht zu ziehenden) Liquidation sollen der Rechtsanwalt und der Steuerberater des Unternehmens konsultiert werden; der Bevollmächtigte entscheidet dann jedoch selbst nach billigem Ermessen über die Liquidation.

Von den Beschränkungen des § 181 BGB ist der Bevollmächtigte befreit (*Alt.: nicht befreit*). Die Vollmacht gilt über meinen Tod hinaus. Der Bevollmächtigte kann Untervollmacht erteilen.

413 Immer häufiger verpflichtet bereits der Gesellschaftsvertrag jeden Mitgesellschafter, auf diese Weise Vorsorge zu treffen:[939]

▶ **Formulierungsvorschlag: Verpflichtung zu betrieblicher Vorsorgevollmacht im Gesellschaftsvertrag**

(1) Jeder Gesellschafter ist verpflichtet, eine wirksame Vorsorgevollmacht in zumindest notariell beglaubigter Form zu errichten, welche die Ausübung und Wahrnehmung sämtlicher Gesellschafterrechte sowie jegliche Verfügungen über die Beteiligung an der Gesellschaft umfasst. Alle Gesellschafter stimmen der Ausübung und Wahrnehmung der Gesellschafterrechte durch einen Bevollmächtigten bereits heute ausdrücklich zu.

(2) Bevollmächtigte können nur Angehörige i.S.d. § 15 AO, Mitgesellschafter sowie Rechtsanwälte, Steuerberater oder Wirtschaftsprüfer sein. Der Bevollmächtigte muss sich vor der Wahrnehmung der Befugnisse aus der Vollmacht vertraglich in allen Angelegenheiten der Gesellschaft zur Verschwiegenheit verpflichten, sofern eine solche Verpflichtung nicht bereits gesetzlich besteht.

(3) Das Original bzw. eine Ausfertigung der Vollmachtsurkunde ist bei der Gesellschaft zu hinterlegen.

(4) Kommt ein Gesellschafter einer der in (1) bis (3) geregelten Verpflichtung trotz Aufforderung nicht nach, kann die Gesellschafterversammlung mit einer Mehrheit von 75 % der abgegebenen Stimmen über die im Einzelfall geeigneten Sanktionen entscheiden, ohne dass dem betroffenen Gesellschafter dabei ein Stimmrecht zusteht. Er ist vor der Beschlussfassung zu hören. Je nach Ur-

---

[939] Muster einer satzungsmäßigen Pflicht zur Erteilung und Aufrechterhaltung einer Vorsorgevollmacht (mit Einziehungssanktion) auch bei *Jocher*, notar 2014, 3, 13. *Müller/Renner*, Betreuungsrecht und Vorsorgeverfügungen in der Praxis, 4. Aufl. 2014, Rn. 1050 ff. melden insoweit Wirksamkeitsbedenken wegen der Höchstpersönlichkeit der Entscheidung zur Vorsorgevollmacht an.

sache, Art und Schwere der Pflichtverletzung kann die Gesellschaft auch den Ausschluss des Gesellschafters aus der Gesellschaft beschließen.

Wird eine betriebliche Vorsorgevollmacht erteilt, empfiehlt es sich, das hier besonders bedeutsame Innenverhältnis (Auftragsverhältnis) schriftlich, beiderseits unterzeichnet, niederzulegen, selbstverständlich außerhalb des eigentlichen Vollmachtstextes.[940] Besteht daneben (wie stets anzuraten) eine »allgemeine« Vorsorgevollmacht mit Patientenverfügung, muss der »betriebliche Bereich« dort im Außenverhältnis ausdrücklich ausgenommen sein! 414

▶ Formulierungsvorschlag: Vorsorgevollmacht in Bezug auf unternehmerische Gesellschaftsbeteiligungen

Ich erteile hiermit meiner Ehefrau … und meinem Sohn …… je einzeln

G e n e r a l v o l l m a c h t

mich umfassend zu vertreten in allen Angelegenheiten, die meine Beteiligung als Gesellschafter an folgenden Personen- und Kapitalgesellschaften betreffen: …..
(1) Die Vollmacht umfasst insbesondere die Ausübung des Stimmrechtes, auch soweit Angelegenheiten von Tochtergesellschaften oder sonstigen Beteiligungen der vorgenannten Gesellschaften betroffen sind, ebenso die Ausübung sonstiger Gesellschafterrechte, wie etwa des Auskunfts-, Teilnahme-, Widerspruchs- und Gewinnbezugsrechtes, sowie den Abschluss aller Vereinbarungen über meine bei den vorgenannten Gesellschaften bestehenden Gesellschafter-, Privat- und Verrechnungskonten, sowie über Gesellschafterdarlehen im weitesten Sinne, einschließlich Nutzungsüberlassungen. Umfasst ist ebenso die Verfügung über meine vorgenannten Beteiligungen (steuerliche Mitunternehmerschaften) als solche, etwa die Veräußerung oder Verpfändung oder Bestellung von Nießbrauchsrechten, die Einräumung von Unter- oder stillen Beteiligungen, Treuhandverhältnissen, der Erwerb weiterer Beteiligungen an den Gesellschaften von Dritten oder durch Teilnahme an Kapitalerhöhungen etc.
(2) Die Vollmacht besteht für den Fall des Formwechsels fort; sie gilt auch bei Spaltungsvorgängen für meine Beteiligung an den daraus hervorgehenden Gesellschaften.
(3) Folgende Rechtsgeschäfte sind von dieser Generalvollmacht jedoch ausdrücklich nicht umfasst:
   – die Vertretung in allen privaten Vermögensangelegenheiten, auch soweit ihnen private Herausgabeansprüche gegen eine der vorgenannten Gesellschaften zugrunde liegen
   – Grundstücksgeschäfte über Grundbesitz, bei denen nicht eine der vorgenannten Gesellschaften sondern meine Person als Eigentümer im Grundbuch eingetragen ist oder wird, es sei denn, dass diese Grundstücke steuerlich als Sonderbetriebsvermögen dem steuerlichen Betriebsvermögen zugerechnet werden
(4) Jeder Bevollmächtigte ist berechtigt, für jeden Einzelfall Untervollmacht zu erteilen. Die Untervollmacht ist nicht vom Bestand der Hauptvollmacht abhängig.
Jeder Bevollmächtigte ist von allen Beschränkungen des § 181 BGB befreit.
(5) Die Vollmachten und die zugrundeliegenden Geschäftsbesorgungsverhältnisse erlöschen nicht mit meinem Tod oder dem Eintritt meiner Geschäftsunfähigkeit.
(6) Die Vollmachten sind einzeln und insgesamt stets widerruflich. Ein Widerruf durch einen der vorstehend Bevollmächtigten ist nicht zulässig. Die einem Bevollmächtigten erteilte Ausfertigung bleibt Eigentum des jeweiligen Vollmachtgebers, der die Herausgabe der Ausfertigung jederzeit und ohne Angabe von Gründen von jedem Besitzer verlangen kann, ohne dass diesem ein Zurückbehaltungsrecht oder ein sonstiges Recht zum Besitz an der Ausfertigung gegenüber dem Vollmachtgeber zusteht.
(7) Die Vollmacht ist im Außenverhältnis nicht beschränkt und nicht bedingt.

Ich bin vom beurkundenden Notar über den Vertrauenscharakter der erteilten Vollmacht und die Bedeutung meiner abgegebenen Erklärungen belehrt worden, ferner darüber, dass in Bezug auf Geschäftsführerstellungen die Erteilung einer Generalvollmacht unzulässig ist, und die Ausübung des Stimmrechtes durch Bevollmächtigte Beschränkungen aus Satzung bzw. Gesellschaftsvertrag unterliegen kann.

---

940 Das Folgende ist angelehnt an *Baumann/Selzener*, RNotZ 2015, 605, 623 ff.

Kapitel 1 Grundtypus und Varianten – Das Schenkungsrecht des BGB und typische Fallgruppen

Die Kosten dieser Urkunde trägt die … GmbH.

Jeder Bevollmächtigte erhält eine Ausfertigung, der Vollmachtgeber eine beglaubigte Abschrift, alles zu Händen des Vollmachtgebers.

AUFTRAGSVERHÄLTNIS

(nicht Teil der notariellen Vollmacht)

Im Zusammenhang mit der heute erteilten unternehmerischen Vorsorgevollmacht wird vereinbart:

Die Bevollmächtigten werden hiermit zur Einhaltung der gesellschaftlichen Treuepflicht verpflichtet.

Jeder Bevollmächtigte hat die folgenden, ihm treuhänderisch auferlegten Handlungsanweisungen zu beachten:

(1) Von der erteilten Vollmacht darf jeder Bevollmächtigte nur Gebrauch machen, wenn ich
   (a) wegen geistiger oder körperlicher Gebrechen nicht mehr selbst in der Lage bin, die vom Aufgabenkreis der Vollmacht umfassten Angelegenheiten in vollem Umfang selbst zu regeln und zu überwachen (Geschäftsunfähigkeit)
   Die Feststellung, ob und wann ein solcher Fall eingetreten ist, obliegt jedem Bevollmächtigten nach seinem pflichtgemäßen Ermessen. Die Bevollmächtigten sollen sich im Fall der Geschäftsunfähigkeit möglichst auf eine ärztliche Bescheinigung stützen, die zumindest Zweifel an meiner Geschäftsfähigkeit feststellt.
   (b) oder ich trotz Geschäftsfähigkeit handlungsunfähig bin (z. B. aufgrund Verschollenheit, Geiselnahme)
   (c) oder ich ausdrücklich meine Einwilligung zum Gebrauch der Vollmacht schriftlich erteilt habe.
(2) Die Bevollmächtigten sollen ihre Entscheidungen möglichst einvernehmlich treffen und ihre Vertretungshandlungen untereinander abstimmen. Grundsätzlich sollen die Bevollmächtigten in folgendem Rangverhältnis zur Vertretung berufen sein:
   1. mein Sohn …
   2. meine Ehefrau …..
   Die Bevollmächtigten können einzelne Aufgabenbereiche im Sinn einer Geschäftsverteilung auch untereinander aufteilen.
   Die Bevollmächtigten sind einander auskunfts- und rechenschaftspflichtig.
(3) Hat einer der Bevollmächtigten im Einzelfall eine Untervollmacht erteilt, ist diese den übrigen Bevollmächtigten und allen Gesellschaftern anzuzeigen.
(4) Die Bevollmächtigten dürfen im Einvernehmen mit meinen Mitgesellschaftern nach billigem Ermessen alle für die Gesellschaft zweckmäßigen Rechtshandlungen vornehmen. Dabei liegt die von mir gesetzte Priorität auf …
(5) Die Bevollmächtigten sind berechtigt, meine Gesellschaftsbeteiligungen auf einen oder mehrere Nachfolger, unter Beachtung der Regelungen des betreffenden Gesellschaftsvertrags, zu übertragen, wenn nach ihrem pflichtgemäßen Ermessen eine Wiederaufnahme meiner Gesellschafterrechte durch mich persönlich dauerhaft ausgeschlossen erscheint.
(6) Ist einer oder sind mehrere meiner nachfolgeberechtigten Abkömmlinge nach den Regeln des Gesellschaftsvertrags zur Nachfolge geeignet, ist die Übertragung auf meine nachfolgeberechtigten Abkömmlinge einer Übertragung auf Mitgesellschafter oder sonstige Dritte vorzuziehen. Hierbei sind meine im Testament vom … angeordneten Unternehmensnachfolgeregelungen zu beachten.
(7) Jeder Bevollmächtigte hat meiner Ehefrau, meinen Kindern und/bzw. allen ihm von mir schriftlich mitgeteilten Personen, denen ich eine private Vorsorgevollmacht erteilt habe, mindestens halbjährlich über alle seine Handlungen im Namen der Gesellschaft zu berichten und meiner Familie auf deren Verlangen Rechenschaft zu legen. In allen Angelegenheiten, die über die gewöhnliche Geschäftsfähigkeit der Gesellschaft hinausgehen, hat jeder Bevollmächtigte unverzüglich zu informieren.
(8) Die Bevollmächtigten haften nur für Vorsatz und die Sorgfalt wie in eigenen Angelegenheiten.

(9) Die Vergütung der Bevollmächtigten beträgt ... je Tätigkeitsstunde zuzüglich des Ersatzes ihrer notwendigen Aufwendungen sowie jeweils gegebenenfalls zuzüglich gesetzlicher Umsatzsteuer.
Jeder Bevollmächtigte hat Anspruch auf Ersatz der Versicherungsbeiträge für eine von ihm abzuschließende, angemessene Haftpflichtversicherung zur Abdeckung von Schäden, die bei Ausübung der Vollmacht entstehen können.
(10) Jeder Bevollmächtigte hat Anspruch auf Ersatz seines Schadens, der ihm in ordnungsgemäßer Ausübung der Vollmacht entsteht.
(11) Im übrigen gelten die gesetzlichen Regelungen der §§ 662 ff. BGB.

..., den .....
(Unterschriften der Bevollmächtigten und des Vollmachtgebers)

Entscheidend ist weiter der rechtzeitige **Abschluss von Eheverträgen** auf Erwerberseite, regelmäßig i.S.e. Modifizierung der Zugewinngemeinschaft durch Herausnahme der betrieblichen Aktiva und Passiva (Muster s. Rdn. 3876), Verzicht auf Vollstreckung wegen sonstiger Forderungen in das betriebliche Vermögen und hierauf bezogenen Pflichtteilsverzicht.[941] Hilfreich ist auch die **Bereinigung** ungelöster Vermögensfragen (z.B. Beschaffung von Löschungsbewilligungen verschollener Gläubiger), der Abschluss von **Lebensversicherungen** und die Schaffung der richtigen **gesellschaftsrechtlichen Struktur** (zu Unternehmensumwandlungen s. Rdn. 437, zur Rechtsformwahl im Lichte der neuen Steuerkoordinaten aufgrund der Unternehmenssteuerreform 2008 s. Rdn. 2867 ff.), möglicherweise gar als »Auffangregelung« in Bereitschaft für den Zeitpunkt der lebzeitigen oder erbrechtlichen Übertragung. Dadurch kann häufig eine transaktionsoffene Struktur unter gleichzeitiger Haftungsabschirmung und Minimierung der Steuerlast erreicht werden. 415

Bei Familien mit umfangreichem Betriebs- und/oder Privatbesitz werden immer häufiger die Leitlinien und Strukturen in einer »**family charter**« (Familienverfassung) schriftlich niedergelegt.[942] Die INTES Beratung für Familienunternehmen hat hierzu (mehr im Sinne einer Themensammlung) einen sog. **Governance Kodex für Familienunternehmen (GKFU)** initiiert.[943] Dadurch sollen die Bedürfnisse von Familie, Unternehmen und Gesellschaftern sorgfältig abgewogen sowie Konflikte vermieden oder zumindest einer möglichst schonenden Lösung zugeführt werden. Ähnlich der »corporate governance« eines Konzerns enthält eine solche Familienverfassung z.B. Aussagen darüber, ob die Interessen des Unternehmens selbst oder die seiner Eigentümer vorrangig sind (vergleichbar dem klassischen Managementkonflikt zwischen shareholder value und stakeholder value), verteilt die Verantwortlichkeiten zwischen Familie und Vermögen und beantwortet die Fragen »Wie wird verteilt?«, »Wer übernimmt welche Aufgabe?« und »Wie wird vergütet?«. Juristisch handelt es sich lediglich um eine »Absichtserklärung«, die das »kollektive Gedächtnis« der Familie sichert. Auf sog. »Familientagen« werden die Regelungen einer allfälligen Anpassung unterzogen. 416

Im Wesentlichen kreisen die in einer solchen Familiencharta als Prinzip der »family governance« zu lösenden Probleme um das Spannungsfeld zwischen »**Emotionen in der Familie**« und »**Rationalität im Unternehmensbereich**«: Der auf Beziehungen ausgerichtete Familienbereich ist geprägt von Fürsorge, Gleichwertigkeit und Konstanz, im Unternehmensbereich dagegen herrschen Zweckorientierung, Wettbewerb, Hierarchie und Dynamik. Entscheidend ist in ersterem Bereich die Person, in Letzterem die Funktion.[944] Dieses Spannungsfeld ist für Familienunternehmen ty- 417

---

941 Vgl. monografisch hierzu *Münch*, Die Unternehmerehe.
942 Vgl. *Schulz/Werz*, ErbStB 2007, 310 ff., mit Formulierungsempfehlungen ErbStB 2007, 355 ff. (Einrichtung eines Familienbüros, eines Familienrates als »Vorstand« und einer Familienversammlung); ferner *Megerle/Zenner*, ErbR 2016, 7 ff.; monografisch *Baus*, Die Familienstrategie; vgl. auch. *Beckervordersandfort (Hrsg.)*, Gestaltungen zum Erhalt des Familienvermögens, 2016, S. 277 ff.
943 www.kodex-fuer-familienunternehmen.de; Bericht über die Tagung vom 14.06.2013 durch *Richter/Gollan*, ZErb 2013, 178.
944 Vgl. *Beckervordersandfort (Hrsg.)*, Gestaltungen zum Erhalt des Familienvermögens, 2016, S. 282 ff.

pisch⁹⁴⁵ und manifestiert sich in gegensätzlichen Begriffspaaren, wobei jeweils der erste Begriff den Bereich der Familie, der zweite den Bereich des Unternehmens kennzeichnet: Vertrauen/Kontrolle – Emotion/Leistung – Mündlichkeit/Schriftlichkeit – auf Dauer angelegt/auf Zeit angelegt – unkündbar/kündbar – Loyalität/Wettbewerb – Förderung des Schwachen/Förderung des Starken – Nachhaltigkeit/Schnelllebigkeit – begrenzter, konstanter Mitgliederkreis/ständiger Wechsel und offener Mitgliederkreis.

418 Weiter erschwerend wirken insb. bei der Übertragung von Familienunternehmen in die zweite, die **Nachgründer-Generation** ungeeignete Entscheidungsmechanismen: Der Gründer verfügt in der Regel über ein robustes Alleinentscheidernaturell, das in der Nachfolgegeneration dann nicht mehr funktionieren kann, wenn mehrere Geschwister am Unternehmen beteiligt sind. Diese müssen versuchen, als Team zusammenzuwachsen, also genau entgegengesetzt zum Entscheidungsmechanismus des Vorgängers zu verfahren. Sind weitere Geschwister lediglich als nichttätige Gesellschafter (Kommanditisten oder stille Gesellschafter) beteiligt, führt die asymmetrische Information zu weiterem Konfliktpotential.

419 Geht schließlich das Unternehmen von der zweiten in die dritte Generation über, also von der Geschwister-Gesellschaft in das »**Vettern-Konsortium**«, sind wiederum andere Entscheidungsmechanismen notwendig, weil nicht mehr ein kleiner Kreis von Entscheidern, sondern eine große Gruppe (»Familiendynastie«) zusammenfinden muss. Hier gilt es, nicht dem Irrglauben zu verfallen, dass stets allseitiger Konsens hergestellt werden müsste (wie idealerweise noch in der Geschwister-Gesellschaft erreichbar), sondern Mehrheitsentscheidungen an der Tagesordnung sind. In dieser zweiten Stufe der Vermögensnachfolge (also dem »Vettern-Konsortium«) kommt es angesichts des weiter auseinanderdriftenden Personenhintergrunds oft zu Entfremdungsprozessen; die Stärke des Familienunternehmens (die eben auch voraussetzt, dass Familienmitglieder im Zweifel zugunsten des Wohles des Unternehmens auf Ansprüche verzichten) verliert sich dann gegenüber der Publikumsgesellschaft.

420 Gerade auf dieser Ebene der zweiten Unternehmensnachfolgegeneration ist die »family and business governance« entscheidend für das Überleben als Familienunternehmen. Wichtig ist, dabei auch Schwiegerkinder sowie potentielle Nachfolger (etwa ab der Pubertät) rechtzeitig einzubinden. Auf dieser Stufe etablieren sich häufig auch unterschiedliche **Plattformen**⁹⁴⁶ zur Förderung des **Zusammenhalts der Unternehmerfamilie**, nämlich der »Familientag«, der dem Zusammensein und Austausch der Mitglieder, auch der Förderung des Interesses am Unternehmen dient, Familienseminare, die der zielgruppenspezifischen Qualifizierung in Gesellschafter-, Vermögens- oder Persönlichkeitsfragen für einzelne Mitglieder dient sowie das Familien-Intranet, das zur Sammlung und zum Austausch aktueller und historischer Informationen zur Familie sowie zum Unternehmen bestimmt ist.

421 Von oft entscheidender Bedeutung für die Alterssicherung des Veräußerers ist die **Freistellung seines Privatvermögens von Kreditsicherungsbelastungen** (Grundschulden, Bürgschaften) für betriebliche Verbindlichkeiten.⁹⁴⁷ Benachteiligt ist insb. der »gutmütige« Unternehmer, der nicht bzw. nicht rechtzeitig »zugriffsfreies« Vermögen (etwa beim Ehegatten, mit Nutzungs- und/oder Eigentumsabsicherung im Scheidungsfall) gebildet hat. Häufig sind Kreditinstitute zur Enthaftung nur bereit, wenn der Erwerber seinerseits gleichwertiges Privatvermögen als Sicherungsgut anbietet; manchmal kann auch eine »Abschmelzungsregelung« verhandelt werden (Begrenzung

---

945 Vgl. *Hennerkes/Kirchdörfer*, Die Familie und ihr Unternehmen, S. 77.
946 Vgl. *Beckervordersandfort (Hrsg.)*, Gestaltungen zum Erhalt des Familienvermögens, 2016, S. 297 ff.
947 Nach einer durch *Albach*, BB 2000, 784 vorgestellten Umfrage unter mittelständischen Unternehmern nach einer Übergabe wurde die Wichtigkeit der Haftungsfreistellung auf einer Skala von null bis vier mit einem Wert von 3,13 extrem hoch eingeschätzt, noch vor der psychologischen Vorbereitung auf den Ruhestand (2,32) und der Bildung eines Beirats zur beratenden Begleitung des Generationenwechsels.

des Haftungsrisikos auf den Kreditstand zum Zeitpunkt des Ausscheidens und Reduzierung pro Zeitjahr um ein x/tel).

Die planvolle Umgestaltung des Vermögens im Hinblick auf die vorweggenommene Erbfolge (bzw. eine überraschend eintretende unmittelbare Erbfolge), das sog. »**estate planning**« (Rdn. 24), verfolgt insb. zwei Ziele: 422
(1) Die Liquiditätsbeschaffung zur Begleichung möglicher künftiger Erbschaft-/Schenkungsteuer, zur Abfindung weichender Geschwister sowie zur Versorgung des Veräußerers (also des derzeitigen Unternehmers) unabhängig vom Unternehmen selbst.
(2) Hinzu kommt im Hinblick auf das Junktim zwischen einerseits dem Fortbestand einer steuerlichen Privilegierung des Betriebsvermögens und andererseits der Fortführung des Betriebsvermögens selbst in vergleichbarem Umfang über einen Zeitraum von 5 bzw. 7 Jahren die Notwendigkeit, die Zusammensetzung des Betriebsvermögens vor der Übertragung so zu korrigieren, dass der übergehende »Restbestand« voraussichtlich über den kritischen Zeitraum hinweg erhalten bleiben kann.

Bei einer **Umstrukturierung des Privatvermögens im Vorfeld einer Betriebsübertragung** ist zu bedenken,[948] dass seit 2009 (Abgeltungsteuer) auch die Veräußerung von Privatvermögen in größerem Umfang zur Steuerpflicht führen kann, z.B. für Wertpapiere unter 1 % des Gesellschaftskapitals, für die bisher nur eine 1-jährige Spekulationsfrist galt. Außerdem bestehen verstärkte Dokumentationsobliegenheiten (gelingt z.B. der spätere Nachweis der historischen Anschaffungskosten nicht, werden 30 % des Erlöses als Veräußerungsgewinn unterstellt). Vorhandene Altbestände können allerdings auch nach 2009 weiterhin zum bisherigen Recht (d.h. ohne Abgeltungsteuer) veräußert werden (gem. § 20 Abs. 4 Satz 7 EStG wird jedoch unterstellt, dass stets die ältesten Papiere zuerst veräußert werden, sog. »first in first out [fifo]«-Verfahren, so dass die steuerfreien Altbestände zuerst abgebaut werden). 423

b) Zwischenformen: Übertragung auf den Todeszeitpunkt

Als »Zwischenformen« kommen einerseits das näher an der erbrechtlichen Variante liegende **Schenkungsversprechen auf den Todesfall** in Betracht. Dieses unterfällt, da nicht lebzeitig vollzogen, gem. § 2301 Abs. 1 BGB den Bestimmungen zum Erbvertrag und schafft (abgesehen von § 2287 BGB) keine lebzeitige Sicherheit. Andererseits ist die näher an der lebzeitigen Variante liegende **Überlassung mit auf den Todeszeitpunkt aufgeschobener Erfüllung** zu nennen, wodurch bereits eine gesicherte (bei Grundstücken also vormerkungsfähige) Rechtsposition erzeugt wird (vgl. Rdn. 2115 und ausführlich Rdn. 3391 ff.). Letztere kann mit einer Sofortverpachtung des Unternehmens an den künftigen Inhaber kombiniert werden. Schenkungsteuerlich ist damit jedoch noch kein Vollzug (und damit keine Ausnutzung der Freibeträge) eingetreten. 424

Schließlich steht dem »Veräußerer« auch das Instrument der **Vorausabtretung** zur Verfügung: Weiß bspw. der Unternehmer, dass nach seinem Tod sein Unternehmensanteil nicht fortgeführt werden kann oder wird, mag er die Auseinandersetzungsansprüche antizipiert an seine Witwe zu deren Versorgung abtreten. Die Erben sind hieran, auch wenn sie die Vorausverfügung nicht kennen, gebunden.[949] 425

c) Lebzeitige Übertragung

▶ Hinweis:

Die **Vorteile** der lebzeitigen Unternehmensnachfolge liegen zum einen in den Korrekturmöglichkeiten, die ggf. erkennbaren Fehlentwicklungen gegenzusteuern erlauben, zum anderen in 426

---

948 Vgl. *Kirnberger*, ErbStG 2007, 305 ff.
949 BGH, 13.11.2000 – II ZR 52/99, EWiR 2001, 217 (*Marotzke/Harder*).

der Chance einer Pflichtteilsreduzierung durch Anlaufen⁹⁵⁰ oder gar Ablauf der Zehn-Jahres-Frist des § 2325 Abs. 3 BGB und die »automatische« Anrechnung früherer Zuwendungen an weichende Geschwister gem. § 2327 BGB (anders als gem. § 2315 BGB), weiterhin in der Chance der Vermeidung künftigen Sozialleistungsregresses nach zehn Jahren (§§ 528 f. BGB), in der Verteilung von ertragsteuerlichen Freibeträgen auf mehrere Familienmitglieder, zusätzlich in der Möglichkeit, durch Verteilung auf mehrere Zehnjahreszeiträume Schenkungsteuer zu sparen (§ 14 ErbStG) und schließlich in der Chance eines gleitenden Übergangs (etwa durch Aufnahme als Mitgesellschafter in ein bisheriges Einzelunternehmen [Rdn. 432], oder begleitende Beratungstätigkeit des Veräußerers nach der Übergabe) anstelle des »abrupten« erbrechtlichen Erwerbs. Auch die vertragliche Einbindung der weichenden Geschwister gelingt leichter.⁹⁵¹

Die letztwillige Variante ist dagegen vorzugswürdig, wenn die dinglich wirkenden Disziplinierungs- und Kontrollmittel der Nacherbfolge oder Testamentsvollstreckung sich als notwendig erweisen, und bleibt stets notwendige »Auffanglösung« für den Katastrophenfall. Bei der letztwilligen Lösung spielt naturgemäß die Absicherung des Unternehmers selbst (durch Nießbrauchsvorbehalte, Sonderstimmrechte, Versorgungsrenten, Beraterverträge, Rückforderungsrechte etc.) keine Rolle mehr, allerdings die mögliche Absicherung des hinterbliebenen Ehegatten.

IV. Möglichkeiten lebzeitiger Unternehmensübertragung

1. Einzelunternehmen

427 Auch wenn die einzelnen Gegenstände (Rechte und Sachen), die zu einem **einzelkaufmännischen Unternehmen**⁹⁵² gehören, bilanziell zusammengefasst sind, bleibt zivilrechtlicher Übergabegegenstand nicht »das Unternehmen«, sondern dessen einzelne Bestandteile, die (als »asset deal«) nach den jeweils hierfür geltenden Vorschriften übertragen, abgetreten bzw. aufgelassen werden müssen. Sind **Grundstücke** enthalten, erfasst § 311b Abs. 1 BGB (Beurkundungspflicht) wegen der wirtschaftlichen und rechtlichen Geschäftseinheit den gesamten Übertragungsvorgang. Dem zivilrechtlichen Bestimmtheitsgrundsatz wird jedoch regelmäßig durch Bezugnahme auf die Stichtagsbilanz und Inventarlisten, Sachanlageverzeichnisse etc. Genüge getan. Es hat sich darüber hinaus eingebürgert, **Dauerschuldverhältnisse**, in die ein Eintritt zu erfolgen hat, sowie besonders bedeutsame Verpflichtungen (Bankverbindlichkeiten) sowie **gewerbliche Schutzrechte** (z.B. Lizenzen) einzeln zu benennen.

428 **Arbeitsrechtlich** gilt (auch für unentgeltliche Betriebsübertragungen) § 613a BGB samt der Hinweispflicht des § 613a Abs. 5 BGB.⁹⁵³ Damit tritt der Betriebsübernehmer zugleich in die Versorgungsanwartschaften der aktiven Arbeitnehmer ein,⁹⁵⁴ hinsichtlich der bestehenden Ruhestandsverhältnisse ist eine Rechtsnachfolge gem. § 4 BetrAVG möglich, soweit sie insolvenzgesichert sind⁹⁵⁵ (Pensionssicherungsverein). Änderungen bestehender Zusagen sind nach Betriebsübergang

---

950 Reduzierung um 10 % pro abgelaufenem Zeitjahr seit juristischer und wirtschaftlicher Ausgliederung gem. § 2325 BGB maßgeblich ist der Sterbefall ab dem 01.01.2010, auch wenn die Schenkung an den Dritten zuvor stattgefunden hat.
951 Z.B. durch gegenständlich beschränkte Pflichtteilsverzichte gegen Abfindung, ähnlich dem »patto di famiglia« gem. Art. 768 ff. CC, vgl. *Castello/Molinari*, ZErb 2007, 367 ff.
952 Vgl. zum Folgenden *Geck/Reimann*, Unternehmensnachfolge in der Kautelarpraxis (DAI-Skript November 2005), S. 142 ff., sowie *Spiegelberger*, Vermögensnachfolge im Zivil- und Steuerrecht, Teil 1: Betriebsvermögen (DAI-Skript September 2006), S. 208 ff.
953 BAG, 13.07.2006 – 8 AZR 305/05, NZA 2006, 1268: »präzise, aber dem Laien verständliche Beschreibung der rechtlichen Folgen im Detail«.
954 BAG, 22.06.1978 – 3 AZR 832/76, AP § 613a BGB Nr. 12, 15.
955 BAG, 17.03.1987 – 3 AZR 605/85, DB 1988, 122.

F. Besonderheiten bei der Unternehmensnachfolge

Kapitel 1

nur beschränkt möglich.[956] Rückstände in Bezug auf Sozialversicherungsbeiträge, auch hinsichtlich der Arbeitnehmeranteile, gehen jedoch nicht gem. § 613a BGB über.[957]

Für das einzelkaufmännische Unternehmen einer Firma ist das **Handelsregister zu berichtigen**, im Fall der Fortführung der Firma[958] oder einer »firmenmäßig«[959] verwendeten Etablissementbezeichnung«[960] bzw. der Fortführung des Kernbestands des Unternehmens[961] ist an die Vereinbarung und zeitnahe[962] Veröffentlichung (Handelsregistereintragung beim Erwerber)[963] eines **Haftungsausschlussvermerks** zu denken (§ 25 Abs. 2 HGB), dessen Eintragung durch das Registergericht nur abgelehnt werden kann, wenn eine Haftung des neuen Unternehmensträgers gem. § 25 Abs. 1 HGB nicht in Betracht kommen kann;[964] einer Vorlage der Ausschlussvereinbarung bedarf es nicht.[965] Als »Unternehmensfortführung« genügt dabei auch die Übernahme des – aus Sicht des Rechtsverkehrs – wesentlichen Teilbereiches,[966] auch wenn der Veräußerer, obwohl Kaufmann, nicht im Handelsregister eingetragen war;[967] daneben kommt auch eine Haftung aus Rechtsscheingesichtspunkten in Betracht.[968] Bei Veräußerung durch den Insolvenzverwalter (auch im Wege des asset deal samt Mitübertragung der Firmenbezeichnung[969]) gilt § 25 Abs. 1 (und damit auch Abs. 2) HGB nach h.M. nicht, da andernfalls eine unzulässige Besserstellung der Alt-Geschäftsgläubiger gegenüber den Alt-Privatgläubigern in der Insolvenz einträte;[970] dies gilt auch,

429

---

956 Vgl. im Einzelnen *Gaul/Kühnreich*, NZA 2002, 495.
957 BayLSG, 28.01.2011 – L 5 R 848/10 B ER, StBW 2011, 235 (ebenso Art. 3 ff. der Richtlinie 2001/23/EG, ABl EU L 82/16 v. 22.03.2001).
958 OLG Jena, 24.05.2007 – 6 W 231/07, NotBZ 2007, 298: bereits die ernsthafte Möglichkeit einer Haftung aus Firmenfortführung genügt als Eintragungsvoraussetzung.
959 Übersicht zur aktuellen Rspr. zur Bildung der Firma aus IHK-Sicht bei *Kiesel/Neises/Plewa/Poneleit/Rolfes/Wurster*, DNotZ 2015, 740 ff.
960 BGH, 20.05.2014 – VII ZR 46/13, MittBayNot 2015, 58: Verwendung von »Dschingis Khan Mongolisches Restaurant« in Verträgen, auf Geschäftsbriefen etc.
961 BGH, 07.12.2009 – II ZR 229/08, DStR 2010, 177.
962 Sofern die Anmeldung sofort erfolgt, genügt die Eintragung binnen ca. 5 Monaten (OLG Düsseldorf, 06.06.2003 – 3 Wx 108/03, NJW-RR 2003, 1120), aber nicht mehr nach 7 Monaten (OLG München, 06.02.2007 – 31 Wx 103/06, NotBZ 2007, 299) oder gar nach 3 Jahren (OLG Hamm, 27.02.2014 – I-27 W 9/14, RNotZ 2014, 393), auch wenn die Verzögerung durch (unberechtigte) Zwischenverfügungen des Registergerichts bedingt ist; *Kilian*, notar 2014, 300.
963 OLG Düsseldorf, 25.02.2008 – I-3 Wx 32/08, RNotZ 2008, 424, m. Anm. *Heil*.
964 OLG Zweibrücken, 16.05.2013 – 3 W 30/13, NotBZ 2013, 486; OLG München, 30.04.2008 – 31 Wx 41/08, RNotZ 2008, 425, m. Anm. *Heil*; OLG Düsseldorf, 09.05.2011 – 3 Wx 84/11, RNotZ 2011, 434; BGH, 16.09.2009 – VIII ZR 321/08, MittBayNot 2010, 216, m. Anm. *M. Wachter* samt Formulierungsvorschlag, zur »faktischen Unternehmensfortführung« (identische Geschäftstätigkeit, Übernahme von Teilen des Personals, identische Telefon- und Faxnummer). Zur Abgrenzung *Gutachten* DNotI-Report 2011, 165 ff.
965 OLG München, 23.06.2010 – 31 Wx 105/10, GmbHR 2011, 1039, jedenfalls wenn die Anmeldung von den Geschäftsführern beider Gesellschaften unterschrieben ist.
966 BGH, 07.12.2009 – II ZR 229/08, NotBZ 2010, 218, m. Anm. *Vossius*.
967 OLG Zweibrücken, 11.11.2013 – 3 W 84/13, RNotZ 2014, 179 (nach Mindermeinung gilt § 25 HGB sogar analog für alle Unternehmensträger).
968 BGH, 05.07.2012 – III ZR 116/11, NotBZ 2012, 374 m. Anm. *Vossius* (Haftung der P GmbH für Falschberatung des P als Einzelunternehmer, dessen Geschäftstätigkeit nach der GmbH-Gründung »auslief«.
969 Dies ist möglich, BGH, 27.09.1982 – II ZR 51/82, NJW 1983, 755; nach h.Lit. soll dann der Insolvenzverwalter befugt sein eine »Ersatzfirma« zum Handelsregister anzumelden, a.A. OLG München, 30.05.2016 – 31 Wx 38/16, DNotZ 2016, 892 m. Anm. *Priester*.
970 BGH, 28.11.2005 – II ZR 355/03, DNotZ 2006, 629, 641; *Gutachten* DNotI-Report 2011, 165, 167 m.w.N. (a.A. nur OLG Stuttgart, 23.03.2010 – 8 W 139/10 RNotZ 2010, 417 bei Veräußerung nur einzelner Gegenstände, denn nur der Unternehmensverkauf im Ganzen durch den Insolvenzverwalter solle geschützt werden).

wenn kein Insolvenzverwalter bestellt, sondern Eigenverwaltung angeordnet wurde.[971] Einzutragen ist der Haftungsausschluss beim die Firma fortführenden Rechtsträger, etwa aufgrund folgender Anmeldung:

▶ **Formulierungsvorschlag: Anmeldung des Haftungsausschlusses gem. § 25 Abs. 2 HGB beim die Firma fortführenden Rechtsträger**

430 Die A GmbH/A oHG etc. hat ihren Geschäftsbetrieb mit dem Recht der Firmenfortführung an die (z.B.) B GmbH veräußert. Der Übergang der im erworbenen Geschäftsbetrieb begründeten Forderungen sowie die Haftung für die im erworbenen Geschäftsbetrieb begründeten Verbindlichkeiten sind ausgeschlossen. Die Firma der B GmbH wurde geändert in … GmbH.

431 Gem. § 75 AO besteht eine nicht ausschließbare Haftung des Erwerbers für betriebliche Steuern (Rdn. 5947). Anders liegt es beim Erwerb nach Eröffnung des Insolvenzverfahrens (vgl. § 75 Abs. 2 AO; i.R.d. § 613a BGB ebenfalls gefestigte Rechtsprechung;[972] i.R.d. § 25 HGB jedenfalls dann, wenn nicht nur einzelne Wirtschaftsgüter aus der Insolvenz erworben werden).[973] Regelmäßig übernimmt der Erwerber die Erfüllung bestehender, auch latenter, Verpflichtungen aus Sachmängeln auch für die Vergangenheit, und die Pflicht zur Nachzahlung etwaiger betrieblicher Steuern und ESt als Ergebnis einer Betriebsprüfung, die ohnehin häufig aus Anlass einer Betriebsübertragung durchgeführt wird (die Übernahme von Einkommensteuernachzahlungen, auch aufgrund betrieblicher Einnahmen beruhend, ist allerdings »Gegenleistung« im ertragsteuerlichen Sinn, führt also bei negativem Kapitalkonto zu einer Gewinnrealisierung (vgl. Rdn. 5953).

432 Im Fall einer **stufenweisen Nachfolge**, also der lediglich teilweisen Beteiligung des Nachfolgers am Einzelunternehmen, kommt der Rückbehalt des Nießbrauches am Einzelunternehmen in Betracht (Rdn. 1470),[974] ebenso die Verpachtung des Unternehmens an den prospektiven Nachfolger: Der Pächter wird gem. § 22 Abs. 2 HGB in das Handelsregister eingetragen, der Verpächter kann aufgrund seines Wahlrechts (Rdn. 5738) den »ruhenden« Betrieb zur Vermeidung der Auflösung stiller Reserven fortführen und erzielt demnach Einkünfte aus Gewerbebetrieb, die aber wegen § 9 Nr. 1 Satz 2 GewStG nicht der Gewerbesteuer unterliegen. Als dritte Möglichkeit können gesellschaftsrechtliche Lösungen erforderlich sein (Rdn. 433).

433 Will der Veräußerer zunächst möglichst wenig Leitungsmacht »aus der Hand geben«, bietet sich die Eingehung einer **stillen Gesellschaft** (Rdn. 2695 ff.) an. Ist Letztere »atypisch« ausgestaltet, kann sie durchaus in die Nähe echter Mitunternehmerschaft rücken. Volle Personengesellschaftsbeteiligung kann bspw. erreicht werden durch die »Vorab-Gründung« einer solchen Gesellschaft mit dem Nachfolger, in die der Veräußerer sodann sein Unternehmen gegen Gewährung von Gesellschaftsrechten zu Buchwerten (§ 21 UmwStG) einbringt. Anschließend werden Gesellschaftsanteile schenkweise auf den Nachfolger übertragen.[975] Denkbar ist jedoch auch die »abkürzende« Einbringung des Einzelunternehmens sowohl für eigene als auch für Rechnung des Erwerbers in eine neue Personengesellschaft; Schenkungsgegenstand ist dann der durch Einbuchung entstehende Anteil:[976] Da Entreicherungs- und Bereicherungsgegenstand nicht identisch sein müssen, kann auch eine vorher mangels Gesellschaft nicht im Vermögen des Schenkers vorhandene Beteiligung verschenkt werden.

---

971 LAG Hamm, 06.04.2016 – 2 Sa 1395/15, DStR 2016, 2055.
972 Keine Haftung für vor Eröffnung des Insolvenzverfahrens entstandene Verbindlichkeiten: BAG, 16.02.1993 – 3 AZR 374/92, NJW 1993, 2259 f.
973 OLG Stuttgart, 23.03.2010 – 8 W 139/10, notar 2011, 58, m. Anm. *Kilian:* daher vorsorglicher Haftungsausschlussvermerk möglich (und ratsam); vgl. auch *Gerber*, GmbHR 2011, 1028 ff.
974 Vgl. hierzu *Halaczinsky*, UVR 2006, 31. Fraglich ist allerdings, ob hierfür die Steuerentlastungen der §§ 13a, 19a ErbStG anwendbar sind, vgl. Rdn. 5008 f.
975 So etwa BGH, 08.11.2004 – II ZR 350/02, ZEV 2005, 71, m. Anm. *Reimann*.
976 So im Benteler-Urteil BGH, 02.07.1990 – II ZR 243/89, NJW 1990, 2616.

2. Gesellschaftsbeteiligung

Ist Gegenstand der Übertragung die Beteiligung an einer bestehenden **Personen- oder Kapitalgesellschaft**, sind zunächst die gesellschaftsrechtlichen Regelungen zur Übertragbarkeit des Anteils zu prüfen. Ggf. sind vorab Satzungsänderungen erforderlich, auch im Hinblick auf die Beibehaltung oder gar Stärkung des Einflusses des möglicherweise noch beteiligten Veräußerers. 434

Die Aufnahme in eine **Personengesellschaft** erfolgt in der Weise, dass der Gesellschaftsvertrag geändert wird und die jeweiligen Kapitalkonten umgebucht werden.[977] Allerdings geht die ständige Rechtsprechung des BGH[978] dahin, den Schenkungscharakter einer Übertragung von OHG-Anteilen nur unter sehr engen Voraussetzungen anzunehmen. Grds. sei nämlich die Übernahme der Haftung und die Verpflichtung zur Arbeitsleistung als Gegenleistung zu werten, die eine – auch gemischte – Schenkung ausschließe.[979] In Fällen eines besonders krassen Missverhältnisses von Leistung und Gegenleistung hat jedoch auch der BGH eine gemischte Schenkung angenommen, z.B. bei schwerer Erkrankung des Schenkers im Zeitpunkt der Schenkung und Vereinbarung eines Übernahmerechts hinsichtlich der Gesellschaftsanteile auch des Schenkers mit Abfindungsausschluss, wobei die Beschenkte vorher schon Vollzeit im Einzelunternehmen arbeitete;[980] Gleiches dürfte allgemein gelten bei deutlich unterschiedlichen Lebenserwartungen des Schenkers und des aufgenommenen Gesellschafters.[981] 435

▶ Hinweis:
> Klarzustellen ist somit immer, ob Gegenstand der Zuwendung tatsächlich der Gesellschaftsanteil als solcher oder nur die Einlage ist, da die Schenkungsgeeignetheit des Gesellschaftsanteils fraglich ist, die der Geldeinlage nicht.

Bei der Übertragung der Gesellschaftsanteile kann sich der Veräußerer Vorsorgeleistungen durch Nießbrauchsvorbehalt (Rdn. 1483 ff., Rdn. 2677) oder disquotale Gewinnbezugsrechte zurückbehalten (Rdn. 2669 ff.) bzw. Versorgungsrenten vereinbaren (Rdn. 6365); zum schenkungsteuerlichen Belastungsvergleich s. Rdn. 5418 ff. Ertragsteuerliche Hinweise:[982] Rdn. 5998 ff. 436

3. Änderung der Rechtsform

Häufig wird im Zug der vorweggenommenen Erbfolge auch eine Änderung der Rechtsform ins Auge gefasst,[983] so dass die Anteilsübertragung hinsichtlich des Vollzugs der Schenkung auf den auf die Eintragung der Strukturveränderung im Handelsregister folgenden Tag zu befristen ist (§ 9 Abs. 1 Satz 2 ErbStG). 437

---

977 Zu beachten ist hier jedoch die in der Lit. auf erhebliche Kritik (Nachweise bei Palandt/*Putzo*, BGB, § 516 Rn. 9a) gestoßene Entscheidung des BGH, 11.05.1959 – II ZR 2/58, NJW 1959, 1433, nach der eine Schenkung einer Gesellschaftsbeteiligung, der eine volle persönliche Haftung innewohnt, nicht möglich ist. Vielmehr soll die Übernahme der Haftung eine die Unentgeltlichkeit ausschließende Gegenleistung darstellen.
978 BGH, 26.03.1981 – IVa ZR 154/80, NJW 1981, 1956; BGH, 02.07.1990 – II ZR 243/89, NJW 1990, 2616.
979 St. Rspr., BGH, 02.07.1990 – II ZR 243/89, NJW 1990, 2616 f. m.w.N.; die Schenkung eines Kommanditanteils ist infolge der Haftungsbeschränkung und nicht zwingenden Geschäftsführung problemlos möglich.
980 BGH, 26.03.1981 – IVa ZR 154/80, NJW 1981, 1956 f.
981 *Wälzholz*, NWB 2008, 4334 = Fach 19, S. 3976.
982 Überblick zur steuerlichen Behandlung der Rechtsnachfolge von Todes wegen in eine GmbH & Co. KG bei *Levedag*, GmbHR 2010, 629 ff.; zur vorweggenommenen Erbfolge in solche Anteile: *Levedag*, GmbHR 2010, 855 ff.
983 Monografisch: *Ettinger/Schmitz*, Umstrukturierungen im Bereich mittelständischer Unternehmen, 3. Aufl. 2016.

> **Beispiel:**
> »Umwandlung«, also Verschmelzung einer GmbH auf ihren Alleingesellschafter, um der (bis zum 31.12.2008) schlechteren Bewertung von Kapitalgesellschaften bei der Erbschaftsteuer zu entkommen; umgekehrt Ausgliederung aus dem Vermögen des Einzelkaufmanns auf eine neugegründete GmbH zur Haftungsbeschränkung und Möglichkeit der Teilübertragung sowie der Fremdorganschaft etc.

438 Wegen des (freilich nicht ausnahmslos geltenden) **Grundsatzes der Mitgliederidentität**[984] kann sich ein Inhaberwechsel nur im Anschluss an die Umwandlung vollziehen. Damit wird zugleich die steuerliche Qualifizierung des Übertragungsgegenstands bei der Schenkungsteuer definiert.[985] Allerdings kann ohne Verletzung des Grundsatzes der Mitgliederidentität i.R.d. Umwandlungsvorgangs die Kapitalbeteiligung eines Mitglieds erhöht werden, wenn alle Gesellschafter zustimmen (»disparitätische Umwandlungen«,[986] gem. § 122b UmwG und der SEVIC-Entscheidung des EuGH[987] auch bei grenzüberschreitenden Verschmelzungen[988]). Im Extremfall können auch bei Spaltungsvorgängen, die der Umstrukturierung vor einer vorweggenommenen Erbfolge dienen, nicht verhältniswahrende Spaltungen, im Extremfall sogar »Spaltungsvorgänge zu Null« stattfinden.[989]

439 Verwandt sind **Aufspaltungen** eines bestehenden Unternehmens in zwei rechtlich selbstständige, als Besitz- und Betriebsgesellschaft konfigurierte Betriebe, wobei sich der Unternehmens-»Patriarch« i.d.R. die Besitzgesellschaft sichert und die Betriebsgesellschaftsanteile an Nachkommen abgibt.[990] Denkbar ist des Weiteren eine **Familien-Holding**, z.B. durch Schaffung eines Vermögenspools, in welchem vorhandenes Familienvermögen (nicht notwendig betrieblicher Art) zusammengeführt und gebündelt wird (s. hierzu Rdn. 2446 ff.).

---

984 Vgl. *Widmann/Mayer*, Umwandlungsrecht, § 5 UmwG Rn. 57 ff.
985 Vgl. *D. Mayer*, ZEV 2005, 325.
986 Vgl. *Huber*, Anteilsgewährpflicht im Umwandlungsrecht, S. 461 ff.
987 EuGH, 13.12.2005, C-411/03 – SEVIC Systems AG IStR 2006, 26, m. Anm. *Beul*. Zur Zulässigkeit grenzüberschreitender Formwechsel [§§ 190 ff. UmwG analog] in einem Zuzugsfall aus Luxemburg: OLG Nürnberg, 19.06.2013 – 12 W 520/13 [Moor Park II] DNotZ 2014, 150 m. Anm. *Hushahn* in Abkehr von OLG Nürnberg, 13.02.2012 – 12 W 2361/11, NotBZ 2012, 217 m. Anm. *Vossius*, sowie KG, 21.03.2016 – 22 W 64/15, RNotZ 2016, 618 für den Zuzug einer französischen GmbH, die sich beide gegen eine analoge Anwendung des Art. 8 SE-VO ausgesprochen haben, ebenso OLG Frankfurt, 03.01.2017 – 20 W 88/15, RNotZ 2017, 257 zum Herausformwechsel einer GmbH in eine italienische S.r.l. mit zu Recht [zu § 202 UmwG] ablehnender Anm. *Hushahn* = DNotZ 2017, 381 m. Anm. *Knaier* = NotBZ 2017, 311 m. Anm. *Heckschen*; vgl. auch *Frenzel* NotBZ 2012, 349 ff. zu EuGH, 12.07.2012 – Rs. C 378/10 [VALE Epitesi Kft]. Überblick zum grenzüberschreitenden Formwechsel: *Hushahn*, RNotZ 2014, 137 ff.; Gestaltungshinweise bei *Bungert/de Raet*, DB 2014, 761 ff.; *Schaper*, ZIP 2014, 810 ff., *Limmer*, Handbuch der Unternehmensumwandlung, 5. Aufl. 2016 Teil 6 Kap. 2, S. 992 ff. Zur grenzüberschreitenden Sitzverlegung mit Formulierungsvorschlägen [»Verlegungsplan«] vgl. *Hermanns*, MittBayNot 2016, 297 ff.
988 *Reimann*, ZEV 2009, 586, 588; *Sieja*, NWB 2013, 1820 ff.
989 OLG München, 10.07.2013 – 31 Wx 131/13, BB 2013, 1940 m. Anm. *Trendelenburg*; vgl. *Perwein*, DStR 2009, 1892, auch zur Schenkungsteuerpflicht gem. § 7 Abs. 1 und Abs. 7 ErbStG und zur Frage der Verteilung der Ausgangslohnsumme auf übertragende und übernehmende Gesellschaft.
990 Vgl. *Gesmann-Nuissl*, BB-Spezial Heft 6/2006, 4.

V. Besonderheiten bei landwirtschaftlichen Übergaben

1. Interessenlage

Bei der Gestaltung einer landwirtschaftlichen Übergabe (Gesamtmuster[991] vgl. Rdn. 6757, zu Besonderheiten des Hofübergabevertrages im Geltungsbereich der HöfeO vgl. Rdn. 470 ff.) sind bestimmte Interessen auf Veräußerer- und Erwerberseite besonders prägend: Im Vordergrund steht zunächst die Erhaltung des landwirtschaftlichen Betriebs als **wirtschaftliche Einheit** und als wesentliche Lebensgrundlage der nächsten Generation, weshalb sie auch **kostenrechtlich privilegiert** ist (zu § 48 Abs. 1 GNotKG vgl. Rdn. 4273 ff.). Die frühzeitige Heranführung, oft durch gleitende Zwischenlösungen (z.B. gemeinsame Bewirtschaftung in GbR, Anpachtung des Betriebs) bietet Gewähr für eine Übereinstimmung zwischen Veräußerer und Erwerber in diesen Grundwertungen. 440

Die Versorgung des Veräußerers spielt seit der Einführung der Altershilfe für Landwirte (Gesetz v. 01.10.1957), die mit Abgabe[992] des landwirtschaftlichen Betriebs ab Vollendung des 65. Lebensjahrs[993] den Bezug von **Altersgeld** ermöglicht, nicht mehr die allein entscheidende Rolle. Austrags- und Leibgedingsleistungen ergänzen vielmehr die Geldversorgung aus diesem Sicherungssystem, die auch für Bäuerinnen eine selbstständige Berechtigung schafft, und dienen v.a. der Deckung des Bedarfs an Dienstleistungen, die durch den Erwerber erbracht werden können (hauswirtschaftliche Versorgung, Pflegeleistung), um den teuren (und unpersönlichen) Einkauf solcher Leistungen bei gewerblichen Anbietern zu vermeiden. 441

Die reduzierte Bedeutung dieser Altenteilsleistungen, auch von Sachdeputaten, angesichts der zunehmenden Spezialisierung der landwirtschaftlichen Höfe, kommt dem Interesse des Übernehmers entgegen, vor einer übermäßigen Belastung, die seine wirtschaftliche Existenz gefährden kann, bewahrt zu bleiben. Weichende Geschwister schließlich erwarten eine angemessene Abfindung weniger für die Hofübernahme als solche (insoweit wird die Sonderbewertung des § 2312 BGB, Ertragswertprivileg, im Regelfall akzeptiert; s. hierzu und zur **Höfeordnung** Rdn. 3685 ff.) vielmehr für den Fall der Veräußerung nicht betriebsnotwendiger Baulandflächen (Nachabfindung). Sie wünschen weiterhin, von den Soziallasten der Eltern, einschließlich etwaiger Unterhaltsansprüche, möglichst weitgehend freigestellt zu sein. 442

2. Rückbehalt

Beratungsbedarf in der notariellen Praxis besteht v.a. hinsichtlich der bereits wiederholt dargestellten[994] Problematik des **Rückbehalts von Grundstücken beim Veräußerer**. Sofern dieser Rückbehalt nämlich 1/4 der Existenzgrundlagengröße des § 1 Abs. 5 ALG überschreitet (oder das abgegebene Restunternehmen die genannte Basisgröße unterschreitet), liegt (noch) keine wirksame Abgabe vor; ALG-Altersgeld wird nicht gewährt (§ 21 Abs. 7 ALG). Die Bezugsgröße wird durch die jeweilige Landwirtschaftliche Alterskasse (welche in Bayern bei den Landwirtschaftlichen Berufsgenossenschaften als Körperschaften des öffentlichen Rechts errichtet sind) festgelegt; die genauen Flächengrößen, welche auch nach der Qualität der Böden und den vorgesehenen Kulturen variieren, können von deren Geschäftsführern erfragt werden (der Bundesdurchschnittswert liegt 443

---

991 Vgl. daneben das Muster zur landwirtschaftlichen Übergabe in *Kappler/Kappler,* Die vorweggenommene Erbfolge, 2017; sowie in *Hannes,* Formularbuch Vermögens- und Unternehmensnachfolge, 2. Aufl. 2017, mit Mustern eines Übergabevertrages mit Altenteilsrechten, mit Nießbrauchsvorbehalt und Rückbehalt von Wirtschaftsgütern (C 4.40 bis 43), sowie eines Betriebspachtvertrages (C 4.50).
992 Unter Erklärung der Auflassung, vgl. LSG München, 30.11.1989 – L 4 Lw 37/87, MittBayNot 1993, 168 ff.
993 Der Rentenanspruch entsteht erst mit Beginn des Monats, der der Abgabe folgt, vgl. § 30 ALG i.V.m. § 99 Abs. 1 SGB VI. Deshalb sollte der Übergang von Besitz, Nutzungen und Lasten auf den vorangehenden Monatsletzten datiert sein, nicht auf den Ersten eines Monats.
994 Vgl. etwa *Winkler,* MittBayNot 1979, 56; *Plagemann,* AgrarR 1989, 86; *Gitter,* DNotZ 1984, 596.

bei etwa 4ha).⁹⁹⁵ Der bloße »Rückbehalt« von Rückforderungsrechten (jedenfalls sofern sie nicht voraussetzungslos ausübbar sind, Rdn. 2146 ff., sondern an nicht vom Veräußerer beeinflussbare Umstände anknüpfen, die potentiell die Erhaltung des Betriebs im Blick haben, und falls eine Zustimmungspflicht zu Veräußerungen und Belastungen besteht, die den Regeln einer ordnungsgemäßen Wirtschaft entsprechen, Rdn. 2247) sollten jedoch der »Abgabe« i.S.d. ALG nicht entgegen stehen.

444 Ferner hat der Notar in der Beratungspraxis darauf hinzuweisen, dass
(1) bei erheblichem Rückbehalt die Erteilung der **Genehmigung nach dem Grundstücksverkehrsgesetz** gefährdet sein kann (§ 9 Abs. 1 Nr. 2, Abs. 3 GrdstVG),⁹⁹⁶
(2) die **Ertragswertprivilegien** (§§ 2312, 2049, 1376 Abs. 4 BGB) hinsichtlich des zurückbehaltenen Teils mangels Landguteigenschaft entfallen und i.Ü. ebenfalls gefährdet sein können sowie
(3) die im Verhältnis etwa zu opponierenden Geschwistern wichtige **10-Jahres-Frist des § 2325 Abs. 3 BGB** insoweit nicht zu laufen beginnt.

Auch wird das Vorliegen eines Leibgedingsvertrags und die hieran anknüpfenden Privilegien gefährdet.⁹⁹⁷

445 **Sozialhilferechtlich** zählen zurückbehaltene landwirtschaftliche Grundstücke nicht zum Schonvermögen des Veräußerers, da sie nicht für dessen »Erwerbstätigkeit« unentbehrlich sind (§ 90 Abs. 2 Nr. 5 SGB XII).

446 Zum land- und forstwirtschaftlichen Betriebsvermögen gehören die Grundstücke einschließlich des Bauerwartungslands und der Betriebsgebäude, nicht jedoch die spätestens seit Ende des Veranlagungszeitraums 1998 (Rdn. 5702) steuerfrei in das Privatvermögen entnommene Wohnung des Landwirts und die Altenteilerwohnung samt des zugehörigen Grund und Bodens. Unliebsame Folgen können daher im **Einkommensteuerrecht** erwachsen, wenn wesentliche Teile⁹⁹⁸ dieses Betriebsvermögens nicht übergeben werden: Es liegt keine buchwertneutrale (§ 6 Abs. 3 Satz 1 EStG) Betriebsübertragung mehr vor, sondern eine gewinnrealisierende Betriebsaufgabe (Rdn. 5787 ff.), schenkungsteuerlich entfällt der Sonderfreibetrag für Betriebsvermögen;⁹⁹⁹ werden einzelne, nicht zu den wesentlichen Betriebsgrundlagen zählende Grundstücke zurückbehalten, entsteht ein Entnahmegewinn (Rdn. 5771), welcher zudem nicht nach §§ 14, 34 EStG begünstigungsfähig ist. Weitgehend unproblematisch ist lediglich der Rückbehalt von Bauernwaldgrundstücken, da diese fast immer¹⁰⁰⁰ einen eigenen forstwirtschaftlichen »Kleinst-« Betrieb darstellen,¹⁰⁰¹ ferner der Rückbehalt eines weiter bewirtschafteten verkleinerten Betriebes.

---

995 Vgl. *v. Maydell*, Weiterentwicklung des landwirtschaftlichen Sozialrechts, S. 33; *Winkler*, MittBayNot 1979, 56 referiert Berechnungsweise und Zahlen für die Bezirke Schwaben und Oberbayern.
996 Vgl. etwa BGH, 24.11.1993 – BLw 28/93, NJW 1994, 733: Rückbehalt wegzumessender Teilflächen mit Altenteilerhaus führt i.d.R. zu einer unwirtschaftlichen Verkleinerung, so dass die Genehmigung nach dem GrdStVG zu versagen ist.
997 Vgl. OLG Zweibrücken, 26.10.1993 – 3 W 111/93, MittBayNot 1994, 136, da kein vollständiges Nachrücken in die wirtschaftliche Existenz des Veräußerers vorliege. Dagegen jedoch zu Recht krit. *Wolf*, MittBayNot 1994, 117 ff.
998 Dies hat der BFH etwa bei Rückbehalt von 18 % der landwirtschaftlichen Fläche angenommen (BFH, 01.02.1990 – IV R 8/89, MittBayNot 1990, 210), jedenfalls bei annähernd gleichwertiger Bonität der übertragenen und zurückbehaltenen Böden. Anders der Sachverhalt in BFH, 28.03.1985 – IV R 88/81, BFHE 143, 559 (12 %iger Rückbehalt geringwertigen Weidelandes schadet nicht).
999 Vgl. FG Münster, 31.07.2003 – 3 K 3764/00 Erb, ErbStB 2003, 348.
1000 Sofern sie mit echter Gewinnerzielungsabsicht bewirtschaftet werden können, was bereits bei wenigen Hektar Fläche angenommen werden kann, BFH, 26.06.1985 – IV R 149/83, BStBl. 1985 II, S. 549, 550.
1001 Vgl. *Ochs*, MittBayNot 1985, 174; *Martin*, MittBayNot 1980, 145; *Zaisch*, in: Leingärtner, Die Einkommensbesteuerung der Land- und Forstwirtschaft, Rn. 1665 ff.

Auch die **Nießbrauchsbestellung** an Flächen, welche 1/4 der o.g. Berechnungsgröße überschreiten, wie überhaupt alle Vereinbarungen, die den Übergeber in die Lage versetzen, bzgl. der betroffenen Flächen in vergleichbarem Umfang wie vor der Übergabe unternehmerisch tätig zu sein,[1002] lassen die für das ALG-Altersgeld erforderliche »Abgabe des Betriebs« entfallen. Der Vorbehalt des Nießbrauchs hindert auch das Anlaufen der Frist des § 2325 Abs. 3 BGB.[1003]

447

Den geschilderten gravierenden Nachteilen des Veräußerenrückbehalts stand lediglich die mögliche Vermeidung der Rechtsfolgen des § 419 BGB vor dem 01.01.1999 ggü. (Rdn. 736).

Eine Besonderheit bildet die Hofübergabe unter Vorbehalt des Totalnießbrauchs für den Übergeber und seinen Ehegatten mit anschließender Verpachtung des Hofes (ohne Übergeberwohnung) zu moderaten Konditionen und gegen Versorgungspflichten an den Erwerber, der demnach zugleich Eigentümer und Pächter ist (sog. »**Rheinische Hofübergabe**«).[1004] Die Position des Übergebers soll dadurch gestärkt werden. Regelmäßig bilden Hofübergabe und »Rückverpachtung« zumindest aus Sicht des Erwerbers eine Einheit, so dass auch der Pachtvertrag zu beurkunden ist.[1005] Jedenfalls bei Verpachtung an den Erwerber ist die »Rheinische Hofübergabe« auch mit dem Höferecht vereinbar; bei der (seltenen) Verpachtung an einen Dritten wird der Übergabevertrag gem. § 17 Abs. 3 HöfeO nur genehmigungsfähig sein, wenn der Erwerber (Eigentümer) auf sein Sonderkündigungsrecht gem. § 1056 Abs. 2 BGB verzichtet hat (Muster Rdn. 1347).

448

3. Übertragungsumfang

Besonderes Augenmerk ist auf die Bezeichnung der mit übertragenen weiteren Betriebsgrundlagen zu richten. Im Bereich der Landwirtschaft zählen z.B. zu Inventar und sonstigem Zubehör (§§ 97, 98 Satz 2 BGB) alle landwirtschaftlichen Maschinen, Büroeinrichtungen, das Vieh (lebendes Inventar) und die landwirtschaftlichen Erzeugnisse (vgl. hierzu das Muster Rdn. 463). Für **zugepachtete Grundstücke** gewährleistet § 593a BGB den Eintritt des Übernehmers in den Pachtvertrag,[1006] wobei jedoch der Verpächter von der Betriebsübergabe zu benachrichtigen ist. Für **verpachtete Grundstücke** gilt gem. § 593b BGB der Grundsatz »Grundstücksübertragung bricht nicht Miete« (§§ 566 ff. BGB) mit im Zweifel zeitanteiliger Aufteilung des Pachtzinses (§ 101 BGB).

449

Zu beachten ist auch die Übertragung von Ansprüchen (und Pflichten) aus langfristigen **Lieferverträgen**, etwa von Zuckerrübenlieferrechten, die seit Inkrafttreten der EU-Marktordnung durch regionale Zuckerhersteller im Rahmen eigener, unterschiedlicher Vergabe- und Übergaberegelungen bestehen (Rdn. 456 ff.). Bedeutsam ist auch die **Übernahme von Mitgliedschaften** in Erzeugerringen, Maschinenringen, Produktions-, Verwertungs- und Kreditgenossenschaften (vgl. hierzu § 76 GenG). Während vor der am 18.08.2006 in Kraft getretenen Reform des Genossenschaftsrechts[1007] das Geschäftsguthaben nur im Ganzen, also auf einen einzigen Erwerber, übertragen werden konnte, erlaubt § 76 GenG auch die Teilübertragung auf andere Mitglieder (vormals: »Genossen«), ohne § 67b GenG (Kündigung) in Anspruch nehmen zu müssen.

450

1002 Vgl. BSG, 09.09.1982 – 11 RLw 7/81, SozR 5850 § 41 Nr. 14.
1003 Vgl. hierzu *Wegmann*, MittBayNot 1991, 5; *Wieser*, MittBayNot 1970, 135 ff.; *Rolland*, DNotZ 1989, Sonderheft, S. 148 sowie *Draschka*, NJW 1993, 437 f.
1004 Vgl. *Gehse*, RNotZ 2009, 160, 162. Zum Steuerrecht vgl. *Mayer/Geck*, Der Übergabevertrag, § 17 Rn. 214.
1005 So auch das Muster von *Grundmann*, in: Kersten/Bühling, Formularbuch und Praxis der Freiwilligen Gerichtsbarkeit, § 36 Rn. 164 M.
1006 Daneben kann ein »Mieterwechsel« ohne Zustimmung des Vermieters als Teil einer (partiellen) Gesamtrechtsnachfolge nach dem UmwG eintreten, z.B. bei der Ausgliederung aus dem Vermögen eines Einzelkaufmanns auf eine GmbH, OLG Karlsruhe, 19.08.2008 – 1 U 108/08, notar 1992, 172 f. (bestätigt durch BGH, 30.06.2010 – XII ZR 147/08, BeckRS 2014, 22160).
1007 Vgl. hierzu *Gschwandtner/Helios*, NotBZ 2006, 293 ff.

451 Im Vertrag zur Übertragung eines Hofes im Sinn der **Höfeordnung** (vgl. auch zum Verzicht auf Ansprüche nach der Höfeordnung Rdn. 3917 ff., zur Pflichtteilsbewertung Rdn. 3920 ff.) empfehlen sich Beschreibungen des umfassten Vermögens:[1008]

▶ Formulierungsvorschlag: Übertragung eines Hofes i.S.d. Höfeordnung

> Übertragen wird der gesamte zur Hofstelle … gehörende Hof; es handelt sich um einen Hof i.S.d. Höfeordnung mit einer Größe von ca. … ha mit einem Einheitswert von … Euro. Der Erwerber ist von Beruf Landwirt und bewirtschaftet bereits den Grundbesitz gemeinsam mit dem Veräußerer, an seiner Wirtschaftsfähigkeit kann daher nicht gezweifelt werden. Der Übergeber erklärt, einen Hoferben bisher nicht durch bindende letztwillige Verfügung oder formlose Hoferbenbestimmung, etwa durch Überlassung der Bewirtschaftung des Hofes, bestimmt zu haben. Die Übertragung erfolgt mit allen zugehörigen Rechten und Gerechtsamkeiten, aufstehenden Gebäuden und allen sonstigen wesentlichen Bestandteilen sowie allem Zubehör gemäß §§ 2 und 3 HöfeO, soweit nicht ausdrücklich nachstehend etwas anderes vereinbart ist. Von der Übertragung ausgenommen bleibt das hoffreie Vermögen, insbesondere die Möbel und sonstigen Hausratsgegenstände persönlichen Bedarfs und Gebrauchsgegenstände des Übergebers und seines Ehegatten, der Pkw, Kennzeichen: …, und das gesamte sonstige Vermögen des Übergebers, das wirtschaftlich nicht zum übertragenen Hof gehört.

4. Milchreferenzmenge

452 Die sog. »**Milchquoten**« (Anlieferungsrechte bei der Molkerei) gingen bis zum 31.03.2000 unter der Geltung der »Milch-Garantiemengen-VO« flächengebunden über, wurden jedoch ab 01.04.2000 nach Maßgabe der politisch durchaus umstrittenen Milchabgabenverordnung (MilchQuotV,[1009] zuvor: ZAVO)[1010] grds. über sog. Übertragungsstellen »West« und »Ost« zu festgesetzten Terminen und Preisen (»Gleichgewichtspreis«, § 17 MilchQuotV) innerhalb West- bzw. Ostdeutschlands übertragen (»Börsenpflicht«).

453 Außerhalb dieser Börse war bis zum 01.04.2015 eine Übertragung von Milchreferenzmengen möglich:[1011]
(1) i.V.m. der (entgeltlichen oder unentgeltlichen) Veräußerung oder Verpachtung[1012] des gesamten[1013] Milcherzeugungsbetriebs (§ 22 Abs. und 2 MilchQuotV),
(2) im Wege der vorweggenommenen Erbfolge (§ 21 Abs. 1 MilchQuotV) als dauerhafte Übertragung, wobei rechtlich zulässige Vorbehalte die Dauerhaftigkeit nicht hindern,
(3) durch schriftliche Vereinbarung zwischen Ehegatten, Verpartnerten bzw. Verwandten in gerader Linie (§ 21 Abs. 2 MilchQuotV) sowie
(4) bei Einbringung eines Betriebs in eine Gesellschaft, sofern der Einbringende dort 2 Jahre lang mitarbeitet (§ 23 MilchQuotV) und i.R.d. Auflösung von Gesellschaften bei der Verteilung ihrer Vermögenswerte an die Gesellschafter (§ 25 MilchQuotV).

454 Auch solche Übertragungen waren der Landesstelle anzuzeigen und von dieser zu bescheinigen (§ 27 Abs. 1 MilchQuotV). Wurde die mit dem Gesamtbetrieb erworbene Milchquote vor Ablauf des zweiten »Quotenjahres« (das jeweils am 01.04. beginnt) weiterveräußert, war diese weiterveräußerte Quote grds. einzuziehen (§ 22 Abs. 3 und 4 MilchQuotV), was wirtschaftlich der Unübertragbarkeit gleichkam; auch beim regulärem Verkauf über die Börse fand stets zumindest ein

---

1008 Vgl. *von Garnissen*, Münchner Anwaltshandbuch Agrarrecht, 2011, § 11 Rn. 215 ff.
1009 BGBl. 2007 I, S. 295, gültig ab 01.04.2007.
1010 BGBl. 2000 I, S. 27, geändert insb. in BGBl. 2002 I, S. 586.
1011 *Gehse*, MittBayNot 2008, 336 ff.; *ders.*, RNotZ 2007, 61 ff. Zu Formulierungsempfehlungen vgl. Rn. 382 ff. der 4. Auflage dieses Werks.
1012 Vgl. hierzu *Gehse*, MittBayNot 2008, 337, auch zur Rechtslage bei Beendigung von Altpachtverträgen, §§ 48 ff. MilchQuotV.
1013 Bei Übertragungen zwischen Verwandten in gerader Linie oder auf den Ehegatten genügt gem. § 7 Abs. 2 Satz 5 ZAVO auch die Übertragung eines Betriebsteils.

Basisabzug (§ 31 Abs. 3 MilchQuotV) statt. Trotz ihrer eingeschränkten Verfügbarkeit unterlagen Milchquoten der Pfändung.[1014]

Mit dem 01.04.2015 ist die Milchquotenregelung ersatzlos ausgelaufen, nachdem in den Vorjahren bereits periodische Erhöhungen der Quoten stattgefunden hatten. Nunmehr unterliegt ein Milcherzeuger also keinen Beschränkungen hinsichtlich der Produktion und Anlieferung mehr. Bisher entgeltlich erworbene und damit bilanziell aktivierte Kontingente sind demzufolge bis zum 01.04.2015 planmäßig abzuschreiben.

5. Zuckerrübenlieferungsrechte

Besonderheiten gelten auch für sog. **Zuckerrübenlieferrechte**.[1015] Die seit 1968 bestehende Zuckermarktordnung sieht neben Ein- und Ausfuhrbeschränkungen mit Drittländern eine Interventionspreisregelung im Binnenhandel und eine Kontingentierung durch Quotenregelung vor.[1016] Bei Letzterer wird zwischen A-, B- und C-Zucker unterschieden, jeweils mit unterschiedlichen Mindestpreisen (A-Zucker entspricht der Grundquote, B-Zucker umfasst den Bereich zwischen Grundquote und Höchstquote, C-Zucker darüber hinausgehende Ernten; seit 2005 wird unterschieden zwischen »Quoten-Rüben« entsprechend der bisherigen A- und B-Rüben, Industrierüben, Ethanolrüben etc.). Die Unterverteilung innerhalb des der BRD zugewiesenen Kontingents erfolgt durch die Zuckerhersteller als »beliehene Unternehmer«, die neben den Grundsätzen des Verwaltungsprivatrechts auch das Kartellrecht (als marktbeherrschende Unternehmen i.S.d. § 20 Abs. 1 GWB) zu beachten haben.

Zugeteilte Lieferrechte bilden nach Ansicht des BGH[1017] kein Zubehör eines veräußerten landwirtschaftlichen Grundstücks, sondern sind betriebsbezogen, gehen also nur im Fall ausdrücklicher Vereinbarung über, die wegen ihrer Einbindung in den Rahmen der Grundstücksübertragung beurkundungspflichtig ist.[1018] (Steuerrechtlich handelt es sich um abnutzbare immaterielle Wirtschaftsgüter.)[1019] Die Abtretung ist dem Zuckerhersteller anzuzeigen, bei einer Vinkulierung des Anspruchs ist zusätzlich dessen Zustimmung einzuholen (§ 399 BGB), was auch durch den Notar erfolgen kann (mit der Kostenfolge der Vollzugsgebühr nach KV Nr. 22110 GNotKG, Vorbem. 2.2.1.1 Abs. 1 Satz 2 Nr. 5). Werden Flächen zum Rübenanbau landwirtschaftlich verpachtet, sind die Zuckerrübenrechte als Bestandteil der ordnungsgemäßen Bewirtschaftung bei Pachtende (anders als die EU-Agrarförderansprüche, Rdn. 461) an den Verpächter zurück zu übertragen.[1020]

Zur langfristigen Einbeziehung der Zuckermarktordnung in die Betriebsprämienregelung werden nunmehr die A- und B-Quoten zu einer einheitlichen Produktionsquote zusammengefasst, für die der Mindestpreis bis zum Wirtschaftsjahr 2009/2010 schrittweise um ca. 40 % gesenkt wird. Ein erheblicher Teil des frei gewordenen Prämienvolumens wird in die von der Produktion entkoppelte Betriebsprämienregelung als sog. »Zuckerausgleich« integriert.[1021] Aufgrund der Angleichung aller Zahlungsansprüche an den regional einheitlichen Wert ab dem Jahr 2010 werden jedoch v.a. flächenarme Betriebe dauerhaft Subventionen verlieren.

1014 BGH, 20.12.2006 – VII ZB 92/05, NJW-RR 2007, 1219 ff.
1015 Vgl. *Gehse*, RNotZ 2007, 73 ff.
1016 Art. 10 bis Art. 21 EG-Verordnung 1260/2001.
1017 BGH, 30.03.1990 – V ZR 113/89, DNotZ 1991, 667.
1018 Vgl. *Uhlig*, DNotZ 1990, 673.
1019 Abschreibung bei entgeltlichem Erwerb auf 15, u.U. 10 Jahre, BFH, 17.03.2010 – IV R 3/08, EStB 2010, 286; das Bay. Landesamt für Steuern, 20.07.2009 – S 2134.2.1–6/11, St33 lässt es zu, den 31.12.2015 (Endbefristung der damaligen Zuckermarktverordnung) als Endzeitpunkt der AfA zugrunde zu legen, vgl. *Hilbertz* EStB 2010, 443.
1020 BGH, 27.04.2001 – LwZR 10/00, NJW 2001, 2537; *Grages*, AgrarR 2003, 332.
1021 Erhöhung um betriebsindividuelle Zuckergrundbeträge und weitere Zuckerbeträge gem. § 5 Abs. 4a und § 5a Betriebsprämiendurchführungsgesetz (BetrPrämDurchfG).

Zum 30.09.2017 läuft die derzeitige ZuckermarktVO aus, wobei bestimmte Importzölle den europäischen Markt weiterhin gegen Rohrzuckerimporte aus Übersee abschirmen werden

▶ Formulierungsvorschlag: Vereinbarung über mitübertragene Zuckerrübenlieferungsrechte

459 Mitübertragen zum Zeitpunkt des Besitzübergangs sind ..... Tonnen A-Rüben- und ..... Tonnen B-Rüben-Lieferrechte bei der Südzucker AG. Der Veräußerer verpflichtet sich, die Übertragung mit Wirkung für das laufende Zuckerwirtschaftsjahr dem Erzeuger anzuzeigen. Die Beteiligten stellen klar, dass Veränderungen des Werts dieser Lieferrechte etwa aufgrund einer allgemeinen Absenkung der Mindestpreise oder sonstiger Kürzungen, v.a. infolge Änderung der Zuckermarktordnung und Einbeziehung in die Betriebsprämienregelung, auf die Hofübergabe ohne Einfluss bleiben.

6. Agrarförderung

460 Die EU-Agrarreform 2003[1022] führte seit 01.01.2005 (mit Modifikationen seit 2015, Rdn. 469) zur Entkoppelung der bisher nach der Art des Produkts differenzierenden Agrarbeihilfen: Mit Ausnahme von Hopfen und Tabak (und teilweise Stärkekartoffeln sowie Trockenfutter) entfallen Direktzahlungen, insb. die Milchprämie (frühere Referenzmenge nach Zusatzabgabenverordnung). Jeder Betriebsinhaber erhielt entsprechend der bisher von ihm bewirtschafteten Fläche Zahlungsansprüche als Rechengröße, bestehend aus einem zwischen Dauergrünland und Ackerland differenzierten Basisbetrag und dem »betriebsindividuellen Prämienanteil (BIP)«, Letzterer gemessen an den Direktbeihilfen der Referenzjahre 2000 bis 2002. Steuerrechtlich handelte es sich bei den zugeteilten Zahlungsansprüchen um abnutzbare[1023] immaterielle Wirtschaftsgüter des Anlagevermögens (die im Fall entgeltlichen Erwerbs zu aktivieren waren).[1024]

461 Diese Zahlungsansprüche, die mit **Identifikationsnummern** versehen werden,[1025] sind nicht an eine bestimmte Fläche gebunden, sondern können mit jeder dem Betriebsinhaber mindestens 10 Monate lang zur Verfügung stehenden Fläche »aktiviert« werden. Diese Fläche muss nicht tatsächlich bewirtschaftet, sondern lediglich in gutem landwirtschaftlichem und ökologischem Zustand gehalten werden (»**cross compliance**«).[1026] Die endgültige Festsetzung der Zahlungsansprüche erfolgte bis 31.12.2005. Zwischen 2009 und 2013 wurden sie dann schrittweise an den »regionalen Zielwert« angepasst[1027] und unterlagen ferner zur Bildung einer »nationalen Reserve« bis Ende 2012 einer jährlichen prozentualen Kürzung (»Modulation«). Eine Sonderregelung gilt für Obst-, Gemüse- oder Speisekartoffel- (»OGS«-)Anbauflächen: Bei ihnen bedarf die Aktivie-

---

1022 Vgl. *Schmitte*, MittBayNot 2004, 95 und *Fischer*, MittBayNot 2005, 273; *Gehse*, RNotZ 2007, 61 ff.; BetrPrämDurchfG v. 21.07.2004, BGBl. 2004 I, S. 1763 mit Änderungen S. 1861 und S. 1868 sowie BGBl. 2006 I, S. 942; EU-Verordnungen 1782/03 und 864/2004.
1023 Betriebsgewöhnliche Nutzungsdauer bis 30.06.2007: 10 Jahre, vgl. BFH, 21.10.2015 – IV R 6/12, EStB 2016, 208 (gegen Tz. 19 des BMF-Schreibens v. 25.06.2008, EStB 2008, 393); die Finanzverwaltung folgt nun dem BFH: BMF, 13.12.2016 – IV C 6-S 2134/07/10001, EStB 2017, 111). Altansprüche, die am 31.12.2014 ihre Wirksamkeit verloren, sind bei der Gewinnermittlung gem. § 4 Abs. 1 oder Abs. 3 EStG auszubuchen.
1024 Vgl. im Einzelnen BMF, 25.06.2008 – IV C 6-S 2134/07/10001, EStB 2008, 393; jedenfalls sobald das Wirtschaftsgut »Prämienberechtigung« in Verkehr gebracht wurde, vgl. BFH, 30.09.2010 – IV R 28/08, EStB 2011, 5.
1025 Gem. InVeKoSDG (BGBl. I 2004, S. 1763 und 3194).
1026 Die im Jahr 2005 eingeführten Regelungen zur Cross Compliance werden seit 2015 modifiziert fortgeführt, insb. im Hinblick auf die sog. Grundanforderungen an die Betriebsführung (GAB), die Standards für die Erhaltung von Flächen in einem guten landwirtschaftlichen und ökologischen Zustand (GLÖZ) mit Blick auf Wasserschutz, Mindestanforderungen an die Bodenbedeckung, Begrenzung der Bodenerosion und die Erhaltung von Landschaftselementen sowie Hecken.
1027 Vgl. § 6 BetrPrämDurchfG; dieser wird voraussichtlich zwischen 265,00 € (Saarland) und 360,00 € (Schleswig-Holstein) je Hektar liegen.

F. Besonderheiten bei der Unternehmensnachfolge   Kapitel 1

rung der Zahlungsansprüche einer zusätzlichen »OGS-Genehmigung«, die fortan an den betreffenden Zahlungsanspruch geknüpft ist.[1028]

Die Zahlungsansprüche stehen demjenigen zu, der die Fläche am jeweiligen Stichtag[1029] in gutem landwirtschaftlichen Zustand hält, im Fall der Verpachtung also dem **Pächter**.[1030] Bei Beendigung der Pacht ist der Pächter – anders als bei Zuckerrübenlieferrechten – jedenfalls gesetzlich nicht verpflichtet, die Zahlungsansprüche an den Verpächter zurück zu übertragen,[1031] auch nicht gem. § 596 Abs. 1 BGB;[1032] die Reform (Rdn. 469) hat daran nichts geändert. Dies gilt auch für Altverträge[1033] ohne Prämienübertragungsregelung;[1034] allerdings könnte dort ein Anspruch auf Vertragsanpassung gem. § 593 Abs. 1 BGB wegen der durch den Systemwechsel der Agrarförderung nachhaltig veränderten Verhältnisse bestehen. Anderenfalls sind der Eigentümer und der neue Pächter darauf angewiesen, sich gegen Entgelt solche Zahlungsansprüche wieder zu beschaffen, soweit sie nicht als »Betriebsinhaber in besonderer Lage« Ansprüche aus der nationalen Reserve zugeteilt erhalten. In neuen Pachtverträgen[1035] wird nunmehr in aller Regel der Pächter zur Rückübertragung der entkoppelten Betriebsprämien verpflichtet, was auch in AGB zulässig ist.[1036] Wurden landwirtschaftliche Flächen veräußert und erhielt der Käufer für die Bewirtschaftung dieser Flächen Prämien zugeteilt, muss er diese bei Rückabwicklung des Kaufs nicht an den Verkäufer oder an einen von ihm benannten Dritten übertragen.[1037]

462

Bei **Vererbung oder vorweggenommener Erbfolge** erhält der Erwerber die Zahlungsansprüche, sofern er Betriebsinhaber ist/wird, gegen Vorlage des Erbscheins bzw. Hofübergabevertrages zugewiesen,[1038] sofern er **aktiver Betriebsinhaber** ist/wird. Zur Vereinfachung sollte dabei auf die Fälligkeit des (oft in mehreren Einzelraten zur Auszahlung gelangenden) Anspruchs abgestellt werden, unabhängig vom Stichtag der Prämienprüfung (regelmäßig der 15.05) oder dem jeweiligen Überwachungszeitraum. Auch eine zumindest langfristige Verpachtung, aus der sich ausdrücklich das Ziel der Betriebsnachfolge ergibt, kann als vorweggenommene Erbfolge i.S.d. Prämienrechts gelten. Bei Widerruf der vorweggenommenen Erbfolge, also z.B. außerordentlicher Kündigung des unbefristeten Pachtvertrags, erhält weder der ins Auge gefasste Erbe noch der potentielle Erblasser Zahlungsansprüche, vielmehr müssen sich beide privatrechtlich über die Übertragung der Zahlungsansprüche einigen.

463

1028 Vgl. *Gehse* RNotZ 2007, 66.
1029 Regelmäßig der 15.05. eines Jahres, wobei die Fläche dann mindestens 10 Monate zur Verfügung stehen muss. Im Fall des Erwerbs zählt der Besitzübergang zu diesem Stichtag; ggf. hilft ein vorgeschalteter Pachtvertrag.
1030 Umfassend zur Pacht und zum isolierten Erwerb von Zahlungsansprüchen *Krämer* NotBZ 2008, 133 ff. und 216 ff.
1031 Vgl. »Meilensteine der Agrarpolitik 2005« Rn. 35 sowie »Die EU-Agrarreform, Umsetzung in Deutschland 2006« des Bundesministeriums für Verbraucherschutz, Ernährung und Landwirtschaft, (abrufbar unter www.bmelv.de (Service-Onlinebestellung), vgl. weiter *Fischer* MittBayNot 2005, 274; *Krüger/Schmitte* AuR 2005, 86; OLG Oldenburg, 21.09.2006 – 10 U 4/06, NotBZ 2007, 260; a.A. *Jansen/Hannusch* AuR 2005, 45.
1032 BGH, 24.11.2006 – LwZR 1/06, MittBayNot 2008, 37 m. Anm. *Gehse*. Dies ist europarechtskonform, EuGH, 21.01.2010 – C-470/08, NL-Briefe zum Agrarrecht (BzAR) 2010, 110.
1033 Eine Übergangsregelung wie in § 12 Abs. 2 MilchabgabenVO (BGBl. I 2004, S. 2143) fehlt.
1034 Solche Übertragungsregelungen gelten trotz des Systemwechsel im Zweifel auch für die Zahlungsansprüche neuen Rechts, BGH, 24.04.2009 – LwZR 11/08, DNotZ 2009, 951. Sie sind auch formularvertraglich möglich, OLG Naumburg, 26.11.2009 – 2 U 90/09 (Lw), NL-Briefe zum Agrarrecht (BzAR) 2010, 152.
1035 Muster bei *Krämer* NotBZ 2008, 292 (mit getrennter Verpachtung der Zahlungsansprüche).
1036 OLG Naumburg, 26.11.2009 – 2 U 90/09 (Lw), NL-Briefe zum Agrarrecht (BzAR) 2010, 152.
1037 BGH, 22.01.2010 – V ZR 170/08, JurionRS 2010, 10668.
1038 Eines Übertragungsantrags bedarf es hierfür gem. OVG Lüneburg, 17.01.2012 – 10 LB 58/10, BeckRS 2012, 46408 nicht, allerdings ist die vorweggenommene Erbfolge formulargebunden der zuständigen Landesstelle anzuzeigen.

▶ Formulierungsvorschlag: Mitübertragene Gegenstände bei landwirtschaftlicher Übergabe

464 An den Erwerber mitübergeben wird das gesamte beim landwirtschaftlichen Anwesen vorhandene lebende und tote landwirtschaftliche Inventar, Ein- und Vorrichtungen, Maschinen und die gesamten Wirtschaftsvorräte, der Hausrat und alle Rechte, insbesondere alle etwa dazugehörenden Gemeinde- und Nutzungsrechte und Genossenschaftsanteile sowie sonstige hier nicht aufgeführte Grundstücke, Miteigentumsanteile oder Rechte, die zum Vertragsanwesen gehören.

Ausgenommen von der Übergabe sind die in der Austragswohnung des Veräußerers befindlichen Wohnungseinrichtungsgegenstände und der Hausrat sowie der im Eigentum des Veräußerers stehende Pkw der Marke »VW-Golf« mit dem amtlichen Kennzeichen .....

Insbes. werden folgende Rechte/Anteile an den Erwerber zum Zeitpunkt des Besitzübergangs mit übergeben und abgetreten:
- gesamt ..... [z.B. Anzahl nach Hektargröße] Zahlungsansprüche gem. Betriebsprämiendurchführungsgesetz, davon ..... Acker-, ... Dauergrünland, und ..... Stilllegungszahlungsansprüche (Identifikationsnummern ..... bis .....). Keiner der betreffenden Zahlungsansprüche ist mit Sondergenehmigung für Obst-, Gemüse- oder Speisekartoffelanbau versehen. Es handelt sich um eine vorweggenommene Erbfolge i.S.d. Art. 33 Abs. 1 lit. b) der VO(EG) 1782/2003. Der Notar wies darauf hin, dass die Übertragung bei der zuständigen Landesstelle innerhalb eines Monats nach Vertragsschluss unter Verwendung eines Formulars anzuzeigen ist, ferner dass die Übertragung nur möglich ist, wenn auch der Erwerber landwirtschaftliche Tätigkeit als Betriebsinhaber im selben Bundesland ausüben wird.
- ..... Tonnen A-Rüben- und ..... Tonnen B-Rüben-Lieferrechte bei der Südzucker AG. Der Veräußerer verpflichtet sich, die Übertragung mit Wirkung für das laufende Zuckerwirtschaftsjahr dem Erzeuger anzuzeigen.
- Ferner die Genossenschaftsanteile an der Trocknungsgenossenschaft ....., an der Milchversorgung ..... e.G. und an der Besamungsgenossenschaft .....

465 Schwierigkeiten können sich ergeben, wenn Agrarförderansprüche im Rahmen einer Hofübergabe an den Erwerber mitübertragen wurden, der Veräußerer sich jedoch den umfassenden Nießbrauch zurückbehält und damit Betreiber des landwirtschaftlichen Betriebs bleibt. Betriebsprämien können förderungsrechtlich nämlich nur dann beantragt werden, wenn der Inhaber der Zahlungsansprüche zugleich Bewirtschafter des Betriebs ist (und dies der zentralen InVeKoS-Datenbank gemeldet hat). Fällt die Bewirtschaftereigenschaft und die Inhaberschaft hinsichtlich der Förderungsansprüche auseinander, steht keinem von beiden die landwirtschaftliche Betriebsprämie zu.

▶ Hinweis:

466 Bei umfassendem Nießbrauchsvorbehalt empfiehlt sich daher, die Agrarförderansprüche von der Übertragung ausdrücklich auszunehmen, sie also nur aufschiebend bedingt auf den Zeitpunkt zu übertragen, in dem der Nießbrauch (sei es durch Tod oder vorzeitige Aufgabe) erlischt. Der Betriebsübergang und damit der Übergang der Agrarförderansprüche müssen dann zu gegebener Zeit der InVeKoS-Stelle beim Landwirtschaftsamt angezeigt werden. Sollen jedoch die Zahlungsansprüche (ungeachtet des Nießbrauchsvorbehalts) sofort auf den Erwerber übergehen, sollten sie an den Veräußerer auf die Dauer des Nießbrauchs verpachtet werden und die Verpachtung der InVeKoS-Stelle angezeigt werden ebenso wie die Beendigung der Verpachtung mit Erlöschen des Nießbrauchs.

467 Zahlungsansprüche können auch an andere Betriebsinhaber innerhalb desselben Bundeslandes **übertragen** werden, mit oder ohne[1039] Flächen. Die Übertragung von Zahlungsansprüchen ohne Fläche ist jedoch erst dann möglich, wenn der Betriebsinhaber mindestens 80 % seiner Ansprüche innerhalb eines Kalenderjahres genutzt hat.[1040] Zahlungsansprüche können schließlich auch iso-

---

1039 Muster eines solchen Kaufvertrags bei *Krämer* NotBZ 2008, 297.
1040 Anderenfalls muss er alle Zahlungsansprüche, die er im ersten Jahr nicht genutzt hat, freiwillig an die nationale Reserve abtreten, »Meilensteine« des BMVEL, Rn. 73.

liert verpachtet werden.[1041] Auch eine befristete Übertragung (etwa für die Dauer einer Verpachtung) ist möglich. Bis zur Vereinheitlichung des Werts aller Zahlungansprüche in Deutschland im Jahr 2019 (Rdn. 469) dürfen allerdings Zahlungsansprüche nur in der Region genutzt werden, in der sie zugewiesen wurden. Der Übertragende wie auch der Übernehmer[1042] müssen binnen eines Monats nach Vertragsabschluss die Übertragung der Zahlungsansprüche der InVeKoS-Datenbank melden (www.zi-daten.de). Hat der Übernehmer der Ansprüche noch keinen Sammelantrag zur Förderung für das betreffende Jahr gestellt, muss er binnen eines Monats nach Übertragung entsprechende Nachweise über seine aktive Betriebsinhaberschaft der Behörde vorlegen.

▶ Hinweis:
Sollte der Veräußerer gegen die Verpflichtung, die Flächen in gutem landwirtschaftlichen und ökologischen Zustand zu halten, verstoßen haben, dürfte dies, sofern der Erwerber den Zustand nicht aufrechterhält, Letzterem nicht zum Nachteil gereichen. Eine Versicherung oder gar Garantie des Veräußerers, die sog. »cross compliance« eingehalten zu haben, ist daher allenfalls bei nicht mehr behebbaren Zuständen (extremer Pestizidbelastung) zu erwägen.[1043]

468

Die Ende 2013 durch den Rat und das Europäische Parlament beschlossene **Reform der gemeinsamen Agrarpolitik** (GAP)[1044] orientiert die landwirtschaftliche Förderung weiter auf die Entlohnung gesellschaftlicher Leistungen (Klimaschutz, ausgewogene räumliche Entwicklung etc.). Die Direktzahlungen an die Landwirte setzen (als Folge des sogenannten »greening«) grds.[1045] voraus, dass auch Greening-Prämien durch konkrete Umweltleistungen verdient werden (insb. durch Erhalt von Dauer-Grünflächen, verstärkte Anbaudiversifizierung, oder Bereitstellung ökologischer Vorrangflächen auf Ackerland[1046]). Bisherige Zahlungsansprüche haben demzufolge am 31.12.2014 ihre Gültigkeit verloren, für 2015 erfolgte eine neue Zuordnung.[1047] Die Direktzahlungen (»erster Förderweg«) umfassen seit 2015 die Basisprämie, die Greening-Prämie[1048] und die Junglandwirteprämie.[1049] Die Basisprämien weisen große Ähnlichkeit mit den bisherigen Betriebsprämien auf und werden zwischen 2017 und 2019 regional angeglichen, so dass ab 2019 alle Zahlungsansprüche in Deutschland einen einheitlichen Wert haben.

469

7. Höferechtliche Besonderheiten

Besonderheiten[1050] gelten für Höfe i.S.d. Höfeordnung (vgl. im Einzelnen Rdn. 472 ff.) und im Sinne vergleichbarer, kraft Art. 64 EGBGB vorrangig fortgeltender, **landesrechtlicher Anerbenge-**

470

1041 *Krämer* NotBZ 2008, 216 ff.; Muster bei *Krämer* NotBZ 2008, 293.
1042 Vor der Übertragung muss, soweit noch nicht vorhanden, eine Betriebsnummer bei der zuständigen Landesstelle beantragt werden.
1043 Großzügiger *von Jeinsen*, AgrarR 2003, 294.
1044 Niedergelegt in vier europäischen Grundverordnungen: VO 1305 bis 1308/13, die VO 1307 betrifft Direktzahlungen für Landwirte; besonders hilfreich ist die (124 Seiten umfassende) Broschüre des Bundesministeriums für Ernährung und Landwirtschaft »Umsetzung der EU-Agrarreform in Deutschland, Ausgabe 2015«.
1045 Zertifizierte Öko-Betriebe, Flächen in Natura-2000 oder der Wasserrahmenrichtlinie unterliegende Gebieten, Kleinerzeuger und Ackerlandbetriebe mit weniger als 10 ha Fläche sind befreit.
1046 Grds. 5 % des Ackerlands bei Betriebsinhaber mit mehr als 15 ha Ackerland, es kann sich bspw. um brachliegende Flächen, Terrassen, Feldränder, Niederwald, Flächen mit stickstoffbindenden Pflanzen etc. handeln.
1047 Nach 2015 kann eine Neuzuweisung von Basiszahlungsansprüchen (aus der sog. »nationalen Reserve«) bspw. an Betriebsinhaber erfolgen, die eine landwirtschaftliche Tätigkeit neu aufnehmen.
1048 Ca. 87 € pro Jahr und Hektar, im gesamten Bundesgebiet einheitlich.
1049 Im Jahr 2015 ca. 44 € je ha/Jahr für maximal 90 ha, auf die Dauer von maximal fünf Jahren bis zur Altersgrenze von 40 Jahren.
1050 Gesamtdarstellung zum Hofübergabevertrag im Geltungsbereich der HöfeO in der notariellen Praxis bei *Raude*, RNotZ 2016, 69–91. Muster bei *Roemer* in: *Hannes* (Hrsg.), Formularbuch Vermögens- und

setze[1051] (Rheinland-Pfalz [6.681 in die Höferolle eingetragene Betriebe], Hessen [155 in die Landgüterrolle beim Grundbuchamt eingetragene Betriebe] und Bremen [159 in die Höferolle beim Grundbuchamt eingetragene Betriebe], Baden [4.409 gesetzlich im Jahr 1888 als geschlossene Hofgüter geschaffene Schwarzwaldhöfe], seit 01.01.2001 nicht mehr in Württemberg). Für sie gilt ein deutlich reduzierter Wertansatz i.R.d. Pflichtteilsberechnung (vgl. im Einzelnen Rdn. 3920 ff.) einen Wertansatz deutlich unter dem Verkehrswert; allerdings kompensiert durch Nachabfindungsansprüche gem. §§ 13 ff. HöfeO, Rdn. 3688 ff. Der Nachabfindungsanspruch ist vertraglich modifizierbar, vgl. Rdn. 1888, zur Abbedingung Rdn. 3917 ff.

471 Die rechtspolitische Rechtfertigung des früher auch zur Sicherung der nationalen Ernährungsgrundlage hoch gehaltenen Anerbenrechts ist umstritten, verhindert doch die Versteinerung überkommener Zuschnitte familiärer Kleinbetriebe eher das Entstehen leistungsfähigerer Strukturen. Streitvermeidend wirkt jedoch das gerichtliche Zuweisungs- und Abfindungsverfahren der §§ 13 ff. GrdStVG (Rdn. 334 ff.), das über die gesetzlich geregelten Fälle (Landwirtschaftbetrieb fällt in gesetzlicher Erbfolge an Erbengemeinschaft und ist weder Anerbenhof noch Landgut i.S.d. § 2312 BGB) hinaus erweitert werden sollte.

472 Die **nordwestdeutsche Höfeordnung**[1052] gilt als partielles Bundesrecht in den Ländern der früheren britischen Zone (Schleswig-Holstein, Hamburg, Niedersachsen und Nordrhein-Westfalen). Sie soll land- und forstwirtschaftliche Betriebe (Höfe samt Hofeszubehör)[1053] beim Übergang auf die nachrückende Generation vor der Aufteilung und Überschuldung bewahren und greift dabei auf das Instrument der Sondererbfolge zurück (das Badische Höfegütergesetz sowie die Hessische Landgüterordnung bedienen sich dagegen des Instruments ders Übernahmerechts, während §§ 13 ff. GrdStVeG, Rdn. 334 ff., eine gerichtliche Betriebszuweisung vorsehen).

473 **Hof i.S.d. § 1 Abs. 1 Satz 1 HöfeO** ist eine im Eigentum einer[1054] natürlichen Person oder von Ehegatten[1055] stehende, zur Bewirtschaftung geeignete Hofstelle mit einem Wirtschaftswert[1056] von mindestens 10.000,00 € (»Ist-Hof«), es sei denn, der Eigentümer entscheidet sich durch Er-

---

Unternehmensnachfolge (2. Aufl. 2017), Nr. C 4.00 (mit Altenteil) bzw. C 4.10 (unter Nießbrauchsvorbehalt) bzw. C 4.20 (unter Rückbehalt von Einzelwirtschaftsgütern) sowie Muster zur Einführung und Aufhebung der Hofeigenschaft, jeweils für einen Alleineigentümerhof und einen Ehegattenhof (C 4.30 bis C 4.34); ferner *Krause* in: *Dorsel (Hrsg.)*, Kölner Formularbuch Erbrecht, 2. Aufl. 2015, Kap. 12, Rn. 30 ff. und *Roemer/Führ*, in: *Weise/Forst (Hrsg.)*, Beck'sches Formularbuch Immobilienrecht, 2. Aufl. 2014, 450 ff. Instruktive Übersicht zum landwirtschaftlichen Sondererbrecht bei *Ruby*, in: *Groll*, Praxishandbuch Erbrechtsberatung (4. Aufl. 2015) S. 843 ff.

1051 Vgl. MünchKomm-BGB/*Frank*, § 2312 Rn. 4a; *Ruby*, ZEV 2006, 351 ff.
1052 Ausführlich hierzu *Tropf*, in: Lambert-Lang/Tropf/Frenz, Handbuch der Grundstückspraxis, S. 1042 ff.; *Müller*, in: Würzburger Notarhandbuch, 4. Aufl., Teil 4 Kapitel 1 Rn. 393 439 ff. sowie *Söbbeke*, ZEV 2006, 395 ff.; aktuelle Rechtsprechung bei *Graß*, ZEV 2011, 516. ff., ZEV 2013, 375 ff. und ZEV 2015, 327 ff. sowie ZEV 2017.
1053 Hierzu kann gem. OLG Hamm, 16.06.2009 – 10 W 156/07, RNotZ 2010, 340 auch Geldvermögen zählen, soweit es zu den bis zur nächsten Ernte dienenden Betriebsmitteln zu rechnen ist (zuzüglich eines Betrages von 10.000,00 € für »Unvorhergesehenes«).
1054 Bereits die Begründung von Wohnungseigentum zugunsten eines Angehörigen beseitigt demnach die Hofeigenschaft, vgl. OLG Köln, 26.09.2006 – 23 WLw 3/06, NJW-spezial 2007, 291.
1055 Gleichberechtigtes Miteigentum ist dafür nicht erforderlich (»eine Furche Land genügt«); der überlebende Ehegatte ist damit »automatisch« Hoferbe, § 8 Abs. 1 HöfeO, vgl. *Raude*, RNotZ 2016, 69, 73.
1056 Dieser ergibt sich durch Abzug des Wohnungswertes vom steuerlichen Einheitswert i.S.d. § 48 BewG. Ausreichend ist eine Auskunft des Finanzamtes hierzu, der förmlichen Bestimmung durch Bescheid bedarf es nicht, BGH, 15.04.2011 – BLw 9/10, DNotZ 2012, 72.

F. Besonderheiten bei der Unternehmensnachfolge Kapitel 1

klärung gegenüber dem Landwirtschaftsgericht[1057] gegen die Hofeigenschaft und der Vermerk im Grundbuch wird gem. § 1 Abs. 4 Satz 1 HöfeO gelöscht.

▶ Hinweis:

Diese Aufgabe der Hofeigenschaft kann auch vorübergehend erfolgen, etwa um bei einer Übertragung[1058] die Anwendbarkeit der höferechtlichen Vorschriften [Prüfung der Wirtschaftsfähigkeit des Erwerbers/Nachabfindungsansprüche etc.!] zu vermeiden; hierin liegt keine »sittenwidrige Umgehung« des Höferechtes,[1059] sofern sich der Eigentümer dadurch nicht bereits bestehenden höferechtlichen Verpflichtungen entzieht.[1060]

Liegt der Wirtschaftswert zwischen 5.000,00 € und 10.000,00 €, ist die ausdrückliche Wahl der Hofeigenschaft durch den Eigentümer (samt Vermerk im Grundbuch, § 1 Abs. 1 Satz 3 HöfeO) erforderlich – »Kann-Hof« –, sog. Hoferklärung.[1061] Die (gebührenfreie[1062]) Eintragung des **Hofvermerks** begründet gem. § 5 HöfeVfO die Vermutung für die Hofeigenschaft des betreffenden Grundbesitzes (Flurstücks[1063]); diese kann jedoch entfallen, wenn keine land- oder forstwirtschaftliche Betriebseinheit mehr vorhanden ist oder jedenfalls eine solche ohne Weiteres nicht wieder hergestellt werden kann.[1064] Das Landwirtschaftsgericht entscheidet über entsprechende Feststellungsanträge der Beteiligten (§ 11 HöfeVfO). 474

Ein Hof kann stets nur auf **einen Hoferben** übergehen (§§ 4 Satz 1, 16 Abs. 1 Satz 1 HöfeO). §§ 5, 6 HöfeO regeln die »gesetzliche Erbfolge« in den Hof (Abkömmlinge, in der 2. Ordnung der Ehegatte, sodann die Eltern – sofern der Hof von ihnen stammt –, schließlich die Geschwister).[1065] Bei einem Ehegattenhof wird der überlebende Ehegatte gem. 8 Abs. 1 HöfeO Alleineigentümer. 475

1057 Vgl. (auch zur Unmöglichkeit einer postmortal zugehenden bzw. einer aufschiebend bedingten Erklärung) *Gutachten*, DNotI-Report 2013, 2 ff.
1058 Entscheidend ist dann, ob bei Eigentumsumschreibung die entsprechende Erklärung beim Landwirtschaftsgericht eingegangen war (§ 1 Abs. 7 HöfeO), vgl. OLG Braunschweig, 01.03.2016 – 2 U 117/14, ErbR 2017, 36.
1059 BGH, 28.11.2008 – BLw 11/08, DNotI-Report 2009, 29.
1060 Zum Schutz des bereits bindend eingesetzten Hoferben vgl. *Roemer*, RNotZ 2015, 556, 563.
1061 Vgl. hierzu eingehend *Roemer*, RNotZ 2015, 556 ff. Muster bei *Roemer*, in: *Hannes*, Formulbuch Vermögens- und Unternehmensnachfolge, 3. Auflage 2011, S. 1260 ff. (Hofeinführungs- und Hofaufgabeerklärungen), zu den anzustellenden Erwägungen *Raude*, RNotZ 2016, 69, 74.
1062 OLG Schleswig, 31.05.2016 – 60 L WLw 22/15, BeckRS 2016, 12411 [extensive Anwendung von KV 15112 Satz 1 GNotKG].
1063 Die Hofbestandteileigenschaft muss nicht für das gesamte Grundbuchgrundstück einheitlich sein, BGH, 26.06.2014 – V ZB 1/12, ZNotP 2014, 275 [so dass das Landwirtschaftsgericht das Grundbuchamt um Abschreibung einzelner Flurstücke ersuchen kann].
1064 BGH, 29.11.2013 – BLw 4/12, ZEV 2014, 548 (zur endgültigen Einstellung des Betriebes durch den Erblasser); BGH, 26.10.1999 – BLw 2/99, RdL 2000, 49; OLG Celle, 21.10.2002 – 7 W 27/02 (L), RdL 2005, 180; OLG Köln, 05.11.2012 – 23 WLw 7/12, EE 2013, 27. Dabei genügt nach OLG Oldenburg, 27.09.2005 – 10 W 31/04, NdsRpfleger 2006, 155 ff. nicht die bloß abstrakt-theoretische Möglichkeit des »Wiederanspannens« eines landwirtschaftlichen Betriebes, v.a. wenn dieser mit dem bisheriger keine (Teil-)Identität mehr besäße. Je länger die Stilllegung währt, desto höher sind die Beweisanforderungen.
1065 Auch insoweit gilt die Erbfolge nach Stämmen, BGH, 24.11.2006 – BLw 14/06, DNotZ 2007, 308.

476 Die Bestimmung des Hofnachfolgers kann durch Testament oder durch Übergabevertrag erfolgen, ferner durch dauerhafte Übertragung der Bewirtschaftung[1066] oder faktisch,[1067] jedoch nur höchstpersönlich;[1068] dabei ist der Eigentümer nicht an die Reihenfolge der gesetzlichen Hofeserbfolge gebunden. Es kann allerdings nur eine natürliche Person (bzw. Ehegatten) bestimmt werden; der Hofnachfolger muss gem. § 7 Abs. 1 Satz 2 HofeÖ wirtschaftsfähig sein (Rdn. 477, Ausnahme: überlebender Ehegatte), und das Bestimmungsrecht darf nicht wegen vorangegangener Übertragung zur Bewirtschaftung oder Beschäftigung eines anderen »Hoferben« bereits ausgeübt worden sein (§ 7 Abs. 2 HöfeO). Beschränkungen durch Dauertestamentsvollstreckung sind nur vorübergehend zulässig.[1069] Vor- und Nacherbfolge ist möglich; das Sondererbrecht der Höfeordnung bleibt auch dann grundsätzlich[1070] für die Nacherbfolge maßgebend, wenn die Hofeseigenschaft zwischen dem Vor- und dem Nacherbfall weggefallen ist.[1071]

477 Nach dem Verständnis der HöfeO ist also der Hofübergabevertrag eine (lebzeitige) Form der **Hoferbenbestimmung**. Hofübergabeverträge, die trotz bindender Hoferbeneinsetzung stattfinden, sind demnach (analog § 2289 Abs. 1 Satz 2 BGB) nichtig, es sei denn, der in der bindenden Verfügung von Todes wegen bestimmte Hoferbe wäre nicht wirtschaftsfähig. Helfen kann insoweit allenfalls eine negative Hoferklärung, allerdings bleiben dem übergangenen Hoferben Bereicherungsansprüche nach § 2287 Abs. 1 BGB erhalten.[1072] Analog § 7 Abs. 1 Satz 1 u. 2 HöfeO muss demzufolge auch der lebzeitige Erwerber, um die erforderliche Genehmigung nach GrdStVeG durch das Landwirtschaftsgericht[1073] erhalten zu können, **wirtschaftsfähig**[1074] i. S. d. § 6 Abs. 7 HöfeO sein. Die dafür anzustellenden eingehenden Prüfungen der Qualifikationsmerkmale des Erwerbers, samt ggf. einer mündlichen Befragung,[1075] sind für manche Beteiligte Anlass, sich zumin-

---

1066 § 6 Abs. 1 Nr. 1 HöfeO, z.B. durch Abschluss eines Verpachtungsvertrages mit 10-jähriger Laufzeit durch einen 86-jährigen Hofeigentümer: OLG Hamm, 05.07.2016 – 10 W 37/16, RNotZ 2016, 678, aber nur durch den testierfähigen Hofeigentümer persönlich, nicht durch dessen Betreuer: OLG Hamm, 24.08.2015 – 10 W 5/15, ErbR 2016, 109 (nur Ls.).
1067 Durch faktische Übertragung der Bewirtschaftung auf Dauer gem. § 6 Abs. 1 HöfeO, vgl. OLG Köln, 17.01.2013 – 23 WLw 10/12, EE 2014, 132 m. Anm. *Arens*; OLG Karlsruhe, 23.10.2014 – 9 U 9/11, ErbR 2015, 281 (nur Ls.) gewährt aus einem gem. § 242 BGB trotz Formunwirksamkeit bindenden faktischen Vorvertrag einen Anspruch auf Abschluss eines Hofübergabevertrages, wenn der Sohn im Vertrauen auf das Versprechen des Vaters viele Jahre unentgeltlich auf dem Hof gearbeitet hat. Der Nachweis, dass keine der testamentarischen Bestimmung zeitlich vorrangigen faktischen Hoferbenbestimmungen vorgenommen wurden, kann gegenüber dem Grundbuchamt nur durch Abgabe einer eidesstattlichen Versicherung erfolgen, OLG Hamm, 27.01.2016 – I-15 W 555/15, ZErb 2016, 208 = notar 2016, 342 m. Anm. *Führ* (mit Formulierungsvorschlag für Erbscheinsantrag bei verwaistem Hof).
1068 Nicht ausreichend ist also ein Pachtvertragsabschluss mit dem Betreuer des Hofeigentümers, OLG Hamm, 24.08.2014 – 10 W 5/15, RNotZ 2016, 46.
1069 *Gehse*, RNotZ 2009, 643.
1070 Zu einem Ausnahmefall (Höfeigenschaft nach dem Vorerbfall bereits seit Jahrzehnten entfallen) OLG Oldenburg, 20.12.2012 – 10 W 4/11, DNotZ 2013, 865.
1071 BGH, 23.11.2012 – BLw 12/11, DNotZ 2013, 446; dem Nacherben kann jedoch die Berufung auf die Sondererbfolge gem. § 242 BGB versagt sein, wenn alle Erbprätendenten sich auf die Anwendbarkeit des allgemeinen Erbrechts eingerichtet haben. Für die Beurteilung der notwendigen Wirtschaftsfähigkeit ist auf die Prognose im Zeitpunkt des Nacherbfalls abzustellen, OLG Hamm, 11.10.2013 – 10 W 26/13, RNotZ 2014, 50.
1072 Vgl. *Gehse*, RNotZ 2008, 218, 220 f.; kritisch *Fassbender*, DNotZ 1986, 67 (»himmelschreiendes Unrecht«).
1073 Dieses ist gem. § 17 Abs. 3 HöfeO für Genehmigungen gemäß § 2 GrdstVG zuständig, zum Verfahren vor dem Landwirtschaftsgericht vgl. *Raude*, in RNotZ 2016, 69, 88 ff.
1074 Daran kann es z.B. fehlen, wenn die Verschuldung des Hofes während der vergangenen Bewirtschaftung immer weiter angewachsen ist, OLG Hamm, 24.08.2014 – 10 W 5/15, RNotZ 2016, 46.
1075 Vgl. *Wöhrmann*, Landwirtschaftserbrecht, 10. Aufl. 2012, § 6 Rn. 133 ff.

dest kurzzeitig durch negative Hoferklärung aus dem Anwendungsbereich des Höferechts zu verabschieden.

Die zugunsten des Veräußerers typischerweise vorbehaltenen »Altenteilsleistungen« unterscheiden sich von denjenigen außerhalb der Höfeordnung nicht (Wohnungsrecht oder Nießbrauch, Verpflegung, Rentenzahlung, Pflegeverpflichtungen sowie die Übernahme bestehender Belastungen etc.) Eine Besonderheit im Rheinland stellt die sog. »**Rheinische Hofübergabe**« (vgl. Rdn. 1380) dar: der Hofübergeber behält sich das lebenslange Nießbrauchsrecht am Hof vor und verpachtet diesen sodann an den Hofübernehmer = Eigentümer (mit Ausnahme der privat genutzten Wohnräume). Sie erleichtert dem Übergeber den psychologisch schwierigen Schritt des »Loslassens« und kann sich als Zwischenlösung auch empfehlen, wenn der Erwerber noch relativ jung und unerfahren ist. Da der Pachtvertrag mit der Hofübergabe selbst eine rechtliche Einheit bildet, muss er mit beurkundet werden.[1076]

478

Hinzuweisen ist noch auf das **landwirtschaftsgerichtliche Feststellungsverfahren** gemäß § 11 HöfeVfO als Instrument einer rechtskraftfähigen Entscheidung über (i) das Vorliegen eines Hofes oder Ehegatten-Hofes, (ii) die Zugehörigkeit bestimmter Gegenstände zum Hofesvermögen, (iii) die Wirtschaftsfähigkeit eines Hofeserben und (iv) die Frage, wer nach dem Tod des Eigentümers Hoferbe geworden ist. Zu den pflichtteilsrechtlichen Privilegierungen, zu Abfindungs- und Nachabfindungsansprüchen gem. §§ 12 u. 13 HöfeO vgl. wiederum Rdn. 3688 ff.

479

1076 Vgl. *Gehse*, RNotZ 2009, 160, 163; Muster einer rheinischen Hofübergabe bei *Grundmann/Fackelmann* in *Kersten/Bühling*, Formularbuch in Praxis der freiwilligen Gerichtsbarkeit, 24. Aufl. 2014, § 36 Rn. 196 M, sowie bei *Roemer* in *Hannes* (Hrsg.), Formularbuch Vermögens- und Unternehmensnachfolge 2011, C.4.10.

Kapitel 2: Sozialfürsorgerecht – ein Überblick

Übersicht

	Rdn.
A. Sozialhilfe	484
I. Grundbegriffe, Arten der Hilfegewährung	489
1. Definitionen	489
a) Normgrundlagen	489
b) Zuständigkeit	495
c) Prinzipien	496
d) Leistungsarten	506
e) Statistik	508
2. Hilfe zum Lebensunterhalt (§§ 27 bis 40 SGB XII)	511
a) Regelbedarf	512
b) Mehrbedarf	518
c) Zusatzbedarf	519
d) Einsatz- und Bedarfsgemeinschaft	521
3. »Hilfe in besonderen Lebenslagen«	525
4. Bundesteilhabegesetz	536
II. Berücksichtigung von Vermögen und Einkommen	545
1. Vermögensschonung (§ 90 SGB XII)	545
a) Begriff des Vermögens	545
aa) Grundsatz	545
bb) Einordnung einer Erbschaft	548
b) Unverwertbares Vermögen (§ 90 Abs. 1 SGB XII)	552
c) Schonvermögen (§ 90 Abs. 2 SGB XII)	567
d) Unbillige Härte (§ 90 Abs. 3 SGB XII)	589
2. Einkommen (§§ 82, 85 SGB XII)	593
a) Einkommensbegriff (§ 82 SGB XII)	593
aa) Positive Definition	593
bb) Negative Definition: Abgrenzung zum Vermögen	597
cc) Nichteinkommen kraft Fiktion	601
dd) SozialversicherungsentgeltVO	604
b) Absetzbare Beträge (§ 82 Abs. 2 und 3 SGB XII)	607
c) Einkommensschongrenze bei Leistungen des 5.–9. Kapitels	610
aa) Allgemeine Einkommensgrenze (§ 85 SGB XII)	613
bb) Abweichende Einkommensberücksichtigung	620
(1) Erhöhter Grundbetrag (§ 86 SGB XII)	620
(2) Reduzierte Einkommensanrechnung bei Leistungen für Behinderte	621

	Rdn.
(3) Einkommensunabhängige Leistungen	623
cc) Einsatz des Einkommens über der Einkommensgrenze (§ 87 SGB XII)	624
dd) Einsatz des Einkommens unter der Einkommensgrenze (§ 88 SGB XII)	629
d) Abweichende Bedarfsbestimmung aufgrund Zuwendungen Dritter, §§ 27a Abs. 4, 43 Nr. 1 SGB XII	634
III. Regress, Erbenhaftung, Überleitung	636
1. Überblick	636
2. Rückforderungsrechte nach allgemeinem Sozialverwaltungsrecht	641
3. Aufwendungs- bzw. Kostenersatz	644
4. Erbenhaftung (§ 102 SGB XII)	648
a) Zu ersetzende Leistungen	649
b) Ersatzpflichtiger Personenkreis	653
c) Ersatzpflichtiger Nachlass	660
d) Geltendmachung des Erbenregresses	676
e) Nachlasshaftung nach dem Tod eines Betreuten, § 1836e Abs. 1 Satz 3 BGB	681
5. Überleitung von Ansprüchen gem. § 93 SGB XII (bzw. § 27g BVG, § 33 Abs. 1 SGB II, § 95 Abs. 3 SGB VIII)	682
a) Überleitungsgegenstand	682
b) Überleitungsbetroffener	685
c) Überleitungsvoraussetzungen	687
d) Überleitungsverfahren	692
e) Folgen der Überleitung	693
6. Übergang von Unterhaltsansprüchen gem. § 94 SGB XII (§ 27h BVG, § 33 Abs. 2 SGB II)	694
a) Forderungsübergang	694
b) Gegenstand des Übergangs	704
aa) Kongruenz	705
bb) Unterhaltsrechtliche Differenzierung	708
cc) Sozialhilferechtliche Differenzierung	710
c) Strukturunterschiede zum Unterhaltsrecht	711
aa) Personenkreis	712
bb) Schonung des Berechtigten	715
cc) Zeitlicher Beginn	719
dd) Schonung des Verpflichteten	720
ee) Art des Bedarfs	723
ff) Schuldnermehrheit	724

			Rdn.
		d) Härtefall gem. § 94 Abs. 3 Satz 1 Nr. 2 SGB XII	726
		e) Schonung von Eltern behinderter Kinder (§ 94 Abs. 2 SGB XII)	729
	7.	Inanspruchnahme bei Verarmung von Geschwistern	735
		a) § 419 BGB a.F.	736
		b) § 528 BGB	737
		c) §§ 2325, 2316 BGB	740
B.	**Grundsicherung**		742
I.	Grundsicherung im Alter und bei Erwerbsminderung (4. Kap. SGB XII)		742
	1.	Leistungsbezieher	743
	2.	Leistungsansprüche	747
	3.	»Regress«	750
		a) Erbenhaftung	751
		b) Anspruchsüberleitung	752
		c) Unterhaltsregress	753
II.	Hartz IV: Grundsicherung für Arbeit Suchende seit 01.01.2005 (SGB II)		756
	1.	Geschichtliches: Arbeitslosenhilfe und Rechtspolitik	756
	2.	Anspruchsberechtigung	762
		a) Persönliche Anforderungen	762
		b) Bedarfsgemeinschaft	766
		c) Einsatzgemeinschaft	768
		d) Haushaltsgemeinschaft	774
	3.	Insb. Erwerbsfähigkeit/Hilfebedürftigkeit	777
		a) Definitionen	777
		b) Zumutbarkeit	779
		c) Einkommen	780
		d) Vermögen	790
	4.	Eingliederungsleistungen	819
	5.	Finanzielle Leistungen	822
		a) Allgemeines	822
		b) ALG II	825
		c) Sozialgeld	835
		d) Kinderzuschlag	837
		e) Sanktionen	839
	6.	Regress	841
		a) Tatbestände	841
		aa) Verschuldensregress	842
		bb) Erbenregress	843
		cc) Überleitungsregress	846
		b) Insb. »Ahndung« von Vermögensverlusten	855
	7.	Checkliste	859
	8.	Würdigung und Ausblick	860
C.	**Elternunterhalt**		870
I.	Grundlagen		881
	1.	Rechtspolitische Überlegungen	881
	2.	Bürgerlich-rechtlicher Unterhaltsrang	883
II.	Berechtigte: Bedarf, Bedürftigkeit, Schonung		885

			Rdn.
	1.	Bedarf	885
	2.	Bedürftigkeit	887
		a) Einkommenseinsatz	888
		b) Vermögenseinsatz	890
	3.	Sozialhilferechtliche Besonderheiten	897
		a) Einkommensschonung	898
		b) Vermögensschonung	901
		c) Einsatz- und Bedarfsgemeinschaft	902
III.	Bemessung der Leistungsfähigkeit von Kindern aus Einkommen		904
	1.	Einkommensermittlung	905
	2.	Einkommensbereinigung	910
	3.	Minderung der Leistungsfähigkeit durch vorrangige Unterhaltspflichten	916
		a) Kindesbarunterhalt	918
		b) Kindesnaturalunterhalt	919
		c) Geschiedenenunterhalt	922
		d) Ehegattenunterhalt	923
	4.	Mindestselbstbehalt und Eigenbedarf	931
	5.	Einkommenseinsatz ohne Rücksicht auf den Mindestselbstbehalt	937
		a) Vermögensbildung	940
		b) Überobligatorischer Erwerb außerhalb des eheprägenden Bedarfs	941
		c) Auskömmliches Schwiegerkindeinkommen	943
	6.	Berechnungsbeispiele	947
IV.	Heranziehung aus Vermögen		951
	1.	Grundsatz	951
	2.	Freistellungstatbestände	957
V.	Ausschlusstatbestände		973
	1.	Beschränkung oder Wegfall gem. § 1611 Abs. 1 BGB	973
		a) Bedürftigkeit der Eltern durch »sittliches Verschulden«, also unterhaltsbezogene Leichtfertigkeit (§ 1611 Abs. 1 Satz 1, 1. Alt. BGB)	974
		b) Frühere grobe Vernachlässigung der eigenen Unterhaltspflicht ggü. dem Kind (§ 1611 Abs. 1 Satz 1, 2. Alt. BGB)	975
		c) Vorsätzliche schwere Verfehlungen gegen das Kind oder nahe Angehörige (§ 1611 Abs. 1 Satz 1, 3. Alt. BGB)	976
	2.	Verwirkung nach § 242 BGB	977
VI.	Verhältnis mehrerer Unterhaltspflichtiger zueinander		978
	1.	Rangabstufungen	978
	2.	Verteilung im Gleichrang	983
	3.	Haftungsverhältnis mehrerer gleichzeitig Beschenkter	987
	4.	Regelungsbedarf	989

	Rdn.		Rdn.
VII. Sozialrechtliche »Reaktionen« auf den Elternunterhalt	991	VIII. Strategien zur Vermeidung einer Heranziehung	993

Die Gestaltung von Vermögensübertragungen ohne kaufmännisch abgewogene Gegenleistung wirft angesichts der bereits geschilderten Erwerbsschwächen der Schenkung in weit höherem Maße als bei Kaufverträgen sozialrechtliche Fragen auf, die an das Risiko einer Verarmung aufseiten des Veräußerers, des Erwerbers oder Dritter (etwa weichender Geschwister) anknüpfen. **480**

Dabei ist eine Differenzierung angezeigt, die traditioneller Weise[1] in Anlehnung an die im Kompetenzkatalog des Grundgesetzes verwendeten Begriffe der Sozialversicherung (vgl. Art. 74 Nr. 12 GG), Sozialversorgung (Art. 74 Nr. 10 GG) und Sozialfürsorge (Art. 74 Nr. 7 GG) erfolgt: **481**

(1) Die **Sozialversicherung** gewährt einen Risikoausgleich für die typischerweise zu erwartenden Wechselfälle des Lebens wie Krankheit (ab 01.01.1995 i.R.d. PflegeVG auch Pflegebedürftigkeit),[2] Arbeitsunfall oder Alter. Diese Leistungen werden überwiegend aus dem Beitragsaufkommen der zwangsweise versicherten Mitglieder und nur ergänzend aus Staatszuschüssen finanziert und sind daher i.d.R. von individueller Bedürftigkeit unabhängig.

(2) Die **Sozialversorgung** wird hingegen überwiegend aus allgemeinen Steuermitteln finanziert. Sie dient teilweise dem Ausgleich besonderer Opfer (etwa als Folge des Kriegs- oder Wehrdienstes), teils der ausgleichenden Allgemeinversorgung in besonderen Pflichtenlagen (z.B. ggü. Kindern: Kindergeld). Diese Leistungen sind regelmäßig in gewissem Umfang von der Bedürftigkeit der berechtigten Person abhängig.

(3) Die **Sozialfürsorge**, insb. **Sozialhilfe** und **Grundsicherung für Arbeit Suchende** (SGB II und XII), aber auch bspw. sog. Kriegsopferfürsorge wird ebenfalls aus allgemeinen Steuermitteln finanziert. Sie umfasst die individuelle, auf die konkrete Notlage und Bedürftigkeit abstellende tatsächliche und finanzielle Hilfe, welche ggü. anderweitiger Bedarfsdeckung soweit als möglich subsidiär ist. **482**

Im letztgenannten Bereich – steuerfinanzierte Leistungen, die keinem individuellen Opferausgleich dienen – ist naturgemäß die Kollisionsgefahr mit dem Zivilrecht, v.a. die Regressthematik, am unmittelbarsten zu erwarten. Daher konzentriert sich die Darstellung in diesem Buch auf diesen Bereich,[3] erläutert am Beispiel des Sozialhilferechts (SGB XII) und der Grundsicherung für Arbeit Suchende (SGB II). **483**

A. Sozialhilfe

Das Gesetz zur Einordnung des Sozialhilferechts in das Sozialgesetzbuch v. 27.12.2003 (BGBl. I 2003, S. 3022 ff.) gliederte das BSHG, das bereits (§ 1 Nr. 15 SGB I) als besonderer Teil des So- **484**

---

1 Die neuere Sozialrechtslehre differenziert stattdessen zwischen dem »Recht des sozialen Schadensausgleichs« (d.h. Sozialversicherung und soziales Entschädigungsrecht) einerseits, und dem »Recht des sozialen Nachteilsausgleichs« andererseits (Letzteres umfasst die soziale Entlastung – Kindergeld, Elterngeld –, die soziale Förderung – Jugendhilfe, BAföG – und soziale Hilfen, also SGB XII und SGB II).

2 Im Zuge der Überlegungen der sog. Rürup-Kommission wird über eine Ablösung des (beitragsfinanzierten) Sozialversicherungsmodells, das zu keiner Besserung der Pflegesituation geführt hat, durch ein steuerfinanziertes »Bundespflegeleistungsgesetz« diskutiert, das jedoch durch vollständige Heranziehung von Einkommen und Vermögen teilweise refinanziert werden soll.

3 Eine gute und preiswerte Übersicht über alle Zweige des Sozialrechts, die zudem über das Internet (www.bmas.de) aktuell gehalten wird, bietet der Sammelband »Übersicht über das Sozialrecht« des Bundesministeriums für Arbeit und Soziales (ISBN 978-3-8214-7247-8, 1172 Seiten mit CD-ROM, 36,00 €).

zialgesetzbuchs (SGB) galt,[4] in Letzteres auch tatsächlich als dessen (ursprünglich für das Wohngeldrecht reservierte) Buch XII ein. Im Zuge dessen wurden in zwar überschaubarem, gleichwohl über bloße redaktionelle Retuschen hinausgehendem Umfang inhaltliche Änderungen und Umstellungen im Gesetz vorgenommen. Sie führen zu der dem Rechtsanwender bereits aus der Schuldrechtsreform geläufigen misslichen Folge, dass vertraute »Hausnummern« des in dieser Form im Wesentlichen seit 01.06.1963 geltenden BSHG mit Inkrafttreten der Eingliederung, mithin am 01.01.2005, neu memoriert werden müssen. Durch das Bundesteilhabegesetz wird die Eingliederungshilfe für Behinderte aus dem SGB XII wiederum ausgegliedert und (vollständig ab 01.01.2020) im SGB IX (»Rehabilitationsrecht«) eine neue Bleibe finden. Zu diesem Zeitpunkt wird auch das soziale Entschädigungsrecht aus § 5 SGB I und dem BVG in das neue SGB XIII überführt werden.

485 Da der Gesetzgeber jede Bestimmung des Sozialhilferechts dabei zwangsläufig einer Prüfung unterzogen hat, ist die unveränderte Übernahme von Formulierungen (z.B. des Begriffs »Erbe« in § 102 SGB XII aus § 92c BSHG) als ausdrückliche Bestätigung zu werten.

486 Termini, denen eine geringschätzende Note anhaften könnte, werden im neuen Recht durch neutrale Ausdrücke ersetzt. An die Stelle des Hilfesuchenden oder des Hilfempfängers tritt der »Leistungsberechtigte«. »Hilfe« wird nicht mehr »gewährt«, es werden vielmehr »Leistungen erbracht« – die »Fürsorgesprache« des BSHG wird durch die »Marktsprache« des SGB XII ersetzt.[5] Besonderes Augenmerk wird auch darauf gelegt, dass geschlechtsneutrale Bezeichnungen verwendet werden (neudeutsch: »gender mainstreaming«).[6] Häufig wird die Formulierung dadurch schwerfälliger, teilweise auch fehlerhaft.[7]

487 Die bisherige Zweiteilung einerseits in **HLU** und andererseits in **HbL** wird in der Gesetzessystematik (jedoch nicht in der Sache selbst – Leistungen des 3. Kap. [HLU] einerseits, des 5.–9. Kap. [HbL] andererseits) aufgegeben. Grundlegende Bestimmungen zu den Leistungsvoraussetzungen und Regelungen für bestimmte Personengruppen werden daher in einem vorangestellten Kap. 2 (§§ 8 bis 26) für beide Leistungsarten »vor die Klammer gezogen«. Bisher notwendige Vorschriften zur (schwierigen) Vermischung von Maßnahmekosten und von Kosten für den Lebensunterhalt bei Heimunterbringung können entfallen.

▶ Hinweis:

488 Mit Interesse wird zu verfolgen sein, inwieweit die mit der Eingliederung in das Sozialgesetzbuch einhergehende Änderung der gerichtlichen Zuständigkeit von den Verwaltungs- zu den Sozialgerichten[8] zu anderen Schwerpunktsetzungen führt (vgl. Rdn. 503). Ein Beitrag zur stärkeren Vereinheitlichung des Sozialrechts wird dadurch auf jeden Fall geleistet.

---

[4] So dass bspw. die Verfahrensvorschriften des SGB X bereits bisher Anwendung fanden, sofern sich nicht aus dem BSHG, den hierzu erlassenen Durchführungsverordnungen und landesrechtlichen Ausführungsvorschriften etwas Abweichendes ergibt, § 37 Satz 1 SGB I.
[5] *Linhart/Adolph/Gröschel-Gundermann*, SGB II, SGB XII, AsylbLG, Teil I C Rn. 32.
[6] Vgl. BT-Drucks. 15/1514 v. 05.09.2003, S. 55.
[7] So verpflichtete etwa § 102 Abs. 1 Satz 1 SGB XII bis zur Richtigstellung zum Kostenersatz den Erben der leistungsberechtigten Person »oder dessen Ehegatte oder dessen Lebenspartner«. Tatsächlich gemeint ist aber, wie sich aus dessen Satz 3 und der bisherigen Gesetzesfassung ergibt, der Erbe des Ehegatten bzw. Lebenspartners.
[8] Durch § 51 Abs. 1 Nr. 6a SGG (BGBl. I 2003, S. 3022); für das ALG II ergibt sich deren Zuständigkeit aus Art. 22 des Gesetzes v. 24.12.2003, BGBl. I 2003, S. 2954). Von der Öffnungsklausel im SGG, Sozialgerichtsbarkeit durch besondere Spruchkörper der VG auszuüben, hat nur Bremen Gebrauch gemacht.

A. Sozialhilfe

I. Grundbegriffe, Arten der Hilfegewährung

1. Definitionen

a) Normgrundlagen

§ 9 Satz 1 SGB I definiert den Anspruch auf **Sozialhilfe als soziales Recht** wie folgt: 489

»Wer nicht in der Lage ist, aus eigenen Kräften seinen Lebensunterhalt zu bestreiten oder in besonderen Lebenslagen sich selbst zu helfen, und auch von anderer Seite keine ausreichende Hilfe erhält, hat ein Recht auf persönliche und wirtschaftliche Hilfe, die seinem besonderen Bedarf entspricht, ihn zur Selbsthilfe befähigt, die Teilnahme am Leben in der Gemeinschaft ermöglicht und die Führung eines menschenwürdigen Lebens sichert.«

Die Sozialhilfe bildet demgemäß ein subsidiäres Basissystem[9] zur Behebung persönlicher und wirtschaftlicher Notlagen, sofern andere Sozialleistungen insoweit nicht vorgesehen oder nicht ausreichend sind (Grundsatz der Universalität der Sozialhilfe). Die Gewährung der Sozialhilfe ist zur Wahrung des Sozialstaatsprinzips (Art. 20 Abs. 1, 28 Abs. 1 Satz 1 GG), des allgemeinen Gleichheitssatzes (Art. 3 Abs. 1 GG) und des Grundrechts auf Schutz der Menschenwürde und freie Entfaltung der Persönlichkeit (Art. 1 Abs. 1, 2 Abs. 1 GG) geboten; sie dient zugleich der Stabilisierung des Gesamtstaats ggü. armutsbedingten Unruhepotenzialen. 490

Wesentliche **Normgrundlage** ist das ab 01.01.2005 in das SGB XII überführte Bundessozialhilfegesetz (BSHG), das am 01.06.1963 an die Stelle der früheren Reichsverordnung über die Fürsorgepflicht aus dem Jahr 1924 getreten ist. Das BSHG galt v. 01.01.1976 bis zum 31.12.2004 als besonderer Teil des SGB,[10] so dass insb. die Bestimmungen des allgemeinen Teils des Sozialrechts (SGB I) sowie die Verfahrensvorschriften des SGB X Anwendung fanden, sofern sich nicht aus dem BSHG, den Durchführungsverordnungen zum BSHG und landesrechtlichen Ausführungsvorschriften etwas Abweichendes ergab (§ 37 Satz 1 SGB I). Seit 01.01.2005 ist es[11] als Buch 12 unmittelbar in das SGB integriert, unter inhaltlichen Änderungen und mit neuer Paragrafenfolge. 491

Die zahlreichen **Novellen zum Sozialhilferecht**[12] lassen sich hinsichtlich der Abfolge der Themenschwerpunkte gliedern in die Fortschreibungsgesetzgebung (Ausweitung des Kreises der Berechtigten, Verbesserung der Leistungsansprüche – bis 1980), die Reduktionsgesetzgebung (Leistungseinschränkungen und restriktive Begrenzung der Ermessensausübung – seit 1981), die Korrekturgesetzgebung (punktuelle Verbesserungen für Einzelgruppen, Bereinigung gesetzessystematischer Unstimmigkeiten – seit 1985) und die »Spargesetzgebung« (Begrenzung des Gesamtaufkommens, Bekämpfung des Sozialleistungsmissbrauchs – seit 1993). 492

Aufgrund der im SGB XII enthaltenen Ermächtigungen sind **Verordnungen des Bundes** zu Maßnahmen der Hilfe zur Überwindung besonderer sozialer Schwierigkeiten, zur Berechnung und Bereinigung des Einkommens, zum Begriff der Hilfsmittel i.S.d. § 81 Abs. 1 Nr. 3 BSHG, zur Neufestsetzung von Geldleistungen und Geldbeträgen nach dem BSHG (nun SGB XII) in den neuen Bundesländern und zur Höhe der Barbeträge oder sonstigen Geldwerte i.S.d. § 90 Abs. 2 Nr. 9 SGB XII ergangen.[13] 493

---

9 Hierzu und zum Folgenden *Trenk-Hinterberger*, in: v. Maydell/Ruland/Becker, Sozialrechtshandbuch, S. 1177–1219; *Hüttenbrink*, Sozialhilfe und Arbeitslosengeld II.
10 Vgl. Art. 11 § 1 Nr. 15 SGB I.
11 Durch das Gesetz zur Einordnung des Sozialhilferechts in das Sozialgesetzbuch (BGBl. I 2003, S. 3022 ff.).
12 Vgl. Übersicht bei *Schellhorn/Jirasek/Seipp*, BSHG, vor § 1.
13 Die Verordnungen zur Eingliederungshilfe (Personenkreis, Art und Umfang der Leistungen) nach § 60 SGB XII, über die Hilfe zur Überwindung besonderer sozialer Schwierigkeiten nach § 69 SGB XII, zur Schiedsstelle nach § 81 SGB XII, zum automatisierten Datenabgleich nach § 120 SGB XII und zur Bundesstatistik nach § 129 SGB XII stehen noch aus.

494 Teilweise existieren **Sozialhilferichtlinien** in Gestalt von Empfehlungen der Landessozialministerien, die jedoch die Sozialhilfeträger nicht binden, allerdings aufgrund des Weisungsrechts des Behördenvorstands den einzelnen Sachbearbeitern vorgegeben werden können. Diese sind teilweise veröffentlicht;[14] ferner existieren häufig interne Ausführungsvorschriften einzelner Sozialhilfeträger. Von großer Bedeutung sind schließlich die **Empfehlungen des Deutschen Vereins für öffentliche und private Fürsorge e.V.** Frankfurt am Main, in dessen Ausschüssen Vertreter der beteiligten Ministerien, der überörtlichen Sozialhilfeträger sowie der freien Wohlfahrtsverbände[15] zusammenwirken.[16] Unmittelbare Rechtswirkung für den Hilfesuchenden kommt diesen Verwaltungsvorschriften nicht zu. Sie können jedoch eine für die Zukunft jederzeit aufhebbare Selbstbindung der Verwaltung zur Folge haben.

b) Zuständigkeit

495 Die **funktionale Zuständigkeit** zur Gewährung von Sozialhilfe liegt bei den örtlichen Trägern, d.h. den kreisfreien Städten und Landkreisen (§§ 97 Abs. 1, 3 Abs. 2 Satz 1 SGB XII), die diese als Selbstverwaltungsangelegenheit im eigenen Wirkungskreis durchführen. Die Bestimmung der überörtlichen Träger der Sozialhilfe obliegt gem. § 97 Abs. 2 Satz 1 SGB XII den Ausführungsgesetzen der Länder, die hierzu sich selbst oder überörtliche kommunale Körperschaften eingesetzt haben.[17] Gem. § 97 Abs. 3 SGB XII sind die überörtlichen Träger insb. für die Leistungen der Eingliederungshilfe für behinderte Menschen, der Hilfe zur Pflege, der Überwindung sozialer Schwierigkeiten und der Blindenhilfe (§§ 53 bis 72 SGB XII) sachlich zuständig; im Rahmen eines öffentlich-rechtlichen Auftragsverhältnisses können jedoch die überörtlichen Träger die nachgeordneten örtlichen Träger zur Durchführung ihrer Aufgaben nach dem Sozialhilferecht heranziehen und ihnen hierbei Weisungen erteilen, um eine bürgernahe Konzentration der Sozialhilfeverwaltung auf der unteren kommunalen Ebene zu ermöglichen. Die örtliche Zuständigkeit bestimmt sich nach § 98 Abs. 1 Satz 1 SGB XII im Regelfall nach dem tatsächlichen Aufenthalt des Leistungsberechtigten.

c) Prinzipien

496 Das Sozialhilferecht ist geprägt durch das Nachrangprinzip, das Individualisierungsprinzip und das Bedarfsdeckungsprinzip:

Der **Grundsatz des Nachrangs** (»**materielle Subsidiarität**«, § 2 SGB XII) gilt ggü.
(1) Möglichkeiten der Selbsthilfe (z.B. dem Einsatz der eigenen Arbeitskraft, dem Einsatz eigenen Einkommens oder Vermögens, der Realisierung von Ansprüchen ggü. Dritten); diese sind als

---

14 So etwa in Baden-Württemberg, Brandenburg, Niedersachsen, Rheinland-Pfalz und im Bereich Westfalen-Lippe; nach BVerwG, 05.06.1984 – 5 C 73/82, BVerwGE 69, 278 besteht i.Ü. kein Anspruch auf Einsichtgewährung in nicht veröffentlichte Verwaltungsvorschriften.
15 Der Bundesarbeitsgemeinschaft der freien Wohlfahrtspflege gehören als Spitzenverbände an: der Bundesverband der Arbeiterwohlfahrt, der Deutsche Caritasverband, der Deutsche Paritätische Wohlfahrtsverband, das Deutsche Rote Kreuz, das Diakonische Werk der Evangelischen Kirchen in Deutschland und die Zentralwohlfahrtsstelle der Juden in Deutschland.
16 Zu nennen sind etwa die Empfehlungen des Deutschen Vereins für den Einsatz des Vermögens in der Sozialhilfe, herausgegeben in der Reihe »Kleinere Schriften« des Deutschen Vereins Nr. 46, sowie die Empfehlungen des Deutschen Vereins für die Heranziehung Unterhaltspflichtiger in der Sozialhilfe, Fassung ab 01.07.2005: FamRZ 2005, 1387, frühere Fassung in FamRZ 2002, 931, Fassung ab 1995 im Eigenverlag des Deutschen Vereins, Schriftenreihe Nr. 20.
17 Die Länder selbst sind überörtliche Träger der Sozialhilfe in den Stadtstaaten, den neuen Bundesländern mit Ausnahme Sachsens, dem Saarland, Schleswig-Holstein, Niedersachsen und Rheinland-Pfalz. In Baden-Württemberg obliegt die überörtliche Trägerschaft den Landeswohlfahrtsverbänden Baden und Württemberg-Hohenzollern, in Hessen dem Landeswohlfahrtsverband, in Nordrhein-Westfalen den Landschaftsverbänden Rheinland und Westfalen-Lippe, in Sachsen dem Landeswohlfahrtsverband, in Bayern den Bezirken als Selbstverwaltungsangelegenheit.

»bereite Mittel« allerdings nur dann vorrangig, wenn sie tatsächlich zur Verfügung stehen (sog. Faktizitätsprinzip),[18] andernfalls ist Hilfe zu gewähren und der Anspruch nachträglich gem. § 93 SGB XII überzuleiten);
(2) tatsächlichen Leistungen Dritter (auch wenn diese ohne gesetzliche Verpflichtung erbracht werden);[19]
(3) Leistungsverpflichtungen Dritter, insb. aus dem Unterhaltsrecht;
(4) Ermessensleistungen anderer Sozialleistungsträger, die gem. § 2 Abs. 2 Satz 2 SGB XII jedenfalls nicht unter Hinweis auf Sozialhilfeleistungen versagt werden dürfen.[20]

497 Die Sozialhilfe stellt also keine rentengleiche Dauerleistung mit Versorgungscharakter dar, sondern soll **vorübergehende Hilfe zur Selbsthilfe** bilden mit dem Ziel einer möglichst raschen Beseitigung der Notlage aufgrund aktiver Mitwirkung des Leistungsberechtigten (vgl. § 1 Satz 3 SGB XII). Nach dem Grundsatz des »**Förderns und Forderns**« sollen seit 01.01.2005 auch dem in der Sozialhilfe verbleibenden Berechtigtenkreis, also den weniger als 3 Std. täglich erwerbsfähigen Personen, aktivierende Leistungen zugutekommen, andererseits aber auch Maßnahmen zur Überwindung der Bedürftigkeit und zur Stärkung der Eigenverantwortung des Leistungsberechtigten gefordert werden können. Sie sollen in einer Leistungsabsprache (§ 12 SGB XII) schriftlich festgehalten werden, deren Nichteinhaltung zu Nachteilen für den Leistungsberechtigten führen kann.

498 Sozialleistungsansprüche aufgrund anderer Gesetze, etwa nach dem BAföG, der gesetzlichen Kranken-, Renten- und Unfallversicherung, nach dem Bundesversorgungsgesetz, Kinder- und Wohngeld, Leistungen der Jugendhilfe nach SGB VIII etc. gehen vor und wirken bedarfsmindernd (bzw. sind als Einkommen anzurechnen).

499 Der Subsidiaritätsgrundsatz ist in seiner praktischen Umsetzung allerdings durch die Anerkennung von Schonvermögen (§ 90 SGB XII) und Schoneinkommen (Letzteres lediglich im Bereich der früheren HbL, also des 5.–9. Kap., § 85 SGB XII) sowie die außerhalb des SGB XII erlassenen Bestimmungen über die Nichtanrechnung einzelner Einkünfte[21] erheblich durchbrochen.[22] Weiter ist der Grundsatz der Nachrangigkeit innerhalb des (beispielhaft gewählten) SGB XII dadurch abgeschwächt, dass Sozialhilfe trotz bestehender anderweitiger Bedarfsdeckungsmöglichkeit, zumindest vorübergehend, geleistet wird.[23]

Sozialhilfe wurde »kurzzeitig überbrückend« geleistet	§ 42 Abs. 2 Satz 2 SGB I	Vorschussleistungen
	§ 43 Abs. 2 SGB I	vorläufige Leistungen
	§ 19 Abs. 5 SGB XII	Aufwendungsersatz
	§ 38 SGB XII	Darlehen für Hilfe zum Lebensunterhalt bei vorübergehender Notlage
	§ 91 SGB XII	Darlehen bei Einsatzproblemen betr. das Vermögen
	§ 92 Abs. 1 SGB XII	Aufwendungsersatz

---

18 BVerwG, 05.05.1983 – 5 C 112/81, BVerwGE 67, 166.
19 Anders jedoch dann, wenn ein Dritter bewusst für einen säumigen Sozialhilfeträger eintritt, vgl. BVerwG, 23.02.1966 – V C 93.64, BVerwGE 23, 255.
20 Hierzu zählen etwa Ermessensleistungen nach den Satzungen einzelner Krankenkassen etc.
21 Etwa hinsichtlich des Erziehungsgelds, der Renten nach dem Contergan-Gesetz, der Leistungen der Stiftung »Mutter und Kind« etc.
22 Vgl. auch §§ 43 Abs. 2, 72 Abs. 3, 75 Abs. 4 BSHG, § 72 Abs. 1 Satz 2 und 3 SGB XII.
23 Erstellt nach *Frommann*, Sozialhilferecht SGB XII, 196 ff.

Sozialhilfe wurde »stellvertretend für einen anderen« zu Leistungen Verpflichteten geleistet	§ 115 SGB X	Nichterfüllte Ansprüche auf Arbeitsentgelt
	§ 116 SGB X	Ansprüche gegen Schadensersatzpflichtige
	§ 93 SGB XII	Übergang von Ansprüchen
	§ 94 SGB XII	Übergang von Unterhaltsansprüchen
Sozialhilfe wurde für einen »regelwidrig erhöhten Bedarf« geleistet	§ 37 Abs. 1 SGB XII	ergänzende Darlehen
Sozialhilfe wurde einem »eigentlich nicht Leistungsberechtigten« geleistet	§ 22 Abs. 1 Satz 2 SGB XII	Darlehen für Auszubildende (Härtefälle)
	§ 27 Abs. 3 Satz 2 SGB XII	Kostenbeitrag für einzelne erforderliche Tätigkeiten
Sozialhilfe wurde »ungeachtet vorwerfbaren Verhaltens des Leistungsberechtigten« geleistet	§ 34 Abs. 1 Satz 3 SGB XII	Darlehen für Schulden
	§ 92 Abs. 2 Satz 6 SGB XII	Kostenersatz wegen vorsätzlicher oder grob fahrlässiger Nichtversicherung
	§ 26 SGB XII, § 103 Abs. 1 Satz 1 SGB XII	Leistungsherabsetzung und Kostenersatz bei schuldhaftem Verhalten
Sozialhilfe wurde »ohne Berücksichtigung geschonter Mittel« geleistet	§ 102 SGB XII, § 103 Abs. 2 SGB XII	Kostenersatz durch Erben
Sozialhilfe kann aus sonstigen Gründen zurückgefordert werden	§ 8 Abs. 2 EinglhVO	Darlehen zur Beschaffung eines Kfz
	§ 17 Abs. 1 Satz 2 EinglhVO	Darlehen zur Beschaffung von Arbeitsgegenständen

500 Das **Individualisierungsprinzip** fordert als Ausfluss der Menschenwürde eine auf die Einzelperson abgestellte Feststellung der Notlage und der Hilfegestaltung. Anspruchsinhaber ist der einzelne Hilfebedürftige, nicht die Familie als solche; den Wünschen und Präferenzen des Hilfeempfängers wird gem. § 9 Abs. 2 und 3 SGB XII in gewissem Umfang entsprochen.

501 Gemäß dem **Bedarfsdeckungsprinzip** ist für die Gewährung der Sozialhilfe die tatsächliche Notlage maßgeblich, gleichgültig wodurch diese entstanden ist.[24] Ist der Bedarf gedeckt worden, kann (»für die Vergangenheit«) Sozialhilfe nicht mehr gewährt werden.[25] Eine Verrechnung von Ansprüchen des Sozialhilfeträgers gegen den Hilfebedürftigen ist nur in den engen Grenzen des § 26 Abs. 2 SGB XII (vormals §§ 25a, 29a BSHG: Erstattung bzw. Schadensersatz wegen zu Unrecht erbrachter Leistungen) zulässig. Die Tilgung von Schulden oder früheren Aufwendungen ist regelmäßig nicht Aufgabe der Sozialhilfe.[26]

---

24 Allerdings können die Gründe für die Entstehung der Notlage für die Rückzahlung der Sozialhilfe § 103 SGB XII von Bedeutung sein.
25 Anders, wenn der Hilfebedürftige gegen die Ablehnung der Sozialhilfe Rechtsmittel eingelegt hat oder ein Dritter für den säumigen Träger eingetreten ist.
26 Ausgenommen sind Fälle der vorbeugenden oder nachgehenden Hilfe gem. Rdn. 505; dabei ist jedoch zu beachten, dass die Sozialhilfe grds. nicht der Vermögensbildung dient.

Hinsichtlich des **Rechtsanspruchs auf Hilfe** sind gem. § 17 Abs. 1 SGB XII zu unterscheiden: 502
(1) Pflichtleistungen (»ist zu gewähren«),
(2) Soll-Leistungen, die lediglich im zu begründenden und zu beweisenden Ausnahmefall versagt werden sollen[27] und
(3) Kann-Leistungen, über deren Gewährung nach pflichtgemäßem Ermessen, das der Überprüfung gem. § 114 VwGO unterliegt, zu entscheiden ist.[28]

Das Sozialhilfeverhältnis wird nicht durch einen förmlichen Antrag, sondern durch Kenntnis des Trägers der Sozialhilfe oder der von ihm beauftragten Stellen von den Voraussetzungen der Hilfegewährung begründet (§ 18 Abs. 1 SGB XII). Mit Kenntniserlangung trifft ihn allerdings die Pflicht, den Bedarf des Hilfeempfängers in seiner Gesamtheit zu erfassen. Bewilligung, Änderung und Einstellung von Sozialhilfeleistungen erfolgen durch **Verwaltungsakt**, gegen den seit 01.01.2005 gem. § 51 Abs. 1 Nr. 6a SGG der Rechtsweg zu den **SG** (vor dem 31.12.2004: den Verwaltungsgerichten) eröffnet ist (§ 31 SGB X). Das sozialgerichtliche Verfahren bietet ggü. der VwGO den Vorteil kürzerer Dauer sowie der Möglichkeit der Berufung zum Landessozialgericht (ohne Anwaltszwang), des Anspruchs auf medizinische Gutachter eigener Wahl, der Möglichkeit der Einbeziehung weiterer Verwaltungsakte in das laufende Gerichtsverfahren sowie der Beteiligung ehrenamtlicher Richter aus dem Kreis der Betroffenen. 503

Der Grundsatz der **Bedarfsdeckung durch Sozialhilfe für den jeweiligen Zeitabschnitt** erfordert, dass dem Verwaltungsakt nach dem Sozialhilferecht eine zeitlich lediglich begrenzte Wirksamkeit eigen ist; die stillschweigende Fortsetzung laufender Leistungen im jeweils neuen Monat gilt als konkludenter Erlass eines erneuten Verwaltungsakts. Wird die Hilfe eingestellt, liegt also hierin nicht Rücknahme oder Widerruf eines begünstigenden Dauer-Verwaltungsakts, sondern die Ablehnung des Erlasses eines Verwaltungsakts. Hiergegen ist (nach Durchführung des Vorverfahrens)[29] die Verpflichtungsklage nach § 54 Abs. 1 Satz 1, 2. Alt. SGG mit dem Ziel der Neufestsetzung der Sozialhilfe bzw. zur Sicherung die einstweilige Anordnung gem. § 86b Abs. 2 SGG eröffnet. Besteht allerdings ein Rechtsanspruch auf die abgelehnte Leistung, ist die kombinierte Anfechtungs- und Leistungsklage gem. § 54 Abs. 4 SGG zu erheben. 504

Die **vorbeugende Gewährung** von Sozialhilfe ist gem. § 15 Abs. 1 SGB XII möglich, wenn dadurch eine dem Einzelnen unmittelbar drohende Notlage ganz oder teilweise abgewendet werden kann. Sie kommt etwa in Betracht bei der Übernahme von Mietrückständen zur Vermeidung der Obdachlosigkeit (§ 34 SGB XII) sowie der Hilfe zur Familienplanung (§ 49 SGB XII) und der Verhütung der Verschlimmerung besonderer sozialer Schwierigkeiten nach § 67 SGB XII. 505

d) Leistungsarten

Gem. § 10 Abs. 1 SGB XII kann Sozialhilfe durch persönliche Hilfe (z.B. Beratung), Geldleistung oder Sachleistung gewährt werden. Hinsichtlich der Leistungsarten **ist** einerseits zwischen der **HLU** (= 3. Kap. §§ 27 bis 40 SGB XII) und andererseits den weiteren Hilfearten des 5.–9. Kap. (§§ 47 bis 74 SGB XII), früher zusammenfassend bezeichnet als **HbL** zu unterscheiden. Dazwischen steht die Grundsicherung im Alter und bei Erwerbsminderung (vormals GSiG) des nunmehr 4. Kap. Die HLU dient als Grundhilfe für den allgemeinen Lebensbedarf und der Sicherung des notwendigen Lebensunterhalts (§ 27 SGB XII), d.h. insb. der Deckung des Bedarfs an Ernährung, Unterkunft, Kleidung, Körperpflege, Hausrat, Heizung und der Teilnahme am kulturellen Leben. Die Tatbestände der HbL hingegen gewähren auf die jeweiligen Erfordernisse zugeschnittene Leistungen für umgrenzte Personengruppen in besonderen Bedarfslagen, die im Gesetz typisiert erfasst sind. Der ohnehin benachteiligten Stellung der Hilfeempfänger in besonderen Lebenslagen Rechnung tragend, ist der Grundsatz der Nachrangigkeit der Sozialhilfe bei 506

---

27 Vgl. etwa §§ 70, 71 SGB XII (Hilfe zur Weiterführung des Haushalts und Altenhilfe).
28 Etwa Hilfen nach § 53 Abs. 1 Satz 2 SGB XII, v.a. im Bereich der erweiterten HLU.
29 § 62 SGB X i.V.m. § 78 Abs. 2 und Abs. 1 SGG.

den HbL-Leistungen erheblich abgeschwächt, insb.[30] durch die Anerkennung einer besonderen Einkommensgrenze in §§ 85, 86 SGB XII, sowie den grundsätzlichen Wegfall der Pflicht zum Einsatz eigener Arbeitskraft im Bereich der HbL.[31]

507 Leistungen des 5.–9. Kap. in- und außerhalb von Einrichtungen einerseits sowie Leistungen der HLU können kombiniert werden. So zählt bspw. i.R.d. Hilfeleistungen in Einrichtungen die Gewährung des sog. Barbetrags zur persönlichen Verfügung (27 % des Eckregelsatzes, »Taschengeld«) nunmehr zur HLU (§ 35 Abs. 2 Satz 2 SGB XII; nicht mehr wie in § 27 Abs. 3 BSHG zur HbL).[32]

e) Statistik

508 Im Jahr 2002,[33] also vor der Ausgliederung erwerbsfähiger Sozialhilfeempfänger in das SGB II, beliefen sich die gesamten Sozialhilfeausgaben auf rund 24,7 Mrd. €; hiervon konnten ca. 2,7 Mrd. € durch Heranziehung Unterhaltspflichtiger, Eigenbeteiligungen, Kosten- und Aufwendungsersatz gedeckt werden. Ca. 8,8 Mrd. € aus den verbleibenden Aufwendungen entfielen auf die HLU, deren Leistungen ca. 2,9 Mio. Personen zugutekamen, die überwiegend außerhalb von Einrichtungen lebten. Wichtigste Ursache für den HLU-Bezug war Arbeitslosigkeit, ungenügende Rentenhöhe, insb. bei alleinstehenden Frauen, sowie nicht ausreichende Unterhaltszahlungen des Vaters ggü. alleinerziehenden Müttern. Der überwiegende Teil der Sozialhilfeausgaben – nämlich 13,2 Mrd. € – wurde für die Leistungen der HbL aufgewendet, wobei dort die drei Hilfearten der Krankenhilfe (1,3 Mrd. €), der Eingliederungshilfe für Behinderte (9,1 Mrd. €) und der Hilfe zur Pflege (2,4 Mrd. €) gesamt 98 % der Gesamtaufwendungen im HbL-Bereich ausmacht. Über 90 % der HbL-Kosten entfiel auf Hilfeempfänger in Einrichtungen.

509 Die Sozialhilfequote (Anteil der Hilfebezieher an der Gesamtbevölkerung) betrug 2002 in den alten Bundesländern 3,2 % (mit Spitzen in den Stadtstaaten Bremen: 8,9 %, Berlin: 7,4 % und Hamburg 7 %), in den neuen Ländern 3 %. Die Zahl der Empfänger stieg im mittelfristigen Jahresdurchschnitt um etwa 2 %, die Summe der Ausgaben um jährlich etwa 3 %.

510 Im Jahr 2006, also nach der Überführung zahlreicher Bezieher von HLU aus dem Bereich des SGB XII in die Grundsicherungsleistungen des SGB II, bezogen[34] lediglich mehr 306.000 Personen laufende HLU nach SGB XII, davon 27 % außerhalb von Einrichtungen. Von diesen 82.000 Personen waren 86 % Deutsche, 14 % ausländische Mitbürger, so dass die Empfängerquote bei Ausländern mit 1,6 je tausend Einwohner höher liegt als bei Deutschen mit 0,9 Hilfebeziehern je tausend Einwohnern. 19 % der Empfänger waren Kinder unter 18 Jahren. Bei den Personen, die HLU in Einrichtungen (z.B. Pflegeheimen) beziehen, überwiegt der Frauenanteil (52 %); der Ausländeranteil liegt bei lediglich 3 %.

Grundsicherungsleistungen nach SGB XII (also im Alter und bei Erwerbsminderung) bezogen[35] im Jahr 2006 rund 682.000 Personen (Anstieg ggü. 2005 um 8,2 %). Davon erhielten 46 % (311.000 Personen) Leistungen wegen voller Erwerbsminderung, 371.000 Personen Grundsicherungsleistungen im Alter, wobei auch bei letzterer Gruppe der Frauenanteil mit 57 % deutlich überwiegt.

---

30 Vor dem 01.04.2017 galten ferner erhöhte Schonbeträge für Ersparnisse in § 90 Abs. 2 Nr. 9 SGB XII i.V.m. der hierzu ergangenen Verordnung.
31 Mit Ausnahme des § 68 Abs. 3 SGB XII, der allerdings lediglich einen begrenzten Anwendungsbereich hat.
32 Damit in Zusammenhang steht die Einführung eines weiteren Deckelungsbetrags für den Unterhaltsübergang in § 94 Abs. 2 Satz 1 SGB XII i.H.v. 20,00 €/Monat für die HLU ggü. Eltern behinderter oder pflegebedürftiger Personen.
33 Vgl. Mitteilung des Statistischen Bundesamts, FamRZ 2003, 1728.
34 Nach Mitteilung des Statistischen Bundesamts Nr. 377 v. 18.09.2007, FamRZ 2007, 2043.
35 Nach Mitteilung des Statistischen Bundesamts Nr. 413 v. 12.10.2007, FamRZ 2007, 2044.

A. Sozialhilfe Kapitel 2

2. Hilfe zum Lebensunterhalt (§§ 27 bis 40 SGB XII)

Die laufenden HLU-Leistungen setzen sich außerhalb von Heimen oder gleichartigen Einrichtungen aus Regelbedarf, Mehrbedarf und Zusatzbedarf zusammen. Diesem Gesamtbedarf sind das Einkommen i.S.d. § 82 SGB XII nach Abzug der dort genannten Beträge zur Einkommensbereinigung und das einzusetzende Vermögen gegenüberzustellen; die Differenz ist als laufende Hilfe zu gewähren.

511

a) Regelbedarf

Der zur Abdeckung des Regelbedarfs gewährte Regelsatz wird bisher durch festgelegte »Vom-Hundert-Anteile« an Positionen der Einkommens- und Verbrauchsstichprobe bestimmt, Referenzgruppe sind die untersten 20 % der nach dem Netto-Einkommen geschichteten Ein-Personen-Haushalte. Zugrunde gelegt wird die in Abständen von 5 Jahren durchgeführte **Einkommens- und Verbrauchsstichprobe des Statistischen Bundesamts** (zuletzt EVS 2008); hinsichtlich des Teilbereichs der Haushaltsenergie wird auf Erhebungen der Vereinigung Deutscher Elektrizitätswerke zurückgegriffen. Die Höhe der Regelsätze wird seit 2011 für alle sechs Regelbedarfsstufen je getrennt und bundeseinheitlich festgelegt.[36]

512

Für die Jahre 2011 bis 2016 galten folgende **Regelbedarfssätze**:

Leistungsberechtigte Personen in einer Bedarfsgemeinschaft	2011	2012	2013	2014	2015	2016
erwachsene alleinstehende Person	364€	374€	382€	391€	399€	404€
erwachsene alleinerziehende Person	364€	374€	382€	391€	399€	404€
erwachsene Person mit minderjährigem Partner	364€	374€	382€	391€	399€	404€
alleinstehende Personen bis zum Alter von 24 oder erwachsene Personen bis zum Alter von 24 mit minderjährigem Partner, die ohne Zusicherung des kommunalen Trägers umgezogen sind	291€	299€	306€	313€	320€	324€
erwachsene Partner einer Ehe, Lebenspartnerschaft, eheähnlichen oder lebenspartnerschaftsähnlichen Gemeinschaft, jeweils	328€	337€	345€	353€	360€	364€
Kind, das jünger als 6 Jahre alt ist	215€	219€	224€	229€	234€	237€
Kind im Alter von 6 bis unter 14 Jahren	251€	251€	255€	261€	267€	270€
Kind bzw. Jugendlicher von 14 bis unter 18 Jahren	287€	287€	289€	296€	302€	306€

---

36 Politisch umstritten war die Kürzung um 15,00€ für Alkohol und Zigaretten, kompensiert durch 2,99€ für eine Kiste Mineralwasser, vgl. BT-Drucks. 17/3404, S. 53.

513 Ab 01.01.2017 wurde die Einteilung der Regelbedarfsstufen gesetzlich neu vorgenommen, nunmehr wird wie folgt unterschieden:

Regelbedarfsstufe Nr. …	Betroffene Personen	Betrag für das Jahr 2017
1	Jede erwachsene Person, die in einer Wohnung lebt und für die nicht Regelbedarfsstufe 2 gilt	409 €
2	Jede erwachsene Person, wenn sie in einer Wohnung mit einem Ehegatten oder Lebenspartner oder in eheähnlicher oder partnerschaftsähnlicher Gemeinschaft mit einem Partner zusammenlebt	368 €
3	Erwachsene Person, deren notwendiger Lebensunterhalt wegen Unterbringung in einer stationären Einrichtung sich nach § 27b SGB XII bestimmt	327 €
4	Jugendliche vom Beginn des 15. bis zur Vollendung des 18. Lebensjahrs	311 €
5	Kind vom Beginn des 7. bis zur Vollendung des 14. Lebensjahrs	291 € (!)
6	Kind bis zur Vollendung des 6. Lebensjahrs	237 €

Es wird also nicht mehr – wie bis Ende 2016 der Fall – auf das Tatbestandsmerkmal einer Haushaltsführung abgestellt, damit werden insbes. leistungsberechtigte erwachsene Menschen mit Behinderung, die bspw. mit ihren Eltern zusammenleben, künftig bessergestellt.

514 Die Einkommens- und Verbrauchsstichprobe wird alle fünf Jahre neu durchgeführt, in der Zwischenzeit ist die Fortschreibung des Regelsatzes an die Entwicklung der Preise und Löhne gekoppelt (§ 28a SGB II). Die Summe der Regelsätze und der Durchschnittsbeträge für die Kosten der Unterkunft und Heizung muss jedoch bei Haushaltsgemeinschaften bis zu fünf Personen gem. § 28 Abs. 4 SGB XII unter den jeweils erzielten monatlichen durchschnittlichen Netto-Arbeitsentgelten unterer Lohn- und Gehaltsgruppen, zuzüglich Kindergeld und Wohngeld, bleiben (sog. **»Lohnabstandsgebot«**).

515 Gem. §§ 5 ff. des Regelbedarfs-Ermittlungsgesetzes umfasst der Regelbedarf folgende Positionen der Einkommens- und Verbrauchsstichprobe (Position 2 bleibt unberücksichtigt): (1) Nahrungsmittel, alkoholfreie Getränke, (3) Bekleidung und Schuhe, (4) Wohnen, Energie und Wohnungsinstandhaltung, (5) Innenausstattung, Haushaltsgeräte und Haushaltsgegenstände, (6) Gesundheitspflege, (7) Verkehr, (8) Nachrichtenübermittlung, (9) Freizeit, Unterhaltung, Kultur, (10) Bildung, (11) Beherbergungs- und Gaststättendienstleistungen, (12) andere Waren und Dienstleistungen.

516 Da i.R.d. SGB XII die meisten einmaligen Leistungen (mit Ausnahme des § 31 Abs. 1 SGB XII: Erstausstattung für Wohnraum, Bekleidung bei Schwangerschaft und Geburt sowie – bis 31.12.2010 – Kosten für mehrtägige Klassenfahrten) in den Regelsatz einbezogen wurden – dadurch soll eine Vereinfachung der Verwaltung und eine Entlastung der Gerichte (»der Streit um den Wintermantel«) erreicht werden – stiegen die durchschnittlichen Regelsätze um etwa 20 % ggü. den vor 31.12.2004 geltenden Beträgen. Entfallen sind demnach die (häufig als Pauschale i.H.v. ca. 300,00 € gewährte) Bekleidungsbeihilfe, die Erstattung der Kosten einer Familienfeierlichkeit, Nachhilfeunterricht sowie die Weihnachtsbeihilfe[37] etc.

517 **Volljährige Leistungsberechtigte** in Einrichtungen erhalten gem. § 27b Abs. 2 SGB XII ein »**Taschengeld**« als angemessenen Barbetrag zur persönlichen Verfügung i.H.v. 27 % des Eckregelsat-

---

37 Vgl. hierzu zum früheren Recht die umfassende Zusammenstellung bei *Brühl*, Mein Recht auf Sozialhilfe, 12. Aufl. 1995, Abschn. II 1 B.

A. Sozialhilfe

zes. Dieser kann gemindert werden, soweit dessen bestimmungsgemäße Verwendung durch oder für den Leistungsberechtigten nicht möglich ist (Vor dem 31.12.2004 erhöhte sich der Betrag bei Leistungsberechtigten, die eigene Einkünfte einsetzten.[38] Durch den Wegfall dieser Erhöhung ab 01.01.2005 sollte die Ungleichbehandlung von Leistungsberechtigten in- und außerhalb einer Einrichtung beendet und zugleich eine Einsparung von 130 Mio. € pro Jahr erzielt werden.).[39] Weiter übernimmt der Sozialhilfeträger im Wege eines Darlehens vorschussshalber die vom Insassen bis zu seiner Belastungsgrenze (§ 62 SGB V) zu leistenden Zuzahlungen i.R.d. **gesetzlichen Krankenversicherung** (§ 35 Abs. 3 SGB XII; zur Rückzahlung: § 37 Abs. 2 SGB XII).[40]

b) Mehrbedarf

Der Mehrbedarf berücksichtigt durch Zuschläge zum Regelbedarf die erschwerten Bedingungen einzelner Gruppen von Hilfeempfängern. Mehrbedarfszuschläge für Alter (über 65 Jahre), Erwerbsunfähigkeit,[41] Schwangerschaft, Versorgung von Kindern durch Alleinerziehende oder kostenaufwendige Ernährung können nebeneinander geltend gemacht werden, dürfen jedoch zusammengenommen insgesamt die Höhe des maßgeblichen Regelsatzes nicht übersteigen.

c) Zusatzbedarf

Zu berücksichtigen ist schließlich der Zusatzbedarf zur Erfassung der zwar typischerweise anfallenden, jedoch in der Höhe individuell unterschiedlichen Kosten. Zu nennen sind insb. die **Unterkunftskosten**[42] (§ 35 SGB XII) i.H.d. tatsächlichen Mietaufwendungen,[43] soweit diese angemessen sind.[44] Auch Schuldzinsen, öffentliche Abgaben, Versicherungsbeiträge, Erhaltungsaufwand und Bewirtschaftungskosten eines selbstbewohnten angemessenen Eigenheims sind als Zusatzbedarf berücksichtigungsfähig,[45] möglicherweise auch Zahlungen auf ein Leibrentenversprechen, das zur Anschaffung des Eigenheims eingegangen wurde.[46] Zum Zusatzbedarf zählen ferner die laufend anfallenden **Heizungskosten** in der tatsächlichen, die Angemessenheit nicht übersteigenden Höhe.[47] Ferner wirken bedarfserhöhend die Krankenversicherungskosten (§ 32 SGB XII) sowie der Aufwand für die Alterssicherung und Sterbegeld (§ 33 SGB XII).

Von den vorerwähnten Pflichtleistungen zu unterscheiden ist die Ermessensleistung der sog. »**erweiterten HLU**« (vgl. § 19 Abs. 5 SGB XII). Sie wird gewährt, obwohl zumindest teilweise die Deckung des Lebensunterhalts aus zu berücksichtigendem Einkommen oder Vermögen zumutbar ist; in dieser Höhe haben jedoch der Hilfeempfänger und die weiteren Mitglieder der Einsatz- und Bedarfsgemeinschaft dem Sozialleistungsträger die Aufwendungen der Sozialhilfe zu ersetzen

---

38 Um 5 % des Einkommens, max. jedoch um 15 % des Regelsatzes eines Haushaltsvorstands.
39 Vgl. BT-Drucks. 15/1734 v. 15.10.2003, S. 3 (Finanztableau).
40 Eingefügt durch Gesetz v. 08.12.2004, BGBl. I 2004, S. 3305.
41 Seit 01.08.1996 ist hierzu zusätzlich das Vorliegen einer Gehbehinderung (Schwerbehindertenausweis mit Kennbuchstaben »G«) erforderlich.
42 Vgl. § 3 Abs. 1 der früheren Regelsatzverordnung zu § 22 BSHG (BGBl. I 1962, S. 515).
43 Einschließlich der umgelegten Mietnebenkosten, etwa Gebühren für Antennenanlage und Flurlicht. Auch Mietverträge mit Angehörigen werden insoweit anerkannt, vgl. Vgl. *Doering-Striening*, Sozialhilferegress bei Erbfall und Schenkung, 2015, S. 23 m.w.N.
44 Andernfalls ist der Hilfeempfänger zur Senkung der Kosten, z.B. durch Wohnungswechsel oder Untervermietung verpflichtet.
45 Zu differenzieren hiervon sind Tilgungsleistungen auf bestehende Immobiliarkredite, die allenfalls zur Vermeidung drohender Obdachlosigkeit infolge einer Versteigerung des Grundpfandrechtsgläubigers gem. § 34 SGB XII sozialhilfefähig sind, oder wenn das Darlehen bereits weitgehend getilgt ist: BSG, 22.08.2012 – B 14 AS 1/12 R, Rn. 17 f.
46 Z.B. SG Mainz, 20.03.2012 – S 10 AS 178/12 ER, NZS 2012, 634.
47 Vgl. § 3 Abs. 2 der früheren Regelsatzverordnung zu § 22 BSHG (BGBl. I 1962, S. 515); die Kosten für die Haushaltsenergie sind allerdings im Regelsatz enthalten und daher nicht ergänzend als Zusatzbedarf anerkennungsfähig.

(§ 92 Abs. 1 SGB XII). Diese unechte Darlehensgewährung als Abweichung vom sonst geltenden »Netto-Prinzip« ist insb. erforderlich, wenn der Träger eines Altenheims sich wegen ungeklärter Einkommens- und Vermögensverhältnisse des Hilfesuchenden weigert, ohne Zusage der vollständigen Kostenübernahme durch den Sozialhilfeträger diesen aufzunehmen. Gleiches gilt, wenn ein in die Einsatzgemeinschaft einbezogenes Familienmitglied sein Einkommen oder Vermögen nicht dieser Gemeinschaft zur Verfügung stellt, so dass tatsächlicher Bedarf besteht, der jedoch durch nachträglichen Aufwendungsersatz auf den eigentlich Einsatzpflichtigen abgewälzt werden kann.[48]

d) Einsatz- und Bedarfsgemeinschaft

521 Anspruch auf HLU hat nur, wer seinen notwendigen Lebensunterhalt aus **eigenen »Kräften und Mitteln«** nicht ausreichend beschaffen kann (§ 19 Abs. 1 Satz 1 SGB XII). Zu den vorrangig zu mobilisierenden »Kräften« zählt insb. die Pflicht zum Einsatz der Arbeitskraft (soweit für die im Bereich des SGB XII verbleibenden unter 3 Std. täglich erwerbsfähigen Personen zumutbar).

522 In teilweiser Durchbrechung des oben dargestellten Individualitätsgrundsatzes bestimmt § 27 Abs. 2 Satz 1 SGB XII (zuvor wortgleich: § 19 Abs. 1 Satz 2 SGB XII), dass bei nicht getrennt lebenden Ehegatten oder eingetragenen Lebenspartnern das Einkommen und Vermögen beider zu berücksichtigen ist. Diese bilden also eine **Einsatzgemeinschaft**,[49] was sich aus der soziologischen Tatsache rechtfertigt, dass (Ehe-)Partner jedenfalls so lange »aus einem Topf« wirtschaften, als sie nicht gem. § 1567 BGB getrennt leben. Die bloße Übersiedlung eines Ehegatten in ein Alten- oder Pflegeheim führt nicht eo ipso zum Getrenntleben, sofern noch gemeinschaftlich gewirtschaftet wird und die Familienbande in ihrem durch die räumliche Trennung reduzierten Umfang nach besten Kräften aufrechterhalten werden (anders bei »Aufgabe der gemeinsamen Lebens- und Wirtschaftsführung«).[50] Soll HLU an nicht selbst leistungsfähige minderjährige, unverheiratete Kinder gewährt werden, ist gem. § 27 Abs. 2 Satz 3 SGB XII (zuvor § 19 Abs. 1 a.E. SGB XII) auch das Einkommen und Vermögen ihrer Eltern bzw. des Elternteils, dessen Haushalt sie angehören, zu berücksichtigen. Nicht zur Einsatzgemeinschaft zählen also volljährige Kinder, selbst wenn sie ohne Einkommen oder Vermögen sind, ferner verheiratete minderjährige Kinder und solche minderjährigen Kinder, deren Einkommen über ihrem sozialhilferechtlichen Bedarf liegt.[51]

523 Erweiternd hierzu stellt § 39 Satz 1 SGB XII im Bereich der HLU die Vermutung auf, dass ein Hilfesuchender von Seiten derjenigen Personen (auch wenn sie nicht mit ihm verwandt oder verschwägert sind, wie bis zum 31.12.2004 in § 16 BSHG gefordert: sog. Familiennotgemeinschaft), mit denen er in **Haushaltsgemeinschaft** lebt, diejenige Unterstützungsleistung erfährt, deren Aufbringung den Mitbewohnern nach deren Einkommen und Vermögen zugemutet werden kann.[52] Wird diese Vermutung allerdings widerlegt, ist dem Hilfesuchenden uneingeschränkt HLU zu gewähren (§ 39 Satz 2 SGB XII). Die Vermutung ist kraft Gesetzes ausgeschlossen bei Hilfesuchenden, die schwanger sind bzw. ein leibliches Kind unter 6 Jahren betreuen und bei Personen, die behindert oder pflegebedürftig sind und tatsächlich durch Mitglieder der Haushaltsgemeinschaft betreut werden (§ 39 Satz 3 SGB XII).

524 Zur Vermeidung einer Schlechterstellung des verheirateten Hilfeempfängers mit demjenigen, der mit einer anderen geschlechtsverschiedenen Person in eheähnlicher Gemeinschaft lebt (Art. 6

---

48 Der Aufwendungsersatzanspruch verjährt in 30 Jahren (BVerwG, 27.11.1986 – 5 C 74/85, NDV 1987, 293); er wird durch Verwaltungsakt geltend gemacht und nach den landesrechtlichen Verwaltungsvollstreckungsgesetzen realisiert.
49 Vgl. BVerwG, 22.10.1992 – 5 C 65/88, NDV 1993, 239; das Gericht hat sich hier von dem früheren Begriff der »Bedarfsgemeinschaft« distanziert.
50 Vgl. OVG Nordrhein-Westfalen, 15.10.1991 – 8 A 1271/89, NJW 1992, 1123.
51 Vgl. im Einzelnen *Schoch*, in: LPK-SGB XII, § 19 Rn. 47 ff.
52 Die Verweisung auf § 36 SGB XII in § 20 Satz 2 SGB XII (eheähnliche Gemeinschaft) ist überflüssig geworden, da § 36 SGB XII anders als noch § 16 BSHG keine Verwandtschaft/Schwägerschaft mehr fordert.

Abs. 1 GG), ordnet § 20 SGB XII (vormals § 122 BSHG) die Gleichstellung der **eheähnlichen Gemeinschaften** mit der Ehe nicht getrennt lebender Ehepartner und seit 01.08.2006 die Gleichstellung der lebenspartnerschaftsähnlichen Gemeinschaft mit der eingetragenen Lebenspartnerschaft nicht getrennt lebender gleichgeschlechtlicher Personen an. Voraussetzung ist die Existenz einer auf längere Zeit und auf Ausschließlichkeit angelegten Bindung auf der personalen Ebene sowie das tatsächliche Füreinander-Einstehen auf materieller Ebene ähnlich der ehelichen Unterhaltspflicht gem. § 1360 BGB (vgl. im Einzelnen Rdn. 772 ff.).[53] Den Nachweis des Vorliegens einer eheähnlichen oder lebenspartnerschaftsähnlichen Lebensgemeinschaft hat gem. § 20 SGB X der Sozialhilfeträger zu führen, wobei allerdings den Antragsteller selbst (nicht dessen Lebensgefährten) gem. § 60 SGB I eine Mitwirkungspflicht trifft.

3. »Hilfe in besonderen Lebenslagen«

Das BSHG enthielt in den §§ 30 bis 75 insgesamt elf Typen der HbL, die durch eine Generalklausel (§ 27 Abs. 2 BSHG) ergänzt wurden. Mit der Eingliederung in das SGB XII werden sie (soweit sie nicht wegen der immanent vorausgesetzten Erwerbsfähigkeit entfallen sind, wie etwa die Hilfe zum Aufbau einer Lebensgrundlage – § 30 BSHG) nicht mehr als solche bezeichnet, sondern schlicht in eine Reihe mit allen Leistungsarten der Sozialhilfe gestellt (§ 8 SGB XII). Gleichwohl stellen diese Hilfen des »5.–9. Kapitels« weiterhin einen gesonderten Block dar (vgl. etwa § 19 Abs. 3 SGB XII: eigene Bestimmung zur Einsatz- und Bedarfsgemeinschaft, Rdn. 535). 525

Im Einzelnen: 526
(1) **Die vorbeugende Gesundheitshilfe** (§ 47 SGB XII) umfasst insb. die nach amtsärztlichen Gutachten erforderlichen Erholungskuren zur Vermeidung von Krankheiten oder Verhinderung fortschreitender Pflegebedürftigkeit.
(2) Der Umfang der **Krankenhilfe** (§ 48 SGB XII) entspricht den Leistungen der gesetzlichen Krankenversicherung, bei voller Bedürftigkeit jedoch unter Wegfall der dort vorgesehenen Eigenbeteiligungen.
(3) Die Hilfe bei nicht rechtswidriger **Sterilisation** (§ 51 SGB XII) stellt einen Untertypus der Krankenhilfe dar. Die bis zum 01.01.1996 ebenfalls miterfasste Hilfe bei nicht rechtswidrigem Schwangerschaftsabbruch ist nunmehr in § 24b SGB V und im Schwangerschaftskonfliktgesetz (SchKG) geregelt. Voraussetzung ist jedoch, dass der Frau die Aufbringung der Mittel für den Abbruch nicht zuzumuten ist. Die Einkommensgrenze liegt gem. §§ 19 Abs. 2, 25 Abs. 2 SchKG derzeit bei 1.001,00€ monatlich (neue Bundesländer: 990,00€) zzgl. 237,00€ für jedes ihr gegenüber unterhaltsberechtigte, minderjährige und haushaltsangehörige Kind zzgl. der Mietkosten, die 294,00€ (neue Bundesländer: 264,00€), übersteigen, wobei letztere jedoch nur bis max. 294,00€ berücksichtigt werden. 527
(4) Die **Hilfe zur Familienplanung** (§ 49 SGB XII) umfasst auch die Kosten ärztlich verordneter empfängnisregelnder Mittel. Sachlich zuständig ist der örtliche Sozialhilfeträger.
(5) Die **Hilfe bei Schwangerschaft und Mutterschaft** (§ 50 SGB XII) ist identisch mit den Leistungen bei Schwangerschaft und Entbindung nach SGB V. Das Entbindungsgeld (150,00 DM) ist entfallen.
(6) Die **Eingliederungshilfe für behinderte Menschen** (§§ 53 bis 60 SGB XII, in der bis 31.12.2019 geltenden Fassung, zur Neuregelung ab 2020 vgl. Rdn. 536 ff.) soll den Eintritt einer körperlichen, geistigen oder seelischen Behinderung verhüten bzw. eine vorhandene Behinderung mildern und die Wiedereingliederung des Behinderten in die Gesellschaft ermöglichen. Gewährt werden Maßnahmen der medizinischen, beruflichen und sozialen Rehabilitation. Einzelheiten zum Personenkreis und zu den Leistungsansprüchen regelt die Eingliederungshilfeverordnung zu § 60 SGB XII. Die Eingliederungshilfe kann auch neben der Hilfe zur Pflege gewährt werden, wenn Aussicht auf Besserung des Behinderungszustands besteht. Wegen des Vorrangs anderer Hilfearten wird Eingliederungshilfe für Behinderte insb. bei der 528

---

[53] BVerfG, 17.11.1992 – 1 BvL 8/87, NJW 1993, 643.

Versorgung mit bestimmten Hilfsmitteln, der Beschäftigung in einer Behindertenwerkstatt und bei Einrichtungen des behindertengerechten Wohnens geleistet.

▶ Hinweis:

529 § 57 SGB XII (mit Verweisungen in § 61 Abs. 2 Satz 3 u.a.) enthält eine **weitere Neuerung** seit 01.01.2005: Für kranke, behinderte und pflegebedürftige Menschen soll – ähnlich dem durch SGB IX in der Behindertenhilfe bereits eingeleiteten Paradigmenwechsel – ein **trägerübergreifendes persönliches Budget** erhöhte Selbstständigkeit und Selbstbestimmung ermöglichen. Sie können dadurch regelmäßige Geldzahlungen erhalten, die es ihnen erlauben, Betreuungsleistungen selbst zu organisieren und zu bezahlen. Dadurch soll stationäre Betreuung so lange wie möglich vermieden und eine Verwaltungsvereinfachung erreicht werden. Möglicherweise lassen sich hierdurch auch alternative Wohnformen anstelle stationärer Versorgung fördern. Die Vorschrift hat experimentellen Charakter und setzt einen Antrag des Leistungsberechtigten voraus.

530 Die bei »Hilfen in besonderen Lebenslagen« ohnehin (etwa in Gestalt der Einkommensschongrenze des § 85 SGB XII, s.u. Rdn. 613 ff.) abgeschwächte Intensität des Regresses wird im Bereich der Behindertenhilfe weiter reduziert: Zu nennen ist die durch § 92 Abs. 2 SGB XII gänzlich ausgeschlossene Vermögensberücksichtigung und stark zurückgenommene Einkommensheranziehung für die dort genannten, überwiegend ambulanten Leistungen (s.u. Rdn. 621 f.), ebenso die in § 94 Abs. 3 SGB XII vereinheitlichte Kappung der Heranziehung der Eltern für Sozialhilfeleistungen an behinderte Kinder auf monatlich 46,00 € (s. Rdn. 733 f.). Lediglich hinsichtlich der Heranziehung des Eigenvermögens und -einkommens bei der vollstationären Behindertenbetreuung existieren keine Privilegierungen.

531 (7) Die **Blindenhilfe** (§ 72 SGB XII) soll in Form einer Geldleistung einen Ausgleich für die durch Blindheit bedingten Mehraufwendungen sicherstellen. Wegen ihrer Nachrangigkeit ggü. den häufig einkommensunabhängigen landesrechtlichen Blindengesetzen und der Blindenhilfe im Rahmen anderer Bundesgesetze (z.B. § 35 BVG) erlangt sie nur geringe tatsächliche Bedeutung.

532 (8) Die **Hilfe zur Weiterführung des Haushalts** (§ 70 SGB XII) soll eine drohende Auflösung des Haushalts verhindern, wenn die hauswirtschaftlichen Verrichtungen bspw. wegen eines Krankenhausaufenthalts nicht mehr wie bisher durchgeführt und auch nicht durch einen anderen Angehörigen der Haushaltsgemeinschaft übernommen werden können. Die Hilfe kann durch persönliche Betreuung der Haushaltsmitglieder oder durch deren anderweitige Unterbringung geleistet werden. Die sachliche Zuständigkeit liegt beim örtlichen Sozialhilfeträger.

533 (9) Die **Hilfe zur Überwindung besonderer sozialer Schwierigkeiten** (§§ 67 bis 69 SGB XII) umfasst Maßnahmen der Beratung und persönlichen Betreuung sowie der Beschaffung und Erhaltung einer Wohnung (vgl. §§ 7 bis 11 der hierzu ergangenen Verordnung) für Obdachlose, Landfahrer, entlassene Strafgefangene, verhaltensgestörte Menschen etc. Ein Großteil des Aufwands entfällt auf die Heimunterbringung nichtsesshafter Personen durch die überörtlichen Sozialhilfeträger.

534 (10) Die **Altenhilfe** gem. § 71 SGB XII soll die übrigen Leistungen des Gesetzes, auch die HLU, durch Beratung und die Vermittlung altersgerechter Dienste bzw. Wohnungen ergänzen. Zuständig ist der örtliche Sozialhilfeträger.

(11) Die ambulanten und stationären Leistungen der **Hilfe zur Pflege** (§§ 61 bis 66 SGB XII) werden im Zusammenhang unter Rdn. 1174 ff. dargestellt.

535 Auch bei den Leistungen der HbL bilden der Hilfesuchende selbst und sein nicht getrennt lebender Ehegatte/Lebensgefährte/eingetragene Partner – sofern der Hilfesuchende minderjährig und unverheiratet ist, und zwar anders als bei der HLU ohne Rücksicht auf seine Haushaltszugehörigkeit und seine eigene mangelnde Leistungsfähigkeit auch jeder Elternteil – eine **Einsatzgemeinschaft** (§ 19 Abs. 3 SGB XII), deren gesamtes Einkommen und Vermögen bei der Prüfung, ob

der Einsatz eigener Mittel vorrangig zuzumuten ist, berücksichtigt wird. Die Pflicht zum vorrangigen Einsatz eigener Arbeitskraft entfällt allerdings bei den Hilfen in besonderen Lebenslagen fast vollständig. Auch die in § 36 SGB XII für den Bereich der HLU normierte Vermutung des tatsächlichen Füreinander-Einstehens durch die in Haushaltsgemeinschaft lebenden Personen gilt für die HbL-Leistungen nicht. Die dadurch indizierte Abmilderung der Nachrangigkeit im Bereich der Aufbringung eigener Mittel zeigt sich auch durch Anerkennung erhöhter Barbeträge gem. § 90 Abs. 2 Nr. 9 SGB XII im Bereich der Vermögensschonung (nachstehend Rdn. 585) sowie in Gestalt der Einkommensgrenzen (»Schoneinkommen«) für HbL-Leistungen (nachstehend Rdn. 613).

4. Bundesteilhabegesetz

Das **Bundesteilhabegesetz**[54] will die Eingliederungshilfe für Behinderte (bisher §§ 53 ff. SGB XII) ab dem 01.01.2020 bzw. 01.01.2023[55] grundsätzlich[56] aus dem SGB XII herauslösen und als Teil des SGB IX (Rehabilitationsgesetz) unter der Überschrift »Besondere Leistungen zur selbstbestimmten Lebensführung von Menschen mit Behinderungen« neu regeln. Betroffen sind etwa 750.000 Menschen mit jährlichen Transferleistungen von ca. 16 Milliarden Euro im Jahr. Für behinderte Menschen wird daher ab dem Jahr 2020 der Bedarf an existenzsichernden Leistungen zum Lebensunterhalt aus dem SGB II oder (bei fehlender Arbeitsfähigkeit) dem SGB XII, im Übrigen jedoch der behinderungsbedingte Bedarf an Leistungen der Eingliederungshilfe aus dem SGB IX erbracht. Für ersteren Bereich bleiben damit auch die bisherigen Einsatzbeschränkungen bspw. des § 41 Abs. 5 SGB XII unverändert bestehen, vgl. die Verweisungsnorm in § 93 SGB IX n.F. Für Unterkunfts- und Heizungsleistungen wird dann § 92 SGB XII n.F. gelten, der jedoch § 92a SGB XII derzeitiger Fassung in seiner praktischen Auswirkung weitgehend entsprechen wird. Der eigentliche Träger der künftigen Eingliederungshilfe wird durch die Bundesländer bestimmt werden (§ 94 SGB IX n.F.). 536

Die notwendigen **Schnittstellen** zwischen der künftigen Eingliederungshilfe, einerseits, und der Pflegeleistung im eigentlichen Sinn, andererseits, erfordern Grenzziehungen zur Pflegeversicherung, zur Hilfe zur Pflege nach SGB XII und zur pauschalen Abgeltung für Pflegeversicherungsleistungen nach § 43a i.V.m. § 71 Abs. 4 SGB XI. Maßgeblich ist insoweit ab dem Jahr 2020, ob der behinderte und pflegebedürftige Mensch in einer stationären, künftig sog. **gemeinschaftlichen Wohnform**,[57] lebt oder nicht. Lebt er in einer »gemeinschaftlichen Wohnform«, bleibt es bei der pauschalen Abgeltung von Pflegeversicherungsleistungen (i.H.v. derzeit max. 266 € monatlich) gem. § 43a SGB XI, andernfalls, also im häuslichen Bereich, belässt es § 13 Abs. 3 SGB XI künftig dabei, dass die Leistungen der Eingliederungshilfe (für Behinderte) und der Pflegeversicherung nebeneinander in Anspruch genommen werden können, während gem. § 103 Abs. 2 SGB XI die Hilfe zur Pflege (nach SGB XII) ab 2020 auch von der Eingliederungshilfe mitumfasst wird, sofern die Behinderung bereits vor dem Rentenalter eintritt (sog. »Lebenslagenmodell«), während die Leistungen der Eingliederungshilfe und der Hilfe zur Pflege weiterhin nebeneinander bestehen, wenn die Behinderung erst nach Eintritt des Rentenalters entsteht. Die reformierte Eingliederungshilfe soll bereits vor dem 01.01.2020 bzw. dem 01.01.2023 modellhaft erprobt werden, insbesondere hinsichtlich der Assistenzleistungen, der Abgrenzung zur Hilfe zur Pflege, des Wahl- 537

---

54 V. 23.12.2016, BGBl. 2016 I, 3234 ff.
55 In-Kraft-Treten der Regelungen zum erweiterten leistungsberechtigten Personenkreis.
56 Eine Ausnahme gilt jedoch bspw. für minderjährige behinderte Kinder, die in stationären Einrichtungen leben: ihr Lebensunterhalt wird weiterhin durch die Einrichtung gedeckt, vgl. § 134 SGB IX i.V.m § 27c SGB XII; die Leistungserbringer verhandeln daher mit dem Eingliederungshilfeträger jeweils die Grundpauschale, die Maßnahmepauschale und den Investitionsbetrag.
57 Ab 2020 sind davon auch einzelne ambulante Wohnformen erfasst, die eine vergleichbar umfassende pflegerische Betreuung sicherstellen und dem Wohn- und Betreuungsvertragsgesetz (WBVG) unterliegen.

rechts, der gemeinschaftlichen Inanspruchnahme von Leistungen und des Gesamtplanverfahrens (wie nachstehend teilweise kurz erläutert).

538 § 104 SGB IX (als Nachfolgeregelung zum derzeit geltenden **Mehrkostenvorbehalt** in § 13 SGB XII) sieht ab 2020 vor, dass Wünschen des Leistungsberechtigten entsprochen werden soll, wenn diese angemessen sind (Zumutbarkeitsprüfung). Dies gilt künftig bspw. auch in Bezug auf die gewünschte Wohnform. Auch das sog. »Poolen«, also die gemeinsame Inanspruchnahme von Unterstützungsleistungen gem. § 116 Abs. 2 SGB IX, ist künftig leichter, bis zur Grenze der Zumutbarkeit für den Einzelnen, möglich.

539 Hinsichtlich der **Kosten der Unterkunft in gemeinschaftlichen Wohnformen** (§ 42a Abs. 5 u. Abs. 6 Satz 2 SGB XII n. F.) wird der Bund ab 2020 im Rahmen der Grundsicherung maximal die angemessenen Kosten für die Warmmiete eines 1-Personen-Haushalts zzgl. 25 % übernehmen. Darüber hinausgehende Kosten sind dann von der Eingliederungshilfe zu decken. Für Personen, die bereits Ende 2019 in einer Wohngemeinschaft leben, die nach dann geltendem Recht als ambulante Wohngemeinschaft, nicht als stationäre Wohneinrichtung, eingeordnet wird, gilt auch ab 2020 ein Bestandsschutz dahingehend, dass diese Wohngemeinschaft auch nach neuem Recht als »Wohnung« gilt.

540 Auch das **Verfahrensrecht zur Bedarfsermittlung** wird, in Stufen bereits vor 2020, modernisiert: Teil 1 des SGB IX sieht ab 2018 vor, dass der nach § 14 SGB IX zuständige Rehabilitationsträger eine sog. »Teilhabeplanung« vorzunehmen hat, ggf. samt sog. »Teilhabeplankonferenz« (§ 20 SGB IX). Auch wurde das »Gesamt-Planverfahren« (bisher § 141 ff. SGB XII, ab 2020: §§ 117 ff. SGB IX) erweitert, als gesetzlich verankerte Methode zur Bedarfsermittlung. Im Zuge dessen ist bspw. ab 2020 auch darüber zu beraten, welche Barmittel dem Betroffenen zur selbstbestimmten Verwendung aus dem Regelsatz verbleiben sollen (§ 119 Abs. 2 Satz 2 SGB IX). Die Ermittlung des individuellen Bedarfs hat unter Einbeziehung aller sogenannten »ICF-Kriterien« (International Classification of Functioning, Disability and Health) zu erfolgen.

541 Ab 2020 ist für die Eingliederungshilfe ein **Antrag erforderlich** (§ 108 Abs. 1 SGB IX), in Bezug auf einen weiterhin offenen Leistungskatalog (§ 113 SGB IX), so dass auf den individuellen Bedarf jedes einzelnen Menschen künftig adäquat eingegangen werden kann. Sie umfasst künftig daher auch z.B. Leistungen zur Teilnahme am sozialen Leben, an Bildung, am Arbeitsleben (mit dem sog. »Budget für Arbeit«, § 61 SGB IX) und entsprechende Frühförderung.

542 Zu den Leistungen der Eingliederungshilfe hat die leistungsberechtigte Person gem. § 92 SGB IX n. F. einen **Eigenbeitrag zu erbringen**; die Regelungen zu Schoneinkommen und Schonvermögen werden dann in §§ 135 ff. SGB IX n. F. enthalten sein.[58] Aus dem **Einkommen** sind möglicherweise **Beiträge zu leisten**, wenn die Summe der Einkünfte des Vorvorjahres i.S.d. § 2 Abs. 2 EStG (bei Renteneinkünften die Brutto-Rente des Vorvorjahres) die in § 136 Abs. 2 SGB IX bestimmten Schwellen übersteigt, und zwar grds. in Höhe von 2 % des übersteigenden Betrags (vgl. § 137 Abs. 2 SGB IX). Die Einkommensgrenze beläuft sich bei sozialversicherungspflichtigen Beschäftigungen oder selbständigen Tätigkeiten auf 85 % der jährlichen Bezugsgröße nach § 18 Abs. 1 SGB IV,[59] bei nichtsozialversicherungspflichtiger Beschäftigung auf 75 % der jährlichen Bezugsgröße, bei Renteneinkünften auf 60 % der geschilderten jährlichen Bezugsgröße. Diese Beträge erhöhen sich für den nicht getrennt lebenden Ehegatten/Lebenspartner/eheähnlichen oder lebenspartnerschaftsähnlichen Partner um 15 % und für jedes unterhaltsberechtigte Kind im Haushalt um weitere 10 % der jährlichen Bezugsgröße. Für Leistungsberechtigte der Eingliederungshilfe für Behinderte mit entsprechendem Einkommen wird dies ab 2020 eine deutliche Verbesserung darstellen; bisher wurden oberhalb eines Freibetrags in Höhe des doppelten Regelsatzes (also mo-

---

58 Vgl. hierzu *Rasch*, RdL 2017, 58 ff.
59 2017 belief sich diese Bezugsgröße auf jährlich 35.700 € (mtl. 2.975 €) in den alten, jährlich 31.920 € (mtl. 2.660 €) in den neuen Bundesländern.

natlich 818 €) zuzüglich der Kosten der Unterkunft (von durchschnittlich 400 €) alle tatsächlich bezogenen Einkünfte abgezogen.

Der **Einsatz des Vermögens** gem. § 139 SGB IX n.F. ist vergleichbar den Schonvermögensvorschriften des § 90 Abs. 2 Nr. 1–8 SGB XII ausgestaltet, wobei allerdings Barvermögen und sonstige Geldwerte bis zu einem Betrag von 150 % der jährlichen Bezugsgröße nach § 18 Abs. 1 SGB IV[60] geschützt sein werden, was bereits derzeit (2017) einem Betrag von über 50.000 € entspricht. Bestimmte Leistungen, wie in § 138 SGB IX (ähnlich bisher in § 92 Abs. 2 SGB XII) aufgeführt[61] werden gar nicht mehr vom Vermögenseinsatz abhängig sein (§ 140 Abs. 3 SGB IX), ebenso wenig vom Einsatz übersteigenden Einkommens. Der Überleitungsregress durch Verwaltungsakt, vergleichbar § 93 SGB XII, ist künftig in § 141 SGB IX geregelt. Auch die Überleitung (durch Sozialverwaltungsakt) ist, wie i.R.d. § 93 SGB XII, nicht dadurch ausgeschlossen, dass der Anspruch nicht übertragen, verpfändet oder gepfändet werden kann (§ 141 Abs. 2 Satz 2 SGB IX); auch diese Überleitung darf nur insoweit bewirkt werden, als »bei rechtzeitiger Leistung des anderen die Leistung … nicht erbracht worden wäre oder ein Einkommens- bzw. Vermögensbeitrag aufzubringen gewesen wäre« (§ 141 Abs. 2 Satz 1 SGB IX).

543

Im Vorgriff auf die vorstehend skizzierten, ab 01.01.2020 geltenden Neuregelungen wurde bereits mit Wirkung zum 01.01.2017 in § 60a SGB XII für die Bezieher von Eingliederungshilfe ein zusätzlicher Betrag von bis zu **25.000 €** zur Vermeidung unbilliger Härte i.S.d. § 90 Abs. 3 Satz 2 SGB XII als angemessen und damit Schonvermögen normiert, vgl. Rdn. 591, beschränkt auf Leistungen des 6. Kapitels SGB XII (Eingliederungshilfe für Behinderte); gleiches gilt gem. § 66a SGB XII (unbefristet) für die Hilfe zur Pflege, allerdings nur sofern dieser Betrag überwiegend aus Einkommen aus selbständiger oder nichtselbständiger Tätigkeit während des Leistungsbezugs erworben wird, also bspw. nicht für Erbschaften, aus Unterhalt oder Schadensersatzleistungen stammendes Vermögen, oder bereits vor dem Leistungsbezug vorhandenes Vermögen. Es ist allerdings darauf hinzuweisen,[62] dass der zusätzliche Freibetrag nur für Vermögens-, nicht für Einkommenspositionen gewährt wird, etwa nicht für die beim »Behindertentestament« aus der Vorerbschaft generierten Erträge.

544

II. Berücksichtigung von Vermögen und Einkommen

1. Vermögensschonung (§ 90 SGB XII)

a) Begriff des Vermögens

aa) Grundsatz

Sozialhilfe soll zugleich Hilfe zur Selbsthilfe sein; dem Hilfeempfänger muss also ein enger wirtschaftlicher Spielraum verbleiben, der die – auch ökonomische – Selbstentfaltung ermöglicht.[63] Aus diesem Grund mutet § 90 SGB XII den Mitgliedern der Einsatzgemeinschaft (d.h. insb. dem Hilfeempfänger und dessen nicht getrennt lebendem Ehegatten bzw. dem nichtehelichen Lebensgefährten, §§ 19, 20 SGB XII) den Einsatz ihres Vermögens durch Verbrauch (des Bar- und Sparvermögens) bzw. Verwertung (d.h. Veräußerung oder Belastung des sonstigen Vermögens) zu, wenn die Grenzen der sozialhilferechtlichen Vermögensschonung überschritten sind.[64] Diese Einschränkung des Subsidiaritätsprinzips gilt im Grundsatz bei den Hilfen zum Lebensunterhalt und

545

---

60 2017 belief sich diese Bezugsgröße auf jährlich 35.700 € (mtl. 2.975 €) in den alten, jährlich 31.920 € (mtl. 2.660 €) in den neuen Bundesländern.
61 Z.B. Leistungen zur Teilhabe am Arbeitsleben, zur medizinischen Rehabilitation, zur Teilhabe an Bildung, schulischen Ausbildung für einen Beruf.
62 Vgl. *Doering-Striening*, ZErb 2017, 95, 107.
63 Vgl. BVerwG, 26.01.1966 – V C 88.64, BVerwGE 23, 158.
64 Insbesondere Betroffene mit Einkünften aus eigener Tätigkeit wenden sich mit Hinweis auf die 2009 auch durch Deutschland ratifizierte UN-Behindertenkonvention grundsätzlich gegen die Anrechnung von Vermögen und Einkommen.

den Hilfen in besonderen Lebenslagen gleichermaßen; lediglich[65] durch stärkere Betonung des Vorbehalts einer Vermeidung unbilliger Härte bei HbL-Leistungen in § 90 Abs. 3 Satz 2 SGB XII genießt der Bereich der Hilfen in besonderen Lebenslagen (Leistungen des 5.–9. Kap.) eine (geringe) Privilegierung.

546 Der Begriff des »Vermögens« wird im SGB XII nicht definiert, erschließt sich jedoch aus der Abgrenzung zum Begriff des »Einkommens« als die Gesamtheit derjenigen Gegenstände, die nach allgemeiner Verkehrsauffassung nicht zur Bestreitung des gegenwärtigen Lebensbedarfs vorgesehen sind.[66] Hierzu zählen also **Geld- oder Geldeswerte**, soweit sie im Zuflussmonat nicht ausgegeben wurden, **Forderungen** und **Ansprüche gegen Dritte** sowie **bewegliche** und **unbewegliche sonstige Gegenstände** (die hieraus fließenden Erträge stellen allerdings im Zuflussmonat Einkommen dar und wirken in diesem Monat bedarfsdeckend,[67] führen jedoch zur Bildung von Vermögen, falls sie thesauriert werden). Zum Vermögen zählen insb. auch **einmalige Zahlungen und Zuflüsse** (z.B. Nachzahlungen, Veräußerungserlöse, Auszahlungen von aus eigenen Beiträgen angesparten Lebensversicherungen[68] Schadensersatz- und Abfindungsleistungen, Zugewinnausgleichszahlungen – auch soweit sie verrentet werden –, Lottogewinne), soweit sie nicht im Zuflussmonat ausgegeben werden. Umschichtungen aus einer Sparanlage in Bar- und Girogeld verbleiben ebenfalls im »Innenbereich« des Vermögens, schaffen also kein »Einmaleinkommen« im Zuflussmonat (etwa bei Auszahlung aus einer gekündigten Lebensversicherung); vgl. auch Rdn. 597 ff. zum »Wechsel des Aggregatzustandes«.

547 Nur **tatsächlich vorhandenes Vermögen** kann herangezogen werden, nicht also »fiktive Leistungsfähigkeit« aufgrund wertender Zurechnung bei Obliegenheitsverstößen, wie etwa im Unterhaltsrecht, ebenso wenig »früheres Vermögen«, das bereits übertragen ist[69] (zu § 528 BGB vgl. jedoch Rdn. 1032 ff.). In benachbarten Sozialleistungsbereichen, etwa dem Recht der Ausbildungsförderung (BAföG), hat jedoch die Rechtsprechung praeter legem[70] »Vermögen, das sozialwidrig in der Absicht, die Voraussetzungen der Ausbildungsförderung zu schaffen, weggegeben wurde« als noch vorhandenes Vermögen gewertet.

bb) Einordnung einer Erbschaft

548 Schwierig einzuordnen ist die Vermögens- bzw. Einkommensqualität einer im Leistungszeitraum angefallenen **Erbschaft**.[71] Die Frage ist von entscheidender Bedeutung für die Anwendbarkeit des § 90 Abs. 1 SGB XII/§ 12 Abs. 1 SGB II auf die Erbschaft als solche, und damit auf die sozialrechtliche Unbedenklichkeit des sog. Behinderten-/Bedürftigentestamentes. Das BVerwG[72] hatte sich nicht deutlich positioniert; die Literatur[73] hat ebenfalls noch zu keiner einheitlichen Linie gefunden. Während die frühere Rechtsprechung, auch zum Behindertentestament, unreflektiert die

---

65 Vor der Neuregelung zum 01.04.2017 galten auch i.R.d. § 1 der Durchführungsverordnung zu § 90 Abs. 2 Nr. 9 SGB XII erhöhte Vermögensfreibeträge.
66 Vgl. hierzu und zum Folgenden *Brühl*, in: LPK-SGB XII, § 90 Rn. 5 ff.
67 LSG Hamburg, 21.08.2014 – L 4 AS 97/13, ASR 2016, 54–55, vgl. hierzu *Doering-Striening*, ErbR 2016, 10, 16 [bei einer in Monatsraten zu zahlenden Abfindung für einen Pflichtteilsanspruch].
68 LSG Niedersachsen-Bremen, 22.11.2006 – L 8 AS 325/06 ER, ZEV 2007, 539; anders bei durch Dritte angesparten Versicherungen: Einkommen, vgl. Rdn. 600.
69 Wurde eine Nacherbenanwartschaft vor Leistungsbezug abgetreten, wird der Zessionar bei Eintritt des Nacherbfalls unmittelbar Nacherbe, ohne Durchgangserwerb des (dann Leistungen beziehenden) Zedenten: LSG Hessen, 18.03.2011 – L 7 AS 687/10 B ER, NotBZ 2011, 306.
70 Einen Gesetzesvorschlag de lege ferenda entwickelt *Loos*, FamRZ 2006, 836.
71 Vgl. hierzu *Doering-Striening*, ZErb 2014, 105 ff.
72 BVerwG, 03.05.2005 – 5B 106/94; BVerwG, 18.02.1999 – 5 C 16/98, NJW 1999, 3210.
73 *Wahrendorf*, in: LPK-SGB XII, § 90 Rn. 9; *ders.*, Die Rechtsprechung zum Vermögenseinsatz nach SGB II und SGB XII, ZfF 2007, 4 f.; *Mergler/Zink*, SGB XII, Stand: Januar 2005, § 90 Rn. 13, 15; *Brühl*, in: LPK-SGB XII, 8. Aufl., § 11 Rn. 9; *Conradis*, Einkommen und Vermögen im SGB II – Probleme der Abgrenzung, info also 2007, 12.

A. Sozialhilfe Kapitel 2

Vorschriften zur Vermögensschonung anwendete,[74] wird zwischenzeitlich eine große Bandbreite von Auffassungen vertreten, teilweise differenziert nach dem Nachlassinhalt:

(1) Nach **früherer Ansicht** des **BSG**[75] handelt es sich bei einer Erbschaft – auch einem Miterbschaftsanteil – um (sofort anfallendes) Vermögen,[76] bei einem Vermächtnis im Zeitpunkt des Zuflusses jedenfalls dann um Einkommen, wenn es auf Geld gerichtet ist; 549

(2) das **BSG**[77] differenziert nun jedenfalls im Bereich des SGB II dahingehend, bei einer vor der Antragsstellung zugeflossenen Erbschaft handle es sich um Vermögen,[78] bei einer danach Angefallenen dagegen um **Einkommen**. Dabei bleibt es auch, wenn die Erbschaft sogleich z.B. zur Schuldentilgung,[79] oder zum Erwerb eines Gegenstandes, etwa eines Motorrollers, also auf Vermögensebene, eingesetzt wird.[80] Allerdings sei der Einkommenszufluss im Rahmen der Grundsicherung für Arbeitssuchende gem. § 2 Abs. 3 ALG-II-VO auf einen Zeitraum von sechs Monaten zu verteilen (§ 11 Abs. 3 Satz 2 SGB II).[81] Wenn sodann, nach der erbschaftsbedingten Unterbrechung des Leistungsbezugs, neuerlicher Grundsicherungsantrag gestellt wird, handelt es sich beim noch vorhandenen Restnachlass um Vermögen. Nach einer weiteren (vom BSG freilich verworfenen) Spielart dieser Theorie tritt die Umwandlung in Vermögen (»Wechsel des Aggregatszustands«, Rdn. 597) sogar schon im Folgemonat nach dem Zufluss ein. – Gegen diese Differenzierung nach dem Zuflusszeitpunkt spricht, dass die (wegen der Freibeträge regelmäßig günstigere) Einstufung als Vermögen schlicht dadurch erreicht werden kann, dass Antrag auf die Sozialleistung erst nach dem Zufluss gestellt wird.[82]

(3) Die LSG gingen dagegen überwiegend von der uneingeschränkten Vermögenseigenschaft aus,[83] folgen nun aber der BSG-Linie der Einordnung einer während des laufenden Bezugs anfallenden Erbschaft als Einkommen.[84] 550

(4) Teilweise wurden ererbte Immobilien als Vermögen, sonstige Werte als Einkommen qualifiziert.[85]

---

74 OVG Saarland, 17.03.2006 – 3 R 2/05, ZErb 2006, 275 ff.; Sächs. OVG, 02.05.1997 – 2 S 682/96, MittBayNot 1998, 127.

75 BSG, 24.02.2011 – B 14 AS 45/09 R, ZEV 2011, 328.

76 Dies findet auch im Gesetz eine Stütze: § 90 Abs. 2 Nr. 6 SGB XII »Erbstücke«.

77 BSG, 25.01.2012 – B 14 AS 101/11 R, FamRZ 2012, 1136; dazu *Soyka*, FuR 2013, 51; vgl. auch *J. Mayer*, in: DAI, 11. Jahresarbeitstagung des Notariats, 2011, Skript S. 518; bestätigt in BSG, 17.02.2015 – B 14 KG 1/14 R, ErbR 2016, 204 m. Anm. *Wendt* = ZEV 2015, 484 m. Anm. *Tersteegen*, hierzu auch *Doering-Striening*, ErbR 2016, 10, 11.

78 Es wird dabei offensichtlich nicht weiter dahingehend differenziert, ob aus der Erbschaft (z.B. der Vorerbschaft) »Nutzungen« fließen oder nicht (bei denen es sich dann phänomenologisch eher um Einkommen handeln würde); der Nutzungsbegriff des § 100 BGB (Früchte und Gebrauchsvorteile) unterscheidet sich offensichtlich von den Kategorien Vermögen/Einkommen des Sozialrechts.

79 BSG, 29.04.2015 – B 14 AS 10/14 R, ZEV 2016, 41 (Bedarfsdeckung geht also immer vor), hierzu *Doering-Striening*, ErbR 2016, 10, 15 und ZErb 2017, 95, 97.

80 LSG Baden-Württemberg, 12.08.2016 – L 3 AS 2476/16 ER-B, ErbR 2017, 245 (nur Ls.).

81 Großzügiger z.T. die untergerichtliche Rspr., z.B. SG Halle/Saale, 31.03.2016 – S 5 AS 928/16 ER, ErbR 2016, 474 (nur Ls.): geerbtes kleines Haus mit 37 qm Wohnfläche ist erst dann verwertbares Einkommen, wenn es verkauft wurde.

82 Vgl. *Sarres*, NWB 2012, 1919 ff.

83 OVG Rheinland-Pfalz, 04.06.1992 – 12 A 10014/92, NJW 1993, 152 f.; LSG Hamburg, 31.05.2007 – L 5 AS 42/06, ZEV 2008, 544; SG Aachen, 11.09.2007 – S 11 AS 124/07, ZEV 2008, 150 m. zust. Anm. *Conradis*.

84 LSG Sachsen-Anhalt, 27.10.2015 – L 4 AS 652/15 B ER, ErbR 2016, 353 (nur Ls.): geerbter Pkw muss als Einkommen verwertet werden.

85 LSG Baden-Württemberg, 03.01.2007 – S 13 As 6244/06 ER, www.sozialgerichtsbarkeit.de; ebenso LSG Baden-Württemberg, 21.02.2007 – L 7 AS 690/07, NZS 2007, 606: Verteilung gem. §§ 2b i.V.m. 2 Abs. 3 Alg II-VO auf einen angemessenen Zeitraum; ähnlich LSG Nordrhein-Westfalen, 02.04.2009 – L 9 AS 58/07, ZEV 2009, 407 und und LSG Sachsen, 21.02.2011 – L 7 AS 724/09, NotBZ 2011, 228 (Einkommen ab dem Monat des tatsächlichen Geldzuflusses).

(5) Teilweise sah man Erbschaften lediglich als Aussicht auf Vermögen, so dass es zunächst allein um Einkommen handele,[86] jedenfalls ab tatsächlichem Zufluss[87] (vgl. Rdn. 600). Hinsichtlich der Höhe des Einkommensansatzes nahmen die Vertreter dieser Auffassung eine Verteilung auf die Monate des Bedarfs vor,[88] andere verteilen den Betrag lediglich auf den Bewilligungszeitraum, also i.R.d. Grundsicherung für Arbeitsuchende gem. § 41 Abs. 1 Satz 4 SGB II auf sechs, max. zwölf Monate.[89]

551 (6) Richtig dürfte sein,[90] dass »die Erbschaft« als solche zunächst sozialrechtlich nicht klassifiziert werden kann: Es kann sich um Sondererbfolge in einzelne subjektive Rechte, um Rechtsverhältnisse, aus denen Einkommen fließt, oder um Rechtsverhältnisse an Vermögensgegenständen handeln, bzw. es können Nachlassverbindlichkeiten übergehen, gegebenenfalls gar in einem solchen Umfang, dass der Nachlass, als Gesamtheit betrachtet, überschuldet ist. Würde es sich – mit dem BSG – bei der »Erbschaft« um Einkommen handeln, wäre der Abzug der Nachlassverbindlichkeiten nicht erklärbar, da bspw. § 82 Abs. 2 Nr. 4 SGB XII nur den Abzug solcher Ausgaben vom Einkommen ermöglicht, die für die Erzielung des Einkommens (ähnlich Werbungskosten) notwendig sind. Richtigerweise kann daher erst in dem Zeitpunkt, in dem die einzelnen Nachlassbestandteile als »bereite Mittel« dem Erben/Vermächtnisnehmer zur Verfügung stehen, entschieden werden, ob es sich um Einkommen oder Vermögen handelt (Einkommen in Form von Erträgen des Vermögens, Vermögen z.B. in Gestalt einer selbstbewohnten Immobilie). Zu den Folgen der Einordnung der »Erbschaft« für das »Behindertentestament« vgl. Rdn. 6621 ff.

b) Unverwertbares Vermögen (§ 90 Abs. 1 SGB XII)

552 Sozialhilferechtlich geschont wird gem. § 90 Abs. 1 SGB XII zunächst das **nicht verwertbare Vermögen**. Dies entspricht einem allgemeinen Grundsatz bei steuerfinanzierten Sozialfürsorgeleistungen (vgl. § 12 Abs. 1 SGB II, § 27 Abs. 2 BAföG).[91] Die Unverwertbarkeit kann sich hierbei aus wirtschaftlichen oder aus rechtlichen Gründen ergeben.

553 Der Vorbehalt der **wirtschaftlichen Unverwertbarkeit** soll insb. vermeiden, dass der Hilfesuchende zur vorübergehenden Behebung einer Notlage sein Vermögen zu verschleudern hat. In diesem Fall ist Sozialhilfe darlehensweise zu gewähren[92] (**§ 91 SGB XII**)[93] so lange, bis sich die Marktverhältnisse gebessert haben oder ein nachhaltiger Ertrag aus der Veräußerung zu erwarten ist. Die Verwertbarkeit scheidet vollständig aus, wenn auch bei günstigen Marktverhältnissen ein die Belastung überschreitender Kaufpreis nicht erzielt werden kann, wobei jedoch nur solche Belastungen zu berücksichtigen sind, die für den Erwerb des Gegenstands oder Investitionsmaßnahmen hieran aufgenommen wurden; andere auf dem Objekt dinglich abgesicherte Verbindlichkeiten nur, wenn deren Nichtrückführung aus dem Erlös eine unbillige Härte i.S.d. § 90 Abs. 3 SGB XII darstellen würde.[94]

---

86 SG Lüneburg, 01.03.2007 – S 24 As 212/07 ER, ZEV 2007, 541 m. Anm. *Schindler;* SG Hamburg, 12.11.2008 – S 53 AS 2451/06, BeckRS 2009, 59921.
87 LSG Niedersachsen-Bremen, 13.02.2008 – L 13 As 237/07 ER, NZS 2009, 114.
88 Beispiel: SG Lüneburg, 01.03.2007 – S 24 AS 212/07 ER, ZEV 2007, 541 m. Anm. *Schindler.*
89 LSG Sachsen-Anhalt, 20.11.2006 – L 2 B 198/06 AS ER, BeckRS 2009, 55045.
90 Mit *Doering-Striening,* ZErb 2014, 105, 110 ff.
91 Zu Letzterem vgl. Gutachten, DNotI-Report 2006, 72.
92 Bsp: SG Aachen, 13.11.2012 – S 20 SO 161/11, MittBayNot 2013, 419 m. Anm. *Grziwotz;* 4 % Zinsen (gem. § 246 BGB) sind nicht zu beanstanden. Im Rahmen des Erbenregresses (§ 102 SGB XII) findet keine Verzinsung statt!
93 Vgl. *Doering-Striening,* Sozialhilferegress bei Erbfall und Schenkung, 2015, S. 250 ff.
94 Generell ist die Rückführung von Krediten aus der Verwertung einzusetzenden Vermögens dann anzuerkennen, wenn ein wirtschaftlicher Konnex besteht, z.B. hinsichtlich der Tilgung eines Kredits, der zur Einzahlung auf einen Bausparvertrag aufgenommen wurde, durch Auflösung des Bausparguthabens, vgl. VGH Baden-Württemberg, 26.01.1983 – 6 S 1733/82, FEVS 32, 462 f.

Ein **Ausschluss der Verwertbarkeit aus rechtlichen Gründen** kann in mehreren Alternativen in Betracht kommen: 554
(1) Nicht verwertbar sind Gegenstände, die **durch private Drittgläubiger** gem. §§ 811, 812 ZPO **nicht gepfändet** werden könnten.[95]
(2) Aus rechtlichen Gründen (Einheitlichkeit der Gesetzeswertung) nicht verwertbar sind Gegenstände, auf die ihrerseits ein **Anspruch nach dem SGB XII** besteht, z.B. Geräte zur Erleichterung der Lebensführung Behinderter.
(3) Rechtliche Unverwertbarkeit kann sich ferner ergeben aus der **fehlenden Übertragbarkeit** von Vermögensgegenständen, wie etwa beschränkt persönliche Dienstbarkeiten. Zu beachten ist allerdings, dass ortsgebundene und höchstpersönliche Duldungs- und Naturalleistungsansprüche sich bei tatsächlicher Gegenstandslosigkeit kraft landesrechtlicher Vorschriften oder gem. § 313 BGB (Änderung der Geschäftsgrundlage) in Geldersatzansprüche umwandeln können, die dann als Einkommen einzusetzen sind, Rdn. 1210 ff. 555
(4) Unverwertbarkeit aus rechtlichen Gründen kann sich auch aufgrund einzelgesetzlicher Anordnung ergeben, so etwa gem. § 21 Abs. 2 des Gesetzes über die Stiftung »Hilfswerk für das behinderte Kind«.
(5) Eine in der notariellen Gestaltungspraxis besonders bedeutsame Fallgruppe der rechtlichen Unverwertbarkeit beruht auf dem **Fehlen** oder dem **Verlust der Verfügungsbefugnis** des Vermögensträgers, wie etwa bei der nicht befreiten Vorerbschaft (§§ 2113 ff. BGB) sowie bzgl. solcher Vermögensbestandteile, die der Verfügungsbefugnis des Testamentsvollstreckers unterliegen (vgl. § 2211 Abs. 1 BGB).[96] Beide genannten erbrechtlichen Gestaltungselemente bilden wesenstypische Bestandteile des sog. »Behindertentestaments«. Ein Miterbenanteil, auch ein im Wege der Erbteilsübertragung hinzu erworbener,[97] ist jedoch verwertbar,[98] auch im Fall eines Auseinandersetzungsverbots gem. § 2044 BGB, zumindest im Wege einer Verpfändung zur Absicherung eines aufzunehmenden Darlehens.[99] 556

Die Belastung mit beschränkt dinglichen Rechten, auch wenn sie den Nutzungswert des Wirtschaftsguts vollständig ausschöpfen (Totalnießbrauch), hindert naturgemäß die Verkäuflichkeit in rechtlicher Hinsicht nicht[100] – erst recht nicht bei nur teilweiser Wertminderung in Gestalt eines Wohnungsrechtes[101] –, kann allerdings bei entsprechenden Marktgegebenheiten ein faktisch-wirtschaftliches Verwertungshindernis darstellen, das nach neuerer Auffassung des BSG (Rdn. 563) der Unverwertbarkeit gleich steht, wenn es auf absehbare Zeit nicht behoben werden kann. 557

Nach einem umstrittenen und in der Literatur zu Recht abgelehnten, im einstweiligen Rechtsschutz ergangenen, Beschluss des VG Gießen,[102] dem andere Entscheidungen gefolgt sind,[103] sollen Vermögensgegenstände, die unter (vormerkungsgesichertem) **schuldrechtlichem Veräuße**- 558

---

95 Vgl. *Brühl*, in: LPK-SGB XII, § 90 Rn. 11.
96 Vgl. VGH Baden-Württemberg, NJW 1993, 152; VGH Hessen, NDV 1989, 210. Endet allerdings die Verfügungsbeschränkung potenziell vorzeitig, z.B. bei auf Erreichen der Volljährigkeit auflösend bedingter Vorerbschaft, steht bis zu diesem Zeitpunkt die Möglichkeit der Kreditgewährung gem. § 91 SGB XII zur Verfügung, dessen dingliche Sicherung gem. § 91 Satz 2 SGB XII allerdings nur bei (freiwilliger) Mitwirkung des Nacherben erfolgen kann.
97 LG Kassel, 17.10.2013 – 3 T 342/13, ZErb 2014, 32; RdLH 2014, 95.
98 LSG Berlin-Brandenburg, 12.04.2016 – L 32 AS 445/16, ErbR 2016, 473 (nur Ls.), auch durch Verkauf des Erbanteils.
99 BVerwG, 13.06.1991 – 5 C 33/87, BVerwGE 88, 303.
100 OVG Nordrhein-Westfalen, 26.03.1993 – 16 A 2637/91, BeckRS 1993, 10004 zu § 27 Abs. 2 BAföG.
101 BSG, 12.07.2012 – B 14 AS 158/11 R, MittBayNot 2013, 174 m. Anm. *Grziwotz*; vgl. *Hertel*, Aktuelle Probleme der notariellen Vertragsgestaltung im Immobilienrecht 2012/2013, DAI, S. 222 ff.; *Litzenburger*, ZEV 2013, 98.
102 DNotZ 2001, 784 m. abl. Anm. *J. Mayer*.
103 VG Karlsruhe, 14.01.2004 – 10 K 1353/03, BeckRS 2004, 20608; ebenso VGH Bayern, 25.04.2001 – 12 ZB 01.553, BeckRS 2001, 24535, n.v.; in dieselbe Richtung BGH, 07.11.2006 – X ZR 184/04,

rungs- und Belastungsverbot erworben wurden – anders als im Erbrecht – gleichwohl verwertbar sein; und zwar nicht erst mit Ablauf der i.d.R. endbefristeten Rückforderungsrechte, sondern bereits zuvor: Die Geltendmachung des Rückübertragungsverlangens[104] durch den Veräußerer bei durch den Sozialhilfeträger erzwungener Veräußerung oder Belastung (§ 91 SGB XII: darlehensweise Gewährung von Sozialhilfe) sei gar wegen Verstoßes gegen § 138 BGB unbeachtlich, so dass kein Beseitigungsanspruch besteht.

559 Dadurch würde im Ergebnis § 138 Abs. 1 BGB die Funktion eines »sozialstaatlichen Ordre public« beigemessen,[105] der ihm nicht zukommt. Anders als in den bisher obergerichtlich unter § 138 BGB subsumierten Fällen (VGH Baden-Württemberg:[106] Verzicht auf einen bereits entstandenen Pflichtteilsanspruch während des Bezugs von Sozialhilfe; OVG Nordrhein Westfalen:[107] arglistiges Verschweigen der Zuwendung; erneut OVG Nordrhein Westfalen:[108] bewusst gegen den Sozialhilferegress gerichtete Verhaltensweise) will sich der Schenker durch das schuldrechtliche Belastungsverbot allgemein gegen die Verschleuderung seiner Schenkungszuwendung sichern, was entgegen früherer Ansicht auch nicht als sittenwidrige Gläubigerbenachteiligung zu klassifizieren ist.[109] Es werden also nicht – wie etwa bei der Rechtsprechung des BGH zur Sittenwidrigkeit von Verzichten auf nachehelichen Unterhalt – bereits bestehende Unterhaltsquellen trotz bestehender oder zu erwartender Bedürftigkeit aufgegeben bzw. nicht ausgeschöpft. Ist aber die Vereinbarung des Rückforderungsvorbehalts im Pfändungsfall erlaubt, kann die Ausübung des vorbehaltenen Rechts im konkreten Fall nicht deshalb gegen die guten Sitten verstoßen (allenfalls denkbar wäre die Treuwidrigkeit im Einzelfall gem. § 242 BGB, ähnlich der Wirksamkeits- und Ausübungskontrolle bei Eheverträgen mit Verzichtscharakter, Rdn. 1007). Auch besteht nicht etwa ein grundsätzlicher Unterschied zwischen den in der Rechtsprechung anerkannten, zur Unverwertbarkeit aus rechtlichen Gründen führenden erbrechtlichen Gestaltung (Testamentsvollstreckung/Nacherbenbeschränkung) und der »nur relativen« Verfügungsbeschränkungswirkung einer Grundbuchvormerkung: Testamentsvollstrecker und Erben gemeinsam könnten über die erfassten Nachlassgegenstände verfügen, sogar dann, wenn der Erblasser dies durch Verfügung von Todes wegen untersagt hat.[110]

560 Schließlich kann auch die Sittenwidrigkeit nicht darauf gestützt werden, die **Untersagung der Rückforderung sei zur Absicherung anerkannter Ordnungen** (hier des Subsidiaritätsprinzips, § 9 SGB I) **erforderlich**. Bereits in seiner Rechtsprechung zum Behindertentestament[111] hat der BGH betont, dass dieses seine prägende Wirkung immer mehr verloren habe. Schließlich kann Sittenwidrigkeit auch nicht zur Verhinderung einer verwerflichen Gesinnung angenommen wer-

---

NJW 2007, 60: Mit Rückforderungsvorbehalt und Nießbrauch belastetes Vermögen ist, da nur zeitweise in der Verwertung gehindert, geeignet, die Verarmung i.R.d. § 528 BGB zu beseitigen.

104 Die Vereinbarung des Rückforderungsrechts als solche wird nicht mit dem Verdikt des § 138 BGB belegt – andernfalls könnte argumentiert werden, die Beteiligten hätten die Übertragung ohne die Rückforderungsklausel nicht gewollt (§ 139 BGB) so dass die Übertragung insgesamt unwirksam sei. Das Versagen des Schutzes des § 888 BGB gegen die gem. § 91 SGB XII einzutragende Belastung dürfte jedoch universell aufzufassen sein, also auch im Fall der berechtigten späteren Rückforderung wegen eines anderen Sachverhalts dazu führen, dass Beseitigung dieser Belastung (als »nicht beinträchtigend«) nicht verlangt werden kann.

105 Dafür *Köbl*, ZfSH/SGB 1990, 458.
106 08.06.1993 – 6 S 1068/92, NJW 1993, 2953.
107 21.06.1988 – 8 A 1416/86, NJW 1989, 2834.
108 30.12.1996 – 8 A 3204/94, NJW 1997, 2901.
109 BayObLG, 16.11.1977 – BReg. 2 Z 62/77, NJW 1978, 700 und OLG Düsseldorf, 03.08.1983 – 9 U 35/83, OLGZ 1984, 90: Das Objekt ist bereits mit dem Rückerwerbsrecht für den Pfändungsfall belastet auf den Erwerber übergegangen.
110 BGH, 18.06.1971 – V ZB 4/71, DNotZ 1972, 86.
111 BGH, 21.03.1990 – IV ZR 169/89, BGHZ 111, 42; BGH, 20.10.1993 – IV ZR 231/92, BGHZ 123, 368.

den, da die Rückforderung nicht allein auf den Fall der Heimunterbringung oder des Sozialhilfebezugs abstellt, sondern generell auf einen Pfändungszugriff von dritter Seite.[112] Eine andere Sichtweise würde zum absurden Ergebnis führen, dass wegen des unterschiedlichen Vorverständnisses der richterlichen Rechtsanwender die in der Gestaltung weit flexiblere vorweggenommene Erbfolge zugunsten der schlicht erbrechtlichen Abwicklung zurücktreten müsste, da sonst ein wesentliches Absicherungsinstrument nicht aufrechterhalten werden könne. Daher ist die Sittenwidrigkeit der Ausübung des Rückforderungsrechts (als Gestaltungserklärung) lediglich anzunehmen im krassen Ausnahmefall eines »dolosen Zusammenwirkens zwischen Rückforderungsberechtigtem und Eigentümer ausschließlich zu dem Zweck, Sozialhilfe zu erlangen«.[113]

Die **sozialgerichtliche Rechtsprechung** setzt in neuerer Zeit andere Akzente als die geschilderte verwaltungsgerichtliche Sichtweise. So haben das LSG Nordrhein-Westfalen[114] und das LSG Bayern[115] entschieden, dass eine **Unverwertbarkeit von Vermögen** auch bei schuldrechtlichen, relativen Verfügungsverboten bestehe. Trotz § 137 Satz 1 BGB sei die Verfügungsunterlassungspflicht einem behördlichen oder gerichtlichen Verfügungsverbot gleichzustellen, da ein Verstoß hiergegen einen Schadensersatzanspruch begründet, der nach §§ 280 Abs. 1, 249 Abs. 1 BGB grds. auf Rückgängigmachung der Verfügung gerichtet ist. In der Vereinbarung des durch Vormerkung gesicherten Rückforderungsvorbehalts liege auch keine sittenwidrige Schädigung des Sozialleistungsträgers, da sonst im Kern eine vom Gesetz nicht vorgesehene Obliegenheit der Eltern, ihr Vermögen zugunsten hilfebedürftiger Kinder verwerten zu lassen, geschaffen würde. Das Urteil ist durch Rücknahme der Revision rechtskräftig geworden.   561

Das **BSG**[116] ging sogar darüber hinaus: Der Kläger beantragte Grundsicherung für Arbeitsuchende gemäß SGB II (»Hartz IV«). Er ist Eigentümer eines Gebäudes, das auf der Grundlage eines bis zum Jahr 2055 befristeten Erbbaurechts errichtet worden war und das er in vorweggenommener Erbfolge seitens seiner Mutter erworben hatte. Die (nunmehr sehbehinderte) Mutter hat sich das lebenslange Nießbrauchsrecht vorbehalten, das sie durch Selbstnutzung ausübt. Die Grundsicherungsbehörde war – ebenso wie die Berufungsinstanz, das Bayerische LSG im Urt. v. 31.08.2006, L 7 AS 71/05 – der Auffassung, es handele sich bei diesem Erbbaurecht, obwohl nießbrauchsbelastet, um verwertbares Vermögen. Allerdings sei die sofortige Verwertung nicht möglich bzw. wäre mit besonderer Härte verbunden, so dass der Antragsteller gem. § 9 Abs. 4 SGB II aktuell weiter als hilfebedürftig gilt, jedoch gem. § 23 Abs. 5 SGB II die Leistung lediglich als Darlehen zu erbringen ist (dessen dingliche Sicherung verlangt werden kann).   562

Das BSG misst dem **Begriff der Verwertbarkeit i.S.d. § 12 Abs. 1 SGB II/§ 90 Abs. 1 SGB XII im Urt. v. 06.12.2007** – in Fortführung von Literaturstimmen[117] – auch eine **zeitliche Komponente** bei, so dass das temporale Kriterium nicht nur (wie nach bisheriger Auffassung) eine Rolle spielt für die Entscheidung zwischen Regelleistung und Darlehensleistung, sondern für die Frage der Einsatzpflicht von Vermögen überhaupt. **Unverwertbarkeit dem Grunde nach** liegt also auch dann vor, wenn »in absehbarer Zeit« (Tz. 12 der Urteilsgründe) bzw. »bis auf weiteres« (Tz. 15 der Urteilsgründe) der Eigentümer hieraus keinen wirtschaftlichen Nutzen ziehen könne. Zur Bemessung des Zeitraums, der für die Beurteilung dieser »Absehbarkeit« zugrunde zu legen ist, bietet sich – jedenfalls im Recht des SGB II – der Zeitraum an, für den einheitliche Hilfe gewährt wird (gem. § 41 Abs. 1 Satz 4 SGB II ist dies ein Zeitraum von 6 Monaten bzw. – § 41 Abs. 1 Satz 5 SGB II – von 12 Monaten, sofern eine Veränderung der Verhältnisse in diesem Zeit-   563

---

112 Ebenso *Mayer/Littig*, Sozialhilferegress gegenüber Erben und Beschenkten, Rn. 129.
113 So VG Regensburg, 14.03.2006 – RN 4 K 05.932, n.v.; in Abgrenzung zu VG Gießen, 29.11.1999 – 6 G 2321/99, DNotZ 2001, 784 m. abl. Anm. *J. Mayer*.
114 LSG Nordrhein-Westfalen, 30.08.2007 – L 7 (12) AS 8/07, JurionRS 2007, 48390.
115 LSG Bay. 02.02.2012 – L 11 AS 675/10, BeckRS 2012, 67764.
116 BSG 06.12.2007 – B 14/7b AS 46/06 R, MittBayNot 2008, 239 = NotBZ 2008, 195 m. Anm. *Krauß*.
117 So *Brühl*, in: LPK-SGB II, § 9 Rn. 40; *Mecke*, in: Eicher/Spellbrink, SGB II, § 9 Rn. 45: Unverwertbarkeit auch dann, wenn die Verwertung nicht in angemessener Zeit erfolgen kann.

raum nicht zu erwarten sei).¹¹⁸ Im Bereich von Leistungen der Jugendhilfe (§§ 34, 41 SGB VIII, § 92 Abs. 1a SGB VIII i.V.m. § 90 SGB XII) legt die Rechtsprechung einen Zeitraum von jedenfalls fünf Jahren nach Abschluss eines zweijährigen Leistungszeitraums zugrunde.¹¹⁹

564 Dies bedeutet: Ist völlig ungewiss, wann eine Verwertung tatsächlich möglich sein wird, sind insb. keine Umstände erkennbar, die während des folgenden Jahres einen Wegfall des Verwertungshindernisses wahrscheinlich erscheinen lassen, ist Vermögen dem Grunde nach unverwertbar, so dass die Sozialleistung als Regelleistung, nicht nur als Darlehen zu gewähren ist. Dies ist insbesondere der Fall, wenn der Wegfall der Verfügungssperre vom ungewissen Tod des Veräußerers abhängt.¹²⁰ Ist jedoch davon auszugehen, dass eine Verwertung innerhalb des dem Entscheidungszeitpunkt folgenden Jahres möglich sein wird (wie z.B. ganz allgemein bei Immobilien, die ja nicht in gleicher Weise fungibel sind wie etwa Wertpapiere, sondern erst einige Monate nach der grundsätzlichen Verkaufsentscheidung auch wirklich zu einem Mittelzufluss führen), handelt es sich dem Grunde nach zwar um verwertbares Vermögen, allerdings ist für den Übergangszeitraum bis zum tatsächlichen Verwertungserfolg ein Darlehen zu gewähren. Nur in den Fällen, in denen die sofortige Verwertung tatsächlich und rechtlich möglich ist (etwa bei Bargeld oder sonstigen uneingeschränkt fungiblen Vermögensgegenständen), sind die Voraussetzungen des § 12 Abs. 1 SGB II/§ 90 Abs. 1 SGB XII uneingeschränkt gegeben, so dass keine Sozialleistung geschuldet ist, da der Antragsteller in der Lage ist, seinen notwendigen Unterhalt aus eigenen Mitteln zu bestreiten.

565 Legt man die vom BSG im Urt. v. 06.12.2007 entwickelten Leitsätze zugrunde, führt (erst recht) der **vormerkungsgesicherte Rückforderungsvorbehalt**, der an Verwertungsversuche anknüpft, zu »Unverwertbarkeit« i.S.d. § 12 Abs. 1 SGB II/§ 90 Abs. 1 SGB XII, jedenfalls dann, wenn nicht während des folgenden Jahres mit einem Erlöschen dieses Rückforderungsvorbehalts (etwa als Folge des Ablebens des Rückforderungsberechtigten, sofern das Rückforderungsrecht nicht vererblich gestellt ist) zu rechnen ist. Die in Rdn. 561 erwähnte, rechtskräftig gewordene, Entscheidung des LSG Nordrhein-Westfalen v. 30.08.2007 hätte also wohl auch vor dem BSG Bestand gehabt.¹²¹ Der BFH¹²² ist dem BSG gefolgt: Unterhaltszahlungen an eine Person, die ein nießbrauchs- und rückforderungsbelastetes Objekt innehat, sind gleichwohl als außergewöhnliche Belastung (AgB) i.S.d. § 33a Abs. 1 EStG absetzbar, da der Empfänger lediglich über »geringes Vermögen« i.S.d. Bestimmung verfügt¹²³ (während umgekehrt die Tatsache, dass der nun Pflegebedürftige zuvor Grundbesitz unter Nießbrauchsvorbehalt übertragen hat, der Abzugsfähigkeit von Unterstützungsleistungen als AgB nicht entgegensteht, da sie nicht für die Unterstützungsbedürftigkeit ursächlich war¹²⁴).

566 In Bezug auf den »sozialrechtlichen Verwertungsschutz durch Nießbrauchsbelastung« ist allerdings folgender relativierender Hinweis angebracht: Im Sachverhalt des BSG-Urteils hatte die beklagte ARGE (vielleicht voreilig) zugestanden, dass – wie auch durch entsprechende Makleraussagen be-

---

118 Ebenso nun BSG, 27.01.2009 – B 14 AS 42/07 R, ZEV 2009, 403, auch zu den (strengen) Anforderungen an die erforderlichen Feststellungen hinsichtlich der Verwertbarkeit am Markt.
119 BVerwG, 25.06.2015 – 5 C 12.14, ZEV 2015, 601 = ZEV 2016, 39; hierzu *Döring-Striening*, ErbR 2016, 10, 16 und ZErb 2017, 67, 75f; Vorinstanz: OVG Koblenz, 24.06.2014 – 7 A 11246/13, MittBayNot 2015, 260 (nur Ls.), Unverwertbarkeit war aufgrund Testamentsvollstreckung für mindestens diesen Zeitraum gegeben.
120 BSG, 06.12.2007 – B 14/7b AS 46/06, MittBayNot 2008, 239, Rn. 15; BSG, 12.07.2012 – B 14 AS 158/11 R MittBayNot 2013, 174 m. Anm. *Grziwotz*.
121 Für die »Sozialleistungsfestigkeit« des Rückforderungsvorbehalts auch *Gutachten*, DNotI-Report 2014, 113 ff.
122 BFH, 29.05.2008 – III R 48/05, notar 2008, 373; dem steht nicht entgegen, dass § 9 Abs. 2 Satz 1 i.V.m. Abs. 3 BewG Verfügungsverbote bei der Ermittlung des gemeinen Wertes unberücksichtigt lässt.
123 R 33a.1 Abs. 2 Satz 2 EStR 2005: max. 15.500,00 €, wobei ein selbst genutztes Eigenheim i.S.d. § 90 Abs. 2 Nr. 8 SGB XII nicht berücksichtigt würde (BFH, DStRE 2006, 769).
124 FG Düsseldorf, 29.09.2011 – 11 K 2506/09 E, ErbStB 2012, 39 m. Anm. *Kirschstein*.

kräftigt – ein tatsächlicher »Markt« für mit Nießbrauch belastete Immobilien nicht bestehe, derzeit also kein Erlös durch den Verkauf der Immobilie als solcher zu erzielen sei. An diesen festgestellten Sachverhalt war das Revisionsgericht gem. § 163 SGG gebunden, so dass die neu entwickelte Lehre vom Erfordernis der »Verwertbarkeit in absehbarer Zeit« bestimmend wurde. Im Licht dieser Rechtsprechung wird die Praxis der Sozialbehörden nun dazu übergehen zu belegen, dass auch für nießbrauchsbelastete Immobilien ein Erlös zu erzielen sei, je nach der kalkulierten Lebensdauer des Nießbrauchers, der voraussichtlichen Abnutzung des Gebäudes während dieser Zeit, der zu erwartenden Entwicklung des Grund- und Bodenpreises und der Langfristigkeit des Investitionshorizontes des Käufers. Gelingt dieser Nachweis, würde nämlich die voraussichtliche Verkäuflichkeit binnen Jahresfrist der nießbrauchsbelasteten Immobilie an sich dazu führen, dass es sich um dem Grunde nach einsatzpflichtiges Vermögen handelt und lediglich bis zur tatsächlichen Gutschrift des Verkaufserlöses überbrückungsweise ein Darlehen gewährt wird, das ggf. dinglich zu sichern ist (§ 23 Abs. 5 Satz 2 SGB II/§ 91 Satz 2 SGB XII). Der BSG-Entscheidung kann also nicht die allgemeine Aussage entnommen werden, bereits die Belastung mit einem Nießbrauch schütze, sofern nur die statistische Lebenserwartung des Nießbrauchers noch über einem Jahr liege, zwingend vor dem Verwertungszugriff des Sozialleistungsträgers bei Verarmung des Erwerbers. So hat das BSG in einer späteren Entscheidung auch die grundsätzliche Verwertbarkeit eines mit einem (eine Teilfläche betreffenden) Wohnungsrecht belasteten Eigenheims anerkannt.[125]

c) Schonvermögen (§ 90 Abs. 2 SGB XII)

§ 90 Abs. 2 SGB XII enthält eine über die allgemeine Einschränkung der Unverwertbarkeit in § 90 Abs. 1 SGB XII hinausgehende Aufzählung derjenigen Vermögensgegenstände, deren Existenz in der Hand des Hilfeempfängers oder eines anderen Mitglieds der Einsatzgemeinschaft für die Gewährung von HLU- und HbL-Leistungen unbeachtlich ist. Diese dürfen also weder bei der Entscheidung über Form und Maß noch bei der Festsetzung der Höhe der Sozialhilfe berücksichtigt werden; eine Verwertung kann weder durch Veräußerung, Beleihung noch durch sonstige Nutzung (z.B. Vermietung, Bestellung von Erbbaurechten an Grundstücken) gem. § 2 SGB XII verlangt werden. **Nicht Voraussetzung** ist jedoch, dass das Schonvermögen bereits **vor Eintritt der Hilfebedürftigkeit** vorhanden war, es ist also durchaus statthaft, etwa während des Leistungsbezugs ererbtes Vermögen zur Anschaffung oder Herstellung eines selbstgenutzten, angemessenen Eigenheims einzusetzen.[126]

567

Im Einzelnen sind als Bestandteile des Schonvermögens zu nennen:
(1) Mittel zum **Existenzaufbau und zur Existenzsicherung** (§ 90 Abs. 2 Nr. 1 SGB XII); Voraussetzung ist jedoch, dass die Zuwendung aus öffentlichen Mitteln gewährt wurde, d.h. ihre Zahlung den Haushalt des Bundes, eines Landes, einer Gemeinde oder sonstigen Körperschaft, Anstalt oder Stiftung des öffentlichen Rechts belastet hat. Beispiele bilden etwa Aufbaudarlehen nach dem Lastenausgleichsgesetz, Leistungen der Berufsfürsorge nach § 26 BVG und Beihilfen für Vertriebene nach §§ 12, 42 ff. BVFG. Die nach dem Einsatz der För-

568

---

125 BSG, 12.07.2012 – B 14 AS 158/11 R, MittBayNot 2013, 174 m. Anm. *Grziwotz*; vgl. *Hertel*, Aktuelle Probleme der notariellen Vertragsgestaltung im Immobilienrecht 2012/2013, DAI, S. 222 ff. Vgl. auch die bei *Doering-Striening*, ZErb 2017, 95, 99 zitierte Rechtsprechung, wonach eine mit einem Wohnungsrecht für den Veräußerer belastete Immobilie zwar grds. verwertbar sei, anders jedoch, wenn dadurch der beim Veräußerer lebende Sohn»vertrieben« werde und damit die zugesagten Pflegeleistungen nicht mehr erbringen könne.
126 Vgl. BSG, 25.03.1999 – B 7 AL 28/98 R, NZA-RR 1999, 500, *Doering-Striening*, Sozialhilferegress bei Erbfall und Schenkung, 2015, S. 205 f.

derungsmittel geschaffenen Vermögenswerte selbst unterliegen jedoch nicht mehr dem Schutz des § 90 Abs. 2 Nr. 1 SGB XII.[127]

569 (2) **Kapital und Erträge eines staatlich geförderten Ansparvermögens nach § 10a EStG** (»**Riester-Rente**«: Diese seit 01.01.2002 eingeführte weitere Schonvermögensposition soll Wertungswidersprüche zum Altersvermögensgesetz [Kapitalgedeckte Altersvorsorge] vermeiden. Wird das Vermögen im Alter zweckentsprechend aufgelöst, ist es allerdings anzurechnen).[128]

570 (3) Mittel zur **Hausbeschaffung oder -erhaltung** (§ 90 Abs. 2 Nr. 3 SGB XII): Umfasst werden Ersparnisse, Bauspargutaben und andere Vermögenswerte, die aufgrund nachvollziehbarer subjektiver Widmung dazu bestimmt und der Höhe nach geeignet sind, ohne Inanspruchnahme erheblicher Fremdfinanzierung im Rahmen eines tragfähigen Gesamtfinanzierungskonzepts den Erwerb, die Errichtung oder den Ausbau eines angemessenen Hausgrundstücks oder einer angemessenen Eigentumswohnung zu ermöglichen, die Wohnzwecken eines Behinderten, Blinden oder Pflegebedürftigen dienen soll. Es ist nicht erforderlich, dass der Behinderte bzw. Pflegebedürftige selbst zugleich die leistungsberechtigte Person nach dem SGB XII ist. Die »baldige« Realisierung erfordert im Unterschied zu dem bis 31.12.1981 geltenden früheren Kriterium der »alsbaldigen« Beschaffung oder Erhaltung, dass mit der Umsetzung so rechtzeitig gerechnet werden kann, dass die wohnwirtschaftliche Zuwendung dem Behinderten oder Pflegebedürftigen noch ausreichend zugutekommen wird. Der Vermögensschutz entfällt, wenn der privilegierte Zweck endgültig nicht mehr erreicht werden kann, sei es infolge Übersiedlung der begünstigten Person in ein Altenheim, Aufgabe der Kauf- oder Bauabsicht oder infolge Realisierbarkeit der geplanten Maßnahme auch ohne die betreffenden Ansparungen.

571 (4) **Angemessener Hausrat** (§ 90 Abs. 2 Nr. 4 SGB XII): Umfasst werden Möbel und Geräte der Wohnungseinrichtung, soweit sie dem Lebenszuschnitt vergleichbarer Bevölkerungsgruppen entsprechen. Hierbei ist zwar auch der frühere Lebensstil des Hilfempfängers zu berücksichtigen (Individualisierungsgebot gem. § 9 Abs. 1 SGB XII), kostbare Luxusgegenstände wie etwa echte Teppiche oder Bilder sind jedoch auch dann kein Schonvermögen, wenn ihre Beschaffung dem früheren Lebensstandard des nunmehrigen Hilfesuchenden entsprach.[129]

572 (5) Gegenstände zur **Berufsausübung oder Erwerbstätigkeit** (§ 90 Abs. 2 Nr. 5 SGB XII). Sie müssen freigestellt sein, um den Charakter einer »Hilfe zur Selbsthilfe«, die mit Leistungen des SGB XII verbunden sein soll, zu wahren. Umfasst sind daher nicht nur Gegenstände, die zur Aufnahme oder Fortsetzung der Berufsausübung erforderlich sind, sondern auch solche, die für Fortbildung oder berufliche Schulung oder Schulausbildung benötigt werden.[130] Es handelt sich bspw. um Arbeitsgeräte, Berufskleidung, landwirtschaftliche oder gewerbliche Maschinen, ein Kfz, das zur Erreichung der Arbeitsstelle unentbehrlich ist oder das der Einkünfteerzielung dient (Taxifahrer) sowie um Betriebsgrundstücke, etwa in der Land- und Forstwirtschaft. Die Teilveräußerung ist jedoch zumutbar, wenn hierdurch eine nachhaltige Ertragsminderung nicht eintritt.[131]

573 (6) **Familien- und Erbstücke** (§ 90 Abs. 2 Nr. 6 SGB XII), die unter Wahrung des affektiven Interesses des Hilfesuchenden oder des weiteren Mitglieds der Einsatzgemeinschaft zur Vermeidung unbilliger Härte unangetastet bleiben sollen. I.d.R. wird es sich um Schmuckstücke handeln.

(7) Gegenstände zur **Befriedigung geistiger Bedürfnisse** (§ 90 Abs. 2 Nr. 7 SGB XII). Umfasst werden nicht nur Objekte zur Ausübung wissenschaftlicher oder künstlerischer Betätigung nichtgewerblicher Art (sonst liegt § 90 Abs. 2 Nr. 5 SGB XII vor), sondern können auch der

---

127 Vgl. OVG Nordrhein-Westfalen, 22.06.1989 – 8 A 329/87, ZfSH/SGB 1990, 38; allerdings können die Schutzvorschriften des § 90 Abs. 2 Nr. 3, Nr. 4 und Nr. 7 oder eine unbillige Härte nach § 90 Abs. 3 SGB XII vorliegen.
128 BT-Drucks. 14/4595, S. 72.
129 Vgl. etwa *Brühl*, in: LPK-SGB XII, § 90 Rn. 37.
130 Ebenso Mitteilungsblatt des Deutschen Vereins für öffentliche und private Fürsorge, 1971, 63.
131 Vgl. im Einzelnen zum Einsatz landwirtschaftlichen Vermögens *Basse/Janosch*, ZfF 1984, 117 ff.

(8) **Angemessenes Hausgrundstück** (§ 90 Abs. 2 Nr. 8 SGB XII). Dem Hausgrundstück stehen das Wohnungseigentum,[132] Erbbaurechtsgebäude sowie Dauerwohnrechte nach dem WEG gleich.

574

Die Neufassung des Gesetzes mit Wirkung ab 01.01.1991 hat zu einer deutlichen Erweiterung des Schutzbereichs des Haus- und Wohnungseigentums geführt, die bereits im abweichenden Wortlaut »angemessen« (statt »klein«) zum Ausdruck kommt. Vermögensschonung kann ein im Allein- oder Miteigentum des Hilfesuchenden oder einer weiteren Person der Einsatzgemeinschaft (§§ 19, 20 SGB XII: zusammenlebende Ehegatten, Verpartnerte und eheähnliche sowie lebenspartnerschaftsähnliche Partner, ferner die Eltern bzw. der zusammenlebende Elternteil bei hilfesuchenden minderjährigen, unverheirateten, im Haushalt lebenden Kindern) stehendes Hausgrundstück bei Erfüllung der übrigen Voraussetzungen nur dann und so lange genießen, als es vom Hilfesuchenden oder einem weiteren Mitglied der Einsatzgemeinschaft (allein oder zusammen mit Angehörigen) **selbst bewohnt** wird (personales Kriterium).

Mit der **Heimunterbringung des hilfesuchenden Alleineigentümers** endet demnach der Schutz des § 90 Abs. 2 Nr. 8 SGB XII nicht, wenn ein nicht getrennt lebender Ehepartner/Verpartnerter oder ehe-/lebenspartnerschaftsähnlicher Lebensgefährte im Haus verbleibt. Das alleinige Bewohnen durch andere Angehörige, etwa Abkömmlinge, genügt in keinem Fall zur Wahrung des Wohnungsschutzes. Die im Wortlaut ergänzte Voraussetzung, dass das Hausgrundstück nach dem Tod des Hilfeempfängers oder eines weiteren Mitglieds der Einsatzgemeinschaft durch die Angehörigen bewohnt werden soll, hat insoweit keine erweiternde, sondern allenfalls einschränkende Funktion: Sofern nachweislich die weitere Selbstnutzung nur stattfindet, um die Sozialhilfeverwertung zu verhindern, kann ihr mit Hinweis auf den genannten Gesetzeswortlaut die Sperrwirkung entzogen werden. Mit dem Tod des Hilfeempfängers (und seines Ehegatten, falls dieser vor dem Hilfeempfänger verstirbt und nicht Hilfeempfänger ist) unterliegt der Nachlass ohnehin der Kostenersatzpflicht des § 102 SGB XII; frühere Schonvermögenseigenschaften sind dann unbeachtlich.

575

Geschützt ist lediglich die »**Wohnstatt**« (Nutzungskriterium). Ist daher ein Grundstücksteil (z.B. eine Gartenfläche) selbstständig abtrennbar und verwertbar, ohne dass die Eigenschaft eines Wohnhausgrundstücks für den verbleibenden Rest verlorengeht, erstreckt sich die Schutzwirkung des § 90 Abs. 2 Nr. 8 SGB XII hierauf nicht.[133] Die gemischte, zugleich gewerblichen Zwecken dienende Nutzung steht dem Charakter des Gesamtobjekts als »Wohnhausgrundstück« nicht entgegen, sofern die gewerbliche Nutzung oder Vermietung untergeordneten, nicht prägenden Charakter hat.[134]

576

Von § 90 Abs. 2 Nr. 8 SGB XII geschützt ist lediglich das »**angemessene**« Hausgrundstück (objektbezogenes Kriterium). Die »Angemessenheit« ist dabei nach der mittlerweile auch gesetzlich normierten Kombinationstheorie aus personenbezogenen, sachbezogenen und wertbezogenen Merkmalen zu ermitteln (Zahl der Bewohner, Wohnbedarf, Grundstücksgröße, Hausgröße, Zuschnitt und Ausstattung des Wohngebäudes, Wert des Grundstücks samt Wohngebäude).[135]

577

---

132 Vgl. § 90 Abs. 2 Nr. 8 Satz 3 SGB XII; zum früheren Recht ebenso BGH, 18.02.1991 – II ZR 104/90, MittBayNot 1991, 131.
133 Vgl. BVerwG, 21.10.1970 – V C 33.70, NDV 1971, 79.
134 Vgl. BVerwG, 17.01.1980 – 5 C 48/78, BVerwGE 59, 299.
135 Hierbei sind jedenfalls die bei Eigentumserwerb bereits bestehenden oder eingegangenen Belastungen (VGH Bayern, 06.10.1988 – Nr. 12 B 86.01533, NJW 1989, 2832: Wohnungsrecht) abzuziehen.

578 Die »beanstandungsfreie« **Wohnfläche** des Familienheims[136] richtete sich nach der bis zum 31.12.2001 geltenden Gesetzesfassung nach den Grenzwerten des Zweiten Wohnungsbaugesetzes (II. WoBauG), beläuft sich also bei Familienheimen mit einer Wohnung auf 130 m², bei Eigentumswohnungen auf 120 m² (§ 39 Abs. 1 Nr. 1 und Nr. 3 II. WoBauG). Eine Überschreitung der genannten Wohnflächengrenzen war gem. §§ 39 Abs. 2, 82 Abs. 2 II. WoBauG zulässig, soweit die Mehrfläche der Unterbringung eines Haushalts mit mehr als vier Personen dient,[137] i.R.d. örtlichen Bauplanung bei Schließung einer Baulücke durch wirtschaftlich notwendige Grundrissgestaltung bedingt ist oder sich aus den besonderen persönlichen oder beruflichen Bedürfnissen des Wohnungsinhabers erklärt. Hierzu präzisierte § 88 Abs. 2 Nr. 7 Satz 3 BSHG i.V.m. § 39 Abs. 1 Satz 1 Nr. 1 und Nr. 3 II. WoBauG, dass sich bei häuslicher Pflege zumindest einer Person (die nicht notwendig Hilfeempfänger nach dem SGB XII sein muss) die Wohnflächengrenzen um 20 % erhöhen (d.h. bei Familienheimen auf 156 m², bei Eigentumswohnungen auf 144 m²). Daneben sind Mehrflächen aufgrund eines beruflich bedingten Arbeitszimmers geschützt. Mit Außerkrafttreten des Zweiten Wohnungsbaugesetzes zum 01.01.2002 wird die Festlegung von Wohnungsgrößen der Zuständigkeit der Länder überantwortet (§ 10 Wohnraumförderungsgesetz);[138] die obigen Werte dürften jedoch weiterhin eine Orientierung vermitteln. Von Wohnungs- oder Nießbrauchsrechten zugunsten Dritter betroffene Wohnflächen haben nicht Teil an der Privilegierung und können (etwa im Sinne einer Beleihung) verwertbar sein.[139]

579 Bei einem **Miteigentumsanteil** an einem Hausgrundstück ist zur Beurteilung der Wohnungsgröße nur der tatsächlich bewohnte Gebäudeteil heranzuziehen, wenn die Nutzung des Hilfeempfängers auf einen seinem Miteigentumsanteil entsprechenden Teil des Anwesens beschränkt ist;[140] anders liegt es, wenn der Miteigentümer das gesamte Anwesen mitbenutzen darf, oder beim Miteigentumsanteil an einem Mehrfamilienhaus, das Angehörige mehrerer Generationen einer Familie je in separaten Wohnungen nutzen.[141] Gleiches gilt bei Gesamthandseigentum, bspw. einer Erbengemeinschaft, sofern der Nachlass im Wesentlichen aus einem Wohnhausgrundstück besteht: auch hier besteht eine Verwertungspflicht hinsichtlich des Erbanteils des Betroffenen, wenn sich die Erbquote auf mehr »erstreckt« als einen selbst genutzten Wohnraum-Anteil von angemessener Größe.[142]

580 Hinsichtlich des weiteren Kriteriums der **Grundstücksgröße** sind nach den Empfehlungen des Deutschen Vereins für öffentliche und private Fürsorge[143] bei Reihenhäusern bis zu 250 m², bei Doppelhaushälften oder Reihenendhäusern bis zu 350 m² und bei freistehenden Einfamilienhäusern bis zu 500 m² Grundstücksgröße noch als angemessen zu werten. Bei Eigentumswohnungen bleibt die im Gemeinschaftseigentum stehende Grundstücksfläche außer Betracht; zu berücksichtigen sind allenfalls Flächen, die dem jeweiligen Sondereigentum als Sondernutzungsrecht zur ausschließlichen Inanspruchnahme zugewiesen sind.

---

136 Hierunter versteht das II. WoBauG ein Eigenheim, das dazu bestimmt ist, dem Eigentümer, seinem Ehegatten oder eheähnlichen Partner, den Verwandten in gerader Linie sowie Verwandten 2. und 3. Grades in der Seitenlinie, Verschwägerten in gerader Linie oder Verschwägerten 2. und 3. Grades in der Seitenlinie, Pflegekindern ohne Rücksicht auf ihr Alter und Pflegeeltern als Heim zu dienen.
137 Für jede weitere Person erhöht sich die Wohnfläche gem. § 82 Abs. 3 II. WoBauG um 20 m².
138 BGBl. I 2001, S. 2376 ff.
139 BSG, 12.07.2012 – B 14 AS 158/11 R, MittBayNot 2013, 174 m. Anm. *Grziwotz*; vgl. *Hertel*, Aktuelle Probleme der notariellen Vertragsgestaltung im Immobilienrecht 2012/2013, DAI, S. 222 ff.
140 Vgl. hierzu BVerwG, 25.06.1992 – 5 C 19.89, MittRhNotK 1993, 137.
141 SG Detmold, 26.06.2008 – S 6 SO 62/07 (rk.), NWB 2009, 602.
142 LSG Nordrhein-Westfalen, 13.10.2014 – L 20 SO 20/13, MittBayNot 2015, 168; dass es sich bei dem Objekt um das Elternhaus handelt, führt nicht zu einer unzumutbaren Härte.
143 NDV 2002, 431 ff.

A. Sozialhilfe Kapitel 2

Unter der Geltung des früheren Gesetzeswortlauts hatte das Bayerische Staatsministerium für Arbeit und Sozialordnung durch Bekanntmachung v. 24.10.1985[144] ausgeführt, dass bis zu einer **Wertgrenze** von 300.000,00 DM[145] ohne weitere Prüfung von der Angemessenheit ausgegangen werden könne, und auch eine deutliche Überschreitung dieser Wertgrenze in Ballungsgebieten in Betracht komme. In der Praxis der Sozialhilfeverwaltungen der Großstädte ist der Wertmaßstab mittlerweile weitgehend in den Hintergrund getreten. Außerhalb der Ballungsgebiete stellt der Verkehrswert jedoch auch bei Eigenheimen, welche die Wohnflächengrößen nach § 90 Abs. 2 Nr. 8 Satz 3 SGB XII nicht überschreiten, eine Bezugsgröße von erheblichem Gewicht dar.[146]

581

Aufgrund der Gesetz gewordenen **Kombinationstheorie** ist demnach eine Gesamtbetrachtung vorzunehmen, die einen Vergleich des Hausgrundstücks mit dem gesetzlichen Maßstab des sozialen Wohnungsbaus ermöglicht. Eine übermäßig teure Ausstattung[147] kann also durch Unterschreiten der maßgeblichen Grenzen bei anderen Kriterien »kompensiert« werden (anders die Vermögensschonung des Eigenheims i.R.d. § 12 Abs. 3 Nr. 4 SGB II, wo allein auf die Größe abgestellt wird, Rdn. 798).

582

Liegt ein angemessenes Hausgrundstück vor, kann auch nicht dessen **Beleihung mit einem Grundpfandrecht** verlangt werden, da auch hierin eine partielle Verwertung liegt, die der Hilfeempfänger nicht hinzunehmen verpflichtet ist. Überschreitet das Hausgrundstück oder das Wohnungseigentum ganz oder teilweise die Grenze der Angemessenheit, ist es insgesamt verwertbar; auch der Erlös aus einem Verkauf, der auf ein kleineres angemessenes Hausgrundstück entfallen wäre. Der frühere Hilfeempfänger ist damit nicht mehr sozialhilfebedürftig, was ihm ermöglicht, über sein Vermögen (in den Grenzen des § 26 SGB XII) weitgehend frei zu verfügen. Ihm steht es also frei, ein angemessenes Hausgrundstück zu erwerben, und bei danach eintretender erneuter Bedürftigkeit wiederum Sozialhilfe zu beanspruchen.[148]

583

Handelt es sich dem Grunde nach um einsatzpflichtiges Vermögen, würde jedoch dessen sofortige Verwertung eine unbillige Härte darstellen, kann der Sozialleistungsträger gem. § 91 SGB XII die Leistung als **Darlehen** gewähren und dessen grundbuchliche Sicherung nach § 91 Satz 2 SGB XII verlangen.[149]

584

(9) Die Höhe der gem. § 90 Abs. 2 Nr. 9 SGB XII geschützten **kleineren Barbeträge** oder sonstige Geldwerte (z.B. Sparguthaben, Schecks)[150] wurde konkretisiert durch die gem. § 88 Abs. 4 BSHG erlassene Rechtsverordnung v. 11.02.1988,[151] zuletzt geändert i.R.d. Eingliederung in das SGB XII[152] mit Wirkung ab 01.01.2005. Hiernach bleiben anrechnungsfrei seit **01.04.2017** für jede einsatzpflichtige Person nach § 19 SGB XII (d.h. für jedes volljährige Mitglied einer Einsatzgemeinschaft) sowie für alleinstehende minderjährige Leistungsberechtigte unabhängig von der Art der Sozialhilfeleistung jeweils **5.000 Euro** sowie für jede von ihnen überwiegend unterhaltene Personen je 500 Euro (zuvor 1.600,00 € bei Bezug allgemeiner

585

---

144 AMBl. 85 A 167.
145 Zu dieser Verwaltungsrichtlinie vgl. VG München, 30.07.1984 – M 629 XVIII/84, NJW 1985, 163.
146 Vgl. OVG Bremen, 17.10.1996 – 2 B 27/96, NJW 1997, 883 m.w.N. zu Verkehrswerten zwischen 200.000,00 DM und 300.000,00 DM; zum Verhältnis zwischen Wert und Größe auch ausführlich Gutachten, DNotI-Report 1997, 47 ff.
147 Z.B. Verklinkerung, OVG Niedersachsen, 31.01.1991 – 14 L 62/89, FEVS 41, 456.
148 OVG Niedersachsen, 26.02.1988 – 4 B 435/87, FEVS 37, 456; *Brühl*, in: LPK-SGB XII, § 90 Rn. 56.
149 Vgl. OVG Niedersachsen, 12.06.1995 – 12 L 2513/94, NJW 1995, 3202. Hinsichtlich der Notargebühren für solche Besicherungen gilt regelmäßig die Gebührenbefreiung der Vorbem. KV 2 Abs. 2 Satz 2 (vormals § 143 Abs. 2 KostO) i.V.m. § 64 Abs. 2 Satz 3 SGB X; vgl. OLG Hamm, 22.07.2003 – 15 W 58/03, ZNotP 2004, 39, auch für deren Löschung, *Ländernotarkasse*, NotBZ 2010, 136.
150 Nach OVG Niedersachsen, 13.01.1987 – 4 B 138/85, FEVS 36, 473, jedoch keine Ansparungen aus Lebensversicherungsverträgen.
151 BGBl. I 1988, S. 150.
152 BGBl. I 2003, S. 3060.

HLU, hochgesetzt auf 2.600,00 € für Hilfesuchende über 60 Jahre und Erwerbsunfähige, 2.600,00 € bei Erhalt von Leistungen nach dem 5.–9. Kap., sog. »besondere Lebenslagen«, jeweils zzgl. 614,00 € für den nicht getrennt lebenden Ehegatten und weitere 256,00 € für jede Person, die vom Hilfesuchenden überwiegend unterhalten wird. Wenn beide [Ehe-]Partner blind oder pflegebedürftig sind, betrug der Grundfreibetrag 4.091,00 € und der Ehegattenaufschlag 1.534,00 €).

586 Die Erhöhung des Vermögensschonbetrags auf 5.000 € und zwar für jede volljährige Person, deren Einkommen und Vermögen bei der Gewährung von Sozialhilfe zu berücksichtigen ist bzw. die zu einer sozialhilferechtlichen Einstandsgemeinschaft nach § 19 Abs. 3, § 27 Abs. 1 u. 2, § 41 u. § 43 Abs. 1 Satz 2 SGB XII gehört, stellt eine **deutliche Verbesserung** gegenüber dem bis zum 31.03.2017 geltenden Recht dar. Sie ist insbesondere bedeutsam für solche Behinderte, die neben Leistungen der Eingliederungshilfe auch existenzsichernde Leistungen der Sozialhilfe erhalten; diese profitieren nämlich aufgrund des gleichzeitigen Bezugs von »Hilfe zum Lebensunterhalt« nicht von der Sonderregelung des § 60a SGB XII (Rdn. 591) bzw. beim Bezug von Leistungen der »Hilfe zur Pflege« von der Bestimmung des § 66a SGB XII (Rdn. 544).

587 Gem. § 2 der genannten Verordnung ist der vorgenannte »kleinere Barbetrag« von (je) 5.000 € angemessen zu erhöhen, wenn im Einzelfall eine besonderer Notlage der nachfragenden Person besteht, und kann andererseits angemessen herabgesetzt werden, wenn die Voraussetzungen der §§ 94, 103 SGB XII (also Heranziehung von Kindern für den Elternunterhalt bzw. Kostenersatzpflicht bei schuldhaftem Verhalten des Hilfeempfängers) vorliegen.

588 Es handelt sich nicht um Freigrenzen, sondern um **Freibeträge**, d.h. auch bei übersteigendem Geldvermögen bleibt der geschützte Betrag anrechnungsfrei. Hinsichtlich des übersteigenden Geldvermögens kann die Sozialhilfe für max. diejenige Zahl an Monaten versagt werden, die sich durch Division des einzusetzenden Vermögens durch den monatlichen Bedarf ergibt. Verbraucht der Hilfesuchende sein einzusetzendes Vermögen rascher, kommt eine Kürzung auf das Unerlässliche bei unwirtschaftlichem Verhalten gem. § 26 SGB XII in Betracht.

d) Unbillige Härte (§ 90 Abs. 3 SGB XII)

589 Wenn die Voraussetzungen des § 90 Abs. 1 SGB XII (Verwertbarkeit) und die im Katalog des § 90 Abs. 2 SGB XII enthaltenen Voraussetzungen einer Schonvermögensfreistellung nicht oder nur teilweise vorliegen, kann die Pflicht zum Einsatz des Vermögens gem. § 90 Abs. 3 SGB XII daran scheitern, dass dessen Verwertung für den Eigentümer und seine unterhaltsberechtigten Angehörigen eine Härte bedeuten würde. Diese »Auffangbestimmung« soll insb. ungewöhnliche Fälle erfassen, bei denen die besonders nachteilige gesundheitliche oder soziale Stellung des Vermögensträgers eine Lockerung der Schonvermögensregelung erfordert. Dabei können auch die Herkunft des Vermögens und die Ursache der Not eine Rolle spielen,[153] ebenso die Lebenssituation betroffener Dritter: so hat es etwa das LSG NRW[154] als unbillige Härte i.S.d. § 12 Abs. 3 Satz 1 Nr. 6 SGB II gewertet, wenn die Mutter eines pflichtteilsberechtigten Sozialleistungsbeziehers durch die Geltendmachung des Pflichtteilsanspruchs ihr selbst bewohntes Familienheim verlieren würde.[155] Auch die als Folge der Geltendmachung des Pflichtteilsanspruchs eintretende nachhaltige Störung des Familienfriedens kann eine besondere Härte bewirken, Rdn. 120.

---

153 Teilweise abweichend BVerwG, 17.10.1974 – V C 50.73, BVerwGE 47, 103, 112; wie hier *Brühl*, in: LPK-SGB XII, § 90 Rn. 78.
154 LSG Nordrhein-Westfalen, 24.11.2008 – L 20 AS 92/07, notar 2009, 115 m. Anm. *Odersky*.
155 Ähnlich OLG Bremen, 17.04.2008 – 5 WF 13/08, DNotZ 2009, 225: Einsatz des Pflichtteilsanspruchs für Prozesskosten gem. § 115 Abs. 3 ZPO scheidet aus, wenn der Erbe zu dessen Begleichung das Familienheim verkaufen müsste.

Für den Bereich der HbL – nicht der HLU[156] – bestimmt § 90 Abs. 3 Satz 2 SGB XII ergänzend, dass eine unbillige Härte v.a. gegeben ist, wenn eine angemessene Lebensführung oder die Aufrechterhaltung einer angemessenen **Alterssicherung** sonst wesentlich erschwert würden. Die Freistellung von Vermögenswerten zur Alterssicherung kommt jedoch dann nicht in Betracht, wenn diese bereits durch gesetzliche Rentenansprüche oder Lebensversicherungsverträge sichergestellt ist.

▶ Hinweis:

Gem. § 60a SGB XII gilt bis zum 31.12.2019 für Bezieher von Eingliederungshilfe nach dem 6. Kapitel des SGB XII ein (zusätzlicher) Vermögensfreibetrag von **25.000 Euro** als angemessen i.S.d. § 90 Abs. 3 Satz 2 SGB XII, vgl. Rdn. 536. Gleiches gilt (unbefristet) gem. § 66a SGB XII für Bezieher von Leistungen der Hilfe zur Pflege (7. Kapitel), sofern dieser weitere Vermögensfreibetrag von 25.000 Euro ganz oder überwiegend aus Einkommen aus selbständiger oder nichtselbständiger Tätigkeit des Leistungsberechtigten während des Bezugs der Sozialleistung erworben wird.

Mangels anderweitiger Sicherung können bspw. angemessene Einzahlungen auf einen **Grabpflegevertrag** vor ihrer »Rückholung« durch Kündigung geschützt sein.[157] Gleiches gilt für Ansprüche aus einer Sterbegeldversicherung[158] oder aus angespartem Vermögen, das zur angemessenen Bestattungsvorsorge zweckgebunden ist.[159]

Weitere Sonderregelungen zur unbilligen Härte bei der Eingliederungshilfe zur Beschäftigung in einer Behindertenwerkstatt sind seit dem 01.01.2005 entfallen.[160]

Liegt ein Tatbestand der Vermögensschonung vor, kann eine Verwertung auch nicht im Weg der Beleihung zur Absicherung eines Darlehens verlangt werden.[161]

2. Einkommen (§§ 82, 85 SGB XII)

a) Einkommensbegriff (§ 82 SGB XII)

aa) Positive Definition

§ 82 SGB XII definiert als Einkommen i.S.d. Gesetzes – d.h. mit Wirkung sowohl für Leistungen zum Lebensunterhalt als auch Hilfen in besonderen Lebenslagen – »alle Einkünfte in Geld oder Geldeswert« mit Ausnahme der dort aufgezählten Vergütungen. § 1 der hierzu gem. § 76 Abs. 3

---

156 BVerwG, 13.05.2004 – 5 C 3/03, NJW 2004, 3647: Kapitallebensversicherung ist bei der HLU einzusetzen, wenn der Anspruchsteller über das Kapital jederzeit verfügen kann.
157 BVerwG, 11.12.2003 – 5 C 84/02, NJW 2004, 2914, SG Gießen, 25.07.2017 – S 18 SO 160/16, BeckRS 2017, 124700: 5.000 € aus einem Bestattungsvorsorgevertrag.
158 OLG Schleswig, 14.02.2007 – 2 W 252/06, FamRZ 2007, 1188.
159 OLG München, 04.04.2007 – 33 Wx 228/06, FamRZ 2007, 1189; BSG, 18.03.2008 – B8/9b SO 9/06, ZEV 2008, 539 (6.000,00 €, auf Treuhandkonto für Bestattung und 30-jährige Grabpflege hinterlegt, auch wenn das Treuhandkonto kurz vor dem ersten Sozialhilfebezug angelegt wurde!). Es genügt aber nicht, dass der Versicherungsnehmer die Versicherungsleistung »subjektiv« für Bestattungszwecke widmet, vgl. LSG Schleswig-Holstein, 30.07.2014 – L 9 SO 2/12, RdL 2014, 183.
160 Gemäß dem durch das Gesetz zur Reform der agrarsozialen Sicherung eingefügten § 88 Abs. 3 Satz 3 BSHG – es handelt sich um eine Korrektur der früher abweichenden höchstrichterlichen Rspr., BVerwG, 29.04.1993 – 5 C 12/90, NDV 1993, 480 – sei bei der Eingliederungshilfe zur Beschäftigung in einer Werkstatt für Behinderte eine Härte dann anzunehmen, wenn das einzusetzende Vermögen den 10-fachen Betrag des gem. § 88 Abs. 2 Nr. 8 BSHG geschonten Barvermögens (d.h. nach damaligem Recht 23.010,00 €) nicht übersteigt.
161 Vgl. Empfehlung des Deutschen Vereins für öffentliche und private Fürsorge, NDV 1992, 141 Rn. 72; teilweise abschwächend BVerwG, 17.10.1974 – V C 50.73, BVerwGE 47, 103109 f.

BSHG, nunmehr § 96 Abs. 1 SGB XII erlassenen Durchführungsverordnung[162] (nachfolgend »**DVO**«) stellt insoweit klar, dass es weder auf die Herkunft noch auf die Rechtsnatur dieser Einkünfte ankommt, ebenso wenig darauf, ob sie zu den Einkunftsarten i.S.d. EStG zählen und steuerpflichtig sind oder nicht.

594 Aufgrund des weiten Wortlauts (»Geldeswert«) sind auch **Sachbezüge** wie Kost, Wohnung, Kleidung, Heizung, Beleuchtung, die Überlassung eines Pkw zur Benutzung[163] etc., ferner **Dienstleistungen**, die üblicherweise gegen Geld erlangt werden, zu berücksichtigen;[164] zur SozialversicherungsentgeltVO (vormals SachbezugsVO) vgl. Rdn. 604 ff. Die sozialhilferechtliche Rspr.[165] wertet darüber hinaus (»normativer Einkommensbegriff«) auch z. B. Sachwerte wie Schmuck, Lotterie-Gewinne, Reisen, Autos etc.), die während des Bedarfszeitraums, also nach Antragstellung »zufließen«, als Einkommen, bspw. auch eine dann anfallende Erbschaft, vgl. Rdn. 548 ff.

595 Aufgrund teleologischer Reduktion des § 82 SGB XII kann die Einkommensnatur von Einkünften entfallen, wenn diese nicht zur Deckung des Sozialhilfebedarfs bestimmt sind (**Grundsatz der Zweckidentität**),[166] so würde etwa die Zweckbestimmung des Pflegegelds (besonders gewissenhafte Pflege durch materielle Anerkennung zu ermöglichen) vereitelt, wenn dieses bei der Pflegeperson, welcher der Hilfeempfänger das Pflegegeld bestimmungsgemäß weitergereicht hat, als Einkommen i.S.d. § 82 SGB XII anzusetzen wäre.[167] Gem. § 84 Abs. 2 SGB XII sollen ferner Zuwendungen, die ein Dritter »**freiwillig**« (also ohne rechtliche oder sittliche Pflicht) erbringt, nicht als Einkommen gelten, wenn ihre Berücksichtigung eine unbillige Härte bedeuten würde.

596 Es existiert jedoch kein Rechtsgrundsatz dahingehend, **Schenkungen Dritter** seien grundsätzlich nicht als Einkommen anzurechnen (selbst dann nicht, wenn der Schenkende die Zuwendung ausdrücklich mit der Erwartung verbindet, damit das Schicksal des Betroffenen zu bessern), es sei denn, die Zuwendung des Dritten soll lediglich den Zeitraum überbrücken, bis eine rechtswidrig abgelehnte Leistung rechtmäßig wieder bewilligt wird.[168] Dies gilt auch, wenn der Hilfeempfänger sich moralisch zur Rückzahlung verpflichtet fühlt, solange kein tatsächlicher Darlehenscharakter besteht.[169] Gegen die Anerkennung einer Bereichsausnahme für »Wunschschenkungen« spricht auch, dass der Gesetzgeber des SGB II die frühere[170] Privilegierung privater zweckbestimmter Zuwendungen in § 11a Abs. 3 SGB II nicht aufrechterhalten hat. Auch eine unbillige Härte dürfte in diesen Fällen ausscheiden.[171]

bb) Negative Definition: Abgrenzung zum Vermögen

597 Schwierig und bisher nicht befriedigend dogmatisch aufgearbeitet sind Sachverhalte, in denen möglicherweise Vermögen zu Einkommen oder Einkommen zu Vermögen werden (»**Wechsel des**

---

162 Verordnung zur Durchführung des § 82 SGB XII v. 28.11.1962, BGBl. I, S. 692, zuletzt geändert am 21.03.2005 (BGBl. I 2005, S. 818).
163 Vgl. *Doering-Striening*, Sozialhilferegress bei Erbfall und Schenkung, 2015, S. 72 f.
164 Zur Anrechnung eines vertraglichen Anspruchs auf Wart und Pflege vgl. allerdings Rdn. 1647 f.
165 Grundlegend BSG, 25.01.2012 – B 14 AS 101/11 R, NJOZ 2012, 1711.
166 Vgl. *Brühl*, in: LPK-SGB XII, § 82 Rn. 5.
167 So BVerwG, 04.06.1992 – 5 C 82/88, NDV 1993, 27; OVG Niedersachsen, 11.11.1987 – 4 A 126/86, FEVS 37, 367.
168 BSG, 16.02.2012 – B 4 AS 94/11 R, Rn. 18.
169 Vgl. LSG Berlin-Brandenburg, 26.01.2011 – L 28 AS 2276/07, BeckRS 2011, 70559.
170 So noch § 138 Abs. 2 Nr. 8 AFG für Leistungen Dritter »zur Ergänzung der Arbeitslosenhilfe«.
171 Vgl. *Doering-Striening*, Sozialhilferegress bei Erbfall und Schenkung, 2015, S. 138; möglicherweise sind jedoch Ausnahmen anzuerkennen für Leistungen, die eine Teilhabe behinderter Menschen am allgemeinen Leben ermöglichen, § 55 SGB IX, die bei Anrechnung nicht geleistet werden würden, vgl. *Doering-Striening*, Sozialhilferegress bei Erbfall und Schenkung, 2015, S. 142.

A. Sozialhilfe   Kapitel 2

Aggregatzustands«).[172] So nimmt die Rechtsprechung bspw. an, dass eine auf Geld oder Geldeswert gerichtete, noch nicht erfüllte Forderung, sofern sie bereits vor Antragstellung dem Betroffenen zusteht, zwar als Vermögen zu werten sei, ihre Realisierung in Gestalt des Geldzuflusses während des Leistungsbezugs dann jedoch als Einkommen gelte (und damit in geringem Umfang geschont ist). Bedeutsam wird dies insb. bei Pflichtteilsansprüchen.[173] Dies überzeugt nicht, da eine auf Geld gerichtete Forderung (ihre Erfüllbarkeit vorausgesetzt) nichts Anderes ist als das Geld selbst.

Umgekehrt ist jedoch unbestritten, dass Einkommen, das nach Ablauf des Verteilzeitraums noch vorhanden ist, sodann als Vermögen zu werten ist (vgl. auch Rdn. 549, (2) zu Erbschaft). Zugrunde zu legen sind die Verteilregeln in § 3 Abs. 3 der Durchführungsverordnung zu § 82 SGB XII, die gem. § 8 Abs. 1 Satz 3 der genannten DVO auch für andere Einkünfte entsprechend gelten. Der dort zugrunde gelegte »angemessene Zeitraum« für diejenigen Fälle, in denen die Zuwendung geeignet ist, mehr als einen Monat den Bedarf des Hilfesuchenden abzudecken, wird im Bereich des SGB II in der Regel mit sechs Monaten, im Bereich des SGB XII in der Regel mit zwölf Monaten (gemäß dem üblichen Bewilligungszeitraum nach § 44 SGB XII) angesetzt. Auch zum SGB II wurde dieser Wandel von Einkommen zu Vermögen zwischenzeitlich durch Rspr.[174] und Gesetzgebung (vgl. § 11a Abs. 6 SGB II) sowie die Grundsicherungsverwaltung[175] bestätigt.   598

Soweit Einkünfte bereits unmittelbar den Bedarf gemindert haben (vgl. auch Rdn. 634), dürfen sie naturgemäß zur Vermeidung einer doppelten Berücksichtigung nicht mehr zusätzlich als Einkommen angerechnet werden. Andere Leistungen, wie etwa das Wohngeld, werden jedoch lediglich auf der Einkommens-, nicht auf der Bedarfsseite angerechnet.[176]   599

Einmalige Zahlungen, die im **Austausch für Vermögensgegenstände** erlangt werden – z.B. die Auszahlung aus einer Lebensversicherung nach ihrer Kündigung, die aus Beiträgen des Betroffenen angespart wurde[177] –, zählen wiederum zum Vermögen. Dies gilt auch, wenn die Einmalzahlung verrentet wird.[178] Allerdings soll es sich bei den Wertersatzzahlungen, die der Erwerber bei späterer Verarmung des Schenkers gem. § 528 Abs. 1 Satz 1, 818 Abs. 2 BGB schuldet, nicht um Vermögen, sondern um Einkommen handeln,[179] obwohl sie als Surrogat an die Stelle des in Natur nicht unmittelbar restituierbaren, da unteilbaren Vermögensgegenstands treten. Dem ist mit Blick auf die Nähe des § 528 BGB zur gesetzlichen Unterhaltspflicht und die besondere Zweckgebundenheit des Herausgabeanspruchs bei Verarmung zur Deckung des laufenden Bedarfs zum Lebensunterhalt beizutreten (vgl. hierzu unten Rdn. 1076). Auch der Zufluss aus einer Lebensversicherung, die ein Dritter angespart hat, bildet (mangels »Vermögensumschichtung«) Einkommen und wird – ebenso wenig wie andere einmalige Zuflüsse – auch nicht nach Ablauf des Zuflussmonats zu »Vermögen« (Letzteres tritt nur ein für regelmäßig wiederkehrendes Einkommen).[180] So handelt es sich z.B. bei nach Antragstellung erhaltenen Zahlungen auf einen Zugewinn-   600

---

172 Vgl. *Doering-Striening*, Sozialhilferegress bei Erbfall und Schenkung, 2015, S. 31 ff. (Vermögen zu Einkommen) bzw. S. 36 ff. und 215 f. (Einkommen zu Vermögen).
173 So etwa LSG NRW, 28.03.2011 – L 19 AS 1845/10, BeckRS 2011, 73378.
174 Vgl. BSG, 10.09.2013 – B 4 AS 89/12 R, Rn. 23.
175 Dienstanweisung der Bundesagentur für Arbeit, 11.80.
176 BVerwG, 16.12.2004 – 5 C 50/03, ZAP-EN Nr. 367/2005, DVBl. 2005, 776.
177 LSG Niedersachsen-Bremen, 22.11.2006 – L 8 AS 325/06 ER, ZEV 2007, 539.
178 Vgl. etwa OVG Bremen, 25.04.1978 – 9 RV 96/76, FEVS 27, 254: Rentenzahlungen, die der geschiedene Ehemann aufgrund gerichtlichen Vergleichs zur Abfindung der Ansprüche auf Zugewinnausgleich nach §§ 1378 ff. BGB zu erbringen hat.
179 BVerwG, 25.06.1992 – 5 C 37.88, MittBayNot 1993, 42; anders noch die Vorinstanz: OVG Nordrhein-Westfalen. 27.04.1987 – 8 A 1750/85, ZfF 1987, 252.
180 LSG Niedersachsen-Bremen, 22.11.2006 – L 8 AS 325/06 ER, ZEV 2007, 539; es tritt demnach eine Verteilung auf die dadurch abzudeckende Tage des Bedarfs (z.B. gem. § 2 Abs. 3 ALG II-VO) ein.

ausgleichsanspruch um Einkommen.[181] Zur umstrittenen Einordnung einer Erbschaft vgl. Rdn. 548.

cc) Nichteinkommen kraft Fiktion

601 Als Einkommen berücksichtigungsfähig sind nur solche Einkünfte, die tatsächlich zur Verfügung stehen, also **keine fiktiven Einnahmen** (etwa erzielbares Einkommen, das ein Unterhaltsschuldner leichtfertig zu erzielen unterlässt) oder angerechnete »Unterhaltsbeiträge«, die nicht tatsächlich gezahlt werden.[182] Soweit lediglich ein Anspruch auf Einkommensgewährung besteht, der jedoch noch nicht erfüllt ist, handelt es sich insoweit um einen Bestandteil des Vermögens des Hilfebedürftigen, nicht jedoch um Einkommen. **Gepfändete Einkommensteile** sind (jedenfalls dann, wenn die Pfändungsgrenzen des §§ 850c ff. ZPO beachtet sind) nicht als Einkommen i.S.d. § 82 SGB XII zu berücksichtigen.

602 Aufgrund ausdrücklicher Erwähnung in § 82 Abs. 1 SGB XII sind **nicht** als **Einkommen** anzusetzen:
(1) Leistungen nach dem SGB XII selbst (z.B. das Pflegegeld in der Person des Pflegebedürftigen),
(2) Grundrente nach dem BVG,
(3) Renten oder Beihilfen nach dem Bundesentschädigungsgesetz,
(4) sonstige Zahlungen, die aufgrund sondergesetzlicher Bestimmung von der Anrechnung i.R.d. SGB XII ausgenommen sind,[183]
(5) gem. § 83 Abs. 2 SGB XII das **Schmerzensgeld** nach § 847 BGB; erhält der Schmerzensgeldberechtigte jedoch eine Kapitalabfindung anstelle einer Rente, handelt es sich um Vermögen, dessen Einsatz allerdings regelmäßig eine unbillige Härte gem. § 90 Abs. 3 SGB XII darstellen würde.[184]

603 **Verluste** in einer Einkommensart dürfen mit positiven Einkünften aus anderen Einkommensarten nicht verrechnet werden (§ 10 Satz 1 DVO); auch insoweit steht der Sozialhilfeempfänger schlechter als der Steuerschuldner. Zur Förderung der Arbeitsbereitschaft bleiben ferner seit 01.04.2005 bei HLU- und bei Altersgrundsicherungsleistungen Teile des Einkommens aus selbstständiger und aus nichtselbstständiger Tätigkeit anrechnungsfrei (Rdn. 609).

dd) SozialversicherungsentgeltVO

604 **Sachbezüge** sind gem. § 2 Abs. 1 Satz 1 Halbs. 1 DVO mit den Werten der ab 01.01.2007 geltenden **SozialversicherungsentgeltVO** (SvEV, vormals Sachbezugsverordnung) anzusetzen, die auf der Grundlage des § 17 Abs. 1 SGB IV erlassen wurde (und deren Werte gem. § 8 Abs. 2 Satz 2

---

181 LSG Sachsen-Anhalt, 13.05.2015 – L 4 AS 168/15 NZB, MittBayNot 2015, 520.
182 BGH, 11.03.1998 – XII ZR 190–96, FamRZ 1998, 818; OLG Düsseldorf, 17.06.1998 – 4 UF 280/97, FamRZ 1999, 885. Lebt der Hilfeempfänger allerdings in nichtehelicher Lebensgemeinschaft, wird das Einkommen des Partners gem. § 20 SGB XII aufgrund dessen Zugehörigkeit zur Einsatzgemeinschaft mitberücksichtigt.
183 Etwa Leistungen der »Stiftung Mutter und Kind – Schutz des ungeborenen Lebens«, vgl. § 5 Abs. 2 des Gesetzes hierzu; Rentenbeiträge i.H.e. Grundrente nach § 21 Abs. 2 des Gesetzes über die Errichtung der Stiftung »Hilfswerk für behinderte Kinder« v. 17.12.1971 (Contergan-Fälle), Leistungen nach dem Bundeserziehungsgeldgesetz gem. § 8 Abs. 1 Satz 1 BErzGG, Unterstützungsleistungen für SED-Opfer (§ 16 Abs. 4 des 1. Gesetzes zur Bereinigung von SED-Unrecht), Entschädigungsrenten nach dem Gesetz über Entschädigungen für Opfer des Nationalsozialismus im Beitrittsgebiet zur Hälfte (§ 4 Satz 2 des genannten Gesetzes). Nicht zu den gem. § 83 Abs. 1 SGB XII anrechnungsfreien Bezügen gehört die (nicht zweckgebundene) Eigenheimzulage, BVerwG, 28.05.2003 – 5 C 41/02, FamRZ 2004, 194.
184 Vgl. VGH Baden-Württemberg, 25.05.1993 – 6 S 3184/91, NJW 1994, 212.

A. Sozialhilfe

und 3 EStG auch für das Steuerrecht verbindlich sind). Für das Jahr 2017 sind folgende Werte anzusetzen:
(1) Für »**freie Verpflegung**« monatlich 241,00 €, wovon auf Frühstück 51,00 € (30 × 1,70 €) und auf Mittag- und Abendessen je 95,00 € (3,17 × 30) (für Kinder und Familienangehörige gelten Teilwerte).[185]
(2) Der Wert **freier Unterkunft** wird mit monatlich 223,00 € inkl. Heizung und Strom – jeweils für einen volljährigen Beschäftigten und außerhalb von Gemeinschaftsunterkünften – pauschaliert.
(3) Wird eine »**freie Wohnung**«, d.h. eine abgeschlossene Einheit von Räumen, in denen das Führen eines selbstständigen Haushalts möglich ist, als Sachbezug gewährt,[186] ist gem. § 2 Abs. 4 SvEV der ortsübliche Mietpreis zugrunde zu legen. Ist die Feststellung des ortsüblichen Mietpreises mit außergewöhnlichen Schwierigkeiten verbunden, darf der Quadratmeterpreis mit 3,92 € (bei einfacher Ausstattung ohne Sammelheizung oder ohne Bad oder Dusche mit 3,20 €) pauschaliert werden (ab 01.01.2008 einheitlich für das gesamte Bundesgebiet). Jahreswerte für Vollbeköstigung im Rahmen eines Altenteils und den übrigen Sachaufwand, jeweils für einen Leibgedingsberechtigten bzw. ein Ehepaar, sind zudem als sog. Nichtbeanstandungsgrenzen veröffentlicht (sie betragen im Veranlagungszeitraum 2017 für die Einzelperson [in Klammer die Werte für ein Ehepaar] 2.892,00 € [5.784,00 €], für Heizung, Beleuchtung und andere Nebenkosten 645,00 € [1.290,00 €]).[187]
(4) Soweit die SvEV keine Festsetzungen enthält, sind gem. § 3 Abs. 1 Satz 1 Halbs. 2 DVO die »üblichen Mittelpreise am Verbrauchsort« zugrunde zu legen.

605

§ 2 der DVO zu § 82 SGB XII und die in Bezug genommene Sachbezugsverordnung sind aber erkennbar **nur** auf die Bewertung von Sachbezügen aus **nichtselbstständiger Tätigkeit** gerichtet, wie sich auch aus § 2 Abs 2 der genannten DVO (»Tarifvertrag«) bzw. § 1 Abs 2, § 3 Abs 2 und § 6 Abs 3 SvEV ergibt, vgl. Rdn. 781. Selbst wenn der Verordnungsgeber in § 2 DVO zu § 82 SGB XII auch alle sonstigen Sachbezüge erfasst wissen wollte, wäre nach Ansicht des BSG[188] die Regelung zur Harmonisierung mit der Einkommensberücksichtigung im Recht des SGB II (Alg II-VO[189]) nur auf Sachbezüge aus nichtselbstständiger Tätigkeit anzuwenden.

606

b) Absetzbare Beträge (§ 82 Abs. 2 und 3 SGB XII)

Im Monat der Ausgabe[190] sind gem. § 82 Abs. 2 SGB XII abzusetzen:
(1) die auf das Einkommen tatsächlich entrichteten (Einkommen-, Lohn-, Kirchen-, Gewerbe-, Kapitalertrags-)Steuern (§ 82 Abs. 2 Nr. 1 SGB XII);
(2) die Pflichtbeiträge zur Kranken-, Renten- und Arbeitslosen- sowie Pflegeversicherung (§ 82 Abs. 2 Nr. 2 SGB XII);

607

---

185 Vgl. NWB 2005, 4401 = Fach 27, S. 6117.
186 Und handelt es sich dabei nicht um eine Vorbehaltswohnungsrecht zugunsten des früheren Eigentümers eines angemessenen, als Vermögen geschonten Hausgrundstücks (erst-recht-Gedanke zu § 90 Abs. 2 Nr. 8 SGB XII), vgl. Rdn. 1577.
187 Erlass der OFD Niedersachsen S 2230–12-St 282 v. 22.01.2014, BeckVerw 281807; vgl. BFH, 23.05.1989 – X R 34/86BFH, BStBl. II 1989, S. 784 und 786.
188 BSG, 23.03.2010 – B 8 SO 17/09 R, BeckRS 2010, 71398, Rn 38 f.
189 § 2b Alg II-VO a.F. gilt entgegen des Wortlauts gem. BSG, 18.06.2008 – B 14 AS 46/07 R, Rn. 17 ebenfalls nicht außerhalb nichtselbstständiger Beschäftigung [z.B. nicht für Verpflegung im Krankenhaus oder der JVA].
190 Die häufig anzutreffende Praxis, einmalige Aufwendungen anteilig auf die Monate des Bedarfszeitraums zu verteilen, findet im Gesetz selbst keine Stütze; vgl. auch *Brühl*, in: LPK-SGB XII, § 82 Rn. 69.

(3) der Mindesteigenbeitrag zur Riester-Rente nach § 86 EStG sowie diejenigen Beiträge zu öffentlichen oder privaten Versicherungen, die entweder gesetzlich vorgeschrieben sind[191] oder der Höhe nach angemessen sind (§ 82 Abs. 2 Nr. 3 SGB XII). Letzteres ist anzunehmen, wenn in Bevölkerungsschichten unteren Einkommens Risiken, bei deren Eintritt die weitere Lebensführung außerordentlich belastet wäre, durch relativ geringe Beiträge abgesichert werden (z.B. private Haftpflichtversicherung, Hausratversicherung);

608 (4) die zur Gewinnung der Einkünfte notwendigen Ausgaben (§ 82 Abs. 2 Nr. 4 SGB XII), wobei die Anerkennung solcher Werbungskosten strenger ist als im Einkommensteuerrecht; die Einzelheiten hierzu sind in der DVO geregelt: So darf etwa bei Einkünften aus nicht selbstständiger Tätigkeit als Pauschale für Arbeitsmittel ein Betrag i.H.v. monatlich 5,20 € berücksichtigt werden; für Fahrtaufwand mit eigenem Pkw monatlich 5,20 € je Entfernungskilometer, max. jedoch monatlich 208,00 € (vgl. § 3 Abs. 5 und 6 DVO). Bei Einkünften aus Vermietung und Verpachtung sind lediglich Schuldzinsen, öffentliche Abgaben sowie der Erhaltungsaufwand, zzgl. einer Bewirtschaftungspauschale i.H.v. 1 % der Jahresroheinnahmen abzugsfähig, nicht jedoch die steuerlichen Abschreibungen (§ 7 Abs. 2 GVO). Bei Untervermietung eines möblierten Zimmers sind 70 %, bei Untervermietung eines Leerzimmers 90 % der Roheinnahmen als Einkünfte anzusetzen (§ 7 Abs. 4 DVO);

(5) das Arbeitsförderungsgeld und -entgelterhöhungen aufgrund der Kostenzuordnung im Arbeitsbereich der Werkstatt für behinderte Menschen (§ 82 Nr. 5 SGB XII i.V.m. § 43 SGB IX).

609 Um den Anreiz zu weiterer Erwerbstätigkeit nachhaltig wachzuhalten (im für das SGB XII verbleibenden Bereich der Erwerbsfähigkeit unter 3 Std. täglich) ordnet § 82 Abs. 3 SGB XII seit 01.04.2005 an, 30 % des Einkommens des Leistungsberechtigten (maximal jedoch 50 % der Regelbedarfsstufe 1, d.h. im Jahr 2017 50 % von 409 Euro) aus selbstständiger und nichtselbstständiger Tätigkeit mehr beim Bezug von Leistungen zum Lebensunterhalt sowie bei der Grundsicherung im Alter **nicht anzusetzen**. Bei einer Beschäftigung in einer Werkstatt für behinderte Menschen ist vom Werkstattentgelt 1/8 des Eckregelsatzes (das sind im Jahr 2017 51,13 €) zzgl. (bis 31.12.2016) 25 % des diesen Betrag übersteigenden Entgeltes nicht anzusetzen, in der Zeit zwischen 01.01.2017 bis 31.12.2019 ist bei einer Beschäftigung in einer Werkstatt für behinderte Menschen vom Entgelt 1/8 der Regelbedarfsstufe 1 (d. h. derzeit 1/8 von 409 €) zzgl. 50 v. H. des diesen Betrag übersteigenden Entgelts abzusetzen). In begründeten Fällen kann ein anderer Prozentanteil abgesetzt werden. Zu § 82 Abs. 3a SGB XII (der nur für die Eingliederungshilfe für Behinderte und die Hilfe zur Pflege gilt) vgl. Rdn. 611.

c) *Einkommensschongrenze bei Leistungen des 5.–9. Kapitels*

610 Während Hilfen zum Lebensunterhalt und Leistungen zur HbL im Bereich der Vermögensschonung weitgehend gleichgestellt sind (vgl. Rdn. 545 ff.),[192] sind die **Bezieher von HbL-Leistungen** im Bereich der Einkommensberücksichtigung deutlich **privilegiert**.[193] Während also bei Bezug von HLU-Leistungen jedes dem Grunde nach berücksichtigungsfähige Einkommen bedarfsmindernd und damit leistungsreduzierend wirkt, kommen den Hilfeempfängern von Leistungen des 5.–9. Kap. **Freibeträge** zugute.

611 Seit **01.01.2017** ist – allerdings begrenzt auf Personen, die Leistungen der Eingliederungshilfe für Behinderte oder der Hilfe zur Pflege erhalten (also nach dem 6. u. 7. Kapitel des SGB XII) – eine **Erleichterung** in Kraft getreten hinsichtlich der Ermittlung des Einkommens, also auf der Ebene

---

191 Die Kfz-Haftpflichtversicherung ist zwar gesetzlich vorgeschrieben, jedoch nur dann abzugsfähig, wenn das Halten des Kfz selbst sozialhilferechtlich anrechnungsfrei bleibt, z.B. wenn es sich um einen zur Einkünfteerzielung eingesetzten Pkw gem. § 90 Abs. 2 Nr. 5 SGB XII handelt.
192 Mit Ausnahme der um mind. 1.000,00 € erhöhten kleineren Barbeträge gem. § 90 Abs. 2 Nr. 9 SGB XII und erweiterter Berücksichtigung unbilliger Härten gem. § 90 Abs. 3 Satz 2 SGB XII.
193 Vgl. hierzu im Einzelnen die Übersicht bei *Meßling/Sartorius* in: *Berlit/Conradis/Sartorius*, Existenzsicherungsrecht, 2. Aufl. 2013, Kap. 20, Rn. 43 ff.

des § 82 SGB XII: Gem. § 82 Abs. 3 SGB XII ist für solche Personen ein Betrag von 40 % des Einkommens aus selbständiger oder nichtselbständiger Tätigkeit, höchstens jedoch 65 % der Regelbedarfsstufe I (aktuell sind dies **265,85 € pro Monat**) **abzuziehen**. Die Regelung findet keine Anwendung auf Personen, die Leistungen in stationären Einrichtungen erhalten (§ 88 Abs. 2 Satz 2 SGB XII); diese sind aber ihrerseits gem. § 88 Abs. 2 Satz 1 SGB XII durch entsprechende Erhöhung des Freibetrags vom Werkstattentgelt ebenfalls bessergestellt worden. § 82 Abs. 3a SGB XII gilt hinsichtlich der Eingliederungshilfe für Behinderte nur übergangsweise bis zum 31.12.2019, da anschließend die Neuregelungen im SGB IX (Teilhabegesetz, vgl. Rdn. 536 ff.) in Kraft treten. Bezüglich der Personen, die Hilfe zur Pflege beziehen, bleibt die Regelung dagegen dauerhaft in Kraft. Damit soll ein zusätzlicher Anreiz geschaffen werden, eine Erwerbstätigkeit aufzunehmen.

Sofern das gem. § 82 SGB XII ermittelte »bereinigte« Einkommen des Hilfesuchenden und der weiteren Mitglieder der Einsatzgemeinschaft (nicht getrennt lebender Ehegatte bzw. nichtehelicher Lebensgefährte; bei hilfesuchenden minderjährigen Kindern auch das Einkommen der Eltern) bestimmte Einkommensgrenzen nicht übersteigt, ist eine Anrechnung auf HbL-Leistungen nur unter den engen Voraussetzungen des § 88 SGB XII vorgesehen. Hierdurch soll erreicht werden, dass den Beziehern von HbL-Leistungen Eigenmittel verbleiben, welche die Aufrechterhaltung einer angemessenen Lebensführung ermöglichen und verhindern, dass gleichzeitig HLU-Leistungen erforderlich werden. Außerdem soll der benachteiligten Stellung aufgrund der »besonderen Lebenslage« Rechnung getragen werden; diese Differenzierung ist bereits im Wortlaut des § 19 Abs. 3 SGB XII (»Zumutbarkeit«) im Vergleich zu § 19 Abs. 1 SGB XII bei HLU-Leistungen angelegt. Das BSHG differenzierte noch einerseits zwischen der allgemeinen Einkommensgrenze in § 79 BSHG bei sämtlichen HbL-Leistungen und andererseits »besonderen Einkommensgrenzen« in § 81 BSHG, welch Letztere bei Erfüllung zusätzlicher Voraussetzungen gelten. I.R.d. Überführung in das SGB XII wurde lediglich die allgemeine Einkommensgrenze beibehalten; »besondere« Grenzen können durch Landesrecht angeordnet werden.

612

aa) Allgemeine Einkommensgrenze (§ 85 SGB XII)

Die »allgemeine« Einkommensgrenze des § 85 SGB XII setzt sich für die nachfragende Person und deren nicht getrennt lebenden (Ehe-)Partner zusammen aus:

613

(1) **Grundbetrag** i.H.d. 2-fachen Eckregelsatzes des Ortes, an dem sich der Leistungsberechtigte aufhält (im Jahr 2015 also 798,00 €, Rdn. 512).[194]
(2) **Unterkunftskosten** (d.h. der tatsächliche Aufwand für Miete und Nebenkosten): Diese sind auf ihre Angemessenheit zu prüfen und werden zum Grundbetrag hinzu addiert. Aus § 29 SGB XII, wo zwischen Unterkunftskosten und Heizungskosten unterschieden wird, folgert die herrschende Rechtsprechung,[195] dass die Kosten der Heizung nicht berücksichtigt werden dürfen, sofern sie aus dem gesamten Wohnaufwand herausgerechnet werden können; in Betracht käme dann allenfalls die Anerkennung besonders hoher Heizkosten als besondere Belastung gem. § 87 Abs. 1 SGB XII. Bewohnt der Bezieher von HbL-Leistungen ein Eigenheim oder Wohneigentum, ist der Zinsaufwand für aufgenommene Verbindlichkeiten unstreitig einzubeziehen, nach überwiegender Auffassung jedoch nicht die Tilgungsbeträge,[196] was bei einem Annuitätendarlehen mit gleichbleibender Gesamtbelastung, aber abnehmendem Zinsanteil zu dem nicht ohne Weiteres einleuchtenden Ergebnis führt, dass der berücksichtigungsfähige Aufwand für Unterkunft immer mehr abnimmt. Einzubeziehen ist der Wohnaufwand aller

614

---

194 Damit wird der bis 22.07.1985 bestehende Zustand (doppelter Regelsatz des Haushaltsvorstands) wieder hergestellt. In der Zwischenzeit galten niedrigere Basiswerte, die jährlich an die Rentenentwicklung angepasst wurden.
195 Z.B. OVG Niedersachsen, 29.05.1985 – 4 A 93/82, FEVS 36, 108, 118; *Grube/Wahrendorf*, SGB XII, § 85 Rn. 14.
196 BVerwG, 09.12.1970 – V C 73.70, BVerwGE 37, 13.

Personen, für die ein Familienzuschlag gem. § 85 Abs. 1 Nr. 3 SGB XII gewährt wird. Gewährtes Wohngeld mindert den anzusetzenden Unterkunftsaufwand.[197]

615 Seit 01.01.1984 dürfen nur solche Unterkunftskosten berücksichtigt werden, die den **angemessenen Umfang** nicht übersteigen. Die relativ strengen Kriterien, die zur Angemessenheitsprüfung des Unterkunftsbedarfs i.R.d. HLU (§ 22 BSHG und in § 3 der hierzu ergangenen früheren Regelsatzverordnung) aufgestellt wurden, können jedoch auf § 85 Abs. 1 Nr. 2 SGB XII nicht ohne Weiteres übertragen werden. Die Einführung einer Einkommensgrenze bei HbL-Leistungen soll es nämlich dem Hilfesuchenden gerade ermöglichen, eine angemessene Lebensführung außerhalb der Sozialhilfebedürftigkeit, d.h. der Bezugsberechtigung für HLU-Leistungen, beizubehalten. Demnach ist im Regelfall der Umzug in eine preisgünstigere Wohnung nicht zuzumuten, sofern nicht die Kosten des Umzugs sich angesichts deutlich geringerer Belastung in kurzer Zeit amortisieren. Der Deutsche Verein hat hierfür Empfehlungen ausgearbeitet.[198]

616 (3) **Familienzuschläge** für den nicht getrennt lebenden Ehegatten/Lebensgefährten sowie für jede weitere Person, die vom Hilfesuchenden oder seinem Ehegatten bisher überwiegend unterhalten worden ist oder der sie künftig unterhaltspflichtig werden sind ebenfalls hinzuzuziehen. Die Bezeichnung »Familienzuschlag« ist insoweit irreführend, da die zu berücksichtigende Person nicht zur »Familie« im verwandtschaftsrechtlichen Sinn zählen muss (auch Leistungen an Stiefkinder oder Geschwister können bspw. berücksichtigt werden) und auch keine Zugehörigkeit zum Haushalt gefordert wird. Das Kriterium des »**überwiegenden Unterhaltens**« wird erfüllt, wenn mehr als 50 % des Lebensbedarfs durch den Hilfesuchenden oder den Ehegatten aufgebracht werden. Die Unterhaltsbedarfsberechnung wird hierbei nach bürgerlichem Unterhaltsrecht (z.B. gemäß den Festsetzungen der Düsseldorfer Tabelle) vorzunehmen sein.[199] Lebt ein minderjähriges Kind bei einem Ehegatten, das ihm Naturalunterhalt gewährt, und entrichtet der andere, z.B. getrennt lebende Elternteil Barunterhalt, gelten nach der gesetzlichen Vermutung des § 1606 BGB beide Beiträge als gleichwertig, so dass keiner der Eltern das Kind »überwiegend unterhält«. Eine Berücksichtigung kann daher allenfalls i.R.d. Angemessenheitskriteriums des § 87 Abs. 1 SGB XII möglich sein.

617 Die Höhe des »Familienzuschlags« entspricht dem auf volle Euro aufgerundeten Betrag von 70 % (vor dem 01.01.2005: 80 %) des Regelsatzes eines Haushaltsvorstands. Die Bemessung des »Familienzuschlags« ist der Höhe nach pauschaliert, führt also zu einer Besserstellung, wenn jüngere Kinder zum Haushalt gehören, jedoch zu einer Schlechterstellung bei Vorhandensein älterer Kinder.

618 Ist der Hilfesuchende minderjährig und nicht verheiratet, sind sein **Einkommen** und das Einkommen beider Eltern **zusammenzurechnen**. I.R.d. Familienzuschläge sind hierbei gem. § 85 Abs. 2 Satz 1 Nr. 3 SGB XII jedoch nur ein Elternteil zuzüglich aller Personen zu berücksichtigen, die vom Hilfesuchenden oder den Eltern bisher überwiegend unterhalten worden sind oder denen sie nunmehr ggü. unterhaltspflichtig werden. Leben die Eltern nicht zusammen, richtet sich die Einkommensgrenze nach dem Elternteil, bei dem der Hilfesuchende lebt; lebt er bei keinem der Eltern, gilt die allgemeine Einkommensgrenze des § 85 Abs. 1 SGB XII. Letzteres (Anwendbarkeit der allgemeinen Einkommensgrenze des § 85 Abs. 1 SGB XII, falls der minderjährige Hilfesuchende bei keinem der Eltern lebt) gilt jedoch nach überwiegender Auffassung[200] nur, wenn die Eltern ihrerseits getrennt leben. Leben die Eltern zusammen, jedoch getrennt vom Hilfesuchenden, bilden sie nach überwiegender Auffassung dennoch eine Einsatzgemeinschaft mit diesem.

---

197 A.A. BVerwG, 16.05.1974 – V C 46.73, BVerwGE 4547, 157: Wohngeld wird bereits als Einkommen berücksichtigt.
198 NDV 1986, 257.
199 Vgl. *Conradis*, in: LPK-SGB XII, § 85 Rn. 25.
200 OVG Nordrhein-Westfalen, 05.07.1983 – 8 A 2309/81, FEVS 33, 160.

▶ Hinweis:

Aufgrund des **Zeitabschnittscharakters der Sozialhilfe** sind jeweils die Verhältnisse des Monats, in dem der Bedarf auftritt und zu decken ist maßgeblich, auch wenn die tatsächliche Hilfegewährung aufgrund der verwaltungstechnischen Bearbeitung erst später erfolgt. Überschreitet der Bedarfszeitraum die Monatsgrenze, sollen nach den Sozialhilferichtlinien lediglich die Verhältnisse des ersten Monats zugrunde gelegt werden, wenn der Bedarf nicht länger als 30 Tage währt, andernfalls ist auch der zweite Monat zu berücksichtigen.[201] Das BVerwG[202] verteilt jedoch den Bedarf auf die gesamten belegten Kalendermonate, auch wenn er kürzer ist als ein Zeitmonat.

619

bb) Abweichende Einkommensberücksichtigung

(1) Erhöhter Grundbetrag (§ 86 SGB XII)

Das BSHG hatte bei besonders schweren Fällen der Krankenhilfe, der Eingliederungshilfe für Behinderte sowie der Hilfe zur Pflege als Ausgleich für die besondere Belastung des Hilfesuchenden eine Erhöhung der allgemeinen Einkommensgrenze gewährt (§ 81 Abs. 1 BSHG) in nochmals gesteigertem Maße für besondere Fälle der Blindenhilfe und für den Bezug von Pflegegeld der Pflegestufe III (§ 81 Abs. 2 BSHG). Diese Privilegierungen (Berücksichtigung des 1,5-fachen bzw. des 3-fachen Grundbetrags)[203] wurden in das SGB XII nicht übernommen. Durch die Abschaffung der erhöhten Einkommensgrenzen wurden Einsparungen von jährlich 45 Mio. € erhofft. Vielmehr steht es den Ländern nunmehr gem. § 86 SGB XII frei, ob sie (wie bisher nicht geschehen) für bestimmte Leistungen des 5.–9. Kap. höhere Grundbeträge vorsehen.

620

(2) Reduzierte Einkommensanrechnung bei Leistungen für Behinderte

Gem. § 92 Abs. 2 SGB XII ist die Inanspruchnahme der Bedarfsgemeinschaft stark eingeschränkt bei
(1) heilpädagogischen Maßnahmen für Kinder (§ 92 Abs. 2 Nr. 1 SGB XII),
(2) Hilfen zur angemessenen Schulbildung (§ 92 Nr. 2 SGB XII),
(3) Integrationshilfen für noch nicht eingeschulte Kinder (§ 92 Nr. 3 SGB XII),
(4) Schul- und Ausbildungshilfen in besonderen Einrichtungen (§ 92 Nr. 4 SGB XII),
(5) Leistungen der medizinischen Rehabilitation (§ 92 Nr. 5 SGB XII),
(6) Leistungen zur Teilhabe am Arbeitsleben (§ 92 Nr. 6 SGB XII),
(7) Leistungen in anerkannten Behindertenwerkstätten (§ 92 Nr. 7 SGB XII) und
(8) Leistungen in teilstationären Einrichtungen für behinderte Menschen (§ 92 Nr. 8 SGB XII).

621

Zum einen kann die Bedarfsgemeinschaft bei solchen Leistungen lediglich für die Kosten des Lebensunterhalts herangezogen werden; sie werden weiterhin ohne Berücksichtigung vorhandenen Vermögens erbracht (§ 92 Abs. 2 Satz 2 SGB XII). Kostenersatz für Lebensunterhalt bei Unterbringung in einer Einrichtung wird für die Leistungen des § 92 Abs. 2 Nr. 1 bis Nr. 6 SGB XII gem. § 92 Abs. 2 Satz 3 Halbs. 1 SGB XII nur i.H.d. ersparten häuslichen Aufwendungen geschuldet. Bei Leistungen in Werkstätten und teilstationärer Unterbringung (§ 92 Abs. 2 Nr. 7 und Nr. 8 SGB XII) ist das eigene Einkommen des Behinderten gem. § 92 Abs. 2 Satz 4 SGB XII nur heranzuziehen, soweit es den doppelten Eckregelsatz übersteigt (im Jahr 2015 also 798,00 €, Rdn. 512). Erbringen nicht unterhaltspflichtige Dritte weitere Leistungen, können in dieser Höhe die Mitglieder der Einsatzgemeinschaft zusätzlich herangezogen werden (§ 92 Abs. 3 Satz 2 SGB XII).

622

---

201 Vgl. etwa SH-Richtlinien Bayern, Tz. 79.06.
202 ZfSH/SGB 1990, 309.
203 D.h.i.R.d. § 81 Abs. 1 BSHG auf 826,00 € bzw. im Fall des § 81 Abs. 2 BSHG gar auf 1.651,00 € in den alten Ländern ab 01.07.2002.

(3) Einkommensunabhängige Leistungen

623 Einzelne Dienst- und Beratungsleistungen, z.B. Altenhilfe (§ 71 Abs. 4 SGB XII), und zur Überwindung sozialer Schwierigkeiten (§ 68 Abs. 2 SGB XII) sind unabhängig von vorhandenem Einkommen (und Vermögen) zu erbringen. Nach dem »Gesetz über die **Contergan-Stiftung** für behinderte Menschen« ist bei der Gewährung von Hilfe zur Gesundheit, der Eingliederungshilfe, Hilfe zur Pflege, Hilfe zur Überwindung sozialer Schwierigkeiten und bei der Hilfe in anderen Lebenslagen dem Betroffenen und seinem nicht getrennt lebenden Ehegatten oder Lebenspartner die Aufbringung der Mittel aus ihrem eigenen Einkommen nicht zuzumuten. Auch der Einsatz vorhandenen Vermögens stellt eine Härte i.S.d. § 90 Abs. 3 Satz 1 SGB XII dar und findet daher nicht statt; lediglich in Bezug auf die sozialrechtliche Erbenhaftung gewährt das Gesetz keinen über § 102 SGB XII hinausgehenden Schutz.[204] Für den unter das Contergan-Gesetz fallenden Personenkreis erübrigt sich daher das klassische »Behindertentestament«.[205]

cc) Einsatz des Einkommens über der Einkommensgrenze (§ 87 SGB XII)

624 § 87 SGB XII ergänzt als »Kehrseitenregelung« die Bestimmungen des § 85 SGB XII, wonach die Gewährung von HbL-Leistungen vom Einsatz des Einkommens unterhalb bestimmter Grenzen i.d.R. (vgl. § 88 SGB XII) nicht abhängig gemacht werden darf, und legt fest, in welchem Umfang das die Einkommensgrenze übersteigende Einkommen der in § 85 Abs. 1 oder 2 SGB XII genannten Personengemeinschaft heranzuziehen ist. Maßgeblich ist hierbei die Beschränkung auf den »**angemessenen Umfang**«, dessen Ermittlung im Einzelfall durch die in § 87 Abs. 1 Satz 2 SGB XII genannten Kriterien erleichtert wird. Die »Angemessenheit« des Einkommenseinsatzes stellt rechtsdogmatisch einen unbestimmten Rechtsbegriff dar,[206] dessen richtige Interpretation durch die VG (anders als bei Vorliegen einer Ermessensvorschrift, § 114 VwGO) in vollem Umfang nachprüfbar ist. Die Praxis folgt weitgehend den durch den Deutschen Verein für öffentliche und private Fürsorge im Jahr 1975 herausgegebenen »Empfehlungen für die Anwendung der §§ 84 ff. BSHG«:

625 (1) Unter dem Gesichtspunkt der **Art des Bedarfs** führen i.d.R. länger dauernde Beeinträchtigungen der Gesundheit oder der wirtschaftlichen Lebensgrundlage (z.B. Verlust des Arbeitsplatzes) zu einem geringeren Eigenanteil des einzusetzenden Einkommens. Gleiches gilt, wenn die erhöhte Heranziehung die sozialpolitische Zielsetzung der konkreten Hilfeart gefährden könnte (etwa bei Leistungen zur Förderung der häuslichen Pflege).

(2) Die **Höhe der Aufwendungen** kann zu einer Verringerung des einzusetzenden Eigenanteils führen, soweit die nach § 85 SGB XII verpflichteten Personen vor der Inanspruchnahme des Sozialhilfeträgers durch Einsatz eigener Mittel den Bedarf selbst zu decken sich bemüht haben oder während des Bestehens der Notlage nicht erstattungsfähige Nebenaufwendungen entstehen.

626 (3) Eine höhere **Dauer der Aufwendungen** führt i.d.R. ebenfalls zu einer Verschärfung der Einsatzpflicht im Vergleich zu einem nur einmalig oder punktuell auftretenden Bedarf.

(4) Zusätzlich zu berücksichtigen sind **besondere Belastungen** des Hilfeempfängers und seiner unterhaltsberechtigten Angehörigen, allerdings nach den Empfehlungen des Deutschen Vereins und Verwaltungspraxis nur, soweit sie vor Eintritt der Notlage eingegangen waren oder während der Notlage nach allgemeiner Lebenserfahrung nicht vermieden werden können. Hierunter können Unterhaltsleistungen an Berechtigte zählen, die im Familienzuschlag nach § 85 Abs. 1 Nr. 3 SGB XII (bzw. Abs. 2) wegen Verfehlens des Kriteriums des »überwiegenden« Unterhaltens nicht berücksichtigt wurden, Tilgungsbeiträge oder Renovierungskosten für die Wohnung, Fort- und Weiterbildungskosten, Kinderbeiträge, Kosten im Zusammenhang mit Familien-

---

204 Vgl. BSG, 23.03.2010 – B 8 SO 2/09 R, NVwZ-RR 2010, 892.
205 Vgl. *Doering-Striening*, ZErb 2014, 105, 112, sowie *Doering-Striening*, Sozialhilferegress bei Erbfall und Schenkung, 2015, S. 317 ff.
206 BVerwG, 26.10.1989 – 5 C 30/86, FEVS 39, 93.

ereignissen und ggf. Heizkosten, die nicht bereits bei den Unterkunftskosten gem. § 85 Abs. 1 Nr. 2 SGB XII (bzw. Abs. 2) berücksichtigt wurden, aber auch Umzugskosten, Abtragung von Mietrückständen.[207]

In Ausfüllung der erläuterten Kriterien der Angemessenheit kann die Pflicht zum Einsatz des die Grenzen des § 85 SGB XII übersteigenden Einkommens von einer völligen Freistellung bis zur vollständigen Heranziehung reichen.[208] Das Gesetz gibt in § 87 Abs. 1 Satz 3 SGB XII insoweit lediglich vor, dass bei **schwerstpflegebedürftigen Menschen** (Pflegestufe 3, seit 2017 Pflegegrade 4 und 5) sowie blinden oder gehörlosen Menschen nur 40 % des die Einkommensgrenze übersteigenden Einkommens herangezogen werden kann. Die Kommunen[209] stufen den Prozentsatz der Inanspruchnahme des Einkommensüberschusses (Einkommen abzüglich Einkommensgrenze abzüglich nachgewiesener besonderer Belastungen) nach dem Grad der Pflegestufe ab: 80 % Inanspruchnahme bei Pflegestufe 0 und 1, also Pflegegraden 1 und 2, 60 % bei Pflegestufe 3 = Pflegegrad 4 und (wie vom Gesetzgeber vorgegeben) 40 % bei Pflegestufe 3 = Pflegegrad 5 oder bei Blindheit.

627

Eine Ausweitung des Einkommenseinsatzes kann ausnahmsweise gem. § 87 Abs. 2 und 3 SGB XII in Betracht kommen. § 87 Abs. 2 SGB XII soll eine Besserstellung der Hilfeempfänger vermeiden, die infolge des sog. »Ein-Monats-Prinzips« (Gegenüberstellung von Einkommen und Bedarf lediglich im Bedarfsmonat) bei nur **kurzfristigem**, aber teurem **Sonderbedarf** (Krankenhausaufenthalt durch Selbstständige ohne Versicherungsschutz o.Ä.) auftritt. Ein kurzfristiger Bedarf von höchstens einmonatiger Dauer ist demnach auf einen »angemessenen Zeitraum« von i.d.R. dreimonatiger Dauer zu verteilen. Gem. § 87 Abs. 3 SGB XII ist es dem Sozialhilfeträger gestattet, bei der **Beschaffung langlebiger Bedarfsgegenstände** durch einmalige Leistungen der HbL den Eigenanteil aus dem übersteigenden Einkommen von bis zu 4 Monaten zu verlangen; auch hierdurch soll ungewollten Auswirkungen des Ein-Monats-Prinzips entgegengewirkt werden.

628

dd) Einsatz des Einkommens unter der Einkommensgrenze (§ 88 SGB XII)

§ 88 SGB XII enthält in Abs. 1 drei Tatbestände und in Abs. 2 einen weiteren Tatbestand abschließenden Charakters, die zu einer Abweichung von der Grundsatzregel führen, der zufolge bei HbL-Leistungen der Hilfeempfänger und die Einsatzgemeinschaft den Bedarf nicht aus dem Einkommen unter der Einkommensgrenze zu decken haben. Liegt ein solcher Ausnahmefall vor und hat der Sozialhilfeträger vollständig den Bedarf trotz Einsatzpflicht des Einkommens des Hilfeempfängers bzw. des Mitglieds der Einsatzgemeinschaft befriedigt, kann der Sozialhilfeträger den »Eigenanteil« anschließend im Weg des Aufwendungsersatzes gem. § 19 Abs. 5 SGB XII zurückverlangen.[210] Das im Bereich der HbL abgeschwächte Nachrangprinzip des § 2 SGB XII wird also i.R.d. § 88 SGB XII wiederum verstärkt zur Anwendung gebracht. Auch ein Einsatz des Einkommens unter den HbL-Schongrenzen darf jedoch nicht den Hilfesuchenden unter das Lebensniveau der HLU drücken.[211]

629

Eine Einsatzpflicht kann gem. § 88 Abs. 1 Nr. 1 SGB XII für Sach- oder Geldleistungen bestehen, die der Hilfesuchende **für denselben Zweck** von privater oder öffentlicher Seite erhalten hat. Erforderlich ist eine konkrete Zuwendung für einen bestimmten Bedarf (z.B. Geldzuwendungen aus betrieblichen Sozialfonds im Krankheitsfall o.Ä.).

630

---

207 Vgl. *Doering-Striening*, Sozialhilferegress bei Erbfall und Schenkung, 2015, S. 147.
208 Vgl. Begründung zum RegE, BT-Drucks. 3/1799.
209 Vgl. *Doering-Striening*, Sozialhilferegress bei Erbfall und Schenkung, 2015, S. 148.
210 A.A. VGH Baden-Württemberg, 11.05.1990 – 4 A 168/88, FEVS 42, 24: kein Wahlrecht der Behörde, sondern Kürzung der Leistungen.
211 Grundprinzip des Vermeidens eines Sozialhilfe-Karussells, vgl. VGH Baden-Württemberg, 05.03.1975 – VI 1141/73, FEVS 23, 368.

631 Gem. § 88 Abs. 1 Nr. 2 SGB XII soll ein geringfügiger Eingriff in das Einkommen unterhalb der Schongrenzen gestattet sein, wenn der sonst damit verbundene Verwaltungsaufwand eine Leistung des Sozialhilfeträgers nicht rechtfertigt. Die Grenze dürfte bei derzeit etwa 25,00 € je Monat liegen.[212]

632 Von sehr viel größerer Bedeutung ist der »angemessene« Einsatz des Einkommens unterhalb der Schongrenze bei voraussichtlich längerer Unterbringung (in Analogie zu den Wertungen des § 14 Abs. 1 SGB XI also für voraussichtlich mind. 6 Monate) in einer **teilstationären oder stationären Einrichtung** (§ 88 Abs. 1 Satz 2 SGB XII). § 92a Abs. 1 SGB XII[213] mutet der Einsatzgemeinschaft zum einen (bzgl. der im Heim erbrachten »HLU«[214] und der Altersgrundsicherungsleistungen) die Heranziehung in Höhe der häuslichen Ersparnis zu;[215] der Betrag wird i.d.R. mit etwa 70 % bis 80 % des maßgeblichen Haushaltsangehörigen-Regelsatzes angenommen. Sehr viel dramatischer ist hingegen die Möglichkeit, darüber hinaus gem. § 92a Abs. 2 SGB XII »in angemessenem Umfang« die Aufbringung der Mittel von Personen zu verlangen, die auf voraussichtlich längere Zeit stationär bzw. teilstationär untergebracht sind. Während nach der bis 07.12.2006 geltenden Vorgängernorm (§ 88 Abs. 1 Nr. 3 Satz 2 SGB XII) hierfür zusätzlich erforderlich war, dass der Leistungsberechtigte »keine andere Person« (also nicht nur keinen Angehörigen) »überwiegend unterhält«,[216] ist dieses Ausschlusskriterium nunmehr (in § 92a Abs. 3 SGB XII) herabgestuft zu einem Abwägungselement i.R.d. Prüfung der »Angemessenheit«, allerdings beschränkt auf »die Lebenssituation der im Haushalt verbliebenen minderjährigen Kinder und des Partners«. Wie bisher können wohl auch langfristig eingegangene Schuldverpflichtungen, Unterhaltszahlungen an Dritte unterhalb der Grenze des »überwiegenden Unterhaltens« oder sonstige laufende Verpflichtungen, deren Beendigung dem Hilfesuchenden nicht zugemutet werden kann, berücksichtigt werden.

633 Gem. § 88 Abs. 2 SGB XII (eingefügt durch die BSHG-Novelle v. 23.07.1996) wurde allerdings bei stationärer Unterbringung bis zum 31.12.2016 ein Teilbetrag des Einkommens, das aus **entgeltlicher Beschäftigung** erzielt wird, i.H.e. Achtels des Regelsatzes für einen Haushaltsvorstand, zzgl. 25 % des übersteigenden Netto-Einkommens, nicht berücksichtigt; dieses verbleibt also dem Hilfesuchenden als »Arbeitsanreiz« auf jeden Fall anrechnungsfrei. Mit Wirkung ab 01.01.2017 wurde der Freibetrag nach § 88 Abs. 2 Satz 1 SGB XII parallel mit dem Freibetrag vom Werkstattentgelt nach § 82 Abs. 3 Satz 2 SGB XII (vgl. hierzu Rdn. 609) ebenfalls angehoben, indem 1/8 der Regelbedarfsstufe 1 zuzüglich 50 % (statt wie bisher 25 %) des übersteigenden Entgelts anrechnungsfrei belassen werden. § 82 Abs. 3 u. Abs. 3a SGB XII sind daneben nicht zusätzlich anzuwenden.

d) Abweichende Bedarfsbestimmung aufgrund Zuwendungen Dritter, §§ 27a Abs. 4, 43 Nr. 1 SGB XII

634 Noch nicht im Einzelnen ausgelotet ist die Frage, inwieweit Zuwendungen Dritter nicht auf der »Einkommensseite«, sondern bereits – als Maßnahme zu anderweitiger Deckung – auf der Bedarfsseite berücksichtigt werden können. Das BSG hat dies bisher (obiter) auf Fälle beschränkt, in denen der Bedarf institutionell, also im Rahmen einer anderen Leistung nach SGB XII abge-

---

212 Vgl. *Grube/Wahrendorf*, SGB XII, § 88 Rn. 10.
213 Eingefügt durch Gesetz v. 02.12.2006, BGBl. I 2006, S. 2671, insoweit identisch mit dem früheren § 88 Abs. 1 Nr. 3 Satz 1 SGB XII.
214 Z.B. dem Taschengeld nach § 35 Abs. 2 SGB XII.
215 Dies ergab sich vor dem 07.12.2006 aus der nun aufgehobenen Verweisung des § 82 Abs. 4 SGB XII auf § 88 Abs. 1 Nr. 2 SGB XII.
216 Die Definition des »überwiegenden Unterhaltens« war identisch mit den Voraussetzungen für die Anerkennung eines Familienzuschlags gem. § 85 Abs. 1 Nr. 3 SGB XII, so dass auf die dortigen Erläuterungen (Rdn. 616) verwiesen werden kann.

deckt ist,[217] nicht aber bei Privatzuwendungen Dritter. Andererseits hat es bei Sachzuwendungen, etwa der Zurverfügungstellung eines Pkw zur eigenen Nutzung, eine von den Regelsätzen nach unten abweichende Bemessung der laufenden Hilfe zum Lebensunterhalt anerkannt, wenn der Bedarf laufend gedeckt wird.[218]

In der Tat spricht vieles dafür, dass gem. § 27a Abs. 4 Satz 1 SGB XII (vor dem 31.12.2010: § 28 Abs. 1 Satz 2 SGB XII – im Bereich des SGB II fehlt eine solche Regelung, Rdn. 6698) der **Regelsatz abweichend festgelegt** werden kann,[219] wenn ein bestimmter Bedarf ganz oder teilweise dauerhaft anderweitig faktisch gedeckt ist. Unregelmäßige, je nach Bedarfslage schwankende Naturalleistungen durch private Dritte ohne Systematik oder Regelmäßigkeit führen jedoch nicht zur Bedarfsminderung.[220] Beispiele solcher Abzüge finden sich in der Rechtsprechung etwa in Bezug auf die Möblierungspauschale bei der Anmietung eines möblierten Zimmers[221] sowie hinsichtlich des Abzugs des Energiekostenanteils bei Übernahme durch private Dritte,[222] ebenso hinsichtlich der vollständigen und regelmäßigen Deckung der Unterkunfts- und Heizkosten durch Geld- und Naturalzuwendung des Testamentsvollstreckers.[223] Anweisungen an den Testamentsvollstrecker haben hierauf Rücksicht zu nehmen (vgl. z.B. Rdn. 6702 beim Bedürftigentestament, Rdn. 6584 beim Behindertentestament); er muss also dafür Sorge tragen, den Sachbedarf des Betroffenen »erratisch«, nicht in systematisch stets gleicher Weise, zu decken.

III. Regress, Erbenhaftung, Überleitung

1. Überblick

Leistungen der »Fürsorge« wurden erst durch die Entscheidung des Bundesverwaltungsgerichts vom 24.06.1954 (BVerwGE 1, 159 ff.) verpflichtend, sie standen wie selbstverständlich unter dem Vorbehalt späterer Erstattung. Erst das BSHG vom 30.06.1961, getragen vom Optimismus in das Verschwinden der Armut während der Wirtschaftswunderzeit, etablierte die Sozialhilfe als »**verlorenen Zuschuss**«, betonte jedoch den Vorrang des Einsatzes eigener Kräfte, vor allem der Arbeitskraft (sog. »Arbeitshäuser« für Jugendliche, Obdachlose etc., abgeschafft durch eine Entscheidung des BVerfG 1967). Insb. in Bezug auf behinderte Leistungsempfänger wurde in den Folgejahren das Subsidiaritätsprinzip immer weiter zurückgedrängt; der Durchsetzung des verbleibenden Restbestands an Nachrangigkeit dienen die nachstehend erläuterten Regressvorschriften.

Diese insb. im Sozialhilferecht ausdifferenzierten Ausgleichsansprüche der Sozialleistungsträger sind ihrem Tatbestand nach von einer Übertragung unabhängig und sollen daher in einem gesonderten Abschnitt im Rahmen dieses dem materiellen Sozialhilferecht gewidmeten Kapitels zusammenfassend dargestellt werden.

Sozialrechtlich handelt es sich um einen »negativen Tatbestand«, also ein Rückgewähr- oder Erstattungsrechtsverhältnis, da vorrangig zur Verfügung stehende eigene Einkommens- und Vermögenswerte oder Ansprüche gegen Dritte nicht eingesetzt wurden. Regress ist also die nachträgliche Wiederherstellung der Subsidiarität, sei es im Verhältnis zum Sozialleistungsbezieher selbst oder im Verhältnis zu Dritten, gegen die ihm Ansprüche zustehen. Im Überblick lassen sich insb. folgende Regresstatbestände bzw. rechtlichen Ansatzpunkte für Kürzungen von nachrangigen Sozialleistungen unterscheiden:

---

217 Vgl. *Doering-Striening*, Sozialhilferegress bei Erbfall und Schenkung, 2015, S. 45, m. w. N.
218 Vgl. etwa BVerwG, 30.12.1996 – 5 B 47.96, FEVS 47, 337.
219 Vgl. *Doering-Striening*, Sozialhilferegress bei Erbfall und Schenkung, 2015, S. 44 ff.
220 LSG Niedersachsen-Bremen, 13.11.2014 – L 15 AS 457/12, ZEV 2015, 291 m. Anm. *Tersteegen*.
221 BSG, 20.09.2012 – B 8 SO 4/11, BeckRS 2012, 76285.
222 LSG NRW, 29.10.2012 – L 20 SO 613/11, BeckRS 2013, 65438.
223 LSG Niedersachsen-Bremen, 13.11.2014 – L 15 AS 457/12, ZEV 2015, 291 m. Anm. *Tersteegen*.

638 (1) Sittenwidrigkeit des Übertragungsvertrags (§ 138 BGB),
(2) Verweisung auf einen bestehenden Anspruch als »bereites Mittel« i.S.d. § 2 SGB XII, sofern dieser realisierbar und die Realisierung zumutbar ist (vgl. z.B. Rdn. 1032, Rdn. 684 und Rdn. 6501),
(3) Leistungskürzungen nach § 26 SGB XII (Rdn. 856, Rdn. 1023),
(4) Überleitung von Ansprüchen nach § 93 SGB XII,
(5) gesetzlicher Übergang von Unterhaltsansprüchen nach § 94 SGB XII,
(6) selbstständige Erbenhaftung nach § 102 SGB XII,
(7) Kostenersatz bei verschuldetem Verhalten nach § 103 SGB XII,
(8) Aufwendungsersatz bei erweiterter Hilfe gem. § 19 Abs. 5 SGB XII,
(9) Übergang eines noch nicht erfüllten Anspruchs bei stationärer Unterbringung (oder auf Pflegegeld) auf den Erben des Berechtigten gem. § 19 Abs. 6 SGB XII,[224]
(10) Nichtanerkennung von Einschränkungen vertraglicher Versorgungsansprüche (z.B. § 1 Abs. 2 und Abs. 3 DVO zu § 33 BVG),
(11) Rückforderungsansprüche nach Allgemeinem Sozialverwaltungsrecht, z.B. § 45 SGB X.

639 Übertragungsunabhängige Ausgleichs- und Erstattungsansprüche werden in besonderem Maße relevant im Verhältnis zu **Geschwistern des Erwerbers**, welche sich häufig im Glauben wiegen, mit Erhalt einer geringen Abfindungszahlung zwar des elterlichen Erbes, aber auch der tatsächlichen und wirtschaftlichen Sorge um die Eltern im Alter ledig zu sein.

640 Kein Regressfall im eigentlichen Sinn liegt vor, wenn die Sozialleistung (ausnahmsweise) von vornherein nur als **Darlehen** gewährt wurde. Dies kommt in Betracht i.R.d. § 91 SGB XII, vgl. etwa Rdn. 553, aber auch als sog. ergänzendes Darlehen nach § 37 SGB XII (wenn ein von dem Regelbedarf umfasster Bedarf nicht gedeckt werden kann) sowie als Darlehen bei vorübergehender Notlage nach § 38 SGB XII. Die Bestimmungen der §§ 37, 38 SGB XII sind jedoch nicht erweiternd anwendbar auf Fälle, in denen bspw. einsatzpflichtiges Vermögen »verprasst« wurde und der Bedarf dennoch fortbesteht, vielmehr ist auch diese wegen des Bedarfsdeckungsprinzips weiter notwendige Leistung als Zuschussleistung zu gewähren mit ggf. nachfolgendem Kostenerstattungsanspruch gem. § 103 SGB XII.[225] Im Bereich des **SGB II** kommt Darlehensgewährung insbesondere in Betracht gem. § 22 Abs. 2, 6 u. 8 SGB II, § 24 Abs. 1 SGB II (bei vorzeitig verbrauchten Mitteln), gem. § 24 Abs. 4 u. 5 SGB II (bei kurzfristig nicht zu verbrauchendem oder zu verwertendem Vermögen), gem. § 27 Abs. 4 SGB II und gem. §§ 16c und § 16g SGB II. Die Modalitäten der Darlehensgewährung sind sodann in § 42a SGB II geregelt.[226]

2. Rückforderungsrechte nach allgemeinem Sozialverwaltungsrecht

641 Solche Rückforderungsmöglichkeiten bestehen – wie im Leistungsverwaltungsrecht des VwVfG – insb. bei zu Unrecht (etwa nach dem Tod des Leistungsempfängers) erbrachte Zahlungen[227] sowie für den Fall des **Erschleichens von Sozialleistungen durch falsche Sachverhaltsangaben**. Gem. § 45 Abs. 2 Satz 3 Nr. 2 und Nr. 3 SGB X kann bspw. der rechtswidrige begünstigende Bewilligungsakt zurückgenommen werden, welcher auf zumindest grob fahrlässig unwahren Sachverhaltsangaben beruht oder dessen Rechtswidrigkeit der Begünstigte bei erforderlicher Sorgfalt hätte erkennen müssen. Häufigster Anwendungsfall ist die wahrheitswidrige Verneinung der im An-

---

224 Ambulante Pflegedienste, die vor dem Tod des Betroffenen keine Kostenübernahmezusage erhalten haben, können sich nicht auf eine Analogie zu § 19 Abs. 6 SGB XII berufen, vgl. LSG Nordrhein-Westfalen, 18.05.2015 – L 20 SO 500/13, Rechtsdienst der Lebenshilfe 2015, 186.
225 Vgl. BSG, 12.12.2013 – B 14 AS 76/12 R, Rn. 12.
226 Vgl. *Doering-Striening*, Sozialhilferegress bei Erbfall und Schenkung, 2015, S. 285 ff.
227 Z.B. gem. § 118 Abs. 3 SGB VI zu Lasten des Kreditinstitutes bei nach dem Tod zu Unrecht gutgeschriebenen Rentenleistungen, sofern noch nicht darüber verfügt wurde, sonst zu Lasten des Verfügenden, vgl. SG Gießen, 08.10.2014 – S 4 R 50/13, NZS 2015, 34 (nur Ls.) und BSG, 10.07.2012 – B 13 R 105/11 R, NZS 2013, 145.

tragsformular gestellten Frage nach vorangegangenen Grundstücksübertragungen des Hilfeempfängers, welche dazu führt, dass dem Sozialhilfeträger das Vorhandensein verwertbaren Vermögens (nämlich des Rückgewähranspruchs gem. § 528 BGB, Rdn. 1032, oder – für den Fall der Sittenwidrigkeit der Übertragung – des übertragenen Gegenstands selbst) nicht bekannt wird.[228] Gleiches gilt beim Verschweigen einer während des Leistungsbezuges erhaltenen Erbschaft (als Einkommen, Rdn. 521 ff.), die als Einkommen hätte eingesetzt werden müssen.[229] Dagegen berechtigt die schlichte **rechtliche Fehlbewertung** des korrekt zur Kenntnis gebrachten Sachverhalts seitens der Behörde nicht zur Rückforderung.[230]

Die bereits erbrachte Leistung ist zu erstatten (§ 50 Abs. 1 SGB X). Dieser Rückzahlungsanspruch trifft auch die **Erben**, welche sich jedoch schon im Anfechtungsprozess gegen den Erstattungsbescheid auf die Dürftigkeit des Nachlasses (§ 1990 BGB) berufen und dadurch ihre Haftung beschränken können.[231] Davon zu unterscheiden ist die auf den Erben übergehende Verpflichtung zur Rückzahlung von lediglich darlehensweise (§ 91 SGB XII, § 23 Abs. 5 SGB II) gewährten Sozialleistungen, die i.d.R. durch öffentlich-rechtlichen Rückforderungsbescheid geltend gemacht wird.[232]

642

Erstattungs- und Schadensersatzansprüche wegen zu Unrecht erbrachter Sozialhilfeleistungen, die der Hilfeempfänger durch vorsätzlich oder grob fahrlässig unrichtige Angaben »erschlichen« hat, können gem. § 26 Abs. 2 SGB XII (vormals § 25a BSHG) auch mit laufenden Sozialhilfeleistungen im Weg der Aufrechnung für max. 3 (vormals zwei) Jahre verrechnet werden, so dass diese auf das zum Lebensunterhalt Unerlässliche reduziert werden.

643

3. Aufwendungs- bzw. Kostenersatz

In einer Reihe von Fällen können der Hilfeempfänger selbst bzw. die Mitglieder der Einsatzgemeinschaft (nicht getrennt lebender Ehegatte/Verpartnerter gem. § 19 SGB XII; der in eheähnlicher Gemeinschaft Lebende gem. § 20 SGB XII; bei minderjährigen unverheirateten Kindern beide Eltern gem. § 19 Abs. 1 bzw. Abs. 3 a.E. SGB XII) zum Ersatz der für die Hilfeleistung entstandenen Kosten herangezogen werden. Die Sozialhilfe wird hier also nicht als »verlorener Zuschuss« gewährt.

644

Es handelt sich zum einen um die Fälle, in denen **wissentlich Sozialhilfe geleistet** wurde, obwohl die **Einkommens- oder Vermögensverhältnisse** des Empfängers dies an sich **nicht rechtfertigen** würden (§ 19 Abs. 5 SGB XII). Ein solcher Sachverhalt kann etwa auftauchen, wenn Heimträger die Verschaffung eines Heimplatzes von einer alle Kosten umfassenden Übernahmeerklärung des Sozialhilfeträgers abhängig machen, obwohl angesichts des Renteneinkommens des Hilfeempfängers an sich nur die Heimkosten in halber Höhe zu leisten wären. Der »überzahlte« Betrag wird vom Hilfeempfänger bzw. der Einsatzgemeinschaft zurückgefordert,[233] sog. **Aufwendungsersatz**.

645

---

228 Ein unmittelbarer Auskunftsanspruch der Sozialverwaltung gegen den Notar besteht nicht; er wäre auch mit § 18 BNotO unvereinbar. Der Sozialleistungsträger wird im Hinblick auf §§ 93 f. SGB XII jedoch regelmäßig in der Lage sein, ein berechtigtes Interesse auf Einsicht des Grundbuchs i.S.d. § 12 GBO darzulegen. Unmittelbar mitwirkungspflichtig sind nur die Betroffenen selbst, §§ 60 ff. SBG I.
229 LSG Sachsen-Anhalt, 26.08.2015 – L 4 AS 335/11, ErbR 2016, 353 (nur Ls.).
230 Dadurch ergibt sich ein Wertungswiderspruch zwischen demjenigen Erben, dem rechtswidrige Leistungen wegen Unanwendbarkeit des § 102 SGB XII belassen werden im Verhältnis zu demjenigen, der bei rechtmäßiger Hilfegewährung an den Erblasser das vormals geschonte Vermögen verliert. Das BVerwG betont allerdings in st. Rspr. (vgl. z.B. BVerwGE 91, 13), die §§ 45, 50 SGB X stellten ein geschlossenes System der Rücknahme von Verwaltungsakten und der Erstattung zu Unrecht erbrachter Leistungen dar.
231 So VGH Baden-Württemberg, 31.07.1985 – 6 S 2606/83, NJW 1986, 272.
232 Schlägt der Erbe aus, wird der Bescheid rechtswidrig und ist gem. § 44 Abs. 2 SGB X aufzuheben, vgl. LSG Nordrhein-Westfalen, 22.11.2007 – L 20 B18/07, ZEV 2008, 548.
233 Beispiel nach *Schulin*, Sozialrecht, 4. Aufl. 1991, Rn. 873.

646 Eine weitere Fallgruppe bildet die Rückerstattung von Aufwendungen für Hilfeempfänger, welche ihre **Bedürftigkeit selbst »verschuldet«** haben. Dieser Tatbestand wird in **§ 103 SGB XII**[234] erfasst: Danach kann die (normalerweise als »**verlorener Zuschuss**« beim Hilfeempfänger verbleibende) Sozialhilfe nachträglich zurückgefordert werden, wenn die Voraussetzungen der Sozialleistungsbedürftigkeit durch vorsätzliches oder grob fahrlässiges Verhalten des Betroffenen herbeigeführt wurden. Die Ersatzverpflichtung geht als Nachlassverbindlichkeit auf die Erben über, welche begrenzt auf den Nachlass, jedoch ohne Privilegierung etwaiger früherer Schonvermögensteile haften (§ 103 Abs. 2 SGB XII, sog. **unselbstständige Erbenhaftung**).[235]

647 Obwohl hier – anders als etwa bei § 26 SGB XII, welcher eine Kürzung der zu gewährenden Leistungen selbst zum Gegenstand hat – keine auf die Herbeiführung eigener Vermögenslosigkeit gerichtete Absicht gefordert wird, hat § 103 SGB XII als »Handhabe« gegen die Vermögensübertragung per se bisher wenig Bedeutung gewonnen; Hauptanwendungsbereich ist wohl der Kostenersatz für Sozialhilfe, welche an die Familie eines inhaftierten Straftäters geleistet wurde[236] oder welche an die Mutter eines nichtehelichen Kindes erbracht wurde, welche sich ohne triftigen Grund weigert, den Vater des Kindes zu benennen, ferner Krankenhilfeleistungen nach § 48 SGB XII nach »mutwilliger« Kündigung einer freiwilligen Mitgliedschaft in der gesetzlichen Krankenversicherung.[237] Plakativ spricht man von »doloser Solidaritätsprovokation«.[238]

4. Erbenhaftung (§ 102 SGB XII)

648 § 102 SGB XII[239] (vormals § 92c BSHG) regelt den sog. »**selbstständigen**« Erbenregress; eine vergleichbare Vorschrift existierte bis Ende 2016 in Gestalt des § 35 SGB II i.R.d. Grundsicherung für Arbeit Suchende. Bestand dagegen bereits zu Lebzeiten ein Kostenersatzanspruch gegen den Hilfeempfänger selbst wegen schuldhafter Herbeiführung der Voraussetzungen der Sozialhilfebedürftigkeit (§ 103 Abs. 1 SGB XII), geht dieser Anspruch i.R.d. »unselbstständigen« Erbenhaftung gem. § 103 Abs. 2 SGB XII auf den Erben über; beide Ansprüche können miteinander konkurrieren.

a) Zu ersetzende Leistungen

649 Gem. § 102 SGB XII sind die Erben des Hilfeempfängers zum Ersatz der innerhalb eines Zeitraums von 10[240] Jahren vor dem Erbfall **rechtmäßig**[241] **aufgewendeten**[242] **Sozialhilfe** verpflichtet. Zu beachten ist, dass die frühere Hilfegewährung nach ständiger Rechtsprechung auch dann nicht als rechtmäßig anzusehen ist, wenn Vermögensteile des Hilfeempfängers versehentlich nicht verwertet wurden, da der Sozialleistungsträger unzutreffend von Schonvermögen ausging – allerdings kann sich die Hilfegewährung auch bei einem nicht mehr angemessenen Hausgrundstück als rechtmäßig darstellen, wenn die Forderung nach sofortiger Verwertung eine unbillige Härte bedeuten würde und daher die Hilfe als Darlehen gewährt wurde (§ 91 SGB XII).[243] War der Be-

---

234 Diese Bestimmung findet im Recht der Kriegsopferfürsorge und der ALG keine Entsprechung.
235 Vgl. *Doering-Striening*, Sozialhilferegress bei Erbfall und Schenkung, 2015, S. 302 ff.
236 Vgl. etwa *Frank*, BWNotZ 1983, 160; Beispiel: BVerwG, 03.07.2003 – 5 C 7/02, FamRZ 2004, 194.
237 BVerwG, 23.09.1999 – 5 C 22/99, NJW 2000, 1208.
238 *Faude*, Selbstverantwortung und Solidarverantwortung im Sozialrecht, S. 329, 339.
239 Überblick bei *Doering-Striening*, ErbR 2014, 358 ff.
240 Bei Einführung des § 92c BSHG im Jahr 1969: 5 Jahre.
241 *Vaupel* RNotZ 2009, 497, 513; VGH Bayern, 24.07.2003 – 12 B 01.1454, FamRZ 2004, 488: daher keine Erbenhaftung für Sozialhilfe, die trotz Vorhandensein eines unangemessen großen Eigenheims gewährt wurde.
242 Es genügt, dass der Rechtsgrund des Sozialhilfeaufwands vor dem Tod gelegt war, auch wenn die tatsächliche Zahlung (etwa an das Krankenhaus) erst nach dem Tod des Hilfeempfängers erfolgt, vgl. SH-Richtlinien Bayern, Tz. 92c02 Abs. 3.
243 Vgl. *Grieger*, in: Rothkegel, Sozialhilferecht, S. 547.

willigungsbescheid jedoch rechtswidrig, bleiben der Behörde nur die Rückforderungsinstrumente des allgemeinen Sozialverwaltungsrechts, insb. gestützt auf § 45 Abs. 2 Satz 3 Nr. 2 und Nr. 3 SGB X (vgl. Rdn. 641).

Weiterhin sind gem. § 102 Abs. 5 SGB XII Leistungen der Grundsicherung im Alter/bei Erwerbsunfähigkeit (also des 4. Kap.) ausgenommen (um zu vermeiden, dass in verschämter Altersarmut der Gang zum Sozialamt gänzlich unterbleibt). 650

Nach der Systematik des Gesetzes wird man seit 01.01.2005 auch den Aufwand i.H.d. **fiktiven Wohngelds** von der postmortalen Ersatzpflicht auszunehmen haben[244] (§ 105 Abs. 2 SGB XII: 56 % der reinen Unterkunftskosten ohne Heizung und Warmwasserbereitung – das früher etwa in dieser Höhe gewährte Wohngeld unterlag nicht dem Regress). Gleiches galt bis Ende 2016 gem. § 40 Abs. 4 Satz 1 SGB II für § 35 SGB II. 651

Von der im 10-Jahres-Zeitraum rechtmäßig gewährten Sozialhilfe wird ein geringer **Freibetrag** i.H.d. 6-fachen Eckregelsatzes[245] (im Jahr 2014 also 2.346,00 €, vgl. Rdn. 512) freigestellt (in § 35 SGB II betrug dieser Freistellungsbetrag einheitlich 1.700,00 €). 652

b) Ersatzpflichtiger Personenkreis

Einsatzpflichtig sind zunächst die Erben des verstorbenen Hilfeempfängers. Zugrunde zu legen ist der zivilrechtliche Erbenbegriff;[246] daher ist z.B. beim sog. »**Behindertentestament**« der Nacherbe nicht zum Ersatz der dem behinderten Vorerben gewährten Sozialhilfe verpflichtet. **Miterben** haften gesamtschuldnerisch (§ 2058 BGB), wobei der Sozialleistungsträger im Heranziehungsbescheid sein Ermessen ausüben muss, wen er in welcher Höhe in Anspruch nimmt.[247] 653

Auch der nicht befreite **Vorerbe** unterliegt der Nachlasshaftung, und zwar ohne Beschränkung auf die Erträge, die sich aus ordnungsgemäßer Nutzung ergeben. Der **Nacherbe** ist ggf. zur Einwilligung in Verfügungen verpflichtet, um die Ersatzpflicht, bei welcher es sich kraft gesetzlicher Anordnung um eine Nachlassverbindlichkeit handelt, zu erfüllen.[248] 654

Der **Vermächtnisnehmer** (§ 2147 BGB) haftet mangels Erbeneigenschaft nicht; allerdings ist sein Vermächtnisanspruch der selbstständigen Erbenhaftung aus § 102 SGB XII nachrangig (vgl. Rdn. 669). 655

Neben den Erben des Hilfeempfängers haften die Erben seines nicht getrennt[249] lebenden Ehegatten[250] bzw. Lebenspartners,[251] falls Letzterer vor dem Hilfeempfänger stirbt, – beide Erbengruppen jeweils selbstständig und ohne Subsidiaritätsverhältnis nebeneinander, so dass die Kostenersatz- 656

---

244 *Conradis*, in: LPK-SGB XII, § 105 Rn. 3; a.A. LSG Sachsen, 27.08.2015 – 2 AS 1161/13, ZEV 2016, 46.
245 Früher 1.652,00 €: § 92c Abs. 3 Nr. 1 BSHG; vgl. auch die SH-Richtlinien Bayern, Tz. 92c.03, nunmehr: 3-facher Grundbetrag nach § 85 Abs. 1 Nr. 1 SGB XII, der seinerseits dem doppelten Eckregelsatz entspricht.
246 *Conradis*, in: LPK-SGB XII, § 102 Rn. 7 ff. m.w.N.
247 BSG, 23.08.2013 – B 8 SO 7/12 R, ZEV 2014, 434.
248 BVerwG, 23.09.1982 – 5 C 109/81, NDV 1983, 215.
249 I.S.d. § 1567 BGB, vgl. BSG, 16.04.2013 – B 14 AS 71/72 R, BSGE105, 291.
250 Diesem ist wegen § 20 SGB XII der in ehe- oder lebenspartnerschaftsähnlicher Gemeinschaft lebende Partner gleichgestellt (obwohl auf diese Weise das in § 20 SGB XII nur auf den verschieden- oder gleichgeschlechtlichen Lebensgefährten bezogene Besserstellungsverbot auf dessen Erben erstreckt wird). Zur Anwendung des § 103 SGB XII (Kostenersatz bei Verschulden) auf den eheähnlichen Partner: VG Sigmaringen, 31.10.2001 – 5 K 2581/99, info also 2002, 83. Andernfalls würde »rechtzeitige Scheidung« vor dem Erstversterben des nicht hilfeempfangenden Ehegatten dessen Nachlass »retten«.
251 Der Wortlaut war zunächst semantisch verunglückt (»der Erbe der leistungsberechtigten Person oder dessen Ehegatte oder dessen Lebenspartner« anstelle von »der Erbe der leistungsberechtigten Person oder ihres Ehegatten oder ihres Lebenspartners« …).

pflicht der Ehegattenerben nicht erlischt, wenn später die Kostenersatzpflicht der Erben des unmittelbaren Hilfeempfängers hinzutritt.[252] Dadurch wird die zuvor bestehende Einsatz- und Bedarfsgemeinschaft (Rdn. 521 ff., 766 ff.) »postmortal« hinsichtlich des bisherigen Schonvermögens verwirklicht. Dementsprechend ist die Inanspruchnahme der Partnererben für Sozialhilfeaufwendungen ausgeschlossen, die während des Getrenntlebens entstanden sind (§ 102 Abs. 1 Satz 3 SGB XII: Die Voraussetzungen der Einsatzgemeinschaft nach § 19 SGB XII liegen nicht mehr vor; Inanspruchnahme konnte allenfalls aus bürgerlichem Unterhaltsrecht resultieren, die jedoch Gegenstände des Schonvermögens, etwa das selbst genutzte angemessene Eigenheim regelmäßig nicht verwertet, so dass die Erbenhaftung zur pauschalierenden Vereinfachung insoweit gänzlich ausgeschlossen ist). Gleiches gilt naturgemäß in dem Umfang, in welchem der Hilfeempfänger den vorverstorbenen Ehegatten selbst beerbt (§ 102 Abs. 1 Satz 4 SGB XII), da das Vermögen den Bereich der Einsatzgemeinschaft nicht verlassen hat und ggf. damit weiter an Schonvermögenseigenschaften (bis zum eigenen Ableben) teilhat.

▶ Hinweis:

657 Die Bestimmungen zur selbstständigen Haftung der Erben des vorverstorbenen »Partners« sind hinsichtlich ihrer praktischen Auswirkungen bemerkenswert: Die Ersatzpflicht erfasst nur dann das noch geschonte »Partnervermögen«, wenn der Partner **vor dem Hilfeempfänger verstirbt**. Stirbt der Hilfeempfänger jedoch als erster (wie häufig im Fall hoher Pflegebedürftigkeit), bleibt das Partnervermögen in der Hand der Erben unbelastet. Sind beide Ehegatten Bruchteilseigentümer des angemessenen selbst genutzten Wohnobjekts, hängt der Umfang der Verwertung also von Zufälligkeiten ab: Stirbt der Hilfeempfänger zuerst, wird nur sein Anteil herangezogen; stirbt der Ehegatte zuerst, wird sein Anteil und sodann, nach dem späteren Ableben des Hilfeempfängers, auch dessen Anteil verwertet.

658 Nach Erbenregressaspekten ist daher eine Vermögensverteilung vorzuziehen, die allein den Ehegatten/Verpartnerten berücksichtigt, da sie zumindest die Chance eröffnet, das zu Lebzeiten in der Einsatzgemeinschaft geschonte Vermögen postmortal (und zwar dann vollständig) zu erhalten, wenn nur der Eigentümer (Ehegatte/Verpartnerte) länger lebt als der Hilfeempfänger (andernfalls kommt es auch hier zur sofortigen Vollverwertung, wie letztendlich im Fall des gemeinsamen Eigentums – Stufenzugriff – oder des alleinigen Eigentums des Hilfeempfängers – Zugriff dann erst im zweiten Sterbefall).

659 Wird allerdings das alleinige Eigentum des Ehegatten erst durch lebzeitige unentgeltliche Übertragung des (geschäftsfähigen oder vertretenen) Hilfeempfängers hergestellt, die nicht mind. 10 Jahre vor Eintritt der Hilfebedürftigkeit stattgefunden hat, löst sie den Rückforderungsanspruch des (nunmehrigen) Hilfebedürftigen aus § 528 BGB aus. Ist dieser (wie i.d.R. bei unteilbaren Gegenständen) auf Geldzahlung (nicht Unterhaltszahlung) gerichtet, nämlich auf die Schließung der »Bedarfslücke« des nunmehrigen Hilfebedürftigen, kann der Ehegatte allerdings nicht einwenden, es handle sich um Schonvermögen, da allein die Schoneinkommenstatbestände maßgeblich sind. Ist der Rückforderungsanspruch (da den gesamten Aktivgegenstand umfassend oder wegen vorbehaltener und ausgeübter »umgekehrter Ersetzungsbefugnis«) dagegen auf Rückübertragung des Eigentums gerichtet, kann er (in teleologischer Reduktion des § 93 Abs. 1 Satz 3 SGB XII) trotz der (fortbestehenden) Schonvermögenseigenschaft geltend gemacht werden, gerade um den späteren Erbenregress zu ermöglichen (Analogie zu den in § 93 Abs. 1 Satz 3 SGB XII genannten Fällen, dass »bei rechtzeitiger Leistung Aufwendungsersatz oder ein Kostenbeitrag nach §§ 19 Abs. 5, 22 Abs. 1 SGB XII zu leisten wäre). Die Rechtslage ist identisch wie bei der Schenkung von Schonvermögen in vorweggenommener Erbfolge.[253]

---

252 BVerwG, 10.07.2003 – 5 C 17/02, FamRZ 2004, 455.
253 Vgl. ausführlich *Krauß*, MittBayNot 2005, 349, 353 und Rdn. 1093.

c) Ersatzpflichtiger Nachlass

Neben dem unter Rdn. 652 erläuterten Abzug von den Sozialhilfe-/SGB II-Aufwendungen i.H.v. 2.346,00 € (in 2014) wird (allerdings nur i.R.d. § 102 SGB XII) vom Nachlass (nicht vom jeweiligen Erbteil) ein weiterer (nachlass-, nicht erbenbezogener)[254] **Freibetrag** i.H.d. 6-fachen Eckregelsatzes (also von erneut 2.346,00 € in 2014, Rdn. 512) gewährt (§ 102 Abs. 3 Nr. 1 SGB XII), so dass im Bereich des SGB XII durch Reduzierung der zu ersetzenden Leistungen und des Nachlasses der Erbenregress um jedenfalls gesamt 4.692,00 € zurückgenommen ist. 660

Eine weitere Privilegierung besteht nur hinsichtlich solcher Erben, die als Verwandte, Ehegatten oder Verpartnerte den Hilfeempfänger bis zu seinem Tode nicht nur vorübergehend[255] in häuslicher Gemeinschaft[256] selbst[257] gepflegt haben, soweit[258] der Wert des betreffenden Nachlassanteils unter 15.340,00 € (30.000,00 DM) bleibt (§ 102 Abs. 3 Nr. 2 SGB XII – in § 35 Abs. 2 Nr. 1 SGB II geringfügig abweichend auf 15.500,00 € festgelegt). Ist nur ein Erbe vorhanden[259] und kann sich dieser auf den Pflegefreibetrag der § 102 Abs. 3 Nr. 2 SGB XII berufen, soll der oben erwähnte »Sockelbetrag« der § 102 Abs. 3 Nr. 1 SGB XII darin konsumiert sein.[260] 661

Daneben tritt die Privilegierung des § 102 Abs. 3 Nr. 3 SGB XII: Das **Vorliegen einer unbilligen Härte angesichts der »Besonderheiten des Einzelfalls«**. In Betracht kommen v.a. Sachverhalte, die nicht alle Voraussetzungen des § 102 Abs. 3 Nr. 2 SGB XII erfüllen (z.B. kein Verwandtschaftsverhältnis des pflegenden Erben mit dem Hilfeempfänger[261] oder es bestand keine häusliche Gemeinschaft),[262] die aber wertungsmäßig vergleichbar sind.[263] Möglich (und Regelfall) ist auch eine lediglich teilweise Freistellung (»soweit«), etwa hinsichtlich Beträgen, die der Erbe zu Lebzeiten in das hinterlassene Wohngebäude investiert und damit den »Wert des Nachlasses« erhöht hat.[264] Der bloße Verbrauch der Erbschaft, etwa in Unkenntnis der gesetzlichen Erbenhaftungsbestimmung, auch die Verwendung für den eigenen Lebensunterhalt eines arbeitslosen Erben, begründet hingegen keine unbillige Härte,[265] ebenso wenig der Umstand, dass der Miteigentumsanteil des verstorbenen Leistungsempfängers überwiegend vom anderen, überlebenden, Ehegatten finanziert wurde.[266] 662

---

254 SG Karlsruhe, 27.08.2009 – S 1 SO 1039/09, BeckRS 2009, 73277.
255 Mindestens 6 Monate, arg. § 61 Abs. 1 Satz 1 SGB XII. Kürzere Zeiträume sind wohl nur über die Härtefallklausel des § 102 Abs. 3 Nr. 3 SGB XII zu erfassen.
256 Fehlt es daran, will VGH Hessen, FamRZ 1999, 1023 die Vorschrift analog anwenden (zweifelhaft; eher ein Fall der unbilligen Härte der Nr. 3).
257 Die Hinzuziehung Dritter, etwa professioneller Pflegekräfte, schadet nicht, sofern die Hauptlast der Grundpflege (»Leistung an, nicht für eine Person«) beim Verwandten/Ehegatten/Verpartnerten lag, vgl. *Schoenfeld*, in: Grube/Wahrendorf, SGB XII, § 102 Rn. 13.
258 Kürzungsvorschrift: etwa VGH Baden-Württemberg, 07.10.1992 – 6 S 2567/90, NJW 1993, 2955.
259 Andernfalls lassen sich der nachlassbezogene und der erbenbezogene Freibetrag kombinieren, Mayer/Littig, Sozialhilferegress ggü. Erben und Beschenkten, S. 118 m.w.N.
260 VGH Baden-Württemberg, 15.11.1995 – 6 S 2877/93, FEVS 46, 338; SH-Richtlinien Bayern, Tz. 92c.04 Abs. 6 Satz 1.
261 VGH Baden-Württemberg, 14.03.1990 – 6 S 1913/89, FEVS 41, 205; SH-Richtlinien Bayern, Tz. 92c.04 Abs. 5.
262 VGH Hessen, 26.11.1998 – 1 UE 1276/95, FEVS 51, 180.
263 Bloße Pflege an Wochenenden oder im Urlaub reicht nicht aus, BSG, 23.03.2010 – B 8 SO 2/09, FamRZ 2010, 1660. Die Gründe müssen objektiv besonders schwer wiegen und sich in der Person des Erben realisieren, BGH, 27.08.2014 – XII ZB 133/12, FamRZ 2014, 1775 (im Rahmen des wortlautidentischen § 1836e Abs. 1 Satz 2 BGB), vgl. hierzu *Doering-Striening*, ErbR 2016, 10, 18.
264 *Briefkasten*, ZfF 1986, 65.
265 OVG Sachsen, 23.03.2006 – 4 E 318/05, ErbR 2006, 59 m. Anm. *Knauss*.
266 LSG Baden-Württemberg, 19.10.2016 – L 2 SO 4914/14, ErbR 2017, 245 (nur Ls.).

663 Die Erben haften nur mit dem **Wert des zum Todeszeitpunkt vorhandenen**[267] **Nachlasses** (§ 102 Abs. 2 Satz 2 SGB XII), d.h. also ohne Einbeziehung sonstiger Erwerbe durch Rechtsgeschäfte unter Lebenden auf den Todesfall (Lebensversicherungen,[268] sofern sie nicht ausnahmsweise Nachlassbestandteil sind),[269] wobei jedoch der Nachlass – abgesehen vom erwähnten weiteren Sockelbetrag wiederum i.H.d. 6-fachen Eckregelsatzes – vollständig, d.h. **einschließlich der früheren Schonvermögensteile**,[270] zu verwerten ist. Postmortales Schonvermögen i.S.d. § 90 SGB XII besteht nicht mehr.[271] Auch Vermögenswerte, die der verstorbene Hilfeempfänger aus Leistungen der Sozialhilfe selbst angespart hat, werden verwertet,[272] sogar wenn sie zu Lebzeiten besonderen Schutz genossen (etwa der Kapitalbetrag bzw. die angesparten Renten nach dem ContergangstiftungsG[273]) oder wenn die lebzeitige Leistung ohne Rücksicht auf vorhandenes Vermögen gewährt wurde.[274] Ebenso wenig spielt es eine Rolle, dass für die zu Lebzeiten gewährten Sozialhilfeleistungen der Subsidiaritätsgrundsatz u.U. weitgehend (wie etwa bei der Beschäftigung in einer beschützten Werkstatt, Rdn. 609) aufgehoben war.[275]

664 Eine Freistellung erfolgt schließlich ebenso wenig hinsichtlich solcher Vermögenswerte, die erst nach der Sozialhilfegewährung erworben wurden (und zu deren Einstellung für die Zukunft führten); für den Fall des Vermögenserwerbs und lebzeitigen -verbleibs wird die an sich als »**verlorener Zuschuss**« zu gewährende Sozialhilfe mit dem Tod hinsichtlich des zurück liegenden 10-Jahres-Zeitraums zum zinslos eingeräumten Darlehen.[276] In der Praxis erfolgt aber nur selten eine

---

267 Nach der vor dem 21.12.1993 geltenden Gesetzesfassung »nur mit dem Nachlass« wirkten sich Wertminderungen des Nachlasses zwischen dem Sterbefall und dem Zeitpunkt des behördlichen Widerspruchsbescheids bzgl. des heranziehenden Verwaltungsakts zum Nachteil der Behörde aus.
268 Liegt im Valutaverhältnis zum Begünstigten als Drittem eine Schenkung, kommt jedoch die Rückforderung gem. § 528 BGB in Betracht, sofern nicht [sehr weitgehend bspw. SH-Richtlinien Bayern, Tz. 92c.04 Abs. 1 Satz 4] gar Sittenwidrigkeit angenommen wird. Bei einer lediglich widerruflichen Bezugsberechtigung ist die Schenkung erst mit Auszahlung der Versicherungssumme i.S.d. § 528 Abs. 1 BGB vollzogen [10-Jahres-Frist gem. § 529 BGB!], bei einer unwiderruflichen bereits mit Einzahlung der jeweiligen Prämien. Davon zu trennen ist die Frage, ob Schenkungsgegenstand möglicherweise auch dann »mittelbar« die daraus erzielte Versicherungssumme ist, so wohl der IX. Senat des BGH zur parallelen insolvenzrechtlichen Frage, NJW 2004, 214 und *Elfring*, NJW 2004, 483 ff. zur parallelen Frage i.R.d. § 2325 BGB.
269 Also wenn ein Bezugsberechtigter gänzlich fehlt, soweit die Lebensversicherung zur Kreditsicherung eingesetzt wurde, sowie wenn das Valutaverhältnis zwischen Versicherungsnehmer und bezugsberechtigtem Dritten fehlerhaft war, so dass der Dritte den Anspruch gegen die Versicherungsgesellschaft ohne Rechtsgrund erlangt und die Erben gem. § 812 Abs. 1 Satz 1 BGB kondizieren können.
270 LSG Baden-Württemberg, 22.12.2010 – L 2 SO 5548/08, ZEV 2011, 662; VGH Baden-Württemberg, 07.10.1992 – 6 S 2567/90, NJW 1993, 2955, 2956; *Schoenfeld*, in: Grube/Wahrendorf, SGB XII, § 102 Rn. 21, ganz h.M. Vgl. allerdings abschwächend VGH Bayern, 26.07.1993 – 12 B 90.3525, BayVBl. 1994, 312: Sofern der Erbe an dem ererbten Vermögen bereits vor dem Erbfall beteiligt war und dieses vor und nach dem Erbfall sowohl in der Person des Hilfeempfängers als auch des Ehegatten Schonvermögen bildete, sei § 92c BSHG = § 102 SGB XII seinem Sinn und Zweck nach nicht anzuwenden (teleologische Reduktion). Das Urteil betraf ein landwirtschaftliches Anwesen, das der Hilfeempfänger und sein nicht getrennt lebender Ehegatte in Gütergemeinschaft hielten; der Gesamtgutsanteil des Hilfeempfängers fiel nach dessen Tod vollständig an den Ehegatten, der die Landwirtschaft fortführte.
271 Z.B. LSG Baden-Württemberg, 22.12.2010 – L 2 SO 5548/08, BeckRS 2011, 68034: keine postmortale Schonung der eigengenutzten Wohnung i.S.d. § 90 Abs. 2 Nr. 8 SGB XII.
272 *Mayer/Littig*, Sozialhilferegress ggü. Erben und Beschenkten, S. 115.
273 BSG, 23.03.2010 – B 8 SO 2/09 R, NVwZ-RR 2010, 892.
274 Etwa die Leistung zur Beschäftigung in einer Werkstatt, § 54 Abs. 1 SGB II, vgl. LSG Rheinland-Pfalz, 19.03.2015 – L 5 SO 185/14, ZEV 2015, 541 vgl. hierzu *Doering-Striening*, ErbR 2016, 10, 17.
275 LSG Bayern, 23.02.2012 – L 8 SO 113/09 m. Anm. *Wendt*, Rechtsdienst der Lebenshilfe 2012, 136.
276 Krit. hierzu *Oestmann*, ZfSH/SGB 2003, 709 ff. ebenso die 17. und 18. Kammer des VG Berlin, 17 A 470.96 und 18 A 677.98 (Letzteres aufgehoben durch OVG Berlin-Brandenburg, 23.06.2005 – 6 B

A. Sozialhilfe

»Nachverfolgung« abgeschlossener Sozialhilfefälle im Hinblick auf während der Rückgriffsperiode eintretende Sterbefälle mit aktivem Gesamtnachlass, was jedoch der Anwendung der Norm nicht entgegensteht.[277]

▶ Hinweis:

Befürchtet also der »wirtschaftlich Wiedererstarkte« frühere Bezieher von Sozialfürsorgeleistungen des SGB II oder SGB XII, in den folgenden 10 Jahren zu sterben, ist ihm zu raten, sein neu gewonnenes Vermögen so rechtzeitig an Dritte zu übertragen, dass es sich nicht mehr im Nachlass befindet, bspw. auch durch Schenkungen (denen dann allerdings wegen § 528 BGB keine erneute Verarmung folgen darf), oder aber das Vermögen in Einkommen »umzuwandeln«, so dass es mit seinem Tod aufgezehrt ist (Verkauf auf Leibrentenbasis). Die Schenkung an sich wird nicht inkriminiert, da § 102 SGB XII eine Vorschrift zur »Nachlassergänzung« (vergleichbar § 2325 BGB im Pflichtteilsrecht) nicht enthält. Das Risiko späterer Nachlassverwertung wird also durch lebzeitige Veräußerungen, gleich welcher Natur, sofort und nachhaltig ausgeschlossen, ohne Einhaltung einer wie auch immer gearteten »Vorlaufzeit«.

665

Aus diesem Grund mag auch der (noch geschäftsfähige oder durch Vorsorgevollmacht vertretene) Hilfempfänger selbst erwägen, ihm verbliebenes Schonvermögen möglichst knapp vor seinem Tod in vorweggenommener Erbfolge zu übertragen, wohl wissend, dass dadurch die Rechtsfolgen des § 528 BGB ausgelöst werden (hinsichtlich der Verarmung = Bedürftigkeit nach Vollziehung der Schenkung: Da zwischen Schenkung und Verarmung keine Kausalität zu bestehen braucht [»nach«], erfasst § 528 BGB auch Schenkungen, die während eines bereits eingetretenen Verarmungszustands erfolgen, strahlt allerdings nicht zurück auf die bereits zuvor bestehende Bedürftigkeit). Der Erwerber ist also verpflichtet, für die weitere Dauer des Bedarfs, d.h. wohl bis zum Ableben des Veräußerers, Wertersatzzahlungen (§ 818 Abs. 2 BGB, bis zur Grenze des Schenkungswerts) anstelle des Sozialhilfeträgers zu leisten, kann dann jedoch den geschenkten Gegenstand »behalten«, der bei weiterem Verbleib beim Hilfempfänger als Nachlassbestandteil für die vollen Kosten der letzten 10 Lebensjahre verwertet worden wäre (»**Flucht in § 528 BGB**«). Dem möglichen Einwand der Nichtigkeit solcher Übertragungen[278] ist mit Hinweis darauf zu begegnen, dass das Gesetz bewusst, auch nach der Generalrevision anlässlich der Übernahme[279] in das SGB XII, stichtagsbezogen auf den (Wert des) noch vorhandenen Nachlass(es) abstellt, ohne Ergänzung um vorangehende Wegschenkungen – mit anderen Worten eine Parallelnorm zu § 2325 BGB fehlt, der Schutz des Sozialleistungsgläubigers also schwächer ausgestaltet ist als der Schutz bspw. des Pflichtteilsberechtigten. Sollte sich die den Beteiligten abverlangte Mortalitätsprognose als unzutreffend erweisen, also die Summe der zu leistenden Wertersatzzahlungen sich immer mehr dem »vollen Kaufpreis« nähern, ist allerdings eine »Rückgängigmachung« des Vorgangs, also eine »Flucht in § 102 SGB XII«, nur möglich, wenn eine umgekehrte Ersetzungsbefugnis bei der Übertragung entweder zulässigerweise vereinbart wurde (oder bereits kraft Gesetzes zur Verfügung steht) und nun ausgeübt wird (s. hierzu Rdn. 1088 ff.). Das in das Vermögen des Leistungsbeziehers zurück übertragene Objekt wird dann zwar nach dessen Tod gem. § 102 SGB XII verwertet, allerdings sind die vom Erwerber während seiner Eigentumszeit geleisteten Monatsbeträge gem. §§ 528, 818 Abs. 2 BGB nicht »verloren«, sondern mindern nun die 10-Jahres-Summe der aus dem Nachlass beizubringenden Beträge in voller Höhe.

666

23/03, FEVS 57, 517) im Hinblick darauf, dass gem. § 92b BSHG (seit Änderung des BSHG am 14.08.1969) der Kostenersatz bei späterem lebzeitigem Vermögenshinzuerwerb nur beschränkt eintreten solle, und § 92b BSHG am 25.03.1974 ersatzlos gestrichen wurde. Dann könne es sich postmortal erst recht nicht anders verhalten.

277 OVG Nordrhein-Westfalen, 20.02.2001 – 22 A 2695/99, FEVS 53, 378; ebenso OVG Berlin-Brandenburg, 23.06.2005 – 6 B 23/03, FEVS 57, 517.
278 So etwa Schlegel/*Grote-Seifert*, juris-Praxiskommentar SGB II, § 35 Rn. 52.
279 Vgl. auch *Doering-Striening*, Sozialhilferegress bei Erbfall und Schenkung, 2015, S. 339.

667 § 102 Abs. 2 Satz 1 SGB XII definiert die Ersatzpflicht des Erben als »Nachlassverbindlichkeit«,[280] zu denen gem. § 1967 Abs. 2 BGB »außer den vom Erblasser herrührenden Schulden die den Erben als solchen treffenden Verbindlichkeiten« gehören; sie ist aber **keine Erblasserschuld** (wie etwa eine öffentlich-rechtliche Steuerschuld des Erblassers oder dessen Mietschulden[281]), sondern trifft »den Erben als solchen« i.S.d. § 1967 Abs. 2 BGB (**Erbfallschuld**).[282]

668 § 102 Abs. 2 Satz 2 SGB XII ordnet die Beschränkung der **Haftung auf den Nachlasswert** (nicht lediglich die Nachlassgegenstände) **z. Zt. des Erbfalls** an. Spätere Wertverluste oder die Weggabe von Nachlassgegenständen vor der Inanspruchnahme durch den Sozialleistungsträger können also den Erben nicht entlasten; insoweit muss er ggf. sein Eigenvermögen einsetzen.[283] Die vor dem 21.12.1993 geltende Gesetzesfassung (Haftung »nur mit dem Nachlass«) hatte nach Auslegung des BVerwG beliebige Minderungen bis zum Zeitpunkt der Widerspruchsentscheidung über den heranziehenden Verwaltungsakt erlaubt.[284]

669 Der »**Wert des Nachlasses**« umfasst wie in § 2311 BGB (Pflichtteilsberechnung) den Aktivbestand abzgl. der bereits zum Zeitpunkt des Erbfalls in der Person des Erblassers begründeten Verbindlichkeiten (**Erblasserschulden**) und solcher **Erbfallschulden**, die **auch** vorliegen würden, wenn man allein die **gesetzliche Erbfolge** zugrunde legt: Wie im Pflichtteilsrecht (Erbersatzfunktion des Pflichtteilsrechts) bleiben demnach Verpflichtungen unberücksichtigt, die auf Verfügungen des Erblassers von Todes wegen beruhen, insb. also Pflichtteilsansprüche selbst,[285] ebenso Vermächtnisse[286] – soweit sie nicht, wie Nachvermächtnisse, bereits dem Erblasser als Vorvermächtnisnehmer auferlegt waren[287] (vgl. eingehend Rdn. 6480 ff.) – und Auflagen, zumal diese den Pflichtteilsansprüchen gem. § 327 Abs. 1 Nr. 2 und Nr. 3 InsO nachgehen.[288] Abzugsfähig sind allerdings die Beerdigungskosten[289] (§ 1968 BGB – nicht jedoch die Kosten der laufenden Grabpflege[290] –[291]), ebenso Kosten der Nachlasssicherung und Nachlassverwaltung sowie der Ermittlung der Nachlassgläubiger[292] – es handelt sich insoweit um solche Erbfallschulden, deren Rechtsgrund bzw. Erfüllungsnotwendigkeit bereits auf den Todesfall zurückgeht oder deren Erfüllung den Pflichtteilsberechtigten auch getroffen hätte, wenn er gesetzlicher Erbe geworden wäre.[293]

---

280 Monografisch hierzu *Joachim*, Die Haftung des Erben für Nachlassverbindlichkeiten, 3. Aufl. 2011.
281 Einschließlich der Mietzinsen für den Dreimonatszeitraum bis zur Wirksamkeit der Erbenkündigung, BGH, VIII ZR 6/12.
282 Vgl. VGH Bayern, 15.07.2003 – 12 B 99.1700, FamRZ 2004, 489.
283 *Baltzer*, ZEV 2008, 116, 121 m.w.N.; VG Bremen, 10.02.2012 – 5 K 518/04, BeckRS 2012, 49370; a.A. *Ruby/Schindler/Wirich*, Behindertentestament, 2008, Rn. 61 ff. und ZEV 2012, 361, 363.
284 Vgl. die Ausführungen in BT-Drucks. 12/5930, S. 4 zur früheren Rechtslage; BVerwG, 25.06.1992 – 5 C 67/88, NJW 1993, 1089.
285 SG Karlsruhe, 31.08.2012 – S 1 SO 362/12, SAR 2012, 139.
286 SG Karlsruhe, 31.08.2012 – S 1 SO 362/12, SAR 2012, 139 (für ein Nießbrauchsvermächtnis). Dies gilt auch für gesetzliche Vermächtnisse wie etwa § 1371 Abs. 4 BGB (Ausbildungsanspruch des Stiefkindes aus dem erhöhten Viertel).
287 § 2191 Abs. 1 Halbs. 2 BGB. Zu dieser Differenzierung *Watzek*, MittRhNotK 1999, 42; im Ergebnis ebenso Gutachten, DNotI-Report 1999, 149 ff.; eingehend und grundlegend *Damrau*, ZEV 1998, 3.
288 Der Umkehrschluss gilt allerdings nur bedingt: Nachlasserbenschulden aus der Nachlassverwaltung seitens der Erben sind nicht abzugsfähig, obwohl ebenfalls in der Nachlassinsolvenz vorrangig: Soergel/*Dieckmann*, BGB, § 2311 Rn. 11.
289 VGH Bayern, 15.07.2003 – 12 B 99.1700, FamRZ 2004, 489490.
290 Obwohl sie gem. § 10 Abs. 5 Nr. 3 ErbStG abzugsfähige Nachlassverbindlichkeit sind, vgl. *Floeth*, ZErb 2015, 269.
291 SG Frankfurt, 28.11.2008 – S 36 SO 212/05; OLG Köln, 21.11.2014 – 20 W 94/13, ZEV 2015, 355.
292 VGH Bayern, 15.07.2003 – 12 B 99.1700, FamRZ 2004, 489.
293 Vgl. *Mayer*, in: Bamberger/Roth, BGB, § 2311 Rn. 9.

Aus diesem Grund ebenfalls vorrangig abzugsfähig ist der Anspruch des überlebenden Ehegatten auf familienrechtlichen Zugewinn nach § 1371 Abs. 2 und Abs. 3 BGB, vgl. Rdn. 3587, ebenso gem. Art. 12 Abs. 1 des Abkommens über den deutsch-französischen Wahlgüterstand, vgl. Rdn. 3588.

670

▶ **Hinweis:**

In der Praxis wird der überlebende Ehegatte sich allerdings selten durch Ausschlagung und Verlangen des güterrechtlichen Zugewinnausgleichs (der daneben gem. § 1371 Abs. 3 BGB zustehende kleine Pflichtteil ist ohnehin dem Erbenregress ggü. nachrangig) besser stellen können, da der Hilfeempfänger kaum einen höheren Zugewinn erzielt haben wird. Der umgekehrte Fall (der Hilfeempfänger schlägt nach seinem vorverstorbenen Ehegatten aus und verlangt seinerseits den familienrechtlichen Zugewinnausgleich vorrangig vor dem Erbenregress) ist wenig praktisch, da der erlangte Geldanspruch als nicht privilegiertes Vermögen beim Hilfeempfänger einzusetzen wäre; erzwingen kann der Sozialleistungsträger aber eine solche Ausschlagung mangels Überleitbarkeit[294] nicht.

671

Nicht abzugsfähig sind jedoch **Nachlasserbenschulden** (z.B. Verbindlichkeiten aus der Fortführung eines zum Nachlass gehörenden Unternehmens), und erst recht nicht **Eigenschulden des Erben**, ebenso wenig die allein dem Erben nützlichen Aufwendungen (z.B. Kosten der Testamentseröffnung und der Erbscheinserteilung).[295]

672

Entgegen einer teilweise untergerichtlich vorgetragenen Rechtsmeinung besteht ein »naturgegebener« Vorrang des öffentlich-rechtlichen Erstattungsanspruchs ggü. sonstigen Nachlassverbindlichkeiten (Erblasser- oder Erbfallschulden) gerade nicht.[296] Vielmehr ist zunächst der »Wert des Nachlasses« zu ermitteln, wobei auf die obigen (Rdn. 669 ff.) Differenzierungen abzustellen ist (vorrangig sind also Erblasserschulden und solche Erbfallschulden, die auf den Todesfall als solche zurückgehen oder die einen Pflichtteilsberechtigten auch dann getroffen hätten, wenn er Erbe geworden wäre).

673

Erst dann stellt sich die Frage der **Konkurrenz mit anderen Nachlassverbindlichkeiten**, vorausgesetzt, der Erbe hat die Beschränkung seiner Haftung auf den Nachlass gem. § 1975 BGB herbeigeführt und der Nachlass reicht nicht aus, allen Nachlassverbindlichkeiten i.S.d. § 1967 BGB (zu denen auch der Erbenregress in der oben ermittelten dann beschränkten Höhe zählt) nachzukommen.

674

▶ **Hinweis:**

Anders als unter der bis 21.12.1993 geltenden Fassung des § 92c BSHG (»Haftung nur mit dem Nachlass«) beschränkt sich die Kostenersatzpflicht des Erben nicht bereits kraft Gesetzes auf den Nachlass,[297] so dass ggf. Maßnahmen zur Begrenzung der Erbenhaftung erforderlich sind oder sich gar bei ersichtlicher Überschuldung die rechtzeitige Ausschlagung empfiehlt.

675

d) Geltendmachung des Erbenregresses

Der Anspruch auf Kostenersatz gegen die Erben – in der Praxis häufig die Geschwister des Übernehmers hinsichtlich etwaigen Restbarvermögens – erlischt 3 Jahre nach dem Tod des Hilfeemp-

676

---

294 § 93 Abs. 1 Satz 1 SGB XII eröffnet dies nur für Ansprüche, vgl. zur Parallelfrage i.R.d. § 2306 BGB beim »Behindertentestament« Rdn. 6497 ff.
295 OLG Stuttgart, 24.11.1977 – 8 W 365/77, JABl. BW 1978, 76.
296 VGH Bayern, 15.07.2003 – 12 B 99.1700, FamRZ 2004, 489.
297 VGH Bayern, 26.05.2003 – 12 B 99.2576, FamRZ 2004, 491, auch mit Zitaten zur abweichenden herrschenden Literaturauffassung; bereits zur alten Gesetzesfassung hatte OLG Lüneburg, 18.11.1980 – 4 A 97/79, FEVS 31, 197 zumindest prozessual den Vorbehalt einer Beschränkung der Haftung auf den Nachlass ähnlich der Dürftigkeitseinrede des § 1980 BGB verlangt.

fängers (also keine Sylvesterverjährung wie in § 103 Abs. 3 Satz 1 SGB XII). Die Bestimmungen des BGB (insb. § 204) zu Hemmung, Ablaufhemmung und zum Neubeginn der Verjährung gelten entsprechend. Tritt nur bei einem Miterben **Verjährung** ein, führt dies nicht zum Erlöschen des Anspruchs gegen die anderen Miterben.[298]

677 Der Anspruch kann durch Leistungsbescheid, wohl auch durch Leistungsklage[299] geltend gemacht werden. Widerspruch und Anfechtung haben aufschiebende Wirkung (§ 86a Abs. 1 SGG).

678 Die Heranziehung der Erben zum Kostenersatz ist – von Härtefällen i.S.d. § 102 Abs. 3 Nr. 3 SGB XII abgesehen – durch den Sozialleistungsträger **zwingend vorzunehmen**;[300] ist der Nachlass wegen der begrenzten Höhe der gewährten Sozialleistung jedoch nur teilweise heranzuziehen, besteht ein (an der Leistungsfähigkeit der Miterben orientiertes) **Auswahlermessen**[301]. Soweit jedoch einzelne Miterben gem. § 102 Abs. 3 Nr. 2 oder Nr. 3 SGB XII (häusliche Pflege bis zum Tod oder Härtefall) nicht herangezogen werden können und aus dem Kreis der Pflichtigen ausscheiden, dürfen die Verbleibenden nur zu einem ihrem Erbteil entsprechenden Anteil des Ersatzanspruchs herangezogen werden (gestörter Gesamtschuldnerausgleich).[302]

▶ Hinweis:

679 Praktischer Hauptanwendungsfall des Erbenregresses i.R.d. SGB XII ist angesichts des Fehlens sonstiger nennenswerter Schonvermögenstatbestände der Zugriff auf das angemessene, bis zuletzt durch zumindest ein Mitglied der Bedarfsgemeinschaft **selbst genutzte Eigenheim**.

Fälle des § 35 SGB II werden demgegenüber seltener sein als solche des § 102 SGB XII, da der Bezug des ALG II mit Erreichen des Rentenalters endet und häufig der Erbfall erst nach Ablauf von 10 dann folgenden Jahren eintritt. Kommt der Erbenregress i.R.d. SGB II jedoch zum Tragen, ist seine inhaltliche Reichweite häufig weiter als bei § 102 SGB XII; da das SGB II in höherem Maße Schonvermögen anerkennt als das SGB XII (z.B. in Gestalt eines angemessenen Pkw bzw. altersabhängiger Freibeträge zusätzlich zum angemessenen Eigenheim).

680 Finanzbehörden sind ggü. Sozialleistungsbehörden zur **Auskunftserteilung** über die ihnen bekannten Personendaten der Erben sowie den Nachlassbestand nach einem verstorbenen Leistungsempfänger verpflichtet (§ 30 Abs. 4 Nr. 2 AO i.V.m. § 21 Abs. 4 SGB X).[303] Daneben treten die **steuerlichen Mitteilungspflichten** des § 31a AO (Offenlegung der sonst durch das Steuergeheimnis geschützten Verhältnisse des Betroffenen, soweit für ein Verwaltungsverfahren mit dem Ziel der Rückforderung öffentlicher Leistungen erforderlich) und des § 31b AO (bei Geldwäschestraftaten).[304]

e) Nachlasshaftung nach dem Tod eines Betreuten, § 1836e Abs. 1 Satz 3 BGB

681 Mit dem Ableben des Betreuten wandelt sich das Betreuungs- in ein Abwicklungsverhältnis um, gerichtet u. a. auf die Entrichtung etwa noch ausstehender Vergütung des Betreuers (§ 1908i i.V.m. §§ 1835 ff. BGB). War das Vermögen des Betreuten bisher als Schonvermögen geschont,

---

298 OVG Nordrhein-Westfalen, 20.02.2001 – 22 A 2695/99, NDV Rechtsprechungsdienst, 2001, 95.
299 Vgl. *Conradis*, ZEV 2005, 383 gegen *Schoenfeld*, in: Grube/Wahrendorf, SGB XII, § 102 Rn. 26.
300 *Schoenfeld*, in: Grube/Wahrendorf, SGB XII, § 102 Rn. 16, auch zur Gegenansicht.
301 Vgl. VGH Hessen, 26.11.1998 – 1 UE 1276/95, FamRZ 1999, 1023; ähnlich OVG Bremen, 20.01.1994 – 2 BA 12/93, juris. Nach LSG Rheinland-Pfalz, 19.03.2015 – L 5 SO 185/14, ZEV 2015, 541 bedarf es jedoch keines Ermessensgebrauchs, wenn alle Miterben quotal in Höhe ihres Erbteils in Anspruch genommen werden.
302 *Schoenfeld*, in: Grube/Wahrendorf, SGB XII, § 102 Rn. 22; BVerwGE 57, 173; VGH Baden-Württemberg, 29.06.1976 – VI 1016/75, FEVS 25, 107.
303 Zu Einzelheiten vgl. AO-Kartei OFD Magdeburg, § 30 Karte 29 v. 15.11.2005 – S 0130–58-St 251 und Karte 13 v. 18.11.2005 – S 0130–33-St 251.
304 Vgl. *Tormöhlen*, AO-StB 2015, 235.

entfallen diese Privilegien mit seinem Ableben, so dass der Wert des Nachlasses für den Aufwendungsersatz und einen **Vergütungsanspruch des Betreuers** haftet, § 1836e Abs. 1 Satz 3 BGB. Verwiesen wird auf § 102 SGB XII, so dass die dortigen Ausführungen, auch zum Einsatz verwertbaren Vermögens, entsprechend gelten. Ein Vorrangverhältnis gegenüber dem Kostenersatzanspruch des Sozialhilfeträgers selbst besteht nicht, die Rspr. nimmt zwischen dem sozialrechtlichen Regress und dem Betreuervergütungsregress Gleichrang an.[305]

5. **Überleitung von Ansprüchen gem. § 93 SGB XII (bzw. § 27g BVG, § 33 Abs. 1 SGB II, § 95 Abs. 3 SGB VIII)**

a) Überleitungsgegenstand

Nach den genannten Vorschriften steht dem Sozialleistungsträger (Träger der Sozialhilfe, der Grundsicherung für Arbeit Suchende, der Kinder- und Jugendhilfe[306] bzw. dem Versorgungsamt) die Möglichkeit offen, durch schriftliche Anzeige an einen Dritten Ansprüche, welche dem Hilfeempfänger oder einem Mitglied der (hier erweiterten!) Einsatzgemeinschaft gegen den Dritten zustehen, auf sich überzuleiten (im Bereich des SGB II vollzieht sich dieser Übergang seit 01.08.2006 gar durch Legalzession). In Betracht kommen etwa Ansprüche aus Vertrag oder aus Gesetz (z.B. gem. § 528 BGB, aus Bereicherungsrecht o.Ä.), und zwar solche des privaten und des öffentlichen Rechts, auch soweit sie nicht (originär bzw. nach Transformation) auf Geldzahlung gerichtet sind.[307] Auch die Überleitung von Wertersatzansprüchen, die an die Stelle primärer Leibgedingsdienstleistungen nach den Landesausführungsgesetzen zum BGB treten, bleibt ein Vorgang im Bereich des § 93 SGB XII, kein gesetzlicher Übergang eines Unterhaltsanspruchs gem. § 94 SGB XII.[308]

682

Nicht der Überleitung zugänglich sind **selbstständige Gestaltungsrechte** (vgl. zur Parallelfrage des Ausschlagungsrechts Rdn. 6473). Häufig enthalten bspw. Grundstücksübertragungsverträge bedingte Ansprüche auf Rückauflassung, z.B. für den Fall einer abredewidrigen Verfügung, des Vermögensverfalls des Erwerbers oder des Vorversterbens vor dem Veräußerer. I.d.R. werden diese nicht als auflösende Bedingung, sondern als für den Fall der Ausübung eines Gestaltungsrechts bestehende schuldrechtliche Ansprüche formuliert sein. Selbstständige, höchstpersönliche Gestaltungsrechte lassen sich jedoch, da es sich nicht um Ansprüche handelt, auch nicht gem. § 93 Abs. 1 Satz 4 SGB XII überleiten,[309] mögen sie auch (in Grenzen) der Einzelpfändung unterliegen.[310] Allenfalls unselbstständige Nebenrechte zu einem Anspruch können mit diesem übergeleitet werden.

683

Allerdings stellt eine bestehende Rücktrittsberechtigung (bei Eintritt einer der Rücktrittstatbestände) einen Vermögenswert dar, auf den der Sozialhilfeträger den rücktrittsberechtigten Veräußerer als vorrangigen Einsatz eines Rechts verweisen kann (§ 2 SGB XII). Ob Gleiches für ein etwa bestehendes **Ausschlagungsrecht des Hilfeempfängers** gilt, soweit dadurch liquide Pflichtteilsansprüche entstehen können (z.B. gem. § 2306 BGB), ist allerdings fraglich: Der Einsatz des »bereiten Mittels« muss dem Hilfesuchenden zumutbar sein. Daran dürfte es fehlen, wenn er mit der Ausschlagung schlechter steht als ohne diese, da die ergänzenden, nur durch die Testamentsvoll-

684

---

305 BayObLG, 03.03.2005 – 3Z BRZBR 192/04, BayObLGZ 2004, 390.
306 Fall in BGH, 07.11.2006 – X ZR 184/04, NJW 2007, 60 [Hilfe für die Persönlichkeitsentwicklung eines volljährigen Jugendlichen, § 41 SGB VIII durch Heimunterbringung; Kosten 7.000,00 DM/Monat!].
307 A.A. OLG Braunschweig, 11.09.1995 – 2 W 118/95, NdsRpfleger 1996, 93 ff. (arg: Wortlaut »bis zur Höhe seiner Aufwendungen« in § 93 Abs. 1 Satz 1 SGB XII); dagegen *Rosendorfer*, MittBayNot 2005, 2 m.w.N.
308 Vgl. BVerwG, 27.05.1993 – 5 C 7/91, NJW 1994, 64 ff.
309 Ebenso von *Lanzenauer*, ZfSH 1966, 40.
310 BGH, 20.02.2003 – IX ZR 102/02, NotBZ 2003, 229 m. Anm. *Heinze*; FamRZ 2003, 858 m. Anm. *Münch*, FamRZ 2004, 1329; ähnlich zuvor schon OLG Bamberg, 25.05.1992 – 4 U 111/91, n.v.

streckung/den Nacherbenschutz gewährleisteten Zuwendungen wegfallen würden (vgl. hierzu unten Rdn. 6501 ff.).

b) Überleitungsbetroffener

685 Während nach der bis zum 01.08.1996 geltenden Fassung des damaligen § 90 BSHG nur solche Ansprüche übergeleitet werden konnten, deren Gläubiger vor der Zession der Hilfeempfänger selbst oder ein weiteres Mitglied der Einsatz- und Bedarfsgemeinschaft (Rdn. 521 ff.) war, benennt das Sozialhilfereformgesetz v. 23.07.1996 als tauglichen Anspruchsinhaber – allerdings ausschließlich bei der Gewährung von HbL – neben dem nicht **getrennt lebenden Ehegatten** (der schon bisher über die Einsatzgemeinschaft des § 28 BSHG, nun § 27 Abs. 2 Satz 2 SGB XII erfasst war)[311] und dem Verpartnerten auch die **Eltern des Hilfeempfängers** (diese wären nach früherem Recht über § 27 Abs. 2 Satz 3 SGB XII nur dann zu berücksichtigen gewesen, wenn der Hilfeempfänger minderjährig und unverheiratet ist). Demnach kann der Sozialhilfeträger nunmehr bspw. im Fall der Zuwendung von Hilfe zur Pflege an einen behinderten Volljährigen den Anspruch überleiten, den dessen Eltern aufgrund einer früheren Zuwendung (z.B. Grundbesitzübertragung) an ein weichendes Geschwisterteil gem. § 528 BGB (Fallgruppe der Verarmung in Form verringerter Unterhaltsgewährung an Abhängige) haben, i.d.R. selbst jedoch nicht geltend machen werden.

686 Dies gilt auch, wenn die Zuwendung selbst bereits vor dem 01.08.1996 stattgefunden hat, sofern nur die Verarmung als anspruchsauslösendes Merkmal erst nach Inkrafttreten der erweiterten Fassung des (damaligen) § 90 BSHG eintrat; dieser Anspruch wird dann ebenfalls von der Überleitungsfähigkeit durch Verwaltungsakt erfasst (verfassungsrechtlich unechte Rückwirkung; das Vertrauen des Schenkungsempfängers in das bestehen Bleiben der Nichtabtretbarkeit der Verpflichtung – §§ 400 BGB, 852 ZPO wurde erst ab 01.08.1996 durch § 90 Abs. 1 Satz 1 und Satz 4 BSHG, nun § 93 Abs. 1 SGB XII, überwunden – ist ebenso wenig schutzbedürftig wie das tatsächliche Vertrauen darauf, dass während der 10-Jahres-Frist des § 529 Abs. 1 BGB keine Verarmung eintreten werde).

c) Überleitungsvoraussetzungen

687 Der Überleitung des Anspruchs auf den Träger nachrangiger Sozialleistungen steht nicht entgegen, dass der Anspruch (z.B. das Rückforderungsrecht aus § 528 BGB gem. § 852 Abs. 2 ZPO, § 400 BGB) nicht abtretbar ist (vgl. § 93 Abs. 1 Satz 4 SGB XII, § 27g Abs. 1 Satz 4 BVG im Bereich der Kriegsopferfürsorge,[312] § 203 Abs. 1 Satz 4 SGB III a.F. für Leistungen der Arbeitslosenhilfe, nun § 33 Abs. 1 Satz 4 SGB II für das Arbeitslosengeld II).

688 Die Überleitung darf jedoch nur i.H.d. **gewährten nachrangigen Sozialleistungen** erfolgen, wobei die Rechtsprechung die dabei häufig verwendete Formulierung i.H.d. anfallenden Sozialhilfeleistungen genügen lässt.[313]

▶ Hinweis:

Dies hat zur Folge, dass der Notar, der für eine vollstreckungsbewehrte Vertragsverpflichtung (etwa eine Zahlungspflicht in einem Grundstücksübergabevertrag) dem Sozialhilfeträger eine vollstreckbare Ausfertigung erteilen soll, nach § 727 ZPO nicht nur den Nachweis der Be-

---

311 Mit der Folge, dass nach Überlassung eines im je hälftigen Eigentum von Ehegatten stehenden Anwesens an ein Kind bei Sozialhilfebezug durch einen der beiden Veräußerer auch der vom nicht getrennt lebenden Ehegatten überlassene Halbanteil der Überleitung des Rückforderungsanspruchs (§ 528 BGB beim Ehegatten verwirklicht in der Variante des Wegfalls eigener Leistungsfähigkeit ggü. Unterhaltsberechtigten, nicht der eigenen Verarmung!) unterliegt; vgl. DNotI-Gutachten, Faxabruf-Nr. 1225 v. 12.08.1999.
312 Zu § 27g Abs. 1 BVG vgl. *Doering-Striening*, ZErb 2017, 67, 73 ff.
313 Vgl. etwa BGH, 29.03.1985 – V ZR 107/84, NJW 1985, 2419.

kanntgabe des Überleitungsakts (Postzustellurkunde sowie beglaubigte Abschrift des Verwaltungsakts) zu fordern hat, sondern auch eine gesiegelte Aufstellung der bisher erbrachten Leistungen (als öffentliche Urkunde i.S.d. § 418 BGB).[314]

Ferner darf nur insoweit übergeleitet werden,[315] als bei rechtzeitiger Leistung des Anspruchsgegners die Sozialleistung nicht zu gewähren gewesen wäre. Diese sozialhilferechtliche Schranke des § 93 Abs. 1 Satz 2 SGB XII tritt neben etwaige Schranken, die sich aus dem Inhalt des übergeleiteten Anspruchs selbst ergeben (dessen Rechtsnatur und ggf. Einredebehaftetheit sich ja durch die Rechtsnachfolge auf Gläubigerseite nicht ändern). Von besonders problematischer Relevanz ist i.R.d. § 93 Abs. 1 Satz 2 SGB XII das Tatbestandsmerkmal der »**Leistung**«. So stellt sich bspw. bei Überleitung eines Rückforderungsanspruchs gem. § 528 BGB die später noch zu untersuchende Frage, ob die dem verarmten Schenker zustehenden »Leistungen« i.S.d. Sozialhilferechts als »Einkommen« oder »Vermögen« zu klassifizieren sind, mithin also ob auf den geschenkten Gegenstand selbst (z.B. ein Anwesen, das in der Hand des Schenkers Schonvermögen bilden würde) abzustellen ist oder auf den Einkommenscharakter der Geldzahlung, die wegen der Unteilbarkeit des Geschenkwerts für den jeweils zugrunde zu legenden Zeitraum in der praktischen Anwendung des Gesetzes typischerweise zu erbringen ist. Diese Frage und mögliche vertragliche Gestaltungsmöglichkeiten werden später untersucht (Rdn. 1072 ff.).

689

Schließlich muss der übergeleitete Anspruch gerade »für die Zeit« bestehen, für welche Hilfe gewährt wurde. Dies ist nicht nur bei wiederkehrenden Geldleistungsansprüchen hinsichtlich desselben Zeitraums gegeben, sondern wohl auch bei einmaligen Ansprüchen (z.B. aus § 528 BGB), welche während des Hilfeleistungszeitraums fällig werden.[316] Die **zeitliche Kongruenz** ist allerdings wohl nicht mehr gewahrt, wenn der übergeleitete Anspruch noch nicht fällig ist, da dann auch bei rechtzeitiger Leistung der Anspruch nicht geeignet ist, die Notlage abzuwenden und staatliche Sozialhilfeleistungen überflüssig werden zu lassen.[317]

690

Der öffentlich-rechtliche Kostenbeitrags- bzw. Aufwendungsersatzanspruch gem. §§ 19 Abs. 5, 92 SGB XII hat ggü. § 93 SGB XII Vorrang, z.B. in den Fällen, in denen der Dritte ebenfalls Mitglied der Einsatzgemeinschaft mit dem Hilfeempfänger ist.

691

d) Überleitungsverfahren

Der Übergang gem. § 93 SGB XII selbst erfolgt aufgrund (anfechtbaren) (**Sozial-**)**Verwaltungsakts**; der übergeleitete Anspruch ist ggf. vor den Gerichten, welche nach seinem Inhalt zur Entscheidung hierüber berufen sind, geltend zu machen. Ist der Überleitungsbescheid angefochten, wird regelmäßig[318] der Rechtsstreit über den übergeleiteten Anspruch selbst gem. § 148 ZPO ausgesetzt. Im Bereich der Grundsicherung für Arbeit Suchende (§ 33 SGB II) findet allerdings seit 01.08.2006 eine Legalzession statt, so dass das Fachgericht i.R.d. Aktivlegitimation auch deren Wirksamkeit prüft. Es handelt sich um eine Ermessensentscheidung, bei welcher der Sozialleistungsträger auch die »sozialen Rechte« des Hilfeempfängers gem. §§ 3 bis 10 SGB I zu berücksichtigen hat.[319]

692

---

314 Vgl. Gutachten, DNotI-Report 2002, 75.
315 Vgl. § 93 Abs. 1 Satz 3 SGB XII; § 27g Abs. 1 Satz 3 BVG. Nach OVG Nordrhein-Westfalen, 27.04.1987 – 8 A 1750/85, NJW 1988, 1866 muss sogar die Überleitungsanzeige selbst zum Ausdruck bringen, dass die Überleitung nur insoweit bewirkt werde, als bei rechtzeitiger Leistung (z.B. Herausgabe gem. § 528 BGB) die Hilfe nicht gewährt worden wäre.
316 Vgl. OVG Nordrhein-Westfalen, 17.05.1988 – 8 A 189/87, VwBl. 1988, 17.
317 Vgl. DNotI-Gutachten, Faxabruf-Nr. 1243 v. 15.04.2001.
318 Anders, wenn die beklagte Partei die Anfechtungsklageschrift nicht vorlegt, BGH, 15.05.2007 – X ZR 109/05, FamRZ 2007, 1163.
319 *Wendt*, ZNotP 2008, 2, 9.

e) Folgen der Überleitung

693 Der durch (Sozial-)Verwaltungsakt herbeigeführte Übergang des Anspruchs führt zu keiner Inhaltsänderung, die **Überleitungsanzeige ersetzt** also lediglich die **rechtsgeschäftliche Abtretungserklärung**. Dem Zessionar können weiterhin alle Einreden entgegengehalten werden (§ 404 BGB); an den bisherigen Rechtsinhaber kann bis zur Anzeige der Abtretung schuldbefreiend geleistet werden (§ 407 BGB), ein gutgläubiger Erwerb einer nicht bestehenden Forderung ist auch durch Verwaltungsakt nicht möglich. Für Streitigkeiten über den übergeleiteten Anspruch selbst sind die jeweiligen Fachgerichte zuständig. Der Sozialleistungsträger, der aus übergeleitetem Recht Ansprüche geltend macht, erfährt hinsichtlich der Darlegungs- und Beweislast keine Erleichterungen, auch nicht im Hinblick darauf, dass er über keine weiteren Informationen zur Sache selbst verfügt (er muss also bspw. in gleicher Weise vortragen, wie wenn der Berechtigte selbst eine Pflichtteilsergänzung gem. § 2329 BGB verlangen würde).[320] Bestehende Titel sind gem. § 727 Abs. 1 ZPO umzuschreiben;[321] hierfür muss die Mitteilung der Überleitung an den Schuldner nachgewiesen werden (durch beglaubigte Abschrift der Anzeige und Postzustellurkunde), sowie der Umfang der bisher erbrachten Leistungen (durch eine als öffentliche Urkunde i.S.d. § 418 ZPO anzusehende Aufstellung des Sozialamtes, deren Richtigkeit dienstlich versichert wird[322]).

6. Übergang von Unterhaltsansprüchen gem. § 94 SGB XII (§ 27h BVG, § 33 Abs. 2 SGB II)

a) Forderungsübergang

694 Alle nachrangigen Sozialleistungsarten sehen vor, dass zivilrechtliche Unterhaltsansprüche des Hilfeempfängers gegen Verwandte ersten Grades oder geschiedene Ehegatten übergehen können (§ 94 SGB XII für die Sozialhilfe, § 27h BVG hinsichtlich der Kriegsopferfürsorge, § 33 Abs. 2 SGB II i.R.d. Grundsicherung für Arbeitsuchende).[323]

695 Im Bereich der Kinder- und Jugendhilfe wird die Nachrangigkeit der Bedarfsdeckung in Gestalt der Heimunterbringung von Kindern (sog. Hilfe zur Erziehung) ggü. den Unterhaltspflichten der Eltern jedoch seit 01.10.2005 allein[324] durch Erhebung eines pauschalierten öffentlich-rechtlichen Kostenbeitrags gem. §§ 92 Abs. 2, 94 Abs. 5 SGB VIII i.V.m. der hierzu ergangenen Verordnung[325] verwirklicht, was häufig zu einer (schwer verständlichen) Besserstellung der Eltern führt.[326]

696 I.R.d. Gesetzes zur Umsetzung des föderalen Konsolidierungsprogramms v. 23.06.1993[327] wurden die Überleitungsnormen im Bereich der Sozialhilfe und der Kriegsopferfürsorge[328] auf den gesetzlichen Forderungsübergang umgestellt, lediglich § 33 SGB II verblieb bis zum 01.08.2006 bei der früheren Überleitungslösung durch Verwaltungsakt (ebenso wie die Vorgängernormen des § 140 AFG und des § 203 Abs. 1 SGB III, was zu einem gewissen Systembruch innerhalb der Nachran-

---

320 Vgl. OLG Köln, 28.03.2007 – 2 U 37/06, ZEV 2007, 489.
321 *Gutachten*, DNotI-Report 2012, 53 ff.
322 OLG Zweibrücken, 18.04.2007 – 5 WF 16/07, NJW 2007, 2779, 2780.
323 Vgl. hierzu allgemein *Frank*, BWNotZ 1983, 160; *Karpen*, MittRhNotK 1988, 137.
324 Vgl. BGH, 06.12.2006 – XII ZR 197/04, FamRZ 2007, 376 m. Anm. *Doering-Striening*.
325 V. 01.10.2005, BGBl. I 2005, S. 2907, Tabelle S. 2909.
326 So in der vorvorig zitierten BGH-Entscheidung: älteres Doppelbeamtenehepaar (Musikhochschullehrer und Studiendirektorin) adoptiert ausländische Kinder, die nach elterlichen Misshandlungen dauerhaft im Heim untergebracht werden müssen.
327 FKPG, BGBl. I 1993, S. 944 ff.
328 Vgl. z.B. VG Aachen, 26.05.2015 – 2 K 16/13, ErbR 2016, 233 (nur Ls.).

gigkeitsnormen des Sozialrechts führte,[329] der jedoch durch das Hartz IV-Fortentwicklungsgesetz behoben wurde.

Die Novellierungen im Bereich des BVG, des (damaligen) BSHG und des nunmehrigen SGB II haben zur Erleichterung des Rückgriffs und zur Vermeidung der bisherigen Zweigleisigkeit[330] des Rechtswegs (verwaltungsrechtliche Anfechtungsklage gegen die Überleitungsanzeige und zivilrechtliche Leistungsklage auf Unterhalt) auch im Bereich des § 94 SGB XII einen **gesetzlichen Forderungsübergang** (cessio legis) nach dem Vorbild etwa des § 116 SGB X, des § 37 BAföG oder des § 7 UVG eingeführt. Einer schriftlichen Überleitungsanzeige nach dem Muster des § 93 Abs. 1 Satz 1 SGB XII bedarf es hier nicht. Ein (anfechtbarer) Verwaltungsakt ist demnach nicht mehr gegeben, so dass alle maßgeblichen Fragen (hinsichtlich Grund und Höhe des übergegangenen Anspruchs) i.R.d. **Leistungsklage** vor den Zivilgerichten zu klären sind.[331] Die Mitteilung über die bereits erfolgte Überleitung des Anspruchs an Unterhaltsgläubiger und -schuldner ist nur mehr schlichtes Verwaltungshandeln, kein angreifbarer Verwaltungsakt. 697

Auch der unterhaltsrechtliche Auskunftsanspruch geht mit über.[332] Daneben besteht gem. § 117 Abs. 1 SGB XII ein öffentlich-rechtlicher Auskunftsanspruch unmittelbar auch gegen den nicht getrennt lebenden Ehegatten, Lebenspartner bzw. Lebensgefährten (§ 19 Abs. 3 SGB XII) mit ein.[333]

Der kraft Gesetzes eintretende Forderungsübergang ist jedoch **ausgeschlossen**, soweit der Unterhaltsanspruch durch direkte Zahlung an den unterhaltsberechtigten Hilfeempfänger erfüllt wird (§ 94 Abs. 1 Satz 2 SGB XII). 698

Der gesetzliche Forderungsübergang wirkt zeitlich auf den **Beginn der Hilfeleistung** (nicht nur auf das Datum des Bewilligungsbescheids!) zurück, wenn der Träger der Sozialhilfe den Unterhaltspflichtigen unverzüglich nach Kenntnis von dem Sozialhilfebedarf (§ 18 Abs. 1 SGB XII) hiervon schriftlich unterrichtet (§ 94 Abs. 4 SGB XII). Der Sozialhilfeträger wird damit im Vergleich zur früheren Rechtslage[334] besser gestellt. I.Ü. gehen auch hier die Bestimmungen des BGB zur rückwirkenden Inanspruchnahme Unterhaltspflichtiger vor. 699

Gem. § 94 Abs. 4 Satz 2 SGB XII kann der Sozialhilfeträger auch zur Vermeidung von Doppelprozessen bei voraussichtlich längerer Hilfegewährung gleichzeitig den Anspruch auf künftige Leistung bis zur Höhe der jeweiligen monatlichen Sozialhilfeaufwendungen klageweise geltend machen.[335] 700

Der nunmehr allein berufene Zivilrichter hat (vgl. § 94 Abs. 5 Satz 3 SGB XII) auch die verbleibende sozialhilferechtliche Schranke des § 94 Abs. 3 SGB XII zu beachten, z.B. die Schranke der **unbilligen Härte** (Rdn. 726 ff.) oder des **Verbots dadurch bedingter eigener Sozialhilfebedürftig-** 701

---

329 Vgl. zum Folgenden umfassend *Künkel*, FamRZ 1994, 540; *Münder*, NJW 1994, 494 ff.; *Renn*, FamRZ 1994, 473 ff.; von der prozessualen Seite: *Seetzen*, NJW 1994, 2505 ff.
330 Diese hat zu sehr umfangreicher Rspr. über die Abgrenzung der jeweiligen Prüfungspflichten geführt, vgl. z.B. BVerwG, 04.06.1992 – 5 C 57/88, NJW 1992, 3313: Keine Prüfung der Frage, ob Sozialhilfe zu Recht gewährt wurde, im Verwaltungsstreit gegen den Überleitungsakt.
331 Vgl. hierzu auch BT-Drucks. 12/4401, S. 82 (Begründung zu Art. 7 des FKPG).
332 Seit der Gesetzesnovelle zum 01.08.1996; früher war der Sozialhilfeträger auf den öffentlich-rechtlichen Auskunftsanspruch des § 116 BSHG verwiesen.
333 LSG Rheinland-Pfalz, 18.02.2016 – L 5 SO 78/15, FamRZ 2016, 1411; LSG Baden-Württemberg, 25.02.2016 – L 7 SO 3734/15, RdLH 2016, 134.
334 Vgl. dazu etwa BGH, 24.04.1985 – IV b ZR 23/84, FamRZ 1985, 793; ferner *Bonefeld*, FamRZ 1993, 1029.
335 Vgl. auch hier zum bisherigen Rechtszustand OLG Bremen, 22.12.1983 – 3 UF 62/83, FamRZ 1984, 1256; OLG Schleswig, DAVorm 1984, 712.

keit des Unterhaltsschuldners,[336] ferner die Begrenzung auf 26,00 € (HbL) und 20,00 € (HLU) pro Monat bei der Unterhaltsgewährung durch Eltern an ein volljähriges behindertes oder pflegebedürftiges Kind (§ 94 Abs. 2 SGB XII, Rdn. 729 ff.). Die unterhaltsrechtliche Verpflichtung ist also i.d.R. weiter als der gesetzlich eintretende Übergang nach § 94 SGB XII.

702 Diese nachstehend im Einzelnen (Rdn. 711 ff.) dargestellten Begrenzungen des gesetzlichen Übergangs privater Unterhaltsansprüche führen dazu, dass der **Unterhaltsgläubiger** hinsichtlich eines überschießenden Betrags weiterhin **aktivlegitimiert** bleibt,[337] so dass möglicherweise mehrere Prozesse wegen desselben Anspruchs nebeneinander bestehen könnten. Zuständig für beide Verfahren wäre das AG (§§ 23a Nr. 2, 23b Nr. 4 und Nr. 5 GVG). Aus diesem Grund wurden **vor Inkrafttreten des § 94 Abs. 5 SGB XII** (vormals § 91 Abs. 4 BSHG) in der Praxis verschiedene Möglichkeiten diskutiert, um zu erreichen, dass der Unterhaltsgläubiger in einem Verfahren auch den gesetzlich auf den Sozialhilfeträger übergegangenen Anspruchsteil klageweise geltend machen kann (gewillkürte Prozessstandschaft; materiell-rechtliche Einziehungsermächtigung gem. § 185 BGB; treuhänderische Rückübertragung des übergegangenen Anspruchs etc.).[338]

703 Seit 01.08.1996 wurde die Möglichkeit der **Rückübertragung des Unterhaltsanspruchs auf den Sozialhilfeempfänger** nunmehr im Gesetz ausdrücklich gesetzlich anerkannt; etwaige Mehrkosten sind dem Hilfeempfänger zu erstatten.[339] Gleiches gilt seit 01.08.2006 im Bereich des SGB II.

b) Gegenstand des Übergangs

704 Die cessio legis nach § 94 SGB XII erfasst gesetzliche Unterhaltsansprüche gegen solche Personen, die nicht ohnehin bereits der Einsatz- und Bedarfsgemeinschaft angehören (Rdn. 521 ff.), also Getrenntlebens- und Nachscheidungsunterhalt,[340] auch im Bereich der Lebenspartnerschaft, und v.a. den Verwandtenunterhalt.

aa) Kongruenz

705 Voraussetzung ist jedoch die Deckungsgleichheit zwischen der Sozialhilfeleistung und dem Unterhaltsanspruch, d.h. sachliche, zeitliche und persönliche Kongruenz:[341]
(1) Es sind eine ganze Reihe von Fallgestaltungen denkbar, in denen die gewährte Sozialhilfe ihrer Art nach (»**sachlich**«) vom bürgerlich-rechtlichen Unterhalt nicht erfasst wird, so dass (mangels Anspruchs) kein Übergang stattfinden kann: Hilfen zur Übernahme von Zahlungsrückständen (§ 34 Abs. 1 SGB XII), Hilfe zur Sterilisation und Familienplanung (§§ 49, 51 SGB XII), Haushaltsführungshilfe (§ 70 SGB XII), nach früherem Recht auch Hilfen zum Aufbau oder zur Sicherung einer Existenz (§ 30 BSHG) und Hilfen zur Erlangung und Sicherung eines geeigneten Arbeitsplatzes (§ 40 BSHG) etc.[342] Umgekehrt mag ein bestimmter Bedarf zwar vom bürgerlich-rechtlichen Unterhaltsanspruch erfasst sein, hierfür jedoch keine Sozialhilfe gewährt werden, so dass der Anspruchsübergang (mangels rechtmäßig geleisteter Hilfe) ebenfalls ausscheidet: Vorsorgeunterhalt ist bspw. (außer gem. § 33 SGB XII) nicht Bestandteil der Deckung des aktuellen Lebensbedarfs in der Sozialhilfe.

---

336 Durch Gesetz v. 02.12.2006, BGBl. I 2006, S. 2671 wurde klargestellt, dass es um die Vermeidung des Bezugs von HLU sowie Altersgrundsicherungsleistungen (3. und 4. Kap.) geht.
337 Vgl. OLG Köln, 09.10.1996 – 27 UF 52/96, FamRZ 1997, 1101.
338 Vgl. im Einzelnen Rn. 406 der 1. Aufl. dieses Buches, m.w.N.
339 Gemäß OLG Düsseldorf, NJW 1997, 137 soll allerdings eine vor dem 01.08.1996 erfolgte Rückabtretung unwirksam bleiben; diese Rspr. begegnet im Hinblick auf die Ausführungen in der vorangehenden Fußnote erheblichen Bedenken.
340 Gleichgestellt sind vertragliche Unterhaltsansprüche, welche die gesetzliche Höhe konkretisieren sollen, also keine rentenähnliche Verpflichtung schaffen (andernfalls § 93 SGB II).
341 Vgl. hierzu ausführlich *Schnitzler/Günther*, MAH Familienrecht, § 12 Rn. 47 ff.
342 Ebenso SH-Richtlinien Bayern, Allgemeines Ministerialblatt 1997, S. 646, Rn. 91.11.

(2) Die **persönliche Kongruenz** macht es regelmäßig erforderlich, den für alle Mitglieder der Einsatz- und Bedarfsgemeinschaft (Rdn. 521 ff.; 729 ff.) in einem Sozialhilfebescheid zusammengefassten Betrag dem einzelnen Hilfeempfänger zuzuordnen.[343] Im Detail bereiten insb. die Aufteilung der Wohnkosten und die Zuordnung des Kindergelds Schwierigkeiten.[344]

706

(3) Bzgl. der **zeitlichen Kongruenz** ist zu beachten, dass der Sozialhilfeträger rückständigen Unterhalt nicht nur in den Fällen des bürgerlichen Rechts (Rechtshängigkeit, Inverzugsetzung, ferner bei Sonderbedarf gem. § 1613 Abs. 2 BGB) einfordern kann, sondern zusätzlich auch ab dem Zeitpunkt, in dem er dem Unterhaltspflichtigen die Hilfegewährung (dem Grund nach) mitgeteilt hat, bzw. dann sogar gem. § 94 Abs. 4 Satz 1 SGB XII ab dem Beginn der Hilfeleistung (Rdn. 719). Diese[345] sog. »Rechtswahrungsanzeige«[346] ersetzt die Inverzugsetzung durch den Unterhaltsberechtigten. Bleibt die Sozialhilfeverwaltung allerdings ein Jahr nach deren Zugang untätig, hat sie den Unterhalt für dieses Jahr nach § 242 BGB verwirkt.[347]

707

bb) Unterhaltsrechtliche Differenzierung

Zu unterscheiden ist zwischen
(1) gesteigerten Unterhaltspflichten:
    (a) Unterhaltspflicht der Eltern im Verhältnis zu minderjährigen unverheirateten ehelichen und unehelichen Kindern (§§ 1603 Abs. 2, 1615a BGB),
    (b) Unterhaltspflicht der Eltern ggü. volljährigen unverheirateten Kindern bis zur Vollendung des 21. Lebensjahres, solange sie bei wenigstens einem Elternteil leben und sich in allgemeiner Schulausbildung befinden (§ 1603 Abs. 2 Satz 2 BGB, seit 01.07.1998),
    (c) Unterhaltspflicht von Ehegatten oder Lebenspartnern bei Getrenntleben (§ 1361 BGB); einer Überleitung der Unterhaltspflicht unter nicht getrennt lebenden Ehegatten bedarf es wegen der Zugehörigkeit beider zur Einsatzgemeinschaft (§ 19 Abs. 1 und 3 SGB XII) nicht;

708

(2) nicht gesteigerten Unterhaltspflichten:
    (a) sonstige Unterhaltspflicht zwischen Verwandten in gerader Linie (§§ 1589 Satz 1, 1601, 1603 Abs. 1, 1615a, 1754 BGB), insb. den sog. »Aszendentenunterhalt« ggü. den Eltern,
    (b) Unterhaltspflicht des Vaters ggü. der Mutter des nichtehelichen Kindes (§ 1615 Abs. 1 BGB),
    (c) nacheheliche Unterhaltspflicht zwischen geschiedenen Ehegatten oder Lebenspartnern.

709

cc) Sozialhilferechtliche Differenzierung

Bis zum 31.12.2004 war wegen der in § 91 Abs. 2 Satz 1 BSHG enthaltenen sog. **sozialhilferechtlichen Vergleichsberechnung** zu differenzieren einerseits zwischen Hilfen zum Lebensunterhalt und andererseits Hilfen in besonderen Lebenslagen an den Hilfeempfänger, die Anlass sind für die Geltendmachung des gesetzlich übergegangenen Unterhaltsanspruchs. Bei Letzteren[348] waren die (allgemeine oder gesteigerte) sozialhilferechtlichen Freistellungen von Einkommen –

710

---

343 Hierzu ausführlich *Schnitzler/Günther*, MAH Familienrecht, § 12 Rn. 55 ff.
344 Vgl. *Scholz*, FamRZ 2004, 755 f. Die Verwaltung verteilt den Wohnaufwand nach Köpfen, BVerfG, 02.10.1998 – 1Z BR 91–98, NJW 1999, 293 fordert jedoch die Ermittlung des konkreten Mehrbedarfs (»zusätzliches Kinderzimmer«). Ab 01.01.2005 ist gem. § 82 Abs. 1 Satz 2 SGB XII das Kindergeld (anders als bisher – BVerwG, NJW 2004, 2541: Auszahlungsempfänger) allein dem Kind zuzurechnen.
345 Nach dem VwZG zustellbar, BGH, 15.06.1983 – IV b ZR 390/81, FamRZ 1983, 896.
346 Bei der es sich mangels unmittelbaren Eingriffs in die Rechte des Unterhaltspflichtigen nicht um einen Verwaltungsakt handelt, so dass er nicht mit Widerspruch angegriffen werden kann, BVerwG, 18.12.1975 – V C 2.75, BVerwGE 50, 66.
347 BGH, 23.10.2002 – XII ZR 266/99, FamRZ 2002, 1698; vgl. Rdn. 977.
348 Teilweise wurde – Nachweise etwa bei *Müller*, Heranziehung Unterhaltspflichtiger, S. 132 f. – auch bei den HbL-Leistungen vertreten, in Ergänzung zu den Einkommensgrenzen der §§ 79, 81 BSHG eine zu-

mit der Maßgabe, dass übersteigendes Einkommen gem. § 84 BSHG/§ 87 SGB XII nur in angemessener, i.d.R. hälftiger Höhe, heranzuziehen sei –, bei beiden die sozialhilferechtliche Freistellung von Vermögen zu berücksichtigen. Die Schongrenzen des konkreten Unterhaltsgläubigers (Bedürftigen) wären also identisch dem tatsächlichen Unterhaltsschuldner zugutegekommen, beurteilt nach den personenbezogenen Merkmalen des Gläubigers (z.B. Pflegebedürftigkeit Stufe III: mehrfach erhöhter Grundbetrag), ergänzt um die beim Zahlungspflichtigen zu berücksichtigenden Familienfreibeträge und angemessenen Unterkunftskosten. Dies wurde i.R.d. Überführung in das SGB XII nicht übernommen. Da zusätzlich die erhöhten sozialhilferechtlichen Einkommensgrenzen entfallen sind, wäre die zusätzliche öffentlich-rechtliche Schranke ohnehin nur selten zum Tragen gekommen; der zusätzliche Einspareffekt soll sich also nach Ansicht der Bundesregierung auf lediglich jährlich 65 Mio. € belaufen.[349] Im Bereich der HLU-Leistungen, wo es ein sozialrechtliches »Schoneinkommen« nicht gibt, wurden für die Rechtslage vor 31.12.2004 unterschiedliche Auffassungen zu der Frage vertreten, ob faktisch doch eine »Vergleichsberechnung« stattzufinden habe; die Empfehlungen des Deutschen Vereins für öffentliche und private Fürsorge sahen jedenfalls für die Praxis einen (2005 veränderten) Berechnungsmodus zur Vermeidung eigener Sozialhilfebedürftigkeit vor.[350]

c) *Strukturunterschiede zum Unterhaltsrecht*

711   Der **Inhalt des übergeleiteten Anspruchs** richtet sich weiterhin nach dem Unterhaltsrecht des BGB. Demzufolge gelten auch Normen, die den Unterhaltsgläubiger schützen sollen (z.B. das Verbot der **Aufrechnung** mit sonstigen Forderungen, etwa aus Darlehensrückzahlung, gegen die Unterhaltszahlungspflicht: § 394 BGB i.V.m. 850b Abs. 1 Nr. 2 ZPO) zugunsten des Sozialleistungsträgers als neuen Gläubiger.[351] **Zusätzlich** sind jedoch die Begrenzungen aus § 94 SGB XII zu beachten. Wegen der weitreichenden Strukturunterschiede zwischen Sozialhilferecht und gesetzlichem Unterhaltsrecht[352] ergeben sich hierbei in der Praxis immer wieder Probleme.

aa) Personenkreis

712   Gem. § 94 Abs. 1 Satz 3 Halbs. 2 SGB XII können nur **Verwandte ersten Grades in aufsteigender und absteigender Linie** herangezogen werden. Diese Regelung trägt der gewandelten Auffassung hinsichtlich der Reichweite des »Generationenvertrags« Rechnung und soll verhindern, dass ältere Menschen aus Angst vor Heranziehung der Enkel auf die Geltendmachung von Sozialhilfe verzichten.

713   Ausgeschlossen ist gem. § 94 Abs. 1 Satz 3 SGB XII ferner der gesetzliche Forderungsübergang von Unterhaltsansprüchen
   (1) ggü. anderen Mitgliedern der Einsatz- und Bedarfsgemeinschaft (§ 27 Abs. 2 Satz 1 SGB XII), deren Einkommen und Vermögen ohnehin bereits unmittelbar zusammengerechnet wird.
   (2) ggü. ihren zusammenlebenden Ehegatten/eingetragenen Partnern/Lebensgefährten oder bei bedürftigen minderjährigen unverheirateten Kindern im Verhältnis zu ihren Eltern oder einem Elternteil, wenn sie in deren Haushalt leben, bei den Leistungen nach dem 3. Kap. (»der HLU«, vgl. § 27 Abs. 2 Satz 3 SGB XII);

714   (3) ggü. ihren zusammenlebenden Ehegatten/Lebensgefährten/eingetragenen Partnern oder bei unverheirateten minderjährigen Kindern (ohne Rücksicht auf deren Haushaltszugehörigkeit

---

sätzliche Freistellungsprüfung nach den Grundsätzen des Deutschen Vereins für öffentliche und private Fürsorge (Fassung vor bzw. nach 1995) vorzunehmen und die höhere Grenze heranzuziehen.
349   BT-Drucks. 15/1734 v. 15.10.2003, S. 3.
350   Vgl. im Einzelnen *Krauß*, Überlassungsverträge in der Praxis, 1. Auflage, Rn. 415–418.
351   BGH, 08.05.2013 – XII ZB 192/11, DNotZ 2013, 938.
352   Vgl. hierzu auch *Münder*, NJW 1990, 2031 ff.; *Künkel*, FamRZ 1991, 14 ff.; *Kohleiss*, FamRZ 1991, 8 ff.; *Brudermüller*, FamRZ 1995, 1033 ff.

oder eigene Leistungsfähigkeit) im Verhältnis zu jedem Elternteil im Bereich des 5.–9. Kap. (der »HbL«, vgl. § 19 Abs. 3 SGB XII) sowie
(4) bei Unterhaltsansprüchen gegen Verwandte ersten Grades einer Person, die schwanger ist oder ihr leibliches Kind bis zur Vollendung des 6. Lebensjahres betreut (§ 19 Abs. 4 SGB XII).

bb) Schonung des Berechtigten

§ 90 Abs. 2 SGB XII enthält einen Katalog von Vermögensgegenständen, deren Verbrauch oder Verwertung (d.h. Veräußerung oder Belastung) vom Hilfeempfänger (dem Elternteil) sozialhilferechtlich nicht erwartet wird. Dieser deckt sich (z.B. hinsichtlich des sog. »Notgroschens«, § 90 Abs. 2 Nr. 9 SGB XII) mit der bürgerlich-rechtlichen Bedürftigkeitsprüfung (Rdn. 887 ff.) ist jedoch teilweise deutlich großzügiger, etwa hinsichtlich der pauschalen Freistellung des selbst genutzten angemessenen Wohneigentums (§ 90 Abs. 2 Nr. 8 SGB XII).   715

In ähnlicher Weise stellt das SGB XII Einkommenstatbestände des Hilfeempfängers in großzügigerem Umfang frei: Zum einen, indem es bestimmte Bezüge (z.B. Grundrente nach dem BVG) nach § 82 Abs. 1 SGB XII nicht als Einkommen fingiert, zum anderen indem es fiktive Einkünfte des Berechtigten, etwa aufgrund Verletzung der Erwerbsobliegenheit, nicht – da tatsächlich zu keiner Bedarfsdeckung führend – berücksichtigt und schließlich durch Anerkennung eines Einkommensschonbetrags im Bereich der HbL gem. § 85 SGB XII (jedenfalls bis zum Zeitpunkt der dauernden Heimunterbringung, §§ 88 Abs. 1 Satz 2, 92a Abs. 2 SGB XII). Ab 01.01.2005 entfiel die nochmals gesteigerte Freistellung etwa für Pflegebedürftige oder Blinde in Gestalt der besonderen Einkommensgrenze, sofern die Länder nicht vom Vorbehalt des § 86 SGB XII Gebrauch machen.   716

Das **bürgerlich-rechtliche Unterhaltsrecht** zeichnet die großzügige Freistellung bestimmter Bezugsarten (Grundrente) oder Mindesteinkünfte nicht nach; der Bedarf des Elternteils und damit die Höhe des zu gewährenden Unterhalts wird also entsprechend reduziert. Da der gesetzliche Forderungsübergang lediglich zu einem Wechsel in der Inhaberschaft, aber zu keiner Inhaltsänderung führen kann (Rechtsgedanke des § 404 BGB), ist der Regress für den aufgrund der Einkommensschonung großzügigeren Sozialhilfeanteil ausgeschlossen.   717

Zu einer gänzlichen Blockade führt das Vorhandensein bürgerlich-rechtlich einsatzpflichtigen Vermögens (etwa des Eigenheims, dessen Veräußerung erwartet werden kann). Die sozialhilferechtliche Praxis empfiehlt zwar,[353] die fiktive Aufzehrung des Vermögens durch Verteilung auf den Zeitraum, für den das Vermögen zur Deckung des Bedarfs ausgereicht hätte mit der Folge, dass nach Ablauf dieser Frist der Unterhaltsberechtigte als bedürftig anzusehen sei, auch wenn das geschützte Vermögen noch vorhanden ist. Dies widerspricht jedoch der Sachlogik des Unterhaltsrechts, das zwar u.U. nichtvorhandenes Einkommen oder Vermögen als fiktiv vorhanden setzen kann, nicht aber tatsächlich vorhandenes, einsatzpflichtiges Vermögen oder Einkommen »wegretouchiert«. Ein Forderungsübergang kann in solchen Fällen nicht stattfinden.   718

cc) Zeitlicher Beginn

Auch der zeitliche Beginn der Unterhaltspflicht differiert, wobei jedoch insoweit das Sozialrecht eine weitere Inanspruchnahme ermöglicht, welche sich ggü. den engeren Grenzen des Zivilrechts durchsetzt: Unterhaltsverlangen für die Vergangenheit sind – von §§ 1613 Abs. 2, 1615d BGB abgesehen – im Unterhaltsrecht des BGB ausgeschlossen; sozialhilferechtlich ermöglicht jedoch § 94 Abs. 4 Satz 1 SGB XII die Geltendmachung auch für die Vergangenheit rückwirkend bis zum Beginn der Sozialhilfeleistung, sofern dem Unterhaltspflichtigen der Bedarf unverzüglich nach Kennt-   719

---

353 Bspw. in Gestalt der Empfehlungen des Deutschen Vereins für öffentliche und private Fürsorge für die Heranziehung Unterhaltspflichtiger in der Sozialhilfe, FamRZ 2002, 933, Rn. 79.

nis des Trägers der Sozialhilfe schriftlich mitgeteilt wurde (dies geht über die Wirkung der früheren sog. Rechtswahrungsanzeige i.R.d. § 91 BSHG hinaus).

dd) Schonung des Verpflichteten

720 Von eminenter Bedeutung für die Praxis ist schließlich der Umfang der **Einkommens- und Vermögensschonung auf der Seite des Verpflichteten**. Unterhaltsrechtlich geht es v.a.[354] um die Berechnung des Selbstbehalts[355] zur Abdeckung des angemessenen (bei nicht gesteigerter Unterhaltspflicht) bzw. des notwendigen (bei gesteigerter Unterhaltspflicht) Eigenbedarfs, wobei sich die Praxis in den Leitlinien der Familiensenate der OLG Hamm und Düsseldorf (sog. Düsseldorfer Tabelle) weitgehend vereinheitlicht hat (zum Elternunterhalt vgl. Rdn. 904 ff.). Sozialhilferechtlich geht es in erster Linie um die Vermeidung einer durch die Inanspruchnahme entstehenden Sozialhilfebedürftigkeit des Verpflichteten (§ 94 Abs. 3 Satz 1 Nr. 1 SGB XII), vor dem 31.12.2004 zusätzlich um die Anerkennung der Schoneinkommens- und Schonvermögensvorschriften, die einem Hilfeempfänger zugutekämen, auch zugunsten des Unterhaltsschuldners. Letztere gilt nur mehr im Bereich des SGB II.

721 **Vorausgegangene Vermögensminderungen der Unterhaltsschuldner** durch Übertragung von Vermögensteilen an Personen, die zivil- oder sozialhilferechtlich nicht zum Unterhalt verpflichtet sind (z.B. Enkel der hilfebedürftigen Großeltern, vgl. § 94 Abs. 1 Satz 3 SGB XII, oder an Ehegatten des Unterhaltsschuldners), sind durch den Sozialhilfeträger mit Mitteln des SGB XII selbst nicht beseitigbar, sofern keine Sittenwidrigkeit des Übertragungsvertrags festzustellen ist. Die Überleitung des Unterhaltsanspruchs gegen die unmittelbaren Abkömmlinge berechtigt nämlich den Sozialhilfeträger nicht dazu, einen etwaigen Herausgabeanspruch der Unterhaltsschuldner aus § 528 BGB (Verarmung) als nunmehriger »Unterhaltsgläubiger kraft Überleitung« zu pfänden und anschließend an sich zur Einziehung überweisen zu lassen. Dem steht die Unpfändbarkeit des Herausgabeanspruchs aus § 528 BGB entgegen (§ 852 Abs. 2 ZPO).[356] Allerdings kann ein wirtschaftlich weitgehend gleichwertiges Ergebnis dadurch erzielt werden, dass der im Vermögen des nunmehr selbst bedürftigen (da zur Erfüllung seiner Unterhaltspflichten ggü. den Eltern nicht mehr befähigte) Unterhaltsschuldner vorhandene Anspruch auf Rückforderung gegen den Beschenkten als tatsächlich vorhandenes Vermögen angesehen wird, so dass er **unterhaltsrechtlich** weiter als leistungsfähig gilt.[357]

722 In diese Richtung weist etwa LG Lübeck,[358] wo aus Sicht des Gerichts überhöhte Geldzuwendungen, die anlässlich Hochzeit oder Geburt an die Enkel des Hilfeempfängers durch den Unterhaltsschuldner (allerdings während des Sozialhilfebezugs der Eltern) geleistet wurden, weiterhin dem Vermögen des Unterhaltsschuldners zugerechnet werden mit der Folge fortbestehender Leistungsfähigkeit und damit Zahlungspflicht bis zur fiktiven Aufzehrung des betroffenen Vermögensteils.

---

354 Jedoch nicht ausschließlich; vgl. etwa LG Hagen, 16.05.1989 – 11 S 21/89, FamRZ 1989, 1330 f. zur Frage der Berücksichtigungsfähigkeit des Schuldendienstes beim Unterhaltsverpflichteten.
355 Vgl. hierzu etwa ausführlich BGH, 26.02.1992 – XII ZR 93/91, FamRZ 1992, 795; AG Rheinbach, 29.10.1991 – 6 C 251/91, FamRZ 1992, 1336; AG Wetter, 29.10.1990 – 8 C 105/90, FamRZ 1991, 852.
356 Auch der Unterhaltsberechtigte selbst kann den Rückforderungsanspruch des Unterhaltsschuldners (der sich entgegen seiner Obliegenheit »arm gemacht« hat) nicht auf sich überleiten, allerdings ist der Schuldner unterhaltsrechtlich so zu behandeln, als habe er die Obliegenheit erfüllt, vgl. BGH, 28.11.2012 – XII ZR 19/10, ZNotP 2013, 18. Einen abweichenden Ansatz vertritt *Zeranski*, Die Rückforderung von Schenkungen wegen Verarmung (2014), S. 215 ff., 227 ff., 240 ff., vgl. Rdn. 1066 ff.
357 So BGH, 28.11.2012 – XII ZR 19/10, ZNotP 2013, 18 auf der Seite des Unterpflichtigen (Vaters gegenüber einem minderjährigen Kind): dieser sei im Rahmen des Elternunterhalts so zu behandeln, als habe er der Obliegenheit – zur Geltendmachung eines ihm zustehenden Pflichtteilsanspruchs – Folge geleistet. Beim Elternunterhalt wird eine solche Obliegenheit freilich nicht bestehen.
358 30.01.1996 – 6 S 136/95, FamRZ 1996, 961 m. insoweit zust. Anm. *Meyer*, FamRZ 1997, 225.

A. Sozialhilfe

ee) Art des Bedarfs

Eine weitere sozialhilferechtliche Privilegierung hinsichtlich der **Art des zum Unterhaltsregress berechtigenden Bedarfs** enthält § 94 Abs. 1 Satz 6 SGB XII in Gestalt einer neuen Verweisung auf § 105 Abs. 2 SGB XII, wonach (i.R.d. Kostenersatzpflicht von Leistungsempfängern, die Doppelleistungen mehrerer Sozialleistungsträger erhalten haben) 56 % der Kosten für Unterkunft mit Ausnahme der Kosten für Heizungs- und Warmwasserversorgung nicht der Rückforderung unterliegen. Im Ergebnis können also nur 44 % der vorstehend definierten Unterkunftskosten vom Unterhaltspflichtigen gefordert werden.[359] Grund ist der Wegfall der bisher geltenden Wohngeldberechtigung: Seit 01.01.2005 sind gem. § 1 Abs. 2 WoGG Empfänger von laufenden Leistungen der HLU nach SGB XII, ebenso Empfänger des ALG II, des Sozialgelds und der Grundsicherung im Alter vom Wohngeld nach dem WoGG ausgeschlossen. Die Sozialhilfeaufwendungen wachsen demnach um den bisher durch Inanspruchnahme von Wohngeld gedeckten Betrag, diese zusätzliche Sozialfürsorgeleistung soll jedoch weiterhin nicht dem Unterhaltsregress unterliegen (in statistisch ermittelter pauschalierter Höhe).[360]

723

ff) Schuldnermehrheit

Hinsichtlich der Mechanismen der **Auswahl und Höhe der Inanspruchnahme** unter mehreren Unterhaltsschuldnern gelten unterhaltsrechtliche Grundsätze: Gem. § 1606 Abs. 3 Satz 1 BGB haften mehrere gleich nahe Verwandte (z.B. Geschwister) anteilig nach ihren Einkommens- und Vermögensverhältnissen. Im Bereich der Haftung der Eltern für den Unterhalt ihrer minderjährigen Kinder hat jedoch die Rechtsprechung (gestützt auf den Vorrang des § 1603 Abs. 2 BGB) eine gegenseitige Ausfallhaftung konstituiert mit der Folge eines anschließenden Innenausgleichs (über GoA, Bereicherungsrecht oder einen eigenen familienrechtlichen Ausgleichsanspruch).[361]

724

I.R.d. Überleitung von Rückforderungsansprüchen nach § 528 BGB (gem. § 93, nicht § 94 SGB XII) haften jedoch auch zivilrechtlich mehrere »beschenkte« Geschwister dem Übergeber ggü. nicht nur als Teilschuldner, sondern wie **Gesamtschuldner** bis zur Obergrenze des angemessenen Unterhaltsbedarfs i.S.d. § 528 Abs. 1 oder, im Fall des § 528 Abs. 2 BGB, bis zur Obergrenze des Restbedarfs, der sich ergibt, wenn man den vollen Bedarf um die Herausgabepflichten aller später Beschenkten vermindert.[362] Nach Auffassung des BGH liegt es jedoch nahe, innerhalb des Kreises der in Anspruch Genommenen gesetzliche Ausgleichsansprüche anzuerkennen. Diese Fragen tauchen regelmäßig auf, wenn an Geschwister des Übernehmers Abfindungszahlungen als Elterngut geflossen sind, sofern insoweit noch keine Entreicherung eingetreten ist.

725

d) Härtefall gem. § 94 Abs. 3 Satz 1 Nr. 2 SGB XII

Das Risiko der Überleitung bürgerlicher Unterhaltsansprüche stellt sich insb. im Verhältnis zu weichenden Geschwistern. Häufig wird jedoch insoweit ein Härtefall gem. § 94 Abs. 3 SGB XII[363] vorliegen, so dass bei mäßigen Einkommensverhältnissen nicht selten von der Inanspruchnahme der Geschwister des Erwerbers abgesehen wird. Nach den (nicht mehr aktuell angewendeten) Sozialhilferichtlinien in Bayern[364] soll im Einzelfall auch von einer Heranziehung abgesehen werden, wenn der Unterhaltspflichtige den Hilfeempfänger über das Maß seiner Verpflichtungen hinaus

726

---

359 Vgl. BGH, 17.06.2015 – XII ZB 458/14, FamRZ 2015, 1594 m. Anm. *Borth*.
360 Fraglich sind die Auswirkungen im Unterhaltsprozess, wo bisher unter bestimmten Voraussetzungen – BGH, 17.03.1982 – IV b ZR 646/80, FamRZ 1982, 587 – das Wohngeld als unterhaltsrechtliches Einkommen des Gläubigers zu behandeln war; vgl. hierzu Hußmann, ZIV 2005, 58.
361 Vgl. im Einzelnen etwa Palandt/*Brudermüller* BGB, § 1606 Rn. 17 f., Einf 26 v. § 1601.
362 Vgl. BGH, 13.02.1991 – IV ZR 108/90, DNotZ 1992, 102.
363 Als gesetzliches Beispiel des Härtefalls ist der Fall eines volljährigen behinderten Kindes angegeben, dem Eingliederungshilfe für Behinderte oder Hilfe zur Pflege gewährt wird.
364 Nr. 91.06.

längere Zeit betreut und gepflegt hat[365] oder wenn der Hilfeempfänger seine sittlichen Pflichten ggü. dem Unterhaltsschuldner in gröblicher Weise verletzt hat (Rechtsgedanke des § 1611 BGB). Letzteres kann z.B. der Fall sein, wenn der Vater aufgrund psychischer Störung für mehrere Jahrzehnte und dadurch bedingter Heimunterbringung dem Kind weder emotionale noch materielle Zuwendung geben konnte;[366] das bloße Fehlen familiären Kontaktes reicht aber nicht.[367]

727 Die **Fallgruppen** der allgemeinen Härteregelung des § 94 Abs. 3 SGB XII sind in der Entscheidung des OLG Frankfurt[368] wie folgt zusammengefasst:
(1) Die Höhe des Heranziehungsbetrags steht in keinem Verhältnis zu einer etwa heraufbeschworenen nachhaltigen Störung des Familienverhältnisses.
(2) Die Heranziehung würde das weitere Verbleiben des Hilfeempfängers im Familienverband gefährden.
(3) Der Unterhaltsverpflichtete hat vor dem Eintreten der Sozialhilfe den Hilfeempfänger in einer über das Maß seiner Unterhaltspflicht weit hinausgehenden Weise betreut und gepflegt.

728 Unbillige Härte kann auch in Bezug auf Teilbeträge vorliegen, für die demzufolge ein Anspruchsübergang gem. § 94 SGB XII nicht stattfindet, etwa wenn aufgrund eines Versäumnisses des Sozialhilfeträgers der Unterhaltsberechtigte nicht pflegeversichert war und demzufolge nunmehr, nach Eintritt des Pflegefalls, kein Pflegegeld gem. SGB XI beziehen kann: die unbillige Härte beschränkt sich auf den Betrag des fiktiv zu erzielenden Pflegegeldes, abzüglich der fiktiv zu zahlenden Versicherungsbeiträge.[369]

e) Schonung von Eltern behinderter Kinder (§ 94 Abs. 2 SGB XII)

729 Die möglichst schonende Heranziehung von Eltern behinderter Kinder war – wenn auch in sich verändernder Weise – stets ein gesetzgeberisches Anliegen, ähnlich der abgemilderten Heranziehung der Bedarfsgemeinschaft, selbst bei bestimmten Leistungen für Behinderte (zu Letzterem § 92 Abs. 2 SGB XII, s. Rdn. 621 f.):

Zivilrechtlich besteht die Bedürftigkeit erwerbsunfähiger Kinder auch nach Erlangung einer von den Eltern unabhängigen Lebensstellung (z.B. durch Arbeit in einer Behindertenwerkstatt) fort,[370] bzw. sie kann wieder aufleben, wenn die bereits selbstständig gewordenen Kinder diese wieder verlieren; allerdings kommen den Eltern nach Ansicht des BGH[371] dieselben erhöhten angemessenen Selbstbehalte zugute wie im Rahmen des Elternunterhalts (Rdn. 931 ff.). Neben den »Normalbedarf« in Gestalt des Tabellenunterhalts (unter Abzug der häuslichen Ersparnisse bei auswärtiger Unterbringung)[372] tritt der Mehrbedarf (Heimunterbringung,[373] behindertengerechte Ausstattung[374]

---

365 OLG Köln, 18.11.1999 – 14 UF 55/99, NJW 2000, 1201: Auch bei sehr guten wirtschaftlichen Verhältnissen kann die volle Inanspruchnahme der Eltern unbillig sein, wenn sich die Eltern intensiv um das behinderte Kind gekümmert haben und dies auch nach Heimunterbringung aufrechterhalten; vgl. nun § 94 Abs. 2 SGB XII.
366 BGH, 21.04.2004 – XII ZR 326/01, FamRZ 2004, 1097.
367 BGH, 23.06.2010 – XII ZR 170/08, FamRZ 2010, 1418 (Kind versucht – als Folge einer psychischen Erkrankung – bei den Eltern einzubrechen).
368 09.08.2001 – 1 UF 66/01, OLGR 2002, 25 f.
369 Vgl. BGH, 17.06.2015 – XII ZB 458/14, FamRZ 2015, 1594 m. Anm. *Borth*.
370 Vgl. *Götsche*, FamRB 2004, 264 m.w.N.
371 BGH, 18.01.2012 – XII ZR 15/10, FamRZ 2012, 530; vgl. *Graba*, FamFR 2012, 127; ebenso BGH, 18.07.2012 – XII ZR 91/10, ZNotP 2012, 342 (kombinierter Familienselbstbehalt von – damals, im Jahr 2011 – 1.400 und 1.050 Euro).
372 Vgl. im Einzelnen (nach den Werten der SachbezugsVO) *Götsche*, FamRB 2004, 267.
373 OLG Oldenburg, 28.09.1995 – 14 UF 50/95, FamRZ 1996, 626.
374 Zur erweiterten steuerrechtlichen Förderung des Aufwandes für den behindertengerechten Wohnungsumbau: BFH, 22.10.2009 – VI R 7/09, BStBl. II 2010 280 [Anerkennung als außergewöhnliche Belastung – Krankheitskosten – trotz der damit verbundenen Wertsteigerung des Gebäudes, lediglich unter

A. Sozialhilfe

der Wohnung, nicht erstattungsfähige Hilfsmittel und Medikamente, erhöhte Fahrtkosten, Vergütung von Betreuungspersonal,[375] Diätkost etc.) und ggf. Sonderbedarf (§ 1613 Abs. 2 Satz 1 Nr. 1 BGB: unregelmäßig anfallender, außerordentlich hoher und nicht vorhersehbarer Bedarf, z.B. Kosten einer nicht erstattungsfähigen Operation). Während volljährige Kinder[376] sonst zunächst ihr eigenes Vermögen zu verwerten haben, bevor die elterliche Unterhaltspflicht greift, können behinderte Kinder jedenfalls solches Vermögen verteidigen, das sie zur Alterssicherung benötigen.[377] Ist bei volljährigen behinderten Kindern weiterhin persönliche Betreuung erforderlich bzw. sehen beide Elternteile sie als erforderlich an, ist dies bei der Bemessung der Erwerbspflicht i.R.d. nachehelichen Unterhalts[378] bzw. des Unterhalts für die Mutter des nichtehelichen Kindes[379] zu berücksichtigen. Ist der Eigenbetreuungsanteil (etwa bei durchgehender, nicht nur tagsüber stattfindender Heimunterbringung) dagegen nachrangig, haben beide Elternteile gem. § 1606 Abs. 3 Satz 2 BGB Barunterhalt zu leisten, so dass auch den früher betreuenden Elternteil dann eine Erwerbsobliegenheit trifft; stets nach Maßgabe ihrer Leistungsfähigkeit zur Barleistung verpflichtet sind beide Eltern hinsichtlich des Mehrbedarfs.[380]

Zur Entlastung der Eltern wird auch über das 25. (vor 2007: 27.) Lebensjahr hinaus Kindergeld gewährt (§ 32 Abs. 4 EStG),[381] das gem. § 74 Abs. 1 EStG unmittelbar an die unterhaltsgewährende Stelle (z.B. Sozialleistungsträger) gezahlt werden kann, wenn mangels Leistungsfähigkeit eine Unterhaltspflicht nicht oder nur in geringerer Höhe als dem Kindergeldbetrag besteht bzw. die elterliche Unterhaltspflicht nicht erfüllt wird.[382] Hinzu kommt die ab 2009 erweiterte Steuerermäßigung bis max. 4.000,00 €/Jahr für Leistungen im Haushalt eines Pflegebedürftigen, soweit sie vom Steuerpflichtigen bezahlt werden, oder für Pflegeheimkosten, soweit sie auf Dienstleistungen ähnlich der Hilfe im Haushalt vergleichbar sind.[383]

730

Sozialhilferechtlich gilt: Nach der bis 31.12.2001 geltenden Fassung des § 91 Abs. 2 Satz 2 BSHG lag eine die Anspruchsüberleitung ausschließende unbillige Härte »in der Regel bei unter-

731

Abzug der zumutbaren, einkommensabhängigen Eigenleistung]; umfassend *Loschelder*, EStB 2010, 255 ff. [Kriterium der Zwangsläufigkeit verdrängt Gegenwertlehre].

375 BGH, 03.11.1982 – IVb ZR 324/81, FamRZ 1983, 48.
376 Allgemein zum Unterhaltsanspruch des volljährigen Kindes *Viefhues*, NWB 2012, 3876 ff.
377 BFH, 11.02.2010 – VI R 61/08, NWB 2010, 1728. Demzufolge können die Eltern die Unterhaltskosten für ihr schwerbehindertes Kind als außergewöhnliche Belastungen i.S.d. § 33 EStG geltend machen, auch wenn Letzteres (aus einer großelterlichen Schenkung) über Immobilienvermögen verfügt, aus dessen Mieterträgen Altersvorsorge betrieben wird; der in § 33a Abs. 1 Satz 4 EStG enthaltene Vorbehalt, der Unterhaltsberechtigte dürfe nicht über Vermögen verfügen, gilt i.R.d. § 33 EStG nicht.
378 BGH, 17.03.2010 – XII ZR 204/08, NotBZ 2011, 36.
379 Als Verlängerungsgrund i.S.d. § 1615 lit. l Abs. 2 BGB, vgl. BGH, 10.06.2015 – XII ZB 251/14, DNotZ 2016, 123.
380 BGH, 19.11.1997 – XII ZR 1–96, FamRZ 1998, 288.
381 Sofern die Behinderung erheblich mitursächlich ist für die Arbeitslosigkeit, BFH, 19.11.2008 – III R 105/07, EStB 2009, 127 und BFH, 22.10.2009 – III R 50/07, EStB 2010, 134; ähnlich BFH, 28.05.2009 – III R 72/06, EStB 2009, 429, zum Borderline-Syndrom; hierzu BMF, 22.11.2010 – IV C 4 – S 2282/07/0006–01, FR 2011, 148. Nach BFH, 22.12.2011 – III R 46/08, EStB 2012, 171 wird die maßgeblichen Ursächlichkeit vermutet, wenn das Kind in einem mittelfristigen Zeitraum nicht in Arbeit vermittelt werden konnte. Geringfügige Beschäftigung im Niedriglohnsektor ist unschädlich, BFH, 15.03.2012 – III R 29/09, EStB 2012, 250. Es genügt, dass vor dem 27. (25.) Lebensjahr die Behinderung, nicht auch die dadurch bedingte Unfähigkeit zum Selbstunterhalt vorgelegen hat, BFH, 09.06.2011 – III R 61/08, EStB 2011, 398.
382 BFH, 23.02.2006 – III R 65/04, EStB 2006, 283 hält die pauschalierenden Verwaltungsvorschriften hierzu (DA-Fam-EStG 74.1.1. Abs. 3 Satz 4 ff.) für rechtswidrig; es bedürfe der Ermessensausübung im Einzelfall. Beispiel für Letzteres: BFH, 19.04.2012 – III R 85/09, EStB 2012, 253; BFH, 18.04.2013 – V R 48/11, EStB 2013, 297 und BFH, 17.10.2013 – III R 23/13, EStB 2014, 55. Überblick bei *Skerhut*, NWB 2012, 1161 ff.
383 *Paus*, EStB 2009, 143, 144.

haltspflichtigen Eltern vor, soweit einem Behinderten oder Pflegebedürftigen nach Vollendung des 21. Lebensjahres (stationäre) Eingliederungshilfe für Behinderte oder Hilfe zur Pflege gewährt wird«.

Im Interesse einer gleichmäßigen Inanspruchnahme aller Eltern, allerdings zu einem niedrigen Betrag, bestimmte sodann § 91 Abs. 2 Satz 3 BSHG für die Zeit ab 01.01.2002 (bis 31.12.2004), dass bei Kindern[384] ab 18 Jahren, die Eingliederungshilfe oder Hilfe zur Pflege in vollstationären Einrichtungen erhalten, davon auszugehen sei, dass der Unterhaltsanspruch gegen »die Eltern« i.H.d. (nach Euro-Umstellung gesetzlich geglättet) 26,00 € je Monat übergehe. Dieser Betrag, der nach der Formulierung des Gesetzes von beiden Elternteilen insgesamt nur einmal gefordert werden kann,[385] begrenzte also den Unterhaltsregress unabhängig vom tatsächlichen Einkommen und Vermögen der Eltern selbst dann, wenn diese außerordentlich gut gestellt sind.

732 Nach dem bis zum 31.12.2004 geltenden Recht war im Fall der Heimunterbringung des behinderten Kindes die HLU nach § 27 Abs. 3 BSHG Teil der HbL, also von der vorstehenden Deckelung auf 26,00 € monatlich mit umfasst. Pflegten Eltern ihr behindertes Kind allerdings im eigenen Haushalt, existierte keine Obergrenze der unterhaltsrechtlichen Inanspruchnahme hinsichtlich der HLU.

733 Diese Ungleichbehandlung wurde i.R.d. Überführung des BSHG in das SGB XII dergestalt beseitigt, dass **§ 94 Abs. 2 Satz 1 SGB XII** nunmehr die Inanspruchnahme bei Leistungen nach dem 6. und 7. Kap. (Eingliederungshilfe für behinderte Menschen, Hilfe zur Pflege)[386] wie bisher auf 26,00 €, für Leistungen nach dem 3. Kap. (Hilfen zum Lebensunterhalt) auf weitere 20,00 € je Monat begrenzt. Im Ergebnis erhöht sich damit für Eltern von stationär untergebrachten volljährigen Kindern die Heranziehung von bislang 26,00 € auf gesamt **46,00 € monatlich** (sofern zugleich HLU gewährt wird, die nunmehr nicht mehr von der HbL konsumiert wird, wie in § 27 Abs. 3 BSHG), während sie sich für Eltern, deren Kinder nicht stationär untergebracht sind, auf 46,00 € reduziert. Der pauschalierte Anspruchsübergang ist nicht davon abhängig, dass die unterhaltspflichtigen Eltern für ihr behindertes/pflegebedürftiges Kind Kindergeld erhalten.[387]

734 Der Betrag erhöht sich um denselben Prozentsatz, um den sich das Kindergeld verändert; im Jahr 2017 beträgt daher die maximale Pauschalheranziehung der Eltern von erwachsenen Kindern mit Behinderung monatlich **gesamt 57,32 €**, sofern ihr Kind Leistungen der Eingliederungshilfe für Behinderte, der Hilfe zur Pflege oder der Hilfe zum Lebensunterhalt erhält. Ab 2020 gilt dieselbe Regelung hinsichtlich der Leistungen der Eingliederungshilfe für Behinderte in § 138 Abs. 4 SGB IX fort; für die Hilfe zur Pflege und die Hilfe zum Lebensunterhalt bleibt § 94 Abs. 2 SGB XII auch dann die maßgebliche Norm.

7. Inanspruchnahme bei Verarmung von Geschwistern

735 In diesem Zusammenhang sei ferner darauf verwiesen, dass auch dem Übernehmer umgekehrt das Risiko, für weichende Geschwister aufkommen zu müssen, drohen kann.

---

384 Gleich welcher Nationalität: AG Bad Urach, 12.05.2004 – 1 F 426/03, FamRZ 2005, 559.
385 An anderen Stellen ist sich der Gesetzgeber des § 94 SGB XII durchaus bewusst, dass bürgerlich-rechtlich ggü. jedem Elternteil ein eigener Unterhaltsanspruch besteht, diese also nicht den Unterhalt als Gruppe schulden (vgl. Abs. 2 Satz 2: »ein nach bürgerlichem Recht Unterhaltspflichtiger«, Abs. 2 Satz 4: »ein Elternteil«).
386 Dies galt schon vor der Klarstellung im Wortlaut, Jedenfalls hatte die Vorgängerregelung (§ 91 Abs. 2 Satz 3 BSHG) auch die eigentlichen Leistungen zur Pflege umfasst; ebenso *Kornexl*, Nachlassplanung bei Problemkindern, Rn. 252; ebenso (ohne Begründung) *Rust*, FamRB 2005, 87.
387 BGH, 23.06.2010 – XII ZR 170/08, FamRZ 2010, 1418.

A. Sozialhilfe

a) § 419 BGB a.F.

Dies war bei Übertragungen bis zum 01.01.1999 zum einen der Fall, wenn wegen Erwerbs des überwiegenden elterlichen Vermögens (**§ 419 BGB a.F.**) die z.Zt. der Übergabe schon »im Keim« (wenn auch nicht notwendig in Barleistungsform) vorhandene Unterhaltspflicht der Eltern ggü. den Geschwistern auf den Hofübernehmer überging, mit der Folge, dass er vom Sozialhilfeträger gem. § 91 BSHG in Anspruch genommen wurde. Dieses Risiko bestand bei Übertragungen bis zum 01.01.1999 insb. dann, wenn Geschwister des Übernehmers zum Übergabezeitpunkt behindert waren,[388] mögen auch Baruntehaltspflichten aus der Behinderung erst nach dem 01.01.1999 erwachsen sein (und zwar solange, als zumindest ein Elternteil lebt, da der gesetzliche Schuldbeitritt durch Vermögensübernahme nach § 419 BGB den Untergang des Hauptanspruchs nicht überdauert, und nur in der Höhe, in welcher die Eltern unter Einschluss des übertragenen Vermögens leistungsfähig i.S.d. Unterhaltsrechts gewesen wären). Außerhalb dieser nunmehr außer Kraft getretenen Anspruchsgrundlage besteht eine Unterhaltspflicht zwischen Geschwistern praktisch[389] nicht.

736

b) § 528 BGB

Daneben besteht auch heute noch das Risiko des übernehmenden Geschwisters, dem Rückforderungsanspruch der Eltern nach **§ 528 BGB** dann ausgesetzt zu sein, wenn jene nicht mehr in der Lage sind, das bedürftige Geschwister in gleichem Umfang zu unterhalten. Seit der Neufassung des Eingangssatzes des § 93 SGB XII (Vorgängernorm: § 90 Abs. 1 Satz 1 BSHG) zum 01.08.1996 sind nämlich bei HbL-Gewährung auch vermögensrechtliche Ansprüche der Eltern des Hilfeempfängers auf den Sozialhilfeträger überleitbar (hierzu bereits oben Rdn. 685 f.). Daraus folgt:

737

Der Sozialhilfeträger kann nunmehr bspw. im Fall der Zuwendung von Hilfe zur Pflege an einen behinderten Volljährigen den Anspruch überleiten, den dessen (selbst nicht bedürftig gewordene) Eltern nach einer früheren Zuwendung (z.B. Grundbesitzübertragung) an ein weichendes Geschwisterteil gem. § 528 BGB (Fallgruppe der Verarmung in Form ungenügender Unterhaltsgewährung an Abhängige) haben, i.d.R. selbst jedoch nicht geltend machen werden[390] (vgl. Rdn. 1071). Zu ermitteln ist hierfür in jedem Einzelfall, ob und inwieweit die Eltern, hätten sie nicht übergeben, in höherem Maße leistungsfähig geblieben und dem bedürftigen Geschwister ggü. zu höherer Unterhaltsleistung verpflichtet gewesen wären. Diese höhere Unterhaltspflicht muss sowohl bürgerlich-rechtlich als auch sozialhilferechtlich bestehen (vgl. § 93 Abs. 1 Satz 3 SGB XII). An Letzterem kann es fehlen, wenn § 94 Abs. 2 Satz 1 SGB XII der Inanspruchnahme der Eltern bei Leistungen nach dem 5. und 6. Kap. (HbL zu Gesundheit und Eingliederungshilfe für behinderte Menschen) Grenzen i.H.v. 26,00 € (HbL) und 20,00 € (HLU) pro Monat bei volljährigen behinderten oder pflegebedürftigen Kindern setzt und eine Inanspruchnahme aus Vermögen gänzlich außer Betracht lässt.[391]

738

Dass die zuvor erfolgte Übertragung an das nicht bedürftige Kind wegen Verstoßes gegen die guten Sitten unwirksam sein könnte, so dass das Vermögen bei den Eltern weiterhin unmittelbar

739

---

388 Vgl. *Karpen*, MittRhNotK 1988, 146; *Winkler*, MittBayNot 1979, 58.
389 Abgesehen von Einzelfällen unterhaltsähnlicher Leistungen an diesen Personenkreis, vgl. §§ 1371 Abs. 4, 1649 Abs. 2, 1969 Abs. 1 BGB sowie im landesrechtlich geregelten Höferecht.
390 Dies gilt auch, wenn die Zuwendung selbst bereits vor dem 01.08.1996 stattgefunden hat, sofern nur die Verarmung als anspruchsauslösendes Merkmal erst nach Inkrafttreten der erweiterten Fassung des (damaligen) § 90 BSHG eintrat; dieser Anspruch wird dann ebenfalls von der Überleitungsfähigkeit durch Verwaltungsakt erfasst (verfassungsrechtlich unechte Rückwirkung; das Vertrauen des Schenkungsempfängers in das Bestehenbleiben der Nicht-Abtretbarkeit der Verpflichtung – § 400 BGB, § 852 ZPO wird erst ab 01.08.1996 durch § 90 Abs. 1 Satz 1 und 4 BSHG [nun § 93 Abs. 1 SGB XII] überwunden – ist ebenso wenig schutzbedürftig wie das tatsächliche Vertrauen darauf, dass während der 10-Jahres-Frist des § 529 Abs. 1 BGB keine Verarmung eintreten werde).
391 In diese Richtung auch *Grziwotz*, NotBZ 2006, 151.

dem bedürftigen Abkömmling ggü. einzusetzen wäre,[392] lässt sich zwar im Lichte der BGH-Rechtsprechung zur Sittenwidrigkeit nachehelicher Unterhaltsverzichte bei Absehbarkeit, dass der andere Vertragsteil dadurch der Sozialfürsorge anheim fallen werde,[393] nicht völlig ausschließen. Dies widerspräche jedoch der höchstrichterlichen Billigung der letztwilligen Variante solcher Zuwendungen in Gestalt des »Behindertentestaments«.[394]

c) §§ 2325, 2316 BGB

740 Hinzu kommt die Gefahr des Zugriffs auf **Pflichtteilsergänzungsansprüche** und **Ausgleichspflichtteilsansprüche** (§§ 2325, 2316 BGB) des weichenden Geschwisters. Dieser Anspruch ist – ebenfalls wie der mit dem Erbfall entstehende Pflichtteil – vererblich und übertragbar (§ 2317 BGB), und kann daher ungeachtet der Vollstreckungsbeschränkungen des § 852 Abs. 2 ZPO gem. § 93 SGB XII übergeleitet werden; einer vorherigen »Geltendmachung« i.S.e. Gestaltungsrechts bedarf es nicht.[395] Dies gilt auch, wenn die Geltendmachung des Pflichtteilsanspruchs infolge einer »**Pflichtteilsstrafklausel**« zu einer Enterbung auf den zweiten Sterbefall führt (Rdn. 117 und ausführlich Rdn. 6461 ff.). Gleiches gilt für den Pflichtteilsrestanspruch nach § 2305 BGB. Der Übergang findet jedoch nur sukzessive in der Höhe statt, in der jeweils Zahlungen zeitabschnittsweise erbracht wurden.

▶ Hinweis:

741 Zur Vermeidung eines solchen Rückgriffs kommen notariell beurkundete Pflichtteilsverzichte (§ 2346 Abs. 2 BGB) in Betracht (vgl. Rdn. 101 ff. und Rdn. 3870 ff.); ferner sollten Ausgleichszuwendungen an die weichenden Geschwister gem. § 2315 BGB als Elterngut auf deren Pflichtteilsansprüche durch Anordnung anzurechnen sein. Schließlich sollte in Risikofällen darauf geachtet werden, dass wenigstens nach Ablauf der 10-Jahres-Frist des § 2325 Abs. 3 BGB nach Umschreibung auf den Erwerber im Grundbuch das Pflichtteilsergänzungsrisiko ausgeschlossen ist, sich der Veräußerer also keine Nießbrauchsrechte vorbehält.[396] Lässt sich die 10-Jahres-Frist biologisch nicht mehr »durchhalten«, kann jedoch umgekehrt gerade die Bestellung eines Nießbrauchsvorbehalts nach dem Niederstwertprinzip zumindest zu einer Reduzierung des maßgeblichen Werts der Schenkung führen (vgl. Rdn. 1430 ff.).

B. Grundsicherung

I. Grundsicherung im Alter und bei Erwerbsminderung (4. Kap. SGB XII)

742 Der Vorläufer der §§ 41 bis 46 SGB XII wurde als »Gesetz über eine bedarfsorientierte Grundsicherung im Alter (GSiG)« – von der Öffentlichkeit relativ unbemerkt – i.R.d. Altersvermögensgesetzes verabschiedet (BGBl. I 2001, S. 1335 f.) und trat am 01.01.2003 in Kraft. Verblüffenderweise nach äußerst knapper parlamentarischer Behandlung und ohne vorbereitende fachliche Diskussion haben damit jahrzehntelange sozialpolitische Diskussionen und mehrere parlamentarische Initiativen zu einer Grundsicherung gegen die Altersarmut als Alternative zur Sozialhilfe ihren Niederschlag im Sozialrecht gefunden. Die Leistungen entsprechen weitgehend denen der HLU i.R.d. SGB XII (nachstehend Rdn. 747 ff.) für einen besonderen Personenkreis (nachstehend Rdn. 743), allerdings mit – für die Gestaltungspraxis besonders bedeutsamen – Abweichungen hinsichtlich des »Regresses« (Rdn. 753). Das ursprüngliche[397] Nebeneinander von Grund-

---

[392] Zu Unterhaltspflichten ggü. behinderten Kindern vgl. *Götsche*, FamRB 2004, 264 ff.
[393] BGH, 08.12.1982 – IV b ZR 333/81, BGHZ 86, 82 und BGH, 28.11.1990 – XII ZR 16/90, NJW 1991, 913.
[394] Worauf *Grziwotz*, NotBZ 2006, 150 zu Recht hinweist.
[395] Vgl. etwa *Karpen*, MittRhNotK 1988, 148; VGH Hessen, RdLH 1995, 34 f. Anders möglicherweise BayObLG, 18.09.2003 – 3Z 167/03, DNotI-Report 2003, 189 (obiter dictum).
[396] BGH 27.04.1994 – IV ZR 132/93, NJW 1994, 1791.
[397] Und wegen der negativen Beinote der Sozialhilfe auch durchaus gewollte.

sicherungsamt und Sozialhilfeträger ist mit der am 01.01.2005 vollzogenen Eingliederung als 4. Kap. des SGB XII beendet worden.

1. Leistungsbezieher

Anspruchsberechtigt sind gem. § 41 Abs. 1 SGB XII **alle Personen mit gewöhnlichem Aufenthalt in Deutschland** (nicht jedoch Asylbewerber), die entweder das 65. bis 67.[398] Lebensjahr vollendet haben oder **volljährig** und **vollerwerbsgemindert** gem. § 43 Abs. 2 SGB VI sind. Bekämpft werden soll also in erster Linie die »Altersarmut« bspw. von Ehegatten von Spätaussiedlern ohne eigene Rentenansprüche oder von ehemals langfristig selbstständigen Personen, deren Altersabsicherung (in Gestalt einer Kapitallebensversicherung oder privaten Rentenversicherung) wegen Insolvenz oder infolge Gläubigerzugriffs vernichtet wurde; bevor §§ 851c, 851d ZPO einen Verwertungsschutz ähnlich der gesetzlichen Altersente für unwiderruflich mit Kapitalisierungsverbot einbezahlte Lebensversicherungsbeträge geschaffen hat (Rdn. 3490 ff.). Schließlich sollen alle **Rentenbezieher**, deren Sozialrente unter dem 27-fachen des aktuellen Rentenwerts liegt, durch die Rentenversicherungsträger unaufgefordert ein Antragsformular auf Altersgrundsicherungs-Leistungen erhalten (§ 46 Satz 2 SGB XII). Ende 2009 erhielten 763.864 Personen Leistungen nach §§ 41 ff. SGB XII (ggü. Ende 2003 eine Steigerung um 74 %!).

743

Gem. § 41 Abs. 3 SGB XII **scheiden** jedoch **Ansprüche aus**, wenn der Antragsteller »in den letzten zehn Jahren seine Bedürftigkeit vorsätzlich oder grob fahrlässig herbeigeführt hat«. Die amtliche Begründung[399] subsumiert hierunter Personen, die »ihr Vermögen verschleudert oder dieses ohne Rücksicht auf die Notwendigkeit der Bildung von Rücklagen für das Alter verschenkt haben«. Die Notwendigkeit dieser in den Materialien nicht näher begründeten Leistungsausnahme erschließt sich nicht unmittelbar, gewährt doch das Gesetz in solchen Fällen ohnehin bereits einen Rückforderungsanspruch (§ 528 BGB), der wegen der zeitabschnittsweise eintretenden Verarmung und (bei Grundstücksübertragungen) der Unteilbarkeit des zugewendeten Gegenstands auf monatliche Zahlung in Geld gerichtet ist, jedoch keinen Unterhaltsanspruch darstellt, sondern (bis zur Erfüllung) Bestandteil des Vermögens, sodann Bestandteil des Einkommens des Anspruchsstellers ist. Der Antragsteller wäre also in der Lage, den Lebensunterhalt aus eigenem »Einkommen und Vermögen« zu beschaffen und ist demnach schon nach § 41 Abs. 2 SGB XII vom Bezug der Grundsicherung ausgeschlossen. Unter § 41 Abs. 3 SGB XII können demnach allenfalls solche Übertragungssachverhalte fallen, in denen ein Rückforderungsanspruch wegen vollständiger Entreicherung im Stadium der Gutgläubigkeit (§ 818 Abs. 3 BGB) ausscheidet und in denen zugleich (angesichts des vom Gesetz zusätzlich geforderten Merkmals der groben Fahrlässigkeit bzw. des Vorsatzes) dem Veräußerer ein extrem leichtfertiger Umgang mit seinen Vermögensreserven vorgeworfen werden kann.[400]

744

Die beitragsunabhängige, bedarfsorientierte Grundsicherung wird gem. § 41 Abs. 2 SGB XII solchen Antragsberechtigten gewährt, die ihren Lebensunterhalt nicht aus ihrem Einkommen und Vermögen beschaffen können,[401] wobei (§§ 43 Abs. 1, 19, 20 SGB XII) das Einkommen und Vermögen des nicht[402] getrennt lebenden Ehegatten/Verpartnerten und des Partners in einer ehe-

745

---

398 Gem. § 41 Abs. 2 SGB XII erfolgt für Jahrgänge zwischen 1947 und 1964 eine Anhebung des Höchstalters um zunächst einen, später 2 Monate.
399 BT-Drucks. 14/5150, S. 48 ff.
400 Notwendig ist wohl »sozialwidriges Verhalten« ähnlich wie bei § 92a BSHG, BVerwG, 24.06.1976 – V C 39.74, BVerwGE 51, 55.
401 Gem. § 41 Abs. 2 a.E. SGB XII kann die Altersgrundsicherung andernfalls darlehensweise gewährt werden, vgl. § 91 SGB XII.
402 Sofern unter getrenntlebenden oder geschiedenen Ehegatten Unterhalt geschuldet ist, sind diese Ansprüche ihrerseits vorrangig ggü. der Grundsicherungsrente. Nur ggü. nachrangig verpflichteten Unterhaltsschuldnern (z.B. Kindern ggü. den Eltern) trifft den Unterhaltsgläubiger zuvor die Obliegenheit, Grundsicherungsleistungen zu beantragen (vgl. *Reinecke*, ZAP, Fach 11 S. 665 ff.) und gem. OLG Saar-

ähnlichen Gemeinschaft (nicht jedoch aus einer bloßen Haushaltsgemeinschaft nach § 36 SGB XII) mit zu berücksichtigen ist, soweit es den »Eigenbedarf« (der identisch ist mit den unter Rdn. 747 erläuterten Grundsicherungsleistungen) übersteigt.

746 Da die Grundsicherungsleistungen den rentenartigen Bezügen der HLU im Bereich des BSHG nachgebildet sind, findet die Einkommensgrenze des § 85 SGB XII keine Anwendung, auch wenn der Anspruchsteller daneben Hilfe in besonderen Lebenslagen (z.B. Hilfe zur Pflege) bezieht.[403] Jeder Euro verfügbaren eigenen Einkommens[404] und über den Grundsicherungsbedarf (d.h. die hypothetische Grundsicherungsleistung) des (Ehe-)Partners hinausgehenden Partnereinkommens ist bedarfsmindernd anzurechnen. Besonderheiten gelten allerdings in Bezug auf Unterhaltsansprüche des Berechtigten: Zivilrechtliche, auch titulierte Ansprüche gegen Verwandte (Eltern bzw. Kinder) des Hilfempfängers, deren Summe der Einkünfte jährlich 100.000,00 € nicht übersteigt (§ 43 Abs. 2 SGB XII; Rdn. 754) bleiben unberücksichtigt, während tatsächlich gezahlter Unterhalt als Einkommen i.S.d. § 41 Abs. 2 SGB XII zu werten ist.[405] Hinsichtlich des Schonvermögens gelten unmittelbar die in Bezug genommenen Alternativen des § 90 Abs. 1 (»unverwertbar«) sowie Abs. 2 SGB XII (also die enumerativen Schonvermögenstatbestände, insb. das angemessene Hausgrundstück).

2. Leistungsansprüche

747 Die bedarfsorientierte Grundsicherung umfasst gem. § 42 SGB XII **Geldleistungen** in folgender Höhe:
(1) den für den Antragsberechtigten maßgeblichen Regelsatz;[406]
(2) die Kosten für Unterkunft und Heizung, soweit[407] sie angemessen sind; ist der Anspruchsteller dauernd stationär untergebracht (bspw. in einem Pflege- oder Altenheim), werden nicht die sog. »Hotelkosten« des Heims (also die pflegeunabhängige Grundvergütung) gewährt, sondern nur die durchschnittliche angemessene Warmmiete eines Einpersonenhaushalts am Aufenthaltsort, die natürlich weit geringer ist;
(3) Versicherungsbeiträge für Kranken- und Pflegeversicherung;
(4) ein Mehrbedarf von 17 % des Regelsatzes für Schwerbehinderte mit Merkzeichen »G« (Gehbehinderung).

748 Nicht umfasst vom Leistungskatalog der Grundsicherung im Alter sind also insb. die **tatsächlichen Unterbringungskosten** in Alten- oder Pflegeheimen sowie die **pflegebedingten Mehraufwendungen**, wobei für Letztere allerdings das Pflegeversicherungsgesetz eine (wenngleich nicht umfassende, so doch regressfreie) Grundabsicherung gewährt.

749 Aufgrund dieser Beschränkung auf der Leistungsseite wird es auch künftig bei betagten Personen häufig zu Kombinationen von Grundsicherung und sonstigen Sozialhilfeleistungen kommen, etwa bei der Hilfe zur Pflege zur Übernahme der Kosten solcher Pflegeeinsätze, die durch die Pfle-

---

brücken, 24.06.2004 – 6 UF 77/03, MittBayNot 2005, 436 m. Anm. Krauß sogar die Pflicht, gegen einen zu Unrecht ablehnenden Grundsicherungsbescheid vorzugehen!
403 So nunmehr ausdrücklich § 41 Abs. 2 SGB XII, zuvor schon *Renn/Schoch*, Die neue Grundsicherung, Rn. 12; *Mayer*, ZEV 2003, 174.
404 Allerdings nach Abzug der Steuern und Sozialabgaben und des Erwerbstätigenbonus, § 82 Abs. 2 SGB XII. Bei einem erwerbsunfähigen volljährigen Kind zählt auch das an die Eltern gezahlte Kindergeld nicht zum Einkommen des Kindes, BVerwG, 28.04.2005 – 5 C 28/04, NJW 2005, 2873; anders nur, wenn es an das Kind weitergeleitet wird, BSG, 08.02.2007 – B 9b SO 5/06 R, FamRZ 2008, 51.
405 BGH, 20.12.2006 – XII ZR 84/04, FamRZ 2007, 1158 m. Anm. *Scholz*.
406 § 2 GSiG bestimmte insoweit 115 % des Haushaltsvorstands-Regelsatzes als Ausgleich für die daneben nicht in Betracht kommenden einmaligen Leistungen.
407 Also ggf. nur teilweise: OVG Hamburg, 09.05.2003 – 4 Bs 134/03, NJW 2004, 2177.

gesachleistung nicht mehr abgedeckt sind, zur Tragung der stationären Heimkosten,[408] bei der Krankenhilfe nach § 48 SGB XII für solche Personen, die keine Krankenversicherung haben (die Grundsicherungsleistung betrifft nur die Versicherungsbeiträge für bestehende Versicherungen!), ferner dann, wenn bei Ehepartnern der eine noch nicht das 65. Lebensjahr vollendet hat (Sozialhilfe), der andere als über 65-jährig jedoch Grundsicherungsleistungen nach dem 4. Kap. bezieht.

3. »Regress«

Während früher § 3 Abs. 2 GSiG lediglich auf die §§ 76 bis 88 BSHG, also die Bestimmungen zur Ermittlung von Einkommen und Vermögen und die Schontatbestände, verwies, so dass die sozialhilferechtlichen Regressnormen, insb. also die §§ 90, 91 und 92c BSHG nicht unmittelbar galten, ist die Grundsicherung im Alter seit 01.01.2005 integraler Bestandteil des SGB XII, der nur bei ausdrücklicher Regelung abweichenden Bestimmungen unterworfen ist. 750

Dies bedeutet im Einzelnen:

a) Erbenhaftung

Eine Inanspruchnahme der Erben für die dem Verstorbenen gewährte Grundsicherung (wie sie § 102 SGB XII in begrenztem Umfang für dem Verstorbenen gewährte Sozialhilfe ermöglicht) droht nicht, da § 102 Abs. 5 SGB XII hiervon ausdrücklich die Leistungen nach dem 4. Kap. ausnimmt. Die Grundsicherung bleibt demnach eine dauerhafte Beihilfe, die nicht mit dem Ableben des Hilfeempfängers den Charakter eines zinslosen Darlehens erhält. 751

b) Anspruchsüberleitung

Soweit jedoch der Anspruchsteller über Ansprüche verfügt, die ihm Einkommen oder Vermögen verschaffen (z.B. den Anspruch auf Rückforderung wegen Verarmung gem. § 528 BGB),[409] scheidet er aus dem Kreis der anspruchsberechtigten Personen aus, weil er i.S.d. § 41 Abs. 2 SGB XII imstande ist, sich seinen Lebensunterhalt aus eigenem Einkommen und Vermögen zu beschaffen. Das (bis zum 31.12.2004 zuständige) Grundsicherungsamt hatte (mangels einer § 90 BSHG a.F. entsprechenden Überleitungsmöglichkeit) keine Handhabe, solche Ansprüche auf sich zur eigenen Geltendmachung überzuleiten, falls der eigentliche Anspruchsinhaber ihn nicht weiter verfolgte oder bei der Verfolgung erfolglos blieb. Der weiterhin bedürftige Hilfeempfänger war also darauf verwiesen, in diesem Fall gleichwohl zur Überbrückung der Notlage Sozialhilfe zu beziehen mit der Folge, dass der Sozialhilfeträger die an sich gegebene Subsidiarität seiner Leistung nachträglich dadurch wieder herstellte, dass er gem. § 90 BSHG den Anspruch auf sich überleitete und durchsetzte. Da § 93 SGB XII für alle Leistungsarten gilt, steht ab 01.01.2005 auch für die Altersgrundsicherung unmittelbar die Überleitung von Ansprüchen durch Sozialverwaltungsakt zur Verfügung. 752

c) Unterhaltsregress

Unterhaltsansprüche gegen gesetzlich unterhaltsverpflichtete Personen (z.B. Eltern oder Abkömmlinge) gingen vor dem 31.12.2004 (mangels einer § 91 BSHG entsprechenden Norm im GSiG) nicht kraft Gesetzes oder kraft Verwaltungsakts auf das Grundsicherungsamt über, zählten aber (ebenso wie die unter Rdn. 752 aufgeführten Ansprüche) an sich (bei Erfüllung) zum Einkommen bzw. (bis zur Erfüllung) zum Vermögen des Berechtigten, hätten also seine Bedürftigkeit entfallen lassen. Zur Erreichung der sozialpolitischen Zielstellung, betagten Personen den Weg zur Inanspruchnahme staatlicher Hilfe zu erleichtern, weil sie keinen Regress gegen ihre Kinder befürchten müssen, erfuhr jedoch bereits im GSiG die Inanspruchnahme unterhaltspflichtiger Per- 753

---

408 Mit Berechnungsbeispiel *Mayer*, ZEV 2003, 178.
409 Vermögen im Fall der Naturalrestitution, Einkommen im Fall der Wertersatzzahlung: BVerwG, 25.06.1992 – 5 C 37/88, NJW 1992, 3312.

sonen bei der Gewährung eine außerordentliche Privilegierung: Gem. § 2 Abs. 1 Satz 3 GSiG zählten Unterhaltsansprüche ggü. Kindern[410] bzw. Eltern[411] nur dann zum Einkommen bzw. Vermögen des Antragsberechtigten, wenn das jährliche Gesamteinkommen gem. § 16 SGB IV (gleichbedeutend mit der Summe der Einkünfte i.S.d. Einkommensteuerrechts) für die jeweilige Einzelperson[412] über jährlich 100.000,00 € lag.[413]

754 Mit der Eingliederung in das SGB XII gilt an sich der gesetzliche Forderungsübergang von Unterhaltsansprüchen (§ 94 SGB XII) auch für die Leistungen des nunmehrigen 4. Kap. Um die vorstehend erläuterte Privilegierung der Inanspruchnahme von Verwandten nicht zu gefährden, findet jedoch die cessio legis ggü. »Eltern und Kindern« (dies umfasst wohl erst recht auch Voreltern bzw. Enkel und Verwandte entfernteren Grades) gem. § 94 Abs. 1 Satz 3 Halbs. 2 SGB XII nicht statt. Für diese bleibt es unmittelbar bei der (auf den Fall einer 100.000,00 € übersteigenden Summe der Einkünfte des jeweiligen potenziellen Schuldners) begrenzten Berücksichtigung als Einkommen und Vermögen gem. **§ 43 Abs. 5 SGB XII**.[414] Wenn auch nur eines der Kinder über ein höheres Einkommen verfügt, sind vereinfachend Grundsicherungsleistungen im Alter bereits dem Grunde nach ausgeschlossen (§ 43 Abs. 5 Satz 3 SGB XII);[415] die Inanspruchnahme der anderen, weniger einkommensstarken Geschwister für die deshalb bezogene Sozialhilfe kann freilich eine unbillige Härte i.S.d. § 94 Abs. 3 Satz 1 Nr. 2 SGB XII darstellen.[416] Andere Personen (z.B. der frühere Ehegatte nach Scheidung/Lebenspartner nach Aufhebung der Partnerschaft) unterliegen allerdings nunmehr dem gesetzlichen Anspruchsübergang, so dass der Grundsicherungsträger nicht mehr – wie bisher – überbrückungsweise Sozialhilfe zu gewähren hatte, um diese Ansprüche durchzusetzen.

755 Gem. § 43 Abs. 5 Satz 2 SGB XII wird (realistischerweise) vermutet, dass das Einkommen[417] des in Betracht kommenden Unterhaltspflichtigen den Jahresbetrag von 100.000,00 € nicht überschreitet; das Amt kann jedoch vom Anspruchsberechtigten Angaben über die Einkommensverhältnisse des Unterhaltspflichtigen verlangen.[418] Liegen Anhaltspunkte für ein Überschreiten vor, sind Kinder und Eltern unmittelbar ggü. der Behörde zur Offenlegung ihrer Einkommensverhältnisse (d.h. Vorlage des Einkommensteuerbescheids) verpflichtet. Maßkriterium für die Heranziehung bzw. Nichtheranziehung von Unterhaltspflichtigen ist nach dem klaren Wortlaut des Gesetzes übrigens ausschließlich das Einkommen, nicht das Vermögen des Kindes bzw. Elternteils![419]

---

410 Damit müssen erst recht auch Enkel gemeint sein (Schließung einer planwidrigen Gesetzeslücke durch teleologische Extension: Der Gesetzgeber wird kaum entferntere Verwandte ggü. näheren schlechter stellen wollen. Die Gesetzesfassung beruht auf der ursprünglichen Absicht, lediglich den Regress nach § 91 BSHG (= § 94 SGB XII) auszuschließen, wo die im zweiten oder einem entfernteren Grad verwandten bereits in § 91 Abs. 1 Satz 3 BSHG freigestellt sind (vgl. *Klinkhammer*, FamRZ 2002, 999).

411 Nicht privilegiert sind allerdings sonstige Unterhaltsverhältnisse, z.B. zwischen geschiedenen oder getrenntlebenden Ehegatten!

412 Auf die trotz des insoweit undeutlichen Wortlauts »ihren Kindern und Eltern« abzustellen ist, sonst würde bspw. Kinderreichtum im Alter bestraft, *Münder*, NJW 2002, 3661; *Brühl/Hofmann*, Grundsicherungsgesetz, S. 89; *Müller*, Der Rückgriff gegen Angehörige von Sozialleistungsempfängern, D Rn. 7 ff.

413 Die Erstfassung des Gesetzes im Ausschuss für Arbeit und Sozialordnung hatte noch eine gänzliche Nichtberücksichtigung von Unterhaltsansprüchen gegen gesetzlich verpflichtete Personen vorgesehen.

414 Vgl. zum Zusammenspiel von Altersgrundsicherung und Elternunterhalt OLG Saarbrücken, 24.06.2004 – 6 UF 77/03, MittBayNot 2005, 436 m. Anm. *Krauß*.

415 BSG, 25.04.2013 – B 8 SO 21/11 R, FamRZ 2014, 385.

416 BGH, 08.07.2015 – XII ZB 56/14, DNotZ 2015, 835; hierzu *Schürmann*, FamRZ 2015, 1600 ff.

417 Gesamteinkommen i.S.d. § 16 SGB IV, d.h. die »Summe der Einkünfte« i.S.d. § 2 EStG.

418 Nach *Schoch*, NDV 2002, 422 seien allerdings keine direkten Angaben nach dem Kindeseinkommen geschuldet (wie im nicht amtlichen Vordruck des Deutschen Vereins vorgesehen).

419 Vgl. Auch *Klinkhammer*, FamRZ 2002, 1000: Sonst hätte über den Umweg des Unterhalts aus Vermögen die Einkommensgrenze des § 2 Abs. 1 Satz 3 GSiG unterlaufen werden können.

B. Grundsicherung

Kapitel 2

II. Hartz IV: Grundsicherung für Arbeit Suchende seit 01.01.2005 (SGB II)

1. Geschichtliches: Arbeitslosenhilfe und Rechtspolitik

Sozialpolitisches Leitprinzip der bis 31.12.2004 gewährten Arbeitslosenhilfe war eine eingeschränkte Lebensstandardsicherung bei Arbeitslosigkeit durch eine lohnorientierte Individualleistung mit Einkommensanrechnung.[420] Durch eine Zusammenführung dieser Leistungen (SGB III) und der Sozialhilfe (SGB XII) in Gestalt der »Grundsicherung für Arbeit Suchende« (SGB II) ab 01.01.2005[421] sollen Fürsorgeleistungen effizienter[422] erbracht und die Eigeninitiative der aktuell ca. 5 Mio.[423] antragsberechtigten (vgl. Rdn. 762) **erwerbsfähigen Hilfebedürftigen** (vgl. Rdn. 777 ff.) unterstützt werden. Die Zweigleisigkeit bei der Absicherung von Langzeitarbeitslosen führte zu einer Zersplitterung der Maßnahmen der aktiven Arbeitsmarktpolitik, zu Doppelbürokratie in den Arbeits- und Sozialverwaltungen, unzureichender arbeitsmarktpolitischer Schwerpunktsetzung bei der Vermittlung und Förderung und zu wechselseitigen Kostenverschiebungen zwischen Bund – Arbeitslosenhilfe – und Kommunen – Sozialhilfe.[424] Da die Arbeitslosenhilfe nicht bedarfsorientiert ausgerichtet war, musste ein Teil der Empfänger ergänzend Sozialhilfe beziehen, wurde also mit zwei Leistungsgesetzen und zwei Verwaltungen konfrontiert. Die kommunale Finanzierung der wachsenden Ausgaben für die reine Sozialhilfe hat die Städte und Gemeinden überfordert und regionale Ungleichgewichte verstärkt. Dieses Nebeneinander wurde durch die »Hartz[425] IV[426]« Reform beseitigt.

756

Neben die **Eingliederungsleistungen** (vgl. Rdn. 819 ff.), die über den bisher in SGB III vorgesehenen Rahmen der aktiven Arbeitsförderung (z.B. Vermittlungsgutschein,[427] Arbeitsbeschaffungsmaßnahmen,[428] bis 30.06.2006: Existenzgründungszuschuss zur Ich-AG,[429] seit 01.08.2006:

757

---

420 Vgl. im Einzelnen die Darstellung Rn. 463 f. in der 1. Aufl. dieses Buchs.
421 Aufgrund des Vierten Gesetzes für moderne Dienstleistungen am Arbeitsmarkt v. 24.12.2003, BGBl. I 2003, S. 2954 ff.
422 Vermeidung (versuchter) Lastenverschiebung zwischen den Leistungsträgern, BT-Drucks. 15/1516, S. 42.
423 Anfang 2007 bezogen rund 5,1 Mio. Menschen in 3,6 Mio. Bedarfsgemeinschaften ALG-II, im August 2011 6,3 Mio Menschen. 2006 wurden dafür 40,5 Mrd. € bereit gestellt. Knapp die Hälfte der ALG-II-Empfänger war nicht arbeitslos gemeldet, sondern bezog bspw. Leistungen nach SGB II ergänzend zum Lohn aus einem Beschäftigungsverhältnis, war in einer Arbeitsgelegenheit beschäftigt oder nahm an einer Qualifizierungsmaßnahme.
424 Zu beobachten ist nunmehr allerdings ein »Verschieben« in das SGB II durch Einstufung auch von AIDS-Kranken und Koma-Patienten als erwerbsfähig; bei einzelnen Kommunen beträgt der Rückgang von Sozialhilfeempfängern über 95 %. Da die (nicht mehr durch Wohngeld geminderten) Unterkunftskosten nunmehr allein den Kommunen zur Last fallen, ergibt sich gleichwohl häufig eine höhere Belastung (auch unter Berücksichtigung der 29,1 %igen, ab 2007 grds. 31,2 %igen Bundeszuschüsse hierfür und der häufigen Übernahme des Lohnaufwands ehemaliger Mitarbeiter des Sozialamts durch die Bundesagentur bzw. ARGE).
425 Hartz war ehemaliger Vorsitzender der Kommission zum Abbau der Arbeitslosigkeit und zur Umstrukturierung der Bundesanstalt für Arbeit: »Moderne Dienstleistungen am Arbeitsmarkt«, Berlin 2002.
426 Hartz I hatte die Einführung der »Ich-AG«, Hartz II sog. »Minijobs« zum Gegenstand – hierzu *Büttner*, FF 2003, 192; Hartz III beinhaltete die Umstrukturierung der Arbeitsverwaltung, einer Behörde mit 180 Ämtern, 600 Außenstellen und 90.000 Mitarbeitern.
427 § 421g SGB III: 2.000,00 €, zahlbar je zur Hälfte nach 6-wöchiger bzw. 6-monatiger Dauer einer verschafften sozialversicherten Beschäftigung an den privaten Vermittler.
428 §§ 260 ff. SGB III: seit 01.01.2005 als pauschaler Zuschuss zu den Lohnkosten i.H.v. monatlich 900,00 € für Tätigkeiten, für die i.d.R. keine Ausbildung notwendig ist, mit Berufsausbildung 1.100,00 €, mit Aufstiegsfortbildung 1.200,00 €, mit [Fach-]Hochschulausbildung 1.300,00 €.
429 Existenzgründungszuschuss nach § 421 Buchst. L SGB III bis 30.06.2006 [seit 01.01.2005 nur noch mit befürwortender Stellungnahme einer fachkundigen Stelle]: im ersten Jahr 600,00 €, im zweiten 360,00 €, im dritten 240,00 € im Monat, sofern mind. ein Tag lang ALG I, Arbeitslosenhilfe oder Entgeltersatzleistungen bezogen wurden oder eine ABM besucht wurde. Zwischen 01.08.2002 und

Gründungszuschuss)⁴³⁰ hinausgehen, treten **finanzielle Leistungen**(vgl. Rdn. 822 ff.) in Gestalt des ALG II und des Sozialgelds sowie in Form der Einbeziehung in die Sozialversicherung. Ähnlich der Sozialhilfe, wenngleich in abgeschwächter Form, ist der Träger der Grundsicherung für Arbeit Suchende zum **Regress** (vgl. Rdn. 841 ff.) berechtigt. Vor Antragstellung empfehlen sich Überlegungen, die in einer **Checkliste** (vgl. Rdn. 859) zusammengefasst sind.

758 **Träger** sind die **Agenturen für Arbeit,** für bestimmte Leistungen (z.B. Unterkunftskosten samt Heizung, psychologische Betreuung, Schuldner- und Suchtberatung, Kinderbetreuungsleistungen und Übernahme einmaligen Bedarfs) die **kreisfreien Städte und Kreise**, die auf Antrag durch Rechtsverordnung für zunächst 6 Jahre, seit 2011 unbefristet, auch die weiteren Aufgaben übernehmen können (Optionsmodell, § 6a SGB II⁴³¹ mit zwischenzeitlicher gesetzlicher Ausformung;⁴³² derzeit 69 Optionskommunen, gem. Art. 91e GG bis zu 110 möglich). Teilen sich – wie meistens – Arbeitsagentur und Kommune die Zuständigkeit, errichten sie in den gem. § 9a SGB III eingerichteten Jobcentern **sog. lokale Arbeitsgemeinschaften** (derzeit 338 ARGE;⁴³³ § 44b SGB II).⁴³⁴ Die Arbeitsgemeinschaft wird als Resultat eines öffentlich-rechtlichen oder privatrechtlichen Vertrags – mangels landesgesetzlicher Vorgaben⁴³⁵ wohl als gemeinnützige⁴³⁶ GbR,⁴³⁷ und damit je-

---

01.08.2006 wurden rund 390.000 Ich-AG mit ca. 3,14 Mrd. € gefördert; das Instrument war v.a. interessant für weniger qualifizierte Gründer und für Frauen, während das Überbrückungsgeld eher von Gründern mit höherem letztem Einkommen nachgefragt wurde, vgl. FAZ Nr. 176 v. 01.08.2006, S. 11.

430 § 57 SGB III: 9 Monate lang wird die bisherige ALG I-Leistung (deren Gesamtbezugsdauer sich dadurch nicht verlängert) um 300,00 € aufgestockt; weitere 6 Monate lang nach Ermessen der Arbeitsagentur lediglich den Aufstockungsbetrag. Der Gründungszuschuss steht nur Beziehern des ALG I bis 3 Monate vor Ende ihres Anspruchszeitraumes offen. Wie schon bisher beim Existenzgründungszuschuss der Ich-AG muss der Businessplan durch eine fachkundige Stelle geprüft werden. Daneben kann eine untergeordnete nichtselbstständige Tätigkeit aufgenommen werden. Frühestens 24 Monate nach dem Scheitern des ersten Projektes kann erneut ein Gründungszuschuss beantragt werden. Vgl. insgesamt *Sartorius/Bubeck*, ZAP, Fach 18, S. 969 ff.

431 In voraussichtlich 69 Gebietskörperschaften [diese nehmen damit eigene Aufgaben wahr, unterliegen jedoch gem. § 6b Abs. 3 SGB II der Kontrolle des Bundesrechnungshofs]. In den neuen Ländern handelt es sich um folgende Landkreise: in Brandenburg Oberhavel, Ostprignitz-Ruppin, Oder-Spree, Spree-Neiße, Uckemark; in Mecklenburg-Vorpommern Ostvorpommern, in Sachsen Bautzen, Döbeln, Kamenz, Löbau-Zittau, Meißen, Muldentalkreis, in Sachsen-Anhalt Anhalt-Zerbst, Bernburg, Merseburg-Querfurt, Schönebeck, Wernigerode, in Thüringen Eichsfeld und die Stadt Jena, in Bayern Städte Erlangen und Schweinfurt sowie Landkreise Miesbach und Würzburg.

432 BGBl. I 2004, S. 2014. Dadurch und durch das Schwarzarbeitsbekämpfungsgesetz v. 30.07.2004, BGBl. 2004 I.S. 1842 wurde das SGB II bereits vor seinem Inkrafttreten geändert!

433 Dabei handelt es sich auch bei Personalüberlassung nicht um Betriebe gewerblicher Art, OFD Frankfurt am Main v. 25.02.2005, EStB 2005, 179.

434 Münder, NJW 2004, 3213.

435 § 2a des Niedersächsischen Gesetzes zur Ausführung des SGB II sieht vor, dass die ARGE in der Rechtsform einer rechtsfähigen Anstalt des öffentlichen Rechts errichtet werden kann.

436 Daher kein Verstoß der GbR gegen das kommunalrechtliche (etwa in Art. 92 Abs. 1 BayGO enthaltene) Verbot unbegrenzter Haftung bei »wirtschaftlicher Betätigung«.

437 Die SG halten sie stattdessen für eine Anstalt des öffentlichen Rechts (LSG Baden-Württemberg, 17.03.2006 – 8 AS 4314/05, NZS 2006, 442) oder eine öffentlich-rechtliche Einrichtung eigener Art (SG Hannover, 25.01.2005 – 5 S AL 32/05 ER, NZS 2005, 256), für die dafür notwendige Verleihung der Rechtsfähigkeit ist § 44b Abs. 1 SGB II sowie die durch § 70 SGG gewährte Beteiligtenfähigkeit in sozialgerichtlichen Verfahren jedoch nicht konkret genug. Landesgesetze ermöglichen teilweise die Konstituierung der ARGE als Anstalt des öffentlichen Rechtes (z.B. § 3 AG – SGB II NRW). Für die (mit hoheitlichen Aufgaben beliehene) GbR eingehend Gutachten, DNotI-Report 2006, 142 ff.

denfalls grundbuchfähig,[438] – errichtet und durch einen Geschäftsführer vertreten.[439] Sie nimmt die Aufgaben der Agentur für Arbeit als Leistungsträger nach SGB II wahr; die kommunalen Träger sollen ihr ebenfalls ihre Aufgaben übertragen. Die eigenartige Form der Mischverwaltung ohne Letztentscheidungsmöglichkeit verstieß gegen den Grundsatz eigenverantwortlicher Aufgabenwahrnehmung und die kommunale Selbstverwaltung;[440] sie wurde daher ab 01.01.2011 auf eine verfassungsrechtliche Grundlage gestellt (Art. 91e GG)[441] und erneut angepasst.[442]

Die durch die Bundesagentur zu erbringenden Leistungen werden durch den Bund, die in kommunaler Trägerschaft zu erbringenden Leistungen durch die Gebietskörperschaft finanziert, wobei der Bund zu den Unterkunftskosten Zuschüsse in steigender Höhe leistet.[443] Aus der beitragsfinanzierten Arbeitslosenversicherung hat die BfA zusätzlich einen »Aussteuerungsbeitrag« (ab 01.01.2008 »Eingliederungsbeitrag« i.S.d. § 46 Abs. 4 SGB II) an den Bund zu leisten.

▶ Hinweis:

Die Zersplitterung der Zuständigkeiten birgt für die notarielle Praxis die Gefahr, dass unbestimmte Rechtsbegriffe (z.B. anrechnungsfreies »angemessenes« Kfz bzw. Eigenheim oder zu übernehmende »angemessene« Kosten der Unterkunft) von den betreffenden kreisfreien Städten/Landkreisen anders angewendet werden als durch die BfA. Ohnehin ist die Verbescheidungspraxis bereits gemessen am materiell-rechtlichen Gesetzeswortlaut recht fehleranfällig.[444]

Die Leistungen der Grundsicherung für Arbeit Suchende werden nur **auf Antrag**,[445] dem eine Plausibilitätsprüfung der relevanten Daten folgt,[446] und nur für die Zeit ab Antragstellung erbracht (§ 37 SGB II), sie sollen nach § 41 Abs. 1 Satz 3 SGB II für 6 Monate bewilligt und monatlich im Voraus[447] ausbezahlt werden. Dagegen werden die ebenfalls antragsabhängigen Leistungen der Grundsicherung im Alter für 12 Monate bewilligt (§ 44 Abs. 1 Satz 1 SGB XII); die Sozialhilfe allerdings wird weiterhin als situationsgebundene Notfallhilfe gewertet, die antragsunabhängig gleichsam täglich neu regelungsbedürftig ist.[448]

---

438 OLG Köln, 16.07.2010 – 2 Wx 53/09, FGPrax 2011, 277.
439 Bei Dissens über dessen Bestellung wird er je für ein Jahr durch die Agentur für Arbeit und die Kommune bestimmt (das Recht der Erstbestellung wird durch Los entschieden).
440 BVerfG, 20.12.2007 – 2 BvR 2433/04, BVerfGE 119, 331.
441 *Marschner*, NWB 2010, 2803 ff.
442 Gesetz zur Weiterentwicklung der Organisation der Grundsicherung für Arbeitsuchende v. 03.08.2010, BGBl. I 2010, S. 1112.
443 Zum Mindest-Garantieentlastungsbetrag für kommunale Träger i.H.v. 2,5 Mrd. €: § 46 Abs. 5 bis 10 SGB II. Für 2007 bis 2010 wurde der Anteil des Bundes an den Miet- und Heizkosten von 29,1 auf grds. 31,2 % und damit auf real ca. 4,3 Mrd. € aufgestockt, vgl. § 46 Abs. 6 SGB II (BGBl. I 2006, S. 3376).
444 Von den bisher 141.000 Widersprüchen wurden 9.313 bearbeitet, dabei wurde dem Widerspruch in 5.150 Fällen abgeholfen (SZ Nr. 41/2005 v. 19./20.02.2005, S. 9).
445 Dieser kann (anders als beim ALG I) sogar telefonisch gestellt werden, auch ohne Ausfüllung des 16-seitigen Auskunftsbogens.
446 Zumindest Datenabgleich mit dem Verband Deutscher Rentenversicherungsträger (VDR), dem Einwohnermeldeamt, dem Bundesamt für Finanzen (wegen der Freistellungsaufträge) und der Kfz-Zulassungsstelle.
447 Da es sich um eine Unterstützungsleistung, nicht (wie die bisherige ALG) um eine Lohnersatzleistung – die monatlich nachschüssig zu leisten wäre – handelt.
448 BVerwG, 18.01.1979 – 5 C 4/78, BVerwGE 57, 239.

2. Anspruchsberechtigung

a) Persönliche Anforderungen

762 Anspruchsberechtigt (§ 7 SGB II) sind Personen zwischen dem 15. und 65. bis 67.[449] Lebensjahr, die ihren gewöhnlichen Aufenthalt in Deutschland haben und **sowohl erwerbsfähig als auch hilfebedürftig** sind. Ob tatsächlich Erwerbslosigkeit vorliegt, ist trotz der irreführenden Bezeichnung »Arbeitslosengeld II (ALG II)« bzw. »Grundsicherung für Arbeit Suchende« ohne Belang. ALG II können daher auch Arbeitnehmer und Selbstständige beziehen, was sich bereits aus den diesbezüglichen Anrechnungsbestimmungen ergibt.

763 Wer **65 Jahre oder älter** ist oder dauerhaft voll erwerbsgemindert, erhält dagegen die Grundsicherung nach dem 4. Kap. des SGB XII (vormals nach dem GSiG), ggf. Rente wegen voller Erwerbsminderung und zusätzlich Sozialhilfe.

764 **Auszubildende** wiederum sind gem. § 7 Abs. 5 Satz 1 SGB II vom Bezug des ALG II ausgeschlossen, da sie dem Grunde nach i.R.d. Berufsausbildungsbeihilfe (§§ 60 bis 62 SGB III) bzw. des BAföG förderfähig sind.[450] Für die »klassische« HLU (3. Kap. SGB XII) verbleiben demnach v.a. Kinder und Erwachsene unter 65 Jahren, die (für länger als 6 Monate) voll erwerbsgemindert sind.[451]

765 Seit 01.08.2006 gilt die sog. »Erreichbarkeitsanordnung« aus dem Bereich des ALG I auch für ALG II-Bezieher (§ 7 Abs. 4a SGB II): Grundsicherung für Arbeit Suchende wird daher nicht gewährt für Personen, die sich außerhalb des dort definierten zeit- und ortsnahen Bereichs aufhalten (Urlaubsabwesenheit von 3 Wochen/Jahr mit Zustimmung des Amts; an Werktagen persönliche Erreichbarkeit für Post der Arbeitsagentur).

b) Bedarfsgemeinschaft

766 Anspruchsberechtigt sind weiter die mit dem vorgenannten Personenkreis in **Bedarfsgemeinschaft** gem. § 7 Abs. 3 SGB II lebenden Personen, wobei der erwerbsfähige Hilfebedürftige deren weitere Mitglieder vertritt (§ 38 SGB II). Ist der Bedarf auch nur eines Mitglieds der Bedarfsgemeinschaft nicht gedeckt, gilt jedes Mitglied der Gemeinschaft im Verhältnis seines eigenen zum Gesamtbedarf als hilfsbedürftig (§ 9 Abs. 2 Satz 3 SGB II).[452] Auch die Leistungen werden für alle Mitglieder der Bedarfsgemeinschaft insgesamt berechnet.[453]

Zur Bedarfsgemeinschaft gehören
(1) **erwerbsfähige Hilfebedürftige (§ 7 Abs. 3 Nr. 1 SGB II)**: Um Einsparungen von erwartet ca. 500 Mio. € zu erzielen, erschwert § 22 Abs. 2a SGB II seit 01.04.2006 (ab 01.01.2011: § 22 Abs. 5 SGB II) die Bildung von Bedarfsgemeinschaften durch Einzelpersonen unter

---

[449] Gem. § 7a SGB II erfolgt für Jahrgänge zwischen 1947 und 1964 eine Anhebung des Höchstalters um zunächst einen, später 2 Monate.

[450] Dies führt dazu, dass bspw. früher Heroinabhängige, die nunmehr die Berufsschule nachholen, auf Darlehen angewiesen sind, worauf die Stadt Frankfurt am Main hinweist (SZ Nr. 18/2005 v. 13.01.2005, S. 18).

[451] *Mrozynski*, ZfSH/SGB 2004, 198.

[452] Offen ist dabei, ob das Verhältnis der ungekürzten Einzelbedarfe oder das Verhältnis der ungedeckten Bedarfe (nach Abzug des jeweiligen Einkommens) maßgeblich ist; für Letzteres *Klinkhammer*, FamRZ 2004, 1917.

[453] Dies führt etwa i.R.d. § 33 SGB II zu Schwierigkeiten, weil der Übergang von Unterhaltsansprüchen nur für die dem unterhaltsberechtigten Individuum (sog. Persönliche Kongruenz) erfolgen darf. Wohn- und Heizkosten sollen nach BVerwG, 21.01.1988 – 5 C 68/85, NJW 1989, 313 nach Kopfanteilen, nach *Scholz*, FamRZ 2004, 755 nach Maßgabe des konkreten Mehrbedarfs ermittelt werden.

25 Jahren. Auf die (für die Übernahme der Unterkunftskosten erforderliche vorherige)[454] behördliche Zusicherung besteht nur dann ein Anspruch, wenn schwerwiegende soziale oder berufliche Gründe vorliegen. Wer am 17.02.2006 bereits eine Bedarfsgemeinschaft gebildet hatte, genießt allerdings Bestandsschutz (§ 68 Abs. 2 SGB II).

(2) im Haushalt lebende(r) **Eltern**(teil) **eines erwerbsfähigen** (also über 15-jährigen) unter 25-jährigen[455] unverheirateten Kindes, sowie der Partner des Elternteils (§ 7 Abs. 3 Nr. 2 SGB II),[456]

(3) nicht getrennt lebender **Ehegatte, Lebenspartner** und in eheähnlicher oder lebenspartnerschaftsähnlicher Gemeinschaft lebende »Partner« des erwerbsfähigen Hilfebedürftigen (§ 7 Abs. 3 SGB II): Die Rechtsprechung nimmt jedoch gegen den Wortlaut solche Partner aus, die (etwa als Altersrentenbezieher) keine SGB II-Leistungen beziehen können,[457]

(4) unter 25-jährige[458] nicht **erwerbsfähige Kinder** des Hilfebedürftigen oder seines Partners,[459] wenn sie ihren Lebensunterhalt nicht aus eigenem Einkommen oder Vermögen decken können (§ 7 Abs. 3 Nr. 4 SGB II).

767

c) Einsatzgemeinschaft

Die Bestimmungen zum **Mitteleinsatz**, also zur Zusammenrechnung von Einkommen und Vermögen der Mitglieder der Bedarfsgemeinschaft, sind enger. In die **Einsatzgemeinschaft** einbezogen sind gem. § 9 Abs. 2 SGB II:

(1) der »Partner« (nicht getrennt lebende Ehegatte, Lebenspartner, in eheähnlicher oder lebenspartnerschaftsähnlicher Lebender) des erwerbsfähigen Hilfesuchenden,

(2) hinsichtlich des an unverheiratete Kinder zu gewährenden Sozialgelds auch deren in gleicher Bedarfsgemeinschaft lebende Eltern/Elternteile und (entgegen früherer Rechtsprechung)[460] seit 01.08.2006 auch die mit diesen Elternteilen zusammenlebenden »Partner«, soweit sie über Mittelüberschüsse verfügen.

768

▶ Hinweis:

Verfügen also **umgekehrt** Kinder über Vermögen, das sie von Außenstehenden oder aber das sie vor mehr als 10 Jahren (§ 529 BGB!) von anderen Mitgliedern der Bedarfsgemeinschaft erhalten haben, wird dieses nicht etwa zu Lasten der weiteren Mitglieder der Bedarfsgemeinschaft angerechnet, vielmehr entfällt lediglich der zusätzliche Sozialgeldbetrag für das Kind selbst. Dies bedeutet i.d.R. eine monatliche Verringerung für Kinder unter 15 Jahren um bis zu 242,40 € (60 % der Regelleistung), für über 15-jährige Kinder um bis zu 323,20 € (80 % der Regelleistung). Sie scheiden also schlicht, ggf. zeitlich befristet, aus der Bedarfsgemeinschaft aus (§ 7 Abs. 3 Nr. 4 SGB II).

769

In der Praxis schwierig ist allein die Prüfung des Vorliegens einer **eheähnlichen bzw. (seit 01.08.2006) lebenspartnerschaftsähnlichen Gemeinschaft**. Die Betroffenen werden sich gegen deren Bestehen angesichts der dadurch ausgelösten Verschärfungen vehement verwehren:

770

---

454 Seit 01.08.2006 soll § 22 Abs. 2a letzter Satz SGB II auch den Umweg versperren, zunächst auszuziehen und nach einer »Schamfrist« sodann als Alleinstehender die Leistungen zu beantragen (»wer in der Absicht umzieht, die Voraussetzungen für die Gewährung von Leistungen herbeizuführen ...«).

455 Seit 01.07.2006 (zuvor: eines minderjährigen Kindes).

456 Dies ist verfassungskonform, vgl. BVerfG, 27.07.2016 – 1 BvR 371/11, RdL 2016, 177.

457 SG Chemnitz, 08.12.2005 – S 6 AS 260/05, FamRZ 2007, 239.

458 Seit 01.07.2006 (zuvor: minderjährigen Kinder).

459 Dadurch wird das Einkommen/Vermögen des Stiefvaters mitberücksichtigt und kürzt die Sozialgeld-Leistung für bspw. die Kinder aus erster Ehe eines Ehegatten, für die der leibliche andere Elternteil wenig Unterhalt zahlt (anders als in der früheren Sozialhilfe, bei der nur der leibliche Elternteil zur Einsatzgemeinschaft zählte, § 19 Abs. 1 a.E. SGB XII (zu politischen Initiativen: FOCUS Heft 15/2005 v. 11.04.2005, S. 24).

460 LSG Niedersachsen, 29.11.2005 – L 8 AS 37/05 ER, BeckRS 2009, 58698 (für die Stiefelternteile gilt allenfalls § 9 Abs. 5 SGB II).

(1) Reduzierung der Regelleistungen beider volljähriger Partner von je 364,00 € seit 02.04.2011) auf je 328,00 € (§ 20 Abs. 4 SGB II);
(2) unmittelbare Anrechnung berücksichtigungsfähigen Partnereinkommens und -vermögens beim anderen und seit 01.08.2006 auch bei dessen Kindern[461] (§ 9 Abs. 2 SGB II);
(3) Wegfall des Alleinerziehenden-Mehrbedarfszuschlags i.S.d. § 21 Abs. 3 SGB II);
(4) Berücksichtigung i.R.d. § 22 Abs. 1 SGB II lediglich des Unterkunftsbedarfs eines Zweipersonenhaushaltes, nicht zweier Einpersonenhaushalte.

771 Seit 01.08.2006 wird das **Prüfkriterium** in § 7 Abs. 3 Nr. 3 lit. c) SGB II legal definiert als »Zusammenleben mit dem erwerbsfähigen Hilfebedürftigen in einem gemeinsamen Haushalt so, dass nach verständiger Würdigung der wechselseitige Wille anzunehmen ist, Verantwortung füreinander zu tragen und füreinander einzustehen«. Dies wird nunmehr gem. § 7 Abs. 3a SGB II vermutet, wenn Partner
(1) länger als ein Jahr[462] zusammenleben oder
(2) mit einem gemeinsamen Kind zusammenleben oder
(3) Kinder oder Angehörige[463] im Haushalt versorgen oder
(4) befugt sind, über Einkommen oder Vermögen des anderen zu verfügen.

Da die gesetzliche Vermutungsregelung des § 7 Abs. 3 Nr. 3 lit. c) SGB II erst greift, wenn das Nichtbestehen einer bloßen Wohngemeinschaft (Rdn. 774) nachgewiesen ist, bleibt ihr praktischer Wert aber begrenzt.

772 Damit übernimmt das SGB II die »Definitionshoheit« zur Lebensgemeinschaft, die früher bei § 122 BSHG (bzw. § 20 SGB XII) und der hierzu ergangenen Rechtsprechung gelegen hatte.[464] Letztere hatte gefordert eine Lebensgemeinschaft (nicht notwendig in einer gemeinsamen Wohnung)[465]
(1) zwischen einem Mann und einer Frau (homosexuelle oder lesbische Lebensgemeinschaften waren also insoweit ausgenommen!),[466]
(2) auf Dauer angelegt (bzw. seit etwa 3 Jahren besteht),[467]
(3) die daneben keine weitere Lebensgemeinschaft gleicher Art zulässt und
(4) die sich durch innere Bindungen auszeichnet, welche ein gegenseitiges Verantworten und Einstehen der Partner füreinander begründen, also über die Beziehungen in einer reinen Haus- und Wirtschaftsgemeinschaft hinausgehen – ähnlich den Anforderungen an die »verfestigte

---

461 SG Düsseldorf, 01.03.2007 – S 24 AS 27/07 ER, n.v., hält dieses »Einstehenmüssen für Stiefkinder« (bzw. Kinder des nichtehelichen/lebenspartnerschaftsähnlichen Lebensgefährten) für verfassungswidrig; vgl. www.stieffamilien.de.
462 Bewusste Verkürzung ggü. den 2–3 Jahren, welche die Rspr. für die Verwirkung des Unterhaltsanspruchs gem. § 1579 Abs. 1 Nr. 7 BGB fordert.
463 *Scholz*, FamRZ 2006, 1418 plädiert dafür, nur Kinder/Angehörige des anderen Partners genügen zu lassen.
464 Insb. BVerwG, 17.11.1992 – 1 BvL 8/87, NJW 1993, 643 – gegen eine uneingeschränkte Übertragung auf den Bereich der Grundsicherung für Arbeit Suchende LSG Hessen, 27.07.2005 – L 7 AS 18/05 ER, FamRZ 2006, 296.
465 »Living apart together«.
466 Nach Ansicht des SG Düsseldorf, 16.02.2005 – S 35 SO 28/05 ER, NJW 2005, 845 war deshalb die Anrechnung von Partnereinkommen auch bei verschiedengeschlechtlichen eheähnlichen Gemeinschaften zur Vermeidung eines Gleichheitsverstoßes nicht statthaft. Das BVerfG, 28.09.2005 – 1 BvR 1789/05, FamRZ 2006, 470 hat eine hiergegen gerichtete Verfassungsbeschwerde mangels Rechtswegerschöpfung nicht angenommen.
467 So das BSG, 17.10.2002 – B 7 AL 96/00 R, NZS 2003, 546 im Recht der Arbeitsförderung; abschwächend LSG Nordrhein-Westfalen, 21.04.2005 – L 9 B 6/05 SO ER, NJW 2005, 2253; LSG Hessen, 03.11.2005 – L 7 AS 49/05 ER, BeckRS 2013, 71636: ein Jahr ist zu kurz; SG Düsseldorf, 23.11.2005 – S 35 AS 343/05 ER, BeckRS 2005, 43963: jugendliches Alter der Beteiligten spricht eher für schlichte »liaison d'amour«.

Lebensgemeinschaft« i.S.d. § 1579 Nr. 2 BGB n.F.:[468] Die Leistungsfähigkeit des Partners spielt insoweit keine Rolle – anders als bei der Berücksichtigung eines (fiktiven) Entschädigungsbetrags für die Führung des Haushalts eines leistungsfähigen Dritten.[469]

Bis zur Umkehrung der Nachweislast durch das »Hartz IV – Fortentwicklungsgesetz« zum 01.08.2006 oblag die Aufklärungspflicht den Behörden von Amts wegen (§ 20 SGB X), sie trugen auch die objektive Beweislast. Die Untergerichte legten dabei strenge Maßstäbe an (Doppelbett und Herrenpflegeartikel im Badezimmer seien kein Beweis;[470] die Indizien mussten zeitnah erhoben sein;[471] ein Befragen des Vermieters sei nicht statthaft;[472] selbst die eigene Einschätzung der Beteiligten, es handele sich um eine eheähnliche Gemeinschaft, könne laienhaft unzutreffend sein.[473] Gleichwohl hat sich statistisch die Zahl der »Hartz IV-Haushalte« wegen der Anmietung eigener Kleinwohnungen bspw. in Berlin von Januar bis Mai 2005 von 225.000 auf 292.000 erhöht![474]

773

d) Haushaltsgemeinschaft

Von der Bedarfsgemeinschaft (insb. in der Variante des gemeinsamen Mitteleinsatzes in eheähnlicher Gemeinschaft) zu unterscheiden ist die **Haushaltsgemeinschaft** i.S.d. § 9 Abs. 5 SGB II: Lebt der Hilfeempfänger mit sonstigen Verwandten/Verschwägerten (Großeltern, Schwager, Vetter, Stiefvater,[475] volljährige Kinder, minderjährige Kinder mit eigenen Kindern, minderjährige Kinder mit ausreichendem Einkommen[476]/Vermögen) zusammen in einer Wohnung,[477] die ihrerseits genügend leistungsfähig sind, wird (widerleglich) vermutet, dass diese ihn in diesem Umfang auch tatsächlich unterstützen. Über den Kreis der Verwandtschaft/Schwägerschaft hinaus[478] wird seit 01.08.2006 auch vermutet, dass der nicht mit dem Elternteil verheiratete/verpartnerte, im selben Haushalt lebende Lebensgefährte das Kind des anderen unterstützt, ähnlich dem/der schon bisher erfassten Stiefvater/der Stiefmutter. Abzugrenzen von der Haushaltsgemeinschaft ist jedoch wiederum die bloße **Wohngemeinschaft**[479] ohne gemeinsamen Haushalt.

774

Die Praxis stellt geringe Anforderungen an die Widerlegung der Vermutung des § 9 Abs. 5 SGB II. Die Durchführungshinweise der Arbeitsagenturen lassen hierfür einfache Erklärungen

775

---

468 Vgl. hierzu *Schnitzler*, FamRZ 2006, 239 ff.
469 Zwischen 200,00 € und 550,00 €, gem. Nr. 6 der Süddeutschen Leitlinien.
470 So das SG Düsseldorf, 16.02.2005 – S 35 SO 28/05 ER, NJW 2005, 845; a.A. das LSG Nordrhein-Westfalen zu ähnlichen vorausgehenden Eilverfahren (SG Düsseldorf, 22.04.2005 – S 35 AS 119/05 ER, ASR 2005, 63) und 21.04.2005 – L 9 B 6/05 SO ER, NJW 2005, 2253, ebenso LSG Hamburg, 11.04.2005 – L 5 B 58/05, NJOZ 2005, 2526.
471 LSG Hessen, 29.06.2005 – L 7 AS 1, 2, 3, 4/05, FamRZ 2006, 295.
472 SG Düsseldorf, 23.11.2005 – S 35 AS 343/05, AuR 2006, 33.
473 SG Saarland, 04.04.2005 – S 21 AS 3/05, NDV-RD 2005, 79: seit 27 Jahren zusammenlebendes Paar, bei welchem jedoch in der mündlichen Verhandlung »eine gewisse Distanz« spürbar gewesen sei.
474 Handelsblatt v. 16.06.2005.
475 LSG Nordrhein-Westfalen, 12.05.2005 – L 9 B 12/05, BeckRS 2005, 41528.
476 Kindergeld zählt dabei gem. § 11 Abs. 1 Satz 3 SGB II als Einkommen des Kindes.
477 Erforderlich ist hierfür eine baulich abgeschlossene Einheit mit Kochgelegenheit, WC und Bad/Dusche, welche die Führung eines eigenen Hausstands ermöglicht, Mindestfläche ca. 23 m² (vgl. *Krause*, NotBZ 2004, 54). Also keine Haushaltsgemeinschaft bei zwei Wohnungen im selben Haus!
478 Damit zieht das Gesetz die Parallele zu § 36 SGB XII, wo das Verwandtschafts-/Schwägerschaftserfordernis keine Rolle mehr spielt.
479 Daher dürfen gemäß BVerfG, 02.09.2004 – 1 BvR 1962/04, FamRZ 2004, 1950 nur Angaben zu Name und Mietanteil solcher Unter- bzw. Mitmieter im ALG II-Antrag verlangt werden. Allerdings trage der Antragsteller das Risiko, dass entgegen seiner Angaben doch eine ehe- oder lebenspartnerschaftsähnliche Lebensgemeinschaft vorliege.

des Hilfebedürftigen genügen.[480] Die zur Parallelnorm im früher BSHG (dort § 16) ergangene Rechtsprechung war strenger; sie forderte sowohl die glaubhafte und zweifelsfreie Versicherung des Hilfesuchenden und der weiteren Mitglieder der Haushaltsgemeinschaft als auch die Glaubhaftmachung nachvollziehbarer und überprüfbarer Tatsachen, welche die Richtigkeit der Vermutung erschüttern.[481] Als Plausibilitätsnachweis wird insoweit ein Vertrag mit dem Verwandten (z.B. Untermietvertrag mit dem volljährigen Sohn über einen geringeren Anteil als die Kopfquote) sinnvoll sein, vorausgesetzt die beim Leistungsberechtigten verbleibende Miete kann noch als angemessen angesehen werden. Die Haushaltsgemeinschaft kann (ohne dass ein Auszug erforderlich wäre) aufgelöst werden durch schlichte Beendigung des »Wirtschaftens aus einem Topf«.[482]

776 Die für die Vermutung des § 9 Abs. 5 SGB II erforderliche Leistungsfähigkeit des Verwandten oder Verschwägerten wird nach der ALG II-Verordnung v. 17.12.2007 nur angenommen, wenn diese als bereinigtes Einkommen mehr als das Doppelte des Regelbedarfs zuzüglich der Unterkunftskosten zur Verfügung haben.

▶ Beispiel:

Zusammen mit den Eltern und ihren beiden Kindern wohnt die Großmutter, eine Rentnerin. Die Gesamtkosten für Miete und Heizung i.H.v. 1.000,00 € entfallen anteilig zu 1/5, also i.H.v. 200,00 €, auf sie. Als leistungsfähig kann die Rentnerin nur angesehen werden, wenn sie über mind. 818,00 € (2 × 409,00 € Regelsatz, zzgl. anteiliger Miet- und Heizkosten) verfügt. Ihr tatsächliches Renteneinkommen wird dabei bereinigt um monatlich 30,00 € für angemessene private Versicherungen, ferner ggf. Beiträge zur Riester-Rente und die Kfz-Versicherung.

Vom verbleibenden überschießenden bereinigten Einkommen wird nach § 1 Abs. 2 der ALG II-Verordnung vermutet, dass die Hälfte dieses Betrags zur Unterstützung der Bedarfsgemeinschaft i.R.d. umfassenden Haushaltsgemeinschaft eingesetzt wird.

3. Insb. Erwerbsfähigkeit/Hilfebedürftigkeit

a) Definitionen

777 **Erwerbsfähigkeit** i.S.d. § 8 SGB II liegt vor, wenn auf absehbare Zeit (d.h. auf einen Zeitraum von 6 Monaten, vgl. § 7 Abs. 4 SGB II) mind. 3 Std. täglicher Erwerbstätigkeit[483] auf dem allgemeinen Arbeitsmarkt möglich ist (Verfahren zu deren Feststellung: sozialmedizinisches Gutachten der Agentur für Arbeit; bei Dissens mit dem kommunalen Träger oder demjenigen Träger, der bei voller Erwerbsminderung zuständig wäre: Einigungsstelle, §§ 44a, 45 SGB II). Es ist nicht erforderlich, dass der Erwerbsfähige dem Arbeitsmarkt tatsächlich zur Verfügung steht.

▶ Beispiel:

Allein erziehende Mutter eines 2-jährigen Kindes; 15-jähriger Schüler.

Bei Ausländern[484] muss allerdings zusätzlich die Ausübung einer Beschäftigung erlaubt oder zumindest genehmigungsfähig sein (§ 8 Abs. 2 SGB II).

778 **Hilfebedürftigkeit** ist gem. § 9 Abs. 1 SGB II gegeben, wenn der eigene Lebensunterhalt, die Eingliederung in Arbeit und der Lebensunterhalt der in Bedarfsgemeinschaft lebenden Personen nicht aus vorrangig in Anspruch zu nehmenden Sozialleistungen anderer Träger (§ 12a SGB II),

---

480 So auch SG Oldenburg, 28.09.2005 – S 48 AS 194/05, n.v.: Erklärung der fehlenden Bereitschaft zur Unterstützung ist ausreichend zur Widerlegung.
481 OVG Nordrhein-Westfalen, 12.11.1992 – 8 B 1577/92, FEVS 44, 198.
482 *Mecke*, in: Eicher/Spellbrink, SGB II, § 9 Rn. 68.
483 Abgestimmt auf die volle Erwerbsminderung gem. § 43 Abs. 2 Satz 2 SGB VI sowie die Grundsicherung, § 41 Abs. 1 Nr. 2 SGB XII.
484 *Strick*, NJW 2005, 2182 zu Ansprüchen »neuer und alter Unionsbürger«.

durch Aufnahme einer zumutbaren Arbeit oder aus zu berücksichtigendem Einkommen oder aus Vermögen gesichert werden kann, wobei Vermögen und Einkommen der in § 9 Abs. 2 SGB II genannten Personen (nicht getrennt lebender Ehegatte/Lebenspartner/eheähnlicher Partner sowie, wenn Hilfe an minderjährige unverheiratete haushaltsangehörige Kinder gewährt werden soll, der Eltern) zusammenzurechnen sind. Dieser Kreis der »Einsatzgemeinschaft« ist also enger als der (zur Gesamtleistungsberechnung maßgebliche) Kreis der Bedarfsgemeinschaftsmitglieder selbst (§ 7 Abs. 3 SGB II) oder gar der Mitglieder der Haushaltsgemeinschaft (§ 9 Abs. 5 SGB II, Letztere fungieren lediglich als potenzielle weitere Versorgungsquellen).

b) Zumutbarkeit

Kernstück der Regelung ist die – in das Visier der politischen Diskussion geratene – Verschärfung der **Zumutbarkeitskriterien**[485] gem. § 10 SGB II (im Vergleich zum bisherigen § 121 SGB III). Jede, auch untertariflich[486] bezahlte, **legale Arbeit** ist dem erwerbsfähigen (jedenfalls noch nicht 58-jährigen)[487] Hilfebedürftigen zumutbar, auch wenn sie hinter seiner Ausbildung oder seiner bisherigen Beschäftigung zurückbleibt, der Arbeitsort weiter vom Wohnort entfernt ist oder die Arbeitsbedingungen ungünstiger sind als bisherige Tätigkeiten (»Fördern und Fordern«).[488] Arbeitsangebote können nur aus **wichtigen Gründen** (§ 10 Abs. 1 Nr. 5 SGB II) **abgelehnt** werden, wie körperlicher, geistiger oder seelischer Überforderung, vorrangigen Belangen der Kindererziehung[489] oder der Pflege Angehöriger. Die Beweislast wurde umgekehrt, § 31 Abs. 1 Satz 2 SGB II (»von welfare zur workfare«).[490] Wer erstmals ALG II-Leistungen beantragt, ohne in den vorherigen 2 Jahren ALG I erhalten zu haben (z.B. arbeitslose Hochschulabgänger), erhält als Test seiner Arbeitsbereitschaft gem. § 15a SGB II ein »Sofortangebot« (z.B. einen Ein-Euro-Job oder eine Trainingsmaßnahme).

779

c) Einkommen

Das **zu berücksichtigende Einkommen** (§ 11 Abs. 1 SGB II) umfasst (enger als im Sozialhilferecht, § 82 SGB XII) alle Einkünfte in Geld – seit 02.08.2016, Rdn. 781, nicht jedoch mehr die Einkünfte in Geldeswert (vgl. Rdn. 600 zu Grenzfällen [Erbschaft,[491] Pflichtteilsanspruch, Lebensversicherungssumme]). Alle auf das Einkommen entrichteten Steuern sowie Pflichtbeiträge zur Sozial- und Arbeitslosenversicherung sind abzuziehen, ebenso (seit 01.08.2006) gem. § 11 Abs. 2 Satz 1 Nr. 7 SGB II Aufwendungen zur Erfüllung gesetzlicher Unterhaltspflichten i.H.d.

780

---

485 Hierzu ausführlich *Louven*, NWB, Fach 27, S. 6013 ff.
486 Bis zur Grenze der Sittenwidrigkeit, also mehr als 30 % unter Branchenniveau.
487 § 65 Abs. 4 SGB II, ebenso § 428 SGB III, bis zum 31.12.2007 verlängert (ab dann nur noch Geltung für »Altfälle«): Arbeitslose über 58 Jahre erhalten ALG I und ALG II unter vereinfachten Bedingungen gegen die Zusicherung, zum frühestmöglichen Zeitpunkt ohne Abschläge in Rente zu gehen. Andererseits wird die Einstellung älterer Arbeitsloser gefördert: Über 50-jährige erhalten bei Annahme einer geringer dotierten Tätigkeit nach Arbeitslosigkeit eine ergänzende »Entgeltsicherung« als Zuzahlung. Wer als Arbeitgeber über 55-jährige Arbeitslose einstellt, führt bis Ende 2007 keine Beiträge zur Arbeitslosenversicherung ab.
488 So die Überschrift des 1. Kap.
489 Die Bundesagentur soll gem. § 10 Abs. 1 Nr. 3 SGB II darauf hinwirken, dass erwerbsfähigen Hilfebedürftigen mit Kindern unter 3 Jahren vorrangig ein Tagesbetreuungsplatz oder die Aufnahme in eine Tageseinrichtung angeboten wird. Gem. § 24 SGB VIII ist ihnen in Tagesbetreuungseinrichtungen der Vorrang zu gewähren.
490 Sog. Prinzip des aktivierenden Sozialstaates; vgl. *Giddens*, Der Dritte Weg, 1999 (als Mittelweg zwischen einer Ausweitung der Erweiterung staatlicher Ressourcen durch Steuererhöhung und der Privatisierungsstrategie; Original unter dem Titel: The third way – the renewal of social democracy), vgl. *Münder*, NJW 2004, 3210.
491 Mit der Folge, dass der Grundsicherungsträger aufgrund der gesetzlichen Überleitung, § 33 SGB II, die Auszahlung an sich verlangt; *Conradis*, info also 2007, 10.

Betrags, der sich aus einem Unterhaltstitel oder einer notariell[492] beurkundeten (!) Unterhaltsvereinbarung ergibt.[493] Letzteres führt zu einem Bruch mit dem Unterhaltsrecht, wo der Pflichtige (der gem. § 33 SGB II im Regresswege in Anspruch genommen wird) nur den notwendigen Bedarf entgegen halten kann und ggf. eine Abänderung bestehender Titel zu betreiben hat.[494]

781 Reine **Sachzuwendungen** sind i.R.d. des SGB II nicht als Einkommen anzusetzen,[495] und auch i.R.d. des SGB XII gelten die Sachbezugswerte (vgl. Rdn. 604 ff.) über § 2 der Durchführungs-VO zu § 82 SGB XII nur für nichtselbständige Arbeitsverhältnisse.[496] Durch Gesetzesänderung vom 01.08.2016 wurde in der Einkommensanrechnungsvorschrift des § 11 Abs. 1 SGB II die zuvor enthaltene Einbeziehung von »**Leistungen in Geldeswert**« gestrichen. Zuvor waren mitunter Sachzuwendungen, die nach Antragstellung zuflossen, in voller Höhe (oder zumindest mit dem Betrag, der im maßgeblichen Regelbedarf hierfür vorgesehen war)[497] angerechnet worden. Eine dem § 27a Abs. 4 Satz 1 SGB XII (Rdn. 634) entsprechende Norm, der zu Folge bei dauerhafter faktischer anderweitiger Bedarfsdeckung der monatliche Regelsatz abweichend (also niedriger) angesetzt werden kann, fehlt i.R.d. SGB II ohnehin.

782 Bestimmte Einkünfte sind bereits dem Grunde nach freigestellt. **Anrechnungsfrei sind**:
(1) gem. § 1 Abs. 1 Nr. 4 ALG II-VO »weitergereichtes« **Pflegegeld** für Grundpflege/hauswirtschaftliche Versorgung, der Wertung des § 3 Abs. 1 Nr. 36 EStG und des § 13 Abs. 6 SGB XI folgend – – allerdings nur, wenn die Pflegeleistungen von Angehörigen des Bedürftigen erbracht werden, die damit eine sittliche Pflicht erfüllen[498] –, sowie seit 01.08.2006 z.T. auch Erziehungspflegegeld der Kinder- und Jugendhilfe nach SGB VIII (§ 11 Abs. 4 SGB II) wegen ihrer abweichenden Zweckbestimmung;
(2) (seit 01.10.2005) die **Eigenheimzulage**, soweit sie nachweislich zur Finanzierung einer angemessenen selbst genutzten (und damit geschonten) Immobilie genutzt wird (§ 1 Abs. 1 Nr. 7 ALG II-VO); dies entspricht bisheriger Rechtsprechung;[499]
(3) das **Kindergeld** für volljährige, nicht mehr im Haushalt wohnende Kinder des Hilfebedürftigen, soweit es nachweislich an das Kind weitergegeben wird (§ 1 Abs. 1 Nr. 8 ALG II-VO);
(4) (seit 01.10.2005) **Nebeneinkünfte** bis zu 100,00 €/Monat von unter 15 Jahre alten Sozialgeldempfängern, sog. Taschengeldregelung (§ 1 Abs. 1 Nr. 9 ALG II-VO), sonst gem. § 1 Abs. 1 Nr. 1 ALG II-Verordnung nur Barbeträge bis **10 € im Monat** als Einkommen frei.
(5) Einkünfte aus »Arbeitsgelegenheiten« (ABM-Maßnahmen im öffentlichen Interesse, gemeinnützige Tätigkeiten mit nicht verdrängender Wirkung für den »ersten Arbeitsmarkt« als sog.

---

492 Gleiches dürfte für den Anwaltsvergleich des § 796a ZPO gelten, der ebenfalls Unterhaltstitel sein kann. Auch der gerichtliche Vergleich (§ 126a BGB) steht der notariellen Beurkundung gleich.
493 Zur früheren Rechtslage: Keine Anerkennung nicht titulierter Unterhaltsleistungen (SG Aachen, 20.06.2006 – S 9 AS 59/05, FamRZ 2006, 1296); Nr. 11.5 der internen Verwaltungshinweise der BfA zu § 11 SGB II verlangt über die Titulierung hinaus, dass es sich um Ansprüche von Personen handelt, die ggü. den Bedarfsgemeinschaftsmitgliedern vorrangig sind, und ferner die tatsächliche Erbringung nachgewiesen ist.
494 BGH, 22.01.2003 – XII ZR 2/00, FamRZ 2003, 363, 367; *Scholz*, FamRZ 2006, 1419.
495 Vgl. § 1 Abs. 1 Nr. 11, § 2 Abs. 6 ALG II-VO: anders nur im Rahmen eines nicht selbständigen Arbeitsverhältnisses.
496 BSG, 23.03.2010 – B 8 SO 17/09 R, BeckRS 2010, 71398.
497 Vgl. etwa LSG Sachsen-Anhalt, 26.08.2015 – L 4 AS 83/14, ZFSH/SGB 2016, 43 vgl. zum folgenden *Doering-Striening*, ZErb 2017, 95, 97.
498 Demnach ist das Pflegegeld anzurechnen, wenn die Pflegeleistung durch einen lediglich »guten Bekannten«, der SGB II-Leistungen bezieht, erbracht wird, vgl. LSG Hamburg, 08.09.2016 – L4AS 569/15, RdL 2017, 11, m. Anm. *Coester*.
499 LSG Niedersachsen-Bremen, 27.04.2005 – L 8 AS 39/05 ER, NZM 2005, 553.

B. Grundsicherung Kapitel 2

zusätzliche[500] **Ein-Euro-Jobs**,[501] die kein Arbeits-, sondern ein Sozialverhältnis begründen – im Jahr 2005: 6,5 Mrd. € für 600.000 Ein-Euro-Jobs; Haushaltsansatz 2006: 10 Mrd. €),[502] bei deren Verweigerung das ALG II zeitweise gekürzt werden kann. Ähnlich dürfen als Anreiz zur Selbsthilfe für behinderte Menschen durch Motivation zu einem Arbeitstraining gem. § 84 Abs. 2 SGB XII bis zu 60 € im Monat zugewendet werden.

(6) Näheres zur Einkommensermittlung regelt die (zum 01.10.2005 als Ergebnis des »Job-Gipfels« geänderte)[503] **ALG II-VO**:[504] Als Einkommen aus selbstständiger Tätigkeit gilt der Überschuss (Gewinn vor Steuern), ggf. geschätzt auf der Grundlage früherer Betriebsergebnisse. Sind die Betriebsausgaben nicht ermittelbar, werden sie i.H.v. 20 % der Brutto-Einnahmen pauschaliert. 783

(7) Bei Erwerbseinkommen aus nicht selbstständiger Tätigkeit sieht die ALG II-VO, gestützt auf § 11 Abs. 2 Satz 2 SGB II, bei Bruttoeinkommen bis zu 400,00 € eine **Werbungskostenpauschale** von 100,00 € monatlich vor (der Nachweis höherer oder geringerer Werbungskosten i.S.d. § 11 Abs. 1 Satz 1 Nr. 3 bis Nr. 5 SGB II ist insoweit abgeschnitten). Bei einem Bruttoeinkommen oberhalb von 400,00 € sieht die Verordnung zur Verwaltungsvereinfachung Pauschbeträge vor, und zwar monatlich 15,33 €,[505] weitere 30,00 €/Monat pauschal für private und öffentliche Versicherungen, ferner in voller Höhe Beiträge zur Riester-Rente[506] nach § 82 EStG und für gesetzlich vorgeschriebene Versicherungen (Kfz- und Berufshaftpflicht sowie – erweiternd – Gebäudebrandversicherung), und 0,20 €/Entfernungskilometer pro Fahrt zur Arbeitsstätte. Als Grundfreibetrag wird stets eine Werbungskostenpauschale von 100,00 € anerkannt. Der Nachweis insgesamt höherer Werbungskosten ist jedoch bei Bruttoeinkommen über 400,00 € stets möglich.

(8) Neben die Werbungskostenpauschalen bzw. -abzüge treten – allerdings nur bei den Einkünften aus selbstständiger und aus abhängiger Beschäftigung, also bei Erwerbseinkommen – »Zusatzfreibeträge«, bezogen auf den Teil des Bruttoeinkommens, der 100,00 € übersteigt: Im Einkommensbereich bis zu 800,00 € monatlich 20 %, darüber 10 %; die Obergrenze beträgt für Hilfebedürftige ohne Kinder 1.200,00 €, mit mind. einem Kind (gleich ob dies Mitglied der Bedarfsgemeinschaft ist) 1.500,00 €. 784

---

500 *Rixen/Pananis*, NJW 2005, 2177 ff., auch zur Strafbarkeit bei Fehlen dieser Voraussetzung [§ 266a StGB: Nichtentrichtung von Sozialversicherungsbeiträgen; § 291 Abs. 1 Satz 1 Nr. 3 StGB: Lohnwucher].

501 Sie sollen insb. durch Kommunen und Wohlfahrtsverbände auf die Dauer von max. 9 Monaten mit max. 30 Wochenstunden geschaffen werden, die hierfür eine pauschale Mehraufwandsentschädigung [§ 2 i.V.m. § 16 Abs. 3 SGB II] von 1,00–2,00 €/Std. von der BfA erhalten. Solche Arbeitsgelegenheiten sind sozialversicherungsfrei, unterliegen allerdings dem gesetzlichen Unfallversicherungsschutz. Die Entschädigung wird nicht auf die ALG II-Leistungen angerechnet; sie ist nach § 3 Nr. 2 lit. b) EStG steuerfrei und unterliegt nicht dem Progressionsvorbehalt, da in § 32b EStG nicht genannt: OFD Koblenz, 29.11.2004 – S 2342 A (NWB 2005, 162; gem. § 3c Abs. 1 EStG ist demnach auch kein Werbungskostenabzug möglich). Die Mehraufwandsentschädigungen sind ferner unpfändbar, LG Dresden, 17.06.2008 – 3 T 233/08, 3 T 0233/08, Rpfleger 2008, 655. Wer mind. 15 Wochenstunden beschäftigt ist, wird in der Arbeitslosenstatistik nicht mehr erfasst.

502 Davon 3,5 Mrd. € Verwaltungsausgaben, 6,5 Mrd. € für Eingliederungsleistungen, zu denen auch ABM (2005: 60.000 Teilnehmer), Qualifizierungsmaßnahmen (2005: 60.000 Teilnehmer) und Trainingsmaßnahmen (2005: 400.000 Teilnehmer) zählen.

503 BGBl. I 2005, S. 2499; neuerliche Änderung ab 01.07.2011, BGBl. I 2011, S. 1175.

504 ALG II/Sozialgeldverordnung v. 20.10.2004, BGBl. I 2004, S. 2622.

505 Ein sechzigstel der steuerlichen Pauschale, § 3 Abs. 1 Nr. 3 lit. a) ALG II-VO.

506 Da ALG II-Bezieher wie rentenversicherungspflichtige Personen behandelt werden, können sie auch einen Riester-Vertrag neu abschließen.

▶ **Folgende Beispiele**

785 sollen das Zusammenspiel aus Werbungskostenfreistellung und weiteren Zusatzfreibeträgen erläutern:

Bei einem Brutto-Erwerbseinkommen bis zu 100,00 € erfolgt insgesamt eine komplette Freistellung, da bis zu 100,00 € als Werbungskostenpauschale ohne weitere Nachweise anerkannt werden.

Bei einem Brutto-Erwerbseinkommen von bspw. 300,00 € addieren sich die Werbungskostenpauschale von 100,00 € und der Zusatzfreibetrag von 20 % des 100,00 € übersteigenden Brutto-Einkommens (also 20 % von 200,00 € = 40,00 €) auf gesamt 140,00 €.

Bei einem Brutto-Einkommen von 1.200,00 € (netto sind dies ca. 890,00 €) und Inanspruchnahme lediglich der Werbungskostenpauschale von 100,00 € erfolgt zusätzliche Freistellung i.H.v. 180,00 € (20 % des Einkommensbereichs zwischen 100,00 € und 800,00 €, 10 % des darüber hinausgehenden Einkommens), so dass Gesamtfreistellung i.H.v. 280,00 € stattfindet. Angerechnet würde also das um 280,00 € geminderte Netto (890,00 €), also 610,00 €, so dass aufstockendes ALG II auch beim notwendigen Selbstbehalt in Betracht kommt.

786 Die tatsächliche Anrechnung auf den ALG II-Anspruch bezieht sich jedoch stets auf das Netto-Einkommen. Hierzu folgendes Beispiel, das zugleich die Inanspruchnahme konkreter, nachgewiesener, über 100,00 € hinausgehender Werbungskosten zeigt:

▶ **Beispiel:**

Bei einem bisherigen Anspruch auf ALG II i.H.v. 750,00 € nimmt der Betroffene eine pflichtversicherte Tätigkeit mit einem Brutto-Arbeitsentgelt von 850,00 € auf (Steuerklasse I, ohne Kind). Steuern sind nicht zu entrichten, Sozialversicherungsbeiträge i.H.v. 187,01 €. Er kann weitere Werbungskosten i.H.v. konkreten 177,00 € (z.B. in Gestalt von Fahrtkosten) nachweisen, so dass sich sein Netto-Erwerbseinkommen auf 485,99 € beläuft. Hiervon wird ein Zusatzfreibetrag i.H.v. 145,00 € freigestellt (20 % des Brutto-Arbeitseinkommens zwischen 100,00 € und 800,00 €, also 140,00 €, und 10 % der übersteigenden 50,00 €, also weitere 5,00 €; der Grundfreibetrag von 100,00 € wird nicht zusätzlich gewährt, da ja konkrete Werbungskosten i.H.v. 177,00 € nachgewiesen wurden). Es ergibt sich demnach ein Anrechnungsbetrag von 485,99–145,00 = 340,99 €, so dass sich das ALG II nach Anrechnung noch auf 409,01 € beläuft. Die Gesamteinkünfte des Leistungsbeziehers betragen nunmehr 409,01 € ALG II + 485,99 € Netto-Einkommen nach Steuern, Sozialabgaben und Werbungskosten, gesamt also 895,00 €.

Es ist fraglich, ob die intendierte Anreizwirkung (bei einem Anstieg der Gesamteinkünfte von 750,00 € auf lediglich 895,00 €!) dadurch noch erreicht wird. (I.R.d. Sozialhilfe existierte ein Grundfreibetrag von 165,00 €/Monat, bei Einkünften über 691,00 €/Monat wurde jeder weitere Euro angerechnet.)

(Nach der bis zum 30.09.2005 geltenden Fassung des § 30 SGB II wurden bei einem Monatsbruttolohn bis zu 400,00 € 15 % des um die Absetzbeträge bereinigten Einkommens aus Erwerbstätigkeit, vom übersteigenden Teil bis zu brutto 900,00 € 30 %, darüber hinaus bis brutto 1.500,00 € wiederum 15 %, das aus dem über 1.500,00 € liegenden Bruttolohneinkommen resultierende Nettoverdienst wird voll angerechnet. Zur Vereinfachung der Anrechnungsfreistellung war nach der ALG II-VO eine einheitliche Nettoquote für alle Bruttoverdienststufen zugrunde zu legen, identisch dem Verhältnis des Gesamtnettolohns zum Gesamtbruttolohn.)[507]

---

507 Beispiel nach *Kopp*, NWB Fach 27, S. 5970: Bei einem Bruttolohn des Partners von 1.500,00 € ergibt sich nach Abzug der Steuern (147,00 €), Pflichtbeiträge zur Sozialversicherung (318,00 €), des Pausch-

B. Grundsicherung

Ein **Verlustausgleich** zwischen verschiedenen Einkommensarten kommt allerdings nicht in Betracht;[508] nicht abzugsfähig sind ferner Schulden, Abzahlungsverpflichtungen und Unterhaltsbelastungen (soweit nicht tituliert oder in notarieller Vereinbarung enthalten, § 11 Abs. 2 Satz 1 Nr. 7 SGB II; s. Rdn. 780).[509]

787

Laufende Einnahmen sind stets für den Monat zu berücksichtigen, in dem sie zufließen (Ende Dezember 2010 bezogene Arbeitslosenhilfe und Arbeitseinkommen also nicht für Januar 2011, auch wenn sie dann noch vorhanden ist). Einmalige Einnahmen (Urlaubs- oder Weihnachtsgeld, Steuerrückerstattungen)[510] sind seit dem 01.10.2005 erst ab dem Folgemonat auf »einen angemessenen Zeitraum aufzuteilen« (§ 1 Abs. 3 ALG II-VO).

788

Ist in einer Bedarfsgemeinschaft nicht der gesamte Bedarf aus eigenen Mitteln gedeckt, gilt jedes Mitglied im Verhältnis des eigenen Bedarfs zum Gesamtbedarf als hilfebedürftig. Es wird also eine prozentuale Einkommensumverteilung vorgenommen, soweit ein Mitglied (z.B. ein minderjähriges Kind) über Einkommen (z.B. Kindergeld und Unterhalt des anderen Elternteils) verfügt, das seinen Bedarf (Sozialgeld und, nach Köpfen, anteiliger Betrag des Wohnbedarfs) übersteigt. Das verbleibende zu berücksichtigende Einkommen mindert zunächst die Leistungen der Agentur für Arbeit (z.B. das Sozialgeld), soweit darüber hinaus ein **Einkommensüberhang** verbleibt, mindert dieser die vom kommunalen Träger zu erbringenden, auf dieses Mitglied anteilig entfallenden (v.a. Unterbringungs-)Leistungen.

789

d) Vermögen

Zum zu berücksichtigenden **Vermögen** zählt der gesamte zu Beginn des Zeitraums vorhandene[511] Bestand an Sachen oder Rechten[512] in Geld oder Geldeswert, und zwar zunächst ohne Berücksichtigung von Schulden, es sei denn, diese lasten unmittelbar auf dem betreffenden Vermögenswert (Grundpfandrechte!); andernfalls sind sie lediglich i.R.d. Prüfung der Zumutbarkeit einer Verwertung einzubeziehen.[513]

790

Dabei bleiben naturgemäß – wie bei der Sozialhilfe – aus tatsächlichen oder rechtlichen Gründen **nicht verwertbare Positionen** (z.B. aufgrund nicht befreiter Vorerbschaft/Testamentsvollstreckung) außer Betracht (§ 12 Abs. 1 SGB II). Die Rechtslage ist mit § 90 Abs. 1 SGB XII identisch, so dass auf die dortigen Ausführungen (auch zur Frage der Verwertbarkeit eines Erwerbs, das mit vormerkungsgesicherter schuldrechtlicher »Verfügungssperre« beschwert ist, Rdn. 558) verwiesen werden kann. Relevant sind demnach folgende Fallgruppen:

791

---

betrags für Versicherungen (30,00 €), der tatsächlichen Kfz-Versicherung (30,00 €), der tatsächlichen Werbungskosten (75,00 €) ein Netto-Einkommen von 900,00 €, also 60 %. Unberücksichtigt bleiben davon von den ersten brutto 400,00 € 60 % aus 15 %, also gesamt 9 %, vom Bruttolohn zwischen 400,00 € und 900,00 € 60 % aus 30 %, also gesamt 18 %, vom verbleibenden Bruttolohn zwischen 900,00 € und 1.500,00 € wiederum 60 % aus 15 %, also 9 %, gesamt also 180,00 €, so dass das Partnereinkommen mit 720,00 € anzusetzen ist.

508 BSG, 18.02.1982 – 7 RAr 91/81, SozR 3–4100, § 138 SGB III Nr. 7.
509 *Bubeck/Sartorius*, ZAP Fach 18, S. 857, 868.
510 Wie das BVerwG (18.02.1999 – 5 C 35/97, BVerwGE 108, 296 ff., zum BSHG) wertet das BSG, 16.12.2008 – B 4 AS 48/07 R, info also 2009, 134, die Steuererstattung als Vermögen, nicht als Einkommen.
511 Zum Einkommen zählt dagegen der während des Zeitraums stattfindende Zuwachs, bis zum Beginn des nächsten Zahlungszeitraums (Monats), vgl. Anwendungsempfehlungen der BfA Nr. 12.2. – also auch Lottogewinne, Steuererstattungen und die Eigenheimzulage.
512 Also auch der Rückforderungsanspruch aus § 528 BGB, vgl. Anwendungsempfehlungen der BfA Nr. 12 (»sofern der erwerbsfähige Hilfebedürftige bzw. dessen Ehegatte/Partner ohne die Schenkung nicht bedürftig wäre«).
513 BSG, 02.11.2000 – B 11 AL 35/00 R, BSGE 87, 143 ff.; a.A. *Mecke*, in: Eicher/Spellbrink, SGB II, § 12 Rn. 14 f.

(1) gesetzliche Verwertungsausschlüsse (§ 21 Abs. 2 des Gesetzes über die Errichtung der Stiftung »Hilfswerk für behinderte Kinder« etc.);
(2) Sachen im Eigentum eines Dritten ohne verwertbaren Rückübertragungsanspruch aus einer Sicherungsübereignung;[514]
(3) Rechte, die einem Dritten zustehen, auch wenn der Hilfesuchende begünstigt ist (z.B. Lebensversicherung die auf den Namen des Betriebs geführt wird;[515]
(4) wirksame Abtretung oder Verpfändung eines Anspruchs (etwa einer Lebensversicherung, die auf diese Weise zur Tilgung eines Immobiliendarlehens eingesetzt werden muss);

792 (5) Verwertungsbeschränkungen i.R.d. Altersvorsorge, z.B. bei Direktversicherungen (§ 2 BetrAVG: vor Eintritt des Versorgungsfalls keine Möglichkeit der Beleihung, Verpfändung, Abtretung oder des Erhalts des Rückkaufswerts durch Kündigung) und bei der sog. Rürup-Rente (§ 10 Abs. 1 Nr. 2 lit. b) EStG: nicht vererblich, nicht übertragbar, nicht beleihbar, nicht kapitalisierbar);[516]
(6) nicht aufhebbare Beschränkung des Inhabers in der Verfügung, z.B. Mietkautionssparbuch in der Hand des Vermieters (§ 808 BGB!);
(7) aus rechtlichen Gründen bestehende Verfügungsbeschränkungen, etwa aus Vorerbschaft oder Testamentsvollstreckung.

793 Rein faktische Verwertungserschwernisse, wie etwa vorbehaltene Nießbrauchsrechte, können – je nach Marktlage und Dauer der Unverkäuflichkeit – nach der Rechtsprechung des BSG (Rdn. 562 ff.) u.U. zu »unverwertbarem Vermögen« führen.[517] Teilweise gehen aber die Grundsicherungsträger davon aus, hinsichtlich des einzusetzenden Vermögensanteils (Wert des durch Wohnungsrecht/Nießbrauch anderweit genutzten Gebäudeteils) scheide nicht die Verwertung dem Grunde nach, sondern nur die »sofortige Verwertung« wegen der Vorbehaltsnutzung aus, und gewähren ein Darlehen i.H.d. ALG II, das durch Grundpfandrecht zu sichern sei.[518]

794 Gleiches gilt für Vermögenswerte, deren **sofortige Verwertung offensichtlich unwirtschaftlich wäre oder eine unbillige Härte bedeuten würde** (§ 12 Abs. 3 Satz 1 Nr. 6 SGB II). Letzteres geht über § 90 Abs. 3 Satz 1 SGB XII, wo lediglich auf die besondere Härte abgestellt wird, und über § 1 Abs. 3 Nr. 6 Arbeitslosenhilfeverordnung 2002, wo lediglich die offensichtliche Unwirtschaftlichkeit genannt wird, hinaus. Die Bedeutung dieses Auffangtatbestands wird in dem Maß abnehmen, in dem der Verordnungsgeber (gem. § 13 Satz 1 Nr. 2 SGB II) weitere Vermögensgegenstände von der Berücksichtigung ausnimmt, was in § 7 Abs. 1 der ALG II-VO v. 17.12.2007 für die zur Berufsausbildung oder Erwerbstätigkeit benötigten Gegenstände bereits geschehen ist.

795 Eine **offensichtliche**, also sich aufdrängende **Unwirtschaftlichkeit** ist anzunehmen, wenn der zu erwartende **Netto-Erlös** (Brutto-Erlös abzgl. Verwertungskosten) erheblich unter dem tatsächlichen derzeitigen Wert liegt, z.B. bei erheblicher Abweichung des Verkehrswerts eines gebrauchten Gegenstands von seinem Gebrauchswert[519] oder bei aktuell geringen Erlösen wegen des ak-

---

514 OVG Nordrhein-Westfalen, 09.08.1996 – 8 A 3429/94, FEVS 47, 423.
515 Arbeitslosenzeitung »quer« 3/2003, S. 25.
516 Vgl. Anwendungsempfehlungen der BfA Nr. 12.6 und 12.7.
517 A.A. zuvor VG Gießen, 29.11.1999 – 6 G 2321/99, DNotZ 2001, 784 m. abl. Anm. *J. Mayer*; ebenso VG Karlsruhe, 14.01.2004 – 10 K 1353/03, BeckRS 2004, 20608. In dieselbe Richtung BGH, 07.11.2006 – X ZR 184/04, NJW 2007, 60: Mit Rückforderungsvorbehalt und Nießbrauch belastetes Vermögen ist, da nur zeitweise in der Verwertung gehindert, geeignet, die Verarmung i.R.d. § 528 BGB zu beseitigen.
518 Gestützt auf die Mitwirkungspflicht nach § 60 Abs. 1 Satz 1 Nr. 3 SGB I. Bei lediglich »darlehensweiser Gewährung« besteht allerdings keine Kranken- und Pflegepflichtversicherung, so dass Krankenhilfe nach dem SGB XII in Betracht kommt.
519 *Ebsen*, in: Gagel, SGB III, § 193 Rn. 193 ff.

tuellen Überangebots nicht selbst genutzter landwirtschaftlicher Flächen.[520] In der Praxis der BfA[521] ist eine Verwertung von Sachen oder Rechten nicht offensichtlich unwirtschaftlich, falls der zu erwartende Netto-Erlös um max. 10 % unter dem Substanzwert (Verkehrswert bzw. Summe der Einzahlungen zuzüglich bisheriger Erträge) gelegen hat. Bei einem Verlust von mehr als 10 % dürfte also umgekehrt offensichtlich Unwirtschaftlichkeit angenommen werden, etwa bei Verwertung »**junger Lebensversicherungen**« (hohe Abschlusskosten und Stornoreserven) oder bei Verwertung von **Kapital-Lebensversicherungen** kurz vor der Endfälligkeit, da der Rückkaufswert deutlich hinter dem zu erwartenden Endauszahlungsbetrag zurückbleibt.[522] Gleiches dürfte gelten für **vermögenswirksam angelegte Vermögenswerte**.[523] Die Rechtsprechung wendet die 10 % Grenze dagegen nur auf Finanzwerte mit objektiv feststellbarem »Substanzwert« an, während bei anderen Gegenständen (z.B. Erbteilen) die Unwirtschaftlichkeit erst bei einer »Verschleuderung« erreicht sei; das bei weiterem Zuwarten künftige Wertsteigerungen zu erwarten seien, bleibt dabei außer Betracht.[524]

Allerdings ist die Verwertung **langfristig angelegten Gelds** nicht deshalb unwirtschaftlich, weil damit Zinsverluste verbunden sind, ebenso wenig die Auflösung von **Bausparverträgen**, wenn damit ein Verlust der Bausparprämie oder der Arbeitnehmer-Sparzulage einhergeht,[525] oder die Verwertung **kursabhängiger Anlagen** (z.B. Aktien) auch bei früher höheren Einkaufskursen.[526] Ggf. kann die Beleihung verlangt werden (z.B. Prämiensparvertrag).[527] Die Geltendmachung eines kraft Gesetzes auf den Grundsicherungsträger übergegangenen Pflichtteilsanspruchs kann, so das BSG, unwirtschaftlich sein, wenn infolgedessen (Pflichtteilsstrafklausel!) eine Enterbung auf den weit lukrativeren Schlusserbfall ein, für den sonst eine bindende Verfügung bestünde (Rdn. 120).

796

Die »**besondere Härte**« dürfte zur Vermeidung von Wertungswidersprüchen ggü. dem Sozialhilferecht zu lesen sein wie die »schlichte Härte« i.S.d. § 90 Abs. 3 Satz 1 SGB XII oder die »unbillige Härte« i.S.d. § 29 Abs. 3 BAföG,[528] so dass die dazu ergangene Rechtsprechung Anwendung finden kann. Zu denken ist etwa an Bestattungs- und Grabpflegeguthaben, Abfindungszahlungen eines Arbeitgebers wegen Verlusts des Arbeitsplatzes in den gesetzlichen Grenzen oder an ein unangemessenes Hausgrundstück bei Eltern, die ihre querschnittsgelähmte Tochter unter großen Anstrengungen jahrelang gepflegt haben. Wird die Verwertung eines Anteils an einer Erbengemeinschaft durch Veräußerung des einzigen werthaltigen Nachlassgegenstandes, eines Eigenheims, verlangt, und würden damit die weiteren Miterben »obdachlos«, begründet dies eine besondere Härte.[529] Sie kann ferner vorliegen, wenn die zulässige Gesamtwohnfläche des Immobilieneigentums (Rdn. 799) zwar überschritten ist, die überschießende Fläche aber von nahen Verwandten bewohnt wird, die in diesen Wohnraum investiert haben und, da bedürftig, auf diese Wohnstätte

797

---

520 Anwendungsempfehlungen zu § 12 SGB II Nr. 12.37a; ferner kann die Verwertung eine unbillige Härte begründen, wenn keine andere Alterssicherung vorhanden ist (Nr. 12.38).
521 Dienstanweisung zu § 193 SGB III Rn. 17; Anwendungsempfehlungen zu § 12 SGB II Nr. 12.37.
522 A.A. die Anwendungsempfehlungen der BfA § 12.37a, die im letzten Fünftel der Laufzeit einer Lebensversicherung regelmäßig den Rückkauf (oder die Beleihung) für wirtschaftlich ansehen.
523 *Hammel*, ZfS 1997, 295 ff.
524 LSG Hamburg, 31.05.2007 – L 5 AS 42/06, ZEV 2008, 544.
525 VGH Baden-Württemberg, 17.01.2000 – 22 A 4467/95, info also info also 2000, 229.
526 Andernfalls würde der Grundsicherungsträger das Risiko solcher naturgemäß kursabhängiger Anlagen zu übernehmen haben (Anwendungsempfehlungen der BfA § 12.37a).
527 OVG Nordrhein-Westfalen, 02.05.1994 – 8 A 3646/92, FEVS 45, 326362.
528 VGH München, 12.01.2012 – 12 C 11.1343, ZEV 2012, 681: 1/8 Anteil an einer Erbengemeinschaft ist unschädlich, auch wenn sich im Nachlass ein größeres Wohngebäude befindet, das aber von Angehörigen des Auszubildenden eigengenutzt wird. Ähnlich VG Frankfurt/Main, 06.01.2016 – 3 K 2556/14 F, ErbR 2016, 474: Veräußerung oder Belastung eines selbstgenutzten Anwesens (Wohnflächengrenzen des 2. WoBauG) wäre unbillige Härte.
529 SG Stade, 02.12.2011 – S 17 AS 521/10, BeckRS 2012, 65759.

angewiesen sind, und das Gesamtgebäude den Kriterien des § 90 Abs. 2 Nr. 8 SGB XII (Rdn. 574) entsprechen würde.[530]

Bei der Inanspruchnahme eines kraft Gesetzes auf den Grundsicherungsträger übergegangenen Pflichtteilsanspruchs hat das BSG die Anwendungsfälle der »besonderen Härte« näher differenziert (Rdn. 121: moralisch/ethisch, materiell/einkommensbezogen und materiell/vermögensbezogen).

798 Zum **Schonvermögen** (dessen Verwertung auch nicht im Wege der Vermietung oder Beleihung verlangt werden kann) zählt gem. **§ 12 Abs. 3 Satz 1 Nr. 4 SGB II** (ähnlich wie in § 90 Abs. 2 Nr. 8 SGB XII, Rdn. 574 ff.) das (dauerhaft)[531] selbst[532] genutzte **Hausgrundstück**[533] oder die selbst genutzte Eigentumswohnung von angemessener Größe (im Wege des Erst-Recht-Schlusses demnach auch das Dauerwohnrecht gem. § 31 WEG und Wohnungsrechte, sofern sie überhaupt wegen § 1092 Abs. 1 Satz 2 BGB verwertbar sind;[534] beim nicht übertragbaren Wohnungsrecht entfällt der unterkunftsbezogene Leistungsanteil naturgemäß wegen anderweitiger Bedarfsdeckung[535]). Etwa ein Viertel der Arbeitslosenhaushalte wohnt in den eigenen vier Wänden.[536] Als Schwellengröße maßgeblich waren nach bisheriger Praxis[537] und Rechtsprechung[538] die zu § 1 Abs. 3 Nr. 5 Arbeitslosenhilfeverordnung 2002 entwickelten Kriterien zur Wohnungsgröße und ggf. zur **Grundstücksgröße**[539] (insoweit also ohne Berücksichtigung der im BSHG/SGB XII in Be-

---

530 BSG, 12.12.2013 – B 14 AS 90/12 R, MittBayNot 2014, 479.
531 Also nicht schlichte Ferienhäuser oder »Datschen« – Letztere liegen allerdings, da sie häufig hohen Liebhaberwert jedoch geringen Verkehrswert haben, oft unter dem Vermögensfreibetrag der Bedarfsgemeinschaft. Nr. 12.8 und 12.29 der Anwendungsempfehlungen der BfA geht davon aus, dass Kleingärten und Lauben i.S.d. § 3 Abs. 2 BKleingG »in der Regel nicht verwertbar« seien.
532 Maßgeblich ist die Nutzung durch die Bedarfsgemeinschaft des § 7 Abs. 3 SGB II (*Mecke*, in: Eicher/Spellbrink, SGB II, § 12 Rn. 69), nicht allein der Einsatzgemeinschaft des § 9 Abs. 2 SGB II, jedoch auch der Haushaltsgemeinschaft des § 9 Abs. 5 SGB II, vgl. BSG, 12.12.2013 – B 14 AS 90/12 R, MittBayNot 2014, 479.
533 Geschützt ist dadurch nicht die Immobilie als Vermögenswert, sondern die Wohnung als vorhandener Lebensmittelpunkt, BSGE 49, 30. Daher kann es zur Privilegierung angemessen kleiner Luxuswohnungen kommen.
534 *Ebsen*, in: Gagel, SGB III, § 193 Rn. 174 zur früheren Sozialhilfe.
535 LSG Nordrhein-Westfalen, 02.03.2017 – L 19 AS 1458/16, BeckRS 2017, 106625.
536 Nach Angabe des statistischen Bundesamtes 23 % in den alten, 24,6 % in den neuen Ländern. Der Wert dieser Immobilien lag in den neuen Ländern überwiegend unter 50.000,00 € (28 %; zwischen 50.000,00 € und 100.000,00 €: 22 %, zwischen 100.000,00 € und 150.000,00 €: 16 %; zwischen 150.000,00 € und 200.000,00 € 13 %; darüber: 14 %); in den alten Ländern überwiegend über 200.000,00 € (39 %; zwischen 150.000,00 € und 200.000,00 €: 15 %, zwischen 100.000,00 € und 150.000,00 € 16 %; zwischen 50.000,00 € und 100.000,00 € 14 %, unter 50.000,00 €: lediglich 6 %).
537 So bereits die Durchführungsanweisungen der BfA zu § 193 SGB III.
538 LSG Baden-Württemberg, 01.08.2005 – L 7 AS 2875/05 ER B, BeckRS 2009, 54061; LSG Bayern, 21.04.2006 – L 7 AS 1/05, BeckRS 2009, 64076; LSG Niedersachsen-Bremen, 08.06.2006 – L 7 AS 443/05 ER, BeckRS 2009, 61718; so auch BSG, 17.12.2002 – B 7 AL 126/01 R, DStR 2004, 1929; abschwächend SG Augsburg, 04.10.2005 – S 1 AS 365/05, BeckRS 2009, 57509, bestätigt durch das BSG, 07.11.2006 – B 7b AS 2/05 R, NZS 2007, 428: jedenfalls 80 m^2 Wohnfläche sind für eine einzelne Person nicht unangemessen groß.
539 Es ist umstritten, ob überhaupt auf die Grundstücksgröße abzustellen ist, vgl. BayLSG, 21.04.2006 – L 7 AS 1/05, Tz. 18. Nach LSG Niedersachsen-Bremen, 08.07.2011 – L AS 524/07, NotBZ 2012, 77 geben übergroße Grundstücke allenfalls Anlass zu prüfen, ob selbstständig abtrennbare Grundstücksteile selbstständig zu verwerten sind, so z.B. bei 1003 qm Grundstücksfläche, vgl. BSG, 15.04.2008 – B 14/7b AS 34/06, NZS 2009, 407, 409. Die Durchführungshinweise der Bundesagentur für Arbeit (DH-BA 12.26 und 12.27) gehen bei städtischen Grundstücken nur bis 500 qm, im ländlichen Bereich bis 800 qm noch von Angemessenheit aus.

zug genommenen weiteren sieben Kombinationsfaktoren, v.a. des Wertes[540] und der Ausstattung, was zu einer oft unverständlichen Privilegierung führt[541] und teilweise untergerichtlich durch Betonung des Elements der »Angemessenheit« in Richtung auf eine Wertprüfung korrigiert wird).[542]

Die »beanstandungsfreie« **Wohnfläche** des Familienheims richtete sich nach der bis zum 31.12.2001 geltenden Gesetzesfassung nach den Grenzwerten des II. WoBauG, beläuft sich also bei Familienheimen mit einer Wohnung auf 130 m², bei Eigentumswohnungen auf 120 m² (§ 39 Abs. 1 Nr. 1 und Nr. 3 II. WoBauG, vgl. im Einzelnen Rdn. 578). Das BSG[543] hat jedoch in Abkehr von der bisherigen Praxis diese Flächengröße in Abhängigkeit zur Personenzahl gesetzt, zum einen um eine gleichheitssatzwidrige Diskrepanz zu § 90 Abs. 2 Nr. 8 SGB XII (wo die Personenzahl zu berücksichtigen ist, vgl. Rdn. 577) zu vermeiden, zum anderen aufgrund der ratio des § 12 Abs. 3 Nr. 4 SGB II, welche nicht dem Schutz der Immobilie als Vermögensgegenstand, sondern der Sicherung des Grundbedürfnisses »Wohnen« diene. Demnach gilt als noch angemessen:
(1) für 1-[544] oder 2-Personenhaushalt[545] 90 m²,
(2) für 3-Personenhaushalt 110 m²,
(3) für 4-Personenhaushalt[546] 130 m²,
(4) für 5- oder mehr Personenhaushalt jeweils 20 m² mehr
(5) (für Eigentumswohnungen jeweils 10 m² weniger[547]).

799

Bei der Ermittlung der Personenzahl sind lediglich die Bedarfsgemeinschaftsmitglieder i.S.d. § 7 Abs. 3 SGB II (Rdn. 766 ff.) sowie die dauerhaft in einer Haushaltsgemeinschaft i.S.d. § 9 Abs. 5 SGB II (Rdn. 774 ff.) einzubeziehen,[548] nicht z.B. Geschwister mit Familien etc.

800

Die Wohnflächen sind nach der WohnflVO zu berechnen, so dass sich der rechtzeitige »Rückbau« eines nicht mehr genutzten Schlafzimmers im Keller in eine Waschküche lohnt. Noch offen ist, ob in Sonderfällen (etwa Kinderzimmer für die nunmehr ausgezogenen Kinder) Ausnahmen denkbar sind.[549] Das BSG lässt jedenfalls erkennen, dass im Hinblick auf den Verhältnismäßigkeitsgrundsatz eine Toleranz von 10 % in Betracht kommt.[550] In Einzelfällen einer Flächenüberschreitung hilft ferner § 12 Abs. 3 Satz 1 Nr. 6 Alt. 2 SGB II (besondere Härte), vgl. Rdn. 797.

Hinsichtlich der »Ausgabenseite« (Kosten der Unterkunft) gelten jedoch die geringeren Flächengrößen der Mietförderung (vgl. Rdn. 828).

Bei einem **Miteigentumsanteil** an einem Hausgrundstück ist zur Beurteilung der Wohnungsgröße nur der tatsächlich bewohnte Gebäudeteil heranzuziehen, wenn die Nutzung des Hilfeempfängers auf einen seinem Miteigentumsanteil entsprechenden Teil des Anwesens beschränkt ist;[551] bzw. im Normalfall nur der Quotenanteil des Miteigentümers an der gesamten Wohnfläche;[552]

801

---

540 So ausdrücklich LSG Baden-Württemberg, 01.08.2005 – L 7 AS 2875/05, NJW 2006, 719.
541 Vgl. Frankfurter Allgemeine Sonntagszeitung Nr. 45/2006 v. 12.11.2006, S. 45.
542 SG Koblenz, 03.05.2007 – S 11 AS 187/06, BeckRS 2007, 45038.
543 BSG, 07.11.2006 – B 7b AS 2/05 R, NZS 2007, 428.
544 Da die zeitnahe Aufnahme eines Partners stets möglich bleiben soll.
545 BSG, 15.04.2008 – B 14/7b AS 34/06, NZS 2009, 407.
546 BSG, 16.05.2007 – B 11b AS 37/06 R, BSGE 98, 243.
547 Die Rspr., etwa LSG NRW, 18.03.2016 – L 19 AS 1272/15, BeckRS 2016, 68926, erkennt andererseits unter Verhältnismäßigkeitsgesichtspunkten wiederum einen Zuschlag von bis zu 10 qm an, vgl. *Doering-Striening*, ZErb 2017, 95, 99.
548 BSG, 12.12.2013 – B 14 AS 90/12 R, MittBayNot 2014, 479; ferner Pflegeeltern in Haushalten mit Pflegekindern, zur Vermeidung eines Wertungswiderspruchs zu SGB VIII, vgl. BSG, 29.03.2007 – B 7b AS 2/06 R, FEVS 59, 1.
549 So *Christian Link*, wiss. Mitarbeiter am BSG, in SZ Nr. 51/2007 (02.03.2007), S. V 2/1.
550 BSG, 07.11.2006 – B 7b AS 2/05 R, NZS 2007, 428.
551 Vgl. hierzu BVerwG, 25.06.1992 – 5 C 19/89, MittRhNotK 1993, 137.
552 BSG, 22.03.2012 – B 4 AS 99/11 R, NZS 2012, 871; BSG, 12.12.2013 – B 14 AS 90/12 R, MittBayNot 2014, 479.

anders liegt es im Ausnahmefall, wenn der Miteigentümer das gesamte Anwesen mitbenutzen darf.

Gleiches gilt bei **Gesamthandseigentum**, bspw. einer Erbengemeinschaft, sofern der Nachlass im Wesentlichen aus einem Wohnhausgrundstück besteht.[553] Hinsichtlich sonstiger Nachlassgegenstände im Nachlass zeigt sich die Rechtsprechung[554] großzügig: die Veräußerung des Erbteils als solchen könne nicht verlangt werden, wenn sich auch ein selbstgenutztes angemessenes Eigenheim im Nachlass befindet, und die Auseinandersetzungsklage im Übrigen sei so langwierig, dass nicht in angemessener Frist mit einer Verwertung gerechnet werden kann (vgl. Rdn. 563).

802 Ähnlich wird bei **vorbehaltenen Nutzungen** zu differenzieren sein (wobei der Totalvorbehalt bereits zum Wegfall des Merkmals »selbst genutzt« führt![555]): Die vom Nutzungsvorbehalt (Wohnrecht/Nießbrauchsrecht ggf. hinsichtlich seiner schuldrechtlichen Ausübungsbeschränkung) erfassten Räume zählen mangels Eigennutzung zum anzurechnenden Vermögen,[556] wenngleich unter Wertabzug des Nutzungsvorbehalts (anders, wenn die Bedarfsgemeinschaft des ALG II-Beziehers nur tatsächlich einen Teil des Gesamtobjekts nutzt, obwohl eine Gesamtnutzung rechtlich möglich wäre: Die Leerfläche zählt zum eigengenutzten Teil und wird dort in die Größenprüfung einbezogen; Nebenflächen des Wohnens, z.B. Abstellräume, Garagen, bleiben jedoch insgesamt außer Betracht.) Zur (abzulehnenden) Frage, ob der Nießbrauchsvorbehalt zur Unverwertbarkeit i.S.d. § 12 Abs. 1 SGB II führt, siehe Rdn. 561 ff.

803 Wird der Rest des Gebäudes durch Dritte genutzt, bleibt lediglich der Wert des durch die Bedarfsgemeinschaft genutzten Gebäudeteils, sofern die Angemessenheit nicht überschreitend, geschont. Der Wert der verbleibenden Gebäudeteile, gleich ob durch Dritte aufgrund Miete, Wohnungsleihe, zugewendeten oder vorbehaltenen Nutzungsrechts genutzt, zählt jedoch zum Vermögen (im Fall vorbehaltenen Nutzungsrechts wie auch etwaiger objektbezogener Belastungen in Abt. III jedoch um jene gemindert). Soll demnach ein künftig sowohl vom Übergeber aufgrund vorbehaltenen Nutzungsrechts als auch vom Erwerber zu nutzendes Objekt übergeben werden, würde die (Teil-)Anrechnung nur dadurch zu vermeiden sein, dass lediglich ein dem künftig erwerbergenutzten Wertanteil entsprechender Miteigentumsanteil überlassen und dabei eine entsprechende Nutzungsabrede (ggf. auch nur schuldrechtlich, vorzugsweise jedoch nach § 1010 BGB) getroffen wird.

804 Ist das **Anwesen unangemessen groß**, also die Grenze der Privilegierung überschritten, muss zunächst geprüft werden, ob eine getrennte Veräußerung der Überfläche möglich ist, d.h. diese nach WEG als abgeschlossene Einheiten gebildet werden können. In diesem Fall werden keine Leistungen gewährt, unabhängig von der Liquidität des einzusetzenden Vermögens.[557] Gleiches gilt bei Übergrößen des Grundstücks, auch wenn die Mehrfläche nicht selbstständig bebaubar ist (dieser Umstand hat nur Auswirkung auf den Verkehrswert), es sei denn aufgrund Marktsättigung (wie in zahlreichen regionalen Märkten) ist die Mehrfläche objektiv unverkäuflich.[558] Ist die Teilveräußerung entweder rechtlich (mangels Abtrennbarkeit der Wohnung) oder objektiv (mangels Marktes) nicht möglich und scheidet auch eine Beleihung der Immobilie (begrenzt auf den Verkehrswert der Überfläche) mangels Erlangbarkeit eines Kredits aus, kommt möglicherweise eine Freistellung wegen besonderer Härte (Rdn. 797) in Betracht. Andernfalls mutet die Gesetzes-

---

553 Grds. zählt also auch insoweit nur der Miterbenanteil an der Gesamtwohnfläche, SG Karlsruhe, 23.02.2016 – S 17 AS 2487/15, ErbR 2017, 245.
554 LSG Niedersachsen-Bremen, 08.07.2011 – L AS 524/07, NotBZ 2012, 77.
555 Selbst wenn der Vorbehaltsnießbraucher den Eigentümer im Objekt wohnen lässt, liegt keine »Selbstnutzung« vor: Er nutzt als Mieter [dann ist diese, soweit angemessene, ALG II-fähig nach § 22 SGB II] oder als Begünstigter einer Wohnungsleihe [dann ist der Geldwert der Nutzung gem. § 11 als »Einnahme in Geldeswert« anzusetzen].
556 So ausdrücklich BSG, 12.07.2012 – B 14 AS 158/11, MittBayNot 2013, 174, vgl. hierzu *Hertel*, Aktuelle Probleme der notariellen Vertragsgestaltung im Immobilienrecht 2012/2013, DAI, S. 222 ff.
557 Vgl. Anwendungsempfehlungen der BfA zu § 12 SGB II, Anlage 1 Fall 1 zu Rn. 12.27.
558 Vgl. Anwendungsempfehlungen der BfA zu § 12 SGB II, Anlage 1 Fall 3 zu Rn. 12.27.

anwendung allerdings (anders als im Sozialhilferecht) dem prospektiven Grundsicherungsempfänger einen Gesamtverkauf der i.Ü. eigengenutzten Immobilie nicht zu. Vielmehr rechnet die bisherige Praxis den fiktiven Erlös aus der Vermietung der »Übergröße« (i.H.d. ortsüblichen Miete, ggf. nach Maßgabe der SozialversicherungsentgeltVO [Rdn. 604], d.h. für 2014 3,88 € bzw. 3,17 € je m² und Monat für Wohnungen mit/ohne Zentralheizung) als (tatsächlich allerdings fiktives) Einkommen an.[559] Für diese Privilegierung ggü. der Vollanrechnung spricht, dass – anders als im Sozialhilferecht – Ziel dieser objektbezogenen Vermögensfreistellung nicht der Schutz einer gewünschten Investition in angemessener Höhe ist, sondern die Bewahrung vor dem Zwang zur Aufgabe der eigenen Wohnung als Lebensmittelpunkt.[560]

Ist (angesichts des fiktiven Charakters des anzurechnenden Einkommens) gleichwohl notwendiger (»unabweisbarer«) Bedarf nicht zu decken, werden ALG II-Leistungen (wohl gem. § 23 Abs. 1 SGB II[561] »nicht auf andere Weise zu decken«) wiederum als **Darlehen** gewährt. Zur Besicherung solcher Darlehen lassen sich die Träger der Grundsicherung für Arbeit Suchende in der Praxis durch sog. »Sicherungsvertrag« z.B. die künftigen Zahlungsansprüche aus einer Veräußerung des Objekts abtreten, um angesichts der kurzen Laufzeit solcher Darlehen (z.B. 9 Monate) keine Grundbucheintragung auszulösen. 805

Hinsichtlich der **Grundstücksgröße** gelten Grenzen von ca. 500 m² im städtischen, 800 m² im ländlichen Bereich.[562] Bei Eigentumswohnungen bleibt die im Gemeinschaftseigentum stehende Grundstücksfläche außer Betracht; zu berücksichtigen sind allenfalls Flächen, die dem jeweiligen Sondereigentum als Sondernutzungsrecht zur ausschließlichen Inanspruchnahme zugewiesen sind. Problematisch ist die Rechtslage, wenn sich ein Haus von angemessener Größe auf einem unangemessen großen Grundstück befindet. Während die BfA in ihren Durchführungsanweisungen zu § 193 SGB III hier die Angemessenheit insgesamt verneint, also die Teilveräußerung der übergroßen Grundstücksfläche bzw. deren Anrechnung (ohne Abzug der Vermessungskosten) als einsatzpflichtiges Vermögen verlangte – sofern das relevante Gesamtvermögen samt dem Wert des abzutrennenden Grundstücksteils die zustehenden Freibeträge übersteigen würde –, neigt die Rechtsprechung[563] dazu, allein auf das Gebäude abzustellen. Ist das Objekt jedoch insgesamt von unangemessener Größe, steht der Anrechenbarkeit nicht entgegen, dass es wegen der Belastungen einen geringeren Verkehrswert hätte als ein unbelastetes Objekt von angemessener Größe. 806

Ist die sofortige Verwertung an sich zu berücksichtigenden Vermögens nicht möglich oder mit besonderer Härte verbunden, werden Leistungen dann ggf. als **Darlehen** i.S.d. § 23 Abs. 5 SGB II gewährt, dessen Satz 2 nunmehr auch einen Anspruch auf dingliche Sicherung gewährt.[564] 807

---

559 Durchführungsanweisung der BfA zu § 193 Rn. 13, 14 und zu § 12 SGB II Rn. 12.27 Fall 2: Es sei nicht zumutbar, den Verkauf des unangemessen großen und Neuerwerb eines angemessen kleineren Eigenheims zu verlangen, ebenso SG Berlin, 30.01.2004 – S 58 AL 4903/03, info also 2004, 164.
560 *Ebsen*, in: Gagel, SGB III, § 193 Rn. 186.
561 Anderer Anwendungsfall gem. LSG Niedersachsen-Bremen, 19.08.2005 – L 7 AS 182/05 ER, FEVS 57, 436: Übernahme von Rückständen an Haushaltsenergiekosten.
562 Strenger die früheren Empfehlungen des Deutschen Vereins für öffentliche und private Fürsorge (NDV 1992, 141, Rn. 54), die bei Reihenhäusern bis zu 250 m², bei Doppelhaushälften oder Reihenendhäusern bis zu 350 m² und bei freistehenden Einfamilienhäusern nur bis zu 500 m² Grundstücksgröße noch als angemessen werten.
563 SG Berlin, 30.01.2004 – S 58 AL 490/03, info also 2004, 164; differenzierend *Ebsen*, in: Gagel, SGB III, § 193 Rn. 182 ff. zur früheren Sozialhilfe.
564 Ebenso wie § 91 Satz 2 SGB XII, jedoch abweichend von der seit 01.04.2006 aufgehobenen Vorgängernorm des § 9 Abs. 4 Satz 2 SGB II a.F., vgl. SG Detmold, 19.08.2005 – S 9 AS 123/05 ER, NotBZ 2005, 415.

808 Weiterhin gehört gem. § 12 Abs. 3 Satz 1 SGB II Vermögen, das nachweislich zur baldigen Beschaffung und Erweiterung eines Hausgrundstücks angemessener Größe bestimmt ist, allerdings nur soweit dieses zu Wohnzwecken behinderter oder pflegebedürftiger Angehöriger[565] dienen soll (§ 12 Abs. 3 Satz 1 Nr. 5 SGB II) zum **Schonvermögen**. Nach den Durchführungshinweisen der BfA (Nr. 12.31) sind hierfür Bau- und Finanzierungspläne vorzulegen und Kaufvertragsabschluss/Baubeginn sollte innerhalb eines Jahres erfolgen.

809 Ferner (über das Sozialhilferecht hinausgehend):
(1) der angemessene Hausrat (§ 12 Abs. 3 Satz 1 Nr. 1 SGB II);
(2) ein angemessenes[566] Kfz für jedes erwerbsfähige hilfebedürftige Mitglied der Bedarfsgemeinschaft (§ 12 Abs. 3 Satz 1 Nr. 2 SGB II): Ist das Fahrzeug unangemessen aufwendig, geht es nur mit dem nach Abzug des Erwerbskredits und von 5.000,00 €,[567] nach Ansicht des BSG 7.500,00 €[568] Angemessenheitsgrenze verbleibenden Betrag in die Vermögensermittlung ein. Die Wertermittlung soll mit den im Internet angebotenen Programmen erfolgen. Die Rechtsprechung weicht allerdings das starre Wertkriterium auf.[569]

810 (3) bei nicht gesetzlich rentenversicherten Personen angemessene Vermögensgegenstände zur Altersvorsorge (§ 12 Abs. 3 Satz 1 Nr. 3 SGB II):[570] Hierzu zählen Selbstständige, angehöriger berufsständischer Versorgungswerke, frühere Beamte sowie Personen, die ehemals eine befreiende private Renten- oder Lebensversicherung abgeschlossen haben. Die Zweckwidmung kann sich aus glaubhaftem Vortrag ergeben; es ist also keine Bindung gegen anderweitige Verwendung, wie etwa bei der Rürup-Rente des § 10 Abs. 1 Nr. 2 lit. b) EStG erforderlich. Erforderlich sind lediglich die subjektive Zweckbestimmung des Anlegers sowie objektive Begleitumstände, die damit in Einklang zu bringen sind.[571] (Über die Härtefallregelung des § 12 Abs. 3 Nr. 6 SGB II werden nach der Gesetzesbegründung weiter Fälle erfasst, in denen ein ALG II-Bezieher mit ungenügender gesetzlicher Absicherung, etwa wegen Unterbrechung aufgrund Freiberuflichkeit, kurz vor Erreichen des Rentenalters höhere private Altersvorsorge auflösen müsste. Auch bei vorhandener, wenngleich geringer, gesetzlicher Rente sind also weitere Vermögensbeträge im Einzelfall freizustellen).

---

565 I.S.d. § 16 Abs. 5 SGB X, auch wenn sie nicht zur Bedarfsgemeinschaft zählen.
566 Wobei sich die Angemessenheit nach dem nunmehrigen Lebenszuschnitt richtet: statt Mercedes Cabrio für den früheren GmbH-Geschäftsführer »nur mehr« Golf.
567 So bereits die Verwaltungspraxis der BfA zum wortgleichen § 1 Abs. 3 Nr. 2 AlhiVO.
568 BSG, 06.09.2007 – B 14/7b AS 66/06 R, NWB 2009, 475 (abgeleitet durch Abzug von § 5 Abs. 1 Satz 1 KraftfahrzeughilfeVO, wo 9.500,00 € als angemessen bezeichnet werden).
569 SG Aurich, 24.02.2005 – S 15 AS 11/05 ER, NJW 2005, 2030: Mittelklassewagen mit durchschnittlicher Motorisierung, der sich bereits vor der Arbeitslosigkeit im Eigentum befand, ist als Verkehrsmittel angesichts gestiegener Mobilitätsanforderungen angemessen und damit als Vermögen geschützt (Skoda Oktavia 105 PS, 1.600 ccm, im Juni 2003 als Neuwagen für 17.100,00 € erworben, bei Antragstellung Februar 2005 noch 9.900,00 € wert). Ist ein Behinderter auf Pkw mit Automatikgetriebe angewiesen – das im unteren Preissegment kaum angeboten wird – kann auch ein VW Beetle (Zeitwert 15.500,00 €) noch angemessen sein, SG Detmold, 21.06.2005 – 4 AS 17/05, info also 2005, 279. Ohne solche Gründe ist jedoch ein Audi A3, Zeitwert 14.000,00 €, i.H.v. 7.000,00 € anzurechnen, da für 7.000,00 € zuverlässige neuere Gebrauchtwagen (Opel Corsa) angeboten würden (SG Aachen, 27.10.2005 – S 9 AS 31/05, ArbN 2006, Nr 3, 38).
570 Damit wird die großzügige Rspr. des BSG zur Verwertungszumutbarkeit von Kapitallebensversicherungen i.R.d. § 6 Abs. 3 AlhiVO fortgeführt (die für die Sozialhilfe nicht gilt, BVerwG, 13.05.2004 – 5 C 3/03, NJW 2004, 3647).
571 BSG, 22.10.1998 – B 7 AL 118/97 R, NZS 1999, 199.

B. Grundsicherung

Hinzu treten gem. **§ 12 Abs. 2 SGB II** als Schonvermögenstatbestände: 811
(4) Gem. § 12 Abs. 2 Satz 1 Nr. 1 SGB II ein **altersabhängiger Grundfreibetrag** i.H.v. je 150,00 € (vor 01.08.2006:[572] 200,00 €) je vollendetem[573] Lebensjahr des volljährigen Hilfebedürftigen und seines (Ehe-, Lebens-, eheähnlichen) Partners, mind. jedoch jeweils 3.100,00 € (vor 01.08.2006: 4.100,00 €) max. jeweils 9.750,00 € für Personen, die vor dem 31.12.1957 geboren sind, bzw. max. 9.900,00 € für zwischen 1958 und 1963 geborene, und 10.050,00 € für ab 1994 Geborene (bis zum 01.08.2006: max. 13.000,00 €), samt Übergangsvorschrift für vor dem 01.01.1948 Geborene.[574] Der Grundfreibetrag entspricht in seiner Funktion zum einen dem »kleineren Barbetrag« des § 90 Abs. 2 Nr. 9 SGB XII, ist jedoch – darüber hinausgehend – nicht auf bare Mittel beschränkt, sondern erfasst auch alle Vermögenswertbeträge, die nach Berücksichtigung der vorgängigen gegenständlichen Vermögensfreilassungen des § 12 Abs. 2 Nr. 2 bis Nr. 4 und Abs. 3 Satz 1 Nr. 1 bis Nr. 6 SGB II noch verbleiben.
Soweit also tatsächlich vorhandenes Bar- und Sparvermögen die kombinierten Grundfreibeträge nicht auffüllt, kann der freie Rest durch Überschusswerte (in Euro ausgedrückt) sonstiger Vermögenswerte ausgeglichen werden, gleich ob diese per se zweckgeschützt wären (Kfz, dessen Wert über 5.000,00 € liegt) oder nicht.

▶ **Beispiel:**

Ist lediglich eine vermietete Eigentumswohnung im Wert von 70.000,00 € vorhanden, die noch i.H.v. 65.000,00 € tatsächlich belastet ist, steht der verbleibende »Wert« von 5.000,00 € der SGB II-Förderung bei einem 52-jährigen nicht entgegen.

Nicht ausgenutzte Freibeträge des einen können dem Partner gutgebracht werden und umgekehrt (allerdings findet keine Verrechnung der Freibeträge zwischen Eltern und minderjährigen Kindern – hierzu § 12 Abs. 2 Satz 1 Nr. 1a SGB II – statt!). Entgegen der ersten Gesetzesfassung kommt es auf die Erwerbsfähigkeit des volljährigen Mitgliedes der Bedarfsgemeinschaft nicht an. 812
Nicht in Bar- oder Buchgeld bestehende Gegenstände werden zum Verkehrswert umgewertet, wobei Wertveränderungen sowohl zugunsten als auch zulasten des Hilfebedürftigen zu beachten sind (§ 12 Abs. 4 Satz 3 SGB II). Steigt also bspw. ein Wertpapierdepot im Kurs nach Antragstellung über den Freibetrag, ist der Zuwendungsbescheid gem. § 48 Abs. 1 Satz 1 SGB X für die Zukunft aufzuheben, jedenfalls bis erneut Hilfebedürftigkeit i.S.d. § 9 Abs. 1 Nr. 2 SGB II eintritt. Ggf. kann der kommunale Gutachterausschuss im Wege der Amtshilfe um ein (gem. § 64 Abs. 2 Satz 1 SGB X kostenfreies)[575] Verkehrswertgutachten ersucht werden.
(5) Gem. § 12 Abs. 2 Satz 1 Nr. 1a SGB II[576] ein **weiterer Grundfreibetrag** von 3.100,00 € (vor 01.08.2006: 4.100,00 €) für jedes hilfebedürftige minderjährige Kind. Auf die Frage, ob für über 15-jährige Kinder Erwerbsfähigkeit gegeben ist oder nicht kommt es nicht an. Jegliches Kindesvermögen, auch auf seinen Namen als Versicherungsnehmer abgeschlossene Ausbildungsversicherungen, sind durch diesen Freibetrag (und den weiteren gem. §§ 12 Abs. 2 Satz 1 Nr. 4 SGB II i.H.v. 750,00 €) geschützt. Eine Verrechnung nicht ausgenutzter Frei- 813

---

572 Wer bereits am 01.08.2006 Grundsicherung für Arbeit Suchende erhält, dessen Vermögensverhältnisse werden erst mit Beginn des neuen Bewilligungszeitraums geprüft. Wird der altersabhängige Grundfreibetrag überschritten, kann der Antragsteller binnen 2 Monaten den überschießenden Betrag als gem. § 168 Abs. 3 VVG 2008 geschütztes Schonvermögen sanktionsfrei »umschichten«.
573 Anzusetzen ab dem Monat der Vollendung des Lebensjahres. 9.750,00 € wird nie erreicht, da mit Vollendung des 65. Lebensjahres die Hilfeberechtigung endet (§ 7 Abs. 1 Satz 1 Nr. 1 SGB II).
574 Die Übergangsvorschrift des § 65 Abs. 5 SGB II erhöht den Lebensaltersfreibetrag für Personen, die vor dem 01.01.1948 geboren sind, auf 520,00 €/Jahr, den Höchstbetrag auf 33.800,00 € (auch nach 01.08.2006 unverändert).
575 BVerwG, 14.07.1987 – 6 C 60/86, NVwZ 1987, 1071.
576 Eingefügt durch das Vierte Gesetz zur Änderung des SGB III; vgl. BT-Drucks. 15/3674, S. 29.

beträge im Verhältnis zwischen minderjährigen Kindern und im Verhältnis zwischen minderjährigen Kindern und ihren Eltern ist allerdings nicht möglich.

814 (6) **Altersvorsorgevermögen** gem. § 12 Abs. 2 Satz 1 Nr. 2 SGB II, die nach Bundesrecht gefördert sind (z.B. die Riester-Rente[577] und die Rürup-Rente[578] – beide sind in voller Höhe, samt Zuschlägen und Zinsen, freigestellt, bei der Riester-Rente zusätzlich die Beiträge beim Einkommen nicht zu berücksichtigen).

815 (7) **Altersvorsorgevermögen** gem. § 12 Abs. 2 Satz 1 Nr. 3 SGB II, das vor dem Eintritt in den Ruhestand[579] aufgrund vertraglicher Vereinbarung[580] nicht verwertbar ist, bis zu einem Wert der Ansprüche von **750,00 €** (bis zum 17.04.2010: je 250,00 €, bis zum 31.07.2006: je 200,00 €/) pro Lebensjahr des erwerbsfähigen Hilfebedürftigen und seines Ehegatten/Lebenspartners, höchstens je 48.750,00 € für vor 1958 Geborene, 49.500,00 € für zwischen 1958 und 1963 Geborene, 50.500,00 € für ab 1964 Geborene (bis 17.04.2010 betrug der Maximalbetrag 16.250,00 €, bis zum 31.07.2006 13.000,00 €) je Person beträgt – ermittelt nach dem aktuellen Rückkaufswert).[581]

816 (8) Gem. § 12 Abs. 2 Satz 1 Nr. 4 SGB II ein weiterer **Freibetrag für notwendige Anschaffungen** i.H.v. 750,00 € für jeden Hilfebedürftigen der Bedarfsgemeinschaft (ohne Rücksicht auf dessen Erwerbsfähigkeit, also auch für jedes haushaltsangehörige Kind i.S.d. § 7 Abs. 3 Nr. 4 SGB II).

817 Die Verordnung v. 17.12.2007 hat in § 7 Abs. 1 zusätzlich Vermögensgegenstände, die für die Annahme oder Fortsetzung einer Berufsausbildung oder der Erwerbstätigkeit »unentbehrlich« sind, anrechnungsfrei gestellt (vergleichbar § 90 Abs. 2 Nr. 5 SGB XII).

818 Gerade im Bereich des **Bar- und Sparvermögens** geht die Schonung also deutlich über den Freibetrag (Notgroschen) der (Sozialhilfe-)Verordnung zu § 90 Abs. 2 Nr. 9 SGB XII hinaus (seit 01.01.2005 1.600,00 €). Auch hinsichtlich der Freistellungen für das Partnervermögen (z.B. altersabhängige Freibeträge) ist sie großzügiger als bspw. die Regelung zur Grundsicherung im Alter (§ 43 Abs. 1 SGB XII: Vermögen des [Ehe-]Partners, das dessen Bedarf nach SGB XII übersteigt, wird voll berücksichtigt).

---

577 Im Jahr 2005 können je Person 2 % des Vorjahresbrutto-Einkommens, max. jedoch 1.050,00 € [ggf. durch freiwillige Aufzahlung], »hartzgeschützt« in einen riester-geförderten Vertrag einbezahlt werden, in den Jahren 2006 und 2007 bis zu 3 % bzw. 1.575,00 €, sodann bis zu 4 % bzw. 2.100,00 €. Die Zulagen belaufen sich in 2005 auf 76,00 € zzgl. 92,00 € Kinderzulage, für 2006/2007 auf 114,00 €/138,00 €, für 2008 auf 154,00 €/185,00 €. Die spätere Rente ist voll steuerpflichtig und wird zur gesetzlichen Krankenversicherung herangezogen.

578 Private kapitalgedeckte Leibrentenversicherung mit Steuerbegünstigung; Auszahlung ab 60. Lebensjahr ohne Kapitalisierungs-, Beleihungs-, Vererbungsmöglichkeit; Verkauf und Aufnahme einer Hinterbliebenenversorgung für Ehegatten oder kindergeldberechtigte Kinder möglich, gem. Alterseinkünftegesetz 2005 möglich. Vgl. BMF v. 24.02.2005, FR 2005, 327 Tz. 8; nunmehr ergänzt durch das Eigenheimrentengesetz, BGBl. I 2008, S. 1509 Die spätere Rente ist voll steuerpflichtig und wird zur gesetzlichen Krankenversicherung herangezogen.

579 Gerechnet wird mit einer Altersgrenze von 60 Jahren; *Winkel*, Soziale Sicherheit 2004, S. 206; die für bestimmte Berufsgruppen (Piloten) früheren Altersgrenzen gehen allerdings vor (Anwendungsempfehlungen der BfA Nr. 12.19).

580 Einen solchen Verwertungsausschluss erlaubt ab 01.01.2005 § 165 Abs. 3 VVG (entspricht § 168 Abs. 3 VVG 2008) für bis zu 200,00 € je Lebensjahr, max. 13.000,00 € (die Anpassung an die ab 01.08.2006 geltende Obergrenze von 250,00 €/Lebensjahr wurde bisher versäumt). Auch die sog. Rürup-Rentenverträge ab 01.01.2005 (private Leibrenten, § 10 Abs. 1 Nr. 2 lit. b) EStG) erfüllen diese Kriterien. Die Versicherungswirtschaft plant ferner den Wechsel von der Kapitallebensversicherung in die »hartz-sichere« Riesterpolice ohne erneute Abschlussgebühr anzubieten; durch Gesetzesänderung soll der Vertragswechsel als Vertragsfortsetzung fingiert werden, um die vor dem 31.12.2004 bestehende Privilegierung zu »konservieren«.

581 Also eingezahltes Kapital minus Abschluss-, Verwaltungs- und Stornogebühren sowie Risikoaufwand.

4. Eingliederungsleistungen

Die (»aktiven«) Leistungen zur Eingliederung in Arbeit (§§ 14 ff. SGB II) sind vorrangig ggü. Leistungen zum Lebensunterhalt (§§ 19 ff. SGB II); Letztere wiederum verdrängen für arbeitsfähige Hilfebedürftige die allgemeinen Sozialhilfeleistungen des SGB XII mit geringen Ausnahmen.[582]

819

Die Eingliederungsleistungen sind nach dem Grundsatz des Forderns (§ 2 SGB II) und des Förderns (§ 14 SGB II) in einer (mit dem »Fallmanager«[583] – Arbeitsvermittler, Sozialarbeiter und Sozialpolizist in einem – abzuschließenden) einzelfallorientierten Vereinbarung niederzulegen, in der zum einen die Ermessensleistungen der Agentur für Arbeit (gem. § 3 Abs. 1 Satz 4 SGB II orientiert an den Erfordernissen der Wirtschaftlichkeit und Sparsamkeit, z.B. **Einstiegsgeld** bei einer Erwerbsaufnahme gem. § 29 SGB II[584] mit Lohnergänzungsfunktion, demnach als unterhaltsrechtlich zu berücksichtigendes Einkommen),[585] aber auch die Bemühungen des erwerbsfähigen Hilfebedürftigen, ihre Häufigkeit und der notwendige Nachweis festgehalten werden.

Die bis 31.07.2006 beantragbaren Existenzgründungszuschüsse (»Ich-AG«) sowie das Überbrückungsgeld[586] ebenso wie der ab 01.08.2006 an deren Stelle tretende **Gründungszuschuss**[587] nach § 57 SGB III stehen nur **Beziehern des ALG I** offen (für den Gründungszuschuss mit einem Restanspruch von mind. 90 Tagen). In Betracht kommen allerdings viele in SGB III geregelte Eingliederungsleistungen, etwa Maßnahmen zur Eignungsfeststellung und Trainingsmaßnahmen (§§ 48 ff. SGB III), Mobilitätshilfen (§§ 53 ff. SGB III), Förderung der beruflichen Weiterbildung (§§ 77 ff. SGB III) oder Förderung der Teilhabe behinderter Menschen am Arbeitsleben (§§ 97 ff. SGB III).

820

Menschen zwischen 15 und 25 Jahren, die Antrag auf ALG II stellen, soll sofort eine Arbeit, ein Ausbildungsplatz oder zumindest eine gemeinnützige Arbeitsgelegenheit (»Ein-Euro-Jobs«) vermittelt werden (§ 3 Abs. 2 SGB II). Ihnen drohen bei Weigerung schärfere Sanktionen (Streichung finanzieller Leistungen, stattdessen Naturalleistungen gem. § 31 Abs. 3 Satz 3 SGB II). Kosten für Unterkunft und Heizung werden direkt an den Vermieter überwiesen.

821

---

582 Z.B. notwendiger Lebensunterhalt in Einrichtungen, § 35 SGB XII; ferner Lebensunterhalt in Sonderfällen, z.B. Übernahme von Mietschulden zur Sicherung der Unterkunft, § 34 SGB XII (s.a. § 21 SGB XII; § 5 Abs. 2 Satz 2 SGB II; nach VG Bremen, 09.01.2005 – S 2 V 2538/05, n.v., auch gem. § 22 Abs. 5 SGB II, wenn mit Verlust der Wohnung auch Verlust des Arbeitsplatzes droht).

583 Angestrebt ist eine Betreuungsquote von 75 »Klienten« v.a. bei Jugendlichen; bis zur Personalverstärkung beträgt die Relation 1:150.

584 Erhöhung der Regelleistung [345,00 €] um im Allgemeinen die Hälfte, max. um weitere 345,00 €/Monat auf bis zu 24 Monate, als Anreiz zur Aufnahme einer gering entlohnten Beschäftigung, welche den Lebensunterhalt vorerst nicht abdeckt. Anspruch auf ALG II muss daneben nicht bestehen. Zusätzlich kann der Arbeitgeber bei Arbeitnehmern mit Vermittlungshemmnissen Eingliederungszuschüsse von bis zu 50 % des Arbeitsentgelts für max. ein Jahr erhalten [§ 16 Abs. 1 SGB II].

585 OLG Celle, 15.03.2006 – 15 UF 54/05, NJW 2006, 1356. Die allgemeinen Grundsicherungsleistungen sind jedoch wegen ihrer Nachrangigkeit kein Einkommen i.S.d. Unterhaltsrechts.

586 § 57 SGB III a.F.

587 9 Monate lang wird die bisherige ALG I-Leistung (deren Gesamtbezugsdauer sich dadurch nicht verlängert) um 300,00 € aufgestockt; weitere 6 Monate lang nach Ermessen der Arbeitsagentur lediglich den Aufstockungsbetrag. Wie schon bisher beim Existenzgründungszuschuss der Ich-AG muss der Businessplan durch eine fachkundige Stelle geprüft werden. Daneben kann eine untergeordnete nichtselbstständige Tätigkeit aufgenommen werden. Frühestens 24 Monate nach dem Scheitern des ersten Projekts kann erneut ein Gründungszuschuss beantragt werden. Vgl. im Einzelnen *Marschner*, NWB, Fach 27, S. 6277 ff.

5. Finanzielle Leistungen

a) Allgemeines

822 Die finanziellen Leistungen zur Sicherung des Lebensunterhalts entsprechen Sozialhilfeniveau, sind also **pauschaliert** allein an der **Deckung des notwendigen Bedarfs orientiert**. Ergänzende Leistungen (wie etwa früher in § 21 BSHG vorgesehen, z.B. Winterbekleidung), die Übernahme bestehender Schulden (ausgenommen Mietrückstände nach § 22 Abs. 5 SGB II)[588] und die einzelfallorientierte Bedarfsbewertung sollen dadurch entfallen.[589] Anders als bei der bisherigen Arbeitslosenhilfe orientiert sich die Leistungshöhe nicht mehr am zuvor erhaltenen Arbeitslosengeld, dessen Bezugsdauer zudem verkürzt wurde.[590]

823 Sie beträgt nach Versicherungspflichtverhältnissen mit einer Dauer von mind. 12 Monaten nunmehr 6 Monate, ab 16 Monaten: 8 Monate, ab 20 Monaten: 10 Monate, ab 24 Monaten max. 12 Monate. Nach Vollendung des 55. Lebensjahres steigt die maximale Bezugsdauer nach Versicherungspflichtverhältnissen von mind. 30 Monaten auf 15 Monate, und von mind. 36 Monaten auf 18 Monate (§ 127 Abs. 2 SGB III), ab 01.01.2008 gem. § 434r Abs. 1 SGB III für über 50-jährige auf 15, für über 58-jährige auf 24 Monate. Nach bisherigem Recht betrug die maximale Bezugsdauer 32 Monate nach Vollendung des 57. Lebensjahres.

824 Darin liegt der zweite entscheidende Paradigmenwechsel i.R.d. »Agenda 2010«. Daher mussten v.a. bisherige Bezieher von Arbeitslosenhilfe mit früherem Durchschnittseinkommen, Alleinerziehende mit einem Kind (noch verstärkt durch die Rangrückstufung unverheirateter Elternteile i.R.d. Unterhaltsreform 2008) und Ehepaare mit zwei Verdiensten mit Kürzungen rechnen, weniger die bisherigen Bezieher von Sozialhilfe.

Die finanziellen Leistungen gliedern sich in das sog. ALG II[591] und das Sozialgeld.

b) ALG II

825 Das **ALG II** (§ 19 SGB II) setzt sich zusammen aus:
(1) der **monatlichen Regelleistung**: Diese ist gem. § 20 Abs. 2 SGB II entsprechend der Einkommens- und Verbrauchsstichprobe 2008 und der Festlegungen in § 28 SGB XII identisch mit den Leistungen für die sechs Regelbedarfsstufen im SGB XII, vgl. Rdn. 512 (Regelsatz demnach für 2017 monatlich 409 €); sie wird jährlich zum 01.01. gemäß der Lohn- und Preisentwicklung angepasst. Jugendliche unter 25 Jahren, die ohne Übernahmezusicherung des kommunalen Trägers daheim ausgezogen sind, erhalten seit 01.07.2006 ebenfalls nur 80 % der Regelleistung anstelle des bisherigen vollen Betrags (§ 20 Abs. 3 SGB II). Das Bundesverfassungsgericht[592] hatte zuvor beanstandet, dass die der Ermittlung der monatlichen Regelleis-

---

[588] Bzw. gem. § 34 SGB XII, wenn die erwerbsfähige Person (etwa wegen des Partnereinkommens) nicht hilfebedürftig i.S.d. § 9 SGB II ist, vgl. die Verweisung hierauf in § 21 SGB XII, *Scholz*, FamRZ 2006, 1420.

[589] Dies hält *Däubler*, NJW 2005, 1545 für verfassungswidrig und plädiert für eine Erweiterung der Darlehensklausel des § 23 Abs. 1 SGB II bei unabweisbarem Bedarf mit reduzierter Tilgung durch Aufrechnung nur in den ersten 3 Jahren.

[590] I.R.d. Gesetzes zu Reformen am Arbeitsmarkt v. 24.12.2003 (BGBl. I 2003, S. 3002; hierzu NWB Fach 27, S. 5771 ff. und ZAP Fach 18, S. 823 ff.), in Kraft getreten am 01.01.2004. Es enthält des Weiteren Änderungen im Kündigungsschutz, eine Vereinfachung des Leistungsrechts, die Einführung eines Teilzeitprivilegs hinsichtlich der Verfügbarkeit und die Neustrukturierung der Sanktionen bei versicherungswidrigem Verhalten. Zugleich wird während der Übergangsfrist die Erstattungspflicht für Arbeitgeber bei Entlassung älterer Arbeitnehmer verschärft, danach jedoch ab 01.02.2006 aufgehoben (vgl. umfassend *Kopp*, NWB Fach 27, S. 5903).

[591] Der Terminus nährt die irreführende Annahme, es handle sich um eine beitragserkaufte Versicherungsleistung wie das Arbeitslosengeld selbst.

[592] BVerfG v. 09.02.2010 – 1 BvL 1/09, 3/09, 4/09 FamRZ 2010, 429 m. Anm. *Schürmann*.

tung zugrundeliegenden Methoden – auch wegen der Abweichung von den Strukturprinzipien des Statistikmodells – das von Art. 1 Abs. 1, 20 Abs. 1 GG garantierte Existenzminimum nicht nachvollziehbar ergäben, so dass der Gesetzgeber bis 31.12.2010 nachbessern musste.[593]

(2) **Leistungen für Mehrbedarf** gem. § 21 SGB II (z.B. für schwangere Personen: 17 %, Alleinerziehende mit einem Kind unter sieben Jahren 36 %, mit fünf und mehr Kindern 60 % etc.), gedeckelt jedoch auf die oben genannte Regelleistung. § 21 Abs. 6 SGB II enthält nunmehr auch eine Härtefallregelung, z.B. für Umgangskosten. 826

(3) **Bedarf für Bildung und Teilhabe** für Schüler bis zum 25. Lebensjahr gem. §§ 28, 29 SGB II: Schulausflüge, Klassenfahrten, 70 € am 01.08. und 30 € am 01.02. für persönlichen Schulbedarf, Nachhilfe, gemeinschaftliche Mittagsverpflegung über dem Eigenanteil von 1 €/Tag, Mitgliedsbeiträge bis zu 10 € je Monat.

(4) **angemessene Kosten für Unterkunft und Heizung** (§ 22 SGB II): auch im eigenen Heim i.H.d. Schuldzinsen[594] ohne Tilgungsanteil,[595] Grundsteuer, Erbbauzins, Wohngebäudeversicherung sowie Instandhaltungs- und Heizkosten[596] wie bei Mietwohnungen, jedenfalls in der Höhe, in der sie den angemessenen Aufwand bei Anmietung einer angemessenen Bestandswohnung nicht überschreiten, nach der Rechtsprechung sogar jedenfalls hinsichtlich der Heizkosten darüber hinaus.[597] Weitere Nebenkosten, wie Warmwassergewinnung, Wasser- und Stromkosten, sind jedoch über die Regelleistung zu tragen. Bei notwendigen größeren Instandhaltungsmaßnahmen (Heizungsreparatur) kommt ggf. ein »Sozialdarlehen« in Betracht.[598] Die Leistung entfällt naturgemäß, wenn dem Arbeitssuchenden ein lebenslanges dingliches Wohnungsrecht zusteht, für das kein Nutzungsentgelt geschuldet ist.[599]

Vor Abschluss eines Mietvertrags soll die Zusicherung des kommunalen Trägers eingeholt werden. Zwangsumzüge werden jedoch eher die Ausnahme bleiben;[600] während eines Übergangszeitraums von 6 Monaten ab der Kostensenkungsaufforderung[601] und während nachweisbarer Suchbemühungen wird jedenfalls die bisherige Miete weiter bezahlt.[602] Die Praxis insb. der kommunalen Wohnungsgesellschaften behilft sich teilweise mit »Teilstilllegungen« 827

---

593 Zur Reform (BGBl 2011 I 453) vgl. *Schürmann*, FamRZ 2011, 1188 ff.
594 Daher wird der Betroffene stets mit der Bank über eine Tilgungsaussetzung verhandeln. Sind andererseits vor Antragstellung noch erhebliche Barreserven oberhalb der Anrechnungsgrenze vorhanden, ist zu erwägen, diese zur Schuldentilgung für das angemessene Eigenheim einzusetzen.
595 BSG, 07.11.2006 – B 7b AS 2/05 R und AS 8/06 R, FamRZ 2007, 729.
596 Nicht jedoch allgemeine Energiekosten wie Kochgas, Warmwasserbereitung, die bereits durch die Regelleistung des § 20 SGB II abgegolten sind.
597 SG Aurich, 17.03.2005 – S 15 AS 3/05, sozial-info Nr. 10, Februar 2005: Wenn eine Wohnfläche von 120 m² anrechnungsfrei bleibt, muss auch diese Fläche beheizt werden können; vermittelnd SG Schleswig, 04.05.2006 – S 5 AS 425/05, n.v.: »Heizkosten für 75 % der Wohnfläche des Eigenheims, mind. aber der angemessenen Heizfläche«.
598 Mit monatlicher »Tilgung« i.H.d. Differenz zwischen der förderfähigen Mietobergrenze und dem tatsächlichen Leistungsbezug.
599 LSG Nordrhein-Westfalen, 02.03.2017 – L 19 AS 1458/16, BeckRS 2017, 106625.
600 6 Monate lang soll ein Verbleib auch in einer unangemessen großen Wohnung möglich sein. Kosten eines angeordneten Umzugs (ggf. auch doppelte Mieten, Kaution, Maklercourtage – SG Frankfurt am Main, 31.03.2006 – 48 AS 123/06, ZFSH/SGB 2006, 609; Wohnungsrenovierung falls geschuldet: LSG Baden-Württemberg, 23.11.2006 – L 7 SO 4415/05, NZM 2007, 258) »soll« (d.h. im Regelfall: muss) die Arbeitsagentur tragen. Der Deutsche Mieterbund schätzte, dass ca. 3 % aller betroffenen Haushalte werden umziehen müssen (SZ Nr. 302/2004 v. 29.12.2004, S. 18). Tatsächlich wird hiervon kaum Gebrauch gemacht: In Berlin wurden die Unterkunftskosten-Richtlinien im Jahr 2005 5.400 mal überschritten; 2.650 Bezieher wurden zur Senkung durch Nachverhandlung mit dem Vermieter aufgefordert, zwölf Personen zum Umzug, lediglich in einem Fall ist er angeordnet worden (Bericht der Berliner Sozialsenatorin *Knake-Werner*, PDS, für den Berliner Senat v. 23.05.2006, FAZ v. 24.05.2006 Nr. 120, S. 11).
601 Diese stellt nach LSG Schleswig, 23.01.2006 – L 10 B 373/05 PKH keinen Verwaltungsakt dar.
602 Als Nachweis aktiver Suchbemühungen wird i.d.R. die Meldung beim Amt für Wohnungswesen, die direkte Vorsprache bei größeren Vermietern und die Führung einer Besichtigungsliste verlangt.

der Übergröße und entsprechender Mietreduzierung anstelle eines Umzugs.[603] Kommunale Pauschalierungen sind möglich.[604] Daneben wird kein Wohngeld mehr gewährt.[605] Die Miete wird nur auf entsprechende Anweisung des Antragstellers oder bei Gefahr zweckwidriger Verwendung direkt an den Vermieter überwiesen (§ 22 Abs. 4 SGB II).

▶ Hinweis:

828 Die angemessenen **Wohnungsgrößen** orientieren sich an den Vorgaben des sozialen Wohnungsbaus, d.h. je nach den Vorgaben des örtlichen Wohnungsmarkts ca. 50/60/75/90 m² für einen Ein-/Zwei-/Drei-/Vierpersonenhaushalt, pro weiterer Person 10 m² zusätzlich.[606] Bei jungen Ehepaaren (die beide das 40. Lebensjahr noch nicht vollendet haben und deren Ehe noch nicht 5 Jahre besteht) ist analog § 5 WoBindG wegen des in absehbarer Zeit zu erwartenden zusätzlichen Platzbedarfs ein weiterer Raum von ca. 15 m² zuzubilligen. Diese Flächengrößen gelten auch bei der Förderung selbst genutzten angemessenen Wohneigentums.[607] Da die angemessene **Miethöhe** lokal sehr unterschiedlich zu ermitteln ist, wird anscheinend von der bundesrechtlichen Verordnungsermächtigung kein Gebrauch gemacht werden. Abzustellen wird dann wohl[608] auf die »Höchstbeträge für Miete«, die zu § 8 WohngeldG als Tabelle[609] erlassen wurde, sein. Diese differenziert nach der Zahl der Personen, der Miethöhenstufe der Gemeinde – zwischen I und VI – und der Ausstattung bspw. bei bis zum 31.12.1965 bezugsfertig gewordenem Wohnraum für einen Alleinstehenden zwischen monatlich (jeweils ohne Nebenkosten) 265,00 € (Stufe I) und 370,00 € (Stufe VI); bei zwei Familienmitgliedern zwischen 320,00 € und 455,00 €, bei drei Mitgliedern zwischen 385,00 € und 540,00 €, bei vier Mitgliedern zwischen 445,00 € und 630,00 €, bei fünf zwischen 510,00 € und 715,00 € und für jedes weitere Familienmitglied zwischen 60,00 € und 90,00 € zusätzlich. Dies gilt auch, wenn der Mietvertrag langjährig unkündbar ist.[610] Als Heizkosten dürften ca. 1,50 € je m² und Monat angemessen sein; mehr bei hohen Räumen oder Bewohnern mit nachgewiesener Immunschwäche.

829 (5) bis zum 31.12.2010[611] einem **befristeten Zuschlag** nach Bezug von Arbeitslosengeld in den ersten zwei Jahren gem. § 24 SGB II: Dieser betrug im ersten Jahr zwei Drittel, im zweiten Jahr ein Drittel der Differenz zwischen bisherigem Arbeitslosen- und Wohngeld einerseits und ALG II andererseits (max. jedoch im ersten Jahr 160,00 € für Alleinstehende, 320,00 € für Paare, zzgl. max. 60,00 € je Kind, im zweiten Jahr seit 01.08.2006 jeweils die Hälfte der vorgenannten Höchstwerte). Es handelte sich (anders als das ALG II, das lediglich der Unter-

---

603 Vgl. Die ZEIT v. 08.03.2007, S. 15: Löbauer Wohnungsverwaltung reduziert die Miete bei endgültiger Räumung und »Versiegelung« eines dann nicht mehr beheizten Zimmers.
604 Auf der Grundlage einer noch zu erlassenden Verordnung nach § 27 Nr. 1 SGB II.
605 § 1 Abs. 2 Nr. 1 WoGG: soweit bei der Berechnung von ALG II bzw. Sozialgeld die Kosten der Unterkunft berücksichtigt wurden.
606 So LSG Nordrhein-Westfalen, 01.08.2005 – L 19 B 21/05 AS ER, BeckRS 2009, 55436; vgl. auch LSG Niedersachsen-Bremen, 01.04.2005 – L 8 AS 55/05 ER, juris: bei Fehlen eines örtlichen Mietspiegels Prüfung anhand der höchsten Mietpreisbeträge der Wohngeldtabelle; vgl. auch *Kopp*, NWB Fach 27, S. 6283.
607 BSG, 07.11.2006 – B 7b AS 2/05 R, BSGE 97, 203; a.A. zuvor bspw. SG Aurich, 11.02.2005 – S 15 AS 3/05, NZM 2005, 512 (da sonst der geschützte Wohnbereich nicht angemessen genutzt werden könne).
608 LSG Nordrhein-Westfalen, 28.02.2006 – L 9 B 99/05 AS ER, NWVBl 2006, 272; LSG Schleswig-Holstein, 23.11.2007 – L 10 AS 15/06, BeckRS 2008, 50051; a.A. LSG Hessen, 21.03.2006 – L 9 AS 124/05 ER, EuG 2007, 233.
609 In BGBl. I 2002, S. 477.
610 LSG Hessen, 28.03.2006 – L 7 AS 122/05 ER, NVwZ-RR 2006, 704 ff.: Eigenkündigungsausschluss für 10 Jahre auf Betreiben des Mieters für eine zu große Wohnung.
611 Art. 15 HaushaltsbegleitG 2011 v. 09.12.2010, BGBl 2010 I 1885.

haltssicherung dient) im Kern um eine Lohnersatzleistung,[612] die vom Anspruchsübergang des § 33 SGB II demnach nicht erfasst war.

(6) Leistungen bei vorübergehender Arbeitsunfähigkeit gem. § 25 SGB II, z.B. Krankheit.

(7) Sowie die **Übernahme von Beiträgen** (auf Basis des Mindestbeitrags)[613] in der gesetzlichen Rentenversicherung[614] oder – bei versicherungsfreien Personen – einem Zuschuss zu den Beiträgen gem. § 26 SGB II (allerdings beides nur bis **Ende 2010**);[615] ebenso für die gesetzliche oder als Pauschalzuzahlung zur privaten[616] Krankenversicherung (125,00 €/Monat)[617] – wobei nunmehr auch über 55-jährige Privatversicherte in die gesetzliche Krankenversicherung zurückkehren können![618] – und die Pflegeversicherung (14,90 €/Monat).[619] Wird der Antrag auf ALG II abgelehnt und besteht keine Möglichkeit zur beitragsfreien Familienversicherung beim Ehegatten, sollte binnen 3 Monaten die freiwillige Versicherung in der Krankenversicherung (die Veranlagung ausgehend von einem Mindesteinkommen i.H.v. [in 2016: 2.905: 90 × 30 =] 968,33 €/Monat gem. § 240 Abs. 4 SGB V[620]) erfolgen.[621] Liegt das Einkommen nur knapp unter der Bedürftigkeitsgrenze, kann bei der Arbeitsagentur ein Zuschuss zu den Kassenbeiträgen (bis zu 125,00 €/Monat für die gesetzliche Kranken-, 15,00 € für die gesetzliche Pflegeversicherung) beantragt werden (Gleiches gilt für Mitglieder der Bedarfsgemeinschaft, die Sozialgeld beziehen, aber – etwa als eheähnliche Partner – nicht in der Familienversicherung des ALG II-Beziehers erfasst sind).[622]

830

---

612 Die demnach im Unterhaltsrecht als Einkommen anzusetzen ist, vgl. Klinkhammer, FamRZ 2004, 1914.
613 Bis 2006: fiktiver Verdienst von 400,00 €/Monat (dies entspricht 16 % eines Durchschnittseinkommens), so dass sich nach einem Jahr – Einzahlung von 12 × 78,00 € – eine Steigerung der späteren monatlichen Rente um 4,26 € ergibt. Damit stehen Bezieher des ALG II schlechter als Bezieher der bisherigen Arbeitslosenhilfe: einkommensabhängiger Betrag, aber besser als bisherige Sozialhilfeempfänger: keine Rentenbeiträge. Seit 01.01.2007 wird der Beitrag aus einem Betrag von 205,00 € bemessen (§ 166 Abs. 1 Nr. 2a SGB VI – monatliche Rentensteigerung demnach 2,10 €); für Pflichtversicherte wird hinsichtlich des aufstockenden ALG II-Betrags kein Beitrag mehr entrichtet (§ 3 Satz 1 Nr. 3a lit. e) SGB VI). Ab 2011 entfällt die Rentenbeitragsleistung insgesamt.
614 Versicherungspflicht gem. § 3 Satz 1 Nr. 3a SGB VI; Beitragszahlung durch den Bund: § 276c SGB VI a.F. Besteht kein Anspruch nach SGB II, zählt die Zeit der Arbeitslosigkeit bei periodischer (3-monatiger) Meldung bei der Arbeitsagentur wenigstens als Anrechnungszeit (zur Aufrechterhaltung des Anspruchs auf Erwerbsminderungsrente und auf vorzeitige Altersrente – die Altersgrenze für Altersrente wegen Arbeitslosigkeit oder Altersteilzeit zwischen 2006 und 2008 stufenweise für die 1946 bis 1948 Geborenen v. 60. auf das 63. Lebensjahr angehoben. Ausgenommen sind vor dem 01.01.1952 Geborene, welche die Aufhebung ihres Arbeitsverhältnisses vor 31.12.2004 vertraglich vereinbart hatten).
615 Da ab 2011 die Versicherungspflicht von ALG II – Beziehern in der gesetzlichen Rentenversicherung entfällt, wird die (abstrakte) Riester-Berechtigung ab 2011 durch Änderung des § 10a Abs. 1 Satz 3 EStG gewährleistet.
616 Der bisher privat Versicherte kann binnen 3 Monaten nach Beginn des ALG II-Bezugs Befreiungsantrag stellen, um seine private Krankenversicherung fortzuführen.
617 Versicherungspflicht gem. § 5 Abs. 1 Nr. 2a SGB V; vgl. Marburger, ZAP, Fach 18, S. 906.
618 § 6 Abs. 3a SGB V hebt die sonst gegebene Rückkehrsperre für ALG II-Bezieher auf. In gleicher Weise können in Not geratene Freiberufler oder Gewerbetreibende (ohne Abmeldung ihrer Tätigkeit) beim Bezug ergänzenden ALG II in die gesetzliche Krankenversicherung aufgenommen werden.
619 Versicherungspflicht gem. § 20 Abs. 1 Satz 2 Nr. 2a SGB XI.
620 Bei hauptberuflich selbständig Erwerbstätigen beträgt die Mindestbemessungsgrundlage 2015: 2.126,25 Euro/monatlich, vgl. *Eilts*, NWB 2015, 183, 193, im Jahr 2016: 2.178,75 €/Monat, für Existenzgründer mit Gründungszuschuss im jahr 2015 1.417,50 €/Monat, für 2016 1.452,50 €/Monat.
621 Dies setzt allerdings voraus, dass in den unmittelbar vorangehenden 12 Monaten bzw. in einem Zeitraum von 5 zurückliegenden Jahren mind. 24 Monate lang gesetzliche Krankenversicherung vorlag.
622 Nach Ansicht des SG Saarbrücken, 28.01.2005 – S 21 ER 1/05 AS, sozial-info Nr. 10, Februar 2005 sei in diesem Fall stattdessen die Zahlung eines ALG II von einem Cent geschuldet, um die Pflichtmitgliedschaft in der gesetzlichen Krankenversicherung zu erhalten.

▶ Beispiel: Gewährung von ALG II für Erwerbstätige

831 Eine Arbeitnehmerfamilie in den alten Bundesländern mit zwei Kindern unter 14 Jahren lebt vom Erwerbseinkommen eines Ehegatten i.H.v. brutto 1.600,00 € (dies entspricht bei einem Krankenversicherungsbeitrag von 13,8 % und zwei Kinderfreibeträgen einem Netto-Gehalt von 1.268,00 €). Nach Abzug der Freibeträge, die dem Arbeitnehmer zustehen (mangels anderweitigen Nachweises 100,00 € Werbungskostenpauschale, 20 % vom Betrag zwischen 100,00 € und 800,00 €, 10 % für das übersteigende, also 286,80 €), verbleiben noch anzurechnende 991,20 €. Mit 380,00 € Kindergeld kommt die Familie auf ein ALG II-relevantes Einkommen von 1.371,20 €. Der demgegenüber zu ermittelnde Bedarf besteht aus der Summe der Regelsätze i.H.v. gesamt (2015) 1.350,00 € zzgl. der angemessenen Unterkunftskosten von (angenommen) 570,00 €, gesamt also 1.920,00 €, so dass i.H.v. 548,80 €/Monat Anspruch auf (»aufstockendes«) ALG II besteht.

832 Nach Ermittlungen des DGB[623] kann sich die Antragstellung bei einem Ehepaar mit vier Kindern bspw. noch bei einem Netto-Erwerbseinkommen von 2.140,00 € (und einer Kaltmiete von 770,00 €) lohnen. Gleiches gilt, wenn anstelle der Kaltmiete entsprechend hohe Zinsbelastungen/Grundsteuer/Versicherungsprämien/Erbbauzinsen für das Eigenheim anfallen.

833 Anders als die frühere Arbeitslosenhilfe kommt ALG II demnach auch für **Selbstständige** infrage, deren Einkünfte die maßgeblichen Bedarfsbeträge nicht erreichen, und für vormals arbeitslose Existenzgründer, die den Existenzgründungszuschuss für eine Ich-AG erhalten (dieser wird als Einkommen bei ALG II angerechnet).[624] Denkbar ist schließlich auch, dass ALG II-Leistungen bezogen werden, um das reguläre ALG I »aufzustocken« (vom regulären ALG I können monatlich 30,00 € Pauschbetrag für angemessene Versicherungen sowie die Kfz-Versicherung und Zahlungen auf einen Riester-Rentenvertrag abgesetzt werden).

834 Grundsicherungsberechtigte Personen erfüllen im Regelfall auch die Voraussetzungen für den (auf Antrag gewährten) Erlass der Rundfunkgebühren (GEZ),[625] den Sozialtarif der Deutschen Telekom AG[626] sowie die Reduzierung der Zuzahlungskosten für Arztbesuche und Medikamente auf 82,80 € pro Jahr (2 % der einem Alleinstehenden zustehenden jährlichen Regelsätze), bei chronisch Kranken begrenzt auf 41,40 €/Jahr hinsichtlich der kompletten Bedarfsgemeinschaft. Weiterhin werden die Kosten für Zahnersatz i.d.R. durch die Krankenkassen voll erstattet, sofern der Bewilligungsbescheid für ALG II vorgelegt wird (Vermutung der Unzumutbarkeit der an sich vorgesehenen Zuzahlungen). Hinzu kommen regelmäßig Ansprüche auf staatliche Beratungshilfe bei Rechtsstreitigkeiten (Eigenbetrag von 10,00 € hinsichtlich der anwaltlichen Beratungskosten) sowie auf PKH.[627]

c) Sozialgeld

835 Nicht erwerbsfähige Angehörige der Bedarfsgemeinschaft erhalten gem. § 28 SGB II **Sozialgeld** gleichen Umfang wie das ALG II (Ausnahmen: § 28 Abs. 1 Satz 3 SGB II).[628] Verfügen Kinder über Vermögen, das den Freibetrag von 3.100,00 € übersteigt, entfällt ihr Sozialgeldbetrag so lange, bis das übersteigende Vermögen rechnerisch aufgebraucht ist. Dies bedeutet i.d.R. eine monat-

---

623 DGB-Bundesvorstand, 111 Tipps zu Arbeitslosengeld II und Sozialgeld, 4. Aufl. 2011, S. 23.
624 Der Existenzgründungszuschuss selbst kann allerdings nur beantragt werden, solange noch Anspruch auf das reguläre ALG I besteht. Für ALG II-Bezieher kommt lediglich das sog. »Einstiegsgeld« infrage.
625 Jedoch nicht für Personen, die lediglich den 2-jährigen befristeten Zuschlag nach Bezug des ALG I (Rdn. 829) erhalten.
626 Ersparnis monatlich (samt USt) 8,26 €.
627 Dort liegen allerdings die Vermögensfreigrenzen geringer, derzeit bspw. bei 1.600,00 € als kleinem Barbetrag.
628 Z.B. beträgt die Regelleistung bis zur Vollendung des 14. Lebensjahres lediglich 60 %, im 15. Lebensjahr 80 % des Normalbetrags.

liche Verringerung für Kinder unter 14 Jahren um bis zu 261,00 €, für ab 14-jährige Kinder um bis zu 296,00 €. Eine Anrechnung auf Einkommen oder Vermögen der übrigen Mitglieder der Bedarfsgemeinschaft erfolgt nicht.[629] Das BVerfG hält die Höhe des Sozialgeldes für Kinder für verfassungswidrig:[630] bei Kindern unter 14 Jahren werde nicht mehr nach Altersstufen differenziert; die vorgeblich bedarfsdeckenden Sätze seien geringer als für Kinder von Sozialhilfeempfängern (§ 28 Abs. 1 Satz 2 SGB XII), und schließlich sei die 40 %ige Absenkung für Kinder nicht durch Bedarfsprüfungen empirisch ableitbar.

Für Bezieher des Sozialgelds werden allerdings keine Rentenversicherungsbeiträge abgeführt, sie erhalten keinen befristeten Zuschlag zur »Abfederung« ggü. dem bisherigen ALG, und sie erhalten keine Arbeitsmarktleistungen der Ämter. Seit 2009 erhalten jedoch Schüler, deren Eltern Sozialhilfe oder SGB II-Leistungen beziehen, bis zum Abschluss der 10. Klasse jährlich einmalig 100,00 € (»Schulbedarfspaket«); die Hartz IV-Reform 2011 hat sie um ein sog. »Bildungspaket« ergänzt (Mittagessenszuschüsse, Zuschüsse zu Lernmaterialien und Beförderungskosten, Übernahme von Vereinsbeiträgen). 836

d) Kinderzuschlag

Neu ist ab 01.01.2005 der sog. **Kinderzuschlag** von höchstens[631] 140,00 €/Kind (ab 01.07.2016: 160,00 €/Kind), der mit dem Kindergeld an Eltern für längstens 36 Monate ausbezahlt wird, deren Arbeitseinkommen zwar für den eigenen Bedarf, aber nicht für den des Kindes genügt (§ 6a BKGG gibt daher nicht nur ein Höchst-, sondern auch ein Mindesteinkommen vor). Seit 01.07.2006 sind auch volljährige Kinder bis zur Vollendung des 25. Lebensjahres berechtigt. Sozialrechtlich (aber wohl nicht unterhaltsrechtlich)[632] handelt es sich insoweit um Einkommen des Kindes (§ 11 Abs. 1 Satz 2, 3 SGB II); dessen Bedarf (und damit der gesamten Bedarfsgemeinschaft) wird dadurch gesenkt. Wird ein zunächst gestellter Antrag auf ALG II abgelehnt, kann – rückwirkend innerhalb von bis zu 4 Jahren – auf vereinfachtem Vordruck bei der Familienkasse der Arbeitsagentur der Kinderzuschlag beantragt werden; auf die bereits gespeicherten Daten wird aufgrund einzuholender Genehmigung zurückgegriffen. Angesichts der vom Erwerbseinkommen abziehbaren Beträge (Kfz-Versicherung, Riester-Rente, Versicherungspauschale von 30,00 €, zusätzlicher Erwerbstätigkeitsfreibetrag, der bei Steuerklasse III bis zu 240,00 € betragen kann) kann sich eine Antragstellung bei einem Ehepaar mit zwei Kindern und einer angemessenen Warmmiete von 710,00 € noch bei einem Netto-Gehalt von 1.800,00 € (ohne Kindergeld) lohnen. Zusätzlich sind Unterhaltsbeträge für Kinder oder geschiedene Ehegatten abziehbar,[633] allerdings nur, wenn sie tituliert sind (etwa gem. § 59 SGB VIII). 837

Aus Sicht der Betroffenen ist jedoch problematisch, dass der Bezug des Kinderzuschlags den befristeten Zuschlag zum ALG II (2-jährige Aufstockungsregelung, Rdn. 829) sperrt, da Letzterer nur bei ALG II-Bezug gewährt werden kann. Um dieser bisweilen verschlechternden Wirkung des Kinderzuschlags gegenzuwirken, ist nunmehr der (auch befristete) Verzicht hierauf möglich.[634] 838

---

629 Vgl. Mitteilung des BMWi, NWB 2004, 2700.
630 BVerfGE, 09.02.2010 – 1 193 – 1 BvL 1/09, 1 BvL 3/09,1 BvL 4/09, DVBl 2010, 314; Anrufung durch BSG, 27.01.2009 – B 14/11b AS 9/07 R 27.
631 Erwerbseinkommen der Eltern, das ihren Bedarf übersteigt, wird zu 70 % auf den Kinderzuschlag angerechnet.
632 Der Anspruch steht nicht dem Kind, sondern dem betreuenden Elternteil zu; der Zuschlag ist nicht nach § 1612c BGB auf den Unterhaltsanspruch anzurechnen. Es dürfte sich (wie beim früheren Kindergeldzuschlag des § 11a BKGG) unterhaltsrechtlich daher um Einkommen des betreuenden Elternteils handeln, *Klinkhammer*, FamRZ 2004, 1912.
633 Gemäß der Durchführungshinweise der BfA.
634 BGBl. I 2006, S. 1706; Beispielrechnung zur früheren Rechtslage in der 1. Aufl. dieses Buches, Rn. 542.

e) Sanktionen

839 Die Verweigerung oder Verletzung einer Eingliederungsvereinbarung sowie die Ablehnung der Aufnahme zumutbarer Arbeit oder der Ausführung im öffentlichen Interesse liegender Arbeitsgelegenheiten kann zur **Absenkung** des ALG II und des Zuschlags (ohne Unterkunftskosten) um zunächst 30 %, sodann um weitere 10 % sowie zur **Streichung** des Zuschlags und schließlich zu **weiteren Kürzungen** führen. Ab 01.01.2007 führt die zweimalige Ablehnung eines zumutbaren Eingliederungs- oder Arbeitsangebots innerhalb eines Jahres zu einer Kürzung für 3 Monate um 60 %, die 3-malige zur völligen Streichung (§ 31 Abs. 3 SGB II). Ähnliches gilt für das Sozialgeld (§ 32 SGB II). Bei Jugendlichen unter 25 Jahren führt bereits die zweite Ablehnung einer Arbeits- oder Eingliederungsmaßnahme zum vollständigen Leistungsentzug; die Weiterzahlung der Wohn- und Heizkosten (dann an den Vermieter, § 31 Abs. 5 SGB II) ist ab 2007 in das Ermessen des Amts gestellt und daran geknüpft, dass die »Pflichtverletzung« nachträglich behoben wird. Wegen des verfassungsrechtlich verbürgten Existenzminimums[635] sind allerdings wohl zur Vermeidung von Hunger und Obdachlosigkeit stets Naturalleistungen zu gewähren,[636] ggf. nach dem Polizei- und Ordnungsrecht.

840 **Meldeversäumnisse** führen zu einer Kürzung von 10 % der Regelleistung für 3 Monate; die zweite Nichtbefolgung einer Meldeaufforderung binnen eines Jahres bewirkt eine Kürzung um 20 %, die dritte Verletzung um 30 %.

6. Regress

a) Tatbestände

841 Auch die **Regressmöglichkeiten** sind der Sozialhilfe angenähert, wenngleich mit Unterschieden hinsichtlich der Unterhalts- und Überleitungsheranziehung.

aa) Verschuldensregress

842 So kann schuldhaftes Verhalten eine Verpflichtung zum Kostenersatz begründen (§ 34 SGB II, vergleichbar § 103 SGB XII, identisch mit dem früheren § 92a BSHG; das SGB III kannte eine solche Bestimmung nicht). Gerichtet ist die Bestimmung bspw. gegen die sozialwidrige Kündigung eines bestehenden Arbeitsverhältnisses durch den Arbeitnehmer. Es handelt sich in der bisherigen Rechtsprechung um einen quasi-deliktischen Ausnahmetatbestand. Die Rechtsprechung[637] diskutiert z.B. das Bestehen eines Schadenersatzanspruchs nach 34 SGB II in Bezug auf einen Grundsicherungsbezieher, der 5.800 € aus einer während des laufenden SGB II-Bezugs angefallenen Erbschaft für die Anschaffung von mehreren hundert Blu-ray-Filmen verwendete.

bb) Erbenregress

843 Ferner konnte bzgl. der Leistungen zur Sicherung des Lebensunterhalts (nicht der Eingliederungsleistungen) bis Ende 2016 eine Erbenhaftung eintreten (§ 35 SGB II, entsprach der Struktur nach § 102 SGB XII = § 92c BSHG, begrenzt auf den Wert des Nachlasses bzgl. des in den letzten 10 Jahren gewährten ALG oberhalb eines Sockelbetrages von 1.700,00 €, bei häuslicher Pflege bis zum Tod und stets für das weitere Mitglied der dadurch aufgelösten Bedarfsgemeinschaft wurde ein Freibetrag von 15.500,00 € [kurioserweise in § 102 Abs. 3 Nr. 2 SGB XII: 15.340,00 €] ge-

---

635 BVerfG, 29.05.1990 – 1 BvL 20/84, NJW 1990, 2869; *Münder*, NJW 2004, 3212.
636 Das starre Sanktionensystem der Vorgängerregelung (§§ 144, 147 SGB III) war hinnehmbar, da unterhalb des SGB III das BSHG als »Auffangnetz« bestand. Wegen der vollkommenen Verdrängung des SGB XII durch das SGB II ist das Ermessen zu Sachleistungen auf Null reduziert. § 31 Abs. 3 Satz 6 SGB II spricht gleichwohl von einer Kann-Leistung, bei Vorhandensein minderjähriger Kinder von einer Soll-Leistung.
637 LSG Niedersachsen-Bremen, 09.02.2015 – L 11 AS 1352/14 B ER, ErbR 2015, 586 und ErbR 2016, 233 (nur Ls).

währt). Gerät umgekehrt der Hilfeempfänger durch Erbschaft zu Vermögen, muss er jedoch das erhaltene ALG II nicht zurückzahlen – er ist nicht rückwirkend leistungsfähig geworden.

Fälle des § 35 SGB II waren seltener als solche des § 102 SGB XII (Rdn. 648 ff.), da der Bezug des ALG II mit Erreichen des Rentenalters endet und häufig der Erbfall erst nach Ablauf von 10 dann folgenden Jahren eintritt. Kam der Erbenregress i.R.d. SGB II jedoch zum Tragen, war seine inhaltliche Reichweite häufig weiter als bei § 102 SGB XII; da das SGB II in höherem Maße Schonvermögen anerkennt als das SGB XII (etwa in Gestalt eines angemessenen Pkw bzw. altersabhängiger Freibeträge). 844

§ 35 SGB II führte in der Praxis ein Schattendasein, da – anders als beim Sozialhilfebezug, bei dem der Leistungsberechtigte im Regelfall bis zu seinem Ableben in der »aktiven Kartei« der Behörde blieb – die Arbeitsverwaltung nur selten Kenntnis vom Ableben nicht mehr leistungsberechtigter Personen erhielt, so dass die Handhabung des Gesetzes im Hinblick auf Art. 3 GG bedenklich war. Dies hätte sich nur durch hohen Verwaltungsaufwand ändern lassen, mit der Aussicht allerdings auf nur geringe Mehreinnahmen. Daher hat der Gesetzgeber zwischenzeitlich »kapituliert« und durch das Rechtsvereinfachungsgesetz zum SGB II vom 26.07.2016 die Norm mit Wirkung **ab 01.08.2016** gänzlich **abgeschafft**.[638] 845

cc) Überleitungsregress

Sonstige Ansprüche des Empfängers von Leistungen zur Sicherung des Lebensunterhalts[639] gegen Dritte (z.B. der Rückforderungsanspruch wegen Verarmung nach § 528 BGB), auch bürgerlich-rechtliche Unterhaltsansprüche, **gehen** (ohne Übergangsregelung!)[640] **seit 01.08.2006 kraft Gesetzes auf den Leistungsträger über**. Während zuvor hierfür weiterhin (wie bisher in § 203 SGB III für die »alte Arbeitslosenhilfe«) nach zwingender Anhörung[641] ein Ermessensverwaltungsakt[642] erforderlich war, wurde nunmehr die Legalzession auch auf schlichte Ansprüche erstreckt, für die z.B. gem. § 93 SGB XII weiterhin ein (Sozial-)Verwaltungsakt erforderlich ist. 846

Damit soll der bisherigen Doppelgleisigkeit der Rechtswegzuständigkeiten (Sozialgerichte hinsichtlich der Überleitung, Fachgerichte hinsichtlich des Anspruchs selbst)[643] ebenso begegnet werden wie der unzutreffenden Rechtsprechungstendenz, ALG II-Leistungen als Einkommen des Unterhaltsberechtigten zu betrachten, solange kein Überleitungsakt zur Verwirklichung der Sub- 847

---

638 Vgl. *Doering-Striening*, ZErb 2017, 95, 108.
639 Wobei gem. § 9 Abs. 2 Satz 3 SGB II alle Mitglieder der Bedarfsgemeinschaft als bedürftig gelten, falls deren Gesamtbedarf nicht aus eigenem Vermögen oder Einkommen zu decken ist.
640 Zu den Folgen für laufende Verfahren (Umstellung des Klageantrags oder Rückabtretung) s. *Klinkhammer*, FamRZ 2006, 1173.
641 § 24 SGB X; anders als im VwVfG führt deren Unterbleiben gem. § 42 Satz 2 SGB X zur Rechtswidrigkeit des Verwaltungsakts.
642 Vgl. zu den anzustellenden Erwägungen *Rudnik*, FamRZ 2005, 1942.
643 Krit. insb. *Hußmann*, FÜR 2004, 543 und *Klinkhammer*, FamRZ 2004, 1914; zu den Auswirkungen auf die Aktivlegitimation im Prozess *Rudnik*, FamRZ 2005, 1944 ff. Die Rechtslage wurde weiter dadurch erschwert, dass – den Hinweisen (Nr. 2.4 III, Satz 4) der Bundesagentur für Arbeit sowie der früheren sozialhilferechtlichen Praxis zufolge – in einem zweistufigen Verwaltungsverfahren zunächst der Unterhaltsanspruch dem Grund nach übergeleitet wird und sodann die Bezifferung des übergegangenen Unterhaltsanspruchs in einer späteren Anzeige erfolgt. Dadurch lägen sogar zwei selbstständige anfechtbare Verwaltungsakte vor. Anfechtungsberechtigt waren neben dem Leistungsbezieher auch (wegen der enthaltenen Schuldnerschutzvorschriften = öffentlich-rechtliche Vergleichsberechnung) der Unterhaltsschuldner; wegen der sonst eintretenden Tatbestandswirkung war ihm die Anfechtung dringend anzuraten. Nach *Rudnik*, FamRZ 2005, 1949 sollte allerdings der sozialrechtliche Einwand (Aufhebungs»anspruch« nach § 44 Abs. 2 SGB X) trotz der Tatbestandswirkung auch im Zivilprozess noch geltend gemacht werden können.

sidiarität stattgefunden hat.[644] Das nunmehr allein zuständige Fachgericht hat demnach auch die Vorfrage der Aktivlegitimation zu klären und dabei zu berücksichtigen, dass

848 (1) **mehrere Leistungsträger Teilinhaber des Anspruchs** geworden sein können (etwa die Kommunalbehörde hinsichtlich der Unterkunftskosten, die Arbeitsagentur für die Regelleistung, sofern nicht die ARGE nach § 44b Abs. 3 SGB II einheitlich handelt[645] – die Zuordnung erfolgt gem. § 19 Abs. 1 Satz 3 SGB II zunächst auf die Regelleistung, sodann auf die Unterkunftskosten; eindeutig ist die Rechtslage nur bei Optionskommunen nach § 6a SGB II);
(2) ein **Übergang von Unterhaltsansprüchen gem. § 33 Abs. 2 Satz 3 SGB II** nur stattfindet, soweit das Einkommen und Vermögen des Verpflichteten die Schongrenzen des §§ 11, 12 SGB II übersteigt (Rdn. 851 ff.);
(3) für **jedes Mitglied der Bedarfsgemeinschaft** der nicht gedeckte Bedarf, also die **auszugleichende Leistung, individuell zu ermitteln ist** (wobei die Unterdeckung gem. § 9 Abs. 2 Satz 3 SGB II im Verhältnis der ungedeckten Bedarfe, also nach Berücksichtigung des jeweiligen Individualeinkommens, zu verteilen ist).

849 Der **Forderungsübergang** ist beschränkt auf die Höhe der (seit 01.01.2009 nicht nur dem Unterhaltsgläubiger[646]) erbrachten Leistungen zur Sicherung des Lebensunterhalts (ALG II und Sozialgeld, nicht jedoch der befristete Zuschlag gem. § 24 SGB II bis 31.12.2010, das Einstiegsgeld, die durch die Bundesagentur zu zahlenden Renten-, Kranken-, Pflegeversicherungsbeiträge.[647]) Er findet wie im Bereich des SGB XII nur statt, wenn bei rechtzeitiger Leistung die Lebensunterhaltssicherung nicht erforderlich gewesen wäre, d.h. bspw. keine Überleitung eines Pflichtteilsanspruchs, wenn dieser mit dem sonstigen Vermögen den altersabhängigen Freibetrag gem. § 12 Abs. 2 SGB II nicht überschreiten würde.[648] Auch nicht übertragbare, unpfändbare oder nicht verpfändbare Ansprüche sind überleitbar. **Nicht vom Forderungsübergang** erfasst sind naturgemäß **Unterhaltsansprüche gegen Mitglieder der Bedarfsgemeinschaft** (deren Einkommen ohnehin hinzugerechnet wird), von schwangeren Kindern gegenüber ihren Eltern sowie Unterhaltsansprüche alleinerziehender Elternteile von leiblichen[649] Kindern unter sechs Jahren gegenüber ihren Eltern. Im Grundsatz umfasst sind allerdings (über § 94 Abs. 1 Satz 3 SGB XII hinaus) auch Unterhaltsansprüche gegen Enkel.

850 **Abweichend vom Sozialhilferecht** gehen allerdings Unterhaltsansprüche gegen Verwandte nicht über, solange der Anspruch **nicht durch den Inhaber selbst geltend gemacht** wird (vgl. § 33 Abs. 2 Satz 1 Nr. 2 SGB II). Das Risiko, für erwerbsfähige arbeitslose Eltern als unterhaltspflichtiges Kind (oder Enkel)[650] in Anspruch genommen zu werden, besteht also anders als bei nicht erwerbsfähigen (etwa pflegebedürftigen) Eltern – § 94 SGB XII – nur dann, wenn die Eltern ihrer-

---

644 So etwa Koblenzer Unterhaltsleitlinien 2.2. (Stand 2009); dagegen OLG Celle, FamRZ 2006, 1203 und *Klinkhammer*, FamRZ 2006, 1171. Als Einkommen des Bedürftigen anzurechnen ist jedoch (wohl) wegen seines Subventionscharakters bzw. der Lohnersatzfunktion das Einstiegsgeld nach § 29 SGB II, ebenso bis 31.12.2010 der Zuschlag nach § 24 SGB II (für den keine Unterhaltsüberleitung stattfinden kann) sowie der Wohnkostenanteil in Nachfolge des früheren Wohngeldes (Rechtsgedanke des § 40 Abs. 2 SGB II).
645 Nach *Scholz*, FamRZ 2006, 1424 sei dies zu vermuten; ebenso OLG Zweibrücken, 18.04.2007 – 5 WF 16/07, NJW 2007, 2779 [Titelumschreibung unmittelbar auf die ARGE].
646 Gem. § 33 Abs. 1 Satz 2 SGB II kann ein Übergang des Anspruchs gegen den Unterhaltsschuldner eines Kindes auch eintreten, wenn zwar das Kind selbst wegen eigenen sonstigen Einkommens oder des Kindergeldes trotz des ausbleibenden Unterhalts nicht sozialleistungsbedürftig wurde, aber andere Mitglieder der Haushalts- oder Bedarfsgemeinschaft deshalb höhere Leistungen erhalten haben, kritisch *Kuller* FamRZ 2011, 255 ff. [»cessio legis exzessiv«].
647 *Scholz*, FamRZ 2006, 1422.
648 Vgl. *Müller*, Der Rückgriff gegen Angehörige von Sozialleistungsempfängern, Teil C Rn. 12.
649 Also keine Überleitungssperre bei zu betreuenden Adoptivkindern unter sechs Jahren!
650 Insoweit besteht eine Schlechterstellung ggü. § 94 SGB XII, wo solche Ansprüche von vornherein nicht kraft Gesetzes auf den Sozialhilfeträger übergehen konnten.

seits diese Zahlungen einfordern,[651] etwa getragen von der Furcht, »bisher zu kurz gekommen zu sein«. Unterhaltsansprüche Minderjähriger oder bis 25 Jahre alter Kinder ohne abgeschlossene Berufsausbildung gegen ihre Eltern sind jedoch überleitbar unabhängig von ihrer Geltendmachung durch die Kinder. Weiter ist zu bedenken, dass freiwillig geleistete regelmäßige Zahlungen mit Unterhaltscharakter (Großmutter überweist regelmäßig 50,00 € monatlich) als Einkommen angerechnet werden.

Gem. § 33 Abs. 2 Satz 3 SGB II findet der Übergang nicht statt, soweit Einkommen bzw. Vermögen der unterhaltsverpflichteten Person die Schongrenzen der §§ 11, 12 SGB II nicht übersteigen (»öffentlich-rechtliche Vergleichsberechnung«: Die Schonbeträge des Leistungsempfängers/Unterhaltsgläubigers kommen, anders als in § 94 SGB XII, wo diese Bestimmung bei der Übernahme in SGB XII gestrichen wurde, als Mindestgröße – vorbehaltlich höherer familienrechtlicher Selbstbehalte – dem Unterhaltsverpflichteten zugute. Gleiches gilt für das Schonvermögen, insbesondere das Eigenheim, vgl. Rdn. 790 ff. Es besteht demnach eine (auch durch verlangte zivilrechtliche Abtretung nicht umgehbare)[652] Überleitungssperre, wenn evident ist, dass beim Verpflichteten mangels hinreichenden Vermögens und Einkommens einerseits Hilfebedürftigkeit besteht und andererseits Leistungsfähigkeit nicht vorhanden sein kann.[653] Ist die Überleitung von Ansprüchen gem. § 33 Abs. 2 SGB II gesperrt, besteht insoweit auch keine Möglichkeit der Verweisung auf das Selbsthilfegebot des § 2 SGB II durch den Grundsicherungsträger. 851

Hierfür hat der **Unterhaltsschuldner** (wohl) den **Bedarf** und die Leistungsfähigkeit aller Mitglieder seiner (hypothetischen) »Bedarfsgemeinschaft« zu **ermitteln**. Der »sozialrechtliche Selbstbehalt« des Unterhaltsverpflichteten ist zum einen verletzt, wenn er selbst Grundsicherungsleistungen für Arbeit Suchende bezieht,[654] zum anderen, wenn er aufgrund des Übergangs selbst zum Leistungsberechtigten i.S.d. SGB II würde. In letzterem Fall ist der überleitungsfähige Anteil einerseits begrenzt auf die Differenz zwischen seinem tatsächlich vorhandenen (nicht aufgrund nur unterhaltsrechtlich relevanter fiktiver Elemente erhöhten) Einkommen[655] und andererseits seinem SGB II-Anspruch (Regelleistung, Leistungen für Mehrbedarf, Leistungen für Unterhalt und Heizung etc.).[656] 852

Problematisch ist das »Zusammenspiel« zwischen unterhaltsrechtlicher Betrachtung und öffentlich-rechtlicher Vergleichsbewertung allerdings bspw. bei der **Anrechnung fiktiven Einkommens**, das sozialrechtlich bekanntlich nicht zu erfassen ist (etwa in Fällen einer Sperrzeit wegen Arbeitsaufgabe oder Arbeitsablehnung bzw. einer Leistungsminderung nach § 31 SGB II), ebenso hinsichtlich des in § 11 Abs. 2 Satz 1 Nr. 7 SGB II gewährten Abzugs selbstgeschaffener vertraglicher Unterhaltspflichten (Rdn. 782); ferner wenn gem. § 65 SGB II i.V.m. § 428 SGB III[657] **ältere Arbeitslose ab dem 58. Lebensjahr** sich nicht mehr um Arbeit bemühen müssen, obwohl sie familienrechtlich hierzu möglicherweise noch verpflichtet wären. Bedenklich erscheint schließlich 853

---

651 Werden solche Zahlungen kontinuierlich erbracht, sei es auch auf freiwilliger Basis, sind sie allerdings als Einkommen anzurechnen und mindern damit die Höhe des ALG II.
652 OLG Celle, 15.03.2006 – 15 UF 54/05, NJW 2006, 1356.
653 Entgegen *Klinkhammer*, FamRZ 2004, 1915 genügt das bloße Überschreiten der Freibeträge der §§ 11, 12 SGB II nicht, da auch dann Hilfebedarf bestehen kann; es wird lediglich der Leistungsumfang entsprechend reduziert.
654 Dies kommt etwa in Betracht, wenn er i.S.d. SGB II geschontes Vermögen besitzt, das er jedoch, z.B. ggü. minderjährigen Kindern, unterhaltsrechtlich einzusetzen hätte.
655 Dabei wird Erwerbseinkommen gekürzt um die Freibeträge nach §§ 11 Abs. 2 Satz 2 und Satz 3, 30 SGB II.
656 Beispiel bei *Müller*, Der Rückgriff gegen Angehörige von Sozialleistungsempfängern, Teil C Rn. 43.
657 Vermutlich wird dieses Dilemma familienrechtlich dadurch gelöst, dass leichtfertiges, treuwidriges Verhalten des Unterhaltsschuldners dann nicht angenommen werden kann, wenn bereits der Gesetzgeber ihm praktisch keine Vermittlungsaussicht einräumt, vgl. BGH, 09.07.2003 – XII ZR 83/00, FamRZ 2003, 1471; *Rudnik*, FamRZ 2005, 1946.

das Überleitungsverbot dann, wenn das Unterschreiten der Freibeträge des Unterhaltsschuldners schuldhaft verursacht ist; es wird dafür plädiert, den Forderungsübergang dann durch den Gesetzgeber de lege ferenda zuzulassen, damit bei späterer Leistungsfähigkeit die übergeleitete Forderung gleichwohl realisiert werden kann.

Eine § 94 Abs. 3 Satz 1 Nr. 2 SGB XII entsprechende Härteklausel enthält allerdings § 33 SGB II nicht.[658]

854 Das **Hartz IV-Fortentwicklungsgesetz** hat mit Wirkung ab 01.08.2006 jedoch weitere Defekte der bisherigen, insoweit nur rudimentären Regelung behoben:
(1) So geht nunmehr (§ 33 Abs. 1 Satz 3 SGB II) auch der bürgerlich-rechtliche Auskunftsanspruch mit über. Demnach ist ein vorgeschaltetes Verwaltungsverfahren auf Auskunft gem. § 60 SGB I nicht mehr erforderlich.
(2) Wie im Sozialhilferecht (§ 94 Abs. 4 Satz 1 SGB XII) kennt § 33 Abs. 3 Satz 1 SGB II nun auch eine »Rechtswahrungsanzeige«, so dass Unterhalt für die Vergangenheit nicht nur nach Maßgabe des – beim nachehelichen und nachpartnerschaftlichen Unterhalt allerdings bisher ohnehin nicht geltenden – § 1613 BGB (»Stufenmahnung«) geltend gemacht werden kann.[659]
(3) Schließlich schafft § 33 Abs. 4 SGB II (nach dem Vorbild des § 94 Abs. 5 SGB XII) die Möglichkeit der einvernehmlichen treuhänderischen Rückübertragung des Anspruchs auf den Leistungsempfänger gegen Übernahme der Aufwendungen.

Noch nicht bereinigt ist jedoch das Fehlen einer §§ 94 Abs. 1 Satz 6, 105 Abs. 2 SGB XII entsprechenden Norm (Regressverbot hinsichtlich der früheren Wohngeldleistung i.H.v. 56 % der Kosten der Unterkunft – ohne Heizung und Warmwasserversorgung).[660]

b) Insb. »Ahndung« von Vermögensverlusten

855 Das SGB II enthielt – der Struktur des Sozialhilferechts folgend – zunächst drei Anknüpfungspunkte zur »Ahndung« früherer Vermögensminderungen:
(1) Zum einen i.R.d. durch kraft Gesetzes übergehenden Rückforderungsanspruchs nach § 528 BGB (§ 33 Abs. 1 SGB II; dies entspricht der durch Sozialverwaltungsakt zu bewirkenden Überleitung gem. § 93 Abs. 1 SGB XII).

856 (2) Daneben tritt gem. § 31 Abs. 4 Nr. 1 SGB II (wie im bisherigen Sozialhilferecht § 25 Abs. 2 Nr. 1 BSHG und nunmehr § 26 Abs. 1 Satz 1 Nr. 1 SGB XII[661]) die (hier allerdings zwingende) Absenkung[662] des ALG II bei erwerbsfähigen Hilfebedürftigen, die als Volljährige ihr Einkommen oder Vermögen »in der Absicht« vermindert haben, »die Voraussetzungen für die Gewährung oder Erhöhung des ALG II herbeizuführen«. Für die »Absicht« genügt es, dass bei einem auf einen anderen Zweck gerichteten Handeln der Wille, (mehr) Sozialfürsorgeleistung zu erhalten, eingeschlossen ist;[663] die ältere Rechtsprechung verlangte zusätzlich ein »leichtfer-

---

658 BT-Drucks. 15/1516, S. 62 sieht dies unverständlicherweise anders.
659 Vgl. *Kinkhammer*, FamRZ 2004, 1916; *Budde*, FamRZ 2005, 1217 zur (umstrittenen) Stufenmahnung beim Ehegattenunterhalt.
660 Vgl. ausführlich *Scholz*, FamRZ 2006, 1422 mit dem Hinweis, nach den zwischenzeitlichen Teilreformen könne nicht mehr von einem Redaktionsversehen ausgegangen werden.
661 Vgl. *Doering-Striening*, Sozialhilferegress bei Erbfall und Schenkung, 2015, S. 311 ff.
662 Bei der Sozialhilfe führt sie zur Reduzierung auf das »für den Lebensunterhalt Unerlässliche«, also ohne Aufwendungen zur Befriedigung geistiger Bedürfnisse, und im Regelfall durch Sachleistung bzw. Zahlung unmittelbar an den Vermieter.
663 Der Leistungsempfänger muss sich also maßgeblich davon haben leiten lassen, die Voraussetzungen für staatliche Hilfeleistungen zu schaffen: OVG Hamburg, 14.09.1990 – Bf IV 26/89, FEVS 41, 288/297; LSG Berlin-Brandenburg, L 23 B 146/07 SO ER, NotBZ 2008, 242; weder genügt die sichere Kenntnis des künftigen Sozialleistungsbezugs noch muss deren Herbeiführung ausschließlicher Zweck gewesen sein.

tiges und unlauteres Verhalten«.⁶⁶⁴ Nicht jedes unwirtschaftliche Verhalten berechtigt aber zur Kürzung: So blieb z.B. ein unfallbedingt Pflegebedürftiger beanstandungsfrei, der sich mit der Versicherungsleistung zunächst ein »schönes Leben« machte,⁶⁶⁵ ebenso ein Scheidungsbeteiligter, der aus Anlass der Vermögensauseinandersetzung eine Lebensversicherung dem früheren Partner überschrieb.⁶⁶⁶

(3) Schließlich könnte § 34 Abs. 1 SGB II (mit etwas abweichendem Wortlaut von § 103 Abs. 1 SGB XII, vormals § 92a BSHG) als Ansatzpunkt dienen: Er statuiert eine Ersatzpflicht für die erhaltenen Leistungen zulasten desjenigen, der »vorsätzlich oder grob fahrlässig die Voraussetzungen für seine Hilfebedürftigkeit (oder die Hilfebedürftigkeit der in Bedarfsgemeinschaft lebenden Personen) ohne wichtigen Grund (dieses Abwägungskriterium ist neu) herbeigeführt hat«. I.R.d. BSHG hatte die Parallelvorschrift wenig Bedeutung als Instrument zur »Ahndung« von Vermögensübertragungen erlangt, zumal die vorweggenommene Erbfolge typischerweise ein Bündel von Motivlagen verknüpft (Hauptanwendungsgebiet ist die Verbüßung von Freiheitsstrafen, leichtfertige Verursachung eines Verkehrsunfalls, Kündigung eines Arbeitsverhältnisses ohne rechtfertigenden Grund, Verschweigen des Namens des Kindsvaters durch die nichteheliche Mutter, Nichtantritt einer vermittelten Arbeitsstelle, unterlassenes Versichern gegen Krankheit. Maßgeblich ist die Sozialwidrigkeit des Verhaltens aus Sicht der Gemeinschaft⁶⁶⁷ und die Fähigkeit, das Rechtswidrige seines Tuns einzusehen.

857

Daneben gab es jedoch für eine Leistungsverweigerung aufgrund »verschuldeter Bedürftigkeit« im SGB II bis zum 01.01.2017 keine Rechtsgrundlage. Nur tatsächliche vorhandene Mittel bzw. vorhandenes Einkommen können als »bereite Mittel« anspruchsverkürzend wirken. Wer also eine gemachte Erbschaft⁶⁶⁸ oder geschenktes⁶⁶⁹ Vermögen, das seinen Leistungsbezug »unterbricht«,⁶⁷⁰ in unverantwortlich rascher Weise ausgibt (»ohne Zukunftsplanung und ohne Gewissen wegen einer späteren Hilfebedürftigkeit«⁶⁷¹), ist sodann dennoch Hartz-IV berechtigt. Seit 01.01.2017 sieht allerdings § 24 Abs. 4 SGB II vor, dass Grundsicherungsleistungen bei vorzeitigem Verbrauch von »Einmal-Einkommen«, insbesondere also von Erbschaften, nur noch als **Darlehen** gewährt werden sollen.⁶⁷²

858

7. Checkliste

▶ Für mögliche künftige Bezieher von ALG II empfiehlt sich daher vor der Antragstellung eine Klärung insb. folgender Aspekte:

☐ Prüfung des Vorliegens einer Bedarfsgemeinschaft (insb. in der Gestalt der eheähnlichen Gemeinschaft – gemeinsame Konten, Freizeitgestaltung etc.) bzw. einer Haushaltsgemeinschaft (Widerlegung ggf. durch Untermietverträge etc.).

859

---

664 VGH Baden-Württemberg, 13.02.1974 – VI 576/72, FEVS 23, 73.
665 OVG Hamburg, 14.09.1990 – Bf IV 26/89, FEVS 41, 288.
666 VGH Baden-Württemberg, 05.05.1998 – 7 S 2309/97, FEVS 49, 311.
667 *Schellhorn*, BSHG, § 92a Rn. 7: v.a. wenn die ablehnende Haltung der Sozialhilfeverwaltung bekannt ist.
668 Im Fall BSG, 12.12.2013 – B 14 AS 76/12, info also 2014, 179, vgl. *Doering-Striening*, ErbR 2015, 83: 6.500 €, die entgegen der durch das Jobcenter auf 7 Monate Zeit angekündigten Anrechnung binnen eines Monats ausgegeben wurde.
669 So im Fall LSG Sachsen-Anhalt, 20.08.2014 – L 4 AS 273/14 B ER, www.sozialgerichtsbarkeit.de:.
670 Mit der Abmeldung aus dem Leistungsbezug verliert der Betroffene auch den Kranken- und Pflegeversicherungsschutz! (§§ 5 Abs. 1 Nr. 2a SGB V, 20 Abs. 1 Nr. 2a SGB XI).
671 Zitat aus SG Berlin, 28.04.2014 – S 82 AS 36391/10, www. Sozialgerichtsbarkeit.de, zum »Verprassen« einer Erbschaft von 93.000 €; vgl. *Doering-Striening*, ZErb 2017, 95, 100 ff.
672 Vgl. hierzu *Geiger*, ASR 2017, 2 ff.

☐ Stellung eines Antrags auf Wohngeld noch während des Bezugs von ALG I (mit ALG II ist Wohngeld nicht kombinierbar; der befristete Abfederungszuschuss zwischen einerseits ALG II und andererseits ALG I und Wohngeld erhöht sich zudem hierdurch).
☐ Verwendung von Rücklagen zur Tilgung von Schulden, da Aktiva und Passiva nicht miteinander verrechnet werden (Beispiele: Verkauf eines Wertpapierdepots zum Kurswert an Bekannte oder Verwandte und Verwendung des Erlöses zur Tilgung des überzogenen Girokontos und zur vorzeitigen Rückzahlung eines Ratenkredits; Einsatz einer Lebensversicherung oder von Wertpapieren zur Tilgung von Schulden auf der Immobilie). Abgezogen wird allerdings der Schuldenstand aus der Finanzierung eines Pkw (nur der verbleibende Betrag ist an der Angemessenheitsgrenze von 5.000,00 € zu messen) sowie bei nicht selbst genutzten Immobilien (und Immobilienteilen) zur Ermittlung, ob die verbleibende Differenz unter dem altersabhängigen Vermögensfreibetrag verbleibt.

▶ Beispiel:

Immobilien (bzw. nicht durch die Bedarfsgemeinschaft selbst genutzte Immobilienteile) mit (ggf. anteiligem) Verkehrswert von 80.000,00 €, (ggf. anteiliger) Kreditbelastung 70.000,00 €, verbleibt unter dem altersabhängigen Schwellenwert des Hilfebedürftigen und seines Partners. Für das (wegen Selbstnutzung und insoweit angemessener Größe) freigestellte Objekt ist es allerdings ohne Belang, ob es noch durch Verbindlichkeiten belastet ist oder nicht (die Höhe etwaiger Schuldzinsen wirkt sich lediglich auf der Leistungsseite als erstattungsfähige Kosten der Unterkunft nach § 22 SGB II aus).

☐ In Betracht kommt die Umschichtung von Vermögen, z.B. in angemessenes Wohnungseigentum (das auch erst einige Wochen vor dem Antrag auf ALG II erworben sein kann), den Erwerb je eines angemessenen Pkw für jeden Bezieher von ALG II lit. b) EStG ab 2005). Wegen des Datenabgleichs mit dem Bundesamt für Finanzen sollte der Verwendungsweg früherer höherer Ersparnisse allerdings stets nachvollziehbar bleiben, um dem Vorwurf begegnen zu können, das Geld werde schlicht »daheim unter dem Kopfkissen gehortet«.
☐ Prüfung der Rücklagen von Kindern über 3.850,00 € (Verwendung etwa für den Erwerb neuer Möbel für das Kinderzimmer, eines Computers oder Sprachurlaubs in England); zu bedenken ist auch, dass nichtausgenutzte Freibeträge zwischen Kindern und auch im Verhältnis zwischen Eltern und Kindern nicht übertragen werden können (verfügt der Sohn über ein Sparbuch von 2.000,00 €, die Tochter über ein Sparbuch von 6.000,00 €, erhält die Tochter so lange kein Sozialgeld, bis der überschießende Betrag aufgebraucht ist, anders bei gleichmäßiger Verteilung).
☐ Wurde jedoch (vor der 10-jährigen Rückforderungsgrenze des § 529 Abs. 1 BGB) den minderjährigen Kindern erheblich höheres Vermögen übertragen, hindert dies lediglich den Bezug des Sozialgelds durch die Kinder, nicht aber den Bezug von ALG II-Leistungen durch die Eltern, da eine umgekehrte Verrechnung insoweit in der Bedarfsgemeinschaft grds.[673] nicht stattfindet.
☐ Wer selbst zur Miete wohnt, seine eigene Immobilie jedoch vermietet hat, sollte – sofern die vermietete Immobilie nicht etwa wegen geringen Aktivwerts unter dem Vermögensfreibetrag verbleibt – rechtzeitig Maßnahmen zur Eigenbedarfskündigung einleiten. Dadurch unterfällt die Immobilie dem Schutz des § 12 Abs. 3 Nr. 1 SGB II; zusätzlich sind zumindest die

---

673 Ausnahme: Sofern das Kind allein wegen des ihm zuzurechnenden Kindergeldes (zusammen mit sonstigen eigenen Einkünften) seinen Bedarf decken kann (z.B. 16-jähriges Kind in 4-köpfiger Familie mit 600,00 € Unterkunftskosten: Regelbedarf 267,00 € zzgl. anteilige Unterkunftskosten 150,00 € wird mehr als gedeckt durch 154,00 € Kindergeld und 300,00 € eigene Einkünfte), soll es nach den Durchführungsbestimmungen der BfA dennoch mit zur Einsatzgemeinschaft zählen; seine überschüssigen Einkünfte werden allerdings den Eltern angerechnet.

Schuldzinsen und wiederkehrenden öffentlichen Abgaben/Versicherungsprämien Gegenstand der ALG II-Förderung.
- Um den zusätzlichen Altersvorsorgefreibetrag von 250,00 € pro Lebensjahr (sowohl für den Antragsteller als auch für dessen [Ehe-]Partner) in Anspruch nehmen zu können, sollte für Lebensversicherungsverträge ein teilweiser Verwertungsausschluss bis zur Höhe von (gemeinsam) 500,00 € pro Lebensjahr gem. § 168 Abs. 3 VVG 2008 vereinbart werden. Hinzuweisen ist allerdings darauf, dass ein Rechtsanspruch auf Gewährung eines solchen Verwertungsausschlusses nicht besteht. Wurde der Ausschluss vereinbart, ist er unwiderruflich. Er kommt nicht in Betracht, wenn der Zeitablauf des bisherigen Vertrags ohnehin vor Vollendung des 60. Lebensjahres liegt, ferner wenn die Rechte aus dem Vertrag abgetreten oder verpfändet sind.
- Antrag auf Gründungszuschuss nach § 57 SGB III von der Arbeitsagentur muss noch während des Bezugs von ALG I gestellt werden.
- Möglicherweise lohnt sich auch der Abschluss von Riester-Sparverträgen, zumal die Mindesteigenbeiträge in voller Höhe vom Einkommen abgesetzt werden können.
- Kindergeld für volljährige Kinder sollte durch die Familienkasse der Arbeitsagentur gem. § 74 EStG unmittelbar an das Kind selbst überwiesen werden, so dass es als Einkommen des Kindes, nicht als Einkommen der Eltern zu werten ist (Kindergeld für minderjährige Kinder gilt stets, auch wenn es auf das Konto der Eltern überwiesen wird, als Einkommen der Kinder).
- Jahreseinkommensteuererstattungen sollten vor der Antragstellung vereinnahmt worden sein.
- U.U. empfiehlt es sich für den verdienenden (Ehe-)Partner, die ungünstigere Steuerklasse V anstelle der Klasse III zu wählen – angesichts seines geringeren Nettoverdienstes erhält der Partner höheres ALG II. Die spätere Steuererstattung stellt allerdings wieder anzurechnendes Einkommen dar, sofern dann noch ALG II bezogen wird.
- Weiter mag es ratsam sein, die Antragstellung auf einen späteren Zeitpunkt zu verschieben, wenn im laufenden Monat höhere Einmalzahlungen (Eigenheimzulage, Lohnnachzahlung etc.) zu erwarten sind.
- Schließlich ist, wenn bisher ALG I bezogen wird, dem Verhältnis im letzten Bezugsmonat besonderes Eigenmerk zu schenken, bemisst sich doch anhand der Differenz zwischen dem in diesem Monat bezogenen »regulären« ALG I und dem anschließenden ALG II die 2-jährige »Abfederungszahlung« (Zuschlag). Da ein regulärer Bezieher des ALG I zur Aufnahme eines Nebenjobs mit weniger als 15 Wochenstunden nicht verpflichtet ist, kann er diesen auch sanktionslos für den Referenzmonat ruhen lassen. Dadurch vermeidet er, dass der über 165,00 € hinausgehende Teil des Nebenjobs das ALG I für diesen Monat mindert.
- Wer im eigenen Heim wohnt, sollte mit der Bank eine Herabsetzung des Tilgungsanteils, ggf. auf null, verhandeln – nur die Schuldzinsen werden mit den weiteren laufenden Wohnaufwendungen, allerdings begrenzt auf den angemessenen Aufwand bei Fremdanmietung, i.R.d. ALG II übernommen.

8. Würdigung und Ausblick

Durch die Herabstufung des ALG II zu einem Instrument sozialhilfeähnlicher Bedarfsdeckung, gepaart mit Eingliederungsanreizen und -sanktionen, hat sich also der Anwendungsbereich sozialleistungssensibler Vertragsgestaltung ab dem 01.01.2005 stark erweitert; inhaltlich unterscheiden sich beide Fürsorgesysteme (abgesehen vom Eingliederungsaspekt) nur in Nuancen (z.B. altersabhängiger höherer Notgroschen, keine Legalzession von Unterhaltsansprüchen, Geltendmachung des Aszendentenunterhalts nur bei vorheriger Einforderung durch die Eltern selbst, abweichender Schwerpunkt beim Schutz der eigengenutzten Immobilie).

Entscheidend für die tatsächlich eintretenden Veränderungen ist die Strenge, mit der die Zumutbarkeitskriterien des § 10 SGB II administrativ umgesetzt werden. Ob allerdings verstärkter Druck auf die Arbeitslosen tatsächlich weitere Arbeitsplätze schafft oder hierfür nicht vielmehr eine stärkere Deregulierung des Arbeitsmarkts selbst, gepaart mit verstärkter Binnennachfrage, notwendig ist, bleibt – insb. in den neuen Ländern[674] – offen. Eine gezielte Verbesserung der Beschäftigungschancen insb. älterer Menschen, wie seit 01.05.2007 in Kraft,[675] verspricht teilweise effizientere Abhilfe.

862 Da die Einkommens- und Vermögensanrechnungen schärfer sind als bei der bisherigen Arbeitslosenhilfe, erhalten insb. **arbeitslose (Ehe-)Partner** aufgrund der Berücksichtigung des Einkommens des anderen Partners vielfach keine Leistungen mehr.[676] Für viele, v.a. bisher im oberen und mittleren Einkommensbereich tätig gewesene **Langzeitarbeitslose** fallen die Leistungen deutlich niedriger aus; die Abstufung zwischen Arbeitseinkommen, lohnbezogenem ALG und existenzminimalem ALG II wird deutlich stärker gespreizt. Zu Verbesserungen, auch hinsichtlich der Altersabsicherung, kommt es allerdings für die **bisherigen Empfänger von Sozialhilfe**. Die Bundesregierung ging davon aus, dass unter die erste Personengruppe (Wegfall des Bezugs von ALG II) 25 % der bisherigen Arbeitslosenhilfeempfänger fallen, zur Gruppe derjenigen, deren Leistungen geringer werden, 50 % zählen und die verbleibenden 25 % eine Verbesserung erfahren werden.

863 Nach den im Jahr 2010 veröffentlichten Ermittlungen des IAB (Institut für Arbeitsmarkt- und Berufsforschung) waren die Profiteure der als Hartz IV bekannten Arbeitsmarktreform, die mit der Einführung des ALG II einherging, vor allem die Sozialhilfeempfänger, die rund 100 Euro mehr an Arbeitslosengeld bekamen, als noch unter dem alten System. Gleichwohl mussten zwei Drittel der alten Arbeitslosenhilfeempfänger nach dem Übergang Einbußen von durchschnittlich 240 Euro im Monat hinnehmen.[677] Den Anspruch auf das neue ALG haben 15 Prozent der ehemaligen Arbeitslosenhilfebezieher komplett verloren. Bei 11 Prozent lässt sich das laut IAB mit hoher Wahrscheinlichkeit direkt auf den Systemwechsel zurückführen.[678]

864 Ein ähnliches Bild zeichnete die IAB bereits im Jahr 2007, unmittelbar nach Einführung der Arbeitsmarktreform. Demzufolge halten sich bei den Beziehern des ALG II »Gewinner« und »Verlierer« etwa die Waage. Zu den 44 %[679] »Gewinnern« zählen der empirischen Analyse zufolge tendenziell v.a. jüngere und kinderreiche Haushalte sowie Alleinerziehende. 14 % der über 58-jährigen erhielten hingegen nach Auslaufen der Arbeitslosenhilfe kein ALG II mehr. Aufgrund der Anrechnung des Partnereinkommens verloren ferner 17 % der früheren Bezieher ihren Zahlungsanspruch, vor allem aufgrund der Anrechnung des Paareinkommens. Dies schlägt sich auch bei den Hartz-IV-Bezügen von Frauen nieder, da deren Anträge aufgrund des verdienenden, oft in Vollzeit arbeitenden Partners, häufiger abgelehnt werden. Insgesamt summiert sich die Zahl der »Verlierer« auf 56 %. Während die Verlierer-Haushalte im Schnitt 150 Euro weniger zur Verfügung hatten, erhielten die Gewinner-Haushalte durchschnittlich 220 Euro mehr. Dabei ist jedoch zu be-

---

674 Vgl. das Interview des Vorstandssprechers der BfA mit der Financial Times Deutschland v. 22.02.2005: In Ostdeutschland müsse die Betreuung der über 55-jährigen Arbeitslosen gesamtgesellschaftliche Aufgabe sein, etwa durch Einführung eines Bürgergeldes und Heranziehung zu gemeinnützigen Aufgaben.

675 BGBl. I 2007, S. 538 ff., enthaltend insb. (1) die Möglichkeit der sachgrundlosen Befristung auf bis zu 5 Jahre für Arbeitnehmer ab 52 Jahren, die zuvor mind. 4 Monate beschäftigungslos waren, Transferkurzarbeitergeld bezogen oder an öffentlichen Beschäftigungsmaßnahmen nach SGB II/III teilgenommen haben, § 14 Abs. 3 Tz. BfG; ferner (2) Gewährung eines Eingliederungszuschusses für bestimmte Arbeitnehmer ab 50 Jahren, § 219 Abs. 1 SGB III; (3) Übernahme externer Weiterbildungskosten für Arbeitnehmer ab 45 Jahren, § 417 Abs. 1 SGB III; schließlich (4) Einkommensaufstockung und zusätzliche Rentenbeiträge bei Aufnahme einer geringer entlohnten Beschäftigung durch bestimmte, über 50 Jahren alte Arbeitnehmer.

676 Vereinzelt wurde gar von Scheidungen als Folge der Hartz IV-Gesetze berichtet, um lediglich den deutlich geringeren Nachscheidungsunterhalt anrechnen zu müssen: Die ZEIT Nr. 6/2005 (03.02.2005), S. 21: »Geschieden dank Hartz«. Allerdings ist der Wegfall der Möglichkeit beitragsfreier Familienkrankenversicherung zu bedenken.

677 FAZ Online vom 02.01.2010: »Hartz IV – Mythen der Jahrhundertreform«, abgerufen: 02.06.2016.

678 Böckler Impuls, 19/2007: »Grundsicherung: Von Arbeitslosenhilfe zu ALG II – Die Folgen der Umstellung«, S. 4 f.

679 Bruckmeier/Schnitzlein: Was wurde aus den Arbeitslosenhilfeempfängern, IAB Discussion Paper Nr. 24/2007.

B. Grundsicherung   Kapitel 2

rücksichtigen, dass dabei außer Betracht gelassen wird, dass eine große Zahl der Profiteure vor der Arbeitsmarktreform Wohngeld oder Sozialhilfe bezogen, sodass die Einkommenssteigerung letztlich geringer ausgefallen ist.

Während im März 2005 noch 4,7 Mio. erwerbsfähige Hilfsbedürftige, und somit im Vergleich zu den beiden alten Leistungssystemen 600.000 Personen[680] mehr, die Transferleistung bezogen, erhielten im Mai 2016 insgesamt circa 4,3 Mio. erwerbsfähige Leistungsberechtigte die Grundsicherung nach SGB II.[681] Die gesamt 3,3 Mio. Bedarfsgemeinschaften (davon 55 % Singlehaushalte) bezogen im Februar 2016 im Westen 917,00 € im Schnitt, im Osten 831,00 €.[682] Die Quote der ALG II-Empfänger an der Gesamtbevölkerung beträgt im Mai 2016[683] in Mecklenburg-Vorpommern 12,0 %, in Berlin 16,9 %, in Bremen 15,9 %; die geringsten Quoten weisen Rheinland-Pfalz mit 6,0 %, Baden-Württemberg mit 4,4 % und Bayern mit 3,6 % auf. Im Schnitt beträgt der Prozentanteil in Westdeutschland 7,1 %, in Ostdeutschland 12,0 %, in Gesamtdeutschland statistisch 8,0 %.   865

Das staatliche Transfervolumen für Langzeitarbeitslose (2003: 35,8 Mrd. €) wurde jedenfalls durch Hartz IV entgegen der früher geäußerten Erwartungen[684] nicht deutlich herabgesetzt (2005: 35,6 Mrd. €[685] zzgl. 2,7 Mrd. € Verwaltungskosten), sondern lediglich anders verteilt.[686] Im Jahr 2014 betrug die Summe der Zahlungsansprüche der Bedarfsgemeinschaften immerhin 34,3 Milliarden Euro.[687] Das sind mehr als 8 Mrd. € mehr als die Ausgaben des Bundes für Langzeitarbeitslose im Jahr 2004, vor Einführung des Hartz-IV-Gesetzes.[688] Alleinerziehende sind als Folge ihrer Rangrückstufung gegenüber den Kindern i.R.d. Unterhaltsrechtsreform 2007 noch stärker auf SGB II-Leistungen angewiesen. 40 % der Alleinerziehenden müssen voll oder ergänzend auf Leistungen aus der Grundsicherung des SGB II zurückgreifen.[689] Im Jahr 2015 waren zudem 1,54 Millionen Kinder (unter 15-jährige) von der Grundsicherung für nicht erwerbsfähige Leistungsberechtigte abhängig. Somit ist jedes siebte Kind in Deutschland von Zahlungen nach SGB II betroffen, in Bremen und Berlin (31,5 %) sogar jeder dritte unter 15-Jährige. Am wenigsten Betroffene gibt es mit 6,5 % in Bayern.   866

---

680 FAZ Nr. 288 v. 10.12.2005, S. 11.
681 Bundesagentur für Arbeit: Bedarfsgemeinschaften und deren Mitglieder, Februar 2016.
682 Bundesagentur für Arbeit: Arbeitsmarkt in Zahlen – Statistik der Grundsicherung für Arbeitsuchende, Feb 2016.
683 Bundesagentur für Arbeit: Aktuelle Eckwerte der Grundsicherung SGB II, Mai 2016.
684 Angekündigt war ein Einsparvolumen von 4,3 Mrd. € bereits für 2005! Hauptgründe für die Fehleinschätzungen dürften sein: die deutlich höhere Zahl von Bedarfsgemeinschaften; die Meldung von 90 % statt angenommener 75 % erwerbsfähiger bisheriger Sozialhilfeberechtigter; die Abbau möglicher Scham vor dem Gang zum Sozialamt etwa bei Kleingewerbetreibenden und Ausländern.
685 Davon 22,4 Mrd. € für ALG II und Sozialgeld, 10,4 Mrd. € für Unterkunftskosten und 2,8 Mrd. € für Eingliederungsmaßnahmen.
686 Ergänzend, zum Effekt von Hartz IV auf die Armut: In dem Armutsbericht des Paritätischen Wohlfahrtsverbandes für 2016 blieb die Armut im Vergleich zum Vorjahr fast unverändert hoch. 58 % der Erwerbslosen sind laut dem Bericht von Armut betroffen, verfügen also über weniger als 60 % des mittleren gesellschaftlichen Einkommens (OECD-Skala). Haushalte mit einem Einkommen von weniger als 892 Euro pro Monat werden somit als arm bewertet. 2005 lag die Armutsquote laut Armuts- und Reichtumsbericht der Bundesregierung bei Erwerbslosen noch bei 41 %. Die Linken-Fraktionsvorsitzende *Sabine Zimmermann* wies 2015 die dpa unter Berufung auf Zahlen von Eurostat darauf hin, dass der Anteil der Erwerbslosen, die gar mit »erheblichen materiellen Entbehrungen« leben müssten, von 18,2 % im Jahr 2005 auf 33,7 % im Jahr 2013 gestiegen sei.
687 Bremer Institut für Arbeitsmarkthilfe und Jugendberufshilfe (BIAJ), »Hartz IV: Personen und Zahlungsansprüche – Bund und Länder 2008 bis 2014 (SGB II)«, S. 2.
688 FAZ v. 31.05.2006 Nr. 125, S. 12: »Nicht die Leistungsempfänger sind durch Hartz IV verarmt, sondern die Steuerzahler«.
689 Die WELT Online vom 14.04.2016, »Absurde Hartz-IV-Reform trifft Trennungskinder«, abgerufen: 01.06.2016.

867 Auch die komplexe **Verwaltung** durch 408 Jobcenter[690] (vormals ARGE, davon 303 gemeinsame Einrichtungen der Bundesagentur und kommunalen Träger sowie 105 zugelassene kommunale Träger) und die Bundesagentur hat sich nicht bewährt.[691] Schließlich zeigt die hohe Zahl gerichtlicher Aufhebung von Bescheiden erhebliche handwerkliche Mängel, aber auch eine deutlich verwaltungskritischere Rechtsprechung seit dem Übergang von den Verwaltungs- zu den SG. Nahezu jeder dritte Empfänger von Leistungen nach SGB II, der 2015 gegen Sanktionen der Jobcenter Widerspruch einlegte, erhielt Recht. Rund 18.600 Widersprüchen in rund 51.000 Fällen wurde, zumindest teilweise, stattgegeben.[692] Von den Fällen, die vor Gericht landeten, war gar knapp die Hälfte erfolgreich. Das BSG in Kassel hatte bereits Ende März 2007 einen weiteren (14.) Senat zu SGB II-Verfahren eingerichtet.

868 Die Politik begegnete den unerwarteten Mehrausgaben durch **Begrenzung der Leistungen für unter 25-Jährige** (SGB II-Änderungsgesetz zum 01.04. und 01.07.2006) sowie durch das am 01.08.2006 in Kraft getretene Maßnahmenpaket des SGB II-Fortentwicklungsgesetzes, dessen wesentliche Neuregelungen bereits dargestellt wurden:
(1) Beweislastumkehr hinsichtlich des Vorliegens einer Bedarfsgemeinschaft bei Zusammenleben für mind. ein Jahr, Versorgung von Angehörigen oder gemeinsamen Kindern und Bildung einer Wirtschaftsgemeinschaft,
(2) »Verschärfung der Stallpflicht« für Jugendliche unter 25 Jahren (§ 22 Abs. 2a SGB II),
(3) Reduzierung der Rentenbeitragsleistungen von 78,00 € auf 40,00 €/Monat,
(4) Senkung des allgemeinen Vermögensfreibetrags von 200,00 € auf 150,00 €/Lebensjahr, dafür Anhebung des Altersvorsorgebeitrags von 200,00 € auf 250,00 €/Lebensjahr,
(5) Ermöglichung von Außendienst- und Telefonkontrollen und Erleichterung des Datenabgleichs (z.B. gem. § 52a SGB II: zentrales Fahrzeugregister, Melderegister etc.).

869 Möglicherweise lädt die Auszahlung durch Arbeitsagenturen zu massiverem Sozialmissbrauch ein als die frühere Verwaltung durch die Träger der Sozialhilfe;[693] hinzu kommt der Anreiz für jugendliche Arbeitslose, rasch daheim auszuziehen und ihre eigene Bedarfsgemeinschaft zu gründen[694] – § 33 Abs. 2 SGB II hindert die Heranziehung des Elterneinkommens/-vermögens, es sei denn das Kind ist noch nicht 25 Jahre alt und verfügt über keine Berufsausbildung. Hinzu kommt, dass zahlreiche in eheähnlicher Gemeinschaft lebende Personen durch Anmietung eines zweiten kleinen Apartments oder durch Abschluss eines »Untermietvertrags« mit dem Lebenspartner (die Miete zählt zum erstattungsfähigen Aufwand) und Verheimlichung der tatsächlich fortbestehenden Bedarfsgemeinschaft die gebotene Anrechnung des Einkommens/Vermögens ihres Partners umgehen, ohne dass vor dem 01.08.2006 effektive Nachforschungsmöglichkeiten bei anderen Personen als den Betroffenen eröffnet waren.[695] Gem. § 93 Abs. 8 bis 10 AO sind ab 18.08.2007 auch die Grundsicherungsämter, sowie die Bewilligungsstellen für BAföG und Wohngeld berechtigt, Kontenabfragen vorzunehmen, wenn ein Auskunftsersuchen beim Betroffenen selbst »keinen Erfolg verspricht«.

---

690 Bundesagentur für Arbeit: Gebietsstruktur der Träger der Grundsicherung (SGB II), Gebietsstand: 13.04.2016.
691 FAZ v. 24.06.2006 Nr. 144, S. 12: Bericht des Ombudsrates.
692 SPIEGEL Online vom 08.04.2016: »Sanktion für Arbeitslose: Jeder dritte Hartz-IV-Einspruch hat Erfolg«.
693 Laut FAZ am Sonntag v. 23.10.2005, S. 44 wurden 390.000 Leistungsbezieher zehnmal zu unterschiedlichen Zeiten angerufen. 170.000 von ihnen waren kein einziges Mal zu erreichen.
694 9,9 % aller Menschen zwischen 15 und 25 Jahren beziehen ALG II, verglichen mit 8,7 % aller Personen zwischen 15 und 65 Jahren. Mehr als die Hälfte der Bedarfsgemeinschaften besteht aus nur einer Person, in 70 % der Fälle gibt es nur einen erwerbsfähigen Hilfebedürftigen.
695 SG Düsseldorf, 23.11.2005 – S 35 AS 343/05 ER, AuR 2006, 33: Verwertungsverbot für Ergebnisse einer Befragung des Vermieters über die Hintergründe eines Scheinuntermietverhältnisses zwischen einer 18-jährigen Schülerin und ihrem 24-jährigen »Freund«.

C. Elternunterhalt

Fragen der Unterhaltspflicht von Kindern ggü. ihren Eltern (»Aszendentenunterhalt«) spielen eine immer wichtigere Rolle in der notariellen Praxis[696] – allerdings nicht (wie bspw. nacheheliche Unterhaltspflichten) als Objekt notariell begleiteter Gestaltung, sondern (angesichts ihrer materiell-rechtlichen Unabänderlichkeit, § 1614 Abs. 1 BGB) als Risikoumstände im Umfeld des Vermögenserwerbs und der Vermögensübertragung.

870

Jedem Notar vertraut sind Fragestellungen etwa folgenden Inhalts:
(1) **Steuerung des Vermögenserwerbs**: »Baldige Heimunterbringung meiner Eltern ist unvermeidlich. Sollte nicht vielleicht allein meine Ehefrau das zur Eigennutzung bestimmte Objekt erwerben?«
(2) **Begleitumstände der Vermögensveräußerung**: »Ich bin mit der Übertragung des elterlichen Grundbesitzes auf mein Geschwister ohne adäquaten Ausgleich einverstanden. Droht mir aber bei Verarmung der Eltern die Heranziehung zum Elternunterhalt, insbes. über den Sozialhilfeträger? Kann vorbeugend eine Ausgleichspflicht unter Geschwistern vereinbart werden?«

871

Seit der Zuordnung des Elternunterhalts zum familiengerichtlichen Instanzenzug[697] am 01.07.1998 hatte der BGH in zwischenzeitlich **34 Leitentscheidungen** Gelegenheit, Voraussetzungen und Höhe der Inanspruchnahme des Einkommens und Vermögens von Kindern für den Bedarf der Eltern deutlicher zu definieren als dies unter der uneinheitlichen instanzgerichtlichen Rechtsprechung bis 1998[698] der Fall war. Den Boden bereitet hatte:

872

BGH, 26.02.1992 – XII ZR 93/91 (OLG Oldenburg), FamRZ 1992, 795 = NJW 1992, 1393	Mindestselbstbehalt von Kindern ggü. ihren Eltern: Zuschlag von 25 % zum angemessenen Eigenbedarf eines Elternteils ggü. volljährigem Kind nicht zu beanstanden

Das Urteil war nur dadurch möglich geworden, dass das FamG seine Unzuständigkeit verkannt hatte. Zur Konkretisierung beigetragen haben nunmehr folgende weiteren Urteile (in chronologischer Reihenfolge, jeweils mit Angabe der wesentlichen Themen):

873

BGH, 23.10.2002 – XII ZR 266/99 (OLG Koblenz), FamRZ 2002, 1698 m. Anm. *Klinkhammer* = NJW 2003, 128 = DNotZ 2003, 285	pauschalierende Heranziehung des den Mindestselbstbehalt übersteigenden Einkommens nur zur Hälfte; geschuldeter Vermögenseinsatz; Verwirkung
BGH, 19.02.2003 – XII ZR 67/00 (OLG Düsseldorf), FamRZ 2003, 860 m. Anm. *Klinkhammer* = NJW 2003, 1660 = DNotZ 2003, 549	Berücksichtigung vorrangiger Unterhaltspflichten ggü. dem Ehegatten; Bereinigung des Einkommens durch Risikovorsorge für Arbeitslosigkeit und Alter
BGH, 19.03.2003 – XII ZR 123/00 (OLG Frankfurt), FamRZ 2003, 1179 m. Anm. *Klinkhammer* = NJW 2003, 2306	Berücksichtigung des Wohnvorteils; Unterhaltsbereinigung i.R.d. Altersvorsorge
BGH, 07.05.2003 – XII ZR 229/00 (OLG München), FamRZ 2003, 1836 m. Anm. *Strohal* = NJW 2003, 3624	Auskunftsansprüche unter Geschwistern und Geschwisterehegatten

---

696 Vgl. zum Folgenden auch *Krauß*, DNotZ 2004, 502 ff. und 580 ff.; *Herr*, FamRZ 2005, 1021 ff., *Dose*, FamRZ 2013, 993 ff.; *Viefhues*, NWB 2013, 2319 ff.; *Lemmerz*, DNotZ 2014, 499 ff.; *Hußmann*, NZFam 2015, 15 ff. Die Monografie von *Hauß*, Elternunterhalt – Grundlagen und anwaltliche Strategien, ist in 5. Aufl. 2015 erscheinen.
697 Durch Erweiterung des § 23b Abs. 1 Nr. 5 GVG i.R.d. Kindschaftsreformgesetzes.
698 Dargestellt bspw. bei *Menter*, FamRZ 1997, 919 ff.

BGH, 25.06.2003 – XII ZR 63/00 (OLG Düsseldorf), FamRZ 2004, 186 m. Anm. *Schürmann*	Berücksichtigung von Überstundenvergütungen; Prägung des Familienunterhaltsbedarfs durch latente Unterhaltslast der Eltern; Berücksichtigung des Sparens und der Vermögensbildung

874 Und, in rascher Folge, i.S.e. Verschärfung des Elternunterhalts beim Zusammenleben mit einem gut verdienenden Ehegatten:[699]

BGH, 15.10.2003 – XII ZR 122/00 (OLG Stuttgart), FamRZ 2004, 366 m. Anm. *Strohal*, S. 441	Heranziehung eigenen Einkommens unterhalb des Mindestselbstbehalts bei »auskömmlichen« Schwiegerkindeinkünften; Taschengeldanspruch
BGH, 17.12.2003 – XII ZR 224/00 (OLG Frankfurt), FamRZ 2004, 370 m. Anm. *Strohal*, S. 441 = NJW 2004, 677	Heranziehung von Einkommen unterhalb des Mindestselbstbehalts, sofern der angemessene Unterhalt bereits durch Familienunterhalt gedeckt ist; Ermittlung der Konsum- und Spargewohnheiten der Familie
BGH, 14.01.2004 – XII ZR 69/01 (OLG Hamm), FamRZ 2004, 443 m. Anm. *Schürmann* = NJW 2004, 769:	Einkommenskorrektur nach ungünstiger Steuerklassenwahl; Heranziehung von Einkommen unter dem Mindestselbstbehalt
BGH, 14.01.2004 – XII ZR 149/01 (OLG Hamm), FamRZ 2004, 792 m. Anm. *Borth*	Einkommensbereinigung um zusätzliche Altersvorsorge; Ersparnis durch gemeinsame Haushaltsführung
BGH, 28.01.2004 – XII ZR 218/01 (OLG Hamm), FamRZ 2004, 795 m. Anm. *Strohal*	Heranziehung der Einkünfte aus einer Nebentätigkeit
BGH, 21.04.2004 – XII ZR 251/01 (OLG Frankfurt), FamRZ 2004, 1097 m. Anm. *Klinkhammer*, S. 1283	unbillige Härte i.S.d. § 91 Abs. 2 Satz 2 BSHG
BGH, 21.04.2004 – XII ZR 326/01 (OLG Hamm), FamRZ 2004, 1184	Obliegenheit zur Verwertung des Vermögensstammes durch den Verpflichteten zumindest ebenso abgeschwächt wie beim Verwandtenunterhalt in absteigender Linie
BGH, 19.05.2004 – XII ZR 304/02 (OLG Frankfurt), FamRZ 2004, 1559 m. Anm. *Born*	Verwirkung nach § 1611 BGB bei vorwerfbarem Verlassen des Kindes in frühem Alter
BGH, 07.07.2004 – XII ZR 272/02 (OLG Hamm), FamRZ 2004, 1370	Bemessung der Bedürftigkeit des Elternteils allein aufgrund seines eigenen Bedarfs und Einkommens, auch wenn ein Teil dessen sozialhilferechtlich der Versorgung des anderen Elternteils zugerechnet wird.

875

BVerfG, 07.06.2005 – 1 BvR 1508/96, FamRZ 2005, 1051 m. Anm. *Klinkhammer*	Bestätigung der Linie des BGH gegen die (vom LG Duisburg vorgeschlagene) Überlegung, für einen »aufgedrängten Kredit« i.H.d. elterlichen Sozialhilfebezugs die Beleihung des Miteigentumsanteils des Kindes an einem Vier-Familienhaus, das der Alterssicherung dienen sollte, zu verlangen
BGH, 08.06.2005 – XII ZR 75/04 (OLG Dresden), NJW 2006, 142	obige Grundsätze gelten erst recht zugunsten der Großeltern im Rahmen deren Ersatzhaftung anstelle der unmittelbaren Eltern

---

699 »Härtere Gangart«, so treffend *J. Mayer*, ZEV 2004, 172.

C. Elternunterhalt

BGH, 23.11.2005 – XII ZR 155/03 (KG), FamRZ 2006, 935 m. Anm. *Hauß*	Bekräftigung des Umstandes, dass unterhaltsbegehrende Eltern auch schwer verwertbare Vermögensbestandteile einzusetzen haben (Beleihung eines Anteils an einer ungeteilten Erbengemeinschaft)	
BGH, 30.08.2006 – XII ZR 98/04 (OLG München), FamRZ 2006, 1511 m. Anm. *Klinkhammer*	aus der Freistellung von weiteren 5 % des Bruttoarbeitnehmereinkommens für private Altersvorsorgeaufwendungen (über die Rentenbeiträge hinaus) wird gefolgert, dass auch – jedenfalls – Vermögenswerte (gleich welcher Art), die aus diesem Zusatzaufwand im Laufe eines Erwerbslebens angespart werden können, hinsichtlich der Vermögensheranziehung freigestellt sind	
BGH, 28.07.2010 – XII ZR 140/07 (OLG Düsseldorf), FamRZ 2010, 1535 m. Anm. *Hauß*	Berechnung der Leistungsfähigkeit verheirateter Kinder (55 % seines Anteils an dem den gemeinsamen Mindestselbstbehalt übersteigenden gemeinsamen Einkommen)	
BGH, 15.09.2010 – XII ZR 148/09 (OLG Hamm), FamRZ 2010, 1888	schuldhaftes Fehlverhalten i.S.d. § 1611 BGB scheidet bei psychischer Erkrankung aus	876
BGH, 21.11.2012 – XII ZR 150/10 (OLG Düsseldorf), FamRZ 2013, 203 m. Anm. *Stein* FamRZ 2013, 34.	Bedarf sozialhilfe- und pflegebedürftiger Eltern; Heranziehung von Vermögen eines selbst im Rentenalter befindlichen Unterhaltspflichtigen	
BGH, 12.12.2012 – XII ZR 43/11 (OLG Braunschweig) DNotZ 2013, 385	Begrenzung der Heranziehung des Taschengeldanspruchs	
BGH, 07.08.2013 – XII ZB 269/12 (OLG Nürnberg), DNotZ 2014, 230	Schonung des Eigenheims	
BGH, 05.02.2014 – XII ZB 25/13 (OLG Hamm), FamRZ 2014, 538	Berücksichtigung des Wohnvorteils; Selbstbehalt vom Taschengeld	
BGH, 12.02.2014 – XII ZB 607/12 (OLG Oldenburg), FamRZ 2014, 541	Keine Verwirkung des Anspruchs auf Elternunterhalt bei einseitigem Kontaktabbruch des Unterhaltsberechtigten gegenüber seinem volljährigen Sohn	
BGH, 23.07.2014 – XII ZB 489/13 (OLG München), FamRZ 2014, 1540 m. Anm. *Hauß*	Selbstbehalt vom Taschengeld	
BGH, 01.10.2014 – XII ZB 133/13 (OLG Braunschweig), FamRZ 2014, 1990 m. Anm. *Hauß*	Taschengeldanspruch i.H.v. 5 % des bereinigten Familieneinkommens; Selbstbehalt vom Taschengeld 5 % des Familienselbstbehalts zzgl. der Hälfte des Übersteigenden	
BGH, 29.04.2015 – XII ZB 236/14 (OLG Köln) NJW 2015, 1877 m. Anm. *Born*	Keine Freistellung zur Bildung eigenen Altersvorsorgevermögens für das einkommenslose Kind, sofern dessen Ehegatte über eine ausreichende Altersversorgung verfügt.	
BGH, 17.06.2015 – XII ZB 458/14 (OLG Karlsruhe), FamRZ 2015, 1594 m. Anm. *Borth*	Beschränkung des Anspruchsübergangs gem. § 94 SGB XII hinsichtlich eines Teils der Unterkunftskosten im Heim und wegen unbilliger Härte (versäumter Abschluss einer Pflegeversicherung); Bemessung der fiktiven Steuerlast des Pflichtigen analog § 270 AO	877

BGH, 08.07.2015 – XII ZB 56/14 (OLG Hamm), DNotZ 2015, 835; hierzu *Schürmann*, FamRZ 2015, 1600 ff.	Unbillige Härte i.S.d. § 94 Abs. 3 SGB XII zulasten eines einkommensschwächeren Kindes, soweit dieses die Eltern wegen eines über 100.000 €/Jahr verdienenden Geschwisters nicht auf den vorrangigen Bezug von Grundsicherungsleistungen (§§ 41 ff. SGB XII) verweisen kann.
BGH, 07.10.2015 – XII ZB 26/15 (OLG Koblenz), FamRZ 2015, 2138 m. Anm. *Born*	Unterhaltsbedarf in Höhe der Kosten eines Heims im unteren Preissegment
BGH, 09.03.2016 – XII ZB 693/14 (OLG Nürnberg), FamRZ 2016, 887 m. Anm. *Seiler*.	Vorrangiger Abzug des Betreuungsunterhalts des erziehenden anderen Elternteils gem. § 1615l BGB
BGH, 15.02.2017 – XII ZB 201/16 (OLG Bamberg), ZNotP 2017, 111	Berücksichtigung von Kindesunterhalt zur Reduzierung der Leistungsfähigkeit i.R.d. Elternunterhalts

878   I.R.d. **Großelternhaftung** sind auch Leistungen nach dem Unterhaltsvorschussgesetz bedarfsmindernd anzurechnen.[700]

In gleicher Weise kommen den Großeltern, die bürgerlich-rechtlich auf Enkelunterhalt in Anspruch genommen werden, die Freistellungen des Elternunterhalts zugute.[701]

879   Die folgende Darstellung soll dem Praktiker einen an der obergerichtlichen Rechtsprechung orientierten Überblick über die **Grundlagen des Elternunterhalts** (vgl. Rdn. 881 ff.), den **Bedarf und die erforderliche Bedürftigkeit der Eltern** (vgl. Rdn. 885 ff.), die **Heranziehung von Kindern aus Einkommen** (vgl. Rdn. 904 ff.) und **Vermögen** (vgl. Rdn. 951 ff.) und mögliche **Ausschlusstatbestände** (vgl. Rdn. 973 ff.) sowie das **Verhältnis mehrerer Unterhaltspflichtiger zueinander** (vgl. Rdn. 978 ff.) bieten. Da in der Praxis die Inanspruchnahme aus Elternunterhalt ganz überwiegend (übrigens in allen veröffentlichten BGH-Entscheidungen!) durch den Sozialhilfeträger aus übergeleitetem Recht erfolgt, bliebe das Bild ohne Blick auf die sozialhilferechtlichen Besonderheiten (§ 94 SGB XII, § 33 SGB II) unvollständig (hierzu s. Rdn. 991 f.). Strategien zur Vermeidung einer Heranziehung aus Elternunterhalt werden abschließend unter Rdn. 993 ff. dargestellt.

880   Die Haftung für Heimkosten einer pflegebedürftigen Person kann aber auch beispielsweise im Rahmen des **Ehegattenunterhalts** bedeutsam werden.[702] Anspruchsgrundlage ist weiterhin § 1360 BGB (nicht etwa § 1361 BGB: Getrenntlebensunterhalt, da die gesundheitlich erzwungene räumliche Trennung keine solche i. S. d. § 1567 BGB ist). Um nicht in jedem Einzelfall den mühsamen Weg einer konkreten Bedarfsermittlung gehen zu müssen, wenden die Gerichte den (gesetzlich nirgends ausdrücklich kodifizierten) Halbteilungsgrundsatz an,[703] der jedoch im Fall der Pflegebedürftigkeit aufgrund des dadurch entstehenden besonderen, in der Regel existenznotwendigen Sonderbedarfs nicht mehr als Maßstab dienen kann. Zugrunde zu legen ist daher der Selbstbehalt, nach untergerichtlich vertretener Auffassung[704] der volle angemessene Selbstbehalt (von derzeit monatlich 1.200 €), während der BGH einen Zwischenbetrag aus dem angemessenen und dem notwendigen Selbstbehalt nicht beanstandet hat.[705] Der Halbteilungsgrundsatz wirkt sich dann zum Schutz

---

700   OLG Dresden, 09.11.2005 – 21 UF 0486/05, NJW-RR 2006, 221.
701   BGH, 03.05.2006 – XII ZR 35/04, ZFE 2006, 351.
702   Vgl. zum Folgenden BGH, 27.04.2016 – XII ZB 485/14, NJW 2016, 2122, hierzu *Viefhues*, NWB 2017, 202 ff.
703   Vgl. *Maurer*, FamRZ 2016, 1220, 1221.
704   OLG Celle, 20.10.2015 – 18 UF 5/15, FamRB 2016, 133.
705   Im Sachverhalt verblieb von monatlichen Pflegekosten in Höhe von 3.923,59 € ein durch den Sozialhilfeträger angesetzter Eigenanteil der Ehefrau von monatlich 132,56 €; der Ehemann (Rentner) musste von seinen monatlichen Renteneinkünften von netto 1.043 € einen Monatsbetrag von 43 € (über den eher angemessenen Selbstbehalt von 1.000 €) an seine Ehefrau bzw. den Sozialhilfeträger leisten.

C. Elternunterhalt

des Unterhaltspflichtigen nur noch bei hohen Einkünften aus. In Bezug auf die Anrechnung des Wohnwertvorteils ist (ebenso wie beim Trennungsunterhalt bis zur Rechtshängigkeit eines Scheidungsantrags) nur der niedrigere, angemessene Nutzungsvorteil anzusetzen, nicht der volle Vermietungswert.

I. Grundlagen

1. Rechtspolitische Überlegungen

Die Verpflichtung zur Leistung von Barunterhalt zwischen Verwandten sowohl in aufsteigender als auch in absteigender Linie (§§ 1601 ff. BGB) ist Ausprägung der Generationensolidarität. Elternunterhalt lässt sich also begreifen als »Ausgleich« zum einen für die (mind.) zwei Jahrzehnte während erziehende und finanzielle Zuwendung an die Kinder, zum anderen für deren materielle Erberwartung. In Zeiten, in denen die tatsächliche Versorgung und Pflege der älteren Generation nicht (mehr) im häuslichen Verbund, sondern in Einrichtungen gegen eine Vergütung geleistet wird, die auch bei auskömmlichen, durch die Grundsicherung[706] ergänzten Altersrenten und einem regressfreien (da beitragserkauften) Zuschuss zu den pflegebedingten Mehraufwendungen aus dem Pflegeversicherungsgesetz (SGB XI) häufig nicht ohne Inanspruchnahme steuerfinanzierter Sozialhilfeleistungen entrichtet werden kann, stellt sich die »faire Bemessung« des Elternunterhalts jedoch nicht nur als Frage der Verteilungsgerechtigkeit zwischen der älteren und jüngeren Generation dar, sondern auch als Problem der adäquaten Be- bzw. Entlastung des Individuums im Verhältnis zur Allgemeinheit. Für Hilfe zur Pflege in stationären Einrichtungen gem. SGB XII wurden 2005 ca. 2,6 Mrd. € gewährt (der Unterhaltsregress ggü. Kindern belief sich auf lediglich 42 Mio. €; zur Statistik vgl. Rdn. 1173).

881

Rechtspolitische Stellungnahmen plädieren seit jeher in dieser Frage für eine stark abgemilderte Inanspruchnahme der Kinder[707] (richtungweisend insoweit die Verhandlungen der mit dem Elternunterhalt befassten Abteilung des 64. Deutschen Juristentags 2002[708] unter der Leitung von Dr. Hahne, die zugleich Vorsitzende des für Familiensachen zuständigen XII. Zivilsenats des BGH ist). Zur Begründung werden regelmäßig vier Aspekte angeführt:

882

(1) Während Eltern stets damit zu rechnen haben, ihrem Kind ggü. – jedenfalls bis zur Erlangung wirtschaftlicher Selbstständigkeit – barunterhaltspflichtig zu sein, verursacht in aller Regel nicht bereits das Alter an sich, sondern oft unvermittelt eintretende Pflegebedürftigkeit der Eltern eine finanzielle Inanspruchnahme der Kinder.

(2) Tritt diese ein, sind Einkommen und Vermögen der Verpflichteten regelmäßig für die Versorgung der »eigenen Familie« und die Rückführung hoher Kredite, z.B. im Zusammenhang mit Eigenheim oder Existenzgründung, gebunden.

(3) Die verpflichtete Generation leistet aus ihrem Arbeitseinkommen bereits einen Solidarbeitrag i.H.v. etwa 20 % (Rentenversicherung) zur Vorsorge nicht für das eigene Alter, sondern zur Versorgung der vorangehenden Generation, entrichtet Steuern zur Stützung der Rententräger (Bundeszuschuss) und trägt möglicherweise durch die Erziehung eigener Kinder zur Abmilderung der »demografischen Falle« bei. Plakativ ist das Bild von der »Sandwich-Generation«,[709] die sich von zwei Seiten aus ökonomischem Druck ausgesetzt sieht und zudem die eigene Altersversorgung selbstständig sicherzustellen hat.

(4) Angesichts der stark zurückgegangenen Kinderzahlen (»Pillenknick«) droht ein »Generationenvertrag ohne Generation«.[710]

---

706 Ab 01.01.2005 in §§ 41 ff. SGB XII verortet.
707 Vgl. auch *Roth*, NJW 2004, 2434.
708 Verhandlungen Bd. II/2 L 225 f.; noch deutlicher 59. Deutscher Juristentag, 1992, Beschlussfassung II M 241 ff. mit Votum zugunsten einer Abschaffung des Elternunterhalts.
709 Eingehend *Diederichsen*, FF Sonderheft 2001, 7; *Brudermüller*, FamRZ 1996, 129; *ders.*, NJW 2004, 634; *Lemmerz*, DNotZ 2014, 499 ff. (»Elternunterhalt zwischen Familiarisierung und Sozialisierung«).
710 Vgl. *Raffelhüschen* im Interview der Welt am Sonntag v. 01.04.2007, S. 26.

2. Bürgerlich-rechtlicher Unterhaltsrang

883 Die Bestimmungen zur **Rangfolge der Unterhaltsberechtigungen** (§ 1609 BGB) sind ein Abbild der vorstehend skizzierten rechtssoziologischen und rechtspolitischen Erwägungen.
(1) Gem. § 1609 Nr. 1 BGB gehen zunächst die unverheirateten minderjährigen (und die bis 21-jährigen, in Ausbildung befindlichen volljährigen) Kinder vor, ebenso der Ehegatte, auch nach Scheidung,
(2) sodann folgen Unterhaltsansprüche des kindesbetreuenden Elternteils bzw. des Ehegatten bei langer Ehedauer (Nr. 2),
(3) gefolgt von sonstigen Ehegatten oder geschiedenen Ehegatten (Nr. 3),
(4) es folgen die Unterhaltsansprüche sonstiger Kinder (Nr. 4) sowie der Enkel und Urenkel (Nr. 5),
(5) an letzter Stelle rangiert die Unterhaltspflicht in aufsteigender Linie, wobei insoweit die nähere Generation wiederum der entfernteren vorgeht (Elternunterhalt vor Großelternunterhalt, § 1609 Nr. 6 und 7 BGB).

884 Diese **schwache Ausprägung des Rechtsrangs des Elternunterhalts** rechtfertigt im Verein mit den vorgetragenen wertenden Erwägungen eine deutlich abgemilderte Heranziehung der Kinder für die Unterhaltslast der Eltern, also eine strengere Einsatzpflicht der vorhandenen Mittel des Berechtigten und eine großzügigere Freistellung von Einkommen und Vermögen des Verpflichteten, wie sie nachstehend ab Rdn. 885 ff. nach aktuellem Stand dargestellt wird. Die **gesetzlichen Bestimmungen zur Bemessung des Verwandtschaftsunterhalts** selbst allerdings sind in aufsteigender und absteigender Linie identisch (Anknüpfung der Bedürftigkeit in § 1602 Abs. 1 BGB an die Unfähigkeit, sich selbst zu unterhalten, und andererseits der Leistungsfähigkeit in § 1603 Abs. 1 BGB an das Fehlen einer Gefährdung seines eigenen angemessenen Unterhalts bei Berücksichtigung seiner sonstigen Verpflichtungen). Die Praxis der Heranziehung zum Elternunterhalt ist außerordentlich divers,[711] überwiegend von größerer Schärfe als nach der Rechtsprechung geschuldet[712] und vertraut offensichtlich darauf, dass viele Kinder den Rechtsweg ohnehin nicht beschreiten werden, um nicht als »Rabenkinder« zu gelten.[713] Bei korrekter Anwendung des Gesetzes sind auch unter erwerbstätigen Kindern weniger als 10 % objektiv ausreichend leistungsfähig.[714]

II. Berechtigte: Bedarf, Bedürftigkeit, Schonung

1. Bedarf

885 Maß des Unterhalts ist der »gesamte gegenwärtige Lebensbedarf« (§ 1610 Abs. 2 BGB). Dieser umfasst den **laufenden Bedarf** (d.h. die elementaren Erfordernisse wie Unterkunft, Verpflegung, Kleidung, Kranken- und Pflegeversicherungsbeiträge, nicht jedoch sonstige Versicherungsprämien, die nur vor künftigen Risiken schützen sollen), den **Mehrbedarf** (Diätverpflegung,[715] ggf. Haushaltshilfe[716] oder Kosten einer Pflegeperson, Medikamentenzuzahlung, v.a. aber auch die Kosten der Unterbringung pflegebedürftiger Eltern in einem Pflegeheim)[717] und schließlich ggf. den **Sonderbedarf** (§ 1613 Abs. 2 BGB, z.B. bei einer vorübergehenden Erkrankung mit außergewöhnlich hohem Zusatzaufwand). Der Mehrbedarf aufgrund Heimunterbringung ist jedoch

---

711 Eine (offen durchgeführte) Untersuchung des Fraunhofer-Instituts für Offene Kommunikationssysteme, Berlin, bei der Kreisverwaltung Herford ergab Abweichungen von mehreren Hundert Euro; ca. ein Drittel der Lösungen war nicht mehr vertretbar.
712 So berichten Beteiligte, die Sozialämter hätten die Berechtigung von Nachhilfestunden für die Kinder angezweifelt, da deren schulische Leistungen sich nicht gebessert hätten.
713 Welt am Sonntag v. 01.04.2007, S. 25.
714 Vgl. *Ehinger*, NJW 2008, 2465.
715 OLG Karlsruhe, 26.08.1997 – 18 UF 44/97, FamRZ 1998, 1436.
716 OLG Köln, 20.05.1980 – 4 UF 244/79, FamRZ 1980, 10061007.
717 OLG Koblenz, 01.09.1999 – 9 UF 63/99, NJW-RR 2000, 294; LG Hamm, 04.07.1995 – 29 U 64/92, FamRZ 1996, 118.

C. Elternunterhalt

wegen des Grundsatzes der wirtschaftlichen Eigenverantwortung (§ 1602 BGB) nur anzusetzen, wenn die kostengünstigere Führung eines eigenen Hausstands mit ambulanter Pflegeunterstützung aus tatsächlichen Gründen ausscheidet.[718]

Das Niveau des laufenden Mehr- und Sonderbedarfs richtet sich gem. § 1610 Abs. 1 BGB nach der **Lebensstellung der Eltern**, im Wesentlichen also nach ihren wirtschaftlichen Verhältnissen. Auch einkommens- und vermögenslosen Eltern ist ein Unterhaltsbedarf i.H.d. **Existenzminimums** zuzubilligen;[719] dieses ist für den laufenden Bedarf der Höhe nach identisch mit dem notwendigen Eigenbedarf (Selbsthalt) ggü. dem getrennt lebenden/geschiedenen Ehegatten (d.h. 1.200,00 €/Monat, Existenzminimum für einen erwerbstätigen Elternteil 1.080,00 €, für einen nicht erwerbstätigen 880,00 €).[720] Der laufende Bedarf wird durch den Mehr- und Sonderbedarf ergänzt, wobei das Niveau der beanspruchbaren Heimunterbringung sich ebenfalls an den wirtschaftlichen Möglichkeiten der Eltern orientiert,[721] bei sozialhilfebedürftig gewordenen Eltern also eine »einfache und kostengünstige Heimunterbringung«[722] (zuzüglich eines Barbetrags für die Bedürfnisse des täglichen Lebens). Nur innerhalb mehrerer Heime »im unteren Preissegment« hat der Unterhaltsberechtigte ein Auswahlermessen.[723] Abzustellen ist dabei nicht mehr auf die etwa großzügigere frühere Lebensstellung; insb. muss der Kapitalverzehr durch Eintritt in den Ruhestand, Erkrankung, Arbeitslosigkeit etc. hingenommen werden (keine Garantie des Lebensstandards durch Unterbringung in einer Senioren-Residenz). Bestreitet der Unterhaltspflichtige substantiiert die Notwendigkeit der Heimkosten, trifft die Beweislast (als Folge des Anspruchsübergangs) den Sozialleistungsträger.[724]

886

2. Bedürftigkeit

Zur Befriedigung des oben definierten Unterhaltsbedarfs haben Eltern gem. § 1602 Abs. 1 BGB ihr Einkommen und Vermögen einzusetzen, eine **Klage auf Elternunterhalt** ist daher nur dann schlüssig, wenn sie darlegt, dass der Anspruchsteller seinen Bedarf nicht aus eigener Erwerbstätigkeit, durch Vermögenseinsatz oder nicht subsidiäre Sozialleistungen decken kann.[725]

887

a) Einkommenseinsatz

Zum Einkommen zählen **alle verfügbaren Einkünfte**, auch Renten und Leistungen der Pflegekasse (Gleichwertigkeitsvermutung zwischen Leistung und notwendigem Aufwand gem. § 1610a BGB), ferner Dienstleistungs- und Sachansprüche aus Verträgen, z.B. aus Überlassungen mit Versorgungsleistungen. Das frühere Wohngeld, das auch bei dauerhafter Heimunterbringung gewährt werden konnte,[726] war ebenfalls zu berücksichtigen.[727] Gleiches gilt nunmehr für Leistun-

888

---

718 Staudinger/*Kaiser/Engler*, BGB, § 1610 Rn. 132.
719 *Schnitzler/Günther*, MAH Familienrecht, § 12 Rn. 12. Das (auch erhöhte) Taschengeld gem. § 35 Abs. 2 SGB XII ist darin bereits berücksichtigt.
720 Abschnitt B IV und V der Düsseldorfer Tabelle, Stand 01.01.2015.
721 *Brudermüller*, NJW 2004, 634.
722 BGH, 21.11.2012 – XII ZR 150/10, NJW 2013, 301.
723 BGH, 07.10.2015 – XII ZB 26/15, FamRZ 2015, 2138 m. Anm. *Born*: für das substantiierte Bestreiten braucht der Unterhaltspflichtige nur kostengünstigere Heime konkret zu benennen, kann der Unterhaltsberechtigte/die Sozialbehörde sodann die Notwendigkeit des teureren Heimes begründen, sind die Kosten des Günstigeren zugrunde zu legen.
724 BGH, 21.11.2012 – XII ZR 150/10, NJW 2013, 301 (es sei denn, die kostengünstigere Unterbringung war nicht zumutbar).
725 OLG Oldenburg, 21.02.2006 – 12 UF 130/05, NJW-RR 2006, 797.
726 § 3 Abs. 1 Nr. 5 WoGG i.V.m. § 8 WoGV.
727 Nach BGH, 19.02.2003 – XII ZR 67/00, FamRZ 2003, 862 ist es dabei zunächst auf einen erhöhten Wohnkostenbedarf anzurechnen, für den nichtverbrauchten Rest als Einkommen zu werten. Krit. hierzu *Brudermüller*, NJW 2004, 634, Fn. 25.

gen der Grundsicherung im Alter, §§ 41 ff. SGB XII.[728] Letztere scheiden allerdings gem. § 43 Abs. 5 Satz 3 SGB XII bereits dem Grunde nach aus, wenn eines der Kinder über steuerliche Gesamteinkünfte von mehr als 100.000,00 Euro verfügt (Rdn. 754). Wird infolge dessen ein einkommensschwächeres Geschwister zu Unterhaltsleistungen in höherem Umfang herangezogen als dies bei vorrangigem Bezug von Grundsicherungsleistungen im Alter der Fall wäre, liegt insoweit (hinsichtlich des Mehrbetrages) eine unbillige Härte i.S.d. § 94 Abs. 3 Satz 1 Nr. 2 SGB XII, so dass das Kind dem Anspruch der Eltern den Einwand unzulässiger Rechtsausübung (§ 242 BGB) entgegen halten kann.[729]

889 Verstoßen Eltern gegen die **Obliegenheit zur Geltendmachung gesetzlicher Ansprüche** (auch auf Grundsicherung) sind ihnen ggf. **fiktive Einkünfte** bedarfsmindernd anzurechnen, und zwar nach strenger Rechtsprechung auch dann, wenn sie nicht gegen einen (die Grundsicherung zu Unrecht unter Verweis auf den Elternunterhalt ablehnenden) behördlichen Bescheid vorgehen.[730] Gleiches gilt bei einem Verstoß gegen die Obliegenheit zur Aufnahme zumutbarer Erwerbstätigkeit (i.R.d. noch vorhandenen Arbeitskraft und Anpassungsfähigkeit – diese Obliegenheit endet spätestens mit Erreichen der allgemeinen Altersgrenze von 65 Jahren);[731] Voraussetzung ist jedoch stets, dass die Arbeitsmarktlage einen (Wieder-)Einstieg in die Berufstätigkeit, auch unterhalb der bisherigen Lebensstellung, erlaubt.[732]

b) Vermögenseinsatz

890 Eine § 1577 Abs. 3 BGB entsprechende Vorschrift zum Schutz des Vermögensstamms vor der Obliegenheit zur Verwertung fehlt im Recht des Verwandtenunterhalts. Aus der schwachen Ausprägung der Unterhaltsansprüche von Eltern gegen Kinder folgt allerdings, dass in aller Regel der Verbrauch des Vermögens (durch Veräußerung, Versteigerung, Belastung, Umschichtung) verlangt werden kann, bevor Bedürftigkeit entsteht. In früherer aktiver Zeit gebildete Vermögenswerte sind nicht dazu bestimmt, den Erben zur Verfügung zu stehen, sondern vielmehr den eigenen Bedarf des Vermögensträgers zu decken.[733] Privates Vorsorgekapital ist aufzuzehren.[734]

891 Daher ist auch die **Veräußerung des Familienheims** geschuldet, es sei denn, wegen der darauf ruhenden Belastungen könnte der Erlös den Unterhalt nur für kurze Zeit sicherstellen (Unzumutbarkeitsgrenze). Gleiches gilt, wenn die Verwertung, z.B. bei Veräußerung gebrauchter Gegenstände, völlig unwirtschaftlich wäre oder bei geringwertigen Gegenständen das Affektionsinteresse zugunsten des Bedürftigen den Ausschlag gibt.[735] Bloße Schwierigkeiten in der Verwertung befreien jedoch nicht, ggf. ist auch der Erbteil an einer schwer auseinanderzusetzenden Erbengemeinschaft durch Kreditaufnahme zu »verwerten«.[736]

892 Unangetastet bleiben kann jedoch beim Berechtigten wohl ein »Notgroschen«[737] i.H.d. sozialhilferechtlich gem. § 90 Abs. 2 Nr. 9 SGB XII i.V.m. der diesbezüglichen Durchführungsverordnung freigestellten Beträge (seit 01.04.2017 5.000 € für alle einsatzpflichtigen Personen nach § 19 SGB XII, d.h. für jedes volljährige Mitglied einer Einsatzgemeinschaft sowie für alleinstehende minderjährige Leistungsberechtigte unabhängig von der Art der Sozialhilfeleistung auf jeweils

---

728 Vgl. OLG Oldenburg, 18.11.2003 – 12 UF 69/03, FamRZ 2004, 295; ebenso *Klinkhammer*, FamRZ 2002, 997; *Reinecke*, ZAP Fach 11, S. 669 ff.
729 BGH, 08.07.2015 – XII ZB 56/14, DNotZ 2015, 835; hierzu *Schürmann*, FamRZ 2015, 1600 ff.
730 OLG Saarbrücken, 24.06.2004 – 6 UF 77/03, MittBayNot 2005, 436 m. Anm. *Krauß*; ebenso OLG Nürnberg, 21.04.2004 – 11 UF 2470/03, FamRZ 2004, 1988; *Scholz*, FamRZ 2007, 1161.
731 BGH, 03.02.1999 – XII ZR 146–97, FamRZ 1999, 709.
732 BSG, 13.06.1985 – 7 RAr 93/84, FamRZ 1985, 1253.
733 *Schnitzler/Günther*, MAH Familienrecht, § 12 Rn. 24.
734 OLG Oldenburg, 25.10.2012 – 14 UF 82/12, FamRZ 2013, 1143.
735 BGH, 05.11.1997 – XII ZR 20/96, FamRZ 1998, 369.
736 BGH, 23.11.2005 – XII ZR 155/03, FamRZ 2006, 935.
737 BGH, 23.11.2005 – XII ZR 155/03, FamRZ 2006, 935.

5000 Euro, sowie Zuschlag für jede von ihnen überwiegend unterhaltene Personen 500 Euro, vgl. Rdn. 585). Die Literatur fordert darüber hinaus auch die Schonung zweckgebunden angelegter, angemessener Beträge zur Sicherung des Beerdigungs- und des Grabpflegeaufwands.[738]

Zum **verlangbaren Vermögenseinsatz** gehört auch die Geltendmachung von Ansprüchen, etwa auf Unterhalt oder Zugewinnausgleich gegen den geschiedenen Ehegatten, auf nicht subsidiäre Sozialleistungen wie Renten und Pflegegeld nach SGB XI, Erstattung von Aufwendungen seitens privater Krankenversicherungen, Rückzahlung von Einkommen- und Kirchensteuer, die Durchsetzung vertraglich zugesagter Versorgungsleistungen in Natur bzw. an deren Stelle tretender Geldansprüche,[739] früher auch des Anspruchs auf Wohngeld. 893

Häufiger Anwendungsfall ist die **Rückforderung früherer Zuwendungen** bzw. **Leistung des Wertersatzes in Geld bei späterer Verarmung** gem. § 528 BGB[740] oder bei grobem Undank gem. § 530 BGB. Diese bei Inanspruchnahme von Sozialhilfeleistungen (Überleitung nach § 93 SGB XII) oder unterhaltersetzender Leistungen privater Dritter[741] erzwingbare Konditionsleistung ist also innerhalb der ersten 10 Jahre nach Vollziehung der Schenkung stets vorrangig vor der Inanspruchnahme von Kindern aus gesetzlichem Unterhalt. Das Risiko der Inanspruchnahme v.a. zulasten weichender Geschwister realisiert sich demnach in der Praxis in aller Regel nur, wenn die Bedürftigkeit erst nach Ablauf von 10 Jahren nach der vorweggenommenen Zuwendung folgt oder wenn der Rückforderungsanspruch aus § 528 BGB an der gutgläubig eingetretenen Entreicherung (§ 818 Abs. 3 BGB) oder an dem Eintritt eigener Bedürftigkeit des Beschenkten (§ 529 Abs. 2 BGB) scheitert. 894

In einer zweiten Stufe ist vorrangig vor privaten Unterhaltsansprüchen zu untersuchen, ob die im Überlassungsvertrag zugesagten Versorgungsleistungen bzw. die an deren Stelle tretenden Surrogate[742] zur Bedarfsdeckung herangezogen werden können. Im Verhältnis zu den Versorgungsquellen, die aus früheren Vermögensübertragungen resultieren (Rückforderung des Substrats im Ganzen oder zeitabschnittsweise als Wertersatz zum einen, Geltendmachung der als »Gegenleistungen« zu- 895

---

738 *Hauß*, FamRZ 2006, 938 unter Berufung auf *Brühl*, in: LPK-SGB XII, § 90 Rn. 12 m.w.N. Allerdings sind auch die Erben gem. § 1968 BGB und der Sozialhilfeträger gem. § 74 SGB XII zur Tragung der Bestattungskosten verpflichtet (zu Letzterem vgl. LSG Baden-Württemberg, 25.03.2010 – L 7 SO 4476/08, ZErb 2010, 153; kann die bei § 74 SGB XII zu prüfende Frage der Unzumutbarkeit für Verwandte nicht geklärt werden, da Letztere die Mitwirkung verweigern, ist der Sozialhilfeträger nicht zur Leistung verpflichtet: LSG Baden-Württemberg, 14.04.2016 – L 7 SO 81/15, EE 2016, 120, ebenso wenig bei bloß sittlicher Verpflichtung: LSG Baden-Württemberg, 25.02.2016 – L 7 SO 3057/12, ZErb 2016, 242). Erbe ist nur, wer die Erbschaft auch angetreten hat, LSG Berlin-Brandenburg, 20.03.2013 – L 23 SO 97/11, ZErb 2014, 134. Öffentlich-rechtlich erlauben die Landesbestattungsgesetze die Heranziehung von Verwandten auf die Erstattung von Bestattungskosten, tlw. mit Freistellungsmöglichkeiten in Härtefällen, vgl. z.B. OVG Schleswig-Holstein, 26.05.2014 – 2 O 31/13, ZErb 2014, 266, vgl. *Möller*, EE 2015, 6 ff. und *Noe*, EE 2016, 120 ff.
739 Umwandlung z.B. aufgrund der landesrechtlichen Leibgedingsbestimmungen oder aus § 313 BGB; zu Letzterem vgl. etwa OLG Köln, 17.05.1991 – 2 W 76/91, FamRZ 1991, 1432; OLG Düsseldorf, 28.05.2001 – 9 U 242/00, Rpfleger 2001, 542; gegen OLG Hamm, 29.02.1996 – 22 U 84/95, NJW-RR 1996, 1360 und OLG Brandenburg, 20.06.1996 – 8 U 145/95, ZOV 1997, 417.
740 Vgl. BGH, 28.11.2012 – XII ZR 19/10, ZNotP 2013, 18 (dort jedoch zur Obliegenheit des Unterhaltsschuldners – dort des Vaters gegenüber einem minderjährigen Kind –, einen ihm zustehenden Pflichtteilsanspruch geltend zu machen, so dass er als Leistungsfähig gilt); vergleichbar muss sich der Unterhaltsberechtigten so behandeln lasse, als habe er die Obliegenheit erfüllt (d.h. als bestünde keine Bedürftigkeit). Allerdings besteht (wegen § 852 Abs. 2 BGB) kein einklagbarer Anspruch auf Durchführung der Rückforderung bzw. keine unmittelbare Zugriffsmöglichkeit.
741 BGH, 21.09.2001 – V ZR 14/, MittBayNot 2002, 179 m. Anm. *Mayer*, S. 153; DNotZ 2002, 702 m. Anm. *Krauß*.
742 Vgl. die Rspr. des BGH, 23.01.2003 – V ZB 48/02, ZEV 2003, 211 zur Entrichtung »ersparter Aufwendungen« als Ergebnis »interessengerechter Auslegung« bei lückenhaften Regelungen im Vertrag zum Schicksal ortsgebundener Leistungen für den Fall der dauernden Heimunterbringung.

gesagten Versorgungsansprüche zum anderen), bildet also der Elternunterhalt eine nachrangige »Auffanglösung«, die sich dann auch auf den Schultern der nichtbedachten Kinder verteilt.

▶ Hinweis:

896 Aus der Sicht des Sozialhilfeträgers gilt plakativ die Formel »93 vor 94« (SGB XII, also zunächst Geltendmachung des Rückforderungsanspruchs durch Verwaltungsakt, erst dann Legalzession der Unterhaltspflicht).[743]

3. Sozialhilferechtliche Besonderheiten

897 In einem deutlichen Spannungs-, ja Kontrastverhältnis zur vorstehend referierten strengen familienrechtlichen Obliegenheit zum Einsatz eigenen Einkommens und zur Verwertung eigenen Vermögens steht die im Sozialhilferecht gewährte (seit 01.01.2005 etwas zurückgenommene) Schonung seines (und der weiteren Mitglieder der Einsatz- und Bedarfsgemeinschaft, §§ 27 Abs. 2 Satz 1, 20 SGB XII, vgl. Rdn. 902) Einkommens und Vermögens.

a) Einkommensschonung

898 (Nur) Beim Bezug von **Hilfe in besonderen Lebenslagen**, z.B. bei der Hilfe zur Pflege, gewährt § 85 SGB XII eine Einkommensverschonung i.H.d. 2-fachen Eckregelsatzes zuzüglich der angemessenen Unterkunftskosten und weiterer Familienzuschläge i.H.v. 70 % des Haushaltsvorstands-Regelsatzes (vgl. Rdn. 613).

▶ Hinweis:

899 Vor dem 31.12.2004 erhöhte sich der Grundbetrag aus diesen drei Komponenten der Einkommensschonung gem. § 81 Abs. 1 BSHG z.B. beim Erreichen der Pflegestufe I (90 Minuten durchschnittliche tägliche Pflegebedürftigkeit) oder bei stationärer Unterbringung für voraussichtlich 6 Monate (Nr. 5) auf 853,00 €, im Fall der Pflegebedürftigkeit gem. Stufe III (täglicher Bedarf an durchschnittlicher anteiliger Grundpflege und hauswirtschaftlicher Versorgung von mind. 5 Std.) sowie bei der Blindenhilfe auf 1.705,00 €, jeweils zuzüglich des angemessenen Wohnaufwands und der genannten Familienzuschläge. Diese »**besondere Einkommensgrenze**« wurde in das **SGB XII nicht übernommen**, kann jedoch durch die Länder wieder eingeführt werden (§ 86 SGB XII), was allerdings bisher nicht geschehen ist.

900 Erst bei **dauernder Heimunterbringung** und unter der zusätzlichen Voraussetzung, dass keine weitere Person vom Einkommen des Hilfeempfängers überwiegend unterhalten wird, ist gem. §§ 88 Abs. 1 Satz 2, 92a Abs. 2 SGB XII Einkommen auch unter der genannten Schongrenze einzusetzen.

b) Vermögensschonung

901 In ähnlicher Weise stellt § 90 Abs. 2 SGB XII Vermögensbestandteile wie bspw. das angemessene, durch ein Mitglied der Einsatz- und Bedarfsgemeinschaft (Rdn. 521 ff.) **zu eigenen Wohnzwecken genutzte Hausgrundstück** (Nr. 8) als Schonvermögen frei, so dass sozialhilferechtlich nicht einmal deren Beleihung verlangt werden kann. Eine Verwertung ist regelmäßig erst mit ständigem Wegzug, spätestens mit dem Ableben des Hilfeempfängers möglich (§ 102 SGB XII). Das Vorhandensein solchen Vermögens hindert mangels Bedürftigkeit das Entstehen familienrechtlicher Elternunterhaltsansprüche, und zwar dauerhaft, solange das Eigenheim nicht (unter Verzicht auf die sozialhilferechtliche Schonung) tatsächlich verwertet worden ist. Die sich daraus ergebenden Wertungskonflikte zum Sozialhilferecht werden unter Rdn. 711 ff. (insbes. Rdn. 718) sowie Rdn. 991 ff. kurz thematisiert.

---

743 Vgl. BGH, 13.02.1991 – IV ZR 108/90, NJW 1991, 1824.

c) Einsatz- und Bedarfsgemeinschaft

Ist der potenziell bedürftige Elternteil verheiratet/verpartnert, ohne getrennt zu leben, bilden beide eine sozialhilferechtliche Einsatz- und Bedarfsgemeinschaft (Rdn. 521 ff.). Verfügt der Partner demnach über ungenügendes Einkommen, wird das Gesamteinkommen beider je zur Hälfte beiden zugerechnet mit der Folge, dass bereits bei der Feststellung des einzusetzenden Einkommens des wirtschaftlich stärkeren Elternteils ein Teil der Einkünfte nicht berücksichtigt wird. Das Unterhaltsrecht vollzieht diese Wertung nicht nach, sondern erfasst nur, dafür aber in vollem Umfang, den Bedarf und die Einkünfte des Anspruchstellers. Ihm geschuldete Unterhaltszahlungen sollen lediglich seinen eigenen Bedarf decken, ihn aber nicht in die Lage versetzen, Verbindlichkeiten gegen Dritte (etwa aus § 1360 BGB) zu erfüllen.[744]   902

Verfügt also bspw. der Vater über ausreichende (Renten- und PflegeVG-)Einkünfte zur Deckung seiner Heimkosten, erhält er aber gleichwohl Sozialhilfe, da ihm ein Teil seiner Rentenbezüge zur Bedarfsdeckung des nicht getrennt lebenden Ehegatten (§ 27 Abs. 2 Satz 1 SGB XII) nicht angerechnet wird, scheidet ein bürgerlich-rechtlicher Unterhaltsanspruch aus (die an sich zivilrechtlich bedürftige Mutter ist zwar ihrerseits möglicherweise unterhaltsberechtigt, allerdings wird dieser Anspruch nicht durch den Sozialleistungsträger durchgesetzt, da sie ja infolge der »sozialhilferechtlichen Einkommensaufstockung in der Einsatzgemeinschaft« nicht sozialhilfeberechtigt ist).   903

III. Bemessung der Leistungsfähigkeit von Kindern aus Einkommen

Ein Kind ist nicht mehr im unterhaltsrechtlichen Sinn leistungsfähig, wenn es bei Berücksichtigung seiner sonstigen Verpflichtungen zur Zahlung außerstande ist, ohne eine **Gefährdung seines angemessenen Eigenunterhalts** eintreten zu lassen (§ 1603 Abs. 1 BGB). Diese Kriterien sind wie folgt zu prüfen:[745]   904
(1) Ermittlung des vorhandenen Einkommens (s. Rdn. 905 ff.);
(2) Bereinigung um abzugsfähige Positionen (s. Rdn. 910 ff.);
(3) Berücksichtigung der Unterhaltsverpflichtungen gegen vorrangige Angehörige, etwa eigene Kinder und/oder den Ehegatten (s. Rdn. 916 ff.);
(4) Sicherstellung des zur Wahrung des angemessenen eigenen Unterhalts erforderlichen Betrags (s. Rdn. 932 ff.), sofern dieser nicht aus dem insgesamt zu Gebote stehenden Familienunterhalt gewährleistet ist (s. Rdn. 937).

1. Einkommensermittlung

Unterhaltsrechtlich relevant ist das **gesamte vorhandene Einkommen des Pflichtigen**, das nach den insb. i.R.d. Getrenntlebens- und Geschiedenenunterhalts entwickelten Grundsätzen zu ermitteln ist. Aus der umfangreichen Kasuistik seien lediglich im Weg der Aufzählung als relevante Umstände erwähnt: 905
(1) Hinsichtlich der Einkünfte aus **abhängiger Beschäftigung** die Brutto-Einkünfte und vermögenswerte Sachzuwendungen (z.B. Überlassung eines Firmenfahrzeugs zur privaten Nutzung),[746] Urlaubsgeld, Steuervorteile, Sparzulage, Leistungsprämien, Ortszuschläge, Weihnachtsgeld, 13. und 14. Gehalt, Überstundenvergütungen,[747] sonstige Gratifikationen, Trinkgeld, Wegezeitvergütungen.
(2) Bei Einkünften aus **selbstständiger Tätigkeit oder Gewerbebetrieb** ist der Durchschnitt der 3 vorangehenden Jahre heranzuziehen, wobei steuerlich zulässige Abzüge, v.a. pauschaler Art

---

744 BGH, 07.07.2004 – XII ZR 272/02, FamRZ 2004, 1370.
745 RA *Jörn Hauß* bietet auf seiner Website www.anwaelte-du.de eine »Berechnungshilfe« als excel-Tabelle an.
746 *Romeyko*, FamRZ 2004, 242 ff.
747 Die auch i.R.d. Elternunterhalts jedenfalls dann zu berücksichtigen sind, wenn sie in angemessenem Umfang anfallen, BGH, 10.10.2003 – IXa ZB 170/03, FamRZ 2004, 186.

(z.B. Ansparrücklagen, Abschreibungen) nur i.H.d. realen Aufwendungen oder Wertminderungen beachtlich sind.[748] Ein Hilfsmittel bei der Feststellung der wahren Einkommensverhältnisse kann auch die Höhe der Privatentnahmen sein.[749]

906 (3) In ähnlicher Weise sind Einkünfte aus **Vermietung und Verpachtung** nur um die lineare, nicht die degressive oder Sonderabschreibung zu kürzen.

(4) Bei Einkommen aus **Vermögen** (z.B. Dividenden) ist nur der nachhaltig erzielbare Ertrag (allerdings ohne Abzug inflationsbedingten Wertverlustes)[750] zugrunde zu legen. Befindet sich der Unterhaltspflichtige bereits im Ruhestand und verfügt er über Altersvorsorgevermögen (das bis zum Eintritt in das Rentenalter umfangreich geschützt war, vgl. Rdn. 961 f.), ist dieses rechnerisch auf die voraussichtliche verbleibende Lebensdauer verteilt zu kapitalisieren und dem Einkommen hinzuzurechnen, Rdn. 970.

(5) Einkommensbestandteile sind auch **erhaltene Unterhaltszahlungen** (z.B. aus vorangegangener Scheidung), nicht jedoch treuhänderisch erhaltene Kindesunterhaltsbeträge und das Kindergeld, das nur zu einer Stärkung der Leistungsfähigkeit im Verhältnis zum eigenen Kind führen soll.

907 (6) Zum Einkommen zählt auch der Anspruch des nichterwerbstätigen oder hinzuverdienenden[751] Ehegatten gegen den erwerbstätigen Partner auf »**Taschengeld**« i.H.v. fünf bis sieben zum Hundert des Netto-Einkommens des Zahlungspflichtigen,[752] der als nicht dem Verzicht zugänglicher Bestandteil des Ehegattenunterhalts auch dann zu erfassen ist, wenn es nicht tatsächlich separat ausgezahlt wird[753] oder aber Bestandteil des Haushaltsgelds ist, bei welchem es sich i.Ü. um nicht unterhaltsrelevante, treuhänderisch zur Verwendung für die Bedürfnisse der Familie überlassene Geldmittel handelt.[754] Insb. bei Heranziehung von Taschengeldansprüchen ist die unter Rdn. 945 zu behandelnde Unterschreitung des Mindestselbstbehalts aufgrund anderweitiger Deckung des Eigenbedarfs aus Familieneinkommen häufig zu thematisieren.

908 **Fiktive Einkommensbeträge**, die bspw. im Verhältnis unter geschiedenen Ehegatten oder ggü. minderjährigen Kindern als Haushaltsführungsbeitrag oder wegen der Verletzung der Obliegenheit zur Aufnahme eigener Erwerbstätigkeit anzusetzen sind, bleiben nach wohl richtiger Ansicht beim Elternunterhalt außer Betracht.[755] Obwohl die veröffentlichten BGH-Entscheidungen (etwa im Taschengeldfall)[756] dazu Anlass gegeben hätten, wird die Zurechnung fiktiven Einkommens aus einer Verletzung der Erwerbsobliegenheit oder der Obliegenheit zu möglichst ertragbringender Anlage vorhandenen Vermögens nirgends thematisiert (vgl. auch Rdn. 996).[757] Im

---

748 BGH, FamRZ 1984, 40; OLG Köln, 12.01.1982 – 21 UF 113/81, FamRZ 1983, 89.
749 OLG Saarbrücken, 27.11.1991 – 2 UF 115/91, NJW 1992, 1902.
750 BGH, 19.02.1986 – IVb ZR 13/85, NJW-RR 1986, 682.
751 BGH, 21.01.1998 – XII ZR 140–96, FamRZ 1998, 608.
752 OLG Bamberg, 25.02.1988 – 2 UF 310/87, FamRZ 1988, 948; OLG Hamm, 20.02.1989 – 6 W 145/88, NJW-RR 1990, 124.
753 Es handelt sich um einen unentziehbaren Anspruch, nicht um die Hinzurechnung fiktiver Einkünfte, was nur bei unterhaltsrechtlichem Fehlverhalten statthaft wäre; a.A. *Born*, FamRB 2004, 75.
754 Zur Heranziehung des Taschengeldanspruchs i.R.d. Elternunterhalts vgl. BGH, 15.10.2003 – XII ZR 122/00 BGH, FamRZ 2004, 366; zur verfassensrechtlichen Unbedenklichkeit der Pfändung von Taschengeldansprüchen BVerfG, 13.06.1986 – 1 BvR 460/86, FamRZ 1986, 773.
755 OLG Köln, 29.09.1999 – 27 UF 87/99, NJW-RR 2000, 810; *Pauling*, in: Wendl/Staudigl, Das Unterhaltsrecht in der familienrichterlichen Praxis, § 2 Rn. 645; auch die sog. Hausmann-Rspr. (faktisches Sich-Entziehen aus der Unterhaltspflicht durch Übernahme der Hausmannrolle in neuer Beziehung) dürfte nicht greifen: Müller, Der Rückgriff gegen Angehörige von Sozialleistungsempfängern, S. 99. Für eine (abgeschwächte) Erwerbsobliegenheit jedoch *Schnitzler/Günther*, MAH Familienrecht, § 12 Rn. 39.
756 BGH, 15.10.2003 – XII ZR 122/00, FamRZ 2004, 366 m. Anm. *Strohal*, 441 ff.
757 Vorsichtiger *Strohal*, FamRZ 2004, 799.

Sozialhilferecht zählen ohnehin nur bereite Mittel zum Einkommen, so dass auf lediglich fiktiv erzielbare Einkünfte des Kindes ein Regress nicht gestützt werden kann.[758]

Einkommenserhöhend anzusetzen ist schließlich der **Wohnvorteil einer eigengenutzten Immobilie**; dies kann auch bei einem im Übrigen einkommenslosen Kind zu (begrenzter) Leistungsfähigkeit führen.[759] Der maßgebliche Wert der Nutzungen i.S.d. § 100 BGB ist jedoch nicht am objektiven Mietwert zu messen, sondern begrenzt auf den angemessenen, dadurch ersparten Wohnaufwand auf Seiten des Unterhaltspflichtigen.[760] Die Figur des »relativen Wohnwerts«, der sich am üblichen Aufwand einer der Personenzahl und sozialen Stellung angemessenen Mietwohnung orientiert, wurde ursprünglich i.R.d. Trennungsunterhalts entwickelt,[761] um dem Gedanken der aufgedrängten Bereicherung (»totes Kapital«) nach Auszug eines Ehegatten aus dem dadurch zu groß gewordenen Haus Rechnung zu tragen. Im Verhältnis zu den Eltern beruht der möglicherweise »überhöhte Wohnkomfort« allerdings nicht auf dem aufgedrängten Auszug des Anspruchsstellers; seine Nichtberücksichtigung rechtfertigt sich eher aus der Tatsache, dass das Kind im Verhältnis zu den vergleichsweise schwach anspruchsberechtigten Eltern nicht verpflichtet ist, überschießende Wohnkapazitäten durch Vermietung oder gar Verkauf zu verwerten. Da andererseits i.R.d. Einkommensbereinigung (vgl. Rdn. 910) die tatsächlichen, nicht nur die relativ geminderten Hauslasten abzugsfähig sind, ergibt sich häufig per Saldo eine Minderung des einzusetzenden Einkommens aufgrund der Eigennutzung. Bei Miteigentum ist nur der (angemessene, nicht marktorientierte) Mietwert, bezogen auf das unterhaltspflichtige Kind, also dessen Eigentumsanteil, anzusetzen, aber auch die Pflichten nur hinsichtlich dieser Quote zu berücksichtigen.[762]

2. Einkommensbereinigung

Der unter Rdn. 883 dargestellte, in hohem Maße abgeschwächte Rang des Elternunterhalts wirkt sich auf der Ebene der Einkommensermittlung nur in Gestalt der Nichtberücksichtigung fiktiven Einkommens, dafür aber umso deutlicher auf der Ebene der Einkommensbereinigung aus. Insb. vor der seit 2002 veröffentlichten Rechtsprechung des BGH hat sich hierzu eine außerordentlich facettenreiche untergerichtliche Kasuistik entwickelt (z.B. Die Anerkennung eines erhöhten Mindestselbstbehalts und darüber hinausgehender Freistellungsbeträge i.R.d. angemessenen Selbstbehalts (vgl. Rdn. 931 ff.) hat den von den Beteiligten auf die Gerichte ausgeübten Druck gemindert, eine unüberschaubare und unvorhersehbare Vielzahl von Ausgaben des täglichen Lebens als nicht durch den Mindestselbstbehalt abgedeckt zusätzlich anzuerkennen.

In der neueren obergerichtlichen Rechtsprechung kristallisieren sich folgende typische **Bereinigungsposten** heraus, die allerdings in die Leitlinien der OLG bisher kaum Eingang gefunden haben.[763]
(1) Einkommensmindernd ist die tatsächliche **Steuerlast**, wobei im Fall der Wahl einer ungünstigeren Steuerklasse (z.B. der Klasse V) im Verhältnis zum Ehegatten die Reduzierung der

---

758 Vgl. m.w.N. *Schnitzler/Günther*, MAH Familienrecht, § 13 Rn. 5.
759 BGH, 29.04.2015 – XII ZB 236/14, NJW 2015, 1877, Tz. 19.
760 BGH, 19.03.2003 – XII ZR 123/00, FamRZ 2003, 1179 m. Anm. *Klinkhammer*.
761 BGH, 22.04.1998 – XII ZR 161–96, FamRZ 1998, 899; 05.04.2000 – XII ZR 96/98, FamRZ 2000, 951.
762 Vgl. BGH, 05.02.2014 – XII ZB 25/13, FamRZ 2014, 538; hierzu *Seiler*, FamRZ 2014, 636; so schon zuvor *Reinken*, NJW 2013, 2993, 2996.
763 Abschnitt I 4 C der Leitlinien des OLG Celle führt allerdings aus, dass Einkommens- und Vermögensdispositionen, die der Unterhaltspflichtige für die Lebensgestaltung und für Vorsorgezwecke der eigenen Familie getroffen hat, im Allgemeinen zu akzeptieren seien, soweit sie einen angemessenen Rahmen nicht überschreiten.

Leistungsfähigkeit durch einen tatrichterlich zu schätzenden Aufschlag zu korrigieren ist,[764] auch bei der Steuerklassenwahl III/V zugunsten des Unterhaltpflichtigen ist in Anlehnung an § 270 AO zunächst dessen fiktive Steuerlast bei einer Einzelveranlagung zu ermitteln, als Relation der individuellen zur Gesamtsteuerlast und anhand dieses Prozentsatzes ein »korrigierter« Steuerabzug zu berechnen.[765]

912 (2) Zu berücksichtigen sind weiter tatsächlich für die **Altersvorsorge** getätigte Aufwendungen in angemessener Höhe. Ist der Unterhaltpflichtige nicht sozialversicherungspflichtig, orientiert sich der anzuerkennende Aufwand für die primäre Altersversorgung an 20 % (Rentenversicherungsbeitrag 2015: 18,7 %, 2013 und 2014:[766] 18,9 %, 2012: 19,6 %, 2011: 19,9 %) des Brutto-Einkommens (Arbeitgeber- und Arbeitnehmeranteil zur Rentenversicherung). Dabei steht es dem Kind frei, in welcher Weise es Vorsorge trifft (Lebensversicherung, Immobilie,[767] Rentensparverträge, Aktienfonds etc.).[768] Aus Gründen der Gleichbehandlung muss dieser 20 %ige Abschlag für tatsächlich getätigte Altersvorsorgeaufwendungen auch dem sozialversicherungspflichtigen Kind jedenfalls für denjenigen Teil seines Einkommens zugutekommen, der wegen Überschreitung der **Beitragsbemessungsgrenze**[769] (2017: 76.200,00 €/Jahr [West], 68.400,00 €/Jahr [Ost], 2016: 74.400,00 €/Jahr [West], 64.800,00 €/Jahr [Ost], 2015: 72.600,00 €/Jahr [West], 62.400,00 €/Jahr [Ost]; 2014: 71.400,00 €/Jahr [West], 60.000,00 €/Jahr [Ost]; 2013: 69.900,00 €/Jahr [West], 58.800,00 €/Jahr [Ost]; 2012: 67.200,00 €/Jahr [West], 57.600,00 €/Jahr [Ost]; 2011: 66.000,00 €/Jahr [West], 57.600,00 €/Jahr [Ost]; 2010: 66.000,00 €/Jahr [West], 55.800,00 €/Jahr [Ost]; 2009: 64.800,00 €/Jahr [West], 54.600,00 €/Jahr [Ost]; 2008: 63.600,00 €/Jahr [West], 54.000,00 €/Jahr [Ost]; 2007: 63.000,00 €/Jahr [West], 54.600,00 €/Jahr [Ost]; 2006: 63.000,00 €/Jahr [West], 52.800,00 €/Jahr [Ost]; 2005: 62.400,00 €/Jahr [West], 52.800,00 €/Jahr [Ost]) nicht mehr in der gesetzlichen Rentenversicherung wirksam wird. Da der Gesetzgeber durch Einführung der Riester-Rente und anderer Maßnahmen zur Förderung von Altersvorsorgevermögen zu erkennen gegeben hat, dass die primäre Vorsorge aus der gesetzlichen Rentenversicherung künftig nicht mehr ausreichen wird, hat der BGH entsprechend seiner Ankündigung[770] auch darüber hinausgehende Beiträge anerkannt, damit die heutigen Anspruchsverpflichteten nicht im Alter ihre eigenen Kinder künftig auf Unterhalt in Anspruch nehmen müssen: So soll etwa ein nichtselbstständig Erwerbstätiger **weitere 5 %** seines **Brutto-Einkommens** (auch oberhalb der Bemessungsgrenze) für eine zusätzliche Altersvorsorgeinvestition seiner Wahl einsetzen dürfen[771] – ähnlich der möglichen Freistellung beim nachehelichen Unterhalt[772] –, so dass bei entsprechender Darlegung tatsächlicher Auf-

---

764 BGH, 14.01.2004 – XII ZR 69/01 BGH, FamRZ 2004, 443; der dort im LS genannte »Abschlag« bezieht sich auf die Herabsetzung des Steuerabzugs.
765 Vgl. BGH, 17.06.2015 – XII ZB 458/14, FamRZ 2015, 1594 m. Anm. *Borth*.
766 An sich hätte der Beitragssatz 2014 auf 18,3 % sinken müssen; dies unterblieb jedoch mit Blick auf die »Mütterrente« und die »Rente ab 63 nach einer Wartezeit von 45 Jahren«.
767 Dies gilt auch dann, wenn die vermietete Immobilie eine Unterdeckung aufweist, BGH, 14.01.2004 – XII ZR 149/01, FamRZ 2004, 792.
768 BGH, 19.02.2003 – XII ZR 67/00, FamRZ 2003, 860; 19.03.2003 – XII ZR 123/00, FamRZ 2003, 1179.
769 Abweichende Bemessungsgrenzen gelten in der Knappschaft (für 2017: 94.200,00 € [West], 84.000,00 € [Ost]).
770 BGH, 19.03.2003 – XII ZR 123/00, FamRZ 2003, 1179.
771 BGH, 14.01.2004 – XII ZR 149/01 BGH, FamRZ 2004, 792; die Zubilligung weiterer 5 % des Brutto-Einkommens ergibt sich rechnerisch aus einer Erhöhung der 20 %igen Sozialversicherungsquote um ein Viertel (ebenso wie der Mindestselbstbehalt ggü. Eltern sich aus der Erhöhung des Selbstbehaltes ggü. volljährigen Kindern um ein Viertel ergibt).
772 BGH, 27.05.2009 – XII ZR 111/08, MittBayNot 2009, 379: bis zu 4 % des Bruttoeinkommens beim Krankheitsunterhaltpflichtigen abzugsfähig, auch wenn diese weitere Vorsorge während der Ehe noch nicht getätigt wurde.

wand bis zu einem Viertel des Brutto-Einkommens als Altersvorsorgeaufwand die Leistungsfähigkeit mindern kann[773] (zur entsprechenden Vermögensfreistellung vgl. Rdn. 961 ff.).

(3) Beiträge zur **Kranken- und Pflegeversicherung**, ferner tatsächlich abgeführte Beiträge zur Arbeitslosenversicherung, nicht jedoch aus eigenen Stücken getätigte Rücklagen in gleicher Höhe (6,5 % vor dem 01.01.2007, ab 2009 demnach 7,75 %)[774] durch einen Gesellschafter-Geschäftsführer, dessen Kündigungsrisiko aufgrund seiner eigenen beherrschenden Stellung in der Gesellschafterversammlung deutlich reduziert ist.[775]

(4) Alle Aufwendungen – Zins und Tilgung – für Verbindlichkeiten, die für den Bau oder den **Erwerb eines Familienheims** getätigt wurden oder werden, jedenfalls in üblicher Höhe. Angesichts der schwachen Ausprägung des Elternunterhalts kann das unterhaltspflichtige Kind nicht darauf verwiesen werden, durch Tilgungsaussetzung sich unwirtschaftlich und zulasten seines künftigen Einkommens zu verhalten.[776] Der BGH billigt die Minderung um den Tilgungsanteil (und damit in beschränktem Umfang Vermögensbildung zulasten der Eltern) jedenfalls dann, wenn die Verbindlichkeiten vor Bekanntwerden der Unterhaltsverpflichtung eingegangen worden waren.[777] (Hohe laufende Kosten, die für eine gemietete Wohnung anfallen, werden regelmäßig nicht durch eine Absetzung vom Einkommen, sondern durch die Erhöhung des Mindestselbstbehalts über den darin rechnerisch enthaltenen Wohnanteil hinaus berücksichtigt, hierzu s.u. Rdn. 932.)

(5) Bei sonstigen vor dem Einsetzen der Unterhaltsbedürftigkeit der Eltern eingegangenen **Altverpflichtungen** wird allerdings[778] i.d.R. nur der Zinsanteil anerkannt, jedenfalls sofern sie einen angemessenen Umfang nicht überschreiten.[779] Sofern aus betrieblichen Darlehen Wirtschaftsgüter angeschafft wurden, deren Aufwand bereits durch die Abschreibung Eingang in die Gewinn- und Verlustrechnung gefunden hat, sind ebenfalls nur die Zinsen, nicht auch der Tilgungsanteil abzugsfähig.[780]

(6) Sozialpolitisch zu begrüßen ist ferner die Anerkennung der Besuchs- und **Umgangskosten** für Fahrten zu den im Altenheim entfernt untergebrachten Eltern.[781]

Insb. in der früheren instanzgerichtlichen Rechtsprechung, die noch der Vorstellung einer sonst drohenden Heranziehung jedweden Einkommens oberhalb des Mindestselbstbehalts geprägt war, wurden zahlreiche weitere Absetzungen zur Rücklagenbildung, etwa zur Instandhaltung des Wohneigentums,[782] zur Anschaffung eines neuen Pkw,[783] für anstehende Reparaturen an Haus-

---

773 Etwas anderes wird gelten, wenn das unterhaltspflichtige Kind bereits anderweitig, etwa durch angesparte Lebensversicherungen, ausreichende Vorsorge getroffen hat, BGH, 14.01.2004 – XII ZR 149/01, FamRZ 2004, 793, wobei die Prognose einer ausreichenden Absicherung schwerfällt: *Borth*, FamRZ 2004, 795.
774 GKV-Beitragssatzverordnung v. 29.10.2008, BGBl. 2008 I, S. 2109.
775 BGH, 19.02.2003 – XII ZR 67/00, FamRZ 2003, 860.
776 Teilweise a.A. *Pauling*, in: Wendl/Staudigl, Das Unterhaltsrecht in der familienrichterlichen Praxis, § 2 Rn. 639; wie hier *Schürmann*, FamRZ 2003, 1031.
777 BGH, 19.03.2003 – XII ZR 123/00 BGH, FamRZ 2003, 1180; gegen diese Differenzierung *Brudermüller*, NJW 2004, 636.
778 Für eine großzügigere Anerkennung *Herr*, FamRZ 2005, 1024 Fn. 57.
779 OLG Frankfurt, 23.03.2000 – 1 UF 166/99, OLGR Frankfurt 2001, 264; OLG Hamm, 07.05.2001 – 8 UF 411/00, NJW-RR 2001, 1661.
780 BGH, 28.01.2004 – XII ZR 218/01, FamRZ 2004, 795 m. Anm. *Strohal*.
781 BGH, 07.08.2013 – XII ZB 269/12, DNotZ 2014, 230, Tz. 22, vgl. *Krauß*, MittBayNot 2015, 203 ff.; OLG Köln, 05.07.2001 – 14 UF 13/01, FamRZ 2002, 572; dies entspricht auch der Zielsetzung des § 7 BSHG a.F., den Zusammenhalt der Familie zu festigen.
782 So etwa LG Kiel, 25.10.1995 – 5 S 42/95, FamRZ 1996, 755; LG Münster, 07.05.1993 – 10 S 65/92, FamRZ 1994, 845; OLG Köln, 05.07.2001 – 14 UF 13/01, FamRZ 2002, 572.
783 LG Münster, 07.05.1993 – 10 S 65/92, FamRZ 1994, 845, ebenso BGH, 30.08.2006 – XII ZR 98/04, NJW 2006, 3344, 3347: 21.700 € für den Kauf eines neuen Audi A3, wenn das bisherige Fahrzeug bereits eine Laufleistung von 215.000 km aufweist.

haltsgeräten,[784] gutgebracht. Gleiches gilt für Versicherungsbeiträge über die reinen Altersvorsorge- und Kranken-Pflegeversicherungsaufwendungen hinaus, bspw. für Hausrat-, Rechtsschutz-, Haftpflicht- und Wohngebäudeversicherung.[785] Richtigerweise dürfte ein erheblicher Teil dieser Aufwendungen nunmehr aus dem über den Mindestselbstbehalt hinaus unangetastet verbleibenden Einkommen zu bestreiten sein.[786]

3. Minderung der Leistungsfähigkeit durch vorrangige Unterhaltspflichten

916 Die unter Rdn. 883 referierte Schlusslichtposition des Elternunterhalts im Geleitzug der gesetzlichen Unterhaltstatbestände gebietet es, bei nicht uneingeschränkt gegebener Leistungsfähigkeit die vorrangigen Unterhaltspflichten ggü. eigenen Kindern, dem geschiedenen Ehegatten und dem derzeitigen (nicht getrennt lebenden oder getrennt lebenden) Ehegatten im Weg zusätzlicher »Freibeträge« gutzubringen.

917 Leben die Ehegatten allerdings in Gütergemeinschaft (§§ 1408, 1415 BGB), wird auch für die Zwecke des Elternunterhalts das Gesamtgut beider Ehegatten dem unterhaltspflichtigen Teil zugerechnet (§ 1604 BGB). Außerhalb dieser seltenen Fälle jedoch ist zu differenzieren zwischen Abzügen für den Kindesbarunterhalt (s. Rdn. 918), den Kindesnaturalunterhalt (s. Rdn. 919), den Geschiedenen- oder Getrenntlebensunterhalt (s. Rdn. 922) und – besonders bedeutsam – der Berücksichtigung des im gemeinsamen Haushalt lebenden, nicht in Gütergemeinschaft verheirateten Ehegatten nach § 1360a BGB (s. Rdn. 923 ff.).

a) Kindesbarunterhalt

918 Soweit eigenen Kindern (aufgrund Volljährigkeit des Kindes oder bei Betreuung durch den anderen Elternteil) Barunterhalt zu leisten ist, wird der **volle Tabellenbetrag** (also ohne den ggf. i.R.d. § 1612b Abs. 5 BGB a.F. stattfindenden max. hälftigen Abzug des durch den anderen Elternteil bezogenen Kindergelds) gutgebracht. Die Erhöhung des tatsächlich bezahlten Unterhalts um die Kindergeldkomponente rechtfertigt sich daraus, dass Letzteres ausschließlich die Unterhaltspflicht ggü. eigenen Kindern erleichtern, nicht aber das erwachsene Kind in die Lage versetzen soll, seinen eigenen Eltern höheren Unterhalt zu leisten.[787] Zusätzlich zu berücksichtigen sind (aus einem Erst-Recht-Schluss zur Anerkennung der Besuchskosten bei den Eltern, s. Rdn. 914 a.E.) am Ende, die durchschnittlichen Aufwendungen für die Wahrnehmung des Umgangsrechts mit dem Kind.

b) Kindesnaturalunterhalt

919 Wird dagegen den in intakter Familie mit dem Elternunterhaltspflichtigen lebenden eigenen Kindern Naturalunterhalt (z.B. Wohnung, Nahrung, Kleidung) gewährt, legt der BGH[788] einen doppelten Ansatz zugrunde:

(1) Zum Einen kann sich unter den Voraussetzungen der §§ 1570 Abs. 1 Satz 2 u. 3, Abs. 2, 1615l Abs. 2 Satz 4 u. 5 BGB die daneben geleistete Erwerbstätigkeit als überobligatorisch dar-

---

784 OLG Oldenburg, 27.07.1999 – 12 UF 79/99 »FamRZ 2000, 1174.
785 So etwa OLG Köln, 05.07.2001 – 14 UF 13/01, FamRZ 2002, 572; LG Paderborn, 20.03.1996 – 11 S 202/95, FamRZ 1996, 1496; LG Kiel, 25.10.1995 – 5 S 42/95, FamRZ 1996, 755.
786 So schlägt bspw. *Schnitzler/Günther*, MAH Familienrecht, § 12 Rn. 47 vor, nur solche angemessenen Versicherungsbeiträge anzuerkennen, die über 10 % des dem Kind über seinen Sockelselbsthalt hinaus verbleibenden bereinigten Einkommens liegen.
787 So BGH, 16.04.1997 – XII ZR 233/95, FamRZ 1997, 806 für den Ehegattenunterhalt. Die dem betreuenden Elternteil zuzurechnende Hälfte des Kindergeldes ist kein unterhaltsrelevantes Einkommen, sondern mindert zweckgebunden den Bedarf des Kindes, vgl. BGH, 15.02.2017 – XII ZB 201/16, ZNotP 2017, 111, Tz. 17.
788 BGH, 15.02.2017 – XII ZB 201/16, ZNotP 2017, 111.

stellen, so dass das zusätzlich zur Kinderbetreuung erzielte Berufseinkommen im Rahmen der Unterhaltsbemessung nur anteilig zu berücksichtigen ist. Maßgeblich sind die Umstände des Einzelfalls, ein »pauschaler Betreuungsbonus« wird nicht gewährt.

(2) Zum Anderen ist zu ermitteln, in welcher Höhe der Unterhaltsschuldner an sein minderjähriges Kind neben der tatsächlichen, täglichen Betreuungsleistung (die als solche nicht monetarisiert werden kann) noch Barunterhalt, allerdings in der Form von Naturalleistungen, erbringt. Dieser errechnet sich (wie bei Volljährigen) nach dem Tabellenunterhalt des Kindes aus dem addierten gemeinsamen Einkommen beider Elternteile (auch wenn diese getrennt leben) unter Abzug des hälftigen Kindergelds (§ 1612b Abs. 1 Satz 1 Nr. 1, Satz 2 BGB) und des vom anderen (z. B. getrenntlebenden oder geschiedenen) Elternteil gegebenenfalls tatsächlich geleisteten Barunterhalts.[789]

Die Tabellenwerte der Düsseldorfer Tabelle, die insoweit bisher herangezogen wurden,[790] greifen möglicherweise zu kurz. Sie tragen dem Umstand Rechnung, dass die Finanzmöglichkeiten geteilter Familien wegen der höheren Fixkosten getrennter Haushalte geschmälert sind. Den eigenen Eltern ggü. haben minderjährige Kinder nach § 1610 Abs. 1 BGB Anspruch auf den angemessenen, nicht lediglich den notwendigen Lebensbedarf. Der 13. Deutsche Familiengerichtstag hat unter der Arbeitsgruppenleitung der Vorsitzenden Richterin des zuständigen XII. Senats am BGH empfohlen, dem erwachsenen Kind für den Naturalunterhalt seiner eigenen Kinder mind. 150 % des Mindestbedarfs (entspricht etwa der 9. Einkommensgruppe der Düsseldorfer Tabelle), allerdings unter Abzug des hälftigen Kindergeldes (d.h. bis 31.12.2014 abzüglich 92,00 €, ab 01.01.2015 abzüglich 94,00 €, ab 01.01.2016 abzüglich 95,00 €, ab 01.01.2017 abzüglich 96,00 €), zuzubilligen.[791]

Verfügt der Ehegatte des erwachsenen Kindes allerdings über eigenes Einkommen, ist bei der Umrechnung der Naturalunterhaltsleistungen in Barbeträge der vorstehende Aufwandansatz (150 % des Mindestbetrages) um den Prozentanteil zu kürzen, den der Ehegatte nach Maßgabe der Einkommensrelation (ohne Abzug von Selbstbehalten)[792] beizutragen hat.[793]

920

921

c) Geschiedenenunterhalt

Unterhaltsleistungen an **geschiedene oder getrennt lebende Ehegatten** sind in der vollen tatsächlich entrichteten Höhe abzuziehen. Die nach Trennung bzw. Scheidung entstehende Bedürftigkeit der früheren Schwiegereltern ist nicht mehr eheprägend, kann also ihrerseits auch nicht zu einer Reduzierung des nachehelich geschuldeten Unterhalts führen.[794]

922

Auch der Unterhalt, der außerhalb einer Ehe jedenfalls bis zum dritten Lebensjahr des gemeinsamen Kindes[795] gegenüber dem erziehenden anderen Elternteil geschuldet ist (§ **1615l BGB**), ist

---

789 Die Unterhaltspflicht des ausschließlich Barunterhalt schuldenden Elternteils ist auf den Betrag begrenzt, den er bei alleiniger Unterhaltshaftung auf der Grundlage seines Einkommens zu zahlen hätte, gemindert um das hälftige Kindergeld, das auch den Barunterhalt leistenden Elternteil insoweit entlasten soll.
790 LG Bielefeld, FamRZ 1999, 401; OLG Hamburg, FamRZ 1993, 1455.
791 FamRZ 2000, 273, Abschnitt A I 4d: damals 150 % (heute 152 %) des Regelbetrages; ähnlich OLG Oldenburg, 18.06.1991 – 2 A WF 26/91, FamRZ 1991, 1349 in der durch BGH, 26.02.1992 – XII ZR 93/91, FamRZ 1992, 795 bestätigten Entscheidung.
792 *Scholz*, in: Wendl/Staudigl, Das Unterhaltsrecht in der familienrichterlichen Praxis, § 3 Rn. 39: Ehegatten wirtschaften grds. aus einem Topf.
793 A.A. LG Osnabrück, 20.03.1996 – 11 S 202/95, FamRZ 1996, 1495: Die von den Ehegatten tatsächlich gewählte Zuordnung des Naturalunterhalts sei entscheidend.
794 Vgl. OLG Hamm, 22.08.1997 – 13 UF 107/97, FamRZ 1998, 621.
795 Auch wenn § 1615l Abs. 3 Satz 5 BGB eine Verlängerung über das dritte Lebensjahr des Kindes »insbesondere« aus kindbezogenen Gründen erwähnt, können daneben in seltenen Fällen auch elternbezogene Verlängerungsgründe gegeben sein, etwa bei längerem Zusammenleben der Eltern mit dem Kind in einer familienähnlichen Situation, vgl. BGH, 10.06.2015 – XII ZB 251/14 BGH, DNotZ 2016, 123; hierfür trägt der Berechtigte die Darlehens- und Beweislast.

als gem. § 1609 Nr. 2 BGB vorrangige Verpflichtung vom Einkommen des Unterhaltsverpflichteten gemäß § 1603 Abs. 1 BGB abzuziehen. Bei der Ermittlung des Elternunterhalts müssen Voraussetzungen und Höhe der Verpflichtung im Einzelnen überprüft werden, nicht etwa steht dem nichtehelichen Lebensgefährten, mit dem der Unterhaltspflichtige ein gemeinsames Kind hat, pauschal derselbe »Familienselbstbehalt« wie dem Ehegatten des Unterhaltspflichtigen nach der Düsseldorfer Tabelle zu.[796]

d) Ehegattenunterhalt

923 Auch die **Unterhaltsansprüche des Ehegatten bei intakter Ehe** gem. §§ 1360, 1360a BGB[797] sind vorrangige »sonstige Verpflichtungen« i.S.d. § 1603 Abs. 1 BGB. Dieser Bedarf bestimmt sich (ebenso wie das Maß des Unterhalts eines getrennt lebenden oder geschiedenen Ehegatten, § 1578 Abs. 1 Satz 1 BGB) nach den ehelichen Lebensverhältnissen unter Wahrung des **Halbteilungsgrundsatzes**[798] (und damit ohne Erwerbstätigkeitsbonus bzw. -abschlag). Die eheprägenden Lebens-, Einkommens- und Vermögensverhältnisse erfordern eine einzelfallorientierte Ermittlung des für die gemeinschaftliche Lebensführung zur Verfügung stehenden »Familieneinkommens«, von dem die Hälfte für den Unterhalt des Ehepartners, der seinen eigenen Bedarf nicht aus eigenen Einkünften decken kann, gutzubringen ist.

924 Das hierfür zu ermittelnde eheprägende **Familieneinkommen** ergibt sich aus der Summe des tatsächlichen Gesamteinkommens, abzüglich
(1) vorrangiger **Unterhaltsverpflichtungen ggü. Kindern** (s. Rdn. 918 f.) sowie
(2) solcher Beträge, die – da die ehelichen Verhältnisse von vornherein durch tatsächlich erbrachte Unterstützungsleistungen für Eltern geprägt waren – bereits bisher nicht für den Familienunterhalt zur Verfügung standen, sondern tatsächlich vorab den Eltern zur Alimentation zugewendet wurden. Strittig und eher abzulehnen[799] ist in diesem Zusammenhang, ob bereits die latent vorhandene Heimunterbringungsgefahr oder erst tatsächlich geleistete Unterstützungen als eheprägende Vorwegabzüge zu werten sind. In den vom BGH zu entscheidenden Sachverhalten war die Mutter des Beklagten bereits bei Eheschließung gelähmt und wurde von ihm zeitweise auch gepflegt, was die späteren ehelichen Lebensverhältnisse von vornherein begrenzte[800] bzw. hatte der Sohn seiner Mutter bereits während der Ehe laufend ein »Taschengeld« zur Verfügung gestellt.[801]

925 (3) Zur **Ermittlung des hälftig dem Ehegatten zuzuteilenden Familienunterhalts** ist schließlich nach den konkreten Verhältnissen weiter derjenige Teil des Familieneinkommens abzuziehen, der zur reinen Vermögensbildung verwendet wurde und damit für den laufenden Unterhalt nicht zur Verfügung stand und stehen musste. Solche Beträge kann auch der Ehegatte nicht anteilig[802] »verteidigen«, da sie ihm ohne Schmälerung des aktuellen Lebenszuschnitts entzogen werden können. Erforderlich ist eine Prüfung des jeweiligen Einzelfalls: Der BGH hat wiederholt – jedenfalls bei gehobenen Einkünften[803] – gerügt, es könne nicht schlicht unter-

---

796 Vgl. BGH, 09.03.2016 – XII ZB 693/14, FamRZ 2016, 887 m. Anm. *Seiler*.
797 Die gem. § 1360a Abs. 3 BGB i.V.m. § 1614 Abs. 1 BGB ebenfalls keinem Verzicht zugänglich sein können.
798 Vgl. BGH, 20.03.2002 – XII ZR 216/00, FamRZ 2002, 742; 19.02.2003 – XII ZR 67/00, FamRZ 2003, 866; OLG Oldenburg, 18.11.2003 – 12 UF 69/03, FamRZ 2004, 295.
799 Würden bereits latente Unterhaltsrisiken anerkannt, stünde dies allerdings in Wertungswiderspruch zur Nachrangigkeit des Elternunterhaltes aufgrund seines unvermuteten Eintritts, vgl. Rdn. 882.
800 BGH, 19.02.2003 – XII ZR 67/00, FamRZ 2003, 860.
801 BGH, 14.01.2004 – XII ZR 149/01, FamRZ 2004, 794.
802 Insoweit also keine Anwendung der 50 %-Regel; str. (zur Kritik vgl. *Eschenbruch/Klinkhammer*, Der Unterhaltsprozess, Rn. 2083; *Ehringer*, NWB 2009, 2819, 2831).
803 Im Sachverhalt der BGH-Entscheidung, FamRZ 2004, 443, verfügte die zum Elternunterhalt herangezogene Tochter über ein Netto-Erwerbseinkommen von monatlich 1.130,00 DM, deren Ehemann von monatlich 5.380,00 DM.

stellt werden, das gesamte Familieneinkommen diene der Finanzierung der Lebensführung. Die statistische Vermögensbildungsquote (Sparleistung) von aktuell etwas über 10 % könne insoweit einen Anhaltspunkt bilden.[804]

Die diesbezüglichen Ausführungen des BGH haben das Tor zur Diskussion erst aufgestoßen: Genügt es als »Strategie zur Vermeidung der Heranziehung«[805] darzulegen, das gesamte zur Verfügung stehende hohe Einkommen sei stets in den Konsum geflossen, und bei den angeblichen Sparleistungen habe es sich nur um **phasenverschobenen Konsum** zur künftigen Anschaffung von Gegenständen des gehobenen Bedarfs gehandelt?[806] Auf dieser Grundlage kommen Instanzgerichte häufig zu einer völligen Freistellung von jeglichem Elternunterhalt bei vollständigem Verbrauch des Familieneinkommens.[807]

926

Fraglich ist, wie die **Erhöhung der Leistungsfähigkeit** des unterhaltspflichtigen Kindes **bei Bestehen einer intakten Ehe** (Ersparnisse aufgrund des Zusammenlebens) berücksichtigt wird. Der BGH hat zunächst[808] eine Beteiligung beider Ehegatten am Familienunterhalt nach dem Verhältnis ihrer Einkommen (Proportionalrechnung) gebilligt, also auf die Verpflichtung zur Leistung von Familienunterhalt abgestellt. Er wies jedoch zugleich darauf hin, dass die Vorteile aus dem Zusammenleben nicht allein mit dem unterschiedlichen angemessenen **Selbstbehalt** (sog. monatlicher notwendiger Eigenbedarf, seit 2015: 1.800,00 € für den Unterhaltspflichtigen, 1.440,00 € für den bei ihm lebenden Ehegatten [darin enthalten 480,00 bzw. 380,00 Euro Anteil an der Warmmiete], zuvor in den Jahren 2013 und 2014: 1.600,00 € für den Unterhaltspflichtigen, 1.280,00 € für den bei ihm lebenden Ehegatten) erfasst sein können, weil diese Vorteile mit steigendem Konsum sich erhöhen. Die Literatur[809] hat teilweise darauf abgestellt, die durch das Zusammenleben erlangte Ersparnis auf ca. 14 % festzulegen (Verhältnis der Differenz der Selbstbehalte zur Summe der Selbstbehalte, d.h. – gemessen an den Zahlen bis 31.12.2010 – 1.400,00 € minus 1.050,00 € = 350,00 € im Verhältnis zu 2.450,00 €).

927

Dies ergäbe folgendes **Rechenschema:**[810]

928

▶ Das (um alle in Rdn. 910 ff. geschilderten Faktoren bereinigte) Einkommen des Unterhaltspflichtigen beträgt 3.000,00 €, das des Ehegatten 1.000,00 €, Summe also 4.000,00 €. Der Familienbedarf beträgt 86 % davon, also 3.440,00 €, nach dem Halbteilungsgrundsatz entfallen hiervon auf den Unterhaltspflichtigen 1.720,00 € (also die Hälfte). Dieser Betrag erhöht sich um die Ersparnisse aus dem Einkommen des Unterhaltspflichtigen, nämlich 14 % von 3.000,00 € (also 420,00 €) auf 2.140,00 €, die dem Unterhaltspflichtigen verbleiben. Sein angemessener Selbstbehalt beträgt (ab 01.01.2015) 1.800,00 €, von der Differenz (340,00 €) ist die Hälfte, also 170,00 €, für den Elternunterhalt einzusetzen.

Im Anschluss an die Hausmann-Rechtsprechung steht hier also der hälftige Anspruch auf Familienunterhalt im Vordergrund, die zusätzliche Berücksichtigung der Ersparnis durch das Zusammenleben wird proportional auf beide Ehegatten nach dem Verhältnis ihrer Einkünfte verteilt.

---

804 Hierauf weist auch BGH, 28.01.2004 – XII ZR 218/01, FamRZ 2004, 798 hin.
805 *Hauß*, FamRB 2003, 237.
806 Krit. auch *Brudermüller*, NJW 2004, 637. Beispiel nach BGH NJW 2006, 3344, 3347: Rücklagen für die Anschaffung eines neuen Pkw.
807 OLG Hamm, 22.11.2004 – 8 UF 411/00, NJW-RR 2005, 588.
808 BGH, 28.01.2004 – XII ZR 218/01, FamRZ 2004, 795, 797.
809 So etwa *Scholz*, in: Wendl/Staudigl, Das Unterhaltsrecht in der familienrichterlichen Praxis, Rn. 3.83 ff.; *Eschenbruch/Klinkhammer*, Der Unterhaltsprozess, Rn. 2083.
810 Vgl. *Gutdeutsch*, FamRZ 2011, 78.

929 Der **BGH** hat indessen[811] eine Proportionalrechnung zugrunde gelegt, bei der die Ersparnis durch das Zusammenleben nicht nur beim Sockelselbstbehalt, sondern auch durch einen weiteren Abzug von 10 % von dem Einkommen, das nach Subtraktion des kombinierten Familienselbstbehalts verbleibt, berücksichtigt wird. Dies soll folgendes Berechnungsbeispiel verdeutlichen:

▶ Einkommen des Unterhaltspflichtigen 3.000,00 €, seines Ehegatten 1.000,00 €, gesamtes Familieneinkommen (das bereits um alle in Rdn. 910 ff. geschilderten Faktoren bereinigt ist) also 4.000,00 €. Nach Abzug des Familienselbstbehalts (1.800,00 € für den Unterhaltspflichtigen, 1.440,00 € für dessen Ehegatten) verbleiben 760,00 €. Diese werden nochmals um eine 10 %ige (pauschale) Haushaltsersparnis, also 76,00 €, auf 684,00 € reduziert. Hiervon die Hälfte beträgt 342,00 €. Durch Addition des Familienselbstbehalts von 3.240,00 € ergibt sich ein individueller Familienbedarf von 3.582,00 €, davon beträgt der Anteil des Unterhaltspflichtigen 3/4 (Verhältnis 3.000,00 € zur Gesamtsumme des Einkommens 4.000,00 €), also 2.686,50 €. Bei einem tatsächlichen Einkommen des Unterhaltspflichtigen von 3.000,00 €, abzgl. des Anteils des Unterhaltspflichtigen am Familienbedarf von 2.686,50 € sind also 313,50 € (also deutlich mehr als nach der Berechnungsformel der vorangehenden Randnummer) für den Elternunterhalt einsetzbar.

930 Als **Formel**[812] lässt sich diese Berechnungsweise des BGH seit dem Jahr 2015[813] wie folgt wiedergeben:

▶ Einzusetzender Einkommensteil = (bereinigtes Gesamteinkommen beider Ehegatten abzgl. 3.240,00 €) multipliziert mit (Verhältnis zwischen dem Einkommen des Pflichtigen und dem Gesamteinkommen) multipliziert mit 0,55.

Die Erhöhung des letzten Faktors auf 55 % anstatt wie bisher 50 % führt zu einem im Ergebnis jedenfalls 10 %igen Anstieg der für den Elternunterhalt einsetzbaren Beträge im Vergleich zu früheren Proportionalrechnungen, die in der Literatur entwickelt worden waren.[814]

4. Mindestselbstbehalt und Eigenbedarf

931 Bereits in seiner ersten Leitentscheidung[815] und in ständiger Wiederholung anlässlich der ab 23.10.2002 einsetzenden Reihe neuer Grundsatzurteile[816] hat der BGH ausgeführt, der seinen Eltern ggü. Unterhaltspflichtige brauche eine spürbare und dauerhafte Senkung seines »berufs- und einkommensabhängigen Unterhaltsniveaus« im Regelfall nicht hinzunehmen, »solange er keinen nach den Verhältnissen unangemessenen Aufwand betreibt oder ein Leben im Luxus führt«.

932 Die Nachrangigkeit des Elternunterhalts rechtfertigt es, den Mindestselbstbehalt des erwachsenen Kindes ggü. seinen Eltern dadurch zu ermitteln, dass der Mindestselbstbehalt, der ggü. einem volljährigen Kind derzeit bei durchschnittlichen Verhältnissen verteidigt werden kann (bis 2005: 1.000,00 €),[817] um einen maßvollen Zuschlag von 25 % erhöht wird. Damit belief sich der Mindestselbstbehalt des Kindes ggü. seinen Eltern bis zum 30.06.2005 auf 1.250,00 €, von

---

[811] Im Urteil v. 28.07.2010 – XII ZR 140/07, FamRZ 2010, 1535, m. Anm. *Hauß*, hierzu weiter *Gutdeutsch*, FamRZ 2011, 78 und *Wohlgemuth* FamRZ 2011, 341.
[812] Vgl. *Gutdeutsch*, FamRZ 2011, 78.
[813] In den Jahren 2013 und 2014 betrug der Abzugsbetrag in nachstehender Formel lediglich (1.600 + 1.280 =) 2.880,00 €.
[814] Insb. von *Hauß*, Elternunterhalt, Rn. 246, 251, im Anschluss an BGH, 30.08.2006 – XII ZR 98/04, FamRZ 2006, 1511.
[815] BGH, 26.02.1992 – XII ZR 93/91, FamRZ 1992, 795.
[816] Z.B. BGH, 23.10.2002 – XII ZR 266/99, FamRZ 2002, 1698.
[817] Düsseldorfer Tabelle, Anm. A 5 Abs. 2.

01.07.2005 bis 31.12.2010 auf 1.400,00 €,[818] ab 01.01.2011 bis 31.12.2012 auf 1.500,00€, von 01.01.2013 bis 31.12.2014 auf 1.600,00 €, seit 01.01.2015 auf **1.800,00 €**. Hierin sind – wie beim notwendigen Eigenbedarf – Kosten für Unterkunft und Heizung i.H.v. knapp 30 %, nämlich monatlich 480,00 € (zuvor in den Jahren 2013 und 2014: 450,00 €), enthalten. Der Mindestselbstbehalt für den im gemeinsamen Haushalt lebenden Ehegatten wird angesichts einer angenommenen Ersparnis aus gemeinsamer Haushaltsführung von (zwischen 01.07.2005 und 31.12.2010 350,00 €,[819] zwischen 01.01.2011 und 31.12.2012 300,00 €, zwischen 01.01.2013 bis 31.12.2014: 320,00 €, seit 01.01.2015: 360,00 €), auf (seit 01.01.2015) **1.440,00 €** (zuvor in den Jahren 2013 und 2014: 1.280,00 €) beziffert, hierin enthalten 380,00 € (zuvor in den Jahren 2013 und 2014: 350,00 €) Anteil für Unterkunft und Heizung. Sofern der Mietwohnaufwand also über 480,00 € beim alleinstehenden, 860,00 € (480,00 € plus 380,00 €) beim verheirateten in Anspruch genommenen Kind beträgt, erhöht sich der eigene bzw. der kombinierte Mindestselbstbehalt (»Familienmindestselbstbehalt«) um den übersteigenden Betrag. Er reduziert sich jedoch nicht bei tatsächlich niedrigerem Wohnaufwand, da der Pflichtige in der Disposition der ihm belassenen Mittel frei ist.[820] Ist allerdings der Ehegatte Eigentümer einer Immobilie, die der Familie mietfreies Wohnen ermöglicht, kann der Selbstbehalt des Unterhaltspflichtigen angemessen gekürzt werden.[821]

Soweit der Ehegatte über **eigenes Einkommen** verfügt, reduziert dies auch den gutzubringenden weiteren Mindestselbstbehalt von **1.440,00 €**, ebenso wie es von seinem etwa höheren Halbanteil am eheprägenden Familieneinkommen (s. Rdn. 923 ff.) abgezogen worden wäre. **933**

Die vorstehenden Schwellenwerte von 1.800,00 € (zzgl. ggf. 1.440,00 € für den Ehegatten) stellen allerdings nur Mindestbeträge zur Einkommensschonung dar. Den Empfehlungen des Deutschen Familiengerichtstags[822] und des Deutschen Vereins für öffentliche und private Fürsorge zur Heranziehung Unterhaltspflichtiger in der Sozialhilfe,[823] ebenso der Düsseldorfer Tabelle[824] und den Süddeutschen Leitlinien[825] folgend, hat der BGH wiederholt eine Pauschalierung des Inhalts gebilligt,[826] dass **die Hälfte**[827] **des eigenen Einkommens**, das **934**
(1) nach Bereinigung,
(2) nach Abzug vorrangiger Unterhaltsverpflichtungen (einschließlich derjenigen ggü. dem Ehegatten) und
(3) nach weiterem Abzug des eigenen Mindestselbstbehalts von 1.800,00 € (ggf. samt Erhöhung aufgrund höherer Warmmiete als 480,00 €) verbleibt,
zusätzlich freigestellt wird.

Aufgrund dieser – allerdings nicht i.S.e. zwingenden Regel, sondern einer Berechnungsvereinfachung zu verstehenden – Privilegierung der hälftigen »überschießenden« Leistungsfähigkeit erübrigen sich die in der Vergangenheit häufig angestrengten Versuche, durch großzügigere Abset- **935**

---

818 Düsseldorfer Tabelle, Anm. D 1 Satz 1; ebenso Leitlinien Nr. 21.3.2 der meisten OLG mit Ausnahme des OLG Schleswig, das keinen festen Selbstbehaltssatz angibt.
819 *Scholz*, FamRZ 2004, 1832, plädiert dafür, die häusliche Ersparnis durch einen pauschalen Abzug von 14 % von den Einkünften beider Ehegatten zu berechnen.
820 BGH, 25.06.2003 – XII ZR 63/00, FamRZ 2004, 186.
821 BGH, 19.03.2003 – XII ZR 123/00, FamRZ 2003, 1179 m. Anm. *Klinkhammer*; *J. Mayer*, ZEV 2007, 146.
822 NJW 2000, 1464.
823 Fassung ab 01.07.2005: FamRZ 2005, 1387, Nr. 137; frühere Fassung in FamRZ 2002, 931, Nr. 121.
824 Anm. D1 (Fassung 01.01.2011).
825 Tz. 21.3.3. (Fassung 01.01.2011).
826 BGH, 23.10.2002 – XII ZR 266/99, FamRZ 2002, 1698; 19.03.2003 – XII ZR 123/00, FamRZ 2003, 1179 (»nicht grundsätzlich als rechtsfehlerhaft anzusehen«).
827 Unter Berücksichtigung der häuslichen Ersparnis bei zusammenlebenden Ehegatten: 45 %, vgl. Rdn. 929 f.

zungen vom Einkommen (z.B. Rücklagenbildung für Kfz-Anschaffung, Rücklagen für Urlaub) zu einem adäquaten Ergebnis zu gelangen.

936 Auch Ermittlungen zur konkreten Bezifferung des für die Vermögensbildung eingesetzten Anteils, der sonst – soweit er auf das pflichtige Kind entfällt – in voller Höhe zum Unterhalt heranzuziehen wäre (nachstehend Rdn. 937 ff.), sind dann nicht mehr veranlasst, jedenfalls sofern (wie bei kleineren oder mittleren Einkommen) vom Erfahrungssatz ausgegangen werden kann, dass die nach Abzug der Altersvorsorgeaufwendungen und der Eigenheimlasten verbleibenden Mittel in vollem Umfang dem präsenten oder künftigen Konsum zugeführt werden.

5. Einkommenseinsatz ohne Rücksicht auf den Mindestselbstbehalt

937 Die Mindestselbstbehalte (s. Rdn. 934) wurden früher in der instanzgerichtlichen Rechtsprechung[828] unterschiedslos als Schwellenwerte zugrunde gelegt mit der Folge, dass der nur gering verdienende oder gar einkommenslose Ehegatte auch bei sehr hohem Schwiegerkindeinkommen als nicht leistungsfähig einzustufen war.

938 In einer Entscheidung zur Geltendmachung von Unterhaltsansprüchen der Kinder gegen Elternteile, die in einer neuen Ehe die Haushaltsführung übernommen haben und nur in geringem Umfang über Einkünfte verfügen, hat der BGH[829] allerdings herausgearbeitet, dass bereits i.R.d. Beurteilung der Leistungsfähigkeit nach § 1603 Abs. 1 BGB der Anspruch des Pflichtigen auf Familienunterhalt zu berücksichtigen sei: Sofern der angemessene Bedarf durch diesen Familienunterhalt seitens des Schwiegerkindes gedeckt sei, könne der Pflichtige zusätzlich selbst erwirtschaftete Einkünfte ohne weitere Rücksichtnahme auf seinen Selbstbehalt zur Befriedigung von Unterhaltsansprüchen Verwandter einsetzen, ohne dass dadurch der Hälfteanteil des Schwiegerkindes am angemessenen Familienunterhalt geschmälert würde, Letzterer also indirekt zur Unterhaltsleistung herangezogen werde.

939 Diesen Grundsatz (der »Kollektivbetrachtung«) hat der BGH in den seit Oktober 2003 ergangenen Entscheidungen[830] auch auf den Verwandtenunterhalt in aufsteigender Linie übertragen. Obwohl die Entwicklung noch im Fluss begriffen ist, lassen sich schwerpunkthaft die drei folgenden Sachverhaltsgruppen unterscheiden, in denen **Einkommen auch unterhalb des eigenen Mindestselbstbehalts** den Eltern zur Verfügung zu stellen ist.

a) Vermögensbildung

940 Zum einen sind (ohne Rücksicht auf den Mindestselbstbehalt und ohne 50 %-Privileg) diejenigen Einkommensteile des unterhaltspflichtigen Kindes abzuführen, die anteilig zur **Vermögensbildung der Familie** herangezogen worden waren. Ergibt bspw. die tatrichterliche Aufklärung eine Vermögensbildung[831] i.H.v. 10 % des gesamten Familieneinkommens i.H.v. 4.000,00 €, zu dem das Kind i.H.v. 1.000,00 € und das Schwiegerkind i.H.v. 3.000,00 € beigetragen haben (Vermögensbildungsanteil also insgesamt 400,00 €), so ist der nach dieser Quotelung auf das Kind entfallende Anteil an der Vermögensbildung, im Beispielsfall also ein Viertel (100,00 €), dem Elternunterhalt zur Verfügung zu stellen. Ein Abgleich mit dem Mindestselbstbehalt findet nicht statt, da dieser Anteil an der Vermögensbildung schon bisher nicht dem laufenden Familienbedarf

---

828 Z.B. OLG Frankfurt, 20.06.2000 – 3 UF 122/99, FamRZ 2000, 1391 (aufgehoben durch BGH, 17.12.2003 – XII ZR 224/00, FamRZ 2004, 370).
829 29.10.2003 – XII ZR 115/01, FamRZ 2004, 24.
830 BGH, 17.12.2003 – XII ZR 224/00, FamRZ 2004, 370; 15.10.2003 – XII ZR 122/00, FamRZ 2004, 366; 14.01.2004 – XII ZR 69/01, FamRZ 2004, 443.
831 Nicht hierzu zählen hinsichtlich der Einkommensbereinigung privilegierte Ausgaben, auch soweit sie Tilgungs- und damit Wertsteigerungscharakter haben, wie etwa Aufwendungen für das Eigenheim oder Rücklagen zur Alterssicherung in der anerkannten Höhe von 20 % des Bruttoeinkommens!

C. Elternunterhalt

diente und demnach ebenso wenig den Eltern ggü. in Gestalt des erhöhten Eigenbedarfs verteidigt werden kann.[832]

b) Überobligatorischer Erwerb außerhalb des eheprägenden Bedarfs

Erbringt der »elternpflichtige« Ehegatte seinen **Familienbeitrag durch Haushaltsführung und/ oder Kindererziehung** und erfüllt damit seine Pflicht aus § 1360 Satz 2 BGB bereits vollständig, erzielt jedoch zusätzlich Einkünfte aus einer bspw. teilschichtigen Nebenbeschäftigung, die er entweder tatsächlich für sich selbst verbraucht[833] oder lediglich freiwillig der Familie zur Verfügung stellt, obwohl die Einkünfte aus überobligatorischem Einsatz stammen, so dass ein erhebliches Missverhältnis der beiderseitigen Beiträge zum Familienunterhalt entsteht[834] oder lediglich freiwillig der Familie zu Verfügung stellt, obwohl der Bedarf der Familie tatsächlich durch das Schwiegerkind bereits gedeckt wäre,[835] ist solches Einkommen auch unterhalb des eigenen Mindestselbstbehalts für den Unterhalt der Eltern heranzuziehen.[836]

941

Die ehelichen Lebensverhältnisse werden durch solch überobligatorisch erzieltes oder nicht für den Familienunterhalt erforderliches Einkommen nicht geprägt. Zwar steht es Ehegatten frei, die persönliche und wirtschaftliche Lebensführung in ihrer Ehe in gemeinsamer Verantwortung zu bestimmen;[837] sie können jedoch nach Treu und Glauben eine solche Abrede dem Elternunterhalt ggü. nicht verteidigen, sofern der beiderseitige angemessene Familienunterhalt auch nach Abzug der »Zuschussbeträge« gewahrt bleibt. Um festzustellen, ob die bisher beigesteuerten »geringfügigen« Eigeneinkünfte einem geschuldeten Zusatzbeitrag zum Familienunterhalt entsprachen oder außerhalb des eheprägenden Bedarfs freiwillig und demnach »auf Widerruf« erbracht wurden, bedarf es einer Ermittlung der Konsum- und Spargewohnheiten der Ehegatten.[838]

942

c) Auskömmliches Schwiegerkindeinkommen

Eine Einzelfallbetrachtung der Konsum- und Spargewohnheiten könne sich – so der BGH[839] und Teile der Literatur[840] sowie der Praxisempfehlungen[841] – allerdings dann erübrigen, wenn der vom Schwiegerkind geleistete Familienunterhalt »so auskömmlich ist, dass das Kind bereits daraus angemessen unterhalten werden kann«. Dies sei anzunehmen, wenn das bereinigte und um Kindesunterhaltsbeträge reduzierte **Einkommen des Schwiegerkindes den doppelten kombinierten Selbstbehalt** – bis 01.07.2005 (1.250,00 + 950,00) € × 2 = 4.400,00 €, zwischen 01.07.2005 und

943

---

832 Vgl. hierzu etwa *Schürmann*, FamRZ 2004, 449.
833 BGH, 17.12.2003 – XII ZR 224/00, FamRZ 2004, 372 (unter 4b bb); 28.01.2004 – XII ZR 218/01, FamRZ 2004, 797 (unter 3b).
834 BGH, 28.01.2004 – XII ZR 218/01 BGH, FamRZ 2004, 797 verneint solche überobligatorischen Einkünfte bei einer Ehefrau, die neben der Führung des Haushalts und der Erziehung eines fast erwachsenen Kindes einer Teilzeittätigkeit nachgeht; der Ehemann ist zugleich gewerblich (Inhaber eines Gartenbaubetriebs) und als Arbeitnehmer tätig.
835 BGH, 15.10.2003 – XII ZR 122/00, FamRZ 2004, 368 (unter 2e cc); 17.12.2003 – XII ZR 224/00, FamRZ 2004, 372 (unter 4a); 28.01.2004 – XII ZR 218/01, FamRZ 2004, 797 (unter 3a).
836 BGH, 17.12.2003 – XII ZR 224/00 BGH, FamRZ 2004, 373; *Schnitzler/Günther*, MAH Familienrecht, § 12 Rn. 94; *Pauling*, in: Wendl/Staudigl, Das Unterhaltsrecht in der familienrichterlichen Praxis, § 2 Rn. 645.
837 BVerfG, 05.02.2002 – 1 BvR 105/95, 1 BvR 559/95 und 1 BvR 457/96, FamRZ 2002, 528.
838 BGH, 17.12.2003 – XII ZR 224/00, FamRZ 2004, 373.
839 17.12.2003 – XII ZR 224/00, FamRZ 2004, 373; 28.01.2004 – XII ZR 218/01, FamRZ 2004, 797.
840 *Schnitzler/Günther*, MAH Familienrecht, § 12 Rn. 99; *Müller*, FamRZ 2002, 571.
841 Empfehlungen des Deutschen Vereins für öffentliche und private Fürsorge zur Heranziehung Unterhaltspflichtiger in der Sozialhilfe (SGB XII), Stand 01.07.2005 (FamRZ 2005, 1387 ff.), Rdn. 197, mit der Ergänzung, dass auch bei einem Familieneinkommen über 4.900,00 € dem Kind die Hälfte des »Barbetrages zur persönlichen Verfügung« verbleiben solle.

31.12.2010 (1.400,00 + 1.050,00) € × 2 = 4.900,00 €, zwischen 01.01.2011 und 31.12.2012 (1.500,00 + 1.200,00) € × 2 = 5.400,00 €, zwischen 01.01.2013 und 31.12.2014 (1.600,00 + 1.280,00) € × 2 = 5.760,00€, seit 01.01.2015 (1.800,00 + 1.440,00) € × 2 = **6.480,00 €** – monatlich **übersteigt**. In diesem Fall seien jedwede eigene Einkünfte des Kindes, auch unter dem eigenen Mindestselbstbehalt von 1.800,00 €, für den Ehegattenunterhalt heranzuziehen, da eine Schmälerung des bereits durch das Schwiegerkind gesicherten angemessenen eigenen Unterhalts ausgeschlossen sei.

944 In Fortführung des vom BGH[842] entwickelten Ansatzes, oben Rdn. 929, werden wohl[843] künftig auch Fälle, in denen der unterhaltspflichtige Ehegatte weniger verdient als sein Ehepartner, gelöst werden, und zwar unabhängig davon, ob der höherverdienende Ehegatte die »Auskömmlichkeitsgrenze« von 6.480,00 Euro/Monat erreicht oder nicht. Es würde dann auch für die Leistungsfähigkeit des weniger Verdienenden im Wege der Proportionalrechnung vorab der Anteil bestimmt, der für den Familienunterhalt geschuldet ist. Das Rechenbeispiel in Rdn. 929 mit »umgekehrtem Vorzeichen«, also aus der Sicht des weniger verdienenden Ehegatten, würde sich dann wie folgt darstellen:

▶ Bereinigtes Einkommen des unterhaltspflichtigen Ehegatten 1.000,00 €, seines Ehepartners 3.000,00 €, Familieneinkommen also 4.000,00 €, abzgl. Familienselbstbehalt (1.800,00 € + 1.440,00 €= 3.240,00 €) verbleiben 760,00 €. Hiervon ist die 10 %ige Haushaltsersparnis pauschal abzuziehen, so dass nach Abzug der 76,00 € noch 684,00 € verbleiben. Die Hälfte, 342,00 €, zzgl. des Familienselbstbehalts von 3.240,00 € ergibt den individuellen Familienbedarf von 3.582,00 €. Der Anteil des Unterhaltspflichtigen hiervon beträgt 1/4 (1.000/4.000), also 895,50 €. Von seinem Einkommen von 1.000,00 € sind also für den Elternunterhalt nach Abzug dieser 895,50 € noch 104,50 € abziehbar.

Auch hier wirkt also die in Rdn. 930 dargestellte **Formel**: (Gesamteinkommen 4.000,00 € minus Familienselbstbehalt 3.240,00 € = 760,00 €) mal Relation zwischen dem Einkommen des Pflichtigen 1.000,00 € und dem Gesamteinkommen 4.000,00 € (also 0,25) mal 0,55 = 104,50 €.

945 Stehen keine Fremdeinkünfte zur Verfügung, könne der **Taschengeldanspruch** von 5 % bis 7 % des bereinigten Familieneinkommens, also faktisch des Netto-Einkommens des Ehepartners, herangezogen werden.[844] Entgegen der überwiegenden Ansicht in der Literatur[845] hielt der BGH früher eine Teilfreistellung des Taschengelds nicht für erforderlich;[846] nunmehr ist jedoch auch das »Taschengeld« nur zur Hälfte des Betrages einzusetzen, der nach Abzug von 5 % bis 7 % des Mindestselbstbehalts eines Unterhaltspflichtigen (2015: 1.800,00 €), also nach Abzug von ca. 90,00 bis 126,00 €, verbleibt.[847] Seit 2014 favorisiert der BGH hinsichtlich der Freistellung dagegen 5 % des (kombinierten) Familienselbstbehalts, und zusätzlich die Freistellung der Hälfte des übersteigenden

---

842 Im Urt. v. 28.07.2010 – XII ZR 140/07, FamRZ 2010, 1535, m. Anm. *Hauß*.
843 So etwa berechnet in BGH, 23.07.2014 – XII ZB 489/13, FamRZ 2014, 1540 m. Anm. *Hauß*.
844 BGH, 15.10.2003 – XII ZR 122/00, FamRZ 2004, 366 ff.
845 So *Gutdeutsch*, FamRZ 2011, 81.
846 Er führt aus, der Barbetrag nach § 21 Abs. 3 BSHG umfasse Aufwendungen für Zeitungen, Porto und Nahverkehrsmittel etc., die in den vorliegenden Sachverhalten bereits aus dem Einkommen des Hauptverdieners zu bestreiten seien. Die Instanzgerichte urteilten milder, z.B. OLG Stuttgart, 22.03.2000 – 15 UF 386/99, OLGR 2000, 245: hälftiger Taschengeldbetrag; noch großzügiger OLG Köln, 29.09.1999 – 27 UF 87/99, NJW-RR 2000, 810: kein Zugriff auf den Taschengeldanspruch; Empfehlung des 13. Deutschen Familiengerichtstags, Arbeitskreis 1: Schonung i.H.v. 220,00 €.
847 BGH, 12.12.2012 – XIII ZR 43/11, DNotZ 2013, 385; Berechnungen bei *Vießhues*, NWB 2013, 2319, 2324 f.

Betrages, so dass sich die unterhaltsrechtliche Leistungsfähigkeit unter dem Gesichtspunkt des **Taschengeldes** nach der **Formel**

>»(anrechenbares Familieneinkommen abzüglich Familiensockelselbstbehalt)
>dividiert durch zwei, mal 5 %«

bemisst.[848] Verfügt allerdings das unterhaltspflichtige Kind über eigene Einkünfte, die über 5–7 % des bereinigten Familiennettoeinkommens liegen, und hat diese daher gem. Rdn. 944 einzusetzen, wird davon kein zusätzlicher »Taschengeldselbstbehalt« abgezogen.[849]

In diesem begrenzten Anwendungsbereich werden also mittelbar geringe Anteile des Schwiegerkindeinkommens herangezogen, unabhängig davon, ob das Taschengeld tatsächlich durch bare Auszahlung dem unterhaltspflichtigen Kind zur Verfügung steht, da es sich um einen zwingenden Bestandteil seines Ehegattenunterhaltsanspruchs handelt, der nicht für den Familienunterhalt einzusetzen sei und demnach ohne Schmälerung des Lebensstandards der Familie für den Elternunterhalt zur Verfügung stehen könne. 946

6. Berechnungsbeispiele

Das Zusammenspiel dieser Prüfungsumstände im Einkommensbereich sei durch folgende **Beispiele** verdeutlicht: 947

▶ **Beispiel 1: Einkommensbereinigung und -einsatz des ledigen Kindes**

Kind A, ledig und kinderlos, erzielt (im 3-jährigen Vergangenheitsdurchschnitt) Einkommen aus freiberuflicher Tätigkeit i.H.v. monatlich 3.000,00 €, ferner aus Vermietung und Verpachtung i.H.v. monatlich 700,00 € (gemindert um 200,00 € erhöhter Abschreibungen für Denkmalschutzobjekte). Der Wohnaufwand im eigenen Reihenhaus (samt Zinsen und Tilgung der hierfür aufgenommenen Verbindlichkeiten) beläuft sich auf monatlich 1.000,00 €. Das gesamte verbleibende Einkommen fließt in den laufenden Konsum oder in Altersrückstellungen.

Unterhaltsrechtlich sind zunächst die Mieteinkünfte um die steuerliche Minderung durch die erhöhte AfA auf 900,00 € zu erhöhen; ferner ist der Wohnwert der Eigennutzung, allerdings nur i.H.d. angemessen ersparten Fremdmiete i.H.v. (z.B.) 600,00 € zu addieren. Die Summe i.H.v. 4.500,00 € ist zu mindern um die tatsächlichen Wohnkosten, soweit sie den im Mindestselbstbehalt enthaltenen Betrag von 480,00 € übersteigen (1.000,00 € abzgl. 480,00 € = 520,00 €), ferner um (hinsichtlich ihrer Verwendungsart dem Kind anheim gestellte) tatsächlich getätigte Altersvorsorgeaufwendungen i.H.v. 20 % der freiberuflichen Einkünfte (600,00 €). Von den verbleibenden 3.380,00 € kann das Kind den Mindestselbstbehalt von 1.800,00 € und von dem übersteigenden Betrag von 1.580,00 € die Hälfte verteidigen, so dass es i.H.v. max. 790,00 € leistungsfähig ist.

▶ **Beispiel 2: Hinzutreten vorrangiger Unterhaltspflichten**

Sachverhalt wie zuvor, jedoch ist das »elternpflichtige Kind« mit einem einkommenslosen Ehegatten verheiratet und hat ein 10-jähriges und ein 12-jähriges Kind. 948

Vom wie oben ermittelten Familieneinkommen i.H.v. 4.500,00 € abzgl. der Altersvorsorgeaufwendungen (600,00 €) sind die tatsächlichen Wohnkosten nur i.H.v. 140,00 € abzuziehen (soweit nämlich 1.000,00 € die in den Mindestselbstbehalten enthaltenen Wohnanteile von 480,00 € und 380,00 € übersteigt), so dass das bereinigte Familieneinkommen 3.760,00 € beträgt. Hiervon sind je 152 % des Mindestbedarfs (Einkommensstufe 9 der Düsseldorfer Tabelle für die 2. und 3. Altersstufe, d.h. für 2017 502,00 € und 604,00 €) abzuziehen. Am verbleiben-

---

848 *Hauß*, FamRZ 2014, 1992 in Anm. zu BGH, 01.10.2014 – XII ZR 133/13, FamRZ 2014, 1990; vgl. auch *Hußmann*, NZFam 2015, 15, 18.
849 BGH, 23.07.2014 – XII ZB 489/13, FamRZ 2014, 1540 m. Anm. *Hauß*.

den (im Beispielsfall vollständig dem Familienbedarf einschließlich Wohnen und Altersvorsorge, nicht der reinen Vermögensbildung gewidmeten) Betrag i.H.v. 2.654 € hat der Ehegatte zur Hälfte teil, so dass auf ihn ein »Freibetrag« von 1.327,00 €, mindestens jedoch der monatliche notwendige Eigenbedarf des Ehegatten gegenüber den Eltern des Unterhaltspflichtigen, also 1.440,00 €, entfällt. Der verbleibende Rest i.H.v. 1.214,00 € übersteigt nicht den Mindestselbstbehalt des Kindes von 1.800,00 €, so dass eine Heranziehung nicht geschuldet ist.

▶ **Beispiel 3: Begrenzte Leistungsfähigkeit des Schwiegerkindes**

949 Sachverhalt wie im Beispiel 2, allerdings erzielt der Ehepartner (Ehefrau) aus zumutbarer teilschichtiger Tätigkeit 600,00 €. Das gesamte Familieneinkommen beläuft sich demnach auf (wiederum vollständig dem Unterhalt einschließlich Wohnen und Altersvorsorge, nicht der reinen Vermögensbildung gewidmete) 5.100,00 €. Hiervon sind die übersteigenden Wohnkosten (140,00 €) sowie 20 % Vorsorgeaufwendungen aus der selbstständigen Tätigkeit (600,00 €) abzuziehen, ferner der Kindernaturalunterhalt (1.106,00 €); es verbleiben 3.454,00 €, wovon auf die Ehefrau die Hälfte (1.727,00 €) abzgl. ihres Eigeneinkommens, also 1.127,00 €, entfällt. Vom eigenen Einkommen des »elternpflichtigen« Ehemannes (Beispiel 1: 3.350,00 €) bleibt also 1.127,00 € für den vorrangigen Unterhaltsanspruch der Ehefrau und (1.106,00 € × 33/39tel – anteilig gekürzt wegen des Kindernaturalunterhaltsanteils der Ehefrau –, also) 935,85 € für die Kinder unberücksichtigt. Der Restbetrag von 1.287,15 € übersteigt nicht den Mindestselbstbehalt des Kindes von 1.800,00 €, so dass eine Heranziehung nicht geschuldet ist.

Nach **anderer Berechnungsweise**,[850] welche die Kostenersparnis aus gemeinsamer Haushaltsführung stärker betont, sind in diesem Fall die Netto-Einkünfte gegenüberzustellen (Ehemann: 3.000,00 € Freiberufliche Tätigkeit, 900,00 € Miete, 300,00 € anteiliger Wohnvorteil abzgl. 600,00 € Vorsorgeaufwendungen = 3.600,00 € einerseits; Ehefrau: 600,00 € und hälftiger Wohnvorteil 300,00 € = 900,00 € andererseits). Abzuziehen sind jeweils die Kindesunterhaltsanteile (Ehemann: 36/45 aus 1.106,00 € = 884,80 €; Ehefrau: 221,20 €), so dass als Einkommen des Ehemannes 2.715,20 €, der Ehefrau 678,80 € verbleiben. Das Gesamtfamiliennettoeinkommen von 3.394,00 € (80 % Ehemann bzw. 20 % Ehefrau) ist um 14 % Ersparnis aus gemeinsamer Haushaltsführung zu kürzen, so dass 2.918,84 € als Gesamtbedarf der Familie verbleiben, wovon die Hälfte auf den Ehegatten entfällt, also 1.459,42 € (Halbteilungsgrundsatz). Für die Beurteilung der Leistungsfähigkeit des Ehemannes muss dann allerdings dem verbleibenden Betrag von 1.459,42 € wiederum die Gemeinschaftshaushaltsersparnis von 14 % bezogen auf sein Nettoeinkommen (2.715,20 €), also i.H.v. 380,13 €, hinzugerechnet werden, so dass seine Leistungsfähigkeit sich auf 1.839,55 € beläuft. Sein Mindestselbstbehalt beträgt 1.800,00 € zzgl. 80 % (sein Unterhaltsanteil) der die Selbstbehalte übersteigenden Wohnkosten von 140,00 €, somit gesamt 1.912,00 €. Auch hier findet, wenn auch knapp, eine Heranziehung nicht statt.

Nach wiederum **anderer Berechnungsweise**[851] ist dem wie vorstehend ermittelten Gesamtfamilieneinkommen von 3.394,00 € der kombinierte Mindestselbstbehalt von 1.800,00 € + 1.440,00 € + 140,00 € (Erhöhung um diejenigen Wohnkosten, welche die in den Mindestselbstbehalten enthaltenen Anteile von 480,00 € und 380,00 € übersteigen) = 3.380,00 € zzgl. der Hälfte des Übersteigenden, also 7,00 €, gesamt also 3.387,00 € gegenüberzustellen. Da der unterhaltspflichtige Ehemann 2715/3394tel des Gesamtfamilieneinkommens erzielt, entfällt auf ihn diese Quote des Gesamtselbstbehalts von 3.387,00 €, also 2.709,40 €, so dass er ebenfalls, wenn auch sehr knapp, nicht leistungsfähig bliebe.

---

850 Vgl. OLG Düsseldorf, 08.02.2007 – 9 UF 72/06, FamRZ 2007, 1684.
851 Vgl. *Hauß*, Elternunterhalt – Grundlagen und anwaltliche Strategien, Rn. 476.

C. Elternunterhalt

▶ **Beispiel 4: Leistungsfähiges Schwiegerkind**

Das heranzuziehende Kind verfügt über Einkünfte aus einer Teilzeitbeschäftigung von 600,00 € (bzw. alternativ: verfügt lediglich über den gesetzlichen Taschengeldanspruch) und führt den Haushalt; der Ehemann hat (bereits bereinigte) Einkünfte von monatlich 7.000,00 €. 10 % der Gesamteinkünfte dienen der reinen Vermögensbildung. 950

Obwohl die eigenen Einkünfte (600,00 € bzw. Taschengeldanspruch ca. 350,00 €) den Mindestselbstbehalt (1.800,00 €) nicht erreichen, können sie für den Elternunterhalt herangezogen werden, da eine Beschneidung des Lebenszuschnitts der Familie dadurch nicht eintritt: Dies gilt für den 10 %igen Vermögensbildungsanteil ebenso wie für den Rest, da der Familienunterhalt durch das »auskömmliche Partnereinkommen« (auch nach Kindesunterhaltsabzug wird der doppelte kombinierte Mindestselbstbehalt von 6.480,00 € überschritten) gesichert ist. Der Taschengeldanspruch wird allerdings nur herangezogen, soweit er 5–7 % aus dem eigenen Selbstbehalt, also ca 100,00€, übersteigt, und hinsichtlich des übersteigenden Restes wiederum nur zur Hälfte, also (350,00–100,00): 2 = 125,00€.

IV. Heranziehung aus Vermögen

1. Grundsatz

Als Folge der großzügigen Einkommensbereinigung, des hohen Mindestselbstbehalts und seiner Ergänzung durch die angemessene (50 %ige) Freistellung des überschießenden Betrags, ferner als Folge der vorherigen Berücksichtigung vorrangiger Unterhaltspflichten ggü. eigenen Kindern und dem Ehegatten (Halbteilungsgrundsatz) wird häufig eine Inanspruchnahme aus Einkommen (s. Rdn. 904 ff.) ausscheiden oder nicht zur vollständigen Schließung der Bedarfslücke führen. Da die Bedürftigkeit der Eltern regelmäßig erst in vorgerücktem Stadium der Pflegebedürftigkeit eintritt, haben die dann bereits seit geraumer Zeit im Erwerbsleben stehenden Kinder typischerweise aus dem über den aktuellen Gesamtfamilienunterhalt hinaus vorhandenen Mitteln Vermögen bilden können, dessen Heranziehung zur Versorgung der Eltern nunmehr zu untersuchen ist. 951

Aus der i.R.d. Einkommensheranziehung gewonnenen Erkenntnis, dass bei Sicherstellung des angemessenen Gesamtfamilienunterhalts Elternunterhalt aus dem auf das eigene Kind entfallenden Anteil an der »reinen« Vermögensbildung zu leisten sei, folgt nicht ohne Weiteres, dass das Ergebnis der in der **Vergangenheit geleisteten Vermögensbildungsbeiträge**, also der nunmehr vorhandene Vermögensstamm, uneingeschränkt dem Elternunterhalt gewidmet sein müsse. Zum einen stellt die höchstrichterliche, nunmehr gefestigte Rechtsprechung i.R.d. Einkommensschonung bspw. Lebensversicherungsbeiträge zur Altersversorgung oder Tilgungsbeiträge zur Schaffung eines Eigenheims frei, die aus Gründen der Wertungsgerechtigkeit im sodann geschaffenen Ergebnis – als Vermögensobjekt – ebenso wenig abgeschöpft werden können. Zum anderen kennt das Familienrecht (z.B. in §§ 1581 Satz 2, 1577 Abs. 3 BGB) bei strengeren, vorrangigen Unterhaltspflichten eine Verschonung des Vermögensstamms, sofern »die Verwertung unwirtschaftlich oder unter Berücksichtigung der beiderseitigen wirtschaftlichen Verhältnisse unbillig« wäre. Auch wenn im Recht des Verwandtenunterhalts (§§ 1601 ff. BGB) eine ähnliche Vorschrift fehlt, muss dieser Aspekt jedenfalls für den nachrangigen Elternunterhalt erst Recht[852] Geltung finden. Dies ist auch verfassungsrechtlich geboten.[853] 952

---

[852] BGH, 21.04.2004 – XII ZR 326/01 BGH, FamRZ 2004, 1184 konnte diese Frage offenlassen, da eine Heranziehung des Vermögens bereits unter Anwendung der allgemeinen, für den Deszendentenunterhalt entwickelten Grundsätze (»wirtschaftlich nicht mehr vertretbarer Nachteil«) ausschied.
[853] BVerfG, 07.06.2005 – 1 BvR 1508/96, NJW 2005, 1927 zum sog. »Bochumer Modell« (Schaffung »künstlicher Leistungsfähigkeit« durch aufgedrängten Kredit trotz fehlender Verwertungspflicht bei der Alterssicherung gewidmeten und hierfür erforderlichen Vermögens).

953 Wie § 1603 Abs. 1 BGB zu entnehmen ist, setzt Leistungsfähigkeit ein, sobald die vorrangigen sonstigen Verpflichtungen nicht mehr berücksichtigt zu werden brauchen und der eigene angemessene Unterhalt nicht gefährdet ist. Die **Verwertung des Vermögensstamms** darf also auch dann nicht verlangt werden, wenn sie den Unterhaltsschuldner von fortlaufenden Einkünften abschneiden würde, die er zur Erfüllung weiterer Unterhaltsansprüche, anderer berücksichtigungswürdiger Verbindlichkeiten und zur Bestreitung seines eigenen Unterhalts, und zwar nachhaltig, auf Lebenszeit, benötigt.[854]

954 Über diesen Grundansatz besteht Einigkeit. Dessen Umsetzung in konkrete »Vermögensschonbeträge« führt allerdings in der untergerichtlichen Rechtsprechung[855] zu außerordentlich uneinheitlichen, »gespreizten« Ergebnissen: Sie reichen von einem behaupteten Schonvermögen i.H.v. lediglich 5.000,00 DM[856] bis zur Freistellung eines Betrags von 490.000,00 DM.[857] Erst die jüngeren BGH-Urteile befassen sich mit dem geschuldeten Einsatz vorhandenen Vermögens; das erste Urteil billigte die Heranziehung vorhandener Barmittel eines alleinstehenden Kindes i.H.v. 300.000,00 DM bei zusätzlichem Vorhandensein einer Eigentumswohnung für einen einmaligen und wegen Ablebens der Mutter endgültigen Elternunterhaltsbetrag von 22.400,00 DM.[858]

955 Das BVerfG[859] hatte sich (nach Art einer Superrevisionsinstanz)[860] bisher lediglich mit einer eher ungewöhnlichen Konstellation zu befassen, dem Versuch einer durch ein »aufgedrängtes zinsloses Darlehen« geschaffenen künftigen (postmortalen) Leistungsfähigkeit (der Ansatz verdankt sich allerdings allein dem gestalterischen Ehrgeiz des LG Duisburg[861] und entsprang nicht etwa der Handhabung des Sozialleistungsträgers). Gleichwohl wurde diese Auffassung in der damaligen Kommentarliteratur durchaus ausgewogen sowohl begrüßt[862] als auch abgelehnt.[863] Die von harschen Worten begleitete Aufhebung des LG Duisburg als unzulässige richterliche Rechtsfortbildung (Verstoß gegen den Grundsatz der Gewaltenteilung) bedeutet für die einfachgesetzliche Anwendung den Abschied vom teilweise vertretenen Modell einer »relativen Einstandspflicht« des Unterhaltsschuldnervermögens: Entgegen dem Normverständnis des LG Duisburg und der ihm beitretenden Autoren kann nicht ein Vermögensgegenstand, der als solcher zum geschützten, »heranziehungsresistenten« Bereich zählt, durch eine Abmilderung des Verwertungsmodus doch für Unterhaltszwecke mobilisiert werden. Etwaige auf der Grundlage dieses »Darlehensmodells« eingetragene Grundpfandrechte sind zu löschen.[864]

956 Die bloße **Verschiebung der Zwangsverwertung auf die Zukunft** (hier den Zeitraum nach dem Ableben des Unterhaltsschuldners) durch Verzicht auf die Kündigung eines zinsfreien Darlehens bis zu diesem Zeitpunkt mag zwar den tatsächlichen Lästigkeitseffekt der Unterhaltsheranziehung in der Gegenwart abmildern, ist aber nicht geeignet, einem dem Grunde nach nicht einsatzpflichti-

---

854 Vgl. BGH, 23.10.2002 – XII ZR 266/99, FamRZ 2002, 1702; die Kalkulation auf die voraussichtliche Lebensdauer des Unterhaltspflichtigen wurde bereits von BGH, 02.11.1988 – IVb ZR 7/88, NJW 1989, 524 gefordert.
855 Vgl. hierzu bspw. *Günther*, NDV 2003, 85 ff.; *Schiebel*, NJW 1998, 3449 ff.; *Duderstadt*, FamRZ 1998, 273 ff.
856 Staudinger/*Engler/Kaiser*, BGB, § 1603 Rn. 180.
857 LG Lübeck, 30.01.1996 – 6 S 136/95, FamRZ 1996, 962.
858 BGH, 23.10.2002 – XII ZR 266/99, FamRZ 2002, 1702.
859 Urt. v. 07.06.2005 – 1 BvR 1508/96, NJW 2005, 1927 m. Anm. *Herr*, NJW 2005, 2747.
860 Zu einem Sachverhalt, der (vor der Einordnung des Elternunterhalts als Familiensache per 01.07.1998) noch letztinstanzlich nur zu den Zivilkammern des LG gelangen konnte.
861 03.05.1996 – 24 [4] S 285/95, FamRZ 1996, 1498 ff.
862 So etwa von *Pauling*, in: Wendl/Staudigl, Das Unterhaltsrecht in der familienrichterlichen Praxis, § 2 Rn. 623 und 642; *Günther*, NDV 2003, 88; bis zur 61. Aufl. auch in Palandt, BGB, § 1603.
863 So (mit lediglich kurzer Begründung) *Kalthoener/Puttner*, NJW 1997, 1821; *Schiebel*, NJW 1998, 3451; OLG Köln, 21.08.2000 – 21 UF 274/99, FamRZ 2001, 1475.
864 BGH, 20.03.2013 – XII ZB 81/11, FamRZ 2013, 1022 (Konterkarierungsverbot gem. § 79 Abs. 2 Satz 4 BVerfGG).

gen Vermögensgegenstand diese Schonvermögenseigenschaft bei anderen Modalitäten der Verwertung wieder abzuerkennen.[865] I.R.d. Heranziehung für Unterhaltszwecke sind Vermögensbestandteile entweder geschützt – dann ist jede Form der Verwertung, gleichgültig ob Veräußerung oder Beleihung, nicht geschuldet – oder aber der Vermögensgegenstand kann i.R.d. Elternunterhalts nicht verteidigt werden, so dass der Pflichtige Unterhalt in Geld (und nicht etwa in Form der Annahme eines Darlehensangebots) schuldet, und es bleibt ihm überlassen, auf welche Weise er sich den aufgrund seiner tatsächlich gegebenen Leistungsfähigkeit geschuldeten Geldbetrag verschafft (ob durch Verkauf oder Beleihung dieses Vermögensgegenstands oder aber eines anderen, den er hätte verteidigen können, oder aber durch Einschränkung seiner Konsumausgaben unter das Niveau seines erhöhten Selbstbehalts etc.).

2. Freistellungstatbestände

Eine an der aktuellen Rechtslage orientierte Differenzierung der Freistellungstatbestände lässt wohl folgende Umrisse erkennen: 957

(1) Allenfalls das **tatsächlich aktuell vorhandene** Vermögen ist heranziehbar. Der unterlassene Vermögenserwerb (z.B. infolge einer Erbausschlagung oder der Nichtgeltendmachung von Pflichtteilsansprüchen) bleibt außer Betracht. Er kann (mangels Schenkungscharakters, § 517 BGB bzw. wegen § 83 Abs. 1 InsO) auch nicht im Weg der Anfechtung durch den Unterhaltsgläubiger beseitigt werden.

(2) Gleiches gilt im Ergebnis für **vorangegangene Vermögensminderungen** des potenziell unterhaltspflichtigen Kindes, z.B. infolge Übertragungen in vorweggenommener Erbfolge an seine eigenen Abkömmlinge. Zwar erlaubt § 528 BGB die Rückforderung nach Bereicherungsrecht innerhalb eines 10-Jahres-Zeitraums nicht nur für den Fall eigener Verarmung (1. Alt.), sondern auch dann, wenn der Schenker (das Kind) infolge der Zuwendung außerstande ist, seinen Verwandten (den Eltern) ggü. Unterhalt zu leisten 2. Alt.); zu einer tatsächlichen Vermögensmehrung führt dieser Anspruch jedoch nur, wenn er durch den Betroffenen selbst geltend gemacht wird. Die Eltern können ihn zuvor weder pfänden (§ 852 Abs. 2 ZPO), noch kann ihn der Sozialhilfeträger auf sich überleiten, auch wenn er gem. § 94 SGB XII Gläubiger des Unterhaltsanspruchs selbst geworden sein sollte, da der privilegierte Zugriff durch Verwaltungsakt (§ 93 Abs. 1 Satz 4 SGB XII überwindet Abtretungs- und Pfändungsausschlüsse) nur bei eigenen Ansprüchen des Sozialhilfeempfängers oder seiner Eltern anwendbar ist, so dass auch der Sozialhilfeträger auf die – hier versagenden – Mittel des allgemeinen Pfändungsrechts verwiesen bleibt.[866] 958

Allerdings könnte ein wirtschaftlich der Pfändung/Überleitung weitgehend gleichwertiges Ergebnis dadurch eintreten, dass der im Vermögen des nunmehr selbst bedürftigen (da zur Erfüllung seiner Unterhaltspflichten ggü. den Eltern nicht mehr befähigten) Unterhaltsschuldners vorhandene Anspruch auf Rückforderung gegen den Beschenkten als tatsächlich vorhandenes Vermögen angesehen wird, so dass er, der Schuldner, unterhaltsrechtlich weiter als leistungsfähig gilt.[867] Beim Elternunterhalt als nachrangiger Unterhaltspflicht fehlt es frei- 959

---

865 Daher kommt es auch umgekehrt, worauf *Herr*, NJW 2005, 2748 hinweist, auf den vom BVerfG betonten Aspekt der zeitlichen Konkordanz von Darlehensangebot bzw. Verwertung einerseits und unterhaltsrechtlichem Bedarf andererseits nicht an; maßgeblich ist die Einsatzpflichtigkeit als solche.
866 A.A. wohl insoweit *Zeranski*, Die Rückforderung von Schenkungen wegen Verarmung (2014), S. 215 ff., 227 ff., 240 ff.; vgl. Rdn. 1066.
867 So BGH, 28.11.2012 – XII ZR 19/10, ZNotP 2013, 18 in Bezug auf einen seinem minderjährigen Kind unterpflichtigen Vater: dieser sei bei der Prüfung seiner Leistungsfähigkeit im Rahmen des Kindesunterhalts so zu behandeln, als habe er der Obliegenheit – zur Geltendmachung eines ihm zustehenden Pflichtteilsanspruchs – Folge geleistet, auch wenn dieser Pflichtteilsanspruch wegen § 852 Abs. 1 ZPO vom Unterhaltsgläubiger nicht direkt gepfändet werden kann.

lich an einer Obliegenheit des Unterhaltsschuldners[868] zur Geltendmachung (Rdn. 996, ebenso bei der Heranziehung aus Einkommen: Rdn. 908), so dass diese Sorge unbegründet sein dürfte.

Allenfalls unter den seltenen Voraussetzungen des § 138 BGB (Umstandssittenwidrigkeit; Schädigungsabsicht; kollusives Zusammenwirken, Weggabe erst nach Inanspruchnahme auf Elternunterhalt) führen frühere Vermögensminderungen demnach nicht zu einer Minderung der Leistungsfähigkeit.

960 Stammte allerdings das (weiter) übertragene Vermögen aus einer noch nicht 10 Jahre zurückliegenden Schenkung des nunmehr bedürftig gewordenen Elternteils, befreit die Weggabe das Kind nicht mehr, wenn er zu diesem Zeitpunkt bereits bösgläubig i.S.d. §§ 818 Abs. 4, 819 Abs. 1 BGB gewesen sein sollte;[869] bei gutgläubiger Weiterschenkung ist er zwar selbst gem. § 818 Abs. 3 BGB entreichert, der Zweitbeschenkte allerdings haftet in gleicher Weise aus § 822 BGB, und zwar unabhängig davon, ob es sich um eine schlichte Schenkung oder eine ehebedingte Zuwendung handelt.[870]

961 (3) Soweit im Rahmen der Einkommensermittlung **Geldmittel zur privilegierten Rücklagenbildung** freigestellt wurden, ist das daraus geschaffene Vermögen in gleicher Weise geschont. Dies gilt bspw. für Finanz- oder Sachwerte zur Altersversorgung, die aus dem durch den BGH[871] erlaubten max. 25 %igen Altersvorsorgeabzug (Rdn. 912) geschaffen wurden. Die individuelle Anlageentscheidung des Kindes (z.B. vermieteter Grundbesitz, Fondsanlagen, Sparvertrag) ist dabei zu akzeptieren. Bei noch berufstätigen (vgl. für die Zeit danach allerdings die Pflicht zur Verwertung des Altersvorsorgevermögens durch Umrechnung in Einkommen: Rdn. 970) **Arbeitnehmern** ist zumindest derjenige Vermögensbetrag (gleich in welcher Form angelegt) frei zu stellen, der im Laufe eines Erwerbslebens aus den **5 % des Bruttoeinkommens**, die über die gesetzlichen Rentenversicherungsbeiträge hinaus zur Altersvorsorge hinsichtlich des Einkommens geschont sind, angespart werden kann[872] (als Freibetrag für zusätzliche, sekundäre Altersvorsorge). Dementsprechend ist bei noch berufstätigen nicht sozialversicherungspflichtig Beschäftigten (z.B. **Freiberuflern, Unternehmern**) 25 % des aus dieser Tätigkeit stammenden, den Lebensstandard des unterhaltspflichtigen Kindes prägenden, Bruttoerwerbseinkommens anzusetzen,[873] auch oberhalb der Beitragsbemessungsgrenze, Rdn. 912. Dabei darf jeweils eine **4 %ige jährliche Verzinsung** zugrunde gelegt werden (!);[874] als Bruttogehalt sind die im Jahr der Inanspruchnahme erreichten Bezüge anzusetzen, so wie wenn diese Sparrate von Anfang an eingesetzt worden wäre. Maßgeblich ist die Zeit ab der tat-

---

868 Nur den Unterhaltsgläubiger trifft eine solche Obliegenheit zur Geltendmachung des § 528 BGB, vgl. Rdn. 894.
869 Hierzu genügt die Kenntnis der Tatsachen, aus denen sich die aktuelle Bedürftigkeit des Elternteils ergibt, vgl. *Zeranski*, S. 66.
870 BGH, 23.09.1999 – X ZR 114/96 BGH, ZNotP 2000, 27; ähnlich schon *Sandweg*, NJW 1989, 1937; gegen OLG Koblenz, 13.06.1990 – 5 U 75/90, NJW-RR 1991, 1218. Zum Umfang der Herausgabepflicht bei hieraus beschafften (dann davon erfassten) Surrogaten BGH, 10.02.2004 – X ZR 117/02, DNotI-Report 2004, 91.
871 BGH, 19.02.2003 – XII ZR 67/00, FamRZ 2003, 860; 14.01.2004 – XII ZR 149/01, FamRZ 2004, 792.
872 BGH, 30.08.2006 – XII ZR 98/04, FamRZ 2006, 1511 m. Anm. *Klinkhammer*; hierzu auch *Koritz*, NJW 2007, 270: Im dortigen Sachverhalt 100.000,00 € bei einem bereinigten monatlichen Netto-Einkommen von 1.330,00 € (Brutto-Einkommen 2.140,00 €, d.h. monatliche Sparrate 107,00 €, angenommene Rendite 4 %, 35 Jahre Berufsleben).
873 Vgl. *Hauß*, FamRZ 2013, 1557.
874 BGH, 07.08.2013 – XII ZB 269/12, DNotZ 2014, 230 und erneut BGH, 29.04.2015 – XII ZB 236/14, NJW 2015, 1877, Tz. 27 bestätigt diesen Ansatz und die 4 %ige Verzinsung, da der Rückgang der Rendite erst in jüngster Zeit eingetreten sei.

sächlichen Aufnahme der Berufstätigkeit,[875] wobei jedoch bei späterer tatsächlicher Aufnahme wohl mindestens das 18. Lebensjahr (angelehnt an § 851c Abs. 2 Satz 2 ZPO, Rdn. 3495) als fiktiver Rücklagenbeginn zugrunde zu legen ist – da Kinder mit späterem Arbeitsbeginn um so mehr für ihr Alter zurücklegen müssen[876] – bis einschließlich des Jahres der Inanspruchnahme.

Für den zur Zahlung von Elternunterhalt Verpflichteten, der selbst **verheiratet** ist und über **kein eigenes Erwerbseinkommen** verfügt, besteht – so der BGH[877] –, allerdings grundsätzlich **kein** Bedürfnis zur Bildung eines **eigenen Altersvorsorgevermögens**; die Altersvorsorge obliegt vielmehr dessen erwerbstätigem Ehegatten im Rahmen des Familienunterhalts: Beide Ehegatten leben während dessen »aktiver Zeit« von dessen Einkommen, nach dessen Renteneintritt von dessen Altersversorgung. Andernfalls hätte der nicht erwerbstätige Unterhaltsschuldner Anspruch auf Freistellung einer Rücklage von 25 % der ihm rechnerisch zukommenden Einkommenshälfte, da er mangels Erwerbstätigkeit keine eigene primäre Altersversorgung erlangt. Anders verhält es sich nur dann, wenn die Altersversorgung des erwerbstätigen Ehegatten nicht »für beide« ausreicht, wobei der BGH[878] Letzteres dann unterstellt, wenn der Ehegatte nicht über eine zusätzliche Altersversorgung verfügt, die einem Kapital von 5 % des Brutto-Einkommens unter Berücksichtigung der jährlichen Kapitalverzinsung von 4 %, bezogen auf den Zeitraum vom Einstieg in das Erwerbsleben bis zum Beginn der Unterhaltsverpflichtung, entspricht. Soweit also der erwerbstätige Ehegatte diesen »Freibetrag« nicht durch eigenes altersvorsorgegeeignetes Vermögen aufzufüllen imstande ist, ist das eigene Vermögen des Unterhaltspflichtigen zur Schließung der Versorgungslücke entsprechend heranzuziehen und demzufolge im Rahmen des Elternunterhalts freigestellt. Auch wenn das Schwiegerkind selbst nicht unterhaltspflichtig ist, wird im Rahmen der »indirekten Haftung« des Schwiegerkinds also eine zusammenfassende Betrachtung des pflichtigen Kinds und seines Ehegatten (als »Familienbedarf«) auch hinsichtlich der Freistellung des Altersvorsorgevermögens vorgenommen.

(4) Geschont sind schließlich auch Vermögenswerte, bzgl. derer vorhandene Verbindlichkeiten hinsichtlich Zins und Tilgung i.R.d. Einkommensbereinigung ebenfalls mindernd angerechnet wurden. Hauptanwendungsfall ist das **selbst genutzte Eigenheim**, auch über die Angemessenheit i.S.d. § 90 Abs. 2 Nr. 8 SGB XII hinaus, und ohne Anrechnung auf die weiteren Schonvermögenstatbestände des Elternunterhalts,[879] jedenfalls »wenn es sich um ein den jeweiligen Verhältnissen angemessenes Wohneigentum handelt, denn der Unterhaltspflichtige braucht bei der Inanspruchnahme auf Elternunterhalt keine spürbare und dauerhafte Senkung seines berufs- und einkommenstypischen Unterhaltsniveaus hinzunehmen«. Dies gilt auch, wenn das Eigenheim erst während der Bedürftigkeit der Eltern angeschafft wird.

(5) Eine Vermögensverwertung scheidet auch aus, wenn die Verwertung **rechtlich nicht erzwingbar** ist (z.B. unter Nacherbenbeschränkung oder Testamentsvollstreckung stehendes Vermögen, ferner solches Vermögen, zu dessen Veräußerung die Zustimmung des Ehegatten gem. § 1365 BGB erforderlich wäre).[880]

---

875 Auch vor 2001, ungeachtet der Tatsache, dass erst im Jahr 2001 die staatliche Riester-Förderung eingeführt wurde, vgl. BGH, 07.08.2013 – XII ZB 269/12, DNotZ 2014, 230, vgl. *Krauß*, MittBayNot 2015, 203 ff.: auch die zuvor erzielten gesetzlichen Rentenanwartschaften sind unzureichend.
876 So zu Recht *Hauß*, FamRZ 2013, 1557.
877 BGH, 29.04.2015 – XII ZB 236/14, NJW 2015, 1877, Tz. 35.
878 A.a.O Tz. 37.
879 BGH, 07.08.2013 – XII ZB 269/12, DNotZ 2014, 230; so schon zuvor die (aktuell nicht mehr angewendeten) SH-Richtlinien Bayern, Rn. 91.37a.
880 OLG Köln, 29.09.1999 – 27 UF 87/99, NJW-RR 2000, 811; *Schnitzler/Günther*, MAH Familienrecht, § 12 Rn. 54.

965 (6) Das potenziell unterhaltspflichtige Kind ist ferner vor einer Vermögensverwertung geschont, durch die es mit einem **wirtschaftlich nicht vertretbaren Nachteil** belastet würde (Rechtsgedanke der §§ 1581 Satz 2, 1577 Abs. 3 BGB).[881] Hiervon erfasst ist bspw. alles zur Fortführung eines Betriebs oder einer freiberuflichen Tätigkeit erforderliche Vermögen (Rechtsgedanke des § 90 Abs. 2 Nr. 5 SGB XII). Gleiches gilt für Betriebsvermögen oder der Spekulationsbesteuerung unterliegende Werte, deren Netto-Erlös aufgrund der Steuerbelastung bei Veräußerung/Entnahme deutlich herabgesetzt würde.[882] Die Beleihung von Vermögenswerten (Grundbesitz) kann nicht verlangt werden, wenn das Kind nach seinen finanziellen Verhältnissen nicht in der Lage wäre, das Darlehen zu banküblichen Konditionen zu bedienen, ohne seinen angemessenen Familienunterhalt zu gefährden.[883]

966 (7) Zur Sicherung des anrechnungsfrei verbleibenden Einkommens braucht das Kind ferner solche Einkommensquellen nicht »zu verschließen« (also zu veräußern oder durch Beleihung wirtschaftlich zu entwerten), deren **Erträge im Verbund mit den weiteren Einkünften unterhalb des geschonten Einkommens verbleiben**, also bspw. für den Unterhalt eigener Abkömmlinge erforderlich sind.[884]

967 (8) Ist nicht einmal der freizustellende Mindestselbstbehalt von 1.800,00 € für das Kind selbst erreicht (zzgl. ggf. der Kinderfreibeträge i.H.v. 150 % des Regelsatzes und des Ehegattenmindestselbstbehalts von 1.440,00 € abzüglich dessen eigenen Einkommens, ggf. weiter aufgestockt um den Wohnaufwand, der 480,00 € bei Alleinstehenden/860,00 € bei Ehegatten in diesem Mindestselbstbehalt enthaltenen Aufwand übersteigt), steht aber Vermögen zur Verfügung, müssen dem Kind nach untergerichtlicher Rechtsprechung weiter Werte in der Höhe verbleiben, die unter Berücksichtigung der durchschnittlichen Kapitalrendite und der lebensalterabhängigen Kapitalisierungstabellen zur Aufstockung des ungenügenden Einkommens auf die genannten Mindestselbstbehaltsbeträge für die restliche Lebensdauer notwendig sind.

▶ Beispiel:

968 Einem Kind, das lediglich seinem Elternteil unterhaltspflichtig ist, fehlen monatlich 400,00 € zum Mindestselbstbehalt von 1.800,00 €. Freizustellen ist demnach (unbeschadet sonstiger Freistellungstatbestände, etwa des »Notgroschens«, und des Eigenheims) bei einem vollendeten Altersjahr von 50 (männlich) 400,00 × 12 × 14,869 = 71.371,20 €.[885] Der Betrag würde sich bei Zugrundelegung eines realistischeren Abzinsungsprozentsatzes von z.B. 2 % (an Stelle von 5,5 %, wie gem. § 12 Abs. 3 BewG, Rdn. 6217 ff., in den Tabellen gem. § 14 Abs. 1 Satz 4 BewG »eingepreist«) zwar erhöhen, durch die Berücksichtigung einer realistisch niedrigeren Kapitalrendite (die der BGH, Rdn. 961, mit immerhin 4 % ansetzt) wieder reduzieren, so dass sich beide Effekte vermutlich ausgleichen.

969 Die schematische Ermittlungsmethode darf allerdings nicht darüber hinwegtäuschen, dass im Grunde die zur nachhaltigen Sicherung der lebenslangen Versorgung, auch im Alter, des Kindes erforderliche Vermögensmasse zu ermitteln ist. Hierzu sind Unwägbarkeiten wie die künftige Erhöhung des Bedarfs, etwa aufgrund eigener Pflegebedürftigkeit, über den Mindestselbstbehalt hinaus, die Belastung durch Verwaltungskosten und Ertragsteuern, eine mögli-

---

881 Vgl. BGH, 23.10.1985 – IVb ZR 52/84, FamRZ 1986, 48; OLG Hamm, 08.10.2001 – 8 UF 21/01, FamRZ 2002, 1212.
882 Vgl. *Schiebel*, NJW 1998, 3452. Die Veräußerung von Betriebsvermögen trotz Steuerlast hält OLG Karlsruhe, 27.03.2003 – 2 UF 23/02, NJW 2004, 296 allerdings (bedenklich) für zumutbar, wenn die Existenz des Unterhaltsschuldners nicht vom Betrieb abhänge (Nebenerwerbslandwirtschaft).
883 OLG Köln, 21.08.2000 – 21 UF 274/99, FamRZ 2001, 1475.
884 Beispielsfall: BGH, 21.04.2004 – XII ZR 326/01, FamRZ 2004, 1184 (Wohnung wurde der ehemaligen Lebensgefährtin und den gemeinsamen Kindern zur unentgeltlichen Nutzung als Teil des zu gewährenden, wenn auch überobligationsmäßig geleisteten, Unterhalts überlassen).
885 OLG Karlsruhe als Vorinstanz zu BGH, 20.11.1996 – XII ZR 70/95, NJW 1997, 735; *Schiebel*, NJW 1998, 3453.

cherweise in den bisherigen Sterbetafeln nicht erfasste längere generelle oder individuelle Lebenserwartung etc. durch Vorsichtigkeitsaufschläge zu berücksichtigen. An dieser Schwäche leiden auch alternative Berechnungsvorschläge wie etwa das Erfragen des erforderlichen Einmalbetrags, dessen Einzahlung eine Lebenszeitrente in der notwendigen Differenzhöhe erbringen würde, bei Banken oder Versicherungen.[886] Bei anderen Vermögenswerten als Barbeträgen, die zur Alterssicherung bestimmt sind, versagt die Kapitalisierungsmethode ohnehin, da die Erträge aus solchem Vermögen (etwa vermieteter Eigentumswohnung) weit geringer als mit den in den Tabellen enthaltenen 5,5 % anzusetzen sind. Eine Umschichtung in Fondsanlagen, die durch Kapitalverzehr bis zum mutmaßlichen Ableben eine höhere monatliche Liquidität erwirtschaften, kann nicht verlangt werden.[887]

Der BGH[888] setzt mittlerweile die **Kapitalisierungsmethode** nicht nur zur Ermittlung des in der »Ansparphase« freizustellenden Vermögens, sondern umgekehrt auch zur Ermittlung des einzusetzenden Anteils von Vermögen des Unterhaltpflichtigen, das nicht bereits aus anderen Gründen (wie etwa beruflich notwendiges oder selbstgenutztes Wohnvermögen) freigestellt ist, ein: Sofern der Unterhaltspflichtige selbst bereits die **Regelaltersgrenze erreicht** hat, kann das dem Grunde nach einsatzpflichtige Vermögen (insbesondere also die gem. Rdn. 961 geschützten Altersvorsorgereserven) in eine an der statistische Lebenserwartung des Unterhaltspflichtigen (aus Prognosesicht des Zeitpunkts des Ausscheidens aus dem Erwerbsleben) orientierte Monatsrente umgerechnet und dessen Leistungsfähigkeit aufgrund des so ermittelten fiktiven »Gesamteinkommens« nach den für den Einkommenseinsatz geltenden Grundsätzen bemessen werden. Soweit das sich so ergebende »rechnerische Gesamteinkommen« die ihm zustehenden Freibeträge übersteigt, kann eine anteilige Verwertung des Vermögens verlangt werden. 970

(9) Unabhängig davon muss auch bei ausreichendem Einkommen zur Wahrung des Sozialstaatsprinzips stets ein **liquider Bar- oder Sparbestand** anrechnungsfrei bleiben. Dies folgt zudem aus einem Erst-Recht-Schluss zum Schontatbestand des § 90 Abs. 2 Nr. 9 SGB XII (kleinere Barbeträge, hierzu s. Rdn. 585). Der BGH hat diesen »Notgroschen« bei einem alleinstehenden kinderlosen Unterhaltspflichtigen auf 10.000,00 € beziffert.[889] 971

Die Höhe dieser Barreserve muss bürgerlich-rechtlich in den Fällen, in denen kein selbst genutzter Grundbesitz vorhanden ist, nochmals deutlich angehoben werden.[890] Die **Richtlinien des Deutschen Vereins**[891] setzen sie mit mind. 25.000,00 €, bei Fehlen selbst genutzten Wohneigentums mit 75.000,00 € an.[892] Die (aktuell nicht mehr angewendeten) Bayerischen Sozialhilferichtlinien belassen den 20-fachen Betrag des sozialhilferechtlichen Notgroschens (falls eigengenutzter Grundbesitz vorhanden ist, den mit dem Faktor 10 multiplizierten Be- 972

---

886 So *Haußleiter*, in: Wendl/Staudigl, Das Unterhaltsrecht in der familienrichterlichen Praxis, 5. Aufl., § 1 Rn. 322.
887 BGH, 06.11.1985 – IV b ZR 74/84 BGH, FamRZ 1986, 50 zum Kindesunterhalt; dies muss dann erst recht für den Elternunterhalt gelten; OLG Köln, 21.08.2000 – 21 UF 274/99, FamRZ 2001, 1475 zum Elternunterhalt; *Pauling*, in: Wendl/Staudigl, Das Unterhaltsrecht in der familienrichterlichen Praxis, § 2 Rn. 642, 623.
888 BGH, 21.11.2012 – XII ZR 150/10, NJW 2013, 301. Kritisch zum Rückgriff auf die zu geringen Werte der Tabelle nach § 14 Abs. 1 Satz 4 BewG (5,5 %ige Abzinsung gem. § 12 Abs. 3 BewG) *Viefhues*, NWB 2013, 2319, 2323 m.w.N.
889 BGH, 07.08.2013 – XII ZB 269/12, NJW 2013, 3024.
890 Dies ergibt sich auch aus der Rspr. des BVerfG, 02.02.1999 – 1 BvL 8–97, NJW 1999, 2357 zur Anrechnung von Vermögenswerten bei BAföG-Antragstellern gem. § 28 Abs. 1 BAföG a.F., wo die Berücksichtigung von Grundbesitz nur nach dem Einheitswert als gleichheitssatzwidrig verworfen wurde.
891 FamRZ 2002, 931 Rn. 91.
892 Ähnlich OLG Köln, 24.07.2002 – 3Z BR 143/02, NJW-RR 2003, 2: Sparvermögen von 58.000,00 DM verbleibt dem Kind ohne Anrechnung; vgl. auch OLG Hamm, 08.10.2001 – 8 UF 21/01, FamRZ 2002, 1212.

trag); dies wären bei pflegebedürftigen Eltern 26.000,00 € bzw. 52.000,00 € bei Pflegebedürftigkeit der Eltern in Stufe III (mind. 5 Std. täglich durchschnittliche Grundpflege und anteilige hauswirtschaftliche Versorgung) gar 40.000,00 € bzw. 80.000,00 €. Der BGH stellt auf die Umstände des Einzelfalls ab, und zitiert Rechtsprechungsbeispiele mit Beträgen zwischen 10.000 und 26.000 Euro,[893] wobei möglicherweise gar bei geringem Einkommen höhere Beträge für »Unvorhergesehenes« notwendig sein können.

V. Ausschlusstatbestände

1. Beschränkung oder Wegfall gem. § 1611 Abs. 1 BGB

973 Während § 1612 Abs. 2 BGB den Eltern die Möglichkeit einräumt, mithilfe des Unterhaltsrechts auf das Verhalten ihrer Kinder Einfluss zu nehmen, enthält § 1611 Abs. 1 BGB umgekehrt drei Tatbestände, die als Einwendung der Unterhaltspflicht entgegengehalten werden können und (mit Wirkung auch gegen andere, entferntere Unterhaltspflichtige, § 1611 Abs. 3 BGB, Rdn. 981) zu einer Reduzierung auf einen bloßen Billigkeitsunterhalt oder aber zum völligen Wegfall der Zahlungspflicht in besonders krassen Fällen (§ 1611 Abs. 1 Satz 2 BGB) führen:

a) Bedürftigkeit der Eltern durch »sittliches Verschulden«, also unterhaltsbezogene Leichtfertigkeit (§ 1611 Abs. 1 Satz 1, 1. Alt. BGB)

974 Alkohol-, Drogen- oder Spielsucht kommen wegen ihres Krankheitscharakters nur in Betracht, wenn der bedürftige Elternteil, etwa im Anfangsstadium, noch zur Bekämpfung in der Lage gewesen wäre.[894] In der Praxis häufiger sind Fälle der Verschwendung des Vermögens durch unangemessen raschen Verbrauch[895] oder Fälle der Bedürftigkeit, weil ein sonst gegebener Anspruch auf Trennungs- oder nachehelichen Unterhalt gem. § 1579 BGB verwirkt wurde und damit auch die Voraussetzungen der Verwirkung im Verhältnis zum Kind nach § 1611 Abs. 1 BGB erfüllt sind. Ein vorangegangener Verzicht auf nachehelichen Unterhalt mit der Folge eigener Sozialhilfebedürftigkeit wird jedoch je nach Unterhaltstatbestand und Voraussehbarkeit im Prognosezeitpunkt bereits an § 138 BGB scheitern oder aber die Berufung hierauf wird nach Treu und Glauben verwehrt sein.[896]

b) Frühere grobe Vernachlässigung der eigenen Unterhaltspflicht ggü. dem Kind (§ 1611 Abs. 1 Satz 1, 2. Alt. BGB)

975 Über die bloße Nichterfüllung hinaus sind Umstände (die jedoch nicht vorsätzlich geschaffen zu sein brauchen) erforderlich, die der Pflichtwidrigkeit ein besonderes Gewicht verleihen, z.B. dadurch ausgelöste ernsthafte Schwierigkeiten des unterhaltsberechtigten Kindes bei der Beschaffung seines Lebensbedarfs.[897] Kein i.S.d. § 1611 BGB schuldhaftes Fehlverhalten liegt vor, wenn die Vernachlässigung auf einer psychischen Erkrankung beruhte,[898] es sei denn die psychische Erkrankung ihrerseits geht auf ein Handeln des Staates zurück.[899]

---

893 BGH, 07.08.2013 – XII ZB 269/12, DNotZ 2014, 230, Rz. 37.
894 Vgl. BGH, 13.01.1988 – IVb ZR 15/87, FamRZ 1988, 375378.
895 BGH, 14.12.1983 – IVb ZR 38/82, FamRZ 1984, 364366.
896 BGH, 11.02.2004 – XII ZR 265/02, NJW 2004, 930.
897 BGH, 09.07.1986 – IVb ZB 4/85, FamRZ 1987, 50; OLG Koblenz, 14.03.2000 – 15 UF 605/99, OLGR 2000, 254; AG Germersheim, 05.04.1990 – 2 C 83/90, FamRZ 1990, 1388 (Trunksucht).
898 BGH, 15.09.2010 – XII ZR 148/09, FamRZ 2010, 1888 m. Anm. *Hauß*.
899 BGH, 21.04.2004 – XII ZR 251/01, FamRZ 2004, 1097: psychische Erkrankung als Folge des Einsatzes im Zweiten Weltkrieg.

c) Vorsätzliche schwere Verfehlungen gegen das Kind oder nahe Angehörige (§ 1611 Abs. 1 Satz 1, 3. Alt. BGB)

Diese liegen bei tiefen Kränkungen[900] vor, die einen groben Mangel an menschlicher Rücksichtnahme erkennen lassen, z.B. Anschwärzung beim Arbeitgeber oder FA,[901] vorwerfbarem Verlassen des Kindes in jungem Alter[902] – nicht aber bei (auch grundlosem) Kontaktabbruch im Erwachsenenalter[903] – oder auch bei kriminellen Handlungen (sexueller Missbrauch, erhebliche körperliche Misshandlung).[904] Eine Verzeihung ist möglich. 976

2. Verwirkung nach § 242 BGB

Außerhalb des § 1611 Abs. 1 BGB kann Verwirkung, gestützt auf § 242 BGB, bei illoyal verspäteter Geltendmachung des Unterhalts eintreten. Das hierfür regelmäßig erforderliche »**Umstandsmoment**« ist bei rückständigen, verspätet geltend gemachten Unterhaltsansprüchen auch ohne konkrete Vertrauensinvestitionen regelmäßig gegeben, da der Schuldner seine Lebensführung nach den tatsächlich zur Verfügung stehenden Mitteln eingerichtet hat.[905] Hinsichtlich des weiter notwendigen **Zeitmoments** zieht der BGH[906] die Jahresfrist der §§ 1585b Abs. 3, 1613 Abs. 2 Nr. 1 BGB entsprechend heran und bejaht Verwirkung für länger zurückliegende Zeiträume auch dann, wenn der Unterhalt durch den Sozialhilfeträger geltend gemacht wird (keine Zuerkennung eines »Behördenbonus«). Die Jahresfrist beginnt in letzterem Fall mit der Rechtswahrungsanzeige des Sozialhilfeträgers (regelmäßig kombiniert mit der Aufforderung zur Auskunftserteilung über seine Einkommens- und Vermögensverhältnisse). Erteilt das Kind diese Auskunft und erhält es während des folgenden Jahres keinen Bescheid oder Zwischenbescheid, kann es davon ausgehen, nicht mehr in Anspruch genommen zu werden, so dass bei tatsächlich gleichwohl erfolgender späterer Klageerhebung die Unterhaltsrückstände für das erste Jahr nach Zugang der Rechtswahrungsanzeige verwirkt seien. 977

VI. Verhältnis mehrerer Unterhaltspflichtiger zueinander

1. Rangabstufungen

Gem. § 1606 Abs. 1 BGB sind für den Unterhalt der Eltern unter den Verwandten (also wenn keine vorrangig in Anspruch zu nehmenden Ehegatten, geschiedene Ehegatten,[907] Lebenspartner oder ehemalige Lebenspartner vorhanden sind, vgl. § 1608 BGB) zunächst die **Abkömmlinge** (Kinder) vor den Verwandten in aufsteigender Linie (Großeltern, Urgroßeltern) verantwortlich. In der ab- bzw. aufsteigenden Linie haften jeweils die näheren vor den entfernteren Verwandten (Kinder vor Enkeln). 978

---

900 Sie müssen sich auf »völlig ungewöhnlichem«, nicht nur »menschlich bedauerlichem« Niveau bewegen, OLG Karlsruhe, 18.09.2003 2 UF 35/03, FamRZ 2004, 971.
901 OLG Celle, 09.02.1993 – 18 UF 159/92, FamRZ 1993, 1236.
902 BGH, 19.05.2004 – XII ZR 304/02 BGH, FamRZ 2004, 1559: Das Kind musste die Mutter ein Leben lang entbehren und kann sie nun nur als Fremde empfinden.
903 BGH, 12.02.2014 – XII ZB 607/12, FamRZ 2014, 541, hierzu *Viefhues*, FamRZ 2014, 624 ff.
904 *Finger*, FamRZ 1995, 969 ff.
905 BGH, 23.10.2002 – XII ZR 266/99 BGH, FamRZ 2002, 1698; KG, 29.04.2005 – 18 UF 145/04, NJW-RR 2005, 1308: Verwirkung, wenn zunächst das verwaltungsgerichtliche Verfahren auf Inanspruchnahme des Trägers der Sozialhilfe abgewartet wird anstelle einer zügigen eigenen gerichtlichen Geltendmachung.
906 23.10.2002 – XII ZR 266/99, FamRZ 2002, 1698; hierzu ausführlich *Soyka*, FPR 2003, 634 f.
907 Gem. § 1608 Satz 2 BGB, § 63 Abs. 1 Satz 2 EheG tritt allerdings eine Änderung der Rangfolge zur Entlastung des Ehegatten ein, wenn dessen angemessener Unterhalt gefährdet wäre, vgl. BGH, 18.10.1989 – IVb ZR 89/88, FamRZ 1990, 260.

979 Zur Frage des »**Nachrückens**« **der entfernteren Verwandten** (z.B. Enkel) anstelle eines näheren Verwandten (z.B. Kind), der nicht in Anspruch genommen werden kann, ist zwischen drei verschiedenen Tatbeständen zu differenzieren.

Beruht der Wegfall der Unterhaltspflicht auf der mangelnden Leistungsfähigkeit des betreffenden Kindes (§ 1603 BGB), tritt gem. § 1607 Abs. 1 BGB an sich die »Ersatzhaftung« seiner Abkömmlinge an dessen Stelle. Hat das leistungsunfähige Kind jedoch leistungsfähige Geschwister, haben allerdings nach dem insoweit **vorrangigen § 1606 Abs. 3 Satz 1 BGB zunächst die leistungsfähigen Geschwister** nach Maßgabe ihrer Erwerbs- und Vermögensverhältnisse aufzukommen, die Ersatzhaftung der Enkel greift also nur für den nicht gedeckten Restbedarf. Weiter gilt:

980 (1) Ist ein Kind **verstorben**, treten nicht dessen Kinder (die Enkel) an dessen Stelle, da § 1607 Abs. 1 BGB für diesen Fall nicht gilt. Es bleibt vielmehr dabei, dass die **übrigen Geschwister** (sie sind näher verwandt i.S.d. § 1606 Abs. 2 BGB als die Enkel des Verstorbenen) hierfür einzutreten haben, in den Grenzen ihrer Leistungsfähigkeit.

(2) Gleiches (Erhöhung der Geschwisteranteile, nur ersatzweise Nachrücken der Kinder des Betroffenen) gilt gem. § 1607 Abs. 2 BGB, wenn »die Rechtsverfolgung gegen einen Verwandten im Inland ausgeschlossen oder erheblich erschwert ist«. Der BGH[908] lässt es insoweit genügen, dass das Geschwister des in Anspruch Genommenen seinen Wohnsitz im Ausland (z.B. in Italien) hat. Dies sollte im Lichte der zwischenzeitlich erzielten europäischen Harmonisierung hinsichtlich der Frage des anwendbaren Rechtes[909] und der Durchsetzbarkeit titulierter Ansprüche auch im europäischen[910] und außereuropäischen[911] Ausland überdacht werden.

981 (3) Kann eines der Kinder **Verwirkung** i.S.d. § 1611 BGB (etwa aufgrund früherer tätlicher Übergriffe des Elternteils gegen ihn, Rdn. 973 ff.) einwenden, tritt wegen § 1611 Abs. 3 BGB kein anderer an seine Stelle, weder die Geschwister noch Abkömmlinge. Diejenigen Geschwister, die keine Verwirkung einwenden können (oder verziehen haben), schulden denjenigen Unterhalt, den sie anteilig aufzubringen hätten, wenn das ausgeschiedene Geschwister nach Maßgabe seiner tatsächlichen Leistungsfähigkeit keine Verwirkung geltend machen hätte können.

982 Sozialhilferechtlich ist gem. § 94 Abs. 1 Satz 2, 2. Alt. SGB XII der Forderungsübergang gegen Verwandte zweiten und entfernteren Grads ausgeschlossen; § 1607 Abs. 1 und 2 BGB sind also nicht zu prüfen, wenn der Sozialhilfeträger den Anspruch gegen Enkel aus übergeleitetem Recht geltend macht.

2. Verteilung im Gleichrang

983 Gem. § 1606 Abs. 3 Satz 1 BGB sind mehrere gleich nahe Verwandte (Geschwister) **Teilschuldner**, nicht Gesamtschuldner.[912] Die Haftungsquote errechnet sich (ähnlich wie es beim Barunterhaltsanspruch volljähriger Kinder gegen beide Elternteile der Fall ist) nach dem bereinigten Net-

---

908 BGH, 07.08.2013 – XII ZB 269/12, DNotZ 2014, 230, Tz. 14.
909 Art. 3 des Haager Unterhaltsprotokolls (HUP, anstelle des vormaligen Art. 18 EGBGB): Wohnsitz des Berechtigten; mit Hilfsanknüpfung an die lex fori bei Anrufung von Gerichten im Wohnsitzstaat des Verpflichteten: Art. 4 Abs. 2 und 3 HUP. Art. 14 HUP enthält eine durch den EuGH noch auszufüllende Blankettnorm zur Berücksichtigung der Leistungsfähigkeit des Verpflichteten nach den Maßstäben seines Wohnsitzstaates (insb. Kaufkraftumrechnung).
910 »Rom VI«- Verordnung (EG) Nr. 4/2009 des Rates über die Zuständigkeit und das anwendbare Recht, die Anerkennung und Vollstreckung von Entscheidungen und die Zusammenarbeit in Unterhaltssachen vom 18. Dezember 2008; zur Umsetzung in Deutschland vgl. die Neufassung des Auslandsunterhaltsgesetzes, BGBl 2011 I 898: Verzicht auf das Exequatur.
911 Haager Unterhaltsübereinkommen, in Kraft getreten am 01.08.2014, sowie UN-Unterhaltsübereinkommen von 1956, vgl. zu Letzterem auch *Bundesamt für Justiz*, Auslandsunterhalt, 1. Aufl. 2011.
912 BGH, 06.11.1985 – IVb ZR 69/84, FamRZ 1986, 153.

C. Elternunterhalt

to-Einkommen, das nach Abzug des für den eigenen Unterhalt und zur Befriedigung vorrangiger Dritter Notwendigen verbleibt.[913]

Haften einzelne Kinder aus Vermögen, muss der zur Verfügung stehende Vermögensteil zunächst in monatliches Einkommen umgerechnet werden, und zwar indem der Kapitalwert der lebenslänglichen Leistung, ausgehend vom Alter des Elternteils, ermittelt wird.

984

▶ **Beispiel 1: Verhältnis Einkommens- zu Vermögenshaftung**[914]

Von zwei Söhnen ist einer aus Einkommen, und zwar i.H.v. monatlich 10.000,00 € leistungsfähig. Der andere hat Unterhalt aus Vermögen i.H.v. zur Verfügung stehenden 165.000,00 € zu leisten. Die bedürftige Mutter ist 80 Jahre alt. Bei einem Rechnungszins, einschließlich Zwischen- und Zinseszinses von 5,5 %, und einem Mittelwert zwischen jährlich vorschüssiger und jährlich nachschüssiger Zahlung ist[915] ein Betrag von 7,09 € notwendig, um eine jährliche Rente von 1,00 € für eine 80-jährige Frau zu finanzieren. Demnach rechnet sich das Vermögen von 165.000,00 € um in eine monatliche Lebenszeitrente von 1.939,35 € (165.000,00:12: 7,09). Der aus Unterhalt pflichtige Bruder und der aus Vermögen pflichtige Bruder sind also etwa im Verhältnis 5:1 (10.000 zu 1.939) als Teilschuldner zur Deckung der Unterhaltslast der Mutter verpflichtet.

▶ **Beispiel 2: Kombination von gleichstufiger und nachrangiger Haftung**

Die verwitwete Mutter hat vier Kinder, ihr ungedeckter Bedarf beträgt (jeweils monatlich) 1.025,00 €. Tochter A ist verstorben, das Kind A1 (alleinstehend) erzielt monatlich netto (bereinigt) 1.800,00 €. Tochter B, verwitwet, verdient bereinigt netto 1.100,00 €, ihr alleinstehendes Kind B1 1.900,00 €. Sohn C, verheiratet mit einer einkommenslosen Ehefrau, verdient netto 2.000,00 €, Sohn D, alleinstehend, netto 3.000,00 €.

985

B erreicht nicht ihren Mindestselbstbehalt (1.500,00 €), C nicht den um den Mindestselbstbehalt des Ehegatten erhöhten Selbstbehalt (2.700,00 €), so dass beide nicht leistungsfähig sind. An die Stelle der nicht leistungsfähigen B tritt nicht sofort ihr Kind B1, sondern zunächst ist gem. § 1606 Abs. 2 BGB als näherer Verwandter der Bruder D heranzuziehen. Dieser ist (mangels sonstiger Schonungstatbestände) i.H.v. 750,00 € leistungsfähig (Hälfte der Differenz zwischen 1.500,00 € und seinem bereinigten Einkommen; Vermögensbildungsrücklagen erfolgten nicht).

Den nicht gedeckten Restbedarf von 275,00 € müssen nun A1 (gem. § 1606 Abs. 2 BGB als entferntere Verwandte) und B1 (als Ersatzhaftender nach § 1607 Abs. 1 BGB) nach Maßgabe ihrer Leistungsfähigkeit decken. A1 ist i.H.v. 150,00 €, B1 i.H.v. 200,00 € (jeweils Hälfte des über 1.500,00 € hinausgehenden Betrags) leistungsfähig, so dass sie im Verhältnis 3:4, die Lücke zu schließen haben. Da die Enkel nur als entferntere Verwandte bzw. als Ersatzhaftende eintreten und nicht auf der Ebene des § 1606 Abs. 3 BGB gleich gelagert sind, verteilt sich die Unterhaltslast nicht – wie es unter Geschwistern der Fall wäre – im Verhältnis 750:150: 200,00 €.

Würde der Unterhaltsanspruch durch den Sozialhilfeträger geltend gemacht werden, könnte allerdings lediglich D i.H.v. 750,00 € herangezogen werden.

Wird eines der Kinder auf Unterhalt für den Elternteil in Anspruch genommen, kann es nach § 242 BGB[916] vom anderen Kind Auskunft über Einkommens- und Vermögensverhältnisse ver-

986

---

913 BGH, 13.04.1988 – IVb ZR 49/87, FamRZ 1988, 1039, 1041.
914 OLG Karlsruhe, 27.03.2003 – 2 UF 23/02, NJW 2004, 296.
915 Vgl. Anlage gem. § 14 Abs. 1 Satz 4 BewG, BStBl. I 2009, S. 270 ff., vgl. Rdn. 4764, früher: Anlage 9 zu § 14 BewG.
916 Vgl. BGH, 16.12.1987 – IVb ZR 102/86 BGH, FamRZ 1988, 269 zum Auskunftsanspruch unter Eltern für den Haftungsanteil beim Kindesunterhalt.

langen, auch über das Einkommen dessen Ehegatten, soweit dies für die Freistellung erforderlich ist.[917] Der Ehegatte selbst steht allerdings außerhalb des Unterhaltsverhältnisses und ist damit nicht selbst Adressat des Auskunftsanspruchs.[918] Der **Auskunftsanspruch** aus § 242 BGB (nicht gem. § 1605 BGB!) geht i.R.d. § 94 Abs. 1 Satz 1 a.E. SGB XII ebenfalls auf den Sozialhilfeträger über, der seit 01.08.1996 auch einen eigenen öffentlich-rechtlichen, allerdings nicht sanktionsbewehrten, Auskunftsanspruch gegen die nicht getrennt lebenden Ehegatten/Lebenspartner/Mitglieder der Haushaltsgemeinschaft i.S.d. § 36 SGB XII der Unterhaltsverpflichteten hat (§ 117 Abs. 1, 6 SGB XII).[919] Finanzbehörden sind in diesem Umfang ggü. Sozialleistungsbehörden zur Auskunftserteilung über die ihnen bekannten Einkommens- und Vermögensverhältnisse des Antragstellers, Leistungsempfängers, Unterhaltsverpflichteten und der zum Haushalt zählenden Mitglieder verpflichtet (§ 30 Abs. 4 Nr. 2 AO i.V.m. § 21 Abs. 4 SGB X).[920] Daneben treten die steuerlichen Mitteilungspflichten des § 31a AO (Offenlegung der sonst durch das Steuergeheimnis geschützten Verhältnisse des Betroffenen, soweit für ein Verwaltungsverfahren mit dem Ziel der Rückforderung öffentlicher Leistungen erforderlich) und des § 31b AO (Geldwäschestraftaten).

3. Haftungsverhältnis mehrerer gleichzeitig Beschenkter

987 Wie unter Rdn. 894 ausgeführt, schließt der Anspruch auf Rückforderung gem. § 528 BGB als Vermögensbestandteil (ebenso wie das ggf. im Weg der Naturalrestitution rückgeführte Schenkungsobjekt, sofern es kleiner ist als die akkumulierte Unterhaltslücke, als Bestandteil des Vermögens, bzw. die im Regelfall monatlich zu entrichtende Wertersatzzahlung in Geld, § 818 Abs. 2 BGB,[921] als Einkommensbestandteil)[922] die Bedürftigkeit der Eltern aus, verdrängt also die in dieser Abhandlung thematisierte Fragestellung der gesetzlichen Unterhaltspflicht.

988 Hat im relevanten 10-Jahres-Zeitraum vor Eintritt der Verarmung (Bezug nachrangiger Sozialleistungen oder unterhaltsersetzender Leistungen Dritter)[923] eine (sei es auch nur teilweise) unentgeltliche Übertragung ohne Ausstattungscharakter (§ 1624 BGB) stattgefunden, liegen typischerweise zugleich weitere, gleichzeitig (also aus demselben Rechtsgrund herrührende)[924] Schenkungen an die weichenden Geschwister in Gestalt von Gleichstellungsgeldern vor. Die Zuwendung der Forderung auf das Gleichstellungsgeld (mag es auch erst später fällig werden) aus dem Vermögen der Eltern, die sich dazu die erforderlichen Mittel vom Erwerber des Vermögens verschaffen können, ist im Moment der Beurkundung (ggf. gem. § 328 BGB) vollzogen.[925] Bei solchen gleichzeitigen Schenkungen haften die Beschenkten (also anders als im Unterhaltsrecht, § 1606 Abs. 3 Satz 1 BGB) als **Gesamtschuldner** mit der Folge eines Innenausgleichs gem. § 426 BGB, mangels anderer Anhaltspunkte oder Vereinbarungen (Rdn. 989, 1673) also nach Kopfquoten,[926] es sei denn, einer

---

917 OLG München, 06.04.2001 – 14 WF 46/01, FamRZ 2002, 51.
918 BGH, 07.05.2003 – XII ZR 229/00, NJW 2003, 3624.
919 Vgl. umfassend *Müller*, Rückgriff gegen Angehörige von Sozialleistungsempfängern, S. 112 ff. Der Auskunftsanspruch wird durch Verwaltungsakt durchgesetzt und besteht unabhängig davon ob tatsächlich eine Unterhaltsforderung geltend gemacht wird, LSG NRW, 26.01.2015 – L 20 SO 12/14, RdLH 2015, 138.
920 Zu Einzelheiten vgl. AO-Kartei OFD Magdeburg § 30 Karte 29, 15.11.2005 – S 0130–58-St 251 und Karte 13, 18.11.2005 – S 0130–33-St 251.
921 Wegen Unteilbarkeit des nur teilweise von der Kondiktion erfassten Grundbesitzes.
922 BVerwG, 25.06.1992 – 5 C 37.88, MittBayNot 1993, 42.
923 BGH, 25.04.2001 – X ZR 229/99 BGH, ZEV 2001, 241 mit Besprechung *Kollhosser*, ZEV 2001, 289 ff.
924 Vgl. *Keim*, ZEV 1998, 375.
925 In ähnlicher Weise wird sie schenkungsteuerlich als Zuwendung der Eltern, nicht nach der schlechteren Steuerklasse im Verhältnis zum Geschwister, bewertet, BFH, 23.10.2002 – II R 71/00, ZNotP 2003, 115.
926 So BGH, 28.10.1997 – X ZR 157/96, MittBayNot 1998, 89 ff.; krit. *Keim*, ZEV 1998, 375, 376 f.

der mehreren Begünstigten scheidet endgültig aus dem Kreis der Verpflichteten aus (z.B. wegen Entreicherung, § 818 Abs. 2 BGB oder eigener Bedürftigkeit gem. § 529 Abs. 2 BGB).[927]

4. Regelungsbedarf

Die Pflicht zur Leistung des Verwandtenunterhalts ist zwar jedenfalls für die Zukunft unabdingbar (§ 1614 BGB[928] – ähnlich der Unverzichtbarkeit des Trennungsunterhalts,[929] da §§ 1361 Abs. 4 Satz 4, 1360a BGB hierauf verweisen), allerdings sind **Regelungen zur internen Verteilung der Unterhaltslast der Eltern unter mehreren Geschwistern** denkbar und – sofern die Fragestellung thematisiert wird – durchaus häufig. Sie empfehlen sich sowohl zur Anpassung des Kopfquoten-Regresses unter den gesamtschuldnerisch haftenden, gleichzeitig Beschenkten im Rahmen vorweggenommener Erbfolge (vorstehend Rdn. 987) als auch zur schuldrechtlichen Überlagerung der aus § 1606 Abs. 3 Satz 1 BGB sich ergebenden Teilschuldnerpflichten. Nicht selten sollen auf diese Weise historisch bedingte Bevorzugungen eines Geschwisters durch Aufbürdung eines erhöhten Lasten-(ggf. also Erstattungs-)Anteils ausgeglichen werden, oder aber die Übermaßschenkung an den Vermögensübernehmer, dessen Abfindungszahlungen an die Geschwister zu keiner kaufmännisch abgewogenen Gleichbelastung geführt haben, soll zunächst durch alleinige Aufbürdung der Elternlast berücksichtigt werden. Die Festlegung einer »internen Verantwortungsreihenfolge« oder aber fester Quotenverhältnisse führt zugleich zu einer Versteinerung der Haftung nach den Verhältnissen z.Zt. der Vereinbarung, was sich häufig bei Übertragungsvorgängen als gewollt herausstellt.

▶ Beispiel:

> Das eine weichende Geschwister verprasst die Gleichstellungsgelder vor Eintritt der elterlichen Pflegebedürftigkeit und wäre damit aus dem Innenregress ausgeschieden, was die Verbleibenden zusätzlich belasten würde.[930]

Hingegen wird eine Versteinerung der Quote auch i.R.d. Heranziehung zur gesetzlichen Unterhaltslast angesichts der oft unverschuldet eintretenden Veränderungen der Leistungsfähigkeit im Verhältnis zueinander weniger in Betracht kommen, ausgenommen die Fälle eines unbedingt gewollten, vorab durchzuführenden Abtragens einer dann in der Urkunde möglichst betragsmäßig zu beziffernden Übermaßzuwendung zugunsten eines Geschwisters.

Werden **Freistellungen** vereinbart,[931] ist auch ihre (dingliche) Absicherung zu thematisieren.[932]

---

927 Nach den Regeln des gestörten Gesamtschuldnerausgleichs führt dies auch zum Ausscheiden aus der internen Regressverpflichtung, vgl. ausführlich *Rundel*, MittBayNot 2003, 182.
928 Vgl. BGH, 19.03.2014 – XII ZB 19/13, notar 2014, 340 m. Anm. *Maurer*; Nach OLG Hamm, 01.12.1999 – 12 UF 38/99, FamRZ 2001, 1023, ist eine Abweichung vom gesetzlichen Unterhalt um mehr als 20 % nach unten unwirksam.
929 Möglich ist die Ausfüllung des zulässigen Ermessensspielraums in Gestalt einer Unterschreitung des gesetzlich Geschuldeten um jedenfalls 20 %: OLG Düsseldorf, 19.06.2000 – 5 WF 114/00, FamRZ 2001, 1148, nicht jedoch um 33 %, ebenso wenig wie beim Kindesunterhalt, vgl. *Bergschneider*, Verträge in Familiensachen, Rn. 348, 526; *ders.*, FamRZ 2007, 734; ausführlich *Huhn*, RNotZ 2007, 177 ff. mit Formulierungsvorschlägen. Denkbar ist auch die Verwirkung, z.B. bei über zehnjährigem Getrenntleben, OLG Bamberg, 13.05.2014 – 7 UF 361/13, RNotZ 2015, 170. Eine »Kompensation« unzulässiger Trennungsunterhalts-Verzichtsvereinbarungen durch günstige andere Abreden findet freilich nicht statt, BGH, 30.09.2015 – XII ZB 1/15, DNotZ 2016, 59.
930 Zum Ganzen instruktiv und mit Formulierungsvorschlägen vgl. *Rundel*, MittBayNot 2003, 185.
931 Formulierungsbeispiele: *Rastätter*, ZEV 1996, 288 f.; *Albrecht*, in: Reithmann/Albrecht, Handbuch der notariellen Vertragsgestaltung, Rn. 714; *Weyland*, MittRhNotK 1997, 73 f.; *Waldner/Ott*, MittBayNot 1986, 65.
932 *J. Mayer*, ZEV 1997, 179 f.; *ders.*, MittBayNot 2004, 183; *ders.*, ZEV 2007, 149 ff.

Vgl. umfassend (mit Formulierungsvorschlägen) zu Vereinbarungen unter Geschwistern über das »elterliche Sozialrisiko« Rdn. 1673.

VII. Sozialrechtliche »Reaktionen« auf den Elternunterhalt

991 Die Konkurrenzsituation des familienrechtlichen Elternunterhalts zu öffentlich-rechtlichen Formen der Bedarfsdeckung aus sozialstaatlicher Verantwortung, also die Spannung zwischen Verpflichtung einerseits des Individuums und andererseits der Allgemeinheit führt zu schwierigen Abgrenzungen und Wechselbeziehungen. Drei **Grundformen der sozialrechtlichen »Reaktion«** auf den vorgefundenen bürgerlich-rechtlichen Unterhaltstatbestand lassen sich unterscheiden:
(1) Unterhaltsverpflichtungen der Kinder bleiben (zumindest für den Regelfall) außer Betracht: Bei Grundsicherungsleistungen für vollerwerbsgeminderte oder über 65 Jahre alte Menschen sind Unterhaltsansprüche, die sich auf Einkommen und Vermögen der Kinder (und damit erst recht auch Enkel) stützen, nur dann zu berücksichtigen, wenn das jährliche Gesamteinkommen des Kindes gem. § 16 SGB IV (gleichbedeutend mit der Summe der Einkünfte i.S.d. Einkommensteuerrechts) für die jeweilige Einzelperson[933] über 100.000,00 € jährlich liegt (vgl. Rdn. 753), § 43 Abs. 2 SGB XII (keine cessio legis in diesem Fall: § 94 Abs. 1 Satz 3 Hs. 2 SGB XII). Lediglich der tatsächlich geltend gemachte und bezahlte Unterhalt verringert also den Bedarf.

992 (2) Heranziehung der Kinder erfolgt erst nach Geltendmachung durch die Eltern: Bei der Grundsicherung für Arbeit Suchende (SGB II) gehen Unterhaltsansprüche gegen Verwandte gem. § 33 Abs. 2 Satz 1 Nr. 2 SGB II nur über, wenn die unterhaltsberechtigte Person den Anspruch gegen den Verwandten (hier das Kind) auch selbst geltend macht (vgl. Rdn. 850).
(3) Überleitung des Anspruchs auf Elternunterhalt gem. § 94 SGB XII (hierzu Rdn. 694).

Versuche zur Lösung des Konflikts zwischen sozialrechtlicher und unterhaltsrechtlicher Differenzierung sind unter Rdn. 711 ff. (insbes. Rdn. 718) skizziert.

VIII. Strategien zur Vermeidung einer Heranziehung

993 Da die Unterhaltspflicht ggü. Eltern kraft Gesetzes entsteht und als Teil des Verwandtenunterhalts einer vertraglichen Abbedingung nicht zugänglich ist, konzentrieren sich Vermeidungsstrategien – neben den Überlegungen zur Verteilung der Unterhaltslast »im Innenverhältnis« im Kreis der Geschwister (hierzu nachstehend Rdn. 1673 ff.) – auf faktische Vorkehrungen zur Reduzierung der Inanspruchnahmemöglichkeiten. Hierbei sind insb. zu nennen:[934]
(1) Der hierfür max. freistellbare Teil des Netto-Einkommens (bis zu 25 %)[935] sollte auch tatsächlich zum Aufbau einer eigenen Alterssicherung eingesetzt werden, wobei die Auswahl der Investitionsgüter (Lebensversicherung, vermietetes Immobilieneigentum etc.) dem Unterhaltsschuldner freisteht. Zu denken ist weiter an Einzahlungen in eine Riester-Rente und die Auffüllung von Versorgungslücken nach durchgeführtem Versorgungsausgleich.[936]

994 (2) Gleiches gilt für die Investition von Ansparbeträgen in Vermögenswerte, die i.R.d. Elternunterhalts nicht einzusetzen sind, insb. das selbst genutzte Immobilieneigentum (auch über die Grenzen des § 90 Abs. 2 Nr. 8 SGB XII hinaus), vgl. Rdn. 963.
(3) Überhaupt sollte eine Umschichtung in Vermögenswerte erwogen werden, die i.R.d. Elternunterhalts verteidigt werden können, da sie (im Erst-Recht-Schluss zu § 1577 Abs. 3 BGB) zum nicht einsatzpflichtigen Vermögensstamm zählen; neben dem, auch großzügigen, Eigenheim zählt hierzu auch Betriebs- und beruflichen Zwecken dienendes Vermögen.

---

933 Auf die trotz des insoweit undeutlichen Wortlauts »ihren Kindern und Eltern« abzustellen ist, vgl. Münder, NJW 2002, 3661; *Brühl/Hofmann*, Grundsicherungsgesetz, S. 89.
934 Vgl. hierzu insb. *Hauß*, FamRB 2003, 337 ff.
935 *Hauß*, FamRB 2003, 338 plädiert bei nicht gesetzlich rentenversicherten Verheirateten gar für 40 % des Brutto-Einkommens.
936 *J. Mayer*, ZEV 2007, 147.

C. Elternunterhalt Kapitel 2

(4) Da der Unterhaltsschuldner eine spürbare und dauerhafte Senkung des berufs- und einkommenstypischen Unterhaltsniveaus infolge des Elternunterhalts nicht hinzunehmen hat, solange die Grenze des unangemessenen Aufwands oder des Luxuslebens nicht überschritten sei, wird derjenige Abkömmling privilegiert, der in der Vergangenheit eher konsumiert als gespart hat. Sofern jedoch Rücklagen als »phasenverschobene Aufwendungen für künftigen Konsum« anzusehen sind, lässt sich der sonst vielleicht zu gewinnende Eindruck, der bisherige Familienunterhalt sei in erster Linie als Sparleistung verwendet worden, korrigieren.[937]   995

(5) Bereits erfolgte Vermögenszuwendungen an dritte Personen lösen zwar, wenn dadurch die Unterhaltsleistungsfähigkeit ggü. den Eltern eingeschränkt wird, das Rückforderungsrecht gem. § 528 Abs. 1, 2. Alt. BGB aus, dieses kann allerdings nicht durch den (Unterhalts-)Gläubiger gepfändet werden, solange es nicht tatsächlich geltend gemacht wurde (§ 852 Abs. 2 ZPO).[938] Nur in extremen Fällen wird die Zuwendung selbst wegen »absichtlicher Umgehung« der Unterhaltspflicht sittenwidrig sein (vgl. allg. Rdn. 1015 ff.). Eine Obliegenheit, den Rückforderungsanspruch geltend zu machen (mit der Folge, hinsichtlich der Leistungsfähigkeit so gestellt zu werden, wie wenn das Vermögen zurückübertragen wäre), besteht wohl nur bei gesteigerten Unterhaltspflichten,[939] wie sie hier nicht vorliegen,[940] vgl. Rdn. 959. Nicht einmal die Obliegenheit der Geltendmachung dieses unzweifelhaft zum Vermögen des Unterhaltsschuldners zählenden Anspruchs besteht jedoch, wenn Vermögensübertragungen zwar ohne bare Gegenleistung, aber gleichwohl nicht unentgeltlich stattfinden (z.B. zum Ausgleich eines Zugewinns im Rahmen eines ehevertraglichen Wechsels zur Gütertrennung [s. Rdn. 80 ff.] oder aber sie der Erfüllung von [Vorsorge-]Unterhaltsverpflichtungen dienen [s. Rdn. 3128 ff.]).   996

---

937 *Born,* FamRB 2003, 300. Unstreitiges Beispiel: Rücklage i.H.v. 21.700,00 € für die Anschaffung eines neuen Audi A3, wenn das bisherige Fahrzeug bereits eine Laufleistung von 215.000 km aufweist (BGH, 30.08.2006 – XII ZR 98/04, NJW 2006, 3344, 3347).

938 BGH, 28.11.2012 – XII ZR 19/10, ZEV 2013, 92 (kein Zugriff auf den Pflichtteilsanspruch des Unterhaltsschuldners wegen § 852 Abs. 1 ZPO); vgl. *Mayer/Geck,* Der Übergabevertrag, § 3 Rn. 247, a.A. *Zeranski,* Die Rückforderung von Schenkungen wegen Verarmung (2014), S. 215 ff., 227 ff., 240 ff.; siehe hierzu oben Rdn. 1066 f.

939 BGH, 28.11.2012 – XII ZR 19/10, ZEV 2013, 92: des Vaters gegenüber minderjährigen Kindern (deren Mutter er ermordet hatte!).

940 Damit kann auch nicht der Sozialhilfeträger die von ihm unterstützten Eltern gem. § 2 Abs. 1 SGB XII darauf verweisen, den Unterhaltsanspruch gegen das Kind »in voller Höhe«, einschließlich der durch eine Obliegenheit in Bezug auf § 528 BGB erhöhten Zusatzkomponente, geltend zu machen (entgegen *Mayer/Geck,* Der Übergabevertrag, § 3 Rn. 247), und auch gem. § 94 SGB XII geht er nicht in der durch die Obliegenheit ergänzten Höhe über.

Kapitel 3: Sozialrechtliche Fragen der Grundstücksüberlassung

Übersicht

		Rdn.
A.	Vorüberlegung: Rolle des Notars	997
B.	Risiko der Nichtigkeit wegen Verstoßes gegen das sozialrechtliche Nachrangprinzip (§ 138 BGB)	1003
I.	Sittenwidrigkeit der Übertragung	1003
	1. Exkurs: Familienrecht	1004
	a) Sozialrechtlich bedingte Sittenwidrigkeit	1004
	b) Inhalts- und Ausübungskontrolle im Verhältnis der Ehegatten zueinander	1007
	2. Erbrecht	1012
	3. Vermögensübertragungen	1015
II.	Sittenwidrigkeit einzelner Rechtsakte beim Vermögenswechsel	1026
	1. Sittenwidrigkeit des Rückforderungsverlangens	1027
	2. Sittenwidrigkeit der Ausschlagung/Annahme einer Erbschaft	1028
	3. Übersicht: Zulässigkeit erbrechtlicher Gestaltung mit nachteiliger Auswirkung für Dritte	1030
C.	Risiko der Rückforderung bei späterer Verarmung des Veräußerers (§ 528 BGB)	1032
I.	Tatbestandsvoraussetzungen	1034
	1. Schenkung	1034
	a) Begriff	1034
	b) Vollzogene Schenkung	1037
	2. Verarmungstatbestand	1041
	3. Umgestaltung des zivilrechtlichen Anspruchs durch das Sozialrecht	1047
	a) Eingeschränkte Abtretbarkeit	1050
	b) Fortbestehen des Anspruchs trotz Wegfalls des Notbedarfs	1056
	c) Transmortales Fortbestehen	1058
	d) Immunität ggü. Konfusion	1063
	e) Pfändbarkeit?	1066
	f) Sozialrechtliche Besonderheiten bei der Überleitung	1068
	aa) Sozialhilferechtliche Erweiterungen der Möglichkeiten zur Deckung des Notbedarfs	1070
	bb) Sozialhilferechtliche Schranken gem. § 93 Abs. 1 Satz 3 SGB XII	1072
II.	Inhalt des Rückforderungsanspruchs	1080
	1. Bedarfslücke überschreitet Aktivwert des Geschenks	1081
	2. Ausübung der gesetzlichen Ersetzungsbefugnis (§ 528 Abs. 1 Satz 2 BGB)	1082
	3. Regelfall: Aktivwert des Geschenks überschreitet Bedarfslücke	1084

		Rdn.
	4. »Umgekehrte Ersetzungsbefugnis«	1088
	a) Zivilrechtliche Zulässigkeit	1088
	b) Sozialrechtliche Relevanz der »umgekehrten Ersetzungsbefugnis« (§ 93 Abs. 1 Satz 3 SGB XII, § 33 Abs. 1 SGB II)	1093
	c) Zivilrechtliche Relevanz der »umgekehrten Ersetzungsbefugnis« (§ 529 Abs. 2 BGB)	1098
	d) Erfüllung des Anspruchs nach Ausübung der umgekehrten Ersetzungsbefugnis	1101
III.	Rückforderungsobjekt	1107
IV.	Konkurrenzverhältnis	1109
V.	Ausschlusstatbestände	1113
	1. 10-Jahres-Frist (§ 529 Abs. 1 a.E. BGB)	1114
	2. Vorsätzliche oder grob fahrlässige Herbeiführung der Bedürftigkeit (§ 529 Abs. 1, 1. Alt. BGB)	1116
	3. Gefährdung des eigenen Unterhalts (§ 529 Abs. 2 BGB: Einkommens- und Vermögensschonung des Erwerbers)	1118
	4. Pflicht- und Anstandsschenkungen (§ 534 BGB)	1124
	5. Verjährung	1125
VI.	Quintessenz	1126
	1. Verarmungsrisiko auf Veräußererseite	1127
	2. Verarmungsrisiko auf Erwerberseite	1131
	3. Verarmungsrisiko auf Geschwisterseite	1137
D.	Auswirkungen der Übertragung bzw. vereinbarter Gegenleistungen auf sozialrechtliche Ansprüche	1140
I.	Vermögens- und einkommensunabhängige Ansprüche	1140
II.	Vermögensabhängige Sozialleistungsansprüche	1142
	1. Betroffene Sozialleistungen	1142
	2. Einfluss der Übertragung bzw. vereinbarter Gegenleistungen auf vermögensabhängige Ansprüche	1144
	a) Anknüpfung an den Vermögensverlust	1145
	b) Anknüpfung an die Gegenleistungen	1148
III.	Einkommensabhängige, nicht pflegefallspezifische Sozialleistungsansprüche	1150
	1. Sanktionsmechanismen	1150
	a) Anknüpfung an die veräußerungsbedingte Einkommensminderung	1151

	Rdn.
b) Anknüpfung an den Einkommenswert der Gegenleistungen..	1153
2. Enger Einkommensbegriff (ohne vertragliche Versorgungsansprüche).	1154
3. Kürzung aufgrund Einkommensanrechnung der Gegenleistungen...	1159
E. **Pflegefallspezifische Ansprüche nach SGB XII und SGB XI und ihre Wechselbeziehung zu Grundbesitzübertragungen**...............	1172
I. Häusliche Pflege.................	1174
1. Erstattung von Aufwendungen	1177
2. Kostenübernahme für externe Pflegekräfte	1178
a) Voraussetzungen	1178
b) Kriterien für mögliche Kürzungen.................	1179
3. Pflegegeld	1182
a) Voraussetzungen	1182
b) Kriterien für mögliche Kürzungen.................	1186
II. Pflege bei Unterbringung in Heimen ..	1188
1. Reduzierter Schonbereich.........	1188
2. Wegfall vertraglicher Ansprüche (Wohnungsrecht)?..............	1191
a) Gesetzeslage	1191
b) Löschung durch Betreuer	1194
c) Auflösende Bedingung	1195

	Rdn.
3. Überleitung vertraglicher Ansprüche?	1206
4. »Umwandlung« in Geldansprüche?.	1210
a) Leibgedingsrecht	1210
b) Änderung der Geschäftsgrundlage (§ 313 BGB)?	1214
c) »Interessengerechte« Vertragsauslegung?	1217
III. Rechtslage gemäß Pflegeversicherungsgesetz.	1226
1. Grundzüge des SGB XI	1226
a) Versicherte, Beiträge	1226
b) Pflegebedürftigkeit (Pflegestufen)	1234
c) Pflegegeldleistung	1247
d) Pflegesachleistung	1254
e) Teilstationäre Leistungen	1261
f) Vollstationäre Leistungen	1263
g) Leistungserbringung	1267
h) Private Pflichtversicherung.....	1268
i) (Familien-)Pflegezeit	1270
2. Wechselbezüge mit Übertragungsverträgen	1271
IV. Landespflegegesetze; Beihilfe.........	1278
V. Exkurs: Steuerliche Förderung bei Pflegebedürftigkeit	1282

A. Vorüberlegung: Rolle des Notars

997 Jeder Notar wird in der täglichen Beratungs- und Beurkundungspraxis mit Fragen nach den sozialrechtlichen Konsequenzen der gewählten Vertragsgestaltung konfrontiert. Dies und die dabei typischerweise zutage tretende Interessenlage soll kurz am Beispiel der Beurkundung von Grundbesitzübertragungen und den dabei häufig vereinbarten Versorgungsansprüchen aufgezeigt werden:[1]

(1) Der **Veräußerer**, durch warnende Hinweise und Beispiele sensibilisiert, begehrt Auskunft, ob durch die Übertragung oder dabei eingeräumte Gegenleistungen bereits gewährte oder zu erwartende Sozialleistungen wegfallen oder gekürzt werden.

998 (2) Der **Erwerber** befürchtet, dass die Übertragung möglicherweise für den Fall künftiger Sozialleistungsbedürftigkeit des Veräußerers keinen Bestand (mehr) haben könnte, oder dass sich die zu dessen Gunsten vereinbarten Natural- oder Geldzuwendungen als »Einfallstore« für eine Inanspruchnahme des Erwerbers durch den Sozialleistungsträger erweisen könnten. Die genannten Risiken werden insb. bei nicht beitragserkauften[2] Sozialleistungen bedeutsam, die ggü. privater Bedarfsdeckung nachrangig sind, etwa der Sozialhilfe. So können z.B. vertragliche Versorgungsansprüche zu einer Leistungsminderung führen, da der Veräußerer »die erforderliche Hilfe bereits von anderen, besonders von Angehörigen, erhält« (§ 2 Abs. 1 SGB XII, vgl. auch § 9 Abs. 1 SGB I).

---

1 Vgl. zum Folgenden auch *Krauß*, MittBayNot 1992, 77 ff. m.w.N.
2 Zu den Gestaltungsprinzipien, welche den einzelnen Sozialleistungen zugrunde liegen, vgl. ausführlich *Wahl*, Vertragliche Versorgungsrechte in Übergabeverträgen und sozialrechtliche Ansprüche, S. 30 ff.; *Gitter*, DNotZ 1984, 601.

(3) **Geschwister** des Erwerbers schließlich gehen v.a. bei Übertragung des wesentlichen elterlichen Grundvermögens gegen Übernahme von Versorgungspflichten im traditionellen Umfang (z.B. i.R.d. landwirtschaftlichen Übergabe) davon aus, zumindest finanziell der Verantwortung für das Wohlergehen der Eltern enthoben zu sein, und wünschen vom Notar eine Bestätigung dieser Erwartung. Für diesen Personenkreis geht es also primär um das allgemeine Rangverhältnis zwischen bürgerlich-rechtlicher Unterhaltsverpflichtung und öffentlich-rechtlicher Sozialleistung. 999

Obwohl es sich bei den sozialrechtlichen Konsequenzen von Grundbesitzübertragungen regelmäßig um mittelbare wirtschaftliche und rechtliche Folgen des zu beurkundenden Vertrags handelt, die vom Pflichtumfang notarieller Belehrung gem. § 17 BeurkG nicht umfasst werden,[3] können Fälle auftreten, in denen der Notar gehalten ist, im Rahmen seiner von der Rechtsprechung entwickelten sog. erweiterten Belehrungspflicht (analog § 14 BNotO)[4] in Betreuungs- und Vertrauensverhältnissen die Beteiligten vor ihnen nicht evidenten, drohenden Schäden zu bewahren. Dabei ist darauf hinzuweisen, dass der schlichte Verlust der Möglichkeit, aufgrund eines Vermögenszuwachses Sozialfürsorgeleistungen anzunehmen, keinen Schaden im Sinne dieser Rechtsprechung darstellt.[5] 1000

Doch auch außerhalb des haftungsrechtlich relevanten Bereichs steht es dem Notar gut an, zumindest mögliche Kollisionsbereiche mit Sozialleistungsansprüchen zu erkennen und aufzuzeigen, sobald der mitgeteilte oder aufgeklärte Sachverhalt hierzu näheren Anlass bietet. Aus der Sicht des Kautelarjuristen verschränken sich dabei Sozialrecht und vertragliche Regelung in reizvoller, jedoch zugleich komplizierter und nicht immer verlässlich prognostizierbarer Wechselwirkung: Einerseits können Übertragungen oder dabei vereinbarte Versorgungsansprüche Auswirkungen auf Bestand oder Höhe der Sozialleistung haben, andererseits erwachsen aus sozialrechtlichen Wertungen Grenzen für den Gestaltungswillen der Parteien und damit die notarielle Beurkundungstätigkeit, indem der Übertragung selbst oder Nachrangvereinbarungen i.R.d. »Gegenleistungen« die (sozial-)rechtliche Anerkennung versagt wird. Die Aufmerksamkeit des Notars ist daher sowohl bei der Erforschung und begleitenden Konkretisierung des Parteiwillens als auch bei der Formulierung von Vereinbarungsvorschlägen in erhöhtem Maße gefordert. 1001

Im Rahmen dieser Darstellung sollen lediglich drei besonders praxisbedeutsame Aspekte herausgegriffen werden, welche die **Wirksamkeit** (Rdn. 1003 ff.) bzw. den **dauerhaften Bestand** (Rdn. 1032 ff.) der **Übertragung bei späterem Bezug von nachrangigen Sozialleistungen** (z.B. Leistungen zur Pflege nach dem SGB XII – bis 01.01.2005: BSHG) umfassen, ebenso die Wechselwirkung zwischen nicht pflegefallspezifischen (Rdn. 1140 ff.) und pflegefallspezifischen (Rdn. 1172 ff.) Ansprüchen nach dem SGB XII und vertraglichen Gestaltungen der »Gegenleistungen« des Erwerbers. 1002

B. Risiko der Nichtigkeit wegen Verstoßes gegen das sozialrechtliche Nachrangprinzip (§ 138 BGB)

I. Sittenwidrigkeit der Übertragung

Gesetzliche Verbote (§ 134 BGB) von Grundbesitzübertragungen sind in den Sozialleistungsgesetzen nicht enthalten. Zu prüfen ist jedoch die mögliche Nichtigkeit der Veräußerung und Übereignung wegen Verstoßes gegen die guten Sitten (§ 138 BGB), und zwar insb. dann, wenn sich die Vermögens- und Einkommensminderung beim Veräußerer zulasten der öffentlichen 1003

---

3 Vgl. *Wahl*, Vertragliche Versorgungsrechte in Übergabeverträgen und sozialrechtliche Ansprüche, S. 297 f.; *Ott*, Anm. 3 zu Art. 14 BayAGBGB, in: *Sprau* u.a., Justizgesetze in Bayern, 1988.
4 Vgl. hierzu etwa BGH, 29.10.1953 – III ZR 270/52, DNotZ 1954, 330; 03.07.1986 – IX ZR 51/85, DNotZ 1987, 157; *Haug/Zimmermann*, Die Amtshaftung des Notars, 2011, Rn. 533 ff. (zu »wirtschaftlichen Gefahren« insb. Rn. 582); *Winkler*, BeurkG, § 17 Rn. 18.
5 Vgl. DNotI-Gutachten, Faxabruf-Nr. 55923, Stand Januar 2005.

Hand auswirkt, bei welcher er vermögens- und einkommensabhängige Sozialleistungen (insb. Sozialhilfe, Kriegsopferfürsorge nach dem BVG und Arbeitslosenhilfe) beantragt.

Obergerichtliche Rechtsprechung zur Frage eines Verstoßes gegen § 138 BGB wegen (beabsichtigten) Unterlaufens des Nachrangprinzips liegt lediglich im Bereich des Familien- und Erbrechts vor.

1. Exkurs: Familienrecht

a) Sozialrechtlich bedingte Sittenwidrigkeit

1004 Der BGH[6] und ihm folgend die Untergerichte[7] haben in teilweiser Abkehr von der früheren Rechtsprechung, wonach in Betonung des subjektiven Elements »gewissenloses Handeln, geleitet von der wesentlichen Absicht, die Unterhaltslast auf den Sozialhilfeträger zu überbürden« gefordert war,[8] einen **Verzicht auf nachehelichen Ehegattenunterhalt** als u.U. sittenwidrig[9] beurteilt, auch wenn er nicht auf einer Schädigungsabsicht der Ehegatten ggü. dem Sozialhilfeträger beruhe. Entscheidend komme es auf den Gesamtcharakter der Vereinbarung an, welcher der Zusammenfassung von Inhalt, Beweggrund und Zweck zu entnehmen sei.[10] Der so ggf. festzustellende objektiv sittenwidrige Gehalt des Verzichts sei den Ehegatten auch subjektiv zuzurechnen, wenn sie sich bei Vertragsschluss der Bedürftigkeit des Verzichtenden bewusst oder grob fahrlässig nicht bewusst gewesen seien.[11]

1005 Die berechtigten Interessen des Sozialleistungsträgers gebieten es Ehegatten allerdings nicht, mit Rücksicht auf ihn Regelungen zu unterlassen, die von den gesetzlichen Scheidungsfolgen abweichen. Das Gesetz kennt – gleich ob der Ehevertrag vor oder nach Eheschließung zustande kommt oder Letztere gar vom Vertragsschluss abhängig gemacht wird – keine »Pflicht zur Begünstigung des Sozialhilfeträgers im Scheidungsfall«. Demnach ist nach Ansicht des BGH[12] auch bei der Prüfung der **sozialrechtlich bedingten Sittenwidrigkeit** vorrangig darauf abzustellen, ob auf der Ehe beruhende Familienlasten zulasten des Sozialleistungsträgers »verschoben« wurden (unbedenklich sind daher Verzichte, die auf die Risiken aus bereits vor der Ehe bestehenden Umständen reflektieren, etwa bereits vorhandene Krankheiten oder eine Ausbildung, die offenkundig keine Erwerbsgrundlage verspricht). Werden ehebedingte Risiken ausgeschlossen und damit faktisch auf den Sozialleistungsträger überwälzt, kann dies zwar im Verhältnis zwischen den Beteiligten ausgeglichen werden (etwa durch Bestellung eines Wohnungsrechts), so dass die »allgemeine richterliche Inhaltskontrolle« nicht zu einer Beanstandung führt,[13] aber im Verhältnis zum Sozialleistungsträger gleichwohl zur universellen Sittenwidrigkeit führen.

---

6 BGHZ 86, 82 = MittBayNot 1983, 129; vgl. auch BGH, NJW 1987, 1546, 1548 und nunmehr BGH, MittBayNot 1993, 23 ff.; DNotZ 1993, 524.
7 Vgl. etwa OLG Düsseldorf, FamRZ 1981, 1081; OLG Karlsruhe, FamRZ 1982, 1215; OLG Zweibrücken, FamRZ 1983, 930.
8 So etwa LG Ellwangen, FamRZ 1955, 108; OLG Düsseldorf, FamRZ 1955, 293.
9 In neuerer Zeit überwiegen allerdings Urteile, in denen der Verzicht zwar als wirksam, die Berufung hierauf aber treuwidrig gewertet wird, sofern hierdurch die Interessen minderjähriger Kinder beeinträchtigt werden. Bei der Anpassung sind jedoch die Wertungen der Unterhaltsreform zu berücksichtigen, v.a. die zeitliche Begrenzung des Kindesbetreuungs-Basisunterhalts auf drei Jahre, die nur aus kind- oder elternbezogenen Gründen verlängert werden kann, vgl. BGH, 02.02.2011 – XII ZR 11/09, NJW 2011, 2969 m. Anm. *J. Mayer*.
10 Beispielsfälle: OLG Düsseldorf, FamRZ 2004, 461; OLG Köln, FamRZ 2003, 767; OLG Naumburg, FamRZ 2002, 456.
11 Vgl. hierzu etwa *Karpen*, MittRhNotK 1988, 150; *Glitter*, DNotZ 1984, 610.
12 BGH, 25.10.2006 – XII R 144/04, FamRZ 2007, 197 m. Anm. *Bergschneider*.
13 Weder i.R.d. Wirksamkeitskontrolle (§ 138 BGB) bezogen auf den Zeitpunkt des Vertragsschlusses, noch i.R.d. Ausübungskontrolle (§ 242 BGB) bezogen auf den Zeitpunkt des Scheiterns der Ehe.

B. Risiko der Nichtigkeit wegen Verstoßes gegen das sozialrechtliche Nachrangprinzip   Kapitel 3

Eine solche sozialrechtlich **bedingte Sittenwidrigkeit** ist (wohl) auch anzunehmen, wenn zwar keine ehebedingten Nachteile im eigentlichen Sinn zulasten des Sozialleistungsträgers ausgeschlossen werden, jedoch durch die Eheschließung als solche ein Sozialfürsorgeanspruch entsteht (etwa als Folge einer dadurch vermittelten Aufenthaltsberechtigung für Ausländer) und das Einstehen Müssen der Ehegatten füreinander (auch hinsichtlich nicht ehebedingter Nachteile) abbedungen wurde.[14] Schließlich kann auch umgekehrt die ehevertragliche Vereinbarung einer über das Gesetz hinausgehenden Versorgung (»Unterhaltsrente«), die den Verpflichteten so überfordert, dass er ergänzender Sozialleistungen bedarf, wegen Sittenwidrigkeit zulasten des Sozialleistungsträgers unwirksam sein.[15] Wirkt sich die unabänderliche Natur der vertraglich vereinbarten Rente jedoch »lediglich« zulasten neu hinzutretender Unterhaltsberechtigter (etwa des zweiten Ehegatten) aus, da die vom BGH früher (verfassungswidrig[16]) angenommene Gleichordnung (»Dreiteilung«)[17] nicht erfüllt werden kann, führen weder die Wirksamkeits- noch die Ausübungskontrolle zu einer Reduzierung der Zahlungspflicht.[18]

1006

b) *Inhalts- und Ausübungskontrolle im Verhältnis der Ehegatten zueinander*

Insb. bei nicht beurkundeten Verträgen und unausgewogener Verhandlungsposition (z.B. Schwangerschaft[19]) erfordert das Grundgesetz weiter gehende richterliche Inhaltskontrolle.[20]

1007

---

14 *Bergschneider*, FamRZ 2007, 200; BGH, 22.11.2006 – XII ZR 119/04, FamRZ 2007, 450 m. krit. Anm. *Bergschneider*: Russische Klavierlehrerin mit Krankheitsverdacht übersiedelt infolge Heirat nach Deutschland und erkrankt tatsächlich an MS; das »Integrationsrisiko« sei mittelbare Folge der Eheschließung (war die Krankheit nicht erkennbar, dürfte jedoch allenfalls eine Ausübungskontrolle stattfinden); vgl. *Kanzleiter*, notar 2008, 354 ff.

15 BGH, 05.11.2008 – XII ZR 157/06, NotBZ 2009, 63 m. Anm. *Reetz*, NotBZ 2009, 37; hierzu auch *Herrler*, MittBayNot 2009, 110 ff.

16 BVerfG, 25.01.2011 – 1 BvR 918/10, vgl. *Eickelberg*, notar 2011, 400 f.; Abkehr des BGH von seiner bisherigen Rechtsprechung in BGH, 07.12.2011 – XII ZR 151/09, FamRZ 2012, 281 ff. Bei der Bedarfsermittlung dürfen nur solche nachehelichen Umstände berücksichtigt werden, die bereits während der Ehezeit absehbar waren [beispielsweise nichtvorwerfbare Einkommensrückgänge, der Beginn der Regelaltersrente, der umzugsbedingte Wegfall von Fahrtkosten oder die nachehelich aufgenommene Erwerbstätigkeit des Unterhaltsberechtigten als Surrogat für die Haushaltsführung und Kindererziehung während der Ehe]. Unberücksichtigt bleiben dagegen Unterhaltspflichten gegenüber einem neuen Ehegatten, die aus der neuen Ehe hervorgehenden finanziellen Vorteile, etwa in Gestalt des steuerlichen Splitting, Unterhaltspflichten gegenüber einem nachehelich geborenen Kind sowie Unterhaltspflichten des Vaters nach § 1615 lit. l BGB gegenüber der Mutter eines nichtehelichen Kindes, das erst nach der Ehe geboren wird – für diese Fälle gilt der Halbteilungsgrundsatz, sofern nicht wegen besonders hoher Einkünfte eine konkrete Bedarfsbemessung geboten ist, vgl. *Beller*, Notar 2012, 395, 398 f. Die Konkurrenz zwischen geschiedenem Ehegatten, einerseits, und neuem Ehegatten bzw. nachehelich geborenen Kindern, andererseits, wird nun auf der Ebene der Leistungsfähigkeit, § 1581 BGB, gelöst [Rangfolge der Berechtigten nach §§ 1582, 1609 BGB] mit anschließender Billigkeitsprüfung nach § 1581 BGB, die häufig wiederum im Ergebnis zu einer Dreiteilung führt.

17 Wandelbarkeit der ehelichen Lebensverhältnisse durch Hinzutreten eines neuen Ehegatten: Bedarf des früheren Ehegatten sei grds. ein Drittel des zur Verfügung stehenden Gesamteinkommens aller Beteiligten einschließlich des nunmehrigen Splittingvorteils, ohne Rücksicht auf das Rangverhältnis zwischen altem und neuem Ehegatten, BGH, 30.07.2008 – XII ZR 177/06, FamRZ 2008, 1911 und BGH, 01.10.2008 – XII ZR 62/07 (adoptiertes weiteres Kind), MittBayNot 2009, 149 m. Anm. *Herrler*, MittBayNot 2009, 110 ff.

18 *Herrler*, MittBayNot 2009, 110 ff. Unterhaltsvereinbarungen, die auf diesem (vom BVerfG verworfenen) Dreiteilungsgrundsatz beruhen, unterliegen nun weder der Anfechtung nach §§ 119 ff. BGB, noch sind sie gem. § 779 Abs. 1 BGB unwirksam, allerdings besteht u.U. ein Anpassungsanspruch nach § 313 BGB, vgl. BGH, 20.03.2013 – XII ZR 72/11, ZNotP 2013, 184.

19 Es sei denn, diese war keinem der Ehegatten bekannt, OLG Hamm, 22.05.2014 – II 1 UF 66/13, RNotZ 2014, 598.

20 Vgl. BVerfG, 06.02.2001 – 1 BvR 12/92, DNotZ 2001, 222; ausführlich hierzu *Wachter*, ZNotP 2003, 408 ff. (mit Formulierungsvorschlägen); die daraus zu ziehenden Folgerungen waren bis zur Entschei-

Der BGH hat in seiner Leitentscheidung,[21] gefolgt von einem vielstimmigen Chor auf Ebene der OLG,[22] den **Vorrang der Ehevertragsfreiheit**[23] vor dem eher rechtspolitisch gefärbten Rollenbild der nachehelichen Solidarität betont und hervorgehoben, dass die Beitragsgleichwertigkeit des § 1360 Satz 2 BGB nicht zu einem Wertgleichheitsgedanken im ehelichen Vermögensrecht umgebaut werden dürfe. Abschluss- und Ausübungskontrolle durch Gerichte seien vielmehr lediglich Instrumente der Freiheitsgewährleistung, die einer evident einseitigen und durch die individuelle Gestaltung der ehelichen Lebensverhältnisse nicht gerechtfertigten Lastenverteilung gegenwirken sollten.

1008 Dabei sei der **Zugewinnausgleich** der ehevertraglichen Disposition am weitesten zugänglich,[24] sofern nicht im Einzelfall (etwa bei Selbstständigen) Funktionsäquivalenz zum Versorgungsausgleich besteht.[25] Im nachehelichen Unterhaltsrecht ist der **Unterhaltsanspruch wegen Erwerbslosigkeit**, der **Aufstockungsunterhalt**[26] und der **Ausbildungsunterhalt** (§§ 1573, 1578 Abs. 2, 1. Alt. und Abs. 3, 1573 Abs. 2, 1575 BGB) regelmäßig weitestgehend disponibel, während der **Krankheits- und Altersunterhalt** (§§ 1572, 1571 BGB) und ihm gleich gelagert der **Versorgungsausgleich** einer enger begrenzten Disposition unterliegen (wobei in Bezug auf den Versorgungsausgleich die richterliche Wirksamkeitskontrolle i.S.d. § 8 Abs. 1 VersAusglG[27] gem. §§ 137 Abs. 2 Satz 2, 224 Abs. 3 FamFG in eine richterliche Entscheidung über die Durchführung bzw. Nichtdurchführung des Versorgungsausgleichs zu münden hat, die in Rechtskraft erwächst,[28] so dass Kompensationsleistungen bis zu diesem Zeitpunkt unter Vorbehalt oder Absicherung stehen sollten).

1009 Der **Kindesbetreuungsunterhalt** (§ 1570 BGB) ist wegen seiner Drittwirkung zugunsten/zulasten des Kindes und dessen Erziehung in stärkstem Umfang der Wirksamkeitskontrolle (§ 138 Abs. 1

---

dung des BGH, 11.02.2004 – XII ZR 265/02, FamRZ 2004, 46 ungewiss; für eine (bedenkliche) Ausweitung der zur Unwirksamkeit führenden Sachverhalte z.B. OLG München, 01.10.2002 – 4 UF 7/02, FamRZ 2003, 35; für eine Beibehaltung der bisherigen Gestaltungsgrenzen dagegen z.B. OLG München, 25.09.2002 – 16 WF 1328/02, FamRZ 2003, 376.

21 BGH, 11.02.2004 – XII ZR 265/02, DNotZ 2004, 550 mit ausführlicher Anm. *Hahne*, DNotZ 2004, 84; *Rauscher*, DNotZ 2004, 524 ff.; *Langenfeld*, ZEV 2004, 311; *Brandt*, MittBayNot 2004, 221, 278; *Gageik*, RNotZ 2004, 295; *Koch*, NotBZ 2004, 147; *Rakete-Dombeck*, NJW 2004, 1273; *Münch*, ZNotP 2004, 122.

22 Übersicht bei *Münch*, ZNotP 2007, 205 ff.; ausführlicher in *Münch*, Die Unternehmerehe, Rn. 467 ff. Deutlich OLG Hamm, 08.06.2011 – 5 UF 51/10, RNotZ 2011, 494: allein aus objektivem Ungleichgewicht der Einkommens- und Vermögensverhältnisse ergibt sich keine Sittenwidrigkeit, sofern kein Verhandlungsungleichgewicht bestand.

23 Die als solche beileibe nicht selbstverständlich ist (in Florida gilt ein Ehevertrag als »criminal act« – Boris Becker).

24 Wie sich aus dem Wahlgüterstand der Gütertrennung ergibt, vgl. auch BGH, 21.11.2012 – XII ZR 48/11, MittBayNot 2013, 235 m. Anm. *Münch* 246 ff. Sollte im Ausnahmefall die Vereinbarung einer Gütertrennung (etwa wegen Ausnutzung einer Drucksituation) sich als sittenwidrig darstellen, führt dies zu erheblichen Folgeproblemen (Unwirksamkeit früherer Verfügungen gem. § 1365 BGB? Abweichende Erb- und Pflichtteilsquoten, erhöhte Erbschaftsteuerfreibeträge), vgl. *Volmer*, ZNotP 2005, 247 f.

25 Da Altersvorsorge durch Vermögensbildung betrieben wird, vgl. OLG Karlsruhe, 12.12.2014 – 20 UF 7/14, RNotZ 2015, 220 (Az. BGH: XII ZB 14/15).

26 Dieser braucht insb. nicht in der vollen Höhe des gesetzlichen Unterhalts (§ 1578 Abs. 1 Satz 1 BGB) gewährt zu werden, sondern bspw. lediglich begrenzt auf den angemessenen Lebensbedarf (§ 1578 Abs. 1 Satz 2 BGB), d.h. das im bisherigen Beruf nach Tarifvertrag erzielbare Gehalt.

27 Hierzu BGH, 29.01.2014 – XII ZB 303/13, DNotZ 2014, 361; Überblick bei *Reetz*, NotBZ 2014, 201 ff. und 241 ff. Ein vollständiger Ausschluss des Versorgungsausgleichs ist gem. OLG Nürnberg, 07.12.2015 – 7 UF 1117/15, MittBayNot 2017, 398 auch wenn er zum Sozialhilfebezug führt nicht sittenwidrig, sofern der unterschiedliche Erwerb von Anrechten nicht auf ehebedingten Nachteilen beruht.

28 Vgl. *Falkner*, DNotZ 2013, 726; die als Ausnahme in §§ 227 Abs. 2, 225 FamFG für notarielle Vereinbarungen vorgesehene spätere Abänderungsmöglichkeit setzt voraus, dass Umstände sich nachträglich auf den Ausgleichswert eines Anrechtes auswirken.

B. Risiko der Nichtigkeit wegen Verstoßes gegen das sozialrechtliche Nachrangprinzip Kapitel 3

BGB) bzw. Ausübungskontrolle (§ 242 BGB) ausgesetzt. Der **Kranken- und Altersvorsorgeunterhalt** (§ 1578 BGB) seinerseits teilt den Rang des betreffenden Elementarunterhalts, dessen Höhe er beeinflusst.[29] **Sittenwidrigkeit** kann (außer aufgrund Verstoßes gegen die sozialrechtliche Subsidiarität, s. Rdn. 1004 ff.) eintreten bei Regelungen im Kernbereich der richterlichen Kontrolle, die mit dem gewählten Ehetyp (Doppelverdienerehe, Alleinverdienerehe, phasenbezogene Kindererziehung) nicht in Einklang zu bringen sind. Sittenwidrigkeit kann ferner aufgrund situationsbezogener Unterlegenheit eintreten, etwa Schwangerschaft, mangelnder Sprachkenntnisse, ungenügender Beratung bei privatschriftlichen Unterhaltsverträgen, immanenter Überforderung wegen Vereinbarung eines einkommensunabhängigen Mindestunterhalts,[30] nicht jedoch allein aufgrund Einkommens- und Vermögensdisparität.[31]

Die Sittenwidrigkeit kann einzelne Klauseln erfassen, aber auch als Ergebnis einer Gesamtschau den **gesamten Vertrag**,[32] wobei allerdings Letzteres stets voraussetzt, dass neben das objektive Element der Unausgewogenheit des Vertragsinhalts auch eine konkret festzustellende subjektive Unterlegenheit der Verhandlungsposition des benachteiligten Ehegatten tritt: Störung der subjektiven Vertragsparität[33] (fehlt letztere, bleibt lediglich Raum für die Ausübungskontrolle im Rahmen des § 242 BGB, Rdn. 1011).[34] Sittenwidrigkeit kann auch aufgrund vorhersehbarer konkreter Bedarfssituationen eintreten, die als mittelbare Folge der Eheschließung vom Unterhaltsverzicht erfasst werden sollten, auch wenn primär ausländerrechtliche Vorteile beabsichtigt waren (Heirat einer kranken Ausländerin: Krankheitsfolgen allein könnten zwar als nicht ehebedingter Umstand ausgeschlossen werden, allerdings schafft der durch die Hochzeit veranlasste Umzug nach Deutschland mangels verwertbarer Ausbildung ein ehebedingtes und demnach jedenfalls im Kernbereich nicht ausschließbares Risiko).[35] **1010**

Neben diese Wirksamkeitskontrolle tritt die nicht auf den Zeitpunkt des Vertragsabschlusses, sondern den Zeitpunkt der Geltendmachung der aus dem Vertrag sich ergebenden Rechte bzw. Verzichte abstellende **Ausübungskontrolle mit möglicher richterlicher Anpassung**[36] (§ 242 BGB), **1011**

---

29 BGH, 25.05.2005 – XII ZR 221/02, DNotZ 2005, 857.
30 OLG Celle, 24.09.2004 – 15 WF 214/04, MittBayNot 2006, 243.
31 Erforderlich ist auch subjektive Unterlegenheit, vgl. *Münch*, MittBayNot 2013, 247; *vgl.* im Einzelnen *Rauscher*, DNotZ 2004, 535 ff. Die nach dem Grundsatzurteil des BGH ergangenen OLG-Entscheidungen weiten den Anwendungsbereich des § 138 BGB allerdings bedenklich aus: OLG Celle, FamRZ 2004, 1489; OLG Saarbrücken, MittBayNot 2004, 450.
32 BGH, 17.05.2006 – XII ZB 250/03, FamRZ 2006, 1097 m. Anm. *Bergschneider*: Fall der Gesamtnichtigkeit (keine Aufrechterhaltung des Versorgungsausgleichsausschlusses mit dem Argument, der Ausschluss des nachehelichen Unterhalts sei unwirksam, so dass mithilfe des Unterhalts eine eigene Altersversorgung aufgebaut werden könnte). Vgl. hierzu *Brambring*, NJW 2007, 865 mit dem Hinweis auf ungeklärte Konsequenzen, wenn ein bei Abschluss extrem einseitiger Vertrag doch wegen überraschender Sachverhaltsentwicklung sich zugunsten der damals Benachteiligten ausgewirkt hätte, sowie zur Frage der Nichtigkeit eines mit beurkundeten Pflichtteilsverzichts.
33 Bsp: BGH, 15.03.2017 – XII ZB 109/16 RNotZ 2017, 391: Ehefrau war in die Vertragsverhandlungen nicht eingebunden, erhielt vorab keinen Entwurf und kein Mitleseexemplar. Obwohl für sich genommen jede einzelne Klausel der Sittenwidrigkeitskontrolle standhalten würde, verstößt der Vertrag als Gesamtheit gegen § 138 BGB, so dass insgesamt das Gesetz gilt(!).
34 BGH, 31.10.2012 – XII ZR 129/10, DNotZ 2013, 528 m. Anm. *Siegler*. Eine solche Störung liegt nicht vor, wenn der »unterlegene« Ehegatte die Tragweite des Ausschlusses grundsätzlich erkennt, jedoch keine weitere Beratung einholt, weil er dem anderen Ehegatten »blind« vertraut.
35 BGH, 22.11.2006 – XII ZR 119/04, FamRZ 2007, 450 m. krit. Anm. *Bergschneider*, wo betont wird, dass die Sittenwidrigkeit nicht aufgrund der Belastung des Sozialleistungsträgers eintrete. Letzteres wäre aber wohl angenommen worden, wenn eine gesunde Ausländerin durch die Heirat eine Aufenthaltserlaubnis erhalten sollte, und mangels Ausbildung ihren Unterhalt nicht selbst bestreiten kann: Überbürdung des Integrationsrisikos auf die Allgemeinheit, s. Rdn. 1005 a.E.
36 Beispiele: BGH, 06.10.2004 – XII ZB 57/03, NJW 2005, 139 anstelle des nicht aufrechtzuerhaltenden vollständigen Ausschlusses des Versorgungsausgleiches: Ausgleich lediglich der ehebedingten Versorgungs-

die Vertragslücken schließt und einer Änderung der Geschäftsgrundlage Rechnung trägt. Sie greift insb., wenn durch eine Abweichung der Ehewirklichkeit vom vertraglichen Ehemodell die frühere Vereinbarung – soweit sie sich im Bereich verschärfter richterlicher Kontrolle bewegte – nicht mehr »modellangemessen« sein sollte. Bei Scheidungsfolgenvereinbarungen, bei denen Vereinbarung und Scheitern der Ehe zusammenfallen, hat die Ausübungskontrolle demnach keinen Raum.[37] Für die Höhe der Eingriffsschwelle, also des erforderlichen Maßes der Disparität, sind auch der Umfang der Verletzung ehelicher Solidarität und – soweit es nicht um den Ausgleich ehebedingter Nachteile geht – auch der Verschuldensaspekt maßgeblich, aber auch der Umfang der Gemeinsamkeit[38] des zu ändernden Plans.[39] Die richterliche Inhaltsanpassung wiederum orientiert sich nicht in erster Linie an den ehelichen Verhältnissen, sondern am Ausgleich der ehebedingten Nachteile:[40] Auf einen »Zuwachs an Vorteilen« als Folge der Ehe kann verzichtet werden (»Abdingbarkeit der Teilhabe«), nicht aber komplett auf den Ausgleich ehe- und familienbedingter Nachteile.[41] Es findet lediglich eine Missbrauchskontrolle, keine »Leitbildabweichungskontrolle« statt. Zudem darf der Ehegatte als Folge der richterlichen Vertragsanpassung nicht besser gestellt werden als er ohne die Ehe und den damit einhergehenden Erwerbsverzicht stünde.[42]

2. Erbrecht

1012 Auch dem Erbrecht ist die richterliche Unwirksamkeits- und Inhaltskontrolle selbst nach der Rechtsprechungswende zu den »Geliebtentestamenten« im Jahr 1970[43] nicht fremd, insb. i.R.d. Prüfung von Potestativbedingungen, die auf höchstpersönliche Entscheidungen des Erbanwärters mittelbar Einfluss nehmen (Ebenbürtigkeitsklausel in der **Hohenzollern**[44] – **Entscheidung** des BVerfG;[45] als behaupteter Eingriff in die Eheschließungsfreiheit; Qualifikationsklausel als behaupteter Eingriff in die Berufswahlfreiheit;[46] behaupteter Eingriff in die Freizügigkeit durch die

---

nachteile; BGH, 28.11.2007 – XII ZR 132/05, FamRZ 2008, 582; Begrenzung des Unterhalts bei nachträglicher Erkrankung während der Ehe auf die Reduzierung der Erwerbsminderungsrente, die auf eine ehebedingt geringere Erwerbstätigkeit zurückgeht; BGH, 31.10.2012 – XII ZR 129/10, MittBayNot 2013, 240.

37 OLG Jena, 09.05.2008 – 1 WF 9/07, NotBZ 2008, 275. Zur Anwendung der Wirksamkeitskontrolle in solchen Fällen: OLG Köln, 02.10.2009 – 4 WF 110/09, RNotZ 2010, 55.
38 Bsp.: Anpassung eines ehevertraglichen Ausschlusses des Versorgungsausgleichs, wenn der unterlassene Erwerb eigener Versorgungsanwartschaften auf gemeinsamer Entscheidung beruht bzw. zumindest gebilligt wurde, BGH, 27.02.2013 – XII ZB 90/11, DNotZ 2013, 773.
39 Dieselben Grundsätze sollen (bedenklicherweise, Prognosefehler sind nicht dankbar!) gelten für Scheidungsfolgenvereinbarungen, OLG Hamm, NJW 2004, 1961; *Wachter*, ZNotP 2004, 264.
40 BGH, 25.05.2005 – XII ZR 221/02, NJW 2005, 2391.
41 Ausführlich *Münch*, DNotZ 2005, 819 ff.
42 BGH, 28.02.2007 – XII ZR 165/04, RNotZ 2007, 267.
43 Im Einzelnen *Grziwotz*, Nichteheliche Lebensgemeinschaft, S. 343 ff.
44 Zu den durch den Erbvertrag v. 23.11.1938 ausgelösten Gerichtsentscheidungen [Ebenbürtigkeitsklausel, Schiedsklausel, Testamentsvollstreckung], vgl. *Zimmermann* ZEV 2010, 43; allgemein zur Nachfolgeplanung bei »Traditionsvermögen« *von Oertzen/Blüm*, ZEV 2016, 71 ff.
45 BVerfG, NJW 2004, 2008 [anders zuvor BGH, ZEV 1999, 58]. Überwiegend krit. zum dort behaupteten Verstoß gegen die Eheschließungsfreiheit in Gestalt der »Ebenbürtigkeitsklausel«: *Isensee*, DNotZ 2004, 754; *Otte*, ZEV 2004, 393; *Gutmann*, NJW 2004, 2347; *Führ*, MittBayNot 2006, 461; *Kroppenberg*, DNotZ 2006, 86 ff. m.w.N. Gefährdung der durch Art. 14 GG geschützten Testierfreiheit: *Nehlsen*, auf der Gründungsveranstaltung des Rheinischen Instituts für Notarrecht 04.11.2006 in Bonn, vgl. DNotZ 2007, 6. Umfassend die Dissertation von *A. Freih. Schenck-Notzing*, Unerlaubte Bedingungen in letztwilligen Verfügungen, Berlin 2009.
46 BayObLG, Seuff Archiv 50 Nr. 97, S. 171 ff.: Eintritt in den Priesterstand, zustimmend zitiert bei Staudinger/*Otte*, BGB, § 2074 Rn. 50; krit. – zulässig aufgrund ihres vermögensrechtlichen Bezugs – *Heeg*, DStR 2007, 91, dort auch zum Vorschlag einer diesbezüglich bedingten Auflage im Rahmen eines Unternehmensnachfolgetestaments.

B. Risiko der Nichtigkeit wegen Verstoßes gegen das sozialrechtliche Nachrangprinzip Kapitel 3

»Wohnsitzklausel«).[47] In ähnlicher Weise lehnt die untergerichtliche Rspr.[48] ein auf die Wiederverheiratung bedingtes Totalvermächtnis zugunsten der erstehelichen Kinder (möglicherweise dann auch den auf diesen Umstand abstellenden Nacherbfall?[49]) als sittenwidrigen Eingriff in die Eheschließungsfreiheit ab bzw. kürzt den Vermächtnisanspruch der erstehelichen Kinder im Wege ergänzender Auslegung so, dass dem überlebenden Ehegatten ein Nachlasswert in Höhe des Pflichtteils verbleibt.[50] Andererseits verstößt es nicht gegen die guten Sitten, an die Geltendmachung des Pflichtteilsanspruchs durch den enterbten Sohn den Eintritt des Nacherbfalls zu Lasten des als Vorerben eingesetzten Enkels zu knüpfen, um den Pflichtteilsberechtigten von dieser sich gegen das eigene Kind richtenden Maßnahme abzuhalten.[51]

In der Kollision mit dem sozial(hilfe)rechtlichen Nachrangprinzip hat allerdings der BGH[52] und ihm folgend die Verwaltungsgerichtsbarkeit[53] ein sog. »**Behindertentestament**« nicht beanstandet, durch welches der Vater eines behinderten Kindes sein bescheidenes Vermögen so weiterzuleiten versuchte, dass dem Sozialhilfeträger wegen seiner Aufwendungen für das Kind der Rückgriff auf den Nachlass (im Regressweg) versagt blieb. Hier konnte nicht davon die Rede sein, dass »der Hilfeempfänger eigene Unterhaltsquellen nicht ausgeschöpft oder solche aufgegeben oder verschüttet habe«. Die Motive der Eltern seien regelmäßig nicht zu beanstanden. Offen bleibt die rechtliche Beurteilung des Sittenverstoßes bei Vorhandensein »beträchtlichen Vermögens«, vgl. Rdn. 6631 ff. 1013

Der VGH Baden-Württemberg[54] – ihm folgend auch die ganz überwiegende Literatur[55] – hat **den Erlassvertrag in Bezug auf Pflichtteilsansprüche des Hilfeempfängers** als sittenwidrig ein- 1014

---

47 RG, WarnR 1915 Nr. 8; III 261/14; zustimmend zitiert bei *Thielmann*, Sittenwidrige Verfügungen von Todes wegen (1973), S. 286 ff.
48 Nach OLG Saarbrücken, 15.10.2014 – 5 U 19/13, DNotZ 2015,691 m. Anm. *Weber*; vgl. auch *Tanck*, ZErb 2015, 297 ff. und *Otte*, ErbR 2015, 574 f.: jedenfalls dann, wenn die erstehelichen Kinder nicht ohnehin erbvertraglich bindend als Schlusserben eingesetzt sind, so dass der Überlebende den neuen Ehegatten als Alleinerben hätte einsetzen können; ferner waren in casu die Erbvertragspartner in Gütergemeinschaft verheiratet gewesen, so dass im Nachlass auch das vom Längerlebenden erwirtschaftete Vermögen enthalten war. Möglicherweise wäre die Entscheidung anders ausgefallen, wenn der erstversterbende Ehegatte nur geringes Vermögen hinterlassen hätte.
49 OLG Saarbrücken, 15.10.2014 – 5 U 19/13, DNotZ 2015,691 weist darauf hin, dass als minder belastendes Mittel der Ehegatte zunächst als Voll-, ab der Wiederverheiratung als nicht befreiter Vorerbe eingesetzt sein könne, und der Nacherbfall erst mit dessen Tod eintrete.
50 Wobei unklar ist, welcher Pflichtteilsanspruch erhalten bleiben soll, vgl. *Ruby/Schindler*, ZEV 2015, 405, 407: der hypothetisch konkrete, unter Anrechnung von Vorerwerben gem. § 2315 BGB; der große Pflichtteil [aufgrund der Erbeinsetzung, dafür plädiert *Weber*, DNotZ 2015, 703], der kleine Pflichtteil [der auch über § 2306 BGB zu erlangen gewesen wäre]; zuzüglich des Zugewinns? Ohnehin ist die hypothetische Auslegung im konkreten Fall fragwürdig: aufgrund der Gütergemeinschaft bleibt dem überlebenden Ehegatten als Pflichtteil nur 1/8 des Nachlasses, so dass immer noch eine starke Abschreckung von der Wiederheirat erreicht wird!
51 OLG Hamm, 11.01.2005 – 15 W 391/03; vgl. *H.P. Westermann*, in: *Bayer/Koch (Hrsg)* Personen- und Kapitalgesellschaftsrecht an den Schnittstellen zum Familien- und Erbrecht, Schriften zum Notarrecht Bd. 42, S. 69, 92.
52 BGH, 21.03.1993 – IV ZR 169/89, MittBayNot 1990, 245; vgl. zu diesem Problemkreis auch umfassend Rdn. 6619 sowie *van de Loo*, MittBayNotK 1989, 233 ff.; *Krampe*, AcP 1991, 526 ff.
53 Vgl. etwa OVG Sachsen, 02.05.1997 – 2 S 682/96, ZEV 1997, 344; nunmehr auch OVG Saarland, 17.03.2006 – 3 R 2/05 rk., MittBayNot 2007, 65 m. Anm. *Spall* (zu einem Sachverhalt ohne gleichzeitige Vor- und Nacherbfolge, in welchem also nach dem Tod des Bedürftigen § 102 SGB XII die Verwertung seines Nachlasses ermöglicht); ebenso zuvor VGH Baden-Württemberg, 22.01.1992 – 6 S 384/90, NJW 1993, 152; VGH Hessen, NDV 1989, 210.
54 VGH Baden-Württemberg, 08.06.1993 – 6 S 1068/92 NJW 1993, 2953, 2955; ebenso OLG Frankfurt, 22.06.2004 – 20 W 332/03, FamRZ 2005, 60.
55 *Muscheler*, ZEV 2005, 119, 120; *v. Proff zu Irnich*, ZErb 2010, 207; A.A. jedoch (im Hinblick auf BGH, 19.01.2011 – IV ZR 7/10, DNotZ 2011, 381) *Keim*, DAI-Skript »Aktuelles zum Behindertentestament«, 27.04.2012, S. 65.

gestuft, da die Erklärungen nach Inhalt, Zweck und Beweggrund in erster Linie darauf angelegt waren, Vermögensverhältnisse zum Schaden des Sozialhilfeträgers und damit auf Kosten der Allgemeinheit zu regeln. Der Verzicht war vereinbart worden während des Sozialleistungsbezugs des Verzichtenden und nachdem der Sozialhilfeträger diesen mehrfach darauf hingewiesen hatte, dass er einsatzpflichtiges Vermögen in Gestalt u.a. des Pflichtteilsanspruchs besaß und die Sozialhilfe daher nur darlehensweise gewährt würde. Der wegen Sittenwidrigkeit des Verzichts fortbestehende Pflichtteilsanspruch war daher weiterhin anrechnungspflichtiges Vermögen des Hilfeempfängers.

3. Vermögensübertragungen

1015   Für den hierzu untersuchenden Bereich der **Sittenwidrigkeit von Grundbesitzübertragungen**, welche sich zum Nachteil des Sozialleistungsträgers auswirken, fehlt bisher eine solche höchstrichterliche Klärung.[56] Soweit aus der veröffentlichten Rechtsprechung ersichtlich, haben sich – abgesehen von mehreren *obiter dicta* – lediglich fünf Untergerichte hiermit auseinandergesetzt:

1016   (1) In dem der Entscheidung des OVG Nordrhein Westfalen[57] zugrunde liegenden Sachverhalt hatte eine bereits seit Jahren im Altenheim untergebrachte Bezieherin von Sozialhilfe ihren Grundbesitz, welcher – da nicht mehr von der Hilfeempfängerin oder Angehörigen bewohnt – nicht zum verwertungsfreien Schonvermögen i.S.d. § 90 Abs. 2 Nr. 8 SGB XII (vormals § 88 Abs. 2 Nr. 7 BSHG) gehörte, an die Schwiegermutter übertragen gegen Gewährung eines Wohnungsrechts und häuslicher Pflege. Das Gericht wertete die Übertragung als sittenwidrig, da sie, wie auch die späteren Verheimlichungsversuche zeigten, lediglich vorgenommen worden sei, um den Zugriff des Sozialleistungsträgers auf den Grundbesitz zu vereiteln. Die vereinbarten »Gegenleistungen« waren angesichts des Gesundheitszustands der Übergeberin (Hirntumor mit Lähmungserscheinungen aller Gliedmaßen) bloße Scheinvereinbarungen. Der Verstoß gegen die guten Sitten erfasse auch die an sich wertneutrale Auflassung, weil gerade mit dem dinglichen Rechtsvorgang unsittliche Zwecke verfolgt würden. Dem Herausgabe- bzw. Grundbuchberichtigungsanspruch der Übergeberin (§§ 985, 894 BGB, übergeleitet gem. § 93 SGB XII auf den Sozialhilfeträger) könne der Rechtsgedanke des § 817 Satz 2 BGB nicht entgegengehalten werden.[58]

1017   (2) Ähnlich lag der Sachverhalt in einer späteren Entscheidung desselben Gerichts,[59] wo – nach den Feststellungen der Vorinstanz – Grundstücksübertragungen »allein zu dem Zweck vorgenommen wurden, den berechtigten Zugriff des Trägers der Sozialhilfe auf diese Vermögenswerte zu vereiteln«.

1018   (3) Das VG Freiburg[60] hält die während des Bezugs von Sozialhilfe vorgenommene Übertragung geschützten Schonvermögens auf den Enkel der Hilfeempfängerin für sittenwidrig. Das Gericht schließt aus den äußeren Sachverhaltsumständen (z.B. aus der Tatsache, dass die Übergeberin durch die Mutter des Erwerbers aufgrund Generalvollmacht vertreten wurde), der Grundbesitz sei gerade deshalb an den Enkel übertragen worden, um zu vermeiden, dass er bei der Tochter der Übergeberin in den Nachlass falle. Dieser Nachlass hätte nämlich gem. § 102 SGB XII – abgesehen von geringen Freibeträgen – ohne Rücksicht auf die frühere Schonvermögenseigenschaft des Grundbesitzes zur Erstattung der Kosten der Sozialhilfe, die während ei-

---

56 Zur Frage, ob angesichts einer wirtschaftlichen Unausgewogenheit der Leistungen zwischen den Beteiligten Sittenwidrigkeit gegeben ist, liegt hingegen umfangreiche Judikatur vor. Vgl. etwa BayObLG, 02.03.1994 – 1 Z RR 384/93, MittBayNot 1994, 225 zur Frage der Sittenwidrigkeit eines Leibgedingsvertrags (verneinend, da dieser Vertragstyp keine wirtschaftliche Ausgewogenheit voraussetze).
57 OVG Nordrhein-Westfalen, 21.06.1988 – 8 A 1416/86, NJW 1989, 2834.
58 Ähnlich für eine teleologische Reduktion des § 817 Satz 2 BGB bei auf sittenwidrigem Schneeballsystem beruhenden »Schenkkreisen« (keine Sperre des Rückforderungsanspruchs) BGH, 10.11.2005 – III ZR 72/05, NJW 2006, 45.
59 OVG Münster, 30.12.1996 – 8 A 3204/94, NJW 1997, 2901.
60 Zeitschrift für Fürsorgewesen 1980, 15, 17.

nes Zeitraums von 10 Jahren vor dem Erbfall aufgewendet worden sind, herangezogen werden können.

(4) Weiter gehend hält das OLG Frankfurt[61] eine Grundstücksübertragung auf Angehörige für sittenwidrig (und damit vormundschaftsgerichtlich nicht genehmigungsfähig), die erfolgt sei »um den Vermögensgegenstand bei einer absehbaren späteren Inanspruchnahme staatlicher Unterstützung dem Zugriff des Sozialhilfeträgers zu entziehen«. Da im Streitfall ein Betreuer verfügte, dürfte die Nichtigkeit bereits aus § 1804 BGB (dingliches Schenkungsverbot) folgen. 1019

(5) Das VG Düsseldorf[62] schließlich wertete eine Grundstücksübertragung für sittenwidrig, die kurz nach der Übersiedlung des Veräußerers in ein Pflegeheim erfolgte, obwohl zu diesem Zeitpunkt klar war, dass eigenes Vermögen und Einkommen diese Kosten nur für kurze Zeit würde decken können. Kurz darauf wurde tatsächlich Antrag auf Pflegewohngeld gestellt. 1020

(6) In jüngerer Zeit hat das SG Fulda[63] eine während des Bezugs von Sozialhilfeleistungen erfolgte Wegschenkung eines Grundstücksanteils als sittenwidrig eingestuft, allerdings maßgeblich geprägt von den Umständen: die Hilfeempfängerin ließ das Sozialamt (das wegen des ihr bekannten Grundbesitzes die Sozialhilfe nur darlehensweise gewährte und auf dessen Verwertung drängte) noch zu einem Zeitpunkt im Glauben, beim Betreuungsgericht werde um die gerichtliche Genehmigung eines Verkaufs nachgesucht, als das Grundstück bereits unentgeltlich weiterübertragen war. Nach der Aufdeckung wurden angebliche später getroffene Entgeltabreden vorgetragen. 1021

Die vom BGH i.R.d. Beurteilung nachehelicher Unterhaltsverzichte entwickelten Grundsätze, wonach schon die voraussehbare objektive Benachteiligung des Sozialleistungsträgers genügen kann, sind m.E. auf die hierzu erörternde Frage, ob für den Sozialleistungsträger nachteilige Grundbesitzübertragungen sittenwidrig sein können, **nicht übertragbar**. Zum einen müssen Belange der Rechtssicherheit bei der Einzelfallüberprüfung dinglicher Übertragungsakte, welche für eine Vielzahl von Drittbeteiligten unmittelbare Auswirkungen zeitigen, eine ungleich größere Rolle spielen als bei dem primär bilateral bedeutsamen Unterhaltsverzicht. Soll etwa bezogenes ALG-Altersgeld zurückzuerstatten sein – mit der Folge erhöhter Bedürftigkeit des Veräußerers – wenn sich im gerichtlichen Verfahren herausstellt, dass eine wirksame dingliche Abgabe des Betriebs wegen § 138 BGB von Anfang an nicht vorlag? 1022

Zum Zweiten spricht auch die spezialgesetzliche Wertung der Sozialleistungsnormen selbst für große Zurückhaltung bei der Feststellung eines Verstoßes gegen die guten Sitten: § 26 Abs. 1 Satz 1 Nr. 1 SGB XII[64] (früher §§ 25 Abs. 2 Nr. 1, 29a BSHG; ähnlich § 51 KFürsVO – für die ebenfalls streng nachrangigen Leistungen der Kriegsopferfürsorge gem. §§ 25 bis 27i BVG, sowie § 31 Abs. 4 Nr. 1 SGB II, vgl. Rdn. 856) sieht vor, dass die Sozialleistungen auf das »zum Lebensunterhalt Unerlässliche« eingeschränkt werden sollen (bis zum Inkrafttreten des FKPG: »können«), sofern der Hilfesuchende sein Vermögen (oder Einkommen) in der Absicht[65] vermindert hat, die Voraussetzungen für den Bezug der Sozialleistung oder deren Erhöhung herbeizuführen. Der Gesetz- bzw. Verordnungsgeber geht also offensichtlich von der Rechtswirksamkeit selbst vorsätzlich schädigender Rechtsgeschäfte aus, denn andernfalls unterläge das weiterhin beim Hilfeempfänger verbliebene Vermögen ohne Weiteres dem Zugriff des Sozialleistungsträgers, ohne 1023

---

61 OLG Frankfurt, 22.06.2004 – 20 W 332/03, OLGR 2004, 320 = FamRZ 2005, 60.
62 VG Düsseldorf, 25.01.2008 – 21 K 3379/07, ZfSH/SGB 2008, 307.
63 SG Fulda, 10.05.2011 – S 7 SO 56/07, BeckRS 2011, 73418.
64 Vgl. *Doering-Striening*, Sozialhilferegress bei Erbfall und Schenkung, 2015, S. 311 ff.
65 Der Leistungsempfänger muss sich also maßgeblich davon haben leiten lassen, die Voraussetzungen für staatliche Hilfeleistungen zu schaffen: OVG Hamburg, 14.09.1990 – Bf IV 26/89, FEVS 41, 288/297; LSG Berlin-Brandenburg, L 23 B 146/07 SO, NotBZ 2008, 240; weder genügt die sichere Kenntnis des künftigen Sozialleistungsbezugs noch muss deren Herbeiführung ausschließlicher Zweck gewesen sein.

dass es besonderer Kürzungsvorschriften bedürfte.⁶⁶ Schlichte Schenkungen führen nicht einmal zur Kürzung, selbst wenn der Schenker sicher weiß, dass er infolge der Einkommens- oder Vermögensminderung hilfebedürftig werden wird.⁶⁷ Zwar ist nicht erforderlich, dass der Leistungsempfänger durch das »unwirtschaftliche Verhalten« ausschließlich die Herbeiführung der Hilfebedürftigkeit bezweckt hat, jedoch muss er sich davon maßgeblich haben leiten lassen.⁶⁸ Schließlich ist zu betonen, dass bei der vertraglichen Gestaltung der lebzeitigen Generationenfolge insb. in der Landwirtschaft, zahlreiche anerkennenswerte Regelungsmotive (Erhaltung des Betriebs, Rechtssicherheit im Verhältnis zu weichenden Geschwistern, Versorgung des Übergebers etc.)⁶⁹ typischerweise mitbeteiligt sind, welche schon bei der nach BGH anzustellenden objektiven Unwertprüfung anhand der Gemengelage von »Inhalt, Beweggrund und Zweck« zugunsten der Rechtswirksamkeit der Übertragung berücksichtigt werden müssen. Die Rspr. erkennt ferner im Einzelfall an, dass besondere Umstände das unwirtschaftliche Verhalten des Leistungsbeziehers rechtfertigen können.⁷⁰

▶ Hinweis:

1024 Sittenwidrigkeit kann daher allenfalls in extrem gelagerten Ausnahmefällen vorliegen, insb. wenn während des Bezugs oder in fast sicherer Erwartung nachrangiger Sozialleistungen⁷¹ anrechnungspflichtiges Vermögen von gewissem Wert ohne ins Gewicht fallende anderweitige Veranlassung weitgehend gegenleistungsfrei übertragen wird.⁷² Auch Verschleierungshandlungen können zur Sittenwidrigkeit führen, allerdings nicht wenn das Vermögen auf die Gewährung von Sozialhilfe ohnehin ohne Einfluss gewesen wäre.⁷³ In der Praxis der Sozialleistungsverwaltung wurde – soweit ersichtlich – äußerst selten die Sittenwidrigkeit des Übertragungsaktes eingewendet; auch in Fällen, die dazu wohl Anlass gegeben hätten,⁷⁴ wird lediglich der übergeleitete Anspruch auf Herausgabe einer Schenkung wegen Verarmung (§ 528 BGB, hierzu Rdn. 1032 ff.) geltend gemacht. Beurkundungsablehnungen oder entsprechende Belehrungsvermerke (§ 17 Abs. 2 Satz 2 BeurkG) durch den Notar werden daher nur in Ausnahmefällen angezeigt sein, in welchen sich das Sittenwidrigkeitsverdikt geradezu aufdrängt.

1025 Liegt ein Verstoß gegen § 138 BGB vor, ist die zu Unrecht gewährte Sozialleistung nach Rücknahme des rechtswidrigen Bewilligungsbescheids (§§ 45 Abs. 2, 50 SGB X) zurückzugewähren bzw. der Hilfeempfänger und sein nicht getrennt lebender Ehegatte werden gem. § 26 Abs. 2 SGB XII zur Erstattung der Aufwendungen des Sozialhilfeträgers herangezogen. Diese Verpflichtungen sind vererblich und als Nachlassverbindlichkeit u.a. aus dem Grundbesitz zu erfüllen, der

---

66 Zum Vorstehenden vgl. umfassend *Wahl*, Vertragliche Versorgungsrechte in Übergabeverträgen und sozialrechtliche Ansprüche, S. 188 ff. Aus den angesprochenen Gründen des Schutzes der Interessen Dritter wird in der Kommentarliteratur auch die sog. relative Unwirksamkeit (lediglich zugunsten des Sozialleistungsträgers) diskutiert (*Gottschick/Giese*, BSHG, § 90 Rn. 8.3).
67 LSG Berlin-Brandenburg, 10.10.2007 – L 23 B 146/07 SO, NotBZ 2008, 242.
68 OVG Hamburg, 14.09.1990 – Bf IV 26/89, NVwZ-RR 1991, 411; LSG Berlin-Brandenburg, 10.10.2007 – L 23 B 146/07 SO ER, ZEV 2008, 547.
69 Vgl. zu den Regelungszielen des Übergabevertrags etwa *Wahl*, Vertragliche Versorgungsrechte in Übergabeverträgen und sozialrechtliche Ansprüche, S. 22 ff.
70 LSG Berlin-Brandenburg, L 23 B 146/07 SO ER: die Erbin war vom Erblasser sexuell missbraucht worden und gab die Erbschaft daher sofort an ihre Tochter weiter.
71 In diesem Zusammenhang ist bedeutsam, dass die h.M. (vgl. im Einzelnen *Herb*, ZfSH 1990, 67) einen Verzicht auf nachehelichen Unterhalt nach Zugang einer Rechtswahrungsanzeige des Sozialhilfeträgers nicht schon aufgrund dieser Tatsache sittenwidrig qualifiziert, sondern an den allgemeinen Kriterien misst.
72 Ähnlich im Ergebnis auch *Wahl*, Vertragliche Versorgungsrechte in Übergabeverträgen und sozialrechtliche Ansprüche, S. 196 ff.; vgl. zum Ganzen auch *Karpen*, MittBayNotK 1988, 142.
73 BGH, 02.02.2012 – III ZR 60/11, FamRZ 2012, 539.
74 So etwa der Sachverhalt, der der Entscheidung des LG Münster, NJW 1984, 118 zugrunde lag: 5 Wochen vor dem Sozialhilfeantrag wird ein Achtfamilienhaus weitgehend gegenleistungsfrei auf den Sohn übertragen. Auch dort wird lediglich § 528 BGB erörtert.

II. Sittenwidrigkeit einzelner Rechtsakte beim Vermögenswechsel

Seit einigen Jahren sind in der Rechtsprechung Tendenzen erkennbar, zwar nicht den Vermögenstransfer (gleich ob unter Lebenden oder von Todes wegen) zu inkriminieren, allerdings einzelne Rechtsakte, die sich im wirtschaftlichen Ergebnis zulasten des Sozialleistungsträgers auswirken, wegen Verstoßes gegen die guten Sitten für unwirksam zu erklären.

1026

1. Sittenwidrigkeit des Rückforderungsverlangens

Hierzu zählte etwa der im einstweiligen Rechtsschutz ergangene Beschluss des VG Gießen:[75] Vermögensgegenstände, die unter (vormerkungsgesichertem) schuldrechtlichem Veräußerungs- und Belastungsverbot erworben wurden, sollen – anders als im Erbrecht – gleichwohl gem. § 90 Abs. 1 SGB XII verwertbar sein; die Geltendmachung des Rückübertragungsverlangens[76] durch den Veräußerer bei durch den Sozialhilfeträger erzwungener Veräußerung oder Belastung (§ 91 SGB XII: darlehensweise Gewährung von Sozialhilfe) sei wegen Verstoßes gegen § 138 BGB unbeachtlich, da sie lediglich den Zweck habe, zulasten des Sozialhilfeträgers eine ansonsten nicht bestehende Bedürftigkeit entstehen zu lassen. Der Entscheidung ist nicht zu folgen; die sozialgerichtliche Judikatur setzt mittlerweile andere Akzente (s.o. Rdn. 558 f.).

1027

2. Sittenwidrigkeit der Ausschlagung/Annahme einer Erbschaft

In eine ähnliche Richtung gingen die Entscheidungen des OLG Stuttgart[77] und des OLG Hamm,[78] wonach die **durch einen Betreuer für einen sozialhilfebedürftigen Erben erklärte Erbschaftsausschlagung** vormundschafts- bzw. nun betreuungsgerichtlich nicht genehmigungsfähig sei, da sie bereits gegen die guten Sitten verstoße. Zugrunde gelegen hat ein Sachverhalt, der bei bewusster Vorsorge Anlass geben würde zu erbrechtlichen Gestaltungen bei Vorhandensein überschuldeter Destinatäre (Stichwort »Behindertentestament«). In Fortführung dieser Entscheidung hat das SG Mannheim auch die spiegelbildliche Situation (Annahme einer aufgrund Testamentsvollstreckung und Nacherbenbeschränkung unverwertbaren Erbschaft) als sittenwidrig erachtet.[79] Alle Entscheidungen berücksichtigen nicht ausreichend die von der Rechtsordnung durchgängig gewährleistete Entschließungsfreiheit des Erben, sich durch Ausschlagung von der Erbschaft wieder zu befreien. Auch in Überschuldungsfällen unterliegt die Ausschlagung nicht der Insolvenzanfechtung (§ 83 Abs. 1 Satz 1 InsO) oder der Anfechtung nach dem Anfechtungs-

1028

---

75 VG Gießen, 29.11.1999 – 6 G 2321/99, DNotZ 2001, 784 m. abl. Anm. *J. Mayer*; VG Karlsruhe, 14.01.2004 – 10 K 1353/03 = BeckRS 2004, 20608; ebenso VGH Bayern, 25.04.2001 – 12 ZB 01.553, n.v.; in dieselbe Richtung BGH, 07.11.2006 – X ZR 184/04, NJW 2007, 60: Mit Rückforderungsvorbehalt und Nießbrauch belastetes Vermögen ist, da nur zeitweise in der Verwertung gehindert, geeignet, die Verarmung i.R.d. § 528 BGB zu beseitigen; Rdn. 1108.

76 Die Vereinbarung des Rückforderungsrechts als solche wird nicht mit dem Verdikt des § 138 BGB belegt; andernfalls könnte argumentiert werden, die Beteiligten hätten die Übertragung ohne die Rückforderungsklausel nicht gewollt (§ 139 BGB), so dass die Übertragung insgesamt unwirksam sei. Das Versagen des Schutzes des § 888 BGB gegen die gem. § 91 SGB XII einzutragende Belastung dürfte jedoch universell aufzufassen sein, also auch im Fall der berechtigten späteren Rückforderung wegen eines anderen Sachverhalts dazu führen, dass Beseitigung dieser Belastung (als »nicht beeinträchtigend«) nicht verlangt werden kann.

77 OLG Stuttgart, 25.06.2001 – 8 W 494/99, NJW 2001, 3484 = ZEV 2002, 367 m. abl. Anm. *J. Mayer*; ähnlich abl. *Ivo*, FamRZ 2003, 6; a.A. auch LG Aachen, 04.11.2004 – 7 T 99/04, NJW-RR 2005, 307.

78 OLG Hamm, 16.07.2009 – I-15 Wx 85/09, NotBZ 2009, 457 m. Anm. *Krauß*; vgl. auch *Leipold* ZEV 2009, 471.

79 SG Mannheim, 20.12.2006 – S 12 AS 526/06; s.a. Rdn. 6118.

gesetz,[80] sie gilt auch zivilrechtlich nicht als Schenkung (§ 517 BGB). Bei einer Verbraucherinsolvenz stellt die Ausschlagung keinen Verstoß gegen die Obliegenheit aus § 295 Abs. 1 Nr. 2 InsO dar; fällt die Erbschaft an, ist sie nur zur Hälfte zu verwerten (vgl. zum Ganzen Rdn. 107 ff.). Demgemäß hat der **BGH**[81] obiter deutlich zu erkennen gegeben, dass die Ausschlagung einer Erbschaft durch einen Sozialhilfebezieher (entgegen OLG Stuttgart und Hamm) nicht gegen die guten Sitten verstoße. Die sozialgerichtliche Rspr. ist insoweit zurückhaltender und verweist darauf, dass bei der Ausschlagung (anders als bei einem vorherigen Pflichtteils- oder Erbverzicht) Wert und Zusammensetzung des Nachlasses bekannt seien.[82] Allerdings gibt es auch dann keine sittliche Pflicht zur Annahme eines (auch werthaltigen) Nachlasses (»negative Erbfreiheit«).

1029 Die **Rechtsprechung zum Unterhaltsverzicht** (Rdn. 1004 ff.) ist nicht übertragbar, zumal es sich bei der Erbschaft nicht um Unterhalt oder zum Unterhalt bestimmte Leistungen handelt (wie sie historisch allerdings dem Pflichtteil als Unterhaltsersatz zugesprochen wurde). Folge des Sittenwidrigkeitsverdikts ist nämlich nicht wie in den dort genannten Fällen das Fortbestehen des Unterhalts- oder Pflichtteilsanspruchs, sondern der Erwerb einer Erbschaft mit allen Aktiva und Passiva und daraus erwachsenden Verpflichtungen und Belastungen. Denkbar sind demnach allenfalls Kürzungen gem. § 26 SGB XII (bzw. gem. §§ 31, 31a, 31b SGB II befristet auf drei Monate) im Einzelfall. Die Prüfung der Ausschlagung durch einen Betreuer schließlich ist betreuungsgerichtlich nicht nach fiskalischen Aspekten durchzuführen, sondern hinsichtlich ihrer Auswirkung auf den Betreuten selbst. Werden ihm also als »Gegenleistung« für die Ausschlagung Versorgungsleistungen zugewendet, die die gesetzlichen Ansprüche ergänzen (ähnlich den Anweisungen an den Testamentsvollstrecker gem. § 2216 BGB bei einem Behindertentestament), ist die Ausschlagung m.E. ohne Weiteres genehmigungsfähig.

3. Übersicht: Zulässigkeit erbrechtlicher Gestaltung mit nachteiliger Auswirkung für Dritte

1030 Dies fügt sich nahtlos ein in ein »**Gesamtsystem**« der **Zulässigkeit erbrechtlicher Gestaltung mit nachteiligen Wirkungen für Dritte**, insb. Sozialleistungsgläubiger.[83]
(1) **Letztwillige Gestaltungen allein des Erblassers** verstoßen jedenfalls i.d.R. (Rdn. 6627 ff.) nicht gegen die guten Sitten bei behinderten Destinatären, ebenso wenig bei schlicht überschuldeten Destinatären (Rdn. 6151 ff.); gewisse Unsicherheit besteht allerdings beim Bezug steuerfinanzierter SGB II-Leistungen (Rdn. 6690).
(2) Gleiches gilt für Gestaltungen, an denen **sowohl der Erblasser als auch der Destinatär mitwirkt**, etwa beim lebzeitigen Pflichtteilsverzicht, der beim schlicht pfändungsgefährdeten (Rdn. 101) oder überschuldeten/insolventen (Rdn. 102 ff.) sowie Sozialhilfe beziehenden Destinatär (Rdn. 104) sicher zulässig ist; offen – aber nach den Umständen des Einzelfalls im Regelfall deckungsgleich – ist die Rechtslage im SGB II-Fall (Rdn. 106).

1031 (3) In Bezug auf Gestaltungen **nach dem Erbfall** begegnet das **passive Hinnehmen** nachteiliger erbrechtlicher Situationen (z.B. die Nichtausschlagung einer im Übermaß beschwerten Erbschaft, die Nichtgeltendmachung eines originär entstandenen Pflichtteilsanspruchs) außerhalb des Sozialleistungsbezugs keinen Bedenken (Rdn. 113 ff.). Der Sozialleistungs-(SGB XII oder SGB II)Träger allerdings kann den Pflichtteilsanspruch ohne weiteres auf sich überleiten bzw. wird bereits kraft Gesetzes dessen Inhaber (Rdn. 120 ff.); die Ausschlagungsentscheidung kann er hingegen nicht an sich ziehen, Rdn. 6497 ff.

---

80 BGH, 06.05.1997 – IX ZR 147/96, NJW 1997, 2384.
81 BGH, 19.01.2011 – IV ZR 7/10, ZEV 2011, 258 m. Anm. *Zimmer* = NotBZ 2011, 168 m. Anm. *Krauß* = MittBayNot 2012, 138 m. Anm. *Spall*.
82 Für mögliche Sittenwidrigkeit daher LSG Bayern, 30.07.2015 – L 8 SO 146/15 B ER, MittBayNot 2016, 442 m. krit. Anm. *Krauß* = ZEV 2016, 43 m. krit. Anm. *Litzenburger* = ErbR 2016, 152 m. krit. Anm. *Doering-Striening*.
83 Vgl. *Ihrig*, NotBZ 2011, 345 ff.; ähnlich *Wendt*, ZNotP 2011, 362 ff.

(4) Auch die **aktive Ausschlagung** sonst anfallender Positionen muss der Gläubiger oder Insolvenzverwalter (Rdn. 107 ff.), nach richtiger Ansicht des BGH aber wohl auch der Sozialleistungsträger (Rdn. 111, 1029), jedenfalls der Sozialhilfeträger, hinnehmen.

(5) Anders verhält es sich jedoch in Fällen, in denen bereits angefallenes Vermögen **nachträglich weggegeben** wird: § 138 BGB (Rdn. 1003 ff.) ist selten, § 528 BGB jedoch regelmäßig erfüllt (Rdn. 1032 ff.).

C. Risiko der Rückforderung bei späterer Verarmung des Veräußerers (§ 528 BGB)

Der (vertraglich nicht abdingbare[84]) Rückforderungsanspruch wegen späterer Verarmung des Schenkers gem. § 528 BGB spielt in der Praxis jedenfalls des wichtigsten Bereichs nachrangiger Sozialleistungen, insb. also Sozialhilfe (SGB XII) und Grundsicherung für Arbeit Suchende (SGB II), eine immer bedeutsamere Rolle.[85] Der etwaige Anspruch gem. § 528 BGB stellt einzusetzendes Vermögen dar, auf dessen vorrangige Verwertung der Hilfeempfänger verwiesen werden kann, sofern seine Realisierung zeitnah möglich ist (sog. Faktizitätsprinzip)[86] – fehlt es an dieser zeitnahen Erfolgsaussicht, etwa da der Beschenkte mutmaßlich entreichert ist oder sich auf § 529 Abs. 2 BGB berufen kann, darf die Sozialleistungsgewährung (noch) nicht mit Hinweis auf eine anderweitige »bereite Möglichkeit der Bedarfsdeckung« versagt oder, wegen angeblich unwirtschaftlichen Verhaltens,[87] gekürzt werden; ist jedoch die Leistungsfähigkeit und -bereitschaft des Beschenkten unbestritten, handelt es sich um ein Mittel der Selbsthilfe i.S.d. § 2 Abs. 1 SGB XII, auf welches der Sozialhilfeträger verweisen kann.[88] (Die aufgrund des § 528 zurückfließenden Geldbeträge stellen allerdings Einkommen – nicht Vermögen – dar, so dass die Privilegierungen des § 90 SGB XII hierfür nicht gelten, vgl. Rdn. 1076)[89]

1032

Weigert sich der Anspruchsinhaber oder erscheint die Durchsetzung fraglich, leitet der Sozialleistungsträger den Anspruch gem. § 93 SGB XII (früher § 90 BSHG), § 27g BVG, § 33 Abs. 2 SGB II (früher § 203 Abs. 1 SGB III, für die ebenfalls nachrangigen Kriegsopferfürsorgeleistungen und die Arbeitslosenhilfe) auf sich über und realisiert nachträglich durch dessen Geltendmachung das gesetzliche Subsidiaritätsprinzip.

1033

I. Tatbestandsvoraussetzungen

1. Schenkung

a) Begriff

Einer Abgrenzung ggü. sog. »ehebedingten Zuwendungen«[90] bedarf es jedenfalls im Bereich des SGB XII oder SGB II nicht, da dort auch das Vermögen des nicht getrennt lebenden Ehegatten in gleichem Umfang wie das Vermögen des Hilfeempfängers selbst herangezogen werden kann

1034

---

84 Die Norm ist Ausprägung der in §§ 242, 313 BGB verankerten »clausula rebus sic stantibus«; auch ein Verzicht kommt [wie bei Verwandtschaftsunterhaltsansprüchen, § 1614 BGB] nicht in Betracht bzw. scheitert an § 138 Abs. 1 BGB, vgl. *Zeranski*, S. 115 ff.
85 Hierzu monografisch *Zeranski*, Die Rückforderung von Schenkungen wegen Verarmung (2014); vgl. auch *Roglmeier*, ErbR 2015, 292 ff. sowie aus der älteren Literatur *Germer*, BWNotZ 1987, 61 ff.; *Karpen*, MittRhNotK 1988, 138 ff.; *Millich*, Der Pflegefall des Altenteilers unter besonderer Berücksichtigung des Sozialhilferechtes, S. 165 ff.; *Plagemann*, AgrarR 1989, 86 ff.
86 BVerwG, 05.05.1983 – 5 C 112/81, BVerwGE 67, 163?
87 LSG 67, 166 Berlin-Brandenburg, 10.10.2007 – L 23 B 146/07 SO ER, ZEV 2008, 547; allerdings kommt eine Überleitung nach § 93 SGB XII in Betracht.
88 LSG Nordrhein-Westfalen, 13.09.2007 – L 9 SO 19/06, MittBayNot 2008, 157.
89 Vgl. BVerwG, 25.06.1992 – 5 C 37/88, MittBayNot 1993, 42; anders noch die Vorinstanz in ZfF 1987, 252.
90 Hierzu grundlegend BGH, 24.03.1983 – IX ZR 62/82, BGHZ 87, 145; *Morhard*, NJW 1987, 1734 m.w.N.; BGH, 17.01.1990 – XII ZR 1/89, MittBayNot 1990, 178.

(§ 19 SGB XII, § 9 SGB II). Die Übertragung von Vermögen innerhalb dieser **gesetzlichen Einsatzgemeinschaft**, zu welcher auch der nichteheliche Lebensgefährte (sowie bei minderjährigen Kindern die Eltern) gehören, ist also ohne Einfluss auf dessen Verwertungspflicht und die Anrechnung hieraus erwirtschafteten Einkommens.

1035 **§ 1624 BGB (Ausstattung)**[91] bietet dann ausreichende Handhabe, wenn die Zuwendung des überwiegenden elterlichen Vermögens an einen Abkömmling das »den Vermögensverhältnissen des Vaters oder der Mutter entsprechende Maß nicht übersteigt«, andernfalls kommt zumindest hinsichtlich des Übermaßes regelmäßig Schenkungsrecht zur Anwendung.[92] Vgl. i.Ü. zu den Voraussetzungen und Grenzen einer Schenkung Rdn. 25 und Rdn. 44 ff.; auch im Rahmen des § 528 BGB gilt der »einheitliche Schenkungsbegriff« des BGB.[93]

1036 Die noch nicht überzeugend geklärte Frage, ob und inwieweit Gegenleistungen des Erwerbers, v.a. Leibgedingsleistungen, als **Auflagen i.S.d. § 525 BGB** anzusehen sind,[94] so dass der Schenkungscharakter des gesamten Rechtsgeschäfts erhalten bleibt, oder ob sie den Übertragungsakt zur gemischten Schenkung werden lassen, bei welcher nach allgemeinen Grundsätzen festzustellen wäre, ob der entgeltliche oder unentgeltliche Teil überwiegt, spielt[95] in der Praxis der Grundstücksüberlassung keine Rolle mehr: Soweit der Wert des unteilbaren Schenkungsgegenstands – wie regelmäßig – den jeweils aktuellen Unterhaltsbedarf des verarmten Schenkers übersteigt, folgt aus dem Wortlaut des § 528 Abs. 1 BGB (»soweit«) und dem Rechtsfolgenverweis auf das Recht der ungerechtfertigten Bereicherung, dass gem. § 818 Abs. 2 BGB jeweils nur Wertersatz für denjenigen Teil der Schenkung verlangt werden kann, der wertmäßig zur Deckung des Unterhaltsbedarfs zwar ausreichend wäre, dessen Herausgabe aber infolge der Unteilbarkeit von Grundstücken unmöglich ist, bis zur Erschöpfung des Werts der Zuwendung[96] (s. Rdn. 1076). Eine Rückforderung hinsichtlich des »Schenkungsanteils« kann bei einer gemischten Schenkung daher auch erfolgen, wenn der entgeltliche Anteil überwiegt.[97]

b) Vollzogene Schenkung

1037 Die **10-Jahres-Frist** des § 529 BGB – die anders als die Frist des § 2325 BGB auch künftig nicht abschmilzt, sondern nach dem »Alles-oder-Nichts-Prinzip« ausgestaltet bleibt – beginnt mit »der Leistung des geschenkten Gegenstands« (unter Geltung des BGB, also nicht vor dem 03.10.1990 im Beitrittsgebiet[98]). Anders als bei § 2325 Abs. 3 BGB (Wortlaut: »seit der Leistung des **ver**schenkten Gegenstandes«) kommt es bei § 529 BGB (Wortlaut: »**ge**schenkten Gegenstandes«) auf die Perspektive des Beschenkten an, nicht auf die des Schenkers. Maßgeblich dürfte daher nicht die bloße Erbringung der Leistungshandlung, sondern der **Eintritt des** (rechtlichen, nicht wirt-

---

91 Vgl. hierzu umfassend *Kerscher*, ZEV 1997, 354.
92 Vgl. hierzu eingehend *Karpen*, MittRhNotK 1988, 139; a.A. im Ergebnis offenbar *Röll/Geßele*, in: Reithmann/Albrecht, Handbuch der notariellen Vertragsgestaltung, Rn. 598.
93 Falsch daher OLG Nürnberg, 22.07.2013 – 4 U 1571/12, NotBZ 2013, 403 m. abl. Anm. *G. Müller* NotBZ 2013, 425 f.; abl. auch *Herrler*, in: DAI, Aktuelle Probleme der notariellen Vertragsgestaltung im Immobilienrecht 2013/2014, S. 208 ff. sowie *Everts*, MittBayNot 2015, 14 ff.
94 So BGH, 07.04.1989 – VZR 252/87, MittBayNot 1989, 206 jedenfalls für Versorgungsansprüche des Übergebers, in Fortführung von BGH, 02.10.1951 – V ZR 77/50, BGHZ 3, 211; ebenso schon OLG Bamberg, 03.11.1948 – 1 U 113/48, NJW 1949, 788 bei Grundstücksübertragung unter Vorbehalt des Nießbrauchs.
95 Seit dem Urteil des BGH, 29.03.1985 – V ZR 107/84, DNotZ 1986, 138.
96 So zusammenfassend BGH, 17.01.1996 – IV ZR 184/94, MittRhNotK 1997, 75.
97 BGH, 18.10.2011 – X ZR 45/10, ZEV 2012, 110; hierzu Anm. in FamRZ 2012, 210; ebenso BGH, 15.05.2012 – X ZR 5/11, ZEV 2013, 213.
98 BGH, 28.10.2003 – X ZR 118/02, WM 2004, 337. Erfolgte der Vollzug [Grundbuchumschreibung] jedoch erst nach dem 03.10.1999, gilt § 528 BGB; da die Schenkung gem. § 282 ZGB-DDR als Realschenkung angelegt war, so dass bei späterem Vollzug gem. Art. 232 § 1 EGBGB das BGB gilt, BGH, 15.05.2007 – X ZR 109/05, FamRZ 2007, 1163.

schaftlichen) **Leistungserfolgs beim Beschenkten** sein, auch wenn dieser unter Rückforderungsvorbehalten steht, die über die gesetzlichen (§§ 528, 530 BGB) hinausgehen.[99] Anders als bei § 2325 Abs. 3 BGB ist bei der schenkweisen Zuwendung von Grundstücken allerdings nicht die Eigentumsumschreibung im Grundbuch maßgeblich, sondern der Eingang des Erwerber[100]antrags auf Eigentumsumschreibung.[101] Sofern den Beteiligten an möglichst raschem Fristanlauf gelegen ist, empfiehlt sich möglicherweise die Antragstellung bereits vor Vorliegen aller Eintragungsvoraussetzungen, sofern es sich um nachholbare Umstände handelt, so dass das Grundbuchamt eine Zwischenverfügung erlassen wird; dies steht dem Eintritt des § 529 Abs. 1 Satz 2 BGB nicht entgegen, da der BGH allein auf die Wirkung des § 17 GBO abstellt.[102]

Der Begriff der »Leistung« in § 529 BGB dürfte mit dem in § 528 BGB (zur Abgrenzung gegenüber der Einrede des § 519 BGB) Verwendeten auch gesetzessystematisch identisch sein.

Anders als bei § 2325 BGB[103] **hindert** ein **Vorbehaltsnießbrauch** das Anlaufen der Frist **nicht**, es ist also keine zusätzliche »wirtschaftliche Ausgliederung« erforderlich.[104] Bei § 529 BGB kommt es nicht auf ein lebzeitig zu spürendes Opfer an, sondern auf den die »Verarmung« im Kern vorbereitenden Vorgang des Vermögensverlustes; die infolge des Vorbehaltsnießbrauchs verbleibende Leistungsfähigkeit des Schenkers wird bereits in Gestalt des geringeren Umfangs der Schenkung (und der Anrechnung des Nießbrauchs als Vermögen bzw. der aus ihm fließenden Erträge als Einkommen) berücksichtigt; wird der Nießbrauch später rechtsgeschäftlich aufgegeben, liegt hierin eine neuerliche Schenkung, welche die 10-Jahres-Frist insoweit neu in Gang setzt.

1038

Schließlich legen auch die unterschiedlichen Gesetzeszwecke der Zehn-Jahres-Fristen nahe, i.R.d. § 529 Abs. 1, 2. Alt. BGB anders als i.R.d. § 2325 Abs. 3 BGB zu entscheiden: Während die Frist im Pflichtteilsergänzungsrecht als »zeitliche Hürde« gegen die Schmälerung des außerordentlichen Pflichtteils zum Schutz des Pflichtteilsberechtigten wirken soll, handelt es sich bei der Frist des Verarmungsrechts um eine »zeitliche Schwelle«, ab deren Überschreitung das Interesse des Beschenkten am dauernden Bestand seines Erwerbs Vorrang hat vor dem Unterhaltssicherungsinteresse des Schenkers. Auch die Zweckänderung des Anspruchs ab der Bedarfsdeckung durch Sozialleistungsträger bzw. unterhaltsersetzende Leistungen Dritter nötigt zu keinem abweichenden Ergebnis, zumal das Vertragserfüllungsprinzip (pacta sunt servanda) und die mit Zeitablauf sich verstärkende Verfestigungserwartung (vgl. § 528 Abs. 2 BGB!) für den Vorrang des Bestandsinteresses streiten.

1039

---

99 So dass sowohl enumerative als auch freie vertragliche Rückforderungsvorbehalte nicht schädlich sind.
100 Nach BGH, 19.07.2011 – X ZR 140/10 MittBayNot 2012, 34 m. Anm. *Everts*, S. 23 ff., muss der Antrag jedenfalls auch im Namen des Erwerbers gestellt worden sein (Schutz durch § 17 GBO, § 878 BGB, §§ 91 Abs. 2, 140 Abs. 2 Satz 1 InsO), vgl. *Michael* notar 2011, 359, 360. Auch zum Schutz im Insolvenzverfahren lässt der BGH die Antragstellung durch den Notar gem. § 15 GBO nicht genügen, vgl. krit. *Reul*, MittBayNot 2010, 363.
101 BGH, 19.07.2011 – X ZR 140/10, MittBayNot 2012, 34 m. Anm. *Everts*, S. 23 ff.; ebenso OLG Köln, 26.06.1985 – 26 U 6/85, FamRZ 1986, 988, 989; großzügiger *Schippers*, RNotZ 2006, 54 m.w.N: Entstehung einer Anwartschaft (so dass auch Erklärung der Auflassung und Antrag auf Eintragung einer Vormerkung ausreichen würden).
102 BGH, 19.07.2011 – X ZR 140/10, MittBayNot 2012, 34 m. Anm. *Everts* S. 23 ff.; Tz. 25, vgl. auch *Becker*, ZNotP 2017, 174, 179 zur »Flucht in die Zwischenverfügung«. Ein Verstoß gegen § 14 Abs. 2 BNotO liegt darin nicht, auch können die Beteiligten ungeachtet § 53 BeurkG bereits zur früheren Vorlage anweisen.
103 BGH, NJW 1994, 1791, Rdn. 1421 ff.
104 BGH, 19.07.2011 – X ZR 140/10, MittBayNot 2012, 34 m. Anm. *Everts*, S. 23 ff., vgl. auch *Herrler*, ZEV 2011, 669; ebenso *Schippers*, RNotZ 2006, 42 ff., Abschnitt D III und IV; hierzu tendierend bereits *Krauß*, ZEV 2001, 423; *Rundel*, MittBayNot 2003, 180; *ders.*, RNotZ 2006, 55; a.A. SG Freiburg, 27.07.2011, S 6 SO 6485/09, ZEV 2011, 665.

1040 Von der Bestimmung des maßgeblichen Zeitpunkts für das Anlaufen der 10-Jahres-Frist des § 529 Abs. 1, 2 Alt. BGB zu unterscheiden ist jedoch die Frage, ab welchem Zeitpunkt eine i.R.d. § 528 BGB relevante **Verarmung frühestens vorliegen** kann. Der BGH sieht in der Zusammenschau von § 519 (vor Vollziehung) und § 528 BGB (danach) ein geschlossenes System mit der Folge, dass der Unterhaltsbedarf bereits ab dem Datum der Beurkundung zur Rückforderung (d.h. in der Praxis zum Wertausgleich) berechtigt, wenn nur die Schenkung später auch tatsächlich vollzogen wird.[105]

2. Verarmungstatbestand

1041 Maßgeblich für den Tatbestand, welcher ab Beurkundung (vgl. Rdn. 1040) bis zum Ablauf der an die Vollziehung anschließende 10-Jahres-Frist für die Verwirklichung des Anspruchs einzutreten bzw. zu bestehen hat, ist die Verarmung i.S.d. (wegen Fehlens einzusetzenden Einkommens und Vermögens)[106] rechtmäßigen Inanspruchnahme nachrangiger Sozialleistungen (SGB XII, SGB II, aber auch Eingliederungs-Jugendhilfe nach SGB VIII)[107] oder von Zuwendungen Dritter, auf die kein oder noch kein gesetzlicher oder vertraglicher Anspruch besteht.[108]

1042 Die Beeinträchtigung des angemessenen Unterhalts bestimmt sich objektiv nach der Lebensstellung des Schenkers, nicht seinem individuellen Lebensstil. Zum Schutz des Beschenkten sind jedoch sonstige Verpflichtungen, die der Schenker gegenüber Gläubigern innehat oder eingegangen ist, nicht zu berücksichtigen (anders als im Rahmen der Vollzugsverweigerung vor Vollziehung der Schenkung, § 519 Abs. 1 BGB, die bloße Gefährdung des Vermögens genügt also noch nicht[109]). Auch vertraglich übernommene, über das Gesetz hinausgehende oder letztwillig auferlegte Unterhaltspflichten bleiben unberücksichtigt, um Manipulationen zu vermeiden. Alle finanziellen Mittel des Schenkers, auch der Vermögensstamm, sofern nicht völlig unwirtschaftlich, sind zu verwerten. Eigene gesetzliche Unterhaltsansprüche des Schenkers gegenüber Dritten werden jedoch nicht berücksichtigt, da § 528 Abs. 1 Satz 1 BGB ihn in die Lage versetzen soll, seinen Unterhalt selbst zu bestreiten, ohne auf Ansprüche gegen Dritte angewiesen zu sein.[110]

1043 Mit Eintritt der monatlichen Unterdeckung beginnt die Einstandspflicht des verschenkten Vermögens; sie entfällt nicht etwa bei späterer Verbesserung der Einkommens- und Vermögenslage des Schenkers vor der letzten mündlichen Verhandlung über den übergeleiteten Anspruch.[111]

1044 Auch ist nicht etwa eine »Kausalität« in dem Sinne zu verlangen, dass die Verarmung ihrerseits sich als Folge der früheren Schenkung darstellen müsse. Das Wort »nach (Vollziehung der Schenkung …)« i.S.d. § 528 Abs. 1 Satz 1 BGB beinhaltet lediglich eine zeitliche Abgrenzung (und zwar zur Erfüllungsverweigerungseinrede des § 519 BGB).[112] Auch umgekehrt ist es ohne Bedeutung, dass der Schenker bereits vor der Weggabe Sozialhilfeleistungen bezogen hat, also bereits zuvor als verarmt gelten konnte,[113] sofern die Bedürftigkeit nur danach fortdauert (s. Rdn. 1116).

---

105 BGH, 07.11.2006 – X ZR 184/04, NJW 2007, 60, 62.
106 OLG Koblenz, 06.01.2004 – 5 W 826/03, ZEV Heft 3/2004, S. VI verneint die Verarmung bei Vorhandensein nahe liegender Einkunftsmöglichkeiten [die im konkreten Fall allerdings fragwürdigerweise darin gesehen werden, dass ein nicht mehr ausübbares Wohnungsrecht nach § 313 BGB zur Vermietung herangezogen werden solle].
107 BGH, 07.11.2006 – X ZR 184/04, NJW 2007, 60, 61.
108 BGH, 26.10.1999 – X ZR 69/97, ZNotP 2000, 106.
109 Anders OLG Köln, 07.04.1997 – 16 U 47/95; stützt sich ein Schenker auf diese Auffassung, haftet er gleichwohl dem Beschenkten nicht auf Ersatz von Schäden aus der unberechtigten Inanspruchnahme, vgl. AG Bingen, 12.03.2015 – 25 C 21/14, ZErb 2015, 263 m. Anm. *Stritter*.
110 Vgl. BGH, 13.02.1991 – IV ZR 108/90, NJW 1991, 1824.
111 BGH, 20.05.2003 – X ZR 246/02, NJW 2003, 2449 in Ergänzung zu BGH, 20.12.1985 – V ZR 66/85, NJW 1986, 1606.
112 BGH, 19.10.2004 – X ZR 2/03, FamRZ 2005, 177.
113 BGH, NJW 1996, 287 f.

Die Anknüpfung an den »**angemessenen Unterhalt**« i.S.d. § 528 Abs. 1 Satz 1 BGB verweist den Schenker auf einen Unterhalt, der nicht zwingend seinem bisherigen individuellen Lebensstil entsprechen muss, sondern der objektiv seiner Lebensstellung nach der Schenkung angemessen ist.[114] In »besonderen Lebenslagen« (z.B. Pflegebedürftigkeit, psychische Erkrankung) spricht eine Vermutung für die Erforderlichkeit der gesetzlich zu gewährenden Aufwendungen.[115] Es genügt nicht, dass vor Ablauf der Frist lediglich die Umstände eingetreten sind, aus denen sich später die Erschöpfung der Leistungsfähigkeit des Schenkers ergeben wird.[116] Wenn also ein tatsächlich bestehender Bedarf durch zusätzliche Eigenleistungen des Beschenkten, Nachbarschaftshilfe ohne Regresswillen oder auf andere Weise (Nachbarschaftshilfe gegen Auskehr des Pflegegelds und ggf. weitere Zuwendungen aus vorhandenem Vermögen)[117] zunächst gedeckt ist, bis die 10-Jahres-Frist abgelaufen ist, kann für einen nach Fristablauf durch staatliche Leistungen oder Leistungen Dritter gedeckte Bedürftigkeit das Geschenkte nicht mehr rückgefordert werden.[118]

1045

▶ Hinweis:

Der Berater wird in solchen Konstellationen eher zu freiwilligen, als solchen jedoch verbindlich zumindest für den verbleibenden Rückforderungsrisikozeitraum zugesagten,[119] Zusatzleistungen raten, am besten durch Zuwendung eines Einmalbetrages.[120] Ist die Verarmung jedoch (in Gestalt des Bezugs von Sozialfürsorgeleistungen) bereits eingetreten, entfallen zwar durch nunmehrige Zuwendungen des Beschenkten die Voraussetzungen für eine weitere Hilfegewährung, würden diese Zuwendungen aber (auch nach Ablauf der 10-Jahres-Frist der Schenkung) wieder eingestellt, bleibt es bei der sozialhilferechtlichen Verhaftung des verschenkten Gegenstands, die nicht durch späteren Vermögens- oder Einkommenserwerb wieder »retroaktiv« beseitigt werden kann.[121] (Andernfalls hätte es der Beschenkte in der Hand, den voraussichtlichen Bedarf des Schenkers bis zum Erreichen der 10-Jahres-Frist vorauszubezahlen, und dadurch den Restwert zu retten!)

1046

3. Umgestaltung des zivilrechtlichen Anspruchs durch das Sozialrecht

Wie *Kollhosser*[122] überzeugend dargelegt hat, liegt der Schlüssel zum Verständnis des § 528 BGB nicht in seiner angeblichen »Höchstpersönlichkeit«, sondern in seiner zweckgebundenen Natur. Der Inhalt des Rückforderungsanspruchs sowie Möglichkeiten und Grenzen seiner Verfügbarkeit

1047

---

114 BGH, 05.11.2002 – X ZR 140/01, FamRZ 2003, 224 = ZEV 2003, 114 m. Anm. *Kollhosser*, ZEV 2003, 206.
115 BGH, 07.11.2006 – X ZR 184/04, NJW 2007, 60, 61 – Unterbringung eines volljährigen »Crash-Kids« in einem Jugendwohnheim für 7.000,00 DM monatlich, auch wenn sich der Jugendliche dem Heimaufenthalt wiederholt entzog.
116 So deutlich BGH, 26.10.1999 – X ZR 69/97, MittBayNot 2000, 226.
117 So das Beispiel bei *Müller*, Der Rückgriff gegen Angehörige von Sozialleistungsempfängern, S. 128: Die Verarmung i.S.d. Gesetzes sei dann erreicht, wenn der über die Schongrenzen des § 90 Abs. 2 SGB XII hinausgehende Betrag aufgebracht ist.
118 Vgl. MünchKomm-BGB/*Kollhosser*, § 529 Rn. 3; *Müller*, Der Rückgriff gegen Angehörige von Sozialhilfeempfängern, S. 164.
119 Zur Feststellung des Notbedarfs ist das gegenwärtige Aktivvermögen zu ermitteln, zu dem auch »gesicherte Erwerbsaussichten« gehören. An Letzterem könnte es bei »Leistungen nach Belieben« fehlen. Es sollte daher ein – wenn auch schenkungshalber gewährtes – ggf. befristetes Leibrentenversprechen gem. §§ 759 ff. BGB abgegeben werden.
120 Werden monatliche Leistungen gewährt, könnte darin eine Leistung auf den damit stillschweigend anerkannten Anspruch aus § 528 BGB gesehen werden, unter gleichzeitiger Ausübung der Ersetzungsbefugnis gem. § 528 Abs. 1 Satz 2 BGB (Rdn. 1082 ff.).
121 BGH, 20.05.2003 – X ZR 246/02, NJW 2003, 2449 in Ergänzung zu BGH, 20.12.1985 – V ZR 66/85, NJW 1986, 1606.
122 BGH, 14.06.1995 – IV ZR 212/94, ZEV 1995, 391 ff.

(durch **Erlass, Abtretung**, Vererblichkeit etc.) bemessen sich nach den Kategorien der Zweckbindung, der Zweckerreichung, Zweckänderung und des Zweckfortfalls.

1048   Gesetzlicher Zweck der Rückforderungsmöglichkeit ist die Sicherung des »angemessenen Unterhalts des Schenkers und die Erfüllung seiner gesetzlichen Unterhaltspflichten«. Wird dieser Zweck durch unterhaltssichernde Leistungen Dritter erreicht, die jedoch ihrer Natur nach nicht dem Beschenkten, sondern ausschließlich dem Schenker zur Behebung seiner momentanen Notlage zugutekommen sollen, erfährt dieser im Wortlaut des § 528 BGB angelegte Zweck eine Modifikation dahin gehend, dass nunmehr die Rückforderungsmöglichkeit den Leistungsausgleich (»Regress«) zugunsten des Dritten (insb. des nachrangig leistenden Sozialleistungsträgers) sichern soll. Dieser erweiterte Zweck, der aus dem bipolaren Verhältnis eine tripolare Konstellation werden lässt, führt zu »erhöhter Resistenz« des Rückforderungsanspruchs ggü. Umständen, die ihn dem Zugriff des in Vorleistung getretenen Dritten entziehen könnten. Dies sei kurz und exemplarisch anhand der eingeschränkten Abtretbarkeit des Rückforderungsanspruchs (nachstehend Rdn. 1050 ff.) sowie seiner erweiterten trans- bzw. postmortalen Existenz (nachstehend Rdn. 1058 ff.) skizziert.

1049   Andererseits werden Aufrechnungslagen auch ggü. dem Überleitungsgläubiger geschützt, wenn der Gegenanspruch des Beschenkten gegen den Schenker (etwa aus unerlaubter Handlung) entstanden ist, bevor der Beschenkte von der Anspruchsüberleitung selbst Kenntnis hatte (§ 406 BGB). Es schadet nicht, lediglich die Voraussetzungen zu kennen, die eine Überleitung durch behördlichen Akt ermöglichen.[123]

a) Eingeschränkte Abtretbarkeit

1050   Wie schon *Wüllenkemper*[124] nachgewiesen hat, besteht nicht etwa gem. § 400 BGB i.V.m. § 852 ZPO eine generelle Abtretungssperre. Dies ergibt sich nach überwiegender Auffassung aus einer **teleologischen Reduktion** des § 400 BGB, der seinem Sinn nach nur an die Pfändungsschutzvorschriften der §§ 850 bis 850k ZPO anknüpft, nicht jedoch auch § 852 ZPO erfassen soll, da Letzterer ohne Rückwirkung auf das materielle Recht ausschließlich für die Zwangsvollstreckung gilt. Eine neuere Auffassung[125] überwindet den formalen Wortlaut des § 400 BGB dadurch, dass sie die in § 852 Abs. 2 ZPO verlangte »vertragliche Anerkennung« des Anspruchs als Voraussetzung seiner Pfändbarkeit (und damit auch Abtretbarkeit) nicht nur in einer rechtsgeschäftlichen Vereinbarung zwischen den Berechtigten und dem Verpflichteten sieht, sondern auch in einem (Verfügungs-)Vertrag zwischen dem Berechtigten und einem Dritten, also bspw. der Abtretungserklärung selbst. Damit würde durch Erklärung der Abtretung der Anspruch vertraglich anerkannt und damit die Abtretungsbeschränkung entfallen, was eher begriffsjuristisch anmutet. Vorzuziehen erscheint die von der überwiegenden Meinung[126] geteilte Argumentation einer teleologischen Reduktion des § 400 BGB (bzw. einer erweiternden Gesamtanalogie zu §§ 2317 Abs. 2, 1378 Abs. 3 Satz 1 BGB).

1051   Folgt demnach nicht schon aus § 400 BGB i.V.m. § 852 Abs. 2 ZPO ein generelles Abtretungsverbot, ergeben sich allerdings Abtretungsbeschränkungen aufgrund des Anspruchsinhalts, also seiner **Zweckbindung** (§ 399, 1. Alt. BGB). Diese verbieten es, den Anspruch an beliebige Dritte abzutreten, um ihn bspw. dem späteren Zugriff des Sozialhilfeträgers im Weg der Überleitung durch Verwaltungsakt zu entziehen, wozu sich der Schenker angesichts der Notwendigkeit des Sozialhilfebezugs möglicherweise auf Drängen des Beschenkten veranlasst sehen könnte. Zulässig sind daher nur solche Abtretungen, die den Zweck des § 528 BGB (im bipolaren Verhältnis: Un-

---

123 BGH, 07.11.2006 – X ZR 184/04, NJW 2007, 60, 63. Auch § 394 BGB, § 852 Abs. 2 ZPO stehen dann nicht entgegen, da der Rückforderungsanspruch mit seiner Geltendmachung durch den Überleitungsgläubiger pfändbar ist und damit auch gegen ihn aufgerechnet werden kann.
124 *Wüllenkemper*, JR 1988, 353 ff.
125 *Zeranski*, NotBZ 2001, 22 in Fortführung seiner Dissertation »Der Rückforderungsanspruch des verarmten Schenkers« (Berlin 1998), S. 53 ff.; zu letzterer Rezension in DNotZ 2002, 238.
126 Vgl. MünchKomm-BGB/*Kollhosser*, § 528 Rn. 8.

C. Risiko der Rückforderung bei späterer Verarmung des Veräußerers (§ 528 BGB)   Kapitel 3

terhaltssicherung; im tripolaren Verhältnis: Ausgleich für die unterhaltssichernden Leistungen Dritter) erreichen können.

Ist also bspw. **im bipolaren Verhältnis** (ohne Inanspruchnahme von Sozialhilfeleistungen oder sonstigen unterhaltssichernden Leistungen Dritter) zwar keine Eigenverarmung des Schenkers eingetreten, dieser aber außerstande, seine gesetzlichen Unterhaltspflichten zu erfüllen (entgegen dem missverständlichen Gesetzeswortlaut genügt eine der beiden Verarmungsalternativen allein, die Rückforderungsmöglichkeit auszulösen), könnte der Schenker anstelle eigener Geltendmachung den Rückforderungsanspruch an die unterhaltsberechtigte Person abtreten, der ggü. er nicht mehr hinreichend leistungsfähig ist (§ 364 BGB).[127]

1052

Im **tripolaren Verhältnis** kann der Anspruch wirksam an Dritte abgetreten werden, die dem verarmten Schenker unterhaltssichernde Leistungen gewährt haben und damit für den leistungsunwilligen Beschenkten in »Vorlage« getreten sind, ohne ihn entlasten zu wollen.[128] Demnach ist mit *Kollhosser*[129] zu differenzieren:

1053

(1) Wurde der Notbedarf des Schenkers durch einen **unterhaltsverpflichteten Dritten** gedeckt (z.B. einen anderen Abkömmling des Schenkers), ist er ebenfalls für den Beschenkten in Vorlage getreten, da die gesetzliche Unterhaltspflicht der Rückforderung des Geschenks ggü. nachrangig ist (die Rückforderungsmöglichkeit als Vermögenswert des Schenkers lässt dessen Bedürftigkeit entfallen). An den vorleistenden Dritten kann also der Rückforderungsanspruch wirksam abgetreten werden; der Dritte hat hierauf sogar wohl einen **Anspruch auf Abtretung**, in Gesamtanalogie zu §§ 1607 Abs. 2 Satz 2, 1608 Satz 3, 1584 Satz 3 BGB: Rückgriffsanspruch zugunsten desjenigen, der Unterhaltspflichten erfüllt, obwohl zuerst ein anderer zu leisten verpflichtet gewesen wäre.[130]

(2) Leistet ein **nichtunterhaltspflichtiger Dritter**, der für den Beschenkten (etwa als Erfüllungsgehilfe oder nach § 267 BGB) den Notbedarf des Schenkers erfüllen möchte, geht der Rückforderungsanspruch aufgrund Zweckerreichung endgültig unter.

1054

(3) Leistet jedoch ein Dritter, der (wie im Regelfall) zwar den verarmten Schenker unterstützen, nicht jedoch den Beschenkten von seiner Pflichtenstellung entlasten möchte, gilt Gleiches wie bei der Vorleistung durch unterhaltspflichtige Dritte (erster Spiegelstrich): Nach dem Rechtsgedanken des § 843 Abs. 4 BGB entlastet die unterhaltssichernde Leistung des Dritten den Beschenkten nicht, so dass der Rückforderungsanspruch fortbesteht. Er ist wiederum an den Dritten abtretbar und aufgrund schuldrechtlicher Verpflichtung abzutreten, sofern Letzterer nur vorläufig in Vorlage treten wollte. Fälle dieser Konstellation sind in der Praxis durchaus häufig.

1055

▶ Beispiele:
- Der Vater gerät innerhalb der 10-Jahres-Frist des § 529 BGB in Not, der beschenkte Abkömmling erbringt keine Leistungen.
- Ein Geschwister erfüllt, obwohl er hierzu aufgrund des Nachrangs der gesetzlichen Unterhaltspflicht[131] nicht verpflichtet wäre, den Notbedarf des Schenkers. Hier könnte der Schenker den Rückforderungsanspruch i.H.d. unterhaltssichernden Leistungen des Dritten (hier des Geschwisters) an jenen abtreten mit der Folge, dass ein Zugriff durch den Sozialleistungsträger, wenn später doch steuerfinanzierte Sozialfürsorge-Leistungen in Anspruch genommen werden müssen, insoweit nicht mehr möglich ist.[132]

---

127 OLG München, 30.04.1992 – 1 U 6234/91, NJW-RR 1993, 250.
128 BGH, 09.11.1994 – IV ZR 66/94, NJW 1995, 323.
129 *Kollhosser*, ZEV 1995, 394 ff. in Bezug auf BGH, 14.06.1995 – IV ZR 212/94.
130 Dogmatisch anderer Ansatz bei *Zeranski*, S. 214 ff.: der Anspruch kann durch den vorleistenden Dritten gepfändet werden, § 852 Abs. 2 ZPO ist für diesen Fall teleologisch zu reduzieren.
131 BGH, 13.02.1991 – IV ZR 108/90, NJW 1991, 1824.
132 So auch *Mayer/Littig*, Sozialhilferegress ggü. Erben und Beschenkten, Rn. 57.

b) Fortbestehen des Anspruchs trotz Wegfalls des Notbedarfs

1056 Erbringt – wie in den vorgenannten Beispielen – ein Dritter, der hierzu nicht primär verpflichtet wäre (z.B. Sozialleistungsträger, Geschwister, privates Pflegeheim),[133] unterhaltssichernde Leistungen an den Schenker, entfällt damit an sich dessen Notbedarf. Damit tritt jedoch keine Zweckerreichung ein (mit der Folge eines Wegfalls des Anspruchs), sondern – im »tripolaren Verhältnis« – eine Zweckänderung dahin gehend, über § 528 BGB einen Ausgleich zugunsten des vorleistenden Dritten zu ermöglichen. Der Anspruch überdauert also den Wegfall eines seiner anspruchsbegründenden Merkmale (Rechtsgedanke des § 843 Abs. 4 BGB).[134]

1057 Nach traditioneller Rechtslage wäre damit zwar der »Untergang« des Rückforderungsanspruchs abgewehrt, allerdings stünde es (bis zu einer Überleitung durch Verwaltungsakt oder einer möglicherweise schuldrechtlich geschuldeten rechtsgeschäftlichen Abtretung an den vorleistenden Privaten) weiterhin im Belieben des Schenkers, ob er diesen fortbestehenden Anspruch tatsächlich geltend machen möchte oder nicht. In einer Leitentscheidung[135] hat der BGH auch insoweit eine bemerkenswerte Änderung des materiellen Inhalts des § 528 BGB beim Übergang vom bipolaren Verhältnis zum tripolaren Verhältnis vorgezeichnet: Sobald der verarmte Schenker zur Behebung seines Notbedarfs unterhaltssichernde Leistungen Dritter in Anspruch nimmt (gleichgültig ob es sich um Leistungen des Sozialhilfeträgers oder – wie im genannten Urteil – eines privaten Pflegeheims oder um Leistungen anderer nicht primär verpflichteter privater Personen handelt), bringe er zum Ausdruck, dass er der Rückforderung seines Geschenks für seinen Lebensunterhalt bedürfe. Unter dem Gesichtspunkt des Verbots widersprüchlichen Verhaltens (**venire contra factum proprium**) steht also die tatsächliche Abforderung unterhaltssichernder Leistungen Dritter der Geltendmachung des Rückforderungsanspruchs ggü. dem Beschenkten, also der Leistungsaufforderung an den Übernehmer des Vermögens, gleich. Der im bipolaren Verhältnis auch durch § 852 ZPO im Verhältnis zu Gläubigern gewährte Schutz für die persönliche Entscheidung des Schenkers, ob er den Rückforderungsanspruch geltend machen oder sich beschränken möchte, entfällt also bei Übergang zum tripolaren Verhältnis, d.h. sobald unterhaltssichernde Leistungen Dritter in Anspruch genommen werden. Darin liegt stets zugleich die Ausübung des Rückübertragungsverlangens im Verhältnis zum Erwerber.

c) Transmortales Fortbestehen

1058 Die Resistenz des Rückforderungsanspruchs ggü. seinem Untergang aufgrund Wegfalls der Notlage (vorstehend Rdn. 1078) wurde bisher in bevorzugtem Umfang für die besonders praxisrelevante Fallgruppe des Versterbens des Schenkers (und des dadurch bedingten Wegfalls des Notbedarfs) diskutiert. Die Rechtsprechung näherte sich dem nunmehrigen Rechtszustand in mehreren Stufen:
(1) Wurde der Anspruch noch **vor dem Tod abgetreten** oder übergeleitet und geltend gemacht, erlischt er nicht mit dem Tod des Schenkers;[136] der durch Übergang in das tripolare Verhältnis geänderte Zweck (Leistungsausgleich zugunsten des Abtretungsempfängers) gebietet weiterhin seine Existenz.

1059 (2) Wurde der Rückforderungsanspruch noch **vom Schenker selbst geltend gemacht** und ist ein Dritter zur Behebung der Notlage in Vorleistung getreten, kann der Erbe des Anspruchs diesen (mit dem Ziel eines Ausgleichs der Vorleistung des Dritten) weiterverfolgen.[137]

1060 (3) Hat der Schenker den Anspruch nicht geltend gemacht, wurde er auch nicht abgetreten oder durch Verwaltungsakt übergeleitet, hat der Schenker jedoch **Sozialhilfeleistungen bezogen**, kann jedenfalls der Sozialhilfeträger den Anspruch nach dem Tod des Schenkers weiterverfol-

---

133 So im Sachverhalt des BGH, 25.04.2001 – X ZR 229/99, ZEV 2001, 241 ff.
134 So ausdrücklich BGH, 25.04.2001 – X ZR 229/99, ZEV 2001, 241, 243.
135 BGH, 25.04.2001 – X ZR 229/99, ZEV 2001, 241 ff.; hierzu eingehend *Kollhosser*, ZEV 2001, 289 ff.
136 BGH, 16.09.1993 – V ZR 246/92, BGHZ 96, 383.
137 BGH, 16.09.1993 – V ZR 246/92, ZEV 1994, 50 m. Anm. *Kollhosser*.

gen.[138] Dies ergibt sich daraus, dass im Verhältnis zum Sozialleistungsträger die persönliche Wahlfreiheit des Schenkers, ob er den Anspruch geltend machen möchte oder nicht, ohnehin nicht geschützt ist (§ 93 Abs. 1 Satz 4 SGB XII), also das Fehlen der persönlichen Geltendmachung (Leistungsaufforderung) unbeachtlich ist. Aufgrund der durch den Sozialleistungsbezug (»Übergang in das tripolare Verhältnis«) eingetretenen Zweckänderung überdauert der Anspruch, dessen Inhalt nunmehr auf Ausgleich der staatlichen Vorleistung gerichtet ist, den Wegfall des Notbedarfs und auch den Tod des Schenkers. Die Überleitung kann hier durch Verwaltungsakt noch postmortal erfolgen.[139]

Problematisch war allerdings bisher die transmortale Fortexistenz des Rückforderungsanspruchs, wenn der Schenker vor seinem Tod unterhaltssichernde Leistungen nicht des Sozialleistungsträgers in Anspruch genommen hat, sondern **Leistungen privater Dritter**, etwa von Geschwistern oder – wie in einer BGH-Entscheidung[140] – eines privaten Pflegeheims. Hier war umstritten, ob das zu Lebzeiten nicht mehr ausgeübte Rückforderungsverlangen postmortal (nach Abtretung des Anspruchs durch den Erben an den vorleistenden Dritten) durch jenen noch geltend gemacht werden kann. 1061

Mit der unter Rdn. 1048, 1057 vorgestellten Argumentationsfigur schließt der BGH nunmehr auch diese Lücke: Im tripolaren Verhältnis liegt, soweit überhaupt das persönliche Geltendmachen des Rückforderungsanspruchs von Bedeutung ist (also im Verhältnis zu privat vorleistenden Dritten), die Ausübung dieses Wahlrechts und damit die Leistungsaufforderung auch ohne ausdrückliche Erklärung im Akt der Inanspruchnahme unterhaltssichernder Leistungen Dritter selbst. Hat also – hierüber hatte der BGH zu entscheiden – der Schenker vor seinem Tod Leistungen eines privaten Pflegeheims in Anspruch genommen und damit zu erkennen gegeben, dass er sich gerade nicht einschränken wolle, hat er damit den Anspruch geltend gemacht. Aufgrund der Zweckänderung (Ausgleich der Vorleistungen des Dritten) überdauert er demnach auch in dieser Fallgruppe den Wegfall des Notbedarfs und den Tod des verarmten Schenkers. 1062

d) Immunität ggü. Konfusion

Eine letzte Hürde, welcher der Rückforderungsanspruch beim Tod des verarmten Schenkers zum Opfer fallen könnte, ist schließlich die **Konfusion**, also der Untergang aufgrund Identität von Gläubiger und Schuldner des Anspruchs, wenn (wie in der Praxis häufig) der rückgabepflichtige Beschenkte zugleich Erbe des Schenkers wird. Würde in diesem Fall (wie sonst im Schuldrecht) der Rückforderungsanspruch untergehen, käme eine postmortale Überleitung auf den Sozialhilfeträger (oder eine rechtsgeschäftliche Abtretung an vorleistenden privaten Dritten) nicht mehr in Betracht. Der BGH hat schon früh[141] ein Erlöschen des Anspruchs aufgrund Konfusion dann abgelehnt, wenn zuvor Sozialhilfeleistungen in Anspruch genommen wurden; wegen der damit eintretenden Zweckänderung hätte der Schenker selbst auf den Anspruch nicht mehr verzichten können, so dass auch dessen Tod nicht zu einem solchen Ergebnis führen dürfe. Der BGH vergleicht diese Konstellation mit der Vererbung einer pfandbehafteten Forderung, die ebenfalls nicht durch Konfusion untergeht. 1063

Richtiger erscheint es allerdings,[142] die Fortexistenz des Rückforderungsanspruchs in einem tripolaren Verhältnis auf eine Analogie zu § 2175 BGB zu gründen: Eine Forderung, die der Erblasser einem Dritten vermacht hat, geht nicht unter, wenn der Schuldner dieser Forderung den Erblasser beerbt. Hieraus lässt sich in analoger Anwendung schließen, dass Konfusion dann nicht eintritt, wenn der Gläubiger einem Dritten ggü. zur Abtretung der Forderung verpflichtet ist. 1064

---

138 BGH, 14.06.1995 – IV ZR 212/94, ZEV 1995, 378.
139 *Zeranski*, NJW 1998, 2574.
140 BGH, 25.04.2001 – X ZR 229/99, ZEV 2001, 241 ff.; hierzu eingehend *Kollhosser*, ZEV 2001, 289 ff.
141 BGH, 14.06.1995 – IV ZR 212/94, NJW 1995, 2287 f.
142 Vgl. *Zeranski*, NJW 1998, 2575; *ders.*, S. 187 ff.

Dies muss aber erst recht gelten, wenn der Gläubiger zur Verschaffung der Forderung an den Dritten gar keine rechtsgeschäftliche Erklärung mehr abzugeben hat, sondern ihm ggü. durch Verwaltungsakt, also einseitigen privatrechtsgestaltenden Zugriff durch den Sozialleistungsträger (§ 93 Abs. 1 Satz 1 SGB XII), der Forderungsübergang erzwungen werden kann.

1065 Mit dem Bezug nachrangiger unterhaltssichernder Leistungen des Sozialleistungsträgers oder privater Dritter wird der Rückforderungsanspruch also ggü. den Erlöschensgründen des Notbedarfswegfalls (Rdn. 1056 ff.), des Versterbens des verarmten Schenkers (Rdn. 1058 ff.) und der Konfusion (Rdn. 1063 ff.) »immunisiert«; ferner liegt in der Leistungsinanspruchnahme selbst die Geltendmachung des Rückforderungsanspruchs, soweit es hierauf (im Verhältnis zu privaten vorleistenden Dritten) noch ankommen sollte. Zugleich treten aufgrund der Zweckänderung mit Übergang in das tripolare Verhältnis Abtretungsbeschränkungen in Kraft, die ein »Fortschaffen« des Anspruchs an beliebige Dritte (etwa um den Anspruch dem späteren Zugriff des Sozialleistungsträgers zu entziehen) nicht mehr zulassen.

e) Pfändbarkeit?

1066 Einen noch weitergehenden Ansatz vertritt *Zeranski*[143]: § 852 Abs. 2 ZPO enthält eine – dem Wortlaut nach uneingeschränkt für alle Fälle geltende – Vollstreckungsschranke in Bezug auf die Pfändung des § 528 BGB – Rückforderungsanspruchs (die für den Sozialleistungsgläubiger wegen § 93 Abs. 1 Satz 4 SGB XII, § 33 Abs. 1 Satz 3 SGB II freilich die Überleitungsfähigkeit nicht hindert). Der Anspruch unterliegt demnach der Pfändung nur, wenn er durch Vertrag anerkannt oder wenn er rechtshängig gemacht worden ist. Der BGH sieht allerdings (vgl. Rdn. 1057) in der Inanspruchnahme unterhaltsersetzender Leistungen Dritter, etwa der Einmietung in ein privates Pflegeheim, auch ohne Inanspruchnahme von Sozialfürsorgeleistungen, eine solche Geltendmachung i.S.d. § 852 ZPO, da der Betroffene zu erkennen gebe, dass er die zu großzügige Schenkung der Vergangenheit nicht auf sich beruhen lassen könne. Demnach überwindet der BGH in dieser Fallgruppe die Zugriffssperre dergestalt, dass er eine faktische Geltendmachung des Anspruchs zulässt. *Zeranski* (a.a.O.) setzt insoweit freilich nicht an bei den Tatbestandsmerkmalen, die die Sperre des § 852 Abs. 2 ZPO überwinden, sondern reduziert den Anwendungsbereich des § 852 Abs. 2 ZPO teleologisch in den Fällen, in denen der Schenker ohnehin gehalten ist, den Rückforderungsanspruch gegen den Beschenkten im Interesse dritter Beteiligter geltend zu machen (als »Dritter« in diesem Sinne kommt zum Einen derjenige in Betracht, der – etwa als Pflegeheim – unterhaltsersetzende Leistungen unter Regressvorbehalt gewährt hat, zum Anderen derjenige, der dem Schenker als Unterhaltsberechtigtem gesetzlichen Unterhalt zu leisten hat, aber von ihm verlangen kann, dass er zunächst den in seinem Vermögen befindlichen § 528 BGB – Rückforderungsanspruch geltend macht). Auch zugunsten des privaten Unterhaltsleistenden soll daher die Pfändbarkeit des Anspruchs möglich sein, nicht aber zugunsten sonstiger privater Gläubiger des Schenkers, die andere als Unterhalts- oder unterhaltsersetzende Leistungen gewährt haben.

1067 Der BGH hat allerdings[144] in Bezug auf den Unterhaltsleistenden diesen Gedankengang nur hinsichtlich des ersten Schritts (also der Pflicht zur Geltendmachung in seinem Interesse) nachvollzogen: der Rückforderungsberechtigte ist beispielsweise im Rahmen des ihm zu gewährenden Elternunterhalts so zu behandeln, als habe er die Obliegenheit zur Geltendmachung des Rückforderungsanspruchs aus § 528 BGB erfüllt, vgl. Rdn. 721, allerdings kann der Unterhaltsleistende (als »Dritter«) diesen Rückforderungsanspruch nicht durch Pfändung an sich ziehen und unmittelbar geltend machen, da § 852 Abs. 2 ZPO entgegen stehe. Daher ist für die Praxis weiterhin

---

143 Die Rückforderung von Schenkungen wegen Verarmung (2014), S. 215 ff., 227 ff., 240 ff.
144 In der Entscheidung BGH, 28.11.2012 – XII ZR 19/10, ZEV 2013, 92 (bezogen auf einen Pflichtteilsanspruch, den der Unterhaltsschuldner, der Vater eines minderjährigen Kindes, entgegen der ihn treffenden Obliegenheit nicht geltend gemacht hatte: § 852 Abs. 1 ZPO steht dem unmittelbaren Zugriff entgegen und wird nicht teleologisch reduziert).

vom wortlautgerechten Fortbestand der Vollstreckungsschranke des § 852 Abs. 2 ZPO, auch gegenüber dem Unterhaltsleistenden, auszugehen, sofern nicht eine (und sei sie auch nur konkludente) Geltendmachung durch den Schenker selbst erfolgt ist.

f) Sozialrechtliche Besonderheiten bei der Überleitung

Besteht das »tripolare Verhältnis« aufgrund Leistungen des Sozialhilfeträgers, ist die (durch das in Rdn. 1057 genannte BGH-Urteil gelöste) Problematik der vorherigen Leistungsaufforderung, also Ausübung des persönlichen Entscheidungsrechts i.S.e. Geltendmachung, wegen § 93 Abs. 1 Satz 4 SGB XII stets ohne Relevanz gewesen. Selbst ohne diese gesetzliche Vorschrift läge – bei Anwendung der Rechtsprechungsgrundsätze im genannten Urteil[145] – in der Stellung eines Antrags auf Sozialhilfebezug die Ausübung des Rückforderungsverlangens. Zugleich treten mit der Inanspruchnahme nachrangiger Sozialhilfeleistungen die geschilderten Zweckänderungen des Anspruchs ein, die eine Einschränkung seiner Abtretbarkeit, umgekehrt eine erhöhte Immunisierung ggü. Beendigungstatbeständen (Notbedarfswegfall, Versterben) zur Folge haben. 1068

Die **tatsächliche Überleitung** und **Durchsetzung des Anspruchs** erfolgt aufgrund privatrechtsgestaltenden Verwaltungsakts gem. § 93 Abs. 1 Satz 1 SGB XII. Es handelt sich um eine Entscheidung mit gebundenem Ermessen, wobei auch der in Anspruch genommene »Drittschuldner« bei Ermessensfehlgebrauch in eigenen Rechten verletzt sein kann, z.B. falls der Sozialhilfeträger in der irrigen Annahme der Gebundenheit (Ermessensnichtgebrauch) handelt.[146] 1069

Der **Anspruchsinhalt** selbst, der bereits durch den Sozialleistungsbezug als solchem aufgrund Zweckänderung modifiziert wurde, bleibt durch den Gläubigerwechsel aufgrund Verwaltungsakt natürlich unverändert (Rechtsgedanke des § 404 BGB analog). Allerdings treten durch das nachgeschaltete »öffentlich-rechtliche Anschluss-Stück« Besonderheiten ein, welche die Möglichkeiten der Inanspruchnahme bei Verarmung des Schenkers teilweise erweitern (nachstehend Rdn. 1072 ff.), teilweise einschränken (nachstehend Rdn. 1070 ff.).

aa) Sozialhilferechtliche Erweiterungen der Möglichkeiten zur Deckung des Notbedarfs

Nach allgemeinen Grundsätzen, insb. den Regelungen zur bereits erläuterten sog. »Einsatz- und Bedarfsgemeinschaft« (§ 27 Abs. 2 Satz 1 SGB XII) könnte der Sozialleistungsträger nur solche Ansprüche als Bestandteil des verwertbaren Vermögens (§ 90 Abs. 1 SGB XII) heranziehen, die der Hilfeempfänger selbst oder ein weiteres Mitglied der Einsatzgemeinschaft innehat. In dieser Einsatz- und Bedarfsgemeinschaft verbunden sind neben dem Hilfeempfänger sein nicht getrennt lebender Ehegatte, der nichteheliche Lebensgefährte bei gemeinsamer Wirtschafts- und Sozialgemeinschaft (§ 20 SGB XII) sowie – sofern minderjährige, unverheiratete Kinder noch im Haushalt ihrer Eltern bzw. ihres Elternteils wohnen und selbst Sozialhilfeempfänger sind – auch die Eltern. Bei volljährigen oder verheirateten Kindern oder solchen, die nicht mehr im Haushalt der Eltern wohnen, allerdings Sozialhilfe beziehen, könnten jedoch nach allgemeinen Grundsätzen Ansprüche der Eltern nicht im Regressweg herangezogen werden (abgesehen vom gesetzlichen Forderungsübergang zivilrechtlicher Unterhaltsansprüche, § 94 SGB XII). Gleiches würde gelten, wenn der Elterngeneration Sozialhilfe gewährt wird (Pflegebedürftigkeit!) hinsichtlich des Einkommens und Vermögens der Kinder, das ebenfalls nur i.R.d. § 94 SGB XII (in den familienrechtlichen Grenzen) herangezogen werden kann. 1070

Bzgl. der erstgenannten Fallgruppe (Heranziehung der Eltern bei Sozialhilfebezug des Kindes) hat das Sozialhilfereformgesetz v. 23.07.1996 eine bedeutsame Erweiterung eröffnet: Bei Gewährung von HbL (z.B. Hilfe zur Pflege) können nicht nur Ansprüche des Hilfeempfängers und seines nicht getrennt lebenden Ehegatten (der schon bisher über die Gesetzesverweisung auf § 28 BSHG 1071

---

145 BGH, 25.04.2001 – X ZR 229/99, ZEV 2001, 241 ff.; hierzu eingehend *Kollhosser*, ZEV 2001, 289 ff.
146 BVerwG, 27.05.1993 – 5 C 7/91, NJW 1994, 64.

erfasst war)[147] – seit der Überführung in das SGB XII auch des eingetragenen Lebenspartners –, sondern auch Ansprüche der Eltern des Hilfeempfängers übergeleitet werden. Demnach kann der Sozialhilfeträger nunmehr bspw. im Fall der Zuwendung von Hilfe zur Pflege an einen behinderten Volljährigen den Anspruch überleiten, den dessen Eltern aufgrund einer früheren Zuwendung (z.B. Grundbesitzübertragung) an ein weichendes Geschwisterteil gem. § 528 BGB (Fallgruppe der Verarmung in Form ungenügender Unterhaltsgewährung an Abhängige) haben, i.d.R. selbst jedoch nicht geltend machen werden (vgl. Rdn. 738).

bb) Sozialhilferechtliche Schranken gem. § 93 Abs. 1 Satz 3 SGB XII

1072 Die Überleitung durch Verwaltungsakt darf nur i.H.d. gewährten nachrangigen Sozialleistungen erfolgen (wobei die Rechtsprechung die dabei häufig verwendete Formulierung »i.H.d. anfallenden Sozialhilfeleistungen« genügen lässt).[148]

1073 Ferner ist die Überleitung nur zulässig,[149] als bei rechtzeitiger Leistung des Anspruchsgegners die Sozialleistung nicht zu gewähren gewesen wäre. Diese **sozialhilferechtliche Schranke** des § 93 Abs. 1 Satz 3 SGB XII (Rdn. 689, ebenso § 33 Abs. 1 SGB II) tritt neben die Beschränkungen, die sich aus dem bürgerlich-rechtlichen Inhalt des übergeleiteten Anspruchs selbst ergeben. Zugrunde liegt derselbe Rechtsgedanke wie früher in § 91 Abs. 2 Satz 1 BSHG: Durch Anwendung der Regressvorschriften sollen nicht die sozialhilferechtlichen Schontatbestände für Einkommen (§§ 82, 85 ff. SGB XII) bzw. Vermögen (insb. § 90 Abs. 2 SGB XII) »umgangen« werden, mithin also durch Abforderung beim Beschenkten Vermögenswerte realisiert werden, die – wenn sie niemals übertragen worden und im Eigentum des Schenkers verblieben wären – dem Zugriff nicht unterlegen hätten, sondern anrechnungsfrei beim Hilfeempfänger hätten fortbestehen können.

1074 Von besonders problematischer Relevanz ist i.R.d. § 93 Abs. 1 Satz 3 SGB XII das Tatbestandsmerkmal der »**Leistung**«: Sind die dem verarmten Schenker zustehenden »Leistungen« i.S.d. Sozialhilferechts als »Einkommen« oder »Vermögen« zu klassifizieren? Insoweit ist nach dem Inhalt des Rückforderungsanspruchs (Rdn. 1080) zu differenzieren:
(1) Der Aktivwert des Geschenks ist niedriger als die bereits akkumulierte Bedarfslücke, deren Deckung im Weg des § 528 BGB geltend gemacht wird. Der Anspruchsinhalt ist auf Zuwendung von **Vermögen** gerichtet (Naturalrestitution).

1075 (2) Gleicher Sachverhalt wie zuvor, jedoch hat der Beschenkte von seiner Ersetzungsbefugnis gem. § 528 Abs. 1 Satz 2 BGB Gebrauch gemacht, da ihm am Verbleib des zugewendeten Gegenstands liegt. Durch die Verpflichtungserklärung des Beschenkten, dem Schenker den für dessen Unterhalt und die Erfüllung seiner Unterhaltspflichten erforderlichen Betrag zahlen zu wollen, wandelt sich der Inhalt des Schuldverhältnisses endgültig um, so dass der Anspruchsinhalt auf Zuwendung von **Einkommen** gerichtet ist.

1076 (3) Davon zu unterscheiden ist der – bei Grundbesitzübertragungen in aller Regel vorliegende – Sachverhalt, dass der (Aktiv-)Wert des zugewendeten Gegenstands den Betrag der auszugleichenden, durch nachrangige Leistungen vorläufig gedeckten Unterhaltslücke übersteigt, der Gegenstand jedoch nicht teilbar ist. In diesem Fall richtet sich der Anspruch, wie sich aus

---

147 Mit der Folge, dass nach Überlassung eines im je hälftigen Eigentum von Ehegatten stehenden Anwesens an ein Kind bei Sozialhilfebezug durch einen der beiden Veräußerer auch der vom nicht getrennt lebenden Ehegatten überlassene Halbanteil der Überleitung des Rückforderungsanspruchs [§ 528 BGB beim Ehegatten verwirklicht in der Variante des Wegfalls eigener Leistungsfähigkeit ggü. Unterhaltsberechtigten, nicht der eigenen Verarmung!] unterliegt; vgl. DNotI-Gutachten, Faxabruf-Nr. 1225 v. 12.08.1999.
148 Vgl. etwa BGH, 29.03.1985 – V ZR 107/84, NJW 1985, 2419.
149 Vgl. § 93 Abs. 1 Satz 3 SGB XII; § 27g Abs. 1 Satz 3 BVG. Nach OVG Nordrhein-Westfalen, 27.04.1987 – 8 A 1750/85, NJW 1988, 1866 muss sogar die Überleitungsanzeige selbst zum Ausdruck bringen, dass die Überleitung nur insoweit bewirkt werde, als bei rechtzeitiger Leistung (z.B. Herausgabe gem. § 528 BGB) die Hilfe nicht gewährt worden wäre.

C. Risiko der Rückforderung bei späterer Verarmung des Veräußerers (§ 528 BGB) Kapitel 3

dem Wortlaut des § 528 Abs. 1 Satz 1 BGB »soweit« und der (Rechtsfolgen-)Verweisung auf das Recht der ungerechtfertigten Bereicherung ergibt, gem. § 818 Abs. 2 BGB auf Ersatz des Werts, da die tatsächlich geschuldete (Teil-)Herausgabe wegen der Beschaffenheit des Erlangten nicht möglich ist. Dieser Umstand wird von der Rechtsprechung des BVerwG[150] nicht etwa als nachträgliche Umwandlung eines weiterhin ursprünglich auf Naturalherausgabe gerichteten Anspruchs verstanden, sondern als anfängliche Prägung des Anspruchs, der in diesem Fall originär auf **Einkommensverschaffung** gerichtet ist.[151]

In diesem Fall ist es unbeachtlich, ob das übertragene Vermögen im Eigentum des Schenkers Schonvermögen gewesen wäre.[152] Der BGH[153] hat dieses Ergebnis zusätzlich darauf gestützt, das Schenkungsrecht einerseits und das Sozialhilferecht andererseits, enthielten jeweils getrennte, unabhängig voneinander zum Einsatz kommende Schutzschranken: Während das Schenkungsrecht auf die Gefährdung des standesgemäßen Unterhalts und der Erfüllung der gesetzlichen Unterhaltspflichten als Folge der Vermögensminderung des Beschenkten abstellt (§ 529 Abs. 2 BGB), enthalte das SGB XII Schoneinkommens- und Schonvermögenstatbestände (§§ 85, 90 SGB XII). Die Überleitungsanzeige bewirke, dass der Sozialhilfeträger hinsichtlich der übergeleiteten Ansprüche in die Gläubigerposition des Schenkers eintrete. Maßgeblicher Ansatzpunkt für diese Überlegung dürfte indes nicht etwa sein, dass § 93 Abs. 1 Satz 3 SGB XII i.R.d. Rückforderung durch den Sozialhilfeträger nach Überleitung a priori keine Rolle spiele (was einer Negierung des Gesetzeswortlauts gleichkäme), sondern dass dieser Aspekt, der für das Verhältnis zwischen Sozialhilfeträger und Leistungsempfänger von Bedeutung ist, i.R.d. öffentlich-rechtlichen Anfechtung der Überleitungsanzeige (Verwaltungsakts) hätte geprüft werden müssen, so dass nach dessen Bestandskraft von der Rechtmäßigkeit der Überleitung, also insb. der diesbezüglichen Schranken, im zivilrechtlichen Verfahren ausgegangen werden musste (Rdn. 1096). Hierauf hatte das Berufungsgericht (OLG Celle) im betreffenden Verfahren deutlich hingewiesen.

1077

Unter dem Gesichtspunkt der Schonung beim Hilfeempfänger (und damit der zumindest eingeschränkten Überleitung der diesbezüglichen Rückforderung vom Beschenkten) sind für die typischen Verarmungsfälle des späteren Bezugs von Sozialhilfe in besonderen Lebenslagen (Hilfe zur Pflege) die oben in der zweiten und dritten Variante verwirklichten Einkommensbezüge weniger attraktiv, da gem. §§ 88 Abs. 1 Satz 2, 92a Abs. 2 SGB XII bei dauernder (voraussichtlich über 6 Monate hinausgehender) Heimunterbringung das Einkommen des Hilfeempfängers (und seines nicht getrennt lebenden Ehegatten bzw. Lebensgefährten) auch unter den (seit 01.01.2005 ohne die erhöhten Beträge ausgestatteten) Einkommensschongrenzen der §§ 85 ff. SGB XII (Einkommensgrundfreibetrag, Kosten des angemessenen Wohnens, Familienzuschläge) herangezogen werden kann (s. Rdn. 632). Stellt der zurückzugewährende Gegenstand (wie in der ersten Fallgruppe) jedoch Vermögen dar, ist es durchaus nicht unwahrscheinlich, dass er eine der Tatbestandsalternativen des § 90 Abs. 2 SGB XII erfüllt (z.B. ein angemessenes und damit geschontes Eigenheim darstellt, das vom Hilfeempfänger oder – z.B. im Fall seiner Heimunterbringung – dem dadurch noch nicht getrennt lebenden Ehegatten als weiterem Mitglied der Einsatz- und Bedarfsgemeinschaft [Rdn. 521 ff.] selbst bewohnt wird). Da die erste Fallgruppe jedoch bei Tatbeständen der vorweggenommenen Erbfolge die am wenigsten wahrscheinliche ist, hat die sozialhilferechtliche Schranke des § 93 Abs. 1 Satz 3 SGB XII i.R.d. § 528 BGB (anders als die frühere sozialhilferechtliche Schranke des § 91 Abs. 2 Satz 1 BSHG i.R.d. gesetzlichen Übergangs zivilrechtlicher Unterhaltsansprüche) bisher wenig Bedeutung erlangt.

1078

---

150 Vgl. BVerwG, 25.06.1992 – 5 C 37/88, NJW 1992, 3312 = MittBayNot 1993, 42.
151 Vgl. hierzu jetzt auch BVerwG, 25.06.1992 – 5 C 37/88, MittBayNot 1993, 42 ff.; der Anspruch unterlag allerdings weiterhin der 30-jährigen Allgemeinverjährung, BGH, FamRZ 2001, 409.
152 BGH, 11.03.1994 – V ZR 188/92, FamRZ 1994, 815; BVerwG, 25.06.1992 – 5 C 37/88, NJW 1992, 3312.
153 BGH, 19.10.2004 – X ZR 2/03, FamRZ 2005, 117.

1079 Anders läge es, wenn die nachstehend zu erörternde Frage einer »umgekehrten Ersetzungsbefugnis« (Rückgabe des Vermögensgegenstands selbst, und zwar an den Schenker, anstelle regelmäßiger Einkommenszahlung; vgl. Rdn. 1088 ff.) sowohl zivilrechtlich als auch sozialhilferechtlich Anerkennung findet (wie die neuere Rechtsprechung des BGH nahelegt) und in Anspruch genommen würde.

§ 528 BGB geht gesetzlichen Unterhaltsansprüchen vor (die Existenz des Anspruchs lässt demnach die Bedürftigkeit entfallen). Demnach ist durch den Sozialhilfeträger zunächst § 93 geltend zu machen, erst dann § 94 SGB XII[154] (vgl. Rdn. 896).

II. Inhalt des Rückforderungsanspruchs

1080 Der Schenker (bzw. der an dessen Stelle tretende Sozialhilfeträger) trägt die **Darlegungs- und Beweislast** für die Tatbestandsvoraussetzungen des Rückforderungsanspruchs, also für das Vorliegen einer Schenkung, das Bestehen und den Umfang einer Unterhaltsbeeinträchtigung, rechtsmissbräuchlichen Verhaltens des Beschenkten im Rahmen des § 529 Abs. 2 BGB, den Ausfall eines später Beschenkten zur Deckung des Notbedarfs und das Vorliegen der Gründe für eine verschärfte Haftung des Beschenkten, § 818 Abs. 4 BGB. Demgegenüber trägt der Beschenkte die Darlegungs- und Beweislast für die dem Anspruch entgegenstehenden Einwendungen und Einreden, also den Wegfall der Bereicherung nach § 818 Abs. 3 BGB, das Vorliegen der Ausschlussgründe nach § 529 BGB oder einer Pflicht- oder Anstandsschenkung nach § 534 BGB, das Vorhandensein späterer, vorrangig zu berücksichtigender Schenkungen nach § 528 Abs. 2 BGB, bzw. die Verjährung des Rückforderungsanspruchs.

Hinsichtlich des Inhalts des Rückforderungsanspruchs ist zu differenzieren zwischen vier Sachverhalten:

1. Bedarfslücke überschreitet Aktivwert des Geschenks

1081 Der Aktivwert des Geschenks ist niedriger als die bereits akkumulierte Bedarfslücke, deren Deckung im Weg des § 528 BGB geltend gemacht wird: Hier richtet sich der Anspruch originär auf die **Rückgabe des geschenkten Gegenstands in Natur** (ggf. Zug um Zug gegen Erstattung der Gegenleistung), nicht lediglich auf Wertersatz.[155] Die Frage der Teilbarkeit des Zugewendeten stellt sich hier nicht, da die Rückabwicklung des gesamten Schenkungsvorgangs erforderlich ist, um den Unterhaltsbedarf des verarmten Schenkers zu befriedigen.

2. Ausübung der gesetzlichen Ersetzungsbefugnis (§ 528 Abs. 1 Satz 2 BGB)

1082 Gleicher Sachverhalt wie zuvor, jedoch hat der Beschenkte von seiner Ersetzungsbefugnis gem. § 528 Abs. 1 Satz 2 BGB Gebrauch gemacht. Diese Regelung soll dem Beschenkten die Möglichkeit geben, das Geschenk in Natur behalten zu können, wenn ihm daran liegt.[156] Diese **Ersetzungsbefugnis** greift nur, wenn der Anspruch nicht ohnehin auf Geldersatz gerichtet ist, weil das unteilbare Sachgeschenk die Bedarfslücke übersteigt, so dass aufgrund des Wortlautes »soweit« und der Rechtsfolgenverweisung auf § 818 Abs. 2 BGB der Wert der Zuwendung in Geld auszugleichen ist. Durch die Verpflichtungserklärung des Beschenkten, dem Schenker den für dessen Unterhalt und die Erfüllung seiner Unterhaltspflichten erforderlichen Betrag zahlen zu wollen, wandelt sich der Inhalt des Schuldverhältnisses endgültig um, so dass später keine Partei einseitig zur Naturalherausgabepflicht des § 528 Abs. 1 Satz 1 BGB zurückkehren kann. Die durch Novation begründete Unterhaltspflicht erlischt auch dann nicht, wenn der zu zahlende Unterhalts-

---

154 BGH, 13.02.1991 – IV ZR 108/90, NJW 1991, 1824.
155 Überwiegt allerdings der entgeltliche Teil, kann der Erwerber die Zuwendung behalten und lediglich den die Gegenleistung übersteigenden Mehrwert ersetzen: VGH Baden-Württemberg, 15.04.1999 – 7 S 909/98, NJW 2000, 376, 378.
156 Vgl. MünchKomm-BGB/*Kollhosser*, § 528 Rn. 12 ff.

betrag den Wert des Geschenks übersteigt.[157] Der Naturalrückforderungsanspruch lebt auch dann nicht auf, wenn der Beschenkte mit der Zahlung der einmal übernommenen Rente in Verzug kommt.

Die Verweisungsvorschrift des § 528 Abs. 1 Satz 3 BGB gilt nach heute allgemeiner Ansicht ebenfalls nur für den Fall, dass der Beschenkte von der Ersetzungsbefugnis des § 528 Abs. 1 Satz 2 BGB Gebrauch gemacht hat.[158] Gem. §§ 528 Abs. 1 Satz 3, 760, 1613 Abs. 2 BGB haftet der Erwerber in diesem Fall für den laufenden Unterhaltsbedarf, welcher gem. § 760 BGB jeweils auf 3 Monate im Voraus zu befriedigen ist, sowie für den Sonderbedarf (z.B. außergewöhnlich hohe Aufwendungen wegen Übersiedlung in ein Alters- oder Pflegeheim) des vorangegangenen Jahres, und zwar auch ohne Vorliegen von Verzug oder Rechtshängigkeit.

1083

3. Regelfall: Aktivwert des Geschenks überschreitet Bedarfslücke

Davon zu unterscheiden ist der – bei Grundbesitzübertragungen in aller Regel vorliegende – Sachverhalt, dass der (Aktiv-)Wert des zugewendeten Gegenstands den Betrag der geltend gemachten und auszugleichenden Unterhaltslücke übersteigt, der Gegenstand jedoch nicht teilbar ist, ohne dabei seine Natur zu verändern (demnach bleiben bei Grundstücken die Möglichkeit der Wegmessung realer Teilflächen oder bei Miteigentumsanteilen die Möglichkeit der Abspaltung kleinerer Bruchteile außer Betracht).[159] In diesen Fällen der Unteilbarkeit richtet sich der Anspruch, wie sich aus dem Wortlaut des § 528 Abs. 1 Satz 1 BGB »soweit« und der (Rechtsfolgen-)Verweisung auf das Recht der ungerechtfertigten Bereicherung ergibt, gem. § 818 Abs. 2 BGB auf **Ersatz des Werts**, da die tatsächlich geschuldete (Teil-)Herausgabe wegen der Beschaffenheit des Erlangten nicht möglich ist.[160] Hat eine Erbengemeinschaft einen Gegenstand zugewendet und verarmt einer der Miterben sodann, bemisst sich der Wertsatz nach seinem Anteil am geschenkten Gegenstand.[161]

1084

Dieser Umstand wird von der Rechtsprechung des BVerwG[162] nicht etwa als nachträgliche Umwandlung eines weiterhin ursprünglich auf Naturalherausgabe gerichteten Anspruchs verstanden, sondern als anfängliche Prägung des Anspruchs, der in diesem Fall originär auf Geldzahlung gerichtet ist.[163] Der geschenkte unteilbare Gegenstand selbst verbleibt beim Beschenkten – darüber hinaus wird sogar der Schenkungsakt noch zu Ende vollzogen, wenn es sich um ein bisher noch unerfülltes Schenkungsversprechen handelte.[164] Die Schenkungsteuer wird gem. § 29 Abs. 1 Nr. 1 bzw. Nr. 2 ErbStG (Rdn. 4970 ff.) erstattet; einkommensteuerlich liegen in Wertsatzzahlungen nachträgliche Anschaffungskosten des Gebäudes.[165]

1085

---

157 Vgl. *Germer*, BWNotZ 1987, 61, 63.
158 Vgl. BGH, 09.04.1986, IVa ZR 125/84, NJW 1986, 1926 f.; BGH, 29.03.1985 – V ZR 107/84, NJW 1985, 2419; OLG Düsseldorf, 24.05.1984 – 18 U 220/83, FamRZ 1984, 887, 889.
159 Vgl. BGH, 17.12.2009 – Xa 6/09, NotBZ 2010, 141 m. Anm. *Krauß*.
160 Vgl. BGH, 17.09.2002 – X ZR 196/01, ZEV 2003, 29: Daher ist eine pauschale Verurteilung zur Rückauflassung fehlerhaft; der Anspruchsteller hat nachzuweisen, inwieweit er zur Deckung des Bedarfs außerstande ist und – soweit Zahlung für die Vergangenheit begehrt wird – außerstande war.
161 OLG Köln, 28.03.2007 – 2 U 37/06, ZEV 2007, 489.
162 Vgl. BVerwG, 25.06.1992 – 5 C 37/88, MittBayNot 1993, 42.
163 Vgl. hierzu BVerwG, 25.06.1992 – 5 C 37/88, MittBayNot 1993, 42 ff. Es galt jedoch nach altem Recht für die Verjährung des Wertsatzzahlungsanspruchs die 30-jährige Regelfrist, nicht die Regelung zu wiederkehrenden Leistungen, vgl. BGH, 19.12.2000 – X ZR 128/99, NJW 2001, 1063.
164 OLG Celle, 24.11.2006 – 6 W 117/06, NotBZ 2007, 259: Schenkung wurde lediglich beurkundet und durch Vormerkung gesichert – der Schenker kann nicht etwa aus § 528 BGB Beseitigung der Vormerkung, sondern Leistung von Wertersatz Zug um Zug gegen Erfüllung des Schenkungsversprechens verlangen.
165 Vgl. BFH, 17.04.2007 – IX R 56/06, EStB 2008, 444 (zu Abgeltungszahlungen gem. § 11 AnfG); es liegen keine sofort abzugsfähigen Werbungskosten vor, vgl. BFH, 19.12.2000 – IX R 66/97, BFH/NV 2001, 769.

1086 Die **Einrede der Entreicherung** des Erwerbers ist, solange er nicht verschärft haftet,[166] möglich (§§ 818 Abs. 3, 819 Abs. 1 BGB).[167] Sofern der Gegenstand selbst (Naturalrestitution) geschuldet ist, trägt der Schenker/Sozialleistungsträger das Sachwertrisiko, denn die Rückübereignung erfasst das Grundstück mit dem (ggf. auch verringerten) Verkehrswert, den es bei Erfüllung hat. Sofern Wertersatz geschuldet ist – insoweit handelt es sich um eine andere Art der Erfüllung aufgrund rechtlicher Unteilbarkeit des Anspruchs, nicht um einen Anspruch eigener Art, der bspw. auch eigener Verjährung unterliegen würde[168] – kann nichts anderes gelten: Die Wertersatzzahlung findet also nur so lange statt, bis der im Objekt noch vorhandene Schenkungswert aufgezehrt ist. Maßgeblich ist der Wert zum Zeitpunkt des Entstehens des Kondiktionsanspruchs, also der Erschöpfung des sonstigen Vermögens und sonstiger Unterhaltsquellen.[169] Lediglich auf Wertverluste, die auf Handlungen oder Rechtsgeschäfte des Beschenkten zurückgehen und die nach Überschreiten der Zeitgrenze der §§ 818 Abs. 4, 819 Abs. 1 BGB eingetreten sind, kann sich der Beschenkte ggü. dem Schenker/Sozialleistungsträger nicht berufen. Mit Eintritt der verschärften Haftung ist der Beschenkte gem. §§ 818 Abs. 4, 292, 989 BGB z.B. bei Unmöglichkeit der Herausgabe des Geschenks zum Schadensersatz verpflichtet,[170] ebenso gem. § 285 Abs. 1 BGB auf Herausgabe eines etwaigen Veräußerungserlöses (commodum ex negotiatione) ohne Rücksicht auf dessen späteren Wegfall. Er trägt also die Risiken der Zufallshaftung, § 287 Satz 2 BGB.[171]

1087 Die unentgeltliche Weitergabe des geschenkten Gegenstands an einen **Dritten** ist jedoch dem Sozialhilfeträger ggü. unbeachtlich (§ 822 BGB).[172] Die Möglichkeit, aufgrund eines eigenen Rückforderungsanspruchs gem. §§ 528 Abs. 1 Satz 1, 822 BGB den Zweitbeschenkten in Anspruch zu nehmen, wird zwar vereinzelt mit Hinweis auf den insoweit zu kurz greifenden Wortlaut des § 528 BGB »von dem Beschenkten« bestritten,[173] ist jedoch zu Recht allgemeine Ansicht, da der Dritte nicht schutzwürdiger als die erstbeschenkte Person sein kann.[174] I.R.d. § 822 BGB gewinnt die Abgrenzung der Schenkung zur **ehebedingten Zuwendung** möglicherweise wieder an Bedeutung.[175] Richtigerweise wird jedoch mit dem BGH davon auszugehen sein, dass – wie auch in anderen Anwendungsfällen, in denen die Verwirklichung des Tatbestandsmerkmals »Schenkung« von Bedeutung ist – die ehebedingte Zuwendung der unentgeltlichen Zuwendung i.S.d.

---

166 Hierfür reicht nach BGH, 20.05.2003 – X ZR 246/02, ZEV 2003, 374, Kenntnis von der beabsichtigten Rückforderung, die im Rahmen einer Anhörung nach § 24 SGB X vermittelt wird.
167 OLG Düsseldorf, 20.12.1996 7 U 56/96, FamRZ 1997, 769: Kenntnis vom Rechtsmangel hat auch, wer sich bewusst den Rechtsfolgen verschließt (Kenntnis vom Schlaganfall der Mutter zeitlich vor der Tätigung von Luxusausgaben).
168 So auch der BGH, 19.12.2000 – X ZR 128/99, DNotI-Report 2001, 49: keine 4-jährige Verjährung als wiederkehrende Leistung, sondern 30-jährige Regelverjährung!
169 Vgl. BGH, 05.11.2002 – X ZR 140/01, FamRZ 2003, 229 (rechte Spalte); BGH 07.10.1994 – V ZR 4/94 NJW 1995, 55.
170 Vgl. *Zeranski*, S. 67.
171 BGH, 11.10.1979 – VII ZR 285/78, BGHZ 75, 203, 207.
172 Vgl. BGH, 03.02.1989 – V ZR 190/87, BGHZ 106, 354; krit. noch *Germer*, BWNotZ 1987, 63; OLG Celle, 21.07.2011 – 6 U 24/11, referiert bei *Michael* notar 2011, 359, 361.
173 Vgl. *Koch*, JR 1993, 313 ff.
174 Vgl. BGH, 03.02.1989 – V ZR 190/87, LM Nr. 4 § 528 BGB, wo dies bereits als herrschende Ansicht bezeichnet wird; *Knütel*, NJW 1989, 2504; OLG Koblenz, 13.06.1990 – 5 U 75/90, NJW-RR 1991, 1218.
175 Vgl. OLG Koblenz, 13.06.1990 – 5 U 75/90, NJW-RR 1991, 1218 wonach zwar § 822 BGB auf den Rückforderungsanspruch des § 528 BGB Anwendung finde, Zuwendungen unter Ehegatten jedoch i.d.R. ehebedingt seien und daher den Tatbestand des § 822 BGB nicht erfüllten. Dagegen jedoch nunmehr der BGH (vgl. nachstehende Fn.).

§ 822 BGB gleichgestellt werden muss.[176] Herauszugeben ist grds. das, was der Erstbeschenkte vor seiner Entreicherung aufgrund Weiterschenkung geschuldet hätte.[177]

4. »Umgekehrte Ersetzungsbefugnis«

a) Zivilrechtliche Zulässigkeit

Fraglich ist, ob nicht auch i.R.d. vorgenannten, in der Praxis häufigsten Anwendungsfallgruppe eine – im Gesetz nicht ausdrücklich vorgesehene – Ersetzungsbefugnis des Herausgabeschuldners besteht, mithin ob dieser also die Möglichkeit hat, sich von der Pflicht zur Zahlung der Wertersatzbeträge gem. § 818 Abs. 2 BGB durch Rückgabe des gesamten zugewendeten Gegenstands zu befreien. Der BGH[178] hatte diese Frage zunächst ausdrücklich offengelassen, neigte jedoch zumindest zur Bejahung der Zulässigkeit einer ausdrücklichen Abrede i.S.e. vertraglichen Modifizierung des § 528 BGB.[179] Dem hatte sich die hierzu spärliche vorhandene Literatur angeschlossen,[180] unter Verweis auf den Billigkeitsgedanken, der § 528 BGB zugrunde liegt, indem eine sittliche Verpflichtung zu einer Rechtspflicht erhoben wird.[181] Des Weiteren streitet für die Zulässigkeit einer vertraglichen »umgekehrten Ersetzungsbefugnis« die ratio legis des § 528 BGB, die auch bei Überleitung auf den Sozialleistungsträger hinsichtlich des damit verfolgten Schutzzwecks (Gewährleistung einer Entlastung der Allgemeinheit von privaten Unterhaltslasten) nicht gefährdet wird, führt doch die Rückabwicklung des Schenkungsvorgangs selbst exakt zu dem Zustand, der bestehen würde, wenn die inkriminierte Zuwendung nicht erfolgt wäre.[182]

1088

Zwischenzeitlich[183] hat der **BGH** darüber hinaus sogar judiziert, die Möglichkeit einer »umgekehrten Ersetzungsbefugnis« ergebe sich bereits aus einer **Analogie zu § 528 Abs. 1 Satz 2 BGB**, also gänzlich ohne vertragliche Modifikation im Zuwendungsakt (die jedoch, sofern erfolgt, damit auf jeden Fall zulässig war). Mehr als die Wiederherstellung des früheren Zustands könne vom Beschenkten nicht verlangt werden. Insb. gebe es keinen Anlass, dem Beschenkten zwingend das Verwertungsrisiko aufzubürden; hiervon könne er sich vielmehr befreien, indem er die Rückabwicklung in Natur anbiete. Sofern – wie im Urteilsfall – der Sozialleistungsträger dieses Anerbieten (wie sich im Ergebnis zeigt, zu Unrecht) von vornherein zurückweist, ist der Beschenkte auch nicht gehalten, das Rückgabeangebot formwirksam (also notariell beurkundet) abzugeben (§ 242 BGB), so dass bereits mit dem privatschriftlichen »Angebot« der Inhalt seiner Leistungspflicht sich geändert hat und die weiterhin auf Geldzahlung gerichtete Klage abzuweisen ist.

1089

---

176 So BGH, 23.09.1999 – X ZR 114/96, ZNotP 2000, 27; ähnlich schon *Sandweg*, NJW 1989, 1937. Damit wurde die allgemeine Tendenz der Zivilrechtsprechung fortgesetzt, die sich bereits i.R.d. §§ 1374, 2325 BGB sowie der Insolvenz- und Anfechtungsvorschriften bestätigt hat. Relevant wird das Vorliegen der ehebedingten Zuwendung demnach ausschließlich im Bereich des Schenkungsteuerrechts, wo deren Existenz durch das Jahressteuergesetz 1996 anerkannt wurde.
177 Nach BGH, 10.02.2004 – X ZR 117/02, DNotI-Report 2004, 91 schuldet der Zweitbeschenkte das, was der Erstbeschenkte herauszugeben hatte, bevor er durch Weiterschenkung von seiner Herausgabepflicht befreit wurde (§ 818 Abs. 3 BGB). Hat der Erstbeschenkte aus den ihm überlassenen Geldmitteln einen Pkw erworben und dem Zweitbeschenkten übereignet, kann sich Letzterer durch Herausgabe des Fahrzeugs von seiner Pflicht zur Zahlung (da der Erstbeschenkte Geld erhalten hat, schulde auch der Zweitbeschenkte im Grunde Geld) befreien, vgl. eingehend *Zeranski*, S. 131 ff.
178 BGH, 11.03.1994 – V ZR 188/92, NJW 1994, 1655.
179 »Ob der Beschenkte sich gleichwohl durch Rückgabe des ganzen Geschenks von der Zahlungspflicht nach § 528 Abs. 1 Satz 1 i.V.m. § 818 Abs. 2 BGB befreien könnte – wofür spricht, dass die einschränkende Zahlungsverurteilung den Beschenkten begünstigen soll – bedarf hier keiner Entscheidung.«
180 *Hörlbacher*, ZEV 1995, 202 ff.; *Skibbe*, ZEV 1994, 255; *Mayer/Littig*, Sozialhilferegress ggü. Erben und Beschenkten, S. 55 ff., der jedoch den praktischen Bedarf bezweifelt.
181 Vgl. LG Karlsruhe, 05.08.1993 – 5 S 115/93, NJW 1994, 137; MünchKomm-BGB/*Kollhosser*, § 528 Rn. 1.
182 Ausführlich hierzu mit Begründung *Krauß*, ZEV 2002, 424.
183 BGH, 17.12.2009 – Xa 6/09, NotBZ 2010, 141 m. Anm. *Krauß*.

1090 **Bedenklich** dürfte jedoch sein, in diesem Zusammenhang eine **Rückerstattungspflicht** des verarmten Schenkers hinsichtlich des Betrags zu begründen, um den der Wert des zurückgegebenen Geschenks die gesamte akkumulierte Unterhaltslücke endgültig übersteigt. Die Pflicht zur Geldzahlung für den »nicht in Anspruch genommenen« Teilbetrag belastet nämlich den Schenker anders (und stärker) als es Gegenstand seines ursprünglichen, auf Übergabe eines Gegenstands in Natur gerichteten Schenkungsversprechens war.[184]

1091 Wird diese »umgekehrte Ersetzungsbefugnis« ausgeübt, wandelt sich der Inhalt des Anspruchs wiederum – ebenfalls in Parallelität zur Wertung bei § 528 Abs. 1 Satz 2 BGB – zur originären Rückgabepflicht hinsichtlich des Gegenstands selbst. Dies wird relevant
(1) im Hinblick auf § 93 Abs. 1 Satz 3 SGB XII,[185] in dessen Rahmen dann nämlich die Schonvermögensvorschriften, nicht die Schoneinkommensvorschriften des SGB XII gelten würden. Ist also das in Natur zurückzugewährende angemessene Hausgrundstück noch von einem Mitglied der Einsatz- und Bedarfsgemeinschaft (Rdn. 521 ff.) bewohnt, käme in diesem Fall eine Inanspruchnahme jedenfalls zunächst nicht in Betracht (s. hierzu b, Rdn. 1093 ff.).

1092 (2) sowie i.R.d. § 529 Abs. 2 BGB, sofern das Objekt vom Beschenkten selbst genutzt wird und daher zur Vermeidung einer Gefährdung des eigenen Unterhalts ggü. den Eltern nicht eingesetzt zu werden braucht (s. hierzu c, Rdn. 1098 ff.)

Zu untersuchen ist schließlich der Weg und das Ergebnis der tatsächlichen Anspruchserfüllung nach Ausübung einer solchen vorbehaltenen umgekehrten Ersetzungsbefugnis (s. hierzu Rdn. 1101 ff.).

b) Sozialrechtliche Relevanz der »umgekehrten Ersetzungsbefugnis« (§ 93 Abs. 1 Satz 3 SGB XII, § 33 Abs. 1 SGB II)

1093 Die sozialhilferechtliche Blockade der Naturalrestitution begegnet jedoch Bedenken, da auf diese Weise die Möglichkeit des Sozialhilfeträgers abgeschnitten würde, gem. § 102 SGB XII nach dem Tod des Hilfeempfängers auf dessen Nachlass zuzugreifen. Die sozialhilferechtliche Schranke des § 93 Abs. 1 Satz 3 SGB XII (identisch mit § 33 Abs. 1 SGB II; s. Rdn. 849) ist demnach einschränkend dahin gehend auszulegen, dass sie nicht zu einer sofortigen Verwertung eines Geschenks führen darf, das nach allgemeinem Sozialhilferecht nicht einzusetzen wäre, dass jedoch die allgemein bestehende Nachrangigkeit der Sozialhilfeleistung und die zu dessen Schutz vorgesehenen Regress- und Rückgriffsnormen dadurch nicht beeinträchtigt werden dürfen. Andernfalls hätten es die Beteiligten in der Hand, über die (zeitlich begrenzte) Schonvermögenseigenschaft des § 90 Abs. 2 Nr. 8 SGB XII hinaus wertvolle Vermögensteile dauerhaft dem Zugriff des Sozialhilfeträgers durch lebzeitige Vorauszuwendung zu entziehen.

1094 Dieser Rechtsgedanke kommt in § 93 Abs. 1 Satz 3 Halbs. 2 SGB XII – allerdings unvollkommen – zum Ausdruck, wonach die Überleitung statthaft ist, wenn bei rechtzeitiger Leistung »in den Fällen des § 19 Abs. 5 und des 92 Abs. 1 SGB XII (früher: des § 11 Abs. 2, des § 29 und des § 43 Abs. 1 BSHG) Aufwendungsersatz oder ein Kostenbeitrag zu leisten wäre«. Der Fall des Kostenersatzes gem. § 102 SGB XII ist hier zwar nicht ausdrücklich miterwähnt, da der Gesetzgeber augenscheinlich lediglich die lebzeitigen Zugriffsmöglichkeiten zu sichern trachtete, jedoch den aufgezählten Sachverhalten hinsichtlich des Regressinteresses ohne Weiteres vergleichbar und daher im Weg der Gesamtanalogie an der geschilderten Gesetzesstelle zu ergänzen.

1095 Bei dieser Auslegung des § 93 Abs. 1 Satz 3 SGB XII begegnet die »umgekehrte Ersetzungsbefugnis« auch **sozialhilferechtlich keinen Bedenken**, da sie den Sozialhilfeträger nicht stärker belastet, als dieser bei der (in anderen Wertverhältnissen geschuldeten) Rückgabe des Gesamtgeschenks belastet wäre. Die Tatsache, dass Geldrückzahlungen zu erleichtert verschaffter Liquidität verhelfen,

---

184 Ähnlich zurückhaltend *Hörlbacher*, ZEV 1995, 205 f.
185 Grundlegend a.A. hierzu *Zeranski*, S. 164 ff.: § 93 Abs. 1 Satz 3 SGB XII sei i.R.d. § 528 BGB gegenstandslos; mit Vollzug der Schenkung sei das Geschenk stets der Notbedarfsdeckung gewidmet; wie hier vertreten jedoch *Vaupel*, RNotZ 2009, 497, 514.

C. Risiko der Rückforderung bei späterer Verarmung des Veräußerers (§ 528 BGB) Kapitel 3

stellt kein schutzwürdiges Sperr-Interesse des Sozialleistungsträgers dar, da der Anspruch des § 528 BGB nicht in jedem Fall von vornherein auf Geldzuwendung (Unterhaltsleistung) gerichtet ist. Hierzu existieren die Spezialregelungen des § 94 SGB XII i.V.m. den gesetzlichen Unterhaltsansprüchen des BGB. Dementsprechend hat auch der BGH in seinem neueren Grundsatzurteil,[186] das gegen einen Sozialhilfeträger erging, insoweit keine Bedenken geäußert.

Verunsichernd wirkt allerdings in diesem Zusammenhang die Äußerung des BGH,[187] das Schenkungsrecht (§ 529 Abs. 2 BGB) und das Sozialhilferecht (§ 93 Abs. 1 Satz 3 SGB XII) enthielten je **selbstständige Schutzsysteme**, so dass die frühere Schonvermögenseigenschaft des übertragenen Objekts keine Rolle spielen dürfe. Die Entscheidung war zu einem Sachverhalt ergangen, in dem es auf den vom Kläger vorgetragenen § 90 Abs. 2 Nr. 8 SGB XII (wie regelmäßig) ohnehin nicht ankam, da Wertersatz in Geld geschuldet war, nicht Rückgabe des Objekts als solches, so dass lediglich die (hier nicht einschlägigen) Einkommensschutzvorschriften von Bedeutung gewesen wären. Will man § 93 Abs. 1 Satz 3 SGB XII i.R.d. § 528 BGB nicht gänzlich außer Kraft setzen, wird man die Aussage wohl so zu verstehen haben, dass die sozialhilferechtlichen Schutzschranken, die das Verhältnis zwischen einerseits Sozialhilfeträger und andererseits Leistungsempfänger betreffen, lediglich im öffentlich-rechtlichen Angriff auf die Überleitungsanzeige als solche (Verwaltungsakt) zu berücksichtigen sind, nicht mehr im anschließenden zivilrechtlichen Verfahren über den Anspruch selbst (Rdn. 1077). 1096

Wie vorstehend ausgeführt, hindert § 93 Abs. 1 Satz 3 SGB XII, sofern die Rückforderung originär auf Vermögensübertragung gerichtet ist (also bei einem Aktivwert unter der Bedarfslücke oder aber im Fall der vertraglich vereinbarten umgekehrten Ersetzungsbefugnis), die Rückforderung a priori nicht, führt allerdings – aufgrund unmittelbarer Geltung des § 90 Abs. 2 Nr. 8 SGB XII – sodann zu einem zeitlichen Aufschub in der Verwertung, in gleicher Weise, wie wenn das Objekt von vornherein nie übertragen worden wäre. Es tritt also[188] durch die »gescheiterte« Vermögensübertragung keine Verschlechterung der Situation des Schenkers (und des Sozialhilfeträgers) ein, allerdings auch keine Verbesserung, was durchaus der Billigkeit entspricht. 1097

c) Zivilrechtliche Relevanz der »umgekehrten Ersetzungsbefugnis« (§ 529 Abs. 2 BGB)

In stärkerem Maße relevant werden könnte jedoch die »Umwandlung« des Geldanspruchs (Wertersatz) in einen Naturalrestitutionsanspruch aufgrund vorbehaltener »umgekehrter Ersetzungsbefugnis« im Hinblick auf § 529 Abs. 2 BGB, der den angemessenen Unterhalt des Beschenkten zu schonen aufgibt. Zur Bemessung des geschützten angemessenen Unterhalts zieht die Rechtsprechung[189] die familienrechtlichen Grundsätze zur Schonung des Verpflichteten i.R.d. Elternunterhalts heran (im Einzelnen zu § 529 Abs. 2 BGB s. Rdn. 1118 ff.). 1098

Bezieht sich die Rückforderung auf die Restitution des Vermögens (so dass das Gesamtobjekt zu restituieren wäre oder – aufgrund ausgeübter »umgekehrter Ersetzungsbefugnis« – die Naturalrückgabe an die Stelle der Wertersatzzahlung tritt), wäre in der Tat unterhaltsrechtlich zu prüfen, ob die nunmehr geforderte Inanspruchnahme des Vermögens auch tatsächlich geschuldet ist. Bewohnt der Erwerber das geschenkte Anwesen selbst, besteht (selbst bei zusätzlicher Einliegerwohnung) unterhaltsrechtlich keine Obliegenheit, das Eigenheim zur Befriedigung von Unterhaltsansprüchen der Eltern einzusetzen. Selbst bei einer vermieteten Immobilie, deren Einkünfte zur Alterssicherung 1099

---

186 BGH, 17.12.2009 – Xa ZR 6/09, NotBZ 2010, 141 m. Anm. *Krauß*.
187 BGH, 19.10.2004 – X ZR 2/03, FamRZ 2005, 177; BGH, 19.10.2004 – X ZR 2/03, DNotI-Report 2005, 13.
188 Entgegen der Anm. in BGH, 23.11.2004 – XI ZR 27/04, DNotI-Report 2005, 14.
189 BGH, 11.07.2000 – X ZR 126/98, NJW 2000, 3488; BGH. 19.12.2000 – X ZR 146/99, NJW 2001, 1207; OLG Celle, OLGR 2003, 274.

erforderlich sind,[190] bestünde keine Einsatzpflicht (vgl. im Einzelnen Rdn. 951 ff.). Nimmt man die vom BGH in den aktuellen Entscheidungen herausgestellte Parallelität der Schutzgrenzen des »standesgemäßen« Eigenunterhalts in § 529 Abs. 2 BGB mit der Schonung von Einkommen bzw. Vermögen i.R.d. Elternunterhalts beim Wort, böte § 529 Abs. 2 BGB in weitaus größerem Umfang als bisher angenommen Gelegenheit zur schenkungsrechtlichen Verteidigung des Erhaltenen (s. Rdn. 1118 ff.).

▶ Hinweis:

1100 Aus Sicht des Beschenkten stellt die Geltendmachung einer »umgekehrten Ersetzungsbefugnis« insgesamt einen Vorteil dar, da er bei Ausübung des Wahlrechts nicht durch sofortige Zahlungen aus eigenem Einkommen oder Vermögen belastet wird, sondern lediglich die Zuwendung insgesamt juristisch rückgeführt wird, wobei das Verwertungsrisiko beim Sozialhilfeträger liegt. Die umgekehrte Ersetzungsbefugnis erlaubt ihm also unter Berücksichtigung der voraussichtlichen weiteren Leistungsdauer abzuwägen, ob er lieber mit der monatlichen Entrichtung von Wertersatzzahlungen fortfährt, um den Gegenstand als solchen zu »retten«, oder ob er restituiert, den Gegenstand aber beim Hilfeempfänger sodann der postmortalen Verwertung gem. § 102 SGB XII für die ab jetzt wieder zu Recht zu gewährende Sozialhilfeleistung preisgibt.

d) Erfüllung des Anspruchs nach Ausübung der umgekehrten Ersetzungsbefugnis

1101 Geschuldet wird dann aus § 528 BGB – Ausübung einer solchen »**umgekehrten Ersetzungsbefugnis**« vorausgesetzt – nach Ansicht des BGH[191] die Übertragung auf den Sozialleistungsträger. Soll jedoch die vom BGH betonte ratio (die umgekehrte Ersetzungsbefugnis stelle den früheren, ohne die Schenkung gegebenen Zustand wieder her) tatsächlich umgesetzt werden, bedarf es indes der Rückübertragung an den Schenker selbst – zudem ergibt sich auf diese Weise die Chance, in den Genuss etwaiger Schonvermögenstatbestände in der Person des Hilfeempfängers (angemessenes Eigenheim, das durch ein Mitglied der Bedarfsgemeinschaft selbst genutzt wird) zumindest vorübergehend (bis zum Tod des Hilfeempfängers: § 102 SGB XII, Rdn. 648 ff.) zu kommen. Es empfiehlt sich, dieses Ergebnis jedenfalls durch vertragliche Modifikation zu gewährleisten (s. Rdn. 1106).

1102 Die bereits gewährten »Gegenleistungen« (gleichgültig ob Auflagen oder echte, schenkungsmindernde Erbringungsverpflichtungen) sind Zug um Zug gegen Rückauflassung des Grundstücks insoweit zurückzugewähren, als sie nicht dem Veräußerer (Schenker/Hilfeempfänger) bei fortbestehendem Eigentum ohnehin zugeflossen wären. So ist ein **Ausgleich für das tatsächliche weitere Bewohnen**, das der Erwerber aufgrund vorbehaltenen Nutzungsrechts zu dulden hatte, nicht geschuldet, da dieser Vermögenswertevorteil dem Veräußerer auch als Eigentümer (§ 903 BGB) zugutegekommen wäre; anders verhält es sich jedoch bei **Renten- und Abstandszahlungen**, und zwar auch an weichende Geschwister, sofern diese als Elterngut (Verpflichtung unmittelbar zugunsten der Eltern) durch Zahlung an Dritte ausgestaltet waren. Diese Rückabwicklung auch der »Gegenleistungen« ergibt sich aus zwei parallelen Erwägungen, die zum selben Ergebnis führen:

1103 (1) Die im Recht der ungerechtfertigten Bereicherung, auf das § 528 BGB hinsichtlich der Rechtsfolge verweist, herrschende **Saldo-Theorie** trägt die synallagmatische Verknüpfung der wechselseitigen Leistungspflichten auch in den Bereich des Konditionsrechts. Der Rückforderungsanspruch ist von vornherein um die Gegenleistung »gekürzt«; stehen sich ungleichartige Leistungen ggü., ist der Ausgleich der rechtsgrundlos gewordenen Hauptleistung nur Zug

---

190 So der Sachverhalt in der Verfassungsbeschwerde zum Elternunterhalt, BVerfG, 07.06.2005 – 1 BvR 1508/96, NJW 2005, 1927 (zum sog. »Bochumer Modell« einer künstlichen Leistungsfähigkeit durch »aufgedrängte« Darlehensaufnahme).

191 BGH, 17.12.2009 – Xa ZR 6/09, NotBZ 2010, 141 m. Anm. *Krauß,* ebenso *Mayer/Geck,* Der Übergabevertrag, § 3 Rn. 41.

um Zug gegen Rückerstattung des Erlangten geschuldet.[192] Gleiches gilt für vermögensmindernde **Aufwendungen** des Beschenkten auf den zurückzugebenden Gegenstand,[193] die entweder als Entreicherung gem. § 818 Abs. 3 BGB oder (hinsichtlich der Arbeitsleistung) im Wege eines eigenständigen Verwendungsersatzanspruchs des Beschenkten nach § 812 Abs. 1 Satz 1, 2. Alt. BGB Berücksichtigung finden.[194]

(2) Zum selben Ergebnis führt die schenkungsrechtliche Rechtsprechung zur Rückabwicklung **teilunentgeltlicher Zuwendungen**. Richten sich Rückforderungsrechte auf den gesamten Gegenstand (s. Rdn. 277: Überwiegen des Schenkungselements), ist dieser nur gegen Rückgabe der Gegenleistung zurückzugewähren, und zwar gleichgültig, ob es sich insoweit um eine als Auflage oder als Gegenleistung geschuldete Gegenposition handelt.[195] Die wirtschaftliche »Rückabwicklung« der eigenen Aufwendungen kann (wenn sie nicht bereits als Entreicherung i.S.d. § 818 Abs. 3 BGB berücksichtigt werden können, wie dies bei vermögensmindernden Aufwendungen des Beschenkten der Fall ist) bspw. im Wege eines eigenständigen Verwendungsersatzanspruchs gem. § 812 Abs. 1 Satz 1, 2. Alt. BGB unter dem Gesichtspunkt der Verwendungskondiktion erfolgen, wie etwa für eigene Arbeitsleistungen des Beschenkten.[196]

1104

Eine diesen Modifikationen Rechnung tragende Abrede zur »umgekehrten Ersetzungsbefugnis« könnte – verbunden mit einem belehrenden Hinweis auf § 528 BGB – etwa wie folgt formuliert werden:

1105

▶ Formulierungsvorschlag: Modifizierung des § 528 BGB hinsichtlich »umgekehrter Ersetzungsbefugnis«

Auf das gesetzliche Rückforderungsrecht bei späterer Verarmung des Schenkers, das bei Bezug von Sozialhilfe oder Grundsicherung für Arbeitsuchende auf den Sozialleistungsträger übergeleitet werden kann, wurden die Beteiligten hingewiesen. Sie vereinbaren hierzu:

1106

Sollte sich der Erwerber von einer etwa bestehenden Pflicht zur Leistung von Wertersatz in Geld durch Rückauflassung des Vertragsbesitzes selbst befreien wollen, erfolgt diese unmittelbar an den Veräußerer Zug um Zug gegen Ausgleich der durch Investitionen des Erwerbers geschaffenen Werterhöhung sowie seiner an den Veräußerer oder weichende Geschwister aufgrund Vertrages erbrachten Zahlungen.

III. Rückforderungsobjekt

Rückforderungsobjekt ist lediglich das vom später **verarmten Schenker selbst übertragene Vermögen** nicht jedoch dasjenige, was bspw. der andere, selbst nicht verarmte Ehegatte des pflegebedürftig gewordenen Schenkers ebenfalls mitübertragen hatte (etwa bei gemeinsamer Zuwendung von Vermögen an Kinder aus je hälftigem Miteigentum der Eltern oder aus dem Gesamtgut einer Gütergemeinschaft).[197] Ist der andere, nicht selbst verarmte Ehegatte bereits zu dem Zeitpunkt verstorben, in welchem beim Verbliebenen Verarmung eintritt, scheidet eine Heranziehung unter

1107

---

192 Vgl. BGH, 18.02.1972 – V ZR 23/76, WM 1972, 564; BGH, 11.11.1994 – V ZR 116/93, NJW 1995, 454.
193 OLG Brandenburg, 22.12.2010 – 3 U 61/10: Sanierungsmaßnahmen des Erwerbers übersteigen den Wert des ursprünglichen Schenkungsobjektes, daher kein Rückforderungsanspruch gem. § 528 BGB (dort fälschlich als bereits die Schenkung ausschließender Umstand angesehen), vgl. *Michael*, notar 2011, 359, 361.
194 BGH, 19.01.1999 – ZR 42/97, ZNotP 1999, 203.
195 Vgl. BGH, 23.05.1959 – V ZR 140/58, BGHZ 30, 120; BayObLG, 12.02.1996 – 1Z RR 15/94, BayObLGZ 1996, 20.
196 So entschieden für den Rückforderungsanspruch nach Widerruf einer Schenkung wegen groben Undanks gem. § 531 Abs. 2 BGB durch BGH, 19.01.1999 – X ZR 42/97, ZNotP 1999, 203.
197 Die in §§ 2054 Abs. 1 Satz 1 und 2331 Abs. 1 Satz 1 BGB angeordnete Zurechnung solcher Zuwendungen aus dem Gesamtgut der Gütergemeinschaft an jeden Ehegatten zur Hälfte dürfte auch für den Schenkungsvorgang maßgeblich sein, vgl. DNotI-Gutachten, Faxabruf-Nr. 1225 v. 12.08.1999.

dem Gesichtspunkt des § 27 Abs. 2 Satz 1 SGB XII bereits von vornherein aus, da die Einsatz- und Bedarfsgemeinschaft jedenfalls mit dem Ableben geendet hat. Lebt der andere, nicht selbst verarmte Ehegatte noch, besteht in seiner Person ein Rückforderungsanspruch nur dann, wenn er aufgrund der Übertragung seinen Unterhaltspflichten gegen den nunmehr bedürftig gewordenen Ehepartner nicht mehr nachkommen kann (2. Alt. des Verarmungstatbestands in § 528 BGB). Bei der Übertragung des gemeinsamen Familienheims ist eine solche Konstellation nicht denkbar, jedoch u.U. bei Ertrag bringenden Wirtschaftsgütern (vermietete Objekte, Betrieb). Ein solcher Rückforderungsanspruch kann sodann gem. § 93 Abs. 1 SGB XII übergeleitet werden bzw. geht gem. § 33 SGB II mit über, solange die Einsatz- und Bedarfsgemeinschaft noch besteht (also kein Getrenntleben eingetreten ist).

1108 Ob das zurückzuübertragende Vermögen seinerseits gegenständlich sofort zur Unterhaltssicherung durch den Schenker verwendet werden könnte, ist ohne Belang, sofern das Geschenk nur als solches überhaupt werthaltig ist. Auch ein Grundstück, das mit einer vormerkungsgesicherten »Verfügungssperre« (vgl. Rdn. 2232 ff.) zugunsten eines Dritten belastet ist, jedoch mit dessen Billigung verschenkt wurde, kann daher durch Wertersatzzahlung »wirtschaftlich« zurückgefordert werden, auch wenn der Beschenkte nicht mit einer neuerlichen Genehmigung eines Weiterverkaufs zur Verwertung rechnen kann, zumal die »Verfügungssperre« mit dem Ableben des Begünstigten entfällt.[198]

IV. Konkurrenzverhältnis

1109 **Mehrere gleichzeitig Beschenkte** (z.B. im Weg einer Grundstücksübertragung im Wege vorweggenommener Erbfolge gegen Zahlung von Gleichstellungsgeldern an Geschwister) haften i.R.d. § 528 BGB gleichrangig nebeneinander.[199] Sie gelten auch dann als gleichzeitig beschenkt, wenn die Verpflichtung zur Leistung der Gleichstellungsgelder aus derselben Urkunde herrührt,[200] mag die Zahlung auch erst später fällig sein (Reduzierung des Zuwendungsbetrags aufgrund Abzinsung; »vollzogen« ist die Schenkung i.S.d. § 528 Abs. 1 Satz 1 BGB gleichwohl bereits). Regelmäßig wird das Gleichstellungsgeld als sog. »Elterngut« von den Eltern an das weichende Geschwister geleistet (wobei der Geldbetrag zuvor vom Erwerber in Minderung seines Schenkungsanteils an die Eltern zugewendet wurde). Ist der weichende Geschwister am Vertrag nicht beteiligt, handelt es sich regelmäßig um einen Vertrag zugunsten Dritter, so dass auch im Valutaverhältnis zwischen Übergeber als Versprechensempfänger und weichendem Geschwister als Drittem eine Schenkung vorliegt (Gegenstand der Schenkung wäre allerdings dann dogmatisch richtig der Anspruch auf Zahlung an das Geschwister, nicht der Geldbetrag selbst).[201]

1110 Diese Haftung – die Unterhaltsansprüchen des Schenkers vorgeht – besteht bis zur Obergrenze des angemessenen Unterhaltsbedarfs i.S.d. § 528 Abs. 1 BGB bzw. (bei zeitlich aufeinanderfolgenden Schenkungen) i.H.d. Restbetrags, der verbleibt, wenn der volle Bedarf um die Herausgabeverpflichtungen der später Beschenkten vermindert wird.[202] Kann sich der später Beschenkte also auf § 529 Abs. 2 BGB (Gefährdung eigenen Unterhalts) oder auf § 818 Abs. 3 BGB berufen, ist der früher Beschenkte wieder unmittelbar verpflichtet (vgl. § 528 Abs. 2 BGB).[203]

---

198 BGH, 07.11.2006 – X ZR 184/04, NJW 2007, 60, 61.
199 OLG Frankfurt, 08.01.1993 – 25 U 162/92, MittBayNot 1993, 281 ff.
200 *Heiter*, JR 1995, 417; *Rundel*, MittBayNot 2003, 180.
201 Vgl. DNotI-Gutachten, Faxabruf-Nr. 1243 v. 14.05.2001.
202 BGH, 13.02.1991 – IV ZR 108/90, DNotZ 1992, 102.
203 Rechtsgedanke des § 2329 Abs. 3 BGB!

C. Risiko der Rückforderung bei späterer Verarmung des Veräußerers (§ 528 BGB)   Kapitel 3

Im Zweifel sollen[204] bei gleichzeitiger Schenkung die mehreren Begünstigten, soweit sie nicht aus dem Kreis der Verpflichteten endgültig ausscheiden,[205] bei Inanspruchnahme eines von ihnen gem. § 426 BGB mangels anderer Anhaltspunkte im Innenverhältnis nach Köpfen[206] zum Ausgleich verpflichtet sein, was jedoch im Regelfall nicht gewollt sein wird (eher eine **Ausgleichspflicht** pro rata der Nettoerwerbe oder eine primäre Einsatzpflicht des Grundstücksübernehmers und erst nach Erschöpfung seines »Mehrerwerbs« ein Ausgleich nach Köpfen etc.; vgl. Rdn. 1687 f.).   **1111**

§ 528 BGB geht gesetzlichen Unterhaltsansprüchen vor, da der Anspruch als Vermögensbestandteil die Bedürftigkeit beseitigt. Demnach ist durch den Sozialhilfeträger zunächst § 93 SGB XII geltend zu machen, erst dann der gesetzliche Übergang von zivilrechtlichen Unterhaltsansprüchen gem. § 94 SGB XII.[207]   **1112**

V. Ausschlusstatbestände

Dem Anspruch stehen die häufig anzutreffenden[208] landesrechtlichen Rückabwicklungssperren bei **Leibgedingsverträgen** (z.B. Art. 17 BayAGBGB,[209] der jedoch für § 527 BGB gilt, oder Art. 15 § 7 PreußAGBGB) nicht entgegen.[210]   **1113**

1. 10-Jahres-Frist (§ 529 Abs. 1 a.E. BGB)

Die Frist (auf deren Ablauf sich der Schuldner einredeweise berufen muss) beginnt mit »der Leistung des geschenkten Gegenstands« (vgl. Rdn. 1037 ff., auch zu den Auswirkungen vorbehaltener Rechte wie insbesondere eines Nießbrauchs: Rdn. 1038) und setzt »Verarmung« i.S.d. Gesetzes (Rdn. 1041 ff.) vor Ablauf der Frist voraus. Die Frist bleibt in diesem Fall auch gewahrt, wenn bspw. eine zeitlich kürzer zurückliegende weitere Schenkung zunächst gem. § 528 Abs. 2 BGB herangezogen wird, so dass die tatsächliche Inanspruchnahme der zeitlich früheren Schenkung erst nach Ablauf von 10 Jahren beginnt, da es lediglich auf den »**Beginn der Verarmung**« ankommt. Ab dessen Beginn kann ferner der zeitlich früheren, in ihrer Inanspruchnahme allerdings noch   **1114**

---

204 BGH, 28.10.1997 – X ZR 157/96, MittBayNot 1998, 89 ff. (Berufungsurteil zu OLG Frankfurt, 08.01.1993 – 25 U 162/92, MittBayNot 1993, 281 ff.).
205 Z.B. wegen der rechtsvernichtenden Einwendung des § 818 Abs. 3 BGB, die auch in Anwendung der Regeln des gestörten Gesamtschuldnerausgleichs ein Ausscheiden aus der internen Regressverpflichtung zur Folge hat, vgl. *Rundel*, MittBayNot 2003, 182.
206 So BGH, 28.10.1997 – X ZR 157/96, MittBayNot 1998, 89 ff.; ein Vorrang des Geldgeschenks wurde dabei ebenso abgelehnt wie die Berücksichtigung nicht vertraglich geschuldeter, gleichwohl erbrachter Pflegeleistungen durch einen Beschenkten.
207 Vgl. BGH, 13.02.1991 – IV ZR 108/90, NJW 1991, 1824.
208 Landesgesetze zum Leibgeding (z.B. § 13 des Thüringer Zivilrechtsausführungsgesetzes, GVBl. Thüringen, 2002, S. 424) sehen mittlerweile Rücktrittsmöglichkeiten vor, allerdings unter stark einschränkenden Bedingungen: Voraussetzung ist dort der Verzug des Erwerbers (also Verschulden erforderlich) und der Ablauf einer angemessenen Nachfrist sowie die Zukunftsprognose dahin gehend, dass keine Besserung erwartet werden könne, schließlich die (bereits nach allgemeinem Recht notwendige) Erheblichkeit der Pflichtverletzung. Die Erklärung des Rücktritts bedarf der notariellen Beurkundung, auch um den Zurücktretenden auf die gravierenden Folgen (z.B. Wertersatz für die geleistete Pflege, [§ 346 Abs. 1 BGB] sowie Aufwendungsersatz i.R.d. § 347 Abs. 2 BGB für die getätigten Investitionen des Erwerbers!) hinzuweisen.
209 Zum Anwendungsbereich des Art. 17 BayAGBGB [Erstreckung auch auf Kündigung von Dauerschuldverhältnissen aus wichtigem Grund analog § 626 BGB]: BayObLG, 26.04.1993 – 1 Z RR 397/92, MittBayNot 1993, 208. Die Tatbestände wurden durch Gesetz v. 24.12.2002 [GVBl. 2002, 975] an die Schuldrechtsreform angepasst: Verletzung einer Pflicht nach § 241 Abs. 2 BGB; Freiwerden von der Leistung nach § 275 Abs. 1 bis 3 BGB; Nichterbringung oder nicht fristgemäße Erbringung einer fälligen Leistung.
210 Dies folgt schon aus dem Wortlaut des Art. 17 BayAGBGB, welcher lediglich § 527 BGB erwähnt; vgl. BayObLG, AgrarR 1989, 132.

suspendierten Schenkung die **Einrede der Entreicherung** nicht mehr zugutekommen (§§ 818 Abs. 4, 819 Abs. 1 BGB).

1115 § 529 BGB enthält neben der (für die Erwerbsschwäche von Schenkungsvorgängen typischen) 10-Jahres-Frist (§ 529 Abs. 1 a.E. BGB), zwei weitere auf Einrede[211] des Erwerbers zu beachtende Einschränkungen zum Schutz des Beschenkten.

2. Vorsätzliche oder grob fahrlässige Herbeiführung der Bedürftigkeit (§ 529 Abs. 1, 1. Alt. BGB)

1116 Erfasst sind lediglich »**mutwillige**« **Verschwendungsvorgänge** oder **Vermögensgefährdungen durch unseriöse Spekulationen** nach Vollzug der Schenkung, die zudem bei der Schenkung noch nicht voraussehbar waren.[212] Wurde die Bedürftigkeit des Schenkers nämlich durch die Schenkung selbst herbeigeführt oder war sie zu diesem Zeitpunkt bereits voraussehbar, ist für ein schutzwürdiges Vertrauen des Beschenkten auf den Bestand der Zuwendung kein Raum. Aus dieser einschränkenden Auslegung des § 529 Abs. 1, 1. Alt. BGB folgt jedoch – wie der BGH ausdrücklich klarstellt – gerade nicht, dass die Verarmung ihrerseits stets kausale Folge der Zuwendung sein müsse. Das Gesetz verlangt in § 528 Abs. 1 BGB (Wortlaut »nach«, vgl. Rdn. 1044) lediglich eine temporale Reihenfolge, keinen finalen Zusammenhang zwischen Schenkung und Verarmung. Zivilrechtlich ist es also ohne Belang, ob der Veräußerer, wäre er Eigentümer des Objekts geblieben, dieses (wie unterhaltsrechtlich in aller Regel der Fall) zur Beseitigung einer Bedürftigkeitslage hätte einsetzen müssen oder ob dadurch keine Veränderung seiner unterhaltsrechtlichen Bedarfslage eingetreten ist. Maßgeblich ist lediglich der spätere Umstand eines Notbedarfs.

1117 Eine schuldhafte Herbeiführung der Bedürftigkeit i.S.d. § 529 Abs. 1 BGB kann z.B. bei grob fahrlässigen Verhaltensweisen, etwa Glücksspiel, Luxusausgaben oder unsinnigen Spekulationen, zu bejahen sein.[213] Es gelten insoweit die familienrechtlichen Grundsätze der sog. unterhaltsbezogenen Mutwilligkeit, also der Nichtbeachtung dessen, was jedem hätte einleuchten müssen, bzw. des verantwortungs- und rücksichtslosen Hinwegsetzens über die nachteiligen Folgen seines Handelns (wenn auch im Vertrauen auf den Nichteintritt der negativen Folgen).

3. Gefährdung des eigenen Unterhalts (§ 529 Abs. 2 BGB: Einkommens- und Vermögensschonung des Erwerbers)

1118 Der Intention des § 519 Abs. 1 BGB entsprechend, schützt schließlich § 529 Abs. 2 BGB den Beschenkten davor, eine Gefährdung seines »standesmäßigen« (richtig: »angemessenen«)[214] Unterhalts hinnehmen zu müssen. Richtet sich der Anspruchsinhalt des § 528 BGB originär auf Wertersatzzahlung nach § 818 Abs. 2 BGB oder (infolge Ausübung der Ersetzungsbefugnis des § 528 Abs. 1 Satz 2 BGB) auf Zahlung des Unterhaltsbedarfs als Leibrente, handelt es sich insoweit um eine Ausnahme vom allgemeinen zivilrechtlichen Grundsatz »Geld hat man zu haben«. Für die Berechtigung der Einrede aus § 529 Abs. 2 BGB ist es grds. unerheblich, wann oder wodurch die eigene Bedürftigkeit des Beschenkten entstanden ist. § 529 Abs. 2 BGB führt (wie die dilatorische Einrede des § 519 BGB) zu einer Klageabweisung als »derzeit unbegründet«.[215]

---

211 Trotz des irreführenden Wortlauts handelt es sich bei § 529 BGB nicht um Einwendungen, vgl. Münch-Komm-BGB/*Kollhosser*, § 529 Rn. 6 m.w.N.
212 BGH, 05.11.2002 – X ZR 140/01, ZEV 2003, 114; hierzu *Kollhosser*, ZEV 2003, 207.
213 BGH, 11.05.1953 – IV ZR 170/52, BGHZ 10, 14, 16; BGH, 05.12.1983 – II ZR 252/82, BGHZ 89, 153, 161.
214 Die Anpassung des Wortlauts (wie sie in §§ 519, 528, 829, 1603 ff. BGB erfolgt ist) wurde i.R.d. FamRÄndG 1961 offensichtlich übersehen.
215 Was sich jedoch auch aus den Urteilsgründen ergeben kann, BGH, 06.09.2005 – X ZR 51/03, ZEV 2006, 37.

C. Risiko der Rückforderung bei späterer Verarmung des Veräußerers (§ 528 BGB) Kapitel 3

Bei § 529 Abs. 2 BGB genügt bereits eine Gefährdung des angemessenen Unterhalts i.S.d. § 519 BGB,[216] und zwar im Grundsatz unabhängig davon, wodurch diese eingetreten ist; die Einrede bleibt jedoch (wegen unzulässiger Rechtsausübung) ohne Wirkung, wenn der Beschenkte in Kenntnis des Notbedarfs seine eigene Bedürftigkeit mutwillig herbeigeführt hat.[217] Der verschärft haftende Bereicherungsschuldner hat stets für seine finanzielle Leistungsfähigkeit einzustehen.[218]

1119

Zur **Bemessung** des geschützten angemessenen Unterhalts zieht die Rechtsprechung[219] und die herrschende Literatur[220] die familienrechtlichen Grundsätze zur Schonung des Verpflichteten i.R.d. Elternunterhalts (s. hierzu Rdn. 904 ff.) heran, da die Situation des Beschenkten der eines erwachsenen Kindes vergleichbar ist).[221] In einem zweiten Schritt ist die voraussichtliche Lebensdauer des Beschenkten zu berücksichtigen, in Ermangelung anderer Anhaltspunkte nach der aktuellen Sterbetafel.

1120

Nicht selten wird der Beschenkte einwenden können, seine monatliche Wertersatzzahlungspflicht sei auf den Betrag zu kürzen, der auch unterhaltsrechtlich im Verhältnis zu seinen Eltern max. überleitbar wäre. Die Leistungsfähigkeit des Beschenkten bemisst sich dabei jedoch nicht allein aus seinen sonstigen Einkunftsquellen (z.B. Einkünfte aus Arbeitnehmer- oder selbstständiger bzw. gewerblicher Tätigkeit, Vermietung und Verpachtung, Kapitaleinkünften), sondern schließt (jedenfalls nach früherer Ansicht des BGH).[222] **Erträge aus einer zugemuteten Veräußerung des zugewendeten Objekts** mit ein, sofern die Rückforderung lediglich (vgl. Rdn. 1082 ff., 1088 ff.) auf Wertersatz- oder Leibrentenzahlungen gerichtet sei, die Rückforderung das Vermögen selbst also nicht erfasse. In diesem Fall könne der Beschenkte sich nur dann auf § 529 Abs. 2 BGB berufen, wenn ihm der Nachweis gelänge, dass er auch den Verkaufserlös benötigen würde, um seinen angemessenen Lebensunterhalt zu bestreiten. Zusätzlich ist das Bestehen einer **Erwerbsobliegenheit** zu prüfen, auch bei Fehlen einer gesetzlichen Unterhaltspflicht (z.B. bei Schenkung an einen Verwandten in der Seitenlinie).[223]

1121

Noch nicht entscheiden musste der BGH den Sachverhalt, dass die Rückforderung sich auf die Restitution eines (unteilbaren) Vermögensgegenstands beziehe (s. Rdn. 1081 ff. oder – aufgrund vertraglich vereinbarter bzw. analog § 528 Abs. 1 Satz 2 BGB bestehender und ausgeübter »umgekehrter Ersetzungsbefugnis« – s. Rdn. 1088 ff.): Dann wäre nämlich in der Tat unterhaltsrechtlich zu prüfen, ob die nunmehr geforderte Inanspruchnahme des Vermögens auch tatsächlich geschuldet ist. Bewohnt der Erwerber das geschenkte Anwesen selbst, besteht (selbst bei zusätzlicher Einliegerwohnung) unterhaltsrechtlich keine Obliegenheit, das **Eigenheim** zur Befriedigung von Unterhaltsansprüchen der Eltern einzusetzen. Selbst bei einer **vermieteten Immobilie**, deren Einkünfte zur Al-

1122

---

216 Vgl. BGH, 19.12.2000 – X ZR 146/99, NJW 2001, 1207; OLG Köln, 02.12.2016 – 1 U 21/16, MittBayNot 2017, 429.
217 BGH, 20.05.2003 – X ZR 246/02, NJW 2003, 2449.
218 Rechtsgedanke des § 279 BGB a.F.; vgl. BGH, 20.05.2003 – X ZR 246/02, NJW 2003, 2449.
219 BGH, 11.07.2000 – X ZR 126/98, ZEV 2000, 449; BGH, 19.12.2000 – X ZR 146/99, NJW 2001, 1207; OLG Celle, OLGR 2003, 274.
220 *Roglmeier*, ErbR 2015, 292, 296. Vgl. auch *Müller*, Der Rückgriff gegen Angehörige von Sozialleistungsempfängern, Rn. 132 ff.; kritisch allerdings *Wedemann*, NJW 2011, 571 ff.: der Beschenkte könne sich nicht in gleichem Maße wie der Unterhaltspflichtige auf »Bestandsschutz« berufen, da er das Vermögen nicht erarbeitet, sondern anstrengungslos erhalten habe, und sich durch Rückgabe der Haftung endgültig entziehen könne.
221 BGH, 11.07.2000 – X ZR 126/98, ZEV 2000, 449; OLG Köln, 02.12.2016 – 1 U 21/16, MittBayNot 2017, 429.
222 BGH, 11.03.1994 – V ZR 188/92, FamRZ 1994, 815, S. 816, rechte Spalte.
223 BGH, 11.07.2000 – X ZR 126/98, ZEV 2000, 449; BGH, 18.04.2005 – II B 98/04, ZEV 2006, 38 – trotz Erziehung zweier Kinder, allerdings nur bei Überschreiten des Selbstbehalts.

terssicherung erforderlich sind,[224] bestünde keine Einsatzpflicht. Nimmt man die vom BGH herausgestellte Parallelität der Schutzgrenzen des »standesgemäßen« Eigenunterhalts in § 529 Abs. 2 BGB mit der Schonung von Einkommen bzw. Vermögen i.R.d. Elternunterhalts beim Wort, böte § 529 Abs. 2 BGB in weitaus größerem Umfang als bisher angenommen Gelegenheit zur schenkungsrechtlichen Verteidigung des Erhaltenen. Dies gilt insb. dann, wenn die Rückforderung lediglich auf das Objekt selbst gerichtet ist (vgl. Rdn. 1080 ff., 1088 ff.) und dessen Versilberung unterhaltsrechtlich nicht geschuldet wäre.

1123 Damit kommen dem Erwerber über § 529 Abs. 2 BGB die **unterhaltsrechtlichen Bestimmungen** über die Schonung des Einkommens oder Vermögens im Verhältnis zum Schenker (i.d.R. also den Eltern) zugute, und zwar je nachdem, worauf der Anspruch gerichtet ist; diese gehen über die sozialhilferechtlichen Freistellungstatbestände, die auf den hypothetischen Sachverhalt in der Person des Veräußerers (verarmten Schenkers) abstellen, i.d.R. hinaus.

4. Pflicht- und Anstandsschenkungen (§ 534 BGB)

1124 Pflicht- oder Anstandsschenkungen gem. § 534 BGB, welche ebenfalls den Rückforderungsanspruch entfallen lassen, sind dagegen angesichts der restriktiven Rechtsprechung des BGH[225] außerhalb von Gelegenheits- und Geburtstagszuwendungen kaum noch denkbar:[226] Der Schenker wurde von seinem nicht mehr berufstätigen Sohn und der Schwiegertochter jahrelang versorgt und verpflegt. 3 Jahre vor der Übersiedlung in ein Pflegeheim übertrug er an den Sohn einen Geldbetrag von 42.000,00 DM. Der BGH führt aus, die »Hege und Pflege« des Vaters habe zwar einer sittlichen Pflicht des Sohnes entsprochen, nicht jedoch die Übergabe des Gelds vom Vater auf den Sohn. Nur wenn der Pflegende **schwerwiegende persönliche Opfer** bringt und deswegen selbst in eine Notlage gerät (z.B. eine Berufstätigkeit aufgibt), könne davon ausgegangen werden, dass solche Zuwendungen einer moralischen oder sittlichen Pflicht entsprächen und daher »rückforderungsfest« seien. Monatliche Taschengeldzahlungen von 50 € an die Enkelin können jedoch Anstandsschenkungen sein.[227] Vgl. im Übrigen Rdn. 190 ff. Keine Anstandsschenkung liegt also vor bei kostspieligen Geschenken,[228] da deren Vornahme zwar zur Steigerung des Ansehens führt, deren Ausbleiben aber keinen Ansehensverlust zur Folge hat.

5. Verjährung

1125 Seit 01.01.2002 unterliegt der Rückforderungsanspruch der 3-jährigen **Regelverjährung**,[229] bei Grundstücksübertragungen der 10-jährigen Verjährung gem. § 196 BGB.[230] Er wird fällig mit Entstehen der Sozialhilfebedürftigkeit. Die Kenntnis des Veräußerers von den Umständen, aus denen sich die Sozialhilfebedürftigkeit ergibt, und vom Schuldner des Anspruchs, die für den Verjährungsbeginn erforderlich sind, muss sich der Sozialhilfeträger als Rechtsnachfolger zurechnen lassen.[231]

---

224 So der Sachverhalt in der Verfassungsbeschwerde zum Elternunterhalt, BVerfG, 07.06.2005 – 1 BvR 1508/96, NJW 2005, 1927 (zum sog. »Bochumer Modell« einer künstlichen Leistungsfähigkeit durch »aufgedrängte« Darlehensaufnahme).
225 Vgl. etwa OLG Nürnberg, 14.07.1966 – 1 W 37/66, NJW 1966, 1926.
226 Einen solchen Ausnahmefall nimmt LG Kassel, 12.10.2012 – 3 T 349/12 ZErb 2012, 331 an bei der Zuwendung von 40.000 Euro an ein Kind durch einen Betreuer, sofern der Betreute finanziell abgesichert ist, der Empfänger zuvor auf den Pflichtteil nach dem vorverstorbenen Elternteil verzichtet hatte, und der finanzielle Engpass des Kindes ihm sonst die Berufszulassung kosten würde.
227 LG Aachen, 14.02.2017 – 3 S 127/16, ErbR 2017, 638.
228 BGH, 19.09.1980 – V ZR 78/79, NJW 1981, 111.
229 Vgl. auch *Schippers*, RNotZ 2006, 53.
230 BGH, 22.04.2010 – Xa ZR 73/07, DNotZ 2010, 834: Wertersatzanspruch ist Surrogat des primären Rückforderungsanspruchs.
231 Jedenfalls bei § 528 BGB allg. Meinung, vgl. MünchKomm-BGB/*Koch*, § 528 Rn. 34; a.A. allerdings jurisPK-BGB/*Sefrin*, § 528 Rn. 38 (»interessengerecht, die Verjährung erst mit Kenntnis des Sozialleistungsträgers beginnen zu lassen«, was jedenfalls i.R.d. § 528 BGB bedeuten würde: Kenntnis des für

C. Risiko der Rückforderung bei späterer Verarmung des Veräußerers (§ 528 BGB) Kapitel 3

Da es sich auch beim Wertersatzzahlungsanspruch[232] um einen einheitlichen Anspruch handelt, der durch Zahlung von Teilwerten erfüllt werden kann, ist der Anspruch künftig ab Beginn des vierten auf die Sozialhilfebedürftigkeit folgenden Jahres verjährt. Vertragliche Verjährungsverkürzungen (§ 202 BGB) sind unwirksam.

VI. Quintessenz

Wie beantwortet sich nun nach alledem die Frage, ob die vorweggenommene Erbfolge in einem sozialrechtlich sensiblen Kontext überhaupt noch guten Gewissens empfohlen werden kann, insb. wenn sie sich auf Schonvermögen bezieht? 1126

1. Verarmungsrisiko auf Veräußererseite

Die wundersame Vermehrung der Regressmöglichkeiten gelingt dem Sozialleistungsträger zwar nicht, wohl aber die Transformation eines Vermögensgegenstands in wiederkehrenden Ertrag. Dies vollzieht jedoch die bereits im Anspruchsinhalt des § 528 BGB angelegte »Schubladenbildung« nach: Ist Inhalt des Rückforderungsanspruchs die Leistung bereicherungsrechtlichen Wertersatzes i.H.d. monatlich wiederkehrenden Bedarfslücke (also Leistung von Geld als Einkommenstatbestand), spielen die auf das Schonvermögen abstellenden Umstände des Sozialfürsorgerechts, auch vor den zu ihrer Berücksichtigung im Rahmen von Anfechtungsklagen berufenen SG[233] (vor dem 01.01.2005: VG), keine Rolle. Gleiches würde gelten, wenn der Beschenkte, an sich zur Herausgabe des Vermögens verpflichtet, von der gesetzlich vorgesehenen (selten gewählten) Ersetzungsbefugnis in Richtung auf ein Leibrentenversprechen (§ 528 Abs. 1 Satz 2 BGB) Gebrauch gemacht hätte. 1127

In beiden Fällen wären lediglich die **Einkommensschongrenzen** maßgeblich, und zwar diejenigen des Sozialhilferechts[234] als (sozialgerichtlich geltend zu machende) Überleitungssperre,[235] diejenigen des Unterhaltsrechts nach Maßgabe des § 529 Abs. 2 BGB; allerdings mit der Besonderheit, dass auch der aus dem Verkauf des im Eigentum des Erwerbers verbleibenden Objekts zu erzielende Ertrag als Einkommen fiktiv anzusetzen sei und nur dann verteidigt werden kann, wenn er unter dem erhöhten Selbstbehalt verbleibt. Die Selbstnutzung der geschenkten Immobilie durch den Erwerber als solche spielt dabei keine Rolle. 1128

Wäre jedoch die Rückforderung von vornherein auf die Herausgabe des gesamten Vermögensgegenstands gerichtet (also Sachverhalt Rdn. 1081 ff. oder 1046 ff.) oder aber hätte der Beschenkte von der nach Ansicht des BGH (Rdn. 1089) stets eröffneten »umgekehrten Ersetzungsbefugnis« (Rückgabe des Gesamtobjekts anstelle der monatlichen Wertersatzzahlung) wirksam Gebrauch gemacht, würde sich die Prüfung im Bereich der **Schonvermögenstatbestände** bewegen. Handelt es sich beim Beschenkten um Vermögen, das er (etwa als angemessenes Eigenheim oder der Altersvorsorge dienendes Objekt) den Eltern ggü. verteidigen kann, käme ihm dies gem. § 529 Abs. 2 BGB zugute, so dass es (aufgrund wirksamer Einredeerhebung) einer ergänzenden Prüfung, ob der etwa bestehende Anspruch durch das Sozialhilferecht (§ 93 Abs. 1 Satz 3 SGB XII) am Übergang gehindert ist, nicht mehr bedarf. Handelt es sich zwar nicht beim Beschenkten um unterhaltsrechtliches Schonvermögen, würden aber (fiktiv wieder in das Eigentum des Veräußerers zurückversetzt) bei je- 1129

---

den Regressanspruch zuständigen Bediensteten: BGH, 28.11.2006 – VI ZR 196/05, JurionRS 2006, 29955) und Staudinger/*Wimmer-Leonhardt*, BGB, § 528 Rn. 52 (ab Kenntnis der Schenkung und des Beschenkten).
232 Nach BGH, 19.12.2000 – X ZR 128/99, NJW 2001, 1063.
233 Vgl. § 51 Abs. 1 Nr. 6 lit. a) SGG.
234 Solche existieren im Bereich der HLU nicht, im Bereich der Hilfen in besonderen Lebenslagen nur mehr in § 85 SGB XII bis zum Erreichen der Voraussetzungen des § 88 Abs. 1 SGB XII.
235 Mit der Folge, dass eine Auffüllung des vorhandenen Einkommens bis zur Schongrenze aus Wertersatz- oder Leibrentenzahlungen nicht stattfinden darf, die Überleitung also insoweit unterbleibt.

nem die Schonvermögenstatbestände des § 90 SGB XII (v.a. Abs. 2 Nr. 8) greifen (Eigennutzung durch den Schenker bzw. dessen nicht getrennt lebenden Partner), vermeidet § 93 Abs. 1 Satz 3 SGB XII bei wertungsgerechter Auslegung des Gesetzes zwar nicht die Überleitung und die Rückforderung als solche, stellt allerdings den hypothetischen Zustand wieder her, der bei Unterlassen der Übertragung (bzw. deren Aufhebung) fortbestehen würde, nämlich die vorübergehende, längstens bis zum Tod gewährte Schonung des Vermögens, das letztendlich dem Nachlassregress gem. § 102 SGB XII/§ 35 SGB II verfällt.

▶ Hinweis:

1130 Vor diesem Hintergrund zeigt sich, dass die vorweggenommene Erbfolge zwar nicht zu einer verschärften, möglicherweise aber zu einer anderen Inanspruchnahme des Beschenkten führt (welcher den monatlich wiederkehrenden Abfluss von Wertersatzentgelt hinzunehmen hat, jedoch das Eigentum am Objekt behalten darf). Das schlichte Verbleibenlassen des Gegenstands beim Veräußerer verspielt von vornherein die Möglichkeit, nach 10 verarmungsfreien Jahren die Regressthematik – jedenfalls soweit sie auf den Veräußerer abstellt – als erledigt betrachten zu können und bietet schließlich auch keine alternativen Handlungsmöglichkeiten, da ein Aushebeln des § 102 SGB XII durch erbrechtliche Instrumente (etwa die Aushöhlung des Nachlasses durch Vermächtnisse o.Ä.) zum Scheitern verurteilt ist.[236] Zu erwägen ist jedoch, ob nicht in verstärktem Maße von der oben erwähnten, bereits verschiedentlich erläuterten »umgekehrten Ersetzungsbefugnis« als vertraglicher bzw. vom BGH anerkannter gesetzlicher Modifizierung des § 528 BGB (vgl. Rdn. 1088 ff.) Gebrauch gemacht werden soll, um dem Beschenkten die Möglichkeit zu geben, durch Ausübung dieser Befugnis die Schonvermögenstatbestände »in Kraft zu setzen« und sich dadurch der Verpflichtung zur wiederkehrenden Leistung von Wertersatz zu entledigen. Verwirklicht er selbst den Schonvermögenstatbestand im unterhaltsrechtlichen Sinn, ist ihm die dauernde Einrede des § 529 Abs. 2 BGB eröffnet; würde sie der Veräußerer als hypothetischer Wieder-Eigentümer verwirklichen, kauft sich der Erwerber durch tatsächliche Rückgabe von der Zahlungspflicht frei, allerdings um des Risikos willen, dadurch bei Ex-post-Betrachtung zuviel an Eigentum für ein Zuwenig an Einkommenserhalt geleistet zu haben.[237] Eine höhere Gesamt-Inanspruchnahme durch den Sozialleistungsträger tritt jedoch auch in diesem Fall der vorbehaltenen und gewählten Rückgabe nicht ein, vielmehr birgt sie die Chance zu einer Verkürzung der Regresssumme auf den 10-Jahres-Zeitraum vor dem Tod gem. § 102 Abs. 1 SGB XII. Soweit sozialhilferechtliche Schontatbestände (gleichgültig, ob des Einkommens oder des Vermögens) greifen,[238] sind diese allerdings rechtzeitig durch Anfechtung des Überleitungsverwaltungsakts vor dem SG (nach Abschluss des Widerspruchsverfahrens) geltend zu machen.

2. Verarmungsrisiko auf Erwerberseite

1131 Tritt die Verarmung auf der Seite des Erwerbers ein, beantragt also dieser unterhaltsersetzende Leistungen subsidiärer Art aus Steuermitteln (Sozialhilfe bzw. Grundsicherung für Arbeit Suchende), spielt § 528 BGB (sofern der Erwerber nicht seinerseits das erworbene Eigentum unentgelt-

---

236 Die Nachlassverbindlichkeit des Kostenersatzes der Erben erfasst den Wert des Nachlasses (§ 102 Abs. 2 Satz 2 SGB XII), so dass – wie bei § 2311 BGB – Erbfallschulden wie Vermächtnisanordnungen, Pflichtteilslasten, Auflagen etc. nicht abzuziehen sind. Andererseits besteht kein Vorrang des öffentlichen Erstattungsanspruchs ggü. sonstigen Nachlassverbindlichkeiten, VGH Bayern, 15.07.2003 – 12 B 99/1700, FamRZ 2004, 489. Auch eine Aushebelung des § 102 SGB XII durch lebzeitige Begründung von Schenkungsversprechen auf den Todesfall als dann vorrangige Erblasserschuld dürfte sozialhilferechtlich nicht anzuerkennen sein.
237 Etwa weil der pflegebedürftige Vater schon nach kurzer Zeit verstorben wäre, so dass den Schenker die Einkommenseinbuße nicht erheblich beeinträchtigt hätte.
238 Wie bei Rdn. 1093 ff. dargelegt, ist die Rückforderung als solche jedoch angesichts des Tatbestands des § 90 Abs. 2 Nr. 8 SGB XII gerade nicht insgesamt gehindert.

C. Risiko der Rückforderung bei späterer Verarmung des Veräußerers (§ 528 BGB) Kapitel 3

lich weiter übertragen hat) keine Rolle. Relevant ist vielmehr die Prüfung der Tatbestandselemente des § 90 Abs. 2 SGB XII im Bereich der Sozialhilfe bzw. des § 12 Abs. 3 SGB II im Bereich der Grundsicherung für Arbeit Suchende (»Hartz IV«). Liegen die Voraussetzungen der enumerativen Einzelfreistellung nicht vor, ist sodann zu prüfen, ob aus anderen Gründen die Unverwertbarkeit i.S.d. Generalklausel (§ 90 Abs. 1 SGB XII/§ 12 Abs. 1 SGB II) erlangt werden kann (s. hierzu Rdn. 790 ff. zu SGB II, Rdn. 545 ff. zu SGB XII).

Sind die Voraussetzungen der enumerativen Schonvermögenstatbestände des § 90 Abs. 2 SGB XII/ § 12 Abs. 3 SGB II nicht erfüllt, hindert möglicherweise die Generalausnahme des § 90 Abs. 1 SGB XII/§ 12 Abs. 1 SGB II die Einsatzpflicht, wenn es sich um »**nicht verwertbare**« **Vermögensbestandteile** handelt. Bloß wirtschaftliche Erschwernisse bzw. Wertminderungen (etwa infolge vorbehaltener Nutzungsrechte zugunsten des Veräußerers) bleiben dabei naturgemäß unberücksichtigt; sie spielen lediglich i.R.d. Unwirtschaftlichkeitsprüfung (§ 12 Abs. 3 Nr. 6 SGB II) eine Rolle.[239]   1132

Entscheidend ist allerdings die Frage, ob die häufig i.R.d. vorweggenommenen Erbfolge installierte »**Verfügungsunterlassungspflicht**« (Rückforderungsrecht des Veräußerers für u.a. den Fall der Belastung oder Weiterveräußerung bzw. des Gläubigerzugriffs ohne sein Einverständnis, Sicherung des dann entstehenden, doppelt bedingten Rückübertragungsanspruchs durch Eigentumsvormerkung) auch bei einem sozialrechtlich gefärbten Vermögensverfall des neuen Eigentümers Schutz gewährt. Dass sie sich ggü. schlichten Zwangsvollstreckungsmaßnahmen Dritter (§ 888 BGB) durchsetzt (kein Fall der Gläubigerbenachteiligung, jedenfalls wenn die Ausgleichsleistungen des Rückerwerbers nicht schlechter sind als für andere Fälle des Rückerwerbs) und ebenso im Insolvenzfall siegreich bleibt (keine unzulässige Lösungsklausel i.S.d. § 119 InsO, vgl. Rdn. 2253; Beseitigung des Wahlrechts des Insolvenzverwalters gem. § 106 InsO auch dann, wenn die Rückforderung erst nach Eröffnung des Insolvenzverfahrens erfolgt),[240] dürfte als gesichert gelten.   1133

Dass umgekehrt die unmittelbare Vereinbarung eines Rückforderungsrechts bei Bezug nachrangiger steuerfinanzierter Sozialleistungen aufgrund der dadurch eintretenden Schlechterstellung des Sozialleistungsgläubigers (Rückforderung bereits bei abstrakter Gefährdung) ggü. zivilrechtlichen Gläubigern (Rückforderung lediglich bei konkreter Inanspruchnahme) subsidiaritätswidrig und demnach gem. § 138 BGB unbeachtlich ist, dürfte ebenfalls einleuchten.   1134

Davon zu trennen ist jedoch die Frage, ob möglicherweise die Geltendmachung eines allgemeinen, nicht für den tatsächlichen Sozialhilfefall vorbehaltenen Rückforderungsrechts vereitelt sein kann, wenn es auf Verlangen des Sozialhilfeträgers zu einer Verwertung (Belastung oder Veräußerung) des übertragenen Grundbesitzes kommt: 1135

Die Beantwortung dieser Frage war aufgrund der früheren Rechtsprechung zweifelhaft. Nach VG Gießen[241] stellt auch ein unter Rückforderungsvorbehalt übertragenes Grundstück verwertbares Vermögen des Erwerbers i.S.d. § 90 Abs. 1 SGB XII dar; das Rückauflassungsverlangen zur Vereitelung der Sozialhilfeverwertung verstoße gegen § 138 BGB und sei daher unbeachtlich, die Vormerkung verschaffe gegen diesen »Gläubiger der Sonderklasse« demnach keinen Schutz. Diese Bewertung ist unzutreffend (s. Rdn. 558 f.), die neuere sozialgerichtliche Rechtsprechung folgt ihr nicht mehr (Rdn. 562 ff.). Kann sich der Erwerber nicht auf einen der enumerativen Schon-   1136

---

239 Teilweise gehen allerdings die Grundsicherungsträger davon aus, hinsichtlich des an sich einzusetzenden Vermögensanteils – Wert des infolge Wohnungsrechts/Nießbrauchsvorbehalt nicht durch den Erwerber genutzten Gebäudeteils – scheide eine sofortige Verwertung wegen der Vorbehaltsnutzung aus, und gewähren ein Darlehen i.H.d. ALG II, das durch Grundpfandrecht gesichert werden soll.
240 BGH, 14.09.2001 – V ZR 231/00, ZNotP 2001, 482.
241 BGH, 29.11.1999 – 6 G 2321/99, DNotZ 2001, 784; ebenso VG Karlsruhe, 14.01.2004 – 10 K 1353/03, BeckRS 2004, 20608; ebenso VGH Bayern, 25.04.2001 – 12 ZB 01.553, n.v.; in dieselbe Richtung BGH, 07.11.2006 – X ZR 184/04, NJW 2007, 60: Mit Rückforderungsvorbehalt und Nießbrauch belastetes Vermögen ist, da nur zeitweise in der Verwertung gehindert, geeignet, die Verarmung i.R.d. § 528 BGB zu beseitigen.

vermögenstatbestände berufen, wäre andernfalls bei Verarmungsrisiken in seiner Person also (zeitlich unbefristet) Vorsicht geboten, möglicherweise gar von der Übertragung abzuraten.

3. Verarmungsrisiko auf Geschwisterseite

1137 Bis zum 01.01.1999 bestand die Gefahr, infolge des Erwerbs des überwiegenden elterlichen Vermögens gem. § 419 BGB a.F. die z.Zt. der Übergabe schon »im Keim« (wenn auch nicht notwendig in Barleistungsform) vorhandene Unterhaltspflicht der Eltern ggü. den Geschwistern infolge des gesetzlichen Schuldbeitritts übernommen zu haben (Rdn. 1137).[242] Es verbleibt jedoch auch danach das Risiko des Zugriffs auf Pflichtteilsergänzungsansprüche des weichenden Geschwisters,[243] das allenfalls durch rechtzeitige Pflichtteilsverzichte gebannt werden kann. Letztere werden auch in sozialrechtlich gefärbtem Kontext nur selten gegen § 138 BGB verstoßen (vgl. Rdn. 104), und unterliegen – anders als bspw. der Verzicht auf nachehelichen Unterhalt – nur sehr begrenzt einer richterlichen Wirksamkeits- oder Ausübungskontrolle (vgl. Rdn. 3861 ff.).

1138 Demgegenüber wird jedoch leicht übersehen, dass auch § 528 BGB bei der Verarmung des Geschwisters seine Schatten werfen kann, da § 93 Abs. 1 Satz 1 SGB XII bei der Gewährung von Hilfen in besonderen Lebenslagen (etwa der Eingliederungshilfe für Behinderte) auch die Überleitung von Ansprüchen der Eltern des Hilfeempfängers (des Geschwisters) gegen einen Dritten ermöglicht (nämlich den Übernehmer eines Wirtschaftsguts, das die Fähigkeit der Eltern zur Unterhaltsgewährung an andere Angehörige gem. § 528 Abs. 1 Satz 1, 2. Alt. BGB verringert hat; vgl. oben Rdn. 685 f., 700). Zu ermitteln ist hierfür in jedem Einzelfall, ob und inwieweit die Eltern, hätten sie nicht übergeben, in höherem Maße leistungsfähig geblieben und dem Geschwister ggü. weiter zur Unterhaltsleistung verpflichtet gewesen wären, und zwar auch sozialhilferechtlich, d.h. ggf. unter Berücksichtigung der Begrenzung der elterlichen Heranziehung auf monatlich 26,00 € bzw. 20,00 € für Hilfen in besonderen Lebenslagen bzw. Hilfe zum Lebensunterhalt (§ 94 Abs. 2 SGB XII; hierzu im Einzelnen Rdn. 750 ff., 733).

1139 Diesem übergeleiteten Anspruch kann der (selbst nicht verarmte) Erwerber gem. § 529 Abs. 2 BGB dieselbe **unterhaltsrechtliche Verteidigung** entgegenhalten, die er seinen Eltern ggü. bei deren unmittelbarer eigener Verarmung aufzubieten imstande wäre (orientiert an den Schonvermögensbestimmungen, sofern der Inhalt des Rückforderungsanspruchs auf Rückgabe des Vermögens gerichtet ist – Sachverhalt s. Rdn. 1074 ff. und 1088 ff., sonst an der Schonung des Einkommens in den Sachverhaltsalternativen s. Rdn. 1082 f. und Rdn. 1084 ff.). Ob das Objekt gegenständlich zum Schonvermögen des Veräußerers gehören würde (angemessenes Eigenheim etc.) spielt (auch über § 93 Abs. 1 Satz 3 SGB XII) keine Rolle, da der Rückforderungsberechtigte selbst nicht Hilfeempfänger ist. Rechtzeitige Übertragung verschafft jedoch nach Ablauf der 10-Jahres-Frist des § 529 Abs. 1 BGB auch insoweit Regressschutz.

D. Auswirkungen der Übertragung bzw. vereinbarter Gegenleistungen auf sozialrechtliche Ansprüche

I. Vermögens- und einkommensunabhängige Ansprüche

1140 Einkommenszuwachs und Vermögensreduzierung beim Veräußerer haben auf solche Sozialleistungen naturgemäß keinen Einfluss. Hierzu zählen etwa:
(1) **Regelaltersrente** für Versicherte der gesetzlichen Rentenversicherung ab Erreichen des. 67 Lebensjahres (§§ 35, 34 Abs. 2 Satz 1 SGB VI) sowie die Berufsunfähigkeitsrenten gem. § 43 SGB VI, welche i.R.d. verbliebenen Erwerbsfähigkeit unbegrenzten Hinzuverdienst erlauben;

---

242 Vgl. *Karpen*, MittRhNotK 1988, 146.
243 Vgl. zur Geltendmachung des Pflichtteilsanspruchs durch den Sozialhilfeträger, auch bei einer »Pflichtteilsstrafklausel«, BGH, 08.12.2004 – IV ZR 223/03, MittBayNot 2005, 314 sowie *J. Mayer*, MittBayNot 2005, 286 und eingehend Rdn. 6461 ff.

(2) **Grundrente** gem. § 31 BVG: Hierbei handelt es sich um einen pauschalierten Ausgleich für 1141
den beschädigungsbedingten Mehraufwand des durch militärischen Dienst gesundheitlich
Geschädigten i.S.d. § 1 BVG bzw. derjenigen Personen, auf welche das BVG kraft Verweisung
Anwendung findet.[244] Ihre Höhe ist unabhängig vom entgangenen oder noch anderweit erzielten Einkommen; sie richtet sich nur nach dem Grad der Minderung der Erwerbsfähigkeit
(MdE).

II. Vermögensabhängige Sozialleistungsansprüche

1. Betroffene Sozialleistungen

Sämtliche Leistungen nach dem **SGB XII** und nach dem **SGB II** werden erst bei Unterschreiten 1142
gewisser Vermögensgrenzen gewährt, verweisen also auf den vorgehenden Einsatz verwertbarer
Gegenstände mit Ausnahme der gem. §§ 811, 812 ZPO unpfändbaren Sachen sowie des gem.
§ 90 Abs. 2 SGB XII (vgl. Rdn. 567 ff.) bzw. § 12 SGB II (vgl. Rdn. 798 ff.) geschützten Schonvermögens. Leistungen der bis zum 31.12.2004 gewährten **Arbeitslosenhilfe** gem. §§ 190 ff.
SGB III (früher §§ 133 ff. AFG), die ein früher erwerbstätiger Übergeber etwa wegen Nichterfüllung der Anwartschaften oder wegen Ablauf der Gewährungszeit für das Arbeitslosengeld beziehen mag, waren gem. der dazu ergangenen § 1 AlhiVO v. 13.12.2001[245] ebenfalls vermögensabhängig.

Leistungen der **Kriegsopferfürsorge** gem. §§ 25 bis 27i BVG werden zur Ergänzung der übrigen 1143
BVG-Ansprüche als besondere Hilfen im Einzelfall gewährt, etwa als sog. ergänzende Hilfe zum
Lebensunterhalt oder als Hilfe zur Pflege (§ 27a bzw. § 26c BVG). Diese Leistungen sind inhaltlich den Regelungen der Sozialhilfe stark angenähert. So gelten etwa die Bestimmungen des § 90
Abs. 2 und 3 SGB XII über Einsatz und Verwertung von Vermögen des Hilfeempfängers entsprechend (§ 25f Abs. 1 BVG), jedoch unter abweichender – großzügigerer – Festlegung der anrechnungsfreien »kleineren Barbeträge« in § 25f Abs. 2 BVG sowie vereinfachter Definition des
Grundbesitz-Schonvermögens durch § 25f Abs. 3 BVG (ohne Wohnflächenobergrenzen).

2. Einfluss der Übertragung bzw. vereinbarter Gegenleistungen auf vermögensabhängige Ansprüche

Die Vermögensabhängigkeit der unter Rdn. 1142 f. dargestellten nachrangigen staatlichen Unter- 1144
stützungsleistungen kann bei der sozialrechtlichen Beurteilung von Überlassungs- und Übergabeverträgen in zweierlei Hinsicht Bedeutung gewinnen:

a) Anknüpfung an den Vermögensverlust

Es ist denkbar, dass der **Vermögensverlust**, welchen der Veräußerer durch die als wirksam an- 1145
erkannte und auch ggü. § 528 BGB bestandskräftige Übertragung (s. hierzu Rdn. 1032 ff.)
zwangsläufig erlitten hat, zu »nachteiligen« Folgen bei der Höhe oder Art der Gewährung der Sozialleistung führt.

(1) Eine **Anspruchskürzung** zulasten des Veräußerers sehen bspw. § 26 Abs. 1 Satz 1 Nr. 1 SGB 1146
XII (Rdn. 1023) sowie § 51 KFürsVO vor, wonach die Leistungen auf das zum Lebensunterhalt Unerlässliche bzw. das zur Gewährleistung von HbL unverzichtbare Minimum eingeschränkt werden können, wenn der Hilfesuchende sein (Einkommen oder) Vermögen in
der Absicht, die Voraussetzungen für die Gewährung oder Erhöhung der Hilfe herbeizuführen, vermindert hat. Ausweislich der veröffentlichten und durch Umfragen erhärteten Rechtspraxis wird hiervon im Zusammenhang mit Grundbesitzübertragungen höchst selten Ge-

---

244 Etwa für die Opfer von Gewalttaten gem. Opferentschädigungsgesetz (OEG) v. 11.05.1976, BGBl. I,
S. 1181. Das BVG hat ferner Modellcharakter für ähnlich gelagerte Aufopferungsfälle.
245 BGBl. 2001, S. 3734.

brauch gemacht. Der Nachweis, dass die Herbeiführung der Sozialbedürftigkeit ein (mit-)bestimmendes Motiv der Übertragung war, dürfte angesichts der hierbei regelmäßig verfolgten zahlreichen, bereits i.R.d. Feststellung des subjektiven Sittenwidrigkeitstatbestands dargestellten Regelungsziele kaum geführt werden können. Da übertragener Grund und Boden zudem häufig beim Veräußerer als Grundlage der Erwerbstätigkeit oder als selbstbewohntes angemessenes Hausgrundstück (§ 90 Abs. 2 Nr. 5 oder Nr. 8 SGB XII ggf. i.V.m. § 25f Abs. 1 BVG) zum Schonvermögen zählte, kommen Leistungskürzungen wohl allenfalls bei nicht anderweit erklärbaren Übertragungen größerer Geldbeträge in »sozialleistungsnahem« Kontext infrage.

1147 (2) Eine weitere »Sanktionsmöglichkeit« im Hinblick auf die Art der Sozialleistungsgewährung eröffnet § 103 SGB XII, wonach die (normalerweise als »verlorener Zuschuss« beim Hilfeempfänger verbleibende) Sozialhilfe nachträglich zurückgefordert werden kann (**Kostenersatz**), wenn die Voraussetzungen der Sozialleistungsbedürftigkeit durch vorsätzliches oder grob fahrlässiges Verhalten herbeigeführt wurden. Die Ersatzverpflichtung geht als Nachlassverbindlichkeit auf die Erben über, welche begrenzt auf den Nachlass, jedoch ohne Privilegierung etwaiger früherer Schonvermögensteile haften (§ 103 Abs. 2 SGB XII, sog. unselbstständige Erbenhaftung; s.o. Rdn. 646).

b) Anknüpfung an die Gegenleistungen

1148 In sehr viel stärkerem Maße wird die Vermögensabhängigkeit nachrangiger Sozialleistungsansprüche jedoch nicht ggü. der Vermögensübertragung als solcher relevant, sondern hinsichtlich der Heranziehung der Vermögenspositionen, die dem Veräußerer i.R.d. »**Gegenleistungen**« geleistet oder versprochen werden. Wiederkehrende Bezüge (z.B. Naturalansprüche, Renten) sind im Zuflusszeitraum Einkommen; das Problem der Vermögensanrechnung stellt sich also nur, wenn diese Erträge nicht mit ihrer Erbringung »verbraucht« sind, sondern z.B. in Form von Ersparnissen angesammelt werden. Diese hindern, sofern sie die oben genannten jeweiligen Freigrenzen übersteigen, die Gewährleistung von Sozialleistungen, bis sie (ggf. rechnerisch) aufgezehrt sind. Gleiches gilt für Einmalzahlungen (Gutabstandsgeld). Die Erbringung vertraglich geschuldeter Wart und Pflege – welche möglicherweise als Einkommen zu qualifizieren ist (s. hierzu Rdn. 1647) – führt dagegen in keinem Fall zu einem sozialrechtlich relevanten Vermögenszuwachs.

1149 Die dingliche Rechtsposition des Veräußerers hinsichtlich der von ihm weiter bewohnten Räume (z.B. Wohnungsrecht) zählt zwar zum Vermögen. Sie muss jedoch nach richtiger Auflassung[246] unberücksichtigt bleiben, wenn auch die weiter gehende Eigentumsposition an diesen Räumen (z.B. gem. § 90 Abs. 2 Nr. 8 SGB XII) Schonvermögenscharakter beanspruchen könnte (Erst-Recht-Schluss). Die Frage der »Anrechnung« bzw. »Überleitung« solcher Wohnungsrechte stellt sich daher regelmäßig erst bei der Heimunterbringung, sofern die Beendigung der Selbstnutzung durch den Hilfeempfänger nach den jeweiligen, oben dargestellten Normen zum Erlöschen des »Vermögensschutzes« führt (hierzu unten Rdn. 1210 ff.).

---

246 So etwa auch *Wahl*, Vertragliche Versorgungsrechte in Übergabeverträgen und sozialrechtliche Ansprüche, S. 104; ebenso OLG Karlsruhe, 08.05.200. – 9 U 159/00, NotBZ 2003, 120 = FamRZ 2003, 715 für ein künftig vom Behinderten zu nutzendes Wohnrecht. Ein gesetzlicher Anhaltspunkt lässt sich allenfalls dem Zusammenspiel der Norm des § 25f Abs. 3 BVG (Eigentumsposition) einerseits mit § 30 Abs. 2 Nr. 5 KFürsVO andererseits entnehmen, wonach ein »freies Wohnrecht« nicht (allerdings auf das Einkommen des Hilfeempfängers) angerechnet wird. Ähnlich § 2 Abs. 1 Nr. 36 der Verordnung zu § 33 BVG, wonach der Sachbezugswert (vgl. Rdn. 604 ff.) eines freien Wohnrechts innerhalb bestimmter Flächengrenzen (bei der Einkommensermittlung) unberücksichtigt bleibt.

III. Einkommensabhängige, nicht pflegefallspezifische Sozialleistungsansprüche

1. Sanktionsmechanismen

Die meisten Sozialleistungen dienen dem Ausgleich individueller Bedürfnislagen oder bezwecken – wie etwa das BVG – eine Kompensation für Erwerbsminderungen, welche auf Schädigungen beruhen, die bei Erfüllung gemeinwohlwichtiger Aufgaben entstanden sind. Demzufolge sehen sie häufig – jedenfalls soweit sie nicht beitragserkauft sind – die Berücksichtigung anderweitiger Einkünfte des Anspruchstellers vor. Diese Einkommensabhängigkeit kann, ebenso wie die teilweise zu berücksichtigende Vermögensabhängigkeit, s.o. Rdn. 1144 ff., im Rahmen von Übertragungssachverhalten ebenfalls in zweierlei Hinsicht Bedeutung gewinnen: 1150

a) Anknüpfung an die veräußerungsbedingte Einkommensminderung

Zum einen könnte der Sozialleistungsträger »**Sanktionen**« an die **Einkommensminderung** knüpfen, welche durch die Weggabe der Erwerbsgrundlage (z.B. des landwirtschaftlichen Betriebs) eintritt. Die vorstehend dargestellten gesetzlichen Regelungen (§§ 26 Abs. 1 Nr. 1, 103 SGB XII, § 51 KFürsVO) erfassen auch die »absichtliche« bzw. »verschuldete« Einkommensminderung. Da die Herstellung eigener Sozialleistungsbedürftigkeit jedoch wohl nie von den genannten subjektiven Tatbestandsmerkmalen in hinreichend belegbarer Weise umfasst sein wird, sind in der Praxis kaum Versuche bekannt geworden, eine Kürzung oder Rückforderung der Sozialleistung allein auf die mit dem Austritt aus dem Erwerbsleben verbundene Einkommensminderung zu stützen, wenn die Übertragung der Einkunftsquelle einen alters- oder krankheitsbedingten Kontext nahe legt. Gleiches galt im Arbeitslosenrecht aufgrund der Sonderbestimmung des § 10 Nr. 1 AlhiVO.[247] 1151

Eine – praktisch allerdings wenig bedeutsam gewordene – Spezialregelung enthält § 1 Abs. 2 Satz 2 AusglV gem. §§ 32, 33 BVG (s. hierzu Rdn. 1163 ff.): Hat der Schwerbeschädigte ohne verständigen Grund über Vermögenswerte in einer Weise verfügt, dass dadurch sein bei der Feststellung der Ausgleichsrente zu berücksichtigendes Einkommen gemindert wird, ist seine Ausgleichsrente so festzustellen, als hätte er die Verfügung nicht getroffen. Die Kürzung der Sozialleistung tritt hier also aufgrund der Fiktion der Nichtübertragung der Erwerbsquelle (ohne dass die Voraussetzungen des § 138 BGB gegeben sein müssten) ein. 1152

b) Anknüpfung an den Einkommenswert der Gegenleistungen

Eine sehr viel größere Bedeutung gewinnt die Einkommensabhängigkeit zahlreicher Sozialleistungen jedoch bei der Anrechnung der »**Gegenleistungen**«, welche sich der Übergeber insb. im landwirtschaftlichen Bereich bis heute regelmäßig ausbedingt. Im Folgenden soll daher der Einfluss der am häufigsten vereinbarten Versorgungsansprüche (Geldrente, Naturalleistungen, Wart und Pflege) auf die Höhe des Sozialleistungsanspruchs untersucht werden. Dabei empfiehlt es sich, zwischen allgemeinen Sozialleistungen und solchen, die an den Pflegefall anknüpfen (zu Letzteren s. Rdn. 1172 ff.) zu differenzieren, zumal sich bei letzteren Ansprüchen das zusätzliche Problem denkbaren gänzlichen Wegfalls aufgrund unmittelbarer Naturalbedarfsdeckung durch Erbringung vertraglich vereinbarter Wart und Pflege stellt. Im Bereich der nicht pflegespezifischen Ansprüche ist wiederum der jeweils zugrunde liegende Einkommensbegriff zu untersuchen, so dass diese Ansprüche teilweise von Altenteilsleistungen unberührt bleiben (s. Rdn. 1154 ff.), teilweise jedoch eine Kürzung erfahren können (s. Rdn. 1159 ff.). 1153

---

247 Hiernach scheidet Bedürftigkeit aus, wenn der Arbeitslose eine Tätigkeit als Selbstständiger fortsetzen und sich dadurch in ausreichendem Maße selbst unterhalten könnte; vgl. *Wahl*, Vertragliche Versorgungsrechte in Übergabeverträgen und sozialrechtliche Ansprüche, S. 101.

2. Enger Einkommensbegriff (ohne vertragliche Versorgungsansprüche)

1154 **Arbeitslosengeld** kann einem arbeitslos gewordenen Übergeber, welcher zugleich als beitragspflichtiger Arbeitnehmer oder als Heimarbeiter beschäftigt war, nach Erfüllung der Anwartschaftszeit zustehen, wenn er vor Vollendung des 67. Lebensjahres dem Arbeitsmarkt noch zur Verfügung steht (§ 117 SGB III). Gem. § 141 Abs. 1 SGB III (früher § 115 AFG) mindern lediglich bestimmte anderweitige Erwerbseinkünfte oder Erwerbsersatzbezüge (z.B. Entlassungsentschädigungen) den Sozialanspruch – hierunter fallen die primär versorgungsorientierten Gegenleistungen für Grundbesitzübertragungen nicht.[248]

1155 **Witwen-/Witwerrenten**[249] gem. §§ 46, 48 SGB VI (früher § 1281 RVO bzw. § 58a AVG)[250] bleiben ebenfalls von Altenteilsansprüchen unberührt, da sie nach Ablauf des sog. Sterbevierteljahres lediglich die Teilanrechnung anderweitigen Vermögens- und Erwerbs- oder Erwerbsersatzeinkommens (insb. eigener Renten; im Einzelnen vgl. §§ 18a bis 18e SGB IV) vorsehen (vgl. § 97 SGB VI: im Jahr 2010 40 % des Betrags, der 718,00 € [neue Länder: 637,00 €] monatlich übersteigt). Auch die gesetzliche Altersrente vor Erreichen des 65., künftig 67. Lebensjahrs sowie **Altersteilrenten** sehen lediglich die teilweise Anrechnung von Arbeits- oder freiberuflichem Einkommen vor (vgl. im Einzelnen § 34 Abs. 2 und 3 SGB VI; wobei seit 01.01.2008 bei der Vollrente ein Hinzuverdienstbetrag von 400,00 € unberücksichtigt bleibt.

1156 Rente wegen Erwerbsminderung schließlich wird nicht gewährt, wenn der Versicherte eigene Erwerbstätigkeit nicht wenigstens 3 (volle **Erwerbsminderung**) bzw. 6 (einfache Erwerbsminderung) Std. täglich ausüben könnte (§§ 43 Abs. 2 Satz 2, Abs. 3 SGB VI). Bei Bezug einer Rente wegen Erwerbsunfähigkeit beträgt die unschädliche Zuverdienstgrenze aus Arbeitsentgelt oder gleichgestelltem Einkommen[251] seit 01.04.2003 1/7 der monatlichen **Bezugsgröße** (§ 313 Abs. 3 Nr. 1 SGB VI; 2016: 415,00 €, 2015: 405,00 €, 2014: 395,00€, 2013: 385,00€, 2012: 375,00€, 2011 und 2010: 365,00 €, 2009: 360,00 €, 2008: 355,00 €, 2006 und 2007: 350,00 €),[252] andernfalls ist für Altfälle Rente wegen Berufsunfähigkeit zu leisten (§ 313 Abs. 2 Nr. 2 SGB VI), für Neufälle (»Rente wegen voller Erwerbsminderung«) ist sie je nach Höhe des übersteigenden Zuverdienstes als 3/4-Rente, 1/2-Rente oder 1/4-Rente zu gewähren. Renten wegen teilweiser Erwerbsminderung nach § 43 Abs. 1 SGB VI bzw. wegen Berufsunfähigkeit nach § 240 SGB VI schließlich werden je nach Höhe des Hinzuverdienstes[253] in voller oder lediglich halber Höhe bezahlt oder entfallen ganz.

---

248 Vgl. hierzu *Wahl*, Vertragliche Versorgungsrechte in Übergabeverträgen und sozialrechtliche Ansprüche, S. 83.
249 Hilfreiche Übersicht zu den verschiedenen Rentenarten unter www.rentenlexikon.bmas.de.
250 »Kleine Witwen-/Witwerrente« (Hinterbliebene/r ist unter 45 Jahre alt und erzieht keine minderjährigen Kinder): 25 % der auf den Todeszeitpunkt berechneten Rente des Verstorbenen. Seit dem Alterseinkünftegesetz ist dieser Anspruch auf 24 Monate nach dem Ableben begrenzt. Ab Erreichen des 45. Lebensjahres (sofern keine Neuverheiratung stattfand) erhält der/die Hinterbliebene jedoch die »Große Witwen-/Witwerrente« i.H.v. 55 % (zuvor 60 %) der auf den Todeszeitpunkt errechneten Rente des Verstorbenen. Ist der Gatte vor dem 63. Lebensjahr verstorben, wird seit 01.01.2002 die kleine und die große Witwen-/Witwerrente ferner um 0,3 % je Monat, max. jedoch um 10,8 % (bei Versterben vor dem 60. Lebensjahr) gekürzt, vgl. insgesamt *Schuchardt*, NWB Fach 27, S. 6307. Hat die Ehe weniger als ein Jahr gedauert – sog. Totenbetehe –, wird Rente nur gewährt, wenn nach den Umständen (Unfalltod) eine »Versorgungsehe« ausgeschlossen werden kann, vgl. § 46 SGB VI und *Doering-Striening*, ZErb 2017, 67, 70 f. Auch bei betrieblichen Renten bestehen häufig »Späteheklauseln«, von BAG, 28.07.2005 – 3 AZR 457/04, NZA-RR 2006, 591 gehalten.
251 Z.B. Verletztengeld, Arbeitslosengeld, Kurzarbeitergeld, Mutterschaftsgeld, Insolvenzgeld, Winterausfallgeld, Krankengeld: §§ 96a Abs. 3 SGB VI, 18a Abs. 3 Satz 1 Nr. 1 SGB VI.
252 Gem. §§ 96a Abs. 1, 313 Abs. 1 SGB VI darf dieser Betrag in 2 Monaten bis zum Doppelten überschritten werden.
253 Verdienst der letzten 3 Jahre vor Rentenbeginn (in Entgeltpunkten) multipliziert mit aktuellem Rentenwert – für das Jahr 2011 27,47€ West bzw. 24,37€ Ost – und Faktor 20,7 für die volle, 25,8 für die

D. Auswirkungen der Übertragung bzw. vereinbarter Gegenleistungen   Kapitel 3

Die Leistungen nach dem Zweiten Gesetz über die **Krankenversicherung der Landwirte** (KVLG 1989)[254] sind – zumal beitragserkauft – grds. einkommensunabhängig. In der landwirtschaftlichen Krankenkasse ist regelmäßig der hauptberufliche Landwirt (bei Ehegatten in Gütergemeinschaft, welche gemeinsam ein landwirtschaftliches Unternehmen betreiben, derjenige Ehegatte mit überwiegender Leitungsfunktion bzw. der von der Krankenkasse bestimmte Ehegatte, vgl. § 2 Abs. 3 Satz 3 und 4 KVLG) versicherungspflichtig; der andere Ehegatte genießt Versicherungsschutz entweder i.R.d. beitragsfreien Familienversicherung oder aufgrund eigener Versicherungspflicht als mitarbeitender Familienangehöriger (§ 2 Abs. 1 Nr. 3 KVLG). Nach der Abgabe des Betriebs bleibt der frühere landwirtschaftliche Unternehmer gem. § 2 Abs. 1 Nr. 4 oder Nr. 5 KVLG versichert; sein Ehegatte erhält i.d.R. allenfalls Familienversicherungsschutz (§ 7 KVLG).   1157

Wie in allen gesetzlichen Krankenkassen ist der Anspruch auf Familienversicherung jedoch daran geknüpft, dass der Angehörige (hier der Ehegatte) ein bestimmtes eigenes Gesamteinkommen (2016: 415,00€ – ein Siebtel der Bezugsgröße gem. § 18 SGB IV –, bei Mini-Job-Regelung: seit 01.01.2013: 450,00€ monatlich[255]) regelmäßig nicht überschreitet. Zum Gesamteinkommen zählen auch Einkünfte aus Kapitalvermögen.[256] Die Familienversicherung i.R.d. KVLG ist insoweit privilegiert, als nach § 7 Abs. 1 Satz 2 KVLG Einkünfte aus früherer landwirtschaftlicher Tätigkeit nicht zum Gesamteinkommen des betreffenden Ehegatten hinzugerechnet werden. Altenteilsleistungen können also auch vom Ehegatten des Übergebers (u.U. aufgrund der Gesamtberechtigung in Gütergemeinschaft) unschädlich bezogen werden. Vorsicht ist jedoch geboten, wenn der Übergeber zugleich als Arbeitnehmer tätig war, denn die Versicherungspflicht gem. § 5 Abs. 1 Nr. 1 SGB V (bzw. für Rentner Nr. 11) geht der Versicherung in landwirtschaftlichen Krankenkassen vor (§ 3 Abs. 1 KVLG). In diesem Fall könnte der Familienversicherungsanspruch des (Rentner-)Ehegatten durch den Bezug von Altenteilsleistungen entfallen.[257]   1158

3. Kürzung aufgrund Einkommensanrechnung der Gegenleistungen

Wie dargestellt, können Einkünfte des Übergeber-Ehegatten seinen Anspruch auf Familienversicherung i.R.d. **gesetzlichen Krankenversicherung** gefährden. Gem. § 10 Abs. 1 Nr. 5 SGB V darf das regelmäßige Gesamteinkommen des Ehegatten 1/7 der jeweiligen monatlichen Bezugsgrenze »West«[258] nicht überschreiten.[259] Für 2006 und 2007 betrug 1/7 dieser Bezugsgröße 350,00 €, für 2008 355,00 €, für 2009 360,00 € und für 2010 und 2011 365,00 €, für 2012 375,00 €, für 2013 385,00 €, für 2014 395,00 €, für 2015 405,00 €, für 2016 415,00 € und für 2017 425,00 € im Monat im gesamten Bundesgebiet, bei Ausübung einer[260] geringfügigen Beschäftigung (»Mini-Job-Regelung«) seit 01.04.2003 einheitlich 400,00 €, seit 01.01.2013 einheitlich 450,00€ im Monat. Das maßgebliche Gesamteinkommen umfasst den Gesamtbetrag der Einkünfte i.S.d. § 16 SGB IV, d.h. die Summe der einkommensteuerrechtlich relevanten Ein-   1159

---

  hälftige Rente. Zur Berechnung ab 01.01.2008 vgl. *Schuchardt*, NWB, Fach 27, S. 6427 und die Rentenwertbestimmungsverordnung 2011 v. 06.06.2011, BGBl 2011 I, S. 1039.
254 Gesetzessammlung Aichberger, Nr. 30/22.
255 *Marschner*, NWB 2012, 3715.
256 Gemäß BSG, 22.05.2003 – B 12 KR 13/02 R, BSGE 91, 83 ff. ist dabei der Sparerfreibetrag abzuziehen; bis 2008 auch darüber hinausgehende höhere tatsächlich nachgewiesene Werbungskosten.
257 Vgl. hierzu ausführlich (allerdings noch zum alten Recht) *Gitter*, DNotZ 1984, 607 ff.
258 In der Kranken- und Pflegeversicherung gilt seit 01.01.2001 auch in den neuen Ländern die Bezugsgröße »West«.
259 Vgl. die jährlichen Verordnungen über die maßgeblichen Rechengrößen der Sozialversicherung.
260 Bestehen mehrere geringfügige Beschäftigungen nebeneinander, beginnt die Beitragspflicht gem. § 8 Abs. 2 Satz 3 SGB IV erst mit Bekanntgabe eines feststellenden Bescheides der Einzugsstelle bzw. des Rententrägers, also entgegen strengerer Verwaltungsrichtlinien nicht rückwirkend, LSG Baden-Württemberg, 09.04.2008 – L 5 R 2125/07, JurionRS 2003, 14902.

künfte,[261] zu welchen gem. § 22 EStG insb. Rentenbezüge bzw. dauernde Lasten – etwa Altenteilsleistungen – gehören (auch echte Leibrenten i.S.d. Steuerrechts werden hierbei gem. § 10 Abs. 1 Nr. 5 letzter Halbs. SGB V mit dem vollen Zahlbetrag berücksichtigt). Hinzu kommt die Gefahr der zusätzlichen Verbeitragung sonstiger Einkünfte bei freiwillig krankenversicherten Personen, auch Rentnern (vgl. etwa Rdn. 1856). Der Beitragssatz in der gesetzlichen Krankenversicherung betrug seit dem 01.01.2009 bis zum 31.12.2014 einheitlich[262] 15,5 %[263] (davon trägt der Arbeitnehmer 8,2 %, der Arbeitgeber 7,3 %); seit 2015 erheben die gesetzlichen Krankenkassen einen individuellen Beitrag,[264] wobei der Arbeitgeberanteil auf 7,3 % festgeschrieben ist, während der Arbeitnehmer den verbleibenden Anteil, also insb. die Zusatzbeiträge, trägt; der bundesweite einheitliche »Ausgangssatz« beträgt ab 2015 (in 2016 und 2017 unverändert) gem. § 241 SGB V 14,6 % (bzw. gem. § 243 Satz 3 SGB V lediglich 14,0 %, wenn kein Anspruch auf Krankengeld oder Entgeltfortzahlung besteht).

1160 War das übertragene Objekt Gesamtgut der Ehegatten in **Gütergemeinschaft**, fallen auch ausbedungene Altenteilsleistungen notwendig in das Gesamtgut. Dies bedeutet nach Ansicht des BFH,[265] dass solche in Gütergemeinschaft erhaltenen Bezüge beiden Ehegatten einkommensteuerrechtlich je zur Hälfte zuzurechnen seien. Insb. bei (häufig durch den Steuerberater des Übernehmers zur Ermöglichung des Sonderausgabenabzugs angeregter) Vereinbarung monatlicher Geldzahlungspflichten kann also der Familienversicherungsschutz i.R.d. § 10 SGB V rasch gefährdet sein. Es ist angesichts der Ausführungen des BFH fraglich, ob diese Folge dadurch verhindert werden kann, dass die Altenteilsleistung ehevertraglich zum Vorbehaltsgut des unmittelbar krankenversicherten Ehegatten erklärt wird, da die Gesamtguteigenschaft des abgegebenen Unternehmens, aus welchem die Versorgungsleistungen nunmehr gewährt werden, nicht nachträglich beseitigt werden kann. *Gitter*[266] sieht deshalb nur die Möglichkeit, die Gütergemeinschaft insgesamt vertraglich zu beenden.

1161 Die Zurechnung an den Ehegatten des Veräußerers kommt aber nach BFH[267] auch in Betracht, wenn Leistungen an mehrere Veräußerer als Berechtigten nach **§ 428 BGB** zugewendet werden.[268] Es empfiehlt sich daher bei höheren Leistungen, diese zunächst allein dem bisherigen Eigentümer, nach dessen Ableben oder Scheidung (aufschiebend bedingt) allein bzw. (bei Scheidung) hälftig dem etwa überlebenden bzw. geschiedenen Ehegatten zustehen zu lassen[269] (vgl. hierzu umfassend Rdn. 2428).

1162 Außer bei der Ermittlung der Berechtigung zur Familienversicherung spielt das vorhandene Einkommen i.R.d. gesetzlichen Krankenversicherung eine Rolle bei der Ermittlung der **Belastungsgrenze für Zuzahlungen**, insb. i.R.d. Rezeptgebühr für Arzneimittel (§ 62 SGB V i.V.m. § 3

---

261 Das BSG hat im Urt. v. 22.05.2003 – 12 KR 13/02, JurionRS 2003, 21725, aufgrund der Streichung des § 15 SGB IV anerkannt, dass von den Kapitalzinseinkünften der sog. Sparerfreibetrag abzuziehen ist; es dürften auch die Mieteinnahmen um die Abschreibung zu kürzen sein. In der Vergangenheit zu Unrecht bezahlte Beiträge für eine freiwillige Mitgliedschaft (ca. 100,00–120,00 € im Monat) können innerhalb der 4-jährigen Verjährungsfrist u.U. gem. §§ 26, 27 SGB IV rückgefordert werden.
262 Ohne Krankengeldanspruch: 14,9 %.
263 GKV-Beitragssatzverordnung v. 29.10.2008, BGBl. 2008 I, S. 2109 (einschließlich des Arbeitnehmer-Sonderbeitrags von 0,9 %). Kommt die Krankenkasse mit den vom Gesundheitsfonds zugewiesenen Mitteln (samt morbiditätsorientiertem Risikostrukturausgleich) nicht aus, konnte sie Zusatzbeiträge erheben (als Pauschale oder einkommensabhängig, max. 1 % der beitragspflichtigen Einnahmen des Mitgliedes).
264 Durchschnittlich im Jahr 2017 und 2016: jeweils 1,1 %, im Jahr 2015 0,9 %.
265 Vgl. Gutachten, BStBl. 1959 III, S. 263 ff.
266 DNotZ 1984, 609.
267 BFH, 22.09.1993 – X ZR 48/92, MittBayNot 1994, 262.
268 Daher stehen auch dem Ehegatten des Übergebers ein eigener Pauschbetrag für Werbungskosten sowie ein eigener Altersentlastungsbetrag (§§ 9a Satz 1 Nr. 3, 24a EStG) zu.
269 So auch *Mayer/Geck,* Der Übergabevertrag, § 3 Rn. 6.

SGB V). Diese beläuft sich auf 2 % der jährlichen Brutto-Einnahmen, bei chronisch Kranken, die wegen derselben schwerwiegenden Krankheit in Dauerbehandlung sind, liegt sie bei 1 % der jährlichen Brutto-Einnahmen. Bei einer Überlassung vereinbarte wiederkehrende Leistungen werden (außerhalb der landwirtschaftlichen Krankenkasse) als der Versorgung dienende Brutto-Einnahmen berücksichtigt, auch das Wohnungsrecht i.H.d. Sozialversicherungsentgeltverordnung. Letzteres erscheint wegen der Privilegierung, die der stärkeren Position, dem Eigentum am vormals übergebenen Grundbesitz, gewährt worden wäre, fragwürdig (richtig ist aufgrund eines Erst-Recht-Schlusses das gegenteilige Ergebnis, vgl. unten Rdn. 1576 f.).

Hinsichtlich der **Renten nach dem BVG** ist zu differenzieren:

(1) **Ausgleichsrenten** gem. § 32 BVG sollen einen abstrakten Ausgleich für den kriegsschädigungsbedingten wirtschaftlichen Schaden sicherstellen, setzen also Bedürftigkeit voraus. Art und Anrechnung des einzusetzenden Einkommens ergeben sich aus § 33 BVG und der hierzu ergangenen Durchführungsverordnung,[270] welche in § 1 Abs. 3 Nr. 9 AusglV ausdrücklich Altenteilsleistungen und Leibrenten als anzurechnende Einkünfte erwähnt. Zugrunde zu legen sind die Werte der SvEV (§ 3 Abs. 1 AusglV).[271] Anrechnungsfrei bleibt jedoch aufgrund ausdrücklicher Erwähnung (§ 2 Abs. 1 Nr. 36 der AusglV) der Sachbezugswert (vgl. Rdn. 604 ff.) eines freien Wohnrechts, das aus der Überlassung eines früher selbstbewohnten Heims oder eines landwirtschaftlichen Gutes herrührt. Diese Bestimmung ist als normatives Indiz für die nachstehend unter Rdn. 1576 f. erläuterte These zu werten, dass die spezialgesetzliche Schonvermögenseigenschaft der Eigentumsposition an selbstbewohnten Räumen a maiore ad minus auch die Anrechnung des dinglichen oder schuldrechtlichen Wohnrechts an solchen Räumen etwa i.R.d. SachBezV ausschließt.

1163

Gem. § 12 Abs. 1 AusglV sind Einkünfte aus zurückbehaltenem Grundbesitz oder aus Nießbrauch hieran anrechnungsfrei, wenn der Einheitswert des Grundbesitzes 15.000,00 DM nicht übersteigt. Bezieht der Übergeber Ausgleichsrente gem. § 32 BVG, sollten daher die auf zurückbehaltenen Grundbesitz oder zurückbehaltene Nießbrauchsrechte entfallenden steuerlichen Einheitswerte geprüft werden. In diesem Zusammenhang enthält § 3 Abs. 3 Satz 2 AusglV eine methodisch interessante Regelung: Sind die vertraglich vereinbarten Altenteilsleistungen im Verhältnis zum Wert des Übergabegegenstands oder der üblicherweise vereinbarten Versorgungsleistungen »zu hoch oder zu niedrig«, so ist als Einkommen zu berücksichtigen, was »unter angemessener Berücksichtigung der tatsächlichen Verhältnisse« zu leisten wäre. Der in §§ 26 Abs. 1 Satz 1 Nr. 1, 103 SGB XII, § 51 KFürsVO sehr viel restriktiver geregelte Gedanke, dem Hilfeempfänger dürfe ein Verzicht auf zumutbare Erwerbsquellen nicht zugutekommen, führt hierzu einer Fiktion »angemessener Versorgungsleistungen«, welche dem Sozialleistungsträger einen kaum kontrollierbaren Berücksichtigungsspielraum belässt. Einen ähnlichen Sonderweg beschreitet die AusglV auch hinsichtlich der Fiktion des Nichtvorliegens einkommensmindernder Vermögensverfügungen, welche nach Ansicht der Versorgungsämter »ohne verständigen Grund« vorgenommen wurden. In der Praxis ist jedoch von diesen Handhaben – der abnehmenden Bedeutung der Kriegsopferausgleichsrenten entsprechend – nur selten Gebrauch gemacht worden.

1164

(2) **Berufsschadensausgleichsrente** gem. § 30 BVG soll eine Kompensation für das durch die Schädigungsfolgen geminderte Einkommen aus gegenwärtiger oder früherer Tätigkeit darstellen. Zu den anzusetzenden Einnahmen aus früherer Tätigkeit zählen gem. § 9 Abs. 2 Nr. 3 der zu § 30 BVG erlassenen DV (BSchAV)[272] auch »Einnahmen aus Vermögen, das der Geschädigte … geschaffen hat, um sich nach dem Ausscheiden aus dem Erwerbsleben den Lebensunterhalt zu sichern«. Hierunter können auch Versorgungsleistungen etwa aus Altenteilsverträgen fal-

1165

---

270 VO über die Einkommensfeststellung nach dem BVG (AusglV) v. 01.07.1975, BGBl. I, S. 1769 mit späteren Änderungen.
271 Das früher insoweit vorgesehene Punktesystem, das bei landwirtschaftlichen Gutsüberlassungsverträgen einen Bewertungsabschlag von 25 % gewährte, ist entfallen.
272 VO zur Durchführung des § 30 Abs. 3 bis 12 BVG, BGBl. 1984 I, S. 861.

len. Das BSG[273] differenziert insoweit dahin gehend, ob der überlassene Gutsbetrieb »objektiv erarbeitet«, insb. vergrößert wurde (dann Anrechnung der Altenteilsleistungen hieraus) oder lediglich »verwaltet« und allenfalls »erhalten« worden war (dann keine Berücksichtigung der Versorgungsleistungen). Dieses auf den ersten Blick paradoxe Ergebnis (der Landwirt, welcher den ererbten Hof durch außergewöhnlich intensives Wirtschaften erweitert hat, wird durch Anrechnung der hieraus erzielten Altenteileinkünfte »bestraft«) erklärt sich aus der Zielsetzung der Berufsschadensausgleichsrente, welche nicht an das Bedürftigkeitsprinzip anknüpft, sondern an den schädigungsbedingten Ausfall der Erwerbsleistungskraft des Übergebers.[274]

1166 (3) Alle vorstehenden Ausführungen zu den Renten gem. BVG gelten entsprechend für **Hinterbliebenen-**, insb. Witwen- und Waisenrenten gem. §§ 38 ff. BVG.

1167 Die **Sozialfürsorgeleistungen** des SGB XII und SGB II werden – aufgrund ihrer Subsidiarität als steuerfinanzierte, nicht zum Ausgleich gemeinschaftsbedingter Opfer bestimmter Leistungen – ebenso wie die bis 31.12.2004 gewährte Arbeitslosenhilfe (§§ 193 ff. SGB III, zuvor §§ 137 Abs. 1 und Abs. 2a, 136 AFG) unter Anrechnung aller Einnahmen in Geld (Renten etc.) oder Geldeswert des Beziehers sowie seines Partners gewährt (§ 82 SGB XII, s. im Einzelnen Rdn. 593; sowie § 11 SGB II, s. im Einzelnen Rdn. 780 ff.). Auch Naturalleistungen (z.B. Tischkost) mindern daher die Höhe solcher Sozialleistungen i.H.d. Werte, welche die gem. § 17 Abs. 1 Nr. 3 SGB IV erlassene und bereits unter Rdn. 603 ff. erläuterte **Sozialversicherungsentgeltverordnung** festlegt.

1168 Hinsichtlich der Duldung des Bewohnens durch den Übernehmer (Wohnungs- und Mitbenützungsrecht) ist jedoch wertend zu berücksichtigen, dass der viel stärkere Vorbehalt des Eigentums an den weiter bewohnten Räumen (z.B. gem. WEG, ErbbauRG) oder eines Dauerwohnrechts gem. § 31 WEG zu keiner einkommensrelevanten Berücksichtigung (ähnlich etwa dem früheren § 21a EStG) führen würde. Dann kann dies erst recht nicht für die dahinter zurückbleibende Position eines schuldrechtlichen oder dinglichen Wohnrechts gelten. Nach richtiger Auffassung ist der Wert eines bei Übergabe zurückbehaltenen oder »als Gegenleistung« zugewendeten Wohnrechts im früher eigenen Heim nicht als Einkommen i.S.d. SGB IV bzw. der SvEV anzusetzen (vgl. im Einzelnen Rdn. 1577).

Anders liegt es jedoch hinsichtlich der Heizungs- und Beleuchtungsaufwendungen, wenn diese – wie häufig – der Grundstückseigentümer insgesamt zu tragen hat.

1169 Hat der Veräußerer Anspruch auf Gewährung eines freien Wohnrechts, wird der ihm zustehende Regelsatz jedoch naturgemäß nicht um den Betrag einer (hier fiktiven) Miete erhöht. Bezieht allerdings der das Objekt bewohnende Übernehmer Hilfe zum Lebensunterhalt, sind bei ihm die an den Veräußerer gewährten Leistungen in ihrer Gesamtheit berücksichtigbar als »Kosten der Unterkunft«, da sie eingegangen wurden, um das Eigentum am Anwesen zu erhalten.

1170 Problematisch ist in diesem Zusammenhang allein die geldwerte Berücksichtigung der aufgrund vertraglicher Vereinbarung erbrachten tatsächlichen **Wart und Pflege** als Einkünfte in Geldeswert nach den »üblichen Mittelpreisen am Verbrauchsort« (§ 2 Abs. 1 Halbs. 2 der VO zur Durchführung des § 82 SGB XII). Entgegen früherer Rechtsprechung des BVerwG[275] hat sich in der Praxis die Linie des VGH Bayern[276] durchgesetzt, wonach die persönliche Hilfeleistung zugunsten des Übergebers nicht per se Einkommenscharakter habe (s. im Einzelnen Rdn. 1647).

---

273 BSG, 04.02.1976 – 9 RV 126/75, SozR 3640, § 9 Nr. 4.
274 Vgl. *Gitter*, DNotZ 1984, 601; krit. *Wahl*, Vertragliche Versorgungsrechte in Übergabeverträgen und sozialrechtliche Ansprüche, S. 132, der zu Recht darauf hinweist, dass die Voraussetzungen des weiteren Tatbestandsmerkmals des § 9 Abs. 2 Nr. 3 VO zu § 30 BVG (Motiv der Vermögensvermehrung muss die Sicherung des Altenteilerdaseins sein) bei wortlautgerechter Prüfung wohl nur selten gegeben sein werden.
275 Im Urt. v. 31.01.1968 – BVerwG V C 22.67, BVerwGE 29, 108.
276 In seinem Urt. v. 02.02.1989, ZfSH/SGB 1989, 580.

Im Bereich der möglichen Auswirkung vertraglicher Pflegeverpflichtungen auf SGB XII-Leistungen, die für den häuslichen oder Heimpflegefall gewährt werden (z.B. das Pflegegeld), ergeben sich jedoch deutliche Differenzierungen, zumal sich dort das Problem schon auf der vorgelagerten Ebene möglichen Bedarfswegfalls stellt (s. hierzu ausführlich Rdn. 1179 ff.). **1171**

E. Pflegefallspezifische Ansprüche nach SGB XII und SGB XI und ihre Wechselbeziehung zu Grundbesitzübertragungen

Wie teilweise schon aus dem bisherigen Gang der Untersuchung ersichtlich, erscheint es ratsam, den Einfluss vertraglicher »Gegenleistungen« bei Vermögensübertragungen auf staatliche Vergünstigungen, die gerade für den Pflegefall gewährt werden, gesondert zu erörtern. Auf einer vorgelagerten Ebene ist insoweit zu prüfen, inwieweit durch die tatsächliche Erbringung der vertraglich geschuldeten Wart und Pflege (oder durch das Verweisen auf deren Geltendmachung) der Sozialleistungsanspruch schon dem Grunde nach wegen anderweitiger Bedarfsdeckung entfällt. Des Weiteren ergeben sich im Bereich der pflegespezifischen Sozialhilfeleistungen zahlreiche Sonderfragen, insb. bei Heimunterbringung des Übergebers (Umwandlung von Wohn- und Versorgungsrechten in Geldrenten etc.). In diesem Abschnitt bedürfen insb. die – in der Praxis allerdings bedeutsamsten – Leistungen nach dem SGB XII und dem PflegeVG (SGB XI) einer Untersuchung. **1172**

Diese Themenstellung – bereits ein biblisches Thema, in Gestalt des Vierten Gebotes[277] – wird, wie angesichts der einerseits zunehmenden Lebenserwartung und der andererseits relativen Abnahme des arbeitenden Teils der Bevölkerung nicht weiter überraschend, an Brisanz wachsen. Die **Pflegestatistik 2011**[278] wies Ende 2011 2,5 Mio. (3,1 %) Menschen als pflegebedürftig zumindest in Stufe I aus, davon wurden 29,7 % (743.000) stationär,[279] 70,3 % (1,76 Mio. Menschen) zu Hause gepflegt – von Letzteren 1.180.000 allein durch Angehörige, 576.000 durch Pflegedienste.[280] 53,3 % waren in Pflegestufe I, weitere 33,7 % in Pflegestufe II und 13,0 % in Pflegestufe III klassifiziert (lediglich 10 % der Betroffenen konnten die Heimkosten in Stufe III selbst tragen!). 2005 lagen die Gesamtausgaben der Pflegeversicherung bei ca. 18 Mrd. €, zzgl. ca. 3,2 Mrd. € der Sozialhilfeträger. 146.800 Personen in Heimen befinden sich in Pflegestufe III. Die Zahl der Pflegeplätze steigt zwar stetig (von knapp 650.000 im Jahr 1999 auf mehr als 875.000 im Jahr 2011); die der über 80-jährigen jedoch schneller. Für Hilfe zur Pflege in stationären Einrichtungen gem. SGB XII wurden 2005 ca. 2,6 Mrd. € gewährt (der Unterhaltsregress ggü. Kindern belief sich auf lediglich 42 Mio. €). Etwa 1 Mio. Pflegebedürftiger erhielt ausschließlich Pflegegeld, wurde also durch Angehörige betreut. Die durchschnittliche Monatsvergütung im Heim betrug in Stufe III über 2.860,00 €. Es wird geschätzt, dass sich die Gesamtzahl der pflegebedürftigen Personen bis zum Jahr 2030 auf 3,4 Mio. erhöhen wird (die Bevölkerungsgruppe der 25- bis 49-Jährigen [»Sandwich-Generation«] wird von derzeit ca. 20 Mio. dann auf ca. 16 Mio. geschrumpft sein – ein Generationenvertrag ohne Generation –, die der über 60-Jährigen von 20,5 auf 28,4 Mio. angewachsen sein); die Zahl aller Pflegebedürftigen wächst jährlich um ca. 1,9 %, die der vollstationär Untergebrachten um ca. 3,6 %. Derzeit liegt der Anteil der Pflegebedürftigen bei den 70-Jährigen bei 4,8 %, bei den über 90-Jährigen bei 57,8 %! Die durchschnittlichen Heimkosten eines nur leicht gebrechlichen Bewohners (Pflegestufe I) sind von 1999 bis 2011 um 340,00€ monatlich auf ca 2.403,00€/Monat gestiegen, weit rascher als die moderate Anhebung der Pflegeleistungen nach SGB XI. **1173**

---

277 *Grziwotz/Döbertin*, Spaziergang durch die Antike, S. 135 f., weist zu Recht darauf hin, dass die Einhaltung des Vierten Gebotes (»Du sollst deinen Vater und deine Mutter ehren, auf dass du lange lebst auf Erden«) als einziges bereits im Diesseits belohnt wird.
278 Pflegestatistik, veröffentlicht unter www.destatis.de, Rubrik »online-Publikationen«.
279 In 12.400 Pflegeheimen mit ca. 546.000 Beschäftigten.
280 11.000 Pflegedienste mit ca 214.000 Beschäftigten.

I. Häusliche Pflege

1174 Auch das SGB XII hat in §§ 61 ff. SGB XII die durch das Pflegestärkungsgesetz (PSG) II mit Wirkung ab 01.01.2017 geänderten Pflegebedürftigkeitskriterien (vgl. Rdn. 1239 ff.) übernommen. Die Pflegebedürftigkeit ist nun in § 61a SGB XII definiert, die Pflegegrade für volljährige Personen in § 61b SGB XII, für Kinder in § 61c SGB XII; das Begutachtungsinstrument nach Maßgabe des § 15 SGB XI, die Verordnung nach § 16 SGB XI, sowie die Richtlinien der Pflegekassen nach § 17 SGB XI finden für die Ermittlung des Grades der Pflegebedürftigkeit gem. § 62 SGB XII entsprechende Anwendung. Die Entscheidungen der Pflegekassen über den Pflegegrad sind gem. § 62a SGB XII auch für den Träger der Sozialhilfe bindend.

1175 Personen mit Pflegebedürftigkeit gemäß dem **neu geschaffenen Pflegegrad 1** (vgl. auch Rdn. 1251) erhalten seit 01.01.2017 gem. § 63 Abs. 2 SGB XII Pflegehilfsmittel (§ 64d SGBXII), Maßnahmen zur Verbesserung des Wohnumfelds (§ 64e SGB XII) und einen Entlastungsbetrag gem. § 66 SGB XII in Höhe von 125 € monatlich, der zweckgebunden einzusetzen ist zur Entlastung pflegender Angehöriger, zur Förderung der Selbständigkeit und Selbstbestimmung des Pflegebedürftigen und für Leistungen gem. §§ 64b und 64e bis 64g SGB XII.

1176 Hinsichtlich der Anrechnung vertraglich vereinbarter Gegenleistungen gelten für die Berücksichtigung regelmäßiger Geldzahlungen und geldwerter Sachleistungsbezüge (abgesehen von den erhöhten Einkommensgrenzen, Rdn. 610 ff.) keine Besonderheiten. Die vertragliche Verpflichtung zur Wart und Pflege ihrerseits wird mittlerweile nicht mehr als Problem der numerischen Anrechnung eines wie auch immer festzustellenden Geldwerts dieser Pflegeverpflichtung gesehen, sondern als Frage des (teilweisen) Wegfalls der in § 63 SGB XII vorgesehenen Sozialhilfeleistungen wegen anderweitiger Bedarfsdeckung. Hierbei ist hinsichtlich der drei **Leistungsbereiche** (Aufwendungserstattung für Pflegepersonen, Kostenübernahme für Pflegekräfte, Pflegegeld) zu differenzieren.

1. Erstattung von Aufwendungen

1177 Der Anspruch auf **Erstattung der Aufwendungen nahestehender Pflegepersonen** (»kleines Pflegegeld«), welcher schon bei einfacher Pflegebedürftigkeit gem. § 64f SGB XII (vormals: § 65 Abs. 1 Satz 1 SGB XII a.F.) gewährt wird, entfällt nach überwiegender Auffassung, wenn die häusliche Wart und Pflege aufgrund vertraglicher Verpflichtungen geschuldet wird.[281] Hat der Hilfeempfänger bereits Anspruch auf »freie« Wart und Pflege, besteht kein Bedürfnis, ihn durch Geldzuwendungen zur Kosten- und Aufwandserstattung zu befähigen.[282] Von diesem Ausschluss sind also folgende Leistungen umfasst: Soweit die häusliche Pflege durch Angehörige oder Nachbarn übernommen wird, wären die angemessenen Aufwendungen dieser sog. Pflegepersonen dem Pflegebedürftigen zu erstatten. Die einschlägigen Verwaltungsvorschriften (zu § 65 SGB XII a.F.)[283] nennen z.B. den Ersatz angefallener Fahrtkosten, Verpflegungsmehraufwand, Ausgaben für die Reinigung der Kleidung der Pflegeperson, für eine durch die Pflege erforderlich gewordene Kinderbetreuung. Ferner können dem Pflegebedürftigen angemessene Beihilfen zugunsten dieser Pflegepersonen gewährt werden (z.B. Entschädigung für unvermeidbaren Verdienstausfall; Übernahme der Prämien

---

281 Eine pauschale Kürzung allein aufgrund des Verwandtschaftsverhältnisses zwischen Pflegeperson und Pflegebedürftigem ist jedoch nicht zulässig, OVG Nordrhein-Westfalen, 10.08.1988 – 17 A 1483/86, ZfSH 1989, 475 = NVwZ-RR 1989, 484.

282 Vgl. auch Tz. 69.01, letzter Satz der SH-Richtlinien des Bayerischen Städtetages, des Landkreisverbandes Bayern und des Verbandes der bayerischen Bezirke i.d.F. der Bekanntmachung des Bayerischen Staatsministeriums für Arbeit und Soziales v. 01.08.1995, AMBl. 1995 Nr. 23. Über die Anwendung dieser Richtlinien beschließt der Sozialhilfeausschuss beim örtlichen und überörtlichen Träger der Sozialhilfe (Art. 2 Abs. 1 Satz 2, Art. 6 Abs. 1 Satz 2 BayAGBSHG). Ihre Anwendung führt zur Selbstbindung der Verwaltung.

283 Bekanntmachung des Bayerischen Staatsministeriums für Arbeit und Sozialordnung v. 06.05.1983, AMBl. 1983 A 111, Nr. 3.1.1.

E. Pflegefallspezifische Ansprüche nach SGB XII und SGB XI Kapitel 3

einer Krankenversicherung der Pflegeperson). Als weitere Ermessensleistung können Alterssicherungsbeiträge für die Pflegeperson übernommen werden (§ 64f Abs. 1 SGB XII). Aufwendungserstattung und Pflegebeihilfen stehen dem **Pflegebedürftigen** zu; sie werden in der Praxis häufig in Form einer monatlichen Pauschalsumme gezahlt (sog. »kleines Pflegegeld«).[284] Das früher geltende Verbot der Pauschalierung (§ 69b Abs. 3 BSHG) ist entfallen.[285]

2. Kostenübernahme für externe Pflegekräfte

a) Voraussetzungen

Die Übernahme der Kosten für externe Pflegekräfte kann gem. § 64b Abs. 1 Satz 1 SGB XII als sog. häusliche Pflegehilfe und gem. § 64c SGB XII als sog. Verhinderungspflege[286] (beides entspricht § 65 Abs. 1 Satz 2 SGB XII a.F.) beansprucht werden, wenn deren Heranziehung »**erforderlich**« bzw. »**notwendig**« ist. Die Praxis der Sozialhilfeträger knüpft hierbei, soweit ersichtlich, an die Ermittlung des vertraglich geschuldeten Pflegeumfangs an: Hinsichtlich der Pflegeleistungen, welche i.R.d. Überlassungsvertrags versprochen wurden, besteht die (allenfalls durch unvorhersehbare Schicksalsschläge widerlegliche) Vermutung, dass sie vom Pflegeverpflichteten ohne Inanspruchnahme externer Kräfte erbracht werden können.

1178

b) Kriterien für mögliche Kürzungen

Damit entfällt regelmäßig die Übernahme der Kosten einer externen Kraft für allgemeine **hauswirtschaftliche Verrichtungen** (z.B. Lebensmitteleinkauf, Reinigen der Wäsche, Zubereiten der Mahlzeiten, Reinigung des Zimmers), auch soweit sie mit der Pflegebedürftigkeit im Zusammenhang stehen (z.B. Betten machen, Leeren des Nachtstuhls). Gleiches gilt regelmäßig für die sog. personenbezogenen Verrichtungen der **Grundpflege** (z.B. Hilfe bei Aufstehen und zu Bett gehen, An- und Auskleiden, Nahrungsmittelaufnahme, Körperpflege, Bewegung, geistiger Erholung). Im Bereich der medizinisch indizierten **Behandlungspflege** werden allerdings wohl nur solche Verrichtungen geschuldet sein, welche ohne besondere Ausbildung nach kurzer Anleitung von jedermann vorgenommen werden können (z.B. Einreibungen, Umschläge), nicht jedoch Maßnahmen, die üblicherweise gewisser Kenntnisse oder Erfahrung bedürfen und bei unsachgemäßer Handhabung Risiken bergen (z.B. Verabreichung von Spritzen).

1179

▶ Hinweis:

Es ist – nicht nur mit Blick auf den Wegfall des Kostenersatzes für externe Pflegekräfte – ratsam, das Maß der geschuldeten Wart und Pflege im Übergabevertrag detaillierter zu regeln, als dies bisher regelmäßig im Rahmen formelhafter Umschreibungen geschehen ist (vgl. hierzu Rdn. 1616 ff.).

1180

Differenzierungen können sich auch hinsichtlich des **zeitlichen Maßes** sowie der »**Lästigkeit**« des **Pflegeaufwands** ergeben. Nach Ansicht von *Wahl*[287] ist bspw. die Übernahme von Wart und Pflege i.R.d. beiden höchsten Pflegebedürftigkeitsstufen des § 64 SGB XII a.F., d.h. bei einer zeitlichen Inanspruchnahme von mehr als 3 Std. täglich für Grundpflege und hauswirtschaftliche Versorgung, im Rahmen von Altenteilsverträgen nur dann geschuldet, wenn dies ausdrücklich vorgesehen ist. Die ältere Rechtsprechung hat dagegen den Verpflichtungsumfang aus vertraglichen Versorgungsansprüchen eher extensiv ausgelegt: Mangels klar einschränkender Regelung sei u.U. sogar die

1181

---

284 Vgl. BVerwG, 27.10.1977 – 5 C 15/77, BVerwGE 55, 31.
285 Sozialhilfereformgesetz v. 23.07.1996 (BGBl. I, S. 1088).
286 Falls die private Pflegeperson wegen Krankheit, Urlaub oder »aus sonstigen Gründen« an der häuslichen Pflege gehindert ist, vgl. auch § 39 SGB XI.
287 Vertragliche Versorgungsrechte in Übergabeverträgen und sozialrechtliche Ansprüche, S. 203 Fn. 1, S. 157 f.; ähnlich *Millich*, Der Pflegefall des Altenteilers unter besonderer Berücksichtigung des Sozialhilferechtes, S. 68 ff.

Übernahme der Pflege bei außergewöhnlicher Pflegebedürftigkeit (d.h. im höchsten Pflegegrad!) geschuldet;[288] ggf. müsse der Verpflichtete eben die Kosten einer qualifizierten Pflegekraft übernehmen.[289] Dem ist die jüngere Rechtsprechung, wie in Rdn. 1225 ff. referiert, i.R.d. ergänzenden Vertragsauslegung, dem Rechtsgedanken des § 275 Abs. 3 BGB folgend, entgegengetreten Soweit die pflegende Versorgung des Veräußerers nach dem Ergebnis der Auslegung oder nach der Formulierung des Überlassungsvertrags nicht geschuldet wird oder unverschuldet nicht im versprochenem Maße erbracht werden kann, sind die Kosten für den angemessenen Einsatz externer Pflegekräfte – sofern die allgemeinen Einkommensgrenzen nicht überschritten sind – i.R.d. § 65 Abs. 1 Satz 2 SGB XII ohne Kürzung zu ersetzen.

3. Pflegegeld

a) Voraussetzungen

1182 Der Einfluss einer vertraglichen Pflegeverpflichtung auf die (betragsmäßig am stärksten ins Gewicht fallende) Gewährung von **Pflegegeld** ist noch immer nicht vollständig geklärt.[290] Der[291] Ansatz, der Anspruch auf Pflegeleistung sei als Einkommen zu werten, dessen Einsatz wegen § 88 Abs. 1 Nr. 1 SGB XII (Zweckidentität) auch unterhalb der Einkommensgrenzen der HbL gefordert werden könne, darf wohl in dieser Form nicht mehr zugrunde gelegt werden.

1183 Das weitergereichte Pflegegeld darf auf andere Sozialleistungen **nicht angerechnet** werden. Dies bedeutet z.B.:
(1) keine Anrechnung auf das ALG II/Sozialgeld gem. § 1 Abs. 1 Nr. 4 der Verordnung v. 17.12.2007 (BGBl. 2007 I, S. 2942);[292]
(2) keine Wertung als rentenschädlicher Hinzuverdienst, wenn die pflegende Person vor Vollendung des 65. Lebensjahrs vorzeitige Altersrente erhält, § 34 Abs. 2 Satz 4 Nr. 1 SGB VI;
(3) keine Berücksichtigung als Einkommen i.R.d. Unterhaltsberechnung gem. § 13 Abs. 6 SGB XI).

1184 Gem. § 3 Nr. 36 EStG sind Einnahmen für Leistungen zur Grundpflege oder hauswirtschaftlichen Versorgung bis zur Höhe des Pflegegelds zugunsten von Angehörigen oder anderen Personen, die damit eine sittliche Pflicht des § 33 Abs. 2 EStG erfüllen,[293] zusätzlich **einkommensteuerfrei**.[294] (Diese Freistellung tritt neben die Steuerbefreiung für nebenberufliche Pflegetätigkeit i.H.e. Freibetrages von bis zu 2.400,00 €/Jahr gem. § 3 Nr. 26 EStG).[295] Allerdings kann aufgrund Weiterga-

---

288 So etwa OVG Nordrhein-Westfalen, 16.02.1994 – 16 A 3286/93, ZfF 1990, 133 zu der Klausel »... die Eltern bis an deren Lebensende in gesunden und kranken Tagen unentgeltlich zu warten und zu pflegen, d.h. demselben alle Handreichungen zu tun, wie es dem Stande und den Bedürfnissen derselben entspricht.«.
289 OLG Schleswig, 21.06.1956 – 3 WLw 21/56, SchlHA 56, 334, 335; vgl. auch *Millich*, Der Pflegefall des Altenteilers unter besonderer Berücksichtigung des Sozialhilferechtes, S. 71. Die Lohnkosten gelten dann beim Übergeber als steuerpflichtiges Einkommen aus dauernder Last! Moderater allerdings nunmehr OLG Koblenz, 16.01.1998 – 10 U 14/94, MittBayNot 1999, 284: Zwar seien bei unbestimmtem Leistungsumfang auch ungedeckte Kosten einer stationären Pflege eingeschlossen, allerdings gem. § 242 BGB begrenzt auf den Wert des vom Anspruchsberechtigten übertragenen Gegenstands.
290 Vgl. zum Folgenden insb. *Germer*, BWNotZ 1983, 73 ff. sowie *Küfner*, ZfSH 1985, 66 ff.
291 In BVerwG, 17.10.1967 – VI C 29/65, BVerwGE 28, 109 entwickelte.
292 Geändert durch VO vom 21.06.2011, BGBl 2011 I, S. 1175.
293 Dies kann nach OFD Frankfurt, 12.07.2013 – S 2342 A 75 – St 213, EStB 2013, 341, i.d.R. angenommen werden, wenn die Pflegeperson nur für einen Pflegebedürftigen tätig wird.
294 Gleiches gilt für Pflegegelder aus privaten Versicherungsverträgen sowie für die Pauschalbeihilfen nach beamtenrechtlichen Beihilfevorschriften für häusliche Pflege.
295 Vgl. hierzu OFD Frankfurt am Main, 21.04.2008, EStB 2008, 320 und Bay. Landesamt für Steuern v. 29.07.2008, EStB 2008, 395; Werbungskosten sind nur abzugsfähig, soweit sie den Freibetrag übersteigen.

be des Betrags an die pflegende Person die Inanspruchnahme des Pflegepauschbetrags nach § 33b Abs. 6 EStG verwehrt sein.[296]

Voraussetzung für den Bezug des Pflegegelds ist neben der Einstufung mind. in Pflegegrad 2 (vormals Pflegestufe I, hierzu s. Rdn. 1235 ff.), dass der Pflegebedürftige »mit dem Pflegegeld« dessen Umfang entsprechend die erforderliche Grundpflege und hauswirtschaftliche Versorgung in geeigneter Weise selbst sicherstellt. 1185

b) Kriterien für mögliche Kürzungen

Da das Pflegegeld gem. § 64a Abs. 1 Satz 2 SGB XII (§ 64 SGB XII a.F.) die tatsächliche Erbringung der Pflege durch nahestehende Personen gerade voraussetzt und fördern soll, also offensichtlich das Gesetz selbst davon ausgeht, dass auch bei tatsächlicher Leistungserbringung weiterhin Bedarf für finanzielle Motivation besteht, kann von einer Zweckidentität der vertraglichen Pflegeverpflichtung mit dem gesetzlichen Pflegegeld keine Rede sein. Der VGH Bayern hat in der ebenfalls bereits erwähnten Entscheidung[297] kurz ausgeführt, es sei allenfalls an einen teilweisen Bedarfswegfall zu denken, da der Motivationsschub bei ohnehin bestehender vertraglicher Verpflichtung nicht die Intensität erreichen müsse, die bei der Pflege aus »bloß« sittlicher Veranlassung notwendig sei. Der einzige im Gesetz geregelte Fall einer **teilweisen Kürzung des Pflegegelds** wegen teilweisen Wegfalls des Bedarfs ist jedoch die Reduzierung bei teilstationärer Betreuung des Pflegebedürftigen (§ 63b Abs. 3 Satz 2 SGB XII; ähnlich § 66 Abs. 3 SGB XII a.F.). Ausdrücklich existiert de lege lata keine Grundlage für eine Teilkürzung des Pflegegelds bei vertraglicher Pflegeverpflichtung.[298] Zur Stützung der Praxis einer Pflegegeldkürzung lässt sich allenfalls anführen, dass gem. § 63b Abs. 5 SGB XII (= § 66 Abs. 2 Satz 2 SGB XII a.F.) eine bis zu 66 %ige Reduzierung des Pflegegelds erfolgen kann, wenn gleichzeitig Aufwendungen für Pflegepersonen oder Kosten von Pflegekräften erstattet werden. Hieraus ist zu schließen, dass auch nach Auffassung des Gesetzgebers das Pflegegeld zumindest teilweise den Charakter eines pauschalierten **Aufwendungsersatzes** hat, der jedoch – wie ausgeführt – bei vertraglicher Verpflichtung zur Vornahme der Pflege und zur Erbringung der notwendig damit verbundenen Aufwendungen entfallen kann. 1186

▶ Hinweis:

In der Praxis wird dementsprechend, den früheren Sozialhilferichtlinien[299] folgend, großenteils das Pflegegeld um zwei Drittel gekürzt, wenn eine vertragliche Pflegepflicht für diese Stufe übernommen wurde. 1187

Das OVG Nordrhein-Westfalen hat dies gebilligt.[300] Wie eine telefonische Umfrage ergeben hat, versuchen einzelne Sozialhilfeträger, durch differenzierende Prüfung den tatsächlichen Verhältnissen des Einzelfalls besser gerecht zu werden: Je höher der Wert des übergebenen Anwesens ist, je kürzer die Übergabe zurückliegt, je geringer der Gesamtumfang der dabei vereinbarten Gegenleistungen ist, je weniger diese bisher tatsächlich aktuell geworden sind, um so höher wird die vertragliche Pflegeverpflichtung auf das Pflegegeld angerechnet.

---

296 BFH, 21.03.2002 – III R 42/00, BStBl. 2002 II, S. 417: Unschädlich ist nur die »treuhänderische« Verwaltung des Pflegegelds durch die pflegende Person, wenn die tatsächliche Verwendung für den Pflegebedürftigen nachgewiesen wird. Aufgrund Gesetzesänderung gelten diese Grundsätze allerdings nicht für Eltern eines behinderten Kindes, so dass diese den Pauschbetrag weiter in Anspruch nehmen können (§ 33b Abs. 6 Satz 2 EStG i.d.F. des Steueränderungsgesetzes 2003).
297 BVerwG, 21.09.1989 – 5C 28/87, ZfSH 1989, 580.
298 Ebenso *Gottschick/Giese*, BSHG, Anm. 10.2. zu § 69; *Bayer*, ZfF 1977, 78 ff.
299 SH-Richtlinien Bayern 1995, Tz. 69.01.
300 OVG Nordrhein-Westfalen, 25.01.1988, ZfSH 1989, 41. Im älteren Schrifttum wurde teilweise gar das völlige Entfallen des Pflegegelds bei vertraglichem Pflegeanspruch gefordert, so etwa von *Fuchs*, ZfF 1967, 68 f.

II. Pflege bei Unterbringung in Heimen

1. Reduzierter Schonbereich

1188 Der Umfang der Pflicht zum Einsatz eigenen Vermögens oder Einkommens ist bei dauernder Heimunterbringung erweitert. So fällt die Schonvermögenseigenschaft der **angemessenen Wohnung** i.S.d. § 90 Abs. 2 Nr. 8 SGB XII weg, wenn mit einer Rückkehr aus dem Heim nicht zu rechnen ist und kein weiteres Mitglied der Einsatzgemeinschaft (insb. der Ehegatte) oder kein Abkömmling diese Räume weiter bewohnt.[301] Der Einsatz **eigenen Einkommens** auch unterhalb der Einkommensgrenze kann »in angemessenem Umfang« verlangt werden, solange der Hilfeempfänger nicht eine andere Person überwiegend unterhält und auf voraussichtlich längere Zeit[302] der Pflege in einem Heim bedarf (§ 88 Abs. 1 Satz 2 SGB XII). Von dieser Möglichkeit wird weitgehend Gebrauch gemacht.

1189 Da die typischerweise vereinbarten Altenteilsnaturalleistungen einschließlich der Wart und Pflege ihrer Natur nach bzw. ihrem vertraglich konkretisierten Leistungsinhalt zufolge nur für den Zeitraum des Verbleibs des Übergebers im Anwesen zu erbringen sind, entfällt bei Sozialhilfeleistungen i.R.d. Heimunterbringung des Übergebers regelmäßig das unter Rdn. 1174 ff. behandelte, vorgelagerte Problem des möglichen Wegfalls der Sozialleistung wegen vorrangiger anderweitiger Bedarfsdeckung. Die Auseinandersetzung verlagert sich überwiegend auf die Ebene der Vermögens- und Einkommensanrechnung, wobei der Sozialhilfeträger i.H.d. anrechnungspflichtigen Einkommens entweder ggü. dem Heimträger die Pflegesatzzahlungen kürzt oder – im Regelfall – den Heimträger in voller Höhe befriedigt, jedoch nach Überleitung gem. § 93 SGB XII[303] Erfüllung der geldwerten Ansprüche des Hilfeempfängers an die Sozialhilfeverwaltung verlangt.

▶ Hinweis:

1190 Hierbei wird seitens der Sozialhilfeträger häufig übersehen, dass die Überleitung des schuldrechtlichen Anspruchs zu keinem Übergang des diesen Anspruch sichernden dinglichen Rechts (auch nicht kraft Gesetzes gem. §§ 401 Abs. 1, 412, 413 BGB) führt.[304] Anders liegt es nur bei der (akzessorischen) Hypothek. Dem Sozialhilfeträger dürfte jedoch nach Überleitung ein schuldrechtlicher Anspruch auf Neubestellung dinglicher Rechte zur Sicherung der schuldrechtlichen Ansprüche zustehen,[305] für welche jedoch wohl nicht die Vollstreckungsprivilegien des Altenteilsrechts (z.B. § 9 Abs. 1 EGZVG oder § 850d ZPO) gelten.[306]

---

301 Das OVG Nordrhein-Westfalen hatte in OVG Münster, 15.10.1991 – 8 A 1271/89, ZfSH 1983, 519 = NJW 1992, 1123 noch abweichend entschieden, das weitere Bewohnen der Räume durch den Ehegatten erhalte den Schonvermögenscharakter der Wohnung nicht. Dies ist durch die Neufassung des Gesetzes überholt. Vgl. zur früheren Rechtslage auch BVerwG, 05.12.1991 – 5 C 60/88, NJW 1992, 1402 f.
302 Nach SH-Richtlinien Bayern, Tz. 85.05 ist hiervon auszugehen, wenn die Beendigung der Heimpflege nicht innerhalb von 6 Monaten zu erwarten ist.
303 Die Unpfändbarkeit oder Nichtabtretbarkeit bestimmter Altenteilsleistungen (§ 850b Abs. 1 Nr. 3 ZPO, § 399 BGB) steht der Überleitung gem. § 93 Abs. 1 Satz 4 SGB XII nicht entgegen. Wie unter Rdn. 1072 ff. ausgeführt, darf nur übergeleitet werden, soweit der Anspruch in der Hand des Hilfeempfängers nicht mehr zum Schonvermögen gezählt hätte, was jedoch bei auswärtiger Heimunterbringung im Hinblick auf § 90 Abs. 2 Nr. 8 SGB XII regelmäßig nicht mehr der Fall ist.
304 Vgl. *Karpen*, MittRhNotK 1988, 147; *Plagemann*, AgrarR 1989, 86; a.A. zu Unrecht *Baur*, ZfSH 1982, 231 und LG Duisburg BGH, 01.12.1983 – IX ZR 41/83, DNotZ 1984, 573.
305 So auch *Büllesbach*, ZfSH 1987, 350; *Plagemann*, AgrarR 1989, 87. Vgl. auch Art. 16 BayAGBGB, wonach der Leibgedingsberechtigte dingliche Sicherung seiner Ansprüche verlangen kann.
306 *Uer*, ZfSH 1966, 39 ff.

E. Pflegefallspezifische Ansprüche nach SGB XII und SGB XI **Kapitel 3**

2. Wegfall vertraglicher Ansprüche (Wohnungsrecht)?

a) Gesetzeslage

Auf rein zivilrechtlicher Ebene ist zunächst zu ermitteln, ob bzw. in welchem Umfang die vorbehaltenen Rechte entfallen, wenn deren Begünstigter (sei es wegen Pflegebedürftigkeit oder wegen dauernder Übersiedlung in wärmere Gefilde) das Anwesen dauerhaft verlässt. Maßgeblich ist zunächst der vertraglich vereinbarte Inhalt des (schuldrechtlichen oder dinglichen) Rechts, subsidiär etwa anwendbare landesrechtliche Bestimmungen zum Leibgedingsvertrag (vgl. etwa Art. 8 Satz 1 BayAGBGB, wonach Altenteilsleistungen auf dem überlassenen Grundstück zu bewirken sind), schließlich die allgemeinen Regelungen des BGB-Schuld- bzw. Sachenrechts. **1191**

Eine beschränkte persönliche Dienstbarkeit – die »Urform« des Wohnungsrechts – erlischt, wenn ihre Ausübung aus tatsächlichen oder rechtlichen Gründen dauernd unmöglich wird, also niemandem[307] mehr einen Vorteil bietet.[308] Die bloße **dauernde Unmöglichkeit der Ausübung** durch den Wohnungsberechtigten selbst genügt hierfür jedoch nicht; mit Zustimmung des Grundstückseigentümers, die auch später und beschränkt auf den Einzelfall erteilt werden kann, könnte die Ausübung des Rechts einem Dritten überlassen werden (§ 1090 Abs. 1 Satz 2 BGB).[309] Der Fall der dauernden Heimunterbringung des Wohnungsberechtigten ist daher in seiner Auswirkung auf den Bestand des dinglichen Rechts anders zu beurteilen als etwa die dauerhafte Zerstörung des Weges durch Bergrutsch, wenn keine Wiederherstellungspflicht besteht. Das dingliche Wohnungsrecht erlischt endgültig nur bei Aufgabe durch den Berechtigten (vgl. Rdn. 1302)[310] – auf die kein gesetzlicher Anspruch besteht[311] – abgesehen von Extremfällen einer Verwirkung[312] oder einer Verzichtspflicht aus Treu und Glauben.[313] **1192**

Eine »bereits jetzt« erteilte Löschungsbewilligung »für den Fall des Eintritts der Pflegebedürftigkeit« ist – da die Bedingung nicht allein aus dem Grundbuch ersichtlich ist (wie etwa bei der Bewilligung der Löschung der Kaufvormerkung »bei Fehlen nachrangiger Eintragungen«) – nicht tauglich, ebenso wenig eine unter dieser Bedingung stehende Löschungsvollmacht[314] (zu freien bzw. nur im Innenverhältnis gebundenen Vollmachtslösungen vgl. jedoch Rdn. 1726 ff.). **1193**

---

307 BGH, 06.02.2009 – V ZR 139/08, MittBayNot 2009, 374 m. Anm. *Böhringer* (Wasserdurchleitungsrecht der öffentlichen Hand ist zwar gegenstandslos, aber Wasserentnahme des dienenden Eigentümers bleibt möglich).
308 BGH, 11.03.1964 – V ZR 78/62, BGHZ 41, 214; Gleiches gilt für Grunddienstbarkeiten: BayObLG, 19.03.1998 – 2Z BR 14/98, DNotZ 1999, 507. Beispiel für Letzteres: wettbewerbsbeschränkende Dienstbarkeit für ein Brauereigrundstück setzt voraus, dass dieses für das geschützte Gewerbe noch dauerhaft eingerichtet ist oder zumindest werden soll, bloßes Büro für Getränkehandel auf dem ehemaligen Brauereigrundstück genügt nicht: OLG München, 28.10.2011 – 34 Wx 19/11, RNotZ 2012, 121.
309 OLG Celle 13.07.1988 – 4 W 129/98, NJW-RR 1999, 10; OLG Zweibrücken, 08.09.1986 – 3 W 130/86, OLGZ 1987, 27; *Schöner/Stöber*, Grundbuchrecht, Rn. 1267; BGH, 19.01.2007 – V ZR 163/06, NotBZ 2007, 129 m. Anm. *Krauß*; OLG Saarbrücken, 05.08.2010 – 5 W 175/10, BeckRS 2010, 28837.
310 Vgl. *Everts*, ZEV 2004, 496.
311 LG Heidelberg, 12.11.2009 – 7 O 14/09, NotBZ 2010, 155.
312 Vgl: *Gutachten* DNotI-Report 2011, 160, 161: Verhalten, das zu der Annahme berechtigt, er werde das Recht nicht mehr ausüben – dies ist im Sachenrecht selten der Fall.
313 Denkbar insbesondere bei extremem Missverhältnis zwischen dem Nutzen für den Berechtigten und den Nachteilen für das dienende Grundstück, vgl. OLG Koblenz, 03.03.1998 – 3 U 563/97, DNotZ 1999, 511, 512; *Staudinger/J. Mayer* (2009) § 1018 BGB Rn. 182.
314 Zu beidem OLG Hamm, 02.08.2010 – 15 W 265/10, ZfIR 2010, 702.

b) Löschung durch Betreuer

1194 Die Löschung durch einen **Betreuer** ist, sofern kein schuldrechtlicher Anspruch hierauf bei dauerhaftem Auszug geschaffen wird, aus Sorge um § 1804 Satz 1 BGB bzw. als Folge der Auflagen des Betreuungsgerichts (§ 1821 Abs. 1 Nr. 1 i.V.m. § 1908i Abs. 1 Satz 1 BGB) in praxi häufig nur gegen Abfindung zu erlangen,[315] es sei denn, der Fortbestand des Wohnungsrechtes führt zu weiteren finanziellen Belastungen, so dass der aktuelle Vermögenswert des Wohnungsrechtes sogar negativ ist.[316] Um die gem. § 1821 Abs. 1 Nr. 1 BGB erforderliche betreuungsgerichtliche Genehmigung zu erleichtern, mag in der Löschungsbewilligung dieser Umstand als Motiv informatorisch angegeben werden.[317] Hat das Wohnungsrecht jedoch noch »Wert«, liegt in der entschädigungslosen Aufgabe eine Schenkung, die ggf. gem. § 528 BGB zurückgefordert werden kann (nicht in Gestalt seiner Wiedereintragung, sondern der Leistung von Wertersatz (§ 818 Abs. 2 BGB) für die dadurch eingetretene Werterhöhung des Grundbesitzes.[318]

c) Auflösende Bedingung

1195 Allerdings kann – zur »Säuberung« des Grundbuches – ein dauerndes Ausübungshindernis in der Person des Berechtigten (wie auch sonstige Umstände) als **auflösende Bedingung** vereinbart werden, sofern sie hinreichend bestimmbar sind,[319] etwa durch Abstellen auf ein Schiedsgutachterzeugnis des zur Beurteilung der voraussichtlich dauernden Pflegebedürftigkeit berufenen Hausarztes, vgl. Rdn. 1196, oder aber als lediglich schuldrechtliche Verpflichtung zur Löschung bei voraussichtlich dauerndem Unterlassen der Ausübung, Rdn. 1197. Da der – davon zu trennende – Nachweis des Eintritts dieser Bedingung nur schwierig in der Form des § 29 GBO zu führen ist (z.B. durch amtsärztliches Zeugnis, Rdn. 1198, oder Meldebescheinigung, Rdn. 1199), arbeitet die Praxis mit der Pflicht zur Berichtigungsbewilligung (Rdn. 1196),[320] oder verwendet das Instrument der Eigenurkunde des Notars (Rdn. 1202):

▶ Formulierungsvorschlag: Erlöschen des dinglichen Wohnungsrechts bei Unmöglichkeit seiner Ausübung

1196 Das dingliche Wohnungsrecht und die zugrunde liegende Abrede erlöschen, wenn es durch den Berechtigten nach dem Urteil seines Hausarztes (§ 317 BGB) aus gesundheitlichen Gründen voraussichtlich auf Dauer nicht mehr ausgeübt werden kann; der Berechtigte ist dann zur Bewilligung der Löschung verpflichtet.

▶ Formulierungsvorschlag: Löschungsverpflichtung bei dauerndem Unterlassen der Ausübung des Wohnungsrechtes

1197 Der Berechtigte ist zur ersatzlosen Löschung des Wohnungsrechts auf Kosten des Eigentümers verpflichtet, wenn der Wohnungsberechtigte dauerhaft auszieht. Dies wird spätestens vermutet,

---

315 *Gutachten* DNotI-Report 2011, 159, 161.
316 BGH, 25.01.2012 – XII ZB 479/11, NotBZ 2012, 270 m. Anm. *Müller; Zimmer*, NJW 2012, 1919 ff. Falsch daher OLG Nürnberg, 22.07.2013 – 4 U 1571/12, NotBZ 2013, 403 m. abl. Anm. *G. Müller* NotBZ 2013, 425 f., das in einem solchen Fall einen Anspruch gem. § 528 BGB bejaht (einheitlicher Schenkungsbegriff); abl. auch *Herrler*, in: DAI, Aktuelle Probleme der notariellen Vertragsgestaltung im Immobilienrecht 2013/2014, S. 208 ff. und *Everts*, MittBayNot 2015, 14 ff.
317 Empfehlung von *Michael*, notar 2012, 355, 357.
318 BGH, 26.10.1999 – X ZR 69/97, NJW 2000, 728.
319 OLG Frankfurt, 27.10.2014 – 20 W 392/13, MittBayNot 2016, 231 m. Anm. *Everts,* hierzu *Michael,* notar 2015, 322, 324 fordert »objektiv eindeutige Bestimmbarkeit« und verneint diese für die Formulierung »wenn das Wohnungsrecht voraussichtlich auf Dauer nicht mehr ausgeübt werden kann«, da z.B. nicht klar sei, auf welche Person abzustellen sei (mit Blick auf die Möglichkeit der späteren Gestattung einer Überlassung an Dritte, § 1092 Abs. 1 Satz 2 BGB). Solche Vorbehalte seien daher nur schuldrechtlich möglich. Ausreichend bestimmt ist nach BayObLG, 07.08.1997 – 2 Z BR 61/97, MittBayNot 1998, 33 jedoch die Formulierung »verlässt der Berechtigte das Vertragsanwesen auf Dauer«.
320 Vgl. auch *Zimmer*, ZEV 2009, 382, 383.

E. Pflegefallspezifische Ansprüche nach SGB XII und SGB XI **Kapitel 3**

wenn das Wohnungsrecht über einen Zeitraum von mindestens zwölf aufeinanderfolgenden Monaten nicht mehr ausgeübt wurde und der Berechtigte sodann nicht glaubhaft machen kann, dass er die Nutzung des Rechtes demnächst wieder aufnehmen wird.

▶ **Formulierungsvorschlag: (Er-)löschen des dinglichen Wohnungsrechts gegen amtsärztliches Attest**

Das dingliche Wohnungsrecht und die zugrunde liegende Abrede erlöschen, wenn es durch den Berechtigten voraussichtlich auf Dauer nicht mehr ausgeübt werden kann. Dasselbe gilt, wenn ein amtsärztliches, gesiegeltes, Attest des Inhalts vorgelegt wird, dass der Berechtigte aus gesundheitlichen Gründen voraussichtlich dauernd an der Ausübung gehindert ist. | 1198

Alternativ kann auch zum grundbuchlichen (§ 29 GBO!) Nachweis des Erlöschens des Wohnungsrechtes (und damit der Unrichtigkeit des Grundbuchs, § 22 GBO) auf eine (für den Notar kostenfreie[321]) Bescheinigung der Meldebehörde abgestellt werden,[322] dass dort eine Abmeldung dieser Wohnung erfolgt sei. Freilich erlaubt das bundesrechtliche Rahmengesetz (in § 16 Abs. 2 MRRG), bei der Übersiedlung in ein Alten- oder Pflegeheim von der Ummeldung abzusehen;[323] ferner besteht bei einer (zur Vermeidung einer Betreuerbestellung) aufgenommenen Vollmacht an den Erwerber, den Wohnungsberechtigten abzumelden, die Gefahr einer missbräuchlich verführten Löschung. Zu erwägen ist daher, eine Sperrfrist nach der Ummeldung vorzusehen, zum Schutz des Berechtigten für den Fall, dass er nach entsprechender Rehabilitation wieder in die Wohnrechtsräume zurückkehren kann.[324] | 1199

▶ **Formulierungsvorschlag: (Er-)Löschen des dinglichen Wohnungsrechts durch Abmeldebescheinigung**

Das dingliche Wohnungsrecht und die zugrunde liegende Abrede erlöschen, wenn es durch den Berechtigten voraussichtlich auf Dauer nicht mehr ausgeübt werden kann. Dasselbe gilt, wenn der Berechtigte bei der zuständigen Meldebehörde seit mindestens drei Monaten weder mit Haupt- noch mit Nebenwohnung gemeldet ist; der Berechtigte bevollmächtigt hiermit den Eigentümer, diese Abmeldung vorzunehmen, wenn die vom Wohnungsrecht erfassten Räume tatsächlich weder als Haupt- noch als Nebenwohnung mehr dienen. | 1200

Schließlich kann das Instrument der »Eigenurkunde des Notars« (Rdn. 4118 ff.) eingesetzt werden, um externe Nachweise, die ihrerseits nicht der Beweismittelbeschränkung des § 29 GBO genügen, in die Sphäre des § 29 GBO »hochzustufen«. Wichtig ist, dass dabei die Eigenurkunde ihrerseits als (auflösende) Bedingung vereinbart ist, nicht etwa nur als (dann im Lichte des § 29 GBO untaugliches) Nachweismittel.[325] | 1201

---

321 Gem. § 34 Abs. 6 Bundesmeldegesetz i.V.m. § 2 Abs. 1 bis 3 und Abs. 4 Satz 2 BundesdatenschutzG als »andere öffentliche Stelle«, vgl. z.B. Schreiben des Ministeriums für Inneres und Kommunales NRW v. 10.10.2016, 112-38.04.06. [jedenfalls i.R.d. Ermittlungen gem. § 351 FamFG, möglicherweise anders, wenn der Betroffene in einer Nachweispflicht gegenüber dem Notar stehe und daher die Gebühren an sich selbst zu tragen hat].
322 So etwa *Müller-von Münchow*, ZEV 2009, 549 f. An sich muss die Ummeldung binnen einer Woche nach dem Wohnortwechsel erfolgen (in Berlin, Brandenburg, Bremen, Schleswig-Holstein und Sachsen binnen zweier Wochen). Ab voraussichtlich 01.11.2015 wird bei Mietwohnungen wieder eine Bestätigung des Vermieters über den Einzug notwendig sein, der dafür aber für seine Immobilie das Melderegister (zur Ermittlung von Untermietern) einsehen kann.
323 Davon macht etwa Art. 25 Abs. 1 Satz 1 BayMeldeG Gebrauch; autorisiert aber andererseits den Heimleiter in Art. 25 Abs. 1 Satz 3 BayMeldeG zur Anmeldung.
324 Vorschlag von *Mayer/Geck*, Der Übergabevertrag, § 3 Rn. 140.
325 Hierzu OLG München, 18.12.2012 – 34 Wx 452/12, DNotZ 2013, 444 (zu einem Wohnungsrecht, das bei Auflösung einer Lebensgemeinschaft auflösend bedingt sein sollte, zum Nachweis solle eine Eigenurkunde dienen).

▶ **Formulierungsvorschlag: (Er-)Löschen des dinglichen Wohnungsrechts gegen notarielle Eigenurkunde**

1202 Das dingliche Wohnungsrecht und die zugrunde liegende Abrede erlöschen, wenn es durch den Berechtigten voraussichtlich auf Dauer nicht mehr ausgeübt werden kann, oder wenn dem Grundbuchamt eine notarielle Eigenurkunde über das Erlöschen vorgelegt wird. Der amtierende Notar, sein Vertreter oder Nachfolger im Amt wird hiermit in einseitig nicht widerruflicher Weise ersucht, diese Eigenurkunde zu fertigen, wenn dem Notar ein schriftliches ärztliches Attest vorgelegt wird, demzufolge der Berechtigte aus gesundheitlichen Gründen mit hoher Wahrscheinlichkeit dauernd an der Ausübung des Wohnungsrechtes durch Selbstnutzung gehindert ist.

1203 Die betreffende Eigenurkunde könnte dann lauten:

▶ **Formulierungsvorschlag: Notarielle Eigenurkunde zur Löschung eines Wohnungsrechtes**

Eigenurkunde

Der unterzeichnende Notar *(ggf: in seiner Eigenschaft als Vertreter bzw. Amtsnachfolger des nachgenannten Notars)* errichtet hiermit die in § ... der Urkunde UR ..... vom ... des Notars ... definierte Eigenurkunde, deren Vorlage als auflösende Bedingung des im Grundbuch des AG ... für ... Blatt ... an FlSt ... in Abt. II Nr. ... eingetragenen dinglichen Wohnungsrechts und der zugrunde liegenden Abrede vereinbart wurde. Es wird festgestellt, dass dem Notar ein schriftliches ärztliches Attest vorgelegt wurde, demzufolge der Wohnungsberechtigte aus gesundheitlichen Gründen mit hoher Wahrscheinlichkeit dauernd an der Ausübung des Wohnungsrechtes durch Selbstnutzung gehindert sei.

Das Grundbuch ist damit unrichtig geworden, die Löschung des Wohnungsrechtes im Wege der Grundbuchberichtigung wird auf Kosten des Eigentümers beantragt.

1204 Noch stärker vereinfachend könnte schlicht der – dann zu siegelnde – Löschungsantrag (§ 15 GBO) des amtierenden Notars (bzw. seines Vertreters oder Amtsnachfolgers) als auflösende Bedingung für das dingliche Wohnungsrecht definiert werden, wie dies z.B. zur Erleichterung der Löschung der Käufervormerkung bei Rückabwicklung des Kaufvertrages zunehmend geschieht:[326]

▶ **Formulierungsvorschlag: Antrag des Notars als auflösende Bedingung des Wohnungsrechtes**

1205 Das dingliche Wohnungsrecht und die zugrunde liegende Abrede erlöschen, wenn es durch den Berechtigten voraussichtlich auf Dauer nicht mehr ausgeübt werden kann, oder wenn der amtierende Notar, sein Vertreter oder Nachfolger im Amt die Löschung des Wohnungsrechtes beantragt (auflösende Bedingung). Der amtierende Notar, sein Vertreter oder Nachfolger im Amt wird hiermit in einseitig nicht widerruflicher Weise ersucht, diesen Antrag in gesiegelter Form zu stellen, wenn dem Notar ein schriftliches ärztliches Attest vorgelegt wird, demzufolge der Berechtigte aus gesundheitlichen Gründen mit hoher Wahrscheinlichkeit dauernd an der Ausübung des Wohnungsrechtes durch Selbstnutzung gehindert ist.

3. Überleitung vertraglicher Ansprüche?

1206 Kommt es als Folge stationärer Pflege zu ergänzenden Leistungen der Sozialhilfe oder z.B. zur Gewährung des steuerfinanzierten Landes-Pflegewohngeldes (insb. in NRW und Schleswig-Holstein), werden naturgemäß alle auf Geld gerichteten Ansprüche, die dem Pflegebedürftigen gegen den Erwerber aus dem Überlassungsvertrag zustehen, gem. § 93 SGB XII übergeleitet. Es ist angesichts der unkalkulierbaren Höhe der offenen Pflegekosten eindringlich davor zu warnen, insoweit Pflichten zu übernehmen, die über die Erbringung der tatsächlichen Dienstleistung hinaus

---

326 *Krauß*, Immobilienkaufverträge in der Praxis, 8. Aufl. 2017, Rn. 1377.

Geldzahlungspflichten vorsehen, zumal die Rechtsprechung der späteren Herabsetzung solcher Pflichten sehr skeptisch ggü. steht, sie teilweise gar als sittenwidrig nicht beachtet.[327]

Schwieriger zu beantworten ist die Frage nach der **Überleitungsfähigkeit von Wohnungsrechten** (Rdn. 1573 ff.) und anderen ortsgebundenen Pflichten. Das frühere Schrifttum[328] hat sie unter Hinweis auf § 93 Abs. 1 Satz 4 SGB XII, wonach die bürgerlich-rechtliche Nichtübertragbarkeit des Anspruchs seiner Überleitung auf den Sozialhilfeträger nicht entgegensteht, uneingeschränkt bejaht. Dem ist jedoch[329] zu widersprechen: Durch die Überleitung darf keine Erschwerung oder Änderung der Leistungspflicht des Schuldners eintreten. Diese Folge wäre jedoch unvermeidlich, wenn der Sozialhilfeträger ein Wohnungsrecht nach Überleitung durch Überlassung an dritte Personen »ausüben« dürfte. § 93 Abs. 1 Satz 4 SGB XII überwindet also lediglich rechtsgeschäftliche Ausschlüsse der Abtretbarkeit sowie gesetzliche Abtretungsausschlüsse, die nicht zur Wahrung der Identität des Leistungsinhalts angeordnet sind. Bei unverändertem Leistungsinhalt aber ist das »übergeleitete« Wohnungsrecht für den Sozialhilfeträger per se nichts wert, da es weiterhin auf Überlassung der Wohnräume an den ursprünglichen Wohnungsberechtigten gerichtet ist (anders liegt es naturgemäß, wenn – entgegen der gesetzlichen Regel [§ 1092 Abs. 1 Satz 2 BGB] – die Überlassung an Dritte zur Ausübung, d.h. Fremdvermietung, gestattet wäre).[330] Es bedarf daher nicht der vom Ergebnis her motivierten teleologischen Reduktion des § 93 SGB XII auf lediglich Geldansprüche, wie sie etwa das OLG Braunschweig[331] vorgeschlagen hat. Vielmehr stellt sich nur das unter Rdn. 1210 ff., 1214 behandelte Problem der Umwandlung des Wohnungsrechtsanspruchs in einen Geldanspruch (zu dessen Abdingbarkeit s. Rdn. 1656 ff.). 1207

Die in der früheren sozialhilferechtlichen Kommentarliteratur[332] teilweise behauptete per-se-Umwandlung der Ansprüche auf Dienst- und Sachleistungen in Geldzahlungspflichten bei SGB XII-Überleitung findet eine normative Grundlage nur im Erstattungsrecht der Leistungsträger untereinander (§ 108 SGB X) und ist daher außerhalb des oben beschriebenen spezialgesetzlichen Anwendungsbereichs der Landesausführungsgesetze zum BGB sowie der möglichen Vertragsanpassung wegen Wegfalls der Geschäftsgrundlage abzulehnen. 1208

▶ Hinweis:

Eine Überleitung von Wohnungsrechten gem. § 93 SGB XII ist daher allenfalls möglich, wenn die Ausübung des Wohnungsrechts schon vertraglich (über die ggf. landesgesetzliche Regelung, z.B. des Art. 13 Abs. 1 BayAGBGB hinaus) gem. § 1092 Abs. 1 Satz 2 BGB an Dritte überlassen werden kann; die Rechtsprechung des OLG Köln, wonach sich eine solche Ausübungsübertragbarkeit aus § 242 BGB ergeben könne, ist allenfalls für den dort entschiedenen Sonderfall, in welchem das Wohnungsrecht an die Stelle eines früheren Nießbrauchrechts getreten war, noch vertretbar. 1209

4. »Umwandlung« in Geldansprüche?

a) Leibgedingsrecht

Hinsichtlich der Leistungen, die ihrer Natur nach nur auf dem Grundstück gewährt werden können,[333] d.h. insb. hinsichtlich eines Wohnungsrechts und der Verpflichtung zur Erbringung von 1210

---

327 So VG Münster, 19.11.2008 – 6 K 683/07, notar 2009, 262 m. Anm. *Michael* (»so übernimmt der Erwerber den Differenzbetrag zur Finanzierung der Unterbringung.«).
328 Insb. *Baur*, ZfSH 1982, 229 ff.
329 Ebenso *Karpen*, MittRhNotK 1988, 146 f.
330 *Everts*, ZEV 2004, 497; OLG Celle, OLGR 2004, 38.
331 OLG Braunschweig, 11.09.1995 – 2 W 118/95, MittRhNotK 1996, 222.
332 Vgl. etwa *Germer*, BWNotZ 1983, 75; hiergegen z.B. *Grube/Wahrendorf*, § 93 Rn. 14.
333 Vgl. insoweit auch Art. 8 BayAGBGB, wonach die dem Berechtigten zustehenden Leistungen auf dem überlassenen Grundstück zu bewirken sind.

Dienstleistungen, bei entsprechender Klarstellung auch Wart und Pflege, stellt sich bei dauernder Heimunterbringung i.R.d. Einkommens- und Vermögensanrechnung das zusätzliche Problem der »**Umwandlung**« **in Geldansprüche**,[334] welche dann unstreitig anzurechnendes (und ggf. überzuleitendes) Einkommen darstellen. Die gem. Art. 96 EGBGB fortgeltenden landesrechtlichen Vorschriften zum Leibgedingsrecht sehen überwiegend vor, dass – jedenfalls ab einem hierauf gerichteten Verlangen[335] – eine dem Wert der Befreiung nach billigem Ermessen entsprechende Geldrente zu entrichten ist, wenn der Berechtigte aus besonderen Gründen das Grundstück auf Dauer verlässt (so Art. 18 BayAGBGB oder – ähnlich – Art. 15 § 9 Abs. 3 PrAGBGB).[336] Diese Voraussetzungen sind i.d.R.[337] erfüllt, wenn feststeht, dass der Berechtigte sein Wohnrecht und die Naturalleistungsansprüche wegen dauernder Heimunterbringung nicht mehr wird ausüben können.[338] Gleiches gilt i.R.d. (z.B. in NRW geltenden) Art. 15 § 9 Abs. 3 PrAGBGB: Der Berechtigte ist durch andere Umstände als das Verhalten des Verpflichteten ohne eigenes Verschulden genötigt, das Grundstück dauernd zu verlassen; ebenso i.R.d. § 16 NdsAGBGB: Dauerndes Verlassen des Altenteilergrundstücks, ohne dass dieser Umstand auf eine Störung des Zusammenlebens durch den Verpflichteten zurückzuführen ist. Diese Voraussetzungen sind jedenfalls[339] erfüllt, wenn der Berechtigte infolge Pflegebedürftigkeit dauernd auf einer Pflegestation eines Heims verbleiben muss. Dass bei etwaigen kurzzeitigen Besuchen die Couch zum Ausruhen des Hilfeempfängers bereitsteht, genügt zur Abwendung der Rechtsfolgen des Art. 15 § 9 Abs. 3 PrAGBGB nicht.[340]

1211 Die Rechtsprechung orientiert sich bei der Ermittlung **der Höhe dieser Auszugsrente** hinsichtlich
(1) **des Wohnungsrechts** an der erzielbaren Nettomiete[341] (deren Feststellung allerdings gerade im ländlichen Bereich häufig Schwierigkeiten bereitet);
(2) **des Wegfalls der Wart- und Pflegeverpflichtung** am entfallenen täglichen Stundenaufwand (Freizeitwert; Stundensatz ca. 6,00–8,00 €).[342] Dabei wird berücksichtigt, dass viele i.R.d. häuslichen Betreuung und Versorgung anfallende Hilfstätigkeiten ohnehin auch für den eigenen Haushalt zu erledigen wären. Ferner gilt als »nicht erspart« der Zeitaufwand, den der Er-

---

334 Vgl. hierzu eingehend *Karpen*, MittRhNotK 1988, 144 f.; *Gitter*, DNotZ 1984, 603; *Büllesbach*, ZfSH 1987, 346; *Sbresny*, ZfF 1983, 222 ff.; *Rosendorfer*, MittBayNot 2005, 1 ff.
335 Wohl zu verstehen i.S.e. »Kündigung« des Naturalleistungsanspruchs; a.A. OLG Schleswig, RdL 1961, 186: Anspruch entsteht bei Vorliegen der Voraussetzungen ex lege.
336 Auch Art. 15 § 8 PrAGBGB wird von der Rspr. bei städtischen Gebäuden teilweise unmittelbar angewendet, vgl. etwa AG Brilon, 21.01.1986 – 2 C 485/85, n.v.
337 Zu beachten ist jedoch in diesem Zusammenhang die Entscheidung des LG Duisburg, 10.10.1986 – 4 S 200/86, NJW-RR 1987, 1349, wonach keine Geldersatzrente für ein Wohnungsrecht geschuldet wird, wenn die Räume für den Berechtigten auch nach dessen Heimunterbringung aus psychologischen Gründen weiter freigehalten werden. Nach AG Paderborn – 2 C 621/91, n.v. erlischt auch das »schlichte« lebenslängliche Wohnungsrecht nicht ohne Weiteres mit dem Umzug in ein Altenheim.
338 Vgl. OLG Köln, 04.11.1988 – 19 U 96/88, NJW-RR 1989, 138; BayObLG, 07.08.1997 – 2Z BR 61/97, DNotZ 1998, 299 (orientiert an § 7 Abs. 3 BGB: objektive Aufgabe des Wohnsitzes und diesbezüglicher Wille erforderlich). Die bloße Aufnahme in ein Pflegeheim gestattet diese Schlussfolgerung allerdings noch nicht.
339 Nach OLG Celle, 20.03.2006 – 7 W 135/05, OLGR 2006, 454= NJOZ 2006, 2592 (zu § 16 NdsAGBGB) genügt auch ein dauerndes Verlassen, das aus eigenem Antrieb des Altenteilsberechtigten erfolgt, also ohne medizinische Notwendigkeit.
340 Vgl. OLG Köln, 02.06.1992 – 15 U 229/91, MittRhNotK 1993, 162 ff.; zur hierbei verwendeten Definition des Altenteilsrechts (§ 49 GBO) krit. *Mayer*, Rpfleger 1993, 320 f. (»Abschied vom Altenteil?«).
341 Beispiel: OLG Celle, 20.03.2006– 7 W 135/05, OLGR 2006, 454 = NJOZ 2006, 2592 (zu § 16 NdsAGBGB), wo die Wohnung tatsächlich, wenn auch innerhalb der Familie, nachvermietet wurde.
342 Zusammenstellung bei *Karpen*, MittRhNotK 1989, 144 mit Tendenz nach oben (LG Osnabrück, 30.05.1991 – 9 O 351/90, NJW-RR 1992, 453 f.), vgl. auch Gutachten, DNotI-Report 1999, 47 f. Das OLG Düsseldorf (s. nachfolgende Fn.) legt 5,00 € je Stunde zugrunde.

werber für Besuche im Pflegeheim weiterhin aufbringt.[343] Pauschalierend wird teilweise der (volle) Pflegegeldbetrag zugrunde gelegt für die Stufe, deren Übernahme der Erwerber zugesagt hatte (Stufe I: 215,00 €).[344] Höhere Wertansätze finden sich in Pflichtteilsergänzungsprozessen (als unentgeltlichkeitsmindernder Anrechnungsposten im Jahr 1998: bis zu 2.500,00 DM/Monat).[345] Möglicherweise wird die nun konsequent verfolgte Linie des BGH (Rdn. 1225), im Rahmen ergänzender Vertragsauslegung lediglich auf die ersparten Sachaufwendungen, nicht den Wert gewonnener Freizeit, abzustellen, insoweit künftig geringere Ansätze zur Folge haben.

(3) **der entfallenen Aufwendungen** für die Verköstigung an einer monatlichen Ersparnis von ca. 80,00 €.[346]

In Bayern wird aufgrund einer Abstimmung der zuständigen Sachgebietsleiter[347] weiter differenziert:

(1) Erfasst der räumliche Ausübungsbereich des vorbehaltenen Wohnungsrechts das gesamte Anwesen, ist die ortsübliche Miete heranzuziehen.

(2) Ist dessen Gegenstand lediglich die Nutzung einzelner Räume, werden pro Zimmer mind. 25,00 € pro Monat angesetzt, zusätzlich – sofern tatsächlich vom Erwerber/Eigentümer geschuldet – für die Übernahme der Nebenkosten für Strom 7,50 € pro Monat, für Wasser 1,50 €, für Heizung 40,00 € und für sonstige Nebenkosten 13,00 €. Ist der Eigentümer zusätzlich verpflichtet, die Instandhaltungskosten zu tragen, wird dies mit weiteren 25,00–100,00 € monatlich bewertet.

(3) Hauswirtschaftliche Versorgungen sind in drei »Untergruppen« eingeteilt:
  (a) Durchführung von Besorgungen (Einkäufe etc.),
  (b) Reinigung und Ausbesserung von Kleidung, Wäsche und Schuhe sowie schließlich,
  (c) die Zubereitung der Mahlzeiten.
  Für die beiden ersten Bereiche werden je nach den Umständen mind. 15,00 € monatlich angesetzt, für den Wegfall der Verpflegungsverpflichtung 1/3 des Regelsatzes für volljährige Anspruchssteller.

(4) Hinsichtlich der Verpflichtung zu Wart und Pflege wird das Pflegegeld für die Pflegestufe I = Pflegegrad 2 angesetzt, derzeit (2017) also 316,00 € monatlich.

Begrenzend ist zum einen die Leistungsfähigkeit des Übernehmers dann zu berücksichtigen, wenn nach den Bestimmungen des Übergabevertrags finanzielle Verpflichtungen (etwa die Tragung der nicht anderweit gedeckten Krankheitskosten) ihrerseits davon abhängig gemacht wurden. Darüber hinaus erkennen einige Sozialhilferichtlinien[348] sowohl eine objektive Begrenzung – die sich aus der Addition der einzelnen Positionen ergebende Summe wird wertend reduziert, wenn der Barwert des Altenteils den Wert der übergebenen Grundstücke übersteigt – als auch eine subjektive Obergrenze an: Dem Erwerber soll zumindest ein Garantiebetrag verbleiben i.H.v. 120 % des Regelsatzes eines Haushaltsvorstands, etwaigen Mehrbedarfszuschlägen, den Kosten der Unterkunft, einschließlich Heizkosten, sowie Ratenverpflichtungen für Hausratsgegenstände und Pkw; andern-

---

343 Vgl. OLG Düsseldorf, 11.07.2005 – I-9 U 193/04, ZErb 2006, 59.
344 Ein Gutachten des Deutschen Vereins für öffentliche und private Fürsorge (NDV 1997, 366) plädiert, da das Pflegegeld nur Motivationscharakter habe, sogar für den Ansatz der Pflegesachleistung dieser Stufe (Stufe I: damals 420,00 €). Ähnlich *Weyland*, MittRhNotK 1997, 68 f.: In Anlehnung an die Leistungsstörungsvorschriften bei gegenseitigen Verträgen müsse der volle Wert (= Sachwert) der Pflegeverpflichtung ersetzt werden.
345 OLG Oldenburg, 01.07.1997 – 5 U 23/97, FamRZ 1998, 517.
346 Vgl. etwa LG Osnabrück, RdL 1991, 270 (evtl?) LG Osnabrück, 30.05.1991 – 9 O 351/90, NJW-RR 1992,453; an früheren Urteilen ist z.B. zu nennen LG Kaiserslautern, ZfF 1982, 157; OLG Hamm, MittBayNot 1983, 288; LG Hannover, 11.09.1986 – 16 S 65/86, AgrarR 1987, 20; OLG Düsseldorf, 28.10.1987 – 9 U 69/87, MittRhNotK 1988, 13.
347 Vgl. Referat von Oberregierungsrätin *Kaltenstadler* am 19.03.2003 vor dem Bayerischen Notarverein in Landshut; *Rosendorfer*, MittBayNot 2005, 4.
348 So z.B. in den SH-Richtlinien Baden-Württemberg, Rn. 90.36.

falls rechtfertige die wirtschaftliche Lage des Erwerbers eine Ersatzrente in der errechneten Höhe nicht.

Zur vertraglichen Abdingbarkeit vgl. Rdn. 1656 ff.

b) Änderung der Geschäftsgrundlage (§ 313 BGB)?

1214 Auch außerhalb des Leibgedingsrechts (z.B. häufig bei Übertragungsverträgen über städtisches Wohngebäude unter Rückbehalt eines Wohnungsrechts)[349] hat der BGH[350] im Weg der **Anpassung des der Wohnungsrechtsbestellung zugrunde liegenden Vertrages aufgrund Wegfalls der Geschäftsgrundlage** eine Abgeltung des Versorgungsanspruchs durch Zahlung von Geldbeträgen in entsprechender Höhe im Einzelfall hergeleitet.

1215 Das OLG Köln[351] hat diesen Ansatz weiter nuanciert: Die Parteien hatten das ursprünglich eingeräumte Nießbrauchsrecht gegen eine einmalige Zahlung in ein nichtübertragbares Wohnungsrecht »umgewandelt«. Nach Ansicht des Gerichts entfällt zwar die Geschäftsgrundlage für diese »Umwandlung« aufgrund der späteren Heimunterbringung des Wohnungsrechtsinhabers nicht, der Verpflichtete (= Erwerber) könne aber nach Treu und Glauben gehalten sein, die Ausübung des Wohnungsrechts durch ihm zumutbare dritte Personen angesichts der wirtschaftlichen Notlage des Berechtigten zu gestatten. Dahinter steht wohl die (in den Urteilsgründen nicht ausgesprochene) Überlegung, die Mieteinnahmen als überleitungsfähiges Einkommen zur Deckung der Heimkosten heranziehen zu können. Ähnlich hat wiederum das OLG Köln[352] ausgeführt, bei dauernder stationärer Pflegebedürftigkeit könne die Geschäftsgrundlage für die Beschränkung eines Wohnungsrechts auf eine höchstpersönliche Nutzung entfallen mit der Folge, im Weg der Anpassung der Vereinbarung dem Wohnungsberechtigten (als anrechnungsfähiges Einkommen) einen Anspruch auf Vergütung der durch Vermietung üblicherweise erzielbaren[353] Erträge zuzubilligen.[354]

1216 Dieser Ausweitung der Lehre vom Wegfall der Geschäftsgrundlage ist das OLG Hamm[355] mit guten Gründen entgegengetreten, wonach eine Ausgleichszahlung weder nach §§ 323, 324 BGB a.F., noch den Grundsätzen über den Wegfall der Geschäftsgrundlage geschuldet sei, sondern nur bei Eingreifen der Leibgedingsvorschriften (dort des Art. 15 § 9 Abs. 3 des PrAGBGB). Auch das OLG Brandenburg[356] sieht für eine Ausweitung der vom Beschenkten übernommenen Verpflichtungen, gestützt auf § 242 BGB, nur Raum, wenn andernfalls ein untragbares, mit Recht und Gerechtigkeit schlechthin unvereinbares Ergebnis nicht zu vermeiden wäre. War die (später eintretende) Pflegebedürftigkeit tatsächlich voraussehbar, steht dies der Anwendung der Grundsätze über die Änderung der Geschäftsgrundlage ohnehin entgegen, da die Parteien die Versorgungssituation des

---

349 So der Sachverhalt in LG Duisburg, 15.02.1989 – 6 O 353/88, MittRhNotK 1989, 194; vgl. jedoch LG Bamberg, 01.08.1991 – 3 T 106/91, MittBayNot 1992, 144 zu einem Leibgeding an städtischem Anwesen; ebenso für die Erweiterung des materiellen Leibgedingsbegriffs von der »Wirtschaftseinheit« zur »Versorgungseinheit« *Rosendorfer*, MittBayNot 2005, 3.
350 BGH, 20.03.1981 – V ZR 152/70, DB 1981, 1614 = MittBayNot 1982, 63.
351 OLG Köln, 17.05.1991 – 2 W 76/91, FamRZ 1991, 1432.
352 LS in OLG Köln, 19.07.1995 – 2 Wx 36/94, MittBayNot 1996, 40.
353 Abweichend OLG Celle, 08.10.1997 – 6 U 85/96, OLGR 1998, 318: lediglich i.H.d. von den Beteiligten bei der Bestellung zugrunde gelegten Wohnungsrechtswerts von 100,00 DM/Monat.
354 Ähnlich OLG Düsseldorf, 28.10.1987 – 9 U 69/87, NJW-RR 1988, 326 f.; OLG Düsseldorf, 15.10.1993 – 14 U 333/92, NJW-RR 1994, 201; OLG Köln, 06.02.1995 – 2 W 21/95, MittRhNotK 1995, 175; OLG Köln, 13.11.1996 – 27 U 64/96, ZEV 1997, 937 = MittRhNotK 1997, 89; OLG Schleswig, 26.06.1997 – 2 O 235/95, OLGR 1997, 357 = BeckRs 2014, 02317; zum Ganzen vgl. auch *Schwarz*, ZEV 1997, 309, 315.
355 Vgl. OLG Hamm, 29.02.1996 – 22 U 84/95, NJW-RR 1996, 1360 und erneut OLG Hamm, 09.05.2005, RNotZ 2007, 544 ähnlich AG Lahr, 07.09.1998 – 2 C 171/98, MittRhNotK 1999, 112.
356 OLG Brandenburg, 06.02.1997 – 5 W 29/96, ZOV 1997, 417.

E. Pflegefallspezifische Ansprüche nach SGB XII und SGB XI   Kapitel 3

Zuwendenden (mit dem vertraglich vereinbarten Ergebnis) dann in ihren rechtsgeschäftlichen Willen aufgenommen haben. Von Letzterem ist nach zutreffender Ansicht des OLG Koblenz[357] und des OLG Oldenburg[358] i.d.R. auszugehen; somit fehlt es an dem für § 313 BGB erforderlichen »hypothetischen Element«, dass der Vertrag in Kenntnis des Risikos anders geschlossen worden wäre. Auch der **BGH** äußerte Bedenken, den Eintritt der Pflegebedürftigkeit als unvorhergesehenes Ereignis i.S.d. § 313 BGB zu werten,[359] und stellt zwischenzeitlich[360] in Übereinstimmung mit der Literatur[361] zutreffend fest, »bei der Vereinbarung eines lebenslangen Wohnungsrechtes musste jeder Vertragsteil grds. damit rechnen, dass der Berechtigte sein Recht wegen Krankheit und Pflegebedürftigkeit nicht bis zum Tod ausüben kann. Der Umzug in ein Pflegeheim ist daher i.d.R. kein Grund, den der Bestellung zugrunde liegenden Vertrag nach § 313 BGB anzupassen«.

Dies gilt umso mehr, wenn in der Urkunde für den Fall der dauernden auswärtigen Unterbringung Vorkehrungen getroffen sind, etwa durch bedingte Befugnis zur Überlassung des Wohnungsrechtes zur Ausübung an Dritte (Rdn. 1567). Zur vertraglichen Abwehrvorsorge vgl. Rdn. 1656 ff.

c) »Interessengerechte« Vertragsauslegung?

Der BGH hat in seinem Urt. v. 21.09.2001[362] die von der Vorinstanz (OLG Hamm) gefundene (übernehmerfreundliche und zumutbarkeitsorientierte) Auslegung einer Vertragsklausel, wonach der Erwerber zwar (wie ausdrücklich geregelt) die Kosten der ambulanten Pflege, nicht aber (da nicht erwähnt) die Kosten einer stationären Pflege (sondern lediglich die ausdrücklich erwähnten nicht gedeckten Krankenhauskosten) zu übernehmen habe, verworfen, und zwar mit dem überraschenden Vorwurf, sie sei sinnlos, da damit die Leistungsvereinbarung auf einen unwirksamen **Vertrag zulasten Dritter** (des Sozialhilfeträgers) gerichtet sei. Folgt man dem, würde auch eine ausdrücklich enthaltene Vertragsbestimmung, wonach der Übernehmer zwar im ambulanten Bereich bestimmte Verpflichtungen trage, nicht jedoch für die nicht gedeckten Kosten stationärer Unterbringung aufzukommen habe, als »Vertrag zulasten Dritter« unwirksam sein.[363] Dem kann weder in der Begründung noch im Ergebnis gefolgt werden (vgl. unten Rdn. 1611 ff.).

1217

Der BGH hatte im Urt. v. 23.01.2003[364] Gelegenheit, im Rahmen eines PKH-Verfahrens zu einem ähnlichen Sachverhalt Stellung zu nehmen: Durch notariellen Altenteilsvertrag des Jahres 1972 hatten sich übernehmender Sohn und dessen (nunmehr beklagte) Ehefrau »zur Erbringung sämtlicher häuslicher Arbeiten und zur Betreuung und Pflege in gesunden und kranken Tagen, solange kein Krankenhausaufenthalt notwendig wird«, verpflichtet. Da der medizinisch indizierte Aufenthalt in einem Pflegeheim nicht erwähnt sei, handele es sich um eine Vertragslücke, die entgegen der (m.E. richtigen) Auffassung des Berufungsgerichts nicht durch eine Gleichstellung mit dem Krankenhausaufenthalt (mit der Folge des Erlöschens der Verpflichtung) zu schließen sei, sondern durch die Annahme einer finanziellen Beteiligung an den stationären Heimkosten i.H.d. **ersparten Aufwendungen**,[365] also ohne Berücksichtigung des Sachwerts des Wohnungsrechts selbst (im Beispielsfall addierten sich ersparte Wasser-, Strom- und Instandhaltungsaufwendungen

1218

---

357 OLG Koblenz, 15.11.2006 – 1 U 573/06, RNotZ 2007, 36.
358 OLG Oldenburg, 11.10.2007 – 14 U 86/07, RNotZ 2008, 298.
359 BGH, 19.01.2007 – V ZR 163/06, NotBZ 2007, 133 m. Anm. *Krauß*; OLG Celle, 15.10.2007 – 4 W 195/07, NotBZ 2007, 445 lässt offen, ob seine frühere Rspr. zu § 313 BGB demnach fortgeführt werden kann.
360 BGH, 09.01.2009 – V ZR 168/07, ZNotP 2009, 147, NotBZ 2009, 222 m. Anm. *Krauß*.
361 *Mayer*, DNotZ 2008, 678; *Auktor*, MittBayNot 2008, 15; *Krauß*, NotBZ 2007, 130.
362 BGH, 21.09.2001 – V ZR 14/01, MittBayNot 2002, 179 m. Anm. *Mayer*, S. 153; DNotZ 2002, 702 m. Anm. *Krauß*.
363 Hierauf weist zu Recht auch *Kornexl*, ZEV 2002, 117 f. hin.
364 BGH, 23.01.2003 – V ZB 48/02, ZEV 2003, 211 m. Anm. *J. Mayer*, MittBayNot 2004, 181.
365 Die Höhe der ersparten Aufwendungen dürfte sich an der Rspr. zu Leibgedingverträgen orientieren, vgl. *Rosendorfer*, MittBayNot 2005, 7.

sowie ersparter Verpflegungsaufwand auf insgesamt immerhin 982,00 € pro Monat; weit niedrigere Werte sind jedoch anzusetzen, wenn bereits in der Vergangenheit im Einvernehmen mit dem Wohnungsberechtigten dessen Ausübungsbereich reduziert wurde).[366] Hierfür spreche der im Vertrag zum Ausdruck kommende umfassende Versorgungswille des Übergebers,[367] dem die Vorstellung, »der Allgemeinheit zur Last zu fallen«, unerträglich sei.[368] Allerdings distanziert sich der BGH deutlich vom Topos des »unzulässigen Vertrags zulasten Dritter« und versteht die Ausführungen im Urt. v. 21.09.2001 als Hinweis darauf, dass die übernehmerfreundliche Auslegung wirtschaftlich zu einer Belastung des Sozialhilfeträgers führe. Leistungsbeschränkende Klauseln, dies wird deutlich, werden jedenfalls extrem eng – angeblich dadurch »interessengerecht« – ausgelegt. Dies gilt auch für Lücken in Nachtragsvereinbarungen zu vorbehaltenen Rechten (z.B. Gestattung der Vermietung der bisher vom Wohnungsrecht umfassten Räume, wenn nicht ausdrücklich geregelt ist, wem die Miete zustehen soll: dem Wohnungsberechtigten zuzüglich der ersparten Instandhaltungsaufwendungen).[369]

1219 Dieser Tendenz »interessengerechter Vertragsauslegung« (die auch dem Revisionsgericht ohne einschlägige tatrichterliche Festlegung eröffnet ist) schlossen sich einige Instanzgerichte an, allerdings mit der Maßgabe, dass zuvor der Umfang der geschuldeten Leistung, bzgl. dafür ersparter Aufwendungen zu erstatten seien, auf das mutmaßlich Gewollte korrigiert wird: Trotz des unbegrenzten Wortlauts »Wartung und Pflege in gesunden und kranken Tagen« sei etwa gemäß OLG Düsseldorf[370] angesichts der bereits bei Vertragsschluss vorhandenen zwei eigenen Kinder lediglich der Dienstleistungsaufwand geschuldet gewesen, der zum Erreichen der Pflegestufe I führt. Von den solchermaßen zugrunde zu legenden 90 Minuten täglich seien weiter diejenigen Verrichtungen als »nicht erspart« auszunehmen, die i.R.d. Betreuung des eigenen Haushalts »miterledigt« werden können. Das Gericht sieht einschließlich der Sachaufwendungen einen monatlichen Betrag von gesamt 200,00 € (wobei die »gewonnene Freizeit« mit 5,00 € pro Stunde angesetzt wird, entgegen der nunmehrigen Linie des BGH Rdn. 1225) als angemessen an. Für das nicht mehr ausübbare Wohnrecht ist kein weiterer Aufwand anzusetzen, da gemäß der Bestellungsurkunde alle Kosten des Bewohnens durch den Berechtigten zu tragen gewesen seien. Andere Instanzgerichte wiederum betonen, für eine ergänzende Auslegung in Richtung einer Ersatzgeldrente bedürfe es konkreter Anhaltspunkte dafür, wie die Beteiligten die Regelungslücke geschlossen hätten, andernfalls verbiete sich die Annahme eines umfassenden Alterssicherungsvertrages.[371] Das OLG Karlsruhe ist der Auffassung, bei einem lediglich schuldrechtlich vorbehaltenen Wohnrecht (als Teil eines Hausverkaufs) sei eine Ersatzrente eher geschuldet als bei einem dinglich gesicherten.[372]

1220 In seiner dritten Leitentscheidung[373] verschiebt der BGH die Akzente und widersteht damit der Versuchung, i.R.d. »interessengerechten Vertragsauslegung« den Schwerpunkt nicht auf das Substantiv, sondern auf das Adjektiv zu legen, um richterlich definierte Vorstellungen von Vertrags- und Lastenverteilungsgerechtigkeit – auch im Fiskalinteresse – durchzusetzen: Ein »klassisches

---

366 Beispiel OLG Düsseldorf, 11.07.2005 – I-9 U 193/04, ZErb 2006, 59: Bei Reduzierung auf nur mehr ein Zimmer praktisch keine ersparten Aufwendungen.
367 Ebenso OLG Düsseldorf, 21.11.2002 – V ZR 40/02, n.v.
368 Dies darf zu Recht auch für Landwirte bezweifelt werden (Pflegeheimkosten lassen sich auch aus großen landwirtschaftlichen Betrieben kaum erwirtschaften; die Betriebe selbst sind nur durch steuerfinanzierte Förderungen überlebensfähig!).
369 BGH, 19.01.2007 – V ZR 163/06, NotBZ 2007, 129 m. Anm. *Krauß*.
370 OLG Düsseldorf, 11.07.2005 – I-9 U 193/04, RNotZ 2005, 485 = ZErb 2006, 59, 60; ähnlich OLG Düsseldorf, 05.04.2004 – I-9 U 180/03, JurionRS 2004, 24081, Rn. 46 ff.
371 OLG Schleswig, 07.12.2007 – 14 U 57/07, ZEV 2008, 398.
372 OLG Karlsruhe, 29.09.2009 – 4 W 78/10, NotBZ 2012, 46 (orientiert an Art. 14 Abs. 2 AGBGB Ba-Wü).
373 BGH, 09.01.2009 – V ZR 168/07, DNotZ 2009, 431 m. Anm. *Herrler*, S. 408 ff.; *Volmer*, MittBayNot 2009, 276 ff.; NotBZ 2009, 222 m. Anm. *Krauß*.

E. Pflegefallspezifische Ansprüche nach SGB XII und SGB XI Kapitel 3

Wohnungsrecht«, das auf Lebenszeit des Veräußerers ohne weitere Regelung bestellt wird, ist angesichts seiner höchstpersönlichen Natur und der familiären Verbundenheit zwischen Veräußerer und Erwerber, ungeachtet des Umstands, dass das Wohnungsrecht der Alterssicherung des Berechtigten dient, nicht durch ergänzende Vertragsauslegung dahin gehend zu ergänzen, dass bei Heimunterbringung eine Verpflichtung des Berechtigten zur Vermietung der Wohnung und Herausgabe des erzielten Erlöses bestehe.

Im Einzelnen gibt der BGH folgende Handreichungen zur Schließung etwa vorhandener planwidriger Lücken, sollte die Formulierung dafür (als »kautelarjuristischer Betriebsunfall«[374] noch Raum lassen: 1221

(1) Eine Verpflichtung der Eigentümerin, die nach Auszug der Wohnungsberechtigten nicht mehr genutzten Räume zu vermieten, entspricht wegen des höchstpersönlichen Charakters des Nutzungsrechts im Zweifel nicht dem hypothetischen Parteiwillen (anders läge es nur dann, wenn das Wohnungsrecht aufgrund allgemeiner Gestattung des Eigentümers gem. § 1092 Abs. 1 Satz 2 BGB an Dritte überlassen werden könnte, was jedoch in der Praxis die Ausnahme ist.)

(2) Demzufolge wird auch für den Fall, dass die Familie des Eigentümers oder ein naher Familienangehöriger die frei gewordenen Räume selbst nutzt, keine Pflicht bestehen, von diesem Nutzer eine Miete bzw. Nutzungsentschädigung zu verlangen. Gerade wenn das Wohnungsrecht für ein Familienmitglied bestellt war, ergibt sich hieraus der hypothetische Parteiwille, dass auch die Nutzung durch andere Familienmitglieder unentgeltlich erfolgen könne.

(3) Regelmäßig wird der hypothetische Parteiwille jedoch gestatten, die freigewordenen Räume an Dritte zu vermieten (ohne dass hierzu eine Pflicht besteht, s.o. a). Dies gilt nach Ansicht des BGH jedenfalls dann, wenn »eine Rückkehr der Mutter aus dem Pflegeheim in absehbarer Zeit offenbar nicht zu erwarten und die ihr überlassene Wohnung zur Vermietung an Dritte geeignet ist«.[375]   1222

(4) Es verbleibt die wirtschaftlich entscheidende Frage, wem die Einnahmen aus einer solchen (möglicherweise auch unberechtigt erfolgten[376]) Vermietung zustehen. Ein gesetzlicher Auskehranspruch (§§ 567 bzw. 567a i.V.m. § 566 BGB; §§ 816 Abs. 1 Satz 1, 812 Abs. 1 Satz 1, 2. Alt. BGB; angemaßte Eigengeschäftsführung gem. §§ 687 Abs. 2 Satz 1, 681 Abs. 2, 667 BGB) besteht nicht, da der Mietzins nicht auf Kosten des Berechtigten erlangt wurde – der Wohnungsberechtigte wäre selbst nicht zur Vermietung berechtigt gewesen.[377] Maßgeblich ist daher die ergänzende Auslegung der zugrunde liegenden Abrede dahin gehend, ob die Mietzinsen dem Wohnungsberechtigten (also infolge Überleitung dem Sozialleistungsträger) zustehen oder ob der Eigentümer die Vermietung auf eigene Rechnung vornehmen darf. Ist (aufgrund zwischenzeitlicher Weiterübertragung der wohnungsrechtsbelasteten Immobilie) der durch das Wohnungsrecht Verpflichtete nicht mehr identisch mit dem ursprünglichen Besteller (also dem Beteiligten der zugrunde liegenden Abrede über die Einräumung des Wohnungsrechtes), scheidet eine ergänzende Auslegung von vornherein aus.[378] Andernfalls gilt:

(a) Für die Zuweisung der Einnahmen an den Wohnungsberechtigten führt der Senat ins Feld, dass das Wohnungsrecht ein Teil der Altersversorgung der Mutter darstellte und ein Grund,   1223

---

374 So treffend *J. Mayer*, DNotZ 2008, 685.
375 Ohne diese Einschränkung für eine Befugnis zur Vermietung der leerstehenden Räume auf eigene Rechnung: OLG Hamm, 28.09.2009 – I-5 U 80/07, DNotZ 2010, 128.
376 In diesem Fall stehen dem Wohnungsberechtigten jedoch Beseitigungs- und Unterlassungsansprüche zu, §§ 1004, 823 i.V.m. 249 Abs. 1 BGB.
377 BGH, 13.07.2012 – V ZR 206/11, NotBZ 2013, 108 m. Anm. *Krauß* = NJW 2012, 3572 m. Anm. *Herrler* = ZfIR 2012, 830 m. Anm. *Auktor* (deshalb hat auch ein Vermieter keinen Anspruch auf Auskehr unerlaubt gezogener Untermiete: er selbst wäre zur Untervermietung ebenfalls nicht berechtigt gewesen, vgl. BGH, 12.08.2009 – XII ZR 76/08, NJW-RR 2009, 1522 Rz. 30).
378 BGH, 13.07.2012 – V ZR 206/11, NotBZ 2013, 108 m. Anm. *Krauß* = NJW 2012, 3572 m. Anm. *Herrler* = ZfIR 2012, 830 m. Anm. *Auktor*.

weshalb deren Umzug in eine Pflegeheim zu einer wirtschaftlichen Besserstellung der Eigentümerin (der erwerbenden Tochter) führen solle, nicht erkennbar sei.[379]

(b) Dagegen spricht aber, dass die Parteien ausdrücklich ein Wohnungsrecht, nicht einen Nießbrauch vereinbart haben und somit gerade keine Einkunftserzielung aus den betreffenden Räumen für den Berechtigten erzielen wollten. Die bloße, auch beim schlichten Wohnungsrecht gegebene Befugnis, Pflegepersonen in die Wohnung aufzunehmen (§ 1093 Abs. 2 BGB), ändert an dieser Wertung nichts. Das Wohnungsrecht sollte zwar der Alterssicherung dienen, allerdings nur in Gestalt der Ersparnis von Mietaufwendungen durch Eigennutzung, so dass der hypothetische Parteiwille nicht darauf gerichtet sei, den Eigentümer dazu zu verpflichten, die Wohnung auch danach zur Sicherung der Lebensgrundlage des Berechtigten einzusetzen.

(c) Die Literatur schließlich plädiert schließlich dafür, mangels abweichender Gesichtspunkte (analog § 430 BGB) die Miete je zur Hälfte dem Wohnungsberechtigten und dem Eigentümer zuzuweisen.[380]

▶ Hinweis:

1224 Nimmt man die nunmehr gefundene Argumentationsbasis des BGH beim Wort, kann bei exakter, jegliche Auslegungsbedürftigkeit ausschließender, Formulierung leistungsbeschränkender Klauseln »Entwarnung« gegeben werden. Die nicht mehr vom Wohnungsberechtigten genutzten Räume stehen dann dem Eigentümer, auch zur entgeltlichen Vermietung, zur Verfügung. (Zu den Folgen für den Vertragsgestalter s.u. Rdn. 1656 ff.). Schwieriger mag es sein, das Ergebnis der ergänzenden Vertragsauslegung zu prognostizieren, wenn die Wohnnutzung nur schuldrechtlich vereinbart ist und damit § 1092 Abs. 1 Satz 2 BGB (keine Überlassung der Ausübung an Dritte) als Argument nicht zur Verfügung steht.[381]

1225 Diesen Ansatz hat der BGH[382] auch auf das Schicksal ortsgebundener **Leistungs- (nicht Duldungs-)Pflichten** übertragen, wenn im Vertrag keine Regelung für den Fall getroffen war, dass der Veräußerer diese Leistungen aufgrund (i.d.R. gesundheitsbedingten) Wegzugs nicht mehr in Anspruch nehmen kann: Ein Ausgleich für ersparten tatsächlichen Dienstleistungs**zeit**aufwand (in Bezug auf Pflege und hauswirtschaftliche Verrichtungen), also eine Abgeltung gewonnener Freizeit, sei als Ergebnis ergänzender Vertragsauslegung nur dann geschuldet, wenn die Beteiligten beim Abschluss des Übergabevertrags übereinstimmend davon ausgegangen waren, der Erwerber werde diese Leistungen nicht selbst erbringen, sondern hierfür eine Hilfskraft engagieren und bezahlen. Andernfalls bleibe es lediglich bei der Erstattung ersparter **Sachaufwendungen**. Die untergerichtliche Rechtsprechung ist teilweise großzügiger, indem sie jeglichen Zahlungsanspruch ablehnt,[383] teilweise jedoch insoweit strenger, als sie bei Wegfall der bedungenen Pflegeleistungen zwar – ebenso wenig wie der BGH – keinen Anspruch auf Vergütung der gewonnen Freizeit gewährt, aber Anlass sieht zur Erstattung des anderweitigen Unterbringungsaufwandes (Miete im Betreuten Wohnen) als Kompensation für den Wegfall der Wohnungsgewährungspflicht.[384]

---

379 Ähnlich *Auktor*, MittBayNot 2008, 14, 17.
380 Z.B. *Herrler*, DNotZ 2009, 408, 421.
381 OLG Karlsruhe, 29.09.2010 – 4 W 78/10, DNotI-Report 2011, 77 sieht daher bei einem schuldrechtlichen, infolge Heimunterbringung nicht mehr ausübbaren Wohnungsrecht Raum für eine Beteiligung an den Kosten der Wohnkosten im Heim.
382 BGH, 29.01.2010 – V ZR 132/09, NotBZ 2010, 182 m. Anm. *Krauß*.
383 OLG Köln, 25.06.2014 – 11 U 13/14, MittBayNot 2015, 432 m. Anm. *Krauß*; hierzu *Michael*, notar 2014, 334 und *Hertel*, in: DAI, Aktuelle Probleme der Vertragsgestaltung im Immobilienrecht 2014/2015, S. 146 ff.
384 OLG Brandenburg, 19.12.2013 – 5 U 32/11, ErbR 2014, 397.

E. Pflegefallspezifische Ansprüche nach SGB XII und SGB XI Kapitel 3

III. Rechtslage gemäß Pflegeversicherungsgesetz

1. Grundzüge des SGB XI

a) Versicherte, Beiträge

Die **Pflegeversicherung** – der jüngste Sozialversicherungszweig in der BRD – gewährt seit 01.04.1995 häusliche, seit dem 01.07.1996 stationäre Leistungen. Das Versicherungs- und das Beitragsrecht ist weitgehend an das Recht der gesetzlichen Krankenversicherung (SGB V) angelehnt (vgl. § 20 Abs. 1 Satz 1 SGB XI). So kennt bspw. § 25 SGB XI eine beitragsfreie Mitversicherung von Familienangehörigen ähnlich der krankenversicherungsrechtlichen Mitversicherung in § 10 SGB V. Auch organisatorisch sind die Pflegekassen unter dem Dach der gesetzlichen Krankenversicherung errichtet worden (§§ 1 Abs. 3, 46 Abs. 1 SGB XI). 1226

Es gilt (vorbehaltlich des den Arbeitnehmer treffenden Zuschlags für Kinderlose, i.H.v. weiteren 0,25 %, Rdn. 1229) seit **01.01.2017** ein bundeseinheitlicher **Beitragssatz** von 2,55 % (zuvor ab 01.01.2015 2,35 %, ab 01.01.2013: 2,05 %, ab 01.07.2008: 1,95 %, davor 1,7 %), der je hälftig von Arbeitgeber und Arbeitnehmer getragen wird, § 55 Abs. 1 SGB XI (mit Ausnahme im Bundesland Sachsen, wo der Buß- und Bettag als Feiertag nicht gestrichen wurde: seit 01.01.2017 Arbeitnehmeranteil 1,775 %, Arbeitgeberanteil 0,775 %, § 58 Abs. 3 SGB XI).[385] Die Anhebung durch das Pflegestärkungsgesetz II ab 2017 dient auch der Finanzierung eines Vorsorgefonds, der bis 2033 mit jährlich 1,2 Mia Euro/Jahr bespart werden soll, sowie der Dämpfung weiterer künftiger Beitragssatzsteigerungen. 1227

Die **Beitragsbemessungsgrenze** ist identisch mit derjenigen der Krankenversicherung (§ 55 Abs. 2 SGB XI: 52.200,00 € für 2017, 50.850,00 € für 2016, 49.500,00 € für 2015; 48.600,00€ für 2014; 47.250,00€ für 2013; 45.900,00€ für 2012; 44.550,00 € für 2011; 45.000,00 € für 2010; 44.100,00 € für 2009; 43.200,00 € für 2008; 42.750,00 € für 2006 und 2007; 42.300,00 € für 2005 in den alten und den neuen Ländern – das darüber hinausgehende Arbeitseinkommen wird also bei der Beitragsermittlung ignoriert), jedoch kennt die Pflegeversicherung im Unterschied zur Krankenversicherung (dort § 6 SGB V: in 2017 57.600,00 €, in 2016 56.250,00 €, in 2015 54.900,00€, in 2014 53.550,00€, in 2013 52.200,00€, in 2012: 50.850,00€[386]/Jahr in den alten und den neuen Ländern mit seit 02.02.2007 erschwerten Wechselvoraussetzungen)[387] **keine Versicherungspflichtgrenze** (deren Überschreitung grds. das Ausscheiden aus der gesetzlichen Krankenversicherungspflicht,[388] nicht jedoch der Pflegeversicherungspflicht, zur Folge hat). Unter 1228

---

385 Dies ist verfassungsgemäß, BSG, 30.09.1999 – B 8 KN 1/98, BSGE 85, 10.
386 Für Arbeitnehmer, die seit mind. 31.12.2002 privat krankenversichert sind, abweichend hiervon in 2017: 52.200,00 €, in 2016: 50.850,00 € [2015: 49.500,00 €, 2014: 48.600,00 €, 2013: 47,250,00 €, 2012: 47.250,00 €] in den neuen und den alten Bundesländern, vgl. § 6 Abs. 7 SGB V.
387 Verabschiedung des GKV-Wettbewerbsstärkungsgesetzes: Versicherungsfreiheit erst, wenn die Jahresarbeitsentgeltgrenze (für 2017: 57.600,00 €, für 2016: 56.250,00 €, für 2015: 54.900,00 €, für 2014: 53.550,00 €, für 2013: 52.200,00 €, für 2012: 50.850,00 €, für 2011: 49.500,00 €; für 2010: 48.950,00 €) in drei aufeinanderfolgenden Kalenderjahren überschritten wurde, vgl. *Eilts*, NWB 2009, 4104. Mit erfasst sind auch regelmäßig zu erwartende Zulagen (samt 13. Monatsgehalt) sowie Einkünfte aus einer versicherungspflichtigen Zweitbeschäftigung; bei Krankengeld etc. wird ein fiktives Entgelt zugrunde gelegt. Unabhängig vom Jahresarbeitsentgelt ist eine Krankenversicherungspflicht ausgeschlossen, wenn ein über 55-Jähriger in den vorangehenden 5 Jahren nicht gesetzlich versichert war und nicht mind. die Hälfte dieser Zeit versicherungsfrei, von der Versicherungspflicht befreit oder hauptberuflich selbstständig tätig war.
388 Sie ist für »Altfälle« gem. § 6 Abs. 7 SGB V [vor 2003] identisch mit der Beitragsbemessungsgrenze, für »Neufälle« ab 2003 [§ 6 Abs. 6 SGB V] höher.

engen Voraussetzungen (§ 26a SGB XI) ist auch ein freiwilliger Beitritt zur gesetzlichen Pflegeversicherung möglich.[389]

1229 Aufgrund eines Auftrags des BVerfG[390] musste der Gesetzgeber ab 01.01.2005 bei der Beitragsbemessung in der sozialen Pflegeversicherung[391] Eltern ggü. **kinderlosen Versicherten** bevorzugen (durch einen vom Versicherten allein zu tragenden Beitragszuschlag von 0,25 % für alle über 23 Jahre alte Versicherten,[392] die kein Kind[393] erzogen haben – gleichgültig ob leibliches, Stief-, Adoptiv-,[394] Pflege- oder verstorbenes Kind), so dass der Beitragssatz für Kinderlose sich seit 01.01.2015 auf 2,60 % (bzw. für Personen mit halbem Beitragssatz, wie Beamte, auf 1,425 % = 1,175 + 0,25 %) beläuft.

1230 Das Pflege-Weiterentwicklungsgesetz[395] brachte ab 01.07.2008 eine, allerdings nicht tiefgreifende, **Reform der gesetzlichen Pflegeversicherung**:
(1) Im Vordergrund steht die Verbesserung der Versorgung altersverwirrter Patienten (Demenzkranke, »Pflegestufe Null«) durch Leistungen von bis zu 2.400,00 € im Jahr[396] und die Bildung wohnortnaher Pflegestützpunkte. Ab 2013 erhalten **Demenzkranke** (»Personen mit dauerhaft erheblich eingeschränkter Alltagskompetenz i.S.d. § 45a SGB XI«) in »Stufe Null« auf Antrag[397] ferner einen regulären Anspruch auf Pflegegeld (120,00€/Monat, ab 2015 geplant: 123,00€/Monat) bzw. Sachleistungen (bis 225,00€/Monat; am 2015: 231,00€/Monat); daneben treten (wie in Pflegefällen ab Stufe 1) Ansprüche auf Ersatzpflegeleistungen (bis 1.550,00€/Jahr für bis zu vier Wochen/Jahr; ab 2015 bis 1.612,00€/Jahr für bis zu sechs Wochen/Jahr) und Zuschüsse für den barrierefreien Wohnungsumbau (bis zu 2.550,00€/Jahr, ab 2015 bis zu 4.000,00€/Jahr). Demenzkranke mit erheblichen Einschränkungen der Alltagskompetenz erhielten ferner in Pflegestufe I und II Zuschläge zum Pflegegeld (in Höhe von 70,00€ [ab 2015: 72,00€] in Stufe I bzw. 85,00€ [ab 2015: 87,00€] in Stufe II) bzw. zu Pflegesachleistungen (in Höhe von 215,00€ [ab 2015: 221,00€] in Stufe I bzw. 150,00€ in Stufe II [ab 2015: 154,00€]).

1231 (2) Pflegeheime, deren Bemühungen dazu führen, dass der Pflegebedürftige in eine niedrigere Pflegestufe eingeordnet wird, erhielten einen Bonus.
(3) Ein Fallmanager (»Pflegebegleiter«) koordinierte seit 01.01.2009 die Vorsorge für jeden Pflegefall und diente als Ansprechpartner.
(4) Die ambulanten und stationären Sachleistungen sowie das Pflegegeld wurden Mitte 2008, und sodann jeweils zum Jahresbeginn 2010 und 2012 angehoben. Ab dem Jahr 2015 soll alle 3 Jahre eine Anpassung an die aktuelle Preisentwicklung erfolgen (§ 30 SGB XI).

---

389 Seit 01.01.2002 als Folge von BVerfG, 03.04.2001 – 1 BvR 2014/95, BVerfGE 103, 225 (zuvor nur bei Wegzug ins Ausland). Mindestbeitragsberechnungsgrundlage ist dann für das Jahr 2012 875,00 € monatlich (§ 240 Abs. 4 SGB V).
390 BVerfG, 03.03.2001 – 1 BvR 1629/94, BVerfGE 103, 242.
391 Also nicht der privaten Pflegepflichtversicherung (NWB, Fach 27, S. 5933).
392 Ausgenommen die vor 1940 Geborenen.
393 Zum Nachweis der Elterneigenschaft ggü. dem Arbeitgeber sollen aufgrund Verständigung der Kranken- und Pflegekassen Lohnsteuerkarte, Geburts- oder Abstammungsurkunde, Auszug aus dem Familienbuch oder Kindergeld- bzw. Erziehungsgeldbescheid dienen.
394 Gem. § 55 Abs. 3a SGB XI reicht allerdings keine Adoption eines Kindes im Erwachsenenalter [Reaktion auf das insoweit zweifelnde Urteil des BSG, 18.07.2007 – B 12 P 4/07, n.v.].
395 BGBl. 2008 I, S. 874 ff.; vgl. hierzu *Marschner*, NWB 2008, 2371 ff. = Fach 27, S. 6607 ff.
396 Insbesondere zur Finanzierung niedrigschwelliger Angebote (z.B. Betreuung in einer Alzheimer-Gruppe); die Anbieter rechnen häufig direkt mit den Pflegekassen ab.
397 Antrag bei der Pflegeversicherung; der Medizinische Dienst der Krankenkasse prüft sodann, ob eine erhebliche Einschränkung der Alltagskompetenz vorliegt.

E. Pflegefallspezifische Ansprüche nach SGB XII und SGB XI — Kapitel 3

1232 Die **Pflegesachleistungen** wurden unter Geltung des früheren Pflegestufenregimes (also bis Ende 2016, zu den Leistungen ab 2017 vgl. Rdn. 1258) wie folgt erhöht:

Stufe I (anfangs 384,00 €)	ab 01.07.2008	420,00 €
	ab 01.01.2010	440,00 €
	ab 01.01.2012	468,00 €
	ab 01.01.2015	450,00 €
Stufe II (anfangs 921,00 €)	ab 01.07.2008	980,00 €
	ab 01.01.2010	1.040,00 €
	ab 01.01.2012	1.100,00 €
	ab 01.01.2015	1.144,00 €
Stufe III (anfangs 1.432,00 €)	ab 01.07.2008	1.470,00 €
	ab 01.01.2010	1.510,00 €
	ab 01.01.2012	1.550,00 €
	ab 01.01.2015	1.612,00 €

Das **ambulante Pflegegeld**, das (ohne verfassungsrechtlichen Verstoß[398]) deutlich dahinter zurückbleibt, wurde unter Geltung des früheren Pflegestufenregimes (also bis Ende 2016, zu den Leistungen ab 2017 vgl. Rdn. 1251 ff.) wie folgt angehoben:

Stufe I (anfangs 205,00 €)	ab 01.07.2008	215,00 €
	ab 01.01.2010	225,00 €
	ab 01.01.2012	235,00 €
	ab 01.01.2015	244,00 €
Stufe II (anfangs 410,00 €)	ab 01.07.2008	420,00 €
	ab 01.01.2010	430,00 €
	ab 01.01.2012	440,00 €
	ab 01.01.2015	458,00 €
Stufe III (anfangs 665,00 €)	ab 01.07.2008	675,00 €
	ab 01.01.2010	685,00 €
	ab 01.01.2012	700,00 €
	ab 01.01.2015	728,00 €

Die **stationären Sachleistungsbeträge** der Stufen I und II blieben unverändert (Stufe I: 1.023,00€/Monat, ab 01.01.2015: 1.064,00€/Monat; Stufe II: 1.279,00€/Monat, ab 01.01.2015: 1.330,00€/Monat), für die stationäre Pflegestufe III und die Stufe III in Härtefällen erfolgt ab 2008 ebenfalls unter Geltung des früheren Pflegestufenregimes (also bis Ende 2016, zu den Leistungen ab 2017 vgl. Rdn. 1265) eine stufenweise Anpassung:

---

398 Kein Verstoß gegen Art. 3 oder 6 GG, vgl. BVerfG, 26.03.2014 – 1 BvR 1133/12, FamRZ 2014, 911.

Stufe III (anfangs 1.432,00 €)	ab 01.07.2008	1.470,00 €
	ab 01.01.2010	1.510,00 €
	ab 01.01.2012	1.550,00 €
	ab 01.01.2015	1.612,00 €
für Härtefälle der Stufe III (anfangs 1.688,00 €)	ab 01.07.2008	1.750,00 €
	ab 01.01.2010	1.825,00 €
	ab 01.01.2012	1.918,00 €
	ab 01.01.2015	1.995,00 €

1233 Die zusätzlichen Leistungen werden durch **höhere Beiträge** finanziert, nämlich einen Anstieg um 0,25 % auf 1,95 % (bzw. 2,30 % für Kinderlose) ab 01.07.2008 (im Gegenzug wurde ab 01.01.2008 der Beitrag zur Arbeitslosenversicherung um 0,9 % von 4,2 % auf 3,3 %, und ab 01.01.2009 von 3,3 % auf 2,8 % gesenkt; seit 01.10.2011 beträgt er 3,0 %). Damit werden v.a. Rentner stärker belastet, da sie von der billigeren Arbeitslosenversicherung nicht mehr profitieren. Als Folge der verbesserten Leistungen für Demenzkranke ab 2013 (und der Förderung von Senioren-Wohngemeinschaften[399]) erhöhte sich der Pflegebeitrag ab 2013 um 0,10 % auf 2,05 % (für Kinderlose bleibt er unverändert bei 2,3 %), sodann erneut ab 2015 auf 2,35 % (bei Kinderlosen auf 2,6 %) und ab 2017 um weitere 0,2 Prozentpunkte, also auf 2,55 % (bei Kinderlosen auf 2,8 %).

b) Pflegebedürftigkeit (Pflegestufen)

1234 Allen Leistungen der sozialen Pflegeversicherung ist gemeinsam, dass ein bestimmter **Grad der Pflegebedürftigkeit** vorliegen muss (vor 2016: ab Pflegestufe I, seit 2017: ab Pflegegrad 2, §§ 14 ff. SGB XI). Die Versicherung ist nicht darauf angelegt, eine volle Absicherung des Pflegerisikos herbeizuführen (Grundsicherungsprinzip, § 4 Abs. 2 SGB XI). Der häuslichen Pflege soll der Vorrang gebühren (§ 3 SGB XI). Leistungen werden nur auf Antrag gewährt (§ 33 Abs. 1 SGB XI), und zwar grds. als Sachleistungen oder Sachleistungssurrogate (Pflegegeld; § 4 Abs. 1 SGB XI). Bei jeder Leistungsart besteht eine Leistungsobergrenze, innerhalb der Pflegestufe III noch um eine besondere Härtefallstufe erhöht.

1235 Die **Pflegebedürftigkeit** (§ 14 SGB XI) und ihre Stufen bzw. (seit 2017) Grade (§§ 15 ff. SGB XI) sind im Gesetz, ergänzt durch Richtlinien der Pflegekassen (§ 17 SGB XI) definiert und häufiger Gegenstand gerichtlicher Entscheidungen, insb. bzgl. des Leistungen auslösenden Erreichens der ehemaligen Pflegestufe I.[400] Diese haben Modellcharakter für andere an Pflegebedürftigkeit anknüpfende Sozialleistungsgesetze (etwa die Hilfe zur Pflege nach dem SGB XII). Rechtserheblich ist Pflegebedarf nur, wenn wegen einer körperlichen, geistigen oder seelischen Krankheit oder Behinderung für die gewöhnlichen und regelmäßig wiederkehrenden Verrichtungen im Ablauf des täglichen Lebens für voraussichtlich mind. 6 Monate in erheblichem oder höherem Maß Hilfebedarf besteht.

1236 Als **gewöhnliche** und **regelmäßig wiederkehrende** Verrichtungen wurden durch § 14 Abs. 4 SGB XI für **Einstufungsfälle bis Ende 2016** (zur Neuregelung seit 2017 vgl. Rdn. 1241) vier Bereiche differenziert:

---

[399] 2.500€ pro Person bei der Gründung, maximal 10.000€; ferner bis zu 200€ monatliche Förderung, sowie einmalig für Umbaumaßnahmen 2.557€.

[400] Insoweit legt das BSG strenge Maßstäbe an, vgl. etwa BSG, 19.02.1998 – B 3 P3/97 R, BSGE 82, 27 = NZS 1998, 525.

(1) Bereich der Körperpflege (Waschen, Duschen, Baden, Darm- oder Blasenentleerung etc.),
(2) Bereich der Ernährung (mundgerechte Zubereitung, Aufnahme der Nahrung etc.),
(3) Bereich der Mobilität (selbstständiges Aufstehen, Zu-Bett-Gehen, An- und Auskleiden, Treppensteigen, Verlassen und Wiederaufsuchen der Wohnung),
(4) Bereich der hauswirtschaftlichen Versorgung (Einkaufen, Kochen, Reinigen, Spülen, Wechseln und Waschen der Wäsche und Kleidung, Beheizen), der vom Bereich der Grundpflege abzugrenzen ist.[401]

Die **Pflegestufen** waren insb. zeitlich dahin gehend differenziert, dass der **tagesdurchschnittliche Aufwand**, den ein Familienangehöriger oder eine andere nicht als Pflegekraft ausgebildete Pflegeperson für die erforderlichen Leistungen der Grundpflege und der hauswirtschaftlichen Versorgung benötigte, 1237
(1) bei der Pflegestufe I mind. 90 Minuten betragen musste (hiervon Anteil der Grundpflege mind. 45 Minuten, mind. zwei Verrichtungen der Grundpflege täglich),[402]
(2) bei der Pflegestufe II mind. 180 Minuten (davon mind. 120 Minuten Anteil der Grundpflege für mind. dreimal täglich zu verschiedenen Tageszeiten notwendige Verrichtungen),
(3) bei Pflegestufe III mind. 300 Minuten (davon mind. 140 Minuten Grundpflege mit Verrichtungen rund um die Uhr, auch nachts).

Schwierig war und ist die Abgrenzung im Einzelfall zur sog. »**Behandlungspflege**«, für welche die Krankenversicherung als Kostenträger aufzukommen hat;[403] die strikte Trennung zwischen Krankheit einerseits und Pflegebedürftigkeit andererseits auch in anderen Rechtsgebieten, etwa im Steuerrecht,[404] vorausgesetzt. 1238

Mit Wirkung ab **01.01.2017** wurde durch das Pflegestärkungsgesetz II[405] ein neuer **Pflegebedürftigkeitsbegriff** eingeführt. Zur Finanzierung der Reform wurde der Beitragssatz von jetzt 2,35 % um 0,2 % auf 2,55 % angehoben. Während die bisherigen Kriterien vor allem auf Beschränkungen bei Alltagsverrichtungen, wie sie häufiger bei vorrangig körperlich beeinträchtigten Menschen vorkommen, abstellten, sollen nun auch kognitive oder psychische Beeinträchtigungen stärker erfasst werden und damit der wachsenden Zahl an Demenz erkrankter Menschen Rechnung getragen werden. Diese haben trotz der 2002 und 2015 schrittweise erfolgten Erweiterung der Leistungen für »Personen mit erheblich eingeschränkter Alltagskompetenz« bisher deutlich niedrigere Leistungsansprüche als körperlich beeinträchtigte Menschen. Daneben soll der Fokus künftig stärker pflegefachlich und nicht mehr allein defizitorientiert sein. 1239

Seit dem 01.01.2017 gelten daher Personen als pflegebedürftig, die »aufgrund von gesundheitlich bedingten Beeinträchtigungen ihrer Selbständigkeit oder ihrer Fähigkeiten nach Maßgabe der im Gesetz abschließend festgelegten Kriterien in den festgelegten Bereichen der Hilfe durch andere bedürfen«. Die Ermittlung erfolgt personenbezogen, also unabhängig vom jeweiligen Wohn- oder Personenumfeld. Zeitlich ist ein voraussichtlicher Hilfebedarf von mindestens sechs Monaten erforderlich. 1240

---

401 Aufgrund dieser stärker verrichtungs-, nicht betreuungsbezogenen Ausrichtung der Pflegestufen gelten demenzkranke Personen oft nicht als pflegebedürftig.
402 Die Rechtsprechung legt strenge Maßstäbe an das Erreichen der Pflegestufe I an, vgl. z.B. BSG, 19.02.1998 – B 3 P3/97 R, BSGE 82, 27 = NZS 1998, 525.
403 Vgl. etwa BSG, 27.08.1998 – B 10 KR 4/97 R, BSGE 82, 276. Aufgrund eines interministeriellen Kompromisses kommt jedoch bis 01.07.2007 (§ 43b SGB XI a.F.) für Behandlungspflege in Heimen in systemwidriger Weise ebenfalls die Pflegeversicherung auf.
404 So handelt es sich bei Leistungen der häuslichen Pflegehilfe (§ 36 SGB XI) um im einkommensteuerlichen Sinn gewerbliche Tätigkeit, bei häuslicher Krankenpflege (§ 37 SGB V) dagegen um freiberufliche, vgl. BFH, 22.01.2004 – IV R 51/01, EStB 2004, 231 = DStR 2004, 93.
405 Vgl. *Marburger*, NWB 2016, 188 ff.

Kapitel 3 Sozialrechtliche Fragen der Grundstücksüberlassung

1241 Die sechs **ab 01.01.2017** in § 14 Abs. 4 SGB XI aufgelisteten Bereiche, in denen der Schweregrad der individuellen Beeinträchtigung der Selbständigkeit oder Fähigkeiten ermittelt wird, umfassen (vgl. Rdn. 1243)
(1) Mobilität
(2) kognitive und kommunikative Fähigkeiten
(3) Verhaltensweisen und psychische Problemlagen
(4) Selbstversorgung
(5) Bewältigung und selbständiger Umgang mit krankheits- und therapiebedingten Anforderungen
(6) Gestaltung des Alltagslebens und sozialer Kontakte.

1242 Pflegebedürftige werden seit 01.01.2017 in (fünf) **Pflegegrade**, nicht mehr wie zuvor in (drei)[406] Pflegestufen, eingeteilt. Bisher bestehende Pflegestufen werden »automatisch« umgerechnet, sofern nicht auf einen Höherstufungsantrag eine Neueinstufung erfolgt, und zwar in der Weise, dass die bisherige Pflegestufe 1 (ebenso wie die Pflegestufe 0 mit erheblich eingeschränkter Alltagskompetenz) künftig dem Pflegegrad 2, Pflegestufe 1 mit erheblich eingeschränkter Alltagskompetenz und die »normale« Pflegestufe 2 künftig dem Pflegegrad 3, die Pflegestufe 2 mit erheblich eingeschränkter Alltagskompetenz und die »normale« Pflegestufe 3 künftig dem Pflegegrad 4 und die Pflegestufe 3 mit Härtefallkomponente oder/und mit erheblich eingeschränkter Alltagskompetenz ab 01.01.2017 dem Pflegegrad 5 entspricht. Der neue Pflegegrad 1 umfasst ab 01.01.2017 Personen, für welche die Verbesserung der Wohnsituation und Angebote allgemeiner Betreuung erforderlich sind.

1243 Die Feststellung der Pflegebedürftigkeit erfolgt gemäß § 18 SGB XI durch den Medizinischen Dienst der Krankenversicherung (MDK) oder andere unabhängige Gutachter (MEDICPROOF); die 64 Kriterien folgen dem »neuen Begutachtungsassessment (NBA)«. Dabei haben die sechs Prüfungsfelder folgende Gewichtung:
1. **Mobilität (10 Prozent)**: Positionswechsel im Bett, stabile Sitzposition halten, Aufstehen aus sitzender Position und Umsetzen, Fortbewegen innerhalb des Wohnbereiches, Treppensteigen.
2. **Kognitive und kommunikative Fähigkeiten** (Modul 2 und 3 ergeben **zusammen 15 Prozent**): Personen aus dem näheren Umfeld erkennen, örtliche Orientierung, zeitliche Orientierung, Gedächtnis, Alltagshandlungen in mehreren Schritten wie die Haushaltsführung ausführen oder steuern, Entscheidungen im Alltagsleben treffen, Sachverhalte und Informationen verstehen, Risiken und Gefahren erkennen, elementare Bedürfnisse mitteilen, Aufforderungen verstehen, sich an einem Gespräch beteiligen.
3. **Verhaltensweisen und psychische Problemlagen**: Motorisch geprägte Verhaltensauffälligkeiten, nächtliche Unruhe, selbstschädigendes und autoaggressives Verhalten, Beschädigung von Gegenständen, physisch aggressives Verhalten gegenüber anderen Personen, verbale Aggression, andere vokale Auffälligkeiten, Abwehr pflegerischer oder anderer unterstützender Maßnahmen, Wahnvorstellungen, Sinnestäuschungen, Ängste, Antriebslosigkeit, depressive Stimmungslage, sozial inadäquate Verhaltensweisen, sonstige inadäquate Handlungen.
4. **Selbstversorgung (40 Prozent)**: Körperpflege (vorderen Oberkörper waschen, rasieren, kämmen, Zahnpflege, Prothesenreinigung, Intimbereich waschen, duschen oder baden – einschließlich Haare waschen), An- und Auskleiden (Oberkörper an- und auskleiden, Unterkörper an- und auskleiden), Ernährung (Essen mundgerecht zubereiten/Getränke eingießen, Essen, Trinken), Ausscheiden (Toilette oder Toilettenstuhl benutzen, Folgen einer Harninkontinenz bewältigen sowie Umgang mit Dauerkatheter und Urostoma, Folgen einer Stuhlinkontinenz bewältigen sowie Umgang mit Stoma), Bestehen gravierender Probleme bei der Nah-

---

[406] Wobei die jeweilige Pflegestufe jeweils modifiziert wurde durch das Zusatzmerkmal »erheblich eingeschränkte Alltagskompetenz« und bei Pflegestufe 3 eine Härtefallstufe (mit oder ohne erheblich eingeschränkte Alltagskompetenz) hinzukam.

rungsaufnahme, die einen außergewöhnlich pflegeintensiven Hilfebedarf im Bereich der Ernährung auslösen (nur bei Kindern von 0–18 Monaten).

5. Bewältigung von und selbständiger Umgang mit **krankheits- oder therapiebedingten Anforderungen** und Belastungen **(20 Prozent)** in Bezug auf: Medikation, Injektionen, Versorgung intravenöser Zugänge, Absaugen oder Sauerstoffgabe, Einreibungen, Kälte- und Wärmeanwendungen, Messung und Deutung von Körperzuständen, körpernahe Hilfsmittel, Verbandswechsel und Wundversorgung, Wundversorgung bei Stoma, regelmäßige Einmal-Katheterisierung, Nutzung von Abführmethoden, Therapiemaßnahmen in häuslicher Umgebung, zeit- und technikintensive Maßnahmen in häuslicher Umgebung, Arztbesuche, Besuch anderer medizinischer oder therapeutischer Einrichtungen, zeitlich ausgedehnter Besuch medizinischer oder therapeutischer Einrichtungen und Besuch von Einrichtungen zur Durchführung von Frühförderung (nur bei Kindern).

6. Gestaltung des **Alltagslebens und sozialer Kontakte (15 Prozent)**: Tagesablauf gestalten und an Veränderungen anpassen, Ruhen und Schlafen, sich beschäftigen, in die Zukunft gerichtete Planungen vornehmen, Interaktion mit Personen im direkten Kontakt und Kontaktpflege zu Personen außerhalb des direkten Umfeldes.

Je nach Ausprägung der Beeinträchtigung wird bei jedem Kriterium ein Punktwert ermittelt, wobei die vierstufige Skala von 0 (selbständig) über 1 (überwiegend selbständig), 2 (überwiegend unselbständig) bis 3 (unselbständig) reicht. Für die fünf Kriterien des ersten Moduls (Mobilität) – Positionswechsel im Bett, stabile Sitzposition halten, Aufstehen aus sitzender Position und Umsetzen, Fortbewegen innerhalb des Wohnbereiches, Treppensteigen – können also maximal 5 × 3 = 15 Einzelpunkte erreicht werden. Diese werden sodann in gewichtete Modulpunkte umgerechnet (15 Einzelpunkten entsprechen 10 gewichteten Modulpunkten, worin sich die Gewichtung von 10 % des ersten Moduls »Mobilität« in Relation zur theoretisch möglichen Höchstpunktzahl von 100 ausdrückt). Die gewichteten Punktwerte aus den Modulen werden sodann zu einem Gesamtwert addiert.

1244

Die **Summe der gewichteten Modulpunkte** führt schließlich zu folgenden Pflegegraden:

1245

Pflegegrad 1: Geringe Beeinträchtigung der Selbständigkeit (12,5 bis unter 27 Punkte)

Pflegegrad 2: Erhebliche Beeinträchtigung der Selbständigkeit (27 bis unter 47,5 Punkte)

Pflegegrad 3: Schwere Beeinträchtigung der Selbständigkeit (47,5 bis unter 70 Punkte)

Pflegegrad 4: Schwerste Beeinträchtigung der Selbständigkeit (70 bis unter 90 Punkte)

Pflegegrad 5: Schwerste Beeinträchtigung der Selbstständigkeit mit besonderen Anforderungen an die pflegerische Versorgung (90 bis 100 Punkte).

Allerdings können Pflegebedürftige mit besonderen Bedarfskonstellationen, die bisher als Härtefälle in Pflegestufe 3 eingestuft waren und einen »spezifischen, außergewöhnlich hohen Hilfebedarf mit besonderen Anforderungen an die Pflegeversorgung« haben, Pflegegrad 5 erhalten, auch ohne die Mindestsumme von 90 Punkten erreicht zu haben.

Erteilt die Pflegekasse einen schriftlichen Bescheid über den Antrag nicht binnen fünf Wochen nach dessen Eingang, hat sie ab 01.01.2018 für jede begonnene Woche der Fristüberschreitung 70 € an den Antragsteller zu entrichten (§ 18 Abs. 3b SGB XI).

1246

Änderungen ergeben sich durch das Pflegestärkungsgesetz II ferner für die Versicherungs- und Beitragspflicht (vgl. § 44 Abs. 1 SGB XI) für nicht gewerbsmäßig pflegende Personen sowie die Bemessungsgrundlagen für die Beitragsberechnung.[407]

---

407 Vgl. *Marburger*, NWB 2016, 948.

c) Pflegegeldleistung

1247 Die zum 01.04.1995 eingeführten **häuslichen Pflegeversicherungsleistungen** können entweder als Pflegegeld (§ 37 SGB XI, sog. »Sachleistungssurrogat«) oder als Pflegesachleistung (§ 36 SGB XI) bezogen werden. Das **Pflegegeld** hat Anreizfunktion und ist zur Weitergabe an die nicht professionelle Pflegeperson gedacht, was auch an der verhältnismäßig geringen Leistungshöhe zum Ausdruck kommt (zur Höhe des Pflegegeldes bis Ende 2016 Rdn. 1232, zu den Leistungen seit 2017 vgl. Rdn. 1252). Der Pflegebedürftige kann Pflegegeld- und Pflegesachleistungen auch prozentual kombinieren, muss aber grds. die getroffene Wahl 6 Monate beibehalten. Zur Nichtanrechnung des Pflegegelds auf andere Sozialleistungen und zur einkommensteuerlichen Privilegierung vgl. i.Ü. Rdn. 1183 f.

1248 Voraussetzung für den Bezug des Pflegegelds ist, dass der Pflegebedürftige »mit dem Pflegegeld« dessen Umfang entsprechend die erforderliche Grundpflege und hauswirtschaftliche Versorgung in geeigneter Weise selbst sicherstellt. Zur Überprüfung dessen ist der Pflegegeldempfänger verpflichtet, in bestimmten Zeitabständen **Pflege-Kontrollbesuche** (»Qualitätssicherungsbesuche«) nach § 37 Abs. 3 bis 6 SGB XI abzurufen, die auf Kosten der Pflegekasse durch professionelle Pflegedienste durchgeführt werden. Des Weiteren können in halbjährigem (bei Pflegestufe III in vierteljährigem) Abstand Beratungsleistungen abgerufen werden.[408]

1249 Weiterhin sind Pflegekassen nach § 45 SGB XI verpflichtet, Pflegekurse anzubieten; schließlich erweitert § 44 SGB XI den **sozialversicherungsrechtlichen Schutz** nichtprofessioneller Pflegepersonen durch die Entrichtung von Beiträgen an die Träger der gesetzlichen Rentenversicherung zur Alterssicherung solcher Pflegepersonen (vgl. § 166 Abs. 2 SGB VI, dort sechs Beitragsstufen).[409] Pflegepersonen sind weiter gesetzlich unfallversichert;[410] erforderlich ist für den Sozialversicherungsschutz (Unfall-, Renten- und seit 2017 auch Arbeitslosenversicherung) seit 2017 eine Pflegeleistung von mindestens 10 Std/Woche an mindestens zwei Tagen für mindestens einen Angehörigen des Pflegegrades 2 bis 5. Wer im Pflegegutachten als Pflegeperson genannt ist, wird durch die Pflegekasse bei den Sozialversicherungsträgern gemeldet. Sofern jedoch die Pflegeleistungen bereits vor 2017 erbracht wurden, gelten die früheren großzügigeren Regelungen weiter: erforderlich ist lediglich Pflegebedürftigkeit mindestens der Stufe 1, ohne Rücksicht auf den zeitlichen Pflegeaufwand.

1250 Angehörige von Pflegebedürftigen können sich darüber hinaus bis zu 6 Monate von der Arbeit (ohne Lohnfortzahlung) **freistellen** lassen; die Pflegeversicherung entrichtet für diese Zeit, sofern kein Anspruch auf Familienversicherung besteht, einen Beitragszuschuss i.H.d. Mindestbeiträge für freiwillig Versicherte in der gesetzlichen oder einer privaten Krankenversicherung.

1251 Ab 01.01.2017 gilt: Die Leistungen beim **Pflegegrad 1** umfassen seit 01.01.2017 gem. § 28a SGB XI die Pflegeberatung, Beratung in der eigenen Häuslichkeit, Versorgung mit Pflegehilfsmitteln und zusätzliche Leistungen für Pflegebedürftige in ambulant betreuten Wohngruppen. Hierzu werden auch finanzielle Zuschüsse für Maßnahmen zur Verbesserung des Wohnumfelds (4.000 € pro Person, max. 16.000 € pro Wohnung), Anschubfinanzierungen von 2.500 € pro Person, max. 10.000 € pro Wohneinheit zur Gründung einer ambulant betreuten Wohngruppe –

---

408 Bis 30.06.2008 bis zu 16,00 €/Halbjahr bei Pflegestufe I und II, bis zu 26,00 € pro Quartal in Pflegestufe III; danach bis zu 21,00 € je Halbjahr für Pflegestufe Null bis II, bis zu 31,00 € je Quartal für Pflegestufe III.

409 Ab dem 01.02.2006 kann eine Pflegeperson, die einen der Stufe I – Stufe III zugeordneten Angehörigen wenigstens 14 Std. wöchentlich pflegt, auf Antrag und eigene Kosten sich ferner in der »Freiwilligen Weiterversicherung« der Arbeitslosenversicherung versichern, um Unterbrechungen der Versicherungszeiten zu vermeiden. Die ebenfalls ab 01.02.2006 ermöglichte freiwillige Arbeitslosenversicherung von Personen, die sich vor 2004 selbstständig gemacht haben, wurde per 01.06.2006 wieder abgeschafft.

410 BSG, 07.09.2004 – B 2 U 46/03 R, NJW 2005, 1148 (auch bei weniger als 14 Wochenstunden Pflegetätigkeit, da § 2 Abs. 1 Nr. 17 SGB VII nur auf § 19 Satz 1 SGB XI verweise).

E. Pflegefallspezifische Ansprüche nach SGB XII und SGB XI   Kapitel 3

Bewohner solcher Pflege-WGs haben zudem Anspruch auf Wohngruppenzuschläge von bis zu 214 €/Monat –, Aktivierungshilfen, Pflegekurse für Angehörige und ehrenamtliche Pflegepersonen und ein Entlastungsbetrag von 125 € monatlich,[411] Pflegehilfsmittel im Wert von bis zu 40 €/Monat, sowie weitere Zuschüsse von 125 € zu vollstationärer Pflegegewährt.

Die **Pflegegeldleistungen** für selbst beschaffte – ungelernte – Pflegehilfen oder Angehörige, die die erforderliche Betreuung in geeigneter Weise sicherstellen, betragen seit 01.01.2017   1252
– im Pflegegrad 2: 316 € (dies entspricht einer Steigerung um 30 % gegenüber dem Pflegegeld 2016 für die Pflegestufe 1 = 244 €, und sogar einer Steigerung um 157 % gegenüber dem Pflegegeld 2016 für die Pflegestufe Null mit zusätzlich eingeschränkter Alltagskompetenz = 123 €)
– im Pflegegrad 3: 545 € (dies entspricht einer Steigerung um 19 % gegenüber dem Pflegegeld 2016 für die Pflegestufe 2 = 458 €, und sogar einer Steigerung um 72 % gegenüber dem Pflegegeld 2016 für die Pflegestufe I mit zusätzlich eingeschränkter Alltagskompetenz = 244 €)
– im Pflegegrad 4: 728 € (dies entspricht exakt dem Pflegegeld 2016 für die Pflegestufe III, jedoch einer Steigerung um 34 % gegenüber dem Pflegegeld 2016 für die Pflegestufe II mit zusätzlich eingeschränkter Alltagskompetenz = 458 €)
– im Pflegegrad 5: 901 € (dies entspricht einer Steigerung um 24 % gegenüber dem Pflegegeld 2016 für die Pflegestufe III = 728 €, gleich ob mit oder ohne zusätzlich eingeschränkte Alltagskompetenz)

Bei Pflegegrad 2 und 3 besteht ferner halbjährlich einmal, bei Pflegegrad 4 und 5 vierteljährlich einmal die Möglichkeit, eine Beratung in der eigenen Häuslichkeit durch eine gelernte Pflegekraft oder eine besondere Beratungsstelle abzurufen, zur Sicherung der Qualität der häuslichen Pflege und praktischen Unterstützung. Die für diesen Einsatz anfallende Vergütung (23 € in den Pflegegraden 2 und 3, 33 € in den Pflegegraden 4 und 5) trägt die Pflegekasse bzw. die private Pflegeversicherung. Pflegebedürftige des Pflegegrads 1 haben halbjährlich ebenfalls Anspruch auf einen solchen Beratungsbesuch.   1253

Die Leistungen sind kombinierbar: nimmt ein Pflegebedürftiger (Grad 2) bspw. Pflegesachleistungen i.H.v. 344,50 € (also 50 % des Budgets von 689,00 €) in Anspruch, kann er daneben 50 % des Pflegegeldes des Grades 2 (also ½ von 316,00 € = 158,00 €) beziehen.

d) Pflegesachleistung

Der Pflegebedürftige hat die Wahl, ob er anstelle oder in Vermischung (sog. »Kombinationsleistung«) mit dem Pflegegeld die **Pflegesachleistung** des § 36 SGB XI in Anspruch nimmt, also die Teilfinanzierung eines professionellen Pflegedienstes durch die Pflegekasse. Die **Leistungshöhe** umfasste in Pflegestufe I max. Pflegeeinsätze bis zu einem Gesamtwert von (ab 2012) 450,00 € monatlich, bei Pflegestufe II bis zu 1.100,00 € monatlich, bei Pflegestufe III bis zu 1.550,00 € monatlich (Härtefallstufe: 1.918,00 €, allerdings für max. 3 % der Versicherten der Pflegestufe III). Ab 01.01.2015 stiegen die Sätze auf 468,00€ (Pflegestufe I), 1.144,00€ (Pflegestufe II), 1.612,00€ (Pflegestufe III), bzw. 1.995,00€ (Härtefall der Pflegestufe III). Hierzu zählte auch die **Verhinderungspflege** gem. § 39 SGB XI für längstens 4 Wochen je Kalenderjahr (max. 1.550,00 €/Jahr) – ab 01.01.2015 max. 1.612,00€/Jahr – nach einer Pflege von mind. 6 (vor 01.07.2008: 12) Monaten in häuslicher Umgebung. Gem. § 40 SGB XI wurden weiter in begrenztem, teilweise einkommensabhängigem Umfang auch Pflegehilfsmittel im häuslichen Leistungsbereich mitfinanziert (z.B. Treppenlift). Des Weiteren hatten Pflegebedürftige in (mindestens drei Betroffene umfassenden) ambulanten Wohngruppen mit mindestens einer Pflegekraft seit 30.10.2012 Anspruch auf ei-   1254

---

411 Erstattung z.B. der Kosten von Alltagshelfern (Gedächtnistraining, Vorlesen, Hilfe beim Einkauf), aber auch zur Aufstockung von Regelleistungen der Tages- oder Nachtpflege oder Kurzzeitpflege etwa nach einem Krankenhausaufenthalt. Nicht verbrauchte Beträge können bis zum Ende des Folgejahres vorgetragen werden.

nen weiteren pauschalen Zuschlag von monatlich 200,00 Euro (§ 38a SGB XI), ab 01.01.2015 i.H.v. monatlich 205,00€, ab dann auch für demente Personen der Pflegestufe »Null«. Für solche Wohngruppen konnte ferner gem. § 45e SGB XI eine Anschubförderung von bis zu 10.000 Euro gewährt werden.

1255 Dadurch wurde der tatsächliche Bedarf jedoch bei Weitem nicht gedeckt.

▶ Beispiel:

So sah bspw. der am 30.11.2015 gem. § 89 SGB XI geschlossene Vertrag zwischen zahlreichen betroffenen Pflegekassen, einerseits, und einer Reihe von Vereinigungen der Leistungserbringer,[412] andererseits, vor, dass die Grundpflege entweder nach Stundenaufwand (42,96 € für die Grundpflege, 20,64 € für hauswirtschaftliche Leistungen, 30,84 € je Stunde für häusliche Betreuung, bspw. Unterstützung bei Hobby und Spiel, Beobachtung des Pflegebedürftigen zur Vermeidung einer Selbst- oder Fremdgefährdung bzw. bloße Anwesenheit, um emotionale Sicherheit zu geben, insbesondere bei Demenzpatienten) abgerechnet wird oder aber nach einem Punktesystem, der Punktwert betrug dabei 5,08 Cent. So umfasste beispielsweise eine Teilwäsche 100 Punkte (entspricht 5,08 €), Kämmen 50 Punkte (entspricht 2,54 €), die Ganzkörperwäsche 200 Punkte (entspricht 10,16 €) bzw. als alleinige Leistung 250 Punkt (entspricht 12,70 €), das Machen des Bettes 100 Punkte (entspricht 5,08 €), die Hilfe beim Essen und Trinken 250 Punkte (entspricht 12,70 €), Hilfe bei der Darm- und Blasenentleerung 70 Punkte (entspricht 3,56 €), Hilfe beim Treppensteigen 70 Punkte (entspricht 3,56 €), die Begleitung bei Behördenbesuchen 600 Punkte (entspricht 30,48 €), das Trennen und Entsorgen des Abfalls im Rahmen der hauswirtschaftlichen Versorgung 50 Punkte (entspricht 2,54 €), die Pflege und das Einräumen der Wäsche 300 Punkte (entspricht 15,24 €), das Zubereiten einer warmen Mahlzeit 270 Punkte (entspricht 13,72 €), bei fertiger Anlieferung als »Essen auf Rädern« 90 Punkte (entspricht 4,57 €), dreimal täglich abrechenbar. Hinzu kam die Anfahrtspauschale von 4,20 € am Tag bzw. 6,04 € in der Nacht. Andere private Pflegeanbieter verlangten teilweise höhere Stundensätze (bspw. Einsatz einer Pflegefachkraft tagsüber bis eine Stunde 50 €, jede weitere halbe Stunde 25 €, nachts 75 €, jede weitere halbe Stunde 37,50 €)[413] bzw. 83,20 € für das Erstgespräch vor Aufnahme der Pflege.[414]

1256 Erreichen **demenzkranke**[415] **Pflegebedürftige** zumindest die Pflegestufe I, wurde ihre Versorgung seit dem Pflegeleistungs-Ergänzungsgesetz ab 01.01.2002 durch ein zusätzliches (gleichwohl zu niedrig angesetztes) Sachleistungsbudget von 460,00 € jährlich, z.B. für die nichtprofessionelle Betreuung durch Gruppen von Alzheimer-Gesellschaften, erhöht. Mit Wirkung ab 01.07.2008 wurden diese Leistungen weiter verbessert: in Abhängigkeit von der festgestellten Intensität des Betreuungsbedarfs konnten monatlich bis zu 100,00 (Grundbetrag) bzw. bis zu 200,00 € (erhöhter Betrag) – ab 01.01.2015 bis zu 104,00€ bzw. bis zu 208,00€ – beansprucht werden, auch in der Pflegestufe »Null« (§§ 45a, 45b, 122 SGB XI). Ein relevanter Betreuungsbedarf besteht, wenn die Alltagskompetenz der Pflegebedürftigen aufgrund von demenzbedingten Fähigkeitsstörungen,

---

412 Arbeitgeber- und Berufsverband privater Pflege e. V., Bundesverband ambulante Dienste und stationäre Einrichtungen e. V., Bundesarbeitsgemeinschaft Hauskrankenpflege, Bundesverband privater Anbieter sozialer Dienste e. V., Verband deutscher Alten- und Behindertenhilfe, Deutscher Berufsverband für Pflegeberufe – jeweils Landesverband Bayern –.
413 www.statt-altenheim.de, Stand 01/16.
414 Deutsches Rotes Kreuz, Kreisverband Köln, Position 16, Stand 01/16.
415 In § 45a Abs. 2 SGB XI definiert als Personen mit erheblich eingeschränkter Alltagskompetenz, mit gesetzlichen Regelbeispielen (etwa Weglauftendenz, Verkennen oder Verursachen gefährdender Situationen, Aggressivität oder unkontrollierte Emotionalität, Störung des Tag-Nacht-Rhythmus, therapieresistente Depression, herabgesetztes Urteilsvermögen etc.).

E. Pflegefallspezifische Ansprüche nach SGB XII und SGB XI

geistigen Behinderungen oder psychischen Erkrankungen dauerhaft erheblich eingeschränkt war.[416]

Daneben hatten gem. § 123 SGB XI bis zur Schaffung des (am 01.01.2017 in Kraft getretenen) neuen gesetzlichen Pflegebedürftigkeitsbegriffes solche Personen übergangsweise ab 01.01.2013 Anspruch auf monatlich 120,00€ »Pflegegeld« (ab 01.01.2015: 123,00€) bzw. 225,00€ (ab 01.01.2015: 231,00€) »Pflegesachleistung« in »Stufe Null«, in Pflegestufe I auf (um 70,00€) auf monatlich 305,00€ (ab 01.01.2015: um 72,00€ auf 316,00€) erhöhtes Pflegegeld, bzw. auf (um 215,00€) auf monatlich 665,00€ erhöhte Pflegesachleistungen (ab 01.01.2015: um 221,00€ auf 689,00€ erhöht); in Pflegestufe II betrug das Pflegegeld monatlich 525,00€ (also um 85,00€ erhöht) – ab 01.01.2015: monatlich 545,00€, erhöht um 87,00€ –, die Pflegesachleistung 1.250,00€ (um 150,00€ erhöht) – ab 01.01.2015: 1.298,00€, erhöht um 154,00€ –. Ergänzend bestanden gem. § 124 SGB XI Ansprüche auf häusliche Betreuung.

1257

Seit 01.01.2017 gilt: Die **Pflegesachleistungen** gemäß § 36 Abs. 1 SGB XI umfassen auch die pflegefachliche Anleitung von Pflegebedürftigen und Pflegepersonen; die zu leistenden Geldbeträge betragen
— für Pflegegrad 2: 689 € (dies entspricht einer Steigerung um 47 % gegenüber der Pflegesachleistung 2016 für die Pflegestufe 1 = 468 €, und sogar einer Steigerung um 198 % gegenüber der Pflegesachleistung 2016 für die Pflegestufe Null mit zusätzlich eingeschränkter Alltagskompetenz = 231 €)
— für Pflegegrad 3: 1.298 € (dies entspricht einer Steigerung um 13 % gegenüber der Pflegesachleistung 2016 für die Pflegestufe II = 1.144 €, und sogar einer Steigerung um 88 % gegenüber der Pflegesachleistung 2016 für die Pflegestufe I mit zusätzlich eingeschränkter Alltagskompetenz = 689 €)
— für Pflegegrad 4: 1.612 € (dies entspricht exakt der Pflegesachleistung 2016 für die Pflegestufe III, jedoch einer Steigerung um 24 % gegenüber der Pflegesachleistung 2016 für die Pflegestufe II mit zusätzlich eingeschränkter Alltagskompetenz = 1.298 €)
— Für Pflegegrad 5: 1.995 € (dies entspricht exakt der Pflegesachleistung 2016 für die Pflegestufe III mit Härtestufe, gleich ob mit oder ohne zusätzlich eingeschränkte Alltagskompetenz).

1258

Daneben wird gemäß § 41 SGB XI seit 01.01.2017 für Personen ab mindestens dem Pflegegrad 2 Tages- und Nachtpflege als **teilstationäre Pflege** gewährt; der maximal beanspruchbare Gesamtwert ist je Monat identisch mit den Pflegesachleistungen (bewegt sich also zwischen 689 € in Pflegegrad 2 und 1.995 € in Pflegegrad 5).

1259

---

416 Dies wird anhand von 13 Kriterien geprüft: (1) unkontrolliertes Verlassen des Wohnbereiches (Weglauftendenz), (2) Verkennen oder Verursachen gefährdender Situationen, (3) unsachgemäßer Umgang mit gefährlichen Gegenständen oder potenziell gefährdenden Substanzen, (4) tätlich oder verbal aggressives Verhalten in Verkennung der Situation, (5) im situativen Kontext inadäquates Verhalten, (6) Unfähigkeit, die eigenen körperlichen und seelischen Gefühle oder Bedürfnisse wahrzunehmen, (7) Unfähigkeit zu einer erforderlichen Kooperation bei therapeutischen oder schützenden Maßnahmen als Folge einer therapieresistenten Depression oder Angststörung, (8) Störungen der höheren Hirnfunktionen (Beeinträchtigungen des Gedächtnisses, herabgesetztes Urteilsvermögen), die zu Problemen bei der Bewältigung von sozialen Alltagsleistungen geführt haben, (9) Störung des Tag-/Nacht-Rhythmus, (10) Unfähigkeit, eigenständig den Tagesablauf zu planen und zu strukturieren, (11) Verkennen von Alltagssituationen und inadäquates Reagieren in Alltagssituationen, (12) ausgeprägtes labiles oder unkontrolliert emotionales Verhalten, (13) zeitlich überwiegend Niedergeschlagenheit, Verzagtheit, Hilflosigkeit oder Hoffnungslosigkeit aufgrund einer therapieresistenten Depression. Sind zwei der 13 Kriterien, darunter mindestens eines der ersten neun, erfüllt, so liegt eine erheblich eingeschränkte Alltagskompetenz vor, aufgrund derer der monatliche Grundbetrag von bis zu 100€ bewilligt wird. Trifft zusätzlich mindestens eines der Kriterien 1, 2, 3, 4, 5, 9 oder 11 zu, wird ein erhöhter Betreuungsbedarf attestiert, für den der erhöhte monatliche Betrag von bis zu 200€ gilt.

1260 Sofern Pflegebedürftige in **ambulant betreuten Wohngruppen** untergebracht sind, haben sie Anspruch auf einen Zuschlag in Höhe von 214 € monatlich seit 01.01.2017 (zuvor 205 € monatlich), sofern bestimmte Kriterien eingehalten werden (mindestens zwei, höchstens elf weitere Personen, wobei mindestens zwei weitere Personen pflegebedürftig sein müssen)

e) Teilstationäre Leistungen

1261 Die ebenfalls seit 01.04.1995 gewährten **teilstationären Leistungen** (insb. Tages- und Nachtpflege nach § 41 SGB XI und die Kurzzeitpflege nach § 42 SGB XI) spielen derzeit noch eine untergeordnete, gleichwohl zunehmende Rolle. Wenn die häusliche Pflege nicht in ausreichendem Umfang sichergestellt werden kann, wurden Aufwendungen für soziale Betreuung, medizinische Behandlungspflege und die notwendige Beförderung der Pflegebedürftigen von der Wohnung zur Einrichtung und zurück übernommen, allerdings – nach der bis Ende 2016 geltenden Rechtslage – nur im Umfang von bis zu 468,00 € monatlich (Stufe I, jeweils seit 01.01.2015), 1.144,00 € monatlich (Stufe II) bzw. 1.612 € monatlich (Stufe III). Ab 2017 betragen die monatlichen Leistungen für den Pflegegrad 2 689,00 € (das ist ein Plus von 221,00 €), für den Pflegegrad 3 1.288,00 € (eine Steigerung von 154,00 €), für den Pflegegrade 4 unverändert 1.612,00 €. Für Menschen mit eingeschränkter Alltagskompetenz (insb. Demenzfälle) fallen die Steigerungen sogar noch deutlicher aus (von der bisherigen Pflegestufe Null auf den Grad 2: + 458,00 €, von Stufe I auf Grad 3: + 609,00 €, von Stufe II auf Grad 4: + 314,00 €, von Stufe III auf Grad 5: + 383,00 €, auf 1.995,00 €).

1262 **Kurzzeitpflege** soll in vollstationären Einrichtungen[417] für bestimmte Krisenfälle erbracht werden, sie ist auf längstens 4 Wochen pro Kalenderjahr bzw. max. 1.550,00€/Jahr, ab 01.01.2015 1.612,00€/Jahr (dann erstmals auch in Pflegestufe »Null« mit Demenz, also dem seit 2017 sog. Pflegegrad 1) begrenzt. In der Praxis findet sie häufig im Anschluss an eine stationäre Krankenhausbehandlung statt.

f) Vollstationäre Leistungen

1263 Die vollstationären Leistungen gem. § 43 SGB XI werden seit 01.07.1996 gewährt. Sie umfassen neben den eigentlichen Pflegeleistungen auch die **soziale Betreuung** und dürfen 75 % des tatsächlichen Heimentgeltes (bestehend gem. § 82 Abs. 1 und 2 SGB XI aus Pflegesatz, Unterkunfts- und Verpflegungs- [»Hotel«-]kosten sowie den gesondert berechenbaren Investitionskosten) nicht übersteigen.

1264 Die Pflegekassen übernahmen bis Ende 2016 pauschal für vollstationäre Pflegeleistungen einen Betrag von monatlich 1.023,00 € in der Pflegestufe I, 1.279,00 € in der Pflegestufe II und 1.550,00 € in der Pflegestufe III (Härtefälle: ab 01.01.2012 1.918,00€ monatlich, allerdings unter Beachtung jährlicher Gesamtleistungsobergrenzen gem. § 43 Abs. 5 Satz 2 SGB XI). Ab 01.01.2015 steigen die Beträge auf 1.064,00€ (Stufe I), 1.330,00€ (Stufe II), 1.612,00€ (Stufe III) bzw. 1.995,00€ (Stufe III mit Härtefall); Demenzzuschläge werden insoweit nach wie vor nicht gewährt. Erreichte die Pflegeeinrichtung eine Herabstufung in eine niedrigere Pflegestufe, erhielt sie einmalig zur Abgeltung aktivierender und rehabilitativer Maßnahmen eine Zahlung von 1.536,00 €.

1265 Seit 01.01.2017 gilt: Ab Pflegegrad 2 besteht ferner wie bisher Anspruch auf Aufnahme in **vollstationäre Einrichtungen**, wenn häusliche oder teilstationäre Pflege nicht möglich ist oder aufgrund der Besonderheit des Falls nicht in Betracht kommt. Der Aufwand wird bei Pflegegrad 2 in Höhe von 770 € monatlich, bei Pflegegrad 3 in Höhe von monatlich 1.262 €, bei Pflegegrad 4 in Höhe von monatlich 1.775 € und bei Pflegegrad 5 in Höhe von monatlich 2.005 € übernom-

---

417 Gem. § 43 Abs. 2 SGB XI ausnahmsweise auch in »anderen geeigneten Einrichtungen«, dazu zählt gem. BSG, 18.02.2016 – B 3 P 2/14 R, RdLH 2016, 127 jedoch nicht der häusliche Wohnbereich.

E. Pflegefallspezifische Ansprüche nach SGB XII und SGB XI Kapitel 3

men. Pflegebedürftige des Pflegegrads 1 erhalten, wenn sie vollstationäre Pflege in Anspruch nehmen, lediglich einen monatlichen Zuschuss von 125 €. Die Pauschalbeträge sind also **niedriger** als sie bis zum 31.12.2016 waren, vgl. Rdn. 1232; wobei alle diejenigen, die bis zum 31.12.2016 einer Pflegestufe bereits zugeordnet waren, den bisherigen Besitzstand weiter genießen.

Bei Unterbringung Pflegebedürftiger in **vollstationären Einrichtungen der Behindertenhilfe** übernimmt die Pflegekasse lediglich einen pauschalen Aufwendungsersatz i.H.v. 10 % des sozialhilferechtlich vereinbarten Heimentgelts, max. jedoch 256,00 € je Kalendermonat (identisch für alle Pflegestufen), vgl. § 43a SGB XI. 1266

g) Leistungserbringung

Die Leistungserbringung in der Pflegeversicherung ähnelt dem Modell der gesetzlichen Krankenversicherung. Den Pflegekassen ist ein gesetzlicher Sicherstellungsauftrag zugewiesen (§ 69 SGB XI), der nur durch zugelassene Leistungsanbieter (Pflegeheime, Pflegedienste) aufgrund eines **Versorgungsvertrags** erbracht werden kann. Dieser enthält die Vergütungsvereinbarungen (vgl. §§ 85 ff. SGB XI); hilfsweise gelten gesetzliche Kostenerstattungsregelungen (§ 91 SGB XI). Seit dem Jahr 2004 müssen sich Pflegeheime einer Zertifizierung unterziehen (§§ 112 ff. SGB XI). 1267

h) Private Pflichtversicherung

Die **private Pflege-Pflichtversicherung** (§§ 23, 110 bis 111 SGB XI), die an den privaten Krankenversicherungsschutz anknüpft, muss demselben Leistungsrahmen folgen; im Beitragsrecht sind jedoch Abweichungen (regelmäßig zulasten des Versicherten, z.B. Wegfall der beitragsfreien Mitversicherung von Angehörigen) möglich.[418] Auch hier ist gem. § 51 Abs. 2 SGG der Rechtsweg zu den SG eröffnet. 1268

Die zum 01.07.2008 und erneut zum 01.01.2017 erweiterten Leistungen (Rdn. 1230 ff.) wurden auch in der privaten Pflegeversicherung zur Pflicht (an die Stelle der sog. Sachleistungen tritt jedoch die Kostenerstattung), so dass auch dort die Prämien gestiegen sind. Zusätzlich ist seit 2009 ein Basistarif eingeführt worden, vergleichbar dem zwingenden Basistarif in der privaten Krankenversicherung. Bei diesem Basistarif können im Fall eines Wechsels der Versicherungsgesellschaft die Altersrückstellungen mitgenommen werden (Portabilität). Zum 01.01.2015 wurden die Leistungen erneut angepasst.[419] 1269

Ab 01.01.2013 fördert der Bund ferner gem. §§ 126 ff. SGB XI private Pflegekostenzusatzversicherungen im Rahmen des sog. Pflege-Riester (auch Pflege-Bahr-Tarif genannt) mit 5€/Monat (bei einem monatlichen Mindestbeitrag von 10€).[420] Sie sind als Tagegeldpolicen ausgestaltet, im Pflegegrad 5 müssen sie ab 01.01.2017 mindestens 600 €/Monat zahlen. Hinzu treten nicht geförderte private Pflegetagegeld-, Pflegekosten- oder Pflegerentenversicherungen.

i) (Familien-)Pflegezeit

Das **Pflegezeitgesetz** hat ab 01.07.2008 (ähnlich der Elternzeit) einen Anspruch auf zehntägiges Fernbleiben von der Arbeit zur Organisation der Pflege[421] geschaffen, ebenso auf bis zu 6-mona- 1270

---

418 Dies ist verfassungsgemäß, vgl. BVerfG, 11.01.1995 – 1 BvR 892/88, NZS 1995, 312.
419 Z.B. für Demenzkranke, ferner sog. niedrigschwellige Angebote (104 €/Monat für Alltagshelfer), Zuschuss für Pflegehilfsmittel steigt von 31 auf 40 €/Monat, Zuschuss zu Umbaumaßnahmen von 2.557 auf 4.000 €.
420 Der Bund stellt für 2013 100 Mio Euro bereit. Eine Gesundheitsprüfung oder Risikozuschläge darf es nicht geben.
421 Voraussetzung ist die Einstufung (oder ärztlich bestätigte voraussichtliche Einstufung) des Betroffenen in mindestens der Pflegestufe I. Diese Leistung wurde im ersten Halbjahr 2015 nur 750 mal abgerufen.

tige[422] unbezahlte[423] Freistellung von der Arbeit mit Rückkehrmöglichkeit, sog. Pflegezeit (ggü. Arbeitgebern mit mind. 16 Beschäftigten). Seit dem 01.01.2015 besteht nach § 44a Abs. 3 SGB XI während der kurzzeitigen (bis max. zehntägigen) Arbeitsverhinderung nach § 2 des Pflegezeitgesetzes ein Anspruch auf eine aus der Pflegeversicherung[424] finanzierte Entgeltersatzleistung in Höhe von 90 %[425] des Nettoarbeitsentgelts, max. jedoch 96,25 €/Tag (**Pflegeunterstützungsgeld**). Seit 2012 ermöglicht das (zum 01.01.2015 erneut erweiterte[426]) **Familienpflegezeitgesetz** Arbeitnehmern,[427] ihre Arbeitszeit für die Pflege eines nahen Angehörigen über bis zu zwei Jahre[428] auf maximal 15 Wochenstunden zu reduzieren. Die Ankündigung hat spätestens acht Wochen vor dem gewünschten Beginn zu erfolgen. Der Arbeitgeber leistet in der Pflegezeit eine Entgeltaufstockung,[429] die anschließend durch Nacharbeit oder Entgeltreduzierung ausgeglichen wird.

2. Wechselbezüge mit Übertragungsverträgen

1271 Das Pflegeversicherungsgesetz enthält keine Bestimmungen, welche eine Kürzung oder einen Wegfall der Geld- oder Sachleistungen des PflegeVG für den Fall der vertraglich geschuldeten Pflegeerbringung vorsehen. Dies ist systemgerecht, da die Leistungen (zumindest zu einem nicht unerheblichen Teil) beitragserkauft und damit unabhängig von der eigenen Leistungsfähigkeit[430] sind; mag dies auch nur für die jetzt berufstätige und künftig pflegebedürftige Generation aufgrund ihrer Einzahlungen in vollem Umfang gelten.

1272 Eine Auswirkung auf die Einstufung hinsichtlich des Grads der Pflegebedürftigkeit (§ 15 SGB XI) scheidet ebenfalls aus. Der Bedarf an Pflege, welcher dort zugrunde gelegt wird, besteht unabhängig davon, ob dieser Bedarf derzeit durch häusliche Pflegeleistung erfüllt wird und auf welcher Grundlage ggf. diese Leistungen erbracht werden, insb. ob sie aus sittlichen Erwägungen oder auch aus vertraglicher Verpflichtung durchgeführt wurden.

1273 Auch in Gesetzeswort und Begründung zu § 36 SGB XI (Pflegesachleistung) ist eine Subsidiarität zu vertraglichen Pflegesachleistungen nicht angelegt. Insb. ist die Ausübung des Wahlrechts des Pflegebedürftigen nicht in der Weise eingeschränkt, dass er nicht zusätzlich zu bereits erbrachten Pflegeleistungen weitere Pflegeeinsätze wählen dürfte. Die Eigenverantwortung des Pflegebedürftigen, welcher die Deckung oder Nichtdeckung seines Pflegebedarfs selbst beurteilen kann und soll, ist vielmehr ein erklärtes Ziel des PflegeVG.

1274 Problematisch erscheint in diesem Zusammenhang lediglich die Formulierung in § 37 Abs. 1 SGB XI, wonach der Pflegebedürftige anstelle der häuslichen Pflegehilfe ein Pflegegeld beantragen könne, wenn er »**mit dem Pflegegeld**« dessen Umfang entsprechend die erforderliche Grundpflege und hauswirtschaftliche Versorgung durch eine Pflegeperson in geeigneter Weise selbst si-

---

422 Zur Sterbebegleitung für maximal drei Monate.
423 Das Bundesamt für Familie und zivilgesellschaftliche Aufgaben (Bafza) gewährt (auch für die Zeiten der sog. Familienpflege) auf Antrag ein Darlehen i.H.v. max. 50 % des Nettogehaltes, das binnen 48 Monaten zurück zu zahlen ist. Ferner zahlt die Pflegeversicherung auf Antrag Zuschüsse zur Kranken- und Pflegeversicherung sowie Rentenbeiträge. Pflegezeitrechner im Internet: www.wege-zur-pflege.de.
424 Bei Beamten übernimmt die Beihilfe einen Anteil.
425 100 %, falls der Arbeitnehmer in den vergangenen zwölf Monaten sozialversicherungspflichtige Einmalbeträge wie Urlaubs- oder Weihnachtsgeld erhalten hat; die Auszahlung mindert sich um Renten-, Kranken- und Arbeitslosenversicherungsbeiträge.
426 Vgl. hierzu *A. Schmidt*, NWB 2015, 427 ff.
427 In Betrieben mit mehr als 25 Mitarbeitern.
428 Sie kann auch im Anschluss an die max. sechsmonatige Pflegezeit genommen werden, dieser Zeitraum wird allerdings dann angerechnet.
429 Bei Abschluss einer Familienpflegezeitversicherung kann der Arbeitgeber hierfür zinsfreie Darlehen des »Bundesamtes für Familie und zivilgesellschaftliche Angelegenheiten« in Anspruch nehmen.
430 Ausnahme z.B. § 40 Abs. 4 SGB XI: einkommensabhängige Zuschüsse zu den Maßnahmen der Verbesserung des häuslichen Wohnumfelds.

cherstellen kann. Die durch Fettdruck hervorgehobene Formulierung ließe sich so auslegen, dass gerade das Pflegegeld der motivierende Faktor für die Erbringung der Pflegeleistungen sein müsse. Ein Anspruch auf Pflegegeld würde dann nicht bestehen, wenn die Pflegeperson zur Erbringung der Leistung auch ohne das Pflegegeld bereit wäre, etwa weil sie hierzu aufgrund des Vertrags verpflichtet ist, oder weil sie die Erbringung der Pflegeleistung als sittliche Selbstverständlichkeit ansieht. Abgesehen davon, dass sich hierfür – neben der missverständlichen Gesetzesformulierung – in der Gesamt- und Einzelbegründung zum Koalitionsentwurf kein Anhaltspunkt findet, wäre diese Auslegung auch in keiner Weise sachgerecht. Die Formulierung soll lediglich auf die Funktion des Pflegegelds hinweisen, welches es dem Pflegebedürftigen ermöglichen soll, Angehörigen und sonstigen Pflegepersonen eine materielle Anerkennung für die mit großem Einsatz und Opferbereitschaft im häuslichen Bereich sichergestellte Pflege zukommen zu lassen.[431] Das Pflegegeld soll also die Situation des Pflegebedürftigen über die vorher bestehende Sachlage hinaus weiter verbessern. Gegen einen Pflegegeldwegfall bei vertraglich geschuldeter Wart und Pflege spricht auch, dass das Pflegegeld Surrogat (Ersatz) für die Pflegesachleistung ist, welche ohne Zweifel auch bei i.Ü. geschuldeter Pflege beantragt werden kann. Wenn schließlich selbst im Bereich der streng subsidiär ausgestalteten Sozialhilfe, nach der Rechtsprechung eine Kürzung des Pflegegelds bei vertraglich geschuldeter Wart und Pflege gänzlich ausscheidet, vielmehr lediglich eine Kürzung (gestützt auf § 66 Abs. 2 Satz 2 SGB XII) vorgenommen wird, kann bei Leistungen der beitragserkauften Pflegegeldversicherung erst recht kein völliger Wegfall der Pflegegeldleistungen eintreten.

Diese Gesichtspunkte sprechen dafür, dass mit Leistungserbringung gemäß PflegeVG eine Wechselwirkung vertraglich vereinbarter Wart und Pflege auf Art und Höhe der Leistungsgewährung ausscheidet.[432] Das Pflegegeld gem. § 37 SGB XI für selbstbeschaffte Pflegehilfen (die Angehörigen oder Übernehmer i.R.d. Hofübergabevertrags) wird also gewährt unabhängig davon, ob der Pflegende lediglich aus sittlicher oder auch aus vertraglicher Pflicht, die Pflegesachleistung erbringt. Voraussetzung ist jedoch, dass der medizinische Dienst der Krankenkassen[433] das Vorliegen der Voraussetzung des § 37 SGB XI in einem Gutachten bestätigt, insb. also zu erkennen ist, dass die Pflegeperson tatsächlich zur Übernahme der Pflege bereit und fähig ist. An die fachspezifischen Vorkenntnisse sind dabei jedoch keine überhöhten Anforderungen zu stellen, zumal gem. § 45 SGB XI auch im Rahmen von Pflegekursen unentgeltliche Schulungen für Pflegepersonen durchzuführen sind. Solche Pflegepersonen sind – dies sei ausdrücklich klargestellt – keine Pflegekräfte i.S.d. § 77 SGB XI, mit welchen die Pflegekassen Einzelverträge über Inhalt, Umfang, Vergütung und Prüfung der Qualität und Wirtschaftlichkeit der Leistung abzuschließen haben. Solche Einzelpflegeverträge kommen allenfalls in Betracht, wenn in abgeschnittenen Gegenden (Hallig, Alm etc.) keine anderweitige Pflegesachleistung durch die Kassen sichergestellt werden kann.

Die unter Rdn. 1695 ff. dargestellten Regelungen (z.B. über die Auskehr des Pflegegeldbetrags an die pflegende Person) werden jedoch erhöhte Relevanz erhalten.

Klargestellt sei jedoch, dass die Anrechnungs- und Kürzungsproblematik im Bereich des (der Höhe nach an sich identischen) Pflegegelds nach § 64 SGB XII – hierzu Rdn. 1186 f. – weiterhin uneingeschränkt einschlägig ist. Es ist eher zu erwarten, dass die Tendenz der Sozialhilfeträger zur Kürzung des Pflegegelds bei vertraglich vereinbarten Pflegeverpflichtungen sich verstärken wird: Die (dogmatisch recht schwache) gesetzliche Verankerung zur Reduzierung des Pflegegelds um bis zu 66 % (als angenommenen Anteil für Aufwendungserstattung) ergibt sich aus § 66 Abs. 2 Satz 2 SGB XII.

---

431 LSG Berlin-Brandenburg, 08.06.2017 – L 30 P 22/12 KL, BT-Drucks. 12/5262, S. 112 = BeckRS 2017, 114706.
432 So auch mit ausführlicher Begründung *Mayer*, DNotZ 1995, 571.
433 Seit 30.10.2012 auch andere durch die Pflegekassen beauftragte unabhängige Gutachter, §§ 18 Abs. 1, Abs. 3a, 97d SGB XI.

IV. Landespflegegesetze; Beihilfe

1278 Die von den Ländern erlassenen Gesetze zur Umsetzung des Pflegeversicherungsgesetzes enthalten häufig[434] Ansprüche stationär untergebrachter Pflegebedürftiger auf Leistung sog. »**Pflegewohngeldes**« als monatlichen Zuschuss zur anteiligen Deckung derjenigen Kosten, die die Pflegeeinrichtung als nicht durch die Pflegekassen umlegbar ausweist. Es handelt sich insb. um Aufwand für die Herstellung, Anschaffung und Wiederbeschaffung der Gebäude, Zinsen für Darlehen zur Finanzierung betriebsnotwendiger Aufwendungen etc.; die Gewährung individuellen Pflegewohngelds ist also eine Maßnahme der öffentlichen Förderung der Investitionskosten vollstationärer Pflegeeinrichtungen und dient damit auch dem öffentlichen Interesse an der Vorhaltung einer leistungsfähigen Versorgungsstruktur, daneben den Interessen des Heimbewohners, der finanziell entlastet werden soll.

1279 Hinsichtlich des anrechenbaren Einkommens und Vermögens verweisen die Landespflegegesetze zumeist auf die Bestimmungen des ersten bis dritten Abschnitts des 11. Kapitals des SGB XII sowie die §§ 25 ff. BVG, gewähren jedoch häufig weiter gehende Einkommensfreistellungen,[435] enthalten keine Vorschriften zur Überleitung von Ansprüchen des Heimbewohners gegen Dritte und berücksichtigen nur Unterhaltsansprüche des Pflegebedürftigen ggü. dem derzeitigen oder früheren Ehegatten, nicht jedoch ggü. Kindern oder sonstigen Verwandten. Die zur Entscheidung über diese Ansprüche berufenen Verwaltungsgerichte berücksichtigen bei der Auslegung des Begriffs der »unbilligen Härte« i.R.d. Heranziehung vorhandenen Vermögens (auch etwa des Rückforderungsanspruchs nach § 528 BGB aus früheren Wegschenkungen, § 90 Abs. 3 SGB XII i.V.m. den landespflegegesetzlichen Verweisungsnormen) die im Landespflegegesetz angelegte reduzierte Heranziehung des Heimbewohners selbst und gewähren daher das Pflegewohngeld weiter, wenn die Realisierung des (verwertbaren) Anspruchs zu einer unangemessenen Belastung des Näheverhältnisses zum Anspruchsgegner (z.B. dem eigenen Kind) führen würde.[436]

1280 **Beamte** haben, auch nach ihrem Ausscheiden aus dem aktiven Dienst, als Empfänger von Versorgungsbezügen Anspruch auf **Beihilfe** gegen ihren Dienstherrn, der auch den Ersatz von Aufwendungen bei vollstationärer Pflege einschließt, sofern häusliche oder teilstationäre Pflege nicht möglich ist. Umfasst sind sowohl Aufwendungen für Pflegeleistungen, als auch für Verpflegung und Unterkunft sowie die Investitionskosten, soweit sie bestimmte Eigenanteile übersteigen. Gleiches gilt für den – mangels eigenen Einkommens – ebenfalls beihilfeberechtigten Ehegatten des Beamten. Dadurch lässt sich in der Regel die Sozialhilfebedürftigkeit eines beihilfeberechtigten Landes- oder Bundesbeamten vermeiden (vgl. § 39 Abs. 2 BundesbeihilfeVO; bzw. die entsprechenden Regelungen der Länder und Kommunen).

1281 Typischerweise wird der durch den Beamten einzusetzende Eigenanteil so berechnet, dass die monatlichen Brutto-Dienst- oder Versorgungsbezüge, sonstiges Erwerbseinkommen oder sonstige Renten des Beihilfeberechtigten um bestimmte Beträge gemindert werden (z.B. um 600 €, bei Empfängern von Versorgungsbezügen um 450 €) und der übersteigende Anteil zu 50 % (wenn keine Angehörigen vorhanden sind), bei Vorhandensein eines Angehörigen zu 30 %, bei Vorhandensein mehrerer Angehöriger zu 25 %, herangezogen wird. Vorrangig sind für die reinen Pflegekosten etwaige private Pflegeversicherungen sowie für die Investitionskosten etwaiges Landes-Pflegewohngeld (vgl. Rdn. 1277) zu berücksichtigen.

---

[434] Vgl. z.B. § 12 LPflegeG Nordrhein-Westfalen GV NW 2005, 498 ff.; § 9 LPflegeG Mecklenburg-Vorpommern (GVOBl. N-V 2003, 675?).

[435] Z.B. in § 12 Abs. 3 LpflegeG NRW: Freistellung kleinerer Barbeträge bis zu 10.000,00 €.

[436] So etwa OVG NRW, 14.10.2008 – 16 A 1409/07, JurionRS 2008, 25091: Weitergewährung des Pflegewohngelds trotz (nicht weiter geprüften) Bestehens eines Rückforderungsanspruchs gegen die eigene Tochter im Wert von ca. 28.000,00 €.

V. Exkurs: Steuerliche Förderung bei Pflegebedürftigkeit

Unterstützungsleistungen aufgrund gesetzlicher Unterhaltspflicht[437] – also ohne vertragliche Verpflichtung – sind nur in beschränktem Maße als sog. **außergewöhnliche Belastungen** gem. §§ 33, 33a Abs. 1 EStG abzugsfähig,[438] und nur bei Überschreiten der zumutbaren Belastung (§ 33 Abs. 3 EStG); der BFH[439] hat zwischenzeitlich die bisherige Verwaltungspraxis, den betreffenden gesetzlichen Prozentsatz auf den kompletten Gesamtbetrag der Einkünfte anzuwenden, zugunsten einer »gestuften Berechnungsweise« (2 % für den Betrag bis 15.340 €, 3 % für den übersteigenden Betrag bis 51.130 €, 4 % für den darüber hinaus gehenden Betrag) aufgegeben.   1282

Für Aufwendungen im Zusammenhang mit der Pflege (bzw. ständigen Bereitschaft zur Hilfeleistung zugunsten) einer Person, die nicht nur vorübergehend hilflos ist, in deren oder in der eigenen Wohnung, kann die pflegende Person (anstelle der Geltendmachung als außergewöhnliche Belastung) einen **Pflegepauschbetrag** i.H.v. jährlich 924 € gem. § 33b Abs. 6 EStG geltend machen, sofern für diese Pflege keine Einnahmen gewährt wurden; mehrere Pflegepersonen können sich diesen Betrag nach Köpfen teilen. Ferner können behinderte Menschen mit mindestens 25 % Grad der Behinderung[440] (anstelle der Berücksichtigung als außergewöhnliche Belastungen) einen jährlichen **Behindertenpauschbetrag** gem. § 33b Abs. 1 EStG in Anspruch nehmen, jährlich zwischen 310 und 3.700 €.   1283

Anstelle des jeweiligen Pauschbetrages kommt – ja nach Wahl des Steuerpflichtigen, die jedes Veranlagungsjahr neu getroffen werden kann – eine Abzugsfähigkeit der eigenen bzw. der der pflegenden Person erwachsenden Aufwendungen gegen Nachweis gem. § 33 EStG als **außergewöhnliche Belastung** in Betracht, wobei der BFH[441] auch unterhalb der Pflegestufe I (»Stufe Null« = nunmehr Pflegegrad 1) ein ärztliches Attest und (für Unterbringungs- und Verpflegungskosten) getrennten Kostenausweis durch den Heimträger genügen lässt. Krankheitsbedingte Heimaufenthaltskosten (psychiatrische Behandlung) können außergewöhnliche Belastungen i.S.d. § 33 EStG auch dann sein, wenn keine zusätzlichen Pflegekosten entstehen;[442] selbst getragene Pflegekosten sind es nur, soweit sie Leistungen aus Pflegeversicherungen übersteigen.[443] Bei Ehegatten ist abzugsberechtigt gem. § 26a Abs. 2 EStG derjenige, der die Aufwendungen getragen hat; auf übereinstimmenden Antrag beide je hälftig.   1284

Wahlweise kann der Aufwand für häusliche Pflege- und Versorgungsleistungen auch gem. § 35a EStG teilweise geltend gemacht werden, seit 2010 auch ohne Nachweis der Pflegebedürftigkeit.[444] In Betracht kommt insoweit insb. gem. § 35a Abs. 2, Satz 1, 2. Alt. EStG die Steuerermäßigung für 20 % des durch Banküberweisung beglichenen Aufwandes für **haushaltsnahe Dienstleistungen**, und gem. § 35a Abs. 2 Satz 2 EStG für (a) **Pflege- und Betreuungsleistungen**,[445] sowie (b) für Aufwendungen, die einem Steuerpflichtigen wegen der Unterbringung in ei-   1284a

---

437 Wobei nach BFH, 18.05.2006 – III R 26/05, EStB 2006, 410, für die steuerrechtliche Prüfung lediglich das Bestehen einer Unterhaltspflicht dem Grunde nach, nicht die zivilrechtliche Höhe des Anspruchs bewiesen zu werden braucht.
438 Vgl. BFH, 30.06.2011 – IV R 13/10, EStB 2011, 357 (bei Heimunterbringung keine Aufteilung in Unterhaltskosten i.S.d. § 33a EStG und Krankheitskosten i.S.d. § 33 EStG).
439 BFH, 19.01.2017 – VI R 75/14, EStB 2017, 144.
440 Zum Nachweis des Grades der Behinderung vgl. auch § 65 Abs. 2 Satz 2 EStDV, seit 2017 steht das Merkzeichen »H« den Pflegegraden 4 und 5 gleich: BMF, 19.08.2016 – IV C 8 – S 2286/07/10004:005, EStB 2016, 336.
441 BFH, 10.05.2007 – III R 39/05, EStB 2007, 327.
442 BFH, 13.10.2010 – VI R 38/09, EStB 2011, 102.
443 BFH, 14.04.2011 – VI R 8/10, EStB 2011, 253; *Ihle* notar 2011, 368, vgl. auch EStB 2011, 446, 449.
444 Vgl. BMF-Schreiben v. 15.02.2010 IV C 4 – S 2296 – b/07/0003.
445 Diese Leistungen müssen gem. § 35a Abs. 4 Satz 1 EStG im Haushalt der gepflegten oder betreuten Person erbracht werden (was auch im betreuten Wohnen oder als Apartment in einem Heim denkbar ist,

nem Heim oder zur dauernden Pflege erwachsen, soweit sie auf haushaltsnahe Dienstleistungstätigkeiten entfallen,[446] wobei der Steuerabzug jedoch auf max. 4.000,00 €/Jahr beschränkt ist. Daneben tritt die Steuerermäßigung für **haushaltsnahe Beschäftigungsverhältnisse** gem. § 35a Abs. 1 Satz 1 Nr. 1 EStG in Form geringfügiger Beschäftigungen (Haushaltsscheckverfahren: 10 % – seit 01.01.2009: 20 % – der Aufwendungen, max. jedoch 510,00 € pro Jahr) oder gem. § 35a Abs. 2 Satz 1, 1. Alt. EStG (in Gestalt einer sozialversicherungspflichtigen Beschäftigung: bis Ende 2008 12 % der Aufwendungen, max. 2.400,00 € pro Jahr; seit 01.01.2009 20 % der Aufwendungen, max. 4.000,00 € pro Jahr, jeweils bei Bezahlung durch Überweisung).

1285 Zu den außergewöhnlichen Belastungen i.S.d. § 33 EStG können auch Kosten des behindertengerechten **Umbaus der eigenen Immobilie** zählen;[447] allerdings nicht die Mehrkosten für den Erwerb eines größeren Grundstücks zur Errichtung eines behinderungsbedingt nur eingeschossigen Gebäudes,[448] ebenso wenig Kosten für den behindertengerechten Umbau einer Motoryacht (da nicht der existentielle Wohnbedarf befriedigt wird).[449] In Betracht kommen ferner Kfz-Kosten[450] und zuletzt die Beerdigungskosten[451] als außergewöhnliche Belastungen.

1286 In separatem, größerem Zusammenhang dargestellt ist die **schenkungsteuerliche Förderung** von Leistungen zugunsten eines Pflegebedürftigen gem. § 13 Abs. 1 Nr. 9, 9a ErbStG: Freibetrag von 20.000 € (Rdn. 4953 f), sowie die **einkommensteuerliche** Abzugsfähigkeit von Pflegeleistungen als »Versorgungsleistungen« als Sonderausgaben i.S.d. § 10 Abs. 1a Satz 1 Nr. 2 EStG im Zusammenhang mit der Übertragung von Betriebsvermögen, Rdn. 6362 ff., bzw. für Übertragungsvorgänge bis Ende 2007 auch für die Übertragung von Privatvermögen i.R.d. sogenannten Vermögensübergabe gegen Versorgungsleistungen nach Rechtsprechungsgrundsätzen, Rdn. 6338 ff. Zur einkommensteuerlichen Behandlung des bezogenen, »weitergereichten« Pflegegeldes (§ 3 Satz 1 Nr. 36 EStG), sowie darüber hinaus ggf. gewährter Gegenleistungen, als sonstige Bezüge gem. § 22 EStG, ggf. gar als Einkünfte aus Gewerbebetrieb gem. § 15 EStG, vgl. Rdn. 1707 ff.

BMF, 09.11.2016 BStBl 2016 I 1213, Tz. 4, 17 und 28 sowie BFH, 03.09.2015 – VI R 18/14, BStBl 2016 II 272.
446 Hierzu zählen auch Aufwendungen für ein Notrufsystem i.R.d. betreuten Wohnens, soweit sie auf das Bereithalten von Personal für den Einsatz im Bedarfsfall und das Notrufsystem selbst anfallen (im konkreten Fall in Höhe von 76 % anerkannt), BFH, 03.09.2015 – VI R 18/14, EStB 2016, 94. Ein eigener Haushalt ist hierfür gem. BMF v. 09.11.2016, BStBl 2016 I 1213 Tz 14 nicht erforderlich, a.A. FG Hessen, 28.02.2017 – 9 K 400/16, ErbStR 2017, 274, n. rkr., Az. BFH: VI R 19/17.
447 BFH, 24.02.2011 – VI R 16/10 ZflR 2011, 342 (Erlangung eines Gegenwertes in Form einer Wertsteigerung sowie Frage nach zumutbaren Handlungsalternativen seien regelmäßig nicht zu prüfen).
448 BFH, 17.07.2014 – VI R 42/13, EStB 2014, 367, vgl. *Geserich*, NWB 2014, 2904 ff.
449 BFH, 02.06.2015 – VI R 30/14, EStB 2015, 354; Übersicht bei *Günther*, EStB 2015, 370, 372.
450 Vgl. *Ritzrow*, EStB 2013, 27 ff.
451 Zusammenstellung bei BayLfSt, 16.12.2016 – S 2284.1.1-21/1 St 32, ErbSt.

Kapitel 4: Absicherung des Veräußerers

Übersicht

	Rdn.
A. **Nießbrauch**	1287
I. Begriff, Rechtsinhalt	1287
1. Rechtsnatur	1287
2. Entstehung und Beendigung	1292
a) Grundverhältnis	1292
b) Entstehung des dinglichen Rechts	1294
c) Erlöschen durch Tod oder Fristablauf	1296
d) »Verzicht«	1301
3. Belastungsgegenstand	1304
a) Kein Gesamtnießbrauch	1304
b) Bruchteilsnießbrauch	1305
c) Nießbrauch an Wald	1310
4. Berechtigter	1311
a) Grundsatz	1311
b) Mehrheit von Berechtigten	1312
c) Sukzessivberechtigung	1321
d) Anspruch auf Nießbrauchsbestellung	1323
5. Rechtsinhalt	1327
a) Grundsatz	1327
b) Ausschluss einzelner Nutzungsarten	1328
c) Örtliche Begrenzung	1333
d) Wohnungseigentum	1337
e) Besitz- und Abwehrrechte	1341
6. Nießbrauch und Mietverhältnis	1344
7. Übertragung eines Nießbrauchs zur Ausübung	1351
8. Gläubigerzugriff	1356
a) Pfändung	1356
b) Zwangsversteigerung	1359
c) Zwangsverwaltung	1361
d) Überleitung auf den Sozialfürsorgeträger	1365
II. Lastentragung	1366
1. Unterhaltung der Sache	1367
2. Kosten	1371
3. Abweichende Vereinbarungen	1377
4. Finanzierung der Lasten des Nießbrauchers	1395
a) Bestehende Grundpfandrechte	1396
b) Künftige Grundpfandrechte	1400
c) Bedingtes Abstandsgeld	1405
d) Ablösung des Nießbrauchs durch wiederkehrende Leistungen (»Rentenwahlrecht«)	1406
e) Ablösung des Nießbrauchs durch Einmalzahlung	1409
5. Verfügungsvollmachten	1412
III. Pflichtteilsergänzung, Bewertung	1420
1. Beginn der Frist des § 2325 Abs. 3 BGB	1421
a) Fristbeginn beim Bruchteils- oder Quotennießbrauch	1423
b) Fristbeginn beim Zuwendungsnießbrauch an den Ehegatten	1426
2. Bewertung des Vorbehaltsnießbrauchs i.R.d. § 2325 BGB	1430
a) Bewertungsstichtag	1431
b) Abzugsbetrag	1432
3. Bewertung des Nießbrauchs i.R.d. Zugewinns	1437
4. Nachträglicher Verzicht auf den Nießbrauch	1444
IV. Nießbrauch an Geld- und Wertpapiervermögen	1449
1. Zivilrecht	1449
a) Bargeld, Bankguthaben	1449
b) Wertpapiere, Darlehen	1450
c) Sicherung der Beteiligten	1452
2. Steuerrecht	1454
V. Nießbrauch an beweglichen Sachen	1457
1. Bestellung	1457
2. Andere Sicherungsmittel	1458
3. Exkurs: Rückbehalt des Eigentums an beweglichen Sachen	1460
VI. Nießbrauch an Unternehmen	1465
1. Allgemeine Grundsätze	1466
2. Einzelunternehmen	1470
3. Personengesellschaften	1475
a) Zulässigkeit	1480
b) Ertragsbezogene Rechte	1482
c) Mitwirkungsrechte des Nießbrauchers	1489
aa) Gesellschafterrechte/Geschäftsführung	1489
bb) Informations- und Kontrollrechte	1492
d) Surrogation	1493
e) Steuerrecht	1495
aa) Bedeutung der Mitunternehmerstellung	1495
bb) Mitunternehmerstellung des Gesellschafters	1497
cc) Mitunternehmerstellung des Nießbrauchers	1504
dd) Steuerliche Folgen	1505
4. Kapitalgesellschaften	1509
a) Zivilrecht	1509
b) Steuerrecht	1515
VII. Nießbrauch an Erbteilen	1521
B. **Wohnungsrecht**	1525
I. Begriff, Rechtsinhalt	1525
1. Abgrenzung zu ähnlichen Rechtsinstituten	1525

		Rdn.
a)	Schuldrechtliches Wohnungsrecht: Wohnungsleihe	1526
b)	(Mit-)Benutzungsrecht gem. §§ 1090 ff. BGB	1528
c)	Wohnungsgewährungsreallast (§ 1105 BGB)	1536
d)	Dauerwohnrecht (§§ 31 ff. WEG)	1543

2. Grundbuchlicher Belastungsgegenstand. 1548
3. Dinglicher Ausübungsbereich 1553
4. Berechtigte. 1555
5. Dinglicher Inhalt des Wohnungsrechts 1560
   a) Wohnnutzung 1560
   b) Überlassung zur Ausübung. 1562
   c) Abwehrrechte. 1569
6. Gläubigerzugriff 1571
   a) Pfändung 1571
   b) Sozialrechtliche Überleitung. . . . 1573
   c) Sozialrechtliche Anrechnung . . . 1576
7. Beendigung des Wohnungsrechts . . 1578

II. Lastentragung 1583
1. Erhaltung. 1583
2. Kosten des Wohnens. 1588
3. Gesamtformulierung. 1591
4. »Miete« 1595

III. Wohnungsrecht und Pflichtteilsergänzungsansprüche 1598
1. Beginn der Frist. 1599
2. Wertanrechnung 1602

C. Wart und Pflege 1603
I. Checkliste: Vertragliche Pflegeverpflichtung. 1610
II. Verbotener »Vertrag zulasten Dritter« als Gestaltungsgrenze? 1611
III. Festlegung des Umfangs der geschuldeten Leistung. 1616
1. Inhalt der Tätigkeit. 1618
2. Auslösender Tatbestand 1620
3. Leistungsort 1621
4. Zeitlicher Umfang und Zumutbarkeitsgrenzen 1622
   a) Deckung des Restbedarfs 1623
   b) Deckung des Sockelbedarfs. 1630
   c) Anpassung bisheriger Vereinbarungen. 1643
5. Pflegeansprüche als Einkommensersatz?. 1647

IV. Vermeidung von Leistungserhöhungen bei Wegzug des Veräußerers 1648

V. Wegfall von Leistungen in sozialleistungsverdächtigem Kontext? 1653
1. Nachbildung gesetzlicher Vermutungen 1654
2. Wegfall ortsbezogener Naturalleistungen. 1655

		Rdn.

3. Wegfall auf Geld gerichteter Surrogatansprüche 1656
4. Wegfall nicht ortsbezogener Leistungspflichten? 1672

VI. Regelungen im Verhältnis zu weichenden Geschwistern 1673
1. Schaffung eigener Forderungsrechte 1674
2. Freistellungsvereinbarungen. 1676
3. Vereinbarungen zur Konkurrenz mehrerer Beschenkter 1687
4. Besicherung. 1690

VII. Regelungen zur Ausübung des Sozialleistungsbezugs 1695
VIII. Pflegedienstvertrag 1701
IX. Naturalleistungen und hauswirtschaftliche Verrichtungen 1713

D. Leibgeding 1716
I. Gesetzliche Bedeutung. 1716
II. Definition 1717
III. Grundbuchrecht 1720
1. Eintragung. 1720
2. Löschung und Freigabe 1724
IV. Landesrecht. 1732
V. Leibgeding im Zugewinnausgleich 1739

E. Wiederkehrende Geldleistungen/ Reallasten 1742
I. Bedeutung im Schenkungsrecht 1742
II. Steuerrechtliche Differenzierung 1745
1. Fallgruppenbildung 1745
2. Insb.: dauernde Last/Leibrente 1746
   a) »Altfälle« vor 2008 1746
   b) Neufälle ab 2008. 1753
III. Zivilrechtliche Differenzierungen und Detailausgestaltung 1754
1. Fälligkeit der Leistung 1757
2. Beteiligtenmehrheit 1758
3. Familienrecht 1761
4. Gesamtformulierung 1762
IV. Wertsicherungsvereinbarungen 1763
1. Leistungsbestimmungsvorbehalte . . 1764
2. Spannungsklauseln 1766
3. Wertsicherungsklauseln 1768
   a) Zulässigkeit 1768
   b) Regelungsbedarf 1774
V. Ausgestaltung des Vorbehalts gem. § 323a ZPO/§ 239 FamFG analog. . . . 1778
1. Anpassungsmaßstab bzw. Anpassungsmaßstäbe 1779
2. Schutz gegen atypische Entwicklungen 1781
3. Maßgeblichkeitsgrenze 1782
4. Anpassungsmechanismus 1783
VI. Sicherung 1791
1. Vollstreckungsunterwerfung. 1791
2. Dingliche Sicherung durch Reallast (§ 1105 BGB) 1797
   a) Arten 1797

		Rdn.
	b) dingliche Voraussetzungen	1803
	c) Verwertung	1807
3.	Persönlicher Reallastanspruch gegen den jeweiligen Eigentümer (§ 1108 BGB)	1811
4.	Mögliche Modifikationen der Reallast	1814
	a) Kein Erlöschen des Stammrechts	1815
	b) Verfallvereinbarung	1822
	c) Vorsorge zum Verjährungsproblem	1824
VII.	Kombination von Mietvertrag und dauernder Last	1828
1.	»Stuttgarter Modell«	1828
2.	Steuerliche Bedenken	1838
3.	Zivilrechtliche Erwägungen	1845
4.	Sozialrechtliche Erwägungen	1848
F.	**Regelungen im Verhältnis zu weichenden Geschwistern**	**1849**
I.	Rahmenbedingungen	1849
1.	Ausgleichsmotive	1849
2.	Ausgleichsvolumen	1852
3.	Ausgleichswege	1855
II.	Nicht anwesendes Geschwister	1858
1.	Nachgenehmigung	1858
2.	Vertrag zugunsten Dritter	1864
III.	Lebzeitiger Ausgleich	1868
1.	Zu Lasten des Veräußerers	1868
2.	Zu Lasten des Erwerbers	1871
	a) Unbedingte Leistungspflicht	1877
	b) Bedingte Leistungspflicht	1883
	c) Vorbehalt späterer Leistungsanordnung	1897
3.	Verjährung	1901
4.	Korrektur des Verteilungsplans unter Geschwistern	1903
	a) Steuerfreie Rückabwicklung	1905
	b) (»abgekürzter«) Tausch	1906
	c) Abfindung für einen Pflichtteilsverzicht	1908
	d) Erbschaftsvertrag gem. § 311b Abs. 4 u. 5 BGB	1914
IV.	Ausgleich von Todes wegen	1916
1.	Ausgleichungsanordnung (§§ 2050 ff. BGB)	1917
	a) Wirkungsweise	1917
	b) Geborene Ausgleichungspflichten	1918
	c) Gekorene Ausgleichungspflichten	1929
	d) Nachträgliche Änderungen	1934
	e) Wirkungsweise der Ausgleichung	1946
	f) Berechnung	1951
	g) Abweichende Wertansätze	1958

		Rdn.
2.	Ausgleichung beim Berliner Testament	1960
	a) Nachversterben des veräußernden Ehegatten	1965
	b) Erstversterben des veräußernden Ehegatten	1968
3.	Minderjährigkeit	1979
4.	Internationale Anknüpfung	1981
5.	Schicksal von Vermächtnisanordnungen bei lebzeitiger Übertragung	1983
	a) Übertragung an den Vermächtnisnehmer	1983
	b) Übertragung an den Erben oder einen Dritten	1985
G.	**Übernahme von Verbindlichkeiten und/oder Grundpfandrechten**	**1986**
I.	Schuldübernahme	1987
1.	Zeitpunkt	1987
2.	Abwicklung	1991
	a) Schuldübernahmegenehmigung	1995
	b) Abstrakte Schuldanerkenntnisse/Vollstreckungsunterwerfung	2001
	c) Zweckbestimmung/Sicherungsvereinbarung	2010
3.	Erfüllungsübernahme	2015
	a) Anwendbarkeit der §§ 491 ff. BGB	2015
	b) Ausgestaltung	2021
II.	Grundpfandrechtsübernahme	2036
1.	Bedeutung der Rückgewähransprüche	2037
2.	Abwicklung; Nichtvalutierungserklärung	2045
	a) Neuvalutierung durch den bisherigen Gläubiger	2045
	b) Neuvalutierung durch einen neuen Gläubiger	2050
3.	Belehrungspflichten bei vorrangigen Grundpfandrechten	2055
4.	Mögliche Abmilderungen der Risiken des Veräußerers bei vorrangig bestehen bleibenden Grundschulden	2063
	a) Bewusste Nichtregelung?	2063
	b) Verpflichtung zum Unterlassen einer Neuvalutierung?	2064
	c) Selektiver Rangrücktritt	2065
	d) Beschränkung der Rückgewähransprüche auf Löschung	2067
	e) Rückgewähransprüche in GbR	2070
5.	Verwendung stehenbleibender Grundpfandrechte beim Nießbrauchvorbehalt	2077
	a) Aufschiebend bedingte Schuld- oder Erfüllungsübernahme	2078
	b) Zuordnung der Eigentümerrechte und Rückgewähransprüche	2083

		Rdn.
III.	Zweckgebundene Vorwegbeleihung	2085
H.	**Vertragliche Rückforderungsrechte**	**2087**
I.	Anwendungsbereich	2087
1.	Rückforderungsrechte zur Sicherung der Vertragserfüllung?	2088
	a) Auflagenschenkung	2089
	b) Gemischte Schenkung	2097
	c) Kautelarjuristische Vorsorge	2100
2.	Funktion und Wirkung vertraglicher Rückforderungsrechte	2104
	a) Ziele	2104
	b) Wirkungen	2108
	c) Risiken	2112
3.	Alternative Regelungsmöglichkeiten	2115
4.	Gläubigerzugriff	2122
	a) Gläubigerzugriff auf das Rückforderungsrecht	2122
	b) Gläubigerzugriff auf den Rückforderungsanspruch	2130
	c) Weitere Zugriffsmöglichkeiten	2138
II.	Risiken des jederzeitigen Rückerwerbsrechts	2140
1.	Schenkungsteuerliche Folgen	2143
2.	Ertragsteuerliche Erwägungen	2145
	a) Gewerbliche Einkünfte sowie land- und forstwirtschaftliche Einkünfte	2146
	b) Einkünfte aus Kapitalvermögen	2150
	c) Einkünfte aus Vermietung und Verpachtung	2151
	d) Selbstgenutzte Immobilien	2152
III.	Ausgestaltungsvarianten des Rückforderungsrechts	2153
1.	Rückforderungsberechtigte	2153
	a) Mehrere gemeinsam Rückforderungsberechtigte	2154
	aa) Gestaltungsalternativen	2154
	bb) § 428 BGB	2159
	b) Übergang auf den überlebenden Mitberechtigten	2165
	c) Übergang der Rückerwerbsberechtigung auf einen bisher nicht Beteiligten	2170
	aa) Originäres, aufschiebend bedingtes Recht	2172
	bb) Abtretungslösung	2176
	cc) § 428 BGB	2182
	dd) Vermächtnislösung	2185
	d) Generelle Abtretbarkeit und Vererblichkeit des Rückforderungsrechts?	2187
	e) Höchstpersönlichkeit/ Demenzrisiko	2193
2.	Rückübertragungsverpflichteter	2199
	a) Gesamtrechtsnachfolge	2199
	b) Einzelrechtsnachfolge	2201

		Rdn.
	c) Tatbestandsverwirklichung durch den »jeweiligen Eigentümer«	2203
	d) Mehrheit von Erwerbern (samt GbR)	2206
	aa) Rückübertragung des Gesamtobjektes	2209
	bb) Übertragung eines quotenentsprechenden Miteigentumsanteils	2210
	cc) Wahlrecht	2213
3.	Rückforderungsobjekt	2219
	a) Surrogation	2219
	b) teilweise Rückforderung beim _Einzelobjekt	2220
	c) teilweise Rückforderung bei _Mehrheit von Objekten	2221
	d) Gesamtrückforderung bei Teilstörung	2225
	e) Rückgewähransprüche bei Grundpfandrechten	2227
4.	Rückforderungszeitraum	2232
5.	Häufige Rückforderungstatbestände	2236
	a) Schuldrechtliche Verfügungsbeschränkung	2238
	b) Vermögensverfall des Eigentümers	2249
	c) Scheidung des Eigentümers	2261
	d) Ableben des Eigentümers	2270
	e) Fehlverhalten des Eigentümers	2277
	f) Nichterfüllung von Auflagen	2283
	g) Steuerliche Tatbestände	2285
	h) Bedarf des Veräußerers	2299
6.	Durchführung der Rückabwicklung	2302
	a) Betroffene Gegenstände	2302
	b) Ausübungsfrist	2305
	c) Form und Adressat	2307
	d) Auflassung	2309
	e) Schicksal der »Gegenleistungen«	2311
	aa) Investitionen und eingegangene Verpflichtungen	2311
	bb) pflichtteilsbezogene Erklärungen	2326
	cc) Wiederaufleben erloschener Beschränkungen?	2333
	f) Ersetzungsbefugnis	2334
7.	Verzicht auf vorbehaltene Rückforderungsrechte	2337
IV.	Sicherung durch Vormerkung	2338
1.	Grundbucheintragung	2338
	a) Voraussetzungen	2338
	b) Rang	2343
	c) Änderungen des vorgemerkten Inhalts	2349
2.	»Löschungserleichterung«	2357
3.	»Antizipierte Freigabe« und ihre Besicherung	2369

	Rdn.		Rdn.
4. Vormerkung bei Weitergabeverpflichtung	2376	VII. Rückgaberechte	2414
5. Vormerkung bei Schuldübernahme	2380	I. Verhältnis mehrerer Berechtigter bei Vorbehalten und Gegenleistungen	2417
6. Belehrungen	2385	I. Überblick	2417
V. Vorschlag einer Gesamtformulierung	2390	II. Vorteile und Risiken	2421
VI. Rückforderungsrechte im Gesellschaftsrecht	2392	1. Bruchteilsberechtigung	2421
		2. Gesamtgläubigerschaft (§ 428 BGB)	2422
1. Mögliche Rückforderungstatbestände	2392	a) Vorteile	2423
		b) Nachteile	2424
2. Abfindung und Schicksal von Gegenleistungen	2404	c) Steuerliche und sozialrechtliche Folgen	2428
3. Durchführung und Sicherung	2408	3. Mitgläubigerschaft (§ 432 BGB)	2431

A. Nießbrauch

I. Begriff, Rechtsinhalt

1. Rechtsnatur

Der zum Urbestand der Vermögensnachfolge zählende[1] Nießbrauch[2] an Sachen[3] (§§ 1030 bis 1067 BGB) stellt eine **Unterform der** (beschränkt persönlichen) **Dienstbarkeit** dar (kann also wesensnotwendig nur auf Duldens- oder Unterlassenspflichten des Grundstückseigentümers gerichtet sein) und schafft ein gesetzliches Schuldverhältnis zwischen dem jeweiligen Grundstückseigentümer und dem Nießbraucher in Gestalt eines dinglichen Rechts. Erfolgt die Übertragung eines Vermögensgegenstands demnach unter Nießbrauchsvorbehalt, erhält der Erwerber zunächst nur den sog. mittelbaren Besitz; die Nutzungen und der unmittelbare Besitz verbleiben beim Nießbraucher. Lasten, Verkehrssicherungspflichten und Gefahr gehen dagegen nur insoweit über, als der Nießbrauch als »vorrangiger Ausschnitt« dem nicht entgegensteht: 1287

▶ **Formulierungsvorschlag: Besitzübergang beim Vorbehaltsnießbrauch**

Der mittelbare Besitz geht sofort über – Lasten, Haftung, Verkehrssicherung und Gefahr jedoch nur, soweit der Nießbrauch nicht entgegensteht; der unmittelbare Besitz und die Nutzungen jedenfalls erst mit dessen Beendigung. 1288

Eine Inhaltsänderung des gesetzlichen Schuldverhältnisses mit dinglicher Wirkung (aufgrund Grundbucheintragung) ist wegen des **sachenrechtlichen Typenzwangs** (numerus clausus sachenrechtlicher Institute[4]) nur möglich, sofern dadurch der Wesenskern des Nießbrauchs nicht beeinträchtigt wird. Eine Überschreitung dieser Grenzen, z.B. 1289

---

1 Bereits seit 300 v. Chr. im römischen Recht praktiziert, vgl. *Kaser/Knütel*, Römisches Privatrecht, § 29 Rn. 2.
2 Vgl. monografisch *Ahrens*, Dingliche Nutzungsrechte; *Götz/Hülsmann*, Der Nießbrauch im Zivil- und Steuerrecht, 10. Aufl. 2014.
3 Davon zu unterscheiden ist der Nießbrauch an Rechten (§§ 1068 ff. BGB), für dessen Bestellung die Bestimmungen zur Übertragung des Rechts entsprechend gelten (etwa Nießbrauch an einem Erbteil oder an einer Kommanditbeteiligung: Rdn. 1475 ff. und 1509 ff.; Gutachten, DNotI-Report 2005, 1 ff.) und der Vermögensnießbrauch (§ 1085 BGB), z.B. an einem Nachlass, der an jedem einzelnen Gegenstand separat zu bestellen ist.
4 Vgl. *Sick*, ZfIR 2016, 57 ff.; zur Differenzierung zwischen numerus clausus, Typenzwang und Typenfixierung vgl. *Trömer*, RNotZ 2016, 421 f.

(1) bei der Begründung von Leistungspflichten zulasten des Grundstückseigentümers,[5]
(2) bei der Erweiterung der Befugnisse des Nießbrauchers über die Nutzziehung hinaus auf rechtsgeschäftliche Verfügungen über den Gegenstand,[6] oder die Errichtung eines Gebäudes[7]
(3) durch Abbedingung der Erhaltungspflicht des Nießbrauchers nach § 1041 Satz 1 BGB[8] oder
(4) durch (vollständige) Abbedingung des Besitzrechts des Nießbrauchers[9]
ist daher allenfalls **schuldrechtlich** möglich.

1290 Mit dinglicher Wirkung[10] können jedoch abweichende Abreden zur gewöhnlichen Unterhaltungspflicht des Nießbrauchers (§ 1041 Satz 2 BGB), zur Tragung der Kosten und Lasten (§ 1047 BGB), zum Verwendungsersatz des Nießbrauchers gem. § 1049 BGB, zum Recht des Eigentümers auf Sicherheitsleistung (§ 1051 BGB), zur Überlassbarkeit an andere zur Ausübung (§ 1059 Satz 2 BGB), zur Versicherungspflicht (§ 1045 f. BGB), zur Verwendung von Grundstücksbestandteilen zu außergewöhnlichen Erneuerungen (§ 1043 BGB), zur Errichtung eines Inventars (§ 1048 BGB), sowie zu Besonderheiten bei landwirtschaftlichen Grundstücken (§ 1055 Abs. 2 BGB), bei verbrauchbaren Sachen (§ 1067 BGB), bei Forderungen (§ 1077 BGB), Inhaber- und Orderpapieren (§§ 1081 ff. BGB).

1291 Dann sollte aber ergänzend vereinbart werden, dass der verpflichtete Grundstückseigentümer die Pflicht im Falle einer Einzelrechtsnachfolge weiterzugeben hat (um zumindest Schadensersatzansprüche für den Fall des Verstoßes zu begründen), und dass die zu Gunsten des Grundstückseigentümers geschaffenen Rechte dem jeweiligen Eigentümer als Drittem gem. § 328 BGB zustehen:

▶ Formulierungsvorschlag: Weitergabepflicht bei schuldrechtlichen Abreden zum Nießbrauch

Der Eigentümer ist gegenüber dem Nießbraucher verpflichtet, die vorstehend schuldrechtlich übernommenen Pflichten seinem Einzelrechtsnachfolger aufzuerlegen und diesen wiederum zu verpflichten, sie auch seinerseits weiteren Einzelrechtsnachfolgern mit Weitergabeverpflichtung aufzuerlegen.

Die aus der schuldrechtlichen Vereinbarung erwachsenden Rechte stehen dem jeweiligen Grundstückseigentümer als Drittem gem. § 328 BGB zu.

2. Entstehung und Beendigung

a) Grundverhältnis

1292 Das zugrunde liegende **schuldrechtliche Grundgeschäft** (Abrede über die Bestellung eines Nießbrauchs) kann – wie im Kontext dieser Untersuchung – Bestandteil eines Überlassungsvertrags oder eines umfassenden Kaufvertrags[11] sein, aber auch Gegenstand einer Verfügung von Todes

---

5 LG Bonn, 17.02.2004 – 6 T 27/04, RNotZ 2004, 232.
6 Dies wäre ein (unzulässiger) sog. »Dispositionsnießbrauch«. Denkbar ist allerdings, dass der Eigentümer den Nießbraucher zu bestimmten Verfügungen ermächtigt oder bevollmächtigt, außerhalb des Rechtsinhalts des Nießbrauchs selbst. Bzgl. des Inventars eines Grundstücks hat der Nießbraucher jedoch gem. § 1048 BGB ein gesetzliches Verfügungsrecht innerhalb der Grenzen einer ordnungsgemäßen Wirtschaft, muss allerdings für abgehende Stücke Ersatz beschaffen.
7 KG, 27.07.1991 – 1 W 7919/89, DNotZ 1992, 675 m. abl. Anm. *Frank* (da bei der Dienstbarkeit ein Gebäudeerrichtungsrecht zulässig ist, vgl. BGH, 30.01.1959 – V ZB 31/58, NJW 1959, 670, 671).
8 KG, 11.04.2006 – 1 W 609/03, RNotZ 2006, 544; vgl. aber Rdn. 1368 hinsichtlich der Haftung hierfür.
9 Zulässig ist ein teilweiser Ausschluss i.R.d. § 1030 Abs. 2 BGB, z.B. der Ausschluss des Vermietungsrechtes, Rdn. 1330.
10 Sehr instruktive Übersicht bei vgl. *Trömer*, RNotZ 2016, 421 ff. und *Mayer/Geck*, Der Übergabevertrag, § 11 Rn. 47.
11 Ist der zu schaffende Nießbrauch selbst Gegenstand des Kaufvertrags, handelt es sich um einen Rechtskauf.

wegen (Vermächtnisnießbrauch) oder eine Sicherungsabrede[12] gem. § 311 Abs. 1 BGB (Bestellung eines sog. »**Sicherungsnießbrauchs**«: Festlegung des Verwendungszwecks der Nutzungen durch Verrechnung auf die Forderungen des Nießbrauchers gegen den Eigentümer)[13] – Formulierungsvorschlag s. Rdn. 1331. Aus diesem schuldrechtlichen Grundgeschäft oder der Aufhebungsabrede kann sich auch ein Anspruch auf Neubestellung eines Nießbrauchs an einem an die Stelle des ursprünglichen Belastungsobjekts tretenden Ersatzgegenstand (z.B. Ersatzimmobilie bzw. Geldanlage aus dem Verkaufspreis des zunächst belasteten Objekts) ergeben; eine **dingliche Surrogation** kennt das Nießbrauchsrecht nur in engen Ausnahmefällen (§ 1046 Abs. 1 BGB: Versicherungsleistung; § 1066 Abs. 3 BGB: Fortsetzung am Erlös oder Ersatzobjekt bei Aufhebung der Bruchteilsgemeinschaft; § 1075 BGB: Nießbrauch an der geleisteten Sache anstelle des Nießbrauchs an der Forderung); zur rechtsgeschäftlichen »Übertragung« des Nießbrauchs auf ein Surrogationsobjekt vgl. Rdn. 4813 und 4850 (Schenkungsteuer, für Nießbrauchsvorbehalte bis 31.12.2008 bzw. ab 01.01.2009) bzw. Rdn. 5823 und 5841 (Ertragsteuer). Bei der Neubestellung im Rahmen der Ersatzanschaffung könnte formuliert werden:

▶ Formulierungsvorschlag: »Surrogation«: Bestellung eines Nießbrauchs am Folgeobjekt als Ersatz für die Löschung am verkauften Erstobjekt

Übertragung eines Nießbrauchsrechtes auf das Kaufobjekt 1293

Der Käufer war Eigentümer einer Wohnung in ....., an welcher seine Eltern, ..., ein Nießbrauchsrecht innehatten. Diese Wohnung wurde am ..... unter Mitwirkung der Nießbraucher veräußert; dabei wurde vereinbart, dass der gesamte erzielte Erlös, unter Einschluss des wirtschaftlich auf die (kapitalisierte) Ablösung des Nießbrauchs entfallenden Anteils, in ein neues, »Ersatz-« objekt, den heutigen Kaufgegenstand, investiert wird. Die Nießbraucher erhalten am Ersatzobjekt als »Surrogat« und Fortsetzung des gelöschten Nießbrauchs wiederum ein Nießbrauchsrecht zu im Übrigen identischen Konditionen. Der aus dem Ersatzobjekt erzielbare Nettoertrag entspricht nach Angabe der Beteiligten demjenigen aus dem bisher belasteten Objekt.

Demzufolge wird erklärt: Zugunsten der Eltern des Käufers als Berechtigten gem. § 428 BGB – nachstehend »die Berechtigten« genannt – wird am erworbenen Grundbesitz mit Eigentumsumschreibung ein

Nießbrauchsrecht

(also ein Recht zur Eigennutzung oder Vermietung) vereinbart, das jedoch nicht an Dritte überlassen werden kann. Abweichend vom Gesetz trägt der Nießbraucher auch die Tilgung bestehender Verbindlichkeiten sowie außerordentliche Lasten, Ausbesserungen und Erneuerungen, auch wenn sie über die gewöhnliche Unterhaltung der Sache hinausgehen. Dem Nießbraucher stehen keine Verwendungsersatzansprüche und Wegnahmerechte zu, während umgekehrt der Eigentümer keine Sicherheitsleistung (§ 1051 BGB) verlangen kann. Die gesamten Lasten und Kosten des Vertragsbesitzes sowie die Verkehrssicherungspflicht verbleiben demnach beim Nießbraucher. Dieser ist zur vorzeitigen Aufgabe des Nießbrauchs berechtigt.

Die Eintragung des Nießbrauchsrechts – für beide als Berechtigte gemäß § 428 BGB – am Vertragsbesitz wird, als verbundener Antrag gem. § 16 Abs. 2 GBO mit dem Eigentumserwerb durch den Käufer,

bewilligt und beantragt,

wobei zur Löschung der Nachweis des Todes des Berechtigten genügen soll. Das Recht erhält nächstoffene Rangstelle, also insbesondere Rang nach etwaigen Finanzierungsgrundpfandrech-

---

12 Teilweise wird hierunter auch das »Bindeglied« zwischen schuldrechtlichem Grundverhältnis und dinglicher Erfüllung gesehen, um den »überschießenden« dinglichen Rechtsinhalt auf das Gewollte zu reduzieren (z.B. Bierbezugsverpflichtung durch »negative Brauereidienstbarkeit« – Sicherungsabrede dergestalt, die vorbehaltene Einwilligung zum Getränkeverkauf werde erteilt, wenn es sich um Produkte des Dienstbarkeitsbegünstigten handelt); vgl. *Filipp*, MittBayNot 2005, 187.
13 Der Nießbrauch ist dann i.d.R. durch die Tilgung der Forderung auflösend bedingt, so dass bei Wegfall des Sicherungszwecks ein Löschungsanspruch des Eigentümers entsteht: BGH, WM 1966, 653.

ten, die der Käufer unter Verwendung der in diesem Kaufvertrag enthaltenen Vorwegbeleihungsvollmacht bestellt haben mag; über die Folgen dieses Ranges hat der Notar die Nießbraucher belehrt.

b) Entstehung des dinglichen Rechts

1294 Als **beschränkt dingliches Recht** entsteht der Nießbrauch an Grundstücken durch (formfreie) dingliche Einigung gem. § 873 BGB und Eintragung im Grundbuch, die hinsichtlich der Bewilligung der Form des § 29 GBO bedarf. Ohne eine solche Grundbucheintragung entsteht lediglich ein »nießbrauchsähnliches obligatorisches Nutzungsrecht«, das ertragsteuerlich[14] und hinsichtlich seiner Wirkung i.R.d. § 2325 Abs. 3 BGB dem dinglichen Nießbrauch gleichgestellt, i.Ü. jedoch wie als Leihe (§§ 598 ff. BGB) einzustufen ist, so dass erleichterte Kündigungsrechte nach § 605 BGB, v.a. nach dem Tod des Eigentümers, bestehen. Unter Sicherungsaspekten ist daher der »lediglich schuldrechtliche Nießbrauch« keine ernst zu nehmende Alternative.

1295 Auch die originäre Bestellung eines **Eigentümernießbrauchs** an Grundstücken ist möglich, und zwar auch ohne dass ein berechtigtes Interesse daran nachgewiesen werden müsste.[15] Dies gilt auch, wenn der Nießbrauch dem Eigentümer zusammen mit einer weiteren Person zustehen soll.[16] Die Bestellung eines Eigentümernießbrauchs empfiehlt sich z.B. bei Absicht künftiger Veräußerung des dann nießbrauchsbelasteten Grundstücks.[17]

c) Erlöschen durch Tod oder Fristablauf

1296 Das dingliche Recht kann aufschiebend oder **auflösend bedingt und/oder befristet**[18] sein. Häufig ist die aufschiebend bedingte und befristete Bestellung eines neuen Nießbrauchs für den überlebenden Ehegatten nach dem Ableben oder einem sonstigen Erlöschen (Verzicht) des für den Veräußerer bestellten Nießbrauchs (Rdn. 1321 ff.),[19] ebenso umgekehrt die auflösend bedingte Bestellung eines Nießbrauchs bis zur Rechtskraft einer Scheidung, verbunden mit der dann aufschiebend bedingten Nießbrauchsbestellung zu eigenen Gunsten. In Betracht kommt aber auch bspw. die Bestellung eines Nießbrauchs auflösend bedingt durch die Beendigung eines anderen Vertragsverhältnisses.[20]

1297 Die Möglichkeit der auflösenden Bedingung überbrückt das Fehlen eines dinglich regelbaren **Kündigungsrechts**.[21] Um den Rechtsverkehr zu warnen, muss die Bedingtheit eines Nießbrauchs im Grundbuchbeschrieb unmittelbar zum Ausdruck kommen, so dass bloße Bezugnahme auf die Eintragungsbewilligung gem. § 874 BGB nicht genügt.[22] Sachenrechtlich genügt es, dass der Inhalt der aufschiebenden oder auflösenden Bedingung so genau bezeichnet, also **bestimmbar**, ist, dass seine Existenz im Streitfall, ggf. durch das Prozessgericht, festgestellt werden kann. Die Wahl von Begriffen, die durch Gesetz oder Rspr. näher ausgefüllt sind, ist stets ausreichend, wie etwa beim Wortlaut »geschäftsunfähig werden« sowie »Fortbestand der Lebensgemeinschaft« der

---

14 BFH, 15.04.1986 – IX R 52/83, BStBl. 1986 II, S. 605; 2. Nießbraucherlass v. 24.07.1998 BStBl 1998 I 914 Tz. 51 ff. (neu gefasst durch BMF v. 30.09.2013, BStBl 2013 I 1184.
15 BGH, 14.07.2011 – V ZB 271/10, ZflR 2011, 874 m. Anm. *Keller*.
16 Trotz der Nutzung »unter Ausschluss des Eigentümers«, LG Mainz, 05.10.2006 – 8 T 74/98, n.v.
17 Die vorherige Abgabe einer Eintragungsbewilligung des Erwerbers könnte vergeblich sein, wenn vor dem Zeitpunkt des § 878 BGB Verfügungsbeschränkungen eintreten.
18 Dies ist z.B. in der Praxis anzutreffen auf die Dauer der Tilgung des derzeit noch auf dem Objekt lastenden Darlehens aus den daraus gezogenen Erträgen. Schenkungsteuerlich ist der Abzug für den kapitalisierten Wert eines befristeten Nießbrauchs (§ 13 Abs. 1 BewG i.V.m. Anlage 9a) oft nicht viel geringer als der eines lebenslangen Nießbrauchs.
19 Vgl. LG Schweinfurt, 26.02.1982 – 2 T 21/81, MittBayNot 1982, 69.
20 Eines Mietvertrags: BayObLG, 23.11.1989 – BReg. 2 Z 55/89, DNotZ 1991, 254 (zur Dienstbarkeit).
21 Vgl. BayObLG, 27.09.1989 – BReg. 2 Z 101/89, NJW-RR 1990, 87.
22 *Schöner/Stöber*, Grundbuchrecht, Rn. 1382.

Fall.²³ Ob die betreffenden objektiven Umstände auch mit Mitteln des Grundbuchrechts (§ 29 GBO) nachgewiesen werden können oder nicht, spielt dagegen keine Rolle.²⁴

Ist ein aufschiebend befristetes Nießbrauchsrecht dinglich erloschen, kann es gleichwohl konkludent als **schuldrechtliches Nutzungsrecht** fortgesetzt werden.²⁵ Ein schuldrechtlicher Nießbrauch seinerseits kann ferner in der Weise bestellt werden, dass er innerhalb einer »Befristungszeit« nicht einseitig gekündigt werden kann, sich dann jedoch jeweils um z.B. ein Jahr »automatisch« verlängert, wenn nicht eine Seite zuvor gekündigt hat.²⁶

1298

Trotz Erlöschen des Nießbrauches durch Tod können ausnahmsweise Ansprüche des vormaligen Nießbrauchers gegen Dritte (etwa gem. § 1065 i.V.m. §§ 985, 1004 BGB auf Herausgabe oder Störungsbeseitigung) auf die Erben des Nießbrauchers übergehen, wenn der ehemalige Nießbraucher durch die Einwirkung des Dritten an der Erfüllung seiner gegenüber dem Eigentümer bestehenden Pflichten gehindert war.²⁷ Auf keinen Fall ist der Inhaber eines konsekutiven, auf den Erlöschenszeitpunkt aufschiebend bedingt bestellten weiteren Nießbrauchs allerdings »Rechtsnachfolger« etwa i.S.d. § 727 Abs. 1 ZPO.²⁸

Der Nießbrauch endet zwingend durch **Tod** oder Erlöschen des Berechtigten als juristische Person (§ 1061 BGB, ausgenommen Fälle der Gesamt- oder Funktionsnachfolge bei juristischen Personen oder Personenhandelsgesellschaften [nicht beim Einzelkaufmann²⁹] mittels Feststellung durch den Präsidenten des LG: § 1059a Abs. 1 BGB,³⁰ auch von Unternehmensteilen),³¹ nicht aber durch Untergang des Gebäudes bei einem Grundstücksnießbrauch³² oder durch Konsolidation, wenn Eigentum und Nießbrauch aufgrund späterer Übertragungen derselben Person zustehen.

1299

Die Löschung aufgrund bloßen Unrichtigkeitsnachweises in der Form des § 22 GBO (z.B. gegen Vorlage einer Sterbeurkunde oder – sofern der Nießbrauch auflösend bedingt auf Verehelichung geschlossen ist – einer Heiratsurkunde) genügt jedoch grundbuchlich nur, wenn eine entsprechende **Löschungserleichterungsklausel** gem. § 23 Abs. 2 GBO vereinbart und eingetragen ist. Andernfalls bedarf es – falls die Löschung innerhalb des ersten Jahres (Sperrjahr) oder gegen den Widerspruch des Rechtsnachfolgers erfolgen soll – einer entsprechenden Bewilligung des Rechtsnachfolgers in der Form des § 29 GBO. Rückstände sind nämlich beim Nießbrauch wesensnotwendig möglich sogar dann, wenn der Nießbraucher aufgrund aufweichender Vereinbarung alle Lasten des Nießbrauchsobjekts trägt (man denke etwa an § 1046 Abs. 2 BGB: Rückstand hinsichtlich der Pflicht zur Weitergabe der Versicherungsleistung bei unterlassenem Wiederaufbau).³³

1300

---

23 Vgl. OLG München, 09.12.2016 – 34 Wx 417/16, ZEV 2017, 167.
24 Vgl. OLG München, 09.12.2016 – 34 Wx 417/16, ZEV 2017, 167.
25 BFH, 16.01.2007 – IX R 69/04, EStB 2007, 203.
26 Nießbrauchserlass BMF, 30.09.2013, BStBl 2013 I 1184, Tz. 7.
27 BGH, 18.12.2015 – V ZR 269/14, ZfIR 2016, 233 = NotBZ 2016, 382 m. Anm. *Otto*: jedenfalls wenn die Ansprüche bereits vor dem Tod des Nießbrauchers rechtshängig geworden waren. Empfehlenswert ist – zur Vermeidung eines neuen Klageverfahrens bei vorzeitigem Ableben des Nießbrauchers – ein »zweigleisiges Vorgehen« von Nießbraucher und Eigentümer, vgl. *Frank*, ZfIR 2016, 237.
28 OLG Bremen, 19.11.2014 – 1 U 15/14, BeckRS 2014, 22781.
29 Auch nicht im Falle der Ausgliederung nach § 152 Abs. 1 UmwG; vgl. OLG Nürnberg, 27.02.2013 – 15 W 2482/12, RNotZ 2013, 434.
30 Es sei denn die Übertragbarkeit ist ausgeschlossen worden, § 1059a Abs. 1 Satz 1 BGB: auflösende Bedingung der Gesamtrechtsnachfolge, MünchKomm-BGB/*Pohlmann*, § 1059a Rn. 7.
31 Nach OLG Hamm, 11.01.2007 – 15 VA 5/06, MittBayNot 2007, 315 kann auch ein einzelnes Betriebsgrundstück als Unternehmensteil zu bewerten sein.
32 Vgl. hierzu auch § 1046 BGB: Nießbrauch an der Versicherungsforderung.
33 Vgl. *Güthe/Triebel*, GBO, § 23 Anm. 7; Meikel/*Böttcher*, Grundbuchrecht, §§ 23, 24 GBO Rn. 32 begründet die Notwendigkeit einer Löschungserleichterungsklausel mit der Möglichkeit des Rückstands von Mieten, ebenso OLG München, 23.07.2012 – 34 Wx 241/12, DNotZ 2013, 23.

d) »Verzicht«

1301 Der »Verzicht« auf den dinglichen Nießbrauch erfordert die materiell-rechtlich formfreie Aufgabeerklärung gem. § 875 Abs. 1 BGB[34] sowie deren Vollzug im Grundbuch aufgrund Löschungsbewilligung (§ 19 GBO) in Form des § 29 GBO und (formfreien) Antrags. Dies gilt auch, wenn einer von mehreren gesamtberechtigten (§ 428 BGB) Nießbrauchern seine Mitberechtigung aufgeben will.[35] Die zugrunde liegende schuldrechtliche Abrede bzw. das schuldrechtliche Nutzungsrecht kann jedoch nur durch Vertrag (ggf. Erlassvertrag i.S.d. § 397 BGB, Schenkung,[36] Abgeltungsvereinbarung[37]) oder durch Vereinbarung einer Aufgabebefugnis (i.S.e. antizipierten Zustimmung bzw. eines unbefristeten Angebots auf Erlass) aufgehoben werden. Dabei kann dem Nießbraucher auch die Befugnis eingeräumt werden, einen Nießbrauch am Nachfolgeobjekt zu verlangen (vgl. zur zivilrechtlichen Gestaltung Rdn. 1293, zur Ertragsteuer Rdn. 5823 und 5841, zur Schenkungsteuer Rdn. 4813 und 4850 – die vom BFH zur schenkungsteuerlichen »Fortsetzung« des Nießbrauchs verlangte Abrede bereits in der Erstbestellung wird dadurch zugleich vorbehalten).

▶ **Formulierungsvorschlag: Befugnis zur einseitigen Aufgabe des Nießbrauchs**

1302 Der Nießbraucher kann und darf den Nießbrauch jederzeit durch Löschung im Grundbuch aufgeben. Erklärt der Nießbraucher die Löschung, um einen nießbrauchsfreien Verkauf zu ermöglichen, kann er die Neubestellung des Nießbrauchs an einem aus dem Erlös angeschafften Nachfolgeobjekt (Surrogat) verlangen.

1303 **Einkommensteuerlich** geht die Einkunftsquelle auf den Eigentümer über, sofern er Besitz und Verwaltung künftig tatsächlich ausübt. Entrichtet der Eigentümer für die Aufgabe des Nießbrauches eine Entschädigung, kann er diese, sofern er Einkünfte aus dem Objekt erzielt, als Aufwendungen zur Erlangung des Vermögenswertes »Gebäude« abschreiben; er setzt damit eine neue AfA-Reihe in Gang, vgl. im Einzelnen Rdn. 5838 ff. Zu den unterschiedlichen **schenkungsteuerlichen Folgen** der »vorzeitigen« Aufgabe eines Nießbrauchs (mit oder ohne Abfindung bzw. Surrogation) vgl. bei Nießbrauchsbestellung vor dem 31.12.2008 Rdn. 4813 ff., für seit 01.01.2009 bestellte Nießbrauchsrechte Rdn. 4842 ff.

3. Belastungsgegenstand

a) Kein Gesamtnießbrauch

1304 Belastungsgegenstand können in dem hier interessierenden Rahmen der Übertragung von Grundbesitz nur **einzelne Grundstücke** oder **grundstücksgleiche Rechte** sein; ein einheitlicher Gesamtnießbrauch an mehreren Grundstücken ist nicht möglich.[38] Sofern grundbuchliche Verwirrung nicht zu besorgen ist, kann der Nießbrauch an einer realen Teilfläche eines Grundstücks ohne dessen vorheriger Abschreibung und Vermessung begründet werden, allerdings bedarf es dazu der Verweisung auf einen amtlichen Lageplan mit Einzeichnung der betreffenden Fläche durch das

---

34 Sie ist i.d.R. in der verfahrensrechtlichen Löschungsbewilligung enthalten, zumal sie gem. § 875 Abs 1 Satz 2 BGB auch dem Grundbuchamt gegenüber erklärt werden kann.
35 Vgl. *Gutachten*, DNotI-Report 2012, 25 ff. (auch in Abgrenzung zur vom OLG München, 24.07.2009 – 34 Wx 50/09, MittBayNot 2010, 42 m. abl. Anm. *Jeep* abgelehnten Möglichkeit eines Mitvorkaufsberechtigten, seine Mitberechtigung gem. § 472 Satz 1 BGB aufzugeben) – schuldrechtliche Ansprüche des verbleibenden Nießbrauchers (der freilich mit einem Zuwachs an Pflichten aufgrund Ablebens des anderen Nießbrauchers stets zu rechnen hat) auf anteilige Weitertragung der Lasten bleiben unberührt.
36 Mit der Folge der späteren Rückforderbarkeit des kapitalisierten Nießbrauchsbetrages bei Verarmung [§ 528 BGB], OLG Köln, 09.03.2017 – 7 U 119/16, NJW-RR 2017, 915.
37 Wobei derjenige, der eine Vergütungsabrede behauptet, diese bzw. das Fehlen eines Rechtsgrundes [§ 812 BGB] entgegen der vom Eigentümer vorgetragenen Schenkung, zu beweisen hat, vgl. *Gutachten*, DNotI-Report 2015, 29, 30.
38 *Böttcher*, MittBayNot 1993, 129.

Vermessungs-/Katasteramt (§§ 7 Abs. 2, 2 Abs. 3 GBO).³⁹ Die Praxis bestellt stattdessen den Nießbrauch dinglich am gesamten Grundbuchgrundstück unter Beschränkung des Ausübungsbereichs auf einen Teil der Fläche (zu deren Kennzeichnung genügt jede Beschreibung oder private Planeinzeichnung, die ausreichend sachenrechtlich bestimmbar ist).

b) Bruchteilsnießbrauch

Belastungsgegenstand kann ferner ein **Wohnungseigentum** sein (s.u. Rdn. 1337 ff.) sowie ideelle Bruchteile (§ 1066 BGB: sog. »**Bruchteilsnießbrauch**«); dies ist der Regelfall bei der Übertragung einer Immobilie unter Nießbrauchsvorbehalt an mehrere Erwerber. Die Belastung eines ideellen Bruchteils mit einem Nießbrauch ist auch (anders als die Belastung mit einer Hypothek oder Reallast)⁴⁰ denkbar, wenn eine Sache noch in ungeteiltem Eigentum steht (§ 1066 BGB analog),⁴¹ so dass der Alleineigentümer einen ideellen Bruchteil seines Grundstücks, der Miteigentümer einen kleineren Bruchteil seines Anteils belasten kann. Der Nießbraucher übt dann die Rechte aus, die sich aus der Gemeinschaft der Miteigentümer hinsichtlich Verwaltung und Art der Benutzung der gemeinsamen Sache ergeben; das Aufhebungsverlangen durch Teilungsversteigerung können Eigentümer und Nießbraucher nur gemeinsam stellen. Bei der Belastung eines **ideellen Bruchteils** an einer in ungeteiltem Eigentum stehenden Sache entsteht in gleicher Weise eine Nutzungs- und Verwaltungsgemeinschaft analog §§ 741 ff. BGB⁴² zwischen Eigentümer und Nießbrauchberechtigtem, die allerdings (mangels Buchbarkeit) keine unmittelbare Verdinglichung etwaiger Verwaltungsvereinbarungen nach § 1010 BGB erlaubt⁴³ (es sei denn, der Transfervorgang würde in zwei Miteigentumsanteilsübertragungen zerlegt, zwischen denen die Miteigentümerregelung dinglich getroffen und eingetragen wird). Ein ideeller Miteigentumsanteil kann auch mit einem Quotennießbrauch (»kombinierter Bruchteils- und Quotennießbrauch«) belastet werden.⁴⁴

1305

▶ Formulierungsvorschlag: Bruchteilsvorbehaltsnießbrauch

Der Veräußerer behält sich an einem ideellen Bruchteil zu einhalb des Grundstücks Flst-Nr. ..... den Nießbrauch zurück. Für diesen Bruchteilsnießbrauch gelten die gesetzlichen Bestimmungen mit der Abweichung, dass ..... *(Anm.: Sodann folgen ggf. Regelungen zur Lasten- und Kostentragung, vgl. unten Rdn. 1379 oder 1336)*. Während des Bestandes des Nießbrauchs bilden Eigentümer und Veräußerer demnach eine Nutzungs- und Verwaltungsgemeinschaft analog §§ 741 ff. BGB, zu deren innerer Ausgestaltung die heutigen Beteiligten folgende schuldrechtliche Vereinbarung treffen mit der Maßgabe, diese etwaigen Einzelrechtsnachfolgern im Eigentum aufzuerlegen: ..... *(Anm.: Sodann folgen Regelungen zur Verwaltung, z.B. Vollmacht an den Nießbraucher etc.)*.

1306

Beim **Zuwendungsbruchteilsnießbrauch** unterscheidet sich lediglich der Einführungssatz:

1307

▶ Formulierungsvorschlag: Bruchteilszuwendungsnießbrauch

Der Eigentümer bestellt an einem ideellen Bruchteil zu einhalb des Grundstücks Flst-Nr. ..... den Nießbrauch zugunsten ...... Für diesen Bruchteilsnießbrauch gelten die gesetzlichen Bestimmungen mit der Abweichung, dass ..... *(Anm.: Sodann folgen ggf. Regelungen zur Lasten- und Kostentragung, vgl. unten Rdn. 1379 oder 1336)*. Während des Bestandes des Nießbrauchs bilden Eigentümer und Nießbraucher demnach eine Nutzungs- und Verwaltungsgemeinschaft analog

---

39 Vgl. *Schöner/Stöber*, Grundbuchrecht, Rn. 1365.
40 §§ 1106, 1114 BGB; die Praxis behilft sich damit, einen isolierten Miteigentumsanteil vorab zu belasten und sodann zu übertragen: das Recht bleibt bestehen auch wenn sich dadurch Alleineigentum bildet, Gutachten, DNotI-Report 2008, 81 ff.
41 BayObLG, 10.01.1985 – BReg. 2 Z 117/84, BayObLGZ 1985, 9.
42 A.A. *Ahrens*, Dingliche Nutzungsrechte, Rn. 155, der dem Eigentümer dann für seinen unbelasteten Anteil selbst eine »nießbrauchsartige Stellung« zukommen lassen will, krit. *Kesseler*, RNotZ 2007, 367.
43 LG München I, 24.06.1972 – 13 T 213/72, MittBayNot 1972, 294 m. abl. Anm. *Promberger*.
44 DNotI-Gutachten, Faxabruf-Nr. 61887 v. September 2005; OLG Schleswig, 06.11.2008 – 2 W 174/08, n.v.

§§ 741 ff. BGB, zu deren innerer Ausgestaltung die heutigen Beteiligten folgende schuldrechtliche Vereinbarung treffen mit der Maßgabe, diese etwaigen Einzelrechtsnachfolgern im Eigentum aufzuerlegen: ..... (*Anm.: Sodann folgen Regelungen zur Verwaltung, z.B. Vollmacht an den Nießbraucher etc.*).

1308 Wird die Bruchteilsgemeinschaft aufgehoben, setzt sich der am Bruchteil bestehende Nießbrauch gem. § 1066 Abs. 3 BGB am **Surrogat**, also an den Gegenständen, die an die Stelle des Anteils treten, fort (also bspw. am GbR-Anteil, wenn die Bruchteils- in eine Gesellschaft bürgerlichen Rechts durch Auflassung »umgewandelt« wird.

1309 Der Nießbrauch an Bruchteilen leidet unter derselbe Schwäche wie alle Miteigentumsbelastungen: bei einer Teilungsversteigerung zum Zwecke der Aufhebung der Gemeinschaft (§§ 749 ff., 753 BGB) fallen nur die Bruchteilsbelastungen am Anteil des Antragstellers in das geringste Gebot (§ 182 Abs. 1 ZVG),⁴⁵ diejenigen am Anteil des Versteigerungsrechtes in anderen als wichtigen Fällen mit entsprechender Grundbucheintragung (§§ 749 Abs. 2, 1010 BGB) kann entlastend wirken, vgl. Rdn. 2447.

c) Nießbrauch an Wald

1310 Insb. aus der Zeit vor Einführung der Altershilfe für Landwirte (ALG) hat sich der **Nießbrauch am Bauernwald** als eine Art Notversorgung in wirtschaftlich schwierigen Zeiten erhalten. Es ist zu empfehlen, die in §§ 1069, 1038 BGB vorgesehene Aufstellung eines Wirtschaftsplans (als Beitrag zur Bürokratievermeidung) auszuschließen,⁴⁶ ferner Regelungen zu treffen, ob auch der Kahlschlag zulässig ist oder ob es sich insoweit nicht um ordnungsgemäße Wirtschaft i.S.d. nicht abdingbaren § 1036 Abs. 2 BGB bzw. um verbotene Umgestaltung i.S.d. ebenfalls nicht dinglich abdingbaren § 1037 BGB handelt, und schließlich ob der Nießbraucher, wie in § 1041 Satz 1 BGB vorgesehen, zur Wiederaufforstung verpflichtet ist (Abbedingung insoweit nicht dinglich, jedoch schuldrechtlich möglich⁴⁷). Zu bedenken ist weiter, dass der Nießbraucher weiterhin in der landwirtschaftlichen Berufsgenossenschaft beitragspflichtig ist.⁴⁸ Diese Beiträge sind keine öffentlichen Lasten i.S.d. § 1047 BGB, so dass der Hofübernehmer sich allenfalls schuldrechtlich zu deren Tragung verpflichten kann.

4. Berechtigter

a) Grundsatz

1311 Berechtigter kann jede natürliche oder juristische Person sein (vgl. § 1059a BGB!); bei schutzwürdigen eigenen oder fremden Interessen, die nicht vermögensrechtlicher Natur zu sein brauchen,⁴⁹ auch der **Grundstückseigentümer selbst** (Rdn. 1295)⁵⁰ (eine subjektiv dingliche Bestellung zugunsten des jeweiligen Eigentümers des anderen Grundstücks ist, anders als bei der Dienstbarkeit gem. § 1018 BGB, nicht möglich). Der Nießbrauch zugunsten des Veräußerers wird mit Blick auf die ertragsteuerliche Unterscheidung (Rdn. 5822) »Vorbehaltsnießbrauch«, der Nießbrauch zugunsten eines Dritten »Zuwendungsnießbrauch« genannt. Letzterer liegt auch vor, wenn Eltern einem Kind, bspw. befristet bis zum eigenen Eintritt in den Ruhestand, den Nießbrauch an einer

---

45 Eine Mindermeinung bestreitet selbst dies, wenn alle Bruchteile mit demselben Nießbrauch belastet sind, da der nur an einem Miteigentumsanteil »überlebende« Nießbrauch dann wesensverschieden wäre, *Stöber*, 20. Aufl. 2012 § 180 ZVG Rn. 7.17; hierzu *Hansen*, DNotZ 2014, 246 ff.
46 Formulierung: »Zur Aufstellung eines Wirtschaftsplans ist der Nießbraucher nicht verpflichtet«.
47 BayObLG [2. ZS], 08.07.1977 – BReg. 2 Z 65/76, BayObLGZ 1977, 205 gegen LG Augsburg, 29.07.1976 – 5 T 90/76, MittBayNot 1976, 139.
48 §§ 123, 182, 150, 2 Abs. 1 Nr. 5 SGB VII.
49 BGH, 11.03.1964 – V ZR 78/62, BGHZ 41, 209.
50 Auch gemeinsam mit einem Dritten nach § 428 BGB (trotz der Nutzung »unter Ausschluss des Eigentümers«, LG Mainz, 05.10.2006 – 8 T 74/98, n.v.).

Renditeimmobilie einräumen, um eine Einkunftsquelle zu verlagern (Progressionsvorteile!) und Unterhaltszahlungen zu sparen (der Verlust des Kinderfreibetrages und des Freibetrages für Betreuungsbedarf i.H.v. 5.808,00 € wird dadurch i.d.R. mehr als aufgewogen).[51]

b) Mehrheit von Berechtigten

Denkbar ist zum einen eine Berechtigung von Ehegatten zum Gesamtgut in Gütergemeinschaft mit Auffangregelung zugunsten § 428 BGB.[52] **1312**

▶ **Formulierungsvorschlag: Nießbrauchsrecht in Gütergemeinschaft**

Beide Veräußerer behalten sich am übergebenen Anwesen zum Gesamtgut der zwischen ihnen bestehenden Gütergemeinschaft, bei deren Wegfall durch Vertrag oder Urteil als Gesamtberechtigte nach § 428 BGB, nach dem Ableben eines Begünstigten zugunsten des verbleibenden alleine das dingliche Nießbrauchsrecht zurück. Hinsichtlich der Gesamtberechtigung nach § 428 BGB wird weiter vereinbart, dass Leistung nur an einen Berechtigten keine Erfüllungswirkung hat, und dass keiner der Berechtigten mit Wirkung für den anderen über das Gesamtrecht zu verfügen befähigt ist. **1313**

Das Nießbrauchsrecht hat folgenden dinglichen Inhalt .....

Die Eintragung dieses Nießbrauchs für beide Veräußerer als Gesamtgutsberechtigte in Gütergemeinschaft, nach deren Beendigung durch Vertrag oder Urteil als Gesamtberechtigte nach § 428 BGB wird bewilligt und beantragt. Rein vorsorglich bewilligt der Erwerber weiterhin für jeden Veräußerer als alleinigen Berechtigten jeweils ein Nießbrauchsrecht für dessen durch den Tod des jeweils anderen Veräußerers aufschiebend bedingten Nießbrauchsanspruch. Die Eintragung wird jedoch zunächst nicht beantragt. Der amtierende Notar wird von sämtlichen Beteiligten bevollmächtigt, die Eintragung im Rang nach den bereits eingetragenen sowie den heute bestellten Rechten zu beantragen, wenn er hierzu von einem Vertragsteil schriftlich angewiesen wird.

Besonders praxisbedeutsam ist die Begünstigung einer GbR.[53] Werden im Gesellschaftsvertrag der GbR die Mitgliedschaften abtretbar und vererblich gestellt, wird faktisch die Unübertragbarkeit und Lebenszeitbeschränkung der Nießbrauchsberechtigung (und sonstiger beschränkt persönlicher Dienstbarkeiten, über § 1092 Abs. 2 und 3 BGB hinaus) dadurch außer Kraft gesetzt, solange sich nicht alle Gesellschaftsanteile in einer Hand vereinigen und damit die GbR erlischt. Als Folge der vom BGH[54] und Gesetzgeber (§ 47 GBO, § 899a BGB) zwischenzeitlich anerkannten Eintragungsfähigkeit der GbR sind Eintragungsbewilligung und Eintragung zu formulieren zugunsten »GbR, bestehend aus X und Y«, vgl. im Einzelnen Rdn. 2475. **1314**

In der Praxis regelmäßig gewählt wird die **Gesamtberechtigung nach § 428 BGB** (mit der Folge, dass der Eigentümer nach seinem Belieben an jeden der Nießbraucher zu »leisten« berechtigt ist, Letztere aber nur einmal die Duldung oder Unterlassung fordern können. Vorsorgemöglichkeiten hiergegen werden in Rdn. 2424 ff. vorgestellt; solche Vorsorgeregelungen führen faktisch dazu, dass die Regelungen des § 432 BGB [Leistung nur an beide gemeinsam, keiner kann zu Lasten des Anderen über den Anspruch verfügen] unter der »Tarnkappe« des § 428 BGB gelten[55]); zu den schenkungsteuerlichen Folgen vgl. Rdn. 4815 ff., zu den ertragsteuerlichen Rdn. 5822 ff., 5829. § 428 BGB regelt das »Außenverhältnis« zwischen den Nießbrauchern »als Gruppe« und dem Eigentümer; das Innenverhältnis der Nießbraucher richtet sich im Zweifel nach §§ 741 ff. **1315**

---

51 Vgl. das Berechnungsbeispiel bei *Janssen*, NWB 2008, 2887 = Fach 2 S. 9835.
52 Vgl. zur Zulässigkeit nur einer Vormerkung *Schöner/Stöber*, Grundbuchrecht, Rn. 261h; *Wegmann*, in: Bauer/von Oefele, GBO, § 47 Rn. 149.
53 Krit. hierzu *Wegmann*, in: Bauer/von Oefele, GBO, § 47 Rn. 88, 91 ff., 103 wegen des Lebenszeitprinzips; diese Bedenken können jedoch jedenfalls bzgl. der teilrechtsfähigen Außen-GbR nicht mehr aufrechterhalten werden, vgl. *Lautner*, MittBayNot 2001, 437.
54 BGH, 04.12.2008 – V ZB 74/08, ZfIR 2009, 93 m. abl. Anm. *Volmer*.
55 OLG Frankfurt/Main, 14.11.2011 – 20 W 439/10, MittBayNot 2012, 386 m. Anm. *Frank*.

BGB, mit im Zweifel gleicher Anteilsberechtigung (vgl. auch § 430 BGB), und Verfügungsbefugnis nur über den »eigenen Anteil«.[56]

1316 Richtigerweise (entgegen der Rechtsprechung[57]) zulässig ist auch die unmittelbare Mitberechtigung nach **§ 432 BGB**,[58] die allerdings zur Erlangung einer Sukzessivberechtigung nach dem Ableben des ersten Berechtigten zu modifizieren ist, Rdn. 2395, 2436. Denkbar (aber teurer) ist weiter die gleichrangige Eintragung **je eines Nießbrauchsrechtes** für jeden Beteiligten mit der Folge, dass diese sich in der Ausübung gem. § 1024 BGB gegenseitig beschränken, solange sie beide bestehen.[59]

1317 Die in der Praxis häufig gewählte Bruchteilsberechtigung (sog. »**Quotennießbrauch**«) – nicht zu verwechseln mit dem Bruchteilsnießbrauch![60] – führt zu einem Außen- und Innenverhältnis analog §§ 741 ff., 1010 ff. BGB zwischen mehreren Quotennießbrauchern; erlischt der Nießbrauch eines Beteiligten, entsteht zwischen ihm und dem Eigentümer, der die Nutzziehung anstelle des weggefallenen Mit-Nießbrauchers ausübt, eine identische Nutzungs- und Verwaltungsgemeinschaft.[61] So gilt z.B. für die Tragung der mit den gemeinschaftlich gezogenen Nutzungen zusammenhängenden Lasten § 748 BGB.[62]

▶ Formulierungsvorschlag: Quotenvorbehaltsnießbrauch

1318 Der Veräußerer behält sich am Grundstück Flst-Nr. ..... den Nießbrauch zu einer Quote von (*bspw.*) 1/3 zurück. Für diesen Quotennießbrauch gelten die gesetzlichen Bestimmungen mit der Abweichung, dass ..... (*Anm.: Sodann folgen ggf. Regelungen zur Lasten- und Kostentragung, vgl. unten Rdn. 1379 oder 1336*). Während des Bestandes des Nießbrauchs bilden Eigentümer und Veräußerer demnach eine Nutzungs- und Verwaltungsgemeinschaft analog §§ 741 ff. BGB, zu deren innerer Ausgestaltung die heutigen Beteiligten folgende schuldrechtliche Vereinbarung treffen mit der Maßgabe, diese etwaigen Einzelrechtsnachfolgern im Eigentum aufzuerlegen: ..... (*Anm.: Sodann folgen Regelungen zur Verwaltung, z.B. Vollmacht an den Nießbraucher etc.*).

1319 Beim **Zuwendungsquotennießbrauch** unterscheidet sich lediglich der Einführungssatz:

▶ Formulierungsvorschlag: Quotenzuwendungsnießbrauch

1320 Der Eigentümer bestellt am Grundstück Flst-Nr. ..... den Nießbrauch zu einer Quote von (*bspw.*) 1/3 zugunsten .... Für diesen Quotennießbrauch gelten die gesetzlichen Bestimmungen mit der Abweichung, dass ..... (*Anm.: Sodann folgen ggf. Regelungen zur Lasten- und Kostentragung*). Während des Bestandes des Nießbrauchs bilden Eigentümer und Nießbraucher demnach eine Nutzungs- und Verwaltungsgemeinschaft analog §§ 741 ff. BGB, zu deren innerer Ausgestaltung die heutigen Beteiligten folgende schuldrechtliche Vereinbarung treffen mit der Maßgabe, diese

---

56 Vgl. *Gutachten*, DNotI-Report 2017, 107 ff. (zur Ausübungsüberlassung gem. § 1059 Satz 2 BGB durch nur einen Gesamtgläubiger).
57 A.A. OLG München, 25.06.2009 – 34 Wx 40/09, NotBZ 2009, 464 m. abl. Anm. *Amann*, NotBZ 2009, 441 ff. [ausgehend von der ausnahmslosen»Teilbarkeit« des Nießbrauchs; tatsächlich unterliegt dies der Regelungsdisposition der Parteien].
58 Vgl. *Kesseler*, Aktuelle Probleme der notariellen Vertragsgestaltung im Immobilienrecht 2012/2013, DAI, S. 212 ff.; vgl. auch *Kesseler*, DNotZ 2010, 123 ff.: An sich wäre nach § 47 GBO der »Verfügungs-« bzw. »Innehabungsmodus« zu verlautbaren. Erlaubt die Rechtspraxis aber auch die Eintragungsfähigkeit des reinen Erfüllungsmodus, muss dies für § 432 BGB ebenso gelten wie für § 428 BGB.
59 *Schöner/Stöber*, Grundbuchrecht, Rn. 1244.
60 Letzterer Begriff stellt ab auf die Bestimmung des belasteten Objektes, § 1066 BGB, vgl. Rdn. 1305.
61 BayObLG, 12.07.1955 – BReg. 2 Z 16, 20 u. 21/1955, BayObLGZ 1955, 155; dies gilt gem. LG Aachen, 04.09.2001 – 3 T 237/01, RNotZ 2001, 587 auch bei einem originär auf eine Bruchteilsberechtigung beschränkten Quotennießbrauch. Gem. § 745 Abs. 2 BGB können die Beteiligten daher festlegen, wie die Nutzungsquote umgesetzt werden soll, auch durch Zuweisung einer Nutzungsbefugnis bzgl. wesentlicher Grundstücksteile (Letzteres erscheint fragwürdig).
62 Vgl. BGH, 06.06.2003 – V ZR 932/02, NotBZ 2003, 310.

A. Nießbrauch Kapitel 4

etwaigen Einzelrechtsnachfolgern im Eigentum aufzuerlegen: ..... (*Anm.: Sodann folgen Regelungen zur Verwaltung, z.B. Vollmacht an den Nießbraucher etc.*).

c) Sukzessivberechtigung

Häufig ist nur **ein Ehegatte Veräußerer** und damit »geborener« Berechtigter des Vorbehaltswohnungsrechts, auch der andere Ehegatte soll jedoch Mitbegünstigter sein. Diese Mitberechtigung kann entweder gleichzeitig (dann häufig i.S.e. Gesamtberechtigung gem. § 428 BGB, allerdings mit den unter Rdn. 2424 ff. genannten Risiken bzw. Vorsorgemöglichkeiten; zur Bewertung der sich dadurch an den Ehegatten bereits jetzt vollziehenden Schenkung s. die Beispiele unter Rdn. 4815 und Rdn. 4827) oder i.S.e. Sukzessivberechtigung verwirklicht werden, also aufschiebend bedingt und befristet auf den Zeitpunkt des Vorversterbens des Veräußerer-Ehegatten (und damit erst zu letzterem Zeitpunkt schenkungsteuerlich bedeutsam, vgl. Rdn. 4815 für Nießbrauchs- und Rdn. 4772 für Leistungsvorbehalte). Die Begünstigung wird dann wohl ihrerseits wiederum auflösend bedingt nur für den Fall eingeräumt sein, dass die derzeitige Ehe noch besteht. Ein aufschiebend bedingter Nießbrauch des Überlebenden kann auch (wenngleich selten) als selbstständiges Recht im Anschluss an eine zuvor bestehende Bruchteilsberechtigung unter Ehegatten gewollt sein.[63]

1321

▶ Formulierungsvorschlag: Aufschiebend bedingter Nießbrauch für den überlebenden Ehegatten des Veräußerers

Sollte der Veräußerer vor seinem derzeitigen Ehegatten versterben, wird aufschiebend bedingt auf den Zeitpunkt des Todes des Veräußerers, sofern die Ehe dann noch (ohne Scheidungsantrag) besteht, ein Nießbrauchsrecht zu gleichen Bedingungen zugunsten dieses Ehegatten des Veräußerers bestellt. Es handelt sich um einen Zuwendungsnießbrauch; über hieraus erwachsende Folgen wurde belehrt.

1322

Die Eintragung des Nießbrauchsrechts zugunsten des Veräußerers und – im Rang danach – des aufschiebend bedingten Nießbrauchsrechts zugunsten des Ehegatten des Veräußerers am Vertragsbesitz wird

bewilligt und beantragt

mit dem Vermerk, dass zur Löschung des Rechts der Nachweis des Todes des jeweiligen Berechtigten genügen soll, was hiermit vereinbart wird.

d) Anspruch auf Nießbrauchsbestellung

Ist dagegen ungewiss, ob der etwa überlebende Ehegatte den ihm aufschiebend bedingt eingeräumten Nießbrauch tatsächlich in Anspruch nehmen wird (etwa da ihm die Lasten der Vermieterstellung in vorgerücktem Alter wenig attraktiv erscheinen), kann alternativ zu seinen Gunsten lediglich ein **Anspruch auf Bestellung** eines (definierten) Nießbrauchs zu diesem Zeitpunkt begründet werden (ggf. auch, sofern der Ehegatte nicht an der Urkunde beteiligt ist, i.S.e. Anspruchs zugunsten Dritter gem. § 328 BGB[64]), der (zugleich rangwahrend) im Grundbuch gesichert wird. Der Anspruch wird befristet sein; ist zu besorgen, dass der überlebende Ehegatte die Wahrnehmung der ihm eingeräumten Ausübungsfrist übersieht, kann deren Lauf auch an eine entsprechende Aufforderung des Eigentümers geknüpft werden. Zur weiteren Erleichterung kann ihm zugleich die Vollmacht[65] erteilt werden, befreit von § 181 BGB die Vereinbarung des Nieß-

1323

---

63 Dann Eintragung unter verschiedenen laufenden Nummern im Grundbuch, OLG Frankfurt, 14.07.2008 – 20 W 47/07, DNotZ 2008, 846 m. Anm. *Westphal*.
64 In diesem Fall könnte der überlebende Ehegatte die Zuwendung noch gem. § 333 BGB zurückweisen; die Abfindung hierfür ist allerdings gem. § 3 Abs. 2 Nr. 4 ErbStG zu versteuern.
65 Ist dem Ehegatten (ggf. als Drittem gem. § 328 BGB) bereits ein unentziehbares Recht eingeräumt, wird diese Vollmacht unwiderruflich erteilt sein. Sie wirkt allerdings (anders als die Vormerkung) nicht gegen Einzelrechtsnachfolger auf der Seite des »Gegenüber«, also im Eigentum.

brauchs vorzunehmen und dessen Eintragung zu bewilligen. Das Verbleiben auf dieser Vorstufe des »Anspruchs« vermeidet bspw. das sonst eintretende schenkungsteuerliche Problem, dass mit Eintritt der aufschiebenden Bedingung der Zuwendungsnießbrauch entstanden ist (und besteuert wird im Verhältnis zum Ehegatten, dem vormaligen erstrangigen Nießbraucher), und ein nachfolgender Verzicht eine neuerliche Schenkung (nunmehr an den Eigentümer) darstellt – vgl. Rdn. 4843 –, und vermeidet auch zivilrechtlich eine zweimalige Schenkung (§ 517 BGB![66]).

▶ Formulierungsvorschlag: Anspruch auf Sukzessivnießbrauch (vormerkungsgesichert) für den überlebenden Ehegatten des Veräußerers

1324 Sollte der Veräußerer vor seinem derzeitigen Ehegatten versterben *[Alt.: Sollte der Nießbrauch des Veräußerers enden]*, ist dieser Ehegatte, sofern die Ehe bis zum Tod *[Alt.: beim Ende des Nießbrauchs]* noch (ohne Scheidungsantrag) bestand, berechtigt, nach dem Tod *[Alt.: nach dem Ende des Nießbrauchs]* des Veräußerers spätestens binnen sechs Monaten nach Aufforderung durch den Eigentümer die Bestellung eines Nießbrauchsrechts zu seinen Gunsten zu gleichen Bedingungen zu verlangen. Es handelt sich um einen Zuwendungsnießbrauch; über hieraus erwachsende Folgen wurde belehrt.

Zur Sicherung dieses bedingten Anspruchs wird die Eintragung einer Vormerkung zugunsten des Ehegatten im Rang nach dem Vorbehaltsnießbrauch des Veräußerers bewilligt und beantragt. Sie ist auflösend befristet auf den Tod des Begünstigten und auflösend bedingt auf die Vorlage eines Scheidungsurteils und wird mit diesen Inhaltsbeschränkungen bewilligt; übt der Ehegatte das Nießbrauchsverlangen nicht fristgerecht aus, ist er zur Bewilligung der Löschung verpflichtet. Der Erwerber bevollmächtigt den genannten Ehegatten unwiderruflich, über den Tod hinaus und befreit von § 181 BGB, nach Löschung des Nießbrauchs für den Veräußerer den Nießbrauch zu seinen Gunsten zu bestellen und zur Eintragung zu bewilligen.

1325 In Einzelfällen mag sich gar der Veräußerer selbst vorbehalten, nachträglich (etwa bei erhöhtem Liquiditätsbedarf) die Bestellung eines Nießbrauchs zu verlangen; auch insoweit handelt es sich, sofern das Verlangen gestellt wird, ertragsteuerlich (vorteilhafterweise) um einen Vorbehalts-, keinen Zuwendungsnießbrauch (vgl. zu dieser Unterscheidung Rdn. 5822, 5829), während schenkungsteuerlich bei Ausübung des Verlangens auf Antrag ein nachträglicher Abzug (mit dem ex nunc kapitalisierten Wert) stattfindet (§ 6 BewG, vgl. auch Rdn. 1388 und 4772 mit Beispiel in Rdn. 4866). Zivilrechtlich ist zu berücksichtigen, dass im Zweifel der Nießbraucher gem. § 1047 BGB die Zinsen (Rdn. 1374, vorbehaltlich anderer Vereinbarung nicht die Tilgung) der zur Zeit der tatsächlichen Bestellung das Nießbrauchsobjekt betreffenden Verbindlichkeiten zu tragen hat. Das Optionsrecht (vgl. auch zum Bestellungsanspruch an einem übertragenen Kommanditanteil Rdn. 6771) wird i.d.R. befristet, aber vormerkungsgesichert, sein:

▶ Formulierungsvorschlag: Befristeter Anspruch auf Vorbehaltsnießbrauch (vormerkungsgesichert)

1326 Der Veräußerer – nachstehend »der Berechtigte« genannt – ist berechtigt, sich in Bezug auf den gesamten übertragenen Grundbesitz oder Teile davon ein

Nießbrauchsrecht

vorzubehalten, und die nähere Ausgestaltung des Nießbrauchsrechtes zu bestimmen, beispielsweise in Bezug auf das belastete Objekt bzw. die belasteten Miteigentumsanteile daran, Befristung, Quote der Berechtigung, Pflichten des Nießbrauchers und Lastentragung in Bezug auf Verzinsung und Tilgung von Verbindlichkeiten, schuldrechtliche Umgestaltungsbefugnisse des Nießbrauchers etc.

---

[66] Würde der überlebende Ehegatte den ihm bereits »von selbst« angefallenen Konsekutivnießbrauch aufgeben, läge darin eine Schenkung an den Eigentümer, die z.B. bei Verarmung [Pflegeheimaufenthalt!] in den folgenden zehn Jahren Wertersatzzahlungen des Eigentümers gem. §§ 528, 818 Abs. 2 BGB auslösen kann.

Das Verlangen ist unter Mitteilung des gewünschten Inhalts des Nießbrauchs gegenüber allen Erwerbern in notariell beglaubigter Form zu stellen, wobei die Unterschriftsbeglaubigung bis zum Ablauf des 31.12.... stattfinden muss. Eine Vollmacht zur vertraglichen Niederlegung des Nießbrauchs in schuld- und sachenrechtlicher Hinsicht sowie zur Abgabe der grundbuchlichen Bewilligungen wird nicht gewünscht.

Zur Sicherung dieses bedingten Anspruchs wird die Eintragung einer Vormerkung zugunsten des Berechtigten an nächstoffener Rangstelle bewilligt und beantragt. Die Vormerkung ist als dingliches Recht auflösend befristet auf den Tod des Begünstigten bzw. den 31.03. ... (*drei Monate nach Ablauf der Geltendmachungsfrist*), je nachdem welcher Zeitpunkt früher liegt.

5. Rechtsinhalt

a) Grundsatz

Rechtsinhalt des Nießbrauchs (»Genuss des Gebrauchs«) ist das Recht, »**Nutzungen der Sache** zu ziehen«. Der Nießbraucher kann also vermieten oder verpachten und erwirbt damit die Rechtsfrüchte der Sache (Mietforderungen); in gleicher Weise kann er bei Eigenbewirtschaftung die Sachfrüchte im Rahmen ordnungsgemäßer Fruchtziehung sich aneignen. Er verdrängt dabei den Eigentümer (so dass dieser nicht mehr rechtlich gesichert über die Räume verfügen kann und demzufolge Zweitwohnungsteuer gegen ihn nicht erhoben werden darf!).[67] In beiden Fällen hat er jedoch **kein Recht zur Umgestaltung**, muss also insb. gem. § 1036 Abs. 2 BGB die bisherige wirtschaftliche Bestimmung der Sache aufrechterhalten und sich innerhalb der Regeln einer ordnungsgemäßen Wirtschaft halten.   1327

b) Ausschluss einzelner Nutzungsarten

Gem. § 1030 Abs. 2 BGB ist der (durch Bezugnahme auf die Eintragungsbewilligung)[68] dingliche **Ausschluss** »**einzelner Nutzungen**« möglich, z.B. hinsichtlich einzelner Gebrauchsarten (Wohnnutzung bzw. gewerbliche Nutzung; Beschränkung der Vermietung auf Mietverträge mit einer Laufzeit von nicht mehr als 12 Monaten,[69] Erfordernis einer vorherigen – allerdings gebundenen – Zustimmung des Eigentümers zur konkreten Vermietung, Rdn. 1349). Dabei muss jedoch das Charakteristikum des Nießbrauchs als »umfassendes Nutzungsrecht« erhalten bleiben, so dass bei nur noch einer verbleibenden zulässigen Nutzungsart (z.B. lediglich dem Recht zur Vermietung[70] oder dem Recht zur Eigennutzung)[71] lediglich eine schlichte beschränkte persönliche Dienstbarkeit vorliegen kann.[72]   1328

Überwiegend für zulässig gehalten wird eine solche Beschränkung jedoch, wenn bspw. neben der echten Eigennutzung auch die unentgeltliche Überlassung an Dritte (ähnlich der früheren Kriterien für die Förderung nach dem Eigenheimzulagengesetz) zulässig bleibt. Eine solche Regelung (kombiniert mit einer auflösenden Bedingung für den Fall des Leerstandes) könnte etwa wie folgt formuliert sein.   1329

---

67 BVerwG, 13.05.2009 – 9 C 8/08, HFR 2009, 1135.
68 Zur Frage der Eintragungsbedürftigkeit vgl. *Ahrens*, Dingliche Nutzungsrechte, Rn. 68; *Kesseler*, RNotZ 2007, 366.
69 LG Aachen, 19.09.1986 – 3 T 404/86, Rpfleger 1986, 468; vgl. *Trömer*, RNotZ 2016, 421, 427.
70 OLG Celle, 15.10.2004 – 4 W 190/04, OLGE 6, 121 = NJW-RR 2005, 102.
71 *Faber*, BWNotZ 1978, 151.
72 Vgl. zur Abgrenzung zur schlichten Dienstbarkeit *Schippers*, MittRhNotK 1996, 198 f.; der BGH (BGH, 25.10.1991 – V ZR 196/90, DNotZ 1993, 55) hat die Frage offengelassen; für Zulässigkeit als Nießbrauch bei reiner Eigennutzung jedoch Staudinger/*Frank*, BGB (2002), § 1030 Rn. 57; unzulässig jedoch nach seiner Ansicht Beschränkung allein auf die Mietverträge, Staudinger/*Frank*, BGB (2002), § 1030 Rn. 56.

▶ Formulierungsvorschlag: Nießbrauch mit Fremdvermietungs- und Leerstandsverbot gem. § 1030 Abs. 2 BGB

1330 Mit dinglicher Wirkung wird vereinbart, dass der Nießbrauch nicht durch Überlassung gegen Entgelt an Dritte, die nicht Angehörige i.S.d. § 15 AO sind (etwa im Weg der Fremdvermietung), genutzt werden kann, also nur die Nutzung zu eigenen Wohnzwecken des Nießbrauchers oder die unentgeltliche Überlassung an Angehörige möglich sind (§ 1030 Abs. 2 BGB). Das Nießbrauchsrecht ist ferner auflösend bedingt für den Fall, dass in den letzten sechs Monaten keine (zugelassene) Nutzung erfolgt ist.

(Formulierungszusatz [falls auch unentgeltliche Überlassung an Angehörige ausgeschlossen sein soll]: ..... bzw. eine Nutzung zu eigenen Wohnzwecken künftig nicht mehr erfolgen wird, da aufgrund ärztlicher Feststellung die Führung eines eigenen Haushalts nicht mehr möglich ist.)

Die Eintragung des auflösend bedingten und durch Ausschluss einzelner Nutzungen gem. § 1030 Abs. 2 BGB beschränkten Nießbrauchs wird bewilligt und beantragt.

1331 Möglich ist auch eine Beschränkung auf die Nutzung zu Sicherungszwecken, z.B. zum Zweck der Verrechnung auf Forderungen des Nießbrauchers gegen den Eigentümer (sog. »**Sicherungsnießbrauch**«).[73] Da der Nießbraucher außerhalb des Verwertungsfalls auf Art und Umfang der Nutzziehung selbst keinen Einfluss nimmt, ist der Sicherungsnießbrauch einkommensteuerlich unbeachtlich.[74]

▶ Formulierungsvorschlag: Sicherungsnießbrauch

1332 Der Veräußerer behält sich am übertragenen Grundbesitz Flst-Nr. ..... den Nießbrauch vor *(Anm.[im Fall des Zuwendungsnießbrauchs]: Der Eigentümer bestellt zugunsten des Berechtigten ..... am Grundbesitz Flst-Nr. ..... einen Nießbrauch)* dergestalt, dass die vom Nießbraucher gezogenen Nutzungen auf die Forderungen des Nießbrauchers gegen den Eigentümer (zunächst das Kapital, dann die Zinsen, sodann die Kosten) angerechnet werden. Als Anrechnungswert gilt bei Mieteinnahmen der tatsächlich vereinnahmte Betrag, im Fall der Eigennutzung die ersparte Miete, die im Dissensfall durch einen öffentlich bestellten und vereidigten Sachverständigen auf Kosten des unterliegenden Teils zu ermitteln ist, jeweils abzüglich der nachgewiesenen Fruchtziehungskosten und Steuern. Der Nießbrauch ist durch vollständige Tilgung der Verbindlichkeiten des Eigentümers gegenüber dem Nießbraucher auflösend bedingt (Sicherungsnießbrauch).

(Anm.: Sodann folgt inhaltliche Ausgestaltung der Lastentragung als Brutto- oder Nettonießbrauch, wobei Letzteres näher liegt.)

Die Eintragung dieses Nießbrauchs wird bewilligt und an nächstoffener Rangstelle durch beide Beteiligten auf Kosten des Eigentümers beantragt mit dem Vermerk, dass zur Löschung der Nachweis des Todes des Nießbrauchers genügen soll, was hiermit vereinbart, bewilligt und beantragt wird.

Schuldrechtlich verpflichtet sich der Nießbraucher gegenüber dem Eigentümer, den Nießbrauch, sofern und soweit keine Eigennutzung stattfindet, zur Erzielung von Erträgen zumindest mit der eigenüblichen Sorgfalt bestmöglich zu verwerten.

c) Örtliche Begrenzung

1333 Der Nießbrauch erstreckt sich auch auf **Bestandteile** gem. §§ 93 bis 96 BGB und Zubehör gem. § 1031 BGB, auch wenn solche Bestandteile nachträglich eingefügt werden (z.B. wiederaufgebau-

---

73 Vgl. MünchKomm-BGB/*Pohlmann*, § 1030 Rn. 74.
74 BMF-Schreiben v. 24.07.1998, BStBl. 1998 I, S. 914 Rn. 7. Ein solcher Sicherungsnießbrauch ist auch bei Eigennutzung durch den Nießbraucher anzuerkennen, also im Fall eines Mietvertrags zwischen Eigentümer und »Sicherungsnießbraucher«, vgl. BFH, 03.02.1998 – IX R 38/96, BStBl. 1998 II, S. 539 = BeckRS 1998, 23000412.

tes Gebäude).[75] Lediglich unwesentliche Bestandteile (z.B. Grundstücksteile)[76] können mit dinglicher Wirkung ausgenommen werden, nicht aber wesentliche Bestandteile, z.B. Teile des Gebäudes oder das Gebäude selbst[77] (Stichwort: Vertikale Teilung möglich, nicht aber horizontale Teilung, s. Rdn. 1333).

Unzulässig ist also ein Ausschluss hinsichtlich wesentlicher Bestandteile des Grundstücks, z.B. einer bestimmten Wohnung,[78] oder umgekehrt die Erstreckung des Nießbrauchs nur auf eine Wohnung in einem (nicht nach WEG aufgeteilten) Mehrfamilienhaus.[79] Anders liegt es hinsichtlich der Herausnahme sog. einfacher Bestandteile, nämlich bloßer Grundstücksteile, auch wenn sie bebaut sind (zulässige »vertikale Beschränkung« im Gegensatz zur unzulässigen »horizontalen Beschränkung« z.B. auf Gebäudeteile[80]). Zulässig ist demnach auch die Beschränkung auf eine Doppelhaushälfte (unter Trennung von Statik, Zugang und Versorgung). Man spricht von einer »**unechten Teilbelastung**«.[81] Davon zu unterscheiden ist die echte Teilbelastung, die nicht nur hinsichtlich des dinglichen Ausübungsbereichs, sondern des Belastungsgegenstands auf einen Grundstücksteil beschränkt ist, und einen amtlichen Lageplan mit Einzeichnung der Nießbrauchsfläche durch das Vermessungsamt gem. § 2 Abs. 3 GBO erfordert, jedoch regelmäßig an § 7 Abs. 2 GBO (Grundbuchverwirrung) scheitert.

1334

▶ Formulierungsvorschlag: Örtlich beschränkter Nießbrauch (als unechte Teilbelastung)

Der Veräußerer behält sich am übertragenen Grundbesitz Flst-Nr. ..... den Nießbrauch vor *(Anm.[im Fall des Zuwendungsnießbrauchs]: Der Eigentümer bestellt zugunsten des ..... am Grundbesitz Flst-Nr. ..... einen Nießbrauch)* dergestalt, dass sich das Recht des Nießbrauchers, Nutzungen aus der Sache zu ziehen, beschränkt auf den im beigefügten Lageplan schraffiert gekennzeichneten Grundstücksteil (Gesamtfläche links des Bachs) nebst dort aufstehenden Baulichkeiten. Mit dinglicher Wirkung (§ 1030 Abs. 2 BGB) ist also der Nießbraucher ausgeschlossen von allen Nutzungen, die den verbleibenden Grundstücksteil (rechts des Bachs) betreffen.

1335

(Anm.: Sodann folgt die Regelung der Lastentragung etc. i.S.e. Brutto- oder eines Nettonießbrauchs oder einer Zwischenform.)

▶ Beispiel:

In einem zu überschreibenden Gebäude befinden sich zwei Mietwohnungen; der Eigentümer möchte sich ausschließlich den Nießbrauch bzgl. der Obergeschosswohnung vorbehalten.

1336

(1) Ein Vorbehalts-Quotennießbrauch zu 1/2 zugunsten des Veräußerers würde dieses Ziel nicht erreichen, da die Hälfte der gesamt gezogenen Nutzungen beim Veräußerer verbliebe. Er würde also auch das Risiko einer Nichtvermietbarkeit der Erdgeschosswohnung wirtschaftlich mittragen.

(2) Auch der Vorbehalt eines Bruchteilsnießbrauchs an einem ideellen halben Miteigentumsanteil (der auch möglich ist, wenn nur ein Eigentümer vorhanden ist) bewirkt nicht die beabsichtigte Trennung der »Vermieterstellung« für Ober- und Erdgeschoss, da den ideellen Bruchteilshälften nicht einzelne Wohnungen zugeordnet sind. Mit dinglicher Wirkung ist es nicht möglich, den Umfang der Nutzziehung auf einzelne Gebäudeteile zu beschränken, da es sich in-

---

75 BGH, 31.01.1964 – V ZR 191/61, LM § 1090 Nr. 10.
76 LG Tübingen, 19.03.1981 – 5 GR 5/81, BWNotZ 1981, 140.
77 BayObLG (w. ZS), 26.10.1979 – BReg. 2 Z 51/79, BayObLGZ 1979, 361.
78 BayObLG, 26.10.1979 – 2 Z 51/79, Rpfleger 1980, 17; BGH, 27.01.2006 – V ZR 243/04, Rpfleger 2006, 386.
79 OLG Köln, 17.08.2016 – 2 Wx 188/16, RNotZ 2016, 668 (auch nicht als Quotennießbrauch mit Nutzungsvereinbarung).
80 Denkbar ist allenfalls, vorab schuldrechtliche Abreden über die Belastung des noch zu schaffenden Sondereigentums an einer Wohnung zu treffen und durch Vormerkung zu sichern, vgl. *Sick*, ZfR 2016, 57, 63.
81 *Schöner/Stöber*, Grundstücksrecht, Rn. 1365.

soweit um wesentliche Sachbestandteile handelt (anders als bei Herausnahme einzelner Grundstücksteile).

(3) Es ist fraglich, ob das gewünschte Ergebnis dadurch erzielt werden könnte, dass dem Erwerber im ersten Schritt lediglich ein halber Miteigentumsanteil überlassen wird, sodann eine dingliche Benutzungsregelung gem. § 1010 BGB vereinbart und im Grundbuch eingetragen wird (wonach mit dem bereits überlassenen halben Miteigentumsanteil die Verwaltung des Erdgeschosses verbunden sei) und dann der verbleibende Miteigentumsanteil unter Vorbehalt eines Bruchteilsnießbrauchs hieran ebenfalls dem Erwerber übertragen wird. Die Miteigentümerregelung dürfte nämlich mit Vereinigung aller Anteile in der Hand des Erwerbers erlöschen (nach überwiegender Auffassung besteht sie nur dann fort, wenn einzelne Miteigentumsanteile mit auf Zahlung oder Leistung gerichteten Rechten belastet sind, z.B. einem Grundpfandrecht oder einer Reallast,[82] was jedoch bei einem Nießbrauch nicht der Fall ist).

(4) Wirtschaftlich nahekommen könnte aber die Bestellung eines Wohnungsrechts, beschränkt hinsichtlich des Ausübungsbereichs auf die Obergeschosswohnung, unter Gestattung der Überlassung an Dritte gem. § 1092 Abs. 1 Satz 2 BGB, wobei jedoch die Ausgestaltung des gesetzlichen Schuldverhältnisses beim Wohnungsrecht, insb. hinsichtlich der Lastentragung, deutlich hinter dem Nießbrauch zurückbleibt (die Ausübung des Wohnungsrechts und der Überlassung müsste daran geknüpft werden, dass der Berechtigte einen nießbrauchsentsprechenden Teil der Grundstückslasten trägt, vgl. Rdn. 1564, 1566). Soll nur die Vermietung möglich sein, kann möglicherweise eine beschränkt persönliche Dienstbarkeit mit diesem Inhalt bestellt werden.[83]

(5) Sicherste, aber auch teuerste, Alternative bleibt daher die Aufteilung des Anwesens nach dem WEG und sodann der Vorbehalt des Nießbrauchs am neu geschaffenen Sondereigentum »Obergeschosswohnung«.

(6) Soll die Erdgeschosswohnung weiterhin vom Erwerber als Eigentümer bewohnt werden, die Obergeschosswohnung aber hinsichtlich der Erträge sofort dem Veräußerer zustehen, kommt auch die Bestellung eines Gesamtnießbrauchs im Rang nach einem Eigentümerwohnungsrecht (Letzteres hinsichtlich des Ausübungsbereichs beschränkt auf die Erdgeschosswohnung; auch die Lastentragung muss dem Nießbrauch angepasst werden – vgl. Rdn. 1566) in Betracht;[84] nach dem Ableben des Eigentümers stehen dem Veräußerer dann aber alle Erträge zu!

d) Wohnungseigentum

1337 In **WEG-Anlagen** übt weiterhin der Wohnungseigentümer (Nießbrauchsbesteller) das Stimmrecht gem. § 25 Abs. 2 Satz 1 WEG aus;[85] ein unmittelbarer Übergang des Stimmrechts auf den Nießbraucher findet nicht einmal hinsichtlich einzelner Beschlussgegenstände, die ihn unmittelbar tangieren, statt. Auch müsse das Stimmrecht nicht notwendig »gemeinsam« ausgeübt werden; allenfalls im Innenverhältnis können sich Bindung zwischen Eigentümer und Nießbrauchsberechtigtem ergeben. Auch zur Anfechtung von Beschlüssen der Wohnungseigentümergemeinschaft

---

82 Vgl. *Schöner/Stöber*, Grundbuchrecht, Rn. 1472.
83 OLG Schleswig, 16.03.2011 – 2 W 47/10, notar 2011, 363. Kritisch hiergegen (Verstoß gegen den numerus clausus sachenrechtlicher Institute) *Sick*, ZfIR 2016, 57, 61 ff.
84 *Ertl*, MittBayNot 1988, 56.
85 BGH, 07.03.2002 – V ZB 24/01, MittBayNot 2002, 184, m. Anm. *F. Schmidt* (Divergenzvorlage; vgl. zuvor BayObLG, 26.06.1998 – 2Z BR 53/98, DNotZ 1999, 585 und OLG Hamm, 19.06.2001 – 15 W 20/01, DNotI-Report 2001, 165; einerseits: kein Stimmrechtsübergang, KG, 01.04.1987 – 24 W 3131/86, NJW-RR 1987, 973 und OLG Hamburg, 10.09.1987 – 2 W 21/86, NJW-RR 1988, 267 andererseits: Stimmrechtsübergang beschränkt auf Angelegenheiten der Verwaltung und Nutzung, § 1066 BGB).

(gem. § 43 Nr. 4 WEG) ist allein der Eigentümer berechtigt;[86] wie auch ihrerseits die Gemeinschaft nicht unmittelbar, etwa gem. § 14 Nr. 3 und 4 WEG, gegen den Nießbraucher vorgehen kann.[87] Diese Rechtsprechung dürfte auch (entgegen früherer Entscheidungen)[88] für das Wohnungsrecht gelten.[89] Übt der Nießbraucher den Besitz in gemeinschaftswidriger Weise aus, kann die Eigentümergemeinschaft nur den Eigentümer (als mittelbaren Handlungsstörer) in Anspruch nehmen.

Häufig wird allerdings – gerade in den schenkungsteuerlich motivierten Übertragungsfällen mit Vorbehaltsnießbrauch – der Nießbraucher aufgrund Vollmacht die Wahrnehmung der Interessen in der Eigentümerversammlung vornehmen. Entgegenstehende Beschränkungen in der Gemeinschaftsordnung (die z.B. nur eine Vertretung durch Ehegatten oder Abkömmlinge bzw. Erwerber vorsehen) dürften[90] teleologisch zu reduzieren sein, da ihr Sinn und Zweck (Abwehr gemeinschaftsfremder Dritter) die Zulassung des Nießbrauchers als materiell Hauptbetroffenen geradezu fordert. Vorsorglich behilft sich die Praxis mit einer entsprechenden Weisungsabrede (s. nachstehenden Formulierungsvorschlag Rdn. 1340).

1338

Die an den Verwalter zu entrichtende Hausgeldumlage (§§ 16, 28 Abs. 2 WEG) entfällt ganz überwiegend auf Lasten, die (kraft gesetzlicher Vermutung, erst recht aufgrund häufig im Bereich des Vorbehaltsnießbrauchs, auch steuerlich motivierter, geänderter Zuständigkeitsverteilung) den Nießbraucher treffen. Instandhaltungs- und Instandsetzungsaufwand am Gemeinschaftseigentum, der nach Beendigung des Nießbrauchs anfällt, wird allerdings naturgemäß auch aus Rücklagenbeiträgen finanziert, die der Nießbraucher getragen hat. Es entspricht üblicher Handhabung, es bei diesen nicht voraussehbaren und oft auch nicht beeinflussbaren Zufälligkeiten zu belassen. Damit wird zugleich der sonst dem Nießbraucher ggf. gem. § 1049 BGB gegen den Eigentümer zustehende Verwendungsersatzanspruch ausgeschlossen.[91] Des Weiteren wird der Nießbraucher den Eigentümer auch freizustellen haben von Haftungen, die ihn als Mitglied des Verbandes der Wohnungseigentümer ggü. Dritten, v.a. Gläubigern gem. § 10 Abs. 8 WEG, treffen können.

1339

▶ Formulierungsvorschlag: Nießbrauch an Sondereigentum

Der Nießbraucher trägt während der Dauer des Nießbrauchs ferner das an die Eigentümergemeinschaft zu entrichtende Hausgeld einschließlich der Zuführungen zur Instandhaltungsrücklage, auch wenn diese nicht (mehr) zur Finanzierung der von ihm zu tragenden Lasten Verwendung finden sollte, sowie alle Pflichten des Eigentümers als Mitglied des Verbandes der Wohnungseigentümer gegenüber Dritten. Ab Erlöschen des Nießbrauchs übernimmt der Erwerber alle Rechte und Pflichten gegenüber der Eigentümergemeinschaft und dem Verwalter einschließlich etwaiger nach diesem Zeitpunkt fälliger Umlagen und Nachzahlungen; auch etwaige Rückerstattungen stehen ihm dann alleine zu.

1340

Schuldrechtlich gilt weiter: Der Erwerber bevollmächtigt den Nießbraucher hiermit und auf Verlangen in getrennter Urkunde i.S.d. § 172 BGB, für die Dauer des Nießbrauchs das Stimmrecht in der Versammlung der Sondereigentümer wahrzunehmen; falls aus Rechtsgründen erforderlich, wird der Eigentümer sein Stimmrecht nach Weisung des Nießbrauchers ausüben. Dem Eigentümer sind Protokollabschriften zu übermitteln.

---

86 OLG Düsseldorf, 08.03.2005 – 3 Wx 323/04, NZM 2005, 380 gegen KG, 01.04.1987 – 24 W 3131/86, NJW-RR 1987, 973; keine Divergenzentscheidung des BGH hierzu (BGH, 23.06.2005 – V ZB 61/05, NZM 2005, 627).
87 BGH, 10.07.2015 – V ZR 194/14, ZfIR 2015, 773 m. Anm.*Dötsch*.
88 BGH, 15.06.1962 – V ZB 2/62, BGHZ 37, 208; ähnlich BGH, LM Nr. 8 zu § 1093 BGB, sofern die Beschlussgegenstände die Rechte und Pflichten eines Wohnungsberechtigten unmittelbar berühren.
89 BGH, 16.05.2014 – V ZR 131/13, ZfIR 2014, 572 (nur Ls.).
90 *Gutachten*, DNotI-Report 2015, 140 ff.; a.A. jedoch OLG Hamburg, 12.05.2003 – 2 Wx 1/01, BeckRS 2004, 01802.
91 Vgl. *Pöppel*, MittBayNot 2007, 85, 88.

e) Besitz- und Abwehrrechte

1341 Der Nießbraucher ist zwingend zum Besitz der Sache berechtigt (§ 1036 Abs. 1 BGB); im Fall der Beeinträchtigung seiner Rechte ist er gem. § 1065 BGB wie ein Eigentümer geschützt (z.B. §§ 985, 1004, 858 ff., 823 BGB). Damit ist er auch »Inhaber einer Wohnung« i.S.d. Bestimmung über die Zweitwohnungsteuer (Art. 105 Abs. 2a Satz 1 GG).[92] Nach neuem Schuldrecht verjähren diese **Abwehransprüche**, soweit es um eine Störung in der Ausübung geht,[93] kenntnisabhängig bereits nach 3 Jahren,[94] so dass als Inhalt des dinglichen Rechts eine vertragliche Verlängerung der Verjährung (§ 202 Abs. 2 BGB) empfohlen wird.[95]

▶ Formulierungsvorschlag: Verjährungsverlängerung beim Nießbrauch

1342 Soweit Ansprüche aus diesem Nießbrauch der Verjährung unterliegen, beträgt die Frist 30 Jahre ab gesetzlichem Verjährungsbeginn.

1343 Der Nießbraucher erwirbt (unabdingbar[96]) das Eigentum an allen Sachfrüchten bei Trennung, auch an sog. »Übermaßfrüchten«, die als Folge eines besonderen Ereignisses (z.B. Windbruch) gezogen werden, ebenso an darüber hinaus gehenden »Raubfrüchten«; für diese hat er allerdings Wertersatz zu leisten, unter Anrechnung eigenen erlittenen Schadens (§ 1039 BGB).

6. Nießbrauch und Mietverhältnis

1344 Der Berechtigte eines dinglichen (Zuwendungs-)Nießbrauchs tritt kraft Gesetzes (§ 567 BGB) in bestehende Mietverhältnisse ein; bei lediglich schuldrechtlich eingeräumtem (Zuwendungs-)Nießbrauch bedarf es hierfür jedoch einer rechtsgeschäftlichen Vertragsübernahme unter Zustimmung des Mieters (die bloße faktische Änderung des Überweisungswegs genügt nicht, so dass auch steuerlich der Einkunftstatbestand noch nicht übergeht).[97]

Zieht der Nießbraucher die Nutzungen (von Anfang an oder später) im Weg der Vermietung und endet der Nießbrauch vor dem Mietverhältnis, gelten zugunsten des Mieters gem. § 1056 BGB die §§ 566 ff. BGB analog, d.h. der Wechsel der Vermieterstellung wird wie ein Wechsel im Eigentum behandelt. Im Akzeptieren einer Nießbrauchsbelastung liegt also (zumindest konkludent) das Abbedingen der Rechte, die dem Erwerber sonst gegen den Veräußerer/Vorbehaltsnießbraucher wegen nicht rechtsmängelfreier Lieferung für den Fall einer nach Beendigung des Nießbrauchs fortbestehenden Vermietung zustehen würden.

1345 Vorsorglich kann vereinbart werden:

▶ Formulierungsvorschlag: Vermietung durch Nießbraucher

Den Beteiligten ist bewusst, dass etwaige durch den Nießbraucher abgeschlossene Mietverträge grds. den Eigentümer auch nach Beendigung des Nießbrauchs binden; er hat im Verhältnis zum Veräußerer (Vorbehaltsnießbraucher) diesen »Rechtsmangel« hinzunehmen.

---

92 BVerwG, 13.05.2009 – 9 C 8.08, NotBZ 2009, 381 (LS); *Ihle*, notar 2010, 70.
93 Diese Ansprüche auf Beseitigung oder Unterlassung unterfallen nach BGH, 22.10.2010 – V ZR 43/10, DNotI-Report 2010, 221 nicht § 902 Abs. 1 Satz 1 BGB. Letztere Norm ist aber einschlägig, soweit es um die Verwirklichung des Rechtes selbst geht.
94 § 902 Abs. 1 Satz 1 BGB gilt nach BGH; 01.02.1993 – VI ZR 229/92, BGHZ 125, 56 nicht für den sich nicht unmittelbar aus dem Grundbuch ergebenden Abwehranspruch des § 1004 BGB, auch § 924 BGB sei nicht einschlägig (hiergegen krit. *Volmer*, ZfIR 1999, 87).
95 Vgl. *Amann*, in: Amann/Brambring/Hertel, Vertragspraxis nach neuem Schuldrecht, S. 309. Die Verlängerung der Verjährung aufgrund Vollstreckungsunterwerfung greift wohl nur im Verhältnis zum Vertragspartner, dem Eigentümer des dienenden Grundstücks.
96 Vgl. *Trömer*, RNotZ 2016, 421, 428 m.w.N.
97 BFH, 26.04.2004 – IX R 22/04, BeckRS 2006, 25010325; vgl. auch BFH, EStB 2006, 413.

1346 Zur Abmilderung der Folgen seiner Bindung an solche fortbestehenden Mietverhältnisse kann jedoch der Eigentümer[98] – und zwar auch bei Mietverhältnissen, die auf bestimmte Zeit geschlossen sind![99] – schon vor dem Vertragsende mit gesetzlicher Frist (nicht notwendig zum erstzulässigen Termin wie gem. §§ 57a ff. ZVG, jedoch innerhalb einer ggf. vom Mieter gesetzten Frist) **kündigen** (§ 1056 Abs. 2 Satz 1, Abs. 3 BGB[100]). Dies gilt sogar, wenn der Eigentümer des nießbrauchsbelasteten Grundstücks Miterbe des verstorbenen Nießbrauchers ist.[101] Der Mieter, der vom Nießbraucher mietet, steht also schlechter als bei Direktanmietung vom Eigentümer, es sei denn, der Eigentümer wäre dem Mietverhältnis beigetreten (Rdn. 1347) oder aus anderen Gründen auch nach Beendigung des Nießbrauchs an das Mietverhältnis gebunden (z.B. als Alleinerbe des Nießbraucher-Vermieters oder aber weil er den Mietvertrag schon vor Nießbrauchsbestellung selbst abgeschlossen hatte).[102] Erforderlich ist aber bei Wohnraummietverhältnissen stets ein berechtigtes Interesse i.S.d. § 573d Abs. 1 i.V.m. § 573 BGB, z.B. Eigenbedarf.[103] Zusätzliche Kündigungsgründe werden also nicht geschaffen, vielmehr vertraglich befristete Kündigungsausschlüsse überwunden.

▶ Formulierungsvorschlag: Beitritt des Eigentümers zur Vermietung durch den Nießbraucher

1347 Der Erwerber als künftiger Eigentümer hat es im Verhältnis zum Veräußerer hinzunehmen, dass bei Beendigung des Nießbrauchs ein etwaiger Mietvertrag auf ihn kraft Gesetzes übergeht. Er tritt auch im Verhältnis zum betreffenden Mieter diesem Mietvertrag bei, verzichtet also auf sein besonderes Kündigungsrecht gem. § 1056 Abs. 2 Satz 1, Abs. 3 BGB.

Ein vorzeitiger rechtsgeschäftlicher Verzicht des Nießbrauchers führt jedoch zu einem Sonderkündigungsrecht des Eigentümers erst ab dem Zeitpunkt, in dem der Nießbrauch ohne den Verzicht (z.B. infolge Ablebens des Nießbrauchers) erloschen wäre (§ 1056 Abs. 2 Satz 2 BGB).

1348 Hinsichtlich der umgekehrten Situation eines Wechsels des Pächters bei vorweggenommener Erbfolge eines landwirtschaftlichen Betriebs bzgl. zugepachteter Grundstücke bestimmt § 593a BGB zum Schutz des Landpächters einen (abdingbaren)[104] gesetzlichen Eintritt des Übernehmers in den Pachtvertrag; der Verpächter, der unverzüglich zu benachrichtigen ist, hat nur dann ein außerordentliches Kündigungsrecht, wenn die ordnungsgemäße Bewirtschaftung der Pachtsache durch den Übernehmer nicht gewährleistet ist. Es bedarf also in diesem Fall keiner Unterpachtverhältnisse.

1349 Im Zusammenhang mit der Vermietung durch den Nießbraucher mag für den Eigentümer von Bedeutung sein mitzugestalten, wer als Mieter zu welchen Konditionen das Objekt bewohnt und damit möglicherweise künftig in Mietbeziehung zum Eigentümer stehen wird, wenn der Nieß-

---

98 Das Sonderkündigungsrecht geht nicht auf einen Nacherwerber über, es sei denn der Eigentümer überträgt es gem. § 413 BGB, BGH, 27.11.2009 – LwZR 12/08, DNotZ 2010, 941 m. Anm. *Gehse*. Denkbar ist auch die Ermächtigung an den Erwerber (§ 185 Abs. 1 BGB) zur Kündigung bereits vor Eigentumsumschreibung.
99 AG Stuttgart, 18.01.1973 – 18 C 22066/72, ZMR 1973, 152.
100 Zur entsprechenden Anwendung auf den Nacherben [§ 2135 BGB] vgl. BGH, 01.07.2015 – VIII ZR 278/13, ErbR 2015, 560.
101 BGH, 20.10.2010 – XII ZR 25/09, ZflR 2011, 103 m. Anm. *Schweitzer*, kritisch hierzu *Hertel*, in: *Herrler/Hertel/Kesseler*, Aktuelle Probleme der notariellen Vertragsgestaltung im Immobilienrecht 2016/2017, S. 90 ff. mit Blick auf BGH, 12.10.2011 – VIII ZR 50/11, ZEV 2012, 160: Sonderkündigungsrecht besteht nicht, wenn der Nießbraucher Alleinerbe des Eigentümers ist. Die Kündigung kann durch eine Mehrheit der Bruchteilseigentümer des Grundstücks ausgesprochen werden, wenn dies ordnungsgemäßer Verwaltung i.S.d. § 745 Abs. 1 Satz 1 BGB entspricht, BGH, 26.04.2010 – II ZR 159/09, ZEV 2010, 476.
102 BGH, 12.10.2011 – VIII ZR 50/11, ZEV 2012, 160.
103 BGH, 01.07.2015 – VIII ZR 278/13, ZEV 2015, 701.
104 BGH, 26.04.2002 – LwZR 10/01, DNotZ 2002, 952.

brauch erlischt. Dies kann (mit dinglicher Wirkung, § 1030 Abs. 2 BGB, vgl. Rdn. 1328) z.B. dadurch erreicht werden, dass der Eigentümer sich das Erfordernis der vorherigen Zustimmung zu einer konkreten Vermietung vorbehält, allerdings zur Erteilung der Genehmigung bei Einhaltung bestimmter Voraussetzungen verpflichtet ist, und ggf. auch das Recht zur eigenen Anmietung (»Vormietrecht«, mit Untervermietungsbefugnis) zu gleichen Konditionen erhält:

▶ Formulierungsvorschlag: Zustimmungsvorbehalt und Vormietrecht des Eigentümers bei Vermietung durch den Nießbraucher

1350 Sofern der Nießbraucher beabsichtigt, den Nießbrauch durch Vermietung auszuüben, ist er verpflichtet, vor dem Abschluss des Mietvertrages die Zustimmung des Eigentümers zum vollständig vorzulegenden Vertragsentwurf einzuholen; in der Zustimmung liegt zugleich der Verzicht des Eigentümers auf die Rechte aus §§ 1056 Abs. 2 Satz 1, Abs. 3 BGB gegenüber diesem Mieter. Der Eigentümer ist zur Erteilung der Zustimmung binnen 14 Tagen verpflichtet, wenn
a) die Vermietung nur zu Wohnzwecken oder als häusliches Arbeitszimmer erfolgt,
b) der Mieter keinen Bonitätsindex über 300 bei der Creditreform aufweist und in der DeMDa (Deutsche Mieter Datenbank) keine »harten«/»mittleren«/»weichen« Ablehnungsgründe gegen ihn bestehen,
c) gesetzliche Kündigungsrechte des Vermieters nicht ausgeschlossen sind,
d) die Miethöhe nicht unter dem örtlichen Mietspiegel liegt und gesetzliche Mieterhöhungsmöglichkeiten des Vermieters nicht beschränkt sind oder aber eine Indexmiete vereinbart ist, und
d) eine Mietkaution i.H.v. drei Monatsmieten vereinbart ist.

Der Eigentümer ist ferner berechtigt, seinerseits vom Nießbraucher in derselben Frist den Abschluss eines Anmietungsvertrages zu verlangen, dessen Inhalt dem vorgelegten Entwurf entspricht mit der Maßgabe, dass eine Untervermietung zu denselben Zwecken gestattet ist.

7. Übertragung eines Nießbrauchs zur Ausübung

1351 Der Nießbrauch ist in dem Sinn zwingend »höchstpersönlich«, dass er mit dem Tod des Nießbrauchers erlischt (§ 1061 BGB) und als dingliches Recht selbst nicht übertragen werden kann (§ 1059 Satz 1 BGB). Die »Vorabbestellung« eines Nießbrauchs für einen »Rechtsnachfolger« ist also nur in dem Sinn möglich, dass der »Zweitberechtigte« von vornherein in den Kreis der Begünstigten gem. § 428 BGB einbezogen wird oder aber dass zu seinen Gunsten aufschiebend bedingt ein weiterer Nießbrauch bestellt (und im Grundbuch eingetragen) wird.

1352 Lediglich Nießbrauchsrechte für bestimmte juristische Personen sind in ihrer Gesamtheit gem. §§ 1059a bis 1059d BGB übertragbar, so dass der dingliche Rechtsinhalt mit dem »jeweiligen Nießbraucher« zustande kommt. Nur in diesem Rahmen ist auch die Vormerkung, die den Anspruch auf Bestellung eines Nießbrauchs sichert, abtretbar (§ 1059e BGB); allerdings kann der vorgemerkte Anspruch des Versprechensempfängers, einem Dritten einen Nießbrauch einzuräumen, abgetreten werden, so dass die Vormerkung mitübergeht (§ 401 BGB).[105]

1353 **Abtretbar** sind allerdings ohne Einschränkung – sofern kein rechtsgeschäftlicher Zessionsausschluss gem. § 399 BGB besteht – die einzelnen aus dem Nießbrauch fließenden Ansprüche (z.B. auf Zahlung der Miete).

1354 Ferner kann gem. § 1059 Satz 2 BGB ohne Zustimmung des Eigentümers mit dinglicher Wirkung die Ausübung des Nießbrauchs einem anderen (auch dem Eigentümer selbst[106]) überlassen werden, sofern dies nicht (durch Vereinbarung und Eintragung im Grundbuch, die auch im Weg der Bezugnahme gem. § 874 BGB erfolgen kann) ausgeschlossen ist. Diese **Ausübungsüberlassung** ist zu unterscheiden von der unmittelbaren Vermietungstätigkeit, also dem Gebrauchma-

---

105 Vgl. *Zeiser*, Rpfleger 2009, 285, 286.
106 BGH, 18.12.1970 – V ZR 31/68, NJW 1971, 422.

chen von den Rechtsbefugnissen des Nießbrauchs selbst (Ziehung der Rechtsfrüchte). Steht der Nießbrauch mehreren Berechtigten als Gesamtgläubigern gem. § 428 BGB zu, kann (wohl) jeder Berechtigte seine (im Zweifel nach §§ 741 ff., 747 Satz 1 BGB zu bemessende) Ausübungsberechtigung übertragen, bzw. durch Überlassung an den Eigentümer wirtschaftlich darauf verzichten, und damit seinen (künftigen) Ausgleichsanspruch gem. § 430 BGB abtreten.[107] Als Folge eine Ausübungsüberlassung übt der Zweitberechtigte die aus dem Nießbrauch fließenden Rechte im Namen des Nießbrauchers, jedoch für eigene Rechnung aus; das gesetzliche Schuldverhältnis besteht allerdings weiter zwischen Eigentümer und Nießbraucher, dessen Erfüllungsgehilfe nun der Ausübungsberechtigte ist. Unmittelbare Ansprüche des Eigentümers gegen den Ausübungsberechtigten bestehen nur gem. §§ 823 ff. BGB und gem. § 1004 BGB, sofern der bestimmungswidrige Gebrauch trotz Abmahnung fortgesetzt wird. Der Ausübungsberechtigte genießt Besitzschutz gem. §§ 858 ff. und 986 BGB; erlischt jedoch der Nießbrauch, enden ohne Weiteres auch die Rechte aus der Ausübungsüberlassung.

▶ Hinweis:

In Überlassungsverträgen, die von eher persönlichen Rechtsbeziehungen geprägt sind, wird die Ausübungsüberlassung regelmäßig ausgeschlossen oder auf den engsten Familienkreis begrenzt (etwa auf leibliche Abkömmlinge[108] oder auf eheliche Abkömmlinge). 1355

8. Gläubigerzugriff

a) Pfändung

Nicht nur die aus dem Nießbrauch fließenden Rechte (Mietforderungen etc.), sondern auch der Nießbrauch selbst ist pfändbar,[109] und zwar auch dann, wenn die Überlassung der Ausübung an einen Dritten ausgeschlossen ist.[110] 1356

▶ Hinweis:

Die Pfändung kann und sollte berichtigend (kein Wirksamkeitserfordernis!) im Grundbuch eingetragen werden, um bspw. die Löschung des Nießbrauchs ohne Mitwirkung des Pfändungsgläubigers zu vermeiden.[111] 1357

Der Pfändungsgläubiger kann über die Leistungsklage eine ordnungsgemäße Nutzung des Grundstücks erreichen,[112] tritt aber auch in die Lastentragungspflichten des Nießbrauchers ein; die Verwertung erfolgt im Weg der Zwangsverwaltung.[113] Bewohnt der Nießbraucher das Objekt selbst, kann er sich gegen den Pfändungsgläubiger allerdings nicht auf die nur für den Eigentümer geltende Billigkeitsnorm des § 149 ZVG berufen, allerdings hat der Pfändungsgläubiger gegen 1358

---

107 Vgl. im Einzelnen *Gutachten,* DNotI-Report 2017, 107 ff.
108 Dann zählen adoptierte nicht dazu, vgl. OLG Düsseldorf, 11.09.2104 – I-3 Wx 98/14, RNotZ 2015, 27 zur Auslegung eines Erbvertrages.
109 BGH, 21.06.1985 – V ZR 37/84, BGHZ 95, 99.
110 *Rossak,* MittBayNot 2000, 383 ff. m.w.N.
111 Vgl. BayObLG, 07.08.1997 – 2Z BR 104/97, Rpfleger 1998, 69, 70.
112 Bei Pfändung eines Bruchteilsnießbrauchs unter der weiteren Einschränkung, dass die Nutzung sich i.R.d. § 743 Abs. 2 BGB hält, vgl. BGH, 25.10.2006 – VII ZB 29/06, NJW 2007, 149.
113 §§ 857 Abs. 4, 844 ZPO, §§ 146 ff. ZVG, Formulierungsmuster bei *Eickmann,* NotBZ 2008, 257 ff.; vgl. OLG Düsseldorf, 19.02.1997 – 9 U 220/96, Rpfleger 1997, 315; dabei ist neben der unmittelbaren Vermietung auch die Überlassung des Nießbrauchs als solcher zur Ausübung möglich, vgl. §§ 857 Abs. 1, 835 Abs. 1, 1. Alt. ZPO und BGH, 20.02.1974 – VIII ZR 20/73, NJW 1974, 796.

den Nießbraucher keinen Anspruch auf Räumung und Herausgabe des Grundstücks.[114] Es soll allerdings möglich sein, die Pfändung eines Nießbrauchsrechts als dessen auflösende Bedingung zu vereinbaren;[115] diese Vereinbarung dürfte jedoch der Gläubigeranfechtung gem. §§ 3 ff. AnfG, §§ 129 ff. InsO unterliegen. Denkbar ist weiter, zugunsten des Begünstigten sowohl ein (der Pfändung entzogenes) Wohnungsrecht als auch (im Rang danach) ein (bis zu seiner Pfändung ausgeübtes) Nießbrauchsrecht zu bestellen.[116]

b) Zwangsversteigerung

1359 Die Beschlagnahme des der Zwangsversteigerung unterliegenden Grundstücks erfasst nicht die Ansprüche auf Miet- und Pachtforderungen, die sich aus dem Nießbrauch ergeben (§ 21 Abs. 2 ZVG), ebensowenig die bereits getrennten Erzeugnisse, die bereits im Eigentum des Nießbrauchers stehen (§§ 954, 955 Abs. 2 BGB, § 55 ZVG). Geht der Nießbrauch dem das Versteigerungsverfahren betreibenden Gläubiger im Rang vor, ist er in das geringste Gebot aufzunehmen und ein Zuzahlungsbetrag nach § 51 Abs. 2 ZVG festzusetzen, dessen Höhe der möglichen Fruchtziehung auf die restliche Laufzeit entspricht. Etwaige Rückstände aus dem Nießbrauch sind zur Berücksichtigung im bar zu zahlenden Teil des geringsten Gebots separat anzumelden (§ 45 Abs. 2 ZVG).

1360 Erlischt der Nießbrauch selbst bei einer Zwangsversteigerung des Grundstücks aus vorrangigen Rechten, weil er nicht in das geringste Gebot fällt, tritt[117] an seine Stelle bei ausreichender Verteilungsmasse ein Anspruch auf Wertersatz aus dem Erlös in Gestalt einer **Geldrente** (§ 121 Abs. 2 ZVG), höchstens (bei, wie üblich, auf Lebenszeit bestellten Nießbrauchsrechten) des 25-fachen Jahreswerts der Nutzung. Gem. § 882 BGB kann (zur Erleichterung der Beleihungsprüfung für nachrangige Gläubiger) ein Höchstbetrag des Wertersatzes bestimmt und zum Grundbuchinhalt des Nießbrauchs gemacht werden. Das Deckungskapital wird bei der Gerichtskasse hinterlegt und gelangt quartalsweise vorschüssig zur Auszahlung (§ 92 Abs. 2 Satz 2 ZVG).

c) Zwangsverwaltung

1361 Betreibt ein Grundpfandgläubiger die Zwangsverwaltung (§ 866 ZPO) über ein nießbrauchsbelastetes Grundstück, also nicht in den Nießbrauch selbst, ist hierzu ein **zusätzlicher Duldungstitel** auch gegen den Nießbraucher selbst dann notwendig, wenn der Nießbrauch im Grundbuch im Rang nach dem Grundpfandrecht eingetragen ist[118] (das Vollstreckungsgericht hat dem Zwangsverwalter den Besitz am Grundstück zu übergeben [§ 150 Abs. 2 ZVG], zu dem jedoch auch der Nießbraucher berechtigt ist [§ 1036 Abs. 1 BGB], und zwar auch ggü. anderen Personen als dem Grundstückseigentümer, § 1065 BGB). Ist das vorrangige Grundpfandrecht vollstreckbar bestellt, ist die Klausel gem. § 727 ZPO auf den Nießbraucher zu erweitern (sog. Titelerweiterung); die »Rechtsnachfolge« der »streitbefangenen Sache« ist durch die Reihenfolge der Nieß-

---

[114] Keine Anwendung des § 1065 BGB analog (Herausgabeanspruch des Nießbrauchers gegen störende Dritte, § 985 BGB) auf das Verhältnis zwischen Pfändungsgläubiger – der an die Stelle des Nießbrauchers trete – und dem weiter besitzenden Nießbraucher, BGH, 12.01.2006 – IX ZR 131/04, FamRZ 2006, 550.
[115] OLG Frankfurt, 15.04.2008 – 20 W 53/07, JurBüro 1980, 1899 = MittBayNot 2009, 46.
[116] Anders als bei der gleichrangigen Eintragung eines Wohnungs- und eines Nießbrauchsrechts zugunsten desselben Begünstigten (OLG Hamm, 28.04.1997 – 15 W 334/97, MittRhNotK 1997, 390) oder bei der Eintragung eines Nießbrauchsrechts im Rang vor dem Wohnungsrecht dürfte hierfür das Rechtsschutzbedürfnis nicht zu verneinen sein, vgl. DNotI-Gutachten, Faxabruf-Nr. 11282 v. 20.11.2002.
[117] Bei unbestimmtem Jahreswert des Rechtes bedarf es hierfür einer vorherigen Anmeldung zur Berücksichtigung bei der Erlösverteilung.
[118] BGH, 14.03.2003 – IXa ZB 45/03, RPfleger 2003, 378; a.A. MünchKomm-BGB/*Eickmann*, § 1124 Rn. 45 m.w.N. Zum Erfordernis eines Duldungstitels bei Zwangsverwaltung ggü. einem nachrangigen Wohnungsberechtigten vgl. DNotI-Gutachten, Faxabruf-Nr. 11438.

brauchseintragung offenkundig.[119] Gleiches gilt bei einem (auch nachrangigen) Wohnungsrecht.[120]

▶ Hinweis:

Um die uneingeschränkte Verwertung eines noch zu beleihenden Grundstücks nicht nur im Weg der Zwangsversteigerung in erleichterter Form zu ermöglichen, wird ein Grundpfandgläubiger vom bereits eingetragenen Nießbraucher nicht nur die Bewilligung des Rangrücktritts, sondern auch die Abgabe einer Duldungsverpflichtung nach §§ 737, 794 Abs. 2 ZPO, also die notarielle Unterwerfung unter die Zwangsvollstreckung in Gestalt der Duldung der Zwangsverwaltung des betreffenden Grundbesitzes, verlangen, vgl. Rdn. 1363. 1362

Geht der betreibende Gläubiger dem Nießbrauch im Rang nach, scheitert die zwangsweise Beschaffung eines Duldungstitels gegen den Nießbraucher (möglicherweise kann jedoch der Nießbrauch seinerseits der Gläubigeranfechtung gem. §§ 3, 4 AnfG unterliegen). Hinsichtlich der »freiwilligen« Abgabe der Duldungsverpflichtung folgender[121]

▶ Formulierungsvorschlag: vollstreckungsbewehrte Duldungsverpflichtung des Nießbrauchers für den Fall der Zwangsverwaltung

Die X Bank wird als Gläubiger in Abteilung III des Grundbuchs von X, Blatt ..., eingetragen. Der in Abteilung II lfd. Nr. ... des genannten Grundbuchs eingetragene Nießbraucher erklärt, wirtschaftlich Berechtigter hinsichtlich des Grundstücks zu sein, an dem sein Nießbrauchsrecht bestellt ist. In dieser Eigenschaft stimmt er gegenüber dem vorgenannten Grundpfandgläubiger der Anordnung der unbeschränkten Zwangsverwaltung über den Grundbesitz zu, duldet diese Zwangsverwaltung und ermächtigt den Zwangsverwalter, sich den Besitz an dem mit dem Nießbrauchsrecht belasteten Grundbesitz zu verschaffen. Er unterwirft sich in seiner Eigenschaft als Nießbraucher wegen der übernommenen Verpflichtungen dem genannten Grundpfandgläubiger gegenüber der sofortigen Zwangsvollstreckung aus dieser Urkunde, insbesondere wegen der Verpflichtung zur Duldung der Zwangsverwaltung in den nießbrauchsbelasteten Grundbesitz. Dem Grundpfandgläubiger kann ohne weitere Nachweise vollstreckbare Ausfertigung der Urkunde erteilt werden, ohne dass damit eine Umkehr der Beweislast verbunden wäre. 1363

Die Zwangsvollstreckung in das an einem Grundstück bestellte **Nießbrauchsrecht selbst** erfolgt gem. § 857 Abs. 4 Satz 1, 2 ZPO durch Verwaltung des Grundstücks. Diese setzt – ebenso wie die Zwangsverwaltung nach §§ 146 ff. ZVG – den unmittelbaren oder mittelbaren Besitz des Schuldners (Nießbrauchers) voraus. Das Vollstreckungsgericht ist freilich, wenn die Grundbucheintragung des Nießbrauchs nachgewiesen ist, vor der Anordnung der Verwaltung mangels anderweitiger Kenntnis nicht zur Prüfung des Schuldnerbesitzes verpflichtet.[122] 1364

---

119 BGH, 26.03.2014 – V ZB 140/13, ZfIR 2014, 488 m. Anm. *Alff*, sowie *Schmidt-Räntsch*, ZNotP 2014, 293 und *Fischer*, ZNotP 2015, 1, 11 f.; *Kesseler*, in: DAI, Aktuelle Probleme der Vertragsgestaltung im Immobilienrecht 2014/2015, S. 312 ff.; OLG Dresden, 05.09.2005 – 14 W 1007/05, Rpfleger 2006, 92; vgl. im Einzelnen Gutachten, DNotI-Report 2004, 3 f. und DNotI-Gutachten, Faxabruf-Nr. 93754 v. 08.05.2009 (»Vorstehende Ausfertigung wird dem Gläubiger X gegen Y zur Duldung der Zwangsvollstreckung in die seinem Nießbrauch unterliegenden, zum Vermögen des Z gehörenden Gegenstände erteilt. Die Rechtsnachfolge auf Schuldnerseite ergibt sich aus dem Grundbuch Blatt ..., das die Eintragung eines Nießbrauchs zu Gunsten des Vollstreckungsschuldners im Rang nach der gem. § 800 ZPO vollstreckbaren Grundschuld ausweist. Der Nießbraucher hat sich in notarieller Urkunde der Duldung der Zwangsvollstreckung in Gestalt der Zwangsverwaltung in den betroffenen Grundbesitz unterworfen«). Zur Zwangsverwaltung bei Nießbrauch und anderen Nutzungsrechten eines Dritten: *Alff*, ZfIR 2014, 313 ff.
120 LG Mosbach, 07.10.2009 – 5 T 104/09, Rpfleger 2010, 153; zur Umschreibung der Klausel selbst: AG Mosbach, 22.12.2009 – 3 L 4/09, Rpfleger 2010, 228.
121 Vgl. auch Muster bei *Suppliet*, NotBZ 2014, 379.
122 BGH, 09.12.2010 – VII ZB 67/09, JurionRS 2010, 30805.

d) Überleitung auf den Sozialfürsorgeträger

1365 Schwieriger ist die Rechtslage hinsichtlich der Überleitbarkeit des Nießbrauchs auf den Sozialhilfeträger nach § 93 SGB XII zu beurteilen. Zwar steht die Unveräußerlichkeit wegen § 93 Abs. 1 a.E. SGB XII nicht entgegen (hinsichtlich der Pfändung wird diese Sperre durch § 857 Abs. 3 ZPO überwunden), allerdings handelt es sich beim Nießbrauch nicht um einen »Anspruch« i.S.d. § 194 BGB, § 93 Abs. 1 Satz 1 SGB XII, sondern um ein dingliches Recht.[123] Unzweifelhaft überleitbar sind allerdings die aus einer Vermietung kraft Nießbrauchs herrührenden Ansprüche; auch handelt es sich beim Nießbrauch um Vermögen, das kraft seiner Verwertbarkeit einsatzpflichtig i.S.d. § 90 Abs. 1 SGB XII ist, sofern der Nießbrauch nicht durch Selbstnutzung in einem angemessenen Eigenheim i.S.d. § 90 Abs. 1 Nr. 8 SGB XII ausgeübt wird (Erst-Recht-Schluss aus der Anrechnungsfreiheit einer entsprechenden Eigentumsposition). Lässt der Nießbraucher das Objekt ohne triftigen Grund leer stehen, kann die Hilfeleistung wegen sozialwidrigen Verhaltens gem. §§ 26 Abs. 1 Satz 1 SGB XII, 31a Abs. 1 SGB II auf das Unerlässliche reduziert werden.[124]

II. Lastentragung

1366 Das gesetzliche Schuldverhältnis differenziert hinsichtlich der Verteilung der Lasten, soweit nicht in den Grenzen des Typenzwangs eine vertragliche Modifikation erfolgt (s. Rdn. 1377 ff.), hinsichtlich der Unterhaltung (s. Rdn. 1367 ff.) und der Zahlungspflicht (s. Rdn. 1371 ff.) wie folgt.

1. Unterhaltung der Sache

1367 Anders als der Grundstückseigentümer wird der Nießbraucher durch die Bestellung des dinglichen Rechts im Zweifel auch zu einem aktiven Tun verpflichtet, nämlich zur Erhaltung der Sache in ihrem wirtschaftlichen Bestand (Beispiel: Wiederaufforstung).[125] Aus diesem Grund obliegen ihm gem. § 1041 Satz 2 BGB solche Ausbesserungen und Erneuerungen, die zur **gewöhnlichen Unterhaltung der Sache**[126] gehören. Von dieser Pflicht zur gewöhnlichen Unterhaltung (die naturgemäß die Instandhaltungsregelung in einem durch den Nießbraucher geschlossenen Mietvertrag nicht präjudiziert)[127] ist jedoch nicht eine Verschlechterung umfasst, die durch ordnungsgemäße Ausübung des Nießbrauchs herbeigeführt wurde (bloße Abnutzung, § 1050 BGB: den Nießbraucher trifft – dinglich unabdingbar[128] – keine Kapitalerhaltungspflicht für abnutzungsbedingte Veränderungen, die trotz Durchführung der gesetzlich geschuldeten Erhaltungsmaßnahmen eintreten).[129]

1368 Unterlässt er die gewöhnliche Unterhaltung, haftet er dem Eigentümer wegen pVV des gesetzlichen Schuldverhältnisses (§ 241 Abs. 2 BGB), ebenso aus Deliktsrecht. Dabei hat er jede Fahrlässigkeit zu vertreten, sofern nicht der Sorgfaltsmaßstab abgemildert wurde (hinsichtlich des der Nießbrauchsbestellung zugrundeliegenden Rechtsverhältnisses dürfte i.d.R. § 521 BGB greifen, da der Nießbrauch als solcher geschenkt wurde, Rdn. 178). Die nach h. Rspr. hinsichtlich des be-

---

123 Gegen eine Überleitbarkeit daher DNotI-Gutachten, Faxabruf-Nr. 1299 v. 23.12.2004.
124 *Auktor*, notar 2012, 184, 188.
125 BayObLG (2. ZS), 29.11.1972 – BReg. 2 Z 61/72, BayObLGZ 1972, 366; anders beim Wiederaufbau eines zerstörten Hauses (zu dem auch nicht der Eigentümer verpflichtet ist, sofern keine diesbezügliche Reallast bestellt wurde!).
126 Zur gewöhnlichen Unterhaltung zählen solche Maßnahmen, die bei ordnungsgemäßer Bewirtschaftung regelmäßig, und zwar wiederkehrend innerhalb kürzerer Zeitabstände, zu erwarten sind. Nicht hierunter fallen z.B. Erneuerung der Zähleranlage oder Erneuerung der Türblätter, vgl. BGH, 06.06.2003 – V ZR 392/02, NotBZ 2003, 310.
127 Selbst wenn der Nießbraucher an den Eigentümer »zurückvermietet«; allerdings handelt der Mieter rechtsmissbräuchlich, wenn er in dieser Eigenschaft verlangt, was er als Eigentümer wiederum erstatten muss (BGH, 13.07.2005 – VIII ZR 311/04, DNotZ 2006, 45).
128 BayObLG, 15.03.1985 – BReg. 2 Z 24/85, DNotZ 1986, 151, 153; *Trömer*, RNotZ 2016, 421, 438.
129 Demnach wird der Grundsatz des § 1050 BGB durch § 1041 BGB eingeschränkt und nicht umgekehrt, vgl. BGH, 23.01.2009 – V ZR 197/07, MittBayNot 2010, 40, m. Anm. *Promberger* S. 22 ff.

schränkt dinglichen Rechtes nur schuldrechtlich mögliche[130] Milderung des Maßstabs ist häufig beim Vorbehaltsnießbrauch angezeigt.

▶ **Formulierungsvorschlag: Eigenübliche Sorgfalt des Nießbrauchers**

Der Berechtigte schuldet bei der Ausübung des Nießbrauchs nur diejenige Sorgfalt, die er in eigenen Angelegenheiten anwendet (§ 277 BGB).

1369

Bzgl. außergewöhnlicher Unterhaltungsmaßnahmen (z.B. einer Dachsanierung nach Ablauf der Lebensdauer des Dachs, anders bei Austausch einzelner Ziegel nach einem Sturm) ist er nur verpflichtet, dem Eigentümer gem. § 1042 BGB unverzüglich Anzeige zu machen, und – sofern Letzterer auch ohne gesetzliche Verpflichtung Erneuerungsarbeiten vornimmt – diese zu gestatten (»**Pattsituation**«,[131] § 1044 BGB). Macht er außerhalb seiner Unterhaltungspflicht Verwendungen auf die Sache, kann er gem. § 1049 BGB vom Eigentümer nach den Regeln der GoA (§§ 683, 684 BGB) Erstattung seiner Aufwendungen verlangen.

1370

2. Kosten

Die Kostentragungsregelung des § 1047 BGB dient der Umsetzung des Grundsatzes, dass dem Nießbraucher der Reinertrag gebührt, er also alle diejenigen Lasten zu tragen hat, deren Entrichtung aus den Erträgen erwartet werden darf, ebenso alle Betriebs- und Fruchtgewinnungskosten. Dies gilt auch, wenn die Lasten die Erträge übersteigen.

1371

Soweit gem. § 1047 BGB der Nießbraucher zur Tragung von Kosten verpflichtet ist, handelt es sich um eine interne Regelung zwischen Eigentümer und Nießbraucher, die dem Eigentümer einen Freistellungsanspruch verschafft; im Außenverhältnis bleibt jedoch weiter unmittelbar der Eigentümer verpflichtet.

1372

Das Gesetz differenziert zwischen:

(1) **Öffentlichen Lasten**: also auf öffentlichem Recht beruhenden Abgabeverpflichtungen, die einmalig oder wiederkehrend durch Geldleistung zu erfüllen sind, und für die der Schuldner persönlich und das Grundstück selbst dinglich haften. Solche Lasten, auch wenn sie erst während des Nießbrauchs entstehen, trägt grds. der Nießbraucher mit Ausnahme derjenigen, die »auf den Stammwert gelegt sind« (also nicht aus den Erträgen, sondern aus der Substanz zu leisten sind) und ihrer Natur nach außerordentlich (also nicht ständig wiederkehrend) sind. Demnach trägt also bspw. der Grundstückseigentümer Erschließungsbeiträge oder Flurbereinigungsbeiträge, der Nießbraucher jedoch die Grundsteuer sowie – sofern landesrechtlich als öffentliche Last ausgestaltet – Kehrgebühren, Verbrauchsgebühren, Schornsteinfegergebühren etc.

1373

(2) **Privatrechtlichen Lasten**: also Zinsen von Grundpfandrechten[132] und anderen auf Zahlung gerichteten Rechten (Reallasten, Rentenschulden, Überbau- und Notwegerenten), nicht je-

1374

---

130 KG, 11.04.2006 – 1 W 609/03, DNotZ 2006, 470, m. abl. Anm. *Frank* sowie OLG Frankfurt, 14.01.2014 – 20 W 349/13, NotBZ 2014, 384, da sonst gem. § 1036 Abs. 2 BGB notwendige Bewirtschaftsmaßnahmen je nach den Umständen des Einzelfalls möglicherweise nicht geschuldet seien. sei eine solche Vereinbarung nur schuldrechtlich möglich; tatsächlich aber enthält sie gar keine (dinglich unzulässige) Abbedingung der objektiven Pflicht zur Erhaltung der Substanz der nießbrauchsbelasteten Sache als solcher. Zur Gegenansicht vgl. *Trömer*, RNotZ 2016, 421, 430 f.; DNotI-Gutachten, Fax-abruf-Nr. 11523 v. 21.06.2007: dem Nießbraucher können einzelne Pflichten, etwa §§ 1045, 1047 BGB, gar gänzlich erlassen werden, ebenso *Kesseler*, in: Notarielle Vertragsgestaltung im Immobilienrecht, Symposium Würzburg 2014 (DNotV, Tagungsband 14), S. 133 ff. und *Kesseler* in: DAI, Aktuelle Probleme der Vertragsgestaltung im Immobilienrecht 2014/2015, S. 218 ff. (vorsichtshalber könnte im Rahmen eines vorbehaltenen Rückforderungsrechtes die Geltendmachung der Rechte des Eigentümers als Tatbestand definiert werden).

131 Vgl. *Schöner/Stöber*, Grundbuchrecht, Rn. 1250.

132 Der Gesetzgeber des § 1047 BGB konnte den Siegeszug der Sicherungsgrundschuld noch nicht vorsehen. Die Bestimmung ist daher heute einschränkend dahingehend auszulegen, dass nur diejenigen

doch Tilgungsbeiträge;[133] solche privatrechtlichen Lasten trägt im Zweifel stets und ausschließlich der Nießbraucher, allerdings nur, soweit sie schon z.Zt. der Bestellung des Nießbrauchs bestanden. Später aufgenommene Verbindlichkeiten treffen den Nießbraucher also nur, wenn er selbst unmittelbar Darlehensnehmer sein sollte. Zinsveränderungen bei schon vorher bestehenden Kreditverträgen mit variabler Verzinsung hat allerdings der Nießbraucher gegen sich gelten zu lassen.

1375 Soll ein Nießbrauchsrecht exakt zu den Bedingungen der gesetzlichen, oben skizzierten Lastenverteilung erfolgen, könnte etwa wie folgt formuliert werden.

▶ **Formulierungsvorschlag: Nießbrauch mit gesetzlicher Lastenverteilung**

1376 Die Beteiligten sind über die Vereinbarung eines dinglichen Nießbrauchsrechts an Flurstück ..... unter Einschluss seiner Bestandteile und des Zubehörs einig. Für diesen Nießbrauch gelten die gesetzlichen Bestimmungen des BGB, die der Notar erläutert hat. Der Nießbraucher ist also berechtigt, den Nießbrauchsgegenstand ordnungsgemäß (durch Eigennutzung oder Vermietung) zu nutzen, jedoch verpflichtet, für die Dauer des Nießbrauchs die laufenden öffentlichen Lasten (wie z.B. Grundsteuer) zu tragen sowie die Verzinsung (nicht Tilgung) der derzeit auf dem nießbrauchsbelasteten Objekt bestehenden Kredite und sonstiger auf Zahlung gerichteter Pflichten (z.B. Reallasten). Er hat weiter für die Erhaltung der Sache in ihrem wirtschaftlichen Bestand zu sorgen und Ausbesserungen oder Erneuerungen vorzunehmen, die zur gewöhnlichen Unterhaltung des Vertragsgegenstands gehören. Die außergewöhnlichen Erneuerungen und Ausbesserungen (etwa neue Eindeckungen des Daches bei vollständiger Abnutzung, Austausch der Heizungsanlage etc.) sowie einmalige öffentliche Lasten, die die nießbrauchsbelastete Sache selbst betreffen (Erschließungskosten), muss er jedoch nicht tragen.

Die Eintragung dieses Nießbrauchsrechts in das Grundbuch an nächstoffener Rangstelle wird bewilligt und beantragt mit dem Vermerk, dass zur Löschung der Nachweis des Ablebens des Berechtigten genügt, was hiermit vereinbart wird.

3. Abweichende Vereinbarungen

1377 Die unter Rdn. 1367 ff., 1371 ff. skizzierte Verteilung der Unterhalts- und Kostenlasten zwischen Eigentümer und Nießbraucher zählt nicht zum unabänderlichen Wesensgehalt (sachenrechtlicher Typenzwang!) des Nießbrauchs als dinglichem Rechtsverhältnis. Es ist also nicht nur mit schuldrechtlicher Wirkung, sondern – bei entsprechender Eintragung, die auch im Weg der Bezugnahme gem. § 874 BGB erfolgen kann – auch mit dinglicher Wirkung für und gegen den jeweiligen Rechtsnachfolger auf Eigentümerseite möglich, abweichende Vereinbarungen zu treffen, also den Nießbraucher von solchen Pflichten zu entlasten oder sie ihm über den gesetzlichen Umfang hinaus aufzubürden.[134]

1378 Eine **vollständige Entlastung** des Nießbrauchers (sog. Bruttonießbrauch) kommt etwa vor beim Zuwendungsnießbrauch an Minderjährige (vgl. Rdn. 3984 zur Frage, ob dadurch der lediglich rechtliche Vorteil i.S.d. § 107 BGB gewahrt bleibt). Sie ist, da sie dem Nießbraucher jeglichen Werbungskostenabzug verwehrt, im Fall der Fremdvermietung ertragsteuerlich nachteilhaft. Dabei ist darauf hinzuweisen, dass zwar eine Abbedingung der Pflichten des Nießbrauchers mit dinglicher Wirkung möglich und eintragungsfähig ist, nicht jedoch eine Aufbürdung dieser Pflichten auf den jeweiligen Eigentümer (außerhalb einer eigenen Reallast), da Pflichten zu aktivem Tun dem Wesen einer Dienstbarkeitsbelastung widersprechen[135] (anders verhält es sich beim Wohnungsrecht, vgl. Rdn. 1585, wo gem. §§ 1093, 1090 Abs. 2, 1021 Abs. 1 Satz 1 BGB unselbständige reallastähn-

---

Grundschuldzinsen zu tragen sind, die den Zinsen der gesicherten Forderung entsprechen, vgl. *Frank*, in: Staudinger, § 1047 Rn. 22 ff.
133 OLG Düsseldorf, 20.12.1974 – 7 U 75/74, OLGZ 1975, 341.
134 Instruktive Übersicht bei *Mayer/Geck*, Der Übergabevertrag, § 11 Rn. 47.
135 Vgl. BayObLG, 10.01.1985 – BReg 2 Z 117/84, MittBayNot 1985, 70; *Trömer*, RNotZ 2016, 421, 437 f.

liche Nebenpflichten denkbar sind, die nicht eigens im Grundbuch einzutragen sind; das Nießbrauchsrecht verweist aber [anders als § 1090 Abs. 2 BGB] nicht auf die Vorschriften zu Grunddienstbarkeiten, sondern nur zu beschränkt persönlichen Dienstbarkeiten).

▶ Formulierungsvorschlag: Bruttonießbrauch

Der Eigentümer bestellt an dem vorgenannten Grundbesitz zugunsten seines Sohnes ..... den (Anm.[je nach Sachverhalt ggf. folgender Zusatz]: bis zum ..... befristeten) Nießbrauch, wobei der Nießbraucher abweichend von §§ 1041, 1047, 1051 BGB weder Kosten und Lasten des Objekts zu tragen noch für die Erhaltung in seinem wirtschaftlichen Bestand zu sorgen hat, noch zur Sicherheitsleistung verpflichtet ist (»Brutto-Nießbrauch«). Die Eintragung dieses Nießbrauchs wird an nächstoffener Rangstelle bewilligt und durch beide Beteiligte auf Kosten des Eigentümers beantragt. 1379

Schuldrechtlich verpflichtet sich der Eigentümer, diese Kosten und Lasten zu tragen, für die Unterhaltung des Objekts in seinem wirtschaftlichen Bestand zu sorgen und diese Pflichten im Fall einer Weiterveräußerung seinem Rechtsnachfolger aufzuerlegen.

Rein tatsächlich kann sich der Nießbraucher von den Lasten des Nießbrauchs dadurch befreien, dass er das Objekt an den Erwerber »rückvermietet« (ähnlich der sog. »Rheinischen Hofübergabe«, Rdn. 478).[136] Diese wird einkommensteuerrechtlich anerkannt,[137] jedenfalls sofern die Miete nicht den Nutzungswert übersteigt (übersteigende Beträge stellen nicht abzugsfähige Unterhaltsleistungen i.S.d. § 12 Nr. 2 EStG dar). Bei entsprechender Gestattung kann der Erwerber als Erstmieter das Objekt an Dritte untervermieten. 1380

Mit dinglicher Wirkung kann dem Grundstückseigentümer allenfalls die Pflicht zur Unterhaltung der Sache aufgebürdet werden (ebenso wie dies gem. § 1021 BGB i.R.d. Grunddienstbarkeit vereinbart werden kann). Es mag sich daher empfehlen, die gesetzlichen Regelungen – sofern der Nießbraucher in der Tat nur die ordentlichen Unterhaltungslasten zu tragen hat – dahin gehend zu ergänzen, dass die außerordentlichen Unterhaltungslasten tatsächlich vom Eigentümer zu erbringen seien. Hierzu der folgende Formulierungsvorschlag.[138] 1381

▶ Formulierungsvorschlag: Außerordentliche Unterhaltungspflichten des Eigentümers mit dinglicher Wirkung

Die Beteiligten sind über die Vereinbarung eines dinglichen Nießbrauchsrechts an Flurstück ..... unter Einschluss seiner Bestandteile und des Zubehörs einig. Für diesen Nießbrauch gelten die gesetzlichen Bestimmungen des BGB, die der Notar erläutert hat. Der Nießbraucher ist also berechtigt, den Nießbrauchsgegenstand ordnungsgemäß (durch Eigennutzung oder Vermietung) zu nutzen, jedoch verpflichtet, für die Dauer des Nießbrauchs die laufenden öffentlichen Lasten (wie z.B. Grundsteuer) zu tragen sowie die Verzinsung (nicht Tilgung) der derzeit auf dem nießbrauchsbelasteten Objekt bestehenden Kredite und sonstiger auf Zahlung gerichteter Pflichten (z.B. Reallasten). Er hat weiter für die Erhaltung der Sache in ihrem wirtschaftlichen Bestand zu sorgen und Ausbesserungen oder Erneuerungen vorzunehmen, die zur gewöhnlichen Unterhaltung des Vertragsgegenstands gehören. 1382

Im Übrigen ist der Eigentümer dem Nießbraucher gegenüber mit dinglicher Wirkung verpflichtet, für die Unterhaltung der Sache insoweit zu sorgen, als diese über die gewöhnliche Unterhaltung hinausgeht und nach den Regeln einer ordnungsgemäßen Wirtschaft als erforderlich anzusehen ist.

Umgekehrt ist eine **zusätzliche Belastung des Nießbrauchers** (i.S.e. »Nettonießbrauchs«) sogar einkommensteuerlich geboten (s.u. Rdn. 1390), um bspw. dem Vorbehaltsnießbraucher die volle Anerkennung der Lasten als Werbungskosten zu ermöglichen. Trägt er diese nämlich ohne hierzu verpflichtet zu sein, handelt es sich um steuerlich unbeachtlichen Drittaufwand; es kommt zu ei- 1383

---

136 *Amann*, in: FS Spiegelberger (2009), S. 1161 ff.
137 Tz. 41 des »Ersten« Nießbrauchserlasses BStBl 1998 I, S. 914.
138 Vgl. *Frank*, MittBayNot 2008, 79.

nem »Werbungskostenleerlauf« (vgl. ausführlich Rdn. 5824 ff.). Bei der Übertragung einer Immobilie an Minderjährige unter Vorbehalt lediglich eines Nettonießbrauchs, also unter Vermeidung eigener Leistungspflichten des Eigentümers, wird zudem die lediglich rechtliche Vorteilhaftigkeit i.S.d. § 107 BGB nicht gefährdet (vgl. Rdn. 3969).

1384 So ist es insb. möglich, wie in Rdn. 1390 geregelt, dem Nießbraucher auch die Kosten der **außergewöhnlichen Ausbesserungen und Erneuerungen** (z.B. Austausch der Heizanlage, neue Eindeckung des Dachs bei vollständiger Abnutzung etc.) aufzuerlegen – freilich ergibt sich allein aus dieser Kostentragungsregelung noch keine Pflicht im Verhältnis zum Eigentümer, die betroffenen Maßnahmen auch tatsächlich durchzuführen, vgl. hierzu Rdn. 1391! – oder den Nießbrauch darüber hinaus zu verpflichten, auch für die mit dem Gebrauch notwendig verbundene Abnutzung einen Ausgleich zu schaffen (ähnlich der häufig dem Mieter auferlegten Verpflichtung zu Schönheitsreparaturen, die nicht Folge von Beschädigungen oder außergewöhnlicher Abnutzung sind).

1385 Auch die Übernahme der **Verkehrssicherungspflicht** kann – obwohl gesetzlich nicht geregelt – als Inhalt des dinglichen Rechts dem Nießbraucher aufgebürdet werden, da sie in unmittelbarem Zusammenhang mit dem Zustand der Sache und der Einwirkungsmöglichkeit hierauf stehen;[139] möglicherweise verknüpft mit der Pflicht zum Abschluss einer entsprechenden Haftpflichtversicherung. Dem Eigentümer verbleibt dann jedoch auch im Außenverhältnis zumindest eine Kontroll- und Überwachungspflicht und das damit verbundene Haftungsrisiko.[140]

1386 Gleiches gilt für **§ 1047 BGB**, wo auch einmalige, aus der Substanz zu leistende Aufwendungen (z.B. nachträglicher Erschließungsaufwand)[141] dem Nießbraucher auferlegt werden können (was regelmäßig bei steuerlich motivierter Abfassung eines Vorbehaltsnießbrauchs geschieht); ferner kann – allerdings seltener zu beobachten – der Nießbraucher zur Entrichtung der Zinsen für später, während des Nießbrauchs bestellte Grundpfandrechte verpflichtet werden.

▶ Hinweis:

1387 Um eine unmittelbare steuerliche Zuordnung von Zinsaufwendungen späterer Verbindlichkeiten beim Nießbraucher zu erreichen, empfiehlt es sich jedoch zuerst, das Darlehensverhältnis unmittelbar mit dem Nießbraucher zu begründen und den Eigentümer nur aufschiebend bedingt auf den Zeitpunkt der Beendigung des Nießbrauchs zum Darlehensnehmer zu bestimmen.

1388 Die zusätzliche Übernahme der **Tilgung bestehender Verbindlichkeiten** durch den (Vorbehalts-)Nießbraucher ist ebenfalls mit dinglicher Wirkung als Modifikation des gesetzlichen Schuldverhältnisses möglich, allerdings nicht ertragsteuerlich motiviert (Tilgungsleistungen stellen in keinem Fall Werbungskosten dar, sondern bilden einen Vorgang der privaten Vermögensebene), jedoch in der Praxis insb. dann zu beobachten, wenn durch die vorweggenommene Erbfolge nur die grundbuchliche Zuordnung eines Vermögensgegenstands erreicht werden soll, ohne dass der neue Eigentümer in irgendeiner Weise zusätzliche Belastungen tragen soll. **Aufschiebend bedingt** auf den Zeitpunkt des Erlöschens des Nießbrauchs hat der Erwerber als Eigentümer sodann diese **Verbindlichkeiten** (ggf. unter Entlastung der Erben des Nießbrauchers) aufgrund i.d.R. so getroffener vertraglicher Vereinbarung zu **übernehmen** (vgl. Rdn. 2078 ff. mit Formulierungsvorschlägen, auch zur Variante der sofortigen Übernahme im Außenverhältnis mit Freistellung im Innenverhältnis).

---

139 Vgl. *Amann*, DNotZ 1989, 546 ff.; *Schippers*, MittRhNotK 1996, 197, 204; BayObLG, 17.01.1990 – BReg 2 Z 122/89, DNotZ 1991, 257 zur Grunddienstbarkeit (a.A. OLG Köln, 18.05.1990 – 2 Wx 21/90, Rpfleger 1990, 409 zur beschränkten persönlichen Dienstbarkeit).
140 *Schippers*, MittRhNotK 1996, 204.
141 Typischerweise abgegrenzt nach dem Zeitpunkt des Zugangs des Bescheids und nicht nach der Durchführung der Maßnahme; ist der Nießbraucher zur »einseitigen Aufgabe« des Nießbrauchs (aufgrund antizipierter Zustimmung) berechtigt, kann er dann allerdings »rechtzeitig« diese abzusehenden Lasten dem Eigentümer überbürden.

Schenkungsteuerlich ist eher die umgekehrte (dem Gesetz entsprechende) Zuweisung der Tilgungsbeiträge an den Erwerber (Eigentümer) erwägenswert, weil sie zu einer sofortigen Bereicherungsminderung führt[142] und nicht erst (wie bei der auf das Erlöschen des Nießbrauchs aufschiebend bedingten Schuldübernahme) zu einer Nachbewertung unter Berücksichtigung der Restverbindlichkeiten ab Bedingungseintritt (Rdn. 1989, Berechnungsbeispiel in Rdn. 4866).[143] Ist keine (aufschiebend bedingte) Schuldübernahmevereinbarung getroffen, bleiben die Verbindlichkeiten naturgemäß bei der Festsetzung der Schenkungsteuer gänzlich unberücksichtigt.[144]

1389

▶ **Formulierungsvorschlag: Nettonießbrauch**

Der Veräußerer – nachstehend »der Berechtigte« genannt – behält sich am gesamten übertragenen Vertragsbesitz ein

1390

Nießbrauchsrecht

vor (Vorbehaltsnießbrauch), für das die gesetzlichen Bestimmungen gelten sollen mit der Abweichung, dass der Nießbraucher auch die außerordentlichen, als auf den Stammwert der Sache gelegt anzusehenden Lasten (einschließlich der Erschließungskosten) sowie die Tilgung bestehender Verbindlichkeiten trägt. Ebenso trägt der Nießbraucher auch Ausbesserungen und Erneuerungen, die über die gewöhnliche Unterhaltung der Sache hinausgehen. Dem Nießbraucher stehen keine Verwendungsersatzansprüche und Wegnahmerechte zu, während umgekehrt der Eigentümer keine Sicherheitsleistung (§ 1051 BGB) verlangen kann. Die gesamten Lasten und Kosten des Vertragsbesitzes sowie die Verkehrssicherungspflicht verbleiben demnach beim Nießbraucher.

Die Überlassung der Ausübung des Nießbrauchs an einen anderen zur Ausübung (z.B. Übertragung der Vermieterstellung, § 1059 Satz 2 BGB) ist ausgeschlossen.

Die Eintragung des Nießbrauchsrechts zugunsten des Berechtigten – für mehrere Personen als Gesamtberechtigte gem. § 428 BGB – am Vertragsbesitz wird

bewilligt und durch beide Beteiligte auf Kosten des Nießbrauchers beantragt

mit dem Vermerk, dass zur Löschung des Rechts der Nachweis des Todes des Berechtigten genügen soll, was hiermit vereinbart wird. Das Recht erhält nächstoffene Rangstelle.

Eine Vollmacht zur Revalutierung bestehender oder zur Bestellung neuer Grundpfandrechte, z.B. zur Finanzierung der vom Nießbraucher zu tragenden Kosten, wird nicht gewünscht.

Soll zusätzlich (vgl. Rdn. 1384) der Nießbraucher nicht nur verpflichtet sein, die Kosten zu tragen, sondern auch die erforderlichen Maßnahmen tatsächlich durchzuführen, so dass derjenige, der im Zeitpunkt des Erlöschens des Nießbrauchs Eigentümer sein wird, sicher sein kann, ein Objekt ohne Instandhaltungsrückstau zur Verfügung zu haben, könnte formuliert werden:

1391

▶ **Formulierungsvorschlag: Nettonießbrauch mit Erhaltungsverpflichtung**

Der Veräußerer – nachstehend »der Berechtigte« genannt – behält sich am gesamten übertragenen Vertragsbesitz ein

Nießbrauchsrecht

vor (Vorbehaltsnießbrauch), für das die gesetzlichen Bestimmungen gelten sollen mit der Abweichung, dass der Nießbraucher auch die außerordentlichen, als auf den Stammwert der Sache gelegt anzusehenden Lasten (einschließlich der Erschließungskosten) sowie die Tilgung bestehender

---

142 Ausführlich und instruktiv *Wälzholz*, NotBZ 2002, 91 ff. Die sofort übernommenen Verbindlichkeiten sind allerdings, da zinslos, wohl um 5,5 % abzuzinsen, § 12 Abs. 3 BewG. Da der Nießbraucher geringere Lasten zu tragen hat, erhöht sich zugleich der Kapitalwert des Nießbrauchs (und damit nach altem Recht auch der Umfang der Steuerstundung des § 25 ErbStG), wobei allerdings der Jahreswert der Nutzung gem. § 16 BewG auf 1/18,6tel des Steuersubstanzwerts des nießbrauchsbelasteten Vermögens begrenzt ist.
143 BFH, 17.10.2001 – II R 60/99, NotBZ 2002, 113; a.A. *Jülicher*, ZEV 2000, 184.
144 FG Köln, 27.01.2016 – 7 K 2894/14, ErbStB 2016, 139.

Verbindlichkeiten trägt. Ebenso trägt der Nießbraucher auch Ausbesserungen und Erneuerungen, die über die gewöhnliche Unterhaltung der Sache hinausgehen; er ist ferner gegenüber dem jeweiligen Eigentümer auch zur tatsächlichen Durchführung dieser Maßnahmen in dem Umfang verpflichtet, der erforderlich ist, um die Sache in einem ordnungs- und zeitgemäßen Zustand zu erhalten. Dem Nießbraucher stehen keine Verwendungsersatzansprüche und Wegnahmerechte zu, während umgekehrt der Eigentümer keine Sicherheitsleistung (§ 1051 BGB) verlangen kann. Die gesamten Lasten und Kosten des Vertragsbesitzes sowie die Verkehrssicherungs- und Erhaltungspflicht verbleiben demnach beim Nießbraucher.

Die Überlassung der Ausübung des Nießbrauchs an einen anderen zur Ausübung (z.B. Übertragung der Vermieterstellung, § 1059 Satz 2 BGB) ist ausgeschlossen.

Die Eintragung des Nießbrauchsrechts zugunsten des Berechtigten – für mehrere Personen als Gesamtberechtigte gem. § 428 BGB – am Vertragsbesitz wird

bewilligt und durch beide Beteiligte auf Kosten des Nießbrauchers beantragt

mit dem Vermerk, dass zur Löschung des Rechts der Nachweis des Todes des Berechtigten genügen soll, was hiermit vereinbart wird. Das Recht erhält nächstoffene Rangstelle.

Eine Vollmacht zur Revalutierung bestehender oder zur Bestellung neuer Grundpfandrechte, z.B. zur Finanzierung der vom Nießbraucher zu tragenden Kosten, wird nicht gewünscht.

1392 Die Be- oder Entlastung des Nießbrauchers kann regelmäßig **mit dinglicher Wirkung**, also mit Wirkung ggü. Einzelrechtsnachfolgern aufgrund Verweisung auf die Eintragungsbewilligung (§ 874 BGB) vereinbart werden.

Anders als beim Wohnungsrecht gem. § 1093 BGB kann sogar ein für die Einräumung und Ausübung des Nießbrauchs vereinbartes **Entgelt** Bestandteil des dinglichen Rechts sein. Es ist Ausfluss der umfassenden Nutzungsberechtigung und damit des gesetzlichen Schuldverhältnisses zwischen Eigentümer und dinglich Berechtigtem.[145] Zur Einhaltung der grundbuchlichen Bestimmbarkeit genügt allerdings nicht die bloße Bezugnahme auf den örtlichen Mietspiegel.[146]

▶ Formulierungsvorschlag: Dinglich-entgeltlicher Nießbrauch (Monatszahlung mit Währungssicherung)

1393 Sobald der Nießbraucher sich verheiratet, verpartnert oder eine ehe- bzw. lebenspartnerschaftsähnliche Gemeinschaft i.S.d. § 20 SGB XII eingeht, hat er neben den vorstehenden Kosten und Lasten des Nießbrauchs an den Eigentümer ein monatliches Entgelt i.H.v. ..... € zu entrichten. Dieser Betrag wurde nach derzeitigen Verhältnissen bemessen; er verändert sich bis zum Monat seiner erstmaligen Entstehung im gleichen Verhältnis wie der Verbraucherpreisindex auf der jeweiligen Originalbasis jeweils zwei Monate vor der heutigen Beurkundung bzw. vor erstmaliger Entstehung der Zahlungspflicht und sodann jeweils alle drei Jahre im selben Verhältnis. Die Pflicht zur Entrichtung eines Entgelts ist Bestandteil des dinglichen Rechts. Auf Vollstreckungsunterwerfung oder selbstständige dingliche Sicherung wird trotz Hinweises des Notars verzichtet.

1394 Dagegen ist umgekehrt die **Belastung des Eigentümers mit Leistungspflichten**, von denen der Nießbraucher dispensiert wurde, dem Nießbrauch **wesensfremd**[147] und somit nur mit schuldrechtlicher Wirkung (unter gleichzeitiger Verpflichtung zur Weitergabe) oder aber als Gegenstand einer eigenen Reallast möglich.

4. Finanzierung der Lasten des Nießbrauchers

1395 Insb. derjenige Nießbraucher, der aus steuerlichen Gründen (Vorbehaltsnießbrauch!) sich zur Tragung auch der außerordentlichen Lasten und Unterhaltungsaufwendungen bereit erklärt, muss gewärtigen, gerade bei Großreparaturen mit erheblichen Zahlungsverpflichtungen konfrontiert zu

---

145 Vgl. etwa BGH, 21.12.1973 – V ZR 157/72, NJW 1974, 641, 642.
146 BayObLG, 07.08.1979 – BReg. 2 Z 5/79, MittBayNot 1979, 165.
147 BayObLG, 10.01.1985 – BReg 2 Z 117/84, MittBayNot 1985, 70.

A. Nießbrauch

sein. Sofern aus dem sonstigen Vermögen keine ausreichenden Mittel zur Verfügung stehen, sollte der Notar schon bei der Abfassung des Überlassungsvertrags mögliche Vorkehrungen mit den Beteiligten diskutieren.

a) Bestehende Grundpfandrechte

Zunächst bietet sich an, etwa bereits eingetragene Grundpfandrechte, die aktuell nicht zur Beleihungssicherung benötigt werden, für eine mögliche künftige Revalutierung seitens des Veräußerers (Nießbrauchers) »stehen zu lassen«. Mangels Abtretung stehen die Eigentümerrechte und Rückgewähransprüche bzgl. solcher Bestandsrechte ohnehin weiterhin dem Veräußerer zu. Dies birgt allerdings die Gefahr, dass der Nießbraucher die Grundpfandrechte nicht nur zur Finanzierung der von ihm i.R.d. Nießbrauchsabrede zu tragenden, objektbezogenen Lasten einsetzt, sondern auch für sonstige Kredite aus privaten oder betrieblichen Anlässen. Häufig wird der Erwerber nicht bereit sein, dieses Risiko hinzunehmen, und wünscht daher ein Verfahren, das seine »Mitsprache« zur Missbrauchsvermeidung absichert.

▶ Hinweis:
Es bietet sich an, die Eigentümerrechte und Rückgewähransprüche an Veräußerer und Erwerber in GbR abzutreten (ab dem Zeitpunkt des Erlöschens des Nießbrauchs an den Erwerber allein) und den Erwerber schuldrechtlich zu verpflichten, die Zustimmung zur Valutierung bei »objektbezogenen Finanzierungen« zu erteilen (vgl. Rdn. 2070, 2083 ff.).

▶ Formulierungsvorschlag: Verwendung stehen bleibender Grundpfandrechte zugunsten des Vorbehaltsnießbrauchers

Das eingetragene Grundpfandrecht Abteilung III lfd. Nr. ..... wird vom Erwerber in lediglich dinglicher Weise übernommen; es soll dem Nießbraucher zur Absicherung der künftigen Finanzierung für von ihm zu tragende objektbezogene Aufwendungen dienen. Bestehende Eigentümerrechte und Rückgewähransprüche werden daher an Veräußerer und Erwerber in GbR, ab der Beendigung des Nießbrauchs aufschiebend bedingt an den Erwerber allein, abgetreten. Der Gesellschaftsvertrag entspricht den Bestimmungen des BGB mit der Maßgabe, dass bei Ableben des Erwerbers (Eigentümers) die Gesellschaft mit dessen Rechtsnachfolgern von Todes wegen fortgesetzt wird, im Fall der Pfändung des Gesellschaftsanteils oder der Insolvenz der betroffene Gesellschafter jedoch ausscheidet. Der Eigentümer ist verpflichtet, die Zustimmung zur Valutierung des Grundpfandrechts zu erteilen, wenn die dadurch abgesicherten Verbindlichkeiten entweder der Finanzierung solcher Lasten dienen, die der Vorbehaltsnießbraucher aufgrund der vorstehend getroffenen Abrede entgegen der gesetzlichen Lastenverteilung zu tragen hat, oder aber sonstiger Instandhaltungs- und Instandsetzungsaufwendungen im Objekt, die der Nießbraucher tatsächlich trägt, auch ohne hierzu verpflichtet zu sein. Die Eintragung der Abtretungen in das Grundbuch wird bewilligt. Der Notar wird beauftragt, die Abtretungen dem Grundpfandgläubiger gem. § 407 BGB anzuzeigen durch Übersendung einer Ausfertigung dieser Urkunde unter Hinweis auf diese Bestimmung. Die Anpassung etwa bestehender Sicherungsabreden werden die Beteiligten selbst vornehmen.

Soll umgekehrt das vorhandene Grundpfandrecht dem Erwerber zur Beleihung zur Verfügung stehen, sind die Eigentümerrechte und Rückgewähransprüche an ihn abzutreten (im Fall der nur eingeschränkt zu eröffnenden Revalutierung empfiehlt sich wiederum die Abtretung an Veräußerer und Erwerber in GbR, verbunden mit der Verpflichtung des Veräußerers, bestimmten [etwa objektbezogenen] Beleihungszwecken zuzustimmen). Wegen der sonst erschwerten Zugriffsmöglichkeit durch Zwangsverwaltung (s. Rdn. 1361) wird der Grundpfandgläubiger dann vom (auch nachrangigen) Nießbraucher die Abgabe einer Duldungsverpflichtung nach §§ 737, 794 Abs. 2 ZPO verlangen, so dass der Nießbraucher sie bereits in der Urkunde erklärt oder aber zu deren Erklärung bei bestimmungsgemäßer Revalutierung verpflichtet sein wird.

b) Künftige Grundpfandrechte

1400 Sind keine geeigneten Grundpfandrechte vorhanden, ist bspw. ein (schuldrechtlicher) **Beleihungsvorbehalt** denkbar in Gestalt einer (allenfalls aus wichtigem Grund widerruflichen) Vollmacht und höchstpersönlichen, nicht übertragbaren Berechtigung[148] zur Bestellung von Grundpfandrechten im Rang vor dem Nießbrauch bis zu einer bestimmten Höhe sowie zum Abschluss des zugehörigen Sicherungsvertrags. Der Vorrang sollte ggü. nachrangigen Belastungsgläubigern durch Eintragung eines Rangvorbehalts im Grundbuch (§ 881 BGB) gesichert werden.

1401 Darüber hinaus kann sich der Veräußerer vor der Übertragung (und damit im Rang vor seinem künftigen Nießbrauch) eine **Eigentümergrundschuld** bestellen, die er an seine künftigen Gläubiger abtreten mag. Auf den Zeitpunkt des Ablebens des Veräußerers sollte jedoch die Grundschuld (sofern sie ihm dann zusteht), sonst die Rückgewähransprüche und Ansprüche auf Herausgabe des Grundschuldbriefs, bereits jetzt an den Erwerber abgetreten werden, um ein dauerhaftes Auseinanderfallen zu vermeiden.

1402 In Betracht kommt auch die Vereinbarung einer Verpflichtung des Grundstückseigentümers auf (höchstpersönliches, also jedenfalls nicht durch gesetzliche Vertreter ausübares) Verlangen des Nießbrauchers zur Beleihung, die durch eine **Vormerkung** zugunsten des konkret bezeichnenden Nießbrauchers (in Abt. III, § 12 Abs. 1 lit. b) GBV, im Rang vor dem Nießbrauch, zugleich zur Rangwahrung gem. § 883 Abs. 3 BGB) gesichert werden kann, sofern die Art der Belastung (Grundschuld/Hypothek oder beides)[149] und der Höchstbetrag an Kapital, Zinsen und Nebenleistung bestimmt ist.[150] Wegen der Einheitlichkeit des Anspruchsgegenstandes, sowie der Identität und Kontinuität von Schuldner und Gläubiger, genügt eine Vormerkung.[151] Jedenfalls die Rechtsprechung erlaubt auch die mehrfache »Ausnutzung« dieser Vormerkung, sofern der gesicherte Anspruch auf eine mehrfache Grundpfandrechtsbestellung gerichtet ist.[152] Gesichert ist damit der Anspruch des Versprechensempfängers (§ 335 BGB, Nießbrauchers)[153] gegen den Schuldner (= Eigentümer) auf Bewilligung des nach Art, Höhe und Verzinsung zu bezeichnenden Grundpfandrechtes zugunsten des durch den Nießbraucher zu bestimmenden Dritten (der Anspruch des Dritten, z.B. des Kreditinstituts, selbst könnte erst nach Ausübung dieser Benennung besichert werden). Die Bewilligung einer solchen Vormerkung ist im Formulierungsvorschlag Rdn. 1404 enthalten.

1403 Das durch solche Grundpfandrechte gesicherte **Darlehensverhältnis** kommt unmittelbar mit dem Nießbraucher zustande. Häufig wird der Nießbraucher zur Reduzierung seiner Belastung ein Darlehen mit nur sehr geringer oder keiner Tilgungsverpflichtung abschließen, so dass seine Eigen-

---

148 Zur Bannung der Risiken einer Pfändung und Überweisung durch Gläubiger des Veräußerers, vgl. *Mayer/Geck*, Der Übergabevertrag, § 11 Rn. 72. Der von *Schippers*, MittRhNotK 1996, 197, 206 rechte Spalte geäußerte Vorschlag, Bestellungsanspruch und Vollmacht auf den Fall der Pfändung auflösend bedingt zu gestalten, dürfte eine unzulässige Gläubigerbenachteiligung darstellen.

149 Es ist dogmatisch kaum begründbar, ausdrücklich die Wahl der Gattung des Rechtes dem Leistungsbestimmungsrecht des Vormerkungsberechtigten nicht zu unterstellen, vgl. DNotI-Gutachten, Faxabruf-Nr. 84173 v. 02.04.2008; während OLG Frankfurt (vgl. folgende Fn.) offensichtlich eine vorherige Festlegung fordert.

150 Zu diesen Eintragungsanforderungen OLG Frankfurt, 26.01.2005 – 20 W 498/04, DNotI-Report 2005, 102: höheres Maß an Bestimmbarkeit als bei der Teilflächenvormerkung zur Vermeidung einer unbegrenzten Nachbelastung in der Versteigerung aus einem nachrangigen Grundpfandrecht. Auch OLG Hamm, 03.12.2009 – I-15 Wx 211/09, FGPrax 2010, 117 fordert obiter die Festlegung der Art des Grundpfandrechtes als Vormerkungsinhalt (da der Oberbegriff als solcher bei der Eintragung des Rechtes nicht eintragungsfähig ist), erlaubt aber die Flexibilität hinsichtlich der Höhe (bis zu …), die ja als solche ebenfalls nicht eintragungsfähig wäre.

151 Vgl. *Giehl*, MittBayNot 2002, 158 ff.; DNotI-Gutachten, Faxabruf-Nr. 84173 v. 02.04.2008.

152 OLG München, v. 30.01.2007 – 32 Wx 9/07, NotBZ 2007, 102, m. Anm. *Otto*, vgl. Rdn. 1817 zur vergleichbaren Frage der Vormerkung zur Sicherung des Anspruchs auf »Wiederbestellung« von Reallasten, deren Stammrecht in der Versteigerung »untergeht«.

153 Vgl. etwa *Schöner/Stöber*, Grundbuchrecht, Rn. 1494.

erben (denen allerdings die Nutzungen in Gestalt des Nießbrauchs nach dem Tod des Nießbrauchers nicht mehr zustehen können, § 1061 BGB!) zur Tilgung verpflichtet wären. Anders liegt es dann, wenn der Grundstückseigentümer, dessen Gebäude ja die dadurch finanzierten außerordentlichen Unterhaltungs- und Instandsetzungsaufwendungen zugutekommen, dem Darlehensverhältnis beitritt und dessen Verzinsung und Tilgung nach Beendigung des Nießbrauchs (z.B. aufgrund Ablebens des Nießbrauchers) übernimmt, wozu er sich allerdings dem Grunde nach dann bereits i.R.d. Überlassungsvertrags bereit erklären sollte (vgl. Rdn. 2078 ff., mit Formulierungsvorschlag in Rdn. 2079). Der Eigentümer (Erwerber) wird dann u.U. auch sicher stellen wollen, dass die Darlehen nur bestimmten, objektgebundenen Zwecken dienen, vgl. Rdn. 1404, wobei auf genaue Wortwahl zu achten ist (Aufwendungen »für Erhalt und Instandsetzung« erfassen nur objektiv erforderliche Reparaturen und Maßnahmen die zur Bewahrung des üblichen Wohnstandards erforderlich sind).[154] Eine schenkungsteuerliche Minderung der Zuwendung tritt dann jedoch erst im Zeitpunkt der Schuldübernahme ein, so dass auf Antrag eine Neuveranlagung durchzuführen ist (vgl. Rdn. 1388 und Rdn. 1987 a.E.).

▶ **Formulierungsvorschlag: Beleihungsverpflichtung und -vollmacht des Eigentümers**

Der Erwerber als künftiger Eigentümer verpflichtet sich gegenüber dem Nießbraucher, im Rang vor dem Nießbrauch auf höchstpersönliches Verlangen des Nießbrauchers Grundschulden bis zur Gesamthöhe von ..... € samt bis zu ..... % jährlicher Zinsen und einer einmaligen Nebenleistung von bis zu .....% zugunsten durch den Nießbraucher zu bezeichnender europäischer Kreditinstitute zu bestellen und bewilligt – und der Nießbraucher beantragt –, zur Sicherung dieser Verpflichtung im Rang vor dem Nießbrauch eine

Vormerkung

in das Grundbuch einzutragen. Zugleich erteilt er ihm eine nur aus wichtigem Grund widerrufliche Vollmacht zur Bestellung solcher Grundschulden und zur dinglichen Vollstreckungsunterwerfung gegenüber dem jeweiligen Eigentümer gem. § 800 ZPO, ebenso zur Vereinbarung der Sicherungsabrede, nicht jedoch zur persönlichen Vollstreckungsunterwerfung oder Schuldverpflichtung des Eigentümers gegenüber dem Gläubiger.

Im Innenverhältnis – also außerhalb des Prüfungsbereichs des Grundbuchamts – ist Voraussetzung für die Ausübung dieser Vollmacht und das Bestehen der Beleihungspflicht, dass der Gläubiger dem Eigentümer folgende Umstände bzw. Verpflichtungen schriftlich bestätigt:
– Die Grundschulden dienen lediglich der Absicherung von Darlehensverbindlichkeiten des Nießbrauchers, die für – auch außerordentliche – Instandsetzungs- und Erhaltungsaufwendungen am nießbrauchsbelasteten Objekt eingegangen wurden.
– Es ist eine Anfangstilgung von mind. 2 % p.a. zzgl. ersparter Zinsen vereinbart.
– Eine Änderung des Darlehensvertrags sowie der Sicherungsabrede bedarf der Zustimmung des jeweiligen Eigentümers (§ 328 BGB).
– Die Eigentümerrechte und Rückgewähransprüche hinsichtlich der einzutragenden Grundschulden stehen bis zum Erlöschen des Nießbrauchs dem Eigentümer und dem Nießbraucher gemeinsam in Gesellschaft bürgerlichen Rechtes, sodann alleine dem Eigentümer zu.

(Formulierungszusatz: Unter vorgenannter Voraussetzung bietet der Erwerber als künftiger Eigentümer den Erben des Nießbrauchers bereits jetzt an, die noch bestehenden Restverbindlichkeiten beim Ableben des Nießbrauchers in Entlastung der Erben zu übernehmen, falls möglich in schuldbefreiender Weise. Unmittelbare Rechte des Gläubigers ergeben sich hieraus nicht. Der Eigentümer ist verpflichtet, die Verpflichtung etwaigen Einzelrechtsnachfolgern aufzuerlegen.)

c) Bedingtes Abstandsgeld

Denkbar ist weiterhin, dass sich der Veräußerer und künftige Nießbraucher, um nicht zu einer kreditweisen Finanzierung der Aufwendungen gezwungen zu sein, bei der Übertragung ein zusätzliches »**bedingtes Abstandsgeld**« i.S.e. an ihn auf Abruf fälligen Einmalzahlung vorbehält, so dass bei nachträglichem Abruf, der durch das Entstehen außergewöhnlicher Aufwendungen ausgelöst sein

---

154 LG Wuppertal, 18.07.2016 – 4 O 281/15.

wird, der entgeltliche Anteil der »Gegenleistungen« sich erhöht (und damit u.U. nachträgliche Anschaffungskosten, die zur Abschreibung berechtigen, entstehen; es handelt sich um vorweggenommene Anschaffungskosten des Erwerbers für die künftig, nach Beendigung des noch nicht abgelösten Nießbrauchs, ihm zustehenden Mieteinkünfte).[155]

d) Ablösung des Nießbrauchs durch wiederkehrende Leistungen (»Rentenwahlrecht«)

1406   Empfohlen wird schließlich, der Nießbraucher möge sich das Recht vorbehalten, unter gleichzeitiger Aufgabe des Nießbrauchsrechts anderweitige Gegenleistungen zu verlangen (Ablösung des Nießbrauchs, »gleitende Vermögensübergabe« – zur mitunter vertraglich vereinbarten, also nicht nur optional wählbaren, Rentenzahlungspflicht des Erwerbers bei Erlöschen des vorbehaltenen Nutzungsrechtes vgl. Rdn. 1581). Dem Eigentümer ist allerdings zu verdeutlichen, dass er als Adressat einer solchen Optionsausübung nicht nur den vereinbaren Ablösebetrag, sondern auch die in Altfällen vor dem 31.12.2008 u.U. gem. § 25 ErbStG gestundete, nunmehr vorzeitig fällig werdende Schenkungsteuer zu tragen hat.

1407   In Betracht kommt bspw. die Einräumung eines Wahlrechts des Nießbrauchers, bei Aufgabe des Nießbrauchsrechts die Vereinbarung einer dauernden Last[156] oder (dann nur hinsichtlich des Ertragsanteils steuerpflichtig) einer Leibrente zu verlangen. Der Veräußerer und Vorbehaltsnießbraucher wird davon Gebrauch machen, sobald aufgrund der außerordentlichen Aufwendungen die Erträge aus dem Nießbrauch für ihn nicht mehr ausreichend erscheinen. I.d.R. werden die Voraussetzungen für die Übergabe einer existenzsichernden Wirtschaftseinheit (Nießbrauch als Übergabegegenstand)[157] erfüllt sein, so dass bis Ende 2007 die Bestimmungen des »3. Rentenerlasses«[158] auch hierfür galten. Soweit diese wiederkehrenden Leistungen beim Veräußerer (und bisherigen Nießbraucher) als »vorbehaltene Vermögenserträge« qualifiziert werden können (also bspw. nicht mehr für den Fall späterer Veräußerung des Anwesens) und aus den Nettoerträgen des Objekts finanzierbar sind, berechtigen sie den Erwerber und (nach Ende des Nießbrauchs) nunmehrigen Vermieter/Nutzer zum Sonderausgabenabzug (vgl. im Einzelnen Rdn. 6339 ff. »gleitende Vermögensübergabe«). Seit 2008 gilt diese Ablösemöglichkeit allerdings nur mehr für den Nießbrauch an betrieblichen Einheiten i.S.d. Rdn. 6362 ff., s. Rdn. 6400 ff. auch zum Übergangsrecht.

▶ Formulierungsvorschlag: Rentenwahlrecht des Nießbrauchers

1408   **Der Nießbraucher kann Zug um Zug gegen Aufhebung und Löschung des Nießbrauchs und Eintragung einer ranggleichen Reallast (zur Sicherung des ggf. wertgesicherten Anfangsbetrags) die Zahlung einer dauernden Last auf Lebenszeit verlangen. Der anfängliche Jahresbetrag bestimmt sich nach dem durchschnittlichen Jahresnettoertrag (nach Abzug der Aufwendungen, die bei einer Fremdvermietung als Werbungskosten steuerlich abzugsfähig wären) während der drei dem Umwandlungsverlangen vorausgehenden Kalenderjahre. Der Betrag ist in zwölf gleichen Monatsraten je am dritten Werktag zahlbar und jeweils zum Januar eines Jahres nach Maßgabe der Entwicklung des Verbraucherpreisindex für den vorangehenden Oktober nach oben oder unten anzupassen. Jede Seite kann ferner mit Wirkung für die Zukunft analog § 323a ZPO eine Anpassung der dauernden Last verlangen, wenn sich der nach obigen Maßstäben ermittelte Jahresnettoertrag im Durchschnitt der drei vorangegangenen Jahre nach oben oder unten verändert hat. Aufwendungen für bauliche Maßnahmen dürfen dabei jedoch nur in dem Maße berücksichtigt werden, als sie bei fortbestehendem Nießbrauch vom Nießbraucher zu tragen gewesen wären.**

---

155   *Wegmann*, Grundstücksüberlassung, Rn. 288; BMF v. 24.07.1998, BStBl. 1998 I, S. 914 Tz. 57; *Stuhrmann*, DStR 1998, 1405, 1408.
156   Eine solche liegt wegen der naturgemäß variablen Höhe der Aufwendungen etwa in der Zusage von Wart und Pflege sowie in der Übernahme von Instandhaltungs- und Verbrauchskosten im Zusammenhang mit einem Wohnungsrecht, kraft Vereinbarung ferner in der Zusage wiederkehrender Zahlungen mit Anpassungsvorbehalt i.S.d. § 323 ZPO a.F.
157   Vgl. *Brandenberg*, NWB, Fach 3, S. 13570.
158   BMF-Schreiben v. 16.09.2004, BStBl. 2004 I, S. 922.

e) Ablösung des Nießbrauchs durch Einmalzahlung

Denkbar ist weiter der Vorbehalt einer einmaligen Zahlung zur Ablösung des Nießbrauchs (i.S.e. »gestreckten Vermögensübergabe«, die zunächst die Sachsubstanz und sodann das Nutzungsrecht umfasst). Solche Zahlungen schaffen, da nicht privat veranlasst,[159] beim Erwerber Anschaffungskosten,[160] beim Übergeber – nur sofern von Anfang an verabredet – Veräußerungsentgelt, die (außerhalb von Betriebsvermögen und nach Ablauf der ggf. einschlägigen Zehn-Jahres-Frist des § 23 EStG) steuerfrei vereinbart werden können (vgl. Rdn. 5691, 5766). Beruht allerdings die Ablösung gegen Einmalzahlung auf einer späteren Abrede, handelt es sich beim Nießbraucher (dem Veräußerer) um eine nicht steuerbare Vermögensumschichtung,[161] selbst bei Vorbehalt und Ablösung des Nießbrauchs innerhalb von zehn Jahren liegt kein Fall des § 23 EStG vor, da es bereits an einer entgeltlichen Anschaffung des Nießbrauches fehlt. Wird ein Nießbrauch an einem Unternehmen gegen Einmalzahlung »aufgegeben«, teilt auch insoweit die Einmalzahlung das rechtliche Schicksal der vorangegangenen Betriebsübertragung mit der Folge, dass Anschaffungskosten beim Erwerber/Veräußerungserlös beim Veräußerer aufgrund der »Einheitstheorie« (Rdn. 5520 ff.) nicht vorliegen, sofern die Einmalzahlung mit den weiteren steuerlichen Entgeltkomponenten (Rdn. 5689 ff.) nicht den Buchwert des Kapitalkontos des übertragenen Betriebs übersteigt und demnach § 6 Abs. 3 EStG (Rdn. 5522 ff.) noch gewahrt bleibt.

1409

Handelt es sich bei der Ablösung nicht um eine Vermögensübergabe in vorweggenommener Erbfolge, sondern werden z.B. Zuwendungsnutzungsrechte abgelöst (z.B. Nießbrauchs- oder Wohnungsrechte für Geschwister des Erwerbers), ist zu differenzieren: Ablösezahlungen für ein ursprünglich unentgeltlich bestelltes Zuwendungsnießbrauchsrecht sind gem. § 12 Nr. 2 EStG nicht abzugsfähig und führen auch beim Nießbraucher nicht zu Einkünften, etwa aus Vermietung und Verpachtung.[162] Beim entgeltlichen Zuwendungsnießbrauch hatte der Eigentümer bisher Einkünfte aus Vermietung und Verpachtung; erbringt er Zahlungen zur Ablösung dieser Einkunftsquelle, handelt es sich um negative Einnahmen aus Vermietung und Verpachtung. Die Finanzverwaltung sieht darin also einen Anschaffungsvorgang beim Zahlungspflichtigen (mit der Folge von Anschaffungskosten bei Einmalzahlung in voller Höhe, bei wiederkehrenden Leistungen in Höhe des Barwerts).[163] Der bisherige Nutzungsberechtigte erzielt möglicherweise private Veräußerungsgewinne (für nach dem 01.01.2009 bestellte entgeltliche Zuwendungsnießbrauchsrechte ist die bisher einjährige Spekulationsfrist gem. § 23 Abs. 1 Satz 1 Nr. 2 EStG auf zehn Jahre verlängert worden).

1410

Nur wenn der Abfindungsbetrag bzw. der Kapitalwert der zur Abfindung zugesagten wiederkehrenden Leistung den Kapitalwert des bisherigen Nießbrauchs deutlich übersteigt und ein Bereicherungswille anzunehmen ist, könnte hierin auch ein **schenkungsteuerlicher Vorgang** liegen.

1411

---

159 Vgl. allerdings Rdn. 6407 und Rdn. 6432 bei nachträglicher Ablösung von Versorgungsleistungen – privater Vorgang!
160 BFH, BStBl. 1992 II, S. 381 zur Ablösung eines Wohnungsrechts; Tz. 57 des Nießbrauchserlasses BStBl. 1998 I, S. 914; FG Düsseldorf, 06.08.2010 – 1 K 2690/09 E, ErbStB 2010, 328: Ablöseentgelt für Nießbrauchslöschung führt zu nachträglichen Anschaffungskosten auf die erworbenen GmbH-Anteile gem. § 17 EStG. Dies gilt auch für die Ablösung eines bestellten, aber noch nicht eingetragenen Nießbrauchs: BFH, 22.02.2007 – IX R 25/05, BFH/NV 2007, 657.
161 Kein rückwirkendes Ereignis i.S.d. § 175 Abs. 1 Satz 1 Nr. 2 AO: BFH, 14.06.2005 – VIII R 14/04, ZEV 2005, 537 m. Anm. *Fleischer*. Im Ergebnis ist die Abfindungszahlung, die der Beschenkte aus Anlass des Weiterverkaufs an den Vorbehaltsnießbraucher (= Schenker) erbringt, dann vom Schenker nicht zu versteuern, mindert aber als nachträgliche Anschaffungskosten den Veräußerungsgewinn des beschenkten nunmehrigen Verkäufers.
162 Tz. 61 und 66 des Nießbrauchserlasses BStBl. 1998 I, S. 914.
163 Vgl. Nießbrauchserlass, Tz. 62 = Steuerrichtlinien I/21.2 = BStBl. I 1998, S. 914, DStR 1998, 1175 ff.

5. Verfügungsvollmachten

1412 Die Nießbrauchsbestellung schafft zwei **Inhaber dinglicher Rechte**, den **Eigentümer** und den **Nießbraucher**, die jeweils die Rechtsmacht des anderen **wechselseitig beschränken**. Bereits i.R.d. möglichen Vorkehrungen zur Sicherstellung der den Nießbraucher treffenden Finanzierungslasten (etwa bei außergewöhnlichen, von ihm zu tragenden Instandhaltungsaufwendungen) wurde unter Rdn. 1404 eine (im Innenverhältnis beschränkte) Vollmachtserteilung des Eigentümers (Erwerbers) an den Nießbraucher zur Bestellung von Grundpfandrechten für Kreditaufwendungen des Nießbrauchers im Rang vor dem Nießbrauch erörtert.

1413 Daneben kann auch umgekehrt der **Eigentümer** ein Interesse daran haben, seinerseits im Rang vor dem Nießbrauch das erworbene Objekt **beleihen** zu können, ohne auf die Bereitschaft des Nießbrauchers zum Rangrücktritt angewiesen zu sein. Eine solche Verpflichtung zum Rangrücktritt wird der Veräußerer/Nießbraucher jedoch wegen der Gefährdung seines vorbehaltenen/zugewendeten Rechts in der Zwangsversteigerung (vgl. Rdn. 2055 ff., auch zu den insoweit bestehenden Belehrungspflichten) nur eingeschränkt übernehmen. Eine Kompromissformulierung könnte daher wie folgt lauten.

▶ Formulierungsvorschlag: Begrenzte Rangrücktrittsverpflichtung und -vollmacht des Nießbrauchers

1414 Der Nießbraucher verpflichtet sich gegenüber dem jeweiligen Eigentümer, mit seinem Nießbrauchsrecht auf Verlangen des Eigentümers hinter durch jenen zu bestellende Grundpfandrechte zurückzutreten, wenn folgende Voraussetzungen eingehalten sind:
– Vorrangberechtigt sind lediglich Grundpfandrechte zugunsten europäischer Kreditinstitute.
– Der Gläubiger muss dem Nießbraucher eine schriftliche Bestätigung erteilen, dass das Grundpfandrecht zur Sicherung von Darlehen dient, die für Investitionsmaßnahmen im nießbrauchsbelasteten Objekt verwendet werden, eine mind. 2 %ige Tilgung p.a. zzgl. ersparter Zinsen vorsehen und eine Änderung dieser Zweckvereinbarung nur ermöglichen, wenn der Nießbraucher zustimmt.
– Die Rückgewähransprüche am vorrangigen Buchgrundpfandrecht müssen auf die Dauer des Nießbrauchs an Nießbraucher und Eigentümer in GbR, ab Erlöschen des Nießbrauchs an den Eigentümer allein abgetreten sein und diese Abtretung muss dem Gläubiger angezeigt werden.
– Der Gläubiger muss sich weiter verpflichten, vorstehende Verpflichtungen etwaigen Rechtsnachfolgern aufzuerlegen.

Der Nießbraucher bevollmächtigt den jeweiligen Eigentümer zur Bestellung solcher Grundpfandrechte und zur Bewilligung des Rangrücktritts, befreit von § 181 BGB und mit dem Recht zur Erteilung von Untervollmacht. Im Außenverhältnis, v.a. gegenüber dem Grundbuchamt, ist diese Vollmacht unbeschränkt, im Innenverhältnis darf von ihr nur bei Vorliegen der obigen Voraussetzungen Gebrauch gemacht werden. Auf Bewilligung eines Rangvorbehalts wird verzichtet.

1415 Noch gefährlicher ist der **pauschale Rangvorbehalt**, der dem (jeweiligen) Grundstückseigentümer die zumindest dingliche Befugnis einräumt, im Rang vor dem Nießbrauch Grundpfandrechte zur Absicherung eigener Verbindlichkeiten (einer Vollmacht zur Aufnahme von Darlehen zulasten des Nießbrauchers ist damit naturgemäß nicht verbunden) zu bestellen. Im Hinblick auf die Gefahren für das Nießbrauchsrecht (bzw. das Wohnungsrecht) für den Fall der Zwangsversteigerung aus solchen künftig noch einzutragenden Rechten sind insoweit deutliche Belehrungshinweise geboten. Der Rangvorbehalt ist dann, wenn neben dem Nutzungsrecht auch eine Rückübertragungsvormerkung eingetragen wird, auch auf diese zu beziehen (vgl. auch Rdn. 2344):

▶ Formulierungsvorschlag: Rangvorbehalt beim Nießbrauch für Beleihungen durch den Eigentümer (mit schuldrechtlichen Einschränkungen)

1416 Der Erwerber als künftiger Eigentümer behält sich mit Billigung des Veräußerers und künftigen Nießbrauchers die mehrfach – auch hinsichtlich von Teilbeträgen – ausübbare Befugnis vor, im Rang vor dem hier vorbehaltenen Nießbrauchs- und dem Rückforderungsrecht für beliebige Gläubiger Grundpfandrechte bis zum Gesamtbetrag von … Euro nebst Zinsen bis zu 20 % jährlich und einmaligen Nebenleistungen bis zu 10 % des Hauptsachebetrages jeweils ab dem Tag der Bestellung der Grundpfandrechte eintragen zu lassen.

Die Eintragung des Rangvorbehaltes bei vorbestelltem Nießbrauchsrecht und der Vormerkung zur Sicherung des bedingten Rückforderungsanspruchs wird

bewilligt und beantragt.

Der Notar hat insbesondere auf Folgendes hingewiesen:

Die Erlaubnis zur Eintragung von Grundpfandrechten kann im Fall einer Zwangsversteigerung aus diesen Rechten – weil der Erwerber die dadurch gesicherten Verbindlichkeiten nicht bedienen kann oder will – zum Erlöschen des Nießbrauchs und des Rückforderungsrechtes führen. Der Nießbraucher erhält aus dem Versteigerungserlös einen Wertersatz nur, soweit vom Versteigerungserlös nach Befriedigung der vorgehenden Rechte etwas übrigbleibt. Der Betrag vortretender Grundpfandrechte kann sich infolge der vorbehaltenen Zinsen und Nebenleistungen erheblich erhöhen, z.B. auf das Doppelte.

Ggf.: Schuldrechtlich verpflichtet sich der Erwerber, Grundpfandrechte in Ausnutzung dieses Rangvorbehaltes nur zu bestellen, wenn hinsichtlich des gesicherten Darlehens folgende Bedingungen eingehalten sind:
– Darlehensgeber sind ausschließlich europäische Kreditinstitute.
– Der Gläubiger muss dem Nießbraucher eine schriftliche Bestätigung erteilen, dass das Grundpfandrecht zur Sicherung von Darlehen dient, die für …*(zu definierende)* Maßnahmen verwendet werden, eine mind. 2 %ige Tilgung p.a. zzgl. ersparter Zinsen vorsehen und eine Änderung dieser Zweckvereinbarung nur ermöglichen, wenn der Nießbraucher zustimmt.
– Die Rückgewähransprüche am vorrangigen Buchgrundpfandrecht müssen auf die Dauer des Nießbrauchs an Nießbraucher und Eigentümer in GbR, ab Erlöschen des Nießbrauchs an den Eigentümer allein abgetreten sein und diese Abtretung muss dem Gläubiger angezeigt werden.
– Der Gläubiger muss sich weiter verpflichten, vorstehende Verpflichtungen etwaigen Rechtsnachfolgern aufzuerlegen.

In Betracht kommen schließlich **Regelungen zur Veräußerung des nießbrauchsbelasteten Grundstücks**. Denkbar ist zum einen eine Vollmacht des Erwerbers (Eigentümers) an den Nießbraucher, die Immobilie für eigene Rechnung zu verwerten, die Ermächtigung zur sachenrechtlichen Verfügung über fremdes Eigentum sowie die Vollmacht zum Abschluss von Veräußerungsverträgen und zur Inempfangnahme des Kaufpreises umfassend. 1417

Einer solchen isolierten Vollmacht muss ein (beurkundetes) Auftragsverhältnis (mit Abbedingung des Herausgabeanspruchs hinsichtlich des Erlangten, § 667 BGB) zugrunde liegen; sie kommt zivilrechtlich in die Nähe des unzulässigen Dispositionsnießbrauchs und nährt Zweifel am schenkungsteuerlich anzuerkennenden Vollzug. 1418

Häufiger ist die umgekehrte Vollmacht des Nießbrauchers an den Eigentümer, im Rahmen einer Veräußerung des Grundstücks den **Nießbrauch zur Löschung zu bewilligen**, wenn eine dem kapitalisierten Wert des Nießbrauchs zu jenem Zeitpunkt entsprechende Summe aus dem Verkaufserlös (ähnlich eines zur Lastenfreistellung erforderlichen Ablösebetrags) an den Nießbraucher abgetreten wird. Ohne eine solche Abrede würde sich der Nießbrauch am Kaufpreis als Surrogat des nießbrauchsbelasteten Gegenstands fortsetzen[164] (würde allerdings der gesamte Geldbetrag an den Nießbraucher geleistet, erwürbe dieser analog § 1075 Abs. 2 BGB hieran Eigentum, wäre jedoch nach Beendigung des Nießbrauchs zum Wertersatz verpflichtet, § 1067 BGB). 1419

III. Pflichtteilsergänzung, Bewertung

Um eine Aushöhlung des Pflichtteilsrechts als Folge lebzeitiger Minderung des Nachlasses durch Schenkungen an Dritte zu vereiteln, bestimmt § 2325 BGB die wertmäßige Hinzurechnung der 1420

---

164 *Wegmann*, in: Bamberger/Roth, BGB, § 1075 Rn. 6.

in den letzten 10 Jahren durchgeführten Schenkungen (und ehebedingten Zuwendungen)[165] – nicht jedoch Ausstattungen, § 1624 BGB – zum tatsächlich noch vorhandenen Nachlass.[166]

1. Beginn der Frist des § 2325 Abs. 3 BGB

1421 Die 10-Jahres-Frist beginnt gem. § 2325 Abs. 3 Satz 1 BGB mit der »Leistung des verschenkten Gegenstands« (bei Schenkungen an den Ehegatten des Erblassers jedoch nicht vor Auflösung der Ehe). Erforderlich hierfür ist grds. der Erfolg der Vollzugshandlung, d.h. bei Grundstücksschenkungen die Umschreibung im Grundbuch;[167] das bloße Entstehen eines Anwartschaftsrechts (z.B. durch Eintragung der Eigentumsverschaffungsvormerkung und Erklärung der Auflassung) genügt also nicht. Mit dinglichem Vollzug der Schenkung beginnt die 10-Jahres-Frist wohl auch zu laufen, wenn sich der Veräußerer den freien Widerruf der Schenkung vorbehalten hat[168] (unstritig ist dies jedenfalls bei einem nur an bestimmte Tatbestände anknüpfenden Rückforderungsvorbehalt).

1422 Anderes gilt jedoch seit dem Grundsatzurteil des BGH[169] dann, wenn der spätere Erblasser den verschenkten Gegenstand aufgrund vorbehaltenen dinglichen Rechts oder schuldrechtlicher Vereinbarung im Wesentlichen noch nutzte, da er in diesem Fall noch nicht den zur Verhinderung von Missbrauchsfällen verlangten spürbaren Vermögensverlust dergestalt erlitten hat, dass er die Folgen der Schenkung selbst mind. 10 Jahre zu tragen hatte (Erfordernis der »wirtschaftlichen Ausgliederung«, s.u. Rdn. 3633 ff.). Der Vorbehalt des Totalnießbrauchs führt also jedenfalls dazu, dass die 10-Jahres-Frist des § 2325 BGB erst mit Beendigung des Nießbrauchs anläuft (vgl. auch Rdn. 1445 ff. zur nachträglichen Aufgabe des Nießbrauchs), so dass z.B. »übergangene« Geschwister, insb. auch nichteheliche Abkömmlinge, Ergänzungsansprüche gegen den Erben (und im Fall des § 2329 BGB auch den Beschenkten) auch dann geltend machen können, wenn der Schenker und spätere Erblasser nach Ablauf von mehr als 10 Jahren seit dinglichem Vollzug der Schenkung verstirbt (»Wer zuviel beschwert, schenkt verkehrt«).[170]

Für die Praxis, die sich trotz nachhaltig kritischer Kommentierung[171] hierauf einzustellen hat, sind in diesem Zusammenhang folgende Überlegungen bedeutsam.

a) Fristbeginn beim Bruchteils- oder Quotennießbrauch

1423 Die Entscheidung des BGH war von der Überlegung getragen, dass sich der Nießbraucher die »wesentlichen« Nutzungen des Objekts vorbehalte. Die **Grenze der Wesentlichkeit** ist in der Rechtsprechung bisher nicht näher festgelegt worden.
(1) Die Literatur erörtert die Grenzziehung **primär objektbezogen** anhand des Anteils der vorbehaltenen zu den weggegebenen Ertragsanteilen und steht überwiegend auf dem Standpunkt, ein vorbehaltener Quotennießbrauch zu weniger als 50 % sei nicht mehr wesentlich.[172] Ist dagegen (durch Vorbehalt eines Bruchteilsnießbrauchs) nur ein ideeller Anteil der Sache belastet, dürfte die Frist bzgl. der unbelastet übertragenen Eigentumsanteile jedoch anlaufen.
(2) Denkbar ist demgegenüber auch ein **personenbezogener Ansatz**, gerichtet auf die Ermittlung des Anteils der vorbehaltenen Erträge zu den Gesamteinkünften des Veräußerers; nur bei

---

165 Vgl. BGH, 27.11.1991 – IV ZR 164/90, NJW 1992, 564.
166 Vgl. zum Folgenden umfassend *Cornelius*, Der Pflichtteilsergänzungsanspruch hinsichtlich der Übertragung von Grundstücken unter dem Vorbehalt von Rechten des Schenkers; *Herrler*, in: DAI, Aktuelle Probleme der Vertragsgestaltung im Immobilienrecht 2015/2016, S. 181 ff.
167 BGH, 02.12.1987 – IV a ZR 149/86, BGHZ 102, 289; dagegen *Behmer*, FamRZ 1999, 1254.
168 Staudinger/*Olshausen* § 2325 BGB Rn. 59; a.A. *Kerscher/Riedel/Lenz*, Pflichtteilsrecht in der anwaltlichen Praxis, § 7 Rn. 78 sowie *Draschka*, Rpfleger 1995, 71.
169 BGH, 27.04.1994 – IV ZR 132/93, BGHZ 125, 395 = DNotZ 1994, 784.
170 NJW-Spezial 2004, 253.
171 Z.B. *Mayer*, FamRZ 1994, 739; *Pentz*, FamRZ 1997, 724 ff., *Walter*, MittBayNot 2015, 373, 380 ff.
172 *Wegmann*, MittBayNot 1994, 308; nach *Heinrich*, MittRhNotK 1995, 157 sollen jedoch auch Berechtigungen von 10 oder 20 % der Nutzungen noch wesentlich sein können.

spürbaren Einschnitten kommt die ratio des § 2325 Abs. 3 BGB zum Tragen, durch lebzeitige Opfer den späteren Erblasser von böslichen Schenkungen abzuhalten.[173]

(3) Überzeugender erscheint demgegenüber die von *J. Mayer*[174] entwickelte »**Kombinationstheorie**«: Ein Quotennießbrauch von 50 % oder mehr ist stets, ohne Rücksicht auf die absolute Höhe der Erträge, wesentlich. Bei geringen Nutzungsquoten liegt noch kein lebzeitiges Vermögensopfer vor, wenn die dadurch weiter zufließenden Nettoeinkünfte in Relation zu den sonstigen Einnahmen des Veräußerers als »wesentlich« bezeichnet werden können (z.B. ein Viertel überschreiten).

1424

(4) Zusätzlich komplex wird die Beantwortung der **Auswirkungen eines Nießbrauchsvorbehalts auf die Pflichtteilsergänzung** schließlich, wenn **mehrere juristisch selbstständig übertragbare Objekte veräußert werden.**[175] Soll z.B. ein Mehrfamilienhaus mit neun Wohnungen übertragen werden und will sich der Veräußerer wirtschaftlich den Nießbrauch an fünf der neun Einheiten vorbehalten, dürfte insgesamt – also bzgl. des gesamten übertragenen 9-Familien-Hauses – die Frist noch nicht anlaufen, da auch nach Auffassung der Literatur ein Vorbehalt zu mehr als 50 % der Nutzungen die Wesentlichkeitsgrenze übersteigt. Teilt allerdings der Veräußerer vor der Überlassung das Objekt in neun Sondereigentumseinheiten nach dem WEG auf und überträgt er hiervon vier ohne Nutzungsvorbehalt, lässt sich – sofern die Rechtsprechung die Formel des BGH nicht zur Vermeidung von Rechtsmissbräuchen erweiternd auslegen sollte[176] – zumindest für diese vier Sondereigentumseinheiten das sofortige Anlaufen der Frist erreichen.

1425

b) Fristbeginn beim Zuwendungsnießbrauch an den Ehegatten

Tragende Überlegung des BGH-Grundsatzurteils[177] war der »Rückbehalt« der wesentlichen Nutzungen beim Schenker, so dass ein Zuwendungsnießbrauch an einen Dritten – anders als ein uno actu dem Veräußerer selbst, nach zunächst »völlig unentgeltlicher Übertragung«, eingeräumter Nießbrauch, der wertungsmäßig dem Vorbehaltsnießbrauch gleich stehen wird[178] – grds. dem Anlaufen der 10-Jahres-Frist des § 2325 Abs. 3 BGB nicht entgegensteht.

1426

Dies dürfte jedoch nicht gelten, wenn sich der Veräußerer den Nießbrauch zugleich selbst vorbehalten hat, und ihn seinem Ehegatten als Drittem in gemeinsamer Gesamtberechtigung gem. § 428 BGB zugewendet hat. Zwar könnte hier gem. § 428 BGB der Grundstückseigentümer grds. auch allein an den Ehegatten des Veräußerers leisten, gleichwohl hat sich der Veräußerer zumindest bedingt die Position einer weiteren totalen Nutzung vorbehalten, unbeschadet der im Zweifel hälftigen (§ 430 BGB) Berechtigung im Innenverhältnis.[179]

Problematisch und bisher von der Rechtsprechung nicht geklärt ist jedoch der Fall, dass der Veräußerer den Nießbrauch nur zugunsten seines Ehegatten einräumen lässt (und damit die steuerlich schlechtere Behandlung des Zuwendungsnießbrauchs, insb. in Gestalt des endgültigen Verlusts der Abschreibungsbefugnis, wegen des möglichen pflichtteilsrechtlichen Vorteils in Kauf nimmt). Häufig liegt der bedungenen Zuwendung des Nießbrauchs an den Ehegatten im Verhältnis zwischen Veräußerer und künftigem Nießbrauchsberechtigten allerdings ihrerseits eine Schen-

1427

---

173 In diese Richtung etwa *Schippers*, MittRhNotK 1996, 211.
174 Nun *Mayer/Geck*, Der Übergabevertrag, § 9 Rn. 93.
175 Vgl. *Wegmann/Amann*, Gestaltung und Sicherung der typischen Übernehmerpflichten beim Überlassungsvertrag (DAI-Skript Mai 2000), S. 17.
176 *Amann/J. Mayer*, Intensivkurs Überlassungsvertrag (DAI-Skript März 2005), S. 200 äußert Zweifel an der Teilungslösung, insb. wenn die Objekte in einem so engen Zusammenhang stehen, dass das eine nicht ohne das andere übertragen worden wäre.
177 BGH, 27.04.1994 – IV ZR 132/93, BGHZ 125, 395.
178 A.A. *Lippmann/Lorei-Kress*, ErbR 2017, 597 ff. unter Berufung auf Ansätze in BGH, 25.11.2009 – XII ZR 92/06, NJW 2010, 998.
179 Ebenso *Wegmann*, Grundstücksüberlassung, Rn. 308.

kung (ehebedingte Zuwendung) zugrunde, so dass die Frist des § 2325 Abs. 3 BGB (bezogen auf den kapitalisierten Nießbrauchswert) ebenfalls nicht zu laufen beginnt; dies löst ab Bedingungseintritt zugleich Erbschaftsteuer gem. § 3 Abs. 1 Nr. 4 ErbStG[180] aus (Berechnungsbeispiel s. Rdn. 4817) Anders mag es jedoch liegen, wenn die ehebedingte Zuwendung unterhaltsrechtlich geboten war, vgl. Rdn. 3134.[181]

1428 Vermutlich wird insoweit zu differenzieren sein:
(1) Sofern der Veräußerer selbst über keine ausreichenden Mittel zur Bestreitung des Lebensunterhalts verfügt, so dass er darauf angewiesen ist, dass der durch den Nießbrauch begünstigte Ehegatte aus Mitteln des Nießbrauchs den Familienunterhalt gem. §§ 1360 oder 1361 BGB leistet, kommen ihm mittelbar die »vorbehaltenen« Nutzungen zugute, so dass bei der im Pflichtteilsergänzungsrecht typischen wirtschaftlichen Betrachtungsweise die Frist gleichwohl nicht anlaufen wird.[182]
(2) Gleiches dürfte gelten, wenn der Veräußerer sich vor dem Risiko einer Scheidung (und dem damit endgültigen Abgeschnittensein von den Erträgen) dadurch schützt, dass er den Nießbraucher durch Scheidung auflösend bedingt und auf diesen Zeitpunkt zu seinen Gunsten aufschiebend bedingt ein weiteres Nießbrauchsrecht einräumen lässt oder er in gleicher Weise zu seinen Gunsten ein auf den Tod des Ehegatten aufschiebend bedingtes weiteres Nießbrauchsrecht einräumt. Auch bei diesem Sachverhalt dürfte davon auszugehen sein, dass wirtschaftlich die Erträge trotz formal ausschließlicher Nießbrauchsberechtigung des Ehegatten auch dem Veräußerer zugutekommen.

1429 (3) Fehlt es jedoch an den vorgenannten Sachverhaltselementen, dürfte die 10-Jahres-Frist beim Zuwendungsnießbrauch an den Ehegatten des Veräußerers gleichwohl anlaufen. Dem dürfte auch die § 2325 Abs. 3 Halbs. 2 BGB zu entnehmende Wertung, dass Ehegatten im Zweifel »aus einem Topf wirtschaften« nicht entgegenstehen. Allerdings liegt in der Zuwendung des Nießbrauchs an den Ehegatten regelmäßig selbst eine Schenkung, die die 10-Jahres-Frist nach der zitierten Bestimmung naturgemäß nicht beginnen lässt, so dass allenfalls für den Substanzwert, abzgl. des kapitalisierten Nießbrauchs, eine Pflichtteilsverbesserung eintreten mag.[183]

2. Bewertung des Vorbehaltsnießbrauchs i.R.d. § 2325 BGB

1430 Auch wenn der Vorbehalt der wesentlichen Nutzungen in Gestalt des Nießbrauchs die 10-Jahres-Frist des § 2325 Abs. 3 BGB nicht anlaufen lässt, ist er doch u.U. bei der Bewertung des verschenkten Gegenstands in Abzug zu bringen, und zwar unabhängig davon, ob er als Vorbehalt des Schenkers oder als Gegenleistung des Beschenkten bzw. als Auflage an ihn formuliert ist.[184] Nach früherer, teilweise noch immer verfochtener[185] Ansicht des BGH[186] solle sich dieser Abzug in kapitalisierter Höhe stets vollziehen, nach anderer Mindermeinung. niemals.[187]

---

180 Vgl. FG Hamburg, 29.11.2004 – III 257/02, DStRE 2006, 275 (Vertrag zugunsten Dritter auf den Todesfall).
181 Kein § 2325 BGB: BGH, 27.11.1991 – IV ZR 164/90, NJW 1992, 564, ebenso (bei geringer Rente des Ehegatten) OLG Schleswig, 16.02.2010 – 3 U 39/09, notar 2010, 202.
182 Wobei andererseits die Zuwendung an den Ehegatten von Mitteln, die unterhaltsrechtlich geschuldet sind, ihrerseits keine Pflichtteilsergänzung auslöst: BGH, 27.11.1991 – IV ZR 164/90, NJW 1992, 564.
183 *Heinrich*, MittRhNotK 1995, 162 f., plädiert jedoch generell dafür, auch beim ausschließlichen Zuwendungsnießbrauch an den Ehegatten vom Nichtanlaufen der Frist des § 2325 Abs. 3 BGB auszugehen.
184 BGH, 17.01.1996 – IV ZR 214/94, NJW-RR 1996, 705.
185 Z.B. OLG Celle, 14.07.2003 – 6 W 72/03, ZErb 2003, 383 sowie *Link*, ZEV 2005, 283 ff.: Der Nießbrauch sei gar nicht Schenkungsgegenstand gewesen, so dass sich die Frage der Niederstwertbetrachtung nicht stelle. Der vorbehaltene Nießbrauch hat eigene Mietaufwendungen erspart oder Mieteinnahmen generiert und ist damit dem Pflichtteilsergänzungsberechtigten mittelbar bereits zugutegekommen.
186 BGH, 30.05.1990 – IV ZR 254/88, NJW-RR 1990, 1158.
187 *Reiff*, NJW 1992, 2860; *Leipold*, JZ 1994, 1122.

Die Praxis hat sich jedoch auf die nunmehr vom BGH vertretene zweistufige Prüfungsreihenfolge einzustellen.

a) Bewertungsstichtag

Zunächst ist der maßgebliche Bewertungsstichtag zu ermitteln; hierfür gilt das in § 2325 Abs. 2 Satz 2 BGB normierte **Niederstwertprinzip**. Das Nutzungsrecht (Nießbrauch, Wohnungsrecht, Altenteil etc.) bleibt dabei außer Betracht.[188] Der Wert des Gegenstands selbst am Todestag ist jedoch umzurechnen auf die Wertverhältnisse des Tages des dinglichen Vollzugs der Schenkung, also um den Kaufkraftschwund zu bereinigen (maßgeblich sind die Indexwerte der Gesamtlebenshaltung aller privaten Haushalte in Deutschland, nunmehr: »Verbraucherpreisindex« [VPI] auf der jeweils aktuellen Originalbasis, wie vom Statistischen Bundesamt in Wiesbaden festgestellt, vgl. Rdn. 3661). Diese beiden, inflationsbereinigten »Reinwerte« werden sodann verglichen: Maßgeblicher Zeitpunkt ist derjenige, an dem der Gegenstand einen geringeren Wert aufweist.

1431

b) Abzugsbetrag

Ist der Wert am Todestag geringer (z.B. weil der Erwerber nicht in den Gegenstand investiert hat oder aber die allgemeinen Grundstückswerte zurückgegangen sind), bleibt das vorbehaltene Nutzungsrecht, das sich ja am Todestag erledigt hat, endgültig außer Betracht.[189] Kommt es allerdings auf den Zeitpunkt der Schenkung an (der weit mehr als 10 Jahre zurückliegen kann, vgl. oben Rdn. 1421 ff.!), ist – auch bei nur kurzem Zeitraum zwischen Schenkung und Erbfall[190] – vom maßgeblichen Wert des Grundstücks (soweit geschenkt, also bei gemischten Schenkungen nach Abzug der Gegenleistung!) der »**kapitalisierte Wert der vorbehaltenen Nutzung**« abzuziehen. Noch umstritten ist,[191] in welcher Weise die Bewertung erfolgt, insb. also ob sie
(1) abstrakt ex ante nach der allgemeinen Lebenserwartung stattfindet,[192]
(2) konkret ex post nach den tatsächlich noch zurückgelegten Lebensjahren[193] oder aber
(3) »konkret ex ante« nach der angesichts des Gesundheitszustands des Schenkers für seine Person zu erwartenden weiteren Lebensdauer.[194]

1432

---

188 Für einen Abzug des Nießbrauchswerts vom Bruttowert am Schenkungstag dagegen *Dingerdissen*, JZ 1993, 404; Soergel/*Dieckmann*, BGB, § 2325 Rn. 19.
189 BGH, 08.04.1992 – IV ZR 2/91, BGHZ 118, 49; BGH, 08.03.2006 – IV ZR 263/04, MittBayNot 2006, 249 (LS). *Link*, ZEV 2005, 286 weist darauf hin, dass der Wertverlust i.d.R. hinter dem (ersparten) Nießbrauchsabzug zurückbleibt, so dass das Niederstwertprinzip faktisch in sein Gegenteil verkehrt werde.
190 A.A. OLG Oldenburg, 10.11.1998 – 5 U 91/98, ZEV 1999, 185 m. krit. Anm. *Pentz*, ZEV 1999, 355: Bei einem Zeitraum von nur 14 Monaten kein Wertabzug infolge »billigen Interessenausgleichs«.
191 Vgl. zum Folgenden Gutachten, DNotI-Report 2002, 178 = DNotI-Report 2002,178?, sowie *Walter*, MittBayNot 2015, 373 ff.
192 So OLG Oldenburg, 04.06.1996 – 5 U 27/96, MittBayNot 1997, 183; OLG Oldenburg, 10.11.1998 – 5 U 91/98, ZEV 1999, 185; im schenkungsteuerrechtlichen Bereich auch der BFH, 17.10.2001 – II R 72/99, ZEV 2002, 75 m. Anm. *Reiff*, ZEV 2002, 123: § 14 Abs. 2 BewG findet bei vorzeitigem Ableben keine Anwendung; allerdings kann eine andere Bewertung geboten sein, wenn bei objektiver Betrachtung mit an Sicherheit grenzender Wahrscheinlichkeit vorauszusehen ist, dass die Lebenserwartung geringer sein wird.
193 So *N. Mayer*, FamRZ 1994, 739, 744; *J. Mayer*, Der Übergabevertrag (2. Aufl.), Rn. 157 (anders jedoch nun in der 3. Aufl.: *Mayer/Geck*, Der Übergabevertrag, § 9 Rn. 117).
194 OLG Köln, 13.11.1996 – 27 U 64/96, FamRZ 1997, 1437, ausführlicher in MittRhNotK 1997, 79 (Nießbrauch eines todkranken Mannes bleibt unberücksichtigt); ähnlich BGH, 04.07.1975 – IV ZR 3/74, BGHZ 65, 77: Abweichung in Anbetracht des Gesundheitszustands sowie OLG Hamburg, 05.05.2015 – 2 U 11/13, NotBZ 2016, 47 (tatsächlich erkrankungsbedingt geringere Lebenserwartung, die auch in Verhandlungen mit potentiellen Erwerbern preiserhöhend berücksichtigt worden wäre); ähnlich OLG Celle, 13.06.2002 – 22 U 104/01, ZEV 2003, 83: Ausnahmsweise angemessener Abschlag von Anlage 9 zu § 14 BewG (nunmehr Anlage gem. § 14 Abs. 1 Satz 4 BewG), wenn bereits bei

1433 Eine abstrakte Bewertung nach allgemeinen versicherungsmathematischen Sterbetafeln[195] böte Gestaltungschancen etwa dann, wenn ein an unheilbarer Krankheit leidender Veräußerer, der auch bei normaler Schenkung ohne Nießbrauchsvorbehalt den Zehn-Jahres-Zeitraum des § 2325 BGB nicht mehr überleben würde, zur Reduzierung des Pflichtteils übertragen möchte: Diesem Veräußerer wäre auf jeden Fall ein totaler Nießbrauchsvorbehalt anzuraten, um in Gestalt des kapitalisierten Nießbrauchs eine Reduzierung des Anrechnungswerts zu erhalten, jedenfalls sofern der Erwerber durch geeignete Investitionen verhindert, dass der zugewendete Gegenstand am Todestag einen geringeren Wert hat als zum Zeitpunkt der Schenkung.

1434 BGH[196] und (wohl) herrschende Lehre vertreten in Fortführung des Niederstwertprinzips (Maßgeblichkeit des Schenkungszeitpunkts) die **abstrakte ex ante Betrachtung**,[197] durchbricht diese jedoch bei konkreter Gesundheitsgefährdung zugunsten der konkreten ex post Bewertung.[198] Gegen eine generelle ex-post-Betrachtung spricht auch, dass sie beim Zuwendungsnießbrauch versagt, da im Zeitpunkt der Feststellung des nießbrauchsbedingten Wertabzugs der Nießbrauch für den Dritten noch bestehen kann.

1435 Bzgl. des **Kapitalisierungsfaktors** ist es am einfachsten, auf die jeweils gem. § 14 Abs. 1 Satz 4 BewG veröffentlichte aktuelle Tabelle (Rdn. 4764) zurückzugreifen,[199] da hierdurch zugleich die erforderliche Abzinsung (allerdings gem. § 12 Abs. 3 BewG, Rdn. 6217 ff., überhöht mit derzeit 5,5 %) bzgl. zukunftsgerichteter wiederkehrender Leistungen stattfindet. Legt man allerdings die aktuelle allgemeine Sterbetafel zugrunde mit einem an die aktuelle Zins- und Inflationssituation angepassteren Zins von ca. 2,5–3 %,[200] führt dies zu einem **höheren tatsächlichen Abzug** (vgl. auch Rdn. 1744 zum Kapitalisierungsfaktor bei wiederkehrenden Leistungen). Zugrunde gelegt werden kann auch eine nachvollziehbare Bewertung der Beteiligten.[201] Andere Multiplikationsfaktoren (etwa gem. § 52 GNotKG) sind demgegenüber ungeeignet.[202]

1436 Der in die Kapitalisierung weiter einfließende »Jahreswert« der vorbehaltenen Nutzung orientiert sich am objektiven Mietwert vergleichbarer Objekte.[203] Ist das Recht – wie regelmäßig – dinglich besichert, soll der Mietwert um einen »Sicherheitszuschlag« erhöht werden;[204] ein »Lastenabzug« soll hingegen über die gesetzliche Aufgabenverteilung hinaus dem Nießbraucher aufgebürdete In-

---

Vertragsschluss mit dem baldigen Ableben gerechnet werden musste, dieser Umstand beiden Beteiligten bekannt war und der Erblasser auch tatsächlich kurze Zeit nach Vertragsschluss verstorben ist.

195 Derzeit Sterbetafel 2012/2014 des Statistischen Bundesamtes (einheitliche Ländererlasse v. 31.03.2016, BStBl 2016 I, S. 459), kostenfrei zu beziehen unter www.destatis.de unter dem Menüpunkt Bevölkerung/Geburten und Sterbefälle/Periodensterbetafeln und Lebenserwartung/aktuelle Sterbetafeln für Deutschland. Das Deutsche Zentrum für Altersfragen Berlin ermöglicht die Berechnung der durchschnittlichen Lebenserwartung zumeist nach neueren Sterbetabellen, www.gerostat.de.
196 BGH, 17.01.1996 – IV ZR 214/94, ZEV 1996, 187 f.
197 Vgl. die Nachweise bei *Kornexl*, Nachlassplanung bei Problemkindern, Rn. 667 ff.
198 BGH, 04.07.1975 – IV ZR 3/74, BGHZ 65, 77; ebenso OLG Köln, 13.11.1996 – 27 U 64/96, MittRhNotK 1997, 89 (Schenker liegt im Sterben); *Gehse*, RNotZ 2009, 361, 376.
199 OLG Koblenz, 17.10.2001 – 9 U 166/01, ZEV 2002, 461, m. Anm. *Kornexl* (noch zur Vorgängernorm: Anlage 9 zu § 14 BewG).
200 *Gehse*, RNotZ 2009, 361, 375. Handelsrechtlich bestimmt § 253 Abs. 2 HGB den durchschnittlichen Marktzinssatz der letzten 7 Geschäftsjahre, vgl. www.bundesbank.de/download/statistik/abzinsungszinssaetze.pdf.
201 *Mayer/Geck*, Der Übergabevertrag, § 9 Rn. 117; ebenso OLG Celle, 13.06.2002 – 22 U 104/01, ZEV 2003, 83 m. Anm. *Hannes*. § 16 WertermittlungsVO enthält für den Bereich des BauGB (für universellere Maßgeblichkeit *Zimmermann*, ZErb 2000, 46, 49) Ableitungen des Verkehrswerts einer Immobilie aus dem Ertragswert.
202 BGH, 19.01.1999 – X ZR 42/97, ZEV 1999, 194, gegen *Dingerdissen*, JZ 1993, 404; ebenso KG, FamRZ 1988, 171 zum Zugewinnausgleich.
203 OLG Köln, 22.03.2002 – 19 U 111/01, OLGR 2002, 333 = ZMR 2002, 663.
204 LG Bonn, 17.03.1998 – 18 O 59/96, ZEV 1999, 154: dort immerhin ca. 20 %!

standhaltungs- und Lastentragungspflichten berücksichtigen.²⁰⁵ Maßgeblich ist also letztlich der Nettoertrag des vorbehaltenen Rechts.²⁰⁶ Dies kann zu einer deutlichen Reduzierung des Pflichtteilsergänzungsanspruchs führen (vgl. das Berechnungsbeispiel Rdn. 3664). Gestattet der Nießbraucher dem Erwerber die Mitnutzung des Objekts auf gesicherter Grundlage, mindert dies naturgemäß den Jahreswert der vorbehaltenen Nutzung; die Rechtsprechung sieht darin ein schuldrechtliches Wohnungsrecht auf die Dauer des Nießbrauchs als »Gegenleistung für die Nießbrauchsbestellung« und mindert dessen Mietwert um z.B. 40 %.²⁰⁷

3. Bewertung des Nießbrauchs i.R.d. Zugewinns

Auf der Seite des Nießbrauchsberechtigten (»**Aktivseite**«) ist der Nießbrauch, auch wenn er nicht zur Ausübung an Dritte übertragbar ist, aufgrund der dadurch vermittelten Nutzungs- und Gewinnerzielungsmöglichkeiten zu berücksichtigen, ebenso wie ein Wohnungsrecht. Der Wert des Nießbrauchs ist durch Kapitalisierung unter Zugrundelegung des im Bewertungsgesetz bestimmten Zinssatzes von 5,5 %²⁰⁸ auf den Gegenwartswert des Stichtags der Anfangs- und/oder Endvermögensbewertung zu ermitteln, was angesichts der höheren Lebenserwartung von Frauen zu dem verblüffenden Ergebnis führt, dass sich ein beiden Ehegatten je zur Hälfte zustehender Quotennießbrauch nicht gegenseitig neutralisiert.²⁰⁹ 1437

Auf der **Passivseite**, also bei der Vermögensbewertung des Erwerbers eines nießbrauchsbelasteten Objekts, würde sich auf diese Weise wegen der Reduzierung der Lebenserwartung des Nießbrauchers eine »automatische« Minderung der Belastung während der Ehezeit und damit ein Zugewinn ergeben. Dies widerspräche jedoch dem Grundgedanken des § 1374 BGB, da der aufgrund der Minderung der Lebenserwartung der Eltern eintretende Vermögenszuwachs seinerseits ebenfalls auf einer Zuwendung der Eltern und nicht auf einem Zutun des Erwerbers beruht; die Vermögensübertragung erfolgte ja gerade mit der sicheren Aussicht, dass mit dem Ableben der Eltern der Nießbrauch wegfallen würde. Daher müsste dem Anfangsvermögen der Wertzuwachs aufgrund des Absinkens des Nießbrauchsrechts hinzugerechnet werden. Von diesem Grundgedanken ausgehend ließ der BGH früher²¹⁰ den Nießbrauch/das Wohnungsrecht im End- und Anfangsvermögen (anders als auf aktives Tun gerichtete Pflichten: Rdn. 1740) gänzlich unberücksichtigt. Zu dieser plausiblen Rechtsprechung ist er im Wesentlichen zwischenzeitlich wieder zurückgekehrt.²¹¹ 1438

Zwischen 2007 und 2015 freilich verfocht der BGH eine abweichende Linie, welche die Praxis vor erhebliche Schwierigkeiten stellte²¹²: Um den Bewertungsbestimmungen des § 1376 Abs. 1 und 2 BGB zu genügen und zur Vermeidung verfälschender Ergebnisse²¹³ müsse der fortlaufende 1439

---

205 KG, 12.08.1987 – 18 UF 6287/86, FamRZ 1988, 171: beim Zugewinnausgleich ca. 22 % Abzug für die Pflicht des Nießbrauchers zur Tragung aller Lasten.
206 OLG Koblenz, 17.10.2001 – 9 U 166/01, ZEV 2002, 463, m. Anm. *Kornexl*.
207 OLG Koblenz, 06.03.2006 – 6 W 114/06, ZErb 2006, 282.
208 Vgl. BGH, 01.10.1986 – IVb ZR 68/85, FamRZ 1987, 38.
209 *Kogel* schlägt in FamRZ 2006, 451 vor, einem darauf basierenden Ausgleichsanspruch § 242 BGB oder § 1381 BGB entgegenzusetzen.
210 BGH, 14.03.1990 – XII ZR 62/89, FamRZ 1990, 603; BGH, 27.06.1990 – XII ZR 95/89, FamRZ 1990, 1084.
211 BGH, 06.05.2015 – XII ZB 306/14, DNotZ 2015, 622.
212 BGH, 22.11.2006 – XII ZR 8/05, FamRZ 2007, 978, m. Anm. *Schröder.*; NJW 2007, 849; *Münch*, DNotZ 2007, 795; *Schlögel*, MittBayNot 2008, 98; kritisch hiergegen z.B. *Bräuer*, FamRZ 2015, 1081, *Hauß*, FamRZ 2015, 1086 und *Hoppenz*, FamRZ 2015, 1089 in Replik auf *Schulz*, FamRZ 2015, 460.
213 Bspw. wenn (vor der Reform) das Anfangs- (oder End-)vermögen bei Außerachtlassung des vorbehaltenen Nutzungsrechtes positiv, bei dessen Berücksichtigung jedoch negativ wäre, da hierdurch (entgegen § 1378 Abs. 2 BGB) überhöhte Ausgleichszahlungen aus tatsächlich nicht vorhandenem Endvermögen ermittelt werden, Vgl. etwa OLG Bamberg, 18.08.1994 – 2 UF 140/93, FamRZ 1995, 609.

Wertzuwachs durch Absinken der verbleibenden Lebenserwartung als »gleitender Erwerbsvorgang« erfasst werden. Durch Indexierung des Anfangsvermögens werde immerhin der Zugewinn abgemildert. Weiter sei zu berücksichtigen, dass die Lebenserwartung sich nicht linear (sondern anfangs stärker, später geringer) vermindert, und andererseits die letztendlich zu bewertende Wertsteigerung des Grundstücks (durch »verbesserte Marktgängigkeit«) nicht identisch sein muss mit dem Rückgang des kapitalisierten Nießbrauchswertes, so dass die Ermittlung auch nach Ansicht des BGH »ohne sachverständige Hilfe nicht durchzuführen war[214]« Der BGH hat es immerhin zur Vereinfachung genügen lassen, den (vom Zugewinn auszunehmenden) »gleitenden Wertzuwachs« als Hälfte des Betrags zu definieren, der dem Nominalwert zum Ausgleich des Kaufkraftschwundes dann hinzurechnen wäre, wenn der gesamte Wertzuwachs bereits zu Beginn der Ehezeit eingetreten wäre (Berechnungsbeispiel siehe Rn. 1269 der 4. Auflage dieses Werks).

▶ Hinweis:

1440 Der BGH lässt es nun wieder genügen,[215] anstelle einer auf einzelne Zeitabschnitte aufgeteilten Bewertung des gleitenden Erwerbsvorgangs, bei der Berechnung des Zugewinns des Zuwendungsempfängers auf ein Einstellen des Wertes des Nießbrauchs sowohl im Anfangs- als auch im Endvermögen gänzlich zu verzichten. Ist dagegen der Wert des Nießbrauchs gestiegen, weil z.B. die Erträge rascher gestiegen sind als der Multiplikator infolge geringerer Lebenserwartung gesunken ist, muss der Wert des Nießbrauchs stichtagsbezogen jeweils im Anfangs- wie auch im Endvermögen eingestellt werden (mit der Folge, dass der Zugewinn sinkt), ohne dass es weiterer Korrekturen des Anfangsvermögens bedürfte.

1441 Verzichtet der Nutzungsberechtigte während der Ehe vorzeitig auf das Nutzungsrecht, liegt im dadurch ausgelösten Wertzuwachs (i.H.d. indexierten Restwertes beim Verzicht) wiederum eine Schenkung, die ihrerseits gem. § 1374 Abs. 2 BGB privilegiert ist; Gleiches dürfte gelten, wenn das Nutzungsrecht während der Ehe durch Tod erlischt.[216] Hinsichtlich der Kapitalisierungsmethode ist (wie bei § 2325 BGB, Rdn. 1271) im Regelfall die abstrakte ex-ante Betrachtung zu wählen; der Jahreswert der Nutzung seinerseits wird durch das Fehlen (oder Vorhandensein) von »Gegenleistungen« wie Instandhaltungspflichten, die Übernahme der Heizkosten etc., beeinflusst.

1442 Empfehlenswerter erscheint, auch im Hinblick auf die bei Pflichten zu aktivem Tun (Leibrente, Pflege) etc. eintretende reale Minderung der Passiva (Rdn. 1740 ff.) und die Unsicherheiten i.R.d. Bewertung von Rückforderungsvorbehalten (Rdn. 56, 2108), entweder insgesamt die **Wahlzugewinngemeinschaft** (§ 1519 BGB) zu wählen (vgl. Art. 9 Abs. 2 des zugrundeliegenden deutsch-französischen Abkommens, Rdn. 4900) oder aber zumindest eine **Modifikation des BGB-Zugewinnausgleichs** im Scheidungsfall und hinsichtlich des vorzeitigen Zugewinnausgleichverlangens durch notariellen Ehevertrag[217] zwischen dem Erwerber und seinem Ehegatten dahin gehend, dass Vermögen gem. § 1374 Abs. 2 BGB samt der darauf lastenden Verbindlichkeiten gänzlich außer Betracht bleibt,[218] ähnlich wie dies »Güterstandsklauseln« in Gesellschaftsverträgen häufig

---

214 Arbeitskreis 7 des 17. Deutschen Familiengerichtstags 2007 hat wegen der Schwierigkeiten, diesen gleitenden Erwerbsvorgang zu bewerten, den BGH dringend gebeten, hierzu weitere Kriterien zu benennen. Dieser zweite Rechenschritt des BGH wird ganz überwiegend abgelehnt, vgl. *Münch*, DNotZ 2007, 795, 799; *Schröder*, FamRZ 2007, 982, 983.
215 BGH, 06.05.2015 – XII ZB 306/14, DNotZ 2015, 622, unter Berufung auf die Berechnungen von *Gutdeutsch*, FamRZ 2015, 1083 ff., vgl. *Münch*, FamRZ 2015, 1271 f.
216 Vgl. *Schlögel*, MittBayNot 2008, 100.
217 Kostenrechtlich gilt § 100 Abs. 1 GNotKG: Geschäftswert des betroffenen Gegenstandes ohne Schuldenabzug (ebenso vormals gem. § 39 Abs. 3 Satz 3 KostO), höchstens jedoch der Betrag des gesamten modifizierten Reinvermögens (unter hälftigem Abzug der Schulden); unter Geltung der KostO: höchstens das kombinierte Reinvermögen, vgl. OLG Karlsruhe, 26.06.2008 – 14 Wx 60/07, RNotZ 2009, 111.
218 Vgl. *Münch*, DNotZ 2007, 803.

vorschreiben.[219] Ratsam ist eine Übermaßbegrenzung: der durch die Modifizierung des Zugewinnausgleichs benachteiligte Ehegatte soll nicht selbst ausgleichspflichtig oder seine Verpflichtung erhöht werden, vgl. Rdn. 3877.[220] Hierzu

▶ **Formulierungsvorschlag:** Modifizierung des Zugewinnausgleichs (Ausschluss in Bezug auf Vermögen gem. § 1374 Abs. 2 BGB)

1. Grundsatz

1443

Bei der Berechnung des Zugewinnausgleichs infolge Beendigung der Ehe zu Lebzeiten und bei der Berechnung des vorzeitigen Zugewinnausgleichs ist die Wertentwicklung der unter § 1374 Abs. 2 BGB fallenden Vermögensgegenstände (also insbesondere ererbten oder im Wege vorweggenommener Erbfolge erhaltenen Vermögens) außer Acht zu lassen, und zwar auch soweit diese bereits vor Eheschließung erworben wurden. Im Bereich des güterrechtlichen Ausgleiches von Todes wegen gem. § 1371 Abs. 2 und 3 BGB bleiben diese Gegenstände ebenfalls unberücksichtigt (im Falle der Ausschlagung, § 1371 Abs. 3 BGB werden sie jedoch berücksichtigt, wenn die Ausschlagung des Zugewandten und Geltendmachung des güterrechtlichen Ausgleichs mit vorheriger schriftlicher Einwilligung aller dann berufenen Erben erfolgt). In gleicher Weise außer Betracht bleiben die auf diesem Vermögen lastenden Verbindlichkeiten und Verpflichtungen, gleich ob sie auf ein Tun, Dulden oder Unterlassen gerichtet sind.

Wird über einen solchen Gegenstand verfügt, so tritt das Surrogat an die Stelle des ursprünglichen Gegenstandes, unabhängig davon in welcher Form das Surrogat gehalten bzw. investiert wird. Wir verpflichten uns, die jetzt und in Zukunft zum ausgleichsfreien Vermögen gehörenden Gegenstände in einem privatschriftlichen Verzeichnis gesondert zu erfassen.

Der entsprechende Wert ist weder beim Anfangs- noch beim Endvermögen in Ansatz zu bringen, und zwar auch dann nicht, wenn sich ein negativer Betrag ergibt. Ein mit dem ausgleichsfreien Vermögen eventuell erzielter Zugewinn verbleibt allein dem Berechtigten und ist nicht auszugleichen.

Die Pflicht des nichtprivilegierten Ehepartners zur Leistung von Zugewinnausgleich ist jedoch begrenzt auf denjenigen Betrag, der stichtagsbezogen geschuldet wäre, wenn der Zugewinnausgleich ohne vertragliche Veränderung durchgeführt werden würde (Vergleichsbetrachtung), durch die Herausnahme privilegierten Vermögens soll also weder eine »unplanmäßige Erhöhung« der gegen den anderen Ehepartner gerichteten Ausgleichsforderung noch gar ein »Umkippen der Ausgleichsrichtung« eintreten.

2. Verfügungsbeschränkung

Die güterrechtlichen Verfügungsbeschränkungen sollen bei diesen Gegenständen nicht gelten. Über die vorgenannten, nicht dem Zugewinnausgleich unterliegenden Vermögenswerte kann daher der Eigentümer ohne Einwilligung seines Ehegatten verfügen, auch wenn er damit über sein Vermögen im Ganzen oder den überwiegenden Teil seines Vermögens verfügt. § 1365 BGB wird insoweit ausgeschlossen.

Ist für einen Dritten nicht erkennbar, ob aufgrund dieser Vereinbarung eine Zustimmung des anderen Ehegatten erforderlich ist, so ist der andere Ehegatte verpflichtet, einer entsprechenden Verfügung des anderen Ehegatten zuzustimmen.

3. Vollstreckungsbeschränkung

Eine Zwangsvollstreckung in das privilegierte Vermögen durch den anderen Ehegatten wird, unabhängig von der Art der geltend gemachten Forderung, ausgeschlossen. Dem anderen Ehegatten ist bekannt, dass Forderungen bei Erschöpfung des sonstigen pfändbaren Vermögens damit möglicherweise faktisch nicht durchsetzbar sind.

---

219 Vgl. *Hölscher*, NJW 2016, 3057 ff.; *Brambring*, DNotZ 2008, 724 ff. (ein Zwang zur Gütertrennung wäre jedoch wohl unzulässig).

220 Auch ohne eine solche »Kappung« wäre die Modifikation jedoch nicht sittenwidrig, vgl. BGH, 17.07.2013 – XII ZB 143/12, DNotZ 2014, 128; vgl. zum Folgenden *Reetz*, in: DAI-Skript 12. Jahresarbeitstagung des Notariats, 2014, S. 494 ff.

4. Erträge

Erträge aus diesem vom Zugewinn ausgeschlossenen Vermögen sind gleichfalls vom Zugewinn ausgeschlossen, sofern sie wieder auf die ausgeschlossenen Vermögenswerte verwendet wurden.

5. Verwendungen und Schuldentilgung

Eine Einschränkung der getroffenen Vereinbarung dahingehend, dass Verwendungen aus dem ausgleichspflichtigen Vermögen auf das privilegierte Vermögen (z.B. die Tilgung von Schulden mit Mitteln des sonstigen Vermögens) für Zwecke des Zugewinnausgleichs als nicht erfolgt gewertet werden sollen, wünschen die Beteiligten zur Erhaltung möglichst umfassender Handlungsmöglichkeiten ausdrücklich nicht. Ihnen ist bekannt, dass auf diese Weise Missbräuche möglich sind (z.B. erhebliche Investitionen in den privilegierten Bereich kurz vor dem Stichtag der Endvermögensermittlung aus dem ausgleichspflichtigen Bereich, mit der Folge, dass sich das zu ermittelnde Endvermögen verringert, die Mehrung im privilegierten Vermögensbereich aber nicht zugunsten des anderen Ehegatten berücksichtigt werden kann).

Allerdings wird vereinbart:

Verwendungen der geschilderten Art sind für die Berechnung des Zugewinnausgleichs als nicht geschehen zu ignorieren, soweit sie nach der Trennung erfolgt sind und über den Durchschnitt der drei vorangehenden Jahre hinausgehen.

Oder:

Bei der Ermittlung des Zugewinnausgleichs im Scheidungsfall ist Stichtag für die Ermittlung des Endvermögens (§ 1375 BGB) der Zeitpunkt zwei Jahre vor der Rechtshängigkeit des Scheidungsantrags.

Oder (Anm.: zurückhaltend zu gebrauchen):

Zur Vermeidung von Missbräuchen vereinbaren die Beteiligten noch Folgendes: Verwendungen auf die betroffenen Gegenstände und die Tilgung etwaiger damit verbundener Verbindlichkeiten sind zunächst aus den Erträgen zu finanzieren. Macht jedoch ein Ehegatte aus seinem sonstigen Vermögen Verwendungen auf seine vom Zugewinnausgleich ausgenommenen Gegenstände oder erbringt er daraus Tilgungsleistungen für etwa damit zusammenhängende Verbindlichkeiten, so werden diese Verwendungen oder Tilgungsleistungen mit ihrem Wert zum Zeitpunkt der Verwendung dem Endvermögen des Eigentümers zugerechnet. Sie unterliegen also, gegebenenfalls um den Geldwertverfall berichtigt, dem Zugewinnausgleich. Entsprechendes gilt für Verwendungen des anderen Ehegatten, zur Befriedigung der sich hieraus etwa ergebenden Zugewinnausgleichsforderung gilt das vom Zugewinnausgleich ausgenommene Vermögen im Sinne von § 1378 Abs. 2 BGB als vorhandenes Vermögen.

6. Geltung gesetzlicher Bestimmungen

Die Höhe der Ausgleichsforderung ist gemäß § 1378 Abs. 2 BGB begrenzt auf den Wert des dem Zugewinnausgleich unterliegenden Vermögens. Hierzu vereinbaren die Beteiligten, dass auch das vom Zugewinnausgleich ausgenommene Vermögen i.S.d. § 1378 Abs. 2 BGB als vorhandenes Vermögen gilt, d.h. die gesetzliche Begrenzung so eintritt, wie sie ohne die heute vereinbarte Modifikation eintreten würde.

Im Übrigen bleiben sämtliche Bestimmungen des gesetzlichen Güterstandes der Zugewinngemeinschaft aufrechterhalten, insbesondere die Bestimmungen über den Zugewinnausgleich hinsichtlich des sonstigen während der Ehezeit erworbenen Vermögens und den Zugewinnausgleich im Todesfall. Im Bereich des güterrechtlichen Ausgleiches gem. § 1371 Abs. 2 und 3 BGB bleiben jedoch die oben 1 genannten Gegenstände ebenfalls unberücksichtigt.

7. Güterrechtsregister

Die Eintragung der Modifizierung des gesetzlichen Güterstandes im Güterrechtsregister und die Veröffentlichung wird vorerst nicht gewünscht. Jeder Vertragsteil ist jedoch berechtigt, diese Eintragung jederzeit einseitig zu beantragen.

(Ggf. sofern gewünscht:

8. Gegenständlich beschränkter Pflichtteilsverzicht

Jeder Ehegatte verzichtet hiermit gegenständlich beschränkt hinsichtlich der vom Ausschluss des Zugewinnausgleichs betroffenen Gegenstände und der darauf lastenden Verbindlichkeiten auf sein Pflichtteilsrecht am dereinstigen Nachlass des anderen Ehegatten; die Beteiligten nehmen diesen beschränkten Pflichtteilsverzicht hiermit an. Der auf die zugewinnausgleichsfreien Gegenstände beschränkte Verzicht gilt auch, wenn der Ehegatte ausschlagen und den Pflichtteil verlangen sollte.)

8./9. Belehrung

Über Bedeutung und Tragweite dieser Bestimmungen wurden wir belehrt. Uns ist bekannt, dass uns erhöhte Aufzeichnungsobliegenheiten treffen, um den Weg des ausgleichsfreien Vermögens im Streitfall nachzuvollziehen.

4. Nachträglicher Verzicht auf den Nießbrauch

Parallel zur nunmehrigen schenkungsteuerlichen Betrachtung bei allen ab 01.01.2009 bestellten Nießbrauchsrechten (s. Rdn. 4842 ff.) stellt der nachträgliche »Verzicht« auf ein Nießbrauchsrecht, soweit er nicht gegen eine vollwertige Gegenleistung erfolgt, **wiederum eine Schenkung** des Nießbrauchers an den Eigentümer dar. Diese ist mit allen Schwächen behaftet, die der Schenkung als solcher immanent ist, z.B. dem Risiko der Rückforderung gem. § 528 BGB (der BGH[221] berechnet in diesem Fall den Wert der Schenkung nach der Werterhöhung, welche das bisher belastete Grundstück durch den Wegfall des Nießbrauchsrechtes erfährt). Anders verhält es sich, wenn z.B. ein Wohnungsrecht, das aufgrund eines subjektiven dauernden Ausübungshindernisses in der Person des einzigen Nutzungsberechtigten keinen Vorteil mehr gewährt, grundbuchlich gelöscht wird – insoweit liegt keine Bereicherung aus dem Vermögen des »Verzichtenden« vor, sondern eine Maßnahme der »Grundbuchhygiene« (Rdn. 1192 ff.); zum Nichtentstehen von Surrogationsansprüchen Rdn. 1210 ff.

1444

I.R.d. **§ 2325 BGB** sind die dem Nachlass entzogenen weiteren Lebenszeitnutzungen anzusetzen (nicht die objektive Werterhöhung des Grundbesitzes), und zwar unabhängig davon, ob der Nießbrauch seinerseits nach dem Niederstwertprinzip (da auf den Zeitpunkt der Objektschenkung abzustellen war) seinerseits abgezogen wurde oder nicht. Auch insoweit (Rdn. 1434 f.) wird es i.d.R. auf eine abstrakte ex ante – Bewertung des (abgezinsten) kapitalisierten Betrages der Nutzungen im Zeitpunkt des Verzichtes ankommen.[222]

1445

Soweit der Nießbrauch bisher dem Fristablauf gem. § 2325 Abs. 3 BGB entgegenstand, läuft die Frist mit der vorzeitigen Löschung jedenfalls an.[223] Ebenso würde es sich verhalten, wenn der Beschenkte das (nießbrauchsbelastete) Objekt auf den Schenker zurückübertragt (vgl. auch Rdn. 3707), dieser dann das (zum Eigentümerrecht gewordene) Nießbrauchsrecht aufgibt und den Gegenstand sodann erneut, ohne Rechtevorbehalt, dem Beschenkten überträgt. Die Rückübertragung ist allerdings, wenn nicht zufällig ein Tatbestand des § 29 ErbStG vorliegt, ihrerseits schenkungsteuerpflichtig, und die neuerliche Hinschenkung kann – wenn sie nicht im Abstand von mehr als zehn Jahren zur ersten Schenkung stattfindet – zusammen mit der ersten Übertragung leicht die maßgeblichen Freibeträge übersteigen.

1446

---

221 BGH, 26.10.1999 – X ZR 69/97, ZEV 2000, 111, m. Anm. *Putzo*.
222 So jedenfalls der BGH beim nachträglichen Verzicht auf eine vorbehaltene Rente, BGH, 17.09.1986 – IVa ZR 13/85, NJW 1987, 122, 124; ausführlich *Blum/Melwitz*, ZEV 2010, 77, 79.
223 Vgl. *J. Weber*, ZEV 2017, 252 m.w.N.

1447 Die vorzeitige unentgeltliche Aufgabe des vorbehaltenen Nießbrauchsrechts ist gem. § 7 Abs. 1 Nr. 1 ErbStG schenkungsteuerpflichtig.[224] Sie stellt auch zivilrechtlich eine Schenkung i.S.d. § 516 BGB und damit insbesondere des § 528 BGB[225] dar (anders bei Ablösung des Nießbrauchs durch gleichwertige wiederkehrende Leistungen [»Rentenwahlrecht«] oder durch Einmal-Zahlung, vgl. Rdn. 1406 ff., 1409 ff.) Damit besteht die Gefahr einer Doppelbegünstigung des Pflichtteilsberechtigten, jedenfalls wenn nach dem Niederstwertprinzip (wegen des geringeren Grundstückswerts im Zeitpunkt des Todes des Erblassers, inflationsbereinigt) bereits bei der ursprünglichen Grundstückszuwendung die Nießbrauchsbelastung nicht abgezogen wurde, dessen Aufhebung aber nun zusätzlich als Schenkung (mit neuer Frist i.S.d. § 2325 Abs. 1 BGB!) zu werten wäre. In solchen Fällen spricht daher vieles dafür, in pflichtteilsrechtlicher Hinsicht keine neuerliche Schenkung in Gestalt der Aufgabe des Nießbrauchsrechts anzunehmen (teleologische Reduktion).[226]

1448 Die – nach dinglicher Aufgabe des vorbehaltenen Rechts – geduldete faktische weitere Nutzung wird als konkludente Gewährung eines schuldrechtlichen Wohnungsrechts anzusehen sein und daher schädlich bleiben, wobei der BGH – in seinem Urteil zu den Auswirkungen eines vorbehaltenen Wohnungsrechts auf den Fristanlauf – insoweit eine großzügigere Sichtweise andeutet, vgl. Rdn. 1600. Ebenfalls ausreichend ist die Reduzierung des Umfangs des fristschädlichen Rechts unter diejenige Schwelle, die bei originärem Vorbehalt bereits im Zeitpunkt der Schenkung fristunschädlich gewesen wäre, vgl. zu den hierzu maßgeblichen Kriterien beim Bruchteils- und beim Quotennießbrauch Rdn. 1423 ff., oder die Unterteilung des verschenkten Gegenstands in mehrere rechtlich selbständige Objekte mit Aufgabe des Rechts an einzelnen dabei entstehenden Gegenständen, so dass wenigstens insoweit die Frist anläuft.

IV. Nießbrauch an Geld- und Wertpapiervermögen

1. Zivilrecht

a) Bargeld, Bankguthaben

1449 Insb. als Teil des Nießbrauchs an einem Gesamtvermögen (z.B. einem Nachlass), der – ebenso wie der Nießbrauch am Betriebsvermögen (nachstehend Rdn. 1429 ff.) – an allen einzelnen Gegenständen zu bestellen ist (§ 1085 Satz 1 BGB), kommt auch der Nießbrauch an Geld- und Wertpapiervermögen vor.[227] **Bargeld** ist dabei dem Nießbraucher zur eigenen Verfügung zu übergeben (§ 1032 BGB), bei Beendigung des Nießbrauchs ist der Nominalbetrag (ohne Inflationsausgleich) zu erstatten (§ 1067 Abs. 1 Satz 1 BGB). Der Nießbrauch an **Bankguthaben** (d.h. Forderungen) wird durch eine formlose Einigung zwischen Gläubiger und Nießbraucher (§ 1069 Abs. 1 i.V.m. § 398 BGB) bestellt, setzt also die Übertragbarkeit des Rechts voraus. § 952 BGB gilt entsprechend, so dass der Nießbraucher auch ein Recht auf Besitz an Sparbüchern hat. Die Mitwirkung des Schuldners (der Bank) ist zwar materiell-rechtlich nicht erforderlich, eine Benachrichtigung empfiehlt sich jedoch zur Vermeidung weiterer Leistungen allein an den Inhaber der Forderung mit schuldbefreiender Wirkung auch ggü. dem Nießbraucher (§ 1070 Abs. 1 i.V.m. § 407 BGB).

b) Wertpapiere, Darlehen

1450 Bei **Wertpapieren** (z.B. Inhaberaktien, Schuldverschreibungen) erfolgt die Bestellung des Nießbrauchs durch Einigung und Übergabe des Papiers oder zumindest Einräumung des Mitbesitzes am Papier (§ 1081 Abs. 2 BGB).[228] Dem Nießbrauchsberechtigten stehen gem. § 1068 Abs. 2

---

224 Vgl. BFH, 15.12.2010 – II R 41/08, ZEV 2011, 211; BFH, 20.05.2015 – II R 7/13, ZEV 2014, 622, vgl. Rdn. 4818 ff.
225 OLG Köln, 09.03.2017 – 7 U 119/16, NJW-RR 2017, 915 f.
226 Vgl. *J. Weber*, ZEV 2017, 252, 253.
227 Vgl. hierzu und zu dem Folgenden: *Steiner*, ErbStB 2007, 249 ff.
228 Bei bankverwahrten Wertpapieren, v.a. Giro-Sammelanteilen, bedarf es der Einräumung des mittelbaren Mitbesitzes, vgl. Staudinger/*Frank*, BGB (2002), § 1069 Rn. 22.

A. Nießbrauch   Kapitel 4

i.V.m. § 1030 Abs. 2 BGB die Erträge zu, also bspw. Darlehenszinsen (Festgeldanlagen!), pro rata temporis ab Entstehung des Nießbrauchs (bei Nießbrauchsvermächtnissen möglicherweise analog § 2184 BGB bereits ab Anfall des Vermächtnisses, also ab dem Erbfall, § 2176 BGB).[229] Gleiches gilt für Zinsen und Dividenden, auch Vorzugsdividenden (§§ 60 Abs. 2, 139 ff. AktG), i.H.d. gemäß Gewinnverwendungsbeschluss ausschüttungsfähigen Gewinns, also ohne Berücksichtigung gebildeter, jedoch erst nach Beendigung des Nießbrauchs ausgezahlter Rücklagen. Unverzinsliche Forderungen kann der Nießbraucher kündigen und einziehen (§ 1074 BGB), um mit den ihm dadurch zufließenden Geldmitteln Erträge zu erwirtschaften, bei Beendigung des Nießbrauchs ist der eingezogene Nominalbetrag zu ersetzen (§ 1067 Abs. 1 Satz 1 BGB).

Veräußerungs- oder Kursgewinne stehen jedoch dem Eigentümer, nicht dem Nießbraucher zu, ebenso Bezugsrechte im Rahmen von Kapitalerhöhungen[230] (wobei umstritten ist, ob sich der Nießbrauch an den »jungen Anteilen« fortsetzt).[231] Verzinsliche Forderungen können nur gemeinsam durch Inhaber und Nießbraucher gekündigt und eingezogen werden (vgl. § 1077 BGB), so dass Umschichtungen Ertrag bringenden Vermögens nur gemeinsam möglich sind. Werden Wertpapiere fällig, fordert § 1083 Abs. 2 BGB eine mündelsichere[232] Anlage des eingezogenen Kapitals, was mit heutigen Investitionsgrundsätzen wenig gemein hat.   1451

c) Sicherung der Beteiligten

Als **Sicherungsmittel** dient das bei Beginn des Nießbrauchs – sofern keine Befreiung erteilt wurde – aufzustellende Verzeichnis (§ 1035 i.V.m. §§ 1068 Abs. 2, 1085, 1089 BGB). Weiterhin kann der Eigentümer des Geld- oder Wertpapiervermögens Sicherheitsleistung verlangen, wenn das Verhalten des Nießbrauchers erhebliche Verletzungen seiner Interessen befürchten lässt (§ 1051 BGB). Wird das gefährdende Verhalten fortgesetzt, kommt sogar gerichtliche Verwaltung in Betracht (§ 1054 BGB). Bei verzinslichen Forderungen und Wertpapieren trägt ferner § 1077 BGB den Interessen beider Beteiligter Rechnung: Das Kapital kann nur gemeinschaftlich an Eigentümer und Nießbraucher (auf Verlangen durch Hinterlegung zugunsten Beider) geleistet werden. Kommt es – wie bei Inhaberpapieren oder blanko-indossierten Orderpapieren – auf die Inhaberschaft an der Urkunde an, kann jeder Beteiligte zur Wahrung des Mitbesitzes (§ 1081 BGB) die Hinterlegung verlangen (§ 1082 BGB). Zur Vermeidung wechselseitiger Blockaden und allzu konservativen Vermögensanlagen empfiehlt sich i.R.d. letztwilligen Anordnungen bei Bar- und Sparvermögen daher eher die Einsetzung eines Testamentsvollstreckers als die Nießbrauchsanordnung.   1452

Bei der lebzeitigen Schenkung ist ferner an die Vereinbarung eines bedingten Rückforderungsrechtes (Rdn. 2087 ff., etwa bei Nichteinhaltung von Auflagen hinsichtlich der Verwendung der übertragenen Finanzmittel: Rdn. 2284) zu denken und dessen Besicherung durch ein **Pfandrecht** an der Einlageforderung gegen die Bank/am Wertpapier etc. wegen des möglichen Schadensersatzanspruchs in Geld (§§ 1204 Abs. 2, 1228 Abs. 2 Satz 2,[233] 1273 BGB), den der Beschenkte (Inhaber der Einlageforderung gegen die Bank) schuldet, wenn er der Rückgabepflicht dann nicht nachkommt.   1453

---

229 Vgl. *Steiner*, ErbStB 2007, 250; a.A. KG, 10.03.1964 – 6 U 840/62, NJW 1964, 1808.
230 Überblick zur Kapitalerhöhung bei der GmbH: *Saß*, RNotZ 2016, 213 ff.
231 Wohl dann, wenn die neuen Anteile aus Gesellschaftsmitteln oder auf Kosten der Substanz der Altaktien gebildet wurden, vgl. MünchKomm-BGB/*Pohlmann*, § 1068 Rn. 43 f.
232 Vgl. § 1807 BGB, Art. 212 EGBGB; innerhalb der zugelassenen mündelsicheren Anlagen bestimmt der Nießbraucher die Art der Anlage, § 1079 Satz 2 BGB.
233 Deshalb kann nicht das Rückforderungsrecht selbst durch Pfandrecht gesichert werden [so aber *Steiner*, ErbStB 2015, 227, 228].

2. Steuerrecht

1454 Die aus dem Kapitalvermögen zufließenden Erträge sind auch ertragsteuerlich – jedenfalls beim Vorbehalts- und beim Vermächtnisnießbrauch – dem Nießbraucher zuzurechnen (ihm steht auch der Anspruch auf Anrechnung der Körperschaftsteuer zu, § 20 Abs. 5 Satz 3 EStG). Anders verhält es sich jedoch beim Zuwendungsnießbrauch: Dort sind die Einnahmen[234] dem Eigentümer zuzurechnen, auch wenn sie dem Nießbraucher zufließen.[235] Daher sollte vorsorglich der Nießbraucher verpflichtet werden, die beim Eigentümer (ohne entsprechenden Ertragszufluss) anfallenden Steuern auszugleichen:

▶ Formulierungsvorschlag: »Steuerklausel« beim Zuwendungsnießbrauch an Wertpapiervermögen

1455 Sofern die Einkünfte aus dem nießbrauchsbelasteten Vermögen ertragsteuerlich dem Eigentümer zugerechnet werden sollten, ist der Nießbraucher verpflichtet, die ertragsteuerliche Mehrbelastung einschließlich etwaiger Progressionseffekte zzgl. der Annexsteuern (Solidaritätszuschlag) und der Kirchensteuer gegen Nachweis unverzüglich auszugleichen.

1456 Hinsichtlich **der schenkungsteuerlichen Berücksichtigung** sowohl des Nießbrauchs als auch seiner Eigenschaft als unentgeltlichkeitsmindernde Gegenleistung s.u. Rdn. 4761 bzw. Rdn. 4771 ff. Schwierigkeiten bereitet in der Praxis angesichts der schwankenden Erträge aus Aktien und Wertpapieren die Ermittlung des Jahreswerts (gem. § 15 Abs. 3 BewG ist der in Zukunft voraussichtlich im Durchschnitt erzielte Ertrag zugrunde zu legen).[236] Werbungskosten (etwa Bankspesen) sind abzuziehen, nicht jedoch Ertragsteuern. Die Begrenzung des Jahreswerts gem. § 16 BewG (auf ein 18,6stel des Steuerwerts des Wirtschaftsguts selbst) gilt auch beim Nießbrauch an Geld- und Wertpapiervermögen, bezogen auf den Kurswert im Besteuerungszeitpunkt.

V. Nießbrauch an beweglichen Sachen

1. Bestellung

1457 Der Nießbrauch an beweglichen Sachen (z.B. wertvollen Uhren, Pkw, Mobiliar etc.) kommt durch Einigung und Übergabe zustande, § 1032 BGB. Handelt es sich um einen (z.B. bei der Übertragung in vorweggenommener Erbfolge) vorbehaltenen Nießbrauch zugunsten des Veräußerers und behält dieser die – nur dem Eigentum nach übertragene – Sache weiter in seinem Besitz, genügt die Einigung über die Bestellung des Nießbrauchs im Schenkungsvertrag, § 1032 Abs. 1 Satz 2 BGB i.V.m. § 929 Satz 2 BGB. Geht die Sache dagegen in den Besitz des Beschenkten über, ist auch eine Einigung über die Schaffung eines Besitzkonstituts erforderlich, § 1032 Abs. 1 Satz 2 BGB i.V.m. § 930 BGB. Der Nießbraucher **haftet** gem. §§ 1055, 280 BGB für jedes Verschulden etwa im Fall des Verlustes der Sache (Bsp: Diebstahl der im Nießbrauch und Besitz des Schenkers verbliebenen wertvollen Uhr auf einer Reise), so dass häufig zugunsten des Nießbrauchers die Haftung zumindest für Fälle der leichten Fahrlässigkeit ausgeschlossen wird. Auch lässt sich mitunter der Nießbraucher von der gem. § 1045 Abs. 1 Satz 1 BGB ihm obliegenden Pflicht zur Versicherung der Sache (»gegen Brandschäden und sonstige Unfälle«) freizeichnen in dem Sinn, dass er eine solche Versicherung zwar abschließen kann, aber nicht muss.

2. Andere Sicherungsmittel

1458 Die klassische Gestaltung der Sicherung des Veräußerers über bedingte Rückforderungsrechte, Rdn. 2087 ff., steht naturgemäß auch bei beweglichen Sachen zur Verfügung, hier kann zusätzlich

---

234 In Anwendung von BFH, 14.12.1976 – VIII R 146/73, BStBl. 1977 II, S. 115, vgl. FG Münster, 16.05.2013 – 2 K 577/11, ErbStB 2014, 93 m. krit. Anm. *Rothenberger*.
235 Vgl. *Steiner*, ErbStB 2007, 273.
236 Später eintretende andere Entwicklungen sind jedoch kein rückwirkendes Ereignis i.S.d. § 175 Abs. 1 Satz 1 Nr. 2 AO, vgl. *Steiner*, ErbStB 2007, 275.

die Einigung über den Eigentumsübergang selbst (§ 929 BGB) **auflösend bedingt** durch die wirksame Ausübung eines Rückforderungsvorbehalts sein. Eine aufschiebende Bedingung (Eigentumsvorbehalt, bei dem der Veräußerer noch im Eigentum der Sache bleibt, bspw. bis zu seinem Tod als Bedingungseintritt) scheidet demgegenüber als Sicherungsmittel typischerweise aus, da dann die Schenkung i.S.d. § 9 Abs. 1 Nr. 2 ErbStG noch nicht als ausgeführt gilt, so dass der typischerweise beabsichtigte schenkungsteuerliche Effekt nicht eintritt (zudem liegt dann noch keine »Bewirkung der versprochenen Leistung« i.S.d. § 518 Abs. 2 BGB vor, so dass ein Schenkungsversprechen auch bei beweglichen Sachen einer notariellen Form bedarf und der Formmangel nicht durch lebzeitigen Vollzug geheilt ist).

Da ein Publizitätsmittel wie etwa die Rückauflassungsvormerkung (Rdn. 2338 ff.) bei beweglichen Sachen naturgemäß nicht zur Verfügung steht und andere Instrumente zur Zerstörung des guten Glaubens an den Besitz, sofern dieser bereits dem Erwerber vermittelt worden ist (§ 932 BGB), etwa durch Anbringen einer Plakette auf der beweglichen Sache »bedingter Rückübertragungsvorbehalt zugunsten von XY«), praktisch wenig relevant sein werden, besteht freilich die Gefahr gutgläubigen Wegerwerbs des Anwartschaftsrechtes des Veräußerers. Diese lassen sich auch nicht durch die Bestellung eines **Pfandrechts** an der beweglichen Sache vermeiden,[237] vgl. §§ 935, 936 BGB. Ein Pfandrecht kann (ähnlich wie bei der Besicherung von Finanzmitteln, Rdn. 1453) als Sicherheit für Schadenersatzansprüche[238] bestellt werden, die bei Verletzung der nach Bedingungseintritt bestehenden Pflicht zur Rückgabe der Sache in ordnungsgemäßem Zustand entstehen können (auch künftige oder bedingte Forderungen sind taugliches Schutzobjekt, vgl. § 1204 Abs. 2 BGB; gem. § 1209 BGB bestimmt sich der Rang nach dem Bestellungszeitpunkt, also der Übertragung der Sache an den Erwerber). Immerhin bietet die Rückverpfändungslösung (anders als die Lösung über auflösend bedingte Rückübereignung des Eigentums selbst) steuerrechtlich die Sicherheit, dass an der sofortigen Vollziehung im schenkungsteuerlichen Sinn kein Zweifel bestehen kann; bei einer auflösend bedingten Sicherungsrückübereignung könnte die Auffassung vertreten werden, sie ähnele sehr einem aufschiebend bedingten Eigentumsvorbehalt und genüge daher den Anforderungen des § 9 Abs. 1 Nr. 2 ErbStG nicht.

1459

3. Exkurs: Rückbehalt des Eigentums an beweglichen Sachen

Fotovoltaikanlagen[239] zur Erzeugung von Strom, der überwiegend[240] in das öffentliche Netz eingespeist wird (insbesondere auf der Grundlage des zum 01.01.2009 und erneut zum 01.04.2012 neu gefassten »Gesetz für den Vorrang erneuerbarer Energien« [EEG]), bilden im Falle der »Indachmontage«, bei der Dachziegel »eingespart« werden, ebenso bei der in die Fassade integrierten Montage (anstelle von Fenstermodulen) wesentliche Gebäudebestandteile, es sei denn, sie wären nur zu einem vorübergehenden Zweck (§ 95 Abs. 2 BGB)[241] oder in Ausübung eines dinglichen Rechtes (vorherige Bestellung einer Dienstbarkeit, § 95 Abs. 1 Satz 2 BGB) eingefügt worden.

1460

Bei der regelmäßig anzutreffenden[242] **aufgeständerten Montage** hingegen sind die Module weder »zur Herstellung des Gebäudes eingefügt« (und damit dessen wesentlicher Bestandteil, § 94

1461

---

237 Worauf *Steiner*, ErbStB 2016, 363, 364, zu Recht hinweist.
238 Vgl. § 1228 Abs. 2 Satz 2 BGB.
239 Monografisch *Böttcher/Faßbender/Waldhoff*, Erneuerbare Energien in der Notar- und Gestaltungspraxis, 2014.
240 Anders bei sogenannten nicht-netzgekoppelten Anlagen (»Inselanlagen«), bei denen der Strom auf dem betreffenden Grundstück sofort verbraucht und im übrigen in Akkumulatoren eingespeist wird.
241 Dies kann z.B. Bestehen eines Mietvertrages über die erfasste Fläche der Fall sein, es sei denn, der Gebäudeeigentümer hätte ein Recht, nach dessen Ablauf die Anlage zu übernehmen, vgl. *Welsch/Woinar*, NotBZ 2014, 161, 163.
242 Nach Mitteilung der Bundesnetzagentur waren Ende 2013 von den in Deutschland ca. 4,1 Millionen installierten Fotovoltaikanlagen 85 % Dachanlagen in aufgeständerter Bauweise auf ca 6 % aller Gebäude in Deutschland. Alle Fotovoltaikanlagen (Gesamtleistung ca. 35.000 MW) produzierten im Jahr

Abs. 2 BGB) noch »dem wirtschaftlichen Zweck der Hauptsache zu dienen bestimmt« (und damit auch kein Zubehör, § 97 Abs. 1 BGB[243]); vielmehr liegen zivilrechtlich und bewertungsrechtlich[244] schlichte bewegliche Sachen vor[245] (h.M.). Anders verhält es sich bei Freilandanlagen, die mit dem Boden durch ein seinerseits dessen wesentlicher Bestandteil gem. § 94 Abs. 1 Satz 1 BGB gewordenes Verankerungssystem (Betonfundament) verbunden sind; diese werden gem. § 94 Abs. 2 BGB als in das Fundament eingefügt gelten müssen und damit ebenfalls Bodenbestandteil sein.[246] (Gleiches gilt regelmäßig für Windkraftanlagen[247]).

1462 Damit kann der Veräußerer, etwa um sich eine zusätzliche Einkunftsquelle zu sichern, oder weil er die zur Finanzierung der Fotovoltaikanlage aufgenommenen Kredite weiter bedienen möchte, bzw. er keinen sofortigen Übergang des (Klein-)Gewerbebetriebes wünscht, den der Betrieb der Stromerzeugungsanlage auch steuerlich darstellt,[248] das Eigentum (und nicht nur den Nießbrauch) an der »beweglichen Sache« Fotovoltaikanlage zurückbehalten. Diese Rechtsfolge tritt eo ipso ein, falls es sich, wie hier vertreten, ohnehin um schlichte bewegliche Sachen handelt; werden Fotovoltaikanlagen jedoch (wie teilweise durch die Gerichte vertreten) als Zubehör klassifiziert, wären sie stillschweigend gemäß § 311c BGB mitübertragen, so dass eine ausdrückliche Verwahrung hiergegen stets empfehlenswert ist. Handelt es sich dagegen um **wesentliche Bestandteile** des Gebäudes (wie etwa bei dachintegrierten Anlagen) stellt sich die Frage, ob – wenn nicht von vornherein durch eine Dienstbarkeit gemäß § 95 Abs. 1 Satz 2 BGB klare Verhältnisse geschaffen wurden – nachträgliche Scheinbestandteilseigentschaft erzeugt werden kann, was eher unsicher erscheint.[249] Jedenfalls wird die finanzierende Bank dann (neben der Sicherungsabtretung der künftigen Einspeisevergütungen) zumindest auf einer dienstbarkeitsrechtlichen Absicherung der Nutzungsbefugnis, mit Benennungsmöglichkeit künftiger Betreiber durch die Bank als Dritten,[250] bestehen.

2013 ca. 140 Millionen MWh, das entspricht dem Durchschnittsverbrauch von 40 Millionen Privathaushalten.

243 Für Zubehöreigenschaft der Anlage auf dem »eigenen Dach« jedoch LG Passau, 28.02.2012 – 2 T 22/12, RNotZ 2012, 511 [Zubehör für den gewerblich genutzten Teil des Gebäudes] und LG Frankfurt/Oder, 11.10.2012 – 15 S 128/11, zitiert nach *Welsch/Woinar*, NotBZ 2014, 161, 163. Eine auf einem gemieteten »fremden« Dach betriebene Anlage ist jedoch keinesfalls Zubehör des angemieteten Grundstücks, LG Heilbronn, 03.03.2014 – 1 T 20/14, ZfIR 2014, 786 m. Anm. *Goldbach*. Zu den Folgen der rechtlichen Qualifikation der PV-Anlage bei einer Zwangsversteigerung des Grundstücks vgl. *Goldbach*, ZfIR 2014, 37 ff.

244 Selbständige bewegliche Wirtschaftsgüter (»Betriebsvorrichtungen«) gem. § 68 BewG, vgl. Gleichlautende Ländererlasse v. 05.06.2013, BStBl. I 2013 734 ff. (der »Leitfaden Photovoltaik im Steuerrecht« des BayLfSt v. 24.07.2013 behandelt sogar dachintegrierte Anlagen »wie« Betriebsvorrichtungen).

245 In diese Richtung auch *Böttcher*, notar 2012, 383, 390 m.w.N.; dementsprechend haben auch BGH, 09.10.2013 – VIII ZR 318/12, DNotZ 2014, 434 und OLG München, 14.01.2014 – 28 U 883/13, MDR 2014, 1076 nur eine 2-jährige Mängelverjährungsfrist gem. § 438 Abs. 1 Nr. 3 BGB zugrunde gelegt (nicht 5 Jahre gem. Nr. 2b: »Sache, die entsprechend ihrer üblichen Verwendungsweise für ein Bauwerk verwendet worden ist«).

246 *Kappler*, ZfIR 2012, 264, 266.

247 *Voß/Steinheber*, ZfIR 2012, 337 ff. [auch zur i.d.R. nicht eröffneten Möglichkeit »nachträglicher« Herstellung der Scheinbestandteilseigentschaft, wenn rechtzeitige Dienstbarkeitsbestellung versäumt wurde] und *Böttcher*, notar 2012, 383 ff. [auch zu offshore-Windkraftanlagen].

248 Umsatzsteuerlich liegt eine Geschäftsveräußerung im Ganzen i.S.d. § 1 Abs. 1a UStG vor (vgl. Rdn. 5653); zur einkommensteuerlichen Behandlung der Einspeisevergütungen vgl. *Krauß*, Immobilienkaufverträge in der Praxis, 8. Aufl. Rn. 4887, zur Gewerbesteuer dort Rn. 4901, zum Vorsteuerabzug dort Rn. 5128. Da es sich bei Fotovoltaikanlagen um (gewerbliches) Betriebsvermögen handelt, können Beschenkte von den (gegebenenfalls vollständigen) Verschonungen gemäß §§ 13a, 13b ErbStG im Hinblick auf die Erbschaft- oder Schenkungsteuer profitieren, vgl. Rn. 5424 ff.

249 Vgl. im Einzelnen *Krauß*, Immobilienkaufverträge in der Praxis, 8. Aufl., Rn. 1156.

250 Wie im Formulierungsvorschlag *Krauß*, Immobilienkaufverträge in der Praxis, 8. Aufl., Rn. 1162 berücksichtigt.

In Vermögensnachfolgeverträgen, also i.d.R. unter nahen Angehörigen, wird es selten notwendig sein, die weitere Nutzung des künftig dem Erwerber gehörenden Gebäudedaches durch Mietvertrag und/oder durch Dienstbarkeit (ggf. auch in der Form einer Mietsicherungsdienstbarkeit) zu sichern.[251] Neben der Klarstellung, dass die Fotovoltaikanlage nicht mit übertragen sei, beschränkt sich der Regelungsaufwand darauf, sicherzustellen, dass die Fotovoltaikanlage, sofern sie beim Ableben des Veräußerers noch vorhanden sein sollte, nicht in den allgemeinen Nachlass fällt, also dauerhaft vom Gebäude getrennt bleibt, sondern vielmehr aufschiebend bedingt auf diesen Zeitpunkt (samt der etwa dann noch bestehenden Verbindlichkeiten) auf den Gebäudeeigentümer übergeht (der dann, sofern er den Betrieb weiterführt, sogar eine erbschaftsteuerliche Freistellung gem. §§ 13a, 13b ErbStG erreichen kann):

▶ **Formulierungsvorschlag: Rückbehalt der Fotovoltaikanlage bis zum Tod des Veräußerers**

Die Beteiligten sind sich einig, dass die auf dem Dach des übertragenen Anwesens montierte Fotovoltaikanlage nicht mit übertragen ist, sondern im Eigentum des Veräußerers verbleibt, der sie auf eigene Rechnung und Gefahr weiter betreibt, und die insoweit bestehenden Verpflichtungen (Darlehens-, Wartungs- und Versicherungsvertrag) weiter zu erfüllen hat. Sollte der Betrieb enden, ist er auf Verlangen des Gebäudeeigentümers zum Rückbau einschließlich aller Nebenanlagen und zur Entsorgung der Module verpflichtet. Der Gebäudeeigentümer seinerseits hat die weitere Benutzung des Daches im bisherigen Umfang unentgeltlich zu gestatten, auf Verlangen des Veräußerers dies auch durch eine Dienstbarkeit zu sichern (auf Eintragung einer diesbezüglichen Vormerkung wird verzichtet), den Zutritt zum Dach und zu den Nebenanlagen zur Überprüfung, Instandhaltung, Instandsetzung, soweit zum Rückbau zu gestatten, und alles zu unterlassen, was die Funktionsweise der Anlage mehr als nur unerheblich beeinträchtigen könnte, insbesondere gegen übermäßige Beschattung vorzugehen.

Sollte die Fotovoltaikanlage beim Tod des Veräußerers noch existieren, sind Veräußerer und Erwerber schon heute darüber einig, dass sie – sofern der Erwerber dann noch Eigentümer des Gebäudes ist – aufschiebend bedingt auf diesen Zeitpunkt auf den Erwerber übergeht, der auch die damit im Zusammenhang stehenden Pflichten (aus Darlehens-, Wartungs-, Versicherungsverträgen etc.) in gegenüber den Erben schuldbefreiender Weise zu übernehmen hat; bis zur Genehmigung der Schuldübernahme ist er zur Freistellung der Erben verpflichtet. Dem Veräußerer ist bewusst, dass aufgrund dieser aufschiebend bedingten Übereignung Übertragungen der Anlage an Dritte nicht bzw. allenfalls unter Ausnutzung deren guten Glaubens möglich sind. Sollte der Erwerber beim Ableben des Veräußerers nicht mehr Eigentümer des Gebäudes sein, bietet der Veräußerer, sofern er bei seinem Ableben noch Eigentümer der Anlage ist, hiermit dem seinerzeitigen Gebäudeeigentümer den Erwerb der Anlage lediglich gegen die entsprechende Übernahme der damit im Zusammenhang stehenden Pflichten an.

VI. Nießbrauch an Unternehmen

Gerade bei der vorweggenommenen Erbfolge von Betriebsvermögen bildet der Rückbehalt des Nießbrauchs eine »psychologische Brücke« für solche Veräußerer, die sich zwar mit der grundsätzlichen Realisierung einer Übertragung und der Auswahl des Nachfolgers anfreunden können, aber zur tatsächlichen Aufgabe der Geschäftstätigkeit zugunsten eigenverantwortlichen Wirtschaftens des Erwerbers (der sodann einen Teil der Erträge im Wege einer Versorgungsrente weiterzugeben hätte) noch nicht bereit sind. Da es einen »allgemeinen Unternehmensnießbrauch« nicht gibt, sind zivilrechtlich besondere Differenzierungen vonnöten (vgl. Rdn. 1466 ff.). Ertragsteuerlich bilden sich dadurch häufig zwei Betriebe, der wirtschaftende in der Hand des Nießbrauchers und der (noch) ruhende in der Hand des Erwerbers (vgl. Rdn. 5795 ff.). Zu den ertragsteuerlichen Aspekten der Betriebsübergabe unter Nießbrauchsvorbehalt vgl. weiter Rdn. 6082 ff., zur AfA-Berechtigung Rdn. 5827 ff., zu den steuerlichen Folgen der Ablösung eines (auch betrieblichen)

---

251 Hierzu im Detail *Krauß*, Immobilienkaufverträge in der Praxis, 8. Aufl., Rn. 1153 ff. mit Formulierungsvorschlägen.

Nießbrauchs gegen Versorgungsrente vgl. Rdn. 1406 ff., 6339 ff. bzw. gegen Einmalzahlung Rdn. 1409.

1. Allgemeine Grundsätze

1466 Auch hier kommt ein Zuwendungsnießbrauch oder ein Vorbehaltsnießbrauch im Rahmen einer Schenkung (unter der Auflage, den Nießbrauch zu bestellen) in Betracht. Zu unterscheiden ist weiter zwischen einem **reinen Ertragsnießbrauch**, bei dem nur die Gewinne dem Nießbraucher zustehen, die Führung des Unternehmens jedoch weiter beim Eigentümer bleibt – steuerlich keine Einkünfte aus Gewerbebetrieb, sondern allenfalls[252] aus wiederkehrenden Bezügen gem. § 22 Nr. 1 EStG –, und dem **echten Unternehmensnießbrauch**, bei dem auch alle Geschäftsführungsbefugnisse übertragen werden. Beim Ertragsnießbrauch handelt es sich zwar um einen eingeschränkten dinglichen Nießbrauch[253] am Unternehmen, allerdings steht dem Nießbraucher nur ein schuldrechtlicher Gewinnauszahlungsanspruch zu, da er über keine Position im Unternehmen verfügt.[254] Im Regelfall wird der Ertragsnießbrauch auf einen Anteil am Gewinn beschränkt. Nachstehend skizziert wird lediglich der echte Unternehmensnießbrauch als Vollrechtsnießbrauch.

1467 Das Gesetz regelt den Unternehmensnießbrauch nicht, so dass der Nießbrauch an jedem Einzelgegenstand nach den jeweiligen sachenrechtlichen Vorschriften bestellt werden muss. Dennoch befürwortet die herrschende Meinung das Bestehen eines **dinglichen Nießbrauchs** (und nicht nur eines schuldrechtlichen Anspruchs neben dem Nießbrauch an den Einzelgegenständen) **am Unternehmen**,[255] der auch die Immaterialgüter des Unternehmens erfasst, wie z.B. Kunden- und Lieferantenbeziehungen. Davon abzugrenzen ist der schlichte Nießbrauch an einem einzelnen betrieblichen Wirtschaftsgut ohne Gesamtunternehmensbezug.

1468 Dem Nießbraucher stehen die Nutzungen des Unternehmens gem. §§ 1068 Abs. 2, 1030, 99 Abs. 2, 3, 100 BGB zu, wobei der Gewinnanspruch in der Person des Nießbrauchers entsteht.[256]

1469 Einer notariellen Beurkundung gem. § 311b Abs. 3 BGB (Rdn. 174) bedarf die Nießbrauchsbestellung selbst dann nicht, wenn das Unternehmen das gesamte Vermögen des Überlassers darstellt, da es sich hierbei um Sondervermögen handelt.[257]

2. Einzelunternehmen

1470 Bei Einzelunternehmen entsteht sowohl beim Zuwendungs- als auch beim Vorbehaltsnießbrauch (auch beim Ertragsnießbrauch) ein **zweiter Gewerbebetrieb**, wobei der des Eigentümers ruht und der des Nießbrauchers aktiv betrieben wird. Für beide Betriebe sind Bilanzen zu erstellen[258] (das Anlagevermögen verbleibt in der Bilanz des Nießbrauchsbestellers, das Vorratsvermögen in der Bilanz des Nießbrauchers). Die entgeltliche Bestellung eines Unternehmensnießbrauchs wird einkommensteuerlich behandelt wie eine Verpachtung (mit Wahlrecht zwischen Betriebsaufgabe und gewerbesteuerfreier Fortführung als Einkünfte aus Gewerbebetrieb, Rdn. 5738), die unentgeltliche analog § 6 Abs. 3 EStG wie eine Betriebsübertragung (zu Buchwerten, ohne Entnahme).

---

252 *Paus*, BB 1990, 1681 plädiert dafür, in einem Zuwendungsertragsnießbrauch lediglich eine Unterhaltsrente gem. § 12 Nr. 2 EStG zu sehen, anders als beim Vorbehaltsertragsnießbrauch.
253 Str., vgl. MünchKomm-BGB/*Pohlmann*, § 1085 Rn. 14, Fn. 40.
254 MünchKomm-BGB/*Pohlmann*, § 1085 Rn. 14.
255 BGH, 02.11.2001 – V ZR 264/00, DNotZ 2002, 217, 218 ff. Nach a.A. besteht insoweit nur ein schuldrechtlicher Anspruch ohne dingliche Sicherung, so dass ein Erwerber im Fall der Veräußerung nicht an die Abrede gebunden wäre MünchKomm-BGB/*Pohlmann*, § 1085 Rn. 11.
256 MünchKomm-BGB/*Pohlmann*, § 1068 Rn. 49 a.E.
257 Palandt/*Grüneberg*, BGB, § 311b Rn. 66 unter Berufung auf die st. Rspr. des RG und des BGH.
258 *Paus*, BB 1990, 1679.

Durch Bestellung eines echten Unternehmensnießbrauchs wird die Unternehmensleitung und der unmittelbare Besitz an den Nießbraucher übertragen, mit der Folge, dass Letzterer auch voll im Außenverhältnis haftet. Der Nießbraucher wird gem. § 22 Abs. 2 HGB in das Handelsregister eingetragen. Wie bereits ausgeführt (Rdn. 1467), ist – auch bei Annahme des dinglichen Unternehmensnießbrauchs – der Nießbrauch nach den jeweiligen sachenrechtlichen Vorschriften an jedem Einzelgegenstand (Grundstücken, beweglichen Sachen und Rechten) gesondert zu bestellen. Einfacher, aber nicht dinglich abgesichert, ist insoweit die Verpachtung des Unternehmens. 1471

Der Nießbraucher kann die **Firma** mit oder ohne Nachfolgezusatz[259] weiterführen und wird analog § 1067 BGB Eigentümer des Vorratsvermögens,[260] über das er verfügen kann. Zwar bleibt das Anlagevermögen Eigentum des Nießbrauchsbestellers, der Nießbraucher kann aber in den Grenzen einer ordnungsgemäßen Wirtschaft über Inventarstücke verfügen. Dadurch eingetretene Substanzverluste sind durch Reinvestition des Veräußerungserlöses in den Betrieb zeitnah auszugleichen.[261] Das Anlagevermögen ist weiterhin in der Bilanz des Nießbrauchsbestellers, das Umlaufvermögen jedoch in der Bilanz des Nießbrauchers auszuweisen; auch Forderungen aus Lieferung und Leistung werden i.d.R. dem Nießbraucher zur Einziehung übertragen.[262] Die bei Beendigung des Nießbrauchs bestehende Pflicht zum Wertersatz oder zur Rückübertragung von Wirtschaftsgütern hat der Nießbraucher in seiner Bilanz zu passivieren. 1472

Der **Nießbraucher haftet** im Fall der Firmenfortführung gem. **§ 25 Abs. 1 Satz 1 HGB** für die bisherigen Verbindlichkeiten persönlich. Ein Ausschluss ist gem. § 25 Abs. 2 HGB (Rdn. 429 ff.) möglich. Im Innenverhältnis richtet sich die Haftung nach § 1047 BGB bzw. der jeweiligen vorrangigen Regelung der Parteien, deren detaillierte Vornahme auch hier anzuraten ist. 1473

Insb. bei land- und forstwirtschaftlichen Betrieben ist die Finanzverwaltung im Falle von längeren Anfangsverlusten mit der Anerkennung der insgesamt bestehenden Gewinnerzielungsabsicht (Totalgewinnprognose) zurückhaltend, umso mehr wenn der aktive Betrieb durch den Nießbraucher (und damit zeitlich nur vorübergehend) geführt wird. Der BFH[263] hat entschieden, dass bei einem Forstbetrieb die **Totalgewinnprognose** generationenübergreifend über den Zeitraum der durchschnittlichen Umtriebszeit des vorherrschenden Baumbestands zu ermitteln ist, so dass ungeachtet des Entstehens zweier Forstbetriebe ein fiktiver **konsolidierter** Gesamtforstbetrieb zu unterstellen ist. Dies wird wohl auch für andere Unternehmen entsprechend gelten. 1474

3. Personengesellschaften

Der Nießbrauch an Personengesellschaftsanteilen wird häufig i.R.d. »gleitenden Vermögensübergabe« an die nachrückende Generation (»Familien-Pool«) gewählt (vgl. hierzu unten Rdn. 2524 ff., zur steuerlichen Optimierung durch Mitunternehmerschaft sowohl beim Gesellschafter als auch beim Nießbraucher vgl. unten Rdn. 5795, 5631). Die bei Immobilien in Privatvermögen entwickelte Differenzierung zwischen Vorbehalts- und Zuwendungsnießbrauch hinsichtlich der AfA-Befugnis (Rdn. 5828 einerseits, Rdn. 5829 andererseits) hat hier keine Bedeutung: Die Gesellschaft ermittelt die Einkünfte unter Ansatz der AfA gem. § 180 Abs. 1 Nr. 2 lit. a) AO und verteilt sie entsprechend der Nießbrauchsregelung an die Gesellschafter.[264] 1475

---

259 MünchKomm-BGB/*Pohlmann*, § 1085 Rn. 18.
260 BGH, 02.11.2001 – V ZR 264/00, DNotZ 2002, 217, 218.
261 BGH, 10.03.2006 – V ZR 45/05, ZNotP 2006, 232.
262 Vgl. *Lohr*, Der Nießbrauch an Unternehmen und Unternehmensanteilen, S. 44.
263 BFH, 07.04.2016 – IV R 38/13, DStRE 2016, 968.
264 Zweifelnd *Paus*, FR 1999, 24.

1476 Ggf. kann auch hierzu eine Vereinbarung getroffen werden, etwa gemäß folgendem

▶ Formulierungsvorschlag: Auskunfts- und Einsichtsrechte des Nießbrauchers

Der Gesellschafter verpflichtet sich, den Nießbraucher im Rahmen seiner Rechte auf Auskunft und Einsichtnahme auf Verlangen umfassend zu informieren. Ihm stehen im Verhältnis zum Gesellschafter dieselben Rechte zu wie einem Gesellschafter selbst. Insbesondere hat er – sofern nicht gesellschaftsvertraglich untersagt – eine Kopie des jeweiligen Jahresabschlusses sowie des Prüfungsberichts des Abschlussprüfers zu erhalten. Der Gesellschafter wird die Gesellschaft anweisen, auch dem Nießbraucher zur Gesellschafterversammlung zu laden. Der Nießbraucher darf sich zur Ausübung seiner Rechte eines berufsrechtlich zur Verschwiegenheit verpflichteten Sachverständigen bedienen.

1477 Der Nießbrauch am Gesellschaftsanteil ist allerdings zu unterscheiden vom (i.d.R. Vorbehalts-)**Nießbrauch an Gegenständen**, welche die Gesellschaft sodann solchermaßen belastet erwirbt. Letzterer bietet auch den Vorteil, dass der Nießbrauch nicht erlischt, wenn sich alle Gesellschaftsanteile in einer Hand vereinigen und somit keine Gesellschafterbeteiligung mehr besteht. Beide Nießbrauchsvarianten (am Gesellschaftsvermögen und am Gesellschaftsanteil) können auch in Kombination auftreten,[265] und damit die Vorteile beider sichern (Fortbestand bei Vereinigung in einer Hand/Mitwirkungsrechte bei Beschlüssen, Rdn. 1489). Schließlich ist zu beachten, dass der Nießbrauch am Gesellschaftsanteil nicht »automatisch« auch etwa vorhandenes Sonderbetriebsvermögen dieses Gesellschafters erfasst, obwohl es ertragsteuerlich zur Mitunternehmerschaft gehört. Dies ist im Hinblick auf die Gefahr einer Entnahme ungefährlich, solange der Nießbrauchsbesteller (wie i.d.R., s. Rdn. 2603 ff.) weiter Mitunternehmer bleibt. Wird der Nießbrauch auch am Gegenstand des Sonderbetriebsvermögens zusätzlich bestellt, führt demnach auch dies nicht zur Entnahme (Rdn. 5795 ff.).[266]

1478 In gleicher Weise ist der Nießbrauch an der gesamten Mitgliedschaft zu unterscheiden vom bloßen Nießbrauch an Gewinnansprüchen (»**Ertragsnießbrauch**«),[267] der den Nießbraucher nicht zum Mitunternehmer werden lässt. Die Gewinnansprüche werden also weiterhin dem Gesellschafter zugerechnet (Rdn. 1507), der sie – versteuert – im Wege privater Einkommensverwendung weiterzureichen hat. Wurde ein Gesellschaftsanteil unter bloßem Ertragsnießbrauchsvorbehalt übertragen, können allerdings (bei gewerblich tätigen oder gewerblich infizierten Gesellschaften) die Voraussetzungen des § 10 Abs. 1a Satz 1 Nr. 2 EStG (Versorgungsleistungen, Rdn. 6317 ff.) vorliegen, so dass ertragsteuerlich keine Veräußerung vorliegt, und die weitergereichten Ausschüttungen als Sonderausgaben beim Gesellschafter abzugsfähig, aber vom Ertragsnießbraucher als sonstige Bezüge zu versteuern sind; bei bloß gewerblich geprägten, oder schlicht vermögensverwaltenden Gesellschaften, bei denen keine Versorgungsleistungen mehr vorliegen können, führen die Zahlungen des Gesellschafters hingegen wohl zu einem entgeltlichen Geschäft.[268]

1479 Weiter zu differenzieren ist der Nießbrauch am Gewinnstammrecht (dem Quellrecht der Gewinnansprüche),[269] sowie der Nießbrauch lediglich am Auseinandersetzungsguthaben.[270] Sie begegnen

---

265 Bei der gewerblich geprägten GmbH & Co. KG ist allerdings Vorsicht geboten bei einem Totalnießbrauch an den Gegenständen des Gesellschaftsvermögens, da die Gesellschaft dann (entgegen § 15 Abs. 3 Nr. 2 EStG) keine Einkünfte mehr erzielen kann.
266 BFH, 01.03.1994 – VIII R 35/92, DStR 1994, 1803.
267 Vgl. MünchKomm-BGB/*Petzold*, § 1068 Rn. 28. Der etwa von *Sudhoff*, NJW 1974, 2205 propagierte Nießbrauch am »Gewinnstammrecht« ist dagegen zweifelhaft, da das Gesetz (anders als bei der Reallast) ein solches nicht kennt.
268 Schmidt/*Wacker*, EStG, 29. Aufl. 2010, § 15 Rn. 308; *Wälzholz*, DStR 2010, 1930; a.A. *Krogoll*, ErbStB 2014, 314, 317: Rechtsgeschäft bleibt unentgeltlich, sofern § 10 Abs. 1a Satz 1 Nr. 2 EStG nicht erfüllt ist, handelt es sich bei den laufenden Zahlungen um (einkommensteuerlich neutrale) private Vermögensverwendung, § 12 Nr. 2 EStG.
269 Vgl. *Kruse*, RNotZ 2002, 69, 72.
270 Vgl. *Götz/Jorde*, ZErb 2005, 365, 366; *Werz/Sager*, ErbStB 2010, 101.

im Hinblick auf § 717 Satz 2 BGB (Übertragbarkeit, als Voraussetzung der Möglichkeit der Einräumung eines Nießbrauches, vgl. §§ 1068 Abs. 1, 1069 Abs. 2 BGB) keinen Bedenken.

a) Zulässigkeit

Eine echte Nießbrauchsbestellung am Gesellschaftsanteil verstößt nicht gegen das Abspaltungsverbot des § 717 Satz 1 BGB, da nicht einzelne Gesellschafterrechte von der Gesellschafterstellung abgespalten werden, sondern nur deren Ausübung übertragen wird.[271] Allerdings ist eine Nießbrauchsbestellung gem. § 719 BGB nur dann möglich, wenn der Gesellschaftsvertrag dies erlaubt oder die Mitgesellschafter zustimmen.[272] Der Umfang der höchstzulässigen Übertragung von Stimmrechten auf den Nießbraucher ist aber im Einzelnen umstritten.[273] Dem feinen Austarieren der Mitwirkungsbefugnisse zwischen Nießbraucher und Gesellschafter kommt dabei besondere Bedeutung zu, da das Ausschüttungsinteresse des Nießbrauchers typischerweise mit dem Thesaurierungsinteresse des Gesellschafters kollidiert. 1480

Wird in einer Zwei-Personen-Gesellschaft einer der Gesellschaftsanteile an den verbleibenden (dann Allein-)Gesellschafter unter Nießbrauchsvorbehalt übertragen, erlischt gleichwohl die Gesellschaft und der Nießbrauch geht ins Leere.[274] Im Hinblick auf die Mitwirkungsrechte des Nießbrauchers (Rdn. 1489) bejaht die überwiegende Rechtsprechung die Eintragungsfähigkeit eines Nießbrauchs am Gesellschaftsanteil im Handelsregister, str.[275] 1481

b) Ertragsbezogene Rechte

Dem Nießbraucher steht der Ertrag der Gesellschaftsbeteiligung zu, d.h. der nach dem Gesellschaftsvertrag **entnahmefähige Gewinn**, nicht allerdings der volle bilanzmäßige Gewinn. Der Nießbraucher ist insoweit an den Gesellschaftsvertrag und die Beschlüsse gebunden; steht dem Gesellschafter das Stimmrecht zu, ist er mangels ausdrücklicher Regelung nicht allein aufgrund des Nießbrauchs als solchen verpflichtet, auf eine möglichst umfassende Ausschüttung hinzuwirken.[276] Was auf den gesamthänderisch gebundenen Kapitalkonten (Kapitalkonto II, Rücklagenkonto etc.) gebucht wird, gebührt dem Gesellschafter. Auch **Verluste** muss der Nießbrauchsbesteller wirtschaftlich tragen (durch Entfall seiner Ausschüttungsansprüche bzw. Reduzierung des künftigen entnahmefähigen Gewinns), ebenso trägt er die Haftung im Außenverhältnis und sollte daher zur Erlangung des Privilegs der §§ 171, 172 HGB in das Handelsregister eingetragen werden.[277] Offen und daher klärungsbedürftig ist dagegen die Zuordnung außerordentlicher Erträge aus der Veräußerung von Anlagevermögen (Auflösung stiller Reserven),[278] aus der Auflösung von 1482

---

271 BGH, 20.04.1972 – II ZR 143/69, BGHZ 58, 316; BGH, 09.11.1998 – II ZR 213/97, MittRheinNotK 1999, 250 ff.
272 Palandt/*Bassenge*, BGB, § 1068 Rn. 5 sowie § 1069 Rn. 2; Palandt/*Sprau*, BGB, § 719 Rn. 8. Gestattet der Gesellschaftsvertrag die Übertragung der Mitgliedschaft als solcher, erfasst dies auch die Nießbrauchsbestellung als »Minus«, vgl. *Frank*, MittBayNot 2010, 96, 97.
273 *Kruse*, RNotZ 2002, 69, 75 f.
274 OLG Schleswig, 02.12.2005 – 2 W 141/05, ZIP 2006, 615; a.A. LG Hamburg, 13.06.2005 – 321 T 30/04, NZG 2005, 926: Ausnahmefall einer Ein-Mann-Personengesellschaft.
275 OLG Oldenburg, 09.03.2015 – 12 W 51/15, MittBayNot 2016, 65 m. Anm. *Omlor* = notar 2015, 328 m. Anm. *Primaczenko*; OLG Stuttgart, 28.01.2013 – 8 W 25/13, DNotZ 2013, 793, ebenso LG Oldenburg, DNotI-Report 2008, 166; LG Köln, RNotZ 2001, 170, m. Anm. *Lindemeier*; zum uneinheitlichen Meinungsbild in der Lit. vgl. *Krafka/Willer*, Registerrecht, 7. Aufl. 2007, Rn. 770; gegen die Eintragungsfähigkeit OLG München, 08.08.2016 – 31 Wx 204/16, RNotZ 2016, 608.
276 Staudinger/*Frank*, BGB, 2009, Anh. zu §§ 1068 ff. Rn. 79.
277 *Hannes*, in: Frieser/Sarres/Stückemann/Tschichoflos, Handbuch des Fachanwalts Erbrecht, S. 1043; Gutachten, DNotI-Report 1999, 195.
278 H.M. Zuordnung zum Gesellschafter; teilweise a.A. es handle sich ebenfalls um Früchte i.S.d. § 99 Abs. 2 BGB; z.T. wird dahin gehend differenziert, ob die Rücklage zulasten des laufenden Gewinns gebildet wurde, vgl. MünchKomm-BGB/*Pohlmann*, § 1068 Rn. 53.

Gewinnrücklagen,[279] aus Sondervergütungen (z.B. Zinsen auf Gesellschafterdarlehenskonten); ferner der Einfluss späterer Ergebniskorrekturen (Betriebsprüfung!) und der Ausschüttungsfähigkeit erst nach Erlöschen des Nießbrauchs,[280] beim sog. Nettonießbrauch auch die Art der Berechnung der auf dem Nießbrauch lastenden Ertragsteuern.[281]

▶ **Formulierungsvorschlag: Regelung des Gewinnanspruchs beim Nießbrauch an einem Personengesellschaftsanteil**

1483 Dem Nießbraucher stehen die auf den Anteil entfallenden Gewinne zu, einschließlich der Verzinsung der Gesellschafterkonten, jedoch nur, soweit diese Gewinne nach den Bestimmungen des Gesellschaftsvertrags entnommen werden können.

Außerordentliche Erträge aus der Verwertung der Vermögenssubstanz der Gesellschaft stehen ausschließlich dem Gesellschafter zu.

Bei Erhöhungen des Festkapitals der Gesellschaft aus Gesellschaftermitteln erstrecken sich die Rechte des Nießbrauchers auch auf die auf den Gesellschafter entfallenden neuen Anteile. Erfolgt die Kapitalerhöhung hingegen durch Einlagen der Gesellschafter, stehen die aus der Kapitalerhöhung resultierenden Gewinnanteile und sonstige Nutzungen insoweit dem Gesellschafter zu.

Änderungen der Jahresabschlüsse sind für die Beteiligten verbindlich und verpflichten sie zum unverzüglichen Ausgleich eines sich hiernach ergebenden Mehr- oder Minder-Ergebnisses.

Endet der Nießbrauch im Lauf eines Geschäftsjahres, steht der für dieses Geschäftsjahr entnahmefähige Gewinnanteil Nießbraucher und Gesellschafter zeitanteilig zu, unabhängig davon, wann der Gewinn der Gesellschaft zugeflossen oder angefallen ist, wann er festgestellt wurde und wann der Beschluss über die Gewinnverwendung getroffen wurde.

Der Nießbraucher ist nicht verpflichtet, die Steuermehrbelastung aus demjenigen Gewinnanteil zu tragen, der vom Anteilsinhaber zu versteuern ist, es sei denn, dieser könnte zu einem späteren Zeitpunkt vom Nießbraucher entnommen werden.

1484 Soweit laufende Gewinne aus der Zeit der Nießbrauchsbestellung nicht entnommen wurden und demnach dem Nießbraucher nicht zur Verfügung standen, sondern bspw. dem Privat- oder dem Kapitalkonto des Gesellschafters gutgeschrieben wurden, hat nach überwiegender Auffassung die Beendigung des Nießbrauchs hierauf keinen Einfluss. Teilweise wird jedoch vertreten,[282] analog § 1049 Abs. 1 BGB sei dem Nießbraucher das aufgelaufene Guthaben bei Beendigung zu vergüten. Soll dies tatsächlich gelten, empfiehlt sich im Hinblick auf die abweichende herrschende Meinung eine entsprechende Vereinbarung,[283] etwa nach folgendem Wortlaut:

▶ **Formulierungsvorschlag: Anspruch auf Erstattung nicht entnommener Gewinne bei Beendigung des Nießbrauchs**

1485 Soweit während der Dauer des Nießbrauchs Gewinne entstanden sind, die entnommen hätten werden können, ohne ein Wiederaufleben der Haftung nach § 172 Abs. 4 HGB auszulösen, jedoch tatsächlich nicht entnommen wurden, ist der Gesellschafter in Höhe dieses Betrags analog § 1049 Abs. 1 BGB bei Beendigung des Nießbrauchs verpflichtet, dem Nießbraucher den Wert dieser nicht ausgeschütteten, jedoch während der Dauer des Nießbrauchs entstandenen Gewinne zu erstatten.

---

279 Str.; auch insoweit wird häufig differenziert, ob die Rücklage während des Nießbrauchs oder davor gebildet wurde, vgl. MünchKomm-BGB/*Pohlmann*, § 1068 Rn. 56.
280 Nach BGH, 20.04.1972 – II ZR 143/69, NJW 1972, 1755 stehen solche Gewinne nicht mehr dem Nießbraucher zu.
281 Nach OLG Köln, 27.03.2006 – 2 U 4/06, DB 2006, 2341 m. Anm. *Schlütter* nach dem Durchschnitts-, nicht dem Grenzsteuersatz des Nießbrauchers; vgl. hierzu auch *Frank*, MittBayNot 2010, 96, 101 und 104.
282 So etwa *Schön*, ZHR 158, 229, 242 ff.
283 Vgl. MünchKomm-HGB/*K. Schmidt*, vor § 230 Rn. 18.

Etwa durch die Personengesellschaft entrichtete Gewerbesteuer wird i.R.d. § 35 EStG (Rdn. 5765) auf die ESt des Gesellschafters angerechnet, allerdings wohl[284] nur nach Maßgabe der gesellschaftsvertraglichen Gewinnverteilungsregelung, also ohne Berücksichtigung des Nießbrauchs am Gesellschaftsanteil. Sie kommt denjenigen Gesellschaftern zu Gute, die am Ende des Erhebungszeitraums (§ 18 GewStG) beteiligt sind.[285]   1486

In Betracht kommen mitunter ferner Sachverhalte, in denen dem Nießbraucher die ausscheidbaren Erträge aus bestimmten im Gesellschaftsvermögen befindlichen Wirtschaftseinheiten nicht zugute kommen sollen (z.B. da sie als Einkommen der minderjährigen Kinder als Gesellschafter einer geringeren Steuerprogression unterliegen, sog. Familiensplitting). Dies kann, wenn nicht eine selektive Nießbrauchsbestellung nur an den »belasteten« Gegenständen als solchen (anstelle eines Nießbrauchs am Gesellschaftsanteil selbst) erfolgen soll, nur durch eine entsprechende schuldrechtliche Abrede zur Gewinnzuordnung erreicht werden: 1487

▶ Formulierungsvorschlag: Keine Nießbrauchsberechtigung an den Erträgen aus »Finanzvermögen«

Abweichend hiervon stehen jedem Gesellschafter – anteilig nach der Quote seiner Beteiligung – diejenigen Gewinne und Erträge zu, die aus anderen Vermögenswerten als Grundbesitz erwirtschaftet werden und nach den Bestimmungen des Gesellschaftsvertrags entnahmefähig sind. Zinseinkünfte, Dividenden, Genussscheine etc. aus Kapitalanlagen, Beteiligungen und Finanzvermögen sind also wirtschaftlich vom Vorbehaltsnießbrauch des Veräußerers nicht erfasst, sondern werden im Rahmen der Ergebniszurechnung, zivilrechtlich wie auch steuerrechtlich, den Gesellschaftern unmittelbar zugeordnet.   1488

c) Mitwirkungsrechte des Nießbrauchers

aa) Gesellschafterrechte/Geschäftsführung

Hinsichtlich der **Ausübung der Mitwirkungsrechte** (als Gesellschafter, z.B. Stimmrecht in der Gesellschafterversammlung, und als organschaftlicher Vertreter, d.h. Geschäftsführungsbefugnisse) besteht **Unsicherheit**. Streitig ist, ob der Gesellschafter für **Grundlagengeschäfte**, der Nießbraucher für die laufenden Geschäfte zuständig ist, die Rechte beiden gemeinsam zustehen[286] oder grds. beim Gesellschafter verbleiben und dem Nießbraucher Mitwirkungsrechte im Innenverhältnis zustehen.[287] Herrschende Meinung ist zwischenzeitlich, dass der Gesellschafter weiter stimmberechtigt bleibt.[288] Jedenfalls für Grundlagengeschäfte hat dies auch der BGH[289] entschieden.[290] Bei einem Sondereigentumsnießbrauch ging der BGH davon aus, dass der Nießbrauchsbesteller das Stimmrecht als Wohnungseigentümer behalte.[291] Hieraus schlussfolgert die herrschende Meinung, dass auch das Recht zur Geschäftsführung beim Gesellschafter verbleibt.[292] Dies ist auch steuerrechtlich vorteilhaft: Erhält der Nießbraucher nämlich zusätzliche umfassende Stimmrechtsvollmacht, ist   1489

---

284 Das BMF-Schreiben v. 24.02.2009, BStBl. 2009 I, S. 440, nimmt hierzu nicht Stellung. Denkbar wäre auch, dass die Gewinnteilung zwischen Nießbraucher und Gesellschafter dem allgemeinen Schlüssel im Hinblick auf das Gewerbesteueranrechnungsguthaben gleichzustellen ist.
285 BFH, 14.01.2016 – IV R 5/14, GmbHR 2016, 661.
286 So etwa *Schön*, Steuerberaterjahrbuch 1996/1997, S. 55; *Wiedemann*, Die Übertragung und Vererbung von Mitgliedschaftsrechten bei Handelsgesellschaften, S. 411 (kein Verstoß gegen das Abspaltungsverbot).
287 *Hannes*, in: Frieser/Sarres/Stückemann/Tschichoflos, Handbuch des Fachanwalts Erbrecht, S. 1043 m.w.N.
288 MünchKomm-BGB/*Pohlmann*, § 1068 Rn. 69 ff.
289 BGH, 09.11.1998 – II ZR 213/97, NJW 1999, 571 f. (Feststellung des Jahresabschlusses als Grundlagengeschäft).
290 So auch MünchKomm-BGB/*Pohlmann*, § 1068 Rn. 71 ff.
291 BGH, 07.03.2002 – V ZB 24/01, NJW 2002, 1647 ff.
292 MünchKomm-BGB/*Pohlmann*, § 1068 Rn. 82.

der Gesellschaftsanteilsinhaber nicht mehr **Mitunternehmer** (Rdn. 1497 ff.), zur Mitunternehmerschaft allgemein: Rdn. 2605 ff.; so dass auch die schenkungsteuerlichen Betriebsvermögensprivilegien (§ 13a ErbStG, Rdn. 5007 ff.) nicht gelten.

1490 Eine Kompromissregelung zwischen Gesellschafter und Nießbraucher könnte etwa wie folgt formuliert sein[293] (alternative Muster zu steuerrechtlich motivierten Stimmrechtsverteilungen siehe Rdn. 1500 und 1502):

▶ **Formulierungsvorschlag: Gesellschafterrechte bei Nießbrauch an Personengesellschaftsanteil**

Die mit der geschenkten Beteiligung verbundenen Verwaltungsrechte, insbesondere das Stimmrecht, stehen dem Gesellschafter zu. Der Gesellschafter wird bei der Ausübung der Verwaltungsrechte auf die Interessen des Nießbrauchers, insbesondere auf das durch den Nießbrauch gesicherte Versorgungsinteresse, angemessen Rücksicht nehmen.

Der Gesellschafter verpflichtet sich, Verwaltungsrechte, die die laufenden Angelegenheiten der Gesellschaft betreffen, nach Weisung des Nießbrauchers auszuüben.

Bei außerordentlichen Angelegenheiten werden sich Nießbraucher und Gesellschafter über die Ausübung der Verwaltungsrechte verständigen. Kommt eine Einigung nicht zustande, ist für den Gesellschaftsanteil mit Stimmenthaltung abzustimmen.

Nicht zu den laufenden Angelegenheiten zählen insbesondere:
1. die Kündigung der Gesellschaft oder die Übertragung der Beteiligung,
2. die Erhebung der Auflösungsklage,
3. das außerordentliche Kontrollrecht nach § 166 Abs. 3 HGB,
4. die Umwandlung der Gesellschaft,
5. die Auflösung der Gesellschaft,
6. die Veräußerung des Unternehmens im Ganzen,
7. Änderungen und Ergänzungen der Bestimmungen des Gesellschaftsvertrags,
8. der Beschluss über die Auflösung von Rücklagen zugunsten entnahmefähiger Konten.

▶ Hinweis:

1491 Ohne besondere Regelung dieser Mitwirkungsrechte hat man derzeit somit davon auszugehen, dass weder Geschäftsführungsbefugnisse noch Stimmrechte durch den Nießbrauch übertragen werden, sondern kraft Gesetzes ein reiner Ertragsnießbrauch besteht. Bei Gestaltung eines Nießbrauchs ist es somit unabdingbar, diese Fragen ausdrücklich zu regeln, wobei sowohl eine Übertragung des Stimmrechts[294] als auch eine Übertragung der Geschäftsführungs- und Vertretungsbefugnis als zulässig angesehen wird,[295] sofern dem Gesellschafter ein »Kernbereich« an Mitwirkungsrechten (Satzungsänderungen, Umwandlung, Auflösung) verbleibt.[296] Angesichts fehlender höchstrichterlicher Rechtsprechung sollte jedoch auch die Gestaltung als reiner Ertragsnießbrauch unter Ausschluss von Mitwirkungsrechten ausdrücklich geregelt werden.

bb) Informations- und Kontrollrechte

1492 Die Rechte gem. § 716 BGB, §§ 118, 166 HGB (und § 51a GmbHG, § 131 AktG) gehen nicht auf den Nießbraucher über (s. Erläuterungen Rdn. 1489). Nach herrschender Meinung steht diesem jedoch gem. § 242 BGB ein selbstständiges Informationsrecht gegen die Gesellschaft zu.[297]

---

293 Vgl. *Schindhelm/Stein*, ErbStB 2003, 34; *Steiner*, ErbStB 2006, 34; Musterformulierungen auch bei *Wachter*, NotBZ 2000, 33 ff. und 78 ff., sowie von *Kiehl* in Beck'sche Online-Formulare Vertrag, Nr. 7.5.3.1.1.
294 Wenn die Gesellschafter zustimmen.
295 MünchKomm-BGB/*Pohlmann*, § 1068 Rn. 90 f. m.w.N.; dies sollte selbstverständlich Inhalt des Nießbrauchs werden, um diese dinglich gesicherte Position ggf. Dritten entgegenhalten zu können.
296 *Frank*, MittBayNot 2010, 96, 99.
297 MünchKomm-BGB/*Pohlmann*, § 1068 Rn. 82.

d) Surrogation

Geht der Gesellschaftsanteil durch Ausscheiden unter (mit der Folge der Anwachsung bei den verbleibenden Gesellschaftern), erhält der Nießbraucher gem. § 1075 BGB als Surrogat den Nießbrauch am Abfindungsanspruch.[298] Beruht das Ausscheiden auf einer vorangehenden ordentlichen[299] Kündigung des Gesellschafters, ist zur Kündigung gem. § 1071 Abs. 2 BGB die Zustimmung des Nießbrauchers erforderlich. Bei einer »Kapitalerhöhung« erstreckt sich der Nießbrauch wegen der Einheitlichkeit der Mitgliedschaft auf den gesamten Anteil, wobei allerdings die Erträge aus dem »Erhöhungsanteil« dem Gesellschafter allein zustehen.[300] Im Fall der Auflösung der Gesellschaft ist streitig, ob sich der Nießbrauch surrogatweise auf den Liquidationserlös des Gesellschafters bezieht oder gar der Liquidationsüberschuss unmittelbar als Ertrag anzusehen ist, der dem Nießbraucher als Rechtsfrucht zusteht.[301] Auch insoweit empfiehlt sich eine ausdrückliche Regelung.[302]

▶ **Formulierungsvorschlag: Surrogate beim Nießbrauch an Personengesellschaftsanteilen**

Erwerben die Gesellschafter für die geschenkte Beteiligung einen Anspruch gegen die Gesellschaft, der an die Stelle der Beteiligung tritt (Surrogat), setzt sich der Nießbrauch am Surrogat automatisch fort. Zu solchen Surrogaten zählen insbesondere Ansprüche auf
- Auszahlung eines Auseinandersetzungsguthabens bei Auflösung der Gesellschaft oder bei Ausscheiden aus der Gesellschaft,
- eine sonstige Abfindung bei Ausscheiden aus der Gesellschaft,
- die Rückzahlung von Einlagen oder Nachschüssen,
- die Ausschüttung außerordentlicher Erträge, die aus der Verwertung der Vermögenssubstanz der Gesellschaft resultieren, z.B. bei Veräußerung von Anlagevermögen,
- eine Barabfindung nach dem Umwandlungsgesetz.

Zu den Surrogaten gehören auch die gewährten Anteile an dem übernehmenden Rechtsträger im Fall der Umwandlung der Gesellschaft oder der Einbringung der Beteiligung gegen Gewährung von Gesellschaftsrechten. Ein durch eine Veräußerung der Beteiligung erzielter Veräußerungserlös zählt ebenfalls zu den Surrogaten.

Soweit die Gesellschaft aufgrund Anwachsung beim letzten verbleibenden Gesellschafter erlöschen sollte und dadurch ihr gesamtes Vermögen dem Nießbrauchsbesteller anwächst, setzt sich der Nießbrauch als Quotennießbrauch entsprechend der derzeit bestehenden Gesellschaftsquote des Nießbrauchsbestellers am dann entstandenen Einzelunternehmen als Unternehmensnießbrauch fort.

Falls sich der Nießbrauch nicht kraft Gesetzes automatisch auf das Surrogat erstreckt, verpflichten sich die Parteien, alles zu tun, was zu einer Einräumung des Nießbrauchs am jeweiligen Surrogat erforderlich sein sollte, insbesondere zur Abgabe sämtlicher hierfür erforderlichen Erklärungen. Über die Nießbrauchsbestellung sind sich die Beteiligten bereits jetzt einig.

Soweit Anfall oder Auszahlung des Surrogats beim Gesellschafter eine Steuerlast auslösen, z.B. weil es sich um einen steuerbaren Veräußerungsgewinn handelt, erstreckt sich der Nießbrauch nicht auf den zur Ablösung der Steuer erforderlichen Betrag.

---

298 MünchKomm-BGB/*Pohlmann*, § 1068 Rn. 40.
299 Nicht bei außerordentlicher Kündigung der Mitgliedschaft aus wichtigem Grund, da dieses Recht unabdingbar ist, vgl. *Schön*, ZHR 1994, 268.
300 Weder das »Bezugsrecht« noch die Anteilserhöhung bilden eine Frucht der Mitgliedschaft i.S.d. § 99 Abs. 2 BGB, vgl. *Steiner*, ErbStB 2006, 35.
301 Vgl. ausführlich *Schön*, ZHR 1994, 246.
302 In Anlehnung an *Schindhelm/Stein*, ErbStB 2003, 408; *Steiner*, ErbStB 2006, 35.

e) Steuerrecht

aa) Bedeutung der Mitunternehmerstellung

1495 Für die steuerliche Behandlung eines Nießbrauchs an einem Personengesellschaftsanteil[303] ist entscheidend, ob (a) der Nießbraucher und/oder (b) der Gesellschafter, also der Nießbrauchsbesteller, ertragsteuerlich als **Mitunternehmer** anzusehen sind oder nicht (vgl. allgemein zu den Anforderungen an die Mitunternehmerstellung Rdn. 2605 ff.). Vom Ergebnis hängen insbesondere ab (1) die einkommensteuerliche Zurechnung der erzielten Einkünfte (Rdn. 1505 ff.), ferner (2) das Schicksal etwaigen Sonderbetriebsvermögens (zu diesem Begriff Rdn. 5725 ff.) des Gesellschafters bzw. Nießbrauchers (hierzu Rdn. 6089 ff., sowie (3) schließlich die Möglichkeit der Gewährung erbschaftsteuerlicher Begünstigungen nach § 13a ErbStG (zu Letzterem Rdn. 5007 ff.). Auch der zugewendete Nießbrauch am Personengesellschaftsanteil ist begünstigungsfähig,[304] sofern der Nießbraucher die Voraussetzungen einer Mitunternehmerschaft erfüllt (Rdn. 1504 ff.). Der unter Vorbehaltsnießbrauch übertragene Gesellschaftsanteil ist begünstigungsfähig, wenn er trotz Nießbrauchsbelastung weiterhin Mitunternehmerschaft vermittelt (Rdn. 1497 ff.).

1496 Voraussetzung für die Erzielung von Einkünften als Mitunternehmer ist das Vorhandensein von Mitunternehmerrisiko und Mitunternehmerinitiative, wobei beide Merkmale zwar vorliegen müssen, jedoch unterschiedlich stark ausgeprägt sein können (Kompensationsmodell, vgl. Rdn. 2603 ff.). Das Mitunternehmerrisiko seinerseits umfasst sowohl die Beteiligung am laufenden Gewinn oder Verlust – das sog. »**Ertragsrisiko**« –, also auch die Beteiligung an den stillen Reserven und einem etwaigen Firmenwert – das sog. »**Kapitalrisiko**«. **Mitunternehmerinitiative** wiederum erfordert bei einer Personengesellschaft – anders als bei einem Einzelunternehmer –, dass dem Gesellschafter/Nießbraucher zumindest die Stimm-, Kontroll- und Widerspruchsrechte zustehen, über die ein Kommanditist gem. §§ 164, 166 HGB verfügt.

bb) Mitunternehmerstellung des Gesellschafters

1497 Beim nießbrauchsbelasteten **Gesellschafter** ist das Mitunternehmerrisiko jedenfalls in Gestalt der Beteiligung an dem nicht entnahmefähigen Gewinn, den stillen Reserven und (je Art seiner Beteiligung) auch ggf. der Haftung im Außenverhältnis in aller Regel gegeben, die Mitunternehmerinitiative jedoch nur dann, wenn er jedenfalls bei außerordentlichen Geschäften bzw. grundlegenden Entscheidungen mitwirken muss, bspw. bei Änderungen des Gesellschaftsvertrags, der Gewinnverteilung oder sonstigen außerordentlichen Geschäften. Wird dieser Restbereich durch Vetorechte, Zustimmungsvorbehalte, Rückforderungs- oder Hinauskündigungsrechte, Beteiligungen des Nießbrauchers auch an außerordentlichen Erträgen etc., weiter beeinträchtigt, kann es im Einzelfall an der Mitunternehmerstellung des Gesellschafters fehlen, vgl. näher Rdn. 2605 ff.

1498 Per se steht der **Nießbrauchsvorbehalt**[305] der Anerkennung des Beschenkten (also des nunmehrigen Anteilsinhabers) als Mitunternehmer nicht entgegen, da Erträge aus der Aufdeckung stiller Reserven im Anlagevermögen sowie im Rahmen einer Veräußerung oder Liquidation den Gesellschaftern (Beschenkten) anteilig zustehen[306] – anders, wenn der Anteilsinhaber zusätzlich dem

---

[303] Überblick bei *Esskandari*, ErbStB 2012, 306, 307; *Altendorf/Köcher*, GmbH-StB 2013, 13 ff.; *Fleischer*, ZEV 2012, 466 ff.; *Felten*, ErbStB 2016, 117 ff.

[304] BFH, 01.09.2011 – II R 67/09, ZEV 2012, 51; zur Abstellung auf die ertragsteuerliche Sicht *Viskorf/Haag*, ZEV 2012, 24 ff. und *Eisele* NWB 2012, 4151 ff. Dem ist die Finanzverwaltung gefolgt: gleichlautende Ländererlasse v. 02.11.2012, BStBl 2012 I 1101; vgl. *Stein*, DStR 2013, 567 ff.

[305] Überblick bei *Wachter*, DStR 2016, 2065 ff.; *Esskandari*, ErbStB 2012, 306, 307, *Altendorf/Köcher*, GmbH-StB 2013, 13 ff. und *Fleischer*, ZEV 2012, 466 ff. Auch der Nießbraucher kann (und soll i.d.R.) Mitunternehmer sein, Rdn. 1504 ff.

[306] BFH, BStBl. 1992 II, S. 607.

A. Nießbrauch Kapitel 4

Nießbraucher umfassende **Stimmrechtsvollmacht** erteilt[307] oder gar ein Rückforderungsvorbehalt für den Fall ausbedungen ist, dass der Gesellschafter von seinem eigenen Stimmrecht Gebrauch machen sollte.[308] Es dürfte dabei keinen Unterschied machen, ob diese Stimmrechtsvollmacht zugunsten des Nießbrauchers Bestandteil des Schenkungsvertrages ist, in einer separaten Urkunde niedergelegt wird, oder im Gesellschaftsvertrag selbst verankert wurde.[309] Auch eine widerrufliche umfassende Stimmrechtsvollmacht ist schädlich,[310] jedenfalls solange sie nicht widerrufen wurde. Bei umfassender Stimmrechtsvollmacht für den Nießbraucher hilft es nicht, dass der Gesellschafter tatsächlich in einzelnen Fällen selbst abgestimmt hat.[311]

Unschädlich dürfte es hingegen sein, das Stimmrecht des Gesellschafters für die grundlegenden Beschlussgegenstände[312] zu belassen, also dem Nießbraucher nur das Stimmrecht in Maßnahmen der laufenden Geschäftsführung zuzuweisen: 1499

▶ Formulierungsvorschlag: Stimmrechtsverteilung zwischen Gesellschafter und Nießbraucher

Für folgende Beschlussgegenstände verbleibt das Stimmrecht allein beim Gesellschafter: (a) Änderungen des Gesellschaftsvertrages, (b) Auflösung der Gesellschaft, (c) Kündigung oder Umwandlung der Gesellschaft, (d) Veräußerung des Unternehmens im Ganzen oder wesentlicher Unternehmensteile, (e) Abschluss von Unternehmensverträgen, (f) Erhöhung oder Herabsetzung von Einlageverpflichtungen, (g) Änderung der Entnahmeregelungen, (h) Änderung der Beteiligung am Gewinn oder Auseinandersetzungsguthaben, (i) Bildung oder Auflösung von Rücklagen, (j) Feststellung der Bilanz. 1500

Für alle übrigen Beschlüsse, einschließlich sämtlicher Maßnahmen der laufenden Geschäftsführung, steht das Stimmrecht dagegen dem Nießbraucher allein zu.

Hinweis: Denkbar ist auch, das Stimmrecht über ergebnisrelevante Beschlussgegenstände, also insbesondere die Änderung der Beteiligung am Gewinn sowie der Entnahmeregelung, beiden Beteiligten – Gesellschafter und Nießbraucher – zur gemeinschaftlichen Ausübung zuzuweisen.

Unschädlich für die Mitunternehmerstellung des Gesellschafters dürfte es ebenso sein, bei grundlegenden Entscheidungen gemeinsame Stimmabgabe zu fordern.[313] Die konkrete Umsetzung der 1501

---

307 BFH, 10.12.2008 – II R 34/07, ZEV 2009, 149, m. Anm. *Götz*; ähnlich BFH, 06.05.2015 – II R 34/13, MittBayNot 2016, 188 m. Anm. *Ihle*: Stimmrechtsvollmacht für den Schenker in Grundlagengeschäften (auch wenn sie widerruflich gewährt wurde und die Beteiligten sie abweichend angewendet haben, da auf den Zeitpunkt der Schenkung abzustellen ist); erst recht bei unwiderruflicher Stimmrechtsvollmacht in allen Angelegenheiten und der Verpflichtung, vom eigenen Stimmrecht keinen Gebrauch zu machen: BFH, 24.01.2012 – IX R 51/10, BStBl 2012 II 308 (in Bezug auf GmbH-Anteile, wo diese Kriterien für die weiterhin stattfindende Zurechnung der Anteile beim Veräußerer = Vorbehaltsnießbraucher maßgeblich sind, vgl. Rdn. 1516). Nach FG Düsseldorf, 24.08.2016 – 4 K 3250/15 Erb, ZEV 2016, 663 m. Anm. *Beck/Philipp* soll die unwiderrufliche Stimmrechtsvollmacht allerdings unschädlich sein, da der Gesellschafter ja (anders als bei der Übertragung des Stimmrechts als solchem) das Stimmrecht auch selbst wahrnehmen könnte (fraglich, Az. BFH: II R 34/16, zur erwarteten Revisionsentscheidung vgl. *Kraft*, NWB 2017, 2972 ff.).
308 So im Sachverhalt BFH, 16.05.2013 – II R 5/12, ZErb 2013, 276 m. Anm. *Jülicher* = MittBayNot 2013, 509 m. Anm. *Viskorf/Jehle*; hierzu *Klümpen-Neusel/Kaiser*, ErbStB 2014, 14.
309 So der Sachverhalt in BFH, 01.10.2014 – II R 40/12, ErbR 2015, 365 m. Anm. *Holler*.
310 BFH, 04.05.2016 – II R 18/15, ErbStB 2016, 327, insoweit ebenso die Vorinstanz FG Münster, 11.12.2014 – 3 K 2011/12 Erb, ErbStB 2015, 191.
311 BFH, 01.10.2014 – II R 40/12, ErbR 2015, 365 m. Anm. *Holler*.
312 Etwa orientiert an den Grundlagengeschäften im Rahmen des Bestimmtheitsgrundsatzes für Mehrheitsbeschlüsse, *Baumbach/Hopt*, HGB, 35. Aufl., § 119 Rz. 38.
313 BFH, 16.12.2009 – II R 44/08, GmbHR 2010, 499, ebenso zuvor FG Münster, 19.06.2008 – 3 K 4062/06 Erb, EFG 2008, 1734; anders im Sachverhalt FG Münster, 19.06.2008 – 3 K 1086/06 Erb, JurionRS 2008, 22159 und BFH, 01.10.2014 – II R 40/12, ErbR 2015, 365 m. Anm. *Holler*: alle Stimm- und sonstigen Verwaltungsrechte blieben beim Schenker = Nießbraucher.

gemeinsamen Stimmabgabe (z.B. die Frage, ob beide, Nießbraucher und Gesellschafter = Nießbrauchsbesteller, gemeinsam an der Versammlung teilnehmen, ob die interne Abstimmung zur Ausübung des gemeinsamen Stimmrechts vor oder während der Gesellschafterversammlung stattfindet, wie bei unterschiedlicher rechtlicher Qualität der Beteiligung, z.B. einem nur quotalen Nießbrauch, zu verfahren ist etc.) kann ebenfalls im Rahmen der Nießbrauchsbestellung geregelt werden. Der Übergang der Mitunternehmerstellung wurde z.B. durch den **BFH**[314] **bestätigt** bei einer Gestaltung, derzufolge der Beschenkte (= Gesellschafter) sein Stimmrecht in folgenden Angelegenheiten nur mit Zustimmung des Schenkers (= Vorbehaltsnießbrauchers) ausüben können sollte:

▶ **Formulierungsvorschlag: Stimmrechtsausübung durch Gesellschafter mit begrenztem Zustimmungsvorbehalt des Nießbrauchers**

1502 Das Stimmrecht wird durch den Gesellschafter ausgeübt. In folgenden Angelegenheiten bedarf er jedoch hierfür der Zustimmung des Nießbrauchers; wird diese nicht erteilt, hat er sich der Ausübung des Stimmrechts zu enthalten: (a) Änderung des Gesellschaftszwecks, (b) Änderung der Beteiligungsverhältnisse (c) Änderung der Berechnung der Höhe der Auszahlungskonditionen, und der Schlüssel für die Verteilung des Gewinns, Auseinandersetzungsguthabens oder Liquidationserlöses (d) Änderung der Regelungen über die Zuführung zu den Rücklagen und die Entnahmebefugnisse (e) Änderung des Zinssatzes für Guthaben auf den Gesellschafterkonten (f) Einlagenerhöhungen oder -herabsetzungen (g) Auflösung, Fortsetzung oder Umwandlung der Gesellschaft (h) sonstige Änderungen des Gesellschaftsvertrags, die die Rechtsstellung als Nießbraucher beeinträchtigen würden.

Nur mit Zustimmung des Nießbrauchers darf der Gesellschafter ferner folgende Gestaltungs- und Verfügungsrechte ausüben: (a) Kündigung der KG, (b) Erhebung der Auflösungsklage gemäß § 133 HGB, (c) ganze oder teilweise Veräußerung des Kommanditanteils, (d) Erhebung von Klagen aus dem Gesellschaftsverhältnis, soweit sie die Angelegenheiten zu (a) bis (c) betreffen.

1503 Basierend auf dem zivilrechtlichen Prinzip der Einheitlichkeit der Gesellschafterstellung[315] wurde postuliert, dass insgesamt Mitunternehmer sei, wer bereits vor der »beschwerten« Schenkung mit einem, sei es auch kleinen, uneingeschränkten Gesellschaftsanteil beteiligt war[316] bzw. wer im Rahmen einer Übertragung einen, wenn auch kleinen, unbelasteten Anteil neben einem nießbrauchsbeschwerten Anteil erwirbt.[317] Dem hat der BFH[318] jedenfalls beim **Quotennießbrauch** widersprochen: Eine »positive Ausstrahlung« von der unbelasteten Quote auf die übermäßig nießbrauchsbelastete Quote finde nicht statt. Beim **Bruchteilsnießbrauch** (bei dem[319] ein Kommanditanteils-Anteil als solcher unbelastet bleibt und demnach der Grundsatz der Einheitlichkeit der Gesellschafterstellung ohnehin durchbrochen ist[320]) dürfte jedoch die Mitunternehmerstellung in

---

314 BFH, 16.12.2009 – II R 44/08, GmbHR 2010, 499.
315 *K. Schmidt* Gesellschaftsrecht, § 45 I. 2b, der allerdings dazu tendiert, im Fall einer Nießbrauchsbelastung die Anteile unterschiedlich zu behandeln.
316 Vgl. im Einzelnen *Hochheim/Wagenmann*, ZEV 2010, 109, 11,1 m.w.N.; BFH, 13.02.1997 – IV R 15/96, BStBl. 1997 II 535; a.A. FG Münster, 19.06.2008 – 3 K 1086/06 Erb, EFG 2008, 1733.
317 FG Hessen, 25.10.2011 – 1 K 1507/08, ErbStB 2012, 103 (daher sei die Vergünstigung gem. § 13a ErbStG insgesamt zu gewähren); (aufgehoben durch BFH, folgende Fußnote), vgl. *Geck/Messner*, ZEV 2012, 409, 411 und *Kleinert/Geuß*, DStR 2013, 288 ff.
318 BFH, 16.05.2013 – II R 5/12, ZErb 2013, 276 m. Anm. *Jülicher* = MittBayNot 2013, 509 m. Anm. *Viskorf/Jehle*, hierzu *Götz*, ZEV 2013, 430 ff.
319 Zu unterscheiden vom Quotennießbrauch, bei dem der gesamte Gesellschaftsanteil in Höhe einer bestimmten Quote Gegenstand des Nießbrauchs ist.
320 Vgl. *Götz*, ZEV 2014, 241 ff.; vom BGH, 10.01.1996 – IV ZB 21/94, ZEV 1996, 110, bisher entschieden für den Fall eines Hinzuerwerbs eines testamentsvollstreckungsbehafteten Anteils zu einer bereits vorhandenen Beteiligung, ähnlich LG Hamburg, 13.06.2005 – 321 T 30/04, NZG 2005, 926, im Sinn eines Fortbestands einer zweigliedrigen Personengesellschaft, sofern ein Gesellschafter seinen Anteil an dem Nießbrauchsvorbehalt auf den verbleibenden [dann alleinigen] Gesellschafter überträgt.

Bezug auf den unbelastet gebliebenen Anteil unstreitig bleiben, es findet also auch keine »umgekehrte Infektion« statt.

cc) Mitunternehmerstellung des Nießbrauchers

Der **Nießbraucher** am Personengesellschaftsanteil selbst erfüllt i.d.R. die Voraussetzungen der Mitunternehmerschaft, § 15 Abs. 1 Satz 1 Nr. 2 EStG, obwohl er nur mittelbar (durch Entfall seiner Ausschüttungsansprüche) an Verlusten und gar nicht an stillen Reserven sowie am good will partizipiert – also geringes Risiko trägt –; es genügt, dass ihm das Stimmrecht in laufenden Angelegenheiten und Kontrollrechte nach § 716 BGB, §§ 164, 166 HGB zustehen – ausreichende Initiative –.[321] (Beispiel einer vom BFH gebilligten Stimmrechtsverteilung: Rdn. 1500). Die Stimmrechtszuordnung erfolgt am besten als Inhaltsbestimmung des Nießbrauchs, also »dinglich«, nicht allein durch Stimmrechtsvollmachten (die lediglich neben das gesetzlich fortbestehende Stimmrecht des Gesellschafters, Rdn. 1489, treten, so dass letztlich die zeitliche Priorität der Ausübung entscheidet).[322]

1504

Gefährlich wäre es wohl, wenn der Nießbraucher einen garantierten Gewinnanteil erhielte, da es dann am Mitunternehmerrisiko vollständig mangelt.[323]

dd) Steuerliche Folgen

Kommt, wie regelmäßig gewünscht, sowohl dem Gesellschafter als auch dem Nießbraucher Mitunternehmerstellung zu (zur Parallelfrage der nießbrauchsbedingten Mehrheit von Betrieben bei Einzelunternehmen oder Gewerbebetrieben vgl. Rdn. 5795 ff.), sind einkommensteuerlich die Gewinnanteile i.S.d. § 15 Abs. 1 Satz 1 Nr. 2 EStG dem Nießbraucher zuzurechnen, soweit sie nach Gesellschaftsvertrag oder aufgrund Gewinnverwendungsbeschluss den entnahmefähigen Teil des Anteils am festgestellten (eventuell bereits durch Gewinnrücklagen geminderten) handelsrechtlichen Gewinnanteil erfassen, nicht also Gewinne aus der Realisierung stiller Reserven des Anlagevermögens. Der restliche Anteil des steuerbilanziellen Gewinnanteils ist dagegen dem Gesellschafter zuzurechnen. Verluste sind jedoch i.d.R. dem Gesellschafter zuzurechnen (vgl. im Einzelnen Rdn. 2678).

1505

Wäre dagegen lediglich der Nießbraucher Mitunternehmer, würde ihm der gesamte Gewinn zugerechnet, auch der an sich dem Gesellschafter »vorbehaltene« nicht entnahmefähige Gewinnanteil des Steuerbilanzgewinns, mit der Folge, dass ein eventueller steuerlicher Ausgleich erst bei Beendigung des Nießbrauchs durch Ersatz entsprechenden Aufwands bzw. Ertrags stattfindet.[324]

1506

Ist schließlich allein der Gesellschafter Mitunternehmer, etwa bei einem **Ertragsnießbrauch**, sind alle Einkünfte aus der gewerblichen oder freiberuflichen Mitunternehmerschaft ihm zuzurechnen, es handelt sich also bei diesem Nießbrauch im Ergebnis nur um eine Vorausabtretung von Gewinnansprüchen. Die Bezüge können beim Nießbraucher je nach Typus des Nießbrauchs entweder nicht steuerbar sein (etwa bei schenk- oder vermächtnisweiser Zuwendung) oder als wiederkehrende Bezüge nach § 22 Nr. 1b EStG als Versorgungsleistungen erfasst werden oder aber Betriebseinnahmen darstellen, etwa bei einer entgeltlichen Nießbrauchsbestellung; beim Gesellschafter selbst sind die Zahlungen korrespondierend (in gleicher Reihenfolge) nicht abzugsfähig,

1507

---

321 BFH, 01.09.2011 – II R 67/09, ZEV 2012, 51: jedenfalls bei Auskunfts- und Einsichtsrechten, Stimmrechtsweisungsbefugnis, und Beteiligung auch an stillen Reserven; vgl. auch *Hochheim/Wagenmann*, ZEV 2010, 109, 110.
322 So zu Recht *Fleischer*, ZEV 2012, 466, 468; *ders.*, DStR 2013, 288, in Replik auf *Kleinert/Geuß*, DStR 2013, 288 ff. Für die Vollmachtslösung dagegen *Wälzholz*, NWB 2013, 1334 ff.
323 *Mitsch*, INF 2003, 391.
324 *Wacker* in: *Schmidt*, EStG, 31. Aufl. 2012, § 15 EStG Rz. 307.

oder als Sonderausgaben nach § 10 Abs. 1a Satz 1 Nr. 2 EStG abzugsfähig, oder es handelt sich um Sonderbetriebsaufwand.[325]

1508 Zur einkommensteuerlichen Bewertung der Schenkung eines Personengesellschaftsanteils unter Nießbrauchsvorbehalt (Vorliegen der Voraussetzungen des § 6 Abs. 3 EStG; Zuordnung der AfA-Befugnis etc.) vgl. Rdn. 6082 ff., zur Übertragung eines Mitunternehmeranteils samt Sonderbetriebsvermögen unter Rückbehalt des Nießbrauchs an Letzterem (Buchwertfortführung gem. § 6 Abs. 3 EStG dennoch gesichert) s. Rdn. 6001; zu den ertragsteuerlichen Auswirkungen (und Entnahmegefahren!) vorbehaltenen Nießbrauchs an einem Betriebsgrundstück vgl. Rdn. 5779 ff., am Besitz- und/oder Betriebsunternehmen bei der Betriebsaufspaltung vgl. Rdn. 5774.

4. Kapitalgesellschaften

a) Zivilrecht

1509 Die Bestellung des Nießbrauchs an einem GmbH-Anteil[326] bedarf wie die Abtretung der notariellen Form gem. § 15 Abs. 3 GmbHG, § 1069 Abs. 1 BGB. Sie kann auch nach dem 01.11.2008 (ähnlich wie der Testamentsvollstreckervermerk[327]) wohl nicht in die Gesellschafterliste eingetragen werden (str.[328]) wobei sich an diese Eintragung ohnehin keine Rechtswirkungen knüpfen würden[329] – dringend anzuraten ist jedoch die Anzeige bei der Gesellschaft, so dass Letztere Gewinnausschüttungen nicht gutgläubig wirksam an den »Falschen« erbringt (§§ 1070 Abs. 1, 407 BGB). Die Zustimmung der anderen Gesellschafter ist nur im Fall einer Vinkulierungsklausel erforderlich (§ 15 Abs. 5 GmbHG gilt auch für die »Teilrechtsnachfolge« in Form einer Nießbrauchsbestellung[330] und zwar im Zweifel auch dann, wenn die die Vinkulierungsklausel ausdrücklich nur die Abtretung erwähnt.[331] Ist in der Satzung die Nießbrauchsbestellung gänzlich ausgeschlossen, muss zuvor die Satzung durch notariell beurkundeten Beschluss mit 75 %iger Mehrheit und Handelsregistereintragung geändert werden). Die Beendigung des Nießbrauchs kann auch durch einseitige Erklärung des Nießbrauchers erfolgen, §§ 1072, 1064 BGB; sie tritt ferner ein durch Konfusion (§§ 1063 Abs. 1, 1072 BGB) oder durch das Ableben/Erlöschen des Nießbrauchers.

1510 Dem Nießbraucher steht gem. §§ 1068 Abs. 2 i.V.m. 1030, 99 ff. BGB der nach Maßgabe des Gewinnverwendungsbeschlusses ausschüttungsfähige **Gewinn** zu, d.h. bei der AG die Dividende,[332] nicht jedoch Veräußerungsgewinne,[333] bei der GmbH der auf die Dauer des Nießbrauchs (anteilig, § 101 BGB) entfallende ausgeschüttete Gewinnanteil – auch soweit dieser auf der Auflösung eines Gewinnvortrages oder von Rücklagen aus der Zeit vor Nießbrauchsbeginn her-

---

325 Vgl. *Altendorf/Köcher,* GmbH-StB 2013, 13, 15.
326 Eingehende Beratungshinweise und Mustervertrag bei *Wachter,* NotBZ 2000, 33, 78; vgl. auch *Mohr/Jainta,* GmbH-StB 2010, 269 ff., sowie *Barry,* RNotZ 2014, 401 ff. und *Werner,* ZErb 2015, 38 ff.
327 OLG München, 15.11.2011 – 31 Wx 274/11, NZG 2012, 391.
328 Für Eintragungsmöglichkeit: LG Aachen, 06.04.2009 – 44 T 1/09, RNotZ 2009, 409, m. zust. Anm. *Reymann;* zustimmend auch *Wälzholz,* MittBayNot 2010, 73; eine Eintragungspflicht besteht allerdings nicht [beides str.], vgl. *Weiler,* notar 2010, 143. Zum Ganzen vgl. *Heidinger,* in MünchKomm-GmbHG § 40 Rn. 22 und *Barry,* RNotZ 2014, 401, 416 f. Gegen die Eintragungsfähigkeit des Nießbrauchs an Kommanditanteilen im Handelsregister OLG München, 08.08.2016 – 31 Wx 204/16, NZG 2016, 1064; a.A. insoweit OLG Stuttgart, 28.01.2013 – 8 W 25/13, ZEV 2013, 347; OLG Oldenburg, 09.03.2015 – 12 W 51/15, NZG 2015, 643, 644.
329 Da § 16 Abs. 3 GmbHG keinen gutgläubig lastenfreien Erwerb von GmbH-Anteilen erlaubt. Gleiches gilt für die Eintragung im Aktienregister, § 67 AktG. Möglicherweise kann aber bei (ausnahmsweise gem. §§ 1068 Abs. 2, 1059a BGB übertragbaren) Nießbrauchsrechten gutgläubiger Zweiterwerb des Nießbrauchs selbst stattfinden, *Mohr/Jainta,* GmbH-StB 2010, 269, 270.
330 H.M., vgl. MünchKomm-BGB/*Pohlmann,* § 1068 Rn. 35 m.w.N.
331 OLG Koblenz, 16.01.1992 – 6 U 963/91, NJW 1992, 2163, 2164.
332 MünchKomm-BGB/*Pohlmann,* § 1068 Rn. 62.
333 MünchKomm-BGB/*Pohlmann,* § 1068 Rn. 63.

rührt³³⁴ –, nicht der in der Bilanz festgestellte Gewinn.³³⁵ Auch wenn die Kapitalgesellschaft eigene Anteile (§ 33 GmbHG) nießbrauchsbelastet erwirbt, bleibt der Gewinnanspruch weiterhin in der Person des Nießbrauchers bestehen.³³⁶ Bezugsrechte auf neue Anteile, gleich ob aus Gesellschaftsmitteln³³⁷ oder aus Einlagen stammend, stehen stets dem Gesellschafter selbst zu, allerdings kann der Nießbraucher die Erstreckung seines Rechtes auf Anteile aus Gesellschaftsmitteln verlangen.³³⁸ Die Liquidationsquote (§ 72 GmbHG), das Einziehungsentgelt (§ 34 GmbHG) und das Abfindungsguthaben gebühren ebenfalls allein dem Gesellschafter, allerdings kann der Nießbraucher entsprechende Rechtseinräumungen an diesen Surrogaten verlangen (§§ 1077 ff. BGB analog).

Bzgl. der **Mitwirkungsrechte** gilt das zur Personengesellschaft Gesagte – mit der Abweichung der fehlenden Selbstorganschaft bei der Kapitalgesellschaft. Das Stimmrecht wird demnach vom Gesellschafter ausgeübt (der allerdings den Nießbraucher hierzu bevollmächtigen oder, als dinglicher Inhalt des Nießbrauchs, im Wege der Stimmrechtsübertragung ermächtigen³³⁹ kann, sofern die Satzung oder das Gesetz³⁴⁰ die Vertretung bei der Stimmabgabe nicht beschränkt oder ausschließt; sowohl bei der Vollmacht als auch bei der Legitimationsermächtigung³⁴¹ handelt der Nießbraucher für den nach § 16 Abs. 1 GmbHG allein maßgeblichen »Listengesellschafter«. Der Gesellschafter darf bei der Ausübung seines Stimmrechtes den Anspruch des Nießbrauchers auf den Jahresüberschuss gem. § 29 GmbHG nicht willkürlich vereiteln oder mindern.³⁴² Teilnahmerechte an der Gesellschafterversammlung, Auskunftsrechte gem. § 51a GmbHG, Minderheitsrechte gem. § 50 GmbHG, Anfechtungsrechte etc. stehen allein dem Gesellschafter zu.

1511

Gemäß § 1071 Abs. 1 BGB bedarf die Aufhebung oder Änderung des nießbrauchsbelasteten Rechts der **Zustimmung des Nießbrauchers**. Davon erfasst ist die Kündigung der Gesellschaft durch den Nießbrauchsbesteller, die Auflösung der Gesellschaft, der Verzicht auf Bezugsrechte bei Kapitalerhöhungen sowie die Mitwirkung bei Satzungsänderungen, die die Rechtsstellung des Nießbrauchers beeinträchtigen.³⁴³ Gleiches gilt für die Zustimmung zu Umwandlungsmaßnahmen, durch die der Nießbrauch in Wegfall gelangt, etwa bei einer Spaltung »zu Null«,³⁴⁴ oder bei denen keine Anteile am neuen Rechtsträger gewährt werden können (vgl. §§ 20 Abs. 1 Nr. 3 Satz 1, 131 Abs. 1 Nr. 3 Satz 1 UmwG, etwa bei Mutter-Tochter-Verschmelzungen) oder sollen (Verzicht gem. §§ 54 Abs. 1 Satz 3, 68 Abs. 1 Satz 3, 125 Satz 1 UmwG).

1512

Richtigerweise wird die Außenhandlung des Gesellschafters durch das Fehlen der Zustimmung des Nießbrauchers nicht unwirksam, Letzteres führt also nur zu Schadenersatzansprüchen im Innenverhältnis.³⁴⁵ In der Praxis wird über § 1071 BGB hinaus bei der Nießbrauchsbestellung ein Katalog zustimmungsbedürftiger Rechtsakte konkretisiert.

---

334 *Frank*, MittBayNot 2010, 96, 101.
335 Vgl. *Fricke*, GmbHR 2008, 742, auch zur Gegenansicht.
336 *Gutachten*, DNotI-Report 2015, 60 f.; allerdings vermittelt der Nießbauch keine Stimmrechtsvollmacht mehr.
337 Zu den Anforderungen, insbes. § 57c Abs. 3 GmbHG mit Nichtigkeitsfolge analog § 241 Nr. 3 AktG, OLG Jena, 28.01.2016 – 2 W 547/15, RNotZ 2016, 326.
338 MünchHdbGesR/*Kraus*, Bd. 3, 2. Aufl. 2003, § 26 Rn. 74; darüber hinausgehend: Staudinger/*Frank*, BGB (2002), Anhang zu § 1068 f. Rn. 105.
339 Zur sog. Legitimationsermächtigung bei der Stimmabgabe (z.B. des Veräußerers an den Erwerber bei einer aufschiebend bedingten Anteilsabtretung) vgl. BGH, 11.02.2008 – II ZR 291/06, GmbH-StB 2008, 198.
340 Etwa bei Berufsträgergesellschaften, vgl. § 59e Abs. 5 BRAO.
341 Vgl. näher *Ulmer/Habersack/Löbbe*, GmbHG § 15 Rz. 187 ff.
342 *Reichert/Schlitt/Düll*, GmbHR 1998, 565, 567.
343 Vgl. *Barry*, RNotZ 2014, 401, 412.
344 Vgl. etwa OLG München, 10.07.2013 – 31 Wx 131/13, RNotZ 2013, 509; hierzu *Lutz*, notar 2015, 134 ff.
345 OLG Düsseldorf, 14.09.1998 – 3 Wx 209/98, NJW-RR 1999, 619, 620.

1513 Die Kaduzierung, § 21 GmbHG, führt nach vorheriger Androhung[346] zum ersatzlosen Untergang des Nießbrauchs, während sich bei Verschmelzung oder Spaltung (§§ 20 Abs. 1 Nr. 3 Satz 2, 131 Abs. 1 Nr. 3 Satz 2 UmwG) sowie Formwechsel (§ 202 Abs. 1 Nr. 2 Satz 2 UmwG) der Nießbrauch im Weg der **dinglichen Surrogation** an den neuen Gesellschaftsanteilen fortsetzt.[347]

Auch der Nießbraucher eines GmbH-Geschäftsanteils kann Adressat der Eigenkapitalersatzregeln sein.[348]

Hierzu folgender Formulierungsvorschlag:

▶ **Formulierungsvorschlag: Surrogate und Verwaltungsrechte beim Nießbrauch an einem GmbH-Anteil**

1514 Kapitalerhöhungen:

Das Bezugsrecht aus Kapitalerhöhungen steht ausschließlich dem Nießbrauchsbesteller zu.

Kapitalerhöhungen aus Gesellschaftsmitteln:

Der vorstehend bestellte Nießbrauch erstreckt sich auch auf neue Geschäftsanteile, die im Wege einer Kapitalerhöhung aus Gesellschaftsmitteln gebildet werden. Für den Fall, dass die automatische Erstreckung des Nießbrauchs auf die neuen Geschäftsanteile nicht wirksam sein sollte, verpflichtet sich der Nießbrauchsbesteller, vorsorglich alle Erklärungen abzugeben, die zur Bestellung des Nießbrauchs erforderlich sein sollten.

Kapitalerhöhung aus Einlagen:

Macht der Gesellschafter von seinem Bezugsrecht Gebrauch und übernimmt einen neuen Geschäftsanteil gegen Leistung von Einlagen, erstreckt sich der Nießbrauch nicht auf den neuen Geschäftsanteil.

Soweit allerdings der Ausgabekurs der neuen Geschäftsanteile nicht ihrem inneren Wert entspricht, verpflichtet sich der Nießbrauchsbesteller, dem Nießbrauchsberechtigten daran anteilig ein Nießbrauchsrecht zu bestellen. Maßgebend für die Ermittlung des Werts der Geschäftsanteile sind die §§ 199 ff. BewG enthaltenen Bewertungsgrundsätze. Durch die Bestellung des Nießbrauchs ist der Nießbrauchsberechtigte wirtschaftlich so zu stellen, als ob die Kapitalerhöhung zu einem angemessenen Ausgabekurs erfolgt wäre. Kann eine Einigung nicht erzielt werden, entscheidet ein vom Geschäftsführer der GmbH zu bestellender Wirtschaftsprüfer als Schiedsgutachter mit bindender Wirkung. Die Kosten des Gutachtens tragen beide Vertragsteile zu gleichen Teilen.

Bezugsrechtsausübung:

Sofern der Nießbrauchsbesteller sein Bezugsrecht aus einer Kapitalerhöhung nicht selbst ausübt, verpflichtet er sich, das Bezugsrecht auf den Nießbrauchsberechtigten zu übertragen. Soweit die Übertragung des Bezugsrechts nach der Satzung der Gesellschaft nicht möglich ist, ist der Nießbrauchsbesteller zur Ausübung des Bezugsrechts verpflichtet, wenn ihm der Nießbrauchsberechtigte die dafür erforderlichen Mittel in vollem Umfang zur Verfügung stellt. Der Nießbrauch erstreckt sich auf denjenigen Teil des neuen Geschäftsanteils, der dem Wertverhältnis des Bezugsrechts zum Gesamtwert der neuen Geschäftsanteile entspricht. In diesem Fall hat der Nießbrauchsbesteller dem Nießbrauchsberechtigten bzw. dessen Rechtsnachfolger die erhaltenen Mittel bei Beendigung des Nießbrauchs unverzinslich zu erstatten.

---

346 Gem. BGH, 27.09.2016 – II ZR 299/15, DNotZ 2017, 286, hierzu *Lubberich*, DNotZ 2017, 418 ff. genügt ein »Einwurf-Einchreiben«.

347 Gleiches dürfte, auch ohne ausdrückliche Nennung, gelten für die Fortsetzung an sonstigen umwandlungsrechtlichen Surrogaten, etwa die Barabfindung nach §§ 20, 125 Satz 1, 207 UmwG sowie bare Zuzahlungen nach §§ 5 Abs. 1 Nr. 3, 126 Abs. 1 Nr. 3, 196 UmwG.

348 BGH, 05.04.2011 – II ZR 173/10, ZNotP 2011, 349, so dass es ggf. gem. § 39 Abs. 1 Nr. 5 InsO zur lediglich nachrangigen Bedienung von Darlehensrückzahlungsansprüchen des Nießbrauchers in der Insolvenz der Gesellschaft kommen kann.

A. Nießbrauch — Kapitel 4

Surrogate:

Die Vertragsteile sind darüber einig, dass Surrogate des Geschäftsanteils dem Nießbrauchsbesteller alleine zustehen, sich der Nießbrauch aber ohne weiteres darauf erstreckt. Zu den Surrogaten gehören beispielsweise:
- die Liquidationsquote, § 72 GmbHG,
- das Einziehungsentgelt, § 34 GmbHG,
- die Abfindung bei sonstigem Ausscheiden,
- der Überschuss aus dem Verkauf des abandonnierten Geschäftsanteils, § 27 GmbHG,
- die Rückzahlung von Nachschüssen, § 30 Abs. 2 GmbHG,
- die Teilrückzahlung der Stammeinlage im Fall der Kapitalherabsetzung nach § 58 Abs. 2 GmbHG,
- die gewährten Anteile an dem übernehmenden Rechtsträger im Falle der Umwandlung der Gesellschaft bzw. eine Barabfindung im Sinne von § 29 UmwG.

Für den Fall, dass die automatische Erstreckung des Nießbrauchs auf ein Surrogat nicht wirksam sein sollte, verpflichtet sich der Nießbrauchsbesteller vorsorglich, alle Erklärungen abzugeben, die zur Bestellung des Nießbrauchs an dem Surrogat erforderlich sein sollten.

Mitverwaltungsrechte:

Die mit den belasteten Geschäftsanteilen verbundenen Mitverwaltungsrechte, insbesondere das jeweilige Stimmrecht, verbleiben bei dem Nießbrauchsbesteller. Gegenüber dem Nießbrauchsberechtigten verpflichtet sich der Nießbrauchsbesteller, sein Stimmrecht nur nach Weisung des Nießbrauchsberechtigten auszuüben, sofern über Gegenstände Beschluss gefasst wird, die seine Rechtsstellung (insbesondere seine Beteiligung am Gewinn) beeinträchtigen können, etwa über
- die Verwendung des Bilanzgewinns,
- Kapitalerhöhungen bzw. -herabsetzungen,
- Änderung der Berechtigungsquote am Gewinn bzw. am Liquidationserlös,
- Änderung der Einziehungstatbestände,
- Umwandlung oder Auflösung der Gesellschaft.

In diesen Fällen wird der Nießbrauchsbesteller den Nießbrauchsberechtigten rechtzeitig vor der Gesellschafterversammlung informieren und ihm Gelegenheit geben, sein Weisungsrecht auszuüben.

Alternative (jedoch u.U. ertragsteuerlich problematisch, vgl. Rdn. 1517).

Das Stimmrecht aus den belasteten Geschäftsanteilen werden Nießbrauchsbesteller und Nießbrauchsberechtigter nur gemeinschaftlich ausüben. Sie werden sich vor jeder Gesellschafterversammlung untereinander abstimmen. Sofern keine einvernehmliche Regelung erzielt werden kann, verfällt das Stimmrecht für die nießbrauchsbelasteten Geschäftsanteile.

Das Auskunfts- und Einsichtsrecht (§ 51a GmbHG) steht allein dem Gesellschafter zu; der Nießbraucher kann jedoch von der Gesellschaft solche Auskünfte verlangen, die sich auf die Gewinnverteilung beziehen. Im Verhältnis zum Gesellschafter hat der Nießbraucher das Recht, Auskunft über alle Angelegenheiten der Gesellschafter zu verlangen sowie alle Geschäftsunterlagen des Gesellschafters einzusehen, ebenso das Recht zur Überprüfung des Jahresabschlusses der Gesellschaft durch von ihm benannte Personen, soweit die Satzung oder gesetzliche Geheimhaltungsvorschriften dem nicht entgegenstehen. Zur Erhebung von Anfechtungs-, Nichtigkeits- oder Auflösungsklagen ist allein der Gesellschafter berechtigt.

Verfall »stehen gebliebener« Gewinne:

Soweit der Nießbrauchsberechtigte Anspruch auf nicht ausgeschüttete Gewinne und/oder auf Auflösung von Gewinnrücklagen und ähnlichen Rücklagen hat, muss er diese Ansprüche während des Bestehens des Nießbrauchs schriftlich geltend machen. Ist dies unterblieben, erlöschen sie mit dem Nießbrauch, sind also insbesondere nicht vererblich. Gewinnansprüche und Gewinnrücklagen stehen dann dem Gesellschafter zu.

1514a Ähnlich verhält es sich bei der **Übertragung von Aktien** in vorweggenommener Erbfolge unter Vorbehalt des Nießbrauchs. Die auch hier angesichts des Fehlens detaillierter gesetzlicher Normen und nur vereinzelter Rechtsprechung notwendige Abgrenzung der Rechte zwischen Aktionär, einerseits, und Nießbraucher, andererseits, wird typischerweise dem Nießbraucher lediglich die Dividenden zuerkennen (§§ 1068 Abs. 2, 1030 Abs. 1 und 2, 100 BGB), einschließlich etwaiger Sachdividenden (§ 58 Abs. 5 AktG), bei denen im Einzelfall der Aktionär der Gesellschaft die zur Deckung der Kapitalertragsteuer erforderlichen Beträge vorab zur Verfügung stellen muss, § 44 Abs. 1 Satz 7 ff. EStG. Sofern die Kapitalertragsteuer angerechnet werden soll (was seit Einführung der Abgeltungsteuer, § 43 Abs. 5 EStG, allerdings in der Regel nur noch für betriebliche Dividendenbezieher in Betracht kommt), also eine Kapitalertragsteuerbescheinigung nach § 45a Abs. 2 u. 3 EStG erforderlich ist (vgl. § 36 Abs. 2 Nr. 2 Satz 2 EStG), muss der Nießbrauch der Aktiengesellschaft bzw. dem die Dividende auszahlenden Kreditinstitut offengelegt werden, um den Nießbraucher als »Gläubiger der Kapitalerträge« i.S.d. §§ 43 ff. EStG zu legitimieren. Sofern Aktien in einem Bankdepot verwahrt werden, ist mit der Depotbank abzustimmen, ob diese bereit ist, zugunsten des Nießbrauchers einen **Sperrvermerk** einzutragen, um zu vermeiden, dass der Nießbraucher sonst seine Rechte aus Anlass einer Veräußerung durch den Beschenkten an einen gutgläubigen Dritten gem. § 936 BGB verliert.

1514b Aktien können (als Übertragung der Mitgliedschaft) zum Einen durch Abtretung, §§ 413, 398 ff. BGB, übertragen werden (mit der Folge, dass gutgläubiger Erwerb ausgeschlossen ist). Die Übertragung **verbriefter** Aktien, soweit es sich um **Inhaberaktien** handelt, kann zum Anderen nach allgemeinen sachenrechtlichen Grundsätzen gem. § 929 ff. BGB erfolgen kann (gutgläubiger Erwerb kommt dann gem. § 932 ff. BGB in Betracht): das Recht aus dem Papier (Mitgliedschaftsrecht) folgt in diesem Fall dem Recht am Papier; die Übergabe der Aktienurkunde kann auch durch ein Übergabesurrogat (§ 952 Abs. 2 BGB) ersetzt werden. In der Praxis wird bei verbrieften Inhaberaktien letzterer Weg gewählt. **Verbriefte Namensaktien** können ferner wertpapierrechtlich, also durch Indossament, übertragen werden (§ 68 Abs. 1 Satz 2 AktG verweist insoweit auf die wechselrechtlichen Vorschriften, Art. 12, 13 u. 16 WechselG). Ein gutgläubiger Erwerb vom Nichtberechtigten ist auch hier möglich, wenn letzterer durch Indossament legitimiert war. Auch für diesen Weg bedarf er der Übereignung der Aktienurkunde nach §§ 929 ff. BGB sowie – bei vinkulierten Namensaktien, § 68 Abs. 2 Satz 1 AktG – der Zustimmung der Gesellschaft. Wird die Namensaktie im Weg der Übertragung der Mitgliedschaft nach §§ 413, 398 ff. BGB übertragen, gehört (entgegen § 952 Abs. 2 BGB) jedenfalls nach früherer obergerichtlicher Rechtsprechung[349] auch die Übergabe der Aktienurkunde selbst zum Erwerbstatbestand, der Zustimmung der Gesellschaft bedarf es bei vinkulierten Aktien natürlich auch dann.

1514c Werden – wie heute üblich – Aktien bei einer Wertpapiersammelbank in **Sammelverwahrung** (also gem. § 5 Abs. 1 DepotG bei der Clearstream Banking AG: »Girosammelverwahrung«) verwahrt (dies ist nur für Inhaberaktien und blankoindossierte Namensaktien möglich), erfolgt die Übertragung der Aktien innerhalb des Effekten-Giroverkehrs nach § 929 Satz 1 BGB, außerhalb des Effekten-Giroverkehrs wahlweise nach § 929 ff. BGB oder als Übertragung der Mitgliedschaft nach §§ 413, 398 ff. BGB. Bei einer Dauer-Globalaktie in Girosammelverwahrung, bei der die Einzelverbriefung nach § 10 Abs. 5 AktG ausgeschlossen ist, wendet die Bankenpraxis angesichts der ungeklärten Rechtslage[350] die für die Girosammelverwahrung geltenden Grundsätze entsprechend an.

1514d Sofern (Namens-)Aktien hinsichtlich ihrer dinglichen Übertragbarkeit (das schuldrechtliche Verpflichtungsgeschäft ist davon gem. § 23 Abs. 5 AktG nicht erfasst) an die Zustimmung der Gesellschaft (also des Vorstands, § 68 Abs. 2 Satz 2 AktG, je nach Satzungsbestimmung auch im Sinn einer Bindung an den Beschluss des Aufsichtsrats, § 68 Abs. 2 Satz 3 AktG, oder der Hauptversammlung) **vinkuliert** sind, gilt dieser Vorbehalt auch für die Verpfändung einer Aktie und für die Bestellung eines Nießbrauchs.[351]

---

349 RGZ 88, 290, 292; BGH, NJW 1958, 302, 303; KG NZG 2003, 226, 227.
350 Vgl. etwa *Eder*, NZG 2004, 107, 112 ff.
351 Vgl. MünchKomm AktG/*Bayer*, § 68 AktG, Rn. 56.

Demnach könnte beispielsweise die Schenkung börsennotierter Aktien unter Nießbrauchsvorbehalt[352] folgende Formulierungen enthalten:

▶ **Formulierungsvorschlag: Schenkung börsennotierter Aktien unter Nießbrauchsvorbehalt**

Der Veräußerer überträgt hiermit an den Erwerber … Stück Inhaber-Aktien der … AG, Amtsgericht …, HRB …, die sich in Girosammelverwahrung bei der … Bank, Depot Nr. …, befinden und börsengehandelt sind. Die Übertragung der Aktien (und damit die Bestellung eines Nießbrauchs) bedarf nicht der Zustimmung der Gesellschaft.

Mit Gutschrift der Aktien auf dem Depot Nr. … des Erwerbers bei der … Bank gehen Eigentum und Besitz an den Aktien auf den Erwerber über. Der Veräußerer bleibt jedoch als Nießbraucher mittelbarer Besitzer; dieser Vertrag ist zugleich Besitzmittlungsverhältnis gem. § 868 BGB und Besitzkonstitut gem. §§ 930, 1069 Abs. 1 BGB.

Der Nießbrauch wird auf Lebenszeit des Veräußerers bestellt. Der Nießbraucher ist berechtigt, die ab heute fällig werdenden Dividenden, also den nach dem Gewinnverwendungsbeschluss auf die Aktien entfallenden Bilanzgewinn, als Nutzung zu ziehen, gleichgültig ob der Bilanzgewinn aus dem Jahresüberschuss oder durch Gewinnvortrag oder Entnahme aus Gewinnrücklagen gebildet wird. Nicht erfasst sind jedoch Ausschüttungen auf die Aktien, die nach Auflösung der Gesellschaft erfolgen, ebenso wenig Bezugsrechte und die Ausübung von Mitgliedschaftsrechten selbst, wie etwa das Recht zur Teilnahme an der Hauptversammlung, Ausübung des Stimmrechts etc. Auch die Teile des Jahresüberschusses, die in die Gewinnrücklagen eingestellt werden, sind nicht vom Nießbrauch erfasst, solange und soweit sie nicht aufgelöst und als Dividende unter die Aktionäre verteilt werden.

Der Nießbraucher hat die mit den Aktien verbundenen Aufwendungen, insbesondere die Verwahrungsentgelte für die Aktien, zu tragen bzw. dem Erwerber zu erstatten. Soweit die Auszahlung der Dividende eine vorhergehende Leistung des Aktionärs erfordert, muss der Nießbraucher diese erbringen bzw. dem Erwerber erstatten.

Im Fall der Kapitalerhöhung aus Gesellschaftsmitteln (nicht jedoch bei anderen Formen der Kapitalerhöhung) ist der Erwerber verpflichtet, dem Veräußerer auch an den neuen Aktien einen inhaltsgleichen Nießbrauch zu bestellen.

Der Erwerber ist verpflichtet, bei der Ausübung seiner Stimmrechte auf die Wahrung der Interessen des Nießbrauchers angemessen Rücksicht zu nehmen, insbesondere nicht gegen einen Beschlussvorschlag der Verwaltung zu stimmen, der die Ausschüttung einer Dividende vorsieht. Will der Erwerber selbst nicht an der Hauptversammlung teilnehmen, hat er auf Wunsch des Nießbrauchers diesem Stimmrechtsvollmacht zu erteilen. Der Erwerber ist ferner verpflichtet, dem Nießbraucher auf Verlangen alle ihm vorliegenden Informationen über die Verhältnisse der Gesellschaft, insbesondere die Geschäftsberichte, zu überlassen.

Bestellung und Bestand des Nießbrauchs sind gegenüber der Gesellschaft nur dann offenzulegen, wenn der Erwerber die Pflicht zur Weitergabe erhaltener Dividenden nicht sofort erfüllt oder wenn dies aus steuerlichen Gründen (Zurechnung zum Nießbraucher) notwendig sein sollte.

Die Beteiligten sind sich weiter einig, dass die verschenkten Aktien nur mit Einwilligung des Veräußerers (Nießbrauchers) weiterübertragen werden dürfen. Der Erwerber hat daher nachzuweisen – als aufschiebende Bedingung für die Wirksamkeit des Übertragungsvorgangs –, dass die übertragenen Aktien bei Einbuchung auf dem Depot des Erwerbers mit einem Sperrvermerk versehen sind, der den Zustimmungsvorbehalt des Veräußerers absichert.

1514e

---

[352] Im Anschluss an *Waclawik*, Formular A.1.32, in: *Hannes*, Formularbuch Vermögens- und Unternehmensnachfolge, 2. Aufl. 2017.

b) Steuerrecht

1515 Einkommensteuerlich wird in Bezug auf die Zurechnung der Einkünfte jedenfalls der Vorbehaltsnießbrauch anerkannt[353] ebenso der entgeltliche Zuwendungsnießbrauch,[354] während das Schicksal des unentgeltlichen Zuwendungsnießbrauchs an Kapitalgesellschaftsanteilen streitig ist – die Finanzverwaltung[355] sieht darin einen steuerlich unbeachtlichen Unterhaltsvorgang i.S.d. § 12 Nr. 2 EStG, so dass die Ausschüttung um die Abgeltungsteuerbelastung des Nießbrauchsbestellers gekürzt werden sollte:

▶ **Formulierungsvorschlag: Ausschüttungsumfang beim unentgeltlichen Zuwendungsnießbrauch an GmbH-Anteil**

1516 Der Umfang des Nießbrauchs beschränkt sich auf die Erträge, die nach anteiligem Abzug der persönlichen Steuerbelastung (Abgeltungsteuer) des Gesellschafters verbleiben.

1517 Behält sich der Veräußerer jedoch neben dem Nießbrauch alle mit der Beteiligung verbundenen wesentlichen (Vermögens- und Verwaltungs-)Rechte als Inhalt des Nießbrauches, also in ohne seine Mitwirkung nicht änderbarer Weise, zurück, und kann er sie im Konfliktfall auch effektiv durchsetzen, sind ihm **ertragsteuerlich** die »übertragenen« Anteile weiter ausnahmsweise gem. § 39 Abs. 2 Nr. 1 AO als **»wirtschaftliches Eigentum«** zuzurechnen,[356] ähnlich wie beim jederzeitigen Rückforderungsvorbehalt, Rdn. 2148 (zur verwandten Frage, ob der Erwerber eines nießbrauchsbelasteten Personengesellschaftsanteils noch als Mitunternehmer anzusehen ist, vgl. Rdn. 1497 ff.). Allein die zivilrechtlich wirksame Übertragung (bzw. Begründung eines Treuhandverhältnisses[357]) genügt also nicht für die ertragsteuerliche Anerkennung des Anteilsübergangs. Für die (bürgerlich-rechtlich geprägte) Schenkungsteuer gelten jedoch (wohl) großzügigere Maßstäbe.[358]

1518 Wird der vorbehaltene Nießbrauch an einer in vorweggenommener Erbfolge übertragenen GmbH-Beteiligung später (bei einem Weiterverkauf durch den Erwerber)[359] **entgeltlich abgelöst**, wird hierdurch nicht die vorweggenommene Erbfolge »nachträglich« zu einer entgeltlichen Vermögensübertragung.[360] Beim Verkaufenden dürften jedoch die Abfindungszahlungen den Veräußerungsgewinn (unter Beachtung des Teileinkünfteverfahrens nach § 3c Abs. 2 i.V.m. § 3 Nr. 40 lit. c) EStG zu 60 %) mindern.[361] Erfolgt die Ablösung unmittelbar, also nicht im Rahmen eines Weiterverkaufs, führt die Ablösesumme beim Erwerber zu nachträglichen Anschaffungskosten auf

---

353 Einkünfteversteuerung durch den Übergeber, vgl. Tz. 55 des insoweit noch maßgeblichen 1. Nießbrauchserlasses, BStBl. 1983 I, S. 508.
354 Der Besteller erteilt i.H.d. Entgeltes Einkünfte gem. § 20 Abs. 2 Nr. 2 EStG, der Nießbraucher zieht lediglich die Forderung ein (BFH, BStBl. 1970 II, S. 212).
355 Schmidt/*Heinicke*, EStG, 29. Aufl. 2010, § 20 Rn. 21 differenziert, inwieweit der Nießbraucher auch gestaltend mitbestimmt und Mitgliedschaftsrechte ausübt.
356 Vgl. BFH, 24.01.2012 – IX R 51/10, ZEV 2012, 284 m. krit. Anm. *Daragan* = MittBayNot 2013, 84 m. Anm. *Wachter* (damit hat der Erwerber sie nicht i.S.d. § 17 Abs. 2 Satz 5 EStG »erworben«), so jedenfalls bei unwiderruflicher Legitimationsermächtigung zur Stimmrechtsabgabe in allen Angelegenheiten und der Verpflichtung, vom eigenen Stimmrecht keinen Gebrauch zu machen; *Ihle*, notar 2012, 208; *Barry*, RNotZ 2014, 401, 419 f.
357 § 39 Abs. 2 Satz 1 Nr. 2 AO; das Treuhandverhältnis ist auch anzuerkennen, wenn die Treugeberrechte nur »gepoolt« ausgeübt werden können: BFH, 21.05.2014 – I R 42/12, EStB 2014, 358.
358 Zu Recht *Götz*, DStR 2013, 448 ff.: Übergang des zivilrechtlichen Eigentums genügt; großzügiger auch FG Düsseldorf, 26.04.2013 – 1 K 1143/12 E, ErbStB 2014, 60: schädlich wäre nur der Vorbehalt jederzeitiger Rückforderung.
359 Tunlich unter Einhaltung der 5-Jahres-Frist des § 13a Abs. 5 ErbStG, sofern der Betriebsvermögenssonderfreibetrag in Anspruch genommen wurde.
360 BFH, 14.06.2005 – VIII R 14/04, ErbStB 2005, 337.
361 Wie bei Immobilienübertragungen, vgl. Nießbrauchserlass BStBl. 1998 I, S. 914 Tz. 57.

die unentgeltlich (i.S.d. § 17 Abs. 2 Satz 5 EStG, also unter Fortführung der bisherige Buchwerte) erworbene Beteiligung.[362]

Zu den ertragsteuerlichen Auswirkungen (und Entnahmegefahren!) vorbehaltenen Nießbrauchs an einem Betriebsgrundstück vgl. Rdn. 5779 ff., am Besitz- und/oder Betriebsunternehmen bei der Betriebsaufspaltung vgl. Rdn. 5774, am Kapitalgesellschaftsanteil bei vorweggenommener Erbfolge vgl. Rdn. 6102. 1519

Schenkungsteuerlich wird beim vorbehaltenen Nießbrauch an Aktien die Nießbrauchslast nur gekürzt (im Verhältnis des vollen Werts zum gem. § 13a ErbStG reduzierten Wert) angesetzt, § 10 Abs. 6 Satz 4 ErbStG,[363] Rdn. 4795 ff. Zu den schenkungsteuerlichen Auswirkungen vorbehaltener bzw. zugewendeter Nießbrauchsrechte vgl. im Übrigen insgesamt Rdn. 4834 ff. 1520

VII. Nießbrauch an Erbteilen

Der Nießbrauch an einem Erbteil eines Miterben ist (anders als der Nießbrauch am Nachlass oder an einem Bruchteil des Nachlasses, siehe Rdn. 1523) Nießbrauch an einem Recht, wird also gemäß §§ 1068 ff. BGB bestellt, d.h. durch notarielle Beurkundung gemäß §§ 1069 Abs. 1, 2033 Abs. 1 Satz 2 BGB; gleiches gilt für die Verpflichtung zur Bestellung (§§ 2371, 2385 BGB). Er besteht (ebenso wenig wie im Fall einer Pfändung des Erbteils[364]) **nicht an den Nachlassgegenständen** unmittelbar.[365] Analog § 2041 Satz 1 BGB kommen dem Erbteilsnießbraucher auch die in den Nachlass gelangten Surrogate zugute. Inhaltlich gebühren ihm die Nutzungen als Reinerlös des Erbanteils. 1521

Hinsichtlich der Mitgliedschaftsrechte in der Erbengemeinschaft kann nach h. M. analog § 1066 Abs. 2 BGB die Erbauseinandersetzung nur vom Nießbraucher und Miterben gemeinsam verlangt werden, und auch die rechtsgeschäftliche Erbauseinandersetzung bedarf analog § 1071 BGB der Zustimmung des Erbteilsnießbrauchers; im Anschluss erwirbt er analog § 1066 Abs. 3 BGB (obwohl es sich nicht um einen Sachnießbrauch handelt) den Nießbrauch an den in der Erbengemeinschaft erworbenen Surrogaten.[366] Aus dem Rechtsgedanken des § 1071 BGB ergibt sich auch die überwiegend anerkannte Eintragungsfähigkeit des Erbteilsnießbrauchs an Grundstücken, die zum Nachlass gehören[367] (ebenso wie bei der Pfändung eines Erbteils[368]). Es handelt sich um eine Grundbuchberichtigung, der Unrichtigkeitsnachweis gem. § 22 GBO gelingt durch Vorlage der notariellen Nießbrauchsbestellungsurkunde. 1522

---

362 BFH, 18.11.2014 – IX R 49/13, MittBayNot 2016, 89 m. Anm. *Schießl* = EStB 2015, 43 (hierzu *Ihle,* notar 2015, 132 f. und *Ihle,* notar 2016, 49, 58); schenkungsteuerlich wurde ja der Nießbrauch beim Erwerb abgezogen (Streichung des § 25 ErbStG!); der spätere »entgeltliche Verzicht« lässt dies unberührt.

363 Ebenso für die Rechtslage vor 2009 FG Baden-Württemberg, ErbStB 2003, 281 (analog § 10 Abs. 6 Satz 5 ErbStG a.F.).

364 Er kann die Nachlassgegenstände daher auch nicht allein zur Befriedigung seiner Forderung veräußern, vgl. OLG Köln, 25.08.2014 – 2 Wx 230/14, MittBayNot 2016, 342 m. Anm. *Ruhwinkel*; Vgl. zur Pfändung des Erbteils *Stritter,* ZErb 2015, 6 ff.

365 Und kann daher nicht durch einen Testamentsvollstrecker bestellt werden, da sich dessen Verfügungsrecht nur auf die einzelnen Nachlassgegenstände bezieht, vgl. § 2205 Satz 2 BGB, *Gutachten,* DNotI-Report 2014, 155.

366 Ähnlich BGHZ 52, 99, 105 ff. für das Pfandrecht an einem Erbanteil.

367 OLG Hamburg, 19.08.2015 – 2 U 16/13, ZErb 2016, 209; OLG Hamm, DNotZ 1977, 376; *Schöner/Stöber,* Grundbuchrecht, 15. Aufl. 2012, Rn. 1366 mit Formulierungsvorschlag.

368 Auch bei der Vorpfändung, § 845 ZPO, OLG Naumburg, 19.11.2015 – 12 Wx 46/15, ZEV 2016, 437 m. Anm. *Stritter*.

1523 Vom Erbteilsnießbrauch, also einem Nießbrauch an einem Recht, zu unterscheiden ist der **Nießbrauch am Nachlass selbst** (Nießbrauch an einer Erbschaft,[369] § 1089 BGB, bzw. an einem Bruchteil einer Erbschaft, der nicht in einem einzelnen Miterbanteil besteht). Rechtsgrundlage ist typischerweise ein letztwillig angeordnetes Vermächtnis; eine vertragliche Verpflichtung zur Nießbrauchsbestellung am Nachlass bedarf analog §§ 311b Abs. 3, 2371, 2385 Abs. 1 BGB der notariellen Beurkundung. Die dingliche Bestellung jedoch erfolgt, vgl. §§ 1089, 1085 Satz 1 BGB, an den einzelnen Gegenständen des Nachlasses nach den für sie geltenden Vorschriften, so dass die Bestellungsakte von allen Miterben gemeinsam vorgenommen werden müssen, § 2040 Abs. 1 BGB. Der solchermaßen geschaffene Nießbrauch bleibt auch nach dem Ausscheiden des belasteten Gegenstands aus dem Nachlass, etwa als Folge einer Veräußerung oder Erbauseinandersetzung, bestehen, sofern nicht ein gutgläubiger lastenfreier Erwerb Dritter stattfindet. Der Nießbraucher erhält die Nutzungen der einzelnen Nachlassgegenstände, nicht die Nutzungen der »Erbschaft als solcher«.

1524 Nachlassgläubiger[370] i.S.d. § 1967 Abs. 2 BGB haben gemäß § 1089 i.V.m. §§ 1085 Satz 2, 1086, 1088 Abs. 1 u. 2 BGB einen unmittelbaren Anspruch auf Duldung der Zwangsvollstreckung gegen den Nießbraucher; prozessual sind §§ 737 Abs. 2, 738 Abs. 2 ZPO maßgebend. Für das Innenverhältnis zwischen Nießbraucher und Erben gelten die (dispositiven)[371] §§ 1087, 1088 Abs. 3 BGB entsprechend, vgl. § 1089 i.V.m. § 1085 Satz 2 BGB.

B. Wohnungsrecht

I. Begriff, Rechtsinhalt

1. Abgrenzung zu ähnlichen Rechtsinstituten

1525 Zu unterscheiden ist das **dingliche Wohnungsrecht** im eigentlichen Sinn gem. § 1093 BGB – dies ist i.d.R. bei schlichter Verwendung des Begriffs »Wohnungsrecht« gemeint[372] – als Sonderform der beschränkten persönlichen Dienstbarkeit von
(1) einem lediglich »schuldrechtlichen Wohnungsrecht« (Rdn. 1526)
(2) einem bloßen Benutzungs- oder Mitbenutzungsrecht als Grundform i.S.e. beschränkten persönlichen Dienstbarkeit gem. §§ 1090 ff. BGB (s. Rdn. 1528),
(3) von einer Wohnungsgewährungsreallast (s. Rdn. 1536 ff.),
(4) einem Dauerwohnrecht. (s. Rdn. 1543).

a) Schuldrechtliches Wohnungsrecht: Wohnungsleihe

1526 Bei einem »**lediglich schuldrechtlichen**« Wohnungsrecht handelt es sich um eine **Wohnungsleihe**, §§ 598 ff. BGB.[373] Auch diese berechtigt lediglich zur Eigennutzung, nicht zur Vermietung,[374] und unterliegt, da nicht übertragbar, ebenso wenig wie das Wohnungsrecht der Pfändung (Rdn. 1571) bzw. dem Insolvenzbeschlag. Der Grundstückseigentümer (bzw. sein Insolvenzverwalter) ist jedoch wegen der Unentgeltlichkeit im Zweifel zur jederzeitigen Rückforderung –

---

369 Möglich ist auch ein Quotennießbrauch am Gesamtnachlass, der lediglich einen Teil der Nutzungen des Nachlasses gewährt.
370 Bei der den Erben als solchen treffenden Erbschaftsteuer handelt es sich (ungeachtet der Haftung des Nachlasses gemäß § 20 Abs. 3 ErbStG) nicht um eine Nachlassverbindlichkeit, so dass §§ 1086, 1088 Abs. 1 BGB hierfür nicht gelten, vgl. OLG Hamm, OLGZ 90, 393, 395.
371 So kann etwa nach BFH, BStBl. 1979 II, 562, 564, der Wille des Erblassers darauf gerichtet sein, dass der Nießbrauch nur das nach Entrichtung der Erbschaftsteuer dem Erben verbleibende Vermögen erfassen soll.
372 OLG Frankfurt, 08.05.2012 – 20 W 425/11, NotBZ 2013, 56, 58.
373 BGH, 11.12.1981 – V ZR 247/80, NJW 1982, 820; BGH, 11.07.2007 – IV ZR 247/80, ZEV 2008, 192.
374 OLG Celle, 25.03.2004 – 11 U 201/03, NJW-RR 2004, 1595.

§ 604 Abs. 3 BGB – und »wenn der infolge eines nicht vorhergesehenen Umstandes der Sache bedarf« zur Kündigung, § 605 Nr. 1 BGB, berechtigt. Die bloße Einräumung einer solchen Wohnungsleihe ist daher, mangels dauerhafter Vermögenszuwendung, keine Schenkung (Rdn. 32), und zwar auch dann nicht, wenn das »Eigenbedarfskündigungsrecht« des Verleihers vertraglich ausgeschlossen ist,[375] ebenso wenig liegt im »Verzicht« des Berechtigten auf eine solche Leihe eine Schenkung, und zwar (wohl) auch nicht im schenkungsteuerlichen Sinne (Rdn. 4842). Der »nur schuldrechtlich Wohnungsberechtigte« sollte also darauf drängen, dass diese (dispositiven) Normen (etwa i.S.e. »Leihe auf Lebenszeit«) ausgeschlossen werden (Rdn. 1527).[376] (Nur) dann kann die vorbehaltene Wohnungsleihe auch zivilrechtlich den Schenkungsanteil mindern.[377] Tatsächlich dürfte, wenn (etwa in Vermächtnissen) ein »Wohnrecht« zugewendet wird, das (eintragungsbedürftige) dingliche Wohnungsrecht gemeint sein.[378]

▶ **Formulierungsvorschlag: Schuldrechtliches Wohnungsrecht mit Schutzvorkehrungen**

Der Berechtigte ist in schuldrechtlicher Weise berechtigt, auf Lebenszeit die Räume ... zu Wohnzwecken zu nutzen, unter Ausschluss des Eigentümers. Eine Überlassung ist nur an Angehörige i.S.d. § 15 AO gestattet. Der Berechtigte trägt bis zum Erlöschen des schuldrechtlichen Wohnungsrechtes die für die betreffenden Räume anfallenden Nebenkosten in entsprechender Anwendung der BetriebskostenVO. Eine dingliche Sicherung kann nicht verlangt werden. Abweichend von §§ 598 ff. BGB ist der Eigentümer nur zur Kündigung des Wohnungsrechtes berechtigt, wenn der Berechtigte ihm obliegende Pflichten trotz Abmahnung verletzt, nicht jedoch z.B. gem. § 604 Abs. 3 BGB oder gem. § 605 Nr. 1 BGB.

1527

b) (Mit-)Benutzungsrecht gem. §§ 1090 ff. BGB

Wesensmerkmal des Wohnungsrechts im eigentlichen Sinn (§ 1093 BGB) ist in Abgrenzung vom »allgemeinen Institut« der beschränkten persönlichen Dienstbarkeit
(1) der **Ausschluss**[379] **des Eigentümers** von der Benutzung des Gebäudes oder Gebäudeteils (zumindest Zimmers), auf das sich das Wohnungsrecht bezieht (bei gemeinschaftlicher Benutzung aller Bereiche ist also nur eine beschränkte persönliche Dienstbarkeit möglich); unschädlich ist nur das Mitbenutzungsrecht des Eigentümers an unbebauten Grundstücksteilen, an Nebenräumen oder Einrichtungen, die dem **gemeinsamen Gebrauch** aller Hausbewohner dienen (vgl. § 1093 Abs. 3 BGB). Der Inhaber des Mitbenutzungsrechtes und der Eigentümer der dienenden Immobilie können, sofern der genaue Inhalt der Mitbenutzung nicht vereinbart ist, analog § 745 Abs. 2 BGB eine Ausübungsregelung verlangen und zuvor Unterlassungsansprüche gem. §§ 1004, 1027 BGB geltend machen;[380] ab gerichtlicher Geltendmachung bzw. ernsthafter Verweigerung der Mitbenutzung kann ferner eine Nutzungsentschädigung geschuldet sein.[381] Steht dem Wohnungsberechtigten das alleinige Nutzungsrecht an Nebenanlagen (et-

1528

---

375 BGH, 27.01.2016 – XII ZR 33/1574, ZErb 2016, 140 = EE 2016, 74 m. Anm. *Möller*: daher kann auch der Vorerbe eine solche Wohnungsleihe gewähren, ohne gegen § 2113 Abs. 2 BGB zu verstoßen, der Nacherbe ist daran nicht gebunden, sofern er nicht ohnehin Erbe des Vorerbe ist (arg e contrario zu § 2135 BGB: Bindung nur an einen Mietvertrag; insoweit a.A. *Kuhn*, ZEV 2016, 609 ff.: sofern der Leihvertrag sich als ordnungsgemäße Verwaltung darstellt, ist er gem. § 2144 Abs. 1 BGB als Nachlassverbindlichkeit zu übernehmen, ebenso a.A. *Küpper*, ZEV 2017, 61 ff.). Auch eine zu Schadensersatz verpflichtende Verschlechterung i.S.d. § 2138 Abs. 2 BGB liegt nicht vor.
376 Beispiel: LG Deggendorf, 27.01.2002 – 1 O 438/01, ZEV 2003, 247. Tatsächlich handelte es sich eher um ein dingliches Wohnungsrechtsvermächtnis.
377 OLG Koblenz, 23.01.2013 – 5 U 789/12 (im Rahmen einer Prüfung, ob eine vollentgeltliche, ein Vorkaufsrecht auslösende, Veräußerung stattfindet).
378 OLG Schleswig, 03.12.2013 – 3 U 16/13, RNotZ 2014, 240; *Grziwotz*, ZEV 2010, 130 ff.
379 Nach LG Fulda, NJW-RR 1989, 777, soll der Eigentümer nicht einmal zur Besichtigung berechtigt sein.
380 BGH, 19.09.2008 – V ZR 164/07, ZNotP 2008, 496 (zu einer Parkplatzmitbenutzungsdienstbarkeit).
381 BGH, NJW 1966, 1707.

wa einem Kfz-Stellplatz) zu, muss dies zur Wahrung des sachenrechtlichen Bestimmtheitsgrundsatzes genau bezeichnet sein (nicht: »ein von ihm auszuwählender freier Stellplatz«).[382]

1529 (2) Hauptzweck des Wohnungsrechts muss ferner stets die **Wohnnutzung** sein; eine andersartige Nutzung ist allenfalls als Nebenzweck denkbar. Steht die anderweitige Nutzung (etwa als Büro) im Vordergrund, kommt nur eine schlichte Benutzungsdienstbarkeit in Betracht (die allerdings wiederum sachenrechtlich voraussetzt, dass dem Eigentümer mind. eine sinnvolle Nutzungsmöglichkeit verbleibt, andernfalls bleibt nur der Nießbrauch,[383] da § 1018, 1. Alt. BGB und § 1090 BGB jeweils lediglich die »Nutzung in einzelnen Beziehungen«[384] umfassen).

1530 (3) Schließlich müssen Gegenstand des Wohnungsrechts ein **Gebäude oder Gebäudeteile** sein; eine Erstreckung auf unbebaute Grundstücksteile (z.B. Garagenzufahrt, Garten) oder nicht zum Wohnen bestimmte Gebäude (z.B. Garage, Stall) desselben Grundstücks ist zulässig, wenn die Benutzung i.R.d. hauptsächlichen Wohnzwecks liegt. Befinden sich diese Nebeneinrichtungen auf einem anderen Grundstück, kann an jenem anderen Grundstück aber nur eine beschränkte persönliche Dienstbarkeit i.S.d. § 1090 BGB bestellt werden.[385]

1531 Eine Mitbenutzungsdienstbarkeit »am gesamten Grundstück und Gebäude«[386] wird bspw. häufig bei Übertragungen unter Ehegatten[387] oder zugunsten des Lebensgefährten[388] vorbehalten, mit der Maßgabe, dass es zum vollen und ausschließlichen Wohnungsrecht erstarke, wenn das Eigentum (sei es aufgrund Erbfalls, Weiterveräußerung oder Zuschlags in einer Zwangsversteigerung) auf einen Dritten übergeht oder die Ehegatten länger als 6 Monate getrennt leben i.S.d. § 1567 BGB. Häufig werden dieselben Tatbestände (zustimmungswidrige Weiterveräußerung, Zugriff von dritter Seite, Getrenntleben etc.) auch – und alternativ, Rdn. 1534 – als Tatbestände definiert, die zur Rückforderung in Bezug auf die Immobilie als solche berechtigen, vgl. Rdn. 3198 ff.

1532 Waren beide Ehegatten zuvor Miteigentümer je zur Hälfte und werden die bezeichneten Rechte im Zug einer Übertragung des Halbanteils an den anderen Ehegatten eingetragen, muss Letzterem allerdings bewusst sein, dass bei Ausübung der Wohnungsrechtsoption durch den Veräußerer ihm, dem Erwerber, kein Nutzungsrecht mehr am Objekt zusteht, anders als beim vor der Übertragung bestehenden Miteigentum, vgl. auch den diesbezüglichen Hinweis im Formulierungsvorschlag Rdn. 1533 und im Gesamtmuster Rdn. 6759.

Wegen des sachenrechtlichen Typenzwangs sind zwei dingliche Rechte erforderlich:[389]

---

382 *Gutachten*, DNotI-Report 2012, 10 ff.; *Schöner/Stöber*, Grundbuchrecht, Rn. 1248, 1258.
383 Vgl. zur Abgrenzung Staudinger/*Mayer*, J. BGB [2009], § 1018 Rn. 94 ff.
384 Daher keine Dienstbarkeit des Inhalts, bestimmte Räume unter Ausschluss des Eigentümers »umfassend zu nutzen«, vgl. OLG München, 22.02.2010 – 34 Wx 3/10, DNotZ 2010, 845, m. Anm. *Kanzleiter*; vgl. auch *Demharter*, MittBayNot 2010, 390 [kein »Wohnungsrecht als Grunddienstbarkeit«, unschädlich ist jedoch die faktische Ausschließlichkeit der Nutzung, die sich daraus ergibt, dass jedenfalls derzeit der Raum nicht vom anderen Grundstück aus zugänglich ist]. OLG Schleswig, 16.03.2011 – 2 W 47/10 [referiert bei *Michael*, notar 2011, 359, 363] hält es demgegenüber für ausreichend, dass noch andere Räume des Anwesens vom Eigentümer genutzt werden können. Überblick bei *Hertel*, in: DAI-Skript Aktuelle Probleme der notariellen Vertragsgestaltung im Immobilienrecht 2010/2011, S. 198 ff.
385 BayObLG, DNotZ 1976, 227.
386 Dies ist zulässig, vgl. OLG Frankfurt, DNotZ 1986, 93; OLG Düsseldorf, MittRhNotK 1997, 358.
387 Ebenso wie beim Miteigentum beider Ehegatten an der Ehewohnung kann dem Begünstigten eines Mitbenutzungsrechtes ein Zahlungsanspruch analog § 745 Abs. 2 BGB zustehen, wenn er nach endgültiger Trennung aus der Immobilie ausgezogen ist, BGH, 04.08.2010 – XII ZR 14/09, DNotZ 2011, 58.
388 Nach FG München, 22.03.2006 – 4 K 1631/04, ErbStB 2011, 123 ist ein solches Mitbenutzungsrecht nicht schenkungsteuerlich bewertbar.
389 Unzulässigkeit von »Mischformen«: *Gutachten*, DNotI-Report 2002, 91; a.A. LG Lübeck, 19.08.1999 – 7 T 461/97, n.v. (»Sammelbuchung zur Vereinfachung«: eine Eintragung genüge).

B. Wohnungsrecht   Kapitel 4

▶ **Formulierungsvorschlag: Mitbenutzungsrecht mit aufschiebend bedingtem Wohnungsrecht bei Eigentumsverlust oder Trennung**

Die Beteiligten vereinbaren zugunsten des veräußernden Ehegatten auf dessen Lebensdauer: 1533

Ein Mitbenutzungsrecht in dem übergebenen Anwesen. Dieses besteht in dem Recht der Mitbenutzung zu Wohnzwecken (und als häusliches Arbeitszimmer) sämtlicher Räume des Anwesens samt Einrichtungen und Garten sowie Nebenanlagen mit Ausnahme von …… . Der Berechtigte hat sich an den gesamten laufenden Lasten und Kosten des Anwesens – auch den außergewöhnlichen Kosten – hälftig zu beteiligen.

Sobald das Eigentum an dem Vertragsbesitz auf jemanden anderen als den Erwerber übergehen sollte (*Anm. [je nach Sachverhalt ggf. folgender Zusatz]: oder Veräußerer und Erwerber länger als sechs Monate getrennt leben sollten i.S.d. § 1567 BGB*), erstarkt dieses Mitbenutzungsrecht (aufschiebend bedingt auf den Zeitpunkt des Eigentumsübergangs auf einen Dritten (*Anm. [je nach Sachverhalt ggf. folgender Zusatz]: bzw. des Ablaufes des Getrenntlebenszeitraumes*) zu einem Wohnungsrecht mit folgendem Inhalt:
- Der Wohnungsberechtigte ist zur ausschließlichen Benutzung des gesamten Anwesens berechtigt (mit den oben genannten Ausnahmen) – unter Ausschluss des Eigentümers – und dem Recht auf Mitbenutzung der zum gemeinsamen Gebrauch der Hausbewohner bestimmten Anlagen, Einrichtungen und Räume, insbesondere des Gartens.
- Der Eigentümer ist verpflichtet, die dem Wohnungsrecht unterliegenden Räume auf eigene Kosten in gut bewohnbarem und beheizbarem Zustand zu halten.
- Der Wohnungsberechtigte hat die Schönheitsreparaturen für die dem Wohnungsrecht unterliegenden Räume und die hierfür anfallenden, gesondert erfassten Verbrauchsgebühren allein zu tragen.
- Die Kosten für Kaminkehrer, Müllabfuhr und Abwasser sowie die nicht gesondert erfassten Verbrauchsgebühren sind vom Wohnungsberechtigten anteilig – im Verhältnis der von ihm benutzten Wohnfläche zur Gesamtwohnfläche des Hauses – zu bezahlen.
- Eine Übertragung der Ausübung des Wohnungsrechts ist dem Berechtigten nicht gestattet, eine Vermietung oder Untervermietung somit nicht möglich.
- Das Wohnungsrecht erlischt auch dinglich, wenn es voraussichtlich auf Dauer nicht mehr ausgeübt werden kann; der Berechtigte ist dann zur Bewilligung der Löschung verpflichtet. Geldersatzansprüche werden aus jedem Rechtsgrund ausgeschlossen, es sei denn der Eigentümer hat den Wegzug zu vertreten.

Der Wohnungsberechtigte wurde vom Notar darüber belehrt, dass sein Wohnungsrecht (u.U. entschädigungslos) untergehen kann, wenn aus im Grundbuch an besserer Rangstelle eingetragenen Grundpfandrechten die Zwangsvollstreckung betrieben würde.

Der Erwerber bestellt hiermit das Mitbenutzungsrecht als beschränkte persönliche Dienstbarkeit sowie das aufschiebend bedingte Wohnungsrecht an dem in § 1 beschriebenen Grundbesitz zugunsten des Berechtigten und

bewilligt und beide Beteiligten beantragen

auf Kosten des Berechtigten

deren Eintragung an nächstoffener Rangstelle im Grundbuch, das Wohnungsrecht im Rang nach dem Mitbenutzungsrecht.

Ggf: Ergänzung um die Formulierung Rdn. 1202 zur auflösenden Bedingtheit beider dinglicher Rechte durch Eigenurkunde des Notars.

Ggf: Den Beteiligten ist bewusst, dass bei Eintritt der aufschiebenden Bedingung für das Wohnungsrecht dem Erwerber – anders als beim derzeitigen Miteigentum – kein (Mit-)Nutzungsrecht mehr am Objekt zusteht.

Die beste Absicherung für den veräußernden Ehegatten wird freilich dadurch gewährleistet, dass 1534
ihm wahlweise – auf der Ebene des Eigentums – das Recht auf Rückforderung des übertragenen

Miteigentumsanteils bzw. des übertragenen Gesamteigentums eingeräumt wird,[390] oder auch – auf der Nutzungsebene – er befugt ist, sich auf die Absicherung über das Mitbenutzungsrecht und das aufschiebend bedingte Wohnungsrecht zurückzuziehen. Die Tatbestände, an die das Rückforderungsrecht, einerseits, bzw. das »Erstarken« des Mitbenutzungsrechts zum Wohnungsrecht (also die Umstände seiner aufschiebenden Bedingtheit), andererseits, anknüpfen, können durchaus identisch sein. Die bloße Nutzungsebene wird im Ernstfall insbesondere dann aktiviert werden, wenn der veräußernde Ehegatte Gefahr läuft, das wiedererlangte Eigentum (etwa als Folge eines Gläubigerzugriffs) zu verlieren, und er daher das (unpfändbare) Wohnungsrecht bevorzugt, oder aber wenn die Beteiligten, etwa im Scheidungsfall, sich kompromisshalber darauf einigen, das Eigentum gleich auf die gemeinsamen Kinder zu übertragen, so dass dem veräußernden Ehegatten das Wohnungsrecht genügt. Zur Kombinationsmöglichkeit vgl. auch Rdn. 3200 f. sowie das Gesamtmuster in Rdn. 6759; ebenso folgenden

▶ **Formulierungsvorschlag: Mitbenutzungsrecht mit aufschiebend bedingtem Wohnungsrecht oder wahlweise Rückforderungsrecht bei Eigentumsverlust oder Trennung**

1535 Vorbehaltene Rechte

a) Mitbenutzungs- und Wohnungsrecht

Die Beteiligten vereinbaren zugunsten des Veräußerers unentgeltlich auf dessen Lebensdauer:

Ein Mitbenutzungsrecht in dem übergebenen Grundbesitz. Dieses besteht in dem Recht der Mitbenützung sämtlicher Räume samt Einrichtungen zu Wohnzwecken oder als häusliches Arbeitszimmer, samt Außen- sowie Nebenanlagen. Der Berechtigte hat sich an den gesamten laufenden Lasten und Kosten des Anwesens – auch den außergewöhnlichen Kosten – hälftig zu beteiligen.

Sobald das Eigentum an dem Vertragsbesitz auf jemanden anderen als den Erwerber übergehen sollte, oder Veräußerer und Erwerber länger als sechs Monate getrennt leben sollten im Sinne des § 1567 BGB, erstarkt dieses Mitbenutzungsrecht (aufschiebend bedingt auf den Zeitpunkt des Eigentumsübergangs auf einen Dritten bzw. des Ablaufes des Getrenntlebenszeitraumes) zu einem Wohnungsrecht mit folgendem Inhalt:

Der Wohnungsberechtigte ist zur ausschließlichen Benützung des gesamten Anwesens berechtigt

– unter Ausschluss des Eigentümers –

und dem Recht auf Mitbenützung der zum gemeinsamen Gebrauch der Hausbewohner bestimmten Anlagen, Einrichtungen und Räume, insbesondere der Außen- und Nebenanlagen.

Der Eigentümer ist verpflichtet, die dem Wohnungsrecht unterliegenden Räume auf eigene Kosten in gut bewohnbarem und beheizbarem Zustand zu halten.

Der Wohnungsberechtigte hat die Schönheitsreparaturen für die dem Wohnungsrecht unterliegenden Räume und die hierfür anfallenden, gesondert erfassten Verbrauchsgebühren allein zu tragen.

Die Kosten für Kaminkehrer, Müllabfuhr und Abwasser sowie die nicht gesondert erfassten Verbrauchsgebühren sind ebenfalls vom Wohnungsberechtigten zu tragen.

Eine Übertragung der Ausübung des Wohnungsrechts ist dem Berechtigten nicht gestattet, eine Vermietung oder Untervermietung somit nicht möglich.

Das Wohnungsrecht erlischt auch dinglich, wenn es voraussichtlich auf Dauer nicht mehr ausgeübt werden kann; der Berechtigte ist dann zur Bewilligung der Löschung verpflichtet. Geldersatzansprüche werden aus jedem Rechtsgrund ausgeschlossen, es sei denn der Eigentümer hat den Wegzug zu vertreten.

Der Wohnungsberechtigte wurde vom Notar darüber belehrt, dass sein Wohnungsrecht (u.U. entschädigungslos) untergehen kann, wenn aus im Grundbuch an besserer Rangstelle eingetragenen Grundpfandrechten die Zwangsvollstreckung betrieben würde.

---

390 Vgl. im Einzelnen Rdn. 3198 ff.

Der Erwerber bestellt hiermit das Mitbenutzungsrecht als beschränkte persönliche Dienstbarkeit sowie das aufschiebend bedingte Wohnungsrecht an dem in § 1 beschriebenen (gesamten) Grundbesitz zugunsten des Berechtigten und

bewilligt und beantragt

deren Eintragung an nächstoffener Rangstelle im Grundbuch, das Mitbenutzungsrecht vor dem aufschiebend bedingten Wohnungsrecht.

Ggf: Ergänzung um die Formulierung Rdn. 1202 zur auflösenden Bedingtheit beider dinglicher Rechte durch Eigenurkunde des Notars.

Ggf: Den Beteiligten ist bewusst, dass bei Ausübung der Wohnungsrechtsoption dem Erwerber – anders als beim derzeitigen Miteigentum – kein (Mit-)Nutzungsrecht mehr am Objekt zusteht.

b) Rückforderungsrecht

Vereinbarungsgemäß hat der Erwerber weiter den Vertragsbesitz (erworbenen Halbanteil) auf höchstpersönliches Verlangen des Veräußerers an diesen zurückzuübertragen und rückaufzulassen, wenn

aa) er ihn ohne Zustimmung des Veräußerers (bzw. seines Vertreters) weiterveräußert, vermietet oder belastet, oder

bb) bzgl. des Vertragsbesitzes das Insolvenz- oder Zwangsversteigerungs- bzw. Zwangsverwaltungsverfahren eröffnet wird oder eine Sicherungshypothek eingetragen wird, oder

cc) eingetragene Grundpfandrechte (re-)valutiert werden ohne Zustimmung des Veräußerers, oder

dd) der Erwerber vor dem Veräußerer verstirbt – sofern der Veräußerer dann Alleinerbe ist, ist die heutige Veräußerung für diesen Fall sogar auflösend bedingt –, oder

ee) der Erwerber dem Veräußerer nicht zumindest den Mitbesitz einräumt, oder

ff) das Finanzamt für die heutige Übertragung Schenkungsteuer festsetzen sollte oder

gg) die Beteiligten länger als sechs Monate getrennt leben im Sinne des § 1567 BGB. Wird in diesem Fall das Rückübertragungsverlangen nicht spätestens bis zur Rechtskraft der Scheidung gestellt, entfällt die Rückforderungsmöglichkeit auch aus allen anderen Gründen; die etwa zur Sicherung des bedingten Rückforderungsanspruchs bewilligte Vormerkung ist auf Kosten des Erwerbers zu löschen.

Erwerber und Veräußerer sind bei Ausübung des Rückforderungsrechtes im Zuge eines etwaigen Zugewinnausgleichsverfahrens bei Scheidung so zu stellen, als habe die Überlassung in dieser Urkunde nie stattgefunden, so dass eine etwa eingetretene Werterhöhung des Vertragsbesitzes während der Ehezeit, auch soweit diese durch die Tilgung von Verbindlichkeiten oder durch Investitionen – gleich von welcher Seite – eintritt, sich bei beiden Ehegatten zu gleichen Teilen auswirkt.

In jedem der vorgenannten Fälle hat die Übertragung und Auflassung unverzüglich auf Verlangen des Berechtigten zu erfolgen. Der Berechtigte hat die im Grundbuch eingetragenen Rechte in Abt. II und III dinglich zu übernehmen, soweit sie im Rang vor der nachstehend bestellten Auflassungsvormerkung eingetragen sind. Im Übrigen erfolgt die Rückübertragung unentgeltlich, eine direkte Erstattung etwaiger Investitionen oder Tilgungsbeiträge des Erwerbers ist also nicht geschuldet. Die Kosten der Rückauflassung hat jedoch der Anspruchsberechtigte zu tragen.

Die Beteiligten stellen klar, dass die Berechtigungen aus a) und b) (zum Wohnungsrecht erstarkte Nutzungsberechtigung oder Rückforderungsrecht), sofern die Tatbestände deckungsgleich sind (Veräußerung/Scheidung) nach Wahl des Berechtigten unabhängig nebeneinander stehen. Die Vertragsteile sind sich über die Einräumung des bedingten Anspruchs einig. Der Anspruch ist nicht vererblich und nicht übertragbar und erlischt somit mit dem Ableben des Berechtigten, wenn er nicht vorher geltend gemacht wurde.

Zur Sicherung des vorstehend eingeräumten, bedingten Anspruchs auf Rückübertragung bestellt hiermit der Erwerber zugunsten des vorgenannten Berechtigten eine Vormerkung an dem in § 1 beschriebenen (gesamten) Grundbesitz, gerichtet auf Übertragung eines ideellen Halbanteils, und

bewilligt und beantragt

deren Eintragung im Grundbuch, im Rang nach den Rechten oben a). Die Vormerkung ist als Sicherungsmittel auflösend befristet. Sie erlischt mit dem Tod des Berechtigten.

c) Wohnungsgewährungsreallast (§ 1105 BGB)

1536 Eine Wohnungsgewährungsreallast gem. § 1105 BGB verpflichtet den belasteten Grundstückseigentümer[391] zu einem aktiven Tun i.S.d. Errichtung oder des Aufrechterhaltens einer Wohnung oder eines Wiederaufbaus der erforderlichen Gebäudeteile nach deren Zerstörung. Andernfalls führt die **Zerstörung** zum Erlöschen des Wohnungsrechts,[392] das auch bei tatsächlicher Wiedererrichtung[393] eines Gebäudes nicht wieder auflebt. Beruht die Zerstörung des wohnrechtsbehafteten Gebäudes allerdings auf mutwilligen Maßnahmen (bewusstem Abriss) seitens des Grundstückseigentümers, schuldet er Schadensersatz aus der Verletzung der Pflicht, alle Maßnahmen zu unterlassen, die die weitere Ausübung des Wohnungsrechts gefährden könnten. (Dieser Fall ist also abzugrenzen von der Zerstörung eines Gebäudes aufgrund von Fällen höherer Gewalt oder der allmählichen allgemeinen Verschlechterung des Gebäudes bei Fehlen einer diesbezüglichen Erhaltungs- oder Instandhaltungspflicht des Grundstückseigentümers, wie sie beim »gesetzlichen Wohnungsrecht« ja nicht besteht). Soll dem Grundstückseigentümer die Befugnis zum Abriss, etwa zur besseren baulichen Nutzung eines großen Grundstücks, erhalten bleiben, müsste die Beseitigung des Gebäudes als auflösende Bedingung des dinglichen Wohnungsrechts und damit zugleich der zugrunde liegenden Causa vereinbart sein, etwa wie folgt:

▶ **Formulierungsvorschlag: Erlöschen der Wohnungsrechts-Sekundärpflichten beim Abriss des Gebäudes**

1537 Das Wohnungsrecht sowie alle zugrundeliegenden Verpflichtungen erlöschen zugleich (auflösende Bedingung), wenn das Gebäude durch den Eigentümer abgerissen oder es auf sonstige Weise zerstört wird.

1538 Allenfalls aus landesrechtlichen Ausführungsbestimmungen zum Leibgedingsrecht oder aus einer diesbezüglichen schuldrechtlichen Abrede kann sich eine Pflicht zur Wiedereinräumung ergeben, die durch eine Vormerkung – sog. **Brandvormerkung**[394] – gesichert werden kann. Die Verpflichtung zur Wiedererrichtung des Gebäudes selbst ist dann jedoch nicht Inhalt des vormerkungsgesicherten Anspruchs auf Neueinräumung eines Wohnungsrechts, ebenso wenig wie sie Inhalt des dinglichen Wohnungsrechtes selbst sein kann![395] Nach Errichtung des Gebäudes ist die Vormerkung zur Löschung zu bewilligen, Zug um Zug gegen Eintragung des Wohnungsrechts selbst an der gesicherten Rangstelle. Ist die Vormerkung zur Sicherung des Anspruchs auf Bestellung neuer Wohnungsrechte für alle künftigen Neuerrichtungsfälle bestellt, wäre sie dagegen mit ihrer erstmaligen »Umschreibung« in ein Wohnungsrecht noch nicht verbraucht.[396] Steht bereits fest, nach welchen Plänen ein neues Gebäude errichtet wird, kann (wiederum jedoch ohne Absicherung der Herstellungsverpflichtung selbst) bereits unmittelbar ein Wohnungsrecht eingetragen werden.[397]

---

391 Belastet sein kann auch ein Miteigentumsanteil (§ 1106 BGB), insb. wenn durch Abrede nach § 1010 BGB bestimmte Gebäudebereiche diesem zur Nutzung und Verwaltung zugewiesen sind.

392 LM Nr. 6 zu § 1093 BGB (anders bei lediglich in der Person des Nutzers eintretenden Hindernissen wie der Pflegebedürftigkeit, vgl. Rdn. 1579, Formulierungsvorschlag in Rdn. 1192).

393 Diese ist nach Leibgedingsvorschriften häufig geschuldet, etwa gem. Art. 12 Abs. 2 BayAGBGB. Beruht der Abriss auf einer Willensentscheidung des Wohnungsrechtsverpflichteten, verletzt er damit die der Wohnungsrechtsbestellung zugrunde liegende Abrede und schuldet als Naturalschadensersatz die Wiederherstellung.

394 *Reichert*, BWNotZ 1962, 124. Die Anforderungen an die Bestimmtheit der Beschreibung des künftigen Gebäudes und Nutzungsbereichs können hinter denen bei einer Reallast (s. Rdn. 1539) zurückbleiben, vgl. *J. Mayer/Geck*, Intensivkurs Überlassungsvertrag (DAI Mai Skript 2007), S. 45.

395 OLG Hamm, 15.08.2013 – 15 W 105/12, RNotZ 2014, 176.

396 Vgl. OLG München, 30.01.2007 – 32 Wx 9/07, NotBZ 2007, 102, m. Anm. *Otto*, zur Vormerkung auf Bestellung mehrerer Reallasten; es handelt sich nicht um den Fall des »Wiederaufladens« einer gegenstandslos gewordenen Vormerkung, hierzu *Krauß*, Immobilienkaufverträge in der Praxis, 8. Aufl. Rn. 1284 ff.

397 *Mayer/Geck*, Der Übergabevertrag, § 5 Rn. 59 ff.

Art und Umfang der nach Maßgabe der Reallast zu errichtenden Wohnung müssen **ausreichend bestimmbar** und in einen Geldbetrag umrechenbar sein.[398] Notwendig ist daher eine Einigung über Lage, Größe, Ausstattung/Baujahr, Zimmeranzahl, Mindestgröße bestimmter Räume, Vorhandensein von Lift, Balkon etc. sowie die Regelung der zu tragenden Nebenkosten des Wohnens. Die grundbuchliche Absicherung der Reallast braucht nicht auf dem Grundstück (oder Miteigentumsanteil) zu erfolgen, auf dem die ins Auge gefasste Wohnung zur Verfügung gestellt werden soll. 1539

Gerade bei erst **noch herzustellendem Wohnraum** sichert die Wohnungsgewährungsreallast anders als das unmittelbare Wohnungsrecht den Begünstigten auch für die Zwischenzeit bis zur Errichtung des Wohngebäudes und für den Fall, dass diese unterbleibt. Allerdings gewährt die Wohnungsreallast nicht, wie das Wohnungsrecht, die Befugnis zur ausschließlichen Nutzung bestimmter Gebäudeteile. 1540

In der Praxis anzutreffen ist daher die Wohnungsgewährungsreallast als flankierende Absicherung neben dem primär gewollten Wohnungsrecht. 1541

▶ Formulierungsvorschlag: Wohnungsgewährungsreallast als Sekundärrecht

Erlischt infolge Wegfalls der betreffenden Räumlichkeiten, gleich aus welchem Grund, die Möglichkeit der Inanspruchnahme des vorstehend vereinbarten und zur Eintragung bewilligten Wohnungsrechts, ist der Eigentümer aufschiebend bedingt verpflichtet, dem Berechtigten eine Wohnung vergleichbarer Größe, Ausstattung und Lage im Umkreis von ..... km, nach seiner Entscheidung auch auf dem Grundstück selbst, auf Lebenszeit zur Verfügung zu stellen, wobei der Berechtigte lediglich die heute vereinbarten Kosten und Aufwendungen zu tragen hat. Die Verpflichtung erlischt, wenn der Berechtigte die zur Verfügung gestellte, geschuldete Wohnung dauerhaft verlässt, gleich aus welchem Rechtsgrund. Den Monatswert dieser Leistungsverpflichtung geben die Beteiligten mit ..... € an. Zur Sicherung bewilligt der Eigentümer und beantragt der Berechtigte, im Rang nach dem Wohnungsrecht die Eintragung einer Wohnungsgewährungsreallast (§ 1105 BGB) zu seinen Gunsten mit dem Vermerk, dass zur Löschung der Nachweis des Todes des Berechtigten genügen soll, was hiermit vereinbart, bewilligt und beantragt wird. 1542

d) Dauerwohnrecht (§§ 31 ff. WEG)

Ein **Dauerwohnrecht** nach §§ 31 ff. WEG,[399] das im Unterschied zu allen vorgenannten Instituten übertragbar und vererblich[400] ist, kann nur an einer abgeschlossenen Wohnung bestellt werden.[401] Es führt jedoch nicht (wie die Einräumung von Sondereigentum) zur Übertragung von Eigentum an Sachsubstanz oder zur Anlegung eines getrennten Wohnungsgrundbuchs. Versteigerungsbeständigkeit ist nur bei Mitwirkung vorrangiger Gläubiger (§ 39 WEG) gegeben. Ein eigentumsähnliches Dauerwohnrecht[402] verschaffte allerdings bis zum 31.12.2005 die Eigenheimzulagenberechtigung;[403] nunmehr kann für ein solches »eigentumsähnliches« Dauerwohnrecht gem. § 92a Abs. 1 Satz 4 EStG die Altersvorsorgeförderung im Rahmen des sog. »**Wohnriester**« beansprucht wer- 1543

---

398 BGH, DNotZ 1996, 93.
399 Vgl. hierzu *Lehmann*, RNotZ 2011, 1 ff.
400 Eine von § 33 Abs. 1 Satz 1 WEG abweichende Befristung (z.B. auf den Tod des Berechtigten) muss im Eintragungsvermerk selbst zum Ausdruck kommen, OLG Hamm, 10.08.2011 – I-15 W 557/10, ist aber möglich: OLG Celle, 20.03.2014 – 4 W 51/14, MDR 2014, 520.
401 Es bedarf einer Abgeschlossenheitsbescheinigung gem. § 32 Abs. 1 und Abs. 2 Satz 2 Nr. 1 WEG nur für die betreffende Wohnung, keines Planes für die mitzubenutzenden Gemeinschaftsflächen, OLG München, 11.04.2013 – 34 Wx 120/13, NotBZ 2013, 322.
402 Historischer Mustervertrag der Finanzverwaltung m. krit. Kommentierung in MittBayNot 1999, 354 ff. Muster eines wohnungsrechtsähnlichen Dauerwohnrechts im Übertragungsvertrag bei *Mayer*, ZNotP 2000, 354, 358 f. und *Mayer/Geck*, Der Übergabevertrag, § 14 Rn. 14.
403 Vgl. *Mayer*, DNotZ 2003, 908 (dort auch zur »Störfallvorsorge« durch Vereinbarung eines Heimfallanspruchs bei Veräußerung oder Erbfall zur wirtschaftlichen Beschränkung der Dauerwohnrechtsberechtigung auf den ersten Begünstigten trotz der gem. § 33 Abs. 1 Satz 1 WEG gegebenen Veräußerlichkeit und Vererblichkeit des Dauerwohnrechts).

den;[404] daneben besteht Anspruch auf die Wohnungsbauprämie gem. § 2 Abs. 1 Nr. 3 WoPG, und es können Wohngeldzuschüsse gewährt werden, und zwar als Mietzuschus für mietähnliche Dauerwohnrechte (gem. § 3 Abs. 1 Nr. 1 WoGG), als Lastenzuschuss für eigentumsähnliche Dauerwohnrechte (gem. § 3 Abs. 2 Nr. 2 WoGG).

1544 Diese Gestaltung kann insoweit **vorteilhaft** sein,[405] als gemäß § 32 Abs. 2 WEG Aufteilungspläne für die Abgeschlossenheitsbescheinigung nur hinsichtlich der vom Dauerwohnrecht erfassten Räume erforderlich sind; ferner muss sich deren Lage im Gebäude und – sofern mehrere Gebäude auf dem Grundstück aufstehen sind – die Lage des Gebäudes auf dem Grundstück aus einem Plan ergeben, ebenso wie die außerhalb des Gebäudes liegenden Grundstücksteile, auf die sich das Dauerwohnrecht ggf. gem. § 31 Abs. 1 Satz 2 WEG erstreckt (etwa Zugangs- und Gartenflächen). Dies reduziert die Kosten der Planbeschaffung, der Erteilung der Bescheinigung, des Notars sowie der Grundbucheintragung. Einkommensteuerrechtlich liegt – ebenso wie bei der Bestellung eines Erbbaurechts[406] – in der Einräumung eines Dauerwohnrechts keine steuerpflichtige Entnahme von in Betriebsvermögen befindlichem Grund und Boden, sofern entweder ein (auch einmaliges) Nutzungsentgelt zugunsten des Grundstückseigentümers vereinbart ist – dieses vermittelt sodann Einkünfte aus gewerblicher oder freiberuflicher Tätigkeit, bzw. Land- und Forstwirtschaft – oder das belastete Grundstück trotz der Bestellung des Dauerwohnrechts noch dem gewillkürten Betriebsvermögen zugerechnet werden kann.

1545 Für den Dauerwohnrechtsausgeber vorteilhaft erscheint weiter der Umstand, dass ein Markt für das dem Grunde nach veräußerliche Dauerwohnrecht (§ 33 Abs. 1 Satz 1 WEG) faktisch nicht vorhanden ist und zudem an die Veräußerung oder Belastung des Dauerwohnrechts der Heimfallanspruch nach § 36 WEG geknüpft werden kann.

Wenn das Dauerwohnrecht eigentumsähnlich ausgestaltet ist, also bspw. durch eine Vereinbarung gem. § 39 WEG zwangsversteigerungsfest und auf ausreichend lange Laufzeit bestellt wurde, kann der Dauerwohnberechtigte i.S.d. § 39 Abs. 2 Nr. 1 AO als wirtschaftlicher Eigentümer der Wohnung gelten.[407]

Auch grunderwerbsteuerlich kann der Vorbehalt eines Dauerwohnrechtes interessant sein (vgl. Rdn. 5568): es mindert zwar die Bemessungsgrundlage bei der Schenkungsteuer, unterliegt jedoch bereits dem Grunde nach nicht der Grunderwerbsteuer, weil es sich um unter § 9 Abs. 2 Nr. 2 Satz 2 GrEStG fallenden Umstand handelt, ähnlich »ewiger« Grunddienstbarkeiten i.S.d. §§ 1018 ff. BGB,[408] weil es ebenfalls zu einer potentiell ewigen Wertminderung führt,[409] anders als das bloß »vorübergehende« Wohnungsrecht i.S.d. § 1093 BGB.

1546 In der Praxis **nachteilig** wirkt sich der Umstand aus, dass eine Belastung mit Grundpfandrechten nicht möglich ist und die Verpfändung des Dauerwohnrechts, §§ 1273 ff. BGB, faktisch durch Kreditinstitute nicht vorgenommen wird, so dass Um- und Neubaumaßnahmen nur aus ungesicherten Darlehen finanziert werden können.

1547 Die »große Schwester« des Dauerwohnrechts ist die in der Praxis ganz überwiegend gewählte Lösung über die Begründung von **Sondereigentum** (durch Teilung im Eigenbesitz und sodann Übertragung einer der geschaffenen Einheiten beispielsweise an Abkömmlinge zum Eigenausbau,

---

404 Vgl. *Lehmann*, RNotZ 2011, 1, 12; zum »Wohnriester« vgl. eingehend *Krauß*, Immobilienkaufverträge in der Praxis, 8. Aufl. Rn. 2151 ff.
405 Vgl. *Mayer/Geck*, Der Übergabevertrag, § 14 Rn. 6 ff.
406 *Krauß*, Immobilienkaufverträge in der Praxis, 8. Aufl., Rn. 4312 ff.
407 Vgl. hierzu *Spiegelberger*, Vermögensnachfolge, § 5 Rn. 98 f.
408 BFH, 10.06.1969 – II R 172/64, BStBl. 1969 II, 668.
409 FG Hamburg, 09.08.1973 – I 23/72, EFG 1974, 31; FG Düsseldorf, 24.02.1981 – III 237/77, EFG 1982, 36.

auch wenn bisher insoweit nur Planeigentum besteht), vgl. hierzu das Gesamtmuster[410] in Rdn. 6756. Gestaltungsziel ist dabei häufig, sicherzustellen, dass die rechtlich verselbständigten Einheiten letzten Endes, in der nächsten Generation, wieder in einer Hand zusammengeführt werden. Dies wird durch eine Betonung der »Gemeinschaftselemente« im Rahmen der Gemeinschaftsordnung (z.B. die Vereinbarung eines Zustimmungsvorbehalts zu jedweder Veräußerung, § 12 WEG) erreicht, in noch stärkerem Maße aber durch Rückerwerbsrechte des teilenden, sodann übertragenden Eigentümers für die »klassischen« Sachverhalte (einschließlich des Falls der Nichterrichtung des Gebäudes), wobei in diesem Fall insbesondere die Regelung des Aufwendungsersatzes für die Baumaßnahmen des Erwerbers wichtig ist (Formulierungsbeispiel: Rdn. 6756, Teil C des Vertragsmusters) sowie, insb. für die Zeit nach dem Ableben der Veräußerer, die Vereinbarung gegenseitiger (vormerkungsgesicherter) Ankaufsrechte am jeweils anderen Sondereigentum für den Fall der Veräußerung, Belastung, Pfändung/Insolvenz, des Versterbens etc., vgl. Rdn. 2672 ff.

2. Grundbuchlicher Belastungsgegenstand

Grundbuchlicher Belastungsgegenstand kann wie bei der beschränkten persönlichen Dienstbarkeit ein Grundstück oder Sondereigentum sein, **nicht** jedoch ein **Miteigentumsanteil** (anders als beim Nießbrauch, § 1066 BGB; zu Auswegen s. Rdn. 1550). Wird ein Wohnungsrecht an einem **Sondereigentum** gemäß WEG bestellt,[411] verbleibt dem Eigentümer die Nutzungsbefugnis am Gemeinschaftseigentum und die Position als Mitglied der Eigentümergemeinschaft.[412] Alle zugeordneten ausschließlichen Nutzungsbereiche des Wohnungsberechtigten müssen jedoch Bestandteil des Sondereigentums sein (z.B. muss an einer erfassten Terrasse ein Sondernutzungsrecht bestehen);[413] im Zweifel sind auch umgekehrt alle zugeordneten Sondernutzungsrechte von der Nutzungsbefugnis des Wohnungsrechts umfasst (Rechtsgedanke des § 1093 Abs. 3 BGB).[414] Die alleinige »Belastung des Sondernutzungsrechts« als im Grunde schuldrechtlicher Vereinbarung der Wohnungseigentümer ist nicht möglich, da das Nutzungsobjekt zwar hinter dem Belastungsobjekt zurückbleiben kann, nicht jedoch davon verschieden sein darf.[415]

1548

Ein einheitliches »**Gesamtwohnungsrecht**« an mehreren Grundstücken (auch unterschiedlicher Eigentümer) ist allenfalls denkbar, wenn das einheitliche Gebäude auf mehreren Grundstücken steht (Eigengrenzüberbau oder Fremdüberbau).

1549

Die Begrenzung des Belastungsgegenstands bei beschränkten persönlichen Dienstbarkeiten (auch dem Wohnungsrecht) auf ganze Flurstücke oder Sondereigentumseinheiten führt zu Schwierigkeiten, wenn funktional zugehörige Miteigentumsanteile an Gemeinschaftsflächen, die der Ver- und Entsorgung des vom Wohnrecht erfassten Gebäudes dienen, mitbelastet werden sollen. Um den sonst sachenrechtlich gebotenen »Ausweg« einer Nießbrauchsbestellung am Miteigentumsanteil zu ersparen, plädiert die neuere Literatur[416] für die Zulässigkeit eines einheitlichen Wohnungsrechts, das auch gesondert gebuchte Nebenflächen sowie Miteigentumsanteile an Erschließungsflächen erfasse.

1550

Selbst bei identischem örtlichem Ausübungsbereich besteht ein rechtlich geschütztes Interesse, ein **Wohnungsrecht neben** (= im Rang vor) **einem Nießbrauchsrecht** zu bestellen, jedenfalls wenn es

1551

---

410 Vgl. auch das Gesamtmuster bei *Mayer/Geck*, Der Übergabevertrag, § 14 Rn. 21.
411 Vgl. hierzu *Becker*, notar 2014, 323 ff.
412 BGHZ 107, 295; ggf. ist also Stimmrechtsvollmacht zu erteilen, vgl. Formulierungsvorschlag in Rdn. 1340 am Ende.
413 OLG Hamm, DNotZ 2001, 216 m. Anm. *von Oefele*; andernfalls ist die Eintragung des Wohnungsrechts mangels Deckungsgleichheit zurückzuweisen.
414 OLG Nürnberg, NotBZ 2002, 69; BayObLG, Rpfleger 1998, 68 (analog § 1093 Abs. 3 BGB).
415 BayObLG, DNotZ 1990, 496; *W. Schneider*, Rpfleger 1998, 58; vgl. auch Gutachten, DNotI-Report 1997, 244.
416 Z.B. *Heil*, RNotZ 2003, 445.

nicht an Dritte zur Ausübung überlassen werden kann und demnach Pfändungsschutz gewährt.[417] Vorsichtige Gestalter lassen den Besteller auf diesen Umstand in der Urkunde hinweisen:

▶ **Formulierungsvorschlag: Rechtliches Interesse für Wohnungsrecht vor Nießbrauchsrecht**

Der Veräußerer erklärt: Das rechtliche Interesse für die Bestellung eines Wohnungsrechtes im Rang vor einem Nießbrauchsrecht jeweils zu meinen Gunsten ergibt sich aus der Unpfändbarkeit des nicht an Dritte überlassbaren Wohnungsrechtes, das mir im Falle eines Zugriffs Dritter auf das nachrangige Nießbrauchsrecht weiterhin zur Verfügung steht.

1552 Daneben kann z.B. eine Kombination von Eigentümerwohnrecht, bezogen auf einen Gebäudeteil, und nachfolgendem Nießbrauch wirtschaftlich eine »Teilherausnahme« aus dem Nutzungsbereich des Nießbrauchs bewirken, vgl. Rdn. 1336 letzter Spiegelpunkt. Umgekehrt kann das Wohnungsrecht z.B. aufschiebend bedingt bestellt sein für den Fall des Erlöschens des Nießbrauchs, etwa infolge Aufgabeerklärung;[418] oder wiederum beide (das Wohnungsrecht im Vorrang) bestellt werden (so dass der Berechtigte, wenn ihm die Lasten des Nießbrauchs zu beschwerlich werden, sich auf das Wohnungsrecht zurückziehen kann[419]). Die insoweit restriktivere frühere Rechtsprechung, wonach ein Nießbraucher nicht zugleich Wohnungsberechtigter am selben Objekt sein könne,[420] ist abzulehnen.

3. Dinglicher Ausübungsbereich

1553 Da i.d.R. nicht das gesamte Gebäude Gegenstand des Wohnungsrechts ist,[421] müssen[422] die vom **Ausübungsbereich** betroffenen Räume mit sachenrechtlicher Bestimmbarkeit (z.B. durch exakte verbale Beschreibung oder durch Beifügung eines Grundrissplans; ausreichend ist jedoch auch die Bezeichnung »sämtliche Wohnräume«, jedenfalls wenn sich im Gebäude auch Gewerberäume befinden[423]) exakt definiert werden; insoweit handelt es sich jedoch nur um eine dingliche Einschränkung der räumlichen Ausübungsbefugnis; grundbuchlicher Belastungsgegenstand ist das gesamte Flurstück als solches (ähnlich einem Wegerecht als beschränkter persönlicher Dienstbarkeit, das am gesamten Grundstück zwar eingetragen ist, jedoch auf einer bestimmten Trasse ausgeübt werden soll). Ob die vom Wohnungsrecht erfassten Räume für die langfristige Wohnnutzung geeignet sind, ist gleichgültig,[424] aber es muss zumindest eine abstrakte Eignung gegeben sein.[425] Denkbar ist auch, dass während der Ausübungsdauer des Wohnungsrechts (z.B. nach Wahl des Berechtigten) Räume ausgetauscht werden können; es ist möglich, dies bereits im Vorhinein zum dinglichen Inhalt eines einheitlichen Wohnungsrechts zu vereinbaren oder aber – z.B. bei völligem Austausch der Wohnungen – durch eine auflösende und eine weitere aufschiebend bedingte Wohnungsrechtsbestellung zu sichern.[426] Wurde jedoch der Ausübungsbereich ohne solche Variations-

---

417 OLG Hamm, 14.05.2013 – I-15 W 149/13, DNotZ 2014, 125; LG Frankfurt an der Oder, 04.02.1010 – 19 T 40/10, NotBZ 2010, 153.
418 *Michael*, notar 2008, 221.
419 Vgl. *Michael*, notar 2013, 370.
420 OLG Frankfurt, 15.04.2008 – 20 W 53/07, MittBayNot 2009, 46, m. abl. Anm. *Frank*, ebenso OLG Hamm, MittRhNotK 1997, 390.
421 Dies ist jedoch möglich und erfordert dann nicht die verbale Wiedergabe der einzelnen Räume, BayObLG, MittBayNot 1988, 127.
422 Enthält die Eintragungsbewilligung keine Bezeichnung der Räumlichkeiten, ergibt die Auslegung i.d.R. als naheliegende Bedeutung die Erstreckung des Ausübungsbereichs auf das Gesamtgebäude (also keine Amtslöschung des Wohnungsrechts als unzulässig), vgl. BayObLG, Rpfleger 1999, 526.
423 OLG Bamberg, 03.12.2012 – 6 W 46/12, DNotZ 2013, 858. Es schadet nicht, dass die Wohnräume sich im Zeitraum bis zur [künftigen] Wohnungsrechtsentstehung durch Umbau verringern können, da ein Dritter immer noch nach objektivierten Kriterien den Umfang bestimmen kann.
424 LG Regensburg, BWNotZ 1987, 147.
425 Daher kein Wohnungsrecht an einem WEG-Teileigentum »Garagenstellplatz«, vgl. BayObLG, NJW-RR 1987, 328.
426 BayObLG, MittBayNot 1988, 127.

möglichkeit definiert, kann er nicht durch schlichte tatsächliche Verlegung wirksam verändert werden; hierzu bedarf es einer rechtsgeschäftlichen[427] Inhaltsänderung durch Einigung und Eintragung (§ 877 i.V.m. § 873 Abs. 1 BGB) unter Mitwirkung nachrangiger Berechtigter.

Die zur Ausübung des Wohnens erforderlichen **Ver- und Entsorgungsanlagen** (z.B. auch Zuleitungen) sind von der Benutzungsbefugnis mit umfasst; es handelt sich um »gemeinschaftliche Einrichtungen« i.S.d. § 1093 Abs. 3 BGB.[428] Dies hat die in der notariellen Praxis bedeutsame Konsequenz, dass bei der **Abschreibung** von Grundstücksteilen von einem mit einem Wohnungsrecht belasteten Flurstück nach § 1026 BGB (Abschreibung ohne Bewilligung des Wohnungsberechtigten wegen nachgewiesener Nichtbetroffenheit) nur dann verfahren werden kann, wenn aus der Bestellung eindeutig hervorgeht, dass weder ein (ausdrücklich einzuräumendes)[429] Mitbenutzungsrecht an der betreffenden Gartenfläche gewährt noch sich auf der wegzumessenden Teilfläche Leitungen, Zufahrtsflächen o.Ä. befinden, die für das Wohnen von Bedeutung und demnach stets stillschweigend miterfasst sind.

4. Berechtigte

Mehreren Personen kann – auch an denselben Räumen – je ein eigenes Wohnungsrecht bestellt werden; die Konfliktsituation während des gleichzeitigen (und gleichrangigen) Bestehens regelt § 1093 i.V.m. § 1024 BGB.[430] Wegen der höheren Grundbuchkosten ist diese Variante jedoch wenig gebräuchlich. Die Gebote der gegenseitigen Rücksichtnahme, Gleichberechtigung und ausschließlich gemeinsamen Verfügungsbefugnis stehen im Vordergrund. Die Literatur plädiert daher dafür, ein Gemeinschaftsverhältnis analog §§ 1024, 1025 BGB auch dann zu eröffnen, wenn eine einheitliche Dienstbarkeit zugunsten mehrerer Berechtigter (bzw. Grunddienstbarkeit zugunsten mehrerer Grundstücke) gewollt ist.[431]

Ein **einheitliches Wohnungsrecht** kann mehreren Berechtigten zur gesamten Hand zustehen (z.B. GbR oder zum Gesamtgut einer Gütergemeinschaft – Rdn. 1558 –,[432] solange diese besteht, mit Auffangregelung zugunsten § 428 BGB). Denkbar (und häufig) sind schließlich die **Gesamtberechtigung** gem. § 428 BGB[433] (auch mit der Folge, dass der Eigentümer nur das Bewohnen durch einen der mehreren Beteiligten duldet, sich also bei Konflikten innerhalb der Personenmehrheit auf die Seite eines »Begünstigten« schlägt) oder die Mitberechtigung gem. § 432 BGB.[434] Nicht möglich ist jedoch die Bruchteilsberechtigung gem. § 420 BGB, wegen der Unteilbarkeit der Leistung »Wohnungsnahmegewährung«.[435] Zu den Vor- und Nachteilen der alternativen Berechtigungsverhältnisse bei mehreren Beteiligten s. umfassend Rdn. 2421 ff.

---

427 So für die Verlegung des Ausübungsbereichs einer Dienstbarkeit BGH, 07.10.2005 – V ZR 140/04, MittBayNot 2006, 226.
428 OLG München, 26.06.2015 – 8 U 907/15, MDR 2015, 885.
429 Da die Inanspruchnahme des Gartens nicht notwendige Voraussetzung einer sinnvollen Wohnnutzung ist, bedarf ihr Einschluss ausdrücklicher Vereinbarung, vgl. OLG Hamm, Rpfleger 2000, 157.
430 Vgl. BGH, NJW 1966, 3008.
431 So etwa *Kesseler*, MittBayNot 2006, 468, 470; *Amann*, DNotZ 2008, 324, 339; ebenso LG Kassel, 26.05.2009 – 3 T 92/09, MittBayNot 2009, 377.
432 Vgl. *Amann*, MittBayNot 1990, 228. Wird das Wohnungsrecht nur für einen Ehegatten bestellt [oder mehrere Rechte, jeweils für jeden Ehegatten allein], fallen diese in dessen Sondergut, §§ 1417, 1092 BGB.
433 Wobei einzuräumen ist, dass das in § 428 BGB erfasste Recht zur Einziehung einer Leistung auf eine Nutzungsbefugnis nicht zwanglos passt, vgl. Staudinger/*J. Mayer*, BGB (2009), § 1093 Rn. 23. Das Innenverhältnis regelt § 430 BGB ähnlich wie § 1024 BGB beim Bestehen mehrerer Wohnungsrechte.
434 Auch diese kann (wie es i.d.R. bei einer Berechtigung nach § 428 BGB geschieht) mit einer Sukzessivberechtigung kombiniert werden.
435 OLG Köln, DNotZ 1965, 686.

1557 Auch der Eigentümer des belasteten Grundstücks kann **für sich selbst** ein Wohnungsrecht bestellen,[436] und zwar ohne dass ein rechtfertigender Grund (z.B. Veräußerungsabsicht) nachzuweisen wäre,[437] auch in Form eines gemeinschaftlichen Wohnungsrechtes für einen Dritten und den derzeitigen Eigentümer als Gesamtberechtigten gem. § 428 BGB.[438] Häufig sind ferner (auch befristete – »auf die Dauer des ledigen Standes« oder bedingte) Wohnungsrechte für weichende Geschwister aus Anlass der Übertragung (s. Rdn. 1879 ff. mit Formulierungsvorschlag unter Rdn. 1882; bei nicht anwesenden Geschwistern gelten Besonderheiten wegen der Unmöglichkeit dinglich wirkender Verträge zugunsten Dritter (s. Rdn. 1865 mit Abwicklungsvorschlag unter Rdn. 1866). Auch wer bereits **nießbrauchsberechtigt** ist, kann richtiger Ansicht nach (Rdn. 1551) Begünstigter eines Wohnungsrechtes sein.

▶ Formulierungsvorschlag: Wohnungsrecht in Gütergemeinschaft

1558 Beide Veräußerer behalten sich am übergebenen Anwesen zum Gesamtgut der zwischen ihnen bestehenden Gütergemeinschaft, bei deren Wegfall durch Vertrag oder Urteil als Gesamtberechtigte nach § 428 BGB, nach dem Ableben eines Begünstigten zugunsten des verbleibenden alleine das dingliche Wohnungsrecht nach § 1093 BGB zurück. Hinsichtlich der Gesamtberechtigung nach § 428 BGB wird weiter vereinbart, dass Leistung nur an einen Berechtigten keine Erfüllungswirkung hat und dass keiner der Berechtigten mit Wirkung für den anderen über das Gesamtrecht zu verfügen befähigt ist.

Das Wohnungsrecht hat folgenden dinglichen Inhalt: .....

Die Eintragung dieses Wohnungsrechts für beide Veräußerer als Gesamtgutsberechtigte in Gütergemeinschaft, nach deren Beendigung durch Vertrag oder Urteil als Gesamtberechtigte nach § 428 BGB, wird bewilligt und beantragt. Rein vorsorglich bewilligt der Erwerber weiterhin für jeden Veräußerer als alleinigen Berechtigten jeweils ein Wohnungsrecht für dessen durch den Tod des jeweils anderen Veräußerers aufschiebend bedingten Wohnungsanspruch. Die Eintragung wird jedoch zunächst nicht beantragt. Der amtierende Notar wird von sämtlichen Beteiligten bevollmächtigt, die Eintragung im Rang nach den bereits eingetragenen sowie den heute bestellten Rechten zu beantragen, wenn er hierzu von einem Vertragsteil schriftlich angewiesen wird.

1559 Auch im Wege des Vermächtnisses kann ein Anspruch auf Vereinbarung und Bestellung eines dinglichen Wohnungsrechtes zugewendet werden, sogar in Bezug auf fremdes Eigentum, sofern der Eigentümer zum Erben eingesetzt wird (»**Verschaffungsvermächtnis**«, § 2170 BGB). Auf diese Weise kann der derzeitige Wohnungsberechtigte für die Zeit nach seinem Tod den »Fortbestand« des Wohnungsrechtes zugunsten einer nachfolgeberechtigten Person sichern (sofern der beschwerte Erbe ausschlägt, wird regelmäßig der Vermächtnisbegünstigte zum Ersatzerben eingesetzt sein).[439] Auch die Möglichkeit zum entgeltlichen Erwerb eines dinglichen Wohnungsrechtes (gegen Einmalzahlung oder wiederkehrende Leistungen) kann letztwillig zugewendet werden.[440]

---

436 LG Lüneburg, Rpfleger 1998, 110.
437 BGH, DNotZ 2012, 137 zum Eigentümernießbrauch und OLG München, RNotZ 2012, 44 zur »Eigentümer – Beschränkt persönlichen Dienstbarkeit«, KG, 24.09.2013 – 1 W 379/12, NotBZ 2013, 473. Eine »Eigentümergrunddienstbarkeit« ist dagegen ausgeschlossen, auch bei bloßer Teilidentität des dienenden und des herrschenden Grundstücks (an Grundstück A wird Dienstbarkeit für die jew. Eigentümer der Grundstücke A, B, C bestellt), KG, 12.03.2013 – 1 W 33–50/13, ZfIR 2013, 300.
438 OLG München, 09.05.2012 – 34 Wx 448/11, DNotZ 2012, 778: die Mitberechtigung des Eigentümers entfaltet ihre Wirkung erst im Fall der Rechtsnachfolge (der Eigentümer hat zuvor nur Rechte als Ehegatte, § 1093 Abs. 2 BGB, da der Dritte gem. § 428 Satz 1 BGB die gesamte Leistung an sich fordern kann).
439 *Grziwotz*, Partnerschaftsvertrag für die nichteheliche und die nicht eingetragene Lebensgemeinschaft, S. 65.
440 Vgl. zum Wohnungsrechtsvermächtnis *Grziwotz*, ZEV 2010, 130 ff.

5. Dinglicher Inhalt des Wohnungsrechts

a) Wohnnutzung

Inhalt des Wohnungsrechts muss zumindest dem Hauptzweck nach das **Bewohnen durch den Begünstigten** sein, wobei dieser auch ohne ausdrückliche Regelung gem. § 1093 Abs. 2 BGB befugt ist, auf die Dauer des Wohnungsrechtes[441] die zur Bedienung oder Pflege erforderlichen Personen in die Wohnung aufzunehmen sowie »seine Familie«, wozu auch der nichteheliche Lebensgefährte,[442] sicherlich auch der Verpartnerte und möglicherweise entgegen der bisherigen Rechtsprechung auch der gleichgeschlechtliche Lebensgefährte zählt. Nimmt der Berechtigte einen von mehreren Miteigentümern des belasteten Grundstücks als Lebensgefährten gem. § 1093 Abs. 2 BGB in die Wohnung auf, stehen den anderen Miteigentümern, da die Nutzung nicht »auf deren Kosten« erfolgt, keine Bereicherungs- oder sonstigen Ausgleichsansprüche zu.[443]

1560

▶ Hinweis:

Diese im Wohnungsrecht selbst angelegte Möglichkeit der Einräumung des Mitbesitzes (also nicht der alleinigen Benutzung durch diese Personen)[444] kann jedoch mit dinglicher Wirkung durch Vereinbarung zwischen Eigentümer und Wohnungsberechtigtem und Eintragung im Grundbuch (bzw. Bezugnahme auf die Bewilligung gem. § 874 BGB) erweitert oder eingeschränkt, sogar ausgeschlossen werden.

1561

b) Überlassung zur Ausübung

Sonstigen Dritten kann die Allein- oder Mitbenutzung nur dann überlassen werden, wenn die Gestattung gem. § 1092 Abs. 1 Satz 2 BGB einer **Überlassung der Ausübung** der Dienstbarkeit (zu welcher das Wohnungsrecht ja eine Unterform bildet) eingeräumt wurde, wozu es jedoch einer ausdrücklichen anfänglichen Vereinbarung oder späteren Gestattung bedarf, die allgemein oder für einen konkreten Einzelfall erteilt werden kann. Ein in diesem Fall vom Wohnungsberechtigten für die Ausübung dieser Überlassungsbefugnis vereinnahmtes Entgelt wird auch ertragsteuerlich als Vermietungseinnahme behandelt.[445] Die bloß vorübergehende Aufnahme von Besuchern bedarf jedoch keiner Gestattung, sondern stellt eine Form der Ausübung des Eigenbesitzes dar. Erlischt das Wohnungsrecht dinglich (insbesondere durch den Tod des Berechtigten), verliert auch der Ausübungsberechtigte seine Befugnisse und muss die Räume freimachen (vorsichtige Eigentümer erheben die vorherige notarielle Vollstreckungsunterwerfung des benannten Ausübungsberechtigten wegen seiner künftigen Räumungsverpflichtung zur Voraussetzung seines Einverständnisses mit einer Ausübungsüberlassung).

1562

Wird die Überlassung der Ausübung gestattet, nähert sich das Wohnungsrecht hinsichtlich der vermittelten Befugnis dem Nießbrauch an (und wird häufig auch an dessen Stelle gewählt, um z.B. die Ausübungsbeschränkung auf eine einzelne Wohnung zu nutzen, vgl. das Beispiel unter Rdn. 1336). Typischerweise wird dann auch gewollt sein, dass zumindest die gesetzlichen Lasten des Nießbrauchers dem Berechtigten auferlegt werden. Da die Tragung dieser Lasten nicht lückenlos verdinglicht werden kann (Rdn. 1589), sollte dann die weitere Ausübung des Wohnungsrechts unter die aufschiebende Bedingung der Übernahme bzw. Erstattung solcher entstandener

1563

---

441 Nicht notwendig beschränkt auf die Dauer der Eigennutzung durch den Wohnungsberechtigten, vgl. Palandt/*Bassenge*, BGB, § 1093 Rn. 12 m.w.N.
442 BGH, NJW 1982, 1868.
443 OLG Brandenburg, 19.07.2007 – 5 U 153/06, NotBZ 2008, 122.
444 OLG Oldenburg, NJW-RR 1994, 467. Allerdings darf die aufgenommene Person nach Wegzug des Berechtigten in ein Pflegeheim u.U. in der Wohnung weiter verbleiben, OLG Schleswig, ZMR 2007, 369.
445 BFH, 06.09.2006 – IX R 13/05, EStB 2007, 134.

Lasten gestellt werden,[446] wobei der tatsächlich Nutzende als Teil seiner »Überlassungsvergütung« den ggü. dem Eigentümer verpflichteten Wohnungsberechtigten zu entlasten haben wird.

▶ **Formulierungsvorschlag: Überlassung eines Wohnungsrechts zur Ausübung unter der Bedingung der Lastentragung wie beim Nießbrauch**

1564 Die Ausübung des Wohnungsrechts kann, auch entgeltlich, Dritten überlassen werden (§ 1092 Abs. 1 Satz 2 BGB). Die weitere Ausübung des Wohnungsrechts, auch durch Dritte, ist jedoch jeweils aufschiebend bedingt dadurch, dass sein Inhaber (zusätzlich zum oben geregelten verbrauchsabhängigen Aufwand) alle Lasten trägt bzw. dem Eigentümer erstattet, die nach dem Gesetz ein Nießbraucher zu tragen hätte, (*Anm. [je nach Sachverhalt ggf. folgender Zusatz]: und zwar im Verhältnis der erfassten Wohnfläche zur Gesamtwohnfläche nach WoFlVO*).

Die Eintragung dieses Wohnungsrechts mit aufschiebend bedingter Ausübungsbefugnis wird bewilligt und beantragt.

1565 Analog der typischen Situation beim Vorbehaltsnießbrauch kann die Ausübungsbedingung darüber hinaus auch außerordentliche Lasten erfassen (vgl. Rdn. 1390, v.a. aus ertragsteuerlichen Erwägungen).

▶ **Formulierungsvorschlag: Überlassung eines Wohnungsrechts zur Ausübung unter der Bedingung vollständiger Lastentragung**

1566 Die Ausübung des Wohnungsrechts kann, auch entgeltlich, Dritten überlassen werden (§ 1092 Abs. 1 Satz 2 BGB). Die weitere Ausübung des Wohnungsrechts, auch durch Dritte, ist jedoch jeweils aufschiebend bedingt dadurch, dass sein Inhaber (zusätzlich zum oben geregelten verbrauchsabhängigen Aufwand) folgende Lasten trägt bzw. dem Eigentümer erstattet (*Anm. [je nach Sachverhalt ggf. folgender Zusatz]: im Verhältnis der erfassten Wohnfläche zur Gesamtwohnfläche nach WoFlVO*): neben denjenigen, die ein Nießbraucher nach dem Gesetz zu tragen hätte, auch die außerordentlichen, als auf den Stammwert der Sache gelegt anzusehenden Lasten (einschließlich der Erschließungskosten), die Tilgung bestehender Verbindlichkeiten, sowie Ausbesserungen und Erneuerungen, die über die gewöhnliche Unterhaltung der Sache hinausgehen.

Die Eintragung dieses Wohnungsrechts mit aufschiebend bedingter Ausübungsbefugnis wird bewilligt und beantragt.

1567 In Betracht kommt ferner eine »bedingte« Vermietungsberechtigung für den Fall der Pflegebedürftigkeit, bspw. um durch zusätzliche Einnahmen den Unterhalts- oder Rückforderungsregress zurückzudrängen. Der Eigentümer wird sich hierfür ein Mitspracherecht hinsichtlich der Mieterauswahl vorbehalten.

▶ **Formulierungsvorschlag: Überlassung eines Wohnungsrechts zur Ausübung bei Pflegebedürftigkeit**

1568 Die Ausübung des Wohnungsrechts kann, auch entgeltlich, Dritten nur überlassen werden (§ 1092 Abs. 1 Satz 2 BGB), wenn der Eigentümer der Gebrauchsüberlassung schriftlich zustimmt. Der Eigentümer ist auf Antrag des Wohnungsberechtigten zur Erteilung dieser Zustimmung verpflichtet, wenn der Wohnungsberechtigte nach dem Urteil seines Hausarztes, sonst eines Amtsarztes, aus gesundheitlichen Gründen voraussichtlich auf Dauer an der eigenen Ausübung des Wohnungsrechtes verhindert ist und die Person des Mieters dem Eigentümer nicht unzumutbar ist.

c) Abwehrrechte

1569 Wird das Recht zum Besitz, welches das Wohnungsrecht vermittelt, beeinträchtigt, steht dem Wohnungsberechtigten aus dem Begleitschuldverhältnis bzw. in analoger Anwendung des § 985 BGB[447] ein **Herausgabeanspruch** zu, der gem. §§ 197 Abs. 1 Nr. 1, 200 BGB erst nach 30 Jah-

---

446 Staudinger/*J. Mayer*, BGB (2002), § 1093 Rn. 14.
447 Staudinger/*J. Mayer*, BGB (2002), § 1027 Rn. 23.

ren verjährt. Dies gilt insbesondere auch gegenüber dem Eigentümer selbst, auch wenn dieser unter uneingeschränkter Zwangsverwaltung steht.[448] Einen öffentlich-rechtlichen Abwehranspruch ggü. Dritten hat der Wohnungsberechtigte jedoch – jedenfalls i.R.d. baurechtlichen Nachbarklage,[449] bei welcher das grundstücks-, nicht personenbezogene Abwehrrecht tangiert ist – nicht.

Der Wohnungsberechtigte ist im Zweifel auch zur Mitbenutzung des Zubehörs berechtigt (§ 1031 BGB, jeweils i.V.m. § 1093 Abs. 1 Satz 2 BGB), genießt Besitzschutzrechte, kann die Feststellung des Gebäudezustands durch einen Sachverständigen verlangen (§ 1034 BGB) und hat gem. § 1049 BGB Anspruch auf Verwendungsersatz sowie Wegnahmerechte mit kurzer Verjährung (§ 1057 BGB). 1570

6. Gläubigerzugriff

a) Pfändung

Zu bedenken ist jedoch, dass bei Gestattung der Überlassung der Ausübung an einen Dritten gem. § 1092 Abs. 1 Satz 2 BGB das Wohnungsrecht unmittelbar der **Pfändung** gem. § 857 Abs. 3 ZPO unterliegt[450] (mit der Folge, dass der Pfändungsgläubiger die Benennung des Überlassungsbegünstigten von der Zahlung einer Miete abhängig machen wird, so dass wirtschaftlich sich das Wohnungsrecht einem Nießbrauch annähert). Die jedem dinglichen Wohnungsrecht im Zweifel innewohnende Berechtigung zur Aufnahme von Familienangehörigen bzw. eines Lebensgefährten begründet jedoch[451] noch keine eigenständige Ausübungsunterlassung i.S.d. § 857 Abs. 3 ZPO. 1571

Sofern (wie i.d.R.) keine Gestattung der Ausübung zur Unterlassung vorliegt, ist das Wohnungsrecht selbst als höchstpersönliches und nicht übertragbares Recht nicht pfändbar.[452] Die Aufhebung einer bisher eingeräumten Ausübungsüberlassungsgestattung lässt die zuvor gegebene Pfändbarkeit entfallen (die Aufhebungsvereinbarung selbst unterliegt allerdings der Gläubigeranfechtung).[453] Mangels Pfändbarkeit unterliegt das Wohnungsrecht, das keine Ausübungsgestattung über den Kreis der nach § 1093 Abs. 2 BGB ohnehin berechtigten Personen aufweist, auch nicht dem Insolvenzbeschlag (§ 36 InsO), so dass der Insolvenzverwalter auch nicht zur Verfügung über das Wohnungsrecht (etwa zur Löschung) befugt ist.[454] 1572

b) Sozialrechtliche Überleitung

Damit ist die Frage nach der sozialfürsorgerechtlichen Überleitungsfähigkeit von Wohnungsrechten aufgeworfen. Das frühere Schrifttum[455] hat sie unter Hinweis auf § 90 Abs. 1 Satz 4 BSHG (= § 93 Abs. 1 Satz 4 SB XII), wonach die bürgerlich-rechtliche Nichtübertragbarkeit des Anspruchs seiner Überleitung auf den Sozialhilfeträger nicht entgegensteht, uneingeschränkt bejaht. 1573

---

448 Der Wohnungsberechtigte ist insb. nicht gem. § 985 BGB, § 152 Abs. 2 Satz 1 ZVG zur Herausgabe der Wohnung verpflichtet, vgl. BGH, 18.12.2015 – V ZR 191/14, ZfIR 2016, 282 m. zust. Anm. *Engels*; hierzu auch *Michael*, notar 2016, 332, 333. Es bedarf eines weiteren Duldungstitels gegen den Wohnungsrechtsinhaber, den der Grundpfandgläubiger freilich bei Grundbuchvorrang unschwer erlangen kann.
449 OVG Rheinland-Pfalz, 21.07.2005 – 1 A 10305/05, n.v.
450 BGH, 29.09.2006 – V ZR 25/06, NotBZ 2007, 58 (auch wenn die Ausübungsgestattung sich lediglich aus der in Bezug genommenen Eintragungsbewilligung ergibt), wobei str. ist, ob die Pfändung das Stammrecht oder (h.M.) die Ausübungsbefugnis erfasst, vgl. *Mayer/Geck*, Der Übergabevertrag, § 5 Rn. 34.
451 Entgegen *Rossak*, MittBayNot 2000, 383.
452 *Rossak*, MittBayNot 2000, 386 m.w.N.: weder übertragbar noch i.S.d. §§ 851 Abs. 1, 857 BGB der Ausübung nach an Dritte überlassbar.
453 BGH, 14.06.2007 – IX ZR 170/06, MittBayNot 2009, 136.
454 OLG München, 14.09.2010 – 34 Wx 72/10, ZfIR 2011, 70 (nur LS).
455 Insb. *Baur*, ZfSH 1982, 229 ff.

Dem ist jedoch zu widersprechen:[456] Durch die Überleitung darf keine Erschwerung oder Änderung der Leistungspflicht des Schuldners eintreten. Diese Folge wäre jedoch unvermeidlich, wenn der Sozialhilfeträger ein Wohnungsrecht nach Überleitung durch Überlassung an dritte Personen »ausüben« dürfte. § 93 Abs. 1 Satz 4 SGB XII überwindet also lediglich rechtsgeschäftliche Ausschlüsse der Abtretbarkeit sowie gesetzliche Abtretungsausschlüsse, die nicht zur Wahrung der Identität des Leistungsinhalts angeordnet sind. Bei unverändertem Leistungsinhalt aber ist das »übergeleitete« Wohnungsrecht für den Sozialhilfeträger per se nichts wert, da es weiterhin auf Überlassung der Wohnräume an den ursprünglichen Wohnungsberechtigten gerichtet ist (anders liegt es naturgemäß, wenn – entgegen der gesetzlichen Regel, § 1092 Abs. 1 Satz 2 BGB – die Überlassung an Dritte zur Ausübung, d.h. Fremdvermietung, gestattet wäre).[457] Es bedarf daher nicht der vom Ergebnis her motivierten teleologischen Reduktion des § 93 SGB XII auf lediglich Geldansprüche, wie sie etwa das OLG Braunschweig[458] vorgeschlagen hat. Vielmehr stellt sich lediglich das unter Rdn. 1210 behandelte Problem der Umwandlung des Wohnungsrechtsanspruchs in einen Geldanspruch (zu dessen Abdingbarkeit s.u. Rdn. 1656 ff.).

1574 Die in der sozialhilferechtlichen Kommentarliteratur[459] teilweise behauptete per-se-Umwandlung der Ansprüche auf Dienst- und Sachleistungen in Geldzahlungspflichten bei SGB XII-Überleitung findet eine normative Grundlage nur im Erstattungsrecht der Leistungsträger untereinander (§ 108 SGB X) und ist daher außerhalb des oben beschriebenen spezialgesetzlichen Anwendungsbereichs der Landesausführungsgesetze zum BGB sowie der möglichen Vertragsanpassung wegen Wegfalls der Geschäftsgrundlage abzulehnen.

1575 Eine Überleitung von »schlichten« Wohnungsrechten gem. § 93 SGB XII ist daher allenfalls dann möglich, wenn die Ausübung des Wohnungsrechts schon vertraglich (über die gesetzliche Regelung des Art. 13 Abs. 1 BayAGBGB hinaus) gem. § 1092 Abs. 1 Satz 2 BGB an Dritte überlassen werden kann; die Rechtsprechung des OLG Köln,[460] wonach sich eine solche Ausübungsübertragbarkeit aus § 242 BGB ergeben könne, ist allenfalls für den dort entschiedenen Sonderfall, in welchem das Wohnungsrecht an die Stelle eines früheren Nießbrauchrechts getreten war, noch vertretbar. Uneingeschränkt überleitbar sind jedoch sonstige auf Leistung gerichtete Verpflichtungen des Eigentümers, wie etwa zur Tragung der Kosten für Ver- und Entsorgung etc.

c) Sozialrechtliche Anrechnung

1576 Fraglich ist jedoch, ob das Wohnungsrecht beim Begünstigten als Einkommens- oder Vermögensposition anzurechnen ist. In der Wertung bedenklich erschiene die Vermögensanrechnung dann, wenn sich das Wohnungsrecht auf Räume bezieht, die im Fall des Eigentums hieran als angemessenes Schonvermögen (§ 90 Abs. 2 SGB XII, s. Rdn. 574 ff. bzw. § 12 Abs. 3 SGB II, Rdn. 798 ff.) gelten würden. Daher wird das hierauf bezogene Wohnungsrecht, die schwächere Position, »erst recht« nicht als **Vermögen** berücksichtigt (s. Rdn. 1149).

1577 Zum sozialrechtlichen **Einkommen** zählen jedoch gem. § 82 SGB XII und der hierzu erlassenen Durchführungsverordnung[461] sämtliche Einkünfte in Geld oder in Geldeswert (mit geringen Ausnahmen, z.B. der Grundrente gem. BVG). Hierzu zählen also auch Ansprüche auf Naturalleistungen, z.B. Tischkost – Letztere mit den nach der Sozialversicherungsentgeltverordnung (Rdn. 604)

---

456 Ebenso *Karpen*, MittRhNotK 1988, 146 f.
457 *Everts*, ZEV 2004, 497; OLG Celle, OLGR 2004, 38.
458 MittRhNotK 1996, 222; ebenso OLG Oldenburg, NdsRpfleger 1994, 305, gestützt auf das Wortlautargument »bis zur Höhe der Aufwendungen« in § 93 SGB XII und das Gebot der Gleichzeitigkeit des Anspruchs mit der Hilfeleistung, § 93 Abs. 1 Satz 3 SGB XII.
459 *Schellhorn*, BSHG, Anm. 9 zu § 90; *Gottschick/Giese*, BSHG, Anm. 2.2. zu § 90; ebenso *Germer*, BWNotZ 1983, 75.
460 FamRZ 1991, 1432; vgl. hierzu auch oben Rdn. 1215.
461 VO zur Durchführung des § 76 BSHG v. 28.11.1962, BGBl. I, S. 692 i.d.F. der VO v. 23.11.1976 (BGBl. I, S. 3234).

zu errechnenden Werten –, jedoch nicht die Gewährung freien Wohnrechts, sofern die entsprechende Eigentumsposition anrechnungsfrei bliebe.[462] Nach richtiger Auffassung[463] ist der Wert eines bei Übergabe zurückbehaltenen oder »als Gegenleistung« zugewendeten Wohnungsrechts im früher eigenen Heim im allgemeinen Sozialrecht nicht als Einkommen i.S.d. SGB IV anzusetzen.[464] Dies dürfte trotz der weiten Formulierung des § 1 der DV zu § 76 BSHG (nun § 82 SGB XII) nicht nur im allgemeinen Sozialversicherungsrecht, sondern auch im Sozialhilferecht und i.R.d. Grundsicherung nach dem Grundsicherungsgesetz gelten, wo jedenfalls der Wert des vorbehaltenen/als Gegenleistung zugesagten Wohnungsrechts im vormals eigenen Eigenheim, das als solches zum Schonvermögen zählen würde, als Vermögen und als Einkommen außer Betracht zu bleiben hat (Erst-recht-Schluss aus § 90 Abs. 2 Nr. 8 SGB XII; anders liegt es jedoch hinsichtlich des Mietwerts eines zugewendeten Wohnrechts an einem nicht vormals im Eigentum des Übergebers stehenden Anwesens). Hat der Veräußerer Anspruch auf Gewährung eines freien Wohnrechts, wird der ihm zustehende Regelsatz jedoch naturgemäß nicht um den Betrag einer (hier fiktiven) Miete erhöht. Bezieht allerdings der Übernehmer HLU, sind bei ihm die an den Veräußerer gewährten Leistungen in ihrer Gesamtheit berücksichtigbar als »Kosten der Unterkunft«, da sie eingegangen wurden, um das Eigentum am Anwesen zu erhalten.

7. Beendigung des Wohnungsrechts

Ein gesetzliches »Kündigungsrecht« für das dingliche Wohnungsrecht, etwa aus wichtigem Grund (Bsp.: der Wohnungsberechtigte tötet den Grundstückseigentümer) existiert im deutschen Recht nicht.[465] Das Wohnungsrecht endet also, wenn es nicht für einen bestimmten Zeitraum vereinbart wird, jedenfalls mit dem **Tod des Begünstigten**. Es ist damit gegen Vorlage einer Sterbeurkunde und auf schlichten Antrag hin löschbar. Der Vereinbarung und Eintragung einer Löschungserleichterungsklausel gem. § 23 Abs. 2 GBO bedarf es daher nur, wenn aufgrund einer ggü. dem gesetzlichen Inhalt abweichenden Ausgestaltung des dinglichen Rechts Rückstände des Eigentümers hinsichtlich von ihm zu erbringender aktiver Pflichten möglich sind, z.B.

1578

(1) in Bezug auf Unterhaltungspflichten (Erhaltung in gut bewohnbarem und beheizbarem Zustand[466]) oder
(2) wegen der Pflicht zur Erhaltung von Gemeinschaftsanlagen, an denen ein Mitbenutzungsrecht besteht,[467] oder
(3) wegen der Verpflichtung zur Tragung laufender Betriebskosten bzw.
(4) zur Abgeltung des Werts in bar bei Nichtausübung des Wohnungsrechts.[468]

---

462 Vgl. für den Bereich der Kriegsopferfürsorge die diesbezügliche Sonderregelung des § 30 Abs. 2 Nr. 5 KFürsV.
463 So der Vorsitzende des 4. Senats des LSG Bayern im Verfahren »L 4 KR 204/1« am 06.12.2002 – auf der Grundlage dieses richterlichen Hinweises hob die beklagte Krankenkasse ihren Versagungsbescheid auf und verpflichtete sich, unter Beachtung der Rechtsauffassung des Gerichts einen neuen Bescheid zu erteilen, so dass kein zitierfähiges Urteil erging, vgl. hierzu *Wörner*, MittBayNot 2003, 268.
464 Anders noch LSG Bayern, 26.10.1995 – L 4 KR 73/93, n.v., gestützt auf den Einkommenswert der selbst genutzten Wohnung gem. § 21 EStG a.F.
465 BGH, 11.03.2016 – V ZR 208/15, ErbR 2016, 508; allerdings kann sich aus § 242 BGB im geschilderten Fall die Verpflichtung ergeben, das Wohnungsrecht nicht mehr selbst auszuüben (wenn sonst die Witwe des Getöteten mit dem Täter unter einem Dach leben müsste, auch beruhend auf § 1020 Satz 1 BGB: Gebot schonender Ausübung).
466 OLG München, 11.07.2016 – 34 Wx 144/16, ZEV 2016, 439.
467 OLG Hamm, MittBayNot 1996, 300 und OLG München, 15.10.2009 – 34 Wx 085/09, NotBZ 2010, 66.
468 LG Wuppertal, MittBayNot 1977, 235.

In diesen Fällen wird durch die Löschungserleichterungsklausel erreicht, dass nach dem Ableben des Begünstigten die Vorlage der Sterbeurkunde genügt und nicht das Sperrjahr abgewartet werden muss.[469]

Die Eintragung eines (weiteren) Wohnungsrechtes »für die Erben des ..... [derzeitigen Wohnungsberechtigten]« scheitert, weil § 328 BGB auf dingliche Rechte nicht anwendbar ist.[470]

1579 Bei einem endgültigen Wegfall des Vorteils aufgrund dauernder objektiver Unmöglichkeit der Rechtsausübung (z.B. Untergang des Gebäudes) erlischt auch die dingliche Grund- oder beschränkt persönliche Dienstbarkeit von selbst.[471] Die tatsächliche Nichtausübung des Wohnungsrechts als solche ist jedoch kein Beendigungsgrund, da – wie stets bei Dienstbarkeiten – der »mögliche« Vorteil für den Berechtigten gem. § 1019 BGB ausreichend ist. Ein dauerhaftes Ausübungshindernis nur in der Person des Berechtigten infolge Pflegebedürftigkeit genügt also nicht, da die Möglichkeit einer (auch nachträglichen) Gestattung der Ausübung gem. § 1090 Abs. 1 Satz 2 BGB besteht,[472] so dass dieser Umstand zur **auflösenden Bedingung** erhoben werden sollte[473] (s. im Einzelnen Rdn. 1192 ff., mit Formulierungsvorschlägen).

1580 Mitunter verständigen sich die Beteiligten, auch zur Reduzierung des Risikos der weichenden Geschwister, aus ihrer Unterhaltspflicht für die Eltern im Fall der Heimunterbringung aufkommen zu müssen, auf eine ersatzweise vertraglich geschuldete Rentenzahlung, sozusagen als Ausgleich für die durch das auch dingliche Erlöschen des Wohnungsrechts eintretende Bereicherung. Einkommensteuerrechtlich führt sie zu nachträglichen Anschaffungskosten für das Wirtschaftsgut, schenkungsteuerrechtlich zu einem zusätzlichen Abzug für den Fall, dass die Rente den Wert der nicht mehr geschuldeten, Nutzung übersteigt.[474] Hierzu

▶ Formulierungsvorschlag: Bedingte Rentenzahlungspflicht bei Erlöschen des Wohnungsrechtes

1581 § .....

Bedingte Rentenzahlungspflicht

Sobald und soweit das Wohnungsrecht gemäß den in § ..... getroffenen Bestimmungen (also als Folge eines aus gesundheitlichen Gründen bestehenden dauernden Ausübungshindernisses, das der Amtsarzt bestätigt, oder als Folge dauernden Wegzugs aus dem Objekt, belegt durch Bestätigung der Meldebehörde, dass weder Haupt- noch Nebenwohnsitz dort bestehen) auch dinglich erlischt, ist der Erwerber verpflichtet, den bzw. dem früheren Berechtigten des Wohnungsrechts eine lebenslange Geldrente zu zahlen. Der Rentenbetrag beträgt für den Fall, dass bezüglich eines Berechtigten das Wohnungsrecht und die zugrundeliegende Abrede dinglich erloschen sind, 500,00 €, für beide Berechtigte 700,00 €. Der genannte Betrag von 500,00 € bzw. 700,00 € ist wertgesichert nach Maßgabe des Verbraucherpreisindex für Deutschland (VPI); er verändert sich zwischen dem Monat der Beurkundung und dem ersten Monat seiner Fälligkeit im genannten Maß – jeweils gemessen an den Indexzahlen für den Monat, der zwei Monate vorausgeht –, sodann jeweils im Jahresabstand erneut.

Insoweit wird klargestellt, dass der Erwerber für den Fall, dass beispielsweise einer der beiden Eltern sich im Pflegeheim aufhält, der andere Elternteil aber noch daheim wohnt, sowohl das volle

---

469 BayObLG, 28.10.1979 – 2 Z 68/78, DNotZ 1980, 157; OLG Düsseldorf, RNotZ 2003, 315.
470 OLG München, 24.11.2010 – 34 Wx 103/10, JurionRS 2010, 33245. Daher Amtslöschung gem. § 53 Abs. 1 Satz 2 GBO, vgl. Gutachten, DNotI-Report 2011, 75.
471 Für die Grunddienstbarkeit vgl. BGH, MittBayNot 1998, 256, für die beschränkte persönliche Dienstbarkeit bereits BGHZ 41, 214.
472 Vgl. BGH, 19.01.2007 – V ZR 163/06, NotBZ 2007, 129 m. Anm. *Krauß*.
473 BayObLG, MittBayNot 1998, 33.
474 Unterlag der Nutzungsvorbehalt, für Vorgänge bis Ende 2008, noch dem Abzugsverbot des § 25 ErbStG, endet damit zugleich die bisher insoweit gewährte Stundung der anteiligen Schenkungsteuer.

B. Wohnungsrecht Kapitel 4

Wohnungsrecht (das ungeschmälert dem Verbleibenden zusteht) als auch die Rente von (wertgesicherten) 500,00 € zu entrichten hat.

Weitergehende Ansprüche als Ausgleich für das Erlöschen des Wohnungsrechtes, etwa unter dem Gesichtspunkts der Änderung der Geschäftsgrundlage, oder aus landesrechtlichen Bestimmungen zu Leibgedings- bzw. Altenteilsrechten, oder als Folge ergänzender Vertragsauslegung, werden ausdrücklich ausgeschlossen.

Auf dingliche Sicherung dieser Rentenzahlungspflicht und auf Vollstreckungsunterwerfung wird verzichtet, zumal in § ..... ein Rückforderungsrecht hinsichtlich des übertragenen Eigentums für den Fall der nachhaltigen Nichterfüllung (Überschreiten eines Rückstandes von sechs Monatsbeträgen) vereinbart ist. Die Rentenzahlungspflicht ist vererblich, der Rentenzahlungsanspruch jedoch weder vererblich noch abtretbar. Auch etwaige Rückstände erlöschen mit dem Ableben des Berechtigten.

Zu bedenken ist allerdings, dass bei endgültigem Verlassen der vom Wohnungsrecht erfassten Räume häufig nach landesrechtlichen **Leibgedingsbestimmungen** Geldersatzansprüche kraft Gesetzes entstehen,[475] die häufig dahin gehend differenziert werden, ob der Wegzug des Berechtigten vom Eigentümer zu vertreten ist, z.B. weil dieser eine nachhaltige Störung der persönlichen Beziehungen hat eintreten lassen (in diesem Fall schuldet er den Aufwand für eine anderweitige Anmietung vergleichbaren Wohnraums), oder aber ob ein solches Verschulden nicht zugrunde liegt (z.B. medizinische Gründe maßgeblich waren). In diesem Fall ist nur eine Geldrente i.H.d. geldwerten Betrags der Bereicherung geschuldet, also der nunmehr dem Eigentümer ersparten Duldungs- oder Unterlassungspflichten. Außerhalb des Leibgedingsrechts können sich solche Ansprüche aus § 313 BGB (Lehre von der Änderung der Geschäftsgrundlage) ergeben (vgl. im Einzelnen Rdn. 1210 ff.). Solche Geldansprüche sind unmittelbar pfändbar oder auf den Sozialleistungsträger überleitbar, können allerdings (mit Wirkung ggü. dem Sozialhilfeträger) hinsichtlich ihrer Entstehung ausgeschlossen werden (vgl. etwa das Muster Rdn. 1581, vorletzter Absatz), da die landesrechtlichen Leibgedingsvorschriften dispositiver Natur sind und die Lehre von der Änderung der Geschäftsgrundlage dann nicht greift, wenn der vertragliche Risikorahmen abschließend festgelegt ist (vgl. hierzu unten Rdn. 1656 ff.). 1582

II. Lastentragung

1. Erhaltung

§ 1093 Abs. 1 Satz 2 BGB verweist auf einzelne Bestimmungen des Nießbrauchsrechts. Demnach muss auch der Wohnungsberechtigte die wirtschaftliche Bestimmung der zur Verfügung gestellten Räume aufrechterhalten und insoweit nach den Regeln einer ordnungsgemäßen Wirtschaft verfahren (§ 1036 Abs. 2 BGB), ohne eine Umgestaltung vorzunehmen (§ 1037 Abs. 1 BGB). Stets ist er dabei zur schonenden Ausübung verpflichtet (§ 1020 Satz 1 BGB); dies ist zugleich Leitschnur für etwaige Anpassungen des Nutzungsberechtigungsinhaltes bei sich ändernden tatsächlichen Verhältnissen.[476] 1583

§ 1093 Abs. 1 Satz 2 BGB verweist u.a. auf den bereits erläuterten § 1041 BGB (Rdn. 1367 ff.). Demnach treffen vorbehaltlich abweichender dinglicher Regelung den Wohnungsberechtigten nur **Ausbesserungen oder Erneuerungen** i.R.d. gewöhnlichen Unterhaltung.[477] Zur Tragung der außergewöhnlichen Unterhaltungsaufwendungen ist er also nicht verpflichtet, ebenso wenig jedoch der Grundstückseigentümer, da das Wohnungsrecht als Unterform der beschränkten persön- 1584

---

475 Z.B. gem. Art. 18 ff. BayAGBGB.
476 *Griwotz*, NJW 2008, 1851 ff. (insb. zur Wegedienstbarkeit).
477 Zum Begriff der Unterhaltung = Erhaltung i.R.d. § 1020 BGB allgemein (ohne Differenzierung zwischen gewöhnlicher und außergewöhnlicher) rechnet der BGH, 12.11.2004 – V ZR 42/04, DNotZ 2005, 617, m. Anm. *Amann*, die Instandsetzung, die Aufrechterhaltung der Verkehrssicherheit, Vorkehrungen gegen das Eindringen Unbefugter und ein ordentliches Aussehen.

lichen Dienstbarkeit ihn zu keinem aktiven Tun nötigt.[478] Allerdings sehen die landesrechtlichen Ausführungsbestimmungen zum BGB häufig eine Verpflichtung des Grundstückseigentümers vor, das Gebäude zumindest insoweit instand zu halten, als es zur Ausübung des Wohnungsrechts erforderlich ist. Ist, wie sehr häufig, das Nutzungsrecht auf Teile eines Gebäudes beschränkt, umfasst es gem. § 1093 Abs. 3 BGB auch die Mitbenutzung **gemeinschaftlich genutzter Einrichtungen**; da § 1093 Abs. 3 BGB nicht auf § 1041 BGB verweist, obliegt die Unterhaltung solcher Einrichtungen (z.B. auch der Frischwasserleitungen) dem Eigentümer[479] (unter Kostenbeteiligung des Nutzers: Rdn. 1589; unterlässt der Eigentümer notwendige Reparaturen an Gemeinschaftseinrichtungen, ist er dem Wohnungsberechtigten demnach zur Erstattung der Anmietungskosten für Ersatzwohnraum verpflichtet.[480]

1585 Gem. §§ 1093, 1090 Abs. 2, 1021 Abs. 1 Satz 1 BGB kann (bei entsprechender Grundbucheintragung oder Verweisung gem. § 874 BGB auch mit dinglicher Wirkung) vereinbart werden, dass der Grundstückseigentümer (nicht aber mit dinglicher Wirkung der Wohnungsberechtigte!)[481] verpflichtet sei, das Gebäude »in gut bewohn- und beheizbarem Zustand zu erhalten«. Eine Pflicht zum Wiederaufbau kann jedoch nicht dinglich als Inhalt des Wohnungsrechtes vereinbart werden.[482] Dahinter zurückbleibend, wird dem jeweiligen Eigentümer häufig die Vornahme der »Schönheitsreparaturen« überbürdet, deren Inhalt sich aus dem Mietrecht ergibt.[483]

1586 Konsequenzen solcher Leistungspflichten des Eigentümers sind:
(1) Nur bei einer solchen (ggf. teilweisen) Überwälzung der in § 1041 BGB geregelten Pflichten auf den Eigentümer[484] ist eine Löschungserleichterungsklausel nach § 23 GBO wegen denkbarer Rückstände möglich[485] und sinnvoll.
(2) Solche geschuldeten, außerordentlichen Instandhaltungsaufwendungen können als dauernde Last steuerlich trotz des Wohnungsrechts für den Übergeber geltend gemacht werden, wenn sie im Übergabevertrag klar und eindeutig vereinbart sind und der Vertrag i.Ü. die Voraussetzungen der Übergabe gegen Versorgungsleistungen erfüllt, es sich also bei Übertragungen ab 2008 um Betriebsvermögen handelt (Rdn. 6362 ff.; allerdings sind sie dann beim Wohnungsberechtigten gem. § 22 Nr. 1 lit. a) EStG steuerlich zu erfassen!).

▶ Beispiel:

Ist der Erwerber verpflichtet, die Wohnung in beheizbarem Zustand zu erhalten, kann er den Aufwand für ein neues Tanklager (wegen mangelnder Betriebssicherheit der bisherigen Öltanks) als dauernde Last geltend machen.[486]

---

478 Es kommt also (wie beim Nießbrauch) zu einer Pattsituation: *Schöner/Stöber*, Grundbuchrecht, Rn. 1250. Nimmt der Grundstückseigentümer erforderliche Ausbesserungen oder Erneuerungen vor, hat der Wohnungsberechtigte diese jedoch seinerseits zu dulden, § 1044 BGB.
479 BGH, 21.10.2011 – V ZR 57/11, MittBayNot 2012, 289 m. Anm. *Stürner/Klett*, Tz. 10.
480 OLG München, 26.06.2015 – 8 U 907/15, MDR 2015, 885.
481 BayObLG, DNotZ 1989, 569 mit der Begründung, es handle sich um ein »unzulässiges Entgelt« für die Wohnungsrechtsbestellung, außerdem verweise § 1093 Abs. 1 Satz 2 BGB nicht auf § 1047 BGB; a.A. LG Gießen, Rpfleger 1986, 174.
482 OLG Hamm, 15.08.2013 – 15 W 105/12, NotBZ 2014, 60.
483 § 28 Abs. 4 Satz 4 der II. BV, auch außerhalb des sozialen Wohnungsbaus: »Tapezieren, Anstreichen und Kalken der Wände und Decken, Streichen der Fußböden und der Heizkörper samt Heizrohre, der Innentüren und Fenster sowie der Außentüren von innen«.
484 Vgl. Gutachten, DNotI-Report 2003, 83.
485 LG Potsdam, NotBZ 2005, 118; OLG Celle, 30.08.2012 – 4 W 156/12, DNotZ 2013, 126; Gleiches gilt bei Vereinbarungen über die Wertersatzrente bei Wegzug, die nach OLG Hamm, Rpfleger 2001, 402, ebenfalls Inhalt des dinglichen Rechts sein können sollen (str.).
486 BFH, 31.03.2004 – X R 32/02, EStB 2004, 324.

Eine separate Vereinbarung als **Reallast** ist aus steuerrechtlicher Sicht nicht (mehr) erforderlich; es genügt, dass sie schuldrechtlich oder als dinglicher Inhalt des Wohnungsrechts selbst (sog. unselbstständige Reallast kraft Verweisung in § 1021 Abs. 2 BGB)[487] vereinbart sind.[488] Die getrennte Sicherung durch eigenständige zusätzliche Reallast, sofern sie landesrechtlich gestattet ist (Art. 115 EGBGB),[489] erlaubt dem Wohnungsberechtigten zusätzlich, bei Nichterfüllung der umfassten Leistungspflichten selbstständig die Verwertung im Wege der Versteigerung zu betreiben, löst allerdings eine weitere Grundbuchgebühr aus.[490]

1587

2. Kosten des Wohnens

Auch kann mit dinglicher Wirkung[491] vereinbart werden, dass der **Grundstückseigentümer** die **Kosten der Ver- und Entsorgung** (z.B. Heizung, Strom, Wasser Gas) und alle sonstigen Kosten des Bewohnens zu tragen habe.[492] Ratsam sind in diesem Fall, sofern keine Messeinrichtungen bestehen, zugleich Bestimmungen zum Verteilungsschlüssel (z.B. nach Quadratmetern Wohnfläche, Kopfanzahl der dauernden Bewohner oder Pauschalbetrag ggf. mit Wertsicherung). Neben oder anstelle der Verdinglichung als Bestandteil des Wohnungsrechts selbst kommt auch hier (vorbehaltlich Art. 115 EGBGB) die Sicherung durch eigenständige, zur Verwertung berechtigende Reallast in Betracht.

1588

Aus der Berechtigung zur Mitnutzung der **gemeinschaftlichen Einrichtungen** (§ 1093 Abs. 3 BGB, insbesondere der Heizung) folgert der BGH[493] im Wege ergänzender Auslegung, dass der Wohnungsberechtigte, auch wenn er die Wohnung leer stehen lässt, sich an den Kosten zu beteiligen hat, die durch die gewöhnliche Unterhaltung dieser gemeinschaftlichen Einrichtungen entstehen, insbesondere den verbrauchsunabhängigen Kosten der Warmwasserbereitung und Heizung. Im Übrigen[494] muss die Beteiligung des Wohnungsberechtigten an den **allgemeinen Hauskosten** (Grundsteuer, Straßenreinigung, Müllabfuhr, Brandversicherungsprämie etc.) oder an den verbrauchsabhängigen Kosten seines Bewohnens (Heizung, ggf. auch Gasverbrauch, Strom) vertraglich geregelt werden, da § 1093 Abs. 1 Satz 2 BGB nicht auf § 1047 BGB verweist. Im Regelfall wird vorgesehen, dass der Wohnungsberechtigte (ähnlich einem Mieter hinsichtlich dessen Beteiligung über die sog. »Nebenkosten«) die verbrauchsabhängigen Kosten seines eigenen Wohnens zur Gänze trägt[495] und sich an den allgemeinen Hausunkosten im Verhältnis der von ihm beanspruchbaren Wohnfläche zur Gesamtwohnfläche des Hauses zu beteiligen habe (im Zweifel

1589

---

487 Soweit die Unterhaltslast im Fall einer Grunddienstbarkeit zwischen dem Eigentümer des herrschenden und des dienenden Grundstücks dinglich geteilt wird, führt § 1021 Abs. 2 BGB dazu, dass im Ergebnis unerkannt auf dem herrschenden Grundstück eine Reallast ruht, vgl. Staudinger/*J. Mayer*, BGB (2002), § 1021 Rn. 11 m.w.N.; a.A. *Volmer*, MittBayNot 2000, 389.
488 Schreiben der OFD Münster v. 08.01.2002, DB 2002, 177.
489 Vgl. Staudinger/*Amann*, BGB (2002), Einl. zu §§ 1105 bis 1112 Rn. 2 ff. Ihre Bestellung ist bspw. in Nordrhein-Westfalen und Schleswig-Holstein ausgeschlossen.
490 *Lange-Parpart*, RNotZ 2008, 391; daher ist diese zusätzliche Eintragung zulässig, entgegen BayObLG, DNotZ 1980, 124, 127.
491 BayObLG, DNotZ 1981, 125.
492 *Schöner/Stöber*, Grundbuchrecht, Rn. 1253, schlagen hier die Vereinbarung einer Reallast vor. Die Gegenmeinung verweist auf § 1021 Abs. 2 BGB, wonach auf die Unterhaltungspflicht für eine Anlage auf dem belasteten Grundstück die Vorschriften über die Reallast entsprechende Anwendung finden, vgl. *Amann*, MittBayNot 2008, 366 f.
493 BGH, 21.10.2011 – V ZR 57/11 MittBayNot 2012, 289 m. Anm. *Stürner/Klett*, (Verteilungsmaßstab nach Maßgabe der HeizkostenVO); zum Ganzen vgl. *M. Schmid*, ZfIR 2012, 231 ff. und ZfIR 2013, 489, 491.
494 Vgl. im Einzelnen *Schmid*, ZfIR 2012, 231 ff.
495 Nach AG Frankfurt am Main, 09.07.2008 – 33 C 552/08 – 28, NotBZ 2008, 433, sei dies stets zu vermuten (zu den verbrauchsbedingten Betriebskosten gehören jedoch nicht Hausreinigung, Hauswart und Hausüberwachung).

ist dann wie ggü. einem Mieter abzurechnen, unter Einhaltung der Jahresfrist des § 556 Abs. 3 BGB.[496] Soll die tatsächliche Verbrauchsermittlung nach der Heizkostenverordnung wegen der damit verbundenen einmaligen Investitionen und des jährlichen Ableseaufwands nicht gewollt sein, ist dies zu vereinbaren). Mangels Übertragbarkeit des Wohnungsrechts genügt insoweit eine schuldrechtliche Vereinbarung, sofern sie zugunsten des jeweiligen Grundstückseigentümers (als Dritten gem. § 328 BGB) getroffen wird; nach untergerichtlicher Ansicht ist eine solche Abrede auch mit dinglicher Wirkung als Inhalt des Wohnungsrechts möglich.[497]

1590 Eine Beteiligung des Wohnungsberechtigten an privaten Lasten i.S.d. § 1047 BGB (Verzinsung von grundpfandrechtlich gesicherten Verbindlichkeiten, Überbau- und Erbbaurenten) sowie an solchen öffentlichen Lasten, die auf den »Stammwert der Sache« entfallen (Erschließungskosten) ist lediglich schuldrechtlich möglich[498] und in der Praxis wenig ungebräuchlich (Formulierung eines solchen »Nettowohnungsrechts« Rdn. 1593).

3. Gesamtformulierung

1591 Eine diese Themen aufgreifende Gesamtformulierung könnte etwa wie folgt lauten:

▶ Formulierungsvorschlag: Wohnungsrecht (Gesamtbaustein)

Die Veräußerer erhalten als Gesamtberechtigte gem. § 428 BGB auf Lebensdauer des Längerlebenden ein Wohnungsrecht in dem übergebenen Anwesen. Dieses besteht in dem Recht der ausschließlichen Benutzung der ..... – unter Ausschluss des Eigentümers – und dem Recht auf Mitbenutzung der zum gemeinsamen Gebrauch der Hausbewohner bestimmten Anlagen, Einrichtungen und Räume, insbesondere von ..... (Keller, Speicher, Hof und Garten).

Der Eigentümer ist verpflichtet, die dem Wohnungsrecht unterliegenden Räume auf eigene Kosten in gut bewohnbarem und beheizbarem Zustand zu halten.

Der Wohnungsberechtigte hat für die betreffenden Räume die Schönheitsreparaturen in dem in Mietverträgen zulässigen Umfang und die anfallenden Verbrauchsgebühren, soweit sie derzeit bereits gesondert erfasst werden können, allein zu tragen. Während der Dauer seines Bewohnens hat er sich ferner an den Kosten für Kaminkehrer, Müllabfuhr und Abwasser sowie den nicht gesondert erfassten Verbrauchsgebühren (nicht jedoch an Grundsteuer und sonstigen öffentlichen und privaten Lasten) anteilig im Verhältnis der Flächen zu beteiligen; mietrechtliche Bestimmungen zur Nebenkostenabrechnung sind insoweit ausdrücklich nicht entsprechend anwendbar.

(Formulierungsalternative [Kosten sind komplett beim Eigentümer]:

Der Eigentümer trägt sämtliche Kosten, die für das Anwesen und die dem Wohnungsrecht unterliegenden Räume anfallen, auch die Kosten der Schönheitsreparaturen in dem in Mietverträgen zulässigen Umfang, die Kosten für Wasser und Abwasser, Beheizung, Strom und Gas, Kaminkehrer und Müllabfuhr, auch soweit sie auf der Wohnnutzung des Berechtigten beruhen.)

Eine Übertragung der Ausübung des Wohnungsrechts ist dem Berechtigten nicht gestattet, eine Vermietung oder Untervermietung somit nicht möglich.

Das dingliche Wohnungsrecht und die ihr zugrunde liegende Abrede erlöschen ferner, wenn
– ein amtsärztliches Attest des Inhalts vorgelegt wird, dass der Berechtigte aus gesundheitlichen Gründen voraussichtlich dauernd an der Ausübung gehindert ist,

---

[496] BGH, 25.09.2009 – V ZR 36/09, ZNotP 2010, 26 [analoge Anwendung auf das begleitende vertragliche Schuldverhältnis].

[497] LG Saarbrücken, RNotZ 2003, 615. Nach Staudinger/*Mayer, J.*, BGB (2002), § 1093 Rn. 46, 47, sind nur solche Kosten verdinglichbar, die mit der Benutzung als solcher zusammenhängen (v.a. Verbrauchskosten), nicht jedoch Grundsteuer, Versicherungen etc.!

[498] Dies käme einem dinglich nicht möglichen (vgl. Rdn. 1595) Entgelt für die Wohnungsrechtsausübung nahe; ferner verweist § 1093 BGB nicht auf § 1047 BGB, vgl. BayObLG, DNotZ 1989, 569; a.A. LG Gießen, Rpfleger 1986, 174.

B. Wohnungsrecht

- ferner wenn der Berechtigte bei der zuständigen Meldebehörde weder mit Haupt- noch mit Nebenwohnung gemeldet ist; der Berechtigte bevollmächtigt hiermit den Erwerber, diese Abmeldung vorzunehmen, wenn die vom Wohnungsrecht erfassten Räume tatsächlich weder als Haupt- noch als Nebenwohnung mehr dienen.

Geldersatzansprüche für den Fall der Nichtausübung oder der Beendigung des Wohnungsrechtes werden aus jedem Rechtsgrund ausgeschlossen, es sei denn der Eigentümer hat den Wegzug zu vertreten.

Im Hinblick darauf, dass die den Veräußerern als Gesamtberechtigten gem. § 428 BGB eingeräumten Rechte der Versorgung und Absicherung beider dienen, wird zur Regelung des Anspruchsverhältnisses vereinbart:
- Kein Berechtigter ist befugt, zulasten des anderen über diese Rechte zu verfügen.
- Nach dem Tod des einen stehen die Rechte dem anderen ungeschmälert zu.
- Leistung allein an einen Berechtigten hat keine Erfüllungswirkung gegenüber dem anderen.

Der Erwerber bestellt hiermit das Wohnungsrecht an dem in § 1 beschriebenen Grundbesitz zugunsten der Berechtigten als Gesamtberechtigten nach § 428 BGB und

bewilligt und beantragt

die Eintragung an nächstoffener Rangstelle im Grundbuch mit dem Vermerk, dass zur Löschung der Nachweis des Todes des Berechtigten genügen soll, was hiermit vereinbart, bewilligt und beantragt wird.

Der Wohnungsberechtigte wurde vom Notar darüber belehrt, dass sein Wohnungsrecht (u.U. entschädigungslos) untergehen kann, wenn im Grundbuch an besserer Rangstelle Grundpfandrechte eingetragen sind oder werden, und aus diesen (wegen Nichtzahlung der dadurch abgesicherten Verbindlichkeiten) die Zwangsvollstreckung betrieben würde.

Etwas abweichend ist zu formulieren, wenn der Wohnungsberechtigte nicht nur den reinen Wohnaufwand, sondern auch (ggf. anteilige) sonstige Gebäude- oder Grundstückslasten zu tragen hat, also ein »Nettowohnungsrecht« (ähnlich dem i.d.R. einkommensteuerlich motivierten Nettonießbrauch, Rdn. 1389) bestellt werden soll, da diese Überbürdung nur schuldrechtlich erfolgen kann (vgl. Rdn. 1590): 1592

▶ Formulierungsvorschlag: Nettowohnungsrecht (Gesamtbaustein)

Die Veräußerer erhalten als Gesamtberechtigte gem. § 428 BGB auf Lebensdauer des Längerlebenden ein Wohnungsrecht in dem übergebenen Anwesen. Dieses besteht in dem Recht der ausschließlichen Benutzung der ..... – unter Ausschluss des Eigentümers – und dem Recht auf Mitbenutzung der zum gemeinsamen Gebrauch der Hausbewohner bestimmten Anlagen, Einrichtungen und Räume, insbesondere von (Keller, Speicher, Hof und Garten). 1593

Eine Übertragung der Ausübung des Wohnungsrechts ist dem Berechtigten nicht gestattet, eine Vermietung oder Untervermietung somit nicht möglich.

Das dingliche Wohnungsrecht und die ihr zugrunde liegende Abrede erlöschen ferner, wenn
- ein amtsärztliches Attest des Inhalts vorgelegt wird, dass der Berechtigte aus gesundheitlichen Gründen voraussichtlich dauernd an der Ausübung gehindert ist,
- ferner wenn der Berechtigte bei der zuständigen Meldebehörde weder mit Haupt- noch mit Nebenwohnung gemeldet ist; der Berechtigte bevollmächtigt hiermit den Erwerber, diese Abmeldung vorzunehmen, wenn die vom Wohnungsrecht erfassten Räume tatsächlich weder als Haupt- noch als Nebenwohnung mehr dienen.

Geldersatzansprüche für den Fall der Nichtausübung oder der Beendigung des Wohnungsrechtes werden aus jedem Rechtsgrund ausgeschlossen, es sei denn der Eigentümer hat den Wegzug zu vertreten.

Im Hinblick darauf, dass die den Veräußerern als Gesamtberechtigten gem. § 428 BGB eingeräumten Rechte der Versorgung und Absicherung beider dienen, wird zur Regelung des Anspruchsverhältnisses vereinbart:

- Kein Berechtigter ist befugt, zulasten des anderen über diese Rechte zu verfügen.
- Nach dem Tod des einen stehen die Rechte dem anderen ungeschmälert zu.
- Leistung allein an einen Berechtigten hat keine Erfüllungswirkung gegenüber dem anderen.

Der Erwerber bestellt hiermit das Wohnungsrecht an dem in § 1 beschriebenen Grundbesitz zugunsten der Berechtigten als Gesamtberechtigten nach § 428 BGB und

bewilligt und beantragt

die Eintragung an nächstoffener Rangstelle im Grundbuch.

Schuldrechtlich gilt weiter: Der Wohnungsberechtigte hat für die betreffenden Räume die Schönheitsreparaturen in dem in Mietverträgen zulässigen Umfang und die anfallenden Verbrauchsgebühren, soweit sie derzeit bereits gesondert erfasst werden können, allein zu tragen. Er hat sich ferner an den weiteren umlegungsfähigen Nebenkosten i.S.d. §§ 1 und 2 der Betriebskostenverordnung (BetrKV) nach Maßgabe der betroffenen Wohnflächen zu beteiligen; mietrechtliche Bestimmungen zur Nebenkostenabrechnung sind insoweit ausdrücklich nicht entsprechend anwendbar.

Darüber hinaus ist er verpflichtet, für die Dauer des Bewohnens die Verzinsung und Tilgung derzeit bestehender Verbindlichkeiten sowie Erhaltungs-, Instandhaltungs-, Instandsetzungs- und Modernisierungsaufwand des Anwesens im Verhältnis der Wohn-/Nutzflächen mit zu tragen, nicht jedoch Erschließungsaufwand sowie Kosten von Aus- und Erweiterungsbauten.

Der Wohnungsberechtigte wurde vom Notar darüber belehrt, dass sein Wohnungsrecht (u.U. entschädigungslos) untergehen kann, wenn im Grundbuch an besserer Rangstelle Grundpfandrechte eingetragen sind oder werden, und aus diesen (wegen Nichtzahlung der dadurch abgesicherten Verbindlichkeiten) die Zwangsvollstreckung betrieben würde.

▶ Hinweis:

1594   Es ist zu empfehlen, dass sich die Bestellungsvereinbarung auch dazu verhält, ob der Berechtigte, sofern er an den Kosten und Lasten des Wohnens und/oder den allgemeinen Hauskosten beteiligt ist, diese finanziellen Beiträge auch dann zu leisten hat, wenn er das Anwesen, z.B. vorübergehend, verlassen hat. Bei Fehlen ausdrücklicher Vereinbarungen wird die Auslegung i.d.R. ergeben, dass der Wohnungsberechtigte durch eigene Abwesenheit von den jedenfalls verbrauchsunabhängigen Kostenbeteiligungen (ähnlich wie bei einem Mietvertrag) nicht befreit sein soll.

4. »Miete«

1595 Die etwa vereinbarte Entrichtung eines **Nutzungsentgelts** (»Miete«) kann nicht zum Inhalt der dinglichen Vereinbarungen erhoben werden; es kann jedoch neben dem dinglichen Wohnungsrecht, dessen causa stets ausschließlich die Abrede über die Bestellung des Wohnungsrechts selbst ist, ein separates schuldrechtliches Mietverhältnis bestehen.[499] In letzterem Fall gehen die Ansprüche auf den Mietzins auf einen Ersteigerer der Immobilie über (gem. § 566 BGB i.V.m § 57 ZVG, nicht etwa als Bestandteil des dinglichen, in der Versteigerung bestehen bleibenden Wohnungsrechtes); anders verhält es sich, wenn in den wiederkehrenden Zahlungen des Wohnungsberechtigten eine »verrentete Zahlung« für den Erwerb des dinglichen Rechtes »Wohnungsrecht« zu sehen wäre.[500] Bei einer Kündigung des Mietverhältnisses entfällt nicht der Rechtsgrund für das Wohnungsrecht, so dass dieses per se kondizierbar wäre; vielmehr müsste das Erlöschen des Mietvertrags zur auflösenden Bedingung des dinglichen Wohnungsrechts erhoben werden. Fehlt es an einem direkten Mietverhältnis, kann die bloße Entgeltabrede dadurch »quasi verdinglicht« werden, dass der Rückstand mit mehr als bspw. 2 Monatsbeträgen zur auflösenden Bedingung des Wohnungsrechts vereinbart wird.

---

499 BGH, Rpfleger 1999, 122.
500 So im konkreten Fall ausgelegt durch OLG Hamm, 26.04.2017 – I-30 U 147/16, vgl. *Michael*, notar 2017, 350, 351.

▶ **Formulierungsvorschlag: Wohnungsrecht verknüpft mit Mietvertrag**

Der Erwerber übernimmt gegenüber den Veräußerern als Gesamtberechtigten gem. § 428 BGB auf Lebensdauer des Längerlebenden folgende Verpflichtungen: Ein Wohnungsrecht in dem übergebenen Anwesen. Dieses besteht in dem Recht der ausschließlichen Benutzung der ..... – unter Ausschluss des Eigentümers – und dem Recht auf Mitbenutzung der zum gemeinsamen Gebrauch der Hausbewohner bestimmten Anlagen, Einrichtungen und Räume, insbesondere von ....

Der Eigentümer ist verpflichtet, die dem Wohnungsrecht unterliegenden Räume auf eigene Kosten in gut bewohnbarem und beheizbarem Zustand zu halten.

Ausdrücklich wird klargestellt, dass die Festlegung des für das Bewohnen geschuldeten Nutzungsentgeltes und die Kündigungsmöglichkeiten des Nutzers selbst in einem noch zwischen den Beteiligten selbst abzuschließenden Mietvertrag festgelegt werden, mit dessen Inhalt und Zustandekommen die heutige Grundstücksübertragung jedoch nicht steht und fällt. Gegenstand der heutigen Urkunde sind ausschließlich die Inhalte des dinglichen Rechts. Das dingliche Recht ist jedoch

auflösend bedingt

für den Fall einer wirksamen Kündigung des Mietverhältnisses durch den Nutzer oder durch den Eigentümer, wobei Letzterer jedoch auf Lebzeit des Nutzers nur zur Kündigung berechtigt ist bei vertragswidrigem Gebrauch oder bei einem Rückstand des Mieters mit mind. vier Monatsnettomieten.

Wirtschaftlich verstärkt das Wohnungsrecht also die Stellung des Nutzers gegenüber sonstigen Kündigungen des Eigentümers (etwa wegen Eigenbedarfs oder im Fall der Zwangsversteigerung aus nachrangigen Grundpfandrechten).

Eine ertragsteuerliche Beratung hat der Notar nicht übernommen, jedoch darauf hingewiesen, dass der Mietvertrag wie unter fremden Dritten abgeschlossen und durchgeführt werden sollte, wobei allerdings eine Unterschreitung der ortsüblichen Marktmiete unschädlich ist, solange an der Einkünfteerzielungsabsicht keine Zweifel bestehen und die Grenzen des § 21 Abs. 2 EStG eingehalten sind.

▶ **Hinweis:**

Soll bei Zahlungsrückständen nicht das gesamte dingliche Recht für die Zukunft entfallen, könnte auch lediglich die Ausübung des Wohnungsrechts (also des Anspruchs auf Duldung des Bewohnens) dergestalt mit der Entgeltabrede verknüpft werden, dass dem Anspruch eine aufschiebende Einrede des Eigentümers entgegengehalten werden kann, solange Rückstände oberhalb einer zu definierenden Bagatellgrenze bestehen.[501]

III. Wohnungsrecht und Pflichtteilsergänzungsansprüche

Bereits unter Rdn. 1420 ff. wurde die Rechtsprechung des BGH[502] zur pflichtteilsrechtlichen Auswirkung eines vorbehaltenen totalen Nießbrauchs referiert. Für die Kautelar-Praxis ist es naturgemäß von erheblicher Bedeutung zu ermitteln, ob der Vorbehalt eines bloßen Wohnungsrechts in beiderlei Hinsicht dem Nießbrauch gleichzustellen ist oder nicht.

1. Beginn der Frist

Die Literatur ist zur Frage der **Vergleichbarkeit des Vorbehaltsnießbrauchs zum Vorbehaltswohnungsrecht** hinsichtlich § 2325 Abs. 3 BGB uneinheitlich;[503] höchstrichterliche Rechtsprechung

---

501 Ähnlich OLG Frankfurt, Rpfleger 1974, 30; vgl. Staudinger/*J. Mayer*, BGB (2002), § 1018 Rn. 7, DNotI-Gutachten, Faxabruf-Nr. 11494 v. 04.10.2007; a.A. MünchKomm-BGB/*Falckenberg*, § 1018 Rn. 7.
502 BGHZ 125, 395.
503 *Mejding*, ZEV 1994, 205, und *Siegmann*, DNotZ 1994, 791, plädieren dafür, dass die Frist gleichwohl zu laufen beginne; *Heinrich*, MittRhNotK 1995, 163, und *N. Mayer*, ZEV 1994, 328, sprechen dem

verweist auf die Umstände des Einzelfalls.[504] Richtiger Auffassung nach[505] dürfte zu differenzieren sein:

(1) Sofern die Ausübung des Wohnungsrechts an einen Dritten überlassen werden kann (also eine Vereinbarung gem. § 1092 Abs. 1 Satz 2 BGB getroffen worden ist) und sich das Wohnungsrecht auf das gesamte Gebäude erstreckt, ist ohne Zweifel der Umfang der vorbehaltenen Nutzung mit dem eines Totalnießbrauchs vergleichbar, so dass die 10-Jahres-Frist nicht in Gang gesetzt wird. Ausreichend für die Fristschädlichkeit ist bereits der Vorbehalt eines (nicht in der Ausübung übertragbaren) Wohnungsrechts an allen Räumen der übertragenen Immobilie.[506] Dies gilt auch, wenn zwar einzelne Räume ausgenommen sind, diese jedoch nicht autonom nutzbar und daher faktisch in das Wohnungsrecht einbezogen sind.[507] Der Vorbehalt des Wohnungsrechts zugunsten des Ehegatten des Veräußerers dürfte wie oben Rdn. 1262 ff. erläutert zu behandeln sein.

1600 (2) Umgekehrt wird das Anlaufen der 10-Jahres-Frist wohl nicht gehemmt, wenn das Wohnungsrecht sich nicht auf eine abgeschlossene Wohnung bezieht, sondern nur einzelne Räume umfasst,[508] auch wenn die Mitnutzung der gemeinschaftlichen Einrichtungen eingeschlossen ist[509] und die »einzelnen Räume« mehr als ein Geschoss umfassen.[510] Der BGH will dabei sogar die faktische Duldung einer Mehrnutzung anderer Räume, die jedoch nicht auf dinglich gesichertem Recht beruht, unberücksichtigt lassen.[511] Dies lädt geradezu (in fragwürdiger Weise) dazu ein, nur einige Zimmer in den rechtlich gesicherten Bestandsumfang des Wohnungsrechts aufzunehmen und Übrigen darauf zu vertrauen, die nicht vor Ort lebenden Erwerber würden die restlichen, ihnen formal zur Nutzung zugewiesenen Räume ohnehin nicht in Anspruch nehmen. Der BGH wertet zusätzlich den Umstand, dass der Wohnungsberechtigte (im Rahmen der notwendigen Finanzierung für Umbaumaßnahmen des Erwerbers) mit dem Wohnungsrecht hinter Finanzierungsgrundpfandrechte, die auf Veranlassung des Erwerbers bestellt wurden, zurückgetreten ist, als (zutreffenden) Beleg dafür, dass der Erwerber tatsächlich wirtschaftlicher Eigentümer der übertragenen Immobilie wurde (»Herr im Haus«).

1601 (3) Schwierig sind die (in aller Regel vorliegenden) Zwischentatbestände zu bewerten, in denen das Wohnungsrecht zwar nicht an Dritte überlassen werden kann, sich aber zumindest auf eine abgeschlossene Wohnung erstreckt. Wegen der fehlenden Vermietungsmöglichkeit plädieren die OLG überwiegend dafür, die 10-Jahres-Frist in Gang setzen zu lassen – jedenfalls sofern keine verstärkenden Elemente wie Rückforderungsrechte hinzukommen[512] –, während

---

Wohnungsrecht dieselbe anlaufhemmende Wirkung zu wie beim Nießbrauchsrecht höchstrichterlich entschieden.

504 BGH, 29.06.2016 – IV ZR 474/15, ErbR 2016, 570 m. Anm. *Gockel* = EE 2016, 148 m. Anm. *Papenmeier* = MittBayNot 2017, 408 m. Anm. *Bernauer*; hierzu *v. Proff,* ZEV 2016, 681 ff.; Zusammenfassung der zuvor ergangenen OLG-Entscheidungen bei *Herrler,* in: DAI, Aktuelle Probleme der Vertragsgestaltung im Immobilienrecht 2015/2016, S. 186 ff.
505 *Wegmann*, Grundstücksüberlassung, Rn. 337 ff.
506 OLG München, 14.07.2016 – 23 U 363/16, ZEV 2017, 276.
507 OLG Zweibrücken, 06. und 30.10.2014 – 4 U 7/14, ErbR 2015, 379 m. Anm. *Görtz*.
508 LG Münster, MittBayNot 1997, 113.
509 OLG Bremen, NJW 2005, 1726 = DNotZ 2005, 702; ähnlich OLG Düsseldorf, NJWE-FER 1999, 279.
510 BGH, 29.06.2016 – IV ZR 474/15, ErbR 2016, 570 m. Anm. *Gockel* = EE 2016, 148 m. Anm. *Papenmeier* = MittBayNot 2017, 408 m. Anm. *Bernauer* (Vorinstanz: OLG Dresden, 30.09.2015 – 17 U 1338/15, EE 2015, 203 m. Anm. *Papenmeier):* alle Räume im Erdgeschoss und schuldrechtliche Mitbenutzung einzelner Räume im Obergeschoss; zusätzlich bestand ein schuldrechtliches Veräußerungs- und Veränderungsverbot und die Befugnis, Grundpfandrechte bis zu 200.000 DM zu bestellen, war vorbehalten.
511 Zu Recht krit. hiergegen *Papenmeier,* EE 2016, 148, 151: Gefahr des Missbrauchs, da zumindest eine stillschweigende schuldrechtliche Vereinbarung vorliegen dürfte.
512 So jedenfalls OLG Celle, 27.05.2003 – 6 U 236/02, NotBZ 2003, 475; OLG Düsseldorf, FamRZ 1997, 1114; OLG Oldenburg, 14.11.2005 – 5 W 223/05, ZEV 2006, 80: Wohnungsrecht am Erd-

das OLG München[513] den Wohnungsrechtsvorbehalt an der größeren Wohnung (»gesamtes Haus mit Ausnahme der Souterrainwohnung«) wie einen Gesamtnutzungsrückbehalt behandeln möchte und, jedenfalls im Verbund mit Rückforderungsrechten, die Frist insgesamt nicht anlaufen lassen will (sog. **Summationseffekt, str.**).[514] Richtig dürfte sein, entgegen der wohl h.M.,[515] insoweit das vom BGH zu Nießbrauchsrechten entwickelte Dogma, es könne keinen gespaltenen Fristlauf geben, nicht auf das Wohnungsrecht (das sich anders als der Nießbrauch auch auf Gebäudeteile beziehen kann – es ist also vergleichbar einem Bruchteilsvorbehaltsnießbrauch mit Nutzungsvereinbarung nach § 1010 BGB hinsichtlich der dem Bruchteil zugewiesenen Gebäudebereiche) zu übertragen: zumindest für diejenigen Vermögenswerte, die dem vom Wohnungsrecht erfassten Anteil am Gesamtobjekt entsprechen, ist wegen des Ausschlusses des Eigentümers doch ein wesentlicher Nutzungsrückbehalt i.S.d. BGH erfolgen, so dass die 10-Jahres-Frist insoweit noch nicht beginnen würde,[516] für die restlichen Wertanteile würde die Frist jedoch anlaufen. Letzteres würde auch gelten für die Teile des Grund und Bodens, die funktional nicht mehr unmittelbar dem Wohnen zuordenbar sind, z.B. land- und forstwirtschaftlich oder erwerbsgärtnerisch genutzte Flächen (im Unterschied zu Terrasse, Vorgarten, Blumenbeeten, Zugangsflächen).

2. Wertanrechnung

Unstreitig dürfte jedoch sein, dass (unabhängig von der Frage der In-Gang-Setzung der Frist des § 2325 Abs. 3 BGB) der kapitalisierte Wert des Wohnungsrechts (orientiert an den dadurch ersparten Mietaufwendungen des Wohnungsberechtigten) zu einer Minderung des Werts des übertragenen Gegenstands führt, sofern i.R.d. erforderlichen Vorprüfung der Schenkungszeitpunkt als der maßgebliche gem. § 2325 Abs. 2 Satz 2 BGB ermittelt wurde (Niederstwertprinzip), der Erwerber es also nicht dazu hat kommen lassen, dass der zugewendete Gegenstand (ohne Berücksichtigung des Nutzungsrechts) bis zum Tod des Wohnungsberechtigten indexbereinigt an Wert verloren hat. 1602

C. Wart und Pflege

Die insb. **im Bereich der Hofübergabe** aus schierer Notwendigkeit – angesichts des Fehlens erschwinglicher oder durch Sozialversicherungsleistungen finanzierter staatlicher Pflegeangebote – übliche Vereinbarung von tatsächlichen Versorgungspflichten i.S.v. hauswirtschaftlichen Verrichtungen oder Wart- und Pflegeleistungen) bleibt gerade in Zeiten »mechanisierter« externer Pflegeinstitutionen weiterhin aktuell.[517] 1603

---

geschoss in einem Mehrfamilienhaus, ebenso OLG Karlsruhe, 15.01.2008 – 12 U 124/07, RNotZ 2008, 231. LG Rottweil, 21.04.2011 – 3 O 83/10, ZErb 2012, 282 m. Anm. *Wirich* stellt auf den prozentualen Anteil zur Gesamtwohnfläche ab (bei 11 % laufe die Frist jedenfalls an).

513 OLG München, 25.06.2008 – 20 U 2205/08, ZEV 2008, 480 m. abl. Anm. *Herrler*, S. 461: Teilwohnungsrecht und enumerative Rückforderungsrechte, deren Voraussetzungen der Veräußerer nicht steuern kann, bedeuten keinen Genussverzicht.

514 BGH, 29.06.2016 – IV ZR 474/15, ErbR 2016, 570 m. Anm. *Gockel* = MittBayNot 2017, 408 m. Anm. *Bernauer* geht hierauf nicht ein, obwohl der Sachverhalt hierfür Anlass geboten hätte (Rückforderungs- und Nachbeleihungsvorbehalt!). Jedenfalls die typischen Rückforderungsrechte zur Absicherung der Eltern dagegen, dass das Objekt zu Lebzeiten ohne ihre Zustimmung in fremde Hände gelangt, sind also unschädlich; *Grziwotz*, in: FamRZ 2016, 1456, äußerte Zweifel, ob dies auch bspw. für ein Rückforderungsrecht bezogen auf den Fall der ohne Zustimmung erfolgten Vermietung gelten würde.

515 Z.B. *Herrler*, ZEV 2008, 461, 462; *Schindler*, ZEV 2005, 290, 294 f.

516 So OLG Düsseldorf, FamRZ 1999, 1546 (allerdings bei zusätzlichem Vorbehalt eines Rückforderungsrechts sowie eines Mitbenutzungsrechts hinsichtlich der Gemeinschaftsanlagen). Für einen »gespaltenen« Fristanlauf auch *Reiff*, NJW 1995, 1136, 1137; *N. Mayer*, ZEV 1994, 325, 329.

517 Monografisch *Kreienberg*, Wart- und Pflegeverpflichtungen in Übergabeverträgen, 2014.

1604 Sie entspricht dem Wunsch der Veräußerer zur Versorgung zu Hause, solange dies möglich ist, und trägt den **Gerechtigkeitsvorstellungen der übrigen Beteiligten** insoweit Rechnung, als derjenige, der in Gestalt der Wohnimmobilie den wesentlichen Teil des elterlichen Vermögens erhält, auch mehr Belastungen ggü. seinen Eltern außerhalb des unmittelbar finanziellen Bereichs zu tragen hat und damit zugleich mittelbar das Risiko der weichenden Geschwister, i.R.d. bürgerlich-rechtlichen Elternunterhalts herangezogen zu werden, reduziert. Schließlich erhöht die vertraglich vereinbarte – nicht jedoch die lediglich faktisch erbrachte – Pflege und hauswirtschaftliche Versorgung den zivilrechtlichen Entgeltlichkeitsanteil des Rechtsgeschäfts mit der Folge, dass die Übertragung ggü. den Schwächen der Schenkung, bspw. der Rückforderung aus § 528 BGB, in erhöhtem Maß immun ist.

1605 Diese **Minderung der zivilrechtlichen Bereicherung** tritt bereits durch die abstrakte Übernahme des Pflegerisikos ein – bewertet mit einem an der Wahrscheinlichkeit orientierten Teilwert des kapitalisierten Jahresbetrags der Pflege, Letztere orientiert früherer am niedrigeren Pflegegeld-, nunmehr jedoch i.d.R. unter dem Eindruck des im Projekt des § 2057b BGB zum Ausdruck gekommenen gesetzgeberischen Willens an den höheren Pflegesachleistungsbeträgen der jeweiligen Stufe – (vgl. dazu Rdn. 53), während im Schenkungsteuerrecht die Minderung der Bereicherung erst dann anerkannt wird, wenn die Pflege tatsächlich ausgeübt wird (dann jedoch naturgemäß ohne Unsicherheitsabschlag und orientiert an den sehr viel höheren Pflegesachleistungsbeträgen der betreffenden Stufe, vgl. Rdn. 4864, mit Berechnungsbeispiel Rdn. 4868). Ertragsteuerlich bilden übernommene und erbrachte Dienstleistungen kein Entgelt i.S.v. Anschaffungskosten bzw. Veräußerungserlös, können jedoch bei Einhaltung der sonstigen Voraussetzungen – seit 2008 also nur mehr für Betriebsvermögen (Rdn. 6362 ff.) – zum Sonderausgabenabzug berechtigen – und zwar wegen ihrer naturgemäß variablen Höhe in vollem Umfang, allerdings um den Preis der vollen Besteuerung beim Begünstigten als sonstige wiederkehrende Bezüge gem. § 22 EStG.

▶ Hinweis:

1606 In der Beratung darf durchaus darauf hingewiesen werden, dass auch die perfekt definierte Pflegeverpflichtung dann wenig nützt, wenn das persönliche Verhältnis von Berechtigtem und Verpflichteten nicht in Ordnung ist. Auch ist den Beteiligten, auch den weichenden Erben, klar zu machen, dass die Übernahme einer Pflegeverpflichtung, jedenfalls bei klarer Abgrenzung (anderenfalls droht »interessengerechte Auslegung« entgegen der Intention der Beteiligten, Rdn. 1217), nichts mit der Tragung der Kosten bei einem notwendigen Heimaufenthalt zu tun hat. Ist umgekehrt der Abkömmling so gut situiert, dass er bereits aufgrund seines Einkommens für die Eltern herangezogen würde, ist die vertragliche Vereinbarung von Versorgungsleistungen geradezu ratsam, um jedenfalls bei der Übertragung von Betriebsvermögen deren steuerliche Absetzbarkeit als Sonderausgaben (in einer die Ertragskraft des erworbenen Vermögens nicht übersteigenden Höhe) zu gewährleisten.[518]

1607 Nicht selten drängt der rechtlich etwas versiertere Erwerber den Veräußerer, die »Gegenleistungen«, insb. Versorgungsansprüche, möglichst gering zu halten oder gar »außerhalb der Notarurkunde« zu vereinbaren; schließlich seien sie ja bei zahlreichen künftigen Sozialbezügen des Veräußerers als Einkommen anrechenbar oder führten dazu, dass der Sozialleistungsträger nach Überleitung elegante Möglichkeiten habe, den Erwerber – über die Grenzen des Unterhaltsrechts (§ 94 SGB XII) hinaus – in Anspruch zu nehmen.

---

518 Hierauf weist zu Recht *J. Mayer*, MittBayNot 2004, 183, hin.

C. Wart und Pflege

▶ **Hinweis:**

Neben eine eingehenden Hinweis auf § 311b Abs. 1 BGB[519] wird der Notar, soweit i.R.d. Erforschung des Parteiwillens und der Belehrung[520] möglich, dem Veräußerer vor Augen halten, dass seine legitimen, mit dem Erwerber und dessen Leistungsfähigkeit abzustimmenden Versorgungsinteressen vor allen sozial- und steuerrechtlichen Detailüberlegungen für die Ausgestaltung des Vertragsverhältnisses maßgeblich sein sollten. Dem Erwerber ist in diesem Zusammenhang auch die Einsicht zu vermitteln, dass mit abnehmender vertraglicher Versorgungspflicht der Grad der Unentgeltlichkeit und damit die Wahrscheinlichkeit der Rückforderung gem. § 528 BGB steigen wird.[521]

1608

Allerdings ist zunehmend zu beobachten, dass Vermögensübernehmer, bzw. die Kinder generell, tatsächlich, trotz aller grundsätzlichen Bereitschaft, gar keine Möglichkeit haben, die physische Pflege der Eltern zu übernehmen, sei es weil sie weit entfernt wohnen, berufstätig sind, oder durch die Erziehung eigener Kinder vorrangig beansprucht. In diesem Fall wird sich die Unterstützung für die Eltern auf die Übernahme des **Pflegemanagements** beschränken, also die Auswahl und Überwachung der Pflegedienstleister und ggf. die Wahl des Senioren- oder Pflegeheims, ggf. in direkter rechtsgeschäftlicher Vertretung auf der Grundlage einer **Vorsorgevollmacht**.

1609

I. Checkliste: Vertragliche Pflegeverpflichtung

Mangels gesetzlicher Regelung hat sich eine umfassende **vertragliche Pflegeverpflichtung** mit folgenden Themen zu befassen:[522]

1610

- **Person des Verpflichteten**: nur persönlich oder durch Dritte – § 613 BGB (Höchstpersönlichkeit) dürfte wohl[523] mangels Vorliegens eines Dienstvertrags im eigentlichen Sinn nicht einschlägig sein.
- **Vererblichkeit der Verpflichtung?** Nach dem OLG Hamm[524] ist die Verpflichtung jedenfalls dann vererblich, wenn die Parteien bei Abschluss der Vereinbarung zumindest die Erbringung durch Verwandte mit in ihre Überlegungen einbezogen haben.
- **Eigentumsbindung der Verpflichtung?** Im Zweifel erlischt die Pflegeverpflichtung nicht, wenn der Erwerber das Eigentum am übertragenen Objekt (sei es durch willentliche Veräußerung[525] oder ungewollt, etwa als Folge einer Zwangsversteigerung) verliert. Abweichende Regelungen bedürften ausdrücklicher Freistellungsvereinbarung (§ 329 BGB) oder gar, sofern sie auch im Außenverhältnis befreiend wirken sollen, der Genehmigung des Gläubigers (§ 415 BGB).

---

519 Zur Beurkundungsbedürftigkeit der Gegenleistungen vgl. etwa *Wahl*, Vertragliche Versorgungsrechte in Übergabeverträgen und sozialrechtliche Ansprüche, S. 270.
520 *Wahl* schlägt in diesem Zusammenhang (Vertragliche Versorgungsrechte in Übergabeverträgen und sozialrechtliche Ansprüche, S. 300) eine umfangreiche allgemeine Vertragsbestimmung, welche notarielle Belehrungen und Hinweise zu sozialrechtlichen Tatbeständen enthält, vor. Diese dürfte die Beurkundung bei normalen Übergabesachverhalten überfrachten und zudem den Eindruck heraufbeschwören, der Notar habe eine besondere sozialrechtliche Betreuungspflicht ggü. den Beteiligten übernommen.
521 Vgl. etwa *Schneider/Winkler*, ZfF 1986, 195. Zu erinnern ist ferner an § 3 Abs. 3 Satz 2 der VO zu § 33 BVG, wonach bei Berechnung der BVG-Ausgleichsrenten die Gegenleistungen »in angemessener Höhe« zugrunde gelegt werden.
522 Vgl. auch *Mayer/Geck*, Der Der Übergabevertrag, § 6 Rn. 4.
523 BGH ZEV 2005, 261; BGH, NJW 2003, 1126, 1127, *Redig*, EE 2012, 120 f. *Mayer/Geck*, Der Übergabevertrag, § 6 Rn. 17 ff.; a.A. die wohl überwiegende Literatur, vgl. *Gutachten*, DNotI-Report 2012, 17 f.
524 OLG Hamm, DNotZ 1999, 719 beim Übergang der Pflegeverpflichtung auf Minderjährige im Erbweg.
525 OLG Hamm, 10.04.2013 – 8 UF 200/12, RNotZ 2013, 496: kein Übergang der gemeinsam eingegangenen Pflegeverpflichtung, wenn das erworbene Hausgrundstück in einer Vermögensauseinandersetzung nach Scheidung auf den [früheren] Ehegatten übergeht.

- **Anlass der Pflegeleistung:** nur Pflegebedürftigkeit i.S.d. SGB XI oder auch schlichte Krankheit? Abgrenzung zu schlichten hauswirtschaftlichen Verrichtungen.
- **Art der Tätigkeit:** typischerweise nur Leistungen der Grund- (nicht Behandlungs-)Pflege, die auch ohne Ausbildung aufgrund bloßen Anlernens erbracht werden können.
- **Umfang der Pflegeleistung:** Differenzierung nach Pflegegraden, vor 2016 nach Pflegestufen, nach zeitlichem Aufwand oder aber Übernahme des »nicht gedeckten Restbedarfs« nach Inanspruchnahme der beitragsfinanzierten Leistungen des SGB XI.
- **Grenzen der Pflegeverpflichtung:** Vorrangigkeit der Versorgung der eigenen Familie; allgemeine Zumutbarkeitsgrenze (vgl. auch § 275 Abs. 3 BGB und Rdn. 1620).
- **Ort der geschuldeten Handlung:** typischerweise begrenzt auf die derzeitige Wohnung des Veräußerers, ggf. auch auf das Gebiet einer bestimmten Gemeinde.
- **Finanzieller Ausgleich?** Ggf. Verpflichtung zur Auskehr erlangten Pflegegeldes für die tatsächlich erbrachte Pflege des betreffenden Pflegegrades; ferner (selten) Anspruch auf Ersatz von Aufwendungen wie Fahrtkosten, Reinigung der Kleidung etc., oder gar Vergütung für entgangene Freizeit nach Stundenaufwand?
- **Rechtsfolgen bei Pflichtverletzung:** heikle Thematik, v.a. wenn Rückforderungsvorbehalte daran geknüpft werden sollen! Allenfalls: Verpflichtung zur erweiterten Übernahme der Kosten anderweitiger Ersatzbeschaffung durch externe Pflegedienste.
- **Regelung des Rechtsverhältnisses zu Geschwistern:** Haben diese ein eigenes Forderungsrecht nach § 328 BGB? Ggf. Einbettung in eine übergreifende Vereinbarung zur Verteilung der »elterlichen Last« unter Einschluss des Schicksals mehrerer Beschenkter im Hinblick auf § 528 BGB und mehrerer Unterhaltspflichtiger. Absicherung etwaiger Freistellungsverpflichtungen (s. Rdn. 1673).

II. Verbotener »Vertrag zulasten Dritter« als Gestaltungsgrenze?

1611 Der **BGH** hat in seinem Urt. v. 21.09.2001[526] die von der Vorinstanz, dem OLG Hamm, ermittelte Auslegung einer Vertragsklausel, wonach der Erwerber zwar die Kosten der ambulanten Pflege, nicht aber, da nicht erwähnt, die Kosten einer stationären Pflege zu übernehmen habe, verworfen mit dem überraschenden Vorwurf, sie sei sinnlos, da in einer Leistungsvereinbarung somit auf einen unwirksamen Vertrag zulasten Dritter (des Sozialhilfeträgers) gerichtet sei. Folgt man dem, würde auch eine ausdrücklich enthaltene Vertragsbestimmung, wonach der Übernehmer zwar im ambulanten Bereich bestimmte Verpflichtungen trage, nicht jedoch für die nicht gedeckten Kosten stationärer Unterbringung aufzukommen habe, als »Vertrag zulasten Dritter« unwirksam sein.[527] Dem kann weder in der Begründung noch im Ergebnis gefolgt werden.[528]

▶ Hinweis:

1612 Aus sozialrechtlichen Normen lässt sich nicht ein allgemeiner Rechtsgrundsatz des Inhalts herleiten, dass »unzureichend geringe« Gegenleistungen auf ein »angemessenes Maß« aufzustocken wären. Solche Normen[529] sind absolute Einzelfälle und auch über den Rechtsgedanken des § 162 BGB (treuwidrige Einwirkung auf den Kausalverlauf)[530] nicht verallgemeinerbar. Leis-

---

526 BGH, MittBayNot 2002, 179, m. Anm. *Mayer*, MittBayNot 2002, 153; DNotZ 2002, 702, m. Anm. *Krauß*.
527 Hierauf weist zu Recht auch *Kornexl*, ZEV 2002, 117 f., hin.
528 Vgl. hierzu Rn. 1097 ff. der 1. Aufl. dieses Buches.
529 Vgl. § 3 Abs. 3 Satz 2 der Durchführungsverordnung zu § 33 BVG i.d.F.v. 01.07.1975, BGBl. I, S. 1769, wonach bei der Einkommensanrechnung bzgl. der Ausgleichsrente nach BVG vertraglich vereinbarte Altenteilsleistungen, die im Verhältnis zum Wert des Übergabegegenstands oder der üblicherweise vereinbarten Versorgungsleistungen »zu hoch oder zu niedrig« seien, in der Höhe anzusetzen sind, die »unter angemessener Berücksichtigung der tatsächlichen Verhältnisse« zu leisten wäre.
530 In diese Richtung geht allerdings *Wahl*, Vertragliche Versorgungsrechte in Übergabeverträgen und sozialrechtliche Ansprüche, S. 250 ff.

tungseinschränkende Klauseln erhöhen das Maß der Unentgeltlichkeit und damit das Risiko der ganzen oder teilweisen Rückführung der Vermögensübertragung gem. § 528 BGB (regelmäßig in Gestalt wiederkehrender monatlicher Wertersatzzahlungen, bei vertraglicher Vereinbarung einer Ersetzungsbefugnis möglicherweise auch durch Naturalrestitution).[531] Inwieweit sie jedoch selbst wirksam oder unwirksam sind, richtet sich allein – wie auch sonst bei der Kollision vertraglicher Vereinbarungen mit dem sozialhilferechtlichen Nachrangprinzip – nach § 138 BGB (Umstandssittenwidrigkeit); s. Rdn. 1663.

Es ist daher zu begrüßen, dass der **BGH im Urt. v. 23.01.2003**[532] im Rahmen eines PKH-Verfahrens zu einem ähnlichen Sachverhalt (ausführlich s.o. Rdn. 1217) sich deutlich vom Topos des »unzulässigen Vertrags zulasten Dritter« distanziert hat. Er versteht nun die Ausführungen im Urt. v. 21.09.2001 als Hinweis darauf, dass die übernehmerfreundliche Auslegung wirtschaftlich zu einer Belastung des Sozialhilfeträgers führe. Leistungsbeschränkende Klauseln, dies wird deutlich, werden jedenfalls extrem eng, angeblich dadurch »interessengerecht« ausgelegt. 1613

Zu befürchten war allerdings, dass sich die Rechtsprechung des BGH, gespeist von der Vorstellung einer »materialen Vertragsgerechtigkeit«, zu einer Inhaltskontrolle auch bei eindeutigen und daher nicht auslegungsbedürftigen leistungseinschränkenden Vereinbarungen im Sozialhilfefall entwickeln würde,[533] ähnlich der Tendenz im Eherecht (Rdn. 1004 ff.) und im Erbrecht (Rdn. 1012 ff.). Diese Bedenken sind mit der dritten Leitentscheidung des BGH v. 06.02.2009[534] weitgehend zerstreut worden (vgl. im Einzelnen Rdn. 1663 ff.: im Fokus steht tatsächlich allein die Schließung von Regelungslücken, also die Behandlung kautelarjuristischer Betriebsunfälle. Führt diese Auslegung zu einer Begrenzung der geschuldeten Leistung dergestalt, dass keine Geldersatzansprüche an die Stelle ortsgebundener, pflegebedingt nicht mehr benötigter Verpflichtungen treten, verstößt dieses Auslegungsergebnis (ebenso wenig wie eine ausdrücklich in diese Richtung gehende Klausel) nicht gegen die guten Sitten. Dies gilt jedenfalls dann, wenn die Leistungsbegrenzung in neutraler Weise auf alle Fälle des Wegzugs abstellt, es sich um ihrer Natur nach ortsgebundene Leistungen handelt (also nicht um einen Nießbrauch oder um Geldrenten) und der Veräußerer zumindest über eine Altersversorgung i.H.d. gesetzlichen Rente verfügt. Nur in seltenen Fällen wird daher nunmehr[535] noch ein Risikohinweis des Notars angezeigt sein: 1614

▶ **Formulierungsvorschlag: Hinweis auf sozialhilferechtliche Anerkennungsrisiken bei Leistungsbeschränkungsklauseln**

Der Notar hat darauf hingewiesen, dass der vertragliche Ausschluss von Geldersatzansprüchen, die im Fall des dauerhaften Wegzugs des Veräußerers vom Vertragsobjekt u.U. kraft Gesetzes entstehen würden, unwirksam sein kann, wenn der Veräußerer nicht über eine adäquate Alterssicherung verfügt und später steuerfinanzierte Sozialfürsorgeleistungen bezieht. 1615

III. Festlegung des Umfangs der geschuldeten Leistung

Insb. der **Umfang** der vertraglich vereinbarten »Wart und Pflege« bleibt allzu häufig völlig unbestimmt.[536] In den gängigen Leibgedingsklauseln werden zwar regelmäßig Einzelheiten wie etwa die »Reinigung und Ausbesserung des Schuhwerks« oder die »Besorgung der Fahrten zum Geist- 1616

---

531 Vgl. hierzu *Krauß*, ZEV 2001, 417 ff.
532 V ZB 48/02, ZEV 2003, 211 m. Anm. *J. Mayer*, MittBayNot 2004, 181.
533 Hierauf weist *J. Mayer*, Intensivkurs Überlassungsvertrag (DAI-Skript März 2005), S. 72, mit Blick auf die kanonische »laesio enormis« hin.
534 BGH, 06.02.2009 – V ZR 130/08, ZErb 2009, 150, NotBZ 2009, 221, m. Anm. *Krauß*.
535 A.A. zuvor *Rosendorfer*, MittBayNot 2005, 10.
536 Vgl. etwa die knappe Regelung in Vertragsmuster Nr. VI.53 (Übergabe mit Leibgeding) des Münchener Vertragshandbuches Bd. IV, 2. Aufl. 1986, § 4 Nr. 5: »Wart und Pflege«; ähnlich unbestimmt: Baustein 6539 aus *Keim*, Diktat- und Arbeitshandbuch für Notare, Immobilienverträge: »... in ordentlicher und zuvorkommender Weise zu pflegen«.

lichen« erwähnt, die zur späteren Konfliktvermeidung dringend wünschenswerte[537] und im Kollisionsbereich zu Sozialhilfeleistungen bei ambulanter Pflegebedürftigkeit auch rechtlich erforderliche **Konkretisierung der im Einzelnen geschuldeten Maßnahmen** unterbleibt jedoch. Wie oben dargestellt, legt die Rechtsprechung unbestimmte Pflegeklauseln regelmäßig zulasten des Erwerbers aus – selbst zeitaufwendige und kraftintensive Dauerpflege bei außergewöhnlicher Pflegebedürftigkeit (Stufe III) sei geschuldet; ggf. müsse eben eine qualifizierte Pflegekraft bezahlt werden – welche zudem aufseiten des Altenteilers zu steuerpflichtigen Einnahmen aus wiederkehrenden Bezügen i.H.d. Entlohnungsaufwands führt (i.Ü. sind lediglich die Sachbezugswerte [vgl. Rdn. 604 ff.] zugrundezulegen, bei Leistungen zugunsten des Altenteilerehegatten nur i.H.v. 80 %, vgl. die Nichtbeanstandungsgrenzen im Erlass des Bayerischen Landesamtes für Steuern).[538]

1617 Die genauere Umschreibung des Umfangs der geschuldeten Pflege- und Betreuungsleistung ist auch vor **grundbuchrechtlichem Hintergrund** zu erwägen: Nach früherer Ansicht des BayObLG[539] liegt keine bestimmbare und damit reallastfähige Leistung mehr vor, wenn lediglich von »Zumutbarkeit für den Erwerber« die Rede ist. Das Gericht hat ferner zu erkennen gegeben, dass es die frühere Rechtsprechung wonach »standesgemäßer Unterhalt« reallastfähig sei, nicht mehr aufrechterhalten werde. Auch zur grundbuchlichen Sicherung der Pflegeverpflichtung im Rahmen eines Leibgedings ist daher im Interesse des Veräußerers eine genauere Festlegung notwendig (vorsorglicher Formulierungsvorschlag s. Rdn. 1640).[540] Der **BGH** hat allerdings zwischenzeitlich[541] die Bedenken des BayObLG insoweit nicht geteilt und sich für die **Reallastfähigkeit solcher Vereinbarungen** ausgesprochen, wenn nur die höchstmögliche Belastung des Grundstückes für jeden Dritten erkennbar ist und der Umfang der Haftung in einem bestimmten Zeitpunkt aufgrund der in der Eintragungsbewilligung enthaltenen Voraussetzungen bestimmt werden kann.

Zur Eingrenzung des Inhalts der Pflegeverpflichtung eignen sich folgende Kriterien:

1. Inhalt der Tätigkeit

1618 Hinsichtlich des **Inhalts der Tätigkeit** unterscheidet die sozialrechtliche Literatur überwiegend[542] zwischen
(1) den – nicht pflegespezifischen – **hauswirtschaftlichen Verrichtungen** (Einkauf, Zubereiten der Mahlzeiten, Reinigen der Kleidung und der Wohnung),
(2) dem **pflegefallbedingten hauswirtschaftlichen Bedarf** (Bettenmachen bei Bettlägerigen, Leeren des Nachtstuhls etc.) – beides Leistungen **für** eine Person – und
(3) den eigentlichen, **personenbezogenen Verrichtungen** (an einer Person) **der Grundpflege** (Hilfe bei Aufstehen und Zubettgehen, An- und Auskleiden, Nahrungsaufnahme, Körperpflege etc.) und der Behandlungs-, d.h. **medizinisch indizierten Pflege**, wobei Letztere wiederum einerseits aus Tätigkeiten besteht, die ohne Weiteres erlernbar sind (Einreibungen, Umschläge etc.) und andererseits aus geschultem Personal vorbehaltenen Leistungen (Verabreichen von Spritzen etc.).

---

537 So auch *Germer*, BWNotZ 1983, 77.
538 Erlass v. 24.01.2017, ZEV 2017, 299; vgl. BFH, BStBl. 1989 II, S. 784 und S. 786, BFH MittBayNot 1992, 335.
539 MittBayNot 1993, 370.
540 Vgl. zur umfangreichen Rspr. über das Vorliegen eines Leibgedings gem. § 49 GBO und dessen grundbuchliche Behandlung BGH, MittBayNot 1994, 217 ff.; BayObLG (3 Entscheidungen), DNotI-Report 10/94, 5, und MittBayNot 1994, 225; *Wolf*, MittBayNot 1994, 117; OLG Köln, MittBayNot 1994, 134; BayObLG, MittBayNot 1993, 208; LG Bamberg, MittBayNot 1993, 154; BGH, Rpfleger 1994, 347; OLG Zweibrücken, MittBayNot 1994, 334.
541 BGH, 13.07.1995 – V ZB 43/94, DNotI-Report 1995, 168.
542 Vgl. etwa *Jürgens*, Pflegeleistungen für Behinderte, S. 110 ff.; *Brühl*, Sozialhilfe für Betroffene, S. 222, jeweils m.w.N.

▶ Hinweis:

Insoweit empfiehlt es sich, die Kriterien bzw. Sachverhaltsgruppen des Pflegeversicherungsgesetzes (SGB XI) mit heranzuziehen, d.h. – sofern gewünscht – als Regelbeispiele die Verrichtungen bei der Körperpflege, Ernährung, Mobilität und hauswirtschaftlichen Versorgung anzuführen. Diese nähere Erläuterung hat den Vorteil, dass die genannten Begriffe durch die zu erwartende Rechtsprechung zum SGB XI künftig näher definiert sein werden, so dass sie im Weg einer dynamischen Verweisung auf das SGB XI im Fall etwaiger Meinungsverschiedenheiten durch Heranziehung der künftigen Judikatur und der Richtlinien des medizinischen Dienstes der Krankenkassen die – auch im Grundbuchsinn – notwendige Bestimmtheit der Leistungsverpflichtung vermitteln.

1619

2. Auslösender Tatbestand

Festzulegen ist ferner, **unter welchen Voraussetzungen** diese Tätigkeiten geschuldet werden – regelmäßig erst dann, wenn objektiv Pflegebedürftigkeit vorliegt (i.S.d. § 14 SGB XI, Rdn. 1235 ff.) und subjektiv der Übergeber oder dessen Ehegatte zur Eigenversorgung nicht mehr in der Lage ist.

1620

3. Leistungsort

Es ist kaum anders vorstellbar, als dass die Dienstleistungspflichten des Erwerbers (und/oder dessen Ehegatten) sich auf die »Austragswohnung« bzw. das **derzeitige Domizil der Veräußerer** beschränken. Dem Veräußerer an seinen neuen Wohnort hinterherzufahren bzw. im Pflegeheim die geschuldeten Dienstleistungen und hauswirtschaftlichen Verrichtungen weiter zu erbringen, ist außerhalb des (ggf. durch Auslegung zu ermittelnden) Rechtsbindungswillens. Diese örtliche Beschränkung, die auch landesrechtlich beim Leibgeding vermutet wird (Rdn. 1655, vgl. z.B. Art. 8 Satz 1 BayAGBGB), gewinnt v.a. Bedeutung i.R.d. sich anschließenden Frage, ob und ggf. in welchen Fällen (z.B. nur bei verschuldetem Wegzug) Sekundäransprüche, etwa auf Zahlung in Geld, geschuldet sind, wenn die primäre Leistungspflicht als Folge des Ortswechsels entfällt, vgl. Rdn. 1656.

1621

4. Zeitlicher Umfang und Zumutbarkeitsgrenzen

Unerlässlich ist schließlich, den **zeitlichen Umfang** sowie die **Zumutbarkeitsgrenzen** insb. der Pflegetätigkeit (in geringerem Maße der hauswirtschaftlichen Verrichtungen) zu regeln. Diese wird nur i.R.d. (zeitlichen) Leistungsfähigkeit des Erwerbers (bzw. dessen Ehegatten) geschuldet sein, d.h. unter Berücksichtigung etwa vorrangiger Beanspruchung des Übernehmerehepaars bei der Sorge um erkrankte eigene Kinder und ohne Verpflichtung zur Übernahme der Kosten externer Pflegeeinsätze. Die Vereinbarungen sollten über einen allgemeinen Zumutbarkeitsvorbehalt (wie er gem. **§ 275 Abs. 3 BGB** bei personenbezogenen Arbeits-[543] und Dienstleistungen ohnehin besteht) hinausgehen. Die durch § 275 Abs. 3 BGB seit der Schuldrechtsreform eröffnete Einrede der Unzumutbarkeit stellt ab auf Leistungshindernisse, die keine subjektive Unmöglichkeit begründen; denkbar sind etwa der Tod oder eine schwere Erkrankung eines nahen Angehörigen, gesundheitliche Beeinträchtigungen des Leistungspflichtigen, Beanspruchung durch den vorrangigen Unterhaltsbedarf eigener Kinder.

1622

Bei der vertraglichen Gestaltung stehen sich zwei unterschiedliche Denkmodelle gegenüber:

---

543 Unzumutbarkeit liegt etwa in dem Fall des Arbeitnehmers vor, der seine Arbeit nicht verrichten möchte, weil er in der Türkei zum Wehrdienst einberufen ist und bei Nichtbefolgung des Einberufungsbefehls mit der Todesstrafe rechnen muss [BT-Drs. 14/6040, 130 unter Hinweis auf BAG, NJW 1983, 2782, 2784].

a) Deckung des Restbedarfs

1623 Denkbar ist einerseits, den tatsächlichen Umfang der geschuldeten Pflege in Abgrenzung zum SGB XI dahin gehend zu bestimmen, dass lediglich der durch die Pflegekasse **nicht gedeckte Restbedarf an Pflege** jeweils durch den Übernehmer zu leisten sei. Unterhalb des Pflegegrades 2, vor 2017: der Pflegestufe I besteht innerhalb der weiteren Grenzen hier also eine zeitlich uneingeschränkte Pflicht zur tatsächlichen Durchführung der hauswirtschaftlichen Verrichtungen sowie der erforderlichen Pflegedienstleistungen. Ist jedoch Pflegebedürftigkeit mindestens des Grades 2 gegeben und wählt der Pflegebedürftige die Geldleistung, ist die Umschreibung des tatsächlich geschuldeten Pflegeaufwands allerdings schwierig, da der Empfang der Geldleistung allein keinen Pflegebedarf stillt. Es empfiehlt sich daher, auch für diesen Fall mittelbar eine Pflegeleistungsverpflichtung dergestalt zu schaffen, dass bei Auskehr des Pflegegeldes an die tatsächlich pflegende Person diese zur Erbringung der Pflege verpflichtet ist, welche dem durch die Geldzahlung abgedeckten Pflegegrad entspricht. Wählt der Pflegebedürftige jedoch die Sachleistung oder eine Kombination aus Geld- und Sachleistung, bleibt der Übernehmer zur Erbringung der durch die abgerufenen Pflegestundeneinsätze nicht gedeckten »Restpflege« verpflichtet.

1624 Eine solche Formulierung – zugleich ergänzt um die erforderliche Anknüpfung an die Weiterleitung des Pflegegeldes – könnte etwa wie folgt lauten[544]:

▶ **Formulierungsvorschlag: Übernahme des ungedeckten Pflegebedarfs**

1625 Der Übernehmer hat dem Berechtigten auf dessen Lebensdauer bei Krankheit oder Gebrechlichkeit persönlich oder durch Angehörige sorgsame Wart und Pflege im übergebenen Anwesen zu gewähren. Dies umfasst nicht die Leistungen geschulten Personals, i.Ü. aber alle Verrichtungen im Ablauf des täglichen Lebens, zu denen der Berechtigte selbst nicht mehr in der Lage ist, insbesondere bei der Körperpflege, Ernährung, Mobilität und hauswirtschaftlichen Versorgung.

Rein schuldrechtlich vereinbaren die Beteiligten:

Die Wart und Pflege durch den Übernehmer oder Angehörige ruht insoweit, als der Berechtigte Leistungen aus einer Pflegeversicherung beanspruchen kann; soweit dem Übernehmer Pflegegeld überlassen wird, hat er jedoch die Leistungen, die dem Pflegegeld ihrer Art nach entsprechen, zu erbringen, aber nur im vorstehend vereinbarten Umfang. Bei der Ausgestaltung der Wart und Pflege sind persönliche und örtliche Verhältnisse, Bedarf und Leistungsfähigkeit zu berücksichtigen.

1626 Dieser Formulierungsvorschlag führt im praktischen Ergebnis ggü. der nachstehend bei Rdn. 1643 empfohlenen, an den Stufen des SGB XI orientierten Formulierung, die um die hier vorgeschlagene Verknüpfung mit dem Pflegegeldbezug gemäß nachstehend Rdn. 1696 zu ergänzen ist, zu folgender Abweichung:

Ist die Pflegebedürftigkeit der Stufe I erreicht, könnte bei der an den Stufen des SGB XI orientierten Verpflichtungsbeschreibung der Übernehmer die **tatsächliche Übernahme der Pflege verweigern**. In diesem Fall würde der Übergeber nur dann Geldleistungen erhalten, wenn dritte Personen zur Übernahme der Pflege geeignet und bereit sind; diesen wäre das Pflegegeld auszukehren. Erbringt der Übernehmer freiwillig (ohne diesbezügliche Verpflichtung) die Pflegeleistung, die über den Bereich unterhalb des Pflegegrades 2 (vor 2017: der Pflegestufe I) hinausgeht, erhält er das hierfür entrichtete Pflegegeld. Ist niemand zur Erbringung der über den Bereich unterhalb des Pflegegrades 2 anfallenden Pflege bereit und in der Lage, stehen dem Pflegebedürftigen nur die Pflegesachleistungen nach dem Gesetz zur Verfügung. Die Sachleistungsverpflichtung des Übernehmers würde sich in diesem Fall weiterhin auf den Bereich beschränken, der unterhalb des Pflegegrades 2 (vor 2017: der Pflegestufe I, damals also noch nach zeitlichen Kriterien messbar anhand eines Aufwands von bis zu 90 Minuten pro Tag) zu erbringen ist.

---

544 Vgl. *Amann*, DNotI-Report 1995, 64.

Stellt die vertragliche Umgrenzung der geschuldeten Pflegeleistung jedoch nicht auf die Pflegegrade ab, sondern umfasst sie, wie vorstehend durch *Amann* vorgeschlagen, den **gesamten nicht durch die Pflegekasse abgedeckten Bereich der Pflegeleistung**, besteht eine Verpflichtung zur tatsächlichen Sachpflege auch oberhalb des Erreichens des Pflegegrades 2. Eine Begrenzung i.S.e. »Kappung« der tatsächlichen Pflegeverpflichtung tritt dadurch nicht ein. Es steht vielmehr zu befürchten, dass gerade bei Pflegebedürftigkeit der Grade 3 bis 5 etwa gewählte Pflegesachleistungen angesichts der Stundensätze ambulanter Pflegedienste (zwischen 40,00 € und 50,00 €) nur einen sehr geringen Bereich der tatsächlich anfallenden hauswirtschaftlichen Versorgungsleistungen und Pflegetätigkeiten abdecken, so dass der tatsächlich zu erbringende Zeitaufwand weitgehend einer »rund-um-die-Uhr« zu erbringenden Pflege, lediglich gekürzt um externe Pflegeeinsätze, entspricht. Wird dem Übernehmer die Auskehr des gewählten Pflegegeldes angeboten, ist er zur tatsächlichen Erbringung der Pflege ebenfalls verpflichtet, er hat nicht – wie bei der an Pflegegraden orientierten Formulierung – die Wahl, auf das Pflegegeld zu verzichten und sich darauf zu berufen, dass seine vertragliche Verpflichtung mit Erreichen des Pflegegrades 2 ende.

1627

▶ Hinweis:

In jedem Fall ist sehr genau zu prüfen, welche Formulierung dem rechtsgeschäftlichen Willen der Beteiligten eher entspricht. Außerhalb des unmittelbar landwirtschaftlichen Bereichs ist verstärkt zu beobachten, dass auch die Übergeber an einer Begrenzung der tatsächlichen Pflegeleistungspflicht interessiert sind, da sie befürchten, bei einer zeitlich unbegrenzten Verpflichtung zur »Übernahme der Restpflege« seien die Übernehmer überfordert, was zu Störungen und Verstimmungen des Verhältnisses zu den Übergebern führen könnte. Besondere Vorsicht ist geboten bei der Übernahme von Geldzahlungspflichten hinsichtlich des ungedeckten Restbedarfs an Pflege (»so übernimmt der Erwerber den Differenzbetrag zur Finanzierung der Unterbringung ......«). Im Nachhinein erweist sich diese Bereitschaft oft als übermäßig belastend; die Gerichte stehen der späteren Herabsetzung solcher Pflichten sehr skeptisch gegenüber – vgl. Rdn. 1629 –, halten sie gar teilweise als sittenwidrig für unbeachtlich.[545]

1628

Anders als bei den persönlich zu erbringenden **Pflegedienstleistungen** selbst, bei denen bereits das Gesetz (in Gestalt des § 275 Abs. 3 BGB: Einrede der Unzumutbarkeit, vgl. etwa Rdn. 1622) Möglichkeiten der Begrenzung auf das angemessene Maß eröffnet, wenn in der Übertragungsurkunde allzu unreflektiert und unbegrenzt die »Wart und Pflege in alten und kranken Tagen« versprochen wurde, steht die Rechtsprechung einer späteren »Deckelung« übernommener **finanzieller Verpflichtungen** (in Gestalt der Tragung des ungedeckten Restbedarfs an, auch stationärer, Pflege bei ungenügendem eigenen Einkommen des Veräußerers) sehr zurückhaltend gegenüber. Die pauschale Übernahme solcher Verpflichtungen ist aus der (maßgeblichen) Sicht des Vertragsschlusses regelmäßig nicht sittenwidrig gem. § 138 Abs. 1 BGB, wenn zu erwarten war, dass der zugewendete Vermögenswert höher sein werde als die Summe der voraussichtlichen eigenen, über den gesetzlich ohnehin (§§ 1601 ff. BGB) geschuldeten Unterhalt hinaus gehenden, Aufwendungen für den Veräußerer. Auch die nachträgliche Anpassung oder Begrenzung, gestützt auf § 242 BGB bzw. § 313 BGB, scheidet regelmäßig aus, sie kann insbesondere nicht darauf gestützt werden, der Erwerber habe mit einer deutlich kürzeren Restlebensdauer des Veräußerers gerechnet – da das »biometrische Risiko« bereits dem Vertragstypus des Versorgungsvertrages immanent ist –; sie ist ferner dann ausgeschlossen, wenn per Saldo selbst unter Berücksichtigung der im Nachhinein geleisteten Kostenbeteiligung für die Heimunterbringung des Veräußerers der Erwerber noch ein Netto-Zuwachs verzeichnen konnte.[546]

1629

---

545 So VG Münster, 19.11.2008 – 6 K 683/07, notar 2009, 262 m. Anm. *Michael*.
546 Vgl. zum Vorstehenden OLG Koblenz, 02.11.2016 – 13 UF 273/16, RNotZ 2017, 172, zu einem im Jahr 1991 geschlossenen Erbauseinandersetzungs- und Übertragungsvertrag; hierzu *Michael*, notar 2017, 350, 352.

b) Deckung des Sockelbedarfs

1630 Alternativ könnte sich daher auch eine Orientierung an **Pflegegradstufen** des § 14 SGB XI (in der seit 01.01.2017 geltenden Fassung) anbieten. Anders als die bis 31.12.2016 maßgeblichen Pflegestufen sind die fünf Pflegegrade (vgl. Rdn. 1239 ff.) nicht mehr nach zeitlichen Kriterien – die für die Vertragsbeteiligten hinsichtlich ihrer Alltagsbeschwer gut einzuschätzen waren – orientiert, sondern nach Defiziten in bestimmten Bereichen, die in prozentualer Gewichtung zu einer Gesamtpunktzahl führen. Welcher Aufwand an Zeit oder Intensität der Betreuung damit einhergeht, lässt sich daher nicht mehr allgemein bewerten; die zumindest abstrakte Planungssicherheit aus der Zeit der Pflegestufen ist verloren (in der z.B. die den Pflegegeldbezug auslösende sog. erhebliche Pflegebedürftigkeit der Pflegestufe 1 gemäß Pflegerichtlinien einen durchschnittlichen täglichen Zeitaufwand für Grundpflege und hauswirtschaftliche Versorgung von mindestens eineinhalb Stunden voraussetzte,[547] für die zweite Stufe mind. 3 Std. täglich, für die dritte Stufe mind. 5 Std. täglich).[548]

1631 Lässt man die für den Pflegegrad 1 gewährten Beratungs- und Pflegehilfsmittelzuschüsse außer Acht, beginnen wiederkehrende Geldleistungen (als Pflegegeldleistungsbeträge: Rdn. 1252 oder als Pflegesachleistungsbeträge: Rdn. 1258) ab Erreichen des Pflegegrades 2. Will also der Veräußerer seine Versorgung »nur« für den Sockelbereich sicherstellen, der unterhalb der beitragserkauften Versicherungsleistungen verbleibt, müsste die Verpflichtung zur Erbringung von Grundpflegeleistungen und hauswirtschaftlichen Verrichtungen so umgrenzt sein, dass sie nur denjenigen Aufwand erfasst, der bis zum Erreichen des Pflegegrades 2 zu erbringen ist (wobei natürlich diese Sockelleistungen auch weiter zu erbringen sind, wenn der Pflegegrad 2 oder ein höherer erreicht wird, also ergänzende Versicherungsleistungen erbracht werden. Bei Letzteren handelt es sich dann um die [höheren] Pflegesachleistungen – Pflegegeld wäre ja nur zu gewähren, wenn, wie hier nicht, der Erwerber als nicht ausgebildete Pflegeperson auch die ab Pflegegrad 2 erforderlichen Maßnahmen erbringen würde).

Da die Pflegesachleistungsbeträge nicht ausreichen werden, bei externen Dienstleistern die erforderlichen Pflegeleistungen »einzukaufen« (Rdn. 1255), müssen voraussichtlich – sofern keine weiteren eigenen Mittel zur Verfügung stehen – ergänzende Leistungen zur Pflege nach SGB XII in Anspruch genommen werden, die dann jedoch ungekürzt gewährt werden, da ihre Beschaffung erforderlich ist – eine vertragliche Verpflichtung zur Erbringung dieser Leistungen durch den Erwerber besteht ja gerade nicht, vgl. Rdn. 1178.

1632 Denkbar ist freilich auch, dass der Erwerber zur besseren Kalkulierbarkeit der zu erwartenden Belastung darauf drängt, **zusätzlich** ein **Zeitkriterium** (im Sinn einer durchschnittlichen täglichen Minutenbelastung) aufzunehmen. Die Minutenanzahl muss sich dabei nicht mehr an den Maßgaben der bis Ende 2016 geltenden Pflegestufen orientieren (was bei der Abdeckung des nicht durch die Pflegeversicherung erfassten Sockelbedarfs 90 Minuten bedeutet hätte, im Übrigen hätte Anspruch auf Pflegestufe 1 bestanden). Damit ist freilich auch unter Geltung des Regimes der Pflegegrade keine trennscharfe Abgrenzung dahingehend möglich, ob Pflegesachleistungen für den Pflegegrad 2 gewährt werden können oder nicht, da sich deren Voraussetzungen nicht mehr nach zeitlichen Kriterien, sondern nach »Defizitpunkten« bemessen.[549]

1633 Ergibt die Sachverhaltsaufklärung etwa, dass Haushaltsführung, Grund- und nichtqualifizierte Behandlungspflege im Bedarfsfall geschuldet werden, und zwar auch als Dauerpflege, jedoch unterhalb der Schwelle des Pflegegrades 2 – im Sinne einer dynamischen Verweisung, also unter Inkaufnahme möglicher künftiger »Verschärfungen« der Anforderungen an den Pflegegrad 2 – und

---

547 Vgl. etwa BVerwG, ZfSH 1978, 115; OVG Bremen, FEVS 23, 58.
548 Die vom Bundesministerium für Arbeit genehmigten Pflegebedürftigkeitsrichtlinien der Spitzenverbände der Pflegekassen gem. § 17 Abs. 1 Satz 1 SGB XI wurden in § 15 Abs. 3 SGB XI übernommen.
549 Für eine solche zusätzliche »Deckelung« bspw. *Kesseler* in: *Herrler/Hertel/Kesseler*, Aktuelle Probleme der notariellen Vertragsgestaltung im Immobilienrecht 2016/2017, S. 166, 170.

nur i.R.d. Möglichkeiten des Übergebers und seines Ehegatten – externe Pflegekräfte sind nicht zu übernehmen –, könnte in Kurzfassung wie folgt formuliert werden (wobei an dieser Stelle zur Wiederholung darauf hingewiesen sei, dass es nicht Aufgabe des Notars sein kann, von sich aus die »sozialleistungsoptimale« Gesamtgestaltung als Maxime seines Wirkens zu verfolgen).

▶ Formulierungsvorschlag: Pflege- und Dienstleistungspflichten (kurz)

1. Soweit der Veräußerer hierzu nicht mehr selbst in der Lage ist, hat der Erwerber auf Verlangen unentgeltlich dessen Haushalt (1) zu führen, also insbesondere die Mahlzeiten zuzubereiten, die Wohnung sauber zu halten, Wäsche zu reinigen sowie (ggf. Zusatz: auf Kosten des Veräußerers) Besorgungen und Fahrdienste zu erledigen. 1634
2. Soweit der Erwerber (ggf.: oder sein Ehegatte) hierzu – insbesondere (2) ohne Inanspruchnahme fremder Pflegekräfte – zumutbarer Weise in der Lage ist, hat er bei Krankheit und Gebrechlichkeit des Veräußerers ferner dessen häusliche Grundpflege zu übernehmen. Dazu zählt insb. die Hilfe beim Aufstehen und Zubettgehen, An- und Auskleiden, der Nahrungsaufnahme, Körper- und hygienischen Pflege, die Verabreichung von Medikamenten, Umschlägen, Einreibungen und Ähnliches. Dauerpflege ist allerdings nur in dem Umfang zu erbringen (3), der mit den notwendigen hauswirtschaftlichen Verrichtungen nach dem Urteil des Hausarztes (4) des Veräußerers nicht über dasjenige hinausgeht, was zum Erreichen des Pflegegrades 2 erforderlich ist (5).
3. Vorstehende Verpflichtungen ruhen, soweit Pflegesachleistungen im Rahmen gesetzlicher Ansprüche, etwa auf Haushaltshilfe, häusliche Krankenpflege oder häusliche Pflegehilfe (6) erbracht werden. Die Verpflichtungen sind nicht vererblich, bestehen jedoch auch bei Verlust des Eigentums fort.
4. Auf grundbuchliche Absicherung (etwa durch Eintragung einer Reallast) wird verzichtet.

Folgende – auf die geklammerten Nummernhinweise im Text Bezug nehmenden **Erläuterungen** mögen die Handhabung dieses Formulierungsvorschlags erleichtern: 1635

(1) Der Umfang der Erstattungspflicht des Veräußerers bei Besorgungen und Fahrdiensten (»hauswirtschaftliche Verrichtungen«) ist ggf. genauer zu regeln, insb. sofern diese über den Bereich erforderlich werdender Neuanschaffungen hinausgeht und z.B. auch den Wert der Lebensmittel umfasst. Art. 14 BayAGBGB sieht i.Ü. vor, dass Heilmittel- und Behandlungskosten im Zweifel vom Veräußerer zu tragen sind.

(2) Durch Verwendung des Begriffs »insbesondere« soll zum Ausdruck gebracht werden, dass die Erbringung der Wart und Pflege unter einem allgemeinen Zumutbarkeitsvorbehalt (§ 275 Abs. 3 BGB) steht, der durch die Regelung zur Heranziehung externer Pflegekräfte nicht ausgeschöpft wird.[550] Ähnliches wird teilweise durch den – allerdings eher unterhaltsrechtlich geprägten – Begriff der »Leistungsfähigkeit« ausgedrückt.

(3) Die **negative Umschreibung der Leistungspflicht** »in dem Umfang, der ...« erscheint sachgerecht, um klarzustellen, dass die Verpflichtung des Erwerbers auch bei Vorliegen höherer Pflegegrade jedenfalls den Bereich mitumfasst, der zeitlich unterhalb des Pflegegrades 2 liegt. Anderenfalls würde der Erwerber gerade dadurch frei, dass sich der Zustand des Pflegebedürftigen verschlechtert, was geradezu nachlässige Erbringung der Pflegeleistungen unterhalb des Pflegegrades 2 provozieren könnte. Übersteigt die Gesamtpunktzahl des zu Pflegenden den für das Erreichen des Pflegegrades 2 maßgebenden Schwellenwert von 27 Punkten, kann sich der Verpflichtete faktisch entscheiden, welche Unterstützungsleistungen er erbringt, um gesamt 26 gewichtete Modulpunkte auszugleichen. 1636

Für den Bereich der Pflegeleistungen nach dem SGB XII müsste durch die vorgenannte Formulierung – bei aller anzuratenden Vorsicht – zugleich klargestellt sein, dass der Aufwand »besonderer Pflegekräfte« i.S.d. § 65 Abs. 1 Satz 2 SGB XII zu erstatten ist, soweit der Pflegebedarf den vertraglich festgelegten Umfang überschreitet. Pflegegeld gem. § 64 Abs. 1 SGB XII wird ab sog. erheblicher Pflegebedürftigkeit gewährt, bei deren Vorliegen nach obiger Vereinbarung keine häusliche Pflegeverpflichtung mehr besteht. Nach der Praxis der Sozialhilfeve- 1637

---

550 *Waldner*, Vorweggenommene Erbfolge, Rn. 48.

waltung dürfte damit jedoch das Problem der Anrechnung vertraglicher Pflege auf diese Geldleistung nicht völlig entfallen,[551] da im Pflegegeld auch pauschalierter, bei vertraglicher Pflicht nicht mehr erforderlicher Aufwendungsersatz für die minderen Pflegegrade enthalten ist. Bei korrekter Ermessensausübung darf jedoch hier – in Abgrenzung zur gesetzlichen Regelung des § 66 Abs. 2 Satz 2 SGB XII, wo Aufwendungsersatz und Pflegegeld sich auf dieselbe Pflegestufe beziehen – nur eine Kürzung um deutlich weniger als die Hälfte erfolgen.

1638 (4) Die auf den Hausarzt des Veräußerers bezogene **Schiedsgutachterklausel** soll das fachkundige Urteil einer »in dessen Lager stehenden« Person, die ihn und seine Entwicklung typischerweise langjährig kennt, nutzbar machen. *Waldner*[552] wendet ein, dadurch würde das Vertrauensverhältnis zwischen Mediziner und Patient gestört, und regt an, den Medizinischen Dienst der Kassen als Schiedsgutachter zu berufen. Diese sind jedoch erfahrungsgemäß in der Anerkennung von Pflegebedarf aus fiskalischer Rücksichtnahme sehr zögerlich.

(5) Durch das Abstellen auf den objektiven Bedarf (»Defizitpunkte«) soll verdeutlicht werden, dass nicht etwa die rein zeitliche Ableistung als solche das Maß vorgibt, denn dies würde den »trägen Erwerber« ggü. dem flinken bevorzugen. Andererseits ist jedoch auch denkbar, zur besseren »Umrechnung« in effektive Zeitbelastungen eine Höchstgrenze zu vereinbaren, etwa durch den Zusatz »allerdings beschränkt auf einen durchschnittlichen Zeitaufwand von … Minuten pro Tag«.[553]

(6) Die »**Ansprüche auf Pflegehilfe**« zielen insb. auf §§ 37, 38 SGB V und Ansprüche nach dem BVG, jedoch nur in dem Rahmen, in dem die Leistungen, auf welche gesetzlicher Anspruch besteht, tatsächlich erbracht werden. Pflegesachleistungen nach dem SGB XI sind im Rahmen des durch diese Übernehmer geschuldeten Zeitaufwands, also unterhalb des Pflegegrades 2, nicht beanspruchbar.

1639 Soll – wie allerdings selten – eine Reallast (Rdn. 1798 ff., i.d.R. als Bestandteil eines umfassenden Leibgedings, § 49 GBO) zur Sicherung der Zahlungsverpflichtungen bewilligt werden, die im Falle der Nichterfüllung dieser Dienstleistungspflichten entstehen, wurde häufig im Hinblick auf die Anforderung an die Bestimmbarkeit der Reallast[554] nachfolgende Ergänzung empfohlen, wobei die Notwendigkeit dieser Einschränkung seit dem »Entwarnungsurteil« des BGH[555] deutlich reduziert ist:

▶ Formulierungsvorschlag: Schuldrechtliche Einschränkung der Reallast

1640 Die Beschränkungen der Pflicht zur Haushaltsführung sowie zur Wart und Pflege sind nur schuldrechtlich vereinbart.

1641 Ausführlichere Vereinbarungen zum Umfang geschuldeter hauswirtschaftlicher Verrichtungen und Grundpflegeleistungen müssen sich seit 2017 an den in das neue Begutachtungsassessment (NBA), Rdn. 1243 ff., einfließenden Defizitfeldern orientieren.

▶ Formulierungsvorschlag: Pflege- und Dienstleistungspflichten (ausführlich)

1642 1. Soweit der Veräußerer objektiv hierzu nicht mehr selbst in der Lage ist, hat der Erwerber auf Verlangen unentgeltlich dessen Haushalt zu führen, die Wohnung sauber zu halten, Wäsche zu reinigen sowie (auf Kosten des Veräußerers) Besorgungen und Fahrdienste zu erledigen. Umfasst ist ebenso die Zubereitung und das Verabreichen bekömmlicher und standesgemäßer Verköstigung zu den üblichen Mahlzeiten, soweit ärztlich verordnet auch Diät (»Leistungen für die Person«).

---

551 A.A. jedoch möglicherweise *Lindner*, MittBayNot 1988, 223.
552 Vgl. dazu *Waldner*, Vorweggenommene Erbfolge, Rn. 58.
553 So *Hertel*, in *Herrler/Hertel/Kesseler*, Aktuelle Probleme der notariellen Vertragsgestaltung im Immobilienrecht 2016/2017, S. 170.
554 BayObLG, MittBayNot 1993, 370.
555 BGH, NJW 1995, 2780, 2781.

2. Soweit der Erwerber hierzu gemäß Ziffer 3 zumutbarer Weise in der Lage ist, hat er bei Krankheit und Gebrechlichkeit des Veräußerers ferner dessen häusliche Grundpflege in dem in Nr. 4 erläuterten Umfang zu übernehmen. Zu diesen »Leistungen an der Person« zählt der Ausgleich von Selbständigkeitsdefiziten im Bereich
   a) der Mobilität, insbesondere also Positionswechsel im Bett, Umsetzen, Fortbewegung innerhalb des Wohnbereichs samt Treppensteigen,
   b) Kognitiver und kommunikativer Fähigkeiten, insbesondere also der Steuerung von Alltagshandlungen, der zeitlichen und örtlichen Orientierung,
   c) psychischer Problemlagen, insbesondere also nächtlicher Unruhe, Ängste, sozial inadäquate Verhaltensweisen,
   d) der Selbstversorgung, insbesondere also der Körper- und Zahnpflege, Prothesenreinigung, Hilfen beim An- und Auskleiden, und bei den Ausscheidungen,
   e) krankheits- oder therapiebedingten Anforderungen, wobei jedoch nur solche Tätigkeiten umfasst sind, die von einem Laien nach fachkundiger Anleitung kurzfristig erlernt werden können, wie Einreiben, Umschläge, Bandagieren, Temperatur und Blutdruck messen, Verabreichen von Medikamenten nach Plan,
   f) sowie der Gestaltung des Alltagslebens und sozialer Kontakte, insbesondere also der Gestaltung des Tagesablaufs und dessen Anpassung an Veränderungen, Spielen, Singen, Unterhaltungen, sowie der Kontaktpflege zu anderen Personen. Dem zu Pflegenden ist regelmäßig – mindestens einmal monatlich – die Teilnahme an gesellschaftlichen oder kulturellen Veranstaltungen zu ermöglichen, soweit dies seine Gesundheit zulässt; ihm muss weiter Gelegenheit gegeben werden, mindestens zweimal monatlich Besuch zu empfangen und diesen angemessen zu bewirten.
3. Der Umfang der Pflegeverpflichtung ist begrenzt durch die Zumutbarkeit des Pflegeaufwands für den Erwerber. Die Zumutbarkeit für den Erwerber wird begrenzt durch dessen Inanspruchnahme durch die eigene Familie (Führung eines .....-Personen-Haushaltes) und durch seine berufliche (Halbtags-/Ganztags-)Tätigkeit. Die Pflegeverpflichtung ist ferner höchstpersönlich. Der Erwerber ist jedoch berechtigt, die versprochenen Dienstleistungen durch seine Ehefrau/ seine Kinder/gewerblich tätige Pflegekräfte/sonstige genau bezeichnete Dritte erbringen zu lassen. Er ist dazu allerdings nicht verpflichtet, soweit ihm selbst die Leistungserbringung gem. Nr. 3 Satz 1 und 2 nicht zumutbar ist. Die Ersetzungsberechtigung seitens des Erwerbers begründet auch keinen Anspruch des Veräußerers auf Stellung der Ersatzkräfte, geschweige denn unmittelbaren Leistungspflichten der genannten Ersatzkräfte.
4. Dauerpflege (Nr. 2) ist allerdings nur in dem Umfang zu erbringen, der mit den notwendigen hauswirtschaftlichen Verrichtungen (Nr. 1) nach dem Urteil des Hausarztes des Veräußerers nicht über dasjenige hinausgeht, was zum Erreichen des Pflegegrades 2 erforderlich ist; die Leistungen haben also nach derzeitiger Bewertungspraxis die Selbständigkeitsdefizite für bis zu 26 gewichtete Modulpunkte auszugleichen. Dieser Leistungsumfang bleibt auch dann weiter geschuldet, wenn der Pflegebedürftige in einen höhere, vom Umfang her nicht mehr geschuldeten Pflegegrad eingruppiert wird. Die Erfüllung des verbleibenden Pflegebedarfs hat der Veräußerer sodann auf eigene Kosten sicherzustellen, solange er noch ambulant erbracht werden kann.
5. Vorstehende Verpflichtungen ruhen, soweit Pflegesachleistungen im Rahmen gesetzlicher Ansprüche, etwa auf Haushaltshilfe, häusliche Krankenpflege oder häusliche Pflegehilfe erbracht werden. Die Verpflichtungen sind nicht vererblich, bestehen jedoch auch bei Verlust des Eigentums fort.
6. Gebrauchsgegenstände, technische Hilfsmittel oder sonstige Güter, die zur Leistungserbringung erforderlich sind, sind vom Veräußerer zu stellen bzw. zu erstatten.
7. Auf grundbuchliche Absicherung (etwa durch Eintragung einer Reallast) wird verzichtet.

c) Anpassung bisheriger Vereinbarungen

Nach dem bis Ende 2016 angewendeten Klassifizierungsverfahren (dessen drei Pflegestufen im Wesentlichen nach zeitlichen Abgrenzungskriterien differenzierten) empfahlen die meisten veröffentlichten Formulierungsvorschläge eine Orientierung entweder (dynamisch) an den betreffenden Pflegestufen (z.B. die Übernahme des Aufwands, der bis zum Erreichen der Pflegestufe 1 an-

1643

fällt, oder einschließlich des Pflegeaufwands der Pflegestufe 1,[556] wie etwa seitens des Bayerischen Bauernverbands vorgeschlagen,[557] bzw. gar einschließlich der Stufe 2[558]), oder aber (statisch)[559] begrenzt nach Maßgabe der Zeitvolumina, bei deren Überschreitung eine neue Pflegestufe einsetzte (also bspw. Übernahme der hauswirtschaftlichen Verrichtungen und Pflegeleistungen bis durchschnittlich 90 Minuten pro Tag, da ab der 91. Minute die Pflegestufe 1 begann mit der Folge, dass für den über diesen Sockel von 90 Min. hinausgehenden Bedarf zunächst beitrags- oder steuerfinanzierte Leistungen aus SGB XI [Pflegeversicherung] oder SGB XII [Sozialhilfe] zur Verfügung stehen, deren Ergänzung durch den Erwerber bewirkt werden soll).

1644 Soweit solche »Alt-Vereinbarungen« lediglich auf bestimmte betragsmäßig angegebene **Minutenbudgets** Bezug nehmen, bleiben sie von der zum 01.01.2017 erfolgten gesetzlichen Umstellung von Pflegegraden in Pflegestufen unberührt; sie sind ja bewusst nicht als Verweisung auf die »Pflegestufe I« vereinbart und formuliert worden. Dies gilt um so mehr, als eine direkte Umrechnung von (bis 2016 maßgeblichen) Minuten in (ab 2017 maßgebliche) Pflegegrade angesichts des abweichenden Ermittlungsregimes anhand von gewichteten Defizitmessungen in einzelnen Bereichen (vgl. Rdn. 1243 ff.) nicht allgemein möglich ist, sondern allenfalls im Einzelfall vom Hausarzt als Schiedsgutachter wird vorgenommen werden können (der Medizinische Dienst ist hierzu ab 2017 nicht mehr berufen[560]).

1645 Sofern jedoch die vertragliche Vereinbarung zur Erbringung von Pflegeleistungen oder hauswirtschaftlichen Dienstleistungen auf die **Pflegestufen** des bisherigen § 14 SGB XI Bezug nahm, die seit 01.01.2017 nicht mehr bestehen, ist die (im Nachhinein entstandene, ursprünglich verdeckte) Regelungslücke durch **ergänzende Vertragsauslegung** zu schließen. In Betracht kommt zum Einen, eine statische Verweisung auf die damals geltende Fassung des § 14 SGB XI anzunehmen (also im gesetzlichen Zitat nur eine andere Darstellung des ins Auge gefassten maximalen Zeitbudgets zu sehen, bei dem es dann sein Bewenden hat),[561] oder aber ein dynamische Verweisung anzunehmen dergestalt, dass an die Stelle der nicht mehr vorhandenen Pflegestufe derjenige Pflegegrad tritt, in den gem. § 140 SGB XI die gesetzliche »Umrechnung« stattfindet. Demnach entspricht der Pflegestufe 1 der Pflegegrad 2, der Pflegestufe 2 der Pflegegrad 3, und der Pflegestufe 3 der Pflegegrad 4 (§ 140 Abs. 2 Satz 3 Nr. 1 SGB XI). Besonderheiten des Einzelfalls, also z.B. die Hochstufung in Pflegegrad 5, weil beim konkreten Pflegebedürftigen am 31.12.2016 die Voraussetzungen für zusätzliche Leistungen nach § 36 Abs. 4 oder § 43 Abs. 3 SGB XI erforderlich waren, oder die Hochstufung um jeweils einen Pflegegrad wegen bestehender erheblicher eingeschränkter Alltagskompetenz (Demenzfälle) bleiben außer Betracht, da auch in der bisherigen Vereinbarung nur auf die unmittelbaren gesetzlichen Pflegegrade abgestellt wurde. Insb. wird der Umstand, dass ein »schlicht dementer« Betroffener ab 2017 ebenso in Pflegegrad 2 eingestuft ist wie der bisher leicht körperlich Pflegebedürftige der Pflegestufe I, nicht dazu führen dürfen, dass nun die vollständige Betreuung des Dementen, die ja mitunter 24 Stunden/Tag notwendig ist, geschuldet wäre.

---

556 So der in der 4. Aufl. dieses Werks als Rdn. 1644 veröffentlichte Formulierungsvorschlag von *Weyland*, MittRhNotK 1997, 74.
557 Vgl. die Wiedergabe in Rn. 1446, 1447 der 4. Aufl. dieses Werks.
558 So der Rn. 1443 der 4. Auflage dieses Werks veröffentlichte Formulierungsvorschlag von *J. Mayer*.
559 So die eigene Empfehlung in Rn. 1435 der 4. Auflage dieses Werks.
560 Vgl. *Gutachten*, DNotI-Report 2016, 194, 196.
561 Vgl. *Gutachten*, DNotI-Report 2016, 194, 195; eindeutig ist dieses Ergebnis nur, wo ausdrücklich auf die zur Zeit des Vertragsschlusses geltende Gesetzesfassung abgestellt wird, wie etwa bei *J. Mayer/Geck*, Der Übergabevertrag, 3. Aufl. 2013, § 6 Rn. 36. Für die »statische Lösung« *Hertel*, in *Herrler/Hertel/Kesseler*, Aktuelle Probleme der notariellen Vertragsgestaltung im Immobilienrecht 2016/2017, S. 169, da die Verwirrtheit in den bisherigen Pflegestufen generell nicht berücksichtigt wurde.

Demnach ist bspw. eine vertragliche Verpflichtung zur Übernahme der hauswirtschaftlichen Verrichtungen und Pflegeleistungen des Sockelbereichs »bis zum Erreichen der Pflegestufe 1« ab dem 01.01.2017 so zu lesen, dass diejenigen Leistungen geschuldet sind, die erforderlich sind zur Beseitigung des Betreuungs- und Pflegebedarfs unterhalb des Pflegegrades 2, also für einen »Durchschnittspatienten«, der nicht mehr als 27 Defizitpunkte nach den Kriterien des neuen Begutachtungsassessments (NBA), vgl. Rdn. 1243, verwirklicht. Eine unmittelbare zeitliche Umrechnung ist nicht mehr möglich, abgestellt werden kann nur auf die tatsächlichen Defizite im Bereich der gemäß NBA maßgeblichen Module, wobei die Umsetzung und die Praxis zusätzlich dadurch erschwert werden, dass die Punktzahlen aus unterschiedlichen Prüfungsfeldern und Modulen und in unterschiedlicher Gewichtung zustande gekommen sein können. Verbleiben, wie regelmäßig zu erwarten, Unsicherheiten im Einzelfall, ist sicherlich der Zeitaufwand, der nach den bisher unmittelbar in Bezug genommenen Pflegestufen damit verbunden war (hier also bis zu 89 Minuten pro Tag), weiterhin ein maßgebliches Kriterium für die Bemessung der Zumutbarkeit im Einzelfall (§ 275 Abs. 3 BGB) aufgrund bzw. zur Beschreibung des vertraglich geschuldeten Umfangs. 1646

5. Pflegeansprüche als Einkommensersatz?

Vertraglich vereinbarte Pflege hat – wiewohl durchaus »Leistung mit Geldeswert« i.S.d. § 85 SGB XII – entgegen der früheren Rechtsprechung[562] keine nach der Sozialversicherungsentgeltverordnung (vgl. dazu Rdn. 604) anzurechnende einkommensersetzende Wirkung. Der VGH Bayern[563] hat ausdrücklich diese Gegenposition bezogen: Die persönliche Hilfeleistung zugunsten des Übergebers habe nicht per se Einkommenscharakter. Dem ist zu folgen; insb. ergibt sich nichts anderes aus den landesrechtlichen Vorschriften[564] über die Umwandlung von Pflegeverpflichtungen in Geldleistungen bei dauerndem Wegzug des Berechtigten, da hiermit nur die unbestrittene Ersparnis von Aufwendungen bei Fortfall der Pflegeverpflichtung aufseiten des Erwerbers belegt ist.[565] Die Sozialhilfepraxis hat sich jedenfalls in Bayern dieser Auffassung des VGH Bayern angeschlossen, soweit es um die nicht pflegefall-spezifische HLU geht. Dem ist der fünfte Senat des BVerwG[566] nun gefolgt mit dem (so tenorierten) Ergebnis, dass vertraglich geschuldete Pflegeleistungen nicht als vor dem Bezug von Pflegegeld einzusetzendes Einkommen anzusehen seien. Kautelare Vorsorge entfällt daher insoweit. 1647

IV. Vermeidung von Leistungserhöhungen bei Wegzug des Veräußerers

Insb. aus steuerlichen Gründen erfolgte bis Ende 2007 generell, (seit 2008 insb. bei Betriebsvermögen) die **Vereinbarung regelmäßiger Geld- (oder Natural-)Leistungen des Enderwerbers** häufig als dauernde, teilweise zusätzlich wertgesicherte Last[567] unter dem Vorbehalt des § 323 ZPO 1648

---

562 Das BVerwG hat – allerdings zur Einkommensberücksichtigung i.R.d. Hilfe zur Pflege nach dem BSHG – im Urt. v. 31.01.1968 (BVerwGE 29, 108) die Ansicht vertreten, die Gewährung freier Wart und Pflege habe grds. Geldeswert, zumal sie auch von dritter Seite erkauft werden könne; zur konkreten Ermittlung der Höhe dieses Werts musste das Gericht jedoch nicht abschließend Stellung nehmen. Diese Feststellung wäre auch aufgrund allgemeiner Normen kaum zu treffen: § 2 Abs. 1 Halbs. 2 der VO zu § 76 BSHG verweist auf die üblichen Mittelpreise am Verbrauchsort, sofern – wie hier – die SachBezVO keine Werte festsetzt.
563 VGH Bayern, Urt. v. 02.02.1989, ZfSH/SGB 1989, 580.
564 Z.B. Art. 18 BayAGBGB, wonach der Verpflichtete für die Befreiung von der Verpflichtung zur Erbringung von Dienstleistungen bei dauerndem Wegzug des Berechtigten aus besonderen Gründen eine Geldrente zu entrichten hat, die dem Wert der Befreiung nach billigem Ermessen entspricht.
565 Anders jedoch offenbar OVG Rheinland-Pfalz, 18.11.1985, ZfSH/SGB 1990, 133, wo (im Zusammenhang mit der später zu behandelnden Anrechnung vertraglicher Pflegerechte auf das Pflegegeld gem. § 69 BSHG) der geldwerte Charakter der vertraglichen Versorgungspflicht hiermit begründet wird.
566 BVerwG, 18.05.1995 – 5 C 1/93, FamRZ 1995, 1345.
567 Vgl. etwa *Amann*, MittBayNot 1979, 219 ff., sowie BFH, MittBayNot 1992, 67 m. Anm. *Mayer*.

(analog)/seit 01.09.2009: § 239 FamFG bzw. § 323a ZPO (analog),[568] orientiert an der Leistungsfähigkeit des Erwerbers (bzw. dem Betriebsgewinn des Übergabegegenstandes) und der Bedürftigkeit des Veräußerers. Diese Leistungen sind – seit 2008 allerdings nur bei der Übertragung von Betriebsvermögen, Rdn. 6362 ff. – in voller Höhe[569] beim Erwerber abzugfähig, beim Veräußerer steuerpflichtig (§§ 10 Abs. 1 Nr. 1 lit. a) Satz 1, 22 Nr. 1 lit. a) EStG). Auch ist zu beachten, dass solche Bezüge seit 2004 gem. § 248 SGB V[570] insb. in der Kranken- und Pflegeversicherung der Rentner[571] in voller Höhe mit zu Sozialabgaben herangezogen werden.[572]

1649 Es gehört mittlerweile zum kautelarjuristischen Gemeingut, dagegen vorzusorgen, dass der Enderwerber schon aufgrund der dauernden Last die Heimunterbringungskosten des Veräußerers (als Ausfluss dessen erhöhter Bedürftigkeit) zu übernehmen hat. Dabei sollte jedoch, um diese Klausel sozialrechtlich abzusichern, nicht auf die Heimunterbringung oder gar den Sozialleistungsbezug des Veräußerers, sondern – neutraler – auf dessen Wegzug vom Anwesen abgestellt werden. Der Bayerische Bauernverband empfiehlt in seinem Beratungsbogen zur Hofübergabe (Nr. 33) die Formulierung: »*Der Vorbehalt des § 323 ZPO (nun: § 323a ZPO) entfällt für denjenigen Übergeber ab dem Zeitpunkt, ab dem er – aus welchen Gründen auch immer – seine bisherige Altenteilerwohnung auf Dauer verlässt*«. Es ist jedoch nicht einzusehen, weshalb jede Anpassungsmöglichkeit (z.B. auch die Herabsetzung wegen verringerter Ertragskraft des Hofes) dann ausgeschlossen sein soll.

1650 Stattdessen soll hier die folgende Formulierung zur Diskussion gestellt werden.

▶ **Formulierungsvorschlag: Keine Anpassung der dauernden Last bei Ortswechsel**

1651 Wohnt der Veräußerer voraussichtlich auf Dauer nicht mehr in dem übergebenen Anwesen, gleich aus welchem Grund, führt etwaiger Mehrbedarf in seiner Person jedoch zu keiner Anpassung der dauernden Last.

1652 In solchen Regelungen liegt **kein Versuch der Umkehrung des sozialrechtlichen Nachrangverhältnisses**, sondern eine Folge der trotz aller steuerrechtlichen Vorgaben regelmäßig vorhandenen Kontinuitätserwartung der Beteiligten hinsichtlich der monatlichen »Taschengeldrente«.

V. Wegfall von Leistungen in sozialleistungsverdächtigem Kontext?

1653 Solche Bestimmungen sind in erhöhtem Maß dem **Vorwurf der Sittenwidrigkeit** wegen gewollter **Schädigung des Sozialleistungsträgers** oder zumindest der Gefahr rechnerischer »Nichtbeach-

---

568 § 239 FamFG regelt seit 01.09.2009 die Anpassung von Unterhaltstiteln in vollstreckbaren Urkunden, § 323a ZPO die Anpassung anderer wiederkehrender Leistungen als Unterhaltsansprüche in vollstreckbaren Urkunden (§ 238 FamFG wiederum erfasst die Anpassung gerichtlicher Unterhaltstitel).
569 Bei Vereinbarung eines Mindestbetrags erfolgt gem. BFH, BStBl. 1980 II, S. 575, keine Aufspaltung in eine »Mindestleibrente« und eine dauernde »Erhöhungslast«, wenn die Schwankungsmöglichkeit nicht nur theoretisch besteht. Allerdings gefährdet die Kombination einer (für sich allein genommen ohne Weiteres genehmigungsfähigen) Wertsicherungsklausel – etwa geknüpft an den Lebenshaltungskostenindex – mit einem Abänderungsvorbehalt gem. § 323 ZPO, der jedoch die Unterschreitung eines Sockelbetrags ausschließt, die Genehmigung nach § 3 WährG, so die Landeszentralbank im Freistaat Bayern, Schreiben v. 11.04.1995 an die Landesnotarkammer Bayern, Tgb: Nr. R 5239/95.
570 Als Reaktion auf das Urteil des BVerfG; dies gilt auch für Alterseinkommen aus selbstständiger Tätigkeit von in der gesetzlichen Krankenversicherung versicherten Rentnern. Für Bezieher von Renten und Landabgaberenten nach dem ALG bleibt es bei der Anwendung des halben allgemeinen Beitragssatzes.
571 Hierzu ausführlich *Eilts*, NWB, Fach 27, S. 5815 ff. = 2004, 1379 ff.
572 Dies ist verfassungsgemäß, vgl. BSG, B 12 KR 29/04 R, JurionRS 2005, 24813, zu sonstigen Versorgungsbezügen, BSG, B 12 KR 10/05 R, JurionRS 1006, 19003, zu Betriebsrenten und BSG, B 12 RJ 2/05 R, JurionRS 2006, 33310, zum vollen Abzug der Pflegebeiträge. Die hiergegen gerichtete Verfassungsbeschwerde wurde zurückgewiesen, BVerfG, 28.02.2008 – 1 BvR 2137/06, NZS 2009, 91.

tung«[573] ausgesetzt. Es dürfte unstreitig sein, dass Klauseln, wonach Geld- oder Naturalleistungen »*bei Bezug nachrangiger Sozialleistungen entschädigungslos entfallen*«, unwirksam sind.[574] Angesichts der BGH-Rechtsprechung zum nachehelichen Unterhaltsverzicht dürfte Gleiches regelmäßig für einen nachträglichen Verzicht des Veräußerers auf Versorgungsansprüche während des Bezugs nachrangiger Sozialleistungen gelten, sofern der Verzicht nicht schon am Fehlen der Anspruchsinhaberschaft des Veräußerers wegen vorheriger Überleitung scheitert.

I.Ü. ist wohl zu unterscheiden zwischen:

1. Nachbildung gesetzlicher Vermutungen

Unproblematisch sind Regelungen, welche lediglich **gesetzliche Regel-/Ausnahmeverhältnisse bekräftigen**, mag dies auch zu einer Reduzierung überleitungsfähiger Rechte führen. 1654

▶ Beispiel:

Das Wohnungsrecht soll nicht der Ausübung nach einem Dritten überlassen werden können (§ 1092 Abs. 1 Satz 2 BGB); die (ggf.) verbleibende Rechtsposition des Veräußerers ist nach der hier vertretenen Ansicht nicht überleitbar.

2. Wegfall ortsbezogener Naturalleistungen

Ähnliches gilt für Regelungen, wonach bestimmte Naturalleistungen nur so lange zu erbringen sind, wie der Veräußerer **sich auf dem übergebenen Anwesen aufhält**. Hierunter fällt die Pflicht zur Gewährung der Wohnung und zur Wart und Pflege sowie zur Führung des Haushalts. Auch dieses deckt sich mit der Wertung des Gesetzgebers, welcher etwa in Art. 18 BayAGBGB Geldrenten vorsieht als Ausgleich für die »Befreiung« von den vorgenannten Pflichten, wenn der Veräußerer aus besonderen Gründen das Anwesen auf Dauer verlassen muss (vgl. auch Art. 8 Satz 1 BayAGBGB, wonach Altenteilsleistungen auf dem überlassenen Grundstück zu bewirken sind). 1655

3. Wegfall auf Geld gerichteter Surrogatansprüche

Problematischer ist der **vertragliche Ausschluss** der gesetzlich oder richterrechtlich (nunmehr § 313 BGB) an den Wegfall der vorgenannten Pflichten geknüpften **Geldersatzrente**, wie oben (Rdn. 1210 ff.) erläutert. Ein solcher Ausschluss ist zivilrechtlich ohne Weiteres möglich: Art. 18 BayAGBGB gilt gem. Art. 7 BayAGBGB bspw. nicht – Gleiches gilt für Art. 15 § 9 Abs. 3 PrAGBGB gem. Art. 15 Einleitungssatz PrAGBGB –, »soweit besondere Vereinbarungen getroffen sind«; diese gehen auch den von der Rechtsprechung angewendeten Grundsätzen des Wegfalls der Geschäftsgrundlage vor. Auch die Leibgedingsregelungen anderer Bundesländer sind dispositiv.[575] 1656

▶ Hinweis:

Angemerkt sei, dass bei genauer Betrachtung nur wenige notarielle Vertragsmuster diesen Ausschluss enthalten; die häufig verwendeten Klauseln »Leistungen sind nur im Anwesen selbst zu erfüllen« bzw. »... nur solange der Berechtigte im Anwesen wohnt« umschreiben lediglich den Tatbestand, an welchen Art. 18 BayAGBGB gerade die »Verrentung« der Verpflichtung knüpft. 1657

---

573 Vgl. etwa § 3 Abs. 3 Satz 2 der VO zu § 33 BVG; nach *Wahl*, Vertragliche Versorgungsrechte in Übergabeverträgen und sozialrechtliche Ansprüche, S. 250 ff., handelt es sich dabei um den Ausdruck eines allgemeinen, aus § 162 Abs. 2 BGB herleitbaren Rechtsgedankens.
574 Vgl. etwa *Frank*, BWNotZ 1983, 159; *Plagemann*, AgrarR 1989, 89. Diese Auffassung wurde auch durch mehrere Sozialhilfe-Verwaltungsstellen telefonisch bestätigt.
575 *Wirich*, ZEV 2008, 372, 376.

1658 Zwar ist bisher weder ein Fall bekannt noch Rechtsprechung veröffentlicht, die ein vertragliches Abbedingen der landesrechtlichen Leibgedingsregelungen zur Umwandlung in »billige Renten in Geld« als unwirksam angesehen hätten, es läge allerdings auf der vom BGH im Urt. v. 21.09.2001,[576] v. 23.01.2003[577] sowie v. 19.01.2007[578] fortgeführten Linie der aktuellen regressfreundlichen Rechtsprechung, dies unter Hinweis auf die Parallelität zur möglichen Sittenwidrigkeit nachehelicher Unterhaltsverzichte (bzw. der Treuwidrigkeit einer Berufung auf einen solchen Verzicht) zu judizieren (zur sog. interessengerechten Vertragsauslegung, die bereits Züge richterlicher Vertragskontrolle annahm, s. Rdn. 1217 ff.; zum nunmehr abgeschwächten Kriterium des »Vertrags zulasten Dritter« s. Rdn. 1611 ff.).

▶ Hinweis:

1659 Daher wird der vorsichtige Notar bei dieser Fallgruppe erhöhte Belehrung über mögliche Zweifel an der Wirksamkeit walten lassen. Eine Pflicht zur Ablehnung solcher Regelungen sehe ich jedoch derzeit nicht. Sollte die Rechtsprechung in diese prognostizierte Richtung gehen, träte an die Stelle der unwirksamen Einschränkung die gesetzliche Geldrentenvorschrift, allerdings nur im Anwendungsbereich der landesrechtlichen Leibgedingsbestimmungen (so dass die nicht immer einfache Abgrenzung des grundbuchrechtlichen und materiellrechtlichen Leibgedings noch bedeutsamer werden wird).[579]

1660 M.E. ist ein solcher Ausschluss jedoch auch **sozialrechtlich regelmäßig nicht zu beanstanden**.[580] Hierfür spricht zum einen, dass es aus der Sicht des Erwerbers typischerweise eine erhebliche Verschärfung seiner Leistungspflicht darstellt, statt der – häufig mit der Haushaltsführung für die eigene Familie mit erledigten – Naturalleistung einen, wenn auch bescheidenen, monatlichen Geldbetrag aufbringen zu müssen. Die durch den Wegfall der Pflege der Altenteiler gewonnene Zeit führt per se zu keiner Ertragssteigerung des Betriebs oder des Erwerberhaushaltes, denen sie nunmehr zugutekommt.[581] Auch die ggf. freigewordenen Räume des Übergebers lassen sich – wenn sie nicht ohnehin aus psychologischen Gründen weiter für den Altenteiler reserviert bleiben sollen[582] – jedenfalls im ländlichen Raum kaum vermieten. Die gesetzlich vorgesehene Umwandlung in Geldansprüche stellt also aus der Sicht des Übernehmers regelmäßig keine Fortsetzung der Leistungsbeziehung, sondern eine erhebliche Verschärfung dar, die legitimer Weise vorab ausgeschlossen werden kann, ebenso wie die Erhöhung der dauernden Last aufgrund Wegzugs des Übergebers vertraglich abdingbar sein sollte (oben Rdn. 1648 ff.).

1661 Zum anderen ist zu berücksichtigen, dass selbst bei Zugrundelegung der BGB-Rechtsprechung zum sog. »unechten Vertrag zulasten Dritter (des Sozialhilfeträgers)« (vgl. dazu Rdn. 1611 ff.)[583] **ein sozialrechtlicher Zugriff auf den Grundstückseigentümer/Erwerber kaum in Betracht kommen** würde: Als Folge der »ergänzenden Vertragsauslegung« bei (häufig vorgeblich) lückenhafter Vereinbarung bzw. als Ergebnis interessengerechter Auslegung von (aus Sicht des BGH auslegungsbedürftigen) Vereinbarungen wird nämlich eine Zahlungspflicht des Grundstückseigentü-

---

576 BGH, DNotZ 2002, 702 m. Anm. *Krauß*.
577 BGH, ZEV 2003, 211.
578 BGH, 19.01.2007 – V ZR 163/06, NotBZ 2007, 129 m. Anm. *Krauß*, zur Auslegung einer lückenhaften Gestattung der Vermietung bei Heimunterbringung des Wohnungsberechtigten: die nicht ausdrücklich geregelte Frage, wem die Miete gebühre, sei zugunsten des Wohnungsberechtigten zu entscheiden, zuzüglich der ersparten Aufwendungen (zu tragenden Nebenkosten).
579 *Mayer*, DNotZ 1996, 622 ff.
580 Kritischer insoweit *Amann*, DNotI-Report 1995, 64, der für diesen Fall eine Freistellungsregelung zugunsten der weichenden Geschwister nahelegt.
581 Krit. ggü. solchen Ausschlussklauseln als zu »übernehmerfreundlich« allerdings *Mayer*, ZEV 1997, 181.
582 Dann wird nach LG Duisburg, NJW-RR 1987, 1349, ohnehin keine Geldersatzrente geschuldet.
583 Urt. v. 21.09.2001 – V ZR 14/01, ZEV 2002, 116; BGH, 23.01.2003 – V ZB 48/02, ZEV 2003, 211.

mers/Erwerbers angenommen lediglich in Höhe seiner »ersparten Aufwendungen«. Diese dürften aber bspw. bei Nutzungsvorbehalten (Wohnungsrecht) dann gegen Null tendieren, wenn die Kosten der Ver- und Entsorgung ohnehin vom Wohnungsberechtigten zu tragen waren (wie dies i.d.R. vereinbart wird) und die Instandhaltung für das gesamte Anwesen ebenfalls nach wie vor dem Eigentümer zur Last fällt.[584] Vorstehende Überlegungen gelten uneingeschränkt jedenfalls dann, wenn der »Verrentungsausschluss« **nicht auf den Fall der Heimunterbringung** (de facto mit Sozialhilfebedürftigkeit gleichzusetzen) **beschränkt** ist.[585] Anderenfalls[586] drängt sich der Verdacht auf, die Änderung der gesetzlichen Regelung sei nur erfolgt, um anrechnungsfähiges Einkommen entfallen zu lassen und den Sozialleistungsträger auf die häufig wenig Erfolg versprechende Überleitung von BGB-Unterhaltsansprüchen zu verweisen, mit der Folge der Sittenwidrigkeit als unzulässige Nachrangvereinbarung.

Die **Geldersatzpflicht** ist **allerdings angebracht**, wenn der Erwerber durch sein Verhalten die Beziehung zum Veräußerer unzumutbar stört und diesen dadurch vom Anwesen verdrängt (Art. 20 BayAGBGB; hier orientiert sich die Entschädigung zu Recht nicht an den ersparten Aufwendungen des Erwerbers, sondern am Aufwand angemessener Ersatzbeschaffung beim Veräußerer). 1662

Allein die Tatsache, dass Versorgungsleistungen nur so lange geschuldet sind, wie sie vom Verpflichteten im übernommenen Haus erbracht werden können, führt jedoch gemäß der nunmehr bemerkenswert deutlichen Aussage des BGH[587] **nicht zur Sittenwidrigkeit der Nachrangvereinbarung** (mit der Folge, dass die andernfalls entstandene Lücke durch eine ergänzende Vertragsauslegung im Sinn einer Pflicht zur Erstattung ersparter Aufwendungen geschlossen werden müsste).[588] Der BGH führt aus, der ausdrückliche Ausschluss von Zahlungsansprüchen anstelle der nicht mehr zu erbringenden Naturalleistungen sei wirksam: § 528 BGB ist der allgemeine Grundsatz zu entnehmen, dass die Übertragung als solche selbst bei späterer Verarmung aufrechterhalten bleibe und lediglich durch wertmäßige Rückforderung »geahndet« werde; diese Wertung gelte erst recht, wenn anstelle einer uneingeschränkt freigebigen Schenkung Versorgungsgegenleistungen gewährt würden. Die Beschränkung von Sachleistungen auf ihre Erbringung im übertragenen Objekt selbst beruhe auf nachvollziehbaren und nicht zu missbilligenden Erwägungen. 1663

Auch die Tatsache, dass der Veräußerer das Haus überhaupt weggegeben habe, verstoße nicht gegen die guten Sitten; den Veräußerer treffe – so der BGH – keine Verpflichtung, über seine Leistungen an die gesetzliche Rentenversicherung hinaus für sein Alter vorzusorgen. Ein Vergleich zur möglichen Sittenwidrigkeit des Verzichts auf nachehelichen Unterhalt verbiete sich, da anders als dort nicht in gesetzlich vorgegebenen Ansprüche eingegriffen werde, sondern lediglich die Vereinbarung zusätzlicher rechtsgeschäftlicher Pflichten unterbleibe, und eine generelle gesetzliche Pflicht zur Eingehung solcher Gegenleistungen ohnehin nicht bestehe.[589] 1664

---

584 So auch *Everts*, ZEV 2004, 498.
585 *Krauß*, MittBayNot 1992, 101; *Rosendorfer*, MittBayNot 2005, 6; *Everts*, ZEV 2004, 497; *Mayer/Geck*, Der Übergabevertrag, § 3 Rn. 129.
586 Bspw. beim Formulierungsvorschlag des Bayerischen Bauernverbandes: »*Diese Leistungsverpflichtungen ruhen für einen Berechtigten in der Zeit, in der er sich nicht im Anwesen aufhält, insb. bei Aufenthalt des jeweiligen Berechtigten in einem Krankenhaus oder einem Alten- oder Pflegeheim.*«.
587 Urt. v. 06.02.2009 – V ZR 130/08, ZErb 2009, 150, NotBZ 2009, 221 m. Anm. *Krauß*.
588 So die Vorinstanz, LG Bamberg, wo die Hälfte des Pflegegelds zuzüglich 25,00 € im Monat für ersparte Instandhaltungsaufwendungen i.R.d. erloschenen Wohnungsrechts zugrunde gelegt wurde.
589 Darüber hinaus verstärkt die vorliegende Entscheidung des 5. (Grundstücks-)Senats die Linie des 4. (Erbrechts-)Senats zur Zulässigkeit des Behindertentestaments, worauf *Litzenburger*, ZEV 2009, 256, zu Recht hinweist: Auch dort hat es der BGH abgelehnt, die Eltern eines behinderten Kindes für verpflichtet zu halten, »die Sorge für das Wohl ihres Kindes dem Interesse der öffentlichen Hand an einer Teildeckung der Kosten unterzuordnen«.

▶ Hinweis:

1665 Die vorsichtige Praxis wird allerdings (trotz eines auch insoweit beruhigenden obiter dictum des BGH)[590] weiterhin darauf Wert legen, jegliche Schlechterstellung des Sozialleistungsträgers ggü. anderen Gläubigern zu vermeiden, also die Tatbestände, an die Leistungsbegrenzung anknüpft, neutral formulieren: Wie im vorliegenden Sachverhalt sollte daher darauf abgestellt werden, dass der »Berechtigte im Vertragsanwesen nicht mehr wohne«, so dass jeglicher Fall des dauernden Wegzugs, sei es aufgrund persönlicher Entscheidung (Übersiedlung nach Mallorca) oder aufgrund medizinischer Notwendigkeit (Übersiedlung in ein Pflegeheim) gleichbehandelt wird.

Die vom BGH festgestellte Pflicht zur Vorsorge für das Alter durch Leistung gesetzlicher Rentenbeiträge weist ferner darauf hin, dass möglicherweise ein völliger Verzicht auf Versorgungsleistungen im Übergabevertrag dann vorwerfbar und sittenwidrig sein kann, wenn der Veräußerer über keinerlei Alterssicherung verfügt (sei es in Form gesetzlicher Rentenanwartschaften oder anderweitiger Ersparnisse aus privater Vorsorge).

1666 Eine solche, vertragssystematisch an die Regelung zu Wohnungsgewährung, Haushaltsführung und Pflegeübernahme anschließende Ausschlussklausel könnte etwa lauten:

▶ **Formulierungsvorschlag: Ruhen ortsgebundener Rechte bei Abwesenheit; Ausschluss von Geldersatzansprüchen außer bei »verschuldeter Verdrängung«**

1667 Diese Leistungspflichten ruhen, solange der Veräußerer, gleich aus welchem Grund, nicht mehr im übergebenen Anwesen wohnt. Geldersatz steht ihm nur zu, wenn der Erwerber den Wegzug gem. Art. 20, 21 BayAGBGB (bzw. die jeweilige landesrechtliche Vorschrift des AGBGB oder PrALR über die »verschuldete« Verdrängung) veranlasst hat, anderenfalls werden Ersatzansprüche aus jedem Rechtsgrund ausgeschlossen.

1668 Durch den Begriff »Verlassen« soll zum Ausdruck gebracht werden, dass die **Wohnung** selbstverständlich **weiter vorzuhalten ist**, solange sich der Veräußerer z.B. urlaubsbedingt nicht dort aufhält. Das »Ruhen« für die Zeit solchen Verlassens stellt klar, dass im Fall der (auch unvermuteten) körperlichen Erholung die Leistungen wieder zu erbringen sind. Zur Erleichterung der Zukunftsplanung des Erwerbers wird teilweise empfohlen, auch ein »endgültiges Erlöschen« der Verpflichtung als Statusfeststellung vorzusehen:

▶ **Formulierungsvorschlag: Erlöschen ortsgebundener Rechte aufgrund fachärztlicher Feststellung (Ergänzung im Anschluss an den vorstehenden Formulierungsvorschlag)**

1669 Die genannten Rechte erlöschen endgültig, sobald ein Facharzt schriftlich feststellt, dass eine Rückkehr zur vereinbarten häuslichen Betreuung mit hoher Wahrscheinlichkeit ausgeschlossen ist.

1670 Es sei nicht verhohlen, dass die Nichtabdingung der Art. 20, 21 BayAGBGB die **begrifflichen Unsicherheiten**, welche jene Gesetzesformulierungen enthalten, damit weiter **perpetuieren**. Ein völliger Ausschluss der Umwandlung in Geldersatzansprüche erscheint mir jedoch aus Sicht des Übergebers und auch des Sozialleistungsträgers im Regelfall nicht vertretbar; rechtlich muss zumindest die Vorsatzhaftung (§ 276 Abs. 3 BGB) ausgenommen sein:

▶ **Formulierungsvorschlag: Erlöschen ortsgebundener Rechte; vollständiger Ausschluss von Geldersatzansprüchen**

1671 Diese Leistungspflichten ruhen, solange der Veräußerer, gleich aus welchem Grund, nicht mehr im übergebenen Anwesen wohnt. Geldersatzansprüche sind dann jedoch aus jedem Rechtsgrund ausgeschlossen, außer bei Vorsatz des Erwerbers.

---

590 BGH, 06.02.2009 – V ZR 130/08, ZNotP 2009, 269 Rn. 7; *Berger*, ZNotP 2009, 263, 265.

4. Wegfall nicht ortsbezogener Leistungspflichten?

Ein Wegfall oder eine Kürzung von Leistungen, die nicht **ihrer Natur nach** »ortsgebunden« sind, für den Fall der auswärtigen Unterbringung des Veräußerers dürfte jedoch unzulässig sein,[591] sofern nicht gewichtige, in der Urkunde darzustellende Gründe die naheliegende Vermutung der Absicht einer Schädigung des Sozialträgers entkräften. Hierunter fallen z.B. Klauseln, wonach Geldrenten bei Wegzug entfallen oder gekürzt werden sollen. Anders als bei den nunmehr auch aus Sicht des BGH (Rdn. 1862) unproblematischen Wegzugsklauseln, die eine Qualitätsänderung von persönlichen Dienstleistungspflichten in Geldzahlungspflichten verhindern sollen, werden hier identisch bleibende (wenn auch vertraglich geschaffene) Ansprüche ähnlich einem Unterhaltsverzicht limitiert.[592]

1672

VI. Regelungen im Verhältnis zu weichenden Geschwistern

Geschwister des Erwerbers wünschen – insb. wenn sie (sei es auch nur gegenständlich beschränkt) auf Pflichtteilsansprüche verzichtet haben – eine Absicherung gegen die Inanspruchnahme aus der Überleitung gesetzlicher Unterhaltsansprüche durch die Träger nachrangiger Sozialleistungen. Mögen auch diesbezügliche Befürchtungen im Hinblick auf die oben (Rdn. 904 ff., 951 ff.) dargestellten Einkommens- und Vermögensfreigrenzen häufig an Gewicht verlieren, besteht gleichwohl Anlass zu folgenden Überlegungen:

1673

1. Schaffung eigener Forderungsrechte

So kann bspw. mit den Beteiligten geprüft werden, ob ihre Stellung durch Zuerkennung eines **eigenen Forderungsrechts gegen den Erwerber gem. § 328 BGB gestärkt** werden soll, so dass sie notfalls gerichtlich (oder aus der in der Urkunde zu erklärenden Zwangsvollstreckungsunterwerfung)[593] die Minimierung der verbleibenden »Bedarfslücke« erzwingen können und die Regelungen nicht mehr ohne Mitwirkung des weichenden Geschwisters aufgehoben oder reduziert werden können. Damit werden zugleich die Probleme umgangen, die im Fall einer Abtretung der (nicht erfüllten) Leibgedingsansprüche an einen Angehörigen entstehen können, insb. im Hinblick auf das aus der beschränkten Pfändbarkeit (§ 850b Abs. 1 Nr. 3 ZPO) erwachsende Abtretungsverbot (§ 400 BGB).[594] Es kann die folgende Formulierung im Anschluss an die Gesamtdarstellung der Gegenleistungen gewählt werden:

1674

▶ Formulierungsvorschlag: Forderungsrechte weichender Geschwister

Jedes Geschwister hat einen eigenen Anspruch auf Erbringung der vorstehenden Leistungen an den Veräußerer. Es handelt sich um eine Vereinbarung i.S.d. § 328 BGB.

1675

2. Freistellungsvereinbarungen

I.Ü. sind **schuldrechtliche Freistellungsverpflichtungen**, ggf. quotal oder betragsmäßig auf den unentgeltlich gebliebenen Teil der Zuwendung begrenzt, häufig und – bei entsprechender Belehrung – **erwägenswert**. Sehr weitreichend könnte diese etwa wie folgt formuliert werden:[595]

1676

---

591 Ebenso *Mayer*, DNotZ 2008, 673, 684.
592 A.A. *Berger*, ZNotP 2009, 263, 266, der jedoch konzediert, dass »bei der Vertragsgestaltung ein unsicheres Gefühl bleibt«.
593 *Wolfsteiner*, Die vollstreckbare Urkunde, Rn. 24.5.
594 BGH, 04.12.2009 – V ZR 9/09, ZEV 2010, 91 (kein Abtretungsverbot aus § 399, 1. Alt. BGB, da weder Inhaltsänderung eintritt noch höchstpersönliche Natur vorliegt). Einziehungsermächtigung zur Leistung an den Leibgedingsberechtigten ist jedoch stets möglich.
595 Vgl. hierzu auch *Waldner-Cedzich/Ott*, MittBayNot 1988, 65, sowie umfassend *J. Mayer*, ZEV 2007, 149 ff.

▶ **Formulierungsvorschlag: Allgemeiner Freistellungsanspruch unter Geschwistern**

1677 Sollten Geschwister zur gesetzlichen Unterhaltsleistung gegenüber den gemeinsamen Eltern oder gem. § 528 BGB zur Rückabwicklung von Zuwendungen (etwa Abstandsgeldern) herangezogen werden, die sie aus Anlass dieser Übertragung erhalten haben, hat sie der Erwerber hiervon insgesamt (*Anm.: ggf. alternativ: zur Hälfte o.ä.*) freizustellen.

Zur Absicherung dieser Verpflichtung vereinbaren die Beteiligten ..... (*Anm.: Es folgt eine der in Rdn. 1690 ff. erläuterten Varianten*).

1678 **Kostenrechtlich** ist diese Freistellungsverpflichtung i.R.d. vom Übernehmer geschuldeten Gegenleistung in Ansatz zu bringen.[596] Schenkung**steuerlich** handelt es sich bei diesem auch dem Veräußerer ggü. abgegebenen Zahlungsversprechen um eine bedingte, also erst bei ihrem Eintritt zu berücksichtigende Leistungsauflage (Rdn. 4866 ff.); ertragsteuerlich liegt ein Entgeltelement vor[597] (ähnlich unmittelbaren Gleichstellungsgeldern ggü. Geschwistern, Rdn. 6239 ff.). **Zivilrechtlich** führt bereits die Bereitschaft zur Erstattung zu einer Minderung der Unentgeltlichkeit (allerdings nur in Höhe eines nach dem Grad der Wahrscheinlichkeit und der Höhe der Ausgleichsleistung zu schätzenden Umfangs).

▶ **Formulierungsvorschlag (Alternative): Begrenzter Freistellungsanspruch unter Geschwistern**

1679 Sollten Geschwister zur gesetzlichen Unterhaltsleistung gegenüber den gemeinsamen Eltern oder gem. § 528 BGB zur Rückabwicklung von Zuwendungen (etwa Abstandsgeldern) herangezogen werden, die sie aus Anlass dieser Übertragung erhalten haben, hat sie der Erwerber hiervon freizustellen, und zwar je Geschwister bis zu einem Betrag, der einem ..... tel des Werts der heutigen Zuwendung entspricht. Diesen beziffern die Beteiligten übereinstimmend auf ..... €.

Zur Absicherung dieser Verpflichtung vereinbaren die Beteiligten ..... (*Anm.: Es folgt eine der in Rdn. 1690 ff. erläuterten Varianten*).

1680 Hier wird dem Willen der Beteiligten entsprechend regelmäßig der **Anteil des Geschwisters bei gesetzlicher Erbfolge** unter den Abkömmlingen (bei drei Geschwistern also ein Drittel) bzw. der entsprechende Geldbetrag einzusetzen sein. Hierzu hat *Rastätter*[598] zusätzlich die Möglichkeit einer Haftungsfreistellung nach Quoten ins Spiel gebracht, wobei die Quoten jedoch bei Änderung der Geschäftsgrundlage der Anpassung unterliegen sollen. Diese Lösung wird jedoch allenfalls bei zusätzlicher Vereinbarung einer Schiedsgutachterklausel in Betracht kommen.

1681 Die vorstehend erläuterten Freistellungsansprüche sind, wenn auch am ursprünglichen Schenkungsanteil bemessen, **auf Zahlung von Geld** gerichtet und damit nicht begrenzt auf den Zuwachs an Leistungsfähigkeit, der dem Erwerber aufgrund der Zuwendung im Zeitpunkt seiner Ausgleichspflicht noch verbleibt (»Geld hat man zu haben«). Sie bestehen daher z.B. auch fort, wenn das übertragene Objekt unverschuldet (und unversichert) einem Elementarschaden zum Opfer gefallen sein sollte. Dieses Risiko lässt sich abfedern, indem auf den Freistellungsanspruch §§ 818 ff. BGB Anwendung finden sollen. Tritt Entreicherung beim Erwerber ein, solange er noch gutgläubig ist (§ 818 Abs. 3 BGB), und ohne dass ein Surrogat dafür zufließen würde (§ 818 Abs. 1 BGB) oder der Gegenstand unentgeltlich weitergereicht wurde (§ 822 BGB),[599] wird der Erwerber frei, und es gelten wieder die unmittelbaren gesetzlichen Unterhalts- und Schenkungsrückgabepflichten ggü. den Eltern. Allerdings ist zuzugeben, dass diese Regelung (wie

---

596 Mit *Mayer/Geck,* Der Übergabevertrag, § 3 Rn. 263 wird, wie bei bedingten Nachabfindungsvereinbarungen, 10 % des Bezugswertes angemessen sein.
597 Vgl. BMF-Schreiben zur vorweggenommenen Erbfolge v. 13.01.1993, BStBl. 1993 I, S. 80 Tz. 7 ff. (dto bei Betriebsvermögen: Tz. 24 ff.).
598 *Rastätter,* ZEV 1996, 288 f.
599 Vertraglich muss dann der Verschenkende in der Haftung bleiben, da eine unmittelbare, dem § 822 BGB entsprechende, Verpflichtung des Dritten (Beschenkten) nicht zu dessen Lasten geschaffen werden kann.

§§ 818 ff. BGB allgemein) den Verschwender begünstigen (Weltreise in gutem Glauben![600]). Dennoch hierzu der folgende

▶ **Formulierungsvorschlag: Begrenzter Freistellungsanspruch unter Geschwistern, mit Entreicherungseinwand**

Sollten Geschwister zur gesetzlichen Unterhaltsleistung gegenüber den gemeinsamen Eltern oder gem. § 528 BGB zur Rückabwicklung von Zuwendungen (etwa Abstandsgeldern) herangezogen werden, die sie aus Anlass dieser Übertragung erhalten haben, hat sie der Erwerber hiervon freizustellen, und zwar je Geschwister bis zu einem Betrag, der einem ..... tel des Werts der heutigen Zuwendung entspricht. Diesen beziffern die Beteiligten übereinstimmend auf ..... €. 1682

Soweit die heutige Zuwendung bei Fälligkeit der Freistellungsverpflichtung nicht mehr beim Erwerber vorhanden ist, haftet er lediglich begrenzt in entsprechender Anwendung der §§ 818 ff. BGB auf den entsprechenden Anteil am noch Vorhandenen. Auf eine unentgeltliche Weitergabe des Erworbenen sowie auf Entreicherung nach Eintritt der Bösgläubigkeit kann er sich also nicht berufen, ebenso haftet er mit dem Anteil ihm etwa zugeflossener Ersatzleistungen (Kaufpreis, Versicherungssumme etc.).

Zur Absicherung dieser Verpflichtung vereinbaren die Beteiligten ..... (*Anm.: Es folgt eine der in Rdn. 1690 ff. erläuterten Varianten*).

Eine der Höhe nach begrenzte, sich jedoch für jedes seit der Zuwendung regressfrei verstrichene Jahr abbauende Freistellungsverpflichtung sieht *Weyland*[601] vor – wobei die jährlich reduzierende Ausgleichspflicht wertungsmäßig nur dann gerechtfertigt ist, wenn der Erwerber in der Zwischenzeit auch Versorgungsleistungen an den Veräußerer erbracht hat[602] –: 1683

▶ **Formulierungsvorschlag: Freistellung unter Geschwistern hinsichtlich des Elternunterhalts**

1. Der Erwerber verpflichtet sich gegenüber dem Veräußerer (unmittelbar gegenüber den Geschwistern, soweit diese am Vertragsschluss beteiligt sind), seine Geschwister A, B und C im Innenverhältnis von deren gesetzlichen Unterhaltspflicht gegenüber dem Veräußerer freizustellen. 1684
2. Der Freistellungsanspruch ist der Höhe nach begrenzt.

(*Formulierungsalternative:*

1. auf den Verkehrswert des übergebenen Grundbesitzes zum heutigen Tag, den die Beteiligten im Innenverhältnis verbindlich mit ..... € festsetzen. Die Freistellungsverpflichtung reduziert sich für jedes volle Jahr gerechnet ab dem heutigen Tag, in dem der Veräußerer auf dem übergebenen Grundbesitz gelebt hat, ohne dass die Geschwister A, B oder C zu Unterhaltszahlungen herangezogen worden sind, um .....%.

2. Die Freistellungsverpflichtung endet, wenn der Erwerber an den Veräußerer Unterhaltsleistungen erbracht hat, die insgesamt den Betrag von ..... € übersteigen (u.U. mit Wertsicherungsklausel)/die insgesamt .....% des Verkehrswerts des übergebenen Grundbesitzes zum Zeitpunkt der auswärtigen Unterbringung des Veräußerers übersteigen.)

3. Durch diese Vereinbarung erlangen (die nicht am Vertragsschluss beteiligten Geschwister) einen unmittelbaren Anspruch gegenüber dem Erwerber gem. § 328 BGB.

4. Zur Absicherung dieser Verpflichtung vereinbaren die Beteiligten ..... (Anm.: Es folgt eine der in Rdn. 1690 ff. erläuterten Varianten).

---

600 Einwand von *Mayer/Geck*, Der Übergabevertrag, § 3 Rn. 258.
601 MittRhNotK 1997, 75.
602 Sofern nur Pflegeleistungen, also bedingte Leistungen, zur Versorgung der Eltern zu erbringen sind (vgl. *Mayer/Geck*, Der Übergabevertrag, § 3 Rn. 257) wäre in Nr. 1 der Alternative zu formulieren »... auf dem Grundbesitz gelebt hat und mindestens pflegebedürftig i.S.d. Pflegegrades 2 war, ohne dass ...«.

▶ Hinweis:

1685 Wie alle auf ungewisse Zeit schwebenden Verpflichtungen[603] sind Freistellungsvereinbarungen unter Geschwistern, worauf der Notar in der Beratung hinweisen sollte, immanent problematisch:

Schwierig erscheint bspw. die Berücksichtigung von Zuwendungen, welche die weichenden Geschwister bereits in der Vergangenheit erhalten haben oder aber erst nach der Grundstückszuwendung erhalten werden.

Aus Sicht des Erwerbers wird als problematisch empfunden werden, dass er häufig auf die erhaltene Immobilie erhebliche Verwendungen tätigt, möglicherweise auch im Interesse des Veräußerers (Verbesserung der Wohnqualität) und sich dadurch finanziell erschöpft, gleichwohl aber den Geschwistern ggü., die ihr liquides Einkommen nach freiem Gutdünken nutzen und ggf. Rücklagen bilden konnten, zum Ausgleich verpflichtet sein soll.

Schließlich ist zu bedenken, dass eine unmittelbare Inanspruchnahme der Geschwister aus bürgerlich-rechtlichem Unterhalt erst dann in Betracht kommt, wenn der vorrangige Rückgriffsanspruch gegen den Beschenkten aus § 528 BGB (wegen Fristablaufs, Entreicherung oder eigener Bedürftigkeit) nicht zum Tragen kam oder aber bereits vollständig geltend gemacht wurde und noch immer eine Unterhaltslücke besteht. Insb. in letzterem Fall, aber auch im Fall der Einrede des § 529 Abs. 2 (eigene Bedürftigkeit) und (in abgeschwächtem Maß) der Entreicherung (§ 818 Abs. 3 BGB) erscheint es wertungsmäßig problematisch, den Erwerber gleichwohl weiterhin zum Innenausgleich zu verpflichten.

1686 Verwandt sind schließlich Sachverhalte, in denen ein an sich als Alterssicherungsvermögen vorgesehenes Objekt entgegen ursprünglicher Planung doch bereits zu Lebzeiten übergeht, der Veräußerer jedoch weiteres Vermögen besitzt, das zur Vermeidung eines Sozialleistungsbedarfs vorrangig eingesetzt werden muss, aber nicht soll: Hier ist z.B. zu erwägen, dass der Grundstückserwerber sich gegenüber dem Veräußerer (und ggf. dessen anderen Angehörigen als Versprechensempfängern, gerichtet auf Leistung an den Veräußerer) verpflichtet, bei Erschöpfung dessen liquiden Einkommens den angemessenen Bedarf in dem Umfang zu decken, in dem er, der Erwerber, gem. §§ 528, 529 BGB herangezogen würde (Wertersatz!), wenn der Veräußerer kein weiteres verwertbares Vermögen mehr hätte (er muss sich also zugunsten des Veräußerers so behandeln lassen, als ob § 528 BGB zu seinen Lasten anwendbar wäre).

3. Vereinbarungen zur Konkurrenz mehrerer Beschenkter

1687 In die vertragliche Festlegung der Ausgleichsquoten können nicht nur mehrere gleichzeitig beschenkte Geschwister, sondern auch nachrangig beschenkte einbezogen werden, so dass eine vertragliche Abänderung des § 528 Abs. 2 BGB erfolgt. Diese kann auch dergestalt stattfinden, dass die festgelegte Verteilung der Lasten im Innenverhältnis unabhängig davon gelten soll, ob zum Zeitpunkt der Inanspruchnahme beim jeweiligen Beschenkten noch eine entsprechende Bereicherung vorliegt, und ob dem Zuwendungsempfänger im Außenverhältnis eine Einwendung oder Einrede gegen den Anspruch etwa gem. § 529 BGB zusteht. Er wäre dann, auch wenn er sich im Außenverhältnis auf diese Einwendung oder Einrede berufen kann (z.B. Wegfall der Bereicherung gem. § 818 Abs. 3 BGB, eigene Bedürftigkeit gem. § 529 Abs. 1, 3. Alt. BGB), im Innenverhältnis weiterhin zum Ausgleich, ggf. aus eigenem sonstigen Vermögen, verpflichtet. Zugleich würde die u.U. nur zufällig eingetretene zeitliche und damit auch rechtliche Nachrangigkeit von Schenkungen zu verschiedenen Zeitpunkten dadurch nivelliert. Auch nach Ablauf von 10 Jahren wäre allerdings der begünstigte Geschwisterteil noch zum Innenausgleich verpflichtet.

---

603 Daher votieren die Bauernverbände in der Übergabeberatung grds. gegen Freistellungsverpflichtungen, worauf *Mayer/Geck*, Der Übergabevertrag, § 3 Rn. 268 hinweist.

Rundel[604] schlägt hierzu folgende Formulierung vor:

▶ **Formulierungsvorschlag: Geschwisterabrede zur Verteilung der »Soziallast der Eltern« nach festen Quoten:**

Die Vertragsparteien stellen übereinstimmend fest, dass der Veräußerer seinen Kindern folgende Vermögenswerte – sei es auch zu unterschiedlichen Zeitpunkten – zugewendet hat:
- dem Sohn A im Gesamtbetrag von ..... €,
- der Tochter B im Gesamtbetrag von ..... €,
- dem Sohn C im Gesamtbetrag von ..... €.

Die Beschenkten vereinbaren, im Innenverhältnis die Last einer etwaigen Inanspruchnahme aus § 528 BGB untereinander sowie aus gesetzlichen Unterhaltspflichten im Verhältnis der oben festgestellten Werte mitzutragen. Es ist dabei unerheblich, ob zum Zeitpunkt der Inanspruchnahme bei dem jeweiligen Beschenkten noch eine entsprechende Bereicherung vorliegt und ob er sich im Außenverhältnis auf eine Einwendung oder Einrede berufen kann, etwas aus § 529 BGB. Die gesetzlichen Ansprüche des Veräußerers gegen seine Kinder bleiben hiervon unberührt.

Der Notar hat darauf hingewiesen, dass diese Vereinbarung ggf. anzupassen ist, wenn noch weitere Schenkungen vorgenommen werden.

4. Besicherung

Wird ein solcher schuldrechtlicher Freistellungsanspruch vereinbart, sollte der Notar stets das Thema seiner **Besicherung** ansprechen. Diese kann etwa bewirkt werden
(1) durch Bestellung einer Höchstbetragssicherungshypothek (oder einer Grundschuld mit Vinkulierung, also Bindung der Abtretung an die Zustimmung des Eigentümers, sowie sofortiger Kündigung gem. § 1193 Abs. 2 Satz 2 BGB) am übergebenen Besitz an aussichtsreicher Rangstelle und in ausreichender, zu schätzender Höhe, oder aber zumindest, zur Reduzierung der Grundbuchkosten für die Eintragung und Löschung, einer Vormerkung zur Sicherung des vertraglich vereinbarten Anspruchs auf Eintragung solcher Sicherheiten (0,5 statt 1,0 Gebühr für die Eintragung; 25€ Fixbetrag statt 0,5 Gebühr für die Löschung!);
(2) durch Stellung sonstiger Sicherheiten (die allerdings selten zur Verfügung stehen werden), etwa einer Bankbürgschaft, einer dinglichen Sicherung an anderem Grundbesitz, oder durch Verpfändung eines Depots
(3) oder aber durch Wegfall der »eigenen Leistung« des weichenden Geschwisters, nämlich des abgegebenen (oft gegenständlich beschränkten) Pflichtteilsverzichtes mit der Folge, dass (allerdings nur bei Sterbefällen vor Erreichen der Zeitschwelle des § 2325 Abs. 3 BGB, ohne Zeitgrenze bei Ausgleichspflichtteilsansprüchen nach § 2316 BGB) der Geldanspruch gegen den vorhandenen Nachlass oder, bei dessen Erschöpfung, nach § 2329 BGB gegen den Beschenkten eine »Entschädigung« offeriert. Mehrere Wege stehen hierfür zur Verfügung:
(a) Vereinbarung einer **auflösenden Bedingung**[605] **beim Pflichtteilsverzicht** dergestalt, dass eine über eine Bagatellgrenze[606] hinausgehende Inanspruchnahme des Verzichtenden für elterlichen Bedarf, der vom Verpflichteten nicht binnen kurz zu bemessender Zeit ausgeglichen wird, zu dessen Wegfall führt (allerdings behaftet mit dem Nachteil der »Pflichtteilsautomatik«, die z.B. bei drohendem Zugriff Dritter auf den Pflichtteilsanspruch [§ 93 SGB XII] nicht gewollt sein mag).
(b) Soll das Wiederentstehen des Pflichtteils(ergänzungs- oder ausgleichs)anspruchs von einer Willensentscheidung des weichenden, zur Unterhaltslast der Eltern herangezogenen Geschwisters abhängig sein, kann Letzterem ein Recht zum Rücktritt von dem Kausalgeschäft, das dem abstrakten Pflichtteilsverzichtsvertrag zugrunde liegt, eingeräumt werden. Der abs-

---

604 *Rundel*, MittBayNot 2003, 185.
605 Diese ist jedenfalls beim reinen Pflichtteils- (nicht Erb-)verzicht zulässig, vgl. Staudinger/*Schotten*, BGB, § 2346 Rn. 54, 153.
606 Die auf jeden Fall unter der Höhe des etwa gewährten Gleichstellungsgeldes liegen wird.

trakte Verzicht ist dann seinerseits durch die Ausübung dieses Rücktrittsrechts auflösend bedingt.[607]

1692 Es dürfte zur Abmilderung des »Alles oder Nichts« eines solchen wiederentstandenen Pflichtteilsanspruchs beitragen, die an das betreffende weichende Geschwister geflossenen/fließenden Gleichstellungsgelder auf die Pflichtteilshöhe anzurechnen (bedingte Vereinbarung der Rechtsfolgen des § 2315 BGB, die sonst durch einseitige Anordnung bei der Zuwendung erzielt werden), ohne dass jedoch etwa übersteigende Gleichstellungsgelder zurückzuzahlen wären.

Im Verbund mit der Vereinbarung gem. § 328 BGB wird durch die Wahl einer oder mehrerer dieser Besicherungsvarianten die Bereitschaft des Verpflichteten zu Natural-(Pflege-)leistungen oder zur finanziellen »Deckungszusage« deutlich angehoben werden.

1693 Formulierungsvorschlag für einen solche unter dem Vorbehalt des Rücktritts bei sozialrechtlicher Inanspruchnahme stehenden Pflichtteilsverzicht:[608]

▶ **Formulierungsvorschlag: Rücktrittsvorbehalt beim Pflichtteilsverzicht zur Absicherung einer Freistellungspflicht unter Geschwistern**

1694 Der auf seinen Pflichtteil Verzichtende behält sich das Recht vor, von dem diesem Verzicht zugrundeliegenden Kausalgeschäft zurückzutreten, wenn
– er von einem Sozialfürsorgeträger mit einem Betrag von mehr als ..... € in Anspruch genommen wird für Leistungen, die den Eltern der Vertragsteile (etwa als Folge der Pflegebedürftigkeit) erbracht wurden, und
– der Erwerber diesen Betrag nicht binnen eines Monats nach Aufforderung erstattet hat.

Der Rücktritt ist mittels eingeschriebenen Briefs gegenüber Veräußerer und Erwerber zu erklären. Mit der Erklärung des Rücktritts entfällt der vom zurücktretenden weichenden Geschwister erklärte Pflichtteilsverzicht, der unter einer entsprechenden auflösenden Bedingung steht. Die bis dahin an den Verzichtenden erbrachten Abfindungsleistungen sind aber nach § 2315 BGB auf seinen Pflichtteil anzurechnen; liegen sie über dem tatsächlichen Pflichtteilsanspruch des Verzichtenden, hat er sie insoweit nach Eintritt des Erbfalls unverzinst in den Nachlass rückzuerstatten. Ein solcher Rücktritt lässt die übrigen Vereinbarungen in dieser Urkunde unberührt, insbesondere die Pflichtteilsverzichte durch und Abfindungsleistungen an andere Geschwister des Erwerbers.

VII. Regelungen zur Ausübung des Sozialleistungsbezugs

1695 Kautelarjuristisch erwägenswert sind insb. **Bestimmungen zur Frage der Weiterleitung von Geldleistungen**, welche dem Hilfeempfänger als Anreiz zur Sicherstellung und Motivierung häuslicher Pflegepersonen gewährt werden (z.B. Geldleistung bei Schwerpflegebedürftigkeit gem. § 38 SGB V sowie Pflegegelder nach § 64 SGB XII, Rdn. 1182, und § 37 SGB XI, Rdn. 1247). Hier sollte durchaus überlegt werden,[609] diese Geldbeträge der konkret pflegenden Person (im Regelfall die Ehefrau des Erwerbers) zuzusprechen.[610] Fehlen solche Abreden, dürfte sich eine Pflicht zur Weiterleitung kaum aus ergänzender Vertragsauslegung oder gar aus einer gem. § 313 BGB erzwingbaren Vertragsänderung ergeben.[611]

---

607 *J. Mayer*, ZEV 2007; 150 f.
608 Nach *J. Mayer/Geck*, Intensivkurs Überlassungsvertrag (DAI-Skript Mai 2007), S. 170.
609 Zurückhaltend jedoch *Mayer/Geck*, Der Übergabevertrag, § 6 Rn. 37 ff.
610 Die weitergeleiteten Beträge sind auch bei ihr steuerfrei (vgl. § 3 Nr. 36 EStG); ähnlich § 3 Nr. 1 (Leistungen nach SGB V) bzw. Nr. 11 (Leistungen nach dem SGB XII) EStG. Zu Sonderfragen bei der Zahlung privaten Pflegegeldes für die Versorgung minderjähriger Kinder vgl. den Erlass des FinMin Mecklenburg-Vorpommern, DB 1992, 918 f.
611 DNotI-Gutachten 99160 v. 19.01.2010.

▶ **Formulierungsvorschlag: Regelung zur Auskehr des Pflegegeldes**

Soweit dem Veräußerer künftig wegen Pflegebedürftigkeit Geldleistungen nach sozialrechtlichen Vorschriften oder aus Versicherungsverträgen zustehen, kann die Übernahme derjenigen Pflege, für welche diese Geldleistung gewährt wird, davon abhängig gemacht werden, dass der Anspruch auf Auszahlung des Betrags insoweit an die pflegende Person abgetreten wird bzw. dieser Betrag an sie ausgekehrt wird.

1696

Durch diese Regelung wird vermieden, dass etwa Geldleistungen für Schwerpflegebedürftigkeit vereinnahmt werden, ohne dass die entsprechende Pflegeleistung durch den Empfänger erbracht wird.[612]

Festlegungen zur **Ausübung von Gläubigerwahlrechten** (z.B. i.R.d. PflegeVG zwischen Pflegesachleistung, Pflegegeld oder Kombinationsleistung, §§ 36 bis 38 PflegeVG) übersteigen wohl regelmäßig den Rahmen vertraglicher Gestaltungsmöglichkeiten. Es ist ex ante kaum zu ermitteln, welche Variante dem Wohl des künftig Pflegebedürftigen unter Berücksichtigung der berechtigten Interessen des Erwerbers eher entspricht. Mehr als eine Konsultationsverpflichtung des Veräußerers wird daher kaum denkbar sein, es sei denn, der Hausarzt des Veräußerers ist mit Zustimmung der Beteiligten bereit, im Konfliktfall die »Schiedsrichterrolle« zu übernehmen.

1697

Denkbar ist es jedoch, dem tatsächlich Pflegenden das Recht einzuräumen, zu bestimmen, in welchen Zeiträumen (etwa wegen Urlaubs) eine Ersatzpflegekraft gem. § 39 PflegeVG angefordert werden soll. Voraussetzung eines solchen Anspruchs ist jedoch – neben dem Vorliegen der Pflegebedürftigkeit gem. mind. Stufe I –, dass die Pflege mind. seit 12 Monaten erbracht wurde; die Aufwendungen der Pflegekasse dürfen 1.432,00 € im Kalenderjahr nicht überschreiten.

1698

Drei alternative, im folgenden Text zusammengefasste, Formulierungsvorschläge zur Ausübung der Leistungswahlrechte und zur Auskehr der Geldleistungen hat *Weyland*[613] unterbreitet:

1699

▶ **Formulierungsvorschlag: Ausübung der Leistungswahlrechte bei Pflege (ausführlich)**

§ .....

Pflegesachleistungen, Pflegegeld

Der Veräußerer ist nicht verpflichtet, dem Erwerber die Beträge zuzuwenden, die er gemäß den Bestimmungen des SGB XI in der jeweils gültigen Fassung von der Pflegeversicherung erhält. Ebenso wenig wird das Wahlrecht des Veräußerers zwischen Pflegesachleistungen oder Inanspruchnahme von Pflegegeld im Verhältnis zum Erwerber eingeengt.

1700

(Formulierungsvarianten:

Der Veräußerer verpflichtet sich, dem Erwerber die Beträge zuzuwenden, die er gemäß den Bestimmungen des SGB XI in der jeweils gültigen Fassung von der Pflegeversicherung erhält. Dadurch wird das Recht des Veräußerers, die gesetzlich primär vorgesehenen Pflegesachleistungen in Anspruch zu nehmen, nicht eingeengt. Eine Verpflichtung zur Weiterleitung besteht demnach nur, wenn und soweit der Veräußerer gegenüber der Pflegeversicherung statt der Erbringung von Pflegesachleistungen die Zahlung des Pflegegeldes wählt.

oder

Der Veräußerer verpflichtet sich, vorrangig Sachleistungen nach dem SGB XI in der jeweils gültigen Fassung abzurufen. Die Pflegeverpflichtung entsteht in dem Umfang, in dem der Veräußerer objektiv der Pflege bedarf und der Pflegebedarf durch die Pflegesachleistungen nicht hinreichend abgedeckt ist.)

---

612 *Mayer*, ZEV 1995, 272, unterbreitet insoweit detaillierte Empfehlungen, etwa in Gestalt eines vertraglichen Zurückbehaltungsrechts.
613 *Weyland*, MittRhNotK 1997, 75.

VIII. Pflegedienstvertrag

1701 Pflegeleistungen können nicht nur im Zuge einer Immobilienübertragung als unentgeltlichkeitsmindernde »Gegenleistung« vereinbart sein, sondern auch Geld- oder Naturalzuwendungen (Wohnungsrechtsgewährung) rechtfertigen, i.S.e. auf Austausch bedachten »**Pflegevertrages**«.[614] Da sich die Betreuungs- und Fürsorgeleistung sowie die damit im Zusammenhang stehende »jederzeitige Dienstbereitschaft« einer objektiven Bewertung entziehen, haben die Beteiligten insoweit einen weiten Spielraum (»subjektive Äquivalenz«). Hierzu[615]

▶ Formulierungsvorschlag: Pflege- und Versorgungsvertrag

1702 **1. Sachverhalt; Kosten der Unterkunft**

Frau B wohnt seit ..... bei Frau A in deren Wohnung in ..... Frau A räumt ihr hiermit (zeitlich begrenzt lediglich durch die Vereinbarung unten 3.) das Recht ein, das separate Zimmer im 1. Obergeschoss ausschließlich, und die sonstigen Wohnräume der Wohnung samt Küche von Frau A mitbenutzen; Frau B hat ferner freien Umgang im Garten und kann die linke Garage ausschließlich nutzen. Die für das Zimmer der Frau B anfallenden Nebenkosten für Heizung, Strom, Wasser, Abwasser, Müllabfuhr, Schönheitsreparaturen und dergl. trägt Frau A.

2. Verpflichtung zur Erbringung von Dienstleistungen

Frau B verpflichtet sich, auch in Zukunft für Frau A in der nachstehend vereinbarten Weise zu sorgen:
a) Pflege: Frau A ist derzeit in Pflegegrad 2 eingruppiert. Die zu erbringende Pflege besteht in Hilfeleistungen in den Bereichen Grundpflege und hauswirtschaftlicher Versorgung.

Die Verrichtungen der Grundpflege umfassen die Teilbereiche
– Körperpflege: Hierzu gehören was Waschen, Duschen, Baden, die Zahnpflege, das Kämmen, Rasieren, die Darm- und/oder Blasenentleerung.
– Ernährung: Hierzu gehören die mundgerechte Zubereitung oder die Aufnahme der Nahrung. Das Kochen bzw. die Zubereitung von Speisen fällt nicht hierunter, gemeint sind z.B. das Kleinschneiden von Brot oder Fleisch und das Füttern oder die Gabe von Sonderkost.
– Mobilität: Hierzu gehören vor allem Hilfeleistungen beim Aufstehen und Zubettgehen einschließlich Umlagern im Bett, An- und Auskleiden, Gehen, Stehen, Transfer z.B. in einen Roll- oder Toilettenstuhl.

Zur hauswirtschaftlichen Versorgung gehören die Tätigkeiten Einkaufen, Kochen, Spülen, Reinigen der Wohnung, Beheizen der Wohnung sowie Wechseln und Waschen der Kleidung und Wäsche.

Frau B verpflichtet sich zur Übernahme der häuslichen Pflege von Frau A in Pflegegrad 2, im vorstehenden Umfang (Grundpflege und hauswirtschaftliche Versorgung) und erhält dafür das Pflegegeld (monatlich derzeit ... €) sowie eine monatliche Pauschalvergütung in Höhe von ..... €, solange Frau A in Pflegegrad 2 eingruppiert bleibt. Mit dieser Vergütung sind auch die verbundenen Sachaufwendungen (verschmutzte Kleidung etc.) sowie die mit der Pflegetätigkeit verbundene Freizeiteinbuße, berufsbedingte Nachteile, verringerte Altersvorsorgeleistungsfähigkeit etc. abgegolten.
b) Besorgungen: Frau B verpflichtet sich, sämtliche Nahrungsmittel einschließlich der Getränke, ebenso Hygieneartikel für Frau A bereitzustellen. Ferner hat Frau B auf Verlangen sonstige Gegenstände des täglichen Bedarfs, Kleidung, Bücher und Zeitschriften etc. zu beschaffen. Hierfür erhält Frau B eine Wegstreckenentschädigung von 30ct je zurückgelegtem Kilometer, jedoch keiner zusätzliche Zeitvergütung. Die Aufwendungen für Nahrungs- und Hygieneartikel selbst sind durch Frau A zu tragen.
c) Fahrdienste:. Frau B ist verpflichtet, Fahrten für Frau A zu erledigen (z.B. Arzt, Apotheke, Kirche, Behördengänge, usw.) und diese hierbei zu begleiten. Sie erhält hierfür die oben b) genannte Wegstreckenentschädigung sowie eine Stundenvergütung von ..... €.

---

614 Überblick bei *Harryers*, RNotZ 2013, 1 ff.
615 Orientiert an einem Regelungssachverhalt des Kollegen *Hubert Keller*, Leutkirch im Allgäu.

3. Leistungsverweigerungsrecht; Kündigung:

Frau B ist berechtigt, die Dienstleistung zu verweigern, wenn ihr diese im Sinne des § 275 Abs. 3 BGB nicht mehr zuzumuten ist, ebenso im Falle eigener Erkrankung. Sie kann die Betreuungsleistung für bis zu maximal vier Wochen im Jahr, die jeweils mindestens drei Monate vorher anzukündigen sind und Zeiträume von jeweils einer zusammenhängenden Woche nicht unterschreiten sollen, urlaubshalber unterbrechen; in diesem Fall trägt Frau A die Kosten der Ersatzbeschaffung der obigen Leistungen durch kommerzielle Pflege- und Betreuungsdienste bzw. der Unterbringung in einer stationären Kurzzeitpflegeeinrichtung.

Frau B ist von der weiteren Erbringung der Leistungen frei, wenn Frau A nach dem Urteil ihres Hausarztes aus medizinischen Gründen der Dauerbetreuung in einer stationären Einrichtung bedarf.

Darüber hinaus ist jeder Vertragsteil berechtigt, die Vereinbarung mit einer Frist von drei Monaten zum Quartalsende zu kündigen.

Mit Wirksamwerden der Kündigung, während der Geltendmachung eines Leistungsverweigerungsrechtes, und mit endgültigem Freiwerden von Pflichten aufgrund hausärztlichen Attestes oder durch das Ableben eines Beteiligten erlöschen die Zahlungspflichten gemäß Abschnitt 2.

Auch nach Erlöschen ihrer Leistungspflichten ist Frau B jedoch berechtigt, die Leistungen gemäß 1. (miet- und nebenkostenfreie Nutzung der oben beschriebenen Räumlichkeiten) für einen Zeitraum von weiteren drei Monaten zu nutzen; der Umgang außerhalb ihres Zimmers ist dann jedoch auf das Notwendigste zu beschränken.

1703 Fehlt es an einer ausdrücklichen Vergütungsvereinbarung, kann sich ein solcher Anspruch ggf. aus § 612 BGB ergeben, wenn »Dienstleistungen in Erwartung einer späteren Erbeinsetzung oder Zuwendung erbracht wurden und diese Erwartung fehlgeht«.[616] Maßgeblich für die Abgrenzung zwischen einem dabei vorausgesetzten »**faktischen Dienstvertrag**« und einem bloßen Gefälligkeitsverhältnis sind – nach den Umständen des Einzelfalls – die betroffenen Verkehrswerte, Art, Umfang und Dauer der Dienstleistung, Berufs- und Erwerbsverhältnis des Leistungserbringers und die Beziehung zwischen den Beteiligten. Langjährige Dienste, die in »fehlgeschlagener Vergütungserwartung« einer Beteiligung am Nachlass geleistet wurden, können einen Zahlungsanspruch gegen den Nachlass begründen (ca 10,00 DM/Std. für die Jahre 1983 bis 1990, 15,00 DM/Std. für die Jahre 1991 bis 2001, 10,00€/Std. für die Jahre 2002 bis 2004[617]).

1704 Bei der Prüfung, ob § 612 Abs. 1 BGB bei einer fehlgeschlagenen »Erbschaftserwartung« einen Vergütungsanspruch gewährt, legt die Rspr. einen **objektiven Maßstab** unter Berücksichtigung der Verkehrssitte, der Art des Umfangs und der Dauer der Dienstleistung und der Stellung der Beteiligten zueinander zugrunde, stellt also nicht auf die persönliche Auffassung ab. So hat bspw. das LAG Rheinland-Pfalz[618] der Ehefrau eines Neffen, die nicht allein aus Gefälligkeit oder verwandtschaftlicher Verbundenheit sich um die Tante ihres Ehemanns kümmerte, keinen Vergütungsanspruch zugesprochen für Leistungen wie »510 Minuten Kaffeeklatsch, 65 Minuten Einladung zu Weihnachten, 210 Minuten Geburtstagsbesuch mit selbstgebackenem Käsekuchen, 75 Minuten Gespräche über das Testament«.

1705 In seltenen Fällen mag sogar unter Angehörigen ein **Arbeitsverhältnis** im eigentlichen Sinne zur Erbringung von Pflegeleistungen begründet werden. Hierzu bedarf es einer Verpflichtung zur Leistung weisungsgebundener fremdbestimmter Arbeiten in persönlicher Abhängigkeit. Die Ver-

---

616 BAG, 24.06.1965 – 5 AZR 443/64, JurionRS 1965, 10134; vgl. *Dienstbühl*, ErbR 2009, 178 und *Trappe/Renners*, ZEV 2012, 301.
617 LAG Hessen, 07.09.2010 – 12 Sa 1817/08, ZEV 2011, 434, Berichtigung in ZEV 2011, 551 [geltend gemacht wurden 296.380,00€ Vergütung für 29.638 Stunden, 19.282,00€ Erstattung für 64.274 gefahrene km, und 127.270,00€ »Zinsschaden«; zugesprochen wurden 106.573,00€ als Stundenvergütung].
618 LAG Rheinland-Pfalz, 06.08.2015 – 5 Sa 123/15, ErbR 2016, 170 (nur Ls).

gütungshöhe (§ 612 BGB) braucht noch nicht zu Beginn des Arbeitsverhältnisses festzustehen; es genügt, dass der Dienstberechtigte in Kenntnis der Erwartung des Dienstverpflichteten, eine Vergütung zu erhalten, die Leistungen entgegennimmt.[619] Sofern es den Beteiligten auf die auch sozialrechtliche Absicherung des Pflegenden, ungeachtet der (Lohn-)Steuerpflicht der Bezüge, ankommt, mag ein solches Arbeitsverhältnis auch ausdrücklich vereinbart werden.

1706 Ist hingegen entscheidende Motivation des Leistungserbringers die zwischen nahen Angehörigen[620] »übliche Hilfeleistung« innerhalb einer Familie, wird es an einem solchen faktischen Dienstvertrag regelmäßig fehlen,[621] auch wenn dadurch der nahe Angehörige ggü. einem fremden Dritten schlechter gestellt ist. **Familienrechtliche Mitarbeitspflichten**[622] gem. §§ 1353, 1356 BGB (Ehegatten) bzw. §§ 1618a, 1619 BGB (Kinder) sind (in ihrem heute verbleibenden geringen Umfang) ohnehin unentgeltlich zu erbringen. Für einen Anspruch aus § 812 Abs. 1 Satz 2, 2. Alt. BGB schließlich bedarf es stets einer Zweckbestimmung, wonach der Leistungserbringer in (enttäuschter) Erwartung einer künftigen Zuwendung Leistungen erbracht haben muss, woran es regelmäßig ebenfalls fehlen wird;[623] gelingt freilich der Nachweis, dass eine bestimmte Entlohnung, z.B. die Erbeinsetzung, in Aussicht gestellt wurde,[624] beginnt die Verjährung des Anspruchs erst, wenn deren Ausbleiben endgültig feststeht. Die Schwierigkeiten, eine angemessene Entlohnung für v.a. umfangreiche Pflegeleistungen auf der Basis ausschließlich gesetzlicher Bestimmungen zu sichern, haben 2010 zu der (bisher noch nicht umgesetzten) Überlegung geführt, eine zwingende Berücksichtigung von Pflegeleistungen im Kreis gesetzlicher Erben i.R.d. Ausgleichung (§ 2057b BGB-E) einzuführen, vgl. Rdn. 1924.

1707 **Einkommensteuerlich** ist die »Weiterleitung« des Pflegegeldes an den pflegenden Angehörigen in dieser Höhe gem. § 3 Satz 1 Nr. 36 EStG steuerfrei (gleiches gilt in Bezug auf die Schenkungsteuer, vgl. § 13 Abs. 1 Nr. 9a ErbStG, Rdn. 4955); ebenso Aufwandsentschädigungen für die nebenamtliche Pflege bis zu 2.400 (vor 01.04.2013: 2.100) Euro/Jahr gem. § 3 Satz 1 Nr. 26 EStG. Dem pflegenden Angehörigen der hilflosen Person[625] steht ferner der Pflegepauschbetrag i.H.v. 924,00 € gem. § 33b Abs. 6 EStG zu. Überschreitet die Vergütung diese Sätze, handelt es sich grds.[626] um gem. § 22 Nr. 1 bzw. Nr. 3 EStG **steuerpflichtige sonstige wiederkehrende Bezüge**, sofern keine Einkünfte aus abhängiger Beschäftigung (§ 19 EStG) oder gar – bei nicht weisungsgebundener Tätigkeit – aus **Gewerbebetrieb** (§ 15 EStG)[627] vorliegen.

---

619 LAG Rheinland-Pfalz, 27.07.2011 – 11 Ta 145/11, ZEV 2011, 549 (zur Frage des Rechtsweges zu den Arbeitsgerichten; die Vergütung lag in der Erbeinsetzung).
620 In Anlehnung an § 7 Abs. 3 Pflegezeitgesetz (BGBl. 2008, I 874 ff.) handelt es sich jedenfalls um Großeltern, Eltern, Schwiegereltern, Ehegatten, Lebenspartner, Partner in einer eheähnlichen Gemeinschaft, Geschwister, Kinder, Adoptiv- oder Pflegekinder, Enkelkinder, Schwiegerkinder und die Kinder des Ehegatten oder Lebenspartners.
621 LG Heidelberg, 03.02.2009 – I O 148/07, zitiert nach *Dienstbühl*, ErbR 2009, 179.
622 Vgl. *Harryers*, RNotZ 2013, 1, 10 f.
623 OLG Oldenburg, ZEV 1999, 31, 33.
624 MünchKomm/*Schwab*, BGB § 812 Rn. 384; *Trappe/Renners*, ZEV 2012, 302.
625 Vgl. § 65 Abs. 2 EstDV: Ausweis i.S.d. SGB IX mit Kennzeichen »H«, Einstufung in Pflegestufe III = Pflegegrad 5, oder Bescheid der BVG-Behörde, vgl. BFH, 14.04.2015 – VI B 143/14, EStB 2015, 243.
626 Bei Pflege unter Angehörigen ohne vertragliche Grundlage verneint BFH, BStBl 1996 II 776 jedoch die Einkünfteerzielungsabsicht; ähnlich FG Rheinland-Pfalz, EFG 1999, 1123 bei der ganztägigen Betreuung eines Enkels durch die Großeltern gegen ein Entgelt von jährlich 4.000 DEM.
627 So FG Niedersachsen, 17.02.2011 – 10 K 258/10 bei der Pflege durch eine familienfremde Person aufgrund notariellen Vertrages als Gegenleistung für die Übertragung des Eigentums am Eigenheim unter Nießbrauchsvorbehalt (!).

C. Wart und Pflege　　　　　　　　　　　　　　　　　　　　　　　　　　　　　　Kapitel 4

Letzteres (also gewerbliche Einkünfte) hat der BFH z.B. angenommen[628] bei der vertraglich vereinbarten, sofort (und nicht nur potentiell) zu erbringenden Pflege in beziffertem Monatswert unter **nicht verwandten Beteiligten** als Leistung an den Veräußerer[629] im Gegenzug für die **Übertragung einer Immobilie**[630] mit der Folge, dass nach dem Zuflussprinzip im Jahr des Übertragungsvertrags eine Gewinnrealisierung eintrete bezüglich der bereits in der Vergangenheit erbrachten, im Vertrag als abgegolten bezeichneten Leistungen, sowie jeweils neu für jedes Jahr gewerbliche Einkünfte in Höhe des bezifferten Pflegeleistungswertes erzielt würden. Die Bezahlung erfolge anstelle einer Geldzahlung in Gestalt der (vorweg geleisteten) Immobilienübertragung, die mit jedem Jahr der Erbringung im Umfang der gewerblich erbrachten Pflegeleistungen stärker entgeltlich ausgestaltet werde.

1708

▶ Hinweis:

Schenkungsteuerlich führt jede im Zusammenhang mit einer Vermögenszuwendung aufgrund eingegangener Verpflichtung erbrachte (nicht nur für die Zukunft versprochene: Rdn. 4866) Pflegeleistung zu einer Reduzierung der Unentgeltlichkeit (und unterliegt daher bei anderen als Ehegatten bzw. Verwandten in gerader Linie der Grunderwerbsteuer).

1709

Ertragsteuerlich allerdings kann die Übertragung von Vermögen (anstelle wiederkehrender Geldleistungen) für vertraglich eingegangene Pflege- und Betreuungsverpflichtungen als Arbeitslohn i.S.d. § 19 EStG (bei weisungsgebundener, abhängiger Tätigkeit) bzw. als Einkünfte aus Gewerbebetrieb i.S.d § 15 EStG (bei weisungsfreier Gewährleistung eines Leistungserfolgs in freier Tätigkeit, Rdn. 1708) gewertet werden, hilfsweise können sonstige wiederkehrende Bezüge i.S.d. § 22 Nr. 1 oder 3 EStG vorliegen, soweit die steuerfreie Grenze des § 3 Satz 1 Nr. 36 EStG (weitergegebenes Pflegegeld) überschritten ist. Erfolgt das Pflegeversprechen unter Angehörigen, verneint die Finanzrechtsprechung i.d.R. die Einkünfteerzielungsabsicht (wenn nicht ein expliziter Pflegedienst- oder Arbeitsvertrag gegen Vergütung geschlossen wird, Rdn. 1701 ff.). Werden solche »privaten« Versorgungsleistungen im Zusammenhang mit Vermögensübertragungen erbracht, können sie (allerdings seit 2008 nur noch bei Betriebsvermögen, Rdn. 6362 ff.) beim Erbringer als Sonderausgaben gem. § 10 Abs. 1a Satz 1 Nr. 2 EStG ertragsteuerlich sogar abgezogen (!) werden, Rdn. 6422 ff., was aber dann (Korrespondenzprinzip) beim Bezieher der Pflegeleistungen zur Versteuerung gem. § 22 EStG führt.

Sofern eine Vergütung für die zu Lebzeiten zugunsten des Erblassers erbrachten (bzw., im Zeitpunkt der Testamentserrichtung, regelmäßig noch zu erbringenden) Pflegeleistungen nur **letztwillig geschuldet** sein soll (so dass keine pflichtteilsreduzierende Wirkung damit verbunden ist), empfiehlt sich der Rückgriff auf ein **Vermächtnis**, bei welchem die konkrete Person des Berechtigten (anders als bei der Erbeinsetzung: § 2065 Abs. 2 BGB[631]) gem. § 2151 BGB der Bestimmung eines Dritten überantwortet sein kann, sofern der Kreis der Bedachten zumindest potenziell abgegrenzt ist (andernfalls bedarf es einer Zweckauflage). Im Extremfall kann dieses Vermächtnis auch

1710

628　BFH, 20.03.2013 – X R 15/11, BeckRS 2013, 95757, vgl. *Mensch*, BWNotZ 2013, 156 f.; kritisch hierzu *Ruby/Schindler*, ZEV 2014, 27, 30 (in einem Fall, in dem die Gegenleistung in der Übertragung von Vermögen bestand).

629　Wertungsmäßig damit nicht vergleichbar ist die Übertragung einer Immobilie, die der Erwerber zuvor durch eigene Sach- und Geldaufwendungen errichtet oder verbessert hat (Verrechnung mit Geldersatzansprüchen gem. §§ 951, 812 BGB, Rdn. 6229 ff.: darin liegen keine Dienstleistungen an den Veräußerer).

630　Vgl. *Kieser*, ZErb 2014, 300, 303.

631　OLG Frankfurt/Main, NJW-RR 1992, 72; OLG München, 22.05.2013 – 31 Wx 55/13 [»wer sich bis zum Tode um mich kümmert«], ähnlich OLG Köln, 14.11.2016 – 2 Wx 536/16, ZErb 2017, 84 [»derjenige, der den zuletzt verstorbenen Ehegatten begleitet und gepflegt hat«], hierzu *Möller*, EE 2017, 92 ff.; vgl. *Zehentmeier*, NWB 2014, 1734 ff.

als Universalvermächtnis ausgestaltet sein; dem Erben (z.B. einer gemeinnützigen Organisation) verbleibt dann wirtschaftlich nichts mehr.[632] Hierzu[633]

▶ **Formulierungsvorschlag: Pflegevergütungsvermächtnis**

1711 Für den Fall, dass ich von einem oder mehreren meiner Abkömmlinge oder Schwiegerabkömmlinge häuslich gepflegt werde und/oder von diesen hauswirtschaftliche Verrichtungen erbracht werden (letztere allerdings nur, sofern sie durchschnittlich eine Stunde pro Woche überschreiten), ordne ich zugunsten des/der betreffenden Abkömmlings/Abkömmlinge ein Pflegevergütungsvermächtnis an. Es ist in Geld zu erbringen, und zwar in Höhe von 60 Prozent des Betrags, den ich für eine gleichwertige häusliche Pflege oder Versorgung unter Inanspruchnahme externer Dienstleister hätte entrichten müssen. Die Auswahl des Vermächtnisnehmers und die Festsetzung der Höhe des Vermächtnisses erfolgen gemäß §§ 2151, 2153 und 2155 BGB durch einen Testamentsvollstrecker, dessen Ermessensentscheidung gerichtlich nicht auf ihre Billigkeit überprüft werden kann. Hierfür benenne ich …; ersatzweise, also für den Fall, dass er vor oder nach der Annahme des Amts wegfällt, soll das Gericht einen geeigneten Nachfolger bestimmen. Der Vollstrecker erhält für seine Tätigkeit eine einmalige Vergütung von 500,00 € zuzüglich Umsatzsteuer zu Lasten des Nachlasses.

1712 Häufig wird im gemeinschaftlichen Testament die Schlusserbeinsetzung einer Person mit der (ausdrücklich geäußerten) Erwartung verknüpft, der Schlusserbe werde die Erblasser, soweit erforderlich, pflegen und betreuen. Erweist sich diese Annahme als irrig, kann eine Anfechtung gem. **§ 2078 Abs. 2, 1. Alt. BGB** erfolgreich sein; entscheidend ist dabei stets die Ermittlung des Erblassermotivs im Einzelfall (vgl. etwa für den Fall der Einsetzung eines Alleinerben für landwirtschaftliches Vermögen: war Motiv die – nicht eingetretene – aktive Fortführung der Landwirtschaft oder schlicht der Zusammenhalt der Hofstelle?[634]). Die Anfechtung scheitert jedoch, wenn für diesen Fall ein Änderungsvorbehalt eingeräumt ist;[635] dann kann allerdings die Anfechtung darauf gestützt werden, dass die Testierenden bei der Errichtung des gemeinschaftlichen Testaments vorausgesetzt haben, der Überlebende werde geistig noch in der Lage sein, ein Fehlgehen der Pflegeerwartung zu erfassen und von der eingeräumten Änderungsmöglichkeit auch tatsächlich Gebrauch zu machen.

In Österreich hat die Erbrechtsreform 2015/2017 übrigens ein gesetzliches Pflegevergütungsvermächtnis zugunsten nahestehender Personen geschaffen, § 667 ABGB n.F.[636]

IX. Naturalleistungen und hauswirtschaftliche Verrichtungen

1713 Den unmittelbaren Pflegegrundleistungen (also Leistungen an einer Person) verwandt sind die im Zusammenhang mit der Vermögensnachfolge vereinbarten Leistungen »für« eine Person (regelmäßig den Veräußerer und dessen Ehegatten bzw. diesem nahestehende Personen), also bspw. hauswirtschaftliche Verrichtungen oder Naturalleistungen. Sie waren früher, vor Einführung der landwirtschaftlichen Alterssicherung (ALG), insbesondere im Rahmen der Hofübergabe anzutreffen. Angesichts der heutigen Spezialisierung der Landwirtschaftsbetriebe, der zeitlichen Anforderungen an die Wirtschaftsführung durch den Betriebsinhaber und des Umstands, dass der Ehegatte des Erwerbers typischerweise außerhalb des Hofes arbeiten wird, führt das Vorhalten von Naturalleistungen oder die Teilhabe an Lebensmittelvorräten zu erheblicher Beschwer und spart

---

632 Vgl. *v. Dickhuth-Harrach*, Handbuch der Erbfolgegestaltung, § 28, Rn. 84.
633 In Anlehnung an *Tanck/Krug*, Anwaltformulare Testamente, § 14, Rn. 107.
634 Für Letzteres OLG München, 24.01.2017 – 31 Wx 234/16, ZErb 2017, 77 ff.
635 So im Fall OLG Jena, 14.01.2015 – W 76/14, EE 2015, 110 m. Anm. *Möller*.
636 Vgl. *Meusburger-Hammerer/Wittwer*, ErbR 2016, 542, 544 (unentgeltliche häusliche Pflege für mindestens sechs Monate in den letzten drei Lebensjahren durch nahe Angehörige oder Lebensgefährten; seit 2017 erfolgt »automatische« Abgeltung im Verlassenschaftverfahren). Allgemeine Übersicht zum österreichischen Erb- und Pflichtteilsrecht: *Maurer-Stroh/Roglmeier*, ZErb 2017, 10 ff. sowie *Umlauft/Oswald*, notar 2017, 43 ff. und *Wittwer*, ErbR 2017, 294 ff.

zudem wenig Kosten. Die auf vertraglicher Verpflichtung beruhende gemeinsame Einnahme der Mahlzeiten entspricht nicht mehr der sozialen Wirklichkeit; ein solches Miteinander im täglichen Ablauf kann sich unkomplizierter und flexibler außerhalb der juristischen Kategorien einstellen. Typisch waren z.B. folgende Vereinbarungen:

▶ **Formulierungsvorschlag: Verköstigungspflicht**

Der Erwerber verpflichtet sich, den Veräußerer auf Lebenszeit unentgeltlich am gemeinschaftlichen Tisch zu beköstigen, sobald diesem die eigene Zubereitung der Mahlzeiten nicht mehr möglich ist. Die Berechtigten können verlangen, dass ihnen Speise und Trank in ihre Wohnung gebracht wird. Im Krankheitsfalle ist ihnen Diät- oder Schonkost zu reichen. Die Kosten der Lebensmittel trägt der Erwerber. 1714

Die in früheren Zeiten einer umfassenden Nahrungsmittelversorgung »aus dem Hof selbst« üblichen Deputate (»zwei Eier täglich, wöchentlich ein Pfund Butter, eine Gans zu Martini …«) sind nicht mehr anzutreffen. Hierzu 1715

▶ **Formulierungsvorschlag: Besorgungspflichten**

Solange der Veräußerer einen eigenen Pkw hält, ist er zur Nutzung eines Pkw-Einstellplatzes unentgeltlich berechtigt. Sollte weder der Veräußerer noch dessen Ehegatte ein eigenes Kraftfahrzeug fahren können oder wollen, hat der Erwerber dem Veräußerer freie Fahrt zu Arzt, Zahnarzt, Apotheke und allen aus Krankheitsgründen erforderlichen Behandlungen, soweit diese Kosten nicht von dritten Stellen (etwa der gesetzlichen Krankenkasse) übernommen werden, zu gewähren, ebenso zu Besuchen bei Verwandten und Bekannten und bei eventuell notwendigen Behördengängen. Die Fahrdienste sind jedoch nicht zur Unzeit geschuldet und nicht, wenn sie den Betriebsablauf bzw. die Berufstätigkeit des Erwerbers wesentlich stören würden. Eine Vergütung für die Übernahme dieser Fahrdienste ist nicht geschuldet.

Der Veräußerer ist ferner zur freien Benutzung des Telefons (Festnetzanschluss) des Erwerbers berechtigt.

D. Leibgeding

I. Gesetzliche Bedeutung

Der Begriff[637] Leibgeding (oder Altenteil, Auszug, Leibzucht) hat **an vier verschiedenen Stellen im Gesetz Auswirkungen:** 1716

§ 49 GBO (zur erleichterten Grundbucheintragung)	»Werden Dienstbarkeiten und Reallasten als Leibgedinge, Leibzucht, Altenteil oder Auszug eingetragen, so bedarf es nicht der Bezeichnung der einzelnen Rechte, wenn auf die Eintragungsbewilligung Bezug genommen wird.«
§ 9 EGZVG (als Vollstreckungsprivileg – Fortbestehen auch außerhalb des geringsten Gebots –, sofern nach Landesrecht umgesetzt,[638] wobei allerdings bei Beeinträchtigung vorgehender Rechte ein Doppelausgebot zu erfolgen hat und in der Regel der Zuschlag zum Ausgebot ohne fortbestehendes Leibgedingsrecht erteilt werden wird[639]).	»Soweit ein nach Landesgesetz begründetes Recht an einem Grundstück, das nicht in einer Hypothek besteht, zur Wirksamkeit gegen Dritte der Eintragung nicht bedarf oder soweit eine Dienstbarkeit oder eine Reallast als Leibgedinge, Leibzucht, Altenteil oder Auszug eingetragen ist, bleibt das Recht nach Maßgabe des Landesgesetzes von der Zwangsversteigerung

---

637 Umfassend zu den Definitionsmerkmalen des Leibgedings *Wirich*, Das Leibgeding, Rn. 170 ff., der allerdings einen eigenen Begriff entwickelt; Überblick bei *Wirich*, ZErb 2009, 229 ff.
638 Dies ist in fast allen alten Bundesländern [außer Bremen und Hamburg] sowie in Thüringen der Fall. Teilweise erfolgt die Umsetzung allerdings nur reduziert, etwa in § 33 BW-AGGVG: Beschränkt auf Leibgedinge im Zusammenhang mit Immobilienübertragungen zu Lebzeiten und ohne Einschluss von Nießbrauchsrechten [vgl. *Wirich*, ZErb 2010, 159].
639 Hierzu BGH, 01.12.2011 – V ZB 186/11, ZfIR 2012, 369 m. Anm. *Alff*.

	unberührt, auch wenn es bei der Feststellung des geringsten Gebots nicht berücksichtigt ist. Das Erlöschen eines solchen Rechts ist auf Verlangen eines Beteiligten als Versteigerungsbedingung zu bestimmen, wenn durch das Fortbestehen ein dem Rechte vorgehendes oder gleichstehendes Recht des Beteiligten beeinträchtigt werden würde; die Zustimmung eines anderen Beteiligten ist nicht erforderlich.«
§ 96 EGBGB (als Fortbestehensklausel oder jetzt Öffnungsklausel für Landesrecht)	»*Unberührt bleiben die landesgesetzlichen Vorschriften über einen mit der Überlassung eines Grundstücks in Verbindung stehenden Leibgedings-, Leibzuchts-, Altenteils- oder Auszugsvertrag, soweit sie das sich aus dem Vertrag ergebende Schuldverhältnis für den Fall regeln, dass nicht besondere Vereinbarungen getroffen werden.«*
§ 850b Abs. 1 Nr. 3 ZPO (als Pfändungsschutz für fortlaufende Einkünfte)	»*Unpfändbar sind (...) fortlaufende Einkünfte, die ein Schuldner (...) aufgrund eines Altenteils oder Auszugsvertrags bezieht«*
§ 850b Abs. 2 ZPO	»*Diese Bezüge können nach den für Arbeitseinkommen geltenden Vorschriften gepfändet werden, wenn (...) Billigkeit entspricht.«*

II. Definition

1717 Der Begriff des Leibgedings ist **gesetzlich nirgends definiert**. Nach der Rechtsprechung ist das Leibgeding[640]
(1) ein der Versorgung des Berechtigten dienendes Recht (»sozialmotivierter Versorgungsvertrag«[641])
(2) bei dem Leistung und Gegenleistung wertmäßig nicht gegeneinander abgewogen sind[642]
(3) bei dem ferner nicht ausschließlich Geldleistungen, sondern zumindest auch Sachleistungen oder Dienstleistungen vereinbart sind und
(4) bei dem eine örtliche Bindung des Berechtigten zu dem Grundstück besteht, auf dem oder aus dem die Leistungen gewährt werden (Notwendigkeit dieses Merkmals zweifelhaft).[643]

1718 Besonders strittig ist, ob ein Leibgeding nur vorliegen kann, wenn eine die Existenz sichernde Wirtschaftseinheit übergeben wird. Der BGH[644] hat dies für die Anwendung des Art. 96 EGBGB[645] und für § 850b Abs. 1 Nr. 3 ZPO[646] bejaht, für die Anwendung des § 49 GBO verneint[647] und für die Anwendung des Vollstreckungsprivilegs gem. § 9 EGZVG bisher nicht entschieden[648] (es

---

640 Vgl. BGH, NJW 1994, 1158; BayObLG, DNotZ 1993, 603.
641 Auch eine GbR kann ein Leibgeding einräumen, wenn diese soziale Motivation bei allen Gesellschaftern der GbR gegenüber dem Begünstigten gegeben ist, KG, 23.09.2014 – 1 W 283/14, MittBayNot 2015, 218.
642 BGH, DNotZ 1982, 697.
643 Bejahend BayObLG, DNotZ 1975, 624; BayObLGZ 1994, 12.
644 BGH, DNotZ 1996, 636.
645 So dass bspw. ein Altenteil i.S.d. Art. 96 EGBGB nicht vorliegt, wenn der Übernehmer in den übergebenen Räumen seine Berufstätigkeit aufnimmt; die Existenzgrundlage muss vom Veräußerer bereits geschaffen worden sein (BGH, NotBZ 2003, 117).
646 BGH, 04.07.2007 – VII ZB 86/06, Rpfleger 2007, 614.
647 Ebenso OLG Frankfurt, 08.05.2012 – 20 W 425/11, NotBZ 2013, 56, 57.
648 Für dieses Kriterium i.R.d. EGZVG jedoch RGZ 162, 52 ff., und *Weyland*, MittRhNotK 1997, 71.

D. Leibgeding

existiert also ein zweigeteilter oder gar dreigeteilter Leibgedingsbegriff,[649] was den Ruf nach dogmatischer Vereinheitlichung lauter werden lässt).[650] Die Bezeichnung als »Leibgeding« im Grundbuch ist nicht erforderlich.[651]

Häufige, aber nicht begriffsnotwendige **Merkmale** sind[652] **1719**
(1) Bestellung auf Lebenszeit des Berechtigten oder Abstellen auf Umstände, welche die Versorgung des Berechtigten berühren, wie z.B. Heirat,
(2) verwandtschaftliche oder persönliche Beziehungen zwischen den Beteiligten,[653]
(3) Mehrheit von dinglichen Rechten.[654]

Fast alle »alten« Bundesländer mit Ausnahme von Hamburg und Bremen, ebenso Thüringen, haben von den Möglichkeiten des EGBGB und des EGZVG Gebrauch gemacht.

III. Grundbuchrecht

1. Eintragung

Auf bundesgesetzlicher Ebene bleibt die **Bedeutung des § 49 GBO** zu erörtern: **1720**

Die Bedeutung des § 49 GBO besteht in einer ggü. § 874 BGB **erweiterten Möglichkeit der Bezugnahme auf die Eintragungsbewilligung**. Es kann nicht nur wegen des näheren Inhalts des Rechts auf die Bewilligung Bezug genommen werden, sondern auch
(1) zur Bezeichnung der im Grundbuch als Leibgeding zusammengefassten Rechte selbst (»Sammelbezeichnung«)[655] – ein Einzelrecht, z.B. nur ein Nießbrauch, kann ohnehin nicht als »Leibgeding« gebucht werden[656] –
(2) zur Angabe von Bedingungen und Befristungen dieser Rechte,[657]
(3) zur Bezeichnung des Gemeinschaftsverhältnisses (§ 47 GBO) bei mehreren Berechtigten,[658]
(4) nach herrschender Meinung abweichend von § 48 GBO zur Angabe, auf welchen Grundstücken die als Leibgeding zusammengefassten Einzelrechte jeweils lasten.[659]

▶ **Hinweis:**

Was nach § 49 GBO bei der Grundbucheintragung entfallen darf, muss sich aber stets aus der Eintragungsbewilligung ergeben. Die Arbeit des Notars wird dadurch also nicht erleichtert! Außerdem besteht, wie dargestellt, wegen des »gespaltenen« Leibgedingsbegriffs keine Vorgreiflichkeit der Grundbucheintragung für das Bestehen eines materiell-rechtlichen Leibgedings i.S.d. § 96 EGBGB.[660] **1721**

Grunddienstbarkeiten, Grundpfandrechte oder das Dauerwohnrecht nach §§ 31 ff. WEG können nicht zum Bestandteil eines Leibgedings gemacht werden, da es an dem Charakter der höchstpersönlichen Versorgung des Berechtigten fehlt. Ein Nießbrauch am gesamten übergebenen **1722**

---

649 Hiergegen wendet sich mit Recht *J. Mayer*, DNotZ 1996, 622 ff.
650 Monografisch *Wirich*, Das Leibgeding, auch zu den Tücken der landesrechtlichen Bestimmungen für die Vertragsgestaltung.
651 BGH, DNotZ 1994, 883.
652 Vgl. OLG Frankfurt/Main, 08.05.2012 – 20 W 452/11, RPfleger 2012, 622.
653 Dafür: BayObLG, DNotZ 1993, 603; a.A. (auch Leibgeding unter Fremden denkbar) OLG Köln, DNotZ 1990, 514.
654 Nach LG Köln, NJW-RR 1997, 594 soll ein einzelnes Wohnungsrecht genügen, a.A. LG Duisburg, MittRhNotK 1989, 195.
655 Vgl. BGH, DNotZ 1994, 881.
656 OLG München, 03.02.2016 – 34 Wx 290/15, BeckRS 2016, 06136.
657 OLG Schleswig, SchlHAnz 1961, 196.
658 BGH, NJW 1979, 421.
659 Vgl. BGH, DNotZ 72, 487; a.A. *Eickmann*, in: Kuntze/Ertl/Herrmann/Eickmann, GBO, § 49 Rn. 6.
660 Vgl. *Wegmann*, in: Bauer/von Oefele, GBO, § 49 Rn. 42.

Grundbesitz oder auch an einem ideellen Bruchteil[661] steht einer Zusammenfassung als Leibgeding ebenfalls entgegen, da der Veräußerer dann seine Versorgung weiterhin selbst sicherstellt.

▶ **Formulierungsvorschlag: Eintragungsbewilligung für Leibgeding**

1723 Der Erwerber bestellt hiermit beiden Veräußerern als Gesamtberechtigten nach § 428 BGB für das Wohnungs- und Mitbenutzungsrecht gem. § ..... eine beschränkte persönliche Dienstbarkeit an FlNr. ..... Gemarkung ..... und zur Sicherung der wiederkehrenden Geldleistungen (dauernde Last) nach § ..... eine Reallast am selben Grundstück. Die Eintragung dieser Rechte in das Grundbuch unter der zusammenfassenden Bezeichnung als Leibgeding wird bewilligt und beantragt mit dem Vermerk, dass zur Löschung der Nachweis des Todes des jeweiligen Berechtigten genügt, was hiermit vereinbart wird.

Das Leibgeding erhält Rang nach .....

2. Löschung und Freigabe

1724 Die **Löschungserleichterungsklausel** ist möglich und notwendig, wenn einzelne im Leibgeding zusammengefasste dingliche Rechte beim Ableben des Begünstigten rückstandsbehaftet sein können (z.B. Zahlungspflichten oder Pflichten zur Erhaltung des vom Wohnungsrecht erfassten Grundbesitzes). Eine Löschungserleichterung kann dagegen nicht vereinbart werden, wenn auch solche Verpflichtungen in das Leibgeding einbezogen werden, die erst nach dem Tod zu erfüllen sind, etwa eine Verpflichtung zur Übernahme der Bestattungskosten und der Grabpflege[662] (es sei denn die Reallast als dingliches Recht wäre ausdrücklich nicht vererblich bestellt). Sie könnte zwar ebenfalls durch Reallast gesichert werden, was jedoch angesichts der Beeinträchtigung der Beleihungs- und Verkehrsfähigkeit des Grundbesitzes i.d.R. nicht gewünscht wird.

1725 Nicht verkannt werden darf, dass die (aus der Perspektive des Berechtigten stets zu empfehlende) grundbuchliche Sicherung des Leibgedings aus Sicht des Eigentümers eine ungebührliche Beschwer bewirken kann, wenn betriebswirtschaftlich notwendige Belastungen oder Veräußerungen dadurch blockiert werden,[663] etwa da der nicht mehr handlungsfähige (im Regelfall: demente[664]) Leibgedingsberechtigte keine **Vorsorgevollmacht** erteilt hat und der demnach für ihn bestellte Betreuer sich nicht, jedenfalls nicht ohne Kompensation, zur Freigabe oder Löschung in der Lage sieht. Häufig ist z.B. die Freigabe eines zu veräußernden Anwesens vom Leibgeding Zug um Zug gegen dessen Neueintragung am »Ersatzobjekt« (Verlegung des Leibgedings[665]). Als »kleine Lösung« bietet sich auch – bei mehreren Leibgedingsberechtigten – insoweit eine gegenseitige Verfügungsvollmacht (auch im Hinblick auf die Vormerkung zur Sicherung des bedingten Rückauflassungsanspruchs nach Ausübung des Rückforderungsrechts, Rdn. 2218) an:

▶ **Formulierungsvorschlag: Gegenseitige Verfügungsvollmacht bei mehreren Leibgedingsberechtigten**

1726 Die Eheleute ... und ..... als Leibgedingsberechtigte erteilen sich gegenseitig, je einzeln, befreit von § 181 BGB, über den Tod hinaus Vollmacht, Änderungen (auch Aufhebungen) der zugrundeliegenden Rechte sowie Löschungen, Freigaben und Rangrücktritte der zu deren Sicherung ein-

---

661 OLG München, 07.09.2016 – 34 Wx 227/16, ZEV 2017, 105 m. Anm. *Wegmann*.
662 OLG München, 10.08.2012 – 34 Wx 131/12, MittBayNot 2013, 225 m. Anm. *Reymann*, ebenso OLG München, 28.01.2013 – 34 Wx 329/12, NotBZ 2013, 113; auch keine Umdeutung der unzulässigen Löschungsklausel in Löschungsvollmacht, vgl. OLG Hamm, 17.06.2014 – I-15 W 33/14, NotBZ 2015, 271.
663 *Spernath*, MittBayNot 2012, 449 ff.
664 Mehr als 30 % der über 90 Jährigen sind dement, vgl. *Robert-Koch-Institut*, Gesundheitsberichterstattung des Bundes, Heft 28 [Altersdemenz], Nov 2005, S. 11 f. Im Jahr 2060 wird die Restlebenserwartung eines 60-jährigen Mannes noch 30 Jahre betragen, vgl. Statistisches Bundesamt, Sterbetafel 2060 [Wiesbaden 2009].
665 Hierzu Formulierungsvorschlag als Gesamtmuster bei *Mayer/Geck*, Der Übergabevertrag, § 8 Rn. 47 ff.

D. Leibgeding

getragenen Grundbuchrechte zu vereinbaren bzw. zu bewilligen, einschließlich der Erstreckung auf Ersatzhaftungsobjekte im Fall des Lastenaustausches. Die Vollmacht berechtigt auch dazu, die Zustimmung zu Vorgängen zu erteilen, deren zustimmungswidrige Vornahme sonst zur Rückforderung berechtigen würde, sowie vorbehaltene Rückforderungsrechte auszuüben bzw. nicht auszuüben. Untervollmacht kann erteilt werden.

1727 Eine aus § 242 BGB zu schöpfende **Verpflichtung zur Freigabe** sieht die Rechtsprechung[666] allenfalls im Ausnahmefall, insb.
(1) bei einer erheblichen Veränderung der wirtschaftlichen oder persönlichen Verhältnisse der Beteiligten,
(2) sofern der Eigentümer dringend Geldmittel benötigt und
(3) das Altenteilsrecht trotz Freigabe des zu veräußernden Grundstücks noch gesichert bleibt.

Vorzuziehen sind vertragliche Freigabe- bzw. Rücktrittspflichten:[667]

▶ Formulierungsvorschlag: Pflicht zur Freigabe bzw. zum Rangrücktritt des Leibgedings

1728 Die Berechtigten des Leibgedings verpflichten sich, Flächen von ihren Rechten – auch grundbuchlich – freizugeben bzw. hinter einzutragende Rechte zurückzutreten sowie der Veräußerung bzw. der Belastung zuzustimmen, wenn

(1) die beabsichtigte Verfügung (Veräußerung oder Belastung) den Regeln einer ordnungsgemäßen Wirtschaft entspricht und

(2) die dafür erlangten Mittel dem Betrieb zugute kommen bzw. für den Unterhalt, die Sanierung oder Errichtung von Gebäuden auf den mit dem Leibgeding belasteten Flächen verwendet werden und die verbleibende dingliche Sicherung der Leibgedingsrechte innerhalb einer Beleihungsgrenze von 80 % des Verkehrswerts der belasteten Grundstücksflächen verbleibt.

1729 Daneben sind **Löschungsvollmachten** in Betracht zu ziehen,[668] auch zum Abschluss eines zugrunde liegenden rechtsgeschäftlichen Erlassvertrages, in Bezug auf ortsgebundene Befugnisse, die dem Begünstigten etwa für den Fall dauernder Pflegeheimunterbringung keine materiellen Vorteile mehr verschaffen (vgl. zum Wohnungsrecht Rdn. 1198 ff.), bzw. in Bezug auf die Vormerkung, die den bedingten Rückauflassungsanspruch nach wirksamer Ausübung des Rückforderungsrechts sichert, sofern bei Heimunterbringung eine Belastung oder Veräußerung des Anwesens erfolgen soll (zur Löschungsvollmacht nach Ableben des Berechtigten vgl. Rdn. 2366). Solche Vollmachten können die gegenseitige Ehegattenvollmacht in Bezug auf solche Befugnisse, Rdn. 1726, ergänzen.

1730 Wird eine solche Vollmacht allerdings zugunsten anderer **Familienangehöriger** erteilt, steht zu befürchten, dass sie eher zur Erschwerung denn zur Erleichterung des Rechtsverkehrs beitragen, da sie beispielsweise weichenden Geschwistern, die sich im Nachhinein als zu gering abgefunden wähnen, Gelegenheit bieten, eine Veräußerung oder Belastung des übergebenen Grundbesitzes faktisch bis zum Ableben des Berechtigten zu »blockieren« bzw. von der Gewährung weiterer Gegenleistungen abhängig zu machen. Wurde die Vollmacht allerdings dem **Erwerber** erteilt, muss – im Innenverhältnis, also außerhalb des Prüfungsbereichs des Grundbuchamts – ihre Ausübung durch ein entsprechendes Auftragsverhältnis gebunden sein, um nicht »den Bock zum Gärtner zu machen«. Die Kriterien können dieselben sein, wie sie als auflösende Bedingung etwa beim Wohnungsrecht diskutiert werden, vgl. Rdn. 1198 ff. Sofern die korrekte Verwendung der Vollmacht im Innenverhältnis durch den Notar, zu dessen Urkunde die Freigabe/Löschung/Zustimmung zur Belastung erteilt wird, überprüft werden soll, muss er – zu seinem eigenen Schutz – auf einem

---

666 OLG Hamm, 22.09.2009 – 10 W 17/09, JurionRS 2009, 30497.
667 Vgl. *Hertel*, Aktuelle Probleme der notariellen Vertragsgestaltung im Immobilienrecht, 2012/2013, DAI, S. 175.
668 Vgl. auch *Spernath*, MittBayNot 2012, 449, 453.

festgelegten Wortlaut bestehen, ähnlich den Anweisungen zur Fertigung einer notariellen Eigenurkunde, vgl. Rdn. 1201 ff. Hierzu

▶ **Formulierungsvorschlag: Im Innenverhältnis gebundene Vollmacht an den Erwerber zur Verfügung über Leibgedingsrechte**

1731 Jeder Veräußerer erteilt dem Erwerber einzeln, befreit von § 181 BGB, über den Tod hinaus Vollmacht, Änderungen (auch Aufhebungen) der zugrundeliegenden Rechte sowie Löschungen, Freigaben und Rangrücktritte der zu deren Sicherung eingetragenen Grundbuchrechte zu vereinbaren bzw. zu bewilligen, einschließlich der Erstreckung auf Ersatzhaftungsobjekte im Fall des Lastenaustausches. Die Vollmacht berechtigt auch dazu, die Zustimmung zu Vorgängen zu erteilen, deren zustimmungswidrige Vornahme sonst zur Rückforderung berechtigen würde, sowie vorbehaltene Rückforderungsrechte auszuüben bzw. nicht auszuüben. Untervollmacht kann erteilt werden.

Die Vollmacht kann nur an der Amtsstelle des amtierenden Notars bzw. seines Amtsnachfolgers ausgeübt werden. Der Inhaber bzw. Vertreter an dieser Amtsstelle wird angewiesen, Beurkundungen bzw. Beglaubigungen, die auf die Löschung des Wohnungsrechts oder der Rückübertragungsvormerkung gerichtet sind, nur vorzunehmen, wenn dem Notar ein schriftliches ärztliches Attest vorgelegt wird, demzufolge der Berechtigte aus gesundheitlichen Gründen mit hoher Wahrscheinlichkeit dauernd an der Ausübung des Wohnungsrechtes durch Selbstnutzung gehindert ist.

Im übrigen (also etwa hinsichtlich Freigaben, Rangrücktritten, Inhaltsänderungen der vereinbarten Leistungen) ist der Bevollmächtigte, der diese Verpflichtungen hiermit annimmt, beauftragt, von der Vollmacht nur Gebrauch zu machen, wenn
(1) die dadurch ermöglichte Verfügung (Veräußerung oder Belastung) den Regeln einer ordnungsgemäßen Wirtschaft entspricht und
(2) die dafür erlangten Mittel dem Betrieb zugute kommen bzw. für den Unterhalt, die Sanierung oder Errichtung von Gebäuden auf den mit dem Leibgeding belasteten Flächen verwendet werden und die verbleibende dingliche Sicherung der Leibgedingsrechte innerhalb einer Beleihungsgrenze von 80 % des Verkehrswerts der belasteten Grundstücksflächen verbleibt.

IV. Landesrecht

1732 Moderne landesrechtliche[669] Bestimmungen zum Altenteilsrecht, wie etwa das Thüringer Zivilrechtsausführungsgesetz (ThürAGBGB)[670] enthalten (dort in §§ 4 bis 22 ThürAGBGB) dispositive Bestimmungen zum Altenteilsrecht in erheblichem Umfang, die vom BGB abweichen.
(1) So handelt es sich bzgl. der Fälligkeit von Leibrentenzahlungen (abweichend von § 760 Abs. 2 Halbs. 1, BGB Vorauszahlung jeweils für einen Monat, nicht für den Drei-Monats-Bedarf) sowie
(2) bzgl. der Bestimmungen des Wohnungsrechts (abweichend von § 1041 BGB sollen regelmäßig die Kosten der Instandhaltung und der Instandsetzung vom Eigentümer getragen werden, ebenso die auf dem Grundstück ruhenden Lasten; weiter wird, z.B. in § 10 Abs. 2 Satz 2 ThürAGBGB, die Verpflichtung zum Abschluss einer Versicherung statuiert) um solche Abweichungen.

1733 (3) Enthalten sind ferner häufig (etwa in § 11 ThürAGBGB) **gesetzliche Auslegungsregeln**, die den Begriff des angemessenen Unterhalts i.S.d. § 1610 Abs. 1 BGB dahin gehend ausfüllen sollen, dass zur Pflege/Verpflegung nicht die Kosten ärztlicher Behandlung und von Heilmitteln gehören, diese also vom Berechtigten selbst zu tragen seien.
(4) **Rücktrittsrechte** von Altenteilsverträgen sind wegen der existenziellen Bedeutung dieses Vertrags und der auf besondere Dauer und Beständigkeit angelegten Rechtsbeziehung ausgeschlossen (so etwa in Art. 15 § 7 des Preußischen Ausführungsgesetzes zum BGB) oder er-

---

669 In NRW ist das Altenteilsrecht zum 01.01.2011 entfallen, Art. 2 Nr. 43 JustizbereinigungsG, GBl. NRW 2010, 29 ff.
670 GVBl. 2002, 424 ff.

heblich eingeschränkt (etwa gem. § 13 ThürAGBGB: Voraussetzung ist dort der Verzug des Erwerbers – also ist ein Verschulden erforderlich; oder gem. § 13 AGBGB BW nur bei rechtskräftiger zivilgerichtlicher Verurteilung des Erwerbers wegen einer Vertragsverletzung, ferner kann die Leistungskomponente »Wohnen« gem. §§ 15 bzw. 16 AGBGB BW bei nachhaltiger Störung des Zusammenlebens durch den anderen Teil gekündigt werden) und der Ablauf einer angemessenen Nachfrist sowie die Zukunftsprognose dahin gehend, dass keine Besserung erwartet werden könne und demnach das Festhalten am Dauerschuldverhältnis nicht mehr zumutbar sei,[671] schließlich die (bereits nach allgemeinem Recht, § 323 Abs. 5 Satz 2 BGB, erforderliche) Erheblichkeit der Pflichtverletzung. Die Erklärung des Rücktritts bedarf der notariellen Beurkundung, auch um den Zurücktretenden auf die gravierenden Folgen (z.B. Wertersatz für die geleistete Pflege [§ 346 Abs. 1 BGB] sowie Aufwendungsersatz i.R.d. § 347 Abs. 2 BGB für die getätigten Investitionen des Erwerbers!) hinzuweisen. Im Anwendungsbereich der landesrechtlichen Rückabwicklungsverbote kann § 313 BGB (Geschäftsgrundlagenwegfall) nur im extremen Ausnahmefall zu einer Rückübertragungspflicht führen, wenn das Festhalten am Vertrag schlicht unzumutbar wäre.[672]

(5) Im Fall der Zerstörung einer Wohnung ist der Eigentümer nach Landesrecht regelmäßig dinglich[673] verpflichtet, diese wieder herzustellen, wobei der Berechtigte bei Unzumutbarkeit aufgrund unverhältnismäßig hohen Kostenaufwands entscheiden kann zwischen einer vom Verpflichteten angebotenen Ersatzwohnung oder einer angemessenen Geldrente, die dem bisherigen Wohnwert entspricht.

(6) Enthalten sind schließlich häufig Regelungen, die den Personenkreis umschreiben, den der Berechtigte in die Wohnung aufnehmen darf (regelmäßig enger als in § 1093 Abs. 2 BGB: ausgeschlossen sind solche Personen, deren Verwandtschaft erst nach dem Vertragsschluss entsteht).

(7) In modernen Ausführungsgesetzen (z.B. §§ 16 ff. ThürAGBGB) sind die Folgen eines Verlassens der Wohnung noch weiter ausdifferenziert: Dem Berechtigten steht eine Geldrente (orientiert an dem Wert der Befreiung von der Verbindlichkeit [§ 16 Abs. 2 ThürAGBGB]) zu, wenn der Berechtigte die ihm überlassene Wohnung auf Dauer verlässt und dies dem Verpflichteten schriftlich (zur Klarheit des Beginnzeitpunkts) mitteilt. Ein besonderer Grund ist hierfür nicht erforderlich, anders jedoch dann, wenn der Berechtigte (§ 16 Abs. 1 Satz 2 ThürAGBGB) zwar die überlassene Wohnung nicht aufgibt, aber die Umwandlung der sonstigen Naturalleistungen in eine Geldrente verlangt. Sind aufgrund Verschuldens des Berechtigten gravierende Störungen eingetreten, die einen weiteren Verbleib des Berechtigten unzumutbar erscheinen lassen, kann der Verpflichtete (Eigentümer) die Wohnung unter Einhaltung einer Frist von mind. 3 Monaten kündigen und hat dann die ebenfalls am Freiwerden von der Verbindlichkeit orientierte Geldrente zu zahlen (§ 17 ThürAGBGB). Beruht die Störung der persönlichen Beziehung auf einem Verhalten des Verpflichteten oder einem diesem zuzurechnenden Verhalten eines Mitglieds dessen Hausstands, tritt neben die genannte Geldrente ein Schadensersatzanspruch, der bspw. auch die Kosten des Wohnungswechsels und die Mehraufwendungen aufgrund selbstständiger Haushaltsführung umfasst. Bei Mitverschulden kann dieser Betrag gem. § 254 Abs. 1 BGB geteilt werden.

(8) Sind Ehegatten altenteilsberechtigt, kann der Überlebende gem. § 21 Abs. 2 ThürAGBGB nach dem Ableben des anderen Ehegatten die volle Leistung verlangen, soweit sie nicht nur für den persönlichen Bedarf des verstorbenen Ehegatten vereinbart war.

(9) Gem. § 22 ThürAGBGB kann der Altenteilsberechtigte verlangen, dass die schuldrechtlichen Vereinbarungen dinglich gesichert werden. Der Grundstückseigentümer ist verpflichtet, das

---

671 Vgl. BGH, 08.12.2015 – X ZR 98/13 ErbR 2016, 321: Vertragsbeendigung hinsichtlich des Wohnungsrechtes durch den Übernehmer gem. § 16 Abs. 1 AGBGB BW; hierzu *Hertel*, in *Herrler/Hertel/Kesseler*, Aktuelle Probleme der notariellen Vertragsgestaltung im Immobilienrecht 2016/2017, S. 172 ff.
672 OLG Celle, 16.07.2012 – 7 W 15/12/L).
673 *Wirich*, ZEV 2008, 372, 375.

Grundstück nicht mit Rechten zu belasten, die dem Recht des Altenteilers im Rang vorgehen würden; bei Verletzung dieser Pflicht macht er sich also schadensersatzpflichtig (§ 22 Abs. 2 ThürAGBGB).

▶ Hinweis:

1737 Sofern diese Bestimmungen oder einzelne von ihnen nach Erörterung mit den Beteiligten dem Gewollten entsprechen, ist daran zu denken, die **Anwendung der betreffenden landesrechtlichen Vorschriften** zum Leibgedings/Altenteilsrecht im Ganzen oder in den betreffenden Teilen **vertraglich zu vereinbaren**, unabhängig davon, ob tatsächlich ein Vertrag gem. Art. 96 EGBGB vorliegt.

▶ Formulierungsvorschlag: Vertragliche Vereinbarung der landesrechtlichen Bestimmungen zum Leibgeding

1738 I.Ü. vereinbaren die Beteiligten die Bestimmungen der §§ ..... bis ..... des ..... (*Anm.: hier ist das jeweilige einschlägige Landesausführungsgesetz zum BGB einzusetzen*), deren Inhalt durch den Notar erläutert und mit den Beteiligten erörtert wurde, und zwar ausdrücklich unabhängig davon, ob tatsächlich ein Vertrag gem. Art. 96 EGBGB vorliegt oder nicht. Diese Anwendungsvereinbarung erfasst die landesrechtlichen Bestimmungen in ihrer derzeitigen Fassung, mithin ohne Rücksicht auf künftige Änderungen, selbst wenn die (insoweit dispositiven) Bestimmungen bereits kraft Gesetzes auf den vorliegenden Sachverhalt Anwendung finden sollten. Zur Erleichterung für die Beteiligten und zu Beweiszwecken wird der betreffende Gesetzestext dieser Urkunde beigefügt.

V. Leibgeding im Zugewinnausgleich

1739 Ansprüche auf wiederkehrende Leistungen – mögen sie in Geldzahlungen oder Dienstleistungen bestehen – sind auf der **Aktivseite** (ebenso wie entsprechende Nutzungsberechtigungen, s.o. Rdn. 1437) zu berücksichtigen, und zwar i.H.d. Kapitalisierungsbetrags unter Berücksichtigung der bewertungsgesetzlichen 5,5 %igen Abzinsung auf den Gegenwartswert des jeweiligen Stichtags der Anfangs- und der Endvermögensermittlung. Dienstleistungen sind dabei am sachnächsten mit den Ansätzen der Sozialversicherungsentgeltverordnung, Pflegeleistungen mit dem jeweiligen Pflegegeld- (nicht Pflegesachleistungs-)Betrag des zugehörigen Pflegegrades, ggf. gemindert um einen Wahrscheinlichkeitsabschlag bei noch nicht eingetretener Erbringung, zu bewerten.

1740 Auf der **Passivseite** sind wiederkehrende Geld- oder Dienstleistungen aus dem Eigenvermögen des Erwerbers (Eigentümers) ebenfalls zu berücksichtigen. Anders als bei Nutzungsrechten, die als Belastung auf übernommenem Vermögen ruhen und durch die sinkende Lebenserwartung »automatischen« Vermögenszuwachs generieren, der entgegen früherer Rechtsprechung jedoch ebenfalls im Zugewinn zu berücksichtigen ist, tritt bei Leistungsauflagen eine reale Reduzierung der Verpflichtungshöhe durch den Zeitablauf ein. Deshalb ist beim Erwerb von Vermögen, das mit Pflichten zu aktivem Tun (wiederkehrende Leistungen als Leibrente oder Dienstleistung) belastet ist, die Reduzierung dieser Belastung bei der Zugewinnausgleichsermittlung zu berücksichtigen,[674] indem die Geld- oder Dienstleistung in kapitalisierter (sich vermindernder) Höhe sowohl beim Anfangs- als auch beim Endvermögen abzuziehen ist. Abzuziehen sind weiter etwaige Pflichtteilsergänzungsansprüche, denen sich der beschenkte Ehegatte gem. § 2329 BGB aufgrund des in vorweggenommener Erbfolge erhaltenen Erwerbs ausgesetzt sieht.[675]

1741 Im Vergleich zur vorbehaltenen Nutzung (Nießbrauch zugunsten des Veräußerers) ist also die Vereinbarung wiederkehrender Leistungen günstiger unter dem Aspekt des Anlaufens der Zehn-Jahres-Frist des § 2325 BGB (»lebzeitiges Vermögensopfer«, Rdn. 1421 ff.), schafft jedoch zumindest potenziell Zahlungspflichten i.R.d. güterrechtlichen Zugewinnausgleichs (sofern nicht kom-

---

674 Vgl. BGH, FamRZ 2005, 1974.
675 Vgl. *Bonefeld*, ZErb 2006, 223.

pensierende Wertverluste des erworbenen Wirtschaftsgutes eingetreten sind oder eine ehevertragliche Modifikation, vgl. Rdn. 1443, gegensteuert). Der früher weiter bestehende Nachteil mangelnder schenkungsteuerlicher Abzugsfähigkeit des vorbehaltenen Nießbrauchs ist mit Streichung des § 25 ErbStG seit 2009 entfallen.

E. Wiederkehrende Geldleistungen/Reallasten

I. Bedeutung im Schenkungsrecht

Die früher häufig anzutreffende Gewährung wiederkehrender Naturalleistungen (Lebensmittel, **Sachdeputate**) ist mit der Abkehr vom Selbstversorgerbetrieb auch in der Landwirtschaft nicht mehr üblich; der Veräußerer versorgt sich i.d.R. selbst und erhält dafür allenfalls Kostgeld. Erst wenn er hierzu aus gesundheitlichen Gründen nicht mehr in der Lage oder auf besondere Schonkost angewiesen ist, wird er die Mitverpflegung in Naturalien als Teil der hauswirtschaftlichen Dienstleistung in Anspruch nehmen. 1742

Der zahlreichen Vermögensübertragungen immanente Versorgungscharakter für den Veräußerer erfordert dagegen auch heute noch häufig die **Entrichtung wiederkehrender finanzieller Leistungen** bis zum Eintritt anderer Existenzsicherungsbezüge (z.B. Erreichen des gesetzlichen Rentenalters) oder aber auf Lebenszeit des Veräußerers. Dies gilt nicht nur dann, wenn die wiederkehrenden Geldleistungen aus (z.B. Miet-)Erträgen des Zuwendungsobjekts selbst finanziert werden können, so dass sie unter bestimmten Voraussetzungen als Sonderausgaben abgesetzt werden können, sondern auch bei nicht oder nur eingeschränkt ertragbringendem Vermögen. 1743

Der **entgeltlichkeitsmindernde Wert** wiederkehrender Geldleistungsverpflichtungen war auch nach bisheriger Auffassung[676] nicht nach der für die Kapitalbewertung gem. Anlage 9 zu § 14 BewG bzw. Anhang 3 zu § 12 BewG maßgeblichen Sterbetafel für die BRD 1986/88 zu ermitteln, sondern nach den neueren Zahlen des Statistischen Bundesamts, was zu einer höheren Kapitalisierung führt (vgl. nunmehr die jährlich neu bekanntgegebene Tabelle gem. § 14 Abs. 1 Satz 4 BewG, Rdn. 4764, die allerdings einen mit 5,5 % überhöhten Abzinsungszins enthält, der für das Zivilrecht nicht bindend ist, zutreffender sind 2,5–3 %).[677] Steht eine Versorgungsrente zunächst einem Ehegatten, nach dessen Ableben (aufschiebend bedingt und befristet) dem Überlebenden zu, sei der Kapitalwert der Rente dergestalt zu ermitteln, dass zunächst der Kapitalwert der Rente des zunächst Begünstigten bis zu dessen statistischem Ableben errechnet und hierzu der Kapitalwert der Rente ab diesem Zeitpunkt bis zum statistischen Ableben des voraussichtlich länger Lebenden addiert werde. 1744

II. Steuerrechtliche Differenzierung

1. Fallgruppenbildung

Die zivilrechtliche Ausgestaltung solcher laufender finanzieller Leistungen läuft Gefahr, zu einem Spielball der einkommensteuerrechtlichen Einordnung der verschiedenen Rententypen zu werden. Dies wird besonders deutlich angesichts der durch das Jahressteuergesetz 2008 herbeigeführten Änderungen (Rdn. 6362 ff.). Bei vor dem 01.01.2008 realisierten Übertragungsvorgängen war zu unterscheiden zwischen
(1) (steuerlich irrelevanten) Unterhaltsrenten, 1745

---

676 FG Köln, 07.04.2003 – 9 K 6330/01, ZEV 2003, 409. Der BFH wird zu entscheiden haben, ob der Ansatz des FG Köln zutrifft, dass §§ 5 und 7 BewG lediglich bewertungsrechtliche Sonderregelungen zur Ermittlung des Steuerwerts, nicht aber des Verkehrswerts seien.
677 *Gehse*, RNotZ 2009, 361, 375. Handelsrechtlich bestimmt § 253 Abs. 2 HGB den durchschnittlichen Marktzinssatz der letzten 7 Geschäftsjahre, vgl. www.bundesbank.de/download/statistik/abzinsungszins saetze.pdf.

(2) Austauschrenten (mit der Folge des Entstehens von Anschaffungskosten bzw. Veräußerungserlösen; insb. bei Zeitrenten, verlängerten Leibrenten und allen kaufmännisch abgewogenen Renten),
(3) und den typischerweise angestrebten Versorgungsrenten.

Sie führen (wenn die weiteren Voraussetzungen gegeben sind) zu steuerbaren Einnahmen aus sonstigen Bezügen (§ 22 EStG) beim Empfänger und in gleicher Höhe zu abziehbaren Sonderausgaben beim Leistenden (§ 10 EStG; vgl. Rdn. 6317). Das Jahressteuergesetz 2008 (Rdn. 6362 ff.) hat für »Neufälle« ab 2008 den Anwendungsbereich der dritten Fallgruppe (Versorgungsrenten) deutlich reduziert, und (wohl) die nicht mehr sonderabzugsfähigen Sachverhalte in die zweite Fallgruppe der Veräußerungsrenten verlagert (vgl. Rdn. 6275 ff. und die dortigen Erläuterungen zum »Vierten« Rentenerlass vom 11.03.2010).

2. Insb.: dauernde Last/Leibrente

a) »Altfälle« vor 2008

1746 Von entscheidender steuerlicher Relevanz innerhalb dieser dritten Gruppe der Versorgungsleistungen war für Altfälle vor Inkrafttreten des Jahressteuergesetzes 2008 (01.01.2008) die hier zu behandelnde, auch für den Vertragsjuristen außerordentlich bedeutsame Differenzierung zwischen **Leibrente** einerseits und **dauernder Last** andererseits. Für diesen Anwendungsbereich gilt: Bei der Leibrente ist nur der sog. Ertragsanteil der Rente (dieser ist abhängig vom Lebensalter des Beziehers zum Zeitpunkt des Renteneintritts, bei 65 Jahren bspw. 18 %)[678] steuerbar bzw. als Sonderausgabe abziehbar; bei der dauernden Last ist es der volle Zahlbetrag der jeweiligen Leistung. Unterliegt der Erwerber (wie häufig) also derzeit – insb. aber künftig – einer stärkeren steuerlichen Progression als der Veräußerer, ist regelmäßig die dauernde Last angesichts des Vorteils bei einer Gesamtbetrachtung der Familiensteuerbelastung (sog. »Familien-Splitting«) die anzustrebende Variante.

1747 Steuerrechtlich liegt eine **Leibrente** dann vor, wenn **auf Lebzeit des Begünstigten** aus einem einheitlichen Rentenstammrecht wiederkehrende Leistungen **in gleichmäßiger Höhe** zu erbringen sind. Eine Absicherung gegen den Geldwertverlust durch sog. »Wertsicherungsklauseln« für sich hindert den Charakter einer bloßen Leibrente nicht,[679] ebenso wenig die Bindung an die Beamtengehälter einer bestimmten Besoldungsgruppe.[680] Ebenso soll nach Ansicht des BFH[681] weiterhin eine Leibrente vorliegen, wenn zwar eine Anpassung nach Maßgabe der Bedürfnisse des Begünstigten vereinbart, diese aber bei wesentlichen Umständen (Heimunterbringung, Pflegebedürftigkeit) ausgeschlossen ist.

1748 Umgekehrt liegen **dauernde Lasten** dann vor, wenn die in Zeitabschnitten zu erbringende Leistung nicht ihrer Höhe nach gleichmäßig oder allenfalls wertgesichert gleichmäßig ist, sondern eine Anpassung des Leistungsinhalts an geänderte Verhältnisse, mögen sie beim Veräußerer oder beim Erwerber bestehen, eintreten bzw. verlangt werden kann. Die Abänderlichkeit der Leistung wurde regelmäßig daran gemessen, ob § 323 ZPO a.F. in entsprechender Weise auf die Zahlungsverpflichtung Anwendung findet. Die bloß formelhafte Verweisung auf § 323 ZPO, insb. wenn damit möglicherweise nur ausgedrückt werden soll, dass eine Wertsicherungsanpassung verfahrenstechnisch durch Verlangen und ggf. Klageerhebung durchgesetzt werden muss, also keine

---

678 § 22 Nr. 1 Satz 3 lit. a) bb) – Tabelle – EStG i.d.F. des Alterseinkünftegesetzes (BGBl. 2004 I, S. 1432); zuvor betrug dieser Wert 27 %. Sonderregelung für Leibrenten, die vor dem 01.01.1955 zu laufen begonnen haben: § 55 Abs. 2 EStDV 2000.
679 BFH, NJW 1993, 286.
680 BFH, BStBl. 1986 II, S. 261.
681 Nichtzulassungsbeschwerde BFH, 09.05.2007 – X B 162/06, BFH/NV 2007, 1501.

»dingliche Gleitklausel« vorliegt, genügt für sich noch nicht.[682] Vielmehr muss materiell ein Leistungsvorbehalt oder der Vorbehalt der Anpassung an geänderte Umsätze, Erträge, Versorgungsbedarf oder Leistungsfähigkeit gegeben sein, über den allgemeinen Rechtsgedanken des § 313 BGB (Anpassung bei Änderung der Geschäftsgrundlage) hinausgehend. Es muss eine »Schicksalsgemeinschaft aufgrund Verknüpfung der beiderseitigen Lebensverhältnisse« entstehen.[683] Dienstleistungen (Pflegeverpflichtung, hauswirtschaftliche Versorgung) und unregelmäßig bei Bedarf wiederkehrende Leistungspflichten (etwa zur Instandhaltung) sind bereits ihrer Natur nach variabel und stellen damit stets im steuerrechtlichen Sinn dauernde Lasten dar.

1749 Der Zweite Rentenerlass v. 26.08.2002[684] ging auch bei Geldleistungen im Zusammenhang mit **voll Ertrag bringenden Zuwendungsobjekten** stets von einer materiellen Abänderbarkeit i.S.d. § 323 ZPO (a.F.) aus, wenn diese nicht ausdrücklich ausgeschlossen ist (sog. »Typus 1«); bei nur eingeschränkt Ertrag bringenden Wirtschaftseinheiten (sog. »Typus 2«) – die allerdings nach dem Beschluss des Großen Senates[685] nicht mehr Gegenstand von Übertragungen gegen Versorgungsleistungen sein können – musste jedoch die Abänderbarkeit sich klar aus der Vereinbarung sich ergeben. Der dritte Rentenerlass[686] ging insgesamt im Zweifel von der Abänderbarkeit wiederkehrender Leistungen aus. Der Kautelar-Jurist sollte sich schon in der Vergangenheit nicht auf solche Annahmen einlassen, sondern stets – sofern gewünscht – die materielle Anwendbarkeit des § 323 ZPO (samt Maßstab, Schwellenwert, Anpassungsverfahren etc.) ausdrücklich regeln (s.u. Rdn. 1779 ff.) oder aber umgekehrt die Unabänderlichkeit zur Entkräftung der Vermutung einer dauernden Last festhalten.

▶ Formulierungsvorschlag: Abwehrklausel gegen die Annahme einer dauernden Last nach altem Recht (bis Ende 2007)

1750 Die Beteiligten stellen klar, dass es sich um eine sog. Leibrente auch im ertragsteuerlichen Sinn handelt. Auch wenn sich die Verhältnisse, die zur Bemessung des Anfangsbetrags maßgeblich waren, wesentlich verändern, kann demnach keine Anpassung verlangt werden.

1751 Eine **Vermischung beider Regelungsprinzipien** kann schließlich dann eintreten, wenn trotz grds. Anwendbarkeit des § 323 ZPO a.F. ein Mindestbetrag (Rdn. 1787) nicht unterschritten werden darf, mithin also die Schwankungsbreite begrenzt ist. Nach früherer Auffassung der Finanzverwaltung[687] stand ein solcher Mindestbetrag dem Vorliegen einer dauernden Last insgesamt nicht entgegen. Die Rechtsprechung des BFH[688] ist dem nur für den Fall beigetreten, dass die Mindesthöhe ohnehin unterhalb der zu erwartenden Schwankungsbreite der dauernden Last gewählt wird; bei höherer Bemessung ist er in einem anderen Fall[689] von einer Aufspaltung in einen »Sockelanteil«, der eine Leibrente darstellt, und einen darüber hinausgehenden Anteil dauernder Last ausgegangen. Die Finanzverwaltung vertritt allerdings (wohl) insgesamt die Auffassung, dass auch ein ausreichend weit von der abänderbaren Regelleistung entfernter Sockelbetrag bereits schade.[690] Vermittelnd wird schließlich darauf abgestellt,[691] ob im Grunde eine feste Leibrentenzahlung vereinbart wurde und darüber hinaus eine z.B. vom Unternehmensgewinn abhängige »Tan-

---

682 BFH, BStBl. 1993 II, S. 16; BFH, 03.05.2017 – X R 9/14, ErbStB 2017, 261, jedenfalls wenn materiell-rechtlich lediglich eine Anpassung an die Inflation stattfindet.
683 BFH, NJW 1993, 283.
684 Zweiter Rentenerlass v. 26.08.2002, DStR 2002, 1617 ff.
685 BGH, 12.05.2003 – GrS 1/00, ZEV 2003, 420 ff., m. Anm. *Fleischer*, 427.
686 Tz. 47, 48 des Erlasses v. 16.09.2004, BStBl. 2004 I, S. 922 ff.
687 Erster Rentenerlass, 23.12.1996, BStBl. 1996 I, S. 1508 ff., Tz. 37; FG Stuttgart, EFG 1986, 557.
688 BFH, BStBl. 1980 II, S. 576.
689 BFH, BStBl. 1980 II, S. 501.
690 Tz. 48 des Dritten Rentenerlasses, DStR 2004, 1696 ff., allerdings undeutlich (»bei abänderbaren Leistungen kann die Abänderbarkeit auch nicht hinsichtlich eines festen Mindestbetrags ausgeschlossen werden«).
691 *Bauer/Münch*, ZEV 2007, 11.

tieme« (dann Aufspaltung) oder aber eine insgesamt schwankende Berechnungsgrundlage mit Mindestbetrag (dann insgesamt dauernde Last).

1752 Die **nachträgliche Änderung einer Leibrente** in eine dauernde Last im steuerrechtlichen Sinn wird nur anerkannt, wenn sie aus den beiderseitigen Lebensumständen nachvollziehbar begründet ist; ausschließlich steuerliche Motive sind nicht ausreichend.[692] Allerdings ist es der Rechtsnatur des Versorgungsvertrags immanent, auf geänderte Bedarfslagen angemessen zu reagieren, so dass außersteuerliche Motive nahe liegen.[693] Die Finanzverwaltung erkennt daher im Rahmen von Vermögensübergabeverträgen gegen Versorgungsleistungen Änderungen steuerlicher Leibrenten in dauernde Lasten mit Wirkung für die Zukunft an.[694]

b) Neufälle ab 2008

1753 Für wiederkehrende Leistungen, die ab Inkrafttreten des Jahressteuergesetzes 2008 (01.01.2008) begründet werden, geht gemäß der nunmehr erstmals geschaffenen gesetzlichen Normierung in § 10 Abs. 1a Satz 1 Nr. 2 EStG die bisherige Unterscheidung zwischen Renten und dauernden Lasten verloren, so dass – sofern die Voraussetzungen der Vermögensübergabe gegen Versorgungsleistungen überhaupt erfüllt sind – stets in voller Höhe eine sonderausgabenabzugsfähige Zahlung vorliegt.[695] Die mit der bisher üblichen Vereinbarung einer abänderbaren dauernden Last verbundenen Belastungsrisiken können also nun ohne Nachteil vermieden werden. Andererseits erfordert § 10 Abs. 1a Satz 1 Nr. 2 EStG für Neufälle zwingend, dass die Versorgungsrente auf Lebenszeit zugesagt wird, so dass bisher in Ausnahmefällen mögliche Gestaltungen einer bis zum Erreichen des Sozialversicherungsbezugs befristeten Leistungsdauer nicht mehr zur Verfügung stehen. Weiterhin steht der Sonderausgabenabzug nur mehr zur Verfügung für Versorgungsleistungen, die aus Anlass der Übertragung betrieblichen Vermögens (vgl. im Einzelnen Rdn. 6362 ff.) zugesagt werden. Außerdem schafft das Gesetz nun ein strenges Korrespondenzprinzip zwischen Sonderausgabenabzug beim Zahlungspflichtigen und Rentenbesteuerung beim Bezieher (vgl. Rdn. 6323).

III. Zivilrechtliche Differenzierungen und Detailausgestaltung

1754 Das BGB kennt lediglich den schuldrechtlichen Vertragstypus der »Leibrente« (§§ 759 ff. BGB). Aus den dortigen Regelungen hat die Rechtsprechung eine Definition extrahiert,[696] die in vielen Punkten der **steuerrechtlichen Definition** einer Leibrente nahekommt:

1755 Leistungen in Geld oder vertretbare Sachen müssen aufgrund eines einheitlichen Stammrechts in gleichmäßiger Höhe regelmäßig wiederkehrend erbracht werden, wobei deren Dauer von der Lebenszeit des Berechtigten abhängig sein muss, nicht notwendig jedoch mit jener übereinstimmt (Zweifelsregelung in § 759 BGB). Zivilrechtlich wird jedoch gerade bei Rentenzahlungen, die der Unterhaltssicherung dienen, eine Leibrente auch angenommen, wenn Anpassungen an den Bedarf des Gläubigers oder die Leistungsfähigkeit des Schuldners verlangt werden können.[697]

1756 Die dispositive Natur des **schuldrechtlichen Leibrentenbegriffs in §§ 759 ff. BGB** erlaubt es jedoch, die zivilrechtliche Gestaltung so vorzunehmen, dass die jeweiligen steuerrechtlichen Kriterien, etwa an das Vorliegen einer dauernden Last im steuerrechtlichen Sinn, eingehalten sind. Zu berücksichtigen sind hierbei insb. folgende Aspekte:

---

692 OFD Cottbus, ZEV 1999, 184.
693 Daher großzügig BFH, 03.03.2004 – X R 135/98, ZEV 2004, 342.
694 Dritter Rentenerlass, 16.09.2004, Tz. 48.
695 Vgl. *Seltenreich/Kunze*, ErbStG 2007, 339.
696 Seit RGZ 67, 204/212.
697 BGH, NJW 1962, 2147.

E. Wiederkehrende Geldleistungen/Reallasten — Kapitel 4

1. Fälligkeit der Leistung

Die Fälligkeit der Leistung wird i.d.R. vorschüssig, häufig für Monatszeiträume, vereinbart (Abweichung von § 759 Abs. 2 BGB: quartalsvorschüssige Zahlung). Sofern die **Bezugsdauer** von der Lebensdauer des Begünstigten[698] abweichen soll, ist Vorsicht geboten. Durch eine verkürzte Laufzeit wird die Anerkennung als steuerliche Versorgungsrente gefährdet (sie ist gemäß Tz. 58 des Dritten Rentenerlasses, BStBl. I 2004, S. 922 ff., nur dann bei abgekürzten Leibrenten gegeben, wenn die wiederkehrende Leistung dazu dient, zeitlich vorübergehende Versorgungslücken zu schließen, etwa bis zum erstmaligen Bezug der Altersrente).[699] Verlängerte Lebenszeitrenten, die also auf eine bestimmte Mindestzeit trotz vorherigen Ablebens des Begünstigten zu leisten sind, werden regelmäßig als Austauschrenten bewertet, also steuerlich in Anschaffungskosten und Zinsanteil zergliedert.

1757

Geht es bei einem Rentenversprechen, wie i.d.R. in der vorweggenommenen Erbfolge, vorrangig um die Unterhaltssicherung des Übergebers und nicht um einen vermögensrechtlichen Leistungsaustausch (Versorgungs- statt Austauschrente), liegt es nahe, auf rückständige Leistungen die unterhaltsrechtlichen Grundsätze zur Verwirkung (nach Ablauf etwa eines Jahres nach Geltendmachung) entsprechend anzuwenden.[700]

2. Beteiligtenmehrheit

Die Beteiligtenmehrheit wird i.d.R. **als Gesamtgläubigerschaft vereinbart** sein, so dass jedem Begünstigten ein eigenes Recht auf wiederkehrende Leistungen zusteht, das jedoch durch Leistung auch an einen der beiden empfangsberechtigten Anspruchsinhaber erfüllt werden kann. Bei Ableben eines Beteiligten steht dem Überlebenden die Versorgungsrente ungeschmälert weiter zur Verfügung (§§ 429 Abs. 3 Satz 1, 425 BGB). Soll jedoch die wiederkehrende Leistung zunächst einem Empfänger allein zugutekommen und erst nach dessen Ableben originär in der Person eines Zweitempfängers neu entstehen, kann mit aufschiebend bedingten weiteren Renten gearbeitet werden. Steht die wiederkehrende Leistung mehreren Berechtigten in Bruchteilsgemeinschaft zu, reduziert sie sich allerdings beim Ableben eines Beteiligten um dessen Anteil; vgl. im Einzelnen ausführlich Rdn. 2417 ff.

1758

▶ **Hinweis:**

Steuerlich ist die Gesamtberechtigung deshalb vorzuziehen, weil in diesem Fall beide Empfänger steuerbare Einkünfte nach § 22 EStG erzielen, die im Innenverhältnis beiden je zur Hälfte zugerechnet werden, so dass der Altersentlastungsfreibetrag und die Grundfreibeträge bei beiden Empfängern ausgenutzt werden können.

1759

Sozialrechtlich ist allerdings zu beachten, dass Einkünfte des Ehegatten, welche die monatliche Grenze geringfügiger Beschäftigung (2017: 425,00 € – ein Siebtel der Bezugsgröße gem. § 18 SGB IV –, bei geringfügiger Beschäftigung jedoch bis 31.12.2012 400,00 €, seit 01.01.2013 450,00 € monatlich) überschreiten, zu einem Wegfall der beitragsfreien **Familienmitversicherung in der gesetzlichen Krankenversicherung** führen (Rdn. 1158). Wird die seit 01.01.2008 insoweit auf 365,00 € erhöhte Hinzuverdienstgrenze für Bezieher einer Altersvollrente vor Vollendung des 65. Lebensjahres sowie für Bezieher einer Vollrente wegen Erwerbsunfähigkeit bzw. voller Erwerbsminderung überschritten, droht insoweit die Anrechnung (vgl. Rdn. 1156).

1760

---

698 Ggf. ist zu problematisieren, ob beim Ableben rückständige Zahlungen erlassen sind oder (so die gesetzliche Vermutung) von den Erben eingefordert werden können.
699 BFH, 31.08.1994, BStBl. 1996 II, S. 676.
700 OLG Zweibrücken, 13.03.2007 – 5 U 52/06, ZEV 2008, 400.

3. Familienrecht

1761 Hinsichtlich der Berücksichtigung des sich reduzierenden Werts des Stammrechts im **Zugewinnausgleich** beim Vergleich des Anfangs- mit dem Endvermögen sowohl auf der Aktiv- wie auch auf der Passivseite (s.o. Rdn. 1739). I.R.d. **gesetzlichen Versorgungsausgleichs**, schließlich werden auf Vertrag basierende Leibrentenansprüche erfasst, wenn die wiederkehrende Leistung nicht als Kaufpreis (»Austauschrente«) anzusehen ist, sondern als Gegenleistung für die Nutzung des übergehenden Vermögens.[701]

4. Gesamtformulierung

▶ Formulierungsvorschlag: Zivil- und steuerrechtliche Leibrente

1762 Der Erwerber verpflichtet sich, dem Veräußerer auf dessen Lebensdauer jeweils im Voraus am Monatsersten, erstmals am ....., als Leibrente einen Betrag von monatlich ..... € zu entrichten.

Dieser Betrag ist wie folgt wertgesichert: *(Anm.: Es folgt eine der nachstehenden Bausteinalternativen, Rdn. 1763 ff.)* Ein auf andere Umstände (etwa die Veränderung des Bedarfs oder der Leistungsfähigkeit) gegründetes Anpassungsverlangen kann nicht gestellt werden; § 323a ZPO analog bleibt also nicht vorbehalten.

Die Verpflichtung ist vererblich; beim Tod des Berechtigten etwa noch rückständige Zahlungen sind jedoch nicht vererblich und werden bereits jetzt erlassen.

Der Erwerber bestellt dem Veräußerer zur Sicherung der vorstehend vereinbarten Zahlungspflicht in Höhe des Ausgangsbetrags von ..... € monatlich und der vereinbarten Änderungen, die sich aus der Entwicklung des Verbraucherpreisindex für Deutschland ergeben (§ 1105 Abs. 1 Satz 2 BGB) eine Reallast an FlSt. ..... der Gemarkung ...... Beide Beteiligten bewilligen und beantragen, diese Reallast auf Kosten des Erwerbers in das Grundbuch Blatt ..... an nächstoffener Rangstelle einzutragen mit dem Vermerk, dass zur Löschung der Nachweis des Todes des Berechtigten genügt, was hiermit vereinbart wird.

Die Zahlungen aus der schuldrechtlichen Rentenverpflichtung und den dinglichen Ansprüchen aus der Reallast sind jeweils gegeneinander anzurechnen. Dem Rentenverpflichteten und dem Grundstückseigentümer steht ein Leistungsverweigerungsrecht als Einrede zu, wenn der Rentenbetrag aus einer dieser Verpflichtungen geleistet wurde. Die Eintragung der Einrede des Grundstückseigentümers in das Grundbuch bei der Reallast wird bewilligt und beantragt.

Der Erwerber unterwirft sich wegen des dinglichen und wegen des persönlichen Anspruchs aus dieser Reallast sowie wegen der vorstehend vereinbarten schuldrechtlichen Zahlungspflicht in Höhe des Ausgangsbetrags von ..... € monatlich und der vereinbarten Änderungen, die sich aus der Entwicklung des Verbraucherpreisindex für Deutschland ergeben, der sofortigen Zwangsvollstreckung aus dieser Urkunde in sein Vermögen mit der Maßgabe, dass vollstreckbare Ausfertigung auf Antrag des Gläubigers ohne weitere Nachweise erteilt werden kann.

IV. Wertsicherungsvereinbarungen

1763 Wiederkehrende Leistungen, die auf vertraglicher Vereinbarung oder letztwilliger Verfügung beruhen,[702] können hinsichtlich ihrer Höhe auf verschiedene Weise an die **Geldentwertung** angepasst werden.[703] Denkbar sind:

---

701 BGH, FamRZ 1982, 909.
702 Str., aber wohl trotz des Wortlautes von § 3 Abs. 1 PreisKlG »Preisklauseln in Verträgen« zutreffend, vgl. auch § 3 Abs. 1 Nr. 2a) PreisKlG, *Gutachten*, DNotI-Report 2016, 25, 26.
703 Vgl. hierzu – noch zum früheren Preisangaben- und Preisklauselgesetz, das jedoch hinsichtlich der materiellen Wirksamkeitsvoraussetzungen dem Preisklauselgesetz 2007 entspricht – im Überblick *Kirchhoff*, Wertsicherungsklauseln für Euro-Verbindlichkeiten; *ders.*, DNotZ 2007, 11 ff.

E. Wiederkehrende Geldleistungen/Reallasten Kapitel 4

1. Leistungsbestimmungsvorbehalte

Bloße Leistungsbestimmungsvorbehalte, die bei Änderung bestimmter Vergleichsgrößen (Preisindex, Gehaltsentwicklung etc.) zu einer Verhandlungspflicht, nicht zu einer automatischen Betragsanpassung führen; diese Vereinbarungen unterliegen daher mangels »unmittelbarer und selbsttätiger Bestimmung des Preises« i.S.d. § 1 Abs. 1 Preisklauselgesetz 2007 (identisch mit § 2 Abs. 1 Preisangaben- und Preisklauselgesetz 1984)[704] keinem Preisklauselverbot. Leistungsvorbehaltsklauseln i.S.d. § 1 Abs. 2 Nr. 1 PreisklauselG sind regelmäßig mit einem Streitbeilegungsmechanismus zu versehen; anderenfalls wird der Gläubiger berechtigt sein, die Geldschuld nach billigem Ermessen,[705] i.S.d. § 316 BGB (das in vollem Umfang der gerichtlichen Überprüfung unterliegt) festzusetzen. (Wohl) nicht ausreichend für das Vorliegen einer Leistungsvorbehaltsklausel ist die bloße Anknüpfung der (ihrerseits nach vorherbestimmtem Mechanismus berechneten) Betragsanpassung an ein vorheriges »Ausübungsverlangen« des begünstigten Teils.[706] 1764

▶ **Formulierungsvorschlag: Leistungsvorbehaltsklausel als Wertsicherungsvereinbarung**

Steigt oder sinkt der Vergleichsmaßstab (z.B. Verbraucherpreisindex) um mind. 10 %, sind die Beteiligten verpflichtet, die monatliche Zahlungsverpflichtung in angemessener Weise anzupassen. Kommt über die Neufestsetzung binnen zwei Monaten nach Aufforderung keine Einigung zustande, bestimmt deren Höhe ein von der örtlichen Industrie- und Handelskammer benannter Sachverständiger nach Maßgabe des § 316 BGB. 1765

2. Spannungsklauseln

Spannungsklauseln, nach denen die **Höhe der Zahlungsverpflichtungen in einem bestimmten festen Verhältnis** zur gewählten Bezugsgröße steht. Diese unterliegen gem. § 2 Abs. 1 Nr. 2 Preisklauselgesetz (identisch mit § 1 Nr. 2 PrKV) nicht dem generellen Preisklauselverbot des § 1 Abs. 1 PreisklauselG, wenn die Bezugsgröße mit der wertgesicherten Gegenleistung gleichartig oder zumindest vergleichbar ist, was bspw. gegeben ist bei sog. **Kostenelementeklauseln** (§ 2 Abs. 1 Nr. 3 PreisklauselG, etwa Strompreisveränderung bei Erhöhung der an die Stromproduktion anknüpfenden steuerlichen Abgaben)[707] oder bei der Bindung familienrechtlicher Ausgleichszahlungen für die Aufgabe der Berufstätigkeit an die Altersrentenentwicklung[708] oder im Fall der Koppelung der Miet-/Pachthöhe an den Grundstücksertrag.[709] Anders liegt es jedoch bspw. bei Klauseln, die Kaufpreisraten, Miethöhe ö.Ä. an Gehälter binden. 1766

▶ **Formulierungsvorschlag: Spannungsklausel als Wertsicherungsvereinbarung**

Steigt der monatliche Erlös (vor Abzug von Werbungskosten) aus der Vermietung des Objekts um mind. 10 % im Vergleich zum Zeitpunkt der letzten Anpassung bzw. des Vertragsbeginns, erhöht sich die monatliche Zahlungsverpflichtung im gleichen Verhältnis. 1767

3. Wertsicherungsklauseln

a) Zulässigkeit

Hierunter fallen Wertsicherungsklauseln im eigentlichen Sinn, also automatische Anpassungen (sog. Gleitklauseln oder nach neuerer Terminologie »**Preisklauseln**«) an vertragsfremde Bezugsgrößen wie z.B. Lohn- oder Gehaltsklauseln (schwierig wegen der zahlreichen zu berücksichtigenden Zuschläge und Sonderregelungen!) bzw. Lebenshaltungskostenindexklauseln. § 3 Satz 2 1768

---

704 Vorrangig und abschließend gilt für Miet- und Pachtverträge jedoch § 557b BGB.
705 Die gesetzliche Definition in § 1 Abs. 2 Nr. 1 PreisklauselG erwähnt allerdings das Kriterium des Ermessensspielraums nicht, vgl. hierzu *Reul*, MittBayNot 2007, 447.
706 Zum Streitstand jurisPK-BGB/*Toussaint*, § 1 PreisklG Rn. 37 ff.
707 BGH, WM 1979, 1097.
708 OLG Hamm, NZG 2000, 929.
709 OLG München, NJW-RR 1994, 469.

WährG – ebenso wie § 2 Abs. 1 Satz 2 des mit Wirkung ab 01.01.1999 an dessen Stelle getretenen Preisangaben- und Preisklauselgesetzes (PreisAngG)[710] samt der hierzu ergangenen PreisklauselVO – hatte eine Genehmigungspflicht für Indexklauseln vorgesehen.[711] Mit Wirkung ab 14.09.2007[712] regelt das neue **Preisklauselgesetz** nunmehr abschließend und ohne Genehmigungsvorbehalt die Zulässigkeit von Wertsicherungsklauseln.

1769 Ob die gesetzlichen Voraussetzungen vorliegen, müssen die Beteiligten also nunmehr selbst prüfen. Ein Verstoß führt jedoch **erst ab deren rechtskräftiger Feststellung zur Unwirksamkeit** (§ 8 PreisklauselG), so dass – bei Fehlen vorrangiger vertraglicher Vereinbarungen – in der Vergangenheit »zu Unrecht« erbrachte Zahlungen unangetastet bleiben. Die bisher kostenfrei mögliche »Präventivkontrolle« in Gestalt des behördlichen Genehmigungsverfahrens entfällt also zugunsten einer ggf. erforderlichen zeit- und kostenintensiven gerichtlichen Feststellungsklage. Belassen es die Beteiligten bei der ex-nunc-Wirkung einer etwaigen Unwirksamkeitsfeststellung (ändern sie also § 8 Abs. 2 PreisklauselG nicht ab), braucht immerhin das Grundbuchamt, das sich bisher auf die behördliche Genehmigung verlassen konnte, nicht in eine eigene Preisklauselprüfung einzutreten.[713]

1770 Für die bisherige Gesetzeslage nahm die Rechtsprechung[714] bei endgültiger Versagung der Genehmigung eine stillschweigende Verpflichtung zur Vereinbarung einer genehmigungsfähigen – hilfsweise einer genehmigungsfreien – Wertsicherungsabrede mit möglichst gleichem wirtschaftlichem Ergebnis an; Gleiches dürfte für die künftigen Fälle der nachträglich erkannten Unwirksamkeit gelten. Wurde für eine vor dem 14.09.2007 vereinbarte, nach damaligem Recht genehmigungsbedürftige, Wertsicherungsklausel noch kein Genehmigungsantrag gestellt, gilt gem. § 9 PreisklauselG das neue Gesetz, sodass die fehlende Genehmigung ohne Konsequenzen bleibt, wenn die materiellen Voraussetzungen erfüllt sind. Diese Klauseln wurden also mit Wirkung für die Zukunft auflösend bedingt wirksam.[715]

1771 Zulässig sind im Inland[716] hinreichend bestimmte, in beide Richtungen dynamische und proportional zur Bezugsgröße wirkende Preisklauseln, die
(1) auf Lebenszeit des Gläubigers, Schuldners oder (neu) eines sonstigen Beteiligten, bis zum Erreichen der Erwerbsfähigkeit bzw. eines bestimmten Ausbildungsziels des Geldempfängers bzw. bis zum Beginn dessen Altersversorgung, oder auf die Dauer von mind. 10 Jahren bzw. aufgrund von Verträgen, bei denen der Gläubiger für mind. 10 Jahre auf das Recht zur ordentlichen Kündigung verzichtet hat (§ 3 Abs. 1 Nr. 1a) bis e) PreisklauselG), zu erbringen sind, oder
(2) auf einer Verbindlichkeit aus der Auseinandersetzung unter Miterben, Ehegatten, Eltern und Kindern oder auf testamentarischer Grundlage beruhen und auf die Dauer von mindestens zehn[717] Jahren[718] oder nach dem Tod des Beteiligten zu erbringen sind (§ 3 Abs. 1 Nr. 2 lit. a) PreisklauselG) oder

---

710 Auch die Parallelnorm zu § 3 Satz 2 WährG in den neuen Bundesländern, nämlich Art. 3 der Anlage I des Staatsvertrags v. 18.05.1990, war gem. Art. 9 § 3 des Euro-Einführungsgesetzes mit Wirkung ab 01.01.1999 in identischer Weise durch das PreisG und die PrKV ersetzt worden.
711 Damals zu erteilen durch das Bundesamt für Wirtschaft und Ausfuhrkontrolle (BAFA), Frankfurter Straße 29–31, 65760 Eschborn/Taunus, www.bafa.de.
712 BGBl. 2007 I, S. 2246; vgl. hierzu *Reul*, MittBayNot 2007, 445 ff.
713 *Reul*, MittBayNot 2007, 452; *ders.*, NotBZ 2008, 453, gegen OLG Celle, 14.09.2007 – 4 W 220/07, NotBZ 2008, 470 und *Wilsch*, NotBZ 2007, 431.
714 BGH, DNotZ 1984, 174; *Wolf*, ZIP 1981, 235.
715 BGH, 13.11.2013 – XII ZR 142/12, Tz. 24 ff.
716 Gem. § 6 PreisklauselG sind Preisklauseln stets zulässig in Verträgen zwischen inländischen Unternehmern und Gebietsfremden.
717 Gemessen zwischen Begründung der Verbindlichkeiten und Endfälligkeit.
718 Die Neufassung des § 3 Abs. 1 PreisklauselG durch BGBl. 2008 I, S. 2101 (Kraft-Wärme-Kopplungs-Förderungsgesetz) korrigiert das bisherige Redaktionsversehen, wonach sich die Zehn-Jahres-Frist nur auf die Fallgruppe b) bezog.

(3) für denselben Zeitraum (zehn Jahre bzw. nach dem Tod) vom Übernehmer eines Betriebes oder sonstigen Sachvermögens zur Abfindung eines Dritten zu erbringen sind (§ 3 Abs. 1 Nr. 2 lit. b) PreisklauselG).

Regelungen, die bereits bisher genehmigungsfrei waren, dürften künftig uneingeschränkt zulässig sein (insb. Wertsicherungen bei lediglich **künftigen oder bedingten**, noch nicht entstandenen Forderungen – z.B. die Anpassung eines Kaufpreises in einem Kaufangebot oder einem Ankaufsrecht, anders jedoch bei bereits entstandenen jedoch noch nicht fälligen, also betagten, Forderungen [etwa die Stundung eines Kaufpreises aus einem bereits abgeschlossenen Vertrag]).[719] Anpassungsregelungen, welche z.B. den Zeitraum zwischen Errichtung eines Testamentes und Eintritt eines darin angeordneten Vermächtnisses umfassen, sind damit genehmigungsfrei, wohingegen solche Regelungen ab Beginn des Vermächtnisses zwar genehmigungsbedürftig sind, aber unter § 3 Abs. 1 Nr. 2 lit. a) PreisklauselG (oben [2]) fallen.[720]

1772

Als Bezugsgröße zugelassen ist in den vorgenannten drei Fällen stets der nationale oder europäische Verbraucherpreisindex (Rdn. 1747 ff., § 3 Abs. 1 a.E. PreisklauselG); bei Zahlungen in Verträgen auf die Lebenszeit des Geldempfängers, bis zum Erreichen seiner Erwerbsfähigkeit, eines Ausbildungsziels oder der Altersversorgung auch die Entwicklung von Löhnen, Gehältern oder Renten (§ 3 Abs. 2 PreisklauselG) und bei wiederkehrenden Leistungen über mind. 10 Jahre bzw. mit 10-jähriger ordentlicher Kündigungssperre auch die Preisentwicklung von Gütern, die im Betrieb des Schuldners erzeugt werden, bzw. die Entwicklung der Grundstückspreise, wenn das Schuldverhältnis auf die land- oder forstwirtschaftliche Nutzung beschränkt ist.

1773

b) Regelungsbedarf

Regelungsbedürftig sind in diesem Fall
(1) der maßgebende Preisindex (in Betracht kommt nur mehr der »VPI«[721] = Verbraucherpreisindex für Deutschland, welcher den früheren Preisindex für die Gesamtlebenshaltung aller privaten Haushalte in Deutschland fortführt) auf der jeweils aktuellen Originalbasis[722] (derzeit 2010 = 100);
(2) ob die Neuanpassung »**von selbst**« eintritt oder es einer (wohl notwendigerweise schriftlichen) Geltendmachung bedarf (Rdn. 1783 ff.; Letzteres dürfte bei Zahlungsverpflichtungen zulasten privater Personen sachgerecht sein); weiter,
(3) ob eine solche Geltendmachung als Fälligkeits- oder aber als Entstehensvoraussetzung vereinbart ist (so dass in letzterem Fall nicht nur kein Verzug eintritt, sondern auch der veränderte Betrag nicht für die Vergangenheit nach- bzw. zurückgefordert werden kann[723]),
(4) ferner ob bei Beendigung der Zahlungspflicht infolge Ablebens des Berechtigten etwaige Rückstände vererblich sind oder bereits jetzt aufschiebend bedingt und befristet erlassen werden;

1774

1775

---

719 Vgl. *Gutachten*, DNotI-Report 2008, 17.
720 Vgl. *Gutachten*, DNotI-Report 2016, 25 ff.
721 Daneben existiert ein noch der »Harmonisierte Verbraucherpreisindex für die EU-Mitgliedstaaten«, HVPI, der jedoch in erster Linie dem Vergleich zwischen den Europäischen Mitgliedstaaten dient und für den Verbrauch in Deutschland nicht repräsentativ ist, vgl. *Elbel*, NJW 1999, Beilage zu Heft 48, S. 2 f.
722 Zu Umstellungen des Basisjahres vgl. OLG Celle, DNotZ 1969, 419. Mit Einführung eines neuen Basisjahres (jeweils im Fünf-Jahres-Abstand) wird der repräsentative Waren- und Dienstleistungskorb neu gefüllt. Die Textformulierung zur Maßgeblichkeit des jeweils aktuellen Basisjahres hat lediglich klarstellenden Charakter, vgl. *Kunz*, NJW 1969, 828.
723 Für letztere Auslegung plädiert BGH, 26.09.2014 – V ZR 58/14, ErbR 2015, 145 beim Wortlaut »Veränderungen sind jedoch nur zu berücksichtigen, wenn es verlangt wird.«

(5) die Festlegung, ob eine bestimmte Mindestveränderung (**Toleranzschwelle**) überschritten werden muss (üblich sind z.B. 5 %, teilweise auch – in Anlehnung an die Rechtsprechung zu § 323 ZPO a.F. – 10 %);
(6) schließlich auch, ob die Anpassung jeweils unmittelbar bei Überschreiten der Mindestschwankungsklausel oder aber (bei Privatpersonen vorzuziehen) nur in bestimmten **Zeitabständen** (z.B. in Anlehnung an § 9a ErbbauRG jeweils alle 3 Jahre) verlangt werden kann, und ob eine »verspätete« Geltendmachung (im Sinne von Nr. [3]) zu einer Verschiebung der Periode führt oder nicht.

▶ Formulierungsvorschlag: Zeitabhängige Indexgleitklausel als Wertsicherungsvereinbarung

1776 Ab dem 01.01. des auf den heutigen Beurkundungstag folgenden Jahres erhöht oder vermindert sich der Ausgangsbetrag dieser Leibrente jeweils alle 2 Jahre mit Wirkung ab dem 01.01. im gleichen prozentualen Verhältnis, wie sich der Verbraucherpreisindex für Deutschland, gemessen jeweils zum Stand Oktober des Vorjahres, verändert hat. Das Überschreiten einer bestimmten Mindestschwelle ist ebenso wenig erforderlich wie ein Anpassungsverlangen oder eine schriftliche Zahlungsaufforderung des durch die Änderung begünstigten Teils. Ab dem auf die Neufestsetzung eines Basisjahres (derzeit 2010 = 100 Punkte) folgenden Anpassungszeitpunkt wird auf die neue Basis übergegangen.

Es wird klargestellt, dass auch bei einer wesentlichen Veränderung der sonstigen Verhältnisse, etwa der Leistungsfähigkeit des Erwerbers oder des standesgemäßen Unterhaltsbedarfs des Veräußerers, keine weitergehende Abänderung der monatlichen Zahlung verlangt werden kann.

(Anm.: Es folgt die Bestellung einer Reallast sowie die Vollstreckungsunterwerfung wegen der schuldrechtlichen Zahlungspflicht, des dinglichen Titels und der persönlichen Haftung aus der Reallast jeweils in ihrer dynamisierten Höhe, vgl. unten Rdn. 1812 f.)

▶ Formulierungsvorschlag: Schwellen- und verlangensabhängige Indexgleitklausel als Wertsicherungsvereinbarung

1777 Die Beteiligten sind darüber einig, dass der Betrag der Leibrente wertbeständig sein soll. Sie soll sich daher nach Maßgabe der nachstehenden Vereinbarungen im gleichen prozentualen Verhältnis nach oben oder nach unten ändern können, wie der vom Statistischen Bundesamt in Wiesbaden festgestellte Verbraucherpreisindex (VPI) auf der jeweils aktuellen Originalbasis. Derzeit ist dies die Basis 2010 = 100 Punkte. Ab dem ersten auf eine Indexbasisneufestsetzung folgenden Berechnungszeitpunkt wird für die Zukunft auf die neue Originalbasis übergegangen.

Ausgangspunkt ist der Preisindex, der jeweils dem Berechnungszeitpunkt um 3 Monate vorausgeht. Derzeitiger Ausgangspunkt ist daher der Preisindex für den Monat ..... mit ..... Punkten auf der Basis 2010 = 100 Punkte.

Eine Anpassung kann jedoch erst verlangt werden, wenn die Änderung der Indexpunktzahl mehr als 5 % gegenüber dem für die letzte Anpassung maßgeblichen Referenzmonat beträgt.

Voraussetzung einer Änderung der Zahlungspflicht ist stets eine schriftliche Aufforderung des durch die Änderung begünstigten Teils, welche die für Anpassung maßgeblichen Indexzahlen zu bezeichnen hat. Der geänderte Betrag ist ab dem Monatsersten nach Zugang einer solchen Aufforderung fällig.

(Anm.: Folgt Sicherung durch Reallast und Vollstreckungsunterwerfung für den schuldrechtlichen Anspruch sowie die dingliche und persönliche Schuld aus der Reallast, jeweils jedoch nur für den Ausgangsbetrag, da das Erfordernis eines Anpassungsverlangens der »dinglichen Dynamisierung« entgegensteht.)

V. Ausgestaltung des Vorbehalts gem. § 323a ZPO/§ 239 FamFG analog

1778 Zur wirksamen Erfüllung der steuerlichen Mindestvoraussetzungen einer dauernden Last für Rechtsvorgänge vor dem 31.12.2007 (vgl. nunmehr Rdn. 1959 ff.) musste die **materielle Abänderbarkeit analog § 323 ZPO**/seit 01.09.2009: § 239 FamFG bzw. § 323a ZPO (analog)⁷²⁴ **tatsächlich** (d.h. nicht nur in formeller Hinsicht, etwa als Hinweis auf ein zuvor erforderliches Anpassungsverlangen bzw. die Notwendigkeit einer Klage) **vereinbart werden**, sofern nicht die übernommene Pflicht bereits ihrer Natur nach aufgrund der zeitabschnittsweise sich ändernden Umstände stets abänderbar ist (wie etwa bei Pflegeleistungen, der Pflicht zur Instandhaltung eines Wohngebäudes etc.). Unabhängig von der einkommensteuerlichen Wertung kann es auch zivilrechtlich dem Wunsch der Beteiligten entsprechen, bei wiederkehrenden Leistungen veränderten Verhältnissen über bloße Gleitklauseln (Inflationsanpassung) Rechnung zu tragen. Insoweit sind insb. folgende Themen regelungsbedürftig:

1. Anpassungsmaßstab bzw. Anpassungsmaßstäbe

Denkbar sind z.B. – in Anlehnung an unterhaltsrechtliche Bestimmungen – der Bedarf des Veräußerers⁷²⁵ und/oder die (näher zu definierende) Leistungsfähigkeit des Erwerbers; ferner – mit geringeren Schwankungsbreiten – konkret erzielte oder aber nach Marktmiete erzielbare Erträge aus dem Zuwendungsobjekt etc. (Beispiel für Letzteres s. Rdn. 1788).

1779

Bei allen Maßstäben, die auf Umstände in der Person des Erwerbers abstellen, insb. dessen Leistungsfähigkeit, ist besondere Vorsicht geboten.⁷²⁶ Da kein Fall der gesetzlichen Unterhaltsgewährung vorliegt, muss durch Parteivereinbarung definiert werden,
(1) welchen Selbstbehalt der Zahlungsverpflichtete bei der Heranziehung seines Einkommens verteidigen kann (etwa orientiert an den Schongrenzen des Elternunterhalts, Rdn. 904) und
(2) ob darüber hinaus eine Verpflichtung zur Verwertung von Vermögen besteht, etwa des übertragenen Vermögens, oder gar auch vorhandener sonstiger Vermögenswerte, jedoch wohl nicht eines selbst genutzten Wohnobjekts.

Zumindest der Veräußerer geht (verführt durch die dingliche Haftung, welche die Sicherungsreallast vermittelt) typischerweise davon aus, der übertragene Gegenstand müsse notfalls zu seiner Versorgung verwertet werden; anderenfalls könnte der Erwerber bei alleinigem Abstellen auf die liquiden im Elternunterhalt einzusetzenden Einkünfte – sofern kein Mindestbetrag vereinbart ist (Rdn. 1750, 1787) – rasch eine Herabsetzung der dauernden Last auf Null beantragen mit der Folge, dass auch die Sicherungsreallast keine weitere Verwertungsmöglichkeit eröffnen würde. Aus Sicht des Veräußerers soll also die Berufung auf eine Reduzierung der Leistungsfähigkeit solange nicht eröffnet sein, wie der übertragene Gegenstand seinerseits nicht (gleichgültig durch wen, auch durch einen Zweitbeschenkten) verwertet wurde bzw. der Verwertungserlös noch nicht vollständig zur Erfüllung der dauernden Last verwertet wurde; ab dann gelten die Berechnungsgrundsätze des Elternunterhalts, jedoch begrenzt auf die Heranziehung des Einkommens (Beispiel s.u. Rdn. 1784).

1780

2. Schutz gegen atypische Entwicklungen

Ein »Ausreißen« der Höhe der dauernden Last bei Veränderungen des Maßstabkriteriums, die außerhalb des übernommenen Risikobereichs liegen, muss als Regelungsaufgabe gesehen und berücksichtigt werden. So wird regelmäßig eine Veränderung des Bedarfs, die durch den Wegzug des Veräußerers aus dem übertragenen Objekt herrührt, ausdrücklich ausgeschlossen (s. im Ein-

1781

---

724 § 239 FamFG regelt seit dem 01.09.2009 die Anpassung von Unterhaltstiteln in vollstreckbaren Urkunden, § 323a ZPO die Anpassung anderer wiederkehrender Leistungen als Unterhaltsansprüche in vollstreckbaren Urkunden (§ 238 FamFG wiederum erfasst die Anpassung gerichtlicher Unterhaltstitel).
725 Allein auf diesen abstellend z.B. *Mayer, J.*, Der Übergabevertrag, Rn. 364; *Bauer/Münch*, ZEV 2007, 12, halten jedoch das Vorliegen einer dauernden Last im steuerrechtlichen Sinn (s.o. Rdn. 1745 ff.) dann nicht für gesichert.
726 Vgl. *Bauer/Münch*, ZEV 2007, 6 ff., die empfehlen, die Leistungsfähigkeit so lange als gegeben zu vereinbaren, wie der Gegenstand der vorweggenommenen Erbfolge sich noch im Vermögen des Erwerbers befindet. Damit könnte sich dieser jedoch durch schlichte (auch unentgeltliche) Weiterveräußerung seiner Leistungsfähigkeit entledigen.

zelnen Rdn. 1648 ff.). Damit ist sowohl das Risiko einer dauernden Heimunterbringung aus medizinischen Gründen als auch z.B. der Wunsch des Veräußerers, seinen Lebensabend in südlichen Mittelmeergefilden zu verbringen, irrelevant. Eine Regelung, die ausschließlich den Fall der Heimunterbringung ausnimmt, dürfte jedoch wegen Verstoßes gegen das sozialhilferechtliche Nachrangprinzip (Sozialstaatswidrigkeit, § 138 BGB) unwirksam sein.

3. Maßgeblichkeitsgrenze

1782 Im Regelfall wird in Anlehnung an die gerichtliche Auslegung des § 239 FamFG/§ 323a ZPO eine mind. 10 %ige Veränderung des Kriteriums Voraussetzung sein. Unterliegt die Höhe der wiederkehrenden Leistung zusätzlich der Wertsicherung, ist das Verhältnis beider Anpassungsmechanismen zu klären:
(1) Thematisch ergeben sich i.d.R. keine Schnittmengen (die Wertsicherung kommt allein hinsichtlich der Geldentwertung zum Tragen, § 323 ZPO fängt die übrigen Risiken auf);
(2) rechnerisch werden beide Mechanismen i.d.R. sich dergestalt ergänzen, dass die stufenweise prozentuale Veränderung zufolge § 323a ZPO jeweils auf den zuletzt erreichten Stand aufsattelt, auch wenn dieser zwischenzeitlich infolge der Wertsicherung sich erhöht hat (mithin die Wertsicherungsdifferenz ihrerseits ebenfalls an der prozentualen Veränderung zusätzlich teilnimmt).

4. Anpassungsmechanismus

1783 Entsprechend § 323a ZPO wird die Anpassung nicht i.S.e. automatischen Änderung des Schuldinhalts, sondern als Recht, die Anpassung zu verlangen, ausgestaltet. Es bedarf in diesem Fall der ausdrücklichen Einigung über den neuen Zahlbetrag, die ggf. auf gerichtlichem Weg herbeigeführt werden muss. Für die Vergangenheit, also vor Ausübung des Anpassungsverlangens, wird die Rück- oder Nachforderung (ähnlich wie im Unterhaltsrecht) i.d.R. ausgeschlossen werden. Zu bedenken ist jedoch, dass das Recht, die Anpassung zu verlangen, als unselbstständiges Gestaltungsnebenrecht zusammen mit der Reallast im Fall der Überleitung auf den Sozialleistungsträger gem. § 93 SGB XII auf Letzteren übergeht und somit jedenfalls für die Zukunft geltend gemacht werden kann.

1784 Die Finanzverwaltung[727] verlangt (über § 761 BGB hinaus) zur steuerlichen Anerkennung des geänderten Betrages dessen gemeinsame schriftliche Niederlegung (»Dokumentationspflicht«).

Eine solche steuerrechtlich als dauernde Last zu qualifizierende Abrede (mit der oben Rdn. 1779 erläuterten Definition der Leistungsfähigkeit, jedoch ohne zusätzliche Wertsicherung) könnte etwa wie folgt formuliert sein:

▶ **Formulierungsvorschlag: Dauernde Last ohne Wertsicherung (unterhaltsähnliche Maßstäbe)**

1785 Der Erwerber verpflichtet sich, dem Veräußerer auf dessen Lebensdauer jeweils im Voraus am Monatsersten, erstmals am ....., als dauernde Last einen Betrag von monatlich ..... € zu entrichten.

Dieser Betrag ist nicht an die Entwicklung eines Preisindex gekoppelt (Inflationssicherung). Bei einer wesentlichen, d.h. 10 % übersteigenden, Veränderung der heutigen Verhältnisse, insbesondere der Bedürfnisse des Veräußerers, der Kaufkraft des Geldes oder der Leistungsfähigkeit des Erwerbers, ist jeder Vertragsteil entsprechend § 323a ZPO berechtigt, eine entsprechende Anpassung der monatlichen Zahlung für die Zukunft schriftlich zu verlangen. Die Beteiligten sind in diesem Fall verpflichtet, den neuen Zahlbetrag und den Beginn der Änderung schriftlich festzulegen.

---

[727] BMF, 02.08.2011 – IV C 3 – S 2221/09/10031, ErbStB 2011, 338; OFD Frankfurt/Main, 19.08.2011, ZEV 2011, 616, jeweils im Anschluss an BFH, 15.09.2010 – X R 13/09, ZEV 2011, 98 m. Anm. *Geck*, vgl. Rdn. 6417.

E. Wiederkehrende Geldleistungen/Reallasten Kapitel 4

Verlässt der Veräußerer das übergebene Anwesen, führt ein dadurch ausgelöster Mehrbedarf jedoch zu keiner Anpassung, es sei denn, der Schuldner hätte den Wegzug zu vertreten. Eine Reduzierung seiner Leistungfähigkeit kann der Erwerber erst geltend machen, wenn das heutige Vertragsobjekt vollständig zur Begleichung der dauernden Last verwertet wurde; ab dann sind die Grundsätze der Heranziehung von Einkommen beim Elternunterhalt maßgeblich.

Die Verpflichtung ist vererblich; beim Tod des Berechtigten etwa noch rückständige Zahlungen sind jedoch nicht vererblich und werden bereits jetzt erlassen.

▶ Hinweis:

Die Bestellung einer Reallast sowie die Vollstreckungsunterwerfung wegen des schuldrechtlichen Anspruchs, des dinglichen und persönlichen Titels aus der Reallast, beziehen sich in diesem Fall lediglich auf den vorstehend vereinbarten Ausgangsbetrag!   1786

Soll das Risikogefüge zugunsten des Veräußerers verschoben werden, bleibt das Anpassungskriterium der »Leistungsfähigkeit des Schuldners« unerwähnt und/oder es wird ein **bestimmter Mindestbetrag**, der nicht unterschritten werden darf, **vereinbart**.   1787

Soll zugunsten des Erwerbers eine Risikoreduzierung erreicht werden, könnte eine **Obergrenze** vereinbart werden und/oder das Kriterium der Veränderung der standesgemäßen Unterhaltsbedürfnisse des Veräußerers entfallen.

Zur Verdeutlichung dient eine dauernde Last, die sich an den Erträgen eines (zugewendeten) Unternehmens orientiert, solange dies noch unter der Kontrolle des Erwerbers steht, mit Kappungsgrenze nach unten: 1788

▶ Formulierungsvorschlag: Dauernde Last ohne Wertsicherung (Maßstab: Jahresüberschuss/mit Mindestbetrag)

Der Erwerber verpflichtet sich, dem Veräußerer auf dessen Lebensdauer jeweils im Voraus am Monatsersten, erstmals am ....., als dauernde Last einen Betrag von monatlich ..... € zu entrichten.   1789

Die Vertragsparteien sind sich darüber einig, dass diese Versorgungsleistungen bestimmt und geeignet sind, den Lebensunterhalt des Berechtigten zu gewährleisten. Die Höhe der Versorgungsleistungen wurde so bemessen, dass sie etwa der Hälfte des durchschnittlichen Jahresüberschusses der A-GmbH entspricht, bezogen auf das abgelaufene Geschäftsjahr 2016.

Bei einer wesentlichen, d.h. 25 % übersteigenden, Veränderung des Jahresüberschusses (§ 275 Abs. 2 Nr. 20 bzw. Abs. 3 Nr. 19 HGB) künftiger Geschäftsjahre der A-GmbH im Vergleich zum Geschäftsjahr 2016 ist jeder Vertragsteil entsprechend § 323a ZPO berechtigt, eine prozentual entsprechende Anpassung der monatlichen Zahlung schriftlich zu verlangen, und zwar jeweils mit Wirksamkeit ab dem 01.07. des dem betreffenden Geschäftsjahr folgenden Jahres. Der Schuldner hat unaufgefordert die Gewinn- und Verlustrechnung der A-GmbH vorzulegen.

In keinem Fall kann die geschuldete Versorgungsleistung jedoch ..... € unterschreiten. Weder der Ausgangsbetrag noch dieser Mindestbetrag ist an die Entwicklung eines Preisindex gekoppelt (keine Inflationssicherung).

Die Verpflichtung ist vererblich; beim Tod des Berechtigten etwa noch rückständige Zahlungen sind jedoch nicht vererblich und werden bereits jetzt erlassen.

Sind der Schuldner und/oder dessen Angehörige i.S.d. § 15 AO an der A-GmbH nicht mehr unmittelbar oder mittelbar zu mind. 50 % beteiligt, kann der Berechtigte nach seiner Wahl die Fortzahlung der dauernden Last als Fixbetrag in der zuletzt geschuldeten Höhe, alternativ in Höhe des Ausgangsbetrags, jeweils auf Lebenszeit, oder aber die Kapitalisierung des zuletzt geschuldeten oder des Ausgangsmonatsbetrags durch Einmalzahlung gem. der Tabelle i.S.d. § 14 Abs. 1 Satz 4 BewG verlangen.

▶ Hinweis:

Die Bestellung einer Reallast sowie die Vollstreckungsunterwerfung wegen des schuldrechtlichen Anspruchs, des dinglichen und persönlichen Titels aus der Reallast, beziehen sich in diesem Fall lediglich auf den vorstehend vereinbarten Ausgangsbetrag!

1790 Falls es sich – anders als in vorstehendem Vorschlag – zugleich um eine z.B. an die Geldentwertung anknüpfende Gleitklausel handelt (die mit einem weiteren Anpassungsvorbehalt gem. § 323 ZPO/seit 01.09.2009: § 239 FamFG bzw. § 323a ZPO [analog[728] kombiniert ist), muss zur Vermeidung der Unzulässigkeit wegen Verstoßes gegen das fortgeltende Einseitigkeitsverbot (vgl. § 2 Abs. 1 Satz 1 PrKV a.F.) sowohl eine Ober- als auch eine Untergrenze vereinbart werden und diese gleich weit entfernt vom Ausgangsbetrag liegen, entsprechend der bisherigen Genehmigungspraxis durch das Bundesamt für Wirtschaft und Ausfuhrkontrolle.

Zur **ertragsteuerlichen Problematik solcher Begrenzungsklauseln** für Rechtsvorgänge bis Ende 2007 (Aufspaltung in einen Sockelanteil = Leibrente und darüber hinausgehende Komponente = dauernde Last?) s. Rdn. 1751.

VI. Sicherung

1. Vollstreckungsunterwerfung

1791 Neben der nachstehend (Rdn. 1797 ff.) behandelten dinglichen Absicherung (z.B. durch Reallast oder Grundschuld) wird regelmäßig die wiederkehrende Leistung, d.h. der einzelne aus dem Leibrentenstammrecht fließende Zahlungsanspruch oder aber die jeweilige Zahlungspflicht in ihrer abänderlichen Höhe, durch Vollstreckungsunterwerfung (§ 794 Abs. 1 Nr. 5 ZPO) abgesichert. Dadurch tritt allerdings wegen § 197 Abs. 2 BGB (entgegen § 197 Abs. 1 Nr. 4 BGB) keine Verlängerung der Verjährung auf 30 Jahre ein; hierzu bedürfte es einer vertraglichen Verjährungsverlängerung gem. § 202 Abs. 2 BGB, Rdn. 1826. Der hiervon erfasste Anspruch muss in der Vollstreckungsunterwerfungserklärung, einer Erklärung prozessualer Natur, ausreichend bezeichnet sein und aus der Urkunde i.V.m. **allgemein zugänglichen öffentlichen Daten ermittelt** werden können.

1792 Dies ist bei **bloßen Wertsicherungsgleitklauseln** der Fall,[729] da die zur Berechnung maßgeblichen Größen in allgemein zugänglichen Quellen (www.destatis.de) zur Verfügung stehen (Offenkundigkeit i.S.d. § 291 ZPO), jedenfalls sofern die Betragshöhe, auch bei Schwellenabhängigkeit, nicht von einem Voluntativakt (Anpassungsmitteilung o.Ä.) abhängt. Die Ermittlung der exakten Höhe im Fall der Verwertung ist nicht Gegenstand des Klauselerteilungsverfahrens, sondern Aufgabe des Vollstreckungsorgans.[730] Dabei hat es der BGH zugelassen, anstelle umfangreicher Rückrechnungen zur Ermittlung der bisherigen Schwellensprünge (z.B. Überschreiten von jeweils 10 %) »von einem unmittelbaren proportionalen Verhältnis der geschuldeten Rente zum Index« auszugehen. Demnach kann der nunmehr allein maßgebliche Verbraucherpreisindex für Deutschland (VPI) mit einem Stand von 99,1 Punkten für den Monat Dezember 1999, in welchem die

---

728]§ 239 FamFG regelt seit 01.09.2009 die Anpassung von Unterhaltstiteln in vollstreckbaren Urkunden, § 323a ZPO die Anpassung anderer wiederkehrender Leistungen als Unterhaltsansprüche in vollstreckbaren Urkunden [§ 238 FamFG wiederum erfasst die Anpassung gerichtlicher Unterhaltstitel].

729 BGH, 10.12.2003 – XII ZR 155/01, NotBZ 2004, 103 (zu gerichtlichen Vergleichen gem. § 794 Abs. 1 Nr. 1 ZPO); Gleiches gilt für vollstreckbare notarielle Urkunden gem. § 794 Abs. 1 Nr. 5 ZPO (BGH, 10.12.2004 – IXa ZB 73/04, MittBayNot 2005, 329).

730 So jedenfalls der Sachverhalt des BGH, 10.12.2004 – IXa ZB 73/04, MittBayNot 2005, 329; a.A. *Wolfsteiner*, Die vollstreckbare Urkunde, Rn. 36.16, 26.8., sieht dies jedoch als Bestandteil des Klauselerteilungsverfahrens (§ 726 ZPO). Übernimmt der Notar dies, erhält er eine Gebühr nach KV Nr. 23803 GNotKG = § 133 Satz 1 KostO.

bisherigen Indizes zuletzt amtlich ermittelt wurden, »rückgerechnet« werden auf seinen fiktiven früheren Stand zum Beginn der Referenzperiode.

▶ Beispiel:[731]

Ermittelt werden soll der aktuelle Stand einer Rente mit Ausgangsbetrag von 500,00 DM = 255,65 € nach der Indexänderung des »Preisindex für die Lebenshaltung von Vier-Personen-Haushalten von Arbeitern und Angestellten mit mittlerem Einkommen, Basisjahr 1985« ggü. dem Stand Januar 1991 (108,5 Punkte) bis Januar 2002: Der historische Index belief sich im Dezember 1999 auf 131,4 Punkte; der Verbraucherpreisindex (VPI 2000) im selben Monat auf 99,1 Punkte (im Januar 2002 auf 102,9 Punkte). Die hypothetische Rückrechnung des VPI auf den Monat Januar 1991 ergibt: 99,1 mal 108,5 geteilt durch 131,4, also 81,8 Punkte. Zugrunde zu legen ist also die prozentuale Anpassung, die dem Verhältnis 102,9 zu 81,8 entspricht, mithin auf 321,59 € monatlich.

1793

Bei indexabhängigen wiederkehrenden Leistungen der schuldrechtliche Zahlungsanspruch könnte demnach wie folgt »tituliert« werden:

1794

▶ Formulierungsvorschlag: Vollstreckungsunterwerfung bei wertgesicherter schuldrechtlicher Zahlung

Der Erwerber unterwirft sich wegen der vorstehend vereinbarten schuldrechtlichen Zahlungspflicht in Höhe des Ausgangsbetrags von ..... € monatlich und der vereinbarten Änderungen, die sich aus der Entwicklung des Verbraucherpreisindex für Deutschland ergeben, der sofortigen Zwangsvollstreckung aus dieser Urkunde in sein Vermögen mit der Maßgabe, dass vollstreckbare Ausfertigung auf Antrag des Gläubigers ohne weitere Nachweise erteilt werden kann.

1795

Nicht ausreichend bestimmt i.S.d. § 794 Abs. 1 Nr. 5 ZPO sind jedoch **echte dauernde Lasten** im steuerrechtlichen Sinn, die von konkreten Einzelumständen, etwa in der Person des Veräußerers oder Erwerbers, abhängig sind.

1796

In letzterem Fall ist jedoch zu erwägen, ein **abstraktes Schuldanerkenntnis** des Erwerbers in einer ziffernmäßig bestimmten Höhe aufzunehmen, wegen dessen die Vollstreckungsunterwerfung erklärt werden kann. Um nicht einer Kondiktion oder teilweisen Kondiktion dieses Schuldanerkenntnisses zu unterliegen, sollte der Veräußerer jedoch die vollstreckbare Ausfertigung nur für solche Beträge oder Teilbeträge in Anspruch nehmen, die nach dem tatsächlich erreichten Stand des für die Anpassung der dauernden Last maßgeblichen Kriteriums auch tatsächlich geschuldet sind.

2. Dingliche Sicherung durch Reallast (§ 1105 BGB)

a) Arten

I.d.R. wird neben der schuldrechtlichen Leibrentenverpflichtung zur dinglichen (objektbezogenen) Absicherung eine Reallast (§§ 1105 ff. BGB) bestellt. Vorsorglich sei darauf hingewiesen, dass insoweit ergänzend (Art. 115 EGBGB) landesrechtliche Bestimmungen gelten können, die bspw. ewige Reallasten, die nicht auf feste Geldrenten gerichtet sind, verbieten,[732] oder die (etwa in Nordrhein-Westfalen, Niedersachsen und Bremen) dem Grundstückseigentümer einen gesetzlichen Anspruch auf Ablösung der Reallast gegen Zahlung einer (auf den 25-fachen Jahresbetrag gedeckelten) Abfindung gewähren.[733] Einleitend das Gerüst einer BGB-Reallast:

1797

---

731 Nach *Amann/Hertel*, Aktuelle Probleme der notariellen Vertragsgestaltung 2004/2005 (DAI-Skript), S. 181.
732 Z.B. Art. 30 PreußAGBGB i.V.m. § 22 Abs. 2 des NRW-Gesetzes v. 28.11.1961; zulässig sind jedoch auch dort Reallasten für zeitlich befristete Naturalleistungen, vgl. *Lange-Parpart*, RNotZ 2008, 384.
733 Krit. hiergegen *Sokolowski*, ZfIR 2011, 65.

▶ **Formulierungsvorschlag: Bestellung einer Reallast**

1798 Der Erwerber bestellt dem Veräußerer zur Sicherung der vorstehend vereinbarten Zahlungspflicht in Höhe des Ausgangsbetrags von ..... € monatlich eine Reallast an FlSt. ..... der Gemarkung .... Beide Beteiligten bewilligen und beantragen, diese Reallast auf Kosten des Erwerbers in das Grundbuch Blatt ..... an nächstoffener Rangstelle einzutragen mit dem Vermerk, dass zur Löschung der Nachweis des Todes des Berechtigten genügt, was hiermit vereinbart wird.

1799 Reallast und schuldrechtliche Leibrentenzahlung sind (vergleichbar der Grundschuld zur Sicherung von Verbindlichkeiten) durch eine **Sicherungsabrede** miteinander verknüpft.[734] Ist die geschuldete wiederkehrende Leistung (etwa aufgrund Anpassung analog § 323 ZPO) entfallen, besteht aus dem Sicherungsvertrag nach Wahl des Eigentümers Anspruch auf Aufhebung (§ 875 BGB) oder auf Abtretung der Reallast[735] (Entstehung einer Eigentümerreallast), der gepfändet werden kann. Die Sicherungsabrede kann sogar **verdinglicht werden**, indem die gegenseitige Anrechnung der Zahlung aus der schuldrechtlichen Rentenverpflichtung und den dinglichen Ansprüchen aus der Reallast als Leistungsverweigerungsrecht im Weg einer Einrede bei der grundbuchlichen Reallast eingetragen wird, so dass sowohl der jeweilige Rentenzahlungsverpflichtete als auch der jeweilige Grundstückseigentümer (insb. der Rechtsnachfolger) die Zahlung verweigern darf, wenn bereits aus der anderen Verpflichtung geleistet wurde.[736]

▶ **Formulierungsvorschlag: Sicherungsreallast**

1800 Die Zahlungen aus der schuldrechtlichen Rentenverpflichtung und den dinglichen Ansprüchen aus der Reallast sind jeweils gegeneinander anzurechnen. Dem Rentenverpflichteten und dem Grundstückseigentümer steht ein Leistungsverweigerungsrecht als Einrede zu, wenn der Rentenbetrag aus einer dieser Verpflichtungen geleistet wurde. Die Eintragung der Einrede des Eigentümers in das Grundbuch bei der Reallast wird bewilligt und beantragt.

1801 Gem. § 1105 Abs. 1 BGB bildet die Reallast ein beschränkt dingliches Recht des Inhalts, dass zugunsten des Begünstigten (denkbar ist gem. § 1105 Abs. 2 BGB auch eine subjektiv-dingliche Reallast zugunsten des jeweiligen Eigentümers eines anderen Grundstücks) wiederkehrende Leistungen »**aus dem Grundstück**« zu entrichten sind. Die Formulierung »aus dem Grundstück« verweist auf das dingliche Verwertungsrecht (§ 1147 BGB: Duldung der Zwangsvollstreckung), das durch den dinglichen Anspruch der Reallast vermittelt wird, setzt also nicht voraus, dass tatsächlich Erträge des Grundstücks Gegenstand der wiederkehrenden Leistung sein müssen.

1802 Die Reallast hat außerordentliche wirtschaftliche Bedeutung nicht nur bei Altenteilsverträgen (Pflegeverpflichtung!), Grundstückskaufverträgen gegen wiederkehrende Leistungen, sondern auch für Pflichten zur Unterhaltung einer baulichen Anlage[737] oder im Nachbarschaftsverhältnis, Pflichten zur Freistellung von Ansprüchen Dritter[738] und im Bereich der sog. »**Industriereallasten**« (z.B. Recht auf Strombezug). Entsprechende Anwendungen finden die Bestimmungen z.B. auf die Überbaurente (§§ 912, 914 Abs. 3 BGB), die Notwegerente (§ 917 BGB), den Erbbauzins (§ 9 ErbbauRG) und Unterhaltungspflichten im Rahmen einer Grunddienstbarkeit (§ 1021 BGB).

---

734 Sind die gesicherten wiederkehrenden Leistungen ihrerseits auf die Lebenszeit des Berechtigten beschränkt, kann bei der Sicherungsreallast eine Löschungserleichterungsklausel gem. § 23 Abs. 2 GBO eingetragen werden (vgl. OLG Düsseldorf, DNotI-Report 2002, 134).
735 Nach Erlöschen der Reallast infolge Zuschlags setzt sich der Rückgewähranspruch am Erlösanteil fort.
736 Vgl. OLG Hamm, FGPrax 1998, 9; LG Augsburg, MittBayNot 2005, 47; OLG Frankfurt, 07.02.2013 – 20 W 399/12; *Lange-Parpart*, RNotZ 2008, 382; *Grziwotz*, MittBayNot 2010, 341.
737 *Schöner/Stöber*, Grundbuchrecht, Rn. 1299.
738 LG Memmingen, MittBayNot 1995, 212: Verkäufer eines mit Reallast belasteten Grundstücks hat den Käufer von den Reallastpflichten freizustellen; letztere Pflicht wird durch Reallast auf anderem Verkäufergrundstück gesichert.

E. Wiederkehrende Geldleistungen/Reallasten

b) dingliche Voraussetzungen

Die wiederkehrenden Leistungen i.S.d. § 1105 BGB brauchen (im Unterschied zur Rentenschuld, § 1199 BGB) nicht in regelmäßigen Abständen wiederzukehren; es muss sich jedoch um **mehrere Leistungen** handeln. Einmalige Leistungen sind jedoch (als gewohnheitsrechtliche Ausnahme) dann reallastfähig, wenn sie wiederkehrende Leistungen ergänzen, z.B. die Tragung der Kosten der Beerdigung[739] [ihre grundbuchliche Sicherung verhindert freilich die Verwendbarkeit einer Löschungserleichterungsklausel für die Reallast gem. § 23 Satz 2 GBO], die Ausstattung der Geschwister, zur Auszahlung einer Nachabfindung an Dritte bei Veräußerung.[740] Die Leistungen können unterschiedliche Höhe haben, müssen aber (als Ausfluss des allgemeinen sachenrechtlichen Bestimmtheitsprinzips, zur Kapitalisierbarkeit in der Zwangsversteigerung gem. §§ 92, 121 ZVG und zur Ermittlung der Vorbelastungen durch nachrangige Gläubiger) **ausreichend bestimmbar** sein, vgl. auch § 1105 Abs. 1 Satz 2 BGB und Rdn. 1808. Hierfür genügen auch allgemein gehaltene Verpflichtungen[741] (Betrieb, Wartung und Unterhaltung/Instandhaltung eines Bauwerkes,[742] Stellung einer Pflegeperson,[743] Tragung der Kosten der Unterbringung in einem Altenheim),[744] die mit ihrem ungünstigsten Jahreswert anzusetzen sind.

1803

Diese Rechtsprechung ist zwischenzeitlich in § 1105 Abs. 1 Satz 2 BGB (der über § 9 Abs. 1 ErbbauRG nunmehr auch unmittelbar für Erbbauzinsreallasten gilt, demnach das dortige Dynamisierungsproblem regelt) gesetzlich normiert. Reallastfähig sind demnach Wertsicherungsvereinbarungen (ohne Rücksicht auf ihre Genehmigungsbedürftigkeit oder -fähigkeit nach § 2 PreisG), die objektiv und zuverlässig feststellbar sind, den Beginn der neuen Leistungsverpflichtung festlegen und Gewähr für den Fortbestand des Maßstabs Lebenshaltungskostenindizes, Beamtengehälter[745] etc. sind ohne Zweifel ausreichend. Die Rechtsprechung lässt auch den Bezug auf den Wert des belasteten Grundstücks[746] oder den Mietwert einer bestimmten Wohnung genügen,[747] nicht jedoch die jeweiligen Kosten der vom Berechtigten auszuwählenden Mietwohnung[748] oder die jeweiligen Bezüge einer individuellen Person[749] oder den schlichten »Unterhalt für den Notfall«.[750]

1804

Fraglich ist, ob allgemeine Formulierungen wie etwa »*die Gewährung des standesgemäßen Unterhalts*« ausreichend bestimmbar und damit reallastfähig sind.[751] Die schlichte Abhängigkeit von »*der Leistungsfähigkeit des Schuldners*«[752] oder »*der Entwicklung der wirtschaftlichen Verhältnisse*«[753]

1805

---

739 OLG Hamm, DNotZ 1973, 376.
740 *Mayer/Geck,* Der Übergabevertrag, § 7 Rn. 84; kritisch insoweit *Lange-Parpart,* RNotZ 2008, 394 ff.
741 Vgl. im Einzelnen *Böttcher,* ZNotP 2011, 122, 130 sowie *Mayer/Geck,* Der Übergabevertrag, § 7 Rn. 86 ff.
742 OLG Düsseldorf, RNotZ 2004, 94, 95.
743 LG Aachen, Rpfleger 1986, 211.
744 LG München II, MittBayNot 1990, 244.
745 BGHZ 22, 54.
746 BGHZ 22, 220 (in Erbbaurechtsverträgen für Wohnzwecke kann aber § 9a ErbbauRG entgegen stehen).
747 LG Nürnberg-Fürth, MittBayNot 1992, 278.
748 KG, DNotZ 1985, 707.
749 KG, OLGE 43, 227.
750 OLG Düsseldorf, MittRhNotK 1990, 167.
751 Das BayObLG hat in der Entscheidung MittBayNot 1993, 370, angekündigt, dass es von der insoweit früheren großzügigeren Rspr. abrücken werde. Der BGH, DNotI-Report 1995, 168, hat jedoch die Bedenken des BayObLG insoweit nicht geteilt und sich für die Reallastfähigkeit solcher Vereinbarungen ausgesprochen, wenn nur die höchstmögliche Belastung des Grundstücks für jeden Dritten erkennbar ist und der Umfang der Haftung zu einem bestimmten Zeitpunkt aufgrund der in der Eintragungsbewilligung enthaltenen Voraussetzung bestimmt werden kann; vgl. im Überblick *Lange-Parpart,* RNotZ 2008, 388 ff.
752 LG Memmingen, MDR 1981, 766.
753 BayObLG, DNotZ 1980, 94.

bzw. »*den Unterhaltsbedürfnissen des Gläubigers*«[754] genügt wohl nicht. Zur Bestimmbarkeit bei Natural- und Dienstleistungspflichten vgl. Rdn. 1808. Werden die Voraussetzungen an die Bestimmbarkeit der wiederkehrenden Leistungen nicht eingehalten, verbleibt nur die dingliche Sicherung über eine Grundschuld, deren Höhe der kapitalisierten voraussichtlichen Gesamtzahlungssumme entsprechen sollte, oder aber die Sicherung durch eine Reallast, die sich hinsichtlich des dinglichen und des persönlichen Anspruchs ausdrücklich nur auf den jeweils vereinbarten Ausgangsbetrag beschränkt. Die Anpassungsverpflichtung kann dann, sofern dem geringeren Bestimmbarkeitsmaßstab des Schuldrechts genügend, durch Vormerkung gesichert werden.[755]

▶ **Formulierungsvorschlag: Reallast nur für den Ausgangsbetrag**

1806 Die vorstehend vereinbarte und zur Eintragung bewilligte Reallast sichert lediglich den Ausgangsbetrag der geschuldeten wiederkehrenden Leistungen; die weiteren Anpassungsvereinbarungen und -vorbehalte sind nicht Bestandteil des dinglichen Rechts, sondern schuldrechtliche Abreden.

c) *Verwertung*

1807 Gem. § 1107 BGB finden »*auf die einzelnen Leistungen die für Zinsen einer Hypothekenforderung geltenden Vorschriften entsprechende Anwendung*«. Gemeint sind damit die dinglichen Ansprüche auf wiederkehrende Leistungen der Vergangenheit und der Zukunft, die bereits mit der wirksamen Bestellung der Reallast entstehen, jedoch erst mit Erreichen des bestimmten Zeitraums fällig werden.[756] §§ 1105, 1107 BGB gewähren dem Berechtigten einen dinglichen Anspruch auf Befriedigung **wegen jeder einzelnen Leistung**, der durch Zwangsvollstreckung in das Grundstück geltend zu machen ist. Es bedarf hierzu eines dinglichen Titels, der – da die Reallast in § 800 Abs. 1 ZPO nicht genannt ist – nicht bereits im Vorhinein mit Wirkung gegen den jeweiligen Grundstückseigentümer geschaffen werden kann. Erforderlich ist vielmehr die **Klauselumschreibung** gem. §§ 795, 727, 325 Abs. 3 ZPO, bzgl. der Vollstreckungsunterwerfung des konkreten Eigentümers selbst (§ 794 Abs. 1 Nr. 5 ZPO).

1808 Die wiederkehrenden Leistungen, für die das Grundstück haftet, können auch Natural-, z.B. Dienstleistungen sein. In Bezug auf deren sachenrechtliche Bestimmbarkeit (§ 1105 Abs. 1 Satz 2 BGB) ist die Rechtsprechung noch großzügiger als bei unmittelbaren Geld- (Unterhalts-)Leistungen, vgl. Rdn. 1805. Ausreichend ist z.B. »die Verpflichtung zur Wart und Pflege, soweit dem Verpflichteten zumutbar«,[757] ebenso Pflichten »zur Erbringung freier Kost«,[758] »zur Tragung der Kosten in einem Alten- und Pflegeheim«[759] oder zur Stellung einer Pflegeperson.[760]

1809 Möglich ist gem. § 1147 BGB aus Reallasten nur die Befriedigung wegen Geldforderungen, so dass bei **Natural- oder Dienstleistungen,** z.B. Pflegeleistungen, eine vorherige materiell-rechtliche[761] Umwandlung in einen Geldersatzanspruch, z.B. gem. § 283 BGB, erfolgen muss (Erstattung der Kosten externer Pflegekräfte aufgrund unterlassener eigener Pflegetätigkeit). Erfasst vom Vollstreckungszugriff sind alle Gegenstände, die der Hypothekenhaftung unterliegen (§§ 1120 bis 1130 BGB).

---

754 BayObLG, DNotZ 1993, 743.
755 Eine solche Vormerkung bietet jedoch naturgemäß keinen Schutz gegen den Anspruch auf Löschung der Reallast selbst, sofern die Leistungen des Stammrechts unstreitig bezahlt wurden; vgl. OLG Koblenz, 26.06.2006 – 12 U 446/04, NotBZ 2007, 374.
756 BGH, Rpfleger 1978, 207.
757 BGH, NJW 1995, 2780.
758 OLG Hamm, RPfleger 1959, 381.
759 LG München II; MittBayNot 1990, 244.
760 LG Aachen, Rpfleger 1986, 211.
761 Nach Auffassung der Mm., z.B. MünchKomm-BGB/*Joost*, § 1107 Rn. 14, genügt die lediglich vollstreckungsrechtliche Umrechnung in den Ersatzwert gem. § 92 ZVG.

Die subjektiv-persönliche Reallast ist grds. **abtretbar** (es sei denn der Anspruch auf die einzelne Leistung wäre nicht abtretbar, § 1111 Abs. 2 BGB) und vererblich (es sei denn die Leistung ist ihrer Natur nach personengebunden, wie etwa bei einem Altenteil).[762]

3. Persönlicher Reallastanspruch gegen den jeweiligen Eigentümer (§ 1108 BGB)

Gem. § 1108 BGB eröffnet die Reallast nicht nur den dinglichen Zugriff auf das Grundstück und die mithaftenden Gegenstände, sondern auch die **Vollstreckung in das gesamte übrige Vermögen** des Eigentümers, da neben die dingliche eine persönliche Haftung des Eigentümers für die während der Dauer seines Eigentums fällig werdenden Leistungen tritt (die allerdings abdingbar ist).

Die **Verwirklichung dieses persönlichen Anspruchs** richtet sich, anders als die dingliche Haftung gem. § 1107 BGB, **nach den allgemeinen Bestimmungen** über schuldrechtliche Ansprüche. Erforderlich ist ein persönlicher Titel, der durch Klage (gerichtet auf Verurteilung zur Leistung) oder aber durch eine Vollstreckungsunterwerfung gem. § 794 Abs. 1 Nr. 5 ZPO geschaffen werden kann. Bei der Zwangsvollstreckung hat der Begünstigte nur den Rang eines normalen Gläubigers (§ 10 Abs. 1 Nr. 5 ZVG).

Hinsichtlich der wiederkehrenden Leistungen ergibt sich demnach regelmäßig eine »**Haftungstrias**«, die
(1) den persönlichen Anspruch auf Zahlung einer zivilrechtlichen Leibrente gem. § 759 BGB,
(2) den persönlichen Anspruch gegen den jeweiligen Eigentümer gem. § 1108 Abs. 1 BGB und
(3) den dinglichen Anspruch gem. §§ 1105, 1107 BGB, gerichtet auf Duldung der Zwangsvollstreckung in das Grundstück,
umfasst.

▶ **Formulierungsvorschlag: Vollstreckungsunterwerfung für »Haftungstrias«**

Der Erwerber unterwirft sich wegen des dinglichen und wegen des persönlichen Anspruchs aus dieser Reallast sowie wegen der vorstehend vereinbarten schuldrechtlichen Zahlungspflicht in Höhe des Ausgangsbetrags von ..... € monatlich und der vereinbarten Änderungen, die sich aus der Entwicklung des Verbraucherpreisindex für Deutschland ergeben, der sofortigen Zwangsvollstreckung aus dieser Urkunde in sein Vermögen mit der Maßgabe, dass vollstreckbare Ausfertigung auf Antrag des Gläubigers ohne weitere Nachweise erteilt werden kann.

4. Mögliche Modifikationen der Reallast

Zur Erleichterung der Verwertung einer Reallast sind insb. **zwei ergänzende Regelungen** erwägenswert, ferner kann sich Vorsorge gegen ungewollt frühe Verjährung empfehlen:

a) Kein Erlöschen des Stammrechts

Wenn aus der dinglichen Reallast (§ 1105 Abs. 1 BGB) wegen rückständiger Einzelleistungen vollstreckt wird, fällt die Reallast nicht in das geringste Gebot. Sie **erlischt** also **mit dem Zuschlag** auch hinsichtlich der erst künftig fälligen Leistungen, für die sich die Bezeichnung »Stammrecht« eingebürgert hat. Anstelle der Reallast tritt ein Ersatzanspruch aus dem Versteigerungserlös (§ 91 Abs. 1, 92 Abs. 2 ZVG).[763] Bei Reallasten auf unbestimmte Dauer (Lebenszeit) ist hierfür dem Versteigerungserlös ein sog. Deckungskapital zu entnehmen, das dem kapitalisierten Wert der künftigen Leistungen (bei Nießbrauch, beschränkten persönlichen Dienstbarkeiten sowie Reallasten von unbestimmter Dauer max. jedoch dem 25-fachen Jahresbetrag [§ 121 ZVG]) entspricht, dessen Anlageart der Gläubiger bestimmt und dem er sodann quartalsweise (§ 92 Abs. 2 ZVG)

---

762 OLG Düsseldorf, RNotZ 2002, 454.
763 Bei Reallasten von bestimmter Dauer i.H.d. Ablösungssumme, hilfsweise der Summe der Einzelleistungen gekürzt um den Zwischenzins; vgl. *Stöber*, ZVG, § 121 Rn. 3.13.

den Jahreswert der Realleistung entnehmen kann.[764] Auch wenn der Reallastberechtigte selbst ersteigert, wird sein eigenes Bargebot hinterlegt und ihm nur in Raten ausgezahlt.[765]

Zur Vermeidung des unerwünschten Erlöschens des Stammrechts, sofern der Reallastgläubiger selbst die Zwangsversteigerung betreibt, hat der Gesetzgeber in § 9 Abs. 3 Nr. 1 ErbbauRG für einen Sonderfall der Reallast, auf Zahlung von Erbbauzinsen gerichtet, die dingliche Vereinbarung der Vollstreckungsfestigkeit gestattet, also das Überleben des Stammrechts (auch bei einer Versteigerung aus vorgehenden Rechten!). Eine solche Vereinbarung (von § 12 ZVG abweichende Befriedigungsreihenfolge), auch beschränkt auf die Versteigerung aus rückständigen Einzelansprüchen, ist im allgemeinen Reallastrecht nicht mit dinglicher Wirkung möglich.[766]

1816 Die Einzelleistungen aus der Reallast werden **wie Hypothekenzinsen behandelt**, sind also bzgl. künftiger Forderungen **immobiliarrechtlich abtretbar** (§§ 873, 1154 Abs. 3 BGB); hinsichtlich bereits fälliger Forderungen gem. §§ 398 ff. BGB (§ 1159 BGB); dabei kann ihnen sachenrechtlich auch der Vorrang vor dem Kapital eingeräumt werden.[767] Versteigerungsrechtlich kann der betreibende Gläubiger
(1) entweder nur die **Zwangsverwaltung** betreiben
(2) oder lediglich aus dem persönlichen Haftungsanspruch gem. § 1108 BGB vorgehen, durch nachrangig[768] (ggf. nach Titulierung, sofern keine Vollstreckungsunterwerfung insoweit erfolgt ist – vgl. oben Rdn. 1596) einzutragende **Zwangssicherungshypothek**
(3) oder aber im Rahmen einer **Zwangsversteigerung** gem. § 59 Abs. 1 ZVG die Aufnahme seines Hauptanspruchs in das geringste Gebot und damit dessen Bestehenbleiben als abweichende Feststellung der Versteigerungsbedingungen beantragen. Hierzu ist wohl nicht die Zustimmung nachrangiger Gläubiger,[769] möglicherweise aber die (dann nicht zu erlangende) des Eigentümers[770] erforderlich zur Vermeidung eines Doppelausgebots.

1817 Umstritten ist, ob dasselbe vollstreckungsrechtliche Ergebnis auch durch **Teilung der Reallast** – allerdings noch vor der Eintragung des Versteigerungsvermerks – in einen vorrangigen Teilbetrag wegen der künftigen Leistung und einen nachrangigen wegen der bereits fälligen erreicht werden kann, damit die vorrangige künftige Teilreallast im geringsten Gebot verbleibt und damit auch über den Zuschlag hinaus fortbesteht.[771] Auch diese Lösung hat der BGH verworfen[772] und darauf verwiesen, der Anspruch auf Neubestellung einer Reallast nach Untergang des Rechts, aus dem die Versteigerung betrieben wird, könne durch vorrangige Vormerkung gesichert werden.

---

764 Stirbt er, bevor das Deckungskapital aufgebraucht ist, erhalten die nachrangigen Gläubiger i.R.d. Nachtragsverteilung den Rest.
765 Vgl. *Stöber*, ZVG, § 121 Rn. 3.13.
766 BGH, ZNotP 2004, 110, auf Divergenzvorlage des OLG Hamm, ZNotP 2003, 31; a.A. BayObLG, DNotZ 1991, 805 (nach *Amann*, DNotZ 1993, 233, war die Regelung jedoch vollstreckungsrechtlich ungeeignet).
767 RGZ 88, 163; *Eickmann*, NotBZ 2004, 264.
768 Damit wird allerdings häufig die Versteigerung undurchführbar, da nur Gebote zulässig sind, welche alle vorrangigen Rechte abdecken, § 44 Abs. 1 ZVG.
769 *Otto*, NotBZ 2007, 104; a.A. *Muth*, Rpfleger 1987, 397.
770 Offenlassend *Eickmann*, NotBZ 2004, 264 Fn. 2; a.A. *Stöber*, NotBZ 2004, 266 ff.
771 *Albrecht*, in: *Reithmann/Albrecht/Basty*, Handbuch der notariellen Vertragsgestaltung, Rn. 642; *Amann*, DNotZ 1993, 230, und DNotZ 2004, 605; OLG Hamm, ZfIR 2002, 994; dagegen krit. *Dümig*, ZfIR 2002, 962: rückständige Raten sind Einzelleistungen und damit nicht mehr reallastfähig.
772 BGH, 02.10.2003 – V ZB 38/02, DNotZ 2004, 615, m. Anm. *Oppermann*, RNotZ 2004, 86 und *Dümig*, MittBayNot 2004, 153; sowie *Eickmann*, NotBZ 2004, 262. *Amann*, DNotZ 2004, 605 ff. verteidigt die Aufspaltung der Reallast in rangverschiedene Teile zugleich als Ausdruck eines allgemeinen, aus § 1151 BGB sprechenden Teilbarkeitsgrundsatzes. Umfasst die nachrangige Teilreallast nur rückständige Leistungen (ohne Stammrechtsanteil), sei die Aufspaltung zwar nicht eintragungsfähig, jedoch im Versteigerungsverfahren nach Anmeldung (§ 37 Nr. 4 ZVG) zu berücksichtigen; krit. hierzu *Lange-Parpart*, RNotZ 2008, 407.

E. Wiederkehrende Geldleistungen/Reallasten

Der gesicherte Anspruch richtet sich gegen den derzeitigen,[773] bindet jedoch wegen §§ 888 Abs. 1, 883 Abs. 2 BGB im Ergebnis den »jeweiligen« Eigentümer. Fraglich ist, ob diese Vormerkung mit ihrer erstmaligen Ausnutzung »verbraucht« wäre.[774] Die Vormerkung sichert allerdings nicht den Anspruch auf Vollstreckungsunterwerfung wegen der zu bestellenden Reallast (in dinglicher und/oder persönlicher Hinsicht). Sie führt zudem zu hohen Eintragungskosten[775] und erschwert die Beleihbarkeit des Grundstücks.[776]

▶ Hinweis:

Mit geringeren Kosten verbunden, im Ansatz sicherlich mehrfach wirksam und die Beleihbarkeit des Grundstücks mäßiger einschränkend ist allerdings der Vorschlag, im Rang nach der Reallast eine **nicht abtretbare Grundschuld in geringer Höhe** zu bestellen, die der Absicherung der rückständigen Verbindlichkeiten aus der Reallastabrede dient (der Betrag sollte die voraussichtliche Summe der Rückstände wiedergeben, die zu einer Versteigerung Veranlassung geben) und aus der sodann die Versteigerung wegen der Rückstände betrieben wird, so dass die Reallast wiederum insgesamt in das geringste Gebot fällt. Zur Erhaltung der mehrfachen Verwendung könnte der Gläubiger rechtzeitig die Grundschuld teilen und lediglich aus dem letztrangigen Teil die Vollstreckung betreiben.

1818

▶ Formulierungsvorschlag:[777] Rückstandssicherung bei Reallast

Der Notar hat den Gläubiger auf Folgendes hingewiesen: Sollte er künftig aus dem dinglichen Recht der Reallast die Zwangsversteigerung in das Grundstück betreiben, geht die Reallast unter; an ihre Stelle tritt eine Beteiligung am Versteigerungserlös in Höhe maximal des 25-fachen Jahresbetrags. Vorsorgemöglichkeiten (wie etwa die Vereinbarung eines Anspruchs auf Neubestellung von Reallasten und dessen Sicherung durch eine vorrangige Vormerkung im Grundbuch) wurden erörtert.

1819

Die Beteiligten vereinbaren hierzu:

Zur Sicherung rückständiger Ansprüche aus der vorstehend vereinbarten monatlichen Zahlungsverpflichtung in Haupt- und Nebensache bestellt der Eigentümer zugunsten des Gläubigers im Rang nach der Reallast eine Grundschuld ohne Brief, die nur mit Zustimmung des Eigentümers abtretbar ist, i.H.v. (*bspw.*) 10.000,00 € nebst 18 % Zinsen hieraus und 5 % Nebenleistung ab dem Tag der Eintragung. Kapital und Nebenleistung sind sofort, die Zinsen jährlich nachträglich fällig. Der Eigentümer unterwirft sich wegen Kapital, Nebenleistung und Zinsen der Zwangsvollstreckung in den belasteten Grundbesitz in der Weise, dass die Vollstreckung gegen den jeweiligen Eigentümer zulässig ist. Er bewilligt und der Gläubiger beantragt, die Grundschuld samt Vermerk nach § 800 ZPO in das Grundbuch einzutragen.

U.U. ist schließlich auch ein in der Verwertungssituation zu ergreifender rein versteigerungsrechtlicher Behelf tragfähig, und zwar die Bestimmung des Fortbestandes des Stammrechtes im geringsten Gebot als abweichende Versteigerungsbedingung i.S.d. §§ 59 Abs. 1, 52 Abs. 1 ZVG durch den Reallastgläubiger. Hierzu ist wohl nicht die Zustimmung nachrangiger Gläubiger er-

1820

---

773 Die Vormerkung muss auch so bewilligt werden, OLG München, 30.01.2007 – 32 Wx 9/07, NotBZ 2007, 102, m. Anm. *Otto*.
774 So *Oppermann*, RNotZ 2004, 87 f.; a.A. wohl OLG München, 30.01.2007 – 32 Wx 9/07, NotBZ 2007, 102, m. Anm. *Otto*, obwohl die dort angeführten Belegzitate andere Sachverhalte umfassten (z.B. BayObLG, NotBZ 2003, 72: einheitliches Anspruchsziel [Eigentumsverschaffung] aus mehreren Gründen [Ankaufs- und Vorkaufsrecht]).
775 Der Wert der Vormerkung ergibt sich gem. § 52 GNotKG aus einer Vervielfältigung des Reallast-Jahresbetrages; die nach Versteigerung einzutragende Reallast selbst führt zur 1,0 Gebühr aus demselben Wert.
776 *Lange-Parpart*, RNotZ 2008, 405.
777 In Anlehnung an *Oppermann*, RNotZ 2004, 90, vgl. auch *Mayer/Geck*, Der Übergabevertrag, § 7 Rn. 120 ff.

forderlich,[778] möglicherweise aber die (dann nicht zu erlangende) des Eigentümers[779] zur Vermeidung eines Doppelausgebotes.

1821 Aus dem regelmäßig gem. § 794 Abs. 1 Nr. 5 ZPO titulierten persönlichen Anspruch gem. § 1108 BGB kann der Reallastberechtigte ebenfalls vorgehen, die dingliche Reallast fällt dann insgesamt, da einer besseren Rangklasse angehörend (§ 10 Abs. 1 Nr. 4 statt Nr. 5 ZVG), in das geringste Gebot (allerdings ebenfalls alle etwaigen nachrangigen Sicherungshypotheken etc., so dass das Grundstück häufig nicht mehr verwertbar ist!).

b) Verfallvereinbarung

1822 Um den Reallastberechtigten nicht auf die Beitreibung der einzelnen fällig gewordenen Raten zu beschränken, kann eine **Verfallvereinbarung aufgenommen werden**.[780] So kann etwa ein Gesamtablösebetrag fällig gestellt werden, wenn die Zwangsversteigerung in den übergebenen Grundbesitz eröffnet wird, wenn ein Zahlungsrückstand von mehr als 6 Monatsraten besteht oder wenn das Insolvenzverfahren eröffnet oder mangels Masse abgelehnt wird. Die Ablöseforderung ist auf der Grundlage der noch ausstehenden wiederkehrenden Leistung in ihrer voraussichtlichen Höhe, abgezinst nach finanzmathematischen Grundsätzen (derzeitiger Zinssatz 5,5 %), unter Berücksichtigung der allgemeinen Lebenserwartung nach den jeweils neuesten allgemeinen Sterbetafeln[781] zu ermitteln. Nach noch herrschender Meinung[782] kann eine solche Ablösevereinbarung jedoch nicht mit dinglicher Wirkung zum Inhalt der Reallast gemacht werden (anders als die Vereinbarung einer Wertersatzzahlung gem. § 92 Abs. 2 ZVG für die jeweiligen Einzelraten hinsichtlich ihres Jahreswerts), so dass sie dinglich über eine Höchstbetragssicherungshypothek[783] oder eine Grundschuld gesichert werden sollte.

▶ Formulierungsvorschlag: Ablösevereinbarung bei Reallast

1823 Wenn über das Vermögen des Grundstückseigentümers das Insolvenzverfahren eröffnet oder mangels Masse dessen Eröffnung abgelehnt wurde, die Zwangsversteigerung oder Zwangsverwaltung in den betroffenen Grundbesitz eröffnet wird oder ein Zahlungsrückstand von mehr als sechs Monatsbeträgen entsteht, kann der jeweils Zahlungsberechtigte anstelle der Reallast einen Ablösebetrag in einer Summe verlangen.

Deren Höhe ist zu ermitteln als Gegenwartswert der künftigen Leistungen auf Lebenszeit (wobei abweichend von den Bestimmungen des Bewertungsgesetzes die Lebenserwartung nach den jeweils neusten allgemeinen Sterbetafeln und der Abzinsungsprozentsatz mit 2-Prozentpunkten über dem dann geltenden Basiszins gem. § 247 BGB zu bewerten ist) zuzüglich etwaiger Rückstände.

Zur Sicherung dieses Ablösebetrags wird die Eintragung einer zinslosen Buchgrundschuld über ..... € für den Reallastberechtigten im Rang nach der Reallast bewilligt und beantragt. Der jeweilige Grundstückseigentümer unterwirft sich wegen dieses Grundschuldbetrags der sofortigen Zwangsvollstreckung aus dieser Urkunde gegen den jeweiligen Eigentümer, was hiermit vereinbart und zur Eintragung bewilligt und beantragt wird (§ 800 ZPO).

---

778 *Otto*, NotBZ 2007, 104; a.A. *Muth*, Rpfleger 1987, 397.
779 Offen lassend *Eickmann*, NotBZ 2004, 264 Fn. 2; a.A. *Stöber*, NotBZ 2004, 266 ff., vgl. auch *Amann*, DNotZ 2007, 298.
780 *Koenen*, MittRhNotK 1994, 338; *Mayer/Geck*, Der Übergabevertrag, § 7 Rn. 130 ff.
781 Derzeit Sterbetafel 2012/2014 des Statistischen Bundesamtes (einheitliche Ländererlasse v. 31.03.2016, BStBl 2016 I, S. 459), kostenfrei zu beziehen unter www.destatis.de unter dem Menüpunkt Bevölkerung/Geburten und Sterbefälle/Periodensterbetafeln und Lebenserwartung/aktuelle Sterbetafeln für Deutschland.
782 OLG Köln, DNotZ 1991, 808; ebenso Staudinger/*Amann*, BGB, Einl. zu §§ 1105 bis 1112 Rn. 22; a.A. Soergel/*Stürner*, BGB, § 1105 Rn. 15; vgl. im Überblick *Lange-Parpart*, RNotZ 2008, 393.
783 Formulierungsvorschlag bei Münchener Vertragshandbuch/*Nieder*, Bd. IV/2 Form XVI.8.

Die Reallast ihrerseits ist auflösend bedingt durch Erhalt des Ablösebetrags, was zur Eintragung bei der vorbestellten Reallast bewilligt und beantragt wird.

c) Vorsorge zum Verjährungsproblem

Nach der bereits erläuterten »Stammrechtslehre« (Rdn. 1815) soll sowohl bei der schuldrechtlichen Leibrente als auch bei der dinglichen Reallast des Zivilrechts (gleichgültig ob es sich steuerlich um eine Leibrente oder eine dauernde Last handelt) zu unterscheiden sein zwischen dem »Stammrecht«, einerseits, und den Einzelansprüchen, die aus diesem Stammrecht erwachsen, andererseits. Nach traditioneller Auffassung soll das **Bestehen eines solchen Stammrechts** für die zivilrechtliche Leibrente sogar **wesensnotwendig** sein.[784] Mit Verjährung des Stammrechts würden auch die noch nicht fälligen Einzelforderungen verjähren. 1824

Vor der Schuldrechtsreform verjährte das Stammrecht der Leibrente **in 30 Jahren** (§ 195 BGB a.F.), die Einzelleistung in 4 Jahren (§ 197 BGB a.F.) Nunmehr würden, wenn die Stammrechtslehre aufrechterhalten bliebe, sowohl Stammrecht als auch Einzelforderung der einheitlichen Regelverjährung von 3 Jahren unterliegen, so dass eine Leibrentenvereinbarung ohne Verjährungsverlängerung bzw. ohne Stundungsvereinbarung (§ 205 BGB) wenig hilfreich wäre. Allein die Titulierung der Forderung würde wegen § 197 Abs. 2 BGB (Bereichsausnahme für regelmäßig wiederkehrende Leistungen) möglicherweise nicht helfen. Es spricht vieles dafür, dass der Gesetzgeber des Schuldrechtmodernisierungsgesetzes nicht (mehr) von der Stammrechtslehre ausging;[785] vorsorglich könnte jedoch die folgende Vereinbarung getroffen werden. 1825

▶ **Formulierungsvorschlag: Verjährungsverlängerung des Leibrentenstammrechts**

Die Beteiligten vereinbaren vorsorglich, dass das sog. »Stammrecht der Leibrente« erst 30 Jahre nach gesetzlichem Beginn bzw. Neubeginn der Verjährung verjährt; *(ggf. Ergänzung:)* auch für die Einzelleistungen wird die gesetzliche Verjährungsfrist von 3 Jahren auf 30 Jahre verlängert. 1826

Die **dingliche Reallast selbst verjährt** hinsichtlich eines dort ebenfalls etwa bestehenden Stammrechts wegen § 902 Abs. 1 Satz 2 BGB **ohnehin nicht**; allerdings kann bei der typischerweise gegebenen Sicherungsreallast einem Vorgehen aus dem dinglichen Recht wohl entgegengehalten werden, dass die besicherte Forderung selbst verjährt ist. § 216 BGB gilt nicht (vgl. § 216 Abs. 3 BGB), wenn die gesicherten Ansprüche auf wiederkehrende Leistungen gerichtet sind. 1827

VII. Kombination von Mietvertrag und dauernder Last

1. »Stuttgarter Modell«

Mit dem **Wegfall der Nutzungswertbesteuerung für selbst genutzte Wohnungen** (und damit der Möglichkeit, Werbungskosten für unentgeltlich an Angehörige überlassenen Wohnraum geltend zu machen) suchte die steuerrechtlich motivierte Kautelar-Praxis nach Wegen, dem Erwerber die Geltendmachung der Abschreibung (sei es auf den unentgeltlich fortgeführten Teil, sei es auf seine eigenen Anschaffungs- oder Herstellungskosten) sowie sonstiger Werbungskosten (insb. der Schuldzinsen) zu ermöglichen. Die Förderung der Eigennutzung nach dem Eigenheimzulagengesetz steht zugunsten des Erwerbers (in Gestalt der freiwilligen, unentgeltlichen Überlassung an Angehörige) für Neufälle seit 01.01.2006 nicht mehr zur Verfügung; für Altfälle läuft der 8 Jahreszeitraum spätestens Ende 2013 aus, vgl. Rdn. 5842 ff. 1828

Zur Erzielung **steuerlicher Vorteile** ist also die Verwirklichung von Einkünften aus Vermietung und Verpachtung erforderlich.

---

784 Vgl. etwa Palandt/*Sprau*, BGB, § 759 Rn. 1 BGB.
785 Vgl. *Amann*, DNotZ 2002, 117. § 197 Abs. 2 BGB setzt wie selbstverständlich voraus, dass künftig fällige titulierte Leibrentenleistungen nicht insgesamt verjähren, sondern im Jahresrhythmus der §§ 195, 199 Abs. 1 BGB.

▶ Hinweis:

1829 Im Anschluss an bisherige Eigenheimzulagenförderung beim Veräußerer kann die Übertragung zur Rückanmietung bereits wenige Tage nach Beginn des letzten (achten) Bewilligungsjahres stattfinden, da die Eigenheimzulage dem Veräußerer dann für diesen Zeitraum gleichwohl in voller Höhe gewährt wird[786] und mit möglichst hohen zeitanteiligen (§ 7 Abs. 1 Satz 4 EStG) linearen Abschreibungen des vermietenden Erwerbers kombiniert werden kann.

1830 Der bisherige Veräußerer sollte also im Rahmen eines i.Ü. dem Fremdvergleich standhaltenden,[787] wegen der Verknüpfung des Immobilienübertragungswillens mit der Nutzungssicherung mitzubeurkundenden[788] Mietvertrags die von ihm weiterhin genutzten Wohnräume (für mind. zwei Drittel der ortsüblichen Marktmiete, § 21 Abs. 2 Satz 2 EStG) »rückanmieten«; die zivilrechtliche Ausgestaltung des Mietvertrags wird versuchen, die Mieterrisiken zu reduzieren, bspw. durch Ausschluss des Kündigungsrechts des Eigentümers mit Ausnahme wegen Nichtzahlung der Miete auf die gesetzlich maximale Zeit von 30 Jahren oder aber durch Vereinbarung eines auf Lebenszeit des Veräußerers befristeten Mietvertrags sofern die Voraussetzungen des § 575 BGB vorliegen sollten;[789] es ist jedoch das nicht ausschließbare Sonderkündigungsrecht des Ersteigerers gem. § 57a, b ZVG[790] und des Insolvenzverwalters aus § 111 InsO zu beachten. Auch dem Vermieter können Risiken drohen, etwa aus dem Eintrittsrecht eines Lebensgefährten in den Mietvertrag (§ 563 BGB); ferner sind die wegen des Fremdvergleichs notwendigen Begleitumstände wie etwa Nebenkostenabrechnung, unbare regelmäßige Überweisung, Mieterwegnahmerecht, Mietervorkaufsrecht etc. unbequem. Auf eine Kaution kann jedoch verzichtet werden.

1831 Die Position des Mieters kann dadurch gestärkt werden, dass zusätzlich ein **Sicherungsnießbrauch** oder ein **Sicherungswohnungsrecht** bestellt wird, was steuerrechtlich unschädlich ist.[791] Dies erfordert eine Ausgestaltung des Verhältnisses von Mietvertrag und dinglichem Nutzungsrecht durch eine Sicherungsabrede dergestalt, dass das Mietverhältnis vorrangig ist:
(1) etwa aufgrund aufschiebender Bedingtheit des Nießbrauchs/Wohnungsrechts für den Fall der Beendigung des Rechts zum Besitz aus dem Mietvertrag oder aber
(2) durch Überlassung der Ausübung des sofort wirksamen, unbedingten Nutzungsrechts gem. § 1059 BGB bzw. § 1092 Abs. 1 Satz 2 BGB an den Erwerber mit der Abrede, dass diese Ausübungsüberlassung bei Erlöschen des Mietvertrags ohne Kündigung/Versterben des Mieters ende, so dass die dingliche Nutzungsberechtigung allein ihrem tatsächlichen Inhaber, dem Veräußerer, zusteht.

Erlischt andererseits der Mietvertrag aus Gründen, die vom Mieter zu vertreten sind, sollte das dingliche Sicherungsnutzungsrecht seinerseits auflösend bedingt sein.

1832 Weniger weitgehend kann auch für diesen Fall ein bloßer Anspruch auf Bestellung eines Sicherungswohnungsrechts (vormerkungsgesichert) vereinbart sein, etwa wie folgt:

---

786 BMF-Schreiben v. 21.12.2004, BStBl. 2005 I, S. 305 Tz. 55.
787 Zur uneinheitlichen Finanzrechtsprechung bzgl. der Vermietung unter Marktniveau (maßgebend sind aufgrund des »Überprüfungsverbots« des BFH lediglich andere Kriterien als die Miethöhe) ausführlich *Stein*, EStB 2004, 158.
788 *Mayer/Geck*, DStR 2005, 1474.
789 Hierzu *Mayer/Geck*, DStR 2005, 1472.
790 Zwar gelten gem. § 573d BGB auch hier die Kündigungsschutzvorschriften der §§ 573, 573a BGB, die allerdings bei einem Zweifamilienhaus, das auch vom Eigentümer bewohnt wird, stark eingeschränkt sind. Hiergegen hilft allenfalls ein durch erstrangige Vormerkung abgesichertes Rückerwerbsrecht des Veräußerers für den Fall der Zwangsvollstreckung. Die Möglichkeit eines Aufschubs der außerordentlichen Kündigung bei Mieterleistungen, Mietvorauszahlungen etc. (§ 57c ZVG) wurde ab 01.02.2007 aufgehoben.
791 Vgl. Tz. 18 des 3. Rentenerlasses, BStBl. 2004 I, S. 922; ebenso Tz. 9 des Nießbrauchserlasses, 24.07.1998, BStBl. 1998 I, S. 914.

▶ Formulierungsvorschlag: Bedingter Anspruch auf Sicherungswohnungsrecht

Sofern das Recht zum Besitz aus dem Mietvertrag endet aus Gründen, die nicht vom Mieter zu vertreten sind (etwa Eigenkündigung oder Kündigung des Eigentümers wegen Nichterfüllung seiner vertraglichen Pflichten), kann der Mieter vom Eigentümer die Einräumung und Eintragung eines lebenslangen Wohnungsrechts nach § 1093 BGB zur ausschließlichen Nutzung der Mieträume und Mitnutzung der zum gemeinschaftlichen Gebrauch bestimmten Anlagen verlangen; die schuldrechtlichen Entgeltabreden bleiben unberührt. Zur Sicherung dieses bedingten Anspruchs wird die Eintragung einer Vormerkung zugunsten des Veräußerers im Rang nach ..... bewilligt und beantragt.

1833

Nach **neuerer Rechtsprechung** wird eine Vermietung an unterhaltsberechtigte Abkömmlinge auch dann anerkannt, wenn diese die **Miete aus Barunterhaltsbeträgen entrichten**;[792] Gleiches gilt für Vermietungen unter Geschiedenen, sogar wenn die Miete mit Unterhaltsverpflichtungen verrechnet wird,[793] und für die Wohnungsvermietung an den Ehegatten bei doppelter Haushaltsführung.[794] Überkreuzvermietungen sind jedoch regelmäßig gestaltungsmissbräuchlich i.S.d. § 42 AO.[795]

1834

Der Mittelzufluss beim Erwerber, der eigentlich dauerhaft nicht gewollt ist, sollte sodann **über eine** (für bis Ende 2007 gestaltete Sachverhalte der materiellen Abänderbarkeit nach § 323 ZPO unterliegende) **dauernde Last an den Veräußerer** zurückgelangen, die – sofern es sich um Versorgungsrenten handelt (vgl. hierzu den abschließenden steuerrechtlichen Teil, Rdn. 6317) bei uneingeschränkt Ertrag bringenden Einheiten (Typus I) in vor Ende 2007 gestalteten Sachverhalten als Sonderausgaben abgezogen werden können. Beim Veräußerer (Mieter) sind diese Bezüge bei vor Ende 2007 gestalteten Sachverhalten aus dauernder Last jedoch gem. § 22 EStG in voller Höhe (bei Leibrenten nur i.H.d. Ertragsanteils) zu versteuern; im Regelfall lediglich unter Abzug des Pauschbetrags von 102,00 € (§ 9a Satz 1 Nr. 3 EStG). Allerdings wird der Veräußerer typischerweise einem deutlich geringeren Grenzsteuersatz unterliegen.

1835

Alternativ hierzu (i.S.e. Ausweichmodells für Privatvermögen seit 2008) können die Beteiligten auch eine ertragsteuerlich »entgeltliche« Abwicklung in Gestalt einer **kaufmännisch abgewogenen Austauschrente** (Kaufpreisrente) wählen (Rdn. 6259 ff.).

1836

▶ Hinweis:

Dieselbe Rechtsfolge tritt ein, wenn seit 01.01.2008 das »Stuttgarter Modell« (Vermietung gegen Versorgungsleistungen) in Bezug auf Immobilienvermögen neu vereinbart wird: da Versorgungsleistungen nur mehr in Bezug auf Betriebsvermögen (Rdn. 6362 ff.) denkbar sind, werden die Rentenzahlungen in Anschaffungskosten (samt Zinsanteil) umqualifiziert, Rdn. 6275 f.

In diesem Fall hat der Veräußerer (treffender: Verkäufer) lediglich den Ertragsanteil der Rente, den das Alterseinkünftegesetz deutlich reduziert hat (§ 22 Nr. 1 Satz 3 lit. a), bb) EStG), zu versteuern, möglicherweise gar unter weiterem Abzug eines etwa nicht verbrauchten Sparerfrei-

1837

---

792 BFH, BStBl. 2000 II, S. 224; BFH, 17.12.2002 – IX R 35/99, EStB 2003, 177; die Mietzahlung kann sogar durch Verrechnung mit Unterhaltsansprüchen erfolgen (OFD Berlin, DStR 2000, 1651, in Abänderung des früheren Nichtanwendungserlasses BMF, BStBl. 1996 I, S. 37). Anders noch BFH, BStBl. 1995 II, S. 59.
793 BFH, BStBl. 1996 II, S. 214.
794 BFH, BStBl. 2003 II, S. 627; hierzu *Dolfen*, NWB 2003, 3425 = Fach 3, S. 12625.
795 Vgl. BFH, BStBl. 1994 II, S. 738. Keine Überkreuzvermietung liegt jedoch vor, wenn der Steuerpflichtige sein Haus an seine Eltern vermietet, während er selbst ein Haus seiner Eltern unentgeltlich nutzt: BFH, EStB 2003, 125 (keine beiderseitige Inanspruchnahme von Verlusten aus Vermietung und Verpachtung, wobei möglicherweise mitentscheidend war, dass der Sohn nicht unterhaltsrechtlich gehalten war, seinen – leistungsfähigen – Eltern das Haus unentgeltlich zu überlassen).

betrags;[796] der Erwerber (treffender: Käufer) berechnet im Fall der Vermietung (hier: Rückvermietung an den Verkäufer) seine Abschreibungen aus dem Barwert der Rente und kann den Ertragsanteil wie Zinsen aus Werbungskosten abziehen. Diese »**entgeltliche Variante**« des Stuttgarter Modells (teilweise bereits als »**Münchener Modell**« bezeichnet[797]) empfiehlt sich besonders, wenn der Verkäufer höhere Monatszuflüsse benötigt, der Käufer aber keine Fremdfinanzierung des Kaufpreises in Einmalzahlung darstellen kann, und zusätzlich neues hohes Abschreibungspotenzial für die Zukunft geschaffen werden soll unter Schonung der Steuerlast des Verkäufers (geringer Ertragsanteil als Einkünfte aus Kapitalvermögen, wenngleich wegen der Verwandtschaft i.d.R. nicht unter Geltung der Abgeltungsteuer, Rdn. 2874). Allerdings schafft die ertragsteuerliche Entgeltlichkeit ihrerseits Fallstricke, die es zu beachten gilt (Besteuerung privater Veräußerungsgewinne; Zählobjekt im Rahmen eines möglichen gewerblichen Grundstückshandels!).

2. Steuerliche Bedenken

1838   Bis zum 31.12.2007 wurde die Kombination von »Mietvertrag und dauernder Last« i.d.R. mit Blick auf den Sonderausgabenabzug bei der Vermögensübergabe gegen Versorgungsleistungen (Rdn. 6317 ff.) als sog. »Stuttgarter Modell«[798] gewählt. Auch dieses unterlag teilweise Bedenken: Der BFH[799] hat die Anerkennung bspw. verweigert bzgl. eines Kombinationsmodells, das durch nachträgliche Umänderung eines ursprünglich vereinbarten Wohnungsrechts entstand[800] und diese Auffassung in einer neueren Entscheidung bestätigt,[801] da sich durch die Rechtsgeschäfte die Position des unentgeltlich Nutzenden letztlich nicht verändert habe (dauernde Last exakt i.H.d. Miete).[802]

1839   Die **untergerichtliche Rechtsprechung**[803] hat – dem folgend – mehrfach entschieden dass auch die originäre Kombination von Mietvertrag und dauernder Last regelmäßig einen Missbrauch von Gestaltungsmöglichkeiten i.S.d. § 42 AO darstelle, so dass die Mietzahlungen nicht berücksichtigt wurden, die wiederkehrenden Leistungen nur insoweit als Sonderausgaben abziehbar waren, als sie die »Mietzahlungen« übersteigen.[804] Der BFH betonte in späteren Entscheidungen die **Gesamtwürdigung aller Aspekte des Einzelfalls**: Der spätere Abschluss eines Mietvertrags bei einem zunächst gegen Versorgungsleistungen übertragenen Objekt soll anzuerkennen sein, wenn

---

796 Vorlagebeschluss des BFH, 14.11.2001, BStBl. 2003 II, S. 813 an das BVerfG, das noch nicht entschieden hat.
797 So *Spiegelberger*, Vermögensnachfolge, § 10 Rn. 86. *Mayer/Geck*, Der Übergabevertrag, § 7 Rn. 12 empfiehlt hierzu, um dem Kaufvertragstypus eher zu entsprechen, anstelle eines vormerkungsgesicherten Rückforderungsrechtes [Rdn. 2087 ff.] ein Wiederkaufsrecht [§ 456 BGB] zu vereinbaren.
798 Dieses wurde in einem Schreiben des baden-württembergischen Justizministeriums an den Württembergischen Notarverein unter bestimmten Voraussetzungen erstmals anerkannt, BWNotZ 1985, 33.
799 BStBl. 1994 II, S. 451 ff.
800 Ähnlich FG Köln, ZEV 2001, 376, bei Umwandlung eines Nießbrauches sowie FG Niedersachsen, DStRE 2002, 1515, bei Ablösung eines Wohnungsrechts; a.A. FG Hessen, DStRE 2002, 955. Anders zu beurteilen ist wohl die nachträgliche Erhöhung der vereinbarten Versorgungsleistungen als Ausgleich für die zeitweilige Nichtausübung eines Wohnungsrechts, vgl. FG Düsseldorf, DStRE 2003, 1096: kein Gestaltungsmissbrauch, auch erhöhte Barleistung ist als Sonderausgabe abziehbar.
801 Die Aufhebung eines unentgeltlichen Wohnrechts gegen eine dauernde Last bei gleichzeitigem Abschluss eines Mietvertrags stellt Gestaltungsmissbrauch dar, BFH, 17.12.2003 – IX R 56/03, DStRE 2004, 454; ebenso FG Hamburg, DStRE 2004, 1020.
802 Nach Auffassung des Anmerkenden in DStR 2004, 678, liegt allerdings das differenzierende Element darin, dass Vereinbarungen lediglich auf der Nutzungsebene, nicht auch auf der Eigentumsebene getroffen würden.
803 Z.B. FG Nürnberg, EFG 1996, 279; hierzu auch Verfügung der OFD Nürnberg v. 14.08.1998, ZEV 1998, 382; FG Köln, DStRE 2002, 1137.
804 Vorsichtiger allerdings FG Münster, ZEV 2001, 376: kein Missbrauch bei späterem Mietvertragsabschluss, auch wenn die – ortsübliche – Miethöhe der dauernden Last etwa entspricht.

E. Wiederkehrende Geldleistungen/Reallasten

das ebenfalls bestellte Wohnungsrecht nur Sicherungscharakter habe.[805] Allein der Verzicht auf ein unentgeltliches Wohnungsrecht und der nachfolgende Abschluss eines Mietvertrags (allerdings ohne Vereinbarung eines »Rückflusses« durch Versorgungsleistungen) ist ebenfalls nicht missbräuchlich.[806]

Der vorsichtige Kautelar-Jurist hat sich daher angesichts der unklaren Rechtsprechung[807] vor allzu vollmundigen Verheißungen hinsichtlich der ertragsteuerlichen Vorteile des Kombinationsmodells gehütet[808] Problematisch sind insb. die (in der Praxis gewollten) Fälle, in denen der Mietvertrag von fremdüblichen Bedingungen abweicht, etwa angesichts der Vereinbarung eines Kündigungsausschlusses.[809]

Um den Sonderausgabenabzug nach den für bis Ende 2007 gestaltete Sachverhalte geltenden Grundsätzen über die Vermögensübergabe gegen Versorgungsleistungen zu ermöglichen,[810] musste – aus Sicht des Zeitpunkts der Vermögensübergabe – die Summe der gewährten Versorgungs(Geld- und Sach-)Leistungen **hinter den Erträgen aus dem Mietverhältnis**, zuzüglich der (auch Sonder-)Abschreibungen, erhöhten Absetzungen sowie außerordentlichen Aufwendungen, die üblicherweise nicht jährlich anfallen, **zurückbleiben**. Wurde die übertragene Immobilie teilweise durch den Erwerber eigengenutzt, lag auch in der ersparten Miete ein (allerdings nicht um AfA und Schuldzinsen zu erhöhender) berücksichtigbarer Ertrag.[811] Dienstleistungen durch persönliche Arbeit (insb. Pflegeleistungen) waren dabei nicht zu berücksichtigen, allerdings der Lohnaufwand durch Gestellung einer fremden Arbeitskraft, falls diese zur Versorgung geschuldet ist. Letzteres kann schnell die erzielbaren (erhöhten) Mieterträge übersteigen. War der Übergeber allerdings zum Zeitpunkt der Überlassung noch nicht pflegebedürftig, blieb dies für die Ertragsprognose (wegen des alleinigen Abstellens auf den Zeitpunkt der Vermögensübergabe, Tz. 25 des 3. Rentenerlasses) unberücksichtigt.[812]

1840

Die **volle Abzugsfähigkeit als Sonderausgaben** setzte für die bis Ende 2007 verwirklichten Sachverhalte weiterhin voraus, dass die Höhe der Versorgungsleistung materiell-rechtlich aufgrund Vereinbarung oder stillschweigend nach den Umständen der Abänderung in einem § 323 ZPO entsprechenden Umfang unterliegt. Das hieraus erwachsende **Risiko einer Mehrbelastung** muss dem Erwerber bewusst sein; es kann (und darf wegen der Selbstständigkeit beider Rechtsverhältnisse) nicht zu einer Anpassung der Miete führen. Überschritt infolge der vereinbarten Variabilität die Höhe der Versorgungsleistung den Mietertrag, war dies jedoch für die Anerkennung als Sonderausgabe unproblematisch, da die ausreichende Ertragskraft allein auf der Grundlage der Verhältnisse im Zeitpunkt der Vermögensübergabe zu beurteilen ist.

1841

Sinkt die Steuerlast des Erwerbers und damit die Attraktivität des ihm eröffneten Sonderausgabenabzugs (bzw. stirbt der Übernehmer und wird er von Personen mit geringerer Steuerprogression beerbt), kann sich die Gesamtbilanz aus Steuerbelastung des Veräußerers und -entlastung des Erwerbers in das Gegenteil verkehren. Teilweise wurde daher vorgeschlagen,[813] dem Erwerber das Recht einzuräumen, vom Veräußerer die Aufgabe des Versorgungsanspruchs Zug um Zug gegen

1842

---

805 BFH, 10.12.2003 – IX R 12/01, DStRE 2004, 455.
806 BFH, 17.12.2003 – IX R 60/98, DStR 2004, 676 ff.
807 Vgl. die Übersicht von *Hipler*, ZEV 2004, 194 ff.
808 Allerdings argumentierte bereits *Winkler*, DNotZ 1998, 567, für dessen Zulässigkeit.
809 Hierauf stellt *Hipler*, ZEV 2004, 196, maßgeblich ab; weniger skeptisch *Messner*, ErbStB 2004, 179, der das Vorhandensein außersteuerlicher Gründe – Anlaufen der Pflichtteilsergänzungsfrist, Erhaltung des Grundbesitzes – in den Vordergrund stellt.
810 Vgl. Beschlüsse des Großen Senats des BFH, 12.05.2003, BStBl. 2004 I, S. 95, sowie BMF-Schreiben, 16.09.2004 (»Dritter Rentenerlass«), BStBl. 2004 I, S. 922.
811 Wobei *Fischer*, FR 2004, 718, darauf hinweist, dass möglicherweise bei Erträgen aus eigenen Nutzungsvorteilen die Werbungskosten (anders als bei tatsächlicher Fremdvermietung) abzuziehen sind.
812 Vgl. *Mayer/Geck*, DStR 2005, 1427.
813 Etwa *Mayer/Geck*, DStR 2005, 1429.

Einräumung eines Nutzungsrechts an den betreffenden Räumlichkeiten (unter Aufhebung des Mietvertrags) zu verlangen.[814]

1843 Für Sachverhalte, die ab 01.01.2008 verwirklicht werden, ist der Sonderausgabenabzug für Versorgungsrenten, die Zug um Zug gegen die Übergabe von Privatvermögen ausgesetzt werden, gestrichen worden (Rdn. 6362 ff.). Es verbleibt insoweit die »entgeltliche Variante« einer Kaufpreisrente (oben Rdn. 1836); das Modell behält jedoch auch außerhalb des Ertragsteuerrechts Charme etwa im Hinblick auf das Anlaufen der 10-Jahres-Frist des § 2325 BGB.

1844 In **schenkungsteuerlicher Hinsicht** bot jedoch die Vereinbarung einer Leibrente/dauernden Last bis Ende 2008 im Vergleich zum vorbehaltenen Nießbrauch Vorteile, da es sich um Leistungsvorbehalte handelt, die den Wert der Zuwendung reduzieren, auch wenn sie für den Veräußerer oder dessen Ehegatten vereinbart werden. Die Rentenzusage wird dabei nach neuerer Rechtsprechung[815] i.H.d. Verkehrswerts angesetzt, also dem Betrag, zu welchem der Rentenanspruch bei einem Lebensversicherungsunternehmen zu erkaufen wäre oder wahlweise nach den geringeren Werten der Anlage zu § 14 Abs. 1 Satz 4 BewG[816] (s. Rdn. 4771 f.). Eine noch aufschiebend bedingte Rentenverpflichtung (etwa zugunsten des Hinterbliebenen nach dem Ableben des ersten Rentenberechtigten) führt zur nachträglichen Minderung der Entgeltlichkeit erst im Zeitpunkt des Bedingungseintritts (Ereignis i.S.d. § 175 Abs. 1 Satz 1 Nr. 2 AO), der dem FA bis zum Ablauf des auf den Eintritt folgenden Kalenderjahres anzuzeigen ist,[817] so dass die gemeinsame Bezugsberechtigung etwa gem. § 428 BGB ggf. mit Reduzierung bei Vorhandensein nur eines Berechtigten vorzuziehen ist.

Vorbehaltene Nießbrauchs- oder Wohnungsrechte führten hingegen bis Ende 2008 i.R.d. § 25 ErbStG lediglich zu einer **Stundung der ungeschmälert bleibenden Schenkungsteuer**; in allen Sachverhalten, in denen die Steuer nach dem 31.12.2008 entsteht, ist auch der Nießbrauch abzugsfähig, da § 25 ErbStG ersatzlos aufgehoben wurde (vgl. Rdn. 4834 ff.).

3. Zivilrechtliche Erwägungen

1845 Eine mögliche »Renaissance«[818] könnte das Kombinationsmodell jedoch möglicherweise aus **pflichtteilsrechtlichen Erwägungen** gewinnen: Der Totalnießbrauch, in gleicher Weise auch der Bruchteils- oder Quotennießbrauch bei einem ausreichend hohen Nutzungsrückbehalt, schließlich auch das vorbehaltene Wohnungsrecht an einer gesamten Wohnung – jedenfalls hinsichtlich des darauf entfallenden Wertanteils – hindern das Anlaufen der 10-Jahres-Frist des § 2325 Abs. 3 BGB (Rdn. 1420, 1598 ff.). Der bloße Mietvertrag dürfte nicht als »Vorbehalt einer Nutzungsbefugnis« angesehen werden können (jedenfalls dann, wenn die Kündigungsrechte des Eigentümers nicht ausgeschlossen sind!),[819] ebenso wenig die gewährte dauernde Last. Damit bestünde die Möglichkeit, im Wege der Ersetzung eines vorbehaltenen Nießbrauchs durch Mietvertrag und

---

814 Der BFH, DStR 2004, 1206, hat die Anpassung eines Versorgungsvertrags auf geänderte Situation (z.B. Umwandlung einer Leibrente in eine dauernde Last) dem Grunde nach zugelassen. Verlangt der Veräußerer die Einräumung eines Nießbrauchs, handelt es sich zwar der äußeren Form nach um einen Zuwendungsnießbrauch, allerdings hat (wie beim Vorbehaltsnießbrauch) der Nießbraucher die früheren Anschaffungs- und Herstellungskosten selbst getragen, so dass er möglicherweise hinsichtlich der AfA-Befugnis – wie der Vorbehaltsnießbraucher – abzugsberechtigt bleiben sollte.
815 BFH, 08.02.2006 – II R 38/04, ZEV 2006, 277 m. Anm. *Seifried*.
816 Vgl. Ländererlasse v. 07.12.2001, BStBl. 2001 I, S. 1041, unter III, noch zur Vorgängernorm: Anlage 9 zu § 14 BewG.
817 Entsprechend §§ 5 Abs. 2, 6 Abs. 2 BewG; vgl. BFH, 08.02.2006 – II R 38/04, ErbStB 2006, 143.
818 *Wegmann*, Grundstücksüberlassung, Rn. 425 ff.
819 Zweifelnd allerdings *Mayer/Geck*, Der Übergabevertrag, § 9 Rn. 88: kein sachlicher Unterschied; schwankend *Burandt/Leplow*, Immobilien in Erbschaft und Schenkung, Rn. 252, unter Hinweis darauf, dass auch schuldrechtliche Vereinbarungen (BGH: schuldrechtliches Nießbrauchsrecht) das Anlaufen der Frist hindern können.

dauernde Last den Fristlauf des § 2325 Abs. 3 BGB jedenfalls ab jetzt in Gang zu setzen (vgl. im Einzelnen Rdn. 3635).

Nach anderer Auffassung soll wegen der vom BGH in seiner Grundsatzentscheidung ausgesprochenen Gleichstellung schuldrechtlicher Nutzungsvorbehalte mit dinglichen Rechten auch das Kombinationsmodell **nicht zu einem Anlaufen der 10-Jahres-Frist** führen, jedenfalls solange der Veräußerer nicht aus dem Objekt ausziehe, und zudem die Möglichkeit verbauen, bei Einhaltung des Niederstwertprinzips zumindest zu einer Reduzierung des Anrechnungswerts (wie er durch Abzug des Nießbrauchs zustande kommen kann) beizutragen.[820] 1846

Da zumindest aus der Sicht des Veräußerers das »Ob« und das »Wie« des Mietvertrags für den Übergabeentschluss von entscheidender Bedeutung sind (einseitige rechtliche Abhängigkeit), ist der **Mietvertrag gem. § 311b Abs. 1 Satz 1 BGB mit zu beurkunden**. Kommt es dem Veräußerer lediglich auf die »Eckwerte« des Mietvertrags an, sind diese niederzulegen, verbunden mit der Verpflichtung, auf Verlangen des Veräußerers weitere Einzelheiten des Vertrags, die er nach billigem Ermessen festzulegen berechtigt ist, unter Verwendung eines im Schreibwarenhandel erhältlichen Formulars zu dokumentieren.[821] 1847

4. Sozialrechtliche Erwägungen

Zu bedenken ist allerdings, dass die Bezüge aus wiederkehrenden Leistungen beim Veräußerer zu dessen **Gesamtbetrag der Einkünfte zählen** und damit u.U. sozialrechtlich unerwünschte Folgen haben: Ist er z.B. in der gesetzlichen Krankenversicherung (hierzu Rdn. 1159 ff.) der Rentner[822] und nicht als pflichtversichertes[823] Mitglied, sondern als freiwillig versichertes Mitglied (da er in der zweiten Hälfte seines Erwerbslebens nicht mind. zu 9/10 Mitglied[824] der gesetzlichen Kasse war), bemessen sich nach noch geltendem Recht die Krankenkassenbeiträge auch aus diesen sonstigen Bezügen,[825] und zwar in voller Höhe von ca. 13 % bis 15 %, ohne dass seine Leistungen dadurch erhöht würden; die Ungleichbehandlung der nicht pflichtversicherten Rentner[826] in der gesetzlichen Krankenversicherung ist allerdings verfassungsrechtlich unzulässig und muss daher vom Gesetzgeber geändert werden. Schließlich darf nicht außer Acht gelassen werden, dass die dauernde Last beim Veräußerer pfändbar oder gem. § 93 SGB XII/§ 33 SGB II überleitbar ist (wodurch er nicht mehr in der Lage sein wird, die Miete zu entrichten!), während das Wohnungsrecht, sofern es nicht durch Ausübung an einen Dritten überlassen werden kann, gem. § 857 Abs. 3 ZPO nicht der Pfändung unterliegt. 1848

Ein **Muster eines Überlassungsvertrags** mit Zusage einer dauernden Last und Rückvermietung (»Stuttgarter Modell«) ist im Formularteil unter Rdn. 6778 enthalten.

---

820 So *Mayer/Geck*, DStR 2005, 1475; *Heinrich*, MittRhNotK 1995, 164.
821 Formulierungsvorschlag *Spiegelberger*, in: Beck'sches Notarhandbuch, A V Rn. 297 ff.
822 Hierzu ausführlich nach neuem Recht (Einbeziehung von Versorgungsbezügen und Einkommen aus selbstständiger Tätigkeit ab ca. 120,00 €/monatlich ab 2004 mit dem vollen Beitragssatz; Einbeziehung ab 2004 auch von Kapitalleistungen und Kapitalabfindungen; voller Pflegebeitrag durch den Rentner) *Eilts*, NWB 2004, 1379 = Fach 27, S. 5815 ff.
823 Gem. § 6 Abs. 3a SGB V muss hierfür das 55. Lebensjahr überschritten sein und die letzten 5 Jahre vor dem Versicherungsbeginn muss gesetzliche Krankenversicherungspflicht bestanden haben.
824 Die ab 01.01.1993 geltende weitere Verschärfung, die 90 %ige Belegung müsse durch Pflichtbeitragszeiten [also z.B. nicht durch Familienmitversicherung] nachgewiesen sein, ist gemäß BVerfG, 15.03.2000 – 1 BvL 16/96, BVerfGE 102, 68 verfassungswidrig und ab 01.04.2002 nicht mehr anzuwenden.
825 § 240 SGB V; vgl. ausführlich NWB, Fach 27, S. 5707 ff. und *Marburger*, NWB, Fach 27, S. 6328 = 2006, 3824.
826 Ähnlich verfassungsrechtlich bedenklich ist die doppelte »Verbeitragung« der Gehaltsumwandlungen in eine Betriebsrente, die ab 2009 hinsichtlich der Einzahlungen und sodann in der Auszahlungsphase dem vollen Krankenversicherungsabzug unterliegen (vgl. Gutachten von *Höfer*, zum Deutschen Juristentag 2004).

F. Regelungen im Verhältnis zu weichenden Geschwistern

I. Rahmenbedingungen

1. Ausgleichsmotive

1849 Im Empfinden vieler Veräußerer sind das Ziel »Gerechtigkeit« und der Weg »Ausgleich« dergestalt miteinander verknüpft, dass zu Recht vom Begriffspaar »ausgleichender Gerechtigkeit« gesprochen werden kann. Es ist ihnen ein Gewissensanliegen, i.R.d. vorweggenommenen Erbfolge nicht nur die eigene Absicherung gewahrt zu wissen, sondern auch die Interessen der »weichenden Geschwister« so zu berücksichtigen, dass nicht der Keim fortschwelender Konflikte gelegt wird. Damit bewegen sich Regelungen im Verhältnis zu weichenden Geschwistern in einem »**dreipoligen« Umfeld**:

1850 (1) Gesamtfamiliär steht die **Befriedungsfunktion** im Vordergrund, die allseits abgestimmten Abreden per se innewohnt.

(2) Aus Sicht des Erwerbers wird damit regelmäßig das Ziel verknüpft, die Ungewissheiten des Pflichtteilsergänzungsrechts (10-Jahres-Frist!) und des zeitlich unbegrenzt drohenden Ausgleichspflichtteils durch zumindest **gegenständlich beschränkte Pflichtteilsverzichte**, welchen im Kausalverhältnis Abfindungszusagen zugrunde liegen, zu bannen.

(3) Aus Sicht der weichenden Geschwister locken die Vorteile verlässlicher, in das langfristige Budget einplanbarer **Zahlungs- oder Versorgungszusagen** im Vergleich zu den unbestimmten, weder dem Zeitpunkt noch der Höhe noch schließlich der Schuldnerstellung nach kalkulierbaren postmortalen Ausgleichsansprüchen des Pflichtteilsrechts.

▶ Hinweis:

1851 Gleichwohl besteht für den Notar häufig Anlass, dem weit verbreiteten Missverständnis entgegenzuwirken, das Gesetz verlange geradezu eine ausgleichende Mitbegünstigung der weichenden Geschwister. Den unmittelbaren Verhandlungspartnern (Veräußerer und Erwerber) sollte bewusst gemacht werden, dass zunächst sie allein die Modalitäten der Überlassung im vertraglichen Miteinander bestimmen. Gefällt es dem Übergeber, eine reine Schenkung zu vollziehen oder aber lediglich Absicherungen und Gegenleistungen zu seinen, des Veräußerers, Gunsten (und ggf. zugunsten des Ehegatten) sich auszubedingen, hat es dabei sein Bewenden; die enttäuschten weiteren Prätendenten haben abzuwarten, ob und in welchem Umfang ihnen das Pflichtteilsrecht später Ausgleichung bieten wird.

2. Ausgleichsvolumen

1852 Mit großer Zurückhaltung wird der Notar daher auf die an ihn häufig herangetragene Bitte antworten, er, der Notar, möge doch vorrechnen, welches »**Gleichstellungsgeld**« ggü. **den Geschwistern** geschuldet sei, droht doch die unmittelbare Beeinflussung des wirtschaftlichen Verhandlungsprozesses durch den Irrglauben an ein insoweit bestehendes juristisches Diktat oder aber dessen Manipulation durch den Anschein mathematischer Rechenkunst. Allenfalls kann und wird der Notar Anhaltspunkte dafür bieten können, wie die im Verhältnis zum Veräußerer und ggf. dessen Ehegatten ausbedungenen Vorbehalte und Gegenleistungen sich reduzierend auf das verbleibende Maß der Unentgeltlichkeit auswirken (s. zur Berechnung oben Rdn. 49 ff. mit Berechnungsbeispiel in Rdn. 57).

1853 Sodann wird der Notar erläutern, **wie hoch die Pflichtteilsquote des weichenden Geschwisters** sich hieraus beliefe. Deutlich ist dabei jedoch darauf hinzuweisen, dass

(1) sich einerseits diese Quote erhöhen (beim gesetzlichen Güterstand verdoppeln) kann, wenn der Ehegatte des Veräußerers (oder Geschwister ohne Hinterlassung von Abkömmlingen) vorversterben sollte,

(2) sich andererseits aber auch die Pflichtteilszahllast auf Null reduzieren kann, wenn der Veräußerer noch 10 Jahre ab grundbuchlichem Vollzug gelebt hat (vorausgesetzt die Frist des § 2325 Abs. 3 BGB ist angelaufen, vgl. Rdn. 3630 ff.),

F. Regelungen im Verhältnis zu weichenden Geschwistern

(3) weiterhin Vorerwerbe aller Geschwister zu berücksichtigen sind, deren Werte, die gesetzlich vermutete, ausdrücklich angeordnete oder ausgeschlossene Ausgleichung oder Anrechnung (§§ 2315, 2316 BGB) das Resultat nach oben oder unten verändern können sowie schließlich dass

(4) es sich bei jeder Pflichtteilszahllast um einen »Zukunftswert« mit ungewisser Fälligkeit handelt, der für Zwecke des Ausgleichs auf den Gegenwartswert abgezinst werden müsste.

Sodann ist zu eruieren, ob (wie regelmäßig) der Erwerber die Ausgleichsleistung zu erbringen hat – in diesem Fall ist zuvörderst **dessen Liquidität**, auch **unter Berücksichtigung** der etwa in das übertragene Objekt **erfolgenden Investitionen**, zu ermitteln – oder ob der Veräußerer den Gleichstellungswunsch zum Anlass nimmt, die »Abfindung« aus seinem eigenen Vermögen zu erbringen, also der Immobilienüberlassung an den Erwerber weitere (Geld-)Schenkungen an die weichenden Geschwister zur Seite stellt und alle Beteiligten zu je gegenständlich beschränkten Pflichtteilsverzichten bzgl. der Zuwendung an die anderen Geschwister veranlasst. 1854

3. Ausgleichswege

Der Ausgleich kann **auf verschiedene Weise** herbeigeführt werden. Zu unterscheiden sind zunächst lebzeitige Zuwendungen bzw. Zuwendungsverpflichtungen (s.u. Rdn. 1868 ff.) von der »letztwilligen Variante« der Ausgleichungsanordnung (§ 2050 BGB; s.u. Rdn. 1916 ff.). I.R.d. lebzeitigen Zuwendung ist wiederum zu unterscheiden zwischen solchen, die wirtschaftlich allein den Veräußerer treffen (Rdn. 1868 ff.) und der ganz überwiegend gegebenen Konstellation, dass wirtschaftlich der Erwerber die Last trägt (Rdn. 1871 ff.). Auch insoweit kann wieder differenziert werden zwischen Ausgleichungspflichten, die fest und unbedingt geschuldet sind, solchen die nur unter bestimmten Bedingungen (etwa für den Fall der Veräußerung des erworbenen Grundstücks) zu leisten sind, und schließlich solchen, deren nachträgliche Anordnung sich der Veräußerer noch vorbehält (nachstehend Rdn. 1897 ff.). 1855

Ausgleichsleistungen zugunsten von Geschwistern (oft als **Gleichstellungsgelder oder Elterngut** bezeichnet) sind häufig ihrerseits verknüpft mit »Leistungen«, die das weichende Geschwister ggü. dem Veräußerer zu erbringen hat, am häufigsten mit einem (vollständigen oder beschränkten) Pflichtteilsverzicht. Die Verknüpfung beider (über die Kausalabrede, Leistungsverweigerungsrechte, aufschiebende oder befristete Bedingungen etc.) wird ausführlich im pflichtteilsrechtlichen Teil, Rdn. 3834 ff. (mit Formulierungsvorschlägen Rdn. 3846 ff.), behandelt. 1856

Ebenfalls verwiesen sei an dieser Stelle auf Regelungsthemen, die sich im Verhältnis der Geschwister untereinander stellen, v.a. im Hinblick auf die **Verteilung der »Unterhaltslast« der Eltern**. Juristisch geht es um Änderungen der (bei gleichzeitig Beschenkten gesamtschuldnerischen, bei nacheinander sich vollziehenden Schenkungen gem. § 528 Abs. 2 BGB gestuften) Haftung bei der Rückforderung im Fall späterer Verarmung des Veräußerers einerseits und um die Verteilung der Unterhaltsschuld abweichend von der gesetzlichen Teilschuldnerstellung (§ 1606 Abs. 3 Satz 1 BGB) andererseits. Formulierungsvorschläge hierzu wurden, da sie überwiegend i.R.d. Pflegebedürftigkeitsrisikos der Eltern relevant werden, unter Rdn. 1673 ff. vorgestellt. 1857

II. Nicht anwesendes Geschwister

1. Nachgenehmigung

Unter berufstätigen oder mit Kindererziehung betrauten Beteiligten ist es oftmals schwierig, außerhalb der Abendstunden oder des Wochenendes einen Notartermin zu finden, an dem alle gleichzeitig anwesend sein können. Typischerweise werden sich daher »Nebenpersonen« der Gesamttransaktion durch einen der anderen Beteiligten **vollmachtlos vertreten lassen und nachgenehmigen**. Welcher **Form** die Mitwirkung bedarf, hängt von den Erklärungen ab, die ihm ggü. oder durch ihn abgegeben werden müssen. 1858

1859 Zwischen **Veräußerer und begünstigtem Geschwister** liegt ihrerseits eine **Schenkung** vor, die erst dann wirksam zustande kommt, wenn das in der Urkunde liegende Schenkungsangebot, das der notariellen Form bedarf (§ 518 Abs. 1 BGB), dem Begünstigten in Ausfertigung zugeht[827] – einer notariellen Beurkundung bedarf die **Schenkungsannahme** nicht,[828] sofern nicht auf Grunderwerb gerichtet (Rdn. 1868) – wobei ein etwa verbleibender Mangel der Form bzw. des Zugangs in nicht ausreichender (lediglich einfacher oder beglaubigter) Abschrift durch den Vollzug geheilt wird (§ 518 Abs. 2 BGB).

1860 Für die regelmäßig zugleich angeordneten **Anrechnungen auf den Pflichtteil (§ 2315 BGB) und »auf den Erbteil«** (Ausgleichung gem. § 2050 Abs. 3 BGB) ist hingegen keine bestimmte Form der Erklärung, sondern lediglich der Umstand des rechtzeitigen Zugangs spätestens mit der Entgegennahme der Zuwendung vorgeschrieben, so dass insoweit auch jedes andere Verfahren der zuverlässigen Kenntnisgabe oder die Übersendung einer schlichten einfachen Abschrift genügt, sofern sie beweisbar ist. Legen die Beteiligten jedoch Wert auf einen sicheren Nachweis hierüber, werden sie den Notar anweisen, dem weichenden Geschwister Ausfertigung zumindest durch Einwurf-Einschreiben zu übermitteln.

1861 Gibt das weichende, nicht anwesende Geschwister einen (vollständigen oder beschränkten) **Pflichtteilsverzicht** ggü. dem Veräußerer ab, bedarf seine Genehmigung (bzw. Vollmacht, vgl. dazu Rdn. 3788) nicht der Form des § 2348 BGB.[829] Regelmäßig werden die Beteiligten aber zu Beweiszwecken zumindest die Schriftform der Genehmigung wünschen und um deren Beibindung in die Urkunde bitten. Der Erblasser, dem ggü. die Verzichtserklärung abzugeben ist, muss jedoch persönlich anwesend sein (§ 2347 BGB), so dass auf ein bloßes Verzichtsangebot oder die Bevollmächtigung des Erblassers zum Abschluss des Verzichtsvertrags als In-Sich-Geschäft auszuweichen ist (Rdn. 3789). Die persönliche Anwesenheit ist ferner erforderlich, wenn letztwillige Verfügungen i.R.d. Übergabe enthalten sind, etwa bei gegenseitiger Einsetzung der beiden Erben zu je alleinigen Vermächtnisnehmern im Rahmen eines notariellen[830] **Erbvertrags** (§ 2276 BGB).

1862 Ist ein urkundlich beteiligtes Geschwister nicht selbst anwesend gewesen und hat es auch keine entsprechende Vollmacht erteilt, muss dessen **Nachgenehmigung** eingeholt werden (§§ 177, 182, 184 BGB; vgl. hierzu Rdn. 4109 ff.). Dabei wird es regelmäßig nicht dem Willen der Beteiligten entsprechen, die gesamte Transaktion aufschiebend bedingt in der Schwebe zu halten oder gar endgültig unwirksam werden zu lassen, wenn ein weichendes Geschwisterteil die Zustimmung verweigert. Viel eher wird es sich so verhalten, dass die Grundstücksübertragung gleichwohl stattfinden soll, jedoch die zugunsten dieses Geschwisters ausgesetzten Leistungen nicht geschuldet sind, wenn es selbst nicht bereit ist, die durch sie/ihn abzugebenden Erklärungen (z.B. den vollständigen oder gegenständlich beschränkten Pflichtteilsverzicht) wirksam werden zu lassen.

▶ Formulierungsvorschlag: Nachgenehmigung durch weichendes Geschwisterteil

1863 ..... hier handelnd eigenen Namens als Erwerber

sowie vorbehaltlich nachträglicher Genehmigung, in welcher von § 181 BGB zu befreien ist, in privatschriftlicher Form für sein Geschwister .....

Der Notar wird auf Kosten des nicht Erschienenen beauftragt und allseits bevollmächtigt, den Entwurf der Nachgenehmigung zu fertigen, diese anzufordern, für alle Beteiligten entgegenzunehmen und den dann zu erteilenden Ausfertigungen beizufügen. Eine Frist gem. § 177 Abs. 2 BGB soll er jedoch erst auf schriftliche Weisung eines Erschienenen stellen.

---

827 BGH, NJW 1995, 2117; *Armbrüster*, NJW 1996, 438.
828 RGZ 98, 127.
829 Vgl. *J. Mayer*, MittBayNot 1997, 87 m.w.N.
830 Zur Frage, ob auch die Beurkundung bei einem schweizerischen Notar genügt, bejahend *Blusz*, ZErb 2016, 221 ff.

Die Erschienenen stellen klar: Die Grundbesitzübertragung und die schuldrechtlichen Vereinbarungen zwischen Veräußerer und Erwerber stehen ihrerseits nicht unter dem Vorbehalt der Genehmigung durch das weichende Geschwister. Wird diese Genehmigung jedoch endgültig verweigert, entfallen alle zugunsten des betreffenden Geschwisters enthaltenen Ansprüche, da sie auf den Eingang der Genehmigung (und damit das Wirksamwerden seiner erbrechtlichen Ausgleichserklärungen) aufschiebend bedingt sind.

2. Vertrag zugunsten Dritter

Ist der »Auszahlungsbegünstigte« nicht ohnehin unmittelbar an der Urkunde beteiligt, wird ihm zunächst durch Vertrag zugunsten Dritter ein **Anspruch auf Auskehr des Betrags** zugewendet. Dabei ist festzulegen, ob 1864
(1) es sich um einen »echten Vertrag zugunsten Dritter« handelt, weiterhin ob
(2) sein Anspruch noch bedingt oder befristet ist und
(3) er unter dem Vorbehalt einer Aufhebung oder Änderung durch die Parteien des Überlassungsvertrags steht.

Für die Entscheidung dieser Fragen sind gem. § 328 Abs. 2 BGB im Zweifel auch die Umstände der Zuwendung heranzuziehen, es empfiehlt sich jedoch stets eine **ausdrückliche Regelung**.

Zwar kann das schuldrechtliche Grundgeschäft über die Bestellung eines beschränkt dinglichen Rechts (Nießbrauch, Reallast, Wohnungsrecht etc.) als Vertrag zugunsten eines nicht an der Einigung beteiligten Dritten (§ 328 BGB) wirksam begründet werden, nicht aber die zu deren Erfüllung erforderliche **dingliche Einigung gem. § 873 BGB**.[831] Die an keine Formvorschrift gebundene Erklärung des »anderen Teils« kann jedoch konkludent durch vorbehaltlose Entgegennahme einer zu diesem Zweck übersandten Ausfertigung erfolgen; auf den Zugang der Annahmeerklärung kann gem. § 151 BGB verzichtet werden. **Zur Erleichterung der Dokumentation** ist zumindest eine privatschriftliche[832] Annahmeerklärung des nicht an der Urkunde Beteiligten, ggf. auch dessen Nachgenehmigung zur in der Urkunde vollmachtlos durch einen anderen abgegebenen Einigungserklärung ratsam.[833] Die Einigung (bzw. Annahme des konkludenten Angebotes auf Einräumung des dinglichen Rechtes) kann der (zuvor unrichtigen) Grundbucheintragung nachfolgen; der Rang des dann entstehenden Rechtes richtet sich freilich gem. § 879 Abs. 3 BGB allein nach seiner Eintragung. Mit konkludenten Einigungen ist die Rechtsprechung jedoch zurückhaltend: allein in Zahlungen, die der Grundstückseigentümer wegen einer eingetragenen, jedoch nicht wirksam bestellten Reallast erbracht hat, liege noch kein Angebot auf nachträgliche Bestellung der Reallast, das der Begünstigte stillschweigend angenommen habe.[834] Führt der Notar das Zustandekommen der dinglichen Einigung nicht selbst herbei, sollte er auf die erforderlichen Schritte hinweisen.[835] 1865

---

831 OLG München, 24.11.2010 – 34 Wx 103/10, JurionRS 2010, 33245: keine Bestellung einer Dienstbarkeit für einen Dritten; ebenso BGH, NJW 1993, 2617; BayObLG, MittBayNot 2003, 126; Staudinger/*Gursky*, BGB (2000), § 873 Rn. 108 m.w.N.; a.A. Staudinger/*Jagmann*, BGB (2004), vor § 328 Rn. 58.
832 Dem Grundbuchamt braucht die Wirksamkeit der Einigung wegen des formellen Konsensprinzips (§ 19 GBO) nicht nachgewiesen zu werden; wer sich auf die Unrichtigkeit der Eintragung beruft, muss allerdings seinerseits den Beweis mit Mitteln i.S.d. § 29 GBO führen, vgl. BayObLG, Mittbay-Not 2003, 126.
833 § 181 BGB steht (unabhängig von der Möglichkeit der Befreiung) schon deshalb nicht entgegen, weil es sich um die Erfüllung eines schuldrechtlich wirksamen Grundgeschäfts handelt, vgl. BayObLG, MittBayNot 2003, 126 f.
834 OLG Hamm, 29.09.2011 – I-5 U 44/11, NotBZ 2012, 43.
835 BGH, DNotZ 1995, 494, 495; *Lange-Purpart*, RNotZ 2008, 379.

Denkbar sind allerdings auch Fälle, in denen es Veräußerer und Erwerber noch in der Hand behalten wollen, ob dem »Dritten« schuldrechtlich und (durch Übersendung und Entgegennahme) auch dinglich bereits ein unentziehbares Recht zugewendet werden soll.

▶ Formulierungsvorschlag: Dingliche Rechte für nicht Anwesende (noch unter Vorbehalt)

1866 Der Begünstigte aus dem vorstehend »vereinbarten« ggf. aufschiebend bedingten/auflösend bedingten/befristeten etc. Nießbrauchsrecht/Wohnungsrecht ist heute nicht mit erschienen. Da dingliche Rechte durch Vereinbarung zwischen Veräußerer und Erwerber nicht zugunsten Dritter (§ 328 BGB) begründet werden können und es die Beteiligten zudem in der Hand behalten wollen, wann die Einigung bindend und das Recht damit unentziehbar und ohne Zustimmung des Begünstigten nicht mehr änderbar wird, erklären sie übereinstimmend:

Es handelt sich um ein unbefristetes, nur durch Veräußerer und Erwerber gemeinsam widerrufliches Angebot auf Einigung über die Bestellung des beschränkt dinglichen Rechts, das erst dann wirksam angenommen ist, wenn dem amtierenden Notar bzw. Vertreter oder Amtsnachfolger eine vom Begünstigten unterzeichnete privatschriftliche Erklärung des Inhaltes zugegangen ist, dass der Begünstigte vom Inhalt des Angebots aus diesamtlicher Urkunde Kenntnis habe und diese annehme. Eine solche Annahmeerklärung ist nur dann unbeachtlich, wenn vorher beim Notar eine von Veräußerer und Erwerber gemeinsam unterzeichnete Widerrufserklärung eingegangen sein sollte. Es ist Sache der heutigen Beteiligten, ob und wann sie die Bindungswirkung herbeiführen; der Notar soll weder dem »Begünstigten« den Text der heutigen Urkunde mitteilen noch die Erklärung der Annahme in Wiedervorlage halten. Er wird jedoch angewiesen, zur nachstehend ggf. erklärten Bewilligung den Antrag auf Eintragung an der dann möglichen Rangstelle erst dann beim Grundbuchamt zu stellen, wenn ihm ohne vorherigen Widerruf die mit dem Namenszug des Begünstigten unterzeichnete Annahmeerklärung zugegangen ist.

1867 Eine ähnliche Thematik im Bereich des § 328 BGB stellt sich umgekehrt bei den **Leistungsversprechen des unmittelbaren Erwerbers an den Veräußerer**: Wollen die Beteiligten erreichen, dass auch weichende Geschwister insoweit ein eigenes Forderungsrecht (gerichtet auf Leistungen an den Veräußerer) erhalten, bedarf es insoweit einer Abrede gem. § 328 BGB. Hintergrund solcher Gestaltungswünsche (zur Formulierung s. Rdn. 1674 f.) ist insb. die Besorgnis der weichenden Geschwister, der Erwerber könne bspw. versprochene Pflegeleistungen nur nachlässig erbringen und sich dabei zunutze machen, dass der Veräußerer selbst (sofern er nicht unter Betreuung steht) nicht den Willen oder die Kraft aufbringt, auf der Erfüllung dieser Leistungen zu bestehen. Dadurch wächst die Gefahr der Heimunterbringung und damit der Heranziehung der weichenden Geschwister unter Unterhaltsgesichtspunkten (§ 94 SGB XII, §§ 1601 ff. BGB). Können sie jedoch selbst auf Leistungen an den Veräußerer drängen, lässt sich dieser Zeitpunkt möglicherweise noch hinausschieben.

III. Lebzeitiger Ausgleich

1. Zu Lasten des Veräußerers

1868 Übernimmt der Veräußerer selbst **aus eigenen Mitteln die Gleichstellungszuwendungen**, handelt es sich um eine **zweite**, im Grunde selbstständige, jedoch im Anlass mit der Hauptzuwendung verknüpfte **Schenkung**, für die die gemachten Ausführungen entsprechend gelten. Ist das weichende Geschwister nicht selbst an der Urkunde (zumindest im Weg der Nachgenehmigung) beteiligt, ist dafür Sorge zu tragen, dass das Schenkungsversprechensangebot ihm in Ausfertigung übersandt wird, anderenfalls tritt häufig Heilung durch Bewirkung gem. § 518 Abs. 2 BGB ein. Die Annahmeerklärung des Begünstigten selbst unterfällt nicht dem Formzwang des § 518 Abs. 1 Satz 1 BGB,[836] es sei denn, es handelte sich beim Zuwendungsgegenstand um Grundbesitz (§ 311b Abs. 1 BGB).

---

836 Vgl. RGZ 98, 127.

Die **Parallelität mehrerer Schenkungen** aus gleichem Versprechensgrund schafft häufig Anlass für Vereinbarungen im Kreis der Geschwister, beispielweise zur Verteilung der elterlichen Unterhaltslast (etwa Abänderung der sonst eintretenden gesamtschuldnerischen Haftung i.R.d. Rückforderung des Geschenkten gem. § 528 BGB, durch Freistellungsabreden, Quotenversteinerungsklauseln u.Ä.; vgl. hierzu insb. Rdn. 1673 ff.). 1869

Mit der Zuwendung aus eigenen Mitteln des Veräußerers ist häufig eine »**Gegenerklärung**« des weichenden Geschwisters verbunden, z.B. ein (umfassender oder gegenständlich beschränkter) Pflichtteilsverzicht. Zur Art der Verknüpfung (Kausalabrede, Leistungsverweigerungsrecht, aufschiebende/auflösende Bedingung etc.) s.u. Rdn. 3834; ein Formulierungsvorschlag für den Fall der Leistungserbringung durch den Erblasser (= Veräußerer) selbst ist bei Rdn. 3846 zu finden. 1870

2. Zu Lasten des Erwerbers

Im Regelfall wird es jedoch Sache des Erwerbers sein, die Gleichstellungslast der Geschwister zu tragen. Rechtskonstruktiv handelt es sich auch insoweit um eine **Verpflichtung des Erwerbers ggü. dem Veräußerer**, die dadurch »abkürzend« dem weichenden Geschwister zugutekommt, dass der Veräußerer seinen Leistungsanspruch an das weichende Geschwister abtritt (ohne für die Erfüllung der Forderung einzustehen: Haftung lediglich für die Verität, nicht die Bonität der Forderung, vgl. Rdn. 4479) oder aber (etwa bei Ansprüchen auf nicht abtretbare Nutzungsrechte) der Anspruch auf die versprochene Leistung dem weichenden Geschwister als Drittem gem. § 328 BGB bzw. als unmittelbarem Urkundsbeteiligtem zugewendet wird, unbeschadet der weiter zwischen Veräußerer und Erwerber bestehenden Verpflichtungsabrede. Zwischen Veräußerer und weichendem Geschwister liegt dann seinerseits ebenfalls eine Schenkung vor.[837] 1871

▶ Hinweis:

Das beurkundete Angebot (§ 518 Abs. 1 BGB), ist dem weichenden Geschwister, sofern es nicht – und sei es durch Nachgenehmigung – rechtsgeschäftlich an der Urkunde beteiligt ist, in Ausfertigung zu übersenden, anderenfalls tritt Heilung erst durch Vollzug der Leistung ein. 1872

Es liegen also **mehrere gleichzeitig beschenkte Erwerber** vor (die Gleichzeitigkeit ergibt sich daraus, dass der Gegenstand der Schenkung, nämlich der Anspruch auf die Leistung des Erwerbers – mag diese auch erst später fällig werden – sofort durch Abtretung in der Urkunde geleistet wird). Verarmt der Veräußerer während der Zehn-Jahres-Frist des § 529 Abs. 1 BGB, sind daher beide Erwerber **gesamtschuldnerisch verpflichtet** (Rdn. 1109 f.), was zu den in Rdn. 1940 f. vorgestellten abweichenden Risikoverteilungen im Kreis der Geschwister Anlass geben kann (z.B. durch Versteinerung der Haftungsquote, durch Freistellungsverpflichtung etc., jeweils mit oder ohne Absicherung). Zugleich kann der Veräußerer auch ggü. den weichenden Geschwistern hinsichtlich der zugewendeten Leistung (Anspruch auf Zahlung, Bestellung eines Wohnungsrechts etc.) die **Anrechnung auf den künftigen Pflichtteilsanspruch** dieses weichenden Geschwisters ggü. ihm, dem Veräußerer, anordnen (§ 2315 BGB), was jedoch spätestens gleichzeitig mit dem Zugang des Schenkungsangebots erfolgen muss. 1873

Im Grunde bildet also die Gleichstellungsvereinbarung zu wirtschaftlichen Lasten des Erwerbers eine **Kombination aus der Zuwendung des Veräußerers** an das weichende Geschwister (s.o. Rdn. 1868 ff.) **mit einer vorangehenden Verschaffung dieses Schenkungsgegenstands** an den Veräußerer durch entsprechende Leistungsverpflichtung des Erwerbers an den Veräußerer. 1874

Auch das **Ertragsteuerrecht** vollzieht diese Wertung, indem es Gleichstellungsgelder an Geschwister ebenso behandelt wie Abstandsgelder, die unmittelbar an den Veräußerer erbracht werden, und sie als Entgelt (Anschaffungskosten) erfasst (vgl. im Einzelnen ausführlich Rdn. 6239 ff.). Hinzuweisen ist in diesem Zusammenhang auch auf die unter Rdn. 6217 ff. erläuterte, für die 1875

---

837 FG Niedersachsen, 04.11.2013 – 7 V 118/13, ErbStB 2014, 147, vgl. *Michael,* notar 2014, 336.

Beteiligten oft überraschende Abzinsung solcher Geldleistungen, die später als ein Jahr ab Besitzübergang fällig werden (mit der Folge fiktiver steuerpflichtiger Zinseinkünfte gem. § 20 Abs. 1 Nr. 7 EStG, obwohl doch gerade das weichende Geschwister auf Stundungszinsen großmütig im Interesse des Familienfriedens verzichtet hat!); zur Abgrenzung ggü. lediglich bedingten Gleichstellungspflichten s. Rdn. 6251 f.

1876 **Schenkungsteuerlich** wird die Geschwisterzuwendung durch den BFH (s. Rdn. 6249) ebenfalls einerseits als entgeltmindernde Gegenleistung im Verhältnis zwischen Veräußerer und Erwerber und andererseits als Schenkung im Verhältnis zwischen Veräußerer und weichendem Geschwister bewertet, also nicht als Direktschenkung unter Geschwistern (mit der Folge der ungünstigen Steuerklasse II!), und zwar selbst dann nicht, wenn in der sprachlichen Darstellung die zugrunde liegende »Dreieckskonstruktion« nicht, nicht einmal ansatzweise (etwa durch Verwendung des Begriffs »als Elterngut«) aufscheint. Dies gilt auch wenn das Geschwister keine eigenen Anspruch auf die Leistung als »Dritter« i.S.d. § 328 BGB erwirbt, also § 7 Abs. 1 Nr. 2 ErbStG einschlägig ist, vgl. Rdn. 4462.

Gleiches gilt für die **Grunderwerbsteuer**, vgl. Rdn. 5613.

a) Unbedingte Leistungspflicht

1877 Zur Schaffung klarer Verhältnisse sowohl für den Erwerber als auch für weichende Geschwister sind im Regelfall Leistungspflichten vereinbart. Zu regeln sind **Betrag, Fälligkeit, Verzinsung** sowie die **Absicherung des weichenden Geschwisters**. Häufig ist die Ausgleichszahlung ihrerseits hinsichtlich des Kausalgeschäfts oder durch aufschiebende bzw. auflösende Bedingung verknüpft mit Erklärungen des weichenden Geschwisters, die der Absicherung des Veräußerers und in erster Linie des Erwerbers dienen (v.a. eines gegenständlich beschränkten Pflichtteilsverzichts und Pflichtteilsergänzungsverzichts und Verzicht auf den Ausgleichspflichtteil), vgl. hierzu ausführlich unten Rdn. 2757. In diesem Fall wird typischerweise die Zahlung nur dann geschuldet sein, wenn das weichende Geschwister seinerseits die (sei sie auch noch bedingt) Pflichtteilsverzichtserklärung abgegeben hat, z.B. durch Nachgenehmigung der Urkunde für den Fall seiner Abwesenheit in der Beurkundungsverhandlung.

▶ Formulierungsvorschlag: Lebzeitige Ausgleichspflicht (Leistungserbringung erfolgt wirtschaftlich durch den Erwerber)

1878 Der Erwerber verpflichtet sich gegenüber dem Veräußerer, als weitere Gegenleistung einen Abfindungsbetrag (Gleichstellungsgeld) i.H.v. ..... €, fällig am ..... und bis zu diesem Zeitpunkt zinslos gestundet, zu entrichten.

(Formulierungszusatz [bei Befristung länger als ein Jahr]:

Den Beteiligten ist bekannt, dass aufgrund dieser zinslosen Befristung über länger als ein Jahr der Abfindungsbetrag einkommensteuerlich zerlegt wird in eine Kapitalsumme und [fiktive, i.H.v. 5,5 % jährlich angenommene] steuerpflichtige Zinsen. Der Empfänger hat diesen Zinsanteil im Jahr des Erhalts als Einkünfte aus Kapitalvermögen zu versteuern; der Leistende [Erwerber] verwirklicht Anschaffungskosten lediglich i.H.d. Kapitalbetrags, kann jedoch bei Einkünfteerzielung ggf. den Zinsanteil als Werbungskosten geltend machen.)

Der Anspruch auf die Abfindungsleistung ist abtretbar und vererblich. Auf Wertsicherung (Anpassung an die Geldentwertung) und dingliche Sicherung (Bestellung eines Pfandrechts oder Grundpfandrechts) wird verzichtet.

Der Erwerber unterwirft sich wegen dieser Zahlungsverpflichtung der Zwangsvollstreckung aus dieser Urkunde in sein gesamtes Vermögen mit der Maßgabe, dass vollstreckbare Ausfertigung nach Fälligkeit auf Antrag dem Gläubiger (d.h. dem Abtretungsempfänger oder dessen Rechtsnachfolger) ohne weitere Nachweise erteilt werden kann.

Der Veräußerer tritt hiermit an den dies annehmenden ..... (weichendes Geschwisterteil) den Anspruch auf Erbringung dieser Abfindungsleistung mit sofortiger Wirkung ab, ohne jedoch für dessen Erfüllung einzustehen. Leistungen an das weichende Geschwister sind aufgrund hiermit getroffener und hingenommener Anordnung auf dessen noch fortbestehenden Pflichtteilsanspruch anzurechnen (§ 2315 BGB). Veräußerer und weichendes Geschwisterteil vereinbaren diese Anrechnung von Teilleistungen so, als ob die tatsächlich erhaltene Teilleistung (und nicht lediglich der Anspruch hierauf) unmittelbar vom Veräußerer gestammt hätte.

(Anm.: Sodann folgt ggf. auf den Erhalt des Gleichstellungsgeldes bedingter gegenständlich beschränkter Pflichtteilsverzicht, s. Rdn. 3828, sodann Rdn. 3849.)

1879 Ähnlich häufig und für den Erwerber zumindest in Schonung seiner Liquidität weniger belastend ist die Zuwendung nicht von Ansprüchen auf Grundbesitz (etwa eines herauszumessenden Bauplatzes aus der Fläche des übertragenen Objektes). Zu bedenken ist insoweit freilich, dass die Übertragung von Gleichstellungsgrundstücken aus betrieblichem Vermögen (häufig der Land- und Forstwirtschaft) als Entnahme zu hohen Einkommensteuerbelastungen des Verpflichteten ohne entsprechenden Liquiditätszuwachs führen kann (Besteuerung stiller Reserven); ein Recht zur Verweigerung der Herausgabe erwächst hieraus jedoch i.d.R. nicht.[838] Ebenso häufig anzutreffen als Instrument der Gleichstellung unter Geschwistern sind Ansprüche auf Geldleistung, sondern von Ansprüchen auf Nutzungseinräumung (insb. **Wohnungsrecht**), seltener von Ansprüchen auf Dienstleistungen (Versorgung, hauswirtschaftliche Verrichtungen etc.). Solche Wohnungsrechte für Geschwister kommen insb. bei landwirtschaftlichen Übergaben sowie bei der Überlassung größerer Objekte, bspw. Mehrfamilienhäuser, vor. Die Einräumung eines Nutzungsrechts an einzelnen Zimmern eines ungeteilten Objekts ist hingegen seltener geworden; die mit zunehmender Individualisierung und Betonung des Selbstverwirklichungsgedankens damit einhergehenden nachbarschaftlichen Konflikte, die auch durch vorausschauende Formulierungen nicht zu lösen sind, sprechen dagegen.

1880 Allenfalls in Betracht kommen **vorübergehende, befristete Wohnungsrechte**, z.B. bis zur Verehelichung dann ausziehender Geschwister (teilweise bezeichnet durch die Formel »*auf die Dauer des ledigen Standes*«, was nicht ganz korrekt ist, da ein Wiederaufleben des Wohnungsrechts bei Verwitwung oder Scheidung wohl nicht gewollt sein wird). Die Aufnahme weiterer Personen wird typischerweise nicht gestattet sein, § 1093 Abs. 2 BGB also dinglich abbedungen. Hat der Eigentümer z.B. Instandhaltungspflichten zu erfüllen, die zum dinglichen Inhalt des Wohnungsrechts zählen, ist die Möglichkeit der Vorlöschung z.B. bei Verheiratung oder Fristablauf bzw. Tod zu vereinbaren (§ 23 GBO). Auf die Problematik der Bestellung dinglicher Rechte zugunsten Dritter, wenn das begünstigte Geschwister nicht anwesend bzw. rechtsgeschäftlich durch Nachgenehmigung eingebunden ist, wurde bereits oben bei Rdn. 1865 f. hingewiesen.

1881 Solche Nutzungsrechte zugunsten weichender Geschwister schaffen (anders als Gleichstellungszahlungen) **ertragsteuerlich keine Anschaffungskosten**, minderten jedoch schon vor 2009 (da das Abzugsverbot des § 25 ErbStG a.F. nicht einschlägig war) die schenkungsteuerliche Unentgeltlichkeit. Zivilrechtlich lassen sie sich wegen ihrer Unabtretbarkeit nicht als Weitergabe einer unmittelbar dem Veräußerer ggü. eingegangenen Gegenleistung verstehen (eine Konstruktion über § 1092 Abs. 1 Satz 2 BGB verbietet sich, weil dann das »abgeleitete« Recht des weichenden Geschwisters mit dem Tod des Veräußerers erlöschen würde); vielmehr handelt es sich um eine Abrede mit dem Veräußerer, die jedoch durch unmittelbare Leistung an das weichende Geschwister erfüllt wird.

▶ Formulierungsvorschlag: Wohnungsrecht für weichendes Geschwisterteil bis zur Verheiratung

1882 Als weitere Gegenleistung bestellt der Erwerber zugunsten seines heute anwesenden, dies annehmenden Geschwisters ..... ein Wohnungsrecht, auflösend bedingt bzw. befristet bis zur ersten Verheiratung oder Verpartnerung des Geschwisters, längstens jedoch auf die Dauer von zehn Jahren ab heute, an FlNr. ....., auszuüben an den zwei Zimmern im Erdgeschoss links des Flurs,

---

[838] Besonders drastisch ist der Sachverhalt in OLG Hamm, 08.12.2016 – 10 W 208/15, EE 2017, 171 ff. (Steuerlast von ca. 445.000 Euro, da das Abfindungsgrundstück zwischenzeitlich Bauland wurde!).

verbunden mit dem Recht auf Mitbenutzung der zum gemeinsamen Gebrauch der Bewohner bestimmten Anlagen, nämlich des Badezimmers, der Waschküche, der Küche sowie des Gartens.

Zur Löschung genügt der Nachweis des Todes, der Verheiratung oder der Ablauf der Frist.

Der Eigentümer ist verpflichtet, die dem Wohnungsrecht unterliegenden Räume in gut bewohnbarem und beheizbarem Zustand zu halten. Die Aufnahme weiterer Personen ist dem Wohnungsberechtigten nicht gestattet, § 1093 Abs. 2 BGB gilt also nicht. Auch die Überlassung der Ausübung an Dritte (§ 1093 Abs. 1 Satz 2 BGB) ist ausgeschlossen.

Der Wohnungsberechtigte trägt ein Viertel der für das Gesamtgebäude anfallenden Verbrauchskosten (Strom, Gas, Wasser) und Abfallgebühren, Schornsteinfegerkosten, Versicherungsprämien und Grundsteuer.

Die Eintragung dieses auflösend bedingten und befristeten Wohnungsrechts an nächstoffener Rangstelle wird bewilligt und beantragt.

b) Bedingte Leistungspflicht

1883 Anstelle oder in Ergänzung von sofort zu erbringenden Ausgleichsleistungen finden sich häufig Verpflichtungen des Erwerbers, die **nur beim Eintritt bestimmter Voraussetzungen wirksam** werden. Im Vordergrund steht dabei die teilweise Abschöpfung des übertragenen Werts für den Fall, dass dieser nicht zur Eigennutzung und Eigenbewirtschaftung verwendet, sondern durch Verkauf »kommerzialisiert« wird. Vorbild solcher »**Nachabfindungsklauseln**« ist **§ 13 Höfeordnung**, wie in Rdn. 3688 f. vorgestellt (vgl. zum möglichen vertraglichen Verzicht auf Nachabfindungsansprüche Rdn. 3917 ff., zur ertragsteuerlichen Differenzierung Rdn. 6245 ff.). Auch der höferechtliche Nachabfindungsanspruch selbst kann vertraglich abbedungen oder modifiziert werden, vgl. Rdn. 1888.

1884 Zu klären ist insoweit, **unter welchen Voraussetzungen** und **in welchem Umfang** die Verpflichtung eintreten soll, wie sie gesichert wird und ob es sich bereits um ein unentziehbares Recht des Geschwisters handelt oder nicht. Insb. Nachabfindungsvereinbarungen, die an die Veräußerung anknüpfen, sind häufig suspendiert für die Zeit, in der noch zugunsten des derzeitigen Übergebers eine (vormerkungsgesicherte) »Verfügungssperre« auf dem Objekt lastet – die Interessen der weichenden Geschwister werden dann regelmäßig noch durch den Veräußerer wahrgenommen, sei es durch Verweigerung der Zustimmung oder aber durch deren Erteilung unter »Auszahlungsauflagen« zugunsten der weichenden Geschwister.

▶ Formulierungsvorschlag: Nachabfindungsverpflichtung (im Anschluss an Zustimmungsvorbehalt des Veräußerers)

1885 (Anm.: Für die Zeit nach dem Erlöschen der Verfügungssperre des § ..... [maßgeblich zwischen den Beteiligten soll insoweit die Löschung der Vormerkung im Grundbuch sein] gilt folgende Formulierung.)

Veräußert der Erwerber oder seine Gesamtrechtsnachfolger den überlassenen Vertragsbesitz ganz oder teilweise (vom Tag des Erlöschens der vorstehend vereinbarten Verfügungssperre an gerechnet) innerhalb einer Frist von 15 Jahren, so hat er je ein Viertel des Nettoveräußerungserlöses (Verkaufserlös abzgl. etwaiger Erlösgewinnsteuern, weiter abzgl. werterhöhender Investitionen ohne Beilage von Zinsen, andererseits ohne Vornahme einer Abschreibung) an seine Geschwister, ...,

ersatzweise an deren Abkömmlinge, zu gleichen Stammanteilen zu entrichten. Die Zahlung ist mit Erhalt eines etwaigen Kaufpreises, spätestens jedoch 6 Monate nach Beurkundung, fällig.

Für jedes Jahr, das nach dem Erlöschen der Verfügungssperre verstrichen ist, reduziert sich der an die Geschwister zu zahlende Betrag um 1/15, nach 15 Jahren somit auf Null.

Wird kein Kaufpreis, sondern eine andere oder keine Gegenleistung vereinbart, tritt an die Stelle des Veräußerungserlöses der um .....% verminderte Schätzungswert, den im Dissensfall ein vom Präsidenten der örtlichen Industrie- und Handelskammer auszuwählender vereidigter Grundstückssachverständiger als Schiedsgutachter festsetzt.

F. Regelungen im Verhältnis zu weichenden Geschwistern

Die Verpflichtung zur Nachabfindung besteht nicht
- bei einer Veräußerung zu Straßen- und ähnlichen öffentlichen Zwecken an eine öffentlich-rechtliche Gebietskörperschaft oder zur Abwendung einer sonst drohenden Enteignung,
- bei Berufsunfähigkeit oder Scheidung des Erwerbers,
- zur Erfüllung von Ansprüchen aus § 528 BGB,
- bei der Veräußerung an Ehegatten oder Abkömmlinge, sofern diese die Verpflichtung auf deren restliche Laufzeit übernehmen.

Der Veräußerung steht ein bindendes Veräußerungsangebot sowie der Eigentumsverlust i.R.d. Zwangsversteigerung gleich.

Der **Kreis der die vertragliche Nachabfindungspflicht ausschließenden Umstände** kann um betriebswirtschaftliche Momente erweitert werden, wodurch jedoch Unwägbarkeiten nicht immer vermeidbar sind:

▶ Formulierungsvorschlag: Weitere Fälle des Ausschlusses einer Nachabfindungspflicht (im Anschluss an Textbaustein Rdn. 1885)

Die Verpflichtung zur Nachabfindung besteht ferner nicht,
- soweit der Veräußerungserlös unmittelbar zur Tilgung betrieblicher Verbindlichkeiten dient, die ihrerseits im Rahmen ordnungsgemäßer Wirtschaft entstanden sind bzw.
- sofern und soweit der Veräußernde binnen eines Monats nach Wirksamwerden der Veräußerung ankündigt, den Erlös in beliebige neu anzuschaffende bzw. herzustellende Wirtschaftsgüter des Anlagevermögens des landwirtschaftlichen Betriebs zu investieren, und er diese Investition auch binnen zwei Jahren ab der Ankündigung vornimmt.

Auch der **gesetzliche Nachabfindungsanspruch** (Rdn. 3688 ff.) zu Lasten des Hofübernehmers nach Maßgabe des § 13 der nordwestdeutschen **Höfeordnung** (zum Anwendungsbereich im Einzelnen Rdn. 470 ff.) ist vertraglicher Regelung zugänglich (zu einem Verzicht hierauf vgl. Rdn. 3917 ff.). In Betracht kommt dies insbesondere mit dem Ziel einer Reduzierung der von der Rechtsprechung sehr weit gezogenen auslösenden Tatbestände:[839]

▶ Formulierungsvorschlag: Modifizierung des höferechtlichen Nachabfindungsanspruchs gem. § 13 HöfeO

Der gesetzliche Nachabfindungsanspruch bei Veräußerung des Hofes oder einzelner zum Hof gehörender Grundstücke i.S.d. § 13 Abs. 1 HöfeO sowie bei Verwertungsmaßnahmen i.S.d. § 13 Abs. 4a u. 4b HöfeO wird wie folgt modifiziert:

1) Die 20-Jahres-Frist des § 13 Abs. 1 HöfeO wird auf … Jahre verkürzt.

2) Die weichenden Erben verzichten gegenüber dem Hofübernehmer auf die Geltendmachung von Nachabfindungsansprüchen, sofern und soweit der Hofübernehmer Erlöse aus einer Veräußerung oder sonstigen Verwertungsmaßnahmen im gesetzlichen Sinn innerhalb der Reinvestitionsfristen des § 6b EStG wiederum in Wirtschaftsgüter des Anlagevermögens eines Betriebs der Land- und Forstwirtschaft innerhalb der Europäischen Union reinvestiert. Im Fall des Ersatzerwerbs sind auch höherwertige Reinvestitionen möglich, die Begrenzung des § 13 Abs. 2 Satz 1 HöfeO gilt also nicht.

3) Ansprüche nach § 13 HöfeO werden durch folgende Maßnahmen nicht ausgelöst:
- die Überlassung von maximal der Hälfte der Hofesfläche an Dritte zur land- und forstwirtschaftlichen Bewirtschaftung
- die Verwendung von – an sich nachabfindungspflichtigen – Gewinnen aus landwirtschaftsfremder Nutzung zur Reinvestition in Anlagevermögen eines Betriebs der Land- und Forstwirtschaft innerhalb der Europäischen Union
- die Errichtung und der Betrieb von Photovoltaikanlagen auf hofzugehörigen Gebäuden
- die Erzielung von Einkünften aus der Nutzung für Windenergie
- der Betrieb von Biogasanlagen i.S.d. § 35 Abs. 1 Nr. 6 BauGB

---

[839] *Führ*, RNotZ 2012, 303, 307 (Muster: S. 321).

- die Erzielung von Einkünften aus der Vermietung von Ferienwohnungen, Urlaub auf dem Bauernhof etc. bis maximal einem Viertel der Einnahmen aus land- und forstwirtschaftlicher Nutzung
- die Erzielung von Vergütungen für die Aufgabe von Milchquoten.

1889 Entscheidendes Augenmerk ist auch hier der **Sicherung solcher bedingter Nachabfindungsansprüche** zu widmen. So wird regelmäßig eine **Zwangsvollstreckungsunterwerfung** des Verpflichteten gefordert werden (wegen des Bestimmtheitsgebots bezogen auf einen abstrakt anzuerkennenden Betrag, welcher der voraussichtlichen künftigen Auszahlungssumme nahe kommt); dies bewirkt zugleich eine Verlängerung der Verjährung auf 30 Jahre, § 197 Abs. 1 Nr. 4 BGB. Erhöht werden die Zugriffschancen durch die zusätzliche Bestellung einer **Realsicherheit**, häufig einer akzessorischen Sicherungshypothek, auch im Hinblick auf den Fortbestand der dadurch vermittelten Absonderungsrechte trotz einer RSB in der Verbraucherinsolvenz (§ 301 Abs. 2 InsO).

▶ Formulierungsvorschlag: Absicherung des bedingten Nachabfindungsanspruchs der weichenden Geschwister

1890 Zur Sicherung dieser bedingten Nachabfindungspflicht bestellt der Erwerber hiermit zugunsten jedes Geschwisters (für mehrere im Gleichrang untereinander) eine Sicherungshypothek i.H.v. je ..... € nebst .....% Zinsen ab Eintragung und bewilligt und beantragt deren Eintragung mit der hiermit erklärten Maßgabe, dass die Vollstreckung hieraus gegen den jeweiligen Eigentümer zulässig ist, § 800 Abs. 1 ZPO. Wegen des hiermit abstrakt anerkannten Betrags i.H.d. Sicherungshypothek unterwirft er sich ferner dem jeweiligen Geschwister gegenüber der Zwangsvollstreckung gem. § 794 Abs. 1 Nr. 5 ZPO mit der Maßgabe, dass vollstreckbare Ausfertigung auf Antrag ohne weitere Nachweise erteilt werden kann.

Einer **Wertsicherung bedarf es insoweit naturgemäß nicht**, da die Wertveränderung des übertragenen Vermögens sich bereits im erzielbaren Veräußerungserlös niederschlägt.

1891 Anstelle der sofortigen dinglichen Absicherung wählen v.a. die Veräußerer jedoch nicht selten den **bloßen Anspruch auf Bestellung solcher Sicherheiten**, insb. dann, wenn die Nachabfindungsverpflichtung erst nach **Ablauf der »Kontrollfrist«** greift, während derer noch der Veräußerer durch vormerkungsgesicherten Rückforderungsvorbehalt eine Veräußerung unterbinden bzw. im Fall einer Genehmigung der Veräußerung nur unter (Treuhand-) Auflagen die Interessen der weichenden Geschwister wahren kann.

▶ Formulierungsvorschlag: Anspruch der weichenden Geschwister auf künftige Absicherung

1892 Der Erwerber verpflichtet sich, nach dem Erlöschen der Verfügungssperre auf schriftliches Verlangen des jeweiligen Geschwisters, diesem am Grundbesitz je eine Sicherungshypothek i.H.v. 100.000,00 € (im Gleichrang untereinander) zu bestellen und sich der Vollstreckung nach § 800 ZPO zu unterwerfen. Eine Sicherung dieser Verpflichtung durch Vormerkung, die Vollstreckungsunterwerfung wegen eines abstrakt anzuerkennenden Betrags oder gar die derzeitige Eintragung der Hypotheken im Grundbuch werden trotz Empfehlung des Notars ausdrücklich nicht gewünscht.

Bis zum Erlöschen der »Verfügungssperre« obliegt es allein dem Veräußerer als Begünstigtem, im Rahmen seiner Zustimmung die Interessen der Geschwister ggf. abzusichern. Bis zum Erlöschen der Verfügungssperre handelt es sich daher bei den Auszahlungsansprüchen der Geschwister noch nicht um Rechte Dritter i.S.d. § 328 BGB, sie können also zwischen Veräußerer und Erwerber ohne Mitwirkung der Geschwister aufgehoben werden. Ab Erlöschen der Verfügungssperre handelt es sich um Ansprüche nach § 328 BGB, auch hinsichtlich des Anspruchs auf dingliche Sicherung.

1893 Anstelle der Auskehr einer Geldzahlung durch den Erwerber zu Händen des Veräußerers zum Zweck der Weiterübertragung an die weichenden Geschwister ist in der Praxis auch zu beobachten, dass der Erwerber verpflichtet wird, zu einem **späteren Zeitpunkt** oder **bedingt** (also auf Verlangen) Teile des Grundbesitzes (etwa **herauszumessende Bauplätze**) an die Geschwister unentgeltlich zu übertragen.

F. Regelungen im Verhältnis zu weichenden Geschwistern   Kapitel 4

Zivilrechtlich ist in diesem Zusammenhang zu bestimmen: 1894
(1) Anlässe bzw. Voraussetzungen der Geltendmachung (Heirat etc.),
(2) wem das Bestimmungsrecht hinsichtlich Größe und Lage der Fläche zusteht,
(3) wer die Kosten der Vermessung und Übereignung sowie die dadurch ausgelösten Steuern trägt (einschließlich etwaiger Auflösung stiller Reserven infolge einer Entnahme aus Betriebsvermögen) und
(4) ob der Erwerbsanspruch, sofern er bereits hinreichend konkretisiert ist, durch Vormerkung 1895 im Grundbuch gesichert werden soll.

Teilweise wünschen die Beteiligten bspw., weichenden Geschwistern einen (bedingten) Anspruch auf **Übertragung zu bestimmender Teilflächen** einzuräumen, sofern binnen bestimmter Frist Baurecht entsteht:

▶ Formulierungsvorschlag: Bedingter Anspruch auf Übertragung eines Bauplatzes bei späterer Bebaubarkeit zugunsten weichender Geschwister

Sofern binnen ..... Jahren ab Besitzübergang die Errichtung eines oder mehrerer Wohngebäude 1896 auf FlNr. ..... bauplanungsrechtlich zulässig werden sollte, kann ..... als weichendes Geschwisterteil die Übertragung einer Bauplatzfläche von bis zu ..... m² verlangen, deren Größe, Lage und Zuschnitt das weichende Geschwister nach billigem Ermessen zu bestimmen berechtigt ist, § 315 BGB. Bei der Ausübung des Ermessens ist auch die Bewirtschaftung der verbleibenden Restfläche, ebenso die Bebaubarkeit der herauszumessenden Fläche, zu berücksichtigen. Das Ausübungsverlangen ist zu stellen binnen 6 Monaten, nachdem die Bebaubarkeit durch Bauvoranfrage bestätigt ist, und bedarf der Schriftform. Es ist nicht übertragbar und nicht vererblich. Der Anspruchsberechtigte hat etwa bereits entrichtete Anschluss- und Erschließungskosten zu erstatten, etwaige Ver- und Entsorgungsdienstbarkeiten zu übernehmen sowie die Notar-, Grundbuch- und Vermessungskosten, die Grunderwerbsteuer und etwaige steuerliche Belastungen des Hofeigentümers infolge der Entnahme zu ersetzen.

Sofern die Voraussetzungen für die Ausübung dieses bedingten Anspruchs nicht entstehen, ist keine anderweitige Entschädigung geschuldet. Auf grundbuchliche Sicherung durch Vormerkung wird verzichtet.

c) Vorbehalt späterer Leistungsanordnung

Soll zwar einerseits die Gleichstellung der weichenden Geschwister nicht durch bereits jetzt fest 1897 vereinbarte lebzeitige Zuwendungen erreicht werden, andererseits sich aber auch diese Wirkung nicht notwendig allein durch eine postmortale Ausgleichspflicht (s. hierzu unten Rdn. 1916 ff.) einstellen, sondern will der Veräußerer sich noch vorbehalten, nachträglich den Erwerber zu Ausgleichszahlungen zu verpflichten, und erklärt sich Letzterer mit solchen nachträglichen Leistungserhöhungen trotz der hierdurch bedingten Unsicherheit einverstanden, kann sich der Veräußerer ein **Leistungsbestimmungsrecht** nach §§ 315, 316 BGB ausbedingen, also wirtschaftlich auch nachträglich eine Ausgleichsverpflichtung anordnen.[840] Die Bestimmung selbst kann später auch formlos erfolgen, dies verstößt auch bei Grundstücksübertragungen nicht gegen § 311b Abs. 1 BGB.[841]

▶ Formulierungsvorschlag: Vorbehalt künftiger lebzeitiger Gleichstellungsverpflichtung[842]

Eine Verpflichtung des Erwerbers, zu Händen des Veräußerers Geldbeträge zu entrichten, die die- 1898 ser an weichende Geschwister als Ausgleichsleistung weiterzureichen verspräche, unter gleichzeitiger Anrechnung auf deren Pflichtteilsrecht (§ 2315 BGB), wird heute nicht vereinbart. Der

---

840 Vgl. *Peter*, BWNotZ 1986, 32; ähnlich *Nieder/Kössinger*, Handbuch der Testamentsgestaltung, Rn. 229 – jedoch als Pflicht zur Einzahlung in den Nachlass, soweit er unter den Abkömmlingen zur Verteilung gelangt (womit allerdings noch nicht der Modus der rechnerischen Auseinandersetzung über diese Summe bestimmt ist).
841 BGH, DNotZ 1968, 546; BGH FamRZ 1985, 696.
842 Im Anschluss an *Mohr*, ZEV 1999, 261.

Veräußerer behält sich jedoch mit Zustimmung des Erwerbers vor, durch nachträgliche Leistungsbestimmung gem. §§ 315, 316 BGB eine solche Zahlungspflicht bis zu seinem, des Veräußerers, Ableben noch anzuordnen, maximal jedoch i.H.v. ..... € je Geschwister (wobei diese Obergrenze indexiert anzupassen ist nach Maßgabe des Verbraucherpreisindex zwischen dem heutigen Monat und dem Monat der nachträglichen Anordnung). Mit Erbringung dieser nachträglichen Ausgleichsleistung an den Veräußerer reduziert sich der Anrechnungsbetrag auf den eigenen Pflichtteil des Erwerbers gem. § 2315 BGB entsprechend. Dem Erwerber sind die wirtschaftlichen Risiken bekannt, die sich aus der Übernahme einer solchen bedingten, dem Grunde und der Höhe nach ungewissen Zahlungsverpflichtung ergeben. Ihm ist weiter bekannt, dass nachträglich hierdurch Anschaffungskosten entstehen und die Minderung der Schenkungsteuer erst mit und für den Fall der tatsächlichen Festsetzung einer solchen Ausgleichszahlung eintritt.

1899 Soll diese nachträgliche Anordnungsbefugnis nach dem Ableben des Veräußerers auf dessen Ehegatten als Alleinerben (»**Berliner Testament**«!) übergehen, ist allerdings Vorsicht geboten, da auf diese Weise eine Gleichstellung der Geschwister jedenfalls im Hinblick auf § 2315 BGB nicht mehr erreicht werden kann (die ursprüngliche Zuwendung ist anzurechnen auf den Pflichtteil nach dem Veräußerer, die später geleisteten Ausgleichszahlungen auf den Pflichtteil nach dessen Ehegatten). Eine solche »**Verlängerung**« des Vorbehalts kommt also wohl nur dann in Betracht, wenn auch der Vermögensübernehmer sich dann so stellen lässt, als habe er seine verbleibende Netto-Zuwendung vom überlebenden Ehegatten erhalten.

▶ Formulierungsvorschlag: Vorbehalt nachträglicher Anordnung einer lebzeitigen Ausgleichszahlung, Ergänzung/Befugnis auch seitens des überlebenden Ehegatten

1900 (Anm.: Diese Formulierung ist im Anschluss an den vorstehenden Baustein Rdn. 1898 zu verwenden.)

Sollte der Veräußerer zu Lebzeiten keine solche nachträgliche Ausgleichszahlung mehr anordnen, jedoch von seinem derzeitigen Ehegatten allein beerbt werden, steht auch letzterem bis zu seinem, des überlebenden Ehegatten, Ableben dasselbe nachträgliche Leistungsbestimmungsrecht zu. Der heutige Erwerber vereinbart mit dem heute anwesenden Ehegatten des Veräußerers für diesen Fall, dass der unentgeltliche Anteil der heutigen Zuwendung abzüglich. der nachträglich erbrachten Ausgleichsleistungen auf den künftigen Pflichtteil des heutigen Erwerbers am Nachlass des Ehegatten des Veräußerers in gleicher Weise anzurechnen ist, wie wenn der Erwerber den verbleibenden Wert der Zuwendung vom Ehegatten des Veräußerers erhalten hätte, sofern der Ehegatte des Veräußerers gegenüber den weichenden Geschwistern die Anrechnung der nachträglichen Ausgleichsleistungen auf deren Pflichtteile nach seinem Ableben verfügt (konstruktive Gleichstellung mit den Geschwistern im Hinblick auf § 2315 BGB). In dieser Höhe verzichtet der Erwerber gegenüber dem Ehegatten des Veräußerers mit Wirkung für sich und seine Abkömmlinge auf sein künftiges gesetzliches Pflichtteilsrecht, dieser Verzicht wird entgegen- und angenommen.

3. Verjährung

1901 Das Schuldrechtsmodernisierungsgesetz hat mit Wirkung ab 01.01.2002 neben der allgemeinen, kenntnisabhängigen, 3-jährigen »Silvester-Verjährung« eine an den objektiven Entstehenstatbestand der Forderung anknüpfende **Sonderverjährung von 10 Jahren** bei Ansprüchen auf Übertragung des Eigentums an einem Grundstück sowie auf Begründung, Übertragung, Aufhebung oder Inhaltsänderung eines Rechts an einem Grundstück einerseits sowie bzgl. der Ansprüche auf die Gegenleistung, andererseits, geschaffen, die bereits unterjährig, also nicht erst am 31.12., beginnt (§§ 196, 200 Satz 1 BGB). Die Reichweite dieser Sonderverjährung ist insb. bzgl. des Überlassungsvertrags noch nicht geklärt. Qualifiziert man bspw. **Abfindungszahlungen an weichende Geschwister** als Bestandteil der »Gegenleistung« i.S.d. § 196 BGB (wofür sprechen würde, dass bei der üblichen Ausgestaltung solcher Zahlungen die Verpflichtung zunächst ggü. dem Veräußerer begründet wird, der die dadurch erlangten Beträge in Abkürzung des Zahlungswegs den weichenden Geschwistern typischerweise als Ausgleich für gegenständlich beschränkte Pflichtteilsverzichte etc. zuwendet), ergibt sich eine 10-jährige Verjährungsfrist ab Fälligkeit. Für den Fall bedingter Abstandszahlungen an den Veräußerer selbst (etwa Verpflichtung zur Teilabführung des

Erlöses bei späterem Verkauf durch den Erwerber) ist die Anwendung des § 196 BGB unstrittig.[843]

Qualifizierte man jedoch solche Ausgleichszahlungen als erbrechtlich begründete Gegenleistung für einen gegenständlich beschränkten Pflichtteilsverzicht und nicht als grundstücksrechtliche Ausgleichsleistung für die Übertragung des Eigentums, ergäbe sich eine 3-jährige[844] Verjährung, die bei Beteiligung des Geschwisters (und damit geschaffener Kenntnis) ab dem Ende des Jahres der Fälligkeit zu laufen beginnen würde. Ist der Geschwister nicht beteiligt und erlangt er auch keine sonstige Kenntnis, gilt die Auffang-Verjährungszeit von 10 Jahren ab Fälligkeit gem. § 199 Abs. 4 BGB. Wurde schließlich die Verpflichtung zur Zahlung der Ausgleichsleistung mit Vollstreckungsunterwerfung versehen, wird sie von der 30-jährigen Frist der §§ 197 Abs. 1 Nr. 4, 201 BGB erfasst (Fristbeginn ist der Tag der Beurkundung), sofern es sich nicht um regelmäßig wiederkehrende Zahlungen i.S.d. § 197 Abs. 2 BGB handelt. Wurde die Zahlungspflicht schließlich grundpfandrechtlich abgesichert, kann das Geschwister auch nach Verjährung des schuldrechtlichen Anspruchs selbst das Grundpfandrecht durch Verwertung nutzen, um den (verjährten) Anspruch durchzusetzen (§ 216 BGB, wiederum ausgenommen wiederkehrende Leistungen: § 216 Abs. 3 BGB).

4. Korrektur des Verteilungsplans unter Geschwistern

Wenn Eltern ihren Kindern Vermögen (oft zu unterschiedlichen Zeitpunkten) in vorweggenommener Erbfolge übertragen, erweist sich häufig im weiteren Geschehensablauf, dass eine andere Vermögenszuordnung den Interessen der Kinder (und/oder der veräußernden Eltern) besser entspräche. Würden zur **Korrektur des vorgefundenen Verteilungszustands** unmittelbare Übertragungen zwischen Geschwistern stattfinden, lösten diese – soweit sie entgeltlich sind – Grunderwerbsteuer (zwischen 3,5 % und 6,5 %) aus (und können ertragsteuerlich nachteilig als privates Veräußerungsgeschäft (»Spekulationsgeschäft«) i.S.d. § 23 EStG, als »Zählobjekt« im Rahmen eines gewerblichen Grundstückshandels, oder als zur Auflösung stiller Reserven führende Entnahme von Betriebsvermögen. Wenn es sich hingegen um unentgeltliche Zuwendungen zwischen Geschwistern handelt, fällt bei Überschreiten des geringen Freibetrags von 20.000 € (Steuerklasse II) Schenkungsteuer zwischen 15 % und 43 % an.

Ziel nachträglicher Korrekturmaßnahmen muss es daher sein,[845] diese hohe transfersteuerliche Belastung dadurch zu verringern, dass – zumindest in der rechtlichen Wertung, wenn auch nicht unmittelbar im tatsächlichen Geschehensablauf – die Durchführung von Vermögensverschiebungen sich unter Einbezug der Eltern »über das Dreieck«, also als doppelt vertikaler Akt, nicht als horizontaler Transfer, vollzieht. Dies entspricht auch der Einordnung von Gleichstellungslasten zugunsten des weichenden Geschwisters im Rahmen unmittelbarer Zuwendungen an das eigene Kind: auch diese sollten rechtlich »vertikal« als Verpflichtung gegenüber dem veräußernden Elternteil gestaltet werden; der veräußernde Elternteil wendet sodann den Anspruch auf diese Gleichstellungsleistung dem weichenden Geschwister zu (vgl. bspw. Rdn. 1878).

Im Einzelnen ist dabei an folgende Gestaltungslösungen zu denken:

a) Steuerfreie Rückabwicklung

Soweit die frühere, nun (gegebenenfalls auch nur teilweise) zu korrigierende Zuwendung unter Rückforderungsvorbehalt stand, eröffnet die (wirksame) Ausübung des Rückforderungsvorbehalts

---

843 Vgl. BGH, 08.11.2013 – V ZR 95/12, NotBZ 2014, 40 m. Anm. *Krause*; vgl. *Michael*, notar 2014, 332.
844 Nicht die 30-jährige des § 197 Abs. 1 Nr. 2 BGB a.F., da diese nur für nicht anderweit geregelte gesetzliche Ansprüche des Vierten und Fünften Buches des BGB gilt, BGH, 18.04.2007 – IV ZR 279/05, NotBZ 2007, 250.
845 Vgl. zum Folgenden die lesenswerte Übersicht von *Wälzholz*, NotBZ 2017, 135 ff.

eine rückwirkende schenkungsteuerliche Stornierungsmöglichkeit gem. § 29 Abs. 1 Nr. 1 ErbStG, Rdn. 4970 ff. Bei einem vertraglich vorbehaltenen freien Rückforderungsrecht ist dies unproblematisch möglich, bei einem an enumerative Tatbestände anknüpfenden vertraglichen Rückforderungsrecht und in Bezug auf die gesetzlichen Rückforderungsrechte wie etwa den groben Undank i.S.d. § 530 BGB (vgl. Rdn. 185 ff.) jedoch nur, wenn ein solcher Tatbestand eingetreten ist. Dabei obliegt es allein dem Berechtigten, darüber zu entscheiden, ob und weshalb er von einer formal bestehenden Rückforderungsmöglichkeit Gebrauch macht oder nicht, ein Gestaltungsmissbrauch i.S.d. § 42 AO ist darin nicht zu sehen (vgl. Rdn. 2266). Setzt bspw. der auf das potentielle Scheidungsrisiko beim Erwerber zielende Rückforderungsgrund voraus, dass ein verheirateter oder verpartnerter Erwerber nicht binnen eines Monats nach Aufforderung einen Ehevertrag vorlegen kann, der die Berücksichtigung des übertragenen Objekts im Zugewinnausgleich ausschließt, können die Eltern das betreffende, verheiratete Kind jederzeit (auch außerhalb einer scheidungsnahen Lebensphase) entsprechend auffordern, und sodann, wenn der Ehevertrag nicht vorgelegt wird, die Rückforderung verlangen. Ggf. kann auch § 313 BGB (Wegfall der Geschäftsgrundlage, wenn sich die Annahme gleichmäßiger Begünstigung der Kinder als nicht verwirklicht herausstellt) als Rückforderungsgrund herangezogen werden, vgl. Rdn. 4975.

Der Freibetrag gegenüber dem ersterwerbenden Kind steht nach der Rückforderung wieder ungekürzt zur Verfügung. Die Eltern können sodann das rückerworbene Objekt dem anderen Kind (unter Inanspruchnahme ihres insoweit neu zur Verfügung stehenden Freibetrags) übertragen.

b) (»abgekürzter«) Tausch

1906 Wollen die Eltern ihrem Kind anstelle des bereits Zugewendeten ein anderes Wirtschaftsgut zuordnen, können Sie mit ihm einen Tauschvertrag (ggf. mit Baraufzahlung zur Erreichung der Wertgleichheit) schließen (und sodann wiederum, im Dreipersonenverhältnis, das zurückerhaltene Objekt dem anderen Kind übertragen). Im Tauschvertrag liegt eine beiderseits (voll-)entgeltliche Veräußerung, so dass Schenkungsteuer nicht anfallen kann; Grunderwerbsteuer wird wegen des Verwandtschaftsverhältnisses in gerader Linie gem. § 3 Abs. 1 Nr. 6 GrEStG nicht erhoben. Allerdings liegt auch ertragsteuerlich eine Veräußerung vor, was bei steuerverhaftetem Vermögen (vermieteten Wohnimmobilien, die noch nicht zehn Jahre im Eigentum stehen: § 23 EStG, gewerblichem Grundstückshandel, sonstigem Betriebsvermögen) schädlich sein kann. Der entgeltliche Leistungsaustausch führt ferner zu einer neuerlichen zehn Jahre während Spekulationssteuerverhaftung, in die (bei Weiterschenkung) das andere Geschwister als unentgeltlicher Vermögensnachfolger gem. § 23 Abs. 1 Nr. 1 Satz 2 EStG eintritt.

1907 Das beschriebene Verfahren lässt sich auch »abkürzend« in der Weise gestalten, dass das eine Kind auf Geheiß und für Rechnung der Eltern die zuerst erhaltene Immobilie direkt an das Geschwister überträgt und dafür von den Eltern das »Austauschobjekt« erhält; auch insoweit wird die Grunderwerbsteuer interpolierend, vgl. Rdn. 5610, nicht erhoben.

c) Abfindung für einen Pflichtteilsverzicht

1908 Leistet das andere Kind (dem der zunächst an ein anderes Geschwister übertragene Vermögenswert nun zugewendet werden soll) einen Pflichtteilsverzicht gegenüber den Eltern (bzw., z.B. wenn bereits ein Pflichtteilsverzicht erklärt wurde, einen Erbverzicht), und erhält es hierfür vom ersterwerbenden Kind eine Abfindung (in Gestalt des dem Verzichtenden nun zugedachten Objektes), unterliegt diese Abfindung gem. § 7 Abs. 1 Nr. 5 ErbStG der Schenkungsteuer. Nach der bis zur BFH-Entscheidung vom 10.05.2017 geltenden Rechtslage galt allerdings die bedeutsame Besonderheit, dass die Abfindung stets als vom Erblasser stammend zu erfassen sei.[846] Die Gestaltung wurde also so besteuert, wie wenn das nicht verzichtende Kind Alleinerbe geworden wäre

---

846 Vgl. BFH, 25.05.1977 – II R 136/73, BStBl. 1977 II, 733; BFH, 16.05.2013 – II R 21/11, BStBl. 2013 II, 922.

und sodann als Leistung auf den Pflichtteilsanspruch oder als Abfindung für den Verzicht auf die Geltendmachung des Pflichtteils (§ 3 Abs. 2 Nr. 4 ErbStG) das Abfindungsobjekt (z.B. ein Grundstück) an das verzichtende Geschwister übertragen hätte; bei § 3 Abs. 2 ErbStG ist bereits im Gesetz ausdrücklich klargestellt (»als vom Erblasser zugewendet gilt auch ...«), dass der Erwerb als von den Eltern stammend zu besteuern ist. Damit kamen nach früherer Rechtslage die Freibeträge der Steuerklasse I zur Anwendung.[847]

▶ Hinweis:

Es ist allerdings nicht zu verkennen, dass auf diese Weise nach der vor dem 10.05.2017 geltenden Rechtslage eine faktische Überschreitung der Freibeträge möglich gewesen wäre, da (in Ergänzung zu den Direktzuwendungen seitens der Eltern) weitere 2 × 400.000 € seitens des abfindenden Geschwisters, jedoch unter Anwendung der Steuerklasse I der Eltern, zugewendet hätten werden könnten!

1909

Der BFH hat diese Sichtweise im Urteil vom 10.05.2017[848] geändert: Die vom BFH erstrebte Gleichbehandlung von Abfindungszahlungen nach dem Erbfall (§ 3 Abs. 2 Nr. 4 ErbStG, mit gesetzlich angeordneter Maßgeblichkeit der Rechtsverhältnisse zum Erblasser) und vor dem Erbfall (gem. § 2346 BGB – unter Mitwirkung des Erblassers – oder § 311b Abs. 5 BGB – ohne Mitwirkung des Erblassers, nach den bisherigen Rechtsprechungsgrundsätzen) kann ohnehin nicht erreicht werden, vielmehr läge im zweiten Fall, wie aus vorgenanntem Hinweis deutlich, eine Besserstellung durch die zusätzliche Gewährung weiterer Freibeträge bzw. die Nichtanrechnung bisheriger Zuwendungen des Erblassers vor (da es an der gesetzlichen Fiktion als vom Erblasser stammend fehlt, aber die Rechtsprechung dennoch die Verwandtschaft zum Erblasser als für die Steuerklasse maßgeblich ansah). Daher sei für solche vor dem Tod des Erblassers, den allgemeinen Regeln folgend, die Steuerklasse (§ 15 ErbStG), der Freibetrag (§ 16 Abs. 1 ErbStG) und der Steuersatz (§ 19 ErbStG) **im Verhältnis zum Zuwendenden** maßgebend, § 7 Abs. 1 Nr. 1 ErbStG. Dies dürfte, obwohl zu einem Fall des § 311b Abs. 5 BGB ergangen, auch für den schlichten Erbverzicht oder Pflichtteilsverzicht gem. § 2346 BGB (§ 7 Abs. 1 Nr. 5 ErbStG) gelten, wenn die Abfindung nicht vom Erblasser selbst, sondern von einem Dritten (i.d.R. dem durch den Verzicht begünstigten künftigen Erben) stammt.

1910

Rechtlich handelt es sich – sowohl nach der vor dem 10.05.2017 geltenden Sichtweise, als auch – erst Recht – nach der neuen Sichtweise – stets um eine Zuwendung unter Geschwistern, so dass dieser Erwerb in Bezug auf die Inanspruchnahme des Freibetrages, den das erwerbende, auf den Pflichtteil verzichtende, Kind gegenüber den Eltern hat, nicht zu anderen Vorempfängen addiert wird.[849]

1911

Um tatsächlich als Abfindung für einen Erb- oder Pflichtteilsverzicht zu gelten, wird es allerdings nicht ausreichen, diese Bezeichnung im Übertragungsvertrag zu wählen, vielmehr sollte der Wert des Abfindungsgrundstücks, das zwischen den Geschwistern übertragen wird, in etwa der voraussichtlichen Pflichtteilshöhe entsprechen (sofern letztere geringer ist, mag sich ein Erbverzicht empfehlen, um ein ausgewogenes Wertverhältnis darzustellen).[850]

1912

Die grds. anwendbare Schenkungsteuer verdrängt gem. § 3 Nr. 2 GrEStG die **Grunderwerbsteuer**; soweit allerdings bereicherungsmindernde Leistungs- oder Duldungsvorbehalte übernommen werden, z.B. ein Wohnungsrecht oder ein Nießbrauch, unterliegt dieser (da der insoweit entgeltliche Erwerb rechtlich unter Geschwistern stattfindet) der Grunderwerbsteuer gem. § 3 Nr. 2

1913

---

847 FG Münster, 26.02.2015 – 3 K 3065/14 Erb, ZEV 2015, 666 m. Anm. *Friz*, insoweit aufgehoben durch BFH, 10.05.2017 – II R 25/15, ZEV 2017, 532 m. Anm. *Böing* (Änderung der in vorangehender Fußnote wiedergegebenen eigenen Rechtsprechung).
848 BFH, 10.05.2017 – II R 25/15, ZEV 2017, 532 m. Anm. *Böing*.
849 Vgl. *Wälzholz*, NotBZ 2017, 135, 139; FG Münster, 26.02.2015 – 3 K 3065/14 Erb, ZEV 2015, 666 m. Anm. *Friz*, insoweit durch BFH, 10.05.2017 – II R 25/15, ZEV 2017, 532 m. Anm. *Böing* bestätigt.
850 Vgl. *Wälzholz*, NotBZ 2017, 135, 138.

Satz 2 GrEStG, vgl. Rdn. 5561. Im **ertragsteuer**lichen Sinn dürfte jedoch die Abfindungsleistung für einen Pflichtteils- oder Erbverzicht nicht als »entgeltlich« i.S.d. § 23 EStG gelten, da der Pflichtteilsverzicht keine taugliche, ertragsteuerlich relevante Gegenleistungskomponente darstellt, Rdn. 65 (anders als bei der Übertragung zur Erfüllung eines tatsächlich entstandenen Pflichtteilsanspruchs, Rdn. 70).[851]

Alles Vorstehende dürfte auch gelten für die Abfindung für einen **Zuwendungsverzicht** nach § 2352 BGB.[852]

d) Erbschaftsvertrag gem. § 311b Abs. 4 u. 5 BGB

1914 Ohne Einbeziehung der Eltern (in den Pflichtteils- oder Erbverzicht, Variante »c«) kann dasselbe Ergebnis im Rahmen eines Erbschaftsvertrags (Rdn. 3497 ff.) unter den Geschwistern als künftigen Miterben gestaltet werden, etwa indem der »verzichtende« Teil sich verpflichtet, im Todesfall des Elternteils seinen Erbanteil bis zur Höhe des gesetzlichen Erbrechts sowie eventuell entstehende Pflichtteilsansprüche an das andere Kind zu übertragen, und hierfür vom anderen Kind (dem Ersterwerber) die ihm durch die Eltern vorab übertragene Immobilie als Abfindung erhält. Auch insoweit liegt eine freigebige Zuwendung i.S.d. § 7 Abs. 1 Nr. 1 ErbStG vor[853] – die bloße ungesicherte Erbanwartschaft kann nicht als gleichwertige Gegenleistung gewertet werden –, wobei sich auch hier seit der Rechtsprechungsänderung des BFH vom 10.05.2017[854] die Steuerklasse (leider) nicht mehr, wie bisher,[855] analog § 3 Abs. 2 Nr. 4 ErbStG nach dem Verhältnis zum künftigen Erblasser, sondern nach dem Verhältnis zum zuwendungsbeteiligten Geschwister (Steuerklasse II) richtet. Die Parallelwertung zu § 3 Abs. 2 Nr. 4 ErbStG wird also auch insoweit nicht mehr vollzogen. In grunderwerbsteuerlicher Hinsicht (§ 3 Nr. 2 GrEStG, Besteuerung also nur der vorbehaltenen Leistungs- oder Nutzungsrechte) sowie in Bezug auf die Ertragsteuer (unentgeltlich bleibender Vorgang) gilt gleiches wie i.R.d. Abfindung für den unmittelbaren Pflichtteilsverzicht, vgl. Rdn. 1908 ff.

1915 Wenn das die »Abfindung« leistende Kind später Alleinerbe nach den Eltern wird, kann es im Rahmen dieses Erbfalls seine Abfindungsleistung an das Geschwister als Nachlassverbindlichkeit gem. § 10 Abs. 1 Satz 2 i.V.m. § 10 Abs. 5 Nr. 3 Satz 1 ErbStG geltend machen, und zwar gleichgültig ob es sich um eine Abfindung für einen dinglich sofort wirkenden Pflichtteilsverzicht (Fallgruppe »c«) oder eine nur schuldrechtlich wirkende Erbschaftsvereinbarung handelte.[856]

IV. Ausgleich von Todes wegen

1916 Das »letztwillige« Pendant der lebzeitigen Gleichstellungsleistungen an weichende Geschwister, nämlich die **Erfüllung der Pflichtteilslast** (§§ 2325, 2329, 2316 BGB – s. Rdn. 3616 ff., 3747 ff.) oder die Hinnahme einer geringeren Beteiligung am Restnachlass (§ 2050 BGB; nachstehend Rdn. 1917 ff.), ist demgegenüber von geringerem steuerlichen Charme: Zwar reduziert auch sie den Umfang des erbschaftsteuerlichen Erwerbs, führt aber **ertragsteuerlich nicht zu Anschaffungskosten**, sondern bildet eine **private Erbfallschuld**, so dass auch etwaige Schuldzinsen aus zu deren Begleichung aufgenommenen Verbindlichkeiten nicht absetzbar sind (vgl. Rdn. 5923, ein Betriebserbe kann allerdings liquide Betriebsmittel zur Begleichung des Pflichtteils entnehmen und

---

851 Vgl. *Wälzholz*, MittBayNot 2001, 361; *Wälzholz*, NotBZ 2017, 135, 138; zu den Gegenleistungselementen im Ertragsteuerrecht vgl. Rdn. 6212 ff.
852 Vgl. *Wälzholz*, NotBZ 2017, 135, 140 m. w. N.
853 BFH, 25.01.2001 – II R 22/98, ZEV 2001, 163.
854 BFH, 10.05.2017 – II R 25/15, ZEV 2017, 532 m. Anm. *Böing*, vgl. Rdn. 1910.
855 Dass der Erbschaftsvertrag nur schuldrechtliche Verpflichtungen zum Inhalt hat, also nicht unmittelbar dinglich wirkt wie der Pflichtteilsverzicht selbst, änderte am vor dem 10.05.2017 geltenden Ergebnis nach Ansicht des BFH nichts.
856 Vgl. BFH, 25.01.2001 – II R 22/98, ZEV 2001, 163, sowie BFH, 16.05.2013 – II R 21/11, BStBl. 2013 II, 922.

für neue betrieblichen Investitionen einen betrieblichen Kredit aufnehmen, dessen Zinsen in den Grenzen des § 4 Abs. 4a EStG[857] abzugsfähig sind).[858]

Die nachstehend (Rdn. 1917 ff.) dargestellten Ausgleichsmechanismen unter Miterben, insbesondere bei unterschiedlichen Vorempfängen in indexierter Höhe, sind im Rahmen der Betrachtung der Erbauseinandersetzung selbst, bei der sie erfüllt werden müssen, weder zivilrechtlich noch schenkungsteuerrechtlich als freigebige Zuwendung zu betrachten.[859]

1. Ausgleichungsanordnung (§§ 2050 ff. BGB)[860]

a) Wirkungsweise

Die Ausgleichung führt zu einem **Verrechnungsanspruch** i.R.d. Erbauseinandersetzung unter Abkömmlingen, im Pflichtteilsrecht zu einer Verschiebung zugunsten des ausgleichungsbegünstigten Geschwisters bei insgesamt gleicher Gesamtzahllast (§ 2316 BGB, s. hierzu unten Rdn. 3747 ff.). Das Gesetz differenziert zwischen »geborenen« Ausgleichungstatbeständen in § 2050 Abs. 1 (Ausstattung, Übermaßzuschüsse zu Einkünften und Übermaßaufwendungen zum Beruf) und § 2057a BGB (ausgleichspflichtige Dienstleistungen) einerseits und »gekorenen« Ausgleichstatbeständen, die aufgrund entsprechender Bestimmung des Zuwendenden gem. § 2050 Abs. 3 BGB als »auf den Erbteil anzurechnender« Vorempfang gekennzeichnet sind, andererseits. Die Ausgleichung hat Auswirkungen lediglich im Verhältnis zwischen den Abkömmlingen, d.h. der Erb- und ggf. Pflichtteil des Ehegatten wird vorab ohne Berücksichtigung der Ausgleichungsvorgänge ermittelt. Alle Abkömmlinge des Erblassers nehmen an der Ausgleichung teil, auch solche, die für erbunwürdig erklärt wurden oder die Erbschaft ausgeschlagen haben (§ 2310 Satz 1 BGB), ebenso wer auf den Pflichtteil verzichtet hat;[861] lediglich der Erbverzicht führt zum endgültigen Ausscheiden aus dem Kreis der Beteiligten (§ 2316 Abs. 1 Satz 2 BGB). Ausgleichungspflichten treffen auch den Erbteilserwerber.[862]

1917

b) Geborene Ausgleichungspflichten

Neben den bereits erläuterten Ausstattungen, § 2050 Abs. 1 BGB (s.o. Rdn. 265 ff.) unterliegen im Zweifel der »**geborenen Ausgleichspflicht**« gem. § 2050 Abs. 2 BGB die **Übermaßzuschüsse zu Einkünften**. Erfasst sind also wiederkehrende Leistungen (nicht lediglich einmalige Vermögenszuwendungen), die über den gesetzlich geschuldeten Unterhalt hinausgehen, also nach herrschender Meinung den kleinen (ggü. Minderjährigen, § 1603 Abs. 2 BGB: notwendiger Eigenbedarf) bzw. großen Selbstbehalt (ggü. Volljährigen, § 1603 Abs. 1 BGB: angemessener Ei-

1918

---

857 Vgl. BFH, 29.03.2007 – IV R 72/02, NWB 2007, 3223 m. Anm. *Wacker* = Fach 3, S. 14725 ff. [Schuldzinshinzurechnung ist gesellschafterbezogen, der Sockelbetrag jedoch nur einmal zu gewähren und auf die Gesellschafter aufzuteilen]. BFH, 23.03.2011 – X R 28/09, EStB 2011, 279: Abzugsbegrenzung gilt auch für die Finanzierung von Umlaufvermögen, sowie für Wirtschaftsgüter, die schon vor In-Kraft-Treten der Vorschrift eingelegt worden sind, BFH, 24.11.2016 – IV R 46/13, EStG 2017, 90. Rechtsprechungsübersicht bei *Brill*, EStB 2012, 297 ff. Kurzfristige Einlagen kurz vor Jahreswechsel zur Umgehung der Abzugssperre sind i.d.R. gem. § 42 AO unbeachtlich, BFH, 21.08.2012 – VIII R 32/09, EStB 2012, 435. Das Abzugsverbot gilt auch für »Zinseszinsen« [Zinsen eines Darlehenskontos, auf das rückständige Zinsen gebucht werden]: BFH, 07.07.2016 – III R 26/15, EStB 2016, 355.
858 Vgl. BFH, BStBl. 1995 II, S. 413, BFH, BStBl. 1994 II, S. 623.
859 Vgl. für Zwecke der Erbschaftsteuer: FG Niedersachsen, 02.09.2015 – 3 K 388/14, ErbStG 2016, 43.
860 Vgl. zum Folgenden: *Tanck*, in: Mayer/Süß/Tauch/Bittler/Wälzholz, Handbuch Pflichtteilsrecht, § 7; *Horn*, ErbR 2017, 194 ff. und 2017, 255 ff.
861 BGH, NJW 1982, 2497.
862 Arg. § 2376 Abs. 1 BGB (Haftung des Erbteilsverkäufers dafür, dass keine Ausgleichungspflichten bestünden), vgl. *Keller*, MittBayNot 2007, 98.

genbedarf) beeinträchtigen.⁸⁶³ Gleichgestellt sind (über § 1610 Abs. 2 BGB hinausgehende) Übermaßaufwendungen für die Berufsausbildung (etwa die Kosten eines Zweitstudiums oder einer übermäßig langen Promotion).⁸⁶⁴

1919 Von erheblicher Praxisbedeutung ist weiter die in **§ 2057a BGB** statuierte Ausgleichspflicht für **Sonderleistungen von Abkömmlingen** ggü. dem Erblasser, etwa in Gestalt unentgeltlicher Mitarbeit im Haushalt,⁸⁶⁵ Geschäft oder Beruf des Erblassers, die über einen längeren Zeitraum hinweg erfolgen und auf diese Weise zur Vermögensmehrung oder zumindest Vermögenserhaltung beim Erblasser »in besonderem Maße«⁸⁶⁶ geführt haben.⁸⁶⁷ Es ist ausreichend, dass die Dienstleistung durch dritte Personen (in der Praxis also die Schwiegertochter) erbracht wird, sofern sie nur durch den dadurch ausgleichsberechtigten Abkömmling veranlasst wurde.⁸⁶⁸ Häufiger Anwendungsfall sind die in § 2057a Abs. 1 Satz 2 BGB erwähnten **Pflegeleistungen**⁸⁶⁹ (**sog. Pflegebonus**), wobei bis zur Erbrechtsreform 2010 erforderlich war, dass diese unter Verzicht auf berufliches Einkommen (der pflegenden Person, nicht notwendig des Abkömmlings selbst) erbracht wurden.⁸⁷⁰ Die Streichung des § 2057a Abs. 1 Satz 2 BGB durch die Erbrechtsreform hat zur Folge, dass auch Pflegeleistungen durch »Hausfrauen und Hausmänner« ausgleichungsbegünstigt sind. Erforderlich ist jedoch die Pflegeerbringung »während längerer Zeit«, die auch dann verwirklicht ist, wenn über zwei Jahre an den Wochenenden Pflegeleistungen erbracht wurden.⁸⁷¹ Wie stets, wirkt sich die Ausgleichung auch durch Verschiebung der Pflichtteilshöhe aus, § 2316 BGB;⁸⁷² sie setzt jedoch stets voraus, dass noch ein Nachlass vorhanden ist.⁸⁷³

1920 Die **Höhe** der durch solche »ohne angemessenes Entgelt« (§ 2057a Abs. 2 Satz 1 BGB) »über längere Zeit« (§ 2057a Abs. 1 Satz 2 BGB) erbrachten Pflege ausgelösten **Ausgleichung** ist gem. § 2057a Abs. 3 BGB nach Billigkeitsgesichtspunkten, ausgehend von der Dauer und dem Umfang der Leistung und den Auswirkungen auf den Wert des Nachlasses, zu ermitteln, so dass wohl eine völlige Aufzehrung, auch mit Wirkung für den Pflichtteil anderer Beteiligter, nicht stattfin-

---

863 Vgl. *Schindler*, ZEV 2006, 392, auch zur Gegenansicht, die zusammengefasste Einmalleistungen und unterhaltsrechtlich gebotene Leistungen einbeziehe.
864 Wobei es nicht darauf ankommt, ob die Ausbildungsaufwendungen sinnvoll waren und ob sie zweckentsprechend verwendet wurden.
865 Die gesetzliche Verpflichtung gem. § 1619 BGB hindert nicht die gleichzeitige Berücksichtigung als Ausgleichung gem. § 2057a BGB, vgl. BGH, NJW-RR 1993, 1197.
866 Die Rspr. grenzt insoweit ab gegen Leistungen, die nach allgemeinen sittlichen Vorstellungen von einem Abkömmling ohnehin zu erwarten seien, vgl. OLG Celle, 20.05.1996 – 7 W 58/95, OLGR Celle 1996, 214 ff.; BGH, 08.03.2006 – IV ZR 263/04, FamRZ 2006, 777 ff.; juris Rn. 29 f. und 34 f. (16 Jahre lang sich steigernde Betreuungstätigkeit ungeachtet kostenfreien Wohnens beim späteren Erblasser).
867 Vgl. OLG Oldenburg, FamRZ 1999, 1466 ff., LG Konstanz, 28.11.2009 – 5 O 294/08 E, ZErb 2010, 93: Erhalt des Vermögens durch Vermeidung eines Pflegeheimaufenthaltes infolge Mitarbeit im Haushalt.
868 Vgl. *Firsching*, DNotZ 1970, 536.
869 Vgl. im Einzelnen *Teschner*, ZErb 2017, 61 ff. (zu den inhaltlichen Anforderungen an die Leistung) sowie S. 89 ff. (zur Berechnung der Ausgleichshöhe).
870 Vgl. im Einzelnen *Kurting*, NJW 1970, 1527.
871 OLG Frankfurt, 19.03.2013 – 11 U 134/11, juris Rn. 9 (zur Entlastung des in der übrigen Zeit pflegenden Geschwisters, die dafür am Wochenende als Flugbegleiterin tätig sein konnte: der Ausgleichsanspruch stand beiden Geschwistern gegen das dritte Kind zu).
872 Vgl. *Karsten*, RNotZ 2010, 375; *Gutachten*, DNotI-Report 2012, 175, 176.
873 Arg. Aus § 2057a Abs. 3 BGB, vgl. KG, 10.07.2010 – 16 U 8/10, ZErb 2011, 53; daher keine Berücksichtigung im Rahmen eines Anspruchs gem. § 2329 BGB (bei dem es, anders als gem. § 2325 BGB, an einem ausreichenden Nachlass fehlt) gegen den Beschenkten. Gegen eine Differenzierung zwischen dem Ergänzungsanspruch aus § 2325 BGB und dem Haftungsanspruch aus § 2329 BGB *Schindler*, ZErb 2012, 149, 158; vgl. auch Rdn. 3715 f.

den kann.⁸⁷⁴ Die Rechtsprechung zieht bspw. bei der **Mithilfe in der elterlichen Landwirtschaft** hierzu Richtsätze heran, die bereits Abzüge für die Versorgung im Privathaushalt enthalten.⁸⁷⁵ Im Bereich der reinen Pflege kann auf Vereinbarungen der Pflegekassen mit ambulanten Pflegediensten zurückgegriffen werden.⁸⁷⁶ Letztendlich entscheidet eine »Gesamtschau«, ohne minutiöse Einzelfeststellungen,⁸⁷⁷ wobei **drei Prüfungsstufen** zu unterscheiden sind:

(1) Dauer und Umfang der auszugleichenden Leistung, insbesondere der tägliche Aufwand und der gesamte Leistungszeitraum, aber auch die Ermittlung des Umfangs ersparter Aufwendungen zugunsten des Nachlasses, sodann
(2) die Abwägung im Rahmen der Billigkeit des (immateriellen) Werts der Pflege durch den Abkömmling für den Erblasser, andererseits die, insbesondere einkommensbezogenen, Nachteile, aber auch Vorteile (Wohnungsgewährung) für den pflegenden Abkömmling, und schließlich
(3) die Einbeziehung der Vermögensinteressen der übrigen Erben und Pflichtteilsberechtigten und der Höhe des gesamten Nachlasses; insbesondere darf der Ausgleichsbetrag nicht den gesamten Nachlass ausschöpfen.⁸⁷⁸

Das OLG Schleswig hat den ermittelten »materiellen« Wert der Pflegeleistung im Hinblick auf ihre immaterielle Bedeutung pauschal verdoppelt.⁸⁷⁹ Insgesamt ist allerdings die Norm sehr streitträchtig, so dass sich lebzeitige Zuwendungen oder »Pflegeverträge« bzw. die Honorierung durch Zweckvermächtnisse (für den Fall der Pflegebedürftigkeit und eigener Testierunfähigkeit in genau bestimmter Höhe nach Dauer und Umfang der wirklich geleisteten Pflege)⁸⁸⁰ eher empfehlen.

1921

Alle auf Zuwendungen beruhenden, »geborenen« Ausgleichungstatbestände stehen unter dem Vorbehalt einer abweichenden Bestimmung (**Ausschluss der Ausgleichungspflicht**) seitens des Erblassers, die Ausgleichungspflicht wird also bei der Ausstattung, bei Übermaßzuschüssen und bei Pflege-/Dienstleistungen lediglich vermutet.⁸⁸¹ Der Ausschluss von Pflegeausgleichungen unter Kindern gem. § 2057a BGB erfolgt testamentarisch insb. in denjenigen Fällen, in denen entgegen der gesetzlichen Vermutung eine pflegebedingte Ausgleichung bei gemäß gesetzlicher Quote eingesetzten Kindern deshalb unterbleiben soll, z.B. weil eine Kompensation für die Pflege bereits durch eine vergangene Zuwendung erfolgt ist.

1922

▶ Formulierungsvorschlag: Ausschluss der Ausgleichung von Pflegeleistungen unter Kindern gem. § 2057a BGB

Entgegen §§ 2052, 2057a BGB soll eine Ausgleichung im Rahmen der Erbauseinandersetzung unter Kindern unterbleiben für in der Vergangenheit erbrachte Pflegeleistungen, da diese bereits lebzeitig ausgeglichen wurden.

1923

---

874 Vgl. *Ludyga*, ZErb 2009, 289, 294 (auch zur historischen Wertung des § 2057a BGB als gegen nichteheliche Kinder – die mangels Aufnahme in den Haushalt typischerweise keine Pflegeleistungen erbringen – gerichtete Norm).
875 So etwa LG Ravensburg, 25.01.1998 – 5 O 944/87: »Richtsätze für mithelfende Familienangehörige in der Landwirtschaft und Weinbau des Landwirtschaftsministeriums Stuttgart«, BWNotZ 1989, 147.
876 Vgl. *Kues*, ZEV 2000, 434.
877 OLG Schleswig, 15.06.2012 – 3 U 28/11, ZEV 2013, 86; OLG Schleswig, 06.08.2014 – 3 W 35/14, und OLG Schleswig, 22.11.2016 – 3 U 25/16, ErbR 2017, 210: ersparte Kosten der Heimunterbringung von gesamt 50.000 € abzüglich gegenzurechnender gewährter Wohnvorteile von 24.000 €; OLG Frankfurt, 10.03.2013 – 11 U 134/11; vgl. zu diesen Urteilen *Teschner*, ZErb 2017, 61 ff. und 89 ff.
878 Letzteres offengelassen in BGH, NJW 1993, 1197.
879 Vgl. die in der vorangehenden Fußnote zitierte Entscheidung; pauschal für eine solche Verdoppelung plädiert *Kollmeyer*, NJW 2017, 1849, 1853.
880 *Baumann/Karsten*, RNotZ 2010, 95.
881 Zum entgegenstehenden Erblasserwillen bei Pflegezuwendungen vgl. *Damrau*, FamRZ 1969, 581.

1924 Der (in der 16. Legislaturperiode insoweit nicht umgesetzte) RegE zur Änderung des Pflichtteilsrechts v. 30.01.2008[882] schlug ergänzend vor, während längerer Zeit durchgeführte Pflegeleistungen seitens gesetzlicher Erben ausdrücklich in § 2057b BGB als ausgleichspflichtigen Tatbestand zu regeln, unter Verweisung hinsichtlich der Rechtsfolgen auf § 2052 und auf § 2057a Abs. 2 und Abs. 4 BGB. Die Höhe des Ausgleichsbetrags sollte sich an den Pflegesachleistungssätzen des betreffenden Pflegegrades gem. § 36 Abs. 3 SGB XI orientieren. Über den bisher betroffenen Kreis (Abkömmlinge) hinaus wären dann gem. § 2057b BGB – Entwurf **alle gesetzlichen Erben** erfasst, jedoch weiterhin nicht sonstige pflegende Personen wie etwa Schwiegerkinder oder Lebensgefährten. Letztere, nicht zum Kreis der gesetzlichen Erben zählenden Personen könnten also nur durch ausdrückliche Verfügung oder – sofern der Erblasser letztwillig gebunden ist – durch lebzeitige Honorierung berücksichtigt werden, sofern noch Geschäfts- bzw. Testierfähigkeit besteht. In der Einbeziehung des Ehegatten[883] bzw. eingetragenen Lebenspartners hätte jedoch ein Systembruch gelegen, da der Wert seiner Pflegeleistungen nicht (wie etwa der Ehegattenvoraus gem. § 1932 BGB) vorab aus dem Nachlass zu vergüten ist, sondern i.R.d. Ausgleichung erfasst werden sollte. Der pflegende Ehegatte hätte in das Ausgleichungskollektiv einbezogen werden müssen, – und zwar dergestalt, dass der Ausgleichungsnachlass durch Subtraktion (nicht Addition) des Pflegebetrags vom Realnachlass ermittelt wird (es handelt es sich ja nicht um eine Vorabzuwendung an einen Abkömmling, die durch Addition wieder wettgemacht werden müsste, sondern um eine Zuwendung in den Nachlass selbst, die demnach abgezogen würde –, sodann fände ggf. – falls weitere Ausgleichungen unter den Abkömmlingen selbst durchzuführen sind – eine nochmalige Ausgleichung unter Beschränkung auf die Abkömmlinge, also die Ausgleichungsberechtigten »im klassischen Sinn« (sog. »Zwei-Topf-Lösung«).

1925 Diese Erweiterung des Kreises der Ausgleichungsbeteiligten auf alle gesetzlichen Miterben hätte (wohl) auch gegolten, wenn die Pflegeleistungen durch Abkömmlinge, also Personen, die schon bisher zum Kreis der Ausgleichungsbeteiligten gezählt hatten, erbracht würde.[884]

1926 Die i.R.d. Reform geplante, jedoch nicht umgesetzte, pflichtteilsrechtliche Fernwirkung der Ausgleichung von Pflegeleistungen gem. § 2057b BGB-E. (§ 2316 Abs. 1 Satz 3 BGB-E), wonach »Pflegeausgleichungsbeträge« vom Wert des zur Ausgleichung anstehenden Nachlasses abzuziehen sind (obwohl die Pflegeleistung als solche nicht körperlich im Nachlass vorhanden ist), hätte angesichts der stärkeren Gewichtung solcher Pflegeleistungen möglicherweise zur Folge haben können, dass der Nachlass völlig aufgezehrt wird durch die Ausgleichung solcher Pflegeleistungen, so dass die nichtpflegenden Erben ihren Pflichtteil verlieren, sofern das pflegende Kind zum Alleinerben eingesetzt wird.[885]

1927 Die Literatur[886] hatte zur Vermeidung des mit dieser Erweiterung des Kreises der ausgleichungsbeteiligen Personen verbundenen Systembruchs alternativ vorgeschlagen, ein gesetzliches Vermächtnis bei Pflegeleistungen zu schaffen (etwa in Gestalt eines § 2191a BGB), um auch solche Personen, die nicht gesetzliche Erben sind (etwa Schwiegerkinder), zu bedenken. Dieses gesetzliche Vermächtnis solle nur dann entfallen, wenn ein »angemessenes Entgelt« gewährt oder vereinbart worden ist oder soweit dem Pflegenden wegen seiner Leistungen ein Anspruch aus anderem Rechtsgrund zusteht, also bspw. die Pflegeverpflichtung im Rahmen einer Vermögensübertragung vereinbart wurde. Überlegenswert wäre auch die Einführung einer gesetzlichen Nachlassverbind-

---

882 BR-Drucks. 96/08, veröffentlicht z.B. unter www.zev.de, vgl. *Bonefeld*, ZErb 2008, 67; *Progl*, ZErb 2008, 78; *Keim*, ZEV 2008, 161 ff.; *Herrler/Schmied*, ZNotP 2008, 178; *Schindler*, ZEV 2008, 187; *Schaal/Grigas*, BWNotZ 2008, 2 ff.
883 Im Grunde wird ein Ausschnitt des § 1353 Abs. 1 Satz 2 BGB (eheliche Lebensgemeinschaft und Verantwortung füreinander), nämlich der Bereich der Pflege, nachträglich vergütet.
884 *Bothe*, ZErb 2008, 310 mit Berechnungsbeispielen.
885 Vgl. *Odersky*, MittBayNot 2008, 2 6; *Keim*, ZEV 2008, 161, 166.
886 *Otte*, ZEV 2008, 260; ebenso die Stellungnahme des DNotV v. 31.08.2007; ablehnend *Muscheler*, ZEV 2008, 105, 109.

lichkeit in dieser Höhe gewesen, um den Ausgleich pflichtteilsfest zu gestalten, z.B. mit dem Rang des § 325 InsO (unabhängig davon, wer gepflegt hat und wer Erbe wurde).[887]

I.R.d. Pflichtteilsreform 2009 wurde keiner dieser Überlegungen umgesetzt (lediglich die Anforderungen i.R.d. § 2057a BGB erfuhren eine geringe Lockerung), da sich die dogmatischen Verwerfungen unter dem Zeitdruck der auslaufenden Legislaturperiode nicht befriedigend lösen ließen. 1928

c) Gekorene Ausgleichungspflichten

Daneben treten die kraft Anordnung des Erblassers (»gekorenen«) **ausgleichungspflichtigen Zuwendungen.** Dieser ausdrücklichen Ausgleichungsbestimmung zugänglich ist jedwede Schenkung, gemischte Schenkung oder Schenkung unter Auflage, also nicht solche Leistungen, auf die ein gesetzlicher Anspruch (etwa aufgrund Unterhalts) besteht. Anders als bei der Ausstattung und den oben erwähnten Sachverhalten wird bei der »schlichten Schenkung« die Ausgleichungspflicht gerade nicht vermutet, sondern bedarf der ausdrücklichen Bestimmung, die dem Zuwendungsempfänger (Abkömmling) spätestens im Zeitpunkt der Zuwendung zugehen muss[888] – wobei durchaus streitig sein kann, wann dieser Zuwendungszeitpunkt vorliegt. 1929

▶ Beispiel:
> Muss die Ausgleichungsanordnung bei der »Zuwendung« einer Lebensversicherung bereits bei der Benennung des Bezugsberechtigten[889] oder erst mit der Auszahlung[890] der Versicherungssumme getroffen sein? – Richtigerweise dürfte zu differenzieren sein zwischen widerruflicher Benennung (dann: Auszahlungszeitpunkt) und unwiderruflicher, damit bereits maßgeblicher Benennung, vgl. unten Rdn. 3469.

Die **Ausgleichungsanordnung** kann als einseitige, empfangsbedürftige Willenserklärung (ohne Vertrags- oder Vereinbarungscharakter) auch ggü. einem minderjährigen Empfänger ohne Mitwirkung des gesetzlichen Vertreters oder des Familiengerichts getroffen werden.[891] Sie kann auch durch einen Vertreter erklärt werden.[892] Häufig wird die Anrechnungsbestimmung in verkürzender, den Beteiligten jedoch durchaus deutlicher Weise als »Anrechnung auf den Erbteil« vorgenommen; eher abzuraten ist jedoch von landsmannschaftlichen Begriffen wie einer Zuwendung »als Elterngut«,[893] auch die Formulierung, dass die Übertragung »in vorweggenommener Erbfolge« erfolge, bringt das Gewollte nicht mit der notwendigen Klarheit zum Ausdruck.[894] Nicht ausreichend ist schließlich eine »konkludente Anordnung«, die sich allein darauf stützt, dass der Schenker zuvor seine Kinder stets gleichmäßig bedacht habe.[895] Eine Ausgleichungsanordnung, welche auch die Schwächen des gesetzlichen Mechanismus erläutert, könnte etwa folgenden Wortlaut haben: 1930

---

887 So *Windel*, ZEV 2008, 305, z.B. als § 1969a BGB.
888 BGH, FamRZ 1982,56; *J. Mayer*, ZEV 1996, 441.
889 So *Kerscher/Riedel/Lenz*, Pflichtteilsrecht in der anwaltlichen Praxis, § 15 Rn. 22.
890 So *J. Mayer*, in: Mayer/Süß/Tanck/Bittler/Wälzholz, Handbuch Pflichtteilsrecht, § 11 Rn. 42; *J. Mayer*, ZErb 2007, 133.
891 H.M., vgl. BGHZ 15, 168.
892 *Gutachten*, DNotI-Report 2011, 43.
893 So aber *Winkler*, BeurkG, § 17 Rn. 275.
894 Zur Auslegung BGH, 12.10.1988 – IVa ZR 166/87, FamRZ 1989, 175; BGH, 27.01.2010 – IV ZR 91/09 DNotZ 2011, 59 (zur Pflichtteilsanrechnung, vgl. Rdn. 3724; hierzu *Kühn*, ZErb 2010, 320 ff.).
895 OLG Koblenz, 10.04.2012 – 5 W 166/12, NotBZ 2013, 59.

▶ **Formulierungsvorschlag: Ausdrückliche (»gekorene«) Ausgleichungsanordnung (Standardfall)**

1931 Der unentgeltliche Teil der Zuwendung ist gem. § 2050 Abs. 3 BGB im Verhältnis zu den Geschwistern des Erwerbers zur Ausgleichung zu bringen. Den Beteiligten wurden Voraussetzungen und Wirkungsweise der Ausgleichung erläutert. Ihnen ist daher insbesondere bekannt, dass
- die Ausgleichung nur unter Geschwistern stattfindet – sofern diese keinen Erbverzicht erklärt haben –, wenn gesetzliche Erbfolge oder eine diese abbildende testamentarische Erbfolge eintritt, ferner
- der maßgebliche Wert der heutigen unentgeltlichen Zuwendung zum Ausgleich des Kaufkraftschwundes bis zum Erbfall indexiert wird,
- die Ausgleichung unabhängig davon stattfindet, wie viel Zeit bis zum Erbfall noch verstreicht,
- die Ausgleichung sich auch auf die Pflichtteilsansprüche von Geschwistern erhöhend auswirkt und schließlich
- ein Ausgleich aus dem Eigenvermögen des Erwerbers nicht stattfindet, auch nicht bei Erschöpfung des Nachlasses (§ 2056 BGB).

▶ **Hinweis:**

1932 Eine Ausgleichungsanordnung verbietet sich insb., wenn die übrigen Abkömmlinge bereits Zuwendungen ohne Ausgleichungsanordnung erhalten haben und nachträgliche Vereinbarungen insoweit nicht möglich sind.[896]

Die Ausgleichungsanordnung kann auch aufschiebend oder auflösend bedingt erfolgen,[897] z.B. für den Fall, dass der Zuwendungsempfänger kinderlos verstirbt o.Ä. Häufig ist z.B. die Anordnung der Ausgleichung **auflösend bedingt für** den Fall, dass es zu einer von der gesetzlichen Erbfolge abweichenden, **gewillkürten Erbfolge** und damit zu Pflichtteilstatbeständen kommt – die auflösende Bedingtheit vermeidet dann wirtschaftlich den Eintritt der Pflichtteilsverschiebungswirkung des § 2316 Abs. 1 – nicht Abs. 3 – BGB (Rdn. 271, 3747 ff.). (Nach den nicht umgesetzten Reformplanungen 2009 hätten, sofern die Testierfähigkeit erhalten geblieben ist, solche aus späterer Sicht unattraktiv gewordenen Ausgleichungsbestimmungen auch durch nachträgliches Testament aufgehoben werden können).

▶ **Formulierungsvorschlag: Gekorene Ausgleichungspflicht ohne Pflichtteilsfernwirkung, »Abbedingung des § 2316 Abs. 1 BGB«**

1933 Im Hinblick auf die erläuterte Bestimmung des § 2316 Abs. 1 BGB ist die vorstehend angeordnete Pflicht zur Ausgleichung auflösend bedingt für den Fall, dass letztwillige Anordnungen nach dem Tod des Zuwendenden zu Pflichtteilsansprüchen eines Abkömmlings führen; sie soll also in diesem Fall, da nicht mehr in Kraft, keinen Einfluss auf die Höhe des Pflichtteils haben.

d) Nachträgliche Änderungen

1934 Nachträglich kann der Veräußerer eine **Ausgleichungspflicht** ggü. dem Erwerber nach derzeitiger Rechtslage nicht mehr einseitig anordnen; ebenso wenig ist es möglich, durch lebzeitige nachfolgende Vereinbarung mit dem früheren Zuwendungsempfänger eine Ausgleichungspflicht später herbeizuführen, also für eine Erbauseinandersetzung verbindliche Anordnungen zu treffen[898] (zur Möglichkeit einer allseitigen lebzeitigen Ausgleichungsvereinbarung vgl. jedoch Rdn. 1974). Der Veräußerer kann solche Wirkungen näherungsweise lediglich durch **Vorausvermächtnisse** an die

---

896 Hierzu *Götte*, BWNotZ 1995, 84.
897 Vgl. *Nieder/Kössinger*, Handbuch der Testamentsgestaltung, Rn. 228.
898 BGH, 28.10.2009 – IV ZR 82/08, MittBayNot 2010, 320, m. Anm. *Dietz* (keine vertragsautonome Erweiterung des § 2050 Abs. 3 BGB, auch nicht im Wege eines lebzeitigen Vertrages zugunsten Dritter. Lebzeitige spätere Vereinbarungen mit dem Zuwendungsempfänger sind nur z.B. als formgebundener gegenständlich beschränkter Pflichtteilsverzicht denkbar, §§ 2346 ff. BGB; ein gegenständlich beschränkter Erbverzicht ist jedoch wiederum unzulässig). Krit. *Keim*, DNotZ 2010, 633.

anderen Geschwister erreichen, wobei jedoch diese Vermächtnisse dem Pflichtteilsrecht nachrangig und ggf., bei erbvertraglicher Bindung, als Beeinträchtigung i.S.d. § 2289 Abs. 1 BGB gesperrt sind.[899] Ebenso kann die nachträgliche »Anrechnung auf den Pflichtteil« allenfalls durch eine »Flucht in § 2325 BGB« (s. Rdn. 3715) wirtschaftlich erreicht werden, da Eigengeschenke auf den durch lebzeitige Schenkungen an Dritte ausgelösten Pflichtteilsergänzungsanspruch stets, auch ohne Anrechnungsbestimmung, anzurechnen sind (§ 2327 BGB).

Wurde dagegen eine Ausgleichsbestimmung getroffen, kann sie **nachträglich** nach derzeitiger Rechtslage ebenso wenig einseitig zurückgenommen werden; ihre Wirkung kann jedoch (außer natürlich durch eine Änderung der Erbquoten)[900] jedenfalls[901] wiederum durch **Anordnung eines Vorausvermächtnisses** zugunsten des Ausgleichungspflichtigen wieder beseitigt werden:[902] 1935

▶ Formulierungsvorschlag: Vorausvermächtnis zur nachträglichen Freistellung des ausgleichspflichtigen Abkömmlings von der Ausgleichung

Ich beschwere meine anderen Abkömmlinge zugunsten meiner Tochter A im Weg eines Vorausvermächtnisses wie folgt: 1936

Bei einer nach §§ 2050 ff. BGB stattfindenden Ausgleichung unter meinen Kindern darf das meiner Tochter A am ..... zugewendete Grundstück X entgegen der damals getroffenen Anordnung nicht berücksichtigt werden. Es ist also im Rahmen einer Erbauseinandersetzung nicht zu berücksichtigen und soll auch die Teilungsquote nicht zu Lasten meiner Tochter A beeinflussen. Vielmehr ist meine Tochter A so zu stellen, als ob die Ausgleichungspflicht nie bestanden hätte.

Die durch die bereits getroffene Ausgleichungsbestimmung eingetretene pflichtteilsrechtliche Fernwirkung des § 2316 BGB (hierzu unten Rdn. 3747 ff.) wird jedoch durch ein solches Vorausvermächtnis nicht aufgehoben, da Vermächtnisansprüche erst nach Berechnung der Pflichtteilsansprüche erfüllt werden (vgl. § 326 InsO). Um Letztere zu beseitigen, bedarf es also eines gegenständlich auf den Ausgleichungspflichtteil (den »Erhöhungsanteil«) beschränkten Pflichtteilsverzichts zwischen dem Erblasser und dem nicht vorempfangenden Abkömmling.[903] Die durch eine bereits erfolgte Ausgleichungsanordnung eingetretene Rechtsposition der anderen Abkömmlinge kann also nicht ohne deren Zutun verschlechtert werden (Verallgemeinerung des Rechtsgedankens des § 2316 Abs. 3 BGB bzw. verbotener Vertrag zulasten Dritter).[904] 1937

▶ Hinweis:

Der Einsatz des Vorausvermächtnisses als Instrument zur nachträglichen Ausgleichung gibt Anlass, darauf hinzuweisen,[905] dass klargestellt werden sollte, ob das Vorausvermächtnis seinerseits z. B. dann entfällt, wenn andere Vermächtnisse (etwa für andere Abkömmlinge) ihrerseits nicht wirksam oder durchführbar sein sollten, etwa da der Vermächtnisgegenstand bereits zu Lebzeiten abhanden kommt. Oft dienen Vorausvermächtnisse einer gegenständlichen Einzelobjektverteilung außerhalb der Erbquoten, setzen damit aber voraus, dass die einzeln zugewiesenen Objekte tatsächlich noch vorhanden sein werden. Dies sollte dann durch klare Bedin- 1938

---

899 Beispiel: OLG München, 26.03.2008 – 15 U 4547/07, ZErb 2009, 155.
900 *Mohr*, ZEV 1999, 257, 261.
901 Teilweise wird auch eine schlichte »Widerlegung der Auslegungsregel des § 2052 BGB« für zulässig gehalten (durch ausdrückliche Verneinung der Ausgleichungspflicht im Testament), die jedoch ebenfalls die Pflichtteilsgrenzen nicht mehr verschieben kann, vgl. *Schindler*, ZEV 2008, 126 m.w.N.
902 Vgl. *Mayer*, ZEV 1996, 441, 444.
903 Vgl. *J. Mayer*, ZEV 1996, 441; *Thubeauville*, MittRhNotK 1992, 289.
904 Nach a.A. ist eine nachträgliche Abänderung der Ausgleichungsbestimmung bzw. eine nachträgliche Minderbewertung im Bereich des § 2050 Abs. 3 BGB uneingeschränkt möglich, da ja §§ 2325 ff. BGB den gesetzlich garantierten Mindestschutz gewährleisten. Anderenfalls würden unentziehbare »Pflichtteilsanwartschaften« über das Gesetz (§ 2316 Abs. 3 BGB) hinaus begründet, vgl. *Ebenroth/Bacher/Lorz*, JZ 1991, 283.
905 Vgl. auch *Litzenburger*, ZEV 2017, 460, in Anm. zu OLG Hamburg, 22.12.2016 – 2 U 10/16.

gungsanordnungen zum Ausdruck kommen, ebenso wie der umgekehrte Sachverhalt eines unbedingten Vorausvermächtnisses »unabhängig von der Wirksamkeit oder Durchführung anderer Vermächtnisse« verlautbart sein sollte.

1939 Die in der 16. Legislaturperiode insoweit (also in Bezug auf nachträgliche Anordnungen zur Pflichtteilsanrechnung und zur Erbteilsausgleichung) aufgrund verfassungsrechtlicher Bedenken nicht mehr umgesetzte **Änderung des Pflichtteilsrechts** hätte nach Maßgabe des Regierungsentwurfs v. 30.01.2008[906] in Gestalt der Stellungnahmen v. 24.04.2008[907] gem. §§ 2050 Abs. 4 BGB-E auch die **nachträgliche Anordnung der Ausgleichspflicht** für solche Zuwendungen erlaubt, die nicht »geborenermaßen« auszugleichen sind, sowie umgekehrt die **nachträgliche Aufhebung** einer angeordneten oder gesetzlich vermuteten Ausgleichungspflicht (wie etwa bei Ausstattungen), und zwar durch letztwillige Verfügung eigener Art.[908] Dies sollte sogar möglich sein für Zuwendungen, die vor Inkrafttreten des neuen Gesetzes erfolgt sind (!), was auch angesichts des sehr weiten Zuwendungsbegriffs in §§ 2050 ff. BGB Bedenken begegnete.[909] Nach dem insoweit klaren Wortlaut des (vorläufig nicht umgesetzten) Entwurfes hätte die Anordnung oder Ausschließung lediglich »nachträglich« durch letztwillige Verfügung erfolgen können, so dass eine pauschal bereits im Vorhinein vorgenommene Ausgleichungsanordnung nicht zulässig wäre; hierfür bedarf es eines Pflichtteilsverzichtsvertrages in notariell beglaubigter Form, § 2348 BGB.

1940 Eine solche nachträgliche letztwilligen Anordnung einer nicht geborenen Ausgleichungspflicht hätte sich auf alle bisher erfolgten Zuwendungen an Abkömmlinge beziehen können (ihre konkrete Benennung wäre nicht erforderlich[910] gewesen, jedoch würde derjenige, der sich später auf die Anordnung beruft, Darlegungs- und Beweisschwierigkeiten erfahren!).

1941 Der sonst gegebene Weg der »nachträglichen Anordnung« einer Ausgleichung im Wege eines Vorausvermächtnisses hatte keine pflichtteilsrechtliche Wirkung, da das Pflichtteilsrecht ggü. Vermächtnissen vorrangig ist (vgl. § 326 InsO). Der Pflichtteilsanspruch steht also demjenigen, der eine zunächst nicht auszugleichende Schenkung erhalten hat, uneingeschränkt weiter zu, trotz des Vorausvermächtnisses an andere Abkömmlinge. Sofern allerdings nach Maßgabe der (nicht umgesetzten) Reform die zunächst nicht angeordnete (oder die ausgeschlossene geborene) Anrechnung nachträglich durch letztwillige Verfügung angeordnet würde (§ 2050 Abs. 4 BGB-E), dürfte diese pflichtteilsrechtlich ebenso wirken, wie wenn die Ausgleichung von vornherein bestanden hätte, da § 2316 BGB auf § 2050 BGB insgesamt, einschließlich seines Abs. 4, verweist.

1942 Zusätzliche Probleme wären entstanden, wenn der Erblasser, der durch nachträgliche Verfügung von Todes wegen eine Anrechnung bzw. Ausgleichung anordnet oder aufhebt, bereits erbvertraglich oder durch wechselbezügliche Verfügungen in einem gemeinschaftlichen Testament gebunden ist. Würde bei einer Schenkung zugunsten eines von mehreren »Vertragserben« die Ausgleichung angeordnet (und sei es auch nachträglich), beseitigt dies die beeinträchtigende Wirkung der Schenkung auf den anderen Vertragserben i.S.d. § 2287 BGB. Würde jedoch umgekehrt bei einer Schenkung an einen von mehreren Vertragserben, die ursprünglich unter Ausgleichungspflicht stand, diese Ausgleichungspflicht nachträglich aufgehoben, läge ab diesem Zeitpunkt in der Schenkung, die nunmehr eine freie Vorauszuwendung ist, eine dem Grunde nach beeinträchtigende Schenkung i.S.d. § 2287 BGB, sowie wenn von vornherein es an einer Ausgleichungsanordnung gefehlt hätte.

---

906 BR-Drucks. 96/08; vgl. *Bonefeld*, ZErb 2008, 67; *Progl*, ZErb 2008, 78; *Keim*, ZEV 2008, 161 ff.; *Herrler/Schmied*, ZNotP 2008, 178; *Schindler*, ZEV 2008, 187; *Schaal/Grigas*, BWNotZ 2008, 2 ff.
907 BT-Drucks. 16/8954.
908 Es handelt sich nicht, wie bisher, um ein schlichtes Vorausvermächtnis, wie sich aus der Differenzierung zwischen Nr. 2 und Nr. 4 in § 2278 Abs. 4 BGB-E ergibt.
909 *Progl*, ZErb 2008, 13, plädiert daher für einen engeren Zuwendungsbegriff, der nur die über die gesetzliche Unterhaltspflicht hinausgehenden Erwerbe erfasst (vgl. § 2050 Abs. 2, 2. Alt. BGB).
910 *Keim*, ZEV 2008, 162, 164; *Schaal/Grigas*, BWNotZ 2008, 2, 10.

Nicht im Problembereich des § 2287 BGB, sondern des § 2289 BGB (Unwirksamkeit späterer 1943 testamentarischer Verfügungen des gebundenen Erblassers zulasten eines Vertragserben) hätte sich die umgekehrte Konstellation bewegt, in der trotz erbvertraglicher Bindung nicht Anordnungen zugunsten/zulasten eines anderen Vertragserben, sondern zugunsten eines nichterbenden, schlichten Pflichtteilsberechtigten getroffen würden.

Um hinsichtlich der Ausgleichung bzw. der Nichtausgleichung **dauerhafte Bindungswirkungen** 1944 zu ermöglichen, sahen die (nicht umgesetzten) Reformüberlegungen vor, § 2278 Abs. 2 BGB-E dahin gehend geändert, dass auch »(Nr. 4) Anordnungen nach den §§ 2050, 2053 und 2315 BGB« vertragsmäßig getroffen werden können, d.h. eine erbvertragliche Verpflichtung eingegangen werden kann, die Ausgleichungsanordnung vorzunehmen, aufrecht zu erhalten bzw. zu unterlassen. Die Parallelvorschrift zur Reichweite wechselbezüglicher Anordnungen beim gemeinschaftlichen Testament, § 2270 Abs. 3 BGB, wäre jedoch nicht erweitert worden, so dass insoweit eine Beschränkung allenfalls aus der Vermutungsregelung des § 2270 Abs. 2 BGB in tatrichterlicher Würdigung gewonnen werden könnte.[911] An einer solchen erbvertraglichen Bindung hätte in der Praxis zum einen der Beschenkte ein Interesse haben können, um zu vermeiden, dass nachträglich die Ausgleichung angeordnet wird, ebenso ein »weichendes Geschwister«, um zu vermeiden, dass eine (geborene oder gekorene) Ausgleichung, die ihn ja begünstigen würde, nachträglich wieder aufgehoben wird.

Allerdings hätte die punktuelle erbvertragliche Abrede, eine Änderung der derzeitigen Anord- 1945 nungslage nur unter Mitwirkung des Erbvertragspartners herbeizuführen, nur sehr beschränkt gewirkt, sofern keine weiter gehende erbrechtliche Bindung hinsichtlich der eigentlichen Erbeinsetzung bzw. Vermächtnisanordnung eingegangen wird: Selbst wenn sich der Schenker gebunden hat, nicht nachträglich gem. § 2050 Abs. 4 BGB-E durch Testament die Ausgleichung anzuordnen, könnte er (wenngleich ohne Einfluss auf den Pflichtteil, da dieser einem Vermächtnis vorrangig ist) weiterhin die anderen Geschwister begünstigen, indem er diesen Vorausvermächtnisse einsetzt oder sie gar zu Alleinerben bestimmt. In gleicher Weise könnte er, auch wenn er sich ggü. einem weichenden Geschwister gebunden hat, die erfolgte Ausgleichungsanordnung nicht wieder aufzuheben, die Wirkungen der Ausgleichung dadurch konterkarieren, dass er das ausgleichungspflichtige Geschwister mit Vorausvermächtnissen bedenkt oder gar zum Alleinerben einsetzt.

e) Wirkungsweise der Ausgleichung

Jegliche (gesetzliche oder rechtsgeschäftlich angeordnete) Ausgleichung setzt voraus, dass Ab- 1946 kömmlinge als gesetzliche Erben zur Erbfolge gelangen (§ 2050 Abs. 1 BGB). Ordnet also der Veräußerer eine **abweichende testamentarische Erbfolge** an, hebt er damit zugleich (auch ohne Kenntnis des früheren Sachverhalts oder der gesetzlich daran geknüpften Rechtsfolgen) die Ausgleichungsbestimmung auf; der Gesetzgeber geht davon aus, dass die später getroffene testamentarische Regelung unter Berücksichtigung der früheren Zuwendungen getroffen wurde und daher eine endgültige Vermögensverteilung bezweckt. Hat der Erblasser jedoch seine Abkömmlinge so bedacht, wie es der gesetzlichen Erbfolge entspräche (wenn auch z.B. als Folge von Vermächtnissen, Vorausvermächtnissen oder Auflagen zu unterschiedlichen Wertergebnissen), ist nach der Auslegungsregel des § 2052, 1. Alt. BGB im Zweifel anzunehmen, dass die Ausgleichungsanordnung in gleicher Weise gelten soll, wie sie bei unmittelbarer gesetzlicher Erbfolge zwischen den Abkömmlingen gegriffen hätte. Dieselbe Vermutung stellt § 2052, 2. Alt. BGB schließlich auch für den Fall auf, dass die Abkömmlinge durch letztwillige Verfügung zwar nicht identisch mit ihrer gesetzlichen Erbquote, aber doch untereinander in verhältnismäßiger Entsprechung gemäß der gesetzlichen Erbfolge eingesetzt werden.

---

911 Gegen diese Unsicherheiten empfiehlt *Progl*, ZErb 2008, 78 ff., die Abschaffung der Vermutungsregel des § 2270 Abs. 2 BGB.

▶ Beispiel:

1947 Die gesetzliche Erbfolge zwischen Ehegatten und Abkömmlingen beliefe sich bei gesetzlichem Güterstand auf 1/2–1/4–1/4; der Erblasser hat jedoch den Ehegatten zu einer höheren Quote eingesetzt oder einen Teil der Gesamtnachlassmasse einer dritten Person zugedacht, die Abkömmlinge sind allerdings untereinander zu gleichen Teilen mitberufen. Hat der Erblasser hingegen bspw. einen Stamm enterbt, findet die Ausgleichung im Zweifel noch unter den anderen Abkömmlingen statt, die untereinander im gesetzlich maßgebenden Verhältnis bedacht sind.

1948 Um schließlich zu vermeiden, dass die Ausgleichungsfolgen durch Ausschlagung oder Verzicht des Zuwendungsempfängers unterlaufen werden können, ordnet § 2051 Abs. 1 BGB an, dass bei **Wegfall des Zuwendungsempfängers** (wegen Vorversterbens, Enterbung, Ausschlagung, Erbunwürdigkeit, Erbverzichts etc.) dessen nachrückende Abkömmlinge die Ausgleichslast übernehmen, sowie wenn sie den Gegenstand empfangen hätten. Gem. § 2051 Abs. 2 BGB gilt diese Auslegungsregel auch für andere Ersatzerben, die nicht Abkömmlinge sind.

1949 Haben solchermaßen **nachrückende Enkel** oder andere **Ersatzerben** jedoch ihrerseits Zuwendungen erhalten, bevor sie zum Kreis der unmittelbaren Erbprätendenten zählen (also bevor der sie zunächst von der Erbfolge ausschließende nähere Verwandte oder Haupterbe weggefallen ist), vermutet wiederum § 2053 BGB, dass eine Ausgleichung nicht angeordnet sei. Der Gesetzgeber geht (im Regelfall zu Recht) davon aus, dass Ausgleichungswünsche nur bestehen, wenn der Erblasser im Zeitpunkt der Zuwendung den Empfänger für seinen künftigen gesetzlichen Erben hält, er also später sich entwickelnde Möglichkeiten einer Ersatzberufung regelmäßig dabei außer Acht lasse.

▶ Hinweis:

1950 Erfolgen also Zuwendungen an Enkel zu Lebzeiten des verwandten Elternteils, bedürfte es stets einer ausdrücklichen Anordnung, um eine Ausgleichung für den Fall vorzusehen, dass der Enkel als »Nachrücker« zur gesetzlichen Erbfolge später berufen sein würde.

f) Berechnung

1951 Die (geborene oder gekorene) Ausgleichungspflicht führt im Erbfall zu einer rechnerischen Werterfassung (sog. »**Idealkollation**«), nicht etwa findet eine Rückgewähr der Zuwendung in Natur (»**Realkollation**«) statt. Es ist (anders als bspw. i.R.d. Pflichtteilsergänzung, § 2325 Abs. 3 BGB) gleichgültig, welcher Zeitraum seit der Leistung des ausgleichungspflichtigen Vorempfangs bis zum Erbfall noch verstreicht. Diese Zeitdauer spielt jedoch mittelbar dadurch eine Rolle, dass sich der grds. anzusetzende Wert des (unentgeltlich) zugewendeten Gegenstands im Zeitpunkt der Zuwendung (§ 2050 Abs. 2 BGB) nach Maßgabe der Entwicklung des Verbraucherpreisindex bis zum Erbfall anpasst, im Regelfall also erhöht (Ausgleich des **Kaufkraftschwundes**).[912] Die herrschende Meinung wendet diese **Indexierung** auch dann »mechanisch« an, wenn die tatsächliche Kursveränderung (etwa bei Wertpapieren, Aktien etc.) bis zum Erbfall deutlich davon abweicht.

1952 Die Berücksichtigung der Ausgleichung erfolgt gem. § 2055 Abs. 1 Satz 2 BGB dergestalt, dass der (indexierte) **Wert des Vorempfangs dem Nachlass hinzuzurechnen** ist, soweit dieser den Abkömmlingen zukommt, und sodann vom rechnerischen Erbanteil des Ausgleichungspflichtigen wieder abgezogen wird.

▶ Beispiel:

Der Reinnachlass betrage noch 400.000,00 €, der indexierte Wert des Vorempfangs der Tochter 200.000,00 €, es sind lediglich zwei Abkömmlinge vorhanden, gesetzliche Erbfolge tritt ein.

---

912 Vgl. im Einzelnen *Ebenroth/Bacher*, BB 1990, 2053 ff.

Die fiktiv ergänzte Erbmasse beträgt 600.000,00 €, so dass auf jeden rechnerisch 300.000,00 € (1/2) entfallen. Nach Abzug des Vorempfangs erhält die Tochter noch 100.000,00 €, der Sohn aus dem vorhandenen Nachlass den Rest (300.000,00 €), so dass unter Berücksichtigung des (indexierten) Vorempfangs beide je 300.000,00 € erhalten haben.

Hat der Ausgleichspflichtige jedoch bereits mehr erhalten, als ihm aufgrund der Auseinandersetzung zukommen würde, ist er gem. § 2056 BGB nicht zur Herausgabe des Mehrbetrags verpflichtet. Er soll also Volleigentümer werden, ohne befürchten zu müssen, dass er möglicherweise Jahrzehnte später infolge »**Verarmung der Nachlassmasse**« noch belastet wird. Soll diese **risikobegrenzende Wirkung** des § 2056 BGB **nicht eintreten**, müsste der Erwerber sich dem Veräußerer ggü. verpflichten, ggf. einen bestimmten Geldbetrag in den Nachlass zu zahlen.[913]

1953

▶ Formulierungsvorschlag: Ausgleichungspflicht selbst bei Nachlasserschöpfung, »Abbedingung des § 2056 BGB«

Im Hinblick auf die vorstehend erläuterte Bestimmung des § 2056 BGB vereinbaren die Beteiligten jedoch:

1954

Soweit wegen Erschöpfung des Nachlasses die rechnerische Ausgleichung nach dem Tod des Veräußerers nicht zur vollständigen Gleichstellung zwischen dem Erwerber und den ausgleichungsberechtigten Geschwistern führt, ist der Erwerber zur Einzahlung des an der Gleichstellung fehlenden Betrags in den Nachlass in voller Höhe (*Alt.: zur Hälfte, zu einem Drittel etc.*) verpflichtet. Die Einzahlung ist jedoch begrenzt auf den Wert des unentgeltlichen Anteils der heutigen Zuwendung, indexiert nach Maßgabe der Entwicklung des Verbraucherpreisindex zwischen heute und dem Erbfall. Diese Verpflichtung gilt nur, wenn und soweit die Ausgleichung dem Grunde nach stattfindet, also insbesondere beim Eintritt gesetzlicher Erbfolge oder einer testamentarischen Abbildung der gesetzlichen Erbfolge.

▶ Hinweis:

Die Begrenzung auf den indexierten Wert der Zuwendung erscheint sachgerecht, um zu vermeiden, dass bei mehreren Geschwistern und völliger Entleerung des Nachlasses (etwa infolge von Pflegeheimkosten) und dem Fehlen anderweitiger Vorausempfänge jedem einzelnen Geschwister der volle Ausgleich zu leisten ist. Doch selbst bei einem Geschwister bzw. der Kappung wie im Formulierungsbaustein vorgeschlagen, kann aufgrund dieser Abänderung des § 2056 BGB eine Schenkung nachträglich zu einem vollentgeltlichen Rechtsgeschäft (Kauf) mutieren. Der Erwerber sollte sich daher gut überlegen, ob er dieses Risiko eingehen kann.

1955

Die **bedingte »Nachzahlungspflicht«** wird schenkungsteuerlich erst bzw. nur erfasst, wenn sie tatsächlich zum Tragen kommt; ertragsteuerlich handelt es sich dann ggf. um nachträgliche Anschaffungskosten des erworbenen Wirtschaftsguts. Zivilrechtlich mindert bereits die Bereitschaft zur Übernahme einer solchen bedingten Ausgleichszahlung mit dem Wahrscheinlichkeitswert, dessen Bemessung sich nach den Umständen des Einzelfalls (Erschöpfungsrisiko des Nachlasses etc.) ergibt, den unentgeltlichen Wert der Zuwendung. Kommt es allerdings zur Ausgleichszahlung, ist der unentgeltliche Anteil der historischen Zuwendung für die Zwecke der Durchführung des fiktiven Ausgleichsmechanismus und damit der Ermittlung und Begrenzung der Ausgleichszahlungspflicht ohne diesen Wahrscheinlichkeitsabschlag zu ermitteln, da sonst der Gleichstellungszweck aufgrund des in Gang gesetzten wechselseitigen »Unentgeltlichkeitsminderungszirkels« nicht erreicht würde.

1956

Häufiger als die vorstehend erläuterte, bedingte Aufzahlungspflicht in Abkehr von § 2056 BGB sind dem Betrag nach limitierte lebzeitige **Gleichstellungsgelder** an weichende Geschwister, sei es i.S.e. unbedingten Zahlungspflicht oder einer (etwa für den Fall des Drittverkaufs oder der Geschäftsaufgabe) bedingten »Nachzahlung«.

1957

---

913 Vgl. *Peter*, BWNotZ 1986, 31.

g) Abweichende Wertansätze

1958 Ebenso wie die Ausgleichungspflicht dem Grunde nach der Disposition des Veräußerers unterliegt (in Gestalt der ausdrücklichen Anordnung bzw. deren Unterbleibens bzw. in Gestalt der ausdrücklichen Ausschließung einer gesetzlich vermuteten Ausgleichung oder deren Bestätigung), kann der Veräußerer auch den Umfang der Ausgleichung beeinflussen. Unproblematisch ist dabei die Festlegung eines höheren Anrechnungswerts als gesetzlich (i.H.d. unentgeltlichen Anteils zuzüglich des Kaufkraftschwundes) geschuldet – nimmt der Empfänger das Geschenk in Kenntnis dieser »**Übermaßausgleichungsanordnung**« an, muss er sich hieran, sofern ihn nicht § 2056 BGB vor Schlimmerem bewahrt, in gleicher Weise festhalten lassen, wie wenn er vom Veräußerer zu einem überhöhten Kaufpreis erworben hätte (str.).[914] In Pflichtteilsrechte der weichenden Geschwister (für den Fall deren Enterbung) wird dadurch nicht eingegriffen, die zwingende Fernwirkung der Ausgleichung gem. § 2316 BGB also nicht verletzt, da Letztere aufgrund dieser Übermaßanordnung einen höheren Ausgleichspflichtteil erhalten, als er ihnen kraft Gesetzes zustünde.[915]

1959 Da der Veräußerer die Ausgleichungspflicht auch gänzlich ausschließen (bzw. von ihrer Anordnung absehen) kann, steht es ihm naturgemäß (argumentum a maiore ad minus) frei, die Ausgleichungspflicht nur für einen Teil des unentgeltlichen Anteils anzuordnen, also eine **Minderbewertung** zu bestimmen. Eine solche Minderbewertung kann jedoch die durch § 2316 Abs. 3 BGB gezogene Grenze nicht überschreiten: Ausstattungen und Zuschüsse nach § 2050 Abs. 2 BGB sind daher stets mit ihrem vollen Wert zur Erhöhung des Ausgleichungspflichtteils zu erfassen. Andere Zuwendungen gem. § 2050 Abs. 3 BGB (also im Bereich der gekorenen Ausgleichspflichten, mithin die »normalen« Schenkungen) unterliegen jedoch insoweit keiner Grenze mit Ausnahme des § 2325 BGB (auch Letztere entfällt bei Pflicht- und Anstandsschenkungen, § 2330 BGB). Dieser Minimalschutz, bei dem ebenfalls die Schenkungswerte (abgesehen von § 2312 BGB: Landgüter) nach Verkehrswerten zu bestimmen sind, besteht jedoch lediglich 10 Jahre ab der juristischen und wirtschaftlichen Ausgliederung des Gegenstands (§ 2325 Abs. 3 BGB) und gemindert um etwaige Eigenschenkungen an den Pflichtteilsberechtigten (§ 2327 BGB).

2. Ausgleichung beim Berliner Testament

1960 **Besonders praxisrelevante Schwierigkeiten** treten auf, wenn die ausgleichungspflichtige Zuwendung (zumindest teilweise) aus dem Vermögen eines Ehegatten stammt, sich die Ehegatten gegenseitig zu Alleinerben eingesetzt haben (»Berliner Testament«) und der Zuwendende zuerst verstirbt.

Ein Teil der Literatur[916] vertritt im Anschluss an eine frühere Entscheidung des KG[917] zur Sicherung des mit der Ausgleichungsanordnung verfolgten »Gleichstellungsziels« die Auffassung, i.R.d. § 2052 BGB sei ein »**erweiterter Erblasserbegriff**« zugrunde zu legen mit der Folge, dass die angeordnete Ausgleichung auch greife, wenn die gesetzliche Erbfolge unter den Abkömmlingen erst beim Schlusserbfall, also nach dem Ableben des nichtübertragenden Ehegatten, eintrete – die gegenseitige Alleinerbeinsetzung »konserviere« gewissermaßen die Ausgleichung.

1961 Demgegenüber hat der BGH in einer zur Anrechnung von Eigengeschenken auf den Pflichtteilsergänzungsanspruch (§ 2327 BGB) ergangenen Entscheidung[918] wortlautgerecht zwischen beiden Sterbefällen klar unterschieden mit der Folge, dass die Anrechnung bei »ungünstiger« Todesreihenfolge »ins Leere läuft«; Gleiches gilt bei § 2316 BGB, also der pflichtteilsrechtlichen »Fernwir-

---

914 Argument der Gegenansicht: Unzulässigkeit eines gegenständlich beschränkten Erbverzichts; vgl. *Wegmann*, Grundstücksüberlassung, Rn. 557, Fn. 389; vgl. auch *Sailer*, NotBZ 2002, 84.
915 Vgl. *Ebenroth/Bacher/Lorz*, JZ 1991, 282.
916 Vgl. Nachweise bei *Mohr*, ZEV 1999, 258.
917 KG, NJW 1974, 2131.
918 Vgl. *Mohr*, ZEV 1999, 257.

kung« der Ausstattung.⁹¹⁹ Richtigerweise wird man daher auch i.R.d. Ausgleichungsanordnung gem. §§ 2050 ff. BGB sowie der Anrechnungsbestimmung auf den unmittelbaren Pflichtteil gem. § 2315 BGB davon ausgehen müssen, dass anordnender Veräußerer und späterer Erblasser identisch sein müssen, mithin die Anordnungen unmittelbar nur Wirkungen zeitigen für Pflichtteilsrechte oder gesetzliche Kindererbengemeinschaften nach dem eigenen Ableben (zur Erweiterung der Wirkungen des § 2315 BGB auf den Sterbefall des nicht veräußernden Ehegatten vgl. Rdn. 3891 f.).

Dieses Ergebnis widerspricht der regelmäßig anzutreffenden Auffassung des Veräußerers und seines Ehegatten, ihr Vermögen bilde – als »**elterlicher Besitz**« – eine Art **Vermögenseinheit**, aus der die Gesamtheit aller Abkömmlinge unter Berücksichtigung aller lebzeitigen und letztwilligen Zuwendungen, gleich aus welcher Hand sie formal stammen, möglichst gleichwertig bedacht werden solle. Dieser Wunsch wird jedenfalls dann anzutreffen sein, wenn es sich nur um gemeinsame (also nicht einseitige) Abkömmlinge handelt und zu diesen (auch unter Berücksichtigung der Schwiegerkinder) ein gleichermaßen (und gleichbleibend) gutes Verhältnis herrscht.

1962

Kautelar-juristisch ergeben sich zur Umsetzung dieses Wunsches nach unbedingter **postmortaler Gleichstellung** verschiedene Regelungsmöglichkeiten, je nachdem ob die »Begünstigung« der weichenden Geschwister ohne deren Mitwirkung noch beseitigt werden können soll oder nicht. Des Weiteren ist danach zu differenzieren, ob vertraglich oder faktisch sichergestellt ist, dass die weichenden Geschwister nicht beim Tod des Veräußerers als erstversterbendem Ehegatten Pflichtteilsergänzungsansprüche bzw. Ausgleichspflichtteilsansprüche (§§ 2325, 2316 BGB) wegen der früheren Zuwendung geltend machen: Anderenfalls würde das erstrebte Ziel der Gesamtgleichstellung verfehlt, weil die weichenden Geschwister insgesamt (durch die übertragungsbedingte Pflichtteilsauszahlung beim ersten Sterbefall) ggü. dem Objekterwerber begünstigt würden, vgl. Rdn. 1968 ff. Kann eine solche »zusätzliche Wertabschöpfung« nach dem Tod des erstversterbenden Veräußerers nicht ausgeschlossen werden, müsste sie zumindest in die Berechnung des Ausgleichungsanspruchs nach dem Tod des letztversterbenden Ehegatten beim Eintritt gesetzlicher Erbfolge bzw. im Fall des § 2052 BGB einbezogen werden.

1963

Demnach stellen sich dem Gestaltungsberater zur Verwirklichung der gewünschten »postmortalen Geschwistergleichstellung unabhängig von der Versterbensreihenfolge« (zur Variante der lebzeitigen Gleichstellung im Weg von Abfindungsverpflichtungen s. Rdn. 1877 ff., zu bedingten Abfindungsverpflichtungen s. Rdn. 1883 ff.) folgende Regelungsthemen, sofern sich beide Ehegatten gegenseitig beerben wollen (»Berliner Testament«):

1964

a) Nachversterben des veräußernden Ehegatten

Verstirbt der **Veräußerer-Ehegatte als Zweiter**, ergeben sich keine Besonderheiten: Bei Eintritt gesetzlicher Schlusserbfolge zugunsten der Abkömmlinge oder einer testamentarischen Erbfolge, durch die sie jedenfalls im Verhältnis zueinander wie gesetzliche Erben eingesetzt sind (§ 2052 BGB), greift die Ausgleichungsanordnung als Umgestaltung der Erbauseinandersetzungsbilanz; entsteht (beim Veräußerer oder einem weichenden Geschwister) ein Pflichtteilsanspruch (etwa infolge Enterbung oder infolge Ausschlagung eines belasteten Erbteils, § 2306 Abs. 1 Satz 2 BGB), wirkt sich die Ausgleichungsanordnung auch verschiebend auf die Pflichtteilshöhe aus, sog. »Ausgleichungspflichtteil« gem. § 2316 BGB, sofern insoweit nicht Pflichtteilsverzichte, zumindest gegenständlich auf die Pflichtteilswirkung der Zuwendung beschränkt, abgegeben wurden. Damit ist zumindest für den Veräußerer-Ehegatten die Gleichstellung erreicht.

1965

Allerdings könnten Abkömmlinge bereits nach dem ersten Sterbefall ihren Pflichtteilsgeldanspruch aufgrund Einforderung erhalten und damit die »**Gesamtbilanz**« **gestört** haben. Eine eher holzschnittartige Reaktion auf Pflichtteilsauszahlungen an weichende Geschwister nach dem Able-

1966

---

919 Vgl. *Schindler*, Pflichtteilsberechtigter Erbe und pflichtteilsberechtigter Beschenkter, Rn. 422 ff.

ben des Nicht-Veräußerers[920] als ersten Ehegatten könnte darin liegen, die Ausgleichungsanordnung nach dem zweiten Sterbefall (des Veräußerers) dann gerade nicht eintreten zu lassen, also auflösend auf solche Pflichtteilsverlangen zu gestalten. Dies erscheint jedoch allenfalls dann vertretbar, wenn nur ein weichendes Geschwisterteil vorhanden ist, weil sonst die »Illoyalität« eines Kindes sich zulasten der anderen, »braven« weichenden Geschwister auswirken würde.

▶ **Formulierungsvorschlag: Ausgleichungsanordnung auflösend bedingt bei Pflichtteilsverlangen weichender Geschwister nach dem erstversterbenden Ehegatten**

1967 Vorstehende Vereinbarung (über die Herbeiführung der Wirkung einer Ausgleichungsanordnung nach dem zweiten Sterbefall) entfällt, falls das weichende Geschwister nach dem Tod des erstversterbenden, nichtveräußernden Elternteils sein Pflichtteilsrecht in verzugsbegründender Weise geltend gemacht haben sollte. Ein vorwerfbares Verhalten oder eine Kenntnis dieser Bestimmung ist hierfür nicht erforderlich, jedoch die Geltendmachung durch das weichende Geschwister selbst oder dessen rechtsgeschäftlichen Vertreter (auflösende Bedingung der Ausgleichungsanordnung).

Alternativ kommt auch die Vereinbarung der Einbeziehung der Pflichtteilszahlungen nach dem ersten Sterbefall in die Auseinandersetzungsbilanz nach dem zweiten Sterbefall (s.u. Rdn. 1969) als flexiblere Lösung in Betracht.

b) Erstversterben des veräußernden Ehegatten

1968 Komplexer ist die Regelungssituation, wenn der **Veräußerer-Ehegatte als Erster verstirbt** und vom anderen Ehegatten beerbt wird. Die schlicht angeordnete Ausgleichungsanordnung geht in diesem Fall – wie oben ausgeführt –, da die Voraussetzungen des § 2050 bzw. 2052 BGB nicht erfüllt sind, ins Leere (Ablehnung des erweiterten Erblasserbegriffs). Soll die Ausgleichungsanordnung nun in ihrer Wirkung auf den zweiten Sterbefall (den des anderen Ehegatten) »verschoben« werden, sind gleichwohl beide Sterbefälle einzubeziehen:
(1) Die **Enterbung der Abkömmlinge beim Ableben des Veräußerer-Ehegatten** aufgrund des »Berliner Testaments« generiert Pflichtteilsansprüche der Kinder. Unter Gleichstellungsaspekten kann dies nur dann vernachlässigt werden, wenn die vom verstorbenen Ehegatten an einen Abkömmling getätigte Zuwendung sich auf die Höhe der einzelnen Pflichtteilsansprüche nicht auswirken kann.
Letzteres ist dann gewährleistet, wenn
  (a) alle Abkömmlinge einen allgemeinen (bspw. auf den ersten Sterbefall begrenzten) Pflichtteilsverzicht abgegeben haben, ferner dann, – wenn die nicht erwerbenden Abkömmlinge ggü. dem (nunmehr verstorbenen) Veräußerer-Ehegatten auf die Pflichtteilserhöhungswirkung der Zuwendung gegenständlich beschränkt verzichtet haben (umfassend sowohl den Pflichtteilsergänzungsanspruch gem. § 2325 BGB i.R.d. 10-Jahres-Frist als auch die Pflichtteilsfernwirkung der rechtsgeschäftlich oder gesetzlich angeordneten Ausgleichungsbestimmung gem. § 2316 BGB) und
  (b) die Zuwendung nicht den eigenen Pflichtteilanspruch des Erwerbers wegen diesbezüglicher Anordnung (§ 2315 BGB) schmälern kann.
Neben diese juristischen Sachverhaltsvarianten tritt die tatsächliche Ungewissheit, ob und in welcher Höhe die Abkömmlinge ihren – sofern nicht durch Generalverzicht erloschenen – Pflichtteilsanspruch, auch hinsichtlich des real noch vorhandenen Nachlasses tatsächlich geltend machen.

---

920 Würde eine solche Regelung (auflösende Bedingung) für den Fall getroffen, dass der Veräußerer als Erster stirbt und nach dessen Tod der Pflichtteil verlangt würde, läge eine Verletzung des § 2316 BGB vor – die Geltendmachung des gesetzlich gewährten Anspruchs würde über Umweg der auflösenden Bedingtheit der Ausgleichungsanordnung wiederum gerade die in Anspruch genommene Pflichtteilserhöhung beseitigen!

F. Regelungen im Verhältnis zu weichenden Geschwistern Kapitel 4

> **Hinweis:**
> Dem »Gesamtgleichstellungswunsch« der Eltern trägt es am besten Rechnung, diejenigen Pflichtteilszahlungen, die nach dem Tod des ersten Ehegatten tatsächlich erbracht wurden, in die »Auseinandersetzungsbilanz« nach dem Ableben des zweiten (nichtveräußernden) Ehegatten einzubeziehen, und zwar unabhängig davon, ob es sich um zuwendungsbedingte Pflichtteilszahlungen handelt oder nicht.

1969

(2) Gleiches gilt regelmäßig für **weitere Zuwendungen**, die – gleichgültig ob vom erstversterbenden oder vom zweitversterbenden Ehegatten stammend – **an einen der Abkömmlinge** noch getätigt werden, sofern auch diese weiteren Zuwendungen (kraft Anordnung oder kraft Gesetzes) ausgleichspflichtig sind. Auch diese sollen regelmäßig in die »Gesamtbilanz« einbezogen werden.

1970

(3) Liegen nach dem Tod des länger lebenden Ehegatten die gesetzlichen Voraussetzungen einer Ausgleichung dem Grunde nach vor (§§ 2050/2052 BGB), tritt alsdann aufgrund der getroffenen vertraglichen Vereinbarungen die Gesamtgleichstellung i.R.d. Erbauseinandersetzung zwischen den Abkömmlingen ein.
Zu differenzieren ist insoweit danach, ob

1971

(a) die Begünstigung zugunsten der »weichenden Geschwister« auf den zweiten Sterbefall bereits in dem Sinn »bindend« angeordnet werden soll, dass sie nicht mehr ohne deren Zutun beseitigt werden kann (also i.S.e. echten Vertrags zugunsten Dritter [§ 328 Abs. 2 BGB] oder einer unmittelbaren vertraglichen Berechtigung, sofern sie an der Urkunde mitwirken) oder aber

(b) es sich um eine lediglich bilaterale Verpflichtung des jetzigen Erwerbers ggü. dem Veräußerer-Ehegatten (nach dessen Tod aufgrund Gesamtrechtsnachfolge ggü. dem anderen Ehegatten) handelt, die auch im Verhältnis zwischen diesen beiden Beteiligten später wieder aufgehoben werden könnte, ohne bestehende Rechte der anderen Geschwister zu verletzen (diesen stehen dann ebenso wenig vertragliche Ansprüche, auch nicht gem. § 328 BGB, zu noch werden ihre gesetzlichen Pflichtteilsansprüche verletzt, da ja kein eigentlicher Fall des § 2050 BGB vorliegt, also die nicht beseitigbare gesetzliche »Pflichtteilsfernwirkung« des § 2316 BGB nicht eingetreten ist).[921]

(4) Liegen die gesetzlichen Voraussetzungen einer Ausgleichung gem. §§ 2050, 2052 BGB jedoch nicht vor, etwa weil der länger lebende Ehegatte – sofern ihm diese erbrechtliche Flexibilität verblieben ist – nur einen der Abkömmlinge zum Schlusserben eingesetzt hat, ist die Ausgleichungsthematik endgültig »erledigt«. Zugunsten der früheren weichenden Geschwister kann sich die vorvergangene Zuwendung weder pflichtteilserhöhend i.R.d. § 2316 BGB noch des § 2325 BGB ausgewirkt haben, da sie ja nicht vom nunmehr verstorbenen Ehegatten stammt, noch wirkt sie sich zulasten des Zuwendungsempfängers aus, es sei denn, dieser hätte sich mit einer fiktiven Anrechnung (im Weg gegenständlich beschränkten Pflichtteilsverzichts) analog § 2315 BGB einverstanden erklärt.

1972

(5) Zu bedenken ist schließlich, dass selbst bei Bestehen einer Ausgleichungssituation die tatsächliche Gleichstellungswirkung dann nicht eintreten kann, wenn der Nachlass nach dem Ableben des Längerlebenden erschöpft ist, da gem. § 2056 BGB Einzahlungen aus dem Eigenvermögen nicht geleistet werden müssen. Typischerweise werden es die Ehegatten hierbei belassen (andernfalls s. den Formulierungsvorschlag bei Rdn. 1954); kommt es den Ehegatten tatsächlich auf die stets im Ergebnis zu garantierende Gleichstellung an, wählen sie ohnehin regelmäßig die Variante sofortiger Gleichstellung durch sie selbst oder durch Erwerber.

1973

---

921 Dies übersieht *Mohr*, ZEV 1999, 258 (rechte Spalte unten), der befürchtet, die Ausgleichsvereinbarung auf den zweiten Sterbefall reduziere wegen § 2316 BGB den Pflichtteilsanspruch des Beschenkten nach dem überlebenden, nicht zuwendenden, Ehegatten, so dass es insoweit eines beschränkten Pflichtteilsverzichtes bedürfe.

1974 Eine solche in allseitigem Einvernehmen, also unter Mitwirkung der weichenden Geschwister, getroffene »**Ausgleichungsvereinbarung**« (im Unterschied zur einseitigen postmortalen Ausgleichungsanordnung des § 2050 BGB) könnte (kombiniert mit der Einbeziehung von Pflichtteilszahlungen nach dem ersten Sterbefall und weiteren künftigen Ausgleichungsanordnungen) wie nachstehend formuliert werden. In diesem allseitigen Vertrag liegt zugleich eine schuldrechtliche Vereinbarung unter künftigen Miterben gem. § 311b Abs. 5 BGB (**Erbschaftsvertrag** unter möglichen künftigen gesetzlichen Erben über den gesetzlichen Erbteil bzw. den Pflichtteil, Rdn. 3514 ff., 3518), allerdings mit der Erweiterung, dass der Erblasser (als Pflichtteilsverzichtsempfänger und als bei Abänderungen Zustimmungsbetroffener) einbezogen wurde.

▶ Formulierungsvorschlag: Allseitige »postmortale Ausgleichungsvereinbarung« zur Gleichstellung im Schlusserbfall unabhängig von der Versterbensreihenfolge

1975

1.

Der unentgeltliche Teil der heutigen Zuwendung, den alle Beteiligten übereinstimmend auf ..... € beziffern, soll im Verhältnis zu den weichenden Geschwistern, die an dieser Vereinbarung mitwirken, bei der Erbauseinandersetzung zur Ausgleichung gebracht werden, wenn und sobald die Kinder zur Erbfolge berufen sind. Der Veräußerer und sein Ehegatten haben sich erbvertraglich/ durch gemeinschaftliches Testament zu gegenseitigen Alleinerben eingesetzt (»Berliner Testament«) und die gemeinsamen Abkömmlinge, die an der heutigen Urkunde sämtlich mitwirken, zu Schlussmiterben zu gleichen Teilen berufen, wobei allerdings dem länger lebenden Ehegatten die Möglichkeit zur Abänderung durch eigenes Testament (*Anm. [je nach Sachverhalt ggf. folgender Zusatz]:* »..... *beschränkt auf den Kreis gemeinsamer Abkömmlinge*«) vorbehalten bleibt. Dies vorausgeschickt, wird vereinbart:

2.

Soweit nach dem Tod des Veräußerers die gesetzlichen Voraussetzungen einer Ausgleichung (§§ 2050, 2052 BGB) vorliegen, etwa weil dieser als zweiter verstirbt, gilt folgende Ausgleichungsanordnung:

Der oben bezifferte unentgeltliche Teil der Zuwendung ist gem. § 2050 Abs. 3 BGB im Verhältnis zu den Geschwistern des Erwerbers zur Ausgleichung zu bringen. Den Beteiligten wurden Voraussetzungen und Wirkungsweise der Ausgleichung erläutert. Ihnen ist daher insbesondere bekannt, dass

– die Ausgleichung nur unter Geschwistern stattfindet – sofern diese keinen Erbverzicht erklärt haben –, wenn gesetzliche Erbfolge oder eine diese abbildende testamentarische Erbfolge eintritt, ferner
– der maßgebliche Wert der heutigen unentgeltlichen Zuwendung zum Ausgleich des Kaufkraftschwundes bis zum Erbfall indexiert wird,
– die Ausgleichung unabhängig davon stattfindet, wie viel Zeit bis zum Erbfall noch verstreicht,
– die Ausgleichung sich auch auf die Pflichtteilsansprüche von Geschwistern erhöhend auswirkt und insoweit später nicht mehr einseitig »zurückgenommen« werden kann, und schließlich
– ein Ausgleich aus dem Eigenvermögen des Erwerbers nicht stattfindet, auch nicht bei Erschöpfung des Nachlasses (§ 2056 BGB). Ergänzende Verpflichtungen des Erwerbers im Hinblick hierauf werden nicht begründet.

3.

Sofern jedoch der Veräußerer und Ehegatte als Erster verstirbt und vom überlebenden Ehegatten, wie oben dargelegt, allein beerbt wird, vereinbaren alle Beteiligten:

Sofern nach dem Tod des Längerlebenden die Voraussetzungen der §§ 2050 Abs. 1 (gesetzliche Erbfolge), 2051 (Nachrücken gemäß der Stammesfolge) oder 2052 BGB (testamentarische Einsetzung der Abkömmlinge in verhältnismäßiger Entsprechung zur gesetzlichen Erbfolge zueinander) vorliegen, hat der Erwerber die heutige Zuwendung unter seinen Geschwistern in gleicher Weise gem. §§ 2050 ff. BGB zur Ausgleichung zu bringen, wie wenn er sie heute vom zuletzt verstorbenen Ehegatten erhalten hätte. Bei dieser Auseinandersetzung sind ferner alle Pflichtteilsbeträge, die ein Abkömmling, dessen Pfändungs- oder Überleitungsgläubiger nach dem ersten Sterbefall erhalten hat, als in gleicher Weise ausgleichungspflichtige Zuwendungen i.S.d. §§ 2050 ff. BGB

F. Regelungen im Verhältnis zu weichenden Geschwistern — Kapitel 4

zugunsten jenes Abkömmlings zu behandeln. Gleiches gilt aufgrund bereits jetzt getroffener allseitiger Abrede für etwaige weitere künftige Zuwendungen, die – gleich von welchem Ehegatten – an einem unserer Abkömmlinge noch erfolgen, es sei denn, bei der Zuwendung würde die Ausgleichungspflicht ausdrücklich ausgeschlossen.

Die Beteiligten bestätigen, dass – mangels Vorliegens der gesetzlichen Voraussetzungen – aufgrund der schlichten vertraglich vereinbarten Fiktion einer Vermögenszuwendung aus dem Vermögen des Längerlebenden ihre Pflichtteilsansprüche an dessen Nachlass sich nicht verändern, insbesondere keine Ansprüche gem. §§ 2325 oder 2316 BGB begründet werden; vorsorglich wird auf solche zuwendungsbedingte Ansprüche mit Wirkung für sich und die Abkömmling verzichtet; beide Ehegatten nehmen diesen Verzicht auf das Ableben des Längerlebenden entgegen und an.

Den Beteiligten ist bekannt, dass die für den Zeitraum nach dem Ableben des Längerlebenden vereinbarte »Gleichstellungsregelung« nur in gemeinsamem Zusammenwirken aller Kinder mit dem Veräußerer, nach dessen Ableben mit dessen Ehegatten, aufgehoben werden kann, jedoch tatsächlich ins Leere geht, wenn der Nachlass des Letztversterbenden insoweit erschöpft ist (§ 2056 BGB) und rechtlich unter dem Vorbehalt anderweitiger testamentarischer Anordnungen des überlebenden Ehegatten steht, dem es bspw. freisteht, Abkömmlinge zu enterben, so dass ihnen lediglich der ordentliche gesetzliche Pflichtteil zusteht.

Insb. der letztgenannte Hinweis auf den überwölbenden Vorbehalt anderweitiger testamentarischer Anordnungen durch den überlebenden Ehegatten wird so manches weichende Geschwister dazu bestimmen, doch bereits nach dem Ableben des ersten Ehegatten die pflichtteilserhöhende Wirkung der Geschwisterzuwendung geltend zu machen und »abzuschöpfen« (§§ 2325, 2316 BGB), auch wenn sich dadurch die Ausgleichsbegünstigung nach dem zweiten Sterbefall entsprechend mindert, da ihm dieser Anspruch (sofern diesbezüglich kein eigenständiger Pflichtteilsverzicht geleistet wurde, vgl. hierzu Rdn. 3870 ff.) jedenfalls sicher ist, dessen Einforderung aber nach Ablauf der Verjährungsfrist nicht mehr »nachgeholt« werden kann, falls sich herausstellen sollte, dass die postmortale Gleichstellungsvereinbarung für den zweiten Sterbefall aus tatsächlichen Gründen (Nachlasserschöpfung) oder aus rechtlichen Gründen (Einsetzung dritter Personen oder Einsetzung der Kinder zu ungleichen Quoten) nicht greift. Wollen die Eltern auch dies verhindern, müssen sie auf (gegenständlich beschränkte oder – eher – umfassende) **Pflichtteilsverzichte** der Kinder auf den ersten Sterbefall drängen (vgl. hierzu Rdn. 3902 ff.). 1976

Ohne eigene **rechtsgeschäftliche Mitwirkung des Erwerbers** bedarf es zur Sicherstellung der vollen Ausgleichung beim Tod des Längerlebenden der Kombination von Ausgleichungsanordnung und **Vorausvermächtnis** (Letzteres wird wohl allerdings nur für den Fall angeordnet sein, dass dem Grunde nach Raum für die Ausgleichung ist), also i.Ü. gesetzliche Erbfolge greift: 1977

▶ Formulierungsvorschlag: Vorausvermächtnis zur Sicherung der Ausgleichung auf den Sterbefall des überlebenden Veräußerers

Der Erwerber hat die Zuwendung gemäß §§ 2050 ff. BGB auszugleichen. Findet eine Ausgleichung nach den Erbfällen beider Eltern statt, ist sie bei jedem Erbfall mit der Hälfte des Wertes zu berücksichtigen. Sollte die Ausgleichung beim Tod des erstversterbenden Elternteils nicht erfolgen, etwa weil dieser vom überlebenden Elternteil allein beerbt wird, gilt die Zuwendung als vom überlebenden Elternteil allein erfolgt und ist demnach bei dessen Tod in voller Höhe auszugleichen. Dies wird hiermit vom überlebenden Elternteil auf seinen Tod im Weg des Vorausvermächtnisses zugunsten der anderen ausgleichsberechtigten Abkömmlinge und zu Lasten des Zuwendungsempfängers angeordnet, sofern die §§ 2050 ff. BGB auf den Tod des überlebenden Elternteils zur Anwendung kommen. Das Vermächtnis ist lediglich testamentarisch angeordnet, kann also vom überlebenden Elternteil einseitig geändert und widerrufen werden. Der Zuwendungsbetrag ist dem Kaufkraftschwund nach Maßgabe der Entwicklung des Verbraucherpreisindex auf den Zeitpunkt desjenigen Erbfalls, bei dem er zur Anrechnung gelangt, anzupassen. 1978

Falls der Erwerber die Erklärung nicht nur entgegennimmt, weitere Ergänzung zur Beseitigung der pflichtteilsrechtlichen Folgen des Vorausvermächtnisses: Soweit dabei die Zuwendung nicht aus dem Vermögen des überlebenden Elternteils kam, verzichtet der Erwerber für sich und seine

Abkömmlinge auf seine Pflichtteilsansprüche nach dem überlebenden Elternteil, soweit dies für diese Rechtswirkung notwendig ist. Jeder Elternteil nimmt diesen Verzicht hiermit an.

3. Minderjährigkeit

1979 Erfolgen Ausgleichsleistungen an weichende Geschwister, die noch minderjährig sind, und wird bzgl. dieser Gleichstellungsgelder durch den Zuwendenden (also den Veräußerer) spätestens bei der Zuwendung die **Ausgleichung** im Fall gesetzlicher Erbfolge angeordnet (§ 2050 Abs. 3 BGB), soll dies nach Ansicht des BGH die lediglich rechtliche Vorteilhaftigkeit des Gesamtgeschäfts i.S.d. § 107 BGB nicht infrage stellen,[922] so dass die Anordnung ggü. einem über 7 Jahre alten Kind selbst getroffen werden bzw. bei jüngeren Kindern den Eltern ggü. als Zugangsberechtigten erklärt werden kann (allgemein zur zivilrechtlichen Wirksamkeit von Übertragungsverträgen unter Beteiligung Minderjähriger s. Rdn. 3968 ff.).

1980 Ein **Pflichtteilsverzicht**, sei er auch gegenständlich beschränkt, bedarf allerdings der betreuungs-/familiengerichtlichen Genehmigung (§ 2347 Abs. 1 BGB), die jedoch bisher (vgl. jedoch nun die Wertung des BGH Rdn. 3801 und 104 ff.) mit Blick auf § 1804 BGB (Verbot der Schenkung) nur gegen eine vollwertige Abfindung erlangt werden kann,[923] wobei jedoch die Praxis die Vermögensverhältnisse des künftigen Erblassers z.Zt. der Verzichtserklärung, und nicht deren mutmaßliche künftige Entwicklung, zugrunde legt.[924] Da die **Anrechnung auf den Pflichtteil** (§ 2315 BGB) zwar einseitig durch den Zuwendenden spätestens bei deren Vornahme verfügt werden kann, jedoch in ihrer Wirkung einem beschränkten Pflichtteilsverzicht gleichkommt, dürfte auch dann ein nicht lediglich rechtlich vorteilhaftes Geschäft vorliegen, so dass für eine Zuwendung durch den gesetzlichen Vertreter (Eltern) oder andere Verwandte in gerader Linie (Großeltern) ein Ergänzungspfleger bestellt werden muss[925] und die familien- bzw. betreuungsgerichtliche Genehmigung einzuholen ist, §§ 1909 BGB und 2347 Abs. 1 BGB bzw. § 1822 Nr. 2 BGB analog,[926] die jedoch im Regelfall erteilt werden wird.[927] Anders mag es liegen, wenn in Abänderung des gesetzlichen Anrechnungsmodus (Wert zum Zeitpunkt der Zuwendung, § 2315 Abs. 2 Satz 2 BGB) ein etwa bis zum Entstehen des Pflichtteilsanspruchs (Versterben) reduzierter Wert maßgeblich sein soll (vgl. Rdn. 3719 f mit Formulierungsvorschlag).

4. Internationale Anknüpfung

1981 Stirbt der Veräußerer ab dem 17. August 2015, führt die Europäische Erbrechtsverordnung (**EU-ErbVO**), sogenannte »Rom-IV-Verordnung«, vgl. Rdn. 3534 ff., zu einer einheitlichen Anknüpfung des Erbstatuts an den letzten gewöhnlichen Aufenthalt des Erblassers (Schenkers). Während unentgeltliche lebzeitige Verfügungen an sich gemäß Art. 1 Abs. 2 lit. g EU-ErbVO nicht zum Anwendungsbereich dieser Verordnung zählen – für sie gilt die Rom-I-Verordnung vom 17.06.2008 mit eigenen Rechtswahlmöglichkeiten –, richten sich Fragen der Ausgleichung und der Anrech-

---

922 BGHZ 15, 170; MünchKomm-BGB/*Heldrich*, § 2050 Rn. 31 (da durch die Anordnung keine schuldrechtliche Verpflichtung begründet werde); a.A. *Schultz*, DAVorm 1984, S. 715.
923 »Angemessener Ausgleich«, vgl. BGH, ZEV 1995, 27; m. Anm. *Langenfeld* (in einem Haftpflichtprozess gegen den Vormundschaftsrichter!).
924 OLG Köln, FamRZ 1990, 101.
925 Vgl. Gutachten DNotI-Report 2007, 160; MünchKomm/*Lange*, § 2315 BGB Rn. 17; a.A. *Everts*, RPfleger 2005, 180; *Rastätter*, BWNotZ 2006, 7; *Weigl*, MittBayNot 2008, 276: die Anrechnung ist (anders als der Pflichtteilsverzicht) stets an eine Schenkung geknüpft, ebenso OLG Dresden, MittBayNot 1996, 288, 291: der Nutzwert der Sache steht ihm früher zu.
926 Vgl. *J. Mayer*, in: *Bamberger/Roth*, BGB, § 2315 Rn. 8; Staudinger/*Haas*, BGB (2006), § 2315 Rn. 31; *Mayer/Geck*, Der Übergabevertrag, § 16 Rn. 68, mit Hinweis auf die besondere Schutzbedürftigkeit beim Erwerb kurzlebiger Konsumgüter von hohem Wert; a.A. *Winkler*, ZEV 2005, 89, 92.
927 OLG München, 17.07.2007 – 31 Wx 18/07, NotBZ 2007, 375 (der Umstand, dass ein möglicherweise schwer verkäuflicher Erwerbsgegenstand an die Stelle des disponiblen Geldanspruchs trete, reicht für sich allein nicht zur Ablehnung), ebenso Gutachten, DNotI-Report 2007, 160.

nung auf den Erbteil gemäß Art. 23 Abs. 2 lit. i EU-ErbVO nach dem **Erbstatut** (gleiches gilt für das Pflichtteilsrecht, Art. 23 Abs. 2 lit. h EU-ErbVO, also beispielsweise für die Anrechnung auf den Pflichtteil, vgl. Rdn. 3534 ff., sowie die Zulässigkeit und Wirksamkeit von Pflichtteilsverzichtsverträgen, Rdn. 3813 ff.)

Die unterschiedliche Anknüpfung einzelner Regelungen im selben (Übertragungs-)Vertrag, einerseits (hinsichtlich der schuldrechtlichen Regelungen) nach der Rom-I-VO, andererseits (in Bezug auf die Anrechnung/Ausgleichung) nach der Rom-IV-VO, kann in Wegzugsfällen dazu führen, dass zwischen unterschiedlichem Vertragsstatut, einerseits, und Erbstatut, andererseits, nicht lösbare Inhaltskonflikte entstehen.[928] Kennt das nun berufene, neue Erbstatut des letzten Wohnsitzstaats keine »Anrechnung auf den Erbteil«, gehen die diesbezüglichen vertraglichen Anordnungen ins Leere und der Verteilungsplan des Schenkers/Erblassers wird gestört. Auch die angeordnete Anrechnung auf den Pflichtteil, § 2315 BGB, kann scheitern (Rdn. 3534 ff.), wenn das neu berufene Erbstatut keinen Pflichtteilsanspruch als Geldanspruch kennt, sondern beispielsweise gar kein Pflichtteilsrecht oder eine dingliche Notbeteiligung am Nachlass. Ähnlich wie bei Pflichtteilsverzichtsverträgen, vgl. dort Formulierungsvorschlag Rdn. 3819, kann sich empfehlen, aus Anlass eines Schenkungsvertrags eine Rechtswahl zugunsten des (derzeitigen) Heimatrechts, sofern dies das deutsche Recht ist, zu treffen. Dabei handelt es sich jedoch um eine kostenrechtlich[929] getrennt zu bewertende letztwillige Verfügung, die auch urkundsrechtlich nach den Vorschriften über letztwillige Verfügungen zu behandeln ist (also im Original beim Nachlassgericht abzuliefern, beim Zentralen Testamentsregister anzuzeigen ist etc.). Dem Veräußerer/Erblasser muss bewusst sein, dass er damit für alle Fragen seines Erbstatuts, vor allem alle materiellen erbrechtlichen Fragen, dauerhaft das deutsche Recht bestimmt hat.

1982

5. Schicksal von Vermächtnisanordnungen bei lebzeitiger Übertragung

a) Übertragung an den Vermächtnisnehmer

Wird ein Vermächtnisgegenstand bereits zu Lebzeiten durch den (späteren) Erblasser an den Vermächtnisnehmer übertragen, und zwar in **vorweggenommener Erfüllung** der z.Zt. der Übertragung noch bestehenden (künftigen) Vermächtnisschuld, liegt darin nach h.M.[930] aus der Sicht des Erbfalls **keine** i.S.d. § 2325 BGB ergänzungspflichtige **Schenkung** (§ 516 BGB). Die Erben haben dann nur die Wahl, entweder nach Eintritt des Erbfalles den (vorweg erfüllten) Erblasserwillen hinzunehmen oder aber gem. § 2306 vorzugehen und den Pflichtteil zu verlangen, bei dem der Wert des Vermächtnisses zu berücksichtigen ist. (Es findet also unter pflichtteilsrechtlichen Aspekten eine Umqualifizierung in »Vermächtnis« statt, Rdn. 3620). Die Zweckbestimmung »Vorwegnahme der Vermächtniserfüllung« ist analog §§ 2171, 2169 Abs. 1 BGB im Zweifel anzunehmen bei Stückvermächtnissen: das später wirksame Vermächtnis bildet den Rechtsgrund der Zuwendung bzw. das Vermächtnis seinerseits stand unter der stillschweigenden auflösenden Bedingung lebzeitiger Vorwegnahme.[931] Leistet der potentiell Vermächtnisbegünstigte ein Entgelt für den lebzeitigen Erhalt des Gegenstandes, entfällt das Vermächtnis nach allgemeinen Regeln wegen rechtlicher Unmöglichkeit. Bei Gattungsvermächtnissen ist aber durchaus denkbar, dass der Erblasser die als Vermächtnis angeordnete Stückzahl ungekürzt aufrecht erhalten wollte.

1983

Werden Gegenstände in letztwilligen Verfügungen im Weg des (ggf. Voraus-)Vermächtnisses zugewendet, ist der Destinatär, im Weg eines Untervermächtnisses, nicht selten mit Ausgleichsleistungen zugunsten anderer Berechtigter, in aller Regel der Geschwister, beschwert. Wird ein sol-

1984

---

928 Vgl. *Wachter*, ZNotP 2014, 2, 10; *Everts*, NotBZ 2014, 441, 450.
929 Geschäftswert sind gemäß § 104 Abs. 2 GNotKG 30 % des nach § 102 GNotKG zu bestimmenden Nachlasswerts!
930 Vgl. *Kuchinke*, JZ 1983, 483 ff.; *Nieder/Kössinger*, Handbuch der Testamentsgestaltung, 5. Aufl. 2015 § 2 Rn. 143.
931 *Keuk*, Der Erblasserwille post testamentum und die Auslegung des Testaments, 1965, S. 45 f. m.w.N.

ches Vermächtnis bereits durch lebzeitige Übertragung »vorweggenommen«, trifft jedoch der Zuwendungsvertrag keine Aussage dazu, ob das **Untervermächtnis** fortbesteht oder nicht, stellen sich zusätzliche Auslegungsprobleme. Allein die Vermutung der Richtigkeit und der Vollständigkeit der notariellen Urkunde ist, da widerlegbar, kein abschließendes Argument. Vielmehr muss die Auslegung des Erblasserwillens ergeben, ob das Untervermächtnis fortbestehen soll oder nicht. Davon wird in aller Regel jedenfalls dann auszugehen sein, wenn das (vorweggenommene) Hauptvermächtnis unbedingt und bindend angeordnet war,[932] auch in Bezug auf das Schicksal eines Unter- oder aber eines Nachvermächtnisses.[933] In diesem Fall kann die Auslegung ergeben, dass der Hauptvermächtnisanspruch, obwohl er durch den Erblasser als Dritten (§ 267 BGB) vorzeitig erfüllt wurde, nicht (wie sonst bei Stückvermächtnissen[934] gem. § 2171 Abs. 1 BGB wegen anfänglicher objektiver Unmöglichkeit) unterging, sondern als Grundlage für das Untervermächtnis fortbesteht.

b) Übertragung an den Erben oder einen Dritten

1985 Überträgt der (spätere) Erblasser den Gegenstand bereits zu Lebzeiten auf den **Erben**, der testamentarisch mit einem dieses Objekt betreffenden Stückvermächtnis beschwert ist und wird das Vermächtnis nicht durch Testamentsänderung aufgehoben oder aber ausdrücklich (dann als Verschaffungsvermächtnis) bestätigt,[935] stellen sich ähnliche Auslegungsfragen; findet sich kein Anhaltspunkt für einen abweichenden Erblasserwillen, wäre die Vermächtniserfüllung, da der Gegenstand nicht mehr zum Nachlass gehört, unmöglich geworden. Letzteres wird fast immer gelten wenn der Gegenstand lebzeitig an einen **Dritten** übertragen wird – obwohl auch hier denkbar ist, dass der Erbe weiter mit dem **Verschaffungsvermächtnis** beschwert bleibt, den jetzigen Eigentümer dazu zu bewegen, den Gegenstand an den Begünstigten zu übereignen, widrigenfalls (wie vorauszusehen) er dem Begünstigten den Wert gem. § 2170 Abs. 2 BGB zu ersetzen habe. Dafür müssen jedoch ganz gewichtige Umstände sprechen.

G. Übernahme von Verbindlichkeiten und/oder Grundpfandrechten

1986 Nicht selten bestehen zum Zeitpunkt der Grundbesitzübertragung noch **Verbindlichkeiten im wirtschaftlichen Zusammenhang zum übergebenen Objekt**, z.B. die Restvaluta aus Darlehen, die zur Anschaffung oder zu Investitionen auf dem Grundbesitz eingegangen worden waren. Diese Verbindlichkeiten können entweder gar nicht oder anderweit abgesichert sein, oder auf dem übertragenen Grundbesitz selbst lasten Grundpfandrechte (Grundschulden oder Hypotheken), die der Absicherung dieser Verbindlichkeiten dienen. Bei diesem Sachverhalt stellt sich die nachstehend unter Rdn. 1987 ff. diskutierte Frage der Schuldübernahme[936] durch den Erwerber als (weitere) Gegenleistung ggü. dem Veräußerer. Denkbar ist aber auch, dass die auf dem übertragenen Vermögensgegenstand lastenden Grundpfandrechte nicht mehr valutieren, sondern durch den Erwerber in lediglich dinglicher Hinsicht zur Absicherung etwaiger künftiger eigener Verbindlichkeiten übernommen werden. In diesem nachstehend unter Rdn. 2036 ff. dargestellten Fall steht nicht eine zusätzliche »Gegenleistung« des Erwerbers im Vordergrund, sondern die Absicherung der Nutzungsrechte des Veräußerers (Wohnungsrecht/Nießbrauch), sofern der Erwerber nach einer Neuvalutierung in Vermögensverfall gerät und daher die Zwangsvollstreckung in das

---

932 Beispielsfall: OLG Köln, 31.07.2013 – 2 U 153/12, MittBayNot 2014, 540 m. krit. Anm. *Reymann*; mit *Litzenburger*, FD-ErbR 2014, 358876 sollte diese Entscheidung freilich nicht überbetont werden.
933 OLG Frankfurt, 19.06.1996 – 19 U 163/95, ZEV 1997, 295, m. Anm. *Skibbe*.
934 Anders bei Gattungs- und Geldvermächtnissen: hier dürfte es stets dem Willen des Erblassers entsprechen, zu Lebzeiten zusätzliches [Geld-]vermögen zuzuwenden, vgl. OLG Hamm, 14.07.1995 – 10 U 17/95, MDR 1995, 1236.
935 Letzteres war der Fall in OLG Düsseldorf, 20.11.2015 – I-7 U 148/14, ErbR 2016, 592; hierzu *Wendt*, ErbR 2016, 565 ff.
936 Vgl. *Ogilvie*, MittRhNotK 1990, 145 ff.

übergebene Anwesen betrieben wird. Bei der letztwilligen Gestaltung entspricht der Verpflichtung zur Übernahme der auf dem Objekt ruhenden Darlehensverbindlichkeiten der in § 2166 Abs. 1 Satz 1 BGB geregelten, testamentarisch anzuordnenden Pflicht, dass der Vermächtnisnehmer anstelle des Erben diese Darlehensschuld zu übernehmen habe (begleicht sie der Erbe selbst, hat er gegen den Vermächtnisnehmer Anspruch auf Verwendungsersatz gemäß §§ 670, 683 Satz 1, 677, 994 Abs. 2 Fall 2, 2185 Fall 2 BGB).[937]

I. Schuldübernahme

1. Zeitpunkt

Die **sofortige Übernahme von Verbindlichkeiten durch den Erwerber** (als interne Verpflichtung zur Schuldbefreiung ab dem Stichtag des Übergangs von Besitz, Nutzungen und Lasten bzw. als befreiende Schuldübernahme ab Erteilung der Gläubigergenehmigung) ist nur dann die Regel, wenn der Veräußerer aus dem Vertragsobjekt keine wirtschaftlichen Nutzungen mehr zieht. Behält er sich jedoch bspw. den **Nießbrauch** vor, bestimmt schon § 1047 BGB, dass im Zweifel der Nießbraucher (Veräußerer) die Zinsen, der Eigentümer (Erwerber) dagegen die Tilgung bestehender Verbindlichkeiten zu tragen habe. Obwohl für die steuerliche Abzugsfähigkeit als Werbungskosten nur der Zinsanteil von Bedeutung ist, wird der Veräußerer (Nießbraucher) im Regelfall auch zumindest die im Darlehensvertrag vereinbarte Mindesttilgung (zuzüglich ersparter Zinsen) übernehmen. Solche abweichenden Vereinbarungen können mit dinglicher Wirkung zum Inhalt des Nießbrauchs gemacht werden (vgl. hierzu Rdn. 1377 ff.). 1987

In diesem Fall wird sich typischerweise der Erwerber im Rahmen einer **aufschiebend bedingten Schuldübernahme** zu verpflichten haben, in Entlastung der Eigenerben des Veräußerers (zu welchem Kreis er durchaus auch selbst gehören mag) die zum Zeitpunkt der Beendigung des Nießbrauchs (aufgrund Zeitablaufs, Versterben des Nießbrauchers oder vorzeitigen Verzichts) noch bestehenden Verbindlichkeiten hinsichtlich Zins und Tilgung als alleiniger Schuldner zu übernehmen. Diese aufschiebend bedingte Schuldübernahme wird übrigens bei der **Schenkungsteuer** als Gegenleistung erst mit ihrem Eintritt auf Antrag berücksichtigt[938] (§ 6 BewG, vgl. auch Rdn. 1388 und 4772 mit Beispiel in Rdn. 4866). Auch ertragsteuerlich hat sie erst ab tatsächlichem Eintritt Entgeltcharakter (s. Rdn. 6253 ff.); zivilrechtlich führt jedoch bereits die (bedingte) Übernahmeverpflichtung zu einer Minderung der Unentgeltlichkeit, wenn auch mit Unwahrscheinlichkeitsabschlag. 1988

Da angesichts der Ungewissheit über die Laufzeit des Nießbrauchs und das Tilgungsverhalten des Nießbrauchers zum derzeitigen Zeitpunkt der Vermögensübertragung nicht feststeht, ob und bzgl. welcher Verbindlichkeiten die Schuldübernahme zum Tragen kommen wird, kann eine Genehmigung des Gläubigers zur befreienden Schuldübernahme gem. § 415 BGB derzeit noch nicht eingeholt werden. 1989

▶ Hinweis:

Der Notar wird daher in solchen Konstellationen »**aufgeschobener Schuldübernahmen**« besonders deutlich darauf hinweisen, dass die Beteiligten bei Beendigung des Nießbrauchs die erforderliche Gläubigerzustimmung zu diesem künftigen Zeitpunkt selbst einzuholen haben. Zu regeln ist auch, welche Sekundärverpflichtungen aus einer etwaigen Verweigerung der Gläubigerzustimmung erwachsen sollen: Im Regelfall wird der Erwerber = Schuldübernehmer verpflichtet sein, auf Betreiben auch nur eines Eigenschuldners des Veräußerers (bei Beendigung des Nießbrauchs durch Tod: eines Miterben) die Verbindlichkeiten vollständig abzulösen, d.h. durch Aufnahme anderer Verbindlichkeiten, deren Schuldner allein der Erwerber ist, zu tilgen. 1990

---

937 Vgl. OLG Celle, 07.07.2015 – 6 U 27/15, ErbR 2015, 625.
938 BFH, ZEV 2002, 121 ff.: § 12 ErbStG i.V.m. §§ 8, 6 Abs. 1 und Abs. 2 BewG, § 5 Abs. 2 BewG, m. Anm. *Daragan;* FG München, 25.10.2006 – 4 K 1395/04, JurionRS 2006, 28086.

Für diesen Fall sollte er auch über die Eigentümerrechte und Rückgewähransprüche bzgl. etwa eingetragener Grundschulden frei verfügen können, um solche neuen Verbindlichkeiten absichern zu können.

2. Abwicklung

1991 Entscheidend bei der Abwicklung der befreienden (privativen) Schuldübernahme ist die **Zustimmung des Gläubigers gem. §§ 414 ff. BGB** (im Rahmen eines direkten Vertrags zwischen Neuschuldner und Gläubiger, § 414 BGB, oder i.R.d. Genehmigung nach § 415 BGB zu einem Vertrag zwischen Altschuldner und Neuschuldner). Die gesetzliche Regelung des § 416 BGB,[939] dass bei einer grundpfandrechtlich gesicherten Darlehensforderung der Erwerber den Umstand der Schuldübernahme nach Umschreibung des Eigentums auf ihn dem Gläubiger anzuzeigen habe und dieser erst dann genehmigen könne (bzw. die Genehmigung nach Ablauf von 6 Monaten als erteilt gelte), ist in der Praxis nicht durchführbar,[940] da kein Veräußerer (auch nicht im Rahmen einer Überlassung) die Eigentumsumschreibung gestatten wird, bevor er nicht sicher ist, dass er von den Verbindlichkeiten befreit wird.[941]

▶ Hinweis:

1992 Es ist daher den Beteiligten dringend i.R.d. Vorbesprechung anzuraten, bereits vor Beurkundung mit dem Kreditinstitut Kontakt aufzunehmen und zu eruieren, ob mit einer Genehmigung der Schuldübernahme gerechnet werden kann.

1993 Von der Schuldübernahme im klassischen Sinn zu unterscheiden ist die Entlassung eines bisherigen Mitschuldners aus einem Darlehensverhältnis (»**Vertragsaustritt**« aus einer bisherigen gesamtschuldnerischen Verpflichtungsstellung), wie sie insbesondere im Rahmen von Trennungsvereinbarungen, Erbauseinandersetzungen etc. vorkommt. Auch diese bedarf der Mitwirkung des Gläubigers (Rdn. 1995 ff.); auch insoweit gehen jedenfalls Kreditinstitute als Gläubiger vorsichtshalber davon aus, dass die §§ 491 ff. BGB (vgl. Rdn. 2015 ff.) Anwendung finden, nehmen also die erforderlichen Vertragsänderungen lediglich unter der aufschiebenden Bedingung der (1) Empfangsbestätigung sämtlicher Darlehensnehmer zu der in der Austrittsvereinbarung enthaltenen Widerrufsbelehrung und den vorvertraglichen Informationen und (2) des Ablaufs der Widerrufsfrist in Bezug auf die Austrittsvereinbarung vor (i.d.R. mit einer Endbefristung der aufschiebenden Bedingung, so dass es nach deren fruchtlosem Ablauf beim bisherigen Vertragszustand bleibt). Im Übrigen gelten hierfür die nachstehenden Ausführungen entsprechend.

1994 In diesem Zusammenhang lassen sich **zahlreiche Vorfragen klären**, um die Beurkundung zu erleichtern:
(1) Wird für die Schuldübernahme (wie fast stets) eine **Bearbeitungsgebühr** verlangt? (I.d.R. teilen sich Veräußerer und Erwerber diese.)
(2) Verbleibt es bei den **bisherigen Konditionen** oder tritt eine Verschlechterung ein, die der Erwerber möglicherweise nicht mehr hinnehmen wird?
(3) Verlangt (wie regelmäßig der Fall) der Gläubiger eine **persönliche Vollstreckungsunterwerfung** des Erwerbers in der Urkunde zur Absicherung eines abstrakten Schuldversprechens i.H.d. Nennbetrags der Grundschuld samt Zinsen (die zu diesem Zweck im Eingang der Ur-

---

939 Ungeachtet des irreführenden Wortlautes (»nur« in Abs. 1 Satz 1) kann die Schuldübernahme auch unmittelbar gem. § 415 BGB ohne die modifizierenden Bestimmungen des § 416 BGB zu grundpfandrechtlich gesicherten Verbindlichkeiten erfolgen (RGZ 63, 50).
940 A.A. *Mayer/Geck*, Der Übergabevertrag, § 12 Rn. 8: »ein scharfes Schwert, das es zu nutzen gilt«.
941 Ungeachtet des irreführenden Wortlautes (»nur« in § 416 Abs. 1 Satz 1 BGB) kann die Schuldübernahme auch unmittelbar gem. § 415 BGB ohne die modifizierenden Bestimmungen des § 416 BGB zu grundpfandrechtlich gesicherten Verbindlichkeiten erfolgen (RGZ 63, 50).

kunde komplett wiedergegeben werden sollten), um hinsichtlich der Absicherung des Kredites genauso zu stehen, wie der Gläubiger bei einem neu bestellten Grundpfandrecht stünde?
(4) Soll ein nicht zur Schuldübernahme benötigter »**Spitzenbetrag**« des Grundpfandrechts, sofern bereits Teile des ursprünglichen Darlehens getilgt wurden, gelöscht werden?
(5) Ist die Übernahme des Darlehens an den **Abschluss weiterer Verträge** geknüpft, z.B. einer Restschuld-Risiko-Lebensversicherung?
(6) Handelt es sich um Darlehen, die z.B. zur Vorfinanzierung eines Bausparvertrags gewährt wurden, so dass **parallel ein neuer Bausparvertrag** bespart werden muss?
(7) Was geschieht mit einem dem Verkäufer belasteten **Disagio**, dessen Verteilungszeit noch nicht abgelaufen ist?
(8) Wie hoch ist die **voraussichtliche Darlehensresthöhe** am Übernahmestichtag (zur Festschreibung des entgeltlichen Anteils des Rechtsgeschäfts und zur Verdeutlichung der übernommenen Verpflichtungen für den Erwerber)?

a) Schuldübernahmegenehmigung

Die **Einholung der Genehmigung des Gläubigers** gem. § 415 Abs. 1 BGB (im Regelfall handelt es sich um eine nachträgliche Zustimmung) ist insb. im Interesse des Veräußerers, der sonst (bei bloßem Schuldbeitritt mit interner Erfüllungsübernahmeverpflichtung) für die Verbindlichkeiten weiter haften würde, dringend anzuraten. Sie ist oft auch erforderlich, um eine außerordentliche Kündigung des Darlehens durch den Gläubiger zu vermeiden, die nach den Kreditbedingungen üblicherweise dann möglich ist, wenn das Eigentum an dem durch Grundpfandrechte gesicherten Grundbesitz an andere Personen als den Schuldner übergeht. 1995

▶ Hinweis:

Mit der Einholung der Schuldübernahmegenehmigung wird zweckmäßigerweise der Notar betraut, zumal im gleichen Zug weitere Erklärungen des Gläubigers notwendig sein können (z.B. Entlassung des Veräußerers aus erklärten Schuldanerkenntnissen mit Vollstreckungsunterwerfung; Anpassung der Sicherungsvereinbarung), die vom Notar nach den Maßgaben des Kaufvertrags vorformuliert und dem Gläubiger zur rechtswirksamen Unterzeichnung übermittelt werden. Die hierfür zusätzlich anfallende Vollzugsgebühr (Rdn. 4298) steht außer Relation zu der dadurch für die Beteiligten gewährleisteten Sicherheit. 1996

Zu regeln ist, welcher Rechtszustand bestehen soll zum einen **bis zur Entscheidung** des Gläubigers über die Schuldübernahmegenehmigung, zum anderen für den Zeitraum ab etwaiger Ablehnung einer solchen Genehmigung. Für den ersteren Zeitraum bleibt es i.d.R. bei der gesetzlichen Vermutung des § 415 Abs. 3 BGB, d.h. es handelt sich bis zur Entscheidung des Gläubigers um eine schuldrechtliche Freistellungsverpflichtung im Innenverhältnis (**Erfüllungsübernahme**). 1997

Sollte allerdings die **Schuldübernahmegenehmigung verweigert** werden (bzw. bis zu einem großzügig zu setzenden Endtermin nicht erteilt werden), stehen **zwei Alternativen** zur Wahl:
(1) Entweder verbleibt es bei der schuldrechtlichen Freistellungsverpflichtung gem. § 415 Abs. 3 BGB – mit dem Risiko einer Inanspruchnahme des Veräußerers bei Vermögensverfall des Erwerbers – oder aber
(2) der Erwerber ist in diesem Fall verpflichtet, die Verbindlichkeiten durch eigene Kreditaufnahme binnen einer im Vertrag vereinbarten Frist auf eigene Kosten vollständig abzulösen. Billigerweise ist ihm hierfür das zur Sicherung der abzulösenden Verbindlichkeit eingetragene Grundpfandrecht durch Abtretung der Rückgewähransprüche zur Verfügung zu stellen. 1998

▶ Hinweis:

Legt der Veräußerer bei letzterer Alternative großen Wert auf den Eintritt seiner dauerhaften Entlastung, sollte die Auflassung auf den Erwerber zwar erklärt, die Eintragungsbewilligung durch ihn jedoch noch nicht abgegeben werden (zur dadurch ausgelösten Betreuungsgebühr: Rdn. 4306). Vielmehr ist der Notar zu bevollmächtigen, die Eintragungsbewilligung durch Ei- 1999 genurkunde (im Grundbuch Vollzugsantrag) dann nachzuholen, wenn ihm entweder die Schuldübernahmegenehmigung vorliegt oder der bisherige Gläubiger die vollständige Tilgung der Verbindlichkeiten schriftlich bestätigt hat, Rdn. 2000. Soll jedoch die Grundbesitzübertragung im Vertrauen auf die zu erwartende Erteilung der Schuldübernahmegenehmigung gleichwohl sofort vollzogen werden, kann sich der Veräußerer zumindest für den Fall ihrer Verweigerung und der Nichttilgung der Verbindlichkeiten binnen einer bestimmten Nachfrist die Rückforderung des Vertragsbesitzes vorbehalten (und diese ggf. dinglich durch eine Vormerkung sichern).

▶ **Formulierungsvorschlag: Bis zur Schuldübernahmegenehmigung ausgesetzte Auflassungsbewilligung**

2000 Die Beteiligten sind über den Eigentumsübergang im angegebenen Erwerbsverhältnis einig. Sie bewilligen und beantragen jedoch derzeit nicht, diese

Auflassung

im Grundbuch einzutragen; vielmehr bevollmächtigen sie hierzu den amtierenden Notar, Vertreter oder Nachfolger im Amt, und zwar unwiderruflich, über den Tod hinaus und befreit von § 181 BGB.

Der Veräußerer muss dem Erwerber das Eigentum Zug-um-Zug gegen Befreiung von den auf dem Objekt abgesicherten Darlehensverbindlichkeiten verschaffen. Alle Beteiligten weisen daher den Notar gem. § 53 BeurkG an, die Umschreibung gemäß dieser Vollmacht durch Eigenurkunde erst zu veranlassen, nachdem der Veräußerer dem Notar originalschriftlich bestätigt hat, dass er diese Verbindlichkeiten nicht mehr schuldet und auch nicht dafür haftet oder hilfsweise der Erwerber dem Notar eine schriftliche Bestätigung gleicher Aussage des im Grundbuch in Abt. III eingetragenen Gläubigers vorgelegt hat.

b) Abstrakte Schuldanerkenntnisse/Vollstreckungsunterwerfung

2001 Häufig wird der Veräußerer zur Absicherung der nunmehr vom Erwerber zu übernehmenden Verbindlichkeiten ein **Grundpfandrecht bestellt** haben, das auch künftig der Absicherung dieser Verbindlichkeiten dienen soll, zumal sonst die Schuldübernahmegenehmigung des Gläubigers wohl kaum zu erlangen ist und eine Löschung des Grundpfandrechts aus dem Sicherungsvertrag auch nicht verlangt werden kann.

Um den Gläubiger der Notwendigkeit zu entheben, vor einer Verwertung des Grundstücks auf Duldung der Zwangsversteigerung zu klagen (§ 1147 BGB), wird sich der damalige Besteller regelmäßig in notarieller Urkunde der Zwangsvollstreckung unterworfen haben, und zwar in »**dinglicher Hinsicht**« wie auch in »**persönlicher Hinsicht**«:

2002 (1) Erstere ermöglicht den Verwertungszugriff auf die Immobilie, und zwar gemäß der (eigentlich überflüssigen)[942] Regelung in § 800 Abs. 1 ZPO bei Abgabe einer diesbezüglichen prozessualen Erklärung und Eintragung im Grundbuch mit Wirkung gegen den »jeweiligen Eigentümer«.

(2) Letztere berechtigt dazu, nach Zustellung des Titels Vollstreckungsmaßnahmen in das sonstige Vermögen des damaligen Schuldners oder seines Gesamtrechtsnachfolgers auszubringen (etwa Pfändungen beweglicher Sachen, Pfändung und Überweisung von Forderungen, Eintragung einer Zwangssicherungshypothek auf anderen Grundbesitz und dessen Verwertung etc.).

---

[942] Jeder neue Eigentümer der »streitbefangenen (= belasteten) Sache« wäre gem. §§ 727, 325 ZPO ohnehin der Vollstreckung unterworfen; ein gutgläubig-titelfreier Erwerb scheidet bei Grundpfandrechten gem. § 325 Abs. 3 ZPO aus. Daher ist auch bei anderen als notariellen Titeln aus Grundpfandrechten (etwa Reallasten), also außerhalb des § 800 Abs. 1 ZPO, eine Klauselerteilung gegen den Einzelrechtsnachfolger auf Schuldnerseite möglich.

G. Übernahme von Verbindlichkeiten und/oder Grundpfandrechten **Kapitel 4**

Wird die Abgabe eines abstrakten Schuldanerkenntnisses mit Vollstreckungsunterwerfung seitens des Gläubigers in voller Grundschuldhöhe verlangt, sollte zur Kostensenkung für den Erwerber in diesem Fall auch die neuerliche **dingliche Vollstreckungsunterwerfung** durch ihn als künftigen Eigentümer abgegeben werden, da sie die Kosten der Klauselumschreibung (0,5-Gebühr nach KV Nr. 23803 GNotKG, früher § 133 KostO) vermeidet.[943] Einer neuerlichen Eintragung im Grundbuch (oder Bezugnahme im Grundbuch auf die neuerliche dingliche Vollstreckungsunterwerfung als Folge einer diesbezüglichen Bewilligung) bedarf es nicht. 2003

Demgegenüber wirkt allerdings die »**persönliche Vollstreckungsunterwerfung**« gem. § 794 Abs. 1 Nr. 5 ZPO, die in der ursprünglichen Grundpfandrechtsbestellung dann typischerweise ebenfalls mit enthalten war, nicht gegen den Schuldübernehmer als »Einzelrechtsnachfolger« des damaligen Beteiligten.[944] Vielmehr bedarf es, wenn der Gläubiger auf dieser Absicherung besteht, der neuerlichen Vollstreckungsunterwerfungserklärung des Erwerbers, am besten im Überlassungsvertrag selbst. Diese mit einer 1,0 Gebühr nach KV Nr. 21200 GNotKG zu bewertende prozessuale Erklärung ist allerdings gegenstandsverschieden zur Übertragung des Vermögens selbst, § 110 Nr. 2a GNotKG, und daher kostenrechtlich zu addieren, § 35 Abs. 1 GNotKG, mit Vergleichsrechnung nach § 94 Abs. 1 GNotKG (früher § 44 Abs. 2 KostO); auch die Vollzugs- und Betreuungsgebühren beziehen sich dann auf den addierten Gesamtwert, vgl. §§ 112, 113 Abs. 1 GNotKG. 2004

▶ Hinweis:

Frühzeitiger Kontakt mit dem Gläubiger empfiehlt sich für den Schuldner bei beabsichtigter Übernahme der grundpfandrechtlich gesicherten Verbindlichkeiten daher auch unter diesem Aspekt: Kann nämlich der Gläubiger dazu bewogen werden, angesichts der Objektbonität und/oder des überschaubaren Restkreditbetrages auf das erneute Schuldanerkenntnis samt persönlicher Vollstreckungsunterwerfung zu verzichten, also nicht eine im Vergleich zur ursprünglichen Bestellung durch den Veräußerer identische Sicherheitenlage zu verlangen, ist dies für den Erwerber mit einer deutlichen Ersparnis an Notargebühren verbunden. 2005

Wegen des (aus allgemeinen Prinzipien des Prozessrechts folgenden)[945] **Bestimmbarkeitserfordernisses der Vollstreckungsunterwerfungserklärung** enthält eine Grundpfandrechtsurkunde (und dementsprechend auch der Kaufvertrag mit Schuldübernahme) ein der Höhe nach in Haupt- und Nebensache bestimmtes Schuldverhältnis, auf das sich die (kostenrechtlich dann als Sicherungsgeschäft gegenstandsgleiche) prozessuale Vollstreckungsunterwerfungserklärung bezieht: I.d.R. handelt es sich um ein abstraktes Schuldanerkenntnis, das der Besteller i.H.d. Grundschuldbetrages und der Grundschuldzinsen ab dem Datum der Beurkundung (in abstrakt anerkannter Höhe der dinglichen Zinsen und etwaiger Nebenleistungen) abgibt (§ 780 BGB). Damit kann die Vollstreckung ggf. eingeleitet werden, ohne in der Form des § 726 ZPO Nachweise über den aktuellen Bestand der Forderungen in Haupt- und Nebensache vorlegen zu müssen; würde der Gläubiger unerlaubterweise einen höheren Betrag als den tatsächlich aus dem Grundverhältnis (z.B. Kontokorrent) noch geschuldeten vollstrecken, wäre das abstrakte Schuldbekenntnis insoweit kondizierbar. 2006

Sofern also der Gläubiger der zu übernehmenden Schuld es verlangt, ist in den Übertragungsvertrag neben den Vereinbarungen zur Schuldübernahme auch ein **abstraktes Schuldanerkenntnis des Erwerbers** ggü. dem Gläubiger zu protokollieren i.H.d. eingetragenen Grundschuld samt Zinsen und sonstiger Nebenleistungen ab dem Datum der Bewilligung der Grundschuld – diese Daten sind demgemäß in die Notarurkunde, bspw. i.R.d. Wiedergabe des Grundbuchstands, 2007

---

943 Vgl. *Kersten* ZNotP 2001, 315 r. Sp.
944 Die Schuldübernahme ist gem. BGHZ 61, 140 kein Fall des § 727 ZPO.
945 § 253 Abs. 2 ZPO; nach a.M. ist das früher im Wortlaut verankerte Bestimmbarkeitserfordernis nun im Merkmal der Anspruchsbezeichnung aufgegangen, *Münch* ZNotP 1998, 480.

vollständig aufzunehmen, bloßer Verweis auf das Grundbuch genügt zur Schaffung des Titels nicht –, verbunden mit einer Vollstreckungsunterwerfungserklärung des Erwerbers gem. § 794 Abs. 1 Nr. 5 ZPO. Für die Erteilung der vollstreckbaren Ausfertigung zugunsten des Gläubigers aus diesem »persönlichen Titel« ggü. dem Gläubiger ist der Notar der Kaufvertragsurkunde zuständig; es handelt sich natürlich nicht um eine Klauselumschreibung, sondern um eine originäre erstmalige Klauselerteilung. Im Regelfall wird dabei (ähnlich wie i.R.d. Grundschuldbestellung selbst) auf den Nachweis sonstiger die Vollstreckbarkeit begründender Tatsachen verzichtet, sodass die vollstreckbare Ausfertigung ohne Weiteres dem Gläubiger übersandt werden kann.

▶ Hinweis:

2008
Wird die Abgabe eines abstrakten Schuldanerkenntnisses mit Vollstreckungsunterwerfung seitens des Gläubigers in voller Grundschuldhöhe verlangt, sollte zur Kostensenkung für den Erwerber in diesem Fall auch die neuerliche **dingliche Vollstreckungsunterwerfung** durch ihn als künftigen Eigentümer abgegeben und durch Bezugnahme auf die neuerliche Bewilligung im Grundbuch vermerkt werden, da sie die Kosten der Klauselumschreibung (0,5 Gebühr nach KV Nr. 28303 GNotKG, vormals § 133 KostO) vermeidet.[946] Zur Reduzierung der mit einer Vollstreckungsunterwerfung einhergehenden 1,0 Gebühr nach KV Nr. 21200 GNotKG kann auch erwogen werden, dass der Erwerber sich in persönlicher Hinsicht nur wegen eines **Teilbetrages** der Zwangsvollstreckung unterwirft. Da der dingliche Titel ja (gem. § 800 ZPO) weiterhin insgesamt vollstreckbar ist, droht dem Gläubiger nicht die (bei einem nur für den **zuletzt – nicht: letztrangig!**[947] – **zu zahlenden Teilbetrag dinglich vollstreckbaren** Grundpfandrecht bestehende) Gefahr, dass eine Leistung in der Zwangsvollstreckung nach § 75 ZVG immer auf den vollstreckbaren Teil zu verrechnen ist und damit gem. § 775 Nr. 5 ZPO zum Titelverlust führt[948] und zudem nachrangige oder gleichrangige dingliche Gläubiger[949] in der Versteigerung nach § 268 BGB[950] berechtigt sind, den titulierten Teil der Grundschuld (ohne Rücksicht auf die Höhe der tatsächlich noch gesicherten Forderung)[951] abzulösen und dadurch die Versteigerung abzuwenden,[952] allerdings ohne damit das Grundpfandrecht insgesamt zu erwerben.[953]

---

946 Vgl. *Kersten* ZNotP 2001, 315 r. Sp.
947 Dann bedürfte es einer Teilung der Grundschuld, das erstrangige Recht fällt in das geringste Gebot, sodass möglicherweise sich keine Bieter finden, AnwK-BGB/*Zimmer* § 1151 Rn. 7.
948 BGH, 29.03.2007 – V ZB 160/06, NotBZ 2007, 327; hierzu *Zimmer/Pieper* NotBZ 2007, 319 ff.; eine etwa abweichende Tilgungsklausel berechtigt nur bei freiwilligen Tilgungsleistungen zur Zurückweisung gem. § 266 BGB, nicht jedoch bei Geltendmachung der titulierten Teilforderung, vgl. *Kesseler* ZfIR 2007, 501.
949 Sogar wenn das Grundpfandrecht erst nach Anordnung der Zwangsversteigerung entstanden ist, BGH, 05.10.2006 – V ZB.2/06, DNotZ 2007, 37.
950 Zu den Schwierigkeiten des grundbuchrechtlichen Nachweises der Ablösung (keine Bindungswirkung der vollstreckungsgerichtlichen Feststellung der Ablösung; Hinterlegung allein beweist nicht die materiellen Voraussetzungen der Hinterlegung, geschweige denn der Ablösung) vgl. OLG München, 12.12.2007, ZfIR 2008, 505 m. Anm. *Böttcher*.
951 BGH, 11.05.2005 – IV ZR 279/04, ZNotP 2005, 338. Der Mehrbetrag, der dem abgelösten vorrangigen Gläubiger dadurch zukommt, ist nicht zwischen den Gläubigern bereicherungsrechtlich auszugleichen, sondern steht dem Eigentümer (bzw. demjenigen, dem der Eigentümer seine Rückgewähransprüche abgetreten hat) zu.
952 Hierzu beim dinglichen Titel *Wolfsteiner* DNotZ 1990, 591.
953 Hierzu ist Ablösung in voller Höhe notwendig (BGH DNotZ 1990, 586), sofern nicht der Gläubiger eine Teilzahlung annimmt; dann erwerben die nachrangigen Gläubiger den titulierten Teil der Grundschuld jedoch im Rang nach dem Restbetrag der Grundschuld (§§ 1150, 268 Abs. 3 Satz 2 BGB; *Gaberdiel* Kreditsicherung durch Grundschulden, 6. Aufl. 2000 Rn. 324). Zum Rangverhältnis ggü. Zwischenrechten bei der Ablösung vorrangiger Rechte vgl. BGH, 28.02.2013 – V ZB 18/12, ZfIR 2013, 432 m. Anm. *Alff*.

Die bei neu einzutragenden Grundschulden weiter diskutierte Kostenminderungsstrategie der Bestellung zweier Grundpfandrechte, von denen nur eines vollstreckbar ist,[954] kommt bei einer bereits eingetragenen, dinglich vollstreckbaren Grundschuld nicht in Betracht, ebenso wenig die bloße Vollmacht[955] an den Gläubiger zur Vollstreckungsunterwerfung namens des neuen Schuldners 2009

c) Zweckbestimmung/Sicherungsvereinbarung

Die Eintragung einer Grundschuld zugunsten eines Bankgläubigers dient nicht einer Verdoppelung der Schuldverhältnisse, sondern der Absicherung der Darlehensverbindlichkeit. Es handelt sich also um ein »**Sicherungsgrundpfandrecht**« (§ 1192 Abs. 1a BGB), dessen Verwertung zwar jederzeit möglich wäre, allerdings erst dann schuldrechtlich zulässig ist und keinen Fall der ungerechtfertigten Bereicherung darstellt, wenn der Sicherungsfall tatsächlich eingetreten ist. Welche Verbindlichkeiten durch das Grundpfandrecht gesichert werden, ist Gegenstand des sog. »schuldrechtlichen Sicherungsvertrags« (auch »Zweckvereinbarung« oder »Zweckabrede« genannt). Dieser Vertrag wird typischerweise aus Anlass der ersten Kreditgewährung mit Grundpfandrechtsbestellung geschlossen. Denkbar sind enge oder weite Fassungen der **Zweckerklärung** (Absicherung nur eines bestimmten Kredites oder aber aller Ansprüche aus laufender Geschäftsverbindung, die Absicherung eigener Verpflichtungen des Schuldners oder aber auch von Drittverbindlichkeiten anderer, z.B. nahestehender Kreditnehmer; bei mehreren Schuldner können künftige Verbindlichkeiten nur für den Fall abgesichert sein, dass sie von allen gemeinschaftlich eingegangen oder zumindest schriftlich bestätigt werden, oder auch für den Fall, dass nur einer der mehreren Schuldner/Eigentümer diese eingeht). Insb. die **formularmäßige Sicherung künftiger Drittverbindlichkeiten** kann als unangemessene oder **überraschende Klausel** (§§ 305c, 307 BGB) unwirksam sein. 2010

Mit dem Übergang der Verbindlichkeit und dem Fortbestand der Grundschuld zu deren dinglichen Sicherung ist **keine Änderung des Sicherungsvertrags** verbunden. Sofern bisher eine »enge Fassung« der Zweckbestimmungserklärung galt, also die Verwertung der Grundschuld beschränkt war auf Rückstände ausschließlich des nunmehr zu übernehmenden Kredites, kann sie in dieser Form bestehen bleiben; allerdings wird eine **künftige Anpassung** erforderlich werden, wenn der übernommene Kredit getilgt ist. Dies kann jedoch unmittelbar zwischen Gläubiger und Erwerber stattfinden. Problematisch ist der Fortbestand der bisherigen Zweckvereinbarung jedoch dann, wenn diese – wie bisher häufig noch üblich – in »weiter Fassung« alle Ansprüche aus der gesamten Geschäftsverbindung zwischen Gläubiger und bisherigem Schuldner (Veräußerer) absicherte. Würde sie nicht angepasst, droht dem Erwerber das Risiko einer Versteigerung wegen sonstiger Verbindlichkeiten des Veräußerers (z.B. einer Überziehung dessen Kontokorrentrahmens), obwohl er, der Erwerber, seine Verpflichtungen ggü. dem Gläubiger stets ordnungsgemäß erfüllt hat. 2011

Bei der notwendig werdenden Anpassung der Zweckvereinbarung ist allerdings auch das **Sicherungsinteresse des Veräußerers** zu berücksichtigen: Würde nämlich an die Stelle der bisherigen weiten Sicherungszweckerklärung, bezogen auf die Ansprüche des Gläubigers ggü. dem Veräußerer aus der gesamten Geschäftsverbindung, nunmehr eine identisch weite Zweckerklärung, bezo- 2012

---

954 Ist nur eine der beiden Grundschulden dinglich vollstreckbar, besteht die Gefahr, dass der Schuldner auf die vollstreckbare Grundschuld zahlt. Sofern die Bank Leistung aus der Grundschuld verlangt, muss sie nämlich diese auch auf das dingliche Recht entgegennehmen, trotz der schuldrechtlichen Vereinbarung einer Verrechnung von Zahlungen auf die gesicherten Verbindlichkeiten (BGH DNotZ 1988, 487).

955 § 87 ZPO dürfte jedoch eine unwiderrufliche, von § 181 BGB befreite Vollmacht nicht zulassen; ferner erlischt die Vollmacht jedenfalls bei Insolvenzeröffnung (§ 117 InsO) und bindet einen Rechtsnachfolger mangels Vormerkbarkeit nicht; vgl. hierzu auch *Dux* WM 1994, 1145. Beurkundungsbedürftig ist die Vollmacht zur Vollstreckungsunterwerfung allerdings nicht, vgl. Rdn. 1153.

gen auf die Ansprüche des Erwerbers aus der gesamten Geschäftsverbindung, treten und werden im Rang nach dem (im Grundbuch ja bereits eingetragenen) Grundpfandrecht Rechte des Veräußerers (z.B. Wohnungsrecht, Rückforderungsrechte etc.) abgesichert, muss nun der Veräußerer befürchten, dass diese für ihn eingeräumten Rechte und Gegenleistungen bei einer Zwangsversteigerung untergehen, die durch ungehemmte Möglichkeit der Neuvalutierung denkbar ist. Der vorsichtige Veräußerer wird also darauf drängen, dass der Sicherungszweck beschränkt wird auf die übernommene Verbindlichkeit und sonstige künftige Ansprüche des Gläubigers ggü. dem Erwerber nur dann mit in den Kreis der gesicherten Forderungen aufgenommen werden können, wenn der Veräußerer dieser Erweiterung im Einzelfall schriftlich zugestimmt hat.

▶ Hinweis:

2013 In solchen Fallgestaltungen wird zweckmäßigerweise der Notar damit beauftragt, die Schuldübernahmegenehmigung, die Entlassung des Veräußerers aus der persönlichen Vollstreckungsunterwerfung und die erforderlich werdende Anpassung der Sicherungsvereinbarung beim Gläubiger einzuholen bzw. dessen Einverständnis mit der Änderung der Zweckerklärung zu beschaffen (zur Kostenfolge: Rdn. 4298).

▶ Formulierungsvorschlag: Schuldübernahme (mit schuldrechtlicher und dinglicher Vollstreckungsunterwerfung)

2014 Als weitere Gegenleistung gegenüber dem Veräußerer übernimmt der Erwerber die durch das Grundpfandrecht Abt. III laufende Nr. ..... gesicherten Verbindlichkeiten samt etwaigen Rückständen auf seine Kosten anstelle des bisherigen Schuldners in schuldbefreiender Weise zur Verzinsung und Tilgung ab dem ..... (Stichtag). Der Schuldsaldo zum Stichtag wird voraussichtlich ..... € betragen. Gelangt die Grundbesitzübertragung nicht zur Durchführung, ist er hiervon wieder rückwirkend freizustellen. Kosten und Gebühren der Schuldübernahme trägt .....

Die Konditionen der zu übernehmenden Verbindlichkeiten (Zinsen, Laufzeit, Tilgungsmöglichkeiten, Kosten etc.) sind den Beteiligten nach Angabe bekannt. Der beurkundende Notar kennt diese nicht; er hat jedoch auf die mögliche Anwendbarkeit der gesetzlichen Regelung über Verbraucherdarlehensverträge sowohl auf den bisherigen Schuldvertrag als auch auf die Vertragsübernahme und die daraus resultierenden Folgen, insbesondere das Widerrufsrecht des Schuldübernehmers, hingewiesen.

Der Veräußerer tritt alle Rechte und Ansprüche, die ihm am Tag der Eigentumsumschreibung an dem übernommenen Grundpfandrecht zustehen, an den Erwerber ab. Er bewilligt, die Abtretung der Eigentümerrechte in das Grundbuch einzutragen.

Der Erwerber anerkennt – mehrere als Gesamtschuldner – dem Grundpfandrechtsgläubiger einen Geldbetrag in Höhe des Grundpfandrechtsnennbetrags und der Zinsen und Nebenleistungen ab dem Datum der Grundbuchbewilligung in der Weise zu schulden, dass dieses Anerkenntnis die Zahlungsverpflichtung selbstständig begründet. Er unterwirft sich der sofortigen Vollstreckung aus dieser Urkunde in sein Vermögen sowie als künftiger Eigentümer in den Grundbesitz mit der Maßgabe, dass vollstreckbare Ausfertigung frühestens ab Genehmigung der Schuldübernahme oder schriftlicher Mitteilung des Erwerbers über die Neuvalutierungsabsicht erteilt werden darf und die dingliche Vollstreckung gegen den jeweiligen Eigentümer zulässig ist (§ 800 Abs. 1 ZPO), was hiermit vereinbart und zur Eintragung bewilligt und beantragt wird.

Der Notar wird damit beauftragt, diese Schuldübernahme dem Gläubiger unter Übersendung einer vollstreckbaren Ausfertigung der heutigen Urkunde gem. § 415 Abs. 1 BGB mitzuteilen und dessen Genehmigung für die Beteiligten zu beantragen und entgegenzunehmen. In der Erklärung sind zugleich die Zweckerklärungen dahin gehend anzupassen, dass diese Grundpfandrechte künftig nur noch für die Verbindlichkeiten der Schuldübernehmer haften, bis zur Eigentumsumschreibung nur mehr für den übernommenen Kredit. Der Veräußerer ist zugleich aus Schuldanerkenntnissen und persönlichen Vollstreckungsunterwerfungen im zu übernehmenden Grundpfandrecht zu entlassen.

Sollte die Genehmigung der Schuldübernahme verweigert oder nur unter Bedingungen genehmigt werden, denen der Erwerber nicht zustimmt, ist der Erwerber verpflichtet, diese Gegenleistung durch unmittelbare Tilgung des Darlehens zu erbringen. Der Betrag ist fällig binnen 14 Tagen, nachdem der Notar dem Erwerber schriftlich bestätigt hat, dass bzgl. des betreffenden Grundpfandrechts Löschungsbewilligung vorliegt unter Auflagen, zu deren Erfüllung sich der Erwerber hiermit verpflichtet. Sofern der Erwerber dem Notar vorher schriftlich die Absicht mitgeteilt hat, das Grundpfandrecht dinglich zur eigenen Neuvalutierung übernehmen zu wollen, tritt an die Stelle der Löschungsbewilligung die Nichtvalutierungsbestätigung unter gleichzeitiger Anpassung der Sicherungsvereinbarung. Der Veräußerer hat gegen den Erwerber nur einen Anspruch auf Erfüllung dieser Gläubigerauflagen, die der Notar ohne weitere Prüfung dem Erwerber mitteilt, nicht auf unmittelbare Zahlung an sich oder sonstige Dritte.

3. Erfüllungsübernahme

a) Anwendbarkeit der §§ 491 ff. BGB

Das in Ablösung des Abzahlungsgesetzes am 01.01.1991 in Kraft getretene Verbraucherkreditgesetz, das nunmehr als §§ 491 ff. unter gleichzeitiger Trennung zwischen reinen Darlehen und sog. Finanzierungshilfen (seit 10.06.2010: §§ 506 ff.) in das BGB integriert wurde, enthält zum Schutz des Verbrauchers ggü. dem Unternehmer[956] v.a. folgende Bestimmungen:[957]

(1) Formvorschriften und Aufklärungspflichten zugunsten des Verbrauchers (§ 492 BGB i.V.m. Art. 247 §§ 6 bis 13 EGBGB, auch für Vollmachten[958] außer sie sind notariell beurkundet, § 492 Abs. 4 Satz 2 BGB),[959] z.B. die Pflicht zur Angabe des Gesamtbetrages der zu erbringenden Leistungen,[960]
(2) Vorgabe günstiger Vertragsbedingungen für den Verbraucher, sofern gegen Aufklärungspflichten verstoßen wird (§ 494 Abs. 2 ff. BGB),
(3) Widerrufs- und Rückgaberechte (§§ 495, 355 BGB: ab Übergabe einer Urkunde mit allen Pflichtangaben zwei Wochen, sonst ohne Fristablauf)
(4) Einwendungsdurchgriff bei Drittfinanzierung (§§ 358 und 359 BGB), d.h. Minderung der Darlehensraten bei Mängeln der verbunden finanzierten Wohnung (relevant bspw. bei Insolvenz des Bauträgers!),[961]
(5) Wechsel- und Scheckverbot (§ 496 Abs. 3 BGB),
(6) Zinsbeschränkungen und Tilgungsanrechnungsgebote (§ 497 BGB),
(7) Kündigungs- und Rücktrittsbeschränkungen (§§ 503, sonst 498 BGB),
(8) sowie ein unabdingbares Recht zur vorzeitigen Tilgung (§ 500 Abs. 2 BGB).

Bei Verbraucherdarlehensverträgen bestehen umfassende Informationspflichten,[962] deren Verletzung teils zur Nichtigkeit des Vertrages (§ 494 Abs. 1 i.V.m. Art. 247 §§ 6 und 9 bis 13 EGBGB,

2015

2016

---

956 Die unternehmerische Tätigkeit braucht sich nicht auf die Kreditvergabe zu beziehen; es genügt, dass Letztere in Ausübung einer gewerblichen/freiberuflichen Tätigkeit, auch erstmalig, erfolgt (BGH, 09.12.2008 – XI ZR 513/07, DNotZ 2009, 429: Darlehensvergabe durch eine GmbH).
957 Überblick bei *Mairose* RNotZ 2012, 467 ff.
958 Entgegen der Rspr. des BGH DNotZ 2001, 620 und 769.
959 Jedenfalls aus diesem Grund sollten General- und Vorsorgevollmachten nicht nur beglaubigt sein! *Dörrie* ZfIR 2002, 93 will allerdings § 492 Abs. 4 Satz 1 BGB einschränkend nur auf Spezialvollmachten für Kreditvertragsabschlüsse anwenden. Für vor dem 01.01.2002 erteilte Vollmachten bleibt es allerdings gem. Art. 229 § 5 Satz 1 EGBGB bei der bisherigen Rechtslage, sie sind also auch ohne Angabe des Effektivzinses etc. gültig.
960 Unter Sanktion der Vertragsnichtigkeit, allerdings mit Heilung gem. § 494 Abs. 2 Satz 1 BGB durch Empfang der Darlehensvaluta, der auch in der Auszahlung an den Verkäufer im Rahmen eines drittfinanzierten Immobilien- oder Fondserwerbs liegt, vgl. BGH, 25.04.2006 – XI ZR 29/05, DStR 2006, 1087 Tz. 30 ff. (a.A. noch BGH, 14.06.2004 – II ZR 393/02, DStR 2004, 1346.).
961 Dieser Einwendungsdurchgriff kann (anders als das Widerrufsrecht bis zum 01.07.2005) nicht durch gesonderte schriftliche Vereinbarung ausgeschlossen werden (§ 506 Abs. 3 BGB, Art. 34 Satz 2 OLG-Vertretungsänderungsgesetz).
962 Zu den besonders praxiswichtigen Pflichtangaben des Art. 247 § 6 Nr. 1 bis 15 EGBGB vgl. *Mairose* RNotZ 2012, 467, 478 f.

jedenfalls bis zur Auskehrung des Darlehens – möglicherweise mit Weiterungen für die Vermögensübertragung an sich: § 139 BGB), teils zur Reduzierung auf den gesetzlichen Verzugszins anstelle höherer vereinbarter Zinsen (sofern effektiver Jahreszins, Sollzinssatz oder Gesamtbetrag nicht angegeben sind, § 494 Abs. 2 BGB) bzw. einer prozentualen Herabsetzung des Sollzinses (§ 494 Abs. 3 BGB: falls effektiver Jahreszins zu niedrig angegeben), teils zum Entfallen einzelner Kostenpositionen (sofern nicht genannt, § 494 Abs. 4 Satz 1 BGB), zur Möglichkeit jederzeit Kündigung (§ 494 Abs. 6 Satz 1 BGB, sofern der Vertrag hierzu keine Aussage trifft) oder zur Befreiung von der Pflicht zur Stellung von Sicherheiten führt (§ 494 Abs. 6 Satz 2 und 3 BGB, sofern im Vertrag nicht erwähnt und die Kreditsumme unter 75.000 € beträgt).

2017 Diese Angaben werden aus Anlass einer Beurkundung dem Erwerber (Schuldübernehmer) in den seltensten Fällen zur Verfügung gestellt werden können; die zweiwöchige Widerrufsfrist beginnt gem. § 356b BGB erst, wenn dem Verbraucher eine Vertragsurkunde, die (ggf. aufgrund Nachholung) die in § 492 Abs. 2 BGB i.V.m. Art. 247 §§ 6 bis 13 EGBGB genannten Angaben enthält, übergeben wurde. Werden die Pflichtangaben erst im Wege der Nachholung komplettiert, beträgt die Widerrufsfrist nicht nur zwei Wochen, sondern einen Monat (§ 356b Abs. 2 Satz 2 BGB). Werden die Pflichtangaben niemals vollständig übermittelt, beginnt die Widerrufsfrist niemals anzulaufen (da § 356b BGB für Verbraucherdarlehensverträge, anders als etwa § 356c BGB bei Ratenlieferungsverträgen oder § 356a BGB bei Teilzeit-Wohnrechteverträgen, langfristigen Urlaubsprodukten, Vermittlungsverträgen oder Tauschsystemverträgen) keine Endfrist kennt).

2018 (1) Der BGH hat die **Anwendbarkeit der Verbraucherkreditbestimmungen** bejaht nicht nur für den Schuldbeitritt durch einen Verbraucher,[963] sondern auch für eine Vertragsübernahme zwischen zwei Verbrauchern im Weg eines echten dreiseitigen Vertrages, an dem also bisheriger Schuldner, neuer Schuldner und Gläubiger beteiligt sind.[964]

2019 (2) Er hat die **Anwendbarkeit offengelassen** für den Fall einer zweiseitigen Vertragsübernahme durch Direktvereinbarung zwischen bisherigem und neuem Schuldner, welcher der Gläubiger lediglich zustimmt. Das OLG Düsseldorf[965] hat für diesen Fall die Anwendbarkeit verneint: Zwar stehe aus der Sicht eines Neuschuldners die abgeleitete Darlehensverpflichtung in ihrer Auswirkung der Belastung aus einer originär eingegangenen Kreditverpflichtung gleich; kein Verbraucher könne jedoch erwarten, dass er von einem anderen Verbraucher als seinem unmittelbaren Vertragspartner dieselbe Aufklärung erfährt wie von einem professionell-gewerblich tätigen Kreditgeber.[966] Auch ist zu bedenken, dass bei Anwendung des Widerrufsrechts auf die bilaterale Vertragsübernahmevereinbarung selbst die Kreditverbindlichkeit nach Widerruf wieder auf den früheren Schuldner rückgeführt wird, dem dadurch – obwohl er selbst Verbraucher ist – ein besonderes Opfer auferlegt würde.[967] Das OLG Dresden verwehrt weiterführend vorsorglich dem Übernehmer die Berufung auf Verstöße gegen §§ 491 ff. BGB, sobald die Bank den Verkäufer aus der Haftung entlassen hat und die Beteiligten den »Kaufpreis« insoweit als getilgt betrachten.[968] Eine Entscheidung des BGH steht noch aus.

2020 (3) Richtigerweise[969] unterfällt schließlich die **bloße Erfüllungsübernahme**, die also gänzlich ohne Mitwirkung des Gläubigers stattfindet, erst recht nicht dem Verbraucherkreditgesetz. Im Unterschied zu einer Schuldübernahme wird bei der Erfüllungsübernahme (§ 329 BGB: kein

---

963 BGH NJW 2003, 2746, auch beim Schuldbeitritt des geschäftsführenden Alleingesellschafters zur Schuld »seiner« GmbH: BGH, 08.11.2005 – XI ZR 34/05, DNotI-Report 2006, 26; ebenso beim Schuldbeitritt des Geschäftsführers zur Anschubfinanzierung für »seine« GmbH & Co. KG, BGH, 24.07.2007 – XI ZR 208/06, GmbHR 2007, 1154.
964 BGH DNotI-Report 1999, 130; zust. *Martinek* JZ 2000, 551.
965 MittBayNot 2001, 313.
966 Ebenso *Vollmer* MittBayNot 2001, 316 und bereits *Kurz* DNotZ 1997, 558 ff.
967 So aber *Dazert* Mithaftung und Sukzession bei Verbraucherkreditverträgen, S. 150.
968 OLG Dresden, 04.10.2006 – 8 U 639/06, JurionRS 2006, 25362, das im Grunde jedoch ebenfalls (wie das OLG Düsseldorf) von der Nichtanwendbarkeit der §§ 491 ff. BGB ausgeht.
969 A.A. allerdings Staudinger/*Kessal-Wulf* BGB § 491 Rn. 22.

eigenes Forderungsrecht des Gläubigers) lediglich das Ziel festgeschrieben, den Veräußerer von der Haftung zu befreien, der Weg, den der Erwerber hierfür einschlägt, bleibt ihm jedoch freigestellt: Er kann dieses Ziel durch Tilgung im Rahmen einer neuen Darlehensaufnahme, Schuldübernahme, Tilgung aus Eigenmitteln etc. erreichen.

b) Ausgestaltung

▶ Hinweis:

Solange zur Fallgruppe der bilateralen Vertragsübernahme mit bloßer Genehmigung durch den Gläubiger noch keine höchstrichterliche Rechtsprechung vorliegt, weichen vorsichtige Gestalter daher auf die Erfüllungsübernahme aus,[970] die zudem den Vorteil bietet, die Beteiligten hinsichtlich des Weges der Abwicklung nicht allzu früh einzuengen. In der Variante der »Freistellungspflicht« unterscheidet sie sich vom gesetzlichen Fall der Erfüllungsübernahme (§ 415 Abs. 3 BGB) dadurch, dass sie binnen kurzer Frist (und nicht erst bei Fälligkeit der zu übernehmenden Schuld) zur Entschuldung führen muss.

▶ Formulierungsvorschlag: Erfüllungsübernahme

1. Der Veräußerer ist Schuldner folgender Verbindlichkeiten, die wie nachgenannt besichert sind:
2. Der Erwerber verpflichtet sich dem Veräußerer gegenüber, den Veräußerer von diesen Verbindlichkeiten mit Wirkung ab ..... (= Stichtag) freizustellen (Erfüllungsübernahme). Der Erwerber hat dem Veräußerer innerhalb von 3 Monaten ab heute durch Bestätigung des Gläubigers nachzuweisen, dass die Haftung des Veräußerers für diese Verbindlichkeiten erloschen ist. Dem Erwerber steht es frei, dies zu bewirken, indem er mit dem Gläubiger eine befreiende Schuldübernahme vereinbart oder eine neue Darlehensvereinbarung mit diesem oder einem anderen Gläubiger abschließt oder die Verbindlichkeiten tilgt oder auf andere Weise die Entlassung des Veräußerers aus den Verbindlichkeiten herbeiführt.
3. Die vorstehend aufgeführten Grundpfandrechte sollen bestehen bleiben. Alle daran bestehenden Eigentümerrechte werden hiermit mit Wirkung ab Eigentumsumschreibung auf den neuen Eigentümer übertragen. Entsprechende Grundbucheintragungen werden bewilligt. Auch der Erwerber unterwirft sich als künftiger Eigentümer i.H.d. Betrags der eingetragenen Grundpfandrechte samt Zinsen und Nebenleistung der Vollstreckung aus dieser Urkunde in den übernommenen Grundbesitz in der Weise, dass die Vollstreckung gegen den jeweiligen Eigentümer zulässig ist (§ 800 Abs. 1 ZPO) und bewilligt und beantragt deren Eintragung in das Grundbuch. Eine Abtretung an Veräußerer und Erwerber gemeinsam bis zur Löschung nachrangiger Rechte des Veräußerers zu dessen Schutz, wie vom Notar vorgeschlagen, wünschen die Beteiligten nicht.
4. Hinsichtlich der Sicherungsgrundschulden vereinbaren Veräußerer und Erwerber hiermit mit Wirkung ab dem vorgenannten Stichtag der Erfüllungsübernahme im eigenen Namen und namens des Grundschuldgläubigers vorbehaltlich dessen Zustimmung Folgendes:
   a) Der Erwerber tritt anstelle des Veräußerers in den Sicherungsvertrag ein.
   b) Der Sicherungsvertrag wird dahin gehend geändert, dass die Grundschuld ausschließlich alle gegenwärtigen und künftigen – auch bedingten oder befristeten – Verbindlichkeiten des Erwerbers gegenüber dem Grundschuldgläubiger sichert.
   c) Jede persönliche Haftung des Veräußerers aus der Grundschuldbestellungsurkunde erlischt.
5. Der Erwerber bekennt durch dieses abstrakte Schuldversprechen, folgende sofort fällige Beträge zu schulden nebst 16 % Jahreszinsen hieraus ab heute, die immer am Ende eines Kalenderjahres nachträglich fällig sind: ..... (Betrag), ... (Gläubiger)

Der Erwerber unterwirft sich wegen dieser Zahlungsverpflichtung/en der sofortigen Zwangsvollstreckung aus dieser Urkunde in sein gesamtes Vermögen. Dieses Schuldversprechen und die

---

[970] Vgl. zum Ausweichen auf die Erfüllungsübernahme auch *Kurz* DNotZ 1997, 552 sowie MittBayNot 1997, 129, 134.

Zwangsvollstreckungsunterwerfung sichern in gleicher Weise Verbindlichkeiten des Erwerbers gegenüber dem Gläubiger, wie dies unter Nr. 4. b) vereinbart ist.

2023 Hat dagegen der Erwerber (wie etwa bei einer Grundbesitzübertragung unter Ehegatten im Rahmen einer Vermögensauseinandersetzung aus Anlass der Scheidung häufig der Fall) bereits die »persönliche Vollstreckungsunterwerfungserklärung« abgegeben, wird anstelle der Regelung in vorstehender Nr. 5 formuliert:

▶ **Formulierungsvorschlag: Variante Erfüllungsübernahme bei bereits erklärter persönlicher Vollstreckungsunterwerfung**

2024 5. Für den Eingang der Grundschuldbeträge in Haupt- und Nebensache hat der Erwerber nach seiner Erklärung die persönliche Haftung bereits in den jeweiligen Grundschuldbestellungsurkunden übernommen; eine erneute Zwangsvollstreckungsunterwerfung wird daher nicht gewünscht.

2025 Sodann ist die Einholung der Zustimmungserklärung des Gläubigers zu regeln, auch zur Änderung der Sicherungsabrede. Da mit deren Neugestaltung[971] die bisherigen Rückgewähransprüche gegenstandslos geworden sind, bedarf es ihrer zusätzlichen Abtretung nicht.[972] Die Einholung der Gläubigererklärung erfolgt zweckmäßigerweise i.S.e. Vollzugsauftrags an den Notar (vgl. allerdings zur Kostenfolge Rdn. 2034).

▶ **Formulierungsvorschlag: Fortsetzung Erfüllungsübernahme mit Einholung der Erklärung nach § 415 BGB durch den Notar**

2026 6. Zu diesen Vereinbarungen ist jeweils die Zustimmung des Gläubigers und dessen Erklärung erforderlich, dass der Veräußerer für die vorgenannten Verbindlichkeiten nicht mehr haftet. Die Beteiligten beauftragen und bevollmächtigen den Notar, den Gläubiger um folgende schriftliche Erklärung zu bitten:
a) Der Gläubiger stimmt dieser Vereinbarung zu.
b) Der Veräußerer haftet für die vorstehend aufgeführten Verbindlichkeiten nicht mehr. Der Notar soll dem Gläubiger zur Abgabe dieser Erklärung ohne weiteren Nachweis eine vollstreckbare Ausfertigung dieser Urkunde übersenden. Etwaige Kosten der Durchführung vorstehender Vereinbarungen trägt der Erwerber.

Oder alternativ, sofern die Beteiligten dies selbst durchzuführen wünschen:

▶ **Formulierungsvorschlag: Variante Erfüllungsübernahme mit Einholung der Erklärung nach § 415 BGB durch die Beteiligten**

2027 6. Die Beteiligten werden die Freistellungsverpflichtung selbst umsetzen und die hierfür erforderlichen Erklärungen des Gläubigers einholen. Soweit die Umschreibung des Eigentums hieran geknüpft ist, werden sie die Bestätigung des Gläubigers, dass der Veräußerer nicht mehr für die betroffenen Verbindlichkeiten haftet, dem Notar unaufgefordert vorlegen.

2028 Schwierig ist die abschließend erforderliche **Regelung der Konsequenzen eines Scheiterns** innerhalb einer durch die Beteiligten als angemessen erachteten Frist (Vorschlag in Nr. 2 des obigen Formulierungsvorschlags, Rdn. 2022: 3 Monate). Zunächst ist festzulegen, ob die Eigentumsumschreibung[973] von der Schuldbefreiung abhängt oder nicht. Besteht diese Verknüpfung, werden die Beteiligten häufig wünschen, dem Schwebezustand durch die Ausübung eines vorbehalte-

---

971 Hieran kann der Grundpfandgläubiger auch dann ohne weitere Recherchen mitwirken, wenn die Rückgewähransprüche bereits an Dritte abgetreten worden sein sollten, sofern diese Abtretung nicht dem Gläubiger angezeigt wurde (§ 407 Abs. 1 BGB).
972 Vgl. *Amann/J. Mayer*, Intensivkurs Überlassungsvertrag (DAI-Skript, Mai 2006), S. 205.
973 Ist die angestrebte Schuldübernahme Teil einer Scheidungsfolgenvereinbarung, sollte sich der Vertrag auch dazu verhalten, ob die eherechtlichen Abreden (zu Unterhalt, Zugewinn, Versorgungsausgleich etc.) ihrerseits durch die Ablehnung der Gläubigergenehmigung auflösend bedingt sind bzw. durch dessen Erteilung aufschiebend bedingt oder aber unabhängig davon gelten.

nen Rücktrittsrechts ein Ende zu bereiten (Rdn. 2026). Will im Rahmen einer Vermögensauseinandersetzung aus Anlass einer Scheidung der »weichende« Ehegatte dennoch die Vereinbarung als schlichte Freistellungsverpflichtung (jedoch ohne Umschreibung) aufrechterhalten, also ohne Rücktrittsmöglichkeit, ist das Innenverhältnis zum Erwerber näher zu regeln (im Formulierungsvorschlag Rdn. 2027 dargestellt am Beispiel dann fortbestehenden je hälftigen Miteigentums des weichenden mit dem übernehmenden Ehegatten).

Soll die Umschreibung auch **ohne Genehmigung des Gläubigers** zur befreienden Schuldübernahme stattfinden (Rdn. 2028), so dass der Erwerber lediglich zur internen Freistellung verpflichtet bleibt, ist zu prüfen, ob der Veräußerer gesichert werden soll hinsichtlich seines Rückgriffsanspruchs, wenn er doch seitens des Gläubigers zu Zahlungen herangezogen wird (z.B. durch nachrangige Sicherungshypothek) oder aber einen (durch Vormerkung zu sichernden) Anspruch auf Rückabwicklung sich vorbehält, wenn der Erwerber seine Freistellungspflicht nicht erfüllt (dann ist, ähnlich wie bei unmittelbaren Rückforderungsvorbehalten, insb. der Umfang der zu erstattenden Investitionen und Tilgungsleistungen zu bestimmen). 2029

▶ **Formulierungsvorschlag: Fortsetzung Erfüllungsübernahme/Umschreibung nur bei Schuldbefreiung, sonst Rücktrittsrecht**

7. Konsequenzen bei Scheitern der Freistellung 2030

Es ist wesentliche Pflicht des Erwerbers, die Freistellung herbeizuführen. Wie bei der oben erklärten Auflassung vereinbart, ist diese nur zu vollziehen, sofern und sobald der in Nr. 2 genannte Nachweis vorliegt. Nach fruchtlosem Ablauf des in Nr. 2 hierfür gesetzten Zeitraums ist jeder Vertragsteil unbefristet berechtigt, vom Vertrag zurückzutreten. Bereits gewährte laufend wiederkehrende Gegenleistungen in Geld oder Dienstleistung an den Veräußerer sowie Zins- und Tilgungsleistungen an den Gläubiger sind dann nicht zurückzugewähren bzw. zu erstatten, gezogene Nutzungen oder getätigte Investitionen nicht zu ersetzen. Ansprüche auf Schadensersatz bestehen nur bei Arglist oder Vorsatz. I.Ü. gelten §§ 346 ff. BGB. Bis zur Ausübung des Rücktritts besteht die Verpflichtung des Erwerbers zur internen Freistellung des Veräußerers fort.

▶ **Formulierungsvorschlag: Variante Erfüllungsübernahme, Umschreibung nur bei Schuldbefreiung, kein Rücktrittsrecht (am Beispiel dann fortbestehenden Miteigentums bei Scheidung)**

7. Konsequenzen bei Scheitern der Freistellung 2031

Es ist wesentliche Pflicht des Erwerbers, die Freistellung herbeizuführen. Wie bei der oben erklärten Auflassung vereinbart, ist diese nur zu vollziehen, sofern und sobald der in Nr. 2 genannte Nachweis vorliegt. Wird dieser nicht in der oben vereinbarten Frist erbracht, behalten sich jedoch weder Veräußerer noch Erwerber das Recht zum Rücktritt zur Beendigung des Vertragsverhältnisses vor. Der Erwerber ist dann vielmehr dem Veräußerer zur internen Freistellung verpflichtet; in mind. jährlichem Abstand hat er erneut zu versuchen, den Nachweis über die Befreiung auch im Außenverhältnis beizubringen.

Bis zur Eigentumsumschreibung ist der Anspruch des Erwerbers auf Übertragung durch Vormerkung im Grundbuch gesichert. Die Beteiligten werden den Notar unaufgefordert davon verständigen, sobald die Voraussetzungen für die Umschreibung des Eigentums vorliegen; eine eigene Nachforschungspflicht des Notars besteht nicht.

Für die weitere Dauer des gemeinschaftlichen Eigentums gilt: Besitz, Nutzungen und Lasten, Haftung, Verkehrssicherung und Gefahr sind umfassend und ausschließlich beim Erwerber. Dieser erhält seitens des Veräußerers hiermit Vollmacht – befreit von den Beschränkungen des § 181 BGB, über den Tod hinaus und mit dem Recht zur Erteilung von Untervollmacht –, alle i.R.d. Verwaltung (auch Instandhaltung, Umbau, Vermietung etc.), nicht jedoch Veräußerung oder Belastung der Immobilie in Betracht kommenden Erklärungen abzugeben, allerdings unter vollständiger Übernahme der daraus resultierenden Pflichten. Der Veräußerer verpflichtet sich, auf Wunsch des Erwerbers an einer Veräußerung mitzuwirken ohne Anspruch auf seinen rechnerischen Erlös(anteil) zu erheben, sofern

(1) der Veräußerer nicht in Anspruch genommen wurde für die noch gemeinsamen Verbindlichkeiten
sowie
(2) für sonstige Lasten des Hauses und
(3) infolge der Veräußerung die Schuldentlassungen endgültig herbeigeführt werden kann; anderenfalls hat der Veräußerer Anspruch auf den Betrag, in dessen Höhe er in Anspruch genommen wurde. I.Ü. wird der Anspruch auf anteilige Erlösauskehr bereits jetzt an den dies annehmenden Erwerber abgetreten. Gleiches gilt im Fall einer Zwangsversteigerung. Auf diese Weise soll wirtschaftlich derjenige (eigentlich gewollte) Zustand abgebildet werden, der bestünde, wenn es Zug um Zug gegen tatsächliche Schuldentlassungen zu einem sofortigen Übergang des Eigentums käme. Die weitere Tilgung der (im Außenverhältnis noch gemeinsamen) Verbindlichkeiten sowie Wertsteigerungen durch Investitionen des Erwerbers sollen also im Veräußerungsfall allein diesem zugutekommen.

▶ Formulierungsvorschlag: Variante Erfüllungsübernahme, Umschreibung auch ohne Schuldbefreiung

2032 7. Konsequenzen bei Scheitern der Freistellung

Es ist wesentliche Pflicht des Erwerbers, die Freistellung herbeizuführen. Wie bei der oben erklärten Auflassung vereinbart, ist diese jedoch unabhängig davon zu vollziehen, ob und wann der in Nr. 2 genannte Nachweis vorliegt. Der Erwerber ist dann vielmehr dem Veräußerer zur internen Freistellung verpflichtet; in mindestens jährlichem Abstand hat er erneut zu versuchen, den Nachweis über die Befreiung auch im Außenverhältnis beizubringen. Der Notar hat den Veräußerer eingehend auf die Risiken hingewiesen, die mit dieser Vorleistung (Übertragung des Eigentums vor endgültiger Entlassung aus den Verbindlichkeiten) verbunden sind. Sollte der Veräußerer aufgrund seiner fortbestehenden Schuldnerstellung seitens des Gläubigers in Anspruch genommen werden, hat der Erwerber ihm diesen Betrag unverzüglich zu erstatten; der Notar hat empfohlen, den Erstattungsanspruch durch Grundpfandrecht im Grundbuch zu sichern. Der Notar hat weiter geraten, für den Fall der Nichterstattung sich unabhängig von § 323 BGB das Rücktrittsrecht vorzubehalten und den dann bestehenden Anspruch auf Rückübertragung durch Vormerkung im Grundbuch zu sichern. Beides wurde jedoch durch den Veräußerer ausdrücklich nicht gewünscht.

2033 Fällt in vorstehender Sachverhaltsvariante (schlichte Freistellungsverpflichtung) der Gläubiger des Freistellungsanspruchs (also der Veräußerer) in **Insolvenz**, wandelt sich nach herrschender Meinung der Freistellungsanspruch um in einen Anspruch auf Zahlung in Geld, und zwar in voller Höhe an die Insolvenzmasse. Dies gilt auch dann, wenn der Dritte (z.B. das Kreditinstitut) von seinem in Insolvenz gefallenen Schuldner nur die Insolvenzquote hätte erwarten dürfen: die volle Geldsumme steht zur Verteilung unter allen Insolvenzgläubigern zur Verfügung.[974] Aus der nur familienintern gemeinten Absprache wird dann wirtschaftlich ein vollständiger Schuldübergang unter verschärften Bedingungen, nämlich mit sofortiger Fälligkeit. Dies gilt jedoch dann nicht, wenn der Freistellungsschuldner daneben befürchten muss, unmittelbar vom Dritten (etwa dem Kreditinstitut) in Anspruch genommen zu werden, also »doppelt zu zahlen«, etwa da er (aufgrund Schuldbeitritts, wie in den vorstehenden Formulierungsbeispielen allerdings bewusst nicht erklärt) dem Dritten ggü. direkt haftet,[975] oder da er dem Dritten eine Sicherheit gestellt hat, etwa eine Bürgschaft oder – wie hier – in Gestalt der mit übernommenen Grundschuld.[976] Die »Nichtumwandlung« in eine Geldschuld ist dann allerdings begrenzt auf den Umfang der Grundschuld, möglicherweise auch den in einer Versteigerung (insb. bei nachrangigen Grundschulden) erzielbaren Betrag.[977]

---

974 BGH, NJW 1994, 49, 51; OLG Düsseldorf, NZG 2007, 273, Rn. 37 der Urteilsgründe.
975 OLG Hamburg, NJW-RR 1995, 673, 674; bestätigt durch Nichtannahmebeschluss des BGH, 20.10.1994 – IX ZR 56/94.
976 LG Kleve, 05.05.2010 – 2 O 443/09, RNotZ 2010, 651 m. Anm. *Leitzen*.
977 *Leitzen*, RNotZ 2010, 654.

G. Übernahme von Verbindlichkeiten und/oder Grundpfandrechten Kapitel 4

Holt der Notar gemäß dem (Baustein-)Formulierungsvorschlag Rdn. 2025 die Erklärung des Gläubigers ein, fällt hierfür ggf. (wenn nicht bereits andere Tätigkeiten die »große« Vollzugsgebühr ausgelöst haben, vgl. Rdn. 4294 ff.) eine 0,5 Vollzugsgebühr (Vorbem. 2.2.1.1 Abs. 1 Satz 2 Nr. 8 zu KV Nr. 22110 GNotKG, aus dem vollen Geschäftswert: § 112 GNotKG; zuvor: 5/10-Gebühr gem. § 147 Abs. 2 KostO aus einem Teilwert des Schuldübernahmebetrages) steht außer Relation zu der dadurch für die Beteiligten gewährleisteten Sicherheit. Hierzu 2034

▶ Formulierungsvorschlag: Einholung einer Schuldübernahmegenehmigung durch den Notar (Vollzugsbrief)

Darlehens-Nr.: 1234546 2035

Darlehensnehmer: Herr Hans Habenichts

geboren am 1. April 1955

wohnhaft: Musterstraße 10, 99500 Musterstadt

Sehr geehrte Damen und Herren,

anliegend erhalten Sie eine Abschrift meiner Urkunde vom 02.01.2015, URNr. 04/15. In dieser Urkunde haben die Erwerber die bei Ihnen bestehenden Verbindlichkeiten in schuldbefreiender Weise übernommen.

Gem. § 415 BGB (nicht jedoch gem. § 416 BGB) teile ich Ihnen diese Schuldübernahme mit und bitte Sie um Erteilung der Genehmigung gem. § 415 Abs. 1 BGB zu meinen Händen. Soweit zur Sicherheit für die übernommenen Verbindlichkeiten zu Ihren Gunsten Grundpfandrechte bestellt sind, bitte ich um Entlassung des bisherigen Schuldners aus der persönlichen Haftung sowie um entsprechende Anpassung der Zweckerklärungen dahin gehend, dass diese Grundpfandrechte künftig nur noch für die Verbindlichkeiten der Schuldübernehmer haften.

Bei etwaigen Rückfragen bitte ich Sie, sich direkt an Veräußerer bzw. Erwerber zu wenden. Entwurf einer Bestätigung füge ich bei. Ich weise vorsorglich darauf hin, dass meinerseits nicht geprüft wurde, ob der Veräußerer bisher ordnungsgemäß über das Widerrufsrecht nach § 355 BGB belehrt wurde, und auch zur Schuldübernahme die Pflichtangaben nach § 492 BGB nicht vorlagen.

Die Angelegenheit ist eilbedürftig.

Mit freundlichen Grüßen

.....

Anlage:

Akte: ...../.....

Urschriftlich zurück

an

Notar .....

.....

.....

Sehr geehrter Herr Notar,

hierdurch dürfen wir Ihnen bestätigen, dass die in Ihrer Urkunde UR 04/11 vom 02.01.2011 erklärte befreiende Schuldübernahme zu dem in der Urkunde genannten Stichtag gem. § 415 BGB durch uns als Gläubiger

genehmigt

wurde. Die Zweckerklärung wurde dahin gehend angepasst, dass das Grundpfandrecht und die sonstigen Sicherheiten ab dem Stichtag nicht mehr für Verbindlichkeiten der bisherigen Darlehensnehmer haften, sondern bis zur Eigentumsumschreibung nur für den übernommenen Kredit, ab Eigentumsumschreibung zur Absicherung aller Ansprüche gegen die Darlehensnehmer aus der gesamten Geschäftsverbindung (bei mehreren nur, soweit diese gemeinsam begründet wurden oder ihnen schriftlich zugestimmt wurde). Diese Erklärungen geben wir zugleich mit Wirkung gegenüber bisherigem und künftigem Darlehensnehmer ab.

Ferner entlassen wir die bisherigen Darlehensnehmer und Mithaftenden aus etwa erklärten abstrakten Schuldanerkenntnissen mit Vollstreckungsunterwerfungen (*Anm.: zu streichen, falls noch sonstige vom Sicherungszweck erfasste Verbindlichkeiten bestehen*).

Der voraussichtliche Saldenstand zum Stichtag beträgt: ..... €

Mit freundlichen Grüßen

.....

(Unterschrift und Bankstempel)

II. Grundpfandrechtsübernahme

2036 Die vorstehenden Erläuterungen (s.o. Rdn. 1987 ff.) betrafen die Schuld- oder Erfüllungsübernahme objektbezogener Verbindlichkeiten, mögen diese dinglich gesichert sein oder nicht. Kreditbeträge oberhalb einer Bagatellgrenze von etwa 5.000,00 € (bis zu diesem Betrag begnügen sich Gläubiger häufig mit einer sog. schuldrechtlichen Negativerklärung, d.h. einer Verpflichtung, den finanzierten Grundbesitz nicht anderweitig ohne Zustimmung des Gläubigers zu belasten) werden jedoch in aller Regel durch **Grundpfandrechte**, insb. Grundschulden, am Objekt **abgesichert** sein.

1. Bedeutung der Rückgewähransprüche

2037 Aus dem zwischen Besteller (Veräußerer) und Gläubiger geschlossenen Sicherungsvertrag sowie ggf. aus den Vorschriften über die ungerechtfertigte Bereicherung kann der Sicherungsgeber vom Gläubiger die Rückgewähr der Grundschuld verlangen,[978] wenn der Sicherungszweck erledigt ist, also keine gesicherten Verbindlichkeiten mehr bestehen und entstehen werden. Sofern der Sicherungsvertrag nichts anderes individualvertraglich[979] bestimmt, richten sich diese (i.d.R. durch eine Kündigungserklärung zusätzlich aufschiebend bedingten)[980] Ansprüche nach Wahl des Sicherungsgebers auf
(1) **Abtretung der Grundschuld** (§ 1154 BGB: an ihn oder einen durch ihn benannten – allerdings für den Abtretenden belastet mit dem Risiko der verschuldensunabhängigen Veranlasserhaftung gem. § 799a ZPO bei späterer unrechtmäßiger Vollstreckung),
(2) **Verzicht** (§ 1168 BGB: mit der Folge des Übergangs auf den Eigentümer außer in den Fällen des §§ 1175, 1178 BGB) oder
(3) **Aufhebung** (§ 875 BGB: mit der Folge des Erlöschens der Grundschuld).

---

978 Übersicht zu Rückgewähransprüchen aus notarieller Sicht *Ph. Müller*, RNotZ 2012, 199 ff.
979 In AGB ist die Beschränkung auf Löschung oder Verzicht jedenfalls immer dann unwirksam, wenn der ursprüngliche Sicherungsgeber im Zeitpunkt der Rückgewähr nicht mehr Grundstückseigentümer ist: BGH, 18.07.2014 – V ZR 178/13, ZfIR 2014, 772 m. Anm. *Wolfsteiner*(hierzu auch *Weber*, DNotZ 2014, 884 ff. und *Schmidt-Räntsch*, ZNotP 2014, 288) vgl. schon zuvor *Kesseler* NJW 2012, 577, 580; *Clemente* Recht der Sicherungsgrundschuld, 4. Aufl. 2008, Rn. 576 ff.; *Ph. Müller* RNotZ 2012, 199, 202, und BGH, 09.02.1989 – IX ZR 145/89, BGHZ 106, 375 beim Eigentumswechsel durch Zuschlag. Ein (sonst zur Unzulässigkeit der AGB-Klausel) führendes Auseinanderfallen von Sicherungsgeberstellung und Eigentum wird allerdings beim »normalen« Eigentumswechsel dadurch vermieden, dass der neue Eigentümer in den Sicherungsvertrag eintritt und damit Sicherungsgeber wird, vgl. *Zimmer*, NotBZ 2014, 466.
980 Vgl. *Gaberdiel* Kreditsicherung durch Grundschulden Rn. 742 ff.

G. Übernahme von Verbindlichkeiten und/oder Grundpfandrechten **Kapitel 4**

Diese schuldrechtlichen Ansprüche aus der Sicherungsvereinbarung gehen **nicht »automatisch«** auf den Erwerber oder Ersteigerer[981] über, auch wenn dieser der dinglichen Zwangsvollstreckung gem. § 800 ZPO unterworfen sein mag, sondern bestehen weiter ausschließlich im Verhältnis zum ursprünglichen Besteller und Sicherungsgeber (= Veräußerer). Allerdings bestehen dann Besonderheiten: Beim Erwerb in der Zwangsversteigerung verengt sich der Rückgewähranspruch auf die Variante der Abtretung an den ursprünglichen Sicherungsgeber (früheren Eigentümer); entgegenstehende Vereinbarungen sind, gleich ob in AGB oder individualvertraglich, unwirksam;[982] überhaupt ist die Beschränkung des Rückgewähranspruchs auf Löschung in AGB immer dann unwirksam, wenn im Zeitpunkt der Rückgewähr Eigentümer und Sicherungsgeber auseinanderfallen.[983] Bei rechtsgeschäftlicher Einzelrechtsnachfolge werden die Rückgewähransprüche i.d.R. (Rdn. 2063 ff.) ausdrücklich abgetreten, wobei sie oft bereits zuvor (formularvertraglich in der neuen Grundpfandrechtsbestellung) an nachrangige Gläubiger – mit allerdings regelmäßig eingeschränkter Verwendbarkeit[984] – übertragen wurden, sodass nur die künftig ihm wieder zustehenden Ansprüche an den Erwerber übergehen können. 2038

In bestimmten Fällen können bei Grundschulden ferner sog. **Eigentümerrechte** entstehen. Der Eigentümer erwirbt die Grundschuld
(1) im Fall des Verzichts gem. § 1168 Abs. 1 BGB,
(2) bei Zahlung auf die Grundschuld selbst entgegen den Bestimmungen des Sicherungsvertrags (§ 1143 Abs. 1 Satz 1 BGB analog)[985] sowie
(3) bei Übertragung der Grundschuld durch Rechtsgeschäft auf den Eigentümer (§ 873 Abs. 1 BGB). 2039

▶ Hinweis:

Da sich in der Praxis oft nicht nachvollziehen lässt, ob in der Vergangenheit durch Verzicht oder Zahlung auf das dingliche Recht selbst Eigentümerrechte entstanden sind, ist es üblich geworden, in notariellen Urkunden über Grundstücksverkäufe vorsorglich entstandene Eigentümerrechte an den Erwerber zu übertragen und die entsprechende Grundbucheintragung zu bewilligen (bei Kaufverträgen aufschiebend bedingt durch Bezahlung des Kaufpreises bzw. eigenen Eigentumserwerb). Bei Überlassungsverträgen kann das Sicherungsinteresse des Veräußerers u.U. eine andere Vorgehensweise nahelegen, und zwar sowohl im Rahmen der Übertragung selbst (vgl. Rdn. 2063 ff.), als auch im Hinblick auf das Szenario einer möglichen Rückforderung (Rdn. 2227 ff.). 2040

Eigentümerrechte spielen bei Grundschulden demnach (anders als bei **Hypotheken**,[986] bei denen eine Eigentümerhypothek entsteht, wenn der Grundstückseigentümer die bisherige Fremdhypo- 2041

---

981 BGH, NotBZ 2003, 260: Der Ersteigerer muss daher eine bestehen bleibende Grundschuld (um deren Betrag sein Gebot ja gemindert wurde!) in voller Höhe ablösen und kann sich nicht darauf berufen, sie valutiere nur mehr z.T. Den Anspruch auf Herausgabe des Übererlöses hat der frühere Besteller.
982 BGHZ 106, 375; *Ph. Müller* RNotZ 2012, 199, 202.
983 BGH, 18.07.2014 – V ZR 178/13, ZfIR 2014, 772 m. Anm. *Wolfsteiner* (hierzu auch *Weber*, DNotZ 2014, 884 ff., *Schmidt-Räntsch*, ZNotP 2014, 288, *Fischer*, ZNotP 2014, 364 ff. sowie *Kesseler*, in: DAI-Skript 12. Jahresarbeitstagung des Notariats, 2014, S. 141 ff., der auch die Löschungsbeschränkung durch AGB in Fällen ohne Eigentumswechsel für unzulässig hält.
984 Nach OLG Stuttgart DNotI-Report 2003, 118 gehen Auslegungszweifel bzw. das Fehlen einer Sicherungsabrede zwischen Eigentümer und nachrangigem Gläubiger zu dessen Lasten, § 305c Abs. 2 BGB: Der nachrangige Gläubiger kann lediglich Löschung der nicht mehr valutierenden erstrangigen Grundschuld verlangen oder Verzicht auf diese, nicht deren Abtretung zur Ausnutzung des besseren Rangs und des zusätzlichen Sicherungsrahmens in der Zwangsversteigerung.
985 BGHZ 97, 131.
986 Es sei denn, die Hypothek wird lediglich zur Sicherung eines abstrakten Schuldversprechens bestellt, sodass mit Tilgung des Darlehens keine Eigentümergrundschuld entsteht. Es müsste dann der Anspruch auf Rückgewähr des abstrakten Schuldanerkenntnisses abgetreten werden.

thek mit der Forderung erwirbt, z.B. als Folge einer Befriedigung der durch ihn, obwohl er nicht persönlicher Schuldner ist: § 1143 BGB, oder bei sonstiger Vereinigung von Eigentum und Grundpfandrecht etwa infolge Abtretung oder Erbfall, und bei denen Eigentümergrundschulden – auch außerhalb des Grundbuches – entstehen, wenn die Hypothek forderungsentkleidet ist, also die gesicherte Forderung nie entstand oder durch Erfüllung erloschen ist, § 1163 Abs. 1 Satz 2 BGB, der Gläubiger gem. § 1168 BGB auf die Hypothek verzichtet, ein Ausschließungsbeschluss gem. §§ 1170, 1171 BGB gegen den unbekannten Gläubiger ergangen ist, oder bei einer Zwangs- oder Arresthypothek, §§ 868, 932 ZPO die prozessuale Grundlage entfallen ist) nur eine geringe Rolle. Die Abtretung von »Eigentümerrechten« in Bezug auf Grundschulden erfasst im Zweifel auch Eigentümergrundschulden als solche.[987]

2042 Eigentümerrechte können allerdings (vgl. Rdn. 2227 ff.) **gefährlich** werden, wenn es zur **Rückforderung** kommt, und dem zur Rückübertragung Verpflichteten (etwa da er den Grundpfandrechtsgläubiger in Bezug auf die durch ihn erfolgten Tilgung zu einer Teilverzichtserklärung, § 1168 BGB, bewegen konnte) nun eine Eigentümergrundschuld zusteht, die er (da die in Rdn. 2227 ff. reflektierte Regelung unterblieben ist oder sie mangels Vormerkungssicherung nicht gegenüber dem Insolvenzverwalter durchsetzbar ist) als Verwertungs- und Abtretungsobjekt behalten kann.

2043 Entscheidender sind die **schuldrechtlichen Rückgewähransprüche**, die es dem Inhaber ermöglichen, über Abtretung, Löschung oder Neuvalutierung der Grundschuld zu entscheiden. Amann spricht[988] plakativ davon, dass der Inhaber der Rückgewähransprüche »*die Grundschuld an der Leine habe*«. Auf die **Zuordnung der Rückgewähransprüche** ist daher besonderes Augenmerk zu legen, insb. auch
(1) mit Blick auf die Position des Gläubigers: Diesem sollte die Abtretung der Rückgewähransprüche angezeigt werden, da er sonst gem. § 407 BGB weiterhin mit schuldbefreiender Wirkung an den bisherigen Gläubiger, seinen ursprünglichen Sicherungsgeber, leisten kann;

▶ Hinweis:
Der Nachweis der Anzeige muss noch lange Zeit möglich sein; übernimmt daher der Notar die Anzeige (allerdings mit der möglichen[989] Kostenfolge des KV Nr. 22200 Nr. 5 GNotKG: 0,5-Gebühr aus dem vollen Geschäftswert, § 113 Abs. 1 GNotKG, zuvor als kostenpflichtiges Nebengeschäft gem. § 147 Abs. 2 KostO aus einem Teilwert), sollte die Empfangsbestätigung beim Original in der Urkundensammlung aufbewahrt werden.

(2) ferner mit vorrangigem Blick auf den Veräußerer, wenn dieser im Rang nach der bereits eingetragenen Grundschuld beschränkt dingliche Rechte (z.B. Wohnungsrechte) oder Auflassungsvormerkungen zur Sicherung bedingter Rückerwerbsansprüche erhält: Eine undifferenzierte Abtretung der Rückgewähransprüche an den Erwerber verleiht diesem die generelle Befugnis, ohne Rücksprache mit dem Veräußerer die Grundpfandrechte durch Eingehung neuer Verbindlichkeiten wieder zu valutieren. Übernimmt er sich dabei wirtschaftlich, können die dinglichen Rechte des Veräußerers samt den zugrunde liegenden Berechtigungen bei einer Zwangsversteigerung in den übertragenen Grundbesitz entschädigungslos untergehen.
(3) schließlich auch mit Blick auf die schenkungsteuerliche Bewertung: werden Rückübertragungsansprüche an den Erwerber mit übertragen, vermindert nur die Restvaluta der

---

987 OLG München, 13.12.2016 – 34 Wx 82/16, NotBZ 2017, 277.
988 *Amann*, Gestaltung und Sicherung der typischen Übernehmerpflichten beim Überlassungsvertrag (DAI-Skript Mai 2000), S. 75 ff.
989 Jedenfalls wenn die Tätigkeit über die bloße Übersendung hinaus geht, z.B. die Empfangsbestätigung mit umfasst, vgl. Rdn. 4106.

Grundschuld den Wert der Zuwendung;[990] behält sie der Veräußerer zurück, wird zwar die Grundschuld in voller Nominalhöhe abgezogen,[991] allerdings fallen die zurückbehaltenen Rückgewähransprüche dann in den Nachlass und werden versteuert, so dass auf diese Weise eine Verschiebung der Versteuerung erreicht werden kann.[992]

Bei der Zuordnung der Rückgewähransprüche ist auch zu berücksichtigen, dass diese durch Gläubiger des Inhabers gepfändet werden können,[993] sodass Verfügungen über diese Grundpfandrechte, sobald der gepfändete Rückgewähranspruch beim betroffenen Grundpfandrecht vorgemerkt ist,[994] ohne Mitwirkung des Drittgläubigers blockiert sind[995] (es sei denn der Berechtigte der Vormerkung macht von der – teuren – Möglichkeit der vollständigen,[996] abredewidrigen,[997] Ablösung des dinglichen Rechtes nach Beschlagnahme des Grundstücks mit der Folge des Erwerbs der Grundschuld gem. §§ 1150, 268 Abs. 3 BGB Gebrauch).[998] Die Pfändung selbst erfolgt entsprechend § 857 Abs. 1, §§ 829 ff. ZPO und wird mit Zustellung an den Grundschuldgläubiger als Drittschuldner wirksam. Der Herausgabe des Grundschuldbriefs oder der Eintragung in das Grundbuch bedarf es nicht. Nach Überweisung des Anspruchs zur Einziehung[999] kann der Pfändungsgläubiger nach Fälligkeit die Übertragung der Grundschuld auf den Eigentümer verlangen. Wird die Grundschuld auf den Eigentümer abgetreten, erwirbt der Pfandgläubiger entsprechend § 1287 BGB ein Pfandrecht an der Grundschuld. Dieses Pfandrecht kann und sollte gleichzeitig mit Eintragung der Abtretung in das Grundbuch eingetragen werden. In verfahrensmäßiger Hinsicht bedarf es hierzu des Antrags des Pfandgläubigers und der Bewilligung des Grundpfandrechtsgläubigers, der zur Abgabe der Bewilligung verpflichtet ist. Für die Verwertung des Pfandrechts an der Grundschuld bedarf es sodann der Überweisung der Grundschuld zur Einziehung, die mit Pfändung und Überweisung des Rückgewähranspruchs verbunden werden kann.[1000] Erfolgt die Rückgewähr der Grundschuld hingegen durch Verzicht nach § 1168 BGB, so erwirbt

2044

---

990 BFH, 11.12.2007 – VII R 1/07, ZEV 2008, 50.
991 BFH, 29.11.1983 – VII R 22/83, BStBl 1984 II 287.
992 *Kesseler*, in: DAI, Aktuelle Probleme der Vertragsgestaltung im Immobilienrecht 2014/2015, S. 160.
993 Sie wird wirksam mit Zustellung an den vorrangigen, als Drittschuldner betroffenen Grundschuldgläubiger (§§ 857 Abs. 1, 829 Abs. 3 BGB); einer Eintragung im Grundbuch oder eines Vermerks im Grundschuldbrief bedarf es nicht.
994 Dies kann der Pfändungsgläubiger einseitig verlangen, vgl. *Stöber* Forderungspfändung, 5. Aufl. 2010, Rn. 1900; *Ph. Müller* RNotZ 2012, 199, 209 m.w.N.; a.A. OLG Düsseldorf, 12.11.2012 – I-3 Wx 242/12, DNotZ 2013, 144: Eintragung nur möglich, wenn der Rückübertragungsanspruch durch Vormerkung gesichert ist; der Pfändungsgläubiger kann zwar den Rückübertragungsanspruch selbst geltend machen, nicht aber die Eintragung der Vormerkung verlangen.
995 Bei Überweisung des gepfändeten Anspruchs zur Einziehung (§ 835 Abs. 1, 1. Alt ZPO) kann der Pfändungsgläubiger mit Wegfall des Sicherungszwecks die Übertragung an den Sicherungsgeber verlangen; er erwirbt dann an dieser Eigentümergrundschuld ein Pfandrecht analog § 848 Abs. 2 ZPO, § 1287 BGB, das bereits davor gebucht werden kann; bei Überweisung an Zahlung statt (§ 835 Abs. 1, 2. Alt. ZPO) könnte er gar Abtretung an sich selbst verlangen, Staudinger/*Wolfsteiner* BGB § 1191 Bearb. 2009 Rn. 185.
996 Bei nur teilweiser Ablösung geht lediglich der letztrangige Teil über [§§ 268 Abs. 3 Satz 2, 1176 BGB]. Die vollständige Ablösung setzt also voraus, dass der Käufer insoweit gegen die Kaufpreiszahlung aufrechnen kann [Letztere also nicht gepfändet ist, § 392 BGB!] – die typischerweise vereinbarte Erfüllungsübernahme [§ 329 BGB] erfasst lediglich den unmittelbar noch geschuldeten Ablösebetrag der Darlehensschuld: Rdn. 1537.
997 Das im Sicherungsvertrag mit der Bank typischerweise enthaltene Verbot der Zahlung auf das dingliche Recht wirkt nur schuldrechtlich: Staudinger/*Wolfsteiner*, BGB, Vorbem. zu §§ 1191 ff. Rn. 75.
998 Damit gehen die gepfändeten (von vornherein mit diesem Risiko belasteten) Rückgewähransprüche unter, vgl. DNotI-Gutachten Nr. 11454 v. 05.04.2006.
999 Ob eine Überweisung an Zahlungs Statt zulässig ist, ist str., vgl. (verneinend) *Palandt/Bassenge*, § 1191 Rn. 30; MünchKommBGB/*Eickmann*, § 1191 Rn. 167; (bejahend) *Gaberdiel*, Kreditsicherung durch Grundschulden, Rn. 15.3.5 mwN.
1000 MünchKommBGB/*Eickmann* § 1191 Rn. 168.

der Pfändungspfandgläubiger kein Ersatzpfandrecht an der Eigentümergrundschuld.[1001] Ist der Rückgewähranspruch vor der Pfändung abgetreten worden, geht dagegen die Pfändung ins Leere.

2. Abwicklung; Nichtvalutierungserklärung

a) Neuvalutierung durch den bisherigen Gläubiger

2045 Die dingliche Übernahme eines Grundpfandrechts erfordert zur Absicherung des Erwerbers eine (**bearbeitungskostenfreie**)[1002] »**Nichtvalutierungserklärung**« des Gläubigers, welche dieser ggf. unter der Treuhandauflage der Rückzahlung der noch offenen Verbindlichkeiten abgeben wird, als »Lastenfreistellungserklärung« i.S.d. Fälligkeitsvoraussetzungen. Sofern der Veräußerer nicht mehr in Geschäftsbeziehung zum Grundpfandgläubiger stehen wird, ist er bei gleicher Gelegenheit aus seiner in der Grundpfandrechtsurkunde regelmäßig enthaltenen »persönlichen Haftung«, die trotz Eigentumswechsel fortbestehen würde (abstraktes Schuldanerkenntnis mit Vollstreckungsunterwerfung) zu entlassen – dies zu veranlassen ist regelmäßig Sache des Veräußerers;[1003] der Notar wird hierauf jedoch hinweisen. Holt der Notar die Nichtvalutierungserklärung ein, fällt hierfür eine Vollzugsgebühr an, Rdn. 4298.

2046 Stets erforderlich ist jedoch eine Anpassung der Zweckvereinbarung des Grundpfandrechts (des Sicherungsvertrags): Freie Revalutierungen sind allerdings erst ab Ablösung der bisher gesicherten Verbindlichkeiten, spätestens aber mit Eigentumsumschreibung gestattet. Die Bank wird an der Änderung der Sicherungsrechte jedoch nicht mehr mitwirken können, wenn ihr eine anderweitige Abtretung in der Vergangenheit angezeigt wurde (§ 407 Abs. 1 BGB).

2047 Die Einholung dieser Erklärungen (und die Übermittlung der eingeschränkten Zweckerklärung zur stillschweigenden Annahme durch vorbehaltlose Entgegennahme durch die Bank [§ 362 HGB, § 151 BGB]) kann in der Praxis nur durch den Notar erfolgen, der diese Unterlagen auch zur Fälligkeitsmitteilung und zur Benachrichtigung über Höhe und Modalität etwaiger Ablösebeträge benötigt. In aller Regel wird der Gläubiger bei einer später und nunmehr anstehenden Neuvalutierung vom Käufer die Abgabe eines **abstrakten Schuldanerkenntnisses** mit **Vollstreckungsunterwerfung** gem. § 794 Abs. 1 Nr. 5 ZPO verlangen, um hinsichtlich der Sicherheiten keinen Nachteil ggü. der originären Bestellung eines Grundpfandrechts zu erfahren. Vgl. hierzu und zur dann typischerweise ebenfalls angezeigten erneuten dinglichen Vollstreckungsunterwerfung, ebenso zu den Kostenfolgen, oben Rdn. 2004 ff. (Gegenstandsverschiedenheit gem. § 110 Nr. 2a) GNotKG).

2048 Wegen der Bestimmtheit des abstrakten Schuldanerkenntnisses hinsichtlich Hauptsache, Nebenleistungen und Zinsen (Prozentsatz, Bezugsgröße[1004] und Beginn) müssen diese Angaben bzgl. des dinglichen Rechts bei der Wiedergabe des Grundbuchstandes eingangs der Urkunde in solchen Fällen enthalten sein.

▶ Formulierungsvorschlag: Übernahme eines Grundpfandrechts zur Neuvalutierung mit Vollstreckungsunterwerfung

2049 Das in Abteilung III des Grundbuches eingetragene, unter § 1 dieser Urkunde näher bezeichnete Grundpfandrecht übernimmt der Erwerber zur dinglichen Haftung und Neuvalutierung ohne zugrunde liegende Verbindlichkeiten. Eigentümerrechte und Rückgewähransprüche des Veräußerers werden an den Erwerber mit Wirkung ab Entrichtung des Ablösebetrages (also der derzeit

---

1001 BGH, DNotZ 1990, 581; str., a.A. *Gaberdiel*, Kreditsicherung durch Grundschulden, Rn. 15.3.4; *Tempel*, JuS 1967, 269.
1002 BGHZ 114, 330; Bearbeitungskosten können allenfalls individualvertraglich vereinbart werden.
1003 Vgl. *Gutachten* DNotI-Report 2003, 121.
1004 Jedenfalls nach Ansicht des OLG Brandenburg, 06.06.2011 – 5 Wx 45/11 gehört zur grundbuchlichen Bestimmtheit die Angabe der Bezugsgröße der einmaligen Nebenleistung [Nominalbetrag der Grundschuld].

noch gesicherten Verbindlichkeiten), jedenfalls aber mit Eigentumsumschreibung abgetreten; der Erwerber nimmt die aufschiebend bedingte Abtretung an. Der Veräußerer bewilligt, sie in das Grundbuch einzutragen; Antrag wird insoweit derzeit nicht gestellt.

Der Notar wird beauftragt, zur Sicherung der Lastenfreistellung eine Bestätigung des Gläubigers einzuholen, dass das zu übernehmende Grundpfandrecht – ggf. nach Zahlung eines Betrags aus dem Kaufpreis – nicht mehr für Verbindlichkeiten des Veräußerers haftet. Der Gläubiger hat ferner folgender, hiermit vereinbarter Änderung der Sicherungszweckerklärung zuzustimmen: Das Grundpfandrecht sichert ab sofort bis zur vollständigen Ablösung etwaiger Auflagen, unter deren Erfüllung die Nichtvalutierungserklärung steht, nur solche Geldbeträge, die an den Gläubiger zur vollständigen Erfüllung der Auflage entrichtet worden sind. Ab diesem Zeitpunkt sichert die dingliche Vollstreckungsunterwerfung sowie die nachstehend abgegebene persönliche Vollstreckungsunterwerfung alle gegenwärtigen oder künftigen Verbindlichkeiten des künftigen Eigentümers gegenüber dem genannten Gläubiger – bei mehreren nur, soweit sie gegen alle bestehen oder mit Zustimmung aller entstanden sind. Die Entlassung des Veräußerers aus Schuldanerkenntnissen und persönlichen Vollstreckungsunterwerfungen im zu übernehmenden Grundpfandrecht hat der Notar nicht zu betreiben.

Der Erwerber verpflichtet sich – als Gesamtschuldner – gegenüber dem Gläubiger des übernommenen Grundpfandrechts zur Zahlung eines dem übernommenen Grundpfandrecht samt Zinsen und Nebenleistungen hieraus, wie eingangs der Urkunde angegeben, entsprechenden fälligen Betrags (§ 780 BGB), und unterwirft sich deshalb der Zwangsvollstreckung aus dieser Urkunde in sein gesamtes Vermögen mit der Maßgabe, dass vollstreckbare Ausfertigung auf Antrag ohne weitere Nachweise erteilt werden kann. In gleicher Weise unterwirft sich der Käufer wegen der Grundschuld samt Zinsen und Nebenleistungen, wie im Grundbuch vermerkt, der Zwangsvollstreckung in den betroffenen Grundbesitz mit Wirkung gegen den jeweiligen Eigentümer (§ 800 ZPO), und bewilligt, auch diese im Grundbuch einzutragen. Der Gläubiger kann demnach im Krisenfall die Immobilie und etwaiges sonstiges Vermögen des Erwerbers verwerten, wie dies auch bei der originären Bestellung eines Grundpfandrechts regelmäßig der Fall ist.

b) Neuvalutierung durch einen neuen Gläubiger

Im Fall der Revalutierung durch einen **neuen Gläubiger ohne gleichzeitigen Schuldnerwechsel**, also ohne Eigentumsübergang, ist zu untersuchen, ob die persönliche Vollstreckungsunterwerfung bereits dem »jeweiligen Gläubiger der Grundschuld« oder – besser[1005] – »dem jeweiligen Gläubiger des Anspruchs aus dem abstrakten Schuldanerkenntnis«[1006] ggü. abgegeben wurde, und somit auch dem neuen Gläubiger ggü. wirkt. Dem abtretenden Grundschuldgläubiger muss ferner seit 19.08.2008 das Risiko seiner durch § 799a ZPO geschaffenen verschuldensunabhängigen Veranlasserhaftung bewusst sein für den Fall, dass der Abtretungsempfänger aus dem »übertragenen Titel« zu Unrecht vollstreckt und dem Schuldner dadurch ein Schaden entsteht. Vorsichtige Gläubiger werden daher auf Rückgewähr der Grundschuld in Form der Löschung bestehen,[1007] oder eine Freistellung durch den Zessionar mit entsprechender Sicherheitsleistung fordern.

2050

1005 Anderenfalls ist ein Vorgehen allein aus dem persönlichen Titel nicht mehr möglich, wenn der dingliche Titel etwa durch Löschung nach Verwertung untergegangen ist; das Restdarlehen mit dem dieses sichernden abstrakten Schuldanerkenntnis könnte dann zwar an einen neuen Gläubiger (etwa im Rahmen eines Portfolioverkaufs) abgetreten werden, jedoch ohne Titulierung: BGH, 12.12.2007 – VII Z.B. 108/06, NotBZ 2008, 107 m. Anm. *Otto*. Ferner wäre ein Vorgehen aus dem persönlichen Titel vor der Grundschuldeintragung noch nicht möglich, da es noch keinen Grundschuldgläubiger gibt, vgl. BGH, 24.11.2011 – VII Z.B. 12/11, DNotZ 2012, 288, m. Anm. *Everts* S. 245 ff.
1006 *Everts* MittBayNot 2008, 356 ff. Nach BGH, 22.06.1999, MittRhNotK 1999, 383 werde das abstrakte Schuldversprechen bei Abtretung nur der Grundschuld ohnehin unwirksam.
1007 Nach OLG Düsseldorf, 17.05.2010 – I-3 Wx 94/10, ZfIR 2010, 478 beinhaltet die Abtretung der Grundschuld auch eine stillschweigende Ermächtigung seitens des Zedenten zur Löschung dieser Grundschuld.

2051 Die »stehen bleibende« Grundschuld kann zur käuferseitigen Neuvalutierung auf dessen Veranlassung hin auch an einen neuen Gläubiger abgetreten werden. Der Bankrechts-Senat des BGH hat[1008] hierzu entschieden, die (dingliche) Vollstreckungsunterwerfung halte AGB-rechtlich auch bei ihrer »kundenfeindlichsten« Auslegung (also als Unterwerfung für sämtliche Grundschuldansprüche, unabhängig von deren Bindung an den Sicherungszweck) einer Inhaltskontrolle stand, stelle also keine unangemessene Benachteiligung i.S.d. § 307 Abs. 2 Nr. 1 BGB dar.[1009] Dass Grundschulden (samt dinglicher und persönlicher) Vollstreckungsunterwerfung übertragbar seien, habe auch der Gesetzgeber des Risikobegrenzungsgesetzes vom 12.08.2008 zugrunde gelegt, indem er in § 799a ZPO lediglich einen verschuldensunabhängigen Schadensersatzanspruch des Schuldners gegen den zu Unrecht aus der Urkunde vollstreckenden Neu-Gläubiger geschaffen hat.

2052 Der Bankrechts-Senat hat hierzu allerdings die Auffassung vertreten, die Umschreibung des in der notariellen Urkunde bestehenden Vollstreckungstitels auf den neuen Gläubiger bedürfe des Nachweises, dass Letzterer in den Sicherungsvertrag eintritt bzw. eingetreten sei, weil sich die Vollstreckungsunterwerfung – bei einer an den Interessen der Vertragsparteien orientierten Auslegung[1010] – nur auf Ansprüche aus einer treuhänderisch gebundenen Sicherungsgrundschuld erstrecke (Rdn. 1856). Dies hätte auch in den Umschuldungs- bzw. Neuvalutierungsfällen gegolten, obwohl der Schuldner hier weder schutzwürdig noch schutzbedürftig ist, da der Gläubigerwechsel mit seinem Wissen und Wollen herbeigeführt wurde[1011] (die Feststellung, ob ein solcher Fall oder eine nicht durch den Schuldner veranlasste Abtretung vorläge, bedarf ebenfalls des Nachweises in der Form des § 727 ZPO).[1012] Es bedurfte also eines Geständnisses des Schuldners oder der in Rdn. 1857 erwähnten Nachweise. Diese im Ergebnis wenig schuldnerfreundlichen Irrwege haben sich aus notarieller Sicht durch den Beschluss des für das Vollstreckungsrecht zuständigen VII. Zivilsenats vom 29.06.2011[1013] erledigt.

1008 In der Entscheidung vom 30.03.2010 – XI ZR 200/09, ZNotP 2010, 270 ff.
1009 Es existiert also kein gesetzliches Leitbild des Inhalts, es müsse einer Vollstreckung stets ein gerichtliches Erkenntnisverfahren vorausgehen. Die Möglichkeit der Grundschuldübertragung samt Vollstreckungsunterwerfung ermögliche kleineren Kreditinstituten ohne Rechtsabteilung die wertangemessene Übertragung solcher Forderungen (gegen *Schimansky* WM 2008, 1049).
1010 Also Prinzip der kundenfreundlichsten Auslegung, § 305c Abs. 2 BGB: Begrenzung der subjektiven Wirkungen der Vollstreckungswirkungen selbst (der II. Senat war im Jahr 1955 noch von einer lediglich schuldrechtlichen begrenzenden Vereinbarung zur Benutzung der Urkunde ausgegangen, BGH, 31.01.1955 – II ZR 10/54, BGHZ 16, 180, 183). Tatsächlich ist zu bemängeln, dass der BGH eine klare, nämlich vollstreckungsvoraussetzungsfreie Vollstreckungsunterwerfung für unklar erklärte und ihr sodann mithilfe des § 305c BGB eine alles andere als klare Vollstreckbarkeitsbeschränkung unterlegte, vgl. *Wolfsteiner* Die vollstreckbare Urkunde Rn. 17.22.
1011 Vgl. *Stürner* JZ 2010, 774, 778 ff.: der BGH habe nur die mitwirkungslose Weitergabe der Vollstreckungsmöglichkeit erfassen wollen, auch handle es sich um eine Vollstreckungsbedingung i.S.d. § 726 ZPO, nicht einen Fall der Rechtsnachfolge i.S.d. § 727 ZPO. Gegen eine Prüfung des Eintritts in den Sicherungsvertrag bei Umschuldungsfällen (wegen des fehlenden Überraschungsmoments) auch LG Heidelberg, 14.09.2010 – 6 T 66/10b, ZfIR 2010, 798 (n.rk.) m. Anm. *Clemente*; LG Weiden, 28.10.2010 – 11 T 244/10, ZfIR 2010, 866; *Stuppi* notar 2010, 450.
1012 LG Stuttgart, 30.12.2010 – 1 T 74/10, ZfIR 2011, 412 m. krit. Anm. *Clemente* sieht freilich diesen Nachweis schon dadurch als gegeben an, dass im Kaufvertrag die Neuvalutierung durch den Käufer angekündigt werde.
1013 BGH, 29.06.2011 – VII Z.B. 89/10, MittBayNot 2011, 489 m. Anm. *Volmer*; ebenso BGH, 27.10.2011 – VII Z.B. 88/10, DNotZ 2012, 287. Der Einwand fehlenden »Eintritts« in die Sicherungsvereinbarung könnte jedoch mit der Klauselgegenklage, § 768 ZPO (nicht mit der Vollstreckungsabwehrklage, § 767 ZPO) verfolgt werden. Legt der Zessionar die Sicherungsabrede (privatschriftlich) vor, obsiegt er. Es genügt auch ein Vertrag zugunsten des Sicherungsgebers als Dritten, BGH, 11.05.2012 – V ZR 237/11.

G. Übernahme von Verbindlichkeiten und/oder Grundpfandrechten

▶ **Formulierungsvorschlag: Übernahme eines Grundpfandrechtes zur Neuvalutierung nach Abtretung**

(Im Anschluss an Formulierungsvorschlag Rdn. 2049): Das zur Neuvalutierung des Erwerbers (zunächst beschränkt auf die Ablösung der bisher abgesicherten Verbindlichkeiten, zur Erlangung der Nichtvalutierungserklärung) zu übernehmende Grundpfandrecht soll durch den derzeitigen Gläubiger, Zug um Zug gegen Ablösung des noch besicherten Veräußererdarlehens, an die ..... Bank als neuen Gläubiger abgetreten werden, einschließlich der Zinsen seit Eintragung der Grundschuld und der Nebenleistung, wie im Grundbuch eingetragen. Alle Beteiligten stimmen dieser Abtretung, auf Kosten des Erwerbers, zu. Der Erwerber ist damit einverstanden, dass der neue Gläubiger sich wegen der im Grundbuch gegen den jeweiligen Eigentümer gerichteten Vollstreckungsunterwerfung gem. § 800 ZPO nach Übergang des Eigentums und der Grundschuld eine auf ihn »umgeschriebene« Vollstreckungsklausel erteilen lässt und bestätigt hierdurch, dass er mit dem neuen Gläubiger bereits eine Sicherungsvereinbarung wie folgt getroffen habe: Das Grundpfandrecht sichert ab Ablösung bis zur vollständigen Kaufpreiszahlung nur Geldbeträge, die an den bisherigen Gläubiger des Veräußerers zur Lastenfreistellung ausbezahlt worden sind. Ab diesem Zeitpunkt sichert die dingliche Vollstreckungsunterwerfung alle gegenwärtigen oder künftigen Verbindlichkeiten des künftigen Eigentümers gegenüber dem genannten neuen Gläubiger – bei mehreren nur, soweit sie gegen alle bestehen oder mit Zustimmung aller entstanden sind.

Die Notwendigkeit einer »Klauselumschreibung« stellt sich freilich nicht, wenn der Erwerber als künftiger Eigentümer sich dinglich der Vollstreckung ggü. dem neuen Gläubiger bereits in der Erwerbsurkunde unterwirft (was allerdings die Notarkosten erhöht, wenn nicht ohnehin eine eigene persönliche Vollstreckungsunterwerfung erforderlich ist), vgl. Rdn. 2006.

3. Belehrungspflichten bei vorrangigen Grundpfandrechten

Die zuvor geschilderte Konstellation eines bestehen bleibenden Grundpfandrechts im Rang vor Rechten des Veräußerers (z.B. einem Wohnungsrecht) erfordert unzweideutige und nachdrückliche Hinweise des Notars über die damit verbundenen Risiken, sofern der Erwerber die Grundschuld als Sicherheit für seine Verbindlichkeiten verwendet (gleichgültig, ob es sich um übernommene Altverbindlichkeiten des Veräußerers oder um potenziell neu aufzunehmende Verbindlichkeiten aufgrund Abtretung der Rückgewähransprüche an ihn handelt).

Instruktiv ist hierbei der folgende, einer **BGH-Entscheidung**[1014] zugrunde liegende Sachverhalt:

▶ Die Veräußerer V haben ihrem Sohn das Anwesen unter Vorbehalt eines umfangreichen Leibgedings überschrieben. Die noch von früher eingetragene Grundschuld, die nicht mehr valutierte, blieb an erster Rangstelle eingetragen. V übertrugen die Eigentümerrechte und Rückgewähransprüche auf den Erwerber S. Jahre später verschuldete sich der Sohn. Es kam zur Zwangsversteigerung aus der genannten Grundschuld mit der Folge des Erlöschens des Leibgedings. Die Eltern verlangen vom Notar Schadensersatz. Sie begründen ihren Anspruch damit, dass der Notar sie nicht hinreichend über die Gefahren aus dem Vorrang der Grundschuld belehrt habe. Sie räumen ein, der Notar habe sie »auf die Bedeutung des Ranges der dinglichen Rechte im Grundbuch hingewiesen« und mit ihnen erörtert, dass die Grundschuld Rang vor ihrem Altenteilsrecht haben müsse, weil eine finanzierende Bank ansonsten keinen Kredit auszahle. Daraus seien ihnen aber nicht in verständlicher Form die Gefahren deutlich geworden, die ihrem Leibgeding durch die vorrangige Grundschuld drohten.

Die deutlichen Hinweise des BGH[1015] verdienen eine **wörtliche Wiedergabe**:

»Mit diesen Hinweisen hat der Beklagte seine Aufgabe, die Veräußerer in einer ihnen verständlichen Form auf die ihrem Altenteilsrecht durch die vorrangige Eintragung der Grundschuld drohenden Gefahren hin-

---
1014 BGH, NJW 1996, 522 ff.
1015 BGH, NJW 1996, 522 ff., ähnlich BGH, DNotZ 1993, 752.

zuweisen, nicht erfüllt. Er hätte dem Kläger und seiner Ehefrau vielmehr erläutern müssen, dass sie mit der vorgesehenen Regelung das Risiko eingingen, ihr Altenteilsrecht zu verlieren, wenn der Sohn seine Kreditverbindlichkeiten nicht erfüllt, und die Bank deshalb in das Grundstück vollstreckt. Selbst bei einem Beteiligten, der im Ansatz weiß, was ein Vorrang rechtlich bedeutet, darf der Notar nicht davon ausgehen, dieser erkenne selbst, was die Durchsetzung der vorrangigen Grundschuld für sein nachrangiges Altenteil zur Folge haben kann. Schon wegen der Verschiedenartigkeit der hier miteinander konkurrierenden Rechte bedarf ein Laie hierzu in aller Regel einer eingehenden und ausführlichen Belehrung.«

Erst Recht haftet der Notar demnach, wenn er die Einholung eines vereinbarten (und damals noch erlangbaren) Rangrücktritts des Gläubigers unterlässt, es sei denn, das im Rang verschlechterte Recht unterliegt seinerseits ohnehin der Gläubigeranfechtung.[1016]

▶ Hinweis:

2058　Bekanntlich mutet die Rechtsprechung dem Notar bei risikoreichen Sachverhalten und ungesicherten Vorleistungen nicht nur einen deutlichen Hinweis auf die damit verbundenen Gefahren zu, sondern verlangt weiterhin Vorschläge zu möglichen alternativen Gestaltungen, die mit geringeren Risiken verbunden sind. Zum Nachweis der Erfüllung dieser doppelten Aufklärungspflicht sollte der Notar beides in der Urkunde vermerken. Dies gilt auch für so unscheinbare Vorgänge wie Unterschriftsbeglaubigungen angesichts eines Rangrücktritts hinter Grundschulden, so dass ein diesbezüglicher Belehrungsvermerk in der Rücktrittsbewilligung (vor der Unterschrift des Zurücktretenden) wie im nachfolgenden Formulierungsvorschlag formuliert sein könnte.

▶ Formulierungsvorschlag: Belehrung bei Rangrücktritt hinter Grundpfandrechte

2059　Der Notar hat insbesondere auf Folgendes hingewiesen:

Der Rangrücktritt kann im Fall einer Zwangsversteigerung zum Erlöschen der zurücktretenden Rechte führen. Diese erhalten aus dem Versteigerungserlös einen Wertersatz nur, soweit vom Versteigerungserlös nach Befriedigung der vortretenden Rechte und der sonst vorgehenden Rechte etwas übrigbleibt. Der Betrag vortretender Grundpfandrechte kann sich infolge der vorbehaltenen Zinsen und Nebenleistungen erheblich erhöhen, z.B. auf das Doppelte.

Der Notar hat angeregt, den Rangrücktritt mit einer Abtretung der Rückgewähransprüche zu verbinden, die mit der vortretenden Grundschuld zusammenhängen, und diese Abtretung der Grundschuldgläubigerin anzuzeigen. (*Anm.: Es folgt die Abtretung der Rückgewähransprüche oder eine Feststellung, dass die Beteiligten keine solche Abtretung vereinbaren*).

2060　Der darin enthaltene Hinweis auf die mögliche »**Verdoppelung**« **des Grundschuldbetrags** insb. durch die dinglichen Zinsen verdeutlicht ein häufig unterschätztes Risiko: Im Rang der Grundschuld selbst (§ 10 Abs. 1 Nr. 4 ZVG) erhält der Gläubiger auch die i.S.d. § 13 ZVG »laufenden Zinsen«, also den vor der Beschlagnahme fällig gewordenen Jahreszins und die bis zum Erlösverteilungstermin fällig werdenden Beträge,[1017] ferner die rückständigen Zinsen für die beiden vorangehenden Jahre. Bei grundbuchlichen 15 % – 18 % Zinsen und durchschnittlich 2 Jahren zwischen Anordnung und Abschluss der Versteigerung ergibt sich der 5-fache Zinsbetrag als Mehrforderung, welche der Gläubiger mangels abweichender Regelung auch dann geltend zu machen hat, wenn sie über die gesicherte Forderung hinausgehen, und sodann dem Inhaber des Rückgewähranspruchs (Eigentümer oder – i.d.R. – nachrangiger Gläubiger aufgrund angezeigter Abtretung, aber auch Pfändungsgläubiger) auszukehren hat. Das Risiko einer Verjährung der Rückgewähransprüche[1018] ist eher theoretischer Natur.[1019]

1016　BGH, 12.02.2015 – III ZR 29/14, ZNotP 2015, 184.
1017　So sind bspw. bei Anordnung der Zwangsversteigerung am 01.10.2006 und Verteilungstermin am 01.05.2008 gem. § 13 ZVG die Zinsen ab 01.01.2005 (Fälligkeit am 31.12.2005 als letzter Termin vor der Versteigerung) bis 30.04.2008 in grundbuchlicher Höhe umfasst.
1018　Hierzu BGH, DNotZ 2000, 59.
1019　Jede Vollsteckungshandlung des Gläubigers hemmt die Verjährung (§ 204 BGB).

Ähnlich sollte im Fall eines **Rangvorbehaltes** verfahren werden, den der Veräußerer dem Erwerber vor seinen Rechten einräumt. Der nachfolgende Formulierungsvorschlag[1020] (Rdn. 2062) geht davon aus, dass dieser Rangvorbehalt nur selektiv für das im Rahmen einer Beleihungsprüfung besonders schwer zu bewertende Dienstleistungselement (Wart und Pflege), nicht aber für das Wohnungsrecht gilt.

▶ Formulierungsvorschlag: Selektiver Rangvorbehalt mit Belehrungsvermerk

Der Erwerber behält sich im Einvernehmen mit dem Veräußerer das Recht vor, im Rang vor der vorstehend bewilligten Reallast zur Sicherung der persönlichen Dienstleistungsverpflichtungen (Wart und Pflege, hauswirtschaftliche Verrichtungen) – nicht jedoch im Rang vor der Reallast zur Sicherung des Leibrentenversprechens und vor dem Wohnungsrecht – Grundpfandrechte bis zum Gesamtbetrag i.H.v. ..... € mit Jahreszinsen bis zu 18 % ab heute mit einer einmaligen Nebenleistung von bis zu 10 % des Grundpfandrechtsbetrags in das Grundbuch eintragen zu lassen. Der Rangvorbehalt kann nur einmal, allerdings in Teilbeträgen, ausgenutzt werden; er erlischt mit erstmaliger vollständiger Ausschöpfung. Die Eintragung dieses Rangvorbehalts bei den betroffenen Rechten wird bewilligt und beantragt.

Der Notar hat den Veräußerer in diesem Zusammenhang insbesondere über Folgendes belehrt:

Der Rangvorbehalt kann im Fall einer Zwangsversteigerung zum Erlöschen der betroffenen Reallast, die zur Sicherung der Dienstleistungspflichten bestellt wurde, führen. Aus dem Versteigerungserlös wird einen Wertersatz nur gewährt, soweit vom Versteigerungserlös nach Befriedigung der vortretenden Rechte und der sonst vorgehenden Rechte etwas übrigbleibt. Der Betrag vortretender Grundpfandrechte kann sich infolge der vorbehaltenen Grundpfandrechtsnebenleistungen erheblich erhöhen, z.B. auf das Doppelte.

Der Notar hat angeregt, den Rangvorbehalt abhängig zu machen von einer Abtretung der Rückgewähransprüche, die mit den dadurch vorrangig ermöglichten Grundpfandrechten zusammenhängen, und diese Abtretung der Grundschuldgläubigerin anzuzeigen. (*Anm.: Es folgt die Abtretung der Rückgewähransprüche oder eine Feststellung, dass die Beteiligten keine solche Abtretung vereinbaren, damit der Erwerber seinen Kreditspielraum uneingeschränkt ausschöpfen könne*).

4. Mögliche Abmilderungen der Risiken des Veräußerers bei vorrangig bestehen bleibenden Grundschulden

a) Bewusste Nichtregelung?

Nicht nur mit dem notariellen Berufsverständnis unvereinbar, sondern auch in rechtlicher Hinsicht problematisch erscheint der Vorschlag, eine **Regelung** zum Schicksal der Rückgewähransprüche und Eigentümerrechte **gänzlich zu unterlassen**. Angesichts des Verbleibs dieser Rechte beim Veräußerer, haftet der Erwerber dann für mögliche künftige Verbindlichkeiten des Veräußerers, deren Entstehung er nicht verhindern kann, dinglich mit und kann die Grundpfandrechte nicht selbst als Sicherungsmittel einsetzen. Andererseits ist nicht auszuschließen, dass die Rechtsprechung eine stillschweigende Abtretung der Rückgewähransprüche annimmt.[1021] Bei einer späteren tatsächlichen Kreditaufnahme des Erwerbers könnten die Beteiligten sein, auf Betreiben des Gläubigers eine nachträgliche privatschriftliche Abtretung der Rückgewähransprüche vorzunehmen, und sind damit für mögliche notarielle Hinweise auf Zwischenlösungen (vgl. nachstehende Ausführungen) nicht mehr zugänglich.

b) Verpflichtung zum Unterlassen einer Neuvalutierung?

Wenig erfolgversprechend wäre auch die Strategie, die Rückgewähransprüche in Bezug auf bestehende Grundpfandrechte zwar an den Erwerber abzutreten, diesen aber dazu zu verpflichten, eine

---

1020 Nach *Amann/J. Mayer*, Intensivkurs Überlassungsvertrag (DAI-Skript März 2005), S. 148.
1021 So in einem Einzelfall BGH, MittBayNot 1991, 113.

Neuvalutierung nicht oder nur nach Zustimmung durch den Veräußerer (Rückforderungsberechtigten, vgl. auch mit Blick auf dieses Szenario Rdn. 2228) vorzunehmen. Allerdings ist dieser Unterlassungsanspruch nicht rechtsgeschäftlich sicherbar, sondern allenfalls durch ein gerichtliches Belastungsverbot im Weg der einstweiligen Verfügung (§ 938 Abs. 2 ZPO), das gemäß § 941 ZPO im Grundbuch eingetragen wird und dort über § 888 Abs. 2 BGB die in § 888 Abs. 1 BGB enthaltene Elisionswirkung erzeugt.[1022] Wirkung gegenüber einem Insolvenzverwalter i.S.d. § 106 InsO hat eine solche vormerkungsgleiche gerichtliche einstweilige Verfügung jedoch nicht.

c) Selektiver Rangrücktritt

2065 Zu erwägen ist jedoch ein **selektiver Rangrücktritt** der Veräußererrechte hinter neu einzutragende oder bestehen bleibende Grundschulden (ähnlich dem selektiven Rangvorbehalt, oben Rdn. 582). Gerade bei einer Vielzahl von Duldungs-, Nutzungs- und Leistungsverpflichtungen des Erwerbers, die typischerweise grundbuchlich als Leibgeding (§ 49 GBO) zusammengefasst sind, werden einzelne Bestandteile aus Sicht des Veräußerers hinsichtlich ihrer dinglichen Eintragung angesichts der beschränkten Vollstreckungsmöglichkeit nur mäßig interessant erscheinen (z.B. Verpflichtungen zur Wart und Pflege), andererseits für den Grundpfandgläubiger aufgrund ihrer der Höhe nach kaum kalkulierbaren Natur besonders gefährlich wirken. Umgekehrt ist bspw. das Bestehen bleibens eines Wohnungsrechts für den Veräußerer ganz entscheidend, während der Gläubiger sich mit dessen Vorrang angesichts der leichten Kalkulierbarkeit (entgehende Monatsmiete multipliziert mit der statistischen Lebenserwartung) leichter abfinden mag.

2066 Es ist daher zu erwägen,[1023] der Grundschuld bspw. den Rang vor der Pflegeverpflichtungs-Reallast einzuräumen, andererseits aber das Wohnungsrecht vor der Grundschuld einzutragen bzw. zu belassen. Diese »Aufspaltung« ist auch bei einer zusammenfassenden Buchung als Leibgeding möglich, da die einzelnen dinglichen Rechte ihren materiell-rechtlichen Charakter als Einzelrechte nicht verlieren. Im Grundbuch würde dann bspw. vermerkt: »*Die im Leibgeding enthaltene Reallast zur Sicherung wiederkehrender Dienstleistungen hat Rang nach der Grundschuld*«.

d) Beschränkung der Rückgewähransprüche auf Löschung

2067 Sicherheit für den Veräußerer als nachrangig Berechtigten bietet die Beschränkung der Rückgewähransprüche bei Grundschulden durch Individualvertrag[1024] auf Löschung[1025] (nicht Abtretung oder Verzicht), vorausgesetzt, durch planmäßige Tilgung seitens des Schuldners kommt es überhaupt tatsächlich zur Fälligkeit solcher Ansprüche (aufgrund Erledigung des bisherigen Sicherungszwecks). Allerdings ist damit die Grundschuld für künftige Neubeleihungen untauglich. Um dem Löschungsinteresse des nachrangigen Veräußerers weiter Rechnung zu tragen, kann sich der Eigentümer – sofern Eigentümergrundpfandrechte doch bereits entstanden sein oder durch

---

1022 BGH, 05.12.1996 – V ZB 27/96, BGHZ 134, 182.
1023 Vgl. *Mayer/Geck*, Der Übergabevertrag, § 8 Rn. 45 (»Leibgeding-Splitting«).
1024 In AGB ist die Beschränkung auf Löschung oder Verzicht jedenfalls immer dann unwirksam, wenn der Sicherungsgeber im Zeitpunkt der Rückgewähr nicht mehr Grundstückseigentümer ist: BGH, 18.07.2014 – V ZR 178/13, ZfIR 2014, 772 m. Anm. *Wolfsteiner* (hierzu auch *Weber*, DNotZ 2014, 884 ff. und *Schmidt-Räntsch*, ZNotP 2014, 288 sowie *Kesseler*, in: DAI-Skript 12. Jahresarbeitstagung des Notariats, 2014, S. 141 ff., der auch die Löschungsbeschränkung durch AGB in Fällen ohne Eigentumswechsel für unzulässig hält) vgl. schon zuvor *Kesseler* NJW 2012, 577, 580; *Clemente*, Recht der Sicherungsgrundschuld, 4. Aufl. 2008, Rn. 576 ff.; *Ph. Müller*, RNotZ 2012, 199, 202, und BGH, 09.02.1989 – IX ZR 145/89, BGHZ 106, 375 beim Eigentumswechsel durch Zuschlag. Ein (zur Unzulässigkeit der AGB-Klausel) führendes Auseinanderfallen von Sicherungsgeberstellung und Eigentum wird allerdings beim »normalen« Eigentumswechsel dadurch vermieden, dass der neue Eigentümer in den Sicherungsvertrag eintritt und damit Sicherungsgeber wird, vgl. *Zimmer*, NotBZ 2014, 466.
1025 Vgl. *Milzer*, BWNotZ 2005, 141.

weisungswidrige Erklärung des Gläubigers entstehen sollten – zu deren Löschung verpflichten und dies gem. § 1179 BGB sichern (vgl. auch Rdn. 2230), vgl. Rdn. 2069.

1179 BGB bewirkt Erleichterungen gegenüber § 883 BGB im Rahmen der Sicherung der Interessen von nachrangigen (z.b. Wohnungsrechts-)Gläubigern oder von Berechtigten, die einen Anspruch auf Übertragung der belasteten Immobilie haben (z.B. Käufer, Rückforderungsberechtigter bei einer Übertragung in vorweggenommener Erbfolge, Heimfallberechtigter) in zweierlei Hinsicht: zum Einen braucht das betroffene Eigentümerrecht bei der Bestellung der Vormerkung dem Eigentümer als Schuldner des Löschungsanspruchs noch nicht zustehen, es kann also noch ein Fremdrecht sein, zum Anderen muss der betroffene Eigentümer als Löschungsverpflichteter nicht voreingetragen sein, abweichend von § 39 GBO: derjenige, der sich zur Löschung (auch später entstehender) Eigentümerrechte verpflichtet, kann also eine Löschungsvormerkung gem. § 1179 BGB beim Grundpfandrecht schon jetzt für den Geschützten bewilligen, auch wenn es sich derzeit noch allein um eine Fremdgrundschuld handelt.[1026] 2068

▶ **Formulierungsvorschlag: Beschränkung der Rückgewähransprüche auf Löschung sowie Löschungsvormerkung bei nachrangigen Rechten des Veräußerers**

Eigentümerrechte und Rückgewähransprüche hinsichtlich bestehender, den in dieser Urkunde dem Veräußerer eingeräumten Rechten vorgehender Grundpfandrechte (»Altgrundpfandrechte«) verbleiben beim Veräußerer, hinsichtlich etwaiger nachrangiger Grundpfandrechte sowie aufschiebend bedingt auf den Zeitpunkt des Erlöschens der nachrangigen Veräußererrechte auch hinsichtlich der Altgrundpfandrechte werden sie an den dies annehmenden Erwerber abgetreten. 2069

Solange nachrangige Veräußererrechte bestehen, sind die Rückgewähransprüche bzgl. der Altgrundpfandrechte auf Löschung beschränkt, so dass weder Abtretung noch Verzicht verlangt werden kann. Die Beteiligten werden die Zuordnung und inhaltliche Beschränkung der Rückgewähransprüche den betreffenden Gläubigern schriftlich anzeigen (§ 407 BGB).

Der Erwerber verpflichtet sich weiter zur Sicherung der nachrangigen Veräußererrechte, vorrangige Grundpfandrechte zur Löschung zu bringen, soweit und sobald diese ihm jetzt oder künftig als Eigentümerrechte zustehen sollten, und bewilligt und der Veräußerer beantragt die Eintragung entsprechender Löschungsvormerkungen gem. § 1179 BGB bei den Altgrundpfandrechten.

e) Rückgewähransprüche in GbR

Häufig wird es interessengerecht sein, die Entscheidung über das künftige Schicksal des Grundpfandrechts und dessen möglichen neuen Einsatz als Sicherungsmittel in die gemeinsame Verantwortung des Veräußerers und des Erwerbers zu legen, jedenfalls dem Veräußerer nachrangige Berechtigungen zustehen. Es bietet sich in diesem Fall an, die Eigentümerrechte und Rückgewähransprüche an **Veräußerer und Erwerber in GbR** abzutreten. Die Gesamthand eignet sich geradezu ideal als Gemeinschaftsverhältnis für die Verwaltung solcher Rückgewähransprüche, da kein Vertragsteil über seinen Anteil an der Gesamtberechtigung ohne Mitwirkung des anderen verfügen kann – § 719 Abs. 1 BGB –, da sowohl schuldrechtliche Rückgewähransprüche als auch dingliche Eigentümerbefugnisse an Grundschulden in gleicher Weise in gesamthänderischer Mitberechtigung gehalten werden können, insb. auch Eigentümerrechte in diesem Mehrheitsverhältnis eingetragen werden können (§ 47 GBO), und da schließlich die gemeinsame Verwaltung solcher Rückgewähransprüche und Eigentümerrechte sowie die Sicherung nachrangiger Leibgedingsrechte einen ausreichenden gemeinsamen Zweck als Grundlage der GbR bildet (§ 705 BGB). Im Fall der Insolvenz eines Gesellschafters oder der Pfändung seines Anteils sollte die Gesellschaft unter den Verbleibenden fortgesetzt werden, ebenso beim Ableben des Erwerbers mit dessen Erben (in teilweiser Abänderung der §§ 725, 727, 728 BGB) und im Fall der stets möglichen Kündigung der GbR durch den Erwerber (§ 723 BGB) die Ansprüche an den Veräußerer 2070

[1026] Einer Mitwirkung des Gläubigers des betroffenen Grundpfandrechtes bedarf es nicht: KGJ 50, A 198, 200; ebenso wenig der Grundpfandrechtsbriefvorlage, § 41 Abs. 1 Satz 3 GBO.

»zurückfallen«. Die Abtretung sollte allerdings dem Gläubiger angezeigt werden (§ 407 Abs. 1 BGB).[1027]

2071 Ausformuliert könnte dies (bei gleichzeitiger Wahl der oben bei Rdn. 2015 ff. dargestellten Variante »Erfüllungsübernahme«) etwa wie folgt lauten:[1028]

▶ Formulierungsvorschlag: Abtretung der Rückgewähransprüche bei übernommenen Grundpfandrechten

2072 Das eingetragene Grundpfandrecht darf auch nach der Eigentumsumschreibung im Range vor den zugunsten des Veräußerers einzutragenden Rechten bestehen bleiben, aber während deren Bestehens zur Sicherung neuer Verbindlichkeiten nur verwendet werden, soweit Veräußerer und Erwerber zustimmen. Demgemäß tritt der Veräußerer seine Eigentümerrechte und Rückgewähransprüche bzgl. dieser Grundschuld
1. mit sofortiger Wirkung in der Weise ab, dass sie während des Bestehens des nachrangigen Grundbuchrechts des Veräußerers dem Erwerber und dem Veräußerer als Gesellschafter des bürgerlichen Rechts (GbR) zustehen – hierfür gelten die Bestimmungen des BGB mit der Maßgabe, dass bei Pfändung oder Insolvenz eines Gesellschafters die GbR unter den übrigen Gesellschaftern, beim Ableben des Erwerbers mit dessen Erben, fortgesetzt wird –;
2. mit Wirkung ab einer Kündigung durch den Erwerber an den Veräußerer allein ab;
3. mit Wirkung ab Erlöschen des nachrangigen Veräußererrechts an den Erwerber allein ab.

Entsprechende Eintragung im Grundbuch wird bewilligt, jedoch derzeit nicht beantragt.

Des Weiteren ändern die Beteiligten vorbehaltlich der Zustimmung des Grundschuldgläubigers die bisherigen Sicherungsvereinbarungen (Zweckbestimmungserklärungen) dahin gehend ab, dass
1. die Grundschuld nur die derzeit bestehenden Verbindlichkeiten und solche künftigen Verbindlichkeiten sichert, welche mit Zustimmung des Veräußerers und des Erwerbers begründet worden sind;
2. eine Änderung dieser »dreiseitigen« Sicherungsvereinbarung nur mit Zustimmung des Veräußerers möglich ist, solange für diesen nachrangige Rechte eingetragen sind;
3. nach Löschung der nachrangigen Rechte des Veräußerers die Grundschuld solche Verbindlichkeiten absichert, die mit Zustimmung des Erwerbers begründet worden sind.

Die Beteiligten wissen, dass die Abtretung der Rückgewähransprüche dem Grundschuldgläubiger gegenüber erst wirkt, wenn sie dieser angezeigt ist, und dass die Änderung des Sicherungsvertrags der Zustimmung des Gläubigers bedarf. Sie beauftragen den Notar,
1. diese Anzeige gegenüber dem eingetragenen Grundschuldgläubiger vorzunehmen;
2. die Zustimmung des Gläubigers zur vorstehenden Änderung der Zweckerklärung einzuholen verbunden mit einer Verpflichtung des Gläubigers, bei einer Weiterabtretung der Grundschuld diese Verpflichtungen dem neuen Gläubiger aufzuerlegen.

Der Gläubiger erhält hierzu eine beglaubigte Abschrift der heutigen Urkunde.

2073 Gleichwohl darf der (ggf. vermeintliche) »Erwerber« solcher Rückgewähransprüche **folgende Risiken** nicht übersehen:
(1) Da der **gute Glaube** an die Gläubigerstellung bei der Abtretung von Ansprüchen **nicht geschützt** wird, gehen spätere Abtretungen des Rückgewähranspruchs ins Leere, auch wenn lediglich diese späteren Abtretungen gem. § 407 BGB angezeigt wurden: der Nichtberechtigte, an den die Rückgewähr zu Unrecht erfolgt ist, hat das Erlangte an den wahren Rückgewährsberechtigten herauszugeben (§ 816 Abs. 2 BGB).[1029]
(2) Häufig ist die **Abtretbarkeit** der Rückgewähransprüche im Sicherungsvertrag **ausgeschlossen** (§ 399 BGB) oder an die Zustimmung der Gläubigerin geknüpft. Gleichwohl erfolgte Abtretungen gehen dann ebenfalls ins Leere. Dies hindert jedoch nicht die Pfändbarkeit des An-

---

[1027] Vgl. OLG München, DNotZ 1999, 744 m. Anm. *Eickmann*.
[1028] Ähnlich *Milzer*, BWNotZ 2005, 141.
[1029] *Gaberdiel*, Kreditsicherung durch Grundschulden, 7. Aufl. 2004, Rn. 889.

G. Übernahme von Verbindlichkeiten und/oder Grundpfandrechten Kapitel 4

spruchs (§ 851 Abs. 2 ZPO). Selbst wenn anschließend der Abtretungsausschluss aufgehoben bzw. die frühere Abtretung genehmigt wird, erwirbt der Zessionar das Recht mit der Pfändungsbelastung.

(3) Im Sicherungsvertrag ist ferner häufig vereinbart, dass Rückgewähr der Grundschuld **nur durch Aufhebung**, nicht aber durch Abtretung oder Verzicht verlangt werden könne, so dass der Rückgewährgläubiger nicht Inhaber der Grundschuld werden kann. **2074**

(4) Von entscheidender Bedeutung ist weiter die Sicherungsabrede (**Zweckvereinbarung**). Ist das betreffende Grundpfandrecht für alle, auch künftige, Ansprüche aus der gesamten Geschäftsverbindung bestellt, kann Rückgewähr selbst bei Tilgung des derzeitigen Darlehens nicht verlangt werden. Nur der Sicherungsgeber selbst (nicht der Abtretungsempfänger der Rückgewähransprüche)[1030] kann diese weite Zweckerklärung mit Wirkung für die Zukunft jederzeit kündigen. Anderenfalls sind stets neue Sicherungszwecke möglich. Nach einem obiter dictum des BGH[1031] soll dies möglicherweise auch bei einer »engen Sicherungsabrede« gelten, solange das erste Darlehen noch nicht erledigt ist.

(5) Schließlich **verneint** die herrschende Meinung,[1032] sofern keine diesbezügliche Vollmacht erteilt wurde, einen **Auskunftsanspruch** des Inhabers der Rückgewähransprüche gegen den Grundpfandrechtsgläubiger über den Stand der gesicherten Verbindlichkeiten, solange noch keine Verwertung erfolgt sei. **2075**

▶ Hinweis:

Umfassendere Sicherheit gewährt daher lediglich eine dreiseitige Vereinbarung unter Einschluss des Schuldners, des derzeitigen Gläubigers und des Abtretungsempfängers, die einen nur mehr in allseitigem Zusammenwirken änderbaren Sicherungszweck festlegt und den Altgläubiger verpflichtet, die Grundschuld nach dessen Erledigung an den Abtretungsempfänger abzutreten.

Eine ausführliche Formulierung der Abtretung von Rückgewähransprüchen sowie Eigentümerrechten – sowie vorsorglich auch Eigentümergrundschulden[1033] – samt Belehrung über die Schutzlücken könnte daher[1034] wie folgt lauten: **2076**

▶ **Formulierungsvorschlag: Abtretung von Rückgewähransprüchen (ausführlich)**

Der Grundschuldbesteller (derzeitige Eigentümer) tritt hiermit alle gegenwärtigen und künftigen, auch bedingten oder befristeten, Ansprüche auf Rückgewähr der Grundschuld Abt. III laufende Nr. ..... sowie alle diesbezüglich etwa bereits entstandenen, gegenwärtigen oder künftigen Eigentümerrechte (auch Eigentümergrundschulden) an ..... (Anm.[Ggf. noch folgenden Zusatz aufnehmen]: »Zur Berechtigung zu gleichen Bruchteilen.«) ab. Er garantiert, diese Ansprüche nicht bereits anderweit abgetreten zu haben, tritt jedoch vorsorglich alle Ansprüche auf Rückgewähr etwaiger bisheriger Abtretungen ab. Die Abtretungen werden angenommen.

Jeder Abtretungsempfänger ist bevollmächtigt, von der Grundschuldgläubigerin alle Auskünfte über sämtliche Umstände zu erhalten, die für den Umfang der Rückgewähransprüche sowie Art und Höhe der gesicherten Verbindlichkeiten von Bedeutung sind.

Den Beteiligten ist bekannt, dass die Abtretung der Rückgewähransprüche wirkungslos bleibt, falls diese bereits anderweit abgetreten, gepfändet oder verpfändet worden sein sollten, falls die

---

1030 Das Kündigungsrecht ist als unselbstständiges Gestaltungsrecht nicht selbstständig abtretbar, vgl. *Gaberdiel* Kreditsicherung durch Grundschulden, 7. Aufl. 2004, Rn. 885.
1031 BGH, 09.03.2006 – IX ZR 11/05, MittBayNot 2007, 45/47 m. Anm. *Amann* S. 13 ff.
1032 BGH, DNotZ 1988, 155 unter II.2.b; *Gaberdiel*, Kreditsicherung durch Grundschulden, 7. Aufl. 2004, Rn. 1059.
1033 Im Zweifel sind diese von der Abtretung der Eigentümerrechte mit erfasst, vgl. OLG München, 13.12.2016 – 34 Wx 82/16, NotBZ 2017, 277.
1034 Im Anschluss an *Amann*, in: Amann/Hertel/Everts, Aktuelle Probleme der notariellen Vertragsgestaltung im Immobilienrecht 2006/2007 (DAI-Skript), S. 236 f.

Abtretbarkeit im Sicherungsvertrag ausgeschlossen oder beschränkt wurde, falls der Rückgewähranspruch nicht durch Abtretung oder Verzicht, sondern nur durch Löschung erfüllt werden kann oder wenn der Besteller sowie der derzeitige Grundschuldgläubiger berechtigt bleiben, künftige, weitere Verbindlichkeiten in den Sicherungszweck der Grundschuld einzubeziehen.

Die Anzeige der Abtretung der Rückgewähransprüche beim derzeitigen Grundschuldgläubiger wird der Abtretungsempfänger selbst vornehmen und den Zugang dieser Anzeige dauerhaft dokumentieren, um zu vermeiden, dass der Grundschuldgläubiger schuldbefreiend an andere Personen leisten kann.

Der Notar hat empfohlen, das Interesse des Abtretungsempfängers am Erhalt einer günstigeren Rangstelle dadurch zu sichern, dass unter Mitwirkung des Grundschuldbestellers und des derzeitigen Grundschuldgläubigers eine dreiseitige Vereinbarung zustande kommt, die den Sicherungszweck begrenzt und den derzeitigen Gläubiger nach dessen Erledigung verpflichtet, die Grundschuld an den Abtretungsempfänger abzutreten. Die Beteiligten werden sich selbst bemühen, eine solche allseitige Vereinbarung zustande zu bringen.

5. Verwendung stehenbleibender Grundpfandrechte beim Nießbrauchsvorbehalt

2077 Steht bei dem vorstehend (Rdn. 2055 ff.) behandelten Nebeneinander (bzw.: Nacheinander) von bestehen bleibender Grundschuld und Wohnungsrecht die **Gefahr des Untergangs des Abteilung II-Rechts** bei Versteigerung aus der vorrangigen Grundschuld im Vordergrund (also die Rangproblematik), stellt sich bei der nunmehr zu behandelnden Konstellation der Bestellung eines Nießbrauchsvorbehalts zugunsten des Veräußerers (und/oder dessen Ehegatten) bei Bestehenbleiben der Grundschuld in erster Linie die Frage der Verwendung dieses Grundpfandrechts als Kreditsicherungsmittel. Typischerweise wird nämlich dem Nießbraucher als Inhalt des Nießbrauchs (vgl. oben Rdn. 1377 ff.) auch aufgebürdet, abweichend von der gesetzlichen Lastentragung auch die außerordentlichen Instandhaltungs- und Instandsetzungsaufwendungen zu tragen; ferner wird er regelmäßig sowohl Verzinsung als auch Tilgung bestehen bleibender oder neu aufzunehmender Verbindlichkeiten zu übernehmen haben. Er benötigt daher regelmäßig die Grundschuld als Kreditsicherheit etwa für größere Investitionen (Reparaturen an Dach, Heizung etc.); andererseits hat der Erwerber, der in aller Regel die bei Beendigung des Nießbrauchs noch bestehenden Verbindlichkeiten schuldbefreiend (auch ggü. den anderen Erben des Nießbrauchers) zu übernehmen hat, ein Interesse daran, die Aufnahme neuer Kredite in überschaubarem Rahmen zu halten und auf objektgebundene Darlehen zu begrenzen.

Es stellen sich daher insoweit **folgende Regelungsthemen:**

a) Aufschiebend bedingte Schuld- oder Erfüllungsübernahme

2078 Mit Beendigung des Nießbrauchs (sei es aufgrund Ablebens des Nießbrauchers oder aufgrund vorzeitigen Verzichts) wird regelmäßig aufgrund schon jetzt getroffener Vereinbarung der Erwerber verpflichtet sein, die dann noch bestehenden, grundpfandrechtlich abgesicherten Verbindlichkeiten als weitere **Gegenleistung** (mit erst dann eintretender schenkungsteuerlicher Relevanz, Rdn. 1388, 1987) **zur weiteren Verzinsung und Tilgung** zu übernehmen. Diese Verpflichtung muss mit beurkundet werden. Da Höhe und Konditionen der zu übernehmenden Verbindlichkeiten derzeit noch nicht bekannt sind, können die erforderlichen Gläubigererklärungen erst im Zeitpunkt des Erlöschens des Nießbrauchs eingeholt werden, und zwar typischerweise durch die Beteiligten selbst, da der Notar von diesem Zeitpunkt nicht zwingend erfährt. Er sollte jedoch empfehlen, zur Vermeidung einer Festsetzungsverjährung dann binnen Jahresfrist (§§ 6 Abs. 2, 5 Abs. 2 Satz 2 BewG) einen **Antrag auf Änderung der ursprünglichen Schenkungsteuerfestsetzung** zu stellen (§ 175 Abs. 1 Nr. 2 AO).

▶ Formulierungsvorschlag: Schuldübernahme aufschiebend bedingt auf den Zeitpunkt des Erlöschens des Nießbrauches

2079 Die eingetragene Grundschuld sichert derzeit noch Verbindlichkeiten des Veräußerers und künftigen Nießbrauchers, der verpflichtet bleibt, diese gemäß den Vereinbarungen im jeweiligen Darlehensvertrag zu tilgen und zu verzinsen. Von dem danach bei Erlöschen des Nießbrauchs verbleibenden Rest dieser Verbindlichkeiten hält der Erwerber mit Wirkung ab Erlöschen des Nießbrauchs alle etwaigen Schuldner vollständig frei. Die ungefähre heutige Höhe dieser Verbindlichkeiten und die für sie geltenden Bestimmungen sind dem Erwerber bekannt.

Der Notar hat darauf hingewiesen, dass zur Freistellung der sonstigen Schuldner auch im Außenverhältnis eine entsprechende Erklärung des Gläubigers erforderlich ist. Diese wird der Erwerber nach Erlöschen des Nießbrauchs unverzüglich besorgen; sofern dies nicht gelingt, hat der Erwerber auf Verlangen auch nur eines Mitschuldners die übernommenen Verbindlichkeiten unverzüglich vollständig zu tilgen. Etwaige Kosten der Durchführung vorstehender Vereinbarungen trägt der Erwerber. Der Notar hat empfohlen, bei nachträglicher Schuldübernahme binnen Jahresfrist Antrag auf Neufestsetzung der Schenkungsteuer zu stellen.

Noch stärker vorwegnehmen lassen sich die Wirkungen der auf den Wegfall des Nießbrauchs bedingten Schuldübernahme, wenn diese bereits bei der Einräumung des Nießbrauchs stattfindet und seitens des Gläubigers genehmigt wird, der Nießbraucher sich jedoch im Innenverhältnis ggü. dem Eigentümer verpflichtet, während der Dauer des Nießbrauches die Verzinsung und Tilgung dieser Verbindlichkeiten zu übernehmen. **Schenkungsteuerlich** tritt damit jedoch keine Besserung ein: Relevant i.S.e. zur gemischten Schenkung führenden Gegenleistung wird die Schuldübernahme des Erwerbers/Eigentümers erst, wenn er **keinen Freistellungsanspruch** gegen den Nießbraucher mehr hat.[1035] Die bereits jetzt erteilte Schuldübernahmegenehmigung des Gläubigers gibt allerdings den Erben des Nießbrauchers (bzw. diesem selbst bei vorzeitiger Aufgabe des Nießbrauchs) erhöhte Sicherheit; während umgekehrt der Erwerber mit dem Ausfallrisiko des Nießbrauchers belastet ist: Kann dieser die Verzinsung und Tilgung, etwa aufgrund Insolvenz, nicht mehr erbringen, hält sich der Gläubiger bereits während des Bestandes des Nießbrauches an den Erwerber. Daher wird der Erwerber mit der sofortigen Schuldübernahme samt Freistellung nur einverstanden sein, wenn der Nießbrauch seinerseits auflösend bedingt ist für den Fall seiner, des Erwerbers, vorzeitigen Inanspruchnahme durch den Gläubiger, also die Nichterfüllung des Freistellungsanspruchs über einen bestimmten Schwellenbetrag hinaus.

Eine solche »vorzeitig sich vollziehende« Schuldübernahme, deren Wirkungen durch einen Freistellungsanspruch ausgeglichen werden, könnte etwa wie folgt formuliert sein:

▶ Formulierungsvorschlag: Sofortige Schuldübernahme mit Freistellung bis zum Erlöschen des Nießbrauches

1. Ziel der Vereinbarung

Die eingetragene Grundschuld sichert derzeit noch Verbindlichkeiten des Veräußerers und künftigen Nießbrauchers. Der Erwerber übernimmt diese im Außenverhältnis mit sofortiger Wirkung, im Verhältnis zum Inhaber des Nießbrauchs jedoch erst mit Wirkung ab dessen Erlöschen. Daher wird vereinbart:

2. Schuldübernahme

Als weitere Gegenleistung gegenüber dem Veräußerer übernimmt der Erwerber die durch das Grundpfandrecht Abt. III laufende Nr. ..... gesicherten Verbindlichkeiten samt etwaigen Rückständen im Verhältnis zum Gläubiger ab Übergang des mittelbaren Besitzes (Stichtag) zur weiteren Verzinsung und Tilgung. Gelangt die Grundbesitzübertragung nicht zur Durchführung, ist er hiervon wieder rückwirkend freizustellen. Kosten und Gebühren der Schuldübernahme trägt .....

Die Konditionen der zu übernehmenden Verbindlichkeiten (Zinsen, Laufzeit, Tilgungsmöglichkeiten, Kosten etc.) sind den Beteiligten nach Angabe bekannt. Der beurkundende Notar kennt diese nicht; er hat jedoch auf die mögliche Anwendbarkeit der gesetzlichen Regelung über Verbraucherdarlehensverträge sowohl auf den bisherigen Schuldvertrag als auch auf die Vertragsübernahme und die daraus resultierenden Folgen, insbesondere das Widerrufsrecht des Schuldübernehmers, hingewiesen.

1035 BFH, 17.01.2001 – II R 60/99, ZEV 2002, 121.

3. Eigentümerrechte und Rückgewähransprüche

Das eingetragene Grundpfandrecht darf auch nach der Eigentumsumschreibung im Range vor den zugunsten des Veräußerers einzutragenden Rechten bestehen bleiben, aber während deren Bestehens zur Sicherung neuer Verbindlichkeiten nur verwendet werden, soweit Veräußerer und Erwerber zustimmen. Demgemäß tritt der Veräußerer seine Eigentümerrechte und Rückgewähransprüche bzgl. dieser Grundschuld

- mit sofortiger Wirkung in der Weise ab, dass sie während des Bestehens des nachrangigen Grundbuchrechts des Veräußerers dem Erwerber und dem Veräußerer als Gesellschaftern des bürgerlichen Rechts (GbR) zustehen – hierfür gelten die Bestimmungen des BGB mit der Maßgabe, dass bei Pfändung oder Insolvenz eines Gesellschafters die GbR unter den übrigen Gesellschaftern, beim Ableben des Erwerbers mit dessen Erben, fortgesetzt wird –,
- mit Wirkung ab einer Kündigung durch den Erwerber an den Veräußerer allein,
- mit Wirkung ab Erlöschen des nachrangigen Veräußererrechts an den Erwerber allein ab.

Entsprechende Eintragung im Grundbuch wird bewilligt, jedoch derzeit nicht beantragt.

4. Zweckvereinbarung, Anzeige

Des Weiteren ändern die Beteiligten vorbehaltlich der Zustimmung des Grundschuldgläubigers die bisherigen Sicherungsvereinbarungen (Zweckbestimmungserklärungen) dahin gehend ab, dass

- die Grundschuld nur die derzeit bestehenden Verbindlichkeiten und solche künftigen Verbindlichkeiten sichert, welche mit Zustimmung des Veräußerers und des Erwerbers begründet worden sind,
- eine Änderung dieser »dreiseitigen« Sicherungsvereinbarung nur mit Zustimmung des Veräußerers möglich ist, solange für diesen nachrangige Rechte eingetragen sind,
- nach Löschung der nachrangigen Rechte des Veräußerers die Grundschuld solche Verbindlichkeiten absichert, die mit Zustimmung des Erwerbers begründet worden sind.

Die Beteiligten wissen, dass die Abtretung der Rückgewähransprüche dem Grundschuldgläubiger gegenüber erst wirkt, wenn sie dieser angezeigt ist, und dass die Änderung des Sicherungsvertrags der Zustimmung des Gläubigers bedarf. Sie beauftragen den Notar,
- diese Anzeige gegenüber dem eingetragenen Grundschuldgläubiger vorzunehmen
- die Zustimmung des Gläubigers zur vorstehenden Änderung der Zweckerklärung einzuholen verbunden mit einer Verpflichtung des Gläubigers, bei einer Weiterabtretung der Grundschuld diese Verpflichtungen dem neuen Gläubiger aufzuerlegen.

Der Gläubiger erhält hierzu eine beglaubigte Abschrift der heutigen Urkunde.

5. Vollstreckungsunterwerfung

Der Erwerber anerkennt (*Anm.: mehrere als Gesamtschuldner*) dem Grundpfandrechtsgläubiger einen Geldbetrag i.H.d. Grundpfandrechtsnennbetrags und der Zinsen und Nebenleistungen ab dem Datum der Grundbuchbewilligung in der Weise zu schulden, dass dieses Anerkenntnis die Zahlungsverpflichtung selbstständig begründet. Er unterwirft sich der sofortigen Vollstreckung in sein Vermögen sowie als künftiger Eigentümer in den Grundbesitz mit der Maßgabe, dass vollstreckbare Ausfertigung frühestens ab Genehmigung der Schuldübernahme erteilt werden darf und die dingliche Vollstreckung gegen den jeweiligen Eigentümer zulässig ist (§ 800 Abs. 1 ZPO), was hiermit vereinbart und zur Eintragung bewilligt und beantragt wird.

6. Genehmigung der Schuldübernahme

Der Notar wird damit beauftragt, diese Schuldübernahme dem Gläubiger unter Übersendung einer vollstreckbaren Ausfertigung der heutigen Urkunde gem. § 415 Abs. 1 BGB mitzuteilen und dessen Genehmigung für die Beteiligten zu beantragen und entgegenzunehmen. Sollte die Genehmigung der Schuldübernahme verweigert oder nur unter Bedingungen genehmigt werden, denen der Erwerber nicht zustimmt, ist der Erwerber verpflichtet, diese Genehmigung erneut zu beantragen, sobald die in Nr. 7 vereinbarte Freistellungspflicht des Nießbrauchers endet, und ab diesem Zeitpunkt den Nießbraucher bzw. dessen Gesamtrechtsnachfolger von jeglicher Inanspruchnahme aus dem Darlehen freizustellen (aufschiebend bedingte Erfüllungsübernahme). Die Eigentumsumschreibung soll gleichwohl vollzogen werden (*Anm.: Anderenfalls Verwendung der Formulierung des Bausteins bei Rdn. 2030*).

7. Freistellung durch den Nießbraucher

Unbeschadet der sofort zu vollziehenden Schuldübernahme soll die genannte Verbindlichkeit wirtschaftlich weiter den Nießbraucher treffen, solange der Nießbrauch besteht. Letzterer ist daher verpflichtet, während dieses Zeitraums den Erwerber und dessen Rechtsnachfolger umfassend von Verzinsung und Tilgung freizustellen, indem er diese unmittelbar gegenüber dem Gläubiger leistet, anderenfalls sie dem Erwerber unverzüglich zu erstatten. Gleiches gilt für eine etwaige Anschlussfinanzierung zu marktüblichen Konditionen und mit identischem Tilgungsanteil.

8. Sanktion bei Nichterfüllung der Freistellung/Erlöschen des Nießbrauchs

Wurde der Eigentümer durch den Gläubiger in Höhe mind. eines Jahresbetrags an Zins und Tilgung in Anspruch genommen, ohne dass der Nießbraucher seiner Freistellungspflicht nach Nr. 7 nachgekommen ist, ist er zur Kündigung der schuldrechtlichen Abrede über die Nießbrauchsbestellung berechtigt. Der Nießbrauch als dingliches Recht ist durch diese Kündigung seinerseits auflösend bedingt.

9. Hinweise des Notars

Der Notar hat den Beteiligten insbesondere folgende Umstände verdeutlicht:
- Der Erwerber kann durch den Gläubiger sofort zur Verzinsung und Tilgung der Verbindlichkeit herangezogen werden, er hat lediglich intern einen Anspruch auf Freistellung gegen den Nießbraucher.
- Aufgrund des Freistellungsanspruchs führt die Schuldübernahme nicht sofort zur Minderung der Schenkungsteuer, sondern (auf Antrag) erst dann, wenn der Erwerber die Darlehenslasten tatsächlich trägt.
- Dem Nießbraucher droht der dauernde Verlust seines Rechts, wenn er hinsichtlich seiner Freistellungspflicht mit einem Jahresbetrag rückständig ist.

b) Zuordnung der Eigentümerrechte und Rückgewähransprüche

Verbleiben diese uneingeschränkt beim Veräußerer, trägt der Erwerber das **Risiko einer Valutierung** der bestehen bleibenden Grundschuld nicht nur für solche Verbindlichkeiten, die zur Finanzierung der Nießbrauchslasten anfallen und damit mittelbar dem Objekt selbst zugutekommen, sondern auch für andere, etwa private Kredite. Ist zusätzlich eine aufschiebend bedingte Schuldübernahme vereinbart, könnte der Veräußerer gar die Beendigung des Nießbrauchs mit Bedacht herbeiführen, um die ihm möglicherweise lästig gewordenen privaten Verbindlichkeiten »loszuwerden«.

2083

▶ Hinweis:

Auf diese Gefahren sollte der Erwerber durch den Notar hingewiesen werden. Zumindest aber wird es sich empfehlen, die Eigentümerrechte und Rückgewähransprüche aufschiebend bedingt auf den Zeitpunkt des Erlöschens des Nießbrauchs an den Erwerber abzutreten (und diese Abtretung wegen § 407 BGB dem Gläubiger anzuzeigen), es sei denn, die freie Verwendbarkeit der Grundschuld für auch objektfremde Verbindlichkeiten ist offen gewollt. Besteht der Erwerber auf vertraglichen Vorkehrungen gegen die »freie Valutierbarkeit« des Grundpfandrechts, empfiehlt sich auch hier die vorstehend erläuterte Abtretung der Eigentümerrechte und Rückgewähransprüche an Veräußerer und Erwerber in GbR, aufschiebend bedingt auf den Zeitpunkt des Erlöschens des Nießbrauchs an den Erwerber allein. Auf Wunsch des Vorbehaltsnießbrauchers (Veräußerers) kann zusätzlich eine schuldrechtliche Verpflichtung des Erwerbers aufgenommen werden, die Zustimmung zur Neuvalutierung zu erteilen, sofern die dadurch abgesicherten Verbindlichkeiten nachgewiesenermaßen für objektbezogene Aufwendungen Verwendung finden und eine bestimmte Mindesttilgung vereinbart wird.

2084

III. Zweckgebundene Vorwegbeleihung

2085 Wenn auch in weit geringerem Umfang als im Rahmen von Kaufverträgen,[1036] sind auch bei Überlassungsverträgen Fallgestaltungen denkbar, in denen der Erwerber zweckgebunden, etwa zur Finanzierung eines Gutabstandsgeldes an den Veräußerer oder einer Abstandszahlung, die der Veräußerer zur Gleichstellung weichender Geschwister einsetzt (Rdn. 1868 ff.) das zu übertragende Objekt beleihen können muss, schon vor der Eigentumsumschreibung. Analog der für den Kaufvertrag entwickelten Instrumente kann hierfür eine Vollmacht erteilt werden, die allerdings eine Verwertung des Grundbesitzes – jedenfalls bis zur Eigentumsumschreibung – nur ermöglicht, wenn Auszahlungen nach Maßgabe der engen zu vereinbarenden Zweckbestimmung, beschränkt auf die Finanzierung der Ausgleichsleistung, erbracht wurden. Soll auch nach der Umschreibung die Grundschuld nur unter Zustimmung des Veräußerers (zu dessen Gunsten z.B. nachrangige Rechte eingetragen wurden) verwendet werden, sind zusätzlich zu den Vorkehrungen des nachstehenden Formulierungsvorschlags auch die in Rdn. 2063 ff. diskutierten Lösungen erforderlich.

▶ **Formulierungsvorschlag: Vollmacht zur »Vorwegfinanzierung« einer Ausgleichsleistung**

2086 Der Veräußerer ist verpflichtet, bei der Bestellung von Grundpfandrechten zur Finanzierung der Ausgleichsleistung mitzuwirken, wenn gleichzeitig die nachfolgenden Sicherungsvereinbarungen getroffen werden. Es ist jedoch allein Sache des Erwerbers, dafür zu sorgen, dass etwa benötigte Finanzierungsmittel rechtzeitig zur Verfügung stehen.

Der Veräußerer bevollmächtigt daher den Erwerber befreit von den Beschränkungen des § 181 BGB, zu folgenden Rechtshandlungen:

Das Vertragsobjekt – also auch soweit derzeit noch im Eigentum des Veräußerers stehend – darf ab sofort mit Grundpfandrechten samt Zinsen und Nebenleistungen in beliebiger Höhe belastet werden. Der Veräußerer bewilligt deren Eintragung samt dinglicher Vollstreckungsunterwerfung und stimmt allen zur Rangbeschaffung geeigneten Erklärungen zu. Der Erwerber übernimmt die persönlichen Zahlungsverpflichtungen und unterwirft sich insoweit der Zwangsvollstreckung, trägt die Kosten der Bestellung und Eintragung, und tritt mit seinen Rechten (etwa einer Vormerkung) zurück. Aufgrund der zu vereinbarenden Sicherungsabrede darf der Gläubiger das Grundpfandrecht bis zur vollständigen Ausgleichszahlung nur in der Höhe als Sicherheit verwerten oder behalten, in der er tatsächlich mit Erfüllungswirkung auf die Ausgleichszahlungsverpflichtung des Erwerbers geleistet hat.

Die Finanzierungsgläubiger werden hiermit unwiderruflich angewiesen, die auf diese Weise besicherten Kreditmittel bis zur vollständigen Zahlung der Ausgleichsverpflichtung nur hierfür zu verwenden.

Beurkundungen aufgrund der vorstehenden Vollmacht können nur an dieser Notarstelle erfolgen.

H. Vertragliche Rückforderungsrechte

I. Anwendungsbereich

2087 **Gesetzliche Rückforderungsrechte** sind – wie oben bei Rdn. 185, 189 dargestellt – auf wenige eng umgrenzte, hinsichtlich ihrer Tatbestandsvoraussetzungen mit Nachweisschwierigkeiten behaftete (»grober Undank«) Fälle beschränkt, deren Anwendbarkeit zudem nach der noch herrschenden (bestrittenen) Rechtsprechung davon abhängt, dass es sich zivilrechtlich entweder um eine reine Schenkung, um eine Schenkung unter Auflagen oder um eine gemischte Schenkung mit Überwiegen des unentgeltlichen Charakters handelt. Aus diesem Grund sind vertragliche Rückforderungsansprüche stets zu diskutieren.

1036 Vgl. ausführlich *Krauß*, Immobilienkaufverträge in der Praxis, 8. Aufl., Rn. 2021.

H. Vertragliche Rückforderungsrechte Kapitel 4

1. Rückforderungsrechte zur Sicherung der Vertragserfüllung?

Zu untersuchen sind zunächst die **gesetzlichen Folgen für Leistungsstörungen** des Erwerbers. Dabei ist zu differenzieren zwischen Schenkungsauflagen (Rdn. 2089 ff.) und gemischten Schenkungen mit überwiegendem Entgeltlichkeitscharakter (Rdn. 2097 ff.). Im Anschluss stellt sich die Frage nach kautelarjuristischer Vorsorge (Rdn. 2100 ff.). 2088

a) Auflagenschenkung

Handelt es sich bei den »Gegenleistungen« zivilrechtlich um **Schenkungsauflagen** (die also aus dem zugewendeten Gegenstand selbst erbracht werden können), gilt: 2089
(1) die (objektive oder subjektive, anfängliche oder nachträgliche) **Unmöglichkeit der Auflagenerfüllung** führt gem. § 275 Abs. 1 BGB zur Leistungsfreiheit des Beschenkten.

▶ Beispiel:
Das gewährte Wohnungsrecht kann wegen Zerstörung des Anwesens nicht erfüllt werden; es wurde keine Wohnungsgewährungspflicht i.S.e. Reallast vereinbart.

(2) **Schadensersatz statt der Leistung** kann der Begünstigte nur verlangen, wenn die Unmöglichkeit zu vertreten ist (§ 283 BGB), z.B. weil das Haus infolge grober Unachtsamkeit des Erwerbers abgebrannt ist. Die Rückforderung der Zuwendung gem. § 527 BGB ist jedoch ausgeschlossen, wenn eine Verpflichtung zur Erfüllung der Auflage selbst nicht mehr besteht. Auch das Rücktrittsrecht aus § 326 Abs. 5 BGB kommt schließlich nicht in Betracht, da die Schenkung unter Auflage keinen gegenseitigen Vertrag darstellt. Soll die »Sanktion« einer Rückabwicklung dem Veräußerer zusätzlich zur Verfügung stehen, muss sie daher individualvertraglich vereinbart werden; es empfiehlt sich dann auch eine detaillierte Regelung der Tatbestandsseite (regelmäßig Beschränkung auf zu vertretendes Unmöglichwerden) und der Rechtsfolgen (z.B. keine Rückgewähr wechselseitig erlangter Nutzungen, keine wechselseitige Erstattung von Aufwendungen). 2090

(3) Gleiches gilt, wenn dem Erwerber bzgl. Schenkungsauflagen auf der Grundlage des § 275 Abs. 2 u. Abs. 3 BGB (**Unerreichbarkeit/Unzumutbarkeit**) ein Leistungsverweigerungsrecht zusteht. Einschlägig ist insb. § 275 Abs. 3 BGB bei persönlich zu erbringenden Wart- und Pflegeleistungen oder hauswirtschaftlichen Verrichtungen, an denen der Erwerber z.B. wegen beruflicher Versetzung durch den Dienstherrn oder wegen eigener Erkrankung gehindert ist. (Voraussetzung für das Leistungsverweigerungsrecht ist allerdings stets die vorab zu treffende Feststellung, dass nicht etwa ein Ergebnis – Pflege der Person und Führung des Haushalts – geschuldet war, gleich ob selbst oder durch zu stellende Ersatzpersonen, sondern nur die persönliche Dienstleistung zur Erreichung dieses Ergebnisses.) 2091

(4) Nur im Bereich des Leibgedingsrechts sehen **landesrechtliche Vorschriften** auch beim unverschuldeten Freiwerden von Versorgungspflichten eine »billige Rente in Geld« vor, die sich regelmäßig an der Auszahlung der beim Verpflichteten durch das Freiwerden eingetretenen Bereicherung orientiert (nicht an der Höhe anderweitiger Ersatzbeschaffung, wie in den Fällen des vom Erwerber zu vertretenden Wegfalls ortsgebundener Leistungen, vgl. Art. 21, 22 BayAGBGB). Umgekehrt ist aber in den meisten landesrechtlichen Leibgedingsbestimmungen das Rückforderungsrecht aus § 527 BGB ausgeschlossen, vgl. bspw. Art. 17 BayAGBGB.[1037] 2092

1037 Einen differenzierten Ansatz vertritt insoweit das Thüringer Zivilrechtsausführungsgesetz, indem es in § 13 ThürAGBGB den Rücktritt bei erheblichen, verschuldeten und trotz Abmahnung fortgesetzten Verstößen zwar eröffnet, ihn allerdings der notariellen Beurkundung unterwirft, um seine überlegte Ausübung und die eingehende Belehrung über die einschneidenden Rechtsfolgen (Erstattung von Aufwendungen des Erwerbers!) sicherzustellen; vgl. ThürGVBl. 2002, 424 ff.

2093 **Kautelarjuristisch** kann eine Erweiterung der Sanktionsmöglichkeiten des Veräußerers für den Fall, dass der Erwerber unverschuldet und demnach schadensersatzfrei von übernommenen Auflagen frei wird, in zweierlei Hinsicht erwogen werden:
(1) Denkbar ist die Vereinbarung einer vertraglichen Geldersatzrente in zu beziffernder Höhe, ggf. mit Wertsicherungsklausel (gesichert bspw. durch Reallast im Grundbuch und demnach mit dinglicher und persönlicher Vollstreckungsmöglichkeit ausgestattet) auch außerhalb des Leibgedingsrechts:

▶ **Formulierungsvorschlag: Vertragliche Geldersatzrente außerhalb des Leibgedingsrechts**

2094 Wird der Schuldner von der Erfüllung der Pflegeverpflichtung gem. § 275 Abs. 2 oder Abs. 3 BGB frei, hat er dem Veräußerer einen Betrag in Höhe dessen Pflegegeldgrades[1038] gem. § 37 SGB XI (maximal jedoch für den vertraglich geschuldeten Pflegegrad) zu entrichten. Auf dingliche Sicherung wird verzichtet.

(Formulierungsalternative: »....., hat er dem Veräußerer einen Betrag von monatlich derzeit 250,00 € zu entrichten.«

[Anm.: Es folgen Vereinbarungen zur Wertsicherung und dinglichen Sicherung als Reallast sowie Vollstreckungsunterwerfungserklärungen].)

2095 (2) oder aber die Einräumung eines Rückforderungsrechts analog § 527 BGB auch für den Fall, dass der Erwerber kraft Gesetzes oder aufgrund Einrede von der Auflagenerfüllung frei wird, bzw. zur Überwindung der leibgedingsrechtlichen Rücktrittssperre in den insoweit dispositiven Landesgesetzen. Dieses vertraglich zu schaffende Rücktrittsrecht (ähnlich § 326 Abs. 5 BGB) wird allerdings hinsichtlich der Rechtsfolgen vom Rückgewährschuldverhältnis eines Rücktritts gem. §§ 346 ff. BGB abweichen. Verwandt sind schließlich vertragliche Rückforderungsvorbehalte bei Nichterfüllung von Auflagen, etwa zweckwidriger Verwendung des geschenkten Gegenstandes, in Erweiterung des § 527 Abs. 1 BGB (Rdn. 2283 ff.).

2096 (3) Liegt kein Umstand vor, der (wegen Unmöglichkeit, Unerreichbarkeit, Unzumutbarkeit) gem. § 275 Abs. 1, Abs. 2 oder Abs. 3 BGB zum Freiwerden von der Erbringung der Auflagen führt, sondern hat der Erwerber seine als Auflage geschuldete Leistung lediglich »**schlecht**« **erbracht**, hat er gem. §§ 280 Abs. 1, 241 Abs. 2 BGB bei zumindest fahrlässig[1039] verschuldeter Schlechtleistung (wobei das Verschulden gem. § 280 Abs. 1 Satz 2 BGB vermutet wird) dem Veräußerer den hieraus erwachsenden »schlichten Schaden« zu ersetzen. Unter den verschärfenden weiteren Voraussetzungen des § 281 BGB (Nachfristsetzung; Erheblichkeit gem. § 281 Abs. 1 Satz 3 BGB) kann er weiter »großen« Schadensersatz statt der Leistung fordern. Kautelarjuristische Ergänzungen sind insoweit regelmäßig nicht veranlasst. Gleiches gilt, wenn es sich bei der »schlecht« erbrachten Leistung um Verpflichtungen handelt, die eine gemischte Schenkung begründen, also aus dem sonstigen Vermögen des Erwerbers zu erbringen sind.

b) Gemischte Schenkung

2097 Liegt eine **gemischte Schenkung** (also nicht eine Auflagenschenkung) vor, ist bzgl. des Schicksals der Gesamtzuwendung nach überwiegender Auffassung[1040] dahin gehend zu differenzieren, ob der entgeltliche oder der unentgeltliche Charakter überwiegt. Die Differenzierung ist maßgebend für die Anwendbarkeit des Rücktrittsrechts gem. § 323 und § 326 Abs. 5 BGB,[1041] das nur beim

---

1038 Ein gesetzlicher Pflegegeldanspruch besteht in diesem Fall nicht, da ja gerade keine Pflege durch Angehörige erfolgt. Der gesetzliche »Aufwendungsersatz« in Höhe des einschlägigen monatlichen Pflegegeldbetrages bildet jedoch ein Indiz für die Bewertung der Pflegeleistung.
1039 Die Privilegierung des § 521 BGB bei leichter Fahrlässigkeit gilt für den Beschenkten nicht.
1040 BGHZ 112, 53; 107, 158.
1041 Der BGH hat dem Beschenkten in diesen Fällen die Möglichkeit eröffnet, den geschenkten Gegenstand zu behalten und lediglich den Mehrwert zu erstatten, der die von ihm erbrachte Gegenleistung übersteigt.

gegenseitigen Vertrag (also bei der gemischten Schenkung mit Überwiegen des entgeltlichen Teils) gilt, nicht aber bei dem insgesamt noch nach Schenkungsrecht (und demnach außerhalb des Synallagma) abzuwickelnden gemischten Schenkungsvertrag mit Überwiegen des unentgeltlichen Charakters. Für Letzteren gilt lediglich § 527 BGB mit der Modifizierung, dass bei Rückforderung des Zuwendungsgegenstands (Rechtsfolgenverweisung auf das Kondiktionsrecht) die Gegenleistung ihrerseits rückzuerstatten ist.

Liegen neben gemischten Schenkungsleistungen mit überwiegend entgeltlichem (und damit insgesamt synallagmatischem) Charakter **zusätzliche Schenkungsauflagen** vor, besteht das gesetzliche Rücktrittsrecht gem. § 323 BGB (Pflichtverletzung) oder § 326 Abs. 5 BGB (Unmöglichkeit) auch bzgl. der Auflagen, da beide Bestimmungen nur das Bestehen eines insgesamt synallagmatischen Vertrags voraussetzen, nicht aber zusätzlich, dass die den Rücktritt auslösende Leistung selbst im Synallagma steht. 2098

Die **landesrechtlichen Ausführungsbestimmungen** zu Leibgedings-(»Altenteils«)-Verträgen verweisen, soweit sie nicht bereits angepasst sind,[1042] i.R.d. Ausschlusses der Rückforderungsrechte neben § 527 BGB (Auflagenschenkung und überwiegend unentgeltliche gemischte Schenkung) noch auf §§ 325 Abs. 2, 326 BGB (a.F.); auch ohne ausdrückliche Gesetzesänderung dürfte von der Rücktrittssperre nunmehr das im synallagmatischen Vertrag eröffnete Rücktrittsrecht gem. §§ 323, 324, 326 Abs. 5 BGB n.F. gemeint sein.[1043] 2099

c) Kautelarjuristische Vorsorge

Die kautelarjuristische Vorsorge wird bestrebt sein, die nicht immer einfach zu treffende Unterscheidung zwischen Schenkung unter Auflage bzw. überwiegend unentgeltlich gemischter Schenkung einerseits (ohne Synallagma) und gemischter Schenkung mit überwiegend entgeltlichem Charakter (Synallagma) andererseits entbehrlich werden zu lassen. Im Vordergrund für die bei der Vertragsgestaltung einzuschlagenden Wege hat dann allerdings die Frage zu stehen, ob der Erwerber 2100

(1) bei »**Schlechtleistung**« nicht nur dem (gerade bei höchstpersönlichen Verpflichtungen nur eingeschränkt durchsetzbaren) Erfüllungsanspruch und – bei Verschulden – der Schadensersatzpflicht (§§ 280 Abs. 1, 241 Abs. 2 BGB) ausgesetzt sein soll, sondern auch die Rückabwicklung zu befürchten hat (entgegen leibgedingsrechtlicher Sperre und unabhängig von den Voraussetzungen des § 527 BGB bzw., im Synallagma, des § 323 bzw. § 326 Abs. 5 BGB),

(2) bei **Freiwerden von seiner Gegenleistungspflicht** (Fälle des § 275 Abs. 1 bis Abs. 3 BGB) allenfalls (bei zumindest fahrlässigem Verschulden) ebenfalls Schadensersatz zu befürchten hat oder auch (unabhängig davon, ob die Voraussetzungen des § 323, § 326 Abs. 5 BGB – Synallagma – vorliegen bzw. landesrechtliche Sperren greifen) ein Rücktritt ihm ggü. ausgeübt werden kann. 2101

Oft beruht die Lebensplanung des Erwerbers in nicht geringem Umfang auf der **Geschäftsgrundlage, das erworbene Anwesen/die erworbene Wirtschaftseinheit** außer in den gesetzlich unabweisbaren Fällen (z.B. innerhalb der 4-jährigen Anfechtungsfrist durch Gläubiger oder der 10-jährigen Rückforderungsmöglichkeit bei Verarmung des Schenkers durch den Sozialhilfeträger, § 528 BGB i.V.m. § 93 SGB XII) **behalten zu können**. Aus diesem Grund ist bei der Gewährung von Rücktrittsrechten im Fall der »Schlechtleistung«, über deren Bestehen ja gerade bei betagten und zunehmend eigenwilligeren Veräußerern durchaus zu Recht unterschiedliche Auffassungen bestehen können, sowie in den Fällen des unverschuldeten Freiwerdens von der Gegenleistung außerordentliche Rücksicht geboten. Darüber hinaus können sich die Umstände ändern, unter denen die Leistungszusagen gemacht wurden (Pflicht zur Pflege vor Ort, obwohl der Erwerber be- 2102

[1042] Wie etwa die bayerischen AGBGB, vgl. BayGVBl. 2002, 975: Anpassung des Art. 17 BayAGBGB.
[1043] A.A. *Wegmann*, in: Amann/Brambring/Hertel, Vertragspraxis nach neuem Schuldrecht, S. 542.

ruflich bedingt wegziehen muss).[1044] In aller Regel wird der Schadensersatzanspruch bei verschuldeter Schlechtleistung bzw. verschuldetem Freiwerden von der »Gegenleistung« eine ausreichende und genügend disziplinierende Sanktion darstellen. Die Rücknahme des Objekts insgesamt, insb. mit den kraft Gesetzes daran geknüpften Folgen (z.B. Aufwendungserstattung/Ersatz bereits erhaltener Gegenleistungen etc.), ist, auch angesichts der mit dem Eigentum verbundenen Pflichten, für den Veräußerer oft keine erstrebenswerte Alternative. Unmittelbare Sicherungsinstrumente zur Durchsetzung der Verpflichtung selbst (z.B. Reallasten) sind wirkungsvoller.

▶ Hinweis:

2103 Es dürfte sich eher empfehlen, weitere vertragliche Rückforderungsmöglichkeiten nur für bestimmte, enumerativ aufzuzählende Fälle der »Störung der Geschäftsgrundlage« (z.B. Verkauf, Belastung, Zwangsversteigerung, Vorversterben etc.) zu schaffen, unter genauer Regelung der damit verbundenen Rechtsfolgen. In aller Regel werden allerdings die gesetzlichen Rückforderungsmöglichkeiten des § 527 BGB (Nichterfüllung einer Auflage bzw. einer Gegenleistung bei überwiegend unentgeltlicher gemischter Schenkung), des § 326 Abs. 5 BGB (Rücktritt bei zu vertretender Unmöglichkeit im Synallagma) und des § 323 BGB (Rücktritt nach Nachfristsetzung bei erheblicher Pflichtverletzung im Synallagma) bestehen bleiben, zumal sie die Interessen des Erwerbers hinsichtlich der von ihm bereits erbrachten Leistungen und Dispositionen i.R.d. Rückabwicklung gem. §§ 346 ff. BGB mitberücksichtigen. Vereinzelt werden jedoch auch solche Rückforderungsrechte (analog der leibgedingsrechtlichen Bestimmungen) ausgeschlossen.

2. Funktion und Wirkung vertraglicher Rückforderungsrechte

a) Ziele

2104 Sind vertragliche Rückforderungsrechte zur Sicherung der Leistungserfüllung nicht unbedingt sachgerecht, so können sie doch gewährleisten, dass
(1) bei **ehebedingten Zuwendungen im Fall einer Scheidung** nicht nur (bei gesetzlichem Güterstand) möglicherweise ein wertmäßiger Teilausgleich über § 1380 BGB (Anrechnung auf den Zugewinnausgleichsanspruch) stattfindet, sondern der Gegenstand selbst zurückerlangt werden kann; bei vereinbarter Gütertrennung oder ehevertraglich vereinbartem Ausschluss des Zugewinnausgleichs im Scheidungsfall stellt das vertragliche Rückforderungsrecht sogar den einzigen Behelf dar;
(2) bei **Zuwendungen zur Vermögensverschiebung und Haftungsvermeidung**, die z.B. auch als ehebedingte Zuwendung erfolgen können (»der Ehegatte als Immobilienparkplatz«), der Veräußerer zumindest einen teilweisen Schutz vor eigenmächtigen Verfügungen des Erwerbers erhält und zudem das Vermögen vor Pfändungszugriffen durch Gläubiger des lediglich »formalen Eigentümers« (Erwerbers) geschützt wird;

2105 (3) in den **sonstigen Fällen der vorweggenommenen Erbfolge** der Veräußerer sich bestimmte Kontrollbefugnisse, etwa hinsichtlich Veräußerung oder Belastung, des übertragenen Vermögens vorbehält, der Verbleib auch im Sterbefall innerhalb der Familie gesichert wird und – gerade bei jugendlichen Erwerbern – die Gefährdung des Vermögens bei unerwünschten Wendungen (Eintritt in eine Sekte oder in eine verfassungswidrige Organisation etc.) vermieden wird. Rückforderungsrechte lassen sich in diesem Fall auch zur Disziplinierung des Erwerbers hinsichtlich seiner künftigen Lebensplanung einsetzen (z.B. durch ein Rückforderungsrecht für den Fall, dass eine Ausbildung abgebrochen wird etc.). Häufig erleichtern sie dem Veräußerer den Entschluss, das Objekt seines lebenslangen Sorgens und Sparens überhaupt »zu übergeben«. Jeder Berater kennt die spürbare Erleichterung des Veräußerers, wenn ihm die unausgesprochene Sorge vor dem Risikopotenzial insb. des Schwiegerkindes (Scheidung, letztwilliger Erwerb und Mitnahme in eine neue Familie; Drängen nach Belastung der

---

[1044] OLG Köln, 05.06.2009, notar 2009, 483.

Immobilie zur Absicherung seiner betrieblichen Engagements etc.) etwas genommen wird. Je weniger dem Veräußerer das weitere Schicksal des Vermögens am Herzen liegt, um so zurückhaltender wird der Umgang mit Rückforderungsvorbehalten sein (man denke etwa an eine fremdvermietete Eigentumswohnung, die ursprünglich als Steuersparmodell angeschafft wurde und eher von peripherem Interesse war).

(4) Im Rahmen von **Betriebsübergaben** sind Rückforderungsvorbehalte eher wesensfremd: Der Erwerber als neuer Unternehmer muss nun eigenständige Störfallvorsorge (etwa für den Todes- oder Scheidungsfall) betreiben; ein »Hineinregieren« des Übergebers ist eher schädlich. Ferner stellt sich bei tatsächlicher Rückabwicklung das Problem, dass der Betrieb – einem lebenden Organismus gleich – mit zunehmendem Zeitabstand sich verändert hat (durch Entscheidungen des Erwerbers, Markteinflüsse, Änderung der Gesetzgebung etc.), so dass allenfalls näherungsweise eine Rückübertragung gelingen kann (vgl. unten Rdn. 2302). 2106

(5) Auch bei **Ausstattungen** i.S.d. § 1624 BGB steht der dauerhafte Verbleib des zur Haushalts- oder Existenzgründung übertragenen Vermögens im Vordergrund, das seinerseits (zur Vermeidung der Unverhältnismäßigkeit) aus dem nicht versorgungswichtigen Bestand des Veräußerers stammen muss, so dass Rückforderungsvorbehalte eher selten anzutreffen sind. Ihre Umsetzung würde auch deutlich höhere Investitionsbereitschaft des Veräußerers erfordern, plant doch der Erwerber regelmäßig erhebliche Verwendungen auf das Objekt (Hausbau!) bis hin zur völligen Umgestaltung.

Ein wesentliches Anwendungsgebiet von Rückforderungsvorbehalten des Veräußerers liegt in der Vermeidung (ggf. unerwartet hoher) Steuerbelastungen (sog. »**Steuerklauseln**«); vgl. Rdn. 2285 ff.[1045] 2107

b) Wirkungen

Zivilrechtlich führt der Vorbehalt vertraglicher Rückforderungsrechte zu einer **Minderung der Unentgeltlichkeit** um ca. 10 % des Gesamtwerts der Zuwendung (entschieden jedenfalls bei der Berechnung des Pflichtteilsergänzungsanspruches);[1046] teilweise wird gar ein Drittel des Verkehrswerts angesetzt.[1047] Umgekehrt ist zu berücksichtigen, dass ein (allerdings selten gegebenes) vererbliches Rückforderungsrecht im Nachlass des Erstberechtigten einen Vermögenswert darstellt, der etwa in gleicher Höhe (10 % – 33 % des Verkehrswerts) auch zugunsten dessen Pflichtteilsberechtigten (§ 2311 BGB) zu aktivieren wäre. 2108

Noch **nicht vollständig geklärt** ist allerdings, ob der Vorbehalt eines Rückforderungsrechts den **Beginn der Frist des § 2325 Abs. 3 BGB** mangels wirtschaftlicher Ausgliederung hindert oder nicht. Überwiegend wird insoweit differenziert (vgl. unten Rdn. 3635): Für ein Nichtanlaufen der Frist spricht, dass der Wegfall der jedenfalls faktischen Verfügungsbefugnis das Eigentum noch stärker kennzeichnet als das Fehlen der Nutzungsmöglichkeit, so dass die Argumentation des BGH zum Nießbrauchsvorbehalt erst recht hierfür greifen müsse;[1048] dagegen spricht jedoch nach herrschender Meinung, dass während der Nichtausübung des Rückforderungsvorbehalts ein Genussverzicht gerade stattfindet, wenn es aber zur Rückforderung kommt, der Pflichtteilsberechtigte nicht mehr schutzbedürftig ist, da der zurückgeleistete Gegenstand nun dem unmittelbaren Pflichtteilsrecht unterliegt.[1049] Für das enumerative Rückerwerbsrecht geht die ganz herrschende Meinung in der Literatur davon aus, dass es – jedenfalls sofern der Rückerwerbsfall nicht willkür- 2109

1045 Vgl. *Wachter*, ZEV 2002, 180; *Kamps*, ErbStB 2003, 708. Als »Steuerklauseln« werden begrifflich auch Regelungen bezeichnet, die den Erwerber zur Übernahme solcher Steuermehrbelastungen verpflichten, die auf sein Verhalten (Verstoß gegen Behaltenspflichten etc.) zurückgehen, vgl. *Stümper/Walter*, GmbHR 2008, 31 ff. und z.B. Rdn. 6009 ff.
1046 Vgl. OLG Düsseldorf, MittRhNotK 2000, 208; OLG Koblenz, RNotZ 2002, 338.
1047 OLG München, MittBayNot 2001, 85 i.R.d. Anfangsvermögensermittlung beim Zugewinnausgleich.
1048 So *J. Mayer*, in: Mayer/Süß/Tanck/Bittler/Wälzholz, Handbuch Pflichtteilsrecht, § 8 Rn. 133.
1049 *Ellenbeck*, MittRhNotK 1997, 53.

lich herbeigeführt werden kann – kein Fristhindernis darstelle.[1050] Möglicherweise bewirkt allerdings auch das bloß **enumerative Rückforderungsrecht** im Verein mit weiteren Vorbehalten (Wohnungsrecht an den bisher bewohnten Räumen), dass der Veräußerer sich auf keinen Genussverzicht einzurichten brauchte (»Summationseffekt«).[1051]

2110 Regelmäßig verbinden sich mit Rückforderungsklauseln auch **schenkungsteuerliche Erwägungen**, die an die Privilegierung des **§ 29 ErbStG** anknüpfen (s.u. Rdn. 4970 ff.). Dieser stellt bei Ausübung eines gesetzlichen oder eines vertraglich ausbedungenen Rückforderungsrechts sowohl die historische Schenkung als auch die Rückübertragung schenkungsteuerfrei.

▶ Hinweis:

2111 Stellt sich heraus, dass der Veräußerer zu großzügig zugewendet hat, und wurde kein Rückforderungsrecht vereinbart oder liegen dessen Ausübungsvoraussetzungen nicht vor, sollte (anstelle der steuerungünstigen Rückschenkung in aufsteigender Linie) eine Darlehensgewährung, die dem Fremdvergleich standhält, erwogen werden. Dies gilt insb. dann, wenn der Darlehensgeber Erbe des Veräußerers (Darlehensnehmers) ist, so dass in seiner Person nach dem Erbfall Konfusion eintritt: erbschaftsteuerlich werden sowohl die übergehende Valuta (soweit noch vorhanden) als Aktivum, als auch die Darlehensverpflichtung als Nachlassverbindlichkeit berücksichtigt mit der Folge einer Saldierung, wenn nicht gar einer »Steuergutschrift« beim Erben.[1052]

c) Risiken

2112 Andererseits ist zu berücksichtigen, dass der Erwerber durch allzu rigide Rückforderungsrechte möglicherweise davon abgehalten wird, sich auch mental mit »seinem« Eigentum zu identifizieren und sein Investitionsverhalten darauf auszurichten. Teilweise wird vor einem »Rückfall in Rektratrechte« gewarnt, die der BGB-Gesetzgeber durch § 137 BGB vermeiden wollte.[1053] Da Rückforderungsrechte häufig auf Lebenszeit bestellt werden, beschränken sie den Erwerber angesichts der deutlich längeren Lebenserwartung stärker als früher; auch erfordert das Risiko des praemortalen Wegfalls der Geschäftsfähigkeit des Berechtigten (aufgrund seniler Demenz etc.) erhöhte Aufmerksamkeit.

▶ Hinweis:

2113 Jedem Berechtigten aus einem solchen bedingten Recht sollte daher dringend angeraten werden, einer Person seines Vertrauens Vorsorgevollmacht zu erteilen, da ein Betreuer etwa erforderlich werdende Zustimmungserklärungen oder Rangrücktritte wegen der damit verbundenen abstrakten Gefährdung des Betreuten kaum wird abgeben können.

2114 Schließlich gefährden insb. vormerkungsgesicherte Rückforderungsvorbehalte die Kreditfähigkeit und damit die objektive Wirtschaftsfähigkeit des übertragenen Gutes, so dass bspw. bei derart eingeschränkten Hofübergaben (ähnlich wie bei zu hohen Altenteilslasten) die **Genehmigung gem.**

1050 *N. Mayer*, ZEV 1994, 329; *Kerscher/Riedel/Lenz*, Pflichtteilsrecht in der anwaltlichen Praxis, § 9 Rn. 109; differenzierend *Winkler*, ZEV 2005, 94. Nach *J. Mayer*, in: *Mayer/Süß/Tanck/Bittler/Wälzholz*, Handbuch Pflichtteilsrecht, § 8 Rn. 134, sei typologisch darauf abzustellen, ob der Schenker noch bis zu seinem Tod durch Rückerwerbsrechte »über die Schenkung weiterregiert«, indem er dem Beschenkten weder die wesentliche Nutzung noch eine erhebliche Verfügungsmöglichkeit einräume.
1051 OLG Düsseldorf, FamRZ 1999, 1547; ausführlich hierzu *J. Mayer*, in: Amann/Mayer, Intensivkurs Überlassungsvertrag (DAI-Skript Mai 2006), S. 241.
1052 Vgl. zum Einsatz von Darlehen zwischen Angehörigen in der Nachfolgeplanung *Kirnberger/Werz*, ErbStB 2005, 14.
1053 *Koch/Mayer*, ZEV 2007, 55.

§ 9 GrdStVG versagt werden kann[1054] (zu diesbezüglichen notariellen Hinweisen vgl. Rdn. 2385). Nach (verfehlter) Ansicht soll ferner bereits das an enumerative Tatbestände anknüpfende Rückforderungsrecht, ggf. im Verein mit (für sich genommen unschädlichen) Nutzungsvorbehalten, das Anlaufen der Pflichtteilsergänzungsfrist (§ 2325 Abs. 3 BGB) hindern (vgl. Rdn. 3635).

3. Alternative Regelungsmöglichkeiten

Der Wunsch des Veräußerers, zumindest in den ihm wichtigen Fällen weiterhin die Kontrolle über den Zuwendungsgegenstand zu behalten bzw. zurückerlangen zu können, kann durch **verschiedene Vertragskonstruktionen** verwirklicht werden: 2115

(1) Denkbar ist bspw., dass alle schuldrechtlichen Zuwendungserklärungen bereits wirksam abgegeben werden, der **dingliche Vollzug** der Schenkung jedoch bis nach dem Tod des Veräußerers **aufgeschoben** bleibt (z.B. durch das Mittel der ausgesetzten Eintragungsbewilligung, die der Notar oder dessen Rechtsnachfolger im Amt nur gegen Vorlage einer Sterbeurkunde des Veräußerers auf den Erwerber oder dessen im Weg des § 35 GBO ausgewiesene Gesamtrechtsnachfolger vornehmen soll). Damit ist jedoch die Schenkung i.S.d. § 9 Abs. 1 Nr. 2 ErbStG (trotz Vormerkungseintragung) noch nicht ausgeführt,[1055] so dass die Besteuerung erst mit Ableben des Veräußerers eintritt und die Zehn-Jahres-Frist für die Ausschöpfung der Freibeträge des § 14 Abs. 1 Satz 1 ErbStG noch nicht anläuft. Zivilrechtlich ist dieses Mittel jedoch angezeigt, wenn jedwedes in der Person des Erwerbers liegendes unliebsames Verhalten (Verschwendungssucht, Weiterübertragung an den unsympathischen Schwiegersohn etc.) ausgeschlossen werden soll. In **schenkungsteuerlicher Hinsicht** ist die Überlassung mit aufgeschobener Erfüllung die angezeigte Variante dann, wenn sich die für die Besteuerung maßgeblichen Verhältnisse beim Ableben des Veräußerers mutmaßlich günstiger darstellen als jetzt.

▸ Beispiel:
Übertragung mit aufgeschobener Erfüllung an den neuen Lebensgefährten, der nach Abwicklung der derzeit betriebenen Scheidung vom bisherigen Ehegatten geheiratet werden soll.

(2) Zu erwägen ist ferner, die **Schenkung** zwar sofort zu vollziehen, jedoch **unter eine auflösende Bedingung zu stellen**. Hierdurch würde bei Eintritt der vereinbarten Tatbestände, die dem Bestimmtheitsgrundsatz genügen müssen, »automatisch« der schuldrechtliche Rechtsgrund der bereits erfolgten Auflassung wegfallen, so dass das Eigentum nach Bereicherungsgrundsätzen (ggf. Zug um Zug gegen gewährte Zuwendungen; Saldotheorie!) zurückzugewähren ist (schuldrechtliche Verpflichtung, sich so zu stellen, als wäre die Bedingung ex tunc ausgefallen, § 159 BGB). Der dadurch eintretende »Automatismus« hinsichtlich des Rückerwerbs wird jedoch häufig nicht gewollt sein. Zum einen kann die auflösende Bedingung zu einem Zeitpunkt eintreten, in dem der Rückerwerb durch den Veräußerer aus anderen Gründen nachteilig ist (bevorstehende Scheidung; Gefahr des Zugriffs von Eigengläubigern des Veräußerers etc.); zum anderen wird dem Veräußerer auf diese Weise die Möglichkeit genommen, nach den tatsächlichen Umständen des Einzelfalls zu urteilen. Es kann durchaus bspw. eine Veräußerung durch den Erwerber auf das wohlwollende Verständnis des Veräußerers stoßen; will dieser ihm nach Eintritt der auflösenden Bedingung den Gegenstand »belassen«, liegt hierin eine neuerliche (steuerpflichtige!) Zuwendung. Der Eintritt einer auflösenden Bedingung führt jedoch jedenfalls zur »Stornierung« einer etwa entstandenen Schenkungsteuer.[1056] 2116

(3) Auch ein (durch Vormerkung sicherbares) unwiderrufliches **Angebot des Erwerbers auf Rückerwerb** durch den Veräußerer, das i.Ü. dem aus anderen Gründen bedenklichen freien 2117

1054 OLG Celle, 21.02.2005 – 7 W 85/04 (L), OLG-Report 2006, 102; *Wöhrmann*, Das Landwirtschaftserbrecht, 8. Aufl., § 6 Rn. 100.
1055 BFH, 02.02.2005 – II R 26/02, ZEV 2005, 218.
1056 FG Düsseldorf, EFG 1985, 183; *Carlé*, ErbStB 2006, 74.

Widerrufsvorbehalt (nachstehend II, Rdn. 2140 ff.) gleichkäme, wird selten gewollt sein. Nimmt der Veräußerer das Angebot an, liegt hierin nämlich keine Rückgängigmachung des ursprünglichen Erwerbsvorgangs i.S.d. § 29 Abs. 1 Nr. 1 ErbStG, so dass die Schenkungsteuer für den ursprünglichen Schenkungsvorgang nicht storniert wird und der Rückerwerb einen neuerlichen (bei Rückübertragung an die Eltern mit schlechterem Freibetrag ausgestatteten) Zuwendungsvorgang darstellt. Außerdem löst es eine weitere 2,0-Gebühr aus dem Gegenstandswert der Übertragung aus. Möglicherweise allerdings vermag die Angebotslösung (jedenfalls sofern die Annahmebefugnis nicht übertragbar ist[1057]) den Pfändungszugriff auf die Position des Ausübungsberechtigten auszuschließen, str.[1058] (nicht aber die Pfändung des durch Annahmefähigkeit und Annahmeerklärung bedingten, künftigen Rückübertragungsanspruchs mit blockierenden Effekten im Fall des Vermerks bei der Vormerkung, s.u. Rdn. 2122 ff.).

2118 (4) Zu erwägen ist weiterhin die vertragliche Vereinbarung von **Rücktrittstatbeständen** im eigentlichen Sinn, die zu einer gesetzlichen Umwandlung des (bereits erfüllten) schuldrechtlichen Geschäfts in ein Rückgewährschuldverhältnis gem. §§ 346 ff. BGB führt. Diese Lösung bietet zwar den Vorteil, dass eine Pfändung durch Eigen-Gläubiger oder Überleitung (gem. § 93 SGB XII durch den Sozialleistungsträger) unzweifelhaft ausscheidet, weil vorab ein Gestaltungsrechts auszuüben ist, allerdings wird das starre gesetzliche Rückabwicklungssystem, in dem insb. auch bereits gewährte Dienstleistungen zu vergüten sind, regelmäßig nicht gewollt sein.[1059] Dies gilt bspw. für die strenge Haftung des Erwerbers ab Leistungserhalt (mit der Rückforderung musste er ja rechnen, also keine diligentia quam in suis § 347 Abs. 1 Satz 2 BGB) auf Schadensersatz, auch auf entgangenen Gewinn, oder (auch ohne Verschulden) Wertersatz gem. § 346 Abs. 2 BGB, die Pflicht zur Leistung von Wertersatz wegen pflichtwidrig nicht gezogener Nutzungen gem. § 347 Abs. 1 Satz 1 BGB und die Erstattung lediglich der notwendigen Verwendungen[1060] (Rechtslage **vor dem 01.01.2002** = § 347 a.F. i.V.m. § 989: Schadensersatz wegen etwaiger Unmöglichkeit auch auf entgangenen Gewinn; § 987: Herausgabe auch der schuldhaft nicht gezogenen Nutzungen; § 994 Abs. 2: Erstattung nur der notwendigen Verwendungen; bei nützlichen besteht nur ein Wegnahmerecht).

2119 (5) Auch ein **Widerrufsrecht** bei Eintritt bestimmter Voraussetzungen führt zu Schwierigkeiten bei der Rückabwicklung, die zum bereicherungsrechtlichen Austausch der erhaltenen Leistungen ex tunc führt. Diese (auch die Wertherausgabe der gezogenen Nutzungen!) stehen nach der Saldotheorie auch im Konditionsrecht in gegenseitiger Abhängigkeit.

2120 (6) Zu differenzieren ist schließlich zwischen dem (lediglich an den Eintritt bestimmter Bedingungen geknüpften) **Rückforderungsanspruch** einerseits und dem zusätzlich die Geltendmachung durch den Veräußerer verlangenden, also an einen subjektiven Willensentschluss anknüpfenden, **Rückforderungsrecht** andererseits. Vorzuziehen ist unter dem Gesichtspunkt der erhöhten Flexibilität und des zumindest bedingten Schutzes vor Gläubigerzugriffen (s. nachstehend Rdn. 2122 ff.) stets das bloße Rückforderungsrecht, das dem Veräußerer die in jedem Einzelfall erneut auszuübende Entscheidung darüber belässt, ob die Rückforderung tatsächlich geltend gemacht wird oder nicht. Gegenstand der Rückforderungsvereinbarung ist in diesem Fall lediglich die Duldung der Folgen einer für sich selbst höchstpersönlichen, unvertretbaren Willensentscheidung. Die Ausübung des Rückforderungsrechts ihrerseits kann als Potestativbedin-

---

1057 Bei Berechtigung zur Benennung eines Dritten ist eine Pfändung sicher möglich, RGZ 111, 47.
1058 A.A. OLG Oldenburg, 28.06.2016 – 2 U 28/16, RNotZ 2017, 372 = notar 2017, 286 m. Anm. *Behrens* bei einem jederzeit annehmbaren Angebot, da sonst die vom Angebot betroffenen Immobilie (jedenfalls wenn der durch Annahme bedingte Anspruch durch Vormerkung gesichert ist) faktisch unpfändbar wäre, was den BGH in der parallelen Frage der Pfändbarkeit des Rückforderungsrechtes, Rdn. 2122 ff., dazu bewogen hat, die Pfändung zumindest begrenzt zuzulassen.
1059 Vgl. *Weser*, ZEV 1995, 356; *Ellenbeck*, MittRhNotK 1997, 44.
1060 Für andere Verwendungen gilt Bereicherungsrecht.

gung[1061] oder aber – so wohl auch die Einordnung des BGH[1062] – als Gestaltungsrecht[1063] erfolgen. Wird lediglich ein (an bestimmte objektive Umstände anknüpfender) Rückforderungsanspruch vereinbart, liegt im Stellen des Verlangens nicht die Herbeiführung der weiteren Bedingung, sondern die Geltendmachung des bereits entstandenen Anspruchs.[1064]

(7) Insb. die **einkommensteuerlichen Nachteile**, die sich bei der Übertragung von Betriebsvermögen unter freiem Rückforderungsvorbehalt des Veräußerers ergeben (kein Übergang der Einkunftsquelle, demnach auch keine schenkungsteuerliche Privilegierung gem. § 13a ErbStG), fördern Überlegungen, dem **Beschenkten** (anstelle des Schenkers) ein – ggf. freies – **Widerrufsrecht** einzuräumen. Der einkommensteuerliche Übertrag der Einkunftsquelle auf den Schenker dürfte gleichwohl erfolgt sein, allerdings kann die ggf. tatsächlich durchgeführte Rückübertragung nicht das Privileg des § 29 Abs. 1 Nr. 2 ErbStG (Steuerfreiheit der Rückübertragung, Stornierung der Steuerbelastung für die ursprüngliche Übertragung selbst) in Anspruch nehmen (vgl. Wortlaut: »*das Geschenk wegen eines Rückforderungsrechts* [nicht: Rückgaberechts!] *durch den Beschenkten herausgegeben werden musste*« – die formal bestehende Verpflichtung beruht auf einer freiwilligen Abrede).[1065] Daher sind solche Widerrufsvorbehalte des Beschenkten eher ungebräuchlich.

2121

4. Gläubigerzugriff

a) Gläubigerzugriff auf das Rückforderungsrecht

Eine **Pfändung des Rückforderungsrechts selbst** (im Unterschied zu dem nach Ausübung des Rückforderungsrechts wiedererlangten Gegenstand und zu dem künftigen bzw. bedingten Rückauflassungsanspruch!) kommt gem. § 851 Abs. 2 ZPO (gestaltungsrechtsähnlicher Charakter bzw. Unübertragbarkeit mit Rücksicht auf die Natur des Schuldverhältnisses)[1066] bzw. analog § 852 Abs. 1 ZPO (Schutz der Entscheidungsfreiheit hinsichtlich des Pflichtteilsanspruchs) oder § 852 Abs. 2 ZPO (Nähe zum höchstpersönlichen Rückforderungsrecht bei Verarmung bzw. hinsichtlich des Zugewinnausgleichs) jedenfalls dann nicht in Betracht, sofern das Rückforderungsrecht (als nicht akzessorisches Gestaltungsrecht) lediglich die den Ehegatten vorbehaltene, auf Billigkeitsgesichtspunkten beruhende Vermögensverteilung und -auseinandersetzung zwischen ihnen sichern und gegen Änderungen der Geschäftsgrundlage verteidigen soll. Der Pfändungsgläubiger soll also nicht berechtigt sein, von außen in güter- oder pflichtteilsrechtliche Interna der Beteiligten einzugreifen.

2122

Hieraus folgt:
(1) Ein jederzeit und voraussetzungslos ausübbares Rückforderungsrecht ist jedenfalls bei **Doppelpfändung** auch des dadurch entstehenden Rückübertragungsanspruchs pfändbar.[1067] Der rechtsgeschäftliche Ausschluss der Übertragbarkeit und Vererblichkeit hindert die Pfändung nicht (§ 851 Abs. 2 ZPO: Unpfändbarkeit nur bei **gesetzlich** ausgeschlossener Abtretbarkeit). Die vereinbarte »Höchstpersönlichkeit« des Rückforderungsrechts vermeidet also lediglich dessen Ausübung durch Betreuer oder (Vorsorge-)Bevollmächtigte.

2123

1061 So *Schippers*, MittRhNotK 1998, 70 f.
1062 BGH, FamRZ 2003, 858 unter dem Aspekt der Pfändbarkeit.
1063 *Weser*, ZEV 1995, 357; *Ellenbeck*, MittRhNotK 1997, 34.
1064 *Weser*, ZEV 1995, 357.
1065 Vgl. *Schothöfer*, DB 2003, 1411.
1066 *Schippers*, MittRhNotK 1998, 71; *Ellenbeck*, MittRhNotK 1997, 53; ZEV 2000, 395 m.w.N.; ausführlich *Mayer/Geck*, Der Übergabevertrag, § 13 Rn. 132 ff.; *Berringer*, DNotZ 2004, 245 ff.
1067 BGH, 20.02.2003 – IX ZR 102/02, NotBZ 2003, 229 m. Anm. *Heinze*; ZEV 2003, 293 m. Anm. *Langenfeld*; FamRZ 2003, 858 m. Anm. *Münch*, FamRZ 2004, 1329; vgl. hierzu auch die weiteren Urteilsanmerkungen von *Oertel*, RNotZ 2003, 393; *Münch*, ZFE 2003, 269; *Baldringer/Jordans*, FÜR 2004, 1; *Berringer*, DNotZ 2004, 245; *Schuschke*, LMK 2003, 114. Ähnlich zuvor schon OLG Bamberg v. 25.05.1992 – 4 U 111/91 (n.v.).

2124 (2) Das im Fall der **Trennung/Scheidung** bzw. des **Vorversterbens** ausübbare Rückforderungsrecht dürfte vom Pfändungsschutz analog § 852 Abs. 1 (Pflichtteilsanspruch) bzw. Abs. 2 (Zugewinnausgleichsanspruch) ZPO erfasst sein.[1068] Allerdings ist darauf hinzuweisen, dass § 852 ZPO nicht etwa als absolutes Pfändungshindernis wirkt, vielmehr die Pfändung stattfinden kann, jedoch zu einer (durch Eintritt des auslösenden Umstandes und eigene Geltendmachung) aufschiebend bedingten Verwertbarkeit führt.[1069] Auch eine zur Sicherung des nach Geltendmachung ausgelösten Rückforderungsanspruchs eingetragene Vormerkung dürfte (§ 401 BGB) von der aufschiebend bedingten Pfändungswirkung erfasst sein (s.a. unten Rdn. 2130 zur Pfändung des künftigen, bedingten Rückforderungsanspruchs selbst). Unberührt bleibt allerdings das (gerade durch § 852 ZPO geschützte) Recht des Rückforderungsbefugten, das Gestaltungsrecht durch Untätigkeit nicht auszuüben oder hierauf sogar ausdrücklich dauerhaft zu verzichten.[1070] Andere Verfügungen (wie etwa die Abtretung) unterliegen jedoch nach der (trotz § 852 ZPO dem Grunde nach möglichen) Pfändung dem Risiko einer Anfechtung nach dem AnfG.[1071]

2125 (3) Das Rückforderungsrecht wegen **pflichtwidriger Verfügung** (Veräußerung, Belastung) wie auch jedes sonstige Rückforderungsrecht, das an ein »vorwerfbares Versäumnis« des Rückübertragungspflichtigen anknüpft, könnte in gleicher Weise pfändungsgeschützt sein, um es dem Berechtigten zu überlassen, ob er die Beziehung zum Erwerber in solchem Maße als »gescheitert« ansieht, dass er zu diesem stärksten Sanktionsmittel greift. Zudem dienen solche Rückforderungsrechte in erster Linie dem Schutz des »Familienvermögens« gegen die Weitergabe an Dritte, die nur bei unabweisbarem Bedarf erfolgen soll. Daher wird auch für diese Fallgruppe die Unpfändbarkeit vertreten.[1072]

2126 (4) Der Rückforderungsvorbehalt wegen **Vermögensverfalls** (insb. Insolvenz) oder wegen **Vollstreckungszugriffs Dritter** könnte dagegen, da obigen Sachverhalten nur durch die Nähe zu § 528 BGB (§ 852 Abs. 2 ZPO) vergleichbar, allenfalls dann[1073] pfändungsresistent sein, wenn dessen Ausübung (bei Zuwendungen an den Ehegatten) zugewinnausgleichsrechtliche oder (bei Zuwendung an Abkömmlinge) pflichtteilsrechtliche Folgen hat. Wo die Gefahr eines Pfändungszugriffs beim Veräußerer besteht und noch keine ehevertragliche Regelung getroffen wurde, könnte daher bei der Ehegattenzuwendung ergänzt werden:

▶ Formulierungsvorschlag: Güterrechtliche Wirkungen der Durchführung der Rückübertragung

2127 Die Durchführung der Rückübertragung aufgrund eines wirksam gestellten Verlangens ist aufschiebende Bedingung einer hiermit ehevertraglich vereinbarten Gütertrennung. I.R.d. Ausgleichs des bis zum Wechsel des Güterstandes entstandenen Zugewinnausgleichs haben sich die Beteilig-

---

1068 *Langenfeld*, ZEV 2003, 295. Ganz vorsichtige Vertragsgestalter knüpfen die Rückforderung im Scheidungsfall allerdings an das gleichzeitige Verlangen der Durchführung des Zugewinnausgleichs, um den Pfändungsschutz des § 852 Abs. 2 ZPO zu erlangen.
1069 BGH, NJW 1993, 2876; *Münch*, FamRZ 2004, 1333; *Goltzsche* DNotZ 2009, 868. Vor vertraglicher Anerkennung oder Rechtshängigkeit erfolgt die Pfändung des Pflichtteilsanspruchs wie bei einem aufschiebend bedingten Anspruch; die Überweisung zur Einziehung darf erst erfolgen, wenn die Voraussetzungen des § 852 Abs. 1 ZPO vorliegen, BGH, 26.02.2009 – VII ZB 30/08 ZEV 2009, 247 m. Anm. *Musielak*.
1070 *Hannich*, Die Pfändungsbeschränkung des § 852 ZPO, S. 85 und S. 181.
1071 So der Sachverhalt in BGH, NJW 1993, 2876 (Abtretung des dem Grunde nach gepfändeten Pflichtteilsanspruchs).
1072 Vgl. etwa *Meyer/Burrer*, NotBZ 2004, 385 m.w.N.; *Oertel*, RNotZ 2003, 395; *Baldringer/Jordans*, FPR 2004, 8.
1073 *Heinze*, NotBZ 2003, 232; *Baldringer/Jordans*, FPR 2004, 8; *Berringer*, DNotZ 2004, 257, verneinen zu Recht, dass bei Verstoß gegen ein schuldrechtliches Verfügungsverbot und bei Vermögensverfall ohne zusätzliche Vorkehrungen Pfändungsschutz anzunehmen sei, zumal sonst »pfändungsfreies Vermögen« entstünde.

H. Vertragliche Rückforderungsrechte Kapitel 4

ten so zu stellen, als hätte die Übertragung an den Ehegatten in heutiger Urkunde nicht stattgefunden .....

Ein Pfändungsschutz aufgrund analoger Anwendung des § 852 Abs. 2 ZPO (Verbot des Eingriffs eines Dritten in güterrechtliche Belange) liegt zwar dann nahe, ist aber nicht uneingeschränkt gesichert (die Verknüpfung mit der güterrechtlichen Folge wurde ja durch die Beteiligten selbst vereinbart!).

Bei Übertragung an Abkömmlinge liegen pflichtteilsrechtliche Konsequenzen einer Rückforderung nahe (Rechtsgedanke des § 852 Abs. 1 ZPO: kein Aufleben bereits erloschener Pflichtteilsansprüche infolge des Eingreifens eines Dritten). 2128

▶ **Formulierungsvorschlag: Wegfall der Pflichtteilswirkungen mit Durchführung der Rückübertragung**

Mit Durchführung der Rückübertragung aufgrund wirksam gestellten Verlangens entfällt die Anrechnung der Zuwendung auf den Pflichtteilsanspruch des heutigen Erwerbers sowie ein etwa mit ihm in dieser Urkunde vereinbarter Pflichtteilsverzicht (auflösende Bedingung). 2129

b) Gläubigerzugriff auf den Rückforderungsanspruch

Zu beachten ist jedoch die – stets,[1074] auch im Anwendungsbereich des § 852 ZPO, mögliche – Pfändung des künftigen, mehrfach bedingten[1075] **Anspruches auf Rückübertragung**, die bei einer zur Sicherung eingetragenen (und dann gem. § 401 BGB hiervon erfassten) Vormerkung[1076] vermerkt werden kann und typischerweise (zur Vermeidung gutgläubigen Wegerwerbs, § 135 Abs. 2 BGB) vermerkt wird (ein daneben pfändbares Anwartschaftsrecht des Rückforderungsberechtigten ist mangels Erklärung der Auflassung regelmäßig noch nicht entstanden[1077]): 2130
(1) Der **Rücktritt mit der Vormerkung** (bzw. Wirksamkeitserklärung) ggü. Finanzierungsgrundpfandrechten des Erwerbers, sofern kein Rangvorbehalt eingetragen wurde,
(2) die **Löschung der Vormerkung** im Rahmen eines Verkaufs,[1078] und nach vorsichtiger Auffassung möglicherweise[1079] auch
(3) der **Verzicht**[1080] auf das bedingte vormerkungsgesicherte Recht
sind dann nicht mehr ohne Mitwirkung des Pfändungsberechtigten möglich.[1081]

Dementsprechend ist auch in der **Insolvenz** des Rückforderungsberechtigten ein Verzicht auf das bedingte Recht samt Löschung der Vormerkung dem Gemeinschuldner verwehrt; es bedarf 2131

1074 Vgl. *Mayer/Geck*, Der Übergabevertrag, § 13 Rn 158 ff.
1075 BGHZ 123, 183. Ein unbedingtes Pfandrecht entsteht hieraus erst, wenn die Rückforderung wirksam geltend gemacht wurde.
1076 BayObLG, DNotZ 1986, 496, zum Vermerk einer bedingten Abtretung.
1077 Vgl. OLG Hamm, RNotZ 2008, 98; OLG Rostock, 21.08.2015 – 3 W 173/13.a.
1078 OLG Düsseldorf, RNotZ 2008, 97: es sei denn, es stünde zweifelsfrei fest, dass der aufschiebend bedingte Eigentumsübertragungsanspruch durch den endgültigen Ausfall der Bedingung erloschen ist.
1079 *Berringer*, DNotZ 2004, 255, und *Münch*, FamRZ 2004, 1333, sehen zu Recht das durch die Verstrickungswirkung der Pfändung entstehende Verfügungsverbot (§ 829 Abs. 1 Satz 2 ZPO) durch § 852 ZPO in den dort geregelten Fällen (Schutz ehe-/erbrechtlicher Entscheidung) überlagert: Die nach Ansicht des BGH NJW 1993, 2876, zwar auch dann mögliche »Vorauspfändung« könne hinsichtlich des dadurch geschaffenen Schwebezustandes durch Verzicht auf den bedingten Rückübertragungsanspruch beendet werden.
1080 Aufgrund der Pfändung ist (vorbehaltlich der Sonderwertung des § 852 ZPO; vgl. vorgehende Fußnote) auch der Erlassvertrag der gepfändeten Forderung verboten, § 829 Abs. 1 Satz 2 ZPO, vgl. Zöller/*Stöber*, ZPO, § 829 Rn. 18; der Begünstigte kann die ihm ggü. bestehende Unwirksamkeit gem. §§ 772, 771 ZPO geltend machen; ebenso *Koch/Mayer*, ZEV 2007, 58.
1081 *Mayer/Geck*, Der Übergabevertrag, § 13 Rn. 158.

der Mitwirkung des Insolvenzverwalters[1082] (zu möglichen Gestaltungsüberlegungen vgl. unten Rdn. 2134 ff.) Dieser »Lästigkeitswert« kann zu hohen Ablösungszahlungen führen. Umgekehrt kann aber allein die Pfändung des bedingten Rückübertragungsanspruchs, auch wenn sie durch den Grundstückseigentümer (den Verpflichteten) erfolgt, nicht dazu führen, dass der Pfändungsberechtigte selbst die Vormerkung zur Löschung zu bewilligen vermag (vielmehr entsteht mit Erfüllung des Anspruchs auf Rückübertragung eine Sicherungshypothek am Grundstück für den Pfändenden gem. § 848 ZPO).[1083]

2132 Die im Sicherungsinteresse unbedingt anzuratende Eintragung einer Vormerkung kann sich demnach faktisch als Sperre erweisen. Es wäre gleichwohl töricht, im Hinblick auf das Pfändungsrisiko auf den Vormerkungsschutz zu verzichten, zumal ein Pfändungsgläubiger des (mehrfach bedingten) Rückforderungsanspruchs eine Vormerkung auch im Wege der einstweiligen Verfügung erzwingen könnte.[1084]

2133 Hiergegen dürfte auch nicht helfen, den künftigen Rückforderungsanspruch unter die **auflösende Bedingung** seiner Pfändung oder der Eröffnung der Insolvenz über seinen Gläubiger zu stellen. Diese Vereinbarung dürfte als Gläubigerbenachteiligung möglicherweise nichtig i.S.d. § 138 BGB,[1085] jedenfalls aber gem. § 3 AnfG, §§ 129, 133 InsO anfechtbar sein.[1086] Die Verfechter einer solchen Lösung führen allerdings ins Feld, auch der Anspruchsinhaber erleide dabei einen dauerhaften Rechtsverlust, so dass der Entzug des Zugriffs für den Gläubiger sich lediglich als dessen Reflex darstelle.[1087]

2134 Unter dem Blickwinkel der Gläubigerbenachteiligung weniger gefährdet erscheint die **vollständige Beseitigung des Rückforderungsrechts** (und damit auch bedingter Rückforderungsansprüche samt ihrer Vormerkungssicherung) als Folge der »**Verschweigung**« (Nichtgeltendmachung) binnen bestimmter Frist nach Aufforderung durch den Eigentümer (potenziellen Rückübertragungsverpflichteten).[1088] Im Unterschied zur (s.u. Rdn. 2305 ff.) diskutierten »einfachen Fristsetzungslösung« erlischt also nicht lediglich die Möglichkeit, zu einem die Rückforderung abstrakt eröffnenden Sachverhalt diese auszuüben, sondern die Rückforderungsabrede insgesamt, allerdings nicht – wie im Fall der durch Pfändung auflösenden Bedingtheit des zugleich mehrfach bedingten Rückforderungsanspruchs – auf der Grundlage eines Drittzugriffs-Sachverhalts, sondern auf Anstoß des Eigentümers, mag dieser auch die »Verschweigungsfrage« als Folge einer Pfändung stellen. Um die Vormerkung im Fall fruchtlosen Ablaufs der Frist durch notarielle Eigenurkunde

---

1082 OLG München, 13.05.2009 – 34 Wx 26/09, ZEV 2009, 352; OLG München, 11.03.2010 – 34 Wx 010/10 DNotZ 2010, 917 m. Anm. *Reul*, S. 902 ff.: der Schutz höchstpersönlicher Entscheidungen, § 852 ZPO, erfordere nicht auch die Möglichkeit des Verzichtes auf das Recht insgesamt, sondern nur die Option der Nichtausübung des Rückforderungsrechtes im Einzelfall; ablehnend *Kesseler*, MittBayNot 2010, 414 ff.: die generelle Nichtausübung »im Einzelfall« kann auch vorweggenommen für alle künftigen Fälle durch Aufgabe des Rechtes erfolgen.
1083 OLG Hamm, RNotZ 2008, 98.
1084 Staudinger/*Gursky*, BGB, § 883 Rn. 31 m.w.N.
1085 *Nörr/Scheyhing*, Sukzessionen, S. 20; *Koch/Mayer*, ZEV 2007, 59.
1086 BGHZ 124, 76 ff.; im Ergebnis offen allerdings BGH, MittBayNot 2004, 56. Die Rechtshandlung gilt gem. § 8 Abs. 1 AnfG, § 140 Abs. 1 InsO dann als vorgenommen, wenn ihre rechtlichen Wirkungen eintreten, also mit Pfändung/Insolvenzeröffnung, so dass die Zehn-Jahres-Fristen für die Absichtsanfechtung – die Absicht wird aus dem Wortlaut der Urkunde deutlich – nie ablaufen; vgl. hierzu auch *Berringer* DNotZ 2004, 252; *Münch*, FamRZ 2004, 1336 hält die Gestaltungsmöglichkeit jedenfalls für »nicht gesichert«. Zweifelnd auch *Uhlenbruck*, in: FS Rheinisches Notariat, 1998, S. 141 bei Insolvenzeröffnung (Umgehung des § 119 InsO?).
1087 MünchKomm-BGB/*Roth*, § 400 Rn. 3; ähnlich OLG Frankfurt, JurBüro 1980, 1899 (zum Nießbrauch), RGZ 22, 281 (auflösend bedingtes Vermächtnis); KG, KGJ 40, 233 f. (zum Leibgedingerecht).
1088 *Koch/Mayer*, ZEV 2007, 60 ff.

H. Vertragliche Rückforderungsrechte

löschen zu können, sind sowohl die Aufforderung des Eigentümers als auch die »Fortbestehenserklärung« des Begünstigten an die Beglaubigung durch dieselbe Notarstelle zu knüpfen.

Auch **Unterlassungen** (Nichtgeltendmachung des möglichen Rückerwerbs) können gem. § 129 Abs. 2 InsO **der Anfechtung unterliegen**. Der Verzicht auf den weit stärker geschützten Pflichtteilsanspruch ist allerdings – der Wertung des § 517 BGB entsprechend – nach herrschender Meinung nicht anfechtbar (vgl. Rdn. 113), so dass vertreten wird, dies müsse erst recht für das vertraglich geschaffene Rückforderungsrecht gelten[1089] – hiergegen lässt sich einwenden, es gehe bei der Nichtgeltendmachung eines entstandenen Rückforderungsrechts nicht um einen nach Zeitpunkt und Höhe ungewissen Rechtserwerb (wie bei § 2346 BGB), sondern um reale Erwerbsmöglichkeiten. Außerdem unterscheiden sich die dargestellten Strategien (Verschweigungslösung, Ersetzungsbefugnis wie unten Rdn. 2334) von den bisher als unanfechtbar gewerteten Unterlassungen (Nichtannahme eines Schenkungsangebots vor Insolvenzeröffnung, so dass das Angebot gem. § 146 BGB erlischt)[1090] dadurch, dass Veräußerer und Erwerber gemeinsam die Voraussetzungen dafür geschaffen haben, den Erwerb des rückforderbaren Objekts durch den Insolvenzverwalter zu vereiteln.[1091] Die Rechtslage ist also im Hinblick auf die »Schenkungsunterlassens-Anfechtung« unsicher. Sie wäre sicherer, wenn der gesamte Rückforderungsvorbehalt nach Ablauf einer ereignislosen Frist nach Bekanntwerden des ersten Rückforderungstatbestandes von selbst (also ohne Anstoß des Eigentümers) erlöschen würde, was freilich nicht dem Gewollten entsprechen wird.[1092] Zur »Verschweigung auf Aufforderung« folgenden 2135

▶ **Formulierungsvorschlag: Erlöschen des Rückforderungsrechts bei Schweigen nach Aufforderung des Eigentümers**

Unabhängig von anderen Umständen erlischt das gesamte Rückforderungsrecht stets, sobald 2136
– der Eigentümer alle derzeit Rückforderungsberechtigten durch an dieser Amtsstelle zu beglaubigende und durch Einwurf-Einschreiben an die zuletzt bekanntgegebene Anschrift zu übermittelnde Erklärung aufgefordert hat, binnen eines Monats nach Beglaubigung der Aufforderung die Fortgeltung des Rückforderungsrechts zu erklären,
– und nicht zumindest ein Rückforderungsberechtigter durch notariell beglaubigte Erklärung, die innerhalb der Frist an dieser Amtsstelle einzugehen hat, die Fortgeltung des Rechts wünscht.

Der Inhaber dieser Notarstelle ist allseits und befreit von § 181 BGB bevollmächtigt, im Fall der Verschweigung gemäß vorstehenden Verfahrens ohne weitere Sachprüfung das Erlöschen auch des bedingten Rückforderungsanspruchs durch Eigenurkunde festzustellen und die Löschung der diesen sichernden Vormerkung wegen Unrichtigkeit des Grundbuchs zu beantragen.

Jederzeitige Pfändbarkeit läge erst recht (wie beim beliebigen Rückforderungsrecht) vor, wenn 2137
unmittelbar mit dem Eintritt bestimmter Voraussetzungen ein schuldrechtlicher Rückübereignungsanspruch entstünde, der nicht mehr von der Ausübung eines Gestaltungsrechts abhängen würde. Der vertragliche Ausschluss der Abtretbarkeit eines solchen Rückübereignungsanspruchs (mit der Folge der Nichtverpfändbarkeit, § 1274 Abs. 1 Satz 1 BGB) schützt nicht gegen den Pfändungszugriff (§ 851 Abs. 2 ZPO), sofern nur ein für sich pfändbarer Gegenstand vorliegt.

1089 Ausführlich *Koch/Mayer*, ZEV 2007, 60 f.
1090 Vgl. MünchKomm-InsO/*Kirchhof*, § 129 Rn. 26.
1091 *Amann*, in: Notarielle Gestaltungspraxis im Insolvenzrecht (Tagungsband DNotV) 2008, S. 15 zieht eine Parallele zu BGH, 22.12.2005 – IX ZR 190/02, ZInsO 2006, 140 (anfechtbares Unterlassen der Geltendmachung eines Erstattungsanspruchs einer GmbH gegen einen Gesellschafter, dessen Darlehensanspruch zuvor in der Krise getilgt wurde, durch Abtretung an einen »Firmenbestatter«, der sich dem Zugriff durch Sitzverlegung ins Ausland entzieht).
1092 *Reul* DNotZ 2010, 902, 909.

c) Weitere Zugriffsmöglichkeiten

2138 In der Praxis werden Gläubiger des Veräußerers allerdings (jedenfalls während der 4-jährigen Frist des § 4 Abs. 1 AnfG bzw. § 134 Abs. 1 InsO) zunächst zur **Anfechtung des Übertragungsvorgangs selbst** greifen. Anfechtungsbegründend ist insoweit lediglich die Unentgeltlichkeit der Zuwendung, nicht etwa kann in der »vorsätzlichen« Vereinbarung eines Rückforderungsrechts z.B. für den Insolvenz- oder Pfändungsfall ein weiteres Anfechtungsmoment gesehen werden.[1093] In der »freiwilligen« **vorzeitigen Rückgabe** vor dem (tatsächlich dann Folgenden) Eintritt eines Rückforderungstatbestands liegt zwar zivil- und schenkungsteuerrechtlich eine freigebige Zuwendung, die jedoch im Regelfall mangels Benachteiligung der Gläubiger des Erwerbers nicht anfechtbar sein dürfte, da der Zugriff ohnehin ins Leere gegangen wäre.[1094]

2139 **Sozialhilferechtlich** ist zwar das Rückforderungsrecht als Gestaltungsrecht (anders als der dann entstehende bzw. der künftige Rückübertragungsanspruch![1095]) nicht gem. § 93 SGB XII überleitbar,[1096] der **Sozialhilfeträger** kann den Antragsteller jedoch auf die Wahrnehmung des Rückforderungsrechts verweisen, wenn dessen Ausübungsvoraussetzungen vorliegen.[1097]

II. Risiken des jederzeitigen Rückerwerbsrechts

2140 Der Mühen einer enumerativen Aufzählung der Rückforderungstatbestände enthoben wäre der Veräußerer naturgemäß dann, wenn ein jederzeitiges, nicht an bestimmte objektive Ereignisse anknüpfendes Rückforderungsrecht vereinbart würde. Zivilrechtlich (nicht unbedingt auch gesellschaftsrechtlich)[1098] ist dies ohne Weiteres möglich (vgl. § 346 BGB) und wird nicht selten vom Veräußerer zumindest für die erste Phase (z.B. das erste Jahr) nach der Übertragung gewünscht, um auf zu Tage tretende – auch zwischenmenschliche – Fehlentwicklungen angesichts der neuen Eigentumslage reagieren zu können.

2141 I.R.d. § 2325 Abs. 3 BGB lässt jedoch der **freie Rückforderungsvorbehalt** die Zehn-Jahres-Frist nicht anlaufen, da noch kein »Verfügungsgenussverzicht« eingetreten ist (anders wenn der Schenker den Rückerwerb nicht willkürlich herbeiführen kann).[1099] Der Rückübertragungsvorbehalt

---

1093 Vgl. *Schumacher-Hey*, RNotZ 2004, 558; a.A. *Uhlenbrock*, in: FS Rheinisches Notariat, 1998, S. 142.
1094 Vgl. *Schumacher-Hey*, RNotZ 2004, 559.
1095 Dessen Überleitung führt [anders als die Pfändung: § 848 ZPO] zu einem Gläubigerwechsel, der [§ 401 BGB] berichtigend im Grundbuch bei der Vormerkung vermerkt werden kann, so dass eine faktische Grundbuchsperre eintritt, vgl. *Meyer/Geck*, Der Übergabevertrag, § 3 Rn. 151.
1096 Str., beim gesetzlichen Rückforderungsrecht des § 528 BGB behilft sich der Rspr. bekanntlich damit, in der Inanspruchnahme nachrangiger staatlicher Leistungen liege dessen Geltendmachung, so dass die höchstpersönliche Geltendmachungsentscheidung damit bereits konkludent getroffen sei. Für die Überleitbarkeit des Rückforderungsrechtes spricht, dass der Sozialleistungsträger nicht schlechter gestellt sein sollte als der Pfändungsgläubiger (zu Letzterem Rdn. 2122 ff.), vgl. *Mayer/Geck*, Der Übergabevertrag, § 3 Rn. 150 m.w.N, auch Rn. 153 zur (eher zu bejahenden, Rdn. 2140) Überleitbarkeit des jederzeitigen Rückforderungsrechtes.
1097 Möglichkeit der Kürzung der Sozialhilfe auf das Unerlässliche, wenn ein bestehendes Rückforderungsrecht nicht geltend gemacht wird (§ 26 Abs. 1 Nr. SGB XII); vgl. auch *Mayer/Littig*, Sozialhilferegreß ggü. Erben und Beschenkten, Rn. 87; *v. Lanzenauer*, ZfSH 1966, 40, mit Blick auf die Subsidiaritätsregelung des § 2 Abs. 1 SGB XII; *Vaupel*, RNotZ 2009, 497, 521.
1098 Verbot willkürlicher Hinauskündigungsklauseln in Gesellschaftsverträgen, vgl. *Büttner/Tonner*, NZG 2003, 193. Allerdings ist eine »Probezeitklausel« bereits seit Langem bestehender Freiberufler-Sozietäten zulässig, BGH, NZG 2004, 569 = NJW-Spezial 2004, 127 m. Anm. *Grunewald*, DStR 2004, 1750, vgl. näher Rdn. 2392 ff.
1099 Vgl. *Winkler*, ZEV 2005, 94; Gutachten, DNotI-Report 2002, 180; *Heinrich*, MittRhNotK 1995, 165; *Ellerbeck*, MittRhNotK 1997, 53; hierfür spricht auch die Nähe des Sachverhaltes zu § 517 Fall 2 BGB; a.A. *Kerscher/Riedel/Lenz*, Pflichtteilsrecht in der anwaltlichen Praxis, § 7 Rn. 78, da möglicherweise noch keine wirtschaftliche Ausgliederung stattgefunden habe, sowie (ohne Begründung) *Burandt/Leplow*, Immobilien in Erbschaft und Schenkung, Rn. 268.

H. Vertragliche Rückforderungsrechte   Kapitel 4

führt vielmehr zu einer ca. 10 % bis 33 %igen Reduzierung der Unentgeltlichkeit (Rdn. 46).[1100] Zu bedenken sind jedoch neben der uneingeschränkten Pfändbarkeit des jederzeitigen Rückforderungsrechts (jedenfalls bei gleichzeitiger Pfändung des aufschiebend bedingten Rückübertragungsanspruchs)[1101] – und damit wohl auch der schlichten Überleitbarkeit auf den Sozialleistungsträger gem. §§ 93 Abs. 1 SGB XII, 33 SGB II – schenkungsteuerliche (nachstehend Rdn. 2143 ff.) und ertragsteuerliche (nachstehend Rdn. 2145 ff.) Risiken. Hierzu

▶ **Formulierungsvorschlag: Freies Rückforderungsrecht**

Jeder Erwerber und seine Gesamtrechtsnachfolger sind gegenüber dem Veräußerer verpflichtet, den jeweiligen Vertragsbesitz zurückzuübertragen, wenn und soweit dieser die Rückübereignung in notariell beglaubigter Form, aufgrund höchstpersönlicher Entscheidung ganz oder teilweise verlangt. Das Rückforderungsrecht ist nicht vererblich oder übertragbar. Es kann nicht durch einen gesetzlichen Vertreter oder einen sonstigen Sachwalter, der mit Wirkung für fremde Vermögen Erklärungen abzugeben berechtigt ist, ausgeübt werden.   2142

Eines besonderen Rückforderungsgrundes bedarf es nicht. Den Beteiligten ist bewusst, dass demzufolge (wohl) der Schenkungsgegenstand zwar rechtlich, nicht aber wirtschaftlich ausgegliedert wurde, also die Zehn-Jahres-Frist des § 2325 Abs. 3 BGB – nach deren Ablauf die heutige Zuwendung bei der Berechnung von Pflichtteilsansprüchen dritter Personen nicht mehr zu berücksichtigen wäre – nicht zu laufen beginnt. Auch unterliegt das Rückforderungsrecht (wohl) auf Seiten des Veräußerers der uneingeschränkten Pfändung Dritter, über die Fristen zur Gläubigeranfechtung und Rückforderung wegen Verarmung hinaus. Ferner können ertragsteuerliche Nachteile entstehen (etwa weil die Einkunftsquelle weiterhin dem Veräußerer zugerechnet wird).

Der Veräußerer hat im Falle der Rückforderung die im Grundbuch eingetragenen Rechte und Grundpfandrechte dinglich zu übernehmen, soweit sie dann im Rang vor der nachstehend bestellten Auflassungsvormerkung eingetragen sind. Aufschiebend bedingt auf die wirksame Ausübung des Rückforderungsrechts werden bereits heute alle Rückgewähransprüche, die dem Erwerber dann bezüglich eingetragener Grundpfandrechte zustehen (werden), an den dies annehmenden Veräußerer im oben bezeichneten Erwerbsverhältnis abgetreten. Ferner verpflichtet sich der Erwerber, etwa ihm dann zustehende Eigentümergrundschulden auf Verlangen des Veräußerers löschen zu lassen, und bewilligt, zu dessen Gunsten eine Löschungsvormerkung gem. § 1179 BGB bei den derzeit eingetragenen Grundpfandrechten einzutragen. Der Veräußerer beantragt die Eintragung/*kann den Antrag auf Eintragung jederzeit stellen*.

Aufwendungen aus dem Vermögen des Rückübertragungsverpflichteten werden – maximal jedoch bis zur Höhe der noch vorhandenen Zeitwerterhöhung – gegen Rechnungsnachweis erstattet bzw. durch Schuldübernahme abgegolten, soweit sie nicht nur der Erhaltung des Anwesens im derzeitigen Zustand, sondern der Verbesserung oder Erweiterung des Anwesens gedient haben und mit schriftlicher Zustimmung des Berechtigten oder seines Vertreters durchgeführt wurden. Im Übrigen erfolgt die Rückübertragung unentgeltlich, also insbesondere ohne Ausgleich für geleistete Dienste, wiederkehrende Leistungen, Tilgungen, geleistete Zinsen, Arbeitsleistungen, oder die gezogenen Nutzungen. Hilfsweise gelten die gesetzlichen Bestimmungen zum Rücktrittsrecht. Die Kosten der Rückübertragung hat der Anspruchsberechtigte zu tragen. Mit Durchführung der Rückübertragung entfällt die ggf. angeordnete Anrechnung der Zuwendung auf den Pflichtteilsanspruch des heutigen Erwerbers sowie ein etwa mit ihm in dieser Urkunde vereinbarter Pflichtteilsverzicht (auflösende Bedingung).

Zur Sicherung des bedingten Rückübertragungsanspruchs nach wirksamer Ausübung des vorstehend eingeräumten Rückforderungsrechtes bestellt hiermit der Erwerber zugunsten des vorgenannten Veräußerers eine

Rückübertragungsvormerkung

am jeweiligen Vertragsbesitz und

bewilligt und beantragt

1100 Vgl. OLG Düsseldorf, MittRhNotK 2000, 208; bestätigt durch OLG Koblenz, ZEV 2002, 460.
1101 Vgl. BGH, NotBZ 2003, 229 m. Anm. *Heinze* = ZEV 2003, 293 m. Anm. *Langenfeld*.

deren Eintragung im Grundbuch. Die Vormerkung ist als Sicherungsmittel auflösend befristet. Sie erlischt mit dem Tod des jeweiligen Veräußerers. Sie erhält nächstoffene Rangstelle.

1. Schenkungsteuerliche Folgen

2143 Jedenfalls mit dem dinglichen Vollzug ist eine Schenkung auch i.S.d. Schenkungsteuerrechts wirksam und vollzogen; vereinbarte Rückforderungsvorbehalte stehen dem nicht entgegen. Dies gilt auch bei **freiem Widerrufsvorbehalt**, unabhängig von dessen ertragsteuerlicher Anerkennung.[1102] Auch eine **Kumulation** von Rückforderungsrechten und weiteren Vereinbarungen zugunsten des Veräußerers, z.B. ein Nießbrauchsvorbehalt, ändern hieran nichts. Entgegenstehende Andeutungen der Finanzverwaltungen im Spätherbst der Übergabewelle 1995 (vor Außerkrafttreten der Einheitswertbesteuerung) wurden noch im Oktober 1995 zurückgenommen.[1103] Voraussetzung ist jedoch der Eintritt einer Bereicherung beim Erwerber.[1104]

2144 In bestimmten Fällen kann allerdings die nachstehend (Rdn. 2145 ff.) zu erläuternde ertragsteuerliche Anerkennung bzw. Nichtanerkennung der Vermögensübertragung von Einfluss auf die Ermittlung der schenkungsteuerlichen Bemessungsgrundlage sein. Für die **Bewertung von Betriebsvermögen**, z.B. Schenkung von Anteilen an einer KG, verweist § 12 Abs. 5 ErbStG u.a. auf § 95 Abs. 1 Satz 1 BewG, der voraussetzt, dass das Vermögen bei der einkommensteuerrechtlichen Gewinnermittlung zu **Einkünften aus Mitunternehmerschaft** führt. Ist dies beim Erwerber nicht der Fall, weil im ertragsteuerlichen Sinn die Mitunternehmerschaft aufgrund der Rückforderungsrechte nicht übergegangen ist, gelten bspw. die Begünstigungen der §§ 13a, 19a ErbStG nicht.[1105] Möglicherweise gelten Ausnahmen bei lediglich kurz befristeter Widerruflichkeit und/oder bereits bestehender, durch die Schenkung vergrößerter Mitunternehmerstellung (Rdn. 1503).[1106] Werden sog. **Weiterleitungsklauseln** vereinbart, wonach der Erwerber bei Eintritt bestimmter Ereignisse den zugewendeten Gegenstand nicht an den Schenker zurück-, sondern an einen Dritten weiterzugeben habe, soll nach (allerdings umstrittener)[1107] Auffassung der Finanzverwaltung bereits aufgrund dieser Vereinbarung, ohne dass es auf deren tatsächliche Erfüllung ankomme,[1108] der Ersterwerber (»Zwischenerwerber«) nicht in den Genuss der Betriebsvermögensprivilegien (Freibetrag, Bewertungsabschlag, Tarifermäßigung) kommen, sondern lediglich der ins Auge gefasste Enderwerber (arg. § 13a Abs. 3 ErbStG).

2. Ertragsteuerliche Erwägungen

2145 Der Vermögenszu- bzw. -abfluss beim Erwerber bzw. beim Veräußerer stellt für sich natürlich keine einkommensteuerliche relevante Einnahme bzw. Ausgabe dar. Allerdings können Rückforderungsrechte u.U. dazu führen, dass die **Einkunftsquelle** und damit die Erträge **weiterhin dem Veräußerer zugerechnet** werden. Ergänzend und zur Wiederholung sei vorab darauf hingewiesen, dass Rückforderungsvereinbarungen, jedenfalls wenn sie über die gesetzlichen Vorbehalte hinsichtlich Voraussetzungen und Durchführung deutlich hinausgehen, insb. die **Haftung des Minderjährigen**

1102 BFH, BStBl. 1989 II, S. 1034 (betraf Verfügungsvollmacht); BStBl. 1983 II, S. 179.
1103 Vgl. z.B. diesbezügliche Erlasse v. 18.09.1995, DStR 1995, 713, einerseits und v. 11.10.1995, DStR 1995, 1714, andererseits.
1104 Daran fehlt es bei der Übertragung auf eine sog. kontrollierte liechtensteinische Familienstiftung, bei welcher der Stifter sich vorbehält, weiter über die Verwendung des Vermögens zu entscheiden, sogar sich dieses wieder zurück übertragen zu lassen: keine Schenkungsteuerpflicht gem. BFH, 28.06.2007 – II R 21/05, EStB 2007, 329, vgl. *Eisele*, NWB 2007, 3969 ff. = Fach 10 S. 1625 ff. und FG Düsseldorf, 25.01.2017 – 4 K 2319/15 Erb, ZEV 2017, 589. Damit ist auch eine Steuerfestsetzung aufgrund einer »strafbefreienden Erklärung« unwirksam, BFH, 01.10.2014 – II R 6/13, ErbStR 2015, 5.
1105 Erlass v. 17.06.1997, BStBl. I, S. 674, Rn. 3; *Gebel*, Betriebsvermögen und Unternehmensnachfolge, 1996, S. 4; *Moench*, ZEV 1997, 269; a.A. *Hochheim/Wagenmann* ZEV 2010, 109, 113.
1106 FG Münster, ZErb 2006, 207 m. Anm. *Jülicher*; hierzu ausführlich Wachter, ErbStB 2006, 239.
1107 Krit. *Jülicher*, DStR 1998, 1980 m.w.N.
1108 Erbschaftsteuerrichtlinien 61 Abs. 1 Satz 4 i.V.m. Satz 5 Nr. 4.

nicht entsprechend § 531 Abs. 2 BGB beschränkt ist,[1109] bei minderjährigen Beschenkten einen rechtlichen Nachteil darstellen, so dass die Einschaltung eines Ergänzungspflegers erforderlich ist. Fehlt dem Rechtsgeschäft die zivilrechtliche Wirksamkeit, wird es (abweichend von § 41 Abs. 1 Satz 1 AO!) auch dann ertragsteuerlich nicht berücksichtigt, wenn die Parteien es dennoch als rechtswirksam betrachten und tatsächlich durchführen (vgl. unten Rdn. 3968).

a) Gewerbliche Einkünfte sowie land- und forstwirtschaftliche Einkünfte

Für die Erzielung gewerblicher Einkünfte sowie von Einkünften aus Land- und Forstwirtschaft müssen die **Voraussetzungen der Mitunternehmerschaft**, also Mitunternehmerrisiko und Mitunternehmerinitiative, gegeben sein. Bei Übertragung von Betriebsvermögen oder Gesellschaftsbeteiligungen unter freiem Widerrufsvorbehalt ist der Erwerber »praktisch bis zur Weisungsgebundenheit eingeschränkt«, so dass er nicht Mitunternehmer sein kann.[1110] Demnach werden die Gewinnanteile weiterhin dem Veräußerer zugerechnet;[1111] die tatsächliche Auszahlung an den Erwerber stellt regelmäßig eine unbeachtliche Einkommensverwendung des Veräußerers i.S.d. § 12 Nr. 2 EStG dar,[1112] und die Betriebsvermögensprivilegierungen der §§ 13a, 19a ErbStG werden nicht gewährt (vgl. Rdn. 2147, 3300).

2146

Unschädlich sind jedoch einzelne Widerrufsvorbehalte, etwa für den Fall abredewidriger Verfügung,[1113] der Insolvenz, der Aufgabe des Betriebs,[1114] der Scheidung und des Vorversterbens.[1115] Dies gilt sogar dann, wenn solche enumerative Rückforderungsvorbehalte – jedenfalls sofern ihr Eintritt nicht wahrscheinlich ist – mit Nutzungsvorbehalten zusammentreffen (keine abweichende Behandlung aufgrund des »**Summationseffektes**«).[1116]

2147

Auch bei **Anteilen an Kapitalgesellschaften**, die unter freiem Widerrufsvorbehalt übertragen werden, wird der Veräußerer weiterhin als wirtschaftlicher Inhaber der Anteile (§ 39 Abs. 2 Nr. 1 AO) betrachtet (vgl. Rdn. 1517 zur vergleichbaren Problematik bei einem kombinierten Rückbehalt von Nießbrauch und Stimmrechten). Dadurch besteht die Gefahr, dass der Veräußerer mit den bei ihm verbliebenen Anteilen über die Maßgeblichkeitsgrenze, bei deren Überschreiten Veräußerungsgewinne von Anteilen aus Privatvermögen als Einkünfte aus Gewerbebetrieb gem. § 17 EStG steuerpflichtig werden, erfüllt (ab 01.01.2002 bei kalendergleichem Wirtschaftsjahr der Kapitalgesellschaft eins vom Hundert, vorher 10 %).

2148

In ertragsteuerlicher Hinsicht ist in Bezug auf die Übertragung von Betriebsvermögen weiter auf folgendes hinzuweisen: Die steuerneutrale Übertragung zu Buchwerten, die etwa durch § 6 Abs. 3 EStG, § 6 Abs. 5 EStG, § 24 UmwStG etc. ermöglicht wird, ist oftmals von der Einhaltung bestimmter Sperrfristen abhängig, während deren Lauf kein Inhaberwechsel stattfinden darf (vgl. et-

2149

1109 OLG Köln, MittBayNot 1998, 106.
1110 BFH, BStBl. 1998 II, S. 878; krit. *Kirnberger/Werz*, ErbStB 2003, 292 ff.; ausführlich *Wachter*, ErbStB 2006, 236 ff. und 259 ff.
1111 Gleiches gilt, wenn nach wirksamem Vollzug der Schenkung keine klare Trennung zwischen dem Vermögen des Schenkers und des Beschenkten besteht: BFH, ErbStB 2003, 75.
1112 Die Voraussetzungen eines Abzugs als dauernde Last nach § 10 Abs. 1a Satz 1 Nr. 2 EStG mit der Folge der Besteuerung beim Erwerber nach § 22 Nr. 1 EStG werden in dieser Konstellation nur äußerst selten vorliegen.
1113 BFH, BStBl. 1998 II, S. 542 = ZEV 1998, 235.
1114 BFH, 17.06.1998, BFH/NV 1999, 9.
1115 Vgl. BFH, BStBl. 1994 II, S. 635; *Carle*, KÖSDI 2002, 13319.
1116 BFH, 26.11.1998, ZEV 1999, 200 m. Anm. *Daragan*; *Fabis*, MittRhNotK 1999, 146. Es handelte sich allerdings lediglich um ein Verfahren zur Aussetzung der Vollziehung, und die Begründung erfolgte eher ergebnisorientiert: Hätte der Nießbraucher noch wirtschaftliches Eigentum, müsste er bei Beendigung des Nießbrauches (etwa durch Tod) die darin verkörperten stillen Reserven versteuern, was schwer vorstellbar erscheint, da nichts mehr in den Nachlass fällt. Vorsichtiger daher *Götz*, FR 2015, 972 ff.

wa zur dreijährigen Sperrfrist des § 6 Abs. 5 Satz 4 EStG Rdn. 6065). Ist der Schenker Mitunternehmer geblieben, etwa als Folge übermäßiger Rückforderungsrechte (vgl. Rdn. 2146 ff.), hat er nun »Glück im Unglück«: Die Rückabwicklung ist naturgemäß ertragsteuerlich unschädlich, sie stellt weder die Veräußerung noch die Aufgabe oder Entnahme eines Wirtschaftsguts dar. Ist jedoch die Mitunternehmerstellung übergegangen, führt die Rückübertragung während der Sperrfrist zur Aufdeckung stiller Reserven beim Schenker (da die ihm ursprünglich gewährte Privilegierung »kassiert« wird), nach Ablauf der Sperrfrist beim ursprünglich Beschenkten.

b) Einkünfte aus Kapitalvermögen

2150 Auch im Bereich des § 20 EStG genügt es grds. für die Übertragung einer Einkunftsquelle, dass der Veräußerer den **für die Bank erkennbaren Willen** zeigt, die Guthabenforderung endgültig und unwiderruflich auf den Erwerber zu übertragen. Ein freies Rückforderungsrecht dürfte auch hier die Zurechnung der Einkünfte beim Erwerber (die wegen der Ausnutzung dessen Freibetrags i.R.d. sog. »Familien-Splittings« besonders gewünscht wird) gefährden. Allerdings ist zusätzlich Voraussetzung, dass diese jederzeitige Rückforderungsmöglichkeit auch im Verhältnis zur **Bank offengelegt wird**.

c) Einkünfte aus Vermietung und Verpachtung

2151 Für den besonders praxisrelevanten Bereich des § 21 EStG ist die Rechtslage nicht so eindeutig wie für betriebliches Vermögen (s.o. Rdn. 2146 ff.). Entscheidend für die ertragsteuerliche Anerkennung der Vermögenszuwendung soll nämlich insoweit nicht die Zurechnung des Wirtschaftsguts, sondern die **Zurechnung der erhaltenen Leistung** sein.[1117] Hierauf gestützt, vertritt ein beachtlicher Teil der Literatur, dass auch bei jederzeitiger freier Widerruflichkeit bzw. bei einem Vermieter ohne zeitlich gesicherte Rechtsposition die Einkünfte aus § 21 EStG dem Erwerber zugerechnet werden.[1118] Die Rechtsprechung ist insoweit strenger,[1119] so dass unter dem Gesichtspunkt der Wahl des sichersten Weges – jedenfalls unter ertragsteuerlichen Aspekten – auch bei vermieteten Immobilien von einer freien Widerruflichkeit abgeraten werden sollte. **Enumerative Rückforderungsrechte** sind jedoch wohl unproblematisch.[1120]

d) Selbstgenutzte Immobilien

2152 Lediglich bei durch den Erwerber selbst genutzten Immobilien dürfte die Vereinbarung freier Rückforderungsrechte die **Gewährung der Eigenheimzulage** beim Erwerber, sofern er denn Anschaffungs- oder Herstellungskosten verwirklicht hat, **nicht gefährden**, da er ja zivilrechtlich wirksam Eigentümer wurde. Das Schrifttum plädiert jedoch teilweise dafür, bei einer Kombination aus Vorbehaltsnießbrauch und freiem Rückforderungsrecht dem weiterhin selbstnutzenden Veräußerer das »wirtschaftliche Eigentum« gem. § 39 Abs. 2 Nr. 1 Satz 1 AO auch i.S.d. Eigenheimzulagengesetzes zu belassen (s. Rn. 4563 der 3. Auflage dieses Werks).

1117 BFH, NV 1993, 227.
1118 Schmidt/*Drenseck*, EStG, 29. Aufl. 2010, § 21 Rn. 5, m.w.N.
1119 BFH, BStBl. 1984 II, S. 371; ähnlich FG Niedersachsen, DStRE 2000, 1078: bei einem jederzeit widerruflichen Zuwendungsnießbrauch (also durch Widerruf auflösend bedingten Nießbrauch) werden die Mieteinnahmen nicht dem Nießbraucher, sondern dem Eigentümer zugerechnet. Vermittelnd BFH, 19.11.2003, ErbStB 2004, 206: Widerrufsvorbehalt kann Einkünfteerzielungsabsicht nur infrage stellen, wenn er als Eingriff in die Dispositionsbefugnis des begünstigten Nutzungsberechtigten anzusehen wäre.
1120 Vgl. BFH, 26.11.1998, ZEV 1999, 200 m. Anm. *Daragan*: Veräußerer, der Nießbrauch und enumeratives Rückforderungsrecht innehat, ist nicht mehr »wirtschaftlicher Eigentümer«, muss also die »stillen Reserven« bei Beendigung des Nießbrauches nicht versteuern.

III. Ausgestaltungsvarianten des Rückforderungsrechts

1. Rückforderungsberechtigte

Ein vertraglich begründetes Rückforderungsrecht[1121] ist, soweit nicht anderweit vereinbart, **abtretbar und vererblich**.[1122] Daher sind Berechtigtenmehrheiten nicht nur i.S.d. Vorhandenseins mehrerer gleichstufig Begünstigter denkbar (»Alternativberechtigung«),[1123] sondern auch i.S.d. Vorhandenseins zeitlich nacheinander gestaffelter Begünstigungen (»**Sukzessiv-Berechtigung**«). Im Einzelnen ist zu unterscheiden: 2153

a) Mehrere gemeinsam Rückforderungsberechtigte

aa) Gestaltungsalternativen

Typischerweise soll das Rückforderungsrecht in der Person des derzeitigen Eigentümers, Veräußerers, begründet werden. Sind mehrere Personen (z.B. Ehegatten) Eigentümer des Grundstücks, können mehrere, untereinander aufschiebend bedingte selbstständige Rechte und Vormerkungen bestehen.[1124] Stattdessen kann mehreren Berechtigen das Rückforderungsrecht **im bisherigen Rechtsverhältnis** eingeräumt werden, also bspw. 2154

(1) als **Miteigentümer** je zur Hälfte,[1125] mithin als Teilgläubiger gem. § 420 BGB. Um – wie regelmäßig gewollt – dem überlebenden Bruchteilsinhaber auch das »anteilige« Rückforderungsrecht des Erstverstorbenen zukommen zu lassen, muss dieses bereits zuvor an den Überlebenden auf den Todesfall abgetreten werden (s.u. Rdn. 2167 f.) oder aber die Teilgläubigerschaft mit der Gesamtgläubigerschaft (§ 428 BGB) kombiniert werden dergestalt, dass Letztere erst mit dem Ableben des Erstverstorbenen ihre Wirkung zugunsten des Überlebenden entfaltet.[1126] Denkbar ist aber auch, es dabei zu belassen, dass bei Ausübung durch nur einen Berechtigten (gleichgültig ob der andere Berechtigte nicht ausüben wollte oder nicht mehr ausüben konnte) allein der (Halb-)Anteil des Rückfordernden zurück zu übereignen ist.

(2) zum Gesamtgut der zwischen ihnen bestehenden **Gütergemeinschaft** – mit der Maßgabe, dass die Berechtigung beiden für den Fall der lebzeitigen Beendigung der Gütergemeinschaft in Berechtigung nach § 428 BGB zustehen soll, die Gesamthand also nur für die Dauer ihrer Existenz[1127] die sonst gewollte Gesamtberechtigung überlagert –, allerdings mit dem Nachteil, dass die Berechtigung des Verbleibenden nach der Beendigung der Gütergemeinschaft durch Tod im Wege je eigener Vormerkungen gesichert werden müsste (Kosten!). 2155

▶ Formulierungsvorschlag: Rückforderungsrecht bei Berechtigten in Gütergemeinschaft

Das Rückforderungsrecht besteht für die Veräußerer als Berechtigte in Gütergemeinschaft zum Gesamtgut, für den Fall der Beendigung derselben durch Vertrag oder Urteil für beide Veräußerer als Gesamtgläubiger nach § 428 BGB. Beim Tod eines Veräußerers steht es dem Überlebenden ungeschmälert allein zu. Solange daher beide Rückforderungsberechtigten noch am Leben sind, 2156

1121 Hilfreiche »Checkliste« für die Gestaltung bei *Mayer/Geck,* Der Übergabevertrag, § 13 Rn. 5.
1122 Allerdings kann sich die Unvererblichkeit durch Auslegung ergeben, wenn die Rückforderung an ihrerseits wohl höchstpersönliche Pflichten anknüpft, vgl. OLG Hamm, 07.03.2006 – 15 W 99/05, DNotZ 2007, 122.
1123 Die dann je durch eigene Vormerkungen gesichert werden; § 47 GBO gilt hierfür nicht, vgl. BGH, ZEV 2003, 30; ebenso BayObLG, DNotZ 2002, 784 (vier Vormerkungen bei zwei Veräußerern und zwei Erwerbern mit je getrennten Rechtsbeziehungen).
1124 So das Auslegungsergebnis bei OLG Brandenburg, 18.01.2010 – 5 Wx 3/09 NotBZ 2011, 130.
1125 Vgl. *Schöner/Stöber,* Grundbuchrecht, 11. Aufl., Rn. 1498.
1126 So wohl BayObLG, ZEV 1995, 294 m. Anm. *Lichtenberger,* allerdings ohne Offenlegung der dogmatischen Konstruktion: die Gesamtberechtigung nach § 428 BGB sei zunächst (auflösend bedingt) durch das Bruchteilsverhältnis überlagert, werde aber mit Ableben des Erstversterbenden, rückwirkend wirksam.
1127 Nicht erforderlich ist die tatsächliche Auseinandersetzung der beendeten Gesamthand.

können sie das Rückforderungsverlangen nur gemeinsam stellen. Sollte nur noch einer von ihnen leben, beziehen sich die nachstehenden Regelungen auf diesen allein.

Ein Rückforderungsgrund tritt jeweils ein, sobald und soweit ..... (*Anm.: Es folgt eine Detailregelung hinsichtlich Voraussetzung und Abwicklung der Rückforderung*).

Zur Sicherung des bedingten Rückübertragungsanspruchs nach wirksamer Ausübung eines vorstehend eingeräumten Rückforderungsrechts oder des gesetzlichen Widerrufs gem. § 530 BGB (»grober Undank«) bestellt hiermit der Erwerber zugunsten der vorgenannten Veräußerer – als Berechtigte in Gütergemeinschaft, bei Beendigung derselben durch Vertrag oder Urteil als Gesamtberechtigte nach § 428 BGB mit der Maßgabe, dass das Recht dem überlebenden Veräußerer allein und ungeschmälert zusteht – eine

Auflassungsvormerkung

am jeweiligen Vertragsbesitz und bewilligt und beantragt deren Eintragung im Grundbuch. Die Vormerkung ist als Sicherungsmittel auflösend befristet. Sie erlischt mit dem Ableben des ersten Veräußerers in Gütergemeinschaft, bei deren vorzeitiger Beendigung mit Ableben des letztversterbenden Veräußerers.

Die Vormerkung erhält die nächstoffene Rangstelle, jedoch den Rang nach dem Nießbrauch.

Rein vorsorglich bewilligt der Erwerber weiterhin für jeden Veräußerer als alleinigen Berechtigten jeweils eine Auflassungsvormerkung für dessen durch den Tod des jeweils anderen Veräußerers aufschiebend bedingten Rückforderungsanspruch. Die Eintragung wird jedoch zunächst nicht beantragt. Der amtierende Notar wird von sämtlichen Beteiligten bevollmächtigt, die Eintragung im Rang nach den bereits eingetragenen sowie den heute bestellten Rechten zu beantragen, wenn er hierzu von einem Vertragsteil schriftlich angewiesen wird.

2157 (3) In Betracht kommt ferner die **Mitgläubigerschaft gem. § 432 BGB**, wenn die Beteiligten im Innenverhältnis vereinbaren, dass nur an alle Rückforderungsberechtigten gemeinsam erfüllt werden kann (und jeder Gläubiger nur Leistung an alle gemeinsam fordern kann), also eine kraft Abrede unteilbare Leistung vorliegt.[1128] Unter dem Gesichtspunkt des gleichgewichteten Schutzes mehrerer auf gleicher Stufe vorhandener Rückforderungsberechtigter ist § 432 BGB sogar der regelmäßig gewählten Variante des § 428 BGB (Rdn. 2159 ff.) überlegen;[1129] allerdings bedarf die Absicherung des Überlebenden, will man nicht zur weiteren Vormerkung greifen, der bedingten Vorausabtretung ähnlich Rdn. 2176, vgl. Rdn. 2430.

2158 (4) Denkbar ist schließlich weiter die analoge Anwendung des Mehrheitsverhältnisses beim **rechtsgeschäftlichen Vorkaufsrecht** (§§ 461, 472 BGB [vormals §§ 502, 513 BGB]), zumal der Rückforderungsvorbehalt einem Wiederkaufsrecht durchaus nahe kommen kann.[1130] Eine Vormerkung genügt; es handelt sich jedoch um ein inhaltlich nicht einfaches Gemeinschaftsverhältnis.[1131]

bb) § 428 BGB

2159 Regelmäßig wird jedoch die **Gesamtgläubigerschaft nach § 428 BGB** gewählt. Es handelt sich dann um einen einheitlichen Anspruch (mit der Folge, dass eine einzige Vormerkung zur Grundbuchsicherung genügt), der jederzeit mit befreiender Wirkung durch Leistung an den einen oder den anderen Gläubiger erfüllt werden kann. Die Einzelforderungen der Gesamtgläubiger können

---

1128 Vgl. OLG München, 29.05.2007 – 32 Wx 077/07, DNotZ 2008, 380, mit Hinweis auf den vorkaufsrechtsähnlichen Charakter des Rechtsverhältnisses; *Amann* plädiert in DNotZ 2008, 324 ff. für ein unbefangeneres Verhältnis zur Mitgläubigerschaft.
1129 Dort bedürfte es, um dieses Ergebnis zu erreichen, einer Modifikation im Innenverhältnis, vgl. Rdn. 2160.
1130 Vgl. BayObLG, NJW-RR 1993, 472; hierzu *Grziwotz*, MittBayNot 1993,74; LG Potsdam, 24.07.2006 – 5 T 530/04, n.v.; LG Regensburg, 07.04.2008 – 5 T 534/07, MittBayNot 2008, 293.
1131 Vgl. *Demharter*, MittBayNot 1998, 16.

H. Vertragliche Rückforderungsrechte

unterschiedlich bedingt sein:[1132] So kann das Recht des Nicht-Veräußerer-Ehegatten durch den Tod des Veräußerers aufschiebend bedingt und zugleich durch das Fortbestehen der Ehe zu diesem Zeitpunkt auflösend bedingt werden.

Im **Innenverhältnis** steht gem. § 430 BGB[1133] im Zweifel beiden Berechtigten der geschuldete Gegenstand je zur Hälfte zu, sofern beide den Anspruch geltend machen, anderenfalls ist an den Ausübenden allein aufzulassen (anders z.B. bei Teilgläubigerschaft, vgl. Rdn. 2154); es empfiehlt sich, dies ggf. als Anspruchsinhalt (also auch mit Außenwirkung) klarzustellen, da es sich bei der Gesamtberechtigung gem. § 428 BGB nicht um eine Rechts- oder Vermögensgemeinschaft handelt, sondern um eine schuldrechtliche Vereinbarung über die Geltendmachung eines Anspruchs[1134] (daher kann eine Vormerkung zur Sicherung eines Anspruchs für mehrere gem. § 428 BGB eingetragen werden, obwohl Eigentum nicht in diesem Verhältnis erworben werden kann!).[1135] Der Anwendungsbereich des § 428 BGB wird dadurch nicht verlassen,[1136] da zu den Wesensmerkmalen der Gesamtgläubigerschaft nur die Forderungsberechtigung jedes Gläubigers (str., vgl. Rdn. 2182) und jedenfalls die lediglich einmalige Leistungspflicht des Schuldners, nicht aber dessen Auswahlfreiheit gehören[1137] (s.u. Rdn. 2424 ff. und den Formulierungsvorschlag bei Rdn. 2427), und trotz der Forderungsberechtigung jedes Gläubigers vereinbart werden muss und demnach auch ohne Verletzung des Typenzwangs vereinbart werden kann, in welchem Mehrheitsverhältnis (§ 47 GBO) das Zurückzugewährende geschuldet ist. Diese zulässige[1138] Modifizierung wird zum Inhalt des Rechts aufgrund Bezugnahme auf die notarielle Urkunde gem. § 874 BGB.

▶ **Formulierungsvorschlag: Rückforderungsberechtigung gem. § 428 BGB mit festgelegter Eigentumsstruktur**

Macht zu Lebzeiten beider Veräußerer nur einer der Veräußerer das Rückforderungsrecht geltend oder ist der andere Veräußerer verstorben, ist nur an den verbleibenden Veräußerer aufzulassen, der auch die Verpflichtungen alleine übernimmt. Anderenfalls ist, sofern beide Berechtigten kein abweichendes Verlangen stellen, an beide zu je hälftigem Miteigentum unter gesamtschuldnerischer Übernahme der Verpflichtungen aufzulassen. Keiner der Veräußerer ist befugt, zu Lasten des anderen über das Rückforderungsrecht zu verfügen.

Unabdingbar sind Regelungen im Innenverhältnis der Gesamtgläubiger dann, wenn deren bisheriges Miteigentum **in anderem Verhältnis zueinander** steht und nach Rückübertragung in gleicher Weise wieder hergestellt werden soll. Dadurch wird zugleich die Wahlfreiheit des Schuldners, an wen er mit Erfüllungswirkung leistet, ausgeschlossen.[1139] Denkbar ist z.B., dass – als Innenausgestaltung des Berechtigungsverhältnisses gem. § 428 BGB – der Anspruch zwar zu Lebzeiten beider Berechtigter beiden zusteht, aber erfüllungstauglich nur die Übereignung an den Übergeber

---

1132 Höchstrichterlich wohl noch nicht geklärt, vgl. *Wegmann*, Grundstücksüberlassung, Rn. 259.
1133 Dieser gesetzliche »Verteilungsmodus« ermöglicht die Eintragung einer Vormerkung für mehrere Begünstigte »gem. § 428 BGB«, obwohl das (vorgemerkte) Eigentum nicht in diesem Gemeinschaftsverhältnis erworben werden kann, vgl. Meikel/*Böhringer*, Grundbuchrecht, § 47 GBO Rn. 131.
1134 Vgl. Meikel/*Böhringer*, Grundbuchrecht, § 47 GBO Rn. 108.
1135 So ausdrücklich OLG Hamm, DNotZ 2006, 293.
1136 LG Duisburg, Rpfleger 2005, 600 m. Anm. *Wicke* zu einer Vertragsformulierung, die dem hier geäußerten Vorschlag wörtlich nachempfunden war.
1137 *Larenz*, Schuldrecht AT, S. 625: Nur die beiden erstgenannten Merkmale stehen als Begriffselemente vor der Legaldefinition »Gesamtgläubigerschaft«; die Auswahlfreiheit stellt sich als vertraglich abdingbare Folge der Gesamtgläubigerschaft dar.
1138 Die Auswahlfreiheit des Schuldners kann abbedungen werden, vgl. Staudinger/*Noack*, BGB (2005), § 428 Rn. 7 ff.; LG Bayreuth, MittBayNot 2006, 147.
1139 *Mayer/Geck*, Der Übergabevertrag, § 4 Rn. 20.

ist, und der Anspruch sodann nach dem Ausscheiden des Weiteren Berechtigten dem Verbleibenden, gerichtet auf Leistung an ihn selbst, alleine zusteht[1140] (vgl. hierzu Rdn. 2166, 2182, 2425).

2163 Gleichwohl ist es i.R.d. § 428 BGB nicht wesensnotwendig, die nach der Rückforderung entstehende dingliche Rechtslage bereits i.R.d. Anspruchsinhalts oder gar des vorgemerkten Inhalts zu bezeichnen. Vielmehr erlaubt es die gesetzliche Struktur des § 428 BGB, die elastische Entscheidung darüber dem Berechtigten zu überantworten, da das Mehrheitsverhältnis des vorgemerkten Anspruchs und das Gemeinschaftsverhältnis bzgl. des künftigen Eigentums nichts miteinander zu tun haben, ja – weil Eigentum nicht in einem Mehrheitsverhältnis »gem. § 428 BGB« i.S.d. § 47 GBO erworben werden kann – sich nicht einmal decken können. Belässt man es bei der künftig zu treffenden Festlegung der Veräußerer, wird man jedoch zum Schutz beider typischerweise vorsehen, dass das Rückforderungsverlangen bis zum Ableben eines Beteiligten **auf gemeinsamer Entscheidung beruhen** muss.

▶ Formulierungsvorschlag: Rückforderungsberechtigung nach § 428 BGB mit freier Eigentumsstruktur

2164 Zu Lebzeiten beider Veräußerer kann das Rückforderungsrecht nur von ihnen gemeinsam ausgeübt werden, wobei es im Belieben der Veräußerer steht, ob sie zur gesamten Hand, zu beliebigen Miteigentumsquoten oder zum Alleineigentum eines Übergebers erwerben; treffen sie keine Festlegung, ist an beide zu je hälftigem Miteigentum aufzulassen. Nach dem Ableben eines Berechtigten steht das Rückforderungsrecht dem Verbleibenden allein zu. Keiner der Veräußerer ist befugt, zulasten des anderen über das Rückforderungsrecht zu verfügen.

b) Übergang auf den überlebenden Mitberechtigten

2165 Regelmäßig ist gewollt, dass nach dem Ableben eines von mehreren Veräußerern (z.B. eines Ehegatten) der **Überlebende allein zur Geltendmachung** des Rückforderungsrechts **befugt** ist, gerichtet auf Übertragung an ihn selbst.

2166 Bestand zuvor **Gesamtberechtigung** nach § 428 BGB, so dass jedem Beteiligten bereits von Anfang an ein eigenes Übereignungsrecht zustand, das lediglich seinem Inhalt nach auch durch Leistung an den anderen Beteiligten erfüllt werden konnte, ist die Weiterberechtigung des Überlebenden bereits direkte Folge dieser Gesamtgläubigerschaft, so dass allenfalls eine Klarstellung sich empfiehlt. Denkbar ist auch, dass – als Innenausgestaltung des Berechtigungsverhältnisses gem. § 428 BGB – der Anspruch zwar zu Lebzeiten beider Berechtigter beiden zusteht, aber erfüllungstauglich nur die Übereignung an den Übergeber ist, und der Anspruch sodann nach dem Ausscheiden des weiteren Berechtigten dem Verbleibenden, gerichtet auf Leistung an ihn selbst, alleine zusteht[1141] (vgl. hierzu Rdn. 2425, 2182).

2167 Stand jedoch das Rückerwerbsrecht den Berechtigten in Bruchteilsgemeinschaft (**Teilgläubigerschaft**), Rdn. 2154, oder in Mitgläubigerschaft gem. § 432 BGB (Rdn. 2157) zu, und wird nicht zumindest andeutungsweise (»sodann dem Längerlebenden allein«) eine zunächst dahinter zurücktretende »Auffang-Gesamtberechtigung« nach § 428 BGB geschaffen,[1142] muss

---

1140 So der Sachverhalt bei OLG Karlsruhe, 27.07.2012 – 11 Wx 63/12 DNotZ 2013, 200; kritisch *Kesseler* DAI-Skript, Aktuelle Probleme der notariellen Vertragsgestaltung im Immobilienrecht 2012/2013, S. 204 ff. (eher ein Anspruch des Veräußerers mit auf dessen Tod aufschiebend bedingter Abtretung).

1141 So der Sachverhalt bei OLG Karlsruhe, 27.07.2012 – 11 Wx 63/12; kritisch *Kesseler* DAI-Skript, Aktuelle Probleme der notariellen Vertragsgestaltung im Immobilienrecht 2012/2013, S. 204 ff. (eher ein Anspruch des Veräußerers mit auf dessen Tod aufschiebend bedingter Abtretung).

1142 So die Lösung des BayObLG, ZEV 1995, 294 m. Anm. *Lichtenberger*: Die Gesamtberechtigung sei zunächst von der primär gewollten, jedoch auflösend bedingten Bruchteilsberechtigung überlagert, werde jedoch bei Vorversterben eines Ehegatten vor Ausübung des Rückübertragungsverlangens rückwirkend wirksam.

H. Vertragliche Rückforderungsrechte Kapitel 4

(1) entweder ein weiteres originäres, auflösend auf das Versterben des ersten Berechtigten bedingtes Recht (mit eigener Vormerkung für den dann entstehenden bedingten Anspruch) geschaffen

(2) oder aber das dem Erstversterbenden zustehende Recht bereits im Voraus mit Wirkung ab dessen Tod an den Überlebenden durch lebzeitige Erklärung[1143] **abgetreten werden,**[1144] so dass die akzessorische Vormerkung gegen Sterbenachweis lediglich zu berichtigen ist.[1145] Die aufschiebend bedingte (Voraus-)Abtretung kann auf entsprechenden Antrag bei der Vormerkung vermerkt werden.[1146] Etwaige Einreden oder Einwendungen gegen den abgetretenen Anspruch können auch dem neuen Inhaber entgegengehalten werden (§ 404 BGB). Die Löschung der Vormerkung selbst bedarf dann jedoch stets der Mitwirkung des aufschiebend bedingt vermerkten Zessionars.[1147] (Formulierungsbeispiel in Rdn. 2179).

▶ Formulierungsvorschlag: Alleinige Rückforderungsberechtigung des überlebenden Miteigentümers kraft Abtretung

Sollte einer der derzeitigen Mitinhaber des Rückforderungsrechts (Teilgläubiger) vor den anderen derzeitigen Berechtigten versterben, tritt er bereits hiermit aufschiebend bedingt und befristet seine Mitberechtigung am Rückforderungsrecht sowie seiner Rechte aus etwa bereits erklärter Rückforderung an die verbleibenden Mitinhaber ab in dem Quotenverhältnis, das diese bei seinem Ableben zueinander haben. I.Ü. ist das Rückforderungsrecht jedoch nicht abtretbar oder vererblich. Der jeweilige Abtretungsempfänger wird die Berichtigung der nachstehend bewilligten Vormerkung unter Vorlage der Sterbeurkunde des Veräußerers zu gegebener Zeit selbst beantragen. 2168

Denkbar ist schließlich,[1148] das Rückerwerbsrecht **entsprechend §§ 461, 472 BGB** – ähnlich der Vorkaufsberechtigung bei mehreren Begünstigten als früher gemeinsamen Eigentümern (Rdn. 2158) – **auszugestalten**. Auch in diesem Fall genügt die Eintragung einer einzigen Rückerwerbsvormerkung. Dadurch kann im Verhältnis zu den sonst erforderlichen drei Vormerkungen eine deutliche Reduzierung der Grundbuchkosten erreicht werden. 2169

c) Übergang der Rückerwerbsberechtigung auf einen bisher nicht Beteiligten

Insb. zur Sicherung des Verbleibs von Vermögenswerten im erweiterten Familienkreis wird häufig für die Zeit nach dem Ableben des/der ursprünglichen Eigentümer(s) bzw. nach dessen Verzicht auf dieses Recht oder nach einem sonstigen Ereignis (Scheidung) einer anderen Person als dem derzeitigen Veräußerer, z.B. dem nicht mitveräußernden Ehegatten oder aber Geschwistern des Erwerbers (Muster in Rdn. 2181), ein **analoges Rückerwerbsrecht** eingeräumt. Mit diesem Instrument sollte jedoch behutsam umgegangen werden: Führen mehrere Konsekutivberechtigungen insb. zugunsten von Personen, die ihrerseits nicht mehr (als frühere zivilrechtliche oder zumindest »wirtschaftliche« Eigentümer) eine »innere Beziehung« zum betroffenen Wirtschaftsgut 2170

1143 Denkbar, wenngleich aufwendiger, ist auch der Übergang durch Verfügung von Todes wegen, vgl. unten Rdn. 2187 f. und *Langenfeld/Günther*, Grundstückszuwendungen zur lebzeitigen Vermögensnachfolge, Rn. 133. Allerdings muss dann sowohl die Vererblichkeit als auch die Abtretbarkeit zumindest insoweit zugelassen sein und eine entsprechende (Vermächtnis-)Anordnung letztwillig getroffen werden.

1144 Naturgemäß muss dann die Übertragbarkeit des Rückforderungsrechts zumindest in diesem eingeschränkten Sinn (an den verbleibenden Ehegatten oder an begünstigte Kinder) aufrechterhalten bleiben.

1145 Vgl. *Amann*, MittBayNot 1990, 226.

1146 OLG München, 28.06.2017 – 34 Wx 421/16.

1147 OLG München, 10.02.2011 – 34 Wx 37/11 (in der Aufhebung der Vormerkung liegt eine Verfügung, die dem aufschiebend bedingt Begünstigten ggü. gem. § 161 Abs. 1 BGB unwirksam wäre, es droht gutgläubig vormerkungsfreier Wegerwerb), vgl. *Abicht*, notar 2011, 238.

1148 So BayObLG, ZEV 1995, 294 m. Anm. *Lichtenberger*; *Schöner/Stöber*, Grundbuchrecht, Rn. 1498a; BGH, DNotZ 1998, 292; krit. *Demharter*, MittBayNot 1998, 16.

und damit ein berechtigtes Interesse an dessen Sicherung haben, zu einer »überlangen Bindung«, kann der Rückforderungsvorbehalt insgesamt nach § 138 BGB (Knebelung) gefährdet sein (Rdn. 2235).[1149]

2171 Zu erwägen ist daher, die Rückforderungsberechtigten des/der weiteren Personen zu beschränken auf einzelne der enumerativ aufgezählten Tatbestände, also insbesondere solche, die dem Schutz des Vermögens dienen (Pfändung, Insolvenz, Scheidung ohne eheverträglichen Schutz), nicht jedoch diejenigen, die zur Kontrolle des Eigentümers vor unbedachten Eigenmächtigkeiten (Veräußerung, Belastung), hinsichtlich seines Vererbungsverhaltens (Vorversterben) oder in charakterlicher Hinsicht (Sekte, Alkoholsucht etc.) dienen. Der Einleitungssatz lautet dann:

▶ **Formulierungsvorschlag: Inhaltlich begrenzte, aufschiebend bedingte selbstständige Rückforderungsberechtigung des überlebenden Ehegatten**

Sollte der Veräußerer vor seinem derzeitigen Ehegatten versterben und die Ehe noch bestehen, ohne dass ein Scheidungsantrag gestellt wäre, so tritt dieser Ehegatte des Veräußerers, jedoch nur hinsichtlich der unter Buchstaben …, …, … und … des vorangehenden Abschnitts vereinbarten Zustimmungserfordernisse, höchstpersönlichen Rückübertragungsberechtigungen sowie auslösenden Tatbestände, an die Stelle des Veräußerers als Berechtigter.

(weiter wie in Formulierungsvorschlag Rdn. 2174)

Als »handwerkliche« Gestaltungsvarianten kommen in Betracht:

aa) Originäres, aufschiebend bedingtes Recht

2172 Auch hier ist zum Einen denkbar ein **weiteres originäres, aufschiebend bedingtes Recht** in der Person des Zweitbegünstigten zu begründen. Ratsam (und kostenerhöhend) ist allerdings die Sicherung durch eine eigene Vormerkung, vgl. den Formulierungsvorschlag in Rdn. 2174. Denkbar ist auch, das aufschiebend bedingte weitere Recht zusätzlich unter auflösende Bedingungen zu stellen, etwa eine Scheidung vom bedingt Berechtigten, oder gar eine »Widerrufserklärung« (vgl. Rdn. 2175; denkbar ist auch die – durch den Notar nicht überprüfbare – Beschränkung der Widerruflichkeit etwa für den Fall des Getrenntlebens).

2173 Wirkt der Sekundärberechtigte nicht mit, ist **klarzustellen**, ob ihm aus der aufschiebend bedingten Zuwendung des Rechts ein **unentziehbares Recht** nach § 328 BGB (was möglich ist, da es sich um einen schuldrechtlichen Anspruch handelt[1150]) zustehen soll (das er gem. § 333 BGB noch zurückweisen kann) oder nicht. Durch Vormerkung sicherbar ist sowohl der Anspruch des Versprechensempfängers auf Leistung an den Dritten als auch der (durch Zurückweisung auflösend bedingte) Anspruch des Dritten.

▶ **Formulierungsvorschlag: aufschiebend bedingte selbstständige Rückforderungsberechtigung des überlebenden Ehegatten**

2174 Sollte der Veräußerer vor seinem derzeitigen Ehegatten versterben und die Ehe noch bestehen, ohne dass ein Scheidungsantrag gestellt wäre, so tritt dieser Ehegatte des Veräußerers hinsichtlich der in diesem Abschnitt vereinbarten Zustimmungserfordernisse und höchstpersönlichen Rückübertragungsberechtigungen sowie auslösenden Tatbestände an die Stelle des Veräußerers als Berechtigter. Die Rückübertragung hat in diesem Fall an diesen Ehegatten des Veräußerers zu den vorstehend vereinbarten Bedingungen zu erfolgen. Auch zugunsten des vorgenannten Ehegatten wird zur Sicherung des bedingten Anspruchs die Eintragung einer

Auflassungsvormerkung

am Vertragsbesitz im Rang nach der Auflassungsvormerkung zugunsten des Veräußerers, bewilligt und beantragt.

1149 Vgl. *Schippers*, MittRhNotK 1998, 73.
1150 Vgl. *Langenfeld/Günther*, Grundstückszuwendungen zur lebzeitigen Vermögensnachfolge, Rn. 133.

Die Vormerkung ist als Sicherungsmittel auflösend befristet. Sie erlischt mit dem Tod des Berechtigten.

▶ **Formulierungsvorschlag: aufschiebend und auflösend bedingte selbstständige Rückforderungsberechtigung des überlebenden Ehegatten**

Sollte der Veräußerer vor seinem derzeitigen Ehegatten versterben und die Ehe noch bestehen, ohne dass ein Scheidungsantrag gestellt wäre, so tritt dieser Ehegatte des Veräußerers hinsichtlich der in diesem Abschnitt vereinbarten Zustimmungserfordernisse und höchstpersönlichen Rückübertragungsberechtigungen sowie auslösenden Tatbestände an die Stelle des Veräußerers als Berechtigter, es sei denn, der Veräußerer hätte vor seinem Ableben durch notariell beglaubigte Erklärung, die an der Amtsstelle des amtierenden Notars zur Beiheftung zum Original zu hinterlegen ist, die Entstehung des weiteren Rückforderungsrechtes ausgeschlossen (Abwehrerklärung als auflösende Bedingung). Die Rückübertragung hat in diesem Fall an diesen Ehegatten des Veräußerers zu den vorstehend vereinbarten Bedingungen zu erfolgen. Auch zugunsten des vorgenannten Ehegatten wird zur Sicherung des (aufschiebend und auflösend) bedingten Anspruchs die Eintragung einer

Auflassungsvormerkung

am Vertragsbesitz im Rang nach der Auflassungsvormerkung zugunsten des Veräußerers, bewilligt und beantragt.

Die Vormerkung ist als Sicherungsmittel auflösend befristet. Sie erlischt mit dem Tod des Berechtigten. Sie ist weiter auflösend bedingt durch die Vorlage der beglaubigten Abwehrerklärung durch den an hiesiger Amtsstelle amtierenden Notar.

2175

bb) Abtretungslösung

Alternativ kommt auch hier die (oben Rdn. 2167 f.) geschilderte **Abtretungslösung** in Betracht. Die bestehen bleibende Vormerkung ist hinsichtlich des Inhabers zu berichtigen, da es sich weiter um denselben Anspruch handelt, sofern die Abtretung lediglich auf den Tod des Veräußerers aufschiebend bedingt und befristet ist. Steht sie unter zusätzlichen auflösenden Bedingungen, etwa der Rechtskraft einer Scheidung oder dem Fehlen eines diesbezüglichen Scheidungsantrags, kommt die Grundbuchberichtigung durch bloße Urkundsvorlage – Sterbeurkunde – zum Nachweis der Unrichtigkeit nicht in Betracht.

2176

§ 161 Abs. 1 und 2 BGB bannen die Gefahr treuwidrigen vorherigen Verzichtes auf den Anspruch durch den Erstbegünstigten mit Wirkung auch für den aufschiebend bedingten Zessionar.[1151] Damit kann der Erstberechtigte nur unter Mitwirkung des »Sukzessivberechtigten« seine Rechtsposition aufgeben; er hat sich also (anders als bei der schlichten Vererblichkeit des Rückforderungsrechtes) bereits gebunden.

2177

Insb. zur Vermeidung gutgläubig rückforderungsrechtsfreien Erwerbs kann die Vorausabtretung der Rückforderungsberechtigung auch sofort bei der zugunsten des Veräußerers bewilligten Vormerkung (als bedingte Abtretung des Rückforderungsanspruchs) eingetragen werden, und zwar bereits vor Eintritt der (Überlebens-)Bedingung.[1152] Bloße Bezugnahme auf die Bewilligung gem. § 874 BGB genügt insoweit nicht.[1153] Allerdings bedarf die Löschung der Vormerkung selbst dann stets der Mitwirkung des aufschiebend bedingt vermerkten Zessionars.[1154]

2178

1151 Vgl. BGHZ 20, 133.
1152 *Gutachten*, DNotI-Report 2016, 165 f.; BayObLG, DNotZ 1986, 496; *Schöner/Stöber*, Grundbuchrecht, Rn. 261e, 1499, 1516, 3147 (mit abweichender Auffassung hinsichtlich der aufschiebenden Bedingung; hiergegen *Amann*, MittBayNot 2008, 367 und *Berringer* DNotZ 2009, 878).
1153 *Schöner/Stöber*, Grundbuchrecht, Rn. 1499 a.E. und Rn. 261e.
1154 OLG München, 10.02.2011 – 34 Wx 37/11, RNotZ 2011, 420 (in der Aufhebung der Vormerkung liegt eine Verfügung, die dem aufschiebend bedingt Begünstigten ggü. gem. § 161 Abs. 1 BGB unwirksam wäre, es droht gutgläubig vormerkungsfreier Wegerwerb).

▶ Formulierungsvorschlag: Rückforderungsberechtigung des Ehegatten (Nichteigentümers) des Veräußerers kraft Abtretung

2179 Sollte der Veräußerer vor seinem derzeitigen Ehegatten versterben, tritt der Veräußerer bereits hiermit aufschiebend bedingt und befristet das Rückforderungsrecht sowie die Rechte aus etwa bereits erklärter Rückforderung an den dies hiermit annehmenden Ehegatten ab. Im Übrigen ist das Rückforderungsrecht jedoch nicht abtretbar oder vererblich.

Der Abtretungsempfänger wird die Berichtigung der nachstehend bewilligten Vormerkung unter Vorlage der Sterbeurkunde des Veräußerers zu gegebener Zeit selbst beantragen. (Alt.: Die Beteiligten bewilligen und beantragen, zur Sicherung des mehrfach bedingten [Rück-]Übereignungsanspruchs eine Vormerkung für den Veräußerer, bedingt abgetreten an dessen überlebenden Ehegatten [unter der auflösenden Bedingung einer Scheidung der Ehe], in das Grundbuch einzutragen).

2180 Die Stärken der »Abtretungslösung« liegen in der Verlängerung der »Asset-Protection«-Wirkung des Rückforderungsvorbehalts jedenfalls während der auf den Veräußerer folgenden Generation etwa dergestalt, dass i.R.d. Übertragung wertvollen Vermögens (»Stammsitz der Familie seit Jahrhunderten«) an mehrere Abkömmlinge die »Sperrposition« (Zustimmungs- und Rückforderungsbefugnis) hinsichtlich des jeweils erworbenen Miteigentumsanteils auf den Tod des Veräußerers dem/den anderen Abkömmlingen zugewendet wird. Gemeinsam können sie die »Verfügungsbeschränkungen« (durch wechselseitige Erteilung der Zustimmung, Rangrücktritt bzw. Löschung der Vormerkung) überwinden; tritt allerdings bei einem der Abkömmlinge ein abzuwehrender Tatbestand (Verfügung, Belastung, Gläubigerzugriff, Tod, Scheidung etc.) ein, haben es die anderen in der Hand, den Miteigentumsanteil an sich zu ziehen und damit zu schützen. Hierzu

▶ Formulierungsvorschlag: »Über-Kreuz-Abtretung« des Rückforderungsrechtes unter mehreren Erwerbern zur Verlängerung des Schutzzeitraums

2181 Der Veräußerer – ebenso dessen Ehegatte – tritt bereits heute aufschiebend bedingt und befristet auf seinen eigenen Tod, sofern er der länger Lebende ist, das Rückforderungsrecht sowie die Rechte aus etwa bereits erklärter Rückforderung an jeden dies annehmenden Erwerber ab, und zwar jeweils an Sohn A hinsichtlich des an Sohn B übertragenen Miteigentumsanteils und umgekehrt. Im Übrigen ist das Rückforderungsrecht jedoch nicht abtretbar oder vererblich.

Demnach ist nach dem Tod der Mutter bzw. des Vaters – je nachdem wer der länger Lebende der beiden ist – jeder der Söhne berechtigt, die Übertragung des Halbanteils des Bruders auf sich zu verlangen, wenn einer der vorstehenden Rückforderungstatbestände (Veräußerung ohne Zustimmung, Belastung, Insolvenz/Pfändung, Scheidung etc.) eintritt; an die Stelle des Veräußerers tritt also der Übertragungsberechtigte als derjenige, der die Zustimmung zu erteilen hat bzw. dem ggf. der Halbanteil zu übertragen ist. Hinsichtlich des Versterbens des anderen Bruders wird der Rückforderungstatbestand d) dahingehend modifiziert, dass eine Übertragung nur verlangt werden kann, wenn der Halbanteil nicht von Todes wegen an leibliche eheliche Abkömmlinge des Eigentümers oder seines Bruders fällt. Der Rückforderungstatbestand a) wird dahingehend modifiziert, dass es einer Zustimmung nicht bedarf und ein Rückforderungsrecht nicht ausgeübt werden kann, wenn der jeweilige Miteigentumsanteil an eigene oder seines Bruders leibliche eheliche Abkömmlinge nach Vollendung des 18. Lebensjahres übertragen wird.

Die Beteiligten bewilligen und beantragen demnach, zur Sicherung des mehrfach bedingten (Rück-)Übereignungsanspruchs bei der Vormerkung für den Veräußerer und bei der Vormerkung zugunsten des Ehegatten des Erwerbers jeweils zu vermerken, dass sie bedingt abgetreten ist an Sohn A bzw. Sohn B, jeweils bezüglich des Halbanteils des anderen Bruders.

cc) § 428 BGB

2182 Schließlich könnte auch von vornherein der Zweitberechtigte zusammen mit dem eigentlichen Erstinhaber des Rückforderungsrechts **als Gesamtgläubiger** nach § 428 BGB begünstigt sein. Erfolgt in diesem Fall die »Rück«übertragung unmittelbar an den Zweitberechtigten (z.B. den Ehegatten), ist fraglich, ob die »doppelte Stornowirkung« des § 29 Abs. 1 Nr. 1 ErbStG auch zu des-

H. Vertragliche Rückforderungsrechte Kapitel 4

sen Gunsten eingreift[1155] oder nicht,[1156] oder ob vielmehr (ähnlich wie in der Mitberechtigung des nicht besitzenden Ehegatten beim vorbehaltenen Nießbrauch, Rdn. 2429) hierin eine – mit ihrem Vollzug zu besteuernde – Schenkung des Veräußerers an den Zweitberechtigten liegt. Der vorsichtige Gestalter bedient sich einer (wohl mit Außenwirkung zulässigen, str.;[1157] jedenfalls zulässig ist eine Vereinbarung, dass die Rückauflassung, gleich durch welchen Gesamtberechtigten sie erfolgt, zunächst nur an einen von ihnen, solange er am Leben ist, erklärt werden kann: zulässige Beschränkung der Auswahlfreiheit des Schuldners[1158]) Ausübungsregelung, dass zu Lebzeiten des Veräußerers dieser allein zur Ausübung berechtigt ist und die Rückübertragung an ihn allein erfolgen muss[1159]:

▶ **Formulierungsvorschlag: Rückforderungsberechtigung gem. § 428 BGB mit Vorrang des Veräußerers**

Das Rückforderungsrecht steht dem Veräußerer und dessen derzeitigem Ehegatten als Gesamtberechtigten gem. § 428 BGB mit folgenden Maßgaben zu: Zu Lebzeiten des Veräußerers ist nur dieser zur Geltendmachung befugt mit der Folge der Auflassung an ihn allein; nach dessen Ableben steht dieses Recht dem weiteren Berechtigten zu. Der Veräußerer, nicht jedoch der weitere Berechtigte, ist befugt, zulasten des anderen über das Rückforderungsrecht zu verfügen. 2183

▶ **Hinweis:**

Vorsichtige Veräußerer stellen die Mitberechtigung des derzeitigen Ehegatten gem. § 428 BGB zusätzlich unter die **auflösende Bedingung einer Scheidung dieser Ehe**, so dass dessen »Miterwähnung« im Grundbuch gegen Vorlage des Scheidungsurteils gelöscht werden kann. Bis zu diesem Zeitpunkt erfordert jedoch die vorzeitige Löschung der Vormerkung die Bewilligung beider Begünstigter, sofern nicht der Veräußerer in grundbuchmäßiger Form das Recht aufgrund des vorstehend eingeräumten Vorbehalts mit Gesamtwirkung aufgibt und zur Löschung bewilligt. 2184

dd) Vermächtnislösung

Denkbar ist schließlich auch die »Zuwendung« eines bedingten Übertragungsanspruches an einen Begünstigten durch **Vermächtnis**, also nicht durch Vertrag, sondern in Form einer Verfügung von Todes wegen (wobei zwar nicht die Einräumung des bedingten Übertragungsanspruchs als Erfüllung des Vermächtnisses, jedoch die Übertragung des Gegenstandes selbst bei Geltendmachung des Übertragungsanspruchs Schenkungsteuer auslöst, da § 29 ErbStG nicht erfüllt ist). I.d.R. handelt es sich um mit Sanktionen versehene Zustimmungsvorbehalte zu Verfügungen über vererbten Grundbesitz, sofern der Erblasser eine Testamentsvollstreckung mit diesem Ziel scheut. 2185

1155 So *Meincke*, ErbStG, § 29 Rn. 6, gestützt auf ein obiter dictum in BFH/NV 2001, 39.
1156 So die Rechtslage bei § 13 Abs. 1 Nr. 10 ErbStG, vgl. *Meincke*, ErbStG, § 13 Rn. 36 m.w.N.
1157 A.A. obiter OLG Frankfurt, 27.07.2017 – 20 W 238/16, S. 11 des Umdrucks [n.v.], da die Berechtigung jedes Gesamtberechtigten zum unabdingbaren Wesensmerkmal gehöre, und OLG Hamm, 03.05.2017 – I-15 W 495/16, BeckRS 2017, 125600; offen gelassen bei *Schöner/Stöber*, Grundbuchrecht, Rn. 1498; ablehnend *Kappler/Kappler*, Die vorweggenommene Erbfolge, Rn. 587.
1158 LG Duisburg, Rpfleger 2005, 600 m. Anm. *Wicke*; OLG Karlsruhe, 27.07.2012 – 11 Wx 63/12; BayObLG DNotZ 1996, 366; s.u. Rdn. 2424 ff., und den Formulierungsvorschlag bei Rdn. 2161 sowie allgemein Rdn. 2427. A.A. OLG Brandenburg, NotBZ 2011, 13 sowie OLG Hamm, 25.01.2017 – I-15 W 245/16, das zwar anerkennt, dass Schuldner und Gläubiger durch Vertrag bestimmen können, dass der Schuldner seine Leistung zwingend an einen Gläubiger zu erbringen habe, aber dann doch aus § 430 BGB folgert, dass grds. alle Gläubiger mitberechtigt sein müssten. Unentschieden *Schöner/Stöber*, Grundbuchrecht, 15. Aufl., Rn. 1498.
1159 *Lichtenberger*, ZEV 1995, 296.

▶ **Formulierungsvorschlag: bedingter Übertragungsanspruch als Vermächtnisinhalt**

2186 Falls ich, der Ehemann, der Erstversterbende bin, beschwere ich meine Ehefrau, die Erbin, mit folgendem Vermächtnis zugunsten unseres Sohnes ..... – nachstehend auch »der Vermächtnisnehmer« genannt:

Die Erbin ist zur Veräußerung und Belastung von Grundstücken nur mit Zustimmung des Vermächtnisnehmers berechtigt. Sie hat sich daher gegenüber dem Vermächtnisnehmer – auf dessen Lebenszeit – zu verpflichten, von mir ererbte Grundstücke oder grundstücksgleiche Rechte ganz oder in Teilen nicht ohne dessen Zustimmung zu veräußern und/oder zu belasten.

Der Vermächtnisnehmer ist zur Erteilung der Zustimmung verpflichtet, wenn die Erbin die hierdurch erzielten Mittel zur Sicherung und Erhaltung ihres angemessenen Lebensstandards unabweisbar benötigt.

Im Fall einer Zuwiderhandlung ist die Erbin auf Verlangen verpflichtet, den betreffenden Grundbesitz auf den Vermächtnisnehmer zu übertragen und aufzulassen. Dieser Übertragungsanspruch des Vermächtnisnehmers ist nur abtretbar und vererblich, wenn er zuvor vom Vermächtnisnehmer persönlich in notariell beglaubigter Form geltend gemacht wurde. Der Übertragungsanspruch erlischt, wenn das Übertragungsverlangen nicht innerhalb von sechs Monaten nach Kenntnis der anspruchsbegründenden Tatsachen in der genannten Form gestellt wird. Kosten und Steuern der Übertragung trägt der Vermächtnisnehmer. Der Erbin sind nur von ihr getätigte wertsteigernde Aufwendungen bis zum Betrag der bei Übereignung bestehenden objektiven Werterhöhung zu ersetzen. Nutzungen, Zinsen und Tilgung sowie laufende Aufwendungen sind bis zur Ausübung des Übertragungsverlangens nicht zu erstatten. Grundpfandrechte und Verbindlichkeiten hat der Vermächtnisnehmer nur insoweit zu übernehmen, als sie zum Zeitpunkt meines Todes bereits bestanden haben.

Der Vermächtnisnehmer kann auf seine Kosten nach meinem Tode Sicherung des bedingten Übertragungsanspruchs durch Eintragung einer Auflassungsvormerkung im Grundbuch verlangen.

Ersatzvermächtnisnehmer werden nicht bestimmt. Kann oder will mein Sohn ..... demnach nicht Vermächtnisnehmer werden, entfällt das Vermächtnis ersatzlos.

d) Generelle Abtretbarkeit und Vererblichkeit des Rückforderungsrechts?

2187 Das **Rückforderungsrecht** und der aus dessen Ausübung resultierende Rückforderungsanspruch sind – sofern keine abweichenden Regelungen getroffen werden, die sich auch konkludent aus der ausschließlichen Beziehung der dadurch gesicherten Umstände auf den konkreten Veräußerer ergeben können[1160] – **abtretbar und vererblich**. Da dies zu einer (auch unter dem Blickwinkel des § 138 BGB – »Knebelung« – bedenklichen, Rdn. 2170 und Rdn. 2235) Entwertung des übertragenen Wirtschaftsgutes auf unabsehbare Zeit führen würde, wird, wenn überhaupt, die Übertragbarkeit des Rückforderungsrechts nur auf einen engen Personenkreis beschränkt bzw. durch antizipierte Abtretungserklärung an einen bestimmten »Sekundärberechtigten« abschließend geregelt; noch häufiger dürfte der vollständige Ausschluss sein, was jedoch gem. § 851 Abs. 2 ZPO für dessen Pfändbarkeit ohne Belang bleibt. In Betracht kommt auch die Einräumung eines eigenen bedingten Anspruchs eines oder mehrerer (zumindest dem Grunde nach bestimmten/r) Dritten/Dritter auf Übereignung, der erst nach dem Tod des derzeitigen Veräußerers (Versprechensempfängers) entstehen soll, vgl. Rdn. 3418 ff. mit Formulierungsvorschlag in Rdn. 3425, als Verlängerung des eigenen Rückforderungsanspruchs, bzw. Rdn. 3427, als »lebzeitige Vor- und Nacherbfolge« ohne weitere Rücksicht auf die Position des Veräußerers.

2188 Der **Rückforderungsanspruch**, der nach wirksamer Ausübung des Rückforderungsrechts entsteht, ist dagegen seinerseits **uneingeschränkt abtretbar**. Hinsichtlich der Vererblichkeit dieses Rückfor-

---

1160 In diese Richtung OLG Hamm, 07.03.2006 – 15 W 99/05, DNotZ 2007, 122 m. Anm. Fembacher. Die vom OLG bemühte »Höchstpersönlichkeit« hat jedoch mit der Vererblichkeit nichts zu tun, sondern betrifft die Frage der Vertretungsfähigkeit, s. Rdn. 2193 und Müller, DNotZ 2007, 726.

derungsanspruchs wiederum sind zahlreiche Gestaltungsvarianten im Gebrauch (z.B. Vererblichkeit nur bei tatsächlichem Entstehen des Anspruchs noch vor dem Tod), die im Zuge der Löschungsfähigkeit der Sicherungsvormerkung diskutiert werden.

Das Rückforderungsrecht also solches wird jedoch, wenn schon kaum abtretbar, erst recht nicht vererblich gestellt sein, zumal dieses zu einer wohl sittenwidrigen Aushöhlung des Eigentums führen würde, Rdn. 2187.[1161] Allenfalls praktikabel und anzutreffen ist die »**einmalige**« **Vererblichkeit**, wobei den Beteiligten auch insoweit bewusst sein sollte, dass eine etwa gewollte postmortale Zuordnung an eine bestimmte Person eine flankierende Verfügung von Todes wegen voraussetzt. 2189

▶ Formulierungsvorschlag: Rückforderungsrecht mit einmaliger Vererblichkeit

Die Rechtsstellung des Veräußerers aus vorstehendem Rückforderungsrecht ist einmal vererblich. Die Ausübung des Rückforderungsrechts steht dabei der Person zu, die der Veräußerer letztwillig bestimmt hat, sonst dem oder den testamentarischen Erben bzw. dem oder den gesetzlichen Erben. Über die Ausübung des Rückforderungsrechts beschließen bei einer Mehrheit von Erben diese durch Stimmenmehrheit. Die Stimmenmehrheit ist nach Größe der Erbteile zu berechnen. Sofern der jeweilige Beschenkte bzw. seine Abkömmlinge Erben sind, vermittelt sein Erbteil kein Stimmrecht. 2190

Der Rückforderungsanspruch steht nach dem Tod des Veräußerers derjenigen Person zu, die der Veräußerer letztwillig bestimmt hat. Fehlt es an einer solchen Bestimmung, steht der Rückforderungsanspruch dem Inhaber des Rückforderungsrechts zu. Mit Ausübung des Rückforderungsrechts werden im Innenverhältnis die Vermögensgegenstände nur noch treuhänderisch für den Inhaber des Rückforderungsanspruches gehalten.

In Betracht kommen weiter Vereinbarungen, denen zufolge die Vererblichkeit nicht (nur) durch die Anzahl der Sterbefälle, sondern (auch) durch die Umstände des Erbfalls bzw. die Person des Erben/Vermächtnisnehmers eingeschränkt wird, z.B. um das Instrument der Rückforderung aufrechtzuerhalten für diejenigen Fälle, in denen die Gefahr besteht, dass der betroffene Gegenstand an »unliebsame« Personen fällt. Hierzu 2191

▶ Formulierungsvorschlag: Rückforderungsrecht mit bedingter Vererblichkeit

Die Rechtsstellung des Veräußerers aus vorstehendem Rückforderungsrecht ist einmal vererblich, jedoch nur dann, wenn der Erwerber im Zeitpunkt des Ablebens des Veräußerers noch keine leiblichen oder adoptierten Abkömmlinge hat. Die Ausübung des Rückforderungsrechts steht dabei der Person zu, die der Veräußerer letztwillig bestimmt hat, sonst dem oder den testamentarischen Erben bzw. dem oder den gesetzlichen Erben. Über die Ausübung des Rückforderungsrechts beschließen bei einer Mehrheit von Erben diese durch Stimmenmehrheit. Die Stimmenmehrheit ist nach Größe der Erbteile zu berechnen. Sofern der jeweilige Beschenkte bzw. seine Abkömmlinge Erben sind, vermittelt sein Erbteil kein Stimmrecht. 2192

Der Rückforderungsanspruch steht nach dem Tod des Veräußerers derjenigen Person zu, die der Veräußerer letztwillig bestimmt hat. Fehlt es an einer solchen Bestimmung, steht der Rückforderungsanspruch dem Inhaber des Rückforderungsrechts zu. Mit Ausübung des Rückforderungsrechts werden im Innenverhältnis die Vermögensgegenstände nur noch treuhänderisch für den Inhaber des Rückforderungsanspruches gehalten.

e) Höchstpersönlichkeit/Demenzrisiko

Noch enger ist der Kreis der Ausübungsberechtigten gezogen, wenn das Rückforderungsrecht nicht nur unvererblich und nicht abtretbar, sondern »höchstpersönlich« ausgestaltet ist. Die Geltendmachung durch einen **Betreuer** bzw. **Vormund** oder einen **(Vorsorge-)Bevollmächtigten** scheiden dann aus (analog § 851 Abs. 2 ZPO, der unmittelbar nur den rechtsgeschäftlichen Abtretungsaus- 2193

1161 *Schack* JZ 1989, 609, 612 plädiert für ein Erlöschen lebzeitiger Verfügungsbeschränkungen jedenfalls 30 Jahre nach dem Tod des Übergebers; BGH, 06.07.2012 – V ZR 122/11, MittBayNot 2013, 218 m. Anm. *Hertel* lässt diese Frage ausdrücklich offen.

schluss erfasst, ist jedoch die Pfändbarkeit des Rückforderungsrechts hierdurch ebenfalls nicht a priori gehindert, wohl ebenso wenig wie als Folge einer treuhandartigen Zweckgebundenheit der Rückforderungsposition).[1162] Da ein Betreuer das Vermögen des Betreuten uneingeschränkt zu mehren hätte, wäre er zur Geltendmachung stets genötigt, wann immer ein Rückforderungstatbestand objektiv eintritt, selbst wenn dies nicht im Interesse des Veräußerers wäre. Andererseits würde bei Höchstpersönlichkeit im strengen Sinn die Rückabwicklung bei Geschäftsunfähigkeit des Veräußerers gänzlich unmöglich, da niemand für ihn handeln könnte. Sachgerecht erscheint daher, lediglich die gesetzliche, nicht aber die rechtsgeschäftliche Vertretung bei der Rückforderung auszuschließen.

▶ **Formulierungsvorschlag: Keine gesetzliche Vertretung bei Ausübung des Rückforderungsrechts (Einleitung)**

2194 Jeder Erwerber und seine Gesamtrechtsnachfolger verpflichten sich gegenüber dem Veräußerer, den jeweiligen Vertragsbesitz zurückzuübertragen, wenn und soweit ein Rückforderungsgrund eintritt und die Rückforderung vertragsgemäß, d.h. binnen zwölf Monaten nach Kenntnis vom Rückforderungstatbestand und in notariell beglaubigter Form, erklärt wird. Das Rückforderungsrecht ist nicht vererblich oder übertragbar und kann nicht durch einen gesetzlichen Vertreter oder Sachwalter, der mit Wirkung für fremde Vermögen Erklärungen abzugeben berechtigt ist, ausgeübt werden.

▶ **Hinweis:**

2195 Zur Vermeidung einer dauerhaften Verfügungs- und Investitionssperre sollte allerdings die Möglichkeit des Veräußerers, einer Verfügung zuzustimmen und sie damit der einzutragenden Vormerkung ggü. wirksam werden zu lassen (mit der Folge eines Rangrücktritts) nicht höchstpersönlich ausgestaltet sein. Der (zumindest in der Form des § 29 GBO) Bevollmächtigte oder Betreuer des Rückforderungsberechtigten soll z.B. bei Geschäftsunfähigkeit in der Lage sein, die Zustimmung und den Rangrücktritt für ihn zu erklären (vgl. unten Rdn. 2244). Steht kein allgemein Bevollmächtigter zur Verfügung und soll dennoch eine Betreuung mit diesem Aufgabenkreis vermieden werden, kommt ggf. die Benennung eines »Spezialbevollmächtigten« mit Bindung im Innenverhältnis in Betracht; denkbar ist natürlich auch die Benennung eines etwa »nachrückenden« Rückforderungsberechtigten als Ersatzperson:

▶ **Formulierungsvorschlag: Erteilung/Versagung der Einwilligung in eine Verfügung durch eine »Ersatzperson« bei Betreuungsbedürftigkeit**

2196 Sollte der Rückforderungsberechtigte nicht mehr der Lage sein, Inhalt und Tragweite der Entscheidung zu erkennen, wird die zur Vermeidung einer Rückforderung erforderliche vorherige Einwilligung in eine Verfügung an seiner Stelle durch XY (»Ersatzperson«) abgegeben bzw. versagt. Der Nachweis ist durch ein Gutachten eines sachverständigen Arztes i.S.d. § 280 Abs. 1 FamFG zu führen, den die Ersatzperson auszuwählen berechtigt ist. Die Ersatzperson kann das Gutachten auf Kosten des Rückforderungsberechtigten in Auftrag geben und entgegennehmen. Der Rückforderungsberechtigte erklärt sich bereits jetzt mit dieser Begutachtung einverstanden; diese Einwilligung kann weder durch ihn noch durch einen gesetzlichen Vertreter oder Bevollmächtigten widerrufen werden.

2197 Zu beachten ist schließlich, dass nur ein rechtsgeschäftlicher Vertreter (Vorsorgebevollmächtigter)[1163] auf das Rückforderungsrecht endgültig verzichten und die Löschung der Vormerkung bewilligen könnte, wenn es z.B. zu einem gebilligten Fremdverkauf des Objektes kommt (ein Betreuer wäre hieran durch das dingliche Schenkungsverbot gehindert, Rdn. 245; vgl. aber auch

---

1162 Intensiv hierfür plädiert *Langenfeld/Günther*, Grundstückszuwendungen zur lebzeitigen Vermögensnachfolge, Rn. 153 ff.; der BGH geht in seiner Entscheidung zur Pfändbarkeit des Rückforderungsrechts (ZEV 2003, 293 m. Anm. *Langenfeld*) hierauf nicht ein.
1163 Zweckmäßigerweise nicht der Erwerber selbst, der damit, wenn auch von § 181 BGB befreit, zum Richter in eigener Sache würde.

H. Vertragliche Rückforderungsrechte

Rdn. 2234: Schenkungscharakter entfällt, wenn das Rückforderungsrecht z.B. nur ausgeübt werden kann, solange der Veräußerer noch selbst im übergebenen Anwesen wohnt). Soll (obwohl uneingeschränkt empfehlenswert, sofern taugliche und vertrauenswürdige Vollmachtnehmer vorhanden sind) eine Vorsorgevollmacht nicht erteilt werden, ist hilfsweise zu erwägen,[1164] den Rückforderungsvorbehalt insgesamt auflösend zu bedingen auf das (mit Mitteln des § 29 GBO nachweisbare) Bestehen einer nicht nur vorläufigen Betreuung in Vermögensangelegenheiten bzw. das Vorliegen eines amtsärztlichen Attestes.

▶ **Formulierungsvorschlag: Erlöschen des Rückforderungsvorbehalts bei Betreuungsbedürftigkeit**

Das Rückforderungsrecht und die zu seiner Sicherung bewilligte Vormerkung erlöschen insgesamt, sobald ein Amtsarzt in der Form des § 29 GBO attestiert, dass für den (jeweiligen) Berechtigten ein Betreuer in Vermögensangelegenheiten zu bestellen wäre, ebenso wenn für ihn ein nicht nur vorläufiger Betreuer in Vermögensangelegenheiten bestellt ist. — 2198

2. Rückübertragungsverpflichteter

a) Gesamtrechtsnachfolge

Aufgrund der schuldrechtlichen (relativen) Natur des Rückforderungsrechts und des nach dessen Ausübung entstehenden Rückforderungsanspruchs ist originärer (erster) Schuldner stets der Erwerber. (Die eine Ausübung des Gestaltungsrechts ermöglichenden Tatbestände können allerdings an **Umstände** anknüpfen, die sich **in der Person Dritter** verwirklichen, vgl. Rdn. 2203 ff.). Die Sicherung durch Vormerkung erfordert aufgrund des Identitätsgebots, dass der Anspruchsschuldner zugleich Eigentümer des vormerkungsbetroffenen Grundstücks ist, vgl. Rdn. 2380 ff.[1165] Die (ggf. latente) Rückübertragungspflicht geht als Erblasserschuld, sofern sie nicht ausdrücklich unvererblich ausgestaltet ist, auf Gesamtrechtsnachfolger des Erstverpflichteten über (vgl. Rdn. 2187 ff.). Hierdurch tritt ein Subjektswechsel, nicht jedoch eine Inhaltsänderung ein. — 2199

▶ **Hinweis:**

Die Vereinbarung sollte daher deutlich machen (wie es sonst dem Ergebnis interessengerechter ergänzender Vertragsauslegung entspricht[1166]), dass die Umstände, welche die Ausübung des Rückforderungsrechts ermöglichen (ebenso wie die Rückgabeverpflichtung) nicht allein auf die Person des derzeitigen Erwerbers beschränkt sind, sondern ggf. auch bei dessen Gesamtrechtsnachfolgern eintreten können (entgegen § 532 Satz 2 BGB, wonach die Rückforderung wegen groben Undanks nach dem Tod des Beschenkten nicht mehr zulässig sei). Die Vormerkungsfähigkeit als solche wird nicht dadurch infrage gestellt, dass der gesicherte Anspruch u.U. nicht mehr zu Lebzeiten des Begünstigten entstehen kann.[1167] Einer Änderung bei der bereits eingetragenen Vormerkung bedarf es nach dem Eintritt der Rechtsnachfolge nicht, auch steht das Identitätsgebot, das sich lediglich auf den Zeitpunkt der Eintragung der Vormerkung bezieht, nicht entgegen.[1168] — 2200

b) Einzelrechtsnachfolge

Der »Übergang« der sich aus dem Rückforderungsrecht ergebenden Pflichten bei einem **rechtsgeschäftlichen Wechsel auf der Schuldnerseite** (»Einzelrechtsnachfolge«) ist deutlich differenzier- — 2201

1164 *Reithmann/Albrecht*, Handbuch der notariellen Vertragsgestaltung, Rn. 732; *Spernath*, MittBayNot 2012, 449, 452.
1165 Vgl. ausführlich *Schippers*, MittRhNotK 1998, 74 ff.; *Amann*, DNotZ 1995, 254 f.
1166 *Gutachten*, DNotI-Report 2012, 173 ff.
1167 Vgl. BGH, DNotZ 1997, 720 und DNotZ 2002, 775.
1168 Vgl. BGH, DNotZ 1997, 724 und DNotZ 2002, 775 m. Anm. *Schippers*; OLG Düsseldorf, MittRhNotK 1996, 232.

ter zu betrachten: Es ist selbstverständlich, dass wegen der Unmöglichkeit eines schuldrechtlichen Vertrags zulasten Dritter bereits in der ursprünglichen Überlassungsurkunde keine Übereignungsverpflichtung des »jeweiligen Eigentümers« begründet wird, gleichgültig ob mit oder ohne Vormerkungssicherung (deren lediglich akzessorische Natur überwindet nicht das Verbot des Vertrags zulasten Dritter). Die Rückübertragungspflicht könnte also lediglich originär von einem Nacherwerber übernommen werden, typischerweise i.S.e. befreienden (privativen) Übernahme unter Wahrung der Identität der Rückforderungstatbestände, bezüglich deren Verwirklichung jedoch nun auf die Person des nunmehrigen Eigentümers abgestellt wird.[1169]

2202 Allerdings muss der Übergang der vormerkungsgesicherten Schuld **zeitgleich mit dem Übergang des vormerkungsverstrickten Grundstücks** erfolgen (also aufschiebend bedingt auf den Eigentumserwerb), d.h. Schuldner- und Eigentümerwechsel müssen synchronisiert werden (Fortentwicklung des Identitätsgebots).[1170] Die mit dem Schuldnerwechsel verbundene Änderung muss, da die Schuldnerstellung zwingend zum Grundbuchinhalt der Vormerkung gehört, im Grundbuch vermerkt werden, vgl. Rdn. 2380 ff.[1171]

c) Tatbestandsverwirklichung durch den »jeweiligen Eigentümer«

2203 Zu unterscheiden von der Erstreckung der Rückübertragungspflicht ist jedoch die **Reichweite der Rückübertragungsgründe**, also der das Gestaltungsrecht auslösenden Tatbestandsanknüpfungen, bereits in der Ursprungsurkunde auf den »jeweiligen Grundstückseigentümer«.[1172] Hiervon wird häufig Gebrauch gemacht. Tritt ein zur Rückforderung berechtigender Umstand in der Person eines Dritterwerbers ein, kann der ursprüngliche Veräußerer die Rückübertragung aufgrund der weiterhin nur inter partes wirkenden Vereinbarung nur vom Ursprungserwerber (oder dessen Gesamtrechtsnachfolgern, also Erben) verlangen. Die Dritterwerber sind dann verpflichtet, der Rückübertragung zuzustimmen (§ 888 BGB). Sie unterliegen also den »quasi-dinglichen« Wirkungen der Vormerkung, nicht aber unmittelbar der obligatorischen Verpflichtung aus dem Rückforderungsanspruch.

2204 Da sich der Rückforderungsanspruch und die Vormerkungswirkungen (s.a. oben Rdn. 2199, 2202)[1173] gegen verschiedene Personen richten, entsteht ein **komplexes Dreiecksverhältnis**. Der ursprüngliche Übergeber (bzw. dessen Gesamtrechtsnachfolger) ist im Verhältnis zum Übernehmer weiterhin gemäß der anfänglich getroffenen Vereinbarungen zum Ausgleich von Werterhöhungen etc. verpflichtet, obwohl er nicht mehr Eigentümer ist. Der Dritterwerber ist im Verhältnis zum Rückforderungsberechtigten nur nach Gesetz (§§ 812 ff., 823 ff. BGB etc.), nicht aber aus dem Vertrag verpflichtet; vertragliche Einreden hat er lediglich ggü. seinem Veräußerer (dem Ersterwerber). Diese Schwierigkeiten[1174] werden dazu führen, dass typischerweise bei einer (mit Billigung des Rückforderungsberechtigten) sich vollziehenden rechtsgeschäftlichen Weiterübertragung der Ersterwerber darauf drängen wird, dass eine **befreiende Übernahme** auch der Rückübertragungspflicht **durch den neuen Eigentümer** stattfindet (s. Rdn. 2202).

2205 Die bloße Zustimmung des Rückforderungsberechtigten zu einer Weiterübertragung stellt lediglich einen **Verzicht auf die Ausübung des Rückforderungsrechts** nach einem konkreten Anwendungsfall dar, nicht aber ein Angebot auf einen Erlassvertrag für alle künftigen Anwendungsfälle

---

1169 DNotI-Report 1995, 174 f.; *Hoffmann*, MittBayNot 1997, 10 ff.; *Granderath*, NJW 1969, 463; *Schippers*, MittRhNotK 1998, 79.
1170 *Schippers*, MittRhNotK 1998, 80; DNotI-Report 1995, 176.
1171 Dies vertraten schon bisher etwa *Rachuy*, MittRhNotK 1993, 88; *Hoffmann*, MittBayNot 1997, 12 f.
1172 Vgl. BGH, ZEV 1997, 79 m. Anm. *Demharter*; BGH, DNotZ 2002, 775 m. Anm. *Schippers*; a.A. noch OLG Hamm, DNotZ 1995, 315.
1173 Krit. zur Vormerkungsfähigkeit *Jung*, Rpfleger 1998, 53, geklärt durch BGH, DNotZ 2002, 775 m. Anm. *Schippers*: Vormerkung auch möglich für einen aufschiebend bedingten Anspruch, der erst nach dem Tod des belasteten Eigentümers eintreten kann.
1174 Vgl. *Schippers*, MittRhNotK 1998, 104.

H. Vertragliche Rückforderungsrechte — Kapitel 4

oder gar die Bewilligung der Löschung der Vormerkung (eine andere Auslegung kommt allenfalls in Betracht, wenn die zur Rückforderung berechtigenden Gründe allein auf die Person des Ersterwerbers beschränkt sind).[1175]

d) Mehrheit von Erwerbern (samt GbR)

2206 Nicht selten wird ein **einheitliches sachenrechtliches Objekt** (ein Grundstück im grundbuchlichen Sinn oder aber ein Miteigentumsanteil an einem solchen Grundstück) an eine Personenmehrheit zur gesamten Hand (also in Form der teilrechtsfähigen GbR) übertragen. Der Erwerb in GbR wird häufig gewünscht (s. im Einzelnen Rdn. 2453 ff.), um

(1) gerade unter Geschwistern selbstständige Verfügungen über die »Anteile« (die jedenfalls nach Erlöschen der »Verfügungssperre« denkbar wären) zu verhindern,

(2) die zumindest bis zur 95 %-Grenze (§ 1 Abs. 2a GrEStG) grunderwerbsteuerfreie und formfreie Übertragung von Gesellschaftsanteilen zu ermöglichen und

(3) wegen der (abweichend von § 727 BGB i.d.R. vereinbarten) Anwachsungsfolge bei Ableben eines Gesellschafters, die sogar ohne Abfindung möglich ist (vgl. zur Frage, ob hierin eine Schenkung liegt, Rdn. 155 ff.).

2207 Tritt der die Rückforderungsberechtigung auslösende **Tatbestand** in der Person **aller Gesamthänder** ein (etwa weil sie in gemeinschaftlichem Zusammenwirken ohne Zustimmung des Veräußerers über das Gesellschaftsvermögen, das Grundstück oder den Miteigentumsanteil daran, verfügt haben), stellen sich keine weiteren Schwierigkeiten – Rückforderungsobjekt und vormerkungsbelasteter Gegenstand ist das gesamte Grundstück oder der Miteigentumsanteil hieran.

2208 Verwirklicht jedoch **nur einer der Gesamthänder** den die Rückübertragung auslösenden Gegenstand (etwa eine Scheidung ohne Zugewinnausgleichsausschluss, Vorversterben bei Vererblichkeit des GbR-Anteils, Insolvenzeröffnung über sein Vermögen, bei entsprechend erweiterter Formulierung auch Pfändungsmaßnahmen in seinen Gesellschaftsanteil),[1176] ist zu klären, ob der Veräußerer in diesem Fall gleichwohl berechtigt sein soll, das Gesamtobjekt zurückzufordern (nachstehend aa, Rdn. 2209) oder aber lediglich einen bei Rückübertragung zu bildenden Miteigentumsanteil, welcher der Quote des betroffenen Gesamthänders entspricht (nachstehend bb, Rdn. 2210 ff.). Denkbar ist schließlich auch, dem Veräußerer die Möglichkeit einzuräumen, entweder die Übertragung des gesamten Grundbuchobjekts oder aber – nach seiner Wahl – lediglich eines quotenentsprechenden Miteigentumsanteils zu fordern (cc, Rdn. 2213 ff.).

aa) Rückübertragung des Gesamtobjektes

2209 Die **Rückübertragung des Gesamtobjekts** verpflichtet die GbR als teilrechtsfähigen Verband, für das »Fehlverhalten« eines ihrer Mitglieder »einzustehen«.[1177] Die in der Urkunde ggf. geregelte Ausgleichszahlung (für werterhöhende Aufwendungen etc., vgl. Rdn. 2311 ff.) steht ebenfalls ihrerseits der GbR zu, die sich im Anschluss an die Rückübertragung wegen Zweckwegfalls liquidiert und unter den Mitgliedern auseinandersetzt. Die dadurch ausgelösten Folgen sollten der erwerbenden GbR verdeutlicht werden; rechtskonstruktiv stellt diese Alternative jedoch keine Schwierigkeit dar.

bb) Übertragung eines quotenentsprechenden Miteigentumsanteils

2210 Deutlich problematischer gestaltet sich jedoch die Abwicklung, wenn bei »**Fehlverhalten**« eines **GbR-Gesellschafters** nicht das gesamte Grundbuchobjekt, sondern **lediglich ein** seiner bisherigen

---

1175 *Schippers*, MittRhNotK 1998, 76 m.w.N.
1176 Die üblicherweise als Rückforderungstatbestand vereinbarten Zwangsvollstreckungsmaßnahmen in das Grundstück selbst würden diesen Sachverhalt sonst nicht erfassen.
1177 Beispiel: LG Düsseldorf, 03.02.2009 – 25 T 52/09, RNotZ 2009, 331.

gesamthänderischen Beteiligung am Gesamtobjekt entsprechender, nunmehr **zu bildender Miteigentumsanteil, rückübertragen** werden soll.

▶ Beispiel:

Eine Immobilie wird an A und B in GbR übertragen, an der sie zu gleichen Teilen beteiligt sind. Verwirklicht lediglich A oder lediglich B einen Rückforderungstatbestand und wird das Recht ausgeübt, hätte die GbR lediglich einen halben Miteigentumsanteil zu übertragen.

Mit der Übertragung scheidet zugleich der Betroffene aus der GbR aus; der verbleibende Miteigentumsanteil **wächst den übrigen Gesellschaftern an** (§ 738 Abs. 1 BGB).

▶ Hinweis:

2211 Es empfiehlt sich, zugleich als gesellschaftsvertragliche Vereinbarung unter den GbR-Gesellschaftern zu regeln, dass der Auseinandersetzungsanspruch des zwangsausscheidenden Gesellschafters bereits dadurch erfüllt ist, dass die GbR den betreffenden Miteigentumsanteil »für ihn« leistet und ihm etwa zu vereinnahmende Entschädigungen für seinen Anteil an geschaffenen Investitionen auskehrt. Eine grundbuchliche Maximalabsicherung würde in diesem Fall erfordern, dass nicht nur der gegen die GbR gerichtete Anspruch auf Übertragung des gesamten Gesellschaftsvermögens durch Vormerkung gesichert wird, sondern auch die bedingten Ansprüche auf Übertragung von Miteigentumsanteilen gemäß der Gesellschaftsquote (im vorliegenden Fall also bzgl. eines halben Miteigentumsanteils, bei drei vorhandenen Gesellschaftern bzgl. eines 1/3-Miteigentumsanteils etc., jeweils am gesamten Eigentum (ideelle Miteigentumsanteile können nicht mit einer Vormerkung belastet sein, vgl. Rdn. 2302).

▶ **Formulierungsvorschlag: Rückforderung eines quotentsprechenden Miteigentumsanteils bei Erwerbern in GbR**

2212 Die Erwerber – und ihre Gesamtrechtsnachfolger – als GbR sind gegenüber dem Veräußerer verpflichtet, einen der dann geltenden Beteiligung des betroffenen Gesellschafters entsprechenden Miteigentumsanteil an dem jeweils betroffenen Vertragsbesitz zurückzuübertragen, wenn in der Person eines Gesellschafters ein Rückforderungsgrund eintritt und die Rückforderung vertragsgemäß, d.h. binnen zwölf Monaten nach Kenntnis vom Rückforderungstatbestand und in notariell beglaubigter Form, erklärt wird. Das Rückforderungsrecht ist nicht vererblich oder übertragbar und kann nicht durch einen gesetzlichen Vertreter ausgeübt werden.

Ein Rückforderungsgrund tritt jeweils ein, sobald der betreffende Gesellschafter ..... (Anm.: Es folgen die jeweils vereinbarten Sachverhalte, die ein Rückforderungsverlangen auslösen können).

Verwirklichen alle Gesellschafter den Rückübertragungstatbestand, ist der gesamte Vertragsbesitz auf Verlangen zurückzuübertragen.

Der Veräußerer hat die im Grundbuch eingetragenen Rechte und Grundpfandrechte dinglich zu übernehmen, soweit sie dann im Rang vor der nachstehend bestellten Auflassungsvormerkung eingetragen sind. Aufschiebend bedingt auf die wirksame Ausübung des Rückforderungsrechts werden bereits heute alle Rückgewähransprüche, die dem Erwerber dann bezüglich eingetragener Grundpfandrechte zustehen (werden), an den dies annehmenden Veräußerer im oben bezeichneten Erwerbsverhältnis abgetreten. Ferner verpflichtet sich der Erwerber, etwa ihm dann zustehende Eigentümergrundschulden auf Verlangen des Veräußerers löschen zu lassen, und bewilligt, zu dessen Gunsten eine Löschungsvormerkung gem. § 1179 BGB bei den derzeit eingetragenen Grundpfandrechten einzutragen. Der Veräußerer beantragt die Eintragung/*kann den Antrag auf Eintragung jederzeit stellen.*

Aufwendungen aus dem Vermögen der GbR werden – maximal jedoch bis zur Höhe der noch vorhandenen Zeitwerterhöhung – hinsichtlich des betreffenden Miteigentumsanteils gegen Rechnungsnachweis erstattet bzw. durch Schuldübernahme abgegolten, soweit sie nicht nur der Erhaltung des Anwesens im derzeitigen Zustand, sondern der Verbesserung oder Erweiterung des Anwesens gedient haben und mit schriftlicher Zustimmung des Berechtigten oder seines Vertreters durchgeführt wurden. I.Ü. erfolgt die Rückübertragung unentgeltlich, also insbesondere ohne Ausgleich für geleistete Dienste, wiederkehrende Leistungen, Tilgungen, geleistete Zinsen,

Arbeitsleistungen, oder die gezogenen Nutzungen. Hilfsweise gelten die gesetzlichen Bestimmungen zum Rücktrittsrecht.

Die Kosten der Rückübertragung hat der Anspruchsberechtigte zu tragen.

Der das Rückforderungsrecht auslösende Gesellschafter scheidet mit Vollzug der Rückübertragung »seines« Anteils aus der GbR aus; diese wird hinsichtlich des verbleibenden Miteigentumsanteils unter den verbleibenden Gesellschaftern nach Anwachsung fortgesetzt. Bereits jetzt wird unter den Gesellschaftern vereinbart, dass mit dem Zur-Verfügung-Stellen des zu übertragenden Miteigentumsanteils und der Auskehr der vorerwähnten Ersatzes von Aufwendungen, die der Ausscheidende tatsächlich selbst erbracht hat, sein Abfindungsanspruch erfüllt ist.

Zur Sicherung des bedingten Rückübertragungsanspruchs eines zu bildenden [bei zwei Gesellschaftern:] hälftigen [sonst: ein Drittel etc.] Miteigentumsanteils hieran nach wirksamer Ausübung eines vorstehend eingeräumten Rückforderungsrechts oder des gesetzlichen Widerrufs gem. § 530 BGB (»grober Undank«) bestellen hiermit die Erwerber als GbR zugunsten des vorgenannten Veräußerers

eine Eigentumsvormerkung, gerichtet auf Übertragung
eines hälftigen Miteigentumsanteils hieran,

am Vertragsbesitz und

bewilligen und beantragen

deren Eintragung im Grundbuch. Die Vormerkung ist als Sicherungsmittel auflösend befristet. Sie erlischt mit dem Tod des Veräußerers.

Die Vormerkung erhält die nächstoffene Rangstelle (*Anm.: jedoch den Rang nach dem Nießbrauch*).

cc) Wahlrecht

Maximale Flexibilität wird vermittelt, wenn es in das Belieben des Veräußerers gestellt wird, ob er bei Auslösung eines Rückforderungstatbestands auch nur durch einen Gesellschafter die Rückübertragung des gesamten Grundbesitzes oder nur eines zu bildenden entsprechenden Miteigentumsanteils wünscht. Diese **Optionseinräumung** muss jedoch in der Formulierung deutlich werden. 2213

Hinsichtlich der Vormerkungssicherung gilt das oben (s. Rdn. 2211) Gesagte: Trotz der dadurch erhöhten Kosten sollten demnach sowohl der Gesamterwerbsanspruch als auch der Anspruch auf Miteigentumsanteil zur Übertragung jeweils vormerkungsgesichert werden. Die immer weiter ausladende Rechtsprechung zur Novation/Extension bestehender Ansprüche durch dieselbe Vormerkung lässt allerdings vermuten, dass auch lediglich eine Vormerkung[1178] (»*zur Sicherung des Anspruchs auf Rückübertragung des gesamten Grundstücks oder daran zu bildender 1/3 Miteigentumsanteile*«)[1179] genügen würde. 2214

▶ Formulierungsvorschlag: Rückforderung wahlweise des Gesamtobjekts oder eines quotenentsprechenden Miteigentumsanteils bei Erwerbern in GbR

Die Erwerber – und ihre Gesamtrechtsnachfolger – als GbR sind gegenüber dem Veräußerer verpflichtet, nach dessen Wahl den gesamten Vertragsbesitz oder einen der dann geltenden Beteiligung des betroffenen Gesellschafters entsprechenden Miteigentumsanteil an dem jeweils betroffenen Vertragsbesitz zurückzuübertragen, wenn in der Person auch nur eines Gesellschafters ein Rückforderungsgrund eintritt und die Rückforderung vertragsgemäß, d.h. binnen zwölf Monaten nach Kenntnis vom Rückforderungstatbestand und in notariell beglaubigter Form erklärt wird. Das Rückforderungsrecht ist nicht vererblich oder übertragbar und kann nicht durch einen gesetzlichen Vertreter ausgeübt werden. 2215

1178 *Krauß*, Immobilienkaufverträge in der Praxis, 8. Aufl., Rn. 1284 ff.
1179 So etwa das AG – Grundbuchamt – Bocholt, BT 291–14, v. 13.08.2009, n.v.

Ein Rückforderungsgrund tritt jeweils ein, sobald der betreffende Gesellschafter ...... (*Anm.: Es folgen die jeweils vereinbarten Sachverhalte, die ein Rückforderungsverlangen auslösen können*).

Der Veräußerer hat die im Grundbuch eingetragenen Rechte und Grundpfandrechte dinglich zu übernehmen, soweit sie dann im Rang vor der nachstehend bestellten Auflassungsvormerkung eingetragen sind. Aufschiebend bedingt auf die wirksame Ausübung des Rückforderungsrechts werden bereits heute alle Rückgewähransprüche, die dem Erwerber dann bezüglich eingetragener Grundpfandrechte zustehen (werden), an den dies annehmenden Veräußerer im oben bezeichneten Erwerbsverhältnis abgetreten. Ferner verpflichtet sich der Erwerber, etwa ihm dann zustehende Eigentümergrundschulden auf Verlangen des Veräußerers löschen zu lassen, und bewilligt, zu dessen Gunsten eine Löschungsvormerkung gem. § 1179 BGB bei den derzeit eingetragenen Grundpfandrechten einzutragen. Der Veräußerer beantragt die Eintragung/*kann den Antrag auf Eintragung jederzeit stellen*.

Aufwendungen aus dem Vermögen der GbR werden – maximal jedoch bis zur Höhe der noch vorhandenen Zeitwerterhöhung – (bei teilweiser Rückübertragung anteilig) gegen Rechnungsnachweis erstattet bzw. durch Schuldübernahme abgegolten, soweit sie nicht nur der Erhaltung des Anwesens im derzeitigen Zustand, sondern der Verbesserung oder Erweiterung des Anwesens gedient haben und mit schriftlicher Zustimmung des Berechtigten oder seines Vertreters durchgeführt wurden. I.Ü. erfolgt die Rückübertragung unentgeltlich, also insbesondere ohne Ausgleich für geleistete Dienste, wiederkehrende Leistungen, Tilgungen, geleistete Zinsen, Arbeitsleistungen, oder die gezogenen Nutzungen. Hilfsweise gelten die gesetzlichen Bestimmungen zum Rücktrittsrecht.

Die Kosten der Rückübertragung hat der Anspruchsberechtigte zu tragen.

Sofern das Rückübertragungsverlangen nur hinsichtlich eines quotenentsprechenden Miteigentumsanteils gestellt wird, gilt: Der das Rückforderungsrecht auslösende Gesellschafter scheidet mit Vollzug der Rückübertragung »seines« Anteils aus der GbR aus; diese wird hinsichtlich des verbleibenden Miteigentumsanteils unter den verbleibenden Gesellschaftern nach Anwachsung fortgesetzt. Bereits jetzt wird unter den Gesellschaftern vereinbart, dass mit dem Zur-Verfügung-Stellen des zu übertragenden Miteigentumsanteils und der Auskehr der vorerwähnten Ersatzes von Aufwendungen, die der Ausscheidende tatsächlich selbst erbracht hat, sein Abfindungsanspruch erfüllt ist.

Zur Sicherung des bedingten Rückübertragungsanspruchs hinsichtlich des Gesamtobjekts sowie hinsichtlich eines zu bildenden (*Anm.: bei zwei Gesellschaftern*) hälftigen (*Anm.: Ansonsten ein Drittel etc.*) Miteigentumsanteils hieran nach wirksamer Ausübung eines vorstehend eingeräumten Rückforderungsrechts oder des gesetzlichen Widerrufs gem. § 530 BGB (»grober Undank«) bestellen hiermit die Erwerber als GbR zugunsten des vorgenannten Veräußerers eine Eigentumsvormerkung, gerichtet auf die Übertragung des gesamten Grundstücks sowie eine Eigentumsvormerkung, gerichtet auf Übertragung eines hälftigen Miteigentumsanteils hieran, am Vertragsbesitz und bewilligen und beantragen deren Eintragung im Grundbuch im Gleichrang untereinander. Jede Vormerkung ist als Sicherungsmittel auflösend befristet. Sie erlischt mit dem Tod des Veräußerers.

Die Vormerkung erhält die nächstoffene Rangstelle (*Anm.: jedoch Rang nach dem Nießbrauch*).

2216 Von vorstehenden, grundstücksbezogenen Sachverhalten zu unterscheiden sind Gestaltungen, in denen sich Rückforderungsvorbehalte oder auflösende Bedingungen **auf den GbR-Anteil als solchen** beziehen, also ein gesellschaftsrechtlicher Vorgang bei Eintritt bestimmter Voraussetzungen rückabgewickelt werden soll. Solche (nicht vormerkungsfähige) Vorbehalte gehen mangels Substrat, auf das sie sich als Rückforderungsobjekt beziehen können, unter, wenn sich alle Gesellschaftsanteile in einer Hand vereinigt haben, da eine Ein-Mann-Personengesellschaft nicht existiert[1180] (vgl. auch Rdn. 2634 – ausgenommen Sachverhalte, in denen die früher separaten

---

1180 OLG Schleswig, 02.12.2005 – 2 W 141/05, ZEV 2007, 40. Die Absicht einer Nießbrauchsbestellung berechtige nicht zu einer solchen Sonderzuordnung. War allerdings bereits zuvor an einem Anteil ein Vorbehaltsnießbrauch bestellt, besteht die GbR trotz Anteilsvereinigung fort, vgl. LG Hamburg, 13.06.2005 – 321 T 30/04, NZG 2005, 926.

H. Vertragliche Rückforderungsrechte   Kapitel 4

Anteile mit unterschiedlichen Rechten Dritter belastet sind, analog § 1256 BGB). Ebenso wenig vormerkungsfähig sind Rückübereignungsverpflichtungen hinsichtlich beweglicher Sachen. Über § 161 Abs. 2 BGB (Schutz der unter einer aufschiebenden Bedingung vorgenommenen Verfügung gegen beeinträchtigende Verfügungen sowohl des Betroffenen selbst als auch gegen Verfügungen des Insolvenzverwalters und Vollstreckungsmaßnahmen Dritter, § 161 Abs. 1 Satz 2 BGB)[1181] und damit erst recht bei schlichter Eröffnung des Insolvenzverfahrens über das Vermögen des Verfügenden während des Schwebezustands[1182] kann gleichwohl durch aufschiebend bedingte dingliche Rückübereignungserklärung/Rückabtretungserklärung eine der Vormerkung nahekommende Wirkung erreicht werden, wobei allerdings (1) das Wahlrecht des Insolvenzverwalters, Nichterfüllung zu wählen, nur beim Verkauf unter Eigentumsvorbehalt ausgeschlossen ist (§ 107 InsO), der Schutz insoweit also hinter der durch § 106 InsO durch Eintragung einer Vormerkung vermittelten Insolvenzimmunität zurückbleibt (vgl. auch Rdn. 2392 ff.), und ferner (2) gem. § 161 Abs. 3 BGB möglicherweise (allerdings nicht gem. § 16 Abs. 3 GmbHG, vgl. Rdn. 2781) die Gefahr eines gutgläubigen Wegerwerbs droht, anders als bei der Vormerkung, welche den guten Glauben gem. § 892 BGB zerstört.

Ein solcher auf einen übertragenen (GbR-)Gesellschaftsanteil, z.B. bei der Begründung eines Familienpools (s. Rdn. 2638), bezogener Rückforderungsvorbehalt könnte etwa wie folgt lauten: **2217**

▶ Formulierungsvorschlag: Rückübertragungsverpflichtung hinsichtlich eines übertragenen GbR-Anteils

Die beschenkten Gesellschafter A und B sind gegenüber dem dies jeweils verlangenden Veräußerer verpflichtet, den überlassenen Gesellschaftsanteil zurückzuübertragen, wenn in der Person dieses Gesellschafters ein Rückforderungsgrund eintritt und die Rückforderung vertragsgemäß, d.h. binnen zwölf Monaten nach Kenntnis vom Rückforderungstatbestand und in notariell beglaubigter Form erklärt wird. Das Rückforderungsrecht kann nicht durch einen gesetzlichen Vertreter ausgeübt werden. Es steht nach dem Ableben eines Veräußerers dem verbleibenden Veräußerer zu, ist jedoch i.Ü. nicht übertragbar und nicht vererblich. **2218**

Ein Rückforderungsgrund tritt jeweils ein, sobald der betroffene Gesellschafter
1. seine Gesellschaftsbeteiligung ohne schriftliche Zustimmung des Veräußerers ganz oder teilweise veräußert oder belastet, gleichgültig, ob im Weg eines Rechtsgeschäfts oder im Weg der Zwangsvollstreckung,
2. in Insolvenz fällt, die Eröffnung des Verfahrens mangels Masse abgelehnt wird oder er die Vermögenserklärung abgibt,
3. vor dem Berechtigten verstirbt,
4. von seinem (künftigen) Ehegatten/eingetragenen Lebenspartner (»Partner«) getrennt lebt i.S.d. § 1567 BGB, es sei denn, durch vertragliche Vereinbarung ist sichergestellt, dass der Gesellschaftsanteil i.R.d. Zugewinn- bzw. Vermögensausgleichs nicht berücksichtigt wird, sondern allenfalls tatsächlich getätigte Einlagen, die über die Entnahmen hinaus gehen, dem Partner zu erstatten sind,
5. die Gesellschaft kündigt, gleich aus welchem Grunde, auch bei Erreichen der Volljährigkeit,
6. aus der Gesellschaft aus wichtigem Grund (analog § 133 Abs. 1 HGB) ausgeschlossen wird,
7. an einer Änderung des Gesellschaftsvertrages mitwirkt, die nicht mit schriftlicher Zustimmung des Veräußerers erfolgt,
8. der Drogen- oder Alkoholsucht verfällt,
9. Mitglied einer im Sektenbericht des Bundestages aufgeführten Sekte oder einer unter Beobachtung des Verfassungsschutzes stehenden Vereinigung ist oder
10. länger als sechs Monate geschäftsunfähig ist.

1181 BGH, 27.05.2003 – IX ZR 51/02, NJW 2003, 2744.
1182 § 161 Abs. 1 Satz 2 BGB hat Vorrang vor § 91 Abs. 1 InsO (obwohl in § 91 Abs. 2 InsO nicht genannt): wenn schon die Verfügung des Insolvenzverwalters die Wirkung des Bedingungseintritts nicht vereiteln kann, dann erst recht nicht seine bloße Untätigkeit, vgl. MünchKomm-InsO/*Breuer*, § 91 Rn. 19, 21 m.w.N.

Aufschiebend bedingt auf die Ausübung des berechtigten Rückübertragungsverlangens tritt der zur Rückübertragung verpflichtete Gesellschafter seinen Anteil an der Gesellschaft an den jeweiligen Veräußerer ab (§ 161 BGB). Der aufschiebend bedingten Abtretung wird allseits zugestimmt.

Für die aufschiebend bedingte Übertragung ist keine Gegenleistung zu erbringen, es sei denn, der Gesellschafter hätte aus eigenem Vermögen über seine Entnahmen hinaus Einlagen in die Gesellschaft getätigt; in diesem Fall ist die Entschädigung begrenzt auf die anteilige noch vorhandene Erhöhung des Gesellschaftsvermögens als Folge dieser Übereinlagen. Der abtretende Gesellschafter ist allerdings auf den Zeitpunkt des Bedingungseintritts von der persönlichen Haftung für Verbindlichkeiten der Gesellschaft freizustellen.

3. Rückforderungsobjekt

a) Surrogation

2219 Im Regelfall wird das Rückforderungsobjekt identisch mit dem Zuwendungsgegenstand sein. Denkbar ist jedoch, dass der Vormerkungsberechtigte einer Veräußerung des Gegenstandes der ersten Zuwendung (unter gleichzeitiger Löschung seiner Vormerkung) zustimmt nur unter der Voraussetzung, dass die Rückübertragungsbefugnisse auf das anzuschaffende Folgeobjekt übertragen werden (»**Surrogation**«), vergleichbar der in Rdn. 1292 geschilderten Übertragung des Nießbrauchs auf einen Nachfolgegegenstand. Abweichungen können sich ferner zum einen ergeben, wenn im Rahmen einer einheitlichen Zuwendung an mehrere Erwerber lediglich einer von ihnen den auslösenden Tatbestand verwirklicht, jedoch auch die Übertragung an die anderen Erwerber aus diesem Anlass rückabgewickelt werden soll (hierzu nachstehend Rdn. 2221 ff.), zum anderen dann, wenn die tatsächliche Rückforderung sich nur auf einen Teil des Gesamtobjekts bezieht, auch wenn der auslösende Tatbestand als solcher uneingeschränkt verwirklicht ist.

b) teilweise Rückforderung beim Einzelobjekt

2220 Letztere Möglichkeit (der nur teilweisen Rückforderung) steht dem Rückforderungsberechtigten ohnehin zu Gebote, als rechtliches, in der Option zur vollständigen Rückabwicklung enthaltenes Minus. Gleichwohl kann es sich empfehlen, diesen Umstand nochmals ausdrücklich zu betonen: »Das Rückforderungsverlangen kann sich auch lediglich auf **Teile des Vertragsbesitzes** erstrecken.« Von dieser Möglichkeit wird bspw. in den Fällen Gebrauch gemacht werden, in denen das Entstehen von Schenkungsteuer als die Rückforderung auslösender Tatbestand vereinbart ist (vgl. nachstehend Rdn. 2285 ff.) und daher die Übertragung (mit steuerlicher Rückwirkung gem. § 29 ErbStG) lediglich in dem Umfang rückgängig gemacht werden soll, der notwendig ist, um für den verbleibenden Übertragungstatbestand unter dem steuerlichen Freibetrag zu bleiben.

c) teilweise Rückforderung bei Mehrheit von Objekten

2221 Ein wertungsmäßig der oben (s. Rdn. 2209) geschilderten Situation aus Rdn. 1967 (Gesamtübertragung durch eine GbR, wenn auch nur ein Gesellschafter den Tatbestand ausgelöst hat) vergleichbarer Sachverhalt ist gegeben, wenn **mehrere Erwerber je selbstständige Grundbuchobjekte** erhalten haben (z.B. Miteigentumsanteile an einem Grundstück) oder je eigene Grundbuchgrundstücke, und die Rückübertragung insgesamt stattfinden können soll, wenn auch nur bei einem der Erwerber der auslösende Tatbestand eingetreten ist.

2222 Bei einer **Mehrheit selbstständiger Grundstücke** wäre es außerordentlich ungewöhnlich (wenngleich rechtlich möglich), die Rückforderung auch der Grundstücke der anderen Erwerber zu ermöglichen, wenn – gleichgültig durch wen – ein Rückforderungstatbestand ausgelöst wurde (in Betracht kommt dies allenfalls, wenn die Gesamtheit aller Objekte im Verbund wirtschaftlich sinnvoll genutzt werden kann).

2223 Bei **mehreren Miteigentumsanteilen an demselben Grundstück** ist die Interessenlage jedoch differenzierter: Kommt es dem Veräußerer (wie wohl in der Mehrheit der Fälle) in erster Linie darauf an, individuellen Gefährdungen der Geschäftsgrundlage entgegenzuwirken, um sodann über eine Neuzuordnung hinsichtlich des »geretteten« Anteils (allerdings zu ggf. später schlechteren schenkungsteuerrechtlichen Bedingungen!) im Kreis der Prätendenten zu entscheiden, genügt die Rückforderung des betroffenen Miteigentumsanteils ohne Weiteres. Damit ist auch lediglich der entsprechende Investitionsanteil nach Maßgabe der vertraglichen Vereinbarungen zu vergüten. Wegen des »**Identitätsgebots**« muss die zur Sicherung des bedingten, nach Ausübung des Rückforderungsrechts entstehenden Rückübertragungsanspruchs, bewilligte Vormerkung an dem Objekt eingetragen sein, auf welches sich der Anspruch bezieht, und dessen Eigentümer zugleich Schuldner des Anspruchs ist, also am jeweiligen Miteigentumsanteil. Bei drei Drittelanteilen bedarf es also dann an jedem Miteigentumsanteil einer Vormerkung vgl. auch Rdn. 2338 (bei der Berechnung der Grundbuchkosten wird insoweit natürlich auch nur der Wert des betreffenden Anteils zugrunde gelegt).

▶ Formulierungsvorschlag: Rückforderung lediglich des betreffenden Miteigentumsanteils

Jeder Erwerber – und seine Gesamtrechtsnachfolger – ist gegenüber dem Veräußerer verpflichtet, seinen erworbenen Miteigentumsanteil am Vertragsbesitz zurückzuübertragen, wenn ein Rückforderungsgrund eintritt und die Rückforderung vertragsgemäß, d.h. binnen zwölf Monaten nach Kenntnis vom Rückforderungstatbestand und in notariell beglaubigter Form, erklärt wird. Das Rückforderungsrecht ist nicht vererblich oder übertragbar und kann nicht durch einen gesetzlichen Vertreter ausgeübt werden. Ein Rückforderungsgrund tritt jeweils ein, sobald einer der jeweiligen Eigentümer des betreffenden Miteigentumsanteils ..... (*Anm.: Es folgen die jeweils vereinbarten Sachverhalte, die ein Rückforderungsverlangen auslösen können*).

2224

Der Veräußerer hat die im Grundbuch eingetragenen Rechte und Grundpfandrechte dinglich zu übernehmen, soweit sie dann im Rang vor der nachstehend bestellten Auflassungsvormerkung eingetragen sind. Aufschiebend bedingt auf die wirksame Ausübung des Rückforderungsrechts werden bereits heute alle Rückgewähransprüche, die dem Erwerber dann bezüglich eingetragener Grundpfandrechte zustehen (werden), an den dies annehmenden Veräußerer im oben bezeichneten Erwerbsverhältnis abgetreten. Ferner verpflichtet sich der Erwerber, etwa ihm dann zustehende Eigentümergrundschulden auf Verlangen des Veräußerers löschen zu lassen, und bewilligt, zu dessen Gunsten eine Löschungsvormerkung gem. § 1179 BGB bei den derzeit eingetragenen Grundpfandrechten einzutragen. Der Veräußerer beantragt die Eintragung/*kann den Antrag auf Eintragung jederzeit stellen*.

Aufwendungen aus dem Vermögen des Rückübertragungsverpflichteten werden – maximal jedoch bis zur Höhe der anteiligen, noch vorhandenen Zeitwerterhöhung – gegen Rechnungsnachweis erstattet bzw. durch Schuldübernahme abgegolten, soweit sie nicht nur der Erhaltung des Anwesens im derzeitigen Zustand, sondern der Verbesserung oder Erweiterung des Anwesens gedient haben und mit schriftlicher Zustimmung des Berechtigten oder seines Vertreters durchgeführt wurden. I.Ü. erfolgt die Rückübertragung unentgeltlich, also insbesondere ohne Ausgleich für geleistete Dienste, wiederkehrende Leistungen, Tilgungen, geleistete Zinsen, Arbeitsleistungen oder die gezogenen Nutzungen. Hilfsweise gelten die gesetzlichen Bestimmungen zum Rücktrittsrecht.

Die Kosten der Rückübertragung hat der Anspruchsberechtigte zu tragen.

Zur Sicherung des bedingten Rückübertragungsanspruchs hinsichtlich des jeweiligen Miteigentumsanteils nach wirksamer Ausübung eines vorstehend eingeräumten Rückforderungsrechts oder des gesetzlichen Widerrufs gem. § 530 BGB (»grober Undank«) bestellt hiermit jeder Erwerber hinsichtlich seines Miteigentumsanteils zugunsten des vorgenannten Veräußerers je eine Eigentumsvormerkung am jeweiligen Miteigentumsanteil und bewilligt und Veräußerer und Erwerber beantragen deren Eintragung im Grundbuch. Jede Vormerkung ist als Sicherungsmittel auflösend befristet. Sie erlischt mit dem Tod des Veräußerers.

Die Vormerkung erhält die nächstoffene Rangstelle (*Anm.: Jedoch den Rang nach dem Nießbrauch*).

d) Gesamtrückforderung bei Teilstörung

2225 Liegt dem Veräußerer jedoch in erster Linie daran, bei auch nur **Teilstörungen** wieder die uneingeschränkte Verfügungsmöglichkeit über das Gesamtobjekt zu erlangen, wird er sich vorbehalten, zumindest wahlweise auch die Rückübertragung der nicht unmittelbar betroffenen Miteigentumsanteile zu verlangen (Optionsmodell ähnlich oben Rdn. 2213 ff.). Da sich der Anspruch hier (auch) auf das Gesamtobjekt richtet, genügt eine Vormerkung am Grundstück selbst.

▶ Formulierungsvorschlag: Rückforderung des betreffenden Miteigentumsanteils oder des Gesamtobjekts nach Wahl des Berechtigten

2226 Jeder Erwerber – und seine Gesamtrechtsnachfolger – ist gegenüber dem Veräußerer verpflichtet, seinen erworbenen Miteigentumsanteil am Vertragsbesitz zurückzuübertragen, wenn ein Rückforderungsgrund eintritt und die Rückforderung vertragsgemäß, d.h. binnen zwölf Monaten nach Kenntnis vom Rückforderungstatbestand und in notariell beglaubigter Form, erklärt wird. Das Rückforderungsrecht ist nicht vererblich oder übertragbar und kann nicht durch einen gesetzlichen Vertreter ausgeübt werden.

Ein Rückforderungsgrund tritt jeweils ein, sobald einer der jeweiligen Eigentümer des betreffenden oder eines anderen Miteigentumsanteils am Vertragsbesitz ..... (*Anm.: Es folgen die jeweils vereinbarten Sachverhalte, die ein Rückforderungsverlangen auslösen können*).

Der Veräußerer kann in diesem Fall nach seiner Wahl die Rückforderung auf den betreffenden Miteigentumsanteil beschränken oder aber hinsichtlich des gesamten Vertragsbesitzes ausüben.

Der Veräußerer hat die im Grundbuch eingetragenen Rechte und Grundpfandrechte dinglich zu übernehmen, soweit sie dann im Rang vor der nachstehend bestellten Auflassungsvormerkung eingetragen sind. Aufschiebend bedingt auf die wirksame Ausübung des Rückforderungsrechts werden bereits heute alle Rückgewähransprüche, die dem Erwerber dann bezüglich eingetragener Grundpfandrechte zustehen (werden), an den dies annehmenden Veräußerer im oben bezeichneten Erwerbsverhältnis abgetreten. Ferner verpflichtet sich der Erwerber, etwa ihm dann zustehende Eigentümergrundschulden auf Verlangen des Veräußerers löschen zu lassen, und bewilligt, zu dessen Gunsten eine Löschungsvormerkung gem. § 1179 BGB bei den derzeit eingetragenen Grundpfandrechten einzutragen. Der Veräußerer beantragt die Eintragung/*kann den Antrag auf Eintragung jederzeit stellen*.

Aufwendungen aus dem Vermögen des jeweilig zur Rückübertragung Verpflichteten – maximal jedoch bis zur Höhe der noch vorhandenen Zeitwerterhöhung – (bei teilweiser Rückübertragung anteilig) gegen Rechnungsnachweis erstattet bzw. durch Schuldübernahme abgegolten, soweit sie nicht nur der Erhaltung des Anwesens im derzeitigen Zustand, sondern der Verbesserung oder Erweiterung des Anwesens gedient haben und mit schriftlicher Zustimmung des Berechtigten oder seines Vertreters durchgeführt wurden. I.Ü. erfolgt die Rückübertragung unentgeltlich, also insbesondere ohne Ausgleich für geleistete Dienste, wiederkehrende Leistungen, Tilgungen, geleistete Zinsen, Arbeitsleistungen oder die gezogenen Nutzungen. Hilfsweise gelten die gesetzlichen Bestimmungen zum Rücktrittsrecht.

Die Kosten der Rückübertragung hat der Anspruchsberechtigte zu tragen.

Zur Sicherung des bedingten Rückübertragungsanspruchs nach wirksamer Ausübung eines vorstehend eingeräumten Rückforderungsrechts oder des gesetzlichen Widerrufs gem. § 530 BGB (»grober Undank«) bestellen hiermit die Erwerber zugunsten des vorgenannten Veräußerers eine Eigentumsvormerkung am gesamten Vertragsbesitz und bewilligen und Veräußerer und Erwerber beantragen deren Eintragung im Grundbuch. Die Vormerkung ist als Sicherungsmittel auflösend befristet. Sie erlischt mit dem Tod des Veräußerers.

Die Vormerkung erhält die nächstoffene Rangstelle (*Anm.: jedoch den Rang nach dem Nießbrauch*).

e) Rückgewähransprüche bei Grundpfandrechten

2227 Sind im Rang vor der Rückübertragungsvormerkung (von vornherein oder aufgrund entsprechenden Rangrücktritts im Rahmen einer späteren Neubeleihung) Grundpfandrechte eingetragen,

H. Vertragliche Rückforderungsrechte Kapitel 4

müssen auch die daran im Zeitpunkt der Rückforderung bestehenden Ansprüche oder Eigentümerrechte des Rückübertragungsverpflichteten herausgegeben werden. Es handelt sich zum Einen um schuldrechtliche **Rückgewähransprüche**, die aufgrund (auch nur teilweiser) Tilgung der grundpfandrechtlich gesicherten Darlehen entstanden sind (vgl. im Einzelnen Rdn. 2037 ff.), aber auch um **Eigentümergrundschulden**, die bspw. als Folge der Tilgung einer Hypothek oder infolge einer Abtretung an den rückübertragungsverpflichteten Eigentümer, einer Verzichtserklärung gem. § 1168 Abs. 1 BGB bzw. durch (absprachewidrige) Zahlung auf das dingliche Recht selbst entstanden sein mögen und die – wenn sie nicht mitübertragen werden – auch danach weiterhin dem vormaligen Eigentümer (Rückübertragungsverpflichteten) zustehen.

Ist dieser zwischenzeitlich in Insolvenz gefallen (möglicherweise hat der Vermögensverfall gar das Rückforderungsrecht ausgelöst),[1183] kann der Rückforderungsberechtigte sich diese grundpfandrechtsbezogenen Ansprüche und Rechte nicht mehr verschaffen, insb. kann er keine ungerechtfertigte Bereicherung (§ 816 Abs. 1 BGB) gegen die Insolvenzmasse gem. § 55 Abs. 1 Nr. 3 InsO geltend machen: durch die Umwandlung der Eigentümer- in eine Fremdgrundschuld hat die Insolvenzmasse nichts »Zusätzliches« erlangt, was Gegenstand einer Kondiktion sein könnte, erst Recht nicht auf Kosten des Rückforderungsberechtigten, da dieser zuvor keine geschützte Rechtsposition oder alleinige Verwertungsbefugnis an der Grundschuld hatte. Der bloße Unterlassungsanspruch hinsichtlich künftiger Neuvalutierungen (Rdn. 2064), ist nicht rechtsgeschäftlich sicherbar, sondern allenfalls durch ein gerichtliches Belastungsverbot im Weg der einstweiligen Verfügung (§ 938 Abs. 2 ZPO), das gemäß § 941 ZPO im Grundbuch eingetragen wird und dort über § 888 Abs. 2 BGB die in § 888 Abs. 1 BGB enthaltene Elisionswirkung erzeugt.[1184] Wirkung gegenüber dem Insolvenzverwalter i.S.d. § 106 InsO hat eine solche vormerkungsgleiche gerichtliche einstweilige Verfügung jedoch nicht. Damit kann der Insolvenzverwalter die Grundschuld revalutieren! 2228

Eine geschützte Position des Rückforderungsberechtigten hätte sich aber ergeben können, wenn die schuldrechtliche Verpflichtung zur Übertragung der nicht mehr für den Sicherungszweck benötigten Grundschuldteile an den Rückforderungsberechtigten durch eine Übertragungsvormerkung zu dessen Gunsten (gem. § 883 BGB, allerdings zu bewilligen durch den derzeitigen Fremdgläubiger der Grundschuld) gesichert worden wäre, oder aber wenn sich der Erwerber gegenüber dem Rückforderungsberechtigten verpflichtet hätte, diejenigen Grundschuldteile, die sich – auch künftig – mit dem Grundstückseigentum in seiner Person in einer Hand vereinigen, löschen zu lassen, und zur Sicherung eine Löschungsvormerkung[1185] gem. § 1179 BGB zugunsten des Veräußerers[1186] (bewilligt allein durch denjenigen, der sich zur Löschung bei Vereinigung verpflichtet hat, also den Erwerber[1187]) eingetragen worden wäre (vgl. auch Rdn. 2069). 2229

Im Hinblick auf das Anliegen des Rückforderungsberechtigten, auch über die sonst möglicherweise einer anderweitigen Verwertung ausgesetzten Grundpfandrechtsteile verfügen zu können, empfiehlt sich die nachfolgende Abrede (die in Bezug auf Eigentümerrechte die Löschungsalternative wählt, da eine Beteiligung des Fremdgrundpfandrechtsgläubigers dann entbehrlich ist); sie kann ggf. bei einem derzeit in Abt. III unbelasteten Grundbuch ggf. auch nachträglich getroffen werden 2230

1183 So der Sachverhalt in BGH, 24.03.2016 – IX ZR 259/13, NotBZ 2016, 416 m. Anm. *Madaus*.
1184 BGH, 0512.1996 – V ZB 27/96, BGHZ 134, 182.
1185 § 1179 BGB bewirkt Erleichterungen gegenüber § 883 BGB in zweierlei Hinsicht: zum Einen braucht das betroffene Eigentümerrecht bei der Bestellung der Vormerkung dem Eigentümer als Schuldner des Löschungsanspruchs noch nicht zustehen, es kann also noch ein Fremdrecht sein, zum Anderen muss der betroffene Eigentümer als Löschungsverpflichteter nicht voreingetragen sein, abweichend von § 39 GBO.
1186 Er gehört i.d.R. zum schützbaren Personenkreis sowohl gem. § 1179 Nr. 1 BGB (nachrangiger Nießbrauch!) als auch gem. § 1179 Nr. 2 BGB (bedingter Rückübertragungsanspruch).
1187 Einer Mitwirkung des Gläubigers des betroffenen Grundpfandrechtes bedarf es nicht: KGJ 50, A 198, 200; ebenso wenig der Grundpfandrechtsbriefvorlage, § 41 Abs. 1 Satz 3 GBO.

(Rdn. 2240), wenn der Rückforderungsberechtigte einer Beleihung zustimmt und mit seiner Vormerkung hinter das neue Grundpfandrecht zurücktritt:

▶ Formulierungsvorschlag: Mitübertragung grundpfandrechtsbezogener Positionen bei Rückforderung

2231 Aufschiebend bedingt auf die wirksame Ausübung des Rückforderungsrechts werden bereits heute alle Rückgewähransprüche, die dem Erwerber beim Eintritt der aufschiebenden Bedingung im Hinblick auf dann im Grundbuch eingetragene Grundpfandrechte zustehen (werden), an den dies annehmenden Rückforderungsberechtigten im oben bezeichneten Erwerbsverhältnis abgetreten. Ferner verpflichtet sich der Erwerber, etwa ihm zu diesem Zeitpunkt zustehende Eigentümergrundschulden auf Verlangen des Rückforderungsberechtigten löschen zu lassen, und bewilligt, zu Gunsten des Letzteren eine Löschungsvormerkung gem. § 1179 BGB bei den derzeit eingetragenen Grundpfandrechten einzutragen. Der Rückforderungsberechtigte beantragt die Eintragung/kann den Antrag auf Eintragung jederzeit stellen.

4. Rückforderungszeitraum

2232 Im Folgenden (Rdn. 2236 ff.) werden die in der Vertragspraxis am häufigsten anzutreffenden Tatbestände vorgestellt, deren Eintritt die Möglichkeit der Ausübung des Gestaltungsrechts zur Rückforderung auslöst. Zeitliche Befristungen können sich insoweit beziehen auf (1) den Zeitraum, innerhalb dessen das Rückforderungsrecht nach Entstehung bzw. – besser – Kenntnis vom Rückforderungstatbestand ausgeübt werden kann (hierzu Rdn. 2305 ff.), aber auch, vorrangig, (2) auf den Zeitraum, innerhalb dessen eintretende Rückforderungstatbestände als solche zu berücksichtigen sind.

2233 Eine solche Befristung, nach deren Ablauf Rückforderungstatbestände nicht mehr entstehen könnten, ergibt sich **nicht bereits aus dem Gesetz**, auch nicht bei schuldrechtlichen (vormerkungsgesicherten) Verfügungsverboten. Insbesondere lässt sich weder aus § 462 BGB (Wiederkaufsrecht) noch aus § 544 BGB (Mietvertrag) eine 30-Jahres-Grenze ableiten, da beide Normen längere Bindungen nicht ausschließen, ebenso wenig aus §§ 2044 Abs. 2 Satz 1, 2109 Abs. 1, 2262 Abs. 2 Satz 1, 2210 Satz 1 BGB, da es sich nicht um die einseitige Bindung an Anordnungen des Widerparts (Erblassers) handelt, sondern um vertragliche Vereinbarungen, und jedenfalls der Veräußerer zu Lebzeiten, unabhängig von ihrer Dauer, schützenswert ist.[1188] Die Literatur erwägt allerdings, jedenfalls schuldrechtliche Verfügungsbeschränkungen spätestens 30 Jahre nach dem Tod des Veräußerers erlöschen zu lassen.[1189]

2234 Gleichwohl kann eine **Endbefristung** sinnvoll sein (z.B. Maßgeblichkeit eines Verstoßes gegen die schuldrechtliche Verfügungsbeschränkung nur binnen 10 Jahren ab Beurkundung) oder aber eine Beschränkung auf die Zeit, in welcher der Veräußerer noch seinen Lebensmittelpunkt im übergebenen Anwesen hat. Letzteres würde es einem etwa eingesetzten Betreuer erleichtern, im Fall der dauernden Heimunterbringung auf die potenziellen künftigen Rückforderungsmöglichkeiten gänzlich zu »verzichten« und die eingetragene Vormerkung zur Löschung zu bewilligen, ohne gegen das Schenkungsverbot der §§ 1804, 1915i BGB zu verstoßen (tatsächlich handelt es sich lediglich um eine Grundbuchberichtigung).[1190] Die Praxis kennt auch **auflösende Zeit-**

[1188] BGH, 06.07.2012 – V ZR 122/11, MittBayNot 2013, 218 m. Anm. *Hertel*.
[1189] *Schack* JZ 1989, 609, 612; BGH, 06.07.2012 – V ZR 122/11, MittBayNot 2013, 218 m. Anm. *Hertel* lässt diese Frage ausdrücklich offen.
[1190] Hierauf weist *Zimmer*, NotBZ 2006, 384, zu Recht hin. Kann der Betreuer (anders als ein Vorsorge-Generalbevollmächtigter) den tatsächlichen Verzicht nur gegen Abfindung erklären, fällt diese wiederum in den Nachlass und stört damit häufig das im Familienkreis abgestimmte Gleichgewicht der lebzeitigen und letztwilligen Vermögensverteilung, etwa unter Geschwistern.

H. Vertragliche Rückforderungsrechte   Kapitel 4

bestimmungen des Inhalts, dass das Rückforderungsrecht erlischt, sobald[1191] der Erwerber eigene Abkömmlinge hat.

Die Befristung des Zeitraums, während dessen Rückforderungstatbestände eintreten können bspw. auf die Lebenszeit des Veräußerers und ggf. seines derzeitigen Ehegatten (also der Verzicht auf die Vererblichkeit, Rdn. 2187 ff., bzw. auf die Konsekutivberechtigung eines bisher nicht Beteiligten, Rdn. 2170 ff.) dient auch dazu, möglichen **Vorbehalten aus § 138 BGB** (Sittenwidrigkeit aufgrund überlanger Knebelung) zu begegnen, da jedenfalls beim Veräußerer ein schützenswertes Interesse an der Abwehr von Gefährdungen für seinen bisherigen Vermögensgegenstand stets anzuerkennen sein wird.[1192] Der BGH sieht § 138 BGB als verletzt an, wenn (1) vertragliche Verfügungsverbote sich auf das (nahezu) gesamte[1193] Erwerbervermögen (als Gesamtheit) beziehen, ebenso (2) wenn sich das Verfügungsverbot auf Betriebsvermögen[1194] bezieht und der Erwerber nicht vom Veräußerer die Zustimmung zu einer mit den Grundsätzen ordnungsgemäßer Wirtschaft zu vereinbarenden und den Zweck des Verbots (Erhalt des Familienbesitzes) nicht wesentlich gefährdenden Verfügung (Veräußerung oder Belastung) verlangen kann (Formulierungsvorschlag: Rdn. 2247).[1195] Bezieht sich der Rückforderungsvorbehalt jedoch nur auf einen Einzelgegenstand, führt – so der BGH – allein seine Zeitdauer (im Beispielsfall: 35 Jahre) nicht zur Unwirksamkeit, und zwar selbst dann nicht, wenn dieser Gegenstand das überwiegende Vermögen des Erwerbers ausmacht.[1196]   2235

5. Häufige Rückforderungstatbestände

In aller Regel knüpfen enumerative Rückforderungsrechte an Umstände an, die in der Person, dem Verhalten oder sonstigen Umständen auf Seiten des Erwerbers liegen (Rdn. 2238 ff.). Der Veräußerer kann sich aber auch wegen Sachverhalten, die sich **in seiner eigenen Person** verwirklichen, die Rückforderung vorbehalten, bspw. für den Fall der Scheidung oder des Getrenntlebens vom derzeitigen Ehegatten, des Eintritts der Pflegebedürftigkeit oder sonstigen erhöhten Finanz- und Unterstützungsbedarfs (vgl. etwa Rdn. 2299 ff.). Er will in diesem Fall nicht nur darauf beschränkt sein, ggf. Beleihungen auf das übertragene Vermögen auszubringen (Rdn. 1400 ff.), sondern dieses unmittelbar zu verkaufen, oder aber anderweit neu zuzuordnen.   2236

Nicht immer ist die Aufnahme der »vollständigen Palette« der nachstehend aufgeführten Rückforderungstatbestände angezeigt. Gerade bei Betriebsvermögen, etwa der **Hofübergabe**, sind Veräußerungen und Belastungen oft unabdingbar, und sollten daher vom Erwerber frei entschieden werden können (will sich der Veräußerer partout auch insoweit das Rückforderungsrecht vorbehalten, müsste er sich, auch um den Anforderungen des BGH zu genügen, zur Erteilung der Zustimmung verpflichten, wenn die Maßnahme den Regeln einer ordnungsgemäßen Wirtschaft   2237

1191 Zu einer verunglückten Gestaltung (Wortlaut »falls und solange« anstelle von »sobald«) OLG München, 09.01.2014 – 34 Wx 202/13, NotBZ 2014, 152: allein der Nachweis der Geburt eigener Kinder genügt dann nicht zur Löschung der Vormerkung.
1192 *Schippers*, MittRhNotK 1998, 69, 73.
1193 Maßgeblich ist also die Relation der Nettowerte des (unter Rückforderungsvorbehalt) erworbenen Vermögens zum bereits vorhandenen Eigenvermögen des Erwerbers.
1194 Unproblematisch dürften dagegen Rückforderungsrechte in Bezug auf z.B. GmbH-Anteile sein, da Verfügungen über das Vermögen der GmbH dadurch nicht beeinträchtigt werden.
1195 BGH, 06.07.2012 – V ZR 122/11, MittBayNot 2013, 218 m. Anm. *Hertel* (kritisch hierzu *Grziwotz* ZfIR 2012, 876 f.) hat daher zurückverwiesen zur Prüfung, ob sich ein solcher Zustimmungsanspruch nicht im Wege ergänzender Vertragsauslegung ergeben könne, da die sonst eintretende Gesamtnichtigkeit der Übertragung (ohne das Verfügungsverbot wäre sie nicht erfolgt, § 139 BGB) ersichtlich nicht gewollt ist. Im konkreten Fall kam allerdings erschwerend hinzu, dass die »Verfügungssperre« sich auch auf einen 1/4 Miteigentumsanteil bezog, der dem Erwerber schon zuvor gehörte. Vgl. zum Urteil auch *Mayer/Geck*, Der Übergabevertrag, § 13 Rn. 39 ff.
1196 So auch *Hertel*, Aktuelle Probleme der notariellen Vertragsgestaltung im Immobilienrecht 2012/2013, DAI, S. 167.

folgt, vgl. Rdn. 2247. Stets sinnvoll sind z.B. Rückforderungsrechte bei Vorversterben eines kinderlosen Erwerbers, wenn dann andere Familienmitglieder (z.B. Neffen) zur Übernahme bereit stehen,[1197] sowie im Falle der nicht ehevertraglich abgesicherten Scheidung (schon um zum Abschluss eines Ehevertrages anzuhalten), ebenso bei Pfändung/Insolvenz. Da Letzteres nur bei Eintragung einer Vormerkung wirkt, sollten für den Fall der Demenz des Vormerkungsberechtigten Vorkehrungen getroffen sein, vgl. Rdn. 2195 ff. Da der Betrieb ein »lebender Organismus« ist, kann sich die Rückgabepflicht stets nur auf den Zustand beziehen, in dem sich der Betrieb dann befinden wird.

a) Schuldrechtliche Verfügungsbeschränkung

2238 Häufig wird ein Rückerwerbsrecht an abredewidrige Weiterveräußerungen oder Belastungen seitens des Erwerbers bzw. seines Rechtsnachfolgers im Eigentum (»Eigentümer«) geknüpft, so dass bei entsprechender grundbuchlicher Sicherung ein Ergebnis erzielt werden kann, das der verbotenen dinglichen Verfügungsbeschränkung gem. § 137 Satz 1 BGB nahe kommt, gleichwohl jedoch keine verbotene Umgehung darstellt[1198] und auch nicht gegen § 1136 BGB verstößt.[1199] Ein (zumindest befristetes) »Verbot« des Weiterverkaufs kommt nicht nur **psychologischen Vorbehalten** während des weiteren Bewohnens durch den Veräußerer entgegen, sondern kann auch zur Vermeidung ihm sonst drohender **steuerlicher Nachteile** notwendig sein: So umfasst etwa i.R.d. gewerblichen Grundstückshandels die relevante Haltedauer bei unentgeltlich unter Lebenden (etwa in vorweggenommener Erbfolge) erworbenen Objekte auch die Eigentumszeit des Vorbesitzers. Dies hat zur Folge, dass ein Fremdverkauf während des »gefährlichen«,[1200] durch die Summe beider Besitzzeiten nicht ausgeschöpften Haltezeitraums sowohl zulasten des Vorbesitzers, als auch zulasten des unentgeltlichen Erwerbers als Objektverkauf gilt und damit eine »doppelte Zählung« eintritt.[1201]

2239 Bis zur Besserung der Rechtslage in Gestalt des sog. Dritten Rentenerlasses[1202] musste der Veräußerer auch deshalb ein Interesse an einer Weiterverkaufssperre haben, um zu vermeiden, dass eine (ertragsteuerlich unentgeltliche) Vermögensübergabe gegen Versorgungsleistungen zu einem **entgeltlichen Verkauf** – z.B. mit den Folgen des § 23 EStG – umqualifiziert würde (nunmehr führt die Weiterveräußerung wohl zum Entstehen steuerlich unbeachtlicher Unterhaltsleistungen,[1203] vgl. Rdn. 6397, anders als bei der anfänglichen Nichteinhaltung der Voraussetzungen: Rdn. 6377). Im Bereich des Betriebsvermögens existieren jedoch weiterhin Nachversteuerungstatbestände (z.B. § 6 Abs. 5 Satz 4 EStG: 3 Jahre, § 6 Abs. 3 Satz 2 EStG: 5 Jahre; § 13b ErbStG: 7 Jahre), die zu ähnlichen Vorkehrungen nötigen (s.u. Rdn. 2297).

▶ Hinweis:

2240 Um das **Risiko einer Zwangsversteigerung aus Grundpfandrechten** zu minimieren, empfiehlt es sich, nicht nur die Eintragung von Grundpfandrechten, sondern auch deren Revalutierung ohne Zustimmung des Veräußerers als Rückforderungstatbestand auszugestalten. Ist das betroffene Grundpfandrecht jedoch im Rang vor der Rückauflassungsvormerkung eingetragen,

---

1197 So auch *Hertel*, in *Herrler/Hertel/Kesseler*, Aktuelle Probleme der notariellen Vertragsgestaltung im Immobilienrecht 2016/2017, S. 177.
1198 BayObLG, NJW 1978, 700.
1199 Davon erfasst sind nur Verfügungsverbote, die der Grundstückseigentümer zur Verstärkung der Stellung eines dinglichen Gläubigers eingeht, BGH, DNotZ 1966, 739.
1200 Der erforderliche enge zeitliche Zusammenhang ist grds. zu bejahen, wenn die Haltedauer bis zu 5 Jahren beträgt (kurzfristiger Bereich), liegt jedoch i.d.R. nicht vor bei einer Haltedauer über 10 Jahren (langfristiger Bereich). Im mittelfristigen Bereich entscheiden die Umstände des Einzelfalls.
1201 So ausdrücklich Tz. 9 Satz 3 des BMF-Schreibens v. 26.03.2004, DStR 2004, 632; krit. hierzu *Söffing*, DStR 2004, 795 und *Tiedtke/Wälzholz*, MittBayNot 2004, 329.
1202 DStR 2004, 1696 ff., Tz. 28.
1203 Vgl. etwa *Hipler*, ZEV 2004, 414.

H. Vertragliche Rückforderungsrechte
Kapitel 4

setzt sich der Gläubiger in der Zwangsversteigerung – jedenfalls bei dinglicher Vollstreckungsmöglichkeit gem. § 800 ZPO – auch gegen den Veräußerer als neuen Eigentümer durch. Besser ist der Verbleib (in Bezug auf bereits eingetragene) bzw. die Abtretung (in Bezug auf neu einzutragende Grundpfandrechte) der Rückgewähransprüche an den Veräußerer, sowie die vorsorgliche Vereinbarung eines Anspruchs auf Löschung in Bezug auf künftige Eigentümergrundschulden mit Vormerkungssicherung gem. § 1179 BGB, vgl. Rdn. 2230, z.B. als Voraussetzung für die Erteilung der Zustimmung zur Beleihung.

In aller Regel (vgl. aber Rdn. 2242) wird jedwede Veräußerung, auch die unentgeltliche, unter Rückforderungsvorbehalt gestellt, sofern sie nicht mit Zustimmung des Berechtigten erfolgt (daher sollte nicht von »Verkauf«, sondern von »Veräußerung« gesprochen werden).[1204] Um Umgehungsmöglichkeiten bzgl. einer etwa beabsichtigten Weiterveräußerung an den Schwiegerpartner des Erwerbers zu verhindern, sollte ggf. auch die **Vereinbarung einer Gütergemeinschaft**, sofern nicht das Zuwendungsobjekt zum Vorbehaltsgut i.S.d. § 1418 Abs. 2 Nr. 2 BGB (Rdn. 4020) erklärt wird, zum Rückforderungstatbestand erhoben werden. Auch die Stellung eines Antrags auf Teilungsversteigerung (§§ 180 ff. ZVG) wird wie eine »Veräußerung« zu werten sein, die das Rückforderungsrecht auslöst.[1205]   2241

▶ Hinweis:
Zu erwägen ist auch, ob »Bagatelltatbestände« von der schuldrechtlichen Veräußerungs-/Belastungssperre ausgenommen werden sollen, z.B. Veräußerungen an öffentliche Bedarfsträger für öffentliche Zwecke (»Straßengrundabtretungen«), oder die Bestellung von Dienstbarkeiten für solche Berechtigte.   2242

Auch der Abschluss von **Verträgen ohne Verfügungscharakter**, aber mit faktisch einschneidender Wirkung (Vermietung), sowie die **Vornahme tatsächlicher Handlungen** (bauliche Umgestaltungen am Objekt) können als weiteres auslösendes Moment vereinbart sein. Zu erwägen ist ferner, sprachlich nicht nur an eine vom jeweiligen Eigentümer (aktiv) vorgenommene Veräußerung anzuknüpfen, sondern an den Veräußerungsvorgang als solchen, auch wenn er durch Dritte (z.B. einen privatrechtsgestaltenden Verwaltungsakt in Gestalt der Ausübung eines öffentlich-rechtlichen Vorkaufsrechtes mit der Folge des Zustandekommens eines neuen Kaufvertrages mit dem Eigentümer):[1206] ausgelöst wird, oder schlicht an den Eigentumswechsel. Bestimmungen, wonach rechtsgeschäftliche Vorkaufsrechte mit dem Eigentumserwerb durch den öffentlich-rechtlich Vorkaufsberechtigten erlöschen (wie etwa § 28 Abs. 2 Satz 5 BauGB, Art. 39 Abs. 4 BayNatSchG), gelten nicht für das vormerkungsgesicherte Rückforderungsrecht.[1207]   2243

Die **Ausübung des Rückforderungsrechts** ist allerdings **ausgeschlossen**, wenn der Veräußerer – dessen Vetobefugnis diese Vereinbarung dient – der **Verfügung zustimmt** (sei es i.S.e. vorherigen Einwilligung oder einer nachträglichen Genehmigung), wobei aus Gründen der Rechtssicherheit Schriftform verlangt werden kann. Diese Zustimmungsposition sollte – anders als möglicherweise das Gestaltungsrecht der Ausübung des Rückforderungsrechts – nicht höchstpersönlich allein   2244

1204 Keine erweiternde Auslegung bei Wortlaut »Verkauf«, vgl. OLG Brandenburg, 13.11.2008 – 5 U 53/07, notar 2009, 264 m. Anm. *Michael*.
1205 *Gutachten*, DNotI-Report 2011, 121 f.; ebenso OLG Düsseldorf, 03.07.2000 – 9 U 233/99, RNotZ 2001, 209; auch i.R.d. § 1365 BGB wird die Beantragung einer Teilungsversteigerung einer »Verfügung« gleichgestellt.
1206 Jedenfalls die erste Veräußerung, die das Vorkaufsrecht auslöst, gibt aber dem Vormerkungsberechtigten, sofern ohne Zustimmung erfolgt, das (dann vorrangige) Rückforderungsrecht; weder steht § 465 BGB entgegen (da die Rückforderungsabrede nicht in das Vorkaufsrecht auslösenden Erstverkauf enthalten war), noch handelt es sich um einen »Umgehungsfall« oder einen zur Abwehr des Vorkaufsberechtigten aufgenommenen »Fremdkörper«.
1207 Ebenso wenig für ein Wiederkaufsrecht, vgl. BGH, 14.01.1972 – V ZR 173/69, NJW 1972, 488; vgl. *Krauß*, in: FS 200 Jahre Carl Heymanns Verlag, 2015, S. 437, 444 ff.

dem Veräußerer bzw. dem Rückforderungsberechtigten vorbehalten, sondern rechtsgeschäftlicher und gesetzlicher Vertretung zugänglich sein. Nur so lässt sich verhindern, dass bei Geschäftsunfähigkeit des Veräußerers dessen in vorweggenommener Erbfolge übertragener Besitz zu einer »res extra commercium« wird; (Vorsorge-)Bevollmächtigter bzw. Betreuer sollten in der Lage sein, die faktische Verfügungssperre zu »entriegeln«.[1208]

2245 Zu berücksichtigen ist jedoch, dass die Zustimmung des Veräußerers, also die »Entriegelung der schuldrechtlichen Verfügungssperre«, nur zu einem konkreten Rechtsgeschäft zugunsten eines bestimmten Erwerbers erteilt ist. Kommt es, etwa als Folge der Ausübung eines der öffentlichen Hand eingeräumten Vorkaufsrechts (gemäß §§ 24 ff. BauGB oder § 66 BNatSchG bzw. deren landesrechtlichen Äquivalenten), zu einem neuen Vertrag grundsätzlich gleichen Inhalts, jedoch mit dem Vorkäufer als neuem Erwerber, bedarf es hierzu erneut der Zustimmung des vorkaufsberechtigten Ursprungsveräußerers, wird diese nicht erteilt, wäre der Vorkäufer gemäß § 888 BGB verpflichtet, der Rückauflassung zuzustimmen. Dass einzelne öffentlich-rechtliche Vorkaufsrechte (etwa gemäß § 28 Abs. 2 Satz 5 BauGB) zum Erlöschen »rechtsgeschäftlicher Vorkaufsrechte« führen, wenn die öffentliche Hand in Ausübung eines Vorkaufsrechts das Eigentum am Grundstück erwirbt, steht nicht entgegen, da diese Bestimmungen nicht erweiternd für vormerkungsgesicherte Rückforderungsrechte gelten, vgl. Rdn. 2243 a.E. Auch die vormerkungsgleiche Wirkung, die dinglichen Vorkaufsrechten und gesetzlichen öffentlich-rechtlichen Vorkaufsrechten aufgrund entsprechender Verweisung (vgl. etwa § 66 Abs. 3 Satz 4 BNatSchG, Art. 39 Abs. 7 Satz 2 BayNatSchG) kraft Gesetzes zukommt (§ 1098 Abs. 2 BGB), führt zu keinem anderen Ergebnis. Der Vormerkungsschutz entsteht zwar mit Eintritt des Vorkaufsfalls, also sobald das Vorkaufsrecht ausgeübt werden kann (nicht erst wenn es ausgeübt wird) und geht damit der vor Ausübung des Vorkaufsrechts eingetragenen Erwerbsvormerkung zugunsten des Erstkäufers vor. Umgekehrt bleiben aber damit vor dem Vorkaufsfall bereits eingetragene Grundstücksbelastungen, also die Rückübertragungsvormerkung aufgrund der historischen Übertragung in vorweggenommener Erbfolge, bestehen, so dass das vormerkungsgeschützte Rückforderungsrecht im Ergebnis auch »**vorkaufsfest**« ist.[1209]

2246 Bezieht sich das schuldrechtliche Verfügungsverbot (§ 137 Satz 2 BGB) auf (nahezu) das gesamte Vermögen des Erwerbers oder zumindest auf solche Gegenstände des Betriebsvermögens, über die der Erwerber zur Erhaltung wirtschaftlicher Handlungsfreiheit disponieren können muss (z.B. betrieblichen Grundbesitz), verlangt der BGH[1210] (Rdn. 2235) zur Vermeidung der Sittenwidrigkeit (§ 138 BGB) des Rückforderungsvorbehalts als solchen, dass die Erteilung der Zustimmung des Berechtigten nicht in seinem freien Ermessen stehe, vielmehr der Erwerber hierauf einen Anspruch habe, wenn die »auslösende« Verfügung ordnungsgemäßem Wirtschaften entspricht. Hierzu

▶ Formulierungsvorschlag: Anspruch auf Erteilung der Zustimmung zu »ordnungsgemäßer« Verfügung

2247 Der Erwerber kann vom Rückforderungsberechtigten die Zustimmung zu einer Verfügung verlangen, die mit den Grundsätzen ordnungsgemäßer Wirtschaft zu vereinbaren ist und den Zweck des schuldrechtlichen Verfügungsverbots (insbesondere den Erhalt des Familienbesitzes) nicht wesentlich gefährdet.

1208 Ähnlich *Zimmer*, NotBZ 2006, 384, wobei noch deutlicher zwischen der Zustimmungserteilung zur Veräußerung einerseits und der (Nicht-)Ausübung des anderenfalls entstehenden Rückforderungsrechts andererseits differenziert werden könnte.
1209 Vgl. hierzu *Gutachten*, DNotI-Report 2015, 137 ff.; *Krauß*, in: FS 200 Jahre Carl Heymanns Verlag, 2015, S. 437, 442 ff.
1210 Nach BGH, 06.07.2012 – V ZR 122/11, MittBayNot 2013, 218 m. Anm. *Hertel* kann sich ein solcher Zustimmungsanspruch ggf. im Wege ergänzender Vertragsauslegung ergeben, da die sonst eintretende Gesamtnichtigkeit der Übertragung (ohne das Verfügungsverbot wäre sie nicht erfolgt, § 139 BGB) ersichtlich nicht gewollt ist.

H. Vertragliche Rückforderungsrechte
Kapitel 4

Die Verpflichtung zur Unterlassung von Verfügungen ist auch bei **letztwilligen Gestaltungen** ein häufig gewünschter Regelungsinhalt. In Betracht kommen:
(1) lebzeitige Verträge mit den schon jetzt lebenden Erben des künftig ihm zufallenden Vermögensgegenstands oder
(2) die Anordnung einer Auflage zulasten des Erben samt Dauertestamentsvollstreckung zur Erfüllung (Überwachung) dieser Auflage bis zur zeitlichen Höchstgrenze des § 2210 Satz 2 BGB oder
(3) ein sog. »**Verfügungsunterlassungsvermächtnis**« (der Erbe ist mit einer Verfügungsunterlassungsverpflichtung belastet, gleichzeitig ist zugunsten der Schlusserben ein Vermächtnis ausgesetzt, das unter der aufschiebenden Bedingung des Verstoßes gegen die Verfügungsunterlassungsverpflichtung steht).[1211] Die bedingten Ansprüche der Schlusserben sind (wohl) durch Vormerkung nach dem Tod des Erblassers sicherbar;[1212] zur Eintragung der Vormerkung kann Testamentsvollstreckung angeordnet werden. Zum lebzeitigen Verfügungsunterlassungsvertrag (flankierend zur Absicherung eines erbvertraglichen Vermächtnisses) vgl. Rdn. 3933 mit Formulierungsvorschlag.

2248

b) Vermögensverfall des Eigentümers

Der Schutz des Zuwendungsobjekts vor Eigentumsverlust aufgrund Eigenverbindlichkeiten des Eigentümers (**Zwangsvollstreckungsmaßnahmen, Insolvenzeröffnung** bzw. deren Ablehnung mangels Masse, Abgabe der sog. Vermögenserklärung gem. §§ 802c ff. ZPO,[1213] früher sog. »eidesstattliche Versicherung«, vulgo »Offenbarungseid«) liegt dem Veräußerer regelmäßig besonders am Herzen (zur parallelen Frage der Rückforderung bei Insolvenz des übertragenen Unternehmens selbst vgl. Rdn. 2397). Auch die von einem Miteigentümer veranlasste **Teilungsversteigerung** zählt dazu.[1214] Die Rechtsprechung legt sogar einen Rückforderungsvorbehalt für den Fall der »Belastung« dahin gehend aus, er erfasse auch den Fall der Eintragung von Zwangssicherungshypotheken infolge Zwangsvollstreckung.[1215]

2249

Hierbei sind angeordnete Zwangsvollstreckungsmaßnahmen (Zwangsverwaltung oder Zwangsversteigerung) regelmäßig erst dann ein Rückforderungsgrund, wenn sie **nicht binnen kurzer Frist** (z.B. max. 3 Monaten) **wieder aufgehoben** werden. Zur Vermeidung einer Gläubigerbenachteiligung ist jedoch erforderlich, dass die Ausgestaltung der Rückabwicklung, insb. die Ausgleichsleistungspflichten des Rückforderungsberechtigten (vgl. Rdn. 2313), nicht schlechter sind als für andere Fälle des Rückerwerbs,[1216] denn andernfalls würde die durch den Erwerber geschaffenen

2250

1211 Vgl. *Langenfeld*, NJW 1987, 1581.
1212 Vgl. DNotI-Gutachten, Faxabruf-Nr. 11486 v. 14.03.2006: Kein Verstoß gegen das Identitätsgebot auf der Passivseite, da der aus dem Vermächtnis Verpflichtete und der Inhaber des betroffenen Rechts dann identisch sein werden; kein Verstoß gegen den Bestimmtheitsgrundsatz, da auch die Vormerkung zugunsten noch nicht gezeugter Nachkommen einer lebenden Person möglich ist.
1213 Vgl. Gesetz zur Reform der Sachaufklärung in der Zwangsversteigerung, BGBl. 2009 I, S. 2258, in Geltung ab 2013: auch ohne vorherigen erfolglosen Sachpfändungsversuch kann der Gerichtsvollzieher Fremdauskünfte bei den Rentenversicherungsträgern, dem Bundeszentralamt für Steuern und beim Kraftfahrtbundesamt einholen über Arbeitsverhältnisse, Konten und Kfz des Schuldners; die Verwaltung der Vermögenserklärungen wird in einem zentralen Schuldnerverzeichnis je Bundesland geführt [§§ 802k, 882b ff. ZPO].
1214 Die Rechtsprechung (OLG Hamm, 28.01.2011 – 19 U 169/10, referiert bei *Michael*, notar 2011, 359, 362) legt sonst ein bei der Übertragung eines Miteigentumsanteils rechtsgeschäftlich auferlegtes Teilungsversteigerungsverbot (§ 1010 BGB) dahingehend aus, dass es nach dem Tod des Schenkers erlösche.
1215 BGH, 01.04.2008 – X ZR 150/05, notar 2008, 278 m. Anm. *Michael;* ebenso zuvor OLG Frankfurt, NotBZ 2005, 219; a.A. zu Unrecht OLG München, 28.01.2009 – 20 U 2673/08, RNotZ 2009, 339 m. abl. Anm. *Proff zu Irnich*.
1216 Vgl. *Mayer/Geck*, Der Übergabevertrag, § 13 Rn. 61 ff.

weiteren Investitionen dem Gläubigerzugriff entzogen. Lediglich für das Objekt in seinem bisherigen Zustand kann dem Vorwurf einer Gläubigerbenachteiligung mit dem Argument begegnet werden, es sei bereits mit der bedingten Rückgabepflicht belastet auf den Erwerber übergegangen.[1217]

2251 Die Rechtslehre hat nachgewiesen,[1218] dass »**Vollstreckungsvereitelung**« mit rechtsgeschäftlichen Mitteln, wie sie auf diese Weise angesichts der Vormerkungssicherung (§ 883 Abs. 3 Satz 2 BGB) – ähnlich der Bedingungslösung bei der Übertragung von Forderungen oder beweglichen Sachen (§ 161 Abs. 1 Satz 2 BGB) – erreicht wird, nicht etwa gegen Grundwertungen des Bürgerlichen Rechts verstößt: § 137 Satz 1 BGB verbietet nicht ein bestimmtes Ziel (Vollstreckungsschutz), sondern nur einen der potentiell zielführenden Wege (nämlich die Entziehung der Verkehrsfähigkeit durch Rechtsgeschäft). Auch war dem historischen Gesetzgeber durchaus bewusst, dass der durch § 161 Abs. 1 Satz 2 BGB gewährte Schutz vor Zwangsvollstreckungsmaßnahmen auch durch die Vereinbarung von Bedingungen, die an die Verwertung im Zuge einer Vollstreckung anknüpfen, zunutze gemacht werden kann.

2252 Ebenso wenig ergibt sich aus § 851 Abs. 2 ZPO der mitunter behauptete allgemeine Grundsatz einer strikten Kongruenz von »Haben und Haften«, also von Vermögenszuweisung und Gläubigerzugriff, denn diese Norm erfasst nicht Fälle, in denen der Gegenstand durch die Vollstreckungs«vereitelung« auch dem Schuldner selbst verlorengeht, vielmehr lediglich Sachverhalte, in denen das Objekt dem Schuldner verbliebe, jedoch dem Zugriff Dritter entzogen wäre. Ferner besteht ein berechtigtes Interesse des Veräußerers daran, das übertragene Wirtschaftsgut vor Gläubigern zu schützen, wenigstens bei freigebigen Zuwendungen; dieses berechtigte Interesse unterscheidet die hier zu diskutierenden Sachverhalte von (durch § 851 Abs. 2 ZPO vereitelten) Versuchen, etwa durch ein schlichtes dingliches Abtretungsverbot auch Pfändungen Dritter abzuwehren, die Sache jedoch dennoch behalten zu können. Differenzierter und rechtssystematisch zutreffender sind vollstreckungsvereitelnde Abreden vielmehr am Anfechtungsrecht, an insolvenzrechtlichen Normen sowie an § 138 BGB zu messen:[1219]

2253 Die **schlichte Vereinbarung der Rückforderungsmöglichkeit bei Vermögensverfall** verstößt weder gegen § 138 BGB[1220] noch liegt darin eine wegen § 119 InsO unwirksame »Lösungsklausel«:[1221] § 119 InsO soll das Wahlrecht des Insolvenzverwalters schützen, bei noch von keiner Seite vollständig erfüllten gegenseitigen Verträgen sich der Vertragserfüllung zu verweigern und stattdessen den anderen Vertragsteil auf die Insolvenzquote zu verweisen. Schon dem Grunde nach handelt es sich bei Überlassungen nicht um gegenseitige Verträge (vgl. Rdn. 2097, 2257 auch zu möglichen Ausnahmen bei gemischten Schenkungen mit Überwiegen des Gegenleistungselementes); jedenfalls aber sind diese mit Umschreibung auf den Erwerber vollständig erfüllt, mag auch noch ein bedingter Rückforderungsvorbehalt bestehen. Demgemäß steht § 119 InsO dem Rückforderungsvorbehalt auch dann nicht entgegen, wenn er an die Insolvenzeröffnung beim Erwerber anknüpft.[1222] Hierfür spricht auch die Entstehungsgeschichte des nunmehrigen § 119 InsO[1223] sowie die (sonst überflüssige) Existenz einer ausdrücklichen Kündigungssperre wegen Vermögensverschlechterung bei Mietverträgen (§ 112 InsO).[1224] Weiterhin ist zu berücksichtigen, dass ohne die Zuwendung ein Zugriff des Gläubigers von vornherein nicht möglich gewesen wäre – das Ob-

---

1217 Vgl. *Zimmer*, ZfIR 2008, 91, 93.
1218 Vgl. *Foerste*, DNotZ 2017, 583, 591 ff.
1219 Vgl. auch hierzu – mit dem Ergebnis, dass auch insoweit kein Verstoß vorliegt – *Foerste*. DNotZ 2017, 583, 596 ff.
1220 Vgl. *Reul*, DNotZ 2007, 655.
1221 Vgl. *Berringer*, DNotZ 2004, 257; *Kesseler*, RNotZ 2004, 185 ff.; *Schwörer*, Lösungsklauseln für den Insolvenzfall, 2010.
1222 BGH, 07.12.2007 – V ZR 21/07, ZNotP 2008, 81, Tz. 10 der Urteilsgründe; zuvor zur Unbedenklichkeit insolvenzbedingter Kündigungsrechte i.R.d. KO BGH, NJW 1986, 255; NJW 1994, 449 und OLG Karlsruhe, NJW-RR 2002, 413.
1223 Streichung des Lösungsklauseln verbietenden § 137 RegE zur InsO, vgl. *Reul*, DNotZ 2007, 663.
1224 Vgl. *Reul/Heckschen/Wienberg*, Insolvenzrecht in der Kautelarpraxis, S. 69 ff.

jekt war demnach von vornherein mit dem Makel der »Vorläufigkeit« behaftet.[1225] Es ist also nicht mehr erforderlich,[1226] wie früher aus Gründen der Vorsicht z.T. empfohlen, an ein zeitlich vor der Insolvenzeröffnung liegendes Ereignis (Zahlungseinstellung, Stellung des Antrags, Bestellung eines vorläufigen Verwalters etc.) anzuknüpfen (vgl. hierzu jedoch Rdn. 2258).

Davon zu trennen ist die Frage der **Anfechtbarkeit** gem. §§ 132 ff. InsO bzw. gem. AnfG. Diese würde sich, sofern nicht ohnehin verfristet,[1227] nicht auf den Gesamtvertrag beziehen (da damit schon wesensnotwendig keine Benachteiligung der Insolvenzgläubiger des Erwerbers verbunden sein kann), sondern allenfalls auf den Rückübereignungsvorbehalt als solchen (Einrede gem. § 146 Abs. 2 InsO, so gestellt zu werden, als ob kein Rückforderungsrecht bestünde) oder lediglich der Vormerkungssicherung[1228] dieses Anspruchs, womit jedoch das Rechtsgeschäft in einer durch die Beteiligten nicht gewollten Weise umgestaltet würde.[1229] Demgemäß verneint der BGH auch im Normalfall die Anfechtbarkeit der Rückforderungsklausel (und damit auch ihrer Vormerkungssicherung), da es an einer objektiven Gläubigerbenachteiligung fehlt: der übertragene Grundbesitz war niemals einem unbeschränkten Zugriff der Gläubiger ausgesetzt. Allein der Umstand, dass der Veräußerer noch mehr hätte schenken können, benachteiligt Gläubiger nicht.[1230]

2254

Anfechtbar dürfte jedoch die nachträgliche Vereinbarung eines Rückforderungsrechtes bei Vermögensverfall sein;[1231] die Frist für die Anfechtung des später vereinbarten Rückforderungsrechtes beginnt jedoch gem. § 140 Abs. 2 InsO bereits mit der Nachtragsvereinbarung, nicht erst mit dem Entstehen des Anspruchs selbst.[1232] § 138 BGB wird demgegenüber durch das speziellere Anfechtungsrecht verdrängt.[1233]

2255

Anfechtungsgefährdet ist ebenso wohl[1234] der vollständige **Ausschluss der Investitionsabgeltung**, Rdn. 2313[1235] im Rahmen der Erfüllung eines (anfänglich oder nachträglich) wirksam ausbedungenen Rückforderungsvorbehalts, denn diese Rückübertragungshandlung wäre, wenn auch in

2256

1225 So auch das Argument in BGH, NJW 2003, 2747, zur bedingten Abtretung vor Insolvenzeröffnung.
1226 Zurückhaltender jedoch *Huber*, ZfIR 2015, 127, 130.
1227 Maßgeblich für den Fristanlauf ist gem. § 140 Abs. 1 InsO, § 8 Abs. 1 AnfG die Beurkundung des (den Rückforderungsvorbehalt) enthaltenden Übertragungsvertrages, ungeachtet des Umstandes, dass die das Rückforderungsrecht auslösende Bedingung erst später eintritt, vgl. § 140 Abs. 3 InsO/§ 8 Abs. 3 AnfG, sowie *Gutachten*, DNotI-Report 2017, 57, 58.
1228 Die Vormerkung wäre als »Rechtshandlung« i.S.d. § 129 Abs. 1 InsO, § 1 Abs. 1 AnfG selbständig anfechtbar.
1229 Die isolierte Anfechtung alleine der Heimfallklausel in BGH, 19.04.2007 – IX ZR 59/06, ZNotP 2007, 307; vgl. *Reul*, ZEV 2007, 649 ff. beruhte auf deren späterer Vereinbarung, nachdem zuvor ein nicht heimfallbehaftetes Gebäudeeigentum bestanden hatte.
1230 BGH, 13.03.2008 – IX ZB 39/05, ZNotP 2008, 290 ff.
1231 Vgl. BGH, 19.04.2007 – IX ZR 59/06, ZNotP 2007, 307 m. zust. Anm. *Kesseler*, ZNotP 2007, 303: Heimfallregelung beim Erbbaurecht, das an die Stelle eines DDR-Gebäudeeigentums ohne Heimfallbelastung tritt, vgl. *Reul*, ZEV 2007, 649 ff.
1232 *Amann*, in: Notarielle Gestaltungspraxis im Insolvenzrecht (Tagungsband DNotV) 2008, S. 10.
1233 BGH, NJW 1994, 449; auch der Ausschluss einer Erstattung getätigter Investitionen führt insoweit nicht zur Sittenwidrigkeit.
1234 Zweifel könnten an (bedingten) Benachteiligungsvorsatz bestehen, da die »Lösungsklausel« regelmäßig nicht auf das Betreiben des Gemeinschuldners, sondern auf das Verlangen des Veräußerers zurückgeht. Für eine großzügigere Sichtweise angesichts des Umstandes, dass der Erwerber ja nicht zu Investitionen verpflichtet ist, und der Rückforderungsvorbehalt als solcher mangels objektiver Gläubigerbenachteiligung nicht anfechtbar ist, plädiert *Gutachten*, DNotI-Report 2017, 57, 60.
1235 BGH, 12.06.2008 – IX ZB 220/07, NotBZ 2008, 462: Dass der Vertrag in sich ausgewogen sei bzw. im Hinblick auf die Heimfallklausel möglicherweise andere Klauseln akzeptiert wurden, steht nicht entgegen – zumal auf diese Weise der Insolvenzschuldner sich einen Vorteil verschafft hätte, während der Nachteil die Insolvenzgläubiger trifft. Ähnlich bereits zuvor BGH (19.04.2007 – IX ZR 59/06, ZNotP 2007, 307) »Klausel, die zur Erreichung des Vertragszwecks unnötig und in ihren Auswirkungen unangemessen ist«.

Erfüllung einer vertraglich geschaffenen Rechtspflicht, ihrerseits insoweit wiederum unentgeltlich, Vier-Jahres-Frist gem. § 134 InsO/§ 4 AnfG. Zur Vermeidung der Unentgeltlichkeit des der Erfüllung zugrunde liegenden Leistungsaustausches wäre wohl, wenn schon nicht das Pflichtenniveau des § 347 BGB erreicht wird, der Ersatz eigener Aufwendungen jedenfalls nach den Grundsätzen der [ggf. aufgedrängten] Bereicherung in Bezug auf eingetretene und noch vorhandene Wertsteigerungen ausreichend.[1236] Geleistete Versorgungsrenten brauchen nicht zurückbezahlt zu werden, wenn sie aus den Erträgen des übertragenen Objektes erwirtschaftet werden konnten, ebenso wenig Zahlungen an Dritte, die im Interesse des Erwerbers der Gleichstellung von Geschwistern dienten. Gefährlich sind allerdings Klauseln, die im Fall der insolvenzbedingten Rückforderung eine geringere Rückgewährpflicht als in den anderen Fällen vorsehen.[1237]

2257 Als ebenfalls geklärt anzusehen ist die unabhängig von § 119 InsO aufgeworfene Frage, ob sich **bedingungsabhängige Rückübertragungsrechte** auch im Insolvenzfall tatsächlich gem. **§ 106 InsO durchsetzen**. Sofern – z.B. durch Rücktritt, Widerruf oder Kündigung – die Leistungspflicht der betroffenen Vertragspartei bereits vor Eröffnung des Insolvenzverfahrens zum Erlöschen gebracht worden wäre, ist das Wahlrecht des Insolvenzverwalters nach § 103 InsO (die Erfüllung gegenseitiger, noch nicht von beiden Seiten vollständig erfüllter Verträge zu verlangen) nicht mehr gegeben. Ist die »Vertragsauflösung« erst nach Eröffnung des Insolvenzverfahrens erfolgt, und handelt es sich um einen gegenseitigen Vertrag (liegt also eine gemischte Schenkung mit überwiegendem Gegenleistungselement vor, Rdn. 2097 ff.), der noch nicht zumindest von einer Seite vollständig erfüllt wurde,[1238] ist die Durchsetzbarkeit der Rückübertragungspflicht fraglich,[1239] es sei denn, es wurde – wie in aller Regel – eine Vormerkung zur Sicherung des künftigen und bedingten Anspruchs eingetragen, vgl. Rdn. 2343.[1240] Daher gewährt das vormerkungsgesicherte Rückforderungsrecht in der Insolvenz des Erwerbers eine Aussonderungsbefugnis[1241]

▶ Hinweis:

2258 Höchstvorsorglich könnte (um auch der oben geschilderten Mm. zu § 119 InsO Genüge zu tun) der das Rückerwerbsrecht auslösende Tatbestand im Insolvenzfall vorverlagert werden auf eine **wesentliche Verschlechterung der Vermögensverhältnisse** i.S.d. § 490 Abs. 1 BGB (vormals § 610 BGB)[1242] bzw. §§ 321, 775 Abs. 1 Nr. 1 BGB. Auch dieser Tatbestand genügt den Anforderungen an die Bestimmtheit und ist damit vormerkungsfähig.[1243] Die hierzu ergangene Rechtsprechung ist jedoch sehr großzügig (Ablehnung eines beantragten Kredits genügt), so

---

1236 BGH, NJW 1994, 449.
1237 *Kesseler*, in: Aktuelle Probleme der notariellen Vertragsgestaltung im Immobilienrecht 2008/2009 (DAI-Skript), S. 71.
1238 Zweifelnd allerdings *Uhlenbruck*, in: FS Rheinisches Notariat, 1998, S. 126 ff., zumindest Anfechtbarkeit nach §§ 129 ff. InsO; auch nach deren Verjährung kann der Insolvenzverwalter die Erfüllung des Rückübertragungsanspruchs verweigern (§ 146 Abs. 2 InsO).
1239 Gemäß *Jülicher*, ZEV 1998, 372 (Ergänzung zu ZEV 1998, 289), gilt § 105 InsO, die Nachfolgenorm zu § 26 Satz 1 KO, nicht mehr für Einmalleistungen: die Vorschrift verneint nur bei teilbaren Leistungen eine Rückgabepflicht des Insolvenzverwalters für in das Vermögen des Veräußerers übergegangene Teilleistungen des Vertragspartners.
1240 Geklärt jedenfalls seit BGH, 14.09.2001 – V ZR 231/00, DNotZ 2002, 275 m. Anm. *Preuß*, vgl. auch *Amann*, MittBayNot 2007, 14: Durch Vormerkung wurde ein Anspruch aus einem Verkäuferangebot gesichert, das erst nach Insolvenzeröffnung seitens des Angebotsempfängers angenommen wurde.
1241 BGH, 13.03.2008 – IX ZB 39/05, ZNotP 2008, 290, Tz. 11 m.w.N.
1242 Ähnlich dem bisher in Nr. 19 Abs. 3 AGB-Banken enthaltenen Kündigungsrecht.
1243 OLG München, 10.04.2007 – 32 Wx 58/07, MittBayNot 2008, 50 m. Anm. *Wartenberger*; gleiches gilt für die Formulierung »wenn die Zwangsvollstreckung droht«, OLG München, 12.03.2009 – 34 Wx 9/09, DNotZ 2009, 764.

dass der Kreis der auslösenden Sachverhalte möglicherweise weiter gezogen wird als beabsichtigt.[1244]

Sittenwidrig dürfte jedoch die unmittelbare Vereinbarung des Bezugs **nachrangiger steuerfinanzierter Sozialleistungen** (SGB II und SGB XII) als Tatbestand sein, liegt darin doch eine Schlechterstellung des Sozialleistungsgläubigers (Rückforderung bereits bei abstrakter Gefährdung) ggü. zivilrechtlichen Gläubigern (Rückforderung lediglich bei konkreter Inspruchnahme).[1245] Die Klausel hat gleichwohl kautelaren Reiz insoweit, als es andernfalls mit Erlöschen des Rückforderungsvorbehaltes (Ableben des Begünstigten) zur Verwertung des übertragenen, nunmehr verwertbaren (vgl. Rdn. 2260) Objektes kommt, sofern es nicht um ein vom Erwerber selbst genutztes angemessenes Eigenheim handelt (vgl. Rdn. 582, 798). 2259

Davon zu trennen ist die Frage, ob möglicherweise die Geltendmachung eines allgemeinen, nicht für den tatsächlichen Sozialhilfefall vorbehaltenen Rückforderungsrechts vereitelt sein kann, wenn es auf Verlangen des Sozialhilfeträgers zu einer **Verwertung** (Belastung oder Veräußerung) **des übertragenen Grundbesitzes** kommt. Dies war aufgrund der Entscheidung des VG Gießen[1246] zu befürchten, wonach auch ein unter Nießbrauchs- und Rückforderungsvorbehalt übertragenes Grundstück verwertbares Vermögen des Erwerbers i.S.d. § 90 Abs. 1 SGB XII darstelle, da das Rückauflassungsverlangen[1247] zur Vereitelung der Sozialhilfeverwertung gegen § 138 BGB verstoße und daher unbeachtlich sei, so dass die akzessorische Vormerkung dann ihre Schutzwirkung gem. §§ 883, 888 BGB nicht entfalten könne. Die neuere Rechtsprechung der nunmehr zuständigen SG[1248] hat diese Befürchtung faktisch zerstreut (vgl. Rdn. 561 ff.). 2260

c) *Scheidung des Eigentümers*

Im Fall der **Scheidung des Eigentümers** befürchtet der Veräußerer regelmäßig, dass der Schwiegerpartner zumindest an der Wertsteigerung der Immobilie, die über den Inflationsausgleich hinausgeht, beteiligt ist (vgl. Rdn. 1443 zur diesbezüglichen ehevertraglichen Modifikation des Zugewinnausgleichs). Diese Sorge kann – als Auffanglösung ohne Mitwirkung des derzeitigen oder künftigen Schwiegerkindes – Anlass sein für ein an die Scheidung oder die Erhebung einer Klage auf vorzeitigen Zugewinnausgleich (§§ 1385 f. BGB) anknüpfendes Rückforderungsrecht. 2261

Vorsichtigerweise wird dieses häufig an den Tatbestand eines nicht nur geringfügigen (z.B. 6-monatigen) Getrenntlebens angeknüpft (auch ausgehend von der Überlegung, dass der Zugang des Scheidungsantrags als Zeitmoment möglicherweise zu spät sei, da das Endvermögen dann bereits feststeht, § 1384 BGB, und das Rückerwerbsrisiko nur mit einem, wenn auch sehr hohen, Ab- 2262

1244 Daher krit. *Mayaer/Geck*, Der Übergabevertrag, § 13 Rn. 66; für diese Lösung jedoch *Spiegelberger*, MittBayNot 2000, 8.
1245 Zumindest ein erhöhtes Risiko der Sittenwidrigkeit sieht auch *Gutachten* DNotI Nr. 133 619 v. 14.04.2014.
1246 DNotZ 2001, 784 m. Anm. *Mayer*; VG Karlsruhe, 14.01.2004 – 10 K 1353/03, BeckRS 2004, 20608; ebenso VGH Bayern, 25.04.2001 – 12 ZB 01/553 (n.v.); in dieselbe Richtung BGH, 07.11.2006 – X ZR 184/04, NJW 2007, 60: mit Rückforderungsvorbehalt und Nießbrauch belastetes Vermögen ist, da nur zeitweise in der Verwertung gehindert, geeignet, die Verarmung i.R.d. § 528 BGB zu beseitigen.
1247 Die Vereinbarung des Rückforderungsrechts als solche wird nicht mit dem Verdikt des § 138 BGB belegt – anderenfalls könnte argumentiert werden, die Beteiligten hätten die Übertragung ohne die Rückforderungsklausel nicht gewollt, § 139 BGB, so dass die Übertragung insgesamt unwirksam sei. Das Versagen des Schutzes des § 888 BGB gegen die gem. § 91 SGB XII einzutragende Belastung dürfte jedoch universell aufzufassen sein, also auch im Fall der berechtigten späteren Rückforderung wegen eines anderen Sachverhalts dazu führen, dass Beseitigung dieser Belastung (als »nicht beeinträchtigend«) nicht verlangt werden kann.
1248 Insb. BSG, 06.12.2007 – B 14/7b AS 46/06 R, MittBayNot 2008, 239 = NotBZ 2008, 195 m. Anm. *Krauß*.

schlag berücksichtigt werden dürfte). Der BGH hat jedoch zwischenzeitlich für eine verwandte Sachverhaltskonstellation (Berücksichtigung des seit Anfang 2010 [Rdn. 3191] gerichtlich anerkannten »noch latenten« Rückforderungsrechtes der Schwiegereltern ggü. dem Schwiegerkind im Zugewinnausgleich in voller Höhe, da es sich nicht mehr um eine ungewisse Forderung handelt)[1249] diese Sorge zerstreut, so dass auch an die Stellung des Scheidungsantrags selbst angeknüpft werden kann.

2263 Häufig wird eine Ausnahme von der Rückerwerbsmöglichkeit dann gemacht, wenn durch (fortgeltende) **ehevertragliche Vereinbarung** sichergestellt ist oder binnen angemessener Zeit (z.B. 3 Monate) nach Aufforderung sichergestellt wird, dass nur tatsächliche Investitionen oder Tilgungsleistungen (wohl nicht Verzinsungsbeiträge oder laufende Aufwendungen) aus Eigenvermögen des Schwiegerpartners im Scheidungsfall ausgeglichen werden, vgl. Formulierungsvorschlag Rdn. 2264.[1250] Seit Inkrafttreten des **Lebenspartnerschaftsgesetzes** sollten diese Regelungen auch für Verpartnerte gelten, sofern keine Vermögenstrennung oder Modifizierung der Ausgleichs-, nunmehr Zugewinngemeinschaft vereinbart wurde[1251] (wird die Lebenspartnerschaft nach dem 01.10.2017 gem. § 20a LPartG in eine gleichgeschlechtliche Ehe »umgewandelt«, gelten die lebenspartnerschaftsvertraglichen Vereinbarungen fort)[1252]:

▶ Formulierungsvorschlag: Rückforderungsrecht im »ungeschützten« Scheidungsfall

2264 Ein Rückforderungsgrund tritt jeweils ein, sobald der jeweilige Eigentümer

von seinem (künftigen) Ehegatten/Lebenspartner getrennt lebt i.S.d. § 1567 BGB oder Klage auf vorzeitigen Zugewinnausgleich erhoben wird, es sei denn, durch vertragliche Vereinbarung ist sichergestellt, dass der Vertragsbesitz im Rahmen des Zugewinn- bzw. Vermögensausgleiches nicht berücksichtigt wird, sondern dem Ehegatten/Lebenspartner allenfalls tatsächlich getätigte Investitionen oder Tilgungsleistungen zu erstatten sind,

2265 Teilweise wird die Befürchtung geäußert, solche »verlangten« Eheverträge (Modifikation des gesetzlichen Güterstandes) seien »erpresst« und könnten damit einer Abschlusskontrolle nicht standhalten[1253] bzw. die daran anknüpfende Rückforderungsklausel stelle eine Bedrohung der Eheschließungsfreiheit (Art. 6 GG) dar.[1254] Letzteres droht jedoch allenfalls, wenn – wie teilweise anzutreffen – bereits die Eheschließung des Erwerbers ohne »geeigneten« Ehevertrag zur Rückforderung berechtigen würde. Eine solche – nicht auf die Trennungssituation beschränkte – Rückforderungsmöglichkeit kann andererseits genutzt werden, wenn – jedenfalls nicht gegen den Willen des Beschenkten, um nicht zu sagen mit seinem Einverständnis – eine Zuwendung durch steuer-

---

1249 Berücksichtigung des potenziellen Rückforderungsanspruchs als Verbindlichkeit im Anfangs- und im Endvermögen (nach BGH v. 03.02.2010 – XII ZR 189/06, FamRZ 2010, 958 in gleicher, also voller, Höhe, samt Indexierung, ebenso BGH, 21.07.2010 – XII ZR 180/09, DNotZ 2011, 301: vollständige Neutralisierung, was zwar dogmatisch bedenklich, in der Wertung aber nachvollziehbar ist, vgl. *Wever*, FamRZ 2016, 857, 866).
1250 Zur Zulässigkeit dieser Einschränkung und Vormerkungsfähigkeit des bedingten Rückübereignungsanspruches vgl. BayObLG, DNotZ 2002, 784. Der Vorbehalt ist nicht sittenwidrig und steht der vormundschaftsgerichtlichen Genehmigungsfähigkeit einer mit solchen Klauseln »belasteten« Schenkung an ein Kind nicht im Wege, LG München I, MittBayNot 2002, 404.
1251 Vgl. DNotI-Report 2002, 33 ff.
1252 Rechtsgedanke des Art. 3 Abs. 2 des Gesetzes zur Einführung der gleichgeschlechtlichen Ehe, BGBl 2017 I 2787, wonach »Eherecht« dann ab Begründung der Lebenspartnerschaft, also keine Verschlechterung eintreten, soll; vgl. *Gutachten*, DNotI-Report 2017, 145 ff. auch zur damit wohl eintretenden Ausweitung des Versorgungsausgleichs- und nachehelichen Unterhaltsrechts für vor dem 01.01.2005 begründete Lebenspartnerschaften, für die bis 31.12.2005 eine Fortgeltungserklärung zugunsten des früheren Rechtes abgegeben wurde.
1253 *Gassen*, RhNotZ 2004, 423.
1254 Vergleichbar dem Hohenzollern-Beschluss des BVerfG (DNotZ 2004, 798; krit. hiergegen *Isensee*, DNotZ 2004, 754).

H. Vertragliche Rückforderungsrechte Kapitel 4

freie Rückabwicklung »korrigiert« werden soll, vgl. Rdn. 1905. Im Falle der nachstehenden Rückforderungsklausel können die Eltern das betreffende, verheiratete Kind jederzeit (auch außerhalb einer scheidungsnahen Lebensphase) entsprechend auffordern, und sodann, wenn der Ehevertrag nicht vorgelegt wird, die Rückforderung verlangen, ohne dass darin ein Missbrauch i.S.d. § 42 AO zu sehen wäre.

▶ **Formulierungsvorschlag: Rückforderungsrecht bei Nichtvorlage eines Ehevertrages**

Ein Rückforderungsgrund tritt jeweils ein, sobald der jeweilige Eigentümer 2266
verheiratet oder verpartnert ist und nicht binnen eines Monats nach Aufforderung durch den Rückforderungsberechtigten einen notariellen Ehe- bzw. Lebenspartnerschaftsvertrag vorlegt, dem zufolge der Vertragsbesitz im Rahmen des Zugewinn- bzw. Vermögensausgleiches nicht berücksichtigt wird, sondern dem Ehegatten/Lebenspartner allenfalls tatsächlich getätigte Investitionen oder Tilgungsleistungen zu erstatten sind,

Denkbar ist schließlich auch, nicht auf einen bestimmten auslösenden Zeitpunkt abzustellen, sondern die Rückforderung vorzubehalten, »sobald der Wert des heute überlassenen Grundbesitzes in einen Zugewinnausgleich oder ähnlichen güterrechtlichen Ausgleich[1255] einbezogen wird«.[1256] Da dieser Umstand jedoch nicht nur im Scheidungsfall eintreten kann, sondern auch beim Güterstandswechsel, ist besondere Vorsicht geboten etwa bei der bewussten Nutzung des Entgeltpotenzials, das im Zugewinn sich verkörpert (»Güterstandsschaukel«, s. Rdn. 80 ff.), da der Veräußerer auch insoweit zur Rückforderung berechtigt wäre. 2267

Sofern ein **Investitionsausgleich** im Fall der Rückforderung bei Scheidung des erwerbenden Eigentümers **gänzlich ausgeschlossen** wird, kann[1257] hierin eine Schenkung des Erwerbers an den Veräußerer liegen. Dem anderen Ehegatten steht dann ein fiktiver Zugewinnausgleichsanspruch gem. § 1375 Abs. 2 Nr. 1 BGB zu, der nach § 1389 BGB auch ggü. dem begünstigten Rückerwerber (Schwiegereltern) als Drittem verfolgt werden kann (vgl. Rdn. 2314). 2268

Ist ein an die Scheidung anknüpfendes Rückforderungsrecht nicht vereinbart oder wird es nicht ausgeübt, muss i.R.d. **Zugewinnermittlung** die an andere Tatbestände anknüpfende, fortbestehende potenzielle Rückforderungsbelastung, sofern sie sich auch nach der Scheidung noch realisieren kann, durch einen **Wertabschlag** berücksichtigt werden. Das OLG München hat hierfür 1/3 des Verkehrswerts angesetzt;[1258] in pflichtteilsrechtlichem Kontext wurden 10 % des Verkehrswerts anerkannt.[1259] 2269

d) Ableben des Eigentümers

Sofern **keine erbvertraglichen Bindungen mit dem Veräußerer** als Bindungspartner vorliegen, ist der Erwerber, ebenso sein Nachfolger im Eigentum, frei hinsichtlich der Gestaltung seiner Rechtsnachfolge von Todes wegen. Auch vertragliche Verpflichtungen, in bestimmter Weise nicht zu testieren, schützen wegen § 2302 BGB nicht. Um das beabsichtigte Ziel, den Erhalt des Vermögens innerhalb der Familie, zu erreichen, wird häufig[1260] das Rückerwerbsrecht auch für den 2270

1255 Gedacht ist an etwaige ausländische Güterstände, die möglicherweise gem. Art. 15 EGBGB Anwendung finden werden.
1256 Amann, in: Aktuelle Probleme der notariellen Vertragsgestaltung 2007/2008 (DAI-Skript), S. 93.
1257 Wird das übergebene Objekt allerdings vom Erwerber eigengenutzt, kann im Verzicht auf Aufwendungsersatz- und Bereicherungsansprüche bzgl. der Erwerberinvestitionen auch ein Ausgleich für die Wohnvorteile liegen. Die »ersparte Miete« (Wohnen im eigenen Heim) wirkt sich i.R.d. nachehelichen Unterhalts (beim Getrenntlebensunterhalt nur i.H.d. sog. relativen Wohnvorteils) immerhin leistungsfähigkeitserhöhend aus.
1258 OLG München, MittBayNot 2001, 85.
1259 Vgl. OLG Düsseldorf, MittRhNotK 2000, 208; OLG Koblenz, RNotZ 2002, 338.
1260 Eine Pflicht des Notars, ungefragt auf diese Möglichkeit hinzuweisen, besteht allerdings nicht: OLG Bamberg, NotBZ 2004, 238.

Fall vorbehalten, dass der Zuwendungsgegenstand nicht von Todes wegen (also im Weg der Erbschaft oder des Vermächtnisses bzw. der Teilungsanordnung) an bestimmte privilegierte Zweiterwerber, z.B. die Abkömmlinge des Erwerbers, ggf. auch dessen Ehegatten, fällt.

▶ **Formulierungsvorschlag: Nur begrenztes Rückforderungsrecht im Todesfall**

2271 Ein Rückforderungsgrund tritt jeweils ein, sobald der jeweilige Eigentümer vor dem Veräußerer verstirbt, sofern und solange sich der Vertragsbesitz sodann nicht im Eigentum ehelicher leiblicher Abkömmlinge des Erwerbers und/oder dessen derzeitigen Ehegatten befindet.

2272 Aus **schenkungsteuerlichen Erwägungen** sollte allerdings das Rückforderungsrecht im Todesfall stets, nicht nur unter obigen Voraussetzungen, bestehen (sogar wenn der Veräußerer selbst Erbe würde: Gem. § 29 ErbStG wird bei Rückforderung die etwaige frühere Steuer storniert und neue Steuer fällt nicht an, so dass die erbschaftsteuerlichen Freibeträge geschont werden. Konfusion dürfte in diesem Fall weder zivilrechtlich,[1261] insb. pflichtteilsrechtlich,[1262] noch erbschaftsteuerlich[1263] eintreten).

▶ **Formulierungsvorschlag: Jederzeitiges Rückforderungsrecht im Todesfall**

2273 Ein Rückforderungsgrund tritt jeweils ein, sobald der jeweilige Eigentümer vor dem Veräußerer verstirbt.

2274 Gem. § 13 Nr. 10 ErbStG wäre zwar der **Rückerwerb von Todes wegen** durch den Veräußerer bereits **per se steuerfrei**, sofern der frühere Veräußerer ein Elternteil ist; die etwaige Schenkungsteuer für den früheren Erwerb selbst wird jedoch nicht storniert). Unter Ehegatten erlaubt § 29 ErbStG die »gefahrlose« Ausnutzung des Privilegs der lebzeitigen steuerfreien Übertragung des Familienheims (Rdn. 3270 ff.) ohne Rücksicht auf die Zufälligkeiten der Versterbensreihenfolge (vgl. Rdn. 2104 und Rdn. 3202 ff.).

2275 Auch werden **keine Pflichtteilsansprüche** der kurzzeitigen »Erwerbsaspiranten« bzw. Dritter ausgelöst, da mit Geltendmachung des Rückforderungsrechts (bedingtes Recht i.S.d. § 2313 Abs. 1 Satz 1 BGB) der Rückübertragungsanspruch als Erblasserschuld in voller Höhe den Wert des zunächst in den Nachlass gefallenen Vermögensgegenstandes aufwiegt (§ 2311 BGB).[1264] Auch bei der Ermittlung des Nachlasswertes für die Gerichts- und Notarkosten im Erbscheinsverfahren

---

1261 Vorsichtiger das Gutachten, DNotI-Report 2004, 12 f., wegen BGH, DNotZ 2001, 55 [Vorkaufsberechtigter wird Alleinerbe des Vorkaufsverpflichteten]. Einer Auflassung bedarf es naturgemäß nicht mehr. Schwierig ist die Rechtslage, wenn der rückforderungsberechtigte Veräußerer lediglich zum alleinigen Vorerben eingesetzt ist: Sofern keine Nachlassverwaltung die anfängliche Konfusion zuverlässig verhindert [§ 1967 BGB], endet diese jedenfalls mit Eintritt des Nacherbfalls [§ 2143 BGB], so dass der Erbe des Vorerben vom Nacherben den Rückforderungsgegenstand herausfordern kann. Bereits zuvor wird man den Nacherben als verpflichtet ansehen, in Erfüllung der suspendierten Nachlassverbindlichkeit [§ 2120 BGB] dem Vorerben den freien Eigenerwerb zu ermöglichen durch Auseinandersetzungsvertrag [hierzu und zu Möglichkeiten der vorzeitigen Löschung des Nacherbenvermerks vgl. das Gutachten in DNotI-Report 2007, 59].
1262 Jedenfalls bei der Pflichtteilsberechnung i.R.d. § 2311 BGB wird das Rückforderungsrecht nach seiner Geltendmachung [§ 2313 Abs. 1 Satz 3 BGB] auch bei Konfusion in voller Höhe den Wert des zunächst in den Nachlass gefallenen Gegenstandes aufzehren. Der Rückforderungsberechtigte und Erbe könnte ferner durch Beantragung der Nachlassverwaltung die etwaige Konfusion verhindern [§ 1976 BGB]. *Hardt*, ZEV 2004, 412, rät dazu, das Rückforderungsrecht vorsichtshalber bereits zu Lebzeiten aufschiebend bedingt auf den Fall des Vorversterbens auszuüben.
1263 Vom Fortbestehen des Schuldverhältnisses hängt ein Recht des Gläubigers ggü. einem Dritten, dem FA, ab: *Holland*, ZEV 2000, 356 ff.; vgl. auch § 10 Abs. 3 ErbStG. Vorsichtige Gestalter formulieren die Beerbung des Eigentümers durch den Rückforderungsberechtigten als auflösende Bedingung der schuldrechtlichen Veräußerung, um auf jeden Fall ein Rückforderungsrecht hinsichtlich des Eigentums zu erlangen [das durch § 1923 BGB freilich bereits erfüllt ist].
1264 Vgl. ausführlich das Gutachten in DNotI-Report 2004, 12.

handelt es sich bei der auf den Tod des Erwerbers (Erblassers) bestehenden Herausgabepflicht um eine den Wertansatz mindernde Erblasserschuld i.S.d. § 40 Abs. 1 Satz 2 GNotKG.[1265]

Teilweise wird vorgeschlagen, für den Fall der Ausübung des Rückforderungsrechts bei Vorversterben des Erwerbers dessen Ehegatten (dem Schwiegerkind) einen Anspruch auf **Einräumung eines Wohnungsrechts** zu gewähren, auflösend bedingt durch Wiederverheiratung oder Eingehung einer nichtehelichen Lebensgemeinschaft.[1266] Damit wird jedoch die Intention der meisten Veräußerer, das Objekt anschließend einem anderen Abkömmling zur freien Nutzung zuwenden zu können, um es »in der Familie zu halten«, erschwert. Sachgerechter erscheint es, dem überlebenden Erwerberehegatten einen zeitlich befristeten schuldrechtlichen Anspruch zur mietfreien Nutzung einzuräumen. 2276

e) Fehlverhalten des Eigentümers

Der Risikovorsorge und Fantasie der Beteiligten sind hier (bis zur weiten Grenze des § 138 BGB) kaum Grenzen gesetzt. So wird abgestellt auf: 2277
(1) (in Erweiterung des § 527 BGB über die Auflagenschenkung hinaus) die Nichterfüllung von Vertragsbestimmungen trotz Nachfristsetzung (z.B. den Rückstand mit der Leistung einer zugesagten Geldrente hinsichtlich eines Betrages, der sechs Monatsbeträge übersteigt, s. hierzu Abwägung oben Rdn. 2088 ff.), auch wenn die Pflicht selbst durch ein eigenes dingliches Recht gesichert ist, verstößt die Vereinbarung einer vormerkungsgesicherten Rückabwicklungsmöglichkeit nicht gegen § 1149 BGB (keine verbotene Verfallklausel);[1267]
(2) teilweise pauschal auf ein Fehlverhalten, das auch zur Pflichtteilsentziehung gem. § 2333 BGB berechtigen würde;
(3) teilweise auf die Nichterfüllung von Auflagen analog § 527 BGB – insb., wenn zivilrechtlich eine gemischte Schenkung vorliegt –; 2278
(4) teilweise auf konkrete Tatbestände wie das Abbrechen einer Berufsausbildung oder des Studiums;
(5) den Beitritt zu einer Sekte oder verfassungswidrigen Organisationen;
(6) den Eintritt von Alkohol-, Drogen-, Medikamenten-, Spiel- oder Verschwendungssucht etc.
(7) allgemein die Anordnung einer Betreuung bzw. den Eintritt der Geschäftsunfähigkeit;
(8) die Erhebung einer Klage gegen den Veräußerer, auch durch einen Dritten aus abgetretenem Recht
(9) oder auch auf den Nichtabschluss eines gegenständlich beschränkten Pflichtteilsverzichtsvertrags mit den Ehegatten/Verpartnerten binnen angemessen kurzer Zeit hinsichtlich des zugewendeten Objekts bzw. dessen spätere Aufhebung gem. § 2351 BGB.

Auf möglichst **weitreichende Bestimmtheit** zur Vermeidung gerichtlicher Auseinandersetzungen und zur Wahrung der Vormerkungsfähigkeit (vgl. Rdn. 2340) ist zu achten. Letzterer soll die vorbehaltene Rückforderung für den Fall einer »Verletzung der Verkehrssicherungspflicht (Straßenreinigung-, Mäh-, Streupflicht)« oder »wenn die Zwangsvollstreckung in den Vertragsbesitz droht«[1268] noch genügen, allerdings nicht der Rückforderungsanspruch »für den Fall, dass der Erwerber das Grundstück bis zur Bebauung nicht in einem ordnungsgemäßen Zustand hält«,[1269] oder »wenn ein Berechtigter außerstande ist, den bisherigen Lebensstandard aufrechtzuerhalten, wobei eine etwaige Zehnjahresfrist des § 529 BGB ausgeschlossen wird«,[1270] ebenso wenig die 2279

1265 OLG Düsseldorf, 20.04.2016 – I-3 Wx 62/16, ZEV 2016, 382.
1266 *Weser*, ZEV 1995, 358.
1267 Zwar gilt § 1149 BGB auch für die Reallast (§ 1107 BGB), aber nur zulasten eines Gläubigers, der nicht früher Eigentümer war.
1268 OLG München, 12.03.2009 – 34 Wx 9/09 MittBayNot 2009, 464 m. Anm. *Wartenburger*.
1269 OLG Zweibrücken, MittBayNot 2005, 146.
1270 OLG Düsseldorf, ZfIR 2008, 764 m. Anm. *Heinze* ablehnend *Volmer*, DNotZ 2008, 622 f.

Verwendung des Begriffes »Sympathisant« (einer Sekte[1271]).[1272] Die Vormerkungsfähigkeit wird jedoch regelmäßig **bejaht** bei der Verwendung gesetzlicher Termini (»grober Undank«,[1273] »Geschäftsunfähigkeit«[1274]), zumal diese durch Rechtsprechung eine Konkretisierung erfahren haben bzw. werden, oder bei Verweisung auf öffentlich zugängliche Dokumente.[1275] Grundbuchrechtlich ist auch der vertraglich vorbehaltene Rückforderungsanspruch für den Fall, dass von Gesetzes wegen ein Widerruf wegen groben Undanks möglich ist, durch Vormerkung sicherbar.[1276] Falls gewollt, können solche Rückforderungstatbestände, welche nicht den für die Vormerkungsfähigkeit erforderlichen Grad an Bestimmtheit aufweisen, jedoch außerhalb des Vormerkungsschutzes vereinbart sein.

▶ Formulierungsvorschlag: Weitere Rückforderungsrechte

2280 ..... Der Eigentümer länger als sechs Monate geschäftsunfähig oder beschränkt geschäftsfähig ist oder für ihn ein Betreuer gem. § 1896 BGB, insbesondere wegen Drogenabhängigkeit (Heroin-, Haschisch-, Kokainsucht oder vergleichbare schwere Suchterkrankung) oder krankhafter Spielsucht bestellt wird.

..... Der Eigentümer Mitglied einer im Sektenbericht des Bundestages aufgeführten Sekte oder einer in einem Verfassungsschutzbericht aufgeführten verfassungsfeindlichen Vereinigung wird.

..... Der Eigentümer (oder ein Dritter aus abgetretenem Recht des Eigentümers) gerichtliche Klage erhebt gegen den Veräußerer

..... Beim Eigentümer ein Umstand eintritt, der den Veräußerer zur Pflichtteilsentziehung berechtigen würde.

2281 Suchttatbestände können ggf. ebenfalls näher definiert werden:

▶ Formulierungsvorschlag: Suchttatbestände

Drogen- bzw. Alkoholsucht ist der Gebrauch von Suchtmitteln, die unter das jeweils geltende Betäubungsmittelgesetz fallen, sowie der regelmäßige übermäßige Genuss anderer Substanzen wie Medikamenten und suchtauslösenden Stoffen (z.B. »Badesalze« etc.) sowie von Alkohol in einer so erheblichen Menge, dass dadurch eine körperliche oder seelische Abhängigkeit bzw. eine bleibende Wesensveränderung oder der Verlust der Geschäftsfähigkeit ausgelöst wird und eine ärztliche Behandlung erforderlich ist.

2282 Ebenso der Begriff der »Sekte«:

▶ Formulierungsvorschlag: Definition »Sekte«

Als Sekte im Sinne dieser Vertragsbestimmung gilt eine im Endbericht des Deutschen Bundestags vom 09.06.1998, insbesondere Seite 17 bis 22, Kapitel 2, Drucksache 13/10950, genannte Vereinigung, ebenso jede sonstige Gruppe, welche von ihren Mitgliedern oder Förderern die Übertragung von Vermögenswerten außerhalb entgeltlicher Austauschbeziehungen fordert oder erwartet.

[1271] Teilweise wird empfohlen, Beispiele zur Konkretisierung zu erwähnen, z.B. Scientology, vgl. *von Hoyenberg*, 3. Kap. Rn. 211.
[1272] LG Düsseldorf, 20.07.2006 – 25 T 298/299/06, Rpfleger 2006, 648 und LG Freiburg, notar 2008, 137 (fraglich angesichts der Vormerkungsfähigkeit der Rückforderung »wegen groben Undanks«, s. Rdn. 2404), vgl. auch *Schippers*, DNotZ 2001, 756; DNotZ 2002, 779.
[1273] BGH, NJW 2002, 2461.
[1274] OLG München, 17.12.2013 – 34 Wx 270/13, NotBZ 2014, 114.
[1275] Z.B. den Abschlussbericht der Enquete-Kommission »Sogenannte Sekten und Psychogruppen« des Deutschen Bundestages, BT-Drucks. 13/10950, S. 1998.
[1276] BGH, 13.06.2002 – V ZB 30/01, ZEV 2002, 364, auf Vorlage des BayObLG gegen OLG Hamm, Rpfleger 2000, 450; im Anschluss an den BGH auch OLG Düsseldorf, FGPrax 2002, 203.

H. Vertragliche Rückforderungsrechte   Kapitel 4

f) Nichterfüllung von Auflagen

Verwandt sind Gestaltungssachverhalte, in denen (etwa im Rahmen von Geldschenkungen) Auflagen hinsichtlich der Verwendung des geschenkten Gegenstandes gemacht werden, und der Veräußerer sich die Rückforderung vorbehält für den Fall, dass diese vom Erwerber nicht erfüllt werden (vgl. Rdn. 2089 ff. zu gesetzlichen Leistungsstörungsregelungen bei Auflagen, Rdn. 1453 zur weiteren Besicherung möglicher Schadensersatzansprüche durch eine Verpfändung). Im Grunde wird damit das in § 527 Abs. 1 BGB eingeräumte gesetzliche Rückforderungsrecht (nach Bereicherungsgrundsätzen, und begrenzt auf den Teil des Geschenks, »der zur Vollziehung der Auflage hätte verwendet werden müssen«), überlagert. (zu noch weiter führenden Überlegungen, auch bei lebzeitig Übertragenem Testamentsvollstreckung anzuordnen, vgl. Rdn. 3415 ff.) Hierzu, bezogen auf eine Geldschenkung, die für einen bestimmten Zeitraum unter professioneller Vermögensverwaltung verbleiben soll, folgender: 2283

▶ Formulierungsvorschlag: Rückforderungsvorbehalt bei Nichterfüllung einer Auflage (Vermögensverwaltungsbindung einer Geldschenkung)

Der Schenker schenkt hiermit jedem Beschenkten einen Geldbetrag in Höhe von 2284

je 400.000 € – vierhunderttausend Euro –

Es handelt sich um eine Schenkung unter Auflagen (nachstehend 1) und Rückforderungsvorbehalt (nachstehend 2).

Der Wert der Zuwendung ist bei jedem Beschenkten auf dessen etwaigen künftigen Pflichtteilsanspruch nach dem Schenker in Höhe des Nominalbetrags anzurechnen.

1.

Die Schenkung erfolgt unter der Auflage, dass der geschenkte Betrag bei der XY Vermögensverwaltung auf die Dauer von mindestens ..... Jahren ab Erhalt zu belassen ist. Mit dieser Vermögensverwaltung ist ein Vermögensverwaltungsvertrag zu schließen, der den Vermögensverwalter zu Dispositionen über den hinterlegten Betrag bis zur Risikoklasse ... berechtigt. Erträge sind wieder anzulegen Sollte die Auflage dadurch verletzt werden, dass der Vermögensverwaltungsvertrag nicht zustande kommt ohne Zustimmung des Schenkers seitens des Beschenkten gekündigt oder sonst wie beendet wird, ist der Schenker zur Rückforderung berechtigt. Erfolgt die Rückforderung, weil kein Vermögensverwaltungsvertrag zustande gekommen ist, ist als Wert der geschenkte Betrag zuzüglich mindestens ... % Zinsen zurückzuerstatten, unter Anrechnung etwa angeschaffter, ebenfalls dem Veräußerer zu übertragender Surrogate zum Verkehrswert. Kommt es zur Rückforderung wegen unerlaubter vorzeitiger Beendigung des Vermögensverwaltungsvertrages, ist der noch vorhandene Betrag samt noch vorhandener Erträge zurückzuübertragen, im Übrigen gilt Nr. 2 entsprechend.

Der Schenker kann von der Erfüllung der Auflage entbinden, also gestatten, dass der Geldbetrag nicht mehr bei der genannten Vermögensverwaltungsgesellschaft angelegt wird, also der entsprechende Vermögensverwaltungsvertrag beendet wird. Nach Ablauf von fünf Jahren ab Überweisung des Betrags bedarf die Beendigung des Vermögensverwaltungsvertrags keiner Zustimmung des Schenkers mehr, eine solche Beendigung löst demzufolge auch kein Rückforderungsrecht mehr aus.

2.

Der Schenker ist ferner dann zur Rückforderung berechtigt, wenn
a) der Beschenkte vor dem Veräußerer verstirbt
b) Zwangsvollstreckung in den übertragenen Geldbetrag bzw. die Vermögenswerte, die seitens der Vermögensverwaltung aus diesem Geldbetrag angeschafft wurden, betrieben wird und nicht binnen zwei Monaten wieder aufgehoben wird
c) der Beschenkte in Insolvenz fällt
d) die Scheidung einer etwaigen künftigen Ehe des Beschenkten beantragt ist und nicht durch Ehevertrag/Lebenspartnerschaftsvertrag sichergestellt ist, dass die Wertsteigerung des übertragenen Vermögens vom Zugewinn nicht erfasst ist

e) der Beschenkte drogen- oder alkoholsüchtig wird oder Mitglied einer Sekte oder einer unter Beobachtung des Verfassungsschutzes stehender Vereinigung ist oder länger als sechs Monate geschäftsunfähig ist.

Diese Rückforderungsrechte bestehen auf Lebenszeit des Beschenkten. Zurückzuübertragen ist der noch vorhandene Betrag samt noch vorhandener Erträge bzw. die aus dem Betrag oder den Erträgen angeschafften Surrogate, jeweils nach bereicherungsrechtlichen Grundsätzen.

Für die Rückforderungsrechte in Nr. 2 und 3 gilt jeweils: das Rückforderungsrecht ist durch schriftliche Erklärung gegenüber dem Beschenkten auszuüben binnen sechs Monaten ab Kenntnis vom Rückforderungstatbestand. Rechtsgeschäftliche Vertretung ist zulässig, nicht jedoch gesetzliche Vertretung oder Geltendmachung durch einen Insolvenzverwalter. Das Rückforderungsrecht ist nur an Angehörige i.S.d. § 15 AO übertragbar, es ist vererblich bzw. kann Gegenstand eines Vermächtnisses sein.

3.

Die Schenkung wird dadurch vollzogen, dass der Geldbetrag auf ein bei der vorstehend 1 genannten Vermögensverwaltung anzulegendes Konto durch den Schenker überwiesen wird; diese Schenkung wird binnen eines Monats nach Abschluss des Vermögensverwaltungsvertrags stattfinden. Dieses Konto und alle weiteren durch die Vermögensverwaltung erworbenen Geldanlagen werden auf den Namen des Beschenkten geführt, so dass sie – unter dem Vorbehalt der Rückforderung wegen Nichterfüllung der Auflage (1) oder der unter vorstehend 2 vereinbarten Rückforderungsgründe – als übertragen und auch schenkungsteuerlich zugewendet gelten.

Die Kosten dieser Urkunde trägt der Schenker.

Von dieser Urkunde erhalten

Schenker und Beschenkte je eine Ausfertigung

die Schenkungsteuerstelle eine beglaubigte Abschrift

die in Nr. 1 genannte Vermögensverwaltung eine Ausfertigung mit der Anweisung, sowohl den Abschluss als auch etwaige Änderungen oder Beendigungen des Vermögensverwaltungsvertrages dem Schenker schriftlich anzuzeigen. Der Beschenkte befreit die genannte Vermögensverwaltung dem Schenker gegenüber von jeglicher Pflicht zur Verschwiegenheit.

g) Steuerliche Tatbestände

2285 Der Veräußerer hat es aufgrund der Stornowirkung des § 29 ErbStG (Rdn. 4970 ff.) (regelmäßig in Absprache mit dem Erwerber, insb. wenn dieser die Steuerlast zu tragen hätte)[1277] in der Hand, anstelle einer möglicherweise lang währenden Auseinandersetzung mit dem Fiskus den Schenkungsvorgang als solchen – auch steuerlich – zu beseitigen, indem er sich hieran anknüpfende Rückforderungsrechte vorbehält und ausübt, wobei allerdings eine Rückwirkung bspw. für zwischenzeitlich gezogene einkommensteuerbare Nutzungen nicht eintritt. Vorsichtige Gestalter knüpfen im Hinblick auf § 42 AO die Rückforderung nicht an das Entstehen der Steuer an, sondern an damit lediglich mittelbar verbundene Umstände:

▶ Beispiel:

Sofern die Steuerentrichtung durch einen Dritten über ein noch mit ihm abzuschließendes Darlehen finanziert werden soll, könnte die Rückforderung vorbehalten sein für den Fall, dass dieser Darlehensvertrag, etwa wegen der exorbitanten Höhe der zu finanzierenden Steuer, nicht zustande kommt.

1277 Wobei der Veräußerer jedoch nicht verpflichtet ist, den Erwerber auf diese Weise zu entlasten; vielmehr könnte der Veräußerer die Steuerklausel auch als Vehikel für eine aus anderen Motiven gewollte »Rückholung« nutzen, vgl. *Geck*, ZEV 2007, 259.

H. Vertragliche Rückforderungsrechte   Kapitel 4

In Betracht kommt eine solche Steuerklausel auch, wenn die rechtliche Qualifikation des Schenkungsgegenstandes selbst unklar ist (z.B. Vorliegen eines Familienheims i.S.d. § 13 Abs. 1 Nr. 4a ErbStG, vgl. Rdn. 3276).

▶ **Formulierungsvorschlag: Rückforderungsvorbehalt als »Steuerklausel«**

Jeder Erwerber und seine Gesamtrechtsnachfolger sind gegenüber dem Veräußerer verpflichtet, den erworbenen Vertragsbesitz (Immobilie/Geschäftsanteil etc.) zurückzuübertragen, wenn und soweit einer der nachfolgend genannten Tatbestände eintritt und die Rückforderung vertragsgemäß, d.h. binnen zwölf Monaten nach Kenntnis vom Rückforderungstatbestand und in notariell beglaubigter Form erklärt wird. Das Rückforderungsrecht ist nicht vererblich oder übertragbar und kann nicht durch einen gesetzlichen Vertreter oder sonstigen Sachwalter, der mit Wirkung für fremde Vermögen Erklärungen abzugeben berechtigt ist, ausgeübt werden. Die Rückforderung kann sich auch lediglich auf Teile des Vertragsbesitzes erstrecken. 2286

Ein Rückforderungstatbestand tritt ein, wenn
- das zuständige Finanzamt für den heutigen Übertragungsvorgang Schenkungsteuer (Alt.: Schenkungsteuer von mehr als ..... €) festsetzt, unabhängig vom Zeitpunkt der Fälligkeit der Steuer, oder
- das zuständige Finanzamt den Vertragsgegenstand der heutigen Übertragung für schenkungsteuerliche Zwecke mit mehr als ..... € bewertet, oder
- das zuständige Finanzamt für die heutige Zuwendung die Begünstigung für Betriebsvermögen nach §§ 13a bis 13c, 19a, 28a ErbStG nicht gewährt.

Von besonderem »Charme« sind solche Steuerklauseln auch zur Eröffnung des Widerrufs bei später eintretenden **Steuererleichterungen** (z.B. auch aufgrund Änderungen des Bewertungsgesetzes) bzw. für den Fall eines künftig etwa zu erhoffenden gänzlichen Entfallens der Schenkungsteuer[1278] (§ 176 Abs. 1 Nr. 1 AO wäre nur für den gänzlich unwahrscheinlichen Fall einschlägig, dass das BVerfG die Nichtigkeit des ErbStG feststellen würde), um die Chance einer erneuten Vornahme der Zuwendung unter den dann geltenden günstigeren Bedingungen zu eröffnen, unter gleichzeitiger Erstattung der bereits entrichteten Steuer gem. § 29 ErbStG, vgl. Rdn. 4970 ff. Über letzterem Vorbehalt schwebt möglicherweise, v.a. wenn keine anderen Rückforderungstatbestände bestehen, das Damoklesschwert des § 42 AO (Missbrauch steuerlicher Gestaltungsmöglichkeiten), der auch im Erbschaftsteuerrecht – wenn auch wegen der Anknüpfung an das Zivilrecht in abgeschwächter Form – Anwendung findet;[1279] § 37 Abs. 3 ErbStG n.F. hat immerhin solchen Gestaltungen nur für Betriebsvermögensübertragungen zwischen dem 11.11.2005 und dem 01.01.2007 die Gefolgschaft versagt (vgl. Rdn. 4981). 2287

▶ **Formulierungsvorschlag: Rückforderungsmöglichkeit bei künftigen Steuererleichterungen**

Jeder Erwerber und seine Gesamtrechtsnachfolger sind gegenüber dem Veräußerer verpflichtet, den erworbenen Vertragsbesitz (Immobilie/Geschäftsanteil etc.) zurückzuübertragen, wenn und soweit einer der nachfolgend genannten Tatbestände eintritt und die Rückforderung vertragsgemäß, d.h. binnen zwölf Monaten nach Kenntnis vom Rückforderungstatbestand und in notariell beglaubigter Form, erklärt wird. Das Rückforderungsrecht ist nicht vererblich oder übertragbar und kann nicht durch einen gesetzlichen Vertreter oder sonstigen Sachwalter, der mit Wirkung für fremde Vermögen Erklärungen abzugeben berechtigt ist ausgeübt werden. Sie kann sich auch lediglich auf Teile des Vertragsbesitzes erstrecken. 2288

Ein Rückforderungstatbestand tritt ein, wenn sich das Schenkungsteuerrecht oder seine Anwendung nach dieser Zuwendung in einer Weise ändert, dass sich nach dieser Änderung für die heutige Übertragung im Vergleich zum geltenden Recht eine geringere Steuerbelastung, eine spätere Fälligkeit der Steuer, ihr gänzlicher Wegfall oder die Möglichkeit ihrer Vermeidung bei Eintritt zu-

---

[1278] Vgl. *Felten*, ZEV 2012, 402 ff. *Viskorf* (Vizepräsident des BFH) empfiehlt in: DAI, 11. Jahresarbeitstagung des Notariats 2013, Skript S. 538 der Praxis uneingeschränkt die Verwendung von Steuerklauseln, ebenso *Wälzholz*, MittBayNot 2014, 417.
[1279] Vgl. BFH/NV 2001, 162.

sätzlicher Bedingungen ergibt bzw. zusätzliche Anforderungen zur Erreichung der Steuerfreiheit entfallen.

▶ Hinweis:

Die letztgenannte Sachverhaltsalternative des vorstehenden Formulierungsvorschlags hebt ab auf Modelle wie etwa den Erlass von Betriebsschenkungsteuern nach 5- bzw. 7-jähriger Fortführung des Unternehmens und Einhaltung der sonstigen Nachverfolgungskriterien.

2289 Es ist nicht zu verkennen, dass ein etwa an den Anfall von Schenkungsteuer oder an die künftige Existenz günstigerer steuerlicher Rahmenbedingungen anknüpfendes Rückforderungsrecht auch dann ausgeübt werden kann, wenn beim Veräußerer nicht das Ziel der Steuervermeidung, sondern vielmehr allgemeine »Reue« hinsichtlich des Übertragungsvorgangs, etwa als Reaktion auf ein verschlechtertes persönliches Verhältnis, im Vordergrund steht. Dies lässt sich – als Frage der inneren Motivation – nicht grundsätzlich vermeiden. Mancher Erwerber mag darauf drängen, zur Verbesserung seiner Position den Veräußerer zu verpflichten, den Rückforderungstatbestand »Entstehung von Schenkungsteuer« nur in dem Umfang auszuüben, der notwendig ist, damit der (entsprechend reduzierte) Schenkungsresttatbestand unterhalb der schenkungsteuerlichen Freigrenzen verbleibt, und – in Bezug auf den Rückforderungstatbestand »künftiger Wegfall bzw. künftige Vermeidbarkeit von Schenkungsteuer« – den Veräußerer zu verpflichten, das zurückerlangte (Betriebs-)Vermögen sodann erneut, unter Einhaltung der dann in Frage kommenden Verschonungsbedingungen, dem Erwerber zu übertragen.

2290 Solche an die Ausübung des Rückforderungsrechts anknüpfende »Gegenverpflichtungen« sind mitunter – wenn auch nicht häufig – anzutreffen. Im Hinblick auf § 29 ErbStG ist insoweit allerdings Vorsicht geboten: Zum Einen könnte die Finanzverwaltung, die Steuerklauseln bereits dem Grunde nach zurückhaltend begegnen, schnell mit dem Vorwurf des schädlichen »Gesamtplans« bei der Hand sein (vgl. Rdn. 5693 ff.) Auch unmittelbar bezogen auf den Wortlaut des § 29 Nr. 1 ErbStG könnte daran gezweifelt werden, ob die Voraussetzung, dass das Objekt aufgrund der Ausübung eines Rückforderungsrechts»zurückgegeben werden muss«, noch gegeben sein mag, wenn gegen den Anspruch auf Rückauflassung/Rückabtretung angesichts des Umstands, dass das Objekt anschließend ohnehin erneut zu übertragen ist (jedenfalls für den Tatbestand des künftigen Wegfalls oder der künftigen Vermeidbarkeit für den Vorgang insgesamt) die dolo petit-Einrede erhoben werden könnte.

2291 Als Folge der Maßgeblichkeit des gemeinen Werts seit dem 01.01.2009 (§ 12 ErbStG) ist das Risiko des Veräußerers, als gesetzlicher Zweitschuldner gem. § 20 Abs. 1 Satz 1 ErbStG (vgl. Rdn. 5543) anstelle des Erwerbers, z.B. sofern Letzterer insolvent geworden ist, für die entstandene Schenkungsteuer in Anspruch genommen zu werden, deutlich wahrscheinlicher und zugleich brisanter geworden. Diese Gefahr besteht nicht nur bei der Übertragung von Betriebsvermögen, wenngleich dort die Diskrepanz zwischen bisherigem Steuerwert und künftigem gemeinem Wert am stärksten ausfallen wird. Wie vom BMF angekündigt,[1280] will die Finanzverwaltung allerdings im Erlasswege[1281] den Schenker von einer Inanspruchnahme freistellen, wenn eine Nachversteuerung infolge eines Verstoßes gegen die Behaltensregelung oder die Mindestlohnsumme droht, es sei denn der Veräußerer hätte den Betrag der Steuer gem. § 10 Abs. 2 ErbStG ebenfalls geschenkt.

2292 Vor diesem Hintergrund empfiehlt es sich durchaus für den Veräußerer, sich auch die Rückforderung für den Fall vorzubehalten, dass er als Zweitschuldner (§ 20 ErbStG) für die Schenkungsteuer in Anspruch genommen wird.

1280 Vgl. *Geck*, ZEV 2008, 563.
1281 Anwendungserlass zum ErbStG v. 25.06.2009, BStBl. 2009 I, S. 713, 719 (Abschnitt 5 Abs. 4).

H. Vertragliche Rückforderungsrechte Kapitel 4

▶ **Formulierungsvorschlag: Rückforderungsvorbehalt bei Inanspruchnahme als Zweitschuldner für die Schenkungsteuer**

(Anm.: im Anschluss an die sonstigen Rückforderungstatbestände) … 2293

(…) der Veräußerer durch vollziehbare Entscheidung des Finanzamts auf Zahlung von Schenkungsteuer aus der heutigen Übertragung (auch im Fall der Inanspruchnahme aufgrund eines Nachbesteuerungstatbestands) in Anspruch genommen wird und der Erwerber ihn nicht binnen einer Frist von einem Monat nach Zugang einer entsprechenden Aufforderung von der Verpflichtung zur Zahlung gegenüber dem Finanzamt freistellt durch tatsächliche und vollständige Begleichung der Steuerschuld in Haupt- und Nebensache. Zur Einlegung von Rechtsmitteln ist der Veräußerer nicht verpflichtet.

Mit Blick auf die besonderen Nachbesteuerungsrisiken im Betriebsvermögensbereich kann insoweit ein an den Eintritt solcher Besteuerungstatbestände anknüpfender Rückforderungsvorbehalt mit eingehenderer Ausgestaltung der Rückübertragung des Betriebsvermögens etwa wie folgt formuliert sein: 2294

▶ **Formulierungsvorschlag: Rückforderungsvorbehalt bei Nachbesteuerungstatbeständen gemäß §§ 13a, 13b ErbStG**

Tritt innerhalb der Nachversteuerungsfrist ein Umstand ein, der die Begünstigungen gemäß §§ 13a, 13b, 19a ErbStG mindestens in Höhe von ….. Prozent entfallen lässt, und wird der Schenker deshalb seinerseits aufgrund dieser Nachbesteuerung seitens der Finanzverwaltung gemäß § 20 ErbStG als Steuerschuldner in Anspruch genommen, steht ihm ebenfalls ein Rückforderungsrecht zu. Die Einigung über den dinglichen Übergang beweglicher Sachen sowie die Abtretung von Forderungen und Rechten ist auf die Ausübung dieses Rückforderungsrechts auflösend bedingt; zur Sicherung des mit Ausübung des Rückforderungsrechts entstehenden Rückübertragungsanspruchs wird an den zum Betriebsvermögen gehörenden Grundstücken, FlNr. ….. Gemarkung …, die Eintragung einer Vormerkung bewilligt und beantragt. Ab dem Zeitpunkt der Rückforderung hält der Erwerber den übertragenen Betrieb in seiner Sachgesamtheit lediglich treuhänderisch für den Veräußerer. Die Rückforderung erfasst alle Gegenstände des Betriebsvermögens einschließlich der Verbindlichkeiten, letztere jedoch höchstens im derzeitigen Umfang. Umfasst sind weiterhin diejenigen Gegenstände des beweglichen und unbeweglichen dann vorhandenen Betriebsvermögens, einschließlich der Forderungen, die an die Stelle derzeit vorhandener Gegenstände des Betriebsvermögens als Surrogate getreten sind, also beispielsweise aus Mitteln des derzeitigen oder dann vorhandenen Betriebsvermögens angeschafft oder eingetauscht wurden. Umfasst sind schließlich solche Gegenstände des derzeitigen Betriebsvermögens, die im Zeitpunkt der Rückforderung in das Privatvermögen entnommen wurden bzw. die (etwa im Fall der Veräußerung) an deren Stelle getretenen Vermögenswerte als Surrogate. Umfasst sind schließlich auch die Gegenstände des Sonderbetriebsvermögens I und II des Erwerbers, auch soweit dieses nicht vom Veräußerer stammt; in letzterem Fall allerdings gegen Erstattung des vollen Verkehrswertes. Die Eintragung einer Vormerkung zugunsten des Veräußerers am derzeit erfassten Sonderbetriebsvermögen I (Grundstück …..) wird bewilligt und beantragt. 2295

Mit Rückübertragung des Betriebsvermögens im vorstehend definierten Umfang hat der Veräußerer – Zug um Zug – die auf dem Betriebsvermögen lastenden derzeitigen Verbindlichkeiten zu übernehmen, wenn möglich in schuldbefreiender Weise, sonst als interne Schuldbefreiung des heutigen Erwerbers. Zu übernehmen sind zusätzlich solche Verbindlichkeiten, die für die Anschaffung derzeit nicht vorhandener Gegenstände des Anlagevermögens eingegangen worden sind, sofern diese Gegenstände des Anlagevermögens noch vorhanden sind und rückübertragen werden und die Anschaffung mit schriftlicher Zustimmung des Veräußerers erfolgt ist; andernfalls oder wenn das Rückforderungsrecht insoweit nicht geltend gemacht wird, verbleiben die neu angeschafften Gegenstände des Anlagevermögens ebenso wie die auf diese bezogenen Verbindlichkeiten beim Erwerber.

Ergänzend wird weiter klargestellt, dass das Rückforderungsrecht sich zwar auf die Liegenschaft und die gesamten vorstehend definierten Gegenstände des (gegebenenfalls ehemaligen) Betriebsvermögens bezieht, jedoch nicht zwingend für alle Gegenstände einheitlich ausgeübt werden muss, es vielmehr dem Veräußerer vorbehalten bleibt, die Rückforderung nur für Teile auszuüben.

(Anm.: Ggf. Ergänzung, mit Blick auf § 29 Abs. 2 ErbStG: Erfasst vom Rückübertragungsanspruch sind auch zwischenzeitlich gezogene Nutzungen, soweit sie, abzüglich der auf den Schenkungsgegenstand gemachten Aufwendungen, zu einem Überschuss-Saldo zugunsten des Erwerbers geführt haben.)

Auf ertragsteuerliche Risiken sowohl im Rahmen der Übertragung als auch für den Fall der unvollständigen Rückübertragung hat der Notar hingewiesen, ebenso auf die mit dem umfassenden Rückforderungsrecht verbundene wirtschaftliche und psychologische Bindung des Erwerbers sowie auf die Schwierigkeit, bei Ausübung des Rückforderungsrechts die schenkungsteuerliche Freistellung gemäß § 29 ErbStG zu erlangen, sofern der Gegenstand nicht mehr in identischer Weise vorhanden ist.

2296 Bei der Übertragung von Betriebsvermögen bzw. Gesellschaftsanteilen finden sich zusätzlich häufig Rückforderungsvorbehalte zur **Wahrung gesellschaftsrechtlicher Pflichten** bzw. zur **Vermeidung von** Vorgängen, die (einkommen-)**steuerschädliche Konsequenzen** haben könnten. Solche enumerativen Rückforderungstatbestände gefährden nicht den Übergang der Einkunftsquelle (Rdn. 2146 ff.) und damit die Gewährung der schenkungsteuerlichen Privilegien des § 13a ErbStG.[1282] Allerdings kennt das Einkommensteuerrecht keine dem § 29 ErbStG vergleichbare Stornowirkung, so dass sich eine vorherige verbindliche Auskunft (Rdn. 5538) des Finanzamtes empfiehlt.

▶ Formulierungsvorschlag: Weitere Rückforderungsrechte bei Betriebsvermögen

2297 8. wenn der Inhaber nicht binnen drei Monaten ab heute, bei späterer Heirat oder Verpartnerung binnen drei Monaten ab Heirat/Verpartnerung, durch Ehevertrag/Partnerschaftsvertrag sicherstellt, dass der heute übertragene Vermögenswert im Rahmen eines Zugewinnausgleichs nicht berücksichtigt wird (Modifizierung des gesetzlichen Güterstands oder Gütertrennung), und ferner der Ehegatte/Lebenspartner gegenständlich beschränkt hinsichtlich des heute übertragenen Vermögens auf sein Pflichtteilsrecht verzichtet. Ein Rückforderungsrecht besteht auch, wenn dem Veräußerer bekannt wird, dass eine der vorstehenden Vereinbarungen wieder aufgehoben wurde.
9. wenn der Inhaber seine Tätigkeit für die Gesellschaft während eines Zeitraums von mind. drei Monaten durchschnittlich weniger als 15 Stunden pro Woche ausübt – ausgenommen Fälle der Krankheit, Berufsunfähigkeit oder des Ruhestands bei Erreichen des gesetzlichen Renteneintrittsalters sowie der ordentlichen Kündigung durch die Gesellschaft selbst.
10. wenn der Inhaber hinsichtlich des erworbenen Gegenstandes einen die (zumindest anteilige) Nachbesteuerung gem. §§ 13a, 13b ErbStG auslösenden Tatbestand verwirklicht.
11. wenn der Inhaber eine Veräußerung oder Aufgabe der Beteiligung vor Ablauf der 5-Jahres-Frist des § 6 Abs. 3 Satz 2 EStG vornimmt.
12. wenn der Inhaber eine Veräußerung oder Entnahme innerhalb der 3-jährigen Sperrfrist des § 6 Abs. 5 Satz 4 EStG vornimmt.
13. *(Beispiel)* wenn sich im Zusammenhang mit der Ausübung oder Löschung des Nießbrauchs nachteilige einkommensteuerliche Folgen für den Veräußerer, beispielsweise Beschränkungen beim Abzug von Schuldzinsen und sonstigen Betriebsausgaben, nachträgliche Teilentgeltlichkeit etc. ergeben sollten.

2298 Die Schenkung von Kapitalgesellschaftsanteilen kann die sogenannte »**Wegzugsteuer**« auslösen, wenn der Erwerber Steuer-Ausländer ist, da die Übertragung von Anteilen durch ganz oder teilweise unentgeltliches Rechtsgeschäft unter Lebenden auf nicht oder nur beschränkt steuerpflichtige Personen der Beendigung der unbeschränkten Steuerpflicht durch Wegzug des Inhabers von Kapitalgesellschaftsanteilen gleichsteht (§ 6 Abs. 1 Satz 2 Nr. 1 AStG, vgl. zu letzterem Gesetz auch den Überblick Rdn. 6173 ff.). Gehen die Beteiligten davon aus, der Beschenkte habe noch einen Wohnsitz in Deutschland, wollen jedoch Vorsorge gegen das Entstehen der Wegzusteuer für den Fall treffen, dass sich diese Annahme als unwahr herausstellt, könnten sie beispielsweise die Rückforderung vorbehalten für den Fall, dass die Schenkung des Kapitalanteils zu einer Steu-

---

1282 Vgl. *Korn/Carlé/Stahl*, Personengesellschaften, Rn. D17.

erpflicht gemäß § 6 Abs. 1 i.V.m. Abs. 2 Nr. 1 AStG führt. Auch wenn im Außensteuergesetz eine dem § 29 Abs. 1 Nr. 1 ErbStG entsprechende Regelung fehlt, handelt es sich bei der tatsächlich durchgeführten Rückabwicklung nach Ausübung des vertraglich vorbehaltenen Rücktrittsrechts um ein rückwirkendes Ereignis i.S.d. § 175 Abs. 1 Nr. 2 AO, das dazu führt, dass die aufgrund des Ersatztatbestands des § 6 Abs. 1 Satz 3 Nr. 1 AStG angefallene Wegzugsteuer rückwirkend entfällt, also der bereits ergangene und bestandkräftige Steuerbescheid aufzuheben ist.[1283]

h) Bedarf des Veräußerers

Die vorstehend, a bis g (Rdn. 2238–2298), aufgeführten Tatbestände als Auslöser für die Ausübung des Rückforderungsrechts des Veräußerers stellen in erster Linie auf Umstände ab, die in der Sphäre des Erwerbers wurzeln (wobei das Entstehen von Schenkungsteuer aufgrund der gesamtschuldnerischen Haftung, § 20 ErbStG, vgl. Rdn. 2291 ff., sich auch zu Lasten des Veräußerers auswirken kann). Gerade wenn die übertragene Immobilie das wesentliche Vermögen des Veräußerers ausmacht, wird in der Vorbesprechung nicht selten die Sorge laut, er müsse auf den übertragenen Vermögenswert möglicherweise später zurückgreifen können, um einer Verarmung vorzubeugen oder um eine Änderung seiner persönlichen Wohnsituation herbeizuführen (z.B. Erwerb einer Eigentumswohnung in einem Objekt des betreuten Wohnens). Die gesetzliche Vorkehrung hierfür (in Gestalt des auf Geld gerichteten, nicht ausschließbaren Rückforderungsrechts gem. § 528 BGB auf die Dauer von zehn Jahren ab Eigentumsumschreibung, vgl. Rdn. 1032 ff.) genügt insoweit (auch wegen der zeitlichen Begrenzung, die gerade die besonders geldintensive letzte Lebensphase ausschließt) nicht. Der bloße Rückbehalt eines Nießbrauchsrechts, Rdn. 1287 ff., verschafft ihm zwar die Möglichkeit, durch Vermietung laufende Erträge zu erwirtschaften, die er gegebenenfalls für die Anmietung einer Ersatzwohnung einsetzen könnte; mancher Veräußerer wird dies jedoch für finanziell nicht ausreichend erachten und scheut zudem die Mühen der Vermietungstätigkeit.

2299

Wird die Nießbrauchslösung gewählt, kommt dann in solchen Sachverhalten jedoch häufig eine zusätzliche Vereinbarung dahingehend zustande, im Fall eines (einvernehmlichen) Verkaufs der nießbrauchsbelasteten Liegenschaft als Surrogation die Bestellung eines Nießbrauchs am Folgeobjekt vorzusehen, vgl. Rdn. 1293. Auch ein »Rentenwahlrecht« des Nießbrauchers (also die Möglichkeit, anstelle des vorbehaltenen Nießbrauchs auf eine wiederkehrende Geldleistung umzustellen, Rdn. 1408) kommt in Betracht. Die dauerhafte Vereinbarung einer Leibrente als weitere Gegenleistung des Erwerbers, Rdn. 1762, wird häufig daran scheitern, dass der Erwerber diese dauernde Liquiditätsbelastung nicht zu übernehmen imstande oder willens ist. Mancher Veräußerer mag sich auch die Rückforderung vorbehalten für den Fall, dass der Erwerber an einem vom Verkäufer verlangten Verkauf oder einer von ihm verlangten Beleihung nicht mitwirkt (diese Regelung sollte freilich flankiert werden durch eine Verpflichtung jedenfalls des unmittelbaren Erwerbers, stets oder jedenfalls unter bestimmten Umständen einem solchen Veräußerungsverlangen sowie der gewünschten Reinvestition des Erlöses oder einem solchen Belastungsverlangen nachkommen zu müssen). Die verbleibenden Fälle lassen sich mitunter durch die (allerdings mit anderen Risiken belastete) Vereinbarung eines freien Rückforderungsvorbehalts des Veräußerers, Rdn. 2142, lösen. Eine »**Kompromisslösung**« zwischen diesen Extremen könnte bspw. dahingehend ausgestaltet sein, dass der Veräußerer dann zur Rückforderung berechtigt ist, wenn er andernfalls auf Grundsicherung im Alter (nach Maßgabe des IV. Kapitel SGB XII, Rdn. 742 ff.) angewiesen wäre oder Pflegebedürftigkeit mindestens nach Maßgabe des Pflegegrades 2 vorliegt; dann jedoch nicht im Sinn einer »Umschichtungsverpflichtung« (also zur Reinvestition in eine Einheit des betreuten Wohnens, an der dem derzeitigen Veräußerer wiederum nur das Nießbrauchsrecht zusteht), sondern einer endgültigen Rückforderung dem Grunde nach, so dass der Veräußerer auch z.B. zum Verkauf des Objekts und zur dauerhaften Verwendung des Erlöses zur Aufbesserung seiner monatlichen Einkünfte in der Lage ist:

2300

[1283] Vgl. im Einzelnen *von Oertzen/Reich*, IStR 2013, 463 ff.

▶ **Formulierungsvorschlag: Rückforderungsrecht bei Pflegebedürftigkeit**

2301 ...(x) Der Veräußerer ist zur Rückforderung ferner dann berechtigt, wenn bei ihm die Voraussetzungen für den Bezug von Grundsicherungsleistungen im Alter oder bei Erwerbsminderung nach Maßgabe des IV. Kapitels SGB XII in seiner jeweils geltenden Fassung vorliegen oder bei ihm eine Pflegebedürftigkeit mindestens des Pflegegrades 2 festgestellt worden ist.

6. Durchführung der Rückabwicklung

a) Betroffene Gegenstände

2302 I.d.R. ist das Rückforderungsobjekt identisch mit dem Zuwendungsobjekt bzw. bildet – etwa bei einer Mehrheit von übertragenen Objekten (Miteigentumsanteilen) – einen wesensgleichen Teil hiervon. Ideelle Miteigentumsanteile in der Hand des nunmehrigen Alleineigentümers (z.B. des Erwerbers, der zuvor bereits zur Hälfte Eigentümer war und die weitere Hälfte mit Rückforderungsvorbehalt belastet hinzuerwarb) können allerdings nicht selbständig mit einer Vormerkung belastet werden; die gesetzlichen Verbote in Bezug auf Vorkaufsrecht, Reallast und Hypothek (§§ 1095, 1106, 1114 BGB) lassen sich verallgemeinern; sie gelten auch dann, wenn niemals einheitliches unbelastetes Eigentum am Gesamtobjekt bestand, sondern die Anteile bereits unterschiedlich belastet waren oder bei der Übertragung wurden[1284] (Belastungsgegenstand ist damit das Gesamtgrundstück, gesichertes Anspruchsziel die Übertragung eines zu schaffenden Miteigentumsanteils). Darüber hinaus wird sich der Veräußerer ausbedingen, die Rückforderung im Ganzen oder nur **teilweise zu verlangen** (z.B. um für den Fall, dass Schenkungsteuer entsteht und dadurch das Rückforderungsrecht ausgelöst wird, nur so viel rückabzuwickeln, dass die verbleibende Schenkung den Freibetrag gerade noch unterschreitet). Die Formulierungsempfehlungen tragen dem Rechnung, indem sie zur Rückübertragung verpflichten, »wenn und soweit« sie verlangt wird.

2303 Besonderheiten können sich ergeben, wenn – was jedoch selten vorkommen wird, vgl. oben Rdn. 2106 – ein übergebener **Betrieb** als solcher, nicht nur der darin enthaltene Grundbesitz, rückforderungsbehaftet sein soll (sei es aus tatsächlichen Gründen, also um dem Veräußerer die Möglichkeit einer ungebrochenen Fortführung des Betriebs in wieder eigener Regie zu geben oder sei es aus Gründen steuerlicher Vorsorge, um die Auflösung stiller Reserven bei lediglich bruchstückhafter Rückübertragung zu vermeiden). In diesem Fall ist der Tatsache Rechnung zu tragen, dass der Betrieb – gleich einem lebenden Organismus – mit zunehmendem zeitlichen Abstand zur Übertragung sich verändert hat, und weiterhin, dass er sich als Gesamtheit aus beweglichen oder unbeweglichen Sachen, Forderungen, Rechten und sonstigen Anwartschaftspositionen, Anbahnungen, immateriellen Werten etc. darstellt. Als Versuch einer näherungsweisen Erfassung solcher Betriebsübertragungen könnte entsprechend dem folgenden Formulierungsvorschlag formuliert werden.

▶ **Formulierungsvorschlag: Rückforderungsobjekt »Betrieb«**

2304 (*Anm.: Im Anschluss an den Rückforderungsvorbehalt in Bezug auf Grundbesitz des Betriebsvermögens und des Sonderbetriebsvermögens, durch Vormerkung gesichert*:) Vorstehendes, an die Verwirklichung der vorgenannten Rückforderungstatbestände anknüpfendes Rückforderungsrecht erstreckt sich auch auf die sonstigen, nicht in Grundbesitz bestehenden, mitübertragenen Gegenstände des Betriebsvermögens (also bewegliche Sachen des Anlage- und Umlaufvermögens, Forderungen, sonstige Rechte etc.), einschließlich der sich auf das Betriebsvermögen beziehenden Verbindlichkeiten, letztere jedoch begrenzt auf den derzeitigen Umfang. Umfasst sind weiterhin diejenigen Gegenstände des beweglichen und unbeweglichen dann vorhandenen Betriebsvermögens, einschließlich der Forderungen, die an die Stelle derzeit vorhandener Gegenstände des Betriebsvermögens als Surrogate getreten sind, also bspw. aus Mitteln des derzeitigen oder dann vorhandenen Betriebsvermögens angeschafft oder eingetauscht wurden. Umfasst sind schließlich solche Gegenstände des derzeitigen Betriebsvermögens, die im Zeitpunkt der Rückforderung in das Privatvermögen entnommen wurden bzw. die (etwa im Fall der Veräußerung) an deren Stelle getretenen Vermögenswerte als Surrogate.

1284 BGH, 15.11.2012 – V ZB 99/12, a.A. *Herrler*, ZNotP 2009, 188 ff.

Zur Sicherung der bedingten Rückübertragungs-, Rückabtretungs- bzw. Rückübereignungsverpflichtung sind sich die Beteiligten bereits heute über die bedingte Rückübereignung bzw. Rückabtretung einig, ebenso über die Wiederverschaffung des unmittelbaren Besitzes des Veräußerers an den erfassten Gegenständen. Bedingung ist jeweils die wirksame Ausübung des Rückforderungsrechts aufgrund eines der vorgenannten Rückforderungstatbestände, wie vorstehend definiert.

Mit Rückübertragung des Betriebsvermögens im vorstehend definierten Umfang hat der Veräußerer – Zug um Zug – die auf dem Betriebsvermögen lastenden derzeitigen Verbindlichkeiten zu übernehmen, wenn möglich in schuldbefreiender Weise, sonst als interne Schuldbefreiung des heutigen Erwerbers. Zu übernehmen sind zusätzlich solche Verbindlichkeiten, die für die Anschaffung derzeit nicht vorhandener Gegenstände des Anlagevermögens eingegangen worden sind, sofern diese Gegenstände des Anlagevermögens noch vorhanden sind und rückübertragen werden und die Anschaffung mit schriftlicher Zustimmung des Veräußerers erfolgt ist; andernfalls oder wenn das Rückforderungsrecht insoweit nicht geltend gemacht wird, verbleiben die neu angeschafften Gegenstände des Anlagevermögens ebenso wie die auf diese bezogenen Verbindlichkeiten beim Erwerber.

Ergänzend wird weiter klargestellt, dass das Rückforderungsrecht sich zwar auf die Liegenschaft und die gesamten vorstehend definierten Gegenstände des (gegebenenfalls ehemaligen) Betriebsvermögens bezieht, jedoch nicht zwingend für alle Gegenstände einheitlich ausgeübt werden muss, es vielmehr dem Veräußerer vorbehalten bleibt, die Rückforderung nur für Teile auszuüben.

Auf ertragsteuerliche Risiken sowohl im Rahmen der Übertragung als auch für den Fall der unvollständigen Rückübertragung hat der Notar hingewiesen, ebenso auf die mit dem umfassenden Rückforderungsrecht verbundene wirtschaftliche und psychologische Bindung des Erwerbers sowie auf die Schwierigkeit, bei Ausübung des Rückforderungsrechts die schenkungsteuerliche Freistellung gem. § 29 ErbStG zu erlangen, sofern der Gegenstand nicht mehr in identischer Weise vorhanden ist.

b) Ausübungsfrist

Geregelt werden sollte, innerhalb welcher **Frist** nach Bekanntwerden eines das Rückerwerbsrecht auslösenden Tatbestands[1285] (häufig vereinbart: 6 Monate) das Rückerwerbsverlangen ausgeübt werden muss. Wird keine Frist der Ausübung für den Einzelfall vereinbart, kann zwar der Veräußerer ohne Zeitdruck den Lauf der Ereignisse abwarten, andererseits besteht dann die Gefahr einer Pfändung unter den oben erläuterten Voraussetzungen bis zur Verjährungsgrenze.[1286] Andererseits sollte die Frist dem Ausübungsberechtigten genügend Zeitraum lassen, die weitere Entwicklung abzuwarten (z.B. das Verhältnis zum Erben nach dem Tod des Erwerbers). Die Frist kann auch für einzelne Rückforderungssachverhalte unterschiedlich lange bemessen sein (bspw. für den Fall des Versterbens des Eigentümers gar gänzlich unbefristet sein, um dem Verhältnis zum Erben genügend »Bewährungszeit« zu geben); allerdings sollte (zur Vermeidung einer Gläubigerbenachteiligung) der Fall der Drittpfändung/Insolvenz nicht schlechter, also mit längerer Frist, behandelt werden als zumindest ein anderer Sachverhalt, der nicht mit Vermögensverfall einhergeht).

2305

1285 Auch die Möglichkeit des Eintritts dieses Tatbestands kann auf einen bestimmten Zeitraum befristet sein (vgl. Rdn. 2232 ff.).

1286 Fraglich ist, ob das Rückerwerbsrecht selbst (analog der Zeitbefristung für Wiederkaufsrechte gem. § 462 BGB) in dreißig Jahren oder aber gem. § 195 BGB in 3 Jahren, in Bezug auf Grundbesitz in 10 Jahren gem. § 196 BGB »verfristet« ist, d.h. nicht mehr geltend gemacht werden könnte, wenn in dieser Zeit kein Rückforderungsverlangen ausgeübt wird. Jedenfalls bei einem auf Lebenszeit des Veräußerers vereinbarten Rückforderungsrecht dürfte dies zu verneinen sein. Die Jahresfrist des § 532 BGB gilt bei vertraglichen Rückforderungsrechten nicht, OLG Hamm, 13.02.2012 – II-8 UF 263/11, ZEV 2013, 94.

2306 Um ungebührlich lange **Schwebezeiten zu vermeiden** und ein Verfahren zur objektiven Ermittlung der Rechtzeitigkeit der Ausübungserklärung zu schaffen, kann der Lauf einer Frist auch (ähnlich der Ausschlagung eines Vermächtnisses, § 2180 BGB) an die Aufforderung des Eigentümers, sich hinsichtlich der Geltendmachung des Rückforderungsrechts zu entscheiden, geknüpft werden.[1287] Ein nach Ausübung solchermaßen dann entstandener Rückforderungsanspruch **verjährt**, sofern auf Grundbesitz gerichtet, gem. § 196 BGB in 10 Jahren (sofern vor dem 01.01.2002 entstanden, gem. Art. 299 § 6 Abs. 1 Satz 1 EGBGB demnach zum 31.12.2011), im Übrigen in 3 Jahren.

c) Form und Adressat

2307 Regelungsbedürftig ist auch die Frage, in welcher **Form** die Ausübung zu erfolgen hat (z.B. durch Übergabe-Einschreiben oder aber durch notariell beglaubigte oder gar beurkundete Erklärung). Zieht man die Parallele zur Ausübung eines Vor- oder Wiederkaufsrechts, bestehen keinerlei gesetzlichen Formerfordernisse (§§ 456 Abs. 1 Satz 2, 464 Abs. 1 Satz 2 BGB). Die Form der notariellen Beglaubigung vermeidet Nachweis- und Datierungsprobleme; ist der Lauf der Ausübungsfrist an eine Aufforderung des Eigentümers geknüpft, sollte allerdings auch diese demselben Formerfordernis unterworfen werden. Freilich kann auch dann der Rückgabeschuldner auf die Einhaltung der bedungenen Form verzichten.[1288]

2308 **Adressat** der Erklärung ist der Rückübertragungsverpflichtete, Rdn. 2199 ff., wobei Empfangsvertretung möglich ist. Trotz Insolvenzeröffnung bleibt der Betroffene selbst empfangsberechtigt, da es sich nicht um eine Verfügungs- oder Verwaltungsmaßnahme gem. §§ 80, 81 InsO handelt (die Auflassung selbst ist dann durch den Insolvenzverwalter zu erklären, jedoch nur bei entsprechender Vormerkungssicherung des bedingten Rückauflassungsanspruchs, § 106 InsO, vgl. Rdn. 2257.

d) Auflassung

2309 Die Erfüllung des Rückerwerbsrechts muss stets durch direkte **Auflassung**[1289] bei Anwesenheit beider vor einem deutschen Notar (§ 925 BGB) erfolgen; eine hierfür im Vorhinein erteilte Vollmacht an den Veräußerer kann leicht missbräuchlich verwendet werden. Auch durch den Notar lässt sich (abgesehen vom Vorversterben des Erwerbers sowie einer rechtskräftig gewordenen Scheidung oder der Ausübung eines freien Rückforderungsrechts) das Vorliegen eines Rückerwerbstatbestands kaum sicher nachprüfen, so dass bereits der Anschein einer notariellen Überwachung vermieden werden sollte. In Betracht kommt eine solche (dann postmortale) Vollmacht jedoch bspw. für den Fall des Vorversterbens des Erwerbers (wo es häufig zur Rückforderung kommen wird), um den vorherigen Nachweis der »eigentlichen Erbfolge« in der Form des § 35 GBO entbehrlich zu machen:

▶ Formulierungsvorschlag: Vollmacht zur Rückabwicklung bei Vorversterben des Erwerbers

2310 Zur Erleichterung der Rückabwicklung bei Ausübung des Rückforderungsrechtes im Falle des Vorversterben des Erwerbers erteilt dieser hiermit dem Veräußerer, befreit von § 181 BGB und über den Tod hinaus,

Vollmacht,

1287 Davon zu unterscheiden ist der oben bei Rdn. 2134 erwähnte Vorschlag, das Rückforderungsrecht bei »Verschweigung« auf eine entsprechende Aufforderung des Eigentümers hin gänzlich (also nicht nur hinsichtlich des konkret gegebenen Tatbestands) entfallen zu lassen und damit auch der etwa eingetragenen Vormerkung (samt Pfändung des Rückforderungsanspruchs) den Boden zu entziehen.
1288 LG Dortmund, 10.03.2014 – 4 O 242/13, ErbR 2015, 107.
1289 Der Begriff stammt aus dem germanischen Recht (Sachsenspiegel: Landrecht I 9 § 5): Offenlassen des Tores bzw. der Türe. Das österreichische ABGB spricht von »Aufsandung«.

gegen Vorlage einer Sterbeurkunde den heute übertragenen Grundbesitz an den Veräußerer aufzulassen und alle Erklärungen abzugeben, die zum Eigentums- und Besitzübergang auf den Veräußerer zweckmäßig sind.

e) *Schicksal der »Gegenleistungen«*

aa) *Investitionen und eingegangene Verpflichtungen*

Da regelmäßig kein Anwendungsfall des gesetzlichen Rücktrittsrechts vorliegen wird, greifen für das vertraglich geschaffene Rückerwerbsrecht die **§§ 346 ff. BGB nicht unmittelbar** ein; sie sind dafür auch nur bedingt geeignet (man denke etwa an die Pflicht zur Erstattung gezogener Nutzungen!). Es empfiehlt sich vielmehr, die Zug um Zug mit der Rückauflassung und der Wiederverschaffung des (ggf. mittelbaren) Eigenbesitzes geschuldeten Ausgleichsansprüche vertraglich abschließend zu regeln. Hat sich der Veräußerer kein Wohnungs- oder Nießbrauchsrecht vorbehalten, muss er allerdings hinnehmen, das Objekt in vermietetem Zustand zurückzuerhalten, was jedenfalls dann akzeptabel erscheint, solange das Recht des (neuen) Eigentümers zur Eigenbedarfskündigung sowie zur Anpassung der Miethöhe an die ortsübliche Vergleichsmiete nicht beschränkt wurden. Wird hiergegen Vorsorge gewünscht, ist eine entsprechende Freistellungsverpflichtung des Erwerbers zu schaffen, die angesichts der Schranken des sozialen Mietrechts regelmäßig nur Basis für entsprechende Schadensersatzleistungen in Geld sein wird:

▶ **Formulierungsvorschlag: Pflicht zur Freistellung von »unüblichen« Mietverhältnissen bei Rückforderung**

Der Erwerber ist verpflichtet, den zurück zu übertragenden Grundbesitz auf seine Kosten freizustellen von solchen Nutzungsverhältnissen, die den Veräußerer in unüblicher Weise binden würden, weil
(1) das Eigenbedarfskündigungsrecht oder das Recht zu Mieterhöhungen, und sei es auch nur befristet, ausgeschlossen ist oder
(2) weil der Mietzins bereits bei Mietbeginn um mehr als 25 % unter der ortsüblichen Vergleichsmiete lag, es sei denn, die Überlassung an den Mieter erfolgte bereits vor mehr als zwei Jahren vor der Ausübung des Rückforderungsrechtes.

Den Beteiligten ist bewusst, dass einseitige Möglichkeiten einer Beendigung solcher Nutzungsverhältnisse regelmäßig rechtlich nicht bestehen.

Ein **völliger Ausschluss jeglichen finanziellen Ausgleichs** wird allenfalls gewünscht sein, wenn das Rückerwerbsrecht ganz überwiegend poenalen Charakter hat. Hierin kann eine anfechtbare Gläubigerbenachteiligung liegen (vgl. Rdn. 2255 ff.), und zwar jedenfalls dann, wenn der Ausschluss des Aufwendungsersatzes lediglich für die Fälle des Vermögensverfalls vorgesehen ist.[1290] Die Entschädigungspflicht zumindest für einen weiteren Fall ebenfalls auszuschließen, reicht aber (wohl) nicht aus;[1291] vielmehr prüft der IX. Senat des BGH, ob gerade die abfindungslose Rückforderung zur Erreichung des Vertragszwecks (Sicherung des elterlichen Familienvermögens) erforderlich ist, was zu verneinen ist (hier geht es allein um den Verwertungsschutz sonstiger Investitionen des Käufers aus seinem eigenen Vermögen, was mit den Worten des BGH[1292] »zur Erreichung des Vertragszwecks unnötig und in ihren Auswirkungen unangemessen« ist). Daher dürfte der gänzliche Ausschluss der Erstattung von Aufwendungen stets der Gläubigeranfechtung gem. § 133 Abs. 1

1290 So *Mayer/Geck*, Der Übergabevertrag, § 13 Rn. 83; ebenso *Kesseler*, ZNotP 2007, 304 im Hinblick auf BGH, 19.04.2007 – IX ZR 59/06, ZNotP 2007, 307 sowie BGH, 12.06.2008 – IX ZB 220/07, DNotZ 2008, 838 m. Anm. *Reul*, S. 824 ff.
1291 So noch *Reul*, ZEV 2007, 665; vgl. zur Parallelfrage der Abfindungsreduzierung bei Kündigung einer Personengesellschaft, Rn. 2028.
1292 BGH, 19.04.2007 – IX ZR 59/06, ZNotP 2007, 307.

InsO unterliegen.[1293] Allein die Investition des Erwerbers selbst ist allerdings kein anfechtbarer Vorgang.[1294]

2314 Sofern ein **Investitionsausgleich** im Fall der Rückforderung bei Scheidung des erwerbenden Eigentümers gänzlich ausgeschlossen wird, kann hierin eine Schenkung des Erwerbers an den Veräußerer liegen. Dem anderen Ehegatten steht dann ein fiktiver Zugewinnausgleichsanspruch gem. § 1375 Abs. 2 Nr. 1 BGB zu, der gem. § 1389 BGB auch ggü. dem begünstigten Rückerwerber (Schwiegereltern) als Drittem verfolgt werden kann (vgl. Rdn. 2268). Sittenwidrigkeit wird dadurch (wohl) nicht begründet, jedenfalls wenn bei Rückforderung ehebedingter Zuwendungen im Scheidungsfall zumindest solche Verwendungen auszugleichen sind, die aus tatsächlichem oder fiktivem (§ 1374 Abs. 2 BGB) zugewinnausgleichsrechtlichem Anfangsvermögen (und nicht aus z.B. Arbeitseinkommen) stammen, vgl. Rdn. 3213,[1295] und keine weiteren Übervorteilungsmomente hinzutreten.

▶ Formulierungsvorschlag: Ausschluss jeglicher Erstattung bei Rückforderung

2315 Die Rückübertragung erfolgt auf Kosten des Verpflichteten und vollständig unentgeltlich, also insbesondere ohne Ausgleich für erbrachte Verwendungen, Aufwendungen und Investitionen, geleistete Dienste, wiederkehrende Dienst- oder Geldleistungen, Gleichstellungsgelder, Abstandszahlungen, planmäßige oder Sondertilgungen, geleistete Zinsen, Arbeitsleistungen, oder die gezogenen Nutzungen. Nur hilfsweise gelten die gesetzlichen Bestimmungen zum Rücktrittsrecht.

2316 Zur Vermeidung des Risikos einer Gläubigeranfechtung gem. § 132 ff. AnfG (Rdn. 2254) ist jedoch empfehlenswert, den **Ausgleich wertverbessernder Investitionen** (im Unterschied zu bloßen Instandhaltungsaufwendungen und Schönheitsreparaturen), die durch den Erwerber, dessen Ehegatten oder dessen Rechtsnachfolger aus eigenem Vermögen[1296] getätigt wurden, zuzulassen, allerdings regelmäßig unter der 3-fachen Einschränkung, dass
(1) zum einen die Investition – sofern es sich nicht um notwendige Verwendungen handelt – mit (schriftlicher, nicht höchstpersönlicher?) Zustimmung[1297] des Veräußerers vorgenommen sein muss,
(2) zum Zweiten der auszugleichende Betrag auf die noch vorhandene Wertsteigerung des Objekts (Zeitwert) beschränkt ist (»aufgedrängte Bereicherung«) oder aber der Betrag sich nach steuerlichen Abschreibungsgrundsätzen mindert.
(3) und schließlich ein Ausgleich in Geld insoweit nicht stattfindet, als ihr objektbezogene Darlehensbeträge gegenüberstehen, die der Veräußerer wieder zu übernehmen hat (Rdn. 2317).

Sind keine vertraglichen Regelungen getroffen, und damit gesetzliche Ansprüche jedenfalls nicht ausgeschlossen, erkennt der BGH[1298] dem Rückübertragungsverpflichteten einen Verwendungsersatzanspruch unter den Voraussetzungen der §§ 347 Satz 2 a.F., 994 Abs. 2 BGB zu.

1293 *Kesseler*, ZNotP 2007, 303, 304; *Amann*, DNotZ 2008, 521 (Fn. 6), ähnlich *Zimmer*, ZfIR 2008, 93.
1294 Es wird lediglich Vermögen umgeschichtet; i.R.d. § 132 Abs. 2 InsO (anfechtbarer Realakt) ist die Drei-Monats-Frist regelmäßig abgelaufen, vgl. *Amann*, in: Notarielle Gestaltungspraxis im Insolvenzrecht (Tagungsband DNotV) 2008, S. 8.
1295 So etwa im Sachverhalt OLG München, 28.07.2016 – 34 Wx 233/16, ZNotP 2016, 366; vgl. hierzu krit. *Holzer*, ZNotP 2017, 8 ff., der diese Klausel für sittenwidrig hält und daher einen Amtswiderspruch gegen die Rückauflassungsvormerkung befürwortet.
1296 Also nicht unmittelbar aus den Erträgen des übergebenen Objekts selbst oder aus Erlösen für Verkäufe von Teilen dieses Objekts, vgl. *Ellenbeck*, MittRhNotK 1997, 48.
1297 *J. Mayer*, in: Amann/Mayer, Intensivkurs Überlassungsvertrag (DAI-Skript Mai 2006), S. 224, gibt zu bedenken, dass dieses Zustimmungserfordernis zu endlosen innerfamiliären Streitigkeiten führen kann, und rät daher, den Investitionsausgleich bei bestimmten Rückforderungsgründen gänzlich auszuschließen, i.Ü. aber zuzulassen.
1298 ZNotP 2000, 360.

Von **Verbindlichkeiten**, die der Rückübertragungsverpflichtete eingegangen ist, muss er nur freigestellt werden, soweit dadurch Investitionsabgeltungsansprüche erfüllt werden (Rdn. 2316 (3)), oder aber wenn diese schon vor der Überlassung bestanden und während der Eigentumszeit des Erwerbers durch diesen zu erfüllen waren. Anders verhält es sich freilich, wenn der Übertragungsverpflichtete das Eigentum von Dritten, wenn auch im Interesse des Übertragungsberechtigten, erworben und für eigene Rechnung finanziert hat und nun an Letzteren herauszugeben hat, so etwa beim sog. »Wiesbadener Modell« (die Ehefrau erwirbt das an den Ehemann sodann zu betrieblichen Zwecken vermietete Objekt, so dass dieses nicht Betriebsvermögen wird, und muss es im Scheidungsfall an ihn »herausgeben«. Hier erkennt die Rechtsprechung bereits aus den Umständen dem Übertragungsverpflichteten einen Anspruch auf Freistellung von den zur Finanzierung eingegangenen Verbindlichkeiten zu.[1299] Zu denken ist auch an die Erstattung einkommensteuerlicher Nachteile, soweit die Rückübertragung ein (teil-)entgeltliches »Veräußerungsgeschäft« darstellt, etwa gem. § 23 EStG.[1300]

2317

Dagegen wird die **persönliche eigene Arbeitsleistung**, obwohl es sich um Verwendungen handeln kann,[1301] regelmäßig nicht zu erstatten sein, was teilweise dadurch betont wird, dass in der Vertragsformulierung die »*Vorlage ordnungsgemäßer Rechnungen*« verlangt wird. Steht zu befürchten, dass zwischen den Beteiligten über den Betrag der noch vorhandenen Zeitwerterhöhung Streit entsteht, kann hierfür eine **Schiedsgutachterklausel** (Gebäudebewertungssachverständiger nach Bestimmung der örtlich zuständigen IHK) aufgenommen werden; seine Kosten werden dann in dem Verhältnis zwischen den Streitparteien geteilt, in welchem deren Beitragsvorschläge vom Schiedsergebnis entfernt lagen.

2318

Differenziert werden könnte insoweit auch nach Maßgabe der gesetzlichen Termini der §§ 994 ff. BGB zwischen »**notwendigen Verwendungen**«, die zur Erhaltung einer ordnungsgemäßen Bewirtschaftung der Sache erforderlich sind, etwa Arbeiten am Dach, Drainage und Ver- und Entsorgungsanschlüssen,[1302] und **nützlichen Verwendungen**, also wertsteigernden Aufwendungen ohne zwingende Notwendigkeit. Die Erstattungspflicht wird sich eher auf die notwendigen Verwendungen beziehen, soweit diese noch zu einer Wertsteigerung ggü. dem Zustand der Übergabe führen.

2319

Demgegenüber wird regelmäßig keine Pflicht bestehen zur Erstattung der gewöhnlich wiederkehrenden öffentlichen und privaten Lasten, die durch die Nutzungen aufgewogen sind oder zur Fruchtziehung erforderlich waren (vgl. die Wertung der §§ 1041, 1047 BGB).[1303] Bei minderjährigen Erwerbern empfiehlt es sich, zur Beibehaltung des lediglich rechtlich vorteilhaften Charakters des Rechtsgeschäfts (Rdn. 3980) die Zahlungspflichten analog § 818 Abs. 3 BGB auf den Bestand des noch vorhandenen Erwerbs zu beschränken.

2320

Auch an die Rückzahlung etwaiger **Gutabstandsgelder** oder **Rentenzahlungen** des Erwerbers an den Veräußerer ist zu denken: Soweit der Erwerber die Nutzung des Zuwendungsobjekts i.Ü. unentgeltlich in Anspruch nehmen konnte, wird in den während dieser Zeit erbrachten wiederkehrenden Leistungen an den Veräußerer regelmäßig nachträglich eine Nutzungsentschädigung liegen, die nicht zurückzugewähren ist. Gutabstandsgelder als Einmalzahlungen an den Veräußerer wären jedoch an sich zu erstatten, allerdings ohne Beilage von Zinsen (als Ausgleich für die mit Zeitablauf eintretende Wertreduzierung des Gebäudes).

2321

Hinsichtlich des **Schuldendienstes** für vom Erwerber übernommene Verbindlichkeiten wird allenfalls ein Ausgleich der geleisteten Tilgungsbeträge, nicht jedoch der Zinsaufwendungen in Be-

2322

1299 BGH, 21.02.2014 – V ZR 176/12, DNotZ 2014, 683 Rz. 16 (obwohl der Vertrag nur von der Übernahme der dinglichen Belastungen sprach).
1300 *Herrler*, in: DAI, Aktuelle Probleme der Vertragsgestaltung im Immobilienrecht 2014/2015, S. 131.
1301 BGH, DNotZ 1996, 443.
1302 BGH, DNotZ 1996, 443.
1303 *Langenfeld/Günther*, Grundstückszuwendungen zur lebzeitigen Vermögensnachfolge, Rn. 114.

tracht kommen; Letztere stellen ein Äquivalent für die Nutzungsüberlassung dar. Auch die regelmäßigen Tilgungsanteile werden jedoch häufig von der Erstattung ausgenommen, da sie nach der Rentabilitätsvermutung in den gezogenen Nutzungen ihr Äquivalent gefunden haben, so dass es bei der Rückzahlung außerplanmäßiger Sondertilgungen verbleibt.

▶ Hinweis:

2323 Soweit die Rückübertragung Zug um Zug gegen Erbringung der näher definierten Ausgleichsleistung geschuldet ist, sollte klargestellt werden, dass Verbindlichkeiten, die der Veräußerer aufgrund von Grundpfandrechten, die vor seiner Rückauflassungsvormerkung bestellt wurden, wieder zu übernehmen hat, hinsichtlich ihres aktuellen Valutastands auf diese Ausgleichsleistung anzurechnen sind.

2324 Die Ausgleichsleistung ihrerseits wird wiederum nur geschuldet sein »Zug um Zug«, also **nach Erklärung der Auflassung** (deren Vollzug jedoch bis zur Erbringung der Ausgleichsleistung ausgesetzt werden kann), ferner erst dann, wenn die Lastenfreistellung von den im Rang nach der Vormerkung bestellten Belastungen gesichert ist und sonstige zum Vollzug des Rückerwerbs notwendige Genehmigungen, Verzichtserklärungen etc. vorliegen. Es dürfte jedoch auch anfechtungsfest sein, die Fälligkeit des (einheitlich geschuldeten) Aufwendungsersatzes auf den Tod des Veräußerers hinauszuschieben, um zu verhindern, dass er sich wegen der drohenden Ersatzansprüche an der Rückforderung gehindert sieht.[1304]

▶ Formulierungsvorschlag: Rückabwicklung bei Ausübung des Rückforderungsrechts

2325 Verwendungen aus dem Vermögen des Rückübertragungsverpflichteten werden – maximal jedoch bis zur Höhe der noch vorhandenen Zeitwerterhöhung – gegen Rechnungsnachweis erstattet bzw. durch Schuldübernahme abgegolten, soweit sie nicht nur der Erhaltung des Anwesens im derzeitigen Zustand, sondern dessen Verbesserung oder Erweiterung gedient haben und mit schriftlicher Zustimmung des Berechtigten oder seines Vertreters durchgeführt wurden. Sondertilgungen auf übernommene Verbindlichkeiten sowie Gutabstandszahlungen an den Veräußerer sind ebenfalls Zug um Zug mit Vollzug der Rückauflassung, frei von nicht zu übernehmenden Belastungen, und ohne Beilage von Zinsen zu erstatten. I.Ü. erfolgt die Rückübertragung unentgeltlich, also insbesondere ohne Ausgleich für geleistete Dienste, wiederkehrende Leistungen, Gleichstellungsgelder – soweit sie, auch mittelbar, an weichende Geschwister geflossen sind –, planmäßige Tilgungen, geleistete Zinsen, Arbeitsleistungen oder die gezogenen Nutzungen. Nur hilfsweise gelten die gesetzlichen Bestimmungen zum Rücktrittsrecht.

(Zusatz bei minderjährigen Beschenkten: Alle etwaigen Zahlungspflichten des Erwerbers sind jedoch beschränkt auf den noch vorhandenen Bestand des übertragenen Vermögens).

Der Veräußerer hat die im Grundbuch eingetragenen Rechte und Grundpfandrechte dinglich zu übernehmen, soweit sie dann im Rang vor der nachstehend bestellten Auflassungsvormerkung eingetragen sind. Aufschiebend bedingt auf die wirksame Ausübung des Rückforderungsrechts werden bereits heute alle Rückgewähransprüche, die dem Erwerber dann bezüglich eingetragener Grundpfandrechte zustehen (werden), an den dies annehmenden Veräußerer im oben bezeichneten Erwerbsverhältnis abgetreten. Ferner verpflichtet sich der Erwerber, etwa ihm dann zustehende Eigentümergrundschulden auf Verlangen des Veräußerers löschen zu lassen, und bewilligt, zu dessen Gunsten eine Löschungsvormerkung gem. § 1179 BGB bei den derzeit eingetragenen Grundpfandrechten einzutragen. *Der Veräußerer beantragt die Eintragung/kann den Antrag auf Eintragung jederzeit stellen.*

Die Kosten der Rückübertragung hat der Anspruchsberechtigte zu tragen. Mit Durchführung der Rückübertragung entfällt die ggf. angeordnete Anrechnung der Zuwendung auf den Pflichtteilsanspruch des heutigen Erwerbers sowie ein etwa mit ihm in dieser Urkunde vereinbarter Pflichtteilsverzicht (auflösende Bedingung).

1304 Vgl. *Schumacher-Hey*, RNotZ 2004, 559.

H. Vertragliche Rückforderungsrechte Kapitel 4

bb) pflichtteilsbezogene Erklärungen

Im Zusammenspiel zwischen vertraglichen Rückforderungsrechten und dem Pflichtteilsrecht stellen sich verschiedene, teilweise bereits an anderer Stelle erörterte Rechtsfragen[1305]: [1] Die Reduzierung des Schenkungswerts durch die bedingt übernommene Rückübertragungsverpflichtung (um Werte zwischen 10 % und 33 % des Immobilienwerts) wurde bereits in Rdn. 56 dargestellt. [2] Der Einfluss des Rückforderungsrechts auf den Anlauf der Pflichtteilsergänzungsfrist des § 2325 Abs. 3 BGB, insbesondere die Erfüllung der Anforderungen an die »wirtschaftliche Ausgliederung«, wird in Rdn. 3635 Nr. (4) behandelt. 2326

[3] Erst nach Ausübung des vertraglich vorbehaltenen Rückforderungsrechts relevant ist die dritte Frage, ob und wie angeordnete Pflichtteilsanrechnungen bzw. vereinbarte Pflichtteilsverzichte im Verhältnis zwischen Veräußerer und Erwerber rückabzuwickeln sind bzw. rückabgewickelt werden. §§ 346 ff. BGB bzw. bereicherungsrechtliche Vorschriften finden auf das als Instrument sui generis vereinbarte Rückforderungsrecht selbst keine unmittelbare Anwendung. Das OLG München[1306] hat in Bezug auf eine **Pflichtteilsanrechnung** eine stillschweigend vereinbarte auflösende Bedingung angenommen, so dass die Pflichtteilsanrechnung eo ipso entfällt, wenn es zur Rückübertragung kommt. Zur Vermeidung von Auslegungsunsicherheiten ist stets vorzuziehen, diese auflösende Bedingtheit der Pflichtteilsanrechnungsbestimmung in der Urkunde selbst festzuhalten. Da die Pflichtteilsanrechnung an die Existenz einer Schenkung geknüpft ist, liegt es nahe, sie mit deren Wegfall ebenfalls entfallen zu lassen. 2327

In Bezug auf **Pflichtteilsverzichte**, die zwischen Veräußerer und Erwerber aus Anlass der Vermögensübertragung (die dann den Charakter einer »Abfindung« erhält) geschlossen werden, ist dieser Wegfall nicht in gleichem Maß zwingend, jedoch ebenfalls naheliegend. Ein solcher bedingter Verzicht ist nach überwiegender Auffassung zulässig, vgl. Rdn. 3837 ff. Daher wird im Formulierungsvorschlag, Rdn. 2325, auch diese auflösende Bedingung des Pflichtteilsverzichts vorgeschlagen. Alternativ ist eine Verpflichtung zur Aufhebung (§ 2351 BGB) vorzusehen. Die Aufhebung/auflösende Bedingtheit des Pflichtteilsverzichtes verringert u.U. auch das Risiko der Pfändbarkeit des Rückforderungsrechts (Verbot des externen Eingriffs in die Pflichtteilsverhältnisse der Beteiligten, analog § 852 Abs. 1 ZPO, s. Rdn. 2128). 2328

Problematischer ist die Rechtslage, wenn **mehrere Personen** (Eltern) übertragen und die Rückforderung erst nach dem Ableben des ersten Elternteils, an den Verbleibenden allein, stattfindet. Hier ist zum Einen zu berücksichtigen, dass in der Übertragung des Rückforderungsrechts hinsichtlich des (Halb-)Anteils des Erstverstorbenen an den Längerlebenden eine (aufschiebend bedingte) Schenkung des erstversterbenden an den länger lebenden Elternteil liegt. (Hätte der Erstversterbende diesen Anspruch vererbt, also nicht bereits zu Lebzeiten, auf seinen Todeszeitpunkt bedingt, übertragen, wäre § 2313 Abs. 1 BGB einschlägig: Die Grundstücksanteile wären dann erst mit Entstehen des Rückforderungsanspruchs, also im Zeitpunkt des Erbfalls, als Schenkung – und damit pflichtteilserhöhend – zu berücksichtigen). Zum Zweiten ist zu berücksichtigen, dass für den Fall der auflösenden Bedingtheit (auch) des Pflichtteilsverzichts mit dem erstverstorbenen Ehegatten im Nachhinein ein Pflichtteilsanspruch entsteht, den der Erbe des erstversterbenden Elternteils (bei dem es sich ja nicht zwingend um den länger lebenden Elternteil zu handeln braucht) zu erfüllen hat, hilfsweise, allerdings in der kurzen insoweit stets mit dem Erbfall beginnenden 3-Jahres-Verjährung gemäß § 2332 Abs. 1 BGB, der überlebende Elternteil als Beschenkter, gemäß 2329 BGB, soweit der Nachlass zur Befriedigung der Pflichtteilsforderung nicht ausreichend ist bzw. der Erbe die Verletzung seines eigenen Pflichtteils einwenden kann. 2329

Verstirbt der Verzichtende (also der Erwerber) seinerseits, bevor es zur Rückforderung kommt, ändert dies nach hier vertretener Auffassung an der Gestaltungsmöglichkeit der auflösenden Bedin- 2330

1305 Vgl. im Überblick *Weidlich*, MittBayNot 2015, 193 ff.
1306 OLG München, 17.07.2007 – 31 Wx 18/07, ZEV 2007, 493, 495.

gung nichts, und zwar unabhängig davon, ob die nachrückenden Eigentümer bereits über § 2349 BGB in die Wirkungen des Pflichtteilsverzichts einbezogen waren (waren sie es nicht, hat freilich die auflösende Bedingung auf sie keine Auswirkung). Hält man jedoch – vorsichtigerweise – entgegen der in Rdn. 3837 ff. vertretenen Auffassung den auflösend bedingten Pflichtteilsverzicht für unzulässig und befürchtet gar Auswirkungen auf den Bestand des Überlassungsvertrags im Übrigen, wenn dieser bedingte Verzicht unwirksam sein sollte (§ 139 BGB), wäre vorzusehen, dass – sofern zum Zeitpunkt der Ausübung des Rückforderungsrechts der Erwerber oder einer der Veräußerer bereits verstorben ist – der mit der bereits verstorbenen Person vereinbarte Pflichtteilsverzicht bestehen bleibt. In diesem Fall müsste das Ergebnis des Wegfalls des Pflichtteilsverzichts, analog § 346 Abs. 2 Satz 1 Nr. 3 BGB, durch Schaffung eines Geldersatzanspruchs (»Wertersatz«) erreicht werden. Die überwiegende Praxis nimmt diesen Umstand jedoch hin und argumentiert, es würde die vom Gesetz geschützte (§ 851 ZPO) Entscheidungsfreiheit des Pflichtteilsberechtigten missachten, den Rückforderungsberechtigten in diesem Fall dazu zu nötigen, dem Verpflichteten einen Betrag auszuzahlen, der dem gesetzlichen Pflichtteilsanspruch entspricht.[1307]

2331 Soll gleichwohl für diesen Fall ein Wertersatzanspruch geschaffen werden,[1308] könnte formuliert werden:

▶ **Formulierungsvorschlag: Pflichtteilsverzicht mit auflösender Bedingung, hilfsweise Wertersatzanspruch**

Der mit dem Erwerber in dieser Urkunde vereinbarte Pflichtteilsverzicht entfällt mit wirksamer Ausübung des Rückforderungsrechts. Ist zu diesem Zeitpunkt der Erwerber oder einer der beiden Veräußerer bereits verstorben, bleibt der mit der verstorbenen Person vereinbarte Pflichtteilsverzicht jedoch bestehen. Dem zur Rückübertragung Verpflichteten steht dann gegenüber dem Rückforderungsberechtigten ein Geldersatzanspruch in Höhe des Pflichtteils des Erwerbers nach dem verstorbenen Veräußerer samt dessen Ergänzung zu, im Fall des Vorversterbens des Erwerbers in der Höhe, wie wenn der Erbfall zum Zeitpunkt der wirksamen Ausübung des Rückforderungsrechts eingetreten wäre. Der Geldersatzanspruch ist jedoch nicht höher als der nach Abzug der zu erstattenden Aufwendungen verbleibende Verkehrswert des zurück zu übertragenden Grundbesitzes, bei mehreren Veräußerern in der Quote, die der ursprünglichen Beteiligung des Veräußerers, dem gegenüber der Verzicht bestehen bleibt, am Grundstück entspricht.

2332 Schließlich sind **bereits geleistete**[1309] **Gleichstellungsgelder** an Geschwister, auch wenn sie unmittelbar dem Veräußerer ggü. geschuldet sind zu berücksichtigen: Hier werden Rückzahlungsverpflichtungen – die zulasten der Geschwister ohnehin nur mit deren Zustimmung begründet werden könnten, also wirtschaftlich durch den Rückforderungsberechtigten zu übernehmen wären[1310] – kaum in Betracht kommen, zumal durch letztere erklärte Pflichtteilsverzichte regelmäßig bestehen bleiben.[1311] Das OLG München[1312] hat allerdings in einem Fall, in dem im Rahmen der Rückabwicklung (formunwirksam, da der Veräußerer und spätere Erblasser nicht persönlich mitwirkte) die Aufhebung (§ 2351 BGB) der Pflichtteilsverzichte der weichenden Geschwister erklärt wurde, die ursprünglichen gegenständlich beschränkten Verzichte der Geschwister als durch die Rückabwicklung auflösend bedingt angesehen, was aber wohl nur in Betracht kommt, wenn sie keine Abfindung erhalten bzw. eine solche zurückgewährt haben.

1307 In Rückforderungsfällen, die durch Vermögensverfall ausgelöst wurden, ist diese Lösung unter dem Gesichtspunkt der »asset protection« sogar kontraproduktiv. Dafür plädiert jedoch *Weidlich*, FS Spiegelberger (2009), S. 1104 ff.
1308 Im Anschluss an *Weidlich*, MittBayNot 2015, 193, 201.
1309 Noch nicht fällige Ausgleichsleistungen werden jedoch entfallen (auflösende Bedingung).
1310 Für Letzteres *Müller*, notar 2015, 104.
1311 Dafür auch *Weidlich*, MittBayNot 2015, 193, 202.
1312 OLG München, 14.05.2014 – 7 U 2983/13 MittBayNot 2015, 240; hierzu *Keim* notar 2015, 17, Replik von *Lotter*, notar 2015, 68 und *Müller*, notar 2015, 104.

H. Vertragliche Rückforderungsrechte

cc) Wiederaufleben erloschener Beschränkungen?

Unterlag der in vorweggenommener Erbfolge oder schlichter Schenkung übertragene Gegenstand der Nacherbfolge, erlöschen diese Beschränkungen als Folge der Zustimmung durch die Nacherben (die zum grundbuchlichen Nachweis in der Form des § 29 GBO zu erteilen ist, vgl. Rdn. 4211 ff.), da es an einer Beeinträchtigung der Nacherbenrechte fehlt. Kommt es aufgrund der Ausübung eines vorbehaltenen Rückforderungsrechts zur Rückübertragung an den früheren Vorerben, ist umstritten, ob die Nacherbschaftsbindungen eo ipso wiederaufleben oder zumindest diese Wirkung vertraglich vereinbart werden kann. Der automatische Wiedereintritt der Nacherbschaftsbeschränkungen ließe sich allenfalls durch eine »doppelte Surrogation«, § 2111 BGB, begründen, wonach das Rückforderungsrecht selbst im Sinn einer »erlangten Gegenleistung für die Hingabe des Nachlassgegenstands selbst« anzusehen wäre, und das wiedererlangte Eigentum sodann als neuerliches Surrogat für die Ausübung des Ersatznachlassgegenstands »Rückforderungsrecht«. Gegen diese Analogie zur »Mittelsurrogation« spricht jedoch, dass das Sacheigentum einerseits und das Rückforderungsrecht andererseits nicht im Sinn eines Austauschverhältnisses zueinander stehen, geschweige denn überhaupt davon die Rede sein kann, dass die zu übertragenden Vermögensgutwerte aufgewendet werden, um einen darauf gerichteten Rückforderungsanspruch zu erwerben (vielmehr handelt es sich um einen aus Anlass der Übertragung vereinbarten schuldrechtlichen Rückübertragungsanspruch zur Sicherung gegen ungeplante Entwicklungen auf Erwerberseite). Teilweise wird jedoch vertreten,[1313] dass es zumindest zulässig sein müsse, vertraglich das Wiederaufleben der Nacherbschaftsbeschränkung infolge der Rückauflassung zu vereinbaren, in Gestalt der Abrede, dass der Übergabegegenstand nur dann endgültig aus dem Nachlass ausscheide, falls es nicht zur vorbehaltenen Rückforderung komme. Die Möglichkeit eines solchen vertraglichen Vorbehalts (im Sinn einer parteidispositiven Definition der Nachlasszugehörigkeit in zeitlicher Hinsicht) wird insbesondere befürwortet für den Fall, dass die Übertragung an den Nacherben (im Sinn einer Vorwegnahme der Nacherbschaftsbindung, vgl. Rdn. 4220 ff.), nicht an sonstige Dritte, stattfindet. Dagegen ist jedoch einzuwenden, dass der Numerus clausus der erbrechtlichen Regelungstatbestände begrenzt ist, insbesondere die Surrogationswirkungen des § 2111 BGB nur kraft Gesetzes eintreten können, was auch der Sicherheit des Rechtsverkehrs dient.[1314] Selbst bei entsprechender »Bewilligung« oder »Vereinbarung« ist also nach Vollzug der Rückauflassung kein neuerlicher Nacherbenvermerk (§ 51 GBO) einzutragen bzw. ein versehentlich eingetragener wäre wegen Unrichtigkeit zu löschen.[1315]

2333

f) Ersetzungsbefugnis

Um den Vollstreckungszugriff etwaiger Gläubiger des Veräußerers bei Ausübung des Rückforderungsrechts zu erschweren, kann es sich empfehlen,[1316] dem Erwerber (Rückübertragungsverpflichteten)[1317] eine Ersetzungsbefugnis in Gestalt der Übertragung an ihm nahestehende Dritte (z.B. seine Abkömmlinge) einzuräumen. Diese subjektive Wahlschuld darf allerdings (da sonst evidente Gläubigerbenachteiligung vorläge) nicht lediglich im Fall der Pfändung des Rückerwerbsrechts bestehen. Noch offen ist, ob die »Konzentration« auf die Ersatzleistung erst mit der tatsächlichen Ausübung der Ersetzungsbefugnis eintritt[1318] und ob – dies vorausgesetzt – eine frü-

2334

1313 Vgl. etwa *Reimann*, DNotZ 2007, 590 ff.
1314 Vgl. hier insbesondere *Warlich*, Die Auseinandersetzung zwischen Vor- und Nacherben, 2012, S. 174.
1315 Vgl. LG Hanau, 04.03.2014 – 4 O 894/13, hierzu *Goes*, EE 2016, 12 ff.
1316 Vgl. etwa *Wegmann*, Grundstücksüberlassung, Rn. 194; *Baldringer/Jordans*, FPR 2004, 9; skeptisch *Berringer*, DNotZ 2004, 249.
1317 Eine Ersetzungsbefugnis des Rückforderungsberechtigten wäre nur dann gläubigerfest, wenn der vormerkungsgesicherte Anspruch einerseits in der Insolvenz des verpflichteten Erwerbers durchsetzbar ist, andererseits in der Insolvenz des Wahlberechtigten nicht in die Masse fallen würde, wovon nur HK-InsO/*Eickmann*, § 91 Rn. 33, ausgeht; dagegen *Kesseler*, MittBayNot 2006, 408.
1318 So Staudinger/*Selb*, BGB (1995), § 262 Rn. 8.

here Pfändung des Rückforderungsrechts die Ersetzungsbefugnis des Drittschuldners unberührt lässt.[1319]

▶ **Formulierungsvorschlag: Subjektive Wahlschuld des Rückübertragungsverpflichteten**

2335 Wenn das Rückübertragungsverlangen durch den Veräußerer gestellt wird, ist der Erwerber nicht zur Rückübertragung verpflichtet, wenn er das Objekt einem Abkömmling durch einen binnen zwei Monaten geschlossenen Übertragungsvertrag zuwendet, vorausgesetzt in diesem Vertrag wird dem heutigen Veräußerer ein an Dritte nicht zur Ausübung übertragbares Wohnungsrecht auf Lebenszeit eingeräumt.

2336 Allerdings ist zu bedenken, dass in der Zuwendung der potenziellen Begünstigungsposition an Abkömmlinge auch eine (anfechtbare bzw. § 528 BGB auslösende) Schenkung des heutigen Veräußerers an Letztere liegen kann.[1320] Weiterhin bleibt stets die Pfändbarkeit des doppelt bedingten Rückforderungsanspruchs, jedenfalls bis zur Ausübung der subjektiven Ersetzungsbefugnis. Sind Veräußerer und Rückübertragungsverpflichteter im Konflikt (etwa im Fall der Rückforderung bei Trennung oder Scheidung), wird der Erwerber zudem gerne von dieser (zur Vermeidung einer Gläubigerbenachteiligung nicht nur den Fall des Vollstreckungszugriffs/der Insolvenz vereinbarten) Ersetzungsmöglichkeit Gebrauch machen: »*Wenn ich es schon nicht behalten darf, sollst du das Vermögen erst recht nicht zurückbekommen.*«

Zum benachbarten Fall eines Vertrages zugunsten Dritter (Übereignungsanspruch eines Dritten beim Eintritt bestimmter Voraussetzungen) vgl. Rdn. 2378 ff.

7. Verzicht auf vorbehaltene Rückforderungsrechte

2337 Die spätere, auch ohne Entschädigung stattfindende, »Aufgabe« der faktischen Sperrposition, die durch den Rückforderungsvorbehalt als solchen vermittelt wurde, also der Verzicht auf das (bedingte) Rückforderungsrecht insgesamt, stellt keine Schenkung i.S.d. § 516 BGB dar, auch wenn sich die tatsächliche Vermögenssituation des Objekteigentümers dadurch verbessert. Im Sinne des § 517, 2. Alt., BGB handelt es sich lediglich um ein »angefallenes, noch nicht endgültig erworbenes« Recht,[1321] auf das verzichtet werden kann, ohne dadurch eine Schenkung zu verwirklichen, da keine Leistung »aus vorhandenem Vermögen« stattfindet. Gleiches gilt, wenn der abstrakt Rückforderungsberechtigte, obwohl ein zur Rückforderung berechtigender Umstand (z. B. das Vorversterben des Erwerbers) eingetreten ist, das Rückforderungsrecht nicht ausübt, auch insoweit stellt das bloße Unterlassen eines möglichen (Rück-)Erwerbs keine Schenkung dar. Damit droht bei bloßem Untätigbleiben keine »Rückforderung« der unterlassenen Vermögensmehrung binnen zehn Jahren gem. § 528 BGB mit potenzieller Überleitung an den Sozialleistungsträger, ebenso wenig eine Anfechtung des Unterlassungsverhaltens durch Gläubiger binnen vier Jahren.

1319 So *Brehm*, in: Stein/Jonas, ZPO, 21. Aufl. 1995, § 851 Rn. 31.
1320 *Berringer*, DNotZ 2004, 250, weist darauf hin, dass zwar grds. treuhänderische Empfangszuständigkeiten nur unter Mitwirkung des (Rückübertragungs-)Berechtigten geändert werden können, wenn dessen Interessen schutzwürdig sind (wie bei der Zweckbindung des Kaufpreisanspruchs zur Lastenfreistellung); dies dürfte aber nicht zur Schaffung einer »res extra commercium« bzw. zu einem Katz-und-Maus-Spiel mit dem Gläubiger berechtigen.
1321 Vgl. OLG München, 23.11.2016 – 20 U 2998/16, NotBZ 2017, 238; nicht etwa ist das »Rückforderungsrecht als solches« bereits mit der Einräumung endgültig erworben worden, da es ja noch unter dem doppelten Vorbehalt (des Eintritts einer der ausbedungenen Umstände und der tatsächlichen Ausübung des Rückforderungsrechts) steht.

IV. Sicherung durch Vormerkung

1. Grundbucheintragung

a) Voraussetzungen

Die beabsichtigte Schutzwirkung kommt dem Rückerwerbsrecht nur dann zu, wenn es durch eine[1322] **Eigentumsverschaffungsvormerkung**[1323] (häufig nicht ganz zutreffend, da ja nicht nur auf Erklärung der Auflassung gerichtet, »Rückauflassungsvormerkung« genannt) an günstiger Rangstelle[1324] im Grundbuch gesichert ist. Jeder Anspruch bedarf einer eigenen Vormerkung; »**ein**« **Anspruch** liegt jedoch auch vor, wenn er mehrere gleichartige dingliche Rechtsänderungen zum Inhalt hat,[1325] wenn er auf mehrere alternative Voraussetzungen gestützt sein kann und wenn er mehreren Gläubigern gemeinschaftlich (§ 47 GBO) oder sukzessive[1326] zusteht. Zu den möglichen Gemeinschaftsverhältnissen hinsichtlich des Rückforderungsrechts vgl. Rdn. 1917 ff.; im Grundbuch einzutragen ist nicht das künftige Eigentumsverhältnis, das nach Erfüllung des Rückforderungsanspruchs bestehen wird.[1327] Erwerben mehrere Personen die Immobilie zu Bruchteilen, besteht der mögliche Anspruch auf Rückübertragung hinsichtlich jedes »Objektes« einzeln, vgl. Rdn. 2223, so dass an jedem Bruchteil eine Vormerkung bewilligt und eingetragen werden sollte.

2338

Materiell-rechtlich ist zudem die (formlose) **Bewilligung** des schuldenden Eigentümers (hier: Erwerbers) gem. § 885 Abs. 1 BGB (anstelle der sonst bei beschränkt dinglichen Rechten notwendigen formlosen Einigung gem. § 873 BGB) erforderlich, grundbuchrechtlich die Eintragung am betroffenen Grundstück (nicht jedoch an einem noch zu schaffenden, »ideellen« Miteigentumsanteil hieran[1328] – daher Eintragung am gesamten Grundstück, inhaltlich aber gerichtet auf Übertragung des dabei zu schaffenden Bruchteils). Voraussetzung der Eintragung sind Antrag und grundbuchrechtliche Bewilligung, Letztere in beglaubigter Form (§§ 13, 19, 29 GBO). **Grundbuchinhalt** müssen damit jedenfalls die zwingenden Grundelemente des Schuldners (= notwendig des bewilligenden Eigentümers), des (ausdrücklich zu nennenden) Gläubigers und des

2339

1322 Auch ein an mehrere alternative Bedingungen geknüpfter Rückforderungsanspruch kann durch eine einzige Vormerkung gesichert werden, vgl. BayObLG, ZEV 2003, 30.

1323 Hinsichtlich der Bestimmtheitsanforderungen gelten die (weniger strengen) Maßstäbe des Schuldrechts, vgl. *Schippers*, DNotZ 2001, 756, in Auseinandersetzung mit OLG Hamm, Rpfleger 2000, 449, und BayObLG, (Vorlagebeschluss hiergegen: auch Vormerkung zur Sicherung des Rückforderungsrechts wegen groben Undanks möglich) DNotZ 2001, 803.

1324 OLG München, MittBayNot 2006, 145 sieht bei Fehlen ausdrücklicher Rangbestimmungen eine stillschweigende Abrede dahin gehend, dass die im Überlassungsvertrag vorbehaltenen Rechte zugunsten des Veräußerers im Rang vor (Grundpfand-)Rechten zugunsten Dritter, die der Erwerber bestellt, eingetragen werden müssen.

1325 BayObLG, MittBayNot 2002, 158 m. Anm. *Giehl*: Erbbaurechtsbestellungen an 35 zu bildenden Teilflächen durch eine Vormerkung sicherbar. In gleicher Weise soll ein (bei Insolvenz u.Ä.) vereinbartes Ankaufsrecht und ein schuldrechtliches Vorkaufsrecht zugunsten desselben Begünstigten durch eine Vormerkung sicherbar sein: BayObLG, NotBZ 2003, 72 gegen *Schöner/Stöber* Grundbuchrecht Rn. 1453. Gleiches gilt bspw. für eine Vormerkung zur Sicherung des Anspruchs eines Versprechensempfängers (§ 335 BGB) auf Benennung mehrerer weiterer Photovoltaikdienstbarkeitsberechtigter, vgl. *Krauß*, Immobilienkaufverträge in der Praxis, 8. Aufl., Rn. 1162, und die Vormerkung zur Sicherung des Anspruchs auf wiederholte Einräumung weiterer Erbbauzinsreallasten, *Krauß*, a.a.O., Rn. 4008.

1326 Hierzu Gutachten, DNotI-Report 1995, 121; DNotI-Report 2001, 113, und Fax-Abruf Nr. 11220.

1327 Vgl. OLG München, 29.05.2007 – 32 Wx 077/07, DNotI-Report 2007, 128.

1328 BGH, 15.11.2012 – V ZB 99/12, DNotZ 2013, 369 [da eine gesetzliche Regelung hierzu, wie bei Vorkaufsrecht, Reallast, Hypothek: §§ 1095, 1106, 1114 BGB, fehlt, und eine Vorratsteilung von Miteigentumsanteilen nur nach § 8 WEG zulässig ist]; allerdings wird auch beim Nießbrauch die Belastung eines ideellen Bruchteils [ohne ausdrückliche gesetzliche Regelung] zugelassen, BayObLGZ 1930, 342. Beim Hinzuerwerb eines weiteren Miteigentumsanteils will jedoch BayObLG, Rpfleger 2005, 78 die Belastung dieses Anteils zulassen.

Anspruchsziels (»Rückauflassungs«vormerkung) werden; der Schuldinhalt selbst (also z.B. die Voraussetzungen, Modalitäten, Rechtsfolgen des Rückauflassungsanspruchs) wird es dagegen nur in dem Umfang, den die Eintragungsbewilligung ausdrücklich erwähnt, und der sodann entweder in den Eintragungstext aufgenommen wird (z.B. i.d.R. hinsichtlich der Unabtretbarkeit des gesicherten Anspruchs, § 399 BGB), oder auf den verwiesen wird (nicht etwa führt letztere Verweisung auf die Notarurkunde gem. § 885 Abs. 2 BGB, § 44 Abs. 2 GBO dazu, dass der gesamte Regelungsinhalt des vormerkungsgesicherten Anspruchs, ohne Beschränkung auf den ausdrücklichen Bewilligungsinhalt, damit Grundbuchinhalt würde!).[1329]

2340 Die weiter erforderliche **Bestimmbarkeit des Anspruchs** ist auch bei Verwendung unbestimmter Rechtsbegriffe (»grober Undank«[1330] oder gesetzlicher Tatbestandsmerkmale wie »Geschäftsunfähigkeit«,[1331] »Verarmung«,[1332] »drohende Zwangsvollstreckung in den Vertragsbesitz«,[1333] ebenso »wesentliche Verschlechterung der Vermögensverhältnisse«,[1334] »Beteiligung des Ehegatten am überlassenen Grundbesitz oder an dessen Wert oder güterstandsbezogene Ansprüche hieraus«,[1335] »wenn der Erwerber seine übernommene Betreuungspflicht beharrlich nicht erfüllt oder sonst wie erheblich und nachhaltig gegen den Geist dieses Vertrages verstößt«)[1336] gegeben, so dass auch rechtsgeschäftliche Vormerkungen zur Sicherung des bedingten Anspruchs auf Rückübertragung nach Widerruf gem. § 530 BGB oder Rückforderung gem. § 528 BGB denkbar sind – insb. bzgl. des erstgenannten Sachverhalts – empfehlenswert sind.[1337] Die Grenzen der Bestimmbarkeit sind jedoch kontrovers (»Sympathisant« etc., vgl. Rdn. 2279). Richtigerweise wäre zu differenzieren[1338] zwischen der vorgemerkten dinglichen Rechtsänderung (dem Anspruchsziel), das der sachenrechtlichen Bestimmbarkeit unterliegt, einerseits, und den Voraussetzungen des Rückforderungsrechtes, andererseits – Letztere unterliegen allein dem Schuldrecht, können also auch auf auslegungsbedürftigen Begriffen beruhen.

2341 Auch bei einem lediglich doppelt (durch Eintritt eines Umstandes und Ausübungserklärung) bedingten Anspruch ist jedoch der für die Vormerkungsfähigkeit (und damit Insolvenzfestigkeit, vgl. Rdn. 2342) erforderliche »**sichere Rechtsboden**« bereits gelegt,[1339] da der Schuldner es nicht

---

1329 BGH, 03.05.2012 – V ZB 258/11 ZNotP 2012, 229, Tz. 23 und 24; *Amann*, NotBZ 2012, 201, 202 ging demgegenüber noch (mit der bisherigen Praxis) davon aus, durch Bezugnahme auf die Notarurkunde würden deren gesamte Ausführungen zum schuldrechtlichen Inhalt ihrerseits Bestandteil der Eintragung.
1330 BGH, NJW 2002, 2461 auf Divergenzvorlage des BayObLG; hierzu *Wacke*, JZ 2003, 179.
1331 OLG München, 17.12.2013 – 34 Wx 270/13: zu verstehen i.S.d. § 104 BGB. Es kommt nicht darauf an, ob das Vorliegen des die Rückforderungsberechtigung auslösenden Tatbestandsmerkmals mit Beweismitteln i.S.d. § 29 GBO belegt werden kann, oder ob hierfür ggf. eine richterliche Entscheidung notwendig ist, vgl. OLG München, MittBayNot 2008, 50; OLG München, MittBayNot 2009, 464.
1332 OLG Düsseldorf, DNotI-Report 2002, 133: vorbehaltener Anspruch auf Rückübertragung für den Fall, dass eine Schenkung von Gesetzes wegen rückgängig gemacht werden kann, z.B. also Verarmung, Undank etc.
1333 OLG München MittBayNot 2009, 465 m. Anm. *Wartenburger* [der Begriff genügt auch in § 288 StGB dem strafrechtlichen Bestimmtheitsgebot des Art. 103 GG, vgl. *Böhringer* Rpfleger, 2010, 406, 410].
1334 OLG München, 10.04.2007 – 32 Wx 058/07, MittBayNot 2008, 50 m. Anm. *Wartenburger* unter Verweis auf § 321 BGB a.F., §§ 490, 648a Abs. 1 Satz 3, 775 Abs. 1 Nr. 1 BGB.
1335 BayObLG, 01.08.2002 – 2Z BR 72/01, DNotZ 2002, 784.
1336 OLG Düsseldorf, 04.01.2010 – I-3 Wx 227/09, JurionRS 2010, 10060.
1337 Auch wenn die Vormerkung nur auf den Fall des § 530 BGB (grober Undank) beschränkt ist, wirkt sie doch wie eine faktische Belastungssperre, denn kein Gläubiger wird sich auf die Ungewissheit einlassen, sein Recht zu verlieren, wenn nach einem Fehlverhalten seines Schuldners der Veräußerer den Widerruf erklärt: *Wacke*, JZ 2003, 183 ff.
1338 So zu Recht *Amann*, DNotZ 2007, 298 und *Wartenburger*, MittBayNot 2008, 52.
1339 BGH, 05.12.1996 – V ZB 27/96, DNotZ 1997, 720; es bedarf also der noch von BayObLG, DNotZ 1978, 39 entwickelten Differenzierung zwischen bedingten und künftigen Ansprüchen nicht mehr.

mehr in der Hand hat, die Entstehung durch alleinige einseitige Willenserklärung (etwa einen vorbehaltenen freien Widerruf, voraussetzungslosen Rücktritt oder durch beliebige Kündigung) zu verhindern.[1340] Der »wirtschaftliche Wert« des Anspruchs ist für seine Vormerkbarkeit gleichgültig; auch braucht der Anspruch noch nicht dergestalt verfestigt zu sein, dass er nur mehr vom Willen des Begünstigten abhängt – der sichere Rechtsboden ist demnach auch gelegt, wenn eine Abhängigkeit von sonstigen externen Umständen (Eintritt der Insolvenz) besteht oder wenn der Verpflichtete nur im Zusammenwirken mit einer dritten Person sich vom Anspruch wieder befreien kann.[1341] Auch eine ohne »sicheren Rechtsboden« (noch als reines Buchrecht) eingetragene Vormerkung erstarkt eo ipso,[1342] sobald die Bindungsfreiheit des Schuldners entfallen ist. Zur parallelen Rechtslage beim Vertrag zugunsten Dritter vgl. Rdn. 2379.

Ohne Vormerkungsschutz wäre der Veräußerer bspw. für den Fall der abredewidrigen Weiterveräußerung **auf Schadensersatzansprüche gegen den Erwerber** (wegen verschuldeten Unmöglichwerdens der Rückübereignungspflicht) **beschränkt**. Die Eintragung der Vormerkung im Grundbuch zerstört den guten Glauben jedes anderen möglichen Beteiligten am Grundstücksverkehr und führt zur relativen Unwirksamkeit beeinträchtigender Verfügungen, auch Belastungen. Sie gewährleistet ferner, dass der gesicherte Anspruch auch in der Insolvenz des Verpflichteten durchsetzbar bleibt, auch wenn die auslösende letzte Bedingung (Ausübungserklärung) erst nach Insolvenzeröffnung eintritt,[1343] unabhängig davon ob anderenfalls der Insolvenzverwalter gem. § 106 InsO die Nichterfüllung hätte wählen können (vgl. Rdn. 2258). 2342

b) Rang

Ist abzusehen, dass der Erwerber das Zuwendungsobjekt wird beleihen müssen, kann entweder ein **Rangvorbehalt für künftige Grundpfandrechte** eingetragen werden (s. den Formulierungsvorschlag bei Rdn. 2344 für einen an keine Bedingungen geknüpften Vorbehalt[1344]) oder aber (angesichts des Absicherungsbedürfnisses vieler Veräußerer häufiger) eine schuldrechtliche Verpflichtung zum Rangrücktritt unter bestimmten Voraussetzungen niedergelegt werden. 2343

▶ Beispiel (typischer Bedingungskatalog):

> Vorliegen einer Bestätigung des Gläubigers, dass die gesicherten Verbindlichkeiten ausschließlich zur Bezahlung von Handwerkerrechnungen für Renovierungsarbeiten verwendet werden, eine anderweitige Revalutierung nicht ohne Zustimmung des Veräußerers möglich ist, auf Verlangen Teillöschungsbewilligungen in bestimmten Mindest-Tranchen erstellt werden, und das Grundpfandrecht nicht abgetreten werde).

Die Verpflichtung zum Rangrücktritt kann (zur Durchsetzung auch in der Insolvenz des Berechtigten der Rückübertragungsvormerkung bzw. – sofern die Abtretbarkeit nicht ausgeschlossen wurde – mit Wirkung auch gegen Einzelrechtsnachfolger) durch Vormerkung zugunsten des Grundstückseigentümers, einzutragen bei der Rückauflassungsvormerkung, gesichert werden (s. den Formulierungsvorschlag bei Rdn. 2345).

1340 Eingehend *Amann*, MittBayNot 2007, 17, gestützt auf BGH, 09.03.2006 – IX ZR 11/05, MittBayNot 2007, 45, vgl. auch *Krauß*, Immobilienkaufverträge in der Praxis, 8. Aufl., Rn. 1284 ff.
1341 So der Sachverhalt in BGH, 26.04.2007 – IX ZR 139/06, DNotZ 2007, 829 m. Anm. *Amann*: eine (mehrfach bedingte) Übereignungspflicht des Vaters zugunsten der Kinder konnte nur unter Mitwirkung der Mutter wieder aufgehoben werden.
1342 Anders als in den Fällen des »Recycling« einer Vormerkung für einen Nachfolgevertrag (vgl. *Krauß*, Immobilienkaufverträge in der Praxis, 8. Aufl., Rn. 1284 ff.) gibt es keinen neu geschaffenen Anspruch, der durch neue formlose Bewilligung (§ 885 BGB) zu sichern wäre.
1343 BGH, 14.09.2001 – V ZR 231/00, DNotZ 2002, 275 m. Anm. *Preuß*.
1344 Muster mit Einschränkungen, auf die sich allerdings Kreditinstitute selten einlassen, bei *Langenfeld/Günther*, Grundstückszuwendungen, 3. Kap., Nr. 3.25.

Anstelle des Rangrücktrittes ist auch ein Wirksamkeitsvermerk denkbar.[1345]

▶ **Formulierungsvorschlag: Rangvorbehalt bei der Rückübertragungsvormerkung**

2344 Vereinbart und zur Eintragung bei dieser Rückübertragungsvormerkung bewilligt und beantragt wird ein mehrmalig ausnutzbarer Rangvorbehalt für Grundpfandrechte zugunsten beliebiger Gläubiger im Gesamtbetrag von bis zu ..... € mit bis zu .....% jährlichen oder einmaligen Zinsen ab notarieller Bewilligung und Nebenleistungen von bis zu .....%. Der Vormerkungsberechtigte wurde auf die Risiken seiner nachrangigen Absicherung hingewiesen, insbesondere im Fall der Zwangsversteigerung aus einem vorrangig eingetragenen Grundpfandrecht.

▶ **Formulierungsvorschlag: Vormerkungsgesicherte Pflicht zum Rangrücktritt mit der Rückübertragungsvormerkung**

2345 Die Rückübertragungsberechtigten verpflichten sich, mit der zu ihren Gunsten einzutragenden Vormerkung auf Verlangen des Eigentümers hinter durch diesen zu bestellende Grundpfandrechte zugunsten europäischer Kreditinstitute zurückzutreten, wenn folgende Voraussetzungen erfüllt sind:
- Der Gesamtbetrag der vorrangigen Grundpfandrechte darf ..... € nicht übersteigen; die jährlichen Zinsen dürfen .....% und die Nebenleistungen .....% nicht übersteigen.
- Der Gläubiger muss dem Vormerkungsberechtigten schriftlich bestätigen, dass das gesicherte Darlehen für Erhaltungs- und Investitionsmaßnahmen auf dem vormerkungsgesicherten Objekt gewährt wird.
- Eine Änderung der Zweckvereinbarung, etwa die Sicherung anderer Darlehen, ist nur mit Zustimmung des Vormerkungsberechtigten möglich.
- Der Gläubiger muss sich weiter verpflichten, vorstehende Verpflichtungen etwaigen Rechtsnachfolgern aufzuerlegen.

Zur Sicherung dieser bedingten Pflicht zum Rangrücktritt bewilligt der Vormerkungsberechtigte bei seiner Vormerkung die Eintragung einer Vormerkung zugunsten des derzeitigen Grundstückseigentümers, Letzterer beantragt ihre Eintragung.

2346 Die **Reichweite der Sicherungswirkungen** der Eigentumsvormerkung,[1346] (also insbesondere der Schutz gegen vormerkungswidrige Verfügungen des Veräußerers, gegen Zwangsvollstreckungsmaßnahmen Dritter, gegen später eintretende Verfügungsbeschränkungen, der Schutz in der Insolvenz des Eigentümers, und die Vereitelung gutgläubig verpflichtungsfreien Erwerbs Dritter, §§ 883 Abs. 2 Satz 2, 878, 892 BGB, § 106 Abs. 1 InsO), bestimmen sich freilich nach dem Rang der Vormerkung. Als im Grundbuch eingetragenes Recht ist sie (aufgrund der unmittelbarsten Vergleichbarkeit) in der **Rangklasse 4** (§ 10 Abs. 1 Nr. 4 ZVG) einzustufen,[1347] setzt sich also gegen andere Grundpfandrechte, Sicherungshypotheken etc. nur durch, wenn diese im Rang nach der Vormerkung eingetragen sind oder werden.

2347 Gänzlich versagt die Schutzwirkung der Vormerkung gegen die Zwangsversteigerung aus Ansprüchen, denen eine bessere Rangklasse im Rahmen des § 10 Abs. 1 ZVG zukommt, so bspw. aufgrund von Rückständen in Bezug auf Hausgeldzahlungen oder Umlagen an den Verband der Wohnungseigentümer, § 10 Abs. 1 Nr. 2 ZVG. Es handelt sich zwar insoweit nicht um eine privatrechtliche dingliche Last,[1348] die auf dem Sondereigentum als solchem ruht, andererseits fällt die Vormerkung auch dann nicht in das geringste Gebot, wenn die Anordnung der Zwangsver-

---

1345 LG Krefeld, Rpfleger 2002, 72.
1346 Vgl. im Einzelnen *Krauß*, Immobilienkaufverträge in der Praxis, 8. Aufl., Rn. 1265 ff.
1347 BGH, 09.05.2014 – V ZB 123/13 Tz. 18, DNotZ 2014, 769, hierzu *Weber*, DNotZ 2014, 738 ff. und *Schneider*, ZfIR 2014, 657; a.A. z.B. *Kesseler*, NJW 2009, 121, 123 f. mit dem Argument, das vorgemerkte Hauptrecht (Eigentum, § 48 ZVG) stehe seinerseits außerhalb der Rangordnung des § 10 ZVG.
1348 BGH, 13.09.2013 V ZR 209/12, MittBayNot 2014, 239 m. zust. Anm. *Kreuzer* = ZfIR 2013, 806 m. krit. Anm. *Becker*; hierzu kritisch *Kesseler* in: Aktuelle Probleme der notariellen Vertragsgestaltung im Immobilienrecht 2013/2014, DAI-Skript, S. 222 ff. (»dogmatischer Kuddelmuddel«, da eine Auseinandersetzung mit der Rechtsprechung des XI. Senats zum Absonderungsrecht des WEG-Verbands fehlt),

steigerung (oder der Beitritt zu einem bereits laufenden Verfahren) durch den Verband der Wohnungseigentümer erst nach der Eintragung der Vormerkung erfolgt. Selbst wenn es zur Eigentumsumschreibung kommt, führt letztere nicht zu einem die Versteigerung hindernden Recht i.S.d. § 28 ZVG;[1349] es besteht also keine Chance, den Zuschlagserwerb in Bezug auf die rechtsgeschäftliche Auflassung erfolgreich »zeitlich zu überholen«.

Es ist nicht zu verkennen, dass bei einem anderen Ergebnis Sondereigentum, das mit einer Rückübertragungsvormerkung (etwa aufgrund einer Übertragung in vorweggenommener Erbfolge) belastet wäre, bei rechtzeitiger Geltendmachung und Erfüllung des Rückforderungsrechtes nicht für den Verband der Wohnungseigentümer verwertbar wäre;[1350] der Verband müsste sich stets gegen den neuen Eigentümer (rückerwerbenden damaligen Übergeber) bei Fortbestand der Rückstände einen neuerlichen Titel besorgen und erneut die Versteigerung einleiten. 2348

c) Änderungen des vorgemerkten Inhalts

Verändert sich der durch die Vormerkung gesicherte Anspruch auf dingliche Rechtsänderung (z.B. weil die Rückforderungsgründe, die zur vormerkungsgesicherten Rückübertragung führen können, sich erweitern), muss dies als Inhaltsänderung im Grundbuch (regelmäßig durch Verweisung gem. § 885 Abs. 2 BGB) zur Erlangung des Vormerkungsschutzes und zur Vermeidung einer Unrichtigkeit der Grundbuchaussage zum gesicherten Schuldgrund **nur dann** vermerkt werden, wenn auch der **Schuldgrund** selbst insoweit (also in Bezug auf die Umstände, die Anlass geben können zur Rückforderung und damit zum Entstehen des gesicherten Rückauflassungsanspruchs) **schon bisher Grundbuchinhalt** war. Ob letzteres der Fall ist, bemisst sich danach, welche Inhalte in die materiellrechtliche (§ 885 Abs. 1 BGB) Eintragungsbewilligung aufgenommen worden waren, über die zwingenden Grundelemente des Schuldners (= notwendig des bewilligenden Eigentümers), des (ausdrücklich zu nennenden) Gläubigers und des Anspruchsziels (»Rückauflassungs«vormerkung) hinaus. 2349

Hat – wie bisher in der Regel – die materiellrechtliche Eintragungsbewilligung die Umstände des Schuldgrundes nicht mit umfasst und wurden diese demnach nicht gem. § 885 Abs. 2 BGB zum Grundbuchinhalt (**»diskrete Vormerkung«**), ist demnach – im Erst-Recht-Schluss zum »Recycling« vollständig erloschener Vormerkungen[1351] – entgegen der Literatur[1352] – die Erweiterung der durch die Vormerkung gesicherten Ansprüche (z.B. durch Schaffung weiterer Rückforderungstatbestände) allein durch Bewilligung in der Nachtragsurkunde, ohne Änderung des Grundbuchinhaltes selbst,[1353] möglich. Entscheidend sei, dass die »Zielrichtung« des gesicherten Anspruchs identisch bleibe, da Anspruchsziel, Gläubiger und Schuldner die drei Individualisierungsmerkmale einer Vormerkung definieren.[1354] Hierzu 2350

---

kritisch auch *Böttcher*, ZNotP 2014, 82, 86 ff.; in Bestätigung von LG Landau, Urt. v. 17.08.2012 3 S 11/12, Rpfleger 2013, 45; hierzu *Böttcher* ZNotP 2013, 162, 167.
1349 Vgl. BGH, 13.09.2013 V ZR 209/12, MittBayNot 2014, 239.
1350 Hierauf weist *Herrler*, in: DAI-Skript 12. Jahresarbeitstagung des Notariats, 2014, S. 67 hin.
1351 BGHZ 143, 175 ff. = MittBayNot 2000, 104 m. abl. Anm. *Demharter* = DNotZ 2000, 639 m. Anm. *Wacke* = ZfIR 2000, 121 m. abl. Anm. *Volmer*.
1352 Z.B. *Amann*, MittBayNot 2000, 197, 200; *Zimmer*, ZfIR 2008, 91 ff.
1353 BGH, 07.12.2007 – V ZR 21/07, RNotZ 2008, 222 m.krit. Anm. von *Heggen*, RNotZ 2008, 213 ff.; *Amann*, DNotZ 2008, 520 ff.; und *Demharter*, MittBayNot 2008, 214 ff. Der BGH weist darauf hin, es sei angezeigt, bei der ursprünglichen Urkunde, auf die im Vormerkungstext Bezug genommen wird, auf die Nachtragsurkunde z.B. durch einen Bleistiftvermerk (untechnisch) zu verweisen. Erzwungen werden kann dies jedoch nicht, zumal gem. § 10 Abs. 1 Satz 1 GBO nur solche Urkunden bei den Grundakten aufzubewahren sind, auf welche eine Eintragung gründet oder Bezug nimmt.
1354 *Heggen*, RNotZ 2008, 215.

▶ **Formulierungsvorschlag: Spätere Änderung der Rückforderungstatbestände bei »diskreter Vormerkung«**

2351 Die Beteiligten sind einig, dass die bereits zugunsten des Veräußerers eingetragene Vormerkung künftig dessen Anspruch auf Rückauflassung schützt, wie er sich nach Maßgabe der vorstehend geänderten Rückforderungsrechte ergibt. Der Erwerber, als derzeitiger Eigentümer, bewilligt i.S.d. § 885 Abs. 1 die Erweiterung des Sicherungsumfangs dieser Vormerkung. Einer Grundbucheintragung bedarf es nicht, da die Eintragung schon bisher den Schuldgrund des gesicherten Anspruchs, insbesondere die zur Rückforderung berechtigenden Tatbestände, nicht umfasste.

2352 Andere Beteiligte (wie nachrangige Gläubiger oder Insolvenzverwalter[1355]) müssen in diesem Fall, also bei einer Vormerkung mit geringem Grundbuchinhalt, hinnehmen, dass sich der gesicherte Anspruch (weiterhin vormerkungsgeschützt) geändert hat, ohne dass es zu einer Änderung im Grundbuch gekommen ist, ja ohne dass sie hieran (als möglicherweise nachteilig betroffene Nachranggläubiger) mitwirken hätten müssen, ja schließlich ohne dass sie die Änderung durch Einsicht in die Grundakten hätten feststellen können. Das Grundbuch verlautbart ja weiterhin zutreffend einen deutlich reduzierten Katalog an Merkmalen des gesicherten Anspruchs (nämlich Schuldner, Gläubiger, Ziel und diejenigen bisher eher spärlichen Umstände, welche die Grundbuchbewilligung unmittelbar aufgenommen hat – i.d.R. erleichtert wiedergegeben gem. § 885 Abs. 2 BGB – oder die im Grundbuch selbst vermerkt waren, wie etwa Bedingung, Befristung, und Unveräußerlichkeit des Anspruchs). Eine vermittelnde Auffassung in der Literatur[1356] will immerhin als Voraussetzung des erneuerten oder veränderten Vormerkungsschutzes (einschließlich des »Ranges«) verlangen, dass die neue Bewilligung zur Verwahrung zu den Grundakten gelangen müsse. Zu erklären wäre demnach in der Nachtragsurkunde über die Erweiterung oder Änderung der Rückforderungstatbestände entsprechend dem folgenden Formulierungsvorschlag.

2353 Sind hingegen die zu ändernden/neu zu begründenden Umstände des durch die Vormerkung (künftig) gesicherten Anspruchs (durch Aufnahme in den Grundbuchtext oder als Bewilligungsinhalt, der gem. § 885 Abs. 2 BGB Grundbuchinhalt wurde) schon bisher Inhalt der Grundbucheintragung – also bei einer **Vormerkung mit umfassendem Grundbuchinhalt** – ist diese Inhaltsänderung/Neubegründung durch Grundbucheintragung zu vollziehen,[1357] um (1) die Schutzwirkung der Vormerkung auch hierauf zu erstrecken und (2) die Unrichtigkeit des Grundbuchs in Bezug auf die Aussage, welcher Schuldgrund gesichert sei, zu vermeiden. Technisch wird diese Eintragung wiederum in der Regel durch Bezugnahme i.S.d. § 885 Abs. 2 BGB auf die neue Bewilligung erfolgen. Sofern sie hiervon nachteilig betroffen sein können[1358] (wie regelmäßig bei einer inhaltlichen oder zeitlichen Erweiterung der Rückforderungsgründe, die zum vormerkungsgesicherten Rückauflassungsverlangen führen können etc.) ist zur grundbuchlichen Inhaltsänderung und damit zur Erlangung des Vormerkungsschutzes auch für den modifizierten Anspruch die Zustimmung der im Rang nach der Vormerkung etwa zwischenzeitlich eingetragenen dinglich Berechtigten erforderlich.[1359]

[1355] So der Sachverhalt in BGH, 07.12.2007 – V ZR 21/07, RNotZ 2008, 222 m. krit. Anm. von *Heggen*, RNotZ 2008, 213 ff.; *Amann*, DNotZ 2008, 520 ff. [positiver *Krause* NotBZ 2008, 407 ff.] und *Demharter*, MittBayNot 2008, 214 ff. Der BGH weist darauf hin, es sei angezeigt, bei der ursprünglichen Urkunde, auf die im Vormerkungstext Bezug genommen wird, auf die Nachtragsurkunde z.B. durch einen Bleistiftvermerk [untechnisch] zu verweisen. Dafür fehlt es allerdings an einer Grundlage.

[1356] *Kohler*, DNotZ 2011, 808, 825 ff. (gestützt auf § 885 Abs. 1 Satz 1 BGB, wonach die Eintragung der Vormerkung »aufgrund« der Bewilligung erfolgen müsse, zur Rang-(= Wirksamkeitszeitpunkts-)frage S. 847. Dem ist entgegenzuhalten, dass gem. § 10 Abs. 1 Satz 1 GBO nur solche Urkunden bei den Grundakten aufzubewahren sind, auf welche eine Eintragung gründet oder Bezug nimmt.

[1357] So war der Sachverhalt in BGH, 22.04.1959 – V ZR 193/57, LM BGB § 883 Nr. 6.

[1358] Hierzu Beispiele bei *Amann*, NotBZ 2012, 201, 205 (allerdings unter dem Aspekt des Schutzes gutgläubiger Dritter vor beeinträchtigenden Veränderungen).

[1359] OLG Frankfurt, DNotZ 1994, 247.

H. Vertragliche Rückforderungsrechte

▶ **Hinweis:**

Dies reduziert naturgemäß die Möglichkeit der ursprünglichen Vertragsbeteiligten, auf veränderte Umstände flexibel – insbesondere ohne den Zeitverlust einer weiteren Eintragung und die Gefahr einer Blockade Drittbeteiligter – und dennoch vormerkungsgeschützt zu reagieren, so dass aus Sicht der Parteien selbst der »diskreten Vormerkung«; aus Sicht des außenstehenden Rechtsverkehrs jedoch der »aussagekräftigen Vormerkung« der Vorzug zu geben ist.

2354

Soll gleichwohl, etwa auf Verlangen Dritter, eine »zur heimlichen Wiederverwendung ungeeignete« Vormerkung bewilligt werden,[1360] so dass Änderungen des gesicherten Schuldgrundes im Grundbuch künftig zu vermerken wären, wäre dies bei der Bewilligung klarzustellen:

2355

▶ **Formulierungsvorschlag: Vormerkung mit umfassendem Grundbuchinhalt**

Der Erwerber als künftiger Eigentümer (Schuldner) bewilligt, zu Gunsten des Veräußerers – *bei mehreren Gläubigern Verhältnis gem. § 47 GBO angeben* – (Gläubiger) eine Vormerkung einzutragen zur Sicherung des Anspruchs auf Rückauflassung an ihn, frei von nach der Vormerkung ohne seine Mitwirkung eingetragenen Belastungen, (Anspruchsziel) mit der Maßgabe, dass die in § ... dieser Urkunde enthaltenen schuldrechtlichen Bestimmungen, etwa zu (Rückforderungs-)Voraussetzungen, Fälligkeit, Einredebehaftung, Modalitäten und Rechtsfolgen des Anspruchs (also der Schuldgrund) ebenfalls Bewilligungsinhalt sind. Es wird beantragt, die Vormerkung im Grundbuch im Rang nach ... einzutragen; hinsichtlich des Schuldgrundes kann gem. § 885 Abs. 2 BGB auf diese Bewilligung verwiesen werden, [*falls einschlägig: ..., die Abrede der Unabtretbarkeit der gesicherten Forderung soll jedoch in den Eintragungstext aufgenommen werden.*]

Ggf weiter: Die Vormerkung ist als dingliches Recht ihrerseits auflösend bedingt/befristet auf ..... [*Nennung des Umstandes, z.B. Tod des Gläubigers*] und mit dieser Bedingung/Befristung einzutragen.

▶ **Formulierungsvorschlag: Spätere Änderung der Rückforderungstatbestände bei »Vormerkung mit umfassendem Grundbuchinhalt«**

Die Beteiligten sind einig, dass die bereits zugunsten des Veräußerers eingetragene Vormerkung künftig dessen bedingten Anspruch auf Rückauflassung schützt, wie er sich nach Maßgabe der vorstehend geänderten Rückforderungsrechte ergibt. Der Erwerber, als derzeitiger Eigentümer, bewilligt i.S.d. § 885 Abs. 1 die Erweiterung des Sicherungsumfangs dieser Vormerkung und beide Beteiligten beantragen, dies bei der eingetragenen Vormerkung (im Wege der Bezugnahme auf diese Bewilligung gem. § 885 Abs. 2 BGB) zu vermerken. Nachrangige Belastungen, deren Inhaber der Inhaltsänderung zuzustimmen hätten, sind nicht vorhanden.

2356

2. »Löschungserleichterung«

Zur Löschung eines im Grundbuch eingetragenen Rechts ist gem. § 19 GBO grds. die **Bewilligung des Berechtigten in beglaubigter Form** erforderlich, **es sei denn**, die Unrichtigkeit kann gem. § 22 Abs. 2 GBO durch öffentliche Urkunde nachgewiesen werden oder ist »amtsbekannt« offenkundig.[1361] Von § 22 GBO (Vorlage einer Sterbeurkunde als öffentliche Urkunde) macht wiederum § 23 Abs. 1 GBO eine Gegenausnahme: Sofern bei auf Lebenszeit beschränkten Rechten **Rückstände möglich** sind, bedarf es wiederum der Bewilligung des Rechtsnachfolgers, sofern die Löschung bereits innerhalb eines Jahres nach dem Tod des Berechtigten durchgeführt werden soll. § 23 Abs. 2 GBO bildet wiederum eine Unterausnahme zu § 23 Abs. 1 GBO: Auch schon

2357

1360 Also anders als im Fall BGH, 03.05.2012 – V ZB 258/11, ZNotP 2012, 299, wo der BGH, Tz 23 ausführt »in der in Bezug genommenen Eintragungsbewilligung wird nur das abzusichernde Rückforderungsrecht, nicht aber der Anspruchsgrund bezeichnet. ... Dieser ist damit auch nicht nach § 885 Abs. 2 BGB Inhalt der Eintragung der Vormerkung geworden, was für deren Wirksamkeit allerdings ohne Belang ist.«.

1361 Seltener Beispielsfall: OLG Zweibrücken, FamRZ 2005, 2085 – bedingte Übereignungspflicht ist an ein Vermächtnis geknüpft, das wegen Vorversterbens nicht mehr eintreten kann.

während der Jahresfrist genügt der bloße Unrichtigkeitsnachweis (z.B. durch Sterbeurkunde), wenn das Recht mit einer **Löschungserleichterungsklausel** versehen wurde. Häufige Fälle des § 23 Abs. 2 GBO sind bspw. Reallasten (hinsichtlich der Rückstände bei Lebenszeitrenten); Fälle des § 22 Abs. 1 GBO (Rückstände nicht denkbar, so dass stets der Unrichtigkeitsnachweis genügt) sind z.B. Wohnungsrechte, jedenfalls dann, wenn keine Instandhaltungsverpflichtung des Eigentümers bestand.

2358 Im Zusammenhang mit Rückerwerbsrechten[1362] ist **zu differenzieren**:
(1) Ist das Recht, den Rückerwerb zu verlangen, uneingeschränkt vererblich, kommt eine Löschung der eingetragenen Vormerkung schon gem. § 22 GBO nicht in Betracht, weil der Anspruch (nunmehr in der Person des Rechtsnachfolgers) fortbesteht. Gleiches gilt, wenn zwar nicht der abstrakte, aber der geltend gemachte Anspruch vererblich ist;[1363] auch in diesem Fall bedarf es der Löschungsbewilligung der Erben, die ihre Erbenstellung durch Erbschein nachzuweisen haben. Sind umgekehrt sowohl Rückforderungsrecht als auch Rückforderungsanspruch unvererblich (mit der Folge, dass ein noch nicht erfüllter Rückübereignungsanspruch mit dem Ableben des Begünstigten untergeht), genügt bereits gem. § 22 GBO der Todesnachweis, so dass für die Vereinbarung einer Löschungserleichterung kein Raum bleibt.[1364]

2359 (2) Ist zwar das Rückforderungsrecht vererblich oder zumindest der Rückübereignungsanspruch nach Ausübung des Verlangens, die Vormerkung selbst jedoch durch den Tod des Berechtigten auflösend befristet (wenn auch der gesicherte Anspruch fortbestehen mag!), bedarf es einer Löschungserleichterung ebenfalls nicht, da in diesem Fall bereits gem. § 22 Abs. 1 GBO die Löschung des dinglichen Sicherungsmittels gegen Sterbeurkunde möglich ist.[1365] Eine solche auflösende Befristung muss freilich ausdrücklich vereinbart sein,[1366] sie ergibt sich insbesondere nicht stillschweigend aus dem (für sich genommen unwirksamen, vgl. Rdn. 2361) Vermerk, dass »zur Löschung der Vormerkung der Nachweis des Todes des Berechtigten genüge«.[1367]

2360 (3) Denkbar ist schließlich, dass der Rückauflassungsanspruch selbst ohne Rücksicht auf das Eintreten des vereinbarten Erfolgs mit dem Tod des Berechtigten erlöschen soll, auch wenn das Verlangen bereits in diesem Fall gestellt wurde. In diesem Fall gilt an sich für den gesicherten Anspruch selbst (und damit auch für die akzessorische Vormerkung) ebenfalls unmittelbar § 22 GBO, da Rückstände über den Tod des Berechtigten hinaus nicht denkbar sind.[1368] Als Folge der Rechtsprechung des BGH zum möglichen »Recycling« (Wiederaufladung) funktionslos gewordener Vormerkungen oder zur »Extension« der Anspruchstatbestände[1369] – und zwar ohne Verlautbarung in Grundbuch oder Grundakten – haben zahlreiche Oberlandesgerichte diesen Weg faktisch verschlossen,[1370] sofern nicht aus dem »Zusammenhang der Um-

---

1362 Kurzer Überblick bei *Jurksch*, ZflR 2017, 569 ff.
1363 So im Fall des OLG Naumburg, 22.04.2014 – 12 Wx 74/13, MittBayNot 2015, 314 m. krit. Anm. *Everts* (aufgrund dieses vom Gericht nicht thematisierten Sachverhaltsdetails trifft das Urteil »zufällig« das richtige Ergebnis).
1364 LG Kleve, RNotZ 2005, 296.
1365 BGH, DNotZ 1992, 569; OLG Hamm, 11.01.2011 – 15 W 629/10, NotBZ 2011, 294.
1366 Sie kann vom Grundbuchamt nicht durch Auslegung aus der Formulierung, der Rückübertragungsanspruch bestehe »für den Fall der Unverträglichkeit, den der Übertragsgeber allein zu bestimmen hat«, geschlossen werden: OLG Hamm, 08.04.2010 – 15 W 64/10, ZEV 2010, 594.
1367 Vgl. OLG Düsseldorf, 31.08.2016 – I-3 Wx 265/15, ErbR 2016, 721; hierzu *Möller*, EE 2017, 57 f.
1368 LG München II, MittBayNot 2002, 397; LG Bayreuth, MittBayNot 2007, 215.
1369 Vgl. ausführlich *Krauß*, Immobilienkaufverträge in der Praxis, 8. Aufl., Rn. 1325 ff.
1370 Vgl. *Ising* ZflR 2012, 305 ff., NotBZ 2012, 256 ff. und *Heggen* RNotZ 2011, 329 ff.; OLG Köln, 25.11.2009 – 2 Wx 98/09, FGPrax 2010, 14 ff.; OLG Bremen, 03.11.2010 – 3 W 17/10, notar 2011, 169, OLG Schleswig, 09.07.2010 – 2 W 94/10, RNotZ 2011, 108; OLG Düsseldorf, 02.03.2011 – I-3 Wx 266/10, RNotZ 2011, 295; OLG Frankfurt/Main, 13.04.2011 – 20 W 146/11, BeckRS 2011, 24239 (n. rkr, Az BGH: V ZB 112/11); OLG Frankfurt/Main 20.10.2011 – 20 W 548/10; OLG Zweibrücken, 08.03.2012 – 3 W 146/11, ZflR 2012, 324. Kritisch *Amann* MittBayNot 2010, 451, 456: der ursprünglich zum Inhalt des Grundbuchs gewordene Vormerkungsinhalt gilt auch dem

stände hinreichend sicher festgestellt werden könne, dass die Vormerkung nicht durch Vereinbarung eines anderen Anspruchs auf dieselbe Leistung wieder aufgeladen worden ist«.[1371] Solche Inhaltsänderungen außerhalb des Grundbuchs können indes nur stattgefunden haben, wenn das Merkmal »Unvererblichkeit und Unveräußerlichkeit« des Rückauflassungsanspruchs nicht in die Bewilligung (§ 885 Abs. 1 BGB) aufgenommen wurde, vgl. Rdn. 2353. Wurde dagegen der klar formulierte[1372] Bewilligungsinhalt »Unvererblichkeit und Unveräußerlichkeit« durch Bezugnahme (§ 885 Abs. 2 BGB) Inhalt des Grundbuches, kann eine Änderung des Anspruchsinhalts nicht stattgefunden haben, da es an der erforderlichen Kongruenz von (nachträglicher abändernder) Bewilligung und Grundbuchinhalt fehlt.[1373] Es genügt dann also die Vorlage einer Sterbeurkunde als Unrichtigkeitsnachweis.

▶ Hinweis:

Die Aufnahme (jedenfalls) der Merkmale »Unveräußerlichkeit« und »Unvererblichkeit« des bedingten Rückauflassungsanspruchs als Bewilligungs- und damit Grundbuchinhalt ist daher mit Blick auf die Löschungsmöglichkeit gegen Vorlage einer Sterbeurkunde dringend anzuraten.

(4) Häufig wird allerdings gewollt sein, dass das Recht, den Rückerwerb zu verlangen, zwar mit dem Tod des Berechtigten erlöschen soll, ein aus diesem Verlangen tatsächlich resultierender, vor dem Tod noch entstandener, Anspruch auf Rückerwerb jedoch vererblich ist, wenn er bereits geltend gemacht wurde. Für diesen Zwischenfall hatte die frühere Literatur noch die Möglichkeit einer Löschungserleichterungsklausel bejaht. Der BGH[1374] ist dem nicht gefolgt mit der dogmatisch richtigen, gleichwohl für die Praxis unerfreulichen Begründung, dass es sich bei dem auf den Erben übergegangenen Anspruch auf Rückauflassung (aus der bereits geltend gemachten Rückforderung) nicht um einen Rückstand eines seinerseits erloschenen Rechts handle, sondern um ein neues, seinerseits vererbliches Recht, so dass § 22 GBO bereits für sich nicht eingreifen könne (vergleichbar einem von vornherein vererblichen Anspruch, die Rückübertragung geltend machen zu können). Wurde eine Löschungserleichterungsklausel gleichwohl eingetragen, wird sie allerdings durch die Rechtsprechung mitunter[1375] als Auslegungsargument dafür herangezogen, dass die Vormerkung als solche auflösend befristet sei

2361

Grundbuchamt ggü. gem. § 891 BGB als fortbestehend; dies gilt aber eben nur für dasjenige, was tatsächlich Inhalt der Eintragung geworden ist, vgl. Rdn. 1069 ff.

1371 Löschung 9 Jahre nach Ableben des Vormerkungsberechtigten: OLG Hamm, 14.01.2011 – 15 W 629/10, NotBZ 2011, 294; gegen die Berücksichtigung einer »ganz entfernten Möglichkeit« auch OLG Schleswig, FGPrax 2011, 72, 73 f.

1372 Die Formulierung »der Rückübertragungsanspruch ist nicht übertragbar und vererblich« lässt auch die Deutung zu, er sei zwar nicht abtretbar, aber vererblich, vgl. OLG Celle, 30.08.2012 – 4 W 156/12 DNotZ 2013, 126, und genügt daher nicht. Auch allein der Umstand, dass die das Rückforderungsrecht auslösenden Bedingungen zu Lebzeiten des Veräußerers eintreten müssen, rechtfertigt nicht den Schluss, ein etwa bereits entstandener Anspruch erlösche mit dessen Tod, vgl. OLG Hamm, 03.09.2013 – 15 W 344/12, NotBZ 2014, 58; auch bei der Formulierung »der Anspruch auf Rückübertragung steht dem Berechtigten auch dann zu, wenn der Übernehmer vor dem Übergeber verstirbt« ist dies nicht ausgeschlossen, so dass er der Löschungsbewilligung der Erben bedarf, vgl. OLG Düsseldorf, 09.03.2017 – 3 Wx 93/16, ZEV 2017, 354 (nur Ls.).

1373 BGH, 03.05.2012 – V ZB 258/11, ZNotP 2012, 229 = DNotI-Report 2012, 98 (Vormerkung zur Sicherung eines durch den Tod des Gläubigers auflösend bedingten, nicht übertragbaren Rückauflassungsanspruchs kann nicht aufgrund späterer Bewilligung einen vererblichen Anspruch sichern); BGH, 03.05.2012 – V ZB 112/11 (in gleicher Weise genügt bei einer gem. § 428 BGB bestellten Vormerkung für einen auf die Lebenszeit des Berechtigten begrenzten Anspruch die Löschungsbewilligung des verbleibenden samt Sterbeurkunde des verstorbenen Berechtigten zur Löschung).

1374 BGH, DNotZ 1996, 453, mit Besprechung *Wufka*, MittBayNot 1996, 156; vgl. auch OLG Hamm, ZEV 2010, 594.

1375 OLG Düsseldorf, 30.01.2015 – I-3 Wx 259/14, hierzu *Michael*, notar 2015, 322, 325.

(Rdn. 2362). Außerhalb solch großzügiger Auslegung bleiben, zumal in diesem Fall schon ohne die Gefahr des »Wiederaufladens« die Existenz eines gesicherten Anspruchs nicht ausgeschlossen werden kann,[1376] nur die klassischen Wege der Löschung durch Unrichtigkeitsnachweis bzw. Offenkundigkeit (§ 22 Abs. 1 Satz 1 GBO) oder durch Bewilligung der Erben. Ersteres akzeptiert die Rechtsprechung mitunter, wenn das mögliche Rückübertragungsverlangen nur an grundbuchrelevante Tatbestände (Veräußerung/Belastung) anknüpft und solche einige Zeit nach dem Tod noch nicht im Grundbuch verlautbart sind.[1377] Um in den verbleibenden Fällen die in der Praxis häufig beklagte wirtschaftliche Sperrwirkung der Rückerwerbsvormerkung[1378] mit einfachen Mitteln beseitigen zu können, werden **verschiedene Lösungsmöglichkeiten** diskutiert:

2362 (a) Die Vormerkung ihrerseits kann in diesen Fällen (zu unterscheiden vom gesicherten Anspruch, dazu oben Rdn. 2360) als Sicherungsmittel auf den Tod des Berechtigten auflösend befristet sein, so dass hinsichtlich der Vormerkung keine Rückstände möglich sind und demnach § 22 GBO unmittelbar gilt. Der gesicherte Anspruch kann allerdings weiter verfolgt und zu dessen Sicherung im Weg der einstweiligen Verfügung eine neue Vormerkung gem. § 885 Abs. 1, 1. Alt. BGB erzwungen werden (wenn auch mit ggf. verschlechtertem Rang).

▸ **Formulierungsvorschlag: Auflösend befristete Vormerkung für Rückforderungsanspruch**

2363 Zur Sicherung des bedingten Rückübertragungsanspruchs nach wirksamer Ausübung eines vorstehend eingeräumten Rückforderungsrechts oder des gesetzlichen Widerrufs gem. § 530 BGB (»grober Undank«) bestellt hiermit jeder Erwerber zugunsten des vorgenannten Veräußerers – sofern es sich um mehrere Personen handelt, als Gesamtberechtigte gem. § 428 BGB – eine Eigentumsvormerkung am jeweiligen Vertragsbesitz und bewilligt und beantragt deren Eintragung im Grundbuch. Die Vormerkung ist als Sicherungsmittel auflösend befristet. Sie erlischt mit dem Tod des jeweiligen Veräußerers.

2364 (b) Denkbar ist auch,[1379] die **Befristung** des dinglichen Sicherungsmittels »Vormerkung« auf einen angemessenen Zeitraum (z.B. sechs Monate) nach dem Tod des Berechtigten festzulegen, um dessen Erben Gelegenheit zu geben, einen schon geltend gemachten, aber noch nicht erfüllten Anspruch auf tatsächlichen Rückerwerb durchzusetzen. Die Frist blockiert allerdings den Eigentümer faktisch bei Verfügungen über den Grundbesitz, sofern die Erben des Berechtigten nicht die Löschung schon vor Fristablauf bewilligen.

2365 (c) Denkbar ist weiter, anstelle einer mit Zeitablauf »automatisch« eintretenden Befristung einen Mechanismus zu schaffen, der die Löschung der Vormerkung nur dann erlaubt, wenn nicht binnen eines bestimmten Zeitraums, z.B. eines Jahres, die Erklärung der Rückauflassung in gesetzlich vorgeschriebener Form dem Grundbuchamt zugeht. Der Berechtigte gibt dafür bereits in der Übertragungsurkunde eine (auf seinen Erben übergehende) Löschungsbewilligung ab, die unter der Bedingung steht, dass dem Grundbuchamt die vor einem deutschen Notar erklärte Rückauflassung innerhalb der vereinbarten Frist nicht vorgelegt worden sei. Diese »Rechtsbedingung« kann durch das Grundbuchamt selbst überprüft werden, steht also der Bedingungsfeindlichkeit der Bewilligung nicht entgegen.[1380] Ob die Rückauflassung ihrerseits

---

[1376] Vgl. OLG Köln, 16.10.2013 – 2 Wx 247/13, MittBayNot 2014, 331 m. Anm. *Preuß*; hierzu *Hertel*, in: DAI, Aktuelle Probleme der Vertragsgestaltung im Immobilienrecht 2014/2015, S. 153 ff.

[1377] OLG Düsseldorf, 04.11.2013 – 3 Wx 164/13, RNotZ 2014, 106, wenn das Grundbuch 30 Monate nach dem Tod das Grundbuch keinen Veräußerungs- oder Belastungsvorgang ausweist (a.A. BayObLG, MittBayNot 1989, 312, obwohl die Frist für die Annahme eines vormerkungsgesicherten Angebotes bereits 3 1/2 Jahre verstrichen war).

[1378] Bsp: OLG Hamm, 03.09.2013 – 15 W 344/12 DNotZ 2014, 224 m. Anm. *Volmer*: fünf Jahre nach dem Tod des Vormerkungsberechtigten müssen die Erben mit erheblichem Kostenaufwand einen Erbschein beibringen und die Löschung des (mutmaßlichen) Buchrechtes bewilligen!

[1379] *Hertel*, in: Lambert-Lang/Tropf/Frenz, Handbuch der Grundstückspraxis, Teil 2 Rn. 611.

[1380] OLG München, 31.03.2014 – 34 Wx 206/13, DNotI-Report 2014, 101; hierzu *Hertel*, in: DAI, Aktuelle Probleme der Vertragsgestaltung im Immobilienrecht 2014/2015, S. 155 ff.

materiell wirksam ist, vor allem von der richtigen Person (Feststellung der Erbenstellung!) erklärt wurde, braucht das Grundbuchamt dann nicht zu prüfen.

(d) Verschiedentlich wird die **Erteilung von Löschungsvollmachten** empfohlen,[1381] wobei der Bevollmächtigte eine Sterbeurkunde des Berechtigten vorzulegen habe und ggf. eine bestimmte Zeit nach dem Tod vor deren Verwendung verstreichen müsse um ggf. den Widerruf der Vollmacht durch einstweilige Verfügung zu ermöglichen. Wegen des Erfordernisses einer zusätzlichen Bewilligung entstehen allerdings ggü. der unmittelbaren Vormerkungsbefristung höhere Kosten. Es ist weiter klarzustellen, dass die Vollmacht lediglich die grundbuchliche Löschung der Vormerkung erfasst, nicht auch den Abschluss eines Erlassvertrags für etwa bereits entstandene schuldrechtliche Ansprüche. Bereits bestehende Vorsorgevollmachten machen solche Spezialvollmachten i.d.R. überflüssig.[1382] Personenmehrheiten von Berechtigten können sich auch gegenseitig bevollmächtigen (vgl. Rdn. 1726, sowie Rdn. 1729 zur Vollmacht an weitere Beteiligte). Eines Nachweises der Erbfolge nach dem verstorbenen Vormerkungsberechtigten bedarf es bei Verwendung der Vollmacht nicht.[1383] Die Löschungsvollmacht bleibt trotz im Übrigen angeordneter Testamentsvollstreckung wirksam.[1384]

2366

▶ Formulierungsvorschlag: Vollmacht zur Löschung der Rückübertragungsvormerkung

Die Vormerkungsberechtigten bevollmächtigen hiermit den jeweiligen Grundstückseigentümer, die Vormerkung grundbuchlich zur Löschung zu bewilligen, sofern dem beglaubigenden Notar eine Sterbeurkunde des Berechtigten vorgelegt wird und seit dem Ableben mind. sechs Monate verstrichen sind.

2367

Eine ins Leere gehende Löschungserleichterungsklausel lässt sich möglicherweise **in eine Löschungsvollmacht umdeuten**.[1385]

2368

Letzteres gilt auch für die sofortige Abgabe einer Löschungsbewilligung durch den Berechtigten als sog. »Schubladenlöschung«, deren Verwendung vom Erwerber oder dessen Rechtsnachfolgern bei Präsentation einer Sterbeurkunde und ggf. Ablauf einer »Nachfrist« verlangt werden könne.[1386]

3. »Antizipierte Freigabe« und ihre Besicherung

Steht bereits fest, dass eine Teilfläche aus dem übertragenen Besitz veräußert werden soll, und ist der Veräußerer als Inhaber des vormerkungsgesicherten Rückforderungsvorbehalts damit (ggf. gegen Zahlung eines Teilbetrages aus dem Weiterveräußerungsvertrag) einverstanden, kann entweder die Zustimmung zur künftigen Verfügung und grundbuchliche Freigabe der wegzumessenden Fläche bereits ex ante erklärt und »in der Schublade verwahrt« werden, oder aber der Rückforderungsberechtigte verpflichtet sich lediglich zur künftigen Freigabe. Bei sonstigen beschränkt dinglichen Rechten (etwa Grundpfandrechten) wird diese Verpflichtung i.d.R. durch eine Freigabevormerkung besichert.[1387] Solche Freigabevormerkungen können sich aber nicht auf die Vormerkung selbst beziehen, mag diese auch kraft ihrer Sicherungsfunktion gewisse dingliche Wirkungen haben.

2369

1381 So *Wufka*, MittBayNot 1996, 160.
1382 Sofern nicht die Löschung bewusst in andere Verantwortung gelegt werden soll (z.B. zwei weichende Geschwister gemeinsam).
1383 DNotI-Gutachten Nr. 112 215.
1384 OLG München, 26.07.2012 – 34 Wx 248/12, DNotI-Report 2012, 161 (auch wenn der Bevollmächtigte möglicherweise Alleinerbe ist: keine Konfusion).
1385 *Amann*, DNotZ 1998, 6, gegen BayObLG, DNotZ 1998, 66; für eine Umdeutung auch OLG München, 08.04.2010 – 34 Wx 21/10, Tz. 17.
1386 Vgl. zum ganzen umfassend Gutachten, DNotI-Report 2000, 29 ff.
1387 Vgl. *Krauß*, Immobilienkaufverträge in der Praxis, 8. Aufl., Rn. 1048, mit Formulierungsbeispiel.

2370 Die Absicherung der Freigabepflicht erfolgt in diesem Fall **nicht** über eine »**Freigabevormerkung an der Vormerkung**«, sondern über die inhaltliche Umgestaltung des gesicherten, vorgemerkten Anspruchs selbst, wobei diese Vereinbarung unter der aufschiebenden Bedingung der Zahlung des beanspruchten Betrags steht (Letztere sichert gem. § 161 BGB gegen spätere Verfügungen des Berechtigten, Gläubigerzugriffe die Insolvenzeröffnung). Der Abwicklungsauftrag an den Notar könnte etwa wie folgt formuliert sein:

▶ Formulierungsvorschlag: Vollzugsauftrag zur Reduzierung des vormerkungsgesicherten Rückforderungsanspruchs bei einem Teilflächenverkauf

2371 Der Notar wird beauftragt und bevollmächtigt, zwischen dem Verkäufer und dem Berechtigten der in Abteilung II lfd. Nr. ..... eingetragenen *(z.B. Rückübertragungs-)* Vormerkung eine auch dem Käufer gegenüber wirkende Vereinbarung dahingehend zu treffen, dass sich der gesicherte Anspruch – gegebenenfalls aufschiebend bedingt auf die Zahlung einer aus dem Kaufpreis erfüllbaren Zahlungsauflage – nicht mehr auf die zu veräußernde Teilfläche bezieht, also die Rechtsfolge des § 883 Abs. 2 BGB nicht gegen den Übereignungsanspruch des Käufers und etwaige zugunsten der Finanzierungsgläubiger des Käufers einzutragende Grundpfandrechte geltend gemacht werden kann.

2372 Um zu vermeiden, dass der von der Freigabepflicht betroffene Anspruch samt akzessorischer Vormerkungssicherung zwischenzeitlich an einen Dritten abgetreten wird, kann diese Inhaltsänderung – was jedoch dann eine entsprechende Bewilligung des Freigabeverpflichteten in der Form des § 29 GBO voraussetzt – bei der Vormerkung vermerkt werden, und zwar als auflösende Bedingung der Vormerkung (nicht des gesicherten Anspruchs selbst) in Bezug auf die freizugebende Fläche:

▶ Formulierungsvorschlag: Verlautbarung der Inhaltsreduzierung der Vormerkung durch auflösende Bedingung

2373 *(Anm.: Im Anschluss an Formulierungsvorschlag Rdn. 2370):* Des Weiteren wird der Notar beauftragt und bevollmächtigt, beim Berechtigten der in Abteilung II Nr. ..... eingetragenen Vormerkung unter Entwurfsfertigung eine Bewilligung dahingehend einzuholen, im Weg der Inhaltsänderung bei der Vormerkung im Grundbuch zu vermerken, dass die Vormerkung hinsichtlich der von der Freigabeverpflichtung erfassten Teilfläche von ca. ..... m² – wie vorstehend beschrieben – auf die Zahlung eines vom Berechtigten zu bestimmenden Geldbetrags auflösend bedingt ist.

2374 Stattdessen kann auch ein bedingter Wirksamkeitsvermerk[1388] eingetragen werden, insb. wenn es um die Verlautbarung der Unwirksamkeit der freizugebenden Vormerkung ggü. einzutragenden anderen Rechten, z.B. Dienstbarkeiten oder Grundpfandrechten, geht:

▶ Formulierungsvorschlag: Verlautbarung der Inhaltsreduzierung der Vormerkung durch Wirksamkeitsvermerk

2375 *(Anm.: Im Anschluss an Formulierungsvorschlag Rdn. 2370):* Ergänzend wird der Notar beauftragt und bevollmächtigt, beim Berechtigten der in Abteilung II lfd. Nr. ..... eingetragenen Vormerkung unter Entwurfsfertigung eine Bewilligung dahingehend einzuholen, sowohl bei seiner Vormerkung als auch bei der noch einzutragenden Eigentumsverschaffungsvormerkung des Käufers einen Vermerk einzutragen, wonach die freizugebende Vormerkung, Abteilung II lfd. Nr. ..., keine Wirkungen gegenüber dem Anspruch auf Grundstücksübereignung, wie in der heutigen Urkunde begründet, besitzt (Wirksamkeitsvermerk).

4. Vormerkung bei Weitergabeverpflichtung

2376 Jedem Gestalter von Testamenten ist der Wunsch vieler Erblasser geläufig, den Weg ihres Vermögens über **mehrere Generationen vorauszuzeichnen**, bspw. durch Einsatz der Vor- und Nacherbfolge. Soll diese Wirkung durch Gestaltung im Rechtsgeschäft unter Lebenden erreicht wer-

---

[1388] Vgl. zum Wirksamkeitsvermerk i.R.d. Kaufpreisfinanzierung *Krauß*, Immobilienkaufverträge in der Praxis, 8. Aufl., insb. Rn. 1955 ff.

H. Vertragliche Rückforderungsrechte Kapitel 4

den, kommt allenfalls die Beauflagung des Ersterwerbers zur Weitergabe des übertragenen Objekts an »Zweitbegünstigte« bei Eintritt bestimmter Voraussetzungen oder zu einem vereinbarten Zeitpunkt in Betracht, wobei allerdings diese lediglich schuldrechtliche Verpflichtung nicht, wie die Vor- und Nacherbfolge, zu einem Von-selbst-Erwerb führt. Sie kann immerhin gegen anderweitige – selbst veranlasste oder von dritter Seite ausgelöste (Pfändung!) – störende Verfügungen durch Vormerkung gesichert werden.

▶ Hinweis:

Zu empfehlen ist eine solche Gestaltung gleichwohl nicht, führt sie doch im schlimmsten Fall zu einer völligen Entwertung des Grundstücks im Rechtsverkehr, auch als Kreditgrundlage.[1389] 2377

Soll bspw. der Abkömmling bei Eintritt bestimmter Voraussetzungen (eigenmächtige Verfügung, Pfändung, Insolvenz etc.) das Grundstück an den Enkel übertragen müssen, kann diese Berechtigung im Rahmen eines **echten Vertrags zugunsten Dritter** geschaffen werden, so dass nicht nur der Versprechensempfänger (der derzeitige Veräußerer oder, wenn keine Übertragung vorausgegangen ist, z.B. der derzeitige Ehegatte), sondern auch der Begünstigte Dritte (Enkel) forderungsberechtigt ist. Ist die Person des Dritten hinreichend bestimmt, kann nicht nur der (gem. § 335 BGB vermutete) eigene Anspruch des Versprechensempfängers, sondern auch der Anspruch des begünstigten Dritten (§ 328 Abs. 1 BGB) jeweils durch eine eigene Vormerkung gesichert werden, vgl. näher Rdn. 2379.[1390] Beim lediglich unechten Vertrag zugunsten Dritter (wenn also den potenziellen Enkeln kein eigenes Forderungsrecht zugewendet wird, sondern es bei der alleinigen Befugnis des Versprechensempfängers verbleibt, Leistung an die Dritten zu verlangen) kann zumindest der vermutete Anspruch des Versprechensempfängers gesichert werden.[1391] Sofern die Voraussetzungen erfüllt sind, kommt auch die Doppelsicherung in Betracht.[1392] Die Gestaltung des Vertrags zugunsten Dritter kann auch für **noch nicht geborene Enkel** gewählt werden, da § 331 Abs. 2 BGB dies (in Abweichung von § 1 BGB) zulässt. Auch zur Sicherung durch Vormerkung ist der Anspruch geeignet, sofern die Person des Dritten und das Anteilsverhältnis nach sachlichen Gesichtspunkten eindeutig bestimmbar sind.[1393] Formulierungsvorschlag einer solchen Regelung (in einer Gestaltung, in welcher der bedingte Übereignungsanspruch erst nach dem Tod des Versprechensempfängers entsteht) s. Rdn. 3425, bzw. Rdn. 3427 als unmittelbare lebzeitige Vor- und Nacherbfolge, ohne weitere Rücksicht auf die Position des Veräußerers. Zum vergleichbaren Problem der Vormerkungssicherung eines **Verfügungsunterlassungsvertrages**, der eine erbvertragliche Einsetzung lebzeitig absichern soll, s. Rdn. 3934 f. 2378

Auch ein bedingter oder künftiger Anspruch des Dritten auf Übereignung ist vormerkungsfähig, sofern nur der »sichere Rechtsboden« gelegt ist,[1394] es der Schuldner also nicht mehr in der Hand hat, die Entstehung durch alleinige einseitige Willenserklärung (etwa einen vorbehaltenen freien 2379

1389 Vgl. *Metzger*, MittBayNot 2004, 365.
1390 Staudinger/*Gursky*, BGB (2002), § 883 Rn. 70 m.w.N.
1391 Vgl. hierzu im Einzelnen *Krauß*, Immobilienkaufverträge in der Praxis, 8. Aufl., Rn. 1341 ff.
1392 Illustrativ der Sachverhalt in BGH, 26.04.2007 – IX R 139/06, DNotZ 2007, 829 m. Anm. *Amann*, wo der Dritte zwar Eigentümer wurde vor dem Zuschlag an einen Ersteigerer, gleichwohl damit jedoch nicht das Verfahren gem. § 28 Abs. 1 ZVG aufzuheben war, da diese Eintragung nicht aufgrund einer vorrangigen Vormerkung erfolgte (vormerkungsgesichert war nur der Anspruch des Versprechensempfängers).
1393 LG Passau, MittBayNot 2004, 362 (leibliche? eheliche? Abkömmlinge; nur solche, die bis zu einem bestimmten Stichtag geboren oder adoptiert wurden?).
1394 BGH, 05.12.1996 – V ZB 27/96, DNotZ 1997, 720; es bedarf also der noch von BayObLG, DNotZ 1978, 39, entwickelten Differenzierung zwischen bedingten und künftigen Ansprüchen nicht mehr.

Widerruf, voraussetzungslosen Rücktritt oder durch beliebige Kündigung) zu verhindern.[1395] Vormerkungsfähigkeit (des Anspruchs des Versprechensempfängers und, bei echtem Vertrag zugunsten Dritter, auch des Dritten) besteht demnach auch, wenn der Verpflichtete nur im Zusammenwirken mit einem Anderen, z.B. mit Zustimmung des Versprechensempfängers, sich vom Anspruch wieder befreien kann.[1396] Zum Schutz vor zu früher Verjährung (Zehn-Jahres-Frist ab Entstehen des Anspruchs) sollte die Verlängerung auf die 30-Jahres-Grenze des § 202 Abs. 2 BGB erwogen werden. Für die Ausübung der Rechte der noch nicht gezeugten Abkömmlinge ist ein Pfleger gem. § 1913 BGB zu bestellen. Die Löschung der Vormerkung, die zum Schutz der i.S.d. § 328 BGB (bedingt) berechtigten Dritten eingetragen wurde, erfordert freilich stets deren Bewilligung,[1397] da das materielle Erlöschen des Anspruchs nicht mit grundbuchlichen Mitteln nachweisbar sein wird.[1398]

5. Vormerkung bei Schuldübernahme

2380 Soll die vormerkungsgesicherte Verpflichtung zur bedingten Rückauflassung nach einer »gebilligten« rechtsgeschäftlichen Weiterübertragung der betroffenen Immobilie durch den Erwerber, etwa den Enkel des Veräußerers, übernommen werden (»Schuldübernahme«),[1399] erfasst die Vormerkung letztere Verpflichtung nicht, wenn nicht zugleich das betroffene »verpflichtete« Grundstück auf den neuen Schuldner übergeht: Vormerkungsschuldner (gebuchter Eigentümer) und persönlicher Schuldner wären nicht mehr identisch (Verstoß gegen das Identitätsprinzip).[1400] Nur wenn ein durchgehend **synchronisierter Eigentümer- und Schuldnerwechsel** stattfindet, also persönliche Verpflichtung und Vormerkung gleichzeitig auf den neuen Eigentümer übergehen (dem gegenüber das Wiederkaufsrecht sodann ausgeübt werden kann), bleibt die Vormerkung bestehen.[1401] Andernfalls bedarf es der Bewilligung und Eintragung einer neuen Vormerkung durch den Erwerber an Stelle der unwirksam gewordenen Bisherigen.[1402] Der gesicherte, akzessorische Anspruch bleibt (trotz Schuldnerwechsels) derselbe, er ändert nur seine Richtung.[1403]

2381 Davon zu trennen ist die Frage, ob der (synchron mit dem Übergang des Eigentums sich vollziehende) Schuldnerwechsel **im Grundbuch** bei der fortbestehenden Vormerkung **verlautbart** werden muss oder zumindest kann. Dafür[1404] spricht, dass die Identität der Schuldner- mit der Ei-

---

1395 Eingehend *Amann*, MittBayNot 2007, 17, gestützt auf BGH, 09.03.2006 – IX ZR 11/05, MittBayNot 2007, 45, vgl. auch *Krauß*, Immobilienkaufverträge in der Praxis, 8. Aufl. Rn. 1305 ff.
1396 So der Sachverhalt in BGH, 26.04.2007 – IX ZR 139/06, DNotZ 2007, 829 m. Anm. *Amann*: eine (mehrfach bedingte) Übereignungspflicht des Vaters zugunsten der Kinder konnte nur unter Mitwirkung der Mutter, der Versprechensempfängerin, wieder aufgehoben werden.
1397 Bzw. wiederum der Bewilligung eines Pflegers gem § 1913 BGB.
1398 OLG München, 24.09.2013 – 34 Wx 205/13, NotBZ 2013, 480.
1399 Ähnlich liegt die Fallkonstellation bei der Übernahme von Pflichten aus einem Wiederkaufsrecht zugunsten einer Gemeinde aus begünstigter Grundstücksabgabe, oder aus einem noch nicht abgewickelten Teilflächenverkauf.
1400 Staudinger/*Gursky* BGB Neubearb. 2008 § 883 Rn. 86; gleiches ergibt sich aus § 418 Abs. 1 Satz 1 BGB analog (Erlöschen akzessorischer Sicherungsrechte).
1401 BGH, 13.02.2014 – 5 ZB 88/13 ZfIR 2014, 479 m. Anm. *Krause*, Tz. 14 ff.; OLG Düsseldorf, 18.04.2011 – I-3 Wx 85/11, DNotZ 2012, 63 m. zust. Anm. *Reymann*. I.S.d. § 418 Abs. 1 Satz 3 BGB analog (falls überhaupt anwendbar) stimmen alter und neuer Eigentümer des »verhafteten Gegenstandes« jeweils zu.
1402 So hatte dies stets verlangt OLG Frankfurt, 07.04.2008 – 20W 131/08, BauR 2008, 1672; vgl. *Michael* notar 2008, 327.
1403 Allerdings ist mit *Krause*, ZfIR 2014, 483 darauf hinzuweisen, dass sich durch den Schuldnerwechsel z.B. die Wahrscheinlichkeit erhöhen kann, dass der (bedingte) Anspruch (z.B. auf Rückübertragung wegen Verstoßes gegen bestimmte Pflichten) entsteht. Dies zählt der BGH jedoch nicht mehr zum Anspruchsinhalt (enger Anspruchsbegriff).
1404 So OLG Düsseldorf, 18.04.2011 – I-3 Wx 85/11, DNotZ 2012, 63 m. zust. Anm. *Reymann*; ebenso *Krauß* notar 2012, 317, 323 und in der 3. Auflage dieses Werks, Rn. 1047.

gentümerstellung zu den unverzichtbaren Merkmalen einer Vormerkung zählt, und ohne den Vermerk über den Schuldnerwechsel der unzutreffende Eindruck entstehen würde, es handele sich um eine dem Vormerkungsberechtigten gegenüber unwirksame, »betrügerische« Zweitveräußerung, da Schuldner weiter der ursprünglich bewilligende Eigentümer sei. Der **BGH**[1405] hingegen zählt den Schuldnerwechsel zum »Schuldgrund«, der regelmäßig nicht durch materiell-rechtliche Bewilligung (§ 885 Abs. 2 BGB, Rdn. 2350) zum Inhalt des Grundbuchs wurde, so dass die mit der Schuldübernahme der vormerkungsgesicherten Verpflichtung einhergehenden Änderungen dieses Schuldgrundes nach wie vor nicht verlautbart werden können oder gar müssen (und zwar weder der Wechsel des Schuldners noch die i.d.R. damit einer gehende Änderung der den bedingten Übertragungsanspruch auslösenden Umstände, nämlich das Abstellen auf Person, Verhalten etc. des neuen und nicht mehr des bisherigen Eigentümers). Wem gegenüber welcher Anspruch wirkt ist also dann allein Gegenstand des (akzessorisch gesicherten) Anspruchs selbst. Über einen Wirksamkeitsvermerk ließe sich immerhin die Wirksamkeit des Eigentumswechsels gegenüber der Vormerkung, nicht aber der Schuldnerwechsel, verlautbaren.[1406]

Die Inhaltsänderung bedarf allerdings stets einer diesbezüglichen materiell-rechtlichen Bewilligung – wie geschildert darüber hinaus einer Grundbucheintragung aber nur dann, wenn – wie bisher in der Praxis selten – auch die Wiederkaufsgründe, also der »Schuldgrund«, als Inhalt der Erstbewilligung (i.d.R. im Wege des § 885 Abs. 2 BGB) zum Inhalt des Grundbuchs geworden war,[1407] sonst nicht.[1408] 2382

▶ **Formulierungsvorschlag: Übernahme der bedingten vormerkungsgesicherten Rückauflassungsverpflichtung**

Die im Grundbuch eingetragene Vormerkung Abt. II lfd. Nr. ..... sichert bedingte Rückauflassungsverpflichtungen des heutigen Veräußerers (bisherigen Schuldners) gegenüber ..... (Gläubiger), wie in der Urkunde des Notars ..... vom ..... UR ...../2010 (Übergabevertrag, »Vorurkunde«) vereinbart. Der Erwerber übernimmt diese bedingten Verpflichtungen gegenüber dem Gläubiger aufschiebend bedingt auf den Zeitpunkt des Eigentumsübergangs als neuer Schuldner; er stellt den Veräußerer im Innenverhältnis bereits ab Besitzübergang insoweit frei. Hinsichtlich der Tatbestände, die das Übertragungsverlangen des Gläubigers auslösen können, wird ab Eigentumsübergang auf die Person, das Verhalten, das Eigentum etc. des Erwerbers abgestellt. Der Notar soll eine Erklärung des Gläubigers dahingehend einholen, dass (1) die heutige Übertragung das bedingte Übertragungsverlangen nicht auslöst, da mit Zustimmung des Gläubigers erfolgt, (2) der Gläubiger der Vertragsübernahme in für den Veräußerer befreiender Weise zustimmt, und (3) mit der Inhaltsänderung der auslösenden Tatbestände einverstanden ist. 2383

Der Erwerber als künftiger Eigentümer und Schuldner bewilligt, dass ab dem Zeitpunkt des Eigentumsübergangs (§ 16 Abs. 2 GBO) die fortbestehende Vormerkung nunmehr die Verpflichtungen des Erwerbers als neuem Schuldner gegenüber dem Gläubiger sichert, und ab diesem Zeitpunkt auf die auslösenden Umstände in der Person des Erwerbers abzustellen ist. Diese Änderungen des Schuldgrundes werden jedoch – wie bisher – nicht im Grundbuch vermerkt.

Von der vorstehend behandelten Konstellation des Schuldnerwechsels zu unterscheiden ist der Umstand, dass die bedingte Rückübertragungsvereinbarung (vor wie nach dem Eigentumswechsel) auf Umstände Bezug nimmt, die in der Person des »jeweiligen Eigentümers« verwirklicht sein können, so dass beim Eigentumswechsel ein Dreipersonenverhältnis entsteht, die Vormerkung jedoch unverändert bleibt (Rdn. 2203 ff.). Ob der Eigentumswechsel mit Wissen und Wollen des Gläubigers erfolgt ist oder nicht, wird im Grundbuch nicht verlautbart, sondern äußert sich 2384

1405 BGH, 13.02.2014 – 5 ZB 88/13, ZfIR 2014, 479 m. Anm. *Krause*, Tz. 24.
1406 BGH, 13.02.2014 – 5 ZB 88/13, Tz. 25.
1407 Dann müssen nachrangig Berechtigte zustimmen, wenn sie durch eine inhaltliche Erweiterung der Wiederkaufsgründe nachteilig betroffen sein können.
1408 BGH, 07.12.2007 – V ZR 21/07, DNotZ 2008, 514 m. Anm. *Amann; Amann* MittBayNot 2010, 451, 454 f.; a.A. *Kesseler* NZI 2008, 327, 328.

6. Belehrungen

2385 Den Beteiligten ist im Regelfall bewusst, welche Beschränkungen ein solcher Rückübertragungsvorbehalt dem Erwerber und dessen Gesamtrechtsnachfolgern[1409] auferlegt und welche Wertminderung des Objekts bis zur Erledigung dieses Rückforderungsvorbehalts damit verbunden ist. Diese Nachteile werden typischerweise in Kauf genommen, einerseits in der Erwägung, dass es sich aus Sicht des Veräußerers um eine unabdingbare Voraussetzung der Übertragung handelt, das Objekt also ohne diese Beschränkung nicht zu erlangen wäre, andererseits angesichts der Tatsache, dass – anders als bei einem freien Rückforderungsvorbehalt – die tatsächliche Geltendmachung nicht in das unkalkulierbare Belieben des Veräußerers gestellt ist, sondern beschränkt ist auf Sachverhalte, die auch aus Sicht des Erwerbers die Geschäftsgrundlage wesentlich verändern oder gar entfallen lassen. Will man diese rechtlichen und wirtschaftlichen Risiken den Beteiligten gleichwohl ausdrücklich verdeutlichen, könnte sich die nachfolgende Formulierung empfehlen.

▶ **Formulierungsvorschlag: Risikohinweise bei Rückforderungsvorbehalt**

2386 Der Notar hat mit dem Beteiligten erörtert, welche rechtlichen Auswirkungen der im Grundbuch gesicherte Rückforderungsvorbehalt des Veräußerers haben kann, auch im Fall seiner Ausübung. Dem Erwerber ist bewusst, dass bis zum Erlöschen des Rückforderungsvorbehalts eine Verfügung, auch Beleihung, nur mit Zustimmung des Berechtigten möglich ist, somit der Wert des Objekts zunächst noch wesentlich gemindert wird. Im Fall einer tatsächlich geschuldeten und durchzuführenden Rückübertragung werden nicht alle Aufwendungen, die auf das Objekt getätigt werden, und erst recht nicht die laufenden Kosten, rückerstattet. Dem Veräußerer ist seinerseits bekannt, dass die Ausübung vorbehaltener Rückforderungsrechte der Pfändung unterliegen und für den Fall, dass der Erwerber steuerfinanzierte Sozialleistungen bezieht (etwa Sozialhilfe oder Grundsicherung für Arbeit Suchende), sogar versagt sein kann. Er weiß auch, dass der Rückforderungsvorbehalt untergehen kann, wenn jetzt oder künftig auf Zahlung gerichtete Rechte (etwa Grundschulden, Hypotheken oder Reallasten) seiner Vormerkung im Rang vorgehen und aus diesen die Versteigerung des Objekts betrieben würde.

2387 Fraglich ist, ob der Notar von sich aus auf die Möglichkeit hinzuweisen hat, Rückforderungsvorbehalte zu vereinbaren. Insb. bei ehebedingten Zuwendungen könnte eine solche ungefragte Thematisierung die Unparteilichkeit des Notars infrage stellen, weshalb die Rechtsprechung jedenfalls bei Fehlen konkreter Gefahrenpotenziale solche Gestaltungsanregungen zur Haftungsvermeidung nicht verlangt hat.[1410]

2388 Will der Notar dokumentieren, dass er i.R.d. Sachverhaltsermittlung (Erforschung des Willens der Beteiligten) zumindest die Frage möglicher Vorbehalte und Gegenleistungen angesprochen hat, kann die nachfolgende Formulierung hilfreich sein.

▶ **Formulierungsvorschlag: Verzicht auf Rückforderungs- und sonstige Vorbehalte**

2389 Die Überlassung erfolgt vollständig unentgeltlich und schenkungsweise. Gegenleistungen sind also nicht geschuldet; auch eine Verrechnung mit Gegenansprüchen des Erwerbers findet nicht statt. Auch Vorbehalte etwa hinsichtlich der Nutzung des Vertragsobjekts oder Beschränkungen der Verfügungsbefugnis des Erwerbers – gesichert durch Rückübertragungsvormerkung – werden nicht gewünscht. Das Schicksal von Schenkungsvorgängen im Verhältnis zu Gläubigern oder Pflichtteilsberechtigten, i.R.d. Zugewinnausgleichs sowie die Rückforderungs- und Widerrufstatbestände des allgemeinen Schenkungsrechts wurden erläutert; auf die Schenkungsteuer wurde hingewiesen.

1409 Bei einer »genehmigten« rechtsgeschäftlichen Weiterübertragung auf den Einzelrechtsnachfolger.
1410 Ausdrücklich OLG Düsseldorf, MittRhNotK 1966, 361, und OLG Bamberg, DNotZ 2004, 718 (bei einer Übertragung ohne Anrechnung auf den Pflichtteilsanspruch sei jedenfalls der endgültige Verlust gewollt); zweifelnd OLG Koblenz, DNotI-Report 1998, 410.

V. Vorschlag einer Gesamtformulierung

Die häufig gewählte Variantenkombination des höchstpersönlichen, nicht vererblichen, »pfändungsgeschützten« Rückforderungsrechts für enumerativ aufgezählte, gegen den jeweiligen Eigentümer gerichtete Tatbestände mit auf den Tod befristeter Vormerkungssicherung und begrenzter Erstattungspflicht, jedoch ohne Ersetzungsbefugnis, könnte etwa wie folgt formuliert werden.

2390

▶ Formulierungsvorschlag: Gesamtbaustein »Rückforderungsrecht«

Jeder Erwerber und seine Gesamtrechtsnachfolger im Eigentum sind gegenüber dem Veräußerer verpflichtet, den jeweiligen Vertragsbesitz zurückzuübertragen, wenn und soweit ein Rückforderungsgrund eintritt und die Rückforderung vertragsgemäß, d.h. binnen zwölf Monaten nach Kenntnis vom Rückforderungstatbestand und in notariell beglaubigter Form, erklärt wird. Das Rückforderungsrecht ist nicht vererblich oder übertragbar und kann nicht durch einen gesetzlichen Vertreter oder sonstigen Sachwalter, der mit Wirkung für fremde Vermögen Erklärungen abzugeben berechtigt ist, ausgeübt werden. Es kann sich auch lediglich auf Teile des Vertragsbesitzes erstrecken.

2391

Macht zu Lebzeiten beider Veräußerer nur einer der Veräußerer das Rückforderungsrecht geltend oder ist der andere Veräußerer verstorben, ist nur an den verbleibenden Veräußerer aufzulassen, der auch die Verpflichtungen alleine übernimmt. Anderenfalls ist an beide zu je hälftigem Miteigentum unter gesamtschuldnerischer Übernahme der Verpflichtungen aufzulassen. Keiner der Veräußerer ist befugt, zulasten des anderen über das Rückforderungsrecht zu verfügen.

Ein Rückforderungsgrund tritt jeweils ein, sobald der jeweilige Eigentümer
1. den Vertragsbesitz ganz oder teilweise ohne schriftliche Einwilligung des Veräußerers (bzw. seines gesetzlichen Vertreters oder Bevollmächtigten) veräußert oder sonst das Eigentum daran verliert, belastet oder eingetragene Belastungen revaluiert, oder vermietet,
2. von Zwangsvollstreckung oder Zwangsverwaltung in den Grundbesitz betroffen ist, sofern die Maßnahme nicht binnen zwei Monaten aufgehoben wird,
3. in Insolvenz fällt, die Eröffnung des Verfahrens mangels Masse abgelehnt wird oder er die Vermögenserklärung abgibt,
4. vor dem Berechtigten verstirbt,
5. von seinem (künftigen) Ehegatten/eingetragenen Lebenspartner (»Partner«) getrennt lebt i.S.d. § 1567 BGB oder Klage auf vorzeitigen Zugewinnausgleich erhoben wird, es sei denn, durch vertragliche Vereinbarung ist sichergestellt, dass der Vertragsbesitz i.R.d. Zugewinn- bzw. Vermögensausgleiches nicht berücksichtigt wird, sondern allenfalls tatsächlich getätigte Investitionen oder Tilgungsleistungen dem Partner zu erstatten sind,
6. der Drogen- oder Alkoholsucht verfällt,
7. Mitglied einer im Sektenbericht des Bundestages aufgeführten Sekte oder einer in einem Verfassungsschutzbericht aufgeführten verfassungsfeindlichen Vereinigung wird oder
8. länger als sechs Monate geschäftsunfähig ist.

Bei mehreren Eigentümern desselben Miteigentumsanteils genügt der Eintritt bei einem von ihnen. Auch wenn nur ein Miteigentumsanteil betroffen ist, kann der Veräußerer nach seiner Wahl die Rückforderung hinsichtlich des gesamten Vertragsbesitzes ausüben.

Der Veräußerer hat die im Grundbuch eingetragenen Rechte und Grundpfandrechte dinglich zu übernehmen, soweit sie dann im Rang vor der nachstehend bestellten Auflassungsvormerkung eingetragen sind. Aufschiebend bedingt auf die wirksame Ausübung des Rückforderungsrechts werden bereits heute alle Rückgewähransprüche, die dem Erwerber dann bezüglich eingetragener Grundpfandrechte zustehen (werden), an den dies annehmenden Veräußerer im oben bezeichneten Erwerbsverhältnis abgetreten. Ferner verpflichtet sich der Erwerber, etwa ihm dann zustehende Eigentümergrundschulden auf Verlangen des Veräußerers löschen zu lassen, und bewilligt, zu dessen Gunsten eine Löschungsvormerkung gem. § 1179 BGB bei den derzeit eingetragenen Grundpfandrechten einzutragen. Der Veräußerer beantragt die Eintragung/*kann den Antrag auf Eintragung jederzeit stellen*.

Verwendungen aus dem Vermögen des Rückübertragungsverpflichteten werden – maximal jedoch bis zur Höhe der noch vorhandenen Zeitwerterhöhung – gegen Rechnungsnachweis erstattet bzw. durch Schuldübernahme abgegolten, soweit sie nicht nur der Erhaltung des Anwesens im derzeitigen Zustand, sondern dessen Verbesserung oder Erweiterung gedient haben und mit schriftlicher Zustimmung des Berechtigten oder seines Vertreters durchgeführt wurden. Sondertilgungen auf übernommene Verbindlichkeiten sowie Gutabstandszahlungen an den Veräußerer sind ebenfalls Zug um Zug mit Vollzug der Rückauflassung, frei von nicht zu übernehmenden Belastungen, und ohne Beilage von Zinsen zu erstatten. I.Ü. erfolgt die Rückübertragung unentgeltlich, also insbesondere ohne Ausgleich für geleistete Dienste, wiederkehrende Leistungen, Gleichstellungsgelder – soweit sie, auch mittelbar, an weichende Geschwister geflossen sind –, planmäßige Tilgungen, geleistete Zinsen, Arbeitsleistungen oder die gezogenen Nutzungen. Nur hilfsweise gelten die gesetzlichen Bestimmungen zum Rücktrittsrecht.

Die Kosten der Rückübertragung hat der Anspruchsberechtigte zu tragen. Mit Durchführung der Rückübertragung entfällt die ggf. angeordnete Anrechnung der Zuwendung auf den Pflichtteilsanspruch des heutigen Erwerbers sowie ein etwa mit ihm in dieser Urkunde vereinbarter Pflichtteilsverzicht (auflösende Bedingung).

Zur Sicherung des bedingten Rückübertragungsanspruchs nach wirksamer Ausübung eines vorstehend eingeräumten Rückforderungsrechts oder des gesetzlichen Widerrufs gem. § 530 BGB (»grober Undank«) bestellt hiermit jeder Erwerber zugunsten des vorgenannten Veräußerers – sofern es sich um mehrere Personen handelt, als Gesamtberechtigte gem. § 428 BGB – eine

Eigentumsvormerkung

am jeweiligen Vertragsbesitz und

bewilligt und beantragt

deren Eintragung im Grundbuch. Die Vormerkung ist als Sicherungsmittel auflösend befristet. Sie erlischt mit dem Tod des jeweiligen Veräußerers.

Die Vormerkung erhält die nächstoffene Rangstelle, jedoch den Rang nach dem Nießbrauch.

VI. Rückforderungsrechte im Gesellschaftsrecht
1. Mögliche Rückforderungstatbestände

2392 Auch Gesellschaftsanteile können im Weg vorweggenommener Erbfolge unter Rückforderungsvorbehalt übertragen werden. Der BGH[1411] hat zunächst entschieden, dass eine entschädigungslose Rückübertragung aufgrund gesetzlichen Rückforderungsrechts (grober Undank, § 530 BGB) auf schuldrechtlicher – schenkungsrechtlicher – Basis und damit außerhalb des Gesellschaftsrechts geschuldet sei. Ähnlich wurde ein vom Erwerber bei der Schenkung abzugebendes Angebot zur jederzeitigen unentgeltlichen Rückübertragung als zulässig angesehen, da wirtschaftlich einem Treuhandverhältnis vergleichbar.

2393 In den jüngeren, etwa seit 2000 ergangenen Entscheidungen hat der BGH diese »Trennungstheorie«[1412] aufgegeben.[1413] Es macht also keinen Unterschied mehr, welchen rechtstechnischen Weg der Vertragsgestalter wählt, um eine Hinauskündigungsklausel zu sichern.[1414] Unterschieden wird nun stattdessen einerseits zwischen der Prüfung des Rückforderungsvorbehalts (vergleichbar der Prüfung der Zulässigkeit einer gesellschaftsrechtlichen Hinauskündigungsklausel, vgl. Rdn. 2634 ff.) und andererseits der Höhe der geschuldeten Abfindung; beide Themen beeinflussen sich wechselseitig nicht (demnach kann auch eine besonders hohe Abfindung bspw. nicht eine für sich genommene unzulässige Hinauskündigungsklausel rechtfertigen).

1411 BGH, 02.07.1990 – II ZR 243/89, DNotZ 1991, 819 ff. (»Benteler-Urteil«).
1412 Dafür: *K. Schmidt*, BB 1990, 1997; *Bütter/Tonner*, ZGR 2003, 195 ff.; vermittelnd (Zulässigkeit bei geschenkter rein kapitalistischer Beteiligung) *Klumpp*, ZEV 1995, 388 f.
1413 Deutlich etwa BGH, 19.09.2005 – II ZR 173/04, GmbHR 2005, 1558 (zum sog. »Managermodell«).
1414 Vgl. *Wälzholz*, GmbHR 2007, 1177 ff.

H. Vertragliche Rückforderungsrechte

Derzeit ist wohl folgendermaßen zu differenzieren:

(1) Der Vorbehalt eines freien, **voraussetzungslosen Rückforderungsrechts** ist auch bei unentgeltlich erworbenen Gesellschaftsanteilen grds. unzulässig; es gibt keine Gesellschafter »zweiter Klasse«. Wie bei rein gesellschaftsrechtlichen Hinauskündigungsklauseln kann jedoch die freie Rückforderung nach der bisherigen Kasuistik des BGH (vgl. Rdn. 2634 ff.) zulässig sein in Mitarbeiter- und Managermodellen,[1415] bei Kooperationsverträgen, denen gegenüber das Gesellschaftsverhältnis wirtschaftlich zurücktritt,[1416] bei Freiberufler-Gesellschaften während der Probezeit[1417] sowie bei einer im Testament angeordneten Hinauskündigungsklausel für eine durch Auflage neu zu gründende Gesellschaft,[1418] möglicherweise auch bei geschenkten Beteiligungen an rein vermögensverwaltenden Gesellschaften.[1419] Gegen freie Rückforderungsrechte sprechen unabhängig davon die bereits erörterten zivilrechtlichen (freie Pfändbarkeit!, Rdn. 2122; Nichtanlaufen der Frist des § 2325 BGB: Rdn. 2140), steuerrechtlichen (Mitunternehmerschaft!, Rdn. 2140 ff.) und praktisch-psychologischen Gründe. 2394

(2) **Enumerative Rückforderungsrechte**, die eine schuldrechtliche, ggf. auch dingliche Absicherung (durch bedingte Rückabtretung) auslösen, sind nach den bisher ergangenen Urteilen zum einen zulässig, wenn sie einen gesetzlich vorhandenen Rückforderungstatbestand (Nichterfüllung einer Auflage, Verarmung, grober Undank) abbilden.[1420] Darüber hinaus sind vertraglich vereinbarte enumerative Rückforderungstatbestände zulässig, wenn ein **sachlicher Grund** hierfür angeführt werden kann.[1421] Nicht erforderlich ist das Vorliegen eines wichtigen Grunds, wie er z.B. zur Auflösungsklage i.S.d. § 133 HGB oder zur Rechtfertigung des Ausschlusses eines GmbH-Gesellschafters notwendig wäre. 2395

Damit dürften auch die typischerweise vereinbarten Tatbestände gerechtfertigt sein,[1422] nämlich der Verstoß gegen ein Veräußerungs- oder Belastungsverbot, das Vorversterben des Beschenkten,[1423] die Zwangsvollstreckung Dritter in den Gesellschaftsanteil bzw. die Insolvenz des Anteilsinhabers, der Rückstand mit mehr als Bagatellbeträgen hinsichtlich versprochener Gegenleistungen (z.B. Raten der dauernden Last), wohl auch der Scheidung, jedenfalls der Scheidung vom Schenker bei einer Zuwendung unter Ehegatten.[1424] 2396

Hinsichtlich der **insolvenzbedingten Rückforderungsrechte** ist in Bezug auf Gesellschaftsanteile weiter zu differenzieren zwischen der Insolvenz des Erwerbers (als natürliche Person), einerseits, und der Insolvenz des »Unternehmens«, also der Gesellschaft selbst, andererseits.[1425] Im Hinblick 2397

1415 BGH, 19.09.2005 – II ZR 173/04, GmbHR 2005, 1558 (»Managermodell«); BGH, 19.09.2005 – II ZR 342/03, GmbHR 2005, 1561 (»Mitarbeitermodell«). In solchen Fällen ist die Anteilsrückübertragung zum Nennwert beim Ausscheiden auch nicht schenkungsteuerpflichtig, FG Düsseldorf, 14.04.2017 – 4 K 2596/16 Erb, ZEV 2017, 466.

1416 BGH, 14.03.2005 – II ZR 153/03, GmbHR 2005, 620.

1417 BGH, 07.05.2007 – II ZR 281/05, DNotI-Report 2007, 175: 3 Jahre lang.

1418 BGH, 19.03.2007 – II ZR 300/05, GmbHR 2007, 644; allerdings existiert keine Bereichsausnahme für letztwillige Verfügungen, so dass auch die »Erben« eines Gesellschaftsanteils die Unzulässigkeit einer freien Hinauskündigungsklausel rügen können, die sie im Gesellschaftsvertrag bereits vorfinden.

1419 So *Oppermann*, RNotZ 2005, 453, 469 und *Haberstroh*, BB 2010, 1745 (»Erbe auf Probe«) unter Berufung auf die BGH-Entscheidung der vorangehenden Fußnote.

1420 Hierzu ausführlich *Hermanns*, MittRhNotK 1997, 149, 161 ff.; Basis war die bereits erwähnte »Benteler-Entscheidung« BGH, 02.07.1990 – II ZR 243/89, NJW 1990, 2616.

1421 So auch ausdrücklich BGH, 19.09.2005 – II ZR 342/03, GmbHR 2005, 1561 (»Mitarbeitermodell«).

1422 Vgl. *Wälzholz*, GmbHR 2007, 1181 m.w.N.

1423 Zumal in diesem Fall auch die Abfindung gesellschaftsrechtlich vollständig ausgeschlossen werden kann, vgl. Rdn. 147.

1424 OLG Karlsruhe, 12.10.2006 – 9 U 34/06, ZEV 2007, 137 m. Anm. *Ivo* (Nichtzulassungsbeschwerde wurde zurückgenommen, BGH: II ZR 255/06); vgl. auch *Münch*, ZErb 2007, 410.

1425 Vgl. *Wälzholz*, ZEV 2010, 623 ff.

auf die Nachversteuerungstatbestände ist Letztere besonders bedeutsam, weil die Insolvenz der Kapitalgesellschaft oder haftungsbeschränkten Mitunternehmerschaft zu einer Aufgabe des Betriebs der Mitunternehmerschaft nach § 16 Abs. 3 EStG bzw. zur Auflösung der Gesellschaft nach § 60 Abs. 1 Nr. 5 GmbHG führt, wodurch die Nachversteuerungstatbestände des § 13a Abs. 5 Nr. 1 bzw. Nr. 4 Satz 2 ErbStG verwirklicht werden; Billigkeitsregelungen hat selbst der BFH insoweit bisher abgelehnt (vgl. Rdn. 5316). In solchen Konstellationen ist entscheidend, dass die Rückübertragung nicht automatisch stattfindet, sondern nur auf entsprechendes Verlangen, um dem Veräußerer die Abwägung zwischen der Vermeidung einer schenkungsteuerrechtlichen Nachbelastung des Erwerbers, einerseits, und der Gefahr eigener Inanspruchnahme, etwa aufgrund des Ausfallhaftungstatbestands des § 24 GmbHG oder aufgrund vorangegangener Rückzahlung der Haftsumme eines Kommanditisten nach § 172 Abs. 4 HGB zu ermöglichen. Gleiches gilt, wenn mitübertragene negative Privatkonten bestehen, die Darlehensansprüche der Gesellschaft gegen Gesellschafter repräsentieren, oder das Kapitalkonto aktivisch geworden ist, also ebenfalls Zahlungsansprüche der Gesellschaft gegen den Gesellschafter zur Folge hat.[1426]

2398 Gestalterisch lässt sich in den Fällen, in denen zur Vollhaftung führende Gesellschaftsanteile übertragen wurden (bspw. Anteile an einer OHG, einer GbR oder der Komplementäruntergang einer KG), erwägen, ob der Schenker vor der Ausübung des Rückforderungsrechts verlangen könne, das Unternehmen in eine haftungsbeschränkte Form, bspw. eine GmbH & Co. KG, einzubringen; die Wohltat des § 29 Abs. 1 Nr. 1 ErbStG wird dadurch nicht gefährdet, da Identität des zurückübertragenen mit dem verschenkten Gegenstand dort nicht gefordert wird, vgl. Rdn. 4984. Hierzu[1427]

▶ Formulierungsvorschlag: Haftungsbeschränkende »Umwandlung« des zurück zu übertragenden Unternehmens auf Verlangen des Schenkers

2399 Der Veräußerer kann jederzeit durch schriftliche Erklärung, die auch durch einen rechtsgeschäftlichen oder gesetzlichen Vertreter ausgeübt werden kann, vom Erwerber verlangen, dass dieser das übertragene Einzelunternehmen/den übertragenen vollhaftenden Gesellschaftsanteil mit allen Aktiva und Passiva unter Buchwertfortführung gemäß §§ 20 oder 24 UmwStG in eine GmbH oder in eine GmbH & Co. KG einbringt bzw. auf die Mitgesellschafter in diesem Sinn hinwirkt. Für den Fall einer anschließenden Rückforderung nach den Bestimmungen dieses Vertrags tritt das erlangte Surrogat an die Stelle des ursprünglich übertragenen Unternehmens/Gesellschaftsanteils.

2400 Weiter wird empfohlen, den Rückforderungstatbestand bereits im Vorfeld einer drohenden Insolvenz anzusiedeln, um dem Veräußerer – neben der Vermeidung der Nachversteuerung – auch Gelegenheit zu geben, das Unternehmen durch Wiederübernahme des Managements und Eigentums zu sanieren. Hierzu[1428]

▶ Formulierungsvorschlag: Rückforderungsrecht im Vorfeld einer Unternehmensinsolvenz

2401 Ein Rückforderungstatbestand tritt ferner ein, sobald
(x) damit zu rechnen ist, dass bei unveränderter Entwicklung des Unternehmensergebnisses spätestens nach Ablauf von sechs Monaten mit dem Eintritt einer Überschuldung oder Zahlungsunfähigkeit i.S.d. §§ 17, 19 InsO zu rechnen ist, ferner sobald Zahlungsunfähigkeit nach § 18 InsO droht.

2402 Es dürfte auch zulässig sein, ein Rückforderungsrecht an die Erklärung der Kündigung (sogar die Kündigung binnen 3 Monaten nach Eintritt der Volljährigkeit gem. § 723 Abs. 1 Satz 3 Nr. 2 BGB) seitens des beschenkten Gesellschafters zu knüpfen; ein Verstoß gegen § 723 Abs. 3 BGB

1426 Vgl. *Wälzholz*, ZEV 2010, 623, 625.
1427 In Anlehnung an *Wälzholz*, ZEV 2010, 623, 626.
1428 In Anlehnung an *Wälzholz*, ZEV 2010, 623, 625.

liegt hierin wohl nicht.¹⁴²⁹ Erforderlich ist dann aber eine Abstimmung mit dem Gesellschaftsvertrag, um zu vermeiden, dass bereits die Kündigung als solche (richtig wäre: erst eine solche Kündigung, die nicht zur Ausübung des vorbehaltenen befristeten Rückforderungsrechts führt, nach Ablauf dieser Ausübungsfrist) zum Ausscheiden aus der Gesellschaft führt mit der Folge, dass die gesellschaftsvertraglich geschuldete Abfindung zu zahlen ist und das Rückforderungsrecht einschließlich der daran anknüpfenden Abfindungsregelung mangels vorhandenen Gesellschaftsanteils ins Leere geht.

Diese Grundsätze gelten für Kapitalgesellschaften wie für Personengesellschaften gleichermaßen;¹⁴³⁰ bei Kapitalgesellschaften stellt sich allerdings das weitere Risiko des Wegfalls der Mitunternehmereigenschaft nicht. War Schenkungsgegenstand ein Mitunternehmeranteil, zu dem auch Sonderbetriebsvermögen zählte, ist zur Gewährleistung der Buchwertfortführung sicherzustellen, dass auch Letzteres (z.B. gesichert durch Vormerkung an Grundstücken) zurückgeholt werden kann, Rdn. 5725 ff.; Gleiches gilt bei Betriebsaufspaltungen in Bezug auf das Besitz- wie auch das Betriebsunternehmen, zur Vermeidung einer Auflösung der personellen Verflechtung, Rdn. 5707 ff.). Zu weiteren Fragestellungen i.R.d. § 29 ErbStG, insb. zur Art- und Funktionsgleichheit des zurückübertragenen mit dem hingegebenen Anteil, vgl. Rdn. 4984.

2403

2. Abfindung und Schicksal von Gegenleistungen

Von der Beurteilung der Zulässigkeit des Rückforderungsvorbehalts an sich zu trennen¹⁴³¹ ist die Frage, ob eine Abfindung bei Geltendmachung des Vorbehalts beschränkt oder ausgeschlossen werden kann. Wurde für den **Erwerb** des Geschäftsanteils ein Beitrag gezahlt, hat es der BGH nicht beanstandet, lediglich diese Summe (unverzinst) rückzuerstatten (so etwa bei den Mitarbeitermodellen). Keinesfalls kann bei entgeltlich erworbenen Anteilen die Rückübertragung gänzlich unentgeltlich vorbehalten werden,¹⁴³² auch nicht, bei einem groben Pflichtverstoß des Gesellschafters.¹⁴³³ Die gesellschaftsrechtlichen Grundsätze (vgl. hierzu 2240 ff. bei Personen- bzw. 2365 ff. bei Kapitalgesellschaften) sind allerdings nicht maßgeblich, selbst dann nicht, wenn die vereinbarte Abfindung weit unter dem Verkehrswert liegt.

2404

Wurde die Beteiligung unentgeltlich übertragen, oder verfolgt die Gesellschaft nur ideelle Zwecke,¹⁴³⁴ kann vielmehr sogar grds. eine Abfindung gänzlich ausgeschlossen werden.¹⁴³⁵ Dies gilt jedoch nicht uneingeschränkt.¹⁴³⁶ Zu berücksichtigen sind (im Rahmen einer Ausübungskontrolle nach § 242 BGB) die Dauer der Beteiligung, die Bedeutung der Beiträge des Beschenkten an der Entwicklung der Gesellschaft, die Höhe bisher erhaltener Ausschüttungen (so dass bei thesaurierenden Gesellschaften eine höhere Abfindung geschuldet sein kann) sowie der Umstand, ob eine separate Tätigkeitsvergütung gewährt wird. Sind Anteile an rein vermögensverwaltenden Ge-

2405

1429 Vgl. im Einzelnen *Mayer*, ZGR 1995, 93, 109 mit Formulierungsvorschlag; *Oppermann*, RNotZ 2005, 453, 471; *Wälzholz*, GmbHR 2007, 1177, 1183.
1430 Vgl. *Oppermann*, RNotZ 2005, 453, 463; ausdrücklich auch BGH, 19.09.2005 – II ZR 173/04, GmbHR 2005, 1558 (»Managermodell«).
1431 Ähnlich BGH, 07.04.2008 – II ZR 3/06, ZNotP 2008, 411: Die Zulässigkeit der Fortsetzungsklausel an sich ist separat zu beurteilen von der Höhe der Abgeltung.
1432 BGH, 22.01.2013 – II ZR 80/10, GmbHR 2013, 301 m. Anm. *Ulrich* zur »Rückgabe« von Aktien, die bei Kapitalerhöhung entgeltlich gezeichnet wurden, an die AG bei Beendigung eines parallelen Franchiseverhältnisses (§ 138 BGB, unzulässiger Eingriff in das Eigentumsrecht).
1433 BGH, 29.04.2014 – II ZR 216/13, DNotZ 2014, 788 (kann auch nicht als Vertragsstrafe aufrecht erhalten werden, es sei denn, die Gesellschaft geriet aufgrund des Pflichtverstoßes in Existenznot).
1434 BGH, DNotZ 1988, 902.
1435 So BGH, 19.09.2005 – II ZR 342/03, GmbHR 2005, 1561 (»Mitarbeitermodell«); OLG Karlsruhe, 12.10.2006 – ZEV 2007, 137 m. Anm. *Ivo*; BGH, 09.07.1990 – II ZR 194/89, GmbHR 1990, 449; häufig begründet mit der Parallelität zu Treuhandverhältnissen.
1436 Skeptisch insoweit *Wälzholz*, FamRB 2007, 90, mit Blick auf die einschränkende Rspr. zu Hinauskündigungsklauseln (Rdn. 2635 ff.), auch bei geschenkten Beteiligungen.

sellschaften geschenkt worden und hat der Beschenkte keine weitere Initiative entwickelt, ist jedoch die abfindungslose Rückforderung sicherlich zulässig.

2406 In anderen Fällen mag es sich empfehlen, vorsorglich für den Fall, dass die entschädigungslose Rückforderung gerichtlich nicht standhält, eine hilfsweise geschuldete Abfindung (etwa i.H.v. 50 % des Verkehrswerts)[1437] aufzunehmen, um zu vermeiden, dass andernfalls die Abfindung nach dem vollen Verkehrswert geschuldet ist.[1438]

2407 Davon zu trennen ist das Schicksal **erbrachter Gegenleistungen**, die – jedenfalls für die Zukunft – zurückzugewähren bzw. nicht mehr zu leisten sind (Gleiches dürfte gelten für die Aufhebung einer Pflichtteilsanrechnung oder eines Pflichtteilsverzichts). Vorbehaltene Nießbrauchsrechte, gewährte wiederkehrende Leistungen im Sinn vorbehaltener, jedoch nun vom Erwerber zu erwirtschaftender Nutzungen, sowie die Verzinsung und Tilgung von Verbindlichkeiten (Schuldübernahme) bleiben jedoch für die Vergangenheit erhalten.

3. Durchführung und Sicherung

2408 Um die Forderung pfändungs- und insolvenzfest zu gestalten, wird typischerweise das dingliche Geschäft unter die auflösende Bedingung des Eintritts des Rückforderungstatbestands und der Ausübung des Rückforderungsrechts gestellt, um in den Genuss der Unwirksamkeit zwischenzeitlicher beeinträchtigender Verfügungen oder der Unbeachtlichkeit zwischenzeitlicher Insolvenzeröffnung über das Vermögen des Rückübertragungsverpflichteten (§ 161 Abs. 1 Satz 2 BGB als ggü. § 91 Abs. 1 InsO vorrangige Norm)[1439] zu gelangen, wobei jedoch Zweifel geäußert werden hinsichtlich der Gläubigeranfechtbarkeit solcher Abreden, jedenfalls wenn sie nur auf Gläubigerzugriffe abstellen[1440] (Formulierungsbeispiel s. Rdn. 2218).

2409 Die **auflösende Bedingung** hat zugleich den Vorteil, dass gesellschaftsvertraglich etwa vereinbarte, auf Anteilsübertragungen bezogene, Zustimmungsvorbehalte hierfür nicht gelten. (Bei einer noch rechtsgeschäftlich zu erfüllenden Rückübertragungspflicht sollte bereits i.R.d. Genehmigung der Übertragung selbst zugleich die Rückübertragung, sofern sie aufgrund des vereinbarten Vorbehalts erfolgt, mitgenehmigt werden, verbunden mit der Verpflichtung an austretende Gesellschafter, etwa eintretende Einzelrechtsnachfolger zur Erteilung derselben Zustimmung zu verpflichten).[1441] Im Vergleich zur **aufschiebenden Bedingung** (einer miterklärten Rückabtretung, vgl. hierzu das Gesamtmuster einer Personengesellschaftsanteilsabtretung Rdn. 6773) hat die auflösende Bedingung (der Abtretung selbst) weiter den Vorteil, dass gem. § 158 Abs. 2 BGB der frühere Rechtszustand als wieder eingetreten fingiert wird, also bspw. die Gesamthandsgemeinschaft wieder auflebt wenn der vorletzte Anteil an den Verbleibenden übertragen wurde und demnach an sich die Gesellschaft liquidationslos vollbeendet wurde.[1442] Die sog. Grundsätze der »Fehlerhaften Gesellschaft« stehen der Rückabwicklung eines Gesellschaftsanteilsvertrages nicht entgegen.[1443]

2410 Hierzu (in Bezug auf einen GmbH-Geschäftsanteil, zum Gesamtvertragsmuster Rdn. 6776) folgender

---

1437 *Wälzholz*, GmbHR 2007, 1182.
1438 BGH, 19.09.2005 – II ZR 173/04, GmbHR 2005, 1558 (»Managermodell«).
1439 BGH, 27.05.2003 – IX ZR 51/02, NJW 2003, 2744; wenn schon die Verfügung des Insolvenzverwalters die Wirkung des Bedingungseintritts nicht vereiteln kann, dann erst recht nicht seine bloße Untätigkeit, vgl. MünchKomm-InsO/*Breuer*, § 91 Rn. 19, 21 m.w.N.
1440 *Wälzholz*, FamRB 2007, 90.
1441 Vgl. *Wälzholz*, GmbHR 2007, 1182.
1442 BGH, 07.07.2008 – II ZR 37/07, MittBayNot 2009, 57.
1443 Auch nicht bei der Abwicklung nach Irrtumsanfechtung, vgl. OLG Karlsruhe, 05.02.2016 – 8 U 2/14, RNotZ 2016, 403.

H. Vertragliche Rückforderungsrechte Kapitel 4

▶ Formulierungsvorschlag: Rückforderungsvorbehalt (auflösende Bedingung) bei GmbH-Anteil

Die Abtretung ist auflösend bedingt. Auflösende Bedingung ist die Ausübung eines höchstpersönlichen Rückübertragungsverlangens des Veräußerers in notariell beglaubigter Form aufgrund eines der nachstehenden – vom beglaubigenden Notar nicht zu prüfenden – Rückforderungsgründe:
a) Abschluss eines schuldrechtlichen und/oder dinglichen Vertrags zur Weiterübertragung des Geschäftsanteiles ohne vorherige schriftliche Zustimmung des Veräußerers
b) Einleitung von Einzelvollstreckungsmaßnahmen in den Geschäftsanteil oder daraus sich ergebende schuldrechtliche Ansprüche, etwa auf Gewinnausschüttung,
c) Eröffnung des Insolvenzverfahrens über das Vermögen des Erwerbers; Ablehnung eines solchen Antrages wegen Massearmut, Versicherung der Vollständigkeit seines Vermögensverzeichnisses durch den Erwerber an Eides statt
d) Versterben des Erwerbers vor dem Veräußerer
e) Getrenntleben des Erwerber und seines (künftiger) Ehegatten/Lebenspartners im Sinne des § 1567 BGB, es sei denn, durch vertragliche Vereinbarung ist sichergestellt, dass der Geschäftsanteil im Rahmen des Zugewinn- bzw. Vermögensausgleiches nicht berücksichtigt wird
f) Ein Rückforderungstatbestand tritt ferner ein, wenn
  – das zuständige Finanzamt für den heutigen Übertragungsvorgang Schenkungsteuer festsetzt, unabhängig vom Zeitpunkt der Fälligkeit der Steuer, oder
  – wenn sich das Schenkungsteuerrecht oder seine Anwendung (etwa hinsichtlich der Rechtsvorschriften zum maßgeblichen Wertansatz bzw. hinsichtlich des konkreten Wertansatzes des Anteils selbst aufgrund der künftigen wirtschaftlichen Verhältnisse) nach dieser Zuwendung in einer Weise ändert, dass sich nach dieser Änderung für die heutige Übertragung im Vergleich zum geltenden Recht eine geringere Steuerbelastung, eine spätere Fälligkeit der Steuer oder die Möglichkeit ihrer Vermeidung bei Eintritt zusätzlicher Bedingungen ergibt.
g) ein Rückforderungsrecht tritt schließlich ein, wenn Anteile des Mehrheitsgesellschafters auf Dritte übergehen, es sei denn im Erbwege oder in vorweggenommener Erbfolge
h) *(weitere Tatbestände, z.B. vom Erwerber ausgehende Beendigung einer ganztägigen Tätigkeit für die Gesellschaft; Scheitern einer Berufsausbildung etc. z.B.: der Erwerber oder dessen Ehegatte nicht mehr für die Gesellschaft mindestens durchschnittlich gesamt drei Stunden pro Arbeitstag tätig ist, es sei denn, die Beteiligten sind in vollem Umfang erwerbsunfähig im Sinne der rentenrechtlichen Vorschriften)*

Wechselt die Inhaberschaft am Anteil, kommt es für den Eintritt der Rückforderungsgründe auf die Person, das Verhalten, oder die sonstigen Verhältnisse der Rechtsnachfolger bzw. Erben an; bei mehreren genügt der Eintritt bei einem von ihnen. Bei Vermischung des Anteiles mit anderen beziehen sich die Verpflichtungen und Bedingung schuldrechtlich auf den durch Teilung zu bildenden Anteil in übertragener Höhe.

Die Rückübertragung erfolgt unentgeltlich, und ohne Ausgleich für die gezogenen Nutzungen. Die gesetzlichen Rücktrittsvorschriften gelten nicht. Ein Anspruch auf Befreiung von zusätzlich geleisteten Gesellschafterdarlehen besteht nicht.

Mit dem Tod des Veräußerers fällt die auflösende Bedingung endgültig aus.

Trotz der (durch Eintritt eines Katalogtatbestandes und Ausübung des Rückforderungsrechtes) auflösenden Bedingtheit der Übertragung kann auch bei GmbH-Anteilen (zu deren Abtretung vgl. Rdn. 2738 ff.) die notarbescheinigte Liste sofort den Erwerber ausweisen, allerdings hat der Rückforderungsberechtigte nach Eintritt der auflösenden Bedingung sofort einen Widerspruch in die Liste eintragen zu lassen (Rdn. 2780 ff.), da ihm sonst die unrichtige Eintragung des Erwerbers i.S.d. § 16 Abs. 3 Satz 2 GmbHG zugerechnet werden würde, so dass ein Dritter den Anteil schon vor Ablauf der Drei-Jahres-Frist der Unrichtigkeit gutgläubig erwerben könnte.[1444] Der 2411

1444 *D. Mayer*, DNotZ 2008, 403, 421.

Schutz gegen Zwangsvollstreckungsmaßnahmen in das Vermögen des Erwerbers und gegen dessen Insolvenz ist identisch mit der Rechtslage bei aufschiebend bedingten Verfügungen, da § 161 Abs. 2 (»dasselbe gilt«) sich auf den gesamten Abs. 1 bezieht.

2412 Bei **Kommanditanteilen** sollte der Schenker allerdings vor Ausübung seines Rechtes prüfen, ob ihn eine Haftung nach §§ 171, 173 HGB treffen kann;[1445] bei Vollhafteranteilen sollten die Verbindlichkeiten der Gesellschaft einer kritischen Untersuchung unterzogen werden. Auf jeden Fall gehen Rückforderungsmöglichkeiten mit dem Bezugsobjekt unter, wenn sich alle Anteile in einer Hand vereinen (vgl. Rdn. 2270).

2413 Ebenso und daneben zulässig ist die Vereinbarung eines Rückforderungsvorbehalts in Bezug auf das in die Gesellschaft anlässlich dieses Aktes eingebrachte Vermögen,[1446] bei Immobilien durch Vormerkung gesichert (zu Problemen, wenn personenbezogene Rückforderungstatbestände nur durch einen Personengesellschafter verwirklicht werden, vgl. Rdn. 2206).

VII. Rückgaberechte

2414 Mitunter kann es für den Eigentümer einer Immobilie von Interesse sein, sie bei Eintritt bestimmter Umstände (z.B. Scheidung, Leerstand) wieder »loszuwerden«, insbesondere wenn es sich um eine nur eingeschränkt nutzbare Spezialimmobilie handelt, mit deren Innehaben (z.B. Darlehens-)Pflichten verbunden sind. Eine solche Fallgestaltung drängt sich bspw. auf beim sogenannten »Wiesbadener Modell«, Rdn. 5708, bei dem ein Ehegatte Eigentümer der durch den anderen Ehegatten betrieblich/beruflich genutzten und angemieteten Räume ist (um zu vermeiden, dass diese in eine Betriebsaufspaltung einbezogen werden und damit nicht mehr als Privatvermögen zu werten sind). Die zur Anschaffung eingegangenen Verbindlichkeiten des Eigentümer-Ehegatten (die bei intakten Verhältnissen aus den Miet/Pachtzahlungen des das Betriebsunternehmen führenden, nutzenden Ehegatten bedient werden) müssen im Fall der (häufig für den Fall der Scheidung vorbehaltenen) Ausübung des Übertragungsverlangens zur Vermeidung einer Sittenwidrigkeit durch den nutzenden Ehegatten übernommen werden.[1447] Übt der Berechtigte das Rückforderungsverlangen jedoch nicht aus, kann der Beschwerte diese Rückgabe nicht »erzwingen«, sofern ihm kein Recht, die Übernahme zu verlangen (»Rückgaberecht«), zur Seite steht.

2415 Letzteres könnte etwa[1448] wie folgt formuliert sein, wobei den Beteiligten bewusst sein sollte, dass (a), anders als beim Rückforderungsrecht, eine dingliche Sicherung nicht möglich ist und (b) die Verpflichtung zur Befreiung von den eingegangenen Verbindlichkeiten nur dann schuldbefreiend stattfinden kann, wenn der Gläubiger durch Haftungsentlassung daran mitwirkt:

▶ Formulierungsvorschlag: Rückgaberecht

2416 Sofern Antrag auf Scheidung der zwischen den Beteiligten bestehenden Ehe gestellt ist oder die Immobilie länger als drei Monate nicht vermietet ist, ist der Ehemann verpflichtet, auf Verlangen der Ehefrau die Immobilie selbst oder durch von ihm benannte, übernahmewillige Dritte zu erwerben und die darauf lastenden Verbindlichkeiten in schuldrechtlicher und dinglicher Hinsicht befreiend selbst zu übernehmen oder durch den benannten Dritten übernehmen zu lassen. Das Verlangen ist durch den Eigentümer binnen zwölf Monaten ab Kenntnis vom auslösenden Tat-

---

1445 *Ostertun/Heidemann*, ZEV 2003, 267.
1446 *Oppermann*, RNotZ 2005, 472, zieht insoweit die Parallele zur leihweisen Überlassung von Gegenständen an eine GbR, wo im gesetzlichen jederzeitigen Rückforderungsrecht ebenso wenig ein Verstoß gegen das gesellschaftsrechtliche Hinauskündigungsverbot gesehen wird.
1447 BGH, 21.02.2014 – V ZR 176/12, DNotZ 2014; 683 und BGH, 30.01.2015 – V ZR 171/13, NJW 2015, 1668; *Herrler*, in: DAI, Aktuelle Probleme der Vertragsgestaltung im Immobilienrecht 2014/2015, S. 127 ff., *Kesseler*, DStR 2015, 1189 ff.: verlangt der nutzende Unternehmer das Grundstück von der Ehefrau, in deren Privatvermögen es sich befand, zurück, muss er die bestehenden Verbindlichkeiten übernehmen, und ggf. einkommensteuerliche Nachteile ersetzen (§ 23 EStG).
1448 In Anlehnung an *Kesseler*, in: DAI, 13. Jahresarbeitstagung des Notariats 2015, S. 501.

bestand gegenüber dem Verpflichteten in Schriftform zu stellen; die zur Erfüllung des Übernahmeanspruchs notwendigen Erklärungen sind in notariell beurkundeter Form binnen eines weiteren Monats durch die Beteiligten abzugeben.

Sofern der Gläubiger der zu übernehmenden Darlehensverbindlichkeit nicht an der Entlassung des derzeitigen Eigentümers mitzuwirken bereit ist, muss der Erwerber ihn intern freistellen. Den Beteiligten ist bewusst, dass in diesem Fall der derzeitige Eigentümer weiterhin dem Risiko ausgesetzt bleibt, durch den Gläubiger der Darlehensverbindlichkeit in Anspruch genommen zu werden. Der Notar hat ferner darauf hingewiesen, dass die Regelungen zum Übernahmeverlangen lediglich schuldrechtlicher Natur sind und gegebenenfalls Klage auf Erfüllung erhoben werden muss.

I. Verhältnis mehrerer Berechtigter bei Vorbehalten und Gegenleistungen

I. Überblick

Gegenleistungen können **für mehrere Personen** bestellt werden. Das Berechtigungsverhältnis muss nach § 47 GBO klar angegeben werden,[1449] auch zur Vermeidung materiellrechtlicher Unwirksamkeit (und dadurch ausgelöster Berater- und Notarhaftung!). 2417

Grds. kommen in Betracht: 2418
(1) **Mehrere gleichrangige Rechte** (die sich – solange sie nebeneinander bestehen – gegenseitig in der Ausübung beschränken, §§ 1024, 1060 BGB); § 47 GBO gilt hierfür nicht.[1450] Möglicherweise kann auch rechtsgeschäftlich eine einheitliche Dienstbarkeit zugunsten mehrerer gleichrangig Berechtigter »im Beteiligungsverhältnis der §§ 1025, 1024 BGB analog« vereinbart werden.[1451]
(2) **Sukzessivberechtigung** (das Recht steht erst dem einen, dann dem anderen Berechtigten zu). Zu unterscheiden sind dabei die:
(a) »echte« Sukzessivberechtigung, bei der das Ergebnis durch eine (aufschiebend bedingte) Abtretung erreicht wird, was naturgemäß bei nicht abtretbaren Nutzungsrechten ausscheidet und die
(b) »unechte« Sukzessivberechtigung, bei der mehrere Rechte bestellt werden, wobei ein Recht aufschiebend bedingt ist auf den Eintritt eines bestimmten Ereignisses, z.B. den Tod des zunächst Begünstigten. Während es sich bei der »echten« Sukzessivberechtigung um einen Anspruch handelt (der, wenn z.B. auf Übertragung gerichtet, demnach durch eine Vormerkung gesichert werden kann), liegen im Fall der »unechten« Sukzessivberechtigung zwei Ansprüche vor, die z.B. zwei Vormerkungen erfordern.
(3) **Gesamtgläubigerschaft** nach § 428 BGB (beim Tod eines Berechtigten steht das Recht dem anderen grds. ungeschmälert zu, §§ 429 Abs. 3, 425 BGB; eine gewünschte Verringerung muss ausdrücklich geregelt werden); 2419
(4) **Bruchteilsgemeinschaft** (beim Tod eines Berechtigten verringert sich das Recht automatisch);
(5) **Gesamthandsberechtigung** unter Begründung einer GbR;
(6) **Gütergemeinschaft** (die Eintragung eines Nießbrauchs oder Wohnungsrechts zum Gesamtgut ist möglich, ebenso die Eintragung des Rechts für einen Ehegatten allein als Sondergut).

Die verschiedenen Formen des Gemeinschaftsverhältnisses unterscheiden sich hinsichtlich der Berechtigung zur Verfügung, zur Einziehung (»Forderungszuständigkeit«), der Möglichkeit zu befreiender Erfüllung, der Verteilung im Innenverhältnis, der Verwaltungszuständigkeit, des Wil- 2420

1449 BGH, DNotZ 1981, 121; *Wegmann*, Grundstücksüberlassung, Rn. 238 ff.
1450 BGH, ZEV 2003, 30; daher z.B. beim Rückforderungsrecht Sicherung durch mehrere Vormerkungen.
1451 *Kesseler*, MittBayNot 2006, 470, mit Hinweis auf BGH, 26.01.2006 – V ZB 143/05, MittBayNot 2006, 501, zur Möglichkeit variabler dinglicher Grundschuldzinsen (»was gesetzlicher Inhalt eines dinglichen Rechts sein kann, kann auch rechtsgeschäftlich in dessen Inhalt aufgenommen werden«).

lensbildungsmodus, des Vertretungsmodus, der Möglichkeit zur Geltendmachung von Abwehrrechten und des Nachfolgemodus.[1452]

II. Vorteile und Risiken

1. Bruchteilsberechtigung

2421 Nicht alle Arten des Berechtigungsverhältnisses kommen für alle Vorbehalte/Gegenleistungen in Betracht.[1453] So ist die Bruchteilsgemeinschaft bei einem Wohnrecht wegen der Unteilbarkeit der Leistung nicht zulässig (Rdn. 1555), bei einem Nießbrauch (Quotennießbrauch, Rdn. 1317 ff.) oder sonstigen Dienstbarkeiten zwar zulässig, aber nicht unbedingt sinnvoll. Mit dem Tod eines Berechtigten erlischt bei der Bruchteilsberechtigung das anteilige Nutzungsrecht des Verstorbenen. Der Überlebende behält nur seinen bisherigen Bruchteil. Dies kann allenfalls bei Hypotheken, Grundschulden oder u.U. Reallasten gewollt sein.

2. Gesamtgläubigerschaft (§ 428 BGB)

2422 In der Praxis besonders beliebt ist die **Gesamtgläubigerschaft nach § 428 BGB**, die allerdings bei Vorkaufsrechten wegen des insoweit vorrangigen § 472 BGB nicht zur Verfügung steht.[1454] Die Sonderfragen, die sich auch im Hinblick auf die künftige Eigentumszuordnung stellen, wenn Rückforderungsrechte in diesem Berechtigungsverhältnis eingeräumt werden, sind bei Rdn. 2160 f. dargestellt. Für den **unmittelbar schuldrechtlichen Bereich** gilt:

a) Vorteile

2423 Die Gesamtgläubigerschaft hat folgende Vorteile:
(1) nur ein Recht muss bestellt werden, dies spart Kosten;
(2) bei Tod steht das Recht ungeschmälert dem Überlebenden zu;
(3) sie bietet gewisse Gestaltungsmöglichkeiten, etwa hinsichtlich der dingliche Zuordnung bei der Leistungserfüllung (z.B. Miteigentumsquoten abweichend von § 430 BGB.[1455])

b) Nachteile

2424 **Vereinigen sich Schuld und Forderung** in der Person eines Gesamtberechtigten (wird bspw. der in Gesamtberechtigung mit der Mutter begünstigte Vater Alleinerbe des Sohnes, des Erwerbers), sollen gem. § 429 Abs. 2 BGB auch die Rechte der übrigen Gläubiger erlöschen. Dies gilt jedoch jedenfalls bei dinglichen Rechten (Wohnungsrecht, Nießbrauch, Reallast) gem. § 889 BGB nicht (keine Konfusion, sondern Konsolidation).[1456]

2425 Der Schuldner kann nach § 428 BGB nach seinem Belieben an **jeden der Gläubiger leisten**. Er kann daher bspw. bei einem Wohnrecht erklären, die Leistung nur ggü. einem Berechtigten erbringen zu wollen. § 430 BGB ordnet für diesen Fall zwar eine interne Ausgleichspflicht an, was aber in der praktischen Durchführung an Grenzen stößt, da die Ausübung des Wohnrechts regelmäßig Dritten nicht überlassen werden kann.[1457] Das subjektive Leistungswahlrecht des Schuldners ist allerdings (auch mit Außenwirkung) **dispositiv**; da es sich bei der Gesamtberechtigung

---

1452 Bahnbrechend *Amann*, in: FS für *Hagen*, 1999, S. 77 ff.
1453 Eine instruktive Übersicht bietet *Mayer/Geck*, Der Übergabevertrag, § 4 Rn. 12, sowie (bezogen auf die in Überlassungsverträgen ausbedungenen dinglichen Rechte) Rn. 32.
1454 BGH, 13.10.2016 – V ZB 98/15, ZNotP 2017, 108; hierzu *Stresemann*, in: DAI-Skript, 15. Jahresarbeitstagung des Notariats, 2017, S. 12 ff.
1455 *Mayer/Geck*, Der Übergabevertrag, § 4 Rn. 15: »Überspringen der Stufe des Erfüllungsmodus«, so dass der Erwerb gleich entsprechend dem Verteilungsmodus erklärt wird.
1456 BGH, 15.04.2010 – V ZR 182/09, NotBZ 2010, 341 zur Grundschuld; *Schippers*, MittRhNotK 1996, 208, für den Nießbrauch.
1457 Vgl. näher *Wegmann*, Grundstücksüberlassung, Rn. 258.

gem. § 428 BGB nicht um eine Rechts- oder Vermögensgemeinschaft handelt, sondern um eine schuldrechtliche Vereinbarung über die Geltendmachung eines Anspruchs[1458] (daher kann eine Vormerkung zur Sicherung eines Anspruchs für Mehrere gem. § 428 BGB eingetragen werden, obwohl Eigentum nicht in diesem Verhältnis erworben werden kann!).[1459] Der Anwendungsbereich des § 428 BGB wird dadurch nicht verlassen,[1460] da zu den Wesensmerkmalen der Gesamtgläubigerschaft nur die Forderungsberechtigung jedes Gläubigers (vgl. aber Rdn. 2182) und die einmalige Leistungspflicht des Schuldners, nicht aber dessen Auswahlfreiheit gehören.[1461] Daher ist z.B. auch eine Abrede dahingehend denkbar, dass zu Lebzeiten eines bestimmten Beteiligten nur an ihn erfüllt werden könne.[1462] Die Rechtsprechung nimmt bei Leibgedingsleistungen umgekehrt sogar teilweise an, erst wenn alle Gläubiger die für sie bestimmten Leistungen erhalten hätten (bspw. Verpflegung), sei erfüllt.[1463] Bei vorsichtiger Formulierung kann daher zur Ausgestaltung der Gesamtgläubigerschaft nachstehende Vereinbarung (s. Rdn. 2427) getroffen werden.[1464]

Zwar kann, wie bereits erwähnt, ein Gesamtgläubiger einen Erlass beschränkt auf sich erklären, er kann dies nach § 429 Abs. 3 i.V.m. § 423 BGB aber auch mit der Wirkung, dass das Recht vollständig erlischt. Er kann also die Löschung des Rechtes ohne Mitwirkung der anderen Gesamtgläubiger bewilligen[1465] und damit möglicherweise den anderen Berechtigten schaden (str; die Rechtsprechung ist insoweit glücklicherweise großzügiger[1466]). Daher empfiehlt sich folgender 2426

▶ **Formulierungsvorschlag: Modifizierung des § 428 BGB**

Im Hinblick darauf, dass die den Veräußerern als Gesamtgläubigern (§ 428 BGB) eingeräumten Rechte der Versorgung und Absicherung beider dienen, wird vereinbart: 2427
– Kein Berechtigter ist befugt, zu Lasten des Anderen über diese Rechte zu verfügen.
– Nach dem Tod des einen stehen die Rechte dem anderen ungeschmälert zu.
– Leistung allein an einen Berechtigten hat keine Erfüllungswirkung gegenüber dem anderen.

1458 Vgl. Meikel/*Böhringer*, Grundbuchrecht, § 47 GBO Rn. 108.
1459 So ausdrücklich OLG Hamm, DNotZ 2006, 293.
1460 OLG Frankfurt, 14.11.2011 – 20 W 439/10 MittBayNot 2012, 386 m. Anm. *Frank*, sowie LG Duisburg, Rpfleger 2005, 600 m. Anm. *Wicke* (jeweils zu einer Vertragsformulierung, die dem hier geäußerten Vorschlag wörtlich nachempfunden war).
1461 *Larenz*, Schuldrecht AT, S. 625: Nur die beiden erstgenannten Merkmale stehen im Gesetz als Begriffselemente vor der Legaldefinition »Gesamtgläubigerschaft«; die Auswahlfreiheit stellt sich als vertraglich abdingbare Folge der Gesamtgläubigerschaft dar.
1462 OLG Karlsruhe, 27.07.2012 – 11 Wx 63/12; *Kesseler* DAI-Skript, Aktuelle Probleme der notariellen Vertragsgestaltung im Immobilienrecht 2012/2013, S. 204 ff.
1463 BayObLG, DNotZ 1975, 620.
1464 *Mayer/Geck*, Der Übergabevertrag, § 4 Rn. 26; Zulässigkeit dieser Formulierung bestätigt durch OLG Rostock, 31.01.2006 – 7 W 74/05, n.v. (mit dem Vorschlag, zur Bezeichnung des Gemeinschaftsverhältnisses den Wortlaut im Grundbuch wiederzugeben) und OLG Frankfurt, 14.11.2011 – 20 W 439/10, NJW-RR 2012, 785.
1465 OLG Zweibrücken, 04.09.2013 – 3 W 52/13, NotBZ 2014, 196; OLG Bremen, OLGZ 1987, 29; OLG Hamburg, MDR 2003, 319; a.A. *Amann*, MittBayNot 2014, 508 sowie OLG Brandenburg, 16.06.2015 – 5 W 45/15, NotBZ 2015, 351; hierzu *Hertel*, in: DAI, Aktuelle Probleme der Vertragsgestaltung im Immobilienrecht 2015/2016, S. 293 ff. (aufgehoben durch: BGH, 13.10.2016 – V ZB 98/15, FGPrax 2017, 54).
1466 Teilweise a.A. BGH, 04.03.1986 – VI ZR 234/84, NJW 1986, 1962 und BGH, 05.05.2009 – VI ZR 208/08, NJW-RR 2009, 1534 Tz. 23, sowie BGH, 13.10.2016 – V ZB 98/15, ZNotP 2017, 108 Tz. 11 [obiter], hierzu *Stavorinus*, NotBZ 2017, 249 ff., die den in § 429 BGB enthaltenen Verweis auf § 423 BGB als Fehlgriff des Gesetzgebers werten und daher die Aufgabeerklärung [§ 875 Abs. 1 BGB] aller Berechtigter fordern, ebenso *Amann*, MittBayNot 2014, 508 ff.: der Rechtsgedanke des § 429 Abs. 3 Satz 2 BGB ist vorrangig [keine Verfügung über die Forderung anderer Gesamtgläubiger].

c) Steuerliche und sozialrechtliche Folgen

2428 Schließlich bleiben **steuerrechtliche Probleme**: Wird eine vermietete Immobilie gegen Vorbehaltsnießbrauch für den Veräußerer und gesamtgläubigerisch auch für dessen Ehegatten als Nicht-Veräußerer übertragen, handelt es sich ertragsteuerlich teilweise (im Zweifel zur Hälfte, § 430 BGB) um einen Vorbehaltsnießbrauch, so dass der Veräußerer die AfA nur noch zur Hälfte fortführen kann, der Ehegatte aber, der die andere Hälfte der Mieteinnahmen versteuern muss, hatte tatsächlich keine Anschaffungskosten (vgl. im Einzelnen Rdn. 5828). Andererseits kann die je hälftige Zurechnung von Einkommen an mehrere Empfänger auch tarifliche Degressionsvorteile bieten bzw. die mehrfache Inanspruchnahme des Altersentlastungsfreibetrags ermöglichen (vgl. Rdn. 1759).

2429 **Schenkung- bzw. erbschaftsteuerlich**[1467] liegt in der Übertragung eines Vermögensgegenstandes gegen Renten- oder Nutzungsrechte auch für einen Dritten, mag er Ehegatte des Veräußerers sein oder nicht, als Mitberechtigten nach § 428 BGB eine Zuwendung des Veräußerers an den Dritten, wenn diesem Dritten im Verhältnis zum Erwerber ein eigenes Forderungsrecht zusteht und er ggü. dem Veräußerer (Schenker) nicht zum vollen Innenausgleich verpflichtet ist (vgl. unten Rdn. 4815 ff. mit [Berechnungs-]Beispiel Rdn. 4817).

2430 Auf die **sozialrechtlichen Folgen** der Zurechnung gemeinsam bezogenen Einkommens (Leistungen in Geld oder Geldeswert), etwa das Risiko des Wegfalls der kostenfreien Familienmitversicherung in der gesetzlichen Krankenversicherung, wurde bereits hingewiesen (bspw. Rdn. 1160 ff., 1760).

3. Mitgläubigerschaft (§ 432 BGB)

2431 Auch bei der Mitgläubigerschaft[1468] gem. § 432 BGB besteht (wie bei § 428 BGB) lediglich ein materiell-rechtlicher Anspruch, dessen Erfüllung jeder Gläubiger einzeln verlangen kann. Die Leistung ist unteilbar (die Unteilbarkeit kann aus tatsächlichen Gründen bestehen – etwa bei Grundstücken oder beschränkt dinglichen Rechten sowie hinsichtlich der meisten Gegenleistungen in Überlassungsverträgen –, aber auch aus Rechtsgründen, nämlich aufgrund einer ausdrücklichen oder stillschweigenden Vereinbarung der Beteiligten, etwa wegen gemeinsamer Empfangszuständigkeit der Gläubiger). Die Leistung kann demgemäß nur zur Erfüllung an alle Gläubiger gemeinsam verlangt werden. Anders als bei § 428 BGB ist also die richtige Zuordnung der Leistung im Innenverhältnis zu den Gläubigern bereits mit der Erfüllung geschehen.

2432 Bei § 428 BGB muss der Schuldner nicht auf die richtige Zuordnung der Leistung unter den Gläubigern achten, sondern kann ihnen den »Verteilungsmodus« im Innenverhältnis (z.B. nach Maßgabe der abdingbaren Teilungsregel des § 430 BGB) überlassen. Hat der Schuldner keine anderen Informationen zur Hand, kann er sich i.R.d. Mitgläubigerschaft immerhin auf § 742 BGB verlassen, wonach im Zweifel der unteilbare Anspruch den Gläubigern zu gleichen Teilen zustehe. § 742 BGB ist – wie § 430 BGB – abdingbar, wobei erstere Abbedingung für den Schuldner von Bedeutung ist, die Abbedingung des § 430 BGB nicht. Als für den Gläubiger sichereres Mehrheitsverhältnis findet sich das Modell des § 432 BGB auch an anderer Stelle verwirklicht (z.B. bei der Geltendmachung von Nachlassforderungen durch einen Miterben, § 2039 BGB).

2433 Im Hinblick auf die Unzulänglichkeiten der traditionell in der Grundbuchpraxis häufig gewählten Gesamtgläubigerschaft (§ 428 BGB), vgl. oben Rdn. 2424, die Anlass sind für entsprechende

---

[1467] Vgl. zum Folgenden OFD Hamburg, 02.06.2003 – 51 – S 3810–001/03, ZEV 2003, 324 sowie FinMin Baden-Württemberg, Erlass v. 25.06.2003, DStR 2003, 1485, mit Ergänzung *Kirschstein*, ZEV 2003, Heft 9 S. VI; krit. hierzu *Gebel*, ZEV 2004, 98 ff.
[1468] Hierzu instruktiv und umfassend *Amann*, DNotZ 2008, 324 ff.

vertragliche Modifikationen,[1469] ist zu erwägen, ob nicht die Mitgläubigerschaft eine bessere Ausgangsbasis für die Suche nach einer interessengerechten Gestaltung bietet, da sie durch das Erfordernis der Leistung an alle Gläubiger Letztere unmittelbar absichert.[1470]

Um die i.d.R. gewollte »Sukzessivberechtigung« des überlebenden Gläubigers nach dem Ableben des Mitgläubigers zu erreichen, müssen allerdings die Gläubiger als Modifikation des § 432 BGB vereinbaren, dass der überlebende Berechtigte Leistung an sich allein verlangen kann und von der Ausgleichspflicht, die ihn gem. § 742 BGB im Zweifel ggü. den Erben des verstorbenen Mitgläubigers treffen würde, befreit ist. Während also bei der Gesamtgläubigerschaft (§ 428 BGB) der Erfüllungsmodus zu Lebzeiten sämtlicher Gläubiger modifiziert wird (dergestalt, dass nur Leistung an alle Erfüllungswirkung hat, vgl. Rdn. 2102), ist bei der Mitgläubigerschaft die Zeit nach dem Tod zu modifizieren, wenn eine echte Sukzessivberechtigung allein des Verbleibenden erreicht werden soll. 2434

▶ **Formulierungsvorschlag: Sukzessivberechtigung bei Mitgläubigerschaft**

Das Recht steht den Veräußerern als Mitberechtigten gemäß § 432 BGB zu mit der Maßgabe, dass der überlebende Berechtigte allein berechtigt sein soll. 2435

§ 432 BGB eignet sich nicht nur bei auf aktive Leistungen gerichteten Ansprüchen und (beschränkt dinglichen) Rechten, sondern auch bei auf Duldung gerichteten (etwa Dienstbarkeiten, Wohnungsrechten, Nießbrauchsrechten): Die vom Verpflichteten geschuldete »Passivität« wird bereits der Natur der Sache nach ggü. jedermann erbracht, so dass jeder Begünstigte für sich allein davon Gebrauch machen kann. Ein Subsidiaritätsverhältnis der Mitgläubigerschaft ggü. § 428 BGB besteht trotz des irreführenden Wortlauts »sofern sie nicht Gesamtgläubiger sind« nicht, ebenso wenig kann die Rede davon sein, § 432 BGB sei nur im Ausnahmefall zulässig (vgl. Rdn. 1315).[1471] 2436

1469 Anders als bei Gesamthandsgemeinschaften besteht im Hinblick auf §§ 428, 432 ff. BGB keine Typenfixierung, vgl. Staudinger/*Noack*, BGB (2005), Vorbem. 30 zu §§ 420 bis 432.
1470 Vgl. *Amann*, DNotZ 2008, 333 ff.
1471 So aber OLG München, 29.05.2007 – 32 Wx 077/07, DNotZ 2008, 380 und OLG München, 25.06.2009 – 34 Wx 40/09, NotBZ 2009, 464 m. abl. Anm. *Amann* NotBZ 2009, 441 ff. (ausgehend von der ausnahmslosen »Teilbarkeit« des Nießbrauchs; tatsächlich unterliegt dies der Regelungsdisposition der Parteien).

Kapitel 5: Gesellschaftsrechtliche Lösungen

Übersicht

		Rdn.
A.	Abwägung zum Bruchteilserwerb	2437
I.	Vor- und Nachteile	2437
II.	Regelungen unter Miteigentümern, § 1010 BGB	2440
III.	Ankaufsrechte	2450
B.	Erwerb in GbR	2453
I.	»Grundbuchfähigkeit« der GbR	2453
	1. Entscheidung des BGH 2008	2453
	2. Wege aus der Kalamität	2455
	3. Mögliche weitere Konsequenzen	2464
II.	Gesetzliche Neuregelung	2467
III.	Nachweise zur Berichtigung des Grundbuches	2482
	1. Beitritt weiterer Gesellschafter	2489
	2. Abtretung eines Gesellschaftsanteils	2491
	3. Austritt oder Ausschluss eines Gesellschafters	2494
	4. Tod eines Gesellschafters	2496
	5. Insolvenz eines Gesellschafters; Verfügungsbeschränkungen	2510
	6. Änderung sonstiger Identifikationsmerkmale	2513
IV.	Rechtssichere Übertragung von GbR-Anteilen	2517
C.	Gesellschaftslösungen unter Beteiligung der Veräußerer, »Familienpool«	2524
I.	Vor- und Nachteile des Familienpools	2525
II.	GbR, KG oder gewerblich geprägte KG?	2532
	1. Übersicht zur Rechtsformwahl	2532
	a) Zivilrecht	2533
	b) Grunderwerbsteuer	2535
	c) Schenkungsteuer	2538
	d) Ertragsteuer	2540
	aa) Vermögensverwaltende Personengesellschaft	2541
	bb) Gewerbliche und gewerblich geprägte Personengesellschaft	2543
	cc) Kapitalgesellschaft	2549
	2. GbR	2553
	3. Vermögensverwaltende KG	2560
	4. Gewerblich geprägte GmbH & Co. KG	2575
	a) Merkmale	2575
	b) Gestaltungsinstrument zur Schaffung von Betriebsvermögen	2578
	c) Gestaltungsmittel: tauschähnlich-entgeltliche Einbringung oder unentgeltliche verdeckte Einlage?	2581
	aa) Gestaltungsvarianten	2581
	bb) Privatvermögen, entgeltliche Einbringung	2583
	cc) Privatvermögen, unentgeltliche Einlage	2588
	dd) Exkurs: Privatvermögenseinbringung in eine Kapitalgesellschaft	2593
	ee) Betriebsvermögenseinbringung in Personengesellschaft: § 6 Abs. 5 EStG	2594
	ff) Exkurs: Betriebsvermögenseinbringung in Kapitalgesellschaft	2598
III.	Detailausgestaltung des Personengesellschaftsvertrages	2602
	1. Gestaltungsgrenze: Erhalt der steuerlichen Mitunternehmerschaft	2603
	2. Einlageverpflichtung	2609
	3. Gesellschafterkonten	2612
	4. Verwaltung, Geschäftsführung, Vertretung	2618
	5. Stimmrecht	2626
	6. Vertragsänderung durch Mehrheitsbeschluss	2629
	7. Tod von Gesellschaftern	2631
	8. Scheidungsrisiko	2632
	9. Hinauskündigungsmöglichkeit	2634
	10. Rückforderungsvorbehalt	2638
	11. Risiko eigener Kündigung	2639
	12. Abfindungsanspruch bei Kündigung oder Ausschluss	2641
	a) Berechnung	2641
	b) Reduzierung	2645
	13. Steuerung der Gesellschafterstellung	2651
	a) Vinkulierung, Vorerwerbsrechte	2652
	b) Shoot-out-Klauseln	2659
	c) »tag-along/drag-along«-Klauseln	2662
	14. Gewinn- und Verlustverteilung, Entnahmen	2665
	a) Gewinnermittlung	2665
	aa) Hauptbilanz	2666
	bb) Ergänzungsbilanzen	2667
	cc) »Sonderbilanzen«	2668
	b) Gewinnverteilungsabrede	2669
	c) Nießbrauch	2677
	d) Sonderbetriebseinnahmen	2680
	e) Entnahmeberechtigung	2682
	f) Gewinnanspruch bei unterjährigem Gesellschafterwechsel	2683
	15. Haftungsrisiken	2684
	16. Beteiligung Minderjähriger	2687
	17. Eintrittsrecht und »Öffnungsklausel für Nachgeborene«	2688
	18. Vorkehrungen gegen »vorzeitige« Gesellschaftsbeendigung	2692
IV.	Misch- und Sonderformen	2695
	1. Stille Gesellschaften	2695

	Rdn.		Rdn.
a) Arten	2695	dd) Varianten des Gewinntransfers auf die Gesellschafterebene	2851
b) Entstehung	2697		
c) Rechte und Pflichten	2699	b) Gewerbesteuer	2857
d) Steuerliche Anerkennung	2701	c) Organschaft	2858
e) Steuerliche Konsequenzen	2703	d) Einkommensteuer	2865
f) GmbH & Still	2711	4. Besteuerungsvergleich Personen-/Kapitalgesellschaft seit der Unternehmensteuerreform 2008/2009	2867
2. Unterbeteiligungen	2716		
3. GmbH & Co. KG	2727		
a) Varianten	2727	a) Grundzüge der Unternehmensteuerreform 2008	2868
aa) GmbH oder UG?	2727		
bb) Personengleich oder -verschieden?	2729	aa) Thesaurierungsbegünstigung	2868
cc) Einheits – GmbH & Co KG	2731	bb) Kapitalgesellschaften	2869
b) Haftung	2736	cc) Abgeltungsteuer	2872
c) Steuer	2744	(1) Erfasste Sachverhalte	2872
V. Familien-Kapitalgesellschaften	2749	(2) Ausgenommene Tatbestände	2874
1. Gesellschaftsrecht	2749		
a) Körperschaftliche Struktur	2749	(3) Ausnahme für Veräußerungen gem. § 17 EStG	2882
b) Haftung	2755		
aa) Haftung der Geschäftsführer	2755	(4) Werbungskosten- und Verlustabzug	2885
bb) Haftung der Gesellschafter	2759		
c) Übertragung von Anteilen	2777	(5) Optionsmöglichkeiten	2888
aa) Durchführung	2777	(6) Erhebungsverfahren	2891
bb) Teilung von Anteilen	2787	(7) Auswirkungen	2892
cc) Vinkulierung	2789	(8) Übersicht	2897
dd) Besonderheiten bei börsennotierten Aktiengesellschaften	2793	dd) Gewerbesteuer	2899
		ee) Gegenfinanzierung	2903
d) Vererbung von Anteilen	2796	b) Besteuerungsvergleich	2906
aa) Grundsatz	2796	aa) Regelbesteuerung von Personenunternehmen	2906
bb) Einziehungs- und Abtretungsklauseln	2798		
		(1) Ohne Thesaurierungsbegünstigung	2906
e) Gesellschafterrechte	2805		
aa) Mindestbestand	2805	(2) Mit Thesaurierungsbegünstigung	2908
bb) Stimmrechte	2806		
cc) Gewinnbezugsrechte	2809	bb) Besteuerung von Kapitalgesellschaftsausschüttungen	2912
f) Rechnungslegung, Offenlegung	2817		
2. Die »Limited« als bessere Alternative?	2824	(1) An Kapitalgesellschaften	2912
		(2) In das Betriebsvermögen von Personenunternehmen	2913
3. Ertragsteuerrechtliche Grundzüge	2838		
a) Körperschaftsteuer	2838	(3) In Privatvermögen	2914
aa) Grundsatz	2838	(4) Berechnungsbeispiel	2915
bb) Verlustvorträge	2839	(5) Vergleich zu Personengesellschaftsausschüttungen	2919
(1) Grundsatz	2839		
(2) Einzelheiten	2841	cc) Fazit	2926
(3) Ausnahmen	2845	dd) Fortbestehende Strukturunterschiede	2928
cc) Verdeckte Gewinnausschüttungen	2848		

A. Abwägung zum Bruchteilserwerb

I. Vor- und Nachteile

2437 Die Regelform des Erwerbs durch mehrere Personen (Ehegatten, Geschwister etc.) ist sicherlich weiterhin die **Bruchteilsgemeinschaft**, häufig – wie gesetzlich vermutet – zu gleichen Kopfanteilen (§§ 1008 ff., 752 BGB). Ihr Vorteil liegt in der uneingeschränkten Teilhabe am öffentlichen

Glauben des Grundbuches; ihr Nachteil ggü. der gesellschaftsrechtlichen Lösung im Fehlen von Instrumenten zur Vinkulierung der Anteile und zum erbrechtlichen Von-Selbst-Erwerb (Anwachsung; Abfindungsausschluss). Zu Notmaßnahmen ist jeder Teilhaber berechtigt (§ 744 Abs. 2 BGB); Mehrheitsentscheidungen (gemessen an den Anteilsquoten) genügen für Maßnahmen der ordnungsgemäßen Verwaltung, wozu auch Verfügungen (Kündigung eines Mietvertrages[1]) zählen können.

Gesichtspunkte der ausgewogenen Vermögensverteilung (etwa zur gleichmäßigen Inanspruchnahme künftiger Erbschaftsteuerfreibeträge) sowie der Pflichtteilsvermeidung[2] (etwa bei Vorhandensein nicht- oder erstehelicher Abkömmlinge) und schließlich der Haftungsvermeidung[3] legen jedoch nicht selten den **Alleinerwerb** durch einen Ehegatten nahe. Kreditinstitute, die i.R.d. Kaufpreisfinanzierung auch eine Bürgschaft oder Mitschuldnerschaft des Ehegatten verlangen, drängen andererseits zunehmend darauf, diesen zumindest zu einem geringen Anteil als Miteigentümer eintragen zu lassen, um die vermutete Sittenwidrigkeit ruinöser Bürgschafts- oder Mithaftungsversprechen nahestehender Personen (sog. »**Nahbereichsbürgschaften**«) zu entkräften.[4] Dieser (oft von den Beteiligten nicht gewollte) Miterwerb ist allerdings nicht unbedingt hinreichender Beleg dafür, dass die Haftungsübernahme – wie vom BGH gefordert – mit der tatsächlichen Interessenlage übereinstimmt,[5] zumal sie eine bestehende krasse finanzielle Überforderung nicht beseitigt.[6]

2438

▶ Hinweis:

Der Notar sollte Bruchteilserwerber darauf hinweisen, dass
– jeder Miteigentumsanteil ein **selbstständiges Grundbuchobjekt** darstellt, also unabhängig vom anderen Miteigentumsanteil veräußert oder belastet werden kann
– keine gegenseitigen gesetzlichen Vorkaufsrechte oder sonstige Mitwirkungsmöglichkeiten bestehen, also jeder Miteigentümer über seinen Anteil frei verfügen, ihn auch teilen und an mehrere Erwerber übertragen kann;[7]
– jeder Miteigentümer, sofern nicht ausdrücklich oder stillschweigend[8] anders vereinbart, die **Aufhebung der Gemeinschaft** im Wege der Teilungsversteigerung des gesamten Objek-

2439

---

1 BGH, 26.04.2011 – II ZR 159/09, JurionRS 2010, 19505.
2 Wobei darauf hinzuweisen ist, dass in der Begleichung des Kaufpreises bzw. der Tilgung aufgenommener Verbindlichkeiten für die Anschaffung der im Alleineigentum des anderen Ehegatten stehenden Immobilie eine ehebedingte Zuwendung liegt, die zwar (bei Eigennutzung) gem. § 13 Abs. 1 Nr. 4 Buchst. a) ErbStG steuerfrei bleibt, jedoch i.R.d. § 2325 BGB der unmittelbaren Schenkung, auch hinsichtlich des Nicht-Anlaufens der 10-Jahres-Frist, gleichgestellt ist BGH FamRZ 1989, 732. Zum gem. § 1360a BGB geschuldeten Familienunterhalt zählen neben § 1357 BGB nur Haushaltskosten im eigentlichen Sinn, also Anschaffung, Instandhaltung und Erneuerung des Hausrats sowie die Tragung von Miete und Nebenkosten, im Eigentumsfall also die Unterhaltskosten und die Verzinsung bestehender Verbindlichkeiten. Der Eigentumserwerb bzw. die Tilgung dafür eingegangener Verbindlichkeiten zählen dagegen zur Vermögensbildung, bzgl. derer kein vorgesetzlicher Anspruch auf Teilhabegerechtigkeit bestehe (vgl. BGH, 11.02.2004 – XII ZR 265/02, MittBayNot 2004, 279 m. Anm. *Brandt*).
3 Wobei die in vorstehender Fußnote erläuterten Tatbestände dadurch verdeckter ehebedingter Zuwendungen ebenso zur 4-jährigen Gläubigeranfechtung berechtigen (BGH, 28.02.1991 – IX ZR 74/90, NJW 1991, 1610) und auch i.R.d. § 2287 BGB (bösliche Schenkungen zulasten des Vertragserben) gleichgestellt sind (BGH, 27.11.1991 – IV ZR 164/90, MittBayNot 1992, 150).
4 Gestützt etwa auf BGH, 27.05.2003 – IX ZR 283/99, MittBayNot 2005, 221 m. Anm. *Leiß*, S. 199 ff.; so verfährt etwa die Landesbodenkreditanstalt gem. Wohnraumförderungsbestimmungen 2003, Teil I Nr. 11,1, gem. Bekanntmachung des Bayerischen StMI v. 11.11.2002 – II C 1–4700–003/02.
5 Vgl. Rundschreiben der Landesnotarkammer Bayern 5/2003, Nr. 8; *Leiß*, MittBayNot 2005, 202.
6 Zur Sittenwidrigkeit bei krasser Überforderung des mithaftenden Ehegatten auch bei Förderdarlehen vgl. BGH, 15.11.2016 – XI ZR 32/16, ZNotP 2017, 16.
7 Gutachten, DNotI-Report 2004, 94 m.w.N.; a.A. nur *Hilbrandt*, AcP 2002, 643 ff.
8 So BGH, 12.11.2007 – II ZR 293/06, DNotI-Report 2008, 37 bei einem gemeinschaftlichen Privatweg.

tes[9] verlangen kann bzw. die Pfändung eines einzelnen Miteigentumsanteils stets zur Versteigerung des Gesamtobjektes führen kann (§ 751 Satz 2 BGB);
- alle Entscheidungen über Verwaltung und Veräußerung des Objektes (ausgenommen Notgeschäftsführungsmaßnahmen und Maßnahmen der ordnungsgemäßen Verwaltung[10]) der Zustimmung bzw. der Mitwirkung aller Miteigentümer bedürfen.[11]

II. Regelungen unter Miteigentümern, § 1010 BGB

2440 Nicht selten werden Miteigentümer daher im Verhältnis zueinander Vereinbarungen treffen, die z.T. nur schuldrechtlicher – also bilateraler – Natur sind (z.B. Abrede dahingehend, dass der Erlös aus einem Verkauf nach Abzug der Verbindlichkeiten nicht im Verhältnis der Miteigentumsanteile, sondern der tatsächlichen Finanzierungsbeiträge zu teilen sei),[12] oder deren schuldrechtlicher Inhalt »verdinglicht« ist, also aufgrund Grundbucheintragung auch ggü. Einzelrechtsnachfolgern durchsetzbar ist.

▶ Beispiel:

Ankaufsrechte, gesichert durch Vormerkung – Formulierungsvorschlag Rdn. 2451 –; Anspruch auf Auszahlung investierter Arbeitsleistung bei Verkauf, Versteigerung oder Versterben, gesichert durch ein gegen den jeweiligen Miteigentümer gem. § 800 ZPO gerichtetes Grundpfandrecht; Verpflichtung zur Mitwirkung an einer Sondereigentumsbegründung nach § 3 WEG (gesichert durch Vormerkung).[13]

2441 Während bei der schlichten Bruchteilsgemeinschaft Verwaltungs- und Nutzungsregelungen unmittelbar für und gegen Sonderrechtsnachfolger gelten (§§ 746, 751 Satz 1 BGB), ist beim Grundstückseigentum für die dingliche Wirkung **gegen** (nicht für) den Sonderrechtsnachfolger – auch Teilsonderrechtsnachfolger[14] – die Eintragung der Miteigentümervereinbarung[15] im Grundbuch als dingliche Belastung erforderlich, **§ 1010 BGB** (Sicherung des Anspruchs auf Eintragung

---

9 Ein Einzelausgebot der Miteigentumsanteile wäre unzulässig, BGH, 07.05.2009 – V ZB 12/09, DNotZ 2010, 54. Zur Erlösverteilung bei unterschiedlich belasteten Miteigentumsanteilen vgl. BGH, 16.12.2009 – XII ZR 124/06, DNotZ 2010, 777.
10 Hierzu soll gem BGH, 26.04.2010 – II ZR 159/09, NJW-RR 2010, 1312 auch die Kündigung eines Mietverhältnisses gehören, und zwar auch dann, wenn die Bruchteilsgemeinschaft aus Familienangehörigen besteht und die Kündigung ggü. einem Familienunternehmen erfolgt [fragwürdig].
11 Wobei ein Miteigentümer aufgrund seiner Gebrauchsbefugnis nach §§ 743 Abs. 2, 745 Abs. 3 BGB in bestimmten Grenzen die Miteigentümer zu einer Mitwirkung verpflichten kann (z.B. zur gemeinschaftlichen Bestellung einer Baulast zu seinen Gunsten in den Grenzen der Billigkeit und der bisherigen Nutzung BGH, 08.03.2004 – II ZR 5/02, DNotI-Report 2004, 98).
12 Zweckmäßigerweise werden die Beteiligten festlegen, ob hierunter auch Beiträge zum Gebäudeunterhalt, nur Tilgungsanteile oder auch Verzinsung, nur Geldbeiträge oder auch Arbeitsleistungen etc. fallen, und eine Pflicht zur schriftlichen Aufzeichnung mit zeitnaher gemeinsamer Unterzeichnung vorsehen.
13 Zur Bestimmbarkeit des Anspruchs müssen die Grunddaten der Gemeinschaftsordnung zum Inhalt der Verpflichtung werden; i.Ü. wird die ausdrückliche Einräumung eines abgrenzbaren Leistungsbestimmungsrechtes unabdingbar sein BGH NJW 1986, 845.
14 OLG München, 23.02.2015 – 34 Wx 7/14, DNotI-Report 2015, 158 = MittBayNot 2016, 512 m. abl. Anm. *Voran*, hierzu *Hertel*, in: DAI, Aktuelle Probleme der notariellen Vertragsgestaltung im Immobilienrecht 2015/2016, S. 272 ff., verlangt überraschender Weise hierfür, dass entweder (wie im Text des Formulierungsvorschlags Rdn. 658) in der ursprünglichen Abrede oder i.R.d. Weiterveräußerung eines Teils eines Miteigentumsanteils die universelle Bindung des Teilanteilsnachfolgers festgehalten werden müsse, da er sonst nur im Verhältnis zu anderen veräußerten Miteigentumsanteilen, nicht aber im Verhältnis zum zurückbleibenden Teilanteil seines Veräußerers, gebunden sei. Dies widerspricht der an Sinn und Zwecke orientierten Auslegung von Vereinbarungen nach §§ 749, 1010 BGB.
15 § 1010 BGB gilt für Gesamthandseigentum (etwa einer GbR) nicht, auch nicht analog: OLG Oldenburg, 23.01.2012 – 12 W 7/12, DNotZ 2012, 944.

der Miteigentümervereinbarung durch Vormerkung[16]). Zu denken ist an den Ausschluss des Rechtes, die Aufhebung der Gemeinschaft aus einem anderen als einem wichtigen Grund zu verlangen, insb. unter nicht miteinander verheirateten Miteigentümern (§ 749 BGB, Rdn. 2447)[17] – allerdings ohne Wirkung in der Insolvenz (§ 84 Abs. 2 InsO) und ggü. Gläubigern (§ 751 Satz 2 BGB, so dass im Falle einer Pfändung/Insolvenz eines Miteigentümers das gesamte Grundstück verwertet werden kann[18]), anders als bei gebildetem Wohnungseigentum, § 11 Abs. 2 WEG –,[19] Regelungen zur Nutzung, und (str.) zur künftigen Teilung des Grundstücks etc. Im Verwandtschafts- und Freundeskreis ersetzt die Miteigentümervereinbarung nach § 1010 BGB mitunter die Teilung nach § 3 WEG.[20] Die Eintragung löst beim Grundbuchamt gem. KV Nr. 14160 Fixgebühren von 50 € je betroffenen Miteigentumsanteil aus, und erhöht notarkostenrechtlich den Geschäftswert gem. § 51 Abs. 2 GNotKG um jeweils 30 % des Verkehrswerts für den Versteigerungsausschluss und (alle) dinglichen Nutzungsregelungen. Hinzuweisen auf die Kostenerhöhung hat der Notar nicht, jedenfalls unter nicht miteinander verheirateten Erwerbern ist es auch keine unrichtige Sachbehandlung, solche Regelungen vorzuschlagen.[21]

▶ Beispiel:

Wird ein gemeinschaftlicher Garagenhof in Miteigentumsanteilen gehalten, hat eine solche Vereinbarung den Charakter einer »Gemeinschaftsordnung«; wollen Miteigentümer ihre Grundstücksbereiche ohne Vermessung separieren, lässt sich über § 1010 BGB ein der Realteilung wirtschaftlich vergleichbares, jedoch weniger krisensicheres, Ergebnis erzielen. Weitere Anwendungsbereiche sind Zuordnungen von Einzelparkplätzen und Duplex-Parkern,[22] ebenso Parzellenregelungen in Sport- oder Freizeitanlagen oder Nutzungsregelungen in losen Wohngemeinschaften, die nicht nach WEG »verfestigt« aufgeteilt werden sollen.[23]

Da Miteigentümervereinbarungen über den Ausschluss des »Versteigerungsrechts«, verbunden mit der Zuweisung ausschließlicher Nutzungsbereiche, in Gebieten, in denen die Aufteilung nach WEG einer behördlichen Genehmigung bedarf, häufig zur Umgehung dieses Erfordernissen eingesetzt wurden, wurde mit Wirkung ab 13.05.2017 § 22 Abs. 1 BauGB durch Einfügung der

---

16 Und zwar auch am ungeteilten Eigentum; eine einheitliche Vormerkung zur Sicherung des Anspruchs auf Übertragung des Miteigentums und auf Eintragung einer Vereinbarung nach § 1010 BGB dürfte genügen, vgl. *Gutachten* DNotI-Report 2007, 185 ff.
17 Wobei der Notar darauf hinweisen wird, dass in mancher sonst ausweisloser Situation die Teilungsversteigerung das einzige Druckmittel zu vernünftigem Verhandeln darstellt. Auch der Sterbefall ist kein wichtiger Grund i.S.d. § 749 Abs. 2 Satz 1 BGB, LG Konstanz, 12.12.2008 – 2 O 410/08, ZErb 2010, 247. Haben Partner einer nichtehelichen Lebensgemeinschaft beim gemeinsamen Erwerb einer Immobilie die Teilungsversteigerung ausgeschlossen, liegt nach BGH DStR 2004, 50 im Scheitern der Lebensgemeinschaft kein Wegfall der Geschäftsgrundlage!
18 Grunddienstbarkeiten [zugunsten der Nachbargrundstücke], sonst beschränkt persönliche Dienstbarkeiten im Rang vor Verwertungsrechten können immerhin die Nutzungskomponente, allerdings nicht das Eigentum, über diese Klippe der Gesamtverwertung retten.
19 Zur Pfändung und Überweisung des Aufhebungsanspruchs BGH, 20.12.2005 – VII ZB 50/05, Rpfleger 2006, 204 m. krit. Anm. *Ruhwinkel* MittBayNot 2006, 413 (Pfändbarkeit des Anspruchs auf Aufhebung der Gemeinschaft gem. § 857 Abs. 3 ZPO, jedenfalls wenn auch der künftige Anspruch auf den Anteil am Auseinandersetzungsguthaben gepfändet wurde).
20 § 1010 BGB dient auch als (wegen § 753 BGB hochriskante) Ausweichstrategie, wenn die Begründung von Sondereigentum wegen öffentlich-rechtlicher Genehmigungsvorbehalte ausscheidet, etwa gem. § 22 BauGB (»Sylter Modell«, vor der Änderung des § 22 Abs. 1 BauGB im Sommer 2017) oder gem. § 172 BauGB, Rdn. 2490.
21 LG Chemnitz, 17.03.2016 – 3 OH 6/14, NotBZ 2016, 317.
22 Alternativ wird auch eine Gebrauchsregelung nach § 10 Abs. 2, 15 Abs. 1 WEG (Sondernutzungsrecht am Sondereigentum für den jeweiligen Miteigentümer!) für zulässig gehalten, vgl. Nachweise bei *Gutachten* DNotI-Report 2007, 185; a.A. KG DNotZ 2004, 634 m. Anm. *Häublein*.
23 Beispiele (mit Formulierungsvorschlag) *Milzer* ZNotP 2006, 290 ff.

Satz 1 Nrn. 3 bis 5 dahingehend geändert, dass Gemeinden, die oder deren Teile überwiegend durch Fremdenverkehr geprägt sind, in einem Bebauungsplan oder in einer sonstigen Satzung bestimmen können, dass zur Sicherung der Zweckbestimmung von Gebieten mit Fremdenverkehrsfunktion auch die Begründung von Bruchteilseigentum nach § 1008 BGB mit Nutzungsvereinbarung und Ausschluss des Aufhebungsanspruchs einer solchen gemeindlichen Genehmigung bedarf. Dies bedeutet das Ende des sog. »**Sylter Modells**«.

2444 Das Genehmigungserfordernis besteht nur dann nicht, wenn auf eine der beiden Sicherungsmechanismen (Nutzungsabrede oder Versteigerungsverbot) verzichtet würde, was aber allenfalls im unmittelbarsten Familienkreis in Betracht kommen mag. Gem. § 22 Abs. 1 Satz 1 Nr. 4 BauGB gilt Gleiches, wenn bei bereits bestehendem Miteigentum nachträglich beide oder der noch fehlende Schutzmechanismus vereinbart und im Grundbuch als wechselseitige Belastung bzw. Begünstigung eingetragen werden soll. Ein »Grundstück mit Wohngebäuden oder Beherbergungsbetrieben« i.S.d. § 22 Abs. 1 Satz 1 Nr. 3 BauGB wird bereits dann vorliegen, wenn zumindest eine Wohnung dort vorhanden ist, Ausschließlichkeit der Wohnnutzung ist also nicht erforderlich. Alternativ genügt, wie bisher, eine gesiegelte Freistellungserklärung der Gemeinde gem. § 22 Abs. 8 BauGB.

Gem. § 22 Abs. 1 Satz 1 Nr. 5 BauGB kann in solchen Fremdenverkehrssatzungsgebieten dann auch die Nutzung einer Wohnung als Nebenwohnung für weniger als die Hälfte des Jahres dem Genehmigungsvorbehalt unterstellt werden.[24]

2445 Nach herrschender Meinung ist allerdings Voraussetzung, dass zumindest zwei Eigentümer vorhanden sind, sodass die Eintragung frühestens mit Umschreibung des ersten Miteigentumsanteils möglich ist.[25] Die besseren Gründe (und das praktische Bedürfnis – man denke etwa an die Rangsicherung im Verhältnis zur Käuferfinanzierung!) sprechen jedoch dafür, Vereinbarungen und Eintragungen nach § 1010 BGB durch den Alleineigentümer jedenfalls dann zuzulassen, wenn bereits »fiktives Miteigentum« gem. § 3 Abs. 6 GBO durch Zubuchung im Eigenbesitz zu herrschenden Grundstücken entstanden ist.[26] Auch eine spätere (möglicherweise nur vorübergehende) Vereinigung von Miteigentumsanteilen in einer Hand würde dann nicht zum Untergang solcher Vereinbarung führen.[27]

2446 Miteigentümervereinbarungen schaffen (wegen der Gefahr der Versteigerung durch Belastungsgläubiger[28] und der Unanwendbarkeit nachbarrechtlicher Regelungen auf die Nutzungsbereiche zueinander[29] nur unvollkommenen) Ersatz für WEG-Teilungen, wo diese – etwa wegen des seit 1998 auch ohne Rechtsverordnung der Landesregierung möglichen Genehmigungsvorbehalts in Gebieten mit Fremdenverkehrsfunktion (§ 22 BauGB) zur Vermeidung von »Rollladensiedlun-

---

24 Ausweislich der Regierungsbegründung (BT-Drucks. 18/10942) soll die Nutzung als Nebenwohnung generell unter einen bußgeldbewehrten Genehmigungsvorbehalt gestellt werden können.
25 Vgl. im Einzelnen *Tschon* RNotZ 2006, 225 m.w.N.
26 So auch LG Memmingen, 04.06.1998 – 4 T 849/98, MittBayNot 1999, 77; ausführlich *Tschon* RNotZ 2006, 226 ff.
27 *Rehle* MittBayNot 1999, 80 arg. § 1197 BGB. Jedenfalls wenn die früheren Miteigentumsanteile mit einem auf Zahlung gerichteten Recht (Grundpfandrecht, Reallast) belastet sind, ist die Fortgeltung der Miteigentümervereinbarung unstreitig.
28 Es droht das Auseinanderbrechen der Bruchteilsgemeinschaft bei Teilungsversteigerung aus wichtigem Grund [§ 749 BGB] und bei Fremdversteigerung, auch wenn nur ein Miteigentumsanteil belastet ist [§ 753 BGB].
29 BGH, 10.02.2012 – V ZR 137/11, JurionRS 2012, 12181 [keine analoge Anwendung des § 906 Abs. 2 Satz 2 BGB auf Beeinträchtigungen, die von einem Nutzungsbereich auf den anderen einwirken]. Anders BGH, 25.10.2013 – V ZR 230/12, ZfIR 2014, 66 m. Anm. *Ott* für das Verhältnis zwischen Sondereigentumsbereichen.

gen« – nicht zur Verfügung standen,[30] dies hat seit Mai 2017 zu weiterer »Abwehrgesetzgebung« geführt, vgl. Rdn. 2443.

Auch auf Wohnungsrechte (§ 1093 BGB) wird trotz ihrer Unveräußerlichkeit und Unvererblichkeit zurückgegriffen.[31]

▶ **Formulierungsvorschlag: Ausschluss des Versteigerungsrechts unter Miteigentümern**

Die beteiligten Erwerber wurden auf die gesetzlichen Regelungen hinsichtlich des Miteigentums hingewiesen. Vereinbarungen hierzu (z.B. Nutzungsregelung, teilweiser Ausschluss des Versteigerungsrechtes, gegenseitige Vorkaufsrechte) werden nur insoweit getroffen, als das Recht jedes Miteigentümers, die Aufhebung der Gemeinschaft aus einem anderen als einem wichtigen Grunde zu verlangen, für immer ausgeschlossen wird. Die Eintragung dieser Vereinbarung nach §§ 749, 1010 BGB an nächstoffener Rangstelle im Grundbuch als Belastung des jeweiligen Miteigentumsanteils zugunsten des jeweiligen Inhabers der anderen Miteigentumsanteile wird

bewilligt

und beantragt Zug um Zug mit Eigentumsumschreibung auf die Erwerber.

2447

Die besonders praxiswichtigen **Kosten- und Lastenregelungen** zählen, da nicht Gegenstand der »Verwaltung«, nach herrschender Meinung[32] nicht zum verdinglichbaren Bereich der Vereinbarung gem. § 1010 BGB. Sie bedürfen also der ausdrücklichen Vertragsübernahme. Rechtsnachfolgeklauseln sorgen für eine Basisabsicherung; vorsichtigere Gestalter knüpfen die Ausübung der gem. § 1010 BGB gesicherten Nutzungsrechte an den Eintritt in die Verpflichtung zur Tragung der zugeordneten Kosten und Lasten bzw. deren tatsächliche Erfüllung.[33] Im Verhältnis zu Dritten [z.B. Erschließungsträgern] bleiben die Miteigentümer ohnehin stets Gesamtschuldner, anders als bei der Aufteilung nach WEG.

2448

Sollen demgemäß auch Nutzungs- und Lastentragungsbereichen separiert werden, kann die Regelung bspw. wie folgt erweitert werden:

▶ **Formulierungsvorschlag: Miteigentümervereinbarung mit Separierung von Nutzungs- und Kostentragungsbereichen**

Die beteiligten Erwerber wurden auf die gesetzlichen Regelungen hinsichtlich des Miteigentums hingewiesen. Vereinbarungen hierzu werden wie folgt getroffen:
– Das Recht jedes Miteigentümers, die Aufhebung der Gemeinschaft aus einem anderen als einem wichtigen Grunde zu verlangen, ist für immer ausgeschlossen.
– Der jeweilige Inhaber des Miteigentumsanteils, der in heutiger Urkunde durch Herrn A erworben wird (»Anteil A«) ist zur ausschließlichen Benutzung des im beigefügten Lageplan rot gekennzeichneten Grundstücksteils, der jeweilige Inhaber des von Herrn B erworbenen Anteils (»B«) zur ausschließlichen Benutzung des im Plan grün gekennzeichneten Grundstücksteils berechtigt. Die Ausübung dieser Berechtigung ist jedoch daran geknüpft, dass auch die Kosten und Lasten der Unterhaltung, Instandhaltung und Instandsetzung, Verkehrssicherung und Haftung für diese Flächen durch den jeweiligen Inhaber des Anteils A bzw. B getragen werden bzw. sich ein Rechtsnachfolger hierzu verpflichtet. Im Verhältnis zueinander gelten die Bestimmungen des öffentlich-rechtlichen und bürgerlich-rechtlichen Nachbarrech-

2449

---

30 OLG Schleswig DNotZ 2000, 779. Das VG Augsburg MittBayNot 2006, 172 bejaht allerdings einen Anspruch auf Erteilung der Genehmigung zur Bildung von Wohnungseigentum gem. § 22 BauGB, wenn auch das bisher in Bruchteile (mit Regelung nach § 1010 BGB) aufgeteilte Gebäude nach Maßgabe der Baugenehmigung als Zweitwohnung genutzt werden kann.
31 *Hürth* RPfleger 2008, 411 hält dies für unzulässige Umgehungen.
32 OLG Hamm, 16.01.1973 – 15 W 21/72, DNotZ 1973, 549; *Schnorr* Die Gemeinschaft nach Bruchteilen, S. 276 f.; *Ermann/Aderhold* BGB § 1010 Rn. 4 m.w.N.; a.A. BayObLG DNotZ 1993, 391 und nunmehr OLG Hamm, 20.01.2011 – 15 W 249/10, RNotZ 2011, 344 jedenfalls sofern die Benutzungs- und die Kostenregelung nur als einheitliche gewollt seien.
33 Vgl. *Tschon* RNotZ 2006, 222.

tes, wie wenn es sich um selbstständige Grundstücke handeln würde. Die nicht farblich gekennzeichnete Zugangsfläche steht zur gemeinschaftlichen Nutzung zur Verfügung; bauliche Veränderungen auf dieser Fläche sind nur einvernehmlich möglich. Deren Kosten und Lasten im obigen Sinne tragen – soweit sie nicht als Beschädigungen dem Verursacher zugeordnet werden können – die Anteilsinhaber A und B als Voraussetzung der Nutzungsausübung je hälftig.
– Auf Verlangen eines jeden Anteilsinhabers ist auf je hälftige Kosten die Vermessung und Zerlegung in drei Grundstücke im je alleinigen Eigentum des Anteilsinhabers A und B bzw. in deren je hälftigem Miteigentum herbeizuführen.

Die Eintragung dieser Vereinbarung nach §§ 749, 1010 BGB an nächstoffener Rangstelle im Grundbuch als Belastung des jeweiligen Miteigentumsanteils zugunsten des jeweiligen Inhabers der anderen Miteigentumsanteile wird

bewilligt

und beantragt Zug um Zug mit Eigentumsumschreibung auf den Erwerber. Wechselseitige Vorkaufs- oder Ankaufsrechte werden nicht gewünscht.

III. Ankaufsrechte

2450 Zur Erleichterung der Beendigung einer Bruchteilsgemeinschaft außerhalb gerichtlicher Streitverfahren beschränken sich die Beteiligten häufig nicht darauf, lediglich Versteigerungsoptionen auszuschließen, sofern kein wichtiger Grund vorliegt (Rdn. 2447), sondern verpflichten sich darüber hinaus, etwa durch wechselseitige Ankaufsberechtigungen:

▶ Formulierungsvorschlag: wechselseitige Ankaufsrechte unter Miteigentümern

2451 Herr A und Frau A räumen sich gegenseitig das nicht veräußerliche und nicht vererbliche Recht ein, den heute erworbenen Miteigentumsanteil am Vertragsobjekt entgeltlich zu erwerben (Ankaufsrecht), und zwar bei wirksamer Ausübung des Ankaufsrechtes nach Eintritt eines der nachstehend aufgeführten Tatbestände, und zu den nachgenannten Bedingungen.

Die Ausübung erfolgt durch einseitige formlose, empfangsbedürftige Willenserklärung des Berechtigten gegenüber dem Verpflichteten binnen zwei Monaten nach Kenntnis von einem der nachgenannten Tatbestände. Üben beide Berechtigte das Ankaufsrecht aus (etwa im Scheidungsfall), hat das Ankaufsverlangen von Frau A den Vorrang.

Das Ankaufsrecht kann nur ausgeübt werden, wenn der jeweilige Eigentümer
a) seinen Miteigentumsanteil ganz oder teilweise ohne schriftliche Einwilligung des Ankaufsberechtigten (bzw. seines gesetzlichen Vertreters oder Bevollmächtigten) veräußert oder sonst das Eigentum daran verliert, oder belastet,
b) von Zwangsvollstreckung in den Miteigentumsanteil betroffen ist, sofern die Maßnahme nicht binnen zwei Monaten aufgehoben wird,
c) in Insolvenz fällt, die Eröffnung des Verfahrens mangels Masse abgelehnt wird, oder die eidesstattliche Versicherung abgibt,
d) vor dem Ankaufsberechtigten verstirbt, oder
e) wenn in Bezug auf die Ehe der Ehegatten A Antrag auf Scheidung gestellt wird.

Nach Ausübung des Ankaufsrechtes gilt:
(1) Als Kaufpreis ist der dem anzukaufenden Prozentanteil entsprechende Wert der Immobilie zugrundezulegen. In den ersten fünf Jahren ab heute ist dies die Summe aus dem heutigen Grundstückskaufpreis samt Erwerbsnebenkosten zuzüglich der schriftlich festzuhaltenden Fremdkosten für Abriss und Errichtung des Bauwerks. Nach Ablauf von fünf Jahren ist der dann zu ermittelnde Verkehrswert der Immobilie zum Zeitpunkt der Ausübung des Ankaufsrechtes zugrundezulegen. Kommt eine gütliche Einigung der Beteiligten hierüber binnen vier Wochen nach Aufforderung durch einen Teil nicht zustande, entscheidet ein durch den Präsidenten der örtlich zuständigen Industrie- und Handelskammer zu bestellender vereidigter Sachverständiger als Schiedsgutachter. Die Beteiligten unterwerfen sich dem Ergebnis dieses Gutachtens als billiger Bestimmung des Betrages gem. § 315 BGB und vereinbaren diesen noch zu beziffernden Betrag bereits heute. Einwendungen gegen das Gutachten bleiben nur hinsichtlich etwaiger grober Mängel in analoger Anwendung des § 1059 Abs. 2 ZPO (Auf-

hebung eines Schiedsspruches) vorbehalten. Die durch die Einschaltung des Gutachters entstehenden Kosten trägt derjenige Teil, dessen Betragsvorschlag vom Schiedsergebnis weiter entfernt lag.
(2) Der Kaufpreis ist zur Zahlung fällig, wenn der den Ankauf beurkundende Notar dem Käufer mitgeteilt hat, dass die Auflassungsvormerkung zu seinen Gunsten eingetragen wurde, alle etwa erforderlichen Genehmigungen und Vorkaufsrechtsverzichtserklärungen erteilt sind und ferner alle Lastenfreistellungsunterlagen in öffentlich beglaubigter Form vorliegen und etwaige Ablösebeträge aus dem Kaufpreis erfüllbar sind.
(3) Besitz, Nutzungen und Lasten, Haftung, Verkehrssicherung und Gefahr gehen mit vollständiger Kaufpreiszahlung auf den Käufer über.
(4) Eine Gewährleistung wird nicht geschuldet. Soweit der Vertragsbesitz von Personen ohne Miet-/Pachtvertrag genutzt wird, steht dem Käufer ein Anspruch auf Räumung bis zur Kaufpreiszahlung zu.
(5) Die Kosten für die Beurkundung, eventuelle Genehmigungen und den Vollzug des Ankaufvertrages sowie die Grunderwerbsteuer trägt der Käufer. Etwaige Lastenfreistellungskosten trägt der Verkäufer

Die Vertragsteile sind sich über die Einräumung des bedingten Anspruchs einig.

Zur Sicherung des vorstehend eingeräumten, bedingten Anspruchs auf Übertragung bestellt hiermit Herr A zugunsten Frau A und Frau A zugunsten Herrn A an ihrem jeweiligen, bei Eigentumsumschreibung entstehenden grundbuchlichen Miteigentumsanteil eine

Eigentumsvormerkung

und

bewilligt und beantragt

deren Eintragung im Grundbuch an nächstoffener Rangstelle, insbesondere als im Rang nach der Finanzierungsgrundschuld. Die Vormerkungen sind als Sicherungsmittel auflösend befristet. Sie erlöschen mit dem Tod des jeweils Berechtigten. Den Beteiligten ist bekannt, dass die Eintragung erst mit Umschreibung des Eigentums auf sie erfolgen kann.

Ist eine weitere Zusammenarbeit nicht möglich, insbesondere weil Entscheidungsstillstand herrscht, bleibt oft nur der Erwerb eines Miteigentumsanteils durch den bzw. die Anderen. Sind Erwerbsrichtung und -modalitäten nicht von vornherein bestimmt, bietet sich zur Klärung der Situation, in Ausgestaltung des archaischen »Ich teile, du wählst«-Prinzips, das »Auktionsverfahren« bzw., als Spielart, das »**Texan Shoot-out**« oder auch das »**Russian-Roulette**«-Verfahren an, vgl. hierzu näher in gesellschaftsrechtlichem Kontext, wo diese Verfahren ebenfalls eine bedeutsame Rolle spielen, Rdn. 2659 ff. 2452

B. Erwerb in GbR

I. »Grundbuchfähigkeit« der GbR

1. Entscheidung des BGH 2008

Der Beschluss des BGH v. 04.12.2008[34] führte den mit der Anerkennung der materiellen (Teil-)Rechtsfähigkeit der GbR begonnenen Weg auch formellrechtlich konsequent weiter:[35] Aus der (Teil-)Rechtsfähigkeit der GbR ergebe sich ihre Grundstückserwerbsfähigkeit und daraus zwingend, da das Grundbuchrecht nur dienende Funktion habe, auch die formale **Grundbucheintragungsfähigkeit**. Der BGH verkannte nicht, dass sein Beschluss die **zentralen Fragen** 2453
(1) des Nachweises der Existenz einer GbR,
(2) des Nachweises ihrer wirksamen Vertretung und – damit impliziert –,

---

34 BGH, 04.12.2008 – V ZB 74/08, ZfIR 2009, 93, m. abl. Anm. *Volmer*.
35 *Krüger*, in: FS Brambring 2010, S. 177, 182, wirft den Notaren vor, sie hätten die Zeichen der Zeit nicht wahrhaben wollen (»die Notare sind auch nicht mehr das, was sie einmal waren«).

(3) der Möglichkeit des gutgläubigen Erwerbs vom Nichtberechtigten/Nichtexistenten bei Veräußerung durch eine GbR

unbeantwortet lässt, verwies jedoch insoweit auf den Gesetzgeber:[36] »Die aufgezeigten Schwierigkeiten ... sind zwangsläufige und hinzunehmende Folge der Anerkennung der Teilrechtsfähigkeit der GbR.«

2454 Ein vollwertiger Nachweis der Existenz, Zusammensetzung und Vertretung der GbR lässt sich nicht führen: Auch die Vorlage eines notariell unterschriftsbeglaubigten GbR-Vertrages sowie einer unterschriftsbeglaubigten Abtretungskette (wie sie selten möglich sein wird) kann nicht abhelfen, da GbR-Anteilsabtretungen per se nicht am guten Glauben des Grundbuchs teilhaben (und zudem die Existenz weiterer Satzungsänderungen oder Weiterabtretungen nicht ausschließbar ist).

2. Wege aus der Kalamität

2455 Als Ausweg aus dem Dilemma konnte der Erwerber verlangen, dass die veräußernde GbR sich zunächst dergestalt auseinandersetzt, dass das Gesellschaftsvermögen den einzelnen (mutmaßlichen) Gesellschaftern in **Bruchteilseigentum** übertragen wird (bzw. der Gläubiger in Abteilung II bzw. III des Grundbuchs könnte verlangen, dass vor der Bestellung eines Grundpfandrechts oder einer Dienstbarkeit durch die bewilligende GbR diese sich als Bruchteilsgemeinschaft konstituiere). Die GbR-Gesellschafter sind hierfür, soweit nicht bereits im Gesellschaftsvertrag geschehen, durch Beschluss von § 181 BGB zu befreien. Sobald die (mutmaßlichen) Gesellschafter in Bruchteilsgemeinschaft eingetragen waren – also dem Grundbuchamt Existenz und Vertretung der GbR »nachgewiesen« wurden –, war auch vor dem 18.08.2009 gutgläubiger Erwerb möglich. Der Weg ist allerdings mit hohen Notar-[37] und Grundbuchkosten auf Veräußererseite belastet; Grunderwerbsteuer fällt bei (mutmaßlich) identischer Beteiligung auf GbR- und auf Bruchteilsseite nicht an, § 6 Abs. 1 Satz 1 GrEStG (beachte allerdings die 5-Jahres-Frist des § 6 Abs. 4 GrEStG). An der einkommensteuerlichen Qualifikation ändert sich nichts; die Übertragung stellt auch keinen Anschaffungsvorgang dar (§ 39 Abs. 2 Nr. 2 AO: wirtschaftliche Betrachtungsweise).[38]

2456 In ähnlicher Weise konnte versucht werden, den Gutglaubensschutz des Erwerbers nicht über das Grundbuch (§ 892 BGB) zu gewährleisten, sondern über das **Handelsregister** (§ 15 HGB), im Sinn eines nachträglichen untechnischen »Formwechsels« durch Änderung des Gesellschaftsvertrages und Einbuchung im Handelsregister aufgrund übereinstimmender Anmeldung der (mutmaßlichen) OHG-Gesellschafter bzw. Komplementäre/Kommanditisten. Das Handelsregister übernimmt lediglich eine Plausibilitätsprüfung, dem Grundbuchamt ggü. ist allerdings sodann der Inhalt des Handelsregisters maßgeblich, § 32 Abs. 1 GBO, so dass im Ergebnis die materiellen Beweisanforderungen des Grundbuchrechts (§ 29 GBO) durch das Handelsregisterrecht »umgangen« werden. Die Notar-,[39] Handelsregister- und Grundbuchkosten[40] sind überschaubar. Als unattraktiv empfunden wird (neben der Registerpublizität) allerdings die handelsrechtliche (trotz

---

36 So schon im vorangegangenen Senatsurteil NJW 2008, 1378, 1379.
37 20/10 Gebühr aus dem vollen Grundstückswert, allerdings unter Zusammenrechnung gem. § 44 Abs. 2a KostO.
38 BFH, 02.04.2008 IX R 18/06, NJW 2008, 3662.
39 Handelsregisteranmeldung ca. 80,00 €, Berichtigungsbewilligung: 0,5 Gebühr gem. KV Nr. 21201 Nr. 4 GNotKG, zuvor gem. § 38 Abs. 2 Nr. 5a KostO aus ca. 10–30 % des Grundstückswerts (*Notarkasse* Streifzug durch die Kostenordnung, 8. Aufl. 2010 Rn. 225 ff.).
40 OLG München, 03.07.2008 – 34 Wx 36/08, MittBayNot 2009, 64: 1/4 Gebühr gem. § 67 KostO aus 50 % des Grundstückswertes für die Richtigstellung der Eigentümerbezeichnung; unter Geltung des GNotKG dürfte die Eintragung, da kein Eigentümerwechsel eintritt, gebührenfrei sein.

§ 140 AO allerdings nicht sanktionierte)[41] Buchführungspflicht, § 238 Abs. 1 Satz 1 HGB[42] (die seit 2008 lediglich für bestimmte kleinere Einzelkaufleute gelockert wurde)[43] sowie die grds. dadurch begründete Anwendbarkeit der Handelskaufvorschriften (z.B. § 377 Abs. 2 HGB), »Formkaufmann«.

Der Nachweis der »Identität« der OHG (auch der GmbH & Co KG[44]) mit einer bisher gebuchten GbR konnte bis zum 18.08.2009 durch Bescheinigung des Handelsregisters gem. § 15 Abs. 3 GBV a.F. geführt werden; seit dessen Abschaffung bedarf es, da der »Formwechsel« sich nicht aus dem Handelsregister ergibt,[45] einer »berichtigenden Bewilligung« aller eingetragenen Gesellschafter,[46] die auch für diese Zwecke (»in Ansehung des eingetragenen Rechtes«) gem. § 899a BGB als bewilligungsberechtigt gelten:

▶ **Formulierungsvorschlag: Berichtigung bei identitätswahrendem Formwechsel einer eingetragenen GbR in OHG**

Im Grundbuch des AG ..... für ..... Blatt ..... ist eine Gesellschaft bürgerlichen Rechts, bestehend aus A, B und C als Gesellschaftern, eingetragen. Diese Gesellschaft ist zufolge der Anmeldung aller Gesellschafter vom ..... am ..... im Handelsregister des AG ..... unter HR A ..... als offene Handelsgesellschaft unter der Firma ..... eingetragen worden. Beglaubigte Abschrift der Registeranmeldung, in welcher A, B und C den identitätswahrenden Formwechsel der GbR in die OHG dargestellt und angemeldet haben, ist beigefügt. Der Notar bestätigt aufgrund Einsicht in das elektronische Handelsregister wie vorbezeichnet, dass die ..... OHG dort wie angegeben eingetragen wurde.

A, B und C bewilligen und beantragen berichtigend einzutragen, dass die Bezeichnung des Eigentümers sich in ABC-OHG geändert hat. Es handelt sich um eine Richtigstellung des Grundbuches.

Am Erfolg versprechendsten war und ist das Ausweichen auf eine **selbstständige, rechtsgeschäftliche Vollmachtsurkunde**, die – sofern in Urschrift (beglaubigte Vollmacht) oder Ausfertigung (beurkundete Vollmacht) vorgelegt[47] – im Rechtsverkehr ggü. jedermann den Rechtsschein gem. §§ 171, 172 BGB erzeugt. Dieser Weg macht sich zunutze, dass die durch eine GbR (vertreten durch ihre Gesellschafter, vgl. Rdn. 2460) einmal wirksam erteilte Vollmacht naturgemäß in ihrem Bestand von einem Wechsel in der Person der Gesellschafter unberührt bleibt, ebenso wenig wie die durch eine OHG oder eine GmbH erteilte Vollmacht davon beeinflusst wäre.

Haben alle Gesellschafter einer GbR einem Dritten je für sich Vollmacht erteilt, ist diese auch für die GbR wirksam, die durch alle Gesellschafter gemeinsam vertreten wird (eine eigenständige

---

41 Unberührt bleibt jedoch die Möglichkeit der Strafbarkeit gem. § 283b StGB sowie eine mögliche Zwangsgeldfestsetzung im Besteuerungsverfahren.
42 Erzielt die OHG allerdings nur Einkünfte aus Vermietung und Verpachtung (oder aus Kapitalvermögen), werden diese – trotz Buchführungspflicht – durch Einnahmen-Überschuss-Rechnung ermittelt, vgl. *v. Oertzen/Herrmann*, ZEV 2003, 400.
43 § 241a Satz 1 HGB: an zwei aufeinanderfolgenden Abschlussstichtagen nicht mehr als 600.000,00 € Umsatzerlöse und 60.000,00 € Jahresüberschüsse, vgl. *Ritzrow*, EStB 2010, 464 ff.; ff.; vor 2016: 500.000,00 € Umsatzerlöse und 50.000,00 € Jahresüberschüsse.
44 Einer vorherigen Eintragung der GmbH als weiteren Gesellschafters der GbR im Grundbuch bedarf es vor der Berichtigung nicht, vgl. OLG München, 30.11.2015 – 34 Wx 70/15, GmbH-StB 2016, 134.
45 Die GbR kann gem. § 191 Abs. 1 UmwG nicht formwechselnder Rechtsträger sein. Die Identität bleibt bei Vertragsänderung auch dann gewahrt, wenn eine Komplementär-GmbH beitritt, vgl. BayObLG, 07.05.2002 3 Z BR 55/02, MittBayNot 2002, 309.
46 *Schöner/Stöber* Grundbuchrecht Rn. 985; KG, 01.10.2008 – 1 W 38/08, NotBZ 2010, 408 (nur Ls.); ebenso OLG Zweibrücken, 14.02.2012 – 3 W 80/11, Rpfleger 2012, 519: bloße Richtigstellung, keine Berichtigung i.S.d. § 22 GBO.
47 Die Grundsätze der Anscheins- oder Duldungsvollmacht helfen wenig, da die Heilung des Vertretungsmangels durch die Verursachung des Rechtsscheines durch alle BGB-Gesellschafter herbeigeführt werden müsste (OLG Saarbrücken, 13.11.2008 – 8 U 444/07, NotBZ 2009, 192).

Vollmacht »der GbR« ist also nicht erforderlich).[48] Dies gilt nicht nur für »Altfälle«,[49] also Vollmachten aus der Zeit vor »Anerkennung« der Teilrechtsfähigkeit der GbR, und es gilt auch für solche Vollmachten, welche die (späteren) GbR-Gesellschafter bereits erteilt hatten, bevor sie sich zur GbR zusammenschlossen: eine Vollmacht kann auch das Handeln für eine Rechtspersönlichkeit erfassen, die zur Zeit der Erteilung noch gar nicht existierte.[50] Erst Recht reichen Generalvollmachten: alle Vollmachtgeber können dadurch auch in ihrer Eigenschaft als Mitglieder einer GbR in deren Namen bei der Erklärung oder Entgegennahme der Auflassung vertreten werden.[51]

Folgende Schwierigkeiten treten jedoch auf:

2461 (1) Ähnlich wie bei der Übertragung des Gesellschaftsvermögens in künftiges Bruchteilseigentum sowie beim untechnischen Formwechsel in eine registrierte Personen-Handelsgesellschaft müssen auch hier – jedenfalls im Zeitpunkt der Vollmachtserteilung – die Existenz der GbR und ihre wirksame Vertretung gesichert sein. Dies gelingt zweifelsfrei nur, wenn die Vollmacht im Zeitpunkt der Gründung – sozusagen als Bestandteil des ersten Gesellschaftsvertrages – erteilt wird (urkundlich davon gleichwohl getrennt, um eine selbstständige Vollmachtsurkunde i.S.d. § 172 BGB zu schaffen: »**Geburtsvollmacht**«[52]). Wird dieses Verfahren bei einer bereits lebenden GbR gewählt, erstreckt sich die Gutglaubenswirkung des § 172 HGB nicht auf die wirksame Vertretung der Vollmachtgeberin bei der Erteilung der rechtsgeschäftlichen Vollmacht.

2462 (2) Schwierig ist weiter die **Bestimmung des Bevollmächtigten**. Handelt es sich um einen oder mehrere Gründungsgesellschafter, die ggf. zusammenwirken müssen, wird die Abwicklung schwierig, wenn der Bevollmächtigte nicht mehr Mitglied der Gesellschaft ist (was naturgemäß den Bestand seiner Vollmacht davon – bis zu einem Widerruf – unberührt lässt). Das Vertrauen darin, der Bevollmächtigte werde das zugrunde liegende Auftragsverhältnis ordnungsgemäß und im Interesse der GbR erfüllen, wird dann nicht mehr gegeben sein. Denkbar ist daher auch, die Vollmacht von vornherein einer dritten Person (dem Steuerberater etc.) zu erteilen, wobei jedoch ggf. die sonstigen Beschränkungen, etwa aus dem Rechtsdienstleistungsgesetz, zu beachten sind. Bei grundbesitzenden GbR's kann es sich empfehlen, die Vollmacht dergestalt auszustellen, dass je zwei (oder auch je einer) der im Grundbuch zur Zeit der Verwendung der Vollmacht als Gesellschafter eingetragenen Personen (im Sinne einer dynamischen Verweisung) handeln können. Besonderes Augenmerk ist auch der Verwahrung der Vollmacht zu widmen, damit im Fall eines Widerrufs die erteilte Ausfertigung/die Urschrift eingezogen werden kann, um den Rechtsscheinträger zu zerstören. Dies wird wohl nur gegeben sein, wenn die Gesellschaft in den Geschäftsakten der GbR körperlich verbleibt und lediglich im Einzelfall herausgegeben wird.

2463 (3) Schwierig ist die Rechtslage ferner dann, wenn die vollmachtserteilende GbR als solche (etwa aufgrund Anwachsung beim einzig verbleibenden Gesellschafter, Unmöglichkeit einer Ein-Mann-Personengesellschaft) endet. Die Vollmacht erlischt in diesem Fall im Zweifel materiell-rechtlich.[53]

---

48 BGH, 20.01.2011 – V ZB 266/10, DNotZ 2011, 361 m. Anm. *Böttcher* (vgl. auch *Lautner*, MittBayNot 2011, 495); gegen KG, 14.09.2010 – 1 W 380/10, RNotZ 2011, 106, vgl. *Führ*, RNotZ 2011, 155. Dabei kommt es nicht darauf an, ob die Generalvollmacht exemplarisch die Ausübung von Stimmrechten aufzählt.
49 Solche »Altvollmachten« hatte schon OLG München, 26.08.2009 – 34 Wx 54/09, MittBayNot 2010, 126 m. Anm. *Ruhwinkel* anerkannt, »jedenfalls wenn sie schon bisher für die GbR verwendet wurden«.
50 OLG Zweibrücken, 03.02.2016 – 3 W 122/15, RNotZ 2016, 247 m. Anm. *Schuck* = notar 2017, 21 m. Anm. *Spieker*.
51 KG 17.11.2016 – 1 W 562/16, MittBayNot 2017, 368 m. Anm. *Volmer*.
52 Vgl. ausführlich *Hartmann*, RNotZ 2011, 401, 410 ff.
53 BayObLG, 05.03.1998 – 2 Z BR 132/97, DNotZ 1998, 750.

3. Mögliche weitere Konsequenzen

Die vom BGH der GbR zuerkannte »nach außen bestehende beschränkte Rechtssubjektivität«, quasi über die Gesamthand »gestülpt«,[54] legt bei konsequenter Weiterführung auch Änderungen der bisherigen Rechtspraxis in anderen Gebieten, bspw. des Kosten- und Steuerrechts, nahe. Beispielhaft seien genannt:[55]

2464

(1) die Frage, ob Zuwendungen an mehrere Personen »in GbR« weiterhin[56] schenkungssteuerlich als Zuwendungen an diese Personen, und nicht an die GbR (Steuerklasse III!) zu klassifizieren sind,

(2) die Frage, ob die Übertragung des Familienheims aus einer Ehegatten-GbR an den verbleibenden Ehegatten durch Ausscheiden des anderen Ehegatten weiterhin als schenkungssteuerbegünstigter »Erwerb vom Ehegatten« i.S.d. § 13 Abs. 1 Nr. 4a ErbStG bzw. (beim Ausscheiden infolge Todes) § 13 Abs. 1 Nr. 4b ErbStG zählt,[57]

(3) unter Geltung der KostO die (abschlägig verbeschiedene) Frage, ob bei der Übertragung von Grundbesitz an Kinder »in GbR« die ermäßigte Grundbuchumschreibungsgebühr des § 60 Abs. 2 KostO a.F. (»Eintragung von Abkömmlingen«) oder die volle Gebühr[58] zum Ansatz kommt, ebenso die (gleichfalls abgelehnte) verwandte Frage, ob grundbuchkostenrechtlich bei der Einbringung eines Grundstücks in eine GbR[59] oder bei der umgekehrten Anwachsung eines Grundstücks in der Hand eines GbR-Gesellschafters[60] die Freistellung gem. § 61 Abs. 1 KostO a.F. hinsichtlich des »Eigenanteils« noch gewährt wurde, sowie die (gleichfalls abgelehnte) Frage, ob die Kappung gem. § 24 Abs. 3 KostO a.F. für Übernehmerleistungen unter Angehörigen auf den 5-Jahres-Betrag noch gilt, wenn auf der einen Seite eine GbR, auf der anderen Seite Gesellschafter oder deren Angehörige beteiligt sind,[61]

2465

(4) die Frage, wie §§ 5 und 6 GrEStG künftig zur Anwendung kommen können, wenn es sich bei Vermögen der GbR gar nicht mehr um »gesamthänderisch gebundenes Vermögen« handelt,

(5) die Frage, ob eine Teilungsversteigerung zur Auseinandersetzung der GbR gem. § 180 Abs. 1 ZVG noch möglich ist, da keine Rechtsgemeinschaft mehrerer an einem Grundstück mehr besteht,[62]

2466

(6) die (bereits abschlägig verbeschiedene[63]) Frage, ob das gemeindliche Vorkaufsrecht nach § 26 Nr. 1 BauGB auch ausgeschlossen ist bei einem Verkauf an eine GbR, die ausschließlich aus Verwandten des Verkäufers besteht,

---

54 *Hertel* spricht in DNotZ 2009, 121 Fn. 4 bildhaft von der »Handschuhtheorie«.
55 Vgl. *Bachmayer* NotBZ 2010, 161 ff.
56 BFH, 14.09.1994 – II R 95/92, BStBl. II 1995, S. 81, anders zuvor BFH, 07.12.1988 – II R 150/85, BStBl. II 1989, S. 237; weiterhin auf dieser Linie BFH, NJW-RR 2010, 805, 806 Tz. 18 »die Teilrechtsfähigkeit betreffe lediglich die Anerkennung der Gesamthand im Rechtsverkehr, solle aber nicht der Gesamthand als solche eine der juristischen Person vergleichbare Rechtsfähigkeit zuerkennen« und die Lit., z.B. *Fischer*, ErbStG, 4. Aufl. 2012, § 3 Rn. 7072; *Gutachten*, DNotI-Report 2013, 59.
57 Für eine Steuerfreistellung auch in diesem Fall *Ihle* RNotZ 2011, 471, 474.
58 OLG München, 24.10.2008 – 34 Wx 67/08, MittBayNot 2009, 163, ebenso OLG Schleswig, 24.04.2008 – 9 W 8/08, MDR 2008, 1186.
59 OLG München, 13.11.2009 – 34 Wx 089/09, MittBayNot 2010, 153 m. abl. Anm. *Weigl*, und zwar nicht begründet mit einer Analogie zu § 61 Abs. 3 KostO (also zur OHG), sondern mit Hinweis darauf, bei einer GbR gebe es gar kein gesamthänderisches Vermögen!
60 OLG München, 24.09.2010 – 34 Wx 2/10, ZfIR 2010, 769 m. Anm. *Fritzsche* = MittBayNot 2011, 344 m. Anm. *Weigl*.
61 OLG München, 24.10.2008 – 34 Wx 67/08, MittBayNot 2009, 163; *Notarkasse* Streifzug durch die Kostenordnung, 8. Aufl. 2010 Rn. 1848 (ebenso bei OHG oder KG).
62 Ablehnend z.B. *Becker* ZfIR 2013, 314 ff.
63 OLG Celle, 21.11.2013 – 4 W 201/13, ZfIR 2014, 532 m. Anm. *Grziwotz*.

(7) sowie die Frage, ob künftig Verträge zwischen der GbR und einem ihrer Gesellschafter auch ertragsteuerlich ebenso anzuerkennen sind wie zwischen der GmbH und einem ihrer Gesellschafter?

II. Gesetzliche Neuregelung

2467 I.R.d. Gesetzes zur Einführung des elektronischen Rechtsverkehrs und der elektronischen Akte im Grundbuchverfahren konnte glücklicherweise noch in der 16. Legislaturperiode eine zumindest teilweise Lösung zur Wiederherstellung der Grundbuchfähigkeit der GbR verabschiedet werden, die am Tag nach der Verkündung, also am 18.08.2009, in Kraft getreten ist.[64] Die Änderungen der Grundbuchordnung (§§ 47 Abs. 2, 82 GBO), des Grundbuchverfahrensrechts (§ 15 Abs. 3 GBV) und des materiellen Rechts (Einfügung des § 899a BGB) – die im Einzelnen hier nicht zu diskutieren sind[65] – lösen allerdings die aufgeworfenen Fragen nur teilweise, nämlich
(1) beschränkt auf das Eigentum an Immobilien bzw. auf beschränkt dingliche Grundbuchrechte, also ohne Auswirkungen auf den Erwerb oder die Veräußerung von beweglichen Sachen oder Forderungen;
(2) weiterhin beschränkt auf Verfügungen (Eigentumsübertragungen/Übertragung beschränkt dinglicher Rechte) bereits eingetragener Gesellschaften bürgerlichen Rechts, also nicht mit Wirkung für die Erwerberseite;
(3) mit ungewissen Auswirkungen auf die zugrunde liegenden schuldrechtlichen Vereinbarungen;
(4) schließlich beschränkt auf solche GbR, die unter gleichzeitiger Nennung von Gesellschaftern eingetragen sind, also nicht mit Wirkung für Altfälle sog. »Namens-GbR«.

2468 Die entsprechende Anwendung der Vorschriften über den Berechtigten in Bezug auch auf die Gesellschafter selbst (§ 47 Abs. 2 GBO) erfasst auch den **Voreintragungsgrundsatz** des § 39 Abs. 1 GBO, so dass – wie bisher – bei Verfügungen über das Vermögen (Eigentum oder Rechte) der GbR zunächst die bisherigen Gesellschafterwechsel durch Berichtigung nachzuvollziehen sind, will man am guten Glauben an den dann verlautbarten Gesellschafterbestand teilhaben; es gilt also hinsichtlich der notwendigen Nachweise bei rechtsgeschäftlichem Gesellschafterwechsel, Austritt, Eintritt, oder bei Versterben eines Gesellschafters die Rechtslage aus der Zeit vor der Entdeckung der Teilrechtsfähigkeit der GbR weiter, vgl. Rdn. 2482 ff. Der Voreintragungsgrundsatz gilt allerdings (ebenso wenig wie bisher) nicht für den Gesellschaftsanteil als solchen (sondern nur für die Verfügung über Immobiliar-Gesellschaftsvermögen), so dass bei Abtretungsketten (ebenfalls wie bisher) nicht jedes Zwischenglied eingetragen werden muss, sondern der Nachweis und die Eintragung des Endbestands genügt.[66]

2469 Die in § 899a Satz 2 BGB angeordnete analoge Anwendung der **§§ 894 bis 899 BGB** führt zur Anwendbarkeit der Regelungen zur Grundbuchberichtigung, wenn der Gesellschafterbestand im Grundbuch unrichtig verlautbart ist, so dass dem Abtretungsempfänger gegen den Zedenten ein Berichtigungsanspruch gem. § 894 i.V.m. § 899a Satz 2 BGB zusteht. Ferner kann gem. § 899a Satz 2 i.V.m. § 899 BGB ein Widerspruch in das Grundbuch eingetragen werden, wenn der Gesellschafterbestand der GbR dort unzutreffend verlautbart ist.

2470 § 899a BGB betrifft nur das Immobiliarsachenrecht. Veräußert eine im Grundbuch eingetragene GbR zugleich Gegenstände, die nicht im Grundbuch gebucht sind, z.B. bewegliche Sachen oder Forderungen, auf deren sicheren Erwerb es dem Erwerber erkennbar ankommt, wird der Notar allerdings insoweit warnen müssen:

---

64 BT-Drucks. 16/13437, S. 26 ff.; BGBl. 2009 I, S. 2713 ff.; vgl. *Abicht*, notar 2009, 349.
65 Vgl. dazu eingehend *Krauß*, Immobilienkaufverträge in der Praxis, 8. Aufl. Rn. 420–499.
66 A.A. OLG München, 27.04.2006 – 32 Wx 67/06, MittBayNot 2006, 496, m. krit. Anm. *Krick*: sogar wenn lediglich die Grundbuchberichtigung aufgrund GbR-Anteilsveräußerung von A an B (im Grundbuch noch nicht verlautbart) und sodann von B an C beantragt wird, müsse zunächst B eingetragen werden.

▶ **Formulierungsvorschlag: Risikohinweis bei Veräußerung z.B. beweglicher Sachen durch eine GbR**

Der Notar hat die Beteiligten im Hinblick auf die mitübertragenen beweglichen Sachen und Forderungen darauf hingewiesen, dass ihm keine Möglichkeiten zur Verfügung stehen zur Überprüfung, ob die als Veräußerer auftretende Gesellschaft bürgerlichen Rechts tatsächlich existiert, welche Gesellschafter sie hat und von wem sie vertreten werden kann. Gesetzlich ist derzeit nur der gute Glaube an die Existenz und die wirksame Vertretung einer GbR im Hinblick auf das Grundstückseigentum und im Grundbuch eingetragene Rechte geschützt, nicht aber in Bezug auf sonstige Gegenstände. Ein etwa vorgelegter Gesellschaftsvertrag könnte später geändert worden sein. Möglicherweise erwirbt also der Käufer diese Vertragsobjekte nicht, obwohl er den Kaufpreis gezahlt hat. Die handelnden Personen würden allerdings ggf. auf Erfüllung oder Geldersatz haften (§ 179 BGB). 2471

Bis zu einer (gerichtlichen oder gesetzlichen) Klärung der Reichweite des von § 899a BGB i.V.m. §§ 709, 714 BGB vermittelten Gutglaubensschutzes hinsichtlich der **schuldrechtlichen Vertretungsmacht** sollte jedoch zumindest eine teilweise Verbesserung der Situation des Erwerbers geschaffen werden, indem die Auflassung auch hilfsweise der Erfüllung einer daneben geschaffenen ausdrücklichen[67] Übereignungsverpflichtung der handelnden Personen dient und damit kondiktionsfest ist. (War die GbR bei der dabei im Innenverhältnis getroffenen Abrede, mit der Auflassung die Verpflichtung der Gesellschafterpersonen zu erfüllen, nicht existent oder nicht wirksam vertreten, führt dies nur zu einem Bereicherungsausgleich zwischen der »Schein-GbR« und ihren »Schein-Gesellschaftern«, wegen des Vorrangs der Leistungskondiktion aber nicht ggü. dem Erwerber, da aus dem Empfängerhorizont darin jedenfalls eine [mit Rechtsgrund erfolgte] Leistung der Schein-Gesellschafter liegt).[68] 2472

▶ **Formulierungsvorschlag: Schuldrechtliche Doppelverpflichtung bei Veräußerung durch GbR**

Die Erschienenen A und B (also die im Grundbuch eingetragenen Gesellschafter der veräußernden GbR) verpflichten sich zugleich persönlich, über ihre gesetzliche Haftung für die GbR hinaus, zur Übertragung der vorgenannten Grundbesitzes; die seitens der GbR nachstehend erklärte Auflassung dient zugleich der Erfüllung dieser Übertragungsverpflichtung, so dass darin eine Leistung der für die GbR auftretenden Personen liegt. Den Beteiligten ist bekannt, dass das Gesetz unmittelbar nur das Vertrauen darauf schützt, die GbR sei Eigentümer der Immobilie und könne diese wirksam übertragen, wenn sie dabei durch die im Grundbuch eingetragenen Gesellschafter vertreten wird. Um einen jedenfalls wirksamen Rechtsgrund zum Behaltendürfen dieses Eigentums zu schaffen, verpflichten sich die handelnden Gesellschafter auch selbst; der Notar hat jedoch darauf hingewiesen, dass die durch die GbR bewilligte Vormerkung wohl nur dann wirksam ist, wenn auch die GbR sich wirksam verpflichtet hat, was er nicht prüfen kann. Von einer vorherigen Übertragung des Eigentums an die auftretenden Gesellschafter als Bruchteilseigentümer oder einer »Umwandlung« in eine OHG oder einer Abwicklung über Anderkonto mit Auszahlung erst nach Umschreibung sehen die Beteiligten ab. 2473

In zahlreichen Sachverhalten zu erwägen ist der Erwerb durch mehrere Personen in **neugegründeter GbR** (vgl. etwa zur GbR auf Erwerberseite mit nach Maßgabe ihrer Finanzierungsbeiträge **beweglichen Quoten,** Rdn. 3372!). Sofern keine Verpflichtung zum Erwerb bestimmten Grundbesitzes im Gesellschaftsvertrag (sei es als Gesellschafterbeitrag oder als Abfindung bei Liquidation) enthalten ist, bedarf dieser selbst keiner Form, kann also auch bspw. mündlich vor oder anlässlich der Beurkundung geschlossen werden und weitgehend die gesetzlichen Regelungen der 2474

---

67 *Kohler,* vorangehende Fußnote, schöpft dieses Ergebnis auch ohne ausdrückliche Parallelverpflichtung aus § 128 HGB i.V.m. § 242 BGB (Rdn. 548).
68 *Hartmann,* ZNotP 2011, 139, 141. Dagegen mag eingewendet werden, der Erwerber könne sich nicht einerseits auf den Erwerb von der GbR berufen, andererseits aber den Standpunkt vertreten, er habe die Leistungsbestimmung der für die GbR auftretenden »Nichteigentümer« für vorrangig erachtet. Ein etwa entgegen der hier vertretenen Auffassung bestehender Konditionsanspruch verjährt gem. § 196 BGB erst in 10 Jahren!

§§ 705 ff. BGB zugrunde legen (möglicherweise mit Ausnahme der Folgen bei Versterben des Gesellschafters [§ 727 BGB)] und des jederzeitigen Kündigungsrechtes [§ 723 BGB]). Besteht zwar (als Gesellschaftszweck) die Verpflichtung zum Erwerb eines bestimmten Grundstücks, ist dieser Erwerbswille jedoch für keinen Beteiligten davon abhängig, dass ein vom Gesetz abweichender GbR-Vertrag zustande kommt, genügt die Beurkundung der Gründungswillenserklärung als solcher:

▶ **Formulierungsvorschlag: Erwerb in GbR (schuldrechtliche Einigung)**

2475 ..... veräußert hiermit an die hiermit gegründete Gesellschaft bürgerlichen Rechtes [unter der Bezeichnung ....., Anschrift: .....], bestehend aus A, B und C, an der die genannten Gesellschafter zu gleichen Teilen beteiligt sind (*ggf. Zusatz: – im Übrigen gelten §§ 705 ff. BGB mit der Maßgabe, dass bei Versterben eines Gesellschafters die Gesellschaft mit dessen Rechtsnachfolgern von Todes wegen fortgesetzt wird*).

2476 Für den Veräußerer bedeutsam ist ferner, ob die durch die erwerbende GbR eingegangenen Zahlungsverpflichtungen ggf. beigetrieben werden können. Für Verbindlichkeiten der GbR haften die (tatsächlichen) Gesellschafter analog § 128 HGB akzessorisch und gesamtschuldnerisch. Existiert die GbR tatsächlich nicht oder wurde sie nicht wirksam vertreten (§ 899a BGB steht auch bei Grundstückskaufverträgen dafür nicht zur Verfügung), haften die Handelnden jedenfalls gem. § 179 BGB. Beide Haftungsgrundlagen (§ 128 HGB analog und § 179 BGB) erfordern jedoch wegen des Bezeichnungsgrundsatzes des § 794 Abs. 1 Nr. 5 ZPO eine eigenständige Vollstreckungsunterwerfung der tatsächlich Handelnden, und zwar ausdrücklich nicht in ihrer Eigenschaft als »Gesellschafter«:

▶ **Formulierungsvorschlag: Vollstreckungsunterwerfung bei erwerbender GbR**

2477 Die Erschienenen X, Y und Z treten den schuldrechtlichen Verpflichtungen der erwerbenden GbR in dieser Urkunde bei und übernehmen – zusätzlich zu den gegebenenfalls gesellschaftsrechtlich bestehenden Haftung und unabhängig von dieser – als Gesamtschuldner alle Verpflichtungen des Erwerbers auch persönlich. Die XYZ-GbR sowie die Herren X, Y, und Z persönlich unterwerfen sich wegen der in dieser Urkunde eingegangenen Verpflichtung zur Zahlung von ..... samt Verzugszinsen gemäß § 288 Abs. 1 (bzw. Abs. 2) BGB hieraus ab dem Datum der Erteilung der vollstreckbaren Ausfertigung der Zwangsvollstreckung in ihr jeweiliges Vermögen. X, Y und Z haften im Verhältnis zueinander als Gesamtschuldner; im Verhältnis zur XYZ-GbR (sofern diese existiert und wirksam vertreten ist) akzessorisch.

2478 Die Einfügung des § 899a BGB und des § 47 Abs. 2 GBO mit Wirkung ab 18.08.2009 durch das ERVGBG sollte wieder eine verlässliche Grundlage für den Rechtsverkehr mit einer GbR schaffen,[69] indem die GbR grundbuchverfahrensrechtlich wieder so behandelt wird wie vor der Anerkennung ihrer Rechtsfähigkeit. Mögen einzelne Richter des V. Senats die gesetzgeberische Leistung auch zuvor gescholten haben,[70] verhilft ihr der BGH in Bezug auf die grundbuchrechtliche Behandlung der **GbR auf Erwerberseite** nun[71] zum Durchbruch, indem er darauf verweist, dass § 47 Abs. 2 Satz 1 GBO die Vorgabe zu entnehmen sei, bei der Eintragung einer erwerbenden GbR als Grundstückseigentümerin sei weder hinsichtlich der Existenz noch der Vertretung der GbR ein Richtigkeitsnachweis in der Form des § 29 Abs. 1 GBO zu erbringen. Wie auch i.R.d. § 47 Abs. 1 GBO, also beim Anteils- oder Gemeinschaftsverhältnis mehrerer Personen, die Auflassungsempfänger sind, werden die von den Beteiligten geäußerten Angaben vom Grundbuchamt nicht auf ihre materielle Richtigkeit geprüft, insb. kann kein Nachweis in der Form des § 29 Abs. 1 GBO verlangt werden, es sei denn, es bestünden Anhaltspunkte dafür, dass das

---

69 Vgl. Beschlussempfehlung und Bericht des Rechtsausschusses v. 17.06.2009, Drucksache 16/13437, S. 24.
70 Vgl. insb. *Krüger*, NZG 2010, 801.
71 In der Entscheidung BGH, 28.04.2011 – V ZB 194/10, ZfIR 2011, 487, m. Anm. *Böttcher* 461 ff.; vgl. auch *Zimmer*, NotBZ 2011, 260, sowie DNotI-Report 2011, 92.

Grundbuch durch die Umsetzung der Angaben der Beteiligten unrichtig würde.[72] Dies gilt auch für eine anderswo bereits eingetragene GbR.[73]

Auch wenn im konkreten Fall nicht zu thematisieren, dürfte es – wie schon bisher von den Vertretern der großzügigen Linie für richtig gehalten – genügen, dass die Bezeichnung der GbR und ihrer Gesellschafter inzidenter im Urkundseingang des notariellen Erwerbsvertrags enthalten ist, da sich die Beteiligten diese Erklärung zu eigen machen; weiterer, v.a. papiergebundener Nachweise oder gar gesteigerter Formen der Erklärungen wie eidesstattlicher Versicherungen o.ä. bedarf es nicht.[74] 2479

Ist der Nachweis der Existenz der auflassungsempfangenden GbR (jedenfalls gegenüber dem Grundbuchamt) geführt, bedarf es im Bereich des § 20 GBO sodann des Nachweises ihrer wirksamen **Vertretung** bei der dinglichen Einigung: 2480
(1) Handeln alle (angeblichen) Gesellschafter entsprechend der gesetzlichen Vermutung der §§ 709, 714 BGB, sind die Nachweisanforderungen identisch mit den in Bezug auf die Existenz der Gesellschaft selbst angelegten Kriterien, – und waren damit vor dem BGH-Beschl. v. 28.04.2011 ebenso ungewiss.[75] Nachweise, dass die Zusammensetzung der Gründungsgesellschafter keine Änderung erfahren hat, kann das Grundbuchamt – wie stets bei negativen Tatsachen – nur verlangen, wenn es auf konkreten Anhaltspunkten basierende ernste Zweifel an der Fortgeltung hat;[76] eine öffentliche Urkunde verliert ihre Beweiskraft nicht durch bloßen Zeitablauf.
(2) Sind, abweichend von §§ 709, 714 BGB, im Gesellschaftsvertrag einzelne Gesellschafter mit Geschäftsführungs- und Vertretungsbefugnis ausgestattet worden, muss dieser auf jeden Fall in unterschriftsbeglaubigter Form (§ 29 Abs. 1 GBO)[77] vorgelegt werden; auch dies genügt jedoch nach insoweit strenger Rechtsprechung nicht, da der Nachweis der Nichtänderung nicht geführt werden kann und § 172 BGB nicht, auch nicht analog, anwendbar ist.[78] Die vorsichtige Literatur plädiert dafür die zeitliche Reichweite des Gesellschaftsvertrages als Rechtsscheinträger auf den Zeitraum des § 32 GBO, also etwa **6 Wochen** zu begrenzen, sodass später alle Gesellschafter gemeinsam zu handeln haben.[79]
(3) Hat dagegen die erwerbende GbR eine rechtsgeschäftliche Vollmacht erteilt, bedarf es des Nachweises der wirksamen Vertretung der GbR bei der Erteilung dieser Vollmacht (zweifelsfrei ist dieser nur bei einer im Moment der Gründung erteilten Vollmacht zu erbringen, Rdn. 2459).[80] Immerhin genügt es, dass alle Gesellschafter der GbR als natürliche Personen 2481

---

72 Vgl. § 47 Abs. 1 GBO, etwa im Hinblick auf Erwerber in ausländischem Güterstand, OLG München, 16.02.2009 – 34 Wx 95/08, DNotZ 2009, 683; OLG Schleswig, 19.08.2009 – 2 W 82/08, FGPrax 2010, 19.
73 *Zimmer*, NotBZ 2011, 261.
74 Vgl. *Böttcher*, AnwBl. 2011, 1, 5.
75 KG, 25.11.2010 – 1 W 417/10, NotBZ 2011, 54 lässt demnach weder Eigenerklärungen der Gesellschafter noch eidesstattliche Versicherungen zum Nachweis der Vertretungsverhältnisse (d.h. des Mitgliederbestandes) einer »Altgesellschaft« zu (Gründung 2008, Kaufvertrag 2010).
76 Vgl. etwa LG Oldenburg NdsRPfl 2009, 216 (»Alter des Gesellschaftsvertrages gleichgültig«), LG München II, 16.04.2009 – 8 T 1525/09 (Gesellschaftsvertrag aus dem Jahr 1973); LG Verden, 06.05.2009 – 3a T 60/09 (Vertrag aus dem Jahr 2007); a.A. *Bestelmeyer*, RPfleger 2010, 169, 179 m.w.N. in Fn. 105.
77 KG, 08.03.2011 – 1 W 99/10, ZfIR 2011, 381 (nur Ls.).
78 KG, 12.09.2017 – 1 W 326-327/17; OLG München, 20.07.2011 – 34 Wx 131/10, RNotZ 2011, 601; ebenso OLG Celle, 14.05.2013 – 4 W 23/13, RNotZ 2013, 615: auch Gesellschaftsvertrag und diesen abändernder Beschluss reichen nicht.
79 *Gutachten*, DNotI-Report 2012, 77 ff.; a.A. *Böttcher*, notar 2012, 111, 123.
80 Haben alle Gesellschafter die GbR gem. §§ 709, 714 BGB vertreten, bedarf es hierzu der Vorlage des unterschriftsbeglaubigten Gesellschaftsvertrages samt späterer Mitgliederänderungen, wie sie auch zur Berichtigung des Gesellschafterbestandes einer bereits eingetragenen GbR notwendig wären. Im Fall der Ernennung vertretungsberechtigter Gesellschafter in der »Satzung« muss diese gem. § 29 GBO vorgelegt

die Vollmacht einem Dritten erteilen, sie brauchen dabei nicht ausdrücklich »im Namen der GbR« zu handeln.

(4) Liegen schließlich weder eine rechtsgeschäftliche Vollmacht noch eine satzungsmäßige Vertretungsregelung vor, sondern wurde ein geschäftsführender Gesellschafter durch Beschluss der Gesellschafterversammlung gewählt, gibt es derzeit keine das Nachweisverfahren erleichternde Analogie zu §§ 24, 26 WEG. Es bedarf also einer notariellen Tatsachenbeurkundung bei einer Vollversammlung, im Fall von Mehrheitsbeschlüssen müssen sämtliche Gesellschafter in der Form des § 29 GBO feststellen, wer aufgrund des Mehrheitsbeschlusses die Gesellschaft vertreten kann, es sei denn die in der Form des § 29 GBO vorgelegte Satzung erlaubt ausdrücklich die Mehrheitswahl eines Vertreters.

III. Nachweise zur Berichtigung des Grundbuches

2482 Durch den Gesellschafterwechsel außerhalb des Grundbuchs (Eintritt, Austritt, Versterben, Einzelrechtsnachfolge etc.) wird das Grundbuch zwar streng genommen nicht unrichtig i.S.d. § 22 GBO, § 894 BGB; das Grundbuch wird jedoch hinsichtlich der Gesellschafter als unrichtig behandelt, so dass die Vorschriften über den Unrichtigkeitsnachweis bzw. die Berichtigungsbewilligung entsprechend gelten. Die GbR ist zudem gem. § 82 Satz 3 GBO gehalten, die Angaben zum Gesellschafterbestand im Grundbuch richtig zu stellen. Daher wurde unter Geltung der KostO, obwohl streng genommen kein »neuer Eigentümer« einzutragen ist, § 60 Abs. 1 KostO angewendet[81] (und nicht, wie unmittelbar nach dem BGH-Urt. v. 04.12.2008, als die Angabe der Gesellschafter nur der Erleichterung der Identifikation diente, § 67 KostO), wohl mit dem Wert des § 61 Abs. 2 Satz 1 KostO.[82]

2483 Unter Geltung des **GNotKG** wird die 1,0 – Eigentumswechselgebühr nach KV Nr. 14110 Nr. 2 GNotKG auch erhoben für die Eintragung eines Gesellschafters wegen Eintritts, Anteilserwerbs oder als Rechtsnachfolger von Todes wegen,[83] allerdings nur aus dem betroffenen Anteilswert.[84] Der Austritt eines Gesellschafters (Rötung samt Anwachsungsvermerk) ist gebührenfrei.[85] Das Ausscheiden des vorletzten Gesellschafters führt allerdings zu einem Wechsel des Rechtsträgers (von GbR in Alleineigentum) und löst damit eine 1,0 Gebühr nach KV Nr. 14110 Nr. 1 GNotKG aus dem vollen Grundstückswert aus,[86] die Privilegierung des § 70 Abs. 2 GNotKG: hälftiger Grundstückswert gilt hierfür gem. § 70 Abs. 4 GNotKG nicht. In gleicher Weise ist die »Löschung« eines Miterben infolge Abschichtung (Rdn. 325 ff.) gebührenfrei, die Abschichtung des vorletzten Erben führt allerdings zur vollen Gebühr aus dem ganzen Wert.

2484 § 899a BGB betrifft zwar nach dem Wortlaut nur Verfügungen »in Ansehung des eingetragenen Rechts«, also nicht in Bezug auf Rechtsgeschäfte über Gesellschaftsanteile, diese Einschränkung des Vermutungstatbestands hat aber keine Bedeutung für die grundbuchverfahrensrechtliche Behandlung von Rechtsgeschäften mit unmittelbarem Bezug zum Grundstück, also Anteilsveränderungen an grundbesitzhaltenden GbR. Im Ergebnis gilt demnach analog § 899a BGB auch für

---

werden. Im Fall der Ernennung vertretungsberechtigter Gesellschafter durch Mehrheitsbeschluss muss die Satzung in der Form des § 29 GBO vorgelegt werden (zum Nachweis, dass ein solcher Beschluss dort eröffnet ist), und der Beschluss selbst durch notarielles Tatsachenprotokoll oder Bestätigung aller mitwirkenden Gesellschafter belegt sein.

81 OLG Frankfurt, 19.11.2009 – 20 W 70/09, BeckRS 2010, 01550.
82 *Heinze*, RNotZ 2010, 281, 308.
83 Zwar tritt keine Änderung im Eigentum ein, die Mitnennung der Gesellschafter gem. §§ 47 Abs. 2 Satz 1, 82 Abs. 3 GBO wird aber wie eine Eigentumsänderung behandelt.
84 Ist die Quote nicht bekannt, geht das Grundbuchamt von gleichen Kopfanteilen aus, § 70 Abs. 1 Satz 2 und Abs. 4 GNotKG.
85 Vgl. die Gesetzesbegründung, BR-Drucks. 517/12, S. 316.
86 Anders nach § 40 Abs. 2 KostO: auch beim Ausscheiden des vorletzten Gesellschafters zählte nur sein Anteil, OLG München, 10.08.2007 – 32 Wx 075/07, RNotZ 2008, 170.

die Zwecke des Grundbuchrechts, dass die eingetragenen Gesellschafter bewilligungsberechtigt sind; diese Frage wird also – soweit es um eine grundbesitzhaltende GbR geht – nicht mitgliedschaftsrechtlich, sondern grundbuchrechtlich angeknüpft.[87]

Soweit als Folge von Änderungen im Gesellschafterbestand Berichtigungen im Grundbuch durchzuführen sind (§§ 899a, 894 BGB, auch zur Wahrung des Voreintragungsgrundsatzes des § 39 GBO), gelten demnach auch ggü. dem Grundbuchamt die im Grundbuch eingetragenen Gesellschafter als **bewilligungsberechtigt**.[88] Von § 899a BGB geht dieselbe Vermutungswirkung (bezogen auf die Gesellschafterstellung) aus wie von § 891 BGB vor Anerkennung der Rechts- und Grundbuch-Buchungsfähigkeit der GbR.[89] Andernfalls würde § 899a BGB leerlaufen, sobald eine Mitgliedschaftsübertragung stattgefunden hat, und auch § 82 Satz 3 GBO (Berichtigungszwang) hätte keinen Anwendungsbereich.[90]

2485

Diese Vermutung gilt auch, wenn wegen Ausscheidens des **vorletzten Gesellschafters** einer GbR diese liquidationslos erlischt und das Grundbuch damit nicht nur hinsichtlich des Gesellschafterbestandes, sondern auch der Fortexistenz der Gesellschaft unrichtig wird.[91] Dieselben Grundsätze sind anwendbar, wenn bei einer grundbesitzhaltenden GbR sämtliche Gesellschaftsanteile auf einen Dritten übertragen werden, sodass selbst dann – entgegen OLG München[92] – kein Nachweis des Eigentumsübergangs in Form einer Auflassung, § 20 GBO, verlangt werden kann, vgl. Rdn. 2492. Werden alle Anteile auf neue Gesellschafter übertragen, berührt dies die Identität der GbR als solcher ohnehin nicht.[93]

2486

Zur Absicherung des Berichtigungsanspruchs des § 899a Satz 2 i.V.m. § 894 BGB ist die Eintragung des Widerspruchs nach § 899 BGB zulässig, wenn im Grundbuch der Gesellschafterbestand der GbR – aufgrund bereits erfolgter Abtretung eines Anteils, vgl. Rdn. 1142 ff. – unzutreffend verlautbart ist. Wechseln Gesellschafter einer GbR, die Gläubiger eines Briefgrundpfandrechts ist, muss der Brief vorgelegt werden (§§ 41, 42 GBO) und ist amtswegig hinsichtlich des darin wiedergegebenen Gesellschafterbestands zu ergänzen, § 62 GBO.

2487

Gem. § 22 Abs. 1 Satz 1 GrEStG bedarf es weiter zur »Eintragung eines Erwerbers eines Grundstücks in das Grundbuch« stets der Vorlage der grunderwerbsteuerlichen **Unbedenklichkeitsbescheinigung**.[94] Die Norm erfasst sowohl konstitutive wie auch berichtigende Eintragungen, allerdings nicht allein bloße Richtigstellungen. Da ein Wechsel im Gesellschafterbestand nunmehr

2488

---

87 Vgl. OLG München, 01.12.2010 – 34 Wx 119/10, ZIP 2011, 466; OLG München, 14.01.2011 – 34 Wx 155/10, MittBayNot 2011, 224, m. zust. Anm. *Ruhwinkel*, S. 228; OLG Zweibrücken, 20.10.2009 – 3 W 116/09, NJW 2010, 384; OLG Zweibrücken, 08.09.2010 – 3 W 128/10, DNotZ 2011, 207; OLG Karlsruhe, 25.09.2012 – 11 Wx 61/11, MittBayNot 2014, 59 m. Anm. *Lautner*.
88 OLG München, 07.09.2010 – 34 Wx 100/10, NotBZ 2010, 422; ebenso OLG Zweibrücken, 09.09.2010 – 3 W 128/10, DNotZ 2011, 207 und OLG Brandenburg, 27.04.2011 – 5 Wx 89/10, NotBZ 2011, 443, zustimmend *Böttcher*, notar 2012, 111, 117; a.A. *Bestelmeyer* RPfleger 2010, 169, 185 f. mit dem Argument, auch der Erwerb der Mitgliedschaft falle materiell-rechtlich nicht unter § 899a BGB. Tatsächlich handelt es sich aber bei der Berichtigung des Grundbuches als Folge der Änderung der Mitgliedschaft um eine immobilienbezogene, nicht eine gesellschaftsbezogene Maßnahme.
89 *Böhringer*, RPfleger 2009, 537, 540 f.; *Heßeler/Kleinhenz*, WM 2010, 446, 449 f.; BT-Drucks. 16/13437 S. 24 li. Sp. Unten.
90 Vgl. im Einzelnen *Gutachten*, DNotI-Report 2010, 145 ff.
91 OLG München, 14.01.2011 – 34 Wx 155/10, ZfIR 2011, 303; OLG Frankfurt am Main, 15.04.2011 – 20 W 530/10, NotBZ 2011, 402.
92 OLG München, 11.10.2010 – 27 Wx 52/10, MittBayNot 2011, 225, mit zu Recht ablehnender Anm. *Ruhwinkel*, S. 228.
93 BGH, 03.11.2015 – II ZR 446/13, MittBayNot 2016, 248, ebenso wie sonstigen Personenhandelsgesellschaften: BGH, 08.11.1965 – II ZR 223/64, BGHZ 44, 229, 231.
94 Gemäß OLG Frankfurt DNotI-Report 2005, 14 auch, wenn erkennbar weniger als 95 % der Anteile übergehen (es könnte zwar kein Fall des § 1 Abs. 2a, sondern des § 1 Abs. 3 GrEStG oder des § 42 AO vorliegen).

wieder wie eine Grundbuchberichtigung behandelt wird, steht außer Zweifel, dass – wie vor der Entscheidung des BGH vom 04.12.2008 – die Unbedenklichkeitsbescheinigung des Finanzamts vorgelegt werden muss.[95]

1. Beitritt weiterer Gesellschafter

2489 Tragen die »Buch-Gesellschafter« vor, sie seien nicht mehr oder nicht mehr in dieser Zusammensetzung Gesellschafter, sondern weitere seien hinzugekommen[96] (ohne dass dafür die Form des § 311b Abs. 1 BGB einzuhalten gewesen wäre[97]), wird der Notar, auch wenn er dadurch die Möglichkeit gutgläubigen Erwerbs vom Nichtberechtigten vereitelt, zunächst auf die **Berichtigung des Grundbuchs** hinwirken. Diese ist zur Wahrung des Voreintragungsgrundsatzes (§ 39 GBO) stets erforderlich, wenn ein anderer als der im Grundbuch noch Eingetragene mitwirkt.[98]

2490 Beim **Eintritt eines Gesellschafters** ist die Bewilligung durch alle bisherigen Gesellschafter abzugeben, unter entsprechender textlicher schlüssiger Darlegung der Umstände des Beitritts; die Beitrittserklärung selbst (Änderung des Gesellschaftsvertrages) braucht nicht beigefügt zu werden.[99] Der Eintretende muss gem. § 22 Abs. 2 GBO zustimmen.

2. Abtretung eines Gesellschaftsanteils

2491 Zur Berichtigung als Folge einer **Gesellschaftsanteilsabtretung** sind erforderlich:
(1) sofern der Gesellschaftsvertrag die Übertragung der Gesellschafterstellung ohne Beschränkungen erlaubt, nach richtiger Auffassung (vgl. aber Rdn. 2493) lediglich die Berichtigungsbewilligung des veräußernden und des erwerbenden Alt- bzw. Neugesellschafters,[100] ferner der Nachweis des Inhalts des Gesellschaftsvertrages, sei es auch nur in schriftlicher Form als Schlüssigkeitsnachweis zur Veräußerlichkeit der Mitgliedschaft;[101] einen Nachweis, dass der Gesellschaftsvertrag (der z.B. die Abtretung des Anteils erlaubt) zwischenzeitlich nicht abgeändert wurde, kann das Grundbuchamt nur verlangen, wenn es durch konkrete Tatsachen belegte Zweifel daran hat, dass solche Änderungen möglicherweise erfolgt sind;[102]

2492 (2) anderenfalls, also sofern der Gesellschaftsvertrag die Übertragung der Mitgliedschaft als solcher nicht erlaubt, die Berichtigungsbewilligung aller eingetragenen Gesellschafter der GbR[103] und des neuen Gesellschafters (§ 22 Abs. 2 GBO) in öffentlich beglaubigter Form,

---

95 Vgl. *Böttcher*, ZfIR 2009, 613, 623.
96 Veränderungen der Anteilshöhe innerhalb der GbR sind ohnehin nicht eintragungsfähig, da sachenrechtlich unerheblich und damit unzulässig; OLG München Rpfleger 2005, 530 m. Anm. *Demharter*.
97 Der Beitritt ist selbst dann formfrei, wenn die Gesellschaft den Grundbesitz noch nicht zu Eigentum erworben, sondern lediglich ein Ankaufsangebot abgegeben hat, BGH, 13.02.1996 – XI ZR 239/94, NJW 1996, 1279.
98 OLG München, 27.04.2006 – 32 Wx 67/06, MittBayNot 2006, 496 m. krit. Anm. *Krick*: sogar wenn lediglich die Grundbuchberichtigung aufgrund GbR-Anteilsveräußerung von A an B (im Grundbuch noch nicht verlautbart) und sodann von B an C beantragt wird, müsse zunächst B eingetragen werden.
99 OLG Hamm, 14.02.2013 – 15 W 50/13, MittBayNot 2013, 318: nicht einmal die Darstellung ist erforderlich, welche Vereinbarungen dem Erwerb zugrunde liegen.
100 So KG, 30.04.2015 – 1 W 466/15, ZfIR 2015, 719 m. krit. Anm. *Böttcher* für den Fall der Übertragung an einen Mitgesellschafter (analog seiner Rspr zum Austritt eines Gesellschafters, Rdn. 614); es lässt i.Ü. die schlüssige Behauptung der Zustimmung der Mitgesellschafter genügen; vgl. hierzu auch *Kesseler*, in: DAI, Aktuelle Probleme der notariellen Vertragsgestaltung im Immobilienrecht 2015/2016, S. 262 ff.
101 Vgl. BayObLG, 16.10.1997 – 2Z BR 94/97, DNotZ 1998, 811; BayObLG, 12.08.1991 – BReg. 2 Z 93/91, BayObLGZ 1991, 301, *Gutachten* DNotI-Report 2001, 81.
102 Vgl. *Schöner/Stöber* Grundbuchrecht Rn. 982e; *Böttcher* ZNotP 2009, 42, 44; ebenso schon zur Rechtslage vor der Anerkennung der Rechtsfähigkeit der GbR *Eickmann* Rpfleger 1985, 85, 90.
103 Anders als beim bloßen Ausscheiden (Rdn. 614) ergibt sich aus dem Hinzutreten eines neuen Gesellschafters stets ein Betroffensein der anderen GbR-Mitglieder, vgl. *Schöner/Stöber*, Grundbuchrecht, 15. Aufl. Rn. 4271.

zusätzlich die schlüssige textliche Darlegung derjenigen materiellen Rechtsvorgänge, die einen Wechsel außerhalb des Grundbuchs bewirkt haben sollen,[104] und zwar in der Bewilligung, nicht lediglich im Antrag. Damit wird der besonderen Prüfungsverantwortung des Grundbuchamts bei Veränderungen in Abteilung I (vgl. § 20 GBO) Rechnung getragen. Die Vorlage des Abtretungsvertrages selbst kann jedoch nicht verlangt werden, und zwar auch dann nicht, wenn alle Gesellschaftsanteile auf einen Erwerber übertragen wurden.[105]

(3) Die noch strengere neuere Rechtsprechung verlangt hingegen in allen Fällen der rechtsgeschäftlichen Einzelrechtsnachfolge, auch der Übertragung auf einen Mitgesellschafter, die **Mitwirkung aller Mitgesellschafter** als Beteiligter,[106] da nicht auszuschließen sei, dass nach dem Inhalt des (allenfalls in der Sekunde der Abfassung, jedoch nicht mehr später, feststehenden) Gesellschaftsvertrags Zustimmungserfordernisse etc. einzuhalten wären.[107] Immerhin begründet § 899a BGB i.V.m. § 47 Abs. 2 GBO auch für das Grundbuchamt insoweit die Vermutung, dass alle eingetragenen Gesellschafter zur Verfügung über einen Gesellschaftsanteil befugt sind, soweit das eingetragene Recht betroffen ist.

2493

3. Austritt oder Ausschluss eines Gesellschafters

Ist lediglich ein Gesellschafter (durch allseitige Vereinbarung) mit Anwachsungs- (und Abfindungs-[108])folge **ausgeschieden**, wird ebenfalls überwiegend[109] die Berichtigungsbewilligung des ausscheidenden und aller verbleibenden (durch die Anwachsung begünstigten) Gesellschafter gefordert. Richtigerweise ist die Mitwirkung Letzterer zwar materiell rechtlich, nicht aber grundbuchrechtlich erforderlich.[110] Etwas Anderes ergibt sich auch nicht aus § 22 Abs. 2 GBO, der lediglich dann einschlägig wäre, wenn jemand neu als Eigentümer (Gesellschafter) einzutragen wäre. Scheidet jedoch der »vorletzte« Gesellschafter aus und wird die GbR damit liquidationslos beendet, bedarf es zur Berichtigung neben der Bewilligung des ausscheidenden auch der Zustimmung des verbleibenden Gesellschafters sowie schlüssiger Darlegung der Unrichtigkeit oder der Vorlage des Ausscheidensvertrages in der Form des § 29 GBO.[111]

2494

---

104 Vgl. BayObLG, 08.02.1990 – BReg. 2 Z 139/89, MittRhNotK 1990, 79; OLG Jena, 06.11.2000 – 6 W 685/00, FGPrax 2001, 12, m. Anm. *Demharter*, 54 ff.; LG Mainz, 23.08.2007 – 8 T 147/07, RNotZ 2008, 350.
105 So KG, 21.08.2012 – 1 W 175/12, RNotZ 2013, 36 bei einer Kommanditgesellschaft, dort ist neben der notariell beglaubigten Registeranmeldung aller Gesellschafter, aus der sich die Schilderung der Vorgänge ergibt, auch die Löschung der KG selbst im Handelsregister nachzuweisen.
106 So OLG Zweibrücken, 20.10.2009 – 3 W 116/09, NJW 2010, 384; OLG München, 01.12.2010 – 34 Wx 119/10, ZfIR 2011, 303; OLG München, 28.07.2015 – 34 Wx 106/15, MittBayNot 2016, 408 m. zust. Anm. *Lautner*; hierzu *Heinze*, RNotZ 2016, 24 ff. (auch bei Übertragung auf einen Mitgesellschafter); OLG Köln, 26.11.2012 – 2 Wx 204/12, RNotZ 2013, 106 und OLG Köln, 10.10.2012 – 2 Wx 258/11, notar 2013, 414 m. Anm. *Munzig*.
107 Es ist schon grds. zu bezweifeln, ob der Gesellschaftsvertrag als Beweisquelle »mangelnder Betroffenheit« ausreichen kann. Im Handelsregisterrecht wird selbst bei beurkundeten Personengesellschaftsverträgen die Mitwirkung aller Gesellschafter an der Anmeldung einer Sonderrechtsnachfolge verlangt!
108 Schuldner ist die GbR, nicht die Gesellschafter; Ansprüche des Ausgeschiedenen gegen die Gesellschaft sind in die Abfindung als unselbständige Rechnungsposten einzubeziehen, BGH, 12.07.2016 – II R 74/14, ZIP 2016, 1627 m. Anm. *Buchta*.
109 Vgl. *Schöner/Stöber* Grundbuchrecht Rn. 982b; *Wenz* MittRhNotK 1996, 377 (383); *Schaal* RNotZ 2008, 569, 579; OLG Hamm, 28.06.2011 – I-15 W 170/11, Rpfleger 2011, 663.
110 *Böttcher* ZfIR 2009, 613, 621; ebenso OLG Jena, 23.06.2011 – 9 W 181/11, ZfIR 2011, 716; KG, 19.07.2011 – 1 W 491/11, MittBayNot 2012, 219 m. zust. Anm. *Böhringer*; OLG München, 29.01.2013 – 34 Wx 370/12, DNotZ 2013, 607.
111 *Böhringer*, MittBayNot 2012, 220.

2495 Wurde ein Gesellschafter aus wichtigem Grund (§ 737 BGB) ausgeschlossen und wirkt er an der Berichtigung nicht mit, muss auch das Bestehen eines wichtigen Grundes in der Form des § 29 GBO (!) nachgewiesen werden.[112]

Der Ausgeschiedene tut gut daran, gegen jeden ihm zurechenbaren Rechtsschein seiner weiteren Zugehörigkeit vorzugehen, da er sonst (über seine gesetzlich ohnehin bestehende fünfjährige Nachhaftung gem. § 736 Abs. 2 BGB i.V.m. § 160 HGB für Altverbindlichkeiten hinaus) auch für Neuverbindlichkeiten aus Rechtsscheingrundsätzen haften kann.[113]

4. Tod eines Gesellschafters

2496 Ist ein Gesellschafter **verstorben**, sind die Anforderungen wegen der möglichen unterschiedlichen gesellschaftsvertraglichen Regelungen noch komplexer (vgl. ausführlicher zivilrechtlich Rdn. 147 ff.; zu den ertrag- und schenkungsteuerlichen Folgen der einzelnen Klauseln Rdn. 5860 ff.):

Vertragliche Nachfolgeregelungen können entweder als **Fortsetzungsklauseln** (z.B. einfache Fortsetzungsklausel bei der GbR: Anteil wächst den verbleibenden Gesellschaftern an, GbR ist nicht aufgelöst[114]) oder als qualifizierte Fortsetzungsklausel nur beim Tod bestimmter Gesellschafter oder im Sinn einer Anwachsung nur an bestimmte andere Gesellschafter konzipiert sein. Der Gesellschaftsanteil erlischt und fällt nicht in den Nachlass; dort befinden sich allenfalls Auseinandersetzungsansprüche, soweit nicht ausgeschlossen. Denkbar sind auch **Eintrittsklauseln** (Zuwendung eines Eintrittsrechtes); der Mitgliedschaftswechsel selbst vollzieht sich durch Erklärung des Berechtigten oder Aufnahmevertrag. Die Zuwendung des Eintrittsrechtes kann durch Gesellschaftsvertrag oder erbrechtlich erfolgen. Zusätzlich kann dem Eintrittsberechtigten auch der Kapitalanteil des verstorbenen Gesellschafters zugewendet werden; die verbleibenden Gesellschafter halten diesen dann bis zu dessen Eintritt für ihn treuhänderisch, sodass zwischenzeitlich ein Abfindungsanspruch noch nicht entstanden ist.

2497 Des Weiteren kann der Eintritt durch **rechtsgeschäftliche Nachfolgeklausel**, also aufschiebend auf den Tod bedingte Schenkung und Abtretung des Anteils an den Berechtigten durch Vertrag mit diesem erfolgen; der Anteil ist dann bereits zu Lebzeiten und damit außerhalb des Nachlasses übertragen. Bei der als vierte Variante denkbaren **erbrechtlichen Nachfolgeklausel** schließlich wird der Vorrang des Gesellschaftsrechtes durch schlichte Vererblichstellung des Anteils (einfache erbrechtliche Nachfolgeklausel) aufgehoben, der Anteil fällt dann in den Nachlass (allerdings mit der Besonderheit, dass mehrere Erben ihn in Höhe ihrer Erbquote, nicht in Erbengemeinschaft halten).[115] Die qualifizierte erbrechtliche Nachfolgeklausel stellt den Anteil allerdings nur zugunsten namentlich benannter oder nach eindeutigen Merkmalen bezeichneter Personen (ältester Sohn, abgeschlossenes BWL-Studium etc.) vererblich und muss daher durch eine Verfügung von Todes wegen flankiert werden.[116] Sind qualifizierte Nachfolgeeröffnung im Gesellschaftsvertrag und Verfügung von Todes wegen konkordant, soll die Mitgliedschaft im Wege einer Sondererbfolge (ähnlich dem Höfe- und Heimstättenrecht) unmittelbar dem benannten Erben zustehen, weichende Erben haben ggf. erbrechtliche Ausgleichsansprüche.

---

112 OLG Hamm, 24.05.2007 – 15 W 145/07, RNotZ 2007, 612.
113 BGH, 17.01.2012 – II ZR 197/10, NotBZ 2012, 129 m. Anm. *Vossius*; wenn (1) zurechenbar der Rechtsschein weiterer Zugehörigkeit gesetzt oder pflichtwidrig nicht ihm vorgegangen wurde (etwa auf Briefköpfen) und (2) der Dritte in seinem geschäftlichen Verhalten sich darauf verlassen hat.
114 Die Fortsetzungsklausel gilt auch, wenn die Mehrheit der Gesellschafter kündigt, BGH v. 07.04.2008 – II ZR 3/06, DNotI-Report 2008, 93.
115 Soll nur eine Person den Anteil als Vermächtnisnehmer erhalten, bedarf es also einer erbrechtlichen Eintrittsklausel, vgl. *Gutachten*, DNotI-Report 2004, 141.
116 Nach BGH NJW 1978, 264 soll bei Unterlassung der Benennung und damit Fehlschlagen der qualifizierten erbrechtlichen Nachfolgeklausel diese in eine einfache Fortsetzungsklausel mit Eintrittsrecht des Benannten umgedeutet werden können.

Dies bedingt **unterschiedliche grundbuchrechtliche Nachweisanforderungen**,[117] je nachdem welche der Alternativen des § 22 GBO zur Berichtigung nach dem Versterben eines Gesellschafters gewählt wird:

2498

(1) Soll die Berichtigung aufgrund **Unrichtigkeitsnachweises** (§ 22 Abs. 1 Satz 1 GBO) erfolgen – hierbei sind die Prüfungsanforderungen strenger als bei der Berichtigungsbewilligung[118] – genügt nicht allein die Vorlage der Sterbeurkunde und der Nachweis der Erbfolge (gem. § 35 GBO).[119] Erforderlich ist vielmehr auch der Nachweis des Inhalts des Gesellschaftsvertrages, und zwar in der Form des § 29 Abs. 1 Satz 1 GBO,[120] auch wenn diese Beglaubigung nur unter erheblichen Erschwerungen erreicht werden kann. Ausnahmen (Vorlage eines privatschriftlichen Vertrages oder sonstige Inhaltsnachweise) werden jedoch – notgedrungen – geduldet, wenn die Formanforderungen nicht erfüllt werden können.[121]

(2) Scheitert diese Nachweisvariante, ist **Berichtigungsbewilligung** in der Form des § 29 Abs. 1 Satz 2 GBO all derjenigen, die durch die beantragte Eintragung auch nur möglicherweise in ihren Rechten betroffen sind, in öffentlich beglaubigter Form erforderlich. Auch insoweit genügen nicht nur die Bewilligungen der Erben des verstorbenen Gesellschafters und aller Mitgesellschafter, es bedarf nach h.M.[122] weiterhin der Vorlage des Gesellschaftsvertrages zum Nachweis darüber, dass kein Eintrittsrecht an eine nicht zum vorgenannten Kreis gehörende Person darin enthalten ist.[123]

2499

Liegt der Gesellschaftsvertrag nicht in der Form des § 29 GBO vor, würde demnach eine Berichtigung in beiden Varianten ausscheiden. Da in der Variante der Berichtigungsbewilligung geringere Anforderungen an den Prüfungsumfang des Grundbuchamtes zu stellen sind, lässt die Rechtsprechung insoweit jedoch die Vorlage des privatschriftlichen Gesellschaftsvertrages[124] oder übereinstimmende Angaben der Beteiligten in der Form des § 29 GBO über dessen mündlich getroffenen Inhalt, z.B. soweit es um die Person externer Eintrittsberechtigter geht, genügen[125] bzw. verlangt lediglich notariell beglaubigte[126] oder gar notariell beurkundete »eidesstattliche«[127] Erklärungen

2500

---

117 Detaillierte Zusammenstellung bei *Böhringer*, RPfleger 2013, 433 ff.
118 Vgl. *Ertl* MittBayNot 1992, 13 sowie OLG München, 04.08.2015 – 34 Wx 117/15, Leitsatz 2, FGPrax 2015, 254.
119 Die bloße Behauptung der Erbfolge durch den Testamentsvollstrecker genügt nicht OLG Köln, 09.09.2004 – 2 Wx 22/04, DNotZ 2005, 555.
120 Also nach BayObLG, 12.08.1991 – BReg. 2 Z 93/91, DNotZ 1992, 159 in unterschriftsbeglaubigter Form, auch wenn er damit streng genommen nicht zur öffentlichen Urkunde i.S.d. §§ 22 Abs. 1, 29 Abs. 1 Satz 1 GBO (Beurkundungsform) wird.
121 OLG München, 24.10.2014 – 34 Wx 176/14, MittBayNot 2015, 477 m. Anm. *Tomasic* = ErbR 2015, 54 Rn. 12 (hierzu *Niesse*, ZfIR 2015, 534), ebenso OLG Zweibrücken, 28.03.1995 – 3 W 42/95, MittBayNot 1995, 210; LG Mainz, 23.08.2007 – 8 T 147/07, ZErb 2007, 464. Liegt der Abschluss des privatschriftlichen Gesellschaftsvertrages länger zurück, kann eine übereinstimmende Bestätigung der aktuellen Gesellschafter über die Fortgeltung verlangt werden, OLG München, 28.07.2015 – 34 Wx 106/15, NotBZ 2016, 148 (40 Jahre!).
122 Dagegen zu Recht *Weber*, ZEV 2015, 200, 202: das Eintrittsrecht wirkt nur schuldrechtlich, führt also nicht zu einem dinglichen Erwerb kraft Erbfolge.
123 BayObLG, 02.11.2000 – 2Z BR 111/00, MittBayNot 2001, 73.
124 OLG Dresden, 12.04.2011 – 17 W 1272/10 und 1273/10, ZEV 2012, 339; OLG Brandenburg, 14.09.2011 – 5 Wx 53/11, ZEV 2012, 116.
125 BayObLG, 12.08.1991 – BReg. 2 Z 93/91, DNotZ 1992, 160; OLG Schleswig, 19.12.1991 – 2 W 55/91, MittRhNotK 1992, 151.
126 Nach KG, 29.03.2016 – 1 W 907/15, ZEV 2016, 338 m. zust. Anm. *Weber* soll in diesem Fall die unterschriftsbeglaubigte Bewilligungsberichtigung aller verbleibenden Gesellschafter und der gem. § 35 GBO ausgewiesenen Erben des verstorbenen Gesellschafters genügen, vgl. *Herrler*, in: Aktuelle Probleme der notariellen Vertragsgestaltung im Immobilienrecht 2016/2017, S. 328 ff.
127 Bsp: OLG München, 22.09.2015 – 34 Wx 47/14, MittBayNot 2016, 324 m. krit. Anm. *Volmer*: bloße einfache Wissenserklärungen in der Urkunde, direkt oder per Nachgenehmigung abgegeben, reichen

der [angeblichen] Gesellschafter über den Inhalt des mündlich geschlossenen Vertrages, sonst dahingehend, es seien keine von § 727 BGB abweichende Regelungen getroffen worden.[128] Nachweise, dass der Gesellschaftsvertrag nicht zwischenzeitlich geändert wurde, kann das Grundbuchamt nur dann verlangen, wenn es durch konkret belegte Tatsachen Zweifel an der Richtigkeit der Erklärung hat.[129]

2501 Auf Beweismittel außerhalb des § 29 GBO rekurrieren muss das Grundbuchamt naturgemäß stets in den Fällen, in denen außer dem Inhalt des Gesellschaftsvertrages weitere Kriterien über die Person des Eintrittsberechtigten nachzuweisen sind (z.B. ist bei der qualifizierten Nachfolgeklausel der Inhalt des zur Klausel »passenden« Testaments nachzuweisen,[130] ferner die Erfüllung der notwendigen Qualifikationsmerkmale, z.B. wer von mehreren als erster die Befähigung zur Führung des Unternehmens erworben habe o.Ä., vgl. Rdn. 2503[131]). Auch wenn das Grundbuchamt im Rahmen des Berichtigungszwangs (§ 82 GBO) die Erben des verstorbenen Gesellschafters in Anspruch nehmen will, hat es zuvor amtswegig unter Ausschöpfung aller Beweismöglichkeiten (z.B. Anordnung des persönlichen Erscheinens gem. § 33 Abs. 1 und 3 FamFG, Vorlage des privatschriftlichen Gesellschaftsvertrages im Wege des Urkundsbeweises gem. § 35 FamFG i.V.m. § 142 Abs. 1 ZPO) sich Gewissheit über die Rechtsnachfolge zu verschaffen.[132] Hierzu[133]

▶ **Formulierungsvorschlag: Grundbuchberichtigung bei Tod eines GbR-Gesellschafters, Variante »einfache Nachfolgeklausel«**

2502 Im Grundbuch Gemarkung ..., Blatt ..., ist eine GbR, bestehend aus A, B und C, als Eigentümer eingetragen. C ist verstorben und wurde gemäß Erbschein des Amtsgerichts ... vom ..., Az.: ..., wie in Ausfertigung beigefügt, *bzw. der notariellen Verfügung von Todes wegen vom ... mit Eröffnungsniederschrift* beerbt durch D und E. Die Gesellschaft wird nach dem Gesellschaftsvertrag mit diesen Erben fortgesetzt (einfache Nachfolgeklausel).

Variante Unrichtigkeitsnachweis: Unter Vorlage der Ausfertigung des Erbscheins/der notariellen Verfügung von Todes wegen vom ... mit Eröffnungsniederschrift beantragen die Erben D und E, das Grundbuch dahingehend zu berichtigen, dass anstelle des durch Tod ausgeschiedenen Gesellschafters C die Erben D und E im Weg der Sondererbfolge Gesellschafter geworden sind. Beigefügt ist weiter der Gesellschaftsvertrag in unterschriftsbeglaubigter Form (die einfache Nachfolgeklausel ist in § ... enthalten); die Antragsteller versichern, dass es keine späteren Änderungen gegeben hat.

Variante Berichtigungsbewilligung: Die Erben des Verstorbenen und die Mitgesellschafter bewilligen die Berichtigung des Grundbuchs dahingehend, dass anstelle des durch Tod ausgeschiedenen Gesellschafters C die Erben D und E im Weg der Sondererbfolge Gesellschafter geworden sind. Sie legen hierzu vor: Ausfertigung des Erbscheins/der notariellen Verfügung von Todes wegen mit Eröffnungsniederschrift des AG ... vom ... Az. ...; ferner den Gesellschaftsvertrag in privatschriftlicher Form (zur Fortsetzung der Gesellschaft mit den Erben eines Gesellschafters vgl. § ...); die Beteiligten erklären übereinstimmend, dass es sich beim vorliegenden Gesellschaftsvertrag um die nach ihrem Wissen derzeit gültige Fassung handelt, insbesondere keine späteren Änderungen des Vertrags erfolgt sind. *Bzw*: Die Beteiligten bestätigen hiermit übereinstimmend, dass der lediglich mündlich geschlossene Gesellschaftsvertrag eine seither nicht geänderte Rege-

---

nicht; ähnlich OLG Schleswig, 04.01.2012 – 2 W 186/11, NotBZ 2012, 189 m. zust. Anm. *van de Loo*: analog § 35 Abs. 3 Satz 2 GBO. Noch strenger *Bestelmeyer*, notar 2013, 147, 155, der generell eidesstattliche Versicherungen verlangen will, dagegen *Böhringer*, RPfleger 2013, 433, 438.
128 OLG München, 27.11.2012 – 34 Wx 303/12 und 406/12, DNotI-Report 2013, 44.
129 *Schöner/Stöber* Grundbuchrecht Rn. 982e; *Kremer* RNotZ 2004, 251.
130 Notariell beurkundetes Testament mit Eröffnungsniederschrift; *Weber* ZEV 2015, 200, 202 lässt beim privatschriftlichen Testament die Berichtigung aller Betroffenen genügen.
131 Vgl. *Ertl* MittBayNot 1992, 18 f.; *Kremer* RNotZ 2004, 251.
132 OLG Hamm, 02.11.2011 – I-15 W 402/11, BeckRS 2011, 26618.
133 Im Anschluss an *Böhringer*, RPfleger 2013, 433, 438; *Weber*, ZEV 2015, 200, 203.

lung des Inhalts enthält, dass die Gesellschaftsanteile vererblich seien, und die Gesellschaft mit den Erben fortgesetzt werde (schlichte Nachfolgeklausel).

▶ Formulierungsvorschlag: Grundbuchberichtigung bei Tod eines GbR-Gesellschafters, Variante »qualifizierte Nachfolgeklausel«

Im Grundbuch Gemarkung ..., Blatt ..., ist eine GbR, bestehend aus A, B und C, als Eigentümer eingetragen. C ist verstorben und wurde gemäß Erbschein des Amtsgerichts ... vom ..., Az.: ..., wie in Ausfertigung beigefügt, *bzw. der notariellen Verfügung von Todes wegen vom ... mit Eröffnungsniederschrift* beerbt durch D und E. Die Gesellschaft wird nach dem Gesellschaftsvertrag mit demjenigen Erben fortgesetzt, der Abkömmling des Verstorbenen ist und als erster über ein abgeschlossenes Jurastudium verfügt (qualifizierte Nachfolgeklausel). Dies ist der Miterbe D. 2503

Variante Unrichtigkeitsnachweis: Unter Vorlage der Ausfertigung des Erbscheins/der notariellen Verfügung von Todes wegen vom ... mit Eröffnungsniederschrift beantragen die Erben, das Grundbuch dahingehend zu berichtigen, dass anstelle des durch Tod ausgeschiedenen Gesellschafters C der Miterbe D im Weg der Sondererbfolge Gesellschafter geworden ist. Beigefügt ist der Gesellschaftsvertrag in unterschriftsbeglaubigter Form (die qualifizierte Nachfolgeklausel ist in § ... enthalten); der Antragsteller versichert, dass es keine späteren Änderungen gegeben hat. Zum Nachweis des Merkmals »Abkömmling« ist eine Abstammungsurkunde beigefügt, zum Nachweis des abgeschlossenen Jurastudiums das mit Dienstsiegel versehene Prüfungszeugnis des Landesjustizprüfungsamtes ... vom ... Der weitere Miterbe E versichert, dass er nicht Jura studiert hat.

Variante Berichtigungsbewilligung: Die Erben des Verstorbenen und die Mitgesellschafter bewilligen die Berichtigung des Grundbuchs dahingehend, dass anstelle des durch Tod ausgeschiedenen Gesellschafters C der Erbe D im Weg der Sondererbfolge Gesellschafter geworden sind. Sie legen hierzu vor: Ausfertigung des Erbscheins/der notariellen Verfügung von Todes wegen mit Eröffnungsniederschrift des AG ... vom ... Az. ...; ferner den Gesellschaftsvertrag in privatschriftlicher Form (zur qualifizierten Nachfolgeklausel vgl. § ...); die Beteiligten erklären übereinstimmend, dass es sich beim vorliegenden Gesellschaftsvertrag um die nach ihrem Wissen derzeit gültige Fassung handelt, insbesondere keine späteren Änderungen des Vertrags erfolgt sind. *Bzw:* Die Beteiligten bestätigen hiermit übereinstimmend, dass der lediglich mündlich geschlossene Gesellschaftsvertrag eine seither nicht geänderte Regelung des Inhalts enthält, dass die Gesellschaftsanteile nur an denjenigen Abkömmling, der als erster über ein abgeschlossenes Jurastudium verfüge, vererblich seien (qualifizierte Nachfolgeklausel). Zum Nachweis des Merkmals »Abkömmling« ist eine Abstammungsurkunde beigefügt, zum Nachweis des abgeschlossenen Jurastudiums das mit Dienstsiegel versehene Prüfungszeugnis des Landesjustizprüfungsamtes ... vom ... Der weitere Miterbe E versichert, dass er nicht Jura studiert hat.

Enthält der Gesellschaftsvertrag eine »**Anwachsungsklausel**« (vgl. Rdn. 2496, 1. Alt.), bedarf es zur Berichtigung des Grundbuchs im Weg des **Unrichtigkeitsnachweises** des Gesellschaftsvertrags in der Form des § 29 GBO (vgl. Rdn. 2498) und zusätzlich einer Sterbeurkunde des Erblassers, nicht jedoch eines Erbscheins. Die als Alternative zur Verfügung stehende **Berichtigungsbewilligung** muss durch die (gem. § 35 GBO legitimierten) Erben als Rechtsnachfolger des Buchberechtigten abgegeben werden,[134] die Zustimmung der Mitgesellschafter selbst gem. §§ 47 Abs. 2 Satz 2, 22 Abs. 2 GBO ist jedoch nicht erforderlich, da sie bereits im Grundbuch eingetragen sind. Die h.M. verlangt (unzutreffender Weise, vgl. Rdn. 2499) darüber hinaus die Vorlage des Gesellschaftsvertrags, notfalls auch in privatschriftlicher oder inhaltsversicherter Form. Scheidet der »vorletzte« Gesellschafter durch Tod aus, so dass der Grundbesitz dem Verbleibenden im Weg der Gesamtrechtsnachfolge anwächst, bedarf es nach h.M. allerdings analog § 22 Abs. 2 GBO der Zustimmung des aufnehmenden »letzten« Gesellschafters.[135] Hierzu[136] 2504

---

134 OLG München, 29.01.2013 – 34 Wx 370/12, DNotZ 2013, 607, 608.
135 OLG München, 14.01.2011 – 34 Wx 155/10, MittBayNot 2011, 224; *Weber*, ZEV 2015, 200, 204.
136 In Anlehnung an *Weber*, ZEV 2015, 200, 204.

▶ Formulierungsvorschlag: Grundbuchberichtigung bei Tod eines GbR-Gesellschafters, Variante »Anwachsungsklausel«

2505 Im Grundbuch Gemarkung ..., Blatt ..., ist eine GbR, bestehend aus A, B und C, als Eigentümer eingetragen. C ist durch Tod aus der Gesellschaft ausgeschieden (Sterbeurkunde liegt bei), die Gesellschaft wird unter den verbleibenden Gesellschaftern A und B aufgrund Anwachsung fortgesetzt.

Variante Unrichtigkeitsnachweis: Beigefügt ist der Gesellschaftsvertrag in unterschriftsbeglaubigter Form (zur Unvererblichkeit des Anteils unter Fortsetzung der Gesellschaft vgl. § ...); die Antragsteller versichern, dass es keine späteren Änderungen gegeben hat. Die verbleibenden Gesellschafter beantragen unter Beifügung der Unbedenklichkeitsbescheinigung des Finanzamts, das Grundbuch dahingehend zu berichtigen, dass der betroffene Gesellschafter C aus der Gesellschaft ausgeschieden ist.

Variante Berichtigungsbewilligung: Die Erben des Verstorbenen, die sich durch Erbschein legitimieren, bewilligen und die Erben sowie die verbleibenden Gesellschafter beantragen unter Beifügung der Unbedenklichkeitsbescheinigung des Finanzamts, das Grundbuch dahingehend zu berichtigen, dass der betroffene Gesellschafter C aus der Gesellschaft ausgeschieden ist. Beigefügt ist der Gesellschaftsvertrag in privatschriftlicher Form (zur Unvererblichkeit des Anteils unter Fortsetzung der Gesellschaft vgl. § ...); die Beteiligten erklären übereinstimmend, dass es sich beim vorliegenden Gesellschaftsvertrag um die nach ihrem Wissen derzeit gültige Fassung handelt, insbesondere keine späteren Änderungen des Vertrags erfolgt sind. *Bzw:* Die Beteiligten bestätigen hiermit übereinstimmend, dass der lediglich mündlich geschlossene Gesellschaftsvertrag eine seither nicht geänderte Regelung des Inhalts enthält, dass die Gesellschaftsanteile nicht vererblich seien, die Gesellschaft vielmehr unter den verbleibenden Gesellschaftern aufgrund Anwachsung fortgeführt werde.

2506 Erfolgt der Rechtsübergang aufgrund Ausübung eines einem Dritten eingeräumten **Eintrittsrechts** (Rdn. 2496, 2. Alt.), erfordert die Berichtigung des Grundbuchs durch **Unrichtigkeitsnachweis** die Vorlage (1) des Gesellschaftsvertrags in der Form des § 29 GBO, (2) einer Sterbeurkunde und (3) des – ebenfalls unterschriftsbeglaubigten – Eintrittsvertrages. In der Variante der **Berichtigungsbewilligung** bedarf es dagegen der Bewilligung sämtlicher Erben des Verstorbenen, die sich gem. § 35 GBO zu legitimieren haben, ebenso aller verbleibenden Mitgesellschafter und – wegen § 22 Abs. 2 GBO – des neu eintretenden Gesellschafters. Darüber hinaus ist der Gesellschaftsvertrag (gegebenenfalls auch in lediglich privatschriftlicher Form) vorzulegen, da sich aus ihm ergibt, wem das Eintrittsrecht zusteht. Der Text der Berichtigungsbewilligung ist dahingehend zu formulieren, dass der Anteil des verstorbenen Gesellschafters X zunächst den Mitgesellschaftern angewachsen und sodann auf den neu eintretenden Gesellschafter Y übertragen worden ist. Einer grunderwerbsteuerlichen Unbedenklichkeitsbescheinigung bedarf es (erst recht) auch hier.

2507 Enthält der (ggf. privatschriftlich vorgelegte, Rdn. 2498) Gesellschaftsvertrag keine von § 727 BGB abweichende Bestimmung, wird die Gesellschaft zwar durch den Tod eines Gesellschafters aufgelöst, besteht jedoch als identische Wirkungseinheit in Form der **Liquidationsgesellschaft** fort. Anstelle des Verstorbenen ist dessen Erbe (bzw. sind dessen Erben, zur ungeteilten Hand[137]) Mitglied geworden; als Folge der Auflösung hat sich der Gesellschaftszweck, nicht aber Vermögen oder Rechtsfähigkeit der Gesellschaft geändert. Es genügt also die Berichtigungsbewilligung des Erben (auch wegen § 22 Abs. 2 GBO) samt Nachweis der Erbenstellung (§ 35 GBO).[138] Etwa zuvor einzelnen Gesellschaftern verliehene Einzelvertretungsbefugnisse erlöschen gem. § 730

---

137 Also nicht, wie bei der werbenden GbR, durch einzelne Mitgliedschaften: BGH, 20.05.1981 – V ZB 25/79, NJW 1982, 170, 171.
138 OLG München, 07.09.2010 – 34 Wx 100/10, NotBZ 2010, 422 (dort bedurfte es zusätzlich der Berichtigungsbewilligung der verbleibenden Gesellschafter, da der Erbe den Liquidationsgesellschaftsanteil abgetreten hatte, ohne dass der schriftlich vorliegende Gesellschaftsvertrag die Übertragung der Mitgliedschaft erlaubt hätte, vgl. Rdn. 2492); vgl. auch *Hügel/Wilsch* GBO § 35 Rn. 146.

Abs. 2 Satz 2 BGB mit der Auflösung, so dass die Geschäftsführung und Vertretung allen Gesellschaftern wieder gemeinsam zusteht,[139] sofern der Gesellschaftsvertrag oder die Gesellschafter durch einstimmigen[140] Beschluss keine abweichende Regelung treffen. Einer grunderwerbsteuerlichen Unbedenklichkeitsbescheinigung bedarf es zur Eintragung der todesbedingten Auflösung der GbR und der Rechtsnachfolge durch die Erbengemeinschaft nicht.

▶ Formulierungsvorschlag: Grundbuchberichtigung bei Tod eines GbR-Gesellschafters, Variante »§ 727 BGB«

Im Grundbuch Gemarkung ..., Blatt ..., ist eine GbR, bestehend aus A, B und C, als Eigentümer eingetragen. C ist verstorben und wurde gemäß Erbschein des Amtsgerichts ... vom ..., Az.: ..., wie in Ausfertigung beigefügt, *bzw. der notariellen Verfügung von Todes wegen vom ... mit Eröffnungsniederschrift* beerbt durch D und E. Da im Gesellschaftsvertrag keine von § 727 BGB abweichende Regelung getroffen wurde, ist die Gesellschaft damit aufgelöst und die Erben D und E in Erbengemeinschaft sind anstelle des Verstorbenen Mitgesellschafter der Liquidationsgesellschaft geworden. 2508

Variante Unrichtigkeitsnachweis: Unter Vorlage der Ausfertigung des Erbscheins/der notariellen Verfügung von Todes wegen vom ... mit Eröffnungsniederschrift beantragen die Erben D und E, das Grundbuch dahingehend zu berichtigen, dass anstelle des durch Tod ausgeschiedenen Gesellschafters C die Erben D und E in Erbengemeinschaft Gesellschafter geworden sind, sowie dass die Gesellschaft aufgelöst sei. Beigefügt ist weiter der Gesellschaftsvertrag in unterschriftsbeglaubigter Form, der keine von § 727 BGB abweichende Regelung enthält; die Antragsteller versichern, dass es keine späteren Änderungen gegeben hat.

Variante Berichtigungsbewilligung: Die Erben des Verstorbenen und die Mitgesellschafter bewilligen die Berichtigung des Grundbuchs dahingehend, dass anstelle des durch Tod ausgeschiedenen Gesellschafters C die Erben D und E in Erbengemeinschaft Gesellschafter geworden sind, sowie dass die Gesellschaft aufgelöst sei. Sie legen hierzu vor: Ausfertigung des Erbscheins/der notariellen Verfügung von Todes wegen mit Eröffnungsniederschrift des AG ... vom ... Az. ...; ferner den Gesellschaftsvertrag in privatschriftlicher Form, der keine von § 727 BGB abweichende Regelung enthält; die Antragsteller erklären übereinstimmend, dass es sich beim vorliegenden Gesellschaftsvertrag um die nach ihrem Wissen derzeit gültige Fassung handelt, insbesondere keine späteren Änderungen des Vertrags erfolgt sind. *Bzw:* Die Beteiligten bestätigen hiermit übereinstimmend, dass der lediglich mündlich geschlossene Gesellschaftsvertrag keine von § 727 BGB abweichende Regelung enthält.

Hat jedoch der verstorbene Gesellschafter eine **post- oder transmortal wirkende Vollmacht** erteilt, auch z.B. an einen Mitgesellschafter, berechtigt diese dazu, für die zur ungeteilten Hand eingetretenen Erben zu handeln, ohne dass deren Rechtsnachfolge im Einzelnen festzustellen wäre (denkbar und ggf. durch Vorlage eines privatschriftlichen Testaments zu widerlegen ist allenfalls der Eintritt eines Dritten, dem dieses Recht durch Vermächtnis zugewendet worden wäre).[141] 2509

5. Insolvenz eines Gesellschafters; Verfügungsbeschränkungen

Wird über das Vermögen eines BGB-Gesellschafters das Insolvenzverfahren eröffnet, führt dies (mangels abweichender gesellschaftsrechtlicher Regelung[142]) gem. § 728 Abs. 2 BGB zur Auflösung der Gesellschaft, wobei die Rechte des betroffenen Gesellschafters i.R.d. dann vorzunehmenden Auseinandersetzung durch den Insolvenzverwalter gem. § 80 InsO wahrgenommen wer- 2510

---

139 BGH, 05.07.2011 – II ZR 209/10, RNotZ 2011, 626 (nur Ls.).
140 Eine allgemeine Mehrheitsklausel im Gesellschaftsvertrag erfasst diesen Beschluss nicht, vgl. OLG Naumburg, 01.03.2012 – 9 U 151/11, NZG 2012, 1259, 1260; zum Ganzen *Gutachten*, DNotI-Report 2017, 105 ff.
141 Vgl. OLG München, 15.06.2015 – 34 Wx 513/13, notar 2015, 330 m. Anm. *Röhl* = MittBayNot 2016, 135 m. Anm. *Everts* = ZEV 2015, 651 m. Anm. *Grunewald*.
142 Häufig ist z.B. das Ausscheiden aus der Gesellschaft vorgesehen; Formulierungsbeispiel für die dann zu bewilligende Grundbuchberichtigung bei *Spieker*, notar 2015, 190, 195.

den; die Insolvenzeröffnung hat also Einfluss auf die Vertretung,[143] auch Vollmachten, die ein Gesellschafter in dieser Eigenschaft für die Vertretung der GbR erteilt hat, erlöschen gem. § 117 InsO mit dessen Insolvenzeröffnung.[144] Würde der insolvente Gesellschafter weiter mit den übrigen Gesellschaftern über das Vermögen der GbR (Grundstück) verfügen, dürfte insoweit nunmehr gutgläubiger Erwerb möglich sein (nach der bisherigen Rechtslage wäre er als Vertreter ohne Vertretungsmacht anzusehen gewesen, sodass ein gutgläubiger Erwerb i.R.d. §§ 81, 91 InsO i.V.m. § 892 BGB nicht in Betracht kam).[145]

2511 § 32 Abs. 1 Nr. 1 InsO sieht die Eintragung eines Insolvenzvermerks bei Grundstücken vor, wenn der Insolvenzschuldner als Eigentümer eingetragen ist, was bei der Insolvenzeröffnung über das Vermögen eines BGB-Gesellschafters selbst nicht der Fall ist. Die bisher herrschende Meinung[146] lehnte nach der alten Rechtslage zu Recht die Eintragung eines Insolvenzvermerks im Grundbuch ab, wenn lediglich über das Vermögen des GbR-Gesellschafters das Insolvenzverfahren eröffnet wurde. Zur Vermeidung gutgläubigen Erwerbs unter Mitwirkung des insolventen, hinsichtlich der Ausübung seiner Gesellschafterrechte damit an sich nicht mehr verfügungsbefugten Gesellschafters nach neuem Recht wird jedoch wohl nunmehr die Eintragung eines solchen Insolvenzvermerks möglich sein müssen.[147]

2512 Anders verhält es sich bei Verfügungsbeschränkungen, welche die Mitgliedschaft als solche betreffen, nicht aber die Befugnis des Gesellschafters, namens der GbR zu handeln, beeinträchtigen. So ist – anders als vor der Anerkennung der Grundbuchfähigkeit der GbR[148] – die Eintragung eines Nießbrauchs,[149] einer Verpfändung,[150] oder Pfändung eines GbR-Anteils nicht (mehr) möglich,[151] ebenso wenig eintragungsfähig ist die Testamentsvollstreckung über einen Gesellschaf-

---

143 KG, 28.12.2010 – 1 W 409/10, NotBZ 2011, 135.
144 OLG München, 22.05.2017 – 34 Wx 87/17, RNotZ 2017, 449; sie lebt auch mit späterer Freigabe des Gesellschaftsanteils durch den Insolvenzverwalter nicht wieder auf.
145 Vgl. *Keller* NotBZ 2001, 397; Meikel/*Böttcher* Anhang §§ 19, 20 GBO Rn. 46.
146 Z.B. OLG Rostock, 11.09.2003 – 7 W 54/03, Rpfleger 2004, 94; OLG Dresden, 17.09.2002 – 3 W 1149/02, NotBZ 2003, 159; a.A. LG Duisburg, 07.04.2006 – 7 T 63, 93/06, Rpfleger 2006, 465.
147 OLG München, 02.07.2010 – 34 Wx 62/10, ZIP 2011, 37, OLG Dresden, 05.10.2011 – 17 W 0828/11, DNotZ 2012, 614 m. Anm. *Kesseler* (der allerdings darauf hinweist, dass bei der wesensgleichen OHG das Liquidatorenamt des Insolvenzverwalters [§ 146 Abs. 3 HGB] nicht eingetragen wird); ebenso *Böttcher*, ZfIR 2009, 613 (624), *Bestelmeyer*, Rpfleger 2010, 169, 189 und *Heinze* RNotZ 2010, 281, 306.
148 Die Eintragungsfähigkeit einer Verpfändung nach altem Recht bejahend OLG Düsseldorf, 27.01.2004 – I-3 Wx 376/03, RNotZ 2004, 230; ebenso einer Nießbrauchsbestellung: OLG Hamm, 27.12.1976 – 15 W 72/76, DNotZ 1977, 376; gegen die Eintragungsfähigkeit einer Pfändung: OLG Düsseldorf, 27.01.2004 – I-3 Wx 376/03, RNotZ 2004, 230; differenzierend *Lindemeier*, DNotZ 1999, 876, 910 ff.
149 OLG München, 25.01.2011 – 34 Wx 148/10, notar 2011, 95 m. Anm. *Abicht*: trotz Verfügung über den belasteten Gesellschaftsanteil bleibt der Nießbrauch unabhängig von der Eintragung in das Grundbuch bestehen; auf den Grundbesitz, der im Eigentum der GbR steht, hat der Anteilsnießbrauch ohnehin keinen Einfluss, ebenso OLG Celle, 25.05.2011 – 4 W 39/11, RNotZ 2011, 489. Ein nach altem Recht eingetragener Nießbrauchsvermerk kann aber eingetragen bleiben: OLG München, 24.10.2014 – 34 Wx 398/14, MittBayNot 2015, 37 m. Anm. *Reymann*. Anders verhält es sich außerhalb grundstücksbezogener Register: im Handelsregister ist der Nießbrauch an einem Kommanditanteil im Hinblick auf die Mitwirkungsrechte des Nießbrauchers eintragungsfähig: OLG Stuttgart, 28.01.2013 – 8 W 25/13, ZEV 2013, 347; OLG Oldenburg, 09.03.2015 – 12 W 51/15, NZG 2015, 643, 644; a.A. jedoch OLG München, 08.08.2016 – 31 Wx 204/16, NZG 2016, 1064.
150 BGH, 20.05.2016 – V ZB 142/15, DNotZ 2016, 925 = ZfIR 2016, 838 m. Anm. *Scheuch*.
151 *Lautner* DNotZ 2009, 650, 670; *Bestelmeyer*, Rpfleger 2010, 169, 188 f.; *Heinze*, RNotZ 2010, 289, 307 zieht insoweit die Eintragung eines Widerspruchs in Betracht.

ter[152] oder die Nacherbenbeschränkung,[153] ebenso wenig (wohl) Verfügungsbeschränkungen infolge aufschiebend bedingter (Sicherungs-)rückabtretung eines GbR-Anteils[154] (§ 161 BGB, Rdn. 2515 ff.). Eintragungsfähig ist aber die Verfügungsbeschränkung des § 72 VAG (Mitwirkungspflicht des Treuhänders bei Zugehörigkeit eines GbR-Anteils zum Deckungsvermögen eines Versicherungsunternehmens)[155] sowie ein Widerspruch gegen die Richtigkeit des Grundbuchs aufgrund sofort wirksam gewordener, wenn auch u.U. auflösend bedingter, Anteilsabtretung, vgl. Rdn. 2515 ff.

6. Änderung sonstiger Identifikationsmerkmale

Vom Gesellschafterwechsel zu unterscheiden sind sonstige Änderungen der Identifikationsmerkmale, die nicht durch § 899a Satz 1 BGB zum positiven Inhalt des Grundbuchs erklärt wurden (z.B. die Bezeichnung bei einer namenstragenden GbR durch Vereinbarung aller Gesellschafter oder durch Mehrheitsbeschluss). Insoweit bedarf es der Vorlage des Beschlusses und – sofern lediglich eine Mehrheitsentscheidung vorliegt – des Gesellschaftsvertrages zum Nachweis, dass eine solche Mehrheitsentscheidung dort eröffnet ist, und zusätzlich der Nachweise, dass der Beschluss ordnungsgemäß zustande gekommen ist, insb. eine korrekte Ladung vorlag.[156] 2513

In gleicher Weise kann auch eine bisher namenlose GbR einen Namen annehmen, und zwar durch Änderung des Gesellschaftsvertrages. Grundbuchrechtlich handelt es sich hier lediglich um eine Richtigstellung (also die Änderung von tatsächlichen Angaben), sodass das Freibeweisverfahren gilt, ohne Beschränkung auf die Beweismittel des § 29 Abs. 1 GBO, unter Einschluss auch von amtswegigen Ermittlungen gem. § 26 FamFG. 2514

Die Verlegung des Sitzes schließlich ist ein lediglich tatsächlicher Akt der Begründung eines anderen Verwaltungsschwerpunktes (keine »Satzungsänderung«), sodass auch insoweit ebenfalls lediglich eine Richtigstellung tatsächlicher Angaben vorliegt – § 82 Satz 3 GBO (Berichtigungszwang) gilt insoweit nicht, ebenso wenig der Voreintragungsgrundsatz des § 39 GBO. Auch der identitätswahrende Formwechsel (z.B. von der GbR in eine GmbH & Co KG durch Eintritt der GmbH und Änderung des rechtlichen Status der verbleibenden Gesellschafter) ist grundbuchlich bloße Richtigstellung, insbesondere bedarf es nicht der vorherigen Eintragung der GmbH als Mitgesellschafterin.[157] 2515

Wird die GbR durch Beschluss aufgelöst, bleibt sie als Abwicklungsgesellschaft rechtsfähig; zur Liquidation sind gem. § 730 Abs. 2 Satz 2 BGB im Zweifel alle Gesellschafter gemeinschaftlich berechtigt und verpflichtet. Der Zusatz »i.L.« stellt lediglich eine Richtigstellung tatsächlicher Angaben dar, für den der Freibeweis gilt. 2516

---

152 Da er nicht zur Vertretung der Gesellschaft bei der Veräußerung eines GbR-Vermögensgegenstandes berechtigt ist, vgl. *Heinze,* RNotZ 2010, 281, 307.
153 OLG München, 18.11.2010 – 34 Wx 096/10, RNotZ 2011, 176.
154 OLG Köln, 20.12.2010 – 2 Wx 118/10, RNotZ 2011, 166 m. abl. Anm. *Heinze*; a.A. auch *Böttcher*, ZfIR 2009, 613, 621 f. und ZfIR 2011, 466 sowie notar, 2012, 111, 119, a.A. auch OLG Dresden, 04.01.2010 – 3 W 1242/09, Juris: mit Eintritt der Bedingung würde zwar der Übergang des Gesellschaftsanteils zurück an den bisherigen Berechtigten nicht vereitelt, aber doch beeinträchtigt, weil das Gesellschaftsvermögen durch den gutgläubigen Wegerwerb des Grundstücks seitens eines Dritten (unter Mitwirkung des Neugesellschafters, trotz der aufschiebend bedingten Rückabtretung) geschmälert wurde.
155 *Gutachten* DNotI-Report 2010, 131, 133.
156 Vgl. *Ruhwinkel*, MittBayNot 2009, 177 (183).
157 OLG München, 30.11.2015 – 34 Wx 70/15, RNotZ 2016, 195, OLG Saarbrücken, 22.03.2010 – 5 W 78/10.

IV. Rechtssichere Übertragung von GbR-Anteilen

2517 Kein unmittelbarer Fall des Immobilienerwerbs, der in diesem Werk zu behandeln wäre, liegt beim **Erwerb eines Anteils an einer Gesellschaft des bürgerlichen Rechts (GbR)** vor, in deren Gesamthandsvermögen sich ihrerseits eine oder mehrere Immobilien befinden, bei Anteilsverschiebungen innerhalb der GbR,[158] beim mittelbaren Immobilienerwerb aufgrund Anwachsung als Folge des Austritts aus einer GbR bzw. der Abschichtung aus einer Erbengemeinschaft (einverständliches Ausscheiden mit Anwachsungsfolge, Rdn. 325 ff.).[159] (Zur Übertragung eines Erbteils vgl. Rdn. 315 ff., Steuerrecht: Rdn. 5944 ff.; Gesamtmuster zur Schenkung eines Erbteils: Rdn. 6783). Weder das schuldrechtliche Geschäft noch die Abtretung selbst bedürfen nach derzeit wohl herrschender Meinung der notariellen Beurkundung, selbst dann nicht, wenn das Gesellschaftsvermögen lediglich aus Grundbesitz oder bspw. GmbH-Anteilen besteht, es sei denn, die Errichtung der GbR hätte nur dazu gedient, die Formpflicht zu umgehen.[160] Eine im Vordringen befindliche Auffassung fordert jedoch angesichts der sonst vereitelten Formzwecke des § 311b BGB, dass die GbR-Anteilsübertragung jedenfalls dann der notariellen Beurkundung bedürfe, wenn Gesellschaftszweck lediglich das Halten und Verwalten von Immobilien ist.[161]

2518 Soll bei der entgeltlichen Übertragung von GbR-Anteilen das **Zug-um-Zug-Prinzip** zum Tragen kommen und zudem gesichert werden, dass sich der Grundbesitz noch immer im Vermögen der Gesellschaft befindet, sobald der Anteilserwerb des Erwerbers wirksam wurde,[162] besteht seit der Anerkennung der (beschränkten) Rechtssubjektivität der GbR (Rdn. 2453 ff.) nicht mehr die – bei der Übertragung von Erbanteilen weiterhin favorisierte – Möglichkeit, den Leistungsaustausch mittels einer Verfügungsbeschränkung nach § 161 BGB zu sichern,[163] Rdn. 2510. Durch die Abtretung des Gesellschaftsanteils ändert sich – auch wenn sie bedingt erfolgt – nicht mehr die Eigentumslage am Grundstück, sondern allenfalls die Vertretung der Gesellschaft.

2519 Denkbar ist jedoch – da § 899a BGB hinsichtlich der Gesellschafterstellung, die quasi zum Inhalt des Grundbuchs wird, auch auf § 899 BGB verweist – die Eintragung eines **Widerspruchs** gegen die Richtigkeit der Eintragung des veräußernden Gesellschafters in das Grundbuch. Demnach gestaltet sich die rechtssichere Übertragung des GbR-Anteils:[164]
(1) Abtretung des GbR-Anteils mit **sofortiger Wirkung**, allerdings unter der **auflösenden Bedingung**, dass der Verkäufer wegen Verletzung von Pflichten des Erwerbers (insb. der Zahlung eines Ausgleichsbetrages, der Schuldübernahme etc.) wirksam vom Vertrag zurücktritt; diese auflösende Bedingung fällt endgültig aus, wenn die Grundbuchberichtigung hinsichtlich der Anteilsabtretung durch den Notar beim Grundbuchamt beantragt wird (nachstehend: vierter Spiegelstrich), sodass ab diesem Zeitpunkt der Schwebezustand beendet ist. Ausfertigungen oder beglaubigte Abschriften, die die unbedingte Anteilsabtretung (und Schubladenlöschung

---

158 Keine Grundbucheintragung möglich, auch nicht lediglich deklaratorischer Natur, OLG München NotBZ 2005, 265.
159 BGH, DNotZ 1999, 60; BGH, DNotI-Report 2005, 24 und LG Köln, NotBZ 2004, 75; diese soll auch bei Immobiliennachlässen sogar schuldrechtlich und dinglich formfrei möglich sein (krit. *Reimann*, ZEV 1998, 214 mit Vertragsmuster; zustimmend *Wesser/Saalfrank*, NJW 2003, 2937 – allerdings bedarf es zur deklaratorischen Grundbuchberichtigung stets der Berichtigungsbewilligung oder des Unrichtigkeitsnachweises in der Form des § 29 GBO). Schwierig ist die Zug-um-Zug-Absicherung (aufschiebende Bedingung!); weiterhin ist dem Ausscheidenden zu verdeutlichen, dass er trotz Abwachsung der Nachlassverbindlichkeiten für diese im Außenverhältnis weiter haftet.
160 BGH, 10.03.2008 – II ZR 312/06, GmbHR 2008, 589 m. Anm. *Werner*.
161 Vgl. *Heckschen*, NotBZ 2008, 304.
162 Vgl. hierzu *Ruhwinkel*, MittBayNot 2009, 421, 425.
163 Vgl. OLG Köln, 20.12.2010 – 2 Wx 118/10, RNotZ 2011, 166 m. abl. Anm. *Heinze*, a.A. *Böttcher*, ZfIR 2009, 613, 621 f.
164 Gesamtvertragsmuster in *Krauß*, Immobilienkaufverträge in der Praxis, 8. Aufl., Rn. 5534.

des Widerspruchs) enthalten, dürfen erst nach Nachweis der Leistungserbringung erteilt werden.

(2) Aufgrund Bewilligung des Veräußerers wird ein Widerspruch (§ 899a Satz 2 BGB i.V.m. § 899 BGB) gegen die Richtigkeit des Grundbuchs zugunsten des Anteilserwerbers eingetragen. Dadurch wird der Erwerber vor Verfügungen über den Grundbesitz ohne seine Mitwirkung geschützt (das Grundbuch ist aufgrund der sofort wirksam werdenden Abtretung unrichtig; die sofortige Berichtigung des Grundbuches gem. § 82 Satz 1 GBO kann jedoch nicht erzwungen werden, da das Sicherungsinteresse des Veräußerers als berechtigter Grund i.S.d. § 82 Satz 2 GBO entgegensteht).[165]

(3) Sodann wird die Gegenleistung – ggf. nach Eintritt weiterer notwendiger Bedingungen (etwa Zustimmung der übrigen Gesellschafter, Nachweis der Zugehörigkeit bestimmter Objekte zum Gesellschaftsvermögen, Entlassung des Veräußerers aus der akzessorischen fünfjährigen Forthaftung für Gesellschaftsverbindlichkeiten durch den Gläubiger etc.) – fällig gestellt.

(4) Nach Entrichtung der Gegenleistung (und Vorliegen der grunderwerbsteuerlichen Unbedenklichkeitsbescheinigung) beantragt der Notar sodann den Vollzug der – kostenpflichtigen[166] – Grundbuchberichtigung (Abtretung des Gesellschaftsanteils samt der – bereits in der Urkunde bewilligten – Löschung des Widerspruchs) beim Grundbuchamt. Die auflösende Bedingung erlischt mit dieser Vorlage beim Grundbuchamt, sodass die Abtretung nun unbedingt ist.

(5) Um sicherzugehen, dass für den Fall der Nichtzahlung der Veräußerer wieder am Verkauf von GbR-Grundbesitz mitwirken kann, sollte eine »Schubladenlöschung« oder Löschungsvollmacht hinsichtlich des Widerspruchs in den Anteils-Kaufvertrag aufgenommen werden, ebenso wie in Bezug auf eine Vormerkung am Grundbesitz unmittelbar, vgl. Rdn. 1226 ff.

Alternativ kann die Absicherung (ohne »Zwischeneintragung« eines Widerspruchs) unter Einschaltung eines Anderkontos dergestalt erfolgen, dass die Abtretung unter der aufschiebenden Bedingung der vollständigen Einzahlung auf diesem Konto stattfindet, und die Auszahlung sodann – nach Vollzug des Berichtigungsantrags – im Grundbuch des Grundstücks erfolgt, dessen weiterhin gegebene Zugehörigkeit zum GbR-Vermögen damit verifiziert ist (eine gem. §§ 899a, 892 BGB nun wieder mögliche Veräußerung des Gesellschaftsgegenstands »Grundstück« unter Mitwirkung des »Nochberechtigten«, § 161 Abs. 3 BGB, hat nicht stattgefunden). Materiell ist der Erwerber hinsichtlich des Anteils selbst durch § 161 Abs. 1 BGB geschützt; ein gutgläubiger Erwerb von GbR-Anteilen (§ 161 Abs. 3 BGB) ist auch gem. § 899a BGB nicht möglich.

Bis zum Eintritt der aufschiebenden Bedingung ist das Grundbuch nicht unrichtig, sodass die Eintragung eines Widerspruchs nicht in Betracht kommt;[167] ab der Einzahlung ist die Eintragung des Widerspruchs zwar möglich, wird aber aus Kostengründen im Hinblick auf die sichernde Funktion des Anderkontos unterbleiben). Dieser Weg bietet sich insbesondere an, wenn in einer **zweigliedrigen GbR** ein Gesellschafter seine Beteiligung auf den Verbleibenden überträgt (die sofort wirksame Abtretung, Rdn. 2519, beendet die GbR und lässt damit die Anteile »untergehen«, der Eintritt der auflösenden Bedingung schafft sie trotz § 158 Abs. 2 letzter Halbs. BGB nicht neu). Sind am Rechtsgeschäft nur die beiden zuvor vorhandenen GbR-Gesellschafter beteiligt, be-

---

165 *Heinze* RNotZ 2011, 173, 176.
166 Die 1,0 – Eigentumswechselgebühr nach KV Nr. 14110 Nr. 2 GNotKG gilt auch für die Eintragung eines Gesellschafters wegen Anteilserwerbs, aus dem gem. § 70 Abs. 1 Satz 2, Abs. 4 GNotKG anteiligen Anteilswert. Unter Geltung der KostO war die Rechtslage umstritten: Nach h.M. galt § 67 KostO: 1/4 Gebühr, aus dem Wert des übergehenden Gesellschaftsanteils: OLG München, 24.09.2010 – 34 Wx 2/10, MittBayNot 2011, 344 m. Anm. *Weigl* unter II.2.a der Entscheidungsgründe, OLG München, 19.07.2012 – 34 Wx 522/11 Kost, ZNotP 2012, 478 m. Anm. *Tiedtke* (hinzutretende Namensänderung der GbR: weitere 5 % des Grundstückswertes); a.A. (volle Gebühr nach § 60 KostO) OLG Frankfurt, 19.11.2009 – 20 W 70/09, BeckRS 2010, 01550.
167 Das Grundbuchamt kann freilich zur Eintragung des Widerspruchs bewegt werden, indem eine isolierte Bewilligung des veräußernden Gesellschafters vorgelegt wird, ggf. in einer Anlage, vgl. *Heinze* in Kölner Notarhandbuch Gesellschaftsrecht, 2010, Teil A Rn. 256.

darf es freilich keiner zusätzlichen Absicherung gegen zwischenzeitlichen Verlust des Gesellschaftsvermögens durch Einschaltung des Anderkontos).

C. Gesellschaftslösungen unter Beteiligung der Veräußerer, »Familienpool«

2524 Gerade bei **hohen Grundstückswerten**, welche die schenkungsteuerlichen Freibeträge überschreiten, ferner in **psychologisch schwierigen Fällen**, in denen sich der Veräußerer nicht sofort vom gesamten Vermögen trennen möchte, kommt die Übertragung von **Grundbesitz an eine »Familien-«Gesellschaft** in Betracht, an der die Veräußerer mitbeteiligt bleiben. Im Regelfall handelt es sich – entsprechend der tatsächlichen Verteilung der Gesellschaftsformen[168] – um Personengesellschaften (des bürgerlichen Rechts oder in Form einer KG), aber auch Kapitalgesellschaften (Rdn. 3240 ff.) kommen in Betracht.

I. Vor- und Nachteile des Familienpools

2525 Der **Erwerb in Gesamthand** birgt ggü. dem Erwerb zu Miteigentumsanteilen den **Vorteil**, dass kein Gesellschafter seinen Anteil ohne Mitwirkung des anderen veräußern kann und dass Übertragungen der Gesellschaftsanteile bis zur Anwachsung bzw. zur Vereinigung von 95 % der Anteile in einer Hand (§ 1 Abs. 1 Nr. 3, Abs. 2a GrEStG),[169] ferner bis zur Grenze des Gestaltungsmissbrauchs (§ 42 AO) grunderwerbsteuerfrei sind (was bspw. beim Erwerb zwischen Geschwistern von Bedeutung ist, wo sonst – bei Direktübertragung von Grundstücksanteilen – Grunderwerbsteuer anfallen würde. Teilweise wird in diesem Fall empfohlen, den möglichen künftigen Miterwerber von Anfang an als Mitgesellschafter einer GbR mit im Grundbuch aufzuführen, an welcher er zu 0 % beteiligt ist,[170] sodass für die Übertragung keine Notargebühren und nur geringe Grundbuchberichtigungskosten anfallen).[171] Wegen der Möglichkeit formfreier Übertragung von GbR-Anteilen ist es für den pfändenden Gläubiger[172] oder den Insolvenzverwalter[173] kaum nach-

---

168 84 % aller deutschen Unternehmen sind Personengesellschaften. Die Kapitalgesellschaft hat v.a. durch das zwischen 1976 und 2001 geltende körperschaftsteuerrechtliche Anrechnungsverfahren profitiert, da eine Doppelbelastung auf der Ebene der Gesellschaft und der Gesellschafter verhindert wurde.
169 Und bei Beachtung der Fünf-Jahres-Frist des § 5 Abs. 3 GrErwStG, sofern Veräußerungen des Einbringenden an Nichtabkömmlinge betroffen wären.
170 Dennoch handelt es sich um eine GbR, solange der »Null-Prozent-Gesellschafter« nicht von etwaigen Beitragspflichten völlig freigestellt ist, OLG Frankfurt, 20.09.2012 – 20 W 264/12, NZG 2013, 338.
171 Vgl. *Carlé* ErbStB 2004, 316. In der »Zuwendung« einer Gesellschafterstellung ohne Kapitalbeteiligung liegt keine Schenkung BGH BB 1959, 574. Der GbR-Vertrag ist allerdings beurkundungspflichtig und vermittelt ein unabdingbares Mindestmaß an Bindungen (Veräußerung nur unter grundbuchlicher Mitwirkung des weiteren Beteiligten etc.), was den möglichen grunderwerbsteuerlichen Vorteil mehr als aufwiegen dürfte.
172 Da die Pfändung des Anteils dem Gläubiger weder die Stellung noch die Rechte eines Gesellschafters vermittelt und demnach Verfügungen über Gegenstände des Gesellschaftsvermögens weiterhin möglich bleiben, wird sie nicht (berichtigend) im Grundbuch eingetragen, OLG Hamm, DNotZ 1987, 357 (anders bei der durch den Gesellschaftsvertrag oder alle anderen Gesellschafter erlaubten Verpfändung des Anteils, die zu einer Abspaltung der Gesellschafterbefugnisse führt und daher im Grundbuch zur Zerstörung guten Glaubens eingetragen werden kann, OLG Hamm, DNotZ 1977, 376; OLG Düsseldorf, RNotZ 2004, 230, str., ebenso wie im Fall des Nießbrauchs, der sogar bei Vereinigung aller Anteile in einer Hand eintragungsfähig bleiben soll: LG Hamburg, Rpfleger 2005, 663).
173 Mit Insolvenzeröffnung über das Vermögen des GbR-Gesellschafters ist die GbR im Zweifel (§ 728 Abs. 2 BGB) aufgelöst; die organschaftliche Vertretungsmacht anderer Gesellschafter erlischt zwar nicht nach § 117 InsO (der nur für rechtsgeschäftliche Vollmachten gilt), aber im Zweifel nach § 730 Abs. 2 Satz 2 BGB, so dass dann Verfügungen über Gesellschaftsvermögen nur unter Beteiligung des Insolvenzverwalters anstelle des Gesellschafters möglich sind. Dies spricht für die Eintragungsfähigkeit des Insolvenzvermerks an seinem Anteil, LG Neubrandenburg, NZI 2001, 325, vgl. auch OLG Zweibrücken, RNotZ 2001, 449; gegen die Eintragungsfähigkeit wegen der Verselbstständigung der GbR gem. § 11 Abs. 2 Nr. InsO jedoch OLG Dresden, NotBZ 2003, 159 und OLG Rostock, Rpfleger 2004, 94.

prüfbar, ob sein Schuldner noch Anteilsinhaber ist;[174] er ist ggf. auf Anfechtungsrechte beschränkt. Die Pfändung des Anteils führt typischerweise kraft Satzung zum Ausscheiden des Betroffenen, so dass das Gesellschaftsvermögen abgeschirmt ist. Fortsetzungsklauseln und qualifizierte Nachfolgeklauseln erlauben den transmortalen Erhalt der Gesellschaft und eine gezielte punktuelle Erbfolge. Bei beschränkt persönlichen Dienstbarkeiten erlaubt die Begünstigung einer GbR (mit Abtretbarkeit und Vererblichkeit der Gesellschafterstellung) faktisch die Unübertragbarkeit und Lebenszeitbeschränkung solcher Positionen (über § 1092 Abs. 2 und 3 BGB hinaus) außer Kraft zu setzen (vgl. Rdn. 1314).

Die »Gesellschaftslösung unter Beteiligung der Veräußerer« bietet mehrere Vorteile: 2526
(1) Aufgrund der gesamthänderischen Bindung ist die Verfügungsmöglichkeit des mitbeteiligten Erwerbers über den ihm bereits übertragenen Anteil ohne Zustimmung des Veräußerers vereitelt, und zwar auch über das 18. Lebensjahr bzw. die erbrechtlich maximale Befristungsperiode von 30 Jahren hinaus, und über die i.d.R. auf die Lebensdauer des Veräußerers befristeten Rückforderungsrechte (Rdn. 2187) hinaus.
(2) Weiterhin lassen sich im Gesellschaftsvertrag etwa hinsichtlich der Geschäftsführung und Vertretung Regelungen treffen, die über das bei einer schlichten Bruchteilsgemeinschaft oder durch Vorbehalt des Nießbrauches Mögliche hinausgehen
(3) und es sind individuelle Zuteilungen der Erträge (quotenabweichende Gewinnbeteiligungen) möglich.
(4) Ist lediglich eine wertvolle Immobilie oder sind mehrere unterschiedlich wertvolle Immobilien vorhanden, wird das Problem der »Aufteilung« vermieden.
(5) Gesellschaftsrechtliche Regelungen ermöglichen es bspw. dem »geschäftsführenden Gesellschafter«, im »Fondsvermögen« befindliche Gegenstände zu veräußern oder gegen andere »auszutauschen«.[175] 2527
(6) Nach Ablauf des 10-Jahres-Zeitraumes können (formfrei) weitere Gesellschaftsanteile unter erneuter Ausnutzung des persönlichen Freibetrages übertragen werden (nach den bis Ende 2008 geltenden Normen im Fall gewerblich tätiger bzw. geprägter Gesellschaften auch des Betriebsvermögens; der 35 %ige Bewertungsabschlag des § 13a Abs. 2 ErbStG stand sogar zeitunabhängig mehrfach zur Verfügung bei gewerblich tätigen oder gewerblich geprägten Gesellschaften).
(7) Soweit Vermögenserträge den Kindern zustehen, werden dort bestehende Freibeträge ausgeschöpft bzw. die Ausschüttungen decken den Unterhaltsbedarf der Kinder, der andernfalls aus versteuertem Elterneinkommen bestritten werden müsste (»Familiensplitting«).
(8) Die Verlagerung der Substanz bestehender Einkunftsquellen lässt zu erwartende Wertsteigerungen unmittelbar in der Person der Kinder entstehen. Damit eignet sich der »Familienpool« besonders als Instrument zum langfristigen Vermögensaufbau. Der Vermögenszuwachs, der durch die Tilgung in der Gesellschaft bestehender Verbindlichkeiten, etwa unter Verwendung der erzielten Mieterträge oder aber durch die allgemeine Wertsteigerung bzw. die qualitative Aufwertung von vorhandenem Gesellschaftsvermögen (aus Bauerwartungsland wird Bauland) entsteht, kommt anteilig und steuerfrei bereits den zuvor beschenkten Mitgesellschaftern zugute. Wird eine Kapitalgesellschaft gewählt, kommt hinzu, dass die reinvestierten Erträge faktisch steuerfrei bleiben. 2528
(9) Ebenso wenig wie die direkte unentgeltliche Zuwendung von Immobilien löst die unentgeltliche Übertragung von Anteilen an einer grundbesitzenden Personengesellschaft einen gewerb-

---

174 § 892 BGB gilt nicht (anders § 15 Abs. 2 HGB: negative Publizität des Handelsregisters gilt auch für Vollstreckungsmaßnahmen). Die Pfändung in das Gesellschaftsvermögen bedarf eines Titels gegen alle Gesellschafter, § 736 ZPO (nicht wie bei KG oder OHG gegen die Gesellschaft).
175 Hätte sich der Veräußerer über einen Nießbrauch abgesichert, würde die Eintragung eines Nießbrauches am »Ersatzobjekt« mangels dinglicher Surrogation wohl nicht als Vorbehalts-, sondern als Zuwendungsnießbrauch klassifiziert, vgl. *Brambring*, DNotZ 2003, 565 ff.

lichen Grundstückshandel (an so vielen Objekten wie sich im Gesamthandsvermögen befinden) aus.[176]

2529 Auch **bestehende Einzelunternehmen** können durch Einbringung in eine Personengesellschaft zu welcher der »Junior-Partner« seine Arbeitskraft als Einlage i.S.d. §§ 718 Abs. 1, 733 Abs. 2 Satz 4 BGB einbringt, gleitend zu Buchwerten übertragen werden (vgl. Rdn. 5972 ff.). Das Betriebsgrundstück bleibt i.d.R. zur Kostenreduzierung und Verkleinerung der Haftungsmasse bloßes Sonderbetriebsvermögen (Rdn. 5725 ff.), dessen Weg allerdings dann lebzeitig (Rdn. 6008) und von Todes wegen (Rdn. 5868, 5894) parallel zum Gesamthandsanteil zu verlaufen hat.

2530 Die Vorteile des Gesellschaftsrechts können auch genutzt werden, wenn nicht der Veräußerer selbst, sondern ein anderer, näher Verwandter die beherrschende Stellung etwa eines Komplementärs innehaben soll, z.B. im Rahmen der sog. **Enkelfondsmodelle**: Ein Großelternteil bringt Vermögen in eine (aus Gründen der Schenkungsteuerprivilegierung bis Ende 2008 sogar regelmäßig gewerblich geprägte) KG ein und übernimmt die Stellung eines Kommanditisten. Sein Sohn wird – ohne eine Kapitaleinlage zu leisten – persönlich haftender und damit geschäftsführender Gesellschafter; der Gesellschaftsvertrag berücksichtigt die nachstehend in Rdn. 2602 ff. ausgeführten Besonderheiten (samt einer Öffnungsklausel für »Nachgeborene«, Rdn. 2688). Sodann wird der KG-Anteil des Großvaters auf die Enkel übertragen (zum Pflichtteil der »übersprungenen Generation« bei Enkelzuwendungen vgl. Rdn. 3615).

▶ Hinweis:

2531 Die Vorteile des Familien»pools« werden allerdings erkauft durch einen deutlich komplexeren Rechts- und Verwaltungsrahmen, der im Regelfall eine dauerhafte steuer- und gesellschaftsrechtliche Begleitung erfordert, sowie durch den Umstand, dass die Veräußerer nicht wirklich von den nervlichen und tatsächlichen Mühen des Grundbesitzes entlastet sind, gleichwohl aber bereits Werte und Einfluss aus der Hand gegeben haben. Auf Seiten der Erwerber hindert die Einbindung in regelmäßig strikte Weisungsstrukturen die eigene Identifizierung mit dem übertragenen Vermögen und die rechtzeitige Entwicklung eigener Verantwortlichkeit, gepaart mit der Chance des Sammelns eigener Erfahrungen.

II. GbR, KG oder gewerblich geprägte KG?

1. Übersicht zur Rechtsformwahl

2532 Zur Erleichterung der Übersicht bei der Auswahl der am besten geeigneten Rechtsform[177] für die Installation einer Familiengesellschaft (GbR/vermögensverwaltende KG/gewerblich geprägte GmbH & Co. KG/Kapitalgesellschaft) mögen folgende »vor die Klammer gezogene« Überlegungen dienen, aus zivilrechtlicher/tatsächlicher (nachstehend a) Hinsicht sowie im Hinblick auf die grunderwerb-(b), schenkung-(c) und ertragsteuerlichen (d) Vor- und Nachteile, wobei allein die steuerlichen Kriterien[178] nicht den letzten Ausschlag geben sollten:

a) Zivilrecht

2533 Für die **GbR** (vgl. Rdn. 2553 ff.) streitet in erster Linie die flexible Handhabbarkeit, ohne Publizitätspflichten (Handelsregister) und ohne kaufmännische Buchführungspflicht, dagegen spricht das Risiko unbeschränkter Haftung der Gesellschafter, so dass bei Beteiligung Minderjähriger mit einer familiengerichtlichen Genehmigung nicht zu rechnen ist. Für die **vermögensverwaltende**

---

176 OFD München, MittBayNot 2001, 338.
177 Allgemein zur Rechtsformwahl, auch im Vergleich zur Kapitalgesellschaft (Rdn. 2749 ff.) vgl. *Ivens*, ZErb 2012, 65 ff. und 93 ff.
178 Überblick bei *Beckervordersandfort (Hrsg.)*, Gestaltungen zum Erhalt des Familienvermögens, 2016, S. 199–219.

KG (vgl. Rdn. 2560 ff.) spricht die »automatische« Haftungsbeschränkung aller Kommanditisten sowie die bereits im Gesetz angelegte Differenzierung zwischen tätigen Gesellschaftern (Komplementären) und »Vermögensmitinhabern« (Kommanditisten), die insbesondere aus ertragsteuerlichen Überlegungen (nachstehend d) teilweise gewählte Sonderform der **gewerblich geprägten (GmbH & Co) KG** (vgl. Rdn. 2575 ff.) weist demgegenüber den Nachteil auf, dass sie zwei Gesellschaften benötigt, auch eine mit Bilanzierungszwang versehene **Kapitalgesellschaft** (vgl. Rdn. 2749 ff.), dadurch wird allerdings der Vorteil der fast vollständigen Haftungsbeschränkung erreicht. Letzterer Vorteil steht auch bei der schlichten Kapitalgesellschaft zur Verfügung, allerdings erkauft um den Nachteil geringerer Regelungsmöglichkeiten (Satzungsstrenge, vgl. Rdn. 2749 ff., im Unterschied zu den Gestaltungsmöglichkeiten der Rdn. 2602 bis 2694 in Personengesellschaften) sowie zwingender Bilanzierungs- und IHK-Beitragspflicht wie überhaupt eines deutlich gesteigerten Aufwands an Förmlichkeiten.

Unter dem Gesichtspunkt disziplinierender Gesellschaftsregelungen (z.B. Reduzierung des Abfindungsbetrags, Beschränkung oder Ausschluss der Vererblichkeit, Abwehr von Schwiegerkindern, Pflicht zum Abschluss von Eheverträgen, Reduzierung der Abfindung bei eigener Kündigung und noch stärkere Reduzierung im Fall einer Kündigung aus wichtigem Grund oder einer Hinauskündigung aus vergleichbaren Fällen) ist die Personengesellschaft (Rdn. 2602 ff.) dabei der Kapitalgesellschaft überlegen, lediglich das generelle Fehlen eines ordentlichen Kündigungsrechts (im Unterschied zu § 723 Abs. 3 BGB) ist auf Seiten der Kapitalgesellschaft positiv zu veranschlagen. 2534

b) Grunderwerbsteuer

Die **Einbringung** von Grundbesitz in eine **Personengesellschaft** (GbR, vermögensverwaltende KG oder GmbH & Co. KG) löst gem. § 5 GrEStG insoweit keine Grunderwerbsteuer aus, als der Übertragende auch an der übernehmenden Gesellschaft vermögensmäßig beteiligt ist oder ein anteiliger Übergang lediglich auf solche Personen stattfindet, die Ehegatten bzw. Kinder oder Stiefkinder des Einbringenden sind. Die Einbringung von Grundbesitz in eine **Kapitalgesellschaft** löst dagegen stets, auch bei verwandtschaftlicher Gesellschafterstruktur, Grunderwerbsteuer aus. 2535

Die Übertragung von Grundbesitz aus einer Personengesellschaft (»**Entnahme**«) an bisherige Mitgesellschafter führt spiegelbildlich gem. § 6 GrEStG zur Nichterhebung der Grunderwerbsteuer, soweit der neue Allein(oder Mit-)eigentümer bereits zuvor am Vermögen der übertragenden Personengesellschaft beteiligt war oder Abkömmlinge bzw. Ehegatten des Erwerbers dies waren, jedoch unter der weiteren, einschränkenden Voraussetzung (Rdn. 5596 ff.), dass das Grundstück schon mindestens fünf Jahre zum Bestand der Gesellschaft zählte. Beim Formwechsel von einer Personen- in eine Kapitalgesellschaft ist zu beachten, dass darin i.S.d. § 5 Abs. 3 GrEStG eine (vollständige) »Verringerung« des Anteils des Einbringenden an der Gesamthand liegt, die – wenn sie binnen fünf Jahren nach dem Übergang des Grundstücks auf die Gesamthand (Personengesellschaft) stattfindet – zur Nacherhebung der Grunderwerbsteuer auf diese Einbringung führt, vgl. Rdn. 5601. Die »Entnahme« von Grundbesitz aus einer Kapitalgesellschaft führt stets zur Grunderwerbsteuer. 2536

Werden innerhalb von fünf Jahren mehr als 95 % der **Anteile** am Gesellschaftsvermögen auf **neue Gesellschafter übertragen**, entsteht ebenfalls Grunderwerbsteuer wegen Vereinigung der Anteile »in einer Hand«, sofern es sich nicht um Ehegatten oder Abkömmlinge handelt, vgl. im Einzelnen Rdn. 5570 ff. 2537

c) Schenkungsteuer

Der »Transfervorgang«, der sich im Rahmen der Einbringung von Grundbesitz in die Gesellschaft vollziehen kann (sofern an der aufnehmenden Gesellschaft bereits die Destinatäre, z.B. die Abkömmlinge, ohne eigene Einlage beteiligt sind) oder aber auch im Anschluss daran (durch Übertragung von Personen- oder Kapitalgesellschaftsanteilen an der durch die Einbringung des Grundbesitzes »wertvoll« gewordenen Gesellschaft an die Destinatäre) löst – soweit die alle zehn Jahre 2538 periodisch gewährten Freibeträge der Erwerber überschritten werden – Schenkungsteuer aus. Die früher gegebene Möglichkeit, durch Wahl der Rechtsform (nämlich einer gewerblich geprägten Personengesellschaft bzw. einer Kapitalgesellschaft, also durch Übertragung ertragsteuerlichen Betriebsvermögens) von den schenkungsteuerlichen Privilegierungen für betriebliche Vermögen zu profitieren (§§ 13a, 13b ErbStG), sind mit der Erbschaftsteuerreform 2009 entfallen, da es sich bei dem hier betroffenen Grundbesitz im Gesellschaftsvermögen um sog. Verwaltungsvermögen i.S.d. § 13b Abs. 2 Satz 2 Nr. 1 ErbStG handelt, vgl. im Einzelnen Rdn. 5088 ff. **Schenkungsteuerliche Vorteile** sind demnach mit **keiner Pool-Lösung** verbunden.

2539 Der gesellschaftsrechtliche Weg erlaubt allerdings (durch exakte Quotelung des zu übertragenden Anteils) eine passgenaue Ausnutzung der Freibeträge, jeweils nach Ablauf von zehn Jahren neu, auch die unproblematische Einbeziehung der nächsten Generation (Enkelschenkungen!) – da alle Erwerber unabhängig von ihrem Alter in eine klare, disziplinierende Gesellschafterstruktur eingebunden sind –, die unproblematische Reduzierung des schenkungsteuerlich maßgeblichen Wertansatzes durch Vorbehalt eines Nießbrauchs in Bezug auf die Gesellschaftsanteile und/oder den eingebrachten Grundbesitz (vgl. Rdn. 4834 ff.) sowie den schenkungsteuerfreien Anfall von Wertsteigerungen in der Person der Destinatäre, wenn der in das Gesellschaftsvermögen eingebrachte Grundbesitz durch die Mieteinnahmen entschuldet wird bzw. sonst im Wert steigt.

d) Ertragsteuer

2540 Am unterschiedlichsten ausgeprägt sind die ertragsteuerlichen Folgen der unterschiedlichen Alternativen an personengesellschaftsrechtlichen Wahlmöglichkeiten in Bezug auf die Einbringung von Grundbesitz, die entgeltliche Übertragung von Gesellschaftsanteilen, die Veräußerung von Grundbesitz sowie die laufende Besteuerung

aa) Vermögensverwaltende Personengesellschaft

2541 Bei der GbR sowie der (dasselbe Schicksal teilenden) vermögensverwaltenden Kommanditgesellschaft kann in Bezug auf die Einbringung von Grundbesitz nur dann ein Anschaffungsvorgang entgeltlicher Art verwirklicht werden, wenn die Gesellschaft dafür einen Kaufpreis entrichten oder Verbindlichkeiten übernehmen würde. Diese entgeltliche Einbringung ist bei Gegenständen des Privatvermögens dann mit unter Umständen überraschenden Steuerfolgen verbunden, wenn der betroffene Gegenstand »steuerverhaftet« ist, es sich bspw. um vermietete Immobilien handelt, die noch nicht zehn Jahre im Eigentum des Einbringenden standen (§ 23 EStG), oder um Kapitalgesellschaftsanteile zu mehr als 1 % (§ 17 EStG) etc. Liegt jedoch ein ertragsteuerlich unentgeltlicher Vorgang vor, werden schlicht die bisherigen Abschreibungsreihen durch die Gesellschaft fortgeführt. Soweit eine Einbringung (teil-)entgeltlich erfolgte, werden die zusätzlichen Anschaffungskosten im »Ergänzungsbereich« des einzelnen Gesellschafters erfasst, ebenso wie Sonderwerbungskosten.

2542 Die laufenden Erträge bilden – da die GbR wie auch die Kommanditgesellschaft »Privatvermögen« hält – Einkünfte aus Vermietung und Verpachtung. Sie werden einheitlich und gesondert festgestellt und den einzelnen Gesellschaftern für deren private Steuererklärung zugewiesen.

bb) Gewerbliche und gewerblich geprägte Personengesellschaft

2543 Die gewerblich geprägte Personengesellschaft (GmbH & Co. KG) erzielt stets gewerbliche Einkünfte und hält immer **Betriebsvermögen**, auch wenn sie der Sache nach nur »private« Vermögensverwaltung betreibt (vgl. Rdn. 5750 ff.), ebenso wie eine (bei Familienpools jedoch selten anzutreffende) tatsächlich gewerblich tätige Personengesellschaft oder die gewerblich infizierte Personengesellschaft, Rdn. 4884 ff. Das Steuerrecht spricht insoweit von der »Mitunternehmerschaft«, vgl. z.B. Rdn. 1309 ff., sowie Rdn. 2290 ff.

2544 In Bezug auf die **Einbringung von Privatvermögen** in das betriebliche Gesellschaftsvermögen stehen (vgl. im Einzelnen Rdn. 2581 ff.) verschiedene Wege zur Verfügung: die tauschähnlich–entgeltliche Einbringung gegen Gewährung (auch) von Gesellschaftsanteilen, einerseits, oder die unentgeltliche »verdeckte Einlage« unter Fortführung der Buchwerte, andererseits. Ersterer ermöglicht die Ingangsetzung einer neuen Abschreibungsreihe (»step up«), ist aber möglicherweise mit der Veräußerungsgewinnbesteuerung beim Einbringenden (s.o.) verbunden. **Betriebsvermögen**, das in gewerblich geprägte Personengesellschaften **eingebracht** wird, wird zu Buchwerten weitergeführt, vgl. § 6 Abs. 5 EStG, wenn nicht ausdrücklich ein Kaufpreis gezahlt wird oder eine Darlehensübernahme stattfindet (Rdn. 2597).

Die laufende Besteuerung führt gem. § 15 Abs. 3 Nr. 2 EStG zu **gewerblichen Einkünften**; die Gesellschaft ist nach HGB bilanzierungspflichtig (was gem. § 5 EStG auch steuerlich gilt). Die Anwendung der Bilanzierungsregeln eröffnet aber auch neue Gestaltungsmöglichkeiten, so dass bspw. bei Wertverlusten eine Teilwertabschreibung möglich ist und bei Immobilienveräußerungen nach mindestens sechs Jahren Zugehörigkeit zum Anlagevermögen die aufgedeckten stillen Reserven auf Neuinvestitionen in Immobilien gem. § 6b EStG übertragen werden können. Beteiligen sich juristische Personen des öffentlichen Rechts an einer Mitunternehmerschaft, führt dies stets zu einem »Betrieb gewerblicher Art« (»BgA«),[179] zu den Folgen der Beteiligung von Stiftungen an einer als gewerblich zu wertenden Personengesellschaft vgl. Rdn. 3082 ff.; zur Stiftung & Co. KG Rdn. 2995 ff. 2545

Ferner unterliegen die Einkünfte der GmbH & Co. KG grundsätzlich der **Gewerbesteuer**, jedoch mit wichtigen Ausnahmen (besonders praxisbedeutsam ist die sog. »erweiterte Kürzung« gem. § 9 Nr. 1 Satz 2 GewStG bei der Erzielung lediglich von Einkünften aus der Verwaltung eigenen Grundbesitzes, vgl. Rdn. 5757 ff.) Etwa anfallende Gewerbesteuer wird gem. § 35 EStG großteils auf die Einkommensteuer des Personengesellschafters angerechnet. 2546

Bei der **Übertragung von Gesellschaftsanteilen** an gewerblich geprägten Gesellschaften unter Nießbrauchsvorbehalt oder mit sonstigen Einschränkungen (umfassenden Stimmrechtsvollmachten etc.) ist darauf zu achten, dass beim Erwerber so viel Mitunternehmerinitiative und -risiko ankommt, dass sowohl er (Rdn. 1497 ff.) als auch der Nießbraucher (Rdn. 1504 ff.) noch als »Mitunternehmer« und damit Beteiligter an Betriebsvermögen anzusehen ist, Rdn. 2603 ff. 2547

Die Rechtsfolgen der unentgeltlichen Übertragung eines Mitunternehmeranteils sind in Rdn. 5998, eines Teils eines Mitunternehmenanteils in Rdn. 6008 ff., die entgeltliche Veräußerung eines Mitunternehmeranteils in Rdn. 6013 ff. aus Sicht des Veräußerers (Rdn. 6037 ff. aus Sicht des Erwerbers) dargestellt.

Die **Veräußerung von Grundbesitz** der gewerblich geprägten Personengesellschaft führt (wie immer wenn Betriebsvermögen veräußert wird) zur steuerlichen Realisierung der entstandenen Wertsteigerung (Differenz des Teilwerts zum restlichen Buchwert, wobei die Abschreibung bei Grundbesitz in Betriebsvermögen jährlich 3 %, nicht nur 2 % beträgt). Hinsichtlich der Übertragung einzelner Wirtschaftsgüter des Betriebsvermögens bei Personengesellschaften gelten ferner Besonderheiten in Gestalt des Mitunternehmererlasses, Rdn. 6060 ff., des Ausscheidens gegen Sachabfindung, Rdn. 6071 ff. sowie der Realteilung im engeren Sinn, Rdn. 6073 ff. 2548

Im **Gesamtbesteuerungsvergleich**, vgl. im Einzelnen Rdn. 2906 ff., schneiden Personengesellschaften (je nach der Höhe des Gewerbesteuersatzes) knapp besser ab als Kapitalgesellschaften.

cc) Kapitalgesellschaft

Die **Einbringung von Privatvermögen** in eine Kapitalgesellschaft führt hingegen gem. Rdn. 2593 ff. regelmäßig stets als Veräußerung oder der Veräußerung gleichstehender Vorgang zur Aufdeckung et- 2549

---

179 BFH, 25.03.2015 – I R 52/13; die im Rahmen der Beteiligung bezogenen Sondervergütungen unterliegen auf der Ebene des BgA der Körperschaftsteuer und auf der Ebene der Trägerkörperschaft der Kapitalertragsteuer, vgl. hierzu BMF-Schreiben v. 21.06.2017 – IV C 2 – S 2706/14/10001.

wa steuerverhafteter stiller Reserven (§§ 17, 23 EStG, gleiches gilt für einbringungsgeborene oder einbringungsverhaftete Anteile gem. § 21 UmwStG); während bei der Einbringung von Gütern des **Betriebsvermögens** in eine Kapitalgesellschaft zu differenzieren ist, ob es sich um Betriebe, Teilbetriebe, Mitunternehmeranteile oder mehrheitsvermittelnde Kapitalgesellschaftsbeteiligungen handelt, die offen eingelegt werden (mit der Folge des Wahlrechts zwischen Buchwert, Zwischenwert oder Teilwert), während die Einbringung einzelner Wirtschaftsgüter zu einem tauschähnlichen Vorgang gem. § 6 Abs. 6 EStG führt, vgl. im Einzelnen Rdn. 2598 ff.

2550 **Laufende Einkünfte** sind – wie bei der GmbH & Co. KG – Einkünfte aus Betriebsvermögen, die der 15 %igen Körperschaftsteuer, Rdn. 2838 ff., und grundsätzlich (mit derselben Kürzungsmöglichkeit wie bei der GmbH & Co. KG) der Gewerbesteuer, Rdn. 2857 ff., unterliegen, jedoch mit dem Unterschied, dass die Gewerbesteuer hier als Definitivsteuer bei der GmbH verbleibt (und nicht als Betriebsausgabe abziehbar ist), so dass die Höhe des Gewerbesteuerhebesatzes oft sehr bedeutsam wird.

> ▶ Hinweis:
>
> Sofern die Erträge in der Kapitalgesellschaft bleiben, also thesauriert werden, ist die Familienkapitalgesellschaft u.U. das Instrument der Wahl, vgl. Rdn. 2923 und Rdn. 2926; zur Gesamtsteuerbelastung im Vergleich vgl. Rdn. 2906 ff.

2551 Gewinne, die aus der **Veräußerung von Beteiligungen** stammen oder **Ausschüttungen anderer Kapitalgesellschaften** sind gem. § 8b KStG zu 95 % von der Körperschaft- und Gewerbesteuer befreit, wobei bei laufenden Ausschüttungen erforderlich ist, dass die Kapitalgesellschaft zu mindestens 10 % (Körperschaftsteuer) bzw. 15 % (Gewerbesteuer) an der ausschüttenden Gesellschaft beteiligt ist (vgl. im Einzelnen Rdn. 2912 ff.).

Zum Gesamtbesteuerungsvergleich vgl. Rdn. 2868 ff., auch zur Abgeltungsteuer.

2552 Hinsichtlich der **Übertragung von Kapitalgesellschaftsanteilen** unter Lebenden vgl. Rdn. 6102 ff. zur unentgeltlichen Übertragung, Rdn. 6106 ff. zur teilentgeltlichen Übertragung (Trennungstheorie), Rdn. 6113 ff. zur entgeltlichen Übertragung aus Sicht des Verkäufers, hingegen Rdn. 6128 ff. zur entgeltlichen Übertragung aus Sicht des Käufers, auch im Hinblick auf die Nutzung der Anschaffungskosten und die Abzugsfähigkeit der Finanzierungsaufwendungen.

2. GbR

2553 Seit dem Grundsatzurteil des BFH v. 14.09.1994[180] wird bei Einbringungen in eine GbR nicht die Gesellschaft als solche als Erwerber angesehen (mit der Folge des Vorliegens der Steuerklasse III!), sondern der jeweilige Gesellschafter (schenkungsteuerliche Transparenz der Personengesellschaft). Hieran hat die Teilrechtsfähigkeit der GbR bisher (zu den insoweit bestehenden Bedenken vgl. Rdn. 5478) nichts geändert. Schenkungsteuerlich ist seitdem der Erwerb etwa durch mehrere Geschwister in GbR möglich und durchaus üblich geworden.

2554 Die GbR bietet **gesellschaftsrechtlich** den **Vorteil** der höchsten Gestaltungsflexibilität und geringsten Kostenaufwandes.[181] In **zivilrechtlicher Hinsicht** wäre es allerdings vermessen anzunehmen, die Gewährung einer Mitbeteiligung an einer GbR stelle keine Schenkung dar und vermeide daher die damit verbundenen Erwerbsschwächen – die gegen die Tauglichkeit einer Vollhafterstellung als Schenkungsobjekt vorgebrachten Argumente (Tätigkeitspflicht und reale Haftungsgefahr, Rdn. 164) gelten bei der rein vermögensverwaltenden, insb. nicht investierenden GbR gerade nicht.[182] Ob wenigstens in »umgekehrter« Hinsicht beim Versterben eines GbR-Gesellschafters (durch Nichtvererblichkeit der Gesellschafterstellung und Ausschluss des Abfindungsanspruchs

---

180 BFH, DStR 1995, 94.
181 Vgl. *Kirnberger*, ErbStB 2007, 56 ff.
182 Vgl. *Mayer*, in: J./Süß/Tanck/Bittler/Wälzholz, Handbuch Pflichtteilsrecht, § 8 Rn. 55.

bei etwa gleich hoher Versterbenswahrscheinlichkeit) eine vor allem i.R.d. § 2325 BGB gefährliche Schenkung an die Anwachsungsempfänger ausgeschlossen werden kann, ist umstritten, jedoch bei rein vermögensverwaltenden GbRs eher fraglich (vgl. Rdn. 155), da die diesbezügliche Wertung der Rechtsprechung stärker den Fortbestand unternehmerisch tätiger Betriebe zu sichern bestrebt ist.

Gesellschaftsrechtlich nachteilig ist insb. das jederzeitige **Kündigungsrecht der Gesellschafter** mit nur geringen Möglichkeiten der Abweichung von der Verkehrswertabfindung gem. §§ 723, 738 BGB (s.u. Rdn. 2639 ff., 2641 ff.). Bei Beteiligung Minderjähriger sorgt weiter das **Sonderkündigungsrecht** bei Erreichen der Volljährigkeit (§ 723 Abs. 1 Satz 3 Nr. 2 BGB) für Risiken. Ferner ist die **gesamtschuldnerische Haftung für Gesellschaftsschulden** riskant; sie kann Anlass sein, es entgegen der bisherigen Praxis bei der gesetzlichen Regelung der Vertretung durch alle Gesellschafter (§ 709 BGB) zu belassen (zur allseitigen Kenntnis des Verpflichtungsumfangs).[183] Von Nachteil ist schließlich, dass die Zulässigkeit der **Anordnung einer Testamentsvollstreckung** über GbR-Anteile nicht geklärt ist, Rdn. 2564. Schließlich ist der Gestaltungsaufwand zur **Erreichung ungleicher Machtverteilung** unter den Gesellschaftern höher als bei der KG, wo die »Minderposition« der Kommanditisten bereits gesetzlich angelegt ist.[184]

2555

Der BGH (ihm folgend nunmehr auch der BFH)[185] hat sich bekanntlich für die **Teilrechtsfähigkeit der Außen-GbR**[186] entschieden und hierbei, nachdem er sich bereits im Jahr 1999 von der Doppelverpflichtungslehre abgewendet hatte,[187] der Akzessorietätslehre[188] den Vorzug gegeben. Die BGB-Außengesellschaft und die OHG/KG sind strukturgleich;[189] sie ist demnach mitgliedsfähig,[190] GmbH-gesellschaftsanteilsfähig,[191] kommanditistenfähig (§ 162 Abs. 1 Satz 2 HGB), komplementärfähig,[192] insolvenzfähig (§ 11 Abs. 2 InsO), scheckfähig,[193] markenrechtsfähig,[194]

2556

---

183 Denkbar ist allerdings, dass alle Gesellschafter einem Dritten eine rechtsgeschäftliche (nicht gesellschaftsrechtliche) Vollmacht erteilen, die dann nach allgemeinen Grundsätzen betragsmäßig beschränkt werden kann. Zur konkludent erteilten rechtsgeschäftlichen Alleinvertretungsmacht (Gestattung für ca. 95 % der Verträge der GbR), vgl. BGH, DNotZ 2005, 710.
184 *Wälzholz*, FamRB 2007, 86.
185 BFH, 18.05.2004 – IX R 83/00, NW 2004, 2773; BFH, 29.06.2004 – IX R 39/03, DStRE 2004, 1186 bejaht die Beteiligtenfähigkeit einer Vermietungs-GbR bei der einheitlichen und gesonderten Feststellung ihrer Einkünfte.
186 Also der GbR mit Gesamthandsvermögen und/oder Teilhabe am Rechtsverkehr (wird beides aufgegeben, sinkt sie zur Innengesellschaft herab); eine eigene »Identitätsausstattung« (Name, Sitz, Handlungsorganisation und Haftungssubstrat in Gestalt von Beiträgen) ist entgegen *Ulmer*, ZIP 2001, 592 nicht erforderlich (*Habersack*, BB 2001, 478), ebenso wenig eine Mitunternehmergesellschaft (als Gegenstück zur zivilistischen oder Idealgesellschaft) – so früher *K. Schmidt*, in: FS für *Fleck*, S. 273.
187 BGH, DNotZ 2000, 135 (anders noch BGH, NJW 1992, 3037).
188 I.S.d. »abgeschwächten Haftungstheorie«: Erfüllungsanspruch gegen die Gesellschafter persönlich nur bei Geldschulden (BGH, NJW 1987, 2369); allerdings unter Beachtung persönlicher Einwendungen und solcher der Gesellschaft (§ 129 Abs. 1 HGB analog: BGH, NJW 2001, 1056).
189 Münchener Handbuch des Gesellschaftsrechts/*Gummert*, Bd. 1, § 17 Rn. 22.
190 BGHZ 116, 88 (vorbehaltlich sondergesetzlicher Ausnahmen z.B. § 52e Abs. 1 PatentanwaltsO).
191 BGH NJW 2002, 68; zur (früher offenen) Frage, ob auch in der Gesellschafterliste (§ 40 GmbHG) analog § 47 Abs. 2 Satz 1 GBO, § 162 Abs. 1 Satz 2 HGB alle Gesellschafter anzugeben sind, und Änderungen im Gesellschafterbestand durch neue Liste zu melden seien, vgl. Gutachten, DNotI-Report 2011, 73; bejahend OLG Hamm, 24.05.2016 – 27 W 27/16, RNotZ 2017, 51. Seit 26.06.2017 bestimmt § 40 GmbHG n.F., dass bei einer GbR sämtliche Gesellschafter unter einer zusammenfassenden Bezeichnung sowie mit Name, Vorname, Geburtsdatum und Wohnort anzugeben sind; gleiches gilt wohl für die »Unter-GbR«, vgl. Wegener, notar 2017, 299, 304. Anzugeben ist ferner gem. § 40 Abs. 1 Satz 3 GmbHG die prozentuale Beteiligung der GbR insgesamt.
192 OLG Celle, 27.03.2012 – 9 W 37/12, NotBZ 2012, 272.
193 BGH, DStR 1997, 1501, m. Anm. *Goette*.
194 BPatG, 20.08.2004 – 25 W (pat) 232/03, DStR 2004, 1924.

erschließungsbeitragspflichtig[195] und wohl auch wechselfähig,[196] besitzfähig,[197] grundrechtsfähig,[198] aktiv und passiv parteifähig[199] – und zwar auch in Verfahren zur Bestellung eines beschränkt dinglichen Rechtes[200] – sowie prozessfähig[201] und arbeitgeberfähig,[202] möglicherweise auch komplementärfähig[203] und erbfähig,[204] jedoch nicht WEG-verwalterfähig,[205] ebenso wenig als solche Gewerbetreibende.[206] Die GbR ist auch grundbuchfähig, Rdn. 2453 ff.

2557 Die mit der Akzessorietätslehre verbundene **gesamtschuldnerische Haftung des Gesellschafters** (nicht des bloßen Treugebers!)[207] für Verbindlichkeiten[208] der GbR,[209] auch für deliktische Ansprüche,[210] ohne Ausschlussmöglichkeit außerhalb einer Individualvereinbarung[211] mit dem Dritten[212] (§ 128 Satz 2 HGB analog) wird gemeinhin als Nachteil der GbR moderner Prägung aufgefasst. Die **Vertretungsmacht des »Geschäftsführers«** kann also allenfalls im Bereich einer rechtsgeschäftlichen Vollmacht an Dritte[213] auf das Gesellschaftsvermögen beschränkt werden,[214] wobei sich der Geschäftspartner hierauf nicht einlassen muss.[215] Die organschaftliche Vertre-

---

195 VGH Baden-Württemberg, 20.09.2006 – 2 S 1755/06, NJW 2007, 105.
196 Entgegen OLG Düsseldorf, WM 1991, 1909.
197 *K. Schmidt*, Gesellschaftsrecht, § 60 Abs. 2 Satz 3, S. 1779.
198 BVerfG, NJW 2002, 3533.
199 BGH, DStR 2001, 311.
200 BGH, 25.01.2008 – V ZR 63/07, NotBZ 2008, 156: Klage auf Bestellung einer Dienstbarkeit muss gegen die GbR gerichtet sein, also (trotz § 128 HGB analog) nicht gegen die Gesellschafter.
201 Zu Praxisproblemen *Reinelt*, ZAP 2006, 1291 = Fach 13, S. 1387.
202 BAG, 30.10.2008 – 8 AZR 397/07, NZA 2009, 485; ebenso im Sozialversicherungsrecht BSGE 55, 5.
203 Jedenfalls wenn die Vertretungsverhältnisse der GbR insoweit als eintragungspflichtige Tatsache i.S.d. § 15 HGB anzusehen sind, LG Berlin, DStR 2003, 1585 m. Anm. *Wälzholz*.
204 Münchener Handbuch des Gesellschaftsrechts/*Gummert*, Bd. 1, § 17 Rn. 35; *Ulmer*, ZIP 2001, 596.
205 BGH, 26.01.2006 – V ZB 132/05, DNotI-Report 2006, 58 gegen OLG Frankfurt, DNotI-Report 2005, 190 (Divergenzvorlage) im Anschluss an BGH, DNotZ 1990, 34.
206 OVG Niedersachsen, 31.07.2008 – 7 LA 53/08, GewArch 2009, 32 (keine Gewerbeuntersagung an die GbR).
207 BGH, 11.11.2008 – XI ZR 468/07, DNotI-Report 2009, 13 (treuhänderische Beteiligung an einer Immobilienfonds-GbR über einer Steuerberatungs-GmbH.
208 Nicht erfasst ist z.B. die Abgabe einer Willenserklärung, welche die Gesellschaft schuldet, BGH, 25.01.2008 – V ZR 63/07, Rpfleger 2008, 365.
209 Auch wenn die GbR durch Formwechsel aus einer GmbH hervorgegangen ist, kann die GbR als solche nicht im Handelsregister eingetragen werden, vgl. § 235 Abs. 1 UmwG und BGH, 18.10.2016 – II ZR 314/15, MittBayNot 2017, 506; a.A. *L. Beck*, DNotZ 2017, 247 ff.
210 Angleichung an die Haftungsverfassung der OHG (§ 128 HGB, § 31 BGB) in BGH, 24.02.2003 – II ZR 385/99, DStR 2003, 749; entgegen der früheren Rspr.; verfassungsrechtliche Bedenken bei *Canaris*, ZGR 2004, 94; dagegen *Altmeppen*, NJW 2004, 1563.
211 Eine solche Individualvereinbarung liegt nicht schon in der von der anderen Partei hingenommenen Bezeichnung des Schuldners als »GbR mit beschränkter Haftung« im Rubrum des Vertrages; KG, 03.06.2004 – 12 U 51/03, NZG 2004, 714. Formularvertragliche Ausschlüsse verstoßen gegen das (neue) GbR-Leitbild, § 307 Abs. 2 Nr. 1 BGB.
212 BGH, DNotZ 2000, 135; hiergegen krit. *Wälzholz*, MittBayNot 2003, 35. Gem. BGH, DNotZ 2002, 805 verbleibt es jedoch bei der bisherigen Rspr. der nur anteiligen Haftung mit dem Gesellschaftsanteil für Immobilienfonds, Aufbauschulden bei Bauherrengemeinschaften und WEG-Gemeinschaften, auch wenn sie als Außengesellschaften auftreten (vgl. *Wälzholz*, NotBZ 2004, 438 zur möglichen Ausdehnung auf Familienpool-GbRs).
213 Der Beschränkung der organschaftlichen Vertretungsmacht wird § 126 HGB analog entgegenstehen, vgl. Münchener Handbuch des Gesellschaftsrechts/*Gummert*, Bd. 1, § 18 Rn. 83.
214 BGH, 20.06.2007 – IV ZR 288/06, MittBayNot 2008, 67.
215 Ist im Außenverhältnis (etwa in einem Darlehensvertrag) die Haftung auf die Beteiligungsquote an der GbR beschränkt worden, erhöht sich diese uU – je nach Auslegung –, wenn nicht alle Gesellschaftsanteile gezeichnet werden: BGH, 27.11.2012 – XI ZR 144/11 DNotZ 2013, 393.

tungsregelung jedenfalls kann durch Gesellschaftsvertrag (»GbR mbH«) nicht auf das Gesellschaftsvermögen beschränkt werden, da dies dem analogen Haftungsregime der OHG, § 128 HGB, widerspräche (und rechtspolitisch mangels garantierten Mindestkapitals und Registerpublizität unerwünscht wäre). Die »GmbH & Co. GbR mbH« steht infolgedessen als gewerblich geprägte Personengesellschaft i.S.d. § 15 Abs. 3 Nr. 2 Satz 1 EStG nicht mehr zur Verfügung.[216]

In Fortführung dieser Linie konstituiert der BGH nunmehr auch – analog § 130 bzw. § 28 HGB – die **Haftung eines** (aufgrund Vertrages mit dem Ausscheidenden oder aufgrund Vertrages mit allen Gesellschaftern) **eintretenden Gesellschafters** bei späterem tatsächlichem[217] rechtsgeschäftlichem (wohl nicht erbrechtlichem)[218] Beitritt auch für die bereits begründeten »Alt-«Verbindlichkeiten, gleich ob aus Vertrag, Quasivertrag oder Gesetz.[219] (Wegen der Besonderheiten des anwaltlichen Mandatsverhältnisses – und da Nichtkaufleute die Haftung bei Fortführung eines Geschäftes in Sozietät nicht gem. § 28 Abs. 2 HGB durch Handelsregistereintragung beschränken können – gilt dies allerdings nicht für Verbindlichkeiten aus beruflichen Haftungsfällen der Mitglieder einer freiberuflichen GbR;[220] ebenso wenig haftet die GbR, in die eine Einzelkanzlei eingebracht wurde, per se für die in der Einzelkanzlei begründeten Haftungsfälle[221]). Der ausscheidende Gesellschafter haftet gem. § 736 Abs. 2 BGB, § 160 Abs. 1 HGB 5 Jahre lang[222] für beim Ausscheiden begründete Verbindlichkeiten weiter.

2558

Besonders günstig erscheint die **GbR-Lösung** als **Erwerbsform bei ungewissen künftigen Finanzierungsbeiträgen** (z.B. zweier Partner einer nichtehelichen Lebensgemeinschaft als Außengesellschaft, vgl. Rdn. 3370), da sie »bewegliche Beteiligungsquoten« ermöglicht. Würde die starre Bruchteilsgemeinschaft gewählt, könnten überobligationsmäßige Finanzierungsbeiträge eines Beteiligten nämlich Schenkungsteuer gem. § 7 Abs. 1 Nr. 1 ErbStG auslösen, sobald sie über den

2559

---

216 An ihre Stelle tritt die seit 1998 mögliche vermögensverwaltende GmbH & Co. KG; zur »Umgründung« BMF-Schreiben, BStBl. 2000 I, S. 1198. Sie konserviert den Betriebsvermögensstatus und erlaubt Transfersteuererleichterungen (§§ 13a, 19a ErbStG) – Rdn. 2575 –; gewerbesteuerlich entstehen wegen der Kürzung in § 9 Abs. 1 Satz 2 GewStG keine Nachteile.
217 Keine Haftung des Scheingesellschafters analog § 130 HGB für Verbindlichkeiten, die vor der Setzung des Rechtsscheines seiner Gesellschafterstellung entstanden sind: OLG Saarbrücken, NZG 2006, 619, m. krit. Anm. *Lepczyk*, NJW 2006, 3391.
218 Zur Frage der Übertragbarkeit der BGH-Rspr. von § 130 HGB auf § 139 HGB analog (Recht des Erben zum Austritt oder zum Wechsel in eine Kommanditistenstellung) vgl. abl. *Hoppe*, ZEV 2004, 226 ff.; bejahend *Schäfer*, NJW 2005, 3665 ff. (Austrittsrecht nach fruchtlosem Antrag auf »Umwandlung« in eine KG oder eine Partnerschaftsgesellschaft, sofern die Haftung des Erbengesellschafters nicht individualvertraglich begrenzt wurde).
219 Änderung der Rspr. durch Urt. des BGH, 07.04.2003 – II ZR 56/02, DStR 2003, 1084; dies gilt jedenfalls für Beitritte nach Veröffentlichung des Urteils und für frühere Beitritte, wenn die Altverbindlichkeiten bekannt waren: BGH, 12.12.2005 – II ZR 283/03, NJW 2006, 765 m. Anm. *Segna*, 1566 sowie *Klerx*, NWB 2006, 3655 = Fach 18, S. 4353 (hier: aus Versorgungsverträgen bei Mietshäusern), so dass auch der Insolvenzverwalter der GbR als Prozessstandschafter der Gesellschaftsaltgläubiger deren Erkennbarkeit belegen muss, BGH, 09.10.2006 – II ZR 193/05, NotBZ 2007, 55.
220 BGH, 22.01.2004 – IX ZR 65/01, DStR 2004, 609, *K. Schmidt*, NJW 2005, 2801 ff. [a.A. LG Frankenthal/Pfalz, NJW 2004, 3190], jedoch für sonstige Verpflichtungen, etwa aus Mietvertrag: OLG Naumburg, NZG 2006, 711. Die analoge Anwendung des § 28 Abs. 1 Satz 1 HGB im kleingewerblichen Bereich ist noch offen [BGH, NJW 2004, 836; *Seibt*, NJW-Spezial 2004, 172]. Sollten künftig §§ 28, 130 HGB analog auch auf die Freiberufler-GbR angewendet werden, wäre anstelle der schlichten Aufnahme des neuen Sozius die Gründung einer neuen GbR aus bisheriger Gesellschaft und »Beitretendem« samt Buchwerteinbringung der Altkanzlei nach § 24 UmwStG in die neue GbR oder Überführung in eine Partnerschaftsgesellschaft [§ 8 Abs. 2 PartGG] zu erwägen, *Wälzholz*, DStR 2004, 1709.
221 BGH, 17.11.2011 – IX ZR 161/09.
222 Mangels Registerpublizität ab sicherer Kenntnis des Gläubigers vom Ausscheiden (in gleicher Weise wie bei der OHG, wenn die Eintragung unterbleibt: BGH, 24.09.2007 – II ZR 284/05, ZNotP 2008, 34).

geringen Freibetrag hinausgehen (Rdn. 3344 f.);[223] ferner unterliegt die Quotenverschiebung unter bestehenden Gesellschaftern gem. § 1 Abs. 3 GrEStG erst der Grunderwerbsteuer, wenn mindestens 95 % in einer Hand vereinigt sind (dann bezogen auf die Zuerwerbe in den vorangehenden 5 Jahren.[224] Formulierungsbeispiel hierzu: Rdn. 3372.

3. Vermögensverwaltende KG

2560 Die KG löst dieses Haftungsproblem[225] jedenfalls für Kommanditisten, deren Einlage geleistet (und später nicht zurückgewährt) wurde (§ 171 HGB). Beim **Erwerb von Kommanditanteilen** ist jedoch § 176 Abs. 2 HGB zu beachten: demnach haftet der (eintretende) Kommanditist für die zwischen seinem Beitritt und seiner Eintragung in das Handelsregister begründeten Verbindlichkeiten grds. wie ein Komplementär,[226] so dass die dingliche Übertragung des Gesellschaftsanteils aufschiebend bedingt auf den Registereintrag erfolgen sollte. Das schuldrechtliche Grundgeschäft (Schenkung) sollte seinerseits ausdrücklich ohne Bedingungen sofort wirksam werden; daneben wird typischerweise ein ausdrücklicher Termin für den Eintritt der schuldrechtlichen Wirkung bestimmt. Soll gleichwohl auch schenkungsteuerlich der Vorgang (entgegen Rdn. 4546) bereits als ausgeführt gelten, genügt es, den Veräußerer während der »Schwebephase« als Treuhänder des Erwerbers auftreten zu lassen.[227] Zur Vermeidung einer Rechtsscheinhaftung ist ferner der Umstand, dass dem ausscheidenden Kommanditisten keine Abfindung seitens der Gesellschaft geleistet oder versprochen wurde, aufgrund entsprechender (nicht zu beglaubigender, aber höchstpersönlich abzugebender)[228] »negativer Abfindungsversicherung«[229] des persönlich haftenden Gesellschafters und des ausscheidenden Kommanditisten im Handelsregister einzutragen.

▶ Formulierungsvorschlag: Wirksamwerden der Kommanditanteilsübertragung

2561 Die Anteilsübertragung aufgrund dieses sofort wirksamen schuldrechtlichen Abtretungsvertrages wird im Innenverhältnis wirksam zum ..... (*Stichtag*); sie ist dinglich jedoch aufschiebend bedingt durch die Eintragung des Erwerbers als Kommanditist kraft Sonderrechtsnachfolge im Handelsregister. (*Anm. ggf. Ergänzung: Bis zu diesem Zeitpunkt wird dem Erwerber eine atypisch stille Beteiligung an der Gesellschaft eingeräumt, die dem Erwerber in größtmöglichem Umfang diejenigen Gesellschaftsrechte einräumen soll, die der später ihm zufallende Gesellschaftsanteil vermittelt.*)

2562 Zur dauerhaften Verwaltung umfangreicheren Grundvermögens, etwa im **Familienpool**, ist mit diesen Kautelen demzufolge regelmäßig die (seit dem Handelsrechtsreformgesetz 1998 auch ohne Handelsgewerbe i.S.d. § 1 Abs. 2 HGB a.F. zulässige,[230] jedoch nicht für freiberufliche Tätigkei-

---

223 Vgl. *v. Proff zu Irnich*, RNotZ 2008, 325 und NotBZ 2010, 77 ff.; zur »Finanzierungs-GbR« auch *Milzer*, NJW 2008, 1621.
224 § 1 Abs. 2a GrEStG, wo die Beteiligungen nur »gezählt«, nicht »gewogen« werden, ist demgegenüber verdrängt.
225 Zur zivilrechtlichen Haftung des Kommanditisten Überblick bei *Wollweber*, GmbH-StB 2010, 172 ff.
226 Es sei denn, der Gläubiger kennt seine bloße Kommanditisteneigenschaft bzw. kennt alle Komplementäre.
227 Treuhänderisch gehaltene Beteiligungen gewähren (jedenfalls nach nunmehriger, geläuterter) Auffassung der Finanzverwaltung auch die Betriebsvermögensprivilegien (Rn. 3398 der 3. Auflage dieses Werks), wobei allerdings nicht eigenbetrieblich gehaltener Grundbesitz nicht förderungsfähiges Verwaltungsvermögen darstellt, Rdn. 5088 ff. Auch eine atypisch stille Beteiligung an der Gesellschaft ist möglich, wobei die Finanzverwaltung zeitweise auch dafür keine Betriebsvermögensprivilegien gewähren wollte (vgl. Rdn. 2710); der Verwaltungsvermögensvorbehalt gilt auch hier.
228 KG, 28.04.2009 – 1 W 389/08, NotBZ 2009, 367.
229 BGH, 19.09.2005 – II ZB 11/04, DStR 2006, 51; BGH, 09.07.2013 – II ZB 7/13, ZEV 2013, 684 m. krit. Anm. *N. Mayer;* kritisch auch (und gegen die Höchstpersönlichkeit) *Heinze,* ZNotP 2013, 245 ff.
230 Früher unzulässige Eintragungen vermögensverwaltender KGs [Schein-OHGs] wurden zum 01.07.1998 geheilt, vgl. Gutachten, DNotI-Report 2011, 18.

C. Gesellschaftslösungen unter Beteiligung der Veräußerer, »Familienpool« Kapitel 5

ten eröffnete[231]) vermögensverwaltende KG geeigneter: sie besitzt neben der jetzt auch der GbR zuerkannten Rechtsfähigkeit diejenigen Attribute, die der GbR versagt bleiben werden – v.a. die Register- und Grundbuchfähigkeit sowie die Handelsregisterpublizität.[232] Die rein vermögensverwaltende (also weder gewerblich tätige, noch i.S.d. § 15 Abs. 3 Nr. 2 EStG[233] gewerblich geprägte – Rdn. 2575 ff. –, noch gem. § 15 Abs. 3 Nr. 1 EStG durch über 1 % hinausgehende[234] gewerbliche Tätigkeit oder Beteiligung an gewerblichen Unternehmen[235] gewerblich infizierte) KG bietet weiter den Vorteil, dass die Einbringung von Grundbesitz gegen Gewährung von Gesellschaftsrechten zur Buchwertfortführung berechtigt, also keinen Veräußerungsfall darstellt (anders lediglich bei disproportionaler Gegenleistung, z.B. aufgrund Übernahme privater Verbindlichkeiten[236] oder bei Erhöhung der Beteiligung des Gesellschafters ggü. der bisherigen Quote am Grundstück).[237] Andererseits erlaubt sie nicht, die Aufdeckung stiller Reserven etwa im Fall einer Betriebsaufgabe zu verhindern, indem dieses in die Gesellschaft eingebracht wird[238] – hierzu bedürfte es einer gewerblich geprägten und damit unabhängig von ihrer tatsächlichen Aktivität stets als gewerblich tätig zu qualifizierenden KG (hierzu Rdn. 2575 ff.).[239]

Vorteile der vermögensverwaltenden KG[240] ggü. der GbR liegen **gesellschaftsrechtlich** 2563
(1) in der **Konzentration der Geschäftsführung** beim persönlich haftenden Gesellschafter (sofern im Vertrag nicht abweichend geregelt § 114 HGB);[241]
(2) ebenso in der gesetzlich vermuteten **Einzelvertretungsbefugnis** des Komplementärs im Außenverhältnis (§ 125 HGB);[242]
(3) auch die gesetzliche (dispositive) Rechtsfolge beim **Tod eines Gesellschafters** ist praxisnäher (GbR: Auflösung der Gesellschaft, § 727 BGB; KG: Tod des Kommanditisten, Vermutung der »einfachen Nachfolgeklausel«, also Fortsetzung mit den Erben, § 170 HGB; beim Tod eines Komplementärs Vermutung der Fortsetzung mit den verbleibenden Gesellschaftern, sofern noch ein Komplementär vorhanden (§ 131 Abs. 3 Nr. 1 HGB);

---

231 Es fehlt an einem Gewerbe i.S.d. § 1 Abs. 2 HGB, sofern eine nicht nur untergeordnete Treuhandtätigkeit vorliegt; vgl. *Tersteegen*, NZG 2010, 651; die berufsrechtliche Zulassung der GmbH & Co KG durch § 49 Abs. 2 StBerG bzw. § 27 WPO ändert daran nichts. BGH, 18.07.2011 – AnwZ [Bfrg] 18/10, GmbHR 2011, 1036 hält zwar die Rechtsanwalts-GmbH & Co. KG für unzulässig, für Steuerberater und Wirtschaftsprüfer aber offensichtlich für – wegen der berufsrechtlichen Anerkennung – für auch handelsrechtlich erlaubt. Überblick bei *Heckschen*, DAI-Skript Aktuelle Brennpunkte der notariellen Praxis August 2011, S. 78 ff.
232 Vgl. *Langenfeld*, in: FS 50 Jahre Deutsches Anwaltsinstitut, S. 405.
233 Z.B. GmbH & Co. KG, bei der auch eine natürliche Person persönlich haftender Gesellschafter oder zumindest geschäftsführungsbefugt ist.
234 BFH, 11.08.1999 – XI R 12/98 BStBl. 2000 II, S. 229: 1,25 % genügt nicht; bei 2,8 % ernstlich zweifelhaft; Schmidt/*Wacker*, EStG, 29. Aufl. 2010, § 15 Rn. 188 plädiert für 10 %. möglicherweise kann zur Konkretisierung auch die Geringfügigkeitsgrenze des Freibetrags aus § 11 Abs. 1 Satz 3 Nr. 1 GewStG i.H.v. 24.500,00 € herangezogen werden, vgl. BFH/NV 2004, 954.
235 § 15 Abs. 3 Nr. 1 EStG und OFD Frankfurt, 07.03.2007 – S 2241A – 65 – SZ 213; a.A. zuvor BFH, 06.10.2004 – IX R 53/01, BStBl. 2005 II, S. 383.
236 BMF, BStBl. 2000 I, S. 1383 Tz. 8; *Fleischer*, ZEV 2003, 190.
237 BFH, 02.04.2008 – IX R 18/06, EStB 2008, 235.
238 BFH, 02.04.2008 – IX R 18/06, EStB 2008, 235 – der Gesellschafter ist weiterhin gem. § 39 Abs. 2 Nr. 2 AO als Bruchteilseigentümer des Eingebrachten anzusehen; ebenso schon zuvor BMF v. 05.10.2000, BStBl. 2000 I, S. 383 Tz. 8.
239 Vgl. hierzu *Spiegelberger*, ZEV 2003, 392.
240 Vgl. hierzu auch im Überblick *v. Oertzen/Hermann*, ZEV 2003, 400 ff.; *Mayer/Geck*, Seminarskript »Die Gestaltung der vorweggenommenen Erbfolge in Privat- und Betriebsvermögen«, S. 124 ff.
241 Entgegen § 164 HGB kann auch Kommanditisten Geschäftsführungsbefugnis verliehen werden, etwa zur Vermeidung einer gewerblichen Prägung gem. § 15 Abs. 3 Nr. 2 EStG.
242 Der Ausschluss der Kommanditisten von der Vertretung, § 170 HGB, kann nicht abbedungen werden, jedoch können sie Prokura oder rechtsgeschäftliche Vollmacht erhalten.

2564 (4) weiterhin ist jedenfalls am Kommanditanteil eine **Dauertestamentsvollstreckung** umfassend möglich, wenn der Gesellschaftsvertrag dies zulässt oder die Gesellschafter durch Beschluss dem zustimmen, und im Handelsregister eintragungsfähig[243] (bei der GbR-Beteiligung sowie am Komplementäranteil widerspricht die durch die Testamentsvollstreckung begründete beschränkte erbrechtliche Haftung, § 2214 BGB, der gesellschaftsrechtlichen (akzessorischen) Vollhaftung, so dass die Testamentsvollstreckung allenfalls an der »Außenseite« der Beteiligung möglich ist oder Ersatzlösungen (Vollmacht, Treuhandschaft)[244] erforderlich sind (vgl. Rdn. 398 ff.);

2565 (5) Vorteile bietet die KG auch insoweit, als nach einhelliger Ansicht[245] das Sonderkündigungsrecht des § 723 Abs. 1 Satz 3 Nr. 2 BGB bei Erreichen der Volljährigkeit von Kommanditisten, deren Einlage vollständig geleistet wurde, nicht besteht (vgl. Rdn. 2640);

(6) wegen der Haftungsbegrenzung ist die **familiengerichtliche Genehmigung** zur Übertragung von Kommanditanteilen an (Rdn. 4044 f.) oder durch (Rdn. 4047 f.) Minderjährige schließlich weit einfacher zu erlangen als in Bezug auf GbR-Beteiligungen.

(7) einmal genehmigt, bedarf die KG – ungeachtet der Beteiligung **Minderjähriger** – für den **Erwerb oder die Veräußerung von Grundbesitz** keiner familiengerichtlichen Genehmigung (die KG schirmt also insoweit gegen § 1821 Abs. 1 Nr. 1 bzw. 5 BGB ab), anders als dies zumindest die Rspr. für die GbR sieht (Rdn. 4047).

2566 **Handelsrechtlich** ist jedoch die KG (genauer: ihr Komplementär) – anders als die GbR – zur Buchführung verpflichtet (§ 238 Abs. 1 Satz 1 HGB[246] – die seit 2008 lediglich für bestimmte kleinere Einzelkaufleute gelockert wurde),[247] da sie kraft Eintragung im Handelsregister die Kaufmannseigenschaft besitzt,[248] wobei freilich handelsrechtliche[249] Sanktionen – trotz § 140 AO – nur bei der GmbH & Co. KG drohen (§ 264a HGB). Die handelsrechtliche Buchführungspflicht allein führt allerdings bei der rein vermögensverwaltenden KG nicht notwendig auch zu einer steuerrechtlichen Buchführungs- und Bilanzierungspflicht (§ 141 AO).[250] Weiter sind die Handelskaufvorschriften anwendbar (z.B. § 377 Abs. 2 HGB), »Formkaufmann«.

2567 Die ausschließlich vermögensverwaltende Personengesellschaft hält **steuerlich** i.d.R.[251] »**Privatvermögen**«, und weist daher den Gesellschaftern im Weg der gesonderten und einheitlichen Feststel-

---

243 BGH, 14.02.2012 – II ZB 15/11, DNotZ 2012, 788: schutzwürdiges Interesse des Rechtsverkehrs an der Kenntnis der Pfändungsbeschränkungen des § 2214 BGB, der Ausübung der Mitwirkungsrechte durch den Vollstrecker gem. § 2211 BGB, und der fehlenden Berechtigung des Vollstreckers, die Haftsumme des Kommanditisten zu erhöhen. *Zimmermann*, ZEV 2012, 338 weist darauf hin, dass dann auch die Eintragung eines Einwilligungsvorbehalts (§ 1903 BGB) beim Kommanditisten eintragungsfähig sein müsste.
244 Diese ist auch an einem Teil eines Geschäftsanteils möglich, BFH, 06.10.2009 – IX R 14/08, NotBZ 2010, 432; *Vossius*, NotBZ 2009, 227.
245 Vgl. *Glöckner*, ZEV 2001, 46; *Grunewald*, ZIP 1999, 600.
246 Erzielt die OHG allerdings nur Einkünfte aus Vermietung und Verpachtung [oder aus Kapitalvermögen], werden diese – trotz Buchführungspflicht – durch Einnahmen-Überschuss-Rechnung ermittelt, vgl. *v. Oertzen/Herrmann*, ZEV 2003, 400.
247 § 241a Satz 1 HGB: an zwei aufeinanderfolgenden Abschlussstichtagen nicht mehr als 500.000,00 € Umsatzerlöse und 50.000,00 € Jahresüberschüsse, vgl. *Ritzrow*, EStB 2010, 464 ff.
248 Vgl. §§ 161 Abs. 2, 105 Abs. 2 Satz 1, 6 Abs. 1 HGB.
249 Unberührt bleibt jedoch die Möglichkeit der Strafbarkeit gem. § 283b StGB sowie eine mögliche Zwangsgeldfestsetzung im Besteuerungsverfahren.
250 Originäre steuerliche Buchführungspflicht besteht bei jährlich über 600.000 Euro Umsätzen (inkl. der steuerfreien, jedoch ohne die Umsätze nach § 4 Nr. 8 bis 10 UStG), oder mehr als 60.000 Euro Gewinn aus Gewerbebetrieb/Land- und Forstwirtschaft oder einem Wirtschaftswert der land- und forstwirtschaftlichen Fläche von über 25.000 Euro.
251 Sofern nicht die Grenzen zum gewerblichen Grundstückshandel (*Krauß*, Immobilienkaufverträge in der Praxis, 8. Aufl. Rn. 4851 ff.) oder zur großgewerblichen Verwaltung außerordentlich umfangreichen Vermögens überschritten sind.

lung der Besteuerungsgrundlagen gem. § 180 Abs. 1 Nr. 2 lit. a) AO Einkünfte z.B. aus Kapitalvermögen oder aus Vermietung und Verpachtung zu. Schwierig ist in diesem Fall die Besteuerung, wenn einzelne Gesellschafter einer solchen vermögensverwaltenden Personengesellschaft ihre Beteiligung (Mitunternehmerschaft) im Privatvermögen, andere im Betriebsvermögen halten, sog. »**Zebragesellschaften**«. Die Finanzverwaltung ermittelt Gewinne oder Verluste auf der Ebene der Gesellschaft nach Privatvermögensgrundsätzen, nimmt jedoch auf der Ebene des betrieblich oder gewerblich beteiligten Gesellschafters eine Umqualifizierung vor (so dass bspw. Veräußerungserlöse oder -verluste, die auf der Gesellschaftsebene außerhalb von § 23 EStG – private Veräußerungsgeschäfte – unbeachtlich geblieben sind, nunmehr erfasst werden).[252] Dem ist der Große Senat des BFH gefolgt.[253] (Vgl. zu Zebragesellschaften auch Rdn. 5007 und 5753).

Steuerrechtlich ist die **Verlustverrechnung** bei der KG für den Kommanditisten allerdings (über die allgemeinen Grenzen der §§ 2 Abs. 3, 10d, 23 Abs. 3 EStG hinaus) zusätzlich durch § 15a EStG[254] bei negativem Kommanditkapital eingeschränkt.   2568

Die **Einbringung** von Wirtschaftsgütern in eine vermögensverwaltende Gesellschaft (zur Rechtslage bei der gewerblich geprägten, also Betriebsvermögen haltenden, Gesellschaft vgl. Rdn. 2581 ff.) führt zu Anschaffungsvorgängen insoweit, als sich die nach § 39 Abs. 2 Nr. 2 AO[255] zuzurechnenden Anteile der Gesellschafter am Wirtschaftsgut erhöht haben. Zu berücksichtigende Anschaffungskosten (§ 255 HGB) liegen z.B. in Schuldübernahmen; die Darlehenszinsen sind Werbungskosten (und zwar auch, wenn die auf der eingebrachten, vorher wie nachher der Vermietung dienenden Immobilie abgesicherten und nun übernommenen Darlehen zuvor für ein eigengenutztes Objekt eingesetzt wurden: Umwidmung durch einen neuen Veranlassungszusammenhang).[256]

Auch hinsichtlich des Fehlens einer **Gewerbesteuerpflicht** ist die vermögensverwaltende Personengesellschaft (GbR, KG ohne gewerbliche Prägung) privilegiert; es handelt sich einkommensteuerlich nicht um Einkünfte aus Gewerbebetrieb, sondern aus Vermietung und Verpachtung, Kapitalvermögen, oder sonstige Einkünfte. Liegen tatsächlich gewerbliche Einkünften vor (bei gewerblich tätigen oder geprägten KGs) führt immerhin § 9 Nr. 1 Satz 2 GewStG zur Kürzung hinsichtlich aller Umsätze aus der Verwaltung eigenen Vermögens.[257]   2569

Die schenkungs-/erbschaftsteuerlichen Vergünstigungen für die Übertragung von Gesellschaftsanteilen (§§ 13a, 19a ErbStG) werden sowohl bis 2008 (Rn. 3993 der 3. Auflage dieses Werkes) als auch seit 2009 (Rdn. 5007) weder bei der GbR noch bei der vermögensverwaltenden KG gewährt.   2570

Werden Anteile an einer vermögensverwaltenden, nichtunternehmerischen[258] KG übertragen, die Verbindlichkeiten ggü. Dritten hat, sieht die Finanzverwaltung[259] und jedenfalls seit 01.01.2009 auch der Gesetzgeber (Rdn. 5752) hierin eine gemischte Schenkung, die **schenkungsteuerlich** zur sog. Verhältnisrechnung führt (d.h. Abzug der Verbindlichkeiten nur möglich im Verhältnis des Verkehrswerts der Aktiva zum Verkehrswert der Passiva, sog. Trennungstheorie statt Einheitstheo-   2571

---

252 Vgl. BMF-Schreiben v. 08.06.1993, BStBl. 1999 I, S. 592.
253 BFH, 11.04.2005 – GrS 2/02, DStR 2005, 1274. Vgl. auch BFH, 26.04.2012 – IV R 44/09, EStB 2012, 277 zur (begrenzten) Aufdeckung stiller Reserven beim Verkauf eines Wirtschaftsgutes aus dem Betriebsvermögen eines Gesellschafters in das Gesamthandsvermögen der vermögensverwaltenden Zebragesellschaft; hierzu *Levedag*, GmbHR 2013, 243, 244.
254 Vgl. hierzu OFD Frankfurt am Main, 04.04.2007 – S 2241a A-11-St213, ESt-Kartei § 15a Karte 8.
255 Zur Bruchteilsberechnung *Levedag*, GmbHR 2013, 243.
256 BFH, 18.10.2011 – IX R 15/11, BStBl 2012 II, 205; vgl. *Hutmacher*, ZNotP 2012, 333 und *Ihle*, MittBayNot 2012, 330; es bedarf also nicht der Direktauszahlung des Kaufpreises, der dann zur Tilgung des »privaten« Darlehens verwendet wird, und seinerseits durch ein neues Darlehen refinanziert wird.
257 Vgl. im Einzelnen *Krauß*, Immobilienkaufverträge in der Praxis, 8. Aufl., Rn. 4900 ff.
258 Eine gewerbliche Mitunternehmerschaft wird nur ausnahmsweise vorliegen, etwa bei (gewolltem oder ungewolltem) gewerblichem Grundstücks- oder Wertpapierhandel.
259 Gleich lautende Ländererlasse v. 09.09.1996, BStBl. 1996 I, S. 1172.

rie, Rdn. 5953, 6190 – bei einer Vererbung wären jedoch die Verbindlichkeiten in voller Höhe mit dem Steuerwert des übertragenen Anteils zu saldieren, § 10 Abs. 1 Satz 2 ErbStG).[260] Der BFH lehnte zuvor diese schenkungsteuerlichen Differenzierung zwischen nicht gewerblichen tätigen und gewerblich tätigen Gesellschaften (bei denen stets der nach § 12 ErbStG zu ermittelnde Anteil am saldierten Gesamtsteuerwert der Gesellschaft maßgeblich ist) allerdings ab.[261] Mit der Angleichung der Steuerwerte an die Verkehrswerte seit der Erbschaftsteuerreform 2009 hat diese Unterscheidung freilich an Bedeutung verloren.

2572 Schließlich weist die KG auch in Bezug auf die **Kosten** geringfügige Nachteile auf (Notargebühren für die Handelsregisteranmeldung sowie Gebühren für die Eintragung nach der Handelsregistergebührenverordnung).[262] Werden KG-Anteilsübertragungen notariell beurkundet, ist bei der Berechnung des Geschäftswertes gem. § 54 Satz 1 GNotKG das bilanzielle Eigenkapital gem. § 266 Abs. 3 HGB anzusetzen[263] (also unter Schuldenabzug, entgegen der früher h.M., die § 18 Abs. 3 KostO anwendete und daher den Schuldenabzug versagte[264]); **anders** allerdings, wenn die Personengesellschaft überwiegend vermögensverwaltend tätig ist (§ 54 Satz 3 GNotKG: insbesondere also bei Immobilienverwaltungs-,[265] Objekt-, Holding-, Besitz- oder Beteiligungsgesellschaften) – dann können – um eine Besserstellung gegenüber unmittelbaren Grundstückstransaktionen zu vermeiden – die Verbindlichkeiten nicht abgezogen werden, maßgebend ist also das Aktivvermögen (bzw. der übertragene Anteil hieran).

2573 Für rein vermögensverwaltende Gesellschaften besteht keine IHK-Zwangsmitgliedschaft,[266] da sie nicht zur Gewerbesteuer veranlagt werden. Entscheidend ist also nicht, ob Gewerbeertrag und Gewerbekapital eines Unternehmens unterhalb der Freigrenzen liegen und somit der Gewerbesteuermessbetrag auf Null festzusetzen ist, sondern ob ausschließliche Vermögensverwaltung stattfindet, so dass bereits dem Grunde nach eine Veranlagung zur Gewerbesteuer ausscheidet (vgl. § 14 Satz 3 AO: »Eine Vermögensverwaltung liegt in der Regel vor, wenn Vermögen genutzt, z. B. Kapitalvermögen verzinslich angelegt oder unbewegliches Vermögen vermietet oder verpachtet wird«). *Spiegelberger*[267] empfiehlt, in der Handelsregisteranmeldung der KG einer Übermittlung der Daten nach § 9 Abs. 4 Satz 2 IHK-Gesetz an nicht-öffentliche Stellen sowie einer Speicherung der Unternehmensgrunddaten in der zentralen Firmendatenbank der örtlich zuständigen Industrie- und Handelskammer zu widersprechen.

2574 Auch eine lediglich Privatvermögen verwaltende GmbH & Co. KG ist nicht IHK-pflichtig (anders jedoch ihre Komplementär-GmbH, die gem. § 2 GewStG stets einen Gewerbebetrieb innehat und damit – sofern sie nicht ausnahmsweise gemeinnützig ist – Kammermitglied sein muss).

---

260 Hierauf weist *Fuhrmann/Demuth*, ErbStB 2006, 129 zu Recht hin.
261 BFH, 14.12.1995 – II R 79/94, BStBl. 1996 II, S. 456.
262 HRegGebV, BGBl. 2010 I, S. 1731: ab 2011 für bis zu drei Gesellschafter Eintragungskosten 100,00 € (zuvor: 70,00 €), für jeden weiteren Gesellschafter zusätzlich 40,00 € (zuvor: 20,00 €). Für die Änderung der Firma oder der inländischen Geschäftsanschrift einer KG fällt eine Gebühr von jeweils z.B. 60.00,00 € an.
263 Allerdings sind Grundstücke nicht mit den Bilanzwerten, sondern mit den Verkehrswerten gem. § 46 GNotKG anzusetzen.
264 Gegen diese h.M. bereits zu KG-Anteilen unter Geltung der KostO BGH, 20.10.2009 – VIII ZB 13/08, MittBayNot 2010, 232, m. Anm. *Tiedtke/Hecht*. Der Beschluss ist nicht analog auf die Übertragung von Vollhafteranteilen [Komplementär-, OHG-, GbR-Anteilen] anwendbar.
265 LG Düsseldorf, 31.07.2015 – 19 T 152/14, NotBZ 2015, 473 m. Anm. *Heinze* [n. rkr, Az OLG Düsseldorf: 10 B 113/15]: maßgebend ist nicht der im Handelsregister abstrakt beschriebene, sondern der tatsächlich ausgeübte Gegenstand; vgl. *Tiedtke*, DNotZ 2016, 576, 586.
266 Vgl. im Einzelnen *Spiegelberger*, ZEV 2003, 399. Eine vergleichende Übersicht zu zivilrechtlichen und steuerlichen Belangen der vermögensverwaltenden GbR einerseits und der vermögensverwaltenden (nicht gewerblich geprägten) KG andererseits findet sich bei *v. Oertzen/Hermann*, ZEV 2003, 400 ff.
267 Vermögensnachfolge, 2. Aufl. 2010, § 12, Tz. 17.

Muster[268] eines »KG-Familienpools« findet sich in der Anlage, Rdn. 6767, Muster eines GmbH & Co. KG – Familienpools in Rdn. 6771.

4. Gewerblich geprägte GmbH & Co. KG

a) Merkmale

Eine Personengesellschaft gilt gem. § 15 Abs. 3 Nr. 2 Satz 2 EStG als »gewerblich geprägt«, wenn (1) bei ihr ausschließlich eine oder mehrere (auch ausländische)[269] Kapitalgesellschaften[270] persönlich haftende Gesellschafter sind (2) und lediglich diese Kapitalgesellschaften oder dritte Personen, die ihrerseits nicht Gesellschafter sind, zur Geschäftsführung befugt sind.[271] Eine solche gewerbliche Prägung kann also bspw. entfallen, wenn auch – oder ausschließlich[272] – eine natürliche[273] Person, die zugleich Kommanditist[274] ist, zum Geschäftsführer der KG,[275] § 170 HGB, bestellt ist oder wird, sog. **Entprägung**[276] (zur organschaftlichen Vertretung kann ein Kommanditist ohnehin nicht berufen sein).

2575

Die gewerbliche Prägung fingiert im steuerlichen Sinne die Gewerblichkeit der Personengesellschaft, so dass diese ebenfalls notwendig **gewerbliches Betriebsvermögen** hält. Grundstücke zählen dabei i.d.R. zum betrieblichen Anlagevermögen (Umlaufvermögen stellen sie nach Auffassung des BFH[277] nur dar, wenn bei der Gesellschaft auch die Voraussetzungen eines gewerblichen Grund-

2576

---

268 Kurzmuster bei *Langenfeld*, ZEV 2010, 18 f. Ausführliches Muster eines KG-Gesellschaftsvertrages bei *Mayer/Geck*, Der Übergabevertrag, § 18 Rn. 9.
269 Sofern nach rechtlichem Aufbau und wirtschaftlicher Gestaltung einer GmbH entsprechend (BFH, 14.03.2007 – XI R 15/05, EStB 2007, 199 zur liechtensteinischen GmbH). Zur (anzuerkennenden) gewerblichen Prägung einer ausländischen Personengesellschaft – z.B. UK Limited Partnership –, an der als persönlich haftender Gesellschafter lediglich eine inländische Kapitalgesellschaft beteiligt ist vgl. BFH, 09.12.2010 – I R 49/09, DB 2011, 564.
270 Bei einer »GmbH & Co GbR« genügt es (entgegen früherer Verwaltungsauffassung) nicht mehr, einen individualvertraglich vereinbarten Haftungsausschluss im Verhältnis zu den natürlichen Personen, die Vollhafter sind, vorzulegen: BMF, 17.03.2014 – IV C 6 – S 2241/07/10004 – DOK 2014/0252207; mit Übergangsregelung, falls bis zum 31.12.2014 eine »Umwandlung« in eine GmbH & Co KG stattfindet. Die durch die Gesellschafterstellung gegebene Vollhafterstellung ist maßgebend, selbst wenn in jedem Einzelfall eine individualvertragliche Haftungsbeschränkung gelingen sollte, vgl. BFH, 22.09.2016 – IV R 35/13, EStB 2017, 3.
271 Vgl. BFH, BStBl. 1996 II, S. 93.
272 Handelsrechtlich kann die Komplementärin von der Geschäftsführung (nicht von der Vertretung) ausgeschlossen werden, vgl. *Baumbach/Hopt*, § 164 HGB Rn. 7.
273 Vgl. EStR 15.8 Abs. 6 Satz 3; *Schmidt/Wacker*, § 15 EStG Rn. 222 a.E., str.
274 Es reicht nicht, dass z.B. der Geschäftsführer der Komplementär-GmbH selbst als natürliche Person auch Kommanditist ist (solange er nicht in dieser Funktion auch zum Geschäftsführer der KG unmittelbar bestellt ist), vgl. BFH, 23.05.1996 – IV R 87/93.
275 Nicht ausreichend wäre es, einen Kommanditisten zum Organ des Komplementärs zu bestellen, da er dann in letzterer Funktion handelt. Die Geschäftsführungsbefugnis des Kommanditisten wird jedoch häufig im Außenverhältnis durch Verleihung und Registereintragung einer Prokura manifestiert.
276 Mit der Folge, dass es sich beim Gesellschaftsvermögen – unter Versteuerung der darin enthaltenen »stillen Reserven« – sodann um Privatvermögen handelt, wenn keine gewerbliche Tätigkeit oder zumindest gewerbliche Infektion (Rdn. 5748 ff.) vorliegt oder keine andere betriebliche Einkunftsart, z.B. Land- und Forstwirtschaft (*Kanzler*, NWB 2016, 170 f.) verwirklicht wird. Die Entprägung kann wohl nicht erreicht werden, indem einer Kapitalgesellschaft, die Kommanditist ist, Geschäftsführungsbefugnis eingeräumt wird, ebenso wenig durch Geschäftsführerbestellung eines Kommanditisten der Mutter – GmbH & Co KG bei der Tochter – GmbH & Co KG, bei der er nicht Mitgesellschafter ist.
277 BFH, 14.12.2006 – IV R 3/05, GmbHR 2007, 269. Wertpapiere o.ä. zählen jedoch auch ohne Erfüllung dieser Voraussetzungen zum Umlaufvermögen, da es am Element des »dauernden Dienens« fehlt, *Heinz/Koetz*, GmbHR 2008, 341.

stückshandels[278] erfüllt sind). Handelsrechtlich gelten jedoch keine Besonderheiten: auch die gewerblich geprägte GmbH & Co. entsteht nach herrschender Meinung erst mit der Eintragung der KG im Handelsregister, sofern sie der Sache nach lediglich Vermögensverwaltung betreibt.[279]

2577 Alle Personenhandelsgesellschaften, bei denen keine natürliche Person unbeschränkt haftet, unterliegen gem. Art. 48 EGHGB, § 264a i.V.m. §§ 325 ff. HGB, den Regeln für Kapitalgesellschaften im Hinblick auf Rechnungslegung, Prüfung und **Offenlegung** des Jahresabschlusses (vgl. im Einzelnen Rdn. 2817 ff.). Weitere Nachteile sind die Zwangszugehörigkeit zur IHK-Mitgliedschaft,[280] die zeitlich unbegrenzte Einkommensbesteuerung realisierter Wertzuwächse im Betriebsvermögen, sowie die Gewerbesteuerpflicht (Rdn. 5754 ff.), soweit keine Freistellungen (Ertragskürzungen) möglich sind (Rdn. 5757 ff.).

b) Gestaltungsinstrument zur Schaffung von Betriebsvermögen

2578 Die gewerblich geprägte (= mitunternehmerische) GmbH & Co. KG[281] (Rdn. 5750) hält demnach notwendigerweise Betriebsvermögen, auch wenn sie der Sache nach lediglich Vermögensverwaltung betreibt (und damit gem. § 9 Nr. 1 Satz 2 GewStG von der Gewerbesteuer befreit ist, vgl. Rdn. 5758 ff. – für die Komplementärin gilt diese Befreiung nur, wenn sie daneben nicht eigenen Grundbesitz verwaltet, Rdn. 5760). Je nach der Zweckbestimmung im »fiktiven« Betrieb kann die gewerblich geprägte, jedoch der Sache nach nur vermögensverwaltende Gesellschaft (in der Regel) Anlage-, aber auch Umlaufvermögen besitzen.[282]

Wegen des notwendigen Innehabens von Betriebsvermögen ist die gewerblich geprägte GmbH & Co KG das Mittel der Wahl in allen Fällen, in denen es um die Erhaltung der Betriebsvermögenseigenschaft geht.

▶ Beispiele:
– die Auflösung stiller Reserven, die bei einer sonst sich vollziehenden Entnahme (Rdn. 5784 ff.) oder Betriebsaufgabe droht, soll vermieden werden, durch steuerliche Einbringung (als Gesamthands- oder zumindest Sonderbetriebsvermögen) in eine gewerblich geprägte Personengesellschaft;
– die Gewährung von Investitionszulagen setzt Betriebsvermögen voraus;
– gem. § 6 Abs. 1 AStG[283] führt der Wohnsitzwechsel ins Ausland zu einem fiktiven Veräußerungsvorgang bei im Privatvermögen gehaltenen Kapitalgesellschaftsbeteiligungen i.S.d. § 17 EStG – ratsam ist daher die Einbringung in eine gewerblich geprägte Personengesellschaft zur Bildung von Betriebsvermögen[284] (und zwar – zur Vermeidung eines Veräußerungsvorgangs mit Besteuerungsfolge – als verdeckte Sacheinlage gem. Rdn. 2591, nicht gegen Gewährung von Gesellschaftsrechten);

---

278 Vgl. hierzu *Krauß*, Immobilienkaufverträge in der Praxis, 8. Aufl., Rn. 4851 ff.
279 FG Köln, DStRE 2005, 747; a.A. *Pauli*, DB 2005, 1023 und *Stahl*, NJW 2000, 3100: mit Registeranmeldung, da das weitere Geschehen nicht beeinflussbar ist.
280 § 2 Abs. 1 IHK-Gesetz, da sie bereits aufgrund ihrer Rechtsform zur Gewerbesteuer veranlagt werden; Beitragspflicht demnach auch nach Abmeldung des Gewerbes, solange keine Löschung im Handelsregister erfolgt ist, VG Koblenz, 29.09.2008 – 3 K 393/08, JurionRS 2008, 27846.
281 Hierzu *Müller*, ErbStB 2003, 127; *Spiegelberger*, ZEV 2003, 391.
282 BFH, 19.01.2017 – IV R 10/14, EStG 2017, 174: soweit nicht zum Gebrauch, sondern zum Verbrauch oder sofortigen Verkauf bestimmt.
283 Seit der Änderung durch das SEStEG (zinslose Stundung bei Umzug innerhalb der EU/des EWR) europarechtskonform, vgl. BFH, 23.09.2008 – I B 92/08, NWB 2008, 4797, Fach 2, S. 10101 = m. Anm. *Intemann* und BFH, 25.08.2009 – I R 88, 89/07, EStB 2009, 427.
284 Röhrig, EStB 2008, 220; BMF v. 16.04.2010, BStBl 2010 I 354, Rz. 2.2.1, 3.1., anders allerdings BFH, 28.04.2010 – I R 81/09, BStBl 2014 II 754; zu Zweifeln an der inländischen Zurechnung im Hinblick auf Art. 13 Abs. 2 OECD-MusterDBA auch *Loose/Wittkowski*, IStR 2011, 68 und *Schönfeld*, IStR 2011, 142. Zur Reaktion des Gesetzgebers (§ 50a EStG) vgl. BMF-Schreiben v. 21.12.2015, BStBl 2016 I 7 ff.

– die bei Betriebsvermögen erhöhte Immobilienabschreibung (3 % p.a.) soll genutzt werden.

Schenkung-/erbschaftsteuerlich ermöglichte die gewerblich geprägte Personengesellschaft bis zum Inkrafttreten der Erbschaftsteuerreform 2009 die Qualifizierung des Schenkungsobjekts als Betriebsvermögen, auch wenn der Sache nach lediglich Vermögensverwaltung vorlag (möglicherweise mit Ausnahme des selbst genutzten Familienheims, Rn. 3987 der 3. Auflage dieses Werkes) mit der Folge der Privilegierungen nach §§ 13a, 19a ErbStG a.F. sowie des vollen Abzugs der Verbindlichkeiten (§ 10 Abs. 6 Satz 4 ErbStG, ohne Kürzung im Verhältnis zwischen Verkehrs- und Steuerwert). Allerdings wurde dieses Betriebsvermögensprivileg nicht gewährt, wenn Anteile bereits vor Eintragung der GmbH & Co. KG sowohl im Handelsregister[285] als auch (in Bezug auf eingebrachten Grundbesitz) im Grundbuch[286] übertragen wurden,[287] und geht wieder verloren, wenn die 5-jährige Haltefrist im Betriebsvermögen durch den Anteilserwerber nicht gewahrt ist (Rn. 4005 der 3. Auflage dieses Werkes). Weiter war Voraussetzung, dass die der gewerblich geprägten (oder gewerblich tätigen) KG beigetretenen Kommanditisten (Übertragungsempfänger), auch wenn sie minderjährig sind, Mitunternehmer sind (vgl. auch Rn. 1888 und Rn. 3988 der 3. Auflage dieses Werkes); zu den insoweit gefährlichen Gestaltungen s. Rdn. 2603. Ferner sah die Rechtsprechung teilweise in der nicht durch außersteuerliche Motive erklärlichen Wahl der gewerblich geprägten Vermögensverwaltungs-KG einen zur Unbeachtlichkeit führenden Gestaltungsmissbrauch.[288]

2579

Die **Erbschaftsteuerreform 2009** qualifiziert zwar in § 13b Abs. 1 Nr. 2 ErbStG auch die gewerblich geprägte Personengesellschaft als taugliches Betriebsvermögen (Rdn. 5007), allerdings handelt es sich (seit 2016 unverändert) bei nicht betrieblich genutzten Immobilien um »Verwaltungsvermögen« i.S.d. § 13b Abs. 2 ErbStG, so dass die Betriebsvermögensprivilegierung insoweit entfällt, vgl. Rdn. 5048 ff. (zur ggf. weiter möglichen privilegierten Übertragung von Finanzvermögen vgl. allerdings Rdn. 5119).

2580

c) Gestaltungsmittel: tauschähnlich-entgeltliche Einbringung oder unentgeltliche verdeckte Einlage?

aa) Gestaltungsvarianten

Weiteres Motiv für die Attraktivität dieser Rechtsform ist die **Flexibilität hinsichtlich der steuerrechtlichen Gestaltung ihrer Vermögensausstattung**: Die »Einbringung« in eine gewerblich geprägte, eine gewerblich tätige oder gewerblich infizierte (Rdn. 5748) Personengesellschaft kann

2581

---

285 FG Münster, 16.08.2007 – 3 K 5382/04 Erb, ZErb 2008, 121, m. Anm. *Wachter*; OFD Münster v. 03.01.2008, ErbStB 2008, 74; FinMin Baden-Württemberg v. 11.07.2008, ZEV 2008, 404; ebenso zur Einheitsgesellschaft: *Pauli*, ZErb 2008, 218.
286 Da sonst lediglich Sachleistungsansprüche übertragen werden, die ohnehin mit dem Verkehrswert anzusetzen wären, BFH, 28.03.2007 – II R 25/05, DStR 2007, 990.
287 Vermögensverwaltende KGs entstehen erst mit der Eintragung im Handelsregister; auch i.Ü. besteht bis zur Eintragung eine Vollhaftung der Kommanditisten (§ 176 Abs. 2 HGB), so dass es an den Voraussetzungen einer gewerblich geprägten Personengesellschaft (Vollhafterstellung allein bei Kapitalgesellschaft oder einer weiteren GmbH & Co. KG) fehlt. Die Schenkung des Kommanditanteils muss also, auch wenn bereits vorher beurkundet, aufschiebend bedingt auf z.B. einen Tag nach der Eintragung sein, (andernfalls können auch etwaige Verbindlichkeiten der Gesellschaft nicht in vollem Umfang abgezogen werden, da es sich noch nicht um Betriebsvermögen, sondern gem. § 10 Abs. 1 Satz 3 ErbStG um eine gemischte Schenkung anteiliger Wirtschaftsgüter handelt).
288 Das FG Düsseldorf, 06.09.2006 – 4 K 6867/04 Erb, ZErb 2007, 62 (nur LS) sieht z.B. § 42 AO verwirklicht, wenn die Verwaltung eines Wertpapierdepots vor dem Stichtag einer eigens hierfür gegründeten GmbH übertragen wird, damit das Depot dem Sonderbetriebsvermögen einer an dieser GmbH bestehenden atypisch stillen Beteiligung zugeordnet werden kann und damit unter § 13a ErbStG falle. Anders noch der BFH, 09.11.2005 – II B 163/04, BFH/NV 2006, 554, der von »gängiger Gestaltungspraxis« spricht.

als »entgeltlicher« = »tauschähnlicher« Vorgang realisiert werden oder aber »unentgeltlich«, als »verdeckte Sacheinlage«, sich vollziehen:

(1) Letzteres wird immer dann anzustreben sein, wenn die entgeltliche Veräußerung zu nachteiligen Steuerfolgen führen würde (etwa bei der Gewinnerzielung aus der »tauschähnlichen Einbringung« von steuerverhafteten Gegenständen des Privatvermögens (Kapitalgesellschaftsanteile nach § 17 EStG, nicht selbst genutzten Immobilien vor Ablauf der Zehn-Jahres-Frist des § 23 EStG, einbringungsgeborenen bzw. einbringungsverhafteten Anteilen nach § 21 UmwStG a.F. oder n.F.). Gleiches gilt, wenn wegen Erreichens der Drei-Objekt-Grenze das Vorliegen eines gewerblichen Grundstückshandels droht[289] (Rdn. 5742 ff.). Ein Veräußerungsgewinn entstünde bei der entgeltlichen Variante allerdings nicht in dem Umfang, in dem der Gegenstand dem Einbringenden weiterhin zuzurechnen ist.[290] Weiter ist darauf hinzuweisen, dass zwar bei der »unentgeltlichen« verdeckten Einlage derzeit kein »Spekulationsgeschäft« i.S.d. § 23 EStG vorliegt, allerdings dann, wenn die KG das Grundstück binnen zehn Jahren nach der Einlage veräußert, § 23 Abs. 1 Satz 5 Nr. 1 EStG, sodann beschränkt auf die außerhalb des Betriebsvermögens realisierte Wertsteigerung (§ 23 Abs. 3 Satz 7 EStG – damit wird der Einbringende belastet, obwohl die Personengesellschaft das eingebrachte Grundstück veräußert hat!).[291]

2582 (2) Die entgeltliche Einbringung ist dagegen attraktiver, wenn neues Abschreibungsvolumen geschaffen werden soll (»Aufstockung«[292] »**Step up**«,[293] etwa bei abgeschriebenen, aber noch werthaltigen und nicht zur Veräußerung anstehenden Gebäuden des Privatvermögens[294]) und kann (also steuerlich keine zwingende Buchwertfortführung angeordnet ist), oder wenn eine Veräußerung gewollt ist, um Verluste zu realisieren, die sonst ungenutzt blieben.

▶ Beispiel:

Auf Kapitalgesellschaftsanteile i.S.d. § 17 EStG wurden nachträgliche Anschaffungskosten getätigt (etwa Ausfall eines Darlehens,[295] Inanspruchnahme aus einer Bürgschaft[296]). Um die daraus resultierenden Verluste (im Teileinkünfteverfahren) zu realisieren und den Zeitpunkt der Realisierung zu steuern, erfolgt Einbringung als tauschähnlicher Vorgang in eine gewerblich geprägte GmbH & Co. KG.

Bei der Einbringung von Grundbesitz besteht **Grunderwerbsteuerfreiheit** im Umfang des § 5 Abs. 2 GrEStG, allerdings belastet mit der möglichen Nachbesteuerung gem. § 5 Abs. 3 GrEStG bei Anteilsverschiebungen in den folgenden 5 Jahren (Rdn. 5600).

Demnach ist entsprechend der folgenden Ausführungen zu differenzieren.[297]

bb) Privatvermögen, entgeltliche Einbringung

2583 Die Einbringung von Gegenständen des **Privatvermögens** (z.B. im Privatvermögen gehaltene Kapitalgesellschaftsanteile) in eine gewerblich tätige oder geprägte (§ 15 Abs. 3 Nr. 2 EStG), also Be-

---

289 Tz. 7 des BMF-Schreibens v. 26.03.2004, DStR 2004, 632 (fragwürdig, da eigentlich keine Teilnahme am allgemeinen Wirtschaftsverkehr vorliegt); vgl. *Krauß*, Immobilienkaufverträge in der Praxis, 8. Aufl. Rn. 4855 ff.
290 Vgl. *Wacker*, BB 2000, 1980.
291 Vgl. *Krauß*, Immobilienkaufverträge in der Praxis, 8. Aufl., Rn. 4821.
292 § 7 Abs. 1 Satz 5 EStG [Minderung der Anschaffungs- bzw. Herstellungskosten] gilt nur bei Einlagen, nicht – wie hier – bei Veräußerungen, vgl. BMF-Schreiben BStBl. 2000 I, S. 462.
293 Trotz des sonst bestehenden Verbotes der »Doppelabschreibung«, vgl. *Tiedtke/Wälzholz*, DStR 2001, 1501.
294 Berechnungsvergleiche bei *Schimpfky*, ZEV 2013, 662, 668.
295 Vgl. *Fuhrmann*, NWB 2009, 3990 ff.; vgl. auch unten Rdn. 2882.
296 BFH, 20.11.2012 – IX R 34/12, GmbHR 2013, 484.
297 Vgl. zum Folgenden *Frystatzki*, EStB 2007, 462 ff.; *Röhrig*, EStB 2008, 216 ff.; BMF-Schreiben v. 11.07.2011 – IV C 6 – S 2178/09/10001.

triebsvermögen haltende, Personengesellschaft gegen **Gewährung oder Erweiterung von Gesellschaftsrechten** also im Wege der »**offenen Sacheinlage**«,[298] ist als **tauschähnlicher entgeltlicher Vorgang** zu werten.[299] Dies führt auf der Ebene des Übertragenden zu einem Veräußerungs- und auf der Ebene der aufnehmenden Gesellschaft zu einem Anschaffungsvorgang. Erforderlich ist die Gutschrift auf einem Festkapitalkonto des Einbringenden (Erhöhung des Kapitalkontos I[300] oder – nach Ansicht der Finanzverwaltung – auch des Kapitalkontos II,[301] sofern dort auch Verluste gebucht werden – nicht jedoch, jedenfalls nach Ansicht des BFH, bei alleiniger Erhöhung des Kapitalkontos II[302]), wobei es nicht schadet, wenn die Gutschrift nur z.T. auf einem solchen Festkapitalkonto, i.Ü. auf einem gesamthänderisch gebundenen Rücklagenkonto[303] erfolgt. Auch in diesen sog. Mischfällen liegt demnach insgesamt ein Veräußerungsgeschäft (tauschähnlicher Vorgang) vor.[304]

Ebenso liegt Entgeltlichkeit vor, soweit (Trennungstheorie, Rdn. 5814) die Überführung von Privatvermögen 2584
(1) gegen Barentgelt (Teilentgeltlichkeit liegt vor, wenn bei der Übertragung ausdrücklich ein den gemeinen Wert unterschreitender Wertansatz vereinbart wird)[305]
(2) bzw. gegen die Übernahme von Verbindlichkeiten (gleich ob diese mit dem übertragenen Objekt im Zusammenhang stehen oder nicht) erfolgt,[306]
(3) oder wenn der Einlagewert dem Inferenten auf einem Privat- oder Verrechnungskonto gutgeschrieben wird, er also dafür eine schuldrechtliche (Darlehens-)[307] Forderung gegen die Gesellschaft erhält.

---

298 Nicht jedoch bei Buchung auf einem gesamthänderischen Rücklagenkonto: dann verdeckte Einlage, vgl. BMF v. 11.07.2011, BStBl. 2011 I, S. 713 Tz. 1.
299 BFH, BStBl. 2000 II, S. 230; ebenso die Finanzverwaltung: BMF-Schreiben BStBl. 2000 I, S. 462 Tz. 8. Es findet nicht § 6 Abs. 1 Nr. 5 (Einlage – nur bei verdeckter Einlage ohne Gewährung von Gesellschafterrechten), sondern § 6 Abs. 6 EStG Anwendung (vgl. Rdn. 6063). A.A. *Reiß*, DB 2005, 362.
300 So die Ursprungsentscheidung BFH, 19.10.1998 – VIII R 69/95, BStBl. 2000 II, S. 230, ebenso BFH, 29.07.2015 – IV R 15/14, GmbHR 2016, 228.
301 Vgl. BMF-Schreiben v. 11.07.2011, BStBl 2011 I 713, Rz. I.1 und I. 2.
302 Nach BFH, 29.07.2015 – IV R 15/14, DStR 2016, 217 – hierzu *Ihle*, notar 2017, 53, 66 und *Sieker*, NotBZ 2017, 293 ff. – und BFH, 04.02.2016 – IV R 42/12 liegt dann ein ertragsteuerlich unentgeltlicher Vorgang vor: stets muss zumindest auch das Kapitalkonto I, nach dem sich das Gewinnbezugsrecht richtet, angesprochen werden [insoweit gegen die bisherige Verwaltungsauffassung: BMF-Schreiben v. 11.07.2011, BStBl 2011 I 713, Rz. I.1 und I. 2.
303 Also keine Aufspaltung des Vorgangs im Verhältnis zwischen Kapitalkonto I und variablem Konto (Parallelwertung zu § 24 UmwStG: BFH, 24.01.2008 – IV R 37/06, GmbHR 2008, 548, m. Anm. *Hoffman;* zweifelnd die Vorinstanz FG Hannover, DStRE 2006, 1441). BFH, 29.07.2015 – IV R 15/14, GmbHR 2016, 228, hierzu *Sieker*, NotBZ 2017, 293 ff. lässt allerdings ausdrücklich offen, ob dieser Rechtsprechung weiter zu folgen sei.
304 BFH, 17.07.2008 – I R 77/06, JurionRS 2008, 22448; die Verwaltung übernimmt diesen Grundsatz: BMF-Schreiben v. 20.05.2009 – S 2134, NWB 2009, 2040 f. sowie BMF-Schreiben v. 11.07.2011, BStBl 2011 I 713, Rz II 2a (hierzu *Krämer*, EStB 2011, 307 ff., *Levedag*, GmbHR 2013, 243, 249); unter Aufgabe der insoweit abweichenden Ansicht (Aufspaltung in entgeltlichen und unentgeltlichen Vorgang) aus BMF v. 26.11.2004, BStBl. 2004 I, S. 1190 und BMF v. 29.03.2000, BStBl. 2000 I, S. 462 Tz. II 1c, mit Übergangsregelung bis zum 30.06.2009, vgl. *Siegmund/Ungemach*, NWB 2009, 2308 ff. BFH, 29.07.2015 – IV R 15/14, DStR 2016, 217 lässt jedoch offen, ob für die Zukunft an dieser Betrachtung (bei Gutschrift auf Kapitalkonto I und II insgesamt Entgeltlichkeit) festgehalten werden soll.
305 Jedenfalls für diesen Fall bleibt die Aufspaltung in einen entgeltlichen und einen unentgeltlichen Vorgang bestehen, BMF-Schreiben v. 11.07.2011 – IV C 6 – S 2178/09/10001, hierzu *Krämer*, EStB 2011, 307 ff.
306 Vgl. BMF-Schreiben BStBl. 2000 I, S. 1383 Tz. 30; *Fleischer*, ZEV 2003, 190.
307 Dies gilt unabhängig davon, ob die auf dem Verrechnungskonto gebuchte Darlehensforderung gesichert bzw. verzinslich gestellt ist und damit fremdüblichen Grundsätzen genügt; die Darlehen sind in der Gesellschaftsbilanz zu passivieren und in der Ergänzungsbilanz zu aktivieren (*Wacker*, NWB 2008, 3093 = Fach 3, S. 15183).

2585 Hinsichtlich der Bemessung des gemeinen Werts, in dessen Höhe Gesellschaftsrechte für die Einbringung des Grundbesitzes zu gewähren sind, eröffnet der BFH[308] einen »flexiblen« Ermittlungsweg. Hierzu[309]

▶ **Formulierungsvorschlag: Bemessung des gemeinen Werts bei der Einbringung von Grundbesitz gegen Gewährung von Gesellschaftsrechten**

Für die Einbringung des Grundbesitzes werden Gesellschaftsrechte in Höhe des gemeinen Werts gewährt, den die Beteiligten mit vorläufig … € beziffern. Sollte sich jedoch durch eine spätere bestandskräftige, hilfsweise rechtskräftige, Feststellung der Finanzverwaltung oder durch einen zeitnahen Verkauf oder auf andere Weise ein anderer tatsächlicher gemeiner Wert herausstellen, ist Letzterer in Form von Gesellschafterrechten zu gewähren, gleichgültig ob er höher oder niedriger als der vorläufig angenommene Wert ist.

2586 Die »Einbringung ohne Rechtsträgerwechsel« unter dem Gesichtspunkt des wirtschaftlichen Eigentums (Einbringung dem Werte nach, »quoad sortem«) ist demgegenüber unsicher.[310] In Betracht kommt jedoch, wenn der Privatvermögensgegenstand aufgrund seines Bezugs zum Mitunternehmeranteil als **notwendiges** oder **gewillkürtes Sonderbetriebsvermögen** (Rdn. 5725 ff.) zu klassifizieren ist, die Einlage in ein solches Sonderbetriebsvermögen (gem. § 6 Abs. 1 Nr. 5 Satz 1 lit. b EStG steuerneutral zu Anschaffungskosten) und anschließend die steuerneutrale Übernahme in das Gesamthandsvermögen desselben Mitunternehmers zum Buchwert gem. § 6 Abs. 5 Satz 3 Nr. 2 EStG (dies ist auch gegen Gewährung von Gesellschaftsrechten möglich!), freilich unter Beachtung der Sperrfristen des § 6 Abs. 5 Satz 3 ff. EStG. (vgl. Rdn. 6062 ff.). Sollen z.B. Kapitalgesellschaftsanteile auf diese Weise steuerneutral in eine Personengesellschaft eingebracht werden, kann die betreffende Kapitalgesellschaft zunächst die Stellung eines Komplementärs an Letzterer übernehmen; der Anteil an dieser Kapitalgesellschaft bildet damit Sonderbetriebsvermögen (Einbringung quoad usum) des an der Personengesellschaft beteiligten Mitunternehmers.[311]

2587 **Grunderwerbsteuerlich** kann die Einbringung bezüglich des quotalen wirtschaftlichen Miterwerbs durch Mitgesellschafter der aufnehmenden Personengesellschaft, die mit den Einbringenden nicht verheiratet/verpartnert/verwandt sind, Steuern auslösen (Rdn. 5596 ff.), ebenso spätere Verschiebungen innerhalb der Haltefrist des § 5 Abs. 3 GrEStG (wie sie beispielsweise auch durch einen Formwechsel der aufnehmenden Personengesellschaft in eine Kapitalgesellschaft eintreten würde, Rdn. 5601).[312] **Umsatzsteuerlich** handelt es sich um eine Geschäftsveräußerung im Ganzen (Rdn. 5653), so dass die – im Interesse des Einbringenden, sofern dieser in den letzten zehn Jahren Vorsteuern gezogen hat, liegende – Option gem. § 9 UStG im notariellen Einbringungsvertrag vorsorglich, aber unbedingt, erklärt werden sollte.[313] **Schenkungsteuerlich** wird schließlich eine freigebige Teilzuwendung i.S.d. § 7 Abs. 1 Nr. 1 ErbStG vermieden, wenn die Einbringung zum vollen gemeinen Wert i.S.d. § 9 BewG erfolgt, also durch Gegenleistung in dieser Höhe kompensiert wird, was bei Verwendung des Formulierungsvorschlags aus Rdn. 2585 auch mit Blick auf spätere abweichende Feststellungen durch die Finanzverwaltung gewährleistet ist.

---

308 BFH, 26.03.2015 – IV R 7/12, MittBayNot 2016, 451 m. Anm. *Wälzholz/Wolffskeel v. Reichenberg*.
309 In Anlehnung an *Wälzholz*, MittBayNot 2016, 455.
310 Unklar ist, wie wirtschaftliches Eigentum (wenn nicht durch Investition auf fremdem Grund und Boden: BFH, BStBl. 2002 II, S. 741) entstehen kann. Zur Einbringung quoad sortem vgl. BGH, 15.06.2009 – II ZR 242/08, ErbStB 2010, 97, m. Anm. *Hartmann*: Wird eine Sache dem Wert nach in eine GbR eingebracht, ist der »Einbringende« bei Ausscheiden aus der Gesellschaft verpflichtet, sie zugunsten der GbR zu verwerten.
311 Vgl. *Siegmund/Ungemach*, NWB 2009, 2308, 2311: *Kusterer/Rupp*, EStB 2002, 485 zur Einbringung eines Grundstücks.
312 BFH, 25.09.2013 – II R 2/12, BStBl. 2014 II, 329.
313 Vgl., mit Formulierungsvorschlägen, im Einzelnen *Krauß*, Immobilienkaufverträge in der Praxis, 8. Aufl., Rn. 5065 ff.

cc) Privatvermögen, unentgeltliche Einlage

Privatvermögen wird dagegen jedenfalls nach Ansicht der Finanzverwaltung[314] **unentgeltlich** eingebracht in eine Personengesellschaft im Fall der **verdeckten Sacheinlage**, also nicht gegen Gewährung von Gesellschaftsrechten und sonstige Gegenleistungen etwa die Einräumung eines Darlehens bzw. Übernahme von Verbindlichkeiten, sondern z.B. im Wege der Buchung auf ein **gesamthänderisch gebundenes Rücklagenkonto**[315] (§ 264c Abs. 2 Satz 1, Position II, und Satz 8 HGB). Dies gilt sogar bei einer Ein-Mann-GmbH & Co KG![316]

2588

Die Einlage selbst ist bei der Gesellschaft in der Steuerbilanz[317] grds.[318] mit dem Teilwert anzusetzen (§ 4 Abs. 1 Satz 5 i.V.m. § 6 Abs. 1 Nr. 5 EStG). Für den Inferenten ergeben sich keine unmittelbaren Steuerfolgen. Stets wird bei der Ermittlung der AfA-Grundlage nach verdeckter Einlage[319] in ein Betriebsvermögen gem. § 7 Abs. 1 Satz 5 (früher: Satz 4) EStG die bisher bei der Erzielung von Überschusseinkünften (etwa Vermietung und Verpachtung) gezogene AfA abgezogen, und zwar nach früherer Ansicht der Finanzverwaltung von der ursprünglichen Bemessungsgrundlage (als Fortführung des erreichten Standes),[320] nach Ansicht des BFH durch Abzug vom Einbringungs-,[321] d.h. Teilwert.[322] AfA-Bemessungsgrundlage und Einbringungswert sind also (zur Vermeidung nochmaliger Abschreibung) nach Ansicht der Finanzverwaltung entkoppelt; wenn der Teilwert, wie regelmäßig, höher ist als der Buchwert, verbleibt ein nicht abschreibungsfähiger »Sperrbetrag«, der allerdings nicht völlig wirkungslos ist, da er im Fall späterer Veräußerung oder Entnahme den steuerpflichtigen Gewinn mindert.[323]

2589

---

314 BFH, 24.01.2008 – IV R 37/06, GmbHR 2008, 548, m. Anm. *Hoffmann* neigt dazu, auch den Fall der Gutschrift auf gesamthänderisch gebundener Rücklage ohne ausdrückliche Erhöhung des Kapitalkontos I dem tauschähnlichen Vorgang gleichzustellen, vgl. *Wacker*, NWB 2008, 3097 = Fach 3, S. 15187 (allerdings nur obiter, da im entschiedenen Fall wegen der Nachträglichkeit der Vereinbarung ohnehin nicht anzuerkennen).

315 BMF v. 26.11.2004, BStBl. 2004 I, S. 1190; ebenso BMF v. 11.07.2011 – IV C 6 – S 2178/09/10001, hierzu *Krämer*, EStB 2011, 307 ff. (ein Vorbehalt des Wertes zugunsten einzelner Gesellschafter ist ausgeschlossen; bei Umbuchung auf andere Konten in zeitlichem Zusammenhang ist § 42 AO zu prüfen). Krit. zum Ganzen *Reiß*, DB 2005, 358 »freischwebender Nonsens«.

316 *Paus*, EStB 2012, 70, 71.

317 In der Handelsbilanz sind höhere Wertansätze möglich (insoweit keine Maßgeblichkeit der Handels- für die Steuerbilanz, außer für Sicherungseinheiten gem. § 5 Abs. 1a Satz 2 EStG; vgl. *Weber-Grellet*, in: *Schmidt*, Kommentar zum EStG, 34. Aufl. § 5 Tz. 26), die steuerlichen Buchwerte sind durch individuelle Ergänzungsbilanzen der Mitunternehmer fortzuschreiben.

318 Bei Anschaffung oder Herstellung in den letzten 3 Jahren vor der Einlage jedoch höchstens mit den historischen Anschaffungs- bzw. Herstellungskosten abzgl. der zwischenzeitlich vorgenommenen AfA (§ 6 Abs. 1 Nr. 5 Satz 1 Halbs. 2 lit. a) i.V.m. Satz 2 EStG), also quasi zum Buchwert, ebenso bei Beteiligungen i.S.d. § 17 EStG (zu Letzterem BFH, 05.06.2008 – IV R 73/05, GmbH-StB 2008, 353).

319 § 7 Abs. 1 Satz 5 EStG gilt also nicht bei tauschähnlichen Vorgängen gemäß Rdn. 2145, vgl. BFH, 24.01.2008 – IV R 37/06, GmbHR 2008, 548 m. Anm. *Hoffmann; Wacker*, NWB 2008, 3091 = Fach 3, S. 15181.

320 R 7.3 Abs. 6 EStR 2005, vgl. *Günther*, EStB 2007, 150. Bei historischen Anschaffungskosten von 400, bereits »gezogener« AfA von 80, und einem Einbringungswert von 600 werde also die erreichte Bemessungsgrundlage von 400 – 80 = 320 weiter (mit nun 3 %, § 7 Abs. 4 Satz 1 Nr. 1 EStG) abgeschrieben; am Ende verbleibe ein nicht abschreibbarer Restwert von 600 – 320 = 280, der sich erst bei Veräußerung oder Entnahme auswirke.

321 BFH, 28.10.2009 – VIII R 46/07, EStB 2010, 126; BFH, 18.09.2009 – X R 40/06, EStB 2010, 7, ebenso FG Köln, 24.06.2009 – 4 K 102/06, ErbStB 2009, 340: Im Beispiel der vorgehenden Fußnote wird vom Einbringungswert von 600 die bereits gezogene AfA von 80 abgezogen, so dass 520 mit 3 % jährlich bis auf Null abgeschrieben würden. Die in der Privatvermögenszeit gebildeten stillen Reserven bleiben also als Abschreibungsvolumen erhalten.

322 Bei der Einlage eines bisher i.R.d. Überschusseinkünfte genutzten Wirtschaftsgutes.

323 Auch eine Teilwertabschreibung gem. § 6 Abs. 1 Nr. 1 Satz 2 EStG bleibt möglich, vgl. *Wartenburger*, MittBayNot 2009, 75.

2590 Die Verwaltung[324] und ab 2011 auch der Gesetzgeber[325] haben sich dieser Sichtweise des BFH zu § 7 Abs. 1 Satz 5 EStG zwischenzeitlich im Wesentlichen angeschlossen: Ist der Einlagewert höher als die historischen Anschaffungs-/Herstellungskosten (AK/HK), ist Bemessungsgrundlage der weiteren AfA nun (wie vom BFH vertreten) dieser Einlagewert abzgl. der zwischenzeitlich gezogenen AfA. Ist der Einlagewert geringer als die historischen Anschaffungs-/Herstellungskosten, aber noch höher als die fortgeführten Anschaffungs-/Herstellungskosten (also die historischen AK abzgl. der bereits gezogenen AfA), ist jedoch Bemessungsgrundlage der zuletzt erreichte Betrag der fortgeführten AK/HK (der übersteigende Betrag des Einlagewertes kann nicht abgeschrieben, aber bei einer späteren Veräußerung gewinnmindernd berücksichtigt werden). Ist der Einlagewert kleiner also sowohl die historischen als auch die fortgeschriebenen AK/HK, ist bei Einlagen ab dem 01.01.2011 der (ungeminderte) Einlagewert Bemessungsgrundlage, vor dem 31.12.2010 waren es immerhin noch die fortgeschriebenen AK/HK.

2591 Die verdeckte Einlage in ein Betriebsvermögen erfüllt konsequenterweise ebenso wenig den Tatbestand einer Veräußerung i.S.d. § 23 EStG; in gleicher Weise wird bei unter § 17 EStG fallenden, eingelegten Kapitalgesellschaftsanteilen der Buchwert fortgeschrieben (§ 6 Abs. 1 Nr. 5 Satz 1 lit. b) EStG). Allerdings werden die während der Privatvermögensphase erzielten Wertzuwächse nachträglich versteuert, wenn das Wirtschaftsgut binnen 10 Jahren nach der historischen Anschaffung (nicht der Einlage!) aus dem Betriebsvermögen veräußert wird, § 23 Abs. 1 Satz 5 Nr. 1 i.V.m. Abs. 3 Satz 2 EStG (vgl. Rdn. 6305).

▶ Hinweis:

Zu bedenken ist allerdings, dass die unentgeltliche Einbringung zur Schenkungsteuer führen kann, soweit das eingebrachte Wirtschaftsgut den anderen Gesellschaftern über die gesamthänderisch gebundene Rücklage entsprechend ihrer Beteiligungsquoten zuzurechnen ist,[326] und zwar ohne Betriebsvermögensbegünstigung[327] (vgl. Rdn. 4442 ff.).

2592 Nach Ansicht des BFH[328] (der sich die Finanzverwaltung zwischenzeitlich angeschlossen hat[329]) liegt eine ertragsteuerlich unentgeltliche Einbringung von Privatvermögen auch dann vor, wenn ausschließlich eine Gutschrift auf dem Kapitalkonto II (also weder dem für das Gewinnbezugs- oder die sonstigen Gesellschafterrechte maßgebenden Kapitalkonto I, noch auf dem gesamthänderisch gebundenen Rücklagenkonto) stattfindet.

▶ Hinweis:

Auch in diesem Fall tritt keine Gewinnrealisierung ein; zusätzlich wird bei dieser Gestaltungsvariante auch (anders als in der Variante der Rdn. 2591) Schenkungsteuer vermieden.

---

324 BMF, 27.10.2010 BStBl. 2010 I 1204; vgl. *Jarosch/Rund/Gluth*, StB-Sonderheft 2010/2011, S. 5 f.
325 Neufassung des § 7 Abs. 1 Satz 5 EStG für alle Einlagevorgänge ab 01.01.2011 (§ 52 Abs. 21 Satz 4 EStG), vgl. *Hilbertz*, NWB 2011, 108 ff. und *Frystatzki*, EStB 2011, 336 ff.
326 BFH, 30.05.2001 – II R 6/98, GmbHR 2001, 1183.
327 Da die Einlage anteilig für Rechnung der anderen Gesellschafter erfolgt und damit sich noch auf privater Ebene vollzieht, *Mutscher*, DB 2005, 2096, 2097.
328 BFH, 29.07.2015 – IV R 15/14, DStR 2016, 217 (hierzu *Sieker*, NotBZ 2017, 293 ff.) und BFH, 04.02.2016 – IV R 46/12, EStB 2016, 205, hierzu *M. Wachter*, MittBayNot 2017, 214 ff. (insoweit gegen die frühere Verwaltungsauffassung: BMF-Schreiben v. 11.07.2011, BStBl 2011 I 713, Rz. I.1 und I. 2).
329 BMF, 26.07.2016 – IV C 6 – S 2178/09/10001, EStB 2016, 335 für Einbringungsvorgänge ab 01.01.2017, vgl. hierzu *Bolik/Goldschmidt/Kummer*, StUB 2016, 628 ff. [insoweit gegen die bisherige Verwaltungsauffassung: BMF-Schreiben v. 11.07.2011, BStBl 2011 I 713, Rz. I.1 und I. 2]; vgl. auch zur neuen Bedeutung des Kapitalkontos II *Schmudlach*, NWB 2016, 3305 ff.

C. Gesellschaftslösungen unter Beteiligung der Veräußerer, »Familienpool« Kapitel 5

dd) Exkurs: Privatvermögenseinbringung in eine Kapitalgesellschaft

Die Einbringung einzelner Wirtschaftsgüter des Privatvermögens in das Vermögen einer Kapitalgesellschaft führt[330] entweder, soweit es sich um eine offene Sacheinlage handelt, zu einem tauschähnlichen (Veräußerungs-)Vorgang[331] oder, soweit der Wert die Einlageverpflichtung (bzw. im Falle der Veräußerung von GmbH-Anteilen an die betreffende GmbH selbst, die erhaltene Gegenleistung[332]) übersteigt, zu einer verdeckten Einlage. Die Gesellschaft hat auch im letzteren Fall, also bei der verdeckten Einlage, die eingebrachten Werte, z.B. Anteile, mit dem Teilwert, innerhalb der ersten 3 Jahre mit den Anschaffungskosten (§ 6 Abs. 6 Satz 3 EStG) anzusetzen. Beim Einbringenden entsteht somit bei steuerverhaftetem Privatvermögen (§§ 17, 23 EStG, einbringungsgeborene oder -verhaftete Anteile gem. § 21 UmwStG) ein Veräußerungsgewinn bzw. ein Gewinn aus einer verdeckten Einlage, da auch bei Letzterer alle ertragsteuerlichen Varianten zwischenzeitlich durch Gesetz einer **Veräußerung gleichgestellt** sind (§§ 17 Abs. 1 Satz 2 EStG, 23 Abs. 1 Satz 5 Nr. 2 EStG, § 22 Abs. 1 Satz 6 Nr. 1 UmwStG). 2593

ee) Betriebsvermögenseinbringung in Personengesellschaft: § 6 Abs. 5 EStG

Für bereits vorhandenes **Betriebsvermögen** gilt: Wirtschaftsgüter des Betriebsvermögens sind gem. § 6 Abs. 5 Satz 3 Nr. 1, 2 EStG zwingend zu Buchwerten in das Betriebsvermögen einer gewerblich geprägten (oder gewerblich tätigen) Personengesellschaft einzubringen, soweit die Einbringung unentgeltlich (d.h. unter Buchung der Einlage auf ein gesamthänderisch gebundenes Rücklagenkonto) erfolgt. 2594

Rechtsdogmatisch läge allerdings eine Veräußerung i.S.e. tauschähnlichen Vorgangs vor, wenn als Gegenleistung für die Einbringung betrieblicher Einzelwirtschaftsgüter Gesellschaftsrechte gewährt werden (also das Festkapitalkonto, »Kapitalkonto I«, zumindest teilweise angesprochen wird); dies gälte also in gleicher Weise wie bei eingebrachtem Privatvermögen[333] und auch hinsichtlich des die Festkapitalerhöhung übersteigenden Anteils.[334] Allerdings wird die gewinnrealisierende »Tauschähnlichkeit« durch den Gesetzgeber nicht mehr umgesetzt, da § 6 Abs. 5 Satz 3 EStG bei der Einbringung aus einem Betriebsvermögen in ein anderes Betriebsvermögen den **Buchwertansatz vorschreibt**,[335] also auch bei der offenen Sacheinlage (vgl. im Einzelnen Rdn. 6062 ff.). 2595

Eine Auflösung stiller Reserven bei der Betriebseinbringung wird ferner vermieden bei
(1) Verpachtung des gesamten Betriebes;
(2) Überführung eines einzelnen Wirtschaftsgutes von einem in ein weiteres Betriebsvermögen nach § 6 Abs. 5 Satz 2 EStG;
(3) Einbringung eines Betriebes oder Teilbetriebes gegen Gewährung von Gesellschaftsrechten (Buchung jedenfalls teilweise auf Kapitalkonto I des Einbringenden vgl. Rdn. 2583 ff.) mit (bei Gesamtrechtsnachfolge durch Ausgliederung[336]) achtmonatiger Rückwirkung und – bei Einzel- und Gesamtrechtsnachfolge – Buchwertmöglichkeit gem. § 24 UmwStG. (§ 24 UmwStG umfasst alle Fälle der Einbringung in das Gesellschaftsvermögen gegen Gewährung von Mitunternehmeranteilen, also bspw. die Aufnahme eines Gesellschafters gegen Geld- oder Sach- 2596

---

330 Vgl. BFH, 24.04.2007 – I R 35/05, BStBl. 2008 II 253.
331 BFH, 19.10.1998 – VIII R 69/95, BStBl. 2000 II 230, BMF, BStBl. 2004 I S. 1190.
332 BFH, 06.12.2016 – IX R 7/16, MittBayNot 2017, 435.
333 BFH, 24.01.2008 – IV R 37/06, GmbHR 2008, 548, m. Anm. *Hoffmann*; vgl. ferner *Spiegelberger*, ZEV 2003, 392 f. auch zur früher teilweise abweichenden Ansicht.
334 So BFH, 17.07.2008 – I R 77/06, JurionRS 2008, 22448; die Verwaltung übernimmt diesen Grundsatz: BMF-Schreiben v. 20.05.2009 – S 2134, NWB 2009, 2040 f., unter Aufgabe der insoweit abweichenden Ansicht (Aufspaltung in entgeltlichen und unentgeltlichen Vorgang) aus BMF v. 26.11.2004, BStBl. 2004 I, S. 1190.
335 *Groh*, DB 2003, 1404; *Hoffmann*, GmbHR 2008, 554.
336 Bei der Einzelrechtsnachfolge ist dies nicht möglich, vgl. Umwandlungssteuererlass, BMF-Schreiben v. 11.11.2011, BStBl 2011 I S. 1314, Rn. 24.06.

einlage in ein Einzelunternehmen/eine bereits bestehende Personengesellschaft, ferner die Einbringung eines Betriebs[337]/Teilbetriebs/Mitunternehmeranteils in ein Einzelunternehmen/eine bestehende Personengesellschaft, sowie der Zusammenschluss mehrerer Einzelunternehmer in einer neu gegründeten Personengesellschaft).[338] § 24 UmwStG setzt jedoch stets eine Übertragung aller funktional wesentlichen Betriebsgrundlagen voraus, allerdings nicht notwendig in das Gesamthandsvermögen der KG, sondern z.B. auch das Sonderbetriebsvermögen der KG.[339]

2597 Eine **entgeltliche**, zu Veräußerungserlös/Anschaffungskosten führende **Einbringung** im eigentlichen Sinne liegt dagegen tatsächlich und im Rechtssinne vor, wenn dem Inferenten als Gegenleistung eine Forderung gegen die Gesellschaft oder die Befreiung von einer Verbindlichkeit eingeräumt wird,[340] sowie bei einem echtem Verkauf zum Fremdverkaufspreis.[341] Bei der entgeltlichen Einbringung betrieblicher Einzelwirtschaftsgüter können § 6b-Rücklagen zur Neutralisierung gebildet werden (vgl. Rdn. 5767 f.).

ff) Exkurs: Betriebsvermögenseinbringung in Kapitalgesellschaft

2598 Bei der Einbringung von Gütern des Betriebsvermögens in eine Kapitalgesellschaft gelten dagegen Besonderheiten im Hinblick darauf, mit welchem Wertansatz (Teilwert, bei Betrieben, Teilbetrieben, Mitunternehmeranteilen und mehrheitsvermittelnden Kapitalgesellschaftsanteilen auch Buchwerte oder Zwischenwerte) die aufnehmende Gesellschaft die Güter ansetzt; auch im Hinblick auf eine ggf. stattfindende Nachversteuerung der »stillen Reserven« beim Buch- oder Zwischenwertansatz (vgl. im Einzelnen Rdn. 6120 ff.): Bei der **offenen Einlage von Betrieben, Teilbetrieben,**[342] **Mitunternehmeranteilen oder mehrheitsvermittelnden Kapitalgesellschaftsbeteiligungen** (auch wenn nur ein »Mini-Anteil« gewährt wird oder die Einlage nur als »Aufgeld« [Sachagio] zu einer Barkapitalerhöhung stattfindet)[343] kann demnach die aufnehmende Gesell-

---

337 Der Rückbehalt wesentlicher Betriebsgrundlagen ist schädlich, nicht jedoch der vorherige Verkauf einer wesentlichen Betriebsgrundlage unter Aufdeckung stiller Reserven, BFH, 09.11.2011 – X R 60/09, EStB 2012, 159.
338 Nicht jedoch der bloße Eintritt einer GmbH in eine KG als Komplementär ohne Einlage, BFH, 20.09.2007 – IV R 70/05, GmbH-StB 2008, 3.
339 Umwandlungssteuererlass, BMF-Schreiben v. 11.11.2011, BStBl 2011 I S. 1314, Rn. 24.05.
340 BMF v. 07.06.2001, BStBl. 2001 I, S. 367 Tz. 5.
341 *Hoffmann*, in: Littmann/Bitz/Pust, EStG, § 6 Rn. 1182.
342 Mit dem Umwandlungsteuererlass 2011 (BStBl. 2011 I, 1314, Tz. 15.02, i.V.m. Tz. 20.06 und 20.10) stellt die Finanzverwaltung nur noch auf den »europäischen« Teilbetriebsbegriff der Fusionsrichtlinie RL 2009/133/EG ab, nicht mehr auf den ertragsteuerlichen Begriff gem. § 34 EStG, und definiert diesen als »die Gesamtheit der in einem Unternehmensteil einer Gesellschaft vorhandenen aktiven und passiven Wirtschaftsgüter, die in organisatorischer Hinsicht einen selbständigen Betrieb, d. h. eine aus eigenen Mitteln funktionsfähige Einheit darstellen«. Zugehörig sind also nicht nur alle funktional wesentlichen Betriebsgrundlagen, sondern darüber hinaus auch die diesem Teilbetrieb nach wirtschaftlichen Zusammenhängen zuordenbaren Wirtschaftsgüter.
343 BFH, 07.04.2010 – I R 55/09, DStR 2010, 1780, hierzu; dem folgt der Umwandlungsteuererlass 2011. Eine Werthaltigkeitsprüfung durch das Registergericht erfolgt dann nicht (anders als im Aktienrecht, vgl. *Heinze*, ZNotP 2012, 87 ff.) offen ist die Rechtslage beim schuldrechtlichen Sachagio im Aktienrecht, vgl. *Reul*, in: DAI-Skript 15. Jahresarbeitstagung des Notariats, 2017, S. 313 ff. bzw. allenfalls zur Sicherstellung, dass keine negativen Werte übergehen. Ferner wird die bei Spaltungen gem. § 133 UmwG eintretende Nachhaftung der beteiligten Rechtsträger vermieden. Das Modell »Sachagio« funktioniert sowohl bei korporativer Vereinbarung (in der Satzung) als auch bei schuldrechtlicher Vereinbarung, vgl. *Lubberich*, DNotZ 2016, 164, 170 ff. Aktueller Überblick: *Heidinger*, in: DAI-Skript 15. Jahresarbeitstagung des Notariats, 2017, S. 252 ff. Die Einbringung als Aufgeld zur Bareinlage erfordert allerdings klare Formulierungen, vgl. FG Baden-Württemberg, 19.04.2011 – 11 K 4386/08 ErbStB 2011, 308 (Buchung in die Rücklage gem. § 272 Abs. 2 Nr. 1 HGB).

schaft (mit achtmonatigem Rückbezug: § 20 Abs. 6 UmwStG) im Regelfall wählen,[344] ob sie das eingesetzte Betriebsvermögen zum Buchwert, Zwischenwert oder (andernfalls) zum Teilwert ansetzt; dieser Wert gilt für den Gesellschafter als Veräußerungspreis und zugleich als Anschaffungskosten seiner Beteiligung. Der ggf. bestehende Eigenkapitalüberhang ist handelsrechtlich in die Kapitalrücklage (§ 272 Abs. 2 Nr. 4 HGB), steuerlich in das Einlagenkonto gem. § 27 KStG einzubuchen, oder er kann dem Gesellschafter als Darlehen gewährt werden. Gewerbesteuerliche Verlustvorträge können gem. § 23 Abs. 5 UmwStG nicht von der aufnehmenden Kapitalgesellschaft genutzt werden.[345]

Der dabei häufig gewählte **Buchwertansatz** vermeidet (außer bei Objekten mit negativem Kapital)[346] Einbringungsgewinne, lässt jedoch bei der Gesellschaft weniger Abschreibungsvolumen entstehen. Veräußert der Gesellschafter seine Anteile binnen 7 Jahren, wird rückwirkend gem. § 22 Abs. 1 UmwStG (»Einbringungsgewinn I«, Rdn. 6121 ff.) eine steuerpflichtige Veräußerung des eingebrachten Betriebsvermögens fingiert (Überschuss des damaligen gemeinen Wertes über den gewählten Wertansatz, mit Abschmelzung); dieselbe rückwirkende Fiktion (Veräußerung des eingebrachten Betriebsvermögens durch den einbringenden Gesellschafter) gilt gem. § 22 Abs. 2 UmwStG, wenn die Gesellschaft ihrerseits das eingebrachte Vermögen binnen 7 Jahren veräußert (Einbringungsgewinn II, vgl. Rdn. 6115, auch zu kautelaren Vorkehrungen zugunsten des Einbringenden, da er auf die Entscheidung der Gesellschaft möglicherweise keinen Einfluss hat). 2599

Werden Betriebe, Teilbetriebe, Mitunternehmeranteile oder mehrheitsvermittelnde Kapitalgesellschaftsanteile nicht gegen Gewährung eines Gesellschaftsanteils, sondern »**verdeckt**« **eingebracht**, entfällt das Bewertungswahlrecht. Nach Ansicht des BFH liegt eine steuerbare Betriebsaufgabe i.S.d. § 16 EStG vor.[347] Die Gesellschaft bucht die Einbringungsgegenstände handelsrechtlich in die Kapitalrücklage (§ 272 Abs. 2 Nr. 4 HGB), steuerlich in das Einlagenkonto gem. § 27 KStG ein, so dass Rückzahlungen nur eingeschränkt möglich sind (Rdn. 2855). 2600

Werden **einzelne Wirtschaftsgüter eines Betriebsvermögens** in eine Kapitalgesellschaft als offene Sacheinlage eingebracht, liegt ein tauschähnlicher Vorgang gem. § 6 Abs. 6 EStG vor – aus Sicht der Gesellschaft also ein Anschaffungsvorgang zum gemeinen Wert der gewährten Anteile, aus Sicht des Einbringenden bildet der gemeine Wert der hingegebenen Wirtschaftsgüter Anschaffungskosten der Beteiligung (liegen diese über dem Buchwert, entsteht bei ihm also ein laufender Gewinn, sonst ein laufender Verlust gem. § 15 Abs. 1 Satz 1 Nr. 1 EStG). Übersteigt der Wert der hingegebenen Wirtschaftsgüter den Wert der gewährten Anteile, liegt eine verdeckte Einlage gem. § 6 Abs. 6 Satz 2 EStG vor – aus Sicht des Gesellschafters liegen gem. § 6 Abs. 1 Nr. 5 EStG auch insoweit Anschaffungskosten vor. Die Gesellschaft erzielt in beiden Fällen kein steuerpflichtiges Einkommen, § 8 Abs. 3 Satz 3 KStG.[348] 2601

---

344 Nach BFH, 15.06.2016 – I R 69/15, EStB 2016, 439, erfolgt die Ausübung des Bewertungswahlrechts konkludent durch Einreichung der Steuererklärung mit Handelsbilanz und Überleitungsrechnung seitens der übernehmenden Gesellschaft; nachträgliche Änderungen sind dann nicht mehr möglich.
345 *Patt*, EStB 2010, 146 ff., auch zur Einbringung in eine Personengesellschaft.
346 Dann ist gem. § 20 Abs. 2 Satz 4 UmwStG zwingend eine (steuerpflichtige) Aufstockung zur Neutralisierung des Negativkapitals erforderlich, vgl. auch BFH, 28.04.2016 – I R 33/14, NWB 2016, 2478 = EStB 2016, 317: keine Aufstockung, wenn der Gesamtwert des als Sacheinlage eingebrachten Betriebsvermögens aufgrund eines negativen Geschäftswertes nicht den Gesamtbuchwert übersteigt: bei der Bemessung der Höchstgrenze für eventuelle Zwischen- oder Teilwerte ist also ebenso auf die eingebrachte Sachgesamtheit Rücksicht zu nehmen wie bei den Zwischenwerten die vorhandenen stillen Gesamtreserven immer nur anteilig verteilt auf die einzelnen WG aufgestockt werden können.
347 BFH, BStBl. 1991 II 512; *Neumayer*, GmbH-Handbuch, Abschnitt III Rn. 279.
348 *Neumayer*, GmbH-Handbuch, Abschnitt III Rn. 269, 283.

III. Detailausgestaltung des Personengesellschaftsvertrages

2602 Bzgl. der Detailausgestaltung des Vertrags der bei überschaubaren Vermögen i.d.R. gewählten »Familiengesellschaft des bürgerlichen Rechts« bzw. »Familien-GmbH & Co. KG« (kurz für beide: »Familienpool«)[349] sind insb. die nachfolgend diskutierten Themen zu bedenken. Je ein Gesamtmuster einer vermögensverwaltenden KG, einer entprägten (also ebenso Privatvermögen haltenden) GmbH & Co. KG, sowie einer GbR samt Einbringung des Grundbesitzes und unterschiedlichen Vorbehalten (Nießbrauch; Rückforderungsrechte etc.) ist im Materialteil, Kap. 14, Rdn. 6767 und Rdn. 6769 sowie Rdn. 6771 abgedruckt.[350] Zu Familien-Kapitalgesellschaften vgl. Rdn. 2749 ff., zu »Mischformen«, z.B. GmbH & Co KG, Rdn. 2695 ff.

1. Gestaltungsgrenze: Erhalt der steuerlichen Mitunternehmerschaft

2603 Zu bedenken ist jedoch, dass eine allzu weitgehende Abbedingung des gesetzlichen Regelstatuts, insb. in Richtung auf eine Aushöhlung der Gesellschafterstellung der Kinder als Kommanditisten auch bei schenkweise übertragener Beteiligung, zur Gefährdung der steuerlichen Anerkennung einer Mitunternehmerschaft führen kann, da es am Mindestmaß der **Mitunternehmerinitiative** und des **Mitunternehmerrisikos** (insbesondere der Beteiligung am laufenden Gewinn/Verlust, = Ertragsrisiko, sowie an den stillen Reserven samt Firmenwert, = Kapitalrisiko) fehlt. Damit droht die weitere Zuordnung der Vermögensanteile zum Veräußerer, jedenfalls aber der Verlust der Betriebsvermögenseigenschaft (Rdn. 2144, § 95 Abs. 1 Satz 1 BewG) – und damit auch der daran anknüpfenden schenkungsteuerlichen Verschonungschancen, Rdn. 4996, 5007 ff. – bei gewerblich tätigen oder gewerblich geprägten Personengesellschaften (Rdn. 5748 ff.). Ein Treuhänder vermittelt dem Treugeber die Mitunternehmerstellung, wenn er selbst alle Merkmale der Mitunternehmerschaft verwirklichen würde, falls er – unterstellt - auf eigene Rechnung handeln würde.[351]

2604 **Vollhaftende Gesellschafter**, etwa Komplementäre,[352] sind an sich stets Mitunternehmer. (Im Bereich der Land- und Forstwirtschaft kann, wegen der besonderen Bedeutung des Grund und Bodens, auch ohne Gesellschaftsvertrag eine »faktische Ehegattenmitunternehmerschaft« begründet werden, wenn der Ehegatte mindestens 10 % der Nutzflächen aus Pacht oder Eigentum beisteuert).[353] An der Mitunternehmerstellung kann es jedoch fehlen bei sog. »Schein-Gesellschaftern« (die an der materiellen Werten der Gesellschaft zu 0 % beteiligt sind, eine festgelegte Vergütung erhalten, und deren mangelndes Mitunternehmerrisiko auch nicht durch stark ausgeprägte Mitunternehmerinitiative ausgeglichen wird, da wesentliche Bereiche von der gemeinsamen Geschäftsführung ausgenommen sind)[354] oder »Briefkopfgesellschaftern« (die zivilrechtlich bestehende Rechtsscheinhaftung schafft zwar Mitunternehmerrisiko, nicht aber -initiative).[355]

2605 Eine **Kommanditbeteiligung** jedoch darf z.B. nicht unter dem Vorbehalt eines jederzeitigen Widerrufes geschenkt werden, Rdn. 2144.[356] Enumerativ aufgezählte Widerrufstatbestände (Ver-

---

349 Vgl. die Übersichtsdarstellung bei *Söffing/Thoma*, ErbStB 2003, 399 ff.; auch zu Alternativen (Beteiligung an einer Kapitalgesellschaft, Familienstiftung, Managed Account, geschlossener Fonds mit Investoren nur aus dem Familienkreis). Gesellschaftsrechtlicher Überblick bei *Oppermann*, RNotZ 2005, 453 ff.
350 In Fortentwicklung der grundlegenden Muster von *Limmer*, ZFE 2004, 40 ff. (zur GbR) und ZFE 2004, 198 ff. (zur KG).
351 BFH, 19.01.2016 – VIII B 75/14, EStB 2016, 140.
352 Dieser ist, ebenso wie ein GbR-Gesellschafter, selbst dann Mitunternehmer, wenn er weder an Gewinn und Verlust noch am Vermögen der Gesellschaft beteiligt ist, vgl. BFH, 25.04.2006 – VIII R 74/03, EStB 2006, 272.
353 BFH, 25.09.2008 – IV R 16/07, EStB 2009, 299.
354 BFH, 03.11.2015 – VIII R 62 und 63/13, EStB 2016, 161; hierzu *Levedag*, NWB 2016, 1881, 1887 ff.
355 BFH, 17.09.2015 – III R 49/13, EStB 2016, 121, Rn. 43, hierzu *Levedag*, NWB 2016, 1881, 1888.
356 BFH, BStBl. 1989 II, S. 878.

mögensverfall, verbotswidrige Verfügungen etc.) sind jedenfalls dann unschädlich,[357] wenn keine in Betracht zu ziehende Möglichkeit des Schenkers besteht, den Widerrufsgrund selbst herbeizuführen. Dies gilt sogar für den Widerrufstatbestand einer Scheidung zwischen Schenker und Beschenktem.[358] Problematisch sind die Auswirkungen eines **Nießbrauchsvorbehaltes,** hier ist die konkrete Ausgestaltung entscheidend, vgl. Rdn. 1497 ff. zur Mitunternehmerstellung des Gesellschafters, Rdn. 1504 ff. zur Mitunternehmerstellung des Nießbrauchers.

An der Mitunternehmerschaft kann es ferner fehlen, wenn die eingetretenen Kommanditisten gegen ihren Willen durch Kündigung zum Buchwert aus der Gesellschaft hinausgedrängt werden könnten,[359] ferner wenn durch abweichende Stimmrechtsregelungen deren Mitunternehmerinitiative (nicht nur in Fragen der alltäglichen Geschäftsführung, sondern bis hin zur Änderung des Gesellschaftsvertrages und zur Auflösung) eingeschränkt wurde[360] oder wenn der Veräußerer (als Nießbraucher oder aufgrund abweichender Gewinnbezugsabrede bzw. Entnahmerechte[361]) Anspruch auch auf die Ausschüttung außerordentlicher Erträge erhält.[362] In Treuhandfällen ist der Treugeber Mitunternehmer.[363]

2606

Gefährliche Klauseln sind schließlich:
(1) die Bindung des Entnahmerechts an die Zustimmung der Eltern;[364]
(2) der Ausschluss des Informations- und Widerspruchsrechts gem. §§ 164, 166 HGB;[365]
(3) einseitige Kündigungsrechte der »Senior«-Gesellschafter zulasten der Kinder;[366]
(4) Gewährung der Bareinlage als Darlehen, das aus den ersten Gewinnanteilen wieder zu tilgen sei;[367]
(5) Befristung der Gesellschafterstellung der Kinder,[368] auch eine faktische Befristung, wenn im Schenkungszeitpunkt der baldige Verkauf des Unternehmens bereits beschlossene Sache ist.[369]

2607

Von der steuerlichen Anerkennung der Familiengesellschaft selbst zu unterscheiden ist die **Anerkennung (Angemessenheit) der Gewinnverteilung**; wird erstere versagt, erfolgt die Zuordnung allein beim bisherigen Inhaber – es sei denn, eine Umdeutung in eine typisch stille Unterbeteiligung ist möglich (Rdn. 2697 ff.)[370] –, wird Letztere versagt, erfolgt eine Korrektur der Gewinnzurechnung (zu den Anforderungen an die Gewinnverteilung Rdn. 2665).

2608

---

357 BFH, BStBl. 1994 II, S. 637; BFH, 03.12.2015 – IV R 43/13, EStB 2016, 141.
358 BFH, BStBl. 1998 II, S. 542 ff.
359 BFH/NV 1990, 93: Damit werde gezeigt, dass durch den Eintritt der Minderjährigen gerade kein endgültiger Zustand geschaffen werden sollte.
360 Vgl. BFH, 11.10.1988 – VIII R 328/83, BStBl 1989 II 762; *Steiner,* ErbStB 2005, 279, zu Stimmrechtsregelungen in der Familien-KG.
361 Allg. zu Gewinnbezugs- und Stimmrechten im Familienpool *Beckervordersandfort,* ZErb 2016, 189, 193 f.
362 *Steiner,* ErbStB 2006, 36.
363 BFH, 21.07.2010 – IV R 63/07, JurionRS 2010, 26962. BayStMinFin, 16.09.2010 – 34 S 3811–035 – 38476/10, DStR 2010, 2084 behandelt den Herausgabeanspruch des Treuhänders (anders als noch Koordinierte Ländererlasse v. 28.06.2005 – S 3811–33 VA 2, ZEV 2005, 341) als Sachleistungsanspruch, so dass die steuerliche Behandlung sich nach der Vermögensart des herauszugebenden Gegenstandes richtet.
364 BFH, BStBl. 1972 II, S. 10.
365 Vgl. BFH, BStBl. 1989 II, S. 758.
366 BFH, BStBl. 1974 II, S. 404.
367 BFH, BStBl. 1973 II, S. 526.
368 BFH, BStBl. 1976 II, S. 324; zulässig ist allerdings ein Kündigungsrecht der Eltern bei Volljährigkeit der Kinder, BFH, MittBayNot 1977, 81.
369 Käufer und Kaufpreis stehen bereits fest, vgl. *Schmidt/Wacker,* § 15 EStG, Rz. 265.
370 Dann gelten für die max. steuerlich anerkennungsfähige Rendite des still Beteiligten folgende Prozentgrenzen: bei geschenkter Beteiligung 15 % (falls Verlusttragung ausgeschlossen: 12 %), bei entgeltlich

2. Einlageverpflichtung

2609 § 718 Abs. 1 BGB erlaubt als tauglichen Einlagegegenstand alles, das einen Vermögenswert besitzen kann, also anders als bei Kapitalgesellschaften (§ 27 Abs. 2 AktG, der für die GmbH entsprechend gilt[371]) auch bspw. allein die Arbeitskraft eines Gesellschafters (§ 733 Abs. 2 Satz 3 BGB). Hiervon wird bei »gleitenden Betriebsübergaben« Gebrauch gemacht, bei welchen der »Seniorpartner« sein Einzelunternehmen, der »Juniorpartner« und beabsichtigte Nachfolger seine Arbeitskraft einbringt (vgl. Rdn. 5972, 2529).

2610 Im Rahmen einer solchen Einbringung eines Unternehmens in eine »Verwandtschaftsgesellschaft« zur gleitenden unentgeltlichen Übergabe sollte klargestellt werden, dass eine wie auch immer geartete Gewährschaft für Umfang und Bonität des Unternehmens oder dessen sonstige Beschaffenheit nicht übernommen wird. Da es sich um den Fall der Einzelrechtsnachfolge handelt, sind die einzubringenden Gegenstände exakt zu bezeichnen und, je für sich, durch Einigung und Übergabe, Auflassung bzw. Abtretung bzw. hinsichtlich der Verbindlichkeiten durch Erfüllungs- oder gar befreiende Schuldübernahme in das Gesamthandseigentum zu überführen.

2611 Wird hingegen ein Unternehmen in eine mit fremden Personen gegründete Gesellschaft eingebracht, ist exakt abzugrenzen, welche Sollbeschaffenheit vereinbart ist bzw. für welche Umstände der Einbringende gar eine verschuldensunabhängige Garantie abzugeben bereit ist mit der Folge, dass an die Stelle der Sacheinlageverpflichtung, sofern deren Fehlerhaftigkeit nicht innerhalb einer angemessenen Frist behoben ist, eine vollwertige Bareinlageverpflichtung treten würde. Handhabbar sind solche Einstandspflichten, die sich näher am Unternehmenskauf bewegen, i.d.R. nur bei entsprechenden Schiedsgutachter- und/oder Schiedsgerichtsklauseln.

3. Gesellschafterkonten

2612 Handelsrechtlich sind Konten mit **Eigenkapital**charakter für die Beteiligung an dem Gesellschaftsvermögen und der Gewinnverteilung sowie die Stimmrechte maßgebend, während Gesellschafter**darlehens**konten einen schuldrechtlichen Anspruch des Gesellschafters ggü. der Gesellschaft ausweisen. Steuerrechtlich hat die Differenzierung zwischen Eigen- und Fremdkapital dagegen Bedeutung insb. für[372] die Abgrenzung von ausgleichsfähigen zu lediglich verrechenbaren Verlusten i.S.d. § 15a EStG, die Ermittlung des nicht entnommenen Gewinns bzw. der Überentnahmen im Bereich des § 34a EStG, die Ermittlung nicht abziehbarer Schuldzinsen nach § 4 Abs. 4a EStG, die Ermittlung der Eigenkapitalquote bei Anwendung der Zinsschranke nach § 4h EStG und die Behandlung der Verzinsung der Gesellschafterkonten.

2613 I.d.R. wird differenziert[373] zwischen
(1) einem festen »**Kapitalkonto I**«, das mit der Höhe der Haftsumme des Kommanditisten identisch sein kann, jedoch nicht muss;

---

erworbener Beteiligung 35 % (falls Verlusttragung ausgeschlossen: 25 %) des Beteiligungswertes, vgl. BFH, BStBl. 1973 II, S. 395; BStBl. 1973 II, S. 650; BStBl. 1982 II, S. 387.
371 BGH, 16.02.2009 – II ZR 120/07 »Qivive«, notar 2009, 401, m. Anm. *Weiler*: Sie können auch nicht Gegenstand einer verdeckten Sacheinlage sein, vgl. BGH, 01.02.2010 – II ZR 173/08 »eurobike«, DNotZ 2010, 456, m. Anm. *Priester* und umfassend *Haack*, NWB 2010, 841 ff.
372 Vgl. *Ley*, DStR 2009, 613; *Leitzen*, ZNotP 2009, 255.
373 Gesamtüberblick bei *Werner*, NWB 2012, 1523 ff., sowie *Wälzholz*, DStR 2011, 1815 ff. und 1861 ff. (mit Fünf-Konten-Modell: festes und variables Eigenkapitalkonto I und II, gesamthänderisch gebundenes Rücklagenkonto, Verlustvortragskonto, Darlehenskonto als Fremdkapital). Zur »Einbuchung« auf dem Konto eines Mitgesellschafters, der insoweit keine eigene Leistung erbracht hat, vgl. *Tillkorn*, DNotZ 2014, 724 ff.

(2) sowie einem »**variablen Konto II**«, das entweder – sofern auch Verluste dort gebucht werden[374] – ebenfalls Eigenkapitalcharakter hat, damit also (in Übereinstimmung mit dem Gesetz: § 120 HGB)[375] zusammen mit dem Kapitalkonto I die Höhe der Beteiligung des Gesellschafters, seinen Anteil beim Ausscheiden am Liquidationsguthaben, an den stillen Reserven, an Gewinnen und die Stimmkraft bestimmt oder aber – so i.d.R.[376] – einem Darlehenskonto gleicht, also – auch aus der steuerlichen Sicht der Gesellschaft[377] – wie Fremdkapital behandelt wird (bei Ausscheiden oder Liquidation wird der Saldo dieses Kontos als Forderung bewertet, so dass er insoweit nicht an den stillen Reserven teilnimmt). Allein aus der Buchung einer Auszahlung, durch welche der Kapitalanteil des Kommanditisten unter den auf die bedungene Einlage geleisteten Betrag herabgemindert wird, auf ein solches Darlehenskonto ergibt sich allerdings ohne klare gesellschaftsrechtliche Vereinbarung noch keine Rückzahlungspflicht des Kommanditisten an die Gesellschaft.[378] Die (allerdings seltene) Gestaltung des Kontos II als variabler Bestandteil des Eigenkapitals ermöglicht es, eine gleitende Übertragung der stillen Reserven dadurch zu erreichen, dass die Entnahmen des Senior-Gesellschafters die der Junior-Gesellschafter übersteigen. Um willkürliche, eigenbestimmte Veränderungen der Quoten zu vermeiden, wird in der Satzung in diesem Fall jedoch bestimmt, dass Einlagen aus Privatvermögen zur Erhöhung des Kapitalkontos II regelmäßig der Genehmigung der übrigen Gesellschafter bedürfen.

(3) Da der Kommanditist bei einem als Eigenkapital geführten variablen Kapitalkonto II (entgegen § 167 Abs. 2 HGB) mit stehen gelassenen Vorjahresgewinnen für spätere Verluste haftet, wird häufiger auf einem **dritten Konto** (»Kapitalkonto III«; »Verrechnungskonto«) eine Verbuchung der entnahmefähigen Gewinnanteile sowie der sonstigen Entnahmen und Einlagen vorgenommen. Es handelt sich dabei um ein reines Gesellschafterdarlehenskonto, da es unentziehbare Forderungen des Kommanditisten ggü. der Gesellschaft ausweist. Auf dem Kapitalkonto II, das als Unterkonto des Kapitalkontos I Eigenkapitalcharakter[379] hat, werden dann nur die nichtentnahmefähigen Gewinnanteile sowie die Verlustanteile erfasst.

(4) Daneben besteht bei KG typischerweise ein Kapitalverlustkonto (»**Verlustvortragskonto**«), auf dem Verluste rechnerisch erfasst werden. Gewinne dürfen dann gem. § 172 Abs. 4 Satz 2 HGB erst entnommen werden, wenn nach Verlustjahren das Kapitalverlustkonto wieder ausgeglichen ist, um ein Aufleben der Kommanditistenhaftung durch Entnahme nicht verdienter Gewinne zu vermeiden (vgl. Rdn. 2685), und demnach, wie in § 167 Abs. 1 Satz 2 Halbs. 2 HGB vorgesehen, eine Verrechnung von Verlusten vorrangig mit künftigen Gewinnen zu erreichen.

(5) Daneben bestehen **gesamthänderisch gebundene Rücklagenkonten**, ähnlich den Rücklagenkonten bei Kapitalgesellschaften, die wirtschaftlich allen Gesellschaftern »quotal« zustehen. Dort werden häufig auch nicht entnehmbare Gewinne (für die eigentlich das variable Kapitalkonto II vorgesehen ist, ähnlich einem gesellschafterspezifischen Rücklagenkonto) gebucht, was im Ergebnis keinen Unterschied macht, da jeder Gesellschafter am gesamthänderisch gebundenen Rücklagenkonto entsprechend seinem Gewinnverteilungsschlüssel beteiligt ist. Es hat dann Eigenkapitalcharakter, da die Rücklage zumindest im Fall des Ausscheidens zur Verlustabdeckung zur Verfügung steht.[380] In Ergänzungsbilanzen (Rdn. 2667 ff.) kann die Auf-

2614

2615

2616

---

374 Vgl. *Altendorf*, GmbH-StB 2009, 101, 102, m.w.N.; dies hat zur Folge, dass entgegen § 167 Abs. 2 HGB Gewinne aus den Vorjahren mit Verlusten nachfolgender Jahre verrechnet werden.
375 Wonach Kapitalanteile bis zur Grenze des § 167 Abs. 2 HGB beweglich sind.
376 Vgl. *Werner*, NWB 2012, 1523, 1527 f.
377 Finanzierungsaufwand, der im Zusammenhang mit der Tilgung einer solchen gegen die Gesellschaft gerichteten Forderung steht, ist als Betriebsausgabe abziehbar, BFH, 26.06.2007 – IV R 29/06, EStB 2008, 44.
378 BGH, 12.03.2013 – II ZR 73/11, ZNotP 2013, 194.
379 Vgl. BFH, 16.10.2008 – IV R 98/06, GmbH-StB 2009, 37.
380 BFH, 16.10.2008 – IV R 98/06, GmbH-StB 2009, 37.

deckung »überschießender« stiller Reserven durch den Einzelgesellschafter kompensiert werden, vgl. etwa § 24 Abs. 2 Satz 1 UmwStG.

Ein Gesellschafterkonto, das infolge von gesellschaftsvertraglich unzulässigen Auszahlungen negativ wird, also »aktivisch« geführt ist, weist eine Forderung der Gesellschaft gegen den Gesellschafter aus.[381] Zum Gesamtkomplex Folgender[382]

▶ Formulierungsvorschlag: Fünfkontenmodell bei der Personengesellschaft

2617 § x

Gesellschafterkonten

(1) Für jeden Gesellschafter werden ein Festkapitalkonto, ein gesamthänderisch gebundenes Rücklagenkonto, ein Verlustvortragskonto, ein Privatkonto und ein Darlehenskonto geführt.

(2) Kapitalkonten

a) Auf dem Festkapitalkonto wird für jeden Gesellschafter der in § ..... festgelegte Einlagebetrag gebucht. Die Festkapitalkonten werden als im Verhältnis zueinander unveränderliche Festkonten geführt, mit welchen die mitgliedschaftlichen Rechte und Pflichten der Gesellschafter, insbesondere der Anteil am Ergebnis und an den stillen Reserven verbunden sind. Das Kapitalkonto ist unverzinslich. Verlustanteile und Entnahmen verringern im Verhältnis der Kommanditisten untereinander nicht die Höhe der Kapitalkonten.

b) Auf dem Rücklagenkonto werden die dem Gesellschafter zustehenden, jedoch nicht entnahmefähigen Gewinne sowie über die Hafteinlage hinausgehende Zuzahlungen, die der Gesellschafter in das Eigenkapital leistet, gebucht. Sie dienen zur Stärkung des Eigenkapitals der Gesellschaft durch Pflichteinlagen und weisen keine Verbindlichkeiten der Gesellschaft aus; sie werden nicht verzinst. Von dem Rücklagenkonto sind etwaige Verluste anteilig abzubuchen. Die Gesellschafterversammlung kann mit einer Mehrheit von 75 % der gültig abgegebenen Stimmen beschließen, dass Guthaben auf den Rücklagenkonten um einen für alle einheitlichen Prozentsatz auf das Privatkonto umgebucht werden.

c) Stehen auf dem Rücklagenkonto keine Beträge mehr zur Verfügung, um einen Verlust voll abbuchen zu können, so ist ein weitergehender Verlust zunächst auf das Verlustvortragskonto zu buchen und durch Gewinngutschriften folgender Jahre vorab auszugleichen. Erst nach einem solchen Ausgleich können Gewinne wieder auf dem Privatkonto gutgeschrieben werden.

(3) Forderungskonten

a) Auf dem Privatkonto werden alle sonstigen Forderungen und Verbindlichkeiten zwischen Gesellschaft und Gesellschafter gebucht (mit Ausnahme von Darlehensverbindlichkeiten, nachstehend b). Dies gilt insbesondere für Gewinngutschriften, soweit diese nicht zum Ausgleich eines Verlustvortragskonto benötigt werden oder auf dem Rücklagenkonto zu verbuchen sind, Zinsen aus den Darlehenskonten, Tätigkeitsvergütungen, sowie sonstige Einlagen, sofern es sich dabei nicht um Zuzahlungen auf das Rücklagenkonto oder Gewährung von Darlehen handelt, sowie für Steuerentnahmen und sonstige Entnahmen nach Maßgabe von § ..... . Das Privatkonto wird im Soll und Haben mit ..... Prozentpunkten über dem zu Beginn eines jeden Kalenderjahres geltenden Basiszinssatz (§ 247 BGB) p.a. verzinst. Bemessungsgrundlage für die Zinsen ist der Stand der Privatkonten zum Ende eines jeden Kalendermonats. Die Zinsen auf den Privatkonten stellen im Verhältnis zu den Gesellschaftern Aufwand bzw. Ertrag dar. Die Gesellschaft ist zur Rückzahlung von Guthaben auf den Privatkonten an die Gesellschafter jederzeit berechtigt; Forderungen der Gesellschaft oder der Gesellschafter sind vorbehaltlich abweichender Vereinbarung jederzeit fällig.

b) Auf dem Darlehenskonto werden die von den Gesellschaftern gewährten Darlehen verbucht. Die Verzinsung der Gesellschafterdarlehen wird im Einzelfall durch einen mit einfacher Mehrheit zu fassenden Beschluss festgelegt. Die Zinsen werden unbeschadet der steuerlichen Behandlung wie Aufwand behandelt und dem Privatkonto gutgebracht. Gut-

---

381 BFH, 16.10.2008 – IV R 98/06, GmbH-StB 2009, 37; a.A. teilweise zuvor die Lit., die zwischen zulässigen und unzulässigen Entnahmen differenzierte, vgl. *Altendorf*, GmbH-StB, 101, 104.
382 In Anlehnung an *Veltins*, Der Gesellschaftsvertrag der KG, S. 15; *Leitzen*, ZNotP 2009, 262 f.

haben auf dem Darlehenskonto sind unter Einhaltung einer Frist von ..... Monaten auf das Ende des Geschäftsjahres kündbar; die Gesellschaft kann, solange ihre finanzielle Lage es erfordert, die Tilgung sodann in gleichen Quartalsraten in einem Zeitraum von bis zu drei Jahren vornehmen.

4. Verwaltung, Geschäftsführung, Vertretung

Die laufende **Verwaltung und Geschäftsführung** sowie **Vertretung** im Außenverhältnis sollte in der Hand des Veräußerers als Mitgesellschafter verbleiben. Dies ist sogar dann möglich, wenn er nur noch GbR-Gesellschafter ohne Vermögensbeteiligung i.S.d. § 718 BGB ist (ähnlich der Komplementärin einer GmbH & Co. KG).[383] Das Geschäftsführungs- und Vertretungsrecht einzelner Gesellschafter lässt sich bei der Personengesellschaft ausschließen. Wegen des Verbotes der Fremdorganschaft können allerdings fremde Personen (»family offices«) nur durch Spezialvollmacht für die GbR tätig sein oder aber dadurch, dass sie als Gesellschafter ohne Kapitalanteil und mit erleichterter Hinauskündigungsmöglichkeit (zu den Grenzen Rdn. 2634) aufgenommen werden.[384]

2618

Bei der KG ist der Komplementär »geborener« Vertreter und Geschäftsführer (§§ 164, 170 HGB); der Kommanditist verfügt lediglich über Widerspruchsrechte, unterliegt dafür aber auch keinem gesetzlichen Wettbewerbsverbot analog § 112 HGB.[385] Auf **Beiräte**, die Kommanditisten repräsentieren, können Geschäftsführungs- und Weisungsbefugnisse, auch Vetorechte, in weitem Umfang übertragen werden, ohne allerdings Auskunfts- und sonstige zum Kernbereich gehörende Rechte des Kommanditisten dadurch auszuschließen.[386]

2619

Ein solcher Katalog für Zustimmungsvorbehalte, die der Zustimmung des Beirats bedürfen, könnte beispielsweise wie folgt lauten:

2620

▶ Formulierungsvorschlag: Zustimmungsvorbehalte eines Beirats

Beschlüsse zu nachgenannten Gegenständen bedürfen stets der Zustimmung der Mehrheit der Beiratsmitglieder:
(1) die Aufstellung des jährlichen Investitionsfinanz- und Liquiditätsplans
(2) die Anstellung, Vertragsänderung oder Beendigung von Mitarbeitern mit einem Jahresgehalt über 50.000 € bzw. mit umsatz- oder ertragsabhängigen Gehaltsbestandteilen, die nicht auf maximal 20.000 € im Jahr begrenzt sind
(3) die Bestellung oder Abberufung von Geschäftsführern und Prokuristen
(4) Verträge mit Gesellschaftern, Geschäftsführern und Prokuristen oder diesen jeweils nahestehenden Personen i.S.d. § 15 AO
(5) der Abschluss von Verträgen, die wiederkehrende Zahlungsverpflichtungen über mindestens monatlich 1.000 € bedingen (z.B. Miet- oder Pachtverträge, Leasingverträge)
(6) jegliche Schuldübernahmebürgschaft, Garantie oder sonstige Haftungsübernahme für Dritte
(7) Veräußerung oder Belastung von Grundbesitz ab einem Betrag von 20.000 €
(8) Erwerb oder Veräußerung von Anteilen an anderen Unternehmen, Teilbetrieben und Betriebsteilen
(9) Gründung oder Aufhebung von Zweigniederlassungen
(10) jegliche Satzungsänderung.

Um die Jahresabschlusspublizität (§ 264a Abs. 1 Nr. 1 HGB, Rdn. 2821 ff.) zu vermeiden, wird mitunter – neben dem »eigentlichen Komplementär«, z.B. einer GmbH, – eine weitere natürliche

2621

---

383 Vgl. DNotI-Report 2000, 197.
384 Vgl. *Kirnberger*, ErbStB 2007, 57.
385 Es sei denn, er hätte maßgeblichen Einfluss auf die Geschäftsführung. Fehlt es daran, verstößt auch ein gesellschaftsvertragliches Wettbewerbsverbot gegen § 1 GWB; vgl. OLG Frankfurt, 17.03.2009 – 11 U 61/08, RNotZ 2009, 610.
386 Vgl. *Grunewald*, ZEV 2011, 283 ff.

Person als Vollhafter aufgenommen, die jedoch von der Geschäftsführung und Vertretung ausgeschlossen werden soll:[387]

▶ **Formulierungsvorschlag: Natürliche Person als weiterer Vollhafter ohne Befugnisse (zur Vermeidung der Registerpublizität)**

2622 Weiterer persönlich haftender Gesellschafter ist ….. . Er ist von der Geschäftsführung und der Vertretung der Gesellschaft jedoch ausgeschlossen. Er leistet keine Einlage und ist am Kapital, am Gewinn und Verlust sowie am Liquidationserlös der Gesellschaft nicht beteiligt. Sein Kontrollrecht gem. § 118 Abs. 1 HGB ist ausgeschlossen; unberührt bleiben jedoch seine Rechte gem. § 118 Abs. 2 HGB und §§ 713, 666 BGB. Er erhält eine jährliche Haftungsvergütung in Höhe von ….. Euro, deren Angemessenheit im Abstand von jeweils drei Jahren angesichts der finanziellen Lage der Gesellschaft und der Wahrscheinlichkeit einer möglichen Haftung durch den Steuerberater, welcher den Jahresabschluss aufstellt, zu überprüfen und anzupassen ist. Er kann durch Mehrheitsbeschluss der übrigen Gesellschafter ohne Abfindung ausgeschlossen werden, wenn in seiner Person ein wichtiger Grund i.S.d. §§ 133, 140 HGB vorliegt, insbesondere bei einem Verstoß gegen den Ausschluss von Geschäftsführung und Vertretung sowie das Wettbewerbsverbot.

Durch den Ausschluss der natürlichen Person jedenfalls von der Geschäftsführung wird zugleich erreicht, dass die gewerbliche Prägung der GmbH gewahrt bleibt (deren Erhalt jedoch der Befreiung von der Registerpublizität – Kriterium der Vollhafterstellung – nicht entgegensteht).

2623 Bei Kapitalgesellschaften, bspw. der Komplementär-GmbH einer Kommanditgesellschaft, lässt sich jedoch ein Geschäftsführungs- und Vertretungssonderrecht des »Hauptgesellschafters« (Veräußerers) satzungsmäßig verankern, z.B. wie folgt:[388]

▶ **Formulierungsvorschlag: Sondergeschäftsführungsrecht bei der Komplementär-GmbH**

2624 Der Gesellschafter X – nachstehend »Hauptgesellschafter« – hat, gebunden an seine Person in nicht vererblicher und nicht übertragbarer Weise, für die Dauer seiner Zugehörigkeit als Gesellschafter – unabhängig von der Höhe seiner Beteiligung – das Sonderrecht (§ 35 BGB), sich selbst oder einen von ihm bestimmten beliebigen Dritten, neben dem oder den sonst von der Gesellschafterversammlung frei gewählten Geschäftsführer(n), zu benennen. Dieser vom Sonderrechtsinhaber bestellte Geschäftsführer kann aus wichtigem Grund abberufen werden, ist stets einzelvertretungsberechtigt und von § 181 BGB befreit. Alle weiteren Geschäftsführer sind stets nur gemeinschaftlich mit dem Sonderrechtsgeschäftsführer vertretungsberechtigt, es sei denn, der Hauptgesellschafter stimmt einer abweichenden Vertretungsregelung zu.

(Ggf. Ergänzung: Das gewährte Sonderrecht kann nur durch den Hauptgesellschafter persönlich, nicht durch rechtsgeschäftliche oder gesetzliche Vertreter [Betreuer] ausgeübt werden; es erlischt ferner mit Vollendung des 85. Lebensjahres des Hauptgesellschafters).

2625 Wird die Geschäftsführungs- und Vertretungsleistung des Komplementärs nicht als bloßer Gesellschafterbeitrag, abgegolten durch die Beteiligung an Gewinn und Verlust, erbracht, sondern gegen (Sonder-)Entgelt, liegt entgegen früherer Auffassung[389] nach Ansicht des BFH[390] und seit 01.04.2004 auch der Finanzverwaltung[391] ein **umsatzsteuerpflichtiger** Vorgang vor, jedoch nicht hinsichtlich des Vergütungsanteils, der als Haftungsprämie entrichtet wird (§ 4 Nr. 8g UStG – str.; zur Vermeidung einer Vorsteueraufteilung sollte gem. § 9 Abs. 1 UStG auch insoweit optiert werden). Bei der sog. Einheits-GmbH & Co. KG sind jedoch aufgrund der entstehenden umsatzsteuerlichen Organschaft die Geschäftsführervergütungen des Komplementärs und der Kommanditisten in der Gesellschafterversammlung der GmbH nicht der Umsatzsteuer unterworfen.[392]

---

387 Vgl. *Kaya/Kaya*, NWB 2010, 2214.
388 Vgl. *Wälzholz*, NWB 2014, 136.
389 BFH, BStBl. 1980 II, S. 622.
390 BFH, 06.06.2002 – V R 43/01, BStBl. 2003 II, S. 34.
391 Nunmehr BMF-Schreiben v. 31.05.2007, BStBl. 2007 I, S. 503; vgl. *Korn/Strahl*, NWB 2007, 4506 = Fach 2 S. 9630.
392 Vgl. BMF, DB 2003, 19.

5. Stimmrecht

Denkbar ist sogar, das **Stimmrecht** der Abkömmlinge als Kommanditisten[393] (mit deren Zustimmung, § 53 Abs. 3 GmbHG analog, zur Kapitalgesellschaft vgl. Rdn. 2806 ff.) und wohl auch als Gesellschafter des bürgerlichen Rechtes[394] gänzlich auszuschließen. Weniger einschneidend kann dem Veräußerer, solange er Mitglied ist, ein »Veto-Recht« eingeräumt werden. Auch bei Ausschluss des Stimmrechtes sind die Gesellschafter jedoch zur Teilnahme an Versammlungen berechtigt, haben Rederecht und können gefasste Beschlüsse anfechten. Ebenso lassen Bevollmächtigungen der »Junior-Gesellschafter« zugunsten der Eltern (Schenker) zur Wahrnehmung sämtlicher Mitgliedschaftsrechte den Kernbereich dieser Rechte unberührt, jedenfalls sofern die Vollmacht aus wichtigem Grund widerruflich ist.[395]

2626

Die nachträgliche Aufhebung der Sonderstimmrechtsregelung bedarf in der Regel derselben Mehrheit wie die Stimmrechtsregelung selbst vorgesehen.[396]

2627

Daneben kann die Beschlussfähigkeit der Gesellschafterversammlung an die Anwesenheit einer bestimmten Person geknüpft werden, was allerdings bei »verschollenen« Gesellschaftern zu Schwierigkeiten führen kann[397] (ggf. also dessen Vertreters). Hierzu[398]

▶ Formulierungsvorschlag: Vetorecht

Beschlüsse, die bei einer GmbH mit einfacher Mehrheit gefasst werden können, bedürfen auch in dieser Personengesellschaft der einfachen Mehrheit, die sich nach Kapitalanteilen des Kapitalkontos I bemisst. Je ein Euro gewährt insoweit eine Stimme. Die Versammlung ist jedoch nur dann beschlussfähig, wenn auch X – nachstehend »Hauptgesellschafter« genannt – anwesend oder vertreten ist, wobei ihm eine Vertretung durch beliebige Personen offensteht. Jeder Beschluss bedarf zu seiner Wirksamkeit der Zustimmung des Hauptgesellschafters (Vetorecht), unabhängig davon, in welcher Höhe der Hauptgesellschafter noch an der Gesellschaft beteiligt ist. Abweichend von § 47 Abs. 4 GmbHG in analoger Anwendung ist ein Gesellschafter auch dann stimmberechtigt, wenn über Verträge und Erklärungen zwischen der Gesellschaft und dem betreffenden Gesellschafter Beschluss zu fassen ist.

2628

6. Vertragsänderung durch Mehrheitsbeschluss

Häufig wird auch gewünscht, **Vertragsänderungen** durch Mehrheitsbeschluss herbeiführen zu können. Dies begegnet Schwierigkeiten, weil nach der sog. »**Kernbereichslehre**« ein Mindestbestand von Gesellschafterrechten der Mehrheitsänderung nur mit dem Einverständnis des Betroffenen unterworfen werden kann. Bei der Vereinbarung von Mehrheitsabänderungsbefugnissen sollte daher auf diese rechtlichen Unsicherheiten hingewiesen werden. Die Rechtsprechung[399] verlangt zwar nicht (mehr) eine Auflistung der betroffenen Beschlussgegenstände; Grund und Tragweite solcher Mehrheitsentscheidungen können sich also auch durch **Auslegung** ergeben (»formelle Legitimation«).[400]

2629

---

393 BGHZ 20, 363 ff., im Anschluss an das GmbH-Recht, BGHZ 14, 264 ff.
394 H.M., vgl. Münchener Handbuch des Gesellschaftsrechtes/*Weipert*, Bd. 2, § 14 Rn. 26 f. m.w.N., a.A. *Wiedemann*, Gesellschaftsrecht I, § 7 Abs. 2 Satz 1, S. 368: unbeschränkte persönliche Haftung erfordere zwingende Mitwirkungsmöglichkeit.
395 FG Köln, 19.01.2005 – 11 K 844/04, DStRE 2006, 760.
396 BGH, 16.10.2012 – II ZR 239/11, *Priester*, NZG 2013, 32.
397 Vgl. *Lange*, notar 2017, 28 ff. (auch zur Abwesenheitspflegschaft gem § 1911 Abs. 1 Satz 1 BGB).
398 Vgl. *Wälzholz*, NWB 2014, 135.
399 Anders früher BGH, 15.01.2007 – II ZR 245/05 »OTTO«, ZNotP 2007, 184; BGH, 15.11.2011 – II ZR 266/09, NotBZ 2012, 171 m. Anm. *Vossius*.
400 BGH, 21.10.2014 – II ZR 84/13, DNotZ 2015, 65; dabei existiert keine allgemeine Auslegungsregel des Inhalts, dass Mehrheitsklauseln eng auszulegen seien; vgl. *Podewils*, GmbH-StB 2015, 134, sowie allgemein zu Mehrheitsklauseln *Wicke*, MittBayNot 2017, 125 ff.

2630 Auch in Bezug auf **sonstige Mehrheitsbeschlüsse**, die nicht Satzungsänderungen betreffen, genügt es, dass sich die formelle Legitimation hierfür aus dem Gesellschaftsvertrag nach allgemeinen Auslegungsgrundsätzen ergibt, es bedarf also keiner enumerativen Kataloge (mehr).[401] Allerdings genügt die schlichte Mehrheitsklausel wohl nicht zur nachträglichen Einführung einer Nachschusspflicht,[402] so dass es der Zustimmung aller Gesellschafter bedürfte,[403] die jedoch auch in der Beitrittserklärung abgegeben werden kann.[404] Die Unwirksamkeit des Nachschussbeschlusses kann auch nach Ablauf der in der Satzung bestimmten Anfechtungsfrist als Einwendung der Zahlungsklage der Gesellschaft gegengehalten werden[405] (sonst ist die Nichtigkeit von Beschlüssen durch Feststellungsklage gegen die Mitgesellschafter geltend zu machen).[406] Auch wenn die Mehrheitsklausel wirksam ist, muss der auf seiner Grundlage gefasste Beschluss die **gesellschaftsrechtliche Treuepflicht** einhalten, was auf einer zweiten Stufe zu prüfen ist (»OTTO-Entscheidung«),[407] und zwar nicht nur bei Beschlüssen, die in den Kernbereich der Mitgliedschaftsrechte der Minderheit eingreifen.[408] Nach der vom BGH geprägten Formel[409] muss aufgrund der Treuepflicht der Gesellschafter einer Maßnahme zustimmen, wenn sie zur Erhaltung wesentlicher Werte, die die Gesellschafter geschaffen haben, oder zur Vermeidung erheblicher Verluste, die die Gesellschaft bzw. die Gesellschafter erleiden könnten, objektiv unabweisbar erforderlich ist und den Gesellschaftern unter Berücksichtigung ihrer eigenen schutzwürdigen Belange zumutbar ist, also wenn der Gesellschaftszweck und das Interesse der Gesellschaft gerade diese Maßnahmen zwingend gebieten und der Gesellschafter seine Zustimmung ohne vertretbaren Grund verweigert.

7. Tod von Gesellschaftern

2631 Beim **Tod von Gesellschaftern** ist in der GbR abweichend von § 727 Abs. 1 BGB vorzusehen, dass die Gesellschaft entweder mit den übrigen Gesellschaftern (Fortsetzungsklausel) bzw. mit bestimmten, zugelassenen Erben (qualifizierte Nachfolgeklausel) fortgesetzt wird (vgl. zu gesellschaftsrechtlichen Nachfolgeklauseln im Überblick zivilrechtlich Rdn. 147 ff., im Detail und steuerrechtlich: Rdn. 5865 ff.) Dadurch lässt sich erreichen, dass Schwiegerkinder oder Dritte nicht in die Gesellschaft eindringen können, ähnlich wie dies bei Direktübertragungen von Immobilien durch Rückforderungsrechte gewährleistet ist.

---

401 BGH, 21.10.2014 – II ZR 84/13, DNotZ 2015, 65; in Abgrenzung zu BGH, 15.01.2007 – II ZR 245/05 »OTTO«, ZNotP 2007, 184 und BGH, 24.11.2008 – II ZR 116/08, DNotZ 2009, 392 (»Schutzgemeinschaftsvertrag II«). Früher war die Rechtsprechung strenger, vgl. allgemein zu Mehrheitsklauseln *Wicke,* MittBayNot 2017, 125 ff.
402 BGH, 21.05.2007 – II ZR 96/06, ErbStB 2007, 266; allgemein zur Nachschusspflicht bei geschlossenen Immobilienfonds, *Carlé,* ErbStB 2008, 269. Noch strenger BGH, 19.03.2007 – II ZR 73/06, ZNotP 2007, 232, wonach sogar die Formulierung »Nachschusspflicht, soweit bei der laufenden Bewirtschaftung der Grundstücke Unterdeckungen eintreten« nicht genügen soll (mit der Aufgabe des sog. Bestimmtheitsgrundsatzes allerdings wohl nicht mehr zu vereinbaren).
403 Wird diese erteilt, liegt allerdings kein Eingriff in »mitgliedschaftliche Grundrechte« vor, BGH, 03.12.2007 – II ZR 36/07, ZNotP 2008, 211.
404 BGH, 05.11.2007 – II ZR 230/06, ErbStB 2008, 201.
405 BGH, 09.02.2009 – II ZR 231/07, NotBZ 2009, 493.
406 BGH, 01.03.2011 – II ZR 83/09, GmbHR 2011, 539, m. Anm. *Münnich* (es sei denn, der Gesellschaftsvertrag würde das kapitalistische System einer Klage gegen die Gesellschaft übernehmen; dafür reicht jedoch nicht die Vereinbarung einer »Anfechtungsfrist«).
407 BGH, 15.01.2007 – II ZR 245/05, DNotZ 2007, 629; Anwendungsbeispiel: BGH, 15.11.2011 – II ZR 272/09, ZNotP 2012, 433 (Feststellung einer Auseinandersetzungsbilanz als Grundlage der Verlustausgleichspflicht bei Liquidation einer GbR).
408 BGH, 24.11.2008 – II ZR 116/08, DNotZ 2009, 392 (»Schutzgemeinschaftsvertrag II«).
409 BGH, 12.04.2016 – II ZR 275/14, ZNotP 2016, 330.

8. Scheidungsrisiko

Die mit einer Scheidung von im gesetzlichen Güterstand[410] verheirateten Gesellschaftern einhergehende Belastung durch Zugewinnausgleichsansprüche, insbesondere ihre sofortige Fälligkeit[411] und die Ermittlung aus dem vollen Unternehmenswert, aber auch die mit (Bewertungs-)Streitigkeiten verbundene Öffentlichkeit führen dazu, dass alle Gesellschafter in der Regel ein gemeinsames Interesse daran haben, sich gegenseitig vor den Folgen eines »Rosenkriegs« zu schützen. Auch die Rechtsprechung anerkennt das legitime Interesse von Unternehmern und Gesellschaftern an der Erhaltung der wirtschaftlichen Substanz des Unternehmens. Zahlreiche Gesellschaftsverträge enthalten daher eine »**Güterstandsklausel**«, die eine Obliegenheit (keine Verpflichtung![412]) zum Abschluss eines Ehevertrages enthält, in welchem zumindest der Zugewinnausgleich in Bezug auf die Gesellschaftsbeteiligung ausgeschlossen wird.

2632

▶ Formulierungsvorschlag: Güterstandsklausel im Gesellschaftsvertrag

(1) Jeder Gesellschafter ist verpflichtet, die Gesellschaft unverzüglich über seinen jeweiligen Güterstand und etwaige spätere Änderungen schriftlich zu informieren.
(2) Um den langfristigen Fortbestand der Gesellschaft zu sichern, unterliegen alle Gesellschafter, die verheiratet sind, der Obliegenheit, mit ihrem Ehegatten einen wirksamen Ehevertrag abzuschließen und auf diese Weise sicherzustellen, dass
    a) die Beteiligung an der Gesellschaft samt allen dazugehörenden Forderungen, Ansprüchen, Nebenrechten, Guthaben etc., einschließlich des Sonderbetriebsvermögens I und II, im Fall einer Scheidung der Ehe in keiner Weise einem Zugewinnausgleich oder sonstigen eherechtlichen Ausgleichsansprüchen unterliegt und
    b) der jeweilige Gesellschafter über die Beteiligung an der Gesellschaft stets allein verfügungs- und verwaltungsbefugt ist.
(3) Die Gesellschafter unterliegen ferner der Obliegenheit, ihre Eheverträge an veränderte rechtliche und wirtschaftliche Umstände anzupassen, um die dauerhafte Wirksamkeit zu gewährleisten.
(4) Zum Schutz vor ungewollter Öffentlichkeit hat der als Obliegenheit geschuldete Ehevertrag ferner die Vereinbarung zu enthalten, dass alle unternehmensrelevanten Informationen, vor allem unternehmensinterne Zahlen, gegenüber jedermann absolut vertraulich zu behandeln sind, und diese Vereinbarung nach Möglichkeit durch eine angemessene Vertragsstrafe gesichert wird.
(5) Dieselbe Verpflichtung gilt sinngemäß für alle Gesellschafter, die mit einem Partner gleichen oder verschiedenen Geschlechts in einer Ehe oder sonstigen Lebenspartnerschaft nach in- oder ausländischem Recht zusammenleben, sofern sich aus diesem Zusammenleben rechtliche Ansprüche in Bezug auf die Gesellschaftsbeteiligung ergeben können.
(6) Jeder betroffene Gesellschafter ist verpflichtet, der Gesellschaft die Einhaltung der Verpflichtung nach schriftlicher Aufforderung unverzüglich, spätestens aber nach Ablauf von drei Monaten, nachzuweisen, durch Vorlage einer beglaubigten Abschrift eines Ehevertrags.
(7) In gleicher Weise hat jeder Gesellschafter auf Verlangen nachzuweisen, dass er mit seinem Ehegatten und mit seinen volljährigen Kindern eine wirksame Vereinbarung (gegenständlich beschränkter Pflichtteilsverzicht) geschlossen hat, derzufolge die Beteiligung an der Gesellschaft samt allen dazugehörenden Forderungen, Ansprüchen, Nebenrechten und Guthaben im Fall seines Ablebens bei der Berechnung des Pflichtteilsrechts nicht berücksichtigt wird.
(8) Kommt ein Gesellschafter einer der in (1) bis (7) enthaltenen Verpflichtungen nicht nach, entscheidet die Versammlung mit einer Mehrheit von 75 % der abgegebenen Stimmen über die im Einzelfall geeigneten Sanktionen. Dem betroffenen Gesellschafter steht dabei kein Stimm-

2633

---

410 Bei Gütergemeinschaft kann nur der den Kommanditanteil erwerbende Ehegatte Gesellschafter sein, es handelt sich kraft Gesetzes um Sondergut i.S.d. § 1417 BGB, vgl. OLG Nürnberg, 24.05.2017 – 12 W 643/17, MittBayNot 2017, 499.
411 § 1382 BGB gewährt keine effektive Stundung.
412 Eine solche wäre nicht wirksam vereinbar. Daher bedarf der Gesellschaftsvertrag, der eine solche Klausel enthält, auch nicht analog § 1410 BGB der notariellen Beurkundung, vgl. *Wenckstern*, NJW 2014, 1335 ff.; *Grotheer*, RNotZ 2015, 4,6.

9. Hinauskündigungsmöglichkeit

2634 Zivilrechtlich ist Voraussetzung einer Hinauskündigungsklausel sowohl im Rahmen einer GmbH,[413] einer KG[414] – auch einer Publikums-KG mit reinem Kapitalanlagecharakter[415] – als auch einer schlichten GbR, dass

(1) ein **sachlicher Grund**[416] vorliegt, mithin also eine objektive, von den Gesellschaftern nicht zu beeinflussende Tatsache – etwa das Ableben eines Gesellschafters oder die Beendigung eines bestehenden Kooperationsvertrages mit der Gesellschaft –,[417] ebenso die Pfändung der Gesellschaftsbeteiligung (dann ist auch ein »automatisches Ausscheiden« unbedenklich[418]);

(2) oder ein **anzuerkennendes Motiv** (Abgabe des Anteils bei Beendigung der Tätigkeit als Arbeitnehmer oder als Geschäftsführer für das Unternehmen[419] – die mittelbare oder unmittelbare Beteiligung von Mitarbeitern an »ihrer« GmbH[420] stellt ohnehin besondere Anforderungen an den Gestalter – oder nach Ablauf einer »Probezeit« bei Freiberufler-Gesellschaften;[421] ebenso: Herausgabe des vom Ehegatten erworbenen »angehirateten« Anteils bei Scheidung);[422]

(3) und die Hinauskündigung binnen einer bestimmten **Frist** ab Kenntnis von den auslösenden Umständen erklärt wird;[423]

(4) und weiterhin dem **Willkürverbot** nicht widerspricht.

2635 Der Umstand, dass der Gesellschaftsanteil geschenkt wurde, dürfte keine abweichende Betrachtung rechtfertigen;[424] ebenso wenig kann eine angemessene Entschädigung die Zulässigkeit willkürlicher Hinauskündigungsklauseln zur Folge haben.[425]

---

413 BGHZ 112, 103; vgl. Übersicht bei *Lohr,* GmbH-StB 2016, 249.
414 BGHZ 81, 263; BGHZ 105, 213.
415 BGHZ 125, 74.
416 Ausreichend ist gem. BGH, 14.03.2005 – II ZR 153/03, DNotZ 2005, 792 die Anknüpfung an die Beendigung eines Kooperationsvertrages, dem ggü. die gesellschaftsrechtliche Bindung gänzlich untergeordnet ist.
417 BGH, 14.03.2005 – II ZR 153/03, DStR 2005, 798.
418 OLG Brandenburg, 28.04.2016 – 5 U 79/13, RNotZ 2016, 534 [zur Vermeidung des Einflusses Dritter, kein Verstoß gegen § 138 BGB].
419 BGH, 19.09.2005 – II ZR 342/03, DStR 2005, 1910, i.R.d. sog. »Mitarbeitermodells« und gemäß BGH, 19.09.2005 – II ZR 173/04, DStR 2005, 1913, i.R.d. »Managermodells« die Rückübertragungspflicht von weitgehend unentgeltlich übertragenen Anteilen zulasten von Mitarbeitern bzw. Geschäftsführern bei deren Ausscheiden aus dem Unternehmen.
420 Vgl. *Heckschen/Glombik,* GmbHR 2013, 1009 ff.; monografisch *Nawrot/zu Knyphausen-Aufseß/Didion/Wenig,* Mitarbeiterbeteiligung, 2009.
421 BGH, 07.05.2007 – II ZR 281/05, DNotI-Report 2007, 175: bis zu 3 Jahre.
422 Jedenfalls bei Familienvermögensverwaltungsgesellschaften, sofern der angeheiratete Ehegatte den Anteil unentgeltlich erworben hat: OLG Karlsruhe, 12.10.2006 – 9 U 34/06, ZEV 2007, 137, m. Anm. *Ivo*; vgl. auch *Münch,* ZErb 2007, 410.
423 Vgl. BGHZ 105, 213 ff.
424 *Heinemann,* ZHR 155 (1991), 464 ff.; in BGHZ 112, 109 ausdrücklich offengelassen.
425 Vgl. *Reul,* Grundrechte und Vertragsfreiheit im Gesellschaftsrecht (Vortrag 04.11.2006 Rheinisches Institut für Notarrecht Bonn, Umdruck S. 45).

C. Gesellschaftslösungen unter Beteiligung der Veräußerer, »Familienpool« Kapitel 5

Aufgrund der Testierfreiheit steht es dem Erblasser frei, sein Unternehmen an die Kinder mit der Auflage zu vererben, dass ein Gesellschaftsvertrag mit freiem Hinauskündigungsrecht und Anwachsungsfolge geschlossen werde.[426]

Die gesellschaftsrechtlichen Grenzen freier Hinauskündigung haben auch Einfluss auf die Zulässigkeit schuldrechtlicher Rückforderungsvorbehalte anlässlich des Schenkungsvorgangs (vgl. Rdn. 2638).

In der Krise können die Gesellschafter jedoch mehrheitlich beschließen, dass zur Rettung der Gesellschaft eine Kapitalerhöhung durchzuführen sei, und diejenigen Gesellschafter, die sich an der Erhöhung nicht beteiligen, aus der Gesellschaft ausscheiden. U.U. ergibt sich aus der Treuepflicht des Gesellschafters sogar die Pflicht, einem solchen Beschluss (»**Sanieren oder ausscheiden**«) zuzustimmen.[427] 2636

Verwandt sind Regelungen, die bei unüberwindlichen Differenzen oder Pattsituationen den Erwerb eines Gesellschaftsanteils durch den bzw. die Anderen sicherstellen sollen, etwa sog. Shootout-Klauseln, vgl. Rdn. 2653 ff. 2637

10. Rückforderungsvorbehalt

Zulässig ist jedoch – wie bei der Direktübertragung der Immobilie – die Vereinbarung eines Rückforderungsvorbehaltes i.R.d. Abtretung/Einräumung der Gesellschafterstellung als solcher (vgl. hierzu umfassend Rdn. 2392 ff., auch zur Ausstrahlungswirkung der gesellschaftsrechtlichen Hinauskündigungsverbote, mit Formulierungsvorschlag Rdn. 2218). 2638

11. Risiko eigener Kündigung

Nachteilig ggü. der sachenrechtlichen Direktübertragung mit Rückforderungsvorbehalt ist das zwingend gegebene Recht auch der »Junior-Gesellschafter«, sich den gesellschaftsrechtlichen Bindungen durch **Kündigung aus wichtigem Grund** (§ 723 Abs. 1 und 3 BGB bei der GbR, i.Ü. § 314 BGB, im Zweifel mit Auflösungsfolge durch Gestaltungsurteil, § 133 HGB) zu entziehen, wenn die Fortsetzung der Gesellschaft bis zum Vertragsende bzw. bis zum nächsten ordentlichen Kündigungstermin nicht zumutbar ist, weil das Vertrauensverhältnis zwischen den Gesellschaftern grundlegend gestört ist und ein gedeihliches Zusammenwirken aus sonstigen, namentlich auch wirtschaftlichen Gründen, nicht mehr möglich ist.[428] Daneben tritt das ordentliche Kündigungsrecht bei unbefristeten Gesellschaften (§ 723 Abs. 1 Satz 1, Abs. 3 BGB), das jedoch für eine angemessene Zeitdauer, möglicherweise gar 20 Jahre,[429] ausgeschlossen werden kann, so dass die 2639

---

426 BGH, 19.03.2007 – II ZR 300/05, ZNotP 2007, 230.
427 BGH, 09.06.2015 – II ZR 227/14, DNotZ 2016, 139; BGH, 19.10.2009 – II ZR 240/08, GmbHR 2010, 32, m. Anm. *Ulrich* = NotBZ 2009, 486, m. Anm. *Vossius* (zu einem Publikums-Immobilienfonds in Form einer OHG, sogar mit der Folge, dass die ausgeschiedenen Gesellschafter aufgrund negativer Abfindungsbilanz nachzuzahlen haben), vgl. *Deutscher*, ZfIR 2010, 481. Eine Zustimmungspflicht besteht jedoch nicht, wenn der Gesellschaftsvertrag auch im Krisenfall Einstimmigkeit vorsieht und die zahlungsunwilligen Gesellschafter die Verringerung ihrer Beteiligung hinzunehmen haben, BGH, 25.01.2011 – II ZR 122/09, ZNotP 2011, 187 = NotBZ 2011, 288, m. Anm. *Vossius*; vgl. *Heckschen*, in: DAI-Skript 12. Jahresarbeitstagung des Notariats, 2014, S. 263 ff. Der Gesellschaftsvertrag kann ferner die Zustimmungspflicht des Sanierungsunwilligen zu seinem Ausscheiden an zusätzliche Voraussetzungen knüpfen, vgl. BGH, 09.06.2015 – II ZR 420/13, DNotZ 2016, 306. Zur möglichen Übertragbarkeit der BGH-Rechtsprechung »Sanieren oder Ausscheiden« auf die GmbH vgl. *Lieder*, in: Tagungsband »Aktuelles GmbH-Recht«, Schriften zum Notarrecht Bd. 33, 2013, S. 142, 144 ff. (dort auch allgemein zur Kapitalerhöhung in der Krise oder Insolvenz der GmbH).
428 BGH, 22.05.2012 – II ZR 2/11 ZNotP 2012, 345; die Insolvenz eines anderen Gesellschafters ist kein wichtiger Grund, wenn sie ohnehin zu seinem Ausscheiden führt.
429 BGH, 18.09.2006 – II ZR 137/04, DStR 2007, 34: 30 Jahre unzulässig, selbst wenn zur Alterssicherung der Seniorpartner gedacht; ähnlich BGH, 22.05.2012 – II ZR 205/10, DNotZ 2012, 869: 31 Jah-

aus Sicht der Eltern besonders »gefährdete« Zeit zwischen dem 15. und dem 25. Lebensjahr regelmäßig überbrückt wird.

2640 Der häufig gewünschte **Ausschluss des Rechtes zur ordentlichen Kündigung auf die Lebensdauer des Senior-Gesellschafters** (übertragenden Elternteils) kann gem. § 724 Satz 1 BGB, § 134 i.V.m. § 161 HGB nicht durch eine auf diese Zeit eingegangene Befristung erreicht werden.[430] Allerdings gewährt § 723 Abs. 1 Satz 3 Nr. 2 BGB dem volljährig gewordenen Gesellschafter einer GbR sowie dem volljährig gewordenen Komplementär ein Sonderkündigungsrecht binnen 3 Monaten ab Kenntnis seiner Mitgliedschaft – nicht notwendig des Kündigungsrechtes – (zur Vermeidung der Vermutungswirkung des § 1629a Abs. 4 BGB). Hierin liegt ein deutlicher Vorteil der KG, deren volljährig gewordenen Kommanditisten allenfalls ausnahmsweise, bei nicht voll erbrachter Haft- oder Pflichteinlage,[431] zu dieser Kündigung berechtigt sind.

12. Abfindungsanspruch bei Kündigung oder Ausschluss

a) Berechnung

2641 Während bei der direkten Grundstücks- oder Betriebszuwendung die Rückforderung ggf. auch unentgeltlich (bzw. gegen Erstattung der investitionsbedingten Werterhöhung, Rdn. 2311 ff.) erfolgen kann, zieht die »Hinauskündigung« eines missliebigen Gesellschafters ebenso wie dessen Eigenkündigung grds. einen Abfindungsanspruch nach sich. Die zu gewährende Abfindung richtet sich bei Fehlen anderweitiger Vereinbarungen gem. § 738 BGB nach dem Verkehrswert auf der Basis des going concern, nicht der Zerschlagung;[432] mindestens ist jedoch der Liquidationswert anzusetzen.[433] Die schwierige Bestimmung dieser Werte wird erleichtert, wenn die Satzung das Ermittlungsverfahren bestimmt, etwa

2642 (1) durch entsprechende Anwendung des an sich für nicht börsennotierte Kapitalgesellschaftsanteile für schenkung-/erbschaftsteuerliche Fälle bis zum 31.12.2008 geschaffenen »**Stuttgarter Verfahrens**« (Rn. 3457 der 3. Auflage dieses Werks) auch für Personengesellschaften. Legt man dabei nicht den Substanzwert, wie eigentlich beim Stuttgarter Verfahren vorgesehen, zugrunde (Buchwerte, für Grundstücke gemeindliche Richtwerte), sondern den Teilwert, lautet die vereinfachte Bewertungsformel:
Unternehmenswert = 0,68 × (Teilwert + 5-facher Durchschnittsertrag der letzten 3 Jahre);

(2) oder nach den Richtlinien des Hauptfachausschusses des Instituts der Wirtschaftsprüfer in Deutschland zur Unternehmensbewertung, zuletzt Standard **IDW S1** (»objektivierter Unternehmenswert«, Stand 2008);[434]

2643 (3) oder nach dem **Discounted-Cash-Flow**-Verfahren: Betriebsergebnis vor Zinsen und Steuern abzgl. der Steuern, zuzüglich Abschreibungen und anderen kassenwirksamen Aufwands, abzgl. Investitionen im Anlagevermögen, abzgl. Erhöhung des working capital ergibt freien cashflow (ohne Schulden), vgl. Rdn. 4738

---

re bei Kapitalanlage-GbR zu lange, auch wegen des unüberschaubaren Haftungsrisikos; (großzügiger noch BGH, WM 1967, 316); noch strenger *Wiedemann*, WM 1992, Beilage 7, S. 51: 10 Jahre bei am Vermögen beteiligten Gesellschaftern, 5 Jahre (vgl. § 624 BGB) bei geschäftsführenden Gesellschaftern.

430 § 724 BGB gilt (erst recht) für Ausschlussklauseln, wonach die Lebenszeit eines Gesellschafters als »Mindestzeit« vereinbart sei, vgl. MünchKomm-BGB/*Ulmer*, § 724 Rn. 7. Ergänzende Vertragsauslegung kann jedoch den untauglichen Versuch eines lebenszeitigen Kündigungsausschlusses durch Befristung (wohl) auf das noch zulässige Maß beschränken, vgl. Gutachten, DNotI-Report 2006, 95.

431 *Grunewald*, ZIP 1999, 599 f.; generell gegen das Minderjährigenkündigungsrecht von Kommanditisten *Reimann*, DNotZ 1999, 206.

432 Vgl. BGH, DB 1967, 854.

433 MünchKomm-BGB/*Ulmer*, § 738 Rn. 24.

434 Die Wirtschaftsprüfung 2008, 271 = FN-IDW 7/2008, 271; zuvor bspw. IDW Standard I 2005 sowie 2000 bzw. RL HFA II/1995 (zur Unternehmensbewertung im Familien- und Erbrecht) sowie HFA VI/1997 (zur Bewertung kleiner und mittlerer Unternehmen).

(4) oder nach dem **reinen Ertragswert** (Durchschnittsergebnis der drei letzten festgestellten Bilanzen ist nach der Formel für ewige Renten mit einem Zinsfuß von x Prozentpunkten über dem Basiszinssatz zu kapitalisieren, zum ab 2009 als Regelverfahren in §§ 199 ff. BewG vorgesehenen vereinfachen Ertragswertverfahren s. im Einzelnen Rdn. 4706 ff.), vereinfacht ausgedrückt: durchschnittlicher Jahresüberschuss dividiert durch den anzuwendenden Jahreszins ergibt Ertragswert;

▶ Beispiel:

Jahresüberschuss von 60.000,00 € bei einem anzuwendenden Zins von gesamt 6 % ergibt 60.000,00: 0,06 = 1 Mio. € Unternehmenswert.

Denkbar ist auch
(5) eine rein **umsatzbezogene** Abfindung, insb. bei Dienstleistungsunternehmen, oder
(6) eine Mischung aus Substanzwert und Jahresgewinn (so bestimmen etwa viele Handwerkskammern pauschal den Wert eines Handwerksbetriebs durch den Substanzwert zuzüglich des 2-fachen Jahresgewinns, sog. »**Praktikerformel**«) (vgl. im Einzelnen die Übersicht in Rdn. 4738).

2644

b) *Reduzierung*

Die Kautelarpraxis ist bestrebt, im Interesse der verbleibenden Gesellschafter die **Abfindung** möglichst zu reduzieren, muss sich allerdings des Umstandes bewusst sein, dass die Differenz zwischen dem Steuerwert des Anteils und einem etwa geringeren tatsächlichen Abfindungsbetrag gem. §§ 3 Abs. 1 Nr. 2 Satz 2, 7 Abs. 7 ErbStG zu versteuern ist (vgl. Rdn. 4471). Auch zivilrechtlich kann die Abfindung nicht beliebig niedrig vereinbart und beliebig lange zinsfrei gestundet[435] werden (Wirksamkeitskontrolle, bezogen auf den Zeitpunkt des Vertragsschlusses oder der späteren gänzlichen bzw. zumindest auch die Abfindungsregelung umfassenden Neufassung des Gesellschaftsvertrages – im Zweifel ist also von einer gänzlichen Neufassung abzuraten![436]). Gefährlich sind im Rahmen der Wirksamkeitskontrolle zum einen Nennwertklauseln[437] sowie **Abfindungen unter dem Buchwert**[438] (unangemessene Beeinträchtigung des Kündigungsrechts, § 723 Abs. 3 BGB,[439] oder Knebelung des Gesellschafters: § 138 BGB), möglicherweise auch bereits die Buchwertklausel als solche[440] (uneingeschränkt zulässig dürfte die Buchwertklausel jedenfalls bei ideellen Gesellschaften,[441] und Arbeitnehmerbeteiligungen[442] bzw. Mitarbeitermodellen[443] bzw. Managermodellen[444] sein; hier kann es auch zulässig sein, den Nominalbetrag der geleisteten Einlage rückzuerstatten, jedoch ohne Abzug zwischenzeitlich erhaltener Gewinnanteile[445]). Gefähr-

2645

---

435 Üblich sind ca. 3 bis 5 Jahre, ohne Anspruch auf Sicherheitsleistung, vgl. *Wälzholz*, FamRB 2007, 88. Die Abfindung in drei zinslosen Raten nach fünf, 8 und 10 Jahren soll nach OLG Dresden, DB 2000, 1221, m. krit. Anm. *Ziegler*, DB 2000, 2107 gegen § 723 Abs. 3 BGB verstoßen. Einen Abfindungszeitraum von fünf Jahren hat BGH, NJW 1993, 3193 nicht beanstandet.
436 *Eckhardt*, notar 2015, 347, 352.
437 D.h. Beschränkung der Abfindung auf den Nennbetrag des Anteils ohne anteilige Rücklagen und Gewinn-, aber auch Verlustvorträge, Fomulierungsbeispiel bei *Eckhardt*, notar 2015, 347, 353.
438 BGH, NJW 1989, 2686: Abfindung zum halben Buchwert ist regelmäßig auch bei geschenkter Beteiligung unwirksam; s.a. Rdn. 2648.
439 Wobei der BGH, 07.04.2008 – II ZR 3/06, ZNotP 2008, 411, die Zulässigkeit der schlichten Fortgeltungsklausel unabhängig davon beurteilt, ob die Abfindung noch angemessen ist.
440 *Goette*, DStR 2001, 541: Buchwertklausel jedenfalls bei gewerblichem Vermögen noch zulässig; ebenso *Richter*, Die Abfindung ausscheidender Gesellschafter unter Beschränkung auf den Buchwert, S. 171.
441 BGH, 02.06.1997 – II ZR 81/96, NJW 1997, 2592.
442 BGH, 09.07.1990 – II ZR 194/89, NJW 1990, 2622.
443 BGH, 19.09.2005 – II ZR 342/03, DStR 2005, 1910; zur Zulässigkeit einer Einziehungsklausel in diesem Fall OLG München, 05.10.2016 – 7 U 3036/15.
444 BGH, 19.09.2005 – II ZR 173/04, DStR 2005, 1913.
445 Gegen diesen Abzug LAG Rheinland-Pfalz, 21.08.2014 – 5 Sa 110/14.

lich ist es weiter, für den Fall der Kündigung durch Privatgläubiger eines Gesellschafters eine niedrigere Abfindung als in sonstigen Fällen der Ausschließung aus wichtigem Grund vorzusehen (Gläubigerbenachteiligung).[446]

2646 Möglicherweise lässt sich letztgenannter Gestaltungsgrenze dadurch genügen, dass – der allgemeinen Praxis entsprechend – lediglich ein weiterer Fall des wichtigen Grundes i.S.d. § 133 HGB mit dem Fall der Kündigung durch Privatgläubiger (§§ 135, 161 HGB) oder des Ausscheidens aufgrund Insolvenzeröffnung (§§ 131 Abs. 3 Nr. 2, 161 HGB)[447] gleich behandelt wird.[448]

2647 Sicherlich differenziert werden kann jedoch zwischen den Abfindungsfolgen bei Vorliegen eines wichtigen Grundes/bei Pfändung bzw. Insolvenz einerseits und sonstigen Fällen der Kündigung ohne Vorliegen eines wichtigen Grundes andererseits[449] (ähnlich unterschiedlichen Rückkaufpreisen für »bad leaver« bzw. »good leaver conditions« bei venture-capital-Beteiligungen).[450] Der Umstand, dass eine Gesellschaftsbeteiligung schenkweise erworben wurde, soll hingegen keine mildere Beurteilung rechtfertigen.[451] Wurde eine aus Sicht der späteren Anwendungskontrolle unzulässig niedrig gewordene Abfindung vereinbart, hält der BGH angesichts der **nachträglich eingetretenen Wertdifferenz**[452] den gerade noch zulässigen Wert als vereinbart[453] bzw. als zu vereinbaren;[454] bei möglicher anfänglicher Nichtigkeit (aufgrund ab initio bestehenden krassen Missverhältnisses) empfiehlt sich die vorsorgliche Verpflichtung zur Zahlung jenes »Auffangbetrages«, da sonst die gesetzliche Vollabfindung geschuldet wäre.[455]

2648 Mögen sich auch schematische Festlegungen verbieten, wird überwiegend die Reduzierung auf **zwei Drittel**,[456] teilweise auch die Hälfte,[457] kaum jedoch weniger[458] des »echten Anteilswertes« für zulässig gehalten. Großzügigere Grundsätze können gelten bei Gesellschaften, die rein ideelle Zwecke verfolgen[459] oder rein genossenschaftlichen Charakter haben, ferner für Gesellschafter ohne Kapitalanteil und bei einer Freiberuflersozietät, wenn weder eine Mandantenschutzklausel noch ein nachvertragliches Wettbewerbsverbot vorgesehen seien. Auch kann (ohne Verletzung des Gleichheitsgrundsatzes, § 243 AktG analog) nach der Dauer der Mitgliedschaft differenziert wer-

---

446 BGHZ 144, 365.
447 Bei der GbR ist die Insolvenzeröffnung gem. § 728 Abs. 2 BGB Auflösungsgrund, was jedoch regelmäßig zugunsten des Ausscheidens des Betroffenen modifiziert wird.
448 Dies ist allerdings in BGH, 16.09.2000 – II ZR 73/99, NJW 2000, 2819 nur angedeutet.
449 Vgl. eingehend *Oppermann*, RNotZ 2005, 465; *Wolf*, MittBayNot 2013, 9 ff.; *Hammiger*, NWB 2016, 3169 ff.; Formulierungsvorschlag bei *Wälzholz*, FamRB 2007, 89.
450 *Kästle/Heuterkes*, NZG 2005, 289, 290.
451 BGH, 09.01.1989 – II ZR 83/88, NJW 1989, 2685 ff. (»keine Gesellschafter zweiter Klasse«); für vollständigen Ausschluss der Abfindung bei geschenkten Anteilen dagegen OLG Naumburg, NZG 1999, 111, m. abl. Anm. *Behnke* (obiter dictum).
452 Hierzu *Förster*, ZGR 2014, 396 ff.; auch zur späteren Änderung des Sittenwidrigkeitsmaßstabs bei unveränderter Sachlage.
453 BGH, DStR 1993, 1109; DStR 1995, 461; andererseits hat BGH, 07.04.2008 – II ZR 181/04, ZIP 2008, 1276 bei einer Freiberuflersozietät keine »geltungserhaltende Reduktion« vorgenommen. Unproblematisch ist jedenfalls eine »Auffangregelung« in der Satzung, wonach bei Unwirksamkeit der Abfindungsklausel die niedrigste noch zulässige Abfindung geschuldet sei, vgl. BGH, 27.09.2011 – II ZR 279/09, NZG 2011, 1420; vgl. *Weiler*, notar 2012, 192, 196 mit Formulierungsvorschlag.
454 Anpassungsanspruch aus § 242 BGB: OLG Bremen, 13.03.2013 – 4 UF 7/12, ZEV 2013, 460 m. Anm. *Neumayer/Ruß*.
455 Vgl. im Überblick *Olbing*, GmbH-StB 2008, 300 ff.
456 MünchKomm-BGB/*Ulmer*, § 738 Rn. 52.
457 *Mecklenbrauck*, BB 2000, 2006; *D. Mayer*, DB 1990, 1320; *Jorde/Stroot* Ubg 2010, 45.
458 Ein Drittel des wahren Wertes genügt nicht (BGH, LM HGB § 119 Nr. 9), erst recht nicht ein Fünftel (BGH, DB 1973, 611).
459 BGH, 02.06.1997 – II ZR 81/96, NJW 1997, 2592, 2593 (alternatives Wohnprojekt).

C. Gesellschaftslösungen unter Beteiligung der Veräußerer, »Familienpool« Kapitel 5

den.[460] Reduziert werden kann die Abfindung ferner dann, wenn durch eine restriktive Ausschüttungspolitik die Überschüsse in großem Umfang zur Finanzierung und zum Erhalt für künftige Generationen verwendet werden sollen.[461] Allein aus der Zulässigkeit einer Hinauskündigungsklausel folgt jedoch noch nicht die Möglichkeit, Abfindungsansprüche zu verringern oder gar gänzlich auszuschließen.[462]

Soweit Abfindungsansprüche wirksam reduziert werden, können weiterhin **Pflichtteilsergänzungsansprüche**, z.B. weichender Geschwister, im Raum stehen. In der gesellschaftsvertraglichen Reduzierungsklausel verbirgt sich dann eine Schenkung, wenn die Wahrscheinlichkeit ihres tatsächlichen Eintritts in der Person der Gesellschafter deutlich voneinander abweicht. Insoweit (Wahrscheinlichkeit der Kündigung/des Ausschlusses als Austausch gleichwertiger Risiken) dürfte Gleiches gelten wie beim vollständigen Abfindungsausschluss im Sterbefall (vgl. im Einzelnen Rdn. 155). Wenn die Altersstruktur der Gesellschafter es als nicht voraussehbar erscheinen lässt, welcher Beteiligter zuerst stirbt, so dass ein sog. »**Wagnisgeschäft**« (aleatorisches Rechtsgeschäft) vorliegt, dürften Pflichtteilsergänzungsansprüche nicht bestehen;[463] anders liegt dies jedoch, wenn die Altersstruktur eine einseitige Wirkung des Abfindungsausschlusses mit großer Wahrscheinlichkeit erwarten lässt.[464] 2649

Nicht höchstrichterlich geklärt ist bisher, inwieweit Reduzierungen des Abfindungsbetrages bei Ausschluss bzw. Kündigung (ebenso wie Beschränkungen der Abtretbarkeit) bei der Berechnung des »Wertes des Nachlasses« i.S.d. § 2311 BGB im Verhältnis zum Pflichtteilsberechtigten eine Rolle spielen. Richtigerweise[465] wird wohl zu differenzieren sein, ob der Erbe schlicht Gesellschafter wurde, und lediglich abstrakt die Gefahr besteht, dass bei einem Ausscheiden in der Zukunft der Wert nur begrenzt realisiert werden kann (dann Wertansatz des Anteils mit dem vollen Wert) oder ob die Ausschließungsklausel mit Abfindungsbeschränkung an den letztwilligen Erwerb als solchen anknüpft (dann Wertansatz nur des Abfindungsbetrages). Zu einer vorsorglichen vertraglichen Vereinbarung hierzu vgl. Rdn. 3890. 2650

13. Steuerung der Gesellschafterstellung

Zur Steuerung der Gesellschafterstellung vor allem in Familienunternehmen[466] werden nicht nur Mechanismen eingesetzt, die das Eindringen unerwünschter »externer« Gesellschafter verhindern (also z. B. die Vinkulierung der Gesellschafterstellung, nachstehend Rdn. 2652 ff. und in Bezug auf GmbH-Geschäftsanteile Rdn. 2789 ff.), sondern auch Instrumente zur Auflösung festgefahrener Blockadesituationen, etwa sogenannte »shoot-out«-Verfahren, nachstehend b), Rdn. 2650. ff., und schließlich Mitveräußerungsrechte und -pflichten, insb. zugunsten bzw. zulasten von Minderheitsgesellschaftern beim Verkauf der Mehrheitsanteile an einen Dritten, sog. »tag-along«- bzw. »drag-along«-Klauseln, nachstehend c), Rdn. 2662 ff. Damit wird dem Umstand Rechnung getragen, dass bei Familiengesellschaften – stärker noch bei unternehmenstragenden als bei vermögensverwaltenden – die Gesellschafterstellung nur eingeschränkt frei ist, aus emotionalen (Stammeszugehörigkeit), aber vor allem auch aus wirtschaftlichen Gründen (Vermeidung von Abfindungsleistungen), während andererseits der Erwerb eines Anteils an einer Familiengesellschaft oft nicht auf einer freien Investitionsentscheidung beruht, sondern kraft Verwandtschaft oder Einheirat stattfindet. 2651

---

460 *Hülsmann*, GmbHR 2001, 409, 412; *Leitzen*, RNotZ 2009, 315, 317.
461 Vgl. im Einzelnen *Wolf*, MittBayNot 2013, 9, 15, m.w.N.
462 Auch wenn häufig dieselben Kriterien relevant sind, *Leitzen*, RNotZ 2009, 315, 317.
463 *Langenfeld*, ZEV 1995, 159; BGH, NJW 1970, 1638.
464 DNotI-Report 1996, 87.
465 Vgl. *Iversen*, NJW 2010, 183 ff. Haben sich allerdings, wie von ihm als »Königsweg« empfohlen, alle Mitgesellschafter vorab verpflichtet, von der Ausschließungsmöglichkeit keinen Gebrauch zu machen, dürfte diese Privilegierung entgegen seiner Einschätzung nicht gelten.
466 Vgl. hierzu und zum Folgenden *Lange/Sabel*, NZG 2015, 1249 ff.

a) Vinkulierung, Vorerwerbsrechte

2652 Jedenfalls dem Gründer ist es häufig bestimmender Wunsch, »sein Lebenswerk« allein in der Hand der Familie und der Nachfolgegenerationen zu erhalten, so dass Anteilsübertragungen nur an Mitgesellschafter oder Abkömmlinge ermöglicht werden.[467] Wird keine ausgeprägte Familienkultur gepflegt, driften jedoch die Interessen in der zweiten, spätestens der dritten Generation deutlich auseinander,[468] so dass sich eine allzu starke Zementierung der Gesellschafterstellung als emotionaler und auch wirtschaftlicher Nachteil erweisen kann, insb. wenn in Gestalt der bei Personengesellschaften nie vollständig ausschließbaren Kündigungsbefugnis, Rdn. 2639 ff., andere Druckausübungsmechanismen zur Verfügung stehen.

Zu Vinkulierungsklauseln bei der GmbH und der AG vgl. Rdn. 2789 ff.

2653 **Personengesellschaftsanteile**, auch Anteile an einer GmbH & Co. KG, sind bereits »kraft Gesetzes vinkuliert«, können also als Mitgliedschaft (wie auch als konsekutive Abfolge von Austritt und Eintritt) nur übertragen werden, wenn und soweit der Gesellschaftsvertrag dies zulässt. Typisch sind insoweit Klauseln, die die Veräußerung von Personengesellschaftsanteilen an die Zustimmung einer bestimmten Mehrheit der Gesellschafterversammlung bzw. aller verbleibenden Gesellschafter binden, wobei selten ein Anspruch auf Erteilung der Zustimmung bei Eintritt bestimmter Mindestvoraussetzungen vorgesehen ist, vielmehr ist sie in das freie, nur durch die gesellschaftsrechtliche Treuepflicht und das Missbrauchs- und Willkürverbot beschränkte, Ermessen der Gesellschafter gestellt.

2654 Anders als bei der GmbH, wo dem Gesellschafter bei Verweigerung der Verkaufszustimmung kein »Austrittsrecht« zusteht, gewährt das Regelstatut bei Personengesellschaften gem. (§ 161 Abs. 2 HGB i.V.m.) § 132 HGB ein Kündigungsrecht mit einer Frist von sechs Monaten zum Ende eines Geschäftsjahres, mit der Folge des Ausscheidens. Dieses ordentliche Kündigungsrecht kann zwar zeitlich hinausgeschoben und eingeschränkt, nicht jedoch gänzlich ausgeschlossen werden (vgl. § 723 Abs. 3 BGB i.V.m. §§ 105 Abs. 3, 161 Abs. 2 HGB), vgl. Rdn. 2639 ff.; bei Vorliegen eines wichtigen Grunds besteht ferner stets die Möglichkeit, Klage auf Auflösung der Gesellschaft zu erheben (§§ 133 Abs. 1, 161 Abs. 2 HGB), daneben erkennt die h.M. auch eine außerordentliche Kündigung aus wichtigem Grund ohne Erhebung einer Anfechtungsklage, mit der Folge des Ausscheidens aus der Gesellschaft, an. Typischerweise ist dann jedoch die Abfindung reduziert, vgl. im Einzelnen, auch zu den Grenzen solcher Beschränkungen (wirtschaftliche Vereitelung des Kündigungsrechts!), Rdn. 2645 ff.

2655 Die zur Umgehung einer Anteilsvinkulierung etwa in Betracht kommende Vereinbarung eines Treuhandverhältnisses mit dem Erwerbsinteressenten wird auch ohne entsprechende Satzungsklausel von der h.M.[469] der Anteilsveräußerung gleichgestellt, so dass allenfalls die Eingehung einer Unterbeteiligung zu erwägen ist, die nur bei ausdrücklicher Erwähnung in der Satzung/dem Gesellschaftsvertrag der Zustimmung bedarf (jedoch bei Familiengesellschaften selten ist, da sie angesichts der restriktiv gehandhabten Ausschüttungs- oder Entnahmepolitik nicht lukrativ sein dürfte; vgl. Rdn. 2716 ff.).

2656 Haben die Gesellschafter der Aufnahme einer Gesellschaft (anstelle einer natürlichen Person) in ihren Kreis zugestimmt, müssen sie allerdings gewärtigen, dass sich versteckte mittelbare Anteilsveräußerungen in Gestalt der Übertragung von Anteilen an dieser Mitglieds-Gesellschafter ereignen können. Durch eine sog. »**change of control**«-Klausel lässt sich allenfalls die Einziehung bzw. Ausschließung der Gesellschaft, falls deren Anteile mehrheitlich auf dritte, nichtgenehme Per-

---

467 Vgl. hierzu und zum Folgenden *Binz/Mayer*, NZG 2012, 201 ff.
468 Insbesondere angesichts des Umstands, dass nur einzelne Familienmitglieder im Betrieb unternehmerisch tätig sind; bei rein vermögensverwaltenden Gesellschaften spielt dieser Umstand naturgemäß eine geringere Rolle.
469 Vgl. im einzelnen *Binz/Mayer*, NZG 2012, 201, 207, Fn. 72 m. w. N.

sonen übergehen, bewerkstelligen, allerdings um den Preis einer (wenn auch reduzierten) Abfindung, eine dingliche Sperre wie bei der unmittelbaren Vinkulierung auf der oberen Gesellschafterebene ist nicht möglich.

Als minder eingreifender Kontrollmechanismus anstelle einer Vinkulierung, aber auch ergänzend zu dieser (zur Steuerung der Erwerbsperson, wenn schon die Veräußerung als solche nicht gänzlich unterbunden werden soll, da der veräußerungswillige Gesellschafter sonst über lange Zeit den anderen Gesellschaftern durch Gerichtsprozesse und besonders penible, buchstabenorientierte Vorgehensweise das Leben schwer machen wird) kommen im Gesellschaftsvertrag verankerte **Vorkaufs- oder Vorerwerbsrechte** in Betracht. Das Vorkaufsrecht im eigentlichen Sinn führt bei Ausübung zu einem neuen Anteilserwerbsvertrag mit dem oder den ausübungswilligen Mitgesellschaftern (typischerweise im Verhältnis ihrer bisherigen Beteiligung) gleichen Inhalts – wobei bei Vinkulierung zunächst die Genehmigung zum Erstverkauf an den Dritten erteilt werden muss, damit die Voraussetzungen der Ausübung des Ankaufsrechts überhaupt erst vorliegen. 2657

Häufiger anzutreffen sind **Ankaufsrechte,** bei denen die erwerbswilligen Gesellschafter nicht den (angeblichen) Kaufpreis, den der Dritte zu zahlen bereit ist, sondern die auch im Kündigungsfall geschuldete Abfindungsleistung zu entrichten haben. Ausgelöst wird dieses Andienungsverfahren durch die Mitteilung des Ausscheidenswunsches des Betroffenen; üben die ankaufsberechtigten Mitgesellschafter ihr Recht nicht innerhalb gesellschaftsvertraglich vereinbarter Frist aus, ist häufig in den Statuten bestimmt, dass sodann bei einer innerhalb einer bestimmten Anschlussfrist angezeigten Anteilsveräußerung an den Dritten die aufgrund Vinkulierung vorbehaltene Zustimmung nur noch aus wichtigem Grund (etwa bei Veräußerung an einen Wettbewerber) verweigert werden darf. 2658

b) Shoot-out-Klauseln

Verwandt sind Regelungen, die bei unüberwindlichen Differenzen oder Pattsituationen den Erwerb eines Gesellschaftsanteils durch den bzw. die Anderen sicherstellen sollen. Sind Erwerbsrichtung und – modalitäten nicht von vornherein bestimmt, bietet sich zur Klärung der Situation, in Ausgestaltung des archaischen »Ich teile, du wählst«-Prinzips, das »Auktionsverfahren« bzw., als Spielart, das »Texan Shoot-out« oder auch das »**Russian-Roulette**«-Verfahren an.[470] Bei letzterem hat jeder Beteiligte die Möglichkeit, dem anderen Gesellschafter ein Angebot zum Erwerb seines (= des Anbietenden) Anteils zu einem bestimmten Betrag zu unterbreiten. Jeder Angebotsempfänger kann innerhalb der vereinbarten Frist sodann entscheiden, ob er die Anteile des Anbietenden erwirbt oder seinerseits vom Anbietenden verlangt, dass dieser die Beteiligung des Angebotsempfängers zu denselben Konditionen erwirbt, wozu der Anbietende dann verpflichtet ist (»Bumerang-Effekt«). Dieses Risiko der Umkehrung der Erwerbsrichtung soll eine möglichst verkehrswertentsprechende Einigung fördern.[471] Beim »**Texan Shoot out**« hingegen kann der ausscheidenswillige Gesellschafter dem anderen ein Angebot auf Erwerb der vom Angebotsempfänger gehaltenen Anteile unterbreiten. Letzterer muss dann entweder das Angebot annehmen oder aber dem Anbietenden seinerseits ein Angebot auf Erwerb aller von letzterem gehaltenen Anteile zu einem höheren Betrag machen; das Verfahren wird dann so lange wiederholt, bis es zur ersten Annahme kommt. 2659

Bei der Variante des **Auktionsverfahrens** kann jeder Gesellschafter den anderen auf der Basis desselben Kauf- bzw. Verkaufspreises den Ankauf aller anderen Anteile und alternativ die Veräußerung seines eigenen Anteils anbieten; das Angebot ist bei einem neutralen Dritten einzureichen. Derjenige Gesellschafter, der den Höchstpreis bietet bzw. verlangt, darf und muss zu diesem Preis 2660

---

470 Vgl. hierzu *Fleischer/Schneider*, DB 2010, 2715 ff.; *Wälzholz*, GmbH-StB 2007, 84 ff.
471 Zur grundsätzlichen Zulässigkeit solcher Klauseln in Gesellschaftsverträgen: OLG Nürnberg, 20.12.2013 – 12 U 49/13, RNotZ 2014, 180, (dort als »chinesische Klausel« bezeichnet), sogar wenn mit dem Ausscheiden die Beendigung des Anstellungsverhältnisses und die Verpflichtung, die Organstellung niederzulegen, einhergeht., vgl. *Weiler,* notar 2014, 406, 407.

den anderen Miteigentümern sämtliche Anteile abkaufen. Damit soll sichergestellt werden, dass derjenige alle Anteile in seiner Person vereinigt, der das größte wirtschaftliche Interesse hieran hat, also den höchsten Preis bietet. Umstritten ist, ob und in welchem Umfang die im Rahmen eines solchen Verfahrens abgegebenen Erklärungen bei GmbH-Anteilen der Beurkundung bedürfen.[472]

2661 So sehr »shoot-out«-Mechanismen zur Auflösung lähmender Patt-Situationen geeignet sein können, darf nicht verkannt werden, dass sie **systemimmanente Schwächen** aufweisen: Zwar ist das Verfahren grundsätzlich darauf gerichtet, den Gesellschaftsanteil demjenigen zuzuweisen, der am meisten dafür zu bieten bereit ist, andererseits ist es durchaus nicht selten, dass der unternehmensstrategisch am besten geeignete Erwerber nicht in der Lage ist, den aufgerufenen Kaufpreis aufzubringen, so dass ein Gesellschafter versucht sein könnte, den »shoot-out«-Mechanismus auszulösen, um sich in Zeiten finanzieller Schwäche seiner Mitgesellschafter in den Besitz aller Anteile zu setzen. Durch das Zwangsausscheiden des unterlegenen Gesellschafters kann wertvolles Know-how und Renommee bei Kunden und Geschäftspartnern verloren gehen; ferner ist es durchaus beunruhigend zu wissen, dass am Ende des Prozesses derjenige Gesellschafter, der an sich ausscheiden wollte, sich doch als Alleininhaber der Anteile wiederfinden kann ...

c) »tag-along/drag-along«-Klauseln

2662 Um Planungssicherheit bei einem ins Auge gefassten Gesamtverkauf des Unternehmens zu erlangen und damit (zum Vorteil aller Gesellschafter) den Paketzuschlag zu sichern, der mit einer Veräußerung aller Anteile typischerweise am Markt verbunden ist, kann zugunsten eines Minderheitsgesellschafters als »**tag-along**«-Klausel der Mehrheitsgesellschafter auf Verlangen des Minderheitsgesellschafters verpflichtet sein, alles zu unternehmen, damit der Erwerbsinteressent auch die Anteile des/der Minderheitsgesellschafter zu gleichen Bedingungen hinzuerwirbt, während zugunsten des Mehrheitsgesellschafters bei der sog. »**drag-along**«-Klausel ein/alle Minderheitsgesellschafter auf Verlangen des veräußerungswilligen Mehrheitsgesellschafters verpflichtet ist/sind, auch seine/ihre Anteile zu identischen Konditionen dem benannten Dritten zur Veräußerung anzubieten. Die Literatur hält die geschilderten Klauseln für überwiegend zulässig, insbesondere liege kein einer schlichten Hinauskündigung, vgl. Rdn. 2634 ff., vergleichbarer Fall vor, sondern es findet eine gemeinschaftliche Beendigung der unternehmerischen Beteiligung gegen eine marktübliche Vergütung statt. Bei Kapitalgesellschaften sind solche Regelungen oft in beurkundeten Gesellschaftervereinbarungen (»shareholder agreements«) außerhalb der eigentlichen Satzung enthalten, bei Personengesellschaften sind sie Bestandteil des Gesellschaftsvertrages, etwa gemäß folgendem[473]

▶ **Formulierungsvorschlag: drag-along-Klausel im Gesellschaftsvertrag**

2663 Sofern die Gesellschafter mit einer Mehrheit von mindestens 75 % der vorhandenen Stimmen eine Veräußerung des Gesamtunternehmens beschließen, verpflichten sich alle Mitgesellschafter (Kommanditisten), ihre jeweilige Gesellschaftsbeteiligung an die im Beschluss benannten Person(en) oder Gesellschaft(en) gegen Erhalt des auf sie anteilig entfallenden Kaufpreises zu übertragen. Diese Veräußerungsverpflichtung gilt auch für etwaige Rechtsnachfolger in den Kommanditanteil. Jeder Gesellschafter bevollmächtigt hiermit unwiderruflich die Gesellschaft, befreit von § 181 BGB und über den Tod des Vollmachtgebers hinaus, die Abtretungserklärung sodann in seinem Namen abzugeben und alle zur Veräußerung des Gesamtunternehmens erforderlichen formell und materiell rechtlichen Erklärungen abzugeben und entgegenzunehmen.

2664 Durch solche Klauseln wird zugleich eine **disziplinierende Wirkung** erreicht (bietet sich bei einem Konflikt unter den Gesellschaftern dem Mehrheitsgesellschafter eine Verkaufsoption, laufen

---

472 Vgl. einerseits *Schulte/Sieger*, NZG 2005, 24, 27 f.; andererseits Kölner Handbuch Gesellschaftsrecht/*Eckhardt*, Kap. 2 Rn. 296.
473 Im Anschluss an *Beckervordersandfort (Hrsg)*, Gestaltungen zum Erhalt des Familienvermögens, 2016, S. 193.

die Übrigen Gefahr, auch ihre Beteiligung zu verlieren). Anders als Vinkulierungsklauseln (oben a) führen sie nicht zu einer Zementierung der Konfliktlagen, sondern fördern eher deren rechtzeitige Lösung durch Kompromisse. Bei Familienunternehmen sind sie mitunter der einzige Weg, der einen Gesamtverkauf ermöglicht, wenn ein geeigneter familieninterner Unternehmensnachfolger fehlt, da typischerweise nicht alle Gesellschafter einsehen wollen, dass ein schlichtes Festhalten an der familienzentrierten Struktur sich auch als Sackgasse erweisen kann. Zur Vermeidung von Missbräuchen werden häufig bestimmte Mindestpreise oder Berechnungsverfahren unter Bezugnahme auf objektive bilanzielle Kennzahlen festgelegt, ferner den Minderheitsgesellschaftern auch Mitverhandlungsrechte eingeräumt. Andernfalls besteht die Gefahr, dass an einen dem Mehrheitsgesellschafter nahestehenden Dritten zu suboptimalen Konditionen verkauft wird.

14. Gewinn- und Verlustverteilung, Entnahmen

a) Gewinnermittlung

Bei Mitunternehmerschaften (also insb. Personenhandelsgesellschaften, der GbR – auch als Innengesellschaft, z.B. Unterbeteiligung –, ferner bei der stillen Gesellschaft und der Partnerschaftsgesellschaft, auch solchen mit beschränkter Berufshaftung [PartG mbB[474]] gem. § 8 Abs. 4 PartGG), erfolgt eine dreistufige Gewinnermittlung: 2665

aa) Hauptbilanz

Zunächst ist gem. § 15 Abs. 1 Satz 1 Nr. 2 Satz 1 Halbs. 1 EStG der steuerliche Gewinn des Unternehmens, abgeleitet aus der Handelsbilanz, in der sog. »**Hauptbilanz**« zu ermitteln. Darlehens-, Anstellungs- und Nutzungsüberlassungsverträge zwischen Gesellschaft und Gesellschaftern werden also auf dieser Ebene zunächst anerkannt; der Gewinn wird nach dem gesellschaftsrechtlichen Gewinnverteilungsschlüssel (vgl. Rdn. 2669 ff.) auf die Gesellschafter verteilt. Anders als bei der Kapitalgesellschaft kommt es also auf die tatsächliche Ausschüttung der Gewinne nicht an; infolge der steuerlichen »Transparenz« wird der Gewinn den Gesellschaftern sofort und direkt zugerechnet (Ausnahme: Thesaurierungsbesteuerung auf Antrag ab 2008, vgl. Rdn. 2867). Bei Gewerbebetrieben erfolgt die Gewinnermittlung i.d.R. durch Bestandsvergleich gem. § 4 Abs. 1, Abs. 5 EStG, bei freiberuflichen Unternehmerschaften durch Einnahmen-Überschuss-Rechnung gem. § 4 Abs. 3 EStG. 2666

bb) Ergänzungsbilanzen

Auf der Stufe der Hauptbilanz sind ggf. rechnerische Korrekturposten zu Wirtschaftsgütern für einzelne Gesellschafter in Form von **Ergänzungsbilanzen** zu berücksichtigen: 2667

▶ Beispiel einer positiven Ergänzungsbilanz:

Für den Erwerb eines Mitunternehmeranteils im Buchwert von 50.000,00 € zahlt ein eintretender Gesellschafter 100.000,00 € mit Rücksicht auf die stillen Reserven, die bspw. in einem Betriebsgebäude »stecken«. Diese weiteren Anschaffungskosten von 50.000,00 € sind in einer Ergänzungsbilanz des neuen Gesellschafters zu aktivieren und in der Folgezeit abzuschreiben; diese Abschreibungen führen also zu Verlusten im Ergänzungsbereich.

---

474 Als Gegenentwurf zur Britischen Limited Liability Partnership = LLP; BGBl. I 2013 2386; mit einer Mindestversicherungssumme von 2,5 Mio. € für jeden Versicherungsfall gem. § 51a Abs. 2 BRAO; vgl. *Lieder*, NotBZ 2014, 81 ff. und 128 ff. sowie *Heckschen*, in: DAI-Skript 12. Jahresarbeitstagung des Notariats, 2014, S. 301 ff. [auch zur Umwandlung einer LLP]. Überblick bei *Zöbeley*, RNotZ 2017, 341 ff.

▶ **Beispiel für eine negative Ergänzungsbilanz:**
Bei Einbringung eines Einzelunternehmens zu Buchwerten gem. § 24 UmwStG werden die Wirtschaftsgüter seitens der Gesellschaft in der Gesamthandsbilanz zu Teilwerten angesetzt und abgeschrieben. Der einbringende Gesellschafter hat demnach eine negative Ergänzungsbilanz aufzustellen, um die zu hoch ausgewiesenen Werte als negative Wirtschaftsgüter zu korrigieren. In seiner Ergänzungs-Gewinn- und Verlustrechnung sind die zu hohen Abschreibungen ebenfalls bei ihm wieder auszugleichen.

cc) »Sonderbilanzen«

2668 In der dritten Stufe werden sodann die »Sondervergütungen« zwischen der Gesellschaft und einzelnen Gesellschaftern, bspw. aufgrund von Darlehens-, Anstellungs- und Nutzungsüberlassungsverträgen (Rdn. 2680), steuerlich neutralisiert, um eine Gleichstellung der Mitunternehmerschaft mit dem Einzelunternehmen zu erreichen. Der in der Hauptbilanz insoweit reduzierte Gewinn ist daher in sog. »**Sonderbilanzen**« bzw. »Sondergewinn- und Verlustrechnungen« beim jeweiligen Gesellschafter wieder auszugleichen. Die Sondervergütungen der Mitunternehmer (sogar Gewinne aus dem Verkauf von zum Sonderbetriebsvermögen II gehörenden GmbH-Anteilen)[475] unterliegen demnach der Gewerbesteuer und fließen in den einheitlich und gesondert festzustellenden steuerlichen Gesamtgewinn der Mitunternehmerschaft ein (zu möglichen Korrekturklauseln i.S.e. verursachungsgerechten Verteilung des Gewerbesteueraufwandes vgl. Rdn. 5754). Keine Sondervergütungen liegen jedoch vor bei Gegenleistungen aus Veräußerungsgeschäften, etwa der Lieferung von Waren eines Gesellschafters.[476]

▶ **Beispiel:**
Der Gesellschafter A vermietet einer KG, an der er hälftig beteiligt ist, ein Gebäude für monatlich 2.000,00 €; bei ihm fallen Werbungskosten (AfA, Zinsen und Nebenkosten) von monatlich 500,00 € an. Die Handelsbilanz der KG weist einen Gewinn von 100.000,00 € aus. Der auf A entfallende anteilige Gewinn von 50.000,00 € ist durch die Vergütung für die Grundstücksüberlassung (Sonderbetriebsentnahme) i.H.v. 24.000,00 € zu erhöhen, denen wiederum Sonderbetriebsausgaben i.H.v. 6.000,00 € gegenüberstehen. Der steuerliche Gesamtgewinn der Gesellschaft beträgt demnach 118.000,00 €, von denen 68.000,00 € dem A und der Rest den Mitgesellschaftern zuzuweisen sind.

b) Gewinnverteilungsabrede

2669 Die **gesetzliche Regelung** des Gewinnbezugsrechts[477] bei der OHG ist in der Praxis bedeutungslos, da stets durch vorrangige gesellschaftsvertragliche Regelungen abbedungen. Sie sieht gem. § 121 Abs. 3 HGB vor, dass 4 % des Betrags der Kapitalanteile vorab, der Rest nach Köpfen, verteilt werden. Bei der KG wird nach gesetzlicher Norm der über 4 % der Kapitalanteile hinausgehende Gewinne »in angemessenem Verhältnis« auf die Gesellschafter verteilt, § 168 Abs. 2 HGB. Die Konkretisierung bzw. Abbedingung auch dieser Vorschriften ist die Regel. So werden etwa tätigkeitsgenerierte Gewinne in Handwerker- oder Dienstleistungsgesellschaften nach abrechenbaren Stunden oder geschaffenen Umsätzen, nicht nach der Beteiligungsquote, verteilt, oder bei Kapitalanlagegesellschaften können Gesellschafter mit unterschiedlichem Beitrittszeitpunkt an einzelnen Segmenten der unternehmerischen Tätigkeit unterschiedlich beteiligt sein; schließlich ist der Veräußerer eines Gesellschaftsanteils bei vorweggenommener Erbfolge nicht selten bestrebt, zwar lediglich einen kleinen Gesellschaftsanteil zurückzubehalten, diesen jedoch nicht nur

---

475 BFH, 03.04.2008 – IV R 54/04, GmbH-StB 2008, 223.
476 BFH, BStBl. 2000 I, S. 339, 341.
477 Überblick zu disquotalen Gewinnverwendungsabreden bei Personen- und Kapitalgesellschaften im Gesellschafts- und Steuerrecht *Wälzholz*, notar 2016, 345 ff.

C. Gesellschaftslösungen unter Beteiligung der Veräußerer, »Familienpool«   Kapitel 5

mit überdimensionalem Stimmrecht, Rdn. 2626 ff., sondern auch mit überquotaler Gewinnbeteiligung auszustatten.

Gesellschaftsrechtlich sind vom Gesetz abweichende Verteilungen des Gewinns oder Verlustes (z.B. zugunsten oder zulasten der in der Gesellschaft befindlichen Eltern) ohne Weiteres bis zur Grenze der Sittenwidrigkeit zulässig (bei der Personengesellschaft sieht z.B. § 121 HGB für die OHG bereits selbst eine von den Kapitalanteilen abweichende Gewinnverteilung vor; bei der GmbH [Rdn. 2813] erlaubt dies § 29 Abs. 3 Satz 2 GmbHG als Dauerregelung oder als Öffnungsklausel zu jährlich abweichender Festlegung, bei der AG § 60 Abs. 3 AktG). Die nachträgliche Aufnahme einer Öffnungsklausel zu disquotaler Gewinnverteilung in die Satzung bedarf allerdings der Einstimmigkeit.[478] Mehrheitsbeschlüsse aufgrund einer solchen Ermächtigung unterliegen dann jedoch einer formellen und materiellen Inhaltskontrolle, vgl. Rdn. 2630, die bei abweichenden Gewinnverteilungsbeschlüssen wohl nur dann zur Beschlussbestätigung führen wird, wenn die Gesellschafter nach Treu und Glauben zur Zustimmung verpflichtet sind.[479]   2670

Die »Junior-Gesellschafter« könnten sogar (auch als Mitglied einer GmbH,[480] als Kommanditist,[481] und als GbR-Gesellschafter)[482] vollständig vom Gewinn ausgeschlossen werden. Im Gesellschaftsvertrag kann auch Raum für Mehrheitsbeschlüsse für spätere Änderungen enthalten sein,   2671

Im Zweifel (§ 734 BGB) bestimmt die Gewinnverteilungsabrede zugleich den Liquidationsschlüssel. Das Gewerbesteueranrechnungsguthaben wird allerdings gem. § 35 Abs. 2 Satz 2 EStG nach dem allgemeinen Gewinnverteilungsschlüssel (ohne Vorabgewinne) zugeteilt.[483]

Eine solche gesellschaftsvertraglich abweichende Gewinnverteilungsabrede (unabhängig vom tatsächlichen Kapitalanteil) könnte wie folgt formuliert sein: 2672

▶ **Formulierungsvorschlag: Abweichende Gewinnverteilung bei Personengesellschaft**

Mit dem Gesellschaftsanteil des Gesellschafters A ist eine Quote von 30 Prozent, mit dem Gesellschaftsanteil des Gesellschafters B eine Quote von 50 Prozent und mit dem Gesellschaftsanteil des Gesellschafters C eine Quote von 20 Prozent, jeweils des verteilungsfähigen Jahresergebnisses – gleichgültig ob es sich um ein positives oder ein negatives Ergebnis handelt –, verbunden. Diese Quote, die unabhängig vom Verhältnis der Kapitalkonten I zueinander festgelegt ist, bleibt mit dem jeweiligen Gesellschaftsanteil auch dann verbunden, wenn dieser auf Einzel- oder Gesamtrechtsnachfolger übergeht. Sie kann nur durch einstimmigen Gesellschafterbeschluss geändert werden.

Ähnlich kann die Vereinbarung eines festen Vorab-Gewinnanteils lauten:[484]   2673

▶ **Formulierungsvorschlag: Vorabgewinn bei Personengesellschaft**

Solange der Gesellschafter A an der Gesellschaft beteiligt ist, gleichgültig in welcher Höhe, erhält er vom verteilungsfähigen Jahresergebnis einen Vorab-Anteil von zehn Prozent des Ergebnisses, gleichgültig ob dieses positiv oder negativ ist. Lediglich das verbleibende Jahresergebnis ist auf die Gesellschafter im Verhältnis ihrer Beteiligung an der Gesellschaft, also nach Maßgabe der Kapitalkonten I, zu verteilen. Dieser Vorab-Gewinnanspruch erlischt, wenn A nicht mehr an der Gesellschaft beteiligt ist.

Von der steuerlichen Anerkennung der Mitunternehmerschaft der Familienpersonengesellschaft zu unterscheiden ist die **steuerliche Anerkennung der Gewinnverteilungsabrede**, die nicht in of-   2674

---

478 OLG München, 18.05.2011 – 31 Wx 210/11, MittBayNot 2011, 416; vgl. *Weiler*, notar 2012, 192, 199.
479 Vgl. *Wälzholz*, 345, 347.
480 BGHZ 14, 271 ff.
481 Staub/*Ulmer*, HGB, § 121 Rn. 17.
482 MünchKomm-BGB/*Ulmer*, § 705 Rn. 149 m.w.N.; BGH, NJW 1987, 3125.
483 BMF v. 22.12.2009 – IV C 6 – S 2296a/08/10002, BStBl 2010 I S. 43.
484 Vgl. *Wälzholz*, NWB 2012, 3719, 3724.

fensichtlichem Missverhältnis zu den Leistungen der Gesellschafter stehen darf. Dabei gelten die unmittelbaren Grundsätze des Fremdvergleichs nur für Kommanditisten, die ihren Anteil entgeltlich erworben haben oder zwar unentgeltlich erworben haben, aber wesentliche Mitarbeit leisten. Bei unwesentlicher Mitarbeit und geschenkter Beteiligung darf zusätzlich die durchschnittliche jährliche Rendite eine Obergrenze von 15 % des tatsächlichen Wertes der Beteiligung nicht überschreiten (Rdn. 2702).[485]

2675 Diese Grenzen gelten jedoch richtigerweise nur in Bezug auf die Ausschüttung zugunsten der (oft schenkungsweise) übertragenen Anteile, nicht hinsichtlich etwa zurückbehaltener Anteile des Veräußerers.[486] Auch ein Gestaltungsmissbrauch, § 42 AO, kann darin regelmäßig nicht gesehen werden, korrespondiert doch die überproportionale Gewinnberechtigung des Veräußerers mit einer typischerweise weiter überproportionalen Förderung des Unternehmens, durch Erfahrung und Netzwerke.[487]

2676 Der **BFH**[488] steht Abreden über eine **inkongruente Gewinnausschüttung** sehr wohlmeinend gegenüber: notwendig ist lediglich eine zivilrechtlich wirksame Abrede (also eine Vereinbarung im Gesellschaftsvertrag gem. § 29 Abs. 3 Satz 2 GmbHG), die aber nicht rückwirkend möglich ist, unzureichend sind jedoch wohl schlichte abweichende »satzungsmissachtende« Beschlüsse;[489] andernfalls erfolgt eine Korrektur der Gewinnzurechnung.[490] Die **Finanzverwaltung** folgt dem zwischenzeitlich[491] mit der Literatur,[492] weist aber darauf hin, dass es sich nicht im Einzelfall um eine unangemessene Gestaltung i.S.d. § 42 AO handeln darf.[493] Letzteres liege z.B. nahe, wenn die Gewinnverteilungsabrede wiederholt kurzfristig, wenn auch unter Mitwirkung des Benachteiligten, geändert wird; unproblematisch sind Gestaltungen mit einer Spartenrechnung (sog. tracking-stock-Modell[494]), sowie steuerliche Querverbundgestaltungen im Kommunalbereich oder sonstige Fälle, in denen wirtschaftlich nachvollziehbare außersteuerliche Gründe, etwa in Gestalt eines Ausgleichs für beachtliche Vorleistungen, bestehen. Gesellschaftsvertragsdurchbrechende Beschlüsse im Einzelfall erkennt die Finanzverwaltung allerdings, sofern die Satzung keine »Öffnungsklausel« für abweichende Einzelbeschlüsse enthält, nicht an.[495] Regelmäßig unproblematisch aus Sicht des BMF sind disquotale Gewinnverteilungsabreden aus Anlass der vorweggenommenen Erbfolge, da das Versorgungsbedürfnis des Übergebers als stets ausreichender außersteuerlicher Grund gilt. Werden die Grenzen der steuerlichen Anerkennung überschritten, erfolgt die Zuordnung allein beim bisherigen Inhaber des Anteils – es sei denn eine Umdeutung in eine typisch stille Unterbe-

---

485 Seit BFH (Großer Senat), BStBl. 1973 II, S. 5, 7; vgl. R 15.9 Abs. 3 Satz 2 EStR 2005, H 15.9 Abs. 3 »Allgemeines« EStR 2005.
486 Vgl. hierzu *Werz/Sager*, ErbStB 2010, 73, 74; *Tavakoli*, DB 2006, 1882, 1886.
487 Vgl. *Mutter*, ZEV 2007, 512, 514.
488 BFH, 04.02.2014 – IV R 28/11, GmbHR 2015, 274; BFH, 19.08.1999 – I R 77/96, DStR 1999, 1849 und BFH, 28.06.2006 – I R 97/05, JurionRS 2006, 23234; vgl. *Geißelmeier/Kammeter*, NWB 2006, 4397 = Fach 4, S. 5133 ff.
489 *Bender/Bracksiek,* DStR 2014, 121 ff.
490 BFH, BStBl. 1970 II, S. 416.
491 BMF-Schreiben v. 17.12.2013 – IV C 2 – S 2750-a/11/10001, GmbHR 2014, 168; hierzu *Görden*, GmbH-StB 2014, 44 und *Birnbaum/Escher*, DStR 2014, 1413 ff.; anders zuvor: Nichtanwendungserlass gegen BFH, 19.08.1999 – I R 77/96, JurionRS 1999, 12851 sowie BMF-Schreiben v. 07.12.2000, BStBl. 2001 I, S. 47.
492 Plädoyer für die ertragsteuerliche Anerkennung des »reziproken Familienpools«: *Mutter*, ZEV 2007, 512 ff.
493 Nach BFH, 04.02.2014 – IV R 28/11, GmbHR 2015, 274 ist jedoch § 42 AO nicht einschlägig, da derselbe Vorgang (Gewinnausschüttung) zwischen den Gesellschaftern, nicht allein in der Person des Steuerpflichtigen, wirkt.
494 Vgl. *Winkels*, ErbStB 2014, 128 ff.: außersteuerlich beachtliche familienunternehmerische Gründe für die Abhängigkeit vom Ergebnis eines bestimmten, zugeordneten Unternehmenssegments.
495 Kritisch hierzu *Bender/Bracksiek*, DStR 2014, 121 ff.

teilung ist möglich (Rdn. 2697 ff.).[496] Die jedenfalls untergerichtliche Rspr. akzeptiert jedoch auch ohne »Öffnungsklausel« jedenfalls einstimmig gefasste satzungsdurchbrechende Beschlüsse über eine abweichende Gewinnausschüttung.[497]

Bei der schenkungsteuerlichen Bewertung von Personengesellschaftsanteilen wird die abweichende Gewinnverteilung zwischenzeitlich berücksichtigt, Rdn. 4726 (ebenso wie bei Kapitalgesellschaften: Rdn. 4703).

c) Nießbrauch

Stattdessen oder daneben besteht die Möglichkeit, zugunsten der Veräußerer i.R.d. »Einbringung« am Grundbesitz selbst den sachenrechtlichen Nießbrauch vorzubehalten[498] bzw. an den Gesellschaftsanteilen der »Junior-Gesellschafter« Nießbrauchsrechte zu bestellen[499] (vgl. im Einzelnen oben Rdn. 1465 und zur – regelmäßig gewollten – Mitunternehmerstellung sowohl des Gesellschafters als auch des Nießbrauchers unten Rdn. 5795). Zum schenkungsteuerlichen Belastungsvergleich ggü. der disquotalen Gewinnverteilungsabrede (Rdn. 2669 ff.) s. Rdn. 5418 ff. 2677

Nach Ansicht des BFH[500] und der h.Lit.[501] ist die **Zurechnung eines Verlustanteils** beim Nießbraucher nicht möglich, da ihm nur entnahmefähige Gewinne, nicht jedoch solche, die zum Ausgleich der durch Verlust geminderten Pflichteinlage des Gesellschafters verwendet werden, zustehen. Nach Ansicht der Literatur kommt immerhin beim Nießbraucher ein Verlustabzug dann in Betracht, wenn er aufgrund schuldrechtlicher Vereinbarung mit dem Besteller im Innenverhältnis auch Verluste zu tragen hat; dies scheidet jedoch jedenfalls dann aus, wenn dem Gesellschafter alle Gesellschafterkonten, auch das Verlustvortragskonto, mit übertragen wurden, so dass die Verluste bei ihm (und nicht beim Veräußerer und Vorbehaltsnießbraucher) zu buchen sind.[502] 2678

Problematisch ist weiter die steuerliche Zurechnung von **Differenzen zwischen der Handels- und der Steuerbilanz**, etwa wenn eine spätere Betriebsprüfung zu einer Ergebnisveränderung lediglich der Steuerbilanz führt (da eine Ergebnisänderung für den handelsrechtlich entnahmefähigen Gewinnanteil in der Regel unterbleibt, dürfte dies für den Nießbraucher ohne Bedeutung sein), oder die Frage der Zuweisung des zu versteuernden Gewinns, der aufgrund (nur steuerrechtlich) nicht abzugsfähiger Betriebsausgaben entsteht (da es sich handelsrechtlich dabei um nicht entnahmefähige Beträge handelt, wäre es systematisch zutreffend, dass diese allein vom Gesellschafter versteuert werden).[503] 2679

---

496 Dann gelten für die max. steuerlich anerkennungsfähige Rendite des still Beteiligten folgende Prozentgrenzen: bei geschenkter Beteiligung 15 % (falls Verlusttragung ausgeschlossen: 12 %), bei entgeltlich erworbener Beteiligung 35 % (falls Verlusttragung ausgeschlossen: 25 %) des Beteiligungswertes, vgl. BFH, BStBl. 1973 II, S. 395, BStBl. 1973 II, S. 650, BStBl. 1982 II, S. 387.
497 FG Köln, 14.09.2016 – 9 K 1560/14; Az. BFH: VIII R 28/16; hierzu *Pörschke*, DB 2017, 1165 ff.
498 *Steiner*, ErbStB 2006, 31, bezweifelt allerdings ob dann noch Mitunternehmerschaft vermittelt werden kann.
499 .[495] Letzterem *Kruse*, RNotZ 2002, 69 ff., auch zu den diesbezüglichen Stimmrechtsfragen, und *Steiner*, ErbStB 2006, 31 ff. (mit Gestaltungsvorschlägen). Die steuerliche Anerkennung der Familiengesellschaft wird dadurch nicht gefährdet, FG Köln, 19.01.2005 – 11 K 844/04, DStRE 2006, 760, auch nicht, wenn sich der Nießbrauch nach Auflösung der Gesellschaft/Ausscheiden eines Gesellschafters am Auseinandersetzungsguthaben fortsetzen soll.
500 BFH, 01.03.1994 – VIII R 35/92, BStBl 1995 II 241, 245.
501 Z.B. *Daragan*, DStR 2011, 1347, 1348; *Hochheim/Wagemann*, ZEV 2010, 109, 111.
502 BFH, 03.12.2015 – IV R 43/13, EStB 2016, 141 (gegen FG Köln als Vorinstanz, das die Verluste dem Nießbraucher zurechnete, da er künftig entnahmefähige Gewinne verliere).
503 Vgl. hierzu *Götz*, ZEV 2015, 84, 87.

d) Sonderbetriebseinnahmen

2680 Denkbar sind des Weiteren Tätigkeitsvergütungen, z.B. für die Verwaltung seitens des »Senior-Gesellschafters«. Geschäftsführungsvergütungen des Komplementärs einer KG und Tätigkeitsvergütungen für Kommanditisten werden als **Sonderbetriebseinnahmen** den Gewinnausschüttungen einkommensteuerlich hinzugerechnet[504] (nach Ermittlung der Einkünfte aus dem Gesamthandsvermögen werden aus den Sonderbilanzen, Rdn. 2668 die Ergebnisse der wirtschaftlichen Betätigung der Gesellschafter mit dem Sonderbetriebsvermögen ermittelt). Der BFH geht demgegenüber bei Kommanditisten im Zweifel von einer bloßen Gewinnverteilungsabrede aus, es sei denn, die Vergütung ist nach dem Gesellschaftsvertrag als Kosten zu behandeln und ausdrücklich auch dann zu bezahlen, wenn kein Gewinn erzielt wird.[505]

2681 Als Sonderbetriebseinnahmen – § 15 Abs. 1 Satz 1 Nr. 2 EStG – hinzugerechnet werden auch Vergütungen an den Geschäftsführer der Komplementär-GmbH, der zugleich Kommanditist ist,[506] jedenfalls sofern die GmbH nicht anderweit tätig ist (mit der Folge der Aufteilung der Vergütung) und der Geschäftsführungsaufwand durch die KG erstattet wird.[507] Im Fall späterer Insolvenz der Gesellschaft besteht das Risiko, dass solche »Sonderbetriebseinnahmen« rückzuzahlen sind, wenn sie nicht von einem entsprechenden Gewinnanteil getragen waren[508] (§ 169 Abs. 1 Satz 2 HGB: kein Gewinnauszahlungsanspruch bei Minderung unter die geleistete Einlage; § 172 Abs. 4 Satz 2 HGB: Erstattungspflicht bzgl. Überentnahmen des betreffenden Jahres, allerdings keine Pflicht zur Rückzahlung von Gewinnen bei Verlusten in späteren Jahren: § 169 Abs. 2 HGB, und auch keine gesetzliche Pflicht, an die Gesellschaft früher erhaltene Auszahlungen zurückzuzahlen, durch welche der Kapitalanteil unter die bedungene Einlage herabgemindert wird[509]).

e) Entnahmeberechtigung

2682 Regelungsbedürftig sind auch die **Entnahmeberechtigungen** in einer Personengesellschaft. Da aufgrund der »ertragsteuerlichen Transparenz« eine Besteuerung der zuzurechnenden Gewinnanteile unabhängig vom Entnahmeverhalten stattfindet, sollten diese Steuerbeträge entnommen werden dürfen,[510] i.Ü. jedoch nur aufgrund eines Beschlusses, dessen Zustandekommen der »Seniorpartner« mit seinem Stimmgewicht verhindern kann. Im Hinblick auf die Gefahr deutlich erhöhten Erbschaft- bzw. Schenkungsteueranfalls (§§ 3 Abs. 1 Satz 1 Nr. 2 Satz 2, 7 Abs. 7 ErbStG, Rdn. 5872) bei geringen Abfindungsbeträgen sollte das Entnahmerecht auch solche Steuerbeträge erfassen.[511]

f) Gewinnanspruch bei unterjährigem Gesellschafterwechsel

2683 Sowohl gesellschafts- als auch steuerrechtlich entsteht der Anspruch auf die Austeilung eines Gewinns bzw. dessen Gutschrift bei der Personengesellschaft nicht vor dem Ende des Geschäftsjahres. Bei einer unterjährigen Anteilsübertragung ist weder handels- noch steuerrechtlich die Auf-

---

504 Bzw. sind wegen des Saldierungsverbotes nicht mit Verlusten auf der Ebene der Gesellschaft verrechenbar.
505 BFH, BStBl. 1999 II, S. 720.
506 BFH, 16.05.1995 – VIII R 18/93, BStBl. 1995 II, S. 714.
507 Entgegen früherer Verwaltungsauffassung hat diese ertragsteuerliche Umqualifizierung allerdings nicht zur Folge, dass die Geschäftsführerleistung zwingend umsatzsteuerpflichtig wäre, vgl. BMF v. 31.05.2007, BStBl. 2007 I, S. 503 und *Korn/Strahl*, NWB 2007, 4506 = Fach 2, S. 9630.
508 Vgl. *Treffer*, DStR 2002, 22, i.s.e. »eigenkapitalersetzenden Tätigkeitshaftung«.
509 Anders nur, wenn der Gesellschaftsvertrag dies klar vorsieht [der bloße Hinweis »die Ausschüttung wird auf Darlehenskonto gebucht« genügt nicht], vgl. BGH, 12.03.2103 – II R 73/11, ZNotP 2013, 194.
510 Der BGH, DStR 1996, 753 erkennt ein solches auf die Steuern beschränktes Entnahmerecht nicht »per se« an, a.A. die Lit.: *Priester*, DStR 2001, 799 f.
511 Vgl. *Milatz/Kämper*, GmbHR 2009, 476.

C. Gesellschaftslösungen unter Beteiligung der Veräußerer, »Familienpool«   Kapitel 5

stellung einer **Zwischenbilanz** vorgeschrieben. Im Verhältnis zwischen Veräußerer und Erwerber wird – sofern keine anderen Abreden getroffen werden – das Ergebnis nach § 101 BGB zeitanteilig nach Tagen (vor und nach dem Stichtag, bezogen auf 365 Kalenderjahrestage) aufgeteilt. Entsteht ein Jahresverlust, wird (anstelle einer anteiligen baren Vergütung der Wertminderung an den Erwerber) in der Regel vereinbart, dass Erstattungen zugunsten des Erwerbers nicht stattfinden. Abweichende Regelungen sind zivilrechtlich ohne weiteres zulässig – so kann sich der Veräußerer z.B. auch die Gewinne künftiger Geschäftsjahre noch wirtschaftlich zurechnen lassen,[512] umgekehrt kann jedoch auch bereits der Gewinn des laufenden Geschäftsjahres allein dem Erwerber zugerechnet werden. Letzteres soll auch steuerrechtlich anzuerkennen sein, da der Gewinnanspruch erst mit Ablauf des Wirtschaftsjahres und Feststellung des Jahresabschlusses entsteht.[513]

15. Haftungsrisiken

Die Haftung von Kommanditisten ggü. Gesellschaftsgläubigern ist auf den Betrag der im Handelsregister eingetragenen Haftsumme (§ 162 HGB) beschränkt ab der Eintragung im Handelsregister; bei vorheriger Geschäftsaufnahme haften die Kommanditisten also voll.[514] Daher sollte die KG, auch wenn sie handelsrechtlich (wegen Betreibens eines Handelsgewerbes) früher beginnen kann, erst mit der Eintragung entstehen; falls dennoch die frühere Aufnahme riskanter Geschäfte unabdingbar ist, können künftige Kommanditisten als atypisch stille Gesellschafter (Rdn. 2696 ff.) beteiligt sein. Auch der spätere Erwerb eines Kommanditanteils sollte wegen § 176 Abs. 1 und 2 HGB aufschiebend bedingt auf den Zeitpunkt der Eintragung des neuen Kommanditisten im Handelsregister wirksam werden (vgl. Rdn. 2560). Ist die Haftsumme auf den abgetretenen Kommanditanteil noch nicht (vollständig) geleistet oder später zurückgewährt worden, haftet der Erwerber auch insoweit; auf dieses Risiko haben Steuerberater und Notar hinzuweisen.[515]   **2684**

Um ein späteres Wiederaufleben der Haftung gem. § 172 Abs. 4 Satz 2 HGB nach Leistung der Haftsumme zu vermeiden (diese Folge träte ein bei Entnahmen[516] trotz eines Gesamtverlusts), wird regelmäßig im Gesellschaftsvertrag (neben dem festen Kapitalkonto und dem Darlehenskonto, s. Rdn. 2612) ein separates **Verlustvortragskonto** geführt, und alle weiteren Geschäftsvorfälle werden auf gesondertem Kapitalkonto II erfasst. Gewinne dürfen diesem Kapitalkonto II erst gutgeschrieben werden, wenn das Verlustvortragskonto (das lediglich Kontrollfunktion hat, also nicht zu einer realen Zahlungspflicht ggü. der Gesellschaft führt) ausgeglichen ist. Auch bei späteren Verlusten brauchen die auf Kapitalkonto II gutgeschriebenen Gewinne dann nicht mehr zurückgezahlt werden.[517]   **2685**

Tilgt ein Kommanditist, ohne dazu verpflichtet zu sein, Gesellschaftsverbindlichkeiten, kann er von der Gesellschaft gem. § 110 HGB **Aufwendungsersatz** verlangen (auch wenn er damit zugleich dafür sorgt, später nicht mehr hierfür gem. §§ 171 Abs. 1, 172 Abs. 4 HGB in Anspruch genommen zu werden. Kann die Gesellschaft diesen nicht leisten, kommt ein anteiliger Ausgleichsanspruch gem. § 426 BGB gegen die Mitgesellschafter, begrenzt auf deren jeweilige Außenhaftung, in Betracht.[518]   **2686**

---

512 Vgl. *Hannes/Onderka*, Formularbuch Vermögens- und Unternehmensnachfolge 2011, Muster A 2.21, Rn. 29.
513 *Korn/Carlé*, EStG (Loseblatt), § 15 Rn. 266; zurückhaltend *Wälzholz*, NWB 2012, 3721, 3729.
514 Dies gilt auch, wenn den Gläubigern bekannt ist, dass es sich nach der Eintragung um bloße Kommanditisten handeln wird, vgl. OLG Frankfurt, NJW 1972, 880.
515 OLG Nürnberg, 04.02.2009 – 4 U 2181/07, NotBZ 2010, 385.
516 Keine Entnahme liegt vor, wenn die Auszahlung aufgrund eines fremdüblichen Verkehrsgeschäftes mit dem Kommanditisten [z.B. eines Darlehens] erfolgt, vgl. OLG Hamm, 07.07.2010 – I-8 U 106/09 [nur LS], JurionRS 2010, 23066.
517 Vgl. BGH, DB 1978, 877.
518 Beides gilt auch zugunsten und zulasten von Treuhandkommanditisten, BGH, 29.09.2015 – II ZR 403/13, DNotZ 2016, 143, vgl. hierzu *Lubberich*, DNotZ 2016, 416 ff.

16. Beteiligung Minderjähriger

2687 Bei Beteiligung Minderjähriger am Gesellschaftsvertrag, oder an der Übertragung bzw. dem Erwerb von Anteilen, ebenso bei bestimmten Beschlüssen oder Veräußerungen durch die Gesellschaft) können die Eltern an der Vertretung ihres Kindes rechtlich gehindert sein, ferner bedarf es häufig der familiengerichtlichen Genehmigung. Die dabei auftretenden Fragen sind im 10. Kapitel dieses Buches zusammengefasst, auf das verwiesen wird.

17. Eintrittsrecht und »Öffnungsklausel für Nachgeborene«

2688 Ist ein Abkömmling z.Zt. der Gesellschaftserrichtung noch minderjährig und soll er im Hinblick auf die in Rdn. 2687 erläuterten Notwendigkeiten (Pflegerbestellung; familiengerichtliche Genehmigung) noch nicht aufgenommen werden, wird ihm regelmäßig für die Zeit nach Eintritt der Volljährigkeit ein Eintrittsrecht zugewendet, das entweder nur die Gesellschafterstellung als solche umfasst oder – darüber hinausgehend – auch die Befreiung von der Einlageverpflichtung:

▶ Formulierungsvorschlag: Eintrittsrecht für Minderjährige nach Eintritt der Volljährigkeit

2689 Herr ..... erhält im Weg des Vertrags zugunsten Dritter das unentziehbare Recht, mit Erreichung seiner Volljährigkeit durch Erklärung gegenüber der persönlich haftenden Gesellschafterin als weiterer Kommanditist mit einer Haftsumme (Kommanditeinlage) von Euro ..... der Gesellschaft beizutreten. Zugleich wird ihm im Weg eines durch Ausübung des Eintrittsrechts bedingten Schenkungsversprechens durch ..... die Kapitaleinlage zugewendet, so dass ein Gesellschafterbeitrag durch ihn für den Eintritt nicht zu leisten ist und die Haftsumme durch den Zuwendenden für ihn endgültig erbracht wird. Die Beitrittserklärung kann nur binnen eines Jahres nach Eintritt der Volljährigkeit abgegeben werden.

(Alt., falls keine Zuwendung auch des Beitrags als solches: Macht ..... von seinem Eintrittsrecht Gebrauch, hat er Beiträge in der Höhe nachzuzahlen, welche die anderen Kommanditisten bereits geleistet haben.)

2690 Gerade bei sehr jungen Kindern, die in Gesellschaft den Familienbesitz erwerben sollen, wird es den veräußernden Eltern ein Anliegen sein, etwaige **künftig hinzukommende weitere Abkömmlinge** nicht zu benachteiligen, sondern ihnen die Möglichkeit zu eröffnen, nachträglich der Gesellschaft »beizutreten«. Aufgrund der »Abwachsungsfolge« sind nach einem solchen Beitritt alle Abkömmlinge gleich beteiligt. Konstruktiv wird dieses Ziel – lässt man die Sonderproblematik der regelmäßig gegebenen Beteiligung Minderjähriger zunächst außer Acht – am besten erreicht durch eine (in den Gesellschaftsvertrag aufzunehmende) Verpflichtung der Gesellschafter, später hinzutretende Abkömmlinge in die Gesellschaft aufzunehmen, verbunden mit der Zuwendung eines Anspruchs an den beitretenden künftigen Abkömmling[519] i.S.e. § 328 BGB von Beitrittsvergütungen freigestellt zu werden. Der Kreis der begünstigten Abkömmlinge ist genau zu bestimmen (lediglich leibliche? lediglich eheliche? oder lediglich ehelich geborene?)

2691 Sind die »verlierenden Gesellschafter« im Zeitpunkt des Beitritts weiterer minderjährig, sind die Eltern jedoch gehindert, in Erfüllung solcher Regelungen Gesellschaftsanteile »unentgeltlich« zulasten der bisherigen und zugunsten des hinzukommenden Abkömmlings zu übertragen (§ 1641 BGB, dingliches Schenkungsverbot). In diesem Fall müssen sich die Eltern bei der Übertragung der Gesellschaftsanteile an die derzeitigen Abkömmlinge die Rückforderung ganz oder in Teilen auch für den Fall vorbehalten, dass noch weitere Abkömmlinge hinzutreten, um sich auf diese Weise (steuerneutral, § 29 ErbStG) die Möglichkeit zu verschaffen, auch diesen Kindern den »wiederverschafften« Anteil zu übertragen.

---

[519] Auch den noch nicht geborenen, vgl. § 331 Abs. 2 BGB.

18. Vorkehrungen gegen »vorzeitige« Gesellschaftsbeendigung

Gründen Eltern eine GbR oder KG mit lediglich einem Kind, würde das Gesellschaftsvermögen mit dem Ausscheiden beider Eltern dem Kind zu Volleigentum anwachsen, so dass etwaige im Gesellschaftsvertrag enthaltene Beschränkungen und Kontrollen naturgemäß ihr Ende fänden. Misstrauen die Eltern der Einsichts- und Entschlusskraft oder dem Engagement ihres Kindes, werden sie bestrebt sein, die Fortdauer der Gesellschaft nach ihrem Ausscheiden oder Tod auch dann sicherzustellen, wenn keine anderen Personen vorhanden sind, denen sie ihre Gesellschaftsanteile hinterlassen wollen. 2692

Dies geschieht am einfachsten durch Aufnahme einer **GmbH als weiteren Gesellschafter (ohne Kapitalanteil)**, wie bei der KG bereits weit verbreitet, jedoch auch im Rahmen einer GbR ohne Weiteres möglich. Wird der GmbH im Gesellschaftsvertrag die Geschäftsführung und Vertretung überantwortet und die Übertragung eines Gesellschaftsanteils an die Zustimmung des Mitgesellschafters (mithin der GmbH) geknüpft, ist die Einhaltung der Vorstellungen der Eltern jedenfalls dann gewährleistet, wenn die GmbH (und damit deren Geschäftsführung) in der Hand solcher zuverlässiger Personen verbleibt, die die Eltern bei letztwilliger Gestaltung auch als Testamentsvollstrecker eingesetzt hätten. 2693

Daher werden die Eltern diese GmbH 2694
(1) entweder selbst gründen und ihrem Kind letztwillig (mit Testamentsvollstreckung belastet) hinterlassen[520]
(2) oder aber unmittelbar mit der vorgesehenen Vertrauensperson als Erstgesellschafter bzw. als aufschiebend auf den Tod der Eltern eingesetztem Abtretungsempfänger gründen.

§ 15 Abs. 3 Nr. 2 EStG greift nicht ein; es handelt sich weiterhin um eine GbR, die Einkünfte aus Privatvermögen erzielt (damit allerdings auch nicht an den transfersteuerlichen Sondervergünstigungen für Betriebsvermögen teilhat, §§ 13a, 19a ErbStG).

IV. Misch- und Sonderformen

1. Stille Gesellschaften

a) Arten

Es handelt sich um eine Variante der **Innengesellschaft** (ohne Teilnahme am Rechtsverkehr und regelmäßig ohne Bildung von Gesamthandsvermögen), also eine Personengesellschaft, durch welche sich der »Stille« (z.B. ein Abkömmling) am Handelsgewerbe eines anderen (etwa dem elterlichen Betrieb) durch Vermögenseinlage gegen Anteil am Gewinn beteiligt. Sie bildet damit ein wichtiges Instrument der Nachfolgeplanung.[521] (Weitere häufige Anwendungsbereiche der Innengesellschaft sind die Unterbeteiligung, Rdn. 2716 ff., und die sog. »Ehegatten-Innengesellschaft«, die nach Ansicht der Rechtsprechung konkludent abgeschlossen sein soll, um Leistungen unter Ehegatten bei Scheitern der Ehe und Fehlen einer ausdrücklichen vertraglichen Vereinbarung »rückabzuwickeln«, vgl. Rdn. 3165 ff.) 2695

Unterschieden wird dabei zwischen der »**typischen stillen Gesellschaft**«, die sich an §§ 230 ff. HGB orientiert und damit dem Stillen kein Unternehmerrisiko aufbürdet – geeignet daher etwa für Abkömmlinge, die dauerhaft nicht zur Unternehmensnachfolge geeignet oder willens sind – einerseits, und der **atypischen stillen Gesellschaft**, die dem stillen Gesellschafter auch eine zumindest rechnerische Beteiligung am Anlagevermögen samt der stillen Reserven des Unternehmers und i.d.R. auch an der Geschäftsführung des Unternehmens zuweist, andererseits.[522] Bilanziell 2696

---

520 Allerdings auf die Gefahr hin, dass der Sohn die solchermaßen belastete Erbschaft ausschlägt, § 2306 BGB.
521 Vgl. *Carlé*, ErbStB 2007, 276 ff.
522 Vgl. *Horn*, GmbHR 2000, 711.

handelt es sich stets um Fremdkapital.[523] Beide Formen unterscheiden sich schließlich vom **partiarischen Darlehen**, also einer erfolgsabhängigen Vergütung für eine Kreditgewährung, dadurch, dass bei der stillen Gesellschaft der Unternehmer wie auch der Stille einen gemeinsamen Erfolg anstreben.[524] Der Geschäftsinhaber muss Kaufmann (also Einzelkaufmann, Personenhandels- oder Kapitalgesellschaft) sein, während stiller Gesellschafter jede natürliche oder juristische Person bzw. Personenhandelsgesellschaft sein kann.

b) Entstehung

2697 Der Gesellschaftsvertrag ist formfrei, bedarf jedoch bei der im familiären Umfeld häufig gegebenen **schenkweisen Einräumung** der stillen Beteiligung der notariellen Beurkundung gem. § 518 Abs. 1 BGB. Die bloße Umbuchung vom Kapitalkonto des Inhabers auf das Einlagenkonto des stillen Gesellschafters führt noch nicht zum Vollzug der Schenkung i.S.d. § 518 Abs. 2 BGB, sondern lediglich zur Ersetzung der einen schuldrechtlichen Forderung (Anspruch auf Einräumung der stillen Gesellschaft) durch eine andere (Anspruch auf die Einlage als solche)[525] – es sei denn, dem (typisch) unterbeteiligten Gesellschafter wurden zugleich mitgliedschaftliche Rechte an der Personengesellschaft eingeräumt[526] (vgl. im Einzelnen Rdn. 2718 zur Unterbeteiligung) Anders dürfte es sich wohl verhalten, wenn nicht eine stille Gesellschaft zwischen Beschenktem und Schenker, sondern zwischen Beschenktem und einer Personengesellschaft, an der der Schenker seinerseits beteiligt ist, vorliegt: Die Umwandlung bspw. eines Gesellschafterdarlehens des Schenkers in eine stille Beteiligung bildet dann bereits den dinglichen Vollzug, ebenso die Umbuchung von seinem Kapitalkonto in die Einlage des neuen stillen Gesellschafters, sofern der Schenker gesellschaftsrechtlich zur Entnahme berechtigt war.

2698 Wegen der mit der Eingehung einer stillen Gesellschaft verbundenen Verpflichtung zur Leistung der Einlage liegt nach h.M.[527] ein i.S.d. § 107 BGB nicht lediglich rechtlich vorteilhaftes Geschäft vor, so dass bei der Schenkung an das eigene Kind angesichts des Vertretungshindernisses jedes Elternteils (§ 1795 Abs. 2 BGB) ein **Ergänzungspfleger** zu bestellen ist, § 1909 BGB. Ist die Einlage bereits geleistet, sind die Eltern in der Vertretung bzw. der mindestens 7 Jahre alte Minderjährige am eigenen Abschluss des Schenkungsvertrages jedoch nicht gehindert. Zusätzlich bedarf es der familiengerichtlichen Genehmigung[528] gem. § 1822 Nr. 3 BGB (Betrieb eines Erwerbsgeschäfts, vgl. Rdn. 4043).

c) Rechte und Pflichten

2699 Die (üblicherweise in Geld bestehende) **Einlage** (und ggf. das Agio)[529] wird in das Eigentum des Geschäftsinhabers geleistet, der ggü. Dritten stets im eigenen Namen auftritt (§ 230 Abs. 2 HGB) und zur alleinigen Geschäftsführung berechtigt ist. Der Stille hat lediglich eingeschränkte Kon-

---

523 *Sterzenbach*, DStR 2000, 1669.
524 Vgl. BFH, BStBl. 1983 II, S. 563.
525 Vgl. BGHZ 7, 187, BFH, 16.01.2008 – II R 10/06, BStBl 2008 II, 631; a.A. Baumbach/Hopt, HGB, § 230, Anm. 4 B. Das FG Hannover, 29.09.2011 – 10 K 269/08, EFG 2012, 46 (n. rkr, Az BFH IV R 52/11) differenziert davon die Schenkung einer atypisch stillen Beteiligung, die bereits mit dem Abschluss des Gesellschaftsvertrages, spätestens aber mit der Einbuchung vollzogen sei, da er damit bereits an der Geschäftsführung der Innengesellschaft teilhabe.
526 FG Rheinland-Pfalz, 31.01.2013 – 5 K 2009/10, ErbStB 2013, 171.
527 BFH, 28.11.1973 – I R 101/72, BStBl 1974 II 289; BFH, 12.05.2016 – IV R 27/13, ErbStB 2016, 326 = MittBayNot 2017, 152.
528 Vgl. Rdn. 4043.
529 § 272 Abs. 2 Nr. 1 HGB gilt mangels Gesellschaftereigenschaft des Stillen nicht unmittelbar, jedenfalls bei der atypisch stillen Gesellschaft (Entstehen einer Mitunternehmerschaft) sind die Einlagefolgen jedoch steuerlich zu neutralisieren, vgl. BFH, 09.08.2010 – IV B 123/09, JurionRS 2010, 24929.

trollrechte (§ 233 HGB), Anspruch auf Mitteilung des Jahresabschlusses und kann Bücher und Papiere zu dessen Überprüfung einsehen (§ 231 Abs. 2 HGB).[530]

Der Stille ist nach Maßgabe des Gesellschaftsvertrags am **Gewinn** und – sofern nicht ausgeschlossen, § 231 Abs. 2 Halbs. 1, HGB – auch am **Verlust** (dann allerdings im Zweifel nur bis zur Höhe seiner Einlage) beteiligt. Den auf ihn entfallenden Gewinn kann der stille Gesellschafter gem. § 232 Abs. 1 HGB entnehmen. Die stille Beteiligung ist gem. § 234 Abs. 2 HGB vererblich, beim Tod des Geschäftsinhabers ist jedoch die stille Gesellschaft gem. § 727 Abs. 1 BGB mangels abweichender Vereinbarung aufgelöst. Da kein Gesellschaftsvermögen vorhanden ist, findet bei Auflösung keine Auseinandersetzung statt; es besteht lediglich ein schuldrechtlicher Anspruch auf Rückzahlung nach Maßgabe des Gesellschaftsvertrags gegen den Geschäftsinhaber. 2700

d) Steuerliche Anerkennung

Die **steuerliche Anerkennung** einer stillen Gesellschaft unter Angehörigen (z.B. Eltern und Kindern) erfordert neben den allgemeinen Anforderungen bei Verwandtengeschäften (s. Rdn. 5671 ff.) insb. 2701
(1) das freie Verfügungsrecht des Stillen über Gewinnanteile,[531]
(2) das Bestehen von Kontrollrechten gem. § 233 HGB,
(3) die Gleichbehandlung aller Gesellschafter hinsichtlich der Kündigungsrechte,[532]
(4) die sofortige Fälligkeit des Rückzahlungsanspruchs bei Beendigung der Gesellschaft und
(5) die Angemessenheit der Gewinnbeteiligung.

Bzgl. des letztgenannten Kriteriums bestehen Höchstgrenzen einer steuerlich noch anerkennungsfähigen Gewinnbeteiligung: Wurde die Kapitalbeteiligung des stillen Gesellschafters durch den Geschäftsinhaber geschenkt, darf im Zeitpunkt der Vereinbarung bei vernünftiger kaufmännischer Beurteilung eine Durchschnittsrendite von max. 15 % des Nominalbetrags der Einlage pro Jahr erwartet werden (ist die Beteiligung am Verlust ausgeschlossen,[533] von max. 12 %). Wurde die Kapitaleinlage aus eigenen Mitteln erbracht, liegen die Obergrenzen bei 25 % (ohne Verlustbeteiligung) bzw. 35 % (mit Verlustbeteiligung).[534] Werden diese Grenzen überschritten, gilt der übersteigende Anteil als steuerlich unbeachtliche Privatzuwendung, § 12 Nr. 2 EStG, des Geschäftsinhabers, dem der Betrag weiter zugerechnet wird. Der BFH lässt demgegenüber kurzzeitige Überschreitungen dieser Renditeprozentsätze zu, verlangt jedoch dann eine Anpassung der Gewinnverteilungsabrede für die Zukunft nach dem Maßstab eines Fremdvergleichs.[535] 2702

e) Steuerliche Konsequenzen

Wird die stille Gesellschaft steuerlich anerkannt, mindern die Gewinnanteile des Stillen den Gewinn des Geschäftsinhabers (bei einer GmbH & Still handelt es sich bspw. um eine körperschaft- 2703

---

530 Nach Beendigung der stillen Gesellschaft hat er lediglich ein Einsichtsrecht gem. § 810 BGB, vgl. OLG Hamburg, ZIP 2004, 1099.
531 Daher schadet z.B. die Bindung des Entnahmerechts an die Zustimmung des Geschäftsinhabers, vgl. BFH, DStRE 1997, 18, sowie ein Auszahlungsverbot bis zur Volljährigkeit des stillen Gesellschafters, FG Baden-Württemberg, DStRE 2000, 2. Ein Darlehensvertrag, sofern zivilrechtlich wirksam begründet, kann jedoch gem. BFH, BStBl. 1990 II, S. 68 der Auszahlung gleichstehen.
532 Schädlich sind Ausschlüsse des Kündigungsrechtes, BFH, FR 1975, 2271, oder Verpflichtungen zu jederzeitiger unentgeltlicher Rückübertragung der Beteiligung, BFH, BStBl. 1974 II, S. 740.
533 Die Verlustausschlussklausel kann gem. BFH, DStR 1993, 431 möglicherweise bereits der steuerlichen Anerkennungsfähigkeit der stillen Gesellschaft überhaupt entgegen stehen.
534 Vgl. im Überblick OFD Rostock, DStR 2000, 591; *Sterzenbach*, DStR 2000, 1669, BFH, BStBl. 1973 II, S. 395, 1973 II, S. 650, 1982 II, S. 387.
535 BFH, 19.02.2009 – IV R 83/06, EStB 2009, 188; vgl. *Mensch*, ZNotP 2010, 97.

steuerrechtlich unbegrenzt[536] abziehbare Betriebsausgabe). **Gewerbesteuerlich** wird ab 2008 allerdings 25 % des Gewinnanteils des Stillen hinzugerechnet (§ 8 Nr. 1c GewStG – und zwar unabhängig davon, ob die stille Beteiligung im Privat- oder im Betriebsvermögen gehalten wird,[537] ähnlich zuvor § 8 Nr. 3 GewStG a.F.), wobei ein Freibetrag von 100.000,00 € gewährt wird. Bilanziell handelt es sich stets um Fremdverbindlichkeiten.

2704 Beim Stillen ist hinsichtlich der **Qualifikation der Einkünfte** zu differenzieren:

Beim **typisch stillen Gesellschafter** handelt es sich um gewerbliche Einkünfte zum regulären Steuertarif, wenn die Beteiligung im Betriebsvermögen gehalten wird,[538] hingegen um Einkünfte aus Kapitalvermögen (§ 20 Abs. 1 Nr. 4 EStG) bei stillen Beteiligungen im Privatvermögen (bis 2008 in voller Höhe – ohne Geltung des Halbeinkünfteverfahrens –, ab 2009 in Höhe nur mehr der Abgeltungsteuer[539] [Rdn. 2872] außer bei sog. »nahestehenden Personen«,[540] mit allerdings auf 801,00/1602,00 € begrenztem Werbungskostenabzug, vgl. §§ 32d, 20 Abs. 9 EStG). Die Reduzierung des Steuersatzes ab 2009 wirkt sich bei eigenkapitalfinanzierten Beteiligungen positiv aus, die Begrenzung des Werbungskostenabzugs bei aus Fremdkapital finanzierten negativ. Unter den Voraussetzungen des § 32d Abs. 2 Satz 1 Nr. 1 EStG (nahe stehende Personen, mind. 10 %ige Beteiligung, Back-to-back-Finanzierung, vgl. im Einzelnen Rdn. 2874 ff.) werden allerdings sowohl laufende Einnahmen als auch Veräußerungsgewinne typisch stiller Kapitalanlagen nicht der Abgeltungsteuer, sondern dem normalen Einkommensteuertarif unterworfen, unterliegen dann aber auch nicht mehr dem Werbungskostenabzugsverbot des § 20 Abs. 9 EStG und dem Verlustabzugsverbot des § 20 Abs. 6 EStG.[541]

2705 Die **atypisch stille Gesellschaft** wird dagegen steuerlich als Mitunternehmerschaft behandelt: Mitunternehmerinitiative wird zumindest im Umfang der Stimm-, Kontroll- und Widerspruchsrechte eines Kommanditisten entfaltet, Mitunternehmerrisiko durch die Beteiligung an Gewinn und Verlust[542] sowie stillen Reserven. Sie verwirklicht demnach dieselbe Ertragsart wie der Geschäftsinhaber, also Einkünfte bspw. aus Gewerbebetrieb oder aus selbstständiger Tätigkeit, so dass eine einheitliche und gesonderte Gewinnfeststellung gem. § 180 Abs. 1 Nr. 2 AO stattfindet (bei der atypisch stillen Beteiligung am Handelsgewerbe einer Personengesellschaft entsteht dagegen eine doppelstöckige Personengesellschaftsstruktur, mit der Personen- als der Obergesellschaft und der atypisch stillen Gesellschaft als der Untergesellschaft).[543] Die Mitunternehmerschaft ist durch die Anrechnung der Gewerbesteuer (§ 35 EStG), den Freibetrag gem. § 11 Abs. 1 Nr. 1 GewStG und im Hinblick auf § 4a EStG privilegiert. Die Gründung der atypisch stillen Gesellschaft stellt

---

536 Anders nur, wenn der Stille zugleich GmbH-Gesellschafter ist und die Gewinnanteile überhöht sind [verdeckte Gewinnausschüttung].
537 Der frühere § 8 Nr. 3 GewStG a.F. sah bei Beteiligungen im Betriebsvermögen keine Hinzurechnung vor, und bei partiarischen Darlehen eine lediglich hälftige [i.Ü. ein volle Hinzurechnung]. Aufgrund der Gleichstellung aller Varianten [i.H.v. nur mehr 25 %] ist die Wahl zwischen partiarischem Darlehen, stiller Beteiligung im Privat- bzw. im Betriebsvermögen nun gewerbesteuerlich gleichwertig.
538 Also bei einer GmbH oder GmbH & Co. KG als Stillem; ebenso beim Einzelunternehmer, der z.B. eine Beteiligung an einem Lieferanten als Stiller hält, vgl. *Wälzholz*, GmbH-StB 2008, 12.
539 Zuvor musste der Geschäftsinhaber die Kapitalertragsteuer einbehalten, die dem Stillen im Rahmen seiner Ertragsteuer angerechnet wird, vgl. OFD Rostock, DStR 2000, 592.
540 Rdn. 2872, vgl. hierzu *Wälzholz*, GmbH-StB 2008, 13.
541 Vgl. im Einzelnen *Worgulla*, NWB 2010, 3182, 3186 ff.; zu § 20 Abs. 6 EStG *Anemüller*, EStB 2016, 384 ff. und 429 ff.
542 Unschädlich ist die Beschränkung der Verlustbeteiligung auf die Einlage, da auch der Kommanditist nur in dieser Höhe am Verlust teilhat. Ist allerdings der Wert der Einlage »Null« (etwa bei Umwandlung einer wertlosen Forderung in eine stille Beteiligung), fehlt es bei einer Begrenzung der Verlustbeteiligung auf die Höhe der Einlage am Mitunternehmerrisiko, BFH, 31.05.2012 – IV R 40/09, EStB 2012, 328.
543 BFH, 08.12.2016 – IV R 8/14, EStB 2017, 102; hierzu *Suchanek*, GmbHR 2017, 292 ff. und *Paus*, EStB 2017, 284 ff.

umwandlungsteuerrechtlich nach überwiegender Meinung eine Einbringung des Unternehmens des Inhabers in eine neu gegründete Personengesellschaft dar. Nach dem hierfür geltenden § 24 UmwStG kann somit anstelle der Aufstockung auf Teilwerte oder Zwischenwerte i.d.R. die Buchwertfortführung erfolgen; die steuerpflichtige Aufdeckung stiller Reserven wird durch Ergänzungsbilanzen vermieden.[544]

Gewinne aus der **Veräußerung**[545] einer stillen Gesellschaftsbeteiligung sind für alle ab 2009[546] angeschafften typisch stillen Beteiligungen stets steuerpflichtig (§§ 20 Abs. 2 Satz 1 Nr. 4 i.V.m. Satz 2 EStG), für davor angeschaffte nur bei Vorliegen der Voraussetzungen des § 23 EStG.[547] Bei der entgeltlichen Veräußerung einer atypisch stillen Beteiligung gelten die allgemeinen Regeln (Rdn. 6062 ff.), die Veräußerung des Mitunternehmeranteils ist gem. § 16 Abs. 1 Nr. 2 i.V.m. Abs. 3 EStG steuerbar. Anstelle einer etwa gewünschten Veräußerung an den Inhaber des Handelsgeschäfts selbst empfiehlt sich die steuerneutrale Einbringung in die Inhabergesellschaft gegen Gewährung von »Außen«Gesellschaftsanteilen, §§ 20 und 24 UmwStG.[548]

2706

In ähnlicher Weise ist hinsichtlich der zurechenbaren[549] **Verlustanteile** zu differenzieren: Beim **typisch stillen Gesellschafter** können sie – sofern er zu ihrer Mittragung überhaupt verpflichtet ist – nur bis zur Höhe der geleisteten[550] Einlage berücksichtigt werden. Ab 2009 (Abgeltungsteuer) sind allerdings Verluste aus Kapitalvermögen an sich nur mehr mit künftigen Gewinnen aus Kapitalvermögen verrechenbar (§ 20 Abs. 6 EStG). Eine Verlustverrechnung mit Einkünften aus anderen Einkunftsarten sowie ein Verlustrücktrag scheiden also aus. Das Werbungskostenabzugsverbot des § 20 Abs. 9 EStG wäre an sich ebenfalls anwendbar, allerdings sieht die Finanzverwaltung[551] großzügigerweise in solchen Verlustanteilen »negative Einnahmen« und nicht Werbungskosten, so dass sie weiterhin grds. bei den übrigen Einkünften aus Kapitalvermögen abzugsfähig bleiben. Diese Grundsätze gelten allerdings nicht, wenn die Abgeltungsbesteuerung selbst nicht stattfinden kann, etwa wegen des Vorhandenseins nahestehender Personen oder zu mehr als 10 % beteiligter Gesellschafter (Rdn. 2874).

2707

Beim atypisch stillen Gesellschafter sind Verluste im Einlagejahr bis zur Höhe der geleisteten Einlage auch bei einem negativen Kapitalkonto berücksichtigbar; ein für einen früheren Veranlagungszeitraum festgestellter verrechenbarer Verlust wird dadurch jedoch nicht ausgleichsfähig.[552] Bei einer Kommanditbeteiligung (anstelle einer atypisch stillen Gesellschaft) stünde daneben die im Handelsregister eingetragene Haftsumme (unabhängig von der Einlageleistung) als Verlustausgleichsrahmen zur Verfügung.

2708

Verluste des atypisch stillen Gesellschafters unterliegen, soweit es sich um eine natürliche Person/ Personengesellschaft handelt, nicht den Verrechnungsbeschränkungen des § 15 Abs. 4 Satz 6–8 EStG,[553] so dass er die Minderung seiner Einlage als Verlust aus Gewerbebetrieb steuerlich geltend machen kann (die Sperre des § 15a EStG greift aber, sobald ihm Verluste, die nicht aus Pri-

2709

---

544 *Blaurock*, Handbuch der stillen Gesellschaft Rn. 22.2.
545 Gleichgestellt sind sonstige Formen der Verwertung, wie Auflösung oder Auseinandersetzung einer im Privatvermögen gehaltenen stillen Beteiligung.
546 § 52a Abs. 10 Satz 4 EStG.
547 BFH, 18.10.2006 – IX R 7/04, BStBl. 2007 II, S. 258 ff.
548 Vgl. im Einzelnen *Stollenwerk/Piron* GmbH-StB 2011, 48 ff., auch zum bilanziellen Ansatz.
549 Erforderlich ist die Feststellung des Jahresabschlusses durch den Geschäftsinhaber und i.d.R. die Abbuchung von der geleisteten Einlage, vgl. BFH, 16.10.2007 – VIII R 21/06, MittBayNot 2009, 69, m. Erl. *Weigl*, S. 23 ff.
550 Wird die Einlage durch Schuldübernahme geleistet, muss die Gläubigergenehmigung hierfür vorliegen: BFH, 16.10.2007 – VIII R 21/06, EStB 2008, 43.
551 BMF-Erlass zur Abgeltungsteuer v. 22.12.2009, BStBl. 2010 I 94 ff., Tz. 4; *Blaurock*, Handbuch Stille Gesellschaft, Rn. 22.222; so bereits *Weigl*, MittBayNot 2009, 22, 25.
552 BFH, DStRE 1998, 624.
553 Diese greifen aber bei der Beteiligung an einer Kapitalgesellschaft (GmbH & Still, s.u. Rdn. 2714).

vatvermögen auszugleichen sind, über seine Einlage[554] hinaus zugerechnet werden, allerdings nicht bei rechtsgeschäftlicher Schuldübernahme des Verlustes).[555]

2710 Auch **schenkungsteuerlich** wird die atypisch stille Beteiligung als Anteil am Betriebsvermögen gem. §§ 95 ff. BewG, die typisch stille Beteiligung dagegen als Kapitalforderung bewertet. Die Finanzverwaltung wollte jedoch die Privilegierungen der §§ 13a, 19a ErbStG nicht mehr gewähren,[556] was dem erklärten Willen des historischen Gesetzgebers widerspricht. Das Inkrafttreten der Erbschaftsteuerreform 2009 änderte hieran nichts.[557] Die Verwaltung hat ihre unrichtige abweichende Ansicht jedoch mit Erlass v. 23.03.2009[558] nunmehr aufgegeben, und zwar sowohl für die erstmalige Einräumung wie auch für die Übertragung einer atypisch stillen Beteiligung.[559] Voraussetzung für die Zugehörigkeit zum begünstigten Vermögen i.S.d. § 13b Abs. 1 Nr. 2 ErbStG ist freilich (wie bei jeder Mitunternehmerschaft), dass deren Vermögen einer Betriebsstätte in einem Mitgliedsstaat der EU oder des EWR dient.[560]

f) GmbH & Still

2711 Begründet eine Kapitalgesellschaft (i.d.R. eine GmbH) mit Dritten, in der Praxis v.a. mit ihren Gesellschaftern oder deren Angehörigen, eine stille Gesellschaft, spricht man von einer »**GmbH & Still**«.[561] Bezweckt wird damit zum einen die Kapitalbeschaffung mit gewinnabhängiger Beteiligung anstelle einer möglicherweise stärker belastenden festen Verzinsung, die auch in Verlustjahren fällig wurde, zum anderen die möglichst geringe Ausstattung des haftenden Eigenkapitals (wobei jedoch die stille Beteiligung eines GmbH-Gesellschafters gem. § 32a GmbHG a.F. bis zum Inkrafttreten des MoMiG[562] in der Krise kapitalersetzend werden kann; sogar ein außenstehender stiller Gesellschafter kann insoweit wie ein GmbH-Gesellschafter behandelt werden, wenn er nach dem Inhalt des stillen Gesellschaftsverhältnisses im Einfluss einem GmbH-Gesellschafter gleichsteht.[563] Im Rahmen des nunmehrigen § 39 Abs. 1 Nr. 5 InsO dürfte nur die Einlage eines atypisch, also auch an den stillen Reserven, still Beteiligten einem Gesellschafterdarlehen gleichzustellen und demnach hinsichtlich der Rückzahlungen im letzten Jahr vor der Insolvenzeröffnung gem. § 135 InsO erleichtert anfechtbar sein).[564] Als weiterer **Vorteil** wird die (allerdings gem. Rdn. 2713 fragliche) Anonymität der stillen Gesellschaft und die im gesetzlichen Modell angelegte beherrschende Stellung des Geschäftsinhabers (der GmbH) angesehen, die dennoch eine Einkunfts- und (bei der atypisch stillen Gesellschaft) auch Vermögensverlagerung eintreten lässt.

2712 Die **GmbH & Still** eignet sich gut zur Versorgung ausgeschiedener Altgesellschafter und deren Angehörigen sowie sonstiger Personen, die von der Betriebsnachfolge ausgeschlossen sein sollen. In der Variante der atypischen stillen Gesellschaft kann ihnen auch eine Beteiligung an der Sub-

---

554 Hierzu zählen auch Einlagen, die vorzeitig zum Ausgleich eines negativen Kapitalkontos geleistet wurden, BGH, 30.09.2007 – IV R 10/07, EStB 2008, 6; ebenso nun BMF v. 19.11.2007, EStB 2008, 17.
555 BFH, 16.10.2007 – VIII R 21/06, GmbHR 2008, 157: kein erweiterter Verlustausgleich gem. § 15a Abs. 1 Satz 1 EStG.
556 OFD Rheinland v. 30.03.2007, ZEV 2007, 295; abl. *Wälzholz*, ZEV 2007, 369 ff.
557 *Wälzholz*, GmbH-StB 2008, 16; *Weigl*, MittBayNot 2009, 25.
558 BayStMinFin v. 23.03.2009, 34 – S 3811–035 – 11256/09, ZEV 2009, 264; ebenso FinMin Baden-Württemberg v. 09.04.2009, 3-S 3806/51, DB 2009, 878.
559 *Lasa*, ZEV 2011, 433, 439.
560 Gemäß Erlass des BayStMinFin v. 09.07.2010, 34 – S 3812a – 018 – 28363/10, DStR 2010, 1575 ist abzustellen auf die Tätigkeit des Inhabers des Handelsgeschäftes.
561 Vgl. hierzu etwa im Überblick *Flore*, GmbH-StB 2003, 102.
562 Die bisherigen »Novellen-« und »Rechtsprechungs«-Regeln [§§ 32a, 32b GmbHG; §§ 30, 31 GmbHG analog] finden gemäß BGH, 26.01.2009 – II ZR 260/07, GmbH-StB 2009, 96 jedenfalls Anwendung, wenn die Insolvenz vor dem 01.11.2008 eröffnet wurde [Art. 103d EGInsO].
563 Vgl. BGH, 13.02.2006 – II ZR 62/04, DStR 2006, 860.
564 *Mock*, DStR 2008, 1645 (1646); *Manz/Lammel*, GmbHR 2009, 1121 (1125).

stanz des Unternehmens gewährt werden (so dass der Stille als Mitunternehmer anzusehen ist[565]). Zugleich erlauben sowohl die GmbH als auch die stille Gesellschaft (§ 234 Abs. 2 HGB) die freie Vererblichkeit der Anteile bei gleichzeitiger Haftungsbegrenzung, sowie die Anordnung einer Testamentsvollstreckung.

Für den **Abschluss eines stillen Gesellschaftsvertrags mit einer GmbH** soll nach allerdings bestrittener[566] Auffassung die organschaftliche Vertretungsmacht des Geschäftsführers nicht ausreichend sein, da es nicht um schuldrechtliche Austauschbeziehungen mit Dritten, sondern um die Verbandsorganisation der GmbH mit satzungsähnlichem Charakter handle. Analog §§ 53 ff. GmbHG sei daher ein satzungsändernder Beschluss mit notarieller Beurkundung und Eintragung in das Handelsregister erforderlich.[567] Begründet wird dies insb. mit der Parallelität zum Abschluss von Beherrschungs- und Gewinnabführungsverträgen,[568] für die §§ 293 ff. AktG analog herangezogen werden (Teilgewinnabführungsvertrag i.S.d. § 292 Abs. 1 Nr. 2 AktG[569]). Die Rechtsprechung folgt dieser Auffassung freilich nicht.[570] 2713

Ertragsteuerlich gelten die bereits oben Rdn. 2703 erläuterten Regeln, allerdings mit der Maßgabe, dass Verluste aus atypisch stillen Beteiligungen (oder Unterbeteiligungen) an einer Kapitalgesellschaft – sofern der atypisch Stille nicht eine natürliche Person ist – nur mit späteren Gewinnen aus derselben Beteiligung verrechnet werden können (§ 15 Abs. 4 Satz 6 bis 8 EStG).[571] Ist der atypische stille Gesellschafter zugleich auch GmbH-Gesellschafter (»Doppelgesellschafter«), bildet sein GmbH-Geschäftsanteil notwendiges **Sonderbetriebsvermögen II** (Rdn. 5725) seiner Eigenschaft als stiller Gesellschafter mit der Folge, dass 2714
(1) Gewinne aus der Veräußerung dieses GmbH-Geschäftsanteils auch dann der ESt unterliegen, wenn die Voraussetzungen des §§ 17, 23 EStG nicht (mehr) gegeben sind.[572]
(2) Andererseits aber für Dividenden nicht die Abgeltungsteuer, sondern das Teileinkünfteverfahren (60 %, § 3 Nr. 40 EStG, Rdn. 2913) gilt, mit 60 %igem Abzug der Finanzierungskosten.
(3) Ist der atypisch stille Gesellschafter zugleich GmbH-Geschäftsführer, wird zudem sein Geschäftsführer-Gehalt zur Sonderbetriebseinnahme gem. § 15 Abs. 1 Nr. 2 EStG »umqualifiziert«, so dass es nicht mehr bei Körperschaftsteuer und Gewerbesteuer abzugsfähig ist, ebenso wenig die Pensionsrückstellungen. Hierin liegt ein erheblicher Nachteil der GmbH & atypisch Still (Durchbrechung des steuerlichen Trennungsprinzips).

Im Zusammenhang[573] mit der **körperschaftsteuerlichen Organschaft** (vgl. Rdn. 2858 ff.) eignet sich die atypisch stille Gesellschaft gemäß §§ 14 Abs. 1, 17 Abs. 1 KStG nicht als Organgesellschaft, ebenso wenig als Organträger (da es an der erforderlichen finanziellen Eingliederung der Organgesellschaft »im Verhältnis zur Personengesellschaft selbst« fehlt). Ist die atypisch stille Gesellschaft an der Organgesellschaft beteiligt, fehlt es nach Auffassung der Finanzverwaltung an der erforderlichen »Abführung des gesamten Gewinns« i.S.d. § 14 Abs. 1 Satz 1 KStG. Ebenso wenig 2715

---

565 BFH, 12.05.2016 – IV R 27/13, BFH/NV 2016, 1559; besondere Mitunternehmerinitiative kann sich auch aus dem Umstand ergeben, dass der Stille zugleich Geschäftsführer der GmbH ist: BFH, 13.07.2017 – IV R 41/14, EStB 2017, 384.
566 Vgl. *K. Schmidt*, ZGR 1983, 310.
567 Vgl. Gutachten, DNotI-Report 2004, 57, a.A. BayObLG, 18.02.2003 – 3Z BR 233/02, DStR 2003, 1218, m. Anm. *Wälzholz*.
568 Vgl. etwa BGH, 08.05.2006 – II ZR 123/05, ZIP 2006, 1201.
569 Z.B. BGH, 18.09.2012 – II ZR 127/11, NotBZ 2013, 106 m. Anm. *Vossius*: konkludente Änderung eines Teilgewinnabführungsvertrages durch Zusage einer vom Jahresfehlbetrag unabhängigen Vergütung.
570 BayObLG, 18.02.2003 – 3Z BR 233/02, DStR 2003, 1218 m. Anm. *Wälzholz*; OLG München, 17.03.2011 – 31 Wx 68/11 DNotZ 2011, 949; KG, 24.03.2014 – 12 W 43/12, RNotZ 2014, 452.
571 Vgl. BMF v. 19.11.2008, GmbHR 2009, 110; Zweifel an der Verfassungsmäßigkeit bei BFH, 20.10.2010 – I R 62/08, GmbH-StB 2011, 37.
572 Vgl. OFD Rostock, DStR 2000, 593.
573 Hierzu BMF-Schreiben v. 20.08.2015 – IV C 2-S 2770/12/10001, EStB 2015, 405, vgl. *Weiss*, EStB 2005, 407 ff. und *Olbing*, GmbH-StB 2015, 321 ff.

kann eine Kapitalgesellschaft, an der eine atypisch stille Gesellschaft beteiligt ist, Organträger sein (mit Vertrauensschutz für Altfälle vor dem 10.08.2015).

2. Unterbeteiligungen

2716 Bei einer Unterbeteiligung handelt es sich auch insoweit um eine Innengesellschaft (ohne Gesellschaftsvermögen), die dem Unterbeteiligten eine Teilhabe zumindest am Gewinn aus dem **Gesellschaftsanteil des Hauptbeteiligten** vermittelt. Im Unterschied zur Treuhandschaft wird der Unterbeteiligte jedoch dadurch nicht wirtschaftlicher Inhaber der Gesellschaftsbeteiligung selbst, da er nicht die wesentlichen mit der Beteiligung verbundenen Vermögens- und Verwaltungsrechte im Konfliktfall effektiv nach seinem Willen durchsetzen kann. Die Unterbeteiligung unterscheidet sich von der stillen Beteiligung an der Hauptgesellschaft (dem Betrieb des Geschäftsinhabers selbst) dadurch, dass die weiteren Gesellschafter der Hauptgesellschaft von solchen Unterbeteiligungen keine Kenntnis zu haben brauchen, und auch an deren Entstehung nicht beteiligt sind, sofern der Gesellschaftsvertrag nicht Unterbeteiligungen an entsprechende Zustimmungen bindet.[574]

2717 Unterbeteiligungen kommen häufig bei **Familiengesellschaften** vor,[575] deren Satzung die Anzahl der Gesellschafter (bzw. der Gesellschafterstämme) begrenzt oder Abtretungen an die Zustimmung der Gesellschaft bzw. Gesellschafterversammlung bindet. Minderjährigen kann auf diese Weise eine Einkommensquelle übertragen werden, ohne dass etwaige Erfordernisse des Minderjährigenschutzes die Gesellschaft selbst mit involvieren. Des Weiteren wird sie als Zwischenstufe gewählt, um Nachkommen am Unternehmensertrag zu beteiligen und das Interesse für das Unternehmen und das Unternehmertum zu wecken. Die Praxis bietet schließlich häufig pflichtteilsberechtigten Personen die Vereinbarung einer Unterbeteiligung anstelle der Barauszahlung des Pflichtteilsanspruchs an, um Unternehmensliquidität zu erhalten. Wird sie vermächtnisweise eingeräumt, kann sie der Pflichtteilsberechtigte freilich ausschlagen, § 2307 BGB.[576] Da gesetzliche Regelungen weitgehend fehlen, ist sie in der Gestaltung flexibel.

2718 Bei der **schenkweisen Einräumung der Unterbeteiligung** (Muster: Rdn. 6777)[577] ist § 518 BGB (Beurkundung) zu wahren; Heilung (§ 518 Abs. 2 BGB) tritt auch hier – wie bei der stillen Gesellschaft, oben Rdn. 2697 – jedenfalls bei der **typischen Unterbeteiligung** nach h.M. nicht durch bloße kapitalmäßige Umbuchung ein (str.; der BGH[578] differenziert nun danach, ob dem Unterbeteiligten[579] neben der schuldrechtlichen Mitberechtigung an den Vermögensrechten des dem Hauptbeteiligten zustehenden Gesellschaftsanteils hinaus auch mitgliedschaftliche Rechte an der Geschäftsführung der Unterbeteiligungsgesellschaft eingeräumt werden, dann genügt der Abschluss des notariellen Schenkungsvertrages zivilrechtlich, auch für den lebzeitigen Vollzug i.S.d.

---

574 BGH, 10.05.2006 – II ZR 209/04, GmbHR 2006, 875, m. Anm. *Tebben*, GmbHR 2007, 63: andernfalls ist bei solcher Vinkulierung die Unterbeteiligung unwirksam. »Normale« Vinkulierungsklauseln stehen einer Unterbeteiligung nicht im Wege, vgl. *Werner*, ZEV 2015, 194, 195.
575 Zur Unterbeteiligung als Instrument der Unternehmensnachfolge *Werner*, ZEV 2015, 194 ff.
576 *H.P. Westermann*, in: *Bayer/Koch (Hrsg)* Personen- und Kapitalgesellschaftsrecht an den Schnittstellen zum Familien- und Erbrecht, Schriften zum Notarrecht Bd. 42, S. 69, 85.
577 Erläuterungen zu diesem Muster bei *Krauß*, in: Schultke-Nölke/Flohr, Formularbuch Vertragsrecht, Teil 5 Muster 2; Hinweise zur Bestellung und Form bei *Carlé*, ErbStB 2012, 14 ff., zur Vertragsgestaltung *Carlé*, ErbStB 2012, 117 ff.
578 So etwa BGH, 29.11.2011 – II ZR 306/09 [»Suhrkamp-Entscheidung«] ZEV 2012, 167 m. Anm. *Reimann* [der sich zu Recht dafür ausspricht, dass der Bedingungseintritt für die Anwendung des Niederstwertprinzips, § 2325 Abs. 2 BGB, maßgeblich sei]; ebenso nun der BFH, 17.07.2014 – IV R 52/11, MitBayNot 2015, 349 m. Anm. *Ihle* im Fall einer atypisch stillen Gesellschaft.
579 Ähnliches dürfte bei der stillen Gesellschaft gelten, wobei die gesetzestypische stille Gesellschaft wohl nicht die Kriterien der »mitgliedschaftlichen Beteiligung« erfüllt, *Strnad*, ZEV 2012, 394, 397. Ohnehin ist noch unklar, ob die Kriterien des BGH den steuerrechtlichen Kriterien der atypischen im Unterschied zur typischen Unterbeteiligung [Rdn. 2724] entsprechen.

§ 2301 Abs. 2 BGB, Rdn. 3391[580]). Voraussetzung für den steuerrechtlichen Vollzug i.S.d. § 9 ErbStG ist stets der Eintritt einer Bereicherung beim Erwerber,[581] so dass bei der schenkweisen Zuwendung einer typischen (bzw. nicht alle Elemente einer atypischen erfüllenden) Unterbeteiligung erst mit tatsächlicher Vereinnahmung der jeweils anteilig zugedachten Beteiligungserträge freigiebige Zuwendungen ausgeführt sind[582] (mithin tritt hinsichtlich dieser Erträge beim »Erwerber« eine Doppelbelastung mit Erbschaft- und [§ 20 Abs. 1 Nr. 4 EStG] Einkommensteuer ein!).[583]

▶ **Hinweis: Vermeidung einer Doppelbelastung (EStG/ErbStG) bei unentgeltlicher Einräumung einer typischen Unterbeteiligung an einem Gesellschaftsanteil**

Um zu vermeiden, dass der Zufluss von Gewinnanteilen aus der Hauptbeteiligung sowohl ESt als auch (da die Schenkung nach Ansicht des BFH erst dann vollendet ist) Schenkungsteuer auslöst, empfiehlt es sich, dem Gesellschafter als Zuwendungsempfänger zunächst einen Geldbetrag ohne weitere Auflagen zu schenken; der Beschenkte verwendet diesen Betrag sodann als Einlage der typischen Unterbeteiligung und gewährt ihn damit dem Schenker (Hauptbeteiligten) zurück. 2719

Auch zur Notwendigkeit eines Ergänzungspflegers bei Familien-Unterbeteiligungen mit **minderjährigen Kindern** und die Notwendigkeit einer gerichtlichen Genehmigung gilt das oben Rdn. 2698 Gesagte (eine gerichtliche Genehmigung ist ausnahmsweise dann entbehrlich, wenn die Einlage bereits durch den Schenker voll eingezahlt ist und auch eine Ausfallhaftung, etwa gem. §§ 16 Abs. 3, 24 GmbHG, nicht in Betracht kommt.)[584] Die steuerliche Anerkennung einer Unterbeteiligung minderjähriger Kinder kann versagt werden, wenn sie auf einen Zeitpunkt endbefristet ist, an dem die Kinder noch immer minderjährig sein werden, und zudem der Vertrag nicht wie geschlossen vollzogen wird.[585] 2720

Bei der **inhaltlichen Ausgestaltung eines Unterbeteiligungsvertrags** müssen die Außengrenzen des eigentlichen Gesellschaftsvertrags beachtet werden. Kontroll- und Informationsrechte analog § 233 HGB hat der Unterbeteiligte jedoch stets nur ggü. dem Hauptbeteiligten, nicht unmittelbar in der Gesellschaftersammlung der Hauptgesellschaft selbst. Bei der Beteiligung am Gewinn hat der Unterbeteiligte die Entscheidungen der Hauptgesellschaft zur Bilanzgestaltung und ggf. Bildung stiller Reserven hinzunehmen.[586] Auch Entnahmebeschränkungen des Hauptbevollmächtigten gelten ebenso für den Gewinnanteil des Unterbeteiligten. 2721

---

580 Im BGH-Fall hatte der Erblasser [Siegfried Unseld] die Schenkung von Unterbeteiligungen an Gesellschaften der Suhrkamp-Verlagsgruppe aufschiebend bedingt auf sein Ableben vorgenommen; mit dem Abschluss des Vertrages dürfte sie dann auch i.S.d. § 529 Abs. 1 BGB, § 134 InsO als vorgenommen gelten. Die Frist gem. § 2325 Abs. 3 BGB ist damit jedoch nicht in Gang gesetzt, vgl. *Strnad*, ZEV 2012, 394, 395.
581 Daran fehlt es bei der Übertragung auf eine sog. kontrollierte liechtensteinische Familienstiftung, bei welcher der Stifter sich vorbehält, weiter über die Verwendung des Vermögens zu entscheiden, sogar sich dieses wieder zurück übertragen zu lassen (Rdn. 3025): keine Schenkungsteuerpflicht gem. BFH, 28.06.2007 – II R 21/05, EStB 2007, 329.
582 BFH, 16.01.2008 – II R 10/06, GmbH-StB 2008, 164; BFH, 18.09.2013 – II R 63/11 (NV), MittBayNot 2014, 559 m. Anm. *Ziegler*.
583 *Thouet*, RNotZ 2008, 483. Krit. gegen den BFH auch *Hübner*, ZEV 2008, 254, da die typische Unterbeteiligung steuerrechtlich wie eine stille Beteiligung behandelt werden sollte, und *Ivens*, ZErb 2011, 76, 77.
584 BGHZ 107, 28; *Damrau*, ZEV 2000, 212.
585 FG Schleswig-Holstein, 17.12.2015 – 5 K 58/12, ZEV 2016, 590 m. Anm. *Oppel* (keine Erstellung einer Auseinandersetzungsbilanz).
586 Eine andere Sichtweise liegt jedoch nahe, wenn der Hauptbeteiligte in der Hauptgesellschaft eine so beherrschende Stellung hat, dass er die Bilanzierung selbst gestalten kann.

Kapitel 5 Gesellschaftsrechtliche Lösungen

2722 Eine zusätzliche **Beteiligung an Tätigkeitsvergütungen** des Hauptbeteiligten wird regelmäßig nicht bestehen. Trägt der Unterbeteiligte jedoch das wirtschaftliche Risiko der Hauptbeteiligung mit, sollte er an der Haftungsvergütung des Hauptbevollmächtigten partizipieren. Der Verteilungsschlüssel ist vertraglich festzulegen (ergänzend gilt § 231 Abs. 1 HGB analog). Eine **Verlustbeteiligung** findet nur statt, wenn sie ausdrücklich vereinbart ist, und ist dann im Regelfall auf die Höhe der Einlage begrenzt.

2723 Mangels abweichender Regelung besteht ein ordentliches **Kündigungsrecht** jedes Beteiligten, mit allerdings strittiger Fristdauer (§ 723 Abs. 1 Satz 1 BGB: jederzeit; anders § 234 i.V.m. § 132 HGB analog: 6 Monate).

2724 Auch bei der Unterbeteiligung wird (wie bei der stillen Gesellschaft, Rdn. 2696) zwischen der **typischen** (die lediglich einen schuldrechtlichen Anspruch auf einen Ertragsanteil zum Inhalt hat) und der **atypischen Unterbeteiligung** unterschieden; letztere berechtigt auch zur Teilhabe am Unternehmensvermögen und den darin verkörperten stillen Reserven samt Firmenwert, so dass bei Beendigung nicht nur die nominelle Einlage zurückzuzahlen ist.

2725 Diese Unterscheidung wirkt sich auch **ertragsteuerlich** aus (wie Rdn. 2703), sofern die Unterbeteiligung steuerlich anzuerkennen ist (also der Unterbeteiligte die Vermögens- und Verwaltungsrechte in Höhe seiner Quote im Konfliktfall mit dem Hauptbeteiligten effektiv durchsetzen kann[587]): die typische Unterbeteiligung schafft Einkünfte aus Kapitalvermögen, während die atypische Unterbeteiligung dieselbe Einkunftsart wie beim Hauptbeteiligten generiert, i.d.R.[588] also gewerbliche oder freiberufliche Einkünfte. Damit sind auch Tätigkeitsvergütungen des atypisch still Unterbeteiligten dem Gesamtgewinn gem. § 15 Abs. 1 Nr. 2 EStG hinzuzurechnen.[589] Um die Unterbeteiligung für die Mitgesellschafter der Hauptgesellschaft unerkannt zu lassen, findet eine gesonderte Feststellung der Einkünfte der Unterbeteiligungsgesellschaft statt,[590] bei Einverständnis aller kann dies jedoch auch i.R.d. Feststellungsverfahrens für die Hauptgesellschaft miterledigt werden.

2726 Auch **schenkungsteuerlich** wird die typische Unterbeteiligung als verzinsliche[591] Kapitalforderung,[592] die atypische Unterbeteiligung als Anteil an Betriebsvermögen gem. §§ 95 ff. BewG bewertet, wobei die Finanzverwaltung (anders als der BFH) bei atypischen Unterbeteiligungen an Mitunternehmeranteilen die Privilegien der §§ 13a, 19a ErbStG nicht gewähren wollte (Rn. 3986 der dritten Auflage dieses Werkes). Die Verwaltung hat diese unrichtige Ansicht jedoch mit Erlass v. 23.03.2009[593] zwischenzeitlich aufgegeben.

---

587 Vgl. BFH, 28.05.2005 – VIII R 34/01, BStBl. 2005 II, S. 857; FG Mecklenburg-Vorpommern, NotBZ 2008, 130; BFH, 26.01.2011 – IX R 7/09, EStB 2011, 173 m. Komm. *Schimmele*; BFH, 01.08.2012 – IX R 6/11, ErbStB 2013, 4 [wirtschaftliches Eigentum abgelehnt, da lediglich begrenzter Gewinnanteil, Verfügung über die Unterbeteiligung an die Zustimmung des Hauptbeteiligten gebunden, nur beschränkte Vermögens- und Verwaltungsrechte].
588 Die schenkweise Unterbeteiligung von Kindern am Anteil einer verwaltenden Grundstücks-GbR soll allerdings, wenn nur eine schuldrechtliche Beteiligung am Gewinn und Mitwirkungsrechte in wenigen Angelegenheiten eingeräumt sind, keine Einkünfte aus Vermietung und Verpachtung, sondern aus Kapitalvermögen generieren, BFH, BStBl. 1992 II, S. 459.
589 BFH, DStR 1998, 203.
590 BFH, BStBl. 1974 II, S. 414.
591 An die Stelle der festen Verzinsung tritt die Gewinnbeteiligung, vgl. *Ihle*, MittBayNot 2015, 269, 271. Schenkungsteuerliche Betriebsvermögensprivilegien stehen freilich nicht zur Verfügung.
592 Die typische Unterbeteiligung an einem GmbH-Anteil ist also selbst kein tauglicher Schenkungsgegenstand, sondern die Weiterleitung der Gewinnanteile, vgl. *Blaurock*, Handbuch Stille Gesellschaft, Rn. 31.56; *Weigl*, MittBayNot 2010, 302.
593 BayStMinFin v. 23.03.2009, 34 – S 3811–035 – 11256/09, ZEV 2009, 264; ebenso FinMin Baden-Württemberg v. 09.04.2009, 3-S 3806/51, DB 2009, 878.

3. GmbH & Co. KG

a) Varianten

aa) GmbH oder UG?

Bei der **GmbH & Co. KG** bietet sich die Möglichkeit unterschiedlicher Beteiligung des Nachfolgers an der KG (damit an der Substanz des Unternehmens) und/oder an der GmbH (und damit am Management, aufgrund ihrer Komplementärfunktion), aber auch die Möglichkeit einer Fremdorganschaft bei fachlich oder persönlich ungeeigneten Nachkommen. Gehen Kommanditanteil und GmbH-Geschäftsanteil unterschiedliche Wege, wird aus dem bisherigen Sonderbetriebsvermögen II (GmbH-Anteil, Rdn. 2745, 5725) regelmäßig Privatvermögen, was jedoch mangels vorhandener stiller Reserven typischerweise zu keinen schlimmen Folgen führt. 2727

Eine Variante bildet seit dem 01.11.2008 die **UG (haftungsbeschränkt)**[594] **& Co KG**, die in noch stärkerem Maße der Reduzierung der Haftungsmasse des Komplementärs (ggf. auf lediglich einen Euro) dient. Ihre Verwendung ist auch dann unproblematisch, wenn sie (wie im Regelfall) nicht am Vermögen der KG beteiligt ist, und demnach nicht auf Gewinnerzielung hoffen darf, da die gesetzlich vorgeschriebene Teilrücklagenbildung nur bei entsprechenden Gewinnen stattzufinden hat. 2728

bb) Personengleich oder -verschieden?

Die personenverschiedene GmbH & Co. KG ist mitunter ertragsteuerlich und aus Gründen der Insolvenzvorsorge durchaus reizvoll: Der nur an der GmbH beteiligte Gesellschafter-Geschäftsführer erzielt Einkünfte aus unselbstständiger Tätigkeit (eine Umqualifizierung in gewerbliche Einkünfte der Mitunternehmerschaft unterbleibt, da er nicht zugleich an der KG beteiligt ist, vgl. Rdn. 2681), so dass ihm bspw. auch mit steuerlicher Wirkung Pensionszusagen zur Minderung des Gewerbesteueraufwands gemacht werden können. Seine angemessenen Geschäftsführervergütungen stellen ferner in keinem Fall eine Rückgewähr von Einlagen i.S.d. § 172 Abs. 4 Satz 1 HGB dar, da der Geschäftsführer nicht zugleich an der KG beteiligt ist (Vorsorge für den Insolvenzfall). 2729

Häufig ist jedoch der umgekehrte Wunsch, Inhaberschaft (also Kommanditistenstellung) und Führung (Bestellung und Überwachung des Geschäftsführers als Gesellschafter des Komplementärs) zu verzahnen. Für eine solche **personengleiche GmbH & Co. KG**[595] müssen die Regelungen in der GmbH- und der KG-Satzung aufeinander abgestimmt sein. Bei divergierender Abtretung oder »Vererbung« ist ein Gleichlauf ggf. nachträglich, durch Einziehungs- und Zwangsabtretungsklauseln, herzustellen (bzw. auch die Kommanditanteile werden uneingeschränkt vererblich gestellt). Soweit bei der beteiligungsgleichen GmbH & Co KG die GmbH- und KG-Anteile nur gemeinsam wirksam dinglich übertragen werden können (§ 15 Abs. 5 GmbHG), muss demnach auch die Übertragung des KG-Anteils mitbeurkundet werden, Rdn. 2730! Durchbrechungen solcher konstitutiver Gleichlaufklauseln im Einzelfall durch sog. satzungsdurchbrechenden Beschluss mit Dauerwirkung bedürfen der notariellen Beurkundung[596] und (wohl) der Berücksichtigung im Satzungstext samt (konstitutiver) Registereintragung.[597] 2730

---

594 Allgemeiner Überblick zur UG (haftungsbeschränkt) aus notarieller Sicht: *Seebach*, RNotZ 2013, 261 ff. Zur Thesaurierungspflicht, zur Volleinzahlungspflicht und zum Sacheinlagenverbot (die jeweils bei der Erhöhung des Kapitals auf 25.000€ nicht gelten) vgl. *Lutz*, notar 2014, 210 ff., zur verdeckten Sacheinlage: *Heidinger*, in: DAI-Skript 12. Jahresarbeitstagung des Notariats, 2014, S. 242 ff. Zur Umgründung einer (wegen § 58 Abs. 1 und 2 Satz 1 GmbHG noch nicht eingetragenen) GmbH in eine UG (haftungsbeschränkt) vgl. *Lohr*, GmbH-StB 2015, 145.
595 Vgl. hierzu *Heinze*, ZNotP 2017, 140 ff. (zur Klausur F 20-8 der notariellen Fachprüfung).
596 OLG Düsseldorf, 23.09.2016 – I-3 Wx 130/15, RNotZ 2017, 110.
597 *Gutachten*, DNotI-Report 2014, 1, 3.

cc) Einheits – GmbH & Co KG

2731 Sollen KG- und GmbH-Anteil einem zwingenden Gleichlauf unterworfen sein, bietet sich als extremste Form die **Einheits-GmbH & Co. KG**[598] an, bei der die KG Alleingesellschafterin der Komplementär-GmbH ist. Ihre Zulässigkeit wird durch § 264c Abs. 4 und § 172 Abs. 6 HGB vorausgesetzt (»Einlage eines Kommanditisten, soweit sie in Anteilen an den persönlich haftenden Gesellschaftern bewirkt ist«). Sie entsteht nach dem regelmäßig gewählten »Übertragungsmodell« dadurch, dass die (späteren) Kommanditisten im ersten Schritt die GmbH gründen, diese (als GmbH i.G.) mit den Kommanditisten die KG gründet, und sodann die Anteile an der GmbH auf die KG (nach deren Entstehung, also bei vermögensverwaltender Tätigkeit erst nach Handelsregistereintragung der KG) übertragen. Da der KG-Vertrag die Verpflichtung zum Erwerb der GmbH-Anteile enthält, ist er gem. § 15 Abs. 4 Satz 1 GmbHG beurkundungspflichtig,[599] allerdings sind künftige Übertragungen (allein des Kommanditanteils) dann formfrei möglich.[600] Das seltener gewählte »Beteiligungsmodell« sieht zunächst die Gründung der KG vor (unter – nachteiliger – vorübergehender Übernahme der Komplementärstellung durch einen späteren Kommanditisten), Letztere gründet dann die GmbH als »Tochtergesellschaft«, und jene übernimmt sodann die Komplementärstellung in der KG.

2732 Die Einheits- GmbH & Co KG bietet eine Reihe beachtlicher **Vorteile:** Die Übertragung des allein verbleibenden Kommanditanteils ist formfrei möglich; ferner ist damit eine »automatische Verzahnung« auch im Sterbefall gewährleistet. Die Gefahr des Auseinanderfallens der Gesamthandsbeteiligung und der sonst im Sonderbetriebsvermögen befindlichen Komplementäranteile besteht nicht, da Letztere ebenfalls zum Gesamthandsvermögen zählen. Etwaige Gewinne der GmbH stehen »automatisch« der KG zu; ein Auseinanderfallen der Beschlussfassungen in KG und GmbH kann nicht stattfinden. Die durch die Sonderbetriebsvermögenseigenschaft der Komplementärbeteiligung (Rdn. 5727 ff.) mitunter geschaffenen Probleme können von vornherein nicht entstehen; die Komplementärbeteiligung ist im Betriebsvermögen der KG und damit gem. § 13b Abs. 1 Nr. 2 ErbStG stets begünstigtes Vermögen, unabhängig vom Erreichen der Mindestbeteiligung des § 13b Abs. 1 Nr. 3 ErbStG. Durch umsatzsteuerliche Organschaft werden die Geschäftsführungs- und Vertretungsleistungen der Komplementärin zu umsatzsteuerfreien Innenumsätzen.[601] Die Veräußerung eines Kommanditanteils an einer grundbesitzenden Einheits-GmbH & Co KG löst schließlich keine Grunderwerbsteuer aus.[602] Eine Einheits-GmbH & Co. KG ist und bleibt allerdings gewerblich geprägt, ungeachtet des Umstands, dass die Gesellschafterrechte in Gesellschafterversammlungen der Komplementär-GmbH durch die Kommanditisten persönlich (nicht die KG) wahrgenommen werden. Dadurch werden die Kommanditisten nicht zu »Geschäftsführern« der KG, da sie lediglich die Geschäfte der Komplementärin, nicht der Kommanditgesellschaft führen.[603]

---

598 Überblick bei *von Bonin,* RNotZ.
599 Vgl. *Bahnsen,* GmbHR 2001, 186.
600 Bei der »normalen« GmbH & Co KG ist wegen des Vollständigkeitsgrundsatzes auch die KG-Anteilsübertragung beurkundungspflichtig, wobei jedoch die notarielle dingliche GmbH-Anteilsabtretung gem. § 15 Abs. 4 Satz 2 GmbHG wohl beide Geschäfte heilt, vgl. *Binz/Rosenbauer,* NZG 2015, 1136 ff.
601 BMF-Schreiben v. 31.05.2007, DStR 2007, 1039 (Bsp. 6); BMF-Schreiben v. 07.03.2013, BStBl 2013 I S. 333; *Bleckmannm* BB 2013, 855 ff.
602 FG Nürnberg, 04.10.2012 – 4 K 1205/11, n. rkr: Az BFH II R 51/12, DStR 2013, 1383; OFD Nordrhein-Westfalen v. 07.02.2014, GmbHR 2014, 392.
603 BFH, 13.07.2017 – IV R 42/14, EStB 2017, 382, ebenso die Vorinstanz: Vgl. FG Münster, 28.08.2014 – 3 K 743/13 F, MittBayNot 2016, 559 m. Anm. *Demuth.*

Zur Ermöglichung effektiver Kontrolle[604] und Vermeidung der Selbstbestellung und Selbstabberufung sollte[605] dann allerdings entweder

(1) ein Beirat anstelle der Gesellschafterversammlung zur Beschlussfassung hierüber berufen sein,[606]
(2) oder aber die Stimmrechte in der Gesellschafterversammlung (§ 46 Nr. 5 GmbHG) des Komplementärs durch Rechtsgeschäft (§ 164 BGB) den Kommanditisten persönlich, und zwar als nur aus wichtigem Grund entziehbares Sonderrecht, übertragen werden,[607]
(3) oder schließlich die Geschäftsführungs- und Vertretungsbefugnis der Komplementär-GmbH im Gesellschaftsvertrag der KG so beschränkt werden, dass die Wahrnehmung der Stimmrechte »an ihr selbst« der Versammlung der Kommanditisten obliegt:[608]

2733

Zur letzteren, am häufigsten gewählten, Alternative folgender

2734

▶ Formulierungsvorschlag: Einheits-GmbH & Co. KG, Wahrnehmung der Stimmrechte in der Komplementär-GmbH durch die Kommanditistenversammlung

Regelung im Gesellschaftsvertrag der KG:

Soweit es um die Wahrnehmung der Gesellschafterrechte in der Komplementär-GmbH selbst geht, ist nicht die Komplementärin zur Geschäftsführung und Vertretung der Kommanditgesellschaft berechtigt und verpflichtet, sondern vielmehr die Kommanditisten selbst, denen hierfür Geschäftsführungs- und Vertretungsbefugnis eingeräumt wird. Sie entscheiden durch Beschluss in der Kommanditistenversammlung, für deren Einberufung und Durchführung die Bestimmungen dieses Vertrages zur Gesellschafterversammlung entsprechend gelten. Für die Beschlüsse genügt die einfache Mehrheit der gültig abgegebenen Stimmen, mit Ausnahme von Beschlüssen über die Auflösung der Komplementär-GmbH, die Abtretung des Anteils an dieser oder Änderungen der Satzung der Komplementär-GmbH, für die eine Mehrheit von 75 % der gültig abgegebenen Stimmen erforderlich ist. Je ..... € des festen Kapitalanteils eines Kommanditisten gewähren eine Stimme. Ein Kommanditist, der aufgrund eines solchen Beschlusses entlastet oder von einer Verbindlichkeit befreit werden soll, hat hierbei kein Stimmrecht und kann ein solches auch nicht für Andere ausüben. Gleiches gilt für eine Beschlussfassung, die unmittelbar oder mittelbar die Vornahme eines Rechtsgeschäfts oder die Einleitung oder Erledigung eines Rechtsstreits gegen den Kommanditisten betrifft.

Die Kommanditistenversammlung hat zugleich jeweils im Einzelfall oder allgemein einen oder mehrere Kommanditisten zu bestimmen, die den Beschluss ähnlich einem Geschäftsführer auszuführen haben.

---

604 Der Geschäftsführer der Komplementärin, handelnd für die KG als einzige GmbH-Gesellschafterin, wäre wohl bereits gem. § 47 Abs. 4 GmbHG von der Ausübung des Stimmrechtes hinsichtlich seiner Entlastung ausgeschlossen, vgl. zum Ganzen differenzierend Gutachten, DNotI-Report 2010, 154 (wo die Anwendbarkeit des § 47 Abs. 4 GmbHG auch auf der Ebene der Kommanditistenversammlung bejaht wird, allerdings mit teleologischer Reduktion, wenn dadurch alle Kommanditisten ausgeschlossen wären).
605 Andernfalls üben die anderen Geschäftsführer der Komplementär-GmbH diese Stimmrechte aus, BGH, 16.07.2007 – II ZR 109/06, MittBayNot 2008, 306, m. Anm. *Giehl*, 268.
606 Bsp: OLG Celle, 06.07.2016 – 9 W 93/16, RNotZ 2016, 688, hierzu *Weinand*, notar 2017, 366 ff. (im Fall einer Satzungsänderung bei der Komplementär-GmbH; zu den besonderen Problemen einer Kapitalerhöhung zur Euro-Umstellung der Komplementär-GmbH einer Einheits-GmbH & Co KG vgl. *Becker*, notar 2017, 364). Problematisch ist, dass der Gesellschafterversammlung nicht alle Beschlussfassungskompetenzen entzogen werden können.
607 Teilweise wird befürchtet, die Kommanditisten würden damit zu »faktischen Mitgeschäftsführern«, so dass die gewerbliche Prägung i.S.d. § 15 Abs. 3 Nr. 2 Satz 2 EStG verloren ginge; hiergegen *Carlé/Carlé*, GmbHR 2001, 101 m.w.N.
608 *von Bonin*, RNotZ 2017, 1, 8 ff. (mit Formulierungsvorschlag S. 12f); *Werner*, GmbHR 2007, 1035; *Wachter*, ZNotP 2007, 412 (mit Formulierungsvorschlag); *Pröpper*, GmbH-StB 2010, 49 (mit Formulierungsvorschlägen auch zu den beiden anderen Varianten).

Regelung in der GmbH-Satzung:

Sofern eine Kommanditgesellschaft, deren persönlich haftende Gesellschafterin die Gesellschaft ist (nachstehend die »GmbH & Co. KG« genannt), Inhaberin von Geschäftsanteilen an der Gesellschaft ist, erfolgt die Wahrnehmung aller Angelegenheiten und Rechte aus, an oder im Zusammenhang mit diesen Geschäftsanteilen, insbesondere die Ausübung des Stimmrechts, durch die Kommanditisten dieser GmbH & Co. KG. Die Geschäftsführer müssen sich als solche insoweit der Geschäftsführung und Vertretung der Gesellschaft enthalten und dürfen, sofern sie nicht zugleich Kommanditisten der GmbH & Co. KG sind, ohne Weisung der Kommanditisten nicht an Versammlungen der Gesellschaft teilnehmen. Jeder Kommanditist der GmbH & Co. KG ist zu dem vorgenannten Zweck einzeln zur Vertretung der GmbH & Co. KG als Inhaberin der Geschäftsanteile an der Gesellschaft befugt und von den Beschränkungen des § 181 BGB befreit. Das Auskunfts- und Einsichtsrecht nach § 51a GmbHG steht jedem Kommanditisten als solchem zu.

Zu Haftungs- und Kapitalaufbringungsproblemen der Einheits – GmbH & Co KG vgl. Rdn. 2740.

2735 Zur »Umwandlung« einer GmbH & Co KG in eine Kapitalgesellschaft (durch Formwechsel – grunderwerbsteuerfrei, aber unter Fortbestand der Komplementärin – oder im »erweiterten Anwachsungsmodell« durch Einbringung der Kommanditanteile in die Komplementär-GmbH als Sacheinlage) vgl. Rdn. 6030 ff. Die »Umwandlung« der GmbH & Co KG allein auf ihren Kommanditisten erfolgt am einfachsten durch Verschmelzung der Komplementär-GmbH auf den Kommanditisten (»upstream Anwachsung«, da eine Ein-Personen – Personengesellschaft nicht existieren kann), während eine sog. »In-Sich-Anwachsung« (durch Verschmelzung der Komplementär-GmbH auf die KG selbst wohl nicht möglich ist, da § 20 Abs. 1 Nr. 3 UmwG den Fortbestand des aufnehmenden Rechtsträgers voraussetzt.[609] Der »Rechtsformwechsel« vom Einzelkaufmann in eine GmbH & Co KG kann durch Einzelrechtsnachfolge (dann jedoch ohne steuerliche Rückwirkungsfiktion, und unter dem Erfordernis der Schuldübernahmegenehmigung durch Gläubiger) erfolgen, ebenso im Wege der Gesamtrechtsnachfolge (Ausgliederung aus dem Vermögen eines Einzelkaufmanns auf eine bereits bestehende – vgl. § 152 UmwG – GmbH & Co KG, unter genauer Bezeichnung der Aktiva und Passiva, § 126 Abs. 1 Nr. 9 UmwG, dann ohne Beteiligung der Gläubiger und mit der Möglichkeit maximal achtmonatiger steuerrechtlicher Rückbeziehung gem. § 24 Abs. 4 i.V.m. § 20 Abs. 6 UmStG). Beide Wege können zur Buchwertfortführung genutzt werden (Gewährung von Gesellschaftsrechten i.S.d. § 24 UmwStG, bei Verbuchung jedenfalls auch auf Kapitalkonto I, vgl. Rdn. 2596, 2583).

b) Haftung

2736 Der Kommanditistenstellung immanent sind ebenfalls bestimmte, wenn auch begrenzte, **Haftungsrisiken**: Gem. § 176 Abs. 1 HGB umfasst sie zum einen Verbindlichkeiten, die bis zur Eintragung in das Handelsregister begründet wurden, es sei denn, seine bloße Kommanditistenstellung war den Gläubigern bekannt, was bei einer GmbH & Co. KG, sofern die künftige Firma verwendet wird, unterstellt wird.[610] Gefährlicher ist das Wiederaufleben der Kommanditistenhaftung gem. § 172 Abs. 4 Satz 2 HGB, wenn Ausschüttungen vorgenommen werden, obwohl sein Kapitalanteil durch Verluste unter die geleistete Hafteinlage herabgemindert ist oder wird (»Einlagenrückgewähr«), wobei es auf die Buchwerte der Kapitalkonten, ohne Berücksichtigung stiller Reserven ankommt.[611] Gleiches gilt, wenn es sich bei solchen Ausschüttungen lediglich um konzeptbedingte Garantiezahlungen (etwa bei Fonds trotz Bilanzverlustes) handelt; in diesem Fall

---

609 OLG Hamm, 24.06.2010 – I-15 Wx 360/09, GmbHR 2010, 985 (abzulehnen, weil die Auflösung der KG nicht auf Umwandlungsrecht beruht, sondern auf der Unzulässigkeit einer Ein-Personen-Personengesellschaft).
610 OLG Frankfurt, 09.05.2007 – 13 U 195/06, RNotZ 2008, 170; BGH, NJW 1983, 2260; a.A. noch BGH, NJW 1980, 54.
611 Vgl. BGH, NJW 1990, 1109.

hilft nicht einmal § 172 Abs. 5 HGB (guter Glaube des Bilanzaufstellers und des Anlegers an die Richtigkeit der Bilanz), da keine Ausschüttung eines Bilanzgewinns vorliegt.[612]

Darüber hinaus galten bis zum Inkrafttreten des MoMiG gem. § 172a HGB a.F., die gesetzlichen (§§ 32a, 32b GmbHG a.F.) und die durch den BGH zusätzlich entwickelten Haftungsregeln für **eigenkapitalersetzende Gesellschafterleistungen** auch für die GmbH & Co. KG entsprechend, allerdings aufgrund des Sanierungsprivilegs gem. § 32a Abs. 3 GmbHG nicht für Kommanditisten, die weder zur Geschäftsführung berufen noch zu mehr als 10 % beteiligt sind. 2737

Gleiches galt nach der Rechtsprechung des BGH (Lagergrundstückentscheidungen I bis IV)[613] auch für **Nutzungsüberlassungen** durch Gesellschafter (z.B. die Vermietung von Maschinen oder Grundstücken), die kapitalersetzenden Charakter haben, vgl. Rdn. 5712. Diese können in der Krise (z.B. Insolvenz) der Gesellschaft nicht beendet werden; dem Gesellschafter stand ferner für die Dauer der Überlassung während der Insolvenz ein Nutzungsentgelt nicht zu, sofern er die Überlassung auch der insolventen oder kreditunwürdigen (»überlassungsunwürdigen«) Gesellschaft weiter gewährt hat.[614] Das MoMiG hat die Rechtslage deutlich gebessert und in § 135 Abs. 3 InsO eine auf max. ein Jahr befristete »Kündigungssperre« eingeführt, vgl. Rdn. 5712 f. 2738

Daneben kann eine Auszahlung aus dem Vermögen der GmbH & Co KG an Kommanditisten oder an Gesellschafter der Komplementär-GmbH gegen das Auszahlungsverbot des § 30 Abs. 1 GmbHG verstoßen, wenn dadurch das Vermögen der GmbH unter die Stammkapitalziffer sinkt bzw. eine bilanzielle Überschuldung vertieft wird. Für solche verbotenen Auszahlungen haftet auch der Geschäftsführer der Komplementär-GmbH der KG gegenüber gem. § 43 Abs. 3 GmbHG mit.[615] 2739

Unter Kapitalerhaltungsaspekten ist bei der **Einheits-GmbH & Co. KG** darauf zu achten, dass die GmbH-Anteile nicht zugleich Haftkapital der KG sein können (§ 172 Abs. 6 Satz 1 HGB); ferner darf der Erwerb der GmbH-Anteile nicht aus den an die KG erbrachten Hafteinlagen erfolgen, da dies einer haftungsschädlichen Einlagenrückgewähr gem. § 172 Abs. 4 Satz 1 HGB gleichkäme, so dass im Ergebnis die Kommanditisten den Gegenwert der GmbH-Geschäftsanteile zusätzlich zur Hafteinlage zu erbringen haben.[616] Dies geschieht am sichersten dadurch, dass das Stammkapital der GmbH durch die Gründer (die späteren Kommanditisten) voll eingezahlt wird[617] und sodann die Kommanditisten ihre Beteiligung an der GmbH ohne Zahlung eines Entgeltes[618] (also als Sacheinlage) auf die KG übertragen, wozu sie sich im Kommanditgesellschaftsvertrag verpflichten müssten (mit der bereits erwähnten Folge der Beurkundungspflicht des KG-Vertrags).[619] 2740

---

612 BGH, 20.04.2009 – II ZR 88/08, NotBZ 2009, 361.
613 BGH, DB 1989, 2470; 1993, 318; GmbH-R 1994, 612, DB 1994, 2017.
614 *Oppenländer*, GmbHR 1998, 519, plädiert mit Hinweis auf §§ 133, 134 UmwG auf eine Begrenzung des Zeitraums der entgeltlosen Überlassungspflicht auf 5 Jahre.
615 Zum Vorstehenden: BGH, 09.12.2014 – II ZR 360/13, ZNotP 2015, 107.
616 Nach Ansicht von *Esch*, BB 1991, 1133 zu buchen auf einem Sonderkonto des Kommanditisten.
617 Bei Teileinzahlung würde die KG als Erwerberin die ausstehende Einlageschuld übernehmen, § 16 Abs. 3 GmbHG, mit der Folge, dass die GmbH als deren Komplementärin für diese Anlageschuld selbst haften müsste.
618 Sonst gegen Zahlung eines Kaufpreises aus einem zusätzlich seitens der Kommanditisten zu erbringenden Aufgeld.
619 Würde die Übertragung gegen Entgelt erfolgen, läge hierin eine teilweise Rückgewähr der bereits gezahlten Kapitaleinlage aus dem Vermögen der KG, so dass die Haftung des Kommanditisten gem. § 172 Abs. 4 Satz 1 HGB wieder aufleben würde. Im umgekehrten Fall (die Hafteinlage des Kommanditisten wird durch Abtretung der Anteile an der Komplementär-GmbH erbracht) verneint bereits § 172 Abs. 6 HGB die Erfüllungswirkung, vgl. *von Bonin*, RNotZ 2017, 1, 4 ff.

2741 Die **Komplementär-GmbH** kann allerdings (wohl; str. wegen § 43a GmbHG)[620] ihr Stammkapital **darlehensweise** gegen angemessene Verzinsung der KG überlassen – erfolgte dies jedoch absprachegemäß umgehend[621] nach der Entgegennahme der Einzahlungsbeträge durch den Komplementär-Geschäftsführer, war nach früherer Rechtslage die GmbH-Einlage nicht erbracht und musste in der Insolvenz nachgeleistet werden.[622] Seit Inkrafttreten des MoMiG (01.11.2008) gilt hierfür gem. § 30 Abs. 1 Satz 2 GmbHG eine Ausnahme vom Auszahlungsverbot. In den Fokus tritt demnach gem. §§ 8 Abs. 2, 19 Abs. 5 GmbHG n.F.[623] die Frage, ob die GmbH als Ersatz für die Stammeinlage einen vollständig[624] werthaltigen,[625] jederzeit fällig zu stellenden Darlehensanspruch gegen die KG erwirbt;[626] auf die Bonität des mittelbar begünstigten Kommanditisten kommt es dabei nicht an.[627]

2742 Sofern die Vereinbarung der Weitergabe der Einlage als Darlehen an die KG bereits bei der Gründung bestand, muss[628] sie freilich gem. **§ 19 Abs. 5 GmbHG** dem Registergericht offengelegt werden,[629] ggf. auch vorsorglich, wenn die Person des genauen Darlehensnehmers noch nicht feststeht.[630] Ist dies unterblieben, bedarf es zur Heilung nicht nur einer Neuanmeldung;[631] sondern auch der tatsächlichen Rückzahlung[632] neben der nachträglichen Offenlegung des Hin- und Herzahlens.[633] Eine Eintragung im Handelsregister oder sonstige richterliche Prüfung will die Rechtsprechung[634] freilich nicht vornehmen.

▶ **Formulierungsvorschlag: GmbH & Co KG, Offenlegung der Weitergabe der GmbH-Stammeinlage als Darlehen an die KG**

2743 Zur Offenlegung wird gem. § 19 Abs. 5 GmbHG angemeldet: Die an die ..... GmbH geleisteten Barstammeinlage werden als Darlehen bis zu einer Höhe von ..... Euro an die ..... GmbH & Co

---

620 § 43a GmbHG (betreffend Darlehensleistungen an Geschäftsführer) wurde allerdings i.R.d. MoMiG nicht an §§ 19 Abs. 5, 30 Abs. 2 Satz 2 GmbHG angepasst; für eine entsprechend einengende Anwendung z.B. *Michelfeit*, MittBayNot 2009, 435, 442.
621 Die Rspr. hat die Vermutung der Vorabsprache bei Darlehensgewährung nach 8 Monaten verneint, BGH, 16.09.2002 – II ZR 1/00, JurionRS 2002, 23590, *Schiemzik* NWB 2011, 45, 50. Es gelten dann nur die geringeren Anforderungen des § 30 Abs. 1 Satz 2 GmbHG.
622 BGH, 10.12.2007 – II R 180/06, GmbHR 2008, 203, m. Anm. *Rohde*; Praxishinweise bei *Theiselmann*, GmbHR 2008, 521 ff.
623 Zum »Hin- und Herzahlen« und dem Offenlegungserfordernis des § 19 Abs. 5 Satz 2 GmbHG: *Herrler*, in: Tagungsband »Aktuelles GmbH-Recht«, Schriften zum Notarrecht Bd. 33, 2013, S. 95 ff. Zur (trotz des Sacheinlageverbotes wohl zu bejahenden) Anwendbarkeit auf die UG (haftungsbeschränkt) vgl. *Gutachten*, DNotI-Report 2014, 161 ff.
624 »Alles-oder-Nichts-Prinzip«, vgl. *Schiemzik*, NWB 2011, 45, 48.
625 Eine »positive Bewertung durch eine angesehene Ratingagentur« hält für ausreichend OLG München, 17.02.2011 – 31 Wx 246/10, MittBayNot 2011, 331.
626 Vgl. *Mohr*, GmbH-StB 2008, 118.
627 *Salzig*, NotBZ 2009, 148; allerdings kann von ihm gem. § 31 GmbHG die Auszahlung zurückverlangt werden, wenn die Voraussetzungen des § 30 Abs. 1 Satz 2 GmbHG nicht vorlagen, vgl. *Heckschen/Heidinger*, Die GmbH in der Gestaltungs- und Beratungspraxis, § 16 Rn. 45.
628 Die Offenlegung ist Wirksamkeitsvoraussetzung für die Erfüllungswirkung der Einlageleistung, nicht nur formale Geschäftsführerpflicht, vgl. BGHZ 180, 38 – Qivive –, sowie BGHZ 182, 103 – Cashpool II –).
629 Vgl. *Michelfeit*, MittBayNot 2009, 435, 438; vgl. *Weiler*, notar 2013, 194, 197.
630 Schwierig sein wird dann der Nachweis der Vollwertigkeit des Rückzahlungsanspruchs, den OLG Schleswig, 09.05.2012 – 2 W 37/12, GmbHR 2012, 239 ebenfalls verlangt.
631 So *Herrler*, GmbHR 2010, 785, 789 ff. mit Formulierungsvorschlag; *ders.*, in: Tagungsband »Aktuelles GmbH-Recht«, Schriften zum Notarrecht Bd. 33, 2013, S. 95, 135 f.
632 So BGH, ZIP 2009, 1561 ff. und *Roth*, NJW 2009, 3397, 3399.
633 Vgl. OLG Koblenz, 17.03.2011 – 6 U 879/10, MittBayNot 2011, 330.
634 OLG München, 17.10.2012 – 31 Wx 352/12, NotBZ 2013, 22 m. Anm. *Vossius* = RNotZ 2013, 47.

KG oder andere Kommanditgesellschaften, an denen die GmbH als persönlich haftende Gesellschafterin beteiligt ist, weitergereicht.

c) Steuer

Einkommensteuerlich erzielt die gewerblich tätige Personengesellschaft (§ 15 Abs. 1 Satz 1 Nr. 2 EStG) als unmittelbare Inhaberin eines Gewerbebetriebs gewerbliche Einkünfte, ebenso jedoch die Gesellschafter einer lediglich gewerblich geprägten Personengesellschaft gem. § 15 Abs. 3 Nr. 2 Satz 2 EStG gem. Rdn. 2575 ff. 2744

Zur Mitunternehmerschaft eines Kommanditisten zählt neben dem Anteil am Gesamthandsvermögen auch als sog. »Sonderbetriebsvermögen II« sein Anteil an der Komplementär-GmbH, sofern Letztere keine eigenständige gewerbliche Tätigkeit von einiger Bedeutung entfaltet.[635] Allerdings wird die Komplementärbeteiligung – anders als in den Fällen einer Betriebsaufspaltung in Bezug auf die Anteile an der Betriebskapitalgesellschaft, Rdn. 5720 – nicht stets darüber hinaus sogar **wesentliche Betriebsgrundlage** des Mitunternehmeranteils sein.[636] In diesen Fällen sind die Möglichkeiten steuerneutraler Übertragung (§ 6 Abs. 3 EStG, Rdn. 5962) und Umstrukturierung (§§ 20, 24, 25 UmwStG)[637] stark eingeschränkt, da stets auch die Anteile an der Kapitalgesellschaft mit übertragen werden müssten.[638] Die Komplementärbeteiligung ist bspw. nach Verwaltungsauffassung[639] wesentliche Betriebsgrundlage der Kommanditistenstellung, 2745

(1) wenn der Kommanditist zwar zu 50 % oder weniger an der KG, aber zu mehr als 50 % an der Komplementär-GmbH beteiligt ist, da ihm letztere Mehrheit Einfluss auf die Geschäftsführung der KG vermittelt (ist er jedoch bereits zu mehr als 50 % an der KG beteiligt, tritt nur eine unwesentliche Erweiterung seiner Einflussmöglichkeiten ein);
(2) nach Verwaltungsauffassung aber auch im Fall des bereits zu 100 % an der KG Beteiligten, da er nur unter Mithilfe der GmbH eine KG bilden könne;
(3) wenn die Komplementär-GmbH am Vermögen sowie Gewinn und Verlust der KG beteiligt ist;
(4) wenn die Komplementär-GmbH einen eigenen Geschäftsbetrieb unterhält, dieser im Zusammenhang mit der KG steht und aus deren Sicht nicht nur untergeordnete Bedeutung hat.[640]

Der BFH ist insoweit schwankend.[641]

Zum Detailvergleich zwischen gewerblich tätiger, gewerblich geprägter und Privatvermögen verwaltender »schlichter« GmbH & Co. KG s.o. Rdn. 2553 ff., ebenso zur Ausgestaltung eines Ge- 2746

---

635 Vgl. BFH, 12.04.2000 – XI R 35/99, BStBl. 2001 II, S. 26, 27.
636 Vgl. im Einzelnen OFD Rheinland/OFD Münster v. 23.03.2011, DB 2011, 1302, zuvor OFD Münster v. 06.11.2008, GmbHR 2009, 108; sowie *Brandenberg*, NWB 2008, 4290 ff. = Fach 3, S. 15320 ff.; Beispiel einer nicht funktional wesentlichen Beteiligung an der Komplementär-GmbH: BFH, 25.11.2009 – I R 72/08 GmbHR 2010, 317, m. Anm. *Suchanek*: der Kommanditist kann demnach seine Kommanditistenstellung auch dann gem. § 20 UmwStG zu Buchwerten in eine andere GmbH einbringen, wenn er die Komplementärbeteiligung zurückbehält.
637 *Levedag*, GmbHR 2010, 633, auch zur Frage, ob die Komplementärbeteiligung i.R.d. § 20 UmwStG zur Erhaltung der Buchwertfortführung zwingend in eine Kapitalgesellschaft mit einzubringen ist.
638 Vgl. *Schulze zur Wiesche*, GmbHR 2008, 240 ff.
639 OFD Rheinland/OFD Münster v. 23.03.2011, S 2242–25 St 111, DB 2011, 1302.
640 Anders, wenn der eigene Geschäftsbetrieb nicht im Zusammenhang mit der KG steht: dann liegt nicht einmal SBV II vor: OFD München v. 02.04.2001, GmbHR 2001, 684, Tz. 1.
641 BFH, 25.11.2009 – I R 72/08, GmbHR 2010, 317 und BFH, 16.12.2009 – I R 97/08, GmbHR 2010, 600: nur wenn erst die Beteiligung an der Komplementär-GmbH den Kommanditisten in die Lage versetzt, über Fragen der laufenden Geschäftsführung der KG zu bestimmen; eher der Auffassung der Finanzverwaltung zuneigend BFH, 06.05.2010 – IV R 52/08, GmbHR 2010, 876 Rn. 19; vgl. *Honert/Obser*, EStB 2010, 432 ff.

sellschaftsvertrages für einen »Familienpool« Rdn. 2602.; Vertragsmuster s. Rdn. 6767 (KG), Rdn. 6769 (GbR), Rdn. 6771 (entprägte GmbH & Co KG).

2747 **Schenkungsteuerlich** waren bis 31.12.2008 sowohl Mitunternehmeranteile an gewerblich tätigen Unternehmen als auch an gewerblich geprägten Personengesellschaften (§ 13a Abs. 4 Nr. 1 ErbStG a.F.) privilegiert, was geradezu dazu einlädt, früheres Privatvermögen im Gewand einer GmbH & Co. KG zu übertragen (s. Rn. 3986 ff. der 3. Auflage dieses Werkes). Im Lichte des ErbStG 2009 handelt es sich i.d.R. um schädliches Verwaltungsvermögen i.S.d. § 13b Abs. 4 ErbStG (vgl. Rdn. 5048).

2748 **Mitbestimmungsrechtlich** bietet die GmbH & Co KG den »Vorteil«, dass die 500-Arbeitnehmer-Grenze,[642] mit deren Erreichen nach dem DrittelbeteiligungsG bei reinen Kapitalgesellschaften ein zu einem Drittel mit Arbeitnehmervertretern zu besetzender Aufsichtsrat zu bilden ist, nicht gilt. Erst mit Erreichen des Schwellenwertes von 2.000 Arbeitnehmern ist nach dem MitbestimmungsG ein (dann paritätisch besetzter) Aufsichtsrat zu bilden.

V. Familien-Kapitalgesellschaften

1. Gesellschaftsrecht

a) Körperschaftliche Struktur[643]

2749 Gerade bei größeren Grundstücksvermögen werden auch Familiengesellschaften in der Rechtsform einer notariell zu gründenden Kapitalgesellschaft (insb. GmbH oder AG, auch Limited) in Betracht kommen. Gesellschaftsrechtlich bieten sie Dispens vom Problem der stets zu gewährleistenden Kündigungsmöglichkeit mit Abfindungsfolge (oben Rdn. 2639, 2641 ff.) und erlauben (ebenso wie die GmbH & Co. KG) die Installation einer dauerhaften Fremdgeschäftsführung, ebenso die umfassende Möglichkeit der Testamentsvollstreckung (sofern nicht in der Satzung ausgeschlossen).[644] Auch Ein-Personen-Kapitalgesellschaften sind möglich.[645] Bis auf die (satzungsstrenge, § 23 Abs. 5 AktG) Aktiengesellschaft eröffnen alle Gesellschaftsformen vom Gesetz abweichenden Gestaltungsspielraum, vgl. § 45 Abs. 2 GmbHG.[646] Die Ausschließung unliebsamer Gesellschafter gestaltet sich jedoch, sofern die Satzung keine Einziehungs- oder Ausschließungs[647] möglichkeit vorsieht, deutlich schwieriger.[648]

2750 Zur Vermeidung von Pattsituationen,[649] zur Begleitung der Unternehmensnachfolge und zur Installation einer dritten Ebene zwischen Gesellschaftern und Geschäftsführern wird häufig ein **Bei-**

---

642 Jeweils einschließlich der Tochtergesellschaften, möglicherweise (LG Frankfurt, 16.02.2015 – 16 O 1/14; die Berufungsinstanz, OLG Frankfurt, 17.06.2016 – 21 W 91/15, hat die Frage dem EuGH vorgelegt) sogar einschließlich der Arbeitnehmer in ausländischen Gesellschaften.
643 Vgl. zum Folgenden *Scherer/Feick*, in: Der Fachanwalt für Erbrecht, Kap. 23, Rn. 65 ff.
644 OLG Frankfurt, 16.09.2008 – 5 U 187/07, RNotZ 2009, 54 (hinsichtlich der Ausübung der Mitgliedschaftsrechte).
645 Nach richtiger Auffassung (teleologische Reduktion des § 180 Satz 1 BGB) sogar durch einen vollmachtlosen Stellvertreter, vgl. *Tonikidis*, MittBayNot 2014, 514 ff., anders die h.M. (vgl. etwa OLG Stuttgart, 06.02.2015 – 8 W 49/15, MittBayNot 2016, 168 m. Anm. *Jaeger* = notar 2015, 257 m. Anm. *Ott*: nichtig, so dass beurkundete Bestätigung gem. § 141 Satz 1 BGB erforderlich ist); vgl. zu h.M. auch *Elsing*, notar 2015, 259 f. sowie OLG Frankfurt, 01.12.2016 – 20 W 198/15, MittBayNot 2017, 508 m. Anm. *Wolfskeel v. Reichenberg*.
646 Insbesondere in Bezug auf das Innenverhältnis der GmbH-Gesellschafter (§§ 46–51 GmbHG), *Teichmann*, RNotZ 2013, 346 ff.
647 Zum Ausschluss von GmbH-Gesellschaftern durch Klage, bzw. aufgrund Satzungsbestimmung, aus wichtigem Grund s. *Battke*, GmbHR 2008, 850 ff.
648 Übersicht zu Kaduzierung, Ausschließung aus wichtigem Grund analog § 60 Abs. 1 Nr. 2 GmbHG, Einziehung: *Haack*, NWB 2008, 2261 ff. = Fach 18, S. 4665 ff.
649 Vgl. hierzu *Blasche*, GmbHR 2013, 176 ff. sowie *Kallrath*, notar 2014, 75 ff.

C. Gesellschaftslösungen unter Beteiligung der Veräußerer, »Familienpool« — Kapitel 5

rat eingesetzt (Rdn. 2751). Die Praxis beugt einer Abstimmungsblockade ferner dadurch vor, dass z.B. einzelnen GmbH-Geschäftsanteilen ein Mehrstimmrecht eingeräumt wird, oder einem Gesellschafter das Recht zum (treuepflichtgebundenen) Stichentscheid in einem zweiten Abstimmungsvorgang verliehen wird, da das Stimmgewicht gem. § 47 Abs. 2 GmbHG dispositiv ist. Problemvorbeugend wirkt auch die Stärkung der gesellschaftsinterne Stärkung der Geschäftsführung gegenüber der Gesellschafterversammlung (im Sinne einer dem Vorstand einer AG gleichkommenden Unabhängigkeit), oder aber Schieds-, Schlichtungs- oder Mediationsklauseln, Rdn. 4247 ff.

▶ **Formulierungsvorschlag: Beirat bei einer GmbH**

Die Gesellschaft hat einen Beirat. Er besteht aus drei Mitgliedern, die durch die Gesellschafterversammlung mit einfacher Mehrheit bis zum Ende der Versammlung, die über ihre Entlastung über das dritte Geschäftsjahr beschließt, das auf die Wahl folgt, gewählt werden. Bis zur Wahl eines Nachfolgers bleibt ein Beirat auch darüber hinaus im Amt. 2751

Die Abberufung eines Beiratsmitglieds kann nur aus wichtigem Grund mit einer Mehrheit von mindestens 75 Prozent des stimmberechtigten Kapitals durch die Gesellschafterversammlung vorzeitig erfolgen; in diesem Fall ist für die restliche Amtsdauer ein Ersatzmitglied zu bestimmen.

Beiratsmitglieder sind nicht an Weisungen gebunden und haften nur für vorsätzliches und grobfahrlässiges Handeln.

Geschäftsführer oder Mitarbeiter der Gesellschaft sowie Abschlussprüfer können nicht Beiratsmitglieder sein.

Der Beirat hat die Geschäftsführung laufend zu beraten. Letztere ist verpflichtet, dem Beirat jede gewünschte Auskunft zu erteilen und uneingeschränkte Einsicht in Bücher und Schriften der Gesellschaft einzuräumen. Vor Beginn eines Wirtschaftsjahres hat der Beirat die von der Geschäftsführung erstellte Ertrags-, Investitions-, Kosten- und Finanz- sowie Personalplanung zu billigen, ebenso wesentliche unterjährige Änderungen dieser Pläne. Der Beirat hat auch die Vorschläge für die Gewinnverteilung zu prüfen. Ihm obliegt die Formulierung der Unternehmenspolitik.

Folgende Maßnahmen der Geschäftsführung bedürfen im Innenverhältnis der vorherigen Zustimmung des Beirats; insoweit ist das Weisungsrecht der Gesellschafter gegenüber den Geschäftsführern ausgeschlossen (*Alternative*: verweigert der Beirat seine Zustimmung, kann jeder Geschäftsführer verlangen, dass die Gesellschafterversammlung über die Zustimmung beschließt):
– Erwerb und Veräußerung von Gegenständen oder Rechten mit einem Wert von über ..... Euro im Einzelfall,
– Erwerb und Veräußerung anderer Unternehmen oder Unternehmensteile, Aufnahme neuer oder Aufgabe vorhandener Geschäftszweige, Errichtung und Aufhebung von Zweigniederlassungen, Errichtung und Auflösung oder Verlegung von Betriebsstätten,
– Abschluss, Änderung und Beendigung von Unternehmensverträgen i.S.d. §§ 291 ff. AktG, Eingehung von Unterbeteiligungen, stillen Gesellschaften oder sonstigen Kooperationsverträgen mit anderen Unternehmen,
– ....

Der Beirat wählt nach Änderung seiner Zusammensetzung aus seiner Mitte einen Vorsitzenden, der ihn nach außen vertritt, sowie einen Stellvertreter.

Der Vorsitzende, im Verhinderungsfall sein Stellvertreter hat den Beirat, sobald erforderlich, einzuberufen, mindestens jedoch viermal jährlich. Auf Verlangen eines Beiratsmitglieds, der Geschäftsführung oder eines Verlangens von 25 Prozent der Gesellschaftsanteile ist er zur Einberufung verpflichtet.

Schriftliche, fernmündliche und in Textform erfolgende Beschlussfassungen sind zulässig, sofern kein Beiratsmitglied diesem Verfahren widerspricht.

Der Beirat ist beschlussfähig, wenn alle Mitglieder anwesend oder vertreten sind, er entscheidet mit einfacher Mehrheit. Er kann sich im Übrigen eine Geschäftsordnung geben.

Die Mitglieder des Beirats haben Anspruch auf eine angemessene Vergütung und den Ersatz ihrer Auslagen sowie der hierauf entfallenden Umsatzsteuer; die Höhe der Vergütung wird bei ihrer Bestellung durch Beschluss der Gesellschafterversammlung auf die gesamte Bestellungsperiode bestimmt.

Auf den Beirat sind die Bestimmungen des Aktiengesetzes nicht entsprechend anzuwenden.

Die Abschaffung des Beirats oder eine Änderung seiner Zustimmungspflichten kann durch die Gesellschafter nur mit einer Mehrheit von ..... Prozent des gesamten vorhandenen Kapitals beschlossen werden.

2752 Eine **Auflösung von Pattsituationen durch gesellschaftsexterne Dritte** – soweit es nicht um Beschlussfassungen geht, die zwingend der Gesellschafterversammlung überantwortet sind (wie etwa Satzungsänderungen, Zustimmungen zu Verschmelzungsverträgen etc.)[650] – begegnet demgegenüber, trotz zustimmender früherer Rechtsprechung,[651] Bedenken, insbesondere wegen des Verbots einer Abspaltung des Stimmrechts vom Gesellschaftsanteil. Die Praxis greift demnach auf schuldrechtliche Vereinbarungen zurück, z.B. wie folgt:[652]

▶ Formulierungsvorschlag: Auflösung von Pattsituationen durch gesellschaftsexternen Dritten

2753 Die unterzeichnenden Gesellschafter der A GmbH sowie Herr X vereinbaren:
(1) Die Vereinbarung gilt für solche Beschlüsse der Gesellschafter, die nach Gesetz oder Satzung mit einfacher Stimmenmehrheit gefasst werden können und keine Beschlussgegenstände betreffen, die zwingend der Gesellschafterversammlung zugewiesen sind. Demnach gilt die Vereinbarung z.B. nicht für Satzungsänderungen, Kapitalmaßnahmen, Umwandlungen, Unternehmensverträge oder die Auflösung der Gesellschaft.
(2) Sofern bei einer unter den Anwendungsbereich dieser Vereinbarung fallenden Beschlussfassung eine gleiche Anzahl von Ja- und Nein-Stimmen abgegeben und demnach der Beschlussantrag abgelehnt ist, hat jeder Gesellschafter innerhalb von drei Tagen nach der Beschlussfassung das Recht, Herrn X unter Übermittlung der für die Entscheidung erforderlichen Unterlagen und Informationen um einen Stichentscheid zu bitten. Herr X hat allen Gesellschaftern Gelegenheit zur Stellungnahme zu geben, die binnen einer Woche auszuüben ist, und sodann binnen dreier weiterer Tage den Gesellschaftern seine Entscheidung schriftlich mitzuteilen.
(3) Sofern Herr X sich abweichend vom Erstbeschluss, also für den Beschlussantrag, entschieden hat, sind die Gesellschafter verpflichtet, in einer unverzüglich einzuberufenden erneuten Gesellschafterversammlung positiv über den Beschlussgegenstand zu entscheiden.

2754 Die **AG** bietet darüber hinaus den Vorteil, dass rivalisierende Aktionäre, in Ermangelung eines Weisungsrechtes ggü. dem Vorstand, die Gesellschaft nicht (wie bei der GmbH denkbar) lähmen können, also externe Führungspersönlichkeiten, sofern sie das Vertrauen des Aufsichtsrates genießen, freiere Entfaltungsmöglichkeiten vorfinden. Hinzu kommen die weitgehende Anonymität des Aktionärskreises und die erleichterte Abwicklung der Anteilsübertragung. Wegen des noch immer hohen Betreuungsaufwandes ist die Familien-AG allerdings wenig verbreitet.[653] Außerdem steht die Satzungsstrenge (§ 23 Abs. 5 AktG)[654] und der Grundsatz der Gleichbehandlung der Aktionäre einer Schlechterstellung von »Junior-Aktionären« entgegen (z.B. Verbot von Stimmrechtsbeschränkungen zulasten einzelner Aktionäre: § 134 Abs. 1 Satz 5 AktG, lediglich allgemein geltende Höchststimmrechte sind erlaubt, oder aber die Ausgabe stimmrechtsloser Vorzugsaktien,[655] § 139 AktG). Familien-AGs sehen i.d.R. vinkulierte Namensaktien vor, erleichtern die Einziehung bei »unerwünschtem Erwerb«, sehen Entsendungsrechte jedes Familienstammes in den

---

650 Diese Grenze zieht der BGH, 25.02.1965 – VII ZR 287/63, BGHZ 43, 261, 264.
651 RG v. 28.01.1901 – I 208/01, RGZ 49, 141, 147.
652 In Anlehnung an *Blasche*, GmbHR 2013, 176, 179.
653 Zur Satzungsgestaltung *Wälzholz*, DStR 2004, 779 ff. und 819 ff.
654 *Rothärmel*, BB 2012, 716 arbeitet gleichwohl zehn Gestaltungsinstrumente zur Gestaltung einer Familien-AG heraus.
655 Wobei de lege lata ein geringfügiger Vorzug für den Stimmrechtsausschluss genügt, *Gutachten* DNotI-Report 2012, 157.

Aufsichtsrat vor, erleichtern die Einberufung von Hauptversammlungen und enthalten Schiedsgerichtsklauseln.⁶⁵⁶ Zugunsten der AG spricht der erleichterte Zugang zu bankenunabhängigen Kapitalmärkten, wobei freilich die Mitteilungspflichten des WpHG zu beachten sind (Zurechnung gem. § 22 Abs. 2 WpHG bei Poolgestaltungen, directors'dealings gem. § 15a WpHG).⁶⁵⁷

b) Haftung

aa) Haftung der Geschäftsführer

Die durch Rechtsform erzielte Haftungsbeschränkung wird freilich relativiert durch Risiken der **Geschäftsführerhaftung**, auch und gerade des »Scheingeschäftsführers«, der trotz Inhabilität⁶⁵⁸ weiter fungiert, und zwar – insbesondere, aber nicht beschränkt auf, Krisensituationen⁶⁵⁹ – (1) ggü. der **Gesellschaft**⁶⁶⁰ selbst⁶⁶¹ (§ 43 Abs. 2 GmbHG: solidarische Haftung trotz Resortteilung, wenn die Sorgfaltspflichten eines ordentlichen verantwortlichen Leiters eines Unternehmens dieser Größe nicht eingehalten werden – z.B.⁶⁶² die Pflicht zur Nichtauszahlung von Vermögen, das zur Erhaltung des Stammkapitals erforderlich war, § 43 Abs. 3 GmbHG,⁶⁶³ Pflicht zum Ersatz von Zahlungen,⁶⁶⁴ die nach Eintritt der Zahlungsunfähigkeit oder Feststellung der Überschuldung geleistet wurden, § 64 Satz 1 GmbHG,⁶⁶⁵ Erstattung des Schadens aus der Vereitelung von Geschäftschancen, die der Geschäftsführer für ein anderes von ihm geführtes Unternehmen nutzt⁶⁶⁶ –, allerdings mit Begrenzungsmöglichkeiten im Geschäftsfüh-

2755

---

656 Muster bei *Waclawik*, in: Hannes (Hrsg), Formularbuch Vermögens- und Unternehmensnachfolge, 2. Aufl. 2017, C 1.40.
657 *Kocher*, BB 2012, 721 ff.
658 Vgl. zur Geschäftsführerversicherung MünchKomm/*Herrler*, 2. Aufl. § 8 Rn. 66 ff.; OG Oldenburg, 08.06.2015 – 12 W 107/15, DNotI-Report 2016, 138.
659 Überblick zu krisenspezifischen Pflichten bei *Theiselmann*, GmbH-StB 2012, 241 ff. sowie 2012, 283 ff.
660 Bei der GmbH & Co KG ist die KG in den Schutzbereich des § 43 Abs. 2 GmbHG ihrer Komplementär-GmbH (die nicht zugleich Komplementärin einer anderen KG ist) einbezogen, BGH, 18.06.2013 – II ZR 86/11, DNotZ 2014, 138. Sind allerdings alle Kommanditisten mit dem Handeln des Geschäftsführers einverstanden, scheidet eine Pflichtwidrigkeit aus.
661 Vgl. monografisch *Wellhöfer/Peltzer/Müller*, Die Haftung von Vorstand Aufsichtsrat Wirtschaftsprüfer und GmbH-Geschäftsführer, 2008; Überblick bei *Freund* GmbHR 2009, 1185 ff.; zum GmbH-Geschäftsführer *Bayer*, GmbHR 2014, 897 ff.
662 Weitere Beispiele: Verjährenlassen von Forderungen der GmbH, Befolgung fehlerhafter Weisungen [auch der Gesellschafterversammlung], Überschreiten der im Anstellungsvertrag oder [mit Wirkung für das Innenverhältnis] in der Satzung beschränkten Vertretungsmacht, persönliche Bereicherung, Verletzung der Buchführungspflicht und der Pflicht zur Aufstellung sowie Vorlage von Jahresabschlüssen [§§ 41, 42a Abs. 1 Satz 1 GmbHG], Weitergabe von Geschäftsgeheimnissen entgegen § 85 GmbHG.
663 Zur Verjährung: BGH, 29.09.2008 – II ZR 234/07, NotBZ 2009, 24, m. Anm. *Suppliet*.
664 Ausgenommen sind [wegen der sonst eintretenden Strafbarkeit] Zahlungen auf rückständige Umsatz- und Lohnsteuern an das Finanzamt sowie rückständige Arbeitnehmeranteile an die Einzugsstelle der Sozialversicherung, BGH, 25.01.2011 – II ZR 196/09 DNotZ 2011, 875. Eine »Zahlung« i.S.d. § 64 Satz 1 GmbHG liegt auch vor bei der wechselseitigen Haftung von Konten der Gesellschaft und des Gesellschafters [»cross-pledge«] zu Lasten der Gesellschaft, OLG München, 13.02.2013 – 7 U 2831/12, NotBZ 2013, 272. Auszahlungen von einem debitorischen Gesellschaftskonto sind zu erstatten, wenn für dieses Konto Gesellschafts- oder Gesellschaftersicherheiten bestellt wurden, die aufgrund der Auszahlung nicht mehr der Masse zur Verfügung stehen, vgl. OLG München, 06.11.2013 – 7 U 571/13, GmbH-StB 2014, 42.
665 Ein bei der GmbH eingerichteter fakultativer Aufsichtsrat haftet dafür aber nicht, da der Gesellschaft [wegen der Befreiung von der Verbindlichkeit] kein Schaden entstanden sei, und § 52 Abs. 1 GmbHG nicht auf § 93 Abs. 3 Nr. 6 AktG [wo der Schaden fingiert wird] verweise, BGH, 20.09.2010 – II ZR 78/09 ZNotP 2010, 484.
666 KG, 16.03.2010 – 14 U 45/09, GmbH-StB 2010, 259 [Rev. BGH: II ZR 67/10]; hierzu *Theiselmann*, GmbH-StB 2010, 326 ff.

rervertrag[667] und durch Entlastungsbeschluss[668] sowie faktisch durch eine D&O-Versicherung). Bei unternehmerischen Entscheidungen sind Risiken unvermeidbar; der Geschäftsführer hat jedoch die Tatsachengrundlagen, auf denen solche Risiken beruhen, in geschäftsüblicher Weise, etwa durch due diligence-Prüfungen vor Unternehmenskäufen,[669] aufzuklären. Dementsprechend kodifiziert § 93 Abs. 1 Satz 2 AktG die sog. »business judgment rule«,[670] wonach eine Pflichtverletzung ausscheide, wenn der Vorstand einer AG ex ante vernünftigerweise annehmen durfte, auf der Grundlage angemessener Informationen[671] zum Wohle der Gesellschaft zu handeln. Der Anspruch verjährt in 5 Jahren ab Entstehung des Anspruchs, auch ohne Kenntnis der Gesellschafter von den anspruchsbegründenden Tatsachen.[672] Daneben können Insolvenz- (§§ 283 ff. StGB) und Untreuedelikte (§ 266 StGB) zu Lasten der Gesellschaft verwirklicht sein, wenn der Geschäftsführer im Geschäftskreis der Gesellschaft tätig wurde, selbst wenn er durch den Alleingesellschafter dazu ermächtigt war.[673]

2756 (2) ggü. den **Gesellschaftern** (z.B. bei Auszahlung von Gesellschaftsvermögen, das für die Erhaltung des Stammkapitals erforderlich war, i.R.d. §§ 30 Abs. 1, 31 Abs. 3 und Abs. 6 GmbHG; ebenso nach deliktischen Regeln: § 823 Abs. 1 bei Verletzung der Mitgliedschaft an der GmbH als absolutem Recht, ebenso gem. § 823 Abs. 2 BGB bei Verletzung eines Schutzgesetzes, allerdings nicht § 266 StGB.[674] Die Innenhaftung des § 64 Abs. 2 GmbHG a.F. für verbotene Zahlungen[675] nach Eintritt der Zahlungsunfähigkeit i.S.d. § 17 InsO[676] oder Feststellung der Überschuldung (§ 19 InsO[677]) wurde i.R.d. MoMiG (rechtsformneutrale Insolvenzantragspflicht in § 15a InsO n.F.,[678] seit 01.07.2014 jedoch nicht mehr für Vereine und Stiftungen) in Gestalt des § 64 Satz 3 GmbHG n.F. zu einer umfassenden Insolvenzverursachungshaftung ausgebaut (Haftung auch, wenn die Zahlung an den Gesellschafter selbst ihrerseits zur Zahlungsunfähigkeit führt, sog. Ausplünderungsschutz).[679] Auch eine Verletzung

---

667 Z.B. summenmäßige Begrenzung auf ein Jahresgehalt [vgl. *Heisse*, Die Beschränkung der Geschäftsführerhaftung ggü. der Gesellschaft, S. 152], möglicherweise auch hinsichtlich der leichten Fahrlässigkeit [krit. *Felix*, DStZ 1987, 457]. Das Aktienrecht ist strenger, vgl. § 93 Abs. 4 Satz 3, Abs. 5 Satz 3, § 120 Abs. 2 Satz 2 AktG.
668 Verzicht auf alle Ersatzansprüche, die der Gesellschafterversammlung bei sorgfältiger Prüfung aller Vorlagen und Berichte der Geschäftsführer erkennbar waren, § 46 Nr. 5 GmbHG.
669 OLG Oldenburg, NZG 2007, 434 = BB 2007, 66, m. Anm. *Liese/Theusinger*.
670 Bereits anerkannt in BGH, NJW 1997, 1926 (ARAG/Garmenbeck). Zur Anwendung auf den GmbH-Geschäftsführer *Bayer*, GmbHR 2014, 897 ff.
671 Vgl. etwa BGH, 14.05.2007 – II ZR 48/06, NJW 2007, 2118: Beiziehung externer Berater zur Beurteilung der Insolvenzantragstellungspflicht.
672 BGH, DStR 2005, 659.
673 BGH, 15.05.2012 – 3 StR 118/11, NJW 2012, 2366 m. Anm. *Brand* unter Aufgabe der zuvor vertretenen »Interessentheorie«; ausführlich (auch im Vergleich zum director einer Ltd) *Fornauf/Jobst*, GmbHR 2013, 125 ff.
674 Nach BGH, ZIP 2006, 993, m. zust. Anm. *Marxen/Taschner* schützt der Untreuetatbestand nur die GmbH selbst, ggü. den Gesellschaftern bestehe keine Vermögensbetreuungspflicht (anders noch BGH, GmbHR 1969, 211).
675 Auch für Zahlungen des Geschäftsführers der Komplementär-GmbH an die KG; OLG Celle v. 20.06.2007, GmbHR 2007, 101.
676 Bloße Zahlungsstockung liegt dagegen gem. BGH, 24.05.2005 – IX ZR 123/04, ZInsO 2005, 807 vor, wenn 90 % der fälligen und ernsthaft eingeforderten Gesamtverbindlichkeiten müssen durch liquide Mittel gedeckt sein, und in den folgenden drei Wochen darf die Liquiditätslücke 10 % nicht übersteigen.
677 Aufgrund einer Überschuldungsbilanz, es sei denn, die Unternehmensfortführung ist überwiegend wahrscheinlich. Das Institut der Wirtschaftsprüfer hat einen neuen Standard (IDW S 11) zur Beurteilung der Insolvenzreife veröffentlicht, vgl. *Meyer*, NWB 2015, 1930 ff.
678 Verneint der Steuerberater irrtümlicherweise die Insolvenzantragspflicht, haftet auch er der Gesellschaft gegenüber für den Schaden, vgl. BGH, 06.06.2013 – IX ZR 204/12.
679 Vgl. krit. *Poertzgen*, GmbHR 2007, 1260 ff.; *Rodewald*, GmbHR 2009, 1301, 1305.

der Pflicht zur unverzüglichen Einreichung einer neuen Gesellschafterliste führt zur Haftung (§ 40 Abs. 3 GmbHG). Zur finanziellen Einstandspflicht kommt häufig die fristlose Kündigung des Geschäftsführeranstellungsverhältnisses aus wichtigem Grund;[680]

(3) ggü. den **Gesellschaftsgläubigern** (Handelndenhaftung gem. § 11 Abs. 2 GmbHG bis zur Eintragung,[681] sofern nicht im Namen der GmbH i.G. gehandelt wurde;[682] deliktische Haftung aus § 823 Abs. 1, Abs. 2 BGB i.V.m. Schutzgesetzen in- und außerhalb des GmbHG [möglicherweise auch wegen des Unterlassens der Installation eines »Compliance-Früherkennungssystems«[683]], § 826 BGB – insb. Ersatz des Quotenschadens bei Verletzung der Insolvenzantragspflicht des § 64 Abs. 1 GmbHG a.F.[684] sowie unbeschränkte Haftung für ungesicherte Vorleistungen[685] ggü. Neugläubigern,[686] § 64 Abs. 2 GmbHG a.F. analog[687] – nunmehr jeweils § 15a InsO –; Störerhaftung im Wettbewerbsrecht,[688] Haftung bei unterlassener Aktualisierung der Gesellschafterliste gem. § 40 Abs. 3 GmbHG. Wird eine UG [haftungsbeschränkt] als »GmbH« bezeichnet, haftet der Handelnde ferner analog § 179 BGB [schuldunabhängige Garantie-Rechtsscheinhaftung] neben dem Unternehmensträger selbst als Gesamtschuldner.[689] Hinzu kommen spezifische Risiken für Gesellschafter-Geschäftsführer, etwa aufgrund persönlichen Verhandlungsverschuldens aus wirtschaftlichem Eigeninteresse, sowie wegen Vermögensvermischung mit dem Privatvermögen); 2757

(4) eine Sonderrolle spielt die Geschäftsführerhaftung ggü. dem **Steuerfiskus**[690] (§§ 69 Satz 1, 191 AO, wenn er in Verletzung der ihn gem. § 34 AO als Organ für die GmbH treffenden Pflichten die Umsatz-, Körperschaft- und Gewerbe- sowie Bauabzugs-Steuerschulden nicht zumindest in gleicher Weise wie Fremdschulden tilgt – mit strittiger Rechtslage, wenn die Zahlung durch den Insolvenzverwalter hätte angefochten werden können),[691] sowie in Bezug auf die Arbeitnehmeranteile ggü. **Sozialversicherungsträgern**, sofern der Nettolohn an die Arbeitnehmer ausbezahlt wurde (§ 823 Abs. 2 BGB i.V.m. § 266a Abs. 1 StGB).[692] Ggf. ist der Lohn so zu kürzen,[693] dass die hierauf entfallenden Lohnsteuern und Sozialabgaben vollstän- 2758

---

680 Z.B. BGH, 10.12.2007 – II ZR 289/06, NotBZ 2008, 194: Nichteinholung eines Gesellschafterbeschlusses vor der Veräußerung wichtigen Betriebsvermögens.
681 Die Haftung erlischt mit der Handelsregistereintragung, BGHZ 80, 182.
682 OLG Hamm, WM 1985, 660.
683 Vgl. zur AG [Erweiterung des § 91 Abs. 2 AktG] LG München I, 10.12.2013 – 5 HK O 1387/10, AG 2014, 332 [»Neubürger«]; zur möglichen Übertragbarkeit auf die GmbH *Wagner*, ZNotP 2016, 10 ff.
684 BGH, NJW 1994, 198: insolvenzreife GmbH soll vom Geschäftsverkehr ferngehalten werden. Verjährung früher gem. § 852 BGB, nunmehr gem. §§ 195, 199 Abs. 1 BGB: OLG Saarbrücken v. 06.05.2008, GmbH-StB 2008, 294.
685 Schäden aus späteren Gewährleistungsansprüchen fallen jedoch nicht in den Schutzbereich, OLG Koblenz, 02.06.2010 – 6 U 1441/09, GmbH-StB 2011, 43.
686 Ein Vermieter erleidet als Altgläubiger keinen Insolvenzverschleppungsschaden, da er sich gem. §§ 108, 119 InsO in der Insolvenz ohnehin nicht vom Mietvertrag lösen kann, BGH, 22.10.2013 – II ZR 394/12, GmbH-StB 2014, 43.
687 Voller Ersatz des die Insolvenzquote übersteigenden Vertrauensschadens; Gleiches gilt bei der AG für die Haftung des Vorstands, BGH, NJW 2005, 3137: § 823 Abs. 2 BGB i.V.m. § 92 Abs. 2 AktG.
688 Der gesetzliche Vertreter einer GmbH haftet persönlich als Störer, sofern er die Möglichkeit hatte, Wettbewerbsverstöße zu verhindern, vgl. BGH, GmbHR 1986, 84.
689 BGH, 12.06.2012 – II ZR 256/11, DNotZ 2013, 54 = NotBZ 2012, 418 m. Anm. *Heckschen*. Allein das Weglassen des Zusatzes »haftungsbeschränkt« begründet jedoch nach LG Düsseldorf, 16.10.2013 – 9 O 434/12, RNotZ 2014, 186 keine Handelndenhaftung; krit. hierzu *Seebach*, notar 2014, 208.
690 Vgl. *Peetz*, GmbHR 2009, 186 ff.
691 Für eine Geschäftsführerhaftung FG Düsseldorf, ZIP 2006, 1447 (Az. BFH – VII R 18/06), dagegen FG Rheinland-Pfalz, DStRE 2006, 750 (Az. BFH: VII R 65/05, JurionRS 2007, 37242); Überblick bei *Stahlschmidt/Laws*, GmbHR 2006, 1425.
692 Vgl. *Schneider/Brouwer*, ZIP 2007, 1033. Zur Haftung bei illiquider GmbH BGH, NZG 2006, 904.
693 Daher sind Bankkreditzusagen, die sich nur auf den Nettolohn beziehen, abzulehnen.

dig abgeführt werden können.[694] Umstritten ist die Verantwortung des Geschäftsführers bei einer Kollision[695] mit dem Auszahlungsverbot des § 64 GmbHG.[696]

bb) Haftung der Gesellschafter[697]

2759 Die **Gründerhaftung** folgt[698] einem einheitlichen Konzept: bis zur Eintragung der Gesellschaft gilt die **Verlustdeckungshaftung**, danach die Vorbelastungshaftung (auch **Unterbilanzhaftung** genannt). Beide Haftungsarten sind der Höhe nach unbeschränkt; die Gesellschafter haften anteilig im Verhältnis ihrer Kapitalanteile zueinander (wobei allerdings eine Ausfallhaftung analog § 24 GmbHG in Betracht kommt),[699] und zwar ggü. der Gesellschaft (Innenhaftung); für die Verjährung gilt § 9 Abs. 2 GmbHG entsprechend[700] (zehn Jahre, früher 5 Jahre). Ausnahmsweise haftet der mit der Geschäftsaufnahme einverstandene Gründer unmittelbar ggü. Dritten (Außenhaftung), wenn
(1) es sich um eine Ein-Personen-Gesellschaft handelt, oder
(2) die Vorgesellschaft vermögenslos ist, oder
(3) die Gesellschafter nach Aufgabe der Eintragungsabsicht die Vorgesellschaft nicht liquidieren; sie wandelt sich dann kraft Gesetzes in eine OHG oder GbR um (»unechte Vorgesellschaft«).

2760 Der Gesellschafter hat zum einen die bei der Gesellschaftsgründung oder der Übernahme[701] (§ 55 GmbHG[702]) neu im Rahmen einer Kapitalerhöhung geschaffener Anteile übernommene Pflicht zur Leistung einer Bar-[703] oder Sacheinlage zu erfüllen. Als gefährlich können sich insoweit sog. »**verdeckte Sacheinlagen**« erweisen, bei denen (als Folge einer bei der Übernahme der Einlage getroffenen Absprache) die Gesellschaft letztendlich nicht die nach außen hin geleistete

---

694 BFH/NV 1990, 756.
695 Nach Ansicht des OLG Hamburg, ZIP 2007, 725 bestehe diese nicht, vorrangig sei stets die Pflicht zur Insolvenzantragstellung (Az. BGH: II ZA 17/06, JurionRS 2007, 46019).
696 Für eine Haftung des Geschäftsführers OLG Hamburg, ZIP 2007, 725 (Az. BGH: II ZA 17/06, JurionRS 2007, 46019), dagegen OLG Brandenburg, ZIP 2007, 724 (Az. BGH: II ZR 27/07, JurionRS 2008, 16287).
697 Zur Gesellschafterhaftung in Krise und Insolvenz der GmbH vgl. Überblick bei *J. Bauer*, ZNotP 2012, 202 ff., ZNotP 2012, 248 ff. und ZNotP 2012, 287 ff.; zur Finanzierungsverantwortung des GmbH-Gesellschafters *Schwab*, notar 2014, 223 ff.
698 Seit der Leitentscheidung BGH, 27.01.1997 – II ZR 123/94, DNotZ 1998, 142, unter Aufgabe der früheren Rspr. zum Vorbelastungsverbot der Vor-GmbH, BGHZ 80, 129.
699 Gutachten, DNotI-Report 2011, 49, 50.
700 BGH, DNotZ 1989, 516, 518 f.
701 Vor der Übernahmeerklärung i.S.d. § 55 GmbHG bilden GmbH, Altgesellschafter und Beitrittsinteressent eine »Vorbeteiligungsgesellschaft«, vgl. OLG Schleswig, 04.07.2014 – 17 U 24/14, ZIP 2014, 1525; vgl. *Heckschen,* in: DAI-Skript 12. Jahresarbeitstagung des Notariats, 2014, S. 335 ff. Zum Rücktritt vom Übernahmevertrag bei unerwarteter Verzögerung der Kapitalerhöhung gem. § 313 Abs. 3 Satz 1 BGB: BGH, 03.11.2015 – II ZR 13/14, DNotZ 2016, 215 = NotBZ 2016, 28 m. Anm. *Vossius;* allgemein zu Risiken zwischen Kapitalerhöhungseinlageleistung und Registereintragung vgl. *Lohr,* GmbH-StB 2016, 55 ff.
702 Das Formerfordernis [Beglaubigung] gilt nicht für die schuldrechtliche Übernahmeverpflichtungserklärung, *Krampen-Lietzke,* RNotZ 2016, 20 ff. plädiert allerdings angesichts der Warnfunktion [§ 55 Abs. 2 Satz 2 GmbHG] insoweit für eine analoge Anwendung auf »Dritte«, also Neugesellschafter, dann sogar in Gestalt des Beurkundungserfordernisses.
703 Dabei muss tatsächlich mindestens ein Viertel der neuen Stammeinlage effektiv einbezahlt werden, es genügt nicht, früher erbrachte, die Mindesteinlage übersteigende Einlagen »umzuwidmen«: BGH, 11.06.2013 – II ZB 25/12, GmbHR 2013, 869 m. Anm. *Bayer/Illhardt*. Auch bei einer gemischten Bar- und Sacheinlage muss nach OLG Celle, 05.01.2016 – 9 W 150/15, notar 2016, 196 m. Anm. *Hupka* stets auch ein Viertel der Bareinlage eingezahlt sein, § 7 Abs. 2 Satz 1 GmbHG. Zu den Gefahren einer Voreinzahlung sowie des »Hin-und-Herzahlens« bei einer Kapitalerhöhung vgl. *Hamminger*, NWB 2016, 1667 ff.

Barleinlage, sondern einen Sachwert erhalten soll (mit im Einzelnen umstrittenem Anwendungsbereich, etwa bei der sog. Stafetten- oder Kaskadengründung,[704] oder bei der Tilgung und Wiedereinzahlung eines Gesellschafterdarlehens als »Bar«-Kapitalerhöhung[705]). Der BGH hatte in steter Erweiterung des Anwendungsbereichs zuletzt auch gewöhnliche Umsatzgeschäfte zwischen Gesellschafter (bzw. von ihm beherrschten Unternehmen[706]) und Gesellschaft als Sacheinlage gewertet[707] und die Rechtsfigur der verdeckten Sacheinlage zugleich mit drastischen Rechtsfolgen versehen: Sowohl das der Sacheinlage zugrunde liegende Verpflichtungsgeschäft als auch das Verfügungsgeschäft waren (analog § 27 Abs. 3 Satz 1 AktG a.F.) nichtig.[708]

Mit Inkrafttreten des MoMiG (01.11.2008) schwenkt § 19 Abs. 4 GmbHG um auf die sog. »Anrechnungslösung« und heilt damit auch vergangene,[709] schuldrechtlich und dinglich nichtig gebliebene Sacheinlageleistungen. Der tatsächliche Gegenstandswert, für dessen Nachweis der Gesellschafter die Beweislast trägt, wird auf die Einlageschuld angerechnet. Allerdings muss auch die verdeckte Sacheinlage an sich dem Handelsregister offengelegt werden; der (weisungsabhängige) Geschäftsführer sieht sich nach neuem Recht häufig dem Begehren der Gesellschafter ausgesetzt, sich der »Anrechnungslösung« zu bedienen und demnach eine an sich falsche Versicherung ggü. dem Handelsregister abzugeben, wonach die versprochene Bareinlage endgültig zur freien Verfügung stehe. Dies führt gem. § 82 GmbHG zur Strafbarkeit des Geschäftsführers; ferner hat das Registergericht, sofern der Umstand bekannt ist, die Eintragung der GmbH[710] abzulehnen, § 9c GmbHG. 2761

Auf die Verwendung von **Vorrats- oder Mantelgesellschaften** sind nach gefestigter Rechtsprechung des BGH[711] die Gründungsvorschriften des GmbHG entsprechend anwendbar (»wirtschaftliche Neugründung«); die Einzelheiten des im Aktienrecht insoweit einzuhaltenden Verfahrens sind noch ungeklärt.[712] In den Mantelgesellschafts-Fällen ist dabei darauf abzustellen, ob die 2762

---

704 Bereits bei der Gründung steht fest, dass das eingezahlte Kapital in die Gründung einer Tochtergesellschaft investiert werden soll [die Kosten der Tochtergründung werden zusätzlich in die freie Rücklage der Muttergesellschaft einbezahlt]: nach KG, 18.05.2004 – 1 W 7349/00 BZW 2004, 826 und *Wälzholz/Bachner*, NZG 2006, 361 kein der vorabgestimmten Einbringung von Anteilen an einer bestehenden Tochtergesellschaft vergleichbarer Fall, [und nach h.M. auch kein Verstoß gegen die in der Handelsregisteranmeldung versicherte freie Verfügbarkeit der Einlage, da wertgleiche Deckung besteht], vgl. *Gutachten*, DNotI-Report 2015, 73 ff.
705 Wobei die Reihenfolge gleichgültig ist, BGH, 19.01.2016 – II ZR 61/15, DNotZ 2016, 549 m. Anm. *Lubberich* DNotZ 2016, 811 [mit der Empfehlung, im Zweifel Zahlungen nur in die Kapitalrücklage zu leisten] = NotBZ 2016, 215 m. Anm. *Vossius* = GmbHR 2016, 479 m. Anm. *Illhardt*, der zu Recht empfiehlt, in solchen Fällen die Darlehensrückzahlung vor der Beschlussfassung über die Kapitalerhöhung durchzuführen.
706 Nicht jedoch mit einer Schwestergesellschaft des Inferenten, BGH, 12.02.2007 – II R 272/05, DNotZ 2007, 708.
707 So etwa BGH, 20.11.2006 – II ZR 176/05, DStR 2007, 263.
708 BGH, 07.07.2003 – II ZR 235/01, NJW 2003, 3127 ff.; der Gesellschafter blieb zudem verpflichtet, seine Einlage zu leisten.
709 Die Rückwirkung begegnet keinen Bedenken, BGH, 22.03.2010 – II ZR 12/08, (AdCoCom), DNotI-Report 2010, 135.
710 Erst recht der UG, wegen § 5a Abs. 2 Satz 2 GmbHG (da verdeckte Sacheinlagen nicht besser behandelt werden können als – bei der UG unzulässige – offene Sacheinlagen, gilt dort nicht die Anrechnungslösung, sondern die Bareinlageschuld besteht noch in voller Höhe).
711 BGH, 09.12.2002, DNotZ 2003, 443; BGH, 07.07.2003, DNotZ 2003, 951. Überblick bei *Winnen*, RNotZ 2013, 389 ff. Die Grundsätze gelten auch im Liquidationsstadium, BGH, 10.12.2013 – II ZR 53/12, DNotZ 2014, 384; hierzu *Weiler*, notar 2014, 406.
712 Vgl. *Gutachten*, DNotI-Report 2012, 93 ff.; *Winnen*, RNotZ 2013, 389, 405 ff.; *Vedder* in Grigoleit, AktG, vor § 23 Rn. 17: keine Ausfallhaftung des Aktienerwerbers i.S.d. § 24 GmbHG, sondern anteilige Haftung, ggf. gemildert durch die Möglichkeit gutgläubigen einlageverpflichtungsfreien Erwerbs analog §§ 932, 936 BGB bei Inhaberaktien, analog § 16 Abs. 2 WG bei Namensaktien.

Gesellschaft zwischenzeitlich unternehmenslos geworden ist (»leere Hülse«),[713] so dass nicht die bloße Umorganisation, wohl aber die neuerliche Aufnahme der Geschäftstätigkeit (sogar derselben Tätigkeit) die Haftung auslösen kann. Ist das Stammkapital[714] (abzüglich durch die Gesellschaft[715] zu tragenden Gründungsaufwandes) im Zeitpunkt der Offenlegung der wirtschaftlichen Neugründung durch den Geschäftsführer gegenüber dem Handelsregister nicht (ggf. als Folge neuerlicher Einzahlung) unversehrt[716] vorhanden, gelten die Grundsätze der Unterbilanzhaftung (§ 11 GmbHG analog), wonach die Gesellschafter für die zu diesem Zeitpunkt bestehenden Verbindlichkeiten der Vor-GmbH (hier: der bisherigen Mantelgesellschaft) anteilig der GmbH gegenüber haften, soweit diese Verluste nicht durch das Gesellschaftsvermögen gedeckt sind, bis zur Höhe des Stammkapitals (samt subsidiärer Haftung für Mitgesellschafter, § 24 GmbHG).[717] Daneben kommt eine Haftung der handelnden Personen analog § 11 Abs. 2 GmbHG in Betracht, wenn die »neuen Geschäfte« vor der Offenlegung der wirtschaftlichen Neugründung aufgenommen wurden, ohne dass alle Gesellschafter zugestimmt hätten.[718]

2763 Unterbleibt die Offenlegung ggü. dem Handelsregister, führt dies zur Haftung der Gesellschafter auf die Unterbilanz,[719] die in dem Zeitpunkt besteht, in dem die wirtschaftliche Neugründung nach außen in Erscheinung tritt (das ist, sofern im Zusammenhang damit Satzungsänderungen beschlossen werden, deren Registeranmeldung, andernfalls der Zeitpunkt der Aufnahme der Geschäftstätigkeit).[720] Ebenso haftet der **Erwerber** eines von solcher Haftung betroffenen GmbH-Anteils gem. § 16 Abs. 2 GmbHG[721] neben dem Veräußerer verschuldensunabhängig (!) für den Verpflichtungsumfang, der im Zeitpunkt der Aufnahme der Gesellschafterliste in das Handels-

---

713 BGH, 18.01.2010 – II ZR 61/09 MittBayNot 2010, 324 m. Anm. Apfelbaum; Übersicht bei Apfelbaum, notar 2011, 285 ff. sowie v. Proff, NotBZ 2017, 171, 173 ff.
714 Die Anmeldeversicherung muss sich demnach auch auf das gesamte Stammkapital beziehen (wobei das OLG Nürnberg, 18.04.2011 – 12 W 631/11 MittBayNot 2011, 417 genügen lässt, dass sich ein Viertel, mindestens jedoch 12.500€, tatsächlich in der freien Verfügung der Geschäftsführung befindet, der Rest in Form eines werthaltigen Zahlungsanspruchs der Gesellschaft gegen die Gesellschafter).
715 Dies bedarf einer Festsetzung nicht nur in der »Mantelurkunde«, sondern auch in der Satzung [BGH, NJW 1989, 1610, andernfalls liegt verdeckte Gewinnausschüttung vor], die [wie Sacheinlagen] mindestens 5 Jahre aufrecht erhalten bleiben muss, OLG München, NZG 2010, 1302. Die Art der Gründungskosten ist anzugeben, OLG Celle, 11.02.2016 – 9 W 10/16, DStR 2016, 1126. Ab 10 % des Stammkapitals [OLG Hamburg, 18.03.2011 – 11 W 19/11, DNotZ 2011, 457 m. Anm. Weiler] verlangt die Registerpraxis Nachweise. Bei einer UG [ohne Musterprotokoll] können auch Gründungskosten über mehr als 300 € bis zur Höhe des Stammkapitals bestimmt werden, KG, 31.07.2015 – 22 W 67/14, notar 2016, 21 m. Anm. Scheibengruber= MittBayNot 2017, 175 m. Anm. Vedder, OLG Hamburg, 18.03.2011 – 11 W 19/11, notar 2011, 205, gegen OLG Celle, 22.10.2014 – 9 W 124/14, notar 2015, 292. Allgemein zur Übernahme des Gründungsaufwandes Hupka, notar 2017, 104 ff.
716 Dies ist nicht der Fall, wenn der Erwerber das GmbH-Kapital sogleich an den Veräußerer des Gesellschaftsanteils als Kaufpreis »zurückgewährt«, OLG Düsseldorf, 20.07.2012 – I-16 U 55/11, DNotZ 2013, 70.
717 Offen ist derzeit, ob die Ausfallhaftung auf die Höhe des Stammkapitals begrenzt ist, vgl. Lutter/Hommelhoff/Bayer GmbHG, 17. Aufl. 2009 § 24 Rn. 8.
718 BGH, 12.07.2011 – II ZR 71/11 DNotI-Report 2011, 162.
719 Die Umgehung des registergerichtlichen Präventivschutzes (durch Unterbleiben der Offenlegung) rechtfertigt eine Beweislastumkehr, so dass der Gesellschaft darzulegen und zu beweisen hat, dass zum maßgeblichen Zeitpunkt keine Differenz zwischen Stammkapital und Gesellschaftsvermögen bestand, BGH, 06.03.2012 – II ZR 56/10, DNotZ 2013, 43 (Tz. 42).
720 BGH, 06.03.2012 – II ZR 56/10, DNotZ 2013, 43 (Tz. 14), vgl. Vedder, MittBayNot 2012, 490 ff. – also keine zeitlich unbegrenzte Haftung für alle nach der Reaktivierung entstehenden Unterbilanzen, wie zuvor überwiegend angenommen, ebenso wenig besteht eine analoge Verlustdeckungshaftung für Verluste aus Geschäften vor der Neugründung, da ja bei der Ersteintragung bereits eine Kapitalaufbringungskontrolle stattgefunden hat.
721 Allgemein zur Erwerberhaftung gem. § 16 Abs. 2 GmbHG Tröder/Kämper, notar 2016, 39 ff., auch zur Vorsorgegestaltung des Erwerbs durch ein haftungsbeschränktes Erwerbsvehikel, ggf. mit späterer

C. Gesellschaftslösungen unter Beteiligung der Veräußerer, »Familienpool« Kapitel 5

register bestand (da die Unterbilanzhaftung wie eine rückständige Einlageverpflichtung behandelt wird).[722] Entlastungsmöglichkeiten bestehen (wohl) nicht; zeitlich kann eine Begrenzung durch die nachgeholte Offenlegung der wirtschaftlichen Neugründung erreicht werden; der Erwerber eines betroffenen GmbH-Anteils hat beim Veräußerer Rekurs zu nehmen, sofern für das Fehlen (bzw. die erfolgte Offenlegung) einer wirtschaftlichen Neugründung Garantie übernommen wurde.[723] Ist die vom Geschäftsführer abgegebene Versicherung über das Vorhandensein des Stammkapitals unrichtig, haftet er analog § 9a Abs. 1 GmbHG.[724]

Der vorsichtige Erwerber wird daher Gesellschaftsanteile nicht selbst, sondern über eine haftungsbeschränkende Gesellschaft erwerben. Ohnehin sind mit dem **Erwerb von GmbH-Anteilen** erhebliche **Haftungsrisiken** verbunden: Der Veräußerer haftet auch nach der Geschäftsanteilsabtretung für die bereits fälligen[725] Einzahlungs-, Nachschuss- und Erstattungsverpflichtungen, und zwar für die eigenen Rückstände uneingeschränkt und für die Rückstände anderer Gesellschafter gemäß den Bestimmungen der §§ 24, 28 und 31 GmbHG. Er haftet weiterhin als Rechtsvorgänger gem. § 22 GmbHG für künftig fällig werdende Einzahlungsverpflichtungen hinsichtlich des abgetretenen Geschäftsanteils. Der Erwerber haftet für alle auf das Stammkapital der Gesellschaft noch nicht geleisteten Einzahlungen, Nachschüsse und Erstattungen gemäß den Bestimmungen der §§ 16, 24, 28 und 31 GmbHG unabhängig davon, ob die Leistungen erst künftig fällig werden oder bereits fällig sind. 2764

Nachschusspflichten sind dem Kapitalgesellschaftsrecht fremd und allenfalls zeitlich und der Höhe nach begrenzt als statuarische Nebenleistungspflichten anzutreffen.[726] In der Praxis übernimmt der schlichte Gesellschafter allerdings gerade bei mittelständischen Unternehmensstrukturen eine persönliche Haftung für Gesellschaftsverbindlichkeiten in Gestalt von **Bürgschaften**, Garantien, Patronatserklärungen bzw. comfort letters, Schuldbeitrittserklärungen etc. 2765

Daneben tritt das gesellschaftsrechtliche Haftungsrisiko aus der Gesellschaft gewährten **eigenkapitalersetzenden Darlehen**: In bewusster Abkehr von den bisher hierzu entwickelten sog. »Rechtsprechungsregeln« ordnet § 30 Abs. 1 Satz 3 GmbHG seit Inkrafttreten des MoMiG (01.11.2008) an, dass in der Rückzahlung eines Gesellschafterdarlehens keine Verletzung des Rückzahlungsverbots i.S.d. § 30 Abs. 1 Satz 1 GmbHG liegt. Dies gilt für alle Darlehen, auch solche, die erst in der Krise gewährt oder stehengelassen wurden. Allerdings unterfallen nun alle Gesellschafterdarlehen[727] – auch bei im Ausland gegründeten Kapitalgesellschaften[728] – in der Insolvenz der Gesellschaft gem. § 39 Abs. 1 Nr. 5 InsO dem Nachrang, stehen also auf derselben Stufe wie Haftkapital mit der Folge, dass eine Befriedigung aus der Masse praktisch nie zu erlangen sein wird. Derselbe insolvenzrechtliche Nachrang wird in § 39 Abs. 1 Nr. 5 InsO ausgedehnt auf »Forderungen aus Rechtshandlungen, die einem solchen Darlehen wirtschaftlich entsprechen«, bspw. die Stundung von Forderungen oder typisch stille Beteiligungen.[729] 2766

Verschmelzung der Gesellschaft auf dieses Vehikel (so dass die ausstehende Einlageforderung »verschwindet«).
722 OLG München, 11.03.2010 – 23 U 2814/09, MittBayNot 2010, 326, m. Anm. *Apfelbaum*.
723 Vgl. *Apfelbaum*, MittBayNot 2010, 330 f.
724 BGH, 12.07.2011 – II ZR 71/11 DNotI-Report 2011, 162.
725 Keine Haftung des Rechtsvorgängers gem. § 24 GmbHG, wenn die Einlageschuld erst nach seinem Ausscheiden fällig wird (auch wenn wenn er seinen Anteil konkret an den später kaduzierten Mitgesellschafter übertragen hat), BGH, 19.05.2015 – II ZR 291/14, DNotZ 2015, 860.
726 Nach BGH, 22.10.2007 – II ZR 101/06, ZNotP 2008, 212 wären sie, sofern nicht begrenzt, wegen Verstoßes gegen § 3 Abs. 2 GmbHG unwirksam.
727 Darlehen von Verwandten (i.S.d. § 138 InsO) eines Gesellschafters zählen nicht dazu, BGH, 17.02.2011 – IX ZR 131/10, GmbH-StB 2011, 172, allerdings Darlehensforderungen von Unternehmen, die mit dem Gesellschafter horizontal oder vertikal verbunden mit, vgl. BGH, 21.02.2013 – IX ZR 32/12, DNotZ 2013, 703 = NotBZ 2013, 300 m. Anm. *Suppliet*.
728 BGH, 21.07.2011 – IX ZR 185/10, NotBZ 2012, 272 m. Anm. *Heckschen*.
729 Es handelt sich um den Anwendungsbereich des früheren § 32a Abs. 3 Satz 1 GmbHG.

2767 Ergänzend bestimmt § 135 Abs. 1 Nr. 2 InsO, dass **Rückzahlungen von Gesellschafterdarlehen** (ebenso gem. § 135 Abs. 2 InsO die Rückzahlung von Fremddarlehen, für die ein Gesellschafter eine Sicherheit gestellt hatte, die nun frei wird,[730] nach abzulehnender Rspr. auch die Gewinnthesaurierung in einer Ein-Personen-GmbH[731]), die innerhalb eines Jahres vor dem Antrag auf Eröffnung des Insolvenzverfahrens erfolgt sind, anfechtbar sind. Gleiches gilt, wenn ein Gesellschafter seine Darlehensforderung (z.B. zusammen mit seinem Gesellschaftsanteil im Rahmen eines Share Deal) innerhalb eines Jahres vor Antragstellung abtritt und sodann die Tilgung erfolgt: die Anfechtbarkeit besteht sowohl gegenüber dem Zedenten als auch gegenüber dem Zessionar.[732] Vorbeugend kann der Erwerber der Darlehensforderung sich z.B. verpflichten, im folgenden Jahr keine Darlehenstilgungen entgegen zu nehmen,[733] bzw. dinglich die Abtretung des Darlehens aufschiebend befristet ein Jahr später vorzunehmen,[734] oder aber seine Verpflichtung zur Freistellung des Veräußerers besichern, oder das Darlehen vor der Abtretung in die Kapitalrücklage einbringen (Passiv-Passiv-Tausch, sog. debt-to-equity-swap), so dass der Gesamtkaufpreis auf die (wertvoller gewordenen) Gesellschaftsanteile geleistet wird, oder aber[735] Geldmittel durch den Erwerber zweckgebunden in die Kapitalrücklage der Gesellschaft zweckgebunden zur Darlehensrückzahlung einzubringen.[736]

Nutzungsentgelte (etwa im Rahmen einer Betriebsaufspaltung) sind demgegenüber (seit der Aufgabe der Rechtsfigur der eigenkapitalersetzenden Gesellschafterleistung durch das MoMiG, vgl. Rdn. 5713) anfechtungssicherer.

▶ **Formulierungsvorschlag: Hinweis in Geschäftsanteilskaufvertrag bei Mitabtretung eines Gesellschafterdarlehens**

2768 Der Notar hat darüber belehrt, dass Gesellschafterdarlehen gemäß § 39 Abs. 1 Nr. 5 InsO in einem etwaigen späteren Insolvenzverfahren über das Vermögen der Gesellschaft nachrangig befriedigt werden, ferner dass Zins- und Tilgungsleistungen, die innerhalb eines Jahres vor der Eröffnung des Verfahren erfolgt sind, durch den Insolvenzverwalter angefochten werden können, so dass die erhaltenen Beträge an die Gesellschaft zurückzuzahlen sind. Der Sonderstatus als Gesellschafterdarlehen bleibt auch aufrechterhalten, wenn der Veräußerer Darlehensgeber bleibt, seine mögliche Nachhaftung auf Rückzahlung der nach Abtretung des Gesellschaftsanteils erhaltenen Zins- und Tilgungszahlungen endet jedoch, wenn binnen eines Jahres nach der wirksamen Abtretung der GmbH-Geschäftsanteile kein Antrag auf Eröffnung eines Insolvenzverfahrens gestellt wurde.

---

730 Vgl. BGH, 13.07.2017 – IX ZR 173/16, NotBZ 2017, 383 m. Anm. *Suppliet*. Gleiches gilt gem. OLG Stuttgart, 14.03.2012 – 14 U 28/11, NotBZ 2012, 194, wenn der Gläubiger schon vor der Darlehenstilgung in Absprache mit dem Gesellschafter auf die Sicherheitenverwertung verzichtet, sowie gem. BGH, 04.07.2013 – IX ZR 229/12 DNotZ 2014, 146 für einen Gesellschafter, der ein ihm zurückbezahltes Gesellschafterdarlehen wieder an die Gesellschaft überweist, allerdings auf ein Konto, für das er die Bürgschaft übernommen hatte.
731 OLG Koblenz, 15.10.2013 – 3 U 635/13, ZIP 2013, 2325; abl. hierzu *Heckschen/Kreußlein*, RNotZ 2016, 351, 360.
732 BGH, 21.02.2013 – IX ZR 32/12, NotBZ 2013, 300 m. Anm. *Suppliet*; bestätigt durch BGH, 30.04.2015 – IX ZR 196/13, NJW-RR 2015, 944; daher ist die Mitabtretung des Darlehens (Empfehlung bei *Hauschild/Kallrath/Wachter*, Notarhandbuch Gesellschafts- und Unternehmensrecht, 2011, § 13 Rz. 624 m.w.N.) keine stets sichere Gestaltungsalternative mehr, vgl. *Nastansky*, notar 2016, 271 ff.
733 Formulierungsvorschlag bei *Nastansky*, notar 2016, 271, 273.
734 Formulierungsvorschlag bei *Nastansky*, notar 2016, 271, 274 (Zins- und Tilgungsleistungen sind bis dahin gestundet, Sondertilgungsmöglichkeiten des Darlehensschuldners bis dahin abbedungen). Dennoch erfolgte Tilgungen dürften dann nicht mehr dem Zessionar zur Last gelegt werden.
735 Vorschlag von *Schniepp/Hensel*, BB 2015, 777, 781 (keine Gläubigerbenachteiligung, da die zweckgebundenen Mittel nicht anderweit hätten eingesetzt werden können).
736 Vgl. *Malrose*, RNotZ 2015, 9 ff.; *Heckschen/Kreußlein*, RNotZ 2016, 351 ff.

C. Gesellschaftslösungen unter Beteiligung der Veräußerer, »Familienpool« Kapitel 5

Wird das Gesellschafterdarlehen gemeinsam mit dem Geschäftsanteil an den Erwerber veräußert, haftet der Veräußerer im Fall der Insolvenz der Gesellschaft innerhalb eines Jahres nach Abtretung als Zweitschuldner auch auf die Rückzahlung der Zins- und Tilgungsleistungen, die der Erwerber von der Gesellschaft erhalten hat. Der Notar hat deshalb die Absicherung der für diesen Fall geltenden Freistellungsverpflichtung des Erwerbers, etwa durch Stellung einer Bankbürgschaft oder Einrichtung eines Notaranderkontos, vorgeschlagen, oder aber empfohlen, das Gesellschafterdarlehen vor der Abtretung in die Kapitalrücklage der Gesellschaft gemäß § 272 Abs. 2 Nr. 4 HGB einzubringen, so dass sich der wirtschaftliche Wert des Gesellschaftsanteils selbst erhöht. Dies wurde jedoch nicht gewünscht.

§ 135 Abs. 1 Nr. 1 InsO unterwirft die Stellung von Sicherheiten für ein Gesellschafterdarlehen innerhalb der letzten zehn Jahre vor Insolvenzeröffnung der Anfechtung.[737] Privilegiert sind insoweit (vergleichbar § 32a Abs. 3 Satz 3 GmbHG a.F.) jedoch nichtgeschäftsführende Klein-Gesellschafter unter 10 % Beteiligung (§ 39 Abs. 5 InsO) sowie Darlehensforderungen von Gläubigern, die bei Zahlungsunfähigkeit zum Zweck der Sanierung Anteile an der Gesellschaft erwerben (§ 39 Abs. 4 Satz 2 InsO). 2769

Handels- und steuerrechtlich sind Gesellschafterdarlehen, auch wenn sie früher als eigenkapitalersetzend qualifiziert worden wären, als Verbindlichkeit auszuweisen (auch, wenn das Darlehen mit einfachen oder qualifizierten[738] **Rangrücktrittsvereinbarungen** versehen ist – sie sind dann nicht als Verbindlichkeit im Überschuldungsstatus zu berücksichtigen –[739]: »Der Gesellschafter verlangt für seine Forderung Befriedigung erst nach Befriedigung sämtlicher Gesellschaftsgläubiger und – bis zur Abwendung der Krise – nicht vor, sondern nur zugleich mit den Einlagenrückgewähransprüchen« (also Rücktritt bis zur Ebene des Stammkapitals). Seit In-Kraft-Treten des MoMiG genügt bereits der Rücktritt hinter die Forderungen nach § 39 Abs. 1 Nr. 5 InsO (ohne ausdrückliche Gleichstellung mit dem Stammkapital), allerdings muss die Durchsetzungssperre auch den Zeitraum vor Verfahrenseröffnung umfassen;[740] vgl. folgenden Formulierungsvorschlag[741] 2770

▶ Formulierungsvorschlag: Qualifizierter Rangrücktritt eines Darlehens

Sämtliche Ansprüche des …(Gläubiger) gegenüber ….. (Schuldner) aus oder im Zusammenhang mit diesem Vertrag, oder hieraus erwachsende Sekundäransprüche treten gegenüber Ansprüchen anderer derzeitiger oder künftiger Gläubiger des Schuldners zurück (qualifizierter Rangrücktritt) dergestalt, dass Verzinsung und Tilgung des Darlehens ab sofort und in der Insolvenz nur im Nachrang nach allen Gläubigern im Rang des § 39 Abs. 1 Nr. 1 bis 5 InsO, also nur im Rang des 2771

---

737 Und zwar auch, wenn die Verwertung der Sicherheit (und damit Tilgung des Darlehens) mehr als ein Jahr vor Insolvenzeröffnung erfolgte, § 135 Abs. 1 Nr. 2 InsO hat insoweit keine Sperrwirkung, vgl. BGH, 18.07.2013 – IX ZR 219/11, ZNotP 2013, 264.
738 Zur Formulierung (Ausschluss der Anwendbarkeit des § 5 Abs. 2a EStG) vgl. *Bäuml*, GmbHR 2009, 632 und *Carlé*, NWB 2010, 2798, 2802 sowie *Hamminger*, NWB 2012, 1498. Angesichts des Wortlauts »solange« im Formulierungsvorschlag sind teilweise anzutreffende Pflichten zur »Aufhebung« der Rangrücktrittsvereinbarung, wenn durch die Aufhebung kein Insolvenzgrund zu entstehen droht, nicht erforderlich.
739 Vgl. *Hein/Suchan/Geeb*, DStR 2008, 2290; *Rund*, GmbHR 2009, 1149 ff.
740 BGH, 05.03.2015 – IX ZR 133/14, DStR 2015, 767. Die Praxis versucht, trotz qualifizierten Rangrücktritts die Passivierung des Gesellschafterdarlehens aufrechtzuerhalten (entgegen § 5 Abs. 2a EStG), etwa wenn keine Überschuldungsmessung vorausgeht und sie nur vorsorglich vereinbart wird, vgl. *Kahlert*, DStR 2015, 734 und *Taplan/Baumgartner/Baumgartner*, GmbHR 2015, 347 ff. Gemäß BFH, 15.04.2015 – I R 44/14, GmbHR 2015, 881 m. Anm. *Briese*, bestätigt durch BFH, 10.08.2016 – I R 25/15, ist (entgegen BFH, 30.11.2011 – I R 100/10, BStBl 2012 II 332) der durch das Passivierungsverbot des § 5 Abs. 2a EStG entstehende »Wegfallgewinn« durch Ansatz einer Einlage in Höhe des werthaltigen Teils der betroffenen Forderung zumindest teilweise zu neutralisieren. Vgl. zu beiden Entscheidungen *Wälzholz*, GmbH-StB 2015, 259 ff. und *Kamchen/Kling*, NWB 2015, 2863 ff. sowie *Hirte*, ZNotP 2016, 258, 265.
741 In Anlehnung an *Wälzholz*, GmbH-StB 2015, 259, 265.

§ 39 Abs. 2 InsO verlangt werden können, ebenso aus sonstigem freien, also insolvenzrechtlich ungebundenen Vermögen. Auf jeden Fall erfolgt der Rangrücktritt in der Weise, dass die Verbindlichkeit nicht mehr im Überschuldungsstatus gemäß § 19 Abs. 2 Satz 3 InsO zu passivieren ist.

Soweit Sicherheiten für die Ansprüche, für die der Rangrücktritt erklärt wird, bestellt wurden, verzichtet der Gläubiger auf diese aufschiebend bedingt auf den Zeitpunkt der wirksamen Insolvenzantragstellung.

Der Gläubiger verpflichtet sich weiter unwiderruflich, das Darlehen in der Krise der Gesellschaft nicht abzuziehen oder zu kündigen, sondern die Valuta bis zum Ende der Krise zu belassen.

Diese Vereinbarung kann nur außerhalb einer Unternehmenskrise geändert werden, sofern die Verbindlichkeiten erfüllt werden können, ohne dass Überschuldung oder Zahlungsunfähigkeit eintreten oder unmittelbar drohen.

Vielmehr ist der Gläubiger nur außerhalb einer Krise und nach wirksamer Aufhebung des Rangrücktritts befugt, die Rechte aus dem Darlehen geltend zu machen und Erfüllung zu verlangen, dann jedoch nicht nur aus künftigen Einnahmen oder Gewinnen, sondern auch aus sonstigem freien Vermögen der Gesellschaft.

Der Gläubiger kann vom Schuldner den Abschluss einer Aufhebungsvereinbarung verlangen, sofern in diesem Zeitpunkt die Aufhebung der Rangrücktrittsvereinbarung weder zur Überschuldung noch zur Zahlungsunfähigkeit führt.

Der Gläubiger erklärt durch diese Durchsetzungssperre weder einen Stundung noch einen Verzicht auf Rückzahlung des Darlehens.

2772 Fraglich ist, wie sich das Entfallen des Typus »eigenkapitalersetzendes Gesellschafterdarlehen« auf die Möglichkeit auswirkt, den Verlust des Darlehens i.R.d. § 17 Abs. 4 EStG zu berücksichtigen, wo die Rechtsprechung des BFH bisher der gesellschaftsrechtlichen Sichtweise gefolgt ist, vgl. Rdn. 6128 ff. Ist Darlehensgeberin dagegen eine Mutter-Kapitalgesellschaft, konnte sie bis zur Änderung durch das Jahressteuergesetz 2008 bei reduzierter Einbringlichkeit steuerlich wirksam **Teilwertabschreibungen** auf die Darlehen an die Tochter vornehmen.[742]

2773 Die sog. »**gesellschaftsrechtliche Durchgriffshaftung**«, die zu einer direkten Haftung analog § 128 HGB, in teleologischer Reduktion des § 13 Abs. 2 GmbHG, führt, wird insb. in Bezug auf drei Fallgruppen diskutiert:
(1) bei Vermögens- und Sphärenvermischung, also undurchsichtiger Buchführung und unzureichender Kennzeichnung des gesellschaftseigenen Vermögens;[743] diese Haftung kommt der Rechtsscheinhaftung nahe[744]
(2) als sog. »Institutsmissbrauch« (§ 826 BGB) mit dem Ziel, dass die Gesellschaft alle Risiken trägt, aber keine Gewinnchancen hat, bzw. eine Gesellschaft von ihrem Gesellschafter-Geschäftsführer zumindest objektiv dazu eingesetzt wird, Lieferanten rechtswidrig zu schädigen,[745] sowie
(3) unter dem Aspekt der sog. »materiellen Unterkapitalisierung« (Verbot unzureichender Kapitalausstattung), die aber von der Rechtsprechung bisher abgelehnt wird,[746] da nur in Einzel-

---

[742] BFH, 14.01.2009 – I R 52/08, GmbHR 2009, 490; es handelt sich nicht um (nicht steuerwirksame) »Gewinnminderungen, die im Zusammenhang mit dem in § 8b Abs. 2 KStG genannten Anteil stehen« i.S.d. § 8b Abs. 3 KStG a.F., sondern um ein eigenständiges Wirtschaftsgut neben der Beteiligung selbst, auch bei eigenkapitalersetzendem Charakter. Zu den verbleibenden Gestaltungsmöglichkeiten vgl. *Forst/Schaaf/Küpper*, EStB 2009, 442 ff.
[743] BGH, 16.09.1985 – II ZR 275/84 »Autokran«, BGHZ 95, 330 ff.
[744] *Schiessl*, Münchener Handbuch des Gesellschaftsrechts, § 35 Rn. 8.
[745] OLG Naumburg, 09.04.2008 – 6 U 148/07, GmbHR 2008, 1149.
[746] In der bloßen Unterkapitalisierung liegt auch kein existenzvernichtender Eingriff, BGH, 28.04.2008 – II ZR 264/06, ZNotP 2008, 321.

branchen (etwa in § 10 KWG für den Bankensektor) eine gesetzliche Untergrenze für die Eigenkapitalausstattung geschaffen wurde.[747]

Auf neuem Fundament steht der Schutz einer »abhängigen GmbH« gegen »**existenzvernichtende**« **Eingriffe** ihres bestimmenden Gesellschafters. Wurde diese Haftung zunächst als Verlustübernahmepflicht analog §§ 302, 303 AktG (»qualifiziert faktischer GmbH-Konzern, beherrscht durch den Alleingesellschafter als Obergesellschaft«) begründet, sodann durch teleologische Reduktion des § 13 Abs. 2 GmbHG (»Verletzung der Treuepflicht des Gesellschafters«) mit im Einzelnen unsicheren Anforderungen[748] und Rechtsfolgen[749] (»existenzvernichtender Eingriff«), liegt die dogmatische Begründung seit 2007[750] in der vorsätzlichen sittenwidrigen Schädigung (Eingriff,[751] der kausal zur Insolvenzreife führt) gem. § 826 BGB, die allerdings nur zu einer (durch den Insolvenzverwalter geltend zu machenden) Innenhaftung für den daraus entstehenden Schaden[752] samt Verzugszinsen[753] ggü. der Gesellschaft führt. Auch der Geschäftsführer, welcher die durch den Gesellschafter veranlasste Auszahlung der Gesellschaftsmittel vornimmt, kann gem. § 830 Abs. 2 BGB mithaften.[754] Sofern der Eingriff eine Unterbilanz herbeigeführt oder vertieft hat, stehen §§ 31, 30 GmbHG[755] neben § 826 BGB. 2774

Die Einführung einer »haftungsbeschränkten Unternehmergesellschaft« mit einem Stammkapital von nur 1,00 € wird die Bedeutung dieser Durchgriffsregelung wachsen lassen.[756] Hinzu kommt i.R.d. MoMiG die subsidiäre rechtsformunabhängige Insolvenzantragspflicht des Gesellschafters bei Fehlen eines Organs, § 15a Abs. 3 InsO n.F. (Schutzgesetz i.S.d. § 823 Abs. 2 BGB!). 2775

Hinzu treten die (bei der Familienkapitalgesellschaft freilich selteneren) **konzernspezifischen Gründe** einer Durchbrechung der Haftungsbeschränkung.[757] Sie beruhen auf Unternehmensverträgen analog §§ 293 ff. AktG, insb. Gewinnabführungsverträgen, die im Gegenzug eine Verpflichtung zum Ausgleich der Verluste der Tochtergesellschaft begründen (§ 302 AktG), und isolierten Beherrschungsverträgen mit gleicher Rechtsfolge.[758] Auch das konzerninterne **cash-pooling** birgt die Gefahr, dass die Aufrechterhaltung des Systems während der Krise eines Konzernunternehmens die Voraussetzungen des existenzvernichtenden Eingriffs erfüllen kann; darüber hinaus war bis zur Einführung der §§ 30 Abs. 1 Satz 2, 19 Abs. 4 GmbHG durch das MoMiG zu 2776

---

747 Vgl. *Ulrich*, GmbHR 2007, 1291.
748 Unklar insb., ob etablierte Methoden des Konzern- und Akquisitionsfinanzierung wie Cash Pooling oder Leveraged Buy-Out dadurch inkriminiert wurden.
749 Durchgriff gegen den Gesellschafter für alle gegen die insolvent gewordene GmbH gerichteten Forderungen, auch wenn der existenzvernichtende Eingriff nur eine von vielen Ursachen der Insolvenz war.
750 BGH, 16.07.2007 – II ZR 3/04, GmbHR 2007, 927, m. Anm. *Schröder* »TRIHOTEL«, BGH, 28.04.2008 – II ZR 246/06 »GAMMA«, GmbHR 2008, 805, m. Anm. *Ulrich;* auch im Stadium der Liquidation der Gesellschaft: BGH, 09.02.2009 – II ZR 292/07, DNotI-Report 2009, 85 »Sanitary«;, vgl. hierzu *Weiler*, notar 2010, 147. Überblick hierzu bei *Strohn*, ZNotP 2008, 338 ff. und *Heeg/Manthey*, GmbHR 2008, 798 ff. auch in Abgrenzung zu schlichten Managementfehlern und zu »Aschenputtel-Gesellschaften« (»die schlechten Erbsen«).
751 Hieran fehlt es gem. BGH, 02.06.2008 – II ZR 104/07, GmbH-StB 2008, 295, wenn der Gesellschafter zwar Forderungen der GmbH auf einem eigenen Konto einzieht, davon jedoch Verbindlichkeiten der Gesellschaft begleicht.
752 Also nicht, soweit auf Missmanagement oder schlechten wirtschaftlichen Rahmenbedingungen beruhend.
753 BGH, 13.12.2007 – IX ZR 116/06, GmbH-StB 2008, 106.
754 Vgl. *Leuering/Rubner*, NJW-Spezial 2007, 363.
755 Vgl. BGH, 21.02.2013 – IX ZR 52/10, NotBZ 2013, 244.
756 *Weller*, DStR 2007, 1166.
757 Vgl. *Ulrich*, GmbHR 2007, 1294 ff.; *Werner*, NWB 2008, 3599 = Fach 18, S. 4753 ff.
758 Isolierte Beherrschungsverträge suspendieren nach herrschender Auffassung analog § 291 Abs. 3 AktG die Eigenkapitalersatzvorschriften im GmbH-Vertragskonzern und sichern damit cash-pool-Strukturen gesellschaftsrechtlich ab, vgl. *Hentzen*, AG 2006, 133 ff.

befürchten, dass Kapitalaufbringungsleistungen (etwa aus Bar-Kapitalerhöhungen bei einer beteiligten Tochtergesellschaft) nicht tatsächlich erbracht wurden, da es eigentlich um eine verdeckte Sacheinlage, nämlich die Reduzierung eines Darlehenssaldos, ging.[759] Nicht durchgesetzt hat sich jedoch bisher die Figur einer erweiterten Haftung aufgrund in Anspruch genommenen »**Konzernvertrauens**«, etwa aufgrund der Verwendung eines Konzern-Logos bei der Tochtergesellschaft.[760]

c) Übertragung von Anteilen

aa) Durchführung

2777 Die Übertragung von (genau bezeichneten[761]) GmbH-Geschäftsanteilen, auch im Rahmen einer rechtsgeschäftlichen Erbauseinandersetzung oder als Folge eines etwa in der Satzung vorbehaltenen und sodann ausgeübten Kündigungsrechtes,[762] bedarf in schuldrechtlicher[763] und dinglicher Hinsicht der notariellen Beurkundung, wobei die wirksame Übertragung des Anteils die Nichtbeurkundung der schuldrechtlichen Regelungen (etwa im Hinblick auf die Gegenleistung) heilt, § 15 Abs. 4 Satz 2 GmbHG – allerdings nur, wenn die Beurkundung der dinglichen Einigung auch die das dingliche Rechtsgeschäft betreffenden Nebenabreden, wie etwa aufschiebende Bedingungen, umfasste.[764] Vollzugsprotokolle über den Eintritt von Bedingungen für die Wirksamkeit des dinglichen Geschäftes sind ihrerseits beurkundungspflichtig, wenn in ihnen Änderungen dieser Bedingungen vereinbart werden (diese kann auch im einseitigen Verzicht auf eine solche liegen, außer diese Möglichkeit wurde bereits im eigentlichen Abtretungsvertrag vereinbart).[765] Ist mit einer (beurkundeten) Geschäftsanteilsübertragung an sich ein (bewusst nicht beurkundetes) Treuhandverhältnis verknüpft (wonach der Veräußerer Treugeber bleibt), soll entgegen § 139 BGB die Formnichtigkeit[766] des Treuhandverhältnisses die Abtretung nicht erfassen.[767]

---

759 So die Grundsatzentscheidung des BGH, 16.01.2006 – II ZR 76/04, GmbHR 2006, 477, m. Anm. *Langner*; hierzu *Hentzen*, DStR 2006, 948 ff.; vgl. auch die Stellungnahme des IdW v. 18.05./29.06.2006, FN-IdW Nr. 8/06, S. 545 f.

760 In diese Richtung etwa das Schweizerische Bundesgericht im SwissAir-Entscheid, BGE 120, II 331, aufgrund rechtlicher Sonderverbindung, wonach die Muttergesellschaft verpflichtet sei, mindestens in der Aufbauphase die Tochter mit ausreichenden Mitteln zu dotieren und für ein zuverlässiges und korrektes Geschäftsgebahren einzustehen (»good corporate citizenship«). Ablehnend etwa OLG Düsseldorf, 15.07.2005 – I-4 U 114/04, GmbHR 2006, 144 »Deutscher Herold« und BGH, 18.12.2007 – X ZR 137/04, JurionRS 2007, 45720, bei Franchisesystemen.

761 Zu nennen ist auch der bisherige Geschäftsanteil, aus dem der zu übertragende Teilanteil gebildet wird, vgl. BGH, 19.04.2010 – II ZR 150/09, GmbH-StB 2010, 258.

762 Vgl. *Menkel*, GmbHR 2017, 17 ff.

763 Ist die dingliche Übertragung jedoch bereits vollzogen, sind Änderungen des schuldrechtlichen Geschäfts formfrei möglich, BGH, 21.04.1959 – VIII ZR 71/58; *Stoppel*, GmbHR 2012, 828, 833.

764 OLG Frankfurt, 21.02.2012 – 11 U 97/11, GmbHR 2012, 513 m. Anm. *Heinze* = MittBayNot 2012, 401 m. Anm. *Winkler*. Die Nichtbeurkundung einer das schuldrechtliche Geschäft betreffenden Anlage lässt die Wirksamkeit der dinglichen Einigung unberührt; treten insoweit vereinbarte aufschiebende Bedingungen ein, wird auch das schuldrechtliche Geschäft geheilt. Soweit bei der beteiligungsgleichen GmbH & Co KG die GmbH- und KG-Anteile nur gemeinsam wirksam dinglich übertragen werden können, muss demnach auch die Übertragung des KG-Anteils mitbeurkundet werden!

765 Vgl. *Stoppel*, GmbHR 2012, 828 ff.

766 Auch die Vereinbarungstreuhand (ebenso wie selbstverständlich die Erwerbstreuhand) bezüglich eines bereits bestehenden (Vor-)GmbH-Anteils ist gem. § 15 Abs. 4 GmbHG beurkundungsbedürftig, ebenso dann bei einer GmbH & Co KG der Treuhandvertrag bezüglich des Kommanditanteils, wenn beide nur zusammen übergehen sollen, vgl. BGH, 14.12.2016 – IV ZR 7/15, NotBZ 2017, 181 m. Anm. *Vossius* = ZNotP 2017, 70.

767 BGH, 22.09.2016 – III ZR 427/15, MittBayNot 2017, 520 m. Anm. *Regler*.

C. Gesellschaftslösungen unter Beteiligung der Veräußerer, »Familienpool«   Kapitel 5

Der (auch ausländische[768]) Notar[769] hat nach Wirksamwerden einer ab In-Kraft-Treten des Mo-   **2778**
MiG (01.11.2008)[770] erfolgten Übertragung (also bei aufschiebenden Bedingungen erst nach deren Eintritt, sofern er die von den Beteiligten ausgehende Bestätigung ihres Eintritts zu überwachen hat,[771] bei Vinkulierungsklauseln[772] nach Erteilung der Zustimmung), eine von ihm bescheinigte[773] neue (an die aktuellste[774] bisher Aufgenommene anknüpfende) **Gesellschafterliste** zu erstellen und dem Handelsregister einzureichen, § 40 Abs. 2 GmbHG[775] – seit 26.06.2017 unter Einschluss auch der prozentualen Beteiligungsquoten der von jedem Gesellschafter gehaltenen Gesellschaftsanteile[776] und von mittelbaren Veränderungen, etwa innerhalb einer GbR[777] – wobei sich zur Schaffung lückenloser Ketten auch Zwischenschritte (z.B. die Teilung des Anteils

---

768 BGH, 17.12.2013 – II ZB 6/13, NotBZ 2014, 139 m. Anm. *Vossius; Leitzen,* ZNotP 2014, 42, 45 ff., *Lieder/Ritter,* notar 2014, 187 ff.; *Seebach,* DNotZ 2014, 413 ff., *Weiler,* notar 2014, 406, 411 [gegen OLG München, 06.02.2013 – 31 Wx 8/13, RNotZ 2013, 450]: jedenfalls wenn die Auslandsbeurkundung dem deutschen Verfahren gleichwertig und damit auch im Inland wirksam ist [Bestätigung von BGH, 16.02.1981 – II ZB 8/80, BGHZ 80, 76]. Mindestvoraussetzung wird sein, dass die Feststellungen i.S.d. §§ 10 ff. BeurkG erfolgt sind, im Übrigen analog §§ 13, 17 BeurkG verfahren wurde, der Auslandsnotar sich einer § 19 BNotO entsprechenden Notarhaftung unterworfen *[Bayer,* GmbHR 2013, 897, 913] und eine unwiderrufliche Einreichungsverpflichtung i.S.d. § 40 Abs. 2 GmbHG übernommen hat. Weiterhin zur Vorsicht rät *Hermanns,* RNotZ 2014, 229 ff. und *Heidinger,* in: DAI-Skript 12. Jahresarbeitstagung des Notariats, 2014, S. 224 ff. Zum Beurkundungsverfahren verschiedener Schweizer Kantone *Müller,* NJW 2014, 1994 ff. sowie *Becker,* NotBZ 2016, 321 ff. [auch zu den Unterschieden in Ausbildung und Rechtsstellung]. Eine GmbH-Gründung durch einen Schweizer Notar ist jedoch unwirksam, AG Charlottenburg, 22.01.2016 – 99 AR 9466/15, RNotZ 2016, 119, ebenso die Auslandsbeurkundung eines Verschmelzungsvertrages [§ 6 UmwG], *Gutachten,* DNotI-Report 2016, 93 ff. Zur [abzulehnenden] Möglichkeit, auf die notarielle Belehrung i.S.d. § 17 BeurkG zu verzichten vgl. *Lerch,* NotBZ 2016, 452 ff.
769 Bei Anteilsabtretung im Wege von Angebot und Annahme ist jeder beteiligte Notar befugt, OLG München, 24.10.2012 – 31 Wx 400/12, DNotZ 2013, 76. Erkennt der Notar nachträglich eine Fehlbeurteilung, ist er zur Korrektur verpflichtet, LG Berlin, 13.08.2016 – 84 T 132/14.
770 KG, 23.02.2012 – 25 W 97/11, DNotZ 2012, 554.
771 Andernfalls ende seine Zuständigkeit mit der Beurkundung, so OLG Brandenburg, 12.02.2013 – 7 W 72/12, NotBZ 2013, 259 m. Anm. *Frenzel* = MittBayNot 2013, 401 m. Anm. *Omlor.* Kann der Notar nicht beurteilen, ob eine aufschiebende Bedingung eingetreten ist, ist er zur Einreichung nicht verpflichtet, OLG Hamm, 25.09.2013 – 27 W 72/13, DNotZ 2014, 539 m. Anm. *Wachter.*
772 Übersicht bei *Blasche,* RNotZ 2013, 515 ff. Seit Aufhebung des § 132 UmwG gehen im Falle einer Spaltung auch vinkulierte Anteile über, OLG Hamm, 16.04.2014 – 8 U 82/13, RNotZ 2014, 507.
773 Zur Gebühr für die Wirksamkeitsbescheinigung gem. § 40 Abs. 2 Satz 2 GmbHG (KV 22200 Anm. 6 GNotKG) und zur Frage, ob eine zumindest eine Gebühr gem. KV 25104 GNotKG erhoben werden kann, wenn keine außerhalb der Urkunde liegenden Umstände zu prüfen waren, vgl. *Tiedtke,* DNotZ 2016, 576, 590.
774 Hierzu OLG München, 26.01.2012 – 31 Wx 13/12, RNotZ 2012, 344 m. Anm. *Mödl.* Das Gesetz spricht missverständlich von der »zuletzt aufgenommenen Liste«.
775 Vgl. Überblick, auch zum Vorgehen bei fehlerhaften vorangehenden Gesellschafterlisten, *Gutachten,* DNotI-Report 2010, 53 ff.; *Meier-Wehrsdorfer,* notar 2012, 295 ff.; *Blasche,* RNotZ 2014, 34 ff.; *D. Mayer,* MittBayNot 2014, 24 ff. und 114 ff. sowie *Weiler,* notar 2014, 406, 411 ff. Zur Bedeutung der Gesellschafterliste als Legitimationsgrundlage bei Gesellschafterstreitigkeiten *Schiemzig/Jänig,* NWB 2013, 2932 ff.
776 Wobei eigene Anteile der Gesellschaft wohl ebenfalls prozentual anzugeben, also nicht vorab analog § 16 Abs. 2 Satz 2 AktG abzusetzen sind, vgl. *Gutachten,* DNotI-Report 2017, 131, 132.
777 Vgl. hierzu z.B. *Melchior,* NotBZ 2017, 281 ff., auch zur möglichen Ergänzung des Musterprotokolls gem. § 2 Abs. 1a Satz 4 GmbHG; zu den kostenrechtlichen Folgen letzterer Maßnahmen *Ländernotarkasse,* NotBZ 2017, 302.

vor seiner Abtretung) aus eigenen Listen ergeben müssen.[778] »Umnummerierungen« sind zulässig, wenn sie (etwa durch eine zusätzliche Veränderungsspalte[779]) nachvollziehbar bleiben.[780]

▶ Beispiel:

Vom Geschäftsführer erstellte Liste, die die Änderung aufgrund Erbfolge wiedergibt, vom Notar erstellte Liste als Folge der beurkundeten Erbauseinandersetzung.[781]

2779 Der Notar ist zur Einreichung der von ihm bescheinigten Liste auch berufen, wenn er nur mittelbar am Rechtsübergang beteiligt war[782] (z.B. als Folge der Beurkundung eines Verschmelzungsbeschlusses,[783] nicht ausreichen soll allerdings die Beurkundung einer Änderung der Firmenbezeichnung des Gesellschafters[784] oder der Gesellschaft selbst;[785] keine Erkundigungs- und Listeneinreichungspflicht besteht auch in Bezug auf Tochtergesellschaften abtretungsbetroffener GmbHs, und der Beurkundung eines Erbscheinsantrags mit im Nachlass befindlichen GmbH-Beteiligungen); im Zweifel sollten Notar und Geschäftsführer gemeinsam einreichen.[786] Dem Geschäftsführer verbleibt nach Ansicht des BGH[787] auch gegenüber einer notarbescheinigten, von ihm als fehlerhaft angesehenen, Liste eine Residualkompetenz zur Korrektur[788] durch Neueinreichung, ebenso kann aber auch der Notar eine von ihm eingereichte, als fehlerhaft erkannte Liste durch Einreichung einer neuen Liste »korrigieren«.[789] Gesellschafter selbst haben jedoch selbst niemals eine »Berichtigungsbefugnis«.[790] Das Registergericht muss eingereichte, formal ordnungsgemäße, Listen in den elektronischen Ordner einstellen, sofern es nicht sichere Kenntnis von ihrer inhaltlichen Unrichtigkeit hat.[791]

---

778 OLG Köln, 19.07.2013 – 2 Wx 170/13, DNotZ 2014, 387 m. abl. Anm. *Heinemann* (auch zur Androhung eines Zwangsgeldes gem. § 388 FamFG bei Unterbleiben solcher Einreichungen; hiergegen auch *Kilian*, notar 2014, 132). Gleiches gilt bei Kettenabtretungen, LG München I, GmbHR 2010, 151, 152 m. Anm. *Wachter*.
779 Hierfür plädiert *Ising*, NotBZ 2012, 369.
780 BGH, 01.03.2011 – II ZB 6/10, DNotZ 2011, 940; hierzu *Herrler*, NZG 2011, 536.
781 Auch im Personengesellschaftsrecht wird der Verzicht auf Zwischeneintragungen als registerrechtlich unzulässig angesehen, vgl. *Krafka/Willer*, Registerrecht, 7. Aufl. 2007, Rn. 89, 751 u. 756.
782 *Roth*, RNotZ 2014, 470 ff.
783 OLG Hamm, 01.12.2009, DNotZ 2010, 214.
784 OLG Hamm, 02.11.2011 – 27 W 100/11, DNotZ 2012, 382 m. Anm. *Ising*; *Götze/Zimmermann*, notar 2012, 63.
785 Vgl. hierzu *Schuhmacher/Frühwirt*, GmbH-StB 2016, 237 ff.
786 OLG Hamm, 16.02.2010 – I-15 W 322/09, MittBayNot 2010, 222.
787 BGH, 17.12.2013 – II ZB 21/12, ZNotP 2014, 69 m. krit. Anm. *Leitzen*, ZNotP 2014, 42 ff.; krit. auch *Heidinger*, in: DAI-Skript 12. Jahresarbeitstagung des Notariats, 2014, S. 188 ff.; vgl. auch *Seebach*, DNotZ 2014, 413 ff. Der Geschäftsführer soll die betroffenen Gesellschafter vorher anhören, um ihnen Gelegenheit zu einstweiligem Rechtsschutz zu eröffnen.
788 Allerdings nach OLG Rostock, 25.01.2017 – 1 W 55/16, RNotZ 2017, 480 nicht zur Einreichung der Liste als solcher, wenn sie auf einen vom Notar beurkundeten Vorgang (Anteilsabtretung) abzielt.
789 KG, 13.08.2015 – 84 T 132/14, notar 2016, 125 m. Anm. *Heckschen*.
790 OLG München, 17.07.2015 – 14 W 1132/15, RNotZ 2016, 51. Eine »Löschung« eines Gesellschafters komme jedoch analog § 67 Abs. 5 Satz 2 AktG gegen den Widerspruch des Betroffenen nicht in Betracht. Die inhaltlichen Aussagen des OLG München zur Richtigkeit der Liste in casu differenzieren jedoch nicht zwischen dem Sterbefall einerseits und der folgenden Rückforderung aufgrund vorbehaltenen Rückforderungsrechtes andererseits, vgl. *Winnen*, RNotZ 2016, 54.
791 Keine Befugnis zur »Aussetzung« des Verfahrens über die Einstellung der Liste z.B. bis zur Entscheidung über die Wirksamkeit eines Einziehungsbeschlusses: OLG Hamburg, 24.09.2014 – 11 W 47/14, NZG 2015, 72.

Beschwerungen, Belastungen oder **sonstige Eigenschaften der betroffenen Anteile** sind in die Gesellschafterliste nicht zwingend aufzunehmen, ebenso wenig eine etwa insoweit bestehende Testamentsvollstreckung,[792] Vorerbenbeschränkung oder Insolvenz[793] (aber möglicherweise eintragungsfähig, zum Nießbrauch vgl. Rdn. 1509). Die Gesellschafterliste ist gem. § 16 Abs. 1 GmbHG seit 01.11.2008[794] maßgeblich dafür, wer im Verhältnis zur Gesellschaft als Gesellschafter gilt (und z.B. stimmberechtigt ist) – mit kurzfristiger Überbrückungsmöglichkeit gem. § 16 Abs. 1 Satz 2 GmbHG;[795] sie ist ferner Grundlage eines jedenfalls ab 01.05.2009 möglichen gutgläubigen Erwerbs vom Nichtberechtigten, § 16 Abs. 3 GmbHG[796] (nicht jedoch des gutgläubig lastenfreien Erwerbs bzw. des gutgläubigen Erwerbs eines nichtexistenten Anteils). Gutgläubiger Erwerb ist jedoch ausgeschlossen, wenn der Liste ein Widerspruch zugeordnet ist (§ 16 Abs. 3 Satz 3, 2. Alt. GmbHG), aufgrund Bewilligung desjenigen, gegen dessen Berechtigung sich der Widerspruch richtet; auf dessen Bewilligung hin ist der Vermerk auch zu löschen (»actus contrarius«);[797] ferner aufgrund einstweiliger Verfügung, die jedoch vor Ablauf der Drei-Jahres-Frist auch Sachvortrag zur konkreten Gefahr gutgläubigen Erwerbs voraussetzt[798] (für die Zeit danach enthält § 16 Abs. 3 Satz 5 GmbHG eine »gesetzliche Dringlichkeitsvermutung«).

2780

Erfolgt die dingliche Übertragung des Anteils **aufschiebend bedingt** (z.B. auf die Kaufpreiszahlung), besteht ferner über § 161 Abs. 1 BGB Schutz gegen beeinträchtigende »Zwischenverfügungen«. § 161 Abs. 3 BGB ermöglicht keinen – diesen Schutz durchkreuzenden – gutgläubigen Zwischenerwerb Dritter vom bedingt gebundenen Veräußerer[799] (keine Anwendung des § 16 Abs. 3 GmbHG im Wege des Erst-Recht-Schlusses auf den Erwerb vom Noch-Berechtigten, zumal die Rechtslage im Vergleich zu Verfügungsbeschränkungen bei Immobilien, die der Eintragung in das Grundbuch bedürfen – § 892 Abs. 1 Satz 2 BGB –, nicht vergleichbar ist, str.[800] Die

2781

---

792 BGH, 24.02.2015 – II ZB 17/14, DNotZ 2015, 456 (wenngleich im Verhältnis zur Gesellschaft, § 16 Abs. 1 GmbHG, ein praktisches Bedürfnis bestehen mag: Zustellung der Ladung an den Testamentsvollstrecker! Gutglaubensschutz für Erwerber hinsichtlich der Verfügungsbefugnis des Gesellschafters gewährt die Liste allerdings ohnehin nicht, auch enthält das Gesetz, anders als bei Veränderungen hinsichtlich der Person der Gesellschafter, keine Verpflichtung zur Meldung von Veränderungen oder Wegfall von Verfügungsbeschränkungen); anders beim Kommanditanteil, wo die Testamentsvollstreckung im Handelsregister auch zur Verlautbarung der Haftungsbegrenzung eintragungsfähig ist: BGH, 14.02.2012 – II ZB 15/11, DNotZ 2012, 788; krit. daher *Tamoj*, ErbR 2015, 373.
793 Vgl. DNotI-Report 2011, 182.
794 Nicht erfasst sind Änderungen, die bereits vor 01.11.2008 bei der Gesellschaft ordnungsgemäß (gem. § 16 GmbHG a.F.) angemeldet wurden, aber nicht zur einer Aktualisierung der Liste geführt haben, OLG Dresden, 01.06.2016 – 17 W 289/16, NotBZ 2016, 463 m. Anm. *Heckschen*.
795 Wonach eine vom Erwerber in Bezug auf das Gesellschaftsverhältnis vorgenommene Rechtshandlung gilt als von Anfang an wirksam, wenn die Liste unverzüglich nach Vornahme der Rechtshandlung in das Handelsregister aufgenommen wird; die Praxis behilft sich stattdessen mit rechtsgeschäftlichen Vollmachten im Veräußerungsvertrag.
796 Vgl. *Link*, RNotZ 2009, 193 ff.
797 KG, 17.05.2013 – 12 W 30/12, DNotZ 2013, 796.
798 OLG Nürnberg, 19.08.2014 – 12 W 1568/14, notar 2015, 16 m. Anm. *Seebach*; a.A. KG, 01.04.2010 – 2 W 36/10, ZIP 2010, 2047: abstrakte Gefahr genügt.
799 BGH, 20.09.2011 – II ZB 17/10 DNotZ 2011, 943 m. krit. Anm. *Jeep* = MittBayNot 2012, 149 m. Anm. *Wälzholz*, abl. auch *Bayer*, notar 2012, 267, 270 ff.; wie BGH zuvor bereits OLG Hamburg, 12.07.2010 – 11 W 51/10 notar 2010, 454 m. Anm. *Jeep* und OLG München, 11.03.2011 – 31 Wx 162/10 GmbHR 2011, 426 m. abl. Anm. *Heidinger* S. 428. Mit seiner Forderung, der Rechtsscheinstbestand müsse auch den guten Glauben an das Nichtvorhandensein vorangegangener Verfügungen schützen, überspannt der BGH wohl die Anforderungen an die i.S.d. § 161 Abs. 3 BGB erforderliche »Anwendung« der Gutglaubensvorschriften: notwendig ist nur, dass der Erwerb vom Noch-Berechtigten nicht schlechter gestellt wird als der Erwerb vom Nichtberechtigten, wo § 16 Abs. 3 GmbHG die Möglichkeit des Vollrechtserwerbs geschaffen hat.
800 Vgl. die Nachweise für beide Auffassungen in *Weiler* notar 2010, 142 Fn. 12; eingehende Begründung der in der Literatur zuvor herrschenden Gegenauffassung bei *Frenzel* NotBZ 2010, 129 ff. und [mit his-

Reichweite des Gutglaubensschutzes muss auf die Eintragungen begrenzt sein, die der Gesetzgeber als Inhalt der Gesellschafterliste i.S.d. § 16 Abs. 3 GmbHG vorgegeben hat; hierzu zählt nur die Inhaberschaft am Anteil, aber nicht die Verfügungsbeschränkung aufgrund aufschiebend bedingter Abtretung[801]).

2782 Vorkehrungen zum Schutz des aufschiebend bedingten Erstkäufers (Verlautbarung der Verfügungsbeschränkung, Eintragung eines Widerspruchs gem. § 16 Abs 3 Satz 4 Alt. 2 GmbHG, Vorverlagerung des Bedingungseintritts auf die Unterzeichnung einer zweiten, widerstreitenden Verfügung) sind daher weder nötig noch möglich; der Rechtsverkehr in Gestalt des »Zweiterwerbers« kann sich jedoch entgegen § 16 Abs. 3 GmbHG nicht darauf verlassen, vom eingetragenen Inhaber zu erwerben, und wird de lege lata[802] auch nicht durch Vermerke gewarnt,[803] die auf den vorangegangenen, noch aufschiebend bedingten Erwerb hinweisen, ebenso wenig durch sonstige Vermerke, die auf fehlende Verfügungsbefugnis, etwa als Folge einer Testamentsvollstreckung, hindeuten.[804]

▶ Hinweis:

2783 Daneben kommt der Gesellschafterliste eine weitere Funktion zu: Gemäß § 16 Abs. 1 Satz 1 GmbHG gilt seit 01.11.2008 gegenüber der Gesellschaft nur[805] derjenige als zur **Ausübung von Gesellschafterrechten legitimiert**, der in die im Handelsregister aufgenommene (in »Altfällen« häufig veraltete![806]) Gesellschafterliste eingetragen ist, so dass auf zeitnahe Eintragung zu achten ist, auch in Erbfällen.[807] Die Zwischenzeit bis zur Einstellung in die elektronisch abrufbare Registerakte durch das Registergericht wird durch die begrenzte Rückwirkung von in Bezug auf das Gesellschaftsverhältnis vorgenommene Rechtshandlungen bei »unverzüglich« nachfolgender Aufnahme der Liste, § 16 Abs. 1 Satz 2 GmbHG, sowie durch entsprechende Stimmrechts- und Ausübungsvollmachten, bspw. im Übertragungsvertrag überbrückt. Darüber hinaus erfüllt die Eintragung in der Gesellschafterliste die seit 26.06.2017 gem. § 20 Abs. 1

---

torischer Herleitung] *Altmeppen*, in: Tagungsband »Aktuelles GmbH-Recht«, Band 33 der Schriften zum Notarrecht, 2013, S. 41 ff.; der vom BGH bestätigten Auffassung bei *Begemann/Grunow*, DNotZ 2011, 403, 408 ff.

801 *D. Mayer/Färber* GmbHR 2011, 785 ff.
802 De lege ferenda z.B. *Bayer* notar 2012, 267 ff.
803 Zuvor waren unter anderem diskutiert worden das »Vinkulierungsmodell« (*Reymann*, GmbHR 2009, 343, 348 f.), der »vorverlagerte Bedingungseintritt« (*D. Mayer*, ZIP 2009, 1037, 1051); die »Pfandrechtslösung« (*Zessel*, GmbHR 2009, 303, 306). Das »Zwei-Listen-Modell« (z.B. *Reymann*, NJW 2010, 306) soll durch einen rechtlich unverbindlichen Listenzusatz (dem die Registergerichte freilich die Aufnahme verweigern) den Zwischenerwerber bösgläubig machen. *Omlor* DNotZ 2012, 179 ff. plädiert dagegen dafür, das Anwartschaftsrecht selbst analog § 40 Abs. 1 Satz 1 GmbHG in die Liste einzutragen, so dass der Anwartschaftsberechtigte (nicht der Vollrechtsinhaber) maßgebliche Bezugsperson für den gutgläubigen Zwischenerwerb gem. § 161 Abs. 3 BGB i.V.m. § 16 Abs. 3 GmbHG sei.
804 OLG München, 15.11.2011 – 31 Wx 274/11, RNotZ 2012, 134. Kritisch hiergegen *Herrler*, NZG 2011, 1321, 1323 ff. (der Übergang des Verwaltungsrechtes auf den Testamentsvollstrecker kann Konsequenzen haben für Ladung und Beschlussfassung).
805 Es handelt sich um eine unwiderlegliche Vermutung, so dass das Registergericht trotz Kenntnis der Abtretung einen Beschluss zu vollziehen hat, an dem lediglich die noch in der Liste vermerkten Gesellschafter mitwirken, vgl. OLG Zweibrücken, 15.12.2011 – 3 W 144/11, RNotZ 2012, 292. Die Vermutung gilt auch bei der Gesamtrechtsnachfolge (Vererbung eines Geschäftsanteils). Selbst die (rückwirkende) Anfechtung eines Anteilserwerbs ändert daran nichts, solange die Gesellschafterliste nicht geändert ist, auch die Gesellschaft selbst darf nur den Eingetragenen als Gesellschafter behandeln, vgl. OLG Bremen, 21.10.2011 – 2 U 43/11, RNotZ 2012, 457.
806 § 16 Abs. 1 Satz 1 GmbHG dürfte gleichwohl auch auf »Altlisten« Anwendung finden: *Saenger/Sandhaus*, DNotZ 2012, 346 ff.
807 *Heidinger*, ZNotP 2012, 449 ff.: ggf. Eintragung der unbekannten Erben, vertreten durch einen – zu ladenden – Nachlasspfleger in die Liste; andernfalls ist der noch eingetragene Verstorbene zu laden. Allein der Nachweis der Erbenstellung durch Erbschein genügt nicht.

Satz 1 GwG bestehende Pflicht der GmbH, Art und Umfang des wirtschaftlichen Interesses der an ihr zu mehr als 25 % beteiligten Personen dem Transparenzregister zu melden (§ 22 Abs. 1 Satz 1 GwG), so dass nur bei Treuhandverhältnissen eine zusätzliche Meldung erforderlich ist.

Ist eine **AG** zu mehr als 25 % an einer GmbH **beteiligt**, oder hält sie daran eine Mehrheitsbeteiligung i.S.d. § 16 Abs. 1 AktG, ruhen ihre Mitgliedschafts-, v.a. Stimmrechte darüber hinaus solange, bis sie die Beteiligung zu mehr als 25 % bzw. die Mehrheitsbeteiligung der GmbH mitgeteilt hat (§ 21 Abs. 4 Satz 1 AktG).[808]

Nur eingeschränkt zulässig ist der **Erwerb eigener Anteile** durch die Kapitalgesellschaft (vgl. z.B. § 33 GmbHG[809]); seit dem BilMoG dürfen diese bilanziell nicht mehr aktiviert, sondern müssen wie eine Kapitalherabsetzung behandelt werden. Der betreffende Nennbetrag ist vom Posten »Gezeichnetes Kapital« abzusetzen (§ 272 Abs. 1a HGB); die Verpflichtung zur Bildung einer Rücklage für eigene Anteile ist entfallen.[810] Die **Vorteile** liegen in der Vermeidung einer steuerpflichtigen Ausschüttung aus der Kapitalgesellschaft, um den Erwerb auf Gesellschafterebene finanzieren zu können, im Betriebsausgabenabzug der anfallenden Transaktionskosten, sowie in der vollständigen Steuerfreiheit des Gewinns aus der späteren Veräußerung eigener Anteile (es greift nicht einmal die 5 %ige Steuerpflicht gem. § 8b Abs. 2 KStG[811]). 2784

Die Abtretung von Anteilen an einen »**Firmenbestatter**«, also einen zur Fortführung des Geschäfts ungeeigneten und unwilligen Strohmann zur Gläubigerbenachteiligung, ist einschließlich der Satzungs- und Geschäftsführungsänderungsbeschlüsse gem. § 138 Abs. 1 BGB, § 241 Nr. 4 AktG analog nichtig und führt zur Strafbarkeit gem. § 283 Abs. 1 Nr. 8 Alt. 2 StGB (»Verschleierung der wirklichen geschäftlichen Verhältnisse«).[812] 2785

Bei der **Übertragung von Aktien** (Rdn. 1514a ff.) sind wegen der Satzungsstrenge des Aktienrechtes zahlreiche Gestaltungsgrenzen zu beachten, etwa das Stimmbindungsverbot des § 136 Abs. 2 AktG,[813] dessen Missachtung gar zur Gesamtnichtigkeit einer Nachfolgeregelung führen soll.[814] Bei börsennotierten Unternehmen kommen Pflichten nach dem WpÜG hinzu, Rdn. 2793 ff.[815] 2786

bb) Teilung von Anteilen

Die Teilung des Anteils, die häufig in Vorbereitung einer Abtretung erforderlich ist, bedarf nicht mehr kraft Gesetzes der Zustimmung der Gesellschaft, da § 17 GmbHG seit 01.11.2008 vollständig aufgehoben ist; diesbezügliche Zustimmungserfordernisse oder gar Teilungsverbote können jedoch in der Satzung geschaffen werden (bzw. worden sein, wobei die häufig anzutreffende Verweisung »§ 17 Abs. 1 GmbHG bleibt unberührt« zur Vermeidung des unzutreffenden Ein- 2787

---

808 Vgl. *Leitzen*, MittBayNot 2012, 183 ff., auch zur Frage, ob die Mitteilungspflicht auch bei der originären Beteiligung der AG an der Gründung der GmbH greift (jedenfalls aus Gründen der Vorsicht zu empfehlen).
809 Maßgeblicher Zeitpunkt für die Prüfung, ob ausreichend freies Vermögen i.S.d. § 33 Abs. 2 GmbHG vorliegt, ist der Abschluss des schuldrechtlichen Erwerbsgeschäftes, OLG Rostock, 30.01.2013 – 1 U 75/11, NotBZ 2013, 156.
810 Vgl. BMF-Schreiben v. 27.11.2013 – IV C 2 – S 2742/07/10009, GmbHR 2014, 108, sowie *Roser*, GmbH-StB 2014, 55 ff.; zuvor *Breuninger/Müller*, GmbHR 2011, 10 ff.; *Köhler*, DB 2011, 15 ff.
811 Vgl. *Schiffers*, GmbHR 2014, 79, 82. Steuern fallen allerdings an bei der anschließenden Ausschüttung des Veräußerungsgewinns, zu Gestaltungsmöglichkeiten vgl. *Schwetlik*, GmbH-StB 2014, 46.
812 BGH, 15.11.2012 – 3 StR 199/12, ZIP 2013, 514.
813 Zu unterscheiden von schuldrechtlichen Aktionärsvereinbarungen, deren Einhaltung z.B. durch eine einstweilige Verfügung an den Vorstand, den gefassten Beschluss nicht anzumelden, gewahrt werden kann, vgl. OLG München, DStR 2006, 2271.
814 Vgl. OLG Oldenburg, 16.03.2006 – 1 U 12/05, NotBZ 2006, 403.
815 Vgl. *Wiesbrock/Zens*, ZEV 2006, 137 ff.

drucks, die Teilungszustimmung sei statutarisch gewünscht, aus der Satzung gestrichen werden sollte).[816] Erforderlich ist jedoch auch künftig, sofern nicht abbedungen, als materiellrechtliches Wirksamkeitserfordernis ein Gesellschafterbeschluss (§ 46 Nr. 4 GmbHG),[817] jedoch (wohl) nicht die Zustimmung des betroffenen Gesellschafters.[818]

2788 Gem. § 5 Abs. 2 Satz 1 GmbHG genügt seit 01.11.2008 die Teilbarkeit der Anteile durch 1,00€ (was bei noch auf DM lautenden Alt-Gesellschaften eine vorherige Euro-Umstellung erfordert). Bisher deklaratorische Regelungen, wonach »je 50,00€ eines Geschäftsanteils eine Stimme gewähren«, sind nunmehr also bei Gelegenheit einer Satzungsänderung zu streichen, da sie zum Verlust von Stimmrechten führen. Die genauere Stückelungsmöglichkeit (die dem Aktienrecht entspricht) ermöglicht quotengleiche Erbauseinandersetzungen sowie weitestgehend exakte Beteiligungsidentität zwischen der Kommandit- und der Komplementärbeteiligung im Rahmen einer beteiligungsidentischen GmbH & Co. KG (wenn nicht ohnehin das Modell der Einheits-GmbH & Co. KG gewählt wird, Rdn. 2733).

cc) Vinkulierung

2789 Die Abtretbarkeit von GmbH-Geschäftsanteilen kann[819] gem. § 15 Abs. 5 GmbHG durch Satzungsbestimmung von weiteren Voraussetzungen, insb. der Genehmigung
(1) der Gesellschaft,
(2) der Gesellschafterversammlung
(3) oder der bzw. einzelner Gesellschafter

(möglicherweise sogar externer Dritter[820]) abhängig sein[821] (oder gar gänzlich ausgeschlossen werden; es bleibt dann nur die Möglichkeit des Ausschlusses aus wichtigem Grund[822]). Diese Vinkulierung (hierzu vgl. ergänzend Rdn. 2652 ff.) ist gerade bei der personalistisch strukturierten Familien-GmbH die Regel; sie ist (trotz § 9 Abs. 3 BewG) bei der steuerlichen Festsetzung des gemeinen Wertes mindernd zu berücksichtigen, wenn sie für alle Verfügungsberechtigte gilt.[823] Die Vinkulierung muss jedoch anfänglich in der Satzung vorgesehen sein, die spätere Einfügung bedarf der Zustimmung aller Gesellschafter.[824]

2790 Da nach h.M.[825] eine in der Satzung vorbehaltene Anteilsvinkulierung nicht auch den Fall der Pfandverwertung durch **Versteigerung** oder freihändigen Pfandverkauf erfasst, sehen die meisten GmbH-Satzungen Einziehungs- bzw. Ausschlussrechte für den Fall der Insolvenzeröffnung oder nicht beseitigten Pfändung einer Gesellschafterbeteiligung vor.

---

816 Vgl. *Heckschen*, ZErb 2008, 246; *Wachter*, DB 2009, 162.
817 Vgl. *Lutz*, NotBZ 2014, 170 ff.; kein gutgläubiger Erwerb trotz Einstellung des »geteilten« Anteils in die Gesellschafterliste (str.)!
818 BR-Drucks. 354/07, S. 102; *Wachter*, DB 2009, 163; *Förl*, RNotZ 2008, 410 f.; a.A. *Wälzholz*, Mitt-BayNot 2008, 433.
819 Das vom Gesetzgeber gem. § 2 Abs. 1a GmbHG i.V.m. der Anlage 1 seit 01.11.2008 zur Verfügung gestellte Musterprotokoll enthält eine solche Beschränkung allerdings nicht.
820 *Reichert*, in: Tagungsband »Aktuelles GmbH-Recht«, Schriften zum Notarrecht Bd. 33, 2013, S. 60, 69; dort auch Übersicht zur mittelbaren Vinkulierung [change of control], sowie zum Entscheidungsermessen.
821 Überblick bei *Blasche*, RNotZ 2013, 515 ff.
822 *Reichert*, GmbHR 2012, 713, 722.
823 BFH, 28.10.2008 – IX R 96/07, ErbStB 2009, 39.
824 Die 3/4-Mehrheit des § 53 GmbHG genügt also nicht, vgl. Beck'sches GmbH-Handbuch/*Schacht*, § 12 Rn. 57, m.w.N; OLG München, 23.01.2008 – 7 U 3292/07, GmbHR 2008, 541 ff. m. Anm. *Frenzel*, 983 ff. (gestützt auf § 180 Abs. 2 AktG analog; die Vinkulierung erfasst bei fehlender Einstimmigkeit auch nicht die Anteile der zustimmenden Gesellschafter).
825 Vgl. Nachweise bei *Binz/Mayer*, NZG 2012, 201, 211, Fn. 114.

Anstelle eines Genehmigungsvorbehalts kann auch die Wirksamkeit der Abtretung an bestimmte Eigenschaften des Erwerbers geknüpft sein (z.B. an die gleichzeitige Beteiligung an der KG) oder an die Übernahme bestimmter Verpflichtungen. Die Vinkulierung kann auch z.B. auf Abtretungen an bisherige Nicht-Gesellschafter beschränkt sein.[826]

Ist die Abtretung an die Zustimmung einzelner, aller oder einer Mehrheit von Gesellschaftern oder der Gesellschaft selbst (zu erteilen dann durch den Geschäftsführer) geknüpft, steht sie im Ermessen der betreffenden Person oder des Gesellschaftsorgans und kann daher auch ohne wichtigen Grund, jedoch nicht rechtsmissbräuchlich, also willkürlich oder aus sachfremden Erwägungen, verweigert werden.[827] (zur Verweigerung der Genehmigung bei drohendem Untergang eines Verlustvortrages vgl. z.B. Rdn. 6113). Ist die Abtretbarkeit völlig ausgeschlossen, oder wird die Zustimmung verweigert, hat der austrittswillige GmbH-Gesellschafter jedenfalls kraft Gesetzes kein »**Austrittsrecht**«,[828] sondern allenfalls aus wichtigem Grund, der ihm den weiteren Verbleib in der Gesellschaft unzumutbar macht (etwa unverschuldeter dringender Geldbedarf in Gestalt von Erbschaftsteuerbelastung auf den Geschäftsanteil, lange Verluste der Gesellschaft, feindseliges Aushungern durch ständige Thesaurierung der Gewinne etc.)

2791

In Bezug auf **Aktien** kann gem. § 68 Abs. 2 AktG immerhin ein Zustimmungsvorbehalt zugunsten der Gesellschaft (dann zu erteilen durch den Vorstand, sofern nicht in der Satzung der Aufsichtsrat oder die Hauptversammlung hierzu berufen wird) vereinbart werden, allerdings nur bei Namensaktien. Die Übertragbarkeit kann aber – anders als bei der GmbH – nicht vollständig ausgeschlossen werden.

2792

dd) Besonderheiten bei börsennotierten Aktiengesellschaften

Der Erwerb von mindestens **30 % der Stimmrechte** an einer börsennotierten Kapitalgesellschaft löst gemäß § 35 Abs. 1 Satz 1 Wertpapiererwerbs- und Übernahmegesetz (WpÜG) **Veröffentlichungspflichten**[829] und gemäß § 35 Abs. 2 Satz 1 WpÜG die Pflicht zur Unterbreitung eines Angebots hinsichtlich des Erwerbs anderer Aktien (Rdn. 2794) aus.[830] Die Kontrollerlangung kann durch dinglichen Erwerb der stimmberechtigten Aktien (auch durch Erbfall oder in vorweggenommener Erbfolge) oder mittelbar durch Zurechnung von Stimmrechten Dritter (etwa Tochterunternehmen, bzw. aufgrund eines Nießbrauchs, aufgrund Tätigkeit eines Testamentsvollstreckers oder infolge einer auch die Stimmrechtsausübung umfassenden [Vorsorge-]Vollmacht – sofern der Bevollmächtigte die Stimmrechte nach eigenem Ermessen ausüben kann –) erfolgen, vgl. im Einzelnen § 30 Abs. 1 Nr. 1 bis 6 WpÜG. Ferner erfolgt eine Zurechnung aufgrund von (erbschaftsteuerlichen, vgl. § 13b Abs. 1 Nr. 3 Satz 2 bzw. § 13b Abs. 2 Satz 2 Nr. 2 ErbStG) Poolverträgen, da die dort begriffsnotwendig verlangte einheitliche Ausübung des Stimmrechts stets die Voraussetzungen des sogenannten abgestimmten Verhaltens i.S.d. § 30 Abs. 2 Satz 2 WpÜG erhöht.

2793

Der Erwerb dieser mindestens 30 %igen Kontrollmehrheit löst gemäß § 31 Abs. 1 WpÜG auch die Pflicht zur **Unterbreitung eines Angebots auf Erwerb der verbleibenden Aktien** zu einer angemessenen, grundsätzlich in Geld bestehenden, Gegenleistung aus, um den Minderheitsaktionären den Ausstieg aus der nun von einem Dritten kontrollierten Gesellschaft zu ermöglichen. Die Nichterfüllung der vorgenannten Pflichten stellt eine Ordnungswidrigkeit nach § 60 Abs. 1 Nr. 1 WpÜG dar und kann zu einem umfassenden Rechtsverlust nach § 59 WpÜG führen (von dem jedoch Dividendenansprüche nach § 58 Abs. 4 WpÜG nicht erfasst sind, wenn die entsprechende

2794

---

826 Vgl. Baumbach/Hueck/*Fastrich*, GmbHG, § 15 Rn. 38.
827 Vgl. im Einzelnen Beck'sches GmbH-Handbuch/*Schacht*, § 12 Rn. 64.
828 Vgl. zur GmbH: OLG Hamm, GmbHR 1993, 656.
829 Vgl. auch *Ponath/Raddatz*, ZEV 2013, 361 ff. zu den Pflichtadressaten im Erbfall: Erbe oder Testamentsvollstrecker?
830 Vgl. *Blusz*, ZEV 2014, 339 ff.

Pflicht nicht vorsätzlich unterlassen wurde und zugleich nachgeholt wird). Der Rechtsverlust ist hinsichtlich des Stimmrechts endgültig, hinsichtlich des Dividendenanspruchs nur vorläufig (und erlischt stets mit der Nachholung der Pflichten, diese entfaltet also Rückwirkung gemäß § 59 Satz 2 WpÜG. Gemäß §§ 36, 37 WpÜG kann die BaFin auf schriftlichen Antrag von der Angebotspflicht befreien, insbesondere (§ 36 Nr. 1 WpÜG) wenn die Aktien durch Erbschaft oder unentgeltliche Zuwendung unter Eheleuten oder Verwandten in gerader Linie erlangt wurden.[831] Die Befreiungsverfügungen können nach § 44 WpÜG im Bundesanzeiger veröffentlicht werden, was insbesondere bei Familiengesellschaften dem Geheimhaltungsinteresse widersprechen wird

2795 Daneben tritt die Pflicht, das Erreichen, Überschreiten oder Unterschreiten einer Schwelle von drei, fünf, zehn, fünfzehn, zwanzig, fünfundzwanzig, dreißig, fünfzig oder fünfundsiebzig Prozent der Stimmrechte an einer börsennotierten Gesellschaft gemäß § 21 Abs. 1 Wertpapierhandelsgesetz (WpHG) sowohl dem Emittenten als auch der BaFin spätestens binnen vier Handelstagen mitzuteilen. Bei lebzeitigen Zuwendungen sind sowohl der Beschenkte als auch der Schenker **meldepflichtig**. Gemäß § 22 WpHG erfolgt auch insoweit eine Zurechnung von Stimmrechten Dritter, vergleichbar den in § 30 WpÜG genannten Tatbeständen. Die Erfüllung der Meldepflicht ist bußgeldbewehrt (§ 39 Abs. 1 Nr. 23e, Abs. 2 WpHG: bis zu 1 Million Euro) und führt zu den Rechtsverlustwirkungen der in § 59 WpÜG (Rdn. 2794) geschilderten Art (§ 28 WpHG).

d) Vererbung von Anteilen

aa) Grundsatz

2796 Geschäftsanteile an einer GmbH sind gem. § 15 Abs. 1 GmbHG zwingend frei vererblich als normaler Nachlassbestandteil, also zur gemeinschaftlichen Ausübung (§ 18 Abs. 1 GmbHG[832]) – vgl. hingegen zu Personengesellschaften unten Rdn. 5860 ff. Bis zum Inkrafttreten des MoMiG (01.11.2008) war eine »Anmeldung« der Gesellschaftererben bei der Gesellschaft gem. § 16 GmbHG als Voraussetzung der Ausübung neuer Gesellschafterrechte nicht erforderlich (diese Notwendigkeit ergab sich lediglich bei »Veräußerungen«); der Geschäftsführer hatte jedoch gem. § 40 Abs. 1 Satz 1 GmbHG eine revidierte Gesellschafterliste beim Handelsregister einzureichen, was allerdings häufig unterblieb. Seit dem 01.11.2008 ist die **Gesellschafterliste** neue Legitimations- und Rechtsscheinsgrundlage sowohl gegenüber der Gesellschaft selbst als auch gegenüber Dritten (§ 16 Abs. 1 Satz 1 GmbHG n.F.), und zwar auch in Fällen der Gesamtrechtsnachfolge, so dass z.B. auch Erben sich erst auf ihre Gesellschafterstellung berufen können, wenn sie sich in die Liste haben eintragen lassen.[833] Daher haften Geschäftsführer nunmehr für etwaige Schäden, die aus der Verletzung der Pflicht zur Einreichung der neuen Gesellschafterliste sich ergeben, persönlich und gesamtschuldnerisch (§ 40 Abs. 3 GmbHG).

2797 Für den vom Gesellschafter-Erben gegenüber dem Geschäftsführer[834] zu führenden Nachweis der Erbfolge stehen jedenfalls die in § 35 GBO anerkannten Mittel (Erbschein oder eröffnete notarielle Verfügung von Todes wegen) zur Verfügung. Stirbt der alleinige Gesellschafter-Geschäftsführer, könnte sich der Erbe allerdings nicht einmal selbst zum Geschäftsführer bestellen (um sodann die Liste einzureichen), da Gesellschafterrechte erst nach Hinterlegung der Liste ausübbar sind; diese Blockade wird durch § 16 Abs. 1 Satz 2 GmbHG dergestalt aufgelöst, dass eine vom Erwerber vorgenommene Rechtshandlung als von Anfang an wirksam gilt, wenn die neue Liste

---

831 Vgl. *Hippeli/Schmiady,* ZIP 2015, 705 ff.; auch zur (bejahten) Frage, ob bei Poolvereinbarungen jedem Poolmitglied die gepoolten Stimmen zuzurechnen sind.
832 Vgl. hierzu OLG Stuttgart, 09.09.2014 – 14 U 9/14, ErbR 2015, 205. Zur Erbengemeinschaft als Gesellschafterin einer GmbH vgl. *Bisle,* NWB 2017, 3430 ff.
833 OLG Naumburg, 01.09.2016 – 2 U 95/15, MittBayNot 2017, 287.
834 Zu den Problemen beim Tod des Alleingesellschafter-Geschäftsführers: *K.W. Lange,* GmbHR 2012, 896 ff.

sodann »unverzüglich« in das Handelsregister aufgenommen wird. Erleichternd wirkt insoweit eine bereits im Testament aufgenommene post-(nicht trans-)mortale Vollmacht an den Gesellschaftsanteilserben, das Stimmrecht und sonstige Mitgliedschaftsrechte ab dem Tod umfassend auszuüben.[835]

Enthält die Satzung Vinkulierungsklauseln gem. § 15 Abs. 5 GmbHG, sollte diese Vermächtniserfüllungen oder Erbauseinandersetzungsverträge über den Geschäftsanteil von der Zustimmungspflicht freistellen, jedenfalls wenn lediglich Mitgesellschafter, überlebende Ehegatten oder Abkömmlinge des Gesellschafters den Geschäftsanteil erwerben.[836] Andernfalls könnte im Fall der anfänglichen objektiven Unmöglichkeit ein Vermächtnis gem. § 2171 BGB unwirksam sein bzw. könnten bei nachträglicher Unmöglichkeit Schadenersatzansprüche bestehen.[837]

bb) Einziehungs- und Abtretungsklauseln

Wünschenswert zur gemeinschaftlichen Rechtsausübung ist die Bestellung eines gemeinsamen Vertreters, was typischerweise durch eine Satzungsregelung gefördert wird, wonach eine Mehrheit von Erben unverzüglich gegenüber der Gesellschaft einen gemeinsamen Vertreter zur Vertretung ihrer Rechte aus Geschäftsanteilen zu benennen habe, bis zu diesem Zeitpunkt ruhen die Rechte aus dem Geschäftsanteil mit Ausnahme des Gewinnbezugsrechts[838] (bei der Aktiengesellschaft enthält bereits § 69 Abs. 1 AktG eine solche Regelung). Häufig enthalten Satzungen zur Erleichterung der Ausübung der Gesellschafterrechte eine Bestimmung, wonach lediglich ein Miterbe, der möglicherweise bestimmte Qualifikationen erfüllen muss, diese ausüben darf, und die Rechte (mit Ausübung des Gewinnbezugsrechtes) daher ruhen, bis dieser (bei minderjährigen Miterben ggf. unter Mitwirkung des Familiengerichts) bestimmt ist (vgl. näher Rdn. 2789 ff.) 2798

Darüber hinaus[839] kann der Erblasser letztwillig oder kann die Satzung gesellschaftsrechtlich die Verpflichtung der Erben zur Abtretung an bestimmte Personen (Mitgesellschafter, Dritte, die Gesellschaft selbst) anordnen (Abtretungsklausel),[840] ggf. zusätzlich dem Dritten ein klagbares Forderungsrecht auf Übertragung des Anteils einräumen (Eintrittsklausel). Das Stimmrecht der Erben ist dann aufgrund Satzungsregelung suspendiert, bis die Abtretung erfolgt ist; hilfsweise wird die Gesellschaft bevollmächtigt, die Abtretung durchzuführen, sofern diese nicht »freiwillig« erfolgt. Die Höhe der Gegenleistung und die Art und Weise ihrer Ermittlung ist festzulegen. Denkbar wäre auch der sofortige Abschluss eines auf das Ableben aufschiebend bedingten Abtretungsvertrags nach § 15 Abs. 3 GmbHG mit dem vorgesehenen Erwerber[841] (»rechtsgeschäftliche Nachfolgeklausel«). In diesem Fall werden etwaige spätere beeinträchtigende Verfügungen (Abtretungen an Dritte) mit Bedingungseintritt unwirksam (§ 161 BGB). 2799

---

835 Vgl. *Reimann*, ZEV 2014, 521, 524; *Wachter*, DB 2009, 162, wobei die Vollmacht erst nach dem Tod unwiderruflich sein sollte.
836 Vgl. *Ivo*, ZEV 2006, 252.
837 Vgl. *Perzborn*, RNotZ 2017, 405, 411 f.
838 Vgl. *Perzborn*, RNotZ 2017, 405, 408.
839 Vgl. *Ivo*, ZEV 2006, 252. Zu Einziehungs-, Zwangsabtretungsklauseln und zur Ausschließung vgl. *Einhaus/Selter*, GmbHR 2015, 679.
840 *Perzborn*, RNotZ 2017, 405, 416 ff. Bei Aktiengesellschaften verstoßen solche Klauseln gegen das Verbot zur Begründung von Nebenpflichten, § 54 AktG.
841 Unmittelbar dinglicher Vertrag zugunsten Dritter ist nicht möglich, vgl. *Michalski/Ebbing*, GmbHG, § 15 Rn. 24.

2800 Hinzu tritt aufgrund satzungsrechtlicher Bestimmung[842] (§ 34 GmbHG) oder durch Ausschlussklage[843] die Möglichkeit der **Einziehung des Anteils**,[844] welche den Geschäftsanteil »vernichtet« (und seit dem 01.11.2008,[845] § 5 Abs. 3 Satz 2 GmbHG, auch zu einer entsprechenden Anpassung entweder des Stammkapitals [Herabsetzung nach § 58 GmbHG] oder der Summe der Nennbeträge der Geschäftsanteile [durch quotenwahrende Nennbetragsaufstockung[846] im Wege qualifizierten Mehrheitsbeschlusses, und[847]/oder ordentliche Kapitalerhöhung] führen muss, sog. Konvergenzgebot,[848] samt Einreichung neuer Gesellschafterlisten[849]). Die Einziehung setzt zum einen voraus, dass auf den einzuziehenden Anteil die Einlage voll geleistet ist (arg. § 19 Abs. 2 Satz 1 GmbHG); weiter muss die im Fall der Einziehung oder Abtretung vorgesehene Abfindung aus freiem Kapital geleistet werden können[850] (§§ 33, 34 Abs. 3 GmbHG).

2801 Die Einziehung wird dann mit Zugang des wirksamen (= weder nichtigen noch für nichtig erklärten, v.a. eines auf wirksamer Ladung beruhenden[851]) Beschlusses beim betroffenen Gesellschafter[852] (ohne dass es der Leistung der geschuldeten Vergütung bedarf[853]) wirksam. Denkbar ist

---

842 Zur konkreten Anwendung der Satzungsbestimmung »wenn ein weiteres Verbleiben untragbar ist«: BGH, 24.09.2013 – II ZR 216/11, ZNotP 2013, 393.
843 Hierzu (insbesondere zum Rechtszustand zwischen Urteil und dessen Durchführung durch Verwertung des Anteils) *Gutachten* DNotI-Report 2012, 167.
844 Überblick zu Voraussetzungen und Folgen der Einziehung bei *Clevinghaus*, RNotZ 2011, 449 ff.; zur Einziehung im Sterbefall *Perzborn*, RNotZ 2017, 405, 413 ff.
845 Anders gehandhabte »Altfälle« führen nicht zur Amtslöschung gem. § 399 Abs. 4 FamFG, vgl. OLG München, 30.01.2012 – 31 Wx 483/11, DNotZ 2012, 475.
846 Einlagepflichten werden dadurch nicht begründet, *Gutachten*, DNotI-Report 2016, 141 ff., und *Priester*, GmbHR 2016, 1065 ff., auch nicht durch die formale Neubildung eines Anteils in der Hand der Gesellschaft, sog. Revalorisierung.
847 Insb. wenn die exakt quotenwahrende Aufstockung die Teilbarkeitserfordernisse des neuen Rechtes: volle Eurobeträge [§ 5 Abs. 2 Satz 1 GmbHG; anders nach altem Recht: Teilbarkeit durch fünfzig, § 5 Abs. 3 Satz 2 GmbHG a.F.] nicht erfüllt, vgl. Gutachten, DNotI-Report 2010, 29 ff.
848 Allerdings ist der Einziehungsbeschluss bei Verstoß gegen das Konvergenzgebot nicht nichtig, BGH, 02.12.2014 – II ZR 322/13 DNotZ 2015, 447 m. Anm. *Lubberich* gegen z.B. OLG München, 15.11.2011 – 7 U 2413/11; zum Ganzen *Weiler*, notar 2012, 192, 195 und *Gutachten*, DNotI-Report 2016, 141 ff.
849 *Heckschen/Heidinger*, Die GmbH in der Gestaltungs- und Beratungspraxis, Rn. 408, empfehlen, den eingezogenen Anteil in einer ersten Liste mit einem Einziehungsvermerk aufzuführen, vgl. auch Gutachten, DNotI-Report 2010, 32.
850 Andernfalls ist der Einziehungsbeschluss nichtig, auch wenn nach der Satzung die Wirksamkeit des Ausscheidens unabhängig von der Erfüllung der Abfindungsforderung eintritt, vgl. BGH, 08.12.2008 – II ZR 263/07, ZNotP 2009, 205, und auch die Ausschließung selbst ist dann nichtig, BGH, 05.04.2011 – II ZR 263/08, MittBayNot 2011, 414.
851 § 241 Abs. 1 Nr. 1 AktG analog; bei der Einziehung zu Lasten der Erben muss also der Geschäftsführer zuvor den Erben als »Listengesellschafter« eingetragen haben, § 16 Abs. 1 Satz 1 GmbHG; satzungsmäßige Klauseln, die den Einziehungsbeschluss zeitlich begrenzen, sind ergänzend so auszulegen, dass die Frist erst ab sicherer Berichtigungsmöglichkeit rechnet, vgl. OLG Sachsen-Anhalt, 01.09.2016 – 2 U 95/15, ErbR 2017, 350 = NotBZ 2017, 336 m. Anm. *Heckschen/Herzog*.
852 Bei einer Erbengemeinschaft genügt entgegen § 2038 Abs 1 Satz 1 BGB der Zugang bei einem Miterben, § 18 Abs. 3 GmbHG, OLG Nürnberg, 11.06.2008 – 12 U 1646/07, ErbStB 2009, 144. Bei Teilnahme des Betroffenen an der Versammlung ist der Zugang bewirkt.
853 BGH, 24.01.2012 – II ZR 109/11, DNotZ 2012, 464 [nach zuvor h.M. galt dies nur bei entsprechender Satzungsbestimmung: OLG Hamm, GmbHR 1993, 743]. Vgl. hierzu *Grunewald*, in: Tagungsband »Aktuelles GmbH-Recht«, Schriften zum Notarrecht Bd. 33, 2013, S. 87 ff. Allerdings können die Gesellschafter im [satzungsdurchbrechenden] Ausschließungsbeschluss z.B. den Wirkungszeitpunkt auf die Zahlung der ersten Rate verlegen. Für die Abfindung haften die verbleibenden Gesellschafter anteilig, sobald die Fortsetzung der Gesellschaft unter Verzicht auf Maßnahmen zur Befriedigung des Abfindungsanspruchs des Ausgeschiedenen als treuwidrig anzusehen ist, und zwar auch dann, wenn die Ein-

C. Gesellschaftslösungen unter Beteiligung der Veräußerer, »Familienpool« Kapitel 5

auch, sofern in der Satzung klar bestimmt, eine **Abfindung** deutlich[854] unter dem wahren Wert des betroffenen Anteils, in Ausnahmefällen (allein das Vorliegen eines »wichtigen Grundes« genügt dafür jedoch nicht[855]) sogar deren **gänzlicher Ausschluss**,[856] wobei bisherige Verweisungen auf z.B. das Stuttgarter Verfahren (R B 11.2 ff. ErbStR 2011) zu überprüfen sind.[857] Geringere Abfindungshöhen können auch in »satzungsdurchbrechenden«[858] schuldrechtlichen Nebenabreden vereinbart sein (so dass die GmbH sie als Dritter gem. § 328 BGB dem auf die Satzung gestützten höheren Abfindungsverlangen des Austretenden entgegen halten kann[859]). Dadurch wird (bei Einziehungsmöglichkeit zu Lasten der Erben) die freie Vererblichkeit faktisch deutlich eingeschränkt. Bei Kapitalgesellschaften von Berufsträgern (Wirtschaftsprüfer, Architekten, Anwälte) wird eine solche Regelung sogar gesetzlich gefordert. Zu den ertragsteuerlichen Folgen der Abtretungs- und Einziehungsklauseln s. Rdn. 6110, zu den schenkungsteuerlichen Aspekten (Nachteile der reinen Einziehungsklausel) Rdn. 6170. Bei reduzierter Abfindung dürfte auch pflichtteilsrechtlich nicht der volle Wert des (vererbten) Geschäftsanteils anzusetzen sein, vgl. Rdn. 3583.

Eine kombinierte Einziehungs- und Abtretungsklausel könnte etwa wie folgt formuliert sein: 2802

▶ **Formulierungsvorschlag: Kombinierte Einziehungs- und Abtretungsklausel bei Erbfall in GmbH**

Die Erben eines Gesellschafters sind verpflichtet, unverzüglich den Erbfall sowie ihre Erbenstellung unter Angabe des Vor- und Nachnamens, des Geburtsdatums und der Anschrift dem Geschäftsführer der Gesellschaft mitzuteilen, so dass ihm die Erstellung einer korrigierten Gesellschafterliste möglich ist. Der Geschäftsführer kann Nachweise über die Erbenstellung in entsprechender Anwendung des § 35 GBO verlangen.

Zur Erfüllung von Vermächtnissen und zur Durchführung einer Erbauseinandersetzung ist für die Teilung und Abtretung eines Geschäftsanteils keine Zustimmung der Gesellschaft i.S.d. § ..... dieser Satzung erforderlich, soweit hierdurch ein Mitgesellschafter, ein Abkömmling oder der Ehegatte des Verstorbenen den Geschäftsanteil erwirbt.

Soweit eine Mehrheit von Personen den Gesellschaftsanteil erwirbt, ruhen die Gesellschafterrechte mit Ausnahme des Gewinnbezugsrechts, solange und soweit kein gemeinsamer Vertreter schriftlich bestellt und bevollmächtigt wurde.

Soweit andere Personen als Mitgesellschafter, der überlebende Ehegatte oder Abkömmlinge des Gesellschafters den Anteil von Todes wegen durch Erbschaft oder Vermächtnis erwerben, kann

---

ziehung mit Zustimmung des betroffenen Gesellschafters erfolgte, BGH, 10.05.2016 – II ZR 342/14, NotBZ 2016, 412 m. Anm. *Vossius* = DNotZ 2017, 133 m. Anm. *Wicke*.

854 BGH, DStR 1997, 336: bei einer Mitarbeiter-GmbH führt die Begrenzung (zulässigerweise) zu einer Abfindungszahlung von 34.100 DEM bei einem Verkehrswert der Beteiligung von 7,5 Mio DEM.

855 OLG Karlsruhe, 17.05.2013 – 7 U 57/12, RNotZ 2014, 124 [vollständiger Abfindungsausschluss verstößt dann gegen § 138 BGB bzw. § 241 Nr. 4 AktG analog; keine Umdeutung in ein Vertragsstrafenversprechen].

856 Insbesondere beim Versterben eines Gesellschafters, vgl. BGH, GmbHR 1977, 81: entschädigungslose Einziehung bei Vererbung an »Familienfremde«; vgl. *Fastrich* in: Baumbach/Hueck, 20. Aufl. 2013, § 34 GmbHG Rn. 34a; *Wälzholz*, NWB 2008, 4338 = Fach 19, S. 3980 m.w.N.

857 Sollten die Gesellschafter damit eine »dynamische Verweisung« auf die jeweiligen Bewertungsvorschriften verbunden haben wollen, um eine Besteuerung gem. §§ 3 Abs. 1 Nr. 2, 7 Abs. 7 ErbStG zu vermeiden, empfiehlt sich eine Anpassung der Regelung, vgl. Rdn. 6170.

858 Lediglich organisationsrechtliche Bestandteile der Satzung können nicht durch schuldrechtliche Abreden überlagert werden, anders als Rechtsverhältnisse in oder zu der Gesellschaft (sog. Sozialverpflichtungen). Zu unterscheiden ist ferner zwischen punktuellen Satzungsdurchbrechungen (dies sich mit diesem Beschluss bereits erschöpfen) und zustandsbegründenden Durchbrechungen (die z.B. unter Missachtung der Gleichlaufklausel in einer GmbH & Co KG dauerhaft einen abweichenden Zustand erlauben), vgl. *Gutachten*, DNotI-Report 2014, 1 ff.; es bedarf bei Letzteren der Beurkundung des Beschlusses (und wohl auch der Satzungstextänderung samt konstitutiver Eintragung).

859 BGH, 15.03.2010 – II ZR 4/09, GmbHR 2010, 980; hierzu *Leitzen*, RNotZ 2010, 566 ff.

er eingezogen werden. Der Einziehungsbeschluss kann gefasst werden, sofern binnen drei Monaten nach Kenntnis der Gesellschaft vom Erbfall und der Erbenstellung der Anteil lediglich auf nachfolgeberechtigte Personen übertragen wurde.

Anstelle einer Einziehung kann die Gesellschaft auch verlangen, dass der Geschäftsanteil ganz oder geteilt an die Gesellschaft selbst, an einen oder mehrere Gesellschafter oder an einen von ihr benannten Dritten gegen Entgelt abgetreten wird. Der Einziehungsbeschluss bzw. das Abtretungsverlangen bedürfen einer Mehrheit von ..... Prozent des stimmberechtigten Stammkapitals; der Anteil des Verstorbenen hat dabei kein Stimmrecht. Die Höhe der Abfindung bzw. des Abtretungsentgelts richtet sich nach § ..... dieser Satzung. Die Einziehung wird mit Zugang des Einziehungsbeschlusses wirksam, unabhängig von der Leistung der Vergütung.

2803 Auch Aktien sind zwingend vererblich; Abtretungspflichten oder -verbote können (da verbotene Nebenpflicht, § 54 AktG) nicht gesellschaftsrechtlich begründet werden (allerdings kann der Erblasser z.B. einem Angehörigen einen Vermächtnisanspruch auf die Aktie zuwenden aufschiebend bedingt auf deren Übertragung an Dritte, § 2177 BGB,[860] oder den Erben auflösend bedingt auf den Fall der Abtretung einsetzen, § 2075 BGB). Die Satzung kann die Zwangseinziehung durch den Vorstand (§ 237 Abs. 6 AktG) bei Tod vorsehen.[861]

2804 In der Satzung einer Kapitalgesellschaft kann auch ein ordentliches »Austrittsrecht« des Gesellschafters (im Sinne einer Kündigungsbefugnis mit ausreichender Ausübungsfrist) geschaffen werden, neben dem in ständiger Rspr. anerkannten stets gegebenen Austrittsrechts bei Vorliegen eines wichtigen Grundes.[862] Bedarf es nach Maßgabe der Satzung zur Wirksamkeit eines Ausscheidens einer Umsetzung (etwa der Einziehung oder Übernahme des Anteils),[863] darf der Gesellschafter nach der Kündigung seine Mitgliedsrechte nur noch insoweit ausüben, als sein Interesse am Erhalt der ihm zustehenden Abfindung betroffen ist.[864]

e) *Gesellschafterrechte*

aa) *Mindestbestand*

2805 Im Grundsatz überlässt § 45 Abs. 2 GmbHG die Ausgestaltung der Rechte, die mit der Inhaberschaft an Gesellschaftsanteilen verbunden sind, der Satzungsautonomie.[865] Ausgenommen hiervon ist nach h.M. der »Kernbereich der Mitgliedschaftsrechte«, dessen Reichweite freilich umstritten ist.[866] Unentziehbar sind wohl

(1) das Minderheitenrecht auf Einberufung einer Gesellschafterversammlung gem. § 50 Abs. 1 GmbHG,[867]
(2) das Recht auf Teilnahme an Gesellschafterversammlungen[868] – wobei jedoch die Satzung anordnen kann, dass mehrere Inhaber eines Gesellschaftsanteils nur einen gemeinsamen Teilnahmevertreter benennen können –,[869]

---

860 Zur zeitlichen Reichweite solcher bedingter Vermächtnisse, insb. zu § 2163 BGB, vgl. *Gutachten*, DNotI-Report 2017, 75 f.
861 Muster bei *Schaub*, ZEV 1995, 84.
862 BGH, 18.02.2014 – II ZR 174/11, MittBayNot 2015, 420 m. Anm. *Höpfner* (auch zur Notwendigkeit einer ausdrücklichen Annahme der Kündigung seitens der Gesellschaft, wenn kein wichtiger Grund vorliegt).
863 BGH, 30.06.2003 – II ZR 326/01 ZNotP 2004, 28.
864 BGH, 30.11.2009 – II ZR 208/08 ZNotP 2010, 113.
865 Aus der »Allzuständigkeit« der Gesellschafter folgt auch die Möglichkeit, satzungsrechtlich Zustimmungsvorbehalte für Geschäftsführungstätigkeiten auszubedingen, vgl. *Bacher/v. Blumenthal/Pachowsky*, notar 2017, 144 ff. mit Formulierungsvorschlag für einen Katalog S. 147.
866 Vgl. z.B. *Blath*, RNotZ 2017, 218 ff. zu Mehrheitsklauseln im GmbH-Recht.
867 OLG Stuttgart, GmbHR 1974, 257, m. Anm. *Konow*.
868 OLG Frankfurt, GmbHR 1984, 99. Allg. zur Einberufung und Durchführung von Gesellschafterversammlungen *Wicke*, notar 2017, 235 ff.
869 BGH, 17.10.1988 – II ZR 18/88, GmbHR 1989, 120.

(3) das (übrigens nicht pfändbare[870]) Recht auf Auskunft und Einsicht in die Gesellschaftsunterlagen, § 51a GmbHG,[871]
(4) das Recht, die Nichtigkeit oder Anfechtbarkeit rechtswidriger Beschlüsse durch Klage analog §§ 241 ff. AktG (innerhalb von 3 Jahren ab Eintragung, § 242 Abs. 2 Satz 1 AktG analog)[872] geltend zu machen,
(5) ebenso das Recht, aus der Gesellschaft bei Vorliegen eines wichtigen Grunds auszutreten.[873]

bb) Stimmrechte

Zulässig ist jedoch der **Ausschluss des Stimmrechts**, also die Schaffung stimmrechtsloser Anteile, und zwar generell[874] oder in Bezug auf einzelne Angelegenheiten,[875] ohne dass es hierfür eines Gewinnausgleichs analog § 139 Abs. 1 AktG (Vorzugsaktien) bedarf[876] (sowie umgekehrt die Schaffung von satzungsmäßigen Mehrfachstimmrechten[877]); zur Rechtslage bei der AG, vgl. Rdn. 2754, zu den flexibleren Möglichkeiten bei der Personengesellschaft Rdn. 2626. Aus eigenen Anteilen der Kapitalgesellschaft ruht das Stimmrecht ohnehin.[878] In der Insolvenz des GmbH-Gesellschafters (nicht der Gesellschaft!) übt der Insolvenzverwalter das Stimmrecht aus.[879] Zu Stimmbindungsverträgen, die insb. im Zusammenhang mit § 13b Abs. 1 Nr. 3 ErbStG bedeutsam werden, vgl. Rdn. 5031 ff. 2806

Soll das Stimmrecht insb. von Junior-Gesellschaftern, z.B. bis zum Erreichen einer bestimmten Reife an Jahren,[880] generell beschränkt werden, sind gesellschaftsrechtliche Ausschlüsse nicht uneingeschränkt tauglich. Auch die zeitlich befristete Bestellung eines Nießbrauchsrechts beseitigt die Stimmrechte des Anteilsinhabers nicht bzw. nicht vollständig (vgl. Rdn. 6082 ff.). Zur Erreichung solcher Ziele sind eindeutig letztwillige Lösungen (befristete Testamentsvollstreckung am Kapitalgesellschaftsanteil) weit besser geeignet. 2807

Bei der **Aktiengesellschaft** sind zusätzliche Grenzen für Stimmbindungsverträge zu beachten, insb. § 136 Abs. 2 AktG, wonach Stimmbindungsverträge, die der Aktiengesellschaft selbst oder den Mitgliedern des Vorstands oder des Aufsichtsrats Einfluss auf das Abstimmungsverhalten ihrer Aktionäre verschaffen sollen, **nichtig** sind. Gefährlich ist es also, wenn einzelne Aktionäre zugleich Mitglieder des Vorstands oder des Aufsichtsrats sind und über Stimmbindungsverträge andere Aktionäre »binden« können;[881] die Rspr. hält bei Unwirksamkeit der Stimmbindungsvereinbarung den gesamten Schenkungsvertrag als nichtig an.[882] Ferner ist das (bußgeldbewehrte und als Verbotsgesetz i. S. d. § 134 BGB ausgestaltete) Verbot des **Stimmenkaufs**, § 405 Abs. 3 Nr. 6 u. 7 AktG, zu beachten, sofern für das abgestimmte Abstimmungsverhalten andere Vorteile, etwa eine Mindestdividende o.ä., gewährt werden.[883] 2808

---

870 BGH, 29.04.2013 – VII ZB 14/12, ZNotP 2013, 190.
871 *Lange*, GmbHR 2006, 897, 899.
872 Eine richterliche Ausübungskontrolle wird dadurch jedoch nicht verhindert, vgl. *Leitzen*, RNotZ 2009, 315, 319.
873 BGH, 16.12.1991 – II ZR 58/91, GmbHR 1992, 257.
874 Vgl. *Blath*, RNotZ 2017, 218, 227 ff. zur GmbH.
875 BGHZ 14, 264, 270 f.
876 Vgl. *Schäfer*, Der stimmrechtslose GmbH-Geschäftsanteil, S. 65 ff.; GroßkommGmbHG/Hüffer/*Schürnbrand*, § 47 Rn. 80.
877 OLG Hamm, 09.03.2015 – 8 U 78/14, RNotZ 2015, 451 = NZG 2015, 678, 689 f., Tz 40 ff.
878 Vgl. *Gutachten*, DNotI-Report 2017, 67 ff.
879 OLG München, 24.08.2010 – 31 Wx 154/10, NotBZ 2010, 381.
880 Vgl. *Illiou*, GmbHR 2009, 81, zum »Gesellschafter-Führerschein«.
881 Vgl. *Bauer/Garbe*, ZEV 2014, 61 (mit Vorschlag zur teleologischen Reduktion des Stimmbindungsverbots).
882 Beispielsfall: OLG Odenburg, 16.03.2006 – 1 U 12/05, RNotZ 2006, 479 m. Anm. *Oppermann*.
883 So etwa im Fall des OLG Hamm, 03.02.2014 – 8 U 47/10, BeckRS 2015, 00257 (Az. BGH: II ZR 40/14).

cc) Gewinnbezugsrechte

2809 Gem. § 29 Abs. 1 Satz 1 GmbHG haben Gesellschafter ferner Anspruch auf den **Jahresüberschuss** (also den Betrag, um welchen die Erträge die Aufwendungen übersteigen[884]) zuzüglich eines Gewinnvortrags (aus früheren Jahren) bzw. abzgl. eines solchen Verlustvortrags, soweit der Betrag nicht durch Beschluss über die Verwendung des Ergebnisses in die Gewinnrücklagen (§ 272 Abs. 3 HGB) eingestellt oder als Gewinn vorgetragen wird. Das Ergebnis ist der Bilanzgewinn, hinsichtlich dessen ein Anspruch auf Auszahlung besteht. Sofern Kapitalrücklagen (§ 272 Abs. 2 HGB) oder Gewinnrücklagen (§ 270 Abs. 2 HGB) aufgelöst werden, haben die Gesellschafter gem. § 29 Abs. 1 Satz 2 GmbHG auch Anspruch auf Auszahlung dieser Komponenten, sofern sie nicht als Gewinnvortrag bestehen bleiben. In letzterem Fall gilt also:
(1) Jahresüberschuss
(2) plus Gewinnvortrag aus früheren Jahren bzw. abzgl. Verlustvortrag aus solchen Jahren,
(3) zuzüglich Entnahmen aus Kapital- oder Gewinnrücklage,
(4) abzgl. Einstellung in die Gewinnrücklagen ergibt den **Bilanzgewinn** (Anspruch auf Auszahlung), sofern dieser nicht als Gewinnvortrag bestehen bleibt.

2810 Die Rechtslage ist insoweit also deutlich großzügiger als bei der AG (Rdn. 2811), da gem. § 30 GmbHG nur das Stammkapital vor Auskehrung an den Gesellschafter geschützt ist, aber Rücklagen keiner Verwendungsbindung unterliegen und demnach aufgelöst und an den Gesellschafter ausgeschüttet werden können, solange dadurch keine Unterbilanz verursacht oder vergrößert wird oder eine gesetzliche Rücklagenpflicht (wie etwa bei der UG: § 5a Abs. 3 GmbHG) besteht. Im GmbH-Recht wird auch die Entnahme von Kapitalrücklagen ohne Berührung der GuV bzw. Überleitungsrechnung (also ohne dass ein Bilanzgewinn ausgewiesen werden muss) zugelassen,[885] was bei der AG dem Verbot der Einlagenrückgewähr zuwiderlaufen würde.

2811 Bei der **Aktiengesellschaft** hat der Aktionär ebenfalls Anspruch lediglich auf den Bilanzgewinn, § 57 Abs. 3 AktG, der sich gem. § 158 AktG berechnet. Demnach ist die Position »Jahresfehlbetrag/Jahresüberschuss«, § 275 Abs. 2 Nr. 17 bzw. Abs. 3 Nr. 16 HGB, wie in der Gewinn- und Verlustrechnung (GuV) ausgewiesen, fortzuführen um die in Rdn. 2809 geschilderten drei Positionen (2) bis (4) und ergibt sodann den Bilanzgewinn/Bilanzverlust, über dessen Verwendung die Hauptversammlung gem. § 119 Abs. 1 Nr. 2 AktG beschließen kann. Ein etwaiger Bilanzverlust ist im Folgejahr unter Nr. (2) wieder aufzuführen. Bei der Auflösung von Rücklagen sind allerdings Verwendungssperren zu beachten, insb. gem. § 150 Abs. 3 und Abs. 4 AktG. Betroffen sind in erster Linie gesetzliche Rücklagen sowie die Kapitalrücklagen i.S.d. § 272 Abs. 2 Nr. 1 bis 3 HGB, die einen »letzten Puffer« vor der Saldierung von Verlusten gegen das Grundkapital darstellen. In diesem Zusammenhang wird auch die Unterscheidung zwischen einem sogenannten »korporativen Aufgeld« (Agio) nach § 272 Abs. 2 Nr. 1 HGB – potentiell verwendungsgesperrt – und einem – davon nicht betroffenen – schuldrechtlichen Agio nach § 272 Abs. 2 Nr. 4 HGB bedeutsam.[886] Andere Gewinnrücklagen i.S.d. § 272 Abs. 3 HGB können allerdings zur Darstellung eines Bilanzgewinns »entnommen« werden; dies erfolgt im Rahmen der Erstellung/Feststellung des Jahresabschlusses, § 270 Abs. 1 u. 2 HGB, durch Vorstand und Aufsichtsrat, § 172 AktG.

2812 Vom handelsrechtlichen Bilanzgewinn zu unterscheiden ist das **steuerliche Verfahren zur Einkommensermittlung** (R 29 KStR): Positive oder negative Korrekturen der Ergebnisverwendung ergeben den Jahresüberschuss bzw. -fehlbetrag laut Handelsbilanz, weitere Korrekturen nach § 60 Abs. 2 Satz 1 EStDV ergeben schließlich den Jahresüberschuss laut Steuerbilanz, dies ist der Un-

---

[884] Als Nr. 20 bzw 19 des Gesamtkostenverfahrens, § 275 Abs. 2 HGB bzw. Umsatzkostenverfahrens, § 275 Abs. 3 HGB zwingend Endpunkt der Gewinn- und Verlustrechnung.
[885] Vgl. *Gelhausen/Hans*, Vermögensentnahme aus GmbH und AG, in: FS für Hoffmann-Becking, S. 357, 365 ff.
[886] Vgl. etwa *Schäfer*, ZIP 2016, 953 ff.

terschiedsbetrag i.S.d. § 4 Abs. 1 Satz 1 EStG. Weitere außerbilanzielle Korrekturen (bspw. nicht abziehbare Steuern, pauschalierte Abzugsverbote für Betriebsausgaben, gewährte verdeckte Gewinnausschüttungen etc.) ergeben sodann das zu versteuernde Einkommen der Körperschaft.

In GmbH-Satzungen erlaubt § 29 Abs. 3 Satz 2 GmbHG – als Dauerregelung oder als Öffnungsklausel zu jährlich abweichender Festlegung – Gewinnverteilungen, die von der Höhe der Gesellschaftsbeteiligung abweichen, ebenso bei der AG § 60 Abs. 3 AktG – dort allerdings wohl nur als Bestandteil der Satzung. Die nachträgliche Aufnahme einer Öffnungsklausel zu **disquotaler Gewinnverteilung** in die Satzung bedarf allerdings der Einstimmigkeit;[887] auch der jährlich neu zu treffende abweichende Beschluss muss dann einstimmig, einschließlich der Stimmen der nicht Erschienenen, erfolgen.[888] Die »Junior-Gesellschafter« könnten sogar (auch als Mitglied einer GmbH[889]) vollständig vom Gewinn ausgeschlossen werden, oder es kann dem Inhaber eines bestimmten Anteils (»dinglich«) oder ein bestimmter Gesellschafter, solange er beteiligt ist (»persönlich«), ein fester Gewinnvoraus zustehen, vgl. hierzu den Formulierungsvorschlag in Rdn. 2816. Auch eine von § 72 Satz 1 GmbHG (Maßgeblichkeit der Gesellschaftsanteile) abweichende Verteilung des **Liquidationsüberschusses** können die Beteiligten bereits bei Gründung oder durch spätere Satzungsänderung, die der Zustimmung jedes durch die Neuregelung benachteiligten Gesellschafters bedarf, bestimmen. 2813

Das BMF[890] erkennt satzungsdurchbrechende Beschlüsse im Einzelfall ohne entsprechende Öffnungsklausel bei der GmbH nicht an. Im Übrigen gelten dieselben Grundsätze wie bei der Anerkennung disquotaler Gewinnverteilungsabreden in Personengesellschaften, vgl. hierzu Rdn. 2674 ff. 2814

▶ Hinweis:

Da bei der Übertragung von Gesellschaftsanteilen in vorweggenommener Erbfolge in Gestalt des Versorgungsinteresses des Veräußerers stets ein maßgeblicher außersteuerlicher Grund vorliegt, und daher der Missbrauchseinwand nach § 42 AO nicht entgegen steht, kann bspw. bei der Übertragung von weniger als 50 % GmbH-Anteilen[891] anstelle des nicht zur Verfügung stehenden Sonderausgabenabzugs für Versorgungsleistungen mit disquotalen Gewinnverteilungsabreden gearbeitet werden.

▶ Formulierungsvorschlag: Persönlicher Gewinnvoraus bei der GmbH

Abweichend von den gesetzlichen Bestimmungen über die Gewinnverteilung erhält der Gesellschafter X, solange er mit mindestens einem Geschäftsanteil zu 1 Euro an der GmbH noch beteiligt bleibt, also diese Beteiligung nicht durch lebzeitige Übertragung, Einziehung, Vererbung oder in sonstiger Weise verloren hat, einen Gewinnvoraus dergestalt, dass von allen ausschüttungsfähigen Gewinnen ihm vorab 30 % zustehen und die verbleibenden 70 % der auszuschüttenden Gewinne nach den allgemeinen Gewinnverteilungsregeln (also dem Verhältnis der Anteile am Stammkapital) zur Verteilung gelangen. Der begünstigte Gesellschafter kann verlangen, dass jedes Jahr alle ausschüttungsfähigen Gewinne zur Ausschüttung gelangen. 2815

Auch im Rahmen einer **Anteilsveräußerung** kann eine inkongruente Gewinnausschüttung hilfreich sein und die an sich zwingenden Folgen des § 20 Abs. 5 EStG vermeiden helfen: Die Anteilsübertragung erfolgt an einen Mitgesellschafter mit Wirkung zum 2. Januar des Folgejahres. Dabei wird in die GmbH-Satzung einvernehmlich eine Öffnungsklausel für inkongruente Gewinnausschüttungen aufgenommen und nach Eintragung der Satzungsänderung eine Ausschüt- 2816

---

887 OLG München, 18.05.2011 – 31 Wx 210/11, MittBayNot 2011, 416; vgl. *Weiler*, notar 2012, 192, 199.
888 BayObLG, 23.05.2001 – 3Z BR 31/01, NJW-RR 2002, 248; *Wälzholz*, notar 2016, 345, 346 (mit Formulierungsvorschlag zur Öffnungsklausel).
889 BGHZ 14, 271 ff.
890 BMF, 17.12.2013, BStBl. 2014 I, 63.
891 Also wenn das Quorum des § 10 Abs. 1a Nr. 2 Buchst. c EStG nicht erfüllt ist.

tung aus den vorhandenen Gewinnvorträgen ausschließlich an den Verkäufer beschlossen.[892] Dies erkennt der BFH an; die Zurechnung des Gewinns erfolgt allerdings bereits im laufenden Geschäftsjahr beim Verkäufer als Sonderbetriebseinnahme, nicht erst im Jahr des Eintritts der aufschiebenden Befristung.[893]

Bei der schenkungsteuerlichen Bewertung von Kapitalgesellschaftsanteilen wird die abweichende Gewinnverteilung zwischenzeitlich ebenfalls berücksichtigt, Rdn. 4703 (ebenso wie bei Personengesellschaften: Rdn. 4726).

f) Rechnungslegung, Offenlegung

2817 Im Bereich der **Rechnungslegung** gelten für alle, auch kleine, Kapitalgesellschaften sowie solche Personengesellschaften, bei denen keine natürlichen Personen Vollhafter sind (vgl. Rdn. 2619), folgende Besonderheiten:
(1) Pflicht zur Aufstellung eines Jahresabschlusses spätestens binnen 6 Monaten, mit gesetzlicher Gliederung für Bilanz und Gewinn- und Verlustrechnung gem. §§ 266, 275 HGB;
(2) planmäßige Abschreibungen auf Sacheinlagen nur bei dauernder Wertminderung gem. § 279 Abs. 1 HGB a.F., Wertaufholungsgebot nach außerplanmäßigen Abschreibungen gem. § 280 HGB a.F., keine Abschreibung zur Bildung stiller Reserven gem. § 253 Abs. 4 HGB;
(3) Erfordernis eines Anhangs gem. § 284 HGB mit Angaben zu Bilanzierungs- und Bewertungsmethoden, zu Beteiligungen ab 20 % und zur durchschnittlichen Arbeitnehmerzahl, nach Gruppen gegliedert.

2818 Sog. **Kleinstkapitalgesellschaften** (die an zwei aufeinander folgenden Abschlussstichtagen zwei der drei nachfolgenden Merkmale nicht überschreiten: Umsatzerlöse bis 700.000 Euro, Bilanzsumme bis 350.000 Euro, durchschnittliche Arbeitnehmerzahl bis zehn) kommen seit 01.01.2013 (durch das MicroBilG) in den Genuss eines vereinfachten Gliederungsschemas (das nur die in § 266 Abs. 2 und 3 HGB mit Buchstaben versehenen Posten umfasst), können auf den Anhang zur Bilanz verzichten, und erfüllen ihre Offenlegungspflicht durch Hinterlegung (nicht Veröffentlichung) beim elektronischen Bundesanzeiger.[894]

2819 Für mittelgroße und große GmbH sowie GmbH & Co. KG kommen hinzu der Lagebericht gem. § 264 Abs. 1 Satz 3 HGB sowie ggf. die Konzernrechnungslegung gem. § 290 HGB, schließlich besondere Angaben im Anhang gem. § 274a HGB, etwa die Entwicklung des Anlagevermögens (§ 268 Abs. 2 HGB), die Gliederung von Forderungen und Verbindlichkeiten nach der Laufzeit (§ 268 Abs. 4, Abs. 5 HGB), die Gliederung der Umsatzerlöse nach Tätigkeitsbereichen und Märkten, die Angabe sonstiger finanzieller Verpflichtungen, etwa aus Leasing-Verträgen, sowie die Bezüge der Geschäftsführung und des Aufsichtsrats.

2820 Bei mittelgroßen und großen Kapitalgesellschaften oder GmbH & Co. KG besteht ferner eine **Prüfungspflicht** durch vereidigte Buchprüfer oder (bei großen Kapitalgesellschaften zwingend) Wirtschaftsprüfer gem. §§ 316 ff. HGB.

2821 Alle Kapitalgesellschaften (sowie GmbH & Co. KG ohne vollhaftende natürliche Person)[895] haben spätestens binnen 12 Monaten seit Ende des Geschäftsjahres die Bilanz in folgendem Umfang

---

892 So der in BFH, 04.12.2014 – IV R 28/11, GmbHR 2015, 274; hierzu *Wälzholz*, Notar 2016, 345, 348.
893 Die Finanzverwaltung hatte im geschilderten Fall die inkongruente Gewinnverteilung nicht anerkannt, also den Gewinn dem Käufer zugerechnet und zusätzlich die Weiterzahlung des Betrags an den Verkäufer als zusätzlichen Veräußerungsgewinn der Versteuerung unterworfen (so dass für denselben Betrag zweimal Steuer angefallen wäre)!
894 Dritte können auf Antrag (kostenpflichtig) eine Kopie der Bilanz erhalten.
895 Gleichgültig, ob daneben (wie im Regelfall) die Voraussetzungen der gewerblichen Prägung vorliegen, also auch keine natürliche Person zur Geschäftsführung berufen ist.

C. Gesellschaftslösungen unter Beteiligung der Veräußerer, »Familienpool« Kapitel 5

offenzulegen: Kleine Gesellschaften (vgl. § 267 Abs. 1 HGB)[896] haben lediglich eine verkürzte Bilanz (umfassend die römischen Zahlen gem. § 266 Abs. 1 HGB) sowie einen Anhang ohne Erläuterung zur Gewinn- und Verlustrechnung gem. § 326 HGB einzureichen. Sie können also durch Vorabausschüttungen (oder in der Satzung vorgesehene Gewinnverwendungen, etwa Einstellung in die Gewinnrücklagen)[897] dafür sorgen, dass statt des Jahresüberschusses nur noch der Bilanzgewinn ersichtlich ist. Mittelgroße Gesellschaften i.S.d. § 267 Abs. 2 HGB[898] haben gem. § 325 Abs. 1 HGB einzureichen den Jahresabschluss mit verkürzter Bilanz, die Gewinn- und Verlustrechnung samt verkürztem Anhang, den Bestätigungsvermerk des Abschlussprüfers, den Lagebericht, den Bericht des Aufsichtsrats sowie den Beschluss über die Ergebnisverwendung. Große Gesellschaften i.S.d. § 267 Abs. 3 HGB[899] haben dieselben Unterlagen wie mittelgroße Gesellschaften, jedoch ungekürzt, zu veröffentlichen.

Die Erfüllung dieser Pflichten durch Einreichung beim elektronischen Bundesanzeiger bis zum Ablauf eines Jahres nach Bilanzstichtag wird ab 01.01.2007 (»EHUG«) durch das neu eingerichtete »Bundesamt für Justiz«[900] sehr viel strenger als bisher überwacht;[901] alle nach Handels-,[902] Gesellschafts-, Bilanz- und Kapitalmarktrecht[903] publizitätspflichtigen Daten sind (kostenpflichtig)[904] online unter www.unternehmensregister.de abrufbar (§ 9 Abs. 6 HGB). Die verschärfte Kontrolle der Offenlegungspflicht fördert die weitere Verbreitung der schlichten KG oder einer GmbH & Co. KG mit einem weiteren persönlich haftenden Gesellschafter (ggf. auch ohne Geschäftsführungsbefugnis) fördern. Bei Kapitalgesellschaften nimmt die Tendenz zur Bildung kleiner Tochtergesellschaften und zur Aufstellung eines befreienden Konzernabschlusses zur Reduzierung deren Transparenz zu.[905] 2822

Bei der GmbH (§ 4a GmbHG) wie auch bei der AG (§ 5 AktG) erlaubt das Gesetz seit In-Kraft-Treten des MoMiG, den Satzungssitz unabhängig vom Sitz der tatsächlichen Verwaltung (Geschäftsanschrift[906]) zu bestimmen. Bei Personengesellschaften müssen jedoch Sitz und inländische Geschäftsanschrift i.S.d. § 106 Abs. 2 Nr. 2 HGB übereinstimmen.[907] 2823

---

896 Mit Inkrafttreten des BilRUG, müssen zwei der drei nachfolgenden Kriterien erfüllt sein: nicht mehr als 6 Mio. € Bilanzsumme, weniger als 12 Mio. € Umsatzerlöse, unter 50 Arbeitnehmer im Jahresdurchschnitt.
897 Vgl. im Einzelnen *Werner/Müller*, NWB 2008, 2359 ff. = Fach 18, S. 925 ff., mit Buchungserläuterungen.
898 Überschreiten von mindestens zwei der drei in § 267 Abs. 1 HGB genannten Kriterien (s. vorvorgehende Fußnote), Unterschreiten von mindestens zwei der drei folgenden Merkmale: 20 Mio. € Bilanzsumme, 40 Mio. € Umsatzerlöse, 250 Arbeitnehmer im Jahresdurchschnitt.
899 Überschreiten von mindestens zwei in vorangehender Fußnote wiedergegebenen Grenzwerte.
900 Bundesamt für Justiz, Adenauerallee 99–103, 53133 Bonn, www.bundesjustizamt.de.
901 Durch elektronische Vollständigkeitskontrolle (die aber nicht angemeldete Zweigniederlassungen ausländischer Gesellschaften naturgemäß nicht erfasst: *Leuering*, ZRO 2006, 201) gem. § 329 Abs. 1 Satz 1 HGB; Ordnungsgeldandrohung zwischen 2.500,00 und 25.000,00 € mit sechswöchiger Nachfrist (§ 335 HGB), ferner zwingende Verfahrenskosten von 50,00 €; vgl. auch §§ 37v ff. WpHG in der Form des Transparenzrichtlinie-Umsetzungsgesetzes BGBl. 2007 I, S. 10.
902 Z.B. § 11 HGB: Bekanntmachungsblätter; ferner Bundesanzeiger in elektronischer und gedruckter Form.
903 Bisher z.B. § 25 Abs. 1 Satz 1 WpHG: Überregionales Börsenpflichtblatt; § 15a WpHG i.V.m. § 13 Abs. 1 WpAIV: Internetadresse des Emittenten.
904 Gebühr 4,50 € je Datei (gebührenfrei ist lediglich die Einsicht in den elektronischen Handelsregisterauszug beim Registergericht des Sitzes), vgl. *Suppliet*, NotBZ 2006, 391.
905 Vgl. *Strahl*, KÖSDI 2007, 15476; *Frystatzki*, EStB 2008, 450 ff.
906 Zulässig sind auch c/o-Anschriften, z.B. beim gem. § 378 Abs. 2 FamFG für die GmbH handelnden Notar, OLG Hamm, 07.05.2015 – 27 W 51/15, MittBayNot 2016, 65. Zu § 378 Abs. 2 FamFG: *Lohr*, GmbH-StB 2016, 281 ff.
907 OLG Schleswig, 14.11.2011 – 2 W 48/11, RNotZ 2012, 348. Die Anmeldung hat (noch) durch alle Personengesellschafter zu erfolgen, vgl. DNotI-Gutachten Nr. 110840; auch ein Prokurist kann die An-

Seit der Unternehmensteuerreform haben sich auch die Koordinaten eines ertragsteuerlichen (nachstehend 4, Rdn. 2867 ff.) **Belastungsvergleichs** neu formiert, während in schenkungsteuerlicher Hinsicht durch die Reform 2009 dieselben Bewertungs- (Rdn. 4701 ff.) und Freistellungsregelungen gelten.

2. Die »Limited« als bessere Alternative?

2824 Seit den Grundsatzentscheidungen des EuGH (Centros,[908] Überseering[909] und Inspire Art)[910] steht fest, dass britische Private Limited Companies by Shares (kurz »Limiteds«), sofern sie den Statuten des Gründungslands genügen, auch bei ihrer fürderhin ausschließlichen gewerblichen Tätigkeit in Deutschland nicht den rechtsformspezifischen Vorschriften ihres deutschen Äquivalents (hier: der GmbH) entsprechen müssen (Aufgabe der sog. »Sitztheorie« zugunsten der »Gründungstheorie«). Durch kommerzielle Anbieter gefördert, erlebte die Limited insb. in den Jahren 2004 bis 2007 einen wahren Boom als vermeintlich unproblematische, kostengünstige Alternative zur »klassischen« GmbH.[911] Diese Neugründungen unterliegen allerdings einer hohen »Frühsterblichkeit« (bspw. bereits im Dezember 2006: 60 Limited-Abmeldungen pro 100 Anmeldungen). Immer häufiger werden zwischenzeitlich Limiteds auf nationale Kapitalgesellschaften gem. §§ 122a ff. UmwG und nach Maßgabe des Cross Border Merger Regulations Act 2007 verschmolzen.[912] Je nach dem Ergebnis der im April 2017 beginnenden **Brexit**-Verhandlungen wird nach dem Austritt aus der EU die Gründung einer UK-Limited mit Verwaltungssitz in einem anderen Mitgliedsstaat nur mehr möglich sein, wenn die Nachfolgeregelungen vorsehen, dass im Verhältnis zum Vereinigten Königreich künftig die sog. Gründungstheorie gilt.

2825 Zur Gründung, die auch durch eine Einzelperson erfolgen kann, bedarf es eines »**Memorandum**«[913] (Gründungsurkunde zur Regelung der Beziehungen der Gesellschaft nach außen), einschließlich der zwingenden Angabe eines Registered Office (Unternehmensanschrift) in England oder Wales[914] – einerseits – und der »Articles«, d.h. der Satzung zur Regelung der Rechtsverhältnisse innerhalb der Gesellschaft – andererseits.

2826 Das **Eintragungsverfahren** ist dadurch beschleunigt, dass z.B. für die Tätigkeit erforderliche staatliche Genehmigungen nicht vorgelegt zu werden brauchen; dies gilt allerdings seit Inkrafttreten des MoMiG auch für die deutsche GmbH. Für die Aufnahme einer genehmigungs- oder handwerksrollenpflichtigen Tätigkeit ist jedoch auch seitens einer Limited das vorherige Vorliegen der erforderlichen Genehmigungen bzw. die Eintragung in die Handwerksrolle erforderlich.

---

meldung nicht vornehmen: KG, 04.05.2016 – 22 W 128/15, RNotZ 2016, 475 (sie zählt nicht zum Betrieb, sondern zur Organisation des Handelsgeschäfts).

908 NJW 1999, 2027.
909 EuGH, 05.11.2002 – C 208/00, NJW 2002, 3614: Verstoß gegen Art. 43 und 48 EGV. Hierzu *Döser*, in: Aktuelle Tendenzen und Entwicklungen im Gesellschaftsrecht, NotRV Würzburg 2004, S. 88 ff.
910 NJW 2003, 3331.
911 Vgl. die statistischen Auswertungen von *Niemeier*, ZIP 2006, 2237 ff.
912 Vgl. *Wälzholz*, GmbH-StB 2008, 177 ff.; monografisch *Herrler/Schneider*, Von der Limited zur GmbH, 2010; de lege ferenda (zur Abspaltung einer deutschen Zweigniederlassung) *Vossius*, notar 2016, 314 ff.; neuere Muster bei *Herrler*, Gesellschaftsrecht in der Notar- und Gestaltungspraxis, 2017, § 30 Rn. 10 ff. Vgl. auch ebendort § 1 Rn. 36 ff. zu den erhöhten Anforderungen des britischen High Court an die Verschmelzungsbescheinigung.
913 Erforderlich ist – neben dem Registered Office – die Angabe des Gesellschaftsgegenstands, der auch als Catch-all-Klausel (»to engage in any lawful acitvities«) formuliert sein kann, die Angabe des Grundkapitals und dessen Aufteilung sowie die Verpflichtung zur Übernahme der Gesellschaftsanteile.
914 Die Hinterlegung einer bloßen E-Mail-Adresse ist nicht zulässig. Gewerbliche Anbieter verlangen für die Service-Leistung der Unterhaltung eines Registered Office zwischen 500,00 € und 2.000,00 € im Jahr, zuzüglich der Portogebühren für die Weiterleitung.

C. Gesellschaftslösungen unter Beteiligung der Veräußerer, »Familienpool« Kapitel 5

Hinsichtlich der **Gründungskosten** war die Limited ggü. der GmbH noch bis zum 30.09.2009 deshalb im Nachteil, weil für die sehr umfangreichen Firmengegenstände hohe Bekanntmachungskosten in den Print-Medien als Auslagen gem. § 137 Nr. 5 KostO anfielen. Bei der in aller Regel zusätzlich erforderlichen **Anmeldung der deutschen Zweigniederlassung** wirkte sich dann allerdings der regelmäßig sehr umfangreiche Geschäftsgegenstand britischer Limiteds nachteilig aus (so verlangt das AG Charlottenburg bei langen Texten mittlerweile bis zu 3.000,00 € Bekanntmachungskosten-Vorschuss).[915] 2827

Während die »Eingangskontrolle« durch das Companies House bei der **Registrierung einer Limited** praktisch nicht stattfindet, unterliegen die Limiteds sodann einer strengeren staatlichen Aufsicht als deutsche GmbHs: 2828

Auch wenn die Limited ausschließlich in Deutschland geschäftliche Tätigkeit entfaltet und demnach hier eine Zweigniederlassung anzumelden ist,[916] müssen am Registered Office Dokumente empfangen und weitergeleitet werden können, ferner die **von der Limited zu führenden Verzeichnisse** (Protokolle der Geschäftsführerbeschlüsse, Vermögensverzeichnis, Verzeichnis der Anteilseigner, der Direktoren, Verzeichnis über Belastungen des Gesellschaftsvermögens, Verzeichnis der von den Direktoren gehaltenen Anteile, Verzeichnis über die Inhaber von Schuldverschreibungen) und die **Buchhaltungsunterlagen** einsehbar sein. 2829

Notwendig sind daneben ein **jährlicher Bericht** (annual return), der **Jahresabschluss** (annual account) und der **Bericht der Geschäftsführung** (director's report), die jeweils dem Companies House in Cardiff vorzulegen sind, um eine Zwangslöschung zu vermeiden. Diese Dokumente, die in englischer Sprache zu übermitteln sind, können auf der Website des Companies House (www.companieshouse.co.uk.) öffentlich eingesehen werden.[917] Der Annual Return dokumentiert die Management- und Kapitalstruktur der Gesellschaft;[918] er umfasst auch die Angabe des Registered Office, der Hauptgeschäftsaktivitäten der Limited, Namen und Privatadressen der Directors und Secretaries (bei Directors einschließlich Geburtsdatum, Staatsangehörigkeit und Beruf), Nominalwerte und Anzahl der ausgegebenen Anteile und Anteilsgattungen sowie das Verzeichnis sämtlicher Gesellschafter mit Privatadresse und gehaltenen Anteilen. 2830

Die **Annual Accounts** wiederum umfassen **Bilanz** sowie **Gewinn- und Verlustrechnung**. Dieser Jahresabschluss dient sowohl dem Gläubigerschutz als auch der Kontrolle der Gesellschaftsorgane durch die Gesellschafter. **Kleine und mittelgroße Unternehmen**[919] sind insofern privilegiert, als sie nicht an die Rechnungslegungsgrundsätze des Accounting Standards Board gebunden sind. Der **Geschäftsführungsbericht** (director's report) hat die Entwicklung des Geschäfts des letzten Jahres und einen Vorschlag zur Höhe der Dividende zu enthalten. 2831

---

915 Der EuGH hat unter Rechtssache »C-453/04« v. 01.06.2006, GmbHR 2006, 78 ff., dieses Vorgehen als europarechtlich unbedenklich eingestuft. Ab 01.10.2009 genügt stets die Bekanntmachung im Elektronischen Bundesanzeiger, so dass insoweit kein nennenswerter Unterschied mehr zu verzeichnen sein wird; die durch die Einschaltung eines Notars bei der GmbH anfallenden Kosten entsprechen etwa dem Geschäftsbesorgungsaufwand des Limited-Dienstleisters.
916 Da die bloße Komplementärgesellschaft einer Ltd. & Co. KG keine wirtschaftliche Tätigkeit ausübt, kann die Eintragung einer Zweigniederlassung der solchen Ltd. im Handelsregister allerdings nicht erzwungen werden: OLG Frankfurt. 24.04.2008 – 20 W 425/07, GmbH-StB 2008, 201.
917 Vgl. im Überblick *Cadel*, MittBayNot 2006, 102 ff.; monografisch *Just*, Die englische Limited in der Praxis, 3. Aufl. 2008.
918 Das Companies House erstellt hierzu ein Formular anhand der Angaben des letzten Jahres, das durch den *Direktor eines Secretary* korrigiert und unterzeichnet zurückzusenden ist.
919 Vgl. *Rehm*, in: Eidenmüller, Ausländische Kapitalgesellschaften im deutschen Recht, § 10 Rn. 81 f.: Jahresumsatz unter 2,8 Mio. bzw. 11,2 Mio. Pfund (Angaben jeweils für kleine bzw. mittelgroße Gesellschaften), Bilanzsumme unter 1,4 Mio. bzw. 5,6 Mio. Pfund, Arbeitnehmer unter 50 bzw. 250. Werden zwei der drei genannten Kriterien unterschritten, liegt eine kleine bzw. mittelgroße Unternehmung vor.

2832 Eine **Verletzung der Vorlageverpflichtungen** wird durch die Verhängung von Bußgeldern geahndet, für welche directors und Company Secretary (sofern vorhanden) auch persönlich haften; ferner stellt die Nichterstellung eine Straftat dar.[920] Darüber hinaus führt die Nichterfüllung der Publizitätspflichten rasch zur Zwangslöschung im englischen bzw. schottischen companies'register;[921] in Deutschland belegenes Vermögen führt zum hiesigen Fortbestehen der Limited als »Restgesellschaft«,[922] für die ein Liquidator zu bestellen ist.[923]

2833 Gemäß Sec. 221 Companies Act 1985 muss die Limited Bücher führen und diese Unterlagen in regelmäßigen Abständen zur Aufbewahrung an das Registered Office übersenden. Unterhält die Limited (wie in der Praxis stets) eine Zweigniederlassung in Deutschland, ist auch dort der Jahresabschluss gem. § 325a Abs. 1 HGB beim Elektronischen Bundesanzeiger einzureichen und unter www.unternehmensregister.de zu veröffentlichen. Insolvenzrechtlich galt schon vor der rechtsformunabhängigen Regelung des § 17 InsO für das (gem. Art. 4 EUInsVO dem deutschen Recht unterliegende) Verfahren § 64 Abs. 2 GmbHG a.F.[924]

2834 Hat eine nach ausländischem Recht – mit statutarischem Sitz im Ausland – gegründete Kapitalgesellschaft im Inland den **Ort der Geschäftsleitung** i.S.d. § 10 AO, ist die Gesellschaft gem. § 1 Abs. 1 KStG unbeschränkt körperschaftsteuerpflichtig, so dass ihr Welteinkommen der Besteuerung im Inland unterliegt. Befinden sich sowohl **Sitz als auch Geschäftsleitung im Ausland**, ist die ausländische Kapitalgesellschaft nur mit ihren inländischen Einkünften i.S.d. § 49 EStG beschränkt körperschaftsteuerpflichtig (§ 2 Nr. 1 KStG). Dabei fingiert (»beschränkte Steuerpflicht«)
(1) § 49 Abs. 1 Nr. 2 lit. f) EStG Einkünfte aus der Veräußerung (und § 49 Abs. 1 Nr. 6 EStG aus der Vermietung) inländischer Grundstücke,
(2) Sowie aus dem Verkauf von Beteiligungen an deutschen Kapitalgesellschaften (§ 49 Abs. 1 Nr. 2 lit. e) EStG) und deren Ausschüttungen (§ 49 Abs. 1 Nr. 5 lit. a) EStG)
(3) sowie aus inländischen Betriebsstätten und aus Beteiligungen an deutschen Personengesellschaften (§ 49 Abs. 1 Nr. 2 lit. a) EStG),
(4) schließlich Einkünfte aus der Überlassung von Lizenzen an deutsche Lizenznehmer (§ 49 Abs. 1 Nr. 6, 9 EStG)
stets als inländische gewerbliche Einkünfte, soweit dieser Besteuerungswunsch nicht durch Doppelbesteuerungsabkommen eingeschränkt wir. (Nach dem OECD-Musterabkommen würden Einkünfte aus inländischen Betriebsstätten [Art. 7], Grundstücksvermietung [Art. 6] und -verkauf [Art. 13] in Deutschland besteuert, Lizenz- [Art. 12] und Beteiligungsverkaufseinkünfte [Art. 13] im Ausland, und inländische Beteiligungseinkünfte [Art. 10] unterliegen der deutschen Quellensteuer.)

2835 Gleichwohl halten vermögensverwaltende ausländische Kapitalgesellschaften kein Betriebsvermögen, vgl. Rdn. 5745. Hinsichtlich der Sozialversicherungspflicht gelten keine Besonderheiten.[925] Für die Vererbung der von einem deutschen Staatsbürger gehaltenen Anteile an einer Limited gilt aus deutscher Sicht (EU-ErbVO) und aus britischer Sicht (gewöhnlicher Aufenthalt) deutsches Recht, allerdings ist wegen des zwingend an den Satzungssitz anknüpfenden englischen Gesellschaftsstatuts ein (aufwendiges) Nachlassverfahren nach britischen Vorschriften (unter Anwendung materiellen deutschen Erbrechts) durchzuführen, was sich nur dadurch vermeiden lässt, dass die Limited-Anteile unmittelbar durch eine zwischengeschaltete deutsche Kapitalgesellschaft gehalten werden.

---

920 Vgl. *Kasolowsky*, in: Hirte/Bücker, Grenzüberschreitende Gesellschaften, § 4 Rn. 121 ff.
921 Sec. 642A CA 1985; das englische Vermögen fällt an die britische Krone, sec 654 CA 1985.
922 Vgl. *Werner*, NWB 2011, 632 ff.
923 OLG Jena, 22.08.2007 – 6 W 244/07, DNotZ 2008, 298.
924 KG, 24.09.2009 – 8 U 250/08, GmbH-StB 2009, 328.
925 Insb. keine Versicherungsfreiheit analog der Vorstandsmitglieder einer deutschen AG, BSG v. 27.02.2008, GmbHR 2008, 327.

Aufwand und Störanfälligkeit hinsichtlich der Erfüllung der laufenden Pflichten lassen demnach 2836
keinen Vorteil für die Limited erkennen. Allerdings bedarf es nicht der Aufbringung des Mindeststammkapitals der GmbH von (auch nach Inkrafttreten des MoMiG unverändert) 25.000,00 €,
so dass die Haftungsbeschränkung mit geringerem Kapitaleinsatz erkauft werden kann. Hierfür
steht jedoch seit Inkrafttreten des MoMiG die haftungsbeschränkte Unternehmergesellschaft (UG
[haftungsbeschränkt], mit z.B. 1,00 € Stammkapital, kostensparendem »Musterprotokoll«[926] und
beschränkter Thesaurierungspflicht)[927] zur Verfügung. Die Regeln zur Kapitalerhaltung sind jedoch bei der Limited sehr streng (Ausschüttung nur aus erzielten Gewinnen; Kapitalherabsetzung
nur unter Einschaltung eines Gerichts möglich).[928] Hinzu kommt, dass für gesellschaftsinterne
Streitigkeiten einer Limited nach Art. 22 Nr. 2 EuGVVO zwingend (und nicht durch Gerichtsstandsvereinbarungen derogierbar) die englischen Gerichte zuständig sind.[929]

Mit Wirksamwerden des Austritts des Vereinigten Königreichs aus der Europäischen Union 2837
(»Brexit«) werden mutmaßlich die sog. »deutschen Limiteds« mit Verwaltungssitz und geschäftlichen Aktivitäten allein in Deutschland als Schein-Auslandsgesellschaften und damit als OHG
qualifiziert werden.[930] Denkbar wäre auch, dass sie als Rechtsträger sui generis (»Restgesellschaften«) fortbestehen.[931]

3. Ertragsteuerrechtliche Grundzüge

a) Körperschaftsteuer

aa) Grundsatz

Erträge der Kapitalgesellschaft unterliegen der **Körperschaftsteuer** mit einem Definitivsatz von 2838
(seit 2008) 15 %, davor 25 % (jeweils zuzüglich Solidaritätszuschlag,[932] jedoch ohne Kirchensteuer); Gewinne aus der Veräußerung von Anteilen an anderen Kapitalgesellschaften (etwa dem
Verkauf von Aktien oder GmbH-Anteilen) bleiben gem. § 8b KStG zu 95 % körperschaftsteuerfrei. Gleiches gilt für Dividenden-Einnahmen der Kapitalgesellschaft aus anderen Kapitalgesellschaftsbeteiligungen (z.B. Dividendenerträge aus Aktien, welche die vermögensverwaltende
GmbH hält).

bb) Verlustvorträge

(1) Grundsatz

Für die Einkommensermittlung gelten gem. § 8 Abs. 1 Satz 1 KStG die Regelungen des Einkommensteuerrechtes, damit auch die Möglichkeit des Verlustvortrages (steuermindernde Berücksichtigung in späteren Veranlagungszeiträumen), § 10d EStG. Um die (angesichts der »Unsterblichkeit« juristischer Personen)[933] potenziell ewigen Verlustvortragsmöglichkeiten (»**Mantelkauf**«) zu 2839

---

926 Vgl. z.B. *Heidinger/Blath*, ZNotP 2010, 376 ff. und 402 ff. [»mehr Fluch als Segen?«]; zusammenfassend zur strittigen Frage, inwieweit die Befreiung des Gründungsgeschäftsführers von § 181 BGB für diesen nach Bestellung weiterer oder für andere neu bestellte Geschäftsführer gilt, *Weiler*, notar 2015, 400, 403.
927 Zur Kapitalerhöhung zum Übergang in eine GmbH: *Lohr*, GmbHR 2009, 346 ff. (Registeranmeldung: *Wilke*, in: Würzburger Notarhandbuch 4. Aufl. Teil 5 Kap 3, Rn. 21 ff.).
928 Vgl. *Zöllner*, GmbH-R 2006, 1 ff.
929 BGH, 12.07.2011 – II ZR 28/10 NotBZ 2011, 436 m. Anm. *Vossius*.
930 Zu möglichem vorherigem Handlungsbedarf vgl. *Stiegler*, ZIP 2016, 1808, 1809; Übersicht bei *Lieder/Bialluch*, NotBZ 2017, 165 ff. und *Heckschen*, NotBZ 2017, 401 ff.
931 So OLG Brandenburg, 27.07.2016 – 7 U 52/15, ZIP 2016, 1871, zu den früheren sogenannten »Spaltgesellschaften«, vgl. *Vossius*, notar 2016, 414.
932 Von 5,5 % der Körperschaftsteuer.
933 Bei natürlichen Personen ist der Verlustabzug nicht vererblich, BFH, 17.12.2007 – GrS 2/04, BStBl. 2008 II, S. 608; vgl. *v. Proff zu Irnich*, RNotZ 2008, 563; *Eich*, ErbStB 2008, 182 ff.; *Fischer*, NWB

begrenzen, ließ § 8 Abs. 4 KStG a.F.: deren Fortbestand entfallen, wenn kumulativ mehr als 50 % der Anteile an der Kapitalgesellschaft übergehen[934] und der Geschäftsbetrieb mit überwiegend neuem,[935] zeitnah zugeführtem neuem Betriebsvermögen wieder aufgenommen oder fortgeführt wird. Nach Verwaltungsauffassung war es gleichgültig, ob es sich um einen entgeltlichen oder um einen unentgeltlichen, auch in vorweggenommener Erbfolge erfolgenden, Anteilserwerb handelt,[936] lediglich die Vererbung von Anteilen ist unschädlich.[937]

2840 Mit der Unternehmensteuerreform 2008 knüpft **§ 8c KStG**[938] die Verlustbeschränkung nunmehr allein an den Übergang von Geschäftsanteilen:[939] Anteils- und Stimmrechtsübertragungen (zusammengerechnet binnen 5 Jahren[940] – bei nahestehenden Erwerbern stets, sonst bei Vorliegen gleichgerichteter Interessen)[941] zwischen 25 und 50 % führen zur quotalen, solche über 50 % zum vollständigen Untergang der Verlustvorträge (einschließlich des laufenden Verlusts im aktuellen Zeitraum bis zur schädlichen Übertragung). Das gesetzliche Stufenmodell motiviert zu Ausweichgestaltungen,[942] welche die zweifelhafte Qualität der Vorschrift verdeutlichen,[943] und denen die Finanzverwaltung mit Hinweis auf einen schädlichen Gesamtplan (Rdn. 5695) zu begegnen sucht.[944]

(2) Einzelheiten

2841 Die Anteilsübertragung kann entgeltlich oder unentgeltlich erfolgen, lediglich die vollständig unentgeltliche Erbauseinandersetzung und die **vollständig unentgeltliche vorweggenommene Erbfolge** sind nach Verwaltungsauffassung[945] ausgenommen – entgegen der untergerichtlichen Fi-

---

2008, 1551 = Fach 3, S. 15045; im Hinblick auf die 1962 begründete abweichende Rspr. wird Vertrauensschutz für Sterbefälle bis zur Veröffentlichung im BStBl. (18.08.2008 – der BFH gewährte diesen Schutz nur bis zur Bekanntgabe des Beschlusses am 12.03.2008) gewährt, vgl. BayLfSt, 18.11.2011 – S 2225.2.1–7/7 St 32, ErbStB 2012, 11. Es empfiehlt sich daher, Verluste auf eine Kapitalgesellschaft oder eine gewerblich geprägte Personengesellschaft zu übertragen, *Wälzholz*, DStR 2008, 1769, 1772.

934 Gleichgestellt ist die Übernahme von mehr als 50 % des Stammkapitals durch Dritte anlässlich einer Kapitalerhöhung, BFH, 27.08.2008 – I R 78/01, GmbH-StB 2009, 31.
935 Allein ein Branchenwechsel genügte nicht, BFH, 28.05.2008 – I R 87/07, GmbH-StB 2008, 351; vgl. BMF v. 04.12.2008, GmbHR 2009, 107.
936 BMF v. 16.04.1999, BStBl. 1999 I, S. 455 Rn. 4; während dagegen i.R.d. § 15 Abs. 3 Satz 2 bis 4 UmwStG die unentgeltliche Übertragung der Erbfolge gleichgestellt ist.
937 Krit. hiergegen *Koblenzer*, ZEV 2006, 402.
938 Mit BMF-Anwendungsschreiben hierzu v. 04.07.2008 GmbHR 2008, 883 ff.; hierzu *Dörr*, NWB 2008, 3099 = Fach 4 S. 5339; *Altrichter-Herzberg*, GmbHR 2008, 857 ff.; *Fleischer*, MittBayNot 2009, 456 ff.; zu Gestaltungsmöglichkeiten *Harle/Geiger*, GmbHR 2008, 873 ff. sowie monografisch *Neyer*, Der Mantelkauf, 2008.
939 Auch disquotale Kapitalerhöhungen gelten als Anteilsübergang, vgl. *v. Proff* ZNotP 2009, 423, 428. Als »ein Erwerber« zählt auch eine Gruppe von Erwerbern mit »gleichgerichteten Interessen« (zur Vermeidung der Umgehungsgestaltung der Veräußerung an ein »Erwerberquartett«).
940 Und zwar selbst dann, wenn bei den ersten Erwerben noch kein Verlustvortrag bestand, Tz. 17 des BMF-Schreibens v. 04.07.2008, GmbHR 2008, 833 ff.; zum Fünf-Jahres-Zeitraum insgesamt *Altrichter-Herzberg*, GmbHR 2010, 799.
941 Hierzu krit. *Honert/Imschweiler*, EStB 2009, 32 ff.
942 Anstelle des Erwerbs von 49 % der Anteile werden zunächst 25,1 % erworben (dies führt zum Untergang von 25,1 % des Verlustvortrages), sodann 23,9 % (hierdurch wird, da 50 % binnen 5 Jahren nicht überschritten werden, lediglich eine neue Frist für diese 23,9 % in Gang gesetzt).
943 Vgl. *Roser*, DStR 2008, 1561, 1566; *Harle/Geiger*, GmbHR 2008, 873, 874; *Dötsch/Pung*, DB 2008, 1703, 1708. Sie ist von einer Missbrauchsnorm (§ 8 Abs. 4 KStG a.F.) zu einer Verlustvernichtungsvorschrift mutiert.
944 Tz. 19 des BMF-Schreibens v. 04.07.2008, GmbHR 2008, 883 ff., wird widerlegich vermutet bei Erwerben innerhalb eines Jahres.
945 Tz. 4 des BMF-Schreibens v. 04.07.2008, GmbHR 2008, 883 ff.; das Gesetz selbst rechtfertigt diese Differenzierung nicht, *Riedel*, ZErb 2008, 103 ff.

nanzrechtsprechung⁹⁴⁶ –, ebenso (weiterhin) die Vererbung von Anteilen. Gleiches gilt gem. § 10a Satz 8 GewStG für die gewerbesteuerlichen Verlustvorträge. Mit Wirkung ab 01.01.2016 wurde in Gestalt des § 8d KStG die neue Kategorie des »fortführungsgebundenen Verlustvortrags« eingeführt, demzufolge § 8c KStG nach einem schädlichen Beteiligungserwerb auf Antrag nicht anzuwenden ist, wenn die Körperschaft seit ihrer Gründung, aber jedenfalls in den letzten drei Jahren vor dem Stichtag des unentgeltlichen Rechtsübergangs ausschließlich **denselben Geschäftsbetrieb** unterhalten hat. Jedenfalls für Rechtsvorgänge ab dem 01.01.2016 besteht daher für diese Fälle Rechtssicherheit; die zuvor geltende Gesetzesfassung verstößt gegen den allgemeinen Gleichheitssatz und ist daher bis zum 31.12.2018 rückwirkend für die Zeit vom 01.01.2008 bis 31.12.2015 durch eine verfassungskonforme Neuregelung zu ersetzen.⁹⁴⁷

▶ **Hinweis: Erhalt des Verlustvortrags bei vorweggenommener Erbfolge in Kapitalgesellschaftsanteile**

Um körper- und gewerbesteuerliche Verlustvorträge bei der Übertragung von Kapitalgesellschaftsanteilen zu retten, sollte im Fall der vorweggenommenen Erbfolge darauf geachtet werden, dass keine Gegenleistungen vereinbart sind, die ertragsteuerlich als Entgelt zu werten sind (vgl. Rdn. 6212 ff.). Unschädlich ist bspw. die Übertragung unter Nießbrauchsvorbehalt oder gegen eine Versorgungsrente (vgl. Rdn. 6317 ff.).

Bei einer (Erb-)Auseinandersetzung sollte kein Spitzenausgleich aus nachlassexternem Vermögen erfolgen (vgl. Rdn. 2695 ff.).

2842

Abzustellen ist bei § 8c KStG trotz des insoweit ungenauen Wortlauts auf den **Übergang des »wirtschaftlichen Eigentums«**, so dass die rein treuhänderische Übertragung eines Anteils keinen Untergang des Verlustvortrags auslöst.⁹⁴⁸ Um ggf. das Risiko des Untergangs vorhandener Verlustvorträge steuern zu können, empfehlen sich Vinkulierungsklauseln, ggf. auch eine Pflicht des abtretenden Gesellschafters zur Erstattung entstehender Schäden (Rdn. 6167 mit Formulierungsvorschlag). Die geplante Freistellung von Wagniskapitalbeteiligungsgesellschaften scheiterte am europarechtlichen Beihilfenverbot.⁹⁴⁹ Im Einzelfall kann es gelingen, die Verlustvorträge durch Verrechnung mit Sanierungsgewinnen⁹⁵⁰ oder »Zuführung« von Gewinnbetrieben in Verlustgesellschaften (Kapitalerhöhung ohne Anteilseignerwechsel) vor einer Geschäftsanteilsabtretung noch zu realisieren; seit 28.11.2008 jedoch nicht mehr dadurch, dass nach einem Gesellschafterwechsel die Kapitalgesellschaft unter Inanspruchnahme der achtmonatigen Rückwirkungsmög-

2843

---

946   FG Münster, 04.11.2015 – 9 K 3478/13 F, EFG 2016, 412 EE 2016, 80 (n. rkr, Az. BFH: I R 6/16): es sei Sache des Gesetzgebers, die vorweggenommene Erbfolge ggf. auszunehmen, eine allgemeine Billigkeitsmaßnahme gegen den Wortlaut sei nicht möglich; krit. hiergegen *Oppel*, ZEV 2016, 427 ff., der allerdings vorsorglich ebenfalls stets eine verbindliche Auskunft empfiehlt.
947   BVerfG, 29.03.2017 – II BvL 6/11; wobei offenbleibt, ob dies auch für den vollständigen Verlustabzugsausschluss bei einem Anteilsübergang von mehr als 50 % nach der bisherigen Fassung gilt, dieses Verfahren ist beim BFH, 28.10.2011, I R 31/11, BFH/NV 2012, 605, zunächst ausgesetzt.
948   BMF v. 04.07.2008, BStBl. 2008 I, S. 736, Tz. 6; vgl. *Müller/Marchand*, ErbStB 2008, 312.
949   *Dörr* NWB 2009, 3499 ff.
950   BFH, 22.01.2015 – IV R 38/10, BFH/NV 2015, 579: maßgeblich für die Zurechnung des »Sanierungsgewinns« zum (wie in der Regel gewünscht) alten bzw. zum neuen Gesellschafter ist die Beurteilung, ob der Neugesellschafter die Gesellschaft in saniertem oder unsaniertem Zustand (also ohne oder mit Altverbindlichkeiten) erwirbt, vgl. *Formel*, EStB 2015, 120. Zum Sanierungsgewinn selbst vgl. BMF v. 27.03.2003, BStBl. 2003 I, S. 240 und vom 22.12.2009, BStBl 2010 I, S. 18 (wobei dieser nach Ansicht des Großen Senats des BFH, 28.11.2016 – GrS 1/15, EStB 2017, 91, nicht dem Grundsatz der Gesetzmäßigkeit der Verwaltung entspricht; zu unionsrechtlichen Bedenken: *Glatz*, IStR 2016, 447. Für Verzichte auf Gesellschafterdarlehen kommt u.U. eine Neutralisierung durch Einlage in Höhe des werthaltigen Teils der Forderung in Betracht, BFH, 15.04.2015 – I R 44/14, GmbHR 2015, 881 m. Anm. *Briese*; bestätigt durch BFH, 10.08.2016 – I R 25/15, EStB 2017, 218). Die gesetzliche Steuerbefreiung von Sanierungsgewinnen (§ 3 Nr. 66 EStG a.F.) wurde 1997 aufgehoben.

lichkeit auf eine andere Gesellschaft verschmolzen wird und der Übertragungsgewinn mit den damals (vor der Abtretung) noch vorhandenen Verlustvorträgen verrechnet werden soll.[951] § 8c KStG greift ferner (auch unter dem Aspekt des § 42 AO) nicht ein, wenn vor einer Anteilsabtretung ein Forderungsverzicht bis Besserungsabrede ausgesprochen wird, und sodann mit den Anteilen auch der Anspruch aus dem »Besserungsschein« verkauft wird.[952]

2844 Der Gesetzgeber plant eine Neuregelung in Gestalt des § 3a EStG.[953] Sie soll allerdings die Vorteile aus der wiedereinzuführenden gesetzlichen Steuerbefreiung von Sanierungsgewinnen deutlich eingrenzen, insbesondere durch eine Minderungsverpflichtung (§ 3a Abs. 1 Satz 2 EStG-E), derzufolge das Ergebnis aus einem sanierungsbedingten Schuldenerlass durch steuerliche Wahlrechte im Sanierungsjahr und im Folgejahr zu reduzieren ist, sowie durch Vorgaben zum Verlustverbrauch in § 3a Abs. 3 EStG-E mit insgesamt drei Verrechnungsvorgaben und einer Verrechnungs- und Verbrauchsreihenfolge, um sachlich nicht gerechtfertigte doppelte Begünstigungen auszuschließen. Diese Regelungen sollen gem. § 3a Abs. 5 EStG-E für Erträge aus einer erteilten Restschuldbefreiung (§§ 286 ff. InsO) entsprechend gelten.[954] Die Steuerbefreiung gilt auch für Zwecke der Körperschaftsteuer (§ 8 Abs. 9 KStG-E) und der Gewerbesteuer (§ 7b GewStG-E) entsprechend, Sonderregelungen sind geplant für Betriebe gewerblicher Art (§ 8 Abs. 8 KStG-E) und für Organschaften (§ 15 Satz 1 Nr. 1, 1a KStG-E).

(3) Ausnahmen

2845 Ursprünglich befristet auf Anteilsübertragungen in den Jahren 2008 und 2009 wurde im Juli 2009 eine Ausnahme von § 8c KStG für **Sanierungsfälle** geschaffen:[955] Erforderlich ist gem. § 8c Abs. 1a KStG
(1) die Verhinderung der Zahlungsunfähigkeit oder Überschuldung,
(2) Einhaltung einer Betriebsvereinbarung zum Erhalt von Arbeitsplätzen oder Wahrung von 400 % der Lohnsumme binnen 5 Jahren und
(3) Zuführung wesentlichen Betriebsvermögens binnen 12 Monaten nach Anteilserwerb und Verbleib dieser Werte im Unternehmen mindestens bis 31.12.2011.

Diese Ausnahme wurde zwar durch das Wachstumsbeschleunigungsgesetz 2010 auf unbestimmte Zeit verlängert;[956] sie verstößt allerdings gemäß Entscheidung der EU-Kommission v. 26.01.2011 (IP/11/65) gegen das Beihilfeverbot, so dass die Vergünstigungen zurückzufordern wären.[957] § 34 Abs. 7c KStG sieht nun zunächst eine Suspendierung vor.[958]

2846 Letzteres Gesetz hat ferner in § 8c Abs. 1 Satz 5 KStG eine praxiswichtige Ausnahme für »**Konzernsachverhalte**« eingeführt, derzufolge von der Verlustverrechnungsbeschränkung alle Umstrukturierungen ausgenommen werden, die innerhalb eines Konzerns stattfinden, an dessen Spitze zu

---

951 Änderung der §§ 2 Abs. 4, 20 Abs. 6 Satz 4 UmwStG durch das JStG 2009, vgl. *Warnke*, EStG 2009, 70.
952 BFH, 12.07.2012 – I R 23/11, GmbHR 2012, 1188.
953 BT-Drucks. 18/12128 v. 26.04.2017; überbrückend gilt das BMF-Schreiben v. 27.04.2017 – IV C 6 – S 2140/13/10003, BStBl 2017 I 741 mit vorweggenommener Anwendung der Neuregelung ab 08.02.2017, EStB 2017, 193.
954 Vgl. zum Ganzen *Hechtner*, NWB 2017, 1275 ff.
955 Vgl. *Dörr*, NWB 2009, 2050 ff.
956 Vgl. *Dörr*, NWB 2010, 184 ff.; *Warnke*, EStB 2010, 104 ff. Ab 2010 beträgt der wertmäßige Verbleibenszeitraum nur mehr 3 Jahre, und das Lohnsummenkriterium ist für Betriebe unter 20 (vormals 10) Mitarbeitern als erfüllt anzusehen.
957 Ankündigung bereits im BMF-Schreiben v. 30.04.2010 – IV C 2 – S 2745-a/08/10005:002; hierzu *Forst/Kofmann/Pittelkow*, EStB 2010, 309 ff.
958 Vgl. im Einzelnen *Korn/Strahl*, NWB 2012, 3909, 3921. Die von der Bundesregierung eingelegte Nichtigkeitsklage vor dem Gericht der Europäischen Union hatte keine aufschiebende Wirkung und wurde am 18.12.2012 als verfristet zurückgewiesen.

100 % eine einzelne Person oder Gesellschaft⁹⁵⁹ steht.⁹⁶⁰ Schließlich bleiben nunmehr gem. § 8c Abs. 1 Satz 6, 7 KStG die nicht genutzten Verluste und ein Zinsvortrag erhalten, soweit sie die anteilig auf sie entfallenden steuerpflichtigen **stillen Reserven**⁹⁶¹ des inländischen Betriebsvermögens der Körperschaft nicht übersteigen.

Einem Urteil des BFH folgend⁹⁶² erlaubt die Finanzverwaltung⁹⁶³ nunmehr auch, dass ein Gewinn,⁹⁶⁴ der bis zum **unterjährigen** schädlichen Beteiligungserwerb erzielt wurde, noch mit ungenutzten Verlusten der Vergangenheit verrechnet werden kann, sofern das Ergebnis des betreffenden Wirtschaftsjahres insgesamt positiv ist, die Mindestbesteuerungsregelungen nach § 10d Abs. 2 EStG eingehalten werden und das Ergebnis des Wirtschaftsjahres nach wirtschaftlichen Kriterien aufgeteilt wird (beispielsweise durch Schätzung oder Zwischenabschluss, wohl nicht allein durch zeitanteilige Aufteilung). Ein Verlustrücktrag des bis zum Beteiligungserwerb erzielten Verlustes bleibt jedoch ausgeschlossen.⁹⁶⁵

2847

cc) Verdeckte Gewinnausschüttungen

Verdeckte Gewinnausschüttungen (vGA) sind gem. § 8 Abs. 3 Satz 2 KStG dem Einkommen der Kapitalgesellschaft wieder hinzuzurechnen. Sie liegen bspw. vor bei überhöhten Leistungsvergütungen an den Gesellschafter oder nahestehende Personen (diese unterlägen lediglich beim Gesellschafter der ESt, führen also zu Belastungsvorteilen bei der Gewerbesteuer und im Verhältnis zur sonst stattfindenden Doppelbesteuerung mit Körperschaftsteuer bei der GmbH und Abgeltungsteuer/Teileinkünfteermittlung beim Gesellschafter. Richtig veranlagt, stellen solche verdeckte Gewinnausschüttungen beim Gesellschafter ebenfalls Einnahmen i.S.d. § 20 Abs. 1 Nr. 1 EStG dar). Eine vGA ist gegeben, wenn
(1) eine bei der Kapitalgesellschaft eingetretene Vermögensminderung oder verhinderte Vermögensmehrung
(2) durch das Gesellschaftsverhältnis veranlasst ist,
(3) jedoch ihr kein den gesellschaftsrechtlichen Vorschriften entsprechender Gewinnverteilungsbeschluss⁹⁶⁶ zugrunde liegt und dadurch ein Vorteil beim Gesellschafter oder einer ihm nahestehenden Person eintritt.

2848

---

959 Seit dem SteueränderungsG 2015 auch eine Personengesellschaft. Die Beteiligungsbeziehung von 100 % umfasst nun auch die Beziehung übertragender Rechtsträger – Erwerber sowie übernehmender Rechtsträger – Veräußerer; die Änderungen gelten rückwirkend ab 01.01.2010, vgl. *Warnke*, EStB 2015, 449, 453 sowie *Ihle*, notar 2016, 49, 56.
960 Vgl. *Busch/Spiekermann*, EStB 2010, 260 ff.; in »Altfällen« führen jedoch wohl Verkürzungen oder Verlängerungen der Beteiligungsketten in einem Konzern zum Untergang der Verlustvorträge, vgl. *Stümper*, GmbHR 2010, 132 f.
961 Ermittelt durch Gegenüberstellung des gemeinen Wertes und des steuerlichen Eigenkapitals der erworbenen Anteile, vgl. im Einzelnen *Dörr*, NWB 2010, 184, 194 und *Roser*, EStB 2010, 265 ff. (»kaum handhabbares Gesetz«). Beratungshinweise bei *Stollenwerk/Scherff*, GmbH-StB 2011, 76 ff.
962 BFH, 30.11.2011 – I R 14/11, BStBl. 2012 II, 360.
963 Entwurf eines neuen BMF-Schreibens zum Mantelkauf vom 15.04.2014, in Ablösung des bisherigen Schreibens v. 04.07.2008.
964 Sofern vor dem schädlichen Beteiligungserwerb Gewinne, danach Verluste entstanden sind, müssen diese Ergebnisse zunächst saldiert werden, nur ein dann noch verbleibender Gewinn ist mit nichtgenutzten Verlusten verrechnungsfähig.
965 A.A. FG Münster, 21.07.2016 – 9 K 2794/15 (Rev. zugelassen), hierzu *Ronneberger*, NWB 2016, 3300 ff.: nur diejenigen Anteilseigner nutzen den Verlust, der auch während ihrer Beteiligungszeit entstanden ist.
966 Es reicht nicht, dass ein »Beirat« die Geschäftsführervergütung bestimmt, wenn dieser jederzeit durch die Gesellschafterversammlung aufgelöst werden kann, BFH, 22.10.2015 – IV R 7/13, EStB 2016, 43.

Kapitel 5 — Gesellschaftsrechtliche Lösungen

Ist der **Gesellschafter zugleich beherrschend**, gilt zusätzlich

(4) das Rückwirkungsverbot (Fehlen einer klaren und im Voraus abgeschlossenen Vereinbarung, ob und in welcher Höhe ein Entgelt für eine Leistung des Gesellschafters zu zahlen ist) sowie
(5) das Klarheits- und das
(6) Durchführungsgebot.

2849 Zur Ermittlung von vGA (vgl. Rdn. 5746) existiert eine überbordende Kasuistik (vgl. H 36 Abs. 5 KStR 2004), die insb. die Prüfung der Angemessenheit und Üblichkeit angesichts des Fremdvergleichs (Vergleich zum Verhalten ggü. einem Nicht-Gesellschafter) notwendig macht. Das Vorliegen einer vGA wird nicht dadurch ausgeschlossen, dass die Gesellschaft allen Beteiligten dieselbe Vergünstigung gewährt.[967] Häufig verwirklichen sich verdeckte Gewinnausschüttungen in Gestalt von **Pensionszusagen** an beherrschende Gesellschafter-Geschäftsführer.[968] Ihre steuerliche Anerkennung setzt zum einen voraus, dass sie auf einer klaren, im Voraus (vor Vollendung des 60. Lebensjahres[969]) getroffenen, zivilrechtlich wirksamen und tatsächlich durchgeführten Vereinbarung beruhen.[970] Darüber hinaus muss die Regelung üblich sein, d.h. unter Einhaltung der üblichen Wartezeit angemessen, finanzierbar, erdienbar[971] und ernsthaft, und darf nicht zu einer Überversorgung führen.[972] Die Erdienungsdauer beträgt mindestens 10 Jahre ab dem Zeitpunkt der Versorgungszusage[973] bzw. der Versorgungserhöhung.[974] Bei langjährig tätigen Geschäftsführern ist auch die Zusage sofort unverfallbarer, aber zeitanteilig bemessener Rentenansprüche zugelassen.[975]

2850 Der Pensionsanspruch kann, sofern im Vorhinein vereinbart, i.H.d. gem. § 6a EStG ermittelten Teilwertes bei Erreichen des vorgesehenen Rentenalters kapitalisiert ausbezahlt werden, allerdings sind dann weiter erhaltene Tätigkeitsvergütungen auf die Versorgungsleistung anzurechnen.[976] Vor einem Unternehmensverkauf erfolgt häufig eine Ausgliederung des Deckungsvermögens und der Versorgungszusage(n) auf eine eigene Kapitalgesellschaft.[977] Beim **Verzicht auf eine Pensionszusage** (ebenfalls etwa im Vorfeld eines Unternehmensverkaufs)[978] wird wiederum dahin gehend differenziert, ob er (selten) betrieblich veranlasst ist (Besteuerung auf der Ebene der GmbH als gewinnerhöhende Auflösung) oder durch das Gesellschaftsverhältnis (dann Versteuerung als fiktiver Arbeitslohn beim Gesellschafter-Geschäftsführer, zugleich Erhöhung der Anschaffungskosten sei-

---

967 Z.B. eigene Anteile vergünstigt an alle Gesellschafter abgibt, vgl. BFH, 03.03.2010 – I B 102/09 (die Steuerpflicht besteht unbeschadet des Umstandes, dass dasselbe Ergebnis ohne Entstehung einer Steuer durch Einziehung der eigenen Anteile und Ausgabe neuer Anteile zum Nominalwert im Rahmen einer Kapitalerhöhung hätte erzielt werden können, »keine Umkehrung des § 42 AO«).
968 Vgl. im Überblick *Demuth,* EStB 2015, 137 ff.; zuvor *Jeske*, NWB 2010, 694 ff.
969 Dabei bleibt es trotz Renteneintrittsalters mit 67, BFH, 11.09.2013 – I R 26/12.
970 Vgl. etwa BFH, 17.12.1997 – I R 70/97, BStBl. 1998 II, S. 545.
971 Zur Erdienbarkeit wenn ein unangemessener Pensionssprung eintritt aufgrund der Endgehaltsbezogenheit: BFH, 20.05.2015 – I R 17/14, EStB 2015, 348.
972 BFH, 28.04.2010 – I R 78/08, GmbH-StB 2010, 255, ebenso BFH, 20.12.2016 – I R 4/15, EStB 2017, 217: Kürzung der Pensionsrückstellung gem. § 6a EStG, wenn sie zusammen mit der gesetzlichen Rentenversicherung 75 % der letzten Aktivbezüge übersteigt.
973 BFH, 09.11.2005 – I R 94/04, BFH/NV 2006, 616, jedoch kann nach eine Zusage, die erst nach dem 60. Lebensjahr erfolgt, nicht mehr erdient werden (BFH, 24.01.1996 – I R 41/95, BStBl. 1997 II, S. 440).
974 BFH, 23.09.2008 – I R 62/07, GmbH-StB 2009, 33.
975 BFH, 20.08.2003 – I R 99/02, BFH/NV 2004, 373.
976 BFH, 05.03.2008 – I R 12/07, GmbHR 2008, 663; hierzu *Hoffmann*, GmbH-StB 2008, 313 (entgegen H.6a Abs. 1 EStR 2012, wonach allein das Erreichen der Altersgrenze nicht ausreiche). Nach BFH, 23.10.2013 – I R 60/12, DStR 2014, 641 kann auch alternativ eine Neuberechnung mit verschobenem Beginn verlangt werden, vgl. *Jakob/Zorn*, DStR 2014, 77 ff.
977 Der Bilanzansatz erfolgt dann mit den Anschaffungskosten (nicht mit dem Teilwert), vgl. BFH, 12.12.2012 – I R 28/11, EStB 2013, 121.
978 Vgl. *Wellisch*, NWB 2010, 2862 ff.

ner Beteiligung, keine Auswirkung auf die Gesellschaft selbst).[979] Wird eine Abfindung gewährt (etwa in Gestalt der Abtretung der Ansprüche aus den rückdeckenden, noch nicht fälligen Lebensversicherungen), führt die Pensionsabfindung beim Geschäftsführer zu Arbeitslohn, bei der Gesellschaft führt die Ausbuchung der Rückstellung i.H.d. Unterdeckung ggü. den Pensionsansprüchen zu einer verdeckten Einlage.[980] Anstelle eines Verzichtes kann.

dd) Varianten des Gewinntransfers auf die Gesellschafterebene

Demnach stellt sich (unter Berücksichtigung der Unternehmensteuerreform, Rdn. 2867 ff.) das »Tableau« möglicher Varianten des Gewinntransfers von der GmbH auf die Gesellschafterebene[981] wie folgt dar: 2851

(1) **Ausgeschüttete Gewinne** wurden bereits auf der Ebene der GmbH mit Körperschaft- und Gewerbesteuer belastet, auf der Ebene des Gesellschafters, sofern er die Beteiligung im Privatvermögen hält, kommt hinzu die Abgeltungsteuer (genauer: Kapitalertragsteuerabzug samt Solidaritätszuschlag und ggf. Kirchensteuer mit insgesamt abgeltender Wirkung, §§ 43a Abs. 1 Satz 3, 32d Abs. 1 Satz 3 und 5 EStG) ohne Werbungskostenabzug, bei Beteiligungen im Betriebsvermögen eines Einzelunternehmers/einer Personengesellschaft nach dem Teileinkünfteverfahren (60 %) unter entsprechendem (60 %igem) Abzug der Werbungskosten. Letzterer Effekt kann auch bei Anteilen im Privatvermögen auf Antrag erreicht werden, wenn die Voraussetzungen einer Option gem. § 32d Abs. 2 Satz 1 Nr. 3 EStG vorliegen, vgl. Rdn. 2889.

(2) Das **Geschäftsführergehalt** ist auf der Gesellschaftsebene, sofern nicht überhöht (verdeckte Gewinnausschüttung) bzw. beim beherrschenden Gesellschafter gegen das Rückwirkungsverbot, Klarheits- und Durchführungsgebot verstoßend, als Betriebsausgabe abzugsfähig, beim Geschäftsführer als Einkunft aus nicht selbstständiger Tätigkeit nach dem normalen Einkommensteuertarif zu versteuern (Lohnsteuerabzug durch die Gesellschaft). Die Aufdeckung verdeckter Gewinnausschüttungen führte bis Ende 2007 bei der Gesellschaft zu einer Mehrbelastung (zusätzliche Körperschaft- und Gewerbesteuer von ca. 38,6 %), beim Gesellschafter zu einer Entlastung (anstelle voll besteuerter Einkünfte aus § 19 EStG lediglich Kapitaleinkünfte nach Halbeinkünfteverfahren). Ab 2009 erhöht sich die Gesamtsteuerbelastung der Kapitalgesellschaft um lediglich 29,80 %, beim Gesellschafter kommt es regelmäßig zu einer Entlastung (Abgeltungsteuersatz statt Grenzsteuersatz).[982] 2852

(3) **Zinsen für Gesellschafterdarlehen oder bei typisch stiller Gesellschaft** (Rdn. 2701, 2711) sind auf Gesellschaftsebene (soweit nicht als vGA zu klassifizieren) als Betriebsausgabe abzugsfähig, werden aber bei der Gewerbesteuer zu 25 % hinzugerechnet (Rdn. 2900). Ferner ist bei hohen Zinsbeträgen die mögliche Abzugsbegrenzung durch die Zinsschranke (§ 4h EStG, § 8a KStG mit BMF-Anwendungsschreiben v. 04.07.2008,[983] Rdn. 2903) zu beachten. Der auf Gesellschaftsebene bei den Zinsen vorzunehmende Kapitalertragsteuerabzug hat nur dann 2853

---

979 BMF-Schreiben v. 14.08.2012 – IV C 2 – S 2743/10/10001:001, EStB 2012, 330; FinMin NRW, 17.12.2009 – S 2743 -10-V B 4, GmbHR 2010, 168; zuvor OFD Frankfurt am Main, 07.12.2006, EStB 2009, 150; *Briese*, GmbHR 2008, 568; *Heeg*, DStR 2009, 567. Zu den verschiedenen Möglichkeiten der Beseitigung von Pensionszusagen an Geesellschafter-Geschäftsführer (Verzicht, Widerruf durch die Gesellschaft aufgrund Notlagenvorbehalts, Abfindung gegen Einmalzahlung, Übertragung auf ein verbundenes Unternehmen, Übertragung auf externe Versorgungsträger, »Einfrieren« der Zusage vgl. auch Mitgliederrundbrief der Centrale für GmbH 3/2010 S. 2–7; zur rechtsgeschäftlichen Übertragung auf eine »Rentner-GmbH« bzw. Abspaltung der Versorgungszusage und Rückdeckungsmittel auf eine solche vgl. *Janssen*, NWB 2010, 1998 ff.).
980 *Binnewies/Wollweber*, GmbH-StB 2009, 307 ff. zu FG Münster, 23.03.2009 – 9 K 319/02; OFD Karlsruhe, 17.09.2010 – S 274.2/107 – St 221, GmbH-StB 2010, 325; zum Verzicht auf den »future service«: BMF-Schreiben v. 14.08.2012 – IV C 2 – S 2743/10/10001:001, BStBl 2012 I 874; EStB 2012, 330; OFD Magdeburg, 02.09.2010 – S 2176–57 – St 215, GmbH-StB 2010, 325.
981 *Schiffers*, GmbH-StB 2008, 262 ff.; *Mindermann/Lukas*, NWB 2011, 3847, 3855 f.
982 Vgl. *Binz*, DStR 2008, 1820 ff.
983 GmbHR, 2008, 887 ff.

abgeltende Wirkung, wenn es sich um Darlehen von Gesellschaftern mit weniger als 10 % Beteiligung handelt, vgl. Rdn. 2874. Bei allen höher beteiligten Gesellschaftern unterliegen sie also dem individuellen Steuersatz und sind demnach ggü. der Eigenkapitalhingabe steuerlich nachteiliger, so dass sich allenfalls niedrig verzinsliche Darlehen (v.a. bei thesaurierenden, gering besteuerten Kapitalgesellschaften) anbieten.[984]

2854 (4) **Miet- und Pachtentgelte** an den Gesellschafter sind ebenfalls, sofern keine vGA, als Betriebsausgabe abzugsfähig, werden jedoch bei der Gewerbesteuer zu 5 % hinsichtlich beweglicher, zu 16,25 % hinsichtlich unbeweglicher Wirtschaftsgüter hinzugerechnet (Rdn. 5762). Ein Quellenabzug findet nicht statt. Beim Gesellschafter sind sie als Einkünfte aus Vermietung und Verpachtung nach normalem Einkommensteuertarif zu erfassen, sofern nicht die Voraussetzungen einer Betriebsaufspaltung vorliegen (dann handelt es sich um gewerbliche Einkünfte).

2855 Für den umgekehrten Sachverhalt, die **Finanzierung der Kapitalgesellschaft durch den Gesellschafter**, steht zum einen
(1) die ertragsteuerlich neutrale Einzahlung auf den Nennbetrag der Gesellschaftsbeteiligung bzw. der Kapitalerhöhung (Pari-Emission) zur Verfügung, daneben
(2) die Entrichtung eines Aufgeldes[985] (Agio, »Über-Pari-Emission«), und
(3) schließlich die Gewährung eines Gesellschafterdarlehens.

Das Agio ist ebenso wie sonstige Einlagen, die nicht in das Nennkapital geleistet sind, auf dem steuerlichen Einlagekonto gem. § 27 KStG auszuweisen und durch jährliche Zu- und Abgänge fortzuschreiben. Deren (steuerneutrale) Rückgewähr ist allerdings nur möglich, soweit sie die übrigen Rücklagen übersteigen – es wird also fingiert, dass die Gesellschaft zunächst die steuerlichen Gewinnrücklagen zur Ausschüttung verwendet. Die Aufhebung eines korporativ (als Teil des Kapitalerhöhungsbeschlusses und der Übernahmeerklärung), also nicht nur schuldrechtlich, vereinbarten, noch nicht geleisteten Agios ist wohl ebenfalls nur durch satzungsändernden Beschluss mit Handelsregistereintragung (wenn auch ohne Satzungstextänderung) möglich; es gilt das Unterbilanzverbot des § 30 GmbHG, nicht jedoch das Kapitalherabsetzungsverfahren des § 58 GmbHG.[986]

2856 Demgegenüber ist die (ebenfalls steuerneutrale) Darlehenstilgung stets zulässig (allerdings im letzten Jahr vor der Insolvenzeröffnung möglicherweise anfechtbar, § 135 Abs. 1 Nr. 2 InsO, vgl. Rdn. 2767 f.). Die Darlehenslösung kann sich allerdings als nachteilig erweisen, wenn der Darlehensanspruch dem Gesellschafter als Gegenleistung für die Sacheinlage eines Betriebes, Teilbetriebes, Mitunternehmeranteils oder mehrheitsverschaffenden Kapitalgesellschaftsanteils gewährt wird, da sie der Buchwertfortführung (§§ 20 Abs. 2 Satz 2, 21 Abs. 1 Satz 2 UmwStG) entgegensteht: übersteigt der Darlehensnennbetrag den Buchwert des eingebrachten Betriebes (ab 2016: übersteigt der Darlehensnennbetrag ein Viertel des Buchwertes oder aber 500.000 Euro, höchstens jedoch den Buchwert des eingebrachten Betriebsvermögens) muss dieser Einbringungsgegenstand mindestens i.H.d. Darlehens (Zwischenwert) angesetzt werden (§ 20 Abs. 2 Satz 4 – ab 2016: § 20 Abs. 2 Satz 2 Nr. 4, 21 Abs. 1 Satz 3 UmwStG) mit der Folge, dass der Einbringende einen steuerbaren Gewinn realisiert (§ 20 Abs. 3 Satz 1 UmwStG).[987]

---

984 Vgl. *Schiffers*, GmbH-StB 2008, 266.
985 Es handelt sich um Anschaffungskosten der neu erworbenen Anteile, BFH, 27.05.2009 – I R 53/08, EStB 2010, 3. Nach BFH, 20.04.2010 – I R 55/09, DStR 2010, 1780 liegt eine steuerneutrale Sacheinlage auch vor, wenn zusätzlich zu einer Bareinlage ein Mitunternehmeranteil als korporatives, im Beschluss aufgenommenes, Agio eingebracht wird. Eine Werthaltigkeitsprüfung durch das Registergericht erfolgt dann nicht (anders als im Aktienrecht, vgl. *Heinze*, ZNotP 2012, 87 ff.).
986 Vgl. im Einzelnen *Gutachten*, DNotI-Report 2015, 146 ff.
987 *Patt*, in: Dötsch/Patt/Pung/Möhlenbrock, Umwandlungssteuerrecht, § 20 UmwStG Rn. 219; die Gewährung einer Kapitalrücklage (Agio) stellt jedoch keine Gegenleistung dar und gefährdet demnach nicht die Steuerneutralität der Einbringung.

b) Gewerbesteuer

Zusätzlich kann jedoch **Gewerbesteuer**[988] (Rdn. 5754 ff.) anfallen, deren Höhe sich nach dem örtlichen Hebesatz richtet, so bspw. für Erträge aus festverzinslichen Wertpapieren und seit 2001 auch auf sog. Dividenden aus Streubesitz (= Erträge aus Beteiligungen an anderen Kapitalgesellschaften von weniger als 10 %, ab 2008: 15 %, also insb. bei vermögensverwaltenden GmbHs mit diversifizierten Portefeuilles).[989] Eine pauschalierte Anrechnung der Gewerbe- auf die ESt gem. § 35 EStG findet nur bei der Personengesellschaft und beim Einzelunternehmer statt. Sofern die Kapitalgesellschaft nur eigenen Grundbesitz verwaltet, also keinen gewerblichen Grundstückshandel betreibt, entsteht aufgrund der erweiterten Kürzung gem. §§ 9 Nr. 1 Satz 2 bis 5 GewStG auf die Mieteinnahmen und eventuellen Veräußerungsgewinne hinsichtlich des in eigener Verwaltung befindlichen Grundbesitzes keine Gewerbesteuer.

c) Organschaft

Organschaftliche[990] Gewinnabführungen werden jedoch neutralisiert, also der »Obergesellschaft« zugerechnet, § 14 Abs. 1 Satz 1 KStG. Als **Organgesellschaft** (»Untergesellschaft«, verpflichtet zur Abführung ihres Gewinns, begünstigt durch den Anspruch auf Verlustübernahme) kommen bei der körperschaftsteuerlichen[991] Organschaft die AG, KGaA und unter den weiteren Voraussetzungen des § 17 Nr. 1 und 2 KStG – z.B. Geschäftsleitung und Sitz im Inland – auch die GmbH in Betracht, als **Organträger** (begünstigte »Obergesellschaften«) auch natürliche Personen, sonstige Personenvereinigungen oder Vermögensmassen mit inländischer Geschäftsleitung, sofern sie eine gewerbliche Tätigkeit i.S.d. § 15 Abs. 1 Nr. 1 EStG ausüben[992] (nicht ausreichend ist also die freiberufliche Tätigkeit einer Einzelperson oder die schlichte gewerbliche Prägung einer lediglich vermögensverwaltenden GmbH & Co. KG, wohl ebenso wenig die Abfärbewirkung bei einer nur geringfügigen originären gewerblich Tätigkeit[993]); bei Personengesellschaften müssen ferner die Anteile an der Organgesellschaft im Gesamthandsvermögen gehalten werden.

2857

2858

---

988 Vgl. näher *Krauß*, Immobilienkaufverträge in der Praxis, 8. Aufl., Rn. 4898 ff.
989 Gewinne aus dem Verkauf solcher Beteiligungen sind jedoch – entgegen der Forderungen der Kommunen – weiterhin zu 95 % gewerbesteuerfrei.
990 Vgl. zum Folgenden BMF-Schreiben v. 26.08.2003 zur körperschaftsteuerlichen und gewerbesteuerlichen Organschaft, BStBl. 2003 I, S. 437 ff., gute Übersicht bei *Boor*, RNotZ 2017, 65 ff.; knapp *Hamminger*, NWB 2013, 218 ff. und *Hermanns*, RNotZ 2015, 632 ff.; Monografie: *Müller/Stöcker/Lieber*, Die Organschaft, 9. Aufl. 2014.
991 Bei der umsatzsteuerlichen Organschaft muss möglicherweise auch eine Personengesellschaft als Organgesellschaft zugelassen werden, vgl. Vorlagebeschluss des BFH an den EuGH, 11.12.2013 – XI R 17/11, DB 2014, 637.
992 Die Finanzverwaltung (BMF-Schreiben v. 10.11.2005, BStBl 2005 I 1038 Rz. 21) verlangt, dass die gewerbliche Tätigkeit schon zu Beginn des ersten Wirtschaftsjahres vorgelegen haben muss, a.A. BFH, 24.07.2013 – I R 40/12; die Entscheidung ist jedoch wohl überholt, da als Folge der »kleinen Organschaftsreform« die Zurechnung der Organschaft zu einer »inländischen Betriebsstätte« während der gesamten Dauer gewährleistet sein muss.
993 Gemäß OFD Frankfurt/Main, 29.06.2015 – S 2770 A-39-St 51, EStB 2015, 407, hierzu *Weiss*, EStB 2015, 417, reicht die bereits ab 3 % gewerblichen Netto-Umsatzes eintretende »Seitwärts-Abfärbung« gemäß § 15 Abs. 3 Nr. 1, Alt. 1 EStG nicht aus, ebenso wenig die »Aufwärts-Abfärbung« gemäß § 15 Abs. 3 Nr. 1, Alt. 2 EStG.

2859 Der taugliche Organträger muss an der Organgesellschaft ab dem Beginn des betreffenden Wirtschaftsjahres ununterbrochen[994] (str.[995]) so beteiligt[996] sein, dass ihm die Mehrheit der Stimmrechte, ggf. als Treugeber,[997] zusteht (**finanzielle Eingliederung**, Abschnitt 53 Abs. 1 Satz 2 KStR). Die Stimmrechtsmehrheit an der Organgesellschaft errechnet sich seit 2001 aus den unmittelbaren und solchen mittelbaren Stimmrechten, die auf Beteiligungen des Organträgers an vermittelnden Gesellschaften beruhen, an denen der Organträger jeweils die Mehrheit der Stimmrechte hat. Damit erweitert sich der Anwendungsbereich der körperschaftsteuerlichen Organschaft, da auch reine Holdinggesellschaften und in einer Betriebsaufspaltung verbundene Unternehmen einbezogen werden. Sog. »Mehr-Mütter-Organschaften« sind allerdings aufgrund des Mehrheitserfordernisses ausgeschlossen und seit 2003 zwingend beendet.[998] Bloße Schwestergesellschaftsverhältnisse (dieselben Personen sind Kommanditisten einer KG und Gesellschafter ihrer GmbH-Komplementärin) reichen dafür nicht, mag auch die Komplementärbeteiligung Sonderbetriebsvermögen der KG-Mitunternehmerschaft sein.[999] Außenstehenden,[1000] also nicht dem Organträger zuzurechnenden, Aktionären muss – wegen des künftigen Dividendenausfalls – eine angemessene Ausgleichszahlung zugesagt (§ 304 AktG) und ein Übernahmeangebot (§ 305 AktG) unterbreitet werden, bei einer GmbH als Organgesellschaft wird dem Minderheitenschutz dadurch Rechnung getragen, dass ein einstimmiger Zustimmungsbeschluss erforderlich ist,[1001] ein Ausgleichsanspruch muss[1002] jedoch auch dann zwingend im Vertrag festgesetzt sein.

---

[994] Eine Verschmelzung des bisherigen Organträgers gefährdet die Fortführung der bestehenden Organschaft nur dann nicht, wenn im Rahmen der Rückwirkung des § 2 UmwStG der steuerliche Übertragungstag auf das Ende eines Wirtschaftsjahres gelegt wird (i.d.R. also den 31.12.), vgl. Rn. 02 und 19 Org UmwStE 2011 v. 11.11.2011, BStBl 2011 I 1314, kritisch hierzu *Dörr/Loose/Motz*, NWB 2012, 566, 573 (Verstoß gegen die Fußstapfentheorie der §§ 4 Abs. 2 Satz 1, 12 Abs. 3 UmwStG).

[995] Großzügiger BFH, 10.05.2017 – I R 51/15, BFH/NV 2017, 1552: wird der Vertrag zwar 5 Jahre aufrechterhalten und durchgeführt, sind jedoch die Voraussetzungen in einigen Jahren aufgrund einer Gesetzesänderung (Abschaffung der Mehr-Mütter-Organschaft 2003) nicht erfüllt, ist die Organschaft jedenfalls für die anderen Jahre anzuerkennen.

[996] Für die erstmalige Begründung einer Organschaft zum übernehmenden Rechtsträger (bei Verschmelzung auf der Ebene des Organträgers) gilt ebenfalls die Rückwirkung des § 2 UmwStG, außer die finanzielle Eingliederung lag damals beim übertragenden Rechtsträger noch nicht vor, Rn. Org. 03 UmwStE v. 11.11.2011, BStBl 2011 I 1314. Wird die Organgesellschaft auf eine (ebenfalls eingegliederte) Schwestergesellschaft verschmolzen, eröffnet Rn. Org 19 UmwStE v. 11.11.2011, BStBl 2011 I 1314 nicht mehr die Möglichkeit einer durchgängigen Organschaft (mit Austausch gegen die Nachfolgebeteiligung, kritisch *Dörr/Loose/Motz*, NWB 2012, 566, 574. Unproblematisch ist allein die Verschmelzung auf eine bereits bestehende Organgesellschaft, solange die Voraussetzungen der finanziellen Eingliederung dadurch nicht entfallen, Rn. 29 UmwStE v. 11.11.2011, BStBl 2011 I 1314.

[997] Auch treuhänderische Beteiligungen (§ 39 Abs. 2 Nr. 1 AO) sind ausreichend, allerdings muss das Treuhandverhältnis wirksam, insb. notariell beurkundet, sein: BFH, 17.10.2007 – I R 39/06, GmbH-StB 2008, 95; vgl auch *Forst/Schaaf/Reichhardt*, EStB 2010, 392.

[998] Vgl. hierzu BMF-Schreiben v. 10.11.2005 – IV B 7-S2770–24/05, DB 2005, 2547, Tz. 6 (wichtiger Grund zur Beendigung des Gewinnabführungsvertrags i.S.d. § 14 Abs. 1 Satz 1 Nr. 3 Satz 2 KStG).

[999] BFH, 22.04.2010 – V R 9/09, GmbHR 2010, 823. Ebenso wenig reicht die bloße Betriebsaufspaltung. Daher müssen die Anteile an der Schwester- oder Betriebs-GmbH in den Organträger eingebracht werden, vgl. *Ihle*, notar 2012, 49, 59; bestätigt durch BFH, 24.08.2016 – V R 36/15 für die umsatzsteuerliche Organschaft (Unionsrecht steht nicht entgegen).

[1000] Zur Rechtslage bei wirtschaftlicher Verknüpfung des Organträgers mit dem »außenstehenden« weiteren Gesellschafter der Organgesellschaft vgl. *Gutachten*, DNotI-Report 2017, 115.

[1001] BGH, 24.10.1988 – II ZB 7/88, BGHZ 105, 324 (Supermarkt-Beschluss).

[1002] Nach h.M. ist jedoch ein Verzicht faktisch dadurch möglich, dass der Minderheitsgesellschafter einem Vertrag, der keinen Ausgleich enthält, zustimmt, vgl. *Gutachten*, DNotI-Report 2017, 115, 117 (dort auch zum »Null Euro – Ausgleich«); LG Dortmund, 11.03.1998 – 20 AktE 4/97, GmbHR 1998, 941.

C. Gesellschaftslösungen unter Beteiligung der Veräußerer, »Familienpool« Kapitel 5

Ferner muss ein privatschriftlicher[1003] Gewinnabführungsvertrag (§ 291 Abs. 1 AktG, ggf. analog) auf mindestens **fünf Zeitjahre**[1004] abgeschlossen und durchgeführt[1005] werden, bezogen auf den handelsrechtlichen Bilanzgewinn,[1006] nicht den nach steuerlichen Gewinnermittlungsvorschriften ermittelten Gewinn. Dieser Gewinnabführungsvertrag muss zumindest vor Ende des Wirtschaftsjahres, in welchem die organschaftliche Zusammenrechnung erstmals erfolgen soll,[1007] (durch Zustimmungsbeschlüsse[1008] und Registereintragung bei der »beherrschten« Gesellschaft, § 294 Abs. 2 AktG) wirksam geworden sein; der Fünf-Jahres-Zeitraum beginnt jedoch bereits mit dem Anfang des Geschäftsjahres, in dem die Wirksamkeit durch Eintragung im Handelsregister[1009] des beherrschten Unternehmens[1010] erstmals eintrat (Abschn. 55 Abs. 2 KStR, § 14 Abs. 1 Satz 2 KStG;[1011] anders beim schlichten Beherrschungsvertrag: eine rückwirkende Unterstellung

2860

1003 § 293 Abs. 3 AktG; der Abschluss erfolgt durch den Vorstand (bei GmbH den Geschäftsführer). Die Schriftform gilt auch für Änderungen (BGH, 18.09.2012 – II ZR 127/11, DNotI-Report 2013, 16: Änderung der Verzinsung stiller Einlagen an der HSH Nordbank AG).
1004 BFH, 12.01.2011 – I R 3/10, BStBl 2011 II 727; vgl. *Herzberg*, GmbHR 2014, 85 ff. Ein Rumpfgeschäftsjahr (bei der Vor-GmbH ab Aufnahme der Geschäfte, BFH, 03.09.2009 – IV R 38/07, MittBayNot 2010, 158) ist also nur mit seiner tatsächlichen Dauer zu berücksichtigen, BFH, 12.01.2011 – II R 3/10, DStR 2011, 717; auch die fiktive Rückbeziehung des § 2 Abs. 1 UmwStG ist unbeachtlich, FG Düsseldorf, 03.03.2015 – 6 K 4332/12 KF. Die Verlängerung eines zu kurz laufenden Organvertrages »rettet« diesen für das laufende Jahr nur, wenn die Gesellschafterversammlung der Organgesellschaft ihr im laufenden Jahr zugestimmt hat und die Änderung in das Handelsregister der Organgesellschaft bis zum Ablauf des Geschäftsjahres eingetragen wurde, vgl. *Ihle*, notar 2011, 209. Verkürzt jedoch die Organgesellschaft den Gesamtzeitraum von fünf Zeitjahren dadurch, dass sie nachfolgend ihr Wirtschaftsjahr umstellt, ist dies unschädlich, BFH, 13.11.2013 – I R 45/12, MittBayNot 2014, 384.
1005 Bereits die vergessene Verrechnung mit einem vororganschaftlichen Verlustvortrag (§ 301 Satz 1 AktG, § 17 Abs. 2 Nr. 1 KStG) lässt (nicht heilbar) die Durchführung entfallen, BFH, 21.10.2010 – IV R 21/07, GmbHR 2011, 40. Spätere Bilanzkorrekturen, etwa als Folge einer Betriebsprüfung, bleiben jedoch gem. § 14 Abs. 1 Satz 1 Nr. 3 Satz 4 KStG (»Durchführungsfiktion«) ohne Belang, vgl. OFD Frankfurt/Main, 11.12.2015, DStR 2016, 537 und OFD Schleswig-Holstein, 22.02.2016, DStR 2016, 539.
1006 Die »kleine Reform« des Organschaftsrechtes Anfang 2013 lässt es genügen, dass eine fehlerhafte Bilanz sofort nach Bekanntwerden des Fehlers korrigiert wird.
1007 Beispiel nach BFH, 03.09.2009 – IV R 38/07, MittBayNot 2010, 158, m. Anm. *Suttmann*: ein am 27.11.1996 geschlossener Gewinnabführungsvertrag wird ab sofort durchgeführt (unbeschadet seines Wortlautes, wonach er erst zum 01.01.1997 beginne); es wird bereits in 1997 für 1996 eine Garantiedividende bezahlt. Er muss demnach bis Ende 1997 im Handelsregister eingetragen sein.
1008 Bei einer AG als »beherrschter« Organgesellschaft [gem. § 130 Abs. 1 AktG zu beurkundenden] Beschluss der Hauptversammlung mit Drei-Viertel-Mehrheit [§ 293 Abs. 1 AktG], bei einer GmbH als Organgesellschaft durch einstimmigen Beschluss [der wegen seines satzungsändernden Charakters ebenfalls zu beurkunden ist]. Auch bei einer AG als »herrschender« Organträger muss die Hauptversammlung [mit einfacher Mehrheit] zustimmen, § 293 Abs. 2 AktG; ebenso bei einer GmbH als Organträger [privatschriftlich, mit einfacher Mehrheit]. Es bestehen umfangreiche Berichts- und Prüfungspflichten gem. §§ 293a bis g AktG, auf die jedoch verzichtet werden kann. Ggf. muss bei Aktiengesellschaften auch der Aufsichtsrat gem. § 111 Abs. 4 Satz 2 AktG zustimmen.
1009 Ein Ergebnisabführungsvertrag mit einer beherrschten KG ist demgegenüber nicht eintragungsfähig (OLG München, 08.02.2011 – 31 Wx 2/11, DNotI-Report 2011, 38); im Gegensatz zu Kapitalgesellschaften wird weder der Unternehmensgegenstand eingetragen noch ist der Gesellschaftsvertrag gem. § 9 HGB allgemein zugänglich. Auch bei einer GmbH ist ein Teilgewinnabführungsvertrag nicht eintragungsfähig, OLG München, 17.01.2011 – 31 Wx 68/11, RNotZ 2011, 363.
1010 Erfolgte (versehentlich) auch die Eintragung beim herrschenden Unternehmen, bedarf es dennoch keiner Amtslöschung, vgl. OLG Celle, 04.06.2014 – 9 W 80/14, RNotZ 2015, 46.
1011 Kommt es demnach zu Verzögerungen bei der Registereintragung, ist das Kriterium der Fünfjahresfrist nicht eingehalten – daher empfiehlt sich die vorsorgliche Vereinbarung einer 6-jährigen Mindestlaufzeit oder die Vereinbarung einer »Gleitklausel«, wonach eine Kündigung erst 5 Jahre nach steuerlichem Wirksamwerden möglich sei.

Kapitel 5 — Gesellschaftsrechtliche Lösungen

unter die Leitungsmacht ist nicht möglich). Bereits die Einräumung eines ordentlichen Kündigungsrechtes während der Fünf-Jahres-Periode ist schädlich.[1012]

2861 Eine vorzeitige **Beendigung**[1013] (außerordentliche Kündigung[1014] oder Aufhebung[1015]) des Ergebnisabführungsvertrages ist nur bei Vorliegen eines wichtigen Grundes unschädlich,[1016] wie er etwa bei einem Verkauf der Organgesellschaft durch den Organträger steuerrechtlich[1017] in der Regel[1018] vorliegt.[1019] Ebenso wie aus einem reinen Beherrschungsvertrag resultiert aus dem Gewinnabführungsvertrag die zwingende gesetzliche Pflicht zur Verlustübernahme gem. § 302 Abs. 1 und Abs. 3 AktG. Dies muss (obwohl deklaratorisch) ausdrücklich (einschließlich der Ver-

---

1012 BFH, 28.11.2007 – I R 94/06, notar 2008, 186, m. Anm. *Ihle*: selbst wenn die Einräumung versehentlich erfolgte und später eine diesbezügliche »Klarstellung« stattfand.

1013 Übersicht bei *Göhman/Winnen*, RNotZ 2015, 53 ff.

1014 Analog § 297 AktG in Schriftform und nur binnen angemessener Frist nach Kenntnis des Rücktrittsgrundes [zehn Monate sind zu spät, OLG München, 21.03.2011 – 31 Wx 80/11, MittBayNot 2011, 324]. Die außerordentliche Kündigung durch die beherrschte Gesellschaft bedarf nach h.M. ebenfalls eines Zustimmungsbeschlusses der beherrschten Gesellschaft, allerdings nicht die außerordentliche Kündigung durch die herrschende Gesellschaft, vgl. *Gutachten*, DNotI-Report 2012, 42, 45.

1015 Die Aufhebung ist analog § 296 Abs. 1 Satz 1 AktG nur zum Ende des Geschäftsjahres möglich, vgl. BGH, 16.06.2015 – II ZR 384/13, DNotI-Report 2015, 108 – zur Abgrenzung von der zulässigen unterjährigen Vertragsänderung vgl. *Gutachten*, DNotI-Report 2016, 159 ff.; ist eine unterjährige einvernehmliche Aufhebung geplant, muss zuvor, im Einvernehmen mit dem Finanzamt – § 7 Abs. 4 Satz 3 KStG – das Geschäftsjahr durch [vorher einzutragende] Satzungsänderung verkürzt werden. [Das Verbot rückwirkender Aufhebung, analog § 296 Abs. 1 Satz 2 AktG, gilt wohl auch, wenn der Vertrag gar nicht durchgeführt wurde, DNotI-Gutachten 2016, 112]. Zur Aufhebung bedarf es [wohl] nach BGH, 31.05.2011 – II ZR 109/10 notar 2011, 409 m. Anm. *Weiler* auf Seiten der beherrschten Gesellschaft eines Gesellschafterbeschlusses mit Drei-Viertel-Mehrheit [Actus-Contrarius-Lehre], bei welchem der beherrschende Gesellschafter keinem [z.B. aus § 47 Abs. 4 Satz 1, 1. Alt. GmbHG zu schöpfenden] Stimmrechtsverbot unterliegt. Dieser ist [wohl] zu beurkunden, *Müller-Eising/Schmitt*, NZG 2011, 1100, 1101. Auf Seiten einer beherrschten GmbH ist [wohl] die Zustimmung aller Gesellschafter erforderlich, vgl. *Gutachten*, DNotI-Report 2012, 42, 45. Sofern die herrschende Gesellschaft Alleingesellschafterin der beherrschten Gesellschaft ist, kann der Zustimmungsbeschluss auch nach dem Stichtag der Aufhebung geschlossen werden, er entfaltet – bei rechtzeitig geschlossenem Aufhebungsvertrag – Rückwirkung: OLG München, 27.10.2014 – 31 Wx 235/14, MittBayNot 2015, 333 m. Anm. *Harnos*. Die Eintragung der Aufhebung im Handelsregister ist lediglich deklaratorisch, vgl. § 298 AktG; das OLG München ZIP 2012, 870 verlangt in der Anmeldung auch die Angabe des Zeitpunkts und des Grundes der Beendigung. Vorstehendes gilt nach h.M. identisch auch bei Ausübung eines etwa eingeräumten ordentlichen Kündigungsrechtes, vgl. *Gutachten* DNotI-Report 2012, 42, 45.

1016 Vgl. § 14 Abs. 1 Satz 1 Nr. 3 Satz 2 KStG, bei unterjähriger Beendigung mit Wirkung auf den Beginn des Wirtschaftsjahres (§ 14 Abs. 1 Satz 1 Nr. 3, Satz 3 KStG). Eine Auflistung steuerlich anerkannter wichtiger Kündigungsgründe findet sich bei *Lange*, GmbHR 2011, 80 und *Heurung/Engel/Müller-Thomczik*, GmbHR 2012, 1227 ff.

1017 A.A. FG Niedersachsen, 10.05.2012, NZG 2012, 1119; vgl. auch *Burwitz*, NZG 2013, 91, so dass lediglich eine ordentliche Kündigung (sofern vorbehalten), oder eine einvernehmliche Aufhebung in Betracht kommt, unter Zustimmung der externen Gesellschafter der Organgesellschaft durch Sonderbeschluss, § 297 Abs. 2 AktG.

1018 Nicht beim Verkauf an eine andere Konzerngesellschaft aufgrund einer Gesetzesänderung, die beim Abschluss des Organvertrages bereits absehbar war, FG Niedersachsen, 10.05.2012 – 6 K 140/10, GmbHR 2012, 917.

1019 Abschnitt 60 Abs. 6 Satz 2 KStR. Gleiches gilt gem. a.a.O. Satz 3 für Verschmelzungen, Spaltungen oder Liquidationen, es sei denn, bereits im Zeitpunkt des Vertragsschlusses stand fest, dass der Gewinnabführungsvertrag vor Ablauf der fünf Jahre aus diesem wichtigen Grund geändert werde (Einschränkung durch die KStR 2015).

jährungsregelung in § 302 Abs. 4 AktG)[1020] im Gewinnabführungsvertrag erwähnt sein, jedenfalls bei einer GmbH als Organgesellschaft, § 17 Satz 2 Nr. 2 KStG[1021] (»§ 302 AktG findet in seiner jeweils geltenden Fassung umfassend Anwendung«).

Daneben können auch die Voraussetzungen der **umsatzsteuerlichen, gewerbesteuerlichen und grunderwerbsteuerlichen Organschaft** erfüllt sein. Die gewerbesteuerliche Organschaft – deren Voraussetzungen mit denen der körperschaftsteuerlichen Organschaft identisch sind – führt dazu, dass die Organgesellschaft als bloße Betriebsstätte des Organträgers gewertet wird (§ 2 Abs. 2 Satz 2 GewStG), die umsatzsteuerliche Organschaft hat zur Folge, dass lediglich der Organträger, nicht jedoch die Organgesellschaft als Unternehmer i.S.d. § 2 Abs. 2 Nr. 2 Satz 3 UStG gilt,[1022] die grunderwerbsteuerliche Organschaft erweitert schließlich den Tatbestand der Anteilsvereinigung mit der Folge, dass Grunderwerbsteuerpflicht des Organträgers auch in Bezug auf Grundstücke der Organgesellschaft entsteht. Die umsatzsteuerliche und die grunderwerbsteuerliche Organschaft erfordern neben der oben erwähnten finanziellen Eingliederung (die bis zur Änderung der BFH-Rechtsprechung im April 2010[1023] auch durch Stimmrechtsmehrheiten derselben Personengruppen in Organträger und Organgesellschaft vermittelt werden konnte, R 21 Abs. 4 Satz 8 UStR 2008) ferner die wirtschaftliche Eingliederung und die organisatorische Eingliederung[1024] (vgl. z.B. § 2 Abs. 2 Nr. 2 Satz 2 UStG).

2862

Im Rahmen einer typischen Betriebsaufspaltung entsteht die umsatzsteuerliche Organschaft zwischen der Besitzgesellschaft (als Organträger) und der Betriebsgesellschaft (als Organgesellschaft), so dass Binnenumsätze nicht umsatzsteuerpflichtig sind und Außenumsätze, auch der Betriebsgesellschaft, steuerrechtlich dem Besitzunternehmen zugerechnet werden. Der EuGH hat hierzu entschieden,[1025] dass auch Personengesellschaften abhängige Gesellschaften sein können und ferner ein Über/Unterordnungsverhältnis europarechtlich nicht gefordert werden dürfe. Der BFH hat[1026] demzufolge in teleologischer Extension über den Wortlaut des § 2 Abs. 2 Nr. 2 UStG hinaus judiziert, dass Personengesellschaften jedenfalls dann Organgesellschaften sein können, wenn nur Organträger oder solche Personen, die in das Unternehmen des Organträgers finanziell eingegliedert sind, Gesellschafter der Personengesellschaft seien. Ferner dürfen Vereinbarungen über Stimmrechtsvollmachten nur dann bei der Prüfung der finanziellen Eingliederung berücksichtigt werden, wenn sie sich in der Satzung (etwa als Mehrfachstimmrecht) finden, nicht nur schuld-

2863

1020 BFH, 28.07.2010 – I B 27/10 (Richtigstellung in BFH, 15.09.2010, selbes Az.), MittBayNot 2011, 257, m. Anm. *Stelzer*; BFH, 22.12.2010 – I B 83/10, GmbH-StB 2011, 68. Die Änderungsvereinbarung muss noch vor Ablauf des Wirtschaftsjahres rechtswirksam werden, dessen Einkommen dem Organträger erstmals i.S.d. Änderungsvereinbarung zuzurechnen ist.

1021 Vgl. R 66 Abs. 3 f. KStR; BFH v. 03.03.2010 – I R 68/09, RNotZ 2010, 420, m. Anm. *Wachter*; BMF, DStR 2006, 40; *Jacobi*, ZIP 2006, 2346, 2351. BMF, 19.10.2010 – IV C 2 – 2 2270/08/10004, GmbHR 2010, 1232 lässt die pauschale Bezugnahme auf § 302 AktG genügen, wenn anschließende Erläuterungen bzw. Wiedergaben des Wortlautes nicht als Einschränkung zu interpretieren sind. Die Neuregelung zur Organschaft (BGBl 2013 I 285) räumt in § 34 Abs. 10b KStG eine Anpassungsfrist für bestehende Ergebnisabführungsverträge bis 31.12.2014 ein, *Gutachten*, DNotI-Report 2013, 89; vgl. zur Formulierung der Änderung *Scheifele/Hörner*, DStR 2013, 553 und *Mayer/Wiese*, DStR 2013, 629.

1022 Vgl. im Einzelnen BMF-Schreiben v. 31.05.2007 – IV A 5 – S 7100/07/0031, DStR 2007, 1039; *Küffner/Zugmaier*, DStR 2007, 1241.

1023 BFH, 22.04.2010 – V R 9/09, GmbHR 2010, 823.

1024 D.h. der Organträger muss eine von seinem Willen abweichende Willensbildung in der Organgesellschaft verhindern können, BFH, 05.12.2007 – V ZR 26/06, GmbHR 2008, 331, m. Anm. *Binnewies*. Die aktienrechtliche Abhängigkeitsvermutung des § 17 AktG hat insoweit keine Bedeutung. I.d.R. ist personelle Verflechtung des Organträgers und der Organgesellschaft erforderlich, BFH, 03.04.2008 – V R 76/05, GmbH-StB 2008, 228; ausführlich zur Organschaft ohne Personalunion *Hidien/Lohmann*, GmbHR 2008, 917 ff. Vgl. auch BFH, 10.05.2017 – V R 7/16, GmbHR 2017, 1115.

1025 EuGH, 16.07.2015, Rs. C-108/14 u. C-109/14, »Larentia + Minerva«; und »Marenave«.

1026 BFH, 02.12.2015 – V R 67/14, – V R 15/15, – V R 25/13.

rechtlich vereinbart sind. Die Finanzverwaltung hat durch Änderung der UStAE im Sommer 2017 reagiert.[1027]

2864 Der Formwechsel einer untauglichen Organgesellschaft (z.B. einer GmbH & Co. KG) mit Rückwirkung (§ 20 Abs. 8 Satz 1 UmwStG) auf den Beginn des Wirtschaftsjahrs in eine GmbH wird auch hinsichtlich der rückwirkenden Erfüllung der Eingliederungsvoraussetzungen anerkannt,[1028] allerdings kann das Tatbestandsmerkmal der finanziellen Eingliederung nicht rückwirkend begründet werden in den Fällen der Abspaltung, Ausgliederung oder Einbringung eines Teilbetriebs des Organträgers unter Abschluss eines Gewinnabführungsvertrags mit dieser neu gegründeten Tochtergesellschaft.[1029]

d) Einkommensteuer

2865 Einkommensteuerlich kann die Verwendung von Familienkapitalgesellschaften im Licht des reduzierten Anwendungsbereichs der Vermögensübertragung gegen Versorgungsleistungen, § 10 Abs. 1a Satz 1 Nr. 2 EStG, von Bedeutung sein: Werden i.R.d. Übertragung eines mindestens 50 % betragenden Anteils an einer GmbH (nicht an einer AG), an welcher der Übergeber als Geschäftsführer tätig war und der Übernehmer als Geschäftsführer tätig sein wird, Versorgungsleistungen vereinbart, handelt es sich nicht um »Kaufpreisrenten«, die zu Veräußerungsgewinnen i.S.d. § 17 EStG führen, sondern weiterhin um Versorgungsrenten, die zum Abzug als Sonderausgaben berechtigen (allerdings den Bezieher der Leistung nach § 22 EStG zur Versteuerung der Bezüge nötigen), und zwar unabhängig davon, ob sie der Höhe nach abänderbar sind (sog. »dauernde Last«) oder nicht (Leibrente).

2866 Dies ermöglicht es, auch Übertragungsgegenstände, die seit 2008 nicht mehr den Sonderausgabenabzug als Versorgungsleistung eröffnen würden, z.B. Immobilien, in eine Familien-GmbH einzubringen und sodann diese zu übertragen, allerdings behaftet mit dem Nachteil der Einbringung (Grunderwerbsteuer!) sowie der zwingenden betrieblichen Verhaftung des Grundbesitzes (Besteuerung von Werterhöhungen im Fall eines Verkaufs!). Eine Personengesellschaft wäre insoweit nur geeignet, wenn sie (zusätzlich zur Vermögensverwaltung) zugleich im eigentlichen Sinne gewerbliche Tätigkeit entfalten würde. Zum verbleibenden Anwendungsbereich des Sonderinstituts der Vermögensübergabe gegen Versorgungsleistungen vgl. Rdn. 6362 ff.

4. Besteuerungsvergleich Personen-/Kapitalgesellschaft seit der Unternehmensteuerreform 2008/2009

2867 Ausweislich der Umsatzsteuerstatistik des Statistischen Bundesamtes für das Jahr 2015 sind einzelkaufmännische Unternehmen mit 67 % am weitesten verbreitet, erwirtschaften jedoch lediglich 16 % der Umsätze; gefolgt von GmbHs (16 % der Unternehmen, 38 % der Umsätze), GmbH & Co KGs (4 % der Unternehmen, 19 % der Umsätze), AGs (0,2 % der Unternehmen/14,5 % der Umsätze), KGs (0,4 % der Unternehmen, 2 % der Umsätze), Genossenschaften (0,2 % der Unternehmen/1,1 % der Umsätze) und OHGs (0,3 % der Unternehmen, 0,7 % der Umsätze). Insgesamt verzeichnet die Statistik 3.255.537 Unternehmen, die Lieferungen und Leistungen i.H.v. 5 989 Milliarden Euro generierten.

1027 BMF, 26.05.2017, BStBl 2017 I 790, insb. Änderung des Abschn. 2.8 Abs. 5a UStAE; *Wagner/Marcha*, DStR 2017, 2150.
1028 BFH, 17.09.2003 – I R 55/02, BStBl. 2004 II, S. 534, durch BMF-Schreiben v. 24.05.2004, BStBl. 2004 I, S. 549 anerkannt.
1029 BMF-Schreiben v. 26.08.2003 – IV A 2 – S 2770–18/03 BStBl. 2003 I 437, Rn. 12; teilw. a.A. BFH, 28.07.2010 – I R 89/09, DStR 2010, 2182 zur Teilbetriebsausgliederung: Fußstapfentheorie gem. § 23 Abs. 1 i.V.m. § 4 Abs. 2 Satz 3, 12 Abs. 3 UmwStG; finanzielle Eingliederung sei kein personenbezogenes und damit nachfolgefeindliches Merkmal.

C. Gesellschaftslösungen unter Beteiligung der Veräußerer, »Familienpool« Kapitel 5

a) Grundzüge der Unternehmensteuerreform 2008

aa) Thesaurierungsbegünstigung

Zu einer grundlegenden Neubewertung führt die **Unternehmensteuerreform 2008**.[1030] Ab 2008 unterliegen (auf Antrag) nicht entnommene Gewinne aus Land- und Forstwirtschaft, Gewerbebetrieb oder selbstständiger Tätigkeit seitens bilanzierender Einzelunternehmer oder bei Mitunternehmern[1031] mit mehr als 10 % Beteiligung bzw. mehr als 10.000,00 € Gewinnanteil einem ermäßigten Steuersatz von 28,25 %,[1032] was der künftigen Belastung von Kapitalgesellschaften durch Körperschafts- und Gewerbesteuer entspricht[1033] (sog. Thesaurierungsbegünstigung[1034] gem. § 34a EStG; die aber Bilanzierung voraussetzt, also nicht bei Einnahmen-Überschuss-Rechnung zur Verfügung steht). Die spätere Entnahme solcher Beträge über den laufenden Gewinn (und getätigte Einlagen) hinaus, führt allerdings zu einer Nachbesteuerung, die mit der Thesaurierungsteuer zusammen sogar den »Reichensteuersatz« übersteigt.

2868

bb) Kapitalgesellschaften

Der **Steuersatz für Kapitalgesellschaften** (AG, GmbH, Limited) und für wirtschaftliche Tätigkeiten von Vereinen und öffentlich-rechtlichen Körperschaften wird für ab 2008 erzielte Einkommen von 25 % auf 15 % gesenkt. Hinzu kommen Solidaritätszuschlag und Gewerbesteuer, was bei einem gemeindlichen Hebesatz von 400 %[1035] zu einer weiteren Belastung von 14 % führt, so dass insgesamt eine steuerliche **Gesamtbelastung des Gewinns** i.H.v. 29,8 % resultiert ggü. zuvor 38,7 %. Damit bildet Deutschland nicht mehr das »Schlusslicht« in Europa, wie noch im Jahr 2007 (zum Vergleich:[1036] Estland 0 %, Zypern 10 %, Irland 12,5 %, Lettland und Litauen 15 %; Ungarn 16 %, Polen und Slowakei 19 %, Tschechien 24 %, Österreich und Slowenien 25 %, Niederlande 25,5 %, Finnland 26 %, Portugal 27,5 %, Schweden und Dänemark 28 %, Griechenland 29 %, Luxemburg 29,6 %, Großbritannien 30 %, Frankreich 33,3 %, Belgien 34 %, Spanien und Malta 35 %, Italien 37,3 %). Die nominalen Tarifsätze haben ganz außerordentliche Signalwirkung für Standortentscheidungen[1037] international ausgerichteter Investoren. Allerdings wirkt der ab 2009 noch niedrigere Abgeltungsteuersatz (Rdn. 2870) kontraproduktiv, da reine Investitionen in Kapitalmärkte privilegiert werden ggü. Produktivinvestitionen in Arbeitsplätzen (25 % im Vergleich zu 29,8 %).

2869

1030 BGBl. 2007 I, S. 1912 ff.
1031 Also nicht z.B. Einkünfte aus Vermietung und Verpachtung, wie sie von vermögensverwaltenden Personengesellschaften erzielt werden.
1032 Samt Solidaritätszuschlag also 29,8 %.
1033 Zusammengesetzt aus 15 % Körperschaftsteuer zuzüglich durchschnittlich 14 % Gewerbesteuerbelastung bei einer einheitlich auf 3,5 % abgesenkten Steuermesszahl und einem durchschnittlichen Hebesatz i.H.v. 400 %. Die Gewerbesteuer ist künftig nicht mehr als Betriebsausgabe abzugsfähig (zu den insoweit geplanten Änderungen im Gewerbesteuerrecht *Bergemann/Markl/Althof*, DStR 2007, 693).
1034 Vgl. im Einzelnen Anwendungsschreiben v. 11.08.2008, BStBl. 2008 I, S. 838; hierzu *Gragert/Wißborn*, NWB 2008, 3995 = Fach 3, S. 15251.
1035 In ländlichen Regionen sind geringere Hebesätze anzutreffen, in Ballungszentren deutlich höhere. Insgesamt beträgt die Gesamtbelastung für Kapitalgesellschaften in München 33 %, in Hamburg 32,3 %, in Köln 31,6 %.
1036 FAZ, Nr. 29 v. 03.02.2007, S. 13, gestützt auf Ermittlungen des IdW Köln.
1037 Nach Untersuchungen des Zentrums für Europäische Wirtschaftsforschung (ZEW) 2008, veröffentlicht im Länderindex der Stiftung Familienunternehmen 2. Aufl. 2008, belegt Deutschland innerhalb der 18 OECD-Staaten derzeit Rang 12, v.a. aufgrund der hohen Regelungsdichte (Rang 17), der hohen Arbeitsnebenkosten (Rang 16) und der Erbschaftsteuer (Rang 14).

Darüber können bestimmte unversteuerte Rücklagen gegen eine geringe Pauschalsteuer »entsperrt« werden, § 38 Abs. 4 bis 9 KStG.[1038]

2870 Diese Gesamtbelastung ist endgültig, es kommt also später zu keiner Steueranrechnung. Die **ausgeschütteten Gewinne** unterliegen sodann ab dem Jahr 2009 gemäß Rdn. 2872 ff. einer **Abgeltungsteuer** von 25 % zuzüglich Solidaritätszuschlag, wenn die Anteile im Privatvermögen gehalten werden, so dass die Belastung des Gewinns auf der Ebene der Kapitalgesellschaft und des Gesellschafters zusammen 48,3 % beträgt (bei einem Gewerbesteuer-Hebesatz von 400 %); zuvor betrug dieser Wert 53,3 %. Hinzu kommt ggf. Kirchensteuer. (Zum Vergleich: Bei mit Fremdkapital arbeitenden Kapitalgesellschaften betrug die Gesamtbelastung bis Ende 2008 46 %, seither knapp 28 %, d.h. die Belastungsdifferenz zwischen Eigen- und Fremdkapital stieg von sechs auf fast 19 Prozentpunkte. Dadurch werden keine Signale für eine stärkere Eigenkapitalfinanzierung gesetzt!).

2871 Befinden sich die Anteile an der Kapitalgesellschaft in einem Betriebsvermögen, werden anstelle des bisherigen Halbeinkünfteverfahrens ab 2009 60 % der Ausschüttung in die Gewinnermittlung, und zwar zum individuellen Steuersatz als Einkünfte aus Gewerbebetrieb, einbezogen (§ 3 Nr. 40 Satz 1 EStG);[1039] bei beteiligungshaltenden Kapitalgesellschaften bleiben schließlich nach wie vor 95 % der Ausschüttungen steuerfrei, § 8b KStG (Rdn. 6114).

cc) Abgeltungsteuer

(1) Erfasste Sachverhalte

2872 Weiterhin unterliegen ab[1040] 2009 fast (s. Rdn. 2874) alle Einkünfte aus Kapitalvermögen[1041] gem. § 20 Abs. 1 EStG im nunmehr erweiterten Sinne der 25 %igen **Abgeltungsteuer**[1042] zuzüglich Solidaritätszuschlag, somit gesamt **26,375 %** (§ 32d EStG, also ohne Erhöhung der Progres-

---

1038 Pauschalsteuer von 3 %, bezogen auf die gesamt ca. 78 Mrd. € unversteuerten Rücklagen im EK02, die bei der Aufhebung der Gemeinnützigkeit kommunaler Wohnungsgesellschaften in Westdeutschland 1990 durch »Hochbilanzierung« der damals 3,8 Mio. Wohnungen auf Marktwerte, ferner als Folge der Altschuldenhilfe und steuerfreier Investitionszulagen für den Aufbau Ost gebildet wurden. Bisher mussten bis 2019 vor einer Ausschüttung von Gewinnen zunächst diese Rücklagen ausgekehrt und mit 45 % nachversteuert werden, was den Verkauf von Wohnungs»paketen« an ausländische Finanzinvestoren erschwerte. Wohnungsunternehmen des öffentlichen Rechtes können jedoch auf Antrag die bisherige Praxis fortführen (§ 34 Abs. 16 KStG, überarbeitet durch das Jahressteuergesetz 2008, vgl. *Brockmann/Hörster*, NWB 2008, 38 f. = Fach 2. S. 9654 f.
1039 Bis zu einem Grenzsteuersatz von 41,66 % ist es demnach vorteilhafter, Beteiligungen im Betriebsvermögen zu halten, vgl. *Gemmel/Hoffmann-Fölkersamb*, NWB 2007, 2938 = Fach 3. S. 14698.
1040 Maßgeblich ist der Zufluss der Gewinnausschüttungen, bei beherrschenden Gesellschaftern (die den Zufluss steuern könnten) die Fälligkeit, vgl. *Schiffers*, GmbH-StB 2008, 142. Da das zuvor geltende Halbeinkünfteverfahren (max. 50 % von 45 % Reichensteuersatz) günstiger war, empfahlen sich Vorabausschüttungen in 2008; sind diese allerdings zurückzugewähren, da vom endgültigen Jahresüberschuss nicht gedeckt, handelt es sich um Einlagen, so dass der steuerliche Vorgang nicht rückgängig gemacht werden kann, OFD Berlin v. 21.01.1996, DStR 1996, 585.
1041 Übersicht zur Besteuerung von Kapitalvermögen bei *Günther*, ErbStB 2014, 109 ff., zur Abgeltungsteuer bei Kapitaleinkünften *Anemüller*, ErbStB 2015, 341 ff. und 359 ff.
1042 Vgl. hierzu monografisch *Harenberg/Zöller*, Abgeltungsteuer 2010, *Griesel/Mertes*, Die neue Abgeltungsteuer, 2008; ferner das BMF-Anwendungsschreiben v. 22.12.2009, BStBl. 2010 I 94 ff.; hierzu *Hensel*, NWB 2010, 966 ff. und *Harenberg* »Lexikon zur Abgeltungsteuer«, Beilage zu NWB Heft 13/2010; aktualisiert durch Anwendungsschreiben BMF v. 16.11.2010, BStBl 2010 I 1305; ferner Schreiben zu Zweifelsfragen BMF v. 18.01.2016 – IV C 1 – S 2252/08/10004:017 DOK 2015/0468306 (120 Seiten!), hierzu *Apitz*, EStB 2016, 97 und *Anemüller*, ErbStB 2016, 158 ff. ergänzt aufgrund der Neuregelung der Investmentbesteuerung 2018 durch BMF, 03.05.2017 – DOK 2017/0376548, vgl. EStB 2017, 359. Zur (unsicheren) Zukunft der Abgeltungsteuer vgl. *Mannefeld*, ErbStB 2017, 289 ff.

C. Gesellschaftslösungen unter Beteiligung der Veräußerer, »Familienpool«   Kapitel 5

sion für andere Einkünfte). Hinzu kommt ggf. die Kirchensteuer.[1043] Als Kapitalerträge gelten – wie bisher – Nutzungsentgelte für die Kapitalüberlassung (Zinsen, Dividenden – Quellenbesteuerung in Form der Kapitalertragsteuer[1044] –, Ausschüttungen; laufende Gewinne aus typisch stillen Gesellschaften in Privatvermögen: Rdn. 2704), ebenso aber – über die vor 2009 geltende Rechtslage hinaus[1045] – Gewinne aus der entgeltlichen[1046] Veräußerung[1047] solchen privaten Kapitalvermögens (Substanzverwertung, § 20 Abs. 2 EStG[1048]), und zwar (anders als in Österreich, der Schweiz und Frankreich) ohne Zeitbegrenzung.[1049]

Ausgenommen sind lediglich die praxiswichtigen Gewinne aus der Veräußerung von »wesentlichen« Kapitalgesellschaftsbeteiligungen ab 1 % in Privatvermögen gem. § 17 EStG, denen gem. § 17 Abs. 6 EStG Anteile unter 1 % gleichgestellt sind, sofern sie durch Sacheinlage gegen Gewährung neuer Anteile unter dem gemeinen Wert entstanden sind: Einkünfte aus Gewerbebetrieb, s. Rdn. 2882 ff. Sämtliche Gewinne aus der Veräußerung von Gesellschaftsanteilen unterliegen also künftig der Besteuerung, entweder nach § 17 EStG (Teileinkünfteverfahren), oder nach § 20 Abs. 2 EStG (Abgeltungsteuer). Von der Differenz zwischen Anschaffungskosten und Veräußerungserlös können die Transaktionskosten des Ankaufs und des Verkaufs abgezogen werden.   2873

Gem. § 20 Abs. 2 Satz 3 EStG gilt die Anschaffung/Veräußerung einer unmittelbaren oder mittelbaren Beteiligung an einer Personengesellschaft als Anschaffung/Veräußerung der anteiligen Wirtschaftsgüter (ebenso wie hinsichtlich der »Spekulationssteuer«, § 23 Abs. 1 Satz 4 EStG, Rdn. 4528).

(2) Ausgenommene Tatbestände

Die **Abgeltungsteuer gilt** jedoch zur Vermeidung einer missbräuchlichen Ausnutzung des Steuersatzgefälles zwischen »niedrig« besteuerten Zinseinkünften und hoch abzugsfähigen Schuldzinsen gem. § 32d Abs. 2 Satz 1 EStG **nicht** für Erträge aus Kapitalforderungen bzw. typisch stillen Gesellschaften   2874

1043 Der gesamte Abgeltungsteuersatz beträgt somit (bei einem Kirchensteuersatz von 9 %) 27,99 %, bei einem Kirchensteuersatz von 8 % – wie in Bayern – 27,83 %. Der Einbehalt erfolgt auf entsprechenden Auftrag durch das Kreditinstitut, sonst i.R.d. Einkommensteuerfestsetzung.

1044 Am Tag der Auszahlung erfolgt Abzug durch die Gesellschaft für Rechnung des Gesellschafters, §§ 43 Abs. 1 Nr. 1, 44 Abs. 1 Sätze 2 und 3 EStG.

1045 § 20 Abs. 2 Nr. 4 EStG a.F. erfasste lediglich Gewinne aus der Veräußerung sog. Finanzinnovationen als Kapitaleinkünfte.

1046 Ein Depotübertragung auf das Konto eines Anderen gilt ab 2009 als Verkauf und Ankauf der Wertpapiere (§ 43 Abs. 1 Satz 4 EStG), es sei denn, der Übertragung würde als Schenkung deklariert (mit dadurch ausgelöster Meldepflicht der Bank an die Schenkungsteuerstelle): in diesem Fall tritt der Erwerber uneingeschränkt in die bisherige Stellung ein, übernimmt also die Privilegierung von »Altanlagen« mit den historischen Anschaffungskosten, vgl. *Bieling/Liem*, ErbStB 2009, 23 ff.

1047 Als Veräußerung gilt z.B. auch die verdeckte Einlage in eine Kapitalgesellschaft: Einnahme i.H.d. gemeinen Wertes, § 20 Abs. 4 Satz 2 EStG. Bei der Einlage in eine Personengesellschaft erfolgt der Ansatz zum Teilwert, höchstens mit den Anschaffungskosten, vgl. § 6 Abs. 1 Nr. 5 lit. c) EStG. Die Veräußerung von Beteiligungen an einer vermögensverwaltenden Personengesellschaft gilt gem. § 20 Abs. 2 Satz 3 EStG als Veräußerung der anteiligen, in der Gesellschaft vorhandenen Wirtschaftsgüter, die Einkünfte aus Kapitalvermögen vermitteln.

1048 Überblick bei *Anemüller/Lohkamp*, ErbStB 2016, 121 ff. [auch zur schwierigen Abgrenzung zum steuerlich irrelevanten Vermögensausfall].

1049 § 23 EStG ist demnach im Wesentlichen auf Grundstücksveräußerungen reduziert; die einjährige Spekulationsfrist bleibt jedoch für andere Produkte als Kapitalanlagen und Termingeschäfte erhalten, etwa für Münzen, Oldtimer, Schmuck, Gemälde etc.

Kapitel 5

Gesellschaftsrechtliche Lösungen

(1) zwischen **nahestehenden Personen** (die Finanzverwaltung[1050] verwendete den Begriff zunächst deckungsgleich mit »Angehörigen« gem. § 15 AO, also insbesondere auch Ehegatten,[1051] schließt aber auch Darlehensverhältnisse zwischen anderen Personen ein, die einem Fremdvergleich nicht entsprechen;[1052] der BFH verlangt eine restriktivere Anwendung[1053] ab 2011 allerdings nur noch, soweit die Zinsen beim Zahlungspflichtigen als Betriebsausgaben oder Werbungskosten abzugsfähig sind. Dem ist die Finanzverwaltung nun gefolgt[1054] und stellt demnach auf die Existenz beherrschenden Einflusses durch oder auf den Steuerpflichtigen ab.

(2) zwischen **Anteilseigner und einer Kapitalgesellschaft**, an der er unmittelbar[1055] zu mindestens 10 % beteiligt ist (»schädliche Gesellschafterfremdfinanzierung«) – nicht erfasst sind jedoch Darlehen durch Angehörige eines solchen Anteilseigners an »dessen« Kapitalgesellschaft;[1056]

2875 (3) im Rahmen sog. **Back-to-Back-Finanzierungen** (der Steuerpflichtige ist Mitunternehmer bzw. an einer Kapitalgesellschaft zu mindestens 10 % beteiligt, unterhält bei einer Bank ein verzinstes Guthaben, und haftet [als Komplementär, als Bürge etc.] gleichzeitig für ein Darlehen, das dieselbe Bank »seiner« Gesellschaft gewährt hat). Um das bewährte Hausbankprinzip nicht zu gefährden, gilt dies nach Maßgabe des Jahressteuergesetzes 2008 nur, wenn Guthaben und Kapitalüberlassung auf einem einheitlichen Plan beruhen, was bei engem zeitlichen Zusammenhang oder bei einer Verknüpfung der Zinsvereinbarungen anzunehmen ist.[1057]

(4) sowie für **Zinseinnahmen für zum Privatvermögen zählende Einlagen bei einer Bank**, die zugleich den Betrieb dieses Steuerpflichtigen durch Kredit finanziert (dies gilt auch für »Geschäftskredite« i.R.d. Vermietung und Verpachtung, also Hypothekendarlehen für ein Mietwohngrundstück: Einlagenzinsen bei dieser Bank unterliegen nicht der günstigeren Abgeltungssteuer [vgl. § 32d Abs. 2 Nr. 1 lit. c] EStG)!

2876 Nicht der Abgeltungsteuer unterliegen jedoch nicht ausgeschüttete Veräußerungsgewinne auf der Ebene von Fonds,[1058] sowie Veräußerungsgewinne aus »Altanteilen«, die vor 01.01.2009 an-

---

1050 BMF v. 22.12.2009 BStBl. 2010 I, S. 94 Rn. 136; hierzu ausführlich *Worgulla*, ErbStB 2010, 151 ff., der für eine Differenzierung zwischen nahe stehenden natürlichen Personen und Gesellschaften plädiert und zusätzliche Kriterien (Gesamtbelastungsvorteil und Einkünfteverlagerung) fordert; teilweise anders die frühere Lit. (*Fischer*, DStR 2007, 1898, 1899; *Schiffer*, GmbH-StB 2008, 267). FG Niedersachsen, 18.06.2012 – 15 K 417/10 ErbStB 2012, 351 folgt der Verwaltungsauffassung.
1051 Dies ist verfassungsgemäß, FG Köln, 28.01.2014 – 12 K 3373/12, ErbStB 2014, 179.
1052 Nach Maßgabe der Rn. 4 bis 6 des BMF-Schreibens v. 01.12.1992 BStBl. 1992 I, S. 729.
1053 BFH, 29.04.2014 – VIII R 9/13, 35/13, 44/13 MittBayNot 2015, 265 m. Anm. *M. Wachter* = ErbStB 2014, 271; vgl. *Werth*, DStZ 2014, 670 ff. und *Brill*, EStB 2015, 170 ff. sowie 211 ff.
1054 BMF, 09.12.2014 – IV C 1 – S 2252/08/10004:015, BStBl 2014 I 1608, vgl. hierzu *Anemüller*, ErbStB 2015, 83 (Änderung der Tz. 136 des Anwendungsschreiben zur Abgeltungssteuer v. 09.10.2012) und *Werth*, DStR 2015, 1343, 1345.
1055 Mittelbare Beteiligung genügt nicht, FG Köln, 18.01.2017 – 9 K 267/14, ErbStB 2017, 275, n. rkr., Az. BFH: X R 9/17.
1056 BFH, 14.05.2014 – VIII R 31/11, GmbHR 2014, 1054.
1057 Anders, wenn die Zinsvereinbarungen marktüblich sind und kein Belastungsvorteil entsteht. Auch sog. Doppelbankenfälle können nun vom einheitlichen Plan erfasst sein, vgl. *Brockmann/Hörster*, NWB 2008, 30 = Fach 2, S. 9646.
1058 Tabellarische Übersicht bei *Maier/Wengenroth*, ErbStB 2007, 281 ff. Es handelt sich nicht um »ausschüttungsgleiche Erträge«, vgl. *Ebner*, NWB 2007, 2949 ff. = Fach 3, S. 14709 ff. Abgeltungsteuer fällt jedoch an bei Veräußerung der ab 2009 angeschafften Fondsanteile selbst, etwa bei Auszahlung von lang laufenden Fondssparplänen, und bei der Ausschüttung von durch den Fonds aus nach 2008 angeschafften Wertpapieren erzielten Veräußerungsgewinnen (anders das vor 2009 geltende »große Fondsprivileg«, § 2 Abs. 3 Nr. 1 InvStG a.F.). Daher werden seit 2009 mehr thesaurierende Fonds angeboten.

C. Gesellschaftslösungen unter Beteiligung der Veräußerer, »Familienpool« Kapitel 5

geschafft wurden[1059] (für Finanzinnovationen, also z.B. Indexzertifikate ohne Kapitalgarantie,[1060] und für Fonds mit solchen Zertifikaten, gilt jedoch eine Sonderregelung: Ihre Veräußerung ist auch dann steuerpflichtig, wenn sie zwischen dem 14.03.2007 und dem 31.12.2008 angeschafft und nach dem 30.06.2009[1061] veräußert werden. Weiter ist zu beachten, dass der Bestandsschutz für Altpapiere sich auf Veräußerungsgewinne beschränkt, d.h. Dividendenausschüttungen und Zinszahlungen nach dem 01.01.2008 unterliegen auch insoweit uneingeschränkt der Abgeltungsteuer).

Des Weiteren bleiben steuerbegünstigte[1062] Lebensversicherungen[1063] ausgenommen (in einem solchen Mantel vorhandene Vermögenswerte erzielen also Erträge, die – sofern keine Entnahme stattfindet – steuerfrei bleiben: dies schafft Stundungsvorteile, hinzu kommt die Abzugsfähigkeit der Verwaltungskosten);[1064] die Steuerfreiheit von »Altversicherungsverträgen«[1065] aus der Zeit vor 2005 ist davon ohnehin gänzlich unberührt. Auch fondsgebundene Lebensversicherungen (FLV) kommen insoweit in Betracht; allerdings darf seit 2009 die Risikokomponente nicht zu gering ausfallen (§ 20 Abs. 1 Nr. 6 Satz 4 und 6 EStG),[1066] und es darf sich nicht um vermögensverwaltende Fonds handeln, bei welchen dem Versicherungsnehmer schädliche Dispositionsrechte eingeräumt sind (Verbot sog. insurance wrappers,[1067] § 20 Abs. 1 Nr. 6 Satz 5 EStG). Luxemburg lockte bis zur rückwirkend zum 09.11.2007 greifenden »Gegenreaktion« des deutschen Gesetzgebers[1068] mit Specialised Investment Funds (SIF), sog. »Millionärsfonds«, bei denen trotz eigen-

2877

1059 Dies gilt bei Einzelwertpapieren, aber auch auf Fondsebene, d.h. auch ausgeschüttete Veräußerungsgewinne aus Wertpapieren, die der Fonds vor 2009 angeschafft hat, bleiben steuerfrei (stammen aber auch bei Altfonds Ausschüttungen untypischerweise nicht aus Dividenden und Zinserträgen, sondern aus Veräußerungsgewinnen von nach 2008 angeschafften Wertpapieren, fällt hierauf Abgeltungsteuer an. Vorzuziehen sind daher eher thesaurierende Fonds).
1060 Garantie- oder Zinszertifikate sind wie bisher voll steuerpflichtig, auch hinsichtlich der Kursgewinne ohne Zeitbegrenzung, allerdings künftig nicht mehr mit dem individuellen Steuersatz, sondern nur i.H.d. Abgeltungsteuer, so dass sie evtl. profitieren.
1061 Bei einem Verkauf davor, aber nach Ablauf der Jahresfrist, bleibt der Veräußerungsgewinn steuerfrei.
1062 Andernfalls unterliegt bei Verträgen seit 2005 auch hier die Differenz zwischen eingezahlten Beträgen und Versicherungsleistung der Abgeltungsteuer, § 20 Abs. 1 Nr. 6 EStG n.F.
1063 Für Verträge ab 2005 genügt es für das verbleibende ertragsteuerliche Privileg (Besteuerung nur der hälftigen Differenz zwischen eingezahlten Beträgen und Rückkaufswert nach dem individuellen Steuersatz), dass die Auszahlung erst nach 12 Jahren und nach dem 60. Lebensjahr der begünstigten Person erfolgt, ausreichend ist jedoch auch eine Einmaleinzahlung. Diese Besteuerung ist stets günstiger als die Abgeltungsteuer (von 26,38 % zuzüglich Kirchensteuer).
1064 Depotgebühren, Vermögensmanagement und Lebensversicherungsprämie mindern die steuerpflichtigen Erträge und damit die Steuerbelastung gemäß vorstehender Fußnote; die Abgeltungsteuer dagegen wäre auf den Bruttoertrag zu zahlen.
1065 Voraussetzung: mindestens fünf gleiche Jahresbeiträge, 12 Jahre Laufzeit und 60 %igen Todesfallschutz.
1066 Mindestens 50 % der über die gesamte Laufzeit einzuzahlenden Beiträge; bei Einmalzahlung mindestens 10 % über dem Deckungskapital; hierzu *Koblenzer*, ErbStB 2010, 174 und BMF-Schreiben v. 01.10.2009 – IV C 1 – S 2252/07/0001, BStBl. 2009 I, S. 1172.
1067 Diese können dann nicht mehr den Anfall von Abgeltungsteuer auf Zinsen, Dividenden, und auf Veräußerungserlöse für nach 2008 angeschaffte Wertpapiere vermeiden, vgl. ausführlich Tz. 34a bis 34m des BMF-Schreibens v. 01.10.2009, BStBl. 2009 I, S. 1172 und *Koblenzer*, ErbStB 2010, 173 ff. Aktuelle Rechtsprechung hierzu referiert *Günther*, ErbStB 2016, 7 f.
1068 Einfügung des § 18 Abs. 2a InvestmentStG i.R.d. Jahressteuergesetzes 2008, BGBl. 2007 I, S. 3184: gesetzliche Umwidmung des steuerfreien Wertpapierhandels durch »Luxemburger Mäntel« in Ausschüttungen, die beim Gesamtverkauf anfallen und dann wie Zinsen besteuert werden. Hierzu Erlass BMF v. 03.11.2008: Mindestanlagesumme 100.000,00 € oder Erfordernis besonderer Sachkunde, ebenso bei Vorhandensein von lediglich zehn Anlegern.

bestimmter Umschichtungen der »Bestandsschutz« nicht verloren geht,[1069] sowie – allerdings nur bei Einhaltung der geschilderten neuen Vorgaben des § 20 Abs. 1 Nr. 6 EStG nach Maßgabe des Jahressteuergesetzes 2009 – mit der Einbringung in luxemburgische oder liechtensteinische Lebensversicherungsmäntel.[1070] Auch die thesaurierende GmbH[1071] oder (wegen der zusätzlichen Gewerbesteuerfreiheit) die thesaurierende Familienstiftung gewannen an Attraktivität.

2878 Mit Wirkung **ab 01.01.2018** wird allerdings das **Besteuerungsprinzip für Investmentfonds umgestellt**[1072]: Das bisherige System, das von einer transparenten Besteuerung (eingeschränkt durch das sogenannte »Fondsprivileg«) geprägt war, wird in abgeschwächter Form nur noch beibehalten für sogenannte »Spezial-Investmentfonds«, deren Anlegerzahl auf maximal 100 Personen beschränkt ist. Für die sonstigen Investmentvermögen gilt künftig der Grundsatz der Intransparenz, d.h. es wird hinsichtlich der Besteuerung zwischen der Vorebene, einerseits, und der Anlegerebene, andererseits, differenziert. Ausgenommen vom Anwendungsbereich des neuen Investment-Steuergesetzes sind jedoch gem. § 1 Abs. 3 InvStG n.F. geschlossene Fonds, die in der Rechtsform einer in- oder ausländischen Personengesellschaft organisiert sind, Unternehmensbeteiligungsgesellschaften i.S.d. § 1a Abs. 1 UBGG sowie REIT-AGs.

2879 Ab dem **01.01.2018** (§§ 6 ff. InvStG n.F.) werden inländische Fonds 15 % Körperschaftsteuer auf deutsche Dividenden, deutsche Mieterträge und Gewinne aus dem Verkauf deutscher Immobilien[1073] entrichten (bisher waren Erträge dieser Art auf Ebene des Fonds selbst steuerfrei); im Gegenzug für diese neue Besteuerung auf Fondsebene bleiben für den Anleger (gem. § 20 InvStG) Ausschüttungen und Verkaufsgewinne (für Anteilsverkauf oder -rückgabe) zum Teil von der Abgeltungsteuer befreit (und zwar für Privatanleger in Aktienfonds[1074] eine Steuerfreiheit von 30 %, in Mischfonds[1075] 15 %, in zu mindestens 51 % in inländischen Immobilien investierenden Fonds 60 %, bei überwiegender Investition in ausländischen Immobilien 80 %). Inhaber von fondsgebundenen Renten- oder Lebensversicherungen können allerdings diese Teilfreistellung nicht nutzen, sondern erleiden durch die geringeren Ausschüttungen der Fonds einen bleibenden Nachteil; Gleiches gilt für Kleinanleger, die noch nicht einmal ihren Sparerpauschbetrag ausgeschöpft haben, so dass sie keine Abgeltungsteuer zu entrichten haben, für die ihnen eine Teilfreistellung als Gutschrift nutzen könnte. Gem. § 21 InvStG sind auch Werbungskosten oder Betriebsausgaben nur anteilig in der Höhe abzuziehen, die als Freistellungsprozentsatz auf der privaten Ebene gewährt wird.

1069 Ab einem Mindestbetrag von 1.250.000,00 € erlaubt das Luxemburger Spezialfondsgesetz v. 18.02.2007 Privatfonds (auch als Zusammenschluss von bis zu zehn Sparern mit je 125.000,00 €), so dass das Wertpapierdepot in Form eines vor 01.01.2009 angeschafften Fondsanteils (bis zum Gesamtverkauf) frei von Abgeltungsteuer gehalten werden kann. In Luxemburg fällt lediglich auf 0,01 % des Fondsvermögens jährliche Vermögensteuer an, ferner Steuern auf Dividenden und Zinsen, gleichgültig ob ausgeschüttet oder nicht. Diese sind allerdings in der eigenen Steuererklärung anzugeben (und unterliegen der Abgeltungsteuer), ferner ist einmal jährlich eine »Bilanz« des Luxemburger Vermögens aufzustellen, und es bestehen Veröffentlichungspflichten nach dem deutschen InvestmentsteuerG.

1070 Auch bereits bestehende Depots können einen »Lebensversicherungsmantel« erhalten, vgl. *Groß*, ErbStB 2007, 240 und *Koblenzer*, ErbStB 2007, 352. Diese lösen jedenfalls in Luxemburg keine zusätzliche Besteuerung der Grundstockkapitalien oder der Auszahlungen aus. Zu den Anforderungen an die steuerliche Anerkennung ausländischer fondsgebundener Lebensversicherungsverträge *Welker*, ErbStB 2015, 15 ff.; zu steuerlich nachteiligen Versicherungsmänteln *Welker*, ErbStB 2015, 229 ff.

1071 Zinsen, Dividenden und Kursgewinne unterliegen zwar der Gewerbesteuer; Erträge aus Aktien werden aber nur i.H.v. 5 % besteuert, so dass die Körperschaftsteuer effektiv (15 % von 5 % =) 0,75 % beträgt.

1072 Vgl. *Carlé*, ErbStB 2017, 20 ff.

1073 Ausgenommen sind solche Immobilien, bei denen am 01.01.2018 die bisher zehnjährige Haltefrist bereits abgelaufen war.

1074 Das sind Fonds, die fortlaufend mindestens 51 % des Fondsvermögens in Aktien investieren.

1075 Das sind Fonds, die fortlaufend mindestens 25 % des Fondsvermögens in Aktien investieren.

Handelt es sich um thesaurierende Fonds, fehlt es naturgemäß an Ausschüttungen, von denen die Steuern abgezogen werden können, so dass der Anleger die Steuer (durch Abbuchung vom Verrechnungskonto) wirtschaftlich »vorstreckt«. Dies lässt sich allenfalls durch eine NV-Bescheinigung (bei zu erwartenden Jahreseinkünften unter 9.657 €) vermeiden.

Ferner **entfällt ab 01.01.2018** die bisherige (an sich dauerhaft versprochene) **Steuerfreiheit** für Gewinne aus dem Verkauf solcher Fondsanteile, die Anleger **vor 2009** (also vor Einführung der Abgeltungsteuer) gekauft haben; diese können also nur noch bis Ende 2017 steuerfrei verkauft werden. Unterbleibt dies, gelten alle Fondsanteile als zum 31.12.2017 verkauft und wieder angeschafft, so dass die ab 2018 erzielte Wertsteigerungen für Anteile, die Privatanleger vor 2009 gekauft haben, steuerpflichtig wird. Ein Freibetrag von 100.000 € pro Anleger für Kursgewinne aus solchen Altanteilen soll die Aufhebung des Bestandsschutzes mildern. Steuern auf solche Altanteile werden also erst fällig, wenn der persönliche Freibetrag von 100.000 € durch ab 2018 anfallende Erträge ausgeschöpft ist, wobei Gewinn und Verlust miteinander verrechnet werden können (so dass der Verkauf von Altbeständen mit Verlust ab 2018 zu einer Vergrößerung des persönlichen Freibetrags führt). Der Freibetrag ist allerdings nicht übertragbar und nicht vererblich.[1076]

2880

Für Anleger ausländischer thesaurierender Fonds wird künftig die depotführende Stelle eine Pauschale zum Jahresende ermitteln, auf welche der Anleger Abgeltungsteuer zu entrichten hat; bei einem Verkauf der Fondsanteile verrechnen die depotführenden Stellen automatisch die bereits entrichteten Vorabpauschalen mit dem Veräußerungsgewinn, so dass eine doppelte Versteuerung durch den Anleger vermieden wird. Bis Ende 2017 mussten solche Anleger die wiederangelegten Erträge und die anrechenbare ausländische Steuer in ihrer eigenen Steuererklärung angeben und zudem darauf achten, beim Verkauf der Anteile (bei dem die Depotbank Abgeltungsteuer für den gesamten aufgelaufenen Wertzuwachs abführt) die bereits abgerechneten Beträge anrechnen zu lassen.

2881

(3) Ausnahme für Veräußerungen gem. § 17 EStG

Veräußerungsgewinne, die dem **§ 17 EStG** (Rdn. 6110) – einer Gewinnermittlungsvorschrift eigener Art[1077] – unterliegen (also für im Privatvermögen gehaltene Anteile oder Anwartschaften hierauf[1078] über 1 % an Kapitalgesellschaften, sofern es sich nicht um dann § 21 UmwStG unterfallende einbringungsgeborene Anteile handelt),[1079] werden jedoch nicht von der Abgeltungsteuer erfasst, § 20 Abs. 8 EStG – für diese gilt (wie für Ausschüttungen in das Betriebsvermögen, vgl. Rdn. 6119; zur Sondersituation der Veräußerung durch Kapitalgesellschaften vgl. Rdn. 6114 ff.)

2882

1076 Ein Verkauf von Altanteilen vor 2018 ist grundsätzlich nicht ratsam, da dann der persönliche Freibetrag von 100.000 € nicht mehr zur Verfügung steht, sondern für die neu erworbenen Anteile in voller Höhe Steuern auf Kursgewinne fällig werden. Es erscheint ratsam, Ende 2017 die Anteile, die aus der Zeit vor 2009 stammen, zu dokumentieren, um Informationsübertragungspannen etwa bei einem Depot- oder Bankwechsel zu vermeiden.

1077 Es gilt demnach z.B. nicht § 11 EStG (Zuflussprinzip): BFH, 01.04.2008 – IX B 257/07, JurionRS 2008, 15052, sondern der Übergang des wirtschaftlichen Eigentums. Letzteres erfordert kumulativ (i) das Innehaben einer rechtlich geschützten auf Erwerb gerichteten Position, (ii) den Übergang der mit dem Anteil verbundenen Rechte und (iii) den Übergang der Wertminderungsrisiken – an Letzterem fehlt es, wenn der Kaufpreis bisher nur vorläufig bestimmt ist, BFH, 22.07.2008 – IX R 74/06, GmbHR 2008, 319.

1078 Z.B. Ansprüche aus schuldrechtlichen Ansprüchen auf den Erwerb einer Beteiligung [»call-option«], vgl. BFH, 19.12.2007 – VIII R 14/06, GmbH-StB 2008, 100.

1079 Wurden solche Anteile jedoch auf Antrag entstrickt (§ 21 Abs. 2 Satz 1 Nr. 1 UmwStG), unterfallen sie wieder § 17 Abs. 1 EStG; Gewinn ist der Betrag, welcher den gemeinen Wert übersteigt (BFH, 24.06.2008 – IX R 58/05, EStB 2008, 44).

weiterhin das Teileinkünfte –, für alle Veräußerungen vor 2009[1080] das Halbeinkünfteverfahren, d.h. sie werden nun hinsichtlich
(1) 60 % des Veräußerungserlöses[1081]
(2) abzgl. 60 % der Anschaffungskosten einschließlich nachträglichen Anschaffungsaufwandes (etwa in Gestalt des Ausfalles eigenkapitalersetzender Gesellschafterdarlehen[1082] und Bürgschaften,[1083] Rdn. 6128, oder der Ablösung vorbehaltenen Nießbrauchsrechte durch Einmal- oder Rentenzahlungen,[1084] nicht zum Anschaffungsaufwand zählt jedoch bezahlte Schenkungsteuer[1085])
(3) und abzgl. 60 % der Transaktionskosten
mit dem persönlichen Einkommensteuertarif versteuert, vgl. § 3 Nr. 40c i.V.m. § 3c Abs. 2 Satz 1 EStG. Gem. § 17 Abs. 3 EStG wird (lediglich) ein Freibetrag von max. 9.060 € gewährt, je nach Größe des übertragenen Anteils, der jedoch rasch abschmilzt.

2883 Allerdings wurden **laufende (Zins-)Aufwendungen zur Finanzierung der Anschaffung** solcher Anteile bisher stets in Werbungskostenzusammenhang mit den möglichen Dividendeneinkünften (auch wenn solche konkret nicht erzielt wurden), nicht mit Veräußerungserlösen gesehen (§ 17 EStG selbst sieht keinen Abzug laufender Werbungskosten vor), so dass sie vor 2009 nach Halbeinkünfteverfahren bei den Kapitaleinkünften abgezogen werden konnten,[1086] ab 2009 jedoch insoweit bei im Privatvermögen gehaltenen Anteilen dem Werbungskostenabzugsverbot des § 20

1080 Maßgeblich ist der Veräußerungszeitpunkt, nicht der Zufluss des Veräußerungserlöses, OFD Hannover v. 20.05.2008 – S 2244 –96 – St 0243, EStB 2008, 278.
1081 Eine Veräußerung i.S.d. § 17 Abs. 1 EStG liegt nicht vor bei einer Schenkung. Ein »Kaufpreis von Null Euro« unter Angehörigen ist nur dann keine Schenkung, wenn der Anteil tatsächlich objektiv wertlos ist und auch von den Beteiligten so gesehen wird, FG Düsseldorf, 19.03.2015 – 8 K 1885/13, ErbStB 2015, 248. Noch großzügiger das Revisionsurteil (BFH, 03.08.2016 – IX R 23/15, NZG 2017, 198): Liegen keine Anhaltspunkte dafür vor, dass die Beteiligten die Vereinbarung nur zum Schein geschlossen haben, besteht für die davon abweichende Annahme einer subjektiven Bewertung mit einem höheren Wert als 0 € ungeachtet der persönlichen Motive für die Übertragung kein Raum.
1082 Sog. funktionaler Eigenkapitalbegriff: in der Krise gewährte oder stehengelassene Darlehen, vor der Krise auf Krisenfinanzierung angelegte oder von vornherein in die Finanzkonzeption der Gesellschaft eingebundene Darlehen.
1083 Der VIII. und ihm folgend nun der IX. Senat des BFH orientiert sich an § 32a GmbHG und an den Rechtsprechungsgrundsätzen [*Roser*, EStB 2008, 333 ff.; krit. *Weber-Grellet*, NWB 2008, 3829 ff. = Fach 3, S. 15229 ff.]. Unklar ist, wie die »Entschärfung« der eigenkapitalersetzenden Darlehen durch das MoMiG ab 01.11.2008 sich hierauf auswirken wird. Da nunmehr jedes Gesellschafterdarlehen gem. § 39 Abs. 1 Nr. 5 InsO mit Eintritt der Krise nachrangig wird, könnten insoweit auch bei Minderheitsgesellschaftern ohne Geschäftsführungsbefugnis künftig nachträgliche Anschaffungskosten entstehen, *Fuhrmann*, KÖSDI 2008, 16224 und NWB 2009, 3990 ff.; *Neumann*, GmbH-StB 2008, 361 ff. [zu einem Bürgschaftsfall bei 50 %iger Beteiligung: BFH, 20.11.2012 – IX R 34/12, GmbHR 2013, 484]. Lediglich Darlehen, die nach dem Sanierungs- oder nach dem Kleinstbeteiligungsprivileg begünstigt sind [§§ 39 Abs. 4 Satz 2, Abs. 5 InsO], sind i.R.d. § 17 EStG sicherlich nicht mehr als nachträgliche Anschaffungskosten zu berücksichtigen – zur Rechtslage vor dem MoMiG FG Köln, 25.06.2009 – 10 K 266/06, GmbH-StB 2009, 296 –, es sei denn, sie würden durch qualifizierten Rangrücktritt in den Rang eines »normalen« Gesellschafterdarlehens abgewertet, *Bode*, DStR 2009, 1781.
1084 FG Düsseldorf, 06.08.2010 – 1 K 2690/09 E, ErbStB 2010, 328: jedenfalls wenn die nachträgliche Ablösung nicht von vornherein vereinbart war. Als Folge dieser Rspr. wird eine ursprünglich unentgeltliche Geschäftsanteilsabtretung [§ 17 Abs. 1 Satz 4 EStG] aufseiten des Erwerbers doch zur entgeltlichen, ohne dass der Veräußerer den Ablösebetrag für den bisherigen Nießbrauch zu versteuern hätte!
1085 FG Nürnberg, 12.01.2016 – 1 K 1589/15, ErbStB 2016, 141 [n. rkr., Az. BFH: IX B 33/16].
1086 Sogar wenn sie auf Zeiträume nach der Veräußerung der Beteiligung oder Auflösung der Gesellschaft entfallen (nachträgliche Betriebsausgaben), vgl. BFH, 16.03.2010 – VIII R 20/08, BStBl. 2010 II 787; vgl. *Hindersmann/Morich*, StuB 2010, 696 ff.

C. Gesellschaftslösungen unter Beteiligung der Veräußerer, »Familienpool«   Kapitel 5

Abs. 9 EStG unterfallen, vgl. Rdn. 2886 und zu Vermeidungsstrategien Rdn. 2885. Der Veräußerung ist die Liquidation gleichgestellt (§ 17 Abs. 4 EStG).[1087]

Veräußerungsgewinne aus Anteilen an Kapitalgesellschaften, die nicht unter § 17 EStG fallen, d.h. aus Beteiligungen von **weniger als 1 %**, sind unabhängig von der bisher maßgeblichen einjährigen Spekulationsfrist stets steuerpflichtig gem. § 20 Abs. 2 Nr. 1 EStG. Sie unterliegen   2884
(1) für Anteile, die nach dem 31.12.2008 angeschafft worden sind, der 25 %igen Abgeltungsteuer (§ 20 Abs. 4 Satz 1 i.V.m. § 32d Abs. 1 EStG).
(2) für Anteile, die vor dem 01.01.2009 angeschafft worden sind, gilt weiter die derzeitige Regelung (§ 23 Abs. 1 Nr. 2 i.V.m. § 3 Nr. 40j i.V.m. § 3c Abs. 2 EStG): nach Ablauf der einjährigen Spekulationsfrist bleiben sie steuerfrei; vor Ablauf dieser Frist unterliegen sie weiter dem Halbeinkünfteverfahren.

(4) Werbungskosten- und Verlustabzug

Der weitere Werbungskostenabzug wird jedoch durch den (abschließenden) Sparerpauschbetrag[1088] von 801,00 € ersetzt, so dass Fremdfinanzierungen (sowie Fahrten zur Hauptversammlung, Depotgebühren, Börsenliteratur, PC-Programme etc.) steuerlich nicht mehr geltend gemacht werden können (§ 20 Abs. 9 EStG[1089]). Auch Beratungskosten im Zusammenhang mit Kapitalanlagen (die bei sog. family offices durchaus fünfstellige Jahresbeträge erreichen können) sind nicht mehr absetzbar, so dass sie oft als sog. ticket-fees in Erwerbs- oder Veräußerungsnebenkosten umgewidmet werden. Auch Verluste aus dem Ausfall privater Darlehen (etwa wegen Insolvenz des Darlehensschuldners) sind i.R.d. § 20 EStG unbeachtlich.[1090] (Einschlägige Finanzierungen hätten daher vor 2009 getilgt bzw. umgeschuldet werden oder aber die Beteiligung in das Betriebsvermögen – Teileinkünfteverfahren – überführt werden sollen).   2885

Es ist also nun günstiger, Finanzierungen auf der Ebene der Gesellschaft aufzunehmen, nicht auf der Ebene des Gesellschafters (Tilgung der Anschaffungskredite durch – allerdings abgeltungsteuerpflichtige – Ausschüttungen der GmbH, Ersetzung durch GmbH-Darlehen, oder Tilgung durch Entnahme in einem anderen Betrieb und Ersetzung durch dortige Kreditaufnahme). Sofern die Voraussetzungen vorliegen, kann der Kapitalgesellschafter zum Teileinkünfteverfahren gem. § 32d Abs. 2 Nr. 3 EStG optieren und die Anteile doch im Privatvermögen halten (Rdn. 2889). Andernfalls wird der Gesellschafter die tatsächliche Überführung der Beteiligung in ein Betriebsvermögen prüfen (»Teileinkünfteverfahren«),[1091] z.B. durch Einbringung in eine von ihm mit seiner GmbH gegründete GmbH & Co. KG (zu Buchwerten gem. Rdn. 2913 oder als Einlage gem. § 6 Abs. 1 Nr. 5 lit. b) EStG) oder Begründung einer atypisch stillen Beteiligung am Betrieb der betreffenden GmbH,[1092] oder durch Betriebsaufspaltung (Rdn. 5707 ff.; bedeutsame Investitionen werden durch die Gesellschafter als Besitzunternehmer getätigt und zur Nutzung überlassen; die Anteile an der Betriebskapitalgesellschaft bilden dann Sonderbetriebsvermögen II des Besitzunternehmens). Bei einer Beteiligung unter 15 % (Streubesitz) droht allerdings Gewerbesteuer auf die Gewinnausschüttungen der betreffenden GmbH.   2886

1087 *Fichtelmann*, EStB 2008, 328 ff.
1088 In dieser Höhe kann ein Freistellungsantrag bei der Bank gestellt werden, so dass keine Abgeltungsteuer einbehalten wird. Ferner bleiben Nichtveranlagungsbescheinigungen bedeutsam für Anlieger mit Wohnsitz in Deutschland, bei denen anzunehmen ist, dass sie nicht zur ESt veranlagt werden.
1089 Rechtsprechungsübersicht: *Karrenbrock*, NWB 2015, 1310 ff.
1090 FG Düsseldorf, 11.03.2015 – 7 K 3661/14 E; Az. BFH: VIII R 13/15; hierzu krit. *Aigner*, DStR 2016, 345 ff.
1091 Vgl. *Schulze zur Wiesche*, GmbHR 2008, 652.
1092 Es entsteht eine Mitunternehmerschaft mit der GmbH, an welcher der Gesellschafter zugleich atypisch still beteiligt ist; zum Sonderbetriebsvermögen der atypisch stillen Gesellschaft gehören die Anteile an der GmbH. Bei einer atypischen Unterbeteiligung am GmbH-Anteil müsste der Unterbeteiligte zudem als wirtschaftlicher Inhaber des Unterbeteiligungsbruchteils anzusehen sein.

2887 Verluste aus solchen Geschäften sind nur mit anderen Kapitalerträgen, Verluste aus Aktienverkäufen[1093] – als verkauft gelten aus demselben Depot[1094] immer die zuerst erworbenen: first in, first out – zeitlich unbegrenzt[1095] lediglich mit Abgeltungsteuern aus Aktienkursgewinnen (nicht aus Zinseinkünften!) verrechenbar[1096] bzw. bleiben als Verlustvortrag hierfür konserviert; es existieren also »zwei Verlusttöpfe«. (Der Gesetzgeber befürchtete Haushaltsrisiken im Fall eines Börsencrashs). Bei Kapitalerträgen, die der Kapitalertragsteuer gem. § 43 EStG unterliegen (Quellenbesteuerung), führt das jeweilige Kreditinstitut die Verlustverrechnung selbst durch.[1097]

(5) Optionsmöglichkeiten

2888 Aufgrund des **Günstigervergleichs** ist bei auf Antrag[1098] gem. § 32d Abs. 6 EStG durchzuführender unmittelbarer Veranlagung zur ESt der tatsächliche Grenzsteuersatz anzuwenden, wenn dieser wegen geringer sonstiger Einkünfte unter dem Abgeltungsteuersatz bleibt[1099] wobei anstelle einer individuellen Berücksichtigung der tatsächlichen Werbungskosten lediglich 60 % der Einnahmen angesetzt werden, ein Werbungskostenabzug findet demnach auch hier nicht statt.[1100] Beträgt hypothetisch der individuelle Steuersatz 0 %, bleibt es demnach allein bei der Steuerbelastung auf der Ebene der Kapitalgesellschaft i.H.v. 29,83 % (bei einem Gewerbesteuer-Hebesatz von 400 %). Davon zu unterscheiden ist die **schlichte Wahlveranlagung** gem. § 32d Abs. 4 EStG, wenn der Abgeltungsteuereinbehalt z.B. deshalb unzutreffend war, weil der Sparer-Pauschbetrag gem. § 20 Abs. 9 EStG nicht ausgeschöpft wurde oder Verluste außerhalb der »Verlustverrechnungskreise« des § 20 Abs. 6 EStG unberücksichtigt blieben.[1101]

2889 Außerdem eröffnet das **Jahressteuergesetz 2008** in § 32d Abs. 2 Satz 1 Nr. 3 EStG für bestimmte Fälle des § 17 EStG (berufsbedingte oder »unternehmerische«, d.h. über 25 % hinausgehende Beteiligungen) eine **Optionsmöglichkeit** zur Abstandnahme von der Abgeltungsteuer und damit zur Besteuerung nach dem individuellen progressiven Steuersatz,[1102] und zwar unter Anwendung des Teileinkünfteverfahrens (also auf 60 % der vollen Ausschüttung – die bereits auf der Ebene der Gesellschaft besteuert wurde –, jedoch unter Abzugsfähigkeit von 60 % aller Werbungskosten,

---

1093 Anders bei Verlusten, die aus Zertifikation oder American Depository Receipts (ADR) auf Aktientitel resultieren: diese sind auch mit Zinsen und Dividenden verrechenbar.
1094 Daher kann sich empfehlen, die ab 2009 angeschafften Aktien in einem neuen Depot zu verwahren, um die Steuerfreiheit der vor 2009 angeschafften Aktien derselben Gesellschaft so lange zu erhalten, bis tatsächlich diese verkauft werden sollen.
1095 Bisher waren nur Verluste aus Geschäften von weniger als einem Jahr Laufzeit relevant; alte Verlustvorträge müssen bis 2013 durch Verrechnung mit Spekulationsgewinnen »aufgebraucht« sein.
1096 Wurden bereits Abgeltungsteuern für Aktiengewinne in diesem Kalenderjahr abgeführt, erhält der Anleger durch die Bank eine »Gutschrift«.
1097 Nicht ausgeglichene Verluste werden grds. auf das nächste Kalenderjahr vorgetragen (§ 43a Abs. 3 Satz 4 EStG), auf bis zum 15.12. des Jahres zu stellenden Antrag hat aber das Kreditinstitut eine Bescheinigung auszustellen zur Verrechnung mit Verlusten außerhalb des Kreditinstituts.
1098 Das Wahlrecht wird durch Ankreuzen des entsprechenden Kästchens im oberen Bereich der Anlage KAP ausgeübt. Nach formeller Bestandskraft des Steuerbescheides ist er nur beachtlich wenn die Voraussetzungen einer verfahrensrechtlichen Änderungsnorm (z.B. § 173 Abs. 1 Nr. 2 AO: neue Tatsachen) erfüllt sind, BFH, 12.05.2015 – VIII R 14/13, ErbStB 2015, 314.
1099 Was i.d.R. bei einem zu versteuernden Einkommen unter 15.000,00 € (bei Zusammenveranlagung: 30.000,00 €)/Jahr der Fall ist.
1100 Es gilt also nicht das Teileinkünfteverfahren, § 3 Nr. 40d Satz 1 i.V.m. Satz 2 EStG.
1101 Vgl. BMF v. 22.12.2009 BStBl. 2010 I 94 Rn. 118; *Günther*, EStB 2010, 113, 115, auch zur Verlustbescheinigung des Kreditinstituts gem. § 45a EStG.
1102 Der häufig zu günstigeren Ergebnissen führt, sogar ohne Berücksichtigung der Werbungskosten (außer beim Reichensteuersatz von 45 % auf 60 % der Einnahmen = 27 % insgesamt).

C. Gesellschaftslösungen unter Beteiligung der Veräußerer, »Familienpool« Kapitel 5

§ 3c Abs. 2 EStG).[1103] Obwohl die Anteile also weiter im Privatvermögen gehalten werden, werden sie steuerlich »wie Betriebsvermögen« behandelt. Diese Optionsmöglichkeit[1104] soll
(1) in den Fällen, in denen der Anteilserwerb nicht der bloßen Kapitalanlage dient, sondern ein wesentlicher Einfluss auf unternehmerische Entscheidungen ausgeübt werden soll (mindestens **25 % Beteiligung** zu irgendeinem Zeitpunkt im Veranlagungszeitraum)[1105] – etwa beim kreditfinanzierten Management-Buy-Out;
(2) oder wenn es sich um einen Anteilserwerb an einer Berufsträgerkapitalgesellschaft handelt (mindestens **1 %ige Beteiligung** an der Gesellschaft, für die er **beruflich tätig ist** – reicht ein Minijob?[1106] reicht eine gelegentliche freiberufliche Beratung?);
die Möglichkeit der Geltendmachung von Werbungskosten (auch Veräußerungsrenten, vgl. Rdn. 6263) bzw. Betriebsausgaben, die im Zusammenhang mit dem Anteilserwerb stehen, ermöglichen.[1107]

Der Antrag gilt als für fünf Veranlagungszeiträume gestellt und kann nur einmal widerrufen werden (danach ist eine neuerliche Rückkehr zum progressiven Einkommensteuertarif nicht mehr möglich); er kann für alle Anteile des Steuerpflichtigen an der jeweiligen Beteiligung nur einheitlich gestellt werden. Wirtschaftlich kann diese Option zur »Vollversteuerung« führen. 2890

▶ Beispiel:

Gewinn bei der GmbH von 100, abzgl. Steuern auf der Ebene der Gesellschaft ca. 30 ergibt Ausschüttung 70. Bei Werbungskosten von 70 – also nach dem Teileinkünfteverfahren Einnahmen und Ausgaben von 42 – fällt keine weitere private Steuer an, gleichwohl wurde der wirtschaftlich verbleibende Ertrag von 30 vollständig, nämlich i.H.v. 30, besteuert![1108]

(6) Erhebungsverfahren

Die Erhebung der Abgeltungsteuer »an der Quelle« in anonymisierter Form (Meldung lediglich der Postleitzahl des Anlegers für statistische Zwecke) führt zum Entfallen der Anlagen KSO und SO, und zu Reduzierung der sonstigen Progression. Eine »Wahlveranlagung« ist jedoch durchzuführen zur »Günstigerprüfung« bei einem Grenzsteuersatz unter 25 %, bei der Berücksichtigung von Altverlusten oder von Verlusten über mehrere Depots hinweg (Antrag auf Verlustbescheinigung ist bei der Bank bis zum 15.12. eines Jahres zu stellen). Eine Pflichtveranlagung ist notwendig bei Auslandsfonds, sowie bei Geschäften unter Privaten (z.B. Darlehen unter Privatpersonen, Verkauf von GmbH-Anteilen unter 1 % etc.). 2891

1103 Gleiches gilt bei Anteilen im Betriebsvermögen. Der BFH, 25.06.2009 – IX R 42/08, BStBl. 2010 II 220, hat die Anwendung des § 3c Abs. 2 EStG abgelehnt (mit der Folge des vollen Abzugs als Betriebsausgaben oder Werbungskosten), wenn auf Gesellschaftsebene gar keine Gewinne entstanden waren, gleiches gilt bei einem nur symbolischen Kaufpreis von 1,00€: BFH, 06.04.2011 – IX R 61/10, DB 2011, 1667 (Nichtanwendungserlass: BMF, 15.02.2010, BStBl. 2010 I, S. 181: dessen Aufhebung: BMF, 28.06.2010, BStBl. 2010 I 599); der Gesetzgeber hat ab 01.01.2011 (JStG 2010) die Anwendbarkeit des § 3c Abs. 2 EStG gemäß dessen neuem Satz 2 bereits dann eröffnet, wenn lediglich die Absicht der Erzielung von Betriebseinnahmen bestand. Vgl. hierzu nun umfassend BMF v. 23.10.2013, GmbHR 2013, 1340 (ersetzt BMF v. 08.11.2010, BStBl. 2010 I, S. 1292); krit. zur Abzugsbeschränkung bei Darlehen *Förster*, GmbHR 2011, 393, 400 ff. Vgl. zu § 8b Abs. 3 Satz 4 bis 8 KStG nun auch Rdn. 6135.
1104 Zum (möglichen) Widerruf der Option (welcher allerdings eine erneute Option für diese Beteiligung ausschließt) sowie zum Fehlen eines neuerlichen isolierten Optionsrechtes bei späterem Hinzuerwerb einer weiteren Beteiligung vgl. *Gebhardt*, EStB 2010, 232 ff.
1105 *Neumann/Stimpel*, GmbHR 2008, 57, 61.
1106 Vgl. zu den Unsicherheiten *Schmidt/Wänger*, NWB Fach 3, S. 14939 ff.
1107 Vgl. umfassend *Schulze zur Wiesche*, GmbHR 2008, 649 ff.
1108 Vgl. *Paus*, NWB 2008, 639 = Fach 3, S. 14965.

(7) Auswirkungen

2892 Gegenüber dem zuvor geltenden Halbeinkünfteverfahren führt die Abgeltungsteuer stets zu einer höheren Steuerbelastung auf Gesellschafterebene (bisherige Maximalsteuer: 45 % Reichensteuer aus der halben Dividende = 22,5 %). Eine Gesamtentlastung ergibt sich nur unter Berücksichtigung der niedrigeren Besteuerung auf Kapitalgesellschaftsebene, Rdn. 2915 ff.: Zuvor betrug bei einer ausschüttenden Kapitalgesellschaft unter Ansatz eines persönlichen Steuersatzes von 42 % die Gesamtsteuerbelastung (bei Gesellschaft und Gesellschafter) 52,25 %, nun – unter Geltung der Unternehmensteuerreform 2008 sowie der Abgeltungsteuer bei einem maximalen Einkommensteuersatz von 45 % (»Reichensteuer«, bei einem zu versteuernden Einkommen über 250.000,00 €, bei zusammen veranlagten Ehegatten über 500.000,00 €, ab 2008 unter Einschluss auch gewerblicher, land- und forstwirtschaftlicher und freiberuflicher Einkünfte) nur noch 48,33 %.

2893 Die Abgeltungsteuer hat den angenehmen Nebeneffekt, dass »**verdeckte Gewinnausschüttungen**« (vGA) seit 2009 etwas von ihrer steuerlichen Gefährlichkeit verloren haben.[1109] Dies soll ein kurzes Beispiel verdeutlichen.[1110]

▶ Beispiel:

Eine GmbH erzielt im Jahr 2006 einen vorläufigen Jahresüberschuss von 500.000,00 € vor Steuern; das an den Gesellschafter-Geschäftsführer ausgezahlte Gehalt von 300.000,00 € ist i.H.v. 100.000,00 € unangemessen. Diese vGA führte in 2006 zu einer Erhöhung des Jahresüberschusses auf 600.000,00 €, so dass sich bei der GmbH Mehrsteuern von (16.670,00 € für Gewerbesteuer, 20.833,00 € für 25 % Körperschaftsteuer nach Abzug der Gewerbesteuerbelastung, 1.146,00 € Solidaritätszuschlag =) 38.649,00 € ergaben. Beim Gesellschafter führte die Umqualifizierung von 100.000,00 € von Einkünften aus § 19 EStG in Einnahmen aus § 20 EStG unter Geltung des Halbeinkünfteverfahrens bei einem (angenommenen) maximalen persönlichen Steuersatz von 45 % zu einer Steuerersparnis von 25.086,00 €, so dass eine Gesamtsteuermehrbelastung von 13.563,00 € verbleibt.

Ab dem Jahr 2009 reduziert sich bei i.Ü. gleichem Sachverhalt die steuerliche Mehrbelastung der GmbH auf 14.000,00 € Gewerbesteuer (bei einem Hebesatz von 400 %, Messzahl 3,5), 15.000,00 € Körperschaftsteuer, 825,00 € Solidaritätszuschlag (= gesamt 29.825,00 €), während die Mindersteuern des Gesellschafters (lediglich Abgeltungsteuer auf die nun als Ausschüttung zu qualifizierende vGA von 100.000,00 €) samt Solidaritätszuschlag noch 21.522,00 € betragen, so dass die Differenz (verbleibende Steuermehrbelastung) sich nur noch auf 8.303,00 €, also etwa zwei Drittel der Summe des Jahres 2006, beläuft.

2894 Teilweise kann die Abgeltungsteuer auch sich als **steuerlich günstig** erweisen, etwa bei Darlehen von Gesellschaftern an ihre Kapitalgesellschaft, sofern der Gesellschafter zu weniger als 10 % an der Gesellschaft beteiligt ist und damit die Abgeltungsteuer von 25 % anstelle des tatsächlichen individuellen Steuersatzes in Anspruch nehmen kann (§ 32d Abs. 2 Nr. 1b EStG). Gleiches gilt für Zinseinkünfte bei bisher höherem Grenzsteuersatz: es empfahl sich die Verschiebung solcher Einkünfte in den Zeitraum nach dem 01.01.2009.[1111] Nischen- und Branchenfonds sollten vor 2009 in lang laufende »Marathonfonds« umgeschichtet werden, z.B. in Lebenszyklusfonds,[1112]

[1109] Vgl. *Horst*, NWB 2010, 982 ff.
[1110] Nach *Harle/Kulemann*, GmbHR 2007, 1139.
[1111] Z.B. durch Finanzierungsschätze des Bundes mit 2-jähriger Laufzeit, Abzinsungspapiere und Zerobonds – vgl. www.bondboard.de –, Discountbonds, Stufenzinsanleihen mit überlangem erstem Zinskupon, Zinsaufschläge für spätere Zeiträume etc. Gezahlte Stückzinsen beim Anleiheerwerb sind dagegen 2007 und 2008 als negative Kapitaleinnahme absetzbar.
[1112] »Life Cycle«, »Target«-Fonds, die auf ein bestimmtes Datum hin die Ausschüttung vorbereiten und auf weniger riskante Anlagen umschichten.

und Dachfonds[1113] (»reduziertes Fondsprivileg«), die zudem überwiegend thesaurieren, nicht ausschütten. Dies gilt auch für offene Immobilienfonds, die zwar der Sache nach Mieteinnahmen erzielen, deren Ausschüttungen jedoch ab 2009 als »Einkünfte aus Kapitalvermögen« qualifiziert werden und somit lediglich der Abgeltungsteuer unterliegen (während Immobilienaktien – wie Aktien generell – zu den Verlierern zählten).

Aktien verloren zwar wegen des Wegfalls der nach Jahresfrist steuerfreien Kursgewinne an Reiz, allerdings stiegen die Kurse und Dividenden durch die Reduzierung der Körperschaftsteuer und der Handel wurde in seiner Entscheidung freier, da keine Rücksicht mehr auf die »Spekulationsfrist« zu nehmen war. Auch ausländische Aktien werden mit 25 % Abgeltungsteuer belegt, wobei jedoch ausländische Quellensteuern anzurechnen sind – Optimierungsmöglichkeiten ergeben sich bei lediglich fiktiv anzurechnenden Quellensteuern (Entwicklungshilfemaßnahme z.B. in Bezug auf China, Portugal, Uruguay). Real Estate Investment Trusts (REITs), die bisher ja nicht dem Halbeinkünfteverfahren unterfielen, unterliegen seit 2009 hinsichtlich Ausschüttungen und Kursgewinnen ebenfalls lediglich der Abgeltungsteuer. Private Rentenversicherungen, bei denen lediglich der Ertragsanteil zum Zeitpunkt des erstmaligen Bezugs (i.H.d. persönlichen Steuersatzes) zu versteuern ist, haben eher profitiert, ebenso die von der Abgeltungsteuer weder in der Ansparnoch in der Auszahlungsphase erfassten Rürup- und Riester-Renten. 2895

Auch **in ausländische Immobilien investierende Fonds** wurden attraktiver, da die erzielten Mieteinkünfte lediglich im Ausland zu versteuern sind (DBA), und der Progressionsvorbehalt seit 2009 entfallen ist. Durch das 2008 erfolgte Ansteigen der die seit 01.07.2005 in Belgien, Österreich, Luxemburg, der Schweiz und Liechtenstein erhobene Quellensteuer auf Zinsen von zuvor 15 % auf 20 % und seit 01.07.2011 auf zwischenzeitlich 35 %, ist auch die Verlagerung von Zinseinkünften in solche »Oasen« zur Abgabenreduzierung ohne jeglichen Reiz. Für Vermieter ist es daher häufig empfehlenswerter, Kredite nicht zu tilgen, da die durch höhere Werbungskosten erzielte Steuerersparnis (bei Grenzsteuersätzen ab 26,375 %) höher ist als die vermiedene Abgeltungsteuer auf Eigenkapitaleinkünfte (sofern Letztere überhaupt am Markt erzielt werden können). 2896

(8) Übersicht

In der Übersicht ergibt sich folgende Differenzierung der Besteuerung von 2897

Ausschüttungen von Kapitalgesellschaften:

an natürliche Personen oder Personenhandelsgesellschaften
(aa) sofern die Beteiligung im Betriebsvermögen gehalten wird: Teileinkünfteverfahren (60 %: § 3 Nr. 40 EStG; Werbungskostenabzug i.H.v. 60 % gem. § 3c Abs. 2 EStG)
(bb) sofern die Beteiligung im Privatvermögen gehalten wird: Abgeltungsteuer (§ 32d Abs. 2 Nr. 3 EStG), allerdings besteht ein Wahlrecht zum Teileinkünfteverfahren mit Auflagen bei (aaa) Beteiligungen ab 25 % sowie (bbb) Beteiligungen ab 1 %, sofern der Anteilseigner beruflich für die Gesellschaft tätig ist.
an Kapitalgesellschaften: 95 %ige Steuerfreiheit gem. § 8b Abs. 1 und 5 KStG, allerdings: Ausschüttungen aus Beteiligungen, die weniger als 10 % des Grund- bzw. Stammkapitals ausmachen (»Streubesitzdividenden«) unterliegen der Körperschaftsteuer (§ 8b Abs. 4 KStG).

Veräußerungsgewinne in Bezug auf Kapitalgesellschaftsanteile: 2898

Veräußerer ist natürliche Personen oder Personenhandelsgesellschaft
(aa) sofern die Beteiligung im Betriebsvermögen gehalten wird: Teileinkünfteverfahren

---

1113 Keine Abgeltungsteuer auf Umschichtungen innerhalb der Zielfonds, sondern erst beim Verkauf des Dachfondsanteils selbst. Wurde der Dach- oder Zielsparfonds vor 2009 angeschafft, bleibt auch der Veräußerungserlös aus dem Fondsanteilsverkauf steuerfrei.

(bb) sofern die Beteiligung im Privatvermögen gehalten wird: Abgeltungsteuer, allerdings mit folgender wichtiger Ausnahme: bei »wesentlichen« Beteiligungen ab 1 % gilt das Teileinkünfteverfahren.

Veräußerer ist Kapitalgesellschaft: 95 %ige Steuerfreiheit gem. § 8b Abs. 2 und 5 KStG, unabhängig von der Höhe der Beteiligung.

dd) Gewerbesteuer

2899 Die **Gewerbesteuer** (Rdn. 5754 ff.) ist demnach seit 2009 nicht mehr als Betriebsausgabe abzugsfähig. Damit hieraus keine zusätzliche steuerliche Belastung erwächst, wurde die Messzahl, die bestimmt, welcher Anteil des Ertrags der Gewerbesteuer unterliegt, für Kapitalgesellschaften von 5 % auf 3,5 % gesenkt. Dieser Satz gilt auch für gewerbliche Einzelunternehmen und Personengesellschaften, der dort bisher geltende Staffeltarif von 1 % bis 5 % ist also entfallen (mit der Folge einer tendenziell höheren Belastung kleinerer Betriebe!).[1114] Erstmals für das Jahr 2008 wird ferner die ESt auf gewerbliche Einkünfte um das 3,8-fache (bisher lediglich um das 1,8-fache) des Gewerbesteuermessbetrags gemindert, der sich ergibt, wenn die Messzahl auf den Ertrag angewendet wird. Eine vollständige Entlastung von der Gewerbesteuer ergibt sich dadurch künftig bis zu einem Hebesatz von höchstens 380 % (bisher 341 %). Eine Anrechnung der Gewerbesteuer auf die ESt gem. § 35 EStG kann jedoch höchstens i.H.d. einkommensteuerlichen Gewinns erfolgen. aufgrund der Einbeziehung von Zinsen und sonstigen Belastungen in die Bemessungsgrundlage (s. nachstehende Rdn. 2900) können auch Betriebe ohne Gewinn gewerbesteuerpflichtig werden, so dass vermehrt verlorene[1115] Anrechnungsüberhänge eintreten werden.[1116] Bei Personengesellschaften kommen die Anrechnung denjenigen Gesellschaftern zu Gute, die am Ende des Erhebungszeitraums (§ 18 GewStG) beteiligt sind.[1117]

2900 Schließlich wird bei der Ermittlung der **Bemessungsgrundlage der Gewerbesteuer**, bei der bisher der Gewinn um die Hälfte der Fremdfinanzierungskosten für sog. »Dauerschulden« gem. § 8 Abs. 1 lit. a) bis lit. f) GewStG[1118] erhöht wurde, ab 2008 anstelle dessen eine Gewinnerhöhung um folgende anteilige Entgelte vorgenommen, soweit ihre Gesamtsumme 100.000,00 € (Freibetrag) übersteigt: 25 % aller Entgelte für Schulden, aller Renten und dauernden Lasten, aller Gewinnanteile eines stillen Gesellschafters; 5 % der Miet- und Pachtzinsen für bewegliche Anlagegüter (z.B. Leasingraten), 12,5 % (vor 2010: 16,25 %) der Miet- und Pachtzinsen für unbewegliche Anlagegüter (v.a. Gebäude) und 6,25 % der Zahlungen für Überlassung von Konzessionen, Lizenzen etc. (Rdn. 5764). Aufgrund des Freibetrages werden Kleinbetriebe zwar verschont, der gehobene Mittelstand mit geringer Eigenfinanzierungsquote jedoch erheblich belastet. Dadurch verschlechtert sich die steuerliche Situation insb. für Kapitalgesellschaften in der (ohnehin margenschwachen) Bekleidungsbranchen mit zahlreichen Ladenlokalen in gehobenen Innenstadtlagen, sowie beim Bestehen von Haupt- und Untermietverhältnissen im Handelskonzern über dasselbe Objekt.[1119] Ausweichlösungen liegen im Rechtsformwechsel zur Personengesellschaft (Anrechnung gem. § 35 EStG) und in der Begründung gewerbesteuerlicher Organschaften,[1120] wo eine Hinzurechnung unterbleibt, soweit dies zu einer Doppelbelastung im Organkreis führen würde (Abschn. 41 Abs. 1 Satz 5 GewStR).

1114 Krit. hierzu *Bergemann/Markl/Althof*, DStR 2007, 693 ff.
1115 BFH, 23.03.2008 – X R 32/06, EStB 2008, 308: keine negative ESt.
1116 Vgl. *Bergemann/Markl/Althof*, DStR 2007, 693, 697.
1117 BFH, 14.01.2016 – IV R 5/14, GmbHR 2016, 661.
1118 Hierzu gleichlautender Erlass der obersten Finanzbehörden der Länder v. 04.07.2008, BStBl. 2008 I, S. 730, m. Anm. *Warnke*, EStB 2008, 439 ff.
1119 Gestaltungsempfehlungen bei *Eisolt/Götte*, NWB 2008, 1755 = Fach 5, S. 1659 ff.: stille Gesellschaften sowie Organschaftslösungen.
1120 *Forst/Ginsburg*, EStB 2008, 32.

C. Gesellschaftslösungen unter Beteiligung der Veräußerer, »Familienpool«   Kapitel 5

Dies führt insb. in Fällen der **Betriebsaufspaltung** bei eigenkapitalfinanzierten Unternehmen mit hohe Mietzahlungen zu erheblichen Mehrbelastungen:[1121] Der Gewerbeertrag des Betriebsunternehmens wurde bis Ende 2007 gem. § 8 Nr. 7 GewStG lediglich erhöht um die Hälfte derjenigen Pachtzinsen, die für die Überlassung nicht in Grundbesitz bestehender Wirtschaftsgüter (etwa von Maschinen) entrichtet wurde; in gleichem Maße trat beim Besitzunternehmen (Vermieter) eine Kürzung des Gewerbeertrags gem. § 9 Nr. 4 GewStG a.F. ein.[1122] (Daher war im Pachtvertrag der Zins bspw. für Grundstück, Maschinen und Firmenwert [good will] getrennt auszuweisen). Ab 2008 erfasst die Hinzurechnung gem. § 8 Nr. 1 lit. a) bis lit. f) GewStG 16,25 %, ab 2010 12,5 % der über den Freibetrag hinausgehenden Mietentgelte für Grundstücke und Gebäude, Rdn. 2900, [sowie 5 % der Mietentgelte für bewegliche Sachen]; die Kürzung beim Vermieter gem. § 9 Nr. 4 GewStG wurde gänzlich aufgehoben. Daher ist zu überlegen, dem Mieter auch Instandsetzungskosten an Dach und Fach aufzubürden [triple-net-Verträge] und dafür die Miete zu reduzieren,[1123] ferner die Miete für bewegliche Sachen [Betriebsvorrichtungen] nicht zu knapp auszuweisen [Rdn. 5719]. 2901

Die zusätzlichen Belastungen aus der Gewerbesteuer werden die steuerpolitisch unerwünschte Substanzbesteuerung verstärken; die Betriebsaufspaltung wird im Vergleich zur GmbH & Co. KG, wo es wegen der Transparenz nicht zur Hinzurechnung kommt, unattraktiver. Hinzu kommen mögliche Auswirkungen der Zinsschranke (Rdn. 2903).[1124] Die Folgen sind bereits jetzt spürbar: eine »innerdeutsche« Steuerflucht von Kapitalgesellschaften aus den Metropolen (Frankfurt, München) in die mit niedrigerem Steuersatz lockenden Umlandgemeinden (wobei keine Gemeinde eine Hebesatzgarantie zu geben bereit ist!) sowie verstärkter Wechsel in die Personengesellschaft. Hinzu kommt die zu beobachtende Tendenz aller Gemeinden, auf 380 % Hebesatz (bis zur Grenze voller Neutralisierung bei Personengesellschaften, also für den besonders umworbenen Mittelstand) anzuheben – dies schadet langfristig den Haushalten von Bund und Ländern, die durch die Verrechnung der höheren Gewerbesteuer Einkommensteuerausfälle erleiden werden. 2902

ee) Gegenfinanzierung

Zur Gegenfinanzierung[1125] wurde bspw. die **degressive AfA** für nach dem 01.01.2008 angeschaffte oder hergestellte Wirtschaftsgüter abgeschafft und der Sofortabzug von geringwertigen Wirtschaftsgütern von 410,00 € auf 150,00 € reduziert. Wirtschaftsgüter zwischen 150,00 € (ab 2018: ab 250,00 €) und 1.000,00 € sind in einem Sammelposten zusammenzufassen, der über 5 Jahre »poolabzuschreiben« ist[1126] (ab 2010 wurde die alternative Möglichkeit der Sofortabschreibung bei Anschaffungs-/Herstellungskosten unter 410,00 € wieder eingeführt, ab 2018 wurde gGW-Grenze für die Sofortabschreibung gar auf 800,00 € erhöht!). Ferner wird ab 2008 bei Konzer- 2903

1121 Vgl. mit Berechnungsbeispielen *Wesselbaum-Neugebauer*, GmbHR 2007, 1300 ff. sowie ausführlich *Levedag*, GmbHR 2008, 281 ff.
1122 Die Praxis zeigt aber, dass die Besitzunternehmung die permanent steigenden vortragsfähigen Gewerbesteuerverluste häufig nicht zur Steuerersparnis nutzen konnte.
1123 Allgemein zur Mietreduzierung bei der Betriebsaufspaltung *Forst/Ginsburg*, EStB 2008, 33.
1124 Vgl. *Levedag*, GmbHR 2008, 281 ff.: nach Ansicht der Finanzverwaltung seien die Konzernvoraussetzungen in der Besitzgesellschaft nur dann nicht gegeben, wenn diese ausschließlich aufgrund der sachlichen und persönlichen Verflechtung gewerblich ist.
1125 Der Entlastungseffekt soll auf 5 Mrd. € begrenzt sein. Ziel ist neben der Verbesserung der Standortattraktivität auch die »langfristige Sicherung des deutschen Steuersubstrates«.
1126 Bei gWG i.R.d. nicht selbstständigen Arbeit oder der Vermietung und Verpachtung bleibt es bei der bisherigen Grenze von 410,00 €. Zu Sammelposten gem. § 6 Abs. 2a EStG vgl. BMF-Schreiben v. 30.09.2010 – IV C 6 – S 2180/09/10001, EStB 2010, 414.

nen[1127] der Abzug von Zinsaufwendungen als Betriebsausgaben (verfassungsrechtlich bedenklich[1128]) beschränkt durch eine (verfassungsrechtlich bedenkliche[1129]) **Zinsschranke** (§ 4h EStG, § 8a KStG mit BMF-Anwendungsschreiben v. 04.07.2008[1130]), die zur Verschonung des Mittelstands erst bei Zinsaufwendungen von mehr als 3 Mio. €[1131] jährlich gilt. Zur Vermeidung einer Verlagerung von Gewinnen in Niedrigsteuerländer wird Zinsaufwand zunächst von etwaigen Zinseinnahmen abgezogen, der Saldo wird nur bis zu 30 % des Rohgewinns vor Steuern, Zinsen und Abschreibungen (EBITDA) berücksichtigt (ab 2010 besteht zusätzlich die Möglichkeit eines 5-jährigen EBITDA-Vortrags).[1132] Darüber hinaus werden sie als Zinsaufwendungen auf künftige Wirtschaftsjahre vorgetragen;[1133] der Zinsvortrag geht jedoch bei einem Gesellschafterwechsel gem. § 4h Abs. 5 Satz 2 EStG anteilig unter.

2904 Auch Zinsaufwendungen im Sonderbetriebsvermögen können bewirken, dass (ggf. in Zusammenrechnung mit den Zinsen im Gesamthandsbereich) der Zinsabzug versagt wird, so dass sich auf der Ebene der anderen Gesellschafter die Einkünfte nach Maßgabe des allgemeinen Gewinnverteilungsschlüssels »unverschuldet« erhöhen; kompensiert werden kann dies z.B. durch eine Anpassung des Gewinnverteilungsschlüssels oder durch die Verpflichtung zu Ausgleichszahlungen zwischen den Gesellschaftern.[1134] Verschärfend wirken Gesellschafterdarlehen, deren Zinskosten 10 % des Gesamtzinssaldos der Gesellschaft übersteigen: in diesem Fall gilt die Zinsschranke insgesamt auch außerhalb von Konzernstrukturen.[1135] Hierdurch und durch die (auf ein Viertel) erhöhte Hinzurechnung der Zinsen (auch kurzfristige Zinsen, Skonti, Zinsanteile aus Leasingraten,[1136] Zins- und Diskontanteile beim Factoring) zur Gewerbesteuer werden die typischen Finanzierungsformen des Mittelstandes, einschließlich des Mezzanine-Kapitals, der typisch stillen Beteiligungen, des Nachrangdarlehens und darlehensähnlicher Genussrechte, weniger attraktiv. Es handelt sich um einen aggressiven Eingriff in die Dispositionsfreiheit des Steuerpflichtigen, der z.B. durch die »Vervielfachung« der Drei-Millionen-Freigrenze durch Nutzung mehrerer Zweckgesellschaften beim kreditfinanzierten Beteiligungserwerb (»Atomisierung«),[1137] Organstruktu-

---

1127 Ein solcher kann bereits vorliegen, wenn eine Person an zwei Gesellschaften beteiligt ist. Vermeidend wirken rechtzeitige Verschmelzungen sowie die Begründung steuerlicher Organschaften (die allerdings nicht zur Integration von Auslandsbeteiligungen führen). Daneben existiert eine »escape-Klausel« (falls der Betrieb nachweist, dass seine Eigenkapitalquote zum vorangehenden Abschlussstichtag mindestens so hoch ist wie die des Konzerns).
1128 So BFH, 13.03.2012 – I B 111/11, DB 2012, 1071 zu § 8a Abs. 2 Alt. 3 KStG (Bankdarlehen an die Gesellschaft, für das der Gesellschafter bürgt: der Gesetzgeber dürfe nicht einen gerade nicht auf Gewinnverlagerung ausgerichteten Standardfall als Leitbild auswählen). Ähnlich BFH, 18.12.2013 – I B 85/13, DB 2014, 927 (Nichtanwendungserlass BMF v. 13.11.2014, BStBl 2014 I S. 1516. Vorlagebeschluss an das BVerfG: BFH, 14.10.2015 – I R 20/15, EStG 2016, 81.
1129 BFH, 18.12.2013 – I B 85/13, EStB 2014, 199.
1130 GmbHR 2008, 887 ff.; vgl. *Geimer*, EStB 2008, 407 ff. Zu möglichen gesellschaftsrechtlichen Vorkehrungen (Ausgleich für im Sonderbetriebsvermögen entstehende Zinsen etc.) vgl. *Müller/Marchand*, ErbStB 2008, 274. Gegen Rz 82 Satz 2 des genannten BMF-Schreibens (zu § 8a Abs. 3 KStG): BFH, 11.11.2015 – I R 57/13, EStB 2016, 125 (Einzelbetrachtung).
1131 Dauerhaft angehoben (von zunächst 1 Mio. €) durch das Wachstumsbeschleunigungsgesetz 2010, § 4h Abs. 2 Satz 1 lit. a EStG.
1132 Vgl. *v. Proff*, ZNotP 2010, 138 f.
1133 Vgl. im Einzelnen zu den neun Prüfungsschritten *Neumann*, EStB 2007, 292; zu Gestaltungsmöglichkeiten durch Unterschreiten der Freigrenze *Rupp*, EStB 2007, 419.
1134 *Schaaf/Engler*, EStB 2009, 173, 174 ff.
1135 So dass auch die »escape-Klausel« nicht greifen kann; zum Konzernbegriff *Forst/Schaaf*, EStB 2008, 414.
1136 Pauschalierter Zinsanteil von 20 % bei beweglichen Wirtschaftsgütern, 65 % bei Immobilien, § 8 Nr. 1e GewStG.
1137 So z.B. die Entscheidung der Corpus-Immobilien-Gruppe, Handelsblatt v. 15. – 17.08.2008, S. 39.

C. Gesellschaftslösungen unter Beteiligung der Veräußerer, »Familienpool«　　　　**Kapitel 5**

ren[1138] etc. reagieren wird.[1139] Gesellschaften mit hohem Umlaufvermögen (etwa Immobilienentwickler hinsichtlich der Bauzeitzinsen) sind davon nicht betroffen.

Schließlich wird der **Untergang von Verlustvorträgen** bei Kapitalgesellschaften durch § 8c KStG n.F. bei Erwerben nach 2008 allein an den Übergang von Geschäftsanteilen[1140] geknüpft (über 25 % binnen 5 Jahren: quotale Kürzung; mehr als 50 %: kompletter Entfall). Auf das zusätzliche Kriterium der Zuführung überwiegend neuen Betriebsvermögens (so früher in § 8 Abs. 4 KStG a.F.), kommt es dann nicht mehr an. Lediglich Wagniskapitalbeteiligungsgesellschaften, die Beteiligungen an jungen Unternehmen[1141] mindestens 4 Jahre halten, sowie (ab 2010) Konzernsachverhalte und (ab 2009) bestimmte Sanierungserwerbe sind hiervon freigestellt (vgl. im Einzelnen Rdn. 2840 ff., 6165 ff.). 2905

b) Besteuerungsvergleich

aa) Regelbesteuerung von Personenunternehmen

(1) Ohne Thesaurierungsbegünstigung

Die **Regelbesteuerung von Personenunternehmen** (**ohne** Option zur **Thesaurierungsbegünstigung**) bei einem Gewerbesteuerhebesatz von 400 %[1142] stellt sich bei einem Einkommensteuersatz von 45 % (»Reichensteuer«)[1143] (allgemeiner Höchststeuersatz derzeit 42 %[1144]) wie folgt dar: 2906

(a) **Alte Rechtslage bis 2007:**

Gewinn 100 abzgl. Gewerbesteuer 16,67 ergibt gewerbliche Einkünfte von 83,33, hierauf Einkommensteuerbelastung 45 % ergibt ESt 37,50, abzgl. Gewerbesteueranrechnung von 7,50 verbleiben 30, samt Solidaritätszuschlag von 1,51 ergibt dies eine Gesamtsteuerbelastung von (16,67 Gewerbesteuer, 30 ESt, 1,51 Solidaritätszuschlag) = **48,18 %**.

(b) **Neue Rechtslage ab 2008:** 2907

Die Gewerbesteuer beträgt 14,00, mindert allerdings die gewerblichen Einkünfte nicht, so dass auf den Gewinn von 100 ESt von 45,00 anfällt, die durch verstärkte Gewerbesteueranrechnung i.H.v. 14,25 auf 30,75 gemindert wird. Mit dem Solidaritätszuschlag ergibt sich eine Gesamtsteuerbelastung von 14,00 Gewerbesteuer plus 30,75 ESt nach Anrechnung plus 1,54 Solidaritätszuschlag) = **46,29 %**.

(c) **Zum Vergleich:**

Bei der **Kapitalgesellschaft** beträgt (allerdings ohne Berücksichtigung der beim Gesellschafter anfallenden Steuer auf etwaige Ausschüttungen) die Gesamtbelastung (wiederum bei einem Gewerbesteuer-Hebesatz von 400 %) **29,83 %**.

1138　Durch die Saldierung steigt die Chance, dass der Zinsaufwand 30 % des gesamten EBITDA nicht überschreitet.
1139　Vgl. im Einzelnen *Kussmaul/Ruiner/Schappe*, GmbHR 2008, 505 ff.
1140　Auch Kapitalerhöhungen gelten als Anteilsübergang; eine Gegenausnahme für Sanierungsfälle wird nicht mehr gewährt. Als »ein Erwerber« gilt auch eine Gruppe von Erwerbern mit »gleichgerichteten Interessen« (zur Vermeidung der Umgehungsgestaltung der Veräußerung an ein »Erwerberquartett«).
1141　Betroffen sind unter 10 Jahre alte Unternehmen, deren Eigenkapital nicht mehr als 20 Mio. € beträgt, vgl. den Entwurf des am 15.08.2007 vom Kabinett beschlossenen MoRaKG.
1142　Zahlenwerk nach *Weber*, NWB 2007, 3036 = Fach 18, S. 4514; vgl. auch den erweiterten »Musterfall Rechtsformwahl« bei *Weber*, NWB 2008, 3075 = Fach 2, S. 9847 ff., sowie die Formelberechnungen bei *Mindermann/Lukas*, NWB 2011, 3847 ff. (mit selbstrechnenden Arbeitshilfen in der Online-Version des Beitrags) und Übersicht bei *Geilert/Stakelbeck*, notar 2013, 184 ff. (auch zur Grunderwerbsteuer, wo die Personengesellschaft eindeutig überlegen ist). Monografisch *Jacobs/Scheffler/Spengel* (Hrsg), Unternehmensbesteuerung und Rechtsform, 5. Aufl. 2015.
1143　Mit Solidaritätszuschlag von 5,5 % eigentlich 44,31 % (ohne Kirchensteuer).
1144　Mit Solidaritätszuschlag von 5,5 % eigentlich 47,475 % [ohne Kirchensteuer].

Kapitel 5   Gesellschaftsrechtliche Lösungen

(2) Mit Thesaurierungsbegünstigung

2908 Selbst bei Inanspruchnahme der Thesaurierungsbegünstigung gem. § 34a EStG,[1145] die für jeden Betrieb, jeden Mitunternehmeranteil[1146] und jeden Veranlagungszeitraum getrennt erfolgen und sich auch lediglich auf einen Teilbetrag der einbehaltenen Gewinne beziehen kann, sind Kapitalgesellschaften und Personenunternehmen entgegen der politischen Vorgabe nicht gleich gestellt:
(a) Begünstigend für Personenunternehmen wirkt eine Ausweitung der thesaurierungsfähigen Beträge: Eine die Thesaurierung ausschließende Entnahme liegt bei Sondervergütungen im Rahmen von Personengesellschaften, etwa Miete für Überlassung von Wirtschaftsgütern oder Zinsen für Darlehensgewährung, noch nicht vor, wenn die Gutschrift auf einem Privatkonto des Mitunternehmers bei der Gesellschaft erfolgt, § 34a EStG noch nicht verwirklicht.[1147] Bei der Kapitalgesellschaft werden jedoch gutgeschriebene Zinsen bei Zufluss sofort vom Gesellschafter versteuert.

2909 (b) Nachteilig wirkt sich allerdings für Personenunternehmen aus, dass nur der im Unternehmen verbleibende Gewinn in den Genuss der Thesaurierungsbegünstigung kommt. Tatsächlich erfolgte, jedoch nicht abzugsfähige, Betriebsausgaben erhöhen zwar aufgrund der außerbilanziellen Hinzurechnung den Gewinn, sind aber nicht mehr vorhanden, also nicht entnahmefähig und demnach auch nicht thesaurierungsbegünstigt

▶ **Beispiel:**

2910 Bei einem Gewerbesteuerhebesatz von 400 % beträgt daher die Thesaurierungsbelastung nicht – wie in der Modellrechnung des BMF angenommen – 29,77 %, sondern 32,25 %: Bei einem Gewinn der Personengesellschaft von 100 beträgt die Gewerbesteuer (Messzahl 3,5, Hebesatz 400 %) 14,00, so dass max. thesaurierungsfähig 86,00 bleiben. Der Einkommensteuersatz von 28,25 % hieraus ergibt 24,30 zuzüglich der ESt auf die nicht thesaurierungsfähige Gewerbesteuer, die ja als Gewinn zählt: 45 % aus 14,0 = 6,30, abzgl. der Gewerbesteueranrechnung gem. § 35 EStG (Messbetrag 3,5x3,8 = 13,30), so dass die Gesamteinkommensteuerbelastung (24,30 + 6,30 – 13,30) = 17,30 beträgt zuzüglich des Solidaritätszuschlages, gesamt 18,25. Zusammen mit der tatsächlich gezahlten Gewerbesteuer von 14,00 beläuft sich die Gesamtsteuerbelastung auf 32,25.

Mit steigendem Hebesatz nähert sich auch die Thesaurierungsbelastung bei einer Personengesellschaft sogar auf fast 40 %.[1148]

2911 Die **spätere Entnahme thesaurierungsbegünstigter Beträge über den laufenden Gewinn** (und getätigte Einlagen sowie Zahlungen zur Begleichung der auf das Betriebsvermögen entfallenden Erbschaftsteuer)[1149] hinaus, ebenso die Betriebsveräußerung oder -aufgabe, die Einbringung nach § 20 UmwStG und der Wechsel der Gewinnermittlungsart[1150] führen jedoch gem. § 34a Abs. 6 EStG zu einer Nachversteuerung i.H.v. 25 % (mit Solidaritätszuschlag 26,375 %), also einer Ge-

---

1145 Vgl. BMF v. 11.08.2008 – IV C 6 – S 2290 – a/07/10001, EStB 2008, 315; *Paus*, EStB 2008, 322 ff.; die Option wird in der Praxis nur selten in Anspruch genommen, vgl. *Brähler/Guttzeit/Scholz*, StuW 2012, 119 ff.
1146 Voraussetzung ist jedoch, dass der Gewinnanteil mindestens 10 % beträgt oder 10.000,00 € übersteigt. Zu möglichen gesellschaftsvertraglichen Vorkehrungen (Pflicht zur Antragstellung, Begrenzung des Steuerentnahmerechts etc) vgl. *Müller/Marchand*, ErbStB 2008, 272.
1147 Vgl. *Gragert/Wissborn*, NWB Fach 3, S. 14621,14627.
1148 Beträgt der Gewerbesteuerhebesatz 490 % (München) und der Einkommensteuersatz 45 %, errechnet Weber, NWB 2007, 3041 = Fach 18, S. 4519 eine Gesamtthesaurierungsbelastung der Personengesellschaft von 39,99 % (der Kapitalgesellschaft von 32,98 %).
1149 § 34a Abs. 4 Satz 1 EStG; Tz. 30–33 des Anwendungserlasses v. 11.08.2008 BGBl. 2008 I, S. 838 ff.; *Gragert/Wissborn*, NWB 2008, 4010 = Fach 3, S. 15266.
1150 Seit 2017 ist klargestellt, dass ein solcher Wechsel des Besteuerungsregimes auch vorliegt bei der unentgeltlichen Übertragung auf eine Kapitalgesellschaft (Körperschaft i.S.d. § 1 Abs. 1 KStG damit auch

samtbelastung von **48,3 %**[1151] – höher als der Spitzensteuersatz der Regelbesteuerung von 45 % (»Reichensteuer«)! Die Nachsteuer – die im Falle der unentgeltlichen Übertragung des Betriebsvermögens der Rechtsnachfolger zu tragen hat, § 34a Abs. 7 Satz 1 EStG – ist unabhängig von der Höhe des individuellen Steuersatzes zu entrichten. Ein einmal gebildeter Begünstigungsbetrag gilt bei späteren Überentnahmen stets als zuerst entnommen, auch wenn hoch besteuerte Altrücklagen im Eigenkapital vorhanden sind. Zur Vermeidung dieses »lock-in-Effektes« werden die Beteiligten – sofern ab 2008 eine Thesaurierungsbegünstigung wohl in Anspruch genommen werden wird – bestrebt sein, in Personengesellschaften belassene Altgewinne noch im Jahr 2007 zu entnehmen, etwa unter Einsatz des Zwei-Konten-Modells.[1152]

bb) Besteuerung von Kapitalgesellschaftsausschüttungen

(1) An Kapitalgesellschaften

Erhält eine Kapitalgesellschaft von einer anderen Kapitalgesellschaft, an der sie zu Beginn des Kalenderjahres der Ausschüttung zu **mindestens 10 % unmittelbar**[1153] beteiligt ist, Dividenden (bzw. erzielt sie Gewinne aus der Veräußerung von Kapitalgesellschaftsbeteiligungen beliebiger Höhe[1154]), bleiben diese gem. § 8b Abs. 1 bzw. Abs. 2 KStG zu 95 % steuerbefreit (steuertechnisch werden gem. § 8b Abs. 5 fünf Prozent der steuerfreien Beteiligungserträge als nicht abziehbare Betriebsausgabe hinzugerechnet, ohne dass der Gegenbeweis niedrigerer Nettoerträge möglich wäre).[1155] Ausschüttungen aus Beteiligungen, die weniger als 10 % des Grund- bzw. Stammkapitals ausmachen,[1156] unterliegen jedoch ab 01.03.2013 (europarechtlich[1157] notwendige Neuregelung für **Streubesitzdividenden**) der Körperschaftsteuer (§ 8b Abs. 4 KStG,[1158] der Betriebsausgabenabzug ist demnach insoweit möglich: § 8b Abs. 4 Satz 7 KStG). 2912

Auch Gewerbesteuer fällt auf die Dividende nur an, sofern nicht das gewerbesteuerliche Schachtelprivileg gem. § 8 Nr. 5 GewStG i.V.m. §§ 9 Nr. 2a, 7 und 8 GewStG (bei Beteiligungen ab 15 %) greift.[1159]

---

auf eine Stiftung, entgegen FG Münster, 27.01.2017 – 4 K 56/16 F, EFG 2017, 477, vgl. *Hannes/Reich*, ZEV 2017, 503, 505).

1151 Gewinn vor Steuern 100, abzgl. Thesaurierungsbelastung (28,25 % und Solidaritätszuschlag) 29,8 verbleibt Nachbesteuerungsbetrag von 70,2, hierauf 25 % zuzüglich Soli verbleiben 51,7.

1152 Denkbar ist auch eine Übertragung der Altgewinne auf eine vermögensverwaltende GbR (mit Abgeltungsbesteuerung ab 2009 i.H.v. 25 % bei Zugehörigkeit zum Privatvermögen, die jedoch aufgrund Sonderbetriebsvermögenseigenschaft verloren geht bei Rückgewähr als Gesellschafterdarlehen), oder aber die »Übertragung der Altrücklagen« auf eine neu eintretende, gering beteiligte GmbH, die sodann ein Gesellschafterdarlehen an ihre KG gewährt und für die Zinsen die geringe Thesaurierungsteuer für Kapitalgesellschaften (15 %) in Anspruch nimmt.

1153 Beteiligungen, die mittelbar über eine Mitunternehmerschaft gehalten werden, sind gem. § 8b Abs. 4 Satz 4 KStG dem Mitunternehmer anteilig wie eine eigene zuzurechnen.

1154 Da die faktische Steuerfreiheit der Anteilsgewinnveräußerung auch für »Streubesitzbeteiligungen« unter 10 % weiter gewährt wird, empfiehlt sich anstelle der Gewinnausschüttung die Thesaurierung [»balooning«] und anschließender Verkauf des Anteils.

1155 Sog. »Schachtelstrafe«, dies ist verfassungskonform, BVerfG, 12.10.2010 – 1 BvL 12/07, FR 2010, 1141.

1156 In der Praxis handelt es sich oft um »Management-Beteiligungs-GmbHs«, die nun von der Absetzbarkeit der Finanzierungsaufwendungen für die Anschaffung der Unternehmensanteile profitieren.

1157 Verstoß gegen Art. 63 Abs. 1 AEUV, EuGH v. 20.10.2011 – Rs. C-284/09, GmbHR 2011, 1211. Daher wurde die Steuerpflicht für Streubesitzdividenden auf inländische Kapitalgesellschaften erweitert.

1158 Vgl. hierzu *Pietrek/Martini*, EStB 2013, 272 ff., auch zu Steuervermeidungsstrategien [z.B. Zwischenschaltung einer ausländischen, operativ tätigen Gesellschaft].

1159 Die Mindestbeteiligungsquote wurde durch die Unternehmensteuerreform auf 15 % erhöht.

Kapitel 5 — Gesellschaftsrechtliche Lösungen

(2) In das Betriebsvermögen von Personenunternehmen

2913 Bei Ausschüttung der Dividende in das Betriebsvermögen von Personengesellschaften[1160] bzw. natürlichen Personen[1161] wird das bisherige Halbeinkünfteverfahren, § 3 Nr. 40 EStG, bei Zufluss ab 01.01.2009 durch die 40 %ige Freistellung (sog. »Teileinkünfteverfahren«) ersetzt. 60 % der Bardividende werden also als Einkünfte aus Gewerbebetrieb (§ 20 Abs. 3 i.V.m. § 15 Abs. 3 i.V.m. § 3 Nr. 40 Satz 1a EStG) der individuellen Steuer unterworfen; technisch führt die GmbH des weiteren Kapitalertragsteuer von 25 % auf die Bardividende ab (§ 43a Abs. 1 Nr. 1 EStG),[1162] die jedoch auf die ESt des Gesellschafters gem. § 36 Abs. 2 Nr. 2 EStG angerechnet wird. Spiegelbildlich sind auch die Refinanzierungskosten für Beteiligungen nur zu 50 %, ab 2009 zu 60 % abzugsfähig, § 3c Abs. 2 Satz 1 EStG. Für den steuerpflichtigen Teil der Dividende kann jedoch wiederum die Thesaurierungsvergünstigung in Anspruch genommen werden. Bei Thesaurierung der Dividende auf der Ebene des Unternehmens ist also die Kapitalgesellschaft klar im Vorteil. Zudem kann sie bei Refinanzierung des Beteiligungserwerbs die Refinanzierungszinsen gem. § 8b Abs. 5 KStG in voller Höhe abziehen.

(3) In Privatvermögen

2914 Halten Gesellschafter von Kapitalgesellschaften ihre Beteiligung im Privatvermögen, unterliegen die Dividenden ab 01.01.2009 der 25 %igen Abgeltungsteuer, § 32d EStG, Rdn. 2869 ff. Werbungskosten sind gem. § 20 Abs. 9 EStG nur mehr bis 801,00 €/1.602,00 (Einzel-/Zusammenveranlagung) €/Jahr abzugsfähig, Rdn. 2885 ff. Ggü. dem bisherigen Halbeinkünfteverfahren[1163] führt die Abgeltungsteuer stets zu einer höheren Steuerbelastung auf Gesellschafterebene (bisherige Maximalsteuer: 45 % Reichensteuer aus der halben Dividende = 22,5 %), vgl. Rdn. 2892, die sich jedoch durch die Entlastung auf Kapitalgesellschaftsebene wieder relativiert, vgl. unten Rdn. 2915 ff. Technisch wird die Abgeltungsteuer weiterhin bereits auf der Ebene der ausschüttenden GmbH als Kapitalertragsteuer von 25 % gem. § 43a Abs. 1 Nr. 1 EStG einbehalten; der Gesellschafter erzielt (außer in Optionsfällen) keine steuerpflichtigen Einnahmen.

(4) Berechnungsbeispiel

2915 Zur Erläuterung des Gesamtvergleichs folgende **Berechnungsbeispiele**, jeweils unter Zugrundelegung des Höchststeuersatzes (»Reichensteuer«) samt Solidaritätszuschlag:

1160 Hierzu zählen beispielsweise Betriebsaufspaltungsfälle mit einem gewerblichen Besitzunternehmen und einer Betriebskapitalgesellschaft. Erforderlich ist gemäß BFH I R 63/06, dass die Anteile im geschäftlichen Interesse gehalten werden.

1161 Nach BFH, 12.01.2010 – VIII R 34/07, GmbH-StB 2010, 156 bildet eine GmbH-Beteiligung (Bildagentur) selbst dann kein notwendiges Betriebsvermögen eines Freiberuflers (Bildjournalisten), wenn er 99 % der Umsätze über diese abwickelt, wenn es ihm angesichts der Geringheit seiner Beteiligung nicht um die Erschließung eines Vertriebsweges, sondern um die Kapitalanlage geht.

1162 So dass die Ausschüttung (Nettodividende) tatsächlich bei einem zu versteuernden Einkommen der GmbH von 100 nur 63,75 beträgt: Nach Abzug von 15 % KStG bleiben 85 Bardividende, 25 % von 85 = 21,25 Kapitalertragsteuer, verbleiben 63,75. Im Jahr 2008 belief sich die Kapitalertragsteuer auf 20 % aus 85, also 17, so dass die Barauszahlung 68 betrug, beim Gesellschafter wurden 50 % von 85 als Einnahmen aus Gewerbebetrieb besteuert = 42,50; auf die hierauf zu zahlende ESt wurde die Kapitalertragsteuer von 17 angerechnet. Für Ausschüttungen auf Anteile im Privatvermögen galt im Jahr 2008 dasselbe – s. folgende Fußnote –, nur handelt es sich nicht um Einkünfte aus Gewerbebetrieb, sondern um Einnahmen aus Kapitalvermögen.

1163 Bis Ende 2008; die bei der GmbH einzubehaltende Kapitalertragsteuer von 20 % auf die Bardividende (von 85 bei einem zu versteuernden Einkommen der GmbH von 100) wurde gem. § 36 Abs. 2 Nr. 2 EStG auf die ESt angerechnet, die der Gesellschafter auf die Hälfte der Bardividende (50 % von 85) zu zahlen hatte.

C. Gesellschaftslösungen unter Beteiligung der Veräußerer, »Familienpool«   **Kapitel 5**

(a) **Kapitalgesellschaftsanteile im Privatvermögen:**

Der Gewinn vor Steuern von 100 abzgl. der Steuern auf Gesellschaftsebene 29,83 ergibt eine Dividendenausschüttung von 70,18. Hierauf wird (ab 2009) Abgeltungsteuer von 25 % erhoben, also 17,54 samt Solidaritätszuschlag 0,96, also Steuern auf Gesellschafterebene von 18,51, so dass eine Gesamtsteuerbelastung von (29,83 + 18,51 =) **48,33** entsteht.

(b) **Kapitalgesellschaftsanteile im Betriebsvermögen:**   2916

Nach dem ab 2009 geltenden Teileinkünfteverfahren ist die Dividende von wiederum 70,18 i.H.v. 42,11 (d.h. 60 %) steuerpflichtig, hieraus 45 % ESt = 18,95 samt Solidaritätszuschlag 1,04 ergibt Steuern auf Gesellschafterebene von 19,99, also eine Gesamtbelastung (unter Einschluss der Steuern auf Gesellschaftsebene von 29,82) in Höhe von **49,81**.

(c) **Zum Vergleich die Situation bis Ende 2008:**   2917

Das bisherige Halbeinkünfteverfahren führte bei einem Gewinn vor Steuern v. 100 und Steuern auf der Gesellschaftsebene von 38,65 zu einer Ausschüttung von 61,35, wovon die Hälfte, 30,68, steuerpflichtig war. Bei einem Steuersatz von 45 % ergab dies 13,8 zuzüglich Solidaritätszuschlag von 0,76, so dass auf Gesellschafterebene 14,56 Steuer anfällt. Die Gesamtsteuerbelastung betrug also **53,21**.

Es wurde errechnet, dass bei einem Einkommensteuersatz von weniger als 41,66 % das Teileinkünfteverfahren (Betriebsvermögen) zu einer geringeren Gesamtsteuerbelastung als die Abgeltungsteuer (Privatvermögen) führt.[1164]   2918

(5) Vergleich zu Personengesellschaftsausschüttungen

Bei einer Personengesellschaft mit Vollausschüttung beträgt die Gesamtbelastung (bei einem persönlichen Höchststeuersatz von 42 %) bei Personenunternehmen bisher (Rdn. 2906) 45,68 %, seit 2008 bei einem Reichensteuer-Einkommensteuersatz von 45 % sogar 47,44 % (bei anfänglicher Thesaurierungsbegünstigung mit anschließender Nachversteuerung, gem. § 34a Abs. 4 EStG also zwingender[1165] 25 %iger Nachbelastung) gar 48,17 %, so dass die Kapitalgesellschaft auch bei höchster Einkommensteuerbelastung sich der Personengesellschaft deutlich angenähert hat, die bisherige Schlechterstellung sich also relativiert.   2919

Von besonderer Bedeutung beim Belastungsvergleich hinsichtlich **Erträgen aus Beteiligungen (Aktien etc.)**[1166] ist zudem, ob es bei einer Kapitalgesellschaft als Empfängerin zum zusätzlichen Anfall von Gewerbesteuer auf solche Erträge kommt. Handelt es sich um sog. »**Streubesitz**«, d.h. liegt die Beteiligungsquote bei max. 15 %, unterliegen die Erträge der Gewerbesteuer, für Dividenden aus Beteiligungen bis max. 10 % fällt ab 01.03.2013 auch Körperschaftsteuer an (§ 8b Abs. 4 KStG); bei höheren Beteiligungen ist die Körperschaftsteuer vernachlässigbar (nur i.H.v. 15 % Steuersatz aus 5 % des Betrags, § 8b Abs. 1 KStG, sofern kein Finanzunternehmen i.S.d. KWG vorliegt, § 8b Abs. 7 KStG: »**Finanzholding**«[1167]).   2920

1164 Vgl. *Knief/Nienaber*, BB 2007, 1309.
1165 Ohne Möglichkeit einer geringeren Antragsveranlagung.
1166 Vgl. hierzu im Überblick *Stollenwerk*, GmbH-StB 2008, 48 ff.; *Paus*, NWB 2008, 635 = Fach 3, S. 14961.
1167 Durch das BEPS-UmsG v. 20.12.16 wurde die Norm in wesentlichen Punkten geändert, was *für nach dem 31.12.2016 erlangte Anteile* zu einer *stärker bankspezifischen Ausrichtung führt [Erfordernis der mindestens 50 %igen Beteiligung von Kreditinstituten oder Finanzdienstleistungsinstituten]. Für früher erworbene Anteile besteht die Gefahr, dass bereits die Beteiligung der [»Industrie-Holding«-]Kapitalgesellschaft an mehreren anderen Gesellschaften zur Anwendung des § 8b Abs. 7 KStG führen konnte, so dass Ausschüttungen und Veräußerungsgewinne in Bezug auf die Beteiligungsgesellschaften insgesamt [und nicht nur zu 5 %] der 15 %igen Körperschaftsteuer unterlagen, da BFH, 14.01.2009 – I R 36/08, BStBl 2009 II 671 gegen die in der Literatur vertretene Einschränkung auf den Finanz- und Bankenbereich den Begriff »Finanzunternehmen« allein nach Maßgabe des KWG auslegte.*

▶ Beispiel:

Erzielt also eine GmbH Dividenden aus einer 13 %igen Beteiligung in Höhe von 100 und zahlt sie hierauf Gewerbesteuer von z.B. 14 (je nach dem Hebesatz der Gemeinde), kann sie 86 an den Gesellschafter ausschütten, der hierauf Abgeltungsteuer von 25 % zahlt, das sind 21,5 % der von der GmbH insgesamt vereinnahmten Dividenden. Die Gesamtbelastung liegt bei 35,5 % und ist damit deutlich höher, als wenn der Gesellschafter die Dividende unmittelbar (zum Abgeltungsteuersatz) bezogen hätte.[1168] Liegt die Beteiligung unter 10 %, wird der Nachteil durch das Hinzukommen der Körperschaftsteuer noch größer.

2921 Würde dagegen eine GmbH & Co. KG solche Dividenden vereinnahmen und ausschütten, neutralisiert sich die zu zahlende Gewerbesteuer weitgehend durch die Anrechnung auf die ESt, und die Gesamtsteuerbelastung richtet sich in erster Linie nach dem Grenzsteuersatz des Gesellschafters. Liegt dieser bei bspw. lediglich 30 % (weil er i.Ü. überwiegend Einkünfte aus Kapitalerträgen erzielt, die der Abgeltungsteuer unterliegen und damit den Grenzsteuersatz nicht ansteigen lassen), beträgt die Belastung 30 % von 60 % = 18 %, liegt also geringer als bei einer ausschüttenden GmbH mit gesamt 35,5 % (21,5 % auf der Ebene des Gesellschafters, 14 % auf der Ebene der Gesellschaft) und geringer als der Abgeltungsteuersatz im Fall des unmittelbaren privaten Aktienbesitzes. Zahlt er jedoch den Reichensteuersatz von 45 %, beläuft sich die Steuer auf 45 % von 60 % = 27 %, liegt also über der Abgeltungsteuer im Fall des unmittelbaren privaten Aktienbesitzes, jedoch immer noch unter der Belastung bei einer ausschüttenden GmbH.

2922 Die Zwischenschaltung einer GmbH zur Vermögensverwaltung bei Erträgen im Streubesitz (also bis 15 % bei der Gewerbesteuer, bis 25 % bei der Körperschaftsteuer) rechnet sich also insb. bei **Thesaurierung** innerhalb der Gesellschaft (Belastung wirtschaftlich lediglich mit der Gewerbesteuer und der 15 %igen Körperschaftsteuer; die Abgeltungsteuer wird zinslos und langfristig bis zur tatsächlichen Ausschüttung gestundet – es ergibt sich ein Bruttoanlageeffekt ähnlich einer thesaurierenden Fondsanlage).[1169] Die Thesaurierung bei einer gewerblich geprägten GmbH & Co. KG führt zu schlechteren Resultaten allenfalls bei Beteiligungen zwischen 10 und 15 %: zwar entfällt faktisch die Gewerbesteuer auf die Streubesitzdividenden wegen der Anrechnung auf die ESt, allerdings liegt der pauschale Steuersatz im Thesaurierungsfall von 28,25 % (zuzüglich Solidaritätszuschlag und ggf. Kirchensteuer) aus 60 % der Dividenden (Teileinkünfteverfahren), mithin im Ergebnis bei etwa 17 % der Dividenden, und damit über dem einer GmbH, bei der wirtschaftlich (zwischen 10 und 15 % Beteiligung) lediglich Gewerbesteuer i.H.v. durchschnittlich 14 % anfallen würde (anders, wenn – bei Beteiligungen unter 10 % – auch die Körperschaftsteuer gem. § 8b Abs. 4 KStG hinzu kommt). Bei späterer Entnahme (Ausschüttung) ist eine weitere Pauschalsteuer von 25 % auf den ausgeschütteten Restbetrag zu entrichten.

2923 Hält eine zwischengeschaltete Gesellschaft jedoch **Beteiligungen von über 15 %**, so dass es sich nicht mehr um Streubesitz handelt, entfällt die Belastung mit der Gewerbesteuer und (bereits ab 10 %, § 8b Abs. 4 KStG, seit 01.03.2013, zuvor entfiel sie stets, Rdn. 2912) der Körperschaftsteuer, so dass die GmbH »aufholt«. Ggü. der unmittelbaren Belastung mit Abgeltungsteuer (in Privatbesitz) hat sie allerdings nur dann Vorteile, wenn die Dividenden langfristig thesauriert werden, weil dann Abgeltungsteuer erst bei der tatsächlichen späten Entnahme anfällt und in der Zwischenzeit diese unbesteuert akkumuliert werden können.[1170]

2924 Stammen Gewinne aus der **Veräußerung von Beteiligungen**, werden diese bei der GmbH (unabhängig von der Höhe der Beteiligung) nur zum Steuersatz von 15 % aus 5 % (§ 8b Abs. 2 und 5 KStG) besteuert, so dass sich bei thesaurierenden Gesellschaften ein erheblicher Steuerstun-

---

1168 Hinzu kommt möglicherweise die Kirchensteuer beim Gesellschafter, sowie der Solidaritätszuschlag sowohl bei der GmbH als auch beim Gesellschafter.
1169 Vgl. *Stollenwerk*, GmbH-StB 2008, 48 ff.
1170 Vgl. *Paus*, NWB 2008, 635 = Fach 3, S. 14961.

dungsvorteil ggü. der sofort sonst anfallenden Abgeltungsteuer erzielen lässt. Hält eine Personengesellschaft (z.B. GmbH & Co. KG) Beteiligungen, die sie veräußert, hängt die Gesamtsteuerbelastung ab vom individuellen Einkommensteuersatz des Gesellschafters. Beträgt dieser Grenzsteuersatz bspw. 42 %, fallen 42 % aus 60 % (Teileinkünfteverfahren), d.h. mit 25,2 % etwa genau die Belastung des Abgeltungsteuersatzes, an; bei niedrigerem Grenzsteuersatz liegt die Belastung jedoch darunter. Demnach kann sich bei ab 01.01.2009 erworbenen Wertpapieren der Erwerb durch eine Personengesellschaft lohnen; davor erworbene sollten wegen der Steuerfreiheit nach Ablauf eines Jahres (sofern nicht die Quote des § 17 EStG – 1 % – erreicht wird) stets im Privateigentum gehalten werden.

Bei vorstehenden Vergleichen nicht berücksichtigt sind die Auswirkungen des **Abzugsverbots** bei Einkünften, die der Abgeltungsteuer unterliegen. Unter diesem Aspekt kann es unabhängig vom Gesamtbelastungsvergleich häufig günstiger sein, die Anteile in ein Betriebsvermögen (auch eines Einzelunternehmen oder einer GmbH & Still) einzubringen, um zumindest den 60 %igen Abzug der Werbungskosten zu erreichen, oder aber gar die Möglichkeit der Option zur Vollversteuerung mit vollem Abzug der Werbungskosten gem. § 32d Abs. 2 Nr. 3 EStG wahrzunehmen, Rdn. 6139. Ferner ermöglicht eine Gesellschaft die uneingeschränkte Verrechnung von Aktiengewinnen und -verlusten bereits bilanziell auf Gesellschaftsebene. 2925

cc) Fazit

Die Unternehmensteuerreform 2008 löst hinsichtlich der Wahl der steuergünstigsten Rechtsform folgende Trends aus: 2926
(1) Bleibt der Grenzsteuersatz des Gesellschafters/Unternehmers (der Abgeltungsteuer unterliegende Einkünfte verschärfen ab 2009 die Progression nicht mehr!) unter 29,83 %, also der Belastungsquote der Kapitalgesellschaft im günstigen Fall der Thesaurierung und einem Gewerbesteuerhebesatz von 400 % (abweichende Hebesätze führen zu einer deutlichen Erhöhung oder Reduzierung dieses Schwellensteuersatzes), sind Personenunternehmen (Mitunternehmerschaften oder Einzelunternehmen) günstiger, zumal die Gewerbesteueranrechnung die ESt mindert, § 35 EStG, wobei allerdings »Anrechnungsüberhange« verloren gehen.[1171]
(2) Bei höherer Einkommensteuerprogression entscheidet der konkrete Belastungsvergleich, insb. im Hinblick auf das Thesaurierungsverhalten und die Höhe der Gewerbesteuerbelastung. Werden die Gewinne überwiegend **thesauriert**, insb. bei Mittel- oder Großbetrieben, ist die Kapitalgesellschaft regelmäßig günstiger. Gehen die Beteiligten bei einer Personengesellschaft fälschlich von der Thesaurierung aus, entnehmen sie diese begünstigten Gewinne jedoch später, führt dies zur höchsten denkbaren Belastung.
(3) Der Einfluss der Gewerbesteuer, damit auch die Bedeutung des Hebesatzes als Lockmittel für Investoren, ist deutlich gestiegen, v.a. in der Konkurrenz zwischen benachbarten Gemeinden (zum Vergleich: Hebesatz München 490, Hebesatz Grünwald 240 – die (bei Kapitalgesellschaften ja endgültige) Gewerbesteuerbelastung schwankt also effektiv zwischen 7 % und 17,15 %. 2927
(4) Aufgrund der verschärften Hinzurechnungsbestimmungen wirken Miet- und Pachtverträge innerhalb einer Personengruppe bzw. innerhalb eines Konzerns gewerbesteuererhöhend, jedenfalls sofern die Zins- und Mietbelastung 100.000,00 € jährlich übersteigt. Insbesondere Betriebsaufspaltungen sind daher zu überprüfen.
(5) Ein eindeutiger »Favorit« im ewigen Wettbewerb der Rechtsformen, der stets und unbesehen den Zuschlag erhalten sollte, ist allerdings nicht festzustellen.[1172]

[1171] BFH, 23.03.2008 – X R 32/06, EStB 2008, 308: keine negative ESt.
[1172] Ähnlich *Harle/Kulemann*, DStR 2007, 1138 ff.

dd) Fortbestehende Strukturunterschiede

2928 Obwohl die Unternehmensteuerreform 2008 auch die Belastungsneutralität der unterschiedlichen Gesellschaftsformen zum Ziel hatte und aus diesem Grund (sowie zur Erhöhung der Investitionsfähigkeit durch verbesserte Eigenkapitalausstattung) die Thesaurierungsbegünstigung für Personenunternehmen eingeführt hat, verbleiben ganz erhebliche **Besteuerungsunterschiede**:

(1) Die **Abgeltungsteuer auf Dividenden für Kapitalgesellschaftsanteile im Privatvermögen** führt zu anderen Ergebnissen als Entnahmen aus Personenunternehmen bei Regelbesteuerung. Selbst bei Inanspruchnahme der Thesaurierungsvergünstigung ist die private Anlage von Finanzvermögen im Regelfall günstiger als die Ansparung in einer (vermögensverwaltenden) GmbH & Co KG.[1173]

2929 (2) Die Nichtabzugsfähigkeit[1174] der **Gewerbesteuer** als Betriebsausgabe (§ 4 Abs. 5 Nr. 5 lit. b) EStG) sowie erweiterte Hinzurechnungstatbestände wirken sich bei Personengesellschaften durch die weitgehenden Anrechnungsmöglichkeiten (§ 35 EStG) kaum nachteilig aus: Vielmehr reduziert die Gewerbesteuer auch den Solidaritätszuschlag, so dass bei einem Hebesatz von unter 401 % die Gesamtsteuerbelastung sogar geringer ist als bei nicht gewerbesteuerpflichtigen Personen.[1175] Anders bei Kapitalgesellschaften: Bei einem Hebesatz von 452 % und mehr übersteigt die Gewerbesteuer den Körperschaftsteuersatz von 15 % und wird damit zur bestimmenden Unternehmensteuer.[1176] Insgesamt wird die Steuerlast von Kapitalgesellschaften nur bei gemeindlichen Hebesätzen von unter 420 % auf gesamt weniger als 30 % gesenkt. Der Steuerwettbewerb unter Kommunen wird daher zunehmen.

2930 (3) Während **Refinanzierungszinsen** im Zusammenhang mit dem Erwerb von Personenunternehmen voll abzugsfähig bleiben, ist beim Erwerb von Kapitalgesellschaftsanteilen nach Wegfall das Halbeinkünfteverfahrens für Anteile im Privatvermögen nicht einmal mehr die hälftige Abzugsfähigkeit aufrechterhalten geblieben, vielmehr entfallen Werbungskosten gänzlich. Die Abzugsfähigkeit bleibt jedoch für Refinanzierungszinsen von Kapitalgesellschaftsanteilen im Betriebsvermögen erhalten.

2931 (4) Belastungsverzerrend zugunsten der Personengesellschaft wirken sich auch die an die Stelle des missglückten § 8a KStG[1177] tretende **Zinsschranke** (Rdn. 2903) bei großen Kapitalgesellschaften sowie umgekehrt die auf kleine und mittlere Personenunternehmen beschränkte Förderung durch **Investitionsabzugsbeträge** aus.[1178] Letztere tritt ab dem Wirtschaftsjahr 2007 an die Stelle der bisherigen Ansparabschreibung mit der Folge, dass begünstigte Unternehmen (Bilanzierende mit einem Eigenkapital inkl. Rücklagen bis zu 235.000,00 € [für die Jahre 2009 und 2010: 335.000,00€]; Einnahmen-Überschuss-Rechner mit einem Vorjahresgewinn von nicht mehr als 100.000,00 € [für 2009 und 2010: mehr als 200.000,00€]) bis zu 40 % der Ausgaben für neue oder gebrauchte Wirtschaftsgüter, die in den kommenden 3 (bisher 2) Jahren angeschafft oder hergestellt und zu mindestens 90 % eigenbetrieblich genutzt werden sollen,[1179] begrenzt auf 200.000,00 € (demnach also ein Investitionsvolumen von 500.000,00 €).

1173 Vgl. *Lothmann*, DStR 2008, 945 (bei Zinspapieren deutlich, bei Dividendenpapieren abgeschwächt); *Stollenwerk/Piron*, GmbH-StB 2010, 261 ff. zeigen, dass bei operativ tätigen, prosperierenden GmbH & Co KGs unter Inanspruchnahme der Thesaurierungsoption u.U. anderes gilt.
1174 Verfassungsrechtlich unbedenklich: BFH, 16.01.2014 – I R 21/12, EStB 2014, 200.
1175 Vgl. *Schiffers*, GmbHR 2007, 505, 511.
1176 Vgl. *Herzig*, DB 2007, 1541.
1177 Der im Ergebnis automatisch zu verdeckten Gewinnausschüttungen führte, wenn das Fremdkapital das Eigenkapital um das Eineinhalbfache überstieg.
1178 Vgl. *Paus*, EStB 2012, 339 ff.
1179 Unterbleibt die Anschaffung oder Herstellung, ist der Abzugsbetrag rückwirkend im Jahr der Bildung aufzulösen.

C. Gesellschaftslösungen unter Beteiligung der Veräußerer, »Familienpool« Kapitel 5

Weitere bisherige **Vorteile der Personengesellschaft** sind unverändert geblieben: 2932
(1) Demgegenüber bietet die Personengesellschaft aufgrund ihrer fehlenden Abschirmwirkung die Möglichkeit der Verrechnung zugewiesener Verluste mit positiven Einkünften aus anderen Einkommensquellen, allerdings beschränkt auf die Höhe der Einlage gem. § 15a EStG[1180] und nach Maßgabe der §§ 2 Abs. 3, 2a EStG.
(2) Die volle Berücksichtigungsfähigkeit von Verlusten des Einzelunternehmers bzw. Mitunternehmers bei Veräußerung oder Aufgabe.
(3) Möglichkeit der Steuerförderung durch Investitionsabzugsbetrag und Sonderabschreibung.
(4) Fehlen steuerlicher Risiken in Gestalt »verdeckter Gewinnausschüttungen« – diese Problematik stellt sich bei der Personengesellschaft aufgrund ihrer »steuerlichen Transparenz« nicht.
(5) Überlegen ist schließlich die Personengesellschaft auch im Hinblick auf die Möglichkeit, Einzelwirtschaftsgüter und Mitunternehmeranteile zu Buchwerten zu übertragen bzw. Realteilungen steuerneutral vorzunehmen, seit § 6 Abs. 5 Satz 3 bis 5 EStG die Regelungen des früheren **»Mitunternehmererlasses«**[1181] ab 01.01.2001 weitgehend wieder eingeführt hat, vgl. z.B. Rdn. 6062 ff. (Bei Kapitalgesellschaften ist z.B. bei der Überführung in Personengesellschaften eine steuerneutrale Buchwertübertragung nur beim Vorliegen eines Teilbetriebs möglich).
(6) Grunderwerbsteuerfreie Transfermöglichkeiten.

Auch die **Vorteile der Kapitalgesellschaft** blieben erhalten: 2933
(1) **Bildung steuerwirksamer Pensionsrückstellungen für Geschäftsführer**: nur die Kapitalgesellschaft ermöglicht aufgrund des Trennungsprinzips den steuerlichen Abzug (auch bei der Bemessungsgrundlage für die Gewerbesteuer) von angemessenen[1182] Aufwendungen zur Altersversorgung des Geschäftsführers (Pensionszusage).
(2) **95 %ige Steuerfreiheit von Dividenden** aus in- und ausländischen Kapitalgesellschaften.
(3) Möglichkeit der **körperschaftsteuerlichen** und **gewerbesteuerlichen Organschaft**.
(4) **Teilweise Steuerfreiheit** der **Veräußerung von Gesellschaftsanteilen durch natürliche Personen** zu 40 % – bis Ende 2008: 50 % – und durch Körperschaften zu 95 %, § 8b KStG.
(5) Andererseits droht bei der Personengesellschaft (oft unerkannt oder ungewollt) die Umqualifizierung von Privatvermögen in ertragsteuerliches Betriebsvermögen in Gestalt des sog. Sonderbetriebsvermögens (SBV), vgl. Rdn. 3301 ff., dessen Parallelführung zum eigentlichen Mitunternehmeranteil etwa bei Veräußerung oder Vererbung strenge Anforderungen stellt. Bei der Kapitalgesellschaft existiert aufgrund der ertragsteuerlichen Abschirmwirkung kein SBV, es können allerdings im Einzelfall die Voraussetzungen einer Betriebsaufspaltung mit ähnlichen Effekten vorliegen (vgl. Rdn. 3487 ff.).

Nachteilig bleibt bei **Kapitalgesellschaften** das einkommensteuerliche Risiko verdeckter Gewinnausschüttungen, sowie der Umstand, dass auch steuerfreie Erträge der Gesellschaft im Fall der Ausschüttung der zwingenden Besteuerung auf Gesellschafterebene unterliegen. Schließlich ist zu berücksichtigen, dass Gesellschaftergeschäftsführerbezüge auch in Verlustjahren lohnsteuerpflichtig bleiben. 2934

1180 Vgl. hierzu OFD Frankfurt am Main, 04.04.2007 – S 2241a A-11-St213, ESt-Kartei § 15a Karte 8; Überblick bei *Paus*, EStB 2010, 428.
1181 Vom 20.12.1977, BStBl. 1978 I, S. 8 ff.
1182 Rückstellungen für Pensionsverpflichtungen sind gem. § 6a EStG möglich, vgl. BMF v. 16.12.2005, BStBl 2005 I, 1052, allerdings nicht mehr, wenn die Inanspruchnahme unwahrscheinlich ist (BFH, 26.04.2012 – IV R 43/09, EStB 2012, 237). Bei Überversorgung (Versorgungsanwartschaft übersteigt zusammen mit den Anwartschaften aus der gesetzlichen Rentenversicherung am Bilanzstichtag 75 % der aktiven Bezüge) ist eine Kürzung vorzunehmen, BFH, 27.03.2012 – I R 56/11, EStB 2012, 238.

2935 Verlustvorträge der GmbH bleiben »gefangen«, und gehen unter bei der Umwandlung in eine Personengesellschaft (§ 4 Abs. 6 UmwStG[1183] – allerdings können durch Ansatz eines Zwischen- oder des Teilwertes in der Schlussbilanz der übertragenden Kapitalgesellschaft gem. § 3 UmwStG Verlustvorträge i.S.d. § 10d EStG mit einem sonst steuerpflichtigen Übertragungsgewinn verrechnet werden) sowie beim Wechsel der Mehrheit der Anteile, § 8c KStG, Rdn. 2840. Der Weg in die Kapitalgesellschaft erweist sich also oft als **Einbahnstraße.**

[1183] Übernahmewert der übergehenden Wirtschaftsgüter abzgl. Buchwert der Anteile an der übertragenden Körperschaft = Übernahmegewinn/-verlust i.S.d. § 4 Abs. 4 Satz 1 UmwStG zuzüglich Sperrbetrag nach § 50c EStG = Übernahmegewinn/-verlust i.S.d. § 4 Abs. 4 Satz 5 UmwStG, der gem. § 4 Abs. 6 UmwStG außer Ansatz bleibt, soweit er auf Gesellschafter der übernehmenden Personengesellschaft entfällt. Die Regelung ist verfassungsgemäß, BFH, 05.11.2015 – III R 13/13, EStB 2016, 166.

Kapitel 6: Stiftungen

Übersicht

	Rdn.
A. **Übersicht**	2936
I. Verbreitung	2936
II. Anwendbares Recht	2939
III. Merkmale	2943
1. Stiftungszweck	2944
2. Stiftungsvermögen	2948
3. Stiftungsorganisation	2952
a) Organe	2952
b) Rechnungslegung	2961
4. »Destinatäre«	2962
IV. Erscheinungsformen	2963
1. Öffentlich-rechtliche/kirchliche/kommunale Stiftungen	2963
2. Öffentliche/private Stiftungen	2964
3. Tätigkeitsformen	2965
a) Operative Stiftungen/Förderstiftung	2965
b) Verbrauchsstiftung	2966
c) Unternehmensverbundene Stiftung	2970
d) Stiftungsverbund	2981
e) Familienstiftung	2982
f) Bürger- oder Gemeinschaftsstiftung	2989
4. Kombinationsmodelle	2990
a) Doppelstiftung	2990
b) Stiftung & Co. KG	2995
c) Gemeinnützige Stiftung mit Familienbegünstigung	3001
5. Ersatzformen der rechtsfähigen Stiftung	3003
a) Unselbstständige Stiftung	3003
aa) unter Lebenden	3003
bb) von Todes wegen	3008
cc) »Umwandlung« in eine rechtsfähige Stiftung	3010
b) Stiftungsverein und Stiftungskapitalgesellschaft	3013
6. Ausländische Stiftungen und Trusts	3015
a) Anstalten liechtensteinischen Rechts	3018
b) Stiftungen des liechtensteinischen Rechts	3024
c) Österreichische Privatstiftung	3029
d) Trusts	3035
B. **Errichtung, Ausstattung und Verwaltung einer selbstständigen Stiftung**	3041
I. Stiftungsgeschäft	3041
1. Stiftungsgeschäft unter Lebenden	3042
2. Stiftung von Todes wegen	3046
II. Anerkennung	3050
III. Zustiftung	3052
IV. Stiftungsaufsicht	3064
1. Aufgaben	3064
2. Satzungsänderung und Umwandlung von Stiftungen	3066
C. **Steuerrecht**	3070
I. Gemeinnützigkeit	3070
1. Voraussetzungen	3070
2. Beteiligung gemeinnütziger Stiftungen an anderen Gesellschaften	3082
II. Steuerrechtliche Begünstigung bei Gemeinnützigkeit	3086
1. Begünstigung der Stiftung	3086
a) Erbschaftsteuer	3086
b) Einkommensteuer	3087
c) Grunderwerbsteuer	3088
d) Körperschaft- und Gewerbesteuer	3089
e) Umsatzsteuer und Grundsteuer	3092
2. Steuerliche Förderung des Stifters/Spenders	3093
a) Einkommensteuer	3093
aa) Spendenabzug	3095
bb) Dotation von Stiftungen	3097
cc) Buchwertprivileg für Einbringung von Betriebsvermögen	3101
b) Schenkung-/Erbschaftsteuer	3102
3. Steuerliche Behandlung der Destinatäre	3104
III. Besteuerung der nicht gemeinnützigen Stiftung	3105
1. Besteuerung der Vermögensausstattung	3105
2. Besteuerung der Stiftung	3111
3. Besteuerung der Destinatäre	3115
D. **Eignung privatnütziger Stiftungen als Instrument der asset protection?**	3118
I. Anfechtbarkeit der Stiftungserrichtung und -ausstattung	3119
II. Risiko der Rückforderung (§ 528 BGB)	3121
III. Zugriff auf die Destinatärsrechte	3123

A. Übersicht

I. Verbreitung

2936 Ende 2014 existierten 22.700,[1] überwiegend gemeinnützige Stiftungen, darunter etwa 1.000 Familien-Stiftungen. Jährlich werden ca. 1.000 Stiftungen neu errichtet (dies bedeutet eine Versechsfachung ggü. der Zahl der Gründungen um 1985; die Hälfte der derzeitig errichteten Stiftungen ist noch keine 10 Jahre alt). Der »typische Stifter«[2] ist zwischen 50 und 70 Jahre alt und Unternehmer (44 %).[3] Stiftungsmotive sind v.a. die nachhaltige Förderung des Anliegens der Stiftung (70 %), die Verewigung des eigenen Namens und die Inanspruchnahme steuerlicher Vorteile (je etwa 25 %) und lediglich in 7 % der Fälle die Nachfolgeregelung im Unternehmen (Mehrfachnennungen waren möglich). Regional liegen die Schwerpunkte in Nordrhein-Westfalen, Bayern und Baden-Württemberg, bei den Städten in Würzburg, Frankfurt und Hamburg.[4] Die größte Stiftung privaten Rechts (Robert Bosch) verfügt über ein Stiftungskapital von mehr als 5 Mrd. €; das Vermögen aller rechtsfähigen Stiftungen in Deutschland wird auf ca 70 Mrd € geschätzt.

2937 Die »**Renaissance**« der Stiftung erklärt sich aus dem ausgezeichneten Ruf dieser Rechtsform (Philanthropie, Tätigkeit öffentlicher Meinungsbildner und Kuratorien, Beständigkeit und Fehlen spektakulärer Insolvenzfälle), dem Wunsch nach posthumer Anerkennung und dem zunehmenden Rückzug des Staats aus der Erfüllung öffentlicher Aufgaben mithilfe von Steuergeldern. Allerdings ist nicht zu verkennen,[5] dass das Stiftungsvermögen angesichts der Finanzmarkt- und Eurokrise oft zur nachhaltigen Erfüllung des Stiftungszwecks nicht ausreicht und insbesondere Klein-Stiftungen praktisch handlungsunfähig werden, wenn der Stifter verstirbt. Die erhöhten Anforderungen der Vermögensverwaltung, die Beachtung steuerlicher Vorgaben (»tax compliance«)[6] und die Vorgaben der Rechnungslegung etc. verlangen eine professionelle Vorstandstätigkeit, die oft nicht gewährleistet ist. Interne Überwachungsregime, Kontrollanreize etwa in Gestalt von Berichtspflichten an eine »Gesellschafterversammlung« sowie eine Kontrolle durch den »Markt« fehlen.

2938 Historische Vorläufer waren beispielsweise sog. »Familienfideikommisse«, die (als Folge eines Stiftungsakts) das Vermögen einer Familie, insbes. Grundbesitz, auf ewig geschlossen erhalten sollten und einem »Fideikommissbesitzer«, als Familienmitglied, das Nießbrauchsrecht gewähren. Die Erbordnung (Bestimmung des Nutzeigentümers, in der Regel nach dem Prinzip der Primogenitur) legte der Stifter fest; Vollstreckung in das Vermögen des Kommisses wegen Schulden des Nutzeigentümers war ausgeschlossen. Aufgrund des auferlegten Verfügungs- (und Belastungs-)Verbots nahmen Fideikommisse nicht mehr unmittelbar am Güteraustausch teil. Historisch erklärt sich die Einrichtung des Fideikommisses (ebenso die altadeligen »Stammgüter«) aus der Ablehnung der Testier- und Eigentumsfreiheit des gemeinen Rechts. Gestützt auf Art. 155 der Weimarer Reichsverfassung erfolgte ihre Auflösung durch Gesetz per 01.01.1939 (mit Übergangsfristen, die seit 2007 in die finale Phase getreten sind).[7]

II. Anwendbares Recht

2939 Ein dem GmbH- oder Aktiengesetz vergleichbares originäres Stiftungsgesetz auf Bundesebene existiert bisher nicht; §§ 80 bis 88 BGB regeln lediglich das Stiftungsgeschäft und die behördliche An-

---

1 Vgl. das dreibändige »Verzeichnis deutscher Stiftungen«, Stand Oktober 2014, des Bundesverbandes deutscher Stiftungen, www.stiftungen.org, sowie *Reimann*, DNotZ 2012, 250 zum Stiftungsreport 2010; Zahlen für 2005 bei *Werner*, ZEV 2006, 539. Im Jahr 1900 existierten dagegen 100.000 Stiftungen!
2 Studie »Stiften in Deutschland« der BertelsmannStiftung v. April 2005, vgl. www.bertelsmann-stiftung.de/stifterstudie und *Feick*, BB-Spezial Heft 6 (2006), S. 13.
3 Angestellte 24 %, Beamte 16 %, Freiberufler 13 %.
4 Pressemitteilung des Bundesverbands Deutscher Stiftungen v. 02.02.2012.
5 Vgl. *Spall* in: Limmer (Hrsg.), Erbrecht und Vermögenssicherung, 2016, S. 81 ff.
6 Vgl. *Longrée/Loos*, ZStV 2016, 34.
7 Vgl. »Gesetz zur Aufhebung von Fideikommiss-Auflösungsrecht« v. 23.11.2007, BGBl. 2007 I, 2622.

erkennung. Bzgl. einzelner Regelungskomplexe (Vorstand, Vertretungsmacht, Geschäftsführung, besondere Vertreter, Haftung, Insolvenz) verweist § 86 BGB auf die betreffenden Vorschriften des Vereinsrechts (§§ 26, 27 Abs. 3, 28 bis 31a und 42 BGB), ebenso § 88 BGB hinsichtlich des Liquidationsverfahrens auf §§ 46 bis 53 BGB. Bedeutsam ist die mittelbare Verweisung über § 27 Abs. 3 BGB auf die Regelungen des Auftragsrechts für das Innenverhältnis zwischen Stiftungsvorstand und Stiftung selbst.

In den **§§ 80 ff. BGB** sind nunmehr die **Voraussetzungen für die Errichtung rechtsfähiger Stiftungen** bundeseinheitlich geregelt. Die Regelungen des BGB sind dabei abschließend. Die Regelungen des Landesrechts[8] über Voraussetzungen der Anerkennung von Stiftungen und den notwendigen Inhalt des Stiftungsgeschäfts oder der Stiftungssatzung, die von den bundesrechtlichen Regelungen abweichen, sind überholt und wegen des Vorrangs des Bundesrechts (Art. 31 GG) nicht mehr anzuwenden.[9] Die Landesstiftungsgesetze werden sukzessive angepasst (z.B. das BayStG zum 01.08.2008).[10]

2940

Zur Ausfüllung der verbleibenden Lücken berufen sind die **Landesstiftungsgesetze** jedoch im Hinblick auf die Stiftungsaufsicht (Fragen des Anerkennungsverfahrens, der Zustimmung bei beabsichtigter Nichterhaltung des Stiftungsvermögens, der Zuführung von Erträgen zum Grundstock, des Verzichts auf die Prüfung durch externe Wirtschaftsprüfer bei kleinen Stiftungen, Genehmigung von Satzungsänderungen, Auflösung und Zusammenschluss mehrerer Stiftungen, Zweckänderung, Genehmigung bestimmter Rechtsgeschäfte, die mit besonderen Risiken verbunden sind, Notbestellung von Gremienmitgliedern, Anordnungen zur Durchsetzung des Stifterwillens).

2941

Von großer praktischer Bedeutung sind dabei die Regelungen des Landesrechts zu **Stiftungsverzeichnissen** und zur **Erteilung von Vertretungsbescheinigungen**. Nur aufgrund eines beglaubigten Auszugs des Stiftungsverzeichnisses, sofern dieses öffentlichen Glauben genießt,[11] oder einer Vertretungsbescheinigung der Aufsichtsbehörde[12] lassen sich die Vertretungsbefugnisse des Stiftungsvorstandes gem. § 12 HGB oder § 29 GBO ggü. dem Handelsregister und dem Grundbuchamt nachweisen. Auch Letzteres scheidet jedoch aus, sofern nach landesrechtlichen Bestimmungen (wie etwa häufig bei Familienstiftungen[13]) die Bestellung der Organe ohne Mitteilungspflicht an die Stiftungsbehörden erfolgt.[14] Stiftungsverzeichnisse, welche die wesentlichen Informationen einer Stiftung wie Name, Sitz, Organe und ggf. eine Vertretungsregelung vergleichbar dem Vereins-

2942

---

8 Jeweils als pdf-Datei über folgenden Link aufrufbar: www.stiftungen.org, Stichwort »Stifter & Stiftungen«; vgl. hierzu monografisch *Hüttemann/Richter/Weitemeyer*, Landesstiftungsrecht, 2011.
9 Vgl. dazu *Hüttemann/Rawert*, ZIP 2002, 2019.
10 GVBl. 2008 I, S. 473. Wesentliche Inhalte: Die Zahl der genehmigungs- bzw. anzeigepflichtigen Rechtsgeschäfte wurde von sechs auf nunmehr drei reduziert, die Rechnungsprüfung kann für jeweils höchstens 3 Jahre ausgesetzt werden, der Erlös für veräußerte Grundstücke muss nicht wieder in Grundstücken angelegt sein. Ehrenamtliche Organmitglieder genießen ein Haftungsprivileg; das Entstehen einer Stiftung muss nicht im Bayerischen Staatsanzeiger bekannt gemacht werden; eine Stiftung kann nunmehr gem. Art. 14 Abs. 4 BayStiftG auch in der Form der »Zulegung« zu einer funktionsfähigen Stiftung aufgehoben werden (keine Gesamtrechtsnachfolge!, Seifart/v. Campenhausen/*Hof*, Stiftungsrechts-Handbuch, § 11 Rn. 54).
11 Was häufig nicht der Fall ist, vgl. § 5 Abs. 4 LStiftG LSA; zudem ist dort oft nur das Organ, nicht die zum Organ tatsächlich bestellte Person angegeben.
12 Die Vertretungsbescheinigung der Stiftungsaufsichtsbehörde nach § 9 Abs. 7 LStiftG-RP erfüllt die Voraussetzungen des § 29 GBO, OLG Zweibrücken, 30.11.2010 – 3 W 177/10, ZfIR 2011, 319 m. Anm. *Heinze*: »bestmögliche Nachweismöglichkeit angesichts bestehender Beweisnot«.
13 So besteht z.B. gem. Art. 1 Abs. 3 Satz 2, 10 Abs. 1 BayStG keine Pflicht zur Mitteilung der Bestellung von Vorstandsmitgliedern [Art. 12 Abs. 2 BayStG] an die Stiftungsaufsicht [Bezirksregierung].
14 Dann vermag nur die Vorlage der (unterschriftsbeglaubigten) Originaldokumente (Stiftungssatzung und ggf. spätere Bestellungserklärungen) zu helfen, Meikel/*Böttcher*, GBO, 11. Auflage, Einleitung Teil E Rn. 249.

register enthalten und die öffentlich zugänglich sind, kennen nicht alle Bundesländer. Darüber hinaus wäre de lege ferenda zu fordern, dass die Eintragungen im Stiftungsverzeichnis oder in einem neu zu schaffenden Stiftungsregister wie die im Vereinsregister und Handelsregister öffentlichen Glauben haben.[15] Daneben existieren private Stiftungsdatenbanken.[16]

Öffentlich-rechtliche Stiftungen unterliegen allein dem Rechtsregime des die Stiftung konstituierenden Gesetzes.

Erste Arbeiten an einem Statut einer **Europäischen Stiftung (FE)**, gestützt auf Art. 352 AEUV, sind im Gange.[17]

III. Merkmale

2943 Die Stiftung i.S.d. §§ 80 bis 88 BGB ist eine rechtsfähige Organisation, welche bestimmte durch ein **Stiftungsgeschäft festgelegte Zwecke** (vgl. Rdn. 2944 ff.) mithilfe eines **Vermögens** (vgl. Rdn. 2948 ff.) verfolgt, das diesen Zwecken dauerhaft in **Gestalt einer Stiftungsorganisation** (vgl. Rdn. 2952 ff.) gewidmet wird.[18]

1. Stiftungszweck

2944 Der oder die Stiftungszwecke bilden den Dreh- und Angelpunkt der Stiftungsverfassung. Eine Stiftung existiert lediglich um der Erfüllung dieses Zwecks willen, so dass auch die Organe der Stiftung sich diesem Zweck unterzuordnen haben. Ggf. hat die staatliche Stiftungsaufsicht bei Verletzung des Zwecks gegen die Organe, ja sogar gegen den Stifter selbst, einzuschreiten. Zur Zweckänderung vgl. unten Rdn. 3066 ff.

2945 Der Stiftungszweck kann von dem Stifter i.R.d. geltenden Rechtsordnung frei festgelegt werden (zu den weiteren Anforderungen i.R.d. Gemeinnützigkeit vgl. Rdn. 3070 ff.). Es gilt der Grundsatz der **gemeinwohlkonformen Allzweckstiftung**, der nunmehr in § 80 Abs. 2 BGB ausdrücklich normiert ist: Erlaubt sind alle Stiftungszwecke, die das Gemeinwohl nicht gefährden. Unzulässig sind nur solche Stiftungszwecke, die gegen die geltende Rechtsordnung verstoßen oder sich an der Grenze der Rechts-[19] oder Sittenwidrigkeit[20] bewegen.

2946 Nicht zulässig ist ferner die Stiftung für den Stifter selbst und die Selbstzweckstiftung. Das Wesen der Stiftung setzt voraus, dass das Stiftungsvermögen nicht sich selbst, sondern einem außerhalb seiner selbst liegenden Zweck dient. Stiftungen allein für den Stifter sind daher nichtig; die etwa ausgesprochene behördliche Anerkennung heilt nicht. Die **Mit**begünstigung des Stifters selbst ist allerdings jedenfalls seit der Einführung der »gemeinwohlkonformen Allzweckstiftung« zulässig, wie auch in § 58 Nr. 6 AO erwähnt.

2947 Der Stiftungszweck muss schließlich nach § 80 Abs. 2 BGB **auf Dauer angelegt** sein. Ausreichend ist dabei auch ein zeitlich begrenzter Zweck, so dass auch sog. Verbrauchsstiftungen (Rdn. 2966 f) zulässig sind. An der Dauerhaftigkeit fehlt es lediglich dann, wenn der Stiftungszweck so angelegt

---

15 Vgl. dazu *Mattheus*, DStR 2003, 254.
16 Etwa das dreibändige »Verzeichnis deutscher Stiftungen«, Stand Oktober 2014, des Bundesverbandes deutscher Stiftungen, www.stiftungen.org, ferner Verzeichnis des Forschungsinstituts Maecenata, vgl. www.maecenata.de, sowie im Branchenbuch von »Social Net«, www.socialnet.de/branchenbuch.
17 Verordnungsvorschlag der Europäischen Kommission vom 08.02.2012; hierzu *Dt. Notarverein*, notar 2012, 167 ff.
18 Vgl. BayObLG, NJW 1973, 249.
19 Vgl. BVerwG, NVwZ 1998, 950 (Republikaner-Stiftung), dem sich ausdrücklich der Gesetzgeber in der Begründung des Gesetzes zur Modernisierung des Stiftungsrechts (BT-Drucks. 14/1877 v. 20.02.2002) angeschlossen hat; krit. dazu *Reuter*, Non Profit Law Yearbook 2001, S. 27 ff.
20 Z.B. eine durch den Kindsmörder *Gäfgen* geplante, auf seinen Namen lautende und von ihm zu leitende, Stiftung zur Förderung jugendlicher Gewaltopfer, *Büch*, ZEV 2010, 440 ff.

ist, dass das Stiftungsvermögen durch einmalige Hingabe einem sofortigen Verbrauch zugeführt wird. Der Begriff der Stiftung setzt nämlich anders als die bloße einmalige Spende voraus, dass das ihr zugewendete Vermögen der Stiftung über einen gewissen Zeitraum erhalten bleibt. Berühmte Stiftungen (Fugger-Stiftung Augsburg und Julius-Spital-Stiftung Würzburg) bestehen schon seit Jahrhunderten.

2. Stiftungsvermögen

Zur Verwirklichung ihres Zweckes bedarf die Stiftung als mitgliederlose Organisation eines Vermögens. Die **dauerhafte Vermögenslosigkeit einer Stiftung** führt nach § 87 BGB zu ihrer Auflösung.[21] Der **Begriff des Stiftungsvermögens** wird im Weiteren und im engeren Sinne verstanden. Im weiteren Sinne meint er die gesamten, verfügbaren Mittel einer Stiftung. Im engeren Sinne (insb. i.R.d. § 81 Abs. 1 BGB) bezieht sich der Begriff nur auf den Stiftungsgrundstock oder das sog. Stiftungskapital, das der Stifter i.R.d. Errichtung der Stiftung auf Dauer zur Erreichung ihres Zweckes widmet. Es kann durch sog. **Zustiftungen** (vgl. Rdn. 3052 ff.) später ergänzt werden. Ob bei späteren Vermögensübertragungen Dritter eine solche Zustiftung oder eine bloße Zuwendung (insb. Spende) vorliegt, die nicht der Stärkung des Grundstocks, sondern zum Verbrauch bestimmt ist, richtet sich nach dem Willen des Gebers. 2948

Die Stiftung wird nach § 80 Abs. 2 BGB nur anerkannt, wenn ihr **Vermögen zugewendet wurde** oder wird, das die **dauerhafte Verfolgung des Stiftungszwecks** ermöglicht. Bei der **Errichtung der Stiftung von Todes** wegen nach § 83 BGB muss die erforderliche Vermögensausstattung im Stiftungsgeschäft enthalten sein; der Testator (sowie dessen Erben als Gesamtrechtsnachfolger) ist zum Widerruf bis zur Antragstellung bzw. zur Beauftragung eines Notars zur Antragstellung (§ 81 Abs. 2 Satz 3 BGB) berechtigt. Bei der Errichtung einer Stiftung durch Stiftungsgeschäft unter Lebenden genügt es dagegen, dass eine rechtlich gesicherte Aussicht auf Erhalt der erforderlichen Mittel besteht. Die erforderliche Vermögensausstattung ist abhängig von dem jeweiligen Zweck der Stiftung; ein gesetzlicher Mindestbetrag besteht nicht. Bei der **Prüfung des erforderlichen Kapitals** zur dauerhaften Verfolgung des Stiftungszwecks hat die Anerkennungsbehörde einen Beurteilungsspielraum. Im Regelfall werden für die Anerkennung zwischen 25.000,00 und 150.000,00 € gefordert.[22] Um den dauerhaften Bestand einer Stiftung und die Verfolgung ihres Zweckes sicherzustellen, ist die Errichtung einer rechtsfähigen Stiftung in der Praxis angesichts der aktuell niedrigen Kapitalrendite allerdings erst bei noch deutlich höherem Stiftungsvermögen zweckmäßig. 2949

Sinnvoll kann es ferner sein, zunächst eine sog. **Vorratsstiftung** zu gründen, die bei ihrer Errichtung nur mit geringem Kapital ausgestattet wird und deren Vermögen durch Zustiftungen Dritter oder des Stifters später ergänzt wird. Häufig erfolgt die Zustiftung dadurch, dass der Stifter die von ihm errichtete Stiftung durch Verfügung von Todes wegen als Erben oder Vermächtnisnehmer einsetzt. Die Vorratsstiftung muss allerdings auch dann laufend – wenn auch auf geringem Niveau – den vorgesehenen Zweck verwirklichen können. Eine »inaktive« Vorratsstiftung lassen weder das bürgerliche Recht noch das Gemeinnützigkeitsrecht zu. 2950

Wird die Stiftung durch behördliche Entscheidung oder aufgrund in der Satzung vorgesehenen Beschlusses eines Organs aufgehoben, fällt das noch vorhandene Vermögen an den Fiskus (§ 88 BGB), sofern die Satzung keinen Anfallberechtigten bezeichnet oder dessen Bezeichnung durch ein Organ ermöglicht. Bei gemeinnützigen Stiftungen muss insoweit ein steuerbegünstigter Anfallberechtigter bereits in der Satzung genannt werden (§ 61 AO). 2951

---

21 Staudinger/*Rawert*, BGB, Vorbem. zu §§ 80 ff. Rn. 15.
22 Vgl. Übersicht bei *Damrau/Wehinger*, ZEV 1998, 178.

3. Stiftungsorganisation

a) Organe

2952 Zur Umsetzung ihres Zweckes benötigt die Stiftung Organe, die ihr Handlungsfähigkeit verleihen. Die **Organisationsstruktur der Stiftung** bestimmt sich nach ihrer Satzung und subsidiär nach dem BGB. § 81 Abs. 1 Satz 3 Nr. 5 BGB fordert zumindest die **Einrichtung eines Vorstandes** als Vertretungsorgan. Dieser kann (z.B. bei kleinen Förderstiftungen) auch nur aus einer Person bestehen. Als **Organmitglied** (Vorstand, Kuratoriumsmitglied etc.) kann bei der Stiftung – anders als bei der Kapitalgesellschaft – auch eine **juristische Person** berufen werden. Der Vorstand kann vorbehaltlich landesrechtlicher Bestimmungen[23] in der Satzung (oder durch Beschluss des hierzu in der Satzung ermächtigten Organs) allgemein oder im Einzelfall von den Beschränkungen des § 181 BGB befreit werden.[24] Die Tätigkeit ist grundsätzlich ehrenamtlich, sofern die Satzung keine Vergütung vorsieht (§ 86 Satz 1 i.V.m. § 27 Abs. 3 Satz 2, 40 Satz 1 BGB in der ab 01.01.2015 geltenden, klarstellenden[25] Fassung). Vergütungen, die ohne satzungsrechtliche Grundlage geleistet werden, sind demnach gem. § 812 BGB rückzufordern, führen zu einer Haftung der Handelnden wegen grob fahrlässiger Pflichtverletzung (§ 86 Satz 1 i.V.m. § 31a BGB), können Untreue zu Lasten der Stiftung darstellen (§ 266 StGB)[26] und die Gemeinnützigkeit entfallen lassen.[27]

2953 Die **Haftung des Vorstands** (oder anderer Organe wie etwa des Kuratoriums[28]) ggü. der Stiftung (basierend auf §§ 86, 27 Abs. 3, 664 ff. BGB und ggf. Pflichtverletzung des Anstellungsvertrages [§ 280 Abs. 1 BGB]; ferner nach deliktischen Normen und im Insolvenzfall gem. §§ 92 Abs. 2, 93 Abs. 3 Nr. 6 AktG analog)[29] ist der eines Vereinsvorstands vergleichbar (Hauptanwendungsfall: Verlust der Steuerbegünstigung als Folge von Organisationsmängeln). Letzteres Risiko ist besonders groß, wenn ein nebenberuflicher Vorstand die Führung der Geschäfte einem schlecht überwachten Geschäftsführer überlässt; einzelne Landesstiftungsgesetze (z.B. Art. 14 Satz 2 BayStiftG) stellten daher das unentgeltlich tätige Vorstandsmitglied schon bisher von leichter Fahrlässigkeit frei; § 31a Abs. 2 BGB gibt nun bundesrechtlich allen Vorstandsmitgliedern, die max. 720,00 €[30]/Jahr Vergütung erhalten, einen Freistellungsanspruch ggü. der Stiftung, wenn Dritte infolge seiner leichten Fahrlässigkeit zu Schaden kommen, und stellt in § 31a Abs. 1 Satz 1 BGB solche Vorstände im Verhältnis zur Stiftung selbst[31] ebenfalls bei leichter Fahrlässigkeit frei. Letztere Freistellung der Stiftung gegenüber kann sogar durch Satzungsbestimmung auf Fälle grober Fahrlässigkeit erweitert werden.[32]

2954 § 15a Abs. 6 InsO nimmt seit 01.07.2014 Stiftungs- (und Vereins-)Vorstände von der strafrechtlichen Verfolgung einer Verletzung der Insolvenzantragspflicht ebenfalls aus (unberührt hiervon

---

23 Z.B. Art. 22 BayStiftG.
24 *Klepsch/Klepsch*, NotBZ 2008, 332.
25 Zuvor ergab sich dies wohl bereits aus §§ 86 Satz 1, 27 Abs. 3 Satz 1, 662 BGB, vgl. *Wickert*, NWB 2013, 3239 ff.
26 Zum Verein: OLG Hamm, 29.04.1999 – 2 Ws 71/99, wistra 1990, 350; in casu abgelehnt in OLG Köln, 06.05.2013 – 2 Ws 254/13, da der betroffene Vorstand in erheblichem Umfang Tätigkeiten für den Verein erbracht hatte.
27 BFH, 08.08.2001 – I B 40/01; *Schleder*, Steuerrecht der Vereine, 10. Aufl. 2012, Rn. 493.
28 Der auf Haftung in Anspruch genommene Vorstand kann nicht auf die Mithaftung eines anderen Organs [§ 254 BGB] verweisen: BGH, 20.11.2014 – III ZR 509/13, DStR 2015, 237, hierzu *Stürner*, DStR 2015, 1628 ff.
29 Vgl. *Werner*, ZEV 2009, 366 ff.
30 Angleichung an die Ehrenamtspauschale des § 3 Nr. 26a EStG, zuvor: 500,00 Euro.
31 Die in § 31a Abs. 1 Satz 2 BGB enthaltene identische Freistellung in Bezug auf die Mitglieder des »Vereins« geht bei der Stiftung – in Ermangelung von Mitgliedern – ins Leere.
32 OLG Nürnberg, 13.11.2015 – 12 W 1845/15, MittBayNot 2016, 163 (zum Verein, wo auch eine Erweiterung des § 31b Abs. 1 BGB, also der Haftung des einfachen Vereinsmitglieds gegenüber dem Verein, auf grobe Fahrlässigkeit möglich ist).

bleibt die durch § 31a BGB abgemilderte zivilrechtliche Schadenersatzpflicht des Stiftungsvorstands bei Verstoß gegen die zivilrechtliche Insolvenzantragspflicht, §§ 86 Satz 1, 42 Abs. 2 BGB).

Stiftungsaufsichtsbehörden achten i.R.d. Anerkennungsprozesses besonders darauf, dass die Verfahren zur Besetzung der Organe exakt geregelt sind, um Notbestellungen durch das AG (§ 86 Satz 1 BGB i.V.m. § 29 BGB)[33] oder die Landesstiftungsbehörde zu vermeiden. Da von Gesetzes wegen kein Mitgliedschaftsorgan zur demokratischen Legitimation der Vorstands- bzw. Kuratoriumsmitglieder existiert, werden die ersten Mitglieder der Organe typischerweise vom Stifter im Stiftungsgeschäft berufen bzw. bei Errichtung von Todes wegen durch den hierfür eingesetzten Testamentsvollstrecker bestimmt. Neu- oder Nachbesetzungen können durch Kooptation (Eigenergänzung), Entsendungsrechte Dritter oder Besetzungsrechte anderer Stiftungsorgane oder eine Kombination dieser Modelle erfolgen. So wird etwa der Stifter bei Familienstiftungen zu seinen Lebzeiten sich selbst bzw. nach seinem Tod anderen Familienmitgliedern ein Besetzungsrecht einräumen; der von ihm bestimmte Vorstand unterliegt im Zweifel dann nicht den in der Satzung für Folgebestellungen vorgesehenen Zeitbegrenzung.[34] 2955

Die **Organmitgliedschaft kann enden** durch zeitliche Befristung, Tod, Austritt und – soweit geregelt – Ausschließung (fehlt es an solchen Bestimmungen, ist eine Abberufung aus wichtigem Grund durch das Bestellungsorgan möglich). 2956

Hinsichtlich der **Beschlussfassung** sieht § 86 Satz 1 BGB mit seiner Verweisung auf §§ 28 Abs. 1, 32, 34 BGB den Mehrheitsbeschluss der erschienenen Organmitglieder bzw. die einstimmige schriftliche Beschlussfassung gem. § 32 Abs. 2 BGB vor. Diese Regelungen können jedoch durch die Satzung geändert werden. Geht es um die Vornahme eines Rechtsgeschäfts mit sich selbst oder die Einleitung und Erledigung eines Rechtsstreits mit der Stiftung, § 34 BGB, ist zwingend die Stimmberechtigung ausgeschlossen; eine Erweiterung solcher Vorkehrungen gegen Interessenkollisionen in der Satzung ist jedoch empfehlenswert. 2957

Ob die Stiftungssatzung neben dem Vorstand **weitere Organe** vorsieht, unterliegt dem Organisationsermessen des Stifters. Vernünftigerweise wird er sich insoweit von dem Zweck, der Funktion und der Höhe der Vermögensausstattung leiten lassen. Soweit die Satzung weitere Organe vorsieht, muss sie auch deren Kompetenzen festlegen und voneinander abgrenzen. Üblich ist es, dass neben dem Vorstand als Leitungsorgan ein Aufsichtsorgan (Beirat, Kuratorium) durch die Satzung vorgesehen wird, vgl. auch Rdn. 2987. Daneben wird teilweise als weiteres Vertretungsorgan für bestimmte Geschäfte ein besonderer Vertreter nach §§ 86, 30 BGB eingesetzt.[35] 2958

Der **Schaffung von Mitbestimmungsrechten** zugunsten der **Destinatäre, Spender, Zustifter** oder **Mitarbeiter** durch die Satzung sind aufgrund des Prinzips des Numerus clausus der Rechtsformen im deutschen Zivilrecht enge Grenzen gesetzt.[36] Die Stiftung hat anders als eine Körperschaft keine Mitglieder, die als oberstes Verbandsorgan den Verbandswillen und die Verwirklichung des Verbandszweckes festlegen. Destinatären, Spendern und Zustiftern darf daher auch nicht durch die Stiftungssatzung eine mitgliedschaftsähnliche Rechtsposition eingeräumt werden, so dass die Stiftung zu einem körperschaftlichen Gebilde würde. Eine »Stifterversammlung« dient daher mehr als öffentlichkeitswirksames Forum zur Information und Meinungsbildung, auch zur Anwerbung weiterer Zustifter. Gerade bei Bürgerstiftungen ist die Berufung in die Stifterversammlung an die Vornahme einer Zustiftung in bestimmter Mindesthöhe geknüpft. Vereinzelt erhält 2959

---

33 Hierzu, insb. zum Vorrang vor den Landesstiftungsgesetzen, *Muscheler*, in: FS Dieter Reuter, 2010, S. 225, 235 ff.
34 OLG Hamm, 08.10.2013 – I-15 W 305/12, ZErb 2014, 87.
35 Z.B. für »wirtschaftliche, verwaltungsmäßige und personelle Angelegenheiten«, OLG München, 14.11.2012 – 31 Wx 429/12, DNotZ 2013, 222.
36 Einzelheiten sind str., vgl. dazu BGHZ 99, 344.

sie zusätzliche Kompetenz in Gestalt der Entsendung einzelner Kuratoriums(Aufsichts)mitglieder oder der Ablehnung von Vergabeentscheidungen (z.B. durch Mehrheitsbeschluss).

▶ Hinweis:

2960 Aufgrund des statischen, nur schwer abänderbaren Charakters von Stiftungssatzungen (vgl. Rdn. 3066 ff.) empfiehlt es sich, weitere Details in Geschäftsordnungen festzulegen, die vom betreffenden Gremium selbst (häufig mit Genehmigung anderer Gremien) zu erlassen sind. Dadurch lässt sich die Form der Willensbildung und die Art der Koordination zwischen verschiedenen Gremien einfach an veränderte Verhältnisse anpassen.

b) Rechnungslegung

2961 § 86 i.V.m. § 27 Abs. 3 i.V.m. §§ 666, 259, 260 BGB regelt lediglich die **interne Rechenschaftspflicht** für rechtsfähige Stiftungen bürgerlichen Rechts. Ist eine **Stiftung** (Unternehmensträgerstiftung oder Stiftung & Co. KG) **als Kaufmann** tätig, unterliegt sie den handelsrechtlichen Rechnungslegungsvorschriften. Andernfalls gelten die Rechnungslegungsvorschriften der Landesstiftungsgesetze (z.B. Art. 25 BayStiftG), die i.d.R. zwar keine kaufmännische Buchführung, aber eine Einnahmen-Ausgaben-Rechnung, verbunden mit einer Vermögensübersicht und einem Bericht über die Erfüllung des Stiftungszwecks, zur Nachprüfung des Erhaltens des Stiftungsvermögens verlangen (vgl. Art. 24 BayStiftG). Das Institut der Wirtschaftsprüfer hat Empfehlungen zur Rechnungslegung von Stiftungen vorgelegt.[37]

4. »Destinatäre«

2962 Anders als Zweck, Vermögen und Organe ist das Vorhandensein Begünstigter kein notwendiges Element der Stiftung. Insb. Familienstiftungen (vgl. Rdn. 3086 ff.) regeln jedoch exakt, wer zum Kreis der möglichen Förderungsberechtigten zählt. Zur Vermeidung pfändbarer Leistungsverhältnisse (»asset protection«) legen vorsichtige Satzungen dabei besonderen Wert auf die Klarstellung, dass die potenziellen Destinatäre keinerlei Anspruch auf Förderung haben (vgl. Rdn. 3123 ff.), weder i.S.e. satzungsmäßigen Berechtigung noch als Ausfluss des allgemeinen Gleichheitsgrundsatzes noch aus wiederholter Übung. Letzteres verbietet sich regelmäßig auch deshalb, weil der Kreis der möglichen künftigen Destinatäre (insb. die Zahl der Abkömmlinge) starken Veränderungen unterliegen kann, so dass bei einklagbaren Leistungsansprüchen eine Verwässerung der Zuwendungsquantität zu befürchten ist. Verpflichtet sich eine Stiftung vertraglich zu Leistungen an »Destinatäre« zur Erfüllung ihres Zwecks, handelt es sich insoweit nicht um eine Schenkung, so dass es keiner notariellen Beurkundung bedarf.[38]

IV. Erscheinungsformen

Im Einzelnen ist zu unterscheiden[39]:

1. Öffentlich-rechtliche/kirchliche/kommunale Stiftungen

2963 Die öffentlich-rechtliche Stiftung ist keine privatrechtliche, sondern eine aufgrund öffentlichen Rechts errichtete Verwaltungseinheit mit eigener Rechtspersönlichkeit, die mit einem Kapital- oder Sachbestand Aufgaben des öffentlichen Rechts erfüllt (vgl. Legaldefinition in § 46 Abs. 1 SchlHolLVwG). **Kirchliche** Stiftungen sind nach den Landesstiftungsgesetzen solche, deren Zweck ausschließlich oder vorwiegend kirchlichen Aufgaben dient und die eine besondere organi-

---

[37] WPg 2000, 398 ff.; Entwurf einer Neufassung der IDW ERS HFA 5 vom 13.03.2013.
[38] BGH, 07.10.2009 – Xa ZR 8/08, ZEV 2010, 100 mit teilw. krit. Anm. *Gantenbrink* (Schenkung liege vor, § 518 Abs. 1 BGB gelte aber wegen Analogie zu § 81 Abs. 1 Satz 1 BGB nicht).
[39] Einen »Werkzeugkasten« für die notwendigen Weichenstellungen bietet *Gollan*, ErbR 2016, 238 ff. (Rechtsform) sowie ErbR 2016, 294 ff. (Errichtung einer gemeinnützigen Stiftung).

satorische Verbindung zu einer Kirche aufweisen. Kirchliche Stiftungen bedürfen neben der Anerkennung durch die staatliche Behörde der Anerkennung durch die zuständige kirchliche Behörde. **Kommunale** oder **örtliche** Stiftungen sind dadurch gekennzeichnet, dass sie einer kommunalen Gebietskörperschaft zugeordnet sind, ihre Zweckbestimmung i.R.d. öffentlichen Aufgaben dieser Körperschaft liegt und sie i.d.R. durch die Organe dieser Körperschaft verwaltet werden. Sie können rechtsfähige oder nicht rechtsfähige Stiftungen sein.

2. Öffentliche/private Stiftungen

Im Hinblick auf die von ihnen verfolgten Zwecke wird zwischen öffentlichen und privaten (richtig: privatnützigen) Stiftungen unterschieden (vgl. etwa ausdrücklich Art. 1 Abs. 3 BayStG): **Private Stiftungen** sind solche, deren Zwecke nur einem durch Familien-, Vereins- oder Betriebszugehörigkeit oder in ähnlicher Weise abgegrenzten Personenkreis dient.
(1) Begünstigter einer **öffentlichen Stiftung** ist dagegen die Allgemeinheit. Als öffentlichen Zwecken dienende Stiftungen gelten v.a. solche, die steuerbegünstigten Zwecken i.S.d. Abgabenordnung dienen (vgl. Rdn. 3070 ff.).
(2) Prototyp der privatnützigen Stiftung ist dagegen die **Familienstiftung** (vgl. Rdn. 3086 ff.).

2964

3. Tätigkeitsformen

a) Operative Stiftungen/Förderstiftung

Förderstiftungen beschränken sich auf die **Anlage** bzw. den **Verbrauch vorhandenen Vermögens** und den Einsatz des Erlöses für einen eng umgrenzten Zuwendungszweck; die Stiftungsstruktur ist typischerweise einfach, insb. wenn die Vermögensverwaltung in fremde Hand gelegt wird. Auch große Kapitalsammlungen fallen jedoch in diese Kategorie (z.B. VolkswagenStiftung).

2965

Operative Stiftungen dagegen vereinen **ideelle** und **wirtschaftliche Tätigkeiten** unter einem Dach (z.B. Stiftung Warentest). Die ideelle, also nicht auf die Erzielung von Einnahmen gerichtete Leistung liegt z.B. in der Sensibilisierung der Öffentlichkeit für ein bestimmtes Anliegen (Deutsche AIDS-Stiftung). Die operative Tätigkeit kann, je nach Maßgabe der §§ 55 bis 68 AO, steuerbegünstigt oder steuerpflichtig sein.

b) Verbrauchsstiftung

Typischer Anwendungsfall der **Verbrauchsstiftung** ist schließlich eine Stiftung, die sich der Restauration oder dem Wiederaufbau eines historischen Gebäudes widmet und daher – nach Erfüllung dieses Ziels – mit einem Vermögen zurückbliebe, dessen Zwecke abhanden gekommen sind (sog. »zweckbefristete Stiftung«, als Variante der von vorneherein »zeitbefristeten Stiftung«. Daneben kann die »Umwandlung« in eine Verbrauchsstiftung als Maßnahme der Stiftungsaufsicht in Betracht kommen, wenn die Stiftung aufgrund ihrer geringen Kapitalausstattung kein lebensfähiges Konzept mehr hat[40] oder die Erträge so weit zurückgegangen sind, dass ohne Substanzeingriff der Stiftungszweck nicht mehr verwirklicht werden kann. Zivilrechtlich stehen die Anforderungen des § 80 Abs. 2 BGB (»dauernd« und »nachhaltig«) nicht entgegen;[41] sogar eine Stiftung auf Zeit dürfte schon bisher zulässig gewesen sein,[42] ebenso eine »partielle Verbrauchsstiftung« etwa zur Verwaltung einer ergänzenden Zustiftung. Die behördliche Anerkennung solcher Verbrauchsstiftungen setzt seit 2013 – der bisherigen häufig anzutreffenden Praxis entsprechend[43] – einen Mindestzeitraum von zehn Jahren voraus (§ 80 Abs. 2 letzter Satz BGB). Landesrechtliche Be-

2966

---

40 Vgl. *Hüttemann/Rawert*, ZIP 2013, 2136 ff.
41 Vgl. *Schiffer/Pruns*, NWB 2011, 3858 ff.; Übersicht zu den Einsatzmöglichkeiten bei *Werner*, ZStV 2015, 25 ff.; zur Familienverbrauchsstiftung *von Oertzen/Friz*, BB 2014, 87.
42 A.A. *Muscheler*, FS Werner, 2009, S. 129, 133 ff.
43 Orientiert an § 10b Abs. 1a EStG, vgl. *Leitfaden der Bezirksregierung Köln*, Der Weg zur Stiftung, Stand: April 2010, S. 18.

stimmungen, die noch ohne Ausnahme den Erhalt des Stiftungsvermögens vorschreiben (z.B. Art. 6 Abs. 2 BayStiftG), sind wegen des Vorrangs des § 80 BGB unwirksam.

2967 Wo zivilrechtliche Kriterien seitens der Stiftungsaufsicht für die Anerkennung bekannt sind (etwa der erwähnte Mindestzeitraum von zehn Jahren), sollte dies in der Stiftungssatzung verankert sein, etwa wie folgt:[44]

▶ Formulierungsvorschlag: Verbrauchsstiftung

Das Stiftungsvermögen und Zuwendungen in den Vermögensstock sind auf die Dauer von zehn Jahren ungeschmälert zu erhalten. Soweit hinsichtlich der Kapitalbindungsfrist steuerrechtlich kürzere oder längere Fristen maßgeblich werden, gehen diese der 10-Jahres-Frist vor. Darüber hinaus besteht jedoch keine Verpflichtung, das Vermögen der Stiftung stets ungeschmälert zu erhalten. Zuwendungen können somit nach Ablauf der Kapitalbindungsfrist auch aus dem Vermögen der Stiftung erfolgen.

Alternativ (lineare Verbrauchsstiftung): Der Vorstand ist berechtigt, neben den Erträgen des Stiftungsvermögens jährlich höchstens 1/10 des anfänglichen Grundstockvermögens (jeweils unter Berücksichtigung zwischenzeitlicher Wertminderungen) dem Stiftungszweck entsprechend zu verbrauchen. Nicht ausgeschöpfte Beträge dürfen in den Folgejahren verbraucht werden.

2968 Noch schwieriger ist jedoch die steuerliche Anerkennung der Gemeinnützigkeit, die überwiegend[45] verneint wird, weil bei einer Verbrauchsstiftung gerade nicht zwischen dem Vermögensstock und den zur Zweckerfüllung dienenden Erträgen aus dem Vermögen unterschieden werden kann. Soweit gemeinnützigkeits-steuerrechtlich die Anerkennung einer Verbrauchsstiftung gänzlich versagt wird, lässt sich eine Kombination aus »normaler«, damit steuerlich begünstigter Stiftung und Verbrauchsstiftung dadurch erreichen, dass ein bestimmter Sockelbetrag wenigstens stets ungeschmälert zu erhalten sei, und nur im Übrigen die oben erläuterten Lockerungen gelten. Dem Spender selbst steht jedenfalls die Dotationsförderung gem. § 10b Abs. 1a Satz 2 EStG nicht zur Verfügung (Rdn. 3098), sondern allenfalls der »reguläre« Spendenabzug nach § 10b Abs. 1 EStG. Bei der Verbrauchs-Familienstiftung ist noch ungeklärt, wie die Finanzverwaltung mit Sachverhalten umgehen wird, in denen kurz vor dem nächsten Steuerstichtag das Vermögen aufgebraucht bzw. unter die Freibeträge »gedrückt« ist (§ 42 AO?).

2969 Dauerstiftungen können in eine Verbrauchsstiftung umgewandelt werden.[46] Zivilrechtlich bedarf es einer Satzungsänderung, und zwar – da der Auflösungsvorgang hierdurch eingeleitet wird – einer sog. »qualifizierten Satzungsänderung«, die nach den meisten Landesstiftungsgesetzen neben der stiftungsaufsichtlichen Genehmigung eine wesentliche Veränderung der Verhältnisse erfordert, die sich maßgeblich auf die Förderung des Zwecks auswirkt bzw. die bisherige Stiftungstätigkeit maßgeblich erschwert (etwa in Gestalt des dauerhaften Rückgangs der Kapitalrendite). Eine lediglich »einfache Satzungsänderung«, die ohne die vorgenannten Kriterien zulässig ist, läge dagegen vor, wenn lediglich ein Teil des Vermögens als Verbrauchsstiftung geführt wird. Der bereits bestehende steuerliche Gemeinnützigkeitsstatus dürfte durch die Umwandlung in eine Verbrauchsstiftung nicht beeinträchtigt sein. Problematisch ist jedoch das Schicksal bereits erteilter Spendenbescheinigungen für den erhöhten Spendenabzug nach § 10b Abs. 1a EStG, der bei Verbrauchsstiftungen nicht (mehr) zur Verfügung steht. Der Steuerpflichtige selbst wird sich auf den Vertrauensschutz des § 10b Abs. 4 Satz 1 EStG verlassen können, zumal die Bestätigung (zum damaligen Zeitpunkt) korrekt war. Aus diesem Grund scheidet auch die Ausstellerhaftung (§ 10b

---

44 Vgl. *Janitzki*, in: Schiffer, Die Stiftung in der Beraterpraxis, § 2, Rn. 11 ff.; vgl. auch *Hüttemann*, DB 2013, 774, 778.
45 Vgl. die Verfügungen OFD Frankfurt/Main v. 13.06.2008 – S223A-155-St216 u.v. 13.10.2008, abgedruckt in »Stiftung & Sponsoring«, Heft 5/2008, S. 43, u. Heft 6/2008, S. 41; *Hüttemann*, Gemeinnützigkeits- und Spendenrecht, 2008, § 8, Rn. 166; anderer Ansicht *Schiffer/Pruns*, NBB 2011, 3858, 3862 ff.
46 Vgl. zum Folgenden *Schienke-Ohletz*, ErbStG 2015, 147 ff.

Abs. 4 Satz 2, 1. Alt. EStG) aus. Die Veranlasserhaftung des § 10b Abs. 4 Satz 2, 2. Alt. EStG könnte den Stiftungsvorstand dann treffen, wenn er bereits zum Zeitpunkt des Erlangens der Zuwendung, die Gegenstand der (im Nachhinein nicht mehr korrekten) Bescheinigung war, wusste, dass die Umwandlung in eine Verbrauchsstiftung beschlossen würde. Andernfalls fehlt es beim Vorstand jedenfalls an den subjektiven Voraussetzungen (Vorsatz oder grobe Fahrlässigkeit).

c) Unternehmensverbundene Stiftung

Sie[47] existiert in der Form der (selten gewordenen) **unmittelbaren Unternehmensträgerstiftung**, einerseits – etwa Stiftungen, die unmittelbar als Einzelkaufmann tätig[48] und auch als solche im Handelsregister eingetragen sind (Unternehmensträgerstiftung i.e.S.) –, und der Beteiligungsstiftung (die als Gesellschafter Stimm-, Kontroll- und ggf. – Komplementär! – Vertretungsrechte ausübt), andererseits (vgl. Rdn. 2973); bei Letzterer dient die Beteiligung lediglich der Mittelbeschaffung, nicht der Zweckverwirklichung. Zweck darf jedoch nicht lediglich der Erhalt eines Unternehmens (also die Selbsterhaltung) sein (Verbot der sog. »Selbstzweckstiftung«), so dass ein darüber hinaus gehender Zweck (Förderung von Familienmitgliedern oder gemeinnütziger Zweck bzw. Kombination beider) verfolgt werden muss. Daher kann der Stiftungsvorstand auch gehalten sein, die dauerhaft ertraglos gewordene Unternehmensbeteiligung zu veräußern.[49]

2970

I.R.d. **Reform des Stiftungszivilrechts** war vorgeschlagen worden, die Zulässigkeit unternehmensverbundener Stiftungen durch eine Verweisung auf die §§ 21, 22 BGB (so der Entwurf der Fraktion Bündnis 90/Die Grünen) bzw. durch ein Verbot bestimmter unternehmerischer Tätigkeiten (so der Entwurf der FDP-Fraktion) gesetzlich einzuschränken. Der Gesetzgeber hat diese Vorschläge im Gesetz zur Modernisierung des Stiftungsrechts nicht berücksichtigt, sondern nur den Gemeinwohlvorbehalt des § 80 Abs. 2 BGB geregelt. Nach der herrschenden Meinung[50] bestehen darüber hinaus keine Zulässigkeitsschranken für unternehmensverbundene Tätigkeiten von Stiftungen; die Gegenauffassung[51] will dagegen auf solche Stiftungen § 22 BGB analog anwenden.[52]

2971

Aus praktischer Sicht empfiehlt sich eine »**Anstiftung**« zu Lebzeiten des Unternehmers, so dass er noch Fehlentwicklungen gegensteuern, Leitungspersonal erproben, und das Bild der Stiftung in der Öffentlichkeit prägen kann.[53] Etabliert sich »Stiftungsfunktionärswesen« oder wird auch künftig Erfolge versprechendes Unternehmertum gefördert? Damit ist zugleich die »Stiftungsreife« des Unternehmers und seiner Familie auf die Probe gestellt. Die restlichen Unternehmensanteile erhält diese Stiftung dann von Todes wegen.

2972

---

47 Instruktive Übersicht bei *Ihle*, RNotZ 2009, 557 ff. und 621 ff., sowie *Schiffer/Pruns*, NWB 2012, 910 ff., sowie monografisch *Brandmüller/Klinger*, Unternehmensverbundene Stiftungen, 4. Aufl. 2014 und *Boll*, Die unternehmensverbundene Familienstiftung als Gestaltungsmöglichkeit der Nachfolge in Familienunternehmen, 2016. Vgl. auch *Beckervordersandfort (Hrsg)*, Gestaltungen zum Erhalt des Familienvermögens, 2016, S. 252 ff.
48 Vgl. z.B. § 6 Abs. 2 StiftungsG Brandenburg: »... im Falle des Betreibens eines erwerbswirtschaftlichen Unternehmens.«
49 Formulierungsvorschlag für eine klarstellende Ermächtigung hierzu in der Satzung: *Ihle*, RNotZ 2009, 621, 624.
50 Palandt/*Heinrichs*, BGB, Vor § 80 Rn. 11; Soergel/*Neuhoff*, BGB, Vor § 80 Rn. 65 ff.; *Burgard*, NZG 2002, 700.
51 MünchKomm-BGB/*Reuter*, Vorbem. zu § 80 Rn. 6; Staudinger/*Rawert*, BGB, Vorbem. zu §§ 80 ff. Rn. 94 ff.
52 Statthaft sind nach dieser Meinung nur Unternehmensverbindungen, die der Stiftung entsprechend den im Vereinsrecht entwickelten Grundsätzen des Nebenzweckprivilegs als Zweckbetrieb zur Verwirklichung ihrer Ziele dienen, und solche, die für sie eine reine Dotationsquelle darstellen.
53 *Schiffer*, ZErb 2014, 337.

2973 **Beteiligungsträgerstiftungen** treten v.a. als Stiftung & Co. KG auf, vgl. Rdn. 2995 ff. (z.B.: Lidl-Stiftung & Co. KG bzw. Kaufland Stiftung & Co. KG; Markus-Stiftung bzw. Siepmann-Stiftung für Aldi-Nord bzw. Aldi-Süd; häufig auch für Holding-Strukturen, also als stabilisierendes und perpetuierendes Element in der Funktion des persönlich haftenden Gesellschafters oder eines Kommanditisten: Schickedanz Holding Stiftung & Co. KG, Vorwerk Elektrowerke Stiftung & Co. KG). Bedeutsame Unternehmensstiftungen, die bisher – als solche im Handelsregister eingetragen – einzelkaufmännische Unternehmen betrieben (Fa. Carl Zeiss sowie Fa. Schott Glaswerke) sind aufgrund des Formwechsels dieser Unternehmen in AG nunmehr Beteiligungsträgerstiftungen geworden.[54] Einzelne Unternehmerfamilien (Reinhold Würth, größter Schraubenhändler der Welt) haben gar mehrere Familienstiftungen geschaffen.[55]

2974 Zum **Vermögen solcher Stiftungen** zählen nicht selten Unternehmen, die der Stifter seinen Angehörigen nicht, auch nicht als Gesellschaftern, anzuvertrauen bereit ist oder bzgl. derer er Liquiditätsabflüsse durch Abfindungszahlungen vermeiden möchte. (Alternative Sicherungsinstrumente, wie Vinkulierung der Veräußerlichkeit und Beschränkung der Vererblichkeit auf lediglich einen Nachfolger, setzen die Existenz genügend anderweitigen Vermögens zum Ausgleich voraus.)

2975 Familie und Unternehmen sind damit dauerhaft getrennt, die Früchte bleiben jedoch den Angehörigen erhalten.[56] Diese Effekte gehen deutlich hinaus über die Schutzwirkungen, welche die Anordnung einer Dauertestamentsvollstreckung bewirken kann (Dreißig-Jahres-Grenze des § 2210 BGB[57] auch mit Wirkung für Erbeserben;[58] Abhängigkeit von der Zuverlässigkeit und dem Leistungswillen des eingesetzten Vollstreckers; Gefahr der Ausschlagung und des Pflichtteilsverlangens gem. § 2306 Abs. 1 BGB). Hinzu kommt, dass die in der kraft Rechtsnatur »eigentümerlosen« Stiftung vorhandenen Werte nicht mehr der Gefahr »unzutreffender Vererbung« unterliegen (insb. im Hinblick auf Schwiegerkinder und das latente Erbrecht des geschiedenen Ehegatten) und i.R.d. Zugewinnausgleichs unberücksichtigt bleiben (bis zur Grenze der Hinzurechnung als Schenkung gem. § 1375 BGB). Stiftungen erlauben schließlich eine Perpetuierung erarbeiteten Vermögens zur Unterhalts- (und Ausbildungs-)sicherung künftiger Generationen.

2976 Auf die Beteiligungsträgerstiftung wird insbesondere bei »**familienlosen**« **Unternehmen** zurückgegriffen.[59] In **ertragsteuerlicher Hinsicht** ist bezüglich der Ausstattung solcher (nicht gemeinnütziger) Stiftungen bedeutsam,
(1) dass – soweit es um die Beteiligung an einer Personengesellschaft geht – der gesamte Mitunternehmeranteil, einschließlich des funktional wesentlichen Sonderbetriebsvermögens, vollständig auf die Stiftung übertragen wird, um die Buchwertfortführung zu gewährleisten (§ 6 Abs. 3 Satz 1 EStG; eine bloße Übertragung von Teilmitunternehmeranteilen reicht insoweit beim Erwerb durch andere als natürliche Personen nicht!)
(2) Auch darf durch den Übergang des Unternehmensanteils auf die Beteiligungsträgerstiftung keine (unerkannte) Betriebsaufspaltung beendet werden (Auflösung stiller Reserven!)

---

54 Durch Einzelrechtsübertragung der Betriebsgegenstände oder (i.d.R.) durch Ausgliederung gem. §§ 123, 163 ff. UmwG, vgl. *Ihle*, RNotZ 2009, 557, 565.
55 Fünf Familienstiftungen (eine für Auslandsvermögen, ferner je eine für Ehefrau Carmen und Kinder Bettina, Marion und Markus, Wiedergabe des Stiftungszwecks bei *Ihle*, RNotZ 2009, 621, 632 Fn. 257).
56 Vgl. *Scherer/Kormann/Blanc/Groth/Wimmer*, Familienunternehmen, Kap. 1 H, Rn. 268; *Ihle*, RNotZ 2009, 557, 567 ff.
57 Die allerdings durch die Lebenszeitbefristung des § 2210 Satz 2 BGB verlängert werden kann; die Vollstreckung endet dann mit dem Tod des letzten Vollstreckers, der 30 Jahre nach dem Erbfall im Amt war, BGH, 05.12.2007 – IV ZR 275/06, MittBayNot 2008, 301 m. Anm. *Weidlich*, S. 263.
58 Vgl. *Gutachten*, DNotI-Report 2007, 3; die Fortgeltungsfrage der Testamentsvollstreckung richtet sich nach dem Erbstatut des Erblassers, vgl. *Gutachter*, DNotI-Report 2016, 71.
59 Vgl. *Geck*, ZEV 2015, 401 ff.; allgemein zur Unternehmensnachfolge mit Stiftungen *Hüttemann*, DB 2017, 591 ff.

(3) Die Einbringung von im Privatvermögen gehaltenen Beteiligungen an einer Kapitalgesellschaft in eine Stiftung hat ertragsteuerlich keine Auswirkung;[60] anders jedoch, wenn die Kapitalgesellschaftsbeteiligung bisher im Betriebsvermögen eines Gesellschafters gehalten wurde, da sie in diesem Fall als entnommen gilt, § 6 Abs. 1 Nr. 4 EStG, und die stillen Reserven nach dem Teileinkünfteverfahren steuerlich erfasst werden.

Schenkungsteuerlich wird die gemäß § 7 Abs. 1 Nr. 8 Satz 1 ErbStG ausgelöste Steuer – bei Einhaltung der Voraussetzungen und der nachwirkenden Obliegenheiten – ganz oder überwiegend gemäß § 13a ErbStG freigestellt. (Liegen die Voraussetzungen der Vollverschonung gemäß § 13a Abs. 8 ErbStG allerdings nicht vor oder muss wegen eines Verstoßes während der »Nachsorgephase« Steuer nachentrichtet werden, gilt allerdings die ungünstige Steuerklasse III, da die Unternehmensselbstzweckstiftung als »übriger Erwerber« i.S.d. § 15 Abs. 1 ErbStG gilt.) Die Erbersatzsteuer gemäß § 1 Abs. 1 Nr. 4 ErbStG im 30-jährigen Rhythmus greift für Unternehmensbeteiligungsträgerstiftungen, da sie keine Familienstiftungen sind, allerdings erfreulicher Weise nicht.[61]

2977

Die durch die Stiftung erzielten Einkünfte unterliegen der (15 %igen) **Körperschaftsteuer**, und zwar wohl (analog § 84 BGB) bereits ab Errichtung, nicht erst ab Anerkennung der Stiftung.[62] Hinsichtlich des Unternehmens, an dem die Beteiligungsträgerstiftung (überwiegend bzw. ausschließlich) beteiligt ist, empfehlen sich häufig Formwechsel, etwa von der Personen- in die Kapitalgesellschaft (GmbH & Co. KG und GmbH), vgl. Rdn. 6030 ff., um nach Ablauf der siebenjährigen Sperrfrist des § 22 Abs. 1 Satz 1 UmwStG Gewinne aus der Veräußerung der Anteile (auch wenn sich der Stifter eine Veräußerung der Unternehmensbeteiligung nicht vorstellen kann) zu 98,5 % steuerfrei zu stellen. Die Stiftungssatzung muss daher der Stiftung, bei Wahrnehmung ihrer Gesellschafterrechte am Zielunternehmen, auch die Befugnis zu solchen Rechtsformänderungen einräumen.

2978

Unternehmenspsychologisch sehen die Vorstände von Beteiligungsträgerstiftungen die von ihnen gehaltenen Betriebe v.a. als Einkunftsquelle, handeln also nicht wie ein »interessierter Eigentümer«. Auch die Anforderungen an die corporate governance unternehmensnaher Stiftungen entwickeln sich erst allmählich;[63] die Sicherstellung der »DNA« von Familienunternehmen, die durch Stiftungen gehalten werden, ist besonders anspruchsvoll, da Satzungsänderungen stets am Stifterwillen zu messen sind.[64] Des Weiteren verfügen Unternehmensträgerstiftungen nur über begrenzte Möglichkeiten der Eigenkapitalbeschaffung (sind also daher auf Kreditaufnahmen, Begabe von Schuldverschreibungen etc. angewiesen). Die Fokussierung auf ein Unternehmen kann sich schließlich als Fessel erweisen, selbst wenn sie in der Satzung auf eine »Kerngesellschaft« beschränkt ist:[65]

2979

▶ Formulierungsvorschlag: Begrenzte Flexibilität bei Unternehmensbeteiligungsstiftung

Das Vermögen der Stiftung besteht zum Zeitpunkt ihrer Errichtung aus der Beteiligung an ..... (»Kerngesellschaft«) sowie an ..... (»Nebengesellschaften«). Der Vorstand ist ermächtigt, Kern- und Nebengesellschaften in andere Rechtsformen umzuwandeln oder in andere Gesellschaften einzubringen, sowie an Satzungsänderungen umfassend mitzuwirken, auch an Kapitalerhöhungen unter Ausschluss des eigenen Bezugsrechts. Eine Veräußerung der Beteiligung an der Kerngesellschaft bzw. an dem an ihre Stelle tretenden Rechtsträger ist jedoch unzulässig.

2980

---

60 § 17 Abs. 1 Satz 2 EStG erfasst bei der unentgeltlichen Vermögensübertragung im Weg verdeckter Einlagen nur den Erwerb durch eine andere Kapitalgesellschaft.
61 Ebenso R E 1.1 ErbStR 2011.
62 Vgl. BFH, 16.11.2011 – I R 31/10, BFH/NV 2012, 786.
63 *Augsten/Jordan*, ZErb 2009, 167.
64 Vgl. im Einzelnen *v. Oertzen/Reich*, DStR 2017, 1118 ff.
65 *Ihle*, RNotZ 2009, 557, 568.

d) Stiftungsverbund

2981 In den letzten Jahrzehnten nimmt ferner die Einbindung von Stiftungen in Verbandsstrukturen zu, etwa zur
(1) **Mittelbeschaffung** (die Stiftung als der Träger der wesentlichen Vermögenswerte betreibt das fund raising; sie ist personell verflochten mit einem Verein, der als Mitgliederverband insb. ein politisches Mandat wahrnimmt und ehrenamtliche Kräfte anwirbt, der Verein wiederum ist alleiniger Gesellschafter der wirtschaftlich operativ tätigen gemeinnützigen GmbH, die eine gemeinnützige Einrichtung betreibt und das Objekt hierfür von der Stiftung anpachtet;
(2) **Bündelung der Sponsoring-Aktivitäten** als sog. »corporate foundation«, wobei die Kontrolle der Stiftung durch personelle Verflechtungen mit dem »dahinterstehenden« Unternehmen sichergestellt wird.

e) Familienstiftung

2982 Die Familienstiftung[66] wird primär zugunsten von Personen errichtet, die von gemeinsamen Stammeltern abstammen, und soll deren Versorgung sichern[67] (§ 1 Abs. 1 Nr. 4 ErbStG; abzustellen ist auf die satzungsmäßige[68] Bezugs- und Anfallberechtigung einerseits, die Einflussnahme auf die Nutzung des Stiftungsvermögens andererseits),[69] gleichzeitig aber eine Zersplitterung des Vermögens durch Erbteilung oder Veräußerung vermeiden. Sie wird im ErbStG einerseits gefördert (Steuerklasse des entferntest Berechtigten ist maßgeblich, nicht a priori Steuerklasse III), andererseits benachteiligt (Erbersatzsteuer im 30-Jahres-Turnus). Bei der »Kapitalstiftung« steht die Gewährung von Zuwendungen im Vordergrund – seit der Reform des Stiftungszivilrechtes am 01.09.2002 (»gemeinwohlorientierte Allzweckstiftung«) besteht kein Zweifel mehr an der Zulässigkeit solcher Stiftungen auch zur Sicherung des Privatvermögens[70] –, bei der »Anstaltsstiftung« die Aufrechterhaltung einer Sachgesamtheit, etwa eines Museums oder eines Unternehmens. Ende 2012 dürften ca 500 bis 700 Familienstiftungen bestanden haben, sowie weitere ca 50 ausländische Familienstiftungen mit Destinatären in Deutschland. In jüngster Zeit sind vor allem mittelständische Familienunternehmen in Familienstiftungen eingebracht worden, bspw. durch den Playmobil-Gründer Horst Brandstätter, den Brillenhersteller Fielmann, den Tunnelbauer Herrenknecht, sowie in Bezug auf die Papenburger Meyer-Werft, den Klingel- und Sprechanlagenhersteller Horst Siedle, die Spielautomatengruppe Gauselmann, das Technologieunternehmen Harting und das Elektrounternehmen Stiebel Eltron.

2983 Sofern die Familienstiftung (dann i.d.R. als Beteiligungsträger) als Unternehmensstiftung geplant ist,[71] wird sie in 90 % der Fälle bereits zu Lebzeiten gegründet und vom Stifter als Organ geführt. Ein Betrieb, Teilbetrieb, sowie Mitunternehmeranteil kann gem. § 6 Abs. 3 EStG ohne Auflösung stiller Reserven unentgeltlich auf die Stiftung übertragen werden (nicht jedoch ein Teil eines Mit-

---

66 Vgl. *Pauli*, FamRZ 2012, 344 ff., sowie *Zensus/Schmitz*, NJW 2012, 1323 ff. (insb. zur erbschaftsteuerlichen Verschonung für betriebliches Vermögen), *Bisle*, DStR 2012, 525 ff. (Asset protection).
67 Häufig erfolgt Anknüpfung an die Merkmale der außensteuerlichen Familienstiftung i.S.d. § 15 Abs. 2 AStG: 50 %-Grenze der Familie an den laufenden Bezügen der Stiftung, oder aber Bezugs- und Anfallberechtigung der Familie lediglich zu einem Viertel, und zusätzliche Merkmale eines »wesentlichen Familieninteresses« (Einsatz von Stiftungspersonal oder Nutzung der stiftungseigenen Wohnung für eigene Zwecke etc.), vgl. *Carlé*, ErbStB 2008, 126; R 2 Abs. 2 ErbStR 2003. Überblick zur Familienstiftung bei *Heuser/Freye*, BB 2011, 983.
68 Nach BFH, 18.11.2009 – II R 46/07, ErbStB 2010, 92 selbst dann, wenn Leistungen unwahrscheinlich sind, da die Satzung bestimmte »Armutsschwellen« vorsieht, die aufgrund erheblichen Eigenvermögens der Destinatäre wohl nicht unterschritten werden.
69 *Thoma*, ErbStB 2009, 12.
70 Zuvor wurden Bedenken hergeleitet aus der Abschaffung der Fideikommisse in Art. 155 Abs. 2 Satz 2 Weimarer Reichsverfassung – die allerdings gem. § 18 FidKomAufhG gerade in Familienstiftungen übergeleitet wurden! – und aus einer Analogie zum verbotenen wirtschaftlichen Verein, § 22 BGB.
71 Vgl. *Feldner/Stoklassa*, ErbStB 2014, 201 ff. und 227 ff.

unternehmeranteils: Buchwertfortführung gem. § 6 Abs. 3 Satz 1 letzter Hs. EStG nur bei Übertragung an eine natürliche Person); die an sich anfallende Schenkungsteuer (Rdn. 3105 ff., mit »Steuerklassenprivileg« bei der Erstausstattung) kann bei Wahrung der Voraussetzungen der §§ 13a, 13b ErbStG in Bezug auf Betriebsvermögen abgemildert bzw. vermieden werden; bei Großübertragungen über 26 Mio. Euro Betriebsvermögen gewährleistet die Familienstiftung als Erwerbsvehikel gar, dass die Verschonungsbedarfsvoraussetzungen des § 28a ErbStG angesichts des Fehlens »sonstigen verfügbaren Vermögens« beim Erwerb und in den folgenden zehn Jahren dauerhaft eingehalten werden, so dass ggf. gar jede Schenkung-/Erbschaftsteuer vermieden werden kann (vgl. Rdn. 5387). Grunderwerbsteuer wird erhoben, soweit keine Schenkungsteuer anfällt (etwa in Bezug auf Schuldübernahmen, Nießbrauchsvorbehalte etc.).

Umstritten ist die Frage, ob der nicht kodifizierte Grundsatz »**Keine Stiftung für den Stifter selbst**« einer Gestaltung entgegensteht, wonach die Stiftungsorgane i.R.d. Förderung der Stifterfamilie auch oder möglicherweise vorrangig oder gar ausschließlich Leistungen an den Stifter erbringen können bzw. gar sollen. Die **Mit**begünstigung des Stifters selbst ist jedenfalls seit der Einführung der »gemeinwohlkonformen Allzweckstiftung« zulässig, wie auch in § 58 Nr. 6 AO erwähnt.[72] Ungesichert ist allerdings der Status von Stiftungen, die (offen oder verdeckt) ausschließlich den Stifter begünstigen sollen; vorsichtiger Weise ist hiervon abzuraten, da die eventuelle Nichtigkeit des Stiftungsakts nicht durch behördliche Anerkennung geheilt würde.[73]

2984

Der Zweck einer solchen Familienstiftung könnte etwa i.R.d. Stiftungssatzung wie folgt formuliert werden:

▶ **Formulierungsvorschlag: Regelung des Zwecks einer Familienstiftung**

Die Stiftung bezweckt als Familienstiftung die Förderung und Unterstützung der Ehefrau, der Abkömmlinge und des Stifters selbst in möglichst nachhaltiger Weise.

2985

Dieser Zweck wird beispielsweise erfüllt durch Absicherung des Lebensunterhalts und umfassende Versorgung der Begünstigten, durch Förderung ihrer Berufsausbildung und beruflichen Existenzgründung, durch finanzielle Unterstützung bei Heirat und Familiengründung, durch Finanzierung gemeinsamer Urlaubsreisen und Festlichkeiten sowie schließlich durch Pflege und Erhaltung des Familiengrabs.

Ein Anspruch auf solche Leistungen wird weder durch diese Satzung noch durch langjährige Übung noch durch Berufung auf den Gleichbehandlungsgrundsatz noch aus anderen Rechtsquellen vermittelt.

Nach den Regelungen einiger Bundesländer sind Familienstiftungen teilweise oder vollständig von der Stiftungsaufsicht ausgenommen (§ 13 BadWürtt-StiftG; § 10 Abs. 2 BerlStiftG; §§ 4, 13, 18 Brandenburg StiftG; § 17 BremStiftG; § 5 Abs. 1 Satz 2 HambStiftG; § 21 Abs. 2 HessStiftG; §§ 14 Abs. 2, 27 Abs. 2 MecklVorPStiftG; §§ 10 Abs. 2, 23 Abs. 3 NdsStiftG; §§ 2 Abs. 5, 28 NWStiftG; §§ 18 Abs. 3, 27, 52 RhPfStiftG; §§ 19, 22 Abs. 2 SchlHolStiftG), da bei ihnen das Eigeninteresse der Familienmitglieder die Gewähr für die Erfüllung des Stifterwillens biete. Am stärksten ist die Beschränkung der Stiftungsaufsicht auf die rein rechtliche – nicht fachliche – Überwachung in Bayern ausgeprägt, was bei der Standortwahl durchaus eine Rolle spielt,[74] andererseits aber den Vertretungsnachweis beim Auftreten der Familienstiftung im Rechtsverkehr erschwert (faktisch bleibt dann nur die notarielle Unterschriftsbeglaubigung des Stiftungsaktes und aller späteren Vorstandsbestellungsakte).

2986

Mancher Stifter wird im Ausgleich für die geringere externe Überwachung durch Einrichtung eines Stiftungsbeirates das interne Aufsichtselement stärken wollen:

---

72 Vgl. *Burgard*, NZG 2002, 697 ff.
73 Vgl. im Einzelnen *von Oertzen*, Asset Protection im deutschen Recht, Rn. 86 ff.
74 Vgl. *Theuffel-Werhahn*, ZEV 2017, 17, 21.

▶ Formulierungsvorschlag: »Starker« Beirat bei einer unternehmensverbundenen Familienstiftung

2987 Es wird ein Stiftungsbeirat eingerichtet, der aus drei Personen besteht. Dem ersten Beirat gehören A, B und C an. Nachfolger für A und B werden durch Kooptation bestimmt, der Nachfolger für C wird durch diejenige Wirtschaftsprüfungsgesellschaft bestimmt, welche im Bestimmungsjahr mit der Abschlussprüfung des Unternehmens betraut ist, an dem die Stiftung die werthöchste Beteiligung hält. Mitglied des Stiftungsbeirats kann nicht sein, wer Vorstand der Stiftung ist oder in den drei vorangehenden Jahren war.

Aufgaben des Beirates sind
(1) die Überwachung der Geschäftsführung des Vorstands,
(2) die Aufstellung von Leitlinien für die unternehmerische Tätigkeit des Vorstands und die Kontrolle ihrer Umsetzung sowie
(3) der Erlass einer Geschäftsordnung, in welcher Maßnahmen bestimmt werden, welche der vorherigen Zustimmung des Beirats bedürfen. Dabei kann der Beirat dem Vorstand auch Weisungen erteilen, diesen jedoch nicht absetzen oder berufen.

2988 Reizvoll ist die Möglichkeit, durch gemeinnützige Zwecke i.H.v. mindestens zwei Dritteln der Erträge insgesamt, auch hinsichtlich des zur Familienversorgung vorgesehenen Drittels, steuerbegünstigt zu sein (§ 58 Nr. 6 AO, Rdn. 3001). In Betracht kommt sie v.a. bei sehr großen Familienbetrieben, wo die Erbschaftsteuer – auch unter Berücksichtigung der Privilegierungsmöglichkeiten von Betriebsvermögen – zu einer deutlichen Schmälerung der Substanz führen würde, andererseits jedoch ein Drittel der Erträge zur (ergänzenden) Versorgung der Familie nachhaltig genügt. Der statische Charakter einer Stiftung kann sich in einer immer rascheren Veränderungen ausgesetzten Welt als Nachteil erweisen, der Anpassungen an das Wirtschaftsleben erschwert, ferner auch das Fehlen unmittelbaren Engagements in Gestalt eines aus Eigeninteresse handelnden Eigentümers und schließlich der erschwerte Zugang von Stiftungsunternehmen zum Kapitalmarkt.[75]

Gesamtmuster einer unter Lebenden errichteten Familienstiftung (ohne Begünstigung nach § 58 Nr. 6 AO)[76]: Rdn. 6787.

f) Bürger- oder Gemeinschaftsstiftung

2989 Als Ausdruck bürgerschaftlichen Engagements schaffen sie regional begrenzt Kapitalsammelstellen zur Aufrechterhaltung vormals kommunaler Angebote, zur Entwicklung neuer Engagementformen für Bürger und zur Unterstützung Bedürftiger (sog. »community foundations«). Oft werden sie durch örtliche Unternehmen (Sparkassen) mit dem ersten Stiftungskapital ausgestattet. Ihre Struktur ist stark auf die Einwerbung von Zustiftungsmitteln ausgerichtet; als »Lockstoff« dient insoweit auch die Möglichkeit der treuhänderischen Verwaltung von Namensstiftungen für einzelne Zwecke (Motiv der Eitelkeit).[77]

---

75 Vgl. *Schiffer/von Schubert*, BB 2002, 266; positiver zur Eignung der Familienstiftung für Nachfolgeregelungen *Blumers*, DStR 2012, 1 ff.
76 Umfangreicheres Muster bei *Müller*, in: *Hannes*, Formularbuch Vermögens- und Unternehmensnachfolge, 3. Auflage 2011, S. 1126 ff.
77 Muster bei Kersten/Bühling/*Krauß*, Formularbuch und Praxis der freiwilligen Gerichtsbarkeit, § 123 Rn. 122 M; vgl. ferner www.bertelsmann-stiftung.de (Arbeitsschwerpunkt: Beratung von Bürgerstiftungsgründungen, vgl. auch die von der Bertelsmannstiftung unterhaltene Homepage www.buergerstiftung.de.

4. Kombinationsmodelle

a) Doppelstiftung

Eine Kombination der wirtschaftlichen Vorteile der Familienstiftung mit den steuerlichen Vorteilen der gemeinnützigen Stiftung versucht das Modell der »Doppelstiftung«:[78] Gesellschafter der unternehmenstragenden GmbH sind sowohl eine Familienstiftung – diese hat zur Sicherung des unternehmerischen Einflusses der Familie den überwiegenden Anteil der Stimmrechte, sog. »Führungsstiftung« – als auch eine gemeinnützige Stiftung (ggf. mit Zwei-Drittelbegrenzung hinsichtlich der Erträge, Rdn. 3001 ff.) – Letzterer gehört der überwiegende Anteil des Vermögens, zur Minimierung der Erbschaftsteuerbelastung.[79] Die gemeinnützige Stiftung kann dabei auch die Funktion einer »Familienbank« übernehmen, die aufgrund ihrer Gemeinnützigkeit steuerfrei Eigenkapital bildet und dem Familienunternehmen zinsgünstig zur Verfügung stellt. Problematisch ist allerdings, ob dem nicht § 42 AO (Vorwurf des Gestaltungsnießbrauchs) entgegensteht.[80] Ein Beispiel stellte der Verbund aus gemeinnütziger Hertie-Stiftung und Karg'scher-Familienstiftung dar.[81] Die Vorstände beider Stiftungen sollten nicht verflochten sein, da sonst die gemeinnützige Stiftung Teil eines wirtschaftlichen Geschäftsbetriebes werden (»Personalunion«) und damit ihre Gemeinnützigkeit verlieren kann.

2990

Als Holding bzw. operativ tätige Gesellschaft eignet sich bei der Doppelstiftung in erster Linie die GmbH,[82] da eine disquotale Gewinnverteilung gem. § 29 Abs. 3 Satz 2 GmbHG – jedenfalls gesellschaftsrechtlich – keinen Bedenken begegnet (anders als bei der satzungsstrengen AG, § 23 Abs. 5 AktG – bei Letzterer lässt sich ein ähnliches Modell jedoch erreichen durch die Verwendung stimmrechtsloser Vorzugsaktien anstelle von Stammaktien, oder durch Verwendung einer KGaA, bei welcher die Familienstiftung Komplementärin, die gemeinnützige Stiftung Kommanditaktionärin ist).[83] Auch bei einer lediglich symbolischen Kapitalbeteiligung des Mehrstimmberechtigten liegt im Konzept der Doppelstiftung nach herrschender Auffassung kein Verstoß gegen das Abspaltungsverbot des GmbH-Rechts, da § 47 GmbHG dispositiv ist, also sogar stimmrechtslose Anteile ermöglicht.[84]

2991

Wird das operativ tätige Unternehmen nicht als Kapitalgesellschaft, sondern bspw. als **GmbH & Co. KG** geführt, empfiehlt es sich, zwischen die gemeinnützige Stiftung und die Kommanditbeteiligung eine GmbH zu schalten, da die unmittelbare Beteiligung einer gemeinnützigen Stiftung an einer gewerblich tätigen Personengesellschaft stets zu einem wirtschaftlichen Gewerbebetrieb

2992

---

78 Vgl. *Bayer/Koch*, Unternehmens- und Vermögensnachfolge (NotRV 2009), S. 154 ff.; *Ihle*, RNotZ 2009, 621, 634 ff.; *Werner*, ZEV 2012, 244 ff.; Muster bei *Spiegelberger*, Unternehmensnachfolge, § 17 Rn. 45 ff., und (Doppelstiftung & Co. KG) bei Brambring/Mutter/*Mutter*, Formularbuch Erbrecht, Muster H II. 5., sowie von *Müller*, in: *Hannes*, Formularbuch Vermögens- und Unternehmensnachfolge, 3. Auflage 2011, S. 1156 ff. Vgl. auch *Beckervordersandfort (Hrsg)*, Gestaltungen zum Erhalt des Familienvermögens, 2016, S. 258–262.
79 Es verbleibt nur die Erbersatzsteuer auf die Familienstiftung. Die Beteiligung der Familienstiftung am Unternehmen sollte, um die Betriebsvermögensbegünstigung zu erhalten, unmittelbar oder aber durch Poolvereinbarung mindestens 25 % umfassen.
80 Vgl. *Schnitger*, ZEV 2001, 106; dagegen *Kirnberger/Werz*, ErbStG 2004, 147. Bedeutsamer Fall: Hertie (»Der Spiegel«, Heft 22/1999, S. 76 ff.).
81 Die Familienstiftung hielt lediglich 0,5 % der Anteile an der Hertie Waren- und Kaufhaus GmbH, ausgestattet mit Mehrstimmrecht.
82 Beispiel (wenn auch nicht als Doppelstiftung): Die gemeinnützige Robert Bosch Stiftung GmbH hält 92 % der Anteile an der unternehmerisch tätigen Robert Bosch GmbH, die Stimmrechte hat die mit 8 % beteiligte Robert Bosch Industrie Treuhand KG.
83 Vgl. *Pauli*, ZErb 2010, 66 ff.; des Einsatzes disquotaler Gesellschafterrechte bedarf es wegen der bereits gesetzlich angelegten Trennung von Vermögen (Kommanditaktionär) und Herrschaft (Komplementär) nicht.
84 OLG Frankfurt, GmbHR 1990, 79, 82; allgemein zu Stimmrechtsausschlüssen kraft Gesetzes oder Satzung *Priester*, GmbHR 2013, 225 ff.

führt (vgl. Rdn. 3082). Stattdessen kann auch die GmbH ihrerseits einziger Kommanditist sein und die Anteile an der GmbH wiederum (in geringem Umfang) der Familien-Führungsstiftung und (ganz überwiegend) der gemeinnützigen Stiftung gehören.

2993 Da der Unternehmensgewinn, der – sofern keine abweichenden Gewinnbezugsrechte geschaffen werden[85] – ganz überwiegend der gemeinnützigen Stiftung zugute kommt, die auszuschüttenden Beträge bei Weitem übersteigt, muss die Familienstiftung mit ihrer Stimmenmehrheit eine Thesaurierung durchsetzen, die allerdings aufgrund der feststehenden Gewinnbeteiligungsverhältnisse auch zulasten der Familienstiftung geht. Wirtschaftlich tragfähig ist das Modell, etwa als Unternehmensnachfolgelösung,[86] daher nur bei außerordentlich hohen Unternehmensgewinnen oder wenn die Familienversorgung bereits durch Tätigkeitsvergütungen gesichert ist. Sofern das Unternehmen selbst gem. §§ 13a, 13b ErbStG begünstigungsfähig ist, also nicht zur Vermeidung einer Erbschaftsteuer auf eine gemeinnützige Stiftung übergehen muss, eignen sich eher unmittelbare Beteiligungsträgerstiftungen zur Sicherung der Unternehmensnachfolge, vgl. Rdn. 2970 ff.

2994 Eine Spielart der Doppelstiftung liegt darin, an einer **Betriebsführungs-Kapitalgesellschaft** ganz überwiegend (z.B. zu 95 %) eine gemeinnützige Stiftung zu beteiligen, die jedoch lediglich 10 % der Stimmrechte innehat, während eine weitere »Führungs-GmbH« nur sehr gering am Kapital beteiligt ist, aber die beherrschende Stimmenmehrheit ausübt. Auf diese Weise kann der Initiator als Geschäftsführer der Führungs-GmbH die Geschicke der Betriebsführungsgesellschaft bestimmen, deren überwiegendes Vermögen jedoch über die gemeinnützige Stiftung steuerfrei übertragen werden kann. Die Versorgung mitarbeitender Familienangehöriger wird in diesem Fall durch Geschäftsführergehälter bzw. Anstellungsverträge gesichert.

b) Stiftung & Co. KG

2995 Die eigentümerlose Komplementärin ermöglicht eine vollständige Separierung von Geschäftsführung und Vertretung ggü. dem Gesellschafterkreis, der sonst in der Gesellschafterversammlung des Komplementärs, ggf. durch Auswechselung der Geschäftsführung, die Geschicke des Gesamtunternehmens steuern könnte. Insb. starke Unternehmerpersönlichkeiten sehen daher in der Stiftung & Co. KG[87] die Lösung des Nachfolgeproblems in Familienunternehmen, wenn alle Familienmitglieder von der Mitsprache ferngehalten werden sollen. Die Stiftungssatzung und die Erstbesetzung der Gremien (durch einen Testamentsvollstrecker) braucht auf die Interessen der Erben keine Rücksicht zu nehmen. Als vorteilhaft empfunden wird weiter die Befreiung von der Unternehmensmitbestimmung.[88] Seit 2000 unterliegt auch die Stiftung & Co. KG der Abschlusspublizität (§ 264a HGB). Nachteilig ist jedoch die dadurch drohende Erstarrung der Unternehmensstruktur, die eine Kapitalaufnahme an der Börse oder ein Zusammengehen mit anderen Unternehmen nach dem UmwG praktisch ausschließt, sowie die Gefahr, dass Maßnahmen der Stiftungsaufsicht in die Unternehmensführung eingreifen – letzterer Aspekt spricht für eine Familienstiftung als Komplementärin[89]:

2996 Hinsichtlich der **gesellschaftsrechtlichen Struktur** wird dabei typischerweise der Familienstiftung als Komplementärin in der Gesellschafterversammlung ein so starkes Stimm- bzw. Vetorecht eingeräumt, dass jedenfalls Änderungen des Gesellschaftsvertrags, die Auflösung der Gesellschaft oder ein Wechsel des Komplementärs nicht ohne deren Mitwirkung erfolgen können. Auch ist – zur Sicherung der dauerhaften Umsetzung des Stifterwillens – dafür Sorge zu tragen, dass Personen, die

---

85 *Muscheler*, ErbR 2008, 134, 136.
86 *Kirnberger/Werz*, ErbStB 2004, 145 ff.
87 Vgl. hierzu *Ihle*, RNotZ 2009, 621, 639 ff. Im Jahr 2009 dürften ca. 100 existiert haben, vgl. *Muscheler*, ErbR 2008, 134, 136.
88 Da die Stiftung & Co. (wie auch die Stiftung selbst) im abschließenden Katalog des § 1 Abs. 1 MitbestG nicht genannt ist.
89 Vgl. zur »Familienstiftung & Co KG« *Werkmüller*, ZEV 2015, 522 ff.

zugleich Kommanditisten sind, nicht auch in den Vorstand der Stiftung berufen werden (sondern allenfalls im Kuratorium eine beratende Rolle spielen). Erfolgt die Errichtung einer Familienstiftung & Co. KG von Todes wegen, ist häufig der Testamentsvollstrecker zugleich willensbildendes Organ innerhalb der Stiftung. Der Stiftung obliegt insb. die dauerhafte Verwirklichung und Verteidigung der Werte des Schenkers und späteren Erblassers, sie ist neudeutsch »custodian of the family governance«.

Die Ausstattung der Familienstiftung & Co. KG mit Betriebsvermögen ist unter Beachtung der §§ 13a, 13b ErbStG schenkung- bzw. erbschaftsteuerneutral möglich, soweit die Wirtschaftsgüter im Gesamtvermögen der KG weiter Betriebsvermögen bleiben (also die KG nicht lediglich vermögensverwaltende Funktion ausübt) und die Verschonungsvoraussetzungen im Übrigen vorliegen bzw. zeitlich aufrechterhalten werden. Die Einbringung von Vermögen in die Familienstiftung selbst (wobei freilich eine Minimalausstattung ausreicht) unterliegt der Steuer gem. § 7 Abs. 1 Nr. 8 ErbStG, allerdings bei inländischen Familienstiftungen i.S.d. § 1 Abs. 1 Nr. 4 ErbStG mit der Privilegierung des § 15 Abs. 2 Satz 1 ErbStG hinsichtlich der Steuerklasse, vgl. Rdn. 3107; die alle 30 Jahre erhobene Erbersatzsteuer, Rdn. 3112, wird angesichts der geringen Kapitalausstattung der Komplementär-Stiftung keine große Rolle spielen. Auch die laufende Körperschaftsteuerpflicht in Bezug auf Vermögen und Ausschüttungen der Stiftung bleiben unbedeutend. 2997

Da es eine **Vor-Stiftung** nicht gibt,[90] kann der Kommanditgesellschaftsvertrag erst nach Anerkennung der Stiftung geschlossen werden. Vereinzelt bestehen bei Anerkennungsbehörden Bedenken gegen die Konstruktion der Stiftung & Co. KG aufgrund der naturgegebenen Komplementärhaftung der Stiftung. Auch kann die bloße Übernahme der Geschäftsführung kein tauglicher Stiftungszweck sein. 2998

Für die **steuerliche Beurteilung der erzielten Einkünfte der Stiftung & Co. KG** ist allein auf die tatsächlich ausgeübte Tätigkeit abzustellen; eine gewerbliche Prägung i.S.d. § 15 Abs. 3 Nr. 2 EStG, die zur Fiktion gewerblicher Einkünfte führt, ist ausgeschlossen.[91] Erzielt die KG Einkünfte aus **Vermietung und Verpachtung oder Kapitalvermögen**, sind diese bei der Komplementär-Stiftung dem steuerbegünstigten Bereich der Vermögensverwaltung zuzurechnen; wegen des Fehlens der gewerblichen Prägung unterliegt die vermögensverwaltende Stiftung & Co. KG auch nicht der Gewerbesteuer. Als problematisch erweist sich, dass Gewinne aus dem wirtschaftlichen Geschäftsbetrieb bei der gemeinnützigen Komplementär-Stiftung nicht in die Rücklagen eingestellt werden dürfen; dies kann allenfalls aus Überschüssen aus der Vermögensverwaltung erfolgen (§ 62 AO, vor 2013: § 58 Nr. 7 Buchst. a) AO). Daher sollte bereits der Personengesellschaftsvertrag eine Rücklagenbildung vorsehen. 2999

Gewerbliche Prägung tritt freilich ein, wenn eine »klassische« GmbH wie gewohnt die Funktion des Komplementärs übernimmt und die Stiftung dann lediglich als weitere Kommanditistin ohne Geschäftsanteil auftritt, um die »Ewigkeitsvorgaben« des Stifters umzusetzen.[92]

Ist die **KG dagegen genuin gewerblich** tätig, unterhält auch die (i.Ü. gemeinnützige) Komplementär-Stiftung als Mitunternehmer einen wirtschaftlichen Geschäftsbetrieb gem. § 64 Abs. 1 AO (vgl. Rdn. 3082; ist die Komplementär-Stiftung [z.B. als Familienstiftung] i.Ü. nicht gemeinnützig, unterliegen ohnehin alle Einkünfte der Besteuerung). Ist der Vorstand der Stiftung – wie häufig – zugleich Kommanditist der Stiftung & Co. KG und übt letztere KG gewerbliche Tätigkeit i.S.d. § 15 Abs. 2 EStG aus, sind die Vergütungen des Vorstands (ebenso wie Pensionsrückstellungen etc.) Sondervergütungen i.S.d. § 15 Abs. 1 Satz 1 Nr. 2 Satz 2 EStG, so dass im Ergebnis sie sich nicht steuermindernd auswirken.[93] Ist der Vorstand nicht zugleich Kommanditist, 3000

---

90 Vgl. *Schiffer/Pruns*, NWB 2011, 1258 ff. (andernfalls wäre die Rückwirkungsfiktion des § 84 BGB entbehrlich); a.A. *Werner*, ZErb 2011, 237 ff.
91 Vgl. *Götz*, NWB Fach 2, S. 10116 = NWB 2008, 4812.
92 Vgl. *Werkmüller*, ZEV 2015, 522, 524.
93 BMF-Schreiben v. 29.01.2008, BStBl. 2008 I, S. 317.

wird er als Arbeitnehmer angesehen, so dass die Tätigkeitsvergütungen Betriebsausgaben bei der Stiftung gem. § 4 Abs. 4 EStG sind.

c) Gemeinnützige Stiftung mit Familienbegünstigung

3001 Eine Zwischenform bildet die »gemeinnützige Stiftung[94] mit Familienbegünstigung«: Gem. § 58 Nr. 6 AO wird die Gemeinnützigkeit nicht gefährdet, sofern die Stiftung (was sie allerdings selbst zu entscheiden hat![95]) nicht mehr als max. ein Drittel ihres Einkommens[96] für den angemessenen Unterhalt des Stifters und seiner Angehörigen verwendet (sog. »**Drittelprivileg**«). Die Abgabe der verbleibenden mindestens 2/3 für Gemeinwohlzwecke bildet eine Art »Gegenleistung« für die Erlangung dauernder Steuerfreiheit. Ausschüttungen an die begünstigten Familienmitglieder sind jedoch gem. § 22 Nr. 1 Satz 2 Halbs. 3 Nr. a EStG einkommensteuerpflichtig (»außerhalb der Erfüllung steuerbegünstigter Zwecke«), Rdn. 3104. Die Ein-Drittel-Grenze[97] des § 58 Nr. 6 AO kann auch nicht dadurch überschritten werden, dass »schuldrechtliche Vorabverpflichtungen«, die im Stiftergeschäft zugunsten der Stifterfamilie oder Dritten auferlegt wurden oder die mit dem eingebrachten Vermögen als »Gegenleistung« zu übernehmen waren, nicht berücksichtigt würden[98] (anders als etwa dingliche Nießbrauchsvorbehalte, die i.R.d. Einbringung ausbedungen sind.[99])

3002 Die Finanzverwaltung interpretiert den **Begriff der Angehörigen** jedoch eng und begrenzt ihn auf Ehegatten, Eltern, Großeltern, Kinder, Enkel, Geschwister, Pflegeeltern und Pflegekinder.[100] Mit Erreichen der »dritten Generation« sind demnach Konflikte mit dem Gemeinnützigkeitsrecht »vorprogrammiert«. Problematisch sind weiter Sachverhalte, in denen die »angemessene Versorgung« bereits anderweit sichergestellt ist,[101] aus der Stiftung jedoch Sonderbedarf gedeckt werden

---

94 Diese sog. »Stifterrente« steht nur bei (selbständigen oder Treuhand-)Stiftungen zur Verfügung, nicht generell für steuerbegünstigte Körperschaften. Auch im Falle der nachträglichen Stiftung des Geerbten gem. § 29 Abs. 1 Nr. 4 ErbStG können keine Leistungen gem. § 58 Nr. 6 AO gewährt werden.

95 Nicht möglich ist bspw. das »Ausbedingen« einer monatlichen Apanage für den Stifter bereits im Stiftungsgeschäft.

96 Zu berücksichtigen sind die Einkünfte aus wirtschaftlichen Geschäftsbetrieben, Gewinne/Überschüsse aus Zweckbetrieben, sowie der Überschuss aus der Vermögensverwaltung, nicht jedoch Spendeneinnahmen oder Zuschüsse, ebenso wenig Ausstattungsvermögen oder Rücklagen nac § 62 Abs. 1 Nr. 3 AO des betreffenden Veranlagungszeitraums. Beschränkungen der Verlustverrechnung werden nur in Bezug auf § 15a EStG berücksichtigt, im Übrigen nicht, da es auf die tatsächliche Leistungsfähigkeit ankommt, vgl. *Geck/Messner*, ZEV 2014, 244, 24.

97 Sollte (atypischerweise) im Stiftungsgeschäft den Destinatären eine feste Rentenzahlung ausgesetzt worden sein, muss diese daher auf die Drittel-Grenze gekappt werden, Formulierungsvorschlag bei *Ihle*, RNotZ 2009, 621, 630.

98 Für Berücksichtigung jedoch BFH, 21.01.1998 – II R 16/95, BStBl 1998 II 758; Nichtanwendungserlass der Finanzverwaltung: BMF, BStBl. 1998 I, S. 1446.

99 *Kirchhain*, ZEV 2006, 534; *Ihle*, RNotZ 2009, 621, 630; dies ist auch Ansicht der Finanzverwaltung: AEAO Tz. 12 zu § 55 Abs. 1 Nr. 1 AO und OFD Magdeburg, Verfügung v. 03.03.2014; ZEV 2014, 332. *Schimpfky*, ZEV 2015, 456, 459 [mit vergleichender Übersicht S. 460] empfiehlt, z.B. eine Rentenauflage [Zins und Tilgung] so zu bemessen, dass sie ein Drittel der Erträge nicht überschreitet, damit lassen sich zumindest Auseinandersetzungen zur Angemessenheit der Unterstützungsleistungen vermeiden.

100 AEAO Tz. 6 zu § 58 AO; vgl. OFD Magdeburg, Verfügung v. 03.03.2014, ZEV 2014, 332.

101 Vgl. etwa Verfügung der OFD Magdeburg, 18.05.2004, ErbStB 2004, 247: »wenn die Angehörigen in Not geraten sind und sich den gewohnten Lebensstil nicht mehr leisten können«, AEAO Tz. 7 Satz 3 zu § 58 Nr. 6 AO – dort wird abgestellt auf den Lebensstandard des Zuwendungsempfängers, während *Tipke/Kruse*, § 58 AO Rn. 6, auf den Lebensstandard des Stifters abstellen. Nach *Reimann*, DNotZ 2012, 250, 260 sieht die Finanzverwaltung die Grenze häufig im Gehalt eines Oberregierungsrates, teilweise auch bei 100.000 bis 150.000 Euro/Jahr. Problematisch sind generell Zuwendungen, die zum Aufbau zusätzlichen Vermögens führen, vgl. monografisch *Bettenburg/Hunnius*, Die »Stifterrente« oder die Versorgung des Stifters und seiner nächsten Angehörigen durch die gemeinnützige Stiftung, insbes. S. 187.

soll. Gemeinnützigkeitsschädlich (da bedarfsunabhängig) wäre es auch, stets »statutarisch« einen bestimmten Prozentsatz der Erträge den Angehörigen zugute kommen zu lassen.[102]

5. Ersatzformen der rechtsfähigen Stiftung

a) Unselbstständige Stiftung

aa) unter Lebenden

Wie bei einer selbstständigen Stiftung widmet der (oder widmen mehrere[103]) Stifter bei der Treuhandstiftung[104] ein bestimmtes Vermögen einem von ihm/ihnen gewählten, gemeinnützigen Zweck auf Dauer, ohne hierfür einen rechtsfähigen Träger zu schaffen, vgl. aber Rdn. 3010 zur steuerrechtlichen Verselbständigung. Die unselbstständige Stiftung bedarf daher eines **Treuhänders**, der sie im Rechtsverkehr nach außen vertritt. Rechtlich ist das Rechtsgeschäft nach einer Auffassung als **Schenkung unter Auflage**[105] zu qualifizieren; diese Sichtweise bietet besonderen Schutz bei Insolvenz oder Vermögensverfall des Stifters: Sobald die i.d.R. vierjährige Anfechtungsfrist (Rdn. 224) des § 134 InsO, § 4 AnfG verstrichen ist, können Gläubiger die Vollrechtsübertragung allenfalls unter dem Gesichtspunkt des § 528 BGB bei Verarmung binnen zehn Jahren wirtschaftlich rückgängig machen, und zwar wegen § 852 Abs. 2 ZPO (beim Insolvenzverwalter: i.V.m. § 36 InsO) nur, wenn der Betroffene selbst den Anspruch geltend macht oder wenn er steuerfinanzierte Fürsorgeleistungen in Anspruch nimmt, Rdn. 682 ff., 846 ff. 3003

Nach anderer Sichtweise handelt es sich um eine uneigennützige **Vollrechtstreuhand**,[106] für die im Innenverhältnis Auftragsrecht bzw. (bei Entgeltlichkeit) Geschäftsbesorgungsrecht – § 675 BGB – gilt. Diese Subsumtion erleichtert die rechtliche Umsetzung eines Austausches des Treuhänders (auch wenn nicht die Voraussetzungen des § 527 BGB vorliegen), und schützt gegen Pfändungszugriffe beim Treuhänder durch Drittwiderspruchsklage (§ 771 ZPO) bzw. bei dessen Insolvenz durch Gewährung eines Aussonderungsrechtes (§ 47 InsO). Das sich nachteilig auswirkende freie Kündigungsrecht des Treugebers, § 671 Abs. 1 BGB, wird i.d.R., zumindest stillschweigend, ausgeschlossen sein,[107] so dass nur das unentziehbare Kündigungsrecht aus wichtigem Grund gemäß § 671 Abs. 3 BGB fortbesteht. Letzteres kann allerdings ein Gläubiger des Stifters (Treugebers) pfänden und überleiten; in der Insolvenz des Stifters erlöschen schließlich Auftrags- bzw. Geschäftsbesorgungsverhältnisse automatisch, §§ 115, 115, 119, 80 InsO. Richtiger Auffassung nach kann der »Stifter« wählen, ob er die Treuhand- oder die Schenkungslösung verwirklichen will, ergibt sich seine Wahl nicht eindeutig aus dem Text der Vereinbarung, ist aus Gründen höherer Rechtsbeständigkeit im Vermögensverfall des Stifters der Schenkungslösung der Vorzug zu geben. 3004

Die unselbständige Stiftung erfordert keine staatliche Anerkennung und unterliegt keiner staatlichen Aufsicht. Da die §§ 81 bis 88 BGB und die landesrechtlichen Stiftungsgesetze nicht gelten, muss der Stifter im Zuwendungsakt Vorkehrungen gegen unerwünschte Entwicklungen treffen 3005

---

102 AEAO Nr 8 zu § 58 Nr. 6 AO (neu gefasst durch BMF-Schreiben v. 30.01.2014, vgl. *Hüttemann*, DB 2014, 442 ff.).
103 Bei der »Umwandlung« in eine rechtsfähige Stiftung ist der Treuhänder dann allerdings an Weisungen nur gebunden, wenn sie von allen Stiftern erteilt werden, BGH, 22.01.2015 – III ZR 434/13, DNotZ 2015, 359.
104 Muster: Kersten/Bühling/*Krauß*, Formularbuch und Praxis der freiwilligen Gerichtsbarkeit, § 123 Rn. 118 M. Übersicht bei *Hackenberg*, NWB 2016, 179 ff. und *Muscheler*, ErbR 2016, 358 ff.
105 Staudinger/*Hüttemann/Rawert*, Vor §§ 80 ff. BGB Rn. 248 (2011).
106 Es handelt sich also nicht um eine sog. »Ermächtigungstreuhand« und sie wird nicht eigennützig i.S.e. Sicherungstreuhand ausgeübt.
107 Vgl. *Muscheler*, ErbR 2016, 358, 365.

und bei der **Auswahl des Treuhänders** besondere Sorgfalt walten lassen. Als Rechtsträger[108] einer unselbstständigen Stiftung bieten sich daher insb. juristische Personen des öffentlichen Rechts, Kirchengemeinden oder andere juristische Personen des Privatrechts an, die ähnliche Zwecke wie die unselbstständige Stiftung verfolgen. Natürliche Personen sind dagegen eher ungeeignet, da im Fall ihres Todes die unselbstständige Stiftung ihr Ende findet. Eine Eigenstiftung dergestalt, dass der Stifter selbst Rechtsträger des Vermögens der unselbstständigen Stiftung ist und dieses nur gesondert verwaltet, ist nach herrschender Meinung unzulässig.[109]

3006 Aus Sicht des Stifters ist die Treuhandstiftung geeignet, die Verwaltungskosten zu senken und ermöglicht die allmähliche Ansammlung von Vermögen, bis die Schwelle für die Anerkennungsfähigkeit als rechtsfähige Stiftung erreicht wird. Aus Sicht bereits bestehender selbstständiger Stiftungen bietet die Treuhandstiftung die Chance zur Vergrößerung und Individualisierung des Stiftungsvermögens, v.a. durch Ergänzung von Bürgerstiftungen.[110] Derzeit dürften (geschätzt) ca. 30.000 Treuhandstiftungen existieren.[111]

3007 Anders als die Errichtung einer rechtlich selbstständigen Stiftung unter Lebenden ist die Errichtung einer unselbstständigen Stiftung unter Lebenden kein einseitiges Rechtsgeschäft,[112] sondern ein **Vertrag**. Ist sie eine Schenkung, bedarf das Schenkungsversprechen der Form des § 518 Abs. 1 BGB. Allerdings wird ein Formmangel durch das Bewirken der versprochenen Leistung nach § 518 Abs. 2 BGB geheilt. Für die Übertragung von Grundstücken oder Gesellschaftsanteilen an einer GmbH vom Stifter i.R.d. Stiftungserrichtung gelten § 311b Abs. 1 BGB und § 15 Abs. 3 und 4 GmbHG. Da die treuhänderische Stiftung nicht auf einem unwiderruflichen Organisationsakt, sondern auf schuldrechtlicher Grundlage beruht, kann der Vertrag später einvernehmlich aufgehoben werden, was allerdings bei bisher bestehender Gemeinnützigkeit zur rückwirkenden Besteuerung der Erträge für 10 Jahre führt, § 61 Abs. 3 AO.

bb) von Todes wegen

3008 **Von Todes wegen** kann eine unselbstständige Stiftung durch Testament oder Erbvertrag im Wege einer Erbeinsetzung oder eines Vermächtnisses errichtet werden. Die dauerhafte **Verwirklichung des Stiftungszwecks**[113] kann (in absteigender Intensität) durch Anordnung einer Nacherbfolge unter aufschiebender Bedingung bzw. eines Nachvermächtnisses (für den Fall der zweckwidrigen Verwendung des Stiftungsvermögens durch den Stiftungsträger oder den Fall dessen Erlöschens) erreicht werden, ebenso durch Anordnung eines Untervermächtnisses bzw. – so im Regelfall – durch eine Auflage, §§ 1940, 2192 ff. BGB. (Nur[114]) sofern der Stiftungszweck festgelegt ist, kann die Bestimmung derjenigen Personen, an welche die Leistung zu erbringen ist, dem Beschwerten (Stiftungsträger) oder einem Dritten (dem Testamentsvollstrecker) überlassen werden (§ 2193 Abs. 1 BGB). Die Auflage unterliegt (anders als das Vermächtnis) keinen zeitlichen Grenzen, da § 2192 BGB nicht auf § 2162 oder § 2163 BGB verweist. Die Vollziehung der Auflage kann von Gesetzes wegen durch den Erben oder Miterben, ferner denjenigen, dem der Wegfall des Beschwerten zugute käme, die zuständige Behörde (sofern die Vollziehung im öffentlichen In-

---

108 Zur Frage, ob die Tätigkeit als Stiftungstreuhänder eine gem. § 32 Abs. 1, 1 Abs. 1a Satz 2 Nr. 3 KWG genehmigungspflichtige Finanzportfolioverwaltung oder ein gem. § 1 Abs. 1 Satz 2 Nr. 4 KWG genehmigungspflichtiges Finanzkommissionsgeschäft darstellt, ablehnend *Werner*, ZErb 2013, 1, 4 f.
109 Staudinger/*Rawert*, BGB (2011), Vorbem. zu §§ 80 ff. Rn. 152; a.A. Soergel/*Neuhoff*, BGB, Vorbem. 21 zu § 80.
110 Vgl. monografisch *Turner*, Bürgerstiftung als Treuhänder, 2006, Bundesverband deutscher Stiftungen.
111 *Ihle*, RNotZ 2009, 558.
112 So aber *Streck*, ErbR 2016, 370, der die Möglichkeit einer Absonderung von »Zweckvermögen« i.S.d. § 1 Abs. 1 Nr. 5 KStG ohne Rechtsträgerwechsel fordert, dagegen *Pruns*, ErbR 2016, 696.
113 Vgl. hierzu *Lange*, ZErb 2013, 324 ff. und *Muscheler*, ErbR 2016, 358, 359 ff.
114 Andernfalls ist nicht nur die Auflage, sondern auch die Erbeinsetzung derjenigen Person, die damit beschwert sein sollte, unwirksam, vgl. OLG Celle, 11.04.2017 – 6 W 36/17, ErbR 2017, 521.

teresse läge) sowie – wie im Regelfall – einem Testamentsvollstrecker verlangt werden. Die Bedenken, die bei der rechtsfähigen Stiftung gegen das Nebeneinander von Stiftungsorganen und Testamentsvollstrecker vorgebracht werden,[115] bestehen hier nicht.

Dem Begünstigten (Destinatär) steht gem. § 1940 BGB kein unmittelbarer Anspruch gegen den Träger der unselbständigen Stiftung zu (dies entspricht allerdings der in der Praxis gewählten Gestaltung auch bei der selbständigen Stiftung, um einen Zugriff Dritter, etwa von Gläubigern, auf die Destinatärsrechte, zu vermeiden). 3009

cc) »Umwandlung« in eine rechtsfähige Stiftung

Als »wirtschaftlich selbständige Vermögensmasse« kann die unselbständige Stiftung gem. § 1 Abs. 1 Nr. 5 KStG selbst **Körperschaftsteuersubjekt** sein,[116] sofern das Stiftungsvermögen gesondert vom sonstigen Vermögen des Treuhänders verwahrt wird und der formale Eigentümer es nicht für eigene Zwecke verwenden kann, und zwar bei Errichtung von Todes wegen bereits mit dem Erbfall.[117] Bei Verfolgung gemeinnütziger, mildtätiger oder kirchlicher Zwecke gelten (§ 5 Abs. 1 Nr. 9 KStG) dieselben Grundsätze wie bei selbständigen Stiftungen, Rdn. 3086 ff.; auch im Hinblick auf die Behandlung bei Stifter (Sonderausgabenabzug, vgl. Rdn. 3093 ff.). Der bloße »Austausch« des Treuhänders führt zu keiner Änderung; bei »Auflösung« der Treuhandstiftung erfolgt der Vermögensanfall an die benannte, (ebenfalls steuerbefreite) anfallsberechtigte Körperschaft.[118] 3010

Nicht selten sollen Treuhandstiftungen später in rechtsfähige Stiftungen »**umgewandelt**« werden, etwa um sie als Erbe oder Vermächtnisnehmer einsetzen zu können. Da weder das UmwG noch die landesrechtlichen Stiftungsgesetze hierfür Sonderbestimmungen vorsehen, bleibt allein die Einzelrechtsnachfolge durch Übertragung der Wirtschaftsgüter auf eine vorhandene rechtsfähige Stiftung. Zu prüfen ist allerdings, ob die Überführung in eine rechtsfähige Stiftung mit der Auflage bzw. dem Treuhandvertrag, welcher der Errichtung der unselbstständigen Stiftung zugrunde lag, vereinbar ist. 3011

Auch die **Vorgaben des Gemeinnützigkeitsrechts** sind einzuhalten: Die Mittelweitergabe muss dem ursprünglichen Satzungszweck der Treuhandstiftung entsprechen (§ 55 Abs. 1 Nr. 4 Satz 2 AO), die Anfallsberechtigung bei Auflösung der (nunmehr selbständigen) Stiftung muss identisch sein. Sind diese Vorgaben eingehalten, führt die rechtliche Verselbständigung des bisherigen Treuhandstiftungsvermögens zu keiner steuerlichen Zurechnung an ein neues Steuersubjekt.[119] Wird die Treuhandstiftung auf eine bestehende Stiftung übertragen, bedarf es jedoch einer Schlussbilanz und Vermögensübersicht zum Übertragungszeitpunkt, die den Erfordernissen der Mittelverwendungsrechnung genügt.[120] 3012

b) Stiftungsverein und Stiftungskapitalgesellschaft

Als Ersatzformen für die Errichtung einer rechtsfähigen Stiftung werden eingetragene Vereine oder Kapitalgesellschaften (insb. gemeinnützige GmbH[121] – firmenrechtlich erst seit 2013 zuläs- 3013

---

115 OLG Frankfurt, 15.10.2010 – 4 U 134/10, ZEV 2011, 605, vgl. Rdn. 3047.
116 OFD Frankfurt, Vfg v. 30.08.2011 – S 0170 A-41-St 53, hierzu *Weimar*, ZErb 2013, 1, 5 ff.
117 FG Hessen, 08.03.2010 – 11 K 3768/05, ErbStB 2010, 235.
118 *Hackenberg*, NWB 2016, 179, 185 f.
119 Vgl. *Schauhoff*, Handbuch der Gemeinnützigkeit, § 19 Rn. 59.
120 *Möller*, ZEV 2007, 569.
121 Muster z.B. Kersten/Bühling/*Krauß*, Formularbuch und Praxis der freiwilligen Gerichtsbarkeit, § 123 Rn. 121 M. Ausführlich zu Besonderheiten der Gründung, Satzungsgestaltung und Auflösung *Ihle*, in: Herrler [Hrsg], Aktuelle gesellschaftsrechtliche Herausforderungen, NotRV, Schriften zum Notarrecht Bd. 44 [2015], S. 67–110.

sige Verkürzung: gGmbH[122] – prominentes Beispiel: Robert Bosch Stiftung GmbH – ebenso gemeinnützige AG, wohl auch gemeinnützige UG[123]) in der Praxis errichtet. Als Vorteil wird der Wegfall der Stiftungsaufsicht und der Notwendigkeit eines Anerkennungsaktes empfunden. Da das GmbH-Gesetz kein zwingendes Kündigungsrecht kennt und die Rechtsprechung bei ideellen Gesellschaften auch die entschädigungslose Einziehung von Anteilen gestattet,[124] ist sie ebenfalls zur Vermögensperpetuierung geeignet. Allerdings ist das dort gebundene Vermögen nicht »eigentümerlos«. Dies ermöglicht es dem Stifter, als Vereinsmitglied oder Gesellschafter weiterhin in mehr oder weniger großem Umfang – je nach Satzungsausgestaltung – Einfluss auf die von ihm errichtete Körperschaft zu nehmen. Dieser Vorteil kehrt sich spätestens beim Tode des Stifters um. Er muss bei einem Stiftungsverband darauf vertrauen, dass zukünftige Vereinsmitglieder oder Gesellschafter sein Vermögen weiterhin für den von ihm vorgegebenen Zweck einsetzen. Eine Änderung der Satzung des Vereins oder einer Kapitalgesellschaft ist jedenfalls durch einstimmigen Beschluss stets möglich.[125]

3014 Bei Stiftungsvereinen[126] oder Stiftungsgesellschaften wird durch entsprechende Ausgestaltung erreicht, dass deren Mitglieder oder Gesellschafter von der Teilhabe an dem Vermögen der Körperschaft völlig ausgeschlossen sind und dieses allein dem Verbandszweck gewidmet wird. Letzteres ist insb. dann zwingend notwendig, wenn der Verein oder die Gesellschaft den Status einer steuerbegünstigten Körperschaft i.S.d. §§ 51 ff. AO anstreben.[127] Stiftungskörperschaften können in ihrem Namen oder in ihrer Firma grds. neben dem Rechtsformzusatz die Bezeichnung Stiftung führen, wenn sie entweder über eine kapitalmäßige Vermögensausstattung verfügen oder eine gesicherte Anwartschaft auf eine solche Dotierung haben.[128]

6. Ausländische Stiftungen und Trusts

3015 Insb. als Instrument zur »asset protection«[129] – aber auch zur Nachfolgegestaltung[130] – wird auch die Errichtung und Vermögensausstattung ausländischer[131] Stiftungen empfohlen. Auch legitime erbschaftsteuerliche Zwecke können mit ihnen verfolgt werden, z.B. die »Beseitigung« der Ver-

---

122 OLG München, NJW 2007, 1601; zustimmend *Rohde*, GmbHR 2007, 268; krit. *Wachter*, EwiR 2007, 181; *Paulick*, DNotZ 2008, 167 ff.; zulässig war aber wohl weiterhin »gemeinnützige GmbH«, vgl. *Kilian*, notar 2009, 23 m.w.N. Für die Bezeichnung der Firma im Grundbuch ist allerdings die registerrechtliche Zulässigkeit bedeutungslos, OLG München, 07.10.2008 – 34 Wx 063/08, DNotZ 2009, 222. § 4 Satz 2 GmbHG i.d.F. des Ehrenamtsstärkungsgesetzes erlaubt ab 2013 die Abkürzung »gGmbH«, allerdings wohl nicht die »gUG [haftungsbeschränkt]«, vgl. *Gutachten*, DNotI-Report 2013, 181.
123 Bay. Landesamt für Steuern v. 31.03.2009 – S 0174.2.1–2/2 St 31; Bedenken bestehen, da das Gebot, ein Viertel des Jahresüberschusses anzusparen, mit dem gemeinnützigkeitsrechtlichen Gebot der zeitnahen Mittelverwendung kollidiert, vgl. *Oberbeck/Winheller*, DStR 2009, 516 ff.; *Ullrich*, GmbHR 2009, 750 ff., für Zulässigkeit *Patt*, GmbH-StB 2011, 21 und *Zehentmeier*, NWB 2012, 1167 ff.
124 MünchKomm-BGB/*Reuter*, vor § 80 Rn. 40.
125 Vgl. im Einzelnen zur Rechtsformwahl bei Non-Profit-Organisationen *Stock*, NZG 2001, 440 ff.; *Werner*, GmbHR 2003, 331 ff.
126 Die Anerkennung eines Vereins als steuerlich gemeinnützig ist nach BGH, 16.05.2017 – II ZB 7/16, DNotZ 2017, 628 für das Vereinsregister Indiz dafür, dass kein wirtschaftlicher Verein i.S.d. § 21 BGB vorliege krit. *Terner*, RNotZ 2017, 508 ff.
127 S.a. für die Ausgestaltung der Satzung der gemeinnützigen GmbH: *Schlüter*, GmbHR 2002, 535 ff., 578 ff.; *Wochner*, MittRhNotK 1994, 89 ff.
128 Vgl. dazu BayObLG, NJW 1973, 249; OLG Köln, MittRhNotK 1997, 233.
129 Vgl. hierzu und zum Folgenden *von Oertzen/Ponath*, Asset Protection im deutschen Recht, 2. Aufl. 2013 S. 88 ff.
130 Vgl. monografisch *von Löwe*, Familienstiftung und Nachfolgegestaltung, 2. Aufl. 2016 (Deutschland, Österreich, Schweiz, Liechtenstein).
131 Das Stiftungskollisionsrecht folgt den Grundsätzen des internationalen Gesellschaftsrechts: Personalstatut, das auch die Rechtsstellung der Destinatäre erfasst, BGH, 08.09.2016 – III ZR 7/15, DNotZ 2017, 106; vgl. *Werner*, ZEV 2017, 181 ff.

mögensinhaberschaft als solcher und damit des deutschen Steuerzugriffs auf das »Weltvermögen«.[132] Es handelt sich dabei häufig um Anstalten des liechtensteinischen Rechts (nachstehend, s. Rdn. 3018), Stiftungen des liechtensteinischen Rechts (nachstehend, s. Rdn. 3024), Privatstiftungen nach österreichischem Recht, s. Rdn. 3029) sowie Trusts auf der Grundlage des Common Law (nachstehend, s. Rdn. 3035). Hinzuweisen ist des Weiteren auf Einzahlungen in angeblich pfändungssichere liechtensteinische Lebensversicherungen, die intensiv beworben werden, Rdn. 3485 ff.

Im Hinblick auf die Anfechtung des Gläubigers oder in der Insolvenz erfolgt die kollisionsrechtliche Anknüpfung gem. § 19 AnfG und § 339 InsO bzw. nach Maßgabe der Europäischen Insolvenzverordnung (EuInsVO)[133] nach dem Recht des Staats, dem die Wirkung der Rechtshandlung unterliegt, bei der Insolvenz dem Recht der Konkurseröffnung (lex fori concursus) – es sei denn, der Anfechtungsgegner weist nach, dass für die Rechtshandlung das Recht eines anderen Staates maßgebend ist (lex causae), und die Rechtshandlung nach diesem Recht in keiner Weise angreifbar ist;[134] die Anfechtbarkeit muss also kumulativ nach dem Recht des Eröffnungs- und des Wirkungsstaates gegeben sein. 3016

Das **Stiftungsstatut** selbst folgt mangels anwendbaren europäischen Kollisionsrechts den ungeschriebenen Regeln des internationalen Gesellschaftsrechts, so dass gegenüber Stiftungen, die im EU/EWR-Staaten oder in den USA gegründet wurde, aufgrund der Entscheidungen des EuGH (Centros,[135] Überseering[136] und Inspire Art[137]) die Gründungstheorie, im Verhältnis zu Drittstaaten jedoch weiterhin die Sitztheorie gilt (letztere mit der Folge, dass ausländische Stiftungen bei Sitzverlegung neu zu gründen sind).[138] Projekte für eine (zwingend gemeinnützige) einheitliche europäische Rechtsform (Fundatio Europaea[139]) sind noch im Anfangsstadium. 3017

a) Anstalten liechtensteinischen Rechts

Auch hier handelt es sich um verselbstständigtes Vermögen, das durch Eintragung im Öffentlichkeitsregister die Eigenschaft einer juristischen Person erwirbt, mit Haftungsbeschränkung auf das Vermögen. Sie kann ähnlich einer Kapitalgesellschaft (also mit Vermögensanteilen) oder ähnlich einer Stiftung (als sog. »gründerrechtslose Anstalt«) eingerichtet werden. Aus der Sicht des deutschen Außensteuerrechts wird Letztere (wohl) wie eine Stiftung qualifiziert, § 15 AStG (Rdn. 6182). 3018

Schenkungsteuerlich wird die Errichtung solcher ausländischer verselbstständigter eigentümerloser privatnütziger[140] Rechtsträger (wie auch spätere Zustiftungen hierzu) – ebenso wie die spätere Auflösung – in der ungünstigsten Steuerklasse III besteuert, also nicht nach § 15 Abs. 2 Satz 1 3019

---

132 Bsp. nach *Halaczinsky*, ZErb 2015, 193, 194: Ein Deutscher, der seit mehr als 10 Jahren in der Schweiz lebt (also kein Inländer mehr ist), möchte deutsche »Erben« einsetzen: aufgrund der Inländereigenschaft der Erben unterläge sein Weltvermögen der deutschen unbeschränkten Steuerpflicht. Bringt er es jedoch in eine (intransparente) schweizerische Stiftung ein, und handelt es sich dabei nicht um Inlandsvermögen i.S.d. § 121 BewG, zählt es nicht mehr zu »seinem« zu versteuernden Weltvermögen; Leistungen der ausländischen Stiftung an deutsche Empfänger können aber der Einkommensteuer unterliegen, vgl Rdn. 3115 ff.
133 Vgl. hierzu im Überblick *Kienle*, NotBZ 2008, 245 ff.
134 Vgl. *von Oertzen/Ponath*, Asset Protection im deutschen Recht, 2. Aufl. S. 19.
135 NJW 1999, 2027.
136 EuGH, 05.11.2002 – C 208/00, NJW 2002, 3614: Verstoß gegen Art. 43 und 48 EGV. Hierzu *Döser* in: Aktuelle Tendenzen und Entwicklungen im Gesellschaftsrecht NotRV Würzburg 2004, S. 88 ff.
137 NJW 2003, 3331.
138 Vgl. *Naumann zu Grünberg*, ZEV 2012, 569, 572 ff.; *Werner*, ZEV 2017, 181 ff.
139 Kommissionsvorschlag v. 08.02.2012; *Stöber*, DStR 2012, 804; *Naumann zu Grünberg*, ZEV 2012, 569, 575.
140 Die Übertragung auf ausländische steuerbegünstigte Stiftungen kann ggf. (bei Gewährleistung der Gegenseitigkeit, vgl. R E 13.9 ErbStR, gem. § 13 Abs. 1 Nr. 16c oder Nr. 17 ErbStG bzw. aufgrund von

ErbStG privilegiert,[141] wenn es nicht ausnahmsweise schon am Übertragungsvorgang fehlt, vgl. Rdn. 3025. Die **Ersatzerbschaftsteuer** gem. § 1 Abs. 1 Nr. 4 ErbStG gilt allerdings nur für inländische Familienstiftungen.[142]

3020 Schon aus diesem Grund ist die Verwendung solcher »Vermögensvehikel« für steuerehrliche[143] Gründer extrem nachteilhaft, es sei denn, nach Wegzug und Ablauf der 5-jährigen erweiterten unbeschränkten Erbschaftsteuerpflicht des § 2 Abs. 1 Satz 2b ErbStG (vgl. Rdn. 5509) unterliegt der Errichter nicht mehr dem deutschen Schenkungsteuerrecht. Nur in Einzelfällen (z.B. Ausstattung einer österreichischen Privatstiftung von Todes wegen vor dem 31.07.2008) sorgen Doppelbesteuerungsabkommen für eine Milderung.

3021 **Einkommensteuerlich** sind lediglich innerhalb der EU Übertragungen auf anteilseignerlose Rechtsträger i.R.d. neuen Wegzugsteuer des § 6a EStG buchwertneutral (bzw. mit aufgeschobener Entstrickung) möglich. Die Zuwendungen der ausländischen Stiftung an inländische Destinatäre unterliegen zwar nicht der deutschen ESt, werden aber gem. § 15 AStG (Rdn. 6182) zugerechnet: Vermögen und laufende Einkünfte[144] einer ausländischen Familienstiftung[145] werden demnach dem unbeschränkt in Deutschland steuerpflichtigen deutschen Stifter ebenso wie nach dessen Wegfall dem unbegrenzt in Deutschland steuerpflichtigen Bezugs- und Anfallberechtigten zugerechnet[146] (vgl. Rdn. 3034).

3022 **Körperschaftsteuerlich** ist der tatsächliche Sitz der Stiftung maßgebend, so dass unbeschränkte deutsche Körperschaftsteuerpflicht bei faktischer Geschäftsleitung im Inland begründet werden kann. Nach liechtensteinischem Recht werden vermögensverwaltende Stiftungen (sog. Sitzgesellschaften ohne eigenen Geschäftsbetrieb) mit jährlich 0,1 %[147] des Stiftungskapitals, mindestens 1.000 sfr, besteuert. Doppelbesteuerungsabkommen bestehen nur mit der Schweiz, so dass für unbeschränkt steuerpflichtige deutsche Stifter daneben das deutsche Steuerrecht maßgeblich bleibt.

3023 Die **Auflösung der Anstalt** löst möglicherweise deutsche Körperschaftsteuer aus, wenn die faktische Geschäftsleitung sich im Inland befand. Der Erwerb eines inländischen Anteilsberechtigten bei der Auflösung unterliegt gem. § 7 Abs. 1 Nr. 9 ErbStG[148] der deutschen Erbschaftsteuer (in der Steuerklasse nach dem Verwandtschaftsverhältnis zwischen Anteilsberechtigtem und Stifter;

DBA steuerbefreit sein, vgl. *Halaczinsky*, ZErb 2015, 193, 200. Zur Neuregelung des § 13 Abs. 1 Nr. 16c ErbStG vgl. *Halaczinsky*, ErbStB 2016, 58 ff.

141 Dies kritisiert als europarechts- und staatsvertragswidrig *Gierhake*, ZErb 2016, 163 ff.
142 Vgl. *Weber/Zürcher*, DStR 2008, 803; R 2 ErbStR 2003.
143 Zudem besteht seit Mitte Juni 2007 die Pflicht zur schriftlichen Deklaration von Barbeträgen ab 10.000,00 € an der Schweizerischen/Liechtensteinischen Grenze; Verstöße werden mit Bußgeldern bis zu 1 Mio. € pro Einreise geahndet. Zu den Folgen des seit 2013 geltenden DBA Deutschland – Liechtenstein *Gierhake*, ZErb 2013, 189 ff.
144 Zur Berechnung des Einkommens der ausländischen Familienstiftung: FG Hessen, 14.11.2012 – 10 K 625/08, ZEV 2013, 573.
145 Diese liegt im außensteuerrechtlichen Sinne vor, wenn der Stifter oder seine Angehörigen zu mehr als der Hälfte bezugs- oder anfallberechtigt sind, § 15 Abs. 2 AStG.
146 Zur Abwehr werden häufig Auskehrberechtigungen vermieden, z.B. von einem Gremienbeschluss abhängig gemacht, *Carlé*, ErbStB 2008, 127.
147 Bei einem Stiftungskapital zwischen 2 und 10 Mio.: 0,075 %, über 10 Mio.: 0,05 %.
148 Es ist gem. BFH, 21.07.2014 – II B 40/14, ZEV 2014, 504 ernstlich fraglich, ob § 7 Abs. 1 Nr. 9 Satz 2 ErbStG auch, wie von der Finanzverwaltung gesehen, für Ausschüttungen ausländischer Familienstiftungen an Familienangehörige gilt (da sie als angeblich transparent in eine ausländische Vermögensmasse der natürlichen Person umqualifiziert werden), auch angesichts der Doppelbelastung mit Einkommensteuer (§ 20 Abs. 1 Nr. 9 EStG), krit. gegen abw. untergerichtliche Entscheidungen (z.B. FG Baden-Württemberg, 22.04.2015 – 7 K 2471/12, ErbStB 2015, 247) auch *Jülicher*, ZErb 2015, 357 ff. und *Gierhake*, ZErb 2015, 366 ff. sowie *Werner*, ZEV 2016, 133 ff.

beim Rückfall an den Stifter selbst stets nach Maßgabe der Steuerklasse III).[149] Zusätzlich fällt jedoch nicht auch ESt an, da § 20 Abs. 1 Nr. 9 EStG für Auslandsstiftungen nicht gilt.

b) Stiftungen des liechtensteinischen Rechts

In Betracht kommt insb. die Familienstiftung gem. Art. 552 § 2 Abs. 4 Nr. 1 PGR (Liechtensteinisches Privat- und Gesellschaftsrecht), deren Vermögen dauerhaft zur Versorgung einer oder mehrerer Familien, auch des Stifters selbst,[150] zu verwenden ist, ebenso die »gemischte Familienstiftung« (Art. 552 § 2 Abs. 4 Nr. 2 PGR), die daneben weitere, etwa gemeinnützige Zwecke verfolgt. Die Stiftungsdokumente werden nicht in das Öffentlichkeitsregister[151] eingetragen, sondern lediglich hinterlegt, seit 01.04.2009 gar lediglich angezeigt,[152] und sind der Allgemeinheit nicht zugänglich.[153] Die hinterlegten Papiere brauchen zudem nicht die Regelungen über die Begünstigten der Stiftung sowie zu deren Organisation zu enthalten (Letztere finden sich regelmäßig in gesonderten Dokumenten, den sog. »Beistatuten«).[154] Handelt es sich bei diesen Beistatuten um erbrechtliche Verfügungen, müssen die Formerfordernisse einer Verfügung von Todes wegen gewahrt sein.[155]

3024

Für die **Besteuerung** der **Errichtung**, der **Einkünfte** und **Auflösung** liechtensteinischer Privatstiftungen und deren Ausschüttungen gilt Gleiches wie bei der liechtensteinischen Anstalt (s.o. Rdn. 3018 ff.).[156] Ohne Vermögensschutzeffekt (allerdings auch ohne schenkungsteuerliche Belastung) bleibt die Übertragung auf eine sog. **kontrollierte liechtensteinische Familienstiftung**, bei welcher der Stifter sich vorbehält, weiter über die Verwendung des Vermögens zu entscheiden, sogar sich dieses wieder zurück übertragen zu lassen.[157] Der **Rückforderungsanspruch** bleibt pfändbar; Anfechtungs- und Pflichtteilsergänzungsfristen[158] beginnen (wohl) nicht zu laufen.[159] **Schenkungsteuerlich** fehlt es (entgegen Rdn. 4546) an einer Bereicherung des Stiftungsvermögens, so dass

3025

---

149 Vgl. BFH, BStBl. 1993 II, S. 238.
150 Insoweit gilt nicht der Grundsatz »Keine Stiftung für den Stifter«, da das liechtensteinische Recht auch Fideikommisse erlaubt, vgl. *Wanger*, Liechtensteinisches Wirtschafts- und Gesellschaftsrecht, S. 146.
151 Verwaltet die Stiftung nur eigenes Vermögen, ist die Eintragung im Stiftungsregister ohnehin nicht zwingend, vgl. *Carlé*, ErbStB 2008, 125.
152 Die Richtigkeit der Anzeige ist durch einen RA oder Treuhänder zu bestätigen, Art. 552 § 20 PGR, und kann durch das Öffentlichkeitsregisteramt überprüft werden.
153 Nicht einmal die Existenz, geschweige denn der Name des Stifters oder der Mitglieder des Stiftungsrates, bzw. gar das Stiftungsvermögen können eingesehen werden. Hinzu kommt, dass i.d.R. der tatsächliche (»wirtschaftliche«) Stifter nicht in Erscheinung tritt, sondern einen Anwalt bzw. ein Treuhandbüro als rechtlichen Stifter mittels Treuhandvertrages »zwischenschaltet« und später zustiftet. Der Treuhänder hat gem. Art. 2 SPG (Sorgfaltpflichtgesetz) eine Identifizierung des Stifters nach Geldwäschegesetzregeln vorzunehmen. Das Mindestkapital beträgt 30.000,00 CHF.
154 Vgl. *Götzenberger*, in: Deininger/Götzenberger, Internationale Vermögensnachfolgeplanung mit Auslandsstiftungen und Trusts, S. 105.
155 In Liechtenstein werden solche Regelungen allerdings überwiegend als gesellschaftsrechtlich qualifiziert, vgl. *Unkrier*, RIW 1998, 205.
156 Aktueller Überblick bei *Heß*, NWB 2017, 450 ff.
157 Dieser Widerrufsvorbehalt, Art. 552 § 30 Abs. 1 PGR (ähnlich nur das österreichische Recht in § 33 öPSG) ist weder übertragbar noch vererblich, allerdings pfändbar (Pläne, auch insoweit Vollstreckungsschutz zu gewähren, wurden i.R.d. am 01.04.2009 in Kraft tretenden Reform nicht umgesetzt, vgl. *Lennert/Blum*, ZEV 2009, 171, 175). Ca. 90 % aller liechtensteinischen Stiftungen sind kontrollierte Stiftungen, lediglich 10 % sind sog. Diskretionäre Stiftungen, in denen der Stiftungsrat die tatsächliche Kontrolle innehat.
158 OLG Koblenz, 05.03.2014 – 2 W 415/12, ZEV 2014, 361 m. Anm. *Werner* wertet das Anstalts- oder Stiftungsvermögen als noch im Nachlass befindlich, wenn sich der Stifter das Gründerrecht vorbehalten hatte, das Vermögen wieder an ihn selbst zurückzuführen.
159 *von Oertzen/Ponath*, Asset Protection im deutschen Recht, 2. Aufl. 2013, S. 96 ff.

(mangels Vollzuges) noch keine Schenkungsteuer anfällt;[160] vielmehr verschiebt sich der Besteuerungszeitpunkt auf den Moment des Erlöschens der Sonderrechte des Stifters, z.B. durch Verzicht nach ausreichend lange zurückliegendem Wegzug aus Deutschland,[161] bzw. auf den Zeitpunkt seines Ablebens, sofern die Einwirkungsbefugnisse dann erlöschen (so dass dann der Vermögensanfall auf die Stiftung besteuert wird[162]); wenn die Mandatsverhältnisse nicht enden bzw. in den Fällen sog. »missbräuchlicher Gründung« dagegen tritt auch dann noch keine Trennung ein, sondern der Erbe erwirbt das »Stiftungsvermögen« von Todes wegen.[163] Vor diesem Zeitpunkt liegt lediglich eine steuerlich irrelevante »Umbuchung« von einem Konto auf ein anderes vor, so dass auch einkommensteuerlich die Erträge (direkt oder über § 15 AStG, Rdn. 6182) weiter dem Stifter zuzurechnen sind (während die intransparente Stiftung i.d.R. zweimal, nämlich bei ihrer Dotation und bei der Ausschüttung, dafür aber nicht beim Tod des Stifters, Steuer auslöst). Die einkommensteuerliche Transparenz widerruflicher Stiftungen vollzieht nun auch das liechtensteinische Steuerrecht nach.[164] Vereinzelt wird sogar zivilrechtlich ein Vermögensübergang verneint (so dass z.B. Stiftungskonten tatsächlich in den Nachlass des Stifters gefallen seien, »Scheingeschäft«)[165] oder aber die Stiftungserrichtung wegen Verstoßes gegen den deutschen ordre public, Art. 6 EGBGB, nicht anerkannt, insb. wenn der Hauptzweck in der Steuerhinterziehung lag.[166] Die deutsche untergerichtliche Finanzrechtsprechung zur Transparenz ausländischer Familienstiftungen ist uneinheitlich.[167]

3026 Die am 01.04.2009 in Kraft getretene Reform des liechtensteinischen Stiftungsrechts hat zwar moderate Formen der Stiftungsaufsicht[168] eingeführt, i.Ü. aber den Aspekt der »**asset protection**« weiter verstärkt, ausgenommen krasse Fälle sogenannter »shams«:[169]

aa) Gem. Art. 552 § 36 Abs. 1 Satz 1 PGR[170] kann der Stifter bei Familienstiftungen in die Statuten einen **Vollstreckungsschutz** aufnehmen hinsichtlich der Rechte, welche den Begünstigten zustehen.

---

160 BFH, 28.06.2007 – II R 21/05, EStB 2007, 329; vgl. *Eisele*, NWB 2007, 3969 ff. = Fach 10, S. 1625 ff. und *Schütz*, DB 2008, 603 ff.; *Weber/Zürcher*, DStR 2008, 803 ff.; *Daragan*, DB 2011, 2223.
161 Auf diese Gestaltungsmöglichkeit weist *Jülicher*, ZErb 2007, 365, hin.
162 Vgl. *Halaczinsky*, ErbStB 2015, 162.
163 FG Münster, 11.12.2014 – 3 K 764/12 Erb, MittBayNot 2017, 532 m. krit. Anm. *Hübner* (Az. BFH: II R 9/15), ebenso FG Düsseldorf, 25.01.2017 – 4 K 2319/15 Erb, ErbStB 2017, 176. Auch zivilrechtlich soll das »Stiftungsvermögen« (bzw. der Herausgabeanspruch des Erben gegen die Stiftung) in den Nachlass des Stifters fallen, OLG Stuttgart, 22.06.2009 – 5 U 40/09, ZErb 2010, 1 ff. m. abl. Anm. *Daragan* (Nichtzulassungsbeschwerde; Az. BGH: III ZR 190/09). Das Urteil verkennt allerdings, dass nach Liechtensteiner Recht (Staatsgerichtshof, 16.09.2002 – StGH 2002/17, ZErb 2010, 22) solche Interventionsrechte allein den »Durchgriff« durch die Stiftung nicht erlauben, was zur Gewährung der Niederlassungsfreiheit des Art. 31, 34 EWR-Abkommen zu beachten ist.
164 Art. 9 Abs. 4 Satz 1 SteG-Liechtenstein, seit 2010, vgl. zur dortigen Stiftungsteuerreform *Knörzer/Stöckl*, LJZ 2009, 62 ff.; zur steuerlichen Behandlung liechtensteinischer Familienstiftungen *Linn/Schmitz*, DStR 2014, 2541 ff.
165 OLG Stuttgart, 29.06.2009 – 5 U 40/09, ZEV 2010, 265 m. Anm. *Blum/Lennert*, krit. auch *Lange/Honzen*, ZEV 2010, 229.
166 OLG Düsseldorf, 30.04.2010 – I-22 U 126/06, ZErb 2010, 305 m. Anm. *Büch*; vgl. auch *Stucke/Remplik* und *Wachter*, ZEV 2010, 533 f. (Az. BGH: III ZR 106/10).
167 Für Transparenz: FG Bremen, 16.06.2010, EFG 2010, 1801; krit. Anm. *Büch*, ZEV 2011, 152; dagegen: FG Düsseldorf, 02.04.2014 – 4 K 3718/12 Erb, ZEV 2014, 381 m. zust. Anm. *Maetz/Kotzenberg*.
168 Gemeinnützige Stiftungen haben als Organ einen Revisor (z.B. Wirtschaftsprüfer) zu bestellen; daneben wird als Abteilung des Öffentlichkeitsregisteramts eine Stiftungsaufsichtsbehörde geschaffen, Art. 552 §§ 27 Abs. 4, 29 PGR.
169 Bsp: Schweizerisches Bundesgericht, 26.04.2012, BGer 5A_259/2010, Tz. E 7.3.3 (Aufdeckung von Vermögensverschiebungen im Rahmen der Scheidung des russischen Oligarchen Rybolovlev).
170 Entspricht im Wesentlichen Art. 567 Abs. 3 PGR a.F.

bb) **Pflichtteilsergänzungsansprüche** gegen die liechtensteinische Stiftung sind nach Art. 29 Abs. 5 IPRG n.F. nicht nur nach dem Recht der Rechtsnachfolge von Todes wegen zu beurteilen, sondern müssen auch nach dem »Recht des Erwerbsvorgangs«, also nach liechtensteinischem Recht, zulässig sein. Gem. § 785 des liechtensteinischen ABGB umfasst der Pflichtteilsergänzungsanspruch lediglich Schenkungen während der letzten beiden Jahre vor dem Tod des Erblassers; Schenkungen an gemeinnützige Empfänger sind gänzlich ausgenommen. Der liechtensteinische ordre public-Vorbehalt schützt Pflichtteilsrechte nicht, so dass möglicherweise gar die Vereinbarung einer Jurisdiktion, die keine Pflichtteilsrechte kennt, i.R.d. Vermögensübergangs genügt![171] Aus Sicht des deutschen Rechts dürfte zwar eine typische liechtensteinische Familienstiftung (mit umfassenden Vorbehaltsrechten des Stifters) als verdecktes Treuhandverhältnis zu klassifizieren sein,[172] was die Unanwendbarkeit liechtensteinischen Stiftungsrechts zur Folge hat[173] (damit bleibt ihr die Rechtsfähigkeit versagt, da sie die Anforderungen an eine deutsche Stiftung [§ 80 BGB!] nicht erfüllt und mangels Gesellschaftern keine Umqualifizierung in eine GbR/OHG erfolgen kann); etwaige in Deutschland titulierte Ansprüche gegen die liechtensteinische Stiftung bleiben jedoch undurchsetzbar, da derzeit lediglich Vollstreckungsabkommen mit der Schweiz und Österreich bestehen. Faktisch setzt sich also die Anwendbarkeit des liechtensteinischen Stiftungsrechts durch.[174] Hinzu kommt die Schwierigkeit, in Liechtenstein Auskunft über die Stiftungsvorgänge zu erlangen.[175] Allerdings wird wohl auch nach liechtensteinischem Recht die (2-jährige) Pflichtteilsergänzungsfrist nicht anlaufen, wenn sich der Stifter sämtliche Gestaltungsrechte vorbehalten hat und der Stiftungsrat über einen Mandatsvertrag von den Weisungen des Stifters abhängig ist.[176] Die Stiftungsgründung in der Absicht, Pflichtteilsberechtigte um ihren Pflichtteil zu bringen, kann immerhin aus deutscher Sicht eine Durchgriffshaftung gem. § 826 BGB gegen die Stiftungsbegünstigten auslösen, die – soweit Letztere dem deutschen Vollstreckungszugriff unterliegen – möglicherweise auch durchgesetzt werden kann.[177]

3027

cc) In ähnlicher Weise bestimmt das **liechtensteinische Anfechtungsrecht**, dass Anfechtungsansprüche sich nicht allein nach dem Heimatrecht des Übertragenden richten, sondern zusätzlich auch den Anforderungen des liechtensteinischen Rechts genügen müssen (2-Schranken-Theorie, Art. 75 Abs. 1 der Liechtensteinischen Rechtssicherungs-Ordnung, RSO). Aufgrund der Begrenzung in § 65 Abs. 1a RSO auf Rechtshandlungen im letzten Jahr vor der Bewilligung der Zwangsvollstreckung wird die Anfechtung faktisch auf Vorgänge in diesem Zeitraum begrenzt; weiter gehende Anfechtungen nach deutschem Recht (etwa bezogen auf den 4-Jahres-Zeitraum vor Anfechtung oder Insolvenzeröffnung, § 4 AnfG bzw. § 134 InsO) sind in Liechtenstein nicht vollstreckbar. Auch die Rechte der Begünstigten sind begrenzt: Zwar wird die Aufsicht bei Familienstiftungen im Wesentlichen[178] durch die Begünstigten ausgeübt, aller-

3028

---

171 Vgl. *Lennert/Blum*, ZEV 2009, 171, 175.
172 So etwa OLG Stuttgart, 29.06.2009 – 5 U 40/09, ZEV 2010, 265.
173 Deutschland geht weiter grundsätzlich von der Sitztheorie aus, Rdn. 2824, die allerdings im EU- und EWR-Raum (zu Letzterem gehört auch Liechtenstein) gem. Art. 49, 54 AEUV durch die Gründungstheorie gemeinschaftsrechtlich überlagert würde; Stiftungen mit rein vermögensverwaltender Zielsetzung können sich allerdings auf die Niederlassungsfreiheit nicht berufen, vgl. *von Oertzen/Ponath*, Asset Protection im deutschen Recht, 2. Aufl. 2013 S: 92 ff.
174 *Werner*, NWB 2011, 3462, 3469; *von Oertzen/Ponath*, Asset Protection im deutschen Recht, 2. Aufl. 2013 S. 101 ff.
175 Zu Auskunftsansprüchen von Pflichtteilsberechtigten ggü. einer liechtensteinischen Stiftung vgl. *Becker*, ZEV 2009, 177 ff.; ggü dem begünstigten Destinatär *Werner*, ZErb 2016, 92 ff. (gestützt auf § 242 BGB: § 2329 BGB als bedingtes Rechtsverhältnis).
176 So das Urteil des liechtensteinischen OGH v. 07.05.1998, LES 1998, 332, 337; *Lennert/Blum*, ZEV 2009, 171, 176.
177 Vgl. *Becker*, ZEV 2009, 177, 179; *Werner*, NWB 2011, 3462, 3471.
178 Der Stifter hat jedoch die Möglichkeit, wie bei einer gemeinnützigen Stiftung die Aufsicht und Kontrolle der Stiftungsaufsichtsbehörde zu übertragen, Art. 552 § 12 PGR n.F., so dass die Informationsrechte

dings ist das Auskunftsrecht der »Anwartschaftsberechtigten« sowie der »Ermessensbegünstigten« auf Einsichtnahme in die Stiftungsurkunden und Geschäftsbücher begrenzt. So kann bspw. die Auskunft durch den Stiftungsrat wegen »Rechtsmissbrauchs« verweigert werden (Art. 552 § 9 Abs. 2 Satz 2 PGR n.F.), wenn die Anfrage bspw. dazu dienen soll, Vermögenswerte an Dritte mitzuteilen.[179]

c) Österreichische Privatstiftung

3029 Die österreichische Privatstiftung[180] weist ggü. der deutschen Stiftung Vor- und Nachteile auf. Das Fehlen des Erfordernisses einer staatlichen Anerkennung und einer laufenden Stiftungsaufsicht wird gerade von Privatpersonen als gewollt empfunden. Die **Erbschaft- und Schenkungsteuer in Österreich** ist zum 31.07.2008 ausgelaufen,[181] zuvor bestand ein ermäßigter Steuersatz von 5 % (bzw. 2,5 % bei gemeinnützigen Stiftungen).[182] Zur Kenntnissicherung für ertragsteuerliche Zwecke wurde zwischenzeitlich in § 121a östBundesabgabenordnung (BAO) eine strafbewehrte[183] Pflicht zur Meldung von Schenkungen eingeführt, die allerdings wohl deutsche Notare nicht verpflichtet.[184] Für die Schenkung oder Vererbung österreichischen Grundbesitzes wird jedoch ab 01.08.2008 **Grunderwerbsteuer**[185] von einheitlich 3,5 % erhoben, bezogen allerdings auf das 3-fache der seit Jahrzehnten nicht mehr fortgeschriebenen Einheitswerte (die Steuer ist wohl zudem auf die deutsche Erbschaftsteuer gem. § 21 ErbStG anrechenbar).[186] Für unbewegliches Betriebsvermögen existiert ein (an eine 5-jährige Behaltensfrist gekoppelter) Freibetrag von 365.000,00 €; freigestellt ist auch der lebzeitige unentgeltliche Erwerb einer Wohnstätte von bis zu 150 m² Wohnfläche (samt Grundstück) durch den Ehegatten[187] mit wiederum 5-jähriger Nutzungsbindung.

3030 Trotz des Auslaufens der allgemeinen Schenkung- und Erbschaftsteuer wollte der österreichische Gesetzgeber auf eine Besteuerung der Vermögensübertragung auf Stiftungen allerdings nicht gänzlich verzichten und führte daher mit Wirkung ab 01.08.2008 eine »**Stiftungseingangssteuer**« i.H.v. 2,5 %[188] des Verkehrswertes ein (bei österreichischen Grundstücken erhöht um 3,5 % Grunderwerbsteuer aus dem 3-fachen Einheitswert, die auch heute noch erhoben wird), die auch für Zuwendungen an gemeinnützige[189] Stiftungen gilt und nur wenige Ausnahmen kannte.[190] Sie kommt zum Tragen, wenn entweder die Stiftung oder der Stifter seinen (Wohn-)Sitz bzw. gewöhnlichen Aufenthalt in Österreich hat, so dass häufig Doppelbesteuerungsprobleme bestehen (sogar wenn ein in Österreich wohnender Deutscher in »seine« deutsche Stiftung deutsches Vermögen einbringt!). Die in Österreich entrichtete Stiftungseingangssteuer wird auf die deutsche

---

der Begünstigten völlig ausgeschlossen sind, oder ein eigenes Kontrollorgan, z.B. durch einen RA, einzusetzen, Art. 552 § 11 PGR n.F.
179 OGH, 23.07.2004, LES 2005, 392, 404; *Lennert/Blum*, ZEV 2009, 171, 173.
180 Vgl. hierzu *Boving*, ZErb 2017, 131 ff. und ZErb 2017, 153 ff.; *Söffing*, ErbStB 2007, 219 ff.
181 Vgl. *Steiner*, ErbStB 2007, 48, und 2007, 147.
182 § 8 Abs. 3b Österreichisches ErbStG.
183 Geldstrafe i.H.v. 10 % des Verkehrswertes; Straffreiheit durch Selbstanzeige ist nur binnen 15 Monaten möglich (§§ 29, 49a Abs. 1 FinStrG).
184 *Steiner*, ErbStB 2008, 247; der Wortlaut ist insoweit jedoch offen; vgl. auch *Gahleitner/Fugger*, ZEV 2008, 405 ff.
185 *Fraberger/Petritz*, ZErb 2008, 148.
186 Ähnlich BayFinMin v. 01.06.2007 zur italienischen Registersteuer, DStR 2007, 1165.
187 § 3 Abs. 1 Nr. 2 bzw. Nr. 7 ÖstGrEStG.
188 Die Steuer verzehnfacht sich, wenn die Stiftung es versäumt, ihre Dokumente dem FA offenzulegen, oder mit dem Ansässigkeitsstaat der Stiftung keine umfassende Amtshilfe praktiziert wird.
189 Freigestellt sind jedoch Unternehmensträgerstiftungen und Stiftungen zur Unterstützung von Betriebsangehörigen.
190 Nicht erfasst werden z.B. Zuwendungen durch öffentlich-rechtliche Körperschaften sowie die Vererbung von »endbesteuertem Kapitalvermögen« und von in- oder ausländischen Kapitalgesellschaftsanteilen unter 1 %.

Steuer gem. § 21 ErbStG angerechnet, die deutsche auf die österreichische jedoch nur nach Ermessen des österreichischen Fiskus (§ 48 BAO). Für die Einbringung »ausländischen« Grundbesitzes in eine österreichische Privatstiftung fällt ab 2012 keine österreichische Steuer mehr an.[191]

Die Privatstiftung ist in Österreich unbeschränkt körperschaftsteuerpflichtig, wobei jedoch Begünstigungen bestehen.[192]

Aus Sicht des **deutschen Schenkung-/Erbschaftsteuerrechtes** wird allerdings für die Vermögensübertragung i.S.e. Bewidmung der Privatstiftung sowohl von Todes wegen als auch zu Lebzeiten die ungünstige Steuerklasse III zugrunde gelegt, da § 15 Abs. 2 Satz 1 ErbStG für ausländische Stiftungen nicht gilt. Im Hinblick auf den zum 01.08.2008 eingetretenen Wegfall der Erbschaft- und Schenkungsteuer in Österreich[193] wurde das Doppelbesteuerungsabkommen Erbschaftsteuer v. 04.10.1954 gem. seinem Art. 12 Abs. 2 durch die BRD mit Wirkung zum 31.12.2007 gekündigt, mit übergangsweiser Anwendung bis 31.07.2008.[194] Da das Abkommen schon bisher nicht für Schenkungen galt, ändert sich insoweit nichts (etwaige bisherige Doppelbesteuerungsprobleme entfallen vielmehr wegen des Auslaufens der österreichischen Schenkungsteuer).

3031

In Erbfällen wird jedoch nunmehr der weite Anbindungsbereich des deutschen internationalen Erbschaftsteuerrechts (§ 2 ErbStG) nicht mehr abgeschirmt, was insb. deutsche Unternehmer mit Betriebsvermögen in Österreich und Erblasser mit endbesteuertem Kapitalvermögen[195] in Österreich spüren. Demnach gelten dieselben Anforderungen wie bspw. im Verhältnis zur Schweiz, wenn durch Wegzug nach Österreich die deutsche Erbschaftsteuer vermieden werden soll: Es darf in Deutschland kein Wohnsitz, auch kein Zweitwohnsitz,[196] unterhalten werden, auch sämtliche Erben müssen aus Deutschland wegziehen und alle Beteiligten müssen gem. § 2 Abs. 1 Nr. 1b ErbStG eine Fünfjahresfrist vor dem Erbfall wahren;[197] ferner darf es sich nicht um deutsches »Inlandsvermögen« i.S.d. § 121 Abs. 2 BewG[198] handeln. Denkbar ist, das Vermögen bis zum Ablauf der Fünfjahresfrist auch in der Person der Erben »zwischenzuparken«, etwa in einer österreichischen Privatstiftung,[199] z.B. als Vorerben, und sodann den Nacherbfall nach Ablauf der Fünf-Jahres-Frist eintreten zu lassen (Steuerentstehung erst dann, § 9 Abs. 1 Nr. 1h ErbStG). Hat der Erblasser zwar seinen Wohnsitz vor mehr als 5, aber vor weniger als 10 Jahre nach Österreich verlegt, und verfügt noch über bestimmtes Vermögen in Deutschland, bleibt insoweit das Be-

3032

---

191 *Fugger*, ZEV 2012, 201.
192 So sind Beteiligungserträge von österreichischen Kapitalgesellschaften steuerfrei; weite Teile der Erträge verzinslich angelegten Kapitalvermögens unterliegen lediglich einem Zwischensteuersatz von 12,5 % statt dem regulären Körperschaftsteuersatz von 25 %; diese Zwischensteuer wird wieder gutgeschrieben, sobald die Privatstiftung Ausschüttungen an die Begünstigten tätigt, für die eine 25 %ige Abgeltungs-Kapitalertragsteuer anfällt.
193 Gemäß Beschluss des österreichischen Verfassungsgerichtshofs v. 07.03.2007, ZEV 2007, 237, besteht eine Reparaturfrist bis 31.07.2008, die die Regierungskoalition in Wien auf Verlangen der ÖVP jedoch nicht genutzt hat. Zur Neuregelung vgl. Rdn. 3025 und Rdn. 3029.
194 Gesetzesenwurf: BT-Drucks. 16/12236, vgl. ZEV 2009, Heft 4, S. VI.
195 Nach dem früheren DBA stand das Besteuerungsrecht für bestimmtes, in Österreich bereits mit Kapitalertragsteuer (KESt) belegtes Kapitalvermögen Österreich zu; dort war aber mit der KESt bereits die Erbschaftsteuer abgegolten.
196 Nach dem früheren DBA brauchte der »Wegzügler« in Deutschland nicht alle Brücken abbrechen; es genügte die Verlagerung des Schwerpunktes des Lebensinteressen nach Österreich, vgl. *Götzenberger*, BB 2008, 2439 ff. Vgl. nunmehr *Kamps*, ErbR 2017, 311, 317 ff.
197 Die Möglichkeit einer Abkürzung dieser Frist durch Wechsel der Staatsangehörigkeit ist angesichts der Laufzeit dieses Verfahrens nur theoretisch, vgl. *Steiner*, ErbStB 2008, 61.
198 Insb. inländisches land- und forstwirtschaftliches Vermögen, Grundvermögen, inländisches Betriebsvermögen, wesentliche Beteiligungen, Erfindungen, grundpfandrechtlich gesicherte Forderungen.
199 Allerdings wird derzeit diskutiert, die Einbringung von Vermögen in Privatstiftungen in Österreich zu besteuern, z.B. i.H.v. 5 %, vgl. SWK 2007, 1156.

steuerungsrecht Deutschlands bestehen (sog. erweiterte beschränkte Steuerpflicht, vgl. auch § 4 AStG).[200] Insgesamt hat dadurch das »Erbschaftsteuerparadies« Österreich viel an Attraktivität verloren.[201]

3033 Die **Errichtung einer österreichischen Privatstiftung unter Lebenden** ist demnach nur dann sinnvoll, wenn der Stifter durch rechtzeitigen Wegzug eine unbeschränkte Steuerpflicht aufgrund des Inlandbezugs (§ 2 Abs. 1 Nr. 1 Satz 2a ErbStG) vermeiden kann. Bei einer Stiftungserrichtung oder Zustiftung zu Lebzeiten muss ferner die 5-jährige Nachwirkungsfrist abgelaufen sein.[202] In Deutschland darf dann keine Geschäftsleitung zurückbleiben (unschädlich wären jedoch wohl in Deutschland ansässige Beiratsmitglieder).

3034 **Ertragsteuerlich** ist aus deutscher Sicht nachteilig, dass nicht nur bei der Übertragung von betrieblichen Einzelwirtschaftsgütern, sondern auch von Betrieben, Teilbetrieben oder Mitunternehmeranteilen eine Aufdeckung der stillen Reserven stattfindet, da Deutschland das Besteuerungsrecht an den Wirtschaftsgütern verliert (§ 4 Abs. 1 Satz 3, § 6 Abs. 1 Nr. 4 Satz 1 EStG, mit Fortgeltung durch das JStG 2009).[203] Ausschüttungen an inländische Bezugsberechtigte sind sonstige Einkünfte i.S.d. § 22 Nr. 1 Satz 1 EStG. Äußerst unangenehm ist die hinzukommende **Zurechnungsbesteuerung** gem. § 15 AStG (Rdn. 6182), wonach die Einkünfte (bis einschließlich VZ 2012: das Einkommen) einer ausländischen Familienstiftung dem unbeschränkt (oder nach § 2 Abs. 1 AStG erweitert beschränkt) steuerpflichtigen Stifter oder, in Ermangelung eines solchen, den unbeschränkt oder erweitert beschränkt steuerpflichtigen Destinatären zuzurechnen ist.[204] Damit wird die Versteuerung der von der österreichischen Privatstiftung erzielten Einkünfte nach Deutschland verlagert und, da die Stiftung bereits in Österreich unbeschränkt körperschaftsteuerpflichtig ist, die Ausschüttung nochmals im Inland beim Stifter bzw. Destinatär versteuert. Die bei der Privatstiftung selbst angefallenen Steuern kann der Zurechnungsempfänger nur i.R.d. Höchstbetrags nach § 34c Abs. 1 EStG[205] auf seine ESt anrechnen.[206] – Das Jahressteuergesetz 2009 lässt zur Vermeidung der Europarechtswidrigkeit[207] des § 15 AStG die Zurechnungsbesteuerung entfallen bei Familienstiftungen mit Sitz/Geschäftsleitung im EU-/EWR-Raum, sofern das Vermögen dem Einfluss inländischer Personen tatsächlich entzogen ist und der Auslandsstaat die Amtshilferichtlinie anwendet (§ 15 Abs. 6 AStG n.F.;[208] bilaterale Verhandlungen hierzu sind aufgenommen[209]).

---

200 Allerdings sieht BMF v. 15.03.1996 – IV C 6 – S 1343–1/96 Österreich seit 1994 nicht mehr als niedrigbesteuerndes Land an.
201 Vgl. *Steiner*, ErbStB 2008, 60 ff.
202 Vgl. *von Oertzen*, Asset Protection im deutschen Recht, Rn. 148.
203 Liegt eine Betriebsstätte vor, könnte jedoch aufgrund der künftigen beschränkten Körperschaftsteuerpflicht der Betriebsstiftung in Deutschland, § 2 Nr. 1 KStG, eine Buchwertfortführung nach § 6 Abs. 3 EStG wie im Inlandsfall denkbar sein.
204 Nach BFH, 13.05.2013 – I R 39/11 (anders noch BFH, 08.04.2009 – I B 223/08) haben hierüber die inländischen Wohnsitzfinanzämter zu entscheiden (keine einheitliche Feststellung analog § 180 Abs. 2 Nr. 2 AO).
205 Zum »wirtschaftlichen Zusammenhang« i.S.d. § 34c Abs. 1 Satz 4 EStG: BFH, 06.04.2016 – I R 61/14.
206 Zur Frage, ob § 22 Nr. 1 EStG durch § 15 Abs. 1 AStG verdrängt wird, vgl. BFH v. 02.02.1994, BStBl. 1994 II, S. 727, und *Söffing*, ErbStB 2007, 223. Die Finanzverwaltung geht vom Nebeneinander beider Vorschriften aus, vgl. BMF v. 14.05.2004, BStBl. 2004 I, Sondernummer 3. Seit 07.06.2013 beseitigt § 15a Abs. 11 AStG immerhin, dass Zuwendungen der Stiftung an Steuerpflichtige im Inland, denen bereits zugerechnete Einkünfte zugrunde liegen, nochmals besteuert werden (vgl. *Paintner*, DStR 2013, 1629, 1645); die Tendenz geht also zur Transparenz der ausländischen Familienstiftung.
207 Übergangslösung des BMF v. 14.05.2008, ZEV 2008, 304.
208 Hierzu *Schulz/Werz*, ErbStB 2008, 177.
209 Vgl. *Lennert/Blum*, ZEV 2009, 171, 177. Der derzeitige Informationsaustausch mit Liechtenstein, BStBl 2010 II 951 genügt den Anforderungen nicht: FG Düsseldorf, 22.01.2015 – 16 K 2858/13 F, ErbStB 2015, 158 [Az. NZB BFH: I B 23/15].

d) Trusts

Die Haager Konvention zur Anerkennung des Trusts von 1984,[210] welcher die BRD allerdings nicht beigetreten ist, **definiert** den Trust als ein Rechtsverhältnis, wodurch einer Person bestimmte Güter übertragen werden, welche diese für Dritte oder für einen allgemeinen Zweck verwalten soll. Der Errichter des Trusts (settlor bzw. grantor) steht also dem Verwalter (trustee, ähnlich einem Treuhänder) ggü. und kann zusätzlich einen Überwacher bestimmen, der ggf. auch den trustee auswechseln kann,[211] den protector. Die Aufgabe des trustee wird häufig von Tochtergesellschaften international tätiger Banken übernommen. Begünstigte sind die sog. »beneficiaries«.[212] Trusts können durch letztwillige Verfügung (testamentary trust) oder durch Rechtsgeschäft unter Lebenden begründet werden (inter vivos trust). Eigenes Vermögen erwirbt der Trust nicht, Inhaber des Sondervermögens bleibt der trustee.

Je nach dem Umfang der Einflussmöglichkeiten des settlor/grantor wird zwischen einem revocable trust und einem irrevocable trust unterschieden; bei weitgehender Entscheidungsmöglichkeit des trustee nach eigenem Ermessen, basierend auf einem schlichten »letter of wishes«, spricht man von einem »discretionary trust«. Bindet die Trust-Urkunde den trustee, können ihm z.B. die Thesaurierung der Gewinne (accumulation trust) oder gleichmäßige Ausschüttungen (fixed interest trust) vorgeschrieben sein.[213]

Der Trust ist – da selbst nicht rechts- und parteifähig – einer Stiftung nach deutschem Recht nicht vergleichbar und – jedenfalls sofern unwiderruflich – auch nicht als Treuhandverhältnis ausgestaltet.[214]

Die meisten Rechtsordnungen des Common-Law-Rechtskreises verbieten die Einrichtung von Trusts auf ewige Zeit durch die sog. »rule against perpetuities«, wonach i.d.R.[215] spätestens 21 Jahre nach dem Tod des Errichters bzw. nach dem Tod einer anderen, frei wählbaren Person, die am Tag der Trust-Errichtung bereits am Leben war, der Trust enden muss. Im Wettbewerb um Anlagegelder haben einzelne Rechtsordnungen diese rule allerdings aufgegeben.[216] Frankreich hat 2007 in Gestalt des »fiducie« ein auf 33 Jahre begrenztes trustähnliches Gebilde geschaffen, wobei als Begründer (constituant) nur juristische Personen und als Fiduziare (fiduciaire) nur Finanzinstitute zugelassen sind. Die Einbringung von Vermögen ist steuerfrei zu Buchwerten möglich; Hauptanwendungsfall ist die diskrete Versorgung entfernt oder nicht verwandter Personen aus dem »Trustvermögen«, wobei jedoch eine vorzeitige Vertragskündigung nicht möglich ist.

Während der unter Lebenden errichtete Trust dem Gründungsstatut unterliegt, beurteilt die Rechtsordnung der Objektbelegenheit die Rechtsfrage, ob eine entsprechende aufgespaltene Eigentümerstellung anerkannt werden kann. Der BGH sieht in der trust-immanenten Aufspaltung für in Deutschland belegenes Vermögen einen Verstoß gegen den hiesigen ordre public (Art. 6 EGBGB),[217] so dass sich deutsches Vermögen unmittelbar zur Einbringung in einen Trust nicht eignet. Es muss daher eine ausländische Kapital- oder Personengesellschaft als Eigentümerin zwi-

---

210 Vgl. IPRax 1987, 55.
211 Vgl. *Siemers/Müller*, ZEV 1998, 206.
212 Diese gelten bei letztwilligen Trusts für Zwecke des deutschen Erbscheinsverfahrens als »Erben« (nicht der trustee oder personal representative), vgl. KG, 03.04.2012 – 1 W 557/11, ZEV 2012, 593 m. Anm. *Lehmann*.
213 Vgl. *Siemers/Müller*, IStR 1998, 385/386.
214 Vgl. BFH, 02.02.1994 – I R 66/92, BStBl. 1994 II, S. 727, 729.
215 Vgl. aber für England und Wales den »Perpetuities and Accumulations Act« v. 06.04.2010: höchstzulässige Trustdauer 125 Jahre nach Gründung bzw. nach dem Tod des Erblassers.
216 So etwa die Cayman Islands bei den sog. »star trusts«.
217 Vgl. BGH, IPRax 1985, 223; vgl. *Wienbracke*, ZEV 2007, 413 ff.; für eine liberalere Linie plädiert *Daragan*, ZEV 2007, 204, dagegen *Wittuhn*, ZEV 2007, 419.

schengeschaltet werden, die ihrerseits einer Rechtsordnung untersteht, welche das aufgespaltene Trust-Eigentum anerkennt.[218]

3039 Durch das Steuerentlastungsgesetz 1999/2000/2002 wurden § 3 Abs. 2 Nr. 1 sowie § 7 Abs. 1 Nr. 8 und Nr. 9 ErbStG textlich erweitert auf den Übergang von Vermögen auf eine »Vermögensmasse ausländischen Rechts, deren Zweck auf die Bindung von Vermögen gerichtet ist«, also trusts.[219] Steuerschuldner ist (aufgrund Ergänzung des § 20 ErbStG) bei der Errichtung unter Lebenden auch der settlor, bei der Errichtung von Todes wegen ausschließlich der Trust, der zu diesem Zweck bis zur Entrichtung der Steuer eine selbstständige Nachlassmasse bildet (§ 20 Abs. 3 ErbStG). Die Erbersatzsteuer in 30-jährigem Abstand gem. § 1 Abs. 1 Nr. 4 ErbStG wird jedoch nicht erhoben.

3040 Damit ähnelt die Besteuerung[220] des Trust in einkommen- und erbschaftsteuerlicher Hinsicht der Rechtslage bei ausländischen Familienstiftungen, jedoch mit einer Verschlechterung: Satzungsmäßige Leistungen an Zwischenberechtigte sind voll steuerpflichtig[221] in der Steuerklasse des Verhältnisses zwischen Berechtigtem und Errichter, während sie bei ausländischen Familienstiftungen schenkungsteuerfrei wären. Dem steuerpflichtigen Erwerb bei Auflösung eines Trust oder eines Vereins, dessen Zweck wesentlich im Interesse einer Familie auf die Bindung von Vermögen gerichtet ist, wird seit 2009 – entgegen der Rechtsprechung des BFH[222] – durch Änderung des § 7 Abs. 1 Nr. 9 ErbStG die formwechselnde Umwandlung in eine Kapitalgesellschaft gleichgestellt. Die entgeltliche »Veräußerung« einer nach dem 01.01.2011 eingeräumten Position als Trustbegünstigter löst schließlich gem. § 20 Abs. 2 Nr. 8 EStG Einkommensteuer aus.[223]

B. Errichtung, Ausstattung und Verwaltung einer selbstständigen Stiftung

I. Stiftungsgeschäft

3041 Eine Stiftung kann sowohl durch Rechtsgeschäft unter Lebenden (§ 81 BGB) als auch von Todes wegen (§ 83 BGB) errichtet werden.

1. Stiftungsgeschäft unter Lebenden

3042 Nach § 81 Abs. 1 Satz 1 BGB bedarf das Stiftungsgeschäft unter Lebenden[224] der Schriftform. Es muss die verbindliche Erklärung des Stifters bzw. der Stifter enthalten, Vermögen für die dauerhafte und nachhaltige Erfüllung eines von ihm/ihnen festgesetzten Zweckes zu widmen. Mindestinhalt der im Stiftungsgeschäft enthaltenen Satzung sind Bestimmungen über den Namen der Stiftung, ihren Sitz, ihren Zweck, ihr Vermögen und die Bildung des Vorstandes. Gem. § 81 Abs. 2 Satz 1 BGB kann der Stifter das Stiftungsgeschäft unter Lebenden durch einseitige Erklä-

---

218 Vgl. *von Oertzen*, Planning with Trusts in Germany, in: Journal of International Trust and Cooperate Planning, 2003, 197 ff.
219 Nicht erfasst sind sog. »Grantor's Trusts«, bei denen der Errichter (settler) zugleich Begünstigter (beneficiary) ist; nach FG Baden-Württemberg, 15.07.2010 – 7 K 37/07, EFG 2011, 162, ZEV 2011, 154 ist das Vermögen von vornherein allein dem Begünstigten zuzurechnen, so dass es sich bei Auszahlungen um steuerfreie Vermögensumschichtungen handelt.
220 Vgl. *von Oertzen/Stein*, ZEV 2010, 500 ff., auch zu den steuerrechtlichen Vorteilen eines Trust nach US-Erbschaftsteuerrecht (»Qualified Domestic Trust« – QDOT – zu Gunsten des überlebenden Ehegatten zur Verlagerung der Besteuerung auf die Zeit nach auch dessen Ableben).
221 BFH, 27.09.2012 – II R 45/10, vgl. *Günther*, EStB 2013, 18 und *Halaczinsky*, ZErb 2015, 193, 197.
222 BFH, 14.02.2007 – II R 66/05, ErbStB 2007, 259, und BayLA für Finanzen v. 08.08.2007, EStB 2007, 408; es fällt nach bisheriger Auffassung auch keine Grunderwerbsteuer an.
223 *Schienke-Ohletz/Kühn*, ZEV 2015, 150 ff.
224 Muster s. *Kersten/Bühling/Krauß*, Formularbuch und Praxis der freiwilligen Gerichtsbarkeit, § 123 Rn. 110 M für eine selbstständige Stiftung, Rn. 110 M für eine unselbstständige Stiftung.

B. Errichtung, Ausstattung und Verwaltung einer selbstständigen Stiftung Kapitel 6

rung bis zur Anerkennung der Stiftung widerrufen (ein Widerruf durch die Erben des Stifters ist allerdings unter den Voraussetzungen des § 81 Abs. 2 Satz 3 BGB ausgeschlossen).

Gehört zu dem der Stiftung gewidmeten Vermögen ein Grundstück, bedarf das Stiftungsgeschäft über § 81 Abs. 1 Satz 1 BGB hinaus der Beurkundung.[225] Kostenrechtlich löst dies eine 1,0 Gebühr aus; die Auflassung ist dann gegenstandsgleich gem. § 109 Abs. 1 Satz 2 GNotKG (Erfüllung des Hauptgeschäftes). Bei isolierter Beurkundung der Auflassung sieht KV Nr. 21101 Nr. 2 GNotKG in Fortführung (und Begrenzung) des bisherigen § 38 Abs. 2 Nr. 6a KostO vor, dass für diese isolierte Beurkundung eine 0,5-Gebühr (mindestens 30,00 €) zu erheben ist, wenn das zugrunde liegende Rechtsgeschäft bereits beurkundet ist, allerdings nur dann, wenn der schuldrechtliche Vertrag von demselben Notar beurkundet wurde und dieser hierfür bereits die Gebühren nach KV Nr. 21100 (für die Beurkundung) oder nach 23603 GNotKG (bei vorzeitiger Beendigung) erhoben hat. Gemäß Vorbem. KV 2 Abs. 1 GNotKG umfasst »derselbe Notar« auch den Vertreter, Aktenverwahrer, Notariatsverwalter, Sozius und den Notar, mit dem Geschäftsräume i.S.d. § 9 Abs. 1 Satz 1 Fall 2 BNotO gemeinsam genutzt werden. Wurde das schuldrechtliche Geschäft, zu dem nun die Auflassung erklärt wird, von einem »anderen Notar« beurkundet, fällt eine 1,0-Gebühr gemäß KV Nr. 21102 Nr. 1 GNotKG an, mindestens 60,00 €. Nicht ausreichend ist jedoch die Beurkundung des schuldrechtlichen Grundstücksgeschäfts **vor einem ausländischen Notar**; für die zwingend vor einem deutschen Notar notwendige Erklärung und Entgegennahme der Auflassung (§ 925 BGB) fällt dann ebenfalls eine 2,0-Gebühr an (KV Nr. 21100 GNotKG) mit der Folge, dass eine »Gebührenersparnis« durch die »Flucht ins Ausland« im Grundstücksrecht nicht erzielbar ist.[226] Einzelne Entscheidungen wollen stattdessen auch hier eine 1,0-Gebühr ansetzen.[227] 3043

Die herrschende Meinung qualifiziert die Vermögensausstattung i.R.d. Stiftungsgeschäfts unter Lebenden als Rechtsgeschäft sui generis und wendet hierauf das Schenkungsrecht entsprechend an. So bestimmt sich die Haftung des Stifters nach den §§ 521 ff. BGB, und es besteht im Fall der Verarmung ein Rückforderungsrecht des Stifters analog § 528 BGB. Zu pflichtteilsergänzungsrechtlichen Fragen (Schenkung durch Einbringung in eine Stiftung; Anlaufen der Zehn-Jahres-Frist trotz Begünstigung auch des Schenkers, Anrechnung von Stiftungsleistungen an den Pflichtteilsberechtigten analog § 2327 BGB?) vgl. Rdn. 3625 ff. 3044

Mit Anerkennung der Stiftung ist der Stifter beim Stiftungsgeschäft unter Lebenden verpflichtet, der Stiftung das ihr zugesagte Vermögen zu übertragen. Ein Rechtsübergang kraft Gesetzes findet nicht statt. Lediglich Rechte, zu deren Übertragung die Abtretung genügt, gehen mit der Anerkennung eo ipso auf die Stiftung über, soweit sich aus dem Stiftungsgeschäft nicht ein anderer Wille des Stifters ergibt (§ 82 Satz 2 BGB). 3045

---

225 Vgl. Palandt/*Heinrichs*, BGB, § 311b Rn. 16; MünchKomm-BGB/*Kanzleiter*, 5. Aufl., § 311b Rn. 24; a.A. OLG Schleswig, DNotZ 1996, 770 ff. m. abl. Anm. *Wochner*.

226 BayObLG DNotZ 1978, 58; OLG Hamm, MittBayNot 1998, 201; *Lappe*, DNotZ 1991, 413 m.w.N., unter Hinweis darauf, dass sich die Gebühren gem. §§ 36 ff. KostO nur auf die Beurkundungen nach den §§ 167 ff. FGG a.F. beziehen, an deren Stelle 1969 das Beurkundungsgesetz trat, also nicht die Protokollierung durch ausländische Notare erfassen. Außerdem ist bei der Beurkundung der Auflassung durch einen deutschen Notar zu berücksichtigen, dass dieser gem. § 925a BGB eine volle Prüfung des ausländisch protokollierten Verpflichtungsgeschäfts vorzunehmen hat, was die Gebührenprivilegierung nicht rechtfertigt.

227 OLG Köln, ZNotP 2002, 411; OLG Zweibrücken, DNotZ 1997, 245; OLG Stuttgart, DNotZ 1991, 411 ff.; OLG Karlsruhe, ZNotP 1998, 127, da der Wortlaut keine Differenzierung nach der Art der Beurkundung zulasse (die Entscheidungen ergingen noch zur KostO, und führten nach damaligem Recht zu einer 0,5 Gebühr).

2. Stiftung von Todes wegen

3046 Wird eine Stiftung durch Verfügung von Todes wegen (§ 83 BGB) errichtet (der Erblasser schafft sich damit seinen eigenen Erben selbst[228]) sind die jeweils dafür vom Erbrecht vorgesehenen Formen für das private oder öffentliche Testament bzw. den Erbvertrag zu beachten, dies gilt auch für die Grundlinien der Satzung.[229] Der Stifter kann zum Einen die Stiftungserrichtung in der letztwilligen Verfügung unmittelbar vornehmen; die Vermögensausstattung der von Todes wegen errichteten Stiftung kann sodann durch Erbeinsetzung, Vermächtnisanordnung oder Auflage geschehen. Die Fiktion des § 84 BGB ermöglicht die Einsetzung einer Stiftung als Erbe und nicht nur als Nacherbe des Stifters nach § 2101 BGB, wenn sie erst nach dem Tod des Stifters anerkannt wird. § 84 BGB gilt auch für ausländische Stiftungen.[230] Auch eine offene Einsetzung der Stiftung als Nacherbe ist natürlich möglich.[231]

3047 Daneben kann der Erblasser auch den Erben oder einen Vermächtnisnehmer mit der Auflage beschweren, seinerseits als Stifter die Stiftung zu errichten, bzw. bei der unselbständigen Stiftung mit dem Stiftungsträger eine Schenkung unter Auflagen oder einen Treuhandvertrag zu schließen.[232] Zur Sicherung der Errichtung einer Stiftung von Todes wegen empfiehlt sich die Anordnung der **Testamentsvollstreckung**: Der Testamentsvollstrecker wird damit betraut, die Anerkennung der Stiftung einzuholen und ihr das zugewandte Vermögen zu übertragen.[233] Zusätzlich kann der Testamentsvollstrecker ermächtigt werden, der Stiftung eine Satzung zu geben (sowie, bei einer unselbständigen Stiftung, sogar den Stiftungsträger zu bestimmen[234]) oder die Stiftungssatzung entsprechend den Anforderungen der Anerkennungsbehörde anzupassen. Er kann sich auch zum Stiftungsorgan bestellen, sofern von § 181 BGB (analog) befreit.[235] Sofern der Erblas-

---

228 Die Stiftungserrichtung von Todes wegen ist, da auf Fehlentwicklungen nicht mehr reagiert werden kann, oft nur die zweitbeste Lösung; sie liegt nahe, wenn derzeit noch keine ausreichende »Stiftungsreife« besteht.

229 Die Ergänzungsbefugnisse der Stiftungsbehörden gem. § 83 Satz 2 BGB sind nur auf Beseitigung inhaltlicher Mängel und Lücken beschränkt, nicht aber auf die Heilung von Formmängeln, unrichtig daher OLG Stuttgart, 10.06.2009 – 8 W 501/08, ZEV 2010, 200 m. abl. Anm. *Wachter*.

230 BayObLG, NJW 1965, 1438; OLG München, 08.04.2009 – 31 Wx 121/08, ZEV 2009, 512 m. Anm. *Muscheler*; hierzu auch *Süß*, MittBayNot 2009, 485; vgl. *Lange/Honzen*, ZEV 2010, 231.

231 Die für die Einsetzung von juristischen Personen als Nacherben gemäß § 2109 Abs. 1 Satz 1 BGB geltende Frist von maximal 30 Jahren nach dem Erbfall greift nach Ansicht des KG, 30.12.2015 – 6 W 46/15, ErbR 2016, 331 nicht, wenn das den Nacherbfall auslösende Ereignis in der Person des Vorerben eintreten soll und lediglich voraussetzt, dass ein die Nacherbschaft antretender Nacherbe (nämlich die Stiftung) existiert.

232 Nicht möglich ist jedoch ein sog. Doppelauflage (da § 2192 BGB nur auf § 2147 BGB verweist, der Begünstigte einer Auflage also nicht seinerseits durch eine Auflage beschwert sein kann) dergestalt, dass der Erbe mit der Auflage beschwert ist, das Vermögen dem Stiftungsträger zu übertragen, Letzterer jedoch mit der Auflage beschwert wird, den Stiftungszweck einzuhalten, vgl. *Muscheler*, ZEV 2014, 573, 574.

233 Eine Dauertestamentsvollstreckung über das einzubringende Gut nach der Anerkennung der Rechtsfähigkeit der Stiftung ist unzulässig, OLG Frankfurt, 15.10.2010 – 4 U 134/10, ZEV 2011, 605 m. Anm. *Reimann*, zustimmend auch *Neuhoff*, ZErb 2013, 81 ff.; für eine stärker differenzierende Betrachtung (stehen der Stiftung gleichwohl nachhaltig Beträge zur Zweckerfüllung zur Verfügung?) plädiert *Schewe*, ZEV 2012, 236 ff. Die Entscheidung ablehnend *Ponath/Jestaedt*, ZErb 2012, 253 ff. Vgl. auch *Pauli*, ZEV 2012, 461, 465.

234 OLG München, 28.05.2014 – 31 Wx 144/13, DNotZ 2014, 702: für § 2193 BGB genügt die Angabe des Stiftungszwecks; a.A. *Muscheler*, ZEV 2014, 573 ff.: § 2193 BGB hilft nur über die fehlende Bestimmung der Destinatäre hinweg [»für Tiere«, »zu römisch-katholischen Zwecken«] »Mein Vermögen soll in eine Stiftung für einen guten Zweck eingehen und ein Teil zur Sanierung eines sakralen Baues« ist jedenfalls nicht so unbestimmt, dass nach der Auffangnorm des § 2072 BGB die örtliche Kommune Erbe geworden wäre, OLG Frankfurt, 24.07.2017 – 20 W 343/15.

235 *Pauli*, ZEV 2012, 461, 464; die Verfügung von Todes wegen kann dies ausdrücklich gestatten und sollte dann klarstellen, dass die Organstellung auch nach Beendigung der Testamentsvollstreckung fortdauert.

ser nichts Abweichendes bestimmt, enden die Befugnisse des Testamentsvollstreckers im Zweifel mit der Anerkennung der Stiftung.[236] Fehlt eine derartige Regelung, kann nach § 83 Abs. 1 Satz 2 BGB die Anerkennungsbehörde eine unvollständige Stiftungssatzung ergänzen.[237] Soweit nicht der Erbe oder ein Testamentsvollstrecker die Stiftungserrichtung der Anerkennungsbehörde mitteilen, hat dies nach § 83 Abs. 1 Satz 1 BGB das Nachlassgericht zu tun.

Hinzuweisen ist schließlich auf die Möglichkeit des Erben selbst, durch direkte Zuwendung an eine steuerbegünstigte Stiftung binnen 24 Monaten nach dem Erbfall sich von der Erbschaftsteuer zu befreien, § 29 Abs. 1 Nr. 4 ErbStG, Rdn. 3102. 3048

Hat der Erblasser eine noch zu errichtende Stiftung als Nacherbin eingesetzt, doch bereits zu Lebzeiten eine Stiftung gegründet, ist – ggf. auch durch ergänzende Testamentsauslegung – gemäß §§ 2084, 133 BGB – zu ermitteln, ob es sich bei der lebzeitigen Stiftung um den Nacherben handelt; maßgebliches Kriterium ist dabei der Stiftungszweck.[238]

▶ Formulierungsvorschlag: Errichtung einer Stiftung von Todes wegen

Zu meiner Erbin setze ich hiermit die noch zu errichtende »... Stiftung« als rechtsfähige gemeinnützige Stiftung des bürgerlichen Rechts mit dem Sitz in ..... ein. 3049

Zweck der Stiftung ist die Förderung der Kinder-, Jugend- und Altenhilfe.

Die Stiftung erhält einen Stiftungsvorstand und einen Stiftungsrat nach Maßgabe der beigefügten Satzung. Diese ist Bestandteil der vorliegenden Verfügung von Todes wegen.

Zu Mitgliedern des ersten Stiftungsvorstands bestimme ich:
1. .....
2. .....
3. Die dritte Person soll der Testamentsvollstrecker benennen, sofern ich nicht zu Lebzeiten noch durch letztwillige Verfügung die Person benennen werde. Gleiches gilt, falls von mir benannte Vorstandspersonen dieses Amt nicht annehmen sollten.

Als Mitglieder des ersten Stiftungsrats schlage ich vor:

1. den jeweiligen Leiter des Jugendamtes .....

.....

Klargestellt wird dazu, dass nicht der jeweilige Inhaber der vorstehenden Position im Stiftungsrat vertreten sein muss, sondern der Testamentsvollstrecker bei der Besetzung des ersten Stiftungsrats auch eine andere Auswahl treffen kann.

2.

Ich ordne Testamentsvollstreckung an.

Zum Testamentsvollstrecker bestimme ich .....

Sollte dieser das Amt nicht annehmen können oder wollen, wird das zuständige Nachlassgericht gebeten, einen geeigneten Testamentsvollstrecker zu bestimmen, der jedoch den rechts- oder steuerberatenden Berufen angehören muss.

Der Testamentsvollstrecker ist befugt, nach meinem Tod die beigefügte Satzung der Stiftung zu ändern, soweit dies erforderlich ist, um meinem Willen Geltung zu verschaffen, und die Stiftung wirksam zu errichten. Er ist auch befugt, weitere Mitglieder des ersten Stiftungsrats zu bestimmen, soweit ich dies nicht in einer weiteren letztwilligen Verfügung tun werde.

---

236 BGHZ 41, 23.
237 Allerdings muss der Erblasser (Stifter) den Zweck selbst bestimmen, es genügt z.B. nicht »für gute und soziale Zwecke«, oder »Sinnvolles«, vgl. MünchKomm/*Reuter*, § 83 Rn. 5; auch eine Bezugnahme auf eine der Testamentsform nicht genügende (maschinenschriftliche) »Satzungsanlage« des handschriftlichen Testamentes reicht nicht, vgl. Schlüter/*Stolte*, Stiftungsrecht, 2. Aufl. 2013, Kap 2 Rn. 124 m.w.N.
238 KG, 30.12.2015 – 6 W 46/15, ErbR 2016, 331.

Der Testamentsvollstrecker hat auch die Aufgabe, meinen Grundbesitz zu veräußern und den Verkaufserlös der Stiftung zur Verfügung zu stellen. Der Verkaufserlös des Grundbesitzes braucht nicht in Grundvermögen angelegt zu werden, soweit dies gesetzlich möglich ist.

Es ist mein Wunsch, dass sich der Testamentsvollstrecker bzw. Stiftungsvorstand bei der Veräußerung der wertvollen Vermögensgegenstände (Schmuck, Teppiche, Möbel usw.) von fachkundigen Personen beraten lässt.

3.

Die Stiftung hat dafür zu sorgen, dass die Grabstätte der Stifter auf die längstmögliche Zeit angekauft und ordentlich gepflegt wird .....

II. Anerkennung

3050 Zur Entstehung einer Stiftung ist nach § 80 Abs. 1 BGB ihre **Anerkennung durch die zuständige Behörde des Landes** erforderlich. Es handelt sich um einen privatrechtsgestaltenden Verwaltungsakt, durch den die Stiftung ihre Rechtsfähigkeit als juristische Person erlangt. Nach § 80 Abs. 2 BGB ist eine Stiftung als rechtsfähig anzuerkennen, wenn das Stiftungsgeschäft den Anforderungen des § 81 BGB genügt, die nachhaltige Erfüllung des Stiftungszwecks gesichert erscheint und der Stiftungszweck das Gemeinwohl nicht gefährdet. Es besteht also ein subjektiv-öffentliches Recht auf Errichtung einer Stiftung, sofern die Voraussetzungen des § 80 Abs. 2 BGB vorliegen. Die Anerkennung der Stiftung steht nicht im Ermessen der Stiftungsbehörde. Auch kann das Landesrecht keine weiteren Voraussetzungen für die Anerkennung einer Stiftung regeln, da die Regelungen der §§ 80, 81 BGB abschließend sind (s.o.). Etwas anderes gilt nur nach § 80 Abs. 3 BGB für landesrechtliche Regelungen über kirchliche und ihnen gleichgestellte Stiftungen.

3051 Zuständig für die Anerkennung der Stiftung ist das Land, in dem die Stiftung ihren Sitz haben soll. Welche Behörde innerhalb des einzelnen Landes zuständig ist, bestimmt sich nach den Landesstiftungsgesetzen und den dazu ergangenen Ausführungsbestimmungen.[239]

III. Zustiftung

3052 Seit 2007 können für Zuwendungen in den Vermögensstock einer bestehenden (selbstständigen oder unselbstständigen) Stiftung gem. § 10b Abs. 1a EStG, § 9 Nr. 5 Satz 3 GewStG bis zu 1 Mio. € als Sonderausgaben (einmal binnen 10 Jahren; bei zusammenveranlagten Ehegatten verdoppelt) in Anspruch genommen werden, wobei es im Gegensatz zur früheren Rechtslage nicht mehr darauf ankommt, dass die Zuwendung anlässlich einer Neugründung oder im Jahr danach erfolgt. Damit werden sog. »Zustiftungen« für die künftige Gestaltungspraxis weit bedeutsamer werden für solche Stifter, die den Aufwand zur Schaffung eigener Strukturen scheuen oder angesichts bereits bestehender Stiftungen für nicht mehr erforderlich halten dürfen.[240]

3053 Vertragstypologisch handelt es sich um eine **Schenkung mit** der **Auflage** (§ 525 BGB), die zugewendeten Vermögenswerte bzw. ihre Surrogate in dem nach jeweiligem Landesrecht zu erhaltenden »Vermögensstock« der Stiftung zu erhalten; bei letztwilliger Zuwendung liegt ein Vermächtnis unter Auflage vor (§§ 2192 ff. BGB). Das Schenkungsversprechen unter Lebenden bedarf (auch wenn für das eigentliche Stiftungsgeschäft gem. §§ 81 Abs. 1 Satz 1, 126 BGB Schriftform genügt) der notariellen Beurkundung, deren Fehlen jedoch durch Vollzug geheilt wird, § 518 BGB. Verwaltungsbehördliche Genehmigungsverfahren sieht das Landesrecht für Zustiftungen nicht (mehr) vor.

---

239 Jeweils als pdf-Datei über folgenden Link aufrufbar: www.stiftungen.org, Stichwort »Stifter & Stiftungen«, »Aufsichtsbehörden«. Dort sind auch die Kontaktdaten der Stiftungsaufsichtsbehörden aller Bundesländer hinterlegt.
240 *Rawert*, DNotZ 2008, 5 ff.

Die Annahme der Zuwendung ist für die Organe der aufnehmenden Stiftung ein Grundlagengeschäft, zu welchem sie nur bei ausdrücklicher Satzungsanordnung oder bei Übereinstimmung mit dem mutmaßlichen Stifterwillen berechtigt sind. Die Annahme ist abzulehnen, wenn die Erfüllung des »Auftrags« des Stifters dadurch ernsthaft gefährdet ist (§ 86 i.V.m. § 27 Abs. 3 BGB erklärt das Recht des Auftragsverhältnisses, §§ 664 bis 670 BGB, für entsprechend anwendbar). Je nach dem Zustifterwillen kann das zugestiftete Vermögen mit dem vorhandenen Grundstock »verschmolzen« werden oder ist als unselbstständige Zweckvermögensmasse unter Verwaltung der Stiftung zu separieren. 3054

Schwierigkeiten bereitet die Annahme insb. dann, wenn die Zustiftung nicht mit dem Stiftungszweck vereinbar ist, z.B. die Stiftung nicht (wie etwa Bürgerstiftungen) als Mehrzweckstiftung geschaffen ist; eine Änderung des Stiftungszwecks ist nur in engen Grenzen, etwa gem. § 87 Abs. 1 BGB (Unmöglichkeit oder Gemeinwohlgefährdung als Folge des ursprünglichen Zwecks) denkbar (vgl. Rdn. 3064). Diese behördliche Genehmigung kommt in der Praxis allenfalls in Betracht, wenn sonst die Stiftung wegen Vermögenslosigkeit aufgehoben werden müsste. 3055

Verlangt der Zustifter – über allgemeine Informations- und Anhörungsrechte, die ihm lediglich einen faktischen Einfluss einräumen können, hinaus – die Schaffung einer eigenständigen Organposition (z.B. wenn einen förmlichen Zustimmungsvorbehalt zu seinen Gunsten bei der Verwendung von Erträgen aus der Zustiftung), bedarf dies einer Satzungsänderung. Sie kann gestützt werden auf § 86 Abs. 1 i.V.m. §§ 27 Abs. 3, 665 BGB (Anpassung eines Auftrags) oder – soweit das Bundesrecht insoweit nicht ebenfalls als vorrangig und abschließend angesehen wird – auf die betreffenden landesrechtlichen Regelungen, z.B. Art. 9 Abs. 3 BayStiftG, sofern die neue Sachlage von den Voraussetzungen, die bei der Festlegung der Stiftungsverfassung galten, deutlich abweicht und damit die unveränderte Befolgung der Stiftungsverfassung nicht mehr interessengerecht ist, und schließlich der Grundsatz der Verhältnismäßigkeit gewahrt wird (Änderungen der Statuten erfordern also eine ins Gewicht fallende Zustiftung). 3056

Zahlreiche Neugründungen, etwa Bürger- oder Gemeinschaftsstiftungen, sind von vornherein auf die Einwerbung weiterer Zustiftungen ausgerichtet. Solche Stiftungen enthalten[241] eine ausdrückliche Ermächtigungsgrundlage zur Annahme von Zustiftungen, zu deren getrennter Verwaltung und häufig auch zur Aufnahme in ein »Ehrengremium« (»Stifterversammlung«). 3057

▶ Formulierungsvorschlag: Regelung zu Zustiftungen in der Stiftungs-Satzung

Die Stiftung ist berechtigt, Zuwendungen entgegenzunehmen, die im Vermögensstock der Stiftung erhalten bleiben müssen (Zustiftungen). Soweit sie lediglich zur Verfolgung einzelner Stiftungszwecke erfolgen, ist die Zustiftung, einschließlich ihrer Surrogate und Erträge, in der Rechnungslegung der Stiftung gesondert auszuweisen und zu verwenden; einer tatsächlichen real getrennten Vermögensverwaltung bedarf es nicht. Sofern der Zustifter dies zur Auflage macht, unterliegt die Zustiftung einer eigenständigen Anfallberechtigung bei Aufhebung oder Zweckfortfall der Stiftung, § 88 BGB, § 61 Abs. 1 AO. 3058

Sofern Zustiftungen von mehr als ..... € pro Kalenderjahr in Geld oder Sachwerten (über deren Bewertung entscheidet auf Verlangen des Vorstands und Kosten der Stiftung ggf. ein Sachverständiger als Schiedsgutachter) erfolgen, hat der Zustifter Anspruch auf Aufnahme in die Stifterversammlung. Die Mitgliedschaft endet mit Austrittserklärung gegenüber dem Vorstand oder durch Tod. Die Versammlung wird vom Vorstand mindestens einmal jährlich einberufen und nimmt den Bericht des Vorstands entgegen. Sie entscheidet über folgende Maßnahmen: .....

Stiftungssatzungen räumen teilweise auch Zustiftern Vorschlagsrechte ein, von denen der Vorstand nur abweichen darf, wenn sie die Stiftungssatzung verletzen würden. Hierdurch erhält der Zustifter eine formale Organstellung: 3059

---

241 Vgl. *Rawert*, DNotZ 2008, 13 ff.

▶ **Formulierungsvorschlag:** »Lenkungsrecht« des Zustifters

3060 Jeder Zustifter ist berechtigt, bis zum 1. Februar eines jeden Jahres dem Vorstand schriftliche Vorschläge über die Verwendung der aus seiner Zustiftung erwirtschafteten Erträge für das laufende Kalenderjahr einzureichen. Der Vorstand ist an diese gebunden, sofern sie mit der Satzung, Stiftungs- und Steuerrecht vereinbar sind.

3061 Eine generelle Befugnis zu **nachträglicher Satzungszweckänderung**, um abweichende Zustiftungen aufzunehmen, verstößt gegen den in § 85 BGB normierten Grundsatz, dass das Vermögen der Erfüllung eines »vom Stifter vorgegebenen Zwecks« zu widmen ist. In Betracht kommen daher allenfalls Regelungen, die unter bestimmten Voraussetzungen die Erweiterung des Zwecks um einen bestimmten, demnach bereits jetzt bedingt in den Willen des Stifters aufgenommenen, Gegenstand ermöglichen, etwa wie folgt:[242]

▶ **Formulierungsvorschlag:** Bedingte Zweckerweiterungskompetenz des Stiftungsvorstands

3062 Der Stiftungsvorstand kann den Zweck der Stiftung um die »Förderung der Völkerverständigung« sowie die »Förderung des Denkmalschutzes« erweitern und alle hierzu erforderlichen Satzungsänderungen vornehmen, soweit dadurch die Steuerbegünstigung im Sinn der Abgabenordnung nicht gefährdet ist. Voraussetzung eines solchen Beschlusses ist die verbindliche Zusage von Stiftungen, die die nachhaltige Erfüllung des erweiterten Stiftungszwecks i.S.d. § 80 Abs. 2 BGB sichern.

3063 Für **unselbstständige Stiftungen**, also Vermögenszuwendungen an eine bereits existierende natürliche oder juristische Person zur dauerhaften Nutzung für die vom Stifter festgelegten Zwecke, gelten die §§ 80 bis 88 BGB mangels verbandsmäßiger Struktur nicht. Daher kann dort eine Delegation von Befugnissen zur Satzungsänderung (Zweckerweiterung) ohne Weiteres erfolgen.[243]

IV. Stiftungsaufsicht

1. Aufgaben

3064 Die Aufsichtsbehörde überwacht die laufende Verwaltung; anzuzeigen sind ihr die Änderung der Organe, insb. des Vorstandes. Sie kann aus wichtigem Grunde Organmitglieder abberufen und für eine vorläufige Vertretung sorgen. Ferner erteilt sie Vertretungsbescheinigungen, mit denen sich die Organmitglieder im Rechtsverkehr, insb. beim Grundbuchamt, legitimieren können. In einigen Landesgesetzen bedürfen besonders wichtige Geschäfte der Genehmigung der Aufsichtsbehörde (Vorsicht bei Grundstücksgeschäften!). Durch Anordnung einer Dauertestamentsvollstreckung kann das Stiftungsvermögen nicht der Aufsicht der Behörde entzogen werden.[244]

3065 Die Aufsichtsbehörde kann aber auch der Stiftung eine andere Zweckbestimmung geben und dazu die Verfassung der Stiftung ändern oder sie aufheben, wenn die Erfüllung ihres Zweckes unmöglich geworden ist oder das Gemeinwohl gefährdet wird (§ 87 BGB und die Landesgesetze). Als spezielle Form der Aufhebung regeln einige Landesstiftungsgesetze die Zusammenlegung, Zulegung und Zerlegung von Stiftungen (nicht i.S.e. Gesamtrechtsnachfolge, vielmehr sind die aktiven und passiven Wirtschaftsgüter einzeln zu übertragen und die übertragende Stiftung sodann zu liquidieren).[245] Mit dem Erlöschen der Stiftung fällt ihr Vermögen an den in Satzung bestimmten Anfallberechtigten, hilfsweise ist der Fiskus des Landes, in dem die Stiftung ihren Sitz hat, Anfallberechtigter (vgl. § 88 Satz 2 BGB).

---

242 Vgl. *Rawert*, DNotZ 2008, 14.
243 Vgl. *Happ*, Stifterwille und Zweckänderung, S. 196.
244 OLG Frankfurt, ZEV 2011, 605 m. Anm. *Reimann*; vgl. auch *Reimann*, DNotZ 2012, 250, 256.
245 *Seifart/von Campenhausen/Hof*, Stiftungsrechts-Handbuch, § 11 Rn. 54; monografisch *J. Hoffmann*, Zusammenlegung und Zulegung rechtsfähiger Stiftungen des Bürgerlichen Rechts, 2011.

2. Satzungsänderung und Umwandlung von Stiftungen

Zweckänderungen auf satzungsrechtlicher Grundlage gehen solchen auf schlicht gesetzlicher Grundlage vor. Gem. § 85 BGB kann der Stifter bereits in der Stiftungsverfassung bestimmen, dass bei Nichterreichung (oder Wegfall) des zunächst vorgesehenen Zwecks (bzw. der zunächst vorgesehenen Zwecke) andere Zwecke gefördert werden, oder er kann dem jeweiligen Vorstand bzw. einem anderen Organ, ggf. auch im Zusammenwirken, die Entscheidung über die Förderung anderer Zwecke eröffnen (z.B. für den Fall des »Aussterbens« einer bestimmten Familie). Er muss allerdings dann die Kriterien für die Zweckänderung vorgeben, damit nicht der Vorstand seinen eigenen Willen an die Stelle des ursprünglichen Stifterwillens setzen kann. 3066

Hilfsweise sind Satzungszweckänderungen gestützt auf § 87 Abs. 1 BGB unter engen Voraussetzungen durch die Stiftungsaufsichtsbehörde möglich, wenn die Erfüllung des Stiftungszwecks unmöglich geworden oder das Gemeinwohl gefährdet ist. Nach traditioneller,[246] jedoch zunehmend bestrittener[247] Auffassung besteht trotz des Vorrangs des Bundesrechts daneben noch Raum für landesrechtliche Bestimmungen, die überwiegend die Zweckänderungen an weiter gefasste Voraussetzungen knüpfen, z.B. eine wesentliche Änderung der Verhältnisse. In jedem Fall ist die Zweckänderung ultima ratio ggü. anderen Satzungsänderungen, die durch Landesrecht unstreitig zugelassen werden können. 3067

Die Finanzverwaltung »bestraft« Zweckänderungen einer nicht gemeinnützigen Stiftung (z.B. auch die Erweiterung des Begünstigtenkreises bei einer reinen Familienstiftung) dadurch, dass sie darin die Auflösung der bisherigen und die Gründung einer »neuen« Stiftung sieht:[248] die »neue« Stiftung gilt als Erwerber des Vermögens der bisherigen Stiftung, § 7 Abs. 1 Nr. 9 ErbStG, und ist gem. § 15 Abs. 2 Satz 2 ErbStG zu besteuern. Die 30-Jahres-Frist gem. § 1 Abs. 1 Nr. 4 ErbStG (Erbersatzsteuer) beginnt für die »neue« Stiftung wieder zu laufen, ohne Anrechnung der bisher »voraus entrichteten« Steuer. 3068

Vorbehalte zur Änderung des **sonstigen Satzungsinhalts** müssen diesen strengen Anforderungen nicht genügen; die Satzung kann insoweit auch eine Änderung durch Beschluss eröffnen (§ 86 i.V.m. § 27 Abs. 3 i.V.m. § 665 BGB: Anpassung eines Auftrags). Das Landesrecht eröffnet häufig darüber hinausgehende Änderungsmöglichkeiten i.R.d. mutmaßlichen Stifterwillens (z.B. Art. 9 Abs. 3 BayStiftG), landesrechtlich ist weiter i.d.R. jede Satzungsänderung der Genehmigung durch die Stiftungsbehörde unterworfen. 3069

C. Steuerrecht

I. Gemeinnützigkeit

1. Voraussetzungen

Steuerbegünstigt[249] sind nach der Abgabenordnung (AO) nur Stiftungen, welche die Förderung der Allgemeinheit[250] auf materiellem, geistigem oder sittlichem Gebiet (also gemeinnützige, § 52 Abs. 1 Satz 1 AO), mildtätige[251] (§ 53 AO) oder kirchliche Zwecke (§ 54 AO) selbstlos (§ 55 AO, vgl. Rdn. 3075), ausschließlich (§ 56 AO, vgl. Rdn. 3078) und unmittelbar (§ 57 AO, vgl. 3070

---

246 RGZ 121, 168.
247 Vgl. im Einzelnen *Happ*, Stifterwille und Zweckänderung, S. 135 ff.
248 R 2 Abs. 4 Satz 3 ErbStR 2003.
249 Vgl. hierzu monografisch *Hüttemann*, Gemeinnützigkeits- und Spendenrecht, 2. Aufl. 2012; *Schauhoff*, Handbuch der Gemeinnützigkeit, 3. Aufl. 2010.
250 Durch die Reform ist klargestellt, dass kulturelle Vereine (Opern-, Theaterverein) ihren Mitgliedern Vergünstigungen (Jahresgaben, verbilligter Eintritt etc.) gewähren können.
251 Seit 2013 gilt gem. AEAO Nr. 12 zu § 53 AO Hilfebedürftigkeit stets bei Empfängern von Leistungen nach SGB II und SGB XII als gegeben; das unschädliche Schonvermögen wurde durch AEAO Nr. 9 zu § 53 AO konkretisiert (angemessenes Familienheim, Hausrat etc sowie 15.500€).

Rdn. 3079) verfolgen. Insb. genügt nicht bloße Gruppennützigkeit (z.B. eine Sozialstiftung für Angehörige einer Unternehmensgruppe).[252] Die Kataloge in § 52 Abs. 2 AO a.F. sowie in der »Anlage 1« zu § 48 Abs. 2 EStDV a.F. wurden nun in § 52 Abs. 2 AO n.F., und zwar abschließend[253] (Streichung des Wortes »insbesondere«) zusammengeführt.

Unschädlich ist es nach § 58 Nr. 6 AO dabei, wenn eine Stiftung max. ein Drittel ihres Einkommens dazu verwendet, um in angemessener Weise den Stifter oder seine nächsten Abkömmlinge zu unterhalten oder ihre Gräber zu pflegen und ihr Andenken zu ehren (Rdn. 3001 ff.).

3071 Wird die Gemeinnützigkeit angestrebt, ist zusätzlich das Prinzip der sog. »**formellen Satzungsmäßigkeit**« zu beachten, d.h. die Satzung selbst muss belegen, dass die Stiftung alle Voraussetzungen der Gemeinnützigkeit erfüllt.[254] Die Art der Zweckverwirklichung muss daher in räumlicher, sachlicher und persönlicher Hinsicht so konkretisiert werden, dass eine Überprüfung durch die Finanzbehörde möglich ist, § 60 Abs. 1 Satz 1 AO. Gemäß § 60a AO greift ab 2013 ein gesondertes Verfahren zur Feststellung der satzungsmäßigen Voraussetzungen der Gemeinnützigkeit – auf Antrag der Körperschaft oder von Amts wegen bei der Veranlagung zur Körperschaftsteuer –.[255] Diese Feststellung ist für die Körperschaft und den Steuerpflichtigen, der Beiträge oder Spenden an erstere erbringt, bindend. Zuwendungsbestätigungen[256] i.S.d. § 10b EStG, § 50 Abs. 1 EStDV dürfen künftig nur ausgestellt werden, wenn entweder der Freistellungsbescheid nicht länger als drei Jahre oder der Bescheid zur Feststellung der satzungsmäßigen Voraussetzungen nicht länger als zwei Jahre zurückliegt.

3072 Seit 01.01.2009 bestimmt § 60 Abs. 1 Satz 2 AO ferner, dass die Satzung die in **Anlage 1 zur AO**[257] bezeichneten Festlegungen enthalten muss, eine wörtliche Übernahme ist nicht erforderlich.[258] Ältere Satzungen sind aus Anlass einer sonstigen Satzungsänderung anzupassen (Art. 97 § 1f Abs. 2 EGAO; zu ausländischen Körperschaften vgl. Rdn. 3095).

▶ Formulierungsvorschlag: Mustersatzung für Vereine, Stiftungen, Betriebe gewerblicher Art von juristischen Personen des öffentlichen Rechts, geistliche Genossenschaften und Kapitalgesellschaften (Anlage 1 zu § 60 AO) – enthält nur die aus steuerlichen Gründen notwendigen Bestimmungen –

3073 § 1

Der/Die ..... (Körperschaft) mit Sitz in ..... verfolgt ausschließlich und unmittelbar gemeinnützige/mildtätige/kirchliche Zwecke (*nicht verfolgte Zwecke streichen*) im Sinne des Abschnitts »Steuerbegünstigte Zwecke« der Abgabenordnung.

Zweck der Körperschaft ist ..... (*z.B. die Förderung von Wissenschaft und Forschung, Jugend- und Altenhilfe, Erziehung, Volks- und Berufsbildung, Kunst und Kultur, Landschaftspflege, Umweltschutz, des öffentlichen Gesundheitswesens, des Sports, Unterstützung hilfsbedürftiger Personen*).

Der Satzungszweck wird verwirklicht insbesondere durch ..... (*z.B. Durchführung wissenschaftlicher Veranstaltungen und Forschungsvorhaben, Vergabe von Forschungsaufträgen, Unterhaltung einer Schule, einer Erziehungsberatungsstelle, Pflege von Kunstsammlungen, Pflege des*

---

252 *Ebeling*, ZEV 1998, 93, errechnet in solchen Fällen eine Gesamtsteuerbelastung von bis zu 85 % aus Körperschafts-, Gewerbe- und Erbschaftsteuer!
253 Allerdings eröffnet § 52 Abs. 2 Satz 2 AO, Öffnungsklausel, die Möglichkeit der Gemeinnützigerklärung neuer, nicht im Katalog aufgeführter Zwecke.
254 Muster s. Kersten/Bühling/*Krauß*, Formularhandbuch und Praxis der freiwilligen Gerichtsbarkeit, § 123 Rn. 116 M; kommentiertes Muster bei *Zehentmeier*, NWB 2009, 3583, 3594 ff.
255 Vgl. *Korn/Strahl*, NWB 2012, 3909, 3938 ff.
256 Muster in BMF v. 07.11.2013, BStBl 2013 I 1333; ältere Muster dürfen bis 31.12.2014 aufgebraucht werden, BMF v. 26.03.2014, EStB 2014, 172.
257 BGBl. 2008 I, S. 2794.
258 *Ullrich*, DStR 2009, 2471; Klein/*Gersch*, AO, § 60 Rn. 2; teilweise a.A. die Praxis der FA.

Liedgutes und des Chorgesanges, Errichtung von Naturschutzgebieten, Unterhaltung eines Kindergartens, Kinder-, Jugendheimes, Unterhaltung eines Altenheimes, eines Erholungsheimes, Bekämpfung des Drogenmissbrauchs, des Lärms, Förderung sportlicher Übungen und Leistungen).

§ 2

Die Körperschaft ist selbstlos tätig; sie verfolgt nicht in erster Linie eigenwirtschaftliche Zwecke.

§ 3

Mittel der Körperschaft dürfen nur für die satzungsmäßigen Zwecke verwendet werden. Die Mitglieder erhalten keine Zuwendungen aus Mitteln der Körperschaft.

§ 4

Es darf keine Person durch Ausgaben, die dem Zweck der Körperschaft fremd sind, oder durch unverhältnismäßig hohe Vergütungen begünstigt werden.

§ 5

Bei Auflösung oder Aufhebung der Körperschaft oder bei Wegfall steuerbegünstigter Zwecke fällt das Vermögen der Körperschaft

1. an den/die/das ..... (Bezeichnung einer juristischen Person des öffentlichen Rechts oder einer anderen steuerbegünstigten Körperschaft), der/die/das es unmittelbar und ausschließlich für gemeinnützige, mildtätige oder kirchliche Zwecke zu verwenden hat,

oder

2. an eine juristische Person des öffentlichen Rechts oder eine andere steuerbegünstigte Körperschaft zwecks Verwendung für ..... (Angabe eines bestimmten gemeinnützigen, mildtätigen oder kirchlichen Zwecks, z.B. Förderung von Wissenschaft und Forschung, Erziehung, Volks- und Berufsbildung, der Unterstützung von Personen, die im Sinne von § 53 der Abgabenordnung wegen ..... bedürftig sind, Unterhaltung des Gotteshauses in .....).

Weitere Hinweise:

Bei Betrieben gewerblicher Art von juristischen Personen des öffentlichen Rechts, bei den von einer juristischen Person des öffentlichen Rechts verwalteten unselbstständigen Stiftungen und bei geistlichen Genossenschaften (Orden, Kongregationen) ist folgende Bestimmung aufzunehmen:

§ 3 Abs. 2:
›Der/Die/Das ..... erhält bei Auflösung oder Aufhebung der Körperschaft oder bei Wegfall steuerbegünstigter Zwecke nicht mehr als seine/ihre eingezahlten Kapitalanteile und den gemeinen Wert seiner/ihrer geleisteten Sacheinlagen zurück.‹

Bei Stiftungen ist diese Bestimmung nur erforderlich, wenn die Satzung dem Stifter einen Anspruch auf Rückgewähr von Vermögen einräumt. Fehlt die Regelung, wird das eingebrachte Vermögen wie das übrige Vermögen behandelt.

Bei Kapitalgesellschaften sind folgende ergänzende Bestimmungen in die Satzung aufzunehmen:

1. § 3 Abs. 1 Satz 2:
›Die Gesellschafter dürfen keine Gewinnanteile und auch keine sonstigen Zuwendungen aus Mitteln der Körperschaft erhalten.‹

2. § 3 Abs. 2:
›Sie erhalten bei ihrem Ausscheiden oder bei Auflösung der Körperschaft oder bei Wegfall steuerbegünstigter Zwecke nicht mehr als ihre eingezahlten Kapitalanteile und den gemeinen Wert ihrer geleisteten Sacheinlagen zurück.‹

3. § 5:
›Bei Auflösung der Körperschaft oder bei Wegfall steuerbegünstigter Zwecke fällt das Vermögen der Körperschaft, soweit es die eingezahlten Kapitalanteile der Gesellschafter und den gemeinen Wert der von den Gesellschaftern geleisteten Sacheinlagen übersteigt, ...‹.

§ 3 Abs. 2 und der Satzteil »soweit es die eingezahlten Kapitalanteile der Gesellschafter und den gemeinen Wert der von den Gesellschaftern geleisteten Sacheinlagen übersteigt,« in § 5 sind nur erforderlich, wenn die Satzung einen Anspruch auf Rückgewähr von Vermögen einräumt.

3074 Die Satzung muss ferner im Hinblick auf die Bindung des Stiftungsvermögens für steuerbegünstigte Zwecke regeln, wofür dieses bei Auflösung, Aufhebung oder Wegfall des bisherigen Zweckes verwandt werden soll (vgl. §§ 61, 55 AO). Als Folge der Streichung des § 61 Abs. 2 AO a.F. sind die Anfallberechtigten im Fall der Liquidation nunmehr exakt zu benennen. Neben dieser formalen Satzungsausgestaltung ist es für den Erhalt der Steuerbegünstigung erforderlich, dass die tatsächliche Geschäftsführung der Stiftung diesen Satzungsbestimmungen entspricht (§§ 59, 63 AO).

3075 Die **Selbstlosigkeit** verlangt u.a. (§ 55 Abs. 1 Nr. 5 AO), dass freie wirtschaftliche Reserven[259] **zeitnah**[260], d.h. bis zum Ablauf des übernächsten (vor 2013: des folgenden) Jahres, für steuerbegünstigte Zwecke eingesetzt werden müssen. Das Finanzamt kann seit 2013 gem. § 63 Abs. 4 AO eine angemessene Frist für die Verwendung der Mittel setzen. Vom Gebot zeitnaher Verwendung ausgenommen[261] sind bspw. die vor 1977 erwirtschafteten sog. »Alt**rücklagen**«, ferner Betriebsmittelrücklagen, die zur Vermeidung wirtschaftlicher Risiken benötigt werden,[262] Wiederbeschaffungsrücklagen, die aus noch nicht reinvestierten Abschreibungen resultieren, zur konkreten Finanzierungsplanung vorgesehene Projekt-Investitionsrücklagen, freie Vermögensverwaltungsrücklagen i.H.e. Drittels der Überschüsse aus der Vermögensverwaltung und 10 % der übrigen (eigentlich zeitnah zu verwendenden) Überschüsse (§ 62 Abs. 1 Nr. 3 AO, vor 2013: § 58 Nr. 7a AO),[263] Zuführungen zum Gründungs- oder Kapitalstock, Zuführungen zur Ansparrücklage aus den Überschüssen der Vermögensverwaltung und wirtschaftlicher Geschäftsbetriebe (§ 14 AO) des Gründungsjahres und der beiden folgenden Kalenderjahre (§ 58 Nr. 12 AO) sowie gem. § 62 Abs. 1 Nr. 4 AO (vor 2013: § 58 Nr. 7b AO) solche Rücklagen, die zur Aufrechterhaltung der Beteiligungsquote an einer Gesellschaft, etwa zur Beteiligung an wirtschaftlich begründbaren[264] Kapitalerhöhungen, erforderlich sind. Nach Auffassung der Finanzverwaltung[265] und des BFH[266] können Mittel aus freien Rücklagen auch zur Errichtung eines steuerpflichtigen wirtschaftlichen Geschäftsbetriebs eingesetzt werden, sofern dieser in den folgenden drei Jahren Beträge in gleicher Höhe an den ideellen Bereich der Körperschaft zurückführt.

3076 Auch das Ausgabeverhalten der steuerbegünstigten Organisation unterliegt strengen Reglements, insb. dem Verbot unverhältnismäßig hoher Vergütungen (§ 55 Abs. 1 Nr. 3 AO), dem Verbot überhöhter Verwaltungskosten und dem Gebot der Vornahme von Zuwendungen nur i.R.d. Satzungszwecke (§ 55 Abs. 1 Nr. 1 AO). Selbst die steuerfreie Aufwandspauschale gem. § 3 Nr. 26a EStG (720,00€/Jahr, bis Ende 2012: 500,00 €/Jahr) sowie die pauschalierte Erstattung dem Grunde nach nachgewiesener Aufwendungen (»30ct pro gefahrenen km«)[267] darf an Vorstandsmitglieder – der nun klargestellten zivilrechtlichen Rechtslage entsprechend, Rdn. 2952 – nur bei entsprechender satzungsmäßiger Erlaubnis bezahlt werden (das BMF[268] gewährte insoweit eine Übergangsfrist

---

259 Zu den Gefahren der Niedrigzinsphase für die Gemeinnützigkeit vgl. *Bäuml/Kastrup*, NWB 2017, 2101 ff.
260 Vgl. *Plikat*, EStB 2010, 271 ff.
261 Vgl. *Schütz/Runte*, DStR 2013, 1261 ff.; *Halaczinsky*, ErbStB 2014, 170, 175.
262 Anwendungserlass zur Abgabenordnung – AEAO – Nr. 10 zu § 58 Nr. 6 AO, BGBl. 2008 I, S. 26 ff.
263 Seit 2013 dadurch erleichtert, dass eine unterbliebene Zuführung zur freien Rücklage in den folgenden zwei Jahren nachgeholt werden kann (Abweichung von Nr. 15 Satz 1 AEAO zu § 58 AO); vgl. *Volland*, ZEV 2013, 320, 322 f.
264 BFH, 15.07.1998 – I R 156/94, DStR 1998, 1710.
265 Vgl. Rundverfügung der OFD Frankfurt a. Main v. 20.02.2012.
266 BFH, 01.07.2009 – I R 6/08.
267 *Weber*, NWB 2009, 2226, 2229.
268 BMF-Schreiben v. 14.10.2009, BStBl. 2009 S. 1318. Auch ein »Zurückspenden« der Vergütung heilt nicht. Das Postulat vom grundsätzlichen Verbot von Vergütungen wird Übrigens zu Unrecht mit § 662 BGB begründet, da § 27 Abs. 3 BGB [i.V.m. § 86 BGB] darauf gerade nicht verweist.

bis 31.12.2010 zur Satzungsanpassung).[269] Diese Satzungsregelung ist in mehreren Varianten denkbar:

▶ **Formulierungsvorschlag: Satzungsregelung zur Vorstandsvergütung bei Gemeinnützigkeit**

Die Mitglieder des Vorstandes erhalten eine angemessene Vergütung 3077

(Oder [im Falle der Beschränkung auf pauschalen Aufwendungsersatz und Sitzungsgelder]): Die Mitglieder des Vorstands haben Anspruch auf Erstattung von Auslagen und Aufwendungsentschädigung, die auch pauschaliert erfolgen kann, etwa in Form von Sitzungsgeldern, sowie Fahrt- und Verpflegungspauschalen.

Hinzu tritt der **Ausschließlichkeitsgrundsatz** mit der Folge, dass die Vermögensverwaltung oder gewerbliche Betätigung nicht Selbstzweck sein dürfen (§ 56 AO). 3078

Schließlich erfordert das Gemeinnützigkeitsrecht die **Unmittelbarkeit** der steuerbegünstigten Betätigung (§ 57 AO). Von letzterem Grundsatz bestehen zwei wichtige Ausnahmen: So kann sich zum einen die Stiftung Hilfspersonen bedienen, etwa durch Einschaltung einer sogar gewerblichen Tochtergesellschaft, sofern deren Handeln rechtlich und tatsächlich der Stiftung zugerechnet werden kann. Die Tochtergesellschaft darf aber dann nicht gleichzeitig eigene steuerbegünstigte Zwecke verfolgen (AE Nr. 2 zu § 57 AO). Darüber hinaus kann die Stiftungssatzung ausdrücklich die Sammlung von Mitteln zum Zweck der Weiterleitung an andere steuerbegünstigte Organisationen verfolgen, § 58 Nr. 1 bis 3 AO, z.B. zur Einrichtung von Stiftungsprofessuren[270]). 3079

Schüttet eine als gemeinnützig anerkannte Gesellschaft ihre Gewinne überwiegend abweichend, z.B. verdeckt an ihre Gesellschafter, aus, kann die Gemeinnützigkeit gem. § 61 Abs. 1 AO auch rückwirkend aufgehoben werden;[271] dies erfolgt durch Erlass entsprechender Körperschaftsteuer- und Gewerbesteuermessbescheide. 3080

Aufgrund europarechtlicher Vorgaben[272] sah sich der Gesetzgeber gezwungen, die Gemeinnützigkeitsvergünstigungen, die zunächst nur für im Inland unbeschränkt steuerpflichtige Körperschaften galten, auch für solche Körperschaften zu öffnen, die im Inland nur beschränkt steuerpflichtig sind. Gemäß § 5 Abs. 2 Nr. 2 KStG sind daher nunmehr auch gemeinnützige Körperschaften mit Sitz oder Geschäftsleitung im EU/EWR-Ausland von der Körperschaftsteuer befreit, wenn diese Staaten mit der Bundesrepublik Deutschland ein Amtshilfeabkommen unterzeichnet haben, und die allgemeinen Voraussetzungen der Gemeinnützigkeit (§§ 51 ff. AO) sowie zusätzlich (seit 2009) ein »struktureller Inlandsbezug« gemäß § 51 Abs. 2 AO vorliegen. Sie müssen entweder natürliche Personen mit Wohnsitz oder Aufenthalt in Deutschland fördern oder durch ihre Tätigkeit zum Ansehen Deutschlands im Ausland beitragen.[273] Es ist allerdings fraglich, ob diese zusätzlichen Kriterien europarechtlichen Anforderungen genügen.[274] 3081

---

269 Alternativ kann der Vorstand beschließen, künftig auf Tätigkeitsvergütungen zu verzichten, dann sind die vor dem 14.10.2009 gewährten Zuwendungen nicht gemeinnützigkeitsschädlich, solange sie nicht »unangemessen hoch« i.S.d. § 55 Abs. 1 Nr. 3 AO waren.
270 Zur Lockerung des sog. Endowment-Verbotes in § 58 Nr. 3 AO durch das Ehrenamtsstärkungsgesetz 2013 *Volland*, ZEV 2013, 320 ff.
271 BFH, 12.10.2010 – I R 59/09, GmbH-StB 2011, 39.
272 Insbesondere in den Rechtssachen »Stauffer«, »Jundt« und »Persche«, vgl. im einzelnen *Weiten/Feldner*, ZErb 2013, 88 ff. Beispielsfall (abgelehnter) Vergleichbarkeit: BFH, 17.09.2013 – I R 16/12, ErbStB 2014, 117.
273 Nach FG Köln, 20.01.2016 – 9 K 3177/14, ErbStB 2016, 170 reicht es bereits, dass die Ansehenssteigerung Deutschlands als Folge der Auslandsspende nicht evident ausgeschlossen ist.
274 Vgl. im einzelnen *Weiten/Feldner*, ZErb 2013, 88, 93 f.

2. Beteiligung gemeinnütziger Stiftungen an anderen Gesellschaften

3082 Bei einer **Beteiligung an einer Personengesellschaft** erfolgt eine einheitliche und gesonderte Gewinnfeststellung im Steuerbescheid der Personengesellschaft. Handelt es sich dort nicht um vermögensverwaltende Tätigkeit (mit der Folge von Einkünften aus Kapitalvermögen, Vermietung und Verpachtung etc.), sondern liegt gewerbliche Tätigkeit[275] vor, begründete dies nach früherer, heftig kritisierter Wertung der Finanzverwaltung stets einen wirtschaftlichen Geschäftsbetrieb der Stiftung, auch wenn kein Einfluss auf die Geschäftsführung erfolgte oder möglich war (Folge des Transparenzprinzips).[276] Am 17.01.2012 wurde der Anwendungserlass zur Abgabenordnung (AEAO, § 56) durch Einfügung einer Nr. 1 insoweit geändert, als das Unterhalten eines wirtschaftlichen Geschäftsbetriebes, gleich in welcher Rechtsform, nicht zu einem eigenständigen Zweck der Stiftung werden darf; letzterer muss vielmehr dazu dienen, (allein oder mit anderen Quellen) Mittel zur Erfüllung der steuerbegünstigten Aufgaben zu erwirtschaften.[277] Entscheidendes Kriterium ist nunmehr die Ausschließlichkeit (§ 56 AO), nicht mehr die Selbstlosigkeit (§ 55 AO). Maßgeblich wird insoweit allerdings sein, dass sich aus dem wirtschaftlichen Geschäftsbetrieb langfristig stabile Gewinn erzielen lassen; dauernde Verluste können sogar zum Wegfall der Steuerbefreiung bei der Stiftung selbst führen.[278]

3083 Schwierig ist dagegen die steuerrechtliche Einordnung der **Beteiligung gemeinnütziger Stiftungen an Kapitalgesellschaften**, die sowohl in der Form der Vermögensverwaltung als auch eines wirtschaftlichen Geschäftsbetriebs oder eines Zweckbetriebs[279] stattfinden kann:
(1) Die **Anlage des Stiftungsvermögens** zählt im Regelfall zur steuerfreien Vermögensverwaltung, sowohl hinsichtlich der Dividenden als auch der Veräußerungsgewinne.

3084 (2) Nimmt die Stiftung als Inhaberin einer Beteiligung an einer Kapitalgesellschaft jedoch entscheidenden Einfluss auf die laufende Geschäftsführung, ist die Grenze zum **steuerpflichtigen wirtschaftlichen Geschäftsbetrieb** (§ 5 Nr. 9 KStG, § 14 AO, § 20 Abs. 1 Nr. 10 lit. b) Satz 1 bis 3[280] und Satz 4 EStG[281]) überschritten (AEAO Nr. 3 zu § 64 Abs. 1 AO). Gefährlich ist insoweit jede Einflussnahme, die über das gesetzliche Leitbild der Mitwirkung eines Gesellschafters (etwa gem. § 46 GmbHG) hinausgeht, also Kompetenzen der Geschäftsführung betrifft. Besteht Identität der Geschäftsführungsorgane bei der Tochter-Körpergesellschaft und der Stiftung, wird das Vorliegen der tatsächlichen entscheidenden Einflussnahme vermutet. Ohne Personalunion muss die Ausübung von Weisungsrechten in ursprüngliche Geschäftsführerrechte nachgewiesen sein, insb. durch direkte Weisungen im Hinblick auf den laufenden Geschäftsbetrieb, nicht nur die Gestaltung allgemeiner Strukturfragen. Auch die Ausübung einer Holding-Funktion legt das Vorliegen eines wirtschaftlichen Geschäftsbetriebs nahe.[282]

3085 (3) **Zweckbetriebe** zählen zum steuerlich begünstigten Bereich einer Stiftung. Sie liegen zum einen vor, wenn die engen gesetzlichen Voraussetzungen des § 65 Nr. 1 bis 3 AO (zur Verwirklichung der steuerbegünstigten Zwecke dienlich und erforderlich; kein vermeidbarer Wettbewerb zu freien Betrieben) kumulativ erfüllt sind, zum anderen aufgrund gesetzlicher Gleichstellung in den wichtigen Fällen der §§ 66 bis 68 AO (Betrieb von Krankenhäusern,

---

275 Nicht ausreichend ist lediglich die Fiktion gewerblicher Einkünfte bei einer (gewerblich geprägten, § 15 Abs. 3 Nr. 2 EStG) GmbH & Co. KG, sofern der Sache nach lediglich Vermögensverwaltung stattfindet, BFH, 25.05.2011 – I R 60/10, ZEV 2011, 554 m. Anm. *Wachter*; vgl. *Theuffel-Werhahn*, DB 2011, 2058 ff., selbst wenn die Personengesellschaft zuvor gewerblich tätig war: BFH, 18.02.2016 – V R 60/13, EStB 2016, 238.
276 *Arnold*, DStR 2005, 581, 583.
277 Vgl. *Seifried/Volland*, ZEV 2012, 242 ff.; *Hanke/Tybussek*, NWB 2012, 718. Dies entspricht der Wertung des BFH, 04.04.2007 – I R 76/05, DStR 2007, 1121 (»Auftragsforschung«).
278 Nr. 2 AEO zu § 55a Abs. 1 Nr. 1; *Götz*, NWB, Fach 2, S. 10114 = NWB 2008, 4810.
279 Zur Differenzierung vgl. *Söhl*, NWB 2013, 190 ff.
280 Vgl. BMF-Schreiben v. 09.01.2015, BStBl 2015 I 111.
281 Vgl. BMF-Schreiben v. 02.02.2016, BStBl 2016 I S., hierzu *Görden*, EStB 2016, 99.
282 *Götz*, NWB, Fach 2, S. 10113 = NWB 2008, 4809.

Einrichtungen der Wohlfahrtspflege – z.B. Behindertenwerkstätten – sowie im Rahmen sportlicher Veranstaltungen. Die Umsatzgrenze für die Klassifizierung von sportlichen Veranstaltungen eines Sportvereins als Zweckbetrieb wurde ab 2013 von 35.000 auf 45.000 € angehoben, § 67a Abs. 1 Satz 1 AO).

II. Steuerrechtliche Begünstigung bei Gemeinnützigkeit

1. Begünstigung der Stiftung

a) Erbschaftsteuer

Gemeinnützige (auch mildtätige oder kirchliche) Stiftungen genießen, da sie zugleich den Staat von gemeinschaftswichtigen Aufgaben entlasten, im Verhältnis zu Familienstiftungen deutliche steuerliche Begünstigungen: Die **unentgeltliche Übertragung von Vermögen auf solche Stiftungen** ist nicht erbschaft-/schenkungsteuerpflichtig, § 13 Abs. 1 Nr. 16b) ErbStG. Die Steuerfreiheit soll jedoch nach umstrittener[283] Verwaltungsauffassung[284] wegen Fehlens der »dauerhaften Bindung« i.S.d. § 55 Abs. 1 Nr. 1 AO nicht gewährt werden, wenn die gemeinnützige Stiftung lediglich als Vorerbe (und bspw. die Kinder des Erblassers beim Eintritt bestimmter Umstände als Nacherben) eingesetzt sind; auch die aufsichtliche Anerkennung der Stiftung ist gefährdet, da sie ihr Vermögen mit Eintritt des Nacherbfalls wieder verlieren wird.[285]

3086

Auch bewertungsrechtlich werden die Bindungen aus der Gemeinnützigkeit (beim Erwerb von Anteilen an gemeinnützigen Kapitalgesellschaften) berücksichtigt.[286]

b) Einkommensteuer

Einkommensteuerlich gelten für die **unentgeltliche Einbringung von Betrieben, Teilbetrieben und ganzen Mitunternehmeranteilen** grds. keine Besonderheiten: Buchwertprivileg des § 6 Abs. 3 EStG (vgl. Rdn. 3106, 5955 ff.). Für Einzelwirtschaftsgüter (Betriebsgrundstück) gilt jedoch ebenfalls das Buchwertprivileg gem. § 6 Abs. 1 Nr. 4 Satz 5 EStG (vgl. Rdn. 3101), ebenso für steuerverstrickte Wirtschaftsgüter des Privatvermögens (Anteile nach § 17 EStG, Objekte in der Spekulationsfrist des § 23 EStG, altrechtliche einbringungsgeborene Anteile sowie einbringungsverstrickte Anteile nach §§ 20, 21 UmwStG). Allerdings gelten Besonderheiten, wenn z.B. ein Mitunternehmeranteil an einer nur gewerblich geprägten, nicht gewerblich tätigen Personengesellschaft eingebracht wird: die gemeinnützige Körperschaft als Empfängerin erzielt hieraus keine betrieblichen Einkünfte mehr, wie es für die Buchwertfortführung des § 6 Abs. 3 EStG an sich Voraussetzung ist (»Fortbestand deutschen Besteuerungsrechtes«, vgl. Rdn. 5970), so dass beim Übertragenden eine Aufgabe des Mitunternehmeranteils gem. § 16 Abs. 3 Satz 1 EStG mit Entnahme ins Privatvermögen stattfindet – werden jedoch die den Mitunternehmeranteil umfassenden Wirtschaftsgüter der gemeinnützigen Körperschaft unentgeltlich überlassen, kann diese Entnahme gem. § 6 Abs. 1 Nr. 4 Satz 4 EStG zu Buchwerten erfolgen (demzufolge allerdings nicht wenn z.B. Verbindlichkeiten zu übernehmen sind).[287]

3087

---

283 *Söffing/Thoma*, BB 2004, 855: Die Stiftung bleibt mit ihrem gemeinnützigen Zweck auch nach Eintritt des Nacherbfalls bestehen; der in § 55 Abs. 1 Nr. 4 AO spezialnormierte Grundsatz der Vermögensbindung gilt nur bei Auflösung, Aufhebung oder Zweckfortfall; die Zuwendung eines befristeten Nießbrauchs an die Stiftung anstelle der Vorerbschaft wäre unstreitig steuerfrei gewesen.
284 Erlass des BayStMinFin v. 12.11.2003, ZEV 2004, 65.
285 *Langenfeld*, ZEV 2002, 482.
286 Tz. 5 der gleichlautenden Erlasse vom 09.10.2013, z.B. BayStMinF 34 – S 3102–0005 – 37 831/13 (Abzug einer auflösend bedingten Last i.S.d. § 7 BewG), vgl. *Mannek*, NWB 2013, 3449 ff.
287 OFD Frankfurt/Main, 27.07.2016 – S 2241 A-120 – St 213, EStB 2016, 336.

c) Grunderwerbsteuer

3088 Grunderwerbsteuerfreiheit tritt nicht bereits aufgrund der Gemeinnützigkeit ein, aber bei unentgeltlichem Erwerb aufgrund der vorrangigen (in casu wegen § 13 Abs. 1 Nr. 16b) ErbStG nicht eintretenden) Schenkungsteuerbarkeit, § 3 Nr. 2 GrEStG.[288] Letztere Norm sperrt jedoch nicht, wenn anstelle des Grundstücks selbst z.B. alle Anteile des Stifters an einer ihm gehörenden Grundstücks-GmbH eingebracht werden: Besteuerung der, auch aufgrund unentgeltlicher Vorgänge, eintretenden Anteilsvereinigung gem. § 1 Abs. 3 GrEStG (vgl. Rdn. 5579 ff.). Auch wenn ein Entgelt vereinbart wird, z.B. die Übernahme von Verbindlichkeiten durch die Stiftung, löst nicht bereits das Ausstattungsversprechen im behördlich anerkannten Stiftungsgeschäft die Steuer aus, sondern erst die die spätere Erklärung der Auflassung samt schuldrechtlicher Regelungen selbst.[289] Auch der vorbehaltene Nießbrauch zugunsten des Stifters führt (seit der Abschaffung des § 25 ErbStG) zur Grunderwerbsteuer![290]

d) Körperschaft- und Gewerbesteuer

3089 Des Weiteren sind diese Stiftungen gem. § 5 Abs. 1 Nr. 9 KStG von der Körperschaftsteuer befreit und es unterbleibt gem. § 44a Abs. 7 EStG auch der Kapitalertragsteuerabzug[291] bei Vorlage einer entsprechenden »NV-Bescheinigung«, eines »Freistellungsbescheides GEM 2« bzw. einer vorläufigen Bescheinigung über die Gemeinnützigkeit (»GEM 5«).[292] Auch unselbständige Stiftungen sind in gleicher Weise freigestellt, solange sie auch gemeinnützigkeitsrechtlich ausreichend vom Stiftungsträger (Treuhänder) selbst abgegrenzt sind.[293] Die Steuerbefreiung gilt aber stets nur für ihren ideellen Bereich,[294] Zweckbetriebe oder den Bereich ihrer Vermögensverwaltung. Falls eine Stiftung einen wirtschaftlichen Geschäftsbetrieb (§§ 64 Abs. 1, 14 AO) (»Betrieb gewerblicher Art«, »BgA«)[295] unterhält, sind dessen Erträge körperschaftsteuerpflichtig (§ 5 Abs. 1 Nr. 9 Satz 2 KStG).[296] Gleiches gilt für die Gewerbesteuer (§ 3 Nr. 6 GewStG). Zur Abgrenzung vgl. Rdn. 3083 ff.; ein BgA kann z.B. in der Anzeigenschaltung als Gegenleistung für das Sportvereinsponsoring liegen,[297] ferner im Fall der Beteiligung an einer gewerblich tätigen Personenge-

---

288 Anders jedoch bei Zustiftungen durch die öffentliche Verwaltung, die im Zweifel stets in Wahrnehmung der ihr obliegenden Aufgaben und somit nicht freigebig handelt, vgl. BFH, 27.11.2013 – II R 11/12, ZflR 2014, 210 ebenso FG Münster, 07.06.2017 – 8 K 2338/14 GrE, ErbStB 2017, 335, n. rkr., Az. BFH: II R 31/17.
289 BFH, 27.11.2013 – II R 11/12, ZflR 2014, 210 (nur Ls.) gegen FG Schleswig-Holstein, 08.03.2012 – 3 K 118/11, ErbStB 2012, 208.
290 *Wachter*, DStR 2012, 1900 fordert daher de lege ferenda eine Ergänzung des § 3 GrEStG.
291 Die Beschränkung der Kapitalabzugsteuerfreiheit (bzw. bis VZ 2004 die Rückerstattung gem. § 44c Abs. 1 Nr. 1 EStG a.F.) auf inländische gemeinnützige Stiftungen verstößt gegen Europarecht, vgl. *Schulz/Augsten*, ErbStB 2008, 204 ff., auch zur notwendigen Erstattungspflicht bis zu einer Neuregelung.
292 Vgl. *Liem/Bieling*, ErbStB 2008, 368 ff.; auch zur Erstattung gem. § 44b Abs. 5 EStG.
293 Nach OFD Frankfurt/Main, 30.08.2011, S 0170 A-41-St 53, ZEV 2012, 288 ist hierfür Voraussetzung, dass entweder Treuhänder und unselbständige Stiftung unterschiedliche Zwecke verfolgen oder zwar gleiche Zwecke verfolgt werden, die unselbständige Stiftung aber über eigene Gremien verfügt, die unabhängig vom Treuhänder über die Verwendung der Mittel entscheiden können.
294 Zum Leistungsaustausch zwischen gemeinnützigen Körperschaften vgl. *Seeger/Milde*, NWB 2014, 2612 ff.
295 Vgl. zur Bilanzierung beim BgA *Strahl*, NWB 2009, 2650 ff., zur Gewinnermittlung BMF v. 03.01.2013 – IV C 2 – S 2706/09/10005 – DOK 2012/1188606.
296 Vgl. *Liem/Bieling*, ErbStB 2008, 370 ff., zur Behandlung von Kapitalerträgen ab 2009.
297 BFH, 07.11.2007 – I R 42/06, EStB 2008, 201; hierzu *Thoma*, ErbStB 2009, 11. Das Anzeigengeschäft sollte daher besser an Werbeagenturen verpachtet werden; die daraus resultierenden Einnahmen zählen zur Vermögensverwaltung. Zur steuerlichen Behandlung des Sponsoring vgl. *Carlé*, ErbStB 2011, 296 ff.

sellschaft.[298] Ist die Stiftung an einer Kapitalgesellschaft beteiligt, wird darauf abgestellt, ob sie entscheidenden Einfluss auf die Geschäftsleitung der Gesellschaft nimmt (vgl. Rdn. 3082).

Betragen bei solchen wirtschaftlichen Geschäftsbetrieben die Einnahmen einschließlich Umsatzsteuer nicht mehr als 35.000,00 €/Jahr, unterliegen diese Besteuerungsgrundlagen nicht der Körperschaft- und Gewerbesteuer (de minimis Grenze in § 64 Abs. 3 AO); darüber hinausgehende Einkünfte sind hinsichtlich der ersten 5.000 Euro freigestellt (§ 24 Satz 1 KStG; § 11 Abs. 1 Satz 3 Nr. 2 GewStG). 3090

Werden **Zuwendungen nicht für die bescheinigten steuerbegünstigten Zwecke eingesetzt** (bzw. sind bereits die Spendenbescheinigungen zumindest grob fahrlässig fehlerhaft), haftet die gemeinnützige Körperschaft pauschal auf 30 %[299] der Spendensumme (zum Ausgleich der dem Zuwendenden damit ermöglichten Steuerersparnis); bei Spenden aus einem Gewerbebetrieb auf 45 %[300] der Spendensumme; gem. § 10b Abs. 4 Satz 2 EStG haftet hilfsweise die handelnde Person. 3091

e) Umsatzsteuer und Grundsteuer

Für Umsätze steuerbegünstigter Stiftungen, die im Bereich der Vermögensverwaltung und von Zweckbetrieben anfallen, gilt nach § 12 Abs. 2 Nr. 8a UStG ein ermäßigter Umsatzsteuersatz von 7 % bei vollem Vorsteuerabzug, sofern keine andere Befreiung greift (Einnahmen aus dem ideellen Bereich, wie Spenden und Beiträge, sind gänzlich umsatzsteuerfrei, Gewinne aus dem steuerpflichtigen wirtschaftlichen Geschäftsbetrieb genießen keine Befreiung. Schließlich sind steuerbegünstigte Stiftungen i.S.d. §§ 51 ff. AO nach §§ 3 Abs. 1 Nr. 3, 4 Nr. 6 GrStG von der Grundsteuer befreit. 3092

2. Steuerliche Förderung des Stifters/Spenders

a) Einkommensteuer

Nach Schätzung des Wissenschaftszentrums Berlin für Sozialforschung (WZB) werden in Deutschland jährlich mehr als 3 Mrd. € gespendet, die durchschnittliche Spendenhöhe liegt bei über 80,00 €. Das frühere[301] unübersichtliche und reformbedürftige[302] Recht zur steuerlichen Förderung von Spenden differenzierte zwischen der Grundförderung (5 % bzw. 10 % des Gesamtbetrags der Einkünfte), einer jährlichen Zusatzförderung i.H.v. 20.450,00 € (§ 10b Abs. 1 Satz 3 EStG), einer Großspendenregelung und der zusätzlichen Förderung bei der Neugründung von Stiftungen. 3093

Das rückwirkend zum 01.01.2007 in Kraft getretene »Gesetz zur weiteren Stärkung des bürgerschaftlichen Engagements« enthält zahlreiche Änderungen des Gemeinnützigkeits- und Spendenrechts, insb. die Vereinheitlichung des Spendenabzugs (vgl. nachstehend Rdn. 3095), und die Erweiterung der Abzugsfähigkeit bei Dotationen an Stiftungen (Rdn. 3097). Bedeutsam ist weiter die fortbestehende Möglichkeit der Einbringung von Betriebsvermögen in eine gemeinnützige Körperschaft zu Buchwerten (Rdn. 3101).[303] 3094

---

298 BFH, 27.03.2001 – I R 78/99, BStBl. 2001 II, S. 449.
299 Vor der Gemeinnützigkeitsreform 2007: 40 %.
300 Vor der Gemeinnützigkeitsreform 2007: 50 %.
301 Vgl. die Übersicht bei *von Oertzen*, ErbStB 2006, 218 sowie *Nolte*, NWB 2009, 2236 ff.
302 Zur Neuregelung i.R.d. »Gesetzes zur weiteren Stärkung des bürgerschaftlichen Engagements« vgl. monografisch *Hüttemann*, Gemeinnützigkeits- und Spendenrecht (2008) sowie *Augsten/Höreth/Franke*, ZErb 2007, 163 ff.; *Tiedtke/Möllmann*, DStR 2007, 511 ff.; *Fischer*, NWB 2007, 3515 = Fach 2, S. 9439 ff. Umfassender »Spendenerlass« der OFD Koblenz v. 16.02.2009 – S 2223/S2751 A – St 33 1, KSt-Kartei § 9 KStG Karte 7. Zur Verwendung der Muster von Zuwendungsbestätigungen i.S.d. § 50 Abs. 1 EStDV vgl. BMF, 04.05.2011 – IV C 4 – S 2223/07/0018:004, EStB 2011, 220.
303 Lediglich erwähnt sei ferner die Freistellung ehrenamtlicher Tätigkeitseinnahmen gem. § 3 Satz 1 Nr. 26a EStG bis zu 720 €/Jahr (BMF v. 25.11.2008, EStB 2009, 20) und die durch § 3 Nr. 26 EStG

Optimiert lässt sich Spenden- und Stiftungsplanung insb. zur Neutralisierung außerordentlicher Einkünfte in einzelnen, besonders »betroffenen« Jahren einsetzen.[304]

aa) Spendenabzug

3095 Steuerbegünstigung und Spendenbegünstigung sind nun im Gleichlauf, sie richten sich ausschließlich nach §§ 52 bis 54 AO, da § 10b Abs. 1 EStG auch hierauf verweist. Die bisher in § 10b Abs. 1 EStG vorgesehene Differenzierung nach Zwecksetzungen hinsichtlich der Höchstgrenzen wurde aufgehoben, es gilt einheitlich ein Höchstbetrag für (unentgeltliche[305] und freiwillige) Spenden und Mitgliedsbeiträge[306] von 20 % des Gesamtbetrags der Einkünfte (von 2009 bis 2011 unter Einschluss der pauschal abgeltungsbesteuerten Kapitaleinkünfte, sofern nachgewiesen[307] – ab 2012 besteht diese Möglichkeit nicht mehr, es sei denn, der Steuerpflichtige optiert hinsichtlich der Kapitalerträge zur Regelbesteuerung![308]) bzw. 0,4 % der gesamten Umsätze und der im Kalenderjahr aufgewendeten Löhne und Gehälter für die Förderung sämtlicher in §§ 52 bis 54 AO genannter Zwecke (und zwar zur Wahrung der Kapitalverkehrsfreiheit, Art. 63 AEUV, auch seit 2010 an gemeinnützige Empfänger im EU-/EWR-Ausland – »Als-ob-Betrachtung«, Typenvergleich, struktureller Inlandsbezug analog § 51 Abs. 2 AO –,[309] zuvor nur dann, wenn sie die materiellen Anforderungen des deutschen Rechtes erfüllen[310]). Aufgehoben wurde auch die bisherige »Großspendenregelung« des § 10b Abs. 1 Satz 4 EStG a.F. bei Überschreiten von 25.565,00 € für als besonders förderungswürdig anerkannte kulturelle, mildtätige und wissenschaftliche Zwecke.

3096 Nunmehr können Zuwendungen, welche die neuen Spendenhöchstgrenzen überschreiten, gem. § 10b Abs. 1 Satz 9 EStG unbegrenzt vorgetragen werden (ein Spendenrücktrag in das voran-

---

vermittelte Steuerfreiheit für nebenberufliche Einkünfte bis zu 2.400,00 €/Jahr von Übungsleitern, Ausbildern, Erziehern oder Betreuern, die nebenberufliche künstlerische Tätigkeit sowie die nebenberufliche Pflege alter, kranker oder behinderter Menschen im Dienste einer gemeinnützigen Körperschaft (damit entfällt auch gem. § 14 Abs. 1 Satz 1 SGB IV die Pflicht zur Leistung von Sozialabgaben.), vgl. *Brost*, SteuerStud 2016, 541 ff. I.V.m. der Minijob-Regelung (ab 01.01.2013 450,00€/Monat) kann ein Übungsleiter damit bis zu 625,00€/Monat steuer- und sozialabgabefrei beziehen.

304 Vgl., mit Berechnungsbeispielen, die eine Steuerersparnis von bis zu 90 % der Spende belegen, *Schimpfky*, ZEV 2015, 456, 461.
305 Nach BFH, 09.12.2014 – X R 4/11, EStB 2015, 169 ist der Spendenabzug bereits ausgeschlossen, wenn die Zuwendung an den Empfänger unmittelbar und ursächlich mit einem von einem Dritten gewährten auch nicht wirtschaftlichen Vorteil zusammenhängt.
306 Wie bisher bleiben allerdings ausgeschlossen Mitgliedsbeiträge an Sport-, kulturelle oder nahe stehende (Hundezüchter-, Karneval-, Kleingärtnerei-)Vereine, die in erster Linie der Freizeitgestaltung der Mitglieder dienen.
307 § 2 Abs. 5b Satz 2 Nr. 1 EStG a.F: [allerdings mindert der Spendenabzug nicht die Einkünfte aus Kapitalvermögen, vgl. *Schienke-Ohletz*, ErbStB 2010, 347].
308 Z.B. indem er die Günstigerprüfung beantragt, entweder bezogen auf alle Kapitaleinkünfte oder lediglich bezogen auf Dividenden von Kapitalgesellschaften, an denen er zu mindestens 25 % beteiligt ist bzw. zu mindestens 1 % beteiligt und beruflich für sie tätig ist.
309 »Gesetz zur Umsetzung steuerrechtlicher EU-Vorgaben«, BGBl. 2010 I, S. 386; vgl. *Hüttemann*, IStR 2010, 230; *Seidel*, ErbStB 2010, 204, 213; vgl. BMF-Schreiben v. 16.05.2011, BStBl 2011 I, S. 559; dabei treffen den Steuerpflichtigen hohe Nachweisanforderungen: BFH, 21.01.2015 – X R 7/13, EStB 2015, 235; FG Berlin-Brandenburg, 03.09.2015 – 1 K 1004/14 [Az. NZB BFH: X B 171/15], ErbStB 2016, 8.
310 EuGH, 27.01.2009 – Rs C-318/07 »Hein Persche«, FR 2009, 230 [Sachspende an portugiesisches Seniorenheim], allerdings fehlt es häufig an der Einhaltung der strengen Nachweisregeln des deutschen Rechtes [*Lehr*, NWB 2009, 432; *Fischer*, FR 2009, 249]; auch wurde der Inlandsbezug in § 51 Abs. 2 AO durch das JStG 2009 verschärft, vgl. *Nolte*, NWB 2009, 2236 ff. Zur Anwendung des EuGH-Urteils »Persche« vgl. BMF-Schreiben v. 06.04.2010 – IV C 4 – S 2223/07/0005, BeckVerw 237303. Beispielsfall [Spendenabzug abgelehnt]: FG Münster, 08.03.2012 – 2 K 2608/09 E, ErbStB 2012, 243.

gehende Jahr ist dagegen nicht mehr möglich). Allerdings geht ein nicht genutzter Spendenvortrag beim Ableben nicht auf die Erben über.[311] Erforderlich ist ferner stets, dass die Stiftung bereits (durch behördliche Anerkennung) entstanden ist; eine »Vor-Stiftung« kann mangels Existenz nicht tauglicher Zuwendungsempfänger sein.[312] Bei Einzelzuwendungen bis 200,00 € (vor 2007: 100,00 €) besteht ein erleichtertes Nachweisverfahren durch Bareinzahlungsbeleg bzw. Buchungsbestätigung; Sachspenden unterliegen gem. § 10b Abs. 3 Satz 3, 4 EStG besonderen Bewertungsregeln. Ab 01.01.2013 sind neue Muster für Zuwendungsbestätigungen zu verwenden;[313] bei unrichtiger Ausstellung haftet der Zuwendungsbegünstigte, ersatzweise die handelnde Person (§ 10b Abs. 4 Satz 2 EStG, vgl. Rdn. 3091).

bb) Dotation von Stiftungen

Auch der frühere für Zuwendungen an Stiftungen (auch an unselbstständige Stiftungen)[314] geltende zusätzliche Abzugsbetrag von 20.450,00 € ist gestrichen worden. Stattdessen können **lebzeitige (nicht letztwillige![315]) Zuwendungen in den Kapitalstock von Stiftungen** gem. § 10b Abs. 1a EStG auf Antrag im Zuwendungsjahr – an eine bereits bestehende Stiftung –[316] und in den folgenden neun Veranlagungszeiträumen zusätzlich zu den § 10b Abs. 1 EStG genannten Höchstgrenzen bis zu einem Betrag von gesamt 1 Mio. € abgezogen werden. Dieser (Höchst-)betrag kann nur einmal binnen 10 Jahren genutzt werden, ist aber nicht mehr begrenzt auf Zuwendungen im Errichtungs- und Folgejahr.[317] Für Ehegatten steht dieser Höchstbetrag zweifach zur Verfügung.[318] Bei zusammen veranlagten Ehegatten[319] kam es bis Ende 2012 zwar nicht auf die Herkunft der Mittel an, allerdings musste jeder Ehegatte selbstständig die Spende jeweils in der

3097

---

311 BFH, 21.10.2008 – X R 44/05, ErbStB 2009, 72 m. Anm. *Heinrichshofen*, der einen Billigkeitsantrag empfiehlt.
312 BFH, 11.02.2015 – X 36/11 EStB 2015, 164, vgl. *Fiand,* NWB 2015, 2061 ff.; in Betracht kommt dann nur die sofortige Gründung und Ausstattung einer unselbständigen Stiftung mit der Auflage, die Mittel nach Anerkennung der selbständigen Stiftung auf diese zu übertragen, vgl. *Thole,* Die Stiftung in Gründung, S. 127 ff. und *Ihle,* notar 2016, 49, 59.
313 BMF v. 30.08.2012 – IV C 4 S 2223/97/9918:005; BStBl 2012 I S. 884; Download der Formulare unter https://www.formulare-bfinv.de.
314 Vgl. *Tiedtke/Möllmann,* DStR 2007, 511 Fn. 14 m.w.N.
315 Kein Sonderausgabenabzug, auch nicht im Todesjahr, für Stiftungsausstattungen von Todes wegen, BFH, 16.02.2011 – X R 46/09 EStB 2011, 180 – die zivilrechtliche Rückwirkung des § 84 BGB hat auf das steuerrechtliche Zuflussprinzip keinen Einfluss – [weder beim Erblasser noch beim Erben. Anders verhält es sich, wenn der Erblasser sein Vermögen dem Erben hinterlässt mit der bloßen »Empfehlung« der Zuwendung an gemeinnützige Empfänger: Spendenabzug zugunsten des Erben, da dennoch Freiwilligkeit gegeben ist, FG Düsseldorf, 02.06.2009 – 16 V 896/09 EFG 2009, 1931; *Günther* ErbStB 2009, 340].
316 Dabei muss die Stiftung selbst bereits wirksam entstanden, also behördlich anerkannt sein; der Verwaltungsakt wirkt nicht auf das Stiftungsgeschäft zurück, FG Schleswig, 04.06.2009 – 1 K 156/04 ErbStB 2009, 267. *Wachter,* DStR 2009, 2469 plädiert dafür, schon vor der Anerkennung ein »Zweckvermögen« als »sonstige Vermögensmasse« i.S.d. § 9 Abs. 1 Nr. 2 KStG anzuerkennen; vgl. auch *Seidel*, ErbStB 2010, 204, 212.
317 Wird der Abzugshöchstbetrag von 1 Mio. Euro innerhalb des 10-Jahres-Zeitraums durch weitere Spenden überschritten, können die übersteigenden Beträge nach Ansicht des FG Düsseldorf, 07.12.2015 – 13 V 2026/15 AF, BeckRS 2016, 94489, nur noch im Rahmen des § 10b Abs. 1 EStG berücksichtigt und gegebenenfalls vorgetragen werden, nicht aber zum Neubeginn eines 10-Jahres-Zeitraums führen, anders jedoch BMF v. 18.12.2008, BStBl. 2009 I, 16.
318 BFH, 03.08.2005 – XI R 76/03, BStBl. 2006 II, S. 121, zur alten Regelung, OFD Magdeburg v. 13.04.2006, ZEV 2006, 355; dies dürfte auch für die Neuregelung gelten, vgl. *Müller/Thoma*, ErbStB 2008, 49.
319 Anders als bei getrennter Veranlagung, wo die Mittelherkunft mit der Spendenvornahme übereinstimmen muss.

(maximalen) Höhe »als eigene« tätigen wollen.³²⁰ Auch der Zehn-Jahres-Zeitraum läuft für jeden Ehegatten-Höchstbetrag getrennt.³²¹ Erforderlich ist jedoch, dass die Freigebigkeit der Zuwendung i.S.d. § 10b EStG für jeden Ehegatten festgestellt wird; hieran kann es fehlen, wenn ein Ehegatte dem anderen einen Geldbetrag schenkt mit der Auflage, einen Teil davon als Spende einzusetzen; diese »Spendenauflage« lässt die Freiwilligkeit der Zuwendung entfallen. Der die Auflage anordnende Ehegatte kann seinerseits den Spendenabzug allerdings nur in Anspruch nehmen, wenn er auch eine auf seine Person ausgestellte Spendenabzugsbescheinigung (gem. § 10b Abs. 4 Satz 1 EStG i.V.m. § 50 Abs. 1 EStDV) vorlegt, da diese Bescheinigungen personenbezogen und damit nicht auf den »wahren Spender« übertragbar sind.³²²

3098 Für Zuwendungen an sog. »Verbrauchsstiftungen«, deren Grundstock nicht erhalten bleibt (Rdn. 2966), besteht diese Abzugsmöglichkeit jedoch nicht;³²³ wobei solchermaßen schädliches »verbrauchbares Vermögen« dann nicht vorliegt, wenn die Stiftungssatzung im Falle einer vorübergehenden Substanzentnahme ein Gebot zur Wiederauffüllung vorsieht, und ebenso wenig, wenn eine auf Ewigkeit angelegte Stiftung nach Erfüllung ihres Stiftungszwecks sich auflöst.³²⁴

Der allgemeine Spendenabzug von bis zu 20 % des Gesamtbetrages der Einkünfte (vgl. Rdn. 3095) und die Dotationsförderung von bis zu 1 Mio. € pro Ehegatte können, und zwar auch nach Ansicht der Finanzverwaltung,³²⁵ kombiniert werden.³²⁶

3099 Die Einführung der **Abgeltungsteuer ab 2009** kann für Spender, die (etwa im Ruhestand) überwiegend Einkünfte aus Kapitalvermögen erzielen dazu führen, dass der Steuerreduzierungseffekt ins Leere geht, da die Spenden nicht die Bemessungsgrundlage für die Abgeltungsteuer mindern. Alternativ könnten Kapitalanlagen im betrieblichen Bereich überführt werden, da sie dort nicht der Abgeltungsteuer unterliegen.

3100 Bei der Zuwendung von **Wertpapieren** an gemeinnützige Stiftungen³²⁷ ist zu unterscheiden, ob diese unmittelbar, also als »Sachspende« (i.S.d. § 10b Abs. 3 Satz 1 EStG), übertragen werden – dann kann gemäß § 10b Abs. 3 Satz 4 u. 5 EStG die Zuwendungsbescheinigung nur in Höhe der fortgeführten historischen Anschaffungskosten, nicht in Höhe des derzeitigen Kurswerts ausgestellt werden³²⁸ – oder ob der Stifter das Wertpapier selbst (zum aktuellen Kurswert abzüglich der dadurch ausgelösten Transaktionskosten) veräußert und der Stiftung den um die Abgeltung-

---

320 Vgl. *Thoma/Seidel*, ErbStB 2006, 358; *Schienke-Ohletz*, ErbStB 2010, 343; ab 2013 geändert durch das Ehrenamtsstärkungsgesetz.
321 Vgl. *Nickel/Robertz*, FR 2006, 74.
322 Vgl. zu vorstehendem FG Düsseldorf, 26.01.2017 – 9 K 2395/15 E, ErbStB 2017, 131, n. rkr., Az. BFH: X R 6/17.
323 § 10b Abs. 1a Satz 2 EStG (Klarstellung seit 2013), krit. zu dieser Benachteiligung *Hackenberg*, NWB 2016, 355, 359 ff.; vgl. hierzu BMF, 15.09.2014, BStBl 2014 I 1278, bestätigt durch BMF, 23.03.2015, BStBl 2015 I 278; *Günther*, EStB 2014, 403. Bei einer »Teil-Verbrauchsstiftung« ist der erweiterte Sonderausgabenabzug aber möglich für solche Zahlungen, die in den dauerhaft zu erhaltenden Teil des Stiftungsvermögens geleistet werden.
324 Vgl. zu beidem BMF, 15.09.2014 – IV C 4 – S 2223/07/0006:005.
325 BMF v. 18.12.2008, BStBl. 2009 I, S. 16 (freie Zuordnungsentscheidung des Steuerpflichtigen; unbefristeter Spendenvortrag). Dadurch sind die teilweise abweichenden Auffassungen der OFD Frankfurt am Main v. 13.10.2008, ZEV 2009, 52 und OFG Frankfurt am Main v. 13.06.2008, BeckVerw 126773 überholt.
326 *Hüttemann*, DB 2008, 2164; *Funke/Lachotzki*, EStB 2009, 75; *Fiala/Strobelt*, NotBZ 2008, 225: Durch günstig verteilte Vermögensausstattung von 876.600,00 € binnen 5 Jahren wird eine Steuerersparnis von 539.093,00 € erzielt!
327 Vgl. zum folgenden *Wallenhorst*, DStR 2016, 111 ff.
328 Seit Einführung der Abgeltungsteuer, also für ab dem 01.01.2009 erworbene Wertpapiere, handelt es sich insoweit um »steuerverstricktes Vermögen«; bei einer Schenkung wird grundsätzlich keine Kapitalertragsteuer einbehalten, vgl. § 43 Abs. 1 Satz 5 u. 6 EStG, sondern die steuerlichen Anschaffungskosten gehen auf den Beschenkten über.

steuer geminderten Geldbetrag zuwendet und für Letzteren eine Zuwendungsbescheinigung in Höhe dieses (oftmals höheren) Geldbetrags erhält. Diese zweite Variante (»Geldspende«) führt zwar (wegen der Minderung um den nicht mit zugewendeten Abgeltungsteuerbetrag) zu einem geringeren wirtschaftlichen Vorteil der Stiftung, ist aber (wegen der deutlich höheren Steuerersparnis) für den Stifter (und i.d.R. auch im Gesamtvergleich) vorteilhafter. Um auch die Transaktionskosten eines Verkaufs der Wertpapiere einzusparen, bietet sich schließlich als dritte Variante an, die Wertpapiere zwar als solche in das Depot der Stiftung zu übertragen, dabei aber die Kapitalertragsteuer freiwillig durch das kontoführende Institut einbehalten zu lassen[329] mit der Folge, dass damit i.S.d. § 10b Abs. 3 Satz 4 EStG »eine Gewinnrealisierung stattgefunden hat« und damit die Zuwendungsbescheinigung nicht nur in Höhe der historischen Anschaffungskosten, sondern des jetzigen vollen Kurswertes erfolgen kann.

cc) Buchwertprivileg für Einbringung von Betriebsvermögen

Bei Sachspenden in Gestalt **einzelner Wirtschaftsgüter des Betriebsvermögens**, die erhebliche stille Reserven aufweisen, würde nach allgemeinen Grundsätzen eine Entnahme verwirklicht mit der unattraktiven Folge der Besteuerung der Differenz zwischen Teil- und Buchwert im abgebenden Betrieb. **§ 6 Abs. 1 Nr. 4 Satz 5 EStG** erlaubt als (aufgrund des JStG 2009 fortgeltende) Ausnahme hiervon die unentgeltliche Überlassung von Gegenständen des Betriebsvermögens an eine gemeinnützige Körperschaft unter Fortführung der Buchwerte. Voraussetzung ist, dass das Wirtschaftsgut unmittelbar nach seiner Entnahme einer gem. § 5 Abs. 1 Nr. 9 KStG von der Körperschaftsteuer befreiten gemeinnützigen Körperschaft oder Vermögensmasse zur Verwendung für steuerbegünstigte Zwecke i.S.d. § 10b Abs. 1 Satz 1 EStG unentgeltlich überlassen wird. Die Sachspende kann dann steuerlich unbelastet zum Entnahmewert (Buchwert) i.R.d. Sonderausgabenhöchstbeträge abgezogen werden. Eine steuerbegünstigte Verwendung liegt (wohl) auch dann vor, wenn die aufnehmende Stiftung das ihr übertragene Wirtschaftsgut veräußert und sodann den Veräußerungserlös für ihre steuerbegünstigten Zwecke einsetzt.[330]

3101

b) Schenkung-/Erbschaftsteuer

Anstelle der einkommensteuerlichen Förderung kann der Zuwendende jedoch auch eine Möglichkeit zur Erbschaftsteuervermeidung wählen, vgl. § 29 Abs. 1 Nr. 4 ErbStG: Demnach erlischt die Steuer mit Wirkung für die Vergangenheit, soweit ererbte oder geschenkte Vermögensgegenstände (nicht jedoch deren Surrogate)[331] binnen 24 Monaten einer gemeinnützigen Körperschaft, insb. Stiftung,[332] auch eine treuhänderische Stiftung,[333] möglicherweise auch eine Verbrauchsstiftung,[334] nicht jedoch einem gemeinnützigen Verein,[335] zugeführt werden. Alternativ[336] hat der Erbe/Beschenkte jedoch auch die Möglichkeit, die vorstehend erläuterten einkommensteuerlichen Förderungen in Anspruch zu nehmen (Rdn. 3095 ff.); an der erforderlichen Freiwilligkeit der

3102

---

329 Z. B. indem die in § 43 Abs. 1 Satz 6 EStG geforderten Angaben beim Depotwechsel nicht gemacht werden, vgl. *Wallenhorst*, DStR 2016, 111, 112, der mit Beispielsrechnungen auch nachweist, dass letztere Variante (der »Sachspende mit freiwilligem Einbehalt der Kapitalertragsteuer«) auch bei Kursverlusten vorteilhaft ist.
330 Vgl. *Seer*, GmbHR 2008, 785; möglicherweise steht jedoch im Einzelfall § 42 AO entgegen, insb. bei abgestimmtem Verhalten.
331 Krit. hiergegen *Lüdicke*, ZEV 2007, 254.
332 Nicht erfasst sind allerdings Stiftungen, die Leistungen i.S.d. § 58 Nr. 6 AO an den Erwerber oder nahe Angehörige zu erbringen haben, vgl. § 29 Abs. 1 Nr. 4 Satz 2 ErbStG, hierzu *Kirchhain*, ZErb 2006, 413.
333 OFD München, 07.03.2003; ZEV 2003, 239.
334 *von Oertzen/Schinke-Ohletz*, ZEV 2015, 609 ff.
335 *Gluth*, ErbStB 2009, 225.
336 Keine doppelte Vergünstigung, vgl. *Troll*, DB 1991, 672.

»Spende« oder »Dotation« fehlt es jedenfalls dann nicht, wenn der Erblasser lediglich »Empfehlungen« in Richtung auf eine gemeinnützige Verwendung der Erbschaft ausgesprochen hat.[337]

▶ Hinweis:

3103   Bei Steuerpflichtigen mit hoher Einkommensteuerprogression wird es sich daher eher empfehlen, die einkommensteuerlichen Freistellungen in Anspruch zu nehmen und lediglich für den Restbetrag die Weitergabe gem. § 29 Abs. 1 Nr. 4 ErbStG zu wählen.

Rechtspolitisch wird ferner darauf hingewiesen, dass bisher Unternehmen häufig gemeinnützige Stiftungen gegründet und gem. § 13 Abs. 1 Nr. 16b) ErbStG steuerfrei ausgestattet haben; da nunmehr die Möglichkeit gänzlich steuerfreier Übertragung von »produktivem« Betriebsvermögen nach Ablauf der Abschmelzungsperiode auch an die Nachfolgegeneration besteht, dürfte dieser Umstand an Reiz verlieren, so dass der Allgemeinheit weniger Mittel zur Verfügung stehen werden.

3. Steuerliche Behandlung der Destinatäre

3104   Erbringt eine gemeinnützige Stiftung angemessene Leistungen gem. § 58 Nr. 6 AO an den Stifter oder seine nächsten Angehörigen (Rdn. 3001 ff.), sind diese gem. § 22 Nr. 1 Satz 2 Halbs. 3 Nr. a EStG einkommensteuerpflichtig (»außerhalb der Erfüllung steuerbegünstigter Zwecke«). Das Teil- (früher: Halb-)einkünfteverfahren findet insoweit keine Anwendung, § 3 Nr. 40 Buchst. i) EStG. Allerdings können Befreiungstatbestände eingreifen, etwa gem. § 3 Nr. 44 EStG: Stipendien. Wiederkehrende Leistungen, die aufgrund eines Vermächtnisses bezogen werden, unterliegen hinsichtlich des Kapitalwertes der Erbschaftsteuer, hinsichtlich des Ertragsanteils der einkommensteuerlichen Erfassung gem. § 22 Nr. 1 Satz 2 Hs. 2 lit. a) EStG.[338]

III. Besteuerung der nicht gemeinnützigen Stiftung

1. Besteuerung der Vermögensausstattung

3105   Steuerlich gilt eine (z.B. Familien-)Stiftung als nicht mehr gemeinnützig, wenn sie mehr als ein Drittel ihrer Einnahmen für die Versorgung der Stifterfamilie verwendet, § 58 Nr. 6 AO (vgl. Rdn. 3001). Für solche »normalen« Steuersubjekte gilt:

3106   Die Einbringung eines Unternehmens kann gem. § 6 Abs. 3 EStG zu Buchwerten erfolgen, wenn der ganze Betrieb, ein selbstständiger Betriebsteil oder ein ganzer Mitunternehmeranteil[339] betroffen ist. Auch steuerverstricktes Privatvermögen (also Anteile i.S.d. § 17 EStG oder Wirtschaftsgüter vor Ablauf der »Spekulationsfrist« des § 21 EStG) können unentgeltlich ohne Gewinnrealisierung übertragen werden, die Grundsätze der verdeckten Sacheinlage gelten nicht.

3107   Gem. §§ 3 Abs. 2 Nr. 1, 7 Abs. 1 Nr. 1 i.V.m. Nr. 8 ErbStG fällt **Erbschaft- bzw. Schenkungsteuer** an.[340] Dies gilt auch, wenn der Zuwendende, etwa im Fall einer Zustiftung, zugleich (ggf.

---

337 FG Düsseldorf, 02.06.2009 – 16 V 896/09, EFG 2009, 1931; *Günther*, ErbStB 2009, 340.
338 BFH, 15.07.2014 – X R 41/12, ErbStB 2014, 330.
339 Nicht ein bloßer Mitunternehmer-Teilanteil, vgl. BMF v. 03.03.2005, BStBl. 2005 I, S. 458; diese werden gem. § 6 Abs. 3 Satz 1 Halbs. 2 EStG stets mit dem Teilwert übertragen. Als Ausweichlösung bietet sich die »Umwandlung« des Teilanteils in einen eigenen Mitunternehmeranteil an durch Einbringung dieses Teilanteils gem. § 24 UmwStG in eine neue Mitunternehmerschaft, vgl. *Feick*, BB-Special, Heft 6 (2006), S. 15.
340 Dies gilt auch, wenn Vermögen von einer Stiftung auf eine von ihr gegründete weitere Stiftung übertragen wird, BFH, 13.04.2011 – II R 45/09, ErbStB 2011, 213 (keine Übertragung der Rechtsprechung des BFH, 01.12.2004 – II R 46/02, BStBl. 2005 II, S. 311, dass unentgeltliche Vermögensübertragungen unter Trägern öffentlicher Verwaltung keine freigebigen Zuwendungen darstellten).

sogar einziger!) Begünstigter ist.[341] Die Steuerklasse richtet sich allerdings bei Familienstiftungen für alle nach dem Stiftungsgeschäft geschuldeten Zuwendungen[342] gem. § 15 Abs. 2 Satz 1 ErbStG nach dem Verwandtschaftsverhältnis, das zwischen dem Stifter und dem entferntesten nach der Stiftungsurkunde[343] berechtigten Verwandten bestehen kann (bei Begünstigung also nur von Ehegatten, Kindern, Stiefkindern oder Abkömmlingen erfolgt Besteuerung nach Steuerklasse I).[344] Ist jedoch der Stifter selbst der einzig (noch) vorhandene Begünstigte, bleibt es bei der Besteuerung geschuldeter Zuwendungen in Steuerklasse III, da es an der von § 15 Abs. 2 Satz 1 ErbStG für die Gewährung des Steuerklassenprivilegs vorausgesetzten Personenverschiedenheit fehlt.[345] Gleiches gilt für nicht gemeinnützige Stiftungen, die nicht Familienstiftungen sind.

3108 Wie beim Grundtatbestand des § 7 Abs. 1 Nr. 1 ErbStG bedarf es auch bei Nr. 8 jedoch subjektiv der Freigebigkeit auf Seiten des Zuwendenden, an der es z.B. fehlt, wenn die öffentliche Hand Gegenstände in eine Stiftung einbringt, da sie nur in Erfüllung einer rechtlichen Verpflichtung handeln kann, vgl. Rdn. 4469.[346] Daher unterliegt die Einbringung von Grundstücken durch die öffentliche Hand der Grunderwerbsteuer.[347]

3109 Wird jedoch **Betriebsvermögen** auf eine nicht gemeinnützige (z.B. Familien-)Stiftung unentgeltlich übertragen, kann die Schenkungsteuer ggf. gem. § 13a ErbStG zu 85 %, ggf. gar zu 100 %, vermieden werden, wenn die Voraussetzungen des Bewertungsabschlags und ggf. des Betriebsvermögensfreibetrags erfüllt sind. Die Tarifbegrenzung gem. § 19a ErbStG gilt allerdings für die Familienstiftung als juristische Person nicht.

3110 Einen besonderen Bedeutungszuwachs erfährt die Familienstiftung als im Rahmen des § 28a ErbStG (Verschonungsbedarfsprüfung für betriebliche Großerwerbe) besonders geeignetes »Erwerbsvehikel«, vgl. Rdn. 5387 ff. Die im Übrigen vermögenslose – und im nachfolgenden Beobachtungszeitraum von zehn Jahren auch abgesehen vom erhaltenen Betriebsvermögen vermögenslos bleibende – Familienstiftung gewährleistet, dass lediglich die Hälfte des mit dem erworbenen/ererbten Betrieb übergehenden Verwaltungsvermögens zur Begleichung der Schenkung/Erbschaftsteuer herangezogen werden kann, im Extremfall also, bei Vorhandensein lediglich unschädlichen oder durch Verbindlichkeiten neutralisierten Verwaltungsvermögens, kann die Steuer gar ganz vermieden werden.

---

341 BFH, 09.12.2009 – II R 22/08, BStBl. 2010 II, S. 363 = ZEV 2010, 202 m. Anm. *Geck*; FG Hessen, 27.03.2008 – 1 K 486/05, ErbStB 2008, 229 (anders als bei Zuwendungen eines Gesellschafters an seine Kapitalgesellschaft »causa societatis«: s. Rdn. 140).
342 Also nicht für spätere »freiwillige« Zustiftungen, vgl. FG Hessen, 27.03.2008 – 1 K 486/05, ErbStB 2008, 229; *Ihle* RNotZ 2009, 621, 632. Anderenfalls bleibt nur die Gründung einer weiteren Stiftung, oder die Gewährung eines angemessen verzinsten Darlehens an die Stiftung.
343 Nicht entscheidend ist dagegen, ob Personen dieser abstrakt entferntest berechtigten Gruppe beim Übergang auf die Familienstiftung bereits vorhanden sind, FG Münster, 18.05.2017 – 3 K 3247/15 Erb, ErbStB 2017, 267, n. rkr., Az. BFH: II R 32/17.
344 Nach Auffassung der Finanzverwaltung Nordrhein-Westfalen (DStR 1992, 582) jedoch in der Steuerklasse III, wenn die Begünstigung solchermaßen entfernter Personen nicht ausgeschlossen ist.
345 Vgl. *Ihle*, notar 2008, 142.
346 Gleichlautende Erlasse v. 20.12.2013 mit Zusatz durch die OFD Magdeburg durch Vfg. v. 20.11.2013, ZEV 2014, 275.
347 BFH, 27.11.2013 – II R 11/12, MittBayNot 2015, 173 m. krit. Anm. *Hübner*.

2. Besteuerung der Stiftung

3111 Die **laufenden Erträge der Stiftung selbst** sind gem. § 1 Abs. 1 Nr. 5 KStG ab Entstehung[348] der Stiftung körperschaftsteuerpflichtig;[349] ohne Besonderheiten aufgrund der Rechtsform (demnach unterliegen Ausschüttungen einer Kapitalgesellschaft, an der die Stiftung [zusätzliches Kriterium seit 28.02.2013] zu mindestens 10 % beteiligt ist, gem. § 8b Abs. 1 KStG nur in Höhe von 5 % der Besteuerung). Die Gewinne sind ferner – falls die Stiftung einen wirtschaftlichen Geschäftsbetrieb i.S.d. § 14 AO unterhält, also nicht bei der reinen Vermögensverwaltung – gewerbesteuerpflichtig,[350] § 2 Abs. 3 GewStG (Freibetrag gem. § 11 Abs. 1 Satz 3 Nr. 2 GewStG). Anders als bei einer GmbH fällt demnach Gewerbesteuer nicht bereits aufgrund der Rechtsform an. Spendet die Stiftung »freiwillig«, also nicht aufgrund satzungsrechtlichen Zwangs, ist sie zum Spendenabzug berechtigt.[351]

3112 Sofern den begünstigten Familienangehörigen[352] mindestens 50 %[353] der laufenden Bezüge und des bei Auflösung anfallenden Vermögens zustehen (R E 1.2 Abs. 1 Satz 2 ErbStR 2011), fingiert § 1 Abs. 1 Nr. 4 ErbStG alle 30 Jahre ab erstmaligem Vermögenserwerb einen Erbfall, der (verfassungsrechtlich unbedenklichen[354]) sog. »**Erbersatzsteuer**« zulasten der rechtsfähigen (– nicht jedoch der unselbständigen[355] –) Familienstiftung auslöst. Simuliert wird dabei ein Vermögensanfall an zwei Abkömmlinge (und damit später und an mehr Personen als es dem statistischen tatsächlichen Durchschnitt entspräche, ferner zu planbaren Zeitpunkten und Konditionen); – die Steuer ist nach dem Prozentsatz der Steuerklasse I zu berechnen, der für die Hälfte des steuerpflichtigen Vermögens gelten würde; sie kann mit einer Verzinsung von 5,5 %, ohne Stellung von Sicherheiten, auf 30 Jahresraten gestundet werden (§ 24 ErbStG). Der nächste »planmäßige« Besteuerungszeitpunkt liegt, falls die Stiftung vor 1954 gegründet wurde, im Jahr 2044 (sie erfolgte zuletzt am 01.01.2014[356]).

▶ Hinweis:

3113 Zur Vermeidung von Streitigkeiten zwischen potentiellen Destinatären und zur mehrfachen Erlangung der Steuer»vergünstigungen« von Familienstiftungen im Rahmen der Erbersatzbesteuerung (doppelte Freibeträge; Steuerklasse I auf das halbe Vermögen) kann es sich empfehlen, mehrere Familienstiftungen zu gründen.[357]

---

348 Bei der nicht rechtsfähigen Stiftung von Todes wegen bereits mit dem Erbfall: BFH, 16.11.2011 – I R 31/10, ErbStB 2012, 100.
349 Freibetrag gem. § 24 KStG: 5.000,00 €, Körperschaftsteuersatz: 15 %, zuzüglich 5,5 % dieser Steuer als Solidaritätszuschlag. Es sind grds. alle Einkunftsarten möglich, da die Gewerblichkeitsfiktion nicht auf § 1 Abs. 1 Nr. 5 KStG verweist. Körperschaftsteuerfrei sind jedoch die Fideikommissnachfolgestiftungen, R 3 Abs. 1 KStR.
350 Freibetrag max. 3.100,00 €, § 11 Abs. 1 Nr. 1 GewStG.
351 BFH, 12.10.2011 – I R 102/10, EStB 2012, 91.
352 Der Kreis der relevanten Familienangehörigen ist in § 1 Abs. 1 Nr. 4 ErbStG weiter gefasst als in § 15 Abs. 2 AStG, vgl. im Einzelnen *Schulz/Werz*, ErbStB 2008, 177.
353 Nach R E 1.2 Abs. 2 Satz 2 ErbStR reicht eine Bezugs- oder Anfallberechtigung zu lediglich 25 %, falls wesentliche Familieninteressen, etwa die Bestimmung der Geschäftspolitik, mit erfüllt werden.
354 BVerfG, 22.08.2011 – 1 BvR 2570/10, ZEV 2012, 51.
355 BFH, 25.01.2017 – II R 26/16, ZEV 2017, 286, zustimmend *Trappe*, ErbR 2017, 320 ff.; ebenso zuvor *Theuffel-Werhahn*, ZEV 2014, 14 ff., *van Randenborgh*, BB 2013, 2780, *Daragan*, ZErb 2017, 1 ff. und *Oppel*, ZEV 2017, 22 ff.; a.A. *Hübner/Currle/Schenk*, DStR 2013, 1966 ff., die auch auf die nicht rechtsfähige Stiftung das Steuerklassenprivileg des § 15 Abs. 2 Satz 1 ErbStG und damit die Erbersatzsteuer anwenden, so wohl auch die Finanzverwaltung, referiert bei *Hübner*, ZErb 2016, 47.
356 Zur Vorbereitung hierauf: *von Oertzen*, DStR 2012, Beihefter zu Heft 11, S. 37; *Bruschke*, ErbStB 2013, 21 ff.
357 *Ihle*, notar 2011, 259.

Bei der Berechnung der Erbersatzsteuer kann die unternehmenstragende Familienstiftung von den Begünstigungen der §§ 13a, 13b ErbStG (Rdn. 4996 ff.) profitieren, sofern sie im Übrigen die daran geknüpften Voraussetzungen erfüllt, vgl. § 13a Abs. 11 ErbStG. Da zu befürchten ist, dass diese Betriebsnachfolgeprivilegien als Folge eines neuerlichen BVerfG-Urteils zur Verfassungswidrigkeit des ErbStG auch nach 2017 beschnitten werden, so dass bei einer möglicherweise erst in fernerer Zukunft stattfindenden Erbersatzbesteuerung diese Vergünstigungen nicht mehr gelten, könnte erwogen werden (vgl. auch Rdn. 4382), bewusst eine **steuerliche Neugründung der Familienstiftung** herbeizuführen[358] (durch Satzungsänderung, z.B. die Aufnahme eines weiteren Destinatärs, vgl. R E 1.2 Abs. 4 Satz 1 und 5 ErbStR 2011; die fiktive Aufhebung der bisherigen Stiftung wird nicht besteuert). Die »Neugründung« kann dann, bei Einhaltung der weiteren Voraussetzungen, steuerbefreit erfolgen; der noch nicht abgelaufene 30-Jahres-Zeitraum endet vorzeitig, und eine neue Frist beginnt zu laufen, R E 1.2 Abs. 4 Satz 6 und 7 ErbStR 2011.

3114

3. Besteuerung der Destinatäre

Die an Destinatäre einer nicht von der Körperschaftsteuer befreiten Stiftung ausgeschütteten[359] Leistungen (»Destinatszahlungen«) können, sofern es sich um **wiederkehrende Leistungen** handelt, sie also nicht als Ermessenszuwendungen »ad hoc« gewährt werden, sonstige Einkünfte i.S.d. § 22 Nr. 1 Satz 2 Hs. 2a) EStG darstellen, die hinsichtlich des Ertragsanteils besteuert werden.[360] Handelt es sich um Einzelleistungen, können seit 2001[361] ertragsteuerlich Einkünfte aus Kapitalvermögen i.S.d. § 20 Abs. 1 Nr. 9 EStG in Betracht kommen, allerdings nur, wenn die Begünstigten zumindest mittelbar Einfluss auf das Ausschüttungsverhalten der Stiftung nehmen konnten, da andernfalls die Stiftung keine Teilhabe an ihren Kapitalerträgen vermittelt;[362] dann muss die Stiftung Kapitalertragsteuer gem. § 43 Abs. 1 Nr. 7b EStG samt Solidaritätszuschlag einbehalten und abführen.[363] Ab dem Veranlagungszeitraum 2009 gilt in diesen Fällen grds. (vorbehaltlich Günstigerprüfung) der Abgeltungsteuersatz, Rdn. 2872 ff. (abgeltende Wirkung der Kapitalertragsteuer).[364] § 20 Abs. 1 Nr. 9 EStG wurde zum 14.12.2010 dergestalt geändert, dass nun auch Ausschüttungen ausländischer Familienstiftungen unmittelbar erfasst sind (sofern nicht die vorrangige Zurechnungsbesteuerung gem. § 15 AStG greift, Rdn. 3021, 3034, 6182). Der Normtext des § 20 Abs. 1 Nr. 9 EStG wurde hierzu um einen Satz 2 erweitert, der »Leistungen von vergleichbaren Körperschaften, Personenvereinigungen oder Vermögensmassen, die weder Sitz noch Geschäftsleitung im Inland haben« einbezieht.

3115

Daneben kann **Erbschaftsteuer** anfallen, und zwar im Fall der Auflagenbegünstigung von Nichtstiftern (die nicht mit einem Forderungsrecht verbundene Begünstigung des Stifters selbst bleibt also erbschaftsteuerfrei ebenso wie der [seltene, vgl. Rdn. 2993] Fall eines echten Leistungsanspruchs der Destinatäre, da dann auf satzungsmäßiger Rechtspflicht beruhend). Erfolgen Zuwendungen an

3116

---

358 Vgl. *Königer*, ZEV 2013, 433 ff.
359 Richtigerweise führt der bloße Erwerb einer Destinatärstellung noch zu keiner Erbschaftsteuerpflicht, FG Düsseldorf, 02.04.2014 – 4 K 3718/12 Erb, ZEV 2014, 381 m. zust. Anm. *Maetz/Kotzenberg*, gegen FG Bremen, 16.06.2010 – 1 K 18/10 5 ZEV 2011, 152 und die Finanzverwaltung.
360 BFH, 15.07.2014 – X R 41/12, ErbStB 2014, 330 (zur gemeinnützigen Stiftung); FG Schleswig-Holstein, 07.05.2009 – 5 K 277/06, DStRE 2009, 1429; *Feldner/Stoklassa*, ErbStB 2014, 227, 231.
361 BFH, 14.07.2010 – X R 62/08, EStB 2011, 53.
362 BFH, 03.11.2010 – I R 98/09 EStB 2011, 138 (vergleichbar einer Gewinnausschüttung an Anteilseigner). *Kästler/Müller*, DStR 2011, 614, empfehlen zur Vermeidung der Besteuerung nach § 20 Abs. 1 Nr. 9 EStG, der Destinatär solle gegenüber der Stiftung eine Gegenleistung erbringen.
363 BMF v. 27.06.2006, BStBl. 2006 I, S. 417; BFH, 03.11.2010 – I R 98/09, EStB 2011, 138.
364 Vgl. §§ 3 Nr. 40 lit. a und d, 43 Abs. 1 Satz 3 und Abs. 5, 44 Abs. 5 EStG.

Angehörige des Stifters, liegt hierin eine Zuwendung der Stiftung, nicht des Stifters.[365] Die Doppelbelastung mit Ertrag- und Schenkungsteuer wird kontrovers diskutiert.[366]

3117 Wird die **Stiftung aufgelöst**, gilt der Erwerb von Vermögensgegenständen gem. § 7 Abs. 1 Nr. 9 ErbStG (vgl. Rdn. 4469) als schenkungsteuerpflichtige Schenkung unter Lebenden (allerdings mit der Steuerklasse[367] des Verwandtschaftsverhältnisses zum Stifter, der gem. § 15 Abs. 2 Satz 2 ErbStG als Schenker fingiert wird;[368] erfolgt ein Rückfall an den Stifter selbst, »bestraft« dies die Rechtsprechung durch Anwendung der Steuerklasse III).[369] Geht Betriebsvermögen über, kommen die Begünstigungen der §§ 13a, 13b ErbStG dem Grunde nach in Betracht. Noch empfehlenswerter kann insoweit sein, ein auf die Auflösung abstellendes **Rückforderungsrecht** des Stifters (zur Erlangung der Stornowirkung des § 29 ErbStG) auszubedingen.[370] Die Umwandlung in eine gemeinnützige Stiftung (auch kurz vor dem Stichtag der Erbersatzsteuer)[371] ist jedoch gem. § 13 Abs. 1 Nr. 16b) ErbStG steuerfrei, R E 1.2 Abs. 5 ErbStR 2011. Daneben kann bei entgeltlicher Veräußerung steuerverhafteter Wirtschaftsgüter (etwa Betriebsvermögen) Körperschaftsteuer anfallen, während bei der unentgeltlichen Übertragung keine Auflösung stiller Reserven eintritt. Nach (bedenklicher) Ansicht der Finanzverwaltung[372] tritt daneben bzgl. der thesaurierten Überschüsse Einkommensteuerpflicht der Anfallberechtigten, § 20 Abs. 2 Nr. 8 EStG ähnlich der laufenden Ausschüttungen (gesetzliche Klarstellung ist insoweit beabsichtigt).

D. Eignung privatnütziger Stiftungen als Instrument der asset protection?

3118 Insb. Familienstiftungen haben Charme unter dem Gesichtspunkt der asset protection (vgl. Rdn. 257):[373] Das der Stiftung übertragene Vermögen gehört der Stiftung als juristischer Person selbst, also einem anteilslosen Rechtsträger, so dass die Verwertung weder unmittelbar noch mittelbar (im Weg einer »Anteilspfändung«) droht, es sei denn aufgrund eigener Verbindlichkeiten der Stiftung. Bedeutsam im Hinblick auf die Vermeidung des Gläubigerzugriffs ist daher stattdessen zum einen die »Phase davor«, d.h. die Übertragung in das Vermögen der Stiftung (nachstehend I), zum anderen die »Phase danach«, d.h. der mögliche Zugriff auf die Destinatär-Rechte (nachstehend II).

Zur Würdigung der Errichtung und Ausstattung von Stiftungen und des »Rückflusses« an den Stifter in **pflichtteilsrechtlicher** Hinsicht (§§ 2325, 2327 BGB) s. Rdn. 3625 ff.

---

365 Es sei denn der Stiftungsrat hätte auf »Weisung« des Stifters gehandelt, FG Düsseldorf, 14.12.2011 – 4 K 2391/11 Erb, ErbStB 2013, 203.
366 Vgl. im Überblick *Keß,* ZEV 2015, 254, 258; *Meilicke,* DStR 2017, 227 ff.
367 Auch bei mehreren Stiftern liegt aber nur eine einheitliche Zuwendung der Stiftung, und nicht etwa eine Mehrheit von Zuwendungen nach der Zahl der Stifter vor, da § 15 Abs. 2 Satz 2 ErbStG nur die Steuerklasse betrifft, aber keine Neubestimmung der am steuerpflichtigen Vermögensübergang beteiligten Personen enthält: BFH, 30.11.2009 – II R 6/07, ZEV 2010, 105, vgl. *Seidel,* ErbStB 2010, 204, 209.
368 Auch bei einer Mehrheit von Stiftern steht dabei jedoch jedem Anfallberechtigten der Steuerfreibetrag nur einmal zur Verfügung, vgl. FG Düsseldorf, 10.01.2007 – 4 K 1136/02 Erb, ErbStB 2007, 230.
369 BFH, BStBl. 1993 II, S. 238, wobei Erbersatzsteuer, sofern zeitnah zuvor angefallen, gem. § 26 ErbStG angerechnet werden kann.
370 Vgl. *Theuffel-Werhahn,* ZEV 2017, 17, 21; Formulierungsbeispiel bei *Theuffel-Werhahn,* ZStV 2015, 201, 208.
371 FG Düsseldorf, ErbStB 2006, 66.
372 BMF-Schreiben v. 27.06.2006, DStR 2006, 1227; gegen die (verfassungsrechtlich bedenkliche) Doppelbesteuerung *Desens/Hummel,* DStZ 2011, 710 ff. und *Feldner/Stoklassa,* ErbStB 2014, 227, 232.
373 Vgl. zum Folgenden *Dutta,* Vermögenssicherung durch Stiftung, Tagungsband 11 des DNotV »Erbrecht und Vermögenssicherung«, 2011, S. 70–94. Zur »Familienheimstiftung« *Werner,* ZEV 2014, 66 ff.

D. Eignung privatnütziger Stiftungen als Instrument der asset protection?

I. Anfechtbarkeit der Stiftungserrichtung und -ausstattung[374]

Sowohl die anfängliche Errichtung als auch spätere Zustiftungen stellen eine dem Grunde nach gem. § 1 AnfG, § 129 InsO anfechtbare Rechtshandlung dar. Die maximal 10-jährige **Vorsatzanfechtung** gem. § 3 Abs. 1 AnfG, § 133 Abs. 1 InsO (Rdn. 222) ist eröffnet, wenn der Stifter mit dem Vorsatz, seinen Gläubiger zu benachteiligen, handelte, und der andere Teil (d.h. der juristische Vertreter der Stiftung) dies wusste. Unproblematisch nachzuweisen ist diese Kenntnis naturgemäß nur, wenn der Stifter auch sich selbst zum Stiftungsvorstand bestellt hat. 3119

Obwohl die Errichtung der Stiftung, als einseitiger Rechtsakt, erst zur Entstehung der Stiftung führt, also keinen Schenkungsvertrag im strengen Sinn darstellt, unterliegt sie dem Grunde nach (mittlerweile unstreitig)[375] der **Schenkungsanfechtung** gem. § 4 Abs. 1 AnfG bzw. § 134 InsO. Dem steht insb. nicht der stiftungsrechtliche Grundsatz der ungeschmälerten Bestandserhaltungspflicht des Stiftungsvermögens entgegen. Zu erwägen ist jedoch, ob gerade zum Schutz von Stiftungen die Anfechtungsberechtigung auf solche Personen beschränkt werden soll, die bereits bei Stiftungserrichtung Gläubiger waren.[376] 3120

Auch die weiteren Anfechtungs- und Rückabwicklungstatbestände, insb. der inkongruenten Deckung, finden auf die Stiftung uneingeschränkt Anwendung; hinsichtlich der teilweise erforderlichen Kenntnis des Erwerbers kommt es auf diejenige des Stiftungsvorstands an.[377]

II. Risiko der Rückforderung (§ 528 BGB)

Neben das Risiko der Anfechtbarkeit (in der Praxis in erster Linie in Gestalt der Schenkungsanfechtung: 4 Jahre aufgrund des Näheverhältnisses zwischen Stifter und familienangehörigen Destinatären) tritt die Gefahr der **Rückforderung bei späterer Verarmung** des Schenkers, § 528 BGB,[378] innerhalb der Zehn-Jahres-Frist des § 529 BGB (vgl. hierzu umfassend oben Rdn. 1032 ff.). Dieser Anspruch unterliegt der Pfändung durch Gläubiger jedoch gem. § 852 Abs. 2 ZPO erst dann, wenn er durch Vertrag anerkannt oder rechtshängig gemacht worden ist. Der BGH sieht allerdings (vgl. Rdn. 1057) eine Geltendmachung in der Inanspruchnahme »unterhaltsersetzender Leistungen Dritter«, etwa bei Einmietung in ein Pflegeheim (auch ohne Inanspruchnahme von Sozialfürsorgeleistungen). Werden steuerfinanzierte Sozialfürsorgeleistungen bezogen, etwa gem. SGB II (Grundsicherung für Arbeitsuchende) oder gem. SGB XII (etwa Hilfe zur Pflege), kann eine Überleitung durch Sozialverwaltungsakt stattfinden, § 93 SGB XII, oder gar ein Übergang kraft Gesetzes, § 33 SGB II (vgl. oben Rdn. 694 ff. bzw. Rdn. 846 ff.). 3121

Daneben löst die Einbringung in die Stiftung – als Schenkung – Pflichtteilsergänzungsansprüche aus (vgl. Rdn. 3625 ff., auch zu weiteren damit zusammenhängenden Fragen), die insbesondere in den Fällen tückisch sind, in denen die Frist wegen vorbehaltener Wohnungs- oder Nießbrauchsrechte nicht anläuft. Darin (sowie im Anfechtungsrisiko) liegt eine Konstruktionsschwäche des »Familienheim-Stiftungsmodells«[379] (Einbringung des Familienheims in eine Familienstiftung unter Rückbehalt eines Wohnungsrechtes für die Familie). 3122

---

374 Vgl. hierzu *Jakob*, ZSt 2005, 99 ff., 221 ff.; *Werner*, ZErb 2010, 104 ff.; *von Oertzen/Hosser*, ZEV 2010, 168 ff.
375 Vgl. *Muscheler*, Stiftung und Schenkung, AcP 2003, 491 ff., sowohl LG Baden-Baden, ZSt 2005, 218 ff.
376 Vgl. *von Oertzen Ponath*, Asset Protection im deutschen Recht, 2. Aufl. 2013, S. 70 m.w.N.
377 *von Oertzen/Hosser*, ZEV 2010, 173.
378 Auch beim anfänglichen Ausstattungsversprechen, selbst wenn darin kein Schenkungs»vertrag« liegt, *von Oertzen/Hosser*, ZEV 2010, 171.
379 Vgl. *Werner*, ZEV 2014, 66 ff.

III. Zugriff auf die Destinatärsrechte

3123 Eine Pfändung oder Insolvenzverwertung der Destinatärsberechtigungen einer Stiftung kommt nur in Betracht, wenn diesbezügliche Forderungsrechte (Ansprüche) der Begünstigten bestehen. Dies muss sich aus der Stiftungssatzung unmittelbar oder zumindest stillschweigend dadurch ergeben, dass der Kreis der infrage kommenden Destinatäre durch objektive Merkmale so beschränkt ist, dass den Stiftungsorganen kein Entscheidungsspielraum mehr bleibt.[380]

3124 In aller Regel erfolgt jedoch die Auswahl der Begünstigten durch das hierfür zuständige Organ aus einem breiteren Kreis abstrakt benannter Berechtigter, ohne dass diesen ein Anspruch auf die Leistung zustünde. Die meisten Stiftungssatzungen stellen sogar ausdrücklich klar, dass sich auch aus dem Gleichbehandlungsgrundsatz kein Anspruch auf Leistung herleiten lasse (vgl. die Formulierung in Rdn. 2986).[381]

3125 Ergibt sich demnach aber weder aus der Stiftungssatzung[382] noch aus den Umständen noch aus dem allgemeinen Gleichbehandlungsgrundsatz ein Anspruch auf die Leistung, kann auch keine Pfändung erfolgen.[383] Hinzu kommt, dass Rechtsgrund der Leistungen an den Destinatär selbst für den Fall, dass (wie selten) Zuwendungsverträge geschlossen würden, keine Schenkung ist,[384] so dass auch dann eine erleichterte Anfechtung jedenfalls gem. § 134 InsO, § 4 AnfG ausscheiden dürfte.[385] Problematisch wäre es freilich, klagbare Destinatärsrechte zu gewähren, die jedoch bei Pfändung oder Insolvenz erlöschen.[386]

3126 In der Praxis werden solche Leistungen nach Entscheidung des Stiftungsgremiums zur Vermeidung eines **Pfändungszugriffs** nicht auf den (nicht gegebenen) Anspruch, sondern **auf das Geleistete** selbst dergestalt erbracht, dass Zahlungsansprüche Dritter, die mit der Versorgung, Bildung etc. der Destinatäre zusammenhängen, unmittelbar befriedigt werden (etwa Überweisung der Miete an den Vermieter, Bezahlung der Urlaubsreise an das Reisebüro etc.) oder aber die Leistung selbst durch die Stiftung »angekauft« und dem Destinatär überlassen wird (Anmietung der Wohnung und Überlassung der Nutzung an den Destinatär).[387]

3127 In den seltenen Fällen, in denen tatsächlich ein Leistungsanspruch des Destinatärs besteht, kann bei wiederkehrenden Leistungen die Pfändungsschutzvorschrift des § 850b Abs. 1 Nr. 3 ZPO eingreifen. Die Pfändbarkeit in den verbleibenden Fällen durch »Ausschluss der Abtretbarkeit« abwehren zu wollen, scheitert jedoch wohl bereits daran, dass mangels Mitwirkung des Destinatärs kein vertraglich begründetes Abtretungsverbot vorliegt.

---

380 Vgl. BGH, NJW 1957, 708.
381 Vgl. etwa *Holler*, Satzungen, Rn. 182, 205.
382 Beispiel einer Herleitung eines solchen Anspruchs aus den Statuten bzw. dem Reglement einer liechtensteinischen Stiftung: FG Bremen, 16.06.2010 – 1 K 18/10 (5), ErbStB 2010, 301, hierzu *Piltz*, ZEV 2011, 236 ff., der befürchtet, dass nunmehr beim Todesfall eines Stifters die Nachbegünstigten als Erwerber des Stiftungsvermögens von Todes wegen gem. § 3 Abs. 1 Nr. 4 ErbStG anzusehen seien. Dagegen dezidiert FG Düsseldorf, 02.04.2014 – 4 K 3718/12 Erb, ZEV 2014, 381 m. zust. Anm. *Maetz/Kotzenberg*: keine Transparenz der ausländischen Familienstiftung.
383 Vgl. ausführlich *Blydt-Hansen*, Die Rechtsstellung der Destinatäre der rechtsfähigen Stiftung bürgerlichen Rechts, S. 123; *von Oertzen*, Asset Protection im deutschen Recht, Rn. 96 ff.
384 BGH, 07.10.2009 – Xa ZR 8/08, ZEV 2010, 100 mit teilw. krit. Anm. *Gantenbrink* (Schenkung liege vor, § 518 Abs. 1 BGB gelte aber wegen Analogie zu § 81 Abs. 1 Satz 1 BGB nicht).
385 *Seidel*, ErbStB 2010, 204, 210.
386 Für unproblematisch halten diese Gestaltung jedoch *Feick/Thon*, ZEV 2011, 406, wenn zumindest ein weiterer Erlöschenstatbestand vereinbart sei (z.B. Drogensucht, Beitritt zu einer Sekte).
387 Vgl. *von Oertzen*, Asset Protection im deutschen Recht, Rn. 99.

Kapitel 7: Besonderheiten bei Zuwendungen unter Ehegatten

Übersicht	Rdn.
A. Definition und Fallgruppen der ehebedingten Zuwendung	3128
I. Negative Abgrenzung: Fehlen einer Schenkung	3128
1. Gesetzliches Unterhaltsrecht	3129
2. Gesellschaftsvertrag	3139
3. Treuhandabreden	3141
II. Positive Abgrenzung: Varianten der ehebedingten Zuwendung	3145
III. Motivationslagen	3150
IV. Rechtliche Besonderheiten der ehebedingten Zuwendung	3153
V. Die »reine Ehegattenschenkung«	3156
1. Abgrenzung	3156
2. Rückabwicklung	3158
3. Behandlung im Zugewinnausgleich	3160
B. Schicksal ehebedingter Zuwendungen bei Scheitern der Ehe	3161
I. Rückforderungsrechte bei Fehlen einer vertraglichen Vereinbarung?	3161
1. Kondiktionsrecht	3163
2. Gesellschaftsrecht	3165
a) Innengesellschaft bürgerlichen Rechts	3165
b) Gemeinschaft des bürgerlichen Rechtes, Gemeinschaftskonto	3172
3. Besonderer familienrechtlicher Vertrag	3176
4. Rückabwicklung gem. §§ 528 ff. BGB	3177
a) Spätere Verarmung	3177
b) Grober Undank	3178
5. Rückforderung gem. § 313 BGB (Wegfall der Geschäftsgrundlage)	3179
a) Fortbestand der Ehe als Geschäftsgrundlage	3179
b) Einzelfälle	3181
c) Verjährung	3186
6. Auseinandersetzung von Miteigentümergemeinschaften	3187
7. Besonderheiten bei Schwiegerelternzuwendungen	3189
a) Zuwendungen durch Schwiegereltern	3189
b) Zuwendungen an Schwiegereltern	3197
II. Vertragliche Rückforderungsvorbehalte	3198
1. Übertragung des Familienheims	3202
2. Ausübungsfrist	3205
3. Abstimmung mit Zugewinnausgleichsregelungen	3207
a) Bei Nichtausübung des Rückforderungsrechtes	3208
b) Bei Ausübung des Rückforderungsrechtes	3213
III. Berücksichtigung von Ehegattenzuwendungen im Zugewinnausgleich	3225
1. Teleologische Reduktion des § 1374 Abs. 2 BGB	3225
2. Zuwendungen durch Schwiegereltern	3227
3. Anrechnung gem. § 1380 BGB	3229
a) Anwendbarkeit des § 1380 BGB	3231
b) Tatbestandsvoraussetzungen	3235
c) Durchführung der Anrechnung	3236
d) Relevanz des § 1380 BGB	3240
e) Relevanz der Zuwendung?	3244
f) Vertragliche Modifizierung des § 1380 BGB?	3250
IV. Berücksichtigung im Unterhaltsrecht?	3253
1. Wohnvorteil	3253
2. Übertragung zur Unterhaltsabgeltung	3256
C. Privilegierte Wirkungen im Verhältnis zu Dritten?	3259
I. Grundsatz	3259
II. Pflichtteilsergänzung	3262
III. Ausnahmen	3265
IV. Formulierung einer ehebedingten Zuwendung	3268
D. Steuerliche Überlegungen zur ehebedingten Zuwendung	3270
I. Schenkungsteuer	3270
1. Eigenheimzuwendung (§ 13 Abs. 1 Nr. 4a ErbStG)	3270
a) Rechtslage bis Ende 2008	3270
b) Rechtslage ab 2009	3279
2. Weitere Zuwendungsfälle	3288
II. Eigenheimzulage	3296
III. Einkünfte aus Vermietung und Verpachtung	3298
IV. Betriebsvermögen	3303
E. Kettenschenkungen	3304
I. Weiterübertragung des Erworbenen an den Ehegatten	3306
1. Schenkungsteuer	3307
2. Zivilrecht	3312
3. Vorsorge für den Scheidungsfall	3316
4. Nebeneinander mehrerer Rückforderungsverhältnisse	3325
II. Vorabübertragung des zu Übertragenden an den Ehegatten	3327
F. Ausblick: Zuwendungen in nichtehelicher Lebensgemeinschaft	3335
I. Zivilrichterliche Rückabwicklung	3336
1. Innengesellschaft	3338

		Rdn.			Rdn.
	2. Bereicherungsrecht	3340		5. Miteigentümervereinbarungen	3360
	3. Wegfall der Geschäftsgrundlage	3341		6. Erwerbsrechte	3363
II.	Schenkungsteuer	3344		7. Innengesellschaft	3367
III.	Gestaltungsalternativen	3346		8. Außengesellschaft bürgerlichen Rechtes	3370
	1. Ausdrücklicher Schenkungscharakter	3346	IV.	Ansprüche Dritter aufgrund lebensgemeinschaftsbedingter Zuwendungen	3373
	a) Unter Lebenden	3346		1. §§ 812, 138 BGB?	3375
	b) Auf den Todesfall	3347		2. §§ 2325 ff. BGB	3376
	2. Ehefiktion	3349		3. §§ 2287 f. BGB	3379
	3. Darlehen	3350			
	4. Wohnungsleihe	3358			

A. Definition und Fallgruppen der ehebedingten Zuwendung

I. Negative Abgrenzung: Fehlen einer Schenkung

3128 Zuwendungen stellen dann keine Schenkung dar, wenn sie geschuldet sind. Solche Leistungspflichten können sich bspw. aus dem gesetzlichen Unterhaltsrecht (vgl. nachstehend Rdn. 3129 ff.), aus Gesellschaftsvertrag (Rdn. 3139) oder aus Treuhandabreden (vgl. Rdn. 3141) ergeben:

1. Gesetzliches Unterhaltsrecht

3129 Ein geschuldeter (und demnach auch nicht schenkungsteuerbarer) Transfer liegt vor, wenn dadurch der gesetzliche (nicht der Parteidisposition unterliegende) **Unterhaltsanspruch** gem. §§ 1360, 1360a BGB erfüllt wird. Relevant wird diese Fragestellung

(1) zum einen bei der Prüfung, ob Tätigkeiten des nicht erwerbstätigen Ehegatten (wie Haushaltsführung, Kinderbetreuung oder Mithilfe im Unternehmen des zuwendenden Ehegatten) Leistungen darstellen, mit denen die Zuwendung des anderen Ehegatten i.S.e. (synallagmatischen oder kausalen) Gegenleistung verknüpft sein kann,[1]

(2) zum anderen bei der (v.a. schenkungsteuerlichen)[2] Beurteilung von Geld- oder Gegenstandsübertragungen, die ihrerseits zu Zwecken des Familienunterhalts zur Verfügung zu stellen sind.

3130 Dieser Familienunterhalt ist bei intakter Ehe nicht auf Gewährung einer frei verfügbaren Geldrente gerichtet, sondern auf die Übernahme der Aufwendungen nach den ehelichen Lebensverhältnissen (analog § 1578 BGB orientiert am objektiven Maßstab des Lebensstils gleicher Berufs- und Gesellschaftskreise). Die Gewährung von Familienunterhalt dient der Bedarfsdeckung im Unterschied zur Vermögensbildung, kann jedoch insb. bei besseren Einkommens- und Vermögensverhältnissen über die 3/7-Grenze der Unterhaltsdifferenz (Geldrente im Trennungs- bzw. Scheidungsfall) hinausgehen.

3131 In der Rechtsprechung[3] werden bspw. als Unterhaltskomponenten genannt:

▶ Beispiel:

Wohn- und Heizkosten[4] *samt Garagenmiete, Lebensmittel, Haushaltsbedarf, Strom, GEZ-Gebühren, Hausrats-, Haftpflicht-, Krankenversicherung, Telefonkosten, Pkw-Kosten, Kosten für eine*

---

[1] Abl. BFH, BStBl. 1994 II, S. 367; *Gebel*, BB 2000, 2018 – die Vermögenszuwendung sei demnach lediglich Dankbarkeitserweis (»remuneratorische Schenkung«).
[2] FG Baden-Württemberg, 25.09.2001 – 11 K 109/97, JurionRS 2001, 19882; FG Nürnberg, DStRE 2004, 1466.
[3] OLG Koblenz, FuR 2003, 128.
[4] Nach der Trennung hat der in der Wohnung Verbleibende die Miete alleine zu tragen, ausgenommen Fälle der »aufgedrängten Bereicherung«, OLG Brandenburg, FamRZ 2007, 1172.

A. Definition und Fallgruppen der ehebedingten Zuwendung   Kapitel 7

Haushaltshilfe, Kosten für Friseur, Kosten für Kosmetik und Kleidung, Kosten für Sport, Hobbys, Ballett, Klavier, Kosten für Restaurantbesuche, Kosten für Kunst, Kultur, Theater und Kino.

Es handelt sich also um die **Haushaltskosten** im eigentlichen Sinn **sowie** Ausgaben i.S.d. § 1357 BGB (»Schlüsselgewalt«), demnach Anschaffung,[5] Instandhaltung, Erneuerung des Hausrats;[6] Miete[7] und Nebenkosten; beim Eigenheim die Unterhaltungskosten und die Verzinsung. 3132

Die **Anschaffung eines Eigenheims** oder sonstiger, der Einkünfteerzielung dienender Immobilien sowie die Tilgung dafür eingegangener Verbindlichkeiten zählt jedoch nicht zum Unterhalt, sondern zur Vermögensbildung,[8] ist also Gegenstand ehebedingter Zuwendungen, und löst damit Pflichtteilsergänzungsansprüche aus (vgl. Rdn. 3262 ff.).[9] Als Unterhalt erfasst werden jedoch die Zinszahlungen für aufgenommenes Fremdkapital des eigengenutzten Familienheims.[10] 3133

Bestandteil des Unterhalts kann allerdings auch die **Altersvorsorge** sein.[11] Auf dieser Grundlage plädieren einzelne Autoren[12] dafür, Vermögenszuwendungen, die sich nach vorangehenden langjährigen Diensten im Rahmen einer angemessenen Alterssicherung halten, als pflichtteilsergänzungsfest zu werten, vergleichbar der ehevertraglichen Begründung der Gütergemeinschaft (Vorrang des »Teilhabegedankens«). Dies kommt z.B. in Betracht für die Zuwendung des Nießbrauchs an den Ehegatten, der nur über geringe Rentenansprüche verfügt,[13] vgl. Rdn. 3623. 3134

Die finanzgerichtliche Rechtsprechung[14] erkennt auch **vertragliche Modifikationen des Unterhaltsanspruchs** als noch unterhaltsrechtlich, nicht schenkungsrechtlich, geprägt an: So soll eine Ausgleichszahlung in Höhe der Hälfte des Einkommensunterschieds zwischen beiden Ehegatten, die beim selben Unternehmen beschäftigt sind, zur Förderung des Arbeitserfolgs des besserverdienenden Ehegatten, mangels Bereicherung keine der Schenkungsteuer unterliegende freigebige Zuwendung darstellen.

Vereinbaren die Eheleute (i.d.R. stillschweigend[15]) während intakter Ehe (unabhängig von ihren Einkommens- und Vermögensverhältnissen) die **Tragung sämtlicher Immobilienlasten durch einen Beteiligten**, überlagert diese Abrede die allgemeinen Bestimmungen der §§ 426, 748 BGB (Gesamtschuldnerausgleich und Miteigentümerpflicht zur anteilsbezogenen Lastentragung), so dass die solchermaßen geleisteten Beiträge auch später nicht zurückgefordert oder in eine Verrech- 3135

---

5 Allerdings nach OLG Brandenburg, NJW-RR 2007, 221, nicht die Anschaffung des gesamten Hausrats auf Kredit (30.000,00 €).
6 Hierzu zählt nach OLG Düsseldorf, FamRZ 2007, 1325, auch der (einzige, familiär genutzte) Pkw.
7 Zur Freistellung des ausziehenden Ehegatten nach Trennung und Scheidung, ggf. aufgrund Zuweisung der Wohnung gem. § 5 HausratsVO mit entsprechender Sicherung der Ansprüche des Vermieters, vgl. *Langheim*, FamRZ 2007, 2030 ff.
8 Vgl. BGH, NJW 1966, 2401; BGH, FamRZ 1984, 980, und BGH, NJW 1992, 564.
9 Angesichts der Unschärfe des Begriffes und der anknüpfenden Rechtsfolgen plädiert *Klepsch*, NotBZ 2003, 457, 466, gegen dessen Verwendung.
10 *Schwedhelm/Olbing*, BB 1995, 1719.
11 BGH, NJW 1992, 564; ähnlich im Schenkungsteuerrecht: *Gebel*, BB 2000, 2017; a.A. jedoch für das Steuerrecht BFH, DStR 2002, 357, bzgl. Leistungen aus einer sog. »befreienden Lebensversicherung«.
12 Insb. *Langenfeld*, ZEV 1994, 129, und NJW 1994, 2133; zurückhaltend *J. Mayer*, in: Bamberger/Roth, BGB, § 2325 Rn. 10 (»bedarf einer methodisch gefestigteren Begründung«).
13 OLG Schleswig, 16.02.2010 – 3 U 39/09, MittBayNot 2011, 148 m. Anm. *Herrler*: orientiert an den Pfändungsgrenzen des § 850c ZPO: drei Viertel des gemeinsamen Einkommens (Verhältnis 930,00 € Einpersonenhaushalt zu 1.280,00 € monatlich Zweipersonenhaushalt), da sich die Kosten für die Aufrechterhaltung des bisherigen Lebensstandards auch im Hinblick auf die Haushaltsführung nicht schlicht halbieren, wenn einer der Eheleute stirbt.
14 FG Düsseldorf, 01.06.2016, 4 K 2699/15 Erb, ErbStB 2016, 362.
15 »Überlagerung durch die eheliche Lebensgemeinschaft«, vgl. BGH, NJW 2005, 230.

nungsabrede eingestellt werden können[16] (Beispiele: Einsatz einer allein von einem Ehegatten besparten und getilgten Lebensversicherung als Finanzierungsbaustein für eine gemeinsam angeschaffte Immobilie;[17] Bedienung eines gemeinsamen Darlehens alleine durch einen Ehegatten zur Erzielung steuerlicher Vorteile bei getrennter Veranlagung, wobei hinsichtlich der Tilgung [nicht Verzinsung] dann dennoch ein Ausgleichsanspruch bestehen kann[18]). Die Handhabung muss jedoch von den Ehegatten seit längerem geübt worden sein bzw. es muss zumindest aus der Handhabung auf einen langfristigen Bindungswillen geschlossen werden können;[19] ferner muss die Handhabung auf eine vollständige Freistellung des anderen Ehegatten (z.B. von der Darlehensschuld) gerichtet sein.[20]

3136 Jedenfalls nach Stellung eines Scheidungsantrags,[21] möglicherweise auch bei anderen Zeichen des Scheiterns,[22] besteht jedoch keine Verpflichtung mehr, auf diese Weise **Vermögensbildung für den anderen** zu betreiben;[23] dies gilt auch für gemeinsam eingegangene Verbindlichkeiten, die dann wieder grds.[24] für die Zukunft von beiden zu tragen sind.[25] Der Ausgleichsanspruch lebt in diesen Fällen – sofern keine abweichende vorrangige Regelung festzustellen ist, dazu sogleich – wieder auf, ohne dass es einer ausdrücklichen Erklärung bedarf, und erlischt nicht allein dadurch, dass er einige Zeit nicht geltend gemacht wird.[26] Ab einer Trennung[27] ist **§ 1361b Abs. 3 Satz 2**

---

16 Thüringer OLG, 08.12.2011 – 1 UF 396/11, RNotZ 2012, 234; BGH, 17.05.1983 – IX ZR 14/82, NJW 1983, 1845: kein Ausgleichsanspruch, jedenfalls bei Leistungen zur Verwirklichung der ehelichen Lebensgemeinschaft, auch des gemeinsamen Hauserwerbs, ebenso BGH, 20.05.2015 – XII ZB 314/14, DNotZ 2015, 681.
17 OLG Schleswig, 21.10.2009 – 10 UF 169/08, NotBZ 2011, 69.
18 BGH, 25.03.2015 – XII ZR 160/12, NotBZ 2015, 257 m. Anm. *Krause* [anders hinsichtlich der Zinsen, die der andere Ehegatte nach dem Zwei-Konten-Modell alleine steuerlich geltend machte].
19 OLG Frankfurt, 06.03.2013 – 6 UF 50/11, RNotZ 2014, 100.
20 Nur dann kann in der Endvermögensaufstellung der Gesamtschuldnerausgleichsanspruch gänzlich unberücksichtigt bleiben, vgl. BGH, 20.05.2015 – XII ZB 314/14, DNotZ 2015, 681.
21 OLG Düsseldorf, FamRZ 1998, 168. Im Rahmen eines Zugewinnausgleichsverfahrens ist der Innenausgleichsanspruch gem. § 426 BGB mit zu berücksichtigen in der Höhe, in der er realisierbar ist, wobei diese Realisierbarkeit auch gerade auf den Zahlungen beruhen kann, die durch den Zugewinnausgleich i.Ü. geschuldet sind, BGH, 06.10.2010 – XII ZR 10/09, DNotZ 2011, 303. Die gesamtschuldnerische Außenverbindlichkeit ist bei beiden Ehegatten in voller Höhe als Passivposten zu erfassen, OLG Frankfurt, 06.03.2013 – 6 UF 50/11, RNotZ 2014, 100.
22 OLG Celle, NJW-RR 1990, 265: Erhebung einer Klage auf Unterhaltsleistung.
23 BGH, FamRZ 1997, 487; *Wever* FamRZ 2012, 417.
24 Anders z.B. wenn die Anschaffungen allein einem Ehegatten zugutekommen, vgl. OLG Karlsruhe, FamRZ 2006, 488, und *Wever*, FamRZ 2007, 859; zum Freistellungsanspruch bei »im Auftrag« des anderen eingegangenen Schulden vgl. *Gerhards*, FamRZ 2006, 1793. Wurden die Schulden im Zugewinnausgleich allein bei einem Ehegatten abgezogen, dürfen bei der Unterhaltsbemessung lediglich die Darlehenszinsen berücksichtigt werden, sog. Verbot der Doppelverwertung: OLG München, FamRZ 2005, 459, und OLG Saarbrücken, NJW 2006, 1438; *Grziwotz*, FPR 2006, 485. Zur Vermeidung einer Doppelverwertung bei Zugewinn und Unterhalt ist bspw. bei der Bewertung einer freiberuflichen Praxis der konkret gerechtfertigte – nicht der kalkulatorische pauschale – Unternehmerlohn bei der (in Ergänzung zum Substanzwert) notwendigen Bemessung des good will außer Acht zu lassen, BGH, 06.02.2008 – XII ZR 45/06, NJW 2008, 1221 m. Anm. *Münch*, NJW 2008, 1201; *Bergschneider*, MittBayNot 2008, 386.
25 Überblick bei *Schulz*, FPR 2006, 472.
26 OLG Brandenburg, 26.03.2015 – 9 UF 240/14, RNotZ 2015, 437.
27 Differenzierend KG, FamRZ 2007, 908: Hat ein Ehegatte die Wohnung verlassen und sich mit dem anderen über die weitere Nutzung geeinigt, liegt keine Ehewohnung i.S.d. § 1361b BGB mehr vor; für die h.M. OLG München, FamRZ 2007, 1655, das § 1361b Abs. 3 Satz 2 BGB sogar auf die Zeit nach der Scheidung anwendet (§§ 2, 3 HausratsVO analog).

A. Definition und Fallgruppen der ehebedingten Zuwendung   Kapitel 7

BGB[28] vorrangig,[29] soweit sein Anwendungsbereich eröffnet ist[30] (also im Fall einer Verpflichtung zum Verlassen der Wohnung wegen unbilliger Härte[31]). In den (regelmäßig gegebenen) anderen Sachverhalten, insb. nach der Scheidung,[32] besteht gem. § 745 Abs. 2 BGB ein Anspruch auf angemessene Neuregelung der Verwaltung und Benutzung ab Zugang eines entsprechenden Verlangens.[33]

Diese Neuregelung wird häufig so aussehen, dass der das Objekt allein nutzende Ehepartner (ähnlich wie bei der gemeinsamen Anmietung,[34] wobei insoweit etwa in **§ 1586a Abs. 3 Satz 1 Nr. 1 BGB**[35] Sonderregelungen bestehen) auch dessen Lasten ausschließlich trägt.[36] Andernfalls kann der nicht mehr nutzende Ehegatte einen Anspruch auf Nutzungsentschädigung (übergangsweise i.H.d. angemessenen,[37] dann der marktgerechten Miete) geltend machen,[38] wobei besondere Regelungen gelten, wenn zuvor eine ehebedingte Übertragung der Immobilie stattgefunden hat, vgl. unten Rdn. 3253 ff. Den Nutzungsentschädigungsanspruch gewährt der BGH auch, wenn der nach der Trennung ausgezogene Ehegatte nicht Miteigentümer der Ehewohnung, sondern durch ein dingliches Mitbenutzungsrecht gesichert war.[39] 3137

Während des Getrenntlebens sind bei der Unterhaltsberechnung üblicherweise Zins- und Tilgungsleistungen berücksichtigbar, sofern die Immobilie die ehelichen Lebensverhältnisse geprägt hat, nach einer Scheidung jedoch nicht mehr. Wurde jedoch bei der Berechnung des nachehelichen Unterhalts der Schuldendienst berücksichtigt, liegt darin eine den Gesamtschuldnerausgleich bei gemeinsamen Verbindlichkeiten ausschließende vorrangige Regelung.[40] In vergleichbarer Weise kann ein bestehender Ausgleichsanspruch zu kürzen sein, wenn unter Berücksichtigung hälftiger 3138

---

28 Dieser ist nach h.M. analog auch bei Alleineigentum des weichenden Ehegatten an der Ehewohnung anwendbar, vgl. OLG Braunschweig, FamRZ 1996, 548; für »extensive Auslegung« BGH, FamRZ 2006, 930, und *Wever,* FamRZ 2007, 857. Vgl. zum Ganzen *Cirullies,* in: *Bergschneider,* Familienvermögensrecht, 3. Aufl. 2016, Rn. 3.68 ff.
29 *Huber,* FamRZ 2000, 130; *Brudermüller,* FamRZ 2006, 935; BGH, 22.02.2017 – XII ZB 137/16, RNotZ 2017, 471.
30 Nach BGH, 18.12.2013 – XII ZB 268/13, DNotZ 2014, 454 auch, wenn beiden Ehegatten ein gemeinsames Wohnungsrecht zustand und dieses nach der Trennung nur mehr durch einen ausgeübt wird, auch wenn der Nutzungszuwachs nicht selbständig wirtschaftlich verwertet werden kann.
31 Eine Änderung der Überlassungsregelung während des Getrenntlebens kann nur gem. § 1361b Abs. 1 BGB nicht gestützt auf § 985 BGB verlangt werden, vgl. BGH, 28.09.2016 – XII ZB 487/15, ZNotP 2017, 30.
32 Vgl. *Wever,* FamRZ 2014, 1669, 1671, auch zur Höhe der Nutzungsvergütung.
33 OLG München, FamRZ 2007, 1658, billigt eine viermonatige Überlegungsfrist zu(!).
34 Nach OLG Brandenburg, 04.01.2007 – 9 U 18/06, NJW-RR 2007, 887, hat der in der Wohnung verbleibende Ehegatte keinen Gesamtschuldnerausgleich gegen den früheren Mitmieter-Ehegatten, wenn er nach einer zuzubilligenden Überlegungszeit nicht auszieht.
35 »Automatischer« Eintritt des in der Wohnung verbleibenden Ehegatten in das Mietverhältnis ab Mitteilung an den Vermieter [der nur aus in der Person des neuen Mieters liegendem wichtigem Grund widersprechen kann: § 1586 Abs. 3 Satz 2 i.V.m. § 563 Abs. 4 BGB] und Rechtskraft der Scheidung; die Verpflichtung zur Überlassung der Mietwohnung an den anderen Ehegatten kann sich aus § 1586a Abs. 1 oder 2 BGB ergeben.
36 Bsp. (als stillschweigende Handhabung) in BGH, 20.05.2015 – XII ZB 314/14, DNotZ 2015, 681. Die Vereinbarung kann auch bspw. im Anerkennen einer Zahlungsklage über den geltend gemachten Erstattungsanspruch des nicht mehr nutzenden Miteigentümers liegen, BGH, FamRZ 1983, 795, FamRZ 1995, 216.
37 OLG Brandenburg, FamRZ 2002, 396; *Wever,* FamRZ 2000, 993.
38 Sogar rückwirkend, OLG Celle, NJW-RR 1990, 266.
39 BGH, 04.08.2010 – XII ZR 14/09, DNotZ 2011, 58.
40 Thüringer OLG, 08.12.2011 – 1 UF 396/11, RNotZ 2012, 234; BGH, 09.01.2008 – XII ZR 184/05, FamRZ 2008, 602.

Beteiligung an der Gesamtschuld tatsächlich ein Anspruch auf nachehelichen Unterhalt bestanden hätte.[41]

Zu Gemeinschaftskonten vgl. Rdn. 3172 ff.

2. Gesellschaftsvertrag

3139 Vermögenstransfers können sich auch als Gesellschaftsbeiträge zu einer zwischen Ehegatten geschlossenen GbR (ohne Bildung gesamthänderischen Eigentums: sog. »**Ehegatten-Innengesellschaft**«) darstellen.[42] Der BGH (vgl. nachstehend Rdn. 3165 ff.) greift auf diese Rechtsfigur zur Korrektur unbefriedigender güterrechtlicher Ergebnisse beim Scheitern der Ehe zurück, sie bewirkt jedoch auch aufgrund der gesellschaftsvertraglich geschaffenen Beitragspflicht das Fehlen der Schenkungselemente. Auch das Steuerrecht bedient sich mitunter dieser Rechtsfigur zur Begründung einer Mitunternehmerschaft (Rdn. 3170).

3140 Notwendig ist ein über den typischen Rahmen der ehelichen Lebensgemeinschaft hinaus gehender Zweck (der auch im sukzessiven Aufbau von Vermögen liegen kann). Indizien hierfür sind Abreden über die Ergebnisverwendung, etwa die Wiederanlage erzielter Erlöse (z.B. Entschuldung der gemeinsamen Ehewohnung),[43] unter Einbeziehung des dinglich nicht berechtigten Ehegatten, ebenso das zielstrebige Zusammenwirken unter Einbringung besonderer fachlicher Qualifikationen, teilweise auch die Übertragung aufgrund haftungsrechtlicher Überlegungen.[44] Ohne entsprechenden Tatsachenvortrag und die Niederlegung solcher Indizien dürfte jedoch die Ermittlung solcher Ehegatten-Innengesellschaften rasch an praktische Grenzen stoßen. Hinsichtlich der Vermögensverteilung nach (trennungsbedingter) Auflösung solcher Innengesellschaften enthält § 722 Abs. 1 BGB (Gleichanteilsvermutung) zugleich eine Beweislastregel: wer eine abweichende Quote beansprucht, muss seinen höheren Einsatz darlegen und beweisen.[45]

Wird eine bestehende Ehegatten-Innengesellschaft durch den Tod des nach außen allein auftretenden Vermögensträgers beendet, kann der Auseinandersetzungsanspruch (§ 738 BGB) des anderen Ehegatten den Wert des Nachlasses gem. § 2311 BGB auch ggü. einem Pflichtteilsberechtigten mindern (vgl. Rdn. 3592).

3. Treuhandabreden

3141 Insb. wenn Ehegatten beruflich und wirtschaftlich eng verbunden sind, werden Vermögenswerte untereinander überlassen mit der Abrede, sie für den Übertragenden »**treuhänderisch**« anzulegen und auf Verlangen nach Beendigung der Treuhandbeziehung herauszugeben[46] (ähnlich der Verwaltung des Vermögens des anderen gem. § 1413 BGB). Solches »Auftragseigentum« ist unter den Voraussetzungen des § 39 Abs. 2 Nr. 1 Satz 2 AO,[47] §§ 662 ff. BGB[48] anzuerkennen, wobei der Empfänger die objektive Beweislast für das behauptete (verdeckte) Treuhandverhältnis[49] und

---

41 OLG Brandenburg, 26.03.2015 – 9 UF 240/14, RNotZ 2015, 437.
42 Vgl. *Gebel*, BB 2000, 2021.
43 OLG Bremen, 23.09.2008 – 4 W 6/08, ErbStB 2009, 44: Lebensversicherungsvertrag ist allein auf den Namen eines Partners abgeschlossen, soll jedoch der Entschuldung des gemeinsamen Eigenheims dienen.
44 Vgl. *Münch*, FamRZ 2004, 235; *Schlünder/Geißler*, ZEV 2005, 508.
45 BGH, 02.03.2016 – XII ZR 29/13, NZG 2016, 547; hierzu *Jeep*, NZFam 2016, 521.
46 Die Pflicht zur unentgeltlichen Herausgabe verstößt dann nicht gegen § 138 Abs. 1 BGB, BGH, 21.02.2014 – V ZR 176/12, DNotZ 2014, 683.
47 Abzustellen ist insb. auf die Weisungsgebundenheit des Treuhänders und seine Pflicht zur jederzeitigen Rückgabe, BFH BStBl. 1998 II 152.
48 FG Hamburg, 28.04.2009 – 3 K 185/07, DStRE 2010, 360, *Geck/Messner*, ZEV 2010, 279.
49 BFH, 15.09.2004 – II B 63/03, BFH/NV 2005, 212. Zur noch strengeren Behandlung im Sozialrecht (BaföG – verschwiegene Zinseinkünfte sollen aus »geparktem« Geld des Vaters stammen: Verstoß gegen

seinen tatsächlichen Vollzug[50] trägt. Das ungleich größere Vermögen des »Treuhandverwalters« kann jedoch als Indiz für eine solche Abrede gelten.[51] Die Treuhandschaft kann sich auch lediglich auf Teilbeträge beziehen.[52] Besteht eine solche (stillschweigende) Verwaltungsvereinbarung, steht dies auch **schenkungsteuerlich** der Annahme einer Zuwendung entgegen.[53] Häufig liegt solchen Treuhandabreden die (versuchte) Vermeidung von Pfändungszugriffen, Pflichtteilsergänzungsansprüchen sowie die Erzielung besserer Anlagekonditionen etwa durch Addition der Geldwerte (Mengenvorteile) zugrunde. Endet die Treuhandschaft durch den Tod des Treuhänders, mindert der Herausgabeanspruch des Treugebers den »Wert des Nachlasses« i.S.d. § 2311 BGB auch ggü. Pflichtteilsberechtigten des Treuhänders (vgl. Rdn. 3592).

Es kann sich durchaus empfehlen, das Bestehen einer solchen auftragsähnlichen Verwaltungsabrede i.S.d. § 1413 BGB bzw. einer entsprechenden Treuhandschaft schriftlich festzuhalten, um dem Eindruck[54] entgegenzuwirken, es handle sich um zivilrechtliche und steuerrechtliche Schenkungen (zum Gemeinschaftskonto vgl. Rdn. 3174),[55] zumal den Zuwendungsempfänger die Feststellungslast für die Behauptung einer verdeckten Treuhandschaft trifft.[56] 3142

▶ **Formulierungsvorschlag: Verwaltungsvereinbarung unter Ehegatten zur Schenkungsvermeidung**

Wir führen mehrere Konten, auf die überwiegend Überschüsse aus der beruflichen Tätigkeit des Ehemanns fließen und die teilweise auf den Namen eines Ehegatten, teilweise auf beider Namen lauten. Zu keinem Zeitpunkt war es beabsichtigt, dass Geldbeträge, die aus dem Vermögen des Ehemanns stammen und die nicht zur Bestreitung des gemeinsamen Lebensunterhalts in Erfüllung der gesetzlichen Unterhaltspflicht eingesetzt werden, dem anderen Ehegatten zugewendet werden, etwa durch Gutschrift auf einem gemeinsamen Konto oder auf einem Konto des anderen Ehegatten. Vielmehr handelt es sich um eine im Auftrag des alleinverdienenden Ehegatten durchgeführte Vermögensverwaltung i.S.d. § 1413 BGB mit der Folge, dass die Erträge dem überlassenen Ehegatten zustehen und dieser die überlassene Vermögenssubstanz bzw. die dafür angeschafften Surrogate jederzeit zurückfordern kann. 3143

In ähnlicher Weise wendet der BGH teilweise Auftragsrecht an, wenn bspw. ein Ehegatte dem Anderen die Aufnahme von Bankkrediten durch Einräumung von dinglichen Sicherheiten ermöglicht. Er kann dann nach Scheitern der Ehe erwarten, dass der Darlehensnehmer andere, eigene Sicherheiten stellt (§ 671 BGB). Als Nachwirkung der Ehe kann der Befreiungsanspruch jedoch Beschränkungen aus Treu und Glauben unterliegen, wenn dies dem Anderen nicht sofort möglich ist. Stets kann er jedoch verlangen, dass der betreffende Ehegatte ihm, wenn es um die Sicherung neuer oder umgeschuldeter Kredite geht, einen Tilgungsplan vorlegt, der erkennen 3144

Offenlegungspflicht des § 46 Abs. 3 BAföG) VGH Bayern, 22.01.2007 – 12 BV 06.2105, FamRZ 2007, 1201; VG Chemnitz, FamRZ 2007, 1202.
50 FG Hessen, 23.10.2008 – 1 K 1923/05, ErbStB 2009, 143: Handeln des Treuhänders im fremden Interesse muss eindeutig erkennbar sein.
51 So im Fall BFH, ZEV 2001, 326.
52 BFH, 06.10.2009 – IX R 14/08, GmbH-StB 2010, 91 zu einer quotalen Treuhandschaft an einem Gesellschaftsanteil.
53 BFH, 25.01.2001 – II R 39/98, BFH/NV 2001, 908; vgl. *Carlé*, ErbStB 2008, 211, auch zum wohl fehlenden Bewusstsein der Unentgeltlichkeit »nach Laienart«. Zur Beweislast und zur Überprüfung anhand der tatsächlichen Handhabung BFH, 29.06.2016 – II R 41/14 ZEV 2016, 529, hierzu *Loose*, ErbR 2017, 545, zur bestätigten Vorinstanz (FG Nürnberg, 15.05.2014 – 4 K 1390/11, ErbStB 2014, 245) *Geck/Messner*, ZEV 2014, 598, 599; *Wefers/Carlé*, ErbStB 2013, 48 ff.
54 Dies ergibt sich für die Finanzverwaltung insb. dann, wenn in gemeinsamen Steuererklärungen eines Ehepaars der Ehegatte des Alleinverdieners Kapitaleinkünfte deklariert.
55 Vgl. *Carlé*, ErbStB 2008, 212.
56 FG Hamburg, 28.04.2009 – 3 K 185/07, ErbStB 2010, 9.

lässt, für welche Zwecke und für welche Zeit die Grundschulden noch unabdingbar benötigt werden.[57]

II. Positive Abgrenzung: Varianten der ehebedingten Zuwendung

3145 Zuwendungen eines Ehegatten an einen anderen, die nicht i.S.d. Rdn. 3128 ff. »geschuldet« sind und denen die Vorstellung oder Erwartung zugrunde liegt, die Ehe werde Bestand haben, (»ehebedingte Zuwendungen«[58]) lassen sich i.R.d. hier zu behandelnden mittelbaren oder unmittelbaren Übertragung von Grundbesitz folgenden typischen Sachverhaltsgestaltungen zuordnen:
(1) schlüsselfertige Errichtung eines Eigenheims auf gemeinsam erworbenem Bauplatz oder schlüsselfertiger Erwerb eines Eigenheims je zur Hälfte vom Bauträger aus Mitteln, die allein ein Ehegatte zur Verfügung stellt;[59]
(2) »Weitergabe« eines Miteigentumsanteils von letztwillig oder in vorweggenommener Erbfolge erworbenem Grundbesitz an den anderen Ehegatten;

3146 (3) Verwendung von Geld oder Arbeitskraft auf das im Alleineigentum des anderen Ehegatten stehenden Familienheim oder dessen Betrieb;
(4) Übertragung einer Immobilie bzw. eines Miteigentumsanteils daran auf den Ehegatten zur Vermeidung etwaiger Gläubigerzugriffe, und zwar zu Lebzeiten (Haftung für Verbindlichkeiten) oder nach dem Tod des finanzierenden Ehegatten (z.B. Pflichtteilsansprüche nicht- oder erstehelicher Kinder!);

3147 (5) Erwerb einer Immobilie durch den jüngeren Ehegatten mit Mitteln des älteren Ehegatten zur Altersversorgung des jüngeren Ehegatten;[60]
(6) Erwerb einer Immobilie allein durch einen Ehegatten mit Mitteln des anderen Ehegatten zur Ermöglichung steuergünstiger Verpachtung an den Betrieb des finanzierenden Ehegatten.

3148 Außerhalb des Immobilienbereichs sind die denkbaren Sachverhaltsgestaltungen noch vielgestaltiger (man denke etwa an die Einräumung eines unwiderruflichen oder auch widerruflichen Bezugsrechtes bei einer Lebensversicherung;[61] ebenso an die Errichtung von Oder-Konten i.H.d. hälftigen Einzahlung,[62] sofern der andere Ehegatte tatsächlich und rechtlich über das Geld verfügen kann,[63] wobei Unterhaltsbeiträge herauszurechnen und vorrangige abweichende Abreden denkbar sind[64] (vgl. Rdn. 3173 ff.).

3149 Eine Reihe **ausländischer Rechtsordnungen** verbietet übrigens Schenkungen unter Ehegatten, insb. um Gläubigerbenachteiligungen zu vermeiden und um die persönlichen Beziehungen der Ehegatten von vermögensrechtlichen Interessen freizuhalten. Soweit sie unabhängig vom Güterstand gelten, unterfallen sie dem allgemeinen Ehewirkungsstatut des Art. 14 EGBGB, sonst dem Güterstandsstatut des Art. 15 EGBGB. Ehegattenschenkungsverbote enthalten bspw. die Rechts-

---

57 BGH, 04.03.2015 – XII ZR 61/13, DNotZ 2015, 530.
58 Angesichts der Unschärfe des Begriffes und der anknüpfenden Rechtsfolgen plädiert *Klepsch*, NotBZ 2003, 457, 466, gegen dessen Verwendung.
59 Die vom Gesetzgeber in § 1606 Abs. 3 Satz 2 BGB angeordnete Gleichwertigkeit von Haushaltsleistungen (Pflege und Erziehung des Kindes) im Verhältnis zu Barleistungen des alleinverdienenden Ehegatten gilt nur für den Bereich des Unterhalts, nicht für den hier relevanten Bereich des Vermögenserwerbs!
60 BGH, NJW 1972, 580: Da gem. § 1360 BGB auch bei intakter Ehe Versorgungsunterhalt für den Fall des Alters geschuldet werde, könne es sich bei solchen Zuwendungen nicht um eine unentgeltliche Leistung handeln.
61 BGH, FamRZ 1995, 232.
62 OFD Koblenz, 19.02.2002 – S 3900 A-St 53 5, DStR 2002, 591, hierzu *Götz*, NWB 2004, 2437 = Fach 10, S. 1469 ff.; ebenso FG Nürnberg, 25.03.2010 – 4 K 654/2008, ErbStB 2010, 330.
63 Hieran kann es gem. FG Düsseldorf, ErbStB 2006, 306, fehlen, wenn dem Ehegatten Einzelheiten über das Konto nicht bekannt sind.
64 Freilich kommen (stillschweigende) abweichende Vereinbarungen nur in Betracht, wenn den Ehegatten bewusst ist, dass Einzahlungen zur Hälfte als Schenkungen gewertet werden können, vgl. *Götz*, ZEV 2011, 408.

ordnungen[65] der Niederlande (Art. 1715 BW), Frankreichs (mit Einschränkungen, Art. 1099 CC) sowie einiger skandinavische Länder. Andere Staaten ermöglichen einen erleichterten Widerruf bzw. eine erleichterte Anfechtung solcher Verträge (z.B. Japan, Art. 784 BGB). Davon zu unterscheiden sind Verbote einer Schenkung an Dritte ohne Mitwirkung des Ehegatten, etwa nach belgischem Recht (vgl. Rdn. 4240).

III. Motivationslagen

Diese kurze Übersicht erhellt, dass Vermögensübertragungen unter Ehegatten häufig nicht oder nicht vordergründig vom Willen der Zuwendung (Bereicherung) getragen sind, sondern weiteren oder anderen Motiven dienen, insb. 3150
- (1) der **Verwirklichung des Gemeinschaftsgedankens der Ehe als Schicksals- und Wirtschaftsgemeinschaft**, ähnlich dem Güterstand der ehelichen Vermögensgemeinschaft des FGB bzw. der Errungenschaftsgemeinschaft, als welche der gesetzliche Güterstand in der Vorstellung vieler Verheirateter fälschlich angesehen wird;
- (2) der **Sicherung familienwichtigen Vermögens** vor dem Zugriff von Gläubigern, einschließlich der Insolvenzgefahr (»der Ehegatte als Immobilienparkplatz«), sowie vor Pflichtteilsansprüchen;
- (3) zur **privaten Altersvorsorge** für den begünstigten Elternteil; 3151
- (4) zur **Ermöglichung steuergünstiger Vermögensverteilung**, und zwar sowohl in ertragsteuerlicher Hinsicht (z.B. Vermietung von Privatvermögen zur betrieblichen Nutzung des anderen Ehegatten; Ausnutzung des personenbezogenen Freibetrags nach § 16 Abs. 4 EStG bei anschließender Betriebsaufgabe) als auch in transfersteuerlicher Hinsicht (Ausnutzung von Übertragungsfreibeträgen bei der Schenkungs- oder späteren Erbschaftsteuer; Ausnutzung des personenbezogenen Freibetrags).

In der nunmehr gefestigten Rechtsprechung unterfallen alle diese Motivationslagen der Sondergruppe »**ehebedingter Zuwendungen**«,[66] denen das subjektive Merkmal der Einigung über die schlichte Unentgeltlichkeit[67] – bzw. nach Auffassung der neueren Vertragstypenlehre – über die echte Freigebigkeit[68] fehlt. An ihre Stelle tritt als Vertragszweck die »Verwirklichung der ehelichen Lebensgemeinschaft«, mithin die Leistung eines Beitrages zu ihrer Erhaltung oder Sicherung. Der Bestand der Ehe ist nicht »causa« der Zuwendung, sondern ihre Vertragsgrundlage. 3152

IV. Rechtliche Besonderheiten der ehebedingten Zuwendung

Das Hinzutreten weiterer Zwecke zum allgemeinen Schenkungstatbestand bei den ehebedingten Zuwendungen gibt Anlass zu folgenden Fragestellungen: 3153
1. Wie wirkt sich die ehebedingte Zuwendung im Fall des Scheiterns der Ehe, also einer Ehescheidung, aus?
Folgende Teilfragen sind dabei zu unterscheiden:
a) Existieren Rückforderungsrechte des allgemeinen bürgerlichen Rechts?
b) Wie wird die ehebedingte Zuwendung im Fall der Durchführung eines Zugewinnausgleichsverfahrens berücksichtigt, und zwar sowohl für den Fall des Bestands als auch für den Fall der Rückabwicklung?

---

65 Vgl. hierzu *Fetsch*, RNotZ 2007, 475.
66 BGH, MittBayNot 1998, 157, stellt dies ausdrücklich klar und greift in der Entscheidung BGH, MittBayNot 1990, 178 m. Anm. *Frank*, die Unterscheidung nach den einzelnen Motivationstypen ausdrücklich auf.
67 So das Differenzierungskriterium des BGH, FamRZ 1982, 247.
68 Vgl. *Langenfeld/Günther*, Grundstückszuwendungen zur lebzeitigen Vermögensnachfolge, 8. Kap. Rn. 9 ff., der darüber hinaus auf die (der ehebedingten Zuwendung typische) Verwendung einer Rückforderungsklausel im Scheidungsfall abstellt. Letztere fehlt allerdings häufig bei ehebedingten Zuwendungen zur Versorgung des Partners.

2. Sofern mit der ehebedingten Zuwendung weitere Zwecke verfolgt werden, die Interessen Dritter tangieren (z.B. von anfechtungswilligen Gläubigern, Pflichtteilsberechtigten etc.): Werden diese Ziele erreicht? Ist dafür das Instrument der »ehebedingten Zuwendung« besser geeignet als dasjenige der »reinen Schenkung«?

3154 Die Fragestellungen zu 1. werden unten in Abschnitt B (Rdn. 3161 ff.) untersucht, die Fragestellungen zu 2. im Abschnitt C (Rdn. 3259 ff.).

3155 Schenkungsteuerlich unterliegt die »ehebedingte« Zuwendung keinen Besonderheiten (vgl. Rdn. 4428); allerdings ist häufig der Privilegierungstatbestand des § 13 Abs. 1 Nr. 4a ErbStG (Übertragung des Familienheims) verwirklicht (vgl. Rdn. 3270 ff.).

Höchstrichterlich noch nicht entschieden ist schließlich die Frage, ob auf das schuldrechtliche Geschäft einer ehebedingten Zuwendung (familienrechtlicher Vertrag eigener Art) § 518 BGB Anwendung findet[69] oder nicht.[70] § 311b Abs. 1 BGB ist bei Grundstückszuwendungen jedoch stets einschlägig.

V. Die »reine Ehegattenschenkung«

1. Abgrenzung

3156 Neben der ehebedingten (früher: »unbenannten«) Zuwendung sind jedoch auch unter Ehegatten (wenngleich seltene oder selten gewordene) Ausnahmefälle reiner Schenkungen i.S.d. §§ 516 ff. BGB denkbar. Die Unterscheidung zu den vorgenannten Fallgruppen der sog. »ehebedingten Zuwendung« trifft der BGH nach dem Merkmal der »Unentgeltlichkeit«, d.h. der Willensvorstellung, dass die Zuwendung von einer »Gegenleistung« im weitesten Sinn weder synallagmatisch noch konditional oder kausal abhänge[71] Wenn der Zuwendende die Vorstellung oder Erwartung hege, dass er innerhalb der weiter Bestand habenden ehelichen Lebensgemeinschaft am Vermögenswert und dessen Früchten weiter teilhaben werde, die Übertragung also einen Beitrag zur Verwirklichung und Ausgestaltung, Erhaltung oder Sicherung der ehelichen Lebensgemeinschaft sei, handle es sich (unabhängig von der Bezeichnung durch die Beteiligten) um eine ehebedingte Zuwendung.[72] Bei der Übertragung größerer Vermögenswerte sei dies regelmäßig der Fall. Eine im Hinblick auf ein bevorstehendes Scheidungsverfahren erfolgende unentgeltliche Zuwendung sei stattdessen nicht (mehr) ehebedingt.[73]

3157 Die **Literatur** stellt demgegenüber mehr auf das objektivierte Merkmal des Vertragszwecks der Freigebigkeit ab. Demnach sind Zuwendungen unter Ehegatten dann reine Schenkungen, wenn sie vollständig und endgültig außerhalb des Zugewinnausgleichs stattfinden (also eine Nichtanrechnungsabrede i.S.d. § 1380 BGB getroffen wurde)[74] und auch keine sonstigen über die freiwillige Vermögensmehrung hinausgehenden Zwecke im geschilderten Sinn (Haftungsvermeidung, Altersversorgung, steuerliche Vorteile) als Vertragszweck damit verbunden sind. Dies dürfte in der Tat die Ausnahme darstellen.

---

69 *Sandweg*, NJW 1989, 1965, 1969.
70 OLG Bremen, FamRZ 2000, 671; in diese Richtung auch *Wever*, FamRZ 2008, 1491.
71 BGH, FamRZ 1990, 600.
72 BGH, 28.03.2006 – X ZR 85/04, ZEV 2006, 319: tatrichtliche Feststellung erforderlich; gegen die Überbetonung der Wortwahl »Schenkung«: *Wever*, FamRZ 2006, 1024.
73 OLG Schleswig, 04.10.2006 – 15 UF 50/06, RNotZ 2007, 350.
74 Vgl. *Schwab*, FamRZ 1984, 527; *Langenfeld/Günther*, Grundstückszuwendungen zur lebzeitigen Vermögensnachfolge, 5. Aufl. 2005, Rn. 677.

2. Rückabwicklung

Gesetzliche Rückforderungstatbestände sind naturgemäß besonders restriktiv anzuwenden, erfolgt die reine Ehegattenschenkung doch gerade außerhalb des materiellen Rahmens ehelicher Vermögenszuordnung: 3158

(1) **Reine Ehegattenschenkungen** unterliegen daher insb. dem Schenkungswiderruf wegen groben Undanks gem. § 530 BGB. Dieses setzt ein objektiv schweres Maß der Verfehlung, subjektiv einen erkennbaren Mangel an Dankbarkeit voraus. Auch nach Wegfall des Verschuldensprinzips im Scheidungsrecht haben sich insoweit die Maßstäbe nicht verschärft.[75] Bei der Gesamtabwägung sind insoweit auch die Umstände, die zur Schenkung geführt haben, zu berücksichtigen.[76]

(2) Liegen die Voraussetzungen des § 530 BGB nicht vor, kommt i.d.R. auch keine Rückforderung nach den Grundsätzen über den Wegfall der Geschäftsgrundlage gem. § 313 BGB in Betracht,[77] da definitionsgemäß der »reinen Ehegattenschenkung« der Fortbestand der Ehe gerade nicht als causa oder conditio zugrunde liegt, so dass durch eine Scheidung die Geschäftsgrundlage nicht entfällt.[78] 3159

3. Behandlung im Zugewinnausgleich

Im Anschluss an die ggf. erfolgreiche Rückgewähr der Zuwendung gem. § 530 BGB wird sodann – ausgehend von den dann erreichten Zugewinnbeträgen – das gesetzliche Zugewinnausgleichsverfahren bei anschließender Scheidung durchgeführt. Wird nicht widerrufen, stellt sich die Rechtslage wie folgt dar: § 1374 Abs. 2 BGB gilt nicht bei der reinen Ehegattenschenkung (ebenso wenig bei der ehebedingten Zuwendung, s.u. Rdn. 3225 f.); der Wortlaut ist nämlich teleologisch zu reduzieren, da es sich bei Zuwendungen unter Ehegatten eben nicht um Vermögenserwerbe handelt, an denen der andere Ehegatte keinen Anteil hatte, so dass die Privilegierung der Zuwendung als zugewinnausgleichsfrei, wie sie durch Hinzurechnung zum Anfangsvermögen eintreten würde, nicht gerechtfertigt ist.[79] Ein Abzug der Zuwendung, sofern ein Widerruf oder eine sonstige Rückabwicklung nicht stattfindet, vom sich dann errechnenden Zugewinnausgleichsanspruch gem. § 1380 BGB scheidet jedoch bei der echten Ehegattenzuwendung definitionsgemäß aus, wenn man diese von der ehebedingten Zuwendung durch die Abrede der Nichtanrechnung i.S.d. § 1380 BGB (»Freigebigkeit«) bestimmt. 3160

B. Schicksal ehebedingter Zuwendungen bei Scheitern der Ehe

I. Rückforderungsrechte bei Fehlen einer vertraglichen Vereinbarung?[80]

Mitunter treffen Ehegatten in privatschriftlicher Form, also nicht im Rahmen einer notariellen Übertragungsurkunde, Regelungen über den Ausgleich von Aufwendungen des einen Ehegatten für den Vermögensgegenstand des Anderen (etwa den Umbau des Familienheims). Sofern solche 3161

---

75 A.A. *Bosch*, in: FS für *Weitzke*, 1979, S. 211.
76 BGH, 13.11.2012 – X ZR 80/11, DNotZ 2013, 292 (Beschenkte Ehefrau ist wieder als Prostituierte tätig und unterhält außereheliches Verhältnis).
77 Wenn hierfür neben § 530 BGB überhaupt noch Raum ist und nicht etwa § 530 BGB als Sondervorschrift die allgemeinen Grundsätze über den Wegfall der Geschäftsgrundlage verdrängt, so etwa OLG Karlsruhe, NJW 1989, 2136.
78 So ausdrücklich OLG München, 28.01.2009 – 20 U 2673/08, MittBayNot 2009, 308 m. krit. Anm. *Bruch*.
79 BGH, FamRZ 1987, 791.
80 Vgl. hierzu die Rechtsprechungsübersichten von *Wever*, FamRZ 2004, 1073 ff., FamRZ 2005, 485 ff., FamRZ 2006, 365 ff., und FamRZ 2007, 857 ff., FamRZ 2008, 1485 ff.; FamRZ 2010, 237 ff.; FamRZ 2011, 413 ff.; FamRZ 2012, 416 ff.; FamRZ 2013, 741 ff.; FamRZ 2014, 1669 ff.; FamRZ 2015, 1243 ff.; FamRZ 2016, 1627 ff.; sowie von *Falkner*, DNotZ 2013, 586 ff. (zum Verhältnis des Nebengüterrechtes zur richterlichen Kontrolle des Güterrechts) sowie monografisch *Wever*, Vermögensaus-

Abreden über den bloßen Verzicht auf gesetzliche Verwendungsersatzansprüche bzw. deren Ersetzung durch schuldrechtliche Ansprüche (z.B. die Vereinbarung eines zinslosen Darlehens) hinausgehen, die ihrerseits in den unverändert durchzuführenden Zugewinnausgleich auf der Aktiv- bzw. Passivseite aufzunehmen sind, sondern vielmehr darauf gerichtet sind, den Mechanismus des Zugewinnausgleichs als solchen zu modifizieren (etwa i.S.e. Herausnahme des betreffenden Gegenstandes aus der Berechnung insgesamt unter Schließung dieser Lücke durch den privatschriftlich geschaffenen Anspruch), bedürften sie der notariellen Form gem. § 1410 BGB, sind also andernfalls nichtig. Die Rechtslage verhält sich dann so wie wenn keine Vereinbarung existierte; eine Umdeutung in formfreie Ehegatteninnengesellschaften lehnt die Rechtsprechung ab.[81]

3162 Nicht Gegenstand der nachfolgenden Darstellung sind Übernahmeansprüche eines Ehegatten aus Anlass der Teilung einer **beendeten Gütergemeinschaft**, § 1477 Abs. 2 Satz 2 BGB, gegen Ersatz des Wertes, bezogen auf die in die Gütergemeinschaft eingebrachten oder während deren Bestands durch Erbfolge oder vorweggenommene Erbfolge erworbenen Gegenstände. Auch wenn ein solcher Übernahmeanspruch vorzeitig (etwa während des Getrenntlebens) geltend gemacht wird, ist der Wertersatz regelmäßig nicht in Geld zu zahlen, sondern auf den künftigen Überschussanteil anzurechnen (§ 1476 Abs. 2 Satz 2 BGB). Lediglich dann, wenn der Wert des übernommenen Gegenstands den Wert des übrigen Überschusses übersteigt, bleibt der Übernehmende dem anderen Ehegatten unmittelbar zum Wertersatz, höchstens auf die Hälfte des Werts des übernommenen Gegenstands beschränkt, verpflichtet.[82] Ist diese Wertrelation noch nicht absehbar, kann der andere Ehegatte im Rahmen eines Zurückbehaltungsrechts Sicherheitsleistung bis zur Höhe des hälftigen Werts des übernommenen Gegenstands verlangen.

1. Kondiktionsrecht

3163 Der BGH lehnt im Regelfall eine **Rückabwicklung ehebedingter Zuwendungen bei Scheitern der Ehe nach Bereicherungsvorschriften** ab. Dem ist zuzustimmen.[83] § 812 Abs. 1 Satz 2, 1. Alt. BGB (condictio ob causam finitam) scheidet aus, da die Ehe als solche kein Rechtsgrund der Zuwendung sein kann, weil das Eherecht zu solchen Zuwendungen nicht verpflichtet. § 812 Abs. 1 Satz 2, 2. Alt. BGB (condictio ob rem) scheidet aus, da Zweck der Ehegattenzuwendung nicht der Fortbestand der Ehe als solcher ist, sondern ein einzelner Erfolg im Rahmen dieser Ehe, etwa die Verwirklichung der ehelichen Lebensgemeinschaft, die Schaffung eines Familienheims, die Erhaltung des Betriebs als Grundlage des Unterhalts beider Ehegatten etc. Auch dogmatische Bedenken werden geltend gemacht: Das Bereicherungsrecht enthalte lediglich technische Rückabwicklungsvorschriften ohne eigenen Wertungsgehalt; die erforderliche wertende Zumutbarkeitsprüfung könne allenfalls im Rahmen anderer Vorschriften, etwa des § 313 BGB (Wegfall der Geschäftsgrundlage) stattfinden.[84]

3164 Kondiktionsrecht gelangt freilich zum Einsatz, wenn die Schenkung erfolgreich **angefochten** wird, etwa weil die beschenkte Ehefrau dem schenkenden Ehemann verschwiegen hat (§ 123 Abs. 1 BGB), dass er mutmaßlich nicht der Vater des »gemeinsamen« Kindes sei.[85] Zur Rückabwicklung wegen groben Undanks (§ 530 BGB) vgl. Rdn. 3178.

---

einandersetzung der Ehegatten außerhalb des Güterrechts, 8. Aufl. 2014 und *Haußleiter/Schulz*, Vermögensauseinandersetzung bei Trennung und Scheidung.
81 OLG Karlsruhe, 19.01.2009 – 1 U 175/08, DNotZ 2010, 140 m. Anm. *Bruch*. Zur Differenzierung: OLG Saarbrücken, 09.07.2009 – 9 W 205/09, FamRZ 2010, 297 (mündlicher Darlehensvertrag unter Ehegatten, keine formbedürftige Zugewinnausgleichsabrede).
82 Vgl. BGH, 31.01.2007 – XII ZR 131/04, DNotZ 2007, 694.
83 Vgl. ausführlich *Rauscher*, AcP 186, 529 ff.
84 Grundlegend *von Caemmerer*, Gesammelte Schriften I, 1968, S. 222 f.
85 BGH, 15.02.2012 – XII ZR 137/09, FamRZ 2012, 779; BGH, 27.06.2012 – XII ZR 47/09, FamRZ 2012, 1363, und BGH, 27.06.2012 – XII ZR 203/09, FamRZ 2012, 1623.

2. Gesellschaftsrecht

a) Innengesellschaft bürgerlichen Rechts

Insb. in den Fällen, in denen etwa aus haftungsrechtlichen oder steuertechnischen Gründen gemeinsame Beiträge beider Ehegatten sich im Allein-Außeneigentum eines Ehegatten niederschlagen, ist eine teilweise Rückabwicklung der Zuwendung über die Auseinandersetzungsvorschriften einer Innengesellschaft (§§ 738 ff. BGB) zu diskutieren.[86] Während der BGH früher vom Vorrang des Familienrechts (insb. des Zugewinnausgleichsrechts) ausging,[87] sieht er nun beide Ansprüche nebeneinander (vgl. Rdn. 3168), räumt jedoch der Ehegatteninnengesellschaft ihrerseits den Vorrang ggü. der schlichten ehebedingten Zuwendung ein.[88] Wenn Ehegatten die Errichtung eines Eigenheims oder den Erhalt eines Betriebs als Verwirklichung ihrer Lebensgemeinschaft i.S.d. § 1353 BGB ansehen, liegt darin allerdings gerade kein über die Ehe hinausweisender gemeinschaftlicher Zweck, wie er für eine GbR erforderlich wäre. Ansprüche rund um das Familienheim werden daher außerhalb des Güterrechtes in erster Linie über den »besonderen familienrechtlichen Kooperationsvertrag« bzw. die Störung der Geschäftsgrundlage gelöst.[89]

3165

Der BGH stellt jedoch auch klar, dass es Ehegatten unbenommen ist, sich zur Gestaltung ihrer Vermögensverhältnisse aller Möglichkeiten des Zivilrechts zu bedienen, die auch nicht verheirateten Partnern zur Verfügung stehen (z.B. Abschluss von Arbeitsverträgen, Darlehensverträgen sowie Gesellschaftsverträgen). In diesem Fall ist bei Scheitern der Ehe zunächst das vorrangige Vertragsverhältnis zu erfüllen (Zahlung rückständigen Arbeitslohns, Rückgewähr des Darlehens, Abwicklung der Gesellschaft etc.), anschließend findet der allgemeine Zugewinnausgleich statt.

3166

An die bloß stillschweigende[90] (konkludente) oder angebliche mündliche Vereinbarung einer **Ehegatten-Innengesellschaft** (einschließlich des auf diese anwendbaren Rechtes bei z.B. im Ausland belegenem Grundbesitz[91]) sind jedoch besondere Anforderungen zu stellen,[92] insb. hinsichtlich des erforderlichen gemeinsamen Zwecks.[93] Der BGH hat wiederholt erhebliche Sach- oder Arbeitsleistungen für den Handwerks- oder Gewerbebetrieb des anderen als gesellschaftsrechtliche Leistungen qualifiziert, was ihm den Vorwurf einer nachträglichen richterlichen Fiktion eingehandelt hat.[94] Während in der früheren Rechtsprechung (bis etwa 1975) typischerweise der Zuwendende zur Verwirklichung eines über die Ehe hinausweisenden Zweckes im Betrieb des anderen mitgearbeitet haben musste, hat der BGH nunmehr dieses zusätzliche Kriterium fallenlassen,[95] verlangt allerdings die Erbringung eines »wesentlichen Beitrages« in der »Absicht gemeinschaftlicher

3167

---

86 Vgl. umfassend *Münch*, Die Unternehmerehe, Rn. 176 ff.
87 BGH, FamRZ 1972, 362; FamRZ 1975, 35; FamRZ 1987, 907.
88 BGH, DNotZ 2000, 515 (»in erster Linie«).
89 Vgl. *Münch*, Ehebezogene Rechtsgeschäfte, Rn. 1112 ff., 1417 ff.
90 Muster eines ausdrücklichen Ehegatteninnengesellschaftsvertrages: *Münch*, FamRZ 2004, 238 f.
91 BGH, 10.06.2015 – IV ZR 69/14, DNotZ 2015, 686 sieht gem. Art. 28 Abs. 5 EGBGB a.F. eine »engere Verbindung« zum anwendbaren Ehegüterrecht [Art. 15 EGBGB].
92 BGH, 20.10.2008 – II ZR 207/07, ZNotP 2009, 27 (die angeblichen Beteiligten bestritten jeglichen persönlichen Kontakt!).
93 Denkbar ist z.B., dass gezielt und dauerhaft das Privatvermögen des Eigentümer-Ehegatten gefördert werden sollte, vgl. *Münch*, FamRZ 2004, 234. Zu den Anforderungen an eine Innengesellschaft BGH, 12.11.2007 – II ZR 183/06, MittBayNot 2008, 233.
94 Vgl. *Frank*, FamRZ 1983, 541; *Jaeger*, in: FS für *Heinrich*, S. 334.
95 BGH, NJW 1999, 2962 m. Anm. *Kogel*, weitet den Anwendungsbereich der Ehegatteninnengesellschaft zulasten der ehebedingten Zuwendung aus (hierzu umfassend *Wever*, FamRZ 2000, 1000): Ein Ehemann hat bei Gütertrennung während 35-jähriger Ehe mit beträchtlichen Kapitalbeiträgen, Renovierungsleistungen und durch Hausverwaltung zum Aufbau des Immobilienvermögens der Frau beigetragen.

Wertschöpfung«,⁹⁶ etwa beim Aufbau eines Tierzuchthofes.⁹⁷ Die Instanzrechtsprechung bleibt insoweit restriktiver⁹⁸ und verlangt einen »gleichberechtigten Status« der Mitwirkung des Ehegatten, der nicht Eigentümer ist; ferner darf die Annahme einer durch schlüssiges Verhalten zustande gekommenen Innengesellschaft nicht im Widerspruch zu ausdrücklich getroffenen Abreden stehen.⁹⁹

3168 Nicht erforderlich ist jedoch, dass die schlichte Anwendung der Zugewinnausgleichsregeln zu einem nicht angemessenen Ergebnis führe;¹⁰⁰ dadurch gelangen sogar solche Sachverhalte in den Anwendungsbereich der Innen-GbR, bei denen die Beteiligten (etwa zur Haftungsvermeidung) eine solche gemeinsame Vermögensbildung vorab wohl gar nicht gewollt hätten.¹⁰¹ Der Ausgleichsanspruch aufgrund Beendigung der Innen-GbR tritt vielmehr dann neben den Anspruch auf Zugewinn (mit der Folge, dass ein Verzicht auf Letzteren auch vorsichtshalber ausdrücklich den gesellschaftsrechtlichen Anspruch erfassen sollte):¹⁰² zunächst ist die GbR aufzulösen (im Zweifel nach der Beweiserleichterung des § 722 Abs. 1 BGB je hälftig), das Ergebnis ist ggf. in das Endvermögen zur Zugewinnausgleichsberechnung einzustellen.¹⁰³

3169 Die Figur der stillschweigend eingegangenen Ehegatteninnengesellschaft kann nach BGH¹⁰⁴ auch Rechtsquelle sein für die Verpflichtung zur Wahl der gemeinsamen **Steuerveranlagung** gem. § 26 EStG¹⁰⁵ mit dem Ziel, die Verluste des einen Ehegatten (die überwiegend durch Investitionen des anderen entstanden sind) mit den Überschüssen des anderen zu verrechnen. Die Aufteilung einer nach Trennung fällig werdenden Steuerschuld (bzw. -erstattung) richtet sich dann analog § 270 AO nach dem Verhältnis der fiktiven eigenen Steuerverpflichtungen (als anderweitiger Bestimmung i.S.d. § 426 Abs. 1 Halbs. 2 BGB).¹⁰⁶ Allerdings liegt nicht bereits in der gemeinsamen Anmietung einer Wohnung ein solcher stillschweigender Gesellschaftsvertrag, der nach Auszug eines Partners den anderen zur Mitwirkung an der Kündigung verpflichten würde.¹⁰⁷

3170 **Land- und forstwirtschaftlicher Unternehmer** ist grundsätzlich der Eigentümer, sofern nicht ein Dritter etwa aufgrund von Pachtverträgen, Nutzungsüberlassungs- oder Wirtschaftsüberlassungsverträgen, Nießbrauchs- oder Nutznießungsrechten (i.S.d. § 14 HöfeO) die Lasten trägt und die Früchte vereinnahmen kann. Das Fruchtziehungsrecht kann auch auf eine Gesellschaft übertragen werden, wobei die Rspr. seit jeher im Bereich der Land- und Forstwirtschaft an die Notwendigkeit vorheriger klarer Vereinbarungen zwischen Ehegatten angesichts der besonderen Bedeutung des Grund und Bodens für die landwirtschaftliche Urproduktion geringere Anforderungen

---

96 BGH, 21.07.2003 – II R 249/01, ZNotP 2004, 67 (zur Innen-GbR bei nichtehelicher Lebensgemeinschaft).
97 BGH, 03.02.2016 – XII ZR 29/13, FamRZ 2016, 965.
98 OLG München, 27.02.2009 – 3 U 2427/07 ErbR 2010, 59 m. Anm. *Rudy:* erforderlich sei ein eheüberschreitender Zweck, die bloße Herkunft der Mittel sei nicht entscheidend.
99 Beispielsfall: KG, 06.12.2016 – 18 UF 33/16, FamRZ 2017, 608 (Errichtung von Ferienhäusern zur gewerblichen Vermietung).
100 BGH, 28.09.2005 – XII ZR 189/02, FamRZ 2006, 607 m. zust. Anm. *Hoppenz,* 610, und krit. Anm. *Volmer,* 844 (hiergegen *Kogel,* FamRZ 2006, 1177) = MittBayNot 2006, 420 m. Anm. *Münch.*
101 So etwa im Sachverhalt des BGH-Urteils aus vorangehender Fußnote: Der Ehemann hatte die »eidesstattliche Versicherung« abgegeben und war im Unternehmen nur als Lagerarbeiter beschäftigt worden; die Lohnzahlung erfolgte in bar. *Volmer,* FamRZ 2006, 844, empfiehlt daher ausdrückliche »Abwehrklauseln«, dass eine solche Innengesellschaft gerade nicht gewollt sei.
102 *Haußleiter,* NJW 2006, 2743.
103 Zur Vermeidung einer Doppelberücksichtigung *Münch,* MittBayNot 2006, 424.
104 Vom 25.06.2003, FamRZ 2003, 1454.
105 Zu Vor- und Nachteilen der Einzel- und Zusammenveranlagung vgl. *Paus,* EStB 2016, 74 ff.
106 BGH, 11.05.2006 – XII R 111/03, ZNotP 2006, 344.
107 *OLG München, FamRZ 2004, 1875;* vgl. *Wever,* FamRZ 2005, 486. Sicherster Weg zur Entlassung aus den gemeinsamen Verbindlichkeiten ist demnach die gerichtliche Wohnungszuweisung nach § 5 HausratsVO (bis 31.08.2009), § 1361b BGB (bei Getrenntleben).

stellt.¹⁰⁸ So gehen die Finanzgerichte und die Finanzverwaltung von einer (**stillschweigenden**) **Ehegatten-Innengesellschaft** als Mitunternehmerschaft im Rahmen der Land- und Forstwirtschaft stets dann aus, wenn (1) die Beteiligten in Gütergemeinschaft leben oder (2) sie zwar im gesetzlichen Güterstand oder in Gütertrennung verheiratet sind, jedoch (a) erhebliche Flächen (b) beider Ehegatten/eingetragenen Lebenspartner (c) ohne schriftliche Überlassungsverträge (d) einheitlich (e) unter Mitarbeit beider Ehegatten bewirtschaftet werden. Ist die Flächenüberlassung nur unerheblich, oder findet eine Bewirtschaftung in getrennten Betrieben statt oder ohne Mitarbeit des anderen Ehegatten, können jedoch Einzelunternehmen beider Ehegatten, je für sich getrennt, vorliegen. Mitunternehmerschaften mit Kindern im Bereich der Land- und Forstwirtschaft werden jedoch hinsichtlich der Nachweisanforderungen nicht privilegiert.¹⁰⁹

Wird eine bestehende Ehegatten-Innengesellschaft durch den Tod des nach außen allein auftretenden Vermögensträgers beendet, kann der Auseinandersetzungsanspruch (§ 738 BGB) des anderen Ehegatten den Wert des Nachlasses gem. § 2311 BGB auch ggü. einem Pflichtteilsberechtigten mindern (vgl. Rdn. 3592). **3171**

b) Gemeinschaft des bürgerlichen Rechtes, Gemeinschaftskonto

In ähnlicher Weise sieht die Rechtsprechung beide Ehegatten als Mitinhaber in Bruchteils-Innengemeinschaft an einer Kontoforderung, auch wenn im Außenverhältnis nur ein Ehegatte Kontoinhaber ist, so dass der andere Ehegatte im Zweifel zur Hälfte (§ 742 BGB) am Guthaben beteiligt ist. Maßgeblich sind die Quellen der Einzahlungen¹¹⁰ auf das Konto und der Bestimmungszweck¹¹¹ der verbleibenden Überschüsse. Die Finanzgerichte betonen freilich,¹¹² dass äußere Anhaltspunkte durchaus für die Alleinberechtigung des Kontoinhabers sprechen können, etwa wenn der andere Ehegatte einen haftungsgeneigten Beruf ausübt (selbständiger Hochbau-Ingenieur) und die Ehegatten generell jeweils nur Einzelkonten errichtet haben; lässt sich dann eine tatsächliche Treuhandabrede (vgl. hierzu Rdn. 3174) nicht beweisen, bleibt es steuerlich bei der Vermutung der alleinigen Inhaberschaft des Kontoberechtigten. **3172**

Gemeinschaftskonten können – dies ist die zu vermutende Regel¹¹³ – als Oder-Konto¹¹⁴ (Gesamtgläubiger, jedoch Verfügung durch jeden Ehegatten allein gem. § 428 BGB möglich) oder – wegen der mangelnden Praktikabilität weniger gebräuchlich¹¹⁵ – als Und-Konto eingerichtet sein. Bei beiden nimmt die Rechtsprechung einen konkludenten Verzicht auf Ausgleichsansprüche (§§ 426, 430, 742 BGB: im Zweifel hälftige Inhaberschaft) an, die sich auf Kontoverfügungen während intakter Ehe beziehen, jedenfalls wenn es um ehedienliche Ausgaben geht (also nicht bei missbräuchlichen Großabhebungen unmittelbar vor¹¹⁶ oder nach¹¹⁷ der Trennung und bei De- **3173**

---

108 BFH, 14.08.1986 – IV R 341/84, BStBl. 1987 II, 23, Nr. 2 am Ende; vgl. umfassend hierzu *Hutmacher*, ZNotP 2015, 168 ff.
109 Vgl. *Hutmacher*, ZNotP 2015, 168, 175.
110 BGH, NJW 2000, 2347: Gehälter beider Ehegatten fließen auf das Konto des Mannes.
111 BGH, NJW 2002, 3702: Alle Einkünfte des Ehemannes flossen auf das Konto der Ehefrau, welche die nach Abzug der Kosten gemeinsamer Lebensführung verbleibenden Beträge auf eigene Sparkonten einzahlte, deren Bestand der gemeinsamen Altersvorsorge dienen sollte.
112 FG Nürnberg, 15.05.2014 – 4 K 1390/11, ZEV 2015, 170.
113 BGH, 31.03.2009 – XI ZR 288/08, NotBZ 2009, 323 m. Anm. *Krause*.
114 Zu steuerrechtlichen Konsequenzen (keine Anerkennung eines Ehegattenarbeitsverhältnisses bei Vergütung auf Oder-Konto etc.) vgl. *Fichtelmann*, EStB 2004, 452 ff.
115 Mit dem Tod eines der beiden Inhaber fällt seine Position in den Nachlass, vgl. *Dittmann/Reimann/Engel*, Testament und Erbvertrag, 4. Aufl. 2003, Teil E Rn. 258, sofern nicht im Einzelfall im Innenverhältnis eine GbR mit Anwachsung oder eine Bruchteilsberechtigung (die gem. § 747 Satz 1 BGB zumindest die Verfügung über den eigenen Anteil ermöglicht) zugrunde liegt, vgl. *Kornexl*, Nachlassplanung bei Problemkindern, Rn. 831 ff.
116 OLG Saarbrücken, OLG-Report 2003, 5.
117 Vgl. *Wever*, Vermögensauseinandersetzung der Ehegatten außerhalb des Güterrechts, Rn. 721 ff.

pots, die der Geldanlage dienen).[118] Zu einer abweichenden Wertung nötigende Umstände müsste der sich darauf berufende Ehegatten vortragen und belegen.[119] Als Folge der Verfügungsberechtigung jeden Mitinhabers eines Oder-Kontos über das gesamte Guthaben kann dieses auch wegen eines nur gegen einen Kontoinhaber gerichteten Titels **gepfändet** werden.[120]

3174 Gefährlich und leicht zu übersehen sind die schenkungsteuerlichen Auswirkungen solcher verdeckter Zuwendungen, vgl. Rdn. 3288 ff. Zur Erleichterung des Nachweises, dass keine steuerpflichtige Ehegattenschenkung vorliege, sollten Vereinbarungen schriftlich festgehalten und tatsächlich so durchgeführt werden:[121]

▶ Formulierungsvorschlag: Vereinbarung zur Vermeidung einer Ehegattenschenkung bei Gemeinschaftskonto

Hinsichtlich des Umfangs der Mitberechtigung des Ehemanns/der Ehefrau an dem Guthaben auf dem Gemeinschaftskonto … bei der … bank, das in erste Linie aus der Einzahlung anlässlich des Verkaufs des zuvor im Eigentum des … stehenden Grundbesitzes … stammt, vereinbaren die Eheleute:

Wir sind uns einig, dass über das Guthaben auf dem genannten Konto nicht ohne Zustimmung des einzahlenden Ehepartners verfügt werden darf, sofern die abgerufenen Beträge nicht zur Deckung der laufenden Kosten der gemeinsamen Lebensführung im Rahmen des Unterhaltsrechts in dem Umfang, den wir einvernehmlich schon bisher hierfür als angemessen festgelegt haben, verwendet werden. Insbesondere ist eine Verwendung zur Bildung eigenen Vermögens, das nicht wieder auf einem gemeinschaftlichen Konto angelegt wird und für das vorstehende Vereinbarung wiederum entsprechend gilt, unzulässig und durch Rückerstattung auszugleichen.

3175 Bei von Miteigentümern gemeinsam genutzten Gegenständen, etwa dem **Familienheim**, gilt gemäß §§ 748, 426 Abs. 2 BGB die Vermutung, dass ein anteiliger Erstattungsanspruch gegen den anderen besteht, wenn einer der Miteigentümer (z.B. ein Ehegatte) die zur Finanzierung des gemeinschaftlichen Gegenstands aufgenommenen Verbindlichkeiten allein verzinst und tilgt.[122] Diese Ausgleichsansprüche können jedoch durch – in der Regel konkludente – abweichende Vereinbarungen überlagert sein, die dann – jedenfalls für die Aufwendungen während intakter Ehe – einem späteren Ausgleichs- oder Rückforderungsanspruch entgegenstehen (z.B. für den Fall, dass nur einer der Ehegatten das gemeinsame Darlehen getragen hat, um die Zinsaufwendungen steuerlich bei getrennter Veranlagung geltend zu machen, vgl. im Einzelnen Rdn. 3135).

3. Besonderer familienrechtlicher Vertrag

3176 In ähnlicher Weise hat der BGH[123] einen konkludenten »besonderen familienrechtlichen Vertrag« als Vertragstyp sui generis dann angenommen, wenn etwa ein Gegenstand als Belohnung für gegenwärtige oder künftig zu leistenden Geld- und Arbeitsleistungen übereignet wurde, es jedoch wegen Scheidung der Ehe nicht zur Erbringung dieser Arbeitsleistungen kommen kann, oder bei

---

118 OLG Frankfurt, FamRZ 2004, 1034: Eigentum des Anschaffenden; krit. *Wever*, FamRZ 2005, 489. Nach BGH, NJW 1997, 1434, ist die Eigentumsvermutung der §§ 1006, 742 BGB bei einem Oder-Depot nur schwach ausgeprägt; gleichwohl trifft nach OLG Karlsruhe, 04.07.2007 – 1 U 63/07, ErbStB 2008, 43 = ZErb 2007, 457 m. Anm. *Schuhmacher/Maurath*, ZErb 2007, 441, denjenigen, der sich auf eine abweichende Eigentumslage beruft, die Beweislast hierfür.
119 OLG Koblenz, 12.04.2016 – 5 U 120/16, ZEV 2016, 602 (nur Ls.), auch zu den dabei zugrunde zu legenden (hohen) Anforderungen, etwa beim Bestreiten der Echtheit einer Unterschrift.
120 OLG Dresden, FamRZ 2003, 1943.
121 *Ihle*, notar 2013, 45, 58.
122 Vgl. BGH, NJW-RR 2010, 1513.
123 Z.B. BGH, NJW 1982, 2236.

Zuwendungen unmittelbar vor der Eheschließung.[124] Gleiches soll gelten bei Zuwendungen der Schwiegereltern, die nicht, auch nicht teilweise, über den Zugewinnausgleich berücksichtigt werden können.[125] Die Literatur mahnt bei der Annahme solcher konkludenten Vertragsverhältnisse zu Recht zur Vorsicht.

4. Rückabwicklung gem. §§ 528 ff. BGB

a) Spätere Verarmung

Hinsichtlich der Rückforderung bei späterer Verarmung (§ 528 BGB) gelten keine Besonderheiten. Insb. ist zwischenzeitlich anerkannt, dass auch ehebedingte Zuwendungen den §§ 528 ff. BGB unterfallen; die Verfolgung weiterer, für verheiratete Beteiligte spezifischer Zwecke, die über die bloße Freigebigkeit hinausgehen, rechtfertigt es nicht, die objektiv unentgeltliche Zuwendung vom Anwendungsbereich der §§ 528 ff. BGB generell auszunehmen. Die Rückforderung ehebedingter Zuwendungen wegen Verarmung des Schenkers ist allerdings in der Praxis nur relevant, wenn Schenker und Beschenkte dauernd getrennt leben, da sie dann nicht mehr beide Mitglieder der sog. sozialhilferechtlichen Einsatz- und Bedarfsgemeinschaft (§ 27 Abs. 2 Satz 1 SGB XII) sind. Leben Zuwendender und Zuwendungsempfänger nicht dauernd getrennt (die Heimunterbringung eines Ehegatten führt bei Aufrechterhalten der emotionalen Bindung nicht zum Getrenntleben i.S.d. § 1567 BGB), unterliegt das an den Ehegatten übertragene Vermögen in gleicher Weise den Anrechnungs- und Überleitungsvorschriften des Sozialhilferechts, wie wenn es beim Zuwendenden verblieben wäre.

3177

b) Grober Undank

Die Rückforderung wegen groben Undanks (§ 530 BGB) kann grds.[126] ohne weitere Einschränkungen in den Fällen Anwendung finden, in denen eine Rückforderung unabhängig von einem Scheitern der Ehe geltend gemacht wird,[127] etwa wenn die beschenkte Ehefrau entgegen ihres Versprechens wieder als Prostituierte tätig wird.[128] Liegt allerdings der »grobe Undank« in einer (behaupteten) Verantwortung für das Scheitern der Ehe, ist der Vorrang des für diesen Risikofall speziellen Normenwerks, insb. des Zugewinnausgleichs, zu beachten, wenn die Beteiligten im gesetzlichen Güterstand leben.[129] In diesem Fall kommen also nur objektiv besonders schwere Verfehlungen in Betracht, die subjektiv einen baren Mangel an Dankbarkeit ausdrücken;[130] bei schlichtem ehewidrigem Verhalten (insb. bei Ehebruch) müssen also weitere besondere Umstände hinzutreten.[131] Zur noch weitergreifenden Anfechtung wegen Täuschung (§ 123 BGB), mit der Folge der Kondiktion (§§ 812 ff. BGB), wenn die Ehefrau dem Ehemann verschwiegen hat, dass er nicht Vater des »gemeinsamen« Kindes sei, vgl. Rdn. 3164.

3178

---

124 OLG Köln, FamRZ 2002, 1404: einen Tag vor der Heirat! Der Ausgleichsanspruch sei aber beschränkt auf den Betrag, um den sich der Zugewinnausgleich bei Schenkung nach der Eheschließung erhöht hätte.
125 OLG Brandenburg, FÜR 2004, 708: hälftige Erstattung.
126 Vgl. *Seif*, FamRZ 2000, 1196, gegen *Schotten*, NJW 1990, 2846.
127 BGH, NJW-RR 1993, 450.
128 BGH, 13.11.2012 – X ZR 80/11, DNotZ 2013, 292: zu weiteren Ermittlungen zurückverwiesen, insbesondere ob der schenkende Ehemann selbst im Rotlichtmilieu verkehrte.
129 BGH, FamRZ 2003, 234: insb. kein § 530 BGB bei ehebedingten Zuwendungen.
130 BGH, DNotZ 1983, 103 und 690; Beispiele: Die Schenkung wurde vom zur Trennung entschlossenen Partner erschlichen – hier kommt auch eine Anfechtung gem. § 123 BGB in Betracht –: OLG Hamm, OLG-Report 2000, 376. Auch wiederholte Beleidigungen, am Arbeitsplatz vorgetragen, können genügen: BGH, FamRZ 1999, 705.
131 Abzulehnen ist jedoch die Auffassung, seit der Abschaffung des Verschuldensprinzips im Scheidungsrecht bedürfe es eines »exzessiven Fehlverhaltens«, da die Familienrechtsreform bewusst § 530 BGB nicht geändert hat, vgl. MünchKomm-BGB/*Koch*, § 530 Rn. 10.

5. Rückforderung gem. § 313 BGB (Wegfall der Geschäftsgrundlage)

a) Fortbestand der Ehe als Geschäftsgrundlage

3179 Hält man mit der herrschenden Meinung[132] die allgemeinen Grundsätze über Änderung oder Wegfall der Geschäftsgrundlage neben §§ 528 ff. BGB, die eine spezialgesetzliche Ausprägung der clausula rebus sic stantibus darstellen, überhaupt für anwendbar, kann § 313 BGB als Folge einer Trennung nur bei ehebedingten Zuwendungen, und dann nur in besonders krassen Einzelfällen, in denen der gesetzliche Zugewinnausgleich zu einem »geradezu untragbaren Ergebnis«[133] führen würde, eine gegenständliche Rückabwicklung rechtfertigen.[134] Andernfalls würde der Vorrang des Güterrechts als Spezialregelung zu den Folgen einer Scheidung der Ehe verletzt.

3180 Dies gilt sowohl bei vertraglicher Vereinbarung einer **Gütertrennung**[135] (mit der Folge eines gemeinsamen Bekenntnisses zur grds. Bestandskraft sämtlicher Vermögensverschiebungen) als auch bei Scheidung im gesetzlichen Güterstand. Das Funktionieren des schematisch-rechnerischen gesetzlichen Zugewinnausgleichs setzt geradezu voraus, dass die vielfältigen Zufälle und Motivationen von Vermögensübertragungen während der Ehezeit keine Rolle spielen.[136] Uneingeschränkt auf § 313 BGB stützen lassen sich dagegen Rückforderungsansprüche aus **vorehelichen Zuwendungen** nach Scheitern der Ehe.[137]

b) Einzelfälle

3181 Zur Vermeidung eines schlechthin untragbaren Ergebnisses hat bspw. das OLG München[138] einen Rückforderungsanspruch aus § 242 BGB a.F. bejaht zugunsten einer mittellosen, drei gemeinsame Kinder betreuenden Ehefrau, die ihre Erbschaft in den Hausbau auf dem Grundstück des Mannes investiert hatte und davon nicht mehr profitieren konnte, weil die Ehegatten sich kurz nach dessen Fertigstellung trennten; ein Zugewinnausgleich stand ihr wegen anderweitiger Verluste des Mannes nicht zu.

3182 Ähnlich sah es das LG Aachen[139] als unangemessen an, den die Rückübertragung des Miteigentumsanteils verlangenden Ehemann auf die Teilungsversteigerung und den Zugewinnausgleich zu verweisen, nachdem er das Hausgrundstück alleine finanziert und das gemeinsame eheliche Leben nur wenige Monate gedauert hatte.

3183 Der **Anspruch auf Rückabwicklung der unbenannten Zuwendung** richtet sich grds. auf **Geldausgleich**.[140] Nur in Ausnahmefällen, etwa bei besonders schützenswertem Interesse am Gegenstand selbst,[141] kann die dingliche Rückgewähr von Zuwendungsobjekten auf § 313 BGB gestützt wer-

---

132 St. Rspr., z.B. BGH, NJW-RR 1993, 773, 774; BGH, NJW 1991, 830, 831; MünchKomm-BGB/*Kollhosser*, § 530 Rn. 12.
133 Der in § 313 BGB kodifizierte Wortlaut der Grundsätze vom Wegfall/der Änderung der Geschäftsgrundlage stellt allerdings nur mehr auf eine »erhebliche Störung« der Geschäftsgrundlage ab; daher zweifelt *Löhnig*, FamRZ 2003, 1521, ob die bisherige strengere Rspr. nach der Schuldrechtsreform noch aufrechterhalten werden kann.
134 Vgl. etwa den Tenor des Urteils des OLG Karlsruhe, RNotZ 2001, 453.
135 Da ein korrigierendes güterrechtliches Ausgleichsinstrument hier nicht zur Verfügung steht, stellt die Rspr. geringere Anforderungen an die Unzumutbarkeit der Beibehaltung der bisherigen Vermögenssituation, BGH, NJW 1997, 2747 – krit. gegen insoweit erleichterte Anforderungen *Winklmair*, FamRZ 2006, 1650.
136 Vgl. *Langenfeld*, Handbuch der Eheverträge und Scheidungsvereinbarungen, Rn. 210.
137 OLG Köln, ZEV 2002, 578: i.H.d. Zugewinnausgleichsanspruchs, der bei fiktiver Zuwendung erst nach Eheschließung bestehen würde.
138 OLG München, FamRZ 1999, 1663.
139 FamRZ 2000, 669; krit. hierzu *Wever*, FamRZ 2003, 572.
140 BGH, FamRZ 1998, 669.
141 Beispiel: BGH, FamRZ 1999, 365.

den, allerdings nur Zug um Zug gegen Zahlung einer an den vom Rückgewährschuldner getätigten Investitionen und Arbeitsleistungen[142] orientierten Ausgleichssumme geschuldet.[143] Solche Ansprüche bzw. Verpflichtungen sind i.R.d. Zugewinnausgleichsberechnung im Endvermögen der Ehegatten als Aktiv- bzw. Passivposten zu erfassen.[144]

Auch **teilweise Rückforderungen** lassen sich in Ausnahmefällen auf wertende Erwägungen gem. § 313 BGB stützen: Im Sachverhalt des OLG Bremen[145] hatte die Ehefrau kurz vor der Trennung im Vertrauen auf den Fortbestand der Ehe 30.000,00 DM Privatkredit aufgenommen und damit betriebliche Geschäftsverbindlichkeiten ihres Mannes zurückgezahlt. Zugewinn war beiderseits nicht vorhanden. § 242 BGB a.F. fordere zur Vermeidung schlechthin unangemessener Ergebnisse, dass die Ehefrau so gestellt werde, wie wenn der Geschäftskredit des Mannes von vornherein unter ihrer Mithaftung aufgenommen worden wäre, so dass ihr ein teilweiser Ausgleichs- (Rückforderungs-)Anspruch gem. § 426 BGB zustehen müsse.[146] Ähnlich der Sachverhalt des OLG Oldenburg:[147] Die als Beifahrerin ihres späteren Ehemannes bei einem Verkehrsunfall schwer verletzte Klägerin verwendete die Versicherungsleistung, um auf dem Grundstück ihres Ehemannes ein Wohngebäude zu errichten. Die Ehe scheiterte nach kurzer Zeit; der Ehemann verblieb mit seiner neuen Lebensgefährtin im Haus. Ein Zugewinnausgleich schied wegen hoher Belastungen im Endvermögen des Ehemannes aus. Zur Vermeidung eines untragbaren Ergebnisses gestand das OLG der Ehefrau einen Ausgleichsanspruch i.H.v. 1/4 des zur Verfügung gestellten Betrages zu.

3184

Das OLG Karlsruhe[148] schließlich hatte einem in Gütertrennung verheirateten Ehemann, der das von den Eltern ererbte Hausgrundstück an seine Ehefrau ohne Rückholvorbehalt übertragen hatte, um es dem Zugriff von Gläubigern zu entziehen, nach 37-jähriger Ehe die Hälfte des Erlöses aus der Weiterveräußerung des Anwesens nach Scheidung zugesprochen. Der BGH[149] betont, bei der Abwägung, ob in gescheiterten Gütertrennungs-Ehen die Beibehaltung der durch die Leistung geschaffenen Vermögensverhältnisse nach Treu und Glauben unbillig ist, seien die Dauer der (auch vorehelichen) Lebensgemeinschaft, das Alter der Parteien, Art und Umfang der erbrachten Leistungen, die Höhe der dadurch bedingten und noch vorhandenen Vermögensmehrung und die Einkommens- und Vermögensverhältnisse zu berücksichtigen.

3185

Erfolgen Zuwendungen unter (Noch-)Ehegatten im Zuge einer Trennung auch mit dem Ziel, zumindest mittelbar den Unterhaltsbedarf des »gemeinsamen« Kindes zu decken, kann die Geschäftsgrundlage für diese Schenkung entfallen, wenn sich herausstellt, dass der schenkende Ehemann nicht der Vater dieses Kindes ist.[150]

c) Verjährung

Die Bestimmung der Verjährungsfrist solcher Ansprüche auf Rückabwicklung ehebezogener Zuwendungen bereitete zwischen 2002 und der Aufhebung des § 197 Abs. 1 Nr. 2 BGB i.R.d. Erbrechtsreform Schwierigkeiten: Klassifizierte man sie als Ansprüche familienrechtlicher Natur i.S.d.

3186

---

142 Soweit sie das nach §§ 1353 Abs. 1, 1360 BGB zu erwartende Maß unentgeltlicher Mitarbeit übersteigen.
143 BGH, FamRZ 2002, 949.
144 BGH, 28.02.2007 – XII ZR 156/04, FamRZ 2007, 877 m. Anm. *Schröder*.
145 OLG Bremen, NJW 2000, 82.
146 Anders jedoch BGH, 21.06.2010 – XII ZR 104/08 NotBZ 2011, 36 m. Anm. *Krause* bei der Aufnahme eines Kredites durch einen Ehegatten bei den eigenen Eltern zum Erwerb einer beiden Ehegatten je zur Hälfte gehörenden Immobilie: lediglich güterrechtlicher Ausgleich.
147 FamRZ 2008, 993; vgl. *Wever*, FamRZ 2008, 1491.
148 FamRZ 2001, 1075.
149 BGH, 19.09.2012 – XII ZR 136/10, DNotZ 2013, 610, Tz 26 ff.; *Beller*, notar 2012, 395, 397.
150 BGH, 27.06.2012 – XII ZR 47/09.

§ 197 Abs. 1 Nr. 2 BGB, verjährten sie weiterhin[151] erst in 30 Jahren.[152] Knüpfte man sie dagegen schuldrechtlich an, blieb es bei der allgemeinen kenntnisabhängigen 3-jährigen Verjährung des § 195 BGB.[153] Letzteres ist seit 01.01.2010 gesetzlich nun klargestellt. Stichtag für die Entstehung des Anspruchs auf Rückgewähr ist der Zeitpunkt der endgültigen Trennung der Eheleute.[154]

6. Auseinandersetzung von Miteigentümergemeinschaften

3187 Vermögensauseinandersetzungen zwischen Ehegatten außerhalb des Zugewinnausgleichs finden häufig aufgrund bestehenden Bruchteilseigentums gem. §§ 1008 ff. i.V.m. 741 ff. BGB statt. Der wirtschaftlich Stärkere ist am günstigen Erwerb des Miteigentumsanteils (Rdn. 3172 ff.) über die Teilungsversteigerung interessiert, der wirtschaftlich Schwächere an einem möglichst optimierten freihändigen Verkauf. Im Betreiben der Teilungsversteigerung nach Scheitern der Ehe – sofern § 1365 BGB[155] oder § 180 Abs. 3 ZVG[156] bzw. § 765a ZPO[157] nicht entgegensteht – liegt gleichwohl kein Schadensersatz auslösender Umstand,[158] wenn der wirtschaftlich stärkere Ehegatte zunächst zugesagt hatte, an einem freihändigen Verkauf mitzuwirken.[159] Ersteigert ein Ehegatte sodann den Grundbesitz gegen ein geringes Bargebot unter Übernahme und Anrechnung nicht mehr valutierender früher gemeinsamer Grundschulden, kann der andere Ehegatte vom Ersteher nicht etwa direkte Zahlung (auch aus dem sonstigen Vermögen) auf die freien Grundschuldteile verlangen, sondern muss – wie auch sonst – zunächst die Abtretung der Grundschuld an beide, sodann die gegenständliche Teilung durch Bildung gleichrangiger Teilgrundschulden (§ 1152 BGB) und schließlich die Zwangsversteigerung betreiben.[160]

Hinsichtlich etwaiger Vergütungen bei Alleinnutzung vor einem Ankauf/Verkauf konkurrieren §§ 745 Abs. 2 und 1361b Abs. 3 Satz 2 BGB (vgl. Rdn. 3135 ff.).

▶ Hinweis:

3188 Im Ergebnis[161] ist also festzuhalten: Sofern bei Zuwendungen unter Ehegatten – mögen sie ehebedingte Zuwendungen oder reine Schenkungen sein – keine vertraglichen Rückforderungsrechte vereinbart werden, bleibt in aller Regel[162] bei Scheitern der damit verfolgten Zwe-

---

151 Wie gem. § 195 BGB a.F.: BGH, FamRZ 1994, 228.
152 So *Büttner*, FamRZ 2002, 361; Palandt/*Heinrichs*, BGB, § 197 Rn. 4. Zuständig ist allerdings das allgemeine Zivilgericht.
153 So *Kogel*, in: Münchener Anwaltshandbuch Familienrecht, § 19 Rn. 409.
154 BGH, FamRZ 2007, 877 m. Anm. *Schröder*; a.A. noch OLG Oldenburg, FamRZ 2008, 993, 994: Rechtskraft der Scheidung.
155 Analoge Anwendung, da auf eine Veräußerung mittelbar gerichtet, vgl. BGH, ZNotP 2007, 344 und *Weinreich*, FuR 2006, 403; a.A. *Gottwald*, FamRZ 2006, 1075 (Anm. zu BGH, Beschl. V. 14.06.2007 – V ZB 102/06). Selten kann auch § 765a ZPO einschlägig sein, vgl. *Wever*, FamRZ 2007, 858.
156 Vgl. *Wever*, FamRZ 2008, 1487.
157 BGH, FamRZ 2007, 1010.
158 OLG Brandenburg, FÜR 2003, 133; a.A. LG Münster, FamRZ 2003, 1666.
159 Vgl. *Wever*, FamRZ 2004, 1080.
160 BGH, 20.10.2010 – XII ZR 11/08 NotBZ 2011, 217 m. Anm. *Blaudeck*.
161 Zur Vermögensauseinandersetzung von Ehegatten außerhalb des Güterrechts vgl. die Rechtsprechungsübersichten von *Wever*, FamRZ 2000, 993 ff., FamRZ 2003, 565 ff., FamRZ 2004, 1073 ff., FamRZ 2005, 485 ff., FamRZ 2006, 365 ff., FamRZ 2007, 857 ff., FamRZ 2008, 1485 ff., FamRZ 2010, 237 ff., FamRZ 2011, 413 ff., FamRZ 2012, 416 ff.; FamRZ 2013, 741 ff.
162 Ausgenommen Ansprüche auf Hausratsteilung (§ 1361a BGB). Für Gegenstände des persönlichen oder beruflichen Gebrauchs gilt jedoch abweichend von der Miteigentumsvermutung des § 8 Abs. 2 Hausrats-VO § 1362 Abs. 2 BGB, also das Alleineigentum desjenigen Ehegatten, für dessen Gebrauch sie bestimmt sind. Wertvolle Schmuckstücke, die selten getragen werden, sind jedoch Kapitalanlagen: OLG Nürnberg, FamRZ 2000, 1220.

B. Schicksal ehebedingter Zuwendungen bei Scheitern der Ehe Kapitel 7

cke nur die Berücksichtigung der Zuwendung im Zugewinnausgleichsverfahren, also ohne tatsächliche Rückerwerbsmöglichkeit bzgl. des Gegenstands selbst.

7. Besonderheiten bei Schwiegerelternzuwendungen

a) Zuwendungen durch Schwiegereltern

Bei lebzeitigen[163] Zuwendungen, die während intakter Ehe zugleich an das eigene Kind und das Schwiegerkind unentgeltlich erbracht werden – was allerdings wegen der schenkungsteuerlichen Diskriminierung, Rdn. 3194, selten vorkommt – differenzierte die Rechtsprechung bis Anfang 2010 wie folgt: Die Zuwendung an das eigene Kind sei Schenkung, die an das Schwiegerkind dagegen wie eine ehebedingte Zuwendung zu behandeln,[164] so als ob sie vom eigenen Kind erfolgt wäre (s.a. Rdn. 3227 f. zur Behandlung im Zugewinnausgleich, Rdn. 3307 ff. zur eigentlichen Weiterschenkung des Erlangten an den Ehegatten des Erwerbers). Eine frei disponible unmittelbare Bereicherung des Schwiegerkindes unabhängig vom Schicksal der Ehe war zwar denkbar,[165] aber eher die Ausnahme. Im Verhältnis zwischen den Schwiegereltern (bzw. -großeltern) einerseits und den Beschenkten andererseits hinderte die Annahme einer ehebezogenen Zuwendung eigener Art[166] allerdings nicht in allen Fällen die Anwendung der Grundsätze über die Rückabwicklung solcher zur Begünstigung des ehelichen Lebens gedachten Schenkungen bei Scheitern der Ehe und damit teilweisem Fortfall des verfolgten Zwecks[167] – sie konnten z.B. eingreifen, wenn aufgrund des zwischen den beiden Erwerbern aufgetretenen Zerwürfnisses die Erfüllung der den Schwiegereltern vorbehaltenen bzw. zugesagten Versorgungsleistungen (Wohnungsrecht, Pflegeverpflichtung) gefährdet erscheint.

3189

Die bis Anfang 2010 herrschende Judikatur gewährte – gestützt auf § 313 BGB – eine Rückgewähr der dem Schwiegerkind gemachten Zuwendung nach dem Scheitern der Ehe allerdings nur, wenn die Aufrechterhaltung der Vermögenslage schlicht unzumutbar wäre,[168] was bei hälftigem Rückfluss i.R.d. Zugewinnausgleichs nicht anzunehmen sei.[169] In Betracht kam jedoch die Rückgewähr des Erlangten gegen eine angemessene, auch am Umfang der bereits erbrachten Leistungen und der getätigten Verwendungen orientierte Ausgleichszahlung.[170] Noch schwieriger war der Ausgleich von Arbeitsleistungen, welche die Schwiegereltern (etwa für den Hausbau der jungen Familie) erbracht haben (»stillschweigender Dienstvertrag«?,[171] Bereicherungsrecht?).[172]

3190

---

163 Zum Schicksal letztwilliger Zuwendungen an Schwiegerkinder nach Ehescheidung (Auslegung, ggf. § 2077 BGB, ggf. Testamentsanfechtung gem. § 2078 Abs. 2 BGB) vgl. *Reimann*, ZEV 2011, 636 ff.
164 OLG Koblenz, NJW 2003, 1675; OLG Celle, FamRZ 2003, 1657 (anders OLG München, FamRZ 2004, 196, das nach Scheitern der Ehe eine gesamtschuldnerische Rückgewährpflicht annimmt).
165 Beispielsfall: OLG Düsseldorf, FamRZ 2005, 1089.
166 BGH, 04.02.1998 – XII ZR 160/96, FamRZ 1998, 669 f.
167 A.A. OLG Celle, 27.03.2003 – 6 U 198/02, FamRZ 2003, 1657: Es entfalle die Möglichkeit, unmittelbar im Verhältnis zwischen Schwiegereltern und Schwiegerkind die Zuwendung gem. § 313 BGB (Wegfall der Geschäftsgrundlage wegen Scheiterns der Ehe) rückabzuwickeln, anders jedoch BGH, 07.09.2005 – XII ZR 316/02, FamRZ 2006, 394: Vertragsanpassung durch Ausgleichszahlung seitens des Schwiegerkindes nach Scheitern der Ehe wegen Gefährdung der den Schwiegereltern zugesagten »Gegenleistungen«.
168 Verneint z.B. in OLG Brandenburg, 23.04.2008 – 13 U 52/07, FamRZ 2009, 117.
169 OLG Celle, FamRZ 2003, 1657, anders der Sachverhalt in OLG Celle, FamRZ 2003, 233: Schwiegersohn hatte als Anstifter die Ermordung der Ehefrau zu verantworten.
170 BGH, 07.09.2005 – XII ZR 316/02, FamRZ 2006, 394.
171 So LG Marburg, FamRZ 2004, 1099.
172 So OLG Frankfurt, FamRZ 2005, 1833; krit. hierzu *Wever*, FamRZ 2006, 372.

3191 Im Urt. v. 03.02.2010[173] hat der XII. Senat des BGH diese **Sonderbehandlung schwiegerelterlicher Zuwendungen** an das Schwiegerkind[174] als »Rechtsverhältnisse eigener Art«, ähnlich ehebedingter Zuwendungen, **aufgegeben**[175]. Er qualifiziert sie nun vielmehr, auch wenn sie um der Ehe der eigenen Kinder willen erfolgt sind, als Schenkungen i.S.d. §§ 516 ff. BGB, zumal sie – anders als ehebedingte Zuwendungen unter Ehegatten – im Bewusstsein dessen erfolgten, am Gegenstand künftig nicht mehr partizipieren zu können. Regelmäßig sei Geschäftsgrundlage, dass die eheliche Lebensgemeinschaft fortbestehe und das eigene Kind demnach in den dauernden Genuss der Schenkung (etwa in Gestalt einer schuldenfreien Wohnung) komme. Dies gelte auch, wenn Kind und Schwiegerkind in Zugewinngemeinschaft leben, zumal (a) die schwiegerelterliche Zuwendung nunmehr gem. § 1374 Abs. 2 BGB ohnehin weitgehend neutralisiert werde,[176] so dass die Gefahr einer doppelten Inanspruchnahme nicht drohe, und (b) die Schwiegereltern nicht auf den zugewinnausgleichsrechtlichen Halbteilungsgrundsatz verwiesen werden können. § 313 BGB führt im Falle des Scheiterns der Ehe zu einer Anpassung, wenn das Festhalten an der Schenkung den Schwiegereltern nicht zumutbar ist.

▶ Hinweis:

3192 Im Rahmen von Trennungs- und Scheidungsvereinbarungen können noch so umfassende Abgeltungsvereinbarungen nicht etwaige nun außerhalb des ehebedingten Rahmens abzuwickelnde Ansprüche der Schwiegereltern umfassen.[177] Die üblichen Klauseln, wonach »Ansprüche auf Gesamtschuldnerausgleich, Ansprüche auf Nutzungsentschädigung für gemeinschaftliches Eigentum, aus Ehegatteninnengesellschaften, Rückforderungsansprüche aus ehebedingten Zuwendungen, sowie aus familienrechtlichen Kooperationsverträgen« abgegolten und damit künftig ausgeschlossen seien, schließen Ansprüche außenstehender Dritter nicht ein. Notwendig sind daher (sofern die Schwiegereltern nicht ihrerseits Verzicht leisten) Freistellungsverpflichtungen dergestalt, dass jeder Ehegatte den anderen von etwaigen Rückforderungs- oder Anpassungsansprüchen seiner Eltern freizustellen hat, ggf. im Wege direkter Erfüllung oder Leistung an Erfüllungs Statt.

3193 Die Höhe des **aus § 313 BGB resultierenden Rückforderungsanspruchs** orientiert sich an der beim Schwiegerkind noch vorhandenen Vermögensmehrung; bloße Zuwendungen zur Begleichung laufender Zinslasten (oder sonstiger Kosten des Lebensunterhalts) des Schwiegerkindes bleiben also von vorneherein unberücksichtigt.[178] Wertverluste der Immobilie, die durch schwiegerelterliche Zuwendungen mitfinanziert wurde, mindern die Höhe möglicher Rückforderungs-

---

173 BGH, 03.02.2010 – XII ZR 189/06 FamRZ 2010, 958 m. Anm. *Wever*, FamRZ 2010, 1047; *Koch*, DNotZ 2010, 861; *Bruch*, MittBayNot 2011, 144 f. Kritisch hiergegen *Büte*, Zugewinnausgleich bei Ehescheidung, 4. Aufl., Rz. 550; auch *Kogel*, FamRZ 2012, 832 (zur Nichtberücksichtigung der unterschiedlichen Steuerfreibeträge).

174 Für die Bestimmung des Leistungsempfängers stellt OLG Bremen, 17.08.2015 – 4 UF 52/15, RNotZ 2015, 650 maßgeblich auf das Empfängerkonto und den angegebenen Verwendungszweck ab.

175 Instruktiver Überblick zur nachfolgenden Urteils- und Berechnungspraxis *Wever*, FamRZ 2016, 857 ff., kürzer: *N. Mayer*, ZEV 2016, 177 ff.; monografisch *Leszczenski*, Rückforderung schwiegerelterlicher Zuwendungen (2016): »familienrechtlicher Vertrag sui generis«.

176 Auch die Berücksichtigung des potenziellen Rückforderungsanspruchs als Verbindlichkeit im Anfangs- und im Endvermögen (nach BGH, 03.02.2010 – XII ZR 189/06 FamRZ 2010, 958 in gleicher Höhe, allerdings indexiert, ebenso BGH, 21.07.2010 – XII ZR 180/09 DNotZ 2011, 301: vollständige Neutralisierung, was zwar dogmatisch bedenklich, in der Wertung aber nachvollziehbar ist, vgl. *Wever*, FamRZ 2016, 857, 866) ändert daran nichts, *Hoppenz*, FamRZ 2010, 1718. Gegen die These von der Zugewinnausgleichsneutralität der Schwiegerelternschenkung *Kogel*, FamRZ 2011, 1121 und FamRZ 2012, 832 ff.; gegen die Berücksichtigung der Rückgabepflicht im Anfangsvermögen *Wever*, FamRZ 2012, 423.

177 So der Sachverhalt in BGH, 26.11.2014 – XII ZB 666/13, FamRZ 2015, 490 m. Anm. *Wever*.

178 BGH, 26.11.2014 – XII ZB 666/13, NotBZ 2015, 188 m. Anm. *Krause*.

ansprüche.[179] Teilweise macht die Rspr. auch einen Abschlag für »teilweise Zweckerreichung« im Verhältnis der tatsächlichen Ehedauer zur erwarteten (auf die gesamte Lebenszeit des eigenen Kindes bezogenen) Ehedauer.[180] In Ausnahmefällen kann sogar die dingliche Rückgewähr geschuldet sein[181]. Daneben kommen Rückforderungsansprüche aus § 530 BGB (grober Undank) und aus Bereicherungsrecht (Zweckverfehlung)[182] in Betracht, die sich allerdings wieder ihrerseits auf den Zugewinn auswirken.[183] Leisten »Schwieger«eltern jedoch nach der Scheidung weiterhin an ihr Kind und das frühere Schwiegerkind (etwa zur Tilgung einer gemeinsamen Kreditschuld), kommen Rückforderungsansprüche regelmäßig nicht in Betracht[184] (die Geschäftsgrundlage hat sich bereits zuvor geändert). Die (dreijährige, § 199 Abs. 1 BGB, bei Grundbesitz zehnjährige, § 196 BGB[185]) Verjährung beginnt am Ende des Jahres, in dem die Schwiegereltern von der Trennung erfahren haben;[186] die Hemmung der Verjährung während der Ehe (§ 207 Abs. 2 BGB) wirkt nur zwischen den Eheleuten selbst.

Schenkungsteuerlich wird diese Form der **Direktzuwendung** (anders als die in zwei aufeinanderfolgenden Urkunden erfolgende Übertragung Eltern-Kind, sodann Kind-Schwiegerkind, Rdn. 3308) seit jeher nicht wie eine Kettenschenkung, also zwei selbstständige konsekutive Schenkungsvorgänge, behandelt; sie ist also im Verhältnis zum Schwiegerkind mit lediglich **geringem Freibetrag** versehen (Steuerklasse II, d.h. lediglich 20.000,00 €, vor 2009: 10.300,00 € Freibetrag! Nur bei der Grunderwerbsteuer sind Schwiegerkinder transfersteuerlich den Abkömmlingen gleichgestellt). Dies gilt auch, wenn die Zuwendung »auf Veranlassung des Kindes« bzw. »als ehebedingte Zuwendung des Kindes« erfolgen soll (vgl. Rdn. 3307 ff.); auch im möglichen zukünftigen Anrechnungsposten (§ 1380 BGB) liegt keine gegenwärtige Bereicherung.[187]

3194

▶ **Hinweis:**

Daher ist stets, zivilrechtlich wie schenkungsteuerrechtlich, die Zuwendung allein an das eigene Kind vorzuziehen!

Der automatische (und steuerschädliche) unmittelbare Miterwerb des Schwiegerkinds kann sich bspw. dadurch verwirklichen, dass das Kind und dessen Ehegatte in einem ausländischen Güterstand verheiratet sind, der (etwa als Errungenschaftsgemeinschaft) den zwingenden Miterwerb des Ehegatten auch an Erwerben in vorweggenommener Erbfolge vorsieht. Um dies zu vermeiden,

3195

---

179 BGH, 20.07.2011 – XII ZR 149/09, FamRZ 2012, 273 m. Anm. *Wever* = NotBZ 2012, 97 m. Anm. *Krause*.
180 OLG Bremen, 17.08.2015 – 4 UF 52/15, RNotZ 2015, 650 (als Abwägungskriterium neben der noch vorhandenen Vermögensmehrung).
181 BGH, 03.12.2014 – XII ZB 181/13, NotBZ 2015, 187 m. Anm. *Krause* = NZFam 2015, 268 m. Anm. *Groß*.
182 Für eine generelle Lösung über die Zweckverfehlungskondiktion plädiert *Schwab*, FamRZ 2010, 1701 ff.
183 Vgl. *Schlecht*, FamRZ 2010, 1021 ff.; *Hoppenz*, FamRZ 2010, 1027 ff. und FamRZ 2010, 1718.
184 BGH, 20.07.2011 – XII ZR 149/09, FamRZ 2012, 273 m. Anm. *Wever* = NotBZ 2012, 97 m. Anm. *Krause*: Die Geschäftsgrundlage ist bereits zuvor entfallen; auch bestehen keine Ansprüche aus berechtigter GoA gem. § 683 BGB oder gem. § 812 Abs. 1 Satz 1 Alt. 2 BGB, da die Eltern die Unterstützungsleistung nur ihren eigenen Sohn erbringen wollten.
185 BGH, 03.12.2014 – XII ZB 181/13, NotBZ 2015, 187 m. Anm. *Krause* = NZFam 2015, 268 m. Anm. *Groß*.
186 Das bedeutet regelmäßig Kenntnis oder grob fahrlässige Unkenntnis von der Zustellung des Scheidungsantrags: BGH, 16.12.2015 – XII ZB 516/14, ErbR 2016, 326 m. Anm. *Derichs* = NotBZ 2016, 221 m. Anm. *Krause*; vgl. ferner *Wever*, FamRZ 2012, 277; OLG Frankfurt, 14.03.2013 – 6 UF 91/11, FamRZ 2013, 988; OLG Düsseldorf, 28.02.2013 – 7 UF 185/12.
187 Vgl. BFH, DStR 2005, 864, gegen FG Rheinland-Pfalz, EFG 1999, 617. Die Charakterisierung als »ehebedingte Zuwendung« genügt also nicht; maßgeblich ist die Erlangung eigener Entscheidungsbefugnis des »Durchgangserwerbers«, vgl. *Schlünder/Geißler*, FamRZ 2005, 1251.

empfiehlt sich eine vorherige Güterrechtswahl der Erwerber gem. Art. 15 EGBGB oder aber zumindest die ausdrückliche Vereinbarung als »Sondergut« bzw. »Eigengut« des Kindes, sofern das dann weiter zuständige ausländische Güterrecht diese Vereinbarung erlaubt.[188]

3196 Besonderheiten sind auch in Bezug auf **Darlehen** der Schwiegereltern an das Schwiegerkind denkbar.[189] So kann eine ergänzende Vertragsauslegung ergeben, dass die Vertragspartner für den ungeregelt gebliebenen Fall einer Trennung des Schwiegerkinds vom eigenen Kind wohl vorgesehen hätten, dass sodann das Schwiegerkind nach dem Scheitern der Ehe alles in seinen Kräften Stehende und ihm unter Berücksichtigung sonstiger Verpflichtungen Zumutbare tun müsse, um die Mittel in die Hand zu bekommen, die ihm eine Rückzahlung der Darlehen ermöglichen, spätestens binnen zwei Jahren nach Rechtskraft des Scheidungsurteils.[190]

b) Zuwendungen an Schwiegereltern

3197 Der umgekehrte Fall einer »Zuwendung« an Schwiegereltern verwirklicht sich i.d.R. durch Investitionen in deren Grundstück bzw. Immobilie, unter der häufig stillschweigend, also nicht im Sinne eines tatsächlichen »Kooperationsvertrages«,[191] getroffenen Abrede, dafür den geschaffenen bzw. aufgewerteten Wohnraum »mietfrei« als Familienwohnung nutzen zu dürfen. Letztere Vereinbarung – ein **Leihvertrag** – (ähnlich Rdn. 1526) bildet den Rechtsgrund der Investitionen, der demnach nicht bereits mit Scheitern der Ehe entfällt, sondern erst dann, wenn keiner der Ehegatten mehr die Räume unentgeltlich bewohnt.[192] Ist das Leihverhältnis mit beiden Ehegatten beendet, richtet sich der Bereicherungsanspruch aus §§ 812 Abs. 1 Satz 2, 1. Alt., 818 Abs. 2 BGB weder nach den investierten Kosten noch nach der geschaffenen Werterhöhung für das Grundstück, sondern nach dem durch die Investition geschaffenen Ertragswert bzw. der Ertragswertsteigerung. Der vorzeitige Rückerhalt der Nutzung in Form der Vermietung oder der Eigennutzung ist also durch eine Geldrente auszugleichen.[193] Ein einmaliger Kapitalbetrag kann nur dann beansprucht werden, wenn die Schwiegereltern die wertgesteigerte Immobilie alsbald verkaufen.[194] Die gleichen Grundsätze gelten auch bei der Investition in eine Immobilie der eigenen Eltern zur Ermöglichung der unentgeltlichen Selbstnutzung, wenn diese vorzeitig endet,[195] auch wenn die Investition nicht in Form von Geld, sondern durch Arbeitsleistung erbracht wird.

II. Vertragliche Rückforderungsvorbehalte

3198 Dieses Ergebnis – grundsätzlicher Fortbestand der Zuwendung auch nach Scheitern der Ehe – wird insb. dann als unbillig betrachtet, wenn
(1) die Ehe aus »Verschulden« des begünstigten Teils scheitert,
(2) die Zuwendung aus Anfangsvermögen oder privilegiertem Erwerb erfolgte,
(3) die Zuwendung die hälftige Zugewinnbeteiligung des anderen Ehegatten übersteigt oder
(4) schließlich der tatsächliche Verlust des Eigentums auch bei geldlichem Wertausgleich i.R.d. Zugewinnausgleichs nicht hingenommen werden soll.

---

188 Vgl. *Fetsch*, RNotZ 2007, 472.
189 Vgl. OLG Köln, 20.01.2016 – 11 U 153/15, ZEV 2016, 712.
190 BGH, 05.02.1973 – III ZR 203/71, BeckRS 1973, 31125066.
191 Zurückhaltend in Bezug auf die Annahme konkludenter Kooperationsverhältnisse BGH, 04.03.2015 – XII ZR 46/13, DNotZ 2015, 534; vgl. auch *Kesseler*, in *Herrler/Hertel/Kesseler*, Aktuelle Probleme der notariellen Vertragsgestaltung im Immobilienrecht 2016/2017, S. 180 ff.
192 Vorher kommt ein Bereicherungsausgleich nicht in Betracht, vgl. OLG Frankfurt, 03.11.2006 – 25 U 30/06, FamRZ 2007, 641 m. Anm. *Wever*.
193 Vgl. im Einzelnen *Wever*, Vermögensauseinandersetzung der Ehegatten außerhalb des Güterrechts, Rn. 544 ff.
194 OLG Oldenburg, FamRZ 2008, 1440.
195 Vgl. BGH, FamRZ 2002, 89.

B. Schicksal ehebedingter Zuwendungen bei Scheitern der Ehe   Kapitel 7

Aus diesem Grund enthalten Übertragungen unter Ehegatten jedenfalls dann, wenn sie in erster Linie motiviert sind vom Bestreben, Vermögen nach Ablauf der (4-jährigen) Anfechtungsfrist dem Zugriff von Fremdgläubigern oder des Insolvenzverwalters zu entziehen, also nicht primär der Herstellung einer aus Sicht der Ehegatten gerechten Miteigentumslage dienen, praktisch immer den Vorbehalt **vertraglicher Rückforderungsrechte**. Die Tatbestände, die zur Ausübung des höchstpersönlichen Rückübertragungsverlangens berechtigen, sind regelmäßig ähnlich denen einer Übertragung in vorweggenommener Erbfolge (schuldrechtliches Verfügungsverbot ggü. Veräußerung und Belastung, Vermögensverfall in Gestalt eines Zugriffs dritter Gläubiger oder der Insolvenz, Vorversterben, Getrenntleben/Scheidungsverfahren/Scheidung,[196] vgl. im Einzelnen Rdn. 2232 ff.), ergänzt um den Fall der Nichteinräumung des Mitbesitzes an den Veräußerer beim gemeinsam bewohnten Eigenheim (vgl. Anhang, Muster J Rdn. 6759). Wegen des dadurch heraufbeschworenen Streitpotentials ist dringend abzuraten von manchmal gewünschten Beschränkungen der Rückforderungsmöglichkeit im Fall des Getrenntlebens auf »durch den Erwerber verschuldete« Zerwürfnisse.[197] Der BGH erwägt obiter,[198] dass ein an die Scheidung anknüpfender Rückforderungsvorbehalt sittenwidrig (§ 138 BGB) sein kann, wenn der veräußernde Ehegatte schon im Zeitpunkt der Zuwendung den (geheimen) Vorbehalt hatte, Scheidungsantrag zu stellen; im Normalfall ist jedoch (auch seitens des Grundbuchamts) von der Wirksamkeit auszugehen.[199]   3199

Mitunter sichert sich der übertragende Ehegatte hinsichtlich des Besitzrechtes durch eine daneben eingeräumte Mitbenutzungsdienstbarkeit, die bei Eintritt bestimmter Umstände (Übergang des Eigentums an andere Personen als den Ehegatten etc.) zu einem Wohnungsrecht erstarkt, vgl. Rdn. 1533, um nicht völlig schutzlos dazustehen, wenn das zurückzuerlangende Eigentum im Zeitpunkt der Krise bei ihm selbst der Pfändung unterläge, auch durch die (alternativ zur Verfügung stehende) Option der Rückforderung des übertragenen (Halb-)Anteils oder aber der Absicherung lediglich auf der Nutzungsebene, durch Mitbenutzungs- und bedingtes Wohnungsrecht, vgl. Formulierungsvorschlag in Rdn. 1535 und Gesamtmuster in Rdn. 6759.   3200

▶ Hinweis:

Gestalterisch[200] lässt sich auch – durch notarielle Vereinbarung des **deutsch-französischen Wahlgüterstandes** (vgl. zu dessen pflichtteilsrechtlichen Vorteilen Rdn. 3588 ff.) – die in Art. 5 Abs. 1 des zugehörigen Abkommens (WZGA) geschaffene dingliche Verfügungssperre (Rdn. 4243 ff.) zum Schutz der Familienwohnung nutzen: Wird die Familienwohnung durch Übertragung an den Ehepartner vor (nach Ablauf der vierjährigen Anfechtungsfrist drohenden) Zugriffen eines Gläubigers in Sicherheit gebracht, weiß sich der »abgebende« Ehegatte gegen »heimliche« Belastungen oder Veräußerungen durch Art. 5 Abs. 1 WZGA geschützt, es bedarf also insoweit nicht eines (vormerkungsgesicherten) Rückforderungsvorbehalts (der mit dem Risiko einhergeht, dass Dritte den künftigen, bedingten, Rückübereignungsanspruch pfänden und einen diesbezüglichen Vermerk bei der Vormerkung eintragen lassen, der auch   3201

---

196 Wichtig ist die genaue Definition des Rückforderungstatbestandes. OLG München, 17.10.2016 – 34 Wx 208/16, MittBayNot 2017, 59 versteht »im Falle einer Scheidung« so, dass bereits die Stellung des Scheidungsantrags das Rückforderungsrecht auslöst [mit der Folge, dass nach dem Tod des Rückforderungsberechtigten die Löschung der nicht befristeten Vormerkung nicht durch Unrichtigkeitsnachweis erfolgen kann].
197 OLG Brandenburg, 17.12.2008 – 13 U 20/08, notar 2009, 113: dann keine Rückforderung, wenn der Erwerber schlicht den ersten Schritt der Trennung vollzieht und die Hausratsgegenstände mitnimmt. Klarer bestimmt wäre der Rückforderungsfall bei einer Formulierung gewesen, die daran anknüpft, dass »der Erwerber aus dem derzeit gemeinsam genutzten Gebäude auszieht«, vgl. *Michael*, notar 2009, 114.
198 BGH, 30.01.2015 – V ZR 171/13.
199 OLG München, 28.07.2016 – 34 Wx 233/16, ZNotP 2016, 366.
200 Hinweis von *Amann*, DNotZ 2013, 252, 280.

einvernehmliche Verfügungen über den betroffenen Grundbesitz ohne Mitwirkung des Pfändungsgläubigers faktisch ausschließt.[201]

Auf drei weitere Besonderheiten im Rahmen vertraglicher Rückforderungsvorbehalte unter Ehegatten ist hinzuweisen:

1. Übertragung des Familienheims

3202 Der Rückforderungstatbestand des Vorversterbens des Erwerbers vor dem Veräußerer (vgl. Rdn. 2270 ff.) gewinnt im Licht des § 13 Abs. 1 Nr. 4a ErbStG besonderen Charme, erleichtert diese Vereinbarung doch gem. § 29 ErbStG (Rdn. 4970 ff.) die schenkungsteuerneutrale Übertragung des selbst genutzten Familienheims. Soll die Übertragung nur stattfinden, wenn sie steuerbefreit ist, kann sie auch unter den Vorbehalt der Rückforderung für den Fall gestellt werden, dass das Finanzamt wider Erwarten Schenkungsteuer festsetzen sollte,[202] vgl. das Vertragsmuster in Rdn. 6759.

3203 Die schenkungsteuerliche Freistellung (vgl. Rdn. 3270 ff.) wird bekanntlich nur für Übertragungen unter Lebenden uneingeschränkt gewährt. Es empfiehlt sich daher zur Vermeidung späterer Erbschaftsteuer, das (jeweilige) selbst genutzte Familienheim, unabhängig von seinem Wert, der Vorbesitzzeit und der anschließenden Nutzung, in das Eigentum desjenigen Ehegatten zu übertragen, der mutmaßlich der Längerlebende sein wird, um sich die (erst seit 2009 und nur eingeschränkt steuerfreie, Rdn. 4915 ff.) postmortale Übertragung an ihn zu ersparen. Sollte allerdings die Reihenfolge der Sterbefälle entgegen der statistischen oder persönlichen Erwartung der Beteiligten eintreten, ermöglicht das Rückforderungsrecht bei Vorversterben den steuerneutralen (§ 29 ErbStG) Storno dieser Übertragung außerhalb des Nachlasses; das Rückforderungsrecht geht auch bei Alleinerbenstellung des Berechtigten weder zivilrechtlich (Pflichtteilsansprüche!)[203] noch schenkungsteuerlich durch Konfusion unter, § 10 Abs. 3 ErbStG analog.[204] Wer letzte Zweifel an der schenkungsteuerlichen Stornowirkung dieser Rückforderung beseitigen möchte, kann die Familienheimzuwendung unter die auflösende Bedingung stellen, dass der Erwerber vor dem Veräußerer stirbt und von Letzterem alleine beerbt wird.[205]

▶ **Formulierungsvorschlag: Ehegattenschenkung unter auflösender Bedingung der »Rückvererbung«**

3204 Die Zuwendung des Grundbesitzes steht unter der auflösenden Bedingung, dass (1) der Erwerber vor dem Veräußerer verstirbt und (2) vom Veräußerer alleine beerbt wird. Stirbt der Erwerber zwar vor dem Veräußerer, wird er jedoch nicht alleine von Letzterem beerbt, ist der Veräußerer berechtigt, die Rückübertragung des Grundbesitzes auf sich zu verlangen. ..... *(folgt weitere Ausgestaltung des Rückforderungsrechtes, vgl. Rdn. 2302 ff.).*

2. Ausübungsfrist?

3205 Die Besonderheiten der Übertragung unter Ehegatten legen weiterhin nahe zu erwägen, ob nicht die Rückforderung aus anderen Gründen nicht mehr möglich sein soll, wenn sie in einem Scheidungsverfahren nicht spätestens bis zur Rechtskraft der Scheidung geltend gemacht wurden. Denn damit gibt der Veräußerer regelmäßig zu erkennen, dass er den Gegenstand endgültig dem Vermögensbereich des beschenkten (dann ehemaligen) Ehegatten zuordnet.

---

201 Vgl. OLG München, 11.03.2010 – 34 Wx 010/10 DNotZ 2010, 917 m. Anm. *Reul*, S. 902 ff.; *Krauß*, Vermögensnachfolge in der Praxis, Rdn. 2130 ff.
202 Vgl. *Ihle*, RNotZ 2011, 471, 477.
203 BGH, NJW 1987, 1260, 1262.
204 *Holland*, ZEV 2000, 356, 359, wohl auch *Ihle*, RNotZ 2011, 471, 477, der zu Recht empfiehlt, als Ersatzhandlung für die zivilrechtlich unmögliche Geltendmachung der Rückforderung selbst eine entsprechende Nachlassverbindlichkeit in die Erbschaftsteuererklärung einzustellen.
205 *Steiner*, ErbStB 2010, 179, 181; *Reimann*, ZEV 2010, 174, 176.

▶ Formulierungsvorschlag: Rückforderung unter Ehegatten ist spätestens bei Scheidung auszuüben

..... auf Verlangen rückzuübertragen, wenn ..... (Anm.: Es folgt die Aufzählung der zur Rückforderung berechtigenden Tatbestände) ......
– die Beteiligten länger als sechs Monate getrennt leben im Sinn des § 1567 BGB. Wird in diesem Fall das Rückübertragungsverlangen nicht spätestens bis zur Rechtskraft der Scheidung gestellt, entfällt die Rückforderungsmöglichkeit auch aus allen anderen Gründen; die etwa zur Sicherung des bedingten Rückforderungsanspruchs bewilligte Vormerkung ist auf Kosten des Erwerbers zu löschen.

3. Abstimmung mit Zugewinnausgleichsregelungen

Im Hinblick auf das Zugewinnausgleichsrecht als gesetzliche »Auffangregelung« zum Ausgleich von Vermögensentwicklungen bei Scheitern der Ehe im gesetzlichen Güterstand stellen sich bei Vereinbarung eines gegenständlichen Rückforderungsvorbehalts mehrere Fragen:

a) Bei Nichtausübung des Rückforderungsrechtes

Zum einen ist festzulegen, in welcher Weise die (dann dauerhafte) Zuwendung berücksichtigt werden soll, wenn das Rückforderungsrecht im Fall der Trennung/Scheidung **nicht** ausgeübt wird – im Regelfall bleibt es bei den nachstehend bei Rdn. 3225 ff. erläuterten gesetzlichen Konsequenzen (Nichterfassung i.R.d. § 1374 Abs. 2 BGB, allenfalls Teilwertausgleich i.R.d. § 1380 BGB).

▶ Formulierungsvorschlag: Berücksichtigung einer Ehegattenzuwendung bei Fehlen oder Nichtausübung eines Rückforderungsvorbehaltes lediglich i.R.d. § 1380 BGB

Im Sterbefall ist der Wert der Zuwendung auf einen etwaigen Pflichtteilsanspruch des Erwerbers gegenüber dem Veräußerer anzurechnen. Ferner bleibt § 530 BGB vorbehalten.

Sofern bei Scheidung der Ehe die Zuwendung dem Erwerber verbleibt, ist ihr Wert gemäß § 1380 BGB auf einen etwaigen Zugewinnausgleichsanspruch des Empfängers der Schenkung anzurechnen bzw., soweit eine Anrechnung nicht möglich ist, dem Endvermögen des Beschenkten zuzurechnen. Den Beteiligten ist allerdings bekannt, dass eine – sei es auch nur hälftige – Wertbeteiligung des Veräußerers durch die Bestimmungen des gesetzlichen Zugewinnausgleichs nicht sicher gewährleistet ist, etwa bei einer Saldierung mit anderen Negativposten.

Wird diese Teilverrechnung auf eine etwaige Zugewinnausgleichschuld als unbefriedigend empfunden, ist über eine »Erweiterung« des § 1380 BGB zur Vollerstattungspflicht nachzudenken (vgl. die Formulierung in Rdn. 3250 f.). Denkbar ist auch, in Ausdehnung des gesetzlichen Schenkungsbegriffes z.B. **Arbeitsleistungen** wie ausgleichungspflichtige Vermögenszuwendungen zu behandeln, v.a. wenn sie zur Ersparnis von Fremdaufwendungen geführt haben (vgl. zur parallelen Thematik unter nichtehelichen Lebensgefährten Rdn. 3335) oder soweit es sich um über das sozialadäquate Maß hinausgehende Arbeitsleistung naher Angehöriger handelt, die im Scheidungsfall naturgemäß nur bei ihrem eigenen Kind wie Anfangsvermögen bewertet werden sollen. Dies erfordert eine entsprechende ehevertragliche Modifizierung der Zugewinnausgleichsregeln sowie eine begleitende Dokumentationspflicht unter gleichzeitiger Festlegung des »Stunden-Verrechnungssatzes«.

In Betracht kommen schließlich Modelle, welche die gemeinsame Investitionsverantwortung durch andere Modifikationen des gesetzlichen Zugewinnausgleichs umsetzen, etwa durch die grundsätzliche **Pflicht zur Erstattung von Anfangsvermögen** und die je hälftige Teilung von Zugewinn und Wertverlusten.[206] Eine Außengrenze für abweichende Gestaltungen enthält wohl

---

206 So der Vorschlag von *Amann*, Vortragsskript »Erwerb und Bebauung von Immobilien durch nahestehende Personen«, 34. Bielefelder Notarlehrgang, 09.08.2007, Umdruck S. 35 ff. mit Formulierungsvorschlag im Anhang.

§ 1378 Abs. 2 BGB, wonach die Ausgleichsforderung (zum Schutz anderer Gläubiger) begrenzt wird durch das Vermögen, das dem Pflichtigen nach Abzug der sonstigen Verbindlichkeiten beim Eheende verbleibt (seit der Reform des Zugewinnausgleichsrechts zum 01.09.2009 erhöht sich allerdings diese »Obergrenze« um solche Beträge, die der Ausgleichspflichtige illoyal an Dritte verschenkt hat i.S.d. § 1375 Abs. 2 BGB, so dass er ggf. in dieser Höhe ein Darlehen aufnehmen muss [§ 1378 Abs. 2 Satz 2 BGB n.F.]).

3212 Denkbar sind jedoch auch gänzlich verschiedene Gestaltungsmodelle, z.B. die Behandlung von Zuwendungen als zinsloses **Darlehen** außerhalb des Zugewinnausgleichs (zur vergleichbaren Regelungssituation unter nicht verheirateten Investitionspartnern s. Rdn. 3346 ff., auch zur Ausgestaltung im Einzelnen). Diese Lösung weist allerdings ggü. dem gesetzlichen Mechanismus des Zugewinnausgleichs gravierende Nachteile auf:[207] die Darlehensforderung ist, auch wenn man sie unabtretbar gestellt, pfändbar (anders als die Zugewinnausgleichsforderung: § 1378 Abs. 3 Satz 1[208] und 3 BGB, § 852 Abs. 2 ZPO) und vererblich.[209] Werden Zinsen erhoben, sind diese als Einkünfte aus Kapitalvermögen (ohne Beschränkung auf den Abgeltungsteuersatz, Rdn. 2874!) steuerpflichtig, unterbleibt die Berechnung von Zinsen, kann darin eine Schenkung liegen.[210]

b) Bei Ausübung des Rückforderungsrechtes

3213 In noch höherem Maße erläuterungs- und möglicherweise regelungsbedürftig ist jedoch das Schicksal der ehebedingten Zuwendung im Fall der Ausübung des gegenständlichen Rückforderungsvorbehalts:

(1) Bei Fehlen einer gesetzlichen Auffangregelung (also bei **Gütertrennung** oder Modifizierung des gesetzlichen Güterstands durch Ausschluss des Zugewinns im Scheidungsfall) ergeben sich keine weiteren Besonderheiten; bei eher (hier sicherlich seltener) poenaler Einordnung des Rückforderungsvorgangs kann auf jegliche Erstattung verzichtet werden (vgl. oben Rdn. 2313), oder nur solche Verwendungen berücksichtigt werden, die aus tatsächlichem oder fiktivem (§ 1374 Abs. 2 BGB) Anfangsvermögen stammen,[211] andernfalls ist, etwa in dem oben bei Rdn. 2325 vorgeschlagenen Umfang, ein teilweiser Ausgleich für werterhöhende Verwendungen, Sondertilgungen etc. geschuldet. In Modifizierung des dortigen Bausteins kann jedoch der Hinweis auf »Gutabstandsgelder« und »Gleichstellungszahlungen an Geschwister« entfallen, so dass die vorgeschlagene Formulierung wie folgt lauten würde:

▶ Formulierungsvorschlag: Rückabwicklung bei Ausübung des Rückforderungsrechtes unter Ehegatten bei Gütertrennung

3214 Verwendungen aus dem Vermögen des Rückübertragungsverpflichteten werden – maximal jedoch bis zur Höhe der noch vorhandenen Zeitwerterhöhung – gegen Rechnungsnachweis erstattet bzw. durch Schuldübernahme abgegolten, soweit sie nicht nur der Erhaltung des Anwesens im derzeitigen Zustand, sondern dessen Verbesserung oder Erweiterung gedient haben und mit schriftlicher Zustimmung des Berechtigten oder seines Vertreters durchgeführt wurden. Sondertilgungen auf übernommene Verbindlichkeiten sind ebenfalls Zug-um-Zug mit Vollzug der Rückauflassung, frei von nicht zu übernehmenden Belastungen, und ohne Beilage von Zinsen zu erstat-

---

207 Vgl. *Amann*, Vortragsskript »Erwerb und Bebauung von Immobilien durch nahestehende Personen«, 34. Bielefelder Notarlehrgang, 09.08.2007, Umdruck S. 33 ff.
208 Das Abtretungsverbot des § 1378 Abs. 3 Satz 1 BGB steht auch einer auf die Rechtskraft des Scheidungsurteils aufschiebend bedingten Abtretung entgegen, vgl. BGH, 08.05.2008 – IX R 180/06, MittBayNot 2008, 387.
209 Selbst wenn sich die Ehegatten gegenseitig beerben, wird das Darlehen bei der Berechnung von Pflichtteilsansprüchen Dritter berücksichtigt.
210 *Schlünder/Geißler*, NJW 2007, 482. »Gefährlich« ist dies jedoch v.a. für Darlehen unter nicht Verheirateten, z.B. vor der Ehe.
211 So etwa im Sachverhalt OLG München, 28.07.2016 – 34 Wx 233/16, ZNotP 2016, 366; vgl. hierzu krit. *Holzer*, ZNotP 2017, 8 ff., der diese Klausel für sittenwidrig hält.

B. Schicksal ehebedingter Zuwendungen bei Scheitern der Ehe Kapitel 7

ten. Im Übrigen erfolgt die Rückübertragung unentgeltlich, also insbesondere ohne Ausgleich für geleistete Dienste, wiederkehrende Leistungen, planmäßige Tilgungen, geleistete Zinsen, Arbeitsleistungen, oder die gezogenen Nutzungen. Nur hilfsweise gelten die gesetzlichen Bestimmungen zum Rücktrittsrecht.

Der Veräußerer hat die im Grundbuch eingetragenen Rechte und Grundpfandrechte dinglich zu übernehmen, soweit sie dann im Rang vor der nachstehend bestellten Auflassungsvormerkung eingetragen sind. Aufschiebend bedingt auf die wirksame Ausübung des Rückforderungsrechts werden bereits heute alle Rückgewähransprüche, die dem Erwerber dann bezüglich eingetragener Grundpfandrechte zustehen (werden), an den dies annehmenden Veräußerer im oben bezeichneten Erwerbsverhältnis abgetreten. Ferner verpflichtet sich der Erwerber, etwa ihm dann zustehende Eigentümergrundschulden auf Verlangen des Veräußerers löschen zu lassen, und bewilligt, zu dessen Gunsten eine Löschungsvormerkung gem. § 1179 BGB bei den derzeit eingetragenen Grundpfandrechten einzutragen. *Der Veräußerer beantragt die Eintragung/kann den Antrag auf Eintragung jederzeit stellen.*

Die Kosten der Rückübertragung hat der Anspruchsberechtigte zu tragen. Mit Durchführung der Rückübertragung entfällt die ggf. angeordnete Anrechnung der Zuwendung auf den Pflichtteilsanspruch des heutigen Erwerbers sowie ein etwa mit ihm vereinbarter Pflichtteilsverzicht (auflösende Bedingung).

(2) Im **gesetzlichen Güterstand** stellen sich jedoch zusätzliche Regelungsthemen: 3215

Typischerweise werden die Beteiligten bei Ausübung des Rückforderungsvorbehalts sich zugewinnausgleichsrechtlich so gestellt wissen wollen, als hätte die Übertragung nicht stattgefunden, so dass etwaige Wertveränderungen des Objekts, auch soweit sie durch Investitionen des »Interimeigentümers« verursacht wurden, allein durch den Zugewinnausgleich potenziell erfasst werden. Der Zugewinnausgleich wird also durchgeführt nach Maßgabe der Verhältnisse, die nach Erfüllung des Rückforderungsverlangens eingetreten sein werden.[212]

▶ **Hinweis:**

Ein Hinweis darauf, dass ein Direktausgleich von Verwendungen, Tilgungsbeiträgen und ähnlichen Aufwendungen aus dem Eigenvermögen des Erwerbers nicht stattfindet, ist wohl fairerweise deshalb angebracht, weil der Ehegatte sonst im Hinblick auf sein grundbuchliches Eigentum eher geneigt sein könnte, eigene Mittel einzusetzen, als wenn die wirtschaftliche Zuordnung zum Vermögen des Veräußerer-Ehegatten sowohl im Grundbuch als auch in seinem Bewusstsein manifest wäre. Zur Vermeidung von Fehlvorstellungen erscheint es weiter ratsam, der Auffassung entgegenzutreten, der gesetzliche Mechanismus des Zugewinnausgleichs gewährleiste stets einen hälftigen Geldausgleich für die zwischenzeitliche Wertsteigerung. 3216
– So kann es trotz Investitionen an einer Wertsteigerung fehlen, bspw. wegen des allgemeinen Rückgangs der Immobilienpreise,
– auch kann eine tatsächlich vorhandene Werterhöhung im Endvermögen des Veräußerers, dem das Objekt wirtschaftlich verblieben ist, mit sonstigen »Negativposten« saldiert werden
– oder lediglich zum Ausgleich eines negativen (erst seit 01.09.2009 berücksichtigten) Anfangsvermögens dienen.
– Schließlich kann der Erwerber-Ehegatte aufgrund von Investitionen in das Objekt, die er aus seinem vorehelichen Vermögen oder aus Erbschaft/Schenkungen Dritter vorgenommen hat, tatsächlich einen Wertverlust erleiden, der jedoch i.R.d. Ausgleichs nicht berücksichtigt wird, da gem. § 1373 BGB der Zugewinn definitionsgemäß nicht unter Null sinken kann.

---

212 Ähnlich BGH, 28.02.2007 – XII ZR 156/04, FamRZ 2007, 877 m. Anm. *Schröder*, zur vorweg durchzuführenden Berücksichtigung von Ausgleichsansprüchen aufgrund ehebedingter Zuwendungen.

3217 Ein mit diesen Warnungen versehener Verweis auf das allgemeine Zugewinnausgleichsrecht kann daher etwa wie folgt lauten:

▶ **Formulierungsvorschlag: Berücksichtigung der Ehegattenzuwendung bei Ausübung des Rückforderungsvorbehaltes im Scheidungsfall lediglich nach Zugewinnausgleichsrecht**

Erwerber und Veräußerer haben sich, sofern das Rückforderungsrecht ausgeübt wird, im Zuge eines etwaigen Zugewinnausgleichsverfahrens bei Scheidung so zu stellen, als habe die Überlassung in dieser Urkunde nie stattgefunden, so dass eine etwa eingetretene Werterhöhung des Vertragsbesitzes während der Ehezeit, auch soweit diese durch die Tilgung von Verbindlichkeiten oder durch Investitionen – gleich von welcher Seite – eintritt, dem Endvermögen des Veräußerers zugerechnet wird. Eine direkte Erstattung etwaiger Investitionen oder Tilgungsbeiträge des Erwerbers ist daneben nicht geschuldet, und zwar auch dann nicht, wenn die Wertsteigerung im Vermögen des Veräußerers sich z.B. infolge Saldierung mit sonstigen Negativposten oder negativem Anfangsvermögen neutralisiert.

3218 Will man sich der Rechtsprechung des BGH zur (begrenzten) Unpfändbarkeit von Rückforderungsrechten »bedienen«, kommen auch andere ehevertragliche Fernwirkungen der tatsächlich durchgeführten Rückabwicklung in Betracht (vgl. oben Rdn. 2127: Vereinbarung der Gütertrennung).

3219 Ausgehend von dieser nicht immer befriedigenden Rechtslage sind daher auch abweichende Lösungen denkbar. So kann bspw. der Zugewinnausgleichsmechanismus, dessen grundsätzliche Maßgeblichkeit unangetastet bleibt, dadurch korrigiert werden, dass eine bare Aufzahlung auf mindestens die Hälfte der aus Eigenvermögen des Erwerbers erbrachten Tilgungsleistungen und werterhöhenden Investitionen geschuldet ist. Eine solche Formulierung könnte etwa lauten:

▶ **Formulierungsvorschlag: Berücksichtigung der Ehegattenzuwendung bei Ausübung des Rückforderungsvorbehaltes im Scheidungsfall nach Zugewinnausgleichsrecht, aber mit Mindesterstattung der hälftigen Eigeninvestitionen**

3220 Erwerber und Veräußerer haben sich, sofern das Rückforderungsrecht ausgeübt wird, im Zuge eines etwaigen Zugewinnausgleichsverfahrens bei Scheidung so zu stellen, als habe die Überlassung in dieser Urkunde nie stattgefunden, so dass eine etwa eingetretene Werterhöhung des Vertragsbesitzes während der Ehezeit, auch soweit diese durch die Tilgung von Verbindlichkeiten oder durch Investitionen – gleich von welcher Seite – eintritt, dem Endvermögen des Veräußerers zugerechnet wird. Sollte der Erwerber auf diese Weise jedoch nicht mindestens die Hälfte der aus seinem Vermögen erbrachten Tilgungen sowie durch Verwendungen unmittelbar herbeigeführten Werterhöhung zurückerhalten, ist die Rückauflassung nur Zug zum Zug gegen bare Erstattung des an dieser Hälfte fehlenden Betrages geschuldet.

3221 Stattdessen können sich jedoch die Ehegatten angesichts der Unzulänglichkeiten des gesetzlichen Zugewinnausgleichsmechanismus auch dafür entscheiden, diesen ehevertraglich für das zugewendete Objekt und seine Rückabwicklung abzubedingen und an dessen Stelle eine ausschließlich vertraglich vereinbarte Erstattung zu setzen. Diese kann dann bspw. identisch formuliert sein wie bei der Rückforderungsklausel im Rahmen einer Gütertrennung:

▶ **Formulierungsvorschlag: Rückforderungsrecht mit Erstattung lediglich außerhalb des Zugewinnausgleichs**

3222 Verwendungen aus dem Vermögen des Rückübertragungsverpflichteten werden – maximal jedoch bis zur Höhe der noch vorhandenen Zeitwerterhöhung – gegen Rechnungsnachweis erstattet bzw. durch Schuldübernahme abgegolten, soweit sie nicht nur der Erhaltung des Anwesens im derzeitigen Zustand, sondern dessen Verbesserung oder Erweiterung gedient haben und mit schriftlicher Zustimmung des Berechtigten oder seines Vertreters durchgeführt wurden. Sondertilgungen auf übernommene Verbindlichkeiten sind ebenfalls Zug um Zug mit Vollzug der Rückauflassung, frei von nicht zu übernehmenden Belastungen, und ohne Beilage von Zinsen zu erstatten. Im Übrigen erfolgt die Rückübertragung unentgeltlich, also insbesondere ohne Ausgleich für geleistete Dienste, wiederkehrende Leistungen, planmäßige Tilgungen, geleistete Zinsen, Arbeitsleistungen, laufende Aufwendungen oder die gezogenen Nutzungen. Nur hilfsweise gelten die gesetzlichen Bestimmungen zum Rücktrittsrecht.

Der Veräußerer hat die im Grundbuch eingetragenen Rechte und Grundpfandrechte dinglich zu übernehmen, soweit sie dann im Rang vor der nachstehend bestellten Auflassungsvormerkung eingetragen sind. Aufschiebend bedingt auf die wirksame Ausübung des Rückforderungsrechts werden bereits heute alle Rückgewähransprüche, die dem Erwerber dann bezüglich eingetragener Grundpfandrechte zustehen (werden), an den dies annehmenden Veräußerer im oben bezeichneten Erwerbsverhältnis abgetreten. Ferner verpflichtet sich der Erwerber, etwa ihm dann zustehende Eigentümergrundschulden auf Verlangen des Veräußerers löschen zu lassen, und bewilligt, zu dessen Gunsten eine Löschungsvormerkung gem. § 1179 BGB bei den derzeit eingetragenen Grundpfandrechten einzutragen. Der Veräußerer beantragt die Eintragung/*kann den Antrag auf Eintragung jederzeit stellen*.

Die Kosten der Rückübertragung hat der Anspruchsberechtigte zu tragen. Mit Durchführung der Rückübertragung entfällt die ggf. angeordnete Anrechnung der Zuwendung auf den Pflichtteilsanspruch des heutigen Erwerbers sowie ein etwa mit ihm vereinbarter Pflichtteilsverzicht (auflösende Bedingung).

Diese Vereinbarung tritt ehevertraglich an die Stelle eines dem Ausgleichsberechtigten nach Rückübertragung bezüglich des Anwesens etwa zustehenden Zugewinnausgleichsanspruchs. Das Anwesen und die diesbezüglichen Verbindlichkeiten sowie die zum Ausgleich der Aufwendungen zu leistende Zahlung des Veräußerers sollen demnach weder im Anfangs- noch im Endvermögen des Ehemannes noch der Ehefrau erfasst werden.

(Anm.: Sodann Absicherung durch Vormerkung, zumindest deren Bewilligung, oder aber Verzicht hierauf trotz ausdrücklicher Belehrung.)

Schließlich können Ehegatten (allerdings um den Preis außerordentlicher Komplexität) auch einem Kombinationsmodell den Vorzug geben, das den Ausgleich »schlichter Wertsteigerungen« (die also bspw. durch Entwicklung der Grundstückspreise eingetreten sind) i.R.d. Zugewinnausgleichs und die Erstattung eigener Verwendungen und Sondertilgungsleistungen durch direkte Zahlung vorsieht. Ein solcher Baustein könnte etwa wie folgt lauten: 3223

▶ **Formulierungsvorschlag: Rückforderungsrecht mit direkter Erstattung werterhöhender Investitionen und Erfassung sonstiger Steigerungen i.R.d. Zugewinnausgleichs**

Die vorstehende Überlassung erfolgt als ehebedingte Zuwendung zur Verwirklichung der ehelichen Lebens- und Wirtschaftsgemeinschaft. Sobald die Beteiligten länger als sechs Monate getrennt leben im Sinne des § 1567 BGB, kann jedoch der Veräußerer die Rückübertragung des Vertragsbesitzes unter schuldbefreiender Übernahme der eingetragenen Belastungen samt zugrunde liegender Verbindlichkeiten verlangen. 3224

Verwendungen aus dem Vermögen des Rückübertragungsverpflichteten werden – maximal jedoch bis zur Höhe der noch vorhandenen Zeitwerterhöhung – gegen Rechnungsnachweis erstattet bzw. durch Schuldübernahme abgegolten, soweit sie nicht nur der Erhaltung des Anwesens im derzeitigen Zustand, sondern dessen Verbesserung oder Erweiterung gedient haben und mit schriftlicher Zustimmung des Berechtigten oder seines Vertreters durchgeführt wurden. Sondertilgungen auf übernommene Verbindlichkeiten sind ebenfalls Zug um Zug mit Vollzug der Rückauflassung, frei von nicht zu übernehmenden Belastungen, und ohne Beilage von Zinsen zu erstatten. Ein direkter weiterer Ausgleich, etwa für Dienst- und Arbeitsleistungen, Zins- und regelmäßige Tilgungsleistungen, laufende Aufwendungen etc. findet nicht statt.

Unabhängig von vorstehender Verpflichtung zum Aufwendungsersatz und über diese hinaus wird für den Fall der Rückforderung aufgrund Scheidung der Ehe der Vertragsteile klargestellt, dass die bei dem heutigen Vertragsgegenstand eingetretene Werterhöhung, die nicht auf Verwendungen oder Tilgungsleistungen des Rückübertragungspflichtigen zurückzuführen ist, im Rahmen eines Zugewinnausgleiches ebenfalls zum Ausgleich zu bringen ist; die Beteiligen haben sich insoweit so zu stellen, als hätte die Überlassung in heutiger Urkunde nicht stattgefunden. Die nach vorstehender Bestimmung dem Rückübertragungspflichtigen zu erstattenden Aufwendungen bzw. die dadurch herbeigeführte Werterhöhung sollen bei der Ermittlung des Zugewinnausgleichs jedoch in keiner Weise berücksichtigt werden, also weder im Anfangs- noch im Endvermögen eines Ehegatten einen Rechnungsposten bilden.

Soweit der Veräußerer von seinem Rückforderungsrecht für den Fall der Stellung eines Scheidungsantrags keinen Gebrauch macht, ist der Wert der Zuwendung gemäß § 1380 BGB auf einen etwaigen Zugewinnausgleichsanspruch des Empfängers der Schenkung anzurechnen bzw. soweit eine Verrechnung nicht möglich ist, dem Endvermögen des Beschenkten zuzurechnen, so dass die Ansprüche des Schenkers im Zugewinnausgleichsverfahrens geregelt werden. Auch in diesem Fall sind jedoch die Aufwendungen im vorstehenden Sinne, die der Beschenkte selbst auf den Grundbesitz getätigt hat, im Rahmen der Ermittlung des Zugewinnausgleichs nicht zu berücksichtigen, sondern sollen dem Beschenkten – wie im Fall der Rückforderung – wirtschaftlich ungeschmälert verbleiben.

(Anm.: Sodann Absicherung durch Vormerkung, zumindest deren Bewilligung, oder aber Verzicht hierauf trotz ausdrücklicher Belehrung).

III. Berücksichtigung von Ehegattenzuwendungen im Zugewinnausgleich

1. Teleologische Reduktion des § 1374 Abs. 2 BGB

3225 Bei wortlautorientierter Betrachtung könnte naheliegen, die Zuwendung des Ehegatten – soweit es sich nicht den Umständen nach ohnehin um »Einkommen« handelt[213] – als »Schenkung« i.S.d. § 1374 Abs. 2 BGB dem Anfangsvermögen des Beschenkten zuzurechnen und sie damit im Ergebnis »zugewinnausgleichsfrei« zu stellen.[214] Die Privilegierung der dort genannten Vermögensteile (insb. also von Erbschaften oder Erwerb aus vorweggenommener Erbfolge, sofern sie nicht den Umständen nach zu den Einkünften zu rechnen sind[215]) soll sicherstellen, dass die Vermögenssubstanz (nicht spätere Wertveränderungen!) solcher Gegenstände, an deren Schaffung oder Erwerb der andere Ehegatte schlechterdings unbeteiligt war, nicht nach den Regeln des Zugewinnausgleichs mit jenem anderen unbeteiligten Ehegatten geteilt werden soll.

3226 Dieser Rechtsgedanke, der über die gesetzlich genannten Fälle auf andere Sachverhalte, z.B. Erwerb aus Lotto-Gewinn[216] etc., nicht erweitert wird, gilt jedoch gerade nicht für den Fall, dass die Schenkung vom anderen Ehegatten herrührt; Letzterer ist für den Erwerb des Gegenstands geradezu in größtmöglicher Weise, nämlich als übertragender Veräußerer, verantwortlich! Der BGH hat daher § 1374 Abs. 2 BGB teleologisch dahin gehend reduziert, dass die Hinzurechnung zum Anfangsvermögen des Erwerbers bei reinen Schenkungen unter Ehegatten gerade nicht stattfindet,[217] auch dann nicht, wenn es sich um unentgeltliche Zuwendungen unter Ehegatten »mit Rücksicht auf ein künftiges Erbrecht« handelt.[218] Gleiches gilt – insoweit ist die herrschende Literatur dem BGH[219] gefolgt – auch bei ehebedingten Zuwendungen, in denen mit der Zuwendung über die bloße Freigebigkeit hinausgehende Zwecke verfolgt werden. Bei Ehegatteninvestitionen

---

213 Zur Abgrenzung vgl. z.B. OLG Celle, 28.07.2015 – 17 UF 63/15, RNotZ 2015, 634 (Zuschüsse aus Stiftungen zur Anschaffung eines behindertengerechten Fahrzeugs zählen zum Vermögen, während OLG Karlsruhe, FamRZ 2002, 236 Zuschüsse zum Erwerb eines für die Fahrt zur Arbeitsstätte benötigten Pkw als Einkommen wertete).
214 Dafür plädiert (gegen die h.M.) *Jeep*, Ehegattenzuwendungen im Zugewinnausgleich, S. 206 ff.; *ders.*, DNotZ 2011, 590 ff. – allerdings wird das Ergebnis (Irrelevanz der Schenkung) bei ihm dann durch das Eingreifen des § 1380 BGB korrigiert, der über den Wortlaut hinaus nicht nur i.S.e. Anrechnung auf bestehende Ansprüche, sondern i.S.e. Verrechnung ins Minus hinein wirkt.
215 Von vorneherein auszunehmen sind daher Zuwendungen, die zur Deckung des laufenden Lebensbedarfs dienen sollen, BGH, 06.11.2013 – XII ZB 434/12, ZNotP 2014, 63, Tz. 25 ff.
216 BGH, 16.10.2013 – XII ZB 277/12, DNotZ 2014, 284, sogar wenn der Lottogewinn lange Zeit nach der Trennung erzielt wurde.
217 BGH, FamRZ 1987, 791.
218 BGH, 22.09.2010 – XII ZR 69/09, mit Berichtigung des (zuerst gegenteilig formulierten) Tenors v. 24.11.2010, ZEV 2011, 37; fundamentalkritisch hierzu *Jeep*, DNotZ 2011, 590 ff.
219 BGH, NJW 1982, 1093.

in das gemeinsame Familienheim liegen solche zugewinnausgleichsrelevante Zuwendungen allerdings naturgemäß nur vor, soweit sie über den eigenen Eigentumsanteil hinausgehen, also zur Wertsteigerung oder Entschuldung des Anteils des anderen Ehegatten geführt haben, ohne dass diesem eine gleichwertige gegenläufige Wertsteigerung entspräche.

2. Zuwendungen durch Schwiegereltern

§ 1374 Abs. 2 BGB gilt im Ergebnis also nur bei Schenkungen von dritter Seite. Schwiegereltern galten bis Anfang 2010 bei gleichzeitigen Zuwendungen an ihr Kind und das Schwiegerkind insoweit jedenfalls beim Vorliegen vorweggenommener Erbfolge an das eigene Kind[220] nicht als echte »Dritte«: Der BGH[221] behandelte zunächst Zuwendungen der Schwiegereltern im Zugewinnausgleich der beschenkten Ehegatten so, als hätten sie zunächst ihr eigenes Kind beschenkt (vgl. Rdn. 3189; mit der Folge der Erhöhung des Anfangsvermögens dieses Kindes nach § 1374 Abs. 2 BGB) und als ob dieses Kind sodann an seinen Ehegatten weitergeschenkt hätte (mit der Folge, dass nur das Endvermögen des beschenkten Ehegatten, nicht aber dessen Anfangsvermögen erhöht würde). Mit dieser Anerkennung von »ehebedingten Zuwendungen seitens der Schwiegereltern« wurde dem eigenen Kind bei Scheidung die Chance eröffnet, immerhin bis zur Hälfte des Wertes der Zuwendung nach Zugewinnausgleichsgrundsätzen zurückzuerhalten. Hätte allerdings das eigene Kind bis zum Stichtag einen deutlich höheren Zugewinn erzielt als das Schwiegerkind, würde der wirtschaftlich weiterverschenkte Anteil vorweggenommenen Zugewinnausgleich i.S.d. § 1380 BGB (vgl. Rdn. 3229 ff.) darstellen, also nicht aus dem Anfangsvermögen des eigenen Kindes geleistet sein. 3227

Im Urt. v. 03.02.2010[222] hat der XII. Senat des BGH diese Sonderbehandlung schwiegerelterlicher Zuwendungen als »Rechtsverhältnisse eigener Art« aufgegeben. Er qualifiziert sie vielmehr, auch wenn sie um der Ehe der eigenen Kinder willen erfolgt sind, als Schenkungen i.S.d. §§ 516 ff. BGB, zumal sie – anders als ehebedingte Zuwendungen unter Ehegatten – im Bewusstsein dessen erfolgten, am Gegenstand künftig nicht mehr partizipieren zu können. Dies gelte auch, wenn Kind und Schwiegerkind in Zugewinngemeinschaft leben, zumal die schwiegerelterliche Zuwendung nunmehr gem. § 1374 Abs. 2 BGB im Verhältnis der Ehegatten zueinander ohnehin weitgehend neutralisiert werde.[223] In Verhältnis zwischen den schenkenden Schwiegereltern und dem beschenkten Schwiegerkind kommen jedoch u.U. Ausgleichsansprüche aus § 313 BGB, § 530 BGB oder Bereicherungsrecht (Zweckverfehlung) in Betracht, vgl. Rdn. 3191 ff. 3228

3. Anrechnung gem. § 1380 BGB

Soweit es sich bei den ehebedingten Zuwendungen nicht um bloße »Gelegenheitsgeschenke« i.S.d. § 1380 Abs. 1 Satz 2 BGB handelt und die Anrechnung nicht ausdrücklich ausgeschlossen 3229

---

220 Zu einem atypisch gestalteten Ausnahmefall OLG Nürnberg, MittBayNot 2006, 336 m. Anm. *Münch*, wo als Ergebnis der Beweisaufnahme wegen der Absicht unmittelbarer Bereicherung der Schwiegertochter (trotz alleiniger Übertragung an das eigene Kind!) kein Fall des § 1374 Abs. 2 BGB angenommen wurde.
221 BGH, NJW 1995, 1989; ihm folgend OLG Dresden, FamRZ 1997, 739; LG Landau, FamRZ 1997, 1476; OLG Hamm, FamRZ 2002, 1404 (nur LS).
222 BGH, 03.02.2010 – XII ZR 189/06 FamRZ 2010, 958 m. Anm. *Wever*, FamRZ 2010, 1047; *Koch*, DNotZ 2010, 861; *Bruch*, MittBayNot 2011, 144 f. Kritisch hiergegen *Büte*, Zugewinnausgleich bei Ehescheidung, 4. Aufl., Rz. 550; auch *Kogel*, FamRZ 2012, 832 (zur Nichtberücksichtigung der unterschiedlichen Steuerfreibeträge).
223 Auch die Berücksichtigung des potenziellen Rückforderungsanspruchs als Verbindlichkeit im Anfangs- und im Endvermögen (nach BGH v. 03.02.2010 – XII ZR 189/06 FamRZ 2010, 958 in gleicher Höhe, allerdings indexiert, ebenso BGH, 21.07.2010 – XII ZR 180/09 DNotZ 2011, 301: vollständige Neutralisierung) ändert daran nichts, *Hoppenz*, FamRZ 2010, 1718. Gegen die These von der Zugewinnausgleichsneutralität der Schwiegerelternschenkung *Kogel*, FamRZ 2011, 1121; gegen die Berücksichtigung der Rückgabepflicht im Anfangsvermögen *Wever*, FamRZ 2012, 423.

ist (Rdn. 3232), wirkt sich die Zuwendung im Zugewinnausgleichsmechanismus u.U. als »anzurechnende Vorausleistung« gem. § 1380 BGB aus.[224] Anders als etwa im Pflichtteilsrecht (§ 2315 BGB) findet die Anrechnung vorangegangener Zuwendungen im Zugewinnausgleichsrecht auch ohne ausdrückliche diesbezügliche Anordnung statt, und zwar sowohl bei der Beendigung des gesetzlichen Güterstandes durch Güterstandswechsel, als auch durch Scheidung oder Aufhebung der Ehe, als auch durch Tod. Ist der Ehegatte völlig enterbt, und erhält er demnach gem § 1371 Abs. 2 BGB zwingend den kleinen Pflichtteil und den güterrechtlichen Ausgleich, kommt diese Anrechnung demnach zum Tragen und kann mitunter den Zugewinnausgleich völlig neutralisieren; erhält er jedoch ein auch nur geringes (1-Euro-)Vermächtnis und nimmt er dieses an, verbleibt ihm die Differenz (§ 2305 BGB) auf den großen Pflichtteil (§ 1371 Abs. 1 BGB), und zusätzlich das (anrechnungsfrei) Erlangte.

▶ Beispiel:[225]

3230 Beim Tod des Ehemannes ist Nachlass i.H.v. 5 Mio. € (in voller Höhe Zugewinn) vorhanden, die Ehefrau ist unwiderruflich Berechtigte einer (geschenkten) Lebensversicherung über 10 Mio. €. Ist die Ehefrau vollständig enterbt (und hat sie auch keinen Zugewinn erzielt), erhält sie gem. § 1371 Abs. 2 BGB den kleinen Pflichtteil (1/8 aus 5 Mio. = 625.000,00 €), zuzüglich des realen Zugewinns, auf den allerdings die Zuwendung von 10 Mio. anzurechnen ist, so dass kein Zugewinn verbleibt (5 + 10 = 15 Mio. dividiert durch zwei minus 10 Mio. €). Sie erhält also im Ergebnis 10,625 Mio. €. Hätte die Ehefrau ein (und sei es auch nur einen Euro umfassendes) Vermächtnis, erhält sie gem. § 1371 Abs. 1 BGB den großen Pflichtteil (also 1,25 Mio. € abzgl. eines Euro), und daneben die Lebensversicherung, also gesamt 11,25 Mio. €.

a) Anwendbarkeit des § 1380 BGB

3231 Bei echten, **uneingeschränkt freigebigen Direktschenkungen** unter Ehegatten ist hinsichtlich der Anwendbarkeit des § 1380 BGB Vorsicht geboten: Nach einer im Vordringen befindlichen Literaturmeinung zeichnet sich die echte Ehegattenschenkung im Unterschied zur ehebedingten Zuwendung gerade dadurch aus, dass eine Anrechnung auf den Zugewinnausgleichanspruch nicht erfolgen solle;[226] nach dem Differenzierungskriterium der Rechtsprechung ist die reine Ehegattenschenkung hinsichtlich Geschäftszweck und Vertragsgrundlage unabhängig von ehebedingten Motiven, so dass ein damit einhergehender vertraglicher Ausschluss der Anrechnung naheliegt.

3232 Eine etwaige **Vereinbarung über den Ausschluss der Anrechnung** ist nach herrschender Meinung[227] formfrei möglich, unterliegt also nicht den Formvorschriften für Eheverträge. Der darin zum Ausdruck kommende Wille der Ehegatten, dass die Zuwendung im Zugewinnausgleich nicht berücksichtigt werden soll, lässt sich am besten dadurch umsetzen, dass die Zuwendung lediglich vom Endvermögen des Empfängers abgezogen, i.Ü. der Zugewinnausgleich jedoch entsprechend den gesetzlichen Regelungen durchgeführt wird, also insb. nicht auch aus dem Anfangsvermögen des zuwendenden Ehegatten herausgenommen wird.[228]

---

224 Einen erweiternden Ansatz zu § 1380 BGB verfolgt *Jeep* in seiner in DNotZ 2000, 556 besprochenen Dissertation.
225 Nach *Bonefeld*, ZErb 2002, 154, 155.
226 Vgl. *Langenfeld*, Handbuch der Eheverträge und Scheidungsvereinbarungen, Rn. 233.
227 Z.B. Palandt/*Diederichsen*, BGB, § 1380 Rn. 3; MünchKomm-BGB/*Koch*, § 1380 Rn. 6; a.A. z.B. Erman/*Häckelmann*, BGB, 12. Aufl. 2008, § 1380 Rn. 4.
228 Anders möglicherweise, wenn die Zuwendung aus dessen Anfangsvermögen stammt, vgl. *Münch*, Ehebezogene Rechtsgeschäfte, Rn. 1160 ff. (dies bedarf dann stets der notariellen Beurkundung, da die Vereinbarung über eine formlose Nichtanrechnungsbestimmung hinausgeht).

Eine solche Nichtanrechnungsbestimmung, ergänzt um die Auswirkungen auf den Zugewinnausgleich,[229] könnte etwa folgenden Wortlaut haben:

▶ **Formulierungsvorschlag: Nichtanrechnungsbestimmung gemäß § 1380 BGB**

Die heutige Zuwendung ist auf eine etwaige Zugewinnausgleichsverpflichtung des Zuwendenden nicht anzurechnen. Kommt es zur Berechnung des Zugewinnausgleichs, soll der Wert der Zuwendung vom Endvermögen des Zuwendungsempfängers abgezogen werden; weitere Korrekturen erfolgen nicht. Im Übrigen ist das Zugewinnausgleichsverfahren ohne Anpassung durchzuführen, insbesondere erfolgt kein Abzug der Zuwendung vom Anfangsvermögen des Zuwendenden oder eine Hinzurechnung zu dessen Endvermögen. 3233

Auch umgekehrt ist die im Zweifel stets anzuratende ausdrückliche Anordnung einer Anrechnung eine einseitige, selbstständige und nicht formgebundene Erklärung, die vor oder zumindest zeitgleich mit der Zuwendung vorgenommen werden muss. Durch spätere formlose Vereinbarung können Ehegatten einen zunächst anrechnungspflichtigen Vorausempfang von der Anrechnung wieder freistellen. 3234

b) Tatbestandsvoraussetzungen

Ist der Anwendungsbereich des § 1380 BGB grds. eröffnet (also keine ausdrückliche oder stillschweigende Nichtanrechnungsvereinbarung, etwa durch Vereinbarung einer echten Ehegattenschenkung, gegeben), setzt die Anrechnung weiter tatbestandlich voraus, dass der Empfänger der Zuwendung tatsächlich nunmehr zugewinnausgleichsberechtigt ist bzw. genauer: seine Zugewinnausgleichsforderung höher ist als der Wert der damaligen Zuwendung.[230] Dies ergibt sich auch aus dem Wortlaut des § 1380 Abs. 1 Satz 1 BGB: »*Auf die Ausgleichsforderung eines Ehegatten wird angerechnet . . . . .*«. 3235

c) Durchführung der Anrechnung

Die Anrechnung findet in der Weise statt, dass der Wert der Zuwendung (im damaligen Zeitpunkt) dem Vermögen und damit dem Zugewinn des Ehegatten hinzugerechnet wird, der die Zuwendung gemacht hat (§ 1380 Abs. 2 Satz 1 BGB), und (was das Gesetz selbst nicht ausdrücklich anordnet) zugleich vom Vermögen des Zuwendungsempfängers abgezogen wird.[231] Auf den dann sich ergebenden Zugewinnausgleichsanspruch wird der Wert der Zuwendung angerechnet (aber nur, wenn der Zuwendungswert geringer ist als der Zugewinnausgleichsanspruch!). Nach überwiegender Auffassung ist auch bei § 1380 BGB, wie beim sonstigen Vergleich von Vermögenswerten auf der Zeitachse, die rein inflationsbedingte Wertsteigerung herauszurechnen.[232] Für die Hinzurechnung zum Zugewinn des Veräußerers und den Abzug vom Endvermögen des Erwerbers sowie schließlich für die Anrechnung auf den Zugewinnausgleichsanspruch sind jedoch die historischen Zuwendungswerte maßgeblich. 3236

---

[229] Hierzu und zu den vertretenen Alternativen (Abzug zugleich vom Endvermögen des erwerbenden Ehegatten; keinerlei Abzug) vgl. *Bruch*, MittBayNot 2008, 178 f.
[230] A.A. allerdings (gegen die h.M.) *Jeep*, Ehegattenzuwendungen im Zugewinnausgleich, S. 206 ff.; *ders.*, DNotZ 2011, 590 ff., der § 1380 BGB über den Wortlaut hinaus nicht nur i.S.e. Anrechnung auf bestehende Ansprüche, sondern i.S.e. Verrechnung ins Minus hinein einsetzt, um auf diese Weise die sonst drohende Irrelevanz der Ehegattenzuwendung (da er § 1374 Abs. 2 BGB entgegen der h.M. auch darauf anwendet, Rdn. 3225) abzuwenden.
[231] BGH, FamRZ 1982, 246; ebenso die herrschende Lit., z.B. *Rauscher*, AcP 186, 564; *Grünewald*, NJW 1988, 110.
[232] OLG Frankfurt, NJW 2006, 520, *Haussleiter/Schulz*, Vermögensauseinandersetzung, S. 89.

Den Grundtatbestand des § 1380 BGB erläutert folgendes Beispiel:

▶ Beispiel:[233]

3237 Ehemann und Ehefrau hatten ein Anfangsvermögen von Null. Der Ehemann hat während der Ehe 30.000,00 € erwirtschaftet und der Ehefrau hiervon 10.000,00 € zugewendet, die das alleinige Endvermögen der Ehefrau ausmachen. § 1374 Abs. 2 BGB findet (s.o. Rdn. 3225 ff.) keine Anwendung. Gem. § 1380 Abs. 2 Satz 1 BGB in seiner erweiternden Auslegung durch den BGH wird die Zuwendung von 10.000,00 € dem Endvermögen des Ehemanns hinzugerechnet (Ergebnis: 30.000,00 € Endvermögen und Zugewinn), und vom Endvermögen der Ehefrau abgerechnet (Ergebnis: Null Endvermögen, Null Zugewinn). Vom sich so ergebenden Zugewinnausgleichsanspruch i.H.v. 15.000,00 € wird der damalige Wert der Zuwendung, 10.000,00 €, abgezogen, so dass noch ein Zugewinnausgleichsanspruch von 5.000,00 € verbleibt (§ 1380 Abs. 1 Satz 1 BGB). § 1380 BGB führt also in diesem Beispielsfall zu keiner Abweichung von dem rechnerischen Ergebnis, das sich bei Berücksichtigung der tatsächlichen Vermögenssalden ohne Zu- oder Abrechnung ergeben würde (Zugewinn des Mannes: 20.000,00 € Zugewinn der Ehefrau: 10.000,00 € also Ausgleichsforderung: 5.000,00 €).

3238 Ergibt die oben wiedergegebene Beispielsrechnung, dass der Wert der (damaligen) Zuwendung hinter dem nunmehrigen Zugewinnausgleichsanspruch zurückbleibt oder gar ein umgekehrtes Zugewinnausgleichsverhältnis besteht, ist der Zugewinnausgleich von vornherein ohne Anwendung des § 1380 BGB durchzuführen.[234] Dies ist bei »**Übermaßzuwendungen**« der Fall.

3239 Hierzu folgende Abweichung des o.g. Beispielsfalls:

▶ Beispiel:

Beiderseitiges Anfangsvermögen beträgt Null. Der Ehemann überträgt von seinem erarbeiteten Zugewinn i.H.v. 30.000,00 € einen Betrag von 20.000,00 € an die Ehefrau, die dies als Endvermögen noch besitzt. Gem. § 1380 BGB sind die 20.000,00 € dem Endvermögen des Ehemanns hinzurechnen und vom Endvermögen der Ehefrau abzurechnen, so dass ein Zugewinnausgleichsanspruch von 15.000,00 € zugunsten der Ehefrau bestünde. Die Zuwendung (20.000,00 €) übersteigt jedoch diesen Anspruch. Durchzuführen ist also der unmittelbare Zugewinnausgleich ohne Anwendung des § 1380 BGB unter Zugrundelegung der tatsächlich erreichten Zugewinnbeträge mit der Folge, dass der Ehemann von der Ehefrau 5.000,00 € als Zugewinnausgleich erhält. Im Ergebnis bleibt also jedem der beiden der gesamte ehelich erwirtschaftete Zugewinn (30.000,00 €) je zur Hälfte (Ehemann: 10.000,00 € Endvermögen + 5.000,00 € Zugewinnausgleichsanspruch; Ehefrau: 20.000,00 € Endvermögen minus 5.000,00 € Zugewinnausgleichsanspruch).

d) *Relevanz des § 1380 BGB*

3240 § 1380 BGB führt zu einer Abweichung vom unmittelbaren Rechenergebnis, das sich (die Nichtanwendbarkeit des § 1374 Abs. 2 BGB mit der ganz überwiegenden Auffassung vorausgesetzt) nach allgemeinen Zugewinnausgleichsgrundsätzen ergäbe, in folgender Fallgruppe:

3241 Die Zuwendung ist im **Endvermögen des Empfängers nicht mehr vorhanden**, z.B. weggefallen oder durch neue Verbindlichkeiten zumindest »wirtschaftlich« untergegangen:

▶ Beispiel:

Anfangsvermögen beiderseits Null, Endvermögen des Ehemanns und Zugewinn 20.000,00 €, da er zuvor 10.000,00 € an die Ehefrau übertragen hat. Bei jener ist jedoch das Endvermögen tatsächlich Null, da sie bspw. die Zuwendung verbraucht oder durch aufgehäufte Verbindlich-

---

[233] Nach *Langenfeld*, Handbuch der Eheverträge und Scheidungsvereinbarungen, Rn. 187.
[234] Beispiel: OLG Frankfurt, NJW 2006, 520.

keiten neutralisiert hat. § 1380 BGB führt zur Erhöhung des Endvermögens und Zugewinns des Ehemanns auf 30.000,00 €; der Zugewinn der Ehefrau kann trotz »Abzugs« der Zuwendung aus dem Endvermögen nicht unter Null sinken (gem. § 1373 BGB kann der Zugewinn definitionsgemäß nicht negativ werden; die Reform zum 01.09.2009 hat daran nichts geändert). Vom sich errechnenden Zugewinnausgleichsanspruch der Ehefrau i.H.v. 15.000,00 € wird die Zuwendung i.H.v. 10.000,00 € abgezogen, so dass 5.000,00 € Restzugewinnausgleich verbleiben. Bei Anwendung der allgemeinen Zugewinnausgleichsgrundsätze hätte der Ehemann jedoch tatsächlich 10.000,00 € entrichten müssen (sein Zugewinn: 20.000,00 €, der Zugewinn der Ehefrau: Null, hälftige Differenz also 10.000,00 €).

§ 1380 BGB bewirkt also in diesem Fall, dass sich der Ausgleichsanspruch um die Hälfte des Werts der Zuwendung verringert, und zwar gerade dann, wenn der Zuwendungsempfänger den Gegenstand durch unvorsichtiges Wirtschaften »verspielt«. Hierin liegt die eigentliche sog. »Werterhaltungsfunktion« des § 1380 BGB: Durch die »Versteinerung« des Zuwendungswertes auf den Zeitpunkt der Zuwendung bleibt das künftige Schicksal der Zuwendung im Vermögen des Empfängers, das dieser gem. § 1364 BGB ja selbstständig verwaltet, unerheblich. Der Zuwendungsempfänger trägt also das Risiko der Entwertung oder des Verlustes der Zuwendung allein. 3242

Die »Neutralisierung« der Zuwendung konnte nach der bis 01.09.2009 bestehenden Rechtslage auch dadurch eintreten, dass der Empfänger die Zuwendung zur Tilgung bestehender Anfangsverbindlichkeiten verwendet. Da ein negatives Anfangsvermögen gem. § 1374 Abs. 1 Halbs. 2, BGB a.F. (übrigens auch bei privilegiertem Erwerb gem. Abs. 2!) ausgeschlossen war, erzielte die Ehefrau, wenn sie die 10.000,00 €-Zuwendung ihres Mannes zur Tilgung von Anfangsverbindlichkeiten i.H.v. minus 10.000,00 € verwendet, keinen Zugewinn. Auch in diesem Fall wirkte sich die Anrechnung gem. § 1380 BGB zugunsten des Zuwendenden durch eine Reduzierung des Ausgleichsanspruchs um die Hälfte des historischen Zuwendungswerts aus. Ist der Zugewinn nach dem 01.09.2009 zu ermitteln, können aufgrund der Änderung der §§ 1374 Abs. 1 und 1375 Abs. 1 BGB Verbindlichkeiten im Anfangs- und im Endvermögen auch über den bestehenden Aktivbestand hinaus abgezogen werden, so dass § 1380 BGB insoweit an Relevanz eingebüßt hat. Weiterhin kann allerdings der Zugewinn selbst nicht negativ sein (§ 1373 BGB), d.h. beim Abzug des Zugewendeten vom Endvermögen des Beschenkten und damit dessen Zugewinn kann sich kein Wert niedriger als Null ergeben – darin verwirklicht sich weiter die »Versteinerungsfunktion« des § 1380 BGB.[235] 3243

e) Relevanz der Zuwendung?

Besonderheiten ergeben sich dann, wenn die Zuwendung aus an sich ausgleichsfreiem (Anfangs-)Vermögen des Zuwendenden erfolgt: 3244

Erzielt dieser trotz des Vermögensabflusses einen insgesamt höheren Zugewinn als sein Ehegatte, so dass § 1380 BGB anwendbar bleibt, wird ein Ergebnis erzielt, das ggü. der unmittelbaren Zugewinnausgleichsberechnung, wenn die Schenkung unterblieben wäre, zu keiner Besser- oder Schlechterstellung führt (durch den Rechenmechanismus des § 1380 Abs. 2 BGB wird ja die Zuwendung tatsächlich neutralisiert; der Restzugewinnausgleichsanspruch zuzüglich der Zuwendung entspricht immer dem Zugewinnausgleichsbetrag ohne die Zuwendung).

▶ Beispiel:

Der vom Ehemann übertragene Gegenstand im Wert von 10.000,00 € stammt aus dessen alleinigem Anfangsvermögen, z.B. einer Erbschaft. Er ist im Endvermögen der Ehefrau noch vorhanden. Der Ehemann erzielt jedoch aus sonstiger Tätigkeit einen Vermögenszuwachs von 30.000,00 €, die (nach Weggabe des Anfangsvermögens) zugleich sein Endvermögen bilden. Sein Zugewinn beträgt also 20.000,00 €, derjenige der Ehefrau 10.000,00 €. Wiederum ist 3245

---

235 Vgl. *Büte*, FamFR 2010, 196 ff.

der durch den Ehemann geschuldete Ausgleich 5.000,00 € (wobei die Rechenschritte des § 1380 BGB – Erhöhung des Mannes-Zugewinns auf 30.000,00 € und Verringerung des Zugewinns der Ehefrau auf Null, Abzug der 10.000,00 € Zuwendung vom Ausgleichsanspruch i.H.v. 15.000,00 €, verbleiben also 5.000,00 € – zum selben Ergebnis führen wie die unmittelbare Anwendung des Ausgleichsverfahrens). Wäre die Zuwendung unterblieben, hätte der Ehemann einen Zugewinn von 30.000,00 € erzielt, die Ehefrau von Null, so dass 15.000,00 € auszugleichen wären, die Ehefrau steht also gleich wie mit der Zuwendung (Saldo dann: 10.000,00 € Zuwendung, zuzüglich 5.000,00 € Zugewinnausgleich).

3246 Anders liegt es jedoch, wenn die Zuwendung aus Anfangsvermögen erfolgt und der Zuwendende nicht aus anderem Erwerb solche Vermögenszuwächse verzeichnet, dass er per Saldo noch ausgleichspflichtig ist:

▶ Beispiel:

3247 Der Ehemann wendet sein alleiniges Anfangsvermögen von 10.000,00 € der Ehefrau zu, die es als alleiniges Endvermögen noch innehat. Der Ehemann erwirtschaftet keinen weiteren Zuwachs, erzielt also einen Gesamtzugewinn von Null (eigentlich minus 10.000,00 €, doch kann der Zugewinn – vor wie nach der Reform zum 01.09.2009 – definitionsgemäß nicht negativ sein, vgl. § 1373 BGB).

§ 1380 BGB ist hier tatbestandlich nicht anwendbar (bei Erhöhung des Ehemannzugewinns auf 10.000,00 € und Reduzierung des Ehefrauzugewinns auf Null würde sich ein Ausgleichsanspruch von 5.000,00 € zugunsten der Ehefrau ergeben, also ein geringerer Betrag als die Zuwendung i.H.v. 10.000,00 €). Es verbleibt also bei der nach allgemeinen Zugewinnausgleichsregeln sich ergebenden Anspruchsberechtigung des Ehemanns i.H.v. 5.000,00 € gegen die Ehefrau. Saldo der Gesamtoperation zugunsten der Ehefrau also: + 5.000,00 €. Hätte er die Zuwendung nicht getätigt, würde beim Ehemann ebenfalls ein Zugewinn von Null entstanden sein, bei der Ehefrau mangels Vermögensbewegung gleichfalls von Null, so das kein Ausgleich geschuldet wäre. Die Schenkung hat also zu einer Besserstellung um die Hälfte des Schenkungsobjektes ggü. dem Zustand ohne die Schenkung geführt.

3248 Ein Unterschied zwischen dem Sachverhalt ohne Zuwendung und bei Durchführung der Zuwendung ergibt sich weiter dann, wenn eine (**inflationsbereinigte**) **Wertsteigerung** des zugewendeten Gegenstands eingetreten ist. Ist also bspw. der Wert des Anfangsvermögensgegenstands während der Ehe auf 20.000,00 € gestiegen und hat der Ehemann sonst keine Vermögensmehrung erzielt, so dass wiederum § 1380 BGB keine Anwendung findet, beträgt sein Zugewinn 10.000,00 €, er müsste also an die Ehefrau einen Ausgleich von 5.000,00 € entrichten. Wird die Zuwendung durchgeführt, hat der Ehemann einen Zugewinn von Null (Anfangsvermögen: 10.000,00 €, Endvermögen Null), die Ehefrau einen Zugewinn von 20.000,00 €; sie muss also 10.000,00 € an den Ehemann entrichten. Ihr verbleiben also netto 10.000,00 €, während sie sonst, ohne die Zuwendung, als Zugewinnausgleich nur 5.000,00 € erhalten hätte.

3249 Der begünstigte Ehegatte wird also durch die Zuwendung dann per Saldo besser gestellt als nach Zugewinnausgleichsregeln ohne die Zuwendung, wenn Letztere aus dem Anfangsvermögen des Veräußerers stammt und entweder eine tatsächliche Wertsteigerung erzielt hat oder der Veräußerer keinen sonstigen nennenswerten Zugewinn erzielt hat.

f) Vertragliche Modifizierung des § 1380 BGB?

3250 Da § 1380 BGB – wie oben dargestellt – nur in bestimmten Sachverhaltskonstellationen und auch dann nur teilweise zu einer »Kompensation« der Zuwendung für den Fall einer Scheidung führt, wird der veräußernde Ehegatte erwägen, durch vertragliche Vorkehrung die »Wertanrechnung« seiner Zuwendung auf den vollen Grundstückswert zu erhöhen. Er erhält damit, gepaart mit dem Rückforderungsrecht für den Fall einer Scheidung, faktisch das Wahlrecht, ob er den zugewendeten Gegenstand bei Scheitern der Ehe als Objekt (dann allerdings belastet mit einer möglichen Zugewinnausgleichspflicht, je nach Gestaltung des Ehevertrags) oder dem Wert nach als volle »Gutschrift« auf seine Zugewinnausgleichsschuld bzw. als baren Aus- oder Aufzahlungsbetrag »rückerlangen« möchte.

Eine solche »Ergänzung« des § 1380 BGB könnte etwa wie folgt lauten: 3251

▶ Formulierungsvorschlag: Erweiterung der Zugewinnausgleichswirkung einer Ehegattenzuwendung über § 1380 BGB hinaus

Soweit der heutige Wert der Zuwendung, den die Beteiligten übereinstimmend auf ..... € beziffern, bei einem Verbleiben des Gegenstands beim Erwerber nicht oder nicht in voller Höhe gemäß § 1380 BGB auf einen Ausgleichsanspruch des Zuwendungsempfängers anzurechnen ist, hat dieser die Differenz zwischen der tatsächlichen Minderung der Zugewinnausgleichslast und dem Wert in bar zu zahlen; die Zahlung ist fällig binnen zwei Monaten nach Rechtskraft der Scheidung. Der Anspruch und seine Erfüllung sind im Rahmen des Zugewinnausgleichs im Endvermögen keines der beiden Ehegatten zu berücksichtigen, was hiermit ehevertraglich vereinbart wird. 3252

IV. Berücksichtigung im Unterhaltsrecht?

1. Wohnvorteil

Bleibt die ehebedingte Übertragung insb. des Familienheims (bzw. eines Miteigentumsanteils hieran) auch für die Zeit der Trennung bzw. Scheidung aufrechterhalten, wirkt sich der Mietertrag bzw. (bei Eigennutzung) der Wohnwert[236] beim erwerbenden Ehegatten, gemindert um die laufenden verbrauchsunabhängigen Belastungen des Bewohnens (hinsichtlich der Finanzierungskosten einschließlich der Tilgung)[237] erhöhend aus und stärkt dessen potenzielle Leistungsfähigkeit i.R.d. Unterhaltsrechts. Dieser Wohnvorteil ist stets, also auch unabhängig von einer Eigentums(anteils)übertragung, zugunsten des allein nutzenden Ehegatten zu berücksichtigen, ein Nutzungsentgelt kann der nicht mehr selbst nutzende (Mit-)Eigentümer nicht verlangen, da er im gleichen Verhältnis eine Erhöhung seiner nachehelichen Unterhaltsverpflichtung in Kauf nehmen müsste.[238] 3253

Umstritten ist die Rechtslage jedoch insb. in den Fällen, in denen die **Übernahme des Miteigentumsanteils an der Ehewohnung entgeltlich** (etwa gegen Schuldübernahme bzw. zusätzliche Abfindungszahlungen) **erfolgte**. Zahlreiche OLG[239] vertreten die Ansicht, dass auf Seiten des Erwerbers der um die Hauslasten geminderte zusätzliche Wohnwert, einerseits, auf Seiten des Veräußerers die Kapitaleinkünfte aus dem »Erlös«, andererseits, bei der Unterhaltsberechnung außer Acht zu lassen seien, damit der veräußernde Ehepartner nicht schlechter gestellt werde, als wenn das Haus an einen Dritten verkauft worden wäre: In Letzterem Fall wäre der Erlös nach Begleichung der Darlehenslasten hälftig aufgeteilt worden, so dass jeder Ehegatte Zinseinkünfte in gleicher Höhe gehabt hätte, die sich unterhaltsrechtlich neutralisiert hätten. 3254

---

236 Während des Getrenntlebens jedoch nicht i.H.d. tatsächlichen Nutzungsvorteils, sondern gem. einer den Lebensverhältnissen entsprechenden kleineren Wohnung (»Unbeachtlichkeit des toten Raumes«), keine Obliegenheit zum vorzeitigen Umzug angesichts möglicher Wiederversöhnung, vgl. BGH, NJW 2000, 284, BGH, 28.03.2007 – XII ZR 21/05, NJW 2007, 1974; Huhn, RNotZ 2007, 179.
237 Jedenfalls bis zum Zeitpunkt des § 1384 BGB (BGH, 28.03.2007 – XII ZR 21/05, NJW 2007, 1974: sowohl eheprägend, ohne Beschränkung auf die Höhe des angemessenen Wohnvorteils, als auch Bedürftigkeit schaffend) danach nur die Zinsen – ein Teil der Tilgung kann jedoch u.U. als Altersvorsorgeaufwendung berücksichtigt werden, beim Ehegattenunterhalt 4 % des monatlichen Bruttoeinkommens: BGH, 05.03.2008 – XII ZR 22/06, ZFE 2008, 268. Bei Miteigentum beider sollen Zins- und Tilgungsleistungen abziehbar sein und es findet kein Gesamtschuldnerausgleich nach § 426 Abs. 1 BGB statt (BGH, NJW 1990, 3274).
238 Allerdings steht die Berücksichtigung des Wohnvorteils i.R.d. Kindesunterhalts dem späteren Verlangen eines Nutzungsentgelts (etwa bei Miteigentum gestützt auf § 745 Abs. 2 BGB) nicht entgegen (OLG Karlsruhe, NJW-RR 2005, 1240).
239 Z.B. OLG Saarbrücken, NJW-RR 2005, 444.

3255 Der BGH[240] folgt dieser pauschalierenden Betrachtung bei der entgeltlichen Ehegattenübertragung nicht: Vielmehr sei im Einzelfall zu prüfen, ob eine Obliegenheit zur Vermögensumschichtung und damit zur Veräußerung des Hauses bestünde, insb. wenn die weitere Nutzung durch den erwerbenden Ehegatten wirtschaftlich nicht angemessen sei und dessen Lebenszuschnitt eindeutig[241] übersteige. In diesem Fall seien dem veräußernden Ehegatten die konkreten, dem erwerbenden (jedoch zur Weiterveräußerung angehaltenen) Ehegatten die fiktiven Zinseinkünfte aus dem Netto-Erlös zuzurechnen. Im Fall einer gemeinsamen entgeltlichen Veräußerung des Eigenheims an einen Dritten wird bei der Bedarfsbemessung das jeweilige Surrogat des Wohnvorteils berücksichtigt, d.h. die Zinsen aus dem angelegten Erlös bzw. der Wohnwert des mit dem Erlös neu erworbenen Objekts.[242]

2. Übertragung zur Unterhaltsabgeltung

3256 Es sind Fälle denkbar, in denen ein Ehegatte anstelle geschuldeter laufender Geldzahlungen eine Einmalzahlung als »Startkapital« bevorzugt oder – für die vorliegende Untersuchung relevant – den Zuerwerb der weiteren Eigentumshälfte des selbst genutzten Wohnobjekts/des Eigentums hieran verlangt, um künftig dauerhaft Mietaufwendungen zu sparen. Mit einer solchen Übertragung können die Eheleute nicht nur Zugewinnausgleichsansprüche »abgelten« (s.o. Rdn. 72 ff.), sondern auch Unterhaltsansprüche (Rdn. 96 f.). Eherechtlich problematisch ist eine solche Abgeltungsvereinbarung v.a. hinsichtlich des Trennungsunterhalts,[243] für den ein Verzicht mit Wirkung für die Zukunft nicht in Betracht kommt (§§ 1361 Abs. 4 Satz 4, 1360a i.V.m. § 1614 BGB), aber auch für den nachehelichen Unterhalt, soweit die Grenzen der Wirksamkeits- und Ausübungskontrolle verletzt sein sollten (vgl. im Einzelnen oben Rdn. 1004 ff.).

3257 Um eine nicht gewollte Doppelbegünstigung zu vermeiden für den Fall, dass später gleichwohl mit Erfolg Ehegattenunterhalt (sei es Trennungs- oder nachehelicher Unterhalt) geltend gemacht wird, wird sich der Zuwendende dann die gegenständliche Rückforderung des übertragenen Halbanteils bzw. der übertragenen Immobilie wegen »Zweckverfehlung« vorbehalten. Die in der Vergangenheit bereits gezogenen Nutzungen verbleiben jedenfalls für die Zeiträume beim Erwerber, für die er (z.B. mangels Rechtshängigkeit) keinen Unterhalt nachfordern kann. Solche Rückforderungsrechte sind vergleichbar den Rückforderungsvorbehalten bei Weiterübertragung des Erworbenen an den Ehegatten (Vorsorge für den Scheidungsfall, s.u. Rdn. 3316 ff.) sowie allgemeinen Rückforderungsvorbehalten bei Übertragungen in gerader Linie (vgl. ausführlich Rdn. 2153 ff., auch zu den Rückabwicklungsverfahren und zur Sicherung durch Vormerkung).

3258 Die Rückforderungsklausel könnte etwa den folgenden Wortlaut haben:

▶ **Formulierungsvorschlag: Rückforderungsvorbehalt bei Immobilienübertragung zur Unterhaltsabgeltung**

Die Übertragung des Vertragsbesitzes, dessen Wert die Beteiligten mit ..... € angegeben haben, dient der Abgeltung gesetzlicher Ansprüche auf Trennungsunterhalt und gegebenenfalls nachehelichen Unterhalt des Erwerbers gegenüber dem Veräußerer (ggf. weitere ehevertragliche Ausführungen, z.B. Abfindungsvereinbarung, Verzicht im Übrigen etc.). Die Beteiligten erklären nach

---

240 BGH, 01.12.2004 – XII ZR 75/02, NJW 2005, 2077 = MittBayNot 2007, 51.
241 Die Tatsache, dass der Netto-Wohnwert nicht genau so hoch ist wie der aus dem Verkaufserlös erzielbare Ertrag, genügt als Nachweis also nicht.
242 BGH, 23.11.2005 – XII ZR 51/03, FamRZ 2006, 387 m. Anm. *Büttner;* ebenso BGH, 09.04.2014 – XII ZB 721/12, FamRZ 2014, 1098 für den Fall, dass der im Objekt verbleibende Ehegatte die Hälfte des »weichenden« Ehegatten hinzuerwarb und letzterer sie in ein neues Eigenheim investiert.
243 Möglich ist allenfalls in Ausfüllung des zulässigen Ermessensspielraums eine Überschreitung des gesetzlich Geschuldeten um ca. 20 % noch i.R.d. Angemessenheit, vgl. OLG Düsseldorf, FamRZ 2001, 1448, sowie *Huhn,* RNotZ 2007, 177 ff. mit Formulierungsvorschlägen. Dafür muss freilich zunächst der angemessene Unterhalt bestimmt werden, BGH, 30.09.2015 – XII ZB 1/15, NotBZ 2016, 109 m. Anm. *Klepsch.*

Hinweis des Notars auf die gesetzliche Unverzichtbarkeit des Trennungsunterhalts und auf die nur eingeschränkte Abänderbarkeit des nachehelichen Unterhalts, dass nach ihrer Überzeugung die durch die Nutzung des Vertragsbesitzes gewährten Gebrauchs- oder Mietvorteile einen angemessenen und weitgehend wertgleichen Ersatz für gesetzlich geschuldete Geldzahlungen darstellen; der Notar hat insoweit eine Prüfung weder übernommen noch durchgeführt. Zur Vermeidung einer Doppelbegünstigung vereinbaren die Beteiligten jedoch:

Für den Fall, dass der Erwerber als Unterhaltsberechtigter
– die Zahlung von Trennungsunterhalt oder nachehelichem Unterhalt verlangt (wobei das Verlangen von Sonderbedarf kein Rückforderungsrecht auslösen soll) oder
– den Unterhaltsverpflichteten zum Zweck der Geltendmachung des Unterhaltsanspruchs zur Auskunftserteilung über Einkünfte und Vermögen auffordert,

ist der Veräußerer zur Rückforderung des übertragenen Grundbesitzes berechtigt (*Anm.: folgt weitere Ausgestaltung gemäß Muster Rdn. 2390 f.*). Die bereits gezogenen Nutzungen sowie durch den Veräußerer etwa weiter erbrachten Zins- und Tilgungsleistungen auf Verbindlichkeiten, die auf dem Objekt abgesichert sind, sind nicht rückzugewähren hinsichtlich derjenigen Monate, für die kein Unterhalt geltend gemacht wurde, sondern bleiben als Unterhaltsersatz entschädigungslos dem Erwerber.

Der Anspruch auf Rückforderung erlischt, sobald nach dem Tod des Veräußerers der Unterhaltsberechtigte keine Ansprüche auf Trennungsunterhalt oder nachehelichen Unterhalt mehr gegen die Erben des Unterhaltsverpflichteten geltend machen kann, §§ 1615, 1586b BGB.

C. Privilegierte Wirkungen im Verhältnis zu Dritten?

I. Grundsatz

Soweit mit ehebedingten Zuwendungen günstigere Rechtsfolgen im Verhältnis zu Dritten (z.B. Gläubigern, Pflichtteilsberechtigten etc.) bezweckt werden, hat die frühere Literatur in der Tat versucht, ehebedingte Zuwendungen wegen des fehlenden Merkmals der Unentgeltlichkeit von den allgemeinen Erwerbsschwächen des Schenkungsrechts auszunehmen oder dies zumindest dann zu fordern, wenn der Vermögenstransfer einem angemessenen Zugewinnausgleich entspricht.[244]   **3259**

Der Schutzzweck der erbrechtlichen, gegen Schenkung gerichteten Normen (§§ 2213, 2205, 2287, 2315 BGB) fordert – so die Grundsatzentscheidung des BGH[245] –, dass allein das Fehlen des subjektiven Tatbestandsmerkmals der Schenkungsabsicht nicht genügen darf, die Anwendbarkeit jener Vorschriften zu verneinen. Daher unterfallen auch unbenannte oder **ehebezogene Zuwendungen** als »in der Regel unentgeltliche Leistungen« den Schenkungsvorschriften, sofern nicht ausnahmsweise eine adäquate Gegenleistung vorliegt, etwa
(1) als nachträgliche Vergütung langjähriger Dienste[246]
(2) oder eine unterhaltsrechtliche Verpflichtung zu bejahen ist (vgl. Rdn. 3129 ff.)
(3) bzw. ein Anspruch auf die Zuwendung als Bestandteil angemessener Alterssicherung des Empfängers besteht[247] (vgl. Rdn. 3134).   **3260**

Zwischenzeitliche Entscheidungen des BGH lassen keinen Zweifel daran, dass auch im Hinblick auf andere Schenkungsnormen allein die subjektive Verfolgung besonderer Zwecke durch die Ehegatten sich nicht zum Nachteil von Drittbeteiligten auswirken kann und somit die Rechtsfolgen der ehebedingten Zuwendung denen einer unmittelbarer Schenkung gleichen. Unbenannte Zuwendungen sind demnach unentgeltlichen Zuwendungen im Rahmen von § 2287 BGB (bösliche Schenkungen bei vertraglichen Testamentsbindungen) gleichgestellt[248] und waren anfecht-   **3261**

---

244 Etwa *Morhard*, NJW 1987, 1734 f.
245 NJW 1992, 564 = BGHZ 116, 167 ff. (zu § 2287 BGB).
246 So etwa OLG Oldenburg, FamRZ 2000, 638 (30-jährige Tätigkeit als Sprechstundenhilfe).
247 Vgl. hierzu BGH, NJW 1972, 580.
248 BGH, MittBayNot 1992, 150.

bar i.S.d. § 3 Abs. 1 Nr. 4 AnfG a.F.[249] sowie des § 32 KO[250] (»weitgehend objektive Anknüpfung«, Einigkeit über die Unentgeltlichkeit also nicht erforderlich). Gleiches gilt bei § 822 BGB[251] und i.R.d. § 2325 BGB (s. nachstehend Rdn. 3262 ff.).

II. Pflichtteilsergänzung

3262 Ehebedingte Zuwendungen stellen demnach auch Schenkungen i.S.d. § 2325 BGB dar, Rdn. 3622 ff.;[252] sie verwirklichen sich insbesondere in Gestalt von Zuwendungen eines Ehegatten an den anderen zum Erwerb oder zur Errichtung einer gemeinsamen Immobilie,[253] bzw. Beiträgen zur Tilgung (nicht Verzinsung, Rdn. 3133) gemeinsam dafür aufgenommener Darlehen abweichend von der Eigentumsquote, in erster Linie bei Einverdiener-Ehen, aber auch bei Doppelverdiener-Ehen mit disparitätischem Einkommen. Auskunftsbegehren eines Pflichtteilsberechtigten (§ 2314 BGB) sollten daher auch – ohne zeitliche Begrenzung, vgl. § 2325 Abs. 3 BGB – solche Zuwendungen erfragen. Der Halbteilungsgrundsatz des Zugewinnausgleichsrechtes steht dem nicht entgegen, vielmehr werden die Interessen des nicht verdienenden Ehegatten gerade durch den Zugewinnausgleich bereits berücksichtigt. Ebenso sind ehebedingte Zuwendungen zu Lasten des später die Pflichtteilsergänzung selbst fordernden Ehegatten auf dessen Anspruch gem. § 2327 BGB anzurechnen.[254]

3263 Die Literatur tritt dem z.T. bei,[255] z.T. **kritisiert** sie diese Wertung mit Blick auf die abweichenden Vorstellungen der Beteiligten[256] oder fordert einen erweiterten Anwendungsbereich der Pflicht- und Anstandsschenkung nach § 2330 BGB bzw. kommt zu anderen Ergebnissen mit Blick auf güterrechtliche Ansätze (»legitimer Anspruch auf **Vermögensteilhabe des Ehegatten**« [vgl. auch Rdn. 3134], wobei jedoch übersehen wird, dass diese Teilhabe bereits durch den Zugewinnausgleich als solchen geleistet wird und keiner Ergänzung hinsichtlich des Familienheims bedarf).

3264 Als unbillig wird insb. angesehen, dass im Fall des **Berliner Testaments** die Kinder nach dem erstversterbenden Elternteil demnach den Pflichtteil auch aus der durch den zuerst versterbenden Alleinverdiener mitfinanzierten Eigentumshälfte des anderen Ehegatten geltend machen können und sodann erneut – wiederum bezogen auf die gesamte Immobilie – nach dem zweiten Sterbefall. Diese doppelte Pflichtteilsbelastung lässt sich bspw. durch rechtzeitige lebzeitige Übertragung an die Abkömmlinge unter Nießbrauchsvorbehalt für den überlebenden Ehegatten vermeiden.

III. Ausnahmen

3265 Die vom BGH in seinem Grundsatzurteil zur Gleichstellung der ehebedingten Zuwendung i.R.d. § 2287 BGB[257] genannten möglichen **Ausnahmetatbestände** (insb. das Vorliegen einer nachträglichen Vergütung für langjährige Dienste sowie unterhaltsrechtlich geschuldete Alterssicherung – s.a. Rdn. 3128 ff.) sind bisher trotz verschiedener Bemühungen[258] konturenlos geblieben und

---

249 BGH, NJW 1991, 1610.
250 BGH, 24.06.1993 – IX ZR 96/92, NJW-RR 1993, 1379.
251 BGH, ZNotP 2000, 27, gegen OLG Koblenz, NJW-RR 1991, 1218; wie der BGH zuvor schon *Sandweg*, NJW 1989, 1937.
252 BGH, NJW 1992, 564.
253 Beispiel: OLG Schleswig, 10.12.2013 – 3 U 29/13, ZEV 2014, 260. Hiergegen krit. *Weidlich*, ZEV 2014, 345 ff.; ihn wiederlegend *Keim/Mayer*, in: DAI-Skript 12. Jahresarbeitstagung des Notariats, 2014, S. 703 ff.; vgl. auch *Herrler*, in: DAI, Aktuelle Probleme der Vertragsgestaltung im Immobilienrecht 2014/2015, S. 184 ff.
254 LG Ellwangen, 22.08.2008 – 1 S 170/07, JurionRS 2008, 37428.
255 Vgl. etwa *Mayer*, Handbuch des Pflichtteilsrechts, § 8 Rn. 38 m.w.N.
256 Vgl. etwa *Weidlich*, ZEV 2014, 345 ff.
257 BGHZ 116, 167 = NJW 1992, 564.
258 Etwa *Klingelhöffer*, NJW 1993, 1100 f., mit Blick v.a. auf den Betrag des kapitalisierten Unterhaltsanspruchs.

können wohl nur im Einzelfall aufgrund wertender Prüfung, insb. mit Blick auf bisher nicht vorhandene anderweitigen Alterssicherung, bejaht werden.

Bei Schenkung an den Ehegatten beginnt der Fristlauf (verfassungsrechtlich bedenklich)[259] erst mit Auflösung der Ehe (anders als im Anfechtungsrecht, wo auch Ehegattenschenkungen 10 Jahre nach ihrer Vollziehung nicht mehr der Gläubigeranfechtung unterliegen). Dies gilt nicht für Schenkungen vor der Ehe. Die ehebedingte Zuwendung in allen Formen gilt im Sinne dieser Vorschrift als Schenkung. Durch teleologische Reduktion des § 2325 Abs. 3 Halbs. 2 BGB dürfte aber der für das Anlaufen der Frist notwendige **Genussverzicht** dann eintreten, wenn der erwerbende Ehegatte den Gegenstand weiterverschenkt (und damit das Schenkungsobjekt aus dem als Wirtschaftseinheit wahrgenommenen Ehevermögen ausscheidet).[260]

3266

Zur Vermeidung einer Besserstellung des Pflichtteilsergänzungsberechtigten sollte ferner richtiger Weise die **Rückschenkung** (oder Aufhebung der Erstschenkung) zugunsten des ursprünglichen Eigentümer-Ehegatten in teleologischer Gesetzesreduktion zu einer »Saldierung« und damit zur Neutralisierung des § 2325 BGB-Anspruchs führen, wenn der Gegenstand wieder im Nachlass des erstverschenkenden Ehegatten vom unmittelbaren Pflichtteilsanspruch erfasst wird.[261]

3267

IV. Formulierung einer ehebedingten Zuwendung

▶ Hinweis:

Demnach muss die Bezeichnung einer Zuwendung als »ehebedingt« von erläuternden notariellen Hinweisen flankiert sein, um Fehlvorstellungen der Beteiligten hinsichtlich der dadurch erzielbaren Wirkungen vorzubeugen.

3268

▶ Formulierungsvorschlag: Vorliegen einer ehebedingten Zuwendung (am Beispiel der Übertragung eines Halbanteils an einer Immobilie in das nunmehrige Alleineigentum des Ehegatten)

Die vorstehende Überlassung erfolgt als ehebedingte Zuwendung zur Verwirklichung der ehelichen Lebens- und Wirtschaftsgemeinschaft. Der Notar hat insbesondere auf Folgendes hingewiesen:
- Die Zuwendung kann grundsätzlich auch im Fall der Ehescheidung nicht widerrufen werden, es sei denn, Rückforderungsrechte werden ausdrücklich vereinbart.
- Etwaige Pflichtteils- und Pflichtteilsergänzungsansprüche – etwa von Kindern des weiterüberlassenden Ehegatten – berechnen sich im Fall dessen Vorversterbens aus dem Wert des gesamten Grundbesitzes, also auch aus der weiterüberlassenen Hälfte; die Zehn-Jahres-Frist des § 2325 Abs. 3 BGB, nach deren Ablauf eine Pflichtteilsergänzung ausgeschlossen ist, beginnt nicht vor Auflösung der Ehe.
- Auch im Hinblick auf etwaige Anfechtungen der Übertragung durch Gläubiger oder im Fall der Insolvenz wird sie wie eine freie Schenkung behandelt.

3269

---

259 Trotz des Kammerbeschlusses BVerfG v. 06.04.1990, NJW 1991, 217, vgl. *Daragan*, ZErb 2008, 2 ff.
260 So mit beachtlichen Gründen *Kornexl*, ZEV 2003, 198.
261 So zu Recht *Kornexl*, ZEV 2003, 198, jedenfalls wenn die »Rückschenkung« in innerem Zusammenhang mit der ersten Schenkung steht, also nicht auf neuem Zuwendungswillen beruht; vgl. auch *Gehse*, RNotZ 2009, 361, 378.

D. Steuerliche Überlegungen zur ehebedingten Zuwendung

I. Schenkungsteuer

1. Eigenheimzuwendung (§ 13 Abs. 1 Nr. 4a ErbStG)

a) Rechtslage bis Ende 2008

3270 Der BFH hatte ursprünglich ehebedingte Zuwendungen nicht als freigebig i.S.d. § 7 Abs. 1 Nr. 1 ErbStG und damit nicht als Schenkung angesehen.[262] Die Finanzverwaltung schloss sich dieser Auffassung nur bei Zuwendungen im Zusammenhang mit einem Familienwohnheim an;[263] umfasst sind auch Zwei- oder Dreifamilienhäuser, solange sie nur von den Ehegatten mitbewohnt werden. Durch eine Rechtsprechungsänderung des BFH im Jahr 1994[264] ging der BFH noch hinter die Auffassung der Finanzverwaltung zurück und sah ehebedingte Zuwendungen grds. immer als freigebig i.S.d. Schenkungsteuerrechts an. Steuerpflichtig ist demnach die mittelbare Zuwendung von über den Unterhalt hinausgehenden Geldmitteln durch einseitige Einzahlungen auf ein Und- oder Oder-Konto, sofern keine von § 430 BGB (Gleichanteilsberechtigung) abweichenden Zuordnungsregeln im Innenverhältnis getroffen und durchgeführt werden.[265]

3271 Der Gesetzgeber korrigierte diese Auffassung durch Einfügung des § 13 Abs. 1 Nr. 4a ErbStG dahin gehend, dass nur noch der Erwerb von Eigentum oder Miteigentum an einem gemeinsam[266] **eigen genutzten Haus** oder einer eigen genutzten Eigentumswohnung bzw. die Freistellung von Verbindlichkeiten im Zusammenhang mit der Anschaffung oder Herstellung eines solchen privilegiert sind. Die Steuerbegünstigung erfasst auch das Grundstück, das mit dem Familienwohnheim bebaut ist, und mit dessen Nutzung eng zusammenhängende benachbarte Flächen; ferner Miteigentums- oder Gesamthandsanteile, mit denen (ggf. gem. § 1010 BGB) die Nutzung als Familienwohnheim verbunden ist.[267] Gleichgestellt ist die Übertragung des Familienheims aus dem Gesamtgut in das Vorbehaltsgut eines Ehegatten bei Gütergemeinschaft.[268] Ferien- und Wochenendwohnungen (die also in baurechtlich entsprechend ausgewiesenen Sondergebieten liegen) sind gem. R 43 Abs. 1 Satz 2 ErbStR 2003 (jetzt: R E 13.3 Abs. 2 Satz 5 ErbStR 2011) ausgeschlossen,[269] ebenso Häuser mit mehr als drei Wohnungen, es sei denn, sie würden alle von der Familie genutzt, sowie Immobilien im Ausland.

3272 Die unentgeltliche Überlassung von Wohnräumen (nicht jedoch einer ganzen Wohnung) an Verwandte schadet gem. R 43 Abs. 1 Satz 7 ErbStR 2003 (jetzt: R E 13.3 Abs. 2 Satz 10 ErbStR 2011) nicht, ebenso wenig die Aufnahme einer Haushälterin/Au-pair-Betreuerin in das Familienwohnheim, R 43 Abs. 1 Satz 3 ErbStR 2003 (jetzt: R E 13.3 Abs. 2 Satz 6 Hs. 2 ErbStR 2011).

---

262 BFH, BStBl. II 1985, S. 159, auch bei Gütertrennung!
263 Koordinierte Ländererlasse v. 10.01.1988, BStBl. I 1998, S. 513.
264 BFH, DStR 1994, 615.
265 OFD Koblenz, 19.02.2002 – S 3900 A – St 53 5, ZEV 2002, 189; *Götz*, ZEV 2003, 65 ff.; *Eich*, ErbStB 2003, 362; *Fischer* ErbStB 2004, 236; umfassend *Steiner*, ErbStB 2005, 76.
266 ErbStR 2003 R 43; nach abweichender Auffassung des FG Berlin, DstRE 2004, 217 m. Anm. *Schlünder/Geißler*, DStR 2006, 260, genügt auch die Nutzung durch einen (getrennt lebenden) Ehegatten samt mindestens einem Kind für den Charakter einer »Familienwohnung«.
267 *Hardt*, ZEV 2004, 408.
268 DNotI-Gutachten, Faxabruf-Nr. 13216.
269 Feriendomizile sind nach FG Münster, 18.05.2011 – 3 K 375/09 Erb, ZEV 2012, 222 m. Anm. *Schumann* (Az. BFH: II R 35/11) allgemein ausgeschlossen; die Nichtbegünstigung von Ferien- oder Zweitwohnungen ist auch verfassungsrechtlich geboten, vgl. BFH, 18.07.2013 – II R 35/11, ZErb 2014, 28.

D. Steuerliche Überlegungen zur ehebedingten Zuwendung   Kapitel 7

▶ Hinweis:

Jegliche, auch völlig untergeordnete, Fremdvermietung beseitigte jedoch nach der bis Ende 3273
2008 geltenden Rechtslage den Privilegierungstatbestand des § 13 Abs. 1 Nr. 4a ErbStG nach
Ansicht der Finanzverwaltung (R 43 Abs. 1 Satz 6 ErbStR 2003, jetzt: R E 13.3 Abs. 2 Satz 13
ErbStR 2011) insgesamt[270] und sollte daher vorsichtshalber vor einer ehebedingten Schenkung
beendet werden. Der BFH ist dieser Auffassung entgegengetreten;[271] die Reform 2009 hat
sie – jedenfalls für Neufälle – ebenfalls verworfen (vgl. Rdn. 3282).

Der Privilegierungstatbestand kennt **keine Objektbeschränkung**,[272] kann also wiederholt – für 3274
das »jeweilige« Familienheim – in Anspruch genommen werden, und ist unabhängig vom Verkehrswert. Die Schenkungsteuerfreistellung tritt auch (anders als i.R.d. § 5 ErbStG) unabhängig
vom Güterstand ein und erfordert weder eine vorherige Mindestbesitzzeit noch eine sich anschließende Mindestbehaltensdauer. Sie gilt auch bei lediglich beschränkter Schenkungsteuerpflicht, sofern nur das Familienwohnheim sich im Inland befindet. Auch die Zuwendung eines künftigen
Familienheims während der Bauphase ist steuerfrei möglich, sofern die Selbstnutzung voraussichtlich binnen 6 Monaten beginnen wird. Allerdings ist nur die lebzeitige Übertragung des Familien-
wohnheimes freigestellt, nicht auch dessen Vererbung.

▶ Hinweis:

Es liegt also nahe, das (jeweilige) Familienheim an den mutmaßlich länger lebenden Ehegatten 3275
zu übertragen, kombiniert mit einem (vormerkungsgesicherten) Rückforderungsvorbehalt u.a.
für den Fall, falls der Erwerber wider Erwarten doch vorversterben sollte (§ 29 Abs. 1
Nr. 1 ErbStG erlaubt dann eine steuerneutrale »Korrektur« durch Geltendmachung des Rückforderungsrechtes, so dass der Erbschaftsteuerfreibetrag nicht unnötig durch den »Rückerwerb«
des Familienheims belastet wird), vgl. Rdn. 3202, 2270 ff., 4985.

Ist die Steuerfreiheit wesentliches Motiv der Übertragung, ist zu erwägen, sich vertraglich die 3276
Rückforderung vorzubehalten, falls die Veranlagungsstelle die Voraussetzungen des § 13 Abs. 1
Nr. 4a ErbStG verneint (mit der Folge der Steuerfreiheit der Rückübertragung und der Erstattung
etwa bereits festgesetzter Steuer, § 29 Abs. 1 Nr. 1 ErbStG), sog. Steuerklausel[273] (vgl. näher
Rdn. 2285 ff.).

§ 13 Abs. 1 Nr. 4a ErbStG kann durch Kombination mit einem Rückverkauf zu einem »**Famili-** 3277
enheim-Schaukelmodell« erweitert werden, um wirtschaftlich durch mehrfache Übertragung desselben Familienheims auch Geldbeträge schenkungsteuerfrei zu transferieren, sofern dem kein Gesamtplan (vgl. Rdn. 5695 ff.) zugrunde liegt:

▶ Hinweis:

Wird zunächst das Familienheim (wegen § 13 Abs. 1 Nr. 4a ErbStG steuerfrei) an den Ehegat- 3278
ten übertragen und verkauft dieser es später an den früheren Eigentümer-Ehegatten vollentgeltlich zurück (gem. § 3 Nr. 4 GrEStG grunderwerbsteuerfrei; wegen § 23 Abs. 1 Nr. 1 Satz 3
EStG auch nicht »spekulationsteuerpflichtig«), so dass er nunmehr im Besitz des Geldbetrages
ist, kann ihm aufgrund neuen Entschlusses das Familienheim erneut steuerfrei zugewendet
werden, so dass ihm Geld und Eigenheim steuerfrei zustehen.

---

[270] Beispiel: FG München, 11.04.2005 – 4 V 4452/04, ZErb 2006, 318.
[271] BFH, 26.02.2009 – II R 69/06, ZEV 2009, 257 m. Anm. *Schlünder/Geißler*, ebenso zuvor FG Nürnberg, 05.10.2006 – IV 292/2003, EFG 2007, 207 (Az. BFH: II R 69/05): Vermietung von 9 m²-Büro
an eine GmbH, deren Geschäftsführer der Ehemann ist, schade nicht.
[272] *Götz*, FamRB 2005, 186.
[273] Trotz FG Rheinland-Pfalz, FR 2001, 653 m. Anm. *Gräfe*, erscheint es riskant, allein auf die Rspr. zum
Wegfall der Geschäftsgrundlage zu vertrauen.

b) Rechtslage ab 2009

3279 Da der Gesetzgeber in § 13 Abs. 1 Nr. 4a ErbStG n.F. sich teilweise wörtlich an die bisherige Konzeption des § 13 Abs. 1 Nr. 4a ErbStG a.F. angelehnt hat, sind die diesbezüglichen Auffassungen der Finanzverwaltungen insoweit auf die neuen Vorschriften übertragbar. So ist auch künftig ein bloßes Ferien- oder Wochenendhaus nicht freistellungsfähig,[274] da es sich um den (wohl qualitativen, nicht quantitativen[275]) Mittelpunkt des familiären Lebens handeln muss (R 43 Abs. 1 Satz 2 ErbStR, jetzt: R E 13.3 Abs. 2 Satz 5 ErbStR 2011). Ebenso wenig genügt (auch wenn es sich der Wertung nach um ein Minus gegenüber der Eigentumsübertragung handelt) die Zuwendung eines Wohnungsrechtes zur Eigenheimnutzung.[276]

3280 Wie bisher (R 43 Abs. 2 ErbStR 2003, jetzt: R E 13.3 Abs. 4, Abs. 5 ErbStR 2011) gilt für die Freistellung der Übertragung des Familienheims auf den Ehegatten (§ 13 Abs. 1 Nr. 4a ErbStG n.F.):
(1) Es existiert keine Wertgrenze, auch keine Begrenzung der Größe auf ein angemessenes Maß.
(2) Es findet kein Objektverbrauch statt, so dass mehrmals während der Ehe das jeweilige Familienheim übertragen werden kann.
(3) Eine anschließende Behaltenspflicht besteht nicht, so dass die spätere Veräußerung nicht zu einer Nachversteuerung führt.[277]
(4) Es muss keine Mindestbesitzzeit zuvor verwirklicht sein.
(5) Der Güterstand der Eheleute spielt keine Rolle.

3281 (6) Die Ehe muss z.Zt. der Anschaffung oder Herstellung des nunmehr übertragenen Objektes noch nicht bestanden haben,[278] sondern erst zum Zeitpunkt der Übertragung (ist Gegenstand der Übertragung ein Gebäude im errichteten oder sanierten Zustand, muss die Ehe bei Abschluss der Errichtung/Sanierung freilich noch bestanden haben![279]).

▶ Hinweis:

Leistet ein Lebensgefährte vor der Hochzeit Beiträge für den Immobilienerwerb des Partners und künftigen Ehegatten, sollten sie zunächst als zweckgebundenes Darlehen gewährt und dieses sodann, nach der Heirat, erlassen werden: auch ein solcher Erlass eröffnet die Privilegierung des § 13 Abs. 1 Nr. 4a ErbStG.[280]

(7) Die mittelbare Familienheimschenkung (Rdn. 5450 ff.) – bspw. durch Zuwendung von Mitteln zweckgebunden zum Familienheimerwerb, Übernahme nachträglichen Herstellungs- oder Erhaltungsaufwands, Tilgung von objektbezogenen Verbindlichkeiten – ist in gleicher Weise steuerfrei gestellt wie die Schenkung eines vorhandenen Familienheims. Auch die Zuwendung eines Familienheims (oder von zweckgebundenen Geldmitteln für ein solches) als Abfindung für einen Pflichtteilsverzicht (§ 7 Abs. 1 Nr. 5 ErbStG) ist steuerfrei.[281]

3282 **Erweitert** wurde § 13 Abs. 1 Nr. 4a ErbStG in dreierlei Hinsicht:[282]
(1) Neben dem Ehegatten ist nun auch der eingetragene Lebenspartner i.S.d. § 1 LPartG begünstigt.
(2) Die Freistellung erfasst nun auch selbst genutzte Eigenheime/Eigentumswohnungen im EU- oder EWR-Ausland. Dies kommt insb. in Betracht, wenn die Eheleute ausgewandert sind, je-

---

274 Vgl. *Esskandari/Bick*, ErbStB 2011, 247; FG Münster, 18.05.2001 – 3 K 375/09 Erb, BeckRS 2011, 96006.
275 Bsp. nach *Steiner*, ErbStB 2011, 350, 351: Bankvorstand bewohnt die Woche über ein 1-Zimmer-Apartment in Frankfurt, am Wochenende das »Familienheim« in München, wo Frau und Kinder wohnen.
276 FG Köln, 08.08.2012 – 9 K 3615/11 ErbStB 2012, 270 (Rev. Zugelassen).
277 FG Rheinland-Pfalz, 18.02.1999 – IV K 2180/98, ZEV 1999, 244, fordert allerdings zur Vermeidung des § 42 AO, dass der erwerbende Ehegatte im Zuwendungszeitpunkt Fortnutzungsabsicht habe.
278 BFH, 27.10.2010 – II R 37/09 ZEV 2011, 49; vgl. *Ising*, ZfIR 2013, 41 ff.
279 *Ihle*, RNotZ 2011, 471, 476.
280 BFH, 27.10.2010 – II R 37/09 ZEV 2011, 49.
281 BFH, 27.10.2010 – II R 37/09 ZEV 2011, 49, Tz 24.
282 Überblick bei *Mack*, ErbR 2017, 538 ff.

doch – da noch nicht 5 Jahre verstrichen sind – der erweiterten unbeschränkten Steuerpflicht nach § 2 Abs. 1 Nr. 1b ErbStG (vgl. Rdn. 5509) unterliegen (klassischer Anwendungsfall: Alterswohnsitz in Spanien, nachdem der inländische Wohnsitz aufgegeben wurde).[283]

(3) Die teilweise Fremdnutzung ist – entgegen der bisherigen Auffassung der Finanzverwaltung (vgl. Rdn. 3273)[284] – nicht mehr insgesamt begünstigungsschädlich. Eine vorherige Aufteilung in WEG, um zumindest den eigengenutzten Anteil steuerfrei übertragen zu können, ist also nicht mehr notwendig, Rdn. 3283.

Die Begünstigung ist nun bezogen auf Objekte i.S.d. § 181 Abs. 1 Nr. 1 bis 5 BewG, »soweit« darin eine Wohnung zu eigenen Wohnzwecken genutzt wird. Die Aufteilung zwischen dem eigengenutzten Wohnteil und den verbleibenden (nicht privilegiert übertragbaren) Gebäudeteilen erfolgt, wie bisher, nach dem Verhältnis der (gemäß WohnflächenVO v. 25.11.2003 ermittelten) Wohn-/Nutzflächen, nicht nach Maßgabe der Mieterträge oder der Wertverhältnisse.[285] Zugehörige Garagen oder Nebengebäude werden in die Privilegierung einbezogen.[286] Es schadet nach h.M. nicht, dass sich der veräußernde Ehegatte ein Wohnungs- oder Nießbrauchsrecht zurückbehält.[287] 3283

Noch ungeklärt ist, ob die Nutzung zu eigenen Wohnzwecken bei der Ausführung der Zuwendung nur geplant oder unmittelbar im Anschluss daran bereits beginnen muss.[288] 3284

▶ Hinweis:

Um steuerlich kein Risiko einzugehen, empfiehlt es sich daher, Zuwendungen eines Ehegatten an den Anderen für ein noch zu errichtendes Eigenheim zunächst im Wege eines Darlehens auszureichen, und auf dessen Rückzahlung schenkungshalber dann zu verzichten, wenn der Selbstbezug nach Errichtung erfolgt. Auf diese Weise lässt sich der Zeitpunkt der Zuwendung i.S.d. § 9 ErbStG »steuern«.[289]

Schulden und Lasten, die mit dem übertragenen Familienheim im Zusammenhang stehen, werden gem. § 10 Abs. 6 Satz 1 ErbStG naturgemäß nicht abgezogen, so dass sich unter Optimierungsaspekten empfiehlt, zunächst das Familienheim zu entschulden. In gleicher Weise empfiehlt es sich, freie Mittel vor der Übertragung an den Ehegatten in das Eigenheim zu investieren, anstatt sie im Wege der Geldschenkung zu überweisen. 3285

Ungeklärt ist, ob die Privilegierung auch gewährt wird, wenn das Familienheim von einem Ehegatten unter Lebenden auf eine aus beiden Ehegatten bestehende **GbR** übertragen wird. Zivilrechtlich gilt die GbR als Erwerber (Rdn. 2453 ff.), schenkungsteuerrechtlich wird (noch? vgl. Rdn. 2553, Rdn. 5478) auf die Gesellschafter der GbR durchgegriffen (Transparenzprinzip, § 39 Abs. 2 AO, vgl. ferner § 10 Abs. 1 Satz 4 ErbStG: Der Erwerb eines Anteils an einer vermögensverwaltenden GbR gilt als Erwerb des Miteigentums am Grundstück). Wer alle Zweifel beseitigen will, überträgt zunächst einen Miteigentumsanteil auf den Ehegatten, und lässt beide sodann ihr Bruchteilseigentum in die GbR einbringen. Dieselbe Ungewissheit besteht beim **Anwachsungserwerb** gem. § 738 Abs. 1 Satz 1 BGB aufgrund Ausscheidens eines Ehegatten aus einer Ehegatten-Familienheim-GbR.[290] Wächst der Anteil dem verbleibenden Ehegatten aufgrund Verster- 3286

---

[283] Vgl. *Reimann*, ZEV 2010, 175.
[284] Vgl. R 43 Abs. 1 Satz 6 ErbStR 2003, a.A. jedoch nun der BFH für Altfälle, BFH, 26.02.2009 – II R 69/06, ZEV 2009, 257 m. Anm. *Schlünder/Geißler*.
[285] Abschn. 3 Abs. 2 Satz 13 der Erlasse v. 25.06.2009, BStBl. 2009 I, S. 713; ebenso zum früheren Recht BFH, s. vorangehende Fußnote.
[286] Vgl. R 43 Abs. 1 Satz 9 ErbStR 2003.
[287] *Kapp/Ebeling*, ErbStG, § 13 Rn. 38.4 (Stand: Dezember 2009).
[288] Vgl. *Ihle*, RNotZ 2011, 471, 476 m.w.N. zu beiden Auffassungen.
[289] Vgl. *Ihle*, notar 2012, 49, 53.
[290] Für eine Steuerfreistellung auch in diesem Fall *Ihle*, RNotZ 2011, 471, 474. Dafür spricht auch § 10 Abs. 1 Satz 4 ErbStG, wonach der Erwerb einer vermögensverwaltenden Personengesellschaft als antei-

bens des anderen an, handelt es sich (anders als im Zivilrecht) um einen Erwerb von Todes wegen (§ 3 Abs. 1 Nr. 2 Satz 2 ErbStG), so dass zusätzlich die strengeren Voraussetzungen des § 13 Abs. 1 Nr. 4b ErbStG (10-Jahres-Nachbesitz-Frist) einzuhalten sind, vgl. Rdn. 4920 ff.

Der BFH hat offensichtlich Zweifel, ob die ohne Wertobergrenze und Objektverbrauch gewährte Objektbegünstigung des Familienheims dem Gleichheitsgrundsatz genügt.[291] Kaum eine finanzgerichtliche Entscheidung lässt diese Bedenken unerwähnt. Eine Vorlage gem. Art. 100 GG ist freilich bisher nicht erfolgt.

▶ **Hinweis:**

Es empfiehlt sich daher, Gestaltungen unter Ausnutzung des § 13 Abs. 1 Nr. 4a) bis c) ErbStG nicht auf die lange Bank zu schieben.

▶ **Weiterer Hinweis:**

3287 Die Privilegierung erfasst freilich lediglich Grund und Boden und Gebäude, **nicht** die im Haus befindlichen **beweglichen Gegenstände**, selbst wenn es sich dabei um Zubehör oder Inventar handelt, erst Recht nicht im Haus vorhandene umfangreiche Kunstsammlungen mit erheblichem Wert. Werden diese zwar in der Übertragungsurkunde pauschal erwähnt (»mit allen im Wohnhaus befindlichen beweglichen Sachen in ihrer Sachgesamtheit, auf Einzelaufführung wird verzichtet«), jedoch auf entsprechende Nachfrage des Finanzamts nicht offengelegt, kann hierin eine Steuerhinterziehung i. S. d. § 370 Abs. 1 Nr. 1 AO liegen mit der Verlängerung der Festsetzungsverjährung auf zehn Jahre.[292]

2. Weitere Zuwendungsfälle

3288 Schenkungsteuerliche Vorgänge lassen sich von vornherein **vermeiden**, wenn Ehegatten (oder auch nichteheliche Lebenspartner) einen gemeinsam zu erwerbenden, jedoch zu unterschiedlichen Beiträgen finanzierten Gegenstand bspw. in **GbR mit beweglichen Quoten** halten, vgl. Formulierungsvorschlag in Rdn. 3372, oder hinsichtlich des überschießenden Eigentumsanteils einen privatschriftlichen Darlehensvertrag (zum ertragsteuerlich erforderlichen Fremdvergleichskriterium vgl. Rdn. 5680 ff.; Muster eines Darlehensvertrags zur Investitionsabsicherung unter Lebensgefährten vgl. Rdn. 3355) mit angemessener Verzinsung schließen und durchführen bzw. Treuhandvereinbarungen schließen, Rdn. 3141 ff.

3289 Auch sonstige offene Zuwendungen unter Ehegatten, die nicht unterhaltsrechtlich oder güterrechtlich (vgl. § 5 ErbStG) geschuldet sind, unterliegen (bei Überschreitung der Freibeträge) der Schenkungsteuer. Tückisch ist dies insb. für die »verdeckten Sachverhalte«, etwa die Führung von **Gemeinschaftskonten**, die überwiegend von einem Ehegatten »gespeist« werden,[293] vgl. Rdn. 3172 ff. Die Finanzgerichte betonen freilich,[294] dass äußere Anhaltspunkte durchaus für die Alleinberechtigung eines Ehegatten sprechen können, etwa wenn der andere Ehegatte einen haftungsgeneigten Beruf ausübt (selbständiger Hochbau-Ingenieur) und die Ehegatten generell jeweils nur Einzelkonten errichtet haben; lässt sich dann eine tatsächliche Treuhandabrede (vgl. hierzu Rdn. 3174)

---

liger Erwerb der im Gesamthandsvermögen befindlichen Wirtschaftsgüter gilt, ferner dass der Gesetzgeber nur in seltenen Fällen (etwa bei § 13b Abs. 1 Nr. 3 ErbStG: Kapitalgesellschaftsanteil im Privatvermögen) allein die unmittelbare Beteiligung gelten lässt.
291 BFH, 18.07.2013 – II R 35/11, ZEV 2013, 688; vgl. *Wachter*, ZEV 2014, 191.
292 Vgl. FG Nürnberg, 16.06.2016 – 4 K 1902/15, ErbStB 2016, 363 (ausweislich eines handschriftlichen Vermerks der Bearbeiterin beim Finanzamt hatte die Steuerberaterin nach Rücksprache mit dem Schenker mündlich mitgeteilt, es handele sich nur um üblichen Hausrat; die Erteilung unvollständiger Angaben kann auch außerhalb einer förmlichen Steuererklärung i.S.d. § 149 AO erfolgen).
293 Überblick zu schenkungsteuerlichen Risiken für Ehegatten bei Bankkonten *Götz*, ZEV 2017, 77 ff.
294 FG Nürnberg, 15.05.2014 – 4 K 1390/11, ZEV 2015, 170.

nicht beweisen, bleibt es steuerlich bei der Vermutung der alleinigen Inhaberschaft des Kontoberechtigten.

Bei echten Gemeinschaftskonten geht die Finanzverwaltung schenkungsteuerrechtlich[295] von einer hälftigen (§ 430 BGB) steuerpflichtigen Bereicherung des nicht einzahlenden Partners aus;[296] die FG prüfen dagegen die wirtschaftliche Herkunft des Geldes[297] bzw. suchen nach konkludenten Vereinbarungen der Beteiligten,[298] etwa zur treuhänderischen Verwaltung des Vermögens durch den anderen Ehegatten;[299] so könne auch mit der Einrichtung eines Oder-Kontos lediglich die lebzeitige Verfügungsmöglichkeit ohne Schenkungswille hinsichtlich des Kapitals beabsichtigt sein.[300] 3290

Der **BFH** betont hingegen, dass bei intakter Ehe der übereinstimmenden Darstellung des Innenverhältnisses der Ehegatten gefolgt werden kann, so dass hinsichtlich derjenigen Mittel, die für die laufende Lebensführung verwendet werden, eine Schenkung ausscheidet (anders als in Bezug auf Mittel, die zur Bildung eigenen Vermögens eingesetzt werden):[301] Zunächst trägt das Finanzamt die Feststellungslast für die Tatsachen, die zur Annahme einer freigiebigen Zuwendung erforderlich sind (v.a. also, dass der nicht einzahlende Ehegatte frei über das Guthaben verfügen kann).[302] Gibt es jedoch hinreichend deutliche objektive Anhaltspunkte dafür, dass beide Ehegatten entsprechend § 430 BGB zu gleichen Teilen beteiligt sind, trägt der zur Steuer herangezogene Ehegatte die Feststellungslast dafür, dass im Innenverhältnis nur der Einzahlende berechtigt sein soll. Lässt sich nicht belegen, dass tatsächlich lediglich ein Treuhandverhältnis vorliegt oder ein steuerfreier Ausgleichsanspruch gem. §§ 730 ff. BGB auf Ausgleich geleisteter Beiträge bei Auflösung einer stillschweigend vereinbarten Ehegatteninnengesellschaft besteht, kann rückwirkende Steuerfreiheit bei geeigneten Vermögensentwicklungen durch Verrechnung mit ehevertraglich geschaffenen Zugewinnausgleichsansprüchen geschaffen werden, Rdn. 4885 ff.[303] 3291

U.U. lässt sich das Nichtbestehen eines zivilrechtlichen Schenkungstatbestandes auch durch eine Treuhandabrede (vgl. Formulierungsvorschlag in Rdn. 3174) belegen. Wichtig ist allerdings, dass die klarstellende Vereinbarung tatsächlich so gelebt wird, also die Kontoführung deutlich macht, dass der nicht einzahlende Ehegatte Guthaben lediglich für die laufenden Lebensführungskosten verwendet hat.[304] In den meisten Fällen erscheint es sachgerecht, für die Zukunft ohnehin getrennte Konten zu führen. 3292

---

[295] Umfassende Übersicht bei *Wefers/Carlé*, ErbStB 2013, 48 ff.; vgl. auch *Holtz/Stalleiken*, ErbR 2015, 17, 20.
[296] OFD Koblenz, ZEV 1998, 21, und ZEV 2002, 289; FG Düsseldorf, EFG 1996, 2429: auch wenn der Guthabenbetrag überwiegend von einem Ehegatten erwirtschaftet wurde, es sei denn ein anderer Teilungsmaßstab ist ausdrücklich vereinbart.
[297] Bsp. nach FG Nürnberg, 25.03.2010 – 4 K 654/2008: Schenkung, wenn Erlöse aus der Veräußerung einer Firmenbeteiligung des Mannes auf ein Oder-Konto beider Ehegatten einbezahlt werden.
[298] Vgl. *Steiner*, ErbStB 2005, 77 m.w.N.
[299] BFH, ZEV 2001, 326.
[300] FG Münster, EFG 1993, 589.
[301] BFH, 23.11.2011 – II R 33/10 ZEV 2012, 280 m. Anm. *Wachter*; *Krüger*, EE 2012, 112; *Kieser*, ZErb 2013, 49 (»Steuerfalle«). Ebenso FG München, 18.08.2015 – 4 K 2442/12, ErbStB 2016, 352 = Übertragung vom Ehemann auf ein gemeinsames Konto einer (als transparent zu behandelnden) ausländischen Familienstiftung, Abhebung nur zu Zwecken allgemeiner Lebensführung, ebenso FG München, 24.08.2015 – 4 K 3124/12, ZEV 2016, 156 m. zust. Anm. *Oppel*.
[302] Anders verhält es sich bei Übertragungen vom Einzelkonto eines Ehegatten auf das Einzelkonto des anderen Ehegatten: hier trägt der Erwerber die Feststellungslast für Umstände, die einer freigiebigen Zuwendung entgegenstehen: BFH, 29.06.2016 – II R 41/14, ZEV 2016, 529, hierzu *Loose*, ErbR 2017, 545.
[303] *Demuth/Schreiber*, ZEV 2012, 405 ff.
[304] Vgl. *Blusz*, ZEV 2016, 626, 627, der daher empfiehlt, solche Klarstellungsvereinbarungen nur für diejenigen Konten vorzunehmen, die keine allzu hohen unerklärbaren Differenzen aufweisen.

3293 Sind Ehegatten gemeinsam veranlagt (§§ 26, 26b EStG), haften sie für die entstehende **Jahreseinkommensteuer** als Gesamtschuldner (§ 44 Abs. 1 Satz 1 AO). Wird die »gemeinsame« Steuerschuld nur durch einen Ehegatten beglichen, liegt darin eine schenkungsteuerpflichtige Zuwendung an den anderen jedoch nur dann, wenn er auf den ihm zustehenden Ausgleichsanspruch (§ 426 Abs. 1 Satz 1 BGB) in Höhe des anteilig auf die Einkünfte des anderen Ehegatten entfallenden Steuerbetrags verzichten sollte.[305] Ggf. mag sich empfehlen, den Fortbestand dieses Ausgleichsanspruchs schriftlich zu dokumentieren, um schenkungsteuerliche Verdachtsmomente zu zerstreuen.[306] Stimmt ein Ehegatte mit negativen Einkünften der einkommensteuerlichen Zusammenveranlagung zu, um dem anderen Ehepartner, der über positive Einkünfte verfügt, einen **Verlustausgleich gem. § 2 Abs. 3 EStG** zu ermöglichen, liegt allein in dem damit wirtschaftlich eintretenden Verzicht auf eigene Nutzung des Verlustvortrags (§ 10d Abs. 2 EStG) in künftigen »positiven« Jahren noch kein tauglicher Zuwendungsgegenstand, da lediglich auf eine Erwerbsaussicht verzichtet wird.[307] Erzielt er jedoch tatsächlich in künftigen Jahren positive Einkünfte, auf die er nun, da der Verlustvortrag nicht mehr nutzbar ist, Einkommensteuer entrichten muss, kann er vom anderen Ehepartner einen Nachteilsausgleich fordern,[308] der ggf. ebenfalls schriftlich dokumentiert bzw. hinsichtlich seines Fortbestands bestätigt werden sollte. Wird schließlich ein Erstattungsbetrag aus gemeinsamer steuerlicher Veranlagung, der zumindest teilweise auch aufgrund von **überhöhten Vorauszahlungen** des anderen Ehepartners entstanden ist, allein auf das in der Steuererklärung angegebene Einzelkonto desjenigen Ehegatten überwiesen, dem nicht aufgrund überhöhter Vorauszahlungen tatsächlich der Erstattungsbetrag vollständig gebührt, kann auch hierin[309] eine freigebige, steuerpflichtige Zuwendung liegen, jedoch wiederum nur dann, wenn sie nicht durch (ggf. schriftlich bestätigte) Aufrechterhaltung des Ausgleichsanspruchs kompensiert wird.[310]

3294 Unbeabsichtigte Zuwendungen unter Ehegatten außerhalb des § 13 Abs. 1 Nr. 4a ErbStG (Familienheimschenkung, Rdn. 3270 ff.) und außerhalb gesetzlicher Verpflichtungen (Übernahme von Versicherungsprämien als Altersvorsorgeunterhalt) werden aufgrund gezielterer Untersuchung zwischenzeitlich häufiger durch die Steuerbehörden aufgedeckt und können zur **Festsetzung von Steuer auch für lange zurückliegende Vorgänge** führen, da gem. § 170 Abs. 5 Nr. 2 AO die Festsetzungsfrist bei einer Schenkung nicht vor Ablauf des Kalenderjahres beginnt, in dem der Schenker gestorben ist oder die Finanzbehörde von der vollzogenen Schenkung Kenntnis erlangt hat. Als **Reparaturmöglichkeiten**[311] stehen dem Ehegatten dann neben schriftlichen Treuhand- und Klarstellungsvereinbarungen, Rdn. 3174, insbesondere die »Güterstandsschaukel« mit nachträglicher Anrechnung der Vorausempfänge auf den nun geschuldeten Steuerbetrag (§ 29 Abs. 1 Nr. 3 ErbStG) zur Verfügung, vgl. Rdn. 4902 ff.

3295 In geeigneten Fällen mag auch die Berufung auf die Grundsätze der **Störung der Geschäftsgrundlage** zum rückwirkenden Entfall der Steuer führen, da die Rückabwicklung gem. § 313 Abs. 3 BGB gem. § 29 Abs. 1 Nr. 1 ErbStG die bereits angefallene Schenkungsteuer rückwirkend entfallen lässt, vgl. Rdn. 4970 ff.[312] Voraussetzung ist allerdings, dass sich die Ehegatten überhaupt Gedanken über die schenkungsteuerlichen Folgen gemacht haben, dabei jedoch (etwa durch falsche

---

305 Wobei Einkünfte aus Kapitalvermögen, die bereits durch die Abgeltungsteuer endgültig veranlagt sind, unberücksichtigt bleiben.
306 Vgl. *Götz*, ZEV 2016, 623, 625.
307 BFH, 25.01.2001 – II R 22/98, BStBl. 2001 II, 456.
308 BGH, 13.10.1976 – IV ZR 104/74, NJW 1977, 378.
309 FG Hessen, 29.08.2011 – 1 K 3381/03, DStRE 2012, 1196.
310 Vgl. *Götz*, ZEV 2016, 623, 625.
311 Vgl. hierzu und zum folgenden *Blusz*, ZEV 2016, 626 ff.
312 Vgl. *Blusz*, ZEV 2016, 626, 630.

II. Eigenheimzulage

Handelt es sich bei ehebedingten Zuwendungen um selbst genutztes Wohneigentum, das von beiden Ehegatten gemeinsam oder jedenfalls vom erwerbenden Ehegatten selbst weiterhin bewohnt wird, ändert sich für die weiterhin relevanten »Altfälle« an der Gewährung der Subventionen nach dem Eigenheimzulagegesetz nichts; insoweit tritt auch **kein Objektverbrauch** ein.[313] Die bisherige »Subventionsreihe« wird nach Auffassung der Finanzverwaltung,[314] die durch das Haushaltsbegleitgesetz 2004 bestätigt wurde, zu Ende geführt (ein Objektverbrauch aus einem früheren Objekt lebt also durch den Tod oder die Trennung nicht wieder auf), vgl. § 6 Abs. 2 EigZulG und im Einzelnen Rn. 4553 ff. der 3. Auflage dieses Werkes. 3296

Der **Erwerb vom Ehegatten** stellt (selbst wenn es sich um eine entgeltliche Übertragung handeln würde, wie es bei der ehebedingten Zuwendung nicht der Fall ist) allerdings außerhalb dieser Sonderfälle für sich gem. § 2 Abs. 1 Satz 3 EigZulG **keinen begünstigten Anschaffungsfall** dar.[315] 3297

III. Einkünfte aus Vermietung und Verpachtung

Ist Gegenstand der ehebedingten Zuwendung ein der Einkünfteerzielung dienendes Objekt des Privatvermögens, also eine vermietete Eigentumswohnung oder ein vermietetes Hausgrundstück, wird der Einkunftstatbestand, sofern der Veräußerer sich nicht den Nießbrauch vorbehält, künftig vom erwerbenden Ehegatten verwirklicht. Von praktischer Relevanz ist dies nur dann, wenn die Ehegatten nicht gemeinsam zur ESt veranlagt sind. 3298

Probleme können sich allerdings hinsichtlich der Anerkennung von Werbungskosten, insb. Schuldzinsen, ergeben, wenn diese nicht vom nunmehr vermietenden Ehegatten getragen werden (Problem der Anerkennung sog. »**Drittaufwands**«). Aufgrund zweier Beschlüsse des BFH v. 02.12.1999,[316] die an die grundlegenden Beschlüsse des Großen Senats des BFH zum Drittaufwand anschließen,[317] sowie eines BMF-Schreibens v. 09.08.2006[318] ergibt sich nunmehr folgendes Bild: 3299

(1) Bei der Zahlung laufender Aufwendungen, auch Schuldzinsen, **aus gemeinsamen Verbindlichkeiten** gelten die Beträge jeweils als für Rechnung desjenigen geleistet, der den Einkunftstatbestand verwirklicht. Handelt es sich also um ein gemeinsam aufgenommenes Darlehen (bloße Bürgschaft des Eigentümer-Ehegatten reicht nicht aus!), können die Schuldzinsen in vollem Umfang als Werbungskosten des Eigentümer-Ehegatten abgezogen werden, gleichgültig aus wessen Mitteln sie tatsächlich geleistet worden sind. 3300

---

313 Vgl. *Hausen/Kohlrust-Schulz*, Die Eigenheimzulage, Rn. 139; dies gilt auch bei Hinzuerwerb einer Haushälfte im Scheidungsverfahren, NWB 2001, 2973.
314 BMF, BStBl. 1998 I, S. 190 Rn. 19 – jedenfalls solange die Voraussetzungen für eine Ehegattenbesteuerung vorliegen; der BFH ließ im Urt. v. 14.05.2003 – X R 35/99 (EStB 2003, 333) anklingen, dass er sich dieser Sicht möglicherweise nicht anschließen werde.
315 Erwirbt ein Ehegatte die Familienwohnung jedoch vom Insolvenzverwalter über das Vermögen des anderen Ehegatten, liegt kein »Erwerb vom Ehegatten« i.S.d. § 2 Abs. 1 Satz 3 EigZulG vor (BFH, DStRE 2004, 573).
316 V. 02.12.1999, FR 2000, 659 und 661; hierzu *Schubert*, MittBayNot 2000, 203.
317 Urt. v. 23.08.1999, BStBl. II 1999, S. 778 u. 782.
318 IV C 3 – S 2211–21/06, BStBl. 2006 I, S. 492; hierzu *Biber*, EStB 2006, 464.

3301 (2) Ist allerdings der Nichteigentümer-Ehegatte alleiniger zivilrechtlicher Schuldner der Darlehensverbindlichkeiten, sind die von ihm auf seinen Darlehensvertrag bezahlten Schuldzinsen, auch wenn sie wirtschaftlich das vermietete Objekt entlasten, keine Werbungskosten des Eigentümer-Ehegatten. Eine Zurechnung der vom Nichteigentümer-Ehegatten bezahlten Schuldzinsen als für Rechnung des Vermieter-Ehegatten geleistet kann auch nicht über die sog. Theorie des **abgekürzten Zahlungs- bzw. Vertragswegs** erfolgen, da diese nur bei Bargeschäften des täglichen Lebens (z.B. Einkauf von Büromaterial) und (jedenfalls nach Ansicht des BFH) bei der mittelbaren Einzelgeldzuwendung durch Übernahme von Investitionsaufwand[319] anerkannt wird, nicht aber bei Dauerschuldverhältnissen.[320] Allerdings sind diejenigen Schuldzinsen als Werbungskosten anzuerkennen, die der **Eigentümer-Ehegatte**, obwohl er nicht Schuldner der Verbindlichkeit ist, **aus eigenen Mitteln** (z.B. aus den Mieteinnahmen) bezahlt.

3302 Davon zu trennen ist die schenkungsteuerliche Seite des »Drittaufwandes«. Sie beurteilt sich danach, ob der Zuwendungsempfänger zur »Rückerstattung« verpflichtet ist oder nicht, etwa als Folge eines Darlehens, eines Auftragsverhältnisses (§ 670 BGB) bzw. aus Geschäftsführung ohne Auftrag (§§ 677, 683, 670 BGB) oder aus ungerechtfertigter Bereicherung.[321]

IV. Betriebsvermögen

3303 Handelt es sich beim ehebedingt zugewendeten Vermögensgegenstand dagegen um Betriebsvermögen – z.B. einer gewerblichen und freiberuflichen Tätigkeit –, tritt mit der ehebedingten Zuwendung an den Ehegatten, der nicht Mitunternehmer ist, regelmäßig eine Entnahme ein (vgl. ausführlich Rdn. 5767 ff.), und zwar auch dann, wenn sich der Veräußerer die Nutzungen, z.B. in Gestalt des Nießbrauchs, vorbehalten hat. Es droht damit also das Entstehen eines Veräußerungsgewinns in Gestalt der stillen Reserven zwischen dem Teilwert und dem regelmäßig durch Abschreibungen geminderten Buchwert der Immobilie.

E. Kettenschenkungen

3304 Unter dem wenig treffenden Schlagwort der »Kettenschenkung« werden – zuvörderst im Hinblick auf die Aufrechterhaltung der getrennten schenkungsteuerlichen Betrachtung jedes Übertragungsvorgangs – zwei unterschiedliche Sachverhalte diskutiert: zum einen die häufig gewollte Weiterübertragung des erworbenen Gutes an den Ehegatten des Ersterwerbers (allerdings unter Vermeidung einer unmittelbaren Schwiegerkindbegünstigung) – nachstehend I, vgl. Rdn. 3307 ff. –, zum anderen die Vorabübertragung von Vermögenswerten an den Ehegatten vor dem anschließenden Transfer an den/die Abkömmling(e) zur Ausnutzung der Freibeträge, die im Verhältnis zu jedem Elternteil bestehen (Korrektur ungleichgewichtiger Vermögensverteilung) – nachstehend II., vgl. Rdn. 3327 ff. –. Beiden Sachverhalten ist gemein, dass sie eine unentgeltliche[322] Ehegattenübertragung in zeitlicher Nähe zur Übertragung in gerade Linie realisieren, in einem Fall nach dieser, im anderen Fall dieser vorausgehend.

---

[319] BFH, 15.11.2005 – IX R 25/03, DStR 2006, 26, und BFH, 15.01.2008 – IX R 45/07, ErbStB 2008, 101: Werbungskostenabzug für Erhaltungsaufwand, den ein Dritter (mit Schenkungswille) in Auftrag gegeben und bezahlt hat. Damit entsteht aber Schenkungsteuer für den betreffenden Geldbetrag, vgl. ErbStB 2006, 39. Das BFH-Urteil wird jedoch von der Finanzverwaltung nicht angewendet: Erl. V. 09.08.2006 – IV C 3 S 2211 21/06, BStBl. 2006 I, S. 492 (s. hierzu EStB 2006, 331) wegen der Kollision mit der Rechtsfigur der mittelbaren (z.B. Grundstücks)Schenkung.
[320] BFH, 24.02.2000 – IV R 75/98, EStB 2000, 197.
[321] Vgl. im Einzelnen *Eich/Loy*, ErbStB 2007, 348.
[322] Alternativ, und das »Kettenschenkungsproblem« vermeidend, könnte auch die vorangehende oder nachfolgende Übertragung an den Ehegatten in entgeltlicher Weise, etwa in Form der Güterstandsschaukel (vgl. Rdn. 72 ff.) erfolgen.

E. Kettenschenkungen

Beide Grundmodelle existieren auch in Abwandlungen: 3305
(1) An die **Vorabübertragung an den eigenen Ehegatten** (erste Alternative) kann sich die Weiterübertragung an dessen Geschwister oder Geschwisterkinder anschließen (Steuerklasse II, vom Ersterwerber aus gesehen, während sonst Steuerklasse III anzuwenden wäre), oder
(2) an die **Übertragung an das eigene Kind** (zweite Alternative) die Weiterübertragung an dessen Kind (Freibetrag 400.000,00 € statt 200.000,00 €, bis 2008 Freibetrag 200.000,00€ statt 51.200,00€).[323]

I. Weiterübertragung des Erworbenen an den Ehegatten

In diesen (von der unmittelbaren Zuwendung seitens der Schwiegereltern, vgl. Rdn. 3189, Rdn. 3227 ff., Rdn. 2316, zu differenzierenden) Fällen stellen sich eine Reihe (schenkung-)steuerlicher und zivilrechtlicher Fragen: 3306

1. Schenkungsteuer

Verschenkt der Ersterwerber den erhaltenen Gegenstand alsbald ganz oder teilweise an einen Zweiterwerber, handelt es sich grds. gleichwohl um zwei getrennte schenkungsteuerliche Vorgänge, eine bestimmte »Mindestbesitzzeit« wird nicht verlangt. Der Ersterwerber darf jedoch keinesfalls rechtlich oder auch nur »tatsächlich« verpflichtet sein,[324] den Empfang weiterzuleiten, andernfalls würde der Letzterwerber im Rahmen einer Schenkung unter Auflage gem. § 7 Abs. 1 Nr. 2 ErbStG (vgl. Rdn. 4461 f.) den Erwerb als vom Schenker unmittelbar stammend zu versteuern haben (also bspw. das Schwiegerkind ggü. den Schwiegereltern,[325] wenn diese ihrem eigenen Kind die hälftige Weiterübertragung vorschreiben würden; außerdem steht die Stornowirkung des § 29 ErbStG im Fall der Rückforderung nur im betreffenden Schenkungsverhältnis zur Verfügung). 3307

Beruht jedoch die Weiterübertragung auf einer eigenen Entscheidung des »Zwischen«erwerbers, realisiert dieser seinerseits eine neue Schenkung. Dies gilt auch, wenn der Erstschenker weiß oder damit einverstanden ist, dass der von ihm Bedachte den zugewendeten Gegenstand unmittelbar danach an einen Dritten (in der Regel: seinen Ehegatten) weiterverschenkt, solange letzteres nicht vom Erstschenker veranlasst wird.[326] Erst recht liegen zwei rechtlich selbstständige Schenkungen vor, wenn der »Zwischenerwerber« mit der Weitergabe eigene Ziele verfolgt (z.B. Anrechnung auf mögliche künftige Zugewinnausgleichsansprüche, § 1380 BGB). Allerdings ist der Zweiterwerber gem. § 20 Abs. 5 ErbStG Haftungsschuldner für die durch den Ersterwerb ausgelöste Schenkungsteuer. 3308

Die **Finanzverwaltung** beurteilt das Vorliegen eines eigenen Entscheidungsspielraums zur Weitergabe i.d.R. nach äußeren Kriterien, etwa 3309
(1) der Freiheit des Ersterwerbers von Zustimmungsvorbehalten oder sonstigen »Verfügungssperren« des Erstveräußerers, so dass er rechtlich in der Lage ist, frei zu verfügen (Weiterveräußerungen an den derzeitigen Ehegatten binnen überschaubarer Frist nach Ersterwerb könnten z.B. vom vormerkungsgesicherten Rückforderungsvorbehalt ausgenommen werden, sofern der Ehegatte im Übrigen dieselben Beschränkungen übernimmt),

---

323 Berechnungsbeispiele bei *Wenhardt*, ErbStB 2007, 42.
324 Vgl. *Bruschke*, ErbStB 2014, 261, 262: das bloße Einverständnis mit der Weitergabe ist unschädlich, anders jedoch ein vorbehaltenes Rückforderungsrecht für den Fall, dass die Weitergabe nicht erfolgt.
325 Steuerklasse II Nr. 5, Freibetrag § 16 Abs. 1 Nr. 2 ErbStG: 20.000,00 €.
326 BFH, 30.11.2011 – II B 60/11, notar 2012, 164 m. Anm. *Ihle*, = ZEV 2012, 562.

(2) der Aufgliederung in zwei getrennte Urkundsvorgänge[327] – die Gesamtbelastung mit Notargebühren erhöht sich dadurch nur unwesentlich,[328] zumal wenn auf Zwischeneintragung im Grundbuch verzichtet wird – wobei dem Kriterium der Urkundstrennung keine ausschlaggebende Bedeutung zukommen sollte,[329]

(3) der Abweichung im Objekt zwischen der Erst- und Zweitzuwendung (Weiterübertragung lediglich der Hälfte, oder der Umwandlung von Geld- in Immobilienschenkung) – problematisch ist z.B. die vollständige inhaltliche Übereinstimmung beider Verträge aufeinander, also die Übernahme aller im ersten Vertrag geschaffenen Pflichten durch den Zweiterwerber[330] –,

(4) der sachenrechtlichen Trennung in zwei Auflassungen je mit Eintragungsbewilligung[331] und der schuldrechtlichen Trennung der beiden Leistungsbeziehungen,[332] auch hinsichtlich der causa (vorweggenommene Erbfolge bzw. Ausstattung einerseits; ehebedingte Zuwendung andererseits),[333]

3310 (5) dem zeitlichen Abstand zwischen beiden – gefährlich ist also der Abschluss »in einem Zuge«,[334] wobei nicht allein die Abfolge in zwei aufeinanderfolgenden Urkundsnummern zur Versagung der Anerkennung führt[335] (optimal ist die Verwirklichung in verschiedenen Veranlagungszeiträumen oder die Weiterübertragung zu einem Zeitpunkt, für den zugleich objektive Gründe sprechen – z.B. Geburtstag; Anrechnung auf künftige Zugewinn- oder Pflichtteilsansprüche etc.) und

(6) dem Vorliegen (ggf. festzuhaltender[336]) außersteuerlicher Gründe für die Weiterübertragung, etwa zur Ausstattung der Familie, zur Sicherung der Altersversorgung, der Reduzierung von Haftungsrisiken, der Herstellung ausgewogener Vermögensverhältnisse unter Ehegatten und die Vorwegnahme eines künftigen Zugewinnausgleichs, und

(7) der tatsächlichen zwischenzeitlichen Verfügung über das Erlangte zwischen Erst- und Zweitschenkung (z.B. durch Ertrag bringende Geldanlage).

---

327 BFH, 18.07.2013 – II R 37/11 ZEV 2013, 629 m. Anm. *Wachter* = ErbStB 2013, 335 m. Anm. *Heinrichshofen;* hierzu *Viskorf,* in: DAI-Skript 12. Jahresarbeitstagung des Notariats, 2014, S. 756 ff., *Selbherr,* MittBayNot 2015, 82 und *Kesseler,* in: DAI, Aktuelle Probleme der notariellen Vertragsgestaltung im Immobilienrecht 2013/2014, S. 214 ff. lässt dies genügen, jedenfalls wenn in der ersten Urkunde Auflassung und Bewilligung enthalten sind, so dass die Erstschenkung als ausgeführt gilt, und unterschiedliche Übergabebedingungen (Anrechnung auf den Pflichtteilsanspruch/Rückforderung bei Scheidung) bestehen, sowie schließlich die Eltern kein eigenes Interesse an der Weitergabe an das Schwiegerkind haben, also auch keine konkludente Verpflichtung insoweit besteht.
328 Degressionseffekt der gem. § 86 Abs. 2 GNotKG (vormals: § 44 Abs. 2 KostO) zusammenzurechnenden Gesamtgeschäftswerte ggü. der Einzelbewertung.
329 *Gebel,* ZEV 2005, 263, weist zu Recht darauf hin, dass die Aufnahme in ein einziges Dokument auch lediglich dokumentieren soll, dass der Schenker die Weiterschenkung, die jedoch aus eigener Entscheidung erfolgt, billige.
330 So im Fall des Hessischen FG, 24.10.2007 – 1 K 268/04, EFG 2008, 472 m. Anm. *Fumi.*
331 Pflichtverstoß durch »Direktauflassung« im Haftungsfall OLG Frankfurt, 29.05.2015 – 4 U 202/14, ZEV 2016, 103 m. Anm. *Wachter,* vgl. *Genske,* notar 2016, 152, 157, krit. *Ihle,* notar 2017, 53, 57.
332 Für die Maßgeblichkeit lediglich der zivilrechtlichen Dispositionsfreiheit des »Zwischenerwerbers« *Lehmann/Fürwentsches,* ZErb 2012, 121 ff.
333 Vgl. BFH, BStBl. 1994 II, S. 128; Hessisches FG, 16.09.2003 – 1 K 1936/03, ErbStB 2004, 73, R 23 ErbStR 2003.
334 Wie im Urteil des Hessischen FG, 24.10.2007 – 1 K 268/04, EFG 2008, 472 m. Anm. *Fumi* sowie FG München, 15.06.2011 – 4 K 396/11 (letzteres allerdings durch BFH, 18.07.2013 – II R 45/11, MittBayNot 2015, 83 m. Anm. *Selbherr* S. 82 aufgehoben).
335 BFH, 30.11.2011 – II B 60/11, ZEV 2012, 562 = notar 2012, 164 m. Anm. *Ihle* (anders noch die Vorinstanz FG München, 30.05.2011 – 4 V 548/11 MittBayNot 2012, 72 m. Anm. *Wälzholz*); BFH, 18.07.2013 – II R 37/11 DNotZ 2014, 103 (sogar bei Verzicht auf Zwischeneintragung im Grundbuch).
336 Empfehlung von *Bruschke,* ErbStB 2014, 261, 265.

E. Kettenschenkungen

Erforderlich ist in schenkungsteuerlicher Hinsicht jedoch stets, dass der Ersterwerber zu irgendeinem Zeitpunkt eine eigene Entscheidungsmöglichkeit über die weitere Verwendung des Grundstücks hatte, und die erste Zuwendung (durch Abgabe eines wirksamen Schenkungsversprechens, Erklärung der Auflassung und Abgabe der Eintragungsbewilligung) im schenkungsteuerlichen Sinne ausgeführt war. Entgegen früherer strengerer Rechtsprechung[337] ist nach Ansicht des BFH dann nicht erforderlich, dass ein Zwischenerwerb im Grundbuch stattfindet, er lässt vielmehr auch zu, dass im Wege der Sprungauflassung unmittelbar der Enderwerber eingetragen wird. ist.[338] Ungewiss sind die Auswirkungen der neueren Gesamtplanrechtsprechung des BFH (vgl. Rdn. 5695 ff.) auf die Beurteilung von Kettenschenkungen;[339] die untergerichtliche Rechtsprechung rekurriert zur Abgrenzung zwischenzeitlich auf diese Rechtsfigur.[340]

2. Zivilrecht

In eher seltenen Fällen allerdings kann die transfersteuerlich gewollte Zerlegung in zwei Zuwendungsvorgänge sich als **zivilrechtlich nachteilig** erweisen: So kann die Weiterübertragung der Hälfte des zunächst vollständig erworbenen Wirtschaftsguts Raum bieten[341]
(1) für Anfechtungen durch Gläubiger des Ersterwerbers,
(2) für die Rückforderung bei späterer Verarmung des Ersterwerbers (§ 528 BGB; daneben tritt die Forthaftung des unentgeltlichen Zweiterwerbers gem. § 528 i.V.m. 822 BGB für Rückforderungsrisiken, die in der Person des Erstveräußerers sich verwirklichen – Duplizierung der Rückgriffsmöglichkeiten),
(3) für Ansprüche gem. §§ 2287, 2288 BGB bei erbvertraglicher Bindung des Ersterwerbers und schließlich
(4) Pflichtteilsergänzungsansprüche begründen bei Personen, die allein ggü. dem Ersterwerber pflichtteilsberechtigt sind.

Kurz: Durch das Vorliegen zweier Vorgänge (Verwandtenschenkung und ehebedingte Zuwendung), die zumindest objektiv beide als unentgeltlich einzustufen sind, verdoppeln sich die Bestandsrisiken aufgrund der immanenten Schwächen jedes Schenkungserwerbs.

▶ **Formulierungsvorschlag: Weiterübertragung eines Halbanteiles an den Ehegatten des Erwerbers**

Der Erwerber überlässt von dem erworbenen Grundbesitz (in § 1 der Urkunde näher bezeichnet) mit allen Rechten und dem gesetzlichen Zubehör einen 1/2 Miteigentumsanteil an seinen Ehegatten,

.....

zum Eigentum, so dass künftig der Erwerber und sein Ehegatte Miteigentümer je zur Hälfte sind.

Die Vertragsteile sind über den vereinbarten Eigentumsübergang einig und

bewilligen und beantragen

---

337 FG Hessen, 24.10.2007 – 1 K 268/04, EFG 2008, 472 m. Anm. *Fumi*, hierzu *Wachter*, ZErb 2008, 174 ff. *Moench/Albrecht*, Erbschaftsteuer, Rn. 493 halten die Umschreibung für nicht erforderlich, da die erste Schenkung steuerlich bereits mit Bewilligung und Antrag ausgeführt sei (s.u. Rdn. 4551 – allerdings nur wenn die Umschreibung nachfolgt!).
338 BFH, 18.07.2013 – II R 37/11 DNotZ 2014, 103 (sogar bei Verzicht auf Zwischeneintragung im Grundbuch); strenger noch BFH, 10.03.2005 – II R 54/03, ZEV 2005, 262, m. Anm. *Gebel* = NotBZ 2005, 376, m. Anm. *Otto*.
339 Das FG München, 12.11.2003 – 9 K 4811/01, EFG 2004, 496, sieht einen Gesamtplan noch bei der 6 Jahre auseinander liegenden Übertragung von Mitunternehmeranteilen!
340 Hessisches FG, 24.10.2007 – 1 K 268/04, EFG 2008, 472 m. Anm. *Fumi*, hierzu *Wachter*, ZErb 2008, 174 ff.
341 Hierauf weist *Reymann*, ZEV 2006, 59 ff., hin, der allerdings die ehebedingte Zuwendung zu Unrecht aus dem Anwendungsbereich des § 528 BGB ausnimmt.

die Eintragung des Rechtsübergangs in das Grundbuch. Die Weiterübertragung erfolgt aufgrund freien Willensentschlusses des Erwerbers, den der Veräußerer jedoch nicht verhindert (Kettenschenkung).

Die aufgrund dieser Urkunde zur Eintragung gelangenden Rechte werden zur dinglichen Haftung übernommen. Im Übrigen gelten sämtliche Bestimmungen dieser Urkunde sinngemäß auch für die vorstehende Überlassung. Der Erwerber übernimmt insbesondere die Rückübertragungsverpflichtung gegenüber dem Erstveräußerer. Er hat also beispielsweise beim vorzeitigen Tod des Ehegatten das Anwesen gemäß den Bestimmungen in § ..... dieses Vertrages zurückzuübertragen.

Ausdrücklich wird festgestellt, dass der Erstveräußerer nicht die Absicht hat, den Ehegatten des Erwerbers zu bereichern, er jedoch nichts dagegen hat, dass der Erwerber einen Hälfteanteil an dem erworbenen Grundbesitz weiterschenkt.

Der Notar hat die Beteiligten über die rechtlichen Wirkungen dieser Kettenschenkung belehrt. Zivilrechtlich stellt sie eine ehebedingte Zuwendung dar, kann also grundsätzlich auch im Fall der Ehescheidung nicht widerrufen werden, es sei denn, Rückforderungsrechte werden ausdrücklich vereinbart. In erbrechtlicher Hinsicht wurde darauf hingewiesen, dass etwaige Pflichtteils- und Pflichtteilsergänzungsansprüche – etwa von Kindern des weiterüberlassenden Ehegatten – sich im Fall dessen Vorversterbens aus dem Wert des gesamten Grundbesitzes berechnen, also auch aus der weiterüberlassenen Hälfte; die Zehn-Jahres-Frist des § 2325 Abs. 3 BGB, nach deren Ablauf eine Pflichtteilsergänzung ausgeschlossen ist, beginnt nicht vor Auflösung der Ehe. Auch im Hinblick auf etwaige Anfechtungen der Weiterübertragung durch Gläubiger oder im Fall der Insolvenz wird sie wie eine freie Weiterschenkung behandelt.

3315 Kein Fall der »über Eck gestalteten Kettenschenkung«, sondern mehrere parallele Schenkungen liegen jedoch zivilrechtlich vor, wenn der Dritte unmittelbar an den weiteren Beschenkten zu leisten verpflichtet ist, etwa weil die Beteiligten verabredet haben, dass die (z.B. als Dank für ein bestimmtes Verhalten gewährte) Zuwendung an Letzteren und an dessen Ehegatten je zur Hälfte zu gewähren sei, um Schenkungsteuerfreibeträge mehrfach auszunutzen. Hier steht auch der Ehegatte in einer unmittelbaren (anfechtbaren etc.) Schenkungsbeziehung zum Zuwendenden.[342]

3. Vorsorge für den Scheidungsfall

3316 Sodann ist das Rechtsverhältnis zwischen dem Ersterwerber und seinem Ehegatten zu regeln. Die Ehepartner können die Form einer Bestätigung, dass keine gegenständliche Rückforderung bei Scheidung stattfinde, sondern allenfalls eine Anrechnung auf etwaige Zugewinnausgleichspflichten des Veräußerers nach § 1380 BGB erfolge, wählen.

▶ Formulierungsvorschlag: Weiterübertragung an den Ehegatten des Erwerbers – Verzicht auf gegenständliche Rückforderung bei Scheidung

3317 Die vorstehende Überlassung erfolgt als ehebedingte Zuwendung zur Verwirklichung der ehelichen Lebens- und Wirtschaftsgemeinschaft.

Im Sterbefall ist der Wert der Zuwendung auf einen etwaigen Pflichtteilsanspruch des Erwerbers gegenüber dem Veräußerer anzurechnen. Ferner bleibt § 530 BGB vorbehalten.

Sofern bei Scheidung der Ehe die Zuwendung dem Erwerber verbleibt, ist ihr Wert gemäß § 1380 BGB auf einen etwaigen Zugewinnausgleichsanspruch des Empfängers der Schenkung anzurechnen bzw., soweit eine Anrechnung nicht möglich ist, dem Endvermögen des Beschenkten zuzurechnen. Den Beteiligten ist allerdings bekannt, dass eine – sei es auch nur hälftige – Wertbeteiligung des Veräußerers durch die Bestimmungen des gesetzlichen Zugewinnausgleichs nicht sicher gewährleistet ist, etwa bei einer Saldierung mit anderen Negativposten.

---

342 Dies gilt gem. BGH, 20.07.2006 – IX ZR 226/03, MittBayNot 2007, 237 m. Anm. *Kesseler*, auch dann, wenn die beabsichtigten Schenkungsteuervorteile nicht eintraten, da der Vorgang einkommensteuerpflichtig war.

E. Kettenschenkungen   Kapitel 7

Eine Rückübertragungsverpflichtung im Fall der Scheidung wird ausdrücklich nicht gewünscht, so dass die Eigentumsverhältnisse vorbehaltlich künftiger abweichender Regelungen auch dann unverändert bleiben.

Die Ehegatten können aber auch einen Rückforderungsanspruch bei Scheidung vereinbaren; die Ansprüche des zweiterwerbenden Ehegatten werden dann durch das Zugewinnausgleichsrecht erfasst. **3318**

▶ Formulierungsvorschlag: Rückforderungsrecht mit Berücksichtigung allein i.R.d. Zugewinnausgleichs

Die vorstehende Überlassung erfolgt als ehebedingte Zuwendung zur Verwirklichung der ehelichen Lebens- und Wirtschaftsgemeinschaft. Sobald die Beteiligten länger als sechs Monate getrennt leben im Sinne des § 1567 BGB, kann jedoch der Veräußerer die Rückübertragung des Vertragsbesitzes unter schuldbefreiender Übernahme der eingetragenen Belastungen samt zugrunde liegender Verbindlichkeiten verlangen. **3319**

Erwerber und Veräußerer sind, sofern das Rückforderungsrecht ausgeübt wird, im Zuge eines etwaigen Zugewinnausgleichsverfahrens bei Scheidung so zu stellen, als habe die Überlassung in dieser Urkunde nie stattgefunden, so dass eine etwa eingetretene Werterhöhung des Vertragsbesitzes während der Ehezeit, auch soweit diese durch die Tilgung von Verbindlichkeiten oder durch Investitionen – gleich von welcher Seite – eintritt, dem Endvermögen des Veräußerers zugerechnet wird. Eine direkte Erstattung etwaiger Investitionen oder Tilgungsbeiträge des Erwerbers ist daneben nicht geschuldet, wenn die Wertsteigerung im Vermögen des Veräußerers sich z.B. infolge Saldierung mit sonstigen Negativposten oder negativem Anfangsvermögen neutralisiert.

(Anm.: Sodann Absicherung durch Vormerkung, zumindest deren Bewilligung, oder aber Verzicht hierauf trotz ausdrücklicher Belehrung.)

In Betracht käme auch eine Ergänzung des Zugewinnausgleichsmechanismus durch bare Aufzahlung auf die Hälfte der aus Eigenvermögen erbrachten Tilgungsleistungen und durch seine Verwendungen unmittelbar herbeigeführten Werterhöhung, wie oben bei Rdn. 3220 vorgeschlagen. **3320**

Denkbar ist stattdessen ein konkreter Ausgleich der werterhöhenden Investitionen des Ehegatten bei gegenständlicher Rückforderung: **3321**

▶ Formulierungsvorschlag: Rückforderungsrecht mit ausschließlicher Erstattung werterhöhender Investitionen

Die vorstehende Überlassung erfolgt als ehebedingte Zuwendung zur Verwirklichung der ehelichen Lebens- und Wirtschaftsgemeinschaft. Sobald die Beteiligten länger als sechs Monate getrennt leben im Sinne des § 1567 BGB, kann jedoch der Veräußerer die Rückübertragung des Vertragsbesitzes unter schuldbefreiender Übernahme der eingetragenen Belastungen samt zugrunde liegender Verbindlichkeiten verlangen. **3322**

Verwendungen aus dem Vermögen des Rückübertragungsverpflichteten werden – maximal jedoch bis zur Höhe der noch vorhandenen Zeitwerterhöhung – gegen Rechnungsnachweis erstattet bzw. durch Schuldübernahme abgegolten, soweit sie nicht nur der Erhaltung des Anwesens im derzeitigen Zustand, sondern dessen Verbesserung oder Erweiterung gedient haben und mit schriftlicher Zustimmung des Berechtigten oder seines Vertreters durchgeführt wurden. Sondertilgungen auf übernommene Verbindlichkeiten sind ebenfalls Zug um Zug mit Vollzug der Rückauflassung, frei von nicht zu übernehmenden Belastungen, und ohne Beilage von Zinsen zu erstatten. Ein weiterer Ausgleich, etwa für Dienst- und Arbeitsleistungen, Zins- und regelmäßige Tilgungsleistungen, laufende Aufwendungen etc. findet nicht statt.

Diese Vereinbarung tritt ehevertraglich an die Stelle eines dem Ausgleichsberechtigten nach Rückübertragung bezüglich des Anwesens etwa zustehenden Zugewinnausgleichsanspruchs. Das Anwesen und die diesbezüglichen Verbindlichkeiten sowie die zum Ausgleich der Aufwendungen zu leistende Zahlung des Veräußerers sollen demnach weder im Anfangs- noch im Endvermögen des Ehemannes noch der Ehefrau erfasst werden.

(Anm.: Sodann Absicherung durch Vormerkung, zumindest deren Bewilligung, oder aber Verzicht hierauf trotz ausdrücklicher Belehrung.)

3323 Eine weitere Möglichkeit ist die Kombination aus konkreter Investitionsentschädigung und Zugewinnausgleich für sonstige Wertsteigerungen:

▶ Formulierungsvorschlag: Rückforderungsrecht mit Erstattung werterhöhender Investitionen und Erfassung sonstiger Steigerungen i.R.d. Zugewinnausgleichs

3324 Die vorstehende Überlassung erfolgt als ehebedingte Zuwendung zur Verwirklichung der ehelichen Lebens- und Wirtschaftsgemeinschaft. Sobald die Beteiligten länger als sechs Monate getrennt leben im Sinne des § 1567 BGB, kann jedoch der Veräußerer die Rückübertragung des Vertragsbesitzes unter schuldbefreiender Übernahme der eingetragenen Belastungen samt zugrunde liegender Verbindlichkeiten verlangen.

Verwendungen aus dem Vermögen des Rückübertragungsverpflichteten werden – maximal jedoch bis zur Höhe der noch vorhandenen Zeitwerterhöhung – gegen Rechnungsnachweis erstattet bzw. durch Schuldübernahme abgegolten, soweit sie nicht nur der Erhaltung des Anwesens im derzeitigen Zustand, sondern dessen Verbesserung oder Erweiterung gedient haben und mit schriftlicher Zustimmung des Berechtigten oder seines Vertreters durchgeführt wurden. Sondertilgungen auf übernommene Verbindlichkeiten sind ebenfalls Zug um Zug mit Vollzug der Rückauflassung, frei von nicht zu übernehmenden Belastungen, und ohne Beilage von Zinsen zu erstatten. Ein weiterer direkter Ausgleich, etwa für Dienst- und Arbeitsleistungen, Zins- und regelmäßige Tilgungsleistungen, laufende Aufwendungen etc. findet nicht statt.

Unabhängig von vorstehender Verpflichtung zum Aufwendungsersatz und über diese hinaus wird für den Fall der Rückforderung aufgrund Scheidung der Ehe der Vertragsteile klargestellt, dass die bei dem heutigen Vertragsgegenstand eingetretene Werterhöhung, die nicht auf Verwendungen oder Tilgungsleistungen des Rückübertragungspflichtigen zurückzuführen ist, im Rahmen eines Zugewinnausgleiches ebenfalls zum Ausgleich zu bringen ist; die Beteiligen haben sich insoweit so zu stellen, als hätte die Überlassung in heutiger Urkunde nicht stattgefunden. Die nach vorstehender Bestimmung dem Rückübertragungspflichtigen zu erstattenden Aufwendungen bzw. die dadurch herbeigeführte Werterhöhung sollen bei der Ermittlung des Zugewinnausgleichs jedoch in keiner Weise berücksichtigt werden, also weder im Anfangs- noch im Endvermögen eines Ehegatten einen Rechnungsposten bilden.

Soweit der Veräußerer von seinem Rückforderungsrecht für den Fall der Stellung eines Scheidungsantrags keinen Gebrauch macht, ist der Wert der Zuwendung gemäß § 1380 BGB auf einen etwaigen Zugewinnausgleichsanspruch des Empfängers der Schenkung anzurechnen bzw., soweit eine Verrechnung nicht möglich ist, dem Endvermögen des Beschenkten zuzurechnen, so dass die Ansprüche des Schenkers im Zugewinnausgleichsverfahrens geregelt werden. Auch in diesem Fall sind jedoch die Aufwendungen im vorstehenden Sinne, die der Beschenkte selbst auf den Grundbesitz getätigt hat, im Rahmen der Ermittlung des Zugewinnausgleichs nicht zu berücksichtigen, sondern sollen dem Beschenkten – wie im Fall der Rückforderung – wirtschaftlich ungeschmälert verbleiben.

(Anm.: Sodann Absicherung durch Vormerkung, zumindest deren Bewilligung, oder aber Verzicht hierauf trotz ausdrücklicher Belehrung)

4. Nebeneinander mehrerer Rückforderungsverhältnisse

3325 Sofern bereits die Übertragung an das eigene Kind unter Rückforderungsvorbehalt der Zuwendenden (typischerweise der Eltern) stand, treffen demnach zwei Rückforderungsberechtigungen aufeinander mit teilweise abweichenden Voraussetzungen (der Katalog möglicher Störungen ist typischerweise im Verhältnis zu den Eltern länger) und Rechtsfolgen (wegen der regelmäßig notwendigen Berücksichtigung des Zugewinnausgleichsmechanismus im Ehegatteninnenverhältnis).

3326 Wirtschaftlich entscheidet die Rangfolge der Vormerkungen im Grundbuch über die Priorität; diese liegt bei der Stufenschenkung beim Erstveräußerer, da der Erwerber das erhaltene Objekt an seinen Ehegatten nur so (anteilig) weiterreichen kann, wie er es selbst erhalten hat, also belastet mit dem Rückforderungsvorbehalt. Die Entscheidung des Kindes, bspw. im Fall einer Scheidung den weiter übertragenen Anteil dem Ehegatten in Anrechnung auf den Zugewinnausgleich zu belassen, steht dann unter dem »ungeschriebenen« Vorbehalt des Stillhaltens der Eltern; machen sie von ihrem Rückforderungsrecht Gebrauch, scheidet das Objekt aus dem (Anfangs- und) Endvermögen beider Ehegatten aus. Der Veräußerer wird, zumal er an der Weiterschenkung zugunsten des Schwiegerkindes nicht rechtlich beteiligt ist, kaum bereit sein, seinen Entscheidungsspielraum etwa dadurch einzuengen, dass er sich verpflichtet, von der Rückforderung im Scheidungsfall nur im Einvernehmen mit dem Ersterwerber Gebrauch zu machen.[343]

II. Vorabübertragung des zu Übertragenden an den Ehegatten

Zur Differenzierung sei darauf hingewiesen, dass (unter dem Aspekt des § 42 AO vorrangig) auch eine andere Gestaltung als »Kettenschenkung« bezeichnet wird, die der schenkungsteuerlichen Entlastung durch Duplizierung der Freibeträge dient, und zwar die vorherige Übertragung eines Miteigentumsanteils (bzw. überhaupt von Vermögenswerten) an den Ehegatten des Schenkers mit der Folge, dass beide sodann ihre Anteile dem (gemeinsamen oder Stief-)Kind (in seltenen Fällen auch einem Dritten, etwa einer Stiftung) übertragen. In diesem Kontext sind außersteuerliche Motive fernliegender als bei der Übertragung an ein eigenes Kind mit anschließendem Weitertransfer: In Letzterem Fall liegt es nahe, dass die Eltern die Zuwendung lediglich ihrem eigenen Kind zugutekommen lassen wollen, welches sodann aus eigener Entscheidung darüber verfügt.[344]   3327

▶ **Hinweis:**

Bei einer Schenkung unter Auflage oder unter Bedingung gilt die »Weiterschenkung« des beauflagten Ersterwerbers an den Letzterwerber als eine Schenkung des ursprünglichen Zuwendenden (§ 7 Abs. 1 Nr. 2 ErbStG, vgl. Rdn. 4461 f.). Damit würde die beabsichtigte doppelte Ausnutzung der Freibeträge der Kinder (nämlich nach jedem Elternteil) vereitelt.   3328

Schwieriger sind die Sachverhalte, in denen (wegen der unmittelbaren Steuerschädlichkeit) keine ausdrückliche Auflage oder Bedingung enthalten ist, die jedoch tatsächlich so ausgestaltet sind, dass sich der Zuwendungsempfänger einer Weitergabe faktisch nicht entziehen kann. Der BFH[345] sieht in diesem Fall einen »Durchgriff« dann als gerechtfertigt an, wenn dem Ersterwerber kein eigener Entscheidungsspielraum über den geschenkten Vermögensgegenstand bleibe. Für die Beurteilung eines eigenen Entscheidungsspielraums ist auf die erkennbare individuelle Vertragsgestaltung und die damit verbundene Zielsetzung der Parteien abzustellen; die subjektiven Vorstellungen müssen sich in den geschlossenen Verträgen niederschlagen.[346] Der erforderliche Entscheidungsspielraum fehle nicht bereits dann, wenn der Ersterwerber aufgrund der familiären Beziehungen, also der Ehe, einem gewissen Druck unterworfen sei.[347]   3329

Nach einer früheren Entscheidung des BFH[348] soll jedoch die Durchführung der Schenkungen an einem Tag in **aufeinanderfolgenden Urkundennummern** schädlich sein (obwohl ein zeitlicher Mindestabstand nicht gefordert wird, zur nun großzügigeren Rspr. des BFH bei der Weiterübertragung des Erlangten durch das Kind an seinen Ehegatten vgl. aber Rdn. 3310) – erst recht abzuraten ist demnach natürlich von der Regelung beider Rechtsverhältnisse in einer Urkunde. Hilfreich, wenngleich nicht allein ausreichend, ist sicherlich eine Klarstellung, dass weder eine rechtliche noch eine faktische Verpflichtung zur Weitergabe bestehe.[349] Zugunsten des Zwischenerwerbers muss die Auflassung erklärt und die Umschreibungsbewilligung abgegeben sein, um   3330

---

343 Dafür plädiert jedoch *Langenfeld/Günther*, Grundstückszuwendungen zur lebzeitigen Vermögensnachfolge, Kap. 9 Rn. 4.
344 *Otto*, NotBZ 2005, 378.
345 Z.B. BStBl. 1994 II, S. 128; BStBl. 2005 II, S. 412, ebenso FG Hessen, EFG 2004, 148.
346 FG Hessen, 15.01.2008 – 1 K 3128/05, ErbStB 2008, 165.
347 FG Münster, EFG 1999, 617.
348 BStBl. 1994 II, S. 128, ebenso FG München, 02.04.2008 – 4 K 1272/06, ErbStB 2008, 257.
349 Vgl. *Lehnen/Hanau*, ZErb 2006, 151.

den ersten Teil der Kettenschenkung auch i.S.d. § 9 Abs. 1 Nr. 2 ErbStG zu vollziehen (vgl. Rdn. 4544 ff.); auch zivilrechtlich ist der tatsächliche Eigentumserwerb (durch Vollzug der Umschreibung) nicht zwingend erforderlich (jedoch als Beleg für die notwendige Dispositionsfreiheit hilfreich), vielmehr genügt die Rechtsmacht zur Weiterübertragung (aufgrund der Ermächtigung gem. § 185 BGB zur Verfügung über fremdes Eigentum im eigenen Namen, die in der zugunsten des Zwischenerwerbers erklärten Auflassung liegt).

3331 Zivilrechtlich ist das persönliche und wirtschaftliche Umfeld des »zwischenerwerbenden« Ehegatten auf mögliche Risikofaktoren zu »durchleuchten«:
(1) Bestehen einseitige Abkömmlinge, die aus der späteren Weiterschenkung Pflichtteilsergänzungsansprüche gewinnen könnten?
(2) Besteht die Gefahr des Vermögensverfalls, so dass die Weiterschenkung der (im Regelfall 4-jährigen, bei der Ausstattung 2-jährigen) Gläubiger- oder Insolvenzanfechtung oder aber der (10-jährigen) Rückforderung gem. § 528 BGB (SGB II/SGB XII!) unterliegen könnte?

3332 In tatsächlicher Hinsicht ist zu bedenken, dass der »Zwischenbeschenkte« die Weiterübertragung entgegen vorheriger Ankündigung nicht (mehr) durchführen will oder (etwa wegen Vorversterbens) kann. Dies zum Anlass zu nehmen, vormerkungsgesichert die Rückforderung vorzubehalten, wenn die Weiterübertragung nicht bis zu einem bestimmten Zeitpunkt durchgeführt ist, wäre zwar zivilrechtlich ratsam, würde jedoch (als mittelbares Bekenntnis, dass faktisch doch keine Entscheidungsfreiheit besteht) das schenkungsteuerliche Ziel konterkarieren – denkbar ist jedoch wohl eine Rückforderungsmöglichkeit für den Fall, dass der erstbeschenkte Ehegatte (nicht etwa der jeweilige Eigentümer!) vor dem Veräußerer verstirbt.

3333 Eine häufig vorzuziehende Alternativgestaltung zur Erstschenkung in Vorbereitung einer anschließenden, jedoch der freien Entscheidung unterliegenden Weiterschenkung liegt in der **Übertragung zum Ausgleich entstandener Zugewinnausgleichsansprüche** (Gesamtvertragsmuster s. Rdn. 6761) etwa im Zusammenhang mit einem Güterstandswechsel, an den sich möglicherweise (jedenfalls schenkungsteuerlich unschädlich) eine Rückkehr zum gesetzlichen Güterstand anschließen kann (sog. »**Güterstandsschaukel**«, vgl. Rdn. 77, 86, 134).

3334 Dadurch bleiben die Schenkungsteuerfreibeträge unter Ehegatten unangetastet (die sonst für einen Zeitraum von 10 Jahren blockiert wären!), allerdings wird ein Veräußerungsvorgang ausgelöst, der bei steuerverhaftetem Vermögen (Betriebsvermögen, in der Spekulationsfrist befindliches Privatvermögen, Anteile gem. § 17 EStG, altrechtliche einbringungsgeborene Anteile, einbringungsverstrickte Anteile nach SEStEG etc.) zu einer einkommensteuerlich nachteiligen Belastung führen kann. Zusätzlich bietet die Fälligstellung des Zugewinnausgleichs die Möglichkeit, frühere Schenkungen des vermögenderen an den vermögenslosen Ehegatten steuerbefreiend auf den Zugewinn anrechnen zu lassen, so dass rückwirkend etwa entstandene Schenkungsteuer entfällt, § 29 Abs. 1 Nr. 3 ErbStG. Der Vorwurf eines Gestaltungsmissbrauchs (§ 42 AO) stellt sich dann kaum, da für die Beendigung des gesetzlichen Güterstands häufig außersteuerliche Gründe und Konsequenzen auf der Hand liegen, also die Vorbereitung der beabsichtigten Schenkung an die Kinder kaum alleiniges Motiv sein wird.

F. Ausblick: Zuwendungen in nichtehelicher Lebensgemeinschaft

3335 In der Praxis durchaus häufig sind Fälle, in denen nichteheliche oder lebenspartnerschaftsähnliche Lebensgefährten[350] gemeinsam Investitionen im Eigentum nur eines Beteiligten schaffen, z.B. die Errichtung eines Eigenheims auf Grundbesitz eines Partners (etwa auf dem von dessen Eltern

---

350 2005 bestanden in Deutschland 2,4 Mio. nichteheliche Lebensgemeinschaften, davon im Westen 26 %, im Osten 48 % mit Kindern. Vgl. im Überblick *von Proff zu Irnich*, RNotZ 2008, 313 ff.; zu den Ausgleichsansprüchen bei Beendigung einer nichtehelichen Lebensgemeinschaft *Grziwotz*, NZFam 2015, 543 ff.

F. Ausblick: Zuwendungen in nichtehelicher Lebensgemeinschaft Kapitel 7

überlassenen Bauplatz). Aufwendungen finanzieller Natur, die nicht für den Konsum oder die gemeinsame Lebensführung bestimmt sind, sondern zu einer dauerhaften Bereicherung des Partners führen, werden regelmäßig nicht als dauerhafte Schenkung gewollt sein, weder im zivilrechtlichen noch schenkungsteuerlichen Sinn (Freibetrag in Steuerklasse III gem. § 16 Abs. 1 Nr. 5 ErbStG lediglich 20.000,00 € [nach altem Recht gar nur 5.200,00 €], Mindeststeuersatz für den übersteigenden Betrag 30 [nach altem Recht: 17] bis max. 50 %!). Laufende Unterstützungsleistungen an einen Lebensgefährten, v.a. soweit dadurch Sozialleistungen vermieden werden, sind einkommensteuerlich als außergewöhnliche Belastungen abzugsfähig.[351]

I. Zivilrichterliche Rückabwicklung

Die Rechtsprechung betont zunächst die rein tatsächliche und damit endgültige Natur von Zuwendungen – laufender oder einmaliger Art[352] – während intakter Beziehung. So sei es fernliegend, in der Einräumung der Mitnutzung der im Alleineigentum eines Partners stehenden Wohnung einen »Leihvertrag« zu sehen; vielmehr beruhe sie i.d.R. auf faktischer, also jederzeit beendbarer Grundlage[353] (sog. **Abwicklungs-, Abrechnungs- und Verrechnungsverbot**).[354] Haben die Lebensgefährten hinsichtlich der Tragung der gemeinschaftlichen Kosten (Miete einer gemeinsamen Wohnung) Absprachen getroffen, stehen diese demgemäß (als »anderweitige Bestimmung« i.S.d. § 426 Abs. 1 Satz 1 BGB) einem Ausgleichsanspruch entgegen.[355] Gleiches gilt, wenn die Lebensgefährten auf andere Weise einen Ausgleich für getätigte Investitionen schaffen, etwa durch Einräumung eines dinglichen Wohnungsrechtes.[356]

3336

Schlichte Schenkungen liegen (ebenso wenig wie unter Ehegatten) typischerweise nicht vor; der Sachverhalt ist vergleichbar den sog. »ehebedingten Zuwendungen« (vgl. Rdn. 3145 ff.): Hier wie dort dienen die Zuwendungen der Verwirklichung der Lebensgemeinschaft aufgrund der bestehenden persönlichen Beziehungen und Bindungen, führen jedoch regelmäßig nicht zu einer den Empfänger einseitig begünstigenden und frei disponiblen Bereicherung, sondern sollen der Lebensgemeinschaft und damit auch dem »Schenker« selbst zugutekommen.[357]

3337

Im Einzelfall kann jedoch eine »Rückabwicklung« von Zuwendungen nach Beendigung des nichtehelichen Zusammenlebens insb. auf folgenden Grundlagen beruhen:

1. Innengesellschaft

Wenn keine vertraglichen Regelungen getroffen wurden, gewähren die Gerichte[358] teilweise einen Ausgleichsanspruch in entsprechender Anwendung der §§ 730 ff. BGB, sofern durch nicht nur unerhebliche Beiträge des »weichenden« Beteiligten eine über die Verwirklichung der Lebens-

3338

---

351 BFH, 29.05.2008 – III R 23/07, und zwar ohne Limitierung auf eine »Obergrenze«.
352 Selbst in nennenswerter Höhe: 40.000,00 €, allerdings nach 17-jährigem Zusammenleben, davon 4 Jahre in Pflege: BGH, 31.10.2007 – XII ZR 261/04, ErbStB 2008, 230.
353 BGH, 30.04.2008 – XII ZR 110/06, ZNotP 2008, 325.
354 Den inneren Bindungen entsprechen bei der nichtehelichen Lebensgemeinschaft keine Pflichten i.S.d. § 1353 BGB, die im Trennungsfall hinsichtlich der Wohnung sich gem. § 1361b BGB auswirken können.
355 Auch, wenn die erfassten Zahlungspflichten aus der Zeit vor der Trennung erst danach erfüllt worden sind, vgl. BGH, 03.02.2010 – XII ZR 53/08 DNotZ 2010, 864.
356 OLG Naumburg, 02.01.2012 – 8 W 7/11, NotBZ 2012, 479.
357 Vgl. BGH, 09.07.2008 – XII ZR 179/05, FamRZ 2008, 1822, 1824; *Bruch*, MittBayNot 2009, 142. Allerdings kann die behauptete Zweckabrede nach BGH, 06.07.2011 – XII ZR 190/08 ZEV 2012, 47 nicht allein mit der Begründung abgelehnt werden, die Möglichkeit des Scheiterns einer Beziehung könne nie ausgeschlossen werden.
358 BGH, 28.09.2005 – XII ZR 189/02, FamRZ 2006, 607 m. zust. Anm. *Hoppenz*, 610, und krit. Anm. *Volmer*, 844, fordert jedoch einen zumindest schlüssig zustande gekommenen Vertrag (in Abweichung von BGH, NJW 1980, 1520); vgl. zum Ganzen auch *Schlünder/Geißler*, ZEV 2007, 64.

gemeinschaft hinausgehende gemeinsame Wertschöpfung als Gesellschaftszweck festgestellt werden kann. Klare Kriterien fehlen, so dass eine Prognose für den Einzelfall nur schwer getroffen werden kann.[359] Aus Planung, Umfang und Dauer der Zusammenarbeit sollen sich jedoch Indizien für eine schlüssig zustande gekommene »Lebenspartner-Innengesellschaft« ergeben können.[360] Dies gilt auch für Arbeitsleistungen, die zu einer messbaren (mindestens 5 %igen)[361] Vermögensmehrung geführt haben; das bloße Leisten von unbezahlten Überstunden genügt nicht.[362] Erforderlich ist stets die Absicht, einen »gemeinschaftlichen Wert« zu schaffen, der nicht nur für die Dauer der Lebensgemeinschaft gemeinsam genutzt werden, sondern beiden auch wirtschaftlich dauerhaft zugutekommen sollte.[363] Dies ist in erster Linie denkbar bei Vermögenswerten, die zur Einkünfteerzielung dienen (Mietobjekte, Unternehmen, Freiberuflerpraxen), während das Familienwohnhaus eher als Teil der Verwirklichung der nichtehelichen Lebensgemeinschaft als solchen gesehen werden wird.[364] Endet die Lebensgemeinschaft durch den Tod des Zuwendenden, sind allerdings Rückforderungsansprüche[365] der Erben (ähnlich der Auflösung eines Verlöbnisses durch Tod: § 1301 Abs. 2 BGB) regelmäßig ausgeschlossen[366] (vgl. auch Rdn. 3343); die Erben sind lediglich durch §§ 2325, 2329 BGB geschützt.

3339 In keinem Fall ist jedoch ein solcher Ausgleichsanspruch auf Zahlung i.H.d. tatsächlich erbrachten Aufwendungen gerichtet, sondern auf **Ausgleich des geschaffenen Mehrwerts**, soweit er nach dem Verhältnis der wechselseitigen Beiträge auf den ausscheidenden Partner entfällt. Zugrunde zu legen ist also anders als bei Auflösung einer Ehe in Zugewinngemeinschaft nicht der Halbteilungsgrundsatz für die während des Zusammenlebens geschaffenen Werte. In entsprechender Weise haben Gerichte in allerdings nicht einheitlicher Rechtsprechung[367] bei Aufnahme gemeinsamer Kreditverbindlichkeiten dem »scheidenden Partner« einen Anspruch auf Freistellung gegen den »begünstigten Partner« zuerkannt, wenn die Kreditaufnahme allein im Interesse des Letzteren erfolgte, also nicht zur Verwirklichung gemeinsamer Ziele der Lebensgemeinschaft (Möbel, Pkw etc.) diente.

---

359 Ein Ersatz wurde bspw. abgelehnt von BGH, FamRZ 1965, 368 (Errichtung eines Wohnhauses in gemeinsamer Arbeit), BGHZ 77, 55 (Kaufpreiszahlung), BGH, NJW 1981, 1502 (Ratenzahlung zur Finanzierung eines Pkw), BGH, NJW 1983, 1055 (Zahlung von Handwerkerrechnungen), BGH, FamRZ 1983, 1213 (Hausumbau), BGH, DNotZ 1997, 404 (Zuwendung einer Lebensversicherung), OLG München, FamRZ 1988, 58 (Renovierung einer Werkstatt), OLG Köln, NJW-RR 1996, 518 (Geldbetrag für Geschäftsschulden), OLG Hamm, FamRZ 2002, 159 (Aufwendungen für Wohnung im Haus der »Schwiegereltern«). Bejaht wurde der Aufwendungsersatz in BGH, NJW 1986, 51 (Bebauung mit zwei 3-Familien-Häusern als Renditeobjekt), OLG Köln, FamRZ 1992, 432 (Bau eines Doppelhauses in Eigenleistung), OLG Frankfurt, ZEV 1999, 404 (Mitfinanzierung des Hauses), OLG Schleswig, MittBayNot 2003, 54; in ähnlicher Weise bejaht OLG Schleswig, 17.11.2015 – 3 U 20/15, NWB 2016, 167 eine stillschweigende »gemeinschaftliche Berechtigung« beider Lebensgefährten am Festgeldkonto des (verstorbenen) Partners, das der Modernisierung einer gemeinsamen Eigentumswohnung dienen sollte.
360 BGH, 28.09.2005 – XII ZR 189/02, FamRZ 2006, 607, 609; vgl. eingehend *Schulz*, FamRZ 2007, 595 ff.
361 So OLG Schleswig, MittBayNot 2003, 54.
362 OLG Brandenburg, 10.12.2014 – 10 WF 63/14, RNotZ 2015, 434.
363 BGH, 09.07.2008 – XII ZR 179/05, FamRZ 2008, 1822, und BGH, 09.07.2008 – XII ZR 39/06, FamRZ 2008, 1828 m. Anm. *Grziwotz*.
364 *Löhnig*, DNotZ 2009, 59, 60.
365 Auch hierfür gilt der Erbschaftsgerichtsstand der §§ 27, 28 ZPO: OLG Naumburg, 27.11.2013 – 1 AR 25/13, ZEV 2014, 170.
366 BGH, 31.10.2007 – XII ZR 261/04, FamRZ 2008, 247 m. Anm. *Grziwotz*.
367 Vgl. etwa BGH, NJW 1983, 1055, OLG Hamm, FamRZ 2001, 95, OLG Karlsruhe, FamRZ 1994, 377. Der Freistellungsanspruch bezieht sich allerdings nur auf den Schuldsaldo bei Trennung (OLG Koblenz, FamRZ 1999, 790).

2. Bereicherungsrecht

In Abkehr von der bisherigen Rechtsprechung des II. Senats[368] hat der nunmehr zuständige XII. (Familienrechts-)Senat mit Entscheidungen v. 09.07.2008[369] und 18.02.2009[370] ausgeführt, dass – sofern keine vorrangigen vertraglichen bzw. quasi vertraglichen Regelungen zur Innengesellschaft feststellbar sind (etwa wegen Fehlens eines über die Lebensgemeinschaft hinausgehenden Zwecks) – eine zumindest teilweise Rückabwicklung auch nach bereicherungsrechtlichen Vorschriften, gestützt auf eine Zweckverfehlung i.S.d. § 812 Abs. 1 Satz 2, 2. Alt. BGB, in Betracht kommt. Erforderlich ist dann jedoch eine konkrete Zweckabrede, wie sie etwa vorliegen kann, wenn die Partner zwar keinen gemeinsamen Vermögenswert schaffen wollten (wie es für die Innengesellschaft erforderlich wäre), der eine aber das Vermögen des anderen in der Erwartung vermehrt habe, an dem geschaffenen Gegenstand langfristig partizipieren zu können. Dies wird die Ausnahme bleiben;[371] eine über die Ausgestaltung des nichtehelichen Zusammenlebens hinausgehende Zweckbestimmung kommt ohnehin nur bei solchen Leistungen in Betracht, die deutlich über das hinausgehen, was die Gemeinschaft Tag für Tag benötigt.[372]

3340

3. Wegfall der Geschäftsgrundlage

Im Einzelfall können schließlich auch unter Lebensgefährten »unbenannte«, sog. »**gemeinschaftsbezogene Zuwendungen**«[373] vorliegen, die wohl nicht der Form des § 518 Abs. 1 BGB unterliegen.[374] Sie können bei lebzeitigem Scheitern der Lebensgemeinschaft nach § 313 BGB anzupassen sein[375] – allerdings auch im Fall der direkten Zuwendung eines Grundstücks selten durch dingliche Rückgewähr, sondern durch finanziellen Ausgleich.[376] Der BGH[377] bejaht (wiederum in Abkehr von der früheren Rechtsprechung) solche Ansprüche, soweit der gemeinschaftsbezogenen Zuwendung, die über alltägliche Beiträge hinaus gehen muss,[378] die Vorstellung und Erwartung zugrunde lag, die Lebensgemeinschaft, deren Ausgestaltung sie diente, werde Bestand haben (diese Vorstellung muss sich nicht zu einer Zweckabrede i.S.d. Bereicherungsrechts – vgl. oben

3341

---

368 Etwa BGH, 06.10.2003 – II ZR 63/02, FamRZ 2004, 94, sowie BGH, 08.07.1996 – II ZR 193/95, NJW-RR 1996, 1473.
369 BGH, 09.07.2008 – XII ZR 179/05, FamRZ 2008, 1822, sowie BGH, 09.07.2008 – XII ZR 39/06, FamRZ 2008, 1828, m. Anm. *Grziwotz*.
370 BGH, 18.02.2009 – XII ZR 163/07, ZNotP 2009, 199.
371 *Bruch*, MittBayNot 2009, 142; *Langenfeld*, ZEV 2008, 494. Allerdings kann die behauptete Zweckabrede nach BGH, 06.07.2011 – XII ZR 190/08 NotBZ 2011, 390 m. Anm. *Krause* nicht allein mit der Begründung abgelehnt werden, die Möglichkeit des Scheiterns einer Beziehung könne nie ausgeschlossen werden.
372 BGH, 18.02.2009 – XII ZR 163/07, ZNotP 2009, 199; beweispflichtig ist der Bereicherungsgläubiger.
373 Bei Arbeitsleistungen spricht BGH, 09.07.2008 – XII ZR 179/05, DNotZ 2009, 52 m. Anm. *Löhnig*, von einem »Kooperationsvertrag«.
374 Die Frage stellt sich wegen § 518 Abs. 2 BGB praktisch nur bei der Zusage freiwilliger Unterhaltszahlungen; entgegen BGH NJW 1984, 797 (Anstandsschenkung gem. § 534 BGB), tendiert die neuere Rspr. (OLG Köln, 22.11.2000 – 11 U 84/00, FamRZ 2001, 1608 insoweit zur Formfreiheit, ebenso *Wever*, FamRZ 2008, 1485, 1491 (Fn. 78) für die ehebedingte Zuwendung, vgl. Rdn. 3155. Auch § 1585c Satz 2 BGB wird nicht analog gelten. Die Schriftform des § 761 BGB (Leibrentenversprechen) ist jedenfalls mit Leistungserbringung ebenfalls geheilt (BGH, NJW 1978, 1577).
375 So etwa OLG Naumburg, 14.02.2006 – 8 W 4/06, NJW 2006, 2418, OLG Düsseldorf, NJW-RR 1997, 1497; vgl. *Schulz*, FamRZ 2007, 598 ff.
376 Vgl. *Haußleiter/Schulz*, Vermögensauseinandersetzung bei Trennung und Scheidung, Kap. 6 Rn. 122.
377 BGH, 09.07.2008 – XII ZR 179/05, MittBayNot 2009, 137 m. Anm. *Bruch*, sowie BGH, 09.07.2008 – XII ZR 39/06, FamRZ 2008, 1828, m. Anm. *Grziwotz*; ihm folgend KG, 08.10.2009 – 8 U 196/07 NJW-RR 2010, 295.
378 Auch in der nichtehelichen Lebensgemeinschaft ist davon auszugehen, dass solche, sich rasch verflüchtigende Beiträge endgültig unentgeltlich zugewendet sind.

Rdn. 3340 – verdichtet haben). Solche Ansprüche können sogar bestehen, wenn die Partner Miteigentümer einer Immobilie je zur Hälfte sind, der Eine aber erheblich höhere Beiträge hierzu geleistet hat als der Andere.[379] Häufig ist ferner die Zuwendung eines Vermögenswertes, die der Absicherung des anderen Partners für den Fall dienen soll, dass der Zuwendende während des Bestandes der Lebensgemeinschaft verstirbt.[380]

3342 Ein korrigierender Eingriff sei allerdings nur gerechtfertigt, wenn dem Leistenden die Beibehaltung der geschaffenen Vermögensverhältnisse nach Treu und Glauben nicht zumutbar sei, insb. wenn die Vermögensmehrung beim Anderen noch dauerhaft vorhanden ist.[381] Der Zinsanteil aus der Bedienung eines Darlehens spiegelt allerdings die laufenden Wohnkosten im gemeinsamen Zusammenleben wider, ist also nicht auszugleichen,[382] jedenfalls nicht, wenn die Leistungen nicht deutlich über die Miete hinausgehen, die für vergleichbaren Wohnraum aufzuwenden wäre.[383] Anders verhält es sich, wenn der andere Beteiligte hohe Tilgungsleistungen erbracht hat (7,5 % p.a.); auszugleichen sein kann dann die Differenz zum »üblichen« Tilgungsanteil von 1 – 2 % p.a.[384] Es liegt nahe, im Ergebnis auf die Maßstäbe zurückzugreifen, die für den Ausgleich von Zuwendungen unter Ehegatten im Güterstand der Gütertrennung gelten (s.o. Rdn. 3179 ff.). Die »faktische Lebensgemeinschaft« hat sich damit im Fall gemeinsamer Investitionen[385] zwischenzeitlich zu einer »**Zusammenlebens-Rechtsgemeinschaft**« fortentwickelt,[386] ohne dass diesem »Binnenrecht der Solidargemeinschaft« ein entsprechender Schutz nach außen korrespondiert (etwa hinsichtlich Haushaltsführungsschäden aus Delikt).[387]

3343 Anders verhält es sich nach herrschender Meinung, wenn die nichteheliche Lebensgemeinschaft durch den Tod eines Partners beendet wird, und zwar sowohl beim Tod des »spendablen Partners«[388] als auch beim Tod des »Zuwendungsempfängers«:[389] i.d.R. wollen die Beteiligten dann gerade nicht, dass in der Person ihrer Erben Ausgleichsansprüche gegen den anderen entstehen.[390] Die Geschäftsgrundlage ist dadurch nicht entfallen; auch eine Zweckverfehlung i.S.d. § 812 Abs. 1 Satz 2, 2. Alt. BGB scheidet aus.[391] Dies entspricht der gesetzlichen Wertung des § 1301

---

379 BGH, 09.07.2008 – XII ZR 39/06, NJW 2008, 3282.
380 BGH, 06.05.2014 – X ZR 135/11, NotBZ 2014, 376 m. Anm. *Krause* = ErbR 2014, 533 m. Anm. *Derichs*: Sparbrief i.H.v. 25.000 € ist nach Beendigung der (nur 5 Jahre währenden) Lebensgemeinschaft gem. § 313 BGB zurückzugewähren.
381 Dies hat, so BGH, 06.07.2011 – XII ZR 190/08, NotBZ 2011, 390 m. Anm. *Krause*, »wesentliche Bedeutung«.
382 BGH, 19.09.2012 – XII ZR 136/10, DNotZ 2013, 610, Tz. 29.
383 BGH, 08.05.2013 – XII ZR 132/12, FamRZ 2013, 1295 m. Anm. *Grziwotz* (instruktiver Überblick S. 1299).
384 OLG Brandenburg, 05.08.2014 – 3 U 45/13, MittBayNot 2015, 145.
385 Haushaltsführung, und »Rückenfreihalten« werden jedoch nicht berücksichtigt, Kindererziehung nur i.R.d. Unterhalts nach § 1615l BGB.
386 So plakativ *Grziwotz*, FamRZ 2008, 1829, der die frühere Ablehnung des auf § 242 BGB gestützten Ansatzes durch den BGH schon zuvor heftig kritisiert hat: *Grziwotz*, Partnerschaftsvertrag für die nichteheliche und nicht eingetragene Lebensgemeinschaft, S. 70.
387 Vgl. *Löhnig*, DNotZ 2009, 59.
388 BGH, 25.11.2009 – XII ZR 92/06 FamRZ 2010, 277 m. Anm. *Grziwotz;* hierzu *Muscheler* ZEV 2010, 147, *Schlögel*, MittBayNot 2010, 398.
389 Vgl. OLG Brandenburg, 27.05.2010 – 9 U 2/09 EE 2010, 167 m. zust. Anm. *Möller;* a.A. allerdings OLG Naumburg, 03.09.2009 – 1 W 23/09 NJW-RR 2010, 224 (in einem PKH-Verfahren) m. zust. Anm. *Ruby/Schindler*, ZEV 2010, 188.
390 *Coester*, JZ 2008, 315, 316, *Löhnig*, DNotZ 2009, 59, 61.
391 BGH, 25.11.2009 – XII ZR 92/06 FamRZ 2010, 277 m. Anm. *Grziwotz;* hierzu *Muscheler* ZEV 2010, 147.

F. Ausblick: Zuwendungen in nichtehelicher Lebensgemeinschaft Kapitel 7

Abs. 2 BGB (Auflösung eines Verlöbnisses durch Tod);[392] den Erben stehen allenfalls gesetzliche Ansprüche aus §§ 2325, 2329, 2287 BGB zu, wobei die »wirtschaftliche Ausgliederung« i.S.d. § 2325 Abs. 3 BGB wohl erst mit Beendigung der Mitnutzung i.R.d. nichtehelichen Lebensgemeinschaft eintrat.[393]

II. Schenkungsteuer

Die Übernahme von Zins- und Tilgungsleistungen auch bzgl. gemeinsamer Darlehen durch den Lebensgefährten über seine Miteigentumsquote hinaus kann[394] ferner **Schenkungsteuer** auslösen[395] (immaterielle Haushaltsführungsbeiträge sowie Kindererziehungsleistungen werden vom BFH nicht als »entgelttaugliche Gegenleistung« gewertet).[396] Zinszahlungen als Äquivalent der Nutzungsmöglichkeit (im Unterschied zum Tilgungsanteil) können jedoch bei gemeinsamem Bewohnen wohl unter die Befreiungsvorschrift des § 13 Abs. 1 Nr. 12 ErbStG (»angemessener Unterhalt«) subsumiert werden.[397] Einmalige (Vermögens-)zuwendungen, die über bloße Gelegenheitsgeschenke i.S.d. § 13 Abs. 1 Nr. 14 ErbStG hinausgehen, sind in keinem Fall privilegiert,[398] unterliegen also bei Überschreiten des Basisfreibetrages von 20.000,00 € der 30 %igen Besteuerung in Steuerklasse III. Bei gemeinsamen Investitionen bieten sich z.B. gesellschaftsrechtliche Ausweichlösungen mit flexibler Quote an (Rdn. 3372). 3344

Gebrauchs- und Nutzungsüberlassungen (gleich ob vorübergehender oder dauernder Natur, gleich ob schuldrechtlich oder dinglich gewährt, auch in Form einer verbilligten Miete) können grds. – auch wenn zivilrechtlich mangels Vermögenssubstanzverlustes keine Schenkung i.S.d. §§ 516 ff. BGB vorliegt (vgl. Rdn. 32) – der Schenkungsteuer unterliegen, vgl. auch Rdn. 4433.[399] Anders verhält es sich jedoch bspw., wenn der Eigentümer die Räume, hätte er sie nicht zur Mitbenutzung zur Verfügung gestellt, nicht vermietet,[400] sondern ausschließlich eigengenutzt hätte oder hätte leer stehen lassen,[401] da es dann an einer Entreicherung fehlt.[402] Die Mitbenutzung während der bestehenden Lebensgemeinschaft ist jedoch nicht steuerbar,[403] anders als die Gewährung eines zinslosen Darlehens (Rdn. 4434 ff.), wo immerhin das Eigentum übergeht.[404] Wird das Mitbenutzungsrecht oder Nießbrauchsrecht dagegen aufschiebend befristet auf das Vorversterben des Eigentümers bestellt, liegt jedoch eine steuerbare Schenkung auf den Todesfall vor.[405] 3345

---

392 BGH, 31.10.2007 – XII ZR 261/04, FamRZ 2008, 247 m. Anm. *Grziwotz* (sog. »Umbuchungsfall«: Ein krebskranker Partner überwies wenige Wochen vor seinem Tod 40.000,00 € an seine langjährige Lebensgefährtin als »Umbuchung«).
393 Vgl. *Schlögel*, MittBayNot 2010, 400.
394 Entgegen früherer Verwaltungsauffassung (BMF v. 03.01.1984, DB 1984, 327), vgl. *Grziwotz*, FamRZ 2008, 1830. Überblick bei *Steiner*, ErbStB 2011, 252 ff.
395 In casu wegen Geringwertigkeit der Zuwendung durch FG München, 03.02.2006 – 4 V 2881/05, EFG 2006, 686 m. Anm. *Loose*, jedoch nicht besteuert (Zuwendungen i.H.d. üblichen Miete).
396 BFH, 02.03.1994 – II R 59/92, BStBl. 1994 II, S. 366; FG Hessen, 02.04.2009 – 1 K 2778/07, ErbStB 2009, 209.
397 Für analoge Anwendung *Schlünder/Geißler*, ZEV 2007, 67, für unmittelbare Geltung *Weimer*, ZEV 2007, 316, da die Norm für gesetzlich geschuldeten und damit nicht freiwilligen Unterhalt ohnehin nicht erforderlich sei. Hinsichtlich des Tilgungsanteils hilft – allerdings nur bei Ehegatten – § 13 Abs. 1 Nr. 4a ErbStG (vgl. Rdn. 2377 ff.).
398 *von Proff zu Irnich*, RNotZ 2008, 463 m.w.N.
399 Vgl. FG München, 22.03.2006 – 4 K 1631/04, EFG 2007, 779; *von Proff zu Irnich*, RNotZ 2008, 465; vgl. auch Rdn. 4422, 4433.
400 Dann liegt steuerpflichtige Zuwendung vor: FG Rheinland-Pfalz, 18.04.2002 – 4 K 1869/01, DStRE 2002, 1078.
401 *Gebel*, DStZ 1992, 577, 580.
402 Vgl. *Gebel*, in: Troll/Gebel/Jülicher, ErbStG, § 7 Rn. 28.
403 FG Rheinland-Pfalz, 18.04.2002 – 4 K 1869/01, DStRE 2002, 1078.
404 Vgl. umfassend *Cornelius/Loleit*, ErbStB 2014, 223 ff.
405 FG München, 22.03.2006 – 4 K 1631/04, EFG 2006, 1262 m. Anm. *Fumi*.

III. Gestaltungsalternativen

1. Ausdrücklicher Schenkungscharakter

a) Unter Lebenden

3346 Soweit solche Sachverhalte in das Gesichtsfeld notarieller Gestaltung gelangen, sollte daher – noch dringlicher als bei ehebedingten Zuwendungen – auf eine vertragliche Regelung gedrängt werden. Diese kann zum einen bestehen in der (mit Risikohinweis und der Verdeutlichung der wirtschaftlichen Folgen verbundenen) Klarstellung, dass es sich tatsächlich um eine Schenkung handle, die allenfalls unter den engen gesetzlichen Voraussetzungen der §§ 528, 530 BGB rückgefordert werden könne.

b) Auf den Todesfall

3347 Verträge zugunsten Dritter auf den Todesfall (Lebensversicherung, Wertpapierdepots, Bankkonto- oder Sparguthaben) bieten eine Möglichkeit der Zuwendung von Vermögen am Nachlass vorbei, ohne die Formvorschriften letztwilliger Verfügungen bzw. Schenkungsversprechen von Todes wegen unter Überlebensbedingung (§ 2301 BGB) einhalten zu müssen (vgl. Rdn. 3432 ff.). Die Bezugsberechtigung im Todesfall kann sogar in abstrakter Form zugunsten »der Lebensgefährtin, mit der die versicherte Person zum Eintritt des Versicherungsfalls in nichtehelicher Lebensgemeinschaft unter gleicher Meldeanschrift lebt« bestimmt sein.[406]

3348 Erfährt der Lebensgefährte vom Abschluss der Lebensversicherung bereits zu Lebzeiten und nimmt diesen Umstand zustimmend zur Kenntnis, ist ein (noch formnichtiger) Schenkungsvertrag geschlossen; Heilung tritt dann bei der (i.d.R. gegebenen) widerruflichen Bezugsberechtigung mit dem Zeitpunkt des Versicherungsfalls ein, bei der unwiderruflichen Bezugsberechtigung sofort.[407] Erfolgt noch keine Abgabe des Schenkungsversprechens dem Lebensgefährten ggü. zu Lebzeiten, kann es zum »Wettlauf« zwischen der Lebensversicherung als Erklärungsbotin des verstorbenen Partners, einerseits, und den Erben, die den Widerruf erklären werden, andererseits, kommen (vgl. Rdn. 3446 f.).

2. Ehefiktion

3349 In Betracht kommt weiter – wenngleich selten – die (wohl formfreie)[408] Vereinbarung, sich schuldrechtlich so zu stellen, als bestünde seit Beginn der gemeinsamen Investition eine Ehe mit gesetzlichem Güterstand (»**Ehefiktion**«; an die Stelle der Zustellung eines Scheidungsantrags tritt dann z.B. die schriftliche Erklärung eines der beiden Beteiligten, die Lebensgemeinschaft nicht mehr fortsetzen zu wollen).[409] Dies kann auch für gemeinsame Investitionen vor tatsächlicher nachfolgender Eheschließung erfolgen, also i.S.e. ehevertraglichen Vorverlagerung des Stichtags zur Bewertung des beiderseitigen Anfangsvermögens.[410]

---

406 Vgl. *von Proff zu Irnich*, RNotZ 2008, 478.
407 Vgl. BGH, NJW 2004, 767, 768.
408 A.A. MünchKomm-BGB/*Weilenhofer*, Nach § 1302 Rn. 54.
409 Zur Zulässigkeit einer solchen schuldrechtlichen Regelung vgl. *Hausmann*, Nichteheliche Lebensgemeinschaft und Vermögensausgleich, S. 109.
410 OLG Hamburg NJW 1964, 1076, 1077; MünchKomm-BGB/*Koch*, § 1374 Rn. 1, *Reetz* DNotZ 2009, 831.

3. Darlehen

Häufiger wird jedoch die Aufwendung den Charakter eines **Darlehens** unter nicht[411] Verheirateten gewinnen.[412] Die Darlehensgewährung umfasst nur solche Zuwendungen, die unmittelbar der Errichtung bzw. dem Ausbau oder der Ausstattung des genannten Anwesens dienen oder zum Zweck der Tilgung bestehender hauserrichtungsbedingter Verbindlichkeiten erbracht werden. Zuwendungen zur laufenden Unterhaltung und Verwaltung des Anwesens, die Beteiligung an den Kosten des Verbrauchs, der Grundsteuer, Versicherung etc. werden regelmäßig nicht davon erfasst, ebenso wenig i.d.R. die Beteiligung an Schuldzinsen, da diese ein Ausgleich für die durch das gemeinsame Bewohnen vermittelten Nutzungsvorteile darstellen.

Ebenso wenig werden erfasst Zuwendungen für die Finanzierung anderer Gegenstände der gemeinsamen Lebensführung (Urlaub, Pkw etc.), auch wenn dadurch eine Entlastung des anderen Beteiligten und damit erhöhte Leistungsfähigkeit bei der Übernahme hausbezogener Lasten eintritt. **Arbeitsleistungen** werden mit einem zu vereinbarenden Stundensatz (i.d.R. 8,00 bis 10,00 €) in den Darlehensverbund einbezogen werden, soweit sie zu Ersparnis von Fremdleistungen i.R.d. Errichtung oder des Ausbaus geführt haben (also nicht bloße Reinigungs- oder Haushaltsführungsarbeiten). Es ist ratsam, die Beteiligten zur Führung eines »Wirtschaftsbuchs« mit periodischer gemeinsamer Abzeichnung als Obliegenheit zu verpflichten.

Das Darlehen wird regelmäßig bis zur Rückzahlungsfälligkeit **unverzinslich** sein (die zinsfreie Gewährung bildet weiteren Ausgleich für das Bewohnen und die gemeinschaftliche Nutzung i.R.d. Lebensgemeinschaft[413]). Rückzahlungsfälligkeit wird eintreten bei der Veräußerung des finanzierten Anwesens an einen Dritten, bei der Zwangsvollstreckung von dritter Seite oder Insolvenzeröffnung bzw. Ablehnung der Eröffnung mangels Masse, beim Versterben des Darlehensnehmers, beim Versterben des Darlehensgebers (sofern das Darlehen dann nicht als erlassen gelten soll)[414] sowie im Fall einer Kündigung nach mindestens sechsmonatigem Getrenntleben analog § 1567 BGB. Zur Sicherung der Darlehensansprüche und der ab Rückzahlungsfälligkeit geschuldeten Zinsen wird typischerweise eine Grundschuld im Rang nach Fremdfinanzierungsgrundpfandrechten bestellt werden; teilweise wird auch der bedingt rückzahlungspflichtige Partner zum Abschluss einer Risikolebensversicherung angehalten sein.

Klärungsbedürftig ist auch das Schicksal solcher Aufwendungen im Fall einer künftigen Eheschließung. Folgende Lösungen sind denkbar:
(1) Das Darlehen soll in diesem Fall nur für Aufwendungen bis zur Heirat gelten, i.Ü. findet jedoch der Zugewinnausgleich statt; die Darlehensverpflichtung bzw. -berechtigung ist dann im Anfangsvermögen des Ehemannes bzw. der Ehefrau zu berücksichtigen.
(2) Denkbar ist natürlich der Fortbestand der Darlehensvereinbarung (dann regelmäßig gepaart mit einer Vereinbarung, dass i.Ü. das Hausanwesen beim Zugewinnausgleich nicht berücksichtigt werden soll, so dass allein das Darlehen zu einer teilweisen Rückvergütung führt).
(3) Wird das Darlehen insgesamt aufgehoben, dürfte es sachgerecht sein, den Stichtag für die Bemessung des Anfangsvermögens rückzubeziehen auf den tatsächlichen Baubeginn, um die bereits in der Vergangenheit (bisher durch das Darlehen i.H.d. Aufwands abgegoltene) tatsäch-

---

411 Zur möglichen Darlehensvereinbarung unter Ehegatten s. Rdn. 3212, dort auch zu den Nachteilen ggü. der »gesetzlichen« Zugewinnausgleichslösung.
412 Vgl. hierzu *N. Meyer*, ZNotP 1999, 384 ff.; *Everts*, MittBayNot 2012, 258 ff. und 337 ff. und *Franck*, ErbStB 2014, 100 ff.
413 FG München, 25.02.2016 – 4 K 1984/14, ErbStB 2016, 169 sieht jedoch ohne ausdrückliche Vereinbarung die Duldung unentgeltlichen Mitbewohnens als der Lebensgemeinschaft geschuldet, so dass die Zinslosigkeit des Darlehens schenkungsteuerlich unentgeltlich bleibe.
414 So der Vorschlag von *Schlögel*, MittBayNot 2009, 109.

liche Wertsteigerung des Anwesens hälftig (also nicht notwendig i.H.d. Darlehenssumme!) zu erfassen.[415]

(4) Häufig werden jedoch solche tatsächlich gemeinschaftlich finanzierten Investitionen nach Heirat zur ehebedingten Zuwendung i.H.e. Halbanteils am Grundbesitz führen, im Rahmen dessen die bisherige Darlehensvereinbarung, möglicherweise auch die Rückbeziehung des Zugewinnausgleichsstichtags aufgehoben werden können.

3355 Eine solche Gesamtvereinbarung in Form einer Darlehensgewährung könnte bspw. wie folgt getroffen werden:

▶ Formulierungsvorschlag: Darlehensvertrag zur Investitionsabsicherung unter Lebensgefährten

I.

Grundbuch- und Sachstand

Das Grundbuch des Amtsgerichts München für ..... Blatt ..... wurde am ..... eingesehen. Dort ist im alleinigen Eigentum des Herrn ..... (nachstehend »Darlehensnehmer«) folgender Grundbesitz eingetragen:

Flst. .....

Frau ..... – nachstehend »Darlehensgeber« genannt – trägt durch Zuwendungen aus ihrem Vermögen und Einkommen zur Errichtung und zur Tragung des Schuldendienstes für den geplanten Hausausbau und dessen Ausstattung bei. Diese Beiträge erfolgen insbesondere, jedoch nicht ausschließlich, durch Mitbeteiligung an der Finanzierung (Verzinsung und Tilgung), Verauslagung von Materialkosten und Handwerkerrechnungen bei der Errichtung des Anwesens sowie durch die Übernahme solcher Arbeiten, für die sonst Handwerkerleistungen zugekauft werden müssten.

(Ggf.: Die Betreuung des gemeinsamen Kindes, mit welchem Frau ..... schwanger ist, wird bis zu dessen ..... Lebensjahr als gleichwertiger Beitrag zum Zins- und Tilgungsdienst des Herrn ..... bezüglich des gemeinsam aufgenommenen Darlehens bei der ..... Bank angesehen.)

Da der Darlehensgeber nicht Miteigentümer des Grundstücks ist und dies – jedenfalls bis zu einer eventuellen Heirat zwischen beiden Beteiligten – nach dem übereinstimmenden Willen beider Beteiligten auch nicht werden soll, erfährt dadurch das Vermögen des Darlehensnehmers eine Mehrung, die ihm jedoch nicht schenkweise zugewendet werden soll. Vielmehr ist der Darlehensnehmer bei Eintritt bestimmter Voraussetzungen zur Rückgewähr der erlangten Vorteile verpflichtet.

Zur Regelung dieser Rechtsverhältnisse treffen die genannten Beteiligten die folgende

II.

Darlehensvereinbarung

1.

Der Darlehensgeber gewährt dem Darlehensnehmer in Form eines Darlehens Geldzuwendungen zur Durchführung des oben bezeichneten Vorhabens. Hierzu regeln die Beteiligten:
a) Von dieser Darlehensvereinbarung umfasst und somit ausgleichspflichtig sind nur solche Zuwendungen, die unmittelbar der Errichtung bzw. Ausbau und Ausstattung des genannten Anwesens dienen oder zum Zweck der Verzinsung oder Tilgung bezüglich der hauserrichtungsbedingten Verbindlichkeiten erbracht werden. Zuwendungen, die lediglich der laufenden Unterhaltung und Verwaltung des Anwesens dienen (z.B. auch Beteiligung an den Kosten der Grundsteuer, der Brandversicherung etc.) werden hierbei nicht erfasst; sie bilden einen Ausgleich für die durch das gemeinsame Bewohnen vermittelten Nutzungsvorteile. Ebenso wenig werden erfasst Zuwendungen des Darlehensgebers für die Finanzierung anderer Gegenstände, etwa eines Pkw, auch wenn dadurch eine Entlastung des Darlehensnehmers und erhöhte Leistungsfähigkeit bei der Übernahme der hausbezogenen Lasten eintritt. Soweit die Beteilig-

---

415 Vgl. *Mayer*, ZEV 1999, 387 mit Formulierungsvorschlag.

ten auch solche nicht unmittelbar hausbezogenen Zuwendungen als darlehensweise gewährt behandeln möchten, werden sie dies im nachstehend (b) genannten Wirtschaftsbuch vermerken.

b) Die Beteiligten sind verpflichtet, Aufzeichnungen über Art, Zeitpunkt und Höhe der jeweiligen Einzelzuwendung, die durch diese Darlehensvereinbarung erfasst werden soll, vorzunehmen. Diese können etwa in Form eines »Wirtschaftsbuchs« erfolgen. Den Eintragungen sind, sofern einschlägig, Belege beizufügen, die zumindest bis zur gemeinsamen Unterzeichnung und damit Genehmigung der Eintragungen aufzubewahren sind; eine solche abschnittsweise Genehmigung soll in regelmäßigen Abschnitten, mindestens jedoch auf Verlangen eines Partners, erfolgen.

Bei der Eintragung in das Wirtschaftsbuch haben sich die Beteiligten auch darüber ins Benehmen zu setzen, wie etwaige Zuwendungen, die nicht unmittelbar in Geld stattfinden, zu bewerten sind. Die Beteiligten gehen derzeit davon aus, dass die Ableistung von Arbeitsstunden im Zusammenhang mit der Errichtung des Anwesens nur dann zu berücksichtigen ist, wenn sonst hierfür Handwerkerleistungen in Anspruch zu nehmen gewesen wären, und dass – sofern keine Festlegung erfolgt – für jede solche Arbeitsstunde 8,00 € zu veranschlagen ist.

c) Ausdrücklich wird klargestellt, dass eine Verpflichtung des Darlehensgebers zur Leistung eines bestimmten Mindestaufwands in Geldzuwendungen oder geldwerten Zuwendungen ausdrücklich nicht vereinbart wird, auch nicht während der Dauer der zwischen den Beteiligten derzeit bestehenden eheähnlichen Lebensgemeinschaft.

2.

Bis zum Eintritt der Rückzahlungsfälligkeit des Darlehens ist dieses nicht zu verzinsen; die zinsfreie Gewährung bildet einen weiteren Ausgleich für die durch das gemeinschaftliche Bewohnen des Anwesens im Rahmen der Lebensgemeinschaft vermittelten Nutzungsvorteile. Ab Eintritt der Rückzahlungsfälligkeit ist der dann offene Betrag bis zur tatsächlichen Tilgung in Höhe von vier vom Hundert über dem jeweiligen Basiszinssatz zu verzinsen. Die Zinsen sind quartalsweise im Nachhinein, spätestens jedoch mit der Hauptsache selbst, zur Zahlung fällig. Die Geltendmachung eines höheren Verzugsschadens bleibt vorbehalten.

3.

Die Rückzahlungsfälligkeit des dann gesamt geschuldeten Betrags tritt ein, wenn einer der nachstehenden Umstände verwirklicht wird, sofern die Beteiligten nicht einvernehmlich etwas anderes im konkreten Anwendungsfall bestimmen:

a) bei Veräußerung des finanzierten Anwesens (d.h. nicht lediglich unbebauter Grundstücksteile) an einen Dritten, und zwar unabhängig davon, ob es sich um eine entgeltliche, teilentgeltliche oder unentgeltliche Veräußerung handelt; die Fälligkeit tritt binnen eines Monats nach dem Zeitpunkt der Veräußerung (*Datum der notariellen Beurkundung*) ein;

b) wenn die Zwangsvollstreckung von dritter Seite in den Pfandgegenstand oder der Grundschuld verhaftetes Zubehör betrieben wird, es sei denn, sämtliche Maßnahmen werden binnen drei Monaten aufgehoben, oder wenn über das Vermögen des Schuldners das Insolvenzverfahren eröffnet oder die Eröffnung mangels Masse abgelehnt wird, oder wenn der Schuldner die Richtigkeit seines Vermögensverzeichnisses an Eides statt versichert – in jedem dieser Fälle tritt die Fälligkeit mit Eintritt des jeweiligen Umstandes ein;

c) bei Versterben des Darlehensnehmers oder bei Versterben des Darlehensgebers; die Fälligkeit tritt in jedem dieser Fälle binnen drei Monaten nach dem Ableben ein und wirkt zugunsten bzw. zulasten der Erben (*Alt.: bei Versterben des Darlehensnehmers; die Fälligkeit tritt drei Monate nach dem Ableben ein. Bei Versterben des Darlehensgebers gilt Ziffer 5*)

d) sofern die für das Darlehen nachstehend bestellte Grundschuld nicht die bedungene Rangstelle erhält, ihre Rechtswirksamkeit bestritten wird oder der vereinbarte Grundschulddrang nicht bis zur vollständigen Erfüllung aller Darlehensverpflichtungen bzw. dem Erwerb des Halbanteils erhalten bleibt; die Bestellung tritt binnen zwei Monaten nach Zurückweisung des Antrags auf Eintragung der Grundschuld am bedungenen Rang ein;

e) im Fall einer Kündigung des Darlehens im Ganzen oder in Teilen (in Höhe des gekündigten Betrags); die Fälligkeit tritt dann binnen drei Monaten nach Eingang der Kündigung (Übergabe-Einschreiben mit Rückschein oder öffentliche Zustellung) ein. Eine solche Kündigung kann jedoch durch den Darlehensgeber nur dann ausgesprochen werden, wenn die Beteiligten seit mindestens sechs Monaten getrennt leben, d.h. die zwischen den Beteiligten derzeit bestehende eheähnliche Lebensgemeinschaft in analoger Anwendung der eherechtlichen Getrenntlebensbestimmungen (§ 1567 BGB) seit mindestens sechs Monaten nicht mehr besteht. Ein sonstiges, freies Kündigungsrecht wird ausdrücklich nicht vereinbart.

Ausdrücklich wird klargestellt, dass eine frühere Tilgung – auch unabhängig von einem die Rückzahlungsfälligkeit bedingendem Umstand – dem Darlehensnehmer jederzeit möglich ist.

4.

Sollten wir heiraten, bleiben die Vereinbarungen dieses Darlehens unberührt für alle Aufwendungen, die bis zur Heirat getätigt wurden; erfasst jedoch keine künftigen Aufwendungen mehr. Die Rückzahlungsfälligkeit für den erreichten Schuldsaldo kann unter den oben genannten Voraussetzungen (wobei § 1567 BGB unmittelbar, nicht nur entsprechend, gilt) eintreten. Für nach Heirat getätigte Aufwendungen sollen die gesetzlichen Regelungen zum Zugewinnausgleich gelten bzw. deren ehevertragliche Abänderung. Darlehensschuld bzw. -anspruch sind bei Durchführung eines Zugewinnausgleichs im Anfangsvermögen zu berücksichtigen. Wir wurden auf alternative Regelungsmöglichkeiten hingewiesen (z.B. die ehevertragliche Rückbeziehung des Anfangsvermögensstichtags auf den Beginn der Baumaßnahmen), wünschen diese jedoch derzeit nicht.

Sollte nach Eheschließung der zuwendende Partner Miteigentum am Objekt übertragen erhalten, werden wir im Rahmen der Zuwendungsurkunde festlegen, ob dadurch die bereits entstandenen Pflichten aus dem Darlehensverhältnis aufgehoben sind. Treffen wir keine andere Regelung, ist dies bei mindestens hälftiger Beteiligung am Objekt der Fall.

5.

Die Ansprüche aus dieser Darlehensvereinbarung sind auf Gläubigerseite nicht abtretbar oder verpfändbar.

(Ggf.: Stirbt der Darlehensgeber, bevor die Fälligkeit des Darlehens gem. Ziffer 3 eingetreten ist, ist der nicht getilgte Darlehensbetrag erlassen; es handelt sich um eine auf den Todesfall aufgeschobene Schenkung.)

Eine Anpassung oder Änderung dieser Vereinbarungen in einvernehmlicher Form behalten sich die Beteiligten ausdrücklich vor, vereinbaren jedoch hierfür das Erfordernis schriftlicher Niederlegung und Unterzeichnung durch beide Beteiligten.

Erfüllungsort ist der Wohnsitz der Gläubigerin. Sämtliche Zahlungen sind auf ein noch bekanntzugebendes Konto der Gläubigerin zu bewirken.

Die Überweisungen erfolgen auf Kosten und Gefahr des Schuldners.

6.

Zur Sicherung der Ansprüche aus dieser Darlehensvereinbarung vereinbaren die Beteiligten nachstehend die Bestellung eines Grundpfandrechts am finanzierten Anwesen im Rang nach den zur Fremdfinanzierung erforderlichen Eintragungen.

III.

Grundschuldbestellung und weitere Absicherung *(Anm.: sofern gewünscht)*

Zur Sicherung des Anspruchs der Gläubiger bestellt Herr ..... daher zugunsten des vorgenannten Gläubigers Frau ..... eine

Grundschuld ohne Brief in Höhe von ..... €

(in Worten Euro .....)

nebst 18 v.H. Jahreszinsen ab heute, die nachträglich jeweils am 31.12. eines Jahres fällig sind, und einer einmaligen, sofort fälligen Nebenleistung in Höhe von fünf v.H.

und bewilligt und beantragt

deren Eintragung am Vertragsobjekt im Grundbuch an zunächst nächstoffener Rangstelle mit der Maßgabe, dass

- der jeweilige Eigentümer der sofortigen Zwangsvollstreckung aus dieser Urkunde unterworfen ist (§ 800 ZPO),
- die Abtretung der Grundschuld der Zustimmung des jeweiligen Eigentümers bedarf,

was hiermit vereinbart ist.

Die Grundschuld wird hiermit gekündigt; der Zugang der Kündigung wird bestätigt.

Der Gläubiger wird an einer Abtretung der Grundschuld an etwaige Finanzierungsgläubiger mitwirken, sofern sichergestellt ist, dass die dadurch zu sichernden Darlehen der Tilgung der Darlehensrestschuld dienen. Aus diesem Grunde wurden Zinsen und Nebenleistungen der Grundschuld denen eines Grundpfandrechtes bei Fremdfinanzierung vergleichbar gestaltet.

Rangvorbehalt

Der Eigentümer behält sich die einmal ausübbare Befugnis vor, im Rang vor dem hier bestellten Grundpfandrecht für beliebige Gläubiger Grundpfandrechte bis zum Gesamtbetrag von ..... € nebst Zinsen bis zu 20 % jährlich und einmaligen Nebenleistungen bis zu 10 % des Hauptsachebetrages jeweils ab dem Tag der Bestellung eintragen zu lassen.

Die Eintragung des Rangvorbehaltes bei vorbestelltem Grundpfandrecht wird bewilligt und beantragt.

Eine Verpflichtung des Schuldners zum Abschluss einer Risikolebensversicherung mit Einsetzung des Gläubigers als Bezugsberechtigten besteht ausdrücklich nicht.

Auf Vollstreckungsunterwerfung in das sonstige Vermögen des Schuldners wegen eines abstrakt anzuerkennenden Betrages wird derzeit trotz notariellen Hinweises verzichtet.

IV.

Abschriften und Ausfertigungen

Die Kosten dieser Urkunde und ihres Vollzuges trägt der Schuldner.

Von dieser Urkunde erhalten die Beteiligten und das Grundbuchamt je eine Ausfertigung (*Anm.: im Falle des Erlasses der Restschuld nach dem Tod des Darlehensgebers: ferner das Finanzamt – Schenkungsteuerstelle – eine beglaubigte Abschrift*).

Mitunter wünschen die Beteiligten, dem »geldgebenden« Lebensgefährten für den Fall, dass der Darlehensschuldner (Eigentümer) vorher verstirbt, das Wahlrecht einzuräumen, anstelle der Rückzahlung des dann fällig werdenden Darlehens die Einräumung eines Wohnungsrechtes auf seine fernere Lebenszeit zu verlangen, jedenfalls wenn das Anwesen zuletzt gemeinsam bewohnt wurde. Hierzu der folgende ergänzende 3356

▶ Formulierungsvorschlag: Wahlrecht zwischen Darlehensrückzahlung und Wohnungsrecht (Ergänzung)

Beim Versterben des Darlehensnehmers ist wahlweise – nach Maßgabe des vorstehenden Darlehensvertrages, § ..... Ziffer ..... – die Darlehenssumme zur Rückzahlung fällig oder aber der Darlehensgeber kann binnen drei Monaten nach Kenntnis vom Sterbefall und Feststehen der Rechtsnachfolge von Todes wegen anstelle der Rückzahlung die Bestellung eines lebenslangen Wohnungsrechts fordern, sofern das mit der nachstehend bewilligten Vormerkung belastete Anwesen beim Tod des Darlehensnehmers nicht vermietet ist. Mit Ausübung des Wahlrechtes hinsichtlich der Bestellung des Wohnungsrechtes durch schriftliche Erklärung gegenüber einem Erben erlischt der Anspruch auf Rückzahlung des Darlehens. 3357

Macht der Darlehensgeber von diesem Wahlrecht Gebrauch, gilt:

Der Darlehensgeber erhält auf Lebensdauer ein Wohnungsrecht in dem vorgenannten Anwesen. Dieses besteht in dem Recht der ausschließlichen Benutzung der zuletzt vom Darlehensnehmer selbst genutzten Wohnung – unter Ausschluss des Eigentümers – und dem Recht auf Mitbenutzung der zum gemeinsamen Gebrauch der Hausbewohner bestimmten Anlagen, Einrichtungen und Räume, insbesondere von ..... (Keller, Speicher, Hof und Garten). Der Darlehensgeber trägt dann jedoch alle Verbrauchs- und Nebenkosten des Bewohnens, samt Grundsteuer und Versicherungen. Der Eigentümer ist zu Instandsetzungs- oder Instandhaltungsmaßnahmen nicht verpflichtet.

Eine Übertragung der Ausübung des Wohnungsrechts ist dem Berechtigten nicht gestattet, eine Vermietung oder Untervermietung somit nicht möglich.

Das dingliche Wohnungsrecht und die ihr zugrunde liegende Abrede erlöschen ferner, wenn
- ein amtsärztliches Attest des Inhalts vorgelegt wird, dass der Berechtigte aus gesundheitlichen Gründen voraussichtlich dauernd an der Ausübung gehindert ist,
- ferner wenn der Berechtigte bei der zuständigen Meldebehörde weder mit Haupt- noch mit Nebenwohnung gemeldet ist; der Berechtigte bevollmächtigt hiermit den Eigentümer, diese Abmeldung vorzunehmen, wenn die vom Wohnungsrecht erfassten Räume tatsächlich weder als Haupt- noch als Nebenwohnung mehr dienen.

Geldersatzansprüche für den Fall der Beendigung des Wohnungsrechtes werden aus jedem Rechtsgrund ausgeschlossen.

Zur Sicherung des bedingten Anspruches auf Eintragung eines Wohnungsrechtes nach wirksamer Ausübung des vorstehend eingeräumten Wahlrechtes bestellt hiermit der Eigentümer zugunsten des vorgenannten Darlehensgebers eine

Vormerkung zur Sicherung des Anspruchs auf Bestellung eines Wohnungsrechtes

am Vertragsobjekt

und bewilligt und beantragt

deren Eintragung im Grundbuch.

Die Vormerkung ist als Sicherungsmittel auflösend befristet. Sie erlischt mit dem Tod der Berechtigten.

4. Wohnungsleihe

3358 Die unentgeltliche Überlassung einer Wohnung, auch aufschiebend befristet auf den eigenen Todesfall, an den Lebensgefährten, stellt nach überwiegender Auffassung (vgl. Rdn. 32) zivilrechtlich keine Schenkung dar, so dass insb. keine Pflichtteilsergänzungsansprüche (§ 2325 BGB) der Verwandten des verstorbenen Lebensgefährten ausgelöst werden und – sofern Letzterer hinsichtlich der Erbfolge gebunden war – auch keine »Verfolgungsrechte« zugunsten des Vertragserben i.S.d. § 2287 BGB bestehen.[416] Die Existenz der nichtehelichen Lebensgemeinschaft an sich genügt nicht als Nachweis des ausreichenden »lebzeitigen Eigeninteresses« zur Abwehr der §§ 2287 ff. BGB.[417]

3359 Die Vereinbarung einer Leihe ist nach der derzeitigen Rechtsprechung des IV. und V. Senats des BGH selbst dann formfrei zulässig, wenn das Kündigungsrecht auf Lebenszeit des Verleihers ausgeschlossen wird, der begünstigte Partner als Entleiher also auf den Tod des Leihers »fest« eingesetzt ist: Es sollen weder § 2301 BGB noch § 518 BGB gelten.[418] Der für die nichteheliche Lebensgemeinschaft zuständige XII. Senat des BGH hat jedoch diese Frage ausdrücklich offengelassen und tendiert demnach wohl dazu, dass die notarielle Beurkundung nach §§ 518, 2301 BGB Wirksamkeitserfordernis sei.[419] Werden keine vom Gesetz abweichenden Regelungen getroffen, kann der Verleiher jedoch das Dauerschuldverhältnis jederzeit kündigen; bei einer Veräußerung der verliehe-

---

416 Vgl. BGH, ZEV 2008, 192 m.w.N.; teilweise kritisiert durch die Lit., vgl. *J. Mayer*, ZEV 2008, 192; *Frieser*, ErbR 2008, 34, 37 ff., wonach ein langfristiger Leihvertrag einer Substanzverlagerung gleichkomme.
417 OLG Köln, NJW-RR 1992, 200.
418 Grundlegend BGH, 11.12.1981 – V ZR 247/80, BGHZ 82, 354, jüngst bestätigt durch BGH, 11.07.2007 – IV ZR 218/06, ZEV 2008, 192, m. Anm. *J. Mayer*; DNotI-Gutachten v. 19.12.1997, Nr. 1227, jedoch offengelassen in BGH, 30.04.2008 – XII ZR 110/06, BGHZ 176, 262.
419 BGH, 30.04.2008 – XII ZR 110/06, BGHZ 176, 262 Tz. 20.

nen Sache gilt § 566 BGB nicht analog.[420] Wird zur Vermeidung solcher zivilrechtlicher Schwächen ein Wohnungsrechts bzw. Nießbrauchsrecht auf den Todesfall zugewendet, stellt dies jedoch eine Schenkung dar.[421] Erbschaftsteuerlich ist auch die Leihe auf den Todesfall als Erwerb von Todes wegen gem. § 3 Abs. 1 ErbStG steuerbar,[422] vgl. Rdn. 3345.

5. Miteigentümervereinbarungen

Auch bei originärem **Miteigentum** beider Lebensgefährten können Regelungen erforderlich sein. Denkbar sind Erwerbsrechte eines Partners (regelmäßig zum anteiligen Verkehrswert, den im Dissensfall ein Sachverständiger als Schiedsgutachter zu ermitteln hat), v.a. aber Ausführungen zur Frage, ob Abweichungen von der quotenentsprechenden Tragung der Finanzierungslasten bei Veräußerung gänzlich unbeachtlich bleiben sollen (analog der Situation beim gesetzlichen Güterstand), nur für bestimmte Zeiträume (Erziehung eines gemeinsamen Kindes) außer Betracht bleiben sollen oder aber zu einer entsprechenden disquotalen Beteiligung am Veräußerungsnettoerlös führen.[423] 3360

Eher abzuraten ist von pauschalen Ausschlüssen des Versteigerungsrechtes – in mancher sonst ausweglosen Situation stellt die (Drohung mit der) Teilungsversteigerung das einzige Druckmittel zu vernünftigem Verhandeln dar. Haben Partner einer nichtehelichen Lebensgemeinschaft beim gemeinsamen Erwerb einer Immobilie die Teilungsversteigerung ausgeschlossen, liegt[424] im Scheitern der Lebensgemeinschaft kein Wegfall der Geschäftsgrundlage! Auch der Sterbefall ist kein wichtiger Grund, der gem. § 749 BGB zur Aufhebung der Gemeinschaft berechtigen würde.[425] Naheliegend ist jedoch, im Rahmen einer Nutzungsvereinbarung nach §§ 745, 1010 Abs. 1 BGB die Weiterbenutzung der gemeinsamen Wohnung nach dem Tod des Partners zu regeln:[426] 3361

▶ Formulierungsvorschlag: Nutzungsabrede zur Sicherung des Lebensgefährten

Herr ..... und Frau ..... vereinbaren als Miteigentümer der gemeinsam genutzten Immobilie ..... (Grundbuch von ..... Blatt .....), dass ab dem Tod des Erstversterbenden der verbleibende Miteigentümer das Recht hat, den Grundbesitz zu eigenen Wohnzwecken auf Lebenszeit zu nutzen. Die Nutzungsvereinbarung ist auflösend bedingt für den Fall, dass die Miteigentümer zum Zeitpunkt des Ablebens des Erstversterbenden den Grundbesitz nicht mehr in nichtehelicher Lebensgemeinschaft (§ 20 SGB XII) gemeinsam beide bewohnen. Die Nutzung ist nur zu gewähren, wenn der Berechtigte die für das Objekt anfallenden laufenden Unkosten (Grundsteuer, Umlage an die Hausverwaltung, Versicherungskosten), die Schönheitsreparaturen sowie die Verbrauchskosten trägt. Im Übrigen gelten die Vorschriften über die Leihe (§§ 598 ff. BGB) entsprechend, mit Ausnahme der Bestimmungen über die Kündbarkeit. 3362

Die Beteiligten beantragen und bewilligen die Eintragung der aufschiebend befristeten und auflösend bedingten Nutzungsvereinbarung in das Grundbuch bei beiden Miteigentumsanteilen an nächstoffener Rangstelle.

6. Erwerbsrechte

In Betracht kommt weiterhin, bereits im Zeitpunkt der gemeinsamen Investition ein- oder gegenseitige Erwerbsrechte, gerichtet auf den Miteigentums- bzw. Gesamthandsanteil des anderen Partners, für den Fall des Scheiterns der Lebensgemeinschaft zu vereinbaren. Solche »Ankaufsrechte« 3363

---

420 BGH, 17.03.1994 – III ZR 10/93, BGHZ 125, 293, 301; OLG Köln, 23.04.1999 – 19 U 13/96, NJW-RR 2000, 152.
421 BGH, 27.09.1995 – IV ZR 21/93, NJW-RR 1996, 133; OLG Karlsruhe, 18.03.1999 – 17 U 19/97, ZEV 2000, 108, 109.
422 FG München, 24.01.2007 – 4 K 816/05, EFG 2007, 779.
423 Formulierungsvorschläge bei *Mayer*, ZEV 2003, 454 ff.
424 Nach BGH, DStR 2004, 50.
425 LG Konstanz, 12.12.2008 – 2 O 410/08 D, ZErb 2010, 247.
426 Angelehnt an *Grziwotz*, Nichteheliche Lebensgemeinschaft, § 15 Rn. 101.

dürften – vergleichbar Rückforderungsrechten bei Ehegattenzuwendungen für den Fall des Scheiterns der Ehe, gestützt auf den Rechtsgedanken des § 852 Abs. 2 ZPO (Zugewinnausgleich)[427] – nicht pfändbar sein. Regelungsbedürftig ist:

(1) zum einen, wer bei gegenseitigen Ankaufsrechten zunächst zur Ausübung befugt ist. Denkbar ist bspw., insoweit auf die Höhe der bisher erbrachten Tilgungsleistungen abzustellen (wobei zur Vermeidung von Missbräuchen Sondertilgungen nach Eintritt der Trennung oder auch in einem knappen Rückwirkungszeitraum zuvor nicht mehr berücksichtigt werden sollten)[428] oder aber demjenigen Partner, der gemeinsame Kinder bis zu einem bestimmten Lebensalter betreut, das Vorrecht zu gewähren[429] oder aber das Los entscheiden zu lassen.[430]

3364 (2) Festzulegen ist weiterhin der Übernahmepreis (anteiliger Verkehrswert, der ggf. durch einen Sachverständigen als Schiedsgutachter festzusetzen ist, oder aber anteiliger Verkehrswert abzgl. eines »Lebensgefährtenabschlags« von bspw. 15 % oder aber die tatsächliche Höhe des eingebrachten Eigenkapitals zuzüglich einer geringen Verzinsung, wobei jedoch insoweit – vergleichbar der Darlehenslösung, s. Rdn. 3355 – Beiträge zu laufenden Aufwendungen und wohl auch die Tragung der Zinslasten, als Äquivalent zur ersparten Miete, nicht berücksichtigt werden können).

3365 (3) Zu bestimmen ist weiter die Ausübungsfrist; nach deren fruchtlosem Ablauf wird dasselbe Erwerbsrecht dem anderen Partner zustehen; macht keiner der Partner hiervon Gebrauch, wird teilweise vereinbart, dass sodann jeder der Beteiligten die Mitwirkung beim Verkauf an Dritte verlangen kann, sofern mindestens 90 % des von einem Sachverständigen ermittelten Verkehrswerts erzielt werden. Besteht die Befürchtung, dass die Erfüllung der wechselseitigen Erwerbsrechte bei Miteigentumsanteilen durch (auch fraudulente) Belastung oder rasche Veräußerung vereitelt werden kann, sollten die bedingten Ansprüche durch wechselseitige Vormerkungen gesichert werden. Hierzu:

▶ Formulierungsvorschlag: Wechselseitige Erwerbsrechte unter Lebensgefährten bei Scheitern der Beziehung

3366 Herr und Frau ..... (nachstehend jeweils »Partner« genannt) erwerben die Eigentumswohnung ..... grundbuchlich zu je hälftigem Miteigentum. Im Fall einer Trennung – diese gilt als erfolgt, wenn ein Partner sie dem anderen per Einschreiben mitgeteilt hat – bestehen wechselseitige Erwerbsrechte hinsichtlich des Miteigentumsanteils des anderen Partners nach folgender Maßgabe:
a) Zunächst ist binnen eines Monats nach Zugang des die Trennung herbeiführenden Einschreibens derjenige Partner zum Erwerb berechtigt, der bis zum Zeitpunkt der Trennung einen höheren Anteil an den Tilgungsaufwendungen des gemeinsam eingegangenen Darlehens sowie unmittelbar von ihm getragenen Anschaffungs- und Herstellungskosten erbracht hat. Wird es in diesem Zeitraum nicht ausgeübt, steht es dem anderen Partner inhaltsgleich binnen eines weiteren Monats zu.
b) Dem zur Übertragung verpflichteten Partner ist die Summe der von ihm erbrachten Tilgungsleistungen sowie der von ihm in Geld erbrachten Anschaffungs- und Herstellungsaufwendungen zu erstatten, zuzüglich eines Aufschlags von fünf Prozent als pauschalem Zinsausgleich, fällig binnen sechs Wochen nach Beurkundung des notariellen Übertragungsvertrags, in dem das Ankaufsverlangen erfüllt werden soll. Darüber hinaus ist der zur Übertragung verpflichtete Partner von gemeinsam eingegangenen objektbezogenen Verbindlichkeiten auch im Außenverhältnis freizustellen (befreiende Schuldübernahme oder Ablösung durch ein neues Darlehen des Übernehmenden bzw. Sondertilgung des gesamten Darlehens). Die Umschreibung

---

427 Vgl. BGH, 20.02.2003 – IX ZR 102/02, DNotZ 2004, 298; ebenso *Schlögel*, MittBayNot 2009, 102. Das LG Koblenz, RNotZ 2001, 391, bejaht allerdings die Pfändbarkeit der Annahmebefugnis aus einem Angebot des Vaters an den Sohn nach Übertragung eines GmbH-Geschäftsanteils.
428 Vgl. *Schlögel*, MittBayNot 2009, 108.
429 So etwa *Münch*, Ehebezogene Rechtsgeschäfte, Rn. 1715, im Rahmen einer Ehegattengesellschaft.
430 So *Münch*, Ehebezogene Rechtsgeschäfte, Rn. 1708 unter Bezugnahme auf *Langenfeld*, Handbuch der Eheverträge und Scheidungsvereinbarungen, 5. Aufl. 2005, Rn. 1217.

F. Ausblick: Zuwendungen in nichtehelicher Lebensgemeinschaft — Kapitel 7

des zu übertragenden Miteigentumsanteils darf erst nach Erstattung des Eigenkapitalbeitrags und Befreiung von den objektbezogenen Verbindlichkeiten erfolgen.

c) Zur Sicherung der wechselseitigen Erwerbsrechte wird die Eintragung je einer Vormerkung am Miteigentumsanteil zugunsten des anderen Partners bewilligt und beantragt.

d) Macht keiner der Partner von seinem Erwerbsrecht Gebrauch, sind beide Partner auf Verlangen auch nur eines Partners verpflichtet, das gemeinsam gehaltene Objekt nach der Trennung an Dritte zu veräußern. Dem Verlangen muss nur Folge geleistet werden, wenn dabei mindestens 90 Prozent des Verkehrswerts des Objekts erzielt werden. Der Verkehrswert wird im Dissensfall durch den Gutachterausschuss – für beide Teile verbindlich als Schiedsgutachter – bestimmt. Aus dem Erlös des Drittverkaufs sind zunächst gemeinsame objektbezogene Verbindlichkeiten zu tilgen; der Restbetrag steht beiden Partnern im Verhältnis ihrer Eigenkapitalbeiträge zu.

7. Innengesellschaft

Auch die ausdrückliche Begründung einer **Innengesellschaft**[431] (zu deren richterlicher Schöpfung vgl. Rdn. 3336) kommt in Betracht, ggf. mit reduziertem Abfindungsanspruch bei Kündigung (vgl. Rdn. 2641 ff.) und gänzlichem Ausschluss von Ausgleichsansprüchen im Todesfall (vgl. Rdn. 153). Da kein Gesamthandsvermögen gebildet wird, ist der Vorgang grunderwerbsteuerlich irrelevant; andererseits unterliegt der Eigentümer uneingeschränkt dem Gläubigerzugriff Dritter. Zur partiellen[432] Investitionssicherung können schließlich wechselseitige Zuwendungen auf den Todesfall nach dem Muster oben bei Rdn. 283 vereinbart sein. — 3367

Im Rahmen der Vereinbarung einer solchen Innen-BGB-Gesellschaft vereinbaren die Beteiligten, sich so zu stellen, als wäre der »Still-Beteiligte« zu einer bestimmten Quote am Eigentum beteiligt, so dass beim Ausscheiden aus der Innen-BGB-Gesellschaft (etwa im Fall einer Trennung der Lebensgefährten) er eine Abfindung in Höhe dieser Quote am Sacheigentum erhält und damit auch an den Wertveränderungen partizipiert. Allein diese Vereinbarung löst noch keine Grunderwerbsteuer gem. § 1 Abs. 2 GrEStG aus. Einkommensteuerrechtlich sollte ein atypisches Darlehen vermieden werden (da auch Darlehenszinsen in Form von Wertsteigerungen gem. § 20 Abs. 1 Nr. 7 EStG steuerpflichtig sein können; für eine schlichte atypisch stille Beteiligung an einem Grundstück enthält das EStG keinen Besteuerungstatbestand, insbes. liegen keine Erträge einer typisch stillen Beteiligung an einem Handelsgeschäft i.S.d. § 20 Abs. 1 Nr. 4 EStG vor). Mittelbar wird allerdings § 23 EStG verwirklicht sein können, wenn es sich um eine nicht eigengenutzte Immobilie mit einer Haltefrist unter zehn Jahren handelt. Hierzu — 3368

▶ **Formulierungsvorschlag: Innengesellschaft bürgerlichen Rechtes**

Herr X (nachstehend »Hauptbeteiligter«) ist Eigentümer des Flst. … . Es soll mit einem Mehrfamilienhaus bebaut werden, das durch den Hauptbeteiligten und den weiteren Innen-Gesellschafter Y (nachstehend »atypisch Beteiligter«) zum Teil selbst bewohnt, im Übrigen auf gemeinsame Rechnung vermietet werden soll. Die Beteiligten sind sich einig, dass sie sich wechselseitig im Innenverhältnis ohne Bildung von Gesamthandseigentum durch Begründung einer Innen-BGB-Gesellschaft so stellen wollen, als wären sie an dem vorgenannten Grundstück samt darauf zu errichtendem Gebäude in einem Verhältnis von … % (Hauptbeteiligter) zu … % (atypisch Beteiligter, sog. »Quote interner Beteiligung«) beteiligt. — 3369

Der atypisch Beteiligte verpflichtet sich, alle Investitionen (bauliche Maßnahmen samt aller Nebenkosten, Aufwendungen für Architekt etc.) auf dem im Eigentum des Hauptbeteiligten stehenden Grundbesitz in Höhe von … % zu tragen; bei dieser Prozentziffer ist der vom Hauptbeteiligten eingebrachte Wert des Grund und Bodens bereits berücksichtigt.

---

[431] Zu den Anforderungen an eine Innengesellschaft vgl. BGH, 12.11.2007 – II ZR 183/06, MittBayNot 2008, 233.
[432] Nämlich auf den Todesfall begrenzten, also nicht z.B. den Fall der Trennung berücksichtigenden.

Die Innen-BGB-Gesellschaft kann mit einer Kündigungsfrist von drei Monaten auf das Ende eines Monats gekündigt werden, wenn einer der Vertragsteile verstirbt oder einer der Beteiligten – ohne Angabe von Gründen – die zwischen den Beteiligten derzeit bestehende nichteheliche Lebensgemeinschaft als gescheitert erklärt. In diesem Fall steht dem atypisch Beteiligten ein Abfindungsbetrag in Höhe der »Quote interner Beteiligung« zu. Der Abfindungsbetrag ist binnen sechs Monaten nach Wirksamwerden der Kündigung fällig; er kann in beiderseitigem Einvernehmen auch durch Übertragung einer wertentsprechenden Quote des Grundbesitzes ersetzt werden.

Einigen sich die Beteiligten nicht über den Verkehrswert des Grundstücks samt Gebäude binnen eines Monats ab Zugang der Kündigungserklärung beim anderen Vertragsteil, entscheidet (für beide Beteiligten in den Grenzen des § 315 BGB verbindlich) der örtliche Gutachterausschuss als Schiedsgutachter.

Zur Absicherung des bedingten Abfindungsanspruchs des atypisch Beteiligten wird an dem Grundbesitz eine nicht abtretbare Buchgrundschuld ohne Zinsen in Höhe von … Euro bestellt/ist der Hauptbeteiligte verpflichtet, eine selbstschuldnerische unbefristete Bankbürgschaft in Höhe von … Euro zu stellen.

8. Außengesellschaft bürgerlichen Rechtes

3370 Besonders günstig erscheint die GbR-Lösung als Erwerbsform bei ungewissen künftigen Finanzierungsbeiträgen (z.B. zweier Partner einer nichtehelichen Lebensgemeinschaft), da sie »bewegliche Beteiligungsquoten« ermöglicht. Würde die starre Bruchteilsgemeinschaft gewählt, könnten überobligationsmäßige Finanzierungsbeiträge eines Beteiligten nämlich Schenkungsteuer gem. § 7 Abs. 1 Nr. 1 ErbStG auslösen, sobald sie über den geringen Freibetrag hinausgehen (vgl. Rdn. 3344 f.);[433] ferner unterliegt die Quotenverschiebung unter bestehenden Gesellschaftern gem. § 1 Abs. 3 GrEStG erst der Grunderwerbsteuer, wenn mindestens 95 % in einer Hand vereinigt sind (dann bezogen auf die Zuerwerbe in den vorangehenden 5 Jahren.[434]

3371 Dieselbe »automatisierte Dynamik« lässt sich selbstverständlich auch mit anderen Personen(handels)gesellschaften abbilden, etwa mit einer KG, allerdings gestaltet sich die Umsetzung schwerfälliger, wenn auch eine Anpassung der Haftsumme damit einhergeht, die jährliche Handelsregisteranmeldungen und -eintragungen erfordert. Eine »Kurzregelung« in Gestalt einer GbR auf Erwerberseite mit der Vereinbarung »beweglicher Beteiligungsquoten«, wechselseitigen Übernahmerechten bei Beendigung der Lebensgemeinschaft (»Kündigung der GbR«) und entschädigungsloser (i.d.R. pflichtteilsfester, Rdn. 155!) Anwachsung im Sterbefall könnte etwa folgendermaßen formuliert sein:

▶ Formulierungsvorschlag: GbR auf Erwerberseite mit Quotenanpassungsabrede nach Finanzierungsbeiträgen

3372 Die Erwerber erklären, dass die jeweilige Beteiligung am Vermögen der erwerbenden Gesellschaft bürgerlichen Rechts sowie am Liquidationserlös und etwaigen laufenden Gewinnen, ebenso die für die Abfindung eines Gesellschafters beim Ausscheiden maßgebliche Höhe der Beteiligung, dem Anteil des Gesellschafters an den jeweils zum Ende eines Kalenderjahres insgesamt ab heute geleisteten Finanzierungs- und Investitionsbeiträgen zueinander entspricht.

Als zu berücksichtigende Beiträge gelten dabei Eigenkapitalleistungen auf die vereinbarten Gegenleistungen und künftige Aufwendungen zur Instandhaltung des Objekts sowie Bestandserweiterungen (nicht jedoch bloße Unterhaltungsmaßnahmen) sowie Tilgungsleistungen auf objektbezogene Darlehen (nicht jedoch Zinszahlungen, ebenso wenig laufende Kosten wie Grundsteuer, Versicherung, Verbrauchskosten, Reparaturen etc.). Arbeitsleistungen werden zusätzlich berücksichtigt, wenn hierdurch Fremdhandwerkerleistungen erspart wurden, allerdings nur in Höhe eines

---

[433] Vgl. *von Proff zu Irnich*, RNotZ 2008, 325 und NotBZ 2010, 77 ff.; zur »Finanzierungs-GbR« auch *Milzer*, NJW 2008, 1621.

[434] § 1 Abs. 2a GrEStG, wo die Beteiligungen nur »gezählt«, nicht »gewogen« werden, ist demgegenüber verdrängt.

F. Ausblick: Zuwendungen in nichtehelicher Lebensgemeinschaft Kapitel 7

Stundenwerts von 15,00 €. Dienstleistungen zugunsten des Veräußerers, die im Rahmen des Erwerbsvertrages eingegangen wurden (z.B. hauswirtschaftliche Verrichtungen oder Pflegeleistungen) werden mit 5,00 € Stundenwert angesetzt. Leistungen von Eltern oder Geschwistern eines Gesellschafters sind dem betreffenden Gesellschafter zuzurechnen. Die Beteiligten verpflichten sich, über die wechselseitigen Beiträge, auch der zuzurechnenden Angehörigen, Buch zu führen und den Jahresendstand jeweils als Prozentverhältnis auszudrücken sowie diesen zu unterzeichnen; dies gilt schuldrechtlich und dinglich als Übertragung der entsprechenden Anteile mit Wirkung auf das betreffende Jahresende. Sie geben die entsprechenden Übertragungserklärungen bereits heute dem Grunde nach ab und nehmen sie entgegen. Unterbleibt die gemeinsame Feststellung des Gesamtverhältnisses der Finanzierungsbeiträge zueinander versehentlich, kann das Anteilsverhältnis jedoch auch durch andere Beweismittel nachgewiesen werden.

Nutzungsentschädigungen wegen unterschiedlicher Beteiligungshöhe können erst ab einer Kündigung in Höhe der anteiligen ortsüblichen Kaltmiete verlangt werden, ebenso sind dann die hälftigen (bei Alleinnutzung ausschließlichen) Verbrauchs- und Nebenkosten zu tragen.

Die Gesellschaft kann vor dem ..... (*Anm.: Datum, z.B. 15 Jahre ab heute*) nur aus wichtigem Grund gekündigt werden; als solcher gilt
– die Beendigung der nichtehelichen Lebensgemeinschaft über länger als sechs Monate durch schriftliche Mitteilung an den anderen Gesellschafter oder behördliche Ummeldung;
– ebenso die Pfändung des Gesellschaftsanteils des anderen Gesellschafters oder die Insolvenzeröffnung bzw. dessen Ablehnung mangels Masse.
(*Anm.: sofern nicht für diesen Fall nachstehend die Anwachsungsregelung vereinbart ist*):
sowie das Ableben des anderen Gesellschafters.

Mit Wirksamwerden einer Kündigung hat der Kündigende binnen drei Monaten, im Fall der Kündigung wegen Beendigung der Lebensgemeinschaft zunächst binnen sechs Wochen der Gesellschafter mit der aktuell höheren Beteiligung, sodann binnen sechs weiterer Wochen der andere Gesellschafter, das Recht, vom Mitgesellschafter (*Anm.: sofern nachstehend keine Anwachsungsklausel im Todesfalle bzw. dessen Erben*) anstelle einer Abfindung die Übernahme der im Gesellschaftsvermögen befindlichen Immobilie zu verlangen. Übernahmepreis ist die (auch im Außenverhältnis schuldbefreiende) Übernahme der für Erwerb, Umbau und Erhaltung des Objektes eingegangenen Verbindlichkeiten, gleich ob solche der Gesellschaft oder des ausscheidenden Gesellschafters, und der gegenüber dem Veräußerer ggf. noch zu erbringenden Pflichten (gleich ob auf Zahlen, Tun, oder Dulden gerichtet) mindestens jedoch – sofern der anteilige, hierauf anzurechnende Schuldübernahme- und Pflichtenerbringungsbetrag geringer ist – achtzig vom Hundert des anteiligen Verkehrswertes der im Gesellschaftsvermögen befindlichen Immobilie im Zeitpunkt des Übernahmeverlangens.

Kommt über den Verkehrswert binnen eines Monats ab Übernahmeverlangen keine Einigung zwischen den Beteiligten zustande, bestimmt ihn der örtlich zuständige Gutachterausschuss gem. § 315 BGB; hinsichtlich der Gutachtenskosten gilt § 92 ZPO. Wird ein Übernahmeverlangen nicht fristgerecht gestellt oder bereits zuvor darauf verzichtet, ist das Gesellschaftsvermögen zu räumen und bestmöglich zu verkaufen; nach Ablauf von sechs Monaten (*Alt.: eines Jahres etc.*) kann jeder Beteiligte den Verkauf zum dann bestehenden Meistgebot ohne weiteres Zuwarten verlangen. Nach Begleichung der Veräußerungsnebenkosten und Tilgung aller für Erwerb, Umbau, und Erhaltung eingegangenen Verbindlichkeiten ist der verbleibende Erlös im Verhältnis der dann bestehenden Beteiligungsquoten auszukehren.

Verfügungen über Gesellschaftsanteile bedürfen der Zustimmung beider; die Geschäftsführung und Vertretung wird ebenfalls durch beide gemeinschaftlich wahrgenommen.

Beim Tod eines Gesellschafters wird die Gesellschaft mit seinen Erben fortgesetzt.

(*Alt.: Beim Tod eines Gesellschafters wächst dessen Beteiligung, sofern nicht zuvor gekündigt, mit allen Aktiva und Passiva dem anderen Gesellschafter, der somit Alleineigentümer wird, an; die Beteiligung ist also nicht vererblich. Eine Abfindung erhalten die Erben bzw. Vermächtnisnehmer des Verstorbenen nicht; sie können jedoch vom verbleibenden Gesellschafter uneingeschränkte Freistellung aus der [Mit-]schuld oder [Mit-]haftung von Verbindlichkeiten verlangen, die zur Finanzierung des Erwerbs, Umbaus, und der Erhaltung des Gesellschaftsvermögens eingegangen wurden, gleich ob es sich um eine Gesellschafts- oder eine Gesellschafterschuld handelt, sowie Freistellung hinsichtlich aller etwa weiterhin noch an den Veräußerer zu erbringenden Leistungen verlangen, gleich ob auf Zahlung, Tun, oder Dulden gerichtet. Der wechselseitige Abfindungsausschluss beruht auf dem beiderseits etwa gleich hohen Risiko des Vorversterbens und ist im Interesse des jeweils Überlebenden vereinbart, stellt also nach Einschätzung der Beteiligten keine Schenkung dar.)*

IV. Ansprüche Dritter aufgrund lebensgemeinschaftsbedingter Zuwendungen

3373 Zuwendungen unter nichtehelichen Lebensgefährten unterliegen nicht nur im internen Verhältnis zwischen den Partnern für den Fall der Beendigung der Lebensgemeinschaft der Rückforderung aufgrund gesetzlicher bzw. richterlicher Bestimmung (oben Rdn. 3336) bzw. vertraglicher Vereinbarung (oben I Rdn. 3346), sondern auch im Verhältnis zu Dritten. So wird der Lebensgefährte regelmäßig die Voraussetzungen einer nahestehenden Person i.S.d. § 138 Abs. 1 Nr. 3 InsO erfüllen (»wer im letzten Jahr vor der Handlung in häuslicher Gemeinschaft mit dem Schuldner gelebt hat«), so dass entgeltliche Verträge unter Lebensgefährten binnen 2 Jahren, unentgeltliche binnen 4 Jahren vor der Pfändung/der Insolvenz der erleichterten Gläubiger- bzw. Insolvenzanfechtung unterliegen (vgl. im Einzelnen Rdn. 220 ff. sowie § 133 InsO, § 3 AnfG).

3374 Im Zusammenhang dieser Darstellung relevant sind insb. die Zugriffsmöglichkeiten Dritter, die sich bei einer **Beendigung der Lebensgemeinschaft durch Tod** aufgrund früherer Zuwendungen ergeben, seien sie gestützt auf das Kondiktionsrecht (mögliche Unwirksamkeit der Zuwendung wegen Verstoßes gegen die guten Sitten, § 138 BGB), das Pflichtteilsergänzungsrecht oder die Bestimmungen zum Schutz des Vertragserben:

1. §§ 812, 138 BGB?

3375 Ebenso wie letztwillige Verfügungen (»Geliebten-Testament«, vgl. Rdn. 1012) verstoßen lebzeitige Zuwendungen in einer eheähnlichen bzw. lebenspartnerschaftsähnlichen Lebensgemeinschaft, die auf Dauer angelegt und von inneren Bindungen getragen ist, nicht gegen die guten Sitten, und zwar selbst dann nicht, wenn mindestens einer der Partner noch verheiratet ist.[435] Nachteilige Auswirkungen für Dritte (Unterhaltsgefährdung etc.) können allenfalls in Ausnahmefällen, bei Hinzutreten besonders rücksichtsloser oder illoyaler Verhaltens, die Unwirksamkeit gem. § 138 BGB rechtfertigen, etwa wenn ein Ehemann während eines Scheidungsverfahrens seinen Miteigentumsanteil am gemeinsamen Hausgrundstück an seine Lebensgefährtin veräußert, um auf diesem Umweg die Teilungsversteigerung zu erleichtern.[436] I.Ü. aber sind die (insb. erbrechtlichen) Instrumente eines Ausgleichs zugunsten Dritter (§§ 2325 ff., 2287 f. BGB) vorrangig.

2. §§ 2325 ff. BGB

3376 Ist der vom Erblasser beschenkte überlebende Lebensgefährte zugleich dessen Erbe, wird er häufig Pflichtteilsergänzungsansprüchen des »übergangenen« Ehegatten bzw. der »übergangenen« Kinder des Zuwendenden ausgesetzt sein (§ 2325 Abs. 1 BGB), gegen die er sich zudem nicht mit Blick auf die Verletzung seines eigenen (nicht vorhandenen) Pflichtteilsrechts wehren kann (§ 2318 BGB, vgl. Rdn. 2591). Wird er nicht Erbe, ist er möglicherweise dem Bereicherungsanspruch des § 2329 Abs. 1 BGB ausgesetzt (vgl. Rdn. 3677). Auch wenn die »lebenspartnerschaftsbedingte Zuwendung« ebenso wie die ehebedingte Zuwendung keine Schenkung im strengen Sinn darstellen mögen, zumal es am subjektiven Tatbestandsmerkmal fehlt, ist sie im Verhältnis zu Dritten ebenso wenig privilegiert wie jene (vgl. Rdn. 3259) Sie ist demnach für Zwecke des Pflichtteilsrechts wie eine Schenkung zu behandeln.[437]

---

435 Vgl. BGH, NJW 1991, 830, 831.
436 OLG Schleswig, FamRZ 1995, 735; BGH, NJW 1981, 2184, 2185.
437 Grundsatzentscheidung des BGH, 27.11.1991 – IV ZR 169/90, BGHZ 116, 167, 170; zur ausdrücklichen Anerkennung der unbenannten Zuwendung unter Lebensgefährten vgl. BGH, 09.07.2008 – XII ZR 39/06, NJW 2008, 3282, und 09.07.2008 – XII ZR 179/05, DNotZ 2009, 52 m. Anm. *Löhnig*.

F. Ausblick: Zuwendungen in nichtehelicher Lebensgemeinschaft   Kapitel 7

Auch sie ist regelmäßig objektiv unentgeltlich, da keine Leistungen in Erfüllung einer Rechtspflicht entgolten, sondern allenfalls im Sinn einer belohnenden Schenkung anerkannt werden. Gesetzliche Unterhaltspflichten sind höchstens im Fall der Geburt eines gemeinsamen Kindes gem. § 1615l BGB denkbar. Auch § 2330 BGB (Pflichtschenkung) hilft, da richterlich zum Schutz des Pflichtteilsrechts weitgehend zurückgedrängt, selten (vgl. Rdn. 3701). Eine Schenkung i.R.d. §§ 2325 ff. BGB und des § 2287 BGB[438] liegt jedoch wohl nicht vor bei einer – objektiv unentgeltlichen – Leihe, auch einer auf den Tod aufschiebend bedingten Leihe (Rdn. 3358 f.).   3377

Immerhin sind nichteheliche Lebensgefährten ggü. Ehegatten insoweit »privilegiert«, als der Anlaufhemmungstatbestand des § 2325 Abs. 3 Halbs. 2 BGB (Beginn der Frist nicht vor Auslösung der Ehe), der für § 2329 BGB analog gilt, nicht auf Zuwendungen in nichtehelicher Lebensgemeinschaft Anwendung findet, und zwar selbst dann nicht, wenn die Lebensgefährten nach der Zuwendung heiraten.[439]   3378

3. §§ 2287 f. BGB

Der Vertrags-/Schlusserbe (§ 2287 BGB) bzw. der bindend eingesetzte Vermächtnisnehmer (§ 2288 BGB) ist ggü. Zuwendungen unter nichtehelichen Lebensgefährten in gleicher Weise geschützt; auch insoweit (wie bei § 2325 BGB) gilt die lebensgemeinschaftsbedingte Zuwendung, auch wenn sie nicht subjektiv unentgeltlich ist, als auslösende »Schenkung«. Die Anforderungen an die »Beeinträchtigungsabsicht« sind dabei eher gering, vgl. Rdn. 3941; das erforderliche lebzeitige Eigeninteresse ist bspw. nicht allein durch das Vorliegen einer nichtehelichen Lebensgemeinschaft zu bejahen.[440] Allenfalls eine Zuwendung, die als Gegenleistung für tatsächlich erbrachte Versorgung und Pflege durch den Lebensgefährten aufgrund nachträglich entstandener Pflegebedürftigkeit gewährt wird, kann ggü. dem »Verfolgungsrecht« des Vertragserben/-vermächtnisnehmers geschützt sein;[441] Gleiches gilt, wenn der Lebensgefährte die Kinder aus der Ehe des Zuwendenden mitbetreut hat. Altruistische Motive, wie etwa der Wunsch nach Versorgung und Besserstellung des Lebensgefährten, vermögen jedoch in keinem Fall vor §§ 2287 ff. BGB zu schützen.[442]   3379

---

438 So ausdrücklich BGH, 11.07.2007 – IV ZR 218/06, ZEV 2008 192, m.w.N.
439 DNotI-Gutachten v. 12.12.2001, Nr. 1255; OLG Düsseldorf, 31.05.1996 – 7 U 120/95, NJW 1996, 3156, a.A. nur OLG Zweibrücken, 22.02.1988 – 4 U 121/87, FamRZ 1994, 1492.
440 OLG Köln, 30.09.1991 – 2 W 140/91, NJW-RR 1992, 200.
441 OLG Köln, 30.04.1987 – 24 U 472/86, NJW-RR 1987, 1484.
442 OLG Celle, 15.06.2006 – 6 U 99/06, RNotZ 2006, 477.

Kapitel 8: Rechtsgeschäfte unter Lebenden auf den Tod

Übersicht

		Rdn.
A.	**Schenkungen auf den Todesfall**	3380
I.	Handschenkungen auf den Todesfall (§ 516 BGB)	3385
II.	Auf den Tod befristete Versprechensschenkung ohne Überlebensbedingung des Beschenkten (§ 518 BGB)	3387
III.	Vollzogene Schenkungsversprechen auf den Tod mit echter Überlebensbedingung (§ 2301 Abs. 2 BGB)	3391
IV.	Vergleich mit erbrechtlichen Lösungen	3395
V.	Abgrenzung: Schenkungen aufgrund trans-/postmortaler Vollmacht	3401
VI.	Exkurs: Testamentsvollstreckung für die vorweggenommene Erbfolge?	3415
B.	**Der Vertrag zugunsten Dritter auf den Todesfall (§§ 328, 331 BGB)**	3418
I.	Grundbesitz: die »lebzeitige Vor- und Nacherbfolge«	3418
II.	Sparbuch	3428
C.	**Insbesondere: der Lebensversicherungsvertrag**	3432
I.	Rechtliche Konstruktion	3432
II.	Bezugsberechtigung	3439
	1. Fehlen einer Benennung	3439
	2. Art und Inhalt der Benennung	3440
	3. Widerrufliche Benennung	3443
	4. Unwiderrufliche Benennung	3444
	5. Valutaverhältnis: Rechtsgrund zum Behaltendürfen	3445
III.	Versicherungsanspruch als Nachlassbestandteil?	3451
	1. Regelfall: Übertragung außerhalb des Erbrechts	3451
	2. Ausnahme: Versicherungsanspruch im Nachlass	3453

		Rdn.
	a) Fehlen eines Bezugsberechtigten	3454
	b) Lebensversicherung zur Kreditsicherung	3455
	c) Abweichende versicherte Person	3457
	d) Fehlerhaftes Valutaverhältnis	3458
IV.	Lebensversicherung und Pflichtteilsrecht	3459
	1. Beeinträchtigende Schenkungen (§ 2287 Abs. 1 BGB)	3461
	2. Pflichtteilsergänzungsanspruch bei Schenkungen (§ 2325 BGB)	3462
	3. Anrechnung von Zuwendungen auf den Pflichtteil (§ 2315 BGB)	3469
V.	Schenkung- und Erbschaftsteuer	3470
	1. Bewertungsfragen	3470
	2. Besteuerungstatbestände	3471
	3. Gestaltungsempfehlungen	3475
	4. Ertragsteuerlicher Ausblick	3483
VI.	Lebensversicherungen als Mittel der »Asset Protection«?	3484
	1. Liechtensteinische Lebensversicherungen	3485
	2. Pfändungsschutz zur Altersvorsorge (§§ 851c, 851d ZPO)	3490
D.	**Rechtsgeschäfte unter Lebenden auf den Tod eines Dritten (§ 311b Abs. 4 und 5 BGB)**	3497
I.	Gem. § 311b Abs. 4 BGB verbotene Gestaltungen	3502
II.	Gem. § 311b Abs. 4 BGB erlaubte Rechtsgeschäfte	3507
III.	Gem. § 311b Abs. 5 BGB erlaubte Rechtsgeschäfte	3514

A. Schenkungen auf den Todesfall

»Auf halbem Wege« zwischen den im Vordergrund dieser Darstellung stehenden lebzeitigen Übertragungen einerseits, und letztwilligen Verfügungen andererseits, stehen Rechtsgeschäfte unter Lebenden auf den Tod. Eine mögliche Gestaltung lebzeitiger wechselseitiger **entgeltlicher** Übertragungen auf den Tod (Austausch gleichwertiger Risiken in Gestalt der jeweiligen Vorversterbenswahrscheinlichkeit) wurde bereits als mögliches Instrument zur Schenkungsvermeidung oben Rdn. 342 ff. vorgestellt. Dieses Kapitel widmet sich dem **unentgeltlichen Rechtsgeschäft unter Lebenden auf den Tod**, wobei die Verträge zugunsten Dritter, insb. Lebensversicherungsverträge, eine Sonderrolle spielen (nachstehend Rdn. 3432). Als Folge des Verbots lebzeitiger Verträge über den künftigen Nachlass einer noch lebenden Person (§ 311b Abs. 4 BGB, Rdn. 3502 ff.) können sich solche Verträge nur auf Einzelgegenstände beziehen, treten also in Konkurrenz mit Vermächtnissen.[1]

3380

---

[1] Vgl. zum Folgenden umfassend *Nieder*, ZNotP 1998, 143 ff. und 192 ff.

3381 Zum Schutz vor Umgehungen werden unentgeltliche Schenkungsversprechen (§ 518 BGB), die unter einer **echten Überlebensbedingung** stehen (also nur unter der Bedingung erteilt werden, dass der Beschenkte den Schenker überlebt – die Schenkung darf also nicht etwa dem Erben des ursprünglich zu Beschenkenden zugekommen), durch § 2301 Abs. 1 BGB hinsichtlich Form, Voraussetzungen und Rechtsfolgen den Bestimmungen des Erbrechts unterstellt. Solche Versprechen gelten also bei Erfüllung der sonstigen Voraussetzungen (notarielle Beurkundung, gleichzeitige Anwesenheit) als erbvertragliches Vermächtnis und bieten damit keinen zusätzlichen kautelaren Reiz.

3382 Für die Gestaltung stehen jedoch
(1) Handschenkungen (§ 516 BGB) bei Forderungen und beweglichen Sachen, die hinsichtlich des Vollzuges auf den Tod des Schenkers aufschiebend befristet sind (nachstehend Rdn. 3385),
(2) auf den Tod befristete Schenkungsversprechen ohne echte Überlebensbedingung, § 518 BGB (nachstehend Rdn. 3387),
(3) bereits lebzeitig vollzogene Schenkungsversprechen auf den Tod mit echter Überlebensbedingung, § 2301 Abs. 2 BGB (nachstehend Rdn. 3391)
zur Verfügung. Sie weisen teilweise gewichtige Vorteile ggü. rein erbrechtlichen Lösungen auf (nachstehend Rdn. 3396).

3383 Davon wiederum zu differenzieren sind lebzeitige **Angebote**, die erst nach dem Tod des Anbietenden angenommen werden können (mittelbar also, sofern die Angebotsposition nicht vererblich ist, ebenfalls unter einer Überlebensbedingung stehen); die bloße bedingte Verpflichtung aus dem Angebot selbst führt beim Tod des Anbietenden noch zu keiner Nachlassverbindlichkeit i.S.d. § 10 Abs. 5 Nr. 1 ErbStG. Die Besteuerung tritt erst ein mit der Annahme, und zwar als Zuwendung des ursprünglichen Anbietenden, auch wenn die ursprüngliche Angebotsposition zwischenzeitlich noch einmal vererbt wurde.[2]

3384 Verwandt sind schließlich Sachverhalte, in denen ein auf den Tod des erstversterbenden Ehegatten anfallendes, jedoch erst auf den Tod des länger lebenden Ehegatten fälliges (und demnach gem. § 6 Abs. 4 ErbStG nicht auf den ersten Sterbefall abzugsfähiges) Vermächtnis freiwillig bereits zuvor, nämlich zu Lebzeit des Längerlebenden, erfüllt wird: damit dürfte die Inanspruchnahme nach dem ersten Ehegatten möglich sein, vergleichbar der Ausschlagung des Vermächtnisses gegen Abfindung (§ 3 Abs. 2 Nr. 4, Nr. 5 ErbStG: die Zuwendung gilt als vom Erblasser stammend angeordnet).[3] Dies gilt auch, wenn der länger lebende Ehegatte als Vorerbe dem Nacherben (Kind) vorzeitig den vorsteuerverhafteten Gegenstand schenkt. Überträgt umgekehrt der Nacherbe seine Anwartschaft auf den Vorerben gegen Abfindung (etwa das verhaftete Grundstück), gilt auch diese Abfindung gem. § 3 Abs. 2 Nr. 6 ErbStG als vom ursprünglichen Erblasser stammend.

I. Handschenkungen auf den Todesfall (§ 516 BGB)

3385 Ein für den Realvertrag i.S.d. § 516 BGB erforderlicher sofortiger Schenkungsvollzug kann (ebenso wie das schuldrechtliche Geschäft) auch unter einer Bedingung oder Befristung erfolgen (ausgenommen sind naturgemäß Grundstücksgeschäfte aufgrund der Bedingungsfeindlichkeit der Auflassung, § 925 Abs. 2 BGB). Es ist aber denkbar, Forderungen oder bewegliche Sachen im Weg einer Handschenkung in der Weise zu übertragen, dass die Abtretung (§ 398 BGB) bzw. die Einigung und das Besitzmittlungsverhältnis (§§ 929, 930 BGB) aufschiebend auf den Tod des Schenkers befristet stattfindet. Erfolgen sie ohne echte Überlebensbedingung des Beschenkten,

---

[2] BFH, 28.10.2009 – II R 32/08 ErbStB 2010, 163, hierzu *Wälzholz*, NotBZ 2010, 252: Angebot des (erstverstorbenen) Vaters und der Mutter je bzgl. eigener Grundstücke auf Schenkung an den Sohn, das Letzterer erst nach dem Tod beider annehmen kann. Im konkreten Fall lag allerdings eine alleinige Schenkung der Mutter vor, da sie, ohne hierzu verpflichtet zu sein, nach dem Tod ihres Mannes das Gesamtvermögen eigenmächtig vorzeitig übertrug.
[3] *Wälzholz*, NotBZ 2010, 252, 255.

d.h. sollen sie auch zugunsten der Erben des Beschenkten bestehen bleiben, gelten §§ 516 ff. BGB uneingeschränkt, auch wenn das eingeleitete Schenkungs- und Übereignungsangebot erst nach dem Tod des Schenkers angenommen wird (erfolgt die Übermittlung durch einen Erklärungsboten, gelten §§ 130 Abs. 2, 153 BGB, bei Einschaltung eines Vertreters bleibt die Vollmacht über den Tod des Vollmachtgebers hinaus erhalten, §§ 168 Satz 1, 672 Satz 1, 675 BGB).

Steht die Handschenkung jedoch zusätzlich unter der »echten Überlebensbedingung« des Beschenkten, gilt § 2301 Abs. 1 BGB bereits dem Wortlaut nach (kein Schenkungsversprechen) nicht, und zwar selbst dann nicht, wenn ein bereits zu Lebzeiten angenommenes Schenkungs- und Übereignungsangebot seinerseits (in diesem Fall mehrfach) aufschiebend bedingt und befristet war. War das Zustandekommen der Handschenkung in diesem Fall (der echten Überlebensbedingung) jedoch lediglich noch zu Lebzeiten des Schenkers eingeleitet worden, gilt nach Ansicht des BGH sowohl beim Übermittlungsboten als auch beim Übermittlungsvertreter § 2301 Abs. 1 BGB jedenfalls analog, da ab Versterben des Schenkers eine noch nicht vollzogene Schenkung auf den Todesfall vorliege (Unterbrechung des Vollzugszusammenhangs).[4] 3386

II. Auf den Tod befristete Versprechensschenkung ohne Überlebensbedingung des Beschenkten (§ 518 BGB)

Handelt es sich nicht um eine Handschenkung i.S.d. § 516 BGB, sondern (wie bei Grundstücken als Folge des mehraktigen Vollzugs notwendigerweise) um eine Versprechensschenkung (§ 518 BGB), die zwar auf den eigenen Tod des Schenkers in ihrem Vollzug aufschiebend befristet ist, jedoch nicht unter der Bedingung des Überlebens des Beschenkten steht, also ggf. auch dessen Erben zugutekäme, gilt § 2301 Abs. 1 BGB (mangels »echter Überlebensbedingung«) ebenfalls nicht. 3387

Wurde die notarielle Form nicht eingehalten, kann Heilung gem. § 518 Abs. 2 BGB durch Vollzug erfolgen, der auch auflösend oder aufschiebend bedingt oder befristet sein kann[5] und auch erst nach dem Tod des Schenkers möglich ist,[6] also auch durch postmortalen Übermittlungsauftrag zustande gebracht werden kann. In diesen Fällen entspannt sich ein **Wettlauf** zwischen dem Boten/Bevollmächtigen, mit dem Ziel des Zustandebringens des Schenkungsversprechens und den Erben, die das Auftragsverhältnis bzw. die Vollmacht, sobald sie davon Kenntnis erhalten, widerrufen werden.[7] Das Widerrufsrecht der Erben (§§ 671 Abs. 1, 168 Satz 1 BGB) kann möglicherweise im Auftrag/in der Vollmacht ausgeschlossen[8] oder durch eine testamentarische Auflage an die Erben, den Widerruf nicht auszuüben, beseitigt werden. Eine Rückfragepflicht des Bevollmächtigten/Boten vor Erfüllung des Auftrags/Abgabe der Erklärung besteht nicht.[9] 3388

Bei **ohne Überlebensbedingung erfolgenden Grundstücksschenkungen**, die erst auf den **Tod des Schenkers vollzogen** werden sollen, kann entweder die Auflassung bereits in der Schenkungsversprechensurkunde miterklärt werden, verbunden mit einer Anweisung an den Notar, diese Auflassung zum Vollzug zu bringen, sobald der Versprechensempfänger eine Sterbeurkunde des Schenkers vorlegt, oder aber Erben[10] des Versprechensempfängers, die sich in der Form des § 35 GBO legitimiert haben, eine solche Sterbeurkunde des Schenkers vorlegen (1. Alt., s. nachstehender 3389

---

4 Vgl. BGH, NJW 1983, 1487; BGH, NJW 1987, 839.
5 BGH, NJW-RR 1989, 1282.
6 BGH, WM 1976, 1130.
7 Vgl. BGH, NJW 1975, 382 (»Bonifatius-Fall«); vgl. *Horn*, ZErb 2012, 38 ff.
8 So bspw., wenn der Auftrag überwiegend im Interesse des Beauftragten (Bevollmächtigten) erteilt ist, vgl. BGH, DNotZ 1972, 220, ebenso wenn das Widerrufsrecht bereits zu Lebzeiten des Veräußerers (wie allerdings selten) ausgeschlossen war, BGH, WM 1976, 1130.
9 BGH, NJW 1995, 250.
10 Die erklärte Auflassung bindet auch die Erben, vgl. BayObLGZ 1990, 312 und *Krauß*, Immobilienkaufverträge in der Praxis, 8. Auflage, Rn. 1391.

Formulierungsvorschlag, Rdn. 3390). Stattdessen kann auch dem Beschenkten bzw. seinen gem. § 35 GBO legitimierten Erben unwiderrufliche Auflassungsvollmacht erteilt werden, die erst nach Vorliegen einer Sterbeurkunde des Schenkers verwendet werden kann (2. Alt.). Typischerweise wird der aufschiebend befristete Erwerbsanspruch des Beschenkten durch eine Eigentumsvormerkung im Grundbuch gesichert; in dieser Abwehrkraft und in der weit über § 2288 BGB hinausgehenden, ohne Mitwirkung des Beschenkten nicht mehr beseitigbaren Bindung liegen die besonderen Vorteile des lebzeitigen, auf den Tod befristeten Schenkungsversprechens ggü. dem schlichten Vermächtnis.

▶ **Formulierungsvorschlag: Auf den Tod des Schenkers vollzugsbefristete Grundstücks-Versprechensschenkung ohne echte Überlebensbedingung mit sofortiger Erklärung der Auflassung**

3390 Der Veräußerer verspricht hiermit dem Erwerber gemäß § 518 Abs. 1 BGB die Schenkung des vorstehend genannten Grundstücks samt Gebäude und wesentlicher Bestandteile in dem Zustand, in dem es sich zum Zeitpunkt des Schenkungsvollzugs tatsächlich befinden wird, jedoch rechtlich lediglich belastet mit den im Rang vor der Erwerbsvormerkung eingetragenen Rechten. Dieses Schenkungsversprechen steht nicht unter der Überlebensbedingung des Erwerbers, wird also bei Vorversterben des Beschenkten zugunsten seiner (gesetzlichen oder testamentarischen) Erben vollzogen. Der Anspruch aus der Versprechensschenkung ist jedoch nicht übertragbar (Verbot der Einzelrechtsnachfolge).

(Anm.: Es folgt die Bewilligung der Eigentumsvormerkung für den Erwerber)

Veräußerer und Versprechensempfänger sind über den vereinbarten Eigentumsübergang einig und erklären, ohne Befristung oder Bedingung, die Auflassung. Sie beauftragen und bevollmächtigen jedoch den amtierenden Notar, seinen Vertreter oder Nachfolger im Amt, die Bewilligung zum Vollzug dieser Auflassung, die in jener nicht enthalten ist, durch Eigenurkunde erst dann zu erklären, wenn entweder der Versprechensempfänger eine Sterbeurkunde des Schenkers vorlegt oder Erben des Versprechensempfängers, die sich in der Form des § 35 GBO zu legitimieren haben, eine solche Sterbeurkunde vorlegen. In letzterem Fall ist die Auflassung zugunsten dieser Erben zum Vollzug zu bringen.

Besitz, Nutzungen und Lasten, Haftung, Verkehrssicherung und Gefahr gehen auf den Versprechensempfänger bzw. dessen Erben mit dem Tod des Schenkers über. (.....)

III. Vollzogene Schenkungsversprechen auf den Tod mit echter Überlebensbedingung (§ 2301 Abs. 2 BGB)

3391 Steht eine Versprechensschenkung unter einer echten Überlebensbedingung (d.h. soll sie nur gelten, wenn der Versprechensempfänger den Schenker überlebt), gelten gem. § 2301 Abs. 2 BGB ausnahmsweise dann nicht die Anforderungen und Rechtsfolgen einer Verfügung von Todes wegen, wenn der Schenker bereits zu Lebzeiten die Schenkung vollzogen hat. Er muss also hinsichtlich der dinglichen Erfüllung bereits so viel veranlasst haben, dass diese bei seinem Tod ohne weiteres Zutun eintreten kann. Ein lediglich bedingtes oder befristetes Erfüllungsgeschäft genügt.

▶ **Beispiel:**

Ist Gegenstand der aufschiebend bedingten Schenkung eine Unterbeteiligung, bei der neben der schuldrechtlichen Mitberechtigung an den Vermögensrechten des dem Hauptbeteiligten zustehenden Gesellschaftsanteils hinaus auch mitgliedschaftliche Rechte an der Geschäftsführung der Unterbeteiligungsgesellschaft eingeräumt werden, genügt nach Ansicht des BGH[11]

---

[11] So etwa BGH, 29.11.2011 – II ZR 306/09 (»Suhrkamp-Entscheidung«) ZEV 2012, 167 m. Anm. *Reimann* (der sich zu Recht dafür ausspricht, dass der Bedingungseintritt für die Anwendung des Niederstwertprinzips, § 2325 Abs. 2 BGB, maßgeblich sei), vgl. auch *Lutz*, MittBayNot 2012, 482 ff.

und des BFH[12] bereits der Abschluss des notariellen Schenkungsvertrages für den lebzeitigen Vollzug i.S.d. § 2301 Abs. 2 BGB.[13]

Bei Grundbesitz scheiden bedingte Vollzugsgeschäfte (aufgrund der Bedingungsfeindlichkeit der Auflassung) naturgemäß aus. Bezieht sich also eine auf den Tod des Schenkers befristete Versprechensschenkung unter echter Überlebensbedingung auf Grundstücke, muss dem Versprechensempfänger (zu Lebzeiten des Schenkers) zumindest ein **dingliches Anwartschaftsrecht** zugewendet worden sein, wie es durch Erklärung der Auflassung und (wie selten[14]) Umschreibungsantrag des Erwerbers oder zumindest Erklärung der Auflassung und Eintragung der Vormerkung zu seinen Gunsten entstehen kann.[15] Alternativ könnte auch der Versprechensempfänger bereits durch Vollzug der Auflassung zu Lebzeiten Eigentümer geworden sein, jedoch der bedingte Rückübertragungsanspruch des Schenkers (für den Fall, dass der Versprechensempfänger zuvor verstirbt: »echte Überlebensbedingung!«) durch eine Vormerkung gesichert werden. Häufiger ist die erste Alternative: 3392

▶ Formulierungsvorschlag: Versprechensschenkung unter Lebenden auf den Tod des Schenkers unter echter Überlebensbedingung, jedoch lebzeitigem Vollzug i.S.d. § 2301 Abs. 2 BGB

Der Veräußerer verspricht dem Erwerber (Versprechensempfänger) die Schenkung des vorstehend bezeichneten Grundbesitzes samt Gebäuden und wesentlichen Bestandteilen in dem tatsächlichen Zustand, in dem es sich beim Tod des Schenkers befinden wird, belastet jedoch lediglich mit den Rechten, die im Rang vor der nachstehend bewilligten Vormerkung eingetragen sein werden. Dieses Schenkungsversprechen steht unter der echten Überlebensbedingung, dass der Versprechensempfänger den Schenker überlebt, soll also nicht etwaigen Erben des Versprechensempfängers zugutekommen. Es handelt sich also um ein Schenkungsversprechen i.S.d. § 2301 BGB, das jedoch gemäß dessen Absatz 2 bereits zu Lebzeiten soweit vollzogen werden soll, dass nicht mehr die Vorschriften über letztwillige Verfügungen gelten. Die Eigentumsumschreibung aufgrund der heute bereits erklärten Auflassung erfolgt jedoch erst mit dem Tod des Schenkers. Der Anspruch aus diesem Schenkungsversprechen ist nicht vererblich, er ist auch nicht übertragbar. 3393

Veräußerer und Versprechensempfänger sind über den Eigentumsübergang einig. Sie bevollmächtigen den amtierenden Notar, seinen Vertreter und Nachfolger, befreit von § 181 BGB, unwiderruflich, die Bewilligung zum Vollzug dieser Auflassung, die hierin nicht enthalten ist, durch Eigenurkunde erst dann abzugeben, wenn der Versprechensempfänger eine Sterbeurkunde des Veräußerers vorlegt.

Zur Sicherung des Anspruchs des Erwerbers (Versprechensempfängers) bewilligt der Veräußerer und beantragt der Erwerber die Eintragung einer auflösend bedingten Eigentumsvormerkung zu dessen Gunsten im Grundbuch an nächstoffener Rangstelle:

Legt der Veräußerer eine Sterbeurkunde des Versprechensempfängers vor, ist nicht nur das Schenkungsversprechen selbst (die schuldrechtliche Erklärung) für diesen Fall auflösend bedingt, sondern auch die bewilligte Vormerkung: Diese Vormerkung ist auflösend bedingt durch einen vom (noch lebenden) Veräußerer (persönlich) unter Vorlage einer Sterbeurkunde des Erwerbers gestellten Antrags auf Löschung der Vormerkung.

---

12 BFH, 17.07.2014 – IV R 52/11 MittBayNot 2015, 349 m. Anm. *Ihle*, ebenso die Vorinstanz FG Niedersachsen, 29.09.2011 – 10 K 269/08, ErbStB 2012, 6.
13 Im BGH-Fall hatte der Erblasser (Siegfried Unseld) die Schenkung von Unterbeteiligungen an Gesellschaften der Suhrkamp-Verlagsgruppe aufschiebend bedingt auf sein Ableben vorgenommen; mit dem Abschluss des Vertrages dürfte sie dann auch i.S.d. § 529 Abs. 1 BGB, § 134 InsO als vorgenommen gelten. Die Frist gem. § 2325 Abs. 3 BGB ist damit jedoch nicht in Gang gesetzt, vgl. *Strnad*, ZEV 2012, 394, 395.
14 Dann war eine Sofortübertragung mit Rückforderungsvorbehalt [»auflösende Bedingung«] avisiert, der Tod trat jedoch schneller ein als erwartet.
15 Vgl. BGH, DNotZ 1981, 130.

3394 Im Unterschied zu § 518 Abs. 2 BGB genügt für den lebzeitigen Vollzug i.S.d. § 2301 Abs. 2 BGB nicht, dass der Schenker einem Dritten – sei es als Bote oder Bevollmächtigten – lediglich eine erst nach seinem, des Schenkers, Tod zu verwendende Vollmacht bzw. einen Übermittlungsauftrag erteilt hat, da im Fall der echten Überlebensbedingung der Schenkungsgegenstand mit dem Tod des Schenkers dem Erbrecht unterworfen ist, § 2301 Abs. 1 BGB.[16]

IV. Vergleich mit erbrechtlichen Lösungen

3395 Der erbrechtliche Weg der **Vermächtnisanordnung** kann ebenfalls bereits teilweise dinglich bzw. grundbuchlich zu Lebzeiten vorbereitet werden: Auch in einem notariell beurkundeten **Testament** oder Erbvertrag kann die Bewilligung enthalten sein; es schadet nicht, dass der Zugang erst nach dem Tod, mit Zugang des eröffneten Testamentes, erfolgt (analog § 130 Abs. 2 BGB).[17] Einer erneuten Bewilligung der Erben bedarf es dann nicht. Allerdings ist darauf hinzuweisen, dass § 873 Abs. 2 BGB den begünstigten »Bewilligungsempfänger« (z.B. Vermächtnisnehmer) nur dann vor einem rechtzeitigen dinglichen Widerruf der Erben schützt, wenn entweder auch die Annahmeerklärung (i.R.d. § 873 BGB) notariell beurkundet worden wäre, oder aber der Begünstigte eine Ausfertigung des notariell beurkundeten Testamentes (ggf. im Auszug) erhalten hätte, oder auch wenn die Vermächtnisnehmerin dem Grundbuchamt eine Ausfertigung eingereicht hätte (Bindung an die Eintragungsbewilligung).[18] Ob das Vermächtnis selbst bindend ausgestaltet ist, richtet sich allein nach erbrechtlichen Grundsätzen; bei wirksamer Aufhebung des Vermächtnisses ist die ggf. bereits bindend gewordene Bewilligung/dingliche Einigung kondizierbar.[19]

3396 Vorteile von Rechtsgeschäften unter Lebenden auf den Tod ggü. rein erbrechtlichen Lösungen:
(1) Sie liegen zum einen in der umfassenden Möglichkeit lebzeitiger Bindung des Veräußerers und korrespondierender Sicherung des Erwerbers (Vormerkung!) – während ein erbvertragliches Vermächtnis durch lebzeitige Verfügung bis zur Grenze des § 2288 BGB, ein lediglich testamentarisches Vermächtnis auch durch neue Verfügung von Todes wegen, »ausgehebelt« werden kann.
(2) Schenkungsversprechen auf den Todesfall können auch durch Vertreter sowie durch Aufspaltung in Angebot und Annahme erfolgen, während Testamente nur persönlich (§ 2064 BGB), Erbverträge nur bei gleichzeitiger Anwesenheit beider (§ 2276 Abs. 1 Satz 1 BGB) errichtet werden können.
(3) Während der Zuwendungsempfänger bei der letztwilligen Verfügung durch den Erblasser selbst bestimmt werden muss, § 2065 Abs. 1 BGB,[20] kann dessen Person bei lebzeitigen Rechtsgeschäften auch von Dritten benannt werden.

3397 (4) Lebzeitig können synallagmatische Verträge geschlossen werden (anders als im Fall der Verbindung eines Erbvertrags mit einem anderen Vertrag), so dass unmittelbar die Leistungsstörungsregeln der §§ 323 ff. BGB (Rücktrittsrecht!) gelten.

---

16 BGH, NJW 1983, 1487; NJW 1995, 953.
17 OLG Stuttgart, 05.03.2012 – 8 W 75/12 ZEV 2012, 431 m. krit. Anm. *Otte:* dies führt zum Vindikationslegat, da der Begünstigte die Eintragung des vermachten Rechtes aufgrund der Bewilligung »am Erben vorbei« erreichen kann, und ihm dadurch z.B. die Überschuldungseinrede des § 1990 BGB nimmt. Für Zurückhaltung bei der Verwendung dieses Instruments rät auch *Kössinger*, MittBayNot 2013, 50, 52.
18 Hierauf weist *Hertel*, in: Aktuelle Probleme der notariellen Vertragsgestaltung im Immobilienrecht 2012/2013, DAI, S. 366 zu Recht hin.
19 Daher sollte (vgl. *Kössinger*, MittBayNot 2013, 50, 51) klargestellt werden, dass lediglich das materiellrechtliche Angebot auf die dingliche Einigung (§ 873 BGB) und die verfahrensrechtliche Bewilligung abgegeben werden, nicht aber durch Rechtsgeschäft unter Lebenden ein schuldrechtlicher Anspruch geschaffen werden soll, causa bleibt die Vermächtnisanordnung.
20 Bsp. gem. OLG München, 22.05.2013 – 31 Wx 55/13, RNotZ 2014, 245: Nichtigkeit einer Erbeinsetzung »derjenigen Person, die sich bis zu meinem Tod um mich kümmert«; hierzu *Keim*, ZEV 2014, 72 ff.; kritisch *Otte*, ZEV 2013, 619: § 2065 BGB enthält lediglich ein Delegationsverbot, kein allgemeines Bestimmtheitsgebot.

(5) Bei bestehender letztwilliger Bindung kann ein Schenkungsversprechen auf den Todesfall, sofern nicht §§ 2287, 2288 BGB (Verfolgungsrecht des enttäuschten Vertragserben, Rdn. 3932 ff.) entgegenstehen, einen lebzeitigen Ausweg ermöglichen, dessen Wirkungen zudem erst mit dem eigenen Tod eintreten (lediglich das nicht vollzogene, unter echter Überlebensbedingung stehende Schenkungsversprechen unterliegt gem. § 2301 Abs. 1 BGB den Bestimmungen von Todes wegen, gilt also als gem. § 2289 Abs. 1 BGB vergeblicher Testamentsänderungsversuch).

(6) Die Abwicklung erfolgt am Nachlass vorbei, somit auch außerhalb etwaiger dort angeordneter Testamentsvollstreckungen oder sonstiger (Nacherben-)Bindungen.

Keine Vorteile verspricht die Versprechensschenkung auf den Todesfall jedoch im Hinblick auf **Pflichtteilsrechte und Gläubigeranfechtungsmöglichkeiten**: Da die Frist für den Ausschluss von Pflichtteilsergänzungsansprüchen erst mit wirtschaftlicher Ausgliederung zu laufen beginnt (Rdn. 3633 ff.), ist sie beim Tod des Schenkers naturgemäß noch nicht angelaufen.[21] Auch die Anfechtungsfrist von Nachlassgläubigern beginnt gem. § 5 AnfG erst mit dem Ableben. 3398

In **schenkungsteuerrechtlicher** Hinsicht behandelt § 3 Abs. 1 Nr. 2 Satz 1 ErbStG den Erwerb gem. § 2301 BGB (gleich ob aufgrund dessen Abs. 1 oder 2) als Erwerb von Todes wegen (während der Erwerb auf den Todesfall durch Vertrag zugunsten Dritter, etwa im Rahmen eines Lebensversicherungsvertrages, unter § 3 Abs. 1 Nr. 4 ErbStG fällt, vgl. Rdn. 3470 ff.; und eine unbedingt gewollte, aber auf den Tod des Schenkers befristete Schenkung als Rechtsgeschäft unter Lebenden unter § 7 ErbStG fällt, aber erst mit Eintritt der Befristung besteuert wird, Rdn. 4556). Die erforderliche Bereicherung ist nach bürgerlich-rechtlichen Maßstäben zu beurteilen, so dass auch die Einigung über die Unentgeltlichkeit erforderlich ist.[22] Besteuerungsunterschiede ergeben sich im Vergleich zum erbrechtlichen Erwerb nicht. 3399

Zu beachten ist weiter, dass Versprechensschenkungen auf den Todesfall zugunsten des Ehegatten oder Verpartnerten, anders als letztwillige Verfügungen (Auslegungsregel: § 2077 BGB[23]) nicht etwa bei Scheitern der Ehe/Lebenspartnerschaft, etwa bei **Scheidung**, hinfällig werden (vgl. auch Rdn. 3442), sofern nicht ausnahmsweise die Regelungen über den Wegfall der Geschäftsgrundlage helfen[24] oder eine entsprechende auflösende Bedingung vereinbart ist. Gleiches gilt für Ansprüche aus einer betrieblichen Altersversorgung.[25] 3400

V. Abgrenzung: Schenkungen aufgrund trans-/postmortaler Vollmacht

Schenkungen können auch nach dem Tod des Erblassers aufgrund einer (im Zweifel[26] nach Maßgabe des zugrundeliegenden Rechtsverhältnisses gem. §§ 168 Satz 1, 672 Satz 1, 675 BGB, vgl. auch § 52 Abs. 3 HGB, § 86 ZPO gegebenen) post- **oder transmortalen Vollmacht** des Verstorbenen[27] gehandelt wird, wobei die aufgrund dieser Vollmacht abgegebenen Bewilligungen solche 3401

---

21 Vgl. *Nieder*, ZNotP 1998, 199.
22 BFH, 05.12.1990, BStBl II 1991, 181; FG Düsseldorf, EFG 2006, 1447.
23 § 2077 BGB gilt jedoch nicht analog für Partner nichtehelicher Lebensgemeinschaften, OLG Frankfurt, 07.07.2015 – 20 W 16/15, ErbR 2016, 453, auch nicht wenn die Betroffenen nach der Testamentsabfassung geheiratet und sich dann haben scheiden lassen: OLG Frankfurt, 16.02.2016 – 20 W 322/14, ErbR 2016, 276.
24 BGH, NJW 1987, 3131.
25 OLG Düsseldorf, 16.10.2014 – I-10 U 95/14, ZEV 2015, 274.
26 Anders, wenn die Vollmacht nur den Vollmachtgeber persönlich betreffen sollte, oder »Vertretungsmacht wie ein Betreuer« einräumen sollte, OLG München, 07.07.2014 – 34 Wx 265/14, ZEV 2014, 615 m. krit. Anm. *Zimmer* [Formular aus »Vorsorge für Unfall, Krankheit und Alter«, C.H. Beck Verlag]. Dies würde allerdings dazu führen, dass auch beim »normalen Gebrauch« der Vollmacht belegt werden müsste, dass der Vollmachtgeber noch am Leben ist.
27 Mitunter legen Gerichte sogar formunwirksame Schriftstücke, die mit »Testament« überschrieben sind, als postmortale Vollmachten aus, vgl. OLG Rostock, 08.01.2015 – 3 W 98/14, ErbR 2015, 326; zum

des/der Erben sind – beschränkt auf den Nachlass –, nicht des Erblassers[28] (und zwar auch wenn der Bevollmächtigte vom Todesfall keine Kenntnis hat[29]). Der aufgrund solcher Vollmacht Handelnde braucht weder die Erben namhaft zu machen, für die er handelt,[30] falls diese überhaupt bekannt sind,[31] geschweige denn einen Erbnachweis hierzu vorzulegen[32] (anders wenn [1] im Namen der Erben ein Grundstück erworben werden soll[33] sowie wenn [2] der Bevollmächtigte die Berichtigung des Grundbuches auf die [angeblichen] Erben [a] begehrt[34] oder [b] begehren muss, also notwendig dann, wenn § 40 GBO nicht gilt – Finanzierungsgrundschuld des Erwerbers! – und daher die Eintragung der Erben zunächst erforderlich ist[35]). Bei einer postmortalen, also erst mit dem Tod des Vollmachtgebers beginnenden, Vollmacht, muss allerdings dessen Ableben nachgewiesen werden (durch Sterbeurkunde, § 29 GBO).[36]

3402 Der Mitwirkung eines eingesetzten Testamentsvollstreckers bedarf es nicht, da die Vollmacht dem Bevollmächtigten eigenständige, vom Erblasser und nicht vom unabhängig daneben tretenden Testamentsvollstrecker herrührende, Befugnisse verleiht.[37] Auch geschäftsunfähige oder beschränkt geschäftsfähige Erben werden durch den trans- oder postmortal Bevollmächtigten vertreten, ohne dass es hierzu gerichtlicher Genehmigungen bedürfte.[38] Selbst wenn die Erbfolge bereits eingetragen ist, gilt die post-[39] oder transmortale Vollmacht, da sie auf den (fortbestehenden) Nachlass bezogen ist, weiter, solange sie nicht widerrufen ist. Ein solcher Widerruf kann, sofern nicht ausdrücklich[40] oder

---

umgekehrten Fall (Vollmacht ist als Erbeinsetzung auszulegen): OLG München, 31.03.2016 – 31 Wx 413/15, ErbR 2016, 348.

28 Für eine (vom BMJ nicht aufgegriffene, *Kurze* ZErb 2008, 401) Ergänzung des § 40 Abs. 1 GBO de lege ferenda plädiert *Findeklee* ZErb 2007, 172.

29 *Amann,* MittBayNot 2016, 369 [da kein anderes vertretenes Rechtssubjekt existiert], a.A. *Sagmeister,* MittBayNot 2013, 107, 108.

30 *Bestelmeyer,* Rpfleger 2008, 552, 563; LG Stuttgart, 20.07.2007 – 1 T 37/07, ZEV 2008, 198, OLG Dresden, 12.04.2011 – 17 W 1272/10 und 1273/10, ZEV 2012, 339.

31 Fürsorgebedürfnis für eine Nachlasspflegschaft kann daher trotz bestehender transmortaler Generalvollmacht bestehen, OLG Stuttgart, 27.05.2015 – 8 W 147/15, ErbR 2016, 159.

32 OLG Frankfurt am Main, 29.06.2011 – 20 W 168/11, DNotZ 2012, 140; hierzu *Mensch,* BWNotZ 2012, 15; OLG Frankfurt, 14.11.2011 – 20 W 149/11, NJOZ 2012, 1873; OLG München, 15.11.2011 – 34 Wx 388/11, MittBayNot 2012, 227 m. Anm. *Reimann*: der transmortal Generalbevollmächtigte kann sogar das Nachlassgrundstück an sich selbst auflassen, ebenso OLG München, 21.07.2014 – 34 Wx 259/14, ZEV 2014, 618, hierzu *Everts,* MittBayNot 2016, 139; *Herrler,* in: DAI, Aktuelle Probleme der notariellen Vertragsgestaltung im Immobilienrecht 2014/2015, S. 326 ff.; LG Neuruppin, 29.08.2003 – 5 T 217/03, MittBayNot 2004, 46; a.A. nur OLG Stuttgart, 25.11.2011 – 8 W 427/11, RNotZ 2012, 129 (wo allerdings aufgrund der transmortalen Vollmacht auch ein Erbteil übertragen wurde – also kein Bestandteil des Nachlasses –, so dass die Entscheidung jedenfalls insoweit zutreffend ist).

33 OLG Frankfurt, 29.06.2011 – 20 W 168/11, DNotZ 2012, 140; hierzu *Mensch,* BWNotZ 2012, 15.

34 Arg: auch der Erblasser hätte dies nicht vornehmen können, da es hierfür seines Todes bedarf: *Sagmeister,* MittBayNot 2013, 107, 108; BayObLG, 24.02.1994 – 2Z BR 119/93, NJW-RR 1994, 914; OLG Stuttgart, 25.11.2011 – 8 W 427/11, DNotZ 2012, 371; a.A. OLG Dresden, 12.04.2011 – 17 W 1272/10 u. 12 W 1273/10, ZEV 2012, 339.

35 Vgl. *Gutachten,* DNotI-Report 2015, 65, 67.

36 OLG Frankfurt, 23.05.2013 – 20 W 142/13, NotBZ 2014, 148.

37 BGH, 18.06.1962 – II ZR 99/61, WM 1962, 840; OLG München, 26.07.2012 – 34 Wx 248/12, MittBayNot 2013, 230.

38 RG, 10.01.1923 – V 385/22, RGZ 106, 185; *Amann,* MittBayNot 2013, 367 und *Milzer,* notar 2013, 270 gegen *Bestelmeyer,* notar 2013, 147, 161 ff.; §§ 1904 Abs. 5 und 1906 Abs. 5 BGB sind nicht analogiefähige Ausnahmen.

39 OLG Frankfurt, 23.05.2013 – 20 W 142/13, NotBZ 2014, 148.

40 Unzulässig ist allerdings ein Widerrufsausschluss alleine zulasten der Erben, vgl. BGH, 14.07.1976 – IV ZR 123/75 BGH, WM 1976, 1130, 1132.

A. Schenkungen auf den Todesfall

stillschweigend[41] ausgeschlossen, durch jeden Miterben (mit Wirkung für ihn)[42] oder einen Testamentsvollstrecker[43] bzw. Nachlassverwalter, wohl auch durch den Nachlasspfleger,[44] erfolgen. Ist ein zugrundeliegende Vermögenswaltungsvertrag nach dem Tod nur aus wichtigem Grund widerruflich, ist es auch die Vollmacht.[45]

Materiellrechtlich erlischt die Vollmacht nach wohl zutreffender Auffassung (vergleichbar der »Konfusion«), wenn der Bevollmächtigte zugleich Alleinerbe des Vollmachtgebers ist,[46] so dass der Rechtsschein der Vollmacht auch grundbuchrechtlich zerstört ist, wenn der Bevollmächtigte in der Urkunde (unnötigerweise) erklärt, zugleich Alleinerbe zu sein[47] – ist er Miterbe, erlischt die Vollmacht zwar insoweit,[48] ohne dass Letzteres zur auch nur teilweisen Unwirksamkeit der Erklärungen führen würde.[49] Die Vollmacht erlischt jedoch nicht, wenn der Allein- bzw. Miterbe durch Testamentsvollstreckung beschwert war, im Hinblick auf die ihm damit unabhängig von Testamentsvollstreckerzeugnissen etc. verliehene Rechtsmacht.[50] Auch der im Übrigen nicht befreite Vorerbe kann durch eine postmortale Generalvollmacht jedenfalls im Außenverhältnis (bis zu einem Widerruf) erweiterte Befugnisse erhalten, Rdn. 4198.[51]

3403

Richtigerweise führt jedoch auch das Erlöschen der Vollmacht zugunsten des Alleinerben nicht zur Unwirksamkeit der abgegebenen Erklärungen.[52] In der trans- oder postmortalen Vollmacht steckt nämlich als »materieller Restbestand« die zumindest konkludent miterteilte **Ermächtigung**, im eigenen Namen Verfügungen mit Wirkungen über Nachlassgegenstände zu treffen (auch die zugrunde liegende Verpflichtung kann der Alleinerbe zugleich im eigenen Namen eingehen, und,

3404

---

41 OLG München, 15.06.2015 – 34 Wx 513/13, notar 2015, 330 m. Anm. *Röhl* = MittBayNot 2016, 135 m. Anm. *Everts* = ZEV 2015, 651 m. Anm. *Grunewald*, Tz 51 ff.: v.a. wenn die Vollmacht dem besonderen Interesse des Bevollmächtigten dient, z.B. an der Veräußerung von GbR-Vermögen nach dem Tod des anderen (die Vollmacht erteilenden) Gesellschafters einer zweigliedrigen GbR; hierzu *Hertel*, in: DAI, Aktuelle Probleme der notariellen Vertragsgestaltung im Immobilienrecht 2015/2016, S. 314 ff.
42 Nach KG, DNotZ 1937, 813 kann jeder einzelne Miterbe widerrufen, a.A. (alle gemeinsam) *Madaus* ZEV 2004, 448 ff.; a.A. auch *Papenmeier*, ErbR 2015, 12, 14 ff.: Mehrheit der Erben kann nach außen wirksam handeln, wenn eine Maßnahme ordnungsgemäßer Verwaltung vorliegt, der einzelne Miterbe mit Wirkung für alle nur bei Notgeschäftsführung, § 2038 Abs. 1 Satz 2, Halbs. 2 BGB.
43 Vgl. *Mensch*, NotBZ 2013, 420, 425 (es sei denn, das Testament schließt diese Befugnis gem. § 2208 BGB aus).
44 *Gutachten* DNotI-Report 2013, 84.
45 OLG Köln, 08.07.2015 – 11 U 135/14, ErbR 2016, 41 (»durch die Rechtsordnung anerkanntes Interesse an der postmortalen Vermögensvorsorge durch eine eigene Vertrauensperson«).
46 OLG Hamm, 10.01.2013 – 15 W 79/12, ZEV 2013, 341 m. krit. Anm. *Lange* ebenso zuvor OLG Stuttgart, 12.05.1948 – 1 RS 49/48, NJW 1948, 627; *Bestelmeyer*, notar 2013, 147, 160 m.w.N.; a.A. LG Bremen, 18.12.1992 – 5 T 829/92, Rpfleger 1993, 235 m. zust. Anm. *Meyer-Stolte; Herrler*, NotBZ 2013, 454, 457: gestützt auf den Erblasserwillen (Aufrechterhaltung der Handlungsfähigkeit), die Bedürfnisse des Rechtsverkehrs, und das Verbot der Schlechterstellung des Erben ggü. Dritten; ebenso *Hügel* in: Beck-OK GBO »Grundsätze der rechtsgeschäftlichen Vertretung« Rn. 47; *Schaub* in: Bauer/von Oefele, GBO, 3. Aufl. AT VII Rn. 112; *Zimmer*, ZEV 2013, 307, 312; vgl. zum Ganzen *Amann*, MittBayNot 2013, 367 ff. und *Herrler*, in: Aktuelle Probleme der notariellen Vertragsgestaltung im Immobilienrecht 2013/2014, DAI-Skript, S. 301 ff.
47 So im Fall OLG München, 31.08.2016 – 34 Wx 273/16, DNotI-Report 2016, 163, ZfIR 2017, 70 m. Anm. *Volmer*, sowie OLG Hamm, vorangehende Fußnote.
48 Vgl. *Bestelmeyer*, notar 2013, 147, 161; a.A. DNotI-Gutachten Abruf Nr. 112811.
49 OLG Schleswig, 15.07.2014 – 2 W 48/14, MittBayNot 2015, 132, zustimmend hierzu *Wendt*, ErbR 2016, 74 ff., begründet dies unter Hinweis auf das DNotI-Gutachten Abruf Nr 112811 mit Blick auf die gesamthänderische Gebundenheit des »vertretenen« Nachlasses.
50 OLG München, 26.07.2012 – 34 Wx 248/12, DNotI-Report 2012, 161.
51 Vgl. *Weidlich*, ZEV 2016, 57, 64.
52 Ebenso, mit anderer (auf § 172 BGB gestützter) Begründung, OLG München, 04.08.2016 – 34 Wx 110/16 Tz. 23 ff., ZEV 2016, 656 m. Anm. *Reimann*. Anders läge es nur dann, wenn die Vollmacht für den Fall der Alleinerbenstellung des Bevollmächtigten auflösend bedingt wäre.

kraft der Ermächtigung, entgegen § 2211 BGB ohne Mitwirkung des Testamentsvollstreckers, erfüllen.[53] Wer befürchtet, dass die Erklärung kraft Ermächtigung im eigenen Namen nicht im Wege der Auslegung aus der Berufung auf die Vollmacht, also die Erklärung in fremdem Namen, gewonnen werden kann, lässt den trans- oder postmortal Bevollmächtigten zugleich vorsorglich im eigenen Namen auftreten:[54]

▶ Formulierungsvorschlag: Handeln aufgrund transmortaler Vollmacht

3405 Der Erschienene gibt bekannt, aufgrund der ihm über den Tod des Vollmachtgebers hinaus erteilten, heute unwiderrufen in Urschrift/Ausfertigung vorgelegten Vollmacht für die Erben des am … verstorbenen Herrn … zu handeln, ferner vorsorglich im eigenen Namen für den Fall, dass er Mit- oder Alleinerbe sein sollte, ohne dass er hierzu der Mitwirkung eines etwa eingesetzten Testamentsvollstreckers bedürfte, aufgrund der in der Vollmacht zugleich enthaltenen Ermächtigung zu Verfügungen über Gegenstände des Nachlasses (§ 185 BGB).

3406 Ferner schützen §§ 172, 171 i.V.m. § 173 BGB gutgläubige Dritte, denen die Urschrift/Ausfertigung der Vollmacht vorgelegt wird, vor dem Risiko, dass die Vollmacht nicht erteilt, unwirksam, oder erloschen ist,[55] gleichgültig ob das Erlöschen auf Widerruf oder »Konfusion« beruht. Solange also der Bevollmächtigte keine (unnötigen) Erklärungen zur Erbfolge abgibt,[56] ist der gute Glaube – auch des Grundbuchamtes als Adressaten der Eintragungsbewilligung – nicht zerstört; es existiert kein Sonderrecht für trans- oder postmortale Vollmachten, wonach (anders als bei praemortalen Vollmachten) ohne konkrete Anhaltspunkte Nachweise für deren Nichterlöschen verlangt werden könnten.[57] Ferner wird – ohne eigenes »Geständnis« – das Grundbuchamt mit Mitteln des § 29 GBO allenfalls bei Vorliegen eines Erbscheins jemals sichere Kenntnis von der Erbenstellung des Bevollmächtigten haben können.[58]

▶ Hinweis:

3407 Der Praxis ist auf jeden Fall anzuraten, den aufgrund Vollmacht Handelnden im Urkundseingang oder in der Vorbemerkung keine (materiell-rechtlich ohnehin überflüssigen) Erklärungen dahingehend abgeben zu lassen, er sei ohnehin Mit- oder gar Alleinerbe (bzw. berühme sich dieser Stellung). Damit steht nämlich – jedenfalls nach der insoweit strengen Rspr. des OLG München[59] – die »goldene Brücke«[60] zur Überwindung des Konfusionstatbestandes nicht mehr zur Verfügung, da das Grundbuchamt dann Klarheit gewinnen müsste, auf welcher der beiden Verfügungsbefugnisse der Erwerb beruhe. »Schweigen ist Gold!«.[61]

---

53 *Amann*, MittBayNot 2013, 367, 369 f.
54 Empfehlung von *Amann*, MittBayNot 2013, 367, 371; ebenso *Herrler*, DAI, Jahresarbeitstagung des Notariats 2013, Skript S. 102, 117, sowie *Herrler*, DNotZ 2017, 508, 533 (mit Angabe des Hierarchieverhältnisses: in erster Linie als Bevollmächtigter, hilfsweise als Erbe).
55 BGH, 02.05.2000 – XI ZR 108/99, NJW 2000, 2270: auch bei anfänglicher Unwirksamkeit, sofern von einem Geschäftsfähigen erteilt.
56 Wie im Fall des OLG Hamm, 10.01.2013 – 15 W 79/12, DNotI-Report ZEV 2013, 341 m. krit. Anm. *Lange* ohne Not geschehen: Behauptung, Alleinerbe zu sein, ebenso in OLG München, 31.08.2016 – 34 Wx 273/16, ZfIR 2017, 70 m. Anm. *Volmer*.
57 Anders aber *Bestelmeyer*, notar 2013, 147, 159 ff. (von seinem Standpunkt aus konsequent dann auch zur Frage, ob zum Kreis der Erben oder Nacherben beschränkt Geschäftsfähige zählen); hiergegen *Amann*, MittBayNot 2013, 367, 371.
58 Darauf weist OLG München, 04.08.2016 – 34 Wx 110/16, ZErb 2017, 22 Tz. 28 hin (bloße Kenntnis eines eigenhändigen Testaments reicht nicht, ebenso wenig Erkenntnisse aus den Nachlassakten desselben Amtsgerichts: Verstoß gegen den Grundsatz strikter Nachweisbeschränkung). Vgl. auch *Herrler*, in: Aktuelle Probleme der notariellen Vertragsgestaltung im Immobilienrecht 2016/2017, S. 332 ff.
59 OLG München, 31.08.2016 – 34 Wx 273/16, ZfIR 2017, 70 m. Anm. *Volmer*.
60 So plastisch *Wendt*, ErbR 2017, 19 ff.
61 So plakativ *Keim*, MittBayNot 2017, 111 ff.

Handelt der trans- bzw. postmortal Bevollmächtigte zugleich (vorsorglich für den Fall, dass er Allein- oder Miterbe sein sollte) stillschweigend oder – sicherer – ausdrücklich (Rdn. 3405) im eigenen Namen, kann ein Erbschein nicht verlangt werden, da die beantragte Eintragung vom Grundbuchamt unabhängig von dessen Inhalt richtigerweise[62] vollzogen werden muss, wie *Amann*[63] überzeugend entwickelt hat: 3408

(a) Ist der Bevollmächtigte unbelasteter Alleinerbe, ist seine im eigenen Namen abgegebene Erklärung wirksam.
(b) Ist er Alleinerbe, aber mit Testamentsvollstreckung belastet, kann er, wie auch das OLG München anerkennt, im eigenen Namen (aufgrund des trotz Unwirksamkeit der Vollmacht verbleibenden materiellen Restbestandes: Ermächtigung) ohne Mitwirkung des Testamentsvollstreckers verfügen, und sich (ohnehin) ohne dessen Mitwirkung hierzu verpflichten.
(c) Ist bzw. sind nur eine bzw. mehrere dritte Person(en) Erbe(n), ist die Erklärung unmittelbar aufgrund der trans-/postmortalen Vollmacht wirksam, sofern keine Kenntnis des Erklärungsgegners von etwaigen Widerrufen den guten Glauben (§§ 171 ff. BGB) zerstört hat.
(d) Ist der Bevollmächtigte zusammen mit Dritten Miterbe geworden, kann er die Dritten aufgrund Vollmacht vertreten, und handelt für sich im eigenen Namen, und zwar selbst bei angeordneter Testamentsvollstreckung ohne dessen Mitwirkung als Folge der insoweit fortbestehenden Ermächtigung, oben (b).

▶ Hinweis:

Damit stehen demjenigen, der (zumindest mutmaßlich bzw. nach seiner Behauptung) Allein- oder Miterbe, ist, aber zugleich über eine von § 181 BGB befreiende postmortale Vollmacht verfügt, zwei Wege zur Verfügung, das durch den Erbfall erlangte Eigentum im Grundbuch zu dokumentieren: (1) Er beweist seine (Mit-)Erbenstellung, also beschafft sich (sofern nicht wegen Vorliegens eines notariellen Testaments im Regelfall entbehrlich, § 35 Abs. 1 Satz 2 GBO[64]) einen (allerdings auf das Weltvermögen bezogenen) Erbschein und beantragt die Berichtigung des Grundbuchs auf sich als Allein- bzw. die Miterben, was zwar gem. Anm. 1 zu Nr. 14110 KV GNotKG binnen zwei Jahren nach dem Tod grundbuchkostenfrei ablaufen kann, jedoch Kosten für den Erbscheinsantrag und die Erbscheinserteilung in übersteigender Höhe (zwei Gebühren aus dem Gesamtnachlass) auslöst. Oder aber (2) er erklärt aufgrund der postmortalen Vollmacht die Auflassung an sich selbst (oder sich und den Miterwerber nach Bruchteilen) und wird kraft Rechtsgeschäfts als (Mit-)Eigentümer eingetragen, was Notargebühren in Höhe einer 2,0- und Grundbuchkosten in Höhe einer 1,0-Gebühr, allerdings nur aus dem Grundstückswert, auslöst. (Die Grundbuchgebührenfreiheit der KV 14110 Anm. 1 GNotKG steht ihm hier nicht zur Verfügung, da er ja nicht »als Erbe« eingetragen wird.) Letzterer Weg kann dann günstiger sein, wenn der Wert des betroffenen Grundstücks spürbar hinter dem Wert des Gesamtnachlasses zurückbleibt, so dass eine »3,0-Gebühr« aus dem Grundstückswert zu geringerer Belastung führt als eine 2,0-Gebühr (Erbscheinsantrag plus Erteilung) aus dem Gesamtnachlass. Er steht allerdings nicht zur Verfügung, wenn positiv feststeht, dass er Alleinerbe ist, da die Auflassung an ihn selbst dann unwirksam ist (§ 4 BeurkG; anders bei Miterbschaft, da die Über- 3409

---

62 Grundbuchverfahren ist nicht »l'Art pour l'Art«, vgl. ausführlich (auch *Herrler*, in: Aktuelle Probleme der notariellen Vertragsgestaltung im Immobilienrecht 2016/2017, S. 338 ff. sowie *Herrler*, DNotZ 2017, 508 ff. Dogmatisch insoweit a.A. OLG München, 31.08.2016 – 34 Wx 273/16, ZfIR 2017, 70 m. Anm. *Volmer*, wonach ungeachtet des materiellrechtlich sicheren Rechtsübergangs grundbuchrechtlich nicht dahingestellt bleiben dürfe auf welcher Verfügungsbefugnis der Erwerb beruhe (allerdings nur, wenn sich der Bevollmächtigte auf die eigene Alleinerbenstellung beruft bzw. im Urkundseingang erklärt, in doppelter Funktion zu handeln). Wird jedoch die Erbenstellung sodann gem. § 35 GBO nachgewiesen, kann die Ursprungsurkunde ungeachtet des Umstandes, dass dort beide Erwerbsgründe genannt bleiben, vollzogen werden: OLG München, 04.01.2017 – 34 Wx 382/16 (zum selben Sachverhalt).
63 MittBayNot 2013, 367, 371.
64 Vgl. *Krauß*, Immobilienkaufverträge in der Praxis, 8. Aufl., Rn. 947 ff.

tragung von der aus A und B bestehenden Gesamthand an A und B als hälftige Miteigentümer einer Auflassung bedarf).

3410 Bis auf seltene Fälle eines evidenten Vollmachtsmissbrauchs[65] sind damit Verpflichtungs- und Verfügungsgeschäfte aufgrund trans- oder postmortaler, unwiderruflicher Vollmacht im Außenverhältnis wirksam (binden also den/die Erben mit Haftung für sein Eigenvermögen[66]) und ohne Erbennachweise auch grundbuchrechtlich vollziehbar. Ob der Handelnde freilich **im Innenverhältnis** wegen schuldhafter Verletzung des zugrundeliegenden Auftrags- oder (im Familienverbund[67] bzw. bei besonderem Vertrauensverhältnis[68] häufig) Gefälligkeitsverhältnisses Schadensersatz schuldet (§ 280 Abs. 1 i.V.m. §§ 662 ff. BGB, ggf. auch § 823 Abs. 2 BGB i.V.m. § 266 StGB), wenn er Nachlassgegenstände, von der Vollmacht gedeckt,[69] verschenkt, bemisst sich danach, auf wessen Interessen als »Auftraggeber« abzustellen ist. Nach Ansicht des BGH,[70] der obergerichtlichen Rechtsprechung[71] und der h.Lit.[72] ist dies – auch wenn keine ausdrückliche praemortale Einzelweisung vorliegt – das »mit vererbte« (mutmaßliche) Interesse des Erblassers, nicht das davon ggf. abweichende Eigeninteresse der Erben (nach dem sich der Bevollmächtigte demnach auch nicht zu erkundigen braucht;[73] auch das Grundbuchamt kann keine »Zustimmung« des Erben verlangen[74]). Es findet also auch auf der schuldrechtlichen Ebene, wenn entsprechende Ermächtigung durch den Erblasser erteilt wurde, keine »Rückabwicklung dem Werte nach« statt.

3411 Die (neuere) Mindermeinung sieht dagegen den postmortal ja im Namen des Erben Handelnden auch zu dessen Interessenwahrung verpflichtet; ggf. müsse er zur Vermeidung einer Schadensersatzpflicht Rückfrage nehmen.[75] Dadurch ließen sich in der Tat überraschende Benachteiligun-

---

65 Solche kommen freilich kaum in Betracht, kommt es doch nach (noch?) h.M. (Rdn. 1062 a.E.) auf den Willen des Verstorbenen an.
66 OLG Brandenburg, 08.11.2006 – 13 U 40/06, Rn. 39; kritisch *Papenmeier*, ErbR 2015, 12, 15 f.: Zurechnung zur Eigenvermögenshaftung des Erben [also ohne Beschränkung auf den Nachlass] nur, wenn der Erbe Widerrufsmöglichkeit tatsächlich hatte aber nicht wahrnahm.
67 *Horn/Schnabel* NJW 2012, 3473; zur Abgrenzung OLG Schleswig, 18.03.2014 – 3 U 50/13, ErbR 2014, 347; vgl. auch *Pamp* ErbR 2013, 194 ff. und 226 ff.
68 LG Bonn, 20.05.2016 – 1 O 80/16, MittBayNot 2017, 157 m. krit. Anm. *Spernath*.
69 Hilfreich ist es insoweit mit Blick auf BGH, 13.02.2013 – XII ZB 647/12, NJW 2013, 1085, wenn die (General-)Vollmacht die Schenkungsbefugnis ausdrücklich erwähnt.
70 BGH, 18.04.1969 – V ZR 179/65, NJW 1969, 1245 (»Schwarzwaldhausfall«), BGH, 25.10.1994 – XI ZR 239/93, MittBayNot 1995, 29 (»Bankenfall«), zu beiden *Grunewald*, FS Lorenz, 2014, S. 819 ff.
71 OLG Frankfurt, 09.03.2015 – 20 W 49/15, ZEV 2015, 648 m. Anm. *Grunewald* = NotBZ 2015, 268 m. Anm. *Diefenbach* = MittBayNot 2016, 403 m. abl. Anm. *Sagmeister* (sogar wenn der Vollmachtgeber aufgrund gemeinschaftlichen Testaments erbrechtlich gebunden war).
72 Nachweise zu beiden Auffassungen bei *Sagmeister* MittBayNot 2013, 107, 110, und *Sagmeister*, MittBayNot 2016, 403 ff.
73 Der Bevollmächtigte unterliegt der Auskunftspflicht aus dem Auftragsverhältnis [§ 666 ggf. i.V.m. § 675 Abs. 1 BGB], sonst aus § 242 BGB [Gefälligkeitsverhältnis, Bsp: LG Bonn, 20.05.2016 – 1 O 80/16, BeckRS 2016, 11125]. In den häufigen »Geldabhebungsfällen« differenziert OLG Schleswig, 16.03.2010 – 3 U 76/09, NJW-RR 2010, 1720 hinsichtlich der Beweislast wie folgt: Ggü. dem Herausgabeanspruch aus § 667 BGB muss der Vertreter beweisen, das Geld dem Vollmachtgeber oder einem Dritten übergeben zu haben, ist der Verbleib des Geldes jedoch unstreitig, muss der Erbe darlegen und beweisen, dass ein anderer Auftrag erteilt worden sei. OLG Karlsruhe, 16.05.2017 – 9 U 167/15, ErbR 2017, 570 legt folgende auftragsrechtliche Beweislastverteilung zugrunde: behauptet der Bevollmächtigte, vom späteren Erblasser Bargeldbeträge als Gegenleistung für Betreuungstätigkeiten erhalten zu haben, muss der Erbe das Fehlen des behaupteten Rechtsgrundes beweisen. Trägt der Bevollmächtigte vor, die abgehobenen Gelder auftragsgemäß verwendet zu haben, muss er dies beweisen, ggf. auch durch informatorische mündliche Darlegung.
74 OLG Frankfurt, 09.03.2015 – 20 W 49/15, ZEV 2015, 648 m. Anm. *Grunewald* = NotBZ 2015, 268 m. Anm. *Diefenbach* = MittBayNot 2016, 403 m. abl. Anm. *Sagmeister*.
75 *Sagmeister* MittBayNot 2013, 107, 111 und *Grunewald*, ZEV 2014, 579, 582; ebenso KG ZErb 2004, 294 (a.A. jedoch ausdrücklich z.B. BGH, 18.04.1969 – V ZR 179/65 BGH, NJW 1969, 1245). Analog

gen eines Erben vermeiden, dessen Beteiligung am Nachlass aufgrund einer postmortalen, gegen seinen Willen vorgenommenen, Schenkung an Dritte »sich verliert«: er hätte sonst keinen zivilrechtlichen Ausgleichsanspruch (das Pflichtteilsergänzungsrecht erfasst nur Schenkungen vor – nicht nach – dem Erbfall, und Korrekturen zur Erfassung des »Werts des Nachlasses« für das Pflichtteilsrecht gem. § 2313 BGB gelten nur für bedingte oder unsichere, nicht für postmortal geschaffene Verbindlichkeiten), und müsste doch die volle – der Substanz und dem Werte nach jedoch »verschwundene« – Erbschaft versteuern (sofern kein Billigkeitserlass gem. §§ 163, 227 AO erfolgt oder die Finanzverwaltung die durch den Bevollmächtigten zu Lasten der Erben vollzogene Schenkung doch als Zuwendung des Erblassers qualifiziert[76]).

Obige Gefahren bestehen freilich nur, wenn der Vollmachtgeber dem Bevollmächtigten einen spezifischen Auftrag erteilt hat, und zwar möglichst in nachweisbarer Form, um ihn – als Rechtsgrund im Innenverhältnis gegenüber dem nun vertretenen Erben – zu belegen. Fehlt es an solchen unmittelbaren (belegbaren) Weisungen, treten §§ 677 ff. BGB (Geschäftsführung ohne Auftrag) an die Stelle des unmittelbaren Auftragsverhältnisses mit der Folge, dass nun die mutmaßlichen Interessen des neuen Geschäftsführers, also des/der Erben, zu beachten sind, so dass auch eine Anzeige der Tätigkeit gegenüber dem Erben notwendig ist, wenn nicht mit dem Aufschub Gefahr verbunden wäre (§ 681 Satz 1 BGB) und bei Zuwiderhandlung der aus der Ausübung der Vollmacht entstehende Schaden zu erstatten ist (§ 678 BGB bzw. § 280 BGB), ferner muss der (z.B. Vorsorge-)Bevollmächtigte dann gem. § 666 BGB dem Vertretenen (= Erben) Rechenschaft legen[77] und Auskunft erteilen.[78]

3412

Im Einzelfall kann ferner auch in der (nicht beurkundeten) Auftragserteilung eine **formunwirksame Grundstücksschenkung unter Lebenden auf den Todesfall** gesehen werden, die postmortal durch Vollzug (§ 518 Abs. 2 BGB, § 311b Abs. 1 Satz 2 BGB) unter Einsatz des Bevollmächtigten geheilt werden sollte.[79] Dies hätte zum Vorteil, dass im Rahmen des § 2325 BGB die Schenkung, auch wenn erst danach und ex nunc geheilt wird, noch dem Erblasser zugeordnet werden könnte und möglicherweise auch gem. § 3 Abs. 1 Nr. 4 ErbStG (ähnlich wie bei einem echten Vertrag zugunsten Dritter auf den Todesfall) der Beschenkte als unmittelbarer seitens des Erblassers Bedachter den Erwerb zu versteuern hat. Widersprach die (postmortal geheilte) Schenkung einer bindenden Verfügung von Todes wegen, können dem Erben Herausgabeansprüche gem. § 2287 BGB zustehen.

3413

▶ Hinweis:

Freilich hätte es der Vollmachtgeber (Erblasser) in der Hand gehabt, durch eine Änderung des Testamentes gegenzusteuern oder aber umgekehrt dadurch vorzusorgen, dass er im Auftrag, ja möglicherweise auch im Außenverhältnis (also der Vollmacht) postmortale Schenkungen ausdrücklich ausgenommen hätte (die diesbezügliche Beschränkung der Vollmacht selbst kann allerdings dazu führen, dass der zu Beschenkende, jedenfalls aber das Grundbuchamt, dann Lebensbescheinigungen verlangen wird). Der Erbe selbst hätte, ggf. prophylaktisch, die Vollmachtsurkunde gem. **§ 176 BGB** durch Benachrichtigung an der Gerichtstafel für kraftlos er-

3414

---

§ 665 BGB wird jedoch der Bevollmächtigte im Zweifel davon ausgehen dürfen, dass die Erben dasselbe Interesse haben werden wie der Erblasser.

76 In diesem Sinne *Wedemann*, ZEV 2013, 581 ff.
77 Vgl. *F. Jülicher*, ErbR 2017, 645 ff., *Volmer*, MittBayNot 2016, 386, mit Vorschlag (S. 388) einer auftragsvertraglichen Begrenzung beispielsweise auf Herausgabe von Kontounterlagen und Belegen nur bei Verfügungen über 1.000 € im Einzelfall sowie eine Aufbewahrungspflicht nur bis zum Ablauf des Folgejahres nach einer Vollmachtsverwendung.
78 Bei einem bloßen Gefälligkeitsverhältnis bestehen jedoch keine Auskunftspflichten, LG Bonn, 20.05.2016 – 1 O 80/16, MittBayNot 2017, 157 m. krit. Anm. *Spernath*.
79 So die Auslegung von *Amann*, MittBayNot 2016, 369, 373, zum Sachverhalt des OLG Frankfurt, 09.03.2015 – 20 W 49/15, MittBayNot 2016, 403.

klären können;[80] in evidenten Fällen des Vollmachtsmissbrauchs kommt auch ein dinglicher Arrest wegen mutmaßlich veruntreuter Beträge in Betracht.[81]

VI. Exkurs: Testamentsvollstreckung für die vorweggenommene Erbfolge?

3415 Die vielfältigen, auch gläubigerabwehrenden, Wirkungen der Testamentsvollstreckung (Rdn. 6689) werfen die gestalterische Frage auf, ob nicht nur die Vor- und Nacherbfolge (hierzu Rdn. 3418 ff.), sondern auch die »echte« Testamentsvollstreckung im Rahmen der lebzeitigen Vermögensnachfolge »nachgebildet« werden können.[82] Schlichte **Ersatzlösungen** führen nicht zum gewünschten Erfolg: Die **Vollmacht** ist jedenfalls aus wichtigem Grund widerruflich und verdrängt nicht die eigene Verwaltungs- und Verfügungsmacht des Vermögensinhabers. Die lebzeitige Übertragung »in die Nähe« des eigentlichen Destinatärs, also an einen **Treuhänder**, der das Vermögen sodann für Rechnung des eigentlichen Destinatärs als Treugeber hält, scheitert ebenfalls an dem (jedenfalls aus wichtigem Grund stets möglichen) Widerruf des Treuhandverhältnisses durch den Treuhänder oder den Treugeber und löst deutlich erhöhte Transaktionskosten und Grunderwerbsteuer aus.[83] Eine Trennung von Vermögensinhaberschaft und Entscheidungsbefugnis lässt sich immerhin über das »**Gesellschaftsmodell**« erreichen, in dem der Destinatär als Kommanditist alleiniger Vermögensinhaber einer vermögensverwaltenden KG wird, der »Testamentsvollstrecker« jedoch als Komplementär zur Außenvertretung allein befugt ist und aufgrund von im Gesellschaftsvertrag ihm verliehenen Sonderstimmrechten auch zur Entscheidung berufen ist. Störend wirken allerdings die nicht ausschließbare Kündigungsmöglichkeit, das Widerspruchsrecht des Kommanditisten nach § 164 Satz 1, 2. Alt. HGB und die Gefahr des Gläubigerzugriffs Dritter auf die Kommanditistenstellung, die durch den Komplementär als Testamentsvollstreckerersatz nicht abgewehrt werden kann.[84]

3416 Durch einen »**kautelaren Trick**«[85] könnte immerhin erreicht werden, dass der vorab verschenkte Gegenstand im Zeitpunkt des Todes des Zuwendenden wieder in dessen Vermögen zurückgelangt und damit zum Nachlass gehört.[86] Dies kann dadurch erreicht werden, dass das Ableben des Zuwendenden als auflösende Bedingung des schuldrechtlichen (bei Grundstücksgeschäften) und gegebenenfalls auch des dinglichen Rechtsgeschäftes wird (in Bezug auf Rechte/Forderungen und bewegliche Sachen). Wenn sodann der durch auflösende Bedingung in das Vermögen des Zuwendenden (und damit den Nachlass) zurückgelangte oder aufgrund Wegfalls der causa zurückzuübertragende Gegenstand wiederum durch letztwillige Verfügung dem Zuwendungsempfänger als Erbe oder Vermächtnis zufällt, kann er mit Testamentsvollstreckung beschwert werden. Allerdings besteht die Gefahr, dass der rückerlangte Gegenstand (bei der auflösend bedingten schuldrechtlichen Grundstücksübertragung also die Forderung und, nach deren Erfüllung, das Grundstück als dessen Surrogat) von etwaigen sonstigen Nachlassverbindlichkeiten oder gar einer Nachlassinsolvenz beim Zuwendenden erfasst wird. Hinzu kommen auch hier erhebliche Trans-

---

80 Vgl. hierzu umfassend *Trimborn von Landenberg*, Die Vollmacht vor und nach dem Erbfall, 3. Aufl. 2016.
81 Bsp. OLG Hamm, 22.12.2015 – I-24 W 40/15, EE 2016, 65 m. Anm. *Möller*.
82 Hierzu und zum Folgenden *Wegmann*, Vermögensnachfolgevollstreckung, 2012.
83 Vgl. im einzelnen *Wegmann*, Vermögensnachfolgevollstreckung, S. 11 ff., sowohl zur Variante des Treuhandmodells zugunsten eines Dritten (des Treugebers) als auch eines dreiseitigen Treuhandvertrags unter Einbeziehung des Zuwendungsempfängers in den direkten Treuhandvertrag.
84 Ist mittelbar der Kommanditanteil zugewendet, kann natürlich der Gläubigerzugriff als auslösendes Element eines Rückforderungsrechts, mit auf diesen Fall aufschiebend bedingter Rückabtretung des Anteils, genutzt werden, damit wird jedoch kein Mehrwert gegenüber der klassischen Variante (vgl. Rdn. 2249 ff.) der Vermögensnachfolge unter Einsatz einer Gesellschaft (vgl. Rdn. 2392 ff.) erreicht.
85 *Wegmann*, Vermögensnachfolgevollstreckung, S. 25 ff.
86 Nur dann kann Testamentsvollstreckung angeordnet werden, vgl. etwa die Rspr. des BGH zur Testamentsvollstreckung über Lebensversicherungsansprüche: BGHZ 32, 44; BGHZ 130, 381.

fer-Mehrkosten und die Notwendigkeit der Errichtung und Aufrechterhaltung eines abgestimmten Testaments.

Fraglich ist, ob die Rechtsfigur einer lebzeitig nicht vollzogenen Schenkung auf den Todesfall sich als Vehikel zur Anordnung der Testamentsvollstreckung eignet, da **§ 2301 Abs. 1 BGB** dann auf die Bestimmungen zur letztwilligen Verfügung verweist (wohl aber nur auf die Formvorschriften, nicht auf das gesamte Erbrecht). Vermächtnisvollstreckung kann zwar auch in Bezug auf **Verschaffungsvermächtnisse** (also in Bezug auf Gegenstände, die dem Erben bereits gehören, die er also nicht aus dem Nachlass erhalten hat) angeordnet werden, aber nur, wenn der Erbe sodann den Gegenstand einem Dritten als Vermächtnis schuldet, nicht wenn er ihn behalten soll. In der Literatur[87] wird gleichwohl diskutiert, ob sich hieraus der allgemeine Grundsatz einer Zulässigkeit einer Vermögensnachfolgevollstreckung auch für schlicht lebzeitige Zuwendungen herleiten lässt; dagegen spricht jedoch der wohl abschließende Charakter der in §§ 1638 i.V.m. 1909, 1917, 1778 BGB ermöglichten Anordnung der Ergänzungspflegschaft über lebzeitig Zugewendetes, bspw. für die Dauer der Minderjährigkeit.

3417

B. Der Vertrag zugunsten Dritter auf den Todesfall (§§ 328, 331 BGB)

I. Grundbesitz: die »lebzeitige Vor- und Nacherbfolge«

Der Versprechensempfänger (z.B. Vater) lässt sich vom Versprechenden (z.B. dem Sohn), etwa im Zusammenhang mit der Übertragung einer Immobilie von Vater an Sohn in vorweggenommener Erbfolge), versprechen, einen Vermögensgegenstand (z.B. die erworbene Immobilie) wenn er, der Vater, nicht mehr am Leben ist, stattdessen an einen Dritten unentgeltlich zu übertragen. Im Regelfall wird dieses Versprechen an den Eintritt bestimmter Umstände (Tod des Erwerbers, Versuch der Belastung oder Veräußerung des Objektes, Vollstreckungszugriff Dritter etc., ähnlich der Tatbestände, die typischerweise die Rückforderung durch den Veräußerer selbst zu seinen Lebzeiten auslösen werden – Rdn. 2232 ff. –) geknüpft sein. Dadurch lassen sich Wirkungen erzeugen, die einer **»lebzeitigen Vor- und Nacherbfolge«** gleichkommen, vgl. Rdn. 3426 f. Vergleichbar sind lebzeitige Angebote an bestimmte Begünstigte, die erst nach dem Tod des Anbietenden angenommen werden können (vgl. Rdn. 3383).

3418

Sofern nur der Versprechensempfänger, nicht auch der Dritte, ein Forderungsrecht gegen den Versprechenden auf Leistung an den Dritten erhält, also der Dritte lediglich empfangsberechtigt, nicht jedoch forderungsberechtigt hinsichtlich dieser Leistung ist, spricht man von einem **unechten oder ermächtigenden Vertrag zugunsten Dritter** (§§ 328 Abs. 2, 329 BGB). Sofern nach der Auslegung gem. § 328 Abs. 2, 330 BGB feststeht, dass der Dritte überhaupt ein eigenes Forderungsrecht gegen den Versprechenden erhalten soll, soll dieses gem. § 331 Abs. 1 BGB im Zweifel erst beim Tod des Versprechensempfängers (Gläubigers, z.B. des früheren Eigentümers) entstehen. Vorher hat der Dritte, wenn nicht anders geregelt, also lediglich eine Hoffnung oder Chance, ohne Sicherheit. Solche Gestaltungen können auch für noch nicht geborene Begünstigte gewählt werden, da § 331 Abs. 2 BGB dies (in Abweichung von § 1 BGB) zulässt.

3419

Der dinglichen Sicherung des bedingten Übereignungsanspruchs sind dabei jedoch insoweit Grenzen gesetzt, als
(1) Anspruchsinhaber und Vormerkungsberechtigte jeweils identisch sein müssen und
(2) eine Vormerkungssicherung nicht für einen derzeit noch nicht bestimmten künftigen Berechtigten (»der noch zu benennende Annahmeberechtigte dieses Angebotes«) in Betracht kommt.[88]

3420

---

[87] Vgl. *Wegmann*, Vermögensnachfolgevollstreckung, S. 36 ff., sofern die Anordnung bereits bei der Zuwendung erfolgt oder zumindest vorbehalten sei und, wegen des erforderlichen Todesbezugs, erst ab dem Ableben des Zuwendenden beginnt sowie analog § 2210 BGB befristet ist. Formulierungsvorschlag a.a.O. S. 87 f.

[88] A.A. bspw. *Assmann*, ZfIR 2009, 244, 249; *Treuß*, AcP 2001, 580, 606 f.; zur Begründung der h.M. vgl. BayObLG, DNotZ 1997, 153, 154.

Ist der Dritte jedoch benannt, genügt seine abstrakte Bestimmbarkeit, er muss also noch nicht mit Namen belegbar sein; vielmehr ist sogar denkbar, dass der Dritte derzeit noch nicht einmal gezeugt ist, wie sich auch aus § 331 Abs. 2 BGB ergibt.

3421 Demnach kann der **Anspruch des Versprechensempfängers** (z.B. des Bestimmungsberechtigten, oder des Veräußerers) sowohl im Hinblick auf die ggf. vereinbarte bedingte Pflicht zur Übereignung an ihn, den Benennungsberechtigten selbst, als auch auf sein Verlangen zur Übertragung an den bedachten Dritten gesichert werden, und zwar durch eine einzige Vormerkung (Identität der drei notwendigen Mindestmerkmale: Schuldner, Gläubiger, Anspruchsziel). **Zugunsten des Dritten** selbst kann erst dann, wenn er feststeht oder wenn er vor Eintragung (nicht Bestellung)[89] zumindest in bestimmbarer Weise benannt wurde[90] (auch bevor feststeht, ob er den Anspruch gem. § 333 BGB zurückweisen wird oder nicht!), oder wenn er abstrakt feststeht im Sinne eines »jeweiligen Eigentümers des FlSt 5« bei Grunddienstbarkeiten[91] (und zwar noch vor der Annahme!) oder im Sinne der »künftigen Abkömmlinge des X« eine eigene Vormerkung eingetragen werden, falls und sobald der Dritte einen eigenen (sei es auch durch den Tod und den Eintritt auslösender Umstände noch bedingten) Übereignungsanspruch erwerben soll, es sich also um einen echten Vertrag zugunsten Dritter gem. § 328 BGB handelt.

3422 Denkbar ist damit z.B. auch die Eintragung einer Vormerkung zugunsten der – **künftigen**, derzeit noch nicht geborenen und ggf. noch nicht einmal gezeugten – **Abkömmlinge einer bestimmten Person**[92], so wie diese auch bei der letztwilligen Gestaltung als Nacherben abstrakt benannt werden können. Freilich sorgt die Löschung solcher Vormerkungen für mögliche künftige Beteiligte für erhebliche Schwierigkeiten; erfolgt sie durch Unrichtigkeitsnachweis, bedarf es des allenfalls durch Feststellungsurteil zu führenden Beweises der Nichtexistenz von Abkömmlingen, erfolgt sie dagegen durch Bewilligung, muss ein Pfleger gem. § 1913 BGB (bzw. für den nasciturus gem. § 1912 BGB) bestellt werden und dieser die Löschung mit Genehmigung des Betreuungsgerichts (beim Pfleger gem. § 1912 BGB des Familiengerichts) bewilligen, §§ 1915 i.V.m. 1821 Abs. 1 Nr. 1 BGB.

3423 Sollen **sowohl** der Anspruch des Versprechensempfängers als auch der Anspruch des (bereits benannten bzw. im Sinne eines »jeweiliger Eigentümer des FlSt 5« feststehenden) Dritten zugleich gesichert werden, bedarf es allerdings zweier Vormerkungen, da zwischen dem Versprechensempfänger und dem Dritten kein Gemeinschaftsverhältnis i.S.d. § 428 BGB besteht.[93]

---

89 (zugunsten des Käufers, der durch den Benennungsberechtigten bezeichnet wird): BGH, 29.06.2012 – V ZR 27/11, DNotZ 2012, 840.

90 Daher keine Vormerkung für einen noch nicht benannten Dritten, als Nachfolger eines Dachnutzungsvertrages (Dienstbarkeit), vgl. OLG Hamm, 22.12.2010 – 15 W 526/10, MittBayNot 2011, 299 m. Anm. *Keller*. Möglicherweise kann die Bewilligung (§ 885 BGB) für den Dritten in zwei Stufen erfolgen: als (noch nicht eintragungsfähige) Bewilligung zugunsten des »noch zu benennenden Dritten«, gepaart mit einer »Bewilligungsergänzungsvollmacht« an den Benennungsberechtigten, die sodann zur Bezeichnung des einzutragenden Begünstigten führt; wo es dem Veräußerer auf gesicherte Löschungsverfahren bezüglich aller Vormerkungen ankommt, ist diese Vollmacht dahingehend beschränkt, dass sie nur an einer bestimmten Notarstelle ausgeübt werden kann, und dieser Notar angewiesen ist, die Bewilligung nur zu verwenden, wenn z.B. zeitgleich die Schubladenlöschung mit bewilligt oder die Vormerkung nur durch Eigenurkunde des Notars auflösend bedingt bewilligt wird, vgl. *Kessler*, Aktuelle Probleme der notariellen Gestaltungspraxis im Immobilienrecht 2012/2013, DAI, S. 54.

91 Eine solche Vormerkung zur Sicherung eines Grunddienstbarkeitsanspruchs ist möglich, vgl. *Schöner/Stöber*, Grundbuchrecht, 15. Aufl. Rn. 261i; implizit bestätigt durch KG, 19.07.2016 – 1 W 280/16, RNotZ 2016, 580.

92 Vgl. etwa LG Passau, 20.03.2003 – 2 T 201/02, MittbayNot 2004, 362; RGZ 65, 277, 282; auch Hypotheken als Sicherungsrechte können »für die Erben einer noch lebenden Person« bestellt werden, nicht aber sonstige beschränkt dingliche Rechte, da es an der notwendigen Einigung gem. § 873 BGB fehlt, vgl. OLG München, 24.11.2010 – 34 Wx 103/10, RNotZ 2011, 245 zur Dienstbarkeit.

93 KG, 19.07.2016 – 1 W 280/16, RNotZ 2016, 580.

B. Der Vertrag zugunsten Dritter auf den Todesfall (§§ 328, 331 BGB) Kapitel 8

Vgl. zum Parallelproblem der Vormerkungssicherung bei lebzeitigen bedingten Übereignungspflichten zugunsten eines Dritten Rdn. 2376 ff., zur Vormerkungssicherung eines Verfügungsunterlassungsvertrages, der eine erbvertragliche Einsetzung lebzeitig absichern soll, Rdn. 3934 f.

Eine solche Vereinbarung, z.B. als Bestandteil der Grundstücksübertragung und zur Verlängerung des eigenen Rückforderungsanspruchs nach dessen Befristungsablauf, jedoch zugunsten bestimmter Begünstigter (im Beispielsfall: der – auch noch nicht geborenen oder gezeugten – Enkel), könnte etwa folgendermaßen formuliert sein: 3424

▶ Formulierungsvorschlag: Bedingter, vormerkungsgesicherter, Übereignungsanspruch Dritter nach dem Tod des Versprechensempfängers und des Veräußerers

Die Veräußerer, die Eheleute A und B, sowie der Erwerber, ihr Sohn C, vereinbaren im Weg eines echten Vertrags zugunsten Dritter (§ 328 BGB) in Bezug auf den heute übertragenen Grundbesitz eine bedingte Übertragungsverpflichtung beim Eintritt bestimmter Umstände, die allerdings erst dann gilt, wenn der Längerlebende der Eheleute A und B verstorben ist. 3425

Bis zu diesem Zeitpunkt besteht zugunsten beider Veräußerer, nach dem Tod des Erstversterbenden zugunsten des längerlebenden Veräußerers, das in § ..... geregelte, durch Vormerkung gesicherte bedingte Rückforderungsrecht *(Hinweis: das nach klassischen Regeln, vgl. z.B. Rdn. 2390, gestaltet ist).*

C bzw. seine Gesamtrechtsnachfolger sind demgemäß verpflichtet, den heute erworbenen Grundbesitz in seinem künftigen Zustand samt aller zugehörigen Bestandteile und Rechte zu übertragen an den Begünstigten D (Enkel der Veräußerer A und B) sowie alle etwaigen weiteren Enkel, die im Zeitpunkt des Eintritts der die Übertragungspflicht auslösenden Tatbestände vorhanden sein werden, im Falle des Vorversterbens eines Enkels an dessen Abkömmlinge zu gleichen Stammanteilen – nachstehend jeweils zusammenfassend »der Berechtigte« genannt –, und zwar an mehrere Berechtigte zu gleichen Miteigentumsanteilen nach Stämmen.

Die Übertragungsverpflichtung entsteht, wenn und sobald .....

(Anm.: Es folgt Nennung der die Übertragungsverpflichtung auslösenden Tatbestände, z.B. orientiert an den Tatbeständen zur Auslösung einer Übertragungsverpflichtung gemäß Rdn. 2232 ff., wie im Gesamt-Baustein Rdn. 2391 enthalten, also insb. Vollstreckungsmaßnahmen Dritter, Eröffnung des Insolvenzverfahrens, Versterben von C, nachdem A und B verstorben sind, Veräußerung oder Belastung, wobei die Veräußerung oder Belastung wohl nur dann auslösend wirken wird, wenn die zu diesem Zeitpunkt lebenden und geschäftsfähigen Kinder von C nicht zustimmen; sind keine geschäftsfähigen Kinder vorhanden, kann die Zustimmung durch den Vormerkungsberechtigten, sonst eine benannte dritten Person, z.B. ein Geschwister von C, erteilt werden.)

Verstirbt C, nachdem A und B beide bereits verstorben sind, erlischt die bedingte Übertragungsverpflichtung insgesamt für den Fall, dass der betroffene Grundbesitz ausschließlich an einen oder mehrere Begünstigte im Sinn des vorstehend bedingten Übertragungsanspruchs von Todes wegen übergeht oder binnen sechs Monaten übertragen wird.

Für die Begünstigten handelt es sich um einen echten Vertrag zugunsten Dritter, wobei der Anspruch allerdings erst mit Bedingungseintritt fällig wird. Der Anspruch ist nur an Personen, die zum Kreis der Berechtigten zählen, abtretbar und vererblich.

Sind bei Eintritt einer der vorstehenden, die Verpflichtung auslösenden Tatbestände keine Begünstigten vorhanden, da beispielsweise alle Enkel kinderlos vorverstorben sind, entfällt die Übertragungsverpflichtung insgesamt.

(Gegebenenfalls Zusatz: Nach dem Ableben von A und B ist C berechtigt, ohne Zustimmung weiterer Personen zu Lebzeiten über den Vertragsbesitz zugunsten auch nur einzelner Begünstigter zu verfügen; in diesem Fall erlischt die Übertragungsverpflichtung insgesamt.)

Zur Sicherung des mehrfach (aufschiebend und auflösend) bedingten Übertragungsanspruchs des derzeit lebenden Begünstigten D bewilligt der (künftige) Eigentümer C, zugunsten des D ggf: und seiner künftigen weiteren Abkömmlinge gem. § 331 Abs. 2 BGB, für mehrere als Gesamtberechtigte gem. § 428 BGB, eine

Eigentumsvormerkung

im Grundbuch einzutragen, im Rang nach der Eigentumsvormerkung zugunsten der Veräußerer A und B als Gesamtberechtigter nach § 428 BGB zur Sicherung der bedingten Rückforderungsrechts.

3426 Legt der Veräußerer keinen weiteren Wert auf seine eigene Position durch prioritäres Ausbedingen eigener Rückforderungsrechte, sondern schwebt den Beteiligten eine schlichte »lebzeitige Abbildung der Vor- und Nacherbfolge« vor, so dass nach dem Tod des Ersterwerbers ein Zweiterwerber (im Beispielsfall dessen Abkömmlinge) die Übertragung an sich verlangen können, freilich unter Inkaufnahme der faktischen Grundbuchblockade – sofern der prospektive Zweiterwerber nicht mitwirkt – zu Lebzeiten des Ersterwerbers, könnte etwa wie folgt formuliert werden:

▶ Formulierungsvorschlag: Vormerkungsgesicherter Übereignungsanspruch Dritter nach dem Tod des Versprechensempfängers, »lebzeitige Vor- und Nacherbfolge«:

3427 Die Veräußerer, die Eheleute A und B, sowie der Erwerber, ihr Sohn C, vereinbaren im Weg eines echten Vertrags zugunsten Dritter (§ 328 BGB) in Bezug auf den heute übertragenen Grundbesitz eine bedingte Übertragungsverpflichtung beim Tod des Erwerbers, und zwar unabhängig davon, ob noch einer der Veräußerer am Leben ist oder nicht:

C bzw. seine Gesamtrechtsnachfolger sind verpflichtet, den heute erworbenen Grundbesitz in seinem künftigen Zustand samt aller zugehörigen Bestandteile und Rechte zu übertragen an den Begünstigten D (Abkömmling des C, Enkel der Veräußerer A und B) sowie alle etwaigen weiteren ehelichen (leiblichen oder adoptierten) Abkömmlinge des C, die im Zeitpunkt des Todes des C vorhanden sein werden, im Falle des Vorversterbens eines Enkels an dessen Abkömmlinge zu gleichen Stammanteilen – nachstehend jeweils zusammenfassend »der Berechtigte« genannt –, und zwar an mehrere Berechtigte zu gleichen Miteigentumsanteilen nach Stämmen.

Die Übertragungsverpflichtung entsteht mit dem Tod des C, sofern der betroffene Grundbesitz sich noch in seinem Nachlass befindet. Sie erlischt, wenn der betroffene Grundbesitz ausschließlich an einen oder mehrere Begünstigte im Sinn des vorstehend bedingten Übertragungsanspruchs von Todes wegen übergeht oder einem oder mehreren Begünstigten ein Vermächtnisanspruch hierauf zusteht; C kann also durch überholende letztwillige Verfügung eine Auswahl unter mehreren potentiell Begünstigten treffen.

Für die Begünstigten handelt es sich um einen echten Vertrag zugunsten Dritter, wobei der Anspruch allerdings erst mit Bedingungseintritt fällig wird. Der Anspruch ist nur an Personen, die zum Kreis der Berechtigten zählen, abtretbar und vererblich.

Sind beim Tod des C keine Begünstigten vorhanden, da beispielsweise alle Enkel kinderlos vorverstorben sind, entfällt die Übertragungsverpflichtung insgesamt.

(*Gegebenenfalls Zusatz: C ist ferner berechtigt, ohne Zustimmung weiterer Personen zu Lebzeiten über den Vertragsbesitz zugunsten auch nur einzelner Begünstigter zu verfügen; in diesem Fall erlischt die Übertragungsverpflichtung insgesamt.*)

Zur Sicherung des mehrfach (aufschiebend und auflösend) bedingten Übertragungsanspruchs des derzeit lebenden Begünstigten D bewilligt der (künftige) Eigentümer C, zugunsten des D eine

Eigentumsvormerkung

im Grundbuch einzutragen. Den Beteiligten ist bewusst, dass auf diese Weise bereits zu Lebzeiten des C faktisch eine »Grundbuchsperre« eintritt, soweit Eintragungen angestrebt werden, die einen Rangrücktritt oder eine Löschung dieser Vormerkung erfordern; ferner dass anstelle minderjähriger Begünstigter ein Ergänzungspfleger zu handeln hat, und möglicherweise die Genehmigung des Familiengerichts erforderlich ist.

II. Sparbuch

Gerade in der älteren (Schenker- und Erblasser-)Generation ist das Sparbuch[94] beliebt, also eine Schuldurkunde im Sinn eines **Rektapapiers**, bei dem das Recht am Papier dem Recht aus dem Papier (§§ 700 Abs. 1, 488 Abs. 1 Satz 2 BGB) folgt, so dass das Eigentum am Sparbuch gemäß § 952 Abs. 1 BGB mit der Abtretung des Auszahlungsanspruchs auf den Erwerber übergeht. Das Sparbuch hat gemäß § 808 Abs. 1 Satz 1 BGB beschränkte Befreiungswirkung (»Liberationswirkung«[95]), allein die Vorlage der Urkunde[96] berechtigt jedoch gemäß § 808 Abs. 1 Satz 2 BGB nicht zwingend dazu, Leistung zu verlangen.

Wie beim Lebensversicherungsvertrag (Rdn. 3432 ff.) ist **konstruktiv zu unterscheiden** zwischen dem (1) Deckungsverhältnis zwischen dem Bankkunden und der Bank (Auszahlungsanspruch gemäß §§ 700 Abs. 1, 488 Abs. Satz 2 BGB zugunsten des Gläubigers der Sparanlage), einerseits,[97] dem (2) Zuwendungsverhältnis zwischen der Bank und dem Dritten (ohne unmittelbare Vertragsbeziehung, gem. § 333 BGB hat der Dritte ein Zurückweisungsrecht, die Bank kann gem. § 334 BGB Einwendungen aus dem Deckungsverhältnis auch dem Dritten entgegen halten) und schließlich dem (3) Valutaverhältnis (Schenkung zwischen dem Bankkunden und dem Dritten, auf die jedoch, soweit auf den Todesfall mit Überlebensbedingung bezogen, aufgrund teleologischer Reduktion nicht § 2301 BGB, sondern § 331 BGB Anwendung findet).[98]

Das Valutaverhältnis hat weiter Bedeutung für die Frage, ob ein **Rechtsgrund zum Behaltendürfen** besteht, also die Schenkung nach §§ 516, 518 BGB wirksam zustande gekommen ist (sei es zu Lebzeiten oder sei es nach dem Tod des Bankkunden über das Kreditinstitut als Boten, § 130 Abs. 2 BGB, wobei die Annahme des Schenkungsvertrags, § 153 BGB, stillschweigend erfolgt und keinen Zugang bei dem Erben voraussetzt, § 151 BGB). Zu Lebzeiten besteht gem. § 331 BGB noch kein eigenes Forderungsrecht des Dritten gegenüber der Bank; auch eine »Anwartschaft« i.S.d. § 159 Abs. 3 VVG (bei der unwiderruflichen Bezugsberechtigung von Lebensversicherungen, Rn. 2908) existiert bei Spareinlagen nicht, so dass ein Sparvertrag zugunsten Dritter sogar dann, wenn er im Bankformular als »unwiderruflich« bezeichnet ist, ohne Mitwirkung des Dritten aufgehoben werden kann.[99] Ähnlich wie bei Lebensversicherungen kommt es also zu einem »Wettlauf mit dem Erben«.[100]

Die **Verjährung des Auszahlungsanspruches** richtete sich vor der Schuldrechtsreform nach § 195 BGB (30-jährige Regelverjährung), wobei gem. §§ 198, 199 BGB a.F. zu unterscheiden war, ob die Spareinlage nur einseitig (durch den Kunden) oder auch durch die Bank gekündigt werden konnte. Im ersteren Fall war auf die erste Kündigungsmöglichkeit durch den Bankkunden abzustellen,[101] im letzteren Fall war Fristbeginn die tatsächliche Kündigung.[102] Seit dem 01.01.2002 gilt in allen Fällen die dreijährige Sylvester-Regelverjährung, die allerdings erst am Ende des Jahres zu laufen beginnt, in dem tatsächlich gekündigt worden ist.[103] Verwirkung des Auszahlungsanspruchs tritt re-

---

[94] Vgl. hierzu *Bredemeyer*, ZEV 2013, 483 ff. sowie *Kühne*, ZErb 2015, 33, 35.
[95] Diese ist allerdings [zum Schutz des Sparers] gem. Art. 5 Abs. 2 der Bedingungen für den Sparverkehr auf 2.000€ je Kalendermonat beschränkt.
[96] Diese kann gem. § 808 Abs. 2 Satz 2 BGB, im Wege des Aufgebotsverfahrens für kraftlos erklärt werden.
[97] In den AGB der Kreditinstitute ist hinsichtlich des Deckungsverhältnisses regelmäßig ein Widerrufsrecht (das auf die Erben des Bankkunden übergeht) ausbedungen, vgl. OLG Frankfurt, 19.12.2012 – 23 U 220/11, ErbR 2014, 281 m. Anm. *Stahmer*.
[98] BGH, 26.11.2003 – IV ZR 438/02, ZEV 2004, 118 m. Anm. *Leipold*.
[99] OLG Saarbrücken, 13.09.2012 – 8 U 581/10, ZEV 2013, 275.
[100] Vgl. *Bredemeyer*, ZEV 2010, 288.
[101] Regelmäßig eine 12 monatige Kündigungs- und sodann 6 monatige Sperrfrist seit der letzten Kontobewegung.
[102] BGH, ZEV 2002, 508.
[103] Vgl. OLG Frankfurt, 16.02.2011 – 19 U 180/10, ZIP 2011, 1095.

gelmäßig nicht ein. Ansprüche aus noch auf Reichsmark lautenden Sparbüchern sind jedoch mit dem 30.06.1976 erloschen;[104] im Gebiet der ehemaligen DDR erloschen die Ansprüche zum 31.12.1992.

C. Insbesondere: der Lebensversicherungsvertrag

I. Rechtliche Konstruktion

3432 Der spätere Erblasser (= Versprechensempfänger) lässt sich vom Versprechenden, z.B. einer Bank oder Versicherungsgesellschaft, im **Deckungsverhältnis** (Bank- oder Versicherungsvertrag[105]) entgeltlich, also gegen Prämien, Leistungen versprechen, wobei vereinbart wird, dass ein Dritter, der mit dem Versprechensempfänger durch das **Valutaverhältnis** verbunden ist, mit dem Tod des Versprechensempfängers forderungsberechtigt sein soll.

3433 Sofern nur der Versprechensempfänger, nicht auch der Dritte, ein Forderungsrecht gegen den Versprechenden auf Leistung an den Dritten erhält, also der Dritte lediglich empfangsberechtigt, nicht jedoch forderungsberechtigt hinsichtlich dieser Leistung ist, spricht man von einem **unechten oder ermächtigenden Vertrag zugunsten Dritter** (§§ 328 Abs. 2, 329 BGB). Sofern nach der Auslegung gem. § 328 Abs. 2, 330 BGB feststeht, dass der Dritte überhaupt ein eigenes Forderungsrecht gegen den Versprechenden erhalten soll, soll dieses gem. § 331 Abs. 1 BGB im Zweifel erst beim Tod des Versprechensempfängers (Gläubigers, Schenkers) entstehen. Vorher hat der Versprechensempfänger also lediglich eine Hoffnung oder Chance, ohne Sicherheit.

3434 Das Valutaverhältnis wird regelmäßig ein Schenkungsvertrag sein, auf den die Vorschrift des § 2301 Abs. 1 BGB nicht anwendbar ist,[106] so dass allein die Regelungen der Schenkung unter Lebenden gem. §§ 516 ff. BGB zur Anwendung kommen, auch wenn der Dritte den Leistungsanspruch gegen den Versprechenden erst mit dem Tod des Versprechensempfängers erhalten soll, wie es § 331 BGB vorsieht.[107]

3435 Gegenstand einer solchen Zuwendung auf den Todesfall kann z.B. das Guthaben auf einem Sparkonto oder Bankdepot sein; wird zugleich an eine andere Person eine trans- oder postmortale Vollmacht erteilt, drohen allerdings Kollisionen.[108] Hat der später Verstorbene dagegen lediglich ein Sparbuch auf einen fremden Namen angelegt, dieses jedoch noch nicht aus der Hand gegeben, ist

---

104 § 2 des Gesetzes zum Abschluss der Währungsumstellung vom 17.12.1975.
105 Lebensversicherungs-, oder Unfallversicherung, ebenso Sterbegeldversicherung [wo regelmäßig ein Bezugsberechtigter fehlt], mit Besonderheiten bei der Kraftfahrzeuginsassenversicherung [wenn der Verstorbene im fremden Fahrzeug verunglückt ist: Fremdversicherung gem. § 179 Abs. 1 VVG, der Anspruch auf die Versicherungsleistung fällt stets in den Nachlass des Verunglückten]; vgl. allg. zu Versicherungen im Nachlass *Gottwald*, EE 2016, 208 ff.
106 H.M. (da der Gesetzgeber das Institut des Vertrages zugunsten Dritter als Übertragungsform außerhalb des Erbrechts geschaffen hat, was durch die Anwendung des § 2301 BGB konterkariert werden würde): Staudinger/*Kanzleiter*, BGB, § 2301 Rn. 42 f.; BeckOK/*Litzenburger*, BGB, § 2301 Rn. 16; Palandt/*Edenhofer*, BGB, § 2301 Rn. 17; Jauernig/*Stürner*, BGB, § 2301 Rn. 5; a.A. *Kipp/Coing*, Erbrecht § 81 V 1; 2c; *Medicus/Petersen*, Bürgerliches Recht, Rn. 396 und *Peters*, ZErb 2010, 195 ff., der in der Einräumung eines Bezugsrechtes eine vermächtnisähnliche Zuwendung mortis causa sieht, ähnlich *Wall*, ZEV 2011, 3 ff. (der historische Grund, durch originären Anspruchserwerb des Dritten Schutz vor Nachlassgläubigern zu gewähren, ist durch zwischenzeitliche Entwicklungen im Insolvenz- und Zwangsvollstreckungsrecht entfallen).
107 St. Rspr., BGH, NJW 2004, 767; 1984, 480; 1976, 749; 1964, 1124.
108 Zahlreiche Bankformulare nehmen daher Konten i.S.d. § 331 BGB von solchen Vollmachten aus oder sehen das Erlöschen der Vollmacht beim Ableben des Vollmachtgebers vor. Wer aufgrund einer Bankvollmacht abhebt, muss (Beweislastumkehr) den Rechtsgrund zum Behaltendürfen beweisen (OLG Bamberg, ZEV 2004, 207 m. Anm. *Damrau*).

im Zweifel anzunehmen, dass noch keine Schenkung zustande gekommen ist, er sich vielmehr die Verfügungsbefugnis bis zu seinem Tod vorbehalten will.[109]

Noch praxisrelevanter wird der Vertrag zugunsten Dritter auf den Todesfall i.d.R. bei **Lebensversicherungsverträgen**,[110] bei denen der spätere Erblasser einen bezugsberechtigten Dritten bestimmt, an den die Versicherungssumme bei seinem Ableben ausgezahlt werden soll. Im Folgenden wird deshalb die Problematik der Verträge zugunsten Dritter auf den Todesfall anhand des Lebensversicherungsvertrages mit dessen Besonderheiten dargestellt.[111] Bei kapitalbildenden Lebensversicherungen besteht auch ein Auszahlungsanspruch im Erlebensfall (Beiträge, Zinsen, Überschussbeteiligung) zugunsten des Versicherungsnehmers oder einer durch ihn bestimmten Person, sei es als Einmalbetrag oder durch Verrentung. Ende 2007 existierten knapp 94 Mio. Lebensversicherungsverträge, die knapp 681 Mrd. € verwalteten.[112] 3436

	Versicherung (= Versprechender)	
Deckungsverhältnis		Vollzugsverhältnis
(Versicherungsvertrag)		
Erblasser (= Versprechensempfänger)		Bezugsberechtigter (= Dritter)
	Valutaverhältnis	
	(Schenkungsvertrag)	

Eherechtlich unterfallen Kapitallebensversicherungen und solche Rentenversicherungen, bei denen das Kapitalwahlrecht vor der letzten tatrichterlichen Entscheidung – sogar nach dem Ende der Ehezeit[113] – ausgeübt wurde, dem Güterrecht (Zugewinnausgleich, soweit nicht ehevertraglich ausgeschlossen[114]), »Riester-Verträge«, reine Rentenversicherungen – auch wenn sie bei Gütertrennung aus vorehelichem Vermögen gebildet wurden[115] – und solche Kapitallebensversicherungen, bei denen das Wahlrecht zugunsten des Rentenbezuges vor dem Stichtag ausgeübt wurde (Gestaltungsmöglichkeit![116]) dem Versorgungsausgleich (§ 2 Abs. 2 Nr. 3 VersAusglG). 3437

Unter dem Gesichtspunkt des Schutzes vor dem Gläubigerzugriff (»**asset protection**«)[117] bieten Lebensversicherungen gewissen Reiz angesichts der durch § 177 VVG vermittelten Befugnisse: Begünstigte, subsidiär der Ehegatte und Abkömmlinge des Versicherungsnehmers, können bei Insolvenz oder Pfändungszugriff binnen eines Monats den Eintritt in den Versicherungsvertrag erklären und diesen (samt den zu erwartenden Zuwächsen) für die Zukunft übernehmen, wenn sie 3438

---

109 BGH, ZEV 2005, 259 m. Anm. *Bartsch/Bartsch*.
110 Unter diesen Begriff (genauso wie unter den im VVG verwendeten Begriff »Kapitalversicherung«) fallen alle Lebensversicherungen, bei denen einmalig ein Kapital gezahlt wird, d.h. Kapitallebensversicherungen, bei denen Kapital gebildet wird und bei Tod oder einem festgelegten Termin ausgezahlt wird, und Risikolebensversicherungen (*Kollhosser*, in: Prölss/Martin, VVG, vor §§ 159 bis 178 Rn. 1 ff.).
111 Vgl. hierzu umfassend und aktuell *Leitzen*, RNotZ 2009, 129 ff.
112 GDV e.V: Die deutsche Lebensversicherung in Zahlen (2007; download unter www.gdv.de).
113 Wegen der Rückwirkung in § 5 Abs. 2 Satz 2 VersAusglG: BGH, 18.04.2012 – XII ZB 325/11, BeckRS 2012, 10952.
114 Wenn aufgrund der Ausübung des Kapitalwahlrechtes weder [da ausgeschlossen] Zugewinnausgleich noch Versorgungsausgleich stattfindet, kann das unbillige Ergebnis gem. § 27 VersAusglG [Härtefall] zumindest teilweise korrigiert werden, BGH, 01.04.2015 – XII ZB 701/13, DNotZ 2015, 612; hierzu *v. Proff*, RNotZ 2015, 490 ff.
115 BGH, 18.01.2012 – XII ZB 213/11 DNotZ 2012, 701 m. Anm. *Rauscher*.
116 *Bergschneider*, RNotZ 2009, 457, 459; vgl. *Leitzen*, notar 2009, 512 ff.
117 Rechtlich zulässige Gestaltungsmaßnahmen als Vorsorge gegen Haftungszugriffe, vgl. monografisch *von Oertzen*, Asset Protection im deutschen Recht, 2. Aufl. 2013.

den derzeitigen Rückkaufswert an den Gläubiger bzw. die Insolvenzmasse entrichten.[118] Hinzu tritt der Pfändungsschutz für Ansparbeträge und Alterseinkünfte von Selbstständigen durch Einführung von §§ 851c und 851d ZPO[119] bis zu einer Gesamtsumme von 238.000,00 €, allerdings unter deutlich einschränkenden Bedingungen (lediglich Rentenbezug, frühestens ab dem 60. Lebensjahr, keine Bezugsberechtigung Dritter außer im Todesfall, keine sonstige Verfügung), vgl. Rdn. 3490 ff.

II. Bezugsberechtigung

1. Fehlen einer Benennung

3439   Fehlt beim **Abschluss eines Lebensversicherungsvertrags** die Benennung eines Bezugsberechtigten für den Sterbefall – wobei die Bestimmbarkeit des Dritten genügt, konkrete Namensbezeichnung also nicht erforderlich ist[120] –, handelt es sich um einen Vertrag zu eigenen Gunsten mit der Folge, dass das Recht auf Leistung zum Nachlass des Versicherungsnehmers gehört und damit den Erben zusteht.[121] Anders verhält es sich naturgemäß, wenn im Todesfall gar keine Leistungen vorgesehen oder nur bestimmte Begünstigte zugelassen sind (etwa bei »Rürup-Renten« gem. § 10 Abs. 1 Nr. 2 Satz 1 Buchst. b), Abs. 3 EStG: lediglich der Ehegatte oder Kinder, für die Anspruch auf Kindergeld oder einen Freibetrag nach § 32 Abs. 6 EStG besteht; bei »Riester-Renten« führen Auszahlung an Hinterbliebene zu einer steuerschädlichen Verwendung i.S.d. § 93 Abs. 1 Satz 4 lit. a, b EStG).[122]

2. Art und Inhalt der Benennung

3440   Regelmäßig aber wird im Deckungsverhältnis (also im Vertrag zwischen dem Versicherungsnehmer und dem Versicherer) ein Bezugsberechtigter benannt, dem das Recht auf die Versicherungsleistung gem. § 328 Abs. 1 BGB zugewendet wird, ohne dass er hieran mitzuwirken hätte (als Korrektiv wirkt sein Zurückweisungsrecht nach § 333 BGB, das zum rückwärtigen Entfall etwa entstandener Schenkungs- oder Erbschaftsteuern führt.[123] Erhält der Zurückweisende hierfür eine Abfindung, war diese bis zur Erbschaftsteuerreform 2009 (vgl. Rdn. 3471) nicht steuerbar (so dass die Zurückweisung gegen Abfindungszahlung steuerlich empfehlenswert war!).[124] Der Begünstigte erwirbt die Versicherungssumme dann mit Eintritt des Versicherungsfalls originär selbst (so dass bei Insolvenz des Versicherungsnehmers § 91 InsO keine Erwerbssperre darstellt!).[125]

3441   Das Verhältnis zwischen Versicherungsnehmer und dem Dritten wird »Valutaverhältnis« genannt (Rechtsgrund zum Behaltendürfen; i.d.R. Schenkung oder ehebedingte Zuwendung). Entgegen § 332 BGB kann die Benennung des Bezugsberechtigten gemäß den AGB der Versicherer nicht in einer Verfügung von Todes wegen erfolgen, sondern bedarf der schriftlichen Anzeige bei der Gesellschaft (§§ 12 Abs. 1, 13 Abs. 2 KbLVAB – Allgemeine Bedingungen für die kapitalbildende Lebensversicherung, 23.08.2010).

3442   Bei allgemeiner Bezeichnung des/der Bezugsberechtigten bereitet häufig die Auslegung Schwierigkeiten: Unter »Hinterbliebenen« werden sowohl Ehegatte als auch Kinder gemeinsam verstanden, während die Klausel »Ehefrau oder Kinder« zunächst allein den Ehegatten, ersatzweise die Kinder begünstigt.[126] Mit der **schlichten Benennung des »Ehegatten des Versicherten«** ist die im Zeit-

---

118 Vgl. *Ponath*, ZEV 2006, 247.
119 BT-Drucks. 16/886.
120 BGH, 16.11.2007 – V ZR 208/06, DNotI-Report 2008, 36 zu § 328 BGB.
121 BGHZ 81, 97.
122 Vgl. *Peters*, ZErb 2010, 165, 176.
123 Das Bezugsrecht fällt dann an den Ersatzbegünstigten, sonst an den Versicherungsnehmer zurück, § 168 VVG.
124 Vgl. *Gebel*, ZEV 2005, 241, *Fuhrmann/Demuth*, ErbStB 2005, 357 und ErbStB 2006, 15; *Berresheim*, RNotZ 2007, 510.
125 BGH, 27.04.2010 – IX ZR 245/09, ZEV 2010, 589.
126 Vgl. MünchKomm-BGB/*Gottwald*, § 330 Rn. 8.

punkt der Benennung vorhandene Ehefrau gemeint,[127] wobei die Benennung des Ehegatten nicht mit einer Scheidung wegfällt (§ 2077 BGB findet keine analoge Anwendung),[128] gleiches gilt bei der Benennung des »verwitweten Ehegatten« ohne Namensangabe.[129] Sind mehrere Personen zu gleichen Teilen Bezugsberechtigte und verstirbt einer von ihnen vor/mit dem Versicherungsnehmer, steht sein Anteil dem überlebenden Bezugsberechtigten zu (Anwachsung gem. § 160 Abs. 1 Satz 2 VVG).[130]

3. Widerrufliche Benennung

Im Zweifel (§ 159 Abs. 1 2. Alt. VVG 2008) handelt es sich hierbei um eine stets widerrufliche und änderbare[131] Benennung, so dass das Recht auf Leistung dem Begünstigten erst mit dem Versicherungsfall zufällt (liegt dieser im Tod des Versicherungsnehmers, demnach erst nach dessen Ableben: § 331 BGB). Einem solchen Widerruf steht es gleich, wenn der Versicherungsnehmer seine Ansprüche aus der Lebensversicherung (etwa zum Zweck der Kreditsicherung) abtritt[132] (endet die Abtretung, lebt die ursprüngliche Bezugsrechtsbestimmung wieder auf[133]) oder wenn ein Gläubiger des Versicherungsnehmers neben dem Anspruch aus dem Versicherungsvertrag auch das (nicht höchstpersönliche) Widerrufsrecht pfänden und nach Überweisung ausüben lässt, § 857 Abs. 2 ZPO.[134] Auch der Widerruf erfolgt durch schriftliche Anzeige an den Versicherer; ob daneben die Zustimmung des Drittbegünstigten erforderlich ist, richtet sich nach dem Valutaverhältnis.[135] Das widerrufliche Bezugsrecht ist lediglich eine ungesicherte Hoffnung,[136] und erstarkt auch nicht mit Eintritt des Versicherungsfalls zum unwiderruflichen Vollrecht, sondern verwirklicht sich durch Erwerb des Anspruchs gegen die Versicherungsgesellschaft.[137] Gleichwohl kann im Verhältnis zu Gläubigern auch in der Einräumung oder Änderung eines widerruflichen Bezugsrechtes (sogar in Bezug auf eine reine Risikolebensversicherung) eine anfechtbare unentgeltliche Rechtshandlung (§§ 129 Abs. 1, 134 InsO) liegen.[138]

3443

4. Unwiderrufliche Benennung

Die unwiderrufliche Bezugsberechtigung (aufgrund Verzichtes auf den Widerruf ggü. der Versicherungsgesellschaft oder anfänglichen Unterlassens eines Widerrufsvorbehalts nach § 159 VVG)[139] führt dagegen zum sofortigen lebzeitigen Erwerb des Leistungsanspruchs beim Begünstigten (§ 159

3444

---

127 BGH, 14.02.2007 – IV ZR 150/05, DNotZ 2007, 762.
128 BGH, DNotZ 1987, 771; vgl. *Tappmeier*, DNotZ 1987, 715 ff. A.A. *Wall*, ZErb 2011, 184 ff., der das Valutaverhältnis (entgegen der ganz h.M.) als Vermächtnis sieht, so dass der Erbe gem. § 812 Abs. 1 Satz 1 i.V.m. § 2077 BGB die Abtretung des Anspruchs verlangen könne. Vgl. zum Ganzen *Möller*, EE 2012, 158 ff.
129 BGH, 22.07.2015 – IV ZR 437/14, EE 2016, 134 m. Anm. *Soyka* (nach der Scheidung erfolgte keine Änderung).
130 OLG Saarbrücken, ErbStB 2008, 138.
131 Zu praktischen Beweisproblemen bei der Echtheitsprüfung, wenn Versicherungsgesellschaften (wie üblich geworden) die originalschriftliche Bezugsrechtsänderung nur als Scan aufbewahren: *Papenmeier*, EE 2017, 179 ff.
132 Vgl. BGH, DNotZ 1997, 421; Formulierungsvorschlag in Kersten/Bühling/*Basty*, Formularbuch und Praxis der freiwilligen Gerichtsbarkeit, § 29 Rn. 40 ff.
133 BGH, 18.01.2012 – IV ZR 196/10, DNotZ 2012, 547.
134 Vgl. *Klepsch/Klepsch*, NotBZ 2004, 366.
135 Vgl. *Geck*, ZEV 1995, 140.
136 Und damit pflichtteilsergänzungsrechtlich irrelevant, LG Konstanz, 30.08.2016 – Me 4 O 453/15, ZEV 2016, 705.
137 BGH, 27.04.2010 – IX ZR 245/09, ZEV 2010, 589.
138 BGH, 22.10.2015 – IX ZR 248/14, DNotZ 2016, 394.
139 § 13 Abs. 2 Satz 1 KbLVAB 2010. Erforderlich ist lediglich die Einigung zwischen Versicherungsnehmer und Versicherer, weder notwendig noch ausreichend ist eine diesbezügliche Vereinbarung im Valutaverhältnis zwischen Versicherungsnehmer und Drittem.

Abs. 3 VVG), so dass der Versicherungsnehmer über den Anspruch selbst nicht mehr verfügen kann, er aber auch keinem Pfändungszugriff mehr unterliegt.[140] Der Begünstigte ist gegen den Widerruf, die Abtretung und die Verpfändung der Versicherungssumme geschützt, er kann ferner die Folgen der Nichtzahlung der Versicherungsprämien durch eigene Leistung abwenden (§ 35a VVG); allerdings kann der Versicherungsnehmer den Versicherungsvertrag weiterhin kündigen (§§ 165, 178 Abs. 1 VVG),[141] sofern das Kündigungsrecht nicht abgetreten wurde,[142] oder in eine prämienfreie Versicherung umwandeln (§ 174 VVG). Die Frist für Insolvenzanfechtungen beginnt bereits mit der Einräumung des unwiderruflichen Bezugsrechts zu laufen;[143] zur Pflichtteilsergänzung vgl. Rdn. 3466.

5. Valutaverhältnis: Rechtsgrund zum Behaltendürfen

3445 Ist das Valutaverhältnis zwischen Versicherungsnehmer (= Versprechensempfänger) und dem bezugsberechtigten Dritten fehlerhaft, hat der Dritte den Anspruch gegen die Versicherungsgesellschaft (= Versprechende) ohne Rechtsgrund erlangt, so dass die Erben diesen gem. § 812 Abs. 1 Satz 1 BGB kondizieren können. Dabei ist hinsichtlich des Valutaverhältnisses zu unterscheiden:

3446 (1) Wurde der **Bezugsberechtigte nicht zu Lebzeiten** unterrichtet, ist das an ihn durch den Versicherer übermittelte Schenkungsangebot[144] (§ 672 BGB) zusätzlich noch vor seiner Annahme (§§ 130 Abs. 2, 153, 151 BGB) seitens der Erben (oder im Rahmen einer Nachlassinsolvenz durch den Verwalter)[145] widerruflich, so dass es an einem Rechtsgrund für das Behaltendürfen fehlt und der ausbezahlte Betrag,[146] zuvor der Auszahlungsanspruch, bereicherungsrechtlich herauszugeben ist[147] (»Wettlauf zwischen Erben und Begünstigtem«). Gleiches gilt, wenn der Versicherungsnehmer selbst das **Schenkungsangebot** noch durch ausdrückliche Nichtbeauftragung des Versicherers zu dessen Weiterleitung »**gestoppt**«[148] oder widerrufen haben sollte, was auch durch letztwillige Verfügung geschehen kann.[149]

3447 (2) Hat dagegen der Versprechensempfänger bereits zu seinen Lebzeiten **mit sich selbst als Vertreter des Begünstigten einen Schenkungsvertrag geschlossen** (ggf. unter Rücktrittsvorbehalt bis zu seinem Tod und demzufolge ohne den Vertrag dem Begünstigten zuvor zur Kenntnis zu bringen), kann der Beschenkte postmortal – und zwar mit Rückwirkung (§ 184 Abs. 1 BGB) genehmigen. Die Erben haben, da der Versprechensempfänger den Mangel seiner Ver-

---

140 BGH, 18.06.2003 – IV ZR 59/02, JurionRS 2003, 23607.
141 Der Rückkaufswert ist allerdings auch in diesem Fall bereits dem Dritten zugewendet, steht also nicht zur Verfügung des Kündigenden, MünchKomm-BGB/*Gottwald*, Bd. 2, § 330 Rn. 16, 19.
142 *Lachner/Lexa*, NJW 2007, 1176, 1181 empfehlen dies daher beim Kauf eines Lebensversicherungsvertrages als Vorkehrung für den Fall der Insolvenz des Versicherungsnehmers.
143 OLG Frankfurt, 11.01.2012 – 13 U 90/11, BeckRS 2012, 06900: Anfechtung kann sich nach Ablauf von vier Jahren (unter Ehegatten) nach Einräumung des Bezugsrechtes allenfalls auf die später einbezahlten Prämien beziehen.
144 Nach OLG Jena, NotBZ 2004, 110 (m. Anm. *Kornexl*, 111) liegt ein solches Angebot nicht zwingend in der Auszahlung der Versicherungssumme, da diese auch auf einem Irrtum beruhen könnte.
145 *Jünemann*, ZErb 2010, 342 ff.
146 Die Auszahlung durch die Versicherungsgesellschaft selbst kann dadurch nicht verhindert werden, sie verändert aber nur das Objekt des Bereicherungsanspruchs (Geld statt Anspruch), vgl. *Bredemeyer*, ZEV 2010, 291.
147 OLG Hamm, 03.12.2004 – 20 U 132/04, NJW-Spezial 2005, 110 = NotBZ 2005, 220. Dieser Bereichungsanspruch fällt dann in den Nachlass, vgl. BGH, 21.05.2008 – IV ZR 238/06, ErbStB 2008, 327.
148 Dann genügt zufällige Kenntnisnahme des Dritten von seinem Inhalt nicht, Palandt/*Grüneberg*, BGB, § 331 BGB Rn. 5.
149 Analoge Anwendung des § 332 BGB auf das Valutaverhältnis. Dieser Widerruf muss allerdings dem Dritten zugehen, *Kornexl*, NotBZ 2004, 111 gegen OLG Jena, NotBZ 2004, 108.

tretungsmacht kannte, gem. § 178 Satz 1 BGB keine Widerrufsmöglichkeit, sondern können allenfalls gem. § 177 Abs. 2 BGB die Entscheidung herbeiführen.[150]

(3) Bestand ein lebzeitiges, aber mangels Beurkundung **formnichtiges Schenkungsversprechen**, wird dieser Formmangel durch den Anfall der Bezugsberechtigung mit Eintritt des Versicherungsfalls geheilt; die Rechtsprechung hält den bis dahin möglichen[151] Widerruf nach Eintritt des Versicherungsfalls für ausgeschlossen.[152]

(4) Ist der Widerruf der Bezugsberechtigung allerdings bereits durch **Vereinbarung mit dem Versicherer ausgeschlossen**, liegt im Zweifel bereits eine gem. § 330 BGB zu Lebzeiten vollzogene Schenkung vor. Gleiches soll gelten, wenn der Verzicht auf den Widerruf zu Lebzeiten mit dem Dritten vereinbart war; dieser Verzicht schlägt auf das Valutaverhältnis durch und führt ebenfalls zum sofortigen Anfall,[153] so dass auch der Erbe dann i.S.d. § 328 Abs. 2 BGB nicht mehr widerrufen kann (allein der Ausschluss des Widerrufsrechts zulasten der Erben würde jedoch nicht ausreichen).[154] Fehlt es sowohl an einem Verzicht ggü. dem Versicherer als auch ggü. dem Dritten, kann der Versicherungsnehmer durch Anordnung eines Vermächtnisses zugunsten des Bezugsberechtigten oder einer Auflage in seiner letztwilligen Verfügung den Erben verpflichten, einen Widerruf zu unterlassen.[155]

Das Valutaverhältnis (zwischen dem Versprechensempfänger und dem Dritten) ist auch in erbschaftsteuerlicher Sicht maßgebend dafür, inwieweit der Erwerb gem. § 3 Abs. 1 Nr. 4 ErbStG der Erbschaftsteuer unterliegt, vgl. Rdn. 3471. In zivilrechtlicher Hinsicht bestimmt es ferner die Anfechtbarkeit durch Gläubiger (bei schenkweiser Zuwendung also gem. § 134 InsO, § 4 AnfG vier Jahre lang,[156] vgl. Rdn. 220 ff.), gerichtet auf Herausgabe der gesamten erhaltenen Versicherungssumme an den Insolvenzverwalter, nach h.M. unabhängig davon, ob die gesamte Versicherungssumme zur Befriedigung der Gläubiger benötigt wird oder nicht.[157] Gerade bei einem insolventen Nachlass droht also der Zugriff auf den außerhalb des Nachlasses stattfindenden Rechtserwerb des Bezugsberechtigten.[158] Die Gewährung eines unwiderruflichen Bezugsrechtes (§ 159 Abs. 3 VVG) stellt allerdings bereits per se einen Rechtserwerb dar, so dass die Anfechtungsfrist häufig bereits abgelaufen sein wird.

III. Versicherungsanspruch als Nachlassbestandteil?

1. Regelfall: Übertragung außerhalb des Erbrechts

Wird von der versicherten Person (= Versprechensempfänger) ein Bezugsberechtigter (= Dritter) benannt, dem der Anspruch auf die Versicherungssumme mit dessen Tod zusteht, fällt der Anspruch nicht in den Nachlass[159] und wird somit außerhalb des Erbrechts übertragen.[160] Daher hat gem. § 160 Abs. 2 Satz 2 VVG die Ausschlagung der Erbschaft keinen Einfluss auf die Be-

---

150 *Bühler*, NJW 1976, 1728; hierzu ausführlich, auch in Auseinandersetzung mit Gegenargumenten, *Gubitz*, ZEV 2006, 336 ff.
151 Ein solcher Widerruf stellt mangels (derzeit) formgerechter Verpflichtung keine Pflichtverletzung ggü. dem Dritten dar, vgl. *Bredemeyer*, ZEV 2010, 292.
152 BGH, NJW 1995, 1082.
153 BGH, VersR 1999, 831.
154 BGH, WM 1976, 1130, 1132.
155 *Krause*, NotBZ 2001, 88.
156 Vgl. BGH, 23.10.2003 – IX ZR 252/01, NJW 2004, 214; hierzu ausführlich *Gebel*, ZEV 2005, 236, sowie BGH, 22.10.2015 – IX ZR 248/14, DNotZ 2016, 394.
157 LG Freiburg i. Br., 17.03.2017 – 14 O 262/15, ErbR 2017, 578, tlw. Abweichend LG Stuttgart, JuriOnRS 2016, 32945; zum Ganzen vgl. *Jünemann*, ErbR 2017, 550 f.
158 Die Ausschlagung der Erbschaft hat auf die Bezugsberechtigung keinen Einfluss, § 160 Abs. 2 Satz 2 VVG.
159 Vgl. umfassend zur Lebensversicherung im Erbrecht und Erbschaftsteuerrecht: *Eulberg/Ott-Eulberg/Halaczinsky*, Die Lebensversicherung.
160 OLG Düsseldorf, MittBayNot 1998, 354.

zugsberechtigung. Anordnungen wie Testamentsvollstreckung,[161] Vor- und Nacherbfolge etc. erfassen den Anspruch gegen den Versicherer demnach ebenfalls nicht, auch liegt im Abschluss eines Vertrags zugunsten Dritter auf den Todesfall kein Verstoß gegen z.B. erbvertragliche Bindungen.[162]

3452 Im Licht der EU-ErbVO werden Verträge zugunsten Dritter auf den Todesfall, insbesondere Lebensversicherungsverträge gemäß § 331 BGB, nicht als »Rechtsgeschäft von Todes wegen« klassifiziert, unterfallen also nicht unmittelbar dem Erbstatut (Erbrecht nach Maßgabe des letzten gewöhnlichen Aufenthalts).[163] Allerdings kann mittelbar eine Wohnsitzverlegung ins Ausland, die nicht von einer (testamentarischen oder erbvertraglichen) Rechtswahl zugunsten des deutschen Staatsangehörigkeitsrechts begleitet ist, zu einer abweichenden Rechtslage führen, wenn das nunmehr anwendbare ausländische Erbstatut für lebzeitige Zuwendungen zugunsten Dritter auf den Todesfall z. B. andere Anrechnungsbestimmungen enthält, etwa im Sinn einer »automatischen« Anrechnung auf den Erbteil, wie dies insbesondere in den franko-romanischen Regionen mit starken Noterbrechten der Fall ist.[164] Diese Auswirkungen lebzeitiger Vermögensverschiebungen auf erbrechtliche Ansprüche unterliegen nämlich gemäß Art. 23 Abs. 2 Buchst. i EU-ErbVO dem Erbstatut.

2. Ausnahme: Versicherungsanspruch im Nachlass

3453 In folgenden Fällen fällt die Versicherung in den Nachlass und wird vererbt:

a) Fehlen eines Bezugsberechtigten

3454 Die Versicherungssumme fällt mangels Anspruchserwerbs des Dritten gem. § 331 BGB in den Nachlass, wenn der Versprechensempfänger keinen Bezugsberechtigten oder sich selbst als ausschließlich Bezugsberechtigten benannt hat.[165]

Etwas anderes gilt selbstverständlich, wenn »die Erben« als Bezugsberechtigte benannt sind. Hier sind gem. § 167 Abs. 2 Satz 1 VVG die nur durch die Bezeichnung »Erben« individualisierten Personen die Dritten i.S.d. § 331 BGB und werden Anspruchsinhaber, so dass auch dieser Erwerb am Erbrecht vorbeigeht.[166] Gem. § 167 Abs. 2 Satz 2 VVG hat somit auch die Ausschlagung keinen Einfluss auf die am Erbrecht vorbeigehende Bezugsberechtigung.

b) Lebensversicherung zur Kreditsicherung

3455 Bei dieser Art der Kreditsicherung[167] wird der darlehnsgebenden Bank der Anspruch aus der Lebensversicherung abgetreten. Konsequenz ist, dass die Bezugsberechtigung für die Dauer der Sicherungsabtretung widerrufen werden muss[168] bzw. erst nach Ablauf der Sicherung ein Bezugsberechtigter bestimmt werden kann. Allerdings geht der BGH[169] lediglich von einem beschränkten

---

161 Vgl. hierzu *Reimann,* ErbR 2017, 186, 193.
162 BGH, 26.11.1975 – IV ZR 138/74, NJW 1976, 749; dies soll nach OLG Koblenz, 18.03.2013 – 10 U 938/12, ErbR 2014, 282 m. zust. Anm. *Stahmer,* abl. Anm. *Wall,* ErbR 2014, 250 (krit. auch *Lehmann/Hahn,* ZEV 2014, 536, 538) auch gelten, wenn Erbe und Versprechender identisch sind.
163 Vgl. im Einzelnen *Werkmüller,* ZEV 2016, 123, 124 m. w. N.
164 Vgl. im Einzelnen, m.w.N., *Werkmüller,* ZEV 2016, 123, 125.
165 BGHZ 81, 95, 97.
166 Relevanz hat dies freilich erst für die Höhe evtl. Pflichtteilsansprüche und Pflichtteilsergänzungsansprüche.
167 Häufig wird die Lebensversicherung überhaupt erst zur Kreditsicherung abgeschlossen.
168 Dieser Widerruf der Bezugsberechtigung wird konkludent durch die Abtretung erklärt, ist jedoch der Versicherungsgesellschaft gem. § 12 Abs. 1 Satz 1 KbLVAB 2010 schriftlich anzuzeigen. Er ist nur möglich, wenn ihn sich der Versicherungsnehmer gem. § 166 VVG vorbehalten hat.
169 DNotZ 1997, 420, 421.

C. Insbesondere: der Lebensversicherungsvertrag — Kapitel 8

Widerruf des Bezugsberechtigten – i.H.d. jeweils noch valutierenden Kreditsumme – aus, so dass die Versicherungssumme lediglich i.H.d. noch abgesicherten Schuld in den Nachlass fällt, der Restbetrag hingegen außerhalb des Erbrechts übertragen wird. Begründet wird dies damit, dass der Versicherungsnehmer die Versicherungssumme nur i.H.d. Kreditsicherung seinem Vermögen und damit Nachlass zuordnet.[170]

Werden **vor dem 31.12.2004 abgeschlossene Lebensversicherungen** zur Kreditsicherung abgetreten, entfallen ertragsteuerlich der Sonderausgabenabzug und die Steuerfreiheit der erwirtschafteten Zinserträge, es sei denn, die Darlehen[171] finanzieren ausschließlich und unmittelbar privatgenutzte Wirtschaftsgüter oder dienen ausschließlich und unmittelbar der Anschaffung oder Bebauung von Mietgrundstücken[172] bzw. die Abtretung ist nur für den Todesfall vorgesehen. Bei ab dem 01.01.2005 abgeschlossenen Lebensversicherungen sind die Prämien nicht abzugsfähig und die Erträge grds. steuerpflichtig (nach 12 Jahren Laufzeit und Auszahlung nach dem 60. Lebensjahr allerdings nur zur Hälfte), unabhängig vom Einsatz der Versicherung zur Kreditabsicherung. 3456

c) Abweichende versicherte Person

In diesem Fall steht dem Versicherungsnehmer lediglich ein Anwartschaftsrecht auf Auszahlung der Versicherungssumme zu, wobei sein Tod den Versicherungsfall nicht auslöst, sondern der Tod der versicherten Person. Dieses Anwartschaftsrecht fällt in den Nachlass. 3457

d) Fehlerhaftes Valutaverhältnis

Ist das Valutaverhältnis zwischen Versicherungsnehmer (= Versprechensempfänger) und dem bezugsberechtigten Dritten fehlerhaft (nach Maßgabe der obigen Erläuterungen), hat der Dritte den Anspruch gegen die Versicherungsgesellschaft (= Versprechende) ohne Rechtsgrund erlangt, so dass die Erben diesen gem. § 812 Abs. 1 Satz 1 BGB kondizieren können.[173] 3458

IV. Lebensversicherung und Pflichtteilsrecht

Fällt die **Versicherungssumme** ausnahmsweise in den Nachlass, etwa weil sie zur Kreditsicherung herangezogen wurde (s.o. Rdn. 3454 f.), fließt sie in dieser Nominalhöhe in die Pflichtteilsberechnung ein. War der verstorbene Versicherungsnehmer nicht zugleich versicherte Person (s.o. Rdn. 3457), findet sich das Anwartschaftsrecht im Nachlass, das wohl (wie beim Zugewinnausgleich)[174] mit einem ggf. durch den Tatrichter nach § 287 Abs. 2 ZPO festzusetzenden Zeitwert (nicht dem Rückkaufswert)[175] anzusetzen ist. 3459

Zählt (s.o. Rdn. 3451 ff.) der **Anspruch gegen die Versicherungsgesellschaft** (wie i.d.R.) **nicht zum Nachlass**, ist der Versicherungsvertrag ggü. dem Pflichtteilsberechtigten nicht gem. § 2311 Abs. 1 Satz 1 BGB (mangels Nachlasseigenschaft) zu berücksichtigen. Besteht das Vermögen des Erblassers im Wesentlichen nur aus der Lebensversicherung, kann er durch die Zuwendung an den Dritten die Erbenstellung weitgehend aushöhlen, so dass den Vertragserben nur der Anspruch gem. § 2287 Abs. 1 BGB gegen den Bezugsberechtigten (nachstehend Rdn. 3461) und den Pflichtteilsberechtigten nur der Pflichtteilsergänzungsanspruch gem. § 2325 BGB verbleibt (nach- 3460

---

170 BGH, DNotZ 1997, 420, 421.
171 Nicht hierunter fällt die (demnach steuerunschädliche) Absicherung eines Avalkredits, BFH, 27.03.2007 – VIII R 27/05, DStRE 2007, 732.
172 Gemäß BFH, 13.07.2004 – VIII R 48/02, BStBl. 2004 II, S. 1060, infiziert die teilweise steuerschädliche Verwendung den gesamten Ertrag.
173 BGHZ, 128, 125, 132.
174 BGH, NJW 1995, 2781.
175 Dafür jedoch *Klingelhöffer*, Pflichtteilsrecht, Rn. 244; in Analogie zur BGH-Rspr. i.R.d. Zugewinnausgleichs (vorstehende Fn.) dürfte dieser jedoch nur maßgeblich sein, wenn die Fortführung des Vertrages nicht zu erwarten ist (ähnlich § 1376 Abs. 2 BGB).

stehend Rdn. 3462 ff.). Maßgeblich sein kann der Lebensversicherungsvertrag ferner i.R.d. Anrechnung gem. § 2315 Abs. 1 BGB, soweit das Valutaverhältnis Schenkungscharakter hat[176] (nachstehend Rdn. 3469).

1. Beeinträchtigende Schenkungen (§ 2287 Abs. 1 BGB)

3461 § 2287 Abs. 1 BGB setzt allerdings eine **Beeinträchtigungsabsicht des Erblassers** voraus[177] (Rdn. 3932 ff.), die durch ein lebzeitiges Eigeninteresse des Erblassers an der Schenkung ausgeschlossen wird.[178] Sind die Voraussetzungen erfüllt, ist Schenkungsgegenstand nicht die Versicherungsleistung, sondern die Summe der erbrachten Prämien.[179]

2. Pflichtteilsergänzungsanspruch bei Schenkungen (§ 2325 BGB)

3462 Hinsichtlich der noch praxiswichtigeren Berücksichtigung i.R.d. **Pflichtteilsergänzungsanspruchs Dritter** wurde überwiegend[180] im Anschluss an frühere Entscheidungen des BGH[181] vertreten, Schenkungsgegenstand seien lediglich die bereits an die Versicherung gezahlten Prämien, nicht hingegen die Versicherungssumme, da der Dritte diese von der Versicherung und nicht direkt von dem Erblasser erwerbe. Gem. § 2325 Abs. 3 BGB wären bei anderen Begünstigten als Ehegatten nur die Prämien der letzten 10 Jahre[182] (bei Sterbefällen ab dem 01.01.2010 aufgrund der »Abschmelzung«, Rdn. 3647, sogar für einen entsprechend geringeren Zeitraum) zu berücksichtigen. Dadurch träte eine erhebliche Privilegierung des Bezugsberechtigten ein.

3463 Der für Insolvenzrecht zuständige IX. Zivilsenat[183] des BGH hat jedoch für die Frage der insolvenzrechtlichen Rückgewähr entschieden, dass dem Anfechtungsgegner jedenfalls mittelbar die Versicherungssumme zugewendet sei, weshalb diese vom Insolvenzverwalter geltend gemacht werden könne. *Elfring*[184] und *Hasse*[185] sowie untergerichtliche Entscheidungen[186] vertraten aufgrund dieses Urteils die Auffassung, dass – jedenfalls bei der widerruflichen Bezugsrechtseinräumung – auch im Pflichtteilsergänzungsrecht die Versicherungssumme der Schenkungsgegenstand sei.

3464 Der für das Erbrecht und das Versicherungsrecht zuständige **IV. Senat des BGH** vertritt nunmehr[187] bei **widerruflicher Bezugsberechtigung** hinsichtlich der Bemessung der Berechnungsgrundlage des Pflichtteilsergänzungsanspruchs eine dieser Sichtweise nahestehende, nuancierte Auffassung: Entreicherungsgegenstand – darauf kommt es zur Vermeidung einer Aushöhlung des

---

176 Vgl. hierzu ausführlich *Elfring*, ZEV 2004, 305.
177 Diese muss der Vertragserbe beweisen, Palandt/*Weidlichr*, BGB, § 2287 Rn. 9, sowie unten Rdn. 3952.
178 M. Bsp. Palandt/*Weidlich*, BGB, § 2287 Rn. 7. Bloße Zuneigung zur begünstigten Person reicht nicht, OLG Köln, 29.10.2014 – 11 U 121/13, ErbR 2015, 32.
179 OLG Köln, 26.11.2008 – 2 U 8/08, BeckRS 2008, 26316.
180 So OLG Stuttgart, 13.12.2007 – 19 U 140/07, RNotZ 2008, 168 und OLG Köln, 07.03.2008 – 2 U 13/08, ZErb 2008, 245; eingehend *Hilbig*, ZEV 2008, 262 ff.: »§ 331 BGB liefert nun einmal einen listigen Schleichweg am Erbrecht vorbei«; a.A. *Schindler*, ZErb 2008, 331 ff. und OLG Oldenburg, 23.02.2010 – 12 U 68/09, ZErb 2010, 119: ausgekehrte Versicherungsleistung.
181 RGZ 128, 190, BGH, NJW 1995, 3113 = BGHZ, 130, 377, 380 f.
182 *Klingelhöffer*, ZEV 1995, 182.
183 BGH, NJW 2004, 214.
184 NJW 2004, 483 ff.; *ders.*, ZEV 2004, 309, ebenso *Progl*, ZErb 2008, 288 (S. 291: geschenkt sei der Wert der – nicht ausgeübten – Möglichkeit, beim widerruflichen Bezugsrecht bis zuletzt die Erwerbserwartung zunichtezumachen).
185 *Hasse*, Lebensversicherung und erbrechtliche Ausgleichsansprüche.
186 Etwa LG Göttingen, 23.03.2007 – 4 S 6/06, ZErb 2007, 307, sowie LG Paderborn, 03.05.2007 – 4 O 595/06, ZErb 2007, 429; ebenso OLG Düsseldorf, 22.02.2008 – I-7 U 140/07, ZEV 2008, 292 (Rev. eingelegt, Az. BGH: IV ZR 73/08); hierfür auch *Schindler*, ZErb 2008, 331 ff.
187 BGH, 28.04.2010 – IV ZR 73/08 und 230/08, ZEV 2010, 305 m. abl. Anm. *Wall*; abl. auch *Frohn*, Rpfleger 2011, 185 und *Papenmeier*, ZErb 2011, 154 ff.; ausführlich zu den Konsequenzen *Rudy*, ZErb 2010, 351 ff. und *Mayer*, DNotZ 2011, 89 ff.; rechtfertigend *Wendt*, ZNotP 2011, 242 ff.

C. Insbesondere: der Lebensversicherungsvertrag Kapitel 8

Pflichtteilsrechtes im Gegensatz zum Insolvenzrecht an (wo die Vermeidung einseitiger Sondervorteile, also die Bereicherung des Empfängers maßgeblich ist) – ist die Summe, die der Erblasser bei einer Verwertung der Versicherung unmittelbar vor seinem Tod noch hätte liquidieren können (»Wert des Verzichtes auf die Möglichkeit der Selbstverwertung in der juristischen Sekunde vor dem Tod«), also regelmäßig der Rückkaufswert gem. § 169 Abs. 3 Satz 1 VVG[188] als Folge einer Kündigung, ggf. auch ein vom Pflichtteilsberechtigten zu beweisender höherer Veräußerungswert, etwa auf dem Zweitmarkt. Dem BGH ist vorzuhalten, dass nicht einzusehen ist, weshalb bewertungstechnisch auf die Sekunde vor dem Tod abzustellen ist, wo doch beide in § 2325 Abs. 2 BGB genannten Zeitpunkte (Schenkung und Tod) beim widerruflichen Bezugsrecht zusammenfallen, und zwar in der Sekunde des Todes.

Fraglich ist, welche Konsequenzen die Sichtweise des BGH für die anderen denkbaren Sachverhalte hat:[189] Insoweit ist wohl zu differenzieren: **3465**

(1) Liegt für den (tatsächlich eintretenden) **Erlebensfall** eine Bezugsberechtigung in widerruflicher Benennung vor, ist wohl (entsprechend dem vom BGH entschiedenen Fall der widerruflichen Todesfallberechtigung) der Bewertungszeitpunkt die letzte juristische Sekunde vor Eintritt des Erlebensfalls, sofern für den Todesfall keine oder nur eine widerrufliche Bezugsberechtigung vorliegt.

(2) Ist für den jeweils eintretenden Versicherungsfall (Erlebens- oder Todesfall) ein **unwiderrufliches Bezugsrecht** eingeräumt, ist für die Berechnung des Pflichtteilsergänzungsanspruchs unerheblich, dass für den jeweils anderen, nicht eingetretenen Versicherungsfall eine widerrufliche oder gar keine Bezugsberechtigung steht. Bereits durch die unwiderrufliche Einräumung des Bezugsrechts dürfte die Frist in Gang gesetzt sein.[190] Nach früherer Sichtweise wurden (bei Abstellen auf die Prämien als Schenkungsgegenstand) die in den letzten 10 Jahren entrichteten Einzahlungen[191] oder aber die hieraus anteilig erzielte Versicherungsauszahlungssumme[192] für maßgeblich erachtet, würde man dagegen auch hier als Schenkungsgegenstand den Anspruch auf die Auszahlung selbst sehen, wäre nach Ablauf von 10 Jahren seit der unwiderruflichen Bezugsrechtseinräumung keine Pflichtteilsergänzung mehr geschuldet (außer bei Ehegattenzuwendungen).[193] Für die Insolvenzanfechtung (§ 134 InsO) wurde dies bereits judiziert.[194] Versucht man die neue **Sichtweise des BGH** auf diese Konstellation zu übertragen, müsste man zunächst auf den Rückkaufswert im Zeitpunkt des Anspruchserwerbs des Bezugsberechtigten abstellen, sofern der Pflichtteilsergänzungsberechtigte keinen höheren Veräußerungswert nachweisen kann (bzw. gem. § 2325 Abs. 2 BGB auf einen etwaigen niedrigeren Wert im Todesfall). Entrichtet der Erblasser/Versicherungsnehmer nach der unwiderruflichen Zuwendung des Rechts weitere Prämien, ist der Umfang der Steigerung des Wertes der Ansprüche des Begünstigten, der auf diese weiteren Prämien zurückzuführen ist, weiterer mit- **3466**

---

188 Also das nach anerkannten Regeln der Versicherungsmathematik mit den Rechnungsgrundlagen der Prämienkalkulation zum Schluss der laufenden Versicherungsperiode bezeichnete Deckungskapital (auszuzahlen, wenn der Versicherungsvertrag nicht sein planmäßiges Ende in dem den Versicherungsfall auslösenden Ereignis findet.
189 Vgl. *Rudy*, ZErb 2010, 355 ff.
190 Ebenso *Mayer*, DNotZ 2011, 89, 97.
191 So die wohl vor der BGH-Entscheidung v. 28.04.2010, h.M., MünchKomm-BGB/*Gottwald*, § 330 Rn. 21 m.w.N. Auch im Rahmen der Insolvenzanfechtung gilt die Zuwendung als mit der unwiderruflichen Benennung erfolgt, BGH, 27.09.2012 – IX ZR 15/12, ZEV 2013, 272.
192 Vgl. hierzu *Elfring*, ZEV 2004, 309.
193 So *Armbrüster* am 28.01.2006 auf der ZEV-Jahrestagung in Berlin, S. 16 des Vortragsumdrucks; a.A. *Elfring*, ZEV 2004, 309: maßgeblich sei allerdings die Versicherungssumme zum Benennungszeitpunkt bei unwiderruflicher Berechtigung, nicht – wie sonst – die Versicherungssumme zum Zeitpunkt des Versicherungsfalls.
194 OLG Frankfurt, 11.01.2012 – 13 U 90/11, BeckRS 2012, 06900: Anfechtung kann sich nach Ablauf von vier Jahren (unter Ehegatten) nach Einräumung des Bezugsrechtes allenfalls auf die später einbezahlten Prämien beziehen.

telbarer Schenkungsgegenstand (ausgenommen den seltenen Fall, dass der Gesamtwert der Ansprüche am Todestag doch geringer wäre als zum Zeitpunkt der Einräumung des unwiderruflichen Bezugsrechts: Niederstwertprinzip).

3467 (3) Ist jedoch für den eintretenden Versicherungsfall ein Bezugsberechtigter widerruflich, für den **anderen Versicherungsfall** der Bezugsberechtigte unwiderruflich bestimmt, kann der Fall eintreten, dass der Erblasser im Bewertungszeitpunkt gar nicht mehr Inhaber aller Rechte aus dem Versicherungsvertrag war, da diese bereits dem unwiderruflich Bezugsberechtigten zustehen.

3468 (4) Bei einer reinen **Risikolebensversicherung** besteht eine logische Sekunde vor dem Leistungsfall (Tod) weder ein Rückkaufswert i.S.d. § 169 Abs. 1 VVG, noch ein am Markt realisierbarer »Veräußerungswert«.[195] Die Prämien dürften auch in diesem Fall als Schenkungsgegenstand ausscheiden.[196] Möglicherweise eröffnet dies interessante Chancen zur Pflichtteilsreduzierung?[197] Im Hinblick auf die Gläubigeranfechtung sieht der BGH[198] allerdings in der Einräumung oder Änderung des (auch widerruflichen) Bezugsrechtes als solchen in Bezug auf eine Risikolebensversicherung eine anfechtbare unentgeltliche Zuwendung.

3. Anrechnung von Zuwendungen auf den Pflichtteil (§ 2315 BGB)

3469 Bei der **Anrechnung auf den Pflichtteil des Beschenkten** (§ 2315 BGB) wird überwiegend die Versicherungssumme als Gegenstand der Schenkung »aus dem Vermögen« des Versicherungsnehmers definiert.[199] Nach Ansicht des XII. Zivilsenats des BGH sind Schenkungsgegenstand dagegen die bezahlten Prämien.[200] Hinsichtlich der Bewertung ist – sofern man der überwiegenden Auffassung folgt – beim widerruflich Bezugsberechtigten auf die Auszahlungssumme z.Zt. des Erbfalls abzustimmen, beim unwiderruflich Bezugsberechtigten auf den Wert, den die Versicherungsforderung gehabt hätte, wenn unmittelbar nach der Einräumung des unwiderruflichen Bezugsrechts (in diesem Zeitpunkt ist das Recht übergegangen) der Versicherungsfall eingetreten wäre,[201] so dass die spätere Erhöhung durch weitere Prämieneinzahlung unberücksichtigt bleiben würde. Für die Rechtzeitigkeit der Anrechnungsanordnung (spätestens im Zeitpunkt der Zuwendung) ist ebenfalls streitig, ob auf die Benennung des Bezugsberechtigten[202] oder erst auf den wirksamen Erwerb des Anspruchs gegen den Versprechenden, also spätestens die Auszahlung der Summe[203] abzustellen ist; richtigerweise[204] dürfte auch insoweit zu differenzieren sein zwischen widerruflicher Benennung (Auszahlung) und unwiderruflicher, damit bereits maßgeblicher Benennung.

---

195 Es werden nur geringe Deckungsrückstellungen (für die steigende Sterbewahrscheinlichkeit) gebildet, die jedoch nach BGH, 28.04.2010 – IV ZR 73/08 und 230/08, ZEV 2010, 305 Tz. 52 gerade nicht als Verwertungsmöglichkeit berücksichtigt werden sollen.
196 BGH, a.a.O, Tz 42 (da sie in erster Linie zur Deckung von Verwaltungskosten und zur Zahlung von Versicherungsleistungen an andere Versicherungsnehmer dienen), zweifelnd *Worm*, RNotZ 2010, 412, 413.
197 *Gutachten*, DNotI-Report 2013, 130, 132; *Mayer*, DNotZ 2011, 89, 97; *Müller*, notar 2011, 315, 319.
198 BGH, 22.10.2015 – IX ZR 248/14, DNotZ 2016, 394.
199 So der IV. und der IX. Zivilsenat des BGH, z.B. BGHZ 91, 291; *Elfring*, NJW 2004, 485.
200 BGHZ 130, 380.
201 *Lorenz*, in: FS für Dieter Farny, S. 361.
202 So *Kerscher/Riedel/Lenz*, Pflichtteilsrecht, § 15 Rn. 22 (zur Parallelfrage bei der Ausgleichsanordnung, § 2050 BGB, vgl. oben Rdn. 1929).
203 So *J. Mayer* in: Mayer/Süß/Tanck/Bittler/Wälzholz, Handbuch Pflichtteilsrecht, § 11 Rn. 42; *J. Mayer*, ZErb 2007, 133.
204 Vgl. *Gutachten*, DNotI-Report 2014, 73 ff., dort auch zur Frage der Heilung etwaiger Formbedürftigkeit der Anrechnungsbestimmung gem. § 518 Abs. 2 BGB.

V. Schenkung- und Erbschaftsteuer

1. Bewertungsfragen

In erbschaftsteuerlicher Hinsicht[205] eigneten sich Lebensversicherungen bis zur Erbschaftsteuerreform 2009 zur vorweggenommenen oder erbrechtlichen Übertragung in besonderer Weise, weil bei deren schenkweiser[206] lebzeitiger[207] Übertragung gem. § 12 Abs. 1 ErbStG i.V.m. § 12 Abs. 4 BewG lediglich zwei Drittel der eingezahlten Prämien (bzw. der nachgewiesene niedrigere Rückkaufswert) als steuerliche Bemessungsgrundlage heranzuziehen sind, sofern die Lebensversicherungsansprüche noch nicht fällig sind.[208] Seit 2009[209] wird abweichend von § 9 Abs. 1 BewG immerhin noch eine Privilegierung dahin gehend gewährt, dass nicht fällige Ansprüche lediglich mit dem Rückkaufswert anzusetzen sind. Einigkeit besteht mittlerweile dahin gehend, dass die schenkweise Übertragung der Versicherungsnehmerstellung der sofortigen Besteuerung unterliegt,[210] auch wenn die Schenkung frei widerruflich ist[211] (dies kommt im Ergebnis der bloßen Einräumung eines widerruflichen Bezugsrechts gleich).

3470

2. Besteuerungstatbestände

Die bloße **Einräumung des Bezugsrechtes zugunsten eines Dritten**[212] oder die **Abtretung der Rechte aus dem Vertrag** an ihn ist, auch wenn sie unentgeltlich erfolgt, dagegen als aufschiebend bedingter Erwerb i.S.d. § 4 ErbStG noch schenkungsteuerlich irrelevant, ebenso wie die laufende Prämienzahlung durch den Versicherungsnehmer[213] selbst auf einen solchen Vertrag (anders als die laufende Prämieneinzahlung durch einen Dritten: Geldschenkung, Rdn. 3474). **Erwirbt ein Dritter** (der nicht Versicherungsnehmer ist)[214] **die Versicherungssumme** (als Folge der zivilrechtlichen Sichtweise des IV. BGH-Senates, Rdn. 3463, genauer: den Anspruch auf die Versicherungs-

3471

---

205 Hierzu *Lehmann*, ZEV 2004, 398 ff. und *Fuhrmann/Demuth*, ErbStB 2006, 13 ff. sowie *Halaczinsky*, NWB 2007, 3343 = Fach 10, S. 1611 ff.
206 Ein Verkauf der »gebrauchten Versicherung« soll weder bei Altversicherungen (vor 31.12.2004 – BMF v. 22.08.2002, BStBl. 2002 I, S. 827 Rn. 32) noch in Neufällen zur Steuerpflicht des Veräußerungserlöses führen, auch eine Nachversteuerung der Sonderausgabenabzüge findet nicht statt. Dies soll auch bei (an sich einkommensteuerpflichtigen) Versicherungen gegen Einmalbetrag und Policendarlehen gelten, vgl. *Ronig*, NWB 2006, 109 ff. = Fach 3, S. 13799 ff.
207 Nach *Fromm*, DStR 2005, 1465 (krit. dagegen *Fiedler*, DStR 2005, 1966; Duplik durch *Fromm*, DStR 2005, 1969) gilt Gleiches beim Erwerb der noch nicht fälligen, da auf das Leben eines Dritten als versicherter Person abstellenden, Ansprüche beim Tod des Versicherungsnehmers durch dessen Erben.
208 *Fromm*, DStR 2005, 1465 ff. fordert zusätzlich, dass noch Prämien auf den Vertrag geleistet werden müssen, die nunmehr der Beschenkte trägt (so dass bei der Übertragung sog. 5+7-Verträge in der Prämienruhephase die Auszahlungssumme, und zwar erst bei Auszahlung, besteuert werde).
209 Zur zeitlichen Abgrenzung (Ansatz des 2/3-Wertes auch als Verkehrswert zur Verhältnisrechnung bei gemischten Schenkungen vor 2009) vgl. *Voßkuhl/Klemke*, ErbStB 2010, 147.
210 *Worgulla*, ErbStB 2008, 234, 239 f.
211 BFH, BStBl. 1989 II, S. 1034 (betraf Verfügungsvollmacht), BFH, BStBl. 1983 II, S. 179.
212 Auch bei der unwiderruflichen Benennung, BFH, BStBl. 1999 II, S. 742.
213 Zahlt der Bezugsberechtigte die Prämien auf den »fremden« Vertrag, handelt es sich entgegen R 10 Abs. 2 Satz 2 ErbStR 2003 i.d.R. nicht um eine zweite Schenkung, vielmehr führt dieser Umstand zu einer Reduzierung der Zuwendung des Versicherungsnehmers im Leistungsfall, vgl. *Fuhrmann/Demuth*, ErbStB 2006, 14. Umstritten ist dies, wenn der Bezugsberechtigte nur widerruflich eingesetzt ist, vgl. nachstehende Fußnote und *Halaczinsky*, NWB 2007, 3350 = Fach 10, S. 1618.
214 Ist der »Dritte« jedoch unwiderruflich zum Bezugsberechtigten eingesetzt und entrichtet er die Prämien selbst, wird er nach FG Hannover, 16.11.2005 – 3 K 47/05, DStRE 2006, 810, ebenso R 10 Abs. 2 ErbStR 2003 »wirtschaftlich« zum Versicherungsnehmer, so dass die Versicherungssumme nicht von Todes wegen erworben würde. Anders FG Düsseldorf, 23.03.2011 – 4 K 2354/08 Erb, ErbStB 2012, 8 (n. rkr; Az BFH II R 29/11) bei einem nur widerruflich eingesetzten Bezugsberechtigten.

summe)²¹⁵ selbst als Bezugsberechtigter (gleich ob im Erlebens- oder Sterbefall der versicherten Person) oder als Erbe des Versicherungsnehmers, der keinen Bezugsberechtigten benannt hat, ist dagegen die gesamte Versicherungsleistung steuerbar (§§ 7 Abs. 1 Nr. 1, 3 Abs. 1 Nr. 1 oder Nr. 4 ErbStG),²¹⁶ häufig tritt aufgrund des Progressionssprungs eine Höherbesteuerung des Gesamterwerbs ein. Maßgeblich dafür, ob beim Vertrag zugunsten Dritter eine Schenkung i.S.d. **§ 3 Abs. 1 Nr. 4 ErbStG** auf den Todesfall vorliegt, ist allein das Valutaverhältnis zwischen dem Versprechensempfänger und dem Dritten.²¹⁷ In vergleichbarer Weise kommt es beim Erwerb eines Anspruchs aus einer vom Arbeitgeber zugunsten des Erblassers mit dessen Einverständnis abgeschlossenen Direktversicherung darauf an, ob der Bezugsberechtigte analog §§ 46 bis 48 SGB VI zum Bezug einer gesetzlichen Altersrente nach dem Erblasser berechtigt gewesen wäre oder nicht (in letzterem Fall fällt Erbschaftsteuer gem. § 3 Abs. 1 Nr. 4 ErbStG an²¹⁸).

3472 Bei einer »**Versicherung auf verbundene Leben**« besteht die Steuerpflicht jedoch nur soweit die Versicherungsleistung nicht auf die Prämienleistungen des überlebenden Partners zurückzuführen sind.²¹⁹ Allgemein gilt, dass solche Versicherungsleistungen, die der Bezugsberechtigte durch eigene Beitragsleistungen auf den Vertrag des fremden Versicherungsnehmers »finanziert« hat, nicht der Erbschaftsteuer unterliegen; ggf. ist die Auszahlungssumme aufzuteilen.²²⁰

3473 Macht der Bezugsberechtigte von seinem Zurückweisungsrecht nach § 333 BGB Gebrauch²²¹ und erhält er vom Erben hierfür eine Abfindung, blieb diese bis zur Änderung des § 3 Abs. 2 Nr. 4 ErbStG i.R.d. Erbschaftsteuerreform 2009 unversteuert,²²² während sie der Erbe als Erwerbserlangungskosten gem. § 10 Abs. 5 Nr. 3 ErbStG in Abzug bringen durfte.

3474 Entrichtet ein Dritter die Prämien, liegt darin eine Geldschenkung (nicht etwa handelt es sich um steuerrechtlich – vgl. aber zum Zivilrecht Rdn. 33 – um eine mittelbare Schenkung (Rdn. 5450 ff.) der Erhöhung der Auszahlungssumme, da eine mittelbare Schenkung im steuerrechtlichen Sinne voraussetzt, dass der Erwerbsgegenstand auch steuerliches Zuwendungsobjekt sein kann, was bei der mittelbaren Erhöhung der Auszahlungsanwartschaft nicht der Fall ist.²²³

---

215 Vgl. *Hartmann*, ErbStB 2010, 237.
216 FG Niedersachsen, NotBZ 2006, 183; Anders in den Fällen, in denen die Versicherungssumme der Erfüllung eines Anspruchs des Bezugsberechtigten gegen den Erblasser dient (etwa aus Darlehen: BFH, 27.11.1985 – II R 148/82, BStBl. 1986 II, S. 265).
217 Hessisches FG, 02.04.2009 – 1 K 2778/07, notar 2009, 355 m. Anm. *Ihle* (nichteheliche Lebensgefährten, auch wenn darin Ausgleich für höhere Beiträge zur gemeinsamen Lebensführung liefern soll); BFH, 17.10.2007 – II R 8/07, ZEV 2008, 402: war der Dritte verpflichtet, Teile des Erhaltenen weiterzugeben, hat er nur den verbleibenden Rest zu versteuern.
218 BFH, 18.12.2013 – II R 55/12, ZEV 2014, 213.
219 Bei Ehegatten legt die Finanzverwaltung gem. R E 3.6 Abs. 3 ErbStR 2011 angelehnt an § 742 BGB typisierend eine je hälftige »Speisung« des Prämienaufkommens zugrunde, so dass faktisch 50 % der Versicherungsleistung steuerfrei wird, vgl. *Kottke*, DB 1990, 2447.
220 R E 3.7 Abs. 2 Satz 2 ErbStR 2011 – vgl. *Geck*, ZEV 2012, 130, 131 –; zuvor bereits gleichlautender Ländererlass v. 23.02.2010, BStBl 2010 II, S. 194 (anders noch R 10 Abs. 2 Satz 2 ff. ErbStR 2003), gestützt auf den Rechtsgedanken des BFH v. 01.07.2008 – II R 38/07, BStBl 2008 II, S. 876: Aufwendungen, die ein späterer Erbe in Erwartung der Erbschaft auf ein nachlasszugehöriges Grundstück getätigt hat, führen zu keiner erbschaftsteuerpflichtigen Bereicherung. Gegen diese Sichtweise FG Düsseldorf, 23.03.2011 – 4 K 2354/08 Erb ErbStB 2012, 8 (Az BFH: II R 29/11) bei einer nur widerruflichen Einsetzung.
221 Als »Gestaltungsfalle« erweist sich eine »bedingte Zurückweisung« (anknüpfend an die Auszahlung an einen bestimmten Ersatzberechtigten); es liegt dann ein steuerpflichtiger Erwerb der Versicherungssumme und deren ebenfalls steuerpflichtige Weiterschenkung vor, vgl. FG Hannover, EFG 2000, 387.
222 *Wachter*, MittBayNot 2000, 171; ebenso *Gebel*, ZEV 2005, 241; *Fuhrmann/Demuth*, ErbStB 2005, 357 und ErbStB 2006, 15; *Berresheim*, RNotZ 2007, 510.
223 BFH, 22.10.2014 – II R 26/13, ErbStB 2015, 31 (gegen FG München, 20.02.2013 – 4 K 690/10, EFG 2013, 869).

3. Gestaltungsempfehlungen

Wird die Versicherung auf die Person eines anderen genommen, sind also **Versicherungsnehmer und versicherte Person nicht identisch**, unterliegt die Auszahlung der Versicherungssumme an die dritte Person als Bezugsberechtigten zwar nicht der Erbschaft-,[224] allerdings in identischer Höhe der Schenkungsteuer (§ 7 Abs. 1 Nr. 1 ErbStG). Sind schließlich **Versicherungsnehmer und Bezugsberechtigter** identisch oder wird kein Bezugsberechtigter benannt, wird die beim Tod der versicherten Person auszuzahlende Summe nicht versteuert; Schenkungsgegenstand könnten allenfalls die Prämien sein, falls diese von der versicherten Person getragen wurden,[225] es sei denn dadurch wurde ein gesetzlicher Unterhaltsanspruch (Vorsorgeunterhalt, auch als Teil des Nachscheidungsunterhalts)[226] erfüllt[227] (Stirbt der Versicherungsnehmer jedoch vor der versicherten Person, fällt die Versicherung in den Nachlass, jedoch wohl privilegiert mit dem Rückkaufswert, bis Ende 2008 mit dem Zwei-Drittel-Wert, gem. § 12 Abs. 4 BewG, streitig).[228]

3475

▶ Hinweis:

Damit liegt in der Trennung zwischen Versicherungsnehmer und versicherter Person ein Gestaltungsmodell zur erbschaftsteuerfreien Absicherung des Versicherungsnehmers, z.B. auch um ihm die Zahlung der Erbschaftsteuer für den weiteren Erwerb zu erleichtern:[229] Die Unternehmerehefrau schließt eine hohe Lebensversicherung auf das Leben ihres Gatten ab, ist also Versicherungsnehmerin und Bezugsberechtigte. Allenfalls die vom Ehemann gezahlten Prämien sind, soweit nicht Unterhaltsleistungen, schenkungsteuerpflichtig. Die Lebensversicherungssumme selbst ist erbschaftsteuerfrei und führt auch nicht zu einer Kürzung des Versorgungsfreibetrages gem. § 17 Abs. 1 Satz 2 ErbStG.[230] Sie wird allerdings zugewinnausgleichsrechtlich (wohl) dem Endvermögen des Versicherungsnehmers zuzurechnen, mindert also unter Ehegatten dessen potentiell steuerfreien Zugewinnausgleichsanspruch.

3476

▶ Weiterer Hinweis:

Der Bezugsberechtigte (der nicht zugleich Versicherungsnehmer ist) ist dann nicht steuerpflichtig bereichert, wenn er nachweisen kann, dass er die Prämien aus eigenem Vermögen entrichtet hat (in diesem Fall ist auch die Übertragung des noch laufenden Versicherungsvertrages an ihn steuerfrei. Es ist nicht mehr (wie nach früherer Verwaltungsauffassung) erforderlich, dass eine unwiderrufliche Bezugsberechtigung vorliegt, R E 3.7 ErbStR 2011. Die Lebensversicherungssumme wird gleichwohl im Zugewinnausgleich im Endvermögen des verstorbenen Ehegatten (= Versicherungsnehmers) zugerechnet, erhöht also den potentiell steuerfreien Zugewinnausgleich (R E 5.1 Abs. 4 ErbStR 2011).

3477

Einzelne Versicherungsgesellschaften erlauben das zeitliche »Hinausschieben« der Auskehr der Versicherungssumme an den Begünstigten dadurch, dass dessen Begünstigung beim Tod der versicherten Person unwiderruflich wird, die Versicherungssumme aber in den Deckungsstock der Lebensversicherung fällt und dort für eine bestimmte Zeit weiter verwaltet wird. Erst nach Ablauf

3478

---

224 Da § 3 Abs. 1 Nr. 4 ErbStG den Versicherungsfall mit der Person des Versicherungsnehmers verknüpft, vgl. *Gebel*, in: Troll/Gebel/Jülicher, ErbStG, § 3 Rn. 290.
225 Vgl. *Klepsch/Klepsch*, NotBZ 2004, 374.
226 *Fuhrmann/Demuth*, ErbStB 2006, 16.
227 BFH, BStBl. 1994 II, S. 366.
228 Vgl. *Fromm*, DStR 2005, 1465 [krit. dagegen *Fiedler*, DStR 2005, 1966; Duplik durch *Fromm*, DStR 2005, 1969].
229 Sog. »unechte Erbschaftsteuerversicherung«.
230 *Kühn*, ZErb 2012, 177 ff.: Kürzung tritt nur ein für gesetzliche Versorgungsleistungen und solche, die auf einem Vertrag *des Erblassers* beruhen, der nicht unter § 3 Abs. 1 Nr. 4 ErbStG fällt.

dieser Zeit (mit der insb. schwierige Phasen bei jugendlichen Begünstigten überbrückt werden können) erfolgt die Auszahlung und damit die Versteuerung.[231]

3479 Hinzuweisen ist schließlich noch darauf, dass Leistungen aus einer Luftunfall-Versicherung gem. § 50 LuftVG eine pauschalierte Schadensregelung beinhalten, also nicht zu einem der Erbschaftsteuer unterliegenden Erwerb führen.[232]

3480 Das VVG ermöglicht den Abschluss von Versicherungsverträgen durch **mehrere Versicherungsnehmer** (mit der Folge, dass Verfügungen nur noch gemeinsam möglich sind) auch in unterschiedlicher Beteiligungshöhe. Der Schenker könnte also bereits 99 Prozent des Kapitals an sein Kind als zweiten Versicherungsnehmer verschenkt haben, bleibt jedoch aufgrund seiner nur noch einprozentigen Beteiligung als weiterer Versicherungsnehmer in einer Kontrollposition hinsichtlich des übertragenen Vermögens, das in einer Lebensversicherung angesammelt ist/wird.[233]

3481 Gewährt ein Lebensversicherungsvertrag in der Leistungsphase nicht eine Einmalzahlung, sondern eine Rente und wird der Vertrag (durch Übertragung der Versicherungsnehmerstellung) **während der Rentenphase übertragen**, erfolgt die schenkungsteuerliche Bewertung des Rentenstammrechtes nach Maßgabe der jährlich gem. § 14 Abs. 1 Satz 4 BewG veröffentlichten Multiplikatoren (vgl. Rdn. 4764). Maßgeblich ist dabei das Lebensalter des bisherigen Versicherungsnehmers (Schenkers) zum Zeitpunkt der Übertragung, so dass sich beispielsweise bei einem 60-jährigen männlichen Schenker ein Multiplikationsfaktor von (im Jahr 2014) 12,713 ergibt. Die Multiplikation dieses Faktors mit der erzielbaren Jahresrente führt jedoch zu weit geringeren Beträgen als die Einzahlungen, die zur Erzielung solcher Jahresrenten erforderlich sind,[234] so dass (über den Umweg der Verrentung) wirtschaftlich ein höherer Kapitalbetrag zu einem niedrigeren Bewertungsansatz übertragen werden kann. Die auf die Rente zu entrichtende Einkommensteuer (die nun den Beschenkten trifft) richtet sich hinsichtlich des dabei zugrunde zu legenden Ertragsanteils weiterhin nach dem Lebensalter des Schenkers (bisherigen Versicherungsnehmers, auf dessen Lebensdauer die Rente gewährt wird), und ist damit weit geringer als sie im Falle eines Abstellens auf das Lebensalter des Beschenkten (z.B. des Kindes) wäre.

3482 Hinzu kommt die Möglichkeit, den Versicherungsvertrag so zu gestalten, dass während des Rentenbezuges (natürlich unter entsprechender Reduzierung der auf die restliche Lebensdauer des Schenkers noch an den Beschenkten zu leistenden monatliche Rente) **Kapital** durch den Beschenkten (der ja im Zeitpunkt der Entnahmeentscheidung bereits Versicherungsnehmer geworden ist) zur freien Verfügung **entnommen wird**. Diese spätere Entnahme wirkt auf die bereits erfolgte Veranlagung zur Schenkungsteuer nicht zurück, stellt insbesondere keine zusätzliche Schenkung dar.

4. Ertragsteuerlicher Ausblick

3483 Erläuternd sei noch hinzugefügt, dass sich auch die **ertragsteuerliche** Behandlung einer **entgeltlichen Verfügung über Kapitalversicherungen** (bzw. Rentenversicherungen mit Kapitalwahlrecht), also deren Verkauf, seit 2009 verändert hat: Während bis zum 31.12.2008 die Veräußerung von (vor dem 31.12.2004 abgeschlossenen) Altverträgen wie auch von »Neuverträgen« nach Ablauf der einjährigen Spekulationsfrist steuerfrei ist, führt § 20 Abs. 2 Satz 1 Nr. 6 EStG seit 2009 zu einer Besteuerung des Veräußerungsgewinns[235] aller Versicherungen, einschließlich der »Altverträge«, sofern bei diesen auch der Rückkauf im Zeitpunkt der Veräußerung steuerpflichtig wäre

---

231 Vgl. *Groß*, ErbStB 2007, 240, 241. Allgemein zum Zeitpunkt der Steuerentstehung bei Lebensversicherungen: *Worgulla*, ErbStB 2008, 234, 238.
232 BFH, 11.10.1978 – II R 46/77, BStBl 1979 II, 115.
233 Vgl. *Mutschler/Thiex*, ZEV 2014, 351.
234 Berechnungsbeispiele bei *Mutschler/Thiex*, ZEV 2014, 351, 352.
235 Die unentgeltliche Übertragung der Versicherungsnehmerstellung bei Altverträgen lässt allerdings die Steuerfreiheit der späteren Auszahlung nicht entfallen, vgl. BFH, VIII B 48/08.

C. Insbesondere: der Lebensversicherungsvertrag Kapitel 8

(§ 52a Abs. 10 Satz 5 EStG), also noch nicht die Mindestlaufzeit von 12 Jahren abgelaufen ist. Allerdings kommt im Vergleich zum Rückkauf eine andere Bemessungsgrundlage zum Tragen.[236]

VI. Lebensversicherungen als Mittel der »Asset Protection«?

Hinzuweisen ist insoweit zum einen auf Einzahlungen in angeblich pfändungssichere liechtensteinische Lebensversicherungen (nachstehend Rdn. 3485). Sicherer, allerdings weniger weitgehend, ist der seit 31.03.2007 gewährte Pfändungsschutz für Altersvorsorge-Lebensversicherungen von Freiberuflern, Rdn. 3490. Zum **Konzept der »Asset Protection«** allgemein s.o. Rdn. 257 ff. 3484

1. Liechtensteinische Lebensversicherungen[237]

Motiv solcher Einzahlungen ist das durch Art. 78 des Liechtensteinischen Versicherungsvertragsgesetzes (VersVG) geschaffene Vollstreckungsprivileg: Sofern der Ehegatte oder die Nachkommen des Versicherungsnehmers als Begünstigte eingesetzt sind, unterliegt weder der Versicherungsanspruch des Begünstigten selbst noch der des Versicherungsnehmers der Pfändung oder dem Insolvenzbeschlag. Den Ehegatten sind Partner in eheähnlicher Gemeinschaft gleichgestellt. Gem. Art. 79 des genannten Gesetzes werden Ehegatten bzw. Nachkommen, die bisher Begünstigte waren, zu Versicherungsnehmern und können demnach den Versicherungsvertrag selbst weiterführen, wenn gegen den Versicherungsnehmer Pfändungen ausgebracht oder über ihn die Insolvenz eröffnet wird.[238] Hat der Versicherungsnehmer auf das Recht des Widerrufs der Begünstigung verzichtet, unterliegt des Weiteren immerhin der Versicherungsanspruch des Versicherten (allerdings nicht der des Begünstigten) nicht mehr der Pfändung, Art. 77 Abs. 2 VersVG. 3485

Nach deutschem Recht sind die Rechtshandlungen des Versicherungsnehmers regelmäßig gem. § 133 ff. InsO anfechtbar, so dass der Begünstigte das Erlangte gem. § 143 InsO der Insolvenzmasse zurückzugewähren hat. Der durch Art. 77 f. VersVG vermittelte »Pfändungsschutz« greift demnach nur, wenn die Anwendbarkeit des Liechtensteinischen Versicherungsvertragsrechts vereinbart werden könnte. Diese Möglichkeit[239] ist mit dem Wegfall des. Art. 9 Abs. 4 EGVVG (sog. Korrespondenzversicherungsprivileg) seit 01.01.2010 für deutsche Staatsbürger **entfallen**. In Betracht kommt allenfalls der Erwerb »gebrauchter« Lebensversicherungsverträge mit wirksamer Rechtswahl.[240] Stets ist allerdings zu berücksichtigen, dass gem. Art. 3 Abs. 3 der Europäischen VO über das auf Schuldverhältnisse anwendbare Recht (ROM I-VO) zwingende Normen des deutschen Rechts, zu denen wohl auch das Anfechtungsrecht zählt, nicht umgangen werden dürfen.[241] Ist deutsches Sachrecht anwendbar, fällt der Versicherungswert allein an den Bezugsberechtigten, während die mitunter aufgehäuften Steuerschulden für die (aus schwarzen Kassen stammenden) Einzahlungen im Nachlass bleiben.[242] 3486

Der sonach eröffnete Vollstreckungszugriff nach deutschem Recht wird im deutschen Insolvenzverfahren durch die in § 97 Abs. 2 InsO statuierte Pflicht zur Erteilung einer Vollmacht an den 3487

---

236 Vgl. im Einzelnen *Rengier*, NWB 2007, 4157 = Fach 3, S. 14859.
237 Vgl. *Worgulla/Thonemann*, ErbStB 2008, 171 ff.; *von Oertzen/Ponath*, Asset Protection im deutschen Recht, 2. Aufl. 2013, S. 129 ff.
238 Im »gesetzlichen Eintritt« liegt wohl (mangels Zuwendungsrechtsgeschäftes) kein schenkungsteuerpflichtiger Vorgang, jedoch in der späteren Auszahlung der Versicherungssumme, § 3 Abs. 1 Nr. 4 ErbStG; *Worgulla/Thoneman n*, ErbStB 2008, 175 ff. mit Hinweisen auch zur Gegenansicht.
239 Bis zum 31.12.2009 getroffene Rechtswahlerklärungen setzten voraus, dass das Versicherungsunternehmen in Deutschland weder selbst noch durch Mittelspersonen das Versicherungsgeschäft betreibt. Schon die Einschaltung eines inländischen Maklers könnte schädlich gewesen sein (Nachweise bei *Worgulla/Thonemann*, ErbStB 2008, 172), möglicherweise gar Werbung im Internet: *Prölss/Armbrüster*, VVG, Art. 9 Rn. 10.
240 Skeptisch insoweit *von Oertzen/Ponath*, Asset Protection im deutschen Recht, 2. Aufl. 2013 Rn. 234.
241 Skeptisch daher *Trappe*, ErbR 2011, 76.
242 *Behn/Kühle*, ZEV 2014, 148: Asset protection zu Lasten der Erben.

Insolvenzverwalter, das im Ausland gelegene Vermögen zu verwerten, durchgesetzt. Zu dessen Erzwingung kann sogar Haftbefehl erlassen werden.[243] Damit dürfte der angestrebte »Pfändungsschutz« nur in den Fällen gewährleistet sein, in denen ein unmittelbarer Vertragsabschluss im Ausland mit einer Gesellschaft stattfindet, die im Inland keine werblichen Aktivitäten entfaltet.

3488 **Einkommensteuerlich** ist zu prüfen, ob die Ausgestaltung des ausländischen Versicherungsvertrags den Bedingungen entspricht, die an die Gewährung der seit 01.01.2005 bei Lebensversicherungen noch verbleibenden steuerlichen Privilegierungen geknüpft sind.[244] Hiernach bleiben Kapitalleistungen im Todesfall der versicherten Personen steuerfrei, im Erlebens- und Rückkaufsfall wird der Unterschied zwischen den eingezahlten Beiträgen und der Versicherungsleistung gem. § 20 Abs. 1 Nr. 6 EStG besteuert (bei Zahlungen nach dem 60. Lebensjahr und Ablauf von 12 Jahren zur Hälfte). Rentenleistungen werden bei sog. Rürup-Verträgen nachgelagert, also erst bei der Auszahlung, besteuert gem. § 22 Nr. 1 Satz 3a, aa EStG (allerdings wird ein begrenzter Sonderausgabenabzug auf die Prämien gewährt), während sonstige Rentenversicherungen hinsichtlich des Ertragsanteils nach § 22 Nr. 1 Satz 3a, bb EStG besteuert werden.

3489 Problematisch bei ausländischen Lebensversicherungen ist zum einen, ob tatsächlich ein Versicherungsvertrag gem. § 20 Abs. 1 Nr. 6 EStG (Übernahme des biometrischen Risikos) oder nicht vielmehr ein nicht förderfähiger atypischer Sparvertrag gem. § 20 Abs. 1 Nr. 7 EStG vorliegt. Es darf daher beim Risikoeintritt nicht lediglich die Rückzahlung der eingezahlten Beiträge zuzüglich einer Überschussbeteiligung vereinbart sein. Schädlich ist des Weiteren möglicherweise ein in ausländischen Lebensversicherungspolicen häufig eingeräumter, zu weitgehender Einfluss des Versicherungsnehmers auf die Art der Vermögensanlage, die über das bloße »Switchen«[245] oder »Shiften«[246] hinausgeht. Sofern die konkreten Vermögensanlagen nicht nur durch die Versicherungsgesellschaft selbst oder deren beauftragte Vermögensverwalter getroffen werden, könnte ein schädlicher steuerlicher Zufluss beim Versicherungsnehmer bereits zu Lebzeiten vorliegen (Transparenzbesteuerung gem. § 20 Abs. 1 Nr. 6 Satz 5 EStG für nach dem 31.12.2004 abgeschlossene vermögensverwaltende Lebensversicherungen seit 01.01.2009).[247]

2. Pfändungsschutz zur Altersvorsorge (§§ 851c, 851d ZPO)

3490 Das am 31.03.2007 in Kraft getretene Gesetz zum **Pfändungsschutz der Altersvorsorge**[248] schafft einen begrenzten Schutz für Lebensversicherungen und private Rentenversicherungen, die der Alterssicherung Selbstständiger dienen, auch um eine teilweise Gleichstellung mit den unpfändbaren Anwartschaften der Leistungen aus der gesetzlichen oder betrieblichen Rentenversicherung zu erreichen.

Der bereits bestehende Pfändungsschutz abhängig Beschäftigter wird sozial(versicherungs-)rechtlich und zivilrechtlich angeknüpft:

3491 **Sozialrechtlich** können gem. § 54 Abs. 1 SGB I Ansprüche auf Dienst- und Sachleistungen nicht gepfändet werden, Ansprüche auf einmalige Geldleistungen gem. § 54 Abs. 2 SGB I nur nach den Umständen des Einzelfalls (abhängig von Höhe und Zweckbestimmung der Geldleistung, der Art des beizutreibenden Anspruchs und den Einkommens- und Vermögensverhältnissen des Leistungsberechtigten). Gem. § 54 Abs. 3 SGB I existieren daneben völlig unpfändbare Sozialleis-

---

243 Vgl. LG Memmingen, ZIP 1993, 204.
244 Vgl. insgesamt BMF-Schreiben v. 01.10.2009 – IV C 1 – S 2252/07/0001 – DOK 2009/0637786, EStB 2009, 391. Übersicht über Renten aus eigenen Beitragszahlungen des Rentenberechtigten bei *Worgulla*, ErbStB 2007, 137.
245 Änderung der Zusammensetzung künftiger Anlagen.
246 Umschichtung bereits investierter Sparanteile.
247 Vgl. *von Oertzen/Ponath*, Asset Protection im deutschen Recht, 2. Aufl. 2013, Rn. 239 ff.
248 BGBl. 2007 I, S. 368; vgl. z.B. *Meyerhoff*, NWB 2007, 1467 ff. = Fach 19, S. 3685 ff. und *Stöber*, NJW 2007, 1242 ff.; *Holzer*, DStR 2007, 767.

tungen, wie etwa das Elterngeld und Teile des früheren Wohngelds. Laufende Geldleistungen, etwa Renten aus der gesetzlichen Altersversicherung gemäß SGB VI, können gem. § 54 Abs. 4 SGB I wie Arbeitseinkommen gepfändet werden. Diese Pfändungsgrenzen betragen derzeit bei einem alleinstehenden Arbeitnehmer ohne Unterhaltspflichten 989,99 €,[249] bei einer unterhaltsberechtigten Person 1.359,99 € und für jede weitere unterhaltsberechtigte Person weitere 200,00 € (also bei Unterhaltspflicht für fünf Personen: 2.199,99 €). Auch ein durch Rentenauszahlung entstehendes Bankguthaben ist gem. § 55 Abs. 4 SGB I in dieser Höhe geschützt. Leistungen aus berufsständischen Versorgungswerken (v.a. der verkammerten Berufe) sind hinsichtlich des Pfändungsschutzes gleichgestellt (sogar auch ohne die häufig enthaltene ausdrückliche landesrechtliche Verweisung auf § 54 SGB I).[250]

Zivilrechtlich wird der Pfändungsschutz durch §§ 850 ff. ZPO gewährleistet. Versorgungsleistungen, die unter § 850b ZPO fallen (z.B. Bezüge aus Witwen- und Hilfskassen etc.) unterliegen demnach nur einer bedingten Pfändbarkeit: Die Vollstreckung in das sonstige bewegliche Vermögen des Schuldners muss voraussichtlich ergebnislos bleiben, die Pfändung muss der Billigkeit entsprechen und hat die Pfändungsfreigrenzen zu beachten.

3492

I.R.d. § 850c ZPO gelten dagegen lediglich die alle 2 Jahre neu bekannt zu machenden Pfändungsfreigrenzen ohne zusätzliche Beschränkungen.

Personen außerhalb des Sozialversicherungssystems waren von diesem Pfändungsschutz bisher nicht erfasst.[251]

3493

Die demnach notwendige Gleichstellung Selbstständiger, aber auch Nichtberufstätiger oder von Arbeitnehmern mit privater Zusatzvorsorge,[252] wird durch das Gesetz zum Pfändungsschutz der Altersvorsorge in zweierlei Weise (zur Entlastung staatlicher Sozialsysteme auf Kosten privater Vollstreckungsgläubiger) gewährleistet:

Die nach **Eintritt des Versicherungsfalls zu zahlenden Renten**[253] sind in gleicher Weise geschützt wie Renten aus einer gesetzlichen Rentenversicherung, dürfen also nur unter Einhaltung der Pfändungsgrenzen für Arbeitseinkommen gepfändet werden (§ 851c Abs. 1 ZPO). Voraussetzung ist, dass die Leistungen in regelmäßigen Zeitabständen lebenslang und frühestens ab Vollendung des 60. Lebensjahres bzw. ab Berufsunfähigkeit gewährt werden, über die Ansprüche aus dem Vertrag nicht verfügt werden darf, als Bezugsberechtigte lediglich Hinterbliebene[254] benannt sind und die Zahlung einer Kapitalleistung, ausgenommen im Todesfall, nicht vereinbart wurde. Mehrere Leistungen sind dabei zusammenzurechnen; der unpfändbare Anteil soll auf die Leistung entfallen, die wesentliche Grundlage der Lebenshaltung des Schuldners bildet (§ 850e Nr. 2 ZPO).

Auch der **Aufbau von Vorsorgekapital**[255] wird einem Pfändungsschutz unterstellt (§ 851c Abs. 2 ZPO). Zur Vermeidung von Missbräuchen ist dieser **Schutz allerdings der Höhe nach (altersabhängig) limitiert** und auf bestimmte Versicherungsvertragstypen begrenzt:

3494

Erforderlich ist die unwiderrufliche Einzahlung in einen Vertrag, dessen angespartes Kapital erst mit Eintritt des Rentenfalls oder im Fall der Berufsunfähigkeit ausschließlich als lebenslange Rente (ohne Kapitalisierungsmöglichkeit) erbracht wird. Lediglich im Todesfall ist ein Kapitalwahl-

---

249 Vgl. ab 01.07.2007 (bis zur Änderung jeweils zum 30. Juni im 2-Jahres-Zeitraum) die Pfändungsfreigrenzenbekanntmachung, BGBl. 2007 I, S. 64.
250 BGH, FamRZ 2005, 438.
251 Abgesehen von den strengen Voraussetzungen des § 765a Abs. 1 Satz 1 ZPO.
252 *Hasse*, VersR 2006, 147.
253 Etwa aus Kapitallebens- oder Rentenversicherungsverträgen, aus Bank- oder Fondssparplänen.
254 Ehegatten, Kinder und Pflegekinder, nicht aber Lebensgefährten, vgl. BGH, 25.11.2010 – VII ZB 5/08, ZEV 2011, 204.
255 Nicht jedoch die für die Einzahlung vorgesehenen Mittel des Schuldners, vgl. BGH, 12.05.2011 – IX ZB 181/10, RPfleger 2011, 534.

recht möglich. Der Versicherungsnehmer muss weiter unwiderruflich darauf verzichtet haben, über seine Ansprüche aus dem Versicherungsvertrag zu verfügen. Auch Hinterbliebene werden in den Schutzumfang einbezogen; für lebzeitige Auszahlungen ist allerdings keine Benennung eines Dritten möglich. Bestehende Versicherungsverträge können gem. § 173 VVG in geschützte Verträge umgewandelt werden, sofern nicht Rechte Dritter (Abtretung, Verpfändung, Bezugsberechtigung) entgegenstehen.

3495 Jährlich können unpfändbar altersabhängig folgende Beträge angelegt werden:
- durch 18- bis 29-Jährige bis zu 2.000,00 € jährlich,
- durch 30- bis 39-Jährige bis zu 4.000,00 € jährlich,
- durch 40- bis 47-Jährige bis zu 4.500,00 € jährlich,
- durch 48- bis 53-Jährige bis zu 6.000,00 € jährlich,
- durch 54- bis 59-Jährige bis zu 8.000,00 € jährlich,
- durch 60- bis 65-Jährige bis zu 9.000,00 € jährlich

(darüber bestehen keine Freibeträge mehr, § 851c Abs. 2 ZPO)

Bei voller Ausnutzung kann demnach eine Gesamtsumme von 238.000,00 € angespart werden.

3496 In diesen Pfändungsschutz (Gleichstellung mit Arbeitseinkommen) werden gem. § 851d ZPO auch die Renten aus steuerlich geförderten Altersvorsorgevermögen (Riester-Renten gem. §§ 10a, 79 ff. EStG und Rürup-Renten gem. § 10 Abs. 1 Nr. 2b EStG) einbezogen. Das angesparte Vermögen selbst ist jedoch derzeit lediglich bei der »Riester-Rente« geschützt, da es gem. § 97 Abs. 1 EStG nicht übertragbar und demnach gem. § 851 Abs. 1 ZPO auch nicht pfändbar ist.[256]

D. Rechtsgeschäfte unter Lebenden auf den Tod eines Dritten (§ 311b Abs. 4 und 5 BGB)

3497 § 311b Abs. 4 und 5 BGB verbietet, wie im römischen Recht, im Grundsatz Verträge über den Nachlass eines noch lebenden Dritten, auch wenn sie lediglich den Pflichtteil oder ein Vermächtnis aus dem Nachlass dieses noch lebenden Dritten betreffen.[257] Die Ratio dieses Verbots lag früher primär in der Pietätlosigkeit, mittelbar auf den raschen Tod eines Dritten zu hoffen, heute in der Gefahr, dass der künftige Erbe aus Unerfahrenheit oder einer Zwangslage heraus seine künftige Erbschaft, deren Umfang naturgemäß ungewiss ist, zu unangemessen niedrigen Konditionen verschleudern könnte.

3498 § 311b Abs. 5 BGB steht zu Abs. 4 in einem Regel-Ausnahmeverhältnis: Was nach Abs. 4 verboten ist, kann ausnahmsweise nach Abs. 5 noch erlaubt sein; daneben gibt es jedoch Sachverhalte, die bereits nach Abs. 4 erlaubt sind und die demzufolge nicht zusätzlich auch die Voraussetzungen des Abs. 5 erfüllen müssen. Somit ist zunächst (nachstehend I, Rdn. 3502 ff.) zu prüfen, welche Erbschaftsverträge gem. § 311b Abs. 4 BGB verboten sind, sodann (II, Rdn. 3507 ff.) welche gem. Abs. 4 erlaubt sind, schließlich (III, Rdn. 3514 ff.) welche gem. Abs. 5 erlaubt sind.

3499 In der Gestaltungspraxis sind solche Erbschaftsverträge bisher wenig verbreitet, was insbesondere an ihrer lediglich schuldrechtlichen Natur liegen mag. Tatsächlich sind sie ein geeignetes Mittel insbesondere zur Absicherung von Pflichtteilsverzichten und können unter Geschwistern bereits vor dem Erbfall der Eltern klare Verhältnisse schaffen, sei es im Sinn einer vorweggenommenen Erbauseinandersetzung, eines vorweggenommenen Ausscheidens aus der künftigen Erbengemeinschaft oder einer sonstigen Verteilungsvereinbarung, durch welche die Kinder verhindern können, dass der Erblasser sie »gegeneinander ausspielt«.[258]

---

256 *Stöber*, Forderungspfändung, 14. Aufl. 2005, Rn. 70.
257 Vgl. hierzu und zum Folgenden: *Henssler*, RNotZ 2010, 221 ff. sowie *v. Proff*, ZEV 2013, 183 ff.
258 Vgl. *v. Proff*, ZEV 2013, 183.

Aus den schuldrechtlichen Vereinbarungen ergeben sich **ertragsteuerlich** noch keine Konsequenzen, insb. liegen noch keine Anschaffungskosten vor in Bezug auf künftig zur Einkunftserzielung zu nutzende Gegenstände, in Gestalt der schon lebzeitig zu erbringenden Zahlungen, da aufgrund dieser Zahlungen nur eine rechtlich ungeschützte Erwartung erworben wird, noch kein Wirtschaftsgut. Auch aus Sicht des (regelmäßig ohnehin nicht beteiligten) potentiellen Erblassers ergibt sich kein Veräußerungsvorgang. 3500

Schenkungsteuerlich sind Vereinbarungen zwischen den künftigen Erben nur dann steuerbar, wenn bereits Leistungen des Verpflichteten an den Berechtigten erbracht werden, allein die schuldrechtliche Vereinbarung gem. § 311b Abs. 5 Satz 1 BGB reicht zur Erfüllung des steuerlichen Tatbestands (noch) nicht aus. Werden Leistungen erbracht, sind sie mit Eintritt des Erbfalls beim Zahlungsverpflichteten als Nachlassverbindlichkeit gem. § 10 Abs. 5 Nr. 3 Satz 1 ErbStG abziehbar; im Hinblick auf § 7 Abs. 1 Nr. 1 ErbStG (also hinsichtlich der Besteuerung der Zahlung selbst) zählt das Zuwendungsverhältnis zwischen den unmittelbar am Überweisungsvorgang beteiligten Personen zählen, nicht mehr (wie vor dem BFH-Urteil vom 10.05.2017[259]) das Verhältnis zum künftigen Erblasser.[260] Auch in Bezug auf die Anrechnung von Vorschenkungen (§ 14 Abs. 1 Satz 1 ErbStG) ist das Verhältnis zwischen z.B. den am Zahlungsvorgang beteiligten Geschwistern[261] maßgeblich und nicht das Verhältnis zum Erblasser. Eine »Umleitung« der Abfindung über den Erblasser (Elternteil) bringt, wenn sie nicht bereits als unbeachtliche Kettenschenkung abgetan wird (Rdn. 3304 ff.), keinen Vorteil, vgl. Rdn. 4479. 3501

I. Gem. § 311b Abs. 4 BGB verbotene Gestaltungen

Rechtsprechung und Literatur[262] legen die Reichweite des Verbots von Erbschaftsverträgen in Abs. 4 sehr weit aus. Unwirksam ist bspw. auch das Versprechen, einen bestimmten Prozentsatz aus dem künftigen Nachlass eines Dritten dem Wert nach abzuführen.[263] Verboten ist demnach jede Verpflichtung in Bezug auf den Nachlass eines noch lebenden Dritten oder die erbrechtliche Beteiligung eines künftigen Erben, sofern nicht alle Parteien künftige gesetzliche Erben sind (Abs. 5, nachstehend III). 3502

Nichtig sind also Verpflichtungen, 3503
(1) die künftige Erbschaft oder einen Anteil daran, den Pflichtteil oder ein Vermächtnis zu übertragen oder (etwa mit einem Nießbrauch oder Pfandrecht) zu belasten;
(2) einen Prozentsatz oder eine sonstige Quote aus dem künftigen Nachlass des Dritten abzuführen, sei es in Natur oder dem Wert nach.
(3) Ebenso die einem anderen ggü. – sofern nicht (gemäß Abs. 5, nachstehend III, Rdn. 3514 ff.) ausschließlich künftige gesetzliche Erben beteiligt sind – eingegangene Verpflichtung 3504
   a) mit dem künftigen Erblasser einen Erb-, Pflichtteils- oder Zuwendungsverzichtsvertrag abzuschließen oder wieder aufzuheben,
   b) das künftige Pflichtteilsrecht nicht geltend zu machen oder den Pflichtteilsanspruch zu erlassen[264] (möglich sind insoweit nur Verfügungsverträge mit dem Erblasser unmittelbar, also z.B. der Pflichtteilsverzicht selbst),

---

259 BFH, 10.05.2017 – II R 25/15, ZEV 2017, 532 m. Anm. *Böing*.
260 BFH, 25.01.2001 – II R 22/98, BStBl. 2001 II, 456; ähnlich BFH, 16.05.2013 – II R 21/11, BStBl. 2013 II, 922; vgl. *Jülicher*, ZErb 2014, 126.
261 So FG Münster, 26.02.2016 – 3 K 3065/14 Erb, ZEV 2015, 666 m. Anm. *Friz*, insoweit konsequenterweise durch BFH, 10.05.2017 – II R 25/15, ZEV 2017, 532 m. Anm. *Böing* bestätigt, da ja auch für die Besteuerung das Verhältnis zum Zahlenden maßgeblich ist.
262 Vgl. *Limmer*, DNotZ 1998, 927 ff.
263 BGH, NJW 1958, 705.
264 Hierzu und zur Mm., die zwischen »Pflichtteilsrecht« und »Pflichtteilsanspruch« unterscheiden will, vgl. *Henssler*, RNotZ 2010, 221, 229.

c) die Erbengemeinschaft nicht oder nur nach einem bestimmten Zeitraum auseinanderzusetzen,
d) eine Testaments- oder Erbvertragsanfechtung zu unterlassen.

3505 Keine Rolle spielt es dabei, ob bereits unmittelbar ein Vertrag über den Nachlass des Dritten geschlossen wird oder ob lediglich ein Angebot insoweit abgegeben wird. Die Nichtigkeit umfasst auch die zugehörigen Erfüllungsgeschäfte, also die Vorauszession des künftigen Erbteils etc.

3506 »Dritter« i.S.d. Verbotsnorm kann nur ein betroffener, künftiger Erblasser sein, von dem die Beteiligten (und sei es auch nur irrigerweise) annehmen, dass er noch lebt. Von der Unwirksamkeit umfasst sind auch Sachverhalte, in denen der Dritte nicht bestimmt ist (ein Auswanderer verspricht, alle ihm künftig zufallenden Erbschaften auf den Vertragspartner zu übertragen), oder wenn der Dritte noch gar nicht geboren ist.

II. Gem. § 311b Abs. 4 BGB erlaubte Rechtsgeschäfte

3507 Eine Reihe von Gestaltungen sind bereits von Abs. 4 nicht erfasst, und bedürfen demnach zur Wirksamkeit nicht zusätzlich der Einhaltung der Voraussetzungen des Abs. 5:

3508 (1) Erlaubt sind Verpflichtungen, die sich nicht pauschal auf den Nachlass, sondern nur auf **einzelne**, zum künftigen Nachlass gehörende **Gegenstände** beziehen.[265] Auch antizipierte Verfügungen hierüber sind möglich, sie werden allerdings erst mit dem Erwerb des Gegenstands im Erbfall wirksam (§ 185 Abs. 2 Satz 1, 2. Alt., BGB).

Faktisch können sie nur durch den prospektiven Alleinerben geschlossen werden, da der bloße Miterbe kaum sicher sein kann, den bereits schuldrechtlich weiterveräußerten Gegenstand in der Erbauseinandersetzung auch tatsächlich erhalten zu können. Auf jeden Fall sollte sich der Veräußerer ein Rücktrittsrecht vorbehalten, falls ihm die Erbschaft nicht oder nicht mit dem erwarteten Gegenstand versehen anfällt, und der Erwerber etwaige Gegenleistungen erst entrichten, wenn die Erfüllung des Versprechens gesichert ist. Die noch[266] herrschende Meinung sieht allerdings Verträge über solche Einzelgegenstände, die faktisch den gesamten Nachlass (85 % bei Gesamtnachlasswerten bis 150.000,00 €, 90 % bei darüberliegendem Gesamtwert) ausmachen, als ebenfalls vom Verbot erfasst an (sog. »**Erschöpfungstheorie**«,[267] zur Vermeidung von Umgehungen). Erlaubt sind sie allerdings gem. § 311b Abs. 5 BGB, nachstehend III, Rdn. 3514 ff., unter künftigen gesetzlichen Erben.[268]

3509 (2) Erlaubt sind ferner Verträge über **feste Summen oder Renten**, die also nicht – vgl. oben Rdn. 3502 – prozentual am Wert des Nachlasses bemessen sind.[269]

(3) In ähnlicher Weise sind zulässig sog. »**Abfindungs- und Wertfestsetzungsvereinbarungen**«, in denen bspw. derjenige, der künftig im Weg der Teilungsanordnung ein Unternehmen zu erben hofft, sich mit den ausgleichsberechtigten Personen über die Höhe der Abfindung bereits im Vorhinein einigt.[270] Dies gilt jedenfalls für Wertfestsetzungsvereinbarungen, die sich auf einen Einzelgegenstand beziehen, nicht aber solche in Bezug auf den Gesamtnachlass oder prozentuale Anteile hiervon.[271]

3510 (4) Zwar sind Vereinbarungen über **Vermächtnisse** aus dem Nachlass eines noch lebenden Dritten gemäß dem unmittelbaren Wortlaut des § 311b Abs. 4 BGB nichtig, davon nicht erfasst ist jedoch ein Vertrag über den Einzelgegenstand selbst, der in Erfüllung des Vermächtnisses dem Begünstigten nach dem Todesfall zugutekommen wird (inkriminiert ist also nur der Ver-

---

265 Vgl. BGH, DNotZ 1960, 382, 383; *Kaufhold*, ZEV 1996, 454, 455.
266 Gegen die »Erschöpfungstheorie« bspw. *Damrau*, ZErb 2004, 206, 210; *Kaufhold*, ZEV 1996, 454, 456.
267 BGH, DNotZ 1960, 382; *Kulke*, ZEV 2000, 298, 302.
268 Vgl. *Henssler*, RNotZ 2010, 221, 227.
269 Vgl. BGH, NJW 1951, 268.
270 BGH, DNotZ 1960, 382.
271 *Gutachten*, DNotI-Report 2017, 1, 2.

trag über den Vermächtnisanspruch, nicht den Vermächtnisgegenstand). Bei Stückvermächtnissen entscheidet also lediglich die exakte Wortwahl, ggf. kommt eine Umdeutung (§ 140 BGB) eines formal über den Vermächtnisanspruch geschlossenen – an sich nichtigen – Vertrags in einen wirksamen Vertrag über den Vermächtnisgegenstand selbst in Betracht. Keine »Umgehungsmöglichkeit« gibt es jedoch bei Quoten- oder Universalvermächtnissen;[272] dort kommt allenfalls eine Kombination aus gegenständlich beschränktem Zuwendungsverzichtsvertrag (§ 2352 BGB – soweit der festgesetzte Wert hinter dem eigentlichen quotalen Wertvermächtnisanspruch zurückbleibt) und Erbvertrag (sofern er ihn übersteigt, ggf. mit zuwendungsverzichtsvertraglichem Einverständnis anderer Erben, in deren bindende Rechtsposition eingegriffen wird).[273]

(5) Erlaubt sind ferner **Erbverträge** über den künftigen Nachlass, Erbteil, Pflichtteil oder Vermächtnisanspruch in Bezug auf den Nachlass eines noch lebenden Dritten, z.B. eines Elternteils. Die Ratio des § 311b Abs. 4 BGB, den künftigen Erben davor zu schützen, seine im Umfang noch unbekannten Rechte aus dem künftigen Nachlass frühzeitig und möglicherweise unter Wert preiszugeben (Rdn. 3498), greift hier nicht, da mit dem Erbvertrag noch keine lebzeitige Verpflichtung verbunden ist (§ 2286 BGB). 3511

(6) Zulässig sind weiterhin Verpflichtungen, die sich nicht auf den Nachlass selbst beziehen, allerdings unter der **Bedingung** stehen, **dass man Erbe** nach einem bestimmten Erblasser **werde** (z.B. die Eingehung einer Bürgschaft, die nur dann gelten soll, wenn eine Erbschaft anfällt).[274] Dies gilt jedenfalls, solange die Verpflichtung nicht auch der Höhe nach prozentual am Nachlasswert orientiert ist, vgl. oben Rdn. 3502. 3512

(7) Nicht unter das Verbot des § 311b Abs. 4 BGB fallen schließlich Verträge, die der **Erblasser selbst** über seinen künftigen Nachlass schließt, da er nicht zugleich Vertragspartner und Dritter i.S.d. Abs. 4 sein kann.[275] Hierfür gelten die Regelungen über den Erb-, Pflichtteils-, Zuwendungsverzicht, den Erbvertrag, die Schenkung auf den Todesfall oder den Vertrag zugunsten Dritter auf den Todesfall. 3513

III. Gem. § 311b Abs. 5 BGB erlaubte Rechtsgeschäfte

Verträge, die an sich gem. Abs. 4 (oben I, Rdn. 3502 ff.) nichtig wären, sind gem. Abs. 5 ausnahmsweise zulässig, wenn zwei Voraussetzungen erfüllt sind: 3514
(1) Sie sind zwischen ausschließlich künftigen gesetzlichen Erben geschlossen.
(2) Sie beziehen sich auf den gesetzlichen Erbteil oder den Pflichtteil.

Im Einzelnen gilt:
(1) **Vertragspartner** dürfen nur künftige gesetzliche Erben sein, also der Ehepartner, eingetragene Lebenspartner, alle (auch die entferntesten) Verwandten und der Fiskus. Auch ein Angehöriger, der nicht mehr Erbe werden kann, weil er enterbt wurde oder weil er auf sein Erbrecht verzichtet hat, ist tauglicher Vertragspartner. Ausgeschlossen sind dagegen Stiefkinder, Stiefgeschwister, Stiefeltern, Schwiegerkinder, Schwiegereltern, der geschiedene Ehegatte und der Verlobte sowie der nichteheliche Lebensgefährte. Entscheidend ist die Verwandtschaft/Heirat zur Zeit des Vertragsschlusses, es schadet nicht, wenn sie später verloren geht. Ebenso wenig ist erforderlich, dass es sich um die **nächsten** gesetzlichen Erben handelt, Vertragspartner können also auch sehr entfernte Verwandte sein. Schließen gesetzliche Erben über den Nachlass des Dritten einen Vertrag zugunsten eines »Vierten« (§ 328 BGB), muss Letzterer ebenfalls zum Kreis der gesetzlichen Erben zählen, h.M.[276] 3515

---

272 Vgl. *Henssler*, RNotZ 2010, 221, 228.
273 Vgl. *Gutachten*, DNotI-Report 2017, 1, 2f.
274 BGH, NJW 1999, 58.
275 Vgl. BGH, NJW 1962, 1910.
276 Vgl. *Henssler*, RNotZ 2010, 221, 233: Unwirksam wäre demnach ein Vertrag zwischen kinderlosen Brüdern, wonach der überlebende Bruder, sofern der andere vor der Mutter verstorben ist, die ihm dann

3516 (2) **Vertragsgegenstand** kann zum einen der »**gesetzliche Erbteil**« sein. Der BGH versteht dieses Merkmal als lediglich quantitative Grenze. Es wird also nicht vorausgesetzt, dass der Erbteil gerade kraft Gesetzes erlangt wird, vielmehr kann auch ein testamentarisch erlangter Erbteil Gegenstand des Erbschaftsvertrags sein, sofern und soweit er nicht der Höhe nach über den gesetzlichen Erbteil hinausgeht.[277] Wird der Erbschaftsvertrag über einen höheren testamentarischen Erbteil geschlossen, ist er nach richtiger Ansicht jedenfalls insoweit aufrechtzuerhalten (§ 139 BGB), als der gesetzliche Erbteil (bezogen auf die Verhältnisse des Erbfalls) reichen würde,[278] soweit diese Beschränkung inhaltlich möglich ist.

▶ **Beispiel für unzulässigen Verpflichtungsvertrag bei höherem als gesetzlichem testamentarischem Erbteil:**[279]

3517 Eine Mutter beruft testamentarisch ihren Sohn zu drei Vierteln, ihre Tochter zu einem Viertel zu Erben. Zu Lebzeiten und ohne Kenntnis der Kinder von diesem Testament hatte sich der Sohn ggü. der Tochter bereits gegen Erhalt einer Abfindung verpflichtet, die Erbschaft nach der Mutter auszuschlagen. Da der Sohn zu einer höheren als der gesetzlichen Erbfolge eingesetzt ist, überschreitet die Ausschlagungsverpflichtung die Begrenzung des § 311b Abs. 5 BGB und ist damit insgesamt nichtig, da eine Verringerung der Ausschlagungsverpflichtung auf die Höhe der gesetzlichen Erbquote ausscheidet (Unzulässigkeit der Teilausschlagung, § 1950 BGB). Möglicherweise kommt aber eine Umdeutung (§ 140 BGB) in Betracht in eine Verpflichtung des Sohnes, bis zur Höhe des gesetzlichen Erbteils (also zu 1/2) das Ererbte an die Tochter zu übertragen. Es ist unerheblich, dass die Kinder nichts vom Testament ihrer Mutter wussten.

3518 Das Beispiel zeigt, dass die Einhaltung dieser Obergrenze des gesetzlichen Erbteils schwierig ist, v.a. nicht allein vom Willen und den Erkenntnissen der Vertragsschließenden abhängt. Der gesetzliche Erbteil kann sich ferner »verschieben«, wenn ausgleichungspflichtige Vorerwerbe (§ 2050 Abs. 3 BGB) vorausgegangen sind.[280] Als »Erbteil« gilt nach herrschender Meinung auch die Alleinerbenbestellung des (gesetzlichen) Alleinerben.[281]

3519 Soweit die geschilderte Obergrenze des gesetzlichen Erbteils eingehalten wird, sind inhaltlich zahlreiche Regelungen denkbar, bspw.
(1) die Verpflichtung, den Erbteil oder einen Bruchteil davon auf einen anderen Erbanwärter entgeltlich oder unentgeltlich zu übertragen;
(2) die Verpflichtung, dem anderen Erbanwärter ein Recht, z.B. Pfandrecht oder Nießbrauchsrecht, hieran einzuräumen;
(3) das Versprechen, die Erbschaft auszuschlagen oder umgekehrt, sie anzunehmen;[282]
(4) die Verpflichtung des Erbanwärters ggü. einem gesetzlichen Miterben, vor dem Erbfall mit dem künftigen Erblasser einen Erb- oder Zuwendungsverzichtsvertrag abzuschließen;

3520 (5) die Vereinbarung künftiger gesetzlicher Erben, untereinander Vorerwerbe zur Ausgleichung zu bringen, obwohl dies bei der Zuwendung nicht ausbedungen war. Veräußert der dadurch ausgleichungspflichtige Miterbe allerdings seinen Erbteil nach dem Erbfall an einen Dritten, geht

---

nach der Mutter zufallende Erbschaft zur Hälfte an die Ehefrau des erstverstorbenen Bruders hinauszahlen müsste.
277 BGH, NJW 1988, 2276.
278 Vgl. *Damrau*, ZErb 2004, 206, 210.
279 Nach *Damrau*, ZErb 2004, 206, 211.
280 Vgl. *Henssler*, RNotZ 2010, 221, 235.
281 Vgl. JurisPK/*Ludwig*, § 311b BGB, Rn. 459, 461.
282 Eine solche Verpflichtung ggü. dem künftigen Erblasser hingegen wird als unzulässiger Eingriff in seine Entschlussfreiheit gesehen, vgl. DNotI-Report 2007, 132, 133.

die Verpflichtung (anders, als wenn die Ausgleichungsverpflichtung vom Schenker angeordnet worden wäre) nicht auf den Erbteilserwerber über;[283]

(6) die Zusage des Erbanwärters, eine letztwillige Verfügung des künftigen Erblassers nicht anzufechten;

(7) die Einigung aller Erbanwärter, die Erbengemeinschaft nach dem Tod des künftigen Erblassers nicht oder einige Zeit lang nicht auseinanderzusetzen;

(8) die Bestimmung durch die Erbanwärter untereinander, wer welche Nachlassgegenstände beim Tod des Erblassers erhalten soll.

Neben Verpflichtungen hinsichtlich des Erbteils bzw. der Alleinerbenstellung erlaubt § 311b Abs. 5 BGB auch Regelungen in Bezug auf den »**Pflichtteil**« unter künftigen gesetzlichen Erben. Die wertmäßige Beschränkung auf den gesetzlichen Erbteil gilt hier naturgemäß nicht, da der Pflichtteil nicht durch Testament erhöht werden kann.

In Betracht kommen bspw.

(1) die Verpflichtung, mit dem Erblasser einen Pflichtteilsverzichtsvertrag abzuschließen oder diesen nicht mehr aufzuheben;

(2) eine Verpflichtung des künftigen Pflichtteilsberechtigten, seinen Pflichtteilsanspruch ganz oder teilweise an einen anderen künftigen gesetzlichen Erben abzutreten, ihm den Wert auszuzahlen oder ihm ein Recht hieran einzuräumen oder aber ihm die Verpflichtung zu Zahlung des Pflichtteilsanspruchs zu erlassen;

(3) eine Bestimmung künftiger gesetzlicher Erben, einzelne Nachlassgegenstände bei der Berechnung der Höhe des Pflichtteilsanspruchs nicht zu berücksichtigen (ähnlich einem gegenständlich beschränkten Pflichtteilsverzicht mit dem Erblasser selbst);

(4) eine Regelung künftiger gesetzlicher Erben über die Ausgleichungspflichten gem. § 2316 BGB der Höhe nach, der Fälligkeit nach oder über deren Aufhebung;

(5) die Festlegung künftiger Miterben, wer von ihnen im Innenverhältnis den Pflichtteilsanspruch zu erfüllen hat, ggf. abweichend von §§ 2318 bis 2322 BGB.

Der gem. Abs. 5 zulässige Erbschaftsvertrag wirkt aber stets **nur schuldrechtlich**; die geschuldeten Vollzugsgeschäfte selbst sind nur ausnahmsweise vor dem Tod des Erblassers durchführbar (naturgemäß ist die sofortige Erfüllung möglich – und vor dem Tod auch allein zulässig – in Bezug auf mit dem Erblasser abzuschließende, geschuldete Verträge wie Erb-, Pflichtteils- oder Zuwendungsverzichtsverträge). Eine Vorausverfügung über den künftigen Erbteil ist jedoch unwirksam, vgl. § 2033 BGB. Die herrschende Meinung lässt allerdings Vorausverfügungen über den künftigen Pflichtteilsanspruch (z.B. als Abtretung, § 398 BGB, oder Erlassvertrag, § 397 BGB) unter künftigen Miterben zu, so dass der Pflichtteilsanspruch unmittelbar in der Person des Abtretungsempfängers entsteht, während das sonstige Pflichtteilsrecht weiter beim Pflichtteilsberechtigten verbleibt.[284]

In dieser Beschränkung auf den **Verpflichtungscharakter** liegt die große »**Schwäche**« des Erbschaftsvertrags, denn das Risiko, dass zwischen Vertragsschluss und Erbfall sich das Erb- oder Pflichtteilsrecht der Vertragsparteien verändert oder gänzlich wegfällt, kann nicht gebannt werden. In Betracht kommen jedoch Vollmachten zur dinglichen Erfüllung der schuldrechtlichen Inhalte des Erbschaftsvertrags, die nur aus wichtigem Grund widerruflich ausgestaltet sind.

Verpflichtungen aus einem Erbschaftsvertrag sind in dem Sinn **höchstpersönlich**, dass sie mit dem Ableben des **Verpflichteten** (vor dem Eintritt des geregelten Erbfalls) nicht auf dessen Erben übergehen, sondern erlöschen: Der Verpflichtete kann sich nur auf seinen eigenen Erb- oder Pflichtteil binden. Wird der Verpflichtete aus anderen Gründen, etwa als Folge einer Enterbung oder einer eigenen Ausschlagung, nicht Erbe, dürfte ein Fall der Unmöglichkeit vorliegen (§ 275

---

283 Vgl. *Henssler*, RNotZ 2010, 221, 236.
284 Vgl. JurisPK/*Ludwig*, § 311b BGB, Rn. 483; *Henssler*, RNotZ 2010, 221, 238.

BGB), so dass sich die Rechtsfolgen nach §§ 283, 326 BGB richten,[285] wurde bereits eine Leistung erbracht, gewährt die h.M. – sofern Erbschaft oder Pflichtteil gänzlich entfallen – ein Rückforderungsrecht gem. §§ 812 ff. BGB.[286] **Ändert** sich jedoch die Erbquote des Verpflichteten (etwa durch Scheidung oder Heirat des Dritten, Hinzutreten weiterer Abkömmlinge etc.), bleibt der Erbschaftsvertrag – als Risikogeschäft – wirksam, es bestehen ebenso wenig Anpassungsansprüche nach § 313 BGB wie etwa im Fall einer Wertveränderung der Nachlassgegenstände selbst[287] (vorbehaltlich vorrangiger vertraglicher Vereinbarungen). Stirbt jedoch der **Berechtigte** aus einem Erbschaftsvertrag, geht die Rechtsposition hieraus auf dessen Erben dann über, wenn diese zu den gesetzlichen Erben des betroffenen Dritten, dessen Nachlass Regelungsgegenstand ist, i.S.d. § 311b Abs. 5 BGB gehören.

3528   Der Erbschaftsvertrag bedarf der **notariellen Beurkundung**, § 311b Abs. 5 Satz 2 BGB, einschließlich aller Nebenabreden; Gleiches gilt für die vor dem Erbfall durchgeführten Erfüllungsgeschäfte, sofern sie ausnahmsweise zulässig sind. Eine Heilung nichtbeurkundeter Verpflichtungsverträge durch Vollzug tritt nicht ein.

3529   **Erbschaftsteuerrechtlich** behandelt der BFH[288] Ausgleichszahlungen im Zusammenhang mit bspw. der Verpflichtung, nach dem Tod des Erblassers keine Pflichtteilsansprüche geltend zu machen, als freigebige Zuwendung (da der Pflichtteilsanspruch selbst keine taugliche Gegenleistung darstellt), und besteuert seit seinem Urt. v. 10.05.2017[289] diese freigebige Zuwendung gem. § 7 Abs. 1 Nr. 1 ErbStG (leider) auch nach der Steuerklasse der Zuwendenden untereinander (bspw. als Geschwister), nicht mehr (analog § 3 Abs. 2 Nr. 4 ErbStG) nach dem Verhältnis zum künftigen Erblasser (also Eltern/Kind), Rdn. 4477 ff., 1908. Der Zahlende darf den Betrag später als Nachlassverbindlichkeit von seinem Erwerb von Todes wegen abziehen, § 10 Abs. 5 Nr. 3 ErbStG, während der Empfänger die Zuwendung so zu versteuern hat, wie wenn sie vom Erblasser erlangt worden wäre.

3530   Wird als Abfindung ein Grundstück oder Betriebsvermögen übertragen, findet auch **einkommensteuerrechtlich** keine Besteuerung stiller Reserven statt, da es sich um einen Schenkungsvorgang handelt; die Grunderwerbsteuer wird ebenfalls gem. § 3 Nr. 2 GrEStG verdrängt. Der Erbschaftsvertrag ist dem FA gem. § 8 ErbStDV[290] anzuzeigen, nicht jedoch dem Zentralen Testamentsregister (ZTR), da die gesetzliche Erbfolge hierdurch nicht verändert wird.

Ein **Muster** eines Erbschaftsvertrags unter künftigen gesetzlichen Miterben (Geschwistern) ist im Formularanhang, Kap. 14 Rdn. 6782, enthalten.[291]

---

285 Vgl. *v. Proff*, ZEV 2013, 13, 187 m.w.N.
286 MünchKomm-BGB/*Kanzleiter/Krüger*, § 311b Rn. 123; *Henssler*, RNotZ 2010, 221, 239.
287 BGH, NJW 2004, 58.
288 BFH, 25.01.2001 – II R 22/98, BStBl. 2001 II, S. 456; ebenso FG Münster, 17.02.2011 – 3 K 4815/08, ErbStB 2011, 161; hierzu *Wälzholz*, MittBayNot 2001, 361.
289 BFH, 10.05.2017 – II R 25/15, ZEV 2017, 532 m. Anm. *Böing*.
290 Formblatt geändert durch VO v. 22.12.2014 (BGBl 2014 I 2392).
291 Weitere Muster bspw. bei *Krause*, ZfE 2006, 185; Münchner Anwaltshandbuch Erbrecht/*Erker/Oppelt*, § 26 Rn. 123; *Henssler*, RNotZ 2010, 221, 240 ff.

Kapitel 9: Erb- und pflichtteilsrechtliche Problematik

Übersicht

	Rdn.
A. Allgemeine Fragen zum Pflichtteils- und Pflichtteilsergänzungsanspruch	3531
I. Verfassungs- und Reformfragen	3531
II. Internationale Anknüpfung	3534
III. Grundwertungen	3547
IV. §§ 2303, 2305, 2306 BGB: pflichtteilsrechtliche Anknüpfung an letztwillige Verfügungen	3551
1. § 2303 BGB	3551
2. § 2305 BGB	3553
3. § 2306 BGB	3554
a) § 2306 BGB a.F. (Sterbefälle bis zum 31.12.2009)	3554
b) Neuregelung durch die Erbrechtsreform (Sterbefälle ab dem 01.01.2010)	3556
V. Auskunftsanspruch	3562
1. Auskunftspflicht der Erben (§ 2314 BGB)	3562
2. Weitere Auskunftsansprüche	3572
3. Wertermittlungsanspruch	3576
VI. Wert des Nachlasses, § 2311 BGB	3578
1. Grundsatz	3578
2. Aktiva	3579
a) Grundbesitz	3579
b) Finanzvermögen	3581
c) Einzelunternehmen	3582
d) Gesellschaftsbeteiligungen	3583
3. Passiva	3586
a) Grundsatz	3586
b) güterrechtliche Ausgleichsforderung	3587
aa) Zugewinngemeinschaft	3587
bb) Wahlzugewinngemeinschaft	3588
c) Andere Herausgabe- und Ausgleichsansprüche	3592
VII. Verjährung	3593
1. Fristlauf	3593
2. Abweichende Vereinbarungen	3601
VIII. Fälligkeit, Verzug	3603
IX. Verteilung der Pflichtteilslast	3606
B. Pflichtteilsergänzung	3616
I. Pflichtteilsergänzungsanspruch bei Schenkungen (§ 2325 BGB)	3616
1. Grundlagen	3616
2. Voraussetzungen	3619
a) Schenkung	3619
aa) Schenkungsbegriff	3619
bb) Ehebedingte Zuwendung	3622
cc) Vorwegnahme der Nacherbfolge	3624
dd) Stiftungssachverhalte	3625
b) Zeitpunkt der Leistung	3630
aa) Rechtlicher Leistungserfolg	3630
bb) Wirtschaftliche Ausgliederung	3633
c) Fristlauf unter Ehegatten und Verpartnerten	3637
3. Gläubigerstellung	3639
a) Personenkreis	3639
b) Zeitliches Kriterium	3642
4. Ermittlungsschritte	3644
5. Abzug von Eigengeschenken	3648
a) Anrechnung nur gem. § 2327 BGB	3650
b) Anrechnung nach § 2327 und § 2315 BGB	3652
c) Anrechnung nach §§ 2327 und 2316 BGB	3657
6. Ausschluss des Pflichtteilsergänzungsanspruchs	3660
7. Bewertung der Schenkung	3661
8. Schuldner	3667
9. Einrede des Gesamtpflichtteils, § 2328 BGB	3671
10. Haftung des Beschenkten gem. § 2329 BGB	3677
II. »Schleichwege« am Pflichtteilsergänzungsanspruch vorbei?	3682
1. Konsum	3683
2. Minderung des anzusetzenden Werts; Landgutprivileg und Höfeordnung	3684
3. Flucht in ausländische Sachwerte oder Rechtsordnungen	3691
4. Ausstattung; Pflicht- und Anstandsschenkungen	3700
5. Anderweitige Entleerung des Nachlasses	3702
6. Reduzierung der Pflichtteilsquote; Beendigung der Pflichtteilsberechtigung	3703
III. Möglichkeiten nachträglicher »Heilung«?	3707
IV. Konkurrenz zu § 2316 BGB	3715
C. Pflichtteilsanrechnung gem. § 2315 BGB	3717
I. Allgemeine Grundsätze/Abgrenzung	3717
II. Voraussetzungen der Anrechnung auf den Pflichtteil	3723
1. Lebzeitige, freigiebige Zuwendung des Erblassers	3723
2. Anrechnungsbestimmung	3724
3. Keine Änderung durch die Pflichtteilsreform	3725
III. Berechnung des Pflichtteils unter Anrechnung	3732
1. Grundsätze	3732

		Rdn.
2.	Berechnungsbeispiele	3733
3.	Kombination von § 2315 und § 2325 BGB	3739
4.	Kombination von § 2315 BGB und § 2327 BGB	3741
5.	Kombination von § 2315 BGB und § 1380 BGB	3742
IV.	Problemfälle	3744
1.	Streit beim Tod des nicht veräußernden Ehegatten	3744
2.	Fehlgeschlagene »Gleichstellungszahlung«	3745
D.	**Der Ausgleichspflichtteil (§ 2316 BGB)**	**3747**
I.	Pflichtteilsfernwirkung der Ausgleichung (§ 2316 BGB)	3747
1.	Allgemeine Grundsätze	3747
2.	Voraussetzungen der Ausgleichung	3752
3.	Bewertung und Berechnung	3753
II.	Kombination von Ausgleichung und Anrechnung	3757
E.	**Erb- und Pflichtteilsverzicht**	**3763**
I.	Erbverzicht	3763
1.	Wirkung	3763
2.	Varianten	3767
	a) Auflösende Bedingung	3767
	b) Beschränkungen	3768
	c) Wirkung für den Stamm	3771
	d) Zuwendungsverzicht, § 2352 BGB	3776
3.	Form	3782
4.	Zustandekommen	3786
5.	Grundgeschäft	3792
6.	Verzicht gegen Abfindung	3796
7.	Sittenwidrigkeit?	3799
8.	Störung der Geschäftsgrundlage (§ 313 BGB)	3803
9.	Internationales Privatrecht	3811
	a) Ausländische Rechtsordnungen	3811
	b) Anknüpfung bis zum 17. August 2015	3812
	c) Anknüpfung seit dem 17. August 2015	3813
10.	Muster: Erbverzicht	3821
II.	Pflichtteilsverzicht	3824
1.	Wirkungen	3824
2.	Pflichtteilsverzicht gegen Abfindung	3834
	a) Gestaltungsalternativen	3834
	b) Bedingter Verzicht	3836
	c) Leistungserbringung durch den Erblasser	3846
	d) Leistungserbringung durch den Erwerber	3848

		Rdn.
3.	Gegenständlicher Pflichtteilsverzicht und Zustimmung des Ehegatten des Veräußerers	3850
4.	Aufhebung bzw. Aufhebungssperre	3853
5.	Inhaltskontrolle?	3861
III.	Beschränkter Pflichtteilsverzicht	3865
1.	Beschränkung auf rechtliche Teile des Gesamtpflichtteils	3866
2.	Beschränkung auf pflichtteilserhöhende Wirkung einer Zuwendung	3870
3.	Neutralisierung von Einzelgegenständen	3874
4.	Betragsbegrenzung; Bewertungsabschläge	3884
5.	Erweiterungen der Wirkungen des § 2315 BGB	3891
6.	Stundung	3895
7.	Verzicht auf den ersten Sterbefall; Verzicht nur zugunsten bestimmter Personen	3909
8.	Verzicht »auf Wunsch des Beschwerten« (Naturalobligation)	3913
IV.	Verzicht auf Ansprüche nach der Höfeordnung	3917
V.	Exkurs: Die Pflichtteilsentziehung	3928
F.	**Den Vertragserben beeinträchtigende Schenkungen (§§ 2287 f. BGB)**	**3932**
I.	Schutz des Vertrags-/Schlusserben, § 2287 BGB	3932
1.	Vorüberlegungen	3932
	a) § 2286 BGB: keine lebzeitige Vorwirkung	3932
	b) Verfügungsunterlassungsverträge	3934
2.	Schenkung	3936
3.	Eingriff in letztwillige Bindung	3938
4.	Beeinträchtigungsabsicht	3941
5.	Anspruchsgläubiger	3948
6.	Anspruchsschuldner	3949
7.	Anspruchsinhalt	3950
8.	Zustimmung des Vertragserben	3954
9.	Verjährung	3955
II.	Schutz des Vermächtnisnehmers (§ 2288 BGB)	3956
1.	Grundsatz	3956
2.	Tatsächliche Beeinträchtigungen (§ 2288 Abs. 1 BGB)	3958
3.	Rechtsgeschäftliche Beeinträchtigungen (§ 2288 Abs. 2 BGB)	3960
4.	Anwendung auf Geld- oder Gattungsvermächtnisse	3964
5.	Beeinträchtigungsabsicht, Zustimmung, Ausschluss	3965
III.	Erbschaftsteuer	3966

A. Allgemeine Fragen zum Pflichtteils- und Pflichtteilsergänzungsanspruch

I. Verfassungs- und Reformfragen

Pflichtteilsansprüche dienen der Unterhaltssicherung, sollen der Konzentration großer Vermögen entgegenwirken, werden als Ausdruck (institutionell geprägter) familiärer Solidarität verstanden, enthalten einen Anreiz zu wirtschaftlichem Zusammenwirken und mindern durch Typisierung und Pauschalierung die Transaktionskosten. 3531

Das **BVerfG** hat mit Beschlüssen v. 19.04.2005[1] und v. 11.05.2005[2] das geltende Pflichtteilsrecht und die Bestimmungen zur Pflichtteilsentziehung[3] bestätigt. Nach Auffassung des BVerfG gehört zu den von der Erbrechtsgarantie des Art. 14 Abs. 1 Satz 1 GG i.V.m. Art. 6 Abs. 1 GG gewährleisteten traditionellen[4] Kernelementen des deutschen Erbrechts auch das Recht der Kinder auf eine grds. zwingende und bedarfsunabhängige Teilhabe am Nachlass. Ein tragfähiges Begründungskonzept für das Verhältnis zwischen unentziehbarer Nachlassteilhabe und Pflichtteilsentziehungsgründen liegt damit jedoch nicht vor;[5] auch ist fraglich, ob nicht ggü. der historisch gewählten Begründung ein verfassungsrechtlich bedeutsamer Wandel des Verständnisses von Erbrechtsgarantie und Pflichtteil stattgefunden hat.[6] Die Praxis muss sich jedenfalls mit der »Zementierung« der bestehenden Pflichtteilsbestimmungen abfinden.[7] 3532

Weiterhin erörtert wird jedoch eine Abschaffung des Elternpflichtteils, die Reduzierung der Pflichtteilsquote und eine Erweiterung der Stundungsmöglichkeiten, was sich noch i.R.d. (weiten) Spielraums des Gesetzgebers bewegen würde.[8] Die zum 01.01.2010 in Kraft getretene »kleine Reform« des Pflichtteilsrechtes hat immerhin die Pflichtteilsentziehungsgründe der §§ 2333 ff. BGB (Rdn. 3928 ff.) für alle Pflichtteilsberechtigten vereinheitlicht und um den Tatbestand der Unzumutbarkeit wegen Verurteilung wegen einer Vorsatztat zu einer Freiheitsstrafe von mehr als einem Jahr ohne Bewährung[9] ergänzt – pflichtteilsentziehende Testamente müssen daher künftig nicht nur die Straftat des enterbten Angehörigen bezeichnen, sondern auch die Gründe der Unzumutbarkeit darlegen –; die bisherige starre Ausschlussfrist in § 2325 BGB durch eine Pro-Rata-Regelung abgelöst (Rdn. 3647), und § 2306 Abs. 1 Satz 1 und Satz 2 BGB vereinheitlicht. Die 3533

---

1 Beschl. v. 19.04.2005 – 1 BvR 1644/00; 1 BvR 188/03, FamRZ 2005, 872 ff.
2 Beschl. V. 11.05.2005 – 1 BvR 62/00, FamRZ 2005, 2051 f.; vgl. *Schöpflin*, FamRZ 2005, 2025 ff.
3 Allerdings mit der Maßgabe, dass nicht auf die Schuldfähigkeit im strafrechtlichen Sinne abgestellt werden dürfe, sondern auch auf das »wissentliche Verwirklichen der Tat«, die zur Pflichtteilsentziehung bzw. -unwürdigkeit berechtige.
4 Krit. gegen die historische Argumentation des BVerfG *J. Mayer*, FamRZ 2005, 1443; *Kleensang*, DNotZ 2005, 517 ff.
5 Krit. *Lange*, ZErb 2005, 206, auch zum »natürlichen Vorsatz«, den das BVerfG für § 2333 Nr. 1 BGB genügen lassen will.
6 Vgl. etwa die Gedanken und Diskussionen des 64. Deutschen Juristentags 2002, Bd. 1, A 61 ff. (Gutachten *Martiny*) und *Bengel*, MittBayNot 2003, 270 ff.
7 Zwischenzeitliche weitere Verfassungsbeschwerden zum Pflichtteilsrecht wurden nicht mehr zur Entscheidung angenommen, vgl. etwa BVerfG, ZEV 2005, 388.
8 Vgl. *Weiler*, MittBayNot 2006, 299 sowie den Tagungsbericht von *Tanck*, ZErb 2007, 63 und *Wiegand*, DNotZ 2007, 103 über den Beitrag von Justizstaatssekretär *Diwell* auf einem Symposium der Bucerius Law School v. 30.11. bis 02.12.2006.
9 RefE v. 16.03.2007 (www.bmj.bund.de; vgl. hierzu *Spall*, ZErb 2007, 272 und *Bonefeld/Lange/Tanck*, ZErb 2007, 292 ff.; das Abstellen auf die rechtskräftige Verurteilung (bzw. Unterbringung in einem psychiatrischen Krankenhaus) kommt jedoch möglicherweise zu spät. Der deutsche Notarverein schlug vor, in Anlehnung an die österreichische Regelung (§ 773a ABGB) eine Minderung des Pflichtteils auf die Hälfte vorzusehen, wenn zu keiner Zeit ein Eltern-Kind-artiges Näheverhältnis bestand, es sei denn, der Elternteil hat die Ausübung des Umgangsrechtes grundlos abgelehnt.

weiteren Pläne, mit Einführung eines neuen § 2057b BGB eine bessere Honorierung von Pflegeleistungen durch gesetzliche Miterben zu erreichen sowie nachträgliche Anordnungen der Pflichtteilsanrechnung zu ermöglichen, wurden (noch) nicht umgesetzt.

II. Internationale Anknüpfung

3534 Die vom Europäischen Parlament am 13.03.2012 verabschiedete **Europäische Erbrechtsverordnung**, sog. »**Rom V-Verordnung**«, der europäischen Kommission[10] (gültig für Sterbefälle ab **17. August 2015**) knüpft (anstelle der bisherigen deutschen Anknüpfung an die Staatsangehörigkeit des Erblassers, Art. 25 EGBGB) gem. Art. 21 Abs. 1 das **Erbstatut**[11] in wandelbarer Weise an den[12] letzten **gewöhnlichen Aufenthalt**[13] des Erblassers an (mit Aufweichung in Abs. 2[14]) und zwar mit Wirkung für sein gesamtes Vermögen, und auch, wenn dieser Aufenthalt in einem Land genommen wurde, der nicht zu den Mitgliedsstaaten der EU-ErbVO (dies sind alle EU-Länder mit Ausnahme von Dänemark, Irland und Großbritannien) zählt (Art. 20 EU-ErbVO, allerdings wenden die Gerichte dieses Drittstaates wiederum ihr eigenes Kollisionsrecht an). Aus Sicht der EU-ErbVO handelt es sich bei der Verweisung auf einen Drittstaat um einen Verweis lediglich auf dessen Sachnormen, wenn der Erblasser eine Rechtswahl nach Art. 22 EU-ErbVO getroffen hat (Art. 34 Abs. 2 EU-ErbVO[15]), sonst um einen Gesamtverweis (also einschließlich des Drittstaaten-IPR), wenn das drittstaatliche IPR auf einen Mitgliedsstaat zurückverweist oder auf einen weiteren Drittstaat weiterverweist, der sein eigenes Recht anwendet,[16] Art. 34 Abs. 1 lit. a) und b) EU-ErbVO.

---

10 Verordnung (EU) Nr. 650/12 v. 04.07.2012, Amtsblatt der EU Nr. L 201/107; vgl. ausführlich *Remde*, RNotZ 2012, 65 ff.; *Keim/Mayer*, in: DAI, 11. Jahresarbeitstagung des Notariats 2013, Skript S. 425 ff.
11 Und damit gem. Art. 23 Abs. 2 EU-ErbVO Fragen des Pflichtteilsrechts (lit. h), der Testamentsvollstreckung (lit. e und f) sowie des zulässigen Inhalts, z.B. Vor- und Nacherbschaft (lit. e).
12 Es kann nur einen »gewöhnlichen Aufenthalt« geben, *Dörner*, ZEV 2012, 505, 510.
13 Zum Kriterium des »gewöhnlichen Aufenthalts«, das im europäischen IPR einheitlich auszulegen ist, existiert bereits umfangreiche Rechtsprechung des EuGH zu Art. 8 Brüssel IIa-VO, vgl. auch *Gottwald*, EE 2017, 52 ff. Problemfälle sind insbesondere Auslandsstudium, Arbeitnehmerentsendung, »Mallorca-Rentner«, »Demenz- und Pflegetourismus« – hierzu *Zimmer/Oppermann*, ZEV 2016, 126 ff. sowie OLG München, 22.03.2017 – 31 AR 47/17, RNotZ 2017, 455: freier Wille zum Aufenthaltswechsel erforderlich –, Grenz- und Berufspendler – hierzu KG, 26.04.2016 – 1 AR 8/16, ZEV 2016, 514 m. Anm. *Lehmann* – Soldaten, Profisportler, Strafgefangene, etc: *Egidy/Volmer*, Rpfleger 2015, 433, 437 ff. sowie *Emmerich*, ErbR 2016, 122 ff.; bei mobilen ethnischen Minderheiten (Sinti und Roma) ist möglicherweise tatsächlich auf den letzten Aufenthalt abzustellen, vgl. *Everts*, NotBZ 2014, 441, 443.
14 Der dort enthaltene Vorbehalt zugunsten eines anderen Staates mit »offensichtlich engerer Verbindung« betrifft wohl den Wegzugsstaat, wenn der neue Wohnsitz erst vor kurzem begründet wurde, zur Recht kritisch hierzu *Lange*, ZErb 2012, 160, 162.
15 Dies kann zu Entscheidungsdisharmonien führen, vgl. *Weber*, notar 2015, 296, 306: Hat ein britischer Erblasser sein Heimatrecht gewählt, ist aus britischer IPR-Sicht auf in Deutschland belegenen Grundbesitz deutsches Erbrecht anzuwenden [das britische Recht akzeptiert keine Rechtswahlen], aus deutscher Sicht britisches [da nur auf die dortigen Sachnormen verwiesen wird].
16 Beispielhaft für deutsch-israelische Erbfälle: *Reich/Assan*, ZEV 2015, 145 ff. Weiteres Bsp: US-amerikanischer Staatsangehöriger mit letztem gewöhnlichem Aufenthalt in den USA hinterlässt ein Grundstück in Deutschland und in Australien: Art. 21 Abs. 1, 36 Abs. 2 lit. a) EU-ErbVO verweisen auf den US-Bundesstaat des letzten gewöhnlichen Aufenthalts. Nach Art. 34 Abs. 1a) EU-ErbVO wird die Rückverweisung auf das Lagerecht des in Deutschland belegenen Grundstücks angenommen (Verweisung auf Mitgliedstaat). Nach Art. 34 Abs. 1 lit. b) EU-ErbVO wird ferner die Weiterverweisung auf »australisches« Recht akzeptiert, weil auch nach (bundesstaatlichem) australischem IPR Grundstücke nach dem Lageort vererbt werden (Verweisung auf Drittstaat).

A. Allgemeine Fragen zum Pflichtteils- und Pflichtteilsergänzungsanspruch **Kapitel 9**

Der **gewöhnliche Aufenthalt** bedarf besonderer Stabilität, die sich aus einer Gesamtbeurteilung der Lebensumstände des Erblassers in den Jahren vor dem Tod ergeben muss.[17] Vorrangig sind lediglich bilaterale Abkommen (Art. 75 Abs. 1 EU-ErbVO), etwa mit der Türkei,[18] dem Iran,[19] oder den Nachfolgestaaten der Sowjetunion.[20] Damit könnten bspw. großzügigere Pflichtteilsnormen oder die durch Anwendung einer anderen Rechtsordnung eintretende Unwirksamkeit bindender Verfügungen in Ehegattentestamenten[21] Anlass sein für vermögende Privatpersonen, ihren Aufenthalt in das angrenzende Ausland zu verlegen und somit das dortige Erbrecht in Anspruch zu nehmen. Von einem Aufenthaltswechsel unberührt bleibt allerdings das **Errichtungsstatut** des Art. 24 Abs. 1 EU-ErbVO (gewöhnlicher gegenwärtiger, ggf. zu Bestätigungszwecken in der Urkunde anzugebender, Aufenthalt zur Zeit der Errichtung der letztwilligen Verfügung bzw. des erbrechtlichen Vertrages), das gem. Art. 26 Abs. 1 EU-ErbVO insbesondere maßgeblich ist für Fragen der Testierfähigkeit (lit. a), möglicher Stellvertretung (lit. c), Willensmängel, Anfechtung und Unwirksamkeit wegen Verstoßes gegen frühere Verfügungen (lit. d und e). 3535

Durch letztwillige Verfügung ist es dem Erblasser darüber hinaus – auch ohne Wohnsitzwechsel – möglich, seine gesamte Erbfolge (auch Auslandsvermögen) dem Recht jedes Staates[22] zu unterstellen, dessen Angehörigkeit er zur Zeit der in Form einer letztwilligen Verfügung[23] zu treffenden **Rechtswahl**[24] hat oder im Zeitpunkt seines Todes haben wird (Art. 22 Abs. 1 der EU-ErbVO); bei Mehrstaatern kann sogar eines der Staatsangehörigkeitsrechte gewählt werden;[25] bei interlokal gespaltenen Rechtssystemen (Foralrechten) gelten Besonderheiten gem. Art. 36 Abs. 1 und 2 lit. b EU-ErbVO. Auch eine bedingte Rechtswahl (etwa nur für den Fall des Erstversterbens) ist möglich.[26] Dieses gewählte Recht gilt dann mit universeller Wirkung, auch für Pflichtteilsansprüche gegen den Nachlass, Art. 23 Abs. 2 h) EU-ErbVO, und zu Fragen der Anrechnung auf den Erbteil bzw. Ausgleichung, Art. 23 Abs. 2i) EU-ErbVO, vgl. Rdn. 1981 (zu den entsprechenden Vorkehrungen zur Aufrechterhaltung vereinbarter Erb- oder Pflichtteilsverzichte vgl. Rdn. 3813 ff.; zur damit gesicherten Konkordanz zwischen Erbstatut und vorrangigem deutschem Personengesellschaftsrecht vgl. Rdn. 5860). Einer Rechtswahl wird wohl künftig allein aufgrund des Um- 3536

---

17 Nr. 23 der Erwägungsgründe zur EU-ErbVO.
18 Deutsch-Türkisches Nachlassabkommen vom 28.05.1929 (mit Anknüpfung an die Staatsangehörigkeit – ausgenommen gem. § 14 Abs. 2 des Abkommens Grundbesitz: BGH, 12.09.2012 – IV ZB 12/12, MittBayNot 2013, 258 und *Yarayan*, ErbR 2014, 571 ff., und möglicherweise Streitigkeiten über den Erlös aus dem Verkauf von Grundbesitz: LG Karlsruhe, 17.12.2014 – 9 S 2414, ZEV 2015, 588 m krit. Anm. *Majer* –, und im Übrigen ausschließlicher Zuständigkeit türkischer Gerichte für z.B. Erbausschlagungen; zweifelnd ob Art. 75 Abs. 1 EU-ErbVO nicht lediglich multilaterale Verträge betrifft: *Mankowski*, ZEV 2013, 529 ff. Vgl. auch zu deutsch-türkischen Ehen *Gutachten*, DNotI-Report 2016, 19 f.
19 Maßgeblichkeit allein der Staatsangehörigkeit des Erblassers, gem. Art. 8 Abs. 3 des Abkommens.
20 Deutsch-Sowjetischer Konsularvertrag v. 25.04.1958: Geltung nur für unbewegliches Vermögen nach Belegenheitsprinzip (Art. 28 Abs. 3), im Übrigen gilt also aus deutscher Sicht die EU-ErbVO.
21 Etwa durch Wegzug des überlebenden Ehegatten nach Italien, vgl. *Lehmann/Schulz*, ZEV 2010, 29; zur Nachlassplanung für deutsch-italienische Ehen unter Geltung der EU-ErbVO *Gersch*, ErbStB 2016, 245 ff.
22 Bei Staatenlosen ist gem. Art. 75 Abs. 1 EU-ErbVO aus deutscher Sicht Art. 12 des New Yorker UN-Übereinkommens über die Rechtsstellung der Staatenlosen vom 28.09.1954 zu beachten, so dass diese wohl ausnahmsweise das Recht ihres Wohnsitzes oder – bei dessen Fehlen – das Recht ihres schlichten Aufenthalts wählen können.
23 Demzufolge ist eine Anzeige an das Zentrale Testamentsregister vorzunehmen, § 78b Abs. 2 Satz 1 BNotO.
24 Übersicht zu den Rechtswahlmöglichkeiten z.B. bei *Weber*, notar 2015, 296 ff. und *Kroll-Ludwigs*, notar 2016, 75 ff.
25 Bei Mehrstaatern ist die Wahlmöglichkeit also nicht auf die »effektive« Staatsangehörigkeit beschränkt, *Gutachten* DNotI-Report 2015, 113, 114.
26 Bsp. nach *Ludwig*, DNotZ 2014, 12: in Deutschland lebendes kinderloses französisches Ehepaar wählt für den ersten Sterbefall im »Berliner Testament« französisches Heimatrecht, da dort Eltern nicht pflichtteilsberechtigt sind.

stands, dass sie zu einer Pflichtteilsreduzierung führt, regelmäßig nicht mehr die Anerkennung unter dem Aspekt des »ordre public«-Vorbehalts verweigert werden können.[27] Fraglich ist jedoch, ob das Pflichtteilsergänzungsrecht, also der Rückgriff des Pflichtteilsberechtigen wegen vom Erblasser zu Lebzeiten verschenkter Gegenstände gegen Dritte, zum Schutz gegen einen Statutenwechsel in ein »pflichtteilsfreundlicheres« Land nicht stattdessen dem Vertragsstatut des Schenkungsvertrags (ROM-I-Verordnung) unterstellt sein sollte.

3537 Die Rechtswahl kann in der letztwilligen Verfügung auch **stillschweigend** erfolgen, z.B. dergestalt, dass Rechtsvorschriften einer bestimmten Rechtsordnung genannt werden,[28] so dass die bisherigen Fälle des »Handelns unter fremdem Recht«[29] wohl als konkludente Rechtswahl gelten müssen. Auch die Änderung oder der Widerruf der Rechtswahl unterliegen nach Art. 22 Abs. 4 EU-ErbVO den Formvorschriften für Verfügungen von Todes wegen. Materiell rechtlich richtet sich der Widerruf (die Aufhebung) einer bestehenden Rechtswahl nach dem bisher gewählten Recht, die Änderung (nach Staatsangehörigkeitswechsel) – wohl – nach dem neuen gewählten Recht.[30]

Notarkostenrechtlich wird sie jedenfalls seit 01.08.2013 zusätzlich berücksichtigt.[31]

3538 Im **einseitigen Testament** stehen dem Erblasser folgende Rechtswahlmöglichkeiten zur Verfügung:[32]
(a) Gemäß Art. 24 Abs. 2 EU-ErbVO kann er isoliert für das Errichtungsstatut, also insb. die Zulässigkeit und materielle Wirksamkeit des Testaments das Recht seiner (derzeitigen bzw. künftig am Todestag einschlägigen) Staatsangehörigkeit wählen, so dass gem. Art. 26 EU-ErbVO Fragen der Testierfähigkeit, der Folge von Willensmängeln, spätere Auslegungsfragen usw. (nicht jedoch Fragen der rechtlichen Umsetzbarkeit der erbrechtlichen Anordnung selbst) sich nach diesem sogenannten Errichtungswahlstatut richten (»kleine Rechtswahl«)
(b) Ferner kann isoliert nach Art. 22 EU-ErbVO für das allgemeine Erbstatut das Recht der (derzeitigen bzw. am Todestag geltenden) Staatsangehörigkeit gewählt werden (unter Beibehaltung des Errichtungsstatuts)[33] oder
(c) – wie im Regelfall – sowohl für das Errichtungs- wie auch für das Erbstatut gemäß Art. 24 Abs. 1 i.V.m. Art. 22 EU-ErbVO eine umfassende (»große«) Rechtswahl getroffen werden (im Zweifel umfasst die Erbstatuts-Rechtswahl gem. Erwägungsgrund 51 auch das Errichtungsstatut).

3539 Im Rahmen von **Erbverträgen** i.S.d. Art. 3 Abs. 1b EU-ErbVO (also in Erbverträgen im deutschen Rechtssinn, ebenso in gemeinschaftlichen Testamenten, in denen zumindest einer der Beteiligten bindend (»wechselbezüglich«) verfügt – jedenfalls nach dem historischen Willen des »Gesetzgebers«[34] und der zwischenzeitlich wohl überwiegenden Auffassung in der Literatur[35] –,

---

27 Vgl. *Hellner* sowie *Lorenz* in: Die europäische Erbrechtsverordnung, Symposium des DNotI vom 11.10.2013.
28 Vgl. Nr. 31 der Erläuterungen zur EU-ErbVO.
29 Beispielsfall: OLG Düsseldorf, 03.06.2016 – I-3 Wx 268/14, ZEV 2017, 204.
30 Vgl. Nr. 40 Satz 1 der Erläuterungen zur EU-ErbVO sowie *Döbereiner*, DNotZ 2014, 323, 326; *Weber*, notar 2015, 296, 300 (mit Formulierungsvorschlägen S. 301).
31 § 111 Nr. 4 GNotKG, Addition gem. § 35 Abs. 1 GNotKG; Geschäftswert ist gem. § 104 Abs. 2 GNotKG 30 % des nach § 102 GNotKG zu bestimmenden Nachlasswertes. Unberücksichtigt bleiben bloße Bestätigungserklärungen zur Anwendung des ohnehin geltenden Rechtes, vgl. *Volpert*, RNotZ 2017, 291, 295.
32 Vgl. *Döbereiner*, DNotZ 2014, 323, 326 ff. sowie *Everts*, NotBZ 2014, 441, 443 ff.
33 Vgl. *Weber*, notar 2015, 296, 299 (Bsp: Ein französisches Ehepaar mit gewöhnlichem Aufenthalt in Deutschland wünscht erbvertragliche Bindungswirkung nach deutschem Recht, aber inhaltliche Regelungen nach französischem Recht).
34 Vgl. *Lechner*, NJW 2013, 26.
35 Vgl. insbesondere *Weber*, notar 2015, 296, 304; *Döbereiner*, DNotZ 2014, 323, 336f; *Lehmann*, ZErb 2013, 25; *Herzog*, ErbR 2012, 2; *Schulte-Euler/Swane*, ErbR 2014, 429 ff.; anderer Ansicht *Buschbaum/Simon*, ZEV 2012, 525, und *Nordmeier*, ZEV 2012, 513.

A. Allgemeine Fragen zum Pflichtteils- und Pflichtteilsergänzungsanspruch Kapitel 9

bestehen ebenfalls drei Möglichkeiten (vgl. Rdn. 3540 ff.). **Erb- oder Pflichtteilsverzichtsverträgen sowie Zuwendungsverzichtsverträge**, vgl. Rdn. 3813 ff., sind zwar in der Diktion der EU-ErbVO ebenfalls »Erbverträge«, aber die von Art. 25 Abs. 3 EU-ErbVO geforderte Abhängigkeit ist wohl nur gegeben, wenn beide Vertragsbeteiligten gegenseitig auf z.B. den Pflichtteil verzichten, nicht bei einem nur einseitigen Verzicht gegenüber einem Erblasser oder mehreren in einer Urkunde verbundenen Verzichten gegenüber mehreren Erblassern (beiden Eltern), str.[36] Folgt man dieser Auffassung, bleibt es insoweit bei den in Rdn. 3538 ff. referierten einseitigen (gleichwohl empfehlenswerten, Rdn. 3765) Wahlmöglichkeiten des Erblassers, die aber ihrerseits nach deutschem Recht wiederum gem. § 2278 Abs. 2 BGB zum Gegenstand erbvertraglicher Bindungswirkung erhoben werden können. Nicht zu den »Erbverträgen« i.S.d. EU-ErbVO zählen jedoch unstreitig Verträge über den Nachlass eines noch lebenden Dritten i.S.d. § 311b Abs. 4 u. 5 BGB, sowie Erbauseinandersetzungsverträge.

Im verbleibenden Anwendungsbereich stehen folgende Rechtswahlmöglichkeiten zu Gebote:
(a) Gemäß Art. 25 Abs. 3 EU-ErbVO (»kleine Rechtswahl«) können die Beteiligten gemeinsam in Bezug auf das Errichtungsstatut (»Erbvertragsstatut«), also für die Zulässigkeit, materielle Wirksamkeit i.S.d. Art. 26 EU-ErbVO[37] und die Bindungswirkung des Erbvertrags einschließlich der Voraussetzungen für seine Auflösung, einheitlich das Recht wählen, das zumindest eine der Personen, deren Nachlass betroffen ist, nach Art. 22 EU-ErbVO hätte wählen können (also dessen aktuelle oder am Todestag geltende künftige Staatsangehörigkeit[38]). Andernfalls würden sich Zulässigkeit und Bindungswirkung von Erbverträgen gem. Art. 25 Abs. 1 und 2 EU-ErbVO[39] nach dem Errichtungsstatut (Aufenthaltsrecht bei Erbvertragserrichtung) desjenigen Erblassers richten, dessen Nachlass allein betroffen ist, bzw. dem überstimmenden Errichtungsstatut (kumulativ) beider Erblasser, falls beide Nachlässe betroffen sind, ansonsten dem Errichtungsstatut, zu dem die gemeinsame engste Verbindung besteht. Diese Rechtswahl erfasst (wohl) auch die im Erbvertrag enthaltenen einseitigen Verfügungen.[40]
(b) In gleicher Weise könnte isoliert gemäß Art. 22 EU-ErbVO das gemeinsame Erbstatut gewählt werden (gemäß der übereinstimmenden Staatsangehörigkeit der Beteiligten), oder – wie in der Regel, sofern möglich –
(c) sowohl das Erb- als auch das Errichtungsstatut gemäß Art. 25 Abs. 1 bzw. Abs. 2 Unterabs. 1 i.V.m. Art. 22 EU-ErbVO (»große Rechtswahl«), wiederum gemäß der übereinstimmenden Staatsangehörigkeit beider Erblasser.

3540

Beide Vertragsteile müssen dabei nicht dasselbe Recht wählen, der Erbvertrag ist jedoch nur dann zulässig, wenn er nach allen beteiligten Rechtsordnungen zulässig ist.[41] Nicht möglich ist jedoch – leider – die gemeinsame Wahl des Heimatrechtes eines von beiden Vertragspartnern auch mit Wirkung für den verschiedenstaatlichen Partner oder aber die Wahl des Rechtes des gemeinsamen Aufenthaltes.[42]

3541

Die getroffene Erbstatutsrechtswahl kann jedenfalls nach deutschem Verständnis auch erbvertraglich bzw. mit wechselbezüglicher Wirkung in einem gemeinschaftlichen Ehegattentestament erfol-

---

36 Vgl. *Everts,* NotBZ 2015, 1, 4; *Weber,* ZEV 2015, 503, 505 (jeweils zu Art. 25 Abs. 2 EU-ErbVO).
37 Also insbesondere Testierfähigkeit, Auslegungsfragen, Willensmängel, nicht jedoch in Bezug auf die rechtliche Umsetzbarkeit der inhaltlichen Anordnungen selbst.
38 Es ist möglich, für den Fall rechtzeitiger [also vor dem Ableben erfolgender] Einbürgerung bereits jetzt das Erbrecht dieser erhofften Staatsangehörigkeit zu wählen.
39 Vgl. *Nordmeier,* ZErb 2013, 112 ff.; *Gutachten,* DNotI-Report 2015, 117.
40 *Weber,* notar 2015, 296, 303.
41 Gemäß Art. 25 Abs. 1 Unterabs. 2 EU-ErbVO ist jedoch für die dort genannten Aspekte das Recht maßgeblich, zu dem die engste Verbindung besteht.
42 Es handelt sich um einen »Webfehler« der Verordnung, vgl. *Lechner,* NJW 2013, 26, 27.

gen (§§ 1941 Abs. 1, 2270 Abs. 2, 2278 Abs. 2 BGB n.F.). Die Wahl des bloßen Erbvertrags(errichtungs)statuts ist bereits nach der EU-ErbVO nur gemeinsam änderbar.[43]

3542 Als Annex zu einer materiell-rechtlichen Rechtswahl des Erb- (nicht nur des Errichtungs-)Statuts können die »betroffenen Parteien« ferner in Schriftform vereinbaren, dass für Entscheidungen in Erbsachen ausschließlich die Gerichte des betreffenden Mitgliedsstaates,[44] dessen Recht gewählt wurde, bzw. die für einen bestimmten Ort in diesem Mitgliedsstaat zuständigen Nachlassgerichte zuständig sind (**Gerichtsstandsvereinbarung** i.S.d. Art. 5 Abs. 1 EU-ErbVO). In klassischen Erbverträgen (§§ 2274 ff. BGB) oder gemeinschaftlichen Testamenten wird dies selten zur Anwendung gelangen (da wohl auch Vermächtnisnehmer, Testamentsvollstrecker etc. schriftlich zustimmen müssten[45]), kann sich jedoch insbesondere deshalb als sinnvoll erweisen, weil die zuverlässige Anwendung der Besonderheiten deutschen Rechtes (Vor- und Nacherbfolge, Testamentsvollstreckung, erbvertragliche Bindungen etc.) sonst nicht gewährleistet ist, ja bereits die Ermittlung in Deutschland notariell hinterlegter Erbverträge etc. scheitern kann.[46] Denkbar ist z.B. die Einsetzung als Erbe/Vermächtnisnehmer unter der Bedingung, dass an einer wirksamen Gerichtsstandsvereinbarung mitgewirkt wird, bzw. bei der Vorerbschaft der Eintritt der Nacherbfolge für den Fall des Wegzugs ins Ausland.

3543 Unmittelbar naheliegend ist die Gerichtsstandvereinbarung jedoch bei den »untechnischen« Erbverträgen i.S.d. EU-ErbVO, also den **Pflichtteilsverzichts-/Erbverzichtsverträgen** bzw. Zuwendungsverzichtsverträgen bzw. bei Anordnungen gem. § 2315 BGB oder Ausgleichungsordnungen, sofern (auch bei Letzteren) der Erklärungsgegner mitwirkt. Auch ohne eine solche Gerichtsstandsvereinbarung kann (und wird) sich jedoch ein örtlich zuständiges Auslandsgericht gem. Art. 6a EU-ErbVO für unzuständig erklären, wenn »seines Erachtens die Gerichte des Mitgliedstaats des gewählten Rechts in der Erbsache besser entscheiden können«, wobei »der gewöhnlichen Aufenthalt der Parteien und der Ort, an dem die Vermögenswerte belegen sind, zu berücksichtigen sind.«

▶ Formulierungsvorschlag: Umfassende Rechtswahl zugunsten des deutschen Rechts gem. Art 22 EU-ErbVO (einseitige und mehrseitige Alternativen)

3544 Gem. Art. 24 Abs. 1 i.V.m. Art. 22 EU-ErbVO verfüge ich in testamentarischer Form *(Alt: in erbvertraglich bindender Form gem. § 2278 Abs. 2 BGB)*, dass meine gesamte Erbfolge, auch soweit ausländischer Besitz betroffen ist, dem Recht der Bundesrepublik Deutschland, meiner derzeitigen Staatsbürgerschaft, unterstellt sein soll (Wahl des Errichtungs- und des Erbstatuts).

Alternative, im Rahmen eines Erbvertrags oder gemeinschaftlichen Testaments

Vorsorglich wählt ein jeder von uns ferner – mit erbvertraglicher Wirkung – die Geltung deutschen Rechts gemäß Art. 25 Abs. 3 EU-ErbVO für die Zulässigkeit, die materielle Wirksamkeit und die Bindungswirkung dieses *Erbvertrags/gemeinschaftlichen Testaments/Pflichtteilsverzichtsvertrages/ Erbverzichtsvertrages/Zuwendungsverzichtsvertrages* einschließlich der Voraussetzungen für seine Auflösung.

Bzw, im Rahmen eines Pflichtteilsverzichts-/Erbverzichtsvertrages bzw. Zuwendungsverzichtsvertrages:

Vorsorglich wählt der Erblasser – mit erbvertraglicher Wirkung – die Geltung deutschen Rechts gemäß Art. 22 ErbVO für die Zulässigkeit, die materielle Wirksamkeit und die Bindungswirkung dieses *Pflichtteilsverzichtsvertrages/Erbverzichtsvertrages/Zuwendungsverzichtsvertrages* einschließ-

---

43 *Döbereiner*, DNotZ 2014, 323, 335; *Heinig*, RNotZ 2014, 197, 212.
44 Nicht möglich ist die Gerichtsstandswahl also, wenn der Erblasser gem. Art. 22 Abs. 1 EU-ErbVO das Heimatrecht eines Drittstaates gewählt hat, vgl. *Kroll-Ludwigs*, notar 2016, 75, 84.
45 Erwägungsgrund 28 Satz 2 zum Begriff der »betroffenen Parteien« und der Umstand, dass die EU-ErbVO nicht zwischen streitiger und freiwilliger [Erbscheins-!] Gerichtsbarkeit differenziert, legt diesen weiten Beteiligtenbegriff [§§ 7 Nr. 1, 345 FamFG] nahe.
46 Plastisch *Lehmann*, ZEV 2015, 309 ff. Er sagt eine Flucht ins Schuldrecht (auch der Schenkung auf den Todesfall) voraus.

lich der Voraussetzungen für seine Auflösung. Darüber hinaus vereinbaren alle Beteiligten dieses Vertrages hiermit gem. Art. 5 Abs. 1 EU-ErbVO die Zuständigkeit deutscher Gerichte/die Zuständigkeit der für München zuständigen Gerichte.

Stets abschließender Hinweis:

Uns ist aufgrund Hinweises des Notars bewusst, dass diese Erklärungen außerhalb des räumlichen Anwendungsbereichs der EU-ErbVO möglicherweise nicht anerkannt werden, und auch der bindende Charakter der Erbstatutswahl durch ausländische Rechtsordnungen, die infolge eines Aufenthaltswechsels relevant werden können, anders beurteilt werden mag.

Eine solche umfassende Rechtswahl konnte bereits vor dem 16.08.2012 erfolgen, Art. 83 Abs. 2 EU-ErbVO. Sie gilt als erfolgt, wenn vor dem 17.08.2015 eine Verfügung von Todes wegen nach einem bestimmten Recht errichtet wurde und der Erblasser nach den Regeln der EU-ErbVO dieses – insb. als sein Heimatrecht – hätte wählen können, vgl. Art. 83 Abs. 4 EU-ErbVO[47] (die bisher z.B. gem. Art. 25 Abs. 2 EGBGB mögliche Wahl des deutschen Rechts für Inlandsgrundbesitz behält bei Sterbefällen ab 17.08.2015 nur dann ihre Gültigkeit, wenn sie bis zum 16.08.2015 erfolgte und der Erblasser zur Zeit der Rechtswahl Deutscher war bzw. seinen gewöhnlichen Aufenthalt in Deutschland hatte,[48] Art. 83 Abs. 2 EU-ErbVO; gleiches gilt für entsprechende Rechtswahlen nach anderen Rechtsordnungen, z.B. gem. Art. 46 ital. IPRG[49]). In der bis zum 16.08.2015 beurkundeten Rechtswahl[50] konnte hierzu ggf. ausgeführt werden: 3545

▶ **Formulierungsvorschlag: Fortgeltungserklärung für Rechtswahl aus der Zeit bis 16.08.2015**

Der Notar hat mich über das Inkrafttreten, den räumlichen Anwendungsbereich, und die Rechtswirkungen der EU-Erbrechtsverordnung informiert, der zufolge gemäß Art. 21 EU-ErbVO die Rechtsnachfolge von Todes wegen grundsätzlich dem Recht des Staats unterliegt, in dem der Erblasser zum Zeitpunkt seines Todes seinen gewöhnlichen Aufenthalt hatte. Die heute von mir getroffene Rechtswahl bleibt jedoch nach Maßgabe des Art. 83 Abs. 2 EU-ErbVO wirksam. Ich bestätige hiermit ausdrücklich, dass diese Rechtswahl auch nach dem 17.08.2015 fortgelten soll, soweit möglich auch in Staaten, in denen die EU-ErbVO keine Anwendung findet. Es entspricht meinem Willen, dass die Gesamtrechtsnachfolge in mein gesamtes Vermögen in größtmöglichem Umfang sich nach dem gewählten Recht richtet, soweit dies gesetzlich zulässig ist auch in Bezug auf die Rechte etwaiger Pflichtteils- oder Noterbberechtigter. Diese Rechtswahl tritt erst außer Kraft, wenn ich – dann nach Maßgabe der EU-ErbVO – künftig eine neue Rechtswahlerklärung abgeben sollte. 3546

III. Grundwertungen

Die Höhe des Pflichtteilsanspruchs richtet sich nach dem **Wert und Bestand des Nachlasses beim Erbfall (§ 2311 BGB)**, vgl. im Einzelnen Rdn. 3578 ff. Dieser umfasst den Aktivbestand abzgl. der bereits zum Zeitpunkt des Erbfalls in der Person des Erblassers begründeten Verbindlichkeiten[51] (Erblasserschulden, z.B. nacheheliche Unterhaltspflichten gem. § 1586b Abs. 1 Satz 1 BGB) 3547

---

47 Notwendig ist also ein Rechtsanwendungsbewusstsein, jedoch ohne Erklärungsbewusstsein über Notwendigkeit und Formulierung einer ausdrücklichen Rechtswahl, vgl. *Fetsch*, RNotZ 2015, 626 ff. mit Formulierungsvorschlägen hierzu im Erbscheinsantrag.
48 *Leitzen*, ZEV 2013, 128, 131; *Heinig*, RNotZ 2014, 281, 287 m.w.N.; *Stade*, ZErb 2015, 69 f.
49 Vgl. hierzu z.B. OLG Frankfurt, 28.02.2013 – 20 W 437/11, ZEV 2013, 559; zur »konkludenten Rechtswahl« OLG Hamm, 22.07.2014 – 15 W 138/14, ZErb 2014, 352.
50 Vgl. Übersicht bei *Heinig*, RNotZ 2014, 281 ff., jeweils bezogen auf einen ausländischen Staatsbürger mit gewöhnlichem Aufenthalt in Deutschland, einerseits, und einen deutschen Staatsbürger mit gewöhnlichem Aufenthalt im ausländischen Staat, andererseits.
51 *Bartsch*, ZErb 2012, 201 ff. weist zu Recht auf die Gefahr hin, dass der Erblasser ggf. im Zusammenwirken mit dem Erben versucht sein könnte, den Nachlass durch titulierte aber tatsächlich nicht bestehende »Verbindlichkeiten« zu Lasten des Pflichtteilsberechtigten zu schmälern, solange diese nicht vom Pflichtteilsberechtigten bestritten werden, gelten sie als zugestanden.

und solcher Erbfallschulden, die auch vorliegen würden, wenn man allein die gesetzliche Erbfolge zugrunde legt (Erbersatzfunktion des Pflichtteilsrechts): demnach bleiben **Verpflichtungen unberücksichtigt, die auf Verfügungen des Erblassers von Todes wegen beruhen**, insb. also Pflichtteilsansprüche selbst, ebenso Vermächtnisse[52] – soweit sie nicht, wie Nachvermächtnisse (Rdn. 6482), bereits dem Erblasser als Vorvermächtnisnehmer auferlegt waren[53] – und Auflagen, zumal diese den Pflichtteilsansprüchen gem. § 327 Abs. 1 Nr. 2, 3 InsO nachgehen.[54]

3548 Abzugsfähig (vgl. Rdn. 3586) sind allerdings die **Beerdigungskosten**[55] (§ 1968 BGB – nicht jedoch die Kosten der laufenden Grabpflege[56]), sowie Kosten der **Nachlasssicherung und Nachlassverwaltung** ebenso wie der Ermittlung der Nachlassgläubiger.[57] Es handelt sich insoweit um solche Erbfallschulden, deren Rechtsgrund bzw. Erfüllungsnotwendigkeit bereits auf den Todesfall zurückgeht oder deren Erfüllung den Pflichtteilsberechtigten auch getroffen hätte, wenn er gesetzlicher Erbe geworden wäre.[58] Aus diesem Grunde ebenfalls vorrangig abzugsfähig ist der Anspruch des überlebenden Ehegatten auf familienrechtlichen Zugewinn nach § 1371 Abs. 2 und Abs. 3 BGB.

3549 **Nicht abzugsfähig** sind jedoch **Nachlasserbenschulden** (also etwa Verbindlichkeiten aus der Fortführung eines zum Nachlass gehörenden Unternehmens,[59] für die der Erbe ohnehin persönlich ohne Begrenzbarkeit auf den Nachlass haftet), und erst recht nicht **Eigenschulden des Erben**, ebenso wenig die allein dem Erben nützlichen Aufwendungen (wie etwa Kosten der Testamentseröffnung und der Erbscheinserteilung).[60]

3550 Fällt ein Pflichtteils- oder Pflichtteilsergänzungsanspruch in einen Nachlass (der Pflichtteilsanspruch ist gem. § 2217 Abs. 2 BGB vererblich), wird er von der Verwaltungsbefugnis eines etwa eingesetzten Testamentsvollstreckers (mangels beschränkender Anordnungen: § 2208 Abs. 1 Satz 1 BGB) gem. § 2212 BGB erfasst; es handelt sich ungeachtet § 852 Abs. 1 ZPO, § 36 InsO nicht um eine Rechtsposition, die (wie die Annahme bzw. Ausschlagung einer Erbschaft bzw. die Anfechtung einer letztwilligen Verfügung gem. §§ 2078 ff. BGB nur vom Erben selbst wahrgenommen werden könnte.[61]

IV. §§ 2303, 2305, 2306 BGB: pflichtteilsrechtliche Anknüpfung an letztwillige Verfügungen

1. § 2303 BGB

3551 Das »klassische« Hauptanwendungsgebiet des Pflichtteilsrechtes knüpft an letztwillige Verfügungen (Enterbungen; ungenügende Einsetzungen, Einsetzungen unter Beschwerungen und Beschrän-

---

52 Auch gesetzliche Vermächtnisse, wie etwa § 1371 Abs. 4 BGB (Ausbildungsanspruch des Stiefkindes aus dem erhöhten Viertel).
53 § 2191 Abs. 1 Halbs. 2 BGB. Zu dieser Differenzierung *Watzek*, MittRhNotK 1999, 42; im Ergebnis ebenso Gutachten, DNotI-Report 1999, 149 ff.; eingehend und grundlegend *Damrau*, ZEV 1998, 3.
54 Der Umkehrschluss gilt allerdings nur bedingt: Nachlasserbenschulden aus der Nachlassverwaltung seitens des Erben sind nicht abzugsfähig, obwohl ebenfalls in der Nachlassinsolvenz vorrangig: Soergel/*Dieckmann*, BGB, § 2311 Rn. 11.
55 VGH Bayern, FamRZ 2004, 490.
56 BGH, BeckRS 1998, 30392597 – a.A. LG Heidelberg, 31.05.2011 – 5 O 306/09, ZEV 2011, 583 ff.; Überblick zum Streitstand bei *Schindler*, ZErb 2012, 149, 150.
57 VGH Bayern, FamRZ 2004, 489.
58 Vgl. *J. Mayer*, in: Bamberger/Roth, BGB, § 2311 Rn. 9.
59 Nicht jedoch Forderungen aus der »Fortführung« eines Mietverhältnisses nach dem Tod des Mieters, § 564 Satz 1 BGB, sofern das Mietverhältnis innerhalb der Frist des § 564 Satz 2 BGB beendet wird, vgl. BGH, 23.01.2013 – VIII ZR 68/12, ErbStB 2013, 145; hierzu *Horst*, EE 2013, 60.
60 OLG Stuttgart, JABl. B-W 1978, 76; OLG München, BeckRS 2008, 04991; a.A. jedoch in Bezug auf die Erbscheinserteilung LG Neuruppin, 05.05.2017 – 5 O 265/15, ErbR 2017, 684.
61 BGH, 05.11.2014 – IV ZR 104/14, DNotZ 2015, 144.

A. Allgemeine Fragen zum Pflichtteils- und Pflichtteilsergänzungsanspruch   Kapitel 9

kungen) an. I.R.d. vorliegenden, der vorweggenommenen Erbfolge gewidmeten Darstellung sollen sie daher nur der Vollständigkeit halber erwähnt werden. Gleiches gilt für den sog. Quasi-Pflichtteilsanspruch gem. § 1511 Abs. 2 BGB in Bezug auf den Gesamtgutsanteil, wenn ein Abkömmling durch letztwillige Verfügung von der fortgesetzten Gütergemeinschaft ausgeschlossen wurde.[62] Macht der Pflichtteilsberechtigte zugleich geltend, die ihn enterbende Verfügung sei unwirksam, kann es im Einzelfall zur gleichzeitigen Geltendmachung von Erbenstellung und Pflichtteilsanspruch kommen.[63]

Das Pflichtteilsrecht beschränkt die Testierfreiheit des Erblassers und gewährt Ehegatten, Abkömmlingen und (bei Fehlen von Erben 1. Ordnung) den Eltern, sofern sie von der gesetzlichen Erbfolge kraft letztwilliger Verfügung ausgeschlossen werden (§ 2303 BGB), entsprechende Pflichtteilsansprüche, die bis zu 50 % des Nachlasses betragen können. Lediglich dem Enterbten kommt der Pflichtteilsanspruch zu, nicht den entfernteren Verwandten seines Stammes (§ 2309 BGB); anders, wenn zur Enterbung eine Pflichtteilsentziehung (Rdn. 3928 ff.) hinzukommt: die latente Pflichtteilsberechtigung überträgt sich dann auf die nächste Generation,[64] ebenso wie bei der Ausschlagung (§ 1953 Abs. 2 BGB), der Erbunwürdigkeit (§ 2344 Abs. 2 BGB) und dem (entgegen § 2349 BGB) auf den Verzichtenden beschränkten Erbverzicht (§ 2346 Abs. 1 Satz 2 BGB)[65] und (wohl) auch dem entsprechend beschränkten Pflichtteilsverzicht.[66]   3552

2. § 2305 BGB

Einer Umgehung durch eine geringfügige – unterhalb des Pflichtteilsanspruchs bzw. halben gesetzlichen Erbteils liegende – Erbeinsetzung begegnet das BGB mit dem Pflichtteilsrestanspruch gem. §§ 2305, 2306 BGB, indem der Erbteil aufzustocken ist bzw. Beschwerungen wegfallen: Gem. § 2305 BGB kann der Pflichtteilsberechtigte im Wege der Geltendmachung eines sog. **Pflichtteilsrestanspruchs** von den Miterben als Pflichtteil den Wert des an der Hälfte fehlenden Teils verlangen, wenn ihm ein Erbteil hinterlassen wird, der geringer ist als die Hälfte des gesetzlichen Erbteils. Bzgl. der hinterlassenen Erbquote bleiben allerdings angeordnete Beschwerungen und Belastungen bestehen (§ 2305 Satz 2 BGB); hiervon kann er sich nur durch Ausschlagung befreien mit der Folge, dass an die Stelle der Erbenstellung die schlichte Pflichtteilsberechtigung tritt, § 2306 BGB. Zur (ungewollten) Anwendung des § 2305 BGB im Rahmen von Behinderten- oder Bedürftigentestamenten, insgesamt bei Geltung der Werttheorie, vgl. Rdn. 6531 ff.   3553

---

62 Beispielsfall: LG Trier, 30.07.2013 – 11 O 365/11, ZEV 2013, 623.
63 Vgl. *Wolfer*, ZEV 2016, 245 ff.
64 BGH, 13.04.2011 – IV ZR 204/09, ZEV 2011, 366 m. krit. Anm. *Haas/Hoßfeld* = DNotZ 2011, 866 m. Anm. *Lange* = MittBayNot 2012, 133 m. Anm. *Keim*. Im Rechtsstreit über den Pflichtteilsanspruch des entfernteren Abkömmlings kann die Vorfrage geklärt werden, ob dem näheren Verwandten wirksam der Pflichtteil entzogen wurde.
65 Das Pflichtteilsrecht des Nachrückenden ist dann jedoch gem. § 2309, 2. Alt BGB ausgeschlossen, soweit der nähere Verwandte (der auf seine Person beschränkt – wie in der Praxis selten – einen Erbverzicht geleistet hat) das ihm (etwa als Abfindung für den Verzicht oder im Testament) »Hinterlassene« annimmt. BGH, 27.06.2012 – IV ZR 239/10, DNotZ 2012, 782 m. krit. Anm. *Röhl* S. 724 ff.; krit. auch *Wagenknecht*, ZErb 2012, 322 ff.; und *Lichtenwimmer*, ZEV 2012, 474 ff. sowie *G. Müller*, MittBayNot 2012, 478 und *Keim*, RNotZ 2013, 411, reduziert § 2309, 2. Alt. BGB jedoch teleologisch, wenn nur ein Stamm vorhanden ist, da der Gesetzeszweck (Vermeidung einer Doppelbelastung des Nachlasses) hier auch ohne Anrechnung sich realisiere. Vermeiden lässt sich die Pflichtteilsbelastung durch einvernehmliche Aufhebung des Erbverzichtes, § 2351 BGB.
66 Vgl. *Röhl*, DNotZ 2012, 724, 730 f. Nach *Lange*, ZEV 2015, 69 ff. ist der nur auf den eigenen Pflichtteil Verzichtende teleologisch einem Pflichtteilsberechtigten gleichzustellen, der seinen Pflichtteil schlicht nicht geltend macht: er »fällt nicht weg«, so dass entfernter Berechtigte nicht nachrücken.

3. § 2306 BGB

a) § 2306 BGB a.F. (Sterbefälle bis zum 31.12.2009)

3554 Ist der Pflichtteilsberechtigte zwar Erbe, aber **beschränkt bzw. beschwert** durch Einsetzung eines Nacherben, Testamentsvollstreckung,[67] Teilungsanordnung, Vermächtnis oder Auflage (§ 2306 Abs. 1 BGB) oder ist er als Nacherbe eingesetzt (§ 2306 Abs. 2 BGB) galt **für Sterbefälle bis zum 31.12.2009** Folgendes:

(1) Ist der hinterlassene Erbteil **kleiner** als die Hälfte des gesetzlichen Erbteils oder gleich, galt die Beschwerung als nicht angeordnet (§ 2306 Abs. 1 Satz 1 BGB) Darüber hinaus konnte der Betroffene nach § 2305 BGB ggf. einen Pflichtteilsrestanspruch geltend machen.

3555 (2) Ist der hinterlassene Erbteil **größer** als die Hälfte des gesetzlichen Erbteils konnte der Pflichtteilsberechtigte den Pflichtteil verlangen, wenn er den Erbteil ausschlug (§ 2306 Abs. 1 Satz 2 BGB).

Zu den hieraus sich ergebenden Problemen, insbesondere bei »unverhoffter« Anwendbarkeit des § 2306 Abs. 1 Satz 1 BGB a.F. im Rahmen von Behinderten- und Bedürftigentestamenten etwa infolge Eingreifens der sog. Werttheorie anstelle des Quotenvergleichs bei der Ermittlung des »Wertes des hälftigen Erbteils«, vgl. ausführlich Rn. 2995 bis 3009 der dritten Auflage dieses Werks.

b) Neuregelung durch die Erbrechtsreform (Sterbefälle ab dem 01.01.2010)

3556 In der für **Sterbefälle ab 01.01.2010** geltenden Neufassung wurde § 2306 Abs. 1 (und damit auch Abs. 2) BGB dergestalt vereinheitlicht, dass die Belastung mit Nacherbschaft, Testamentsvollstreckung, Teilungsanordnung, Vermächtnis oder Auflage – und zwar unabhängig davon, ob der hinterlassene Erbteil die Hälfte des gesetzlichen Erbteils übersteigt oder nicht – zur Ausschlagung[68] berechtigt (binnen 6 Wochen ab Kenntnis von der Beschränkung/Beschwerung). Anders als bisher entfällt die Beschwerung/Beschränkung also in keinem Fall mehr »von selbst«, so dass immer eine (fristgebundene) Aktivität des belasteten Erben erforderlich ist. Diese Aktivität führt des Weiteren – ebenfalls abweichend vom bis zum 31.12.2009 geltenden Recht – stets zum **unbelasteten**[69] **Pflichtteil in Geld**, also niemals zum Anfall des unbelasteten Erbteils als solchem, wie es bei § 2306 Abs. 1 Satz 1 BGB a.F. der Fall war. Schlägt der überlebende Ehegatte bei einer Zugewinngemeinschaft die Erbschaft aus, so steht ihm gem. § 1371 Abs. 2 und 3 BGB der sog. klei-

---

67 Möglicherweise auch die Testamentsvollstreckung über den Erbteil eines anderen Miterben, jedenfalls wenn bei Einzelfallbetrachtung die Nachteile für die anderen Miterben überwiegen, vgl. *Klühs*, RNotZ 2010, 43 ff.

68 *De Leve*, ZEV 2010, 184 ff. rät vorsichtshalber dazu, eine wegen § 2306 BGB vorgenommene Ausschlagung auf die testamentarische Erbfolge zu begrenzen und mit dem Zusatz »um den Pflichtteil gem. § 2306 BGB geltend machen zu können« zu versehen – und nicht »aus jedem Rechtsgrund« auch auf die gesetzliche Erbfolge zu erstrecken, da der (in § 2306 BGB dann gewährte) Pflichtteil vom gesetzlichen Erbrecht abhänge. Das Gesetz verlangt dies nicht (ebenso *Odersky* notar 2010, 282 Fn. 2 und *Sachs* ZEV 2011, 556 f.: Ausschlagung allein der testamentarischen Erbfolge sei nur ratsam, wenn sich ausnahmsweise aus dem Testament ergebe, dass z.B. Vermächtnisse beim Eintritt gesetzlicher Erbfolge entfallen sollen). Für differenzierende Betrachtung (in jedem Einzelfall ist zu prüfen, welche Auswirkungen sich aus der Ausschlagung eines belasteten testamentarischen Erbteils für den gesetzlichen Erbteil ergibt, gem. § 2161 BGB) mit der wohl h.M. OLG Schleswig, 02.09.2014 – 3 U 3/14, MittBayNot 2016, 52 m. Anm. *Röhl* = ZEV 2015, 109 m. Anm. *de Leve*; vgl. *Möller*, EE 2015, 38 ff. Gefährlich ist die »allumfassende Ausschlagung« allerdings dann, wenn das Testament ergibt, dass der Ausschlagende infolge der Ausschlagung unbeschwerter (z.B. gesetzlicher) Erbe werden solle, da er sich bei Ausschlagung auch dieser Stellung des Pflichtteils beraubt hätte, *Lange*, ZErb 2011, 289, 290.

69 Außer die Beschwerungen der Erbschaft lassen sich gem. § 2338 BGB auch bezüglich des Pflichtteils aufrechterhalten, *Mayer* in: Mayer/Süß/Tanck/Bittler/Wälzholz, Handbuch Pflichtteilsrecht, § 8 Rn. 108, 111; a.A. *Lange*, ZErb 2011, 289, 291: Es fehle dann schon an einem Wahlrecht i.S.d. § 2306 Abs. 1 BGB, so dass der Ausschlagende gar nichts erhalte.

ne Pflichtteil (Rdn. 4516) nebst rechnerischem Zugewinnausgleich zu (nicht wahlweise der »große Pflichtteil«). Die Entscheidung zwischen Quoten- und Werttheorie zur Differenzierung zwischen den Anwendungsbereichen der §§ 2306 Abs. 1 Satz 1 und Satz 2 BGB a.F. ist demnach für die Frage, ob es einer Ausschlagung bedarf, obsolet,[70] allerdings ist der belastete Erbe nunmehr vor neue, nicht minder schwierige Bewertungsfragen gestellt:

Er hat sich nämlich zu entscheiden, ob er binnen kurzer Frist (Rdn. 3595) ausschlägt und damit auch die sonstigen, mit einer Erbenstellung verbundenen Vorteile aufgibt, zugunsten des schlichten Pflichtteils in Geld, oder ob er die Ausschlagung unterlässt (bzw. die Erbschaft ausdrücklich annimmt) mit der Folge, dass er den belasteten/beschwerten Erbteil behält, insb. die daraus sich ergebenden Verpflichtungen zu erfüllen hat, und ggf. – bei Einsetzung unter der Pflichtteilsquote – einen zusätzlichen Geldpflichtteil gem. § 2305 BGB erhält, allerdings ohne dass dieser Zusatzpflichtteil wegen der Belastung/Beschwerung erhöht würde (vgl. § 2305 Satz 2 BGB). In diesem Rahmen ist also die Prüfung, ob der belastete Erbteil nicht höher ist als die »Hälfte des gesetzlichen Erbteils« weiterhin durchzuführen, und zwar unter Anwendung der Quoten- bzw. Werttheorie. Der Erbe (bzw. sein Berater) hat nunmehr also in kurzer Frist abzuwägen, ob der tatsächliche (bzw. gefühlte) Wert des Erbteils abzgl. des Werts sämtlicher Belastungen insgesamt geringer ist als der Wert der Pflichtteilsforderung. Ist dies der Fall, ist die Ausschlagung anzuraten bzw. besteht – bei evident nachlassaushöhlenden Vermächtnissen – gar eine faktische Wahlpflicht zugunsten der Ausschlagung, was dem Gesetzgeber jedoch hinnehmbar erschien.[71]

3557

Damit trifft ihn die schwierige Prognose, gerade bei komplexen Nachlassstrukturen oder betrieblichem Vermögen den tatsächlichen, v.a. den nachhaltigen Wert der Aktiva des Nachlasses zu bewerten, aber auch die Passiva richtig einzuordnen. (Beispiel: Im Fall der Beschwerung mit einem Nießbrauchsvermächtnis kann sich die Kalkulation, die von der statistischen Restlebenserwartung ausgeht, als in beide Richtungen falsch erweisen, wenn der Nießbrauchsberechtigte früher oder später als erwartet verstirbt.)[72] In den Fällen des § 2306 Abs. 2 BGB, also bei der Ausschlagung durch den zum Nacherben eingesetzten Pflichtteilsberechtigten, ist zusätzlich die »Wertigkeit« dieser Anwartschaft ins Kalkül zu ziehen (Vererblichkeit? Übertragbarkeit? Zeitpunkt des voraussichtlichen Eintritts? Gefahr des Nachlassschwundes?). Informationsrechte zum Nachlassbestand (vergleichbar § 2314 BGB) stehen dem Nacherben dabei nicht zur Verfügung.[73] Die sechswöchige bzw. sechsmonatige Ausschlagungsfrist läuft allerdings gem. § 2306 Abs. 1 Satz 2 BGB weiterhin (abweichend von § 1944 Abs. 2 BGB) erst an, wenn Kenntnis von den testamentarischen Beschwerungen[74] (nicht notwendig allerdings von deren Wertigkeit) vorliegt. Versäumt er die Ausschlagungsfrist, verhilft ihm möglicherweise die Rechtsprechung zur (unverzüglichen[75]) Anfechtung dieser Säumnis, wenn er in Unkenntnis darüber war, dass er durch die Annahme seinen Pflichtteilsanspruch verliert;[76] ähnlich der Anfechtung der irrtümlichen Erbschaftsannahme, wenn er erst später erkennt, dass das ihn belastende Vermächtnis tatsächlich (entgegen seiner bisherigen Annahme) wirksam ist.[77]

3558

---

70 Sie spielt aber nach wie vor bei der Bestimmung des Pflichtteilsrestanspruchs (§ 2305 BGB) eine Rolle, vgl. Rdn. 3557 und *J. Mayer*, in: Mayer/Süß/Tanck/Bittler/Wälzholz, Handbuch Pflichtteilsrecht, § 4 Rn. 9 f.
71 BT-Drucks. 16/8954, S. 20 (zu Nr. 22).
72 Vgl. *Bonefeld/Lange/Tanck*, ZErb 2008, 292, 293; *Schindler*, ZErb 2012, 149.
73 Vgl. zu diesem Entscheidungsdilemma *Beckmann*, ZEV 2012, 637 ff.
74 Die Kenntnis muss auch die korrekte Einordnung der Beschwerung erfassen: Vorausvermächtnis oder Teilungsanordnung?, vgl. *Schindler* ZErb 2012, 149.
75 Für die Anfechtung der Annahme/Ausschlagung gilt nicht die 6-Wochen-Frist des § 1954 BGB, sondern die kürzere des § 121 BGB, vgl. BGH, 10.06.2015 – IV ZB 39/14, DNotZ 2015, 688 = NotBZ 2015, 462 m. Anm. *Pieper*.
76 BGH, ZErb 2006, 378 m. Anm. *Keim*; die Anfechtung wegen Inhaltsirrtums (§§ 119, 1955, 1956 BGB) gilt gem. §§ 1956, 1957 BGB als Ausschlagung.
77 OLG Düsseldorf, 13.01.2017 – I-7 U 37/16, ErbR 2017, 276 (die Frist beginnt dann mit Kenntnis der Urteilsgründe der erstinstanzlichen, ggf. auch noch nicht rechtskräftigen, Entscheidung).

3559 Die Neufassung des § 2306 BGB erweitert den Anwendungsbereich der sog. **cautela socini**,[78] bei welcher der Ausschlagende sodann erneut zum unbelasteten Miterben i.H.d. Pflichtteiles oder knapp darüber eingesetzt ist (was beim Behinderten-/Bedürftigentestament wegen der Zugriffsmöglichkeit hierauf nicht gewollt ist, vgl. Rdn. 6548); schlägt er nunmehr, rechtlich nicht oder schlecht beraten, erneut aus – § 1951 Abs. 3 BGB analog –, erhält er gar nichts, v.a. nicht den Pflichtteil. Diese Sonderform der Verwirkungsklausel soll wertvolle Nachlassbestandteile (Unternehmen) vor der Liquiditätsbelastung aus abfließenden Pflichtteilen bewahren und daher auch »Problemkinder« in der Gemeinschaft halten.[79] Diese Klausel, »funktioniert« unter Geltung des § 2306 BGB n.F. nunmehr wohl[80] auch, wenn der Betroffene zunächst i.H.d. Pflichtteilsquote als beschwerter Miterbe eingesetzt ist (Fall Nr. 1: durch Nichtausschlagung bleiben die Beschwerungen bestehen), sodann – für den Fall der Ausschlagung aufschiebend bedingt – als unbelasteter Miterbe i.H.d. Pflichtteilsquote (Fall Nr. 2: durch Nichtausschlagung bleibt er den erbengemeinschaftlichen Bindungen unterworfen).[81] Hierzu[82]

▶ Formulierungsvorschlag: Cautela socini (§ 2306 BGB n.F.)

3560 Ich setze hiermit A zum Erben in Höhe der Hälfte seines gesetzlichen Erbteils ein, B und C erhalten die verbleibende Quote zu unter sich gleichen Teilen. Auf den Erbteil des A wird Dauertestamentsvollstreckung bis zu seinem Ableben gemäß §§ 2209 ff. BGB angeordnet (*Anm.: ggf. weitere Bestimmungen, z.B. Anweisungen gemäß § 2218 BGB*). Unter der Bedingung, dass A gemäß § 2306 Abs. 1 BGB den belasteten Erbteil ausgeschlagen hat, berufe ich A nochmals als Erben für diesen Erbteil, jedoch ohne die vorstehend angeordneten Belastungen und Beschränkungen. Entsprechend § 1951 Abs. 3 BGB gestatte ich A hiermit, den belasteten Erbteil auszuschlagen und zugleich den unbelasteten Erbteil anzunehmen, der ihm unter dieser Bedingung zufällt.

3561 Nicht eindeutig zu beantworten ist die Frage, wer als **Ersatzerbe** nach einer Ausschlagung gem. § 2306 Abs. 1 (oder Abs. 2) BGB nachrückt, wenn das Testament hierzu keine eindeutigen Aussagen trifft, insb. ob der gesamte Stamm des Ausschlagenden ausscheidet oder nicht. Die Literatur verneint teilweise das Nachrücken eines Abkömmlings in die Stellung des ausschlagenden Erben, weist aber auch darauf hin, dass § 2320 Abs. 2 BGB (wonach der nachrückende Abkömmling mit den weiteren Miterben anteilig die Pflichtteilslast zu tragen hat) die »Doppelbegünstigung« relativiere und weiter, dass bei Ausschlagung durch einen Vorerben der Nachrücker dann mit der Pflichtteilslast und zusätzlich der Nacherbschaft beschwert bleibe, also auch insoweit eine Doppelbegünstigung nur in abgemilderter Form stattfinde. Die Rechtsprechung hat überwiegend i.R.d. Ermittlung des hypothetischen Erblasserwillens das Nachrücken abgelehnt,[83] teilweise aber auch vor einem zu raschen Ausweichen auf andere Ersatzerben bzw. Nacherben gewarnt.[84] In der Tat dürfte es zutreffend sein,[85] zunächst unter Heranziehung der »Andeutungstheorie« des BGH[86] gem. § 133 BGB zu untersuchen, ob sich nicht Anhaltspunkte dafür gewinnen lassen, dass der Erblasser die Ersatzerbeinsetzung auch für den Fall der Ausschlagung eines beschwerten Erbteils gelten lassen wolle und er bspw. über das Pflichtteilsrecht (notariell) belehrt worden ist.

---

78 Benannt nach Marianus Socinus, 1482 bis 1556 in Siena; vgl. hierzu *Keim*, NJW 2008, 2075.
79 Vgl. *v. Dickhuth-Harrach*, DAI-Skript Testaments- und Erbvertragsgestaltung, 2007, S. 166 f.
80 Zweifelnd *Baumann/Karsten*, RNotZ 2010, 95, 97, *Karsten*, RNotZ 2010, 361, *Carlé* ErbStB 2010, 371 ff. und *J. Mayer*, ZEV 2010, 1, 4: Durch Streichung des § 2306 Abs. 1 Satz 1 BGB a.F. habe der Gesetzgeber zeigen wollen, dass er den Pflichtteilsberechtigten nur noch, dafür aber immer, durch die Ausschlagungsmöglichkeit schützen wolle.
81 Vgl. *Keim*, NJW 2008, 2072, 2075.
82 Vgl. *Kornexl*, Nachlassplanung bei Problemkindern, Rn. 647.
83 BGH, NJW 1960, 1899; OLG Frankfurt, Rpfleger 1970, 391; OLG Stuttgart, Rpfleger 1982, 106; OLG München, DNotZ 2007, 537.
84 BayObLG, ZEV 2000, 274; KG NJW-RR 2005, 592.
85 Vgl. *Günther*, ZEV 2011, 357 ff.
86 Beispiel: OLG Düsseldorf, 27.01.2012 – I-3 W 231/11, NotBZ 2012, 302.

V. Auskunftsanspruch

1. Auskunftspflicht der Erben (§ 2314 BGB)

§ 2314 BGB gewährt dem **pflichtteilsberechtigten Nichterben** einen **Auskunftsanspruch**,[87] um ihm Kenntnisse über den Bestand und den Wert des Nachlasses zu verschaffen, welche ihm die Durchsetzung seiner Rechte erleichtern. Der Auskunftsanspruch geht unter, wenn der Pflichtteilsanspruch seinerseits (etwa wegen Erhebung der Verjährungseinrede) nicht mehr geltend gemacht werden kann oder das Pflichtteilsrecht wirksam entzogen wurde[88] und erstreckt sich nicht auf Sachverhalte in Bezug auf Vermögen, das (etwa infolge einer Nachlassspaltung) nicht dem deutschen Pflichtteilsrecht unterliegt.[89]

3562

Unmittelbar **auskunftsberechtigt** ist demnach
(1) der enterbte Pflichtteilsberechtigte (§ 2303 BGB),
(2) ferner der Erbe, der gem. §§ 2306, 2305, 1371 Abs. 3 BGB ausgeschlagen hat,[90]
(3) sowie der Pflichtteilsberechtigte, der lediglich mit einem Vermächtnis nach § 2307 BGB bedacht ist.
(4) Über den Wortlaut hinaus wird derselbe Auskunftsanspruch auch dem Pflichtteilsergänzungsberechtigten, der nicht zugleich Inhaber eines Pflichtteilsanspruchs ist, also nicht enterbt wurde, zuerkannt.[91]

3563

Auskunftsverpflichtet sind die Erben als Gesamtschuldner, bis zum Eintritt der Nacherbfolge nur der Vorerbe.[92] Über den Wortlaut hinaus ist auch der Beschenkte,[93] der selbst nicht Erbe ist, nur hinsichtlich dieser Schenkungen (einschließlich Veräußerungen, von den streitig ist, ob sie eine Schenkung darstellen[94]) auskunftspflichtig,[95] solange der Pflichtteilsergänzungsanspruch nicht verjährt ist;[96] der Beschenkte[97] kann seinerseits vom Pflichtteilsberechtigten Auskunft über sog.

3564

---

87 Monografisch *Sarres*, Erbrechtliche Auskunftsansprüche, 2. Aufl. 2011, aktueller Kurzüberblick bei *Sarres*, ZEV 2016, 306 ff.
88 Vgl. BGHZ 28, 177; OLG Hamm, NJW 1983, 1067.
89 OLG Koblenz, 19.03.2009 – 2 U 1386/08, JurionRS 2009, 28881.
90 Auskunftsanspruch entsteht erst nach der Ausschlagung: OLG Karlsruhe, 18.06.2014 – 9 U 147/13, NotBZ 2014, 469 (nur Ls.), sowie OLG Naumburg, 17.04.2014 – 1 U 124/13, ZEV 2015, 114; dies gilt auch für den Nacherben (selbst wenn die Nacherbenstellung aufschiebend oder auflösend bedingt ist), OLG Köln, 05.02.2015 – 7 U 115/14, MittBayNot 2016, 244 m. Anm. *Soutier*; hierzu *Bonefeld*, ZErb 2015, 216 ff., während mit *Schindler*, ZEV 2015, 316 ff. der Ersatznacherbe als nicht bedacht und damit pflichtteilsberechtigt anzusehen ist. Ist, etwa bei Verwirkungsklauseln, bei Eintritt der Bedingung die Anfechtungsfrist bereits verstrichen, entsteht also kein Pflichtteilsanspruch!
91 OLG Düsseldorf, FamRZ 2006, 512; a.A. OLG Celle, 06.07.2006 – 6 U 53/06, ZEV 2006, 557 m. krit. Anm. *Damrau*: § 2314 BGB soll nicht gelten, sofern durch Ausschlagung die Stellung eines (pflichtteilsergänzungsberechtigten) »Nicht-mehr-Erben« gewählt wurde.
92 Der Nacherbe kann eine Klage gegen den Vorerben auf Auskunft über den aktuellen Bestand der Erbschaft i.S.d. § 2127 BGB auch ohne begründete Besorgnis von Pflichtverletzungen auf § 2121 BGB stützen, solange der Vorerbe noch kein Verzeichnis im Sinn dieser Vorschrift erstellt hat, vgl. OLG Karlsruhe, 07.02.2017 – 9 U 85/15, ErbR 2017, 569.
93 BGHZ 55, 378, vgl. auch *Cornelius*, ZEV 2005, 287.
94 BGH, 04.06.2014 – IV B 2/14, ZEV 2014, 424; der Beschenkte schuldet aber keinesfalls ein Bestands- und Leistungsverzeichnis mit allen Aktiva und Passiva.
95 BGHZ 107, 204.
96 OLG München, 28.01.2009 – 20 U 4451/08, ZEV 2010, 193.
97 Allerdings soll der Erbe gegen den Pflichtteilsberechtigten keinen Auskunftsanspruch in Bezug auf empfangene Eigengeschenke haben, OLG München, 21.03.2013 – 14 U 3585/12, ZEV 2013, 454 (n. rkr.); § 2057 BGB wird hierauf nicht analog angewendet.

»Eigengeschenke« gem. § 2327 BGB und anrechnungspflichtige Vorerwerbe i.S.d. §§ 2315, 2316 BGB verlangen[98] – und zwar ohne zeitliche rückwirkende Begrenzung.

3565 **Inhalt des Auskunftsanspruchs** sind
(1) die real zum Nachlass gehörenden Aktiva und Passiva in Form exakter Auflistung,
(2) ebenso die für die Pflichtteilsberechnung maßgebenden Umstände, etwa die Nennung des Güterstands des Erblassers und die Frage, ob der überlebende Ehegatte die Erbschaft oder das Vermächtnis angenommen oder ausgeschlagen hat,
(3) darüber hinaus jedoch auch die in der Vergangenheit erfolgten ausgleichspflichtigen Zuwendungen i.S.d. §§ 2316, 2052 BGB,
(4) sowie die pflichtteilsergänzungspflichtigen Schenkungen i.S.d. § 2325 BGB (»fiktiver Nachlassbestand«),[99] allerdings nicht auf Nachlassbestandteile, die (etwa als Folge einer gem. Art. 3a Abs. 2 EGBGB vorrangigen ausländischen Anknüpfung) nicht dem deutschen Pflichtteilsrecht unterliegen.[100]
(5) Umfasst sind schließlich ehebezogene Zuwendungen und Ehegattenschenkungen und zwar ohne zeitliche Begrenzung (§ 2325 Abs. 3 BGB).

3566 Erkennt der Verpflichtete nicht das Bestehen des Auskunfts- und Nachweisanspruchs (außerprozessual) an, befindet er sich in Verzug.[101] Allein die schuldhafte Verletzung der Auskunftspflicht durch Abgabe eines lückenhaften Verzeichnisses führt aber noch nicht zu einer Umkehrung der Beweislast.[102] Die Auskunfts- kann mit der (noch unbezifferten) Pflichtteilsklage durch Stufenklage, § 254 ZPO, verbunden werden,[103] und so auch die Verjährung des letzteren Anspruchs hemmen (allerdings mit der möglichen Folge erhöhter Kosten bei sofortigem Anerkenntnis, § 93 ZPO).[104]

3567 Hinsichtlich der **Form der Auskunftserteilung** kann der Pflichtteilsberechtigte
(1) zum ersten ein privates Bestandsverzeichnis entsprechend § 260 BGB fordern,
(2) zum zweiten verlangen, dass er bei dieser Aufnahme zugezogen wird[105] (möglicherweise ergibt sich gar ein allgemeines Besichtigungsrecht aus §§ 809 ff. BGB[106] sowie ein Recht zur Vorlage von Kontoauszügen aus § 242 BGB).[107]

---

98 OLG Koblenz, 25.11.2015 – 5 U 779/15, ZEV 2016, 206 m. Anm. *Schindler*; Ein Zurückbehaltungsrecht i.S.d. § 273 BGB gegen die eigene Auskunftspflicht erwächst dem Erben daraus freilich nicht, allerdings kann die Zahlung der Pflichtteilssumme bis zur Erteilung der »Gegenauskunft« verweigert werden, vgl. *Horn*, ZEV 2013, 178.
99 Vgl. *Gutachten*, DNotI-Report 2007, 105, auch zur Aufnahme strittiger Positionen mit entsprechendem Vorbehaltsvermerk in das Nachlassverzeichnis; ebenso OLG Düsseldorf, 25.08.2008 – I-7 W 100/07, ZErb 2009, 41. Von der Auskunftspflicht erfasst sind auch Einbringungen in liechtensteinische Stiftungen zugunsten zweit- oder drittbegünstigter Destinatäre, BGH, 03.12.2014 – IV ZB 9/14, DNotZ 2015, 148; ähnlicher Sachverhalt: OLG Karlsruhe, 09.12.2014 – 8 U 187/13, MittBayNot 2015, 496 m. abl. Anm. *Braun*.
100 OLG Hamm, 15.01.2015 – 10 W 132/14, ErbR 2015, 387.
101 Und schuldet demnach z.B. die Kosten der Einschaltung eines Anwalts, OLG Brandenburg, 20.02.2008 – 13 U 12/06, Erbrecht effektiv 2008, 72.
102 BGH, 10.03.2010 – IV ZR 264/08, ZErb 2010, 214.
103 Vgl. hierzu, mit Formulierungsvorschlägen, *Fleischer/Horn*, ZErb 2013, 105 ff., sowie 133 ff. Zu Vor- und Nachteilen der Pflichtteilsstufenklage *Sarres*, ZEV 2015, 75 ff.; zu Alternativen hierzu: *Sarres*, ZEV 2015, 205 ff. Nimmt der Pflichtteilsberechtigte im Rahmen der Stufenklage den Erben auf einen bezifferten Mindestpflichtteil in Anspruch (und behält sich die Forderung weiterer Beträge je nach Ergebnis der Auskunftserteilung vor), kann der Beklagte auch bei zugestandenem Mindestnachlass nicht durch Teilurteil (§ 301 Abs. 1 Satz 1 ZPO) zur Zahlung des Mindestbetrags verurteilt werden: OLG Celle, 23.07.2015 – 6 U 34/15, ErbR 2015, 629.
104 Im Einzelnen *Trappe/Padberg*, ZErb 2011, 98 ff.
105 Zur Durchsetzung solcher Anwesenheitsrechte vgl. *Tegelkamp/Krüger*, ZErb 2011, 33 ff.
106 AG Rothenburg, 07.04.2009 – 2 C 490/08, ZEV 2009, 303: Recht auf Einsicht in Urkunden gem. § 810 BGB besteht neben § 2314 BGB.
107 So *van der Auwera*, ZEV 2008, 359, 360 ff.

A. Allgemeine Fragen zum Pflichtteils- und Pflichtteilsergänzungsanspruch Kapitel 9

(3) und zum dritten die Aufnahme eines solchen Verzeichnisses durch einen Notar (vgl. § 20 BNotO, Rdn. 3568) oder einen zuständigen Beamten[108] (§ 2314 Abs. 1 Satz 3 BGB).

Die drei Verlangen können auch kumulativ oder nacheinander gestellt werden; die Erfüllung kann auch in mehreren Teilen erfolgen.[109] Eine ausdrückliche Pflicht zur Rechenschaftslegung oder zur Vorlage von Belegen (etwa Kontoauszügen) besteht (anders als etwa im Rahmen des güterrechtlichen Auskunftsanspruchs gem. § 1379 Abs. 1 Satz 2 BGB, vgl. Rdn. 3575) nicht[110] (geschuldet ist die Auskunft über einen Inbegriff von Gegenständen gem. § 260 Abs. 1 BGB, nicht Rechnungslegung gem. § 259 Abs. 1 BGB[111]), jedoch hat der Auskunftspflichtige i.R.d. § 2314 Abs. 1 Satz 2 BGB Unterlagen vorzulegen, die zur Wertbestimmung hilfreich sind, vgl. Rdn. 3576.[112] Finden sich Beteiligungen an personalistischen Gesellschaften im Nachlass, wird vorgeschlagen, zur Wahrung der Geheimhaltungsinteressen der anderen Gesellschafter Geschäftsunterlagen nur einem von beiden Seiten akzeptierten neutralen Sachverständigen vorzulegen.[113]

Die kostenpflichtige[114] (und nicht immer weiterführende[115]) Aufnahme des Verzeichnisses durch den **Notar**[116] setzt nach h.M. (auch zur Wahrung der Erbrechtsgarantie des Pflichtteilsberechtigten[117]) eigene Ermittlungstätigkeit (ggf. durch Hilfspersonen) voraus,[118] die Mindermeinung[119] sieht darin die Beurkundung der Willenserklärung der Beteiligten, da sonst die Abgabe der eidesstattlichen Versicherung durch den Erben selbst unverständlich sei. Eine bloße Unterschriftsbeglaubigung unter einem privatschriftlichen Verzeichnis des Erben reicht jedenfalls nicht, vielmehr ist eine »eigenständige Ermittlung des Nachlassbestandes« erforderlich, und der Notar muss, »durch Bestätigung als von ihm aufgenommen zum Ausdruck bringen, für den Inhalt verantwortlich zu sein«,[120] ebenso, dass als Ergebnis seiner Ermittlungen »keine weiteren Nachlassgegenstände vor-

3568

---

108 Zur landesrechtlich angeordneten Zuständigkeit des AG bzw. des Richters vgl. Palandt/*Edenhofer*, BGB, § 2314 Rn. 11.
109 OLG München, 12.12.2015 – 8 W 2380/15, EE 2016, 28.
110 *Schindler*, ZErb 2012, 148, 151. Krit. hiergegen *Schlitt*, ZEV 2007, 515, der für eine Pflicht zur Vorlage von Zins- und Saldenbescheinigungen der Bank für 10 Jahre, unter Ehegatten auch darüber hinaus, plädiert.
111 *Weidlich*, MittBayNot 2015, 53, 54, zu OLG Köln, 10.01.2014 – 1 U 56/13, MittBayNot 2015, 52.
112 Vgl. etwa BGH, NJW 1975, 1774, zur Bewertung eines Unternehmensanteils. Nach OLG München, 27.01.2014 – 19 U 3606/13, ZEV 2014, 365 zählt hierzu auch die Herausgabe der Statuten einer liechtensteinischen Stiftung, deren Begünstigtenstellung möglicherweise in den Nachlass gefallen ist.
113 Vgl. *A. Koch*, in: *Hager/Kanzleiter*, Fragen aus dem Bereich der Rechtsnachfolge unter Lebenden und von Todes wegen, München 2016, S. 63 ff.
114 Geschäftswert für die 2,0 Gebühr gem. KV 23500 GNotKG ist gem. § 115 Satz 1 GNotKG der Aktivwert des Nachlasses, ohne Abzug der Nachlassverbindlichkeiten, vgl. LG Cottbus, 04.05.2016 – 7 OH 8/15, NotBZ 2016, 354. Werterhöhend sind auch die aufzunehmenden früheren Ausstattungen oder (Eigen-)Schenkungen zu berücksichtigen, LG Aachen, 06.10.2015 – 2 OH 4/15, RNotZ 2016, 266, hierzu *Schmitz*, RNotZ 2016, 231 ff.
115 Zu Alternativen, insb. dem Privatverzeichnis, vgl. *Sarres*, EE 2017, 141 ff.
116 Überblick mit Formulierungsvorschlägen für Anschreiben an Erben bzw. Pflichtteilsberechtigte sowie das Nachlassverzeichnis selbst (und Reformüberlegungen) bei *Damm*, notar 2016, 219, 235 ff.; hiergegen zu Recht kritisch als z.T. überzogen *Bracker*, notar 2016, 435; Replik von *Damm* notar 2016, 437. Zum Ganzen vgl. Übersicht von *Weidlich*, ZEV 2017, 241 ff.
117 BVerfG, 25.04.2016 – 1 BvR 2423/14, ZEV 2016, 578 m. Anm. *Sarres* = MittBayNot 2017, 400 m. Anm. *Braun*.
118 Vgl. *Roth*, ZErb 2007, 402 ff.; *J. Mayer*, in: DAI, 11. Jahresarbeitstagung des Notariats 2013, Skript S. 504 ff.; OLG Düsseldorf, RNotZ 2008, 105; *Keim*, in: DAI-Skript 14. Jahresarbeitstagung des Notariats, Sept. 2016, S. 621 ff.
119 *Heidenreich*, ZErb 2011, 71.
120 OLG Rostock, ZEV 2009, 396, ähnlich OLG Saarbrücken, 26.04.2010 – 5 W 81/10, ZEV 2010, 416: und OLG Schleswig, 25.01.2011 – 3 U 36/10 ZEV 2011, 376, ebenso OLG Saarbrücken, 28.01.2011 – 5 W 312/10, notar 2011, 167 m. krit. Anm. *Odersky*; zum ganzen umfassend *Schreinert*, RNotZ 2008,

handen seien«.[121] Durchzuführen ist jedenfalls eine Befragung des Erben, des Pflichtteilsberechtigten und die Einsichtnahme in öffentliche Register. Verweigert der Erbe den Zugang zur Wohnung, hat der Notar dennoch das Verzeichnis zu errichten, aber auf diesen Umstand hinzuweisen.[122]

3569 Eine »Rasterfahndung« nach Konten des Erblassers bei lokalen Kreditinstituten ist jedoch nach richtiger Ansicht nicht veranlasst,[123] geschweige denn die anlasslose[124] Durchsicht der Kontoauszüge der letzten zehn Jahre,[125] wie überhaupt die Anforderungen der Rechtsprechung an den – über keine hoheitlichen Befugnisse verfügenden – Notar teilweise überspannt sind.[126] Sofern dem Notar Nachweise vorgelegt werden, die keine Anhaltspunkte für eine Fehler- oder Lückenhaftigkeit aufweisen, sind ihm keine weiteren Nachforschungspflichten auferlegt.[127] Miterben können sich bei der Aufnahme eines solchen Verzeichnisses gegenseitig aufgrund privatschriftlicher Vollmacht vertreten.[128] Der Pflichtteilsberechtigte hat ein Anwesenheitsrecht (einschließlich der Zuziehung eines Beistands[129]), jedoch keine Anwesenheitspflicht (§ 2314 Abs. 1 Satz 2 BGB);[130] auch die Anwesenheit des Auskunftsverpflichteten ist kein Wirksamkeitserfordernis.[131] Die prozessuale Durchsetzung des Anspruchs auf ein notarielles Nachlassverzeichnis ist schwierig.[132]

3570 Das einzige **Zwangsmittel** zur Sicherstellung der Richtigkeit und Vollständigkeit der Auskunft ist das Verlangen der Abgabe einer eidesstattlichen Versicherung, § 260 Abs. 2 BGB, vor dem

---

61 ff. und *Braun*, MittBayNot 2008, 351 mit Formulierungsvorschlag, S. 355 sowie *Kuhn/Trappe*, ZEV 2011, 347. Zu Ermittlungen außerhalb des Amtsbereichs *Zimmer*, ZErb 2012, 5 ff.
121 OLG Koblenz, 18.03.2014 – 2 W 495/13, ErbR 2014, 386 m. abl. Anm. *Zimmer* und zust. Anm. *Kuhn*; vgl. auch *Hager*, DNotZ 2014, 783 ff.; krit. auch *G. Müller*, MittBayNot 2015, 151.
122 LG Schwerin, 13.04.2012 – 4 T 3/12, ZEV 2012, 425.
123 OLG Dresden, 27.07.2016 – 17 W 666/16, NotBZ 2017, 48; OLG Köln, 21.05.2012 – 2 W 32/12, RNotZ 2013, 127; a.A. OLG Koblenz, 18.03.2014 – 2 W 495/13, ErbR 2014, 386 m. abl. Anm. *Zimmer* und zust. Anm. *Kuhn*: Befragen örtlicher Kreditinstitute nach Einholung einer Vollmacht des Erben, sowie (!) Zusammenstellung von einen bestimmten Betrag übersteigenden Verfügungen der letzten 10 Lebensjahre, soweit diesen Schenkungen zugrundeliegen könnten.
124 Vgl. *Braun*, MittBayNot 2017, 402: nur wenn der Notar aufgrund substantiierten Sachvortrags überhaupt einen Anhaltspunkt dafür hat, nach welchen »verdächtigen« Kontobewegungen er zu suchen hat, und über welche Konten der Erblasser verfügt haben mag.
125 OLG Jena, 05.02.2016 – 1 W 9/16, NotBZ 2016, 186 m. Anm. *Peters*; a.A. OLG Stuttgart, 26.01.2016 – 19 W 78/15, RNotZ 2016, 470 m. krit. Anm. *Hennig* (auch wenn die Bank 1.500 Euro für die Neuerstellung der Auszüge verlangt!) und wohl auch OLG Bamberg, 16.06.2016 – 4 W 42/16, ZErb 2016, 293 ff. = EE 2016, 152 m. Anm. *Möller* (»der Notar hätte die Auskunftsschuldnerin zu den allgemeinen Abläufen der Abhebungs- und Umschichtungsvorgänge befragen müssen«) = MittBayNot 2017, 169 m. Anm. *Braun*; eine hierauf aufbauende Schriftsatzvorlage bietet *Straub*, ZErb 2016, 108.
126 *Weidlich*, ZEV 2017, 241, 247; *Bracker*, notar 2016, 435.
127 OLG Dresden, 27.07.2016 – 17 W 666/16, NotBZ 2017, 48.
128 *Gutachten*, DNotI-Report 2010, 153, gegen OLG Koblenz, 29.12.2006 – 1 W 662/06, DNotZ 2007, 772.
129 OLG München, 01.06.2017 – 23 U 3956/16, ZEV 2017, 460.
130 Auch nicht wenn der Notar darauf »besteht«, vgl. OLG Stuttgart, 27.01.2014 – 19 W 3/14, ZErb 2014, 174 m. Anm. *Hölscher*.
131 OLG Zweibrücken, 07.09.2015 – 3 W 89/15, ZErb 2015, 346 m. Anm. *Zink*, jedenfalls wenn er zuvor über seine Mitwirkungs- und Auskunftspflicht belehrt wurde.
132 *Kuhn/Trappe*, ZEV 2011, 514 ff. Es handelt sich um eine unvertretbare Handlung (§ 888 ZPO); es obliegt den Erben, ggf. Untätigkeitsbeschwerde gegen den Notar gem. § 15 Abs. 2 BNotO zu erheben oder einen anderen Notar zu beauftragen, vgl. OLG Stuttgart, 27.01.2014 – 19 W 3/14, ZErb 2014, 174 m. Anm. *Hölscher*. Die Zwangsgeldanordnung gem. § 888 Abs. 1 Satz 1 ZPO kann gem. OLG Düsseldorf, 31.10.2016 – I/7 W 67/16 ZErb 2017, 49; vgl. *Möller*, EE 2017, 11 ff., sogar dann erfolgen, wenn zuvor 27(!) Notare vergeblich schriftlich um Erstellung des Nachlassverzeichnisses gebeten worden waren.

AG,[133] wenn der Pflichtteilsberechtigte Anhaltspunkte dafür vorträgt, dass das Bestandsverzeichnis unsorgfältig erstellt[134] und trotz Aufforderung nicht ergänzt wurde. Sie ist auch bei einem notariellen Nachlassverzeichnis denkbar und erfasst dann die Angaben, die der Notar als solche des auskunftspflichtigen Erben gekennzeichnet aufgenommen hat.[135] Erfolgt eine solche Ergänzung hinsichtlich »vergessener« (bzw. bisher verschleierter, etwa bei einem Treuhänder geparkter) Vermögenswerte erst nach Ablauf der Dreijahresfrist des § 2332 BGB, kann der Pflichtteilsberechtigte der Verjährungseinrede den Einwand unzulässiger Rechtsausübung (§ 242 BGB) entgegenhalten; seit 2010 beginnt die allgemeine Verjährung (§§ 195, 199 BGB) hinsichtlich neu auftretender Objekte (anders als i.R.d. § 2329 BGB) ohnehin erst ab Sylvester des Jahres der Kenntnis von ihrer Existenz (nicht ihres Wertes);[136] § 199 Abs. 3a BGB schafft eine dreißigjährige Höchstverjährungsfrist, gerechnet ab Entstehung des Anspruchs. Vollstreckt wird der Auskunftsanspruch nach herrschender Meinung gem. § 888 ZPO (unvertretbare Handlung),[137] also insb. durch Zwangsgeldanordnung.

Die **Kosten** der Erstellung eines privaten oder amtlichen Bestandsverzeichnisses sind als Nachlassverbindlichkeiten vom Aktivnachlass zu tragen (mit Ausnahme der Kosten der eidesstattlichen Versicherung, vgl. § 261 Abs. 1 BGB); ist kein solcher Aktivnachlass vorhanden, kann bereits gegen die – Kosten verursachende – Einholung eines Wertgutachtens oder eines notariellen Verzeichnisses (§ 2314 Abs. 1 Satz 2 und 3 BGB) die Dürftigkeitseinrede gem. § 1990 Abs. 1 Satz 1 BGB erhoben werden.[138] Dem Erben ist diese Einrede jedoch verwehrt, wenn der Pflichtteilsberechtigte bereit ist, die Kosten für das von ihm verlangte notarielle Verzeichnis zu tragen und im Voraus direkt an den Notar zu entrichten.[139]

3571

Erteilt der Erbe Auskunft und ist er sich dabei des Bestehens eines Pflichtteilszahlungsanspruchs bewusst, kann darin zugleich ein Neubeginn der Pflichtteilsverjährung durch Anerkenntnis gem. § 212 BGB liegen.[140]

2. Weitere Auskunftsansprüche

Dem **Nacherben** stehen gegen den Vorerben eigene Auskunftsansprüche hinsichtlich des gegenwärtigen Bestandes gem. §§ 2121, 2122, 2127 BGB zu, hinsichtlich früherer Schenkungen des

3572

---

133 OLG Zweibrücken, MDR 1979, 492 (§§ 411 bis 414 FamFG); im Fall des § 2006 BGB das Nachlassgericht, § 361 FamFG. Zuständig ist das Amts- bzw. Nachlassgericht am Wohnsitz des Erben, durch den Rechtspfleger, vgl. *Bonefeld*, ZErb 2017, 243.
134 OLG München, 17.02.2016 – 20 U 126/15, ErbR 2016, 405; LG Dessau-Roßlau, 14.06.2011 – 4 O 23/07, BeckRS 2012, 00621.
135 KG, 12.06.2014 – 1 U 32/13, ErbR 2016, 278.
136 *Damrau*, ZEV 2009, 274, 277, str.; anders für § 2332 Abs. 1 BGB a.F. (Kenntnis von Erbfall und beeinträchtigender Verfügung) BGH, 16.01.2013 – IV ZR 232/12, DNotZ 2013, 453 m. Anm. *Lange* = ZEV 2013, 258 m. Anm. *Joachim*: kein erneutes Anlaufen der Verjährungsfrist, wenn der Berechtigte erst später von der Zugehörigkeit weiterer Gegenstände erfährt, die Ausnahme des § 2313 Abs. 2 Satz 1 i.V.m. Abs. 1 Satz 1 BGB (Beginn bei ungewissen und bedingten Rechten bzw Verbindlichkeiten erst mit Eintritt der Bedingung bzw. Gewissheit) gilt nicht analog.
137 OLG Nürnberg, 26.08.2009 – 12 W 1364/09, FamRZ 2010, 584 (auch wenn ein notarielles Nachlassverzeichnis verlangt wird), MünchKomm/*Lange* 5. Aufl. 2010 § 2314 BGB Rn. 47; a.A. OLG Hamm, 26.01.2010 – 25 W 10/10, zitiert bei *Ruby/Schindler*, ZEV 2010, 187. Zur Abgrenzung zwischen Vollstreckung und Klage auf Ergänzung der Auskunft OLG Schleswig, 07.04.2011 – 3 W 81/10, ZErb 2011, 216.
138 OLG Schleswig, 30.07.2010 – 3 W 48/10, ZEV 2011, 33, ähnlich LG Amberg, 17.12.2015 – 12 O 297/15, ZErb 2016, 145 m. zust. Anm. *Beisler*.
139 OLG München, 01.06.2017 – 23 U 3956/16, ZEV 2017, 460.
140 OLG Hamburg, 10.09.2013 – 2 W 5/13, ErbR 2014, 331.

Erblassers selbst aus § 242 BGB,[141] ebenso dem Miterben gegen die anderen Miterben gem. § 242 BGB.[142]

3573 Weiter relevant mit Blick auf lebzeitige Zuwendungen ist der **Auskunftsanspruch gem. § 2057 BGB**, der Abkömmlingen als Miterben untereinander[143] (und im Hinblick auf § 2316 BGB auch pflichtteilsberechtigten, nicht erbenden Abkömmlingen) in Bezug auf alle Zuwendungen, die i.R.d. §§ 2050 ff. BGB ausgleichspflichtig sein können,[144] zusteht. Erfasst sind auch (wegen § 2051 BGB) Zuwendungen an den Vorgänger. Eine rechtliche Bewertung, ob die Voraussetzungen der einzelnen Alternativen des § 2050 BGB vorliegen, erfolgt i.R.d. Auskunftserteilung nicht, jedoch sind auch die Umstände mitzuteilen, die für die Prüfung der Ausgleichungspflicht von Bedeutung sind; mitzuteilen sind also auch Zuwendungen, bei denen im Schenkungsvertrag eine Gleichstellung unter den Beschenkten erfolgte.[145]

3574 Daneben steht dem Pflichtteilsberechtigten,[146] dem Pflichtteilsergänzungsberechtigten[147] (wie auch dem gesetzlichen Erben)[148] – jedoch grundsätzlich[149] erst nach dem Erbfall[150] – ein berechtigtes Interesse auf Einsicht in das **Grundbuch** des Erblassers[151] und die Grundakten zur Seite, §§ 12, 12a GBO und § 46 Grundbuchverfügung. Gleiches gilt für den potenziellen Inhaber erbrechtlicher Ansprüche in Bezug auf frühere Grundbucheintragungen zugunsten des Erben.[152] Einsichtsrechte in beim Notar verwahrte Urkunden ergeben sich hieraus jedoch nicht; § 51 BeurkG ist lex specialis.[153] Allerdings hat der Pflichtteilsberechtigte das Recht auf Einsicht in die Nachlassakten, insbesondere die Nachlassaufstellung samt dem durch den Erben ausgefüllten Wert-

---

141 OLG Celle, ZEV 2006, 361.
142 BGHZ, 61, 183; ein allgemeiner Auskunftsanspruch unter Miterben besteht allerdings nicht, LG Mönchengladbach, 22.04.2016 – 11 O 1/16, ErbR 2016, 409.
143 LG Arnsberg, 15.01.2014 – 2 O 116/12, ErbR 2014, 606.
144 Schenkungen außerhalb der §§ 2050 bis 2053 BGB umfasst der Anspruch nicht, OLG Frankfurt, 27.02.2017 – 11 U 130/16, ErbR 2017, 630.
145 AG Bingen am Rhein, 07.11.2014 – 21 C 121/13, ZErb 2015, 128 m. Anm. *Stritter*.
146 OLG Karlsruhe, 05.09.2013 – 11 Wx 57/13, MittBayNot 2014, 155 m. Anm. *Volmer* (auch eine Kopie des Kaufvertrages ist aus den Grundakten zu fertigen); LG Stuttgart, ZEV 2005, 313 m. Anm. *Damrau*; des vorherigen Nachweises der Klageerhebung bedarf es naturgemäß nicht: OLG Frankfurt, 17.02.2011 – 20 W 72/11, JurionRS 2011, 24361; allerdings kein Einsichtsrecht bei bloß voraussichtlichem künftigem Unterhaltsanspruch infolge Pflegebedürftigkeit, OLG Karlsruhe, 14.10.2008 – 11 Wx 46/08, ZEV 2009, 42 m. zust. Anm. *Böhringer*; ebenso wenig des Pflichtteilsergänzungsberechtigten in Bezug auf Abt. I des Grundbuches, da daraus kein Aufschluss über die Modalitäten der Übertragung gewonnen werden kann, OLG Düsseldorf, 06.10.2010 – 3 Wx 214/10 ZEV 2011, 45. Der Erbe eines Pflichtteilsberechtigten hat 70 Jahre nach dem Sterbefall kein Einsichtsrecht mehr, OLG München, 13.01.2011 – 34 Wx 132/10, ZEV 2011, 388. Übersicht zum Einsichtsrecht aus familien- bzw. erbrechtlichen Interessen *Böhringer*, ZfIR 2011, 710 ff. sowie *Sarres*, ZEV 2012, 294 ff.
147 OLG München, 07.11.2012 – 34 Wx 360/12, ZErb 2013, 42.
148 OLG Düsseldorf, 08.10.2010 – I-3 Wx 209/10, ZEV 2011, 44.
149 Davor wohl zugunsten des vertraglich eingesetzten Erben in den Fällen, in denen dessen Position durch lebzeitige Ansprüche geschützt ist, z.B. aufgrund eines Verfügungsunterlassungsvertrages (auch ohne dingliche Sicherung, bei Vormerkungssicherung gewährt ihm schon diese das Einsichtsrecht), oder wenn er vertragliche lebzeitige Verpflichtungen eingegangen ist. Zu Pflegeverpflichtungen beim Verpfründungsvertrag (Rdn. 281), § 2295 BGB, vgl. *Wilsch*, ZEV 2014, 589 ff.
150 OLG München, 17.07.2013 – 34 Wx 282/13, ZErb 2013, 303 (erst recht nicht für den Gläubiger eines möglichen künftigen Pflichtteilsberechtigten).
151 Anders, wenn das Einsichtsbegehren in die Grundakten eines Grundstücks, das niemals dem Erblasser gehörte (also eines Dritten), darauf gestützt wird, dort befinde sich wohl ein Vertrag, der belege, dass der Erblasser dem Dritten den Kaufpreis mittelbar geschenkt habe, OLG München, 23.02.2011 – 34 Wx 61/11, DNotZ 2011, 916.
152 OLG Düsseldorf, 08.10.2010 – I-3 Wx 209/10 (gesetzlicher Erbe), ZEV 2011, 44.
153 LG München II, 21.07.2011 – 8 T 2753/11 MittBayNot 2011, 518.

A. Allgemeine Fragen zum Pflichtteils- und Pflichtteilsergänzungsanspruch   Kapitel 9

fragebogen,[154] auch wenn diese zu einem anderen Zweck erstellt wurde.[155] Einsicht in Steuerakten wird hingegen nur begrenzt gewährt.[156]

Gem. § 1379 BGB schließlich ist jeder Ehegatte berechtigt, vom anderen bei Beendigung des Güterstandes Auskunft über das Anfangs- und Endvermögen zu verlangen und die Vorlage von Belegen zu verlangen (§ 1379 Abs. 1 Satz 2 BGB; insoweit geht der güterrechtliche Auskunftsanspruch über § 2314 BGB hinaus). Da es sich um einen Hilfsanspruch zu § 1378 BGB handelt, kann das Verlangen rechtsmissbräuchlich sein, wenn dem Auskunft Begehrenden unzweifelhaft keine Ausgleichsforderung zusteht; der potentiell Zahlungspflichtige kann jedoch Auskunft verlangen, um Klarheit über die Höhe des geschuldeten Betrages zu gewinnen.[157] 3575

3. Wertermittlungsanspruch

Neben den Auskunftsanspruch tritt als selbstständiger[158] Anspruch der **Wertermittlungsanspruch** gem. § 2314 Abs. 1 Satz 2 BGB. Der Anspruch richtet sich, sofern die vorrangige Wertermittlungspflicht des Erben nicht zum Erfolg geführt hat, auch gegen den beschenkten Nichterben.[159] Der Pflichtteilsergänzungsberechtigte muss allerdings zuvor das Bestehen einer (ggf. gemischten) Schenkung beweisen,[160] sowie die Zugehörigkeit des betreffenden Gegenstandes zum (ggf. fiktiven) Nachlass.[161] 3576

Inhaltlich ist der Wertermittlungsanspruch gerichtet auf die Vorlage von Unterlagen, Belegen und Verträgen und – sofern dies nicht ausreicht[162] – die Ausarbeitung und Vorlage eines[163] Wertgutachtens[164] durch einen unparteiischen Sachverständigen (der allerdings in einem etwaigen gerichtlichen Verfahren lediglich Parteigutachter ist; das geeignete Verfahren hat er selbständig zu wählen[165]) auch ggf. eines anerkannten Auktionshauses.[166] Auch die Kosten hierfür fallen dem Nachlass zur Last; sie können ggf. als notwendige Kosten i.S.d. § 91 ZPO gerichtlich erstattungsfähig sein. Vollstreckt wird der Anspruch auf Gutachtensvorlegung durch Ersatzvornahme (§ 887 ZPO), der Anspruch auf Weitergabe persönlichen Wissens und exklusiver Dokumente an den Gutachter durch Zwangsgeldfestsetzung, § 888 ZPO.[167] 3577

---

154 Für das Testamentseröffnungsverfahren OLG Hamm, 26.08.2016 – I-15 W 73/16, EE 2017, 19.
155 OLG Jena, 09.08.2011 – 6 W 206/11, NJW-RR 2012, 139 (zu einem Erbscheinsverfahren); vgl. *Sarres*, EE 2012, 205.
156 FG München, 08.07.2015 – 4 K 2738/14, ErbStB 2015, 351 zur grunderwerbsteuerlichen Bemessungsgrundlage eines durch den Erblasser vorgenommenen Verkaufs.
157 OLG Stuttgart, 21.09.2016 – 16 UF 92/16, ZEV 2017, 341.
158 OLG Frankfurt, 24.07.2012 – 11 U 117/10.
159 *J. Mayer*, in: Bamberger/Roth, BGB, § 2314 Rn. 19.
160 OLG Schleswig, 15.08.2006 – 3 U 63/05, ZErb 2006, 417.
161 OLG Schleswig, 27.03.2012 – 3 U 39/11; OLG Frankfurt, 24.07.2012 – 11 U 117/10.
162 Anspruch auf Gutachten besteht trotz bestehenden Verkaufsvertrages (da sonst der Nachweis abweichenden Verkehrswertes praktisch verwehrt wäre), OLG Frankfurt, 02.05.2011 – 1 U 249/10, ZEV 2011, 379 m. Anm. *Schneider*.
163 LG Tübingen, 15.04.2011 – 7 O 338/10, ZEV 2011, 380 m. Anm. *Storz*: Anspruch auf ein zweites Gutachten besteht nur, wenn das erste erkennbar unseriös ist.
164 Der Pflichtteilsberechtigte selbst darf gem. OLG Karlsruhe, NJW-RR 1990, 341, selbst dann nicht ein Gutachten auf Kosten des Nachlasses in Auftrag geben, wenn der Erbe mit dieser Verpflichtung in Verzug ist.
165 Z.B. bei Gesellschaftsanteilen das Ertragswertverfahren, OLG Köln, 10.01.2014 – 1 U 56/13, ZEV 2014, 660.
166 OLG Köln, 05.10.2005 – 2 U 153/04, ZErb 2006, 169.
167 Vgl. im Einzelnen *Schneider* ZEV 2011, 353 ff.; Textbausteinvorschläge zu § 888 ZPO bei *Sarres*, EE 2012, 16 ff. Die Rspr. ist uneinheitlich (z.B. OLG Oldenburg, 14.01.2010 – 12 W 233/09, ZEV 2011, 383: § 888 ZPO; OLG Hamm, 26.01.2010 – 25 W 10/10, ZEV 2011, 383: § 887 ZPO).

VI. Wert des Nachlasses, § 2311 BGB

1. Grundsatz

3578 Die **Bewertung** der in den »Wert des Nachlasses« gem. § 2311 BGB einzubeziehenden Aktiva und Passiva bezieht sich auf die Verhältnisse im Zeitpunkt des Erbfalls (zu Besonderheiten beim Pflichtteilsergänzungsanspruch – Niederstwertprinzip – vgl. Rdn. 3661 ff.), wobei vom Erblasser einseitig getroffene Wertbestimmungen außer Acht bleiben (§ 2311 Abs. 2 Satz 2 BGB), also nur im Rahmen eines etwa vereinbarten beschränkten Pflichtteilsverzichts maßgeblich sind, Rdn. 3885 ff. Auch unverjährte Pflichtteilsansprüche des Erblassers zählen zum Nachlass,[168] nicht jedoch Erbschaften oder Vermächtnisse, die der Erblasser noch ausschlagen konnte.[169] Erst Recht wirkt eine anschließende wirksame Ausschlagung durch den Erben als Minderung auf den Nachlassbestand zurück.[170] Rechtsverhältnisse, die infolge des Erbfalls durch Konfusion oder Konsolidation erlöschen, werden i.R.d. § 2311 BGB allerdings als fortbestehend behandelt.[171]

Darlegungs- und beweispflichtig ist der Pflichtteilsberechtigte.

2. Aktiva

a) Grundbesitz

3579 Für **Grundstücke** (oder Miteigentumsanteile[172] daran) ist der Verkehrswert maßgebend, allerdings wohl unter Abzug einer latenten Einkommensteuerbelastung, sofern der Veräußerungsgewinn am Todestag (etwa aufgrund § 23 EStG: Besteuerung privater Veräußerungsgeschäfte, oder aufgrund Zugehörigkeit zu einem Betriebsvermögen) mit ESt belegt worden wäre.[173] Der Pflichtteilsberechtigte ist wirtschaftlich so zu stellen, als wäre der Nachlass bei Tod des Erblassers zu verkehrsüblichen Bedingungen in Geld umgesetzt worden.[174] Die dann noch in der Person des Erblassers entstandene Steuerschuld wäre gem. § 45 AO[175] (Gesamtrechtsnachfolge) auf den Erben übergegangen und hätte den Wert des Nachlasses gemindert.[176] Abzuziehen sind demnach bei der Ermittlung des fiktiven Nettoverkaufserlöses auch die abzulösenden Verbindlichkeiten einschließlich einer Vorfälligkeitsentschädigung.[177]

3580 Wird ein Grundstück bald nach dem Erbfall veräußert, bildet der tatsächlich erzielte Verkaufserlös den wesentlichen Anhaltspunkt für die Schätzung des Verkehrswertes am Todestag gem. § 287 ZPO, gleichgültig ob er höher oder niedriger liegt als das Ergebnis eines Schätzgutach-

---

168 *Gutachten,* DNotI-Report 2016, 126.
169 JurisPK-BGB/*Birkenheier,* 7. Aufl. 2014, § 2311 Rn. 15.
170 Vgl. *Heindl,* ZErb 2016, 8 ff.: andernfalls hätte der der Erbeserbe, um den Pflichtteil bedienen zu können, sich nicht für Ausschlagung entscheiden; Rechtsgedanke des § 2313 BGB.
171 BGH, DNotZ 1987, 764.
172 Kein Abschlag vom anteiligen Verkehrswert, vgl. BGH, 13.05.2015 – IV ZR 138/14, ZEV 2015, 482 m. krit. Anm. *Lange,* ebenso erneut BGH, 24.02.2016 – IV ZR 342/15, MittBayNot 2017, 264 m. Anm. *Braun* [jedenfalls wenn sich alle Miteigentumsanteile in einer Hand vereinigen], a.A. OLG Düsseldorf, 30.06.2015 – 3 U 11/14, RNotZ 2015, 575 im Rahmen der Entgeltlichkeitsprüfung für Verfügungen des Testamentsvollstreckers: 15 % Abschlag ohne weiteres gerechtfertigt; gegen den BGH auch *Muscheler,* ZEV 2017, 45.
173 So jedenfalls für Zwecke der Bewertung von Freiberuflerpraxen im Zugewinnausgleich BGH, 02.02.2011 – XII ZR 185/08 ZNotP 2011, 392 (auch zum Abzug des Goodwill vom Unternehmerlohn).
174 Vgl. BGH, 06.03.1991 – IV ZR 114/89, WM 1347, 1353.
175 Zur Geltendmachung der Dürftigkeitseinrede im Steuerrecht (Einwendung im Vollstreckungs-, nicht bereits im Steuerfestsetzungsverfahren), die nach vorsichtiger und wohl richtiger Auffassung einen Einspruch erfordert, *Hartmann,* ZEV 2009, 324 ff.
176 Für den Abzug latenter Steuern bspw. *Landsittel,* Gestaltungsmöglichkeiten von Erbfällen und Schenkungen, Rn. 130.
177 Vgl. *Gutachten,* DNotI-Report 2013, 161, 163, sowie zur Abgrenzung unten Rdn. 3586.

tens.[178] Beruft sich der Pflichtteilsberechtigte demgegenüber auf einen höheren Schätzwert am Todestag, trifft ihn die Beweislast dafür, dass sich die Marktverhältnisse seitdem negativ verändert haben bzw. das Objekt sich, z.B. durch unterlassene Instandhaltung, zwischen Todestag und Verkauf verschlechtert hat; findet stattdessen ein Verkauf über dem Schätzwert statt, muss der Pflichtteilsberechtigte, der sich nun auf den ihm günstigeren Verkaufserlös beruft, wiederum beweisen, dass sich die Marktverhältnisse seitdem nicht verändert haben bzw. dass keine wertverbessernden Maßnahmen am Objekt durchgeführt wurden (die Darlegungslast für solche späteren Maßnahmen trifft freilich die Erben).[179] Hinsichtlich des Zeitraums zwischen Erbfall und Verkauf legt die Rechtsprechung einen großzügigen Maßstab an: 5 Jahre seien unschädlich, sofern der Pflichtteilsberechtigte beweist, dass die Marktverhältnisse seitdem unverändert geblieben sind, und keine wesentliche Veränderung der Bausubstanz stattgefunden hat (darlegungspflichtig für etwaige werterhöhende Maßnahmen ist auch hier der Erbe).[180]

b) Finanzvermögen

Börsengehandelte **Wertpapiere** sind mit dem Kurswert am Todestag anzusetzen, wobei die Literatur[181] in krassen Fällen starker Kursschwankungen (neuer Markt!) eine Korrektur über § 242 BGB fordert; andernfalls müsste der Erbe zum Schutz seines Eigenvermögens Nachlassverwaltung oder gar Nachlassinsolvenz anordnen lassen und den Nachlass rechtzeitig auf Antrag eines Nachlassgläubigers[182] (§ 1994 BGB) zu deren Schutz inventarisieren. **Forderungen** mit dem Nennbetrag anzusetzen, bei beschränkter Realisierbarkeit ggf. unter Abzug von Wertberichtigungen (Beispiel: Vermögensverfall des Schuldners bzw. Nachrangqualität etwa von Gesellschafterdarlehen). 3581

c) Einzelunternehmen

Besondere Schwierigkeiten schafft die Bewertung von **Unternehmen** eines Einzelkaufmanns, Handwerksbetriebs oder Freiberuflers, da der Unternehmenswert stark von der Person des Unternehmens abhängt. Die Obergrenze des Wertansatzes bildet der erzielbare Liquidationserlös abzgl. der Betriebsaufgabesteuern.[183] Der Hauptfachausschuss des Institut der Wirtschaftsprüfer (IDW) hat am 20.06.2016 hierzu neue Empfehlungen (IDW S 13) verabschiedet, wie die vom bisherigen Inhaber gelöste, »übertragbare« Ertragskraft bewertet werden kann. 3582

d) Gesellschaftsbeteiligungen

Soweit (etwa bei **GmbH-Geschäftsanteilen**) zulässigerweise eine Einziehungsmöglichkeit zulasten der Erben des Geschäftsanteils mit Abfindung unter dem Verkehrswert vorgesehen ist, dürfte nur letzterer Betrag anzusetzen sein[184] (Rechtsgedanke des § 2313 Abs. 1 Satz 2 bzw. 3 BGB bzw. aufgrund der inhärenten Geringerwertigkeit des Anteils, der Tod ist ja ein sicheres Ereignis;[185] str.[186] 3583

---

178 BGH, 08.04.2015 – IV ZR 150/14, ErbR 2015, 376 (Verkauf drei Jahre nach dem Erbfall unter dem Gutachtensbetrag).
179 BGH, 25.11.2010 – IV ZR 124/09, NotBZ 2011, 90 m. Anm. *Krauß*.
180 BGH, 14.10.1992 – IV ZR 21/91, NJW-RR 1993, 131; ähnlich das BGH-Urteil der vorangehenden Fußnote (dreieinhalb Jahre).
181 Etwa Staudinger/*Ferid/Cieslar*, BGB, 12. Aufl., § 2311 Rn. 40.
182 Nicht eines Miterben, als Auskunftsmittel für ihn ist also die Inventarisierung nicht geeignet, OLG Düsseldorf, 06.06.2014 – I-3 Wx 71/14, NotBZ 2014, 381.
183 Vgl. BGH, 17.03.1982 – IVa ZR 27/81, NJW 1982, 2497, 2498.
184 Vgl. Staudinger/*Haas*, BGB, § 2311 Rn. 110; vgl.
185 Vgl. im Einzelnen *Hölscher*, ErbR 2016, 478, 481.
186 A.A. monografisch *A. Koch*, Die Kollision von gesellschaftsvertraglicher Abfindungsbeschränkung und Pflichtteilslast in der Person des Gesellschafter-Erben, Diss 2014; Zusammenfassung in: *Hager/Kanzleiter*, Fragen aus dem Bereich der Rechtsnachfolge unter Lebenden und von Todes wegen, München

Ebenso wenig liegt in der historischen Satzungsvereinbarung selbst eine § 2325 BGB auslösende »Schenkung«, jedenfalls bei vergleichbarer Sterbefallwahrscheinlichkeit,[187] vgl. auch Rdn. 155 ff. zur Personengesellschaft.) Auch wenn der Erbe Gesellschafter bleibt, sind richtigerweise bei der Bewertung latente Veräußerungsteuern (bei steuerverstrickten Anteilen ab 1 % im Privatvermögen, § 17 Abs. 1 EStG) zu berücksichtigen;[188] die Rechtsprechung des BGH ist insoweit jedoch noch nicht eindeutig[189] (anders als im Bereich des Zugewinnausgleichs, wo die latente Steuerlast bei der Bewertung einer Steuerberaterkanzlei mit einem Abzug von 25 % berücksichtigt wurde,[190] und i.R.d. Bilanzansatzes nach dem BilMoG).[191] Gleiches gilt für latente Veräußerungsgewinnsteuern für Anteile an Personengesellschaften (§ 16 EStG).

3584 Wird eine **Personengesellschaft** durch den Tod des Erblassers aufgelöst, ist lediglich das eventuelle Auseinandersetzungs- oder Abfindungsguthaben Bestandteil des Nachlasses und demnach zu berücksichtigen.[192] Wird die Gesellschaft unter den verbleibenden Gesellschaftern fortgesetzt und ist für den Anteil des durch Tod Ausgeschiedenen eine Abfindung ausgeschlossen (vgl. Rdn. 153), fällt also kein weiterer Wert in den pflichtteilsrelevanten Nachlass; die Diskussion verlagert sich demnach auf die Frage, ob in dem in der Satzung enthaltenen wechselseitigen Ausschluss des Ausgleichsanspruchs eine § 2325 BGB auslösende Schenkung liegt (vgl. hierzu Rdn. 155).

3585 Wird die Gesellschaft mit den (oder einzelnen qualifizierten) Erben fortgesetzt und enthält die Satzung eine **Beschränkung des Abfindungsbetrags** für den Fall deren künftigen Ausscheidens, etwa als Folge einer Kündigung, ist umstritten, ob diese latente Wertreduzierung zulasten des Pflichtteilsberechtigten zu berücksichtigen sei. Vertreten wird[193] sowohl die Bemessung nach dem vollen Verkehrswert der Beteiligung als auch die Zugrundelegung lediglich des gesellschaftsvertraglichen Abfindungsanspruchs, zuzüglich einer Ertragswertkomponente, als auch die Berücksichtigung des Vollwerts mit Teilabschlag für die Abfindungsreduzierung je nach Wahrscheinlichkeit der Beendigung der Beteiligung, als auch die Berücksichtigung des vollen Werts mit nachträglicher Anpassung, sofern es aus nicht nur willkürlich gesetzten Gründen zum Ausscheiden kommt. Richtigerweise dürfte der gesellschaftsvertragliche Abfindungsanspruch als solcher, wegen des Vorrangs des Gesellschaftsrechts vor dem Erbrecht, zugrunde zu legen sein.[194]

2016, S. 45 ff.: nur der Erbe kann sich vorab über den Wert der Nachlassbestandteile informieren und ggf. ausschlagen, daher kein Abzug zulasten des Pflichtteilsberechtigten.
187 Vgl. näher *Hölscher*, EStB 2016, 478, 482.
188 Vgl. *Crezelius*, Erbschaft- und Schenkungsteuer in zivilrechtlicher Sicht, Rn. 95; *Landsittel*, Gestaltungsmöglichkeiten von Erbfällen und Schenkungen, Rn. 135.
189 Nach BGH, 22.10.1986 – IVa ZR 143/85, BGHZ, 98, 382/389, ist die latente Einkommensteuerlast der Erben zwar nicht als Nachlassverbindlichkeit anzusehen, aber i.R.d. Bewertung jedenfalls dann zu berücksichtigen, wenn der Wert nur durch Verkauf realisiert werden könnte. Bei Beendigung einer Gütergemeinschaft hat BGH, 07.05.1986 – IVb ZR 42/85, FamRZ 1986, 776, 779, den Abzug als Rechenposten einer fiktiven Gesamtliquidation anerkannt, ebenso BGH, 09.02.2011 – XII ZR 40/09 (nachfolgende Fußnote) zur Bewertung des goodwill einer freiberuflichen Praxis: Abzug latenter Ertragsteuer, auch wenn eine Veräußerung tatsächlich nicht beabsichtigt ist.
190 BGH, 09.02.2011 – XII ZR 40/09, MittBayNot 2011, 401 m. Anm. *Bergschneider* = DNotZ 2011, 856 m. Anm. *Dorsel*; BGH, NJW 1999, 784.
191 *Rohler*, GmbH-StB 2008, 367.
192 MünchKomm-BGB/*Lange*, § 2311 Rn. 25.
193 Vgl. die Zusammenstellung bei *Pogorzelski*, RNotZ 2017, 489 ff. (Auswirkung von Abfindungsbeschränkungen auf den Pflichtteilsanspruch) sowie RNotZ 2017, 577 ff. (Auswirkung auf den Zugewinnausgleichsanspruch); ferner *Esch/Baumann/Schulze zur Wiesche*, Handbuch der Vermögensnachfolge, Erstes Buch, Rn. 220.
194 Vgl. *Landsittel*, Gestaltungsmöglichkeiten von Erbfällen und Schenkungen, Rn. 145.

3. Passiva

a) Grundsatz

Hinsichtlich der **Passiva** sind sämtliche unverjährten[195] Erblasserverbindlichkeiten (§ 1967 Abs. 2 BGB) abzuziehen, einschließlich der (auf den fiktiven Pflichtteil begrenzten) Unterhaltsansprüche gem. § 1586b BGB etc. Zugrunde zu legen ist dabei der Nennwert am Stichtag, so dass z.B. Darlehensverbindlichkeiten sich nicht erhöhen um die bis zum Ablauf der Zinsbindungsfrist noch zwingend zu entrichtenden Zinsen oder die bei sofortiger Tilgung anfallende Vorfälligkeitsentschädigung.[196] Auch **(latente) Steuerlasten**, die bei einer Veräußerung entstünden sind zu subtrahieren[197] (Wertpapiere: §§ 20 Abs. 2 Satz 1, 32d Abs. 1 EStG; Immobilien: § 23 Abs. 1 EStG; Kapitalgesellschaftsanteile: § 17 Abs. 1 EStG; Betriebsvermögen: § 16 Abs. 1 und 2 EStG, ggf. reduziert gem. §§ 16 Abs. 3, 34 Abs. 3 EStG) in geschätzter Höhe,[198] nicht jedoch die den Erben selbst treffende eigene Erbschaftsteuerschuld. Hat der Erblasser Sicherheiten (etwa eine Grundschuld an einem Nachlassgegenstand) für fremde Verbindlichkeiten bestellt, bleibt diese als »**zweifelhafte Verbindlichkeit**« i.S.d. § 2313 Abs. 2 Satz 1 BGB außer Ansatz, wenn und solange ihre tatsächliche Verwertung unsicher ist.[199] Vom Wert des Nachlasses abgezogen werden hingegen auch die den Erben als solchen treffenden Verbindlichkeiten, also Erbfallschulden i.S.d. § 1967 Abs. 2 BGB, wie etwa Beerdigungskosten (§ 1968 BGB, nicht jedoch die Kosten der Grabpflege[200]). Gleiches gilt für die Kosten der Nachlassverwaltung, Nachlasssicherung (§ 1960 BGB), Ermittlung der Nachlassgläubiger, Inventarerrichtung (§§ 1993 ff. BGB,[201] durch den vom Nachlassgericht gem. § 2003 Abs. 1 BGB beauftragten Notar[202]), Feststellung des Bestands und Werts des Nachlasses samt der dazu geführten Prozesse. Kosten der Testamentsvollstreckung sowie andere Pflichtteilsansprüche, Vermächtnisse und Auflagen (§ 327 InsO) sind jedoch nicht abzugsfähig. Zur Sondersituation des Vor- und Nachvermächtnisses s. Rdn. 6480 ff., zum Herausgabevermächtnis auch Rdn. 6609.

3586

b) güterrechtliche Ausgleichsforderung

aa) Zugewinngemeinschaft

Auch die Wahl der »güterrechtlichen Lösung« gem. § 1371 Abs. 2 oder Abs. 3 BGB nach Ausschlagung des Erbteils und etwa zugewandter Vermächtnisse durch den in Zugewinngemeinschaft

3587

---

195 Hinsichtlich verjährter Verbindlichkeiten ist er aber verpflichtet, die Verjährung einzuwenden, § 2313 Abs. 2 Satz 2 BGB.
196 Ganz hM., vgl. im Einzelnen *Gutachten*, DNotI-Report 2013, 161 ff. m.w.N. Anders liegt es jedoch bei zeitnaher Veräußerung eines mit abzulösenden Darlehen belasteten Nachlassgrundstücks: da bei Aktivvermögen der Pflichtteilsberechtigte so zu stellen ist, als wäre der Nachlass im Todeszeitpunkt in Geld umgesetzt worden, und insoweit der Nettoerlös zählt, sind Vorfälligkeitsentschädigungen als weitere Schmälerung des Nettoerlöses abzuziehen (Staudinger/*Haas*, Neubearb. 2006, § 2311 BGB Rn. 46, 66, 72a; *Gutachten*, DNotI-Report 2013, 161, 163.
197 Vgl. *Schmid*, ZErb 2015, 133, 135 ff. (auch zur Herstellung eines Gleichklangs zum Güterrecht, wo gem. BGH, 02.02.2011 – XII ZR 185/08, NJW 2011, 2572 latente Steuern bei der Bewertung einer Steuerberatungskanzlei abzuziehen sind); kritisch *Daragan*, ZErb 2015, 329 ff. (lediglich latente Nachlasserbenschuld i.S.d. § 1967 Abs. 2, 3. Alt. BGB, die erst nach Entstehung pflichtteilsrelevant ist).
198 Soweit keine festen Steuersätze greifen (wie hinsichtlich der Abgeltungsteuer) ist auf die Erhöhung der individuellen Steuer auf das voraussichtliche zu versteuernde Einkommen des Erben im Todesjahr abzustellen.
199 BGH, 25.11.2010 – IV ZR 124/09 ZEV NotBZ 2011, 90 m. Anm. *Krauß* (bei späterer Verwertung kann der Erbe den Ausgleichsanspruch gem. § 2313 Abs. 1 Satz 3 BGB geltend machen), ebenso BGH, 10.11.2010 – IV ZR 51/09 MittBayNot 2011, 316.
200 BGH, BeckRS 1998, 30392597 – a.A. LG Heidelberg, 31.05.2011 – 5 O 306/09, ZEV 2011, 583 ff.; Überblick zum Streitstand bei *Schindler*, ZErb 2012, 149, 150.
201 Überblick bei *Osthold*, ErbR 2016, 609 ff.
202 Zuständigkeitskonzentration durch das NotAufgÜbG seit 2013, vgl. *Preuß*, DNotZ 2013, 740, 743.

lebenden Ehegatten (seit 01.01.2005 auch den Verpartnerten)[203] führt zur nachhaltigen Reduzierung des (ordentlichen) Pflichtteils Dritter, da die **familienrechtliche Zugewinnausgleichsforderung** vor den Pflichtteilsansprüchen rangiert (§ 327 InsO), also der »Wert des Nachlasses« i.S.d. § 2311 BGB entsprechend reduziert wird. Dieser Zugewinnausgleichs-Zahlungsanspruch überkompensiert häufig die Reduzierung der gesetzlichen Erbquote und damit die Erhöhung der Pflichtteilsquoten anderer im Verhältnis zum erbrechtlichen Zugewinnausgleich im Todesfall (vgl. auch Rdn. 670). Bedeutsam ist die Gestaltungsoption der Ausschlagung zur Erlangung des familienrechtlichen Zugewinnausgleichs als Nachlassverbindlichkeit auch, um Pflichtteilsergänzungsansprüche zu reduzieren, die z.B. durch die Finanzierung des Erwerbs des Familienheims aus Kapital des anderen Ehegatten entstehen.[204]

bb) Wahlzugewinngemeinschaft

3588 War der Verstorbene im seit 01.05.2013[205] möglichen **deutsch-französischen Wahlgüterstand** (§ 1519 BGB, sog. Wahlzugewinngemeinschaft)[206] verheiratet, ergibt sich die Durchführung des (pflichtteilsmindernden) güterrechtlichen[207] Zugewinnausgleichs gem. Art. 12 Abs. 1 des Abkommens bereits kraft Gesetzes, ohne dass der Ehegatte dafür das ihm Zugewendete (wie in § 1371 Abs. 3 BGB) ausschlagen müsste, daneben erhält er den gesetzlichen Erbanteil von 1/4 neben den Kindern, 1/2 neben den Eltern, oder gar aufgrund testamentarischer Zuwendung den gesamten Rest, den er ja zur Erlangung des güterrechtlichen Ausgleich nicht auszuschlagen braucht (im deutschen Recht erhielte er daneben nur den kleinen Pflichtteil, Rdn. 4516!).[208] Der deutsch-französische Wahlgüterstand kennt keine pauschale Erhöhung der gesetzlichen Ehegattenquote um ein Viertel, die Pflichtteilsquote der Kinder bezieht sich also stets (wie im deutschen Recht bei Wahl des güterrechtlichen Ausgleichs) auf deren 3/4-Quote.

3589 Damit lässt sich eine – im Vergleich zum BGB-Güterstand – höhere Nettobeteiligung des überlebenden Ehegatten am Gesamtnachlass im Todesfall[209] nach Abzug der Pflichtteilsansprüche erreichen, wenn das Endvermögen des zuerst versterbenden Ehegatten überwiegend aus Zugewinn geschaffen wurde und der überlebende, allein erbende, Ehegatte keinen oder nur geringen Zugewinn während der Ehe aufweist:

---

203 LebenspartnerschaftsänderungsG v. 15.12.2004. BGBl. 2004 I, S. 3396. Allein dieser güterrechtliche Ausgleich ist, da gesetzlich geschuldet, mangels Freigiebigkeit kein Erwerb i.S.d. ErbStG; die lediglich fiktive Ausgleichsforderung ist gem. § 5 Abs. 1 Satz 1 ErbStG nur unter Ehegatten, nicht jedoch unter Verpartnerten freigestellt, vgl. Erlass FinMin Baden-Württemberg v. 15.09.2005, DStR 2005, 2052 und ErbStB 2005, 309.
204 Vgl. *Herrler,* in: DAI, Aktuelle Probleme der Vertragsgestaltung im Immobilienrecht 2014/2015, S. 191; vgl. auch Rdn. 3262.
205 Zunächst auf die Dauer von zehn Jahren geltend, mit sodann stillschweigender Verlängerung des Abkommens auf unbestimmte Zeit.
206 Vgl. hierzu den Überblick von *Hoischen,* RNotZ 2015, 317 ff.; *Braun,* MittBayNot 2012, 89 ff.; *Jünemann,* ZEV 2013, 353 ff. Muster bei *Münch,* Ehebezogene Rechtsgeschäfte, 4. Aufl. 2015 Rn. 1317.
207 Mit geringen Abweichungen zur Berechnungsweise des BGB, Art. 9 Abs. 2 des Abkommens (z.B. bleiben Schenkungen von Verwandten in gerader Linie, Schmerzensgeld und zufällige Wertsteigerungen eingebrachter Grundstücke: Erklärung zu Bauland gänzlich unberücksichtigt).
208 Vgl. *Süß,* ZErb 2010, 281, 285.
209 Wie beim BGB-Güterstand lässt sich der Zugewinnausgleich bei Beendigung der Ehe durch gerichtliche Entscheidung (Scheidung oder Aufhebung) und in Bezug auf den vorzeitigen Zugewinnausgleich durch notariellen Ehevertrag ausschließen oder begrenzen, während ratsamerweise der Zugewinnausgleich beim Wechsel des Güterstandes (»Schaukel«) aufrechterhalten werden sollte, vgl. Art. 3 Abs. 3 des Abkommens. Zwingendes »régime primaire« sind nur die Verfügungsbeschränkungen der Artt. 5 und 6 sowie der Umstand, dass der Güterstand bei Scheidung, Tod oder Güterstandswechsel dem Grunde nach endet, Art. 7 des Abkommens.

▶ Hinweis:

Beim gesetzlichen BGB-Güterstand verbleiben dem allein erbenden Ehegatten neben dem/den seinen/ihren Pflichtteil verlangenden Kind/Kindern »netto« 75 % des Nachlasses (aufgrund des Abzugs des 25 %igen Pflichtteilsanspruchs der Kinder); der deutsch-französische Wahlgüterstand erhöht diese Quote auf max. netto 81,25 %, wenn allein der erstversterbende Ehegatte Zugewinn erzielt hat und sein Endvermögen allein aus Zugewinn besteht: Pflichtteilsabzug i.H.v. 3/8 Quote aus dem halben Nachlass (die andere Hälfte wird als Zugewinnausgleich vorab ausgeschieden), also Abzug von lediglich 3/16 = 18,75 %. Eine Besserstellung tritt rechnerisch ein, sobald der Zugewinnausgleichsanspruch größer ist als 1/3 des Bruttonachlasses.[210] Dann ist auch die gesetzliche Erbfolge für den überlebenden Ehegatten des deutsch-französischen Wahlgüterstands günstiger (im Extremfall 50 % Zugewinnausgleich plus 1/4 des Restes als gesetzlicher Erbteil, also gesamt 62,5 %, im Vergleich zu 50 % beim BGB-Güterstand).

3590

Im Verhältnis zu pflichtteilsberechtigten Eltern ist allerdings der BGB-Güterstand überlegen, ebenso im Verhältnis zu Kindern, wenn nur geringer Zugewinnausgleich entstanden ist (da die Erhöhung ihrer Pflichtteilsquote nicht ausreichend durch den Vorwegabzug des güterrechtlichen Ausgleichs kompensiert wird). Schwierigkeiten können bei disparitätischen Ehen im deutsch-französischen Wahlgüterstand ferner auftreten, wenn derjenige Ehegatte zuerst verstirbt, der den geringeren Zugewinn erzielt hat: sofern nicht ehevertraglich gem. Art. 3 Abs. 3 des Abkommens modifiziert, wäre gem. Art. 12 des Abkommens auch in diesem Fall (zugunsten des Verstorbenen) der Zugewinnausgleich durchzuführen, so dass der Anspruch in den Nachlass fällt (und damit ggf. die Ansprüche von Pflichtteilsberechtigten des Verstorbenen erhöht). Dem kann jedoch durch eine ehevertragliche Modifikation des Art. 12 des Abkommens (nämlich dahingehend, dass beim Vorversterben dieses Ehepartners ein Zugewinnausgleich ausgeschlossen sei) begegnet werden.[211] Auch in Bezug auf den Zugewinnausgleich im Scheidungsfall werden ehevertragliche Modifikationen (im Sinne eines Teil- oder Gesamtausschlusses) an der Tagesordnung sein, nicht jedoch in Bezug auf den Zugewinnausgleich beim einvernehmlichen Wechsel des Güterstandes (um die Nutzung des darin liegenden Entgeltpotentials zu eröffnen, Rdn. 80 ff.).

3591

c) Andere Herausgabe- und Ausgleichsansprüche

Der »Wert des Nachlasses« i.S.d. § 2311 BGB ist ggü. dem ordentlichen Pflichtteilsberechtigten ferner zu bereinigen um Herausgabeansprüche (§ 667 BGB), die fällig werden, wenn **Treuhandschaften** mit dem Tod des Treuhänders beendet werden (Bsp: Vermögen eines Ehegatten wurde zur Erzielung von Größenvorteilen etc. auf den Namen des anderen Ehegatten angelegt, vgl. Rdn. 3141 ff.). Gleiches gilt, wenn **Ehegatteninnengesellschaften** tatsächlich bestanden (zu deren Funktion i.R.d. Korrektur von Zuwendungen im Scheidungsfall außerhalb des Zugewinnausgleichsverfahrens Rdn. 3165 ff.) und durch den Tod des nach außen alleinbesitzenden Ehegatten aufgelöst werden mit der Folge des Entstehens von Ausgleichsansprüchen gem. § 738 Abs. 1 Satz 2 BGB[212] – letztere Ansprüche sind allerdings pflichtteilserhöhend Bestandteil des Nachlasses des nichtbesitzenden Ehegatten-Gesellschafters, sofern die Ehegatten-Innengesellschaft durch dessen Tod aufgelöst wird, und können durch Pfändungsgläubiger, welche die Gesellschaft kündigen (§ 735 BGB) verwertet werden.

3592

---

210 Nämlich sobald gilt: Nachlass minus 37,5 % × (Nachlass minus Zugewinnausgleich) > Nachlass minus 25 %.
211 Vgl. *Knoop*, NotBZ 2017, 202, 208.
212 Beispiel nach *Wall*, ZEV 2007, 249: da der Ehemann »aufgrund vorehelicher Schulden« nicht in Erscheinung treten will, gehört das Hotel de jure seiner Frau; er ist lediglich als Hotelpage beschäftigt, führt aber tatsächlich die »gemeinsamen Geschäfte«. Besteht die GbR fort, richten sich Ausgleichsansprüche nach § 738 Abs. 1 Satz 2 BGB gegen die GbR als solche, nicht gegen die in der Gesellschaft verbliebenen Gesellschafter als solche, BGH, 12.07.2016 – II ZR 74/14, ZIP 2016, 1627 m. Anm. *Buchta*.

VII. Verjährung

1. Fristlauf

3593 Der 3-jährigen Verjährungsfrist §§ 195, 199 BGB (bis 31.12.2009:[213] des § 2332 Abs. 1, 1. Halbs. BGB a.F.) unterliegen der ordentliche Pflichtteil (§ 2303 BGB), der Pflichtteilsrestanspruch (§§ 2305, 2307 Abs. 1 Satz 2 BGB), der Ausgleichspflichtteil (»Vervollständigungsanspruch«, § 2316 Abs. 1 BGB) und der Pflichtteilsergänzungsanspruch gegen den Erben (§§ 2325, 2326 BGB). Der Auskunftsanspruch gem. § 2314 BGB verjährte zwar nach altem Recht gem. § 197 Abs. 1 Nr. 2 BGB in 30 Jahren, bei verjährtem Pflichtteilsanspruch bedurfte es aber eines besonderen Informationsbedürfnisses für den Auskunftsberechtigten[214] (ab 2010 gilt auch insoweit die dreijährige Verjährung, die unabhängig von der Verjährung des Pflichtteilsanspruchs selbst läuft,[215] wobei der Wertermittlungsanspruch wiederum getrennt vom Auskunftsausspruch verjähren kann[216]). Diese 3-jährige Frist beginnt ab Sylvester des Jahres, in dem erstmals doppelte[217] Kenntnis (oder grob fahrlässige Unkenntnis) des (ersten[218]) Pflichtteilsberechtigten vom Sterbefall und der lebzeitigen Verfügung[219] vorgelegen haben, und zwar selbst dann, wenn es zur Entstehung des Anspruchs – wie in den Fällen des §§ 2306 und 2307 BGB – zusätzlich der vorherigen Ausschlagung bedarf (so dass faktisch die Ausschlagungsfrist des § 1944 BGB maßgebend ist). Dies gilt auch für den Nacherben, auch bei auflösend oder aufschiebend bedingter Nacherbschaft (etwa im Zusammenhang mit Verwirkungsklauseln).[220]

3594 Nicht erforderlich ist die Kenntnis des Pflichtteilsberechtigten von Zusammensetzung und Wert des Nachlasses,[221] allerdings muss der Pflichtteilsberechtigte gem. § 199 Abs. 1 Nr. 2 BGB die Person des Schuldners (Erben) kennen oder sich insoweit zumindest in grob fahrlässiger Unkenntnis befinden; Letzteres kann dem Pflichtteilsberechtigten nicht schon deshalb vorgeworfen werden, weil er es unterlassen hat, einen Nachlasspfleger bestellen zu lassen und damit (als »Klagepfleger«) einen sicheren Klagegegner zu erhalten.[222] Gemäß § 211 Satz 1, 1. Alt. BGB tritt ferner die Verjährung des gegen den Nachlass gerichteten (Pflichtteils-)Anspruchs nicht vor Ablauf von sechs Monaten nach dem Zeitpunkt ein, in dem die Erbschaft durch den Erben angenommen wurde. Hierbei kommt es entgegen der bisher h.M. nicht auf den Zeitpunkt an, in dem der

---

213 Gem. Art. 229 § 23 Abs. 1 Satz 1 EGBGB gelten §§ 195 ff. BGB n.F. stets dann, wenn der Pflichtteilsanspruch am 01.01.2010 noch nicht verjährt war; allerdings bleibt es bei der vormaligen Verjährungsregelung, wenn diese früher eintritt.
214 BGH, NJW 1990, 180.
215 OLG Schleswig, 05.05.2015 – 3 U 98/14, ZEV 2015, 707 m. Anm. *Sarres* = MittBayNot 2016, 530 m. Anm. *Braun*.
216 OLG München, 08.03.2017 – 20 U 3806/16, ErbR 2017, 357: auch durch Erhebung einer Stufenklage wird die Verjährung für alle dem Zahlungsbegehren gedanklich vorangehenden Ansprüche gehemmt.
217 Der Subsidiäranspruch gegen den Beschenkten nach § 2329 BGB dagegen verjährt bereits in drei Jahren ab dem Erbfall (§ 2332 Abs. 1 BGB).
218 Hatte im Falle eines Gläubigerwechsels der erste Gläubiger Kenntnis, erwirbt ihn der zweite Gläubiger mit in Gang gesetzter Verjährung, auch wenn er selbst diese Kenntnis nicht erhält, BGH, 30.04.2014 – IV ZR 30/13, ErbR 2014, 329.
219 Bei § 2316 BGB muss demnach Kenntnis vom ausgleichungspflichtigen Vorempfang vorhanden sein (beim Vervollständigungsanspruch des § 2316 Abs. 2 BGB also auch vom Ausgleichungsausschluss selbst), BGH, NJW 1972, 760 und OLG Karlsruhe, 21.08.2006 – 15 W 23/06, ZEV 2007, 329 m. Anm. *Schindler*, ZErb 2007, 327, nicht jedoch von den Wertverhältnissen der »Nachlassmasse«. Zum Streitstand *Schindler*, ZErb 2012, 149, 160.
220 OLG Köln, 05.02.2015 – 7 U 115/14, ErbR 2015, 264; hierzu *Bonefeld*, ZErb 2015, 216 ff.
221 BGH, 16.01.2013 – IV ZR 232/12, ZNotP 2013, 156 (zu § 2332 Abs. 1 BGB a.F.); dies gilt auch für § 199 Abs. 1 BGB: *Lange*, DNotZ 2013, 460; *Muscheler*, ErbR II, 2010, Rn. 4304; *Grziwotz*, FamRZ 2013, 542; a.A. *Adam*, ZErb 2015, 1 ff. (teleologische Reduktion des § 199 Abs. 1 BGB, trotz des Stichtagsprinzips des § 2311 Abs. 1 Satz 1 BGB).
222 *Wiederhold*, ZErb 2015, 299 ff.

letzte Miterbe die Erbschaft angenommen hat, vielmehr ist der Annahmezeitpunkt des jeweils einzelnen Miterben entscheidend, gegen den der Pflichtteilsanspruch erhoben wird.[223]

Ist der Miterbe im Fall des § 2306 BGB bspw. mit einer Teilungsanordnung oder einem Vermächtnis belastet, die – wie sich erst später herausstellt – für ihn wirtschaftlich so nachteilig sind, dass sie nicht einmal den Pflichtteil belassen, und hat er die Ausschlagungsfrist versäumt, verbleibt ihm nur der durch das Vermächtnis bzw. den Wertüberschuss weitgehend entwertete Erbteil, so dass sich im Ergebnis die Verjährungsfrist für den Pflichtteilsanspruch auf die sechswöchige Ausschlagungsfrist des § 1944 BGB verkürzt.[224] Die Ausschlagungsfrist beginnt gem. § 2306 Abs. 1 Satz 2 Halbs. 2 BGB zwar erst mit Kenntnis von der Beschwerung; diese muss sich aber nur auf die Anordnung als solche beziehen, unabhängig von den tatsächlichen Wertverhältnissen, die der pflichtteilsberechtigte Erbe selbst einschätzen muss.[225] Lediglich wenn der pflichtteilsberechtigte Erbe auf eine Summe oder einzelne Gegenstände eingesetzt ist, beginnt die Frist erst, wenn er Kenntnis von den Wertverhältnissen hat. In Betracht kommen sonst allenfalls Anfechtungen der Fristversäumung bzw. der Verkennung der Rechtsfolgen der Annahme wegen Inhaltsirrtums). 3595

Hatte der Pflichtteilsergänzungsberechtigte bereits zu Lebzeiten dem Grunde nach (auch insoweit nicht notwendig hinsichtlich des Umfangs und der Wertverhältnisse)[226] **Kenntnis von Schenkungen**, beginnt die Verjährung demnach bereits mit Kenntnis vom Erbfall.[227] Droht die Verjährung des Pflichtteilsanspruchs bei unklarem Sachverhalt, hilft ein uneingeschränktes ausdrückliches Anerkenntnis des Pflichtteilsanspruchs dem Grunde nach (mit der Folge eines Verjährungsneubeginns),[228] oder, falls dieses nicht zu erlangen ist, die Stufenklage (§ 254 ZPO),[229] wobei deren »Einschlafen« gem. § 204 Abs. 2 BGB zur Beendigung der Verjährungshemmung führt.[230] 3596

Handelt es sich um den **Anspruch eines Minderjährigen gegen ein Elternteil**, beginnt die Verjährung nicht vor Eintritt der Volljährigkeit, ab 2010 nicht vor Vollendung des 21. Lebensjahres (Hemmung der Frist aus familiären Gründen nach § 207 Abs. 1 Satz 2 Nr. 2 a) und b) BGB: Nichteinberechnung des Hemmungszeitraums in die Verjährungsfrist, § 209 BGB). I.Ü., also etwa bei Ansprüchen auf Pflichtteilsergänzung gegen Geschwister, gilt nach § 210 BGB eine Ab- 3597

---

223 BGH, 04.06.2014 – IV ZR 348/13, ZEV 2014, 543 m. Anm. *Holtmeyer*, ebenso *Löhnig*, ZEV 2013, 677 zur Vorinstanz.
224 OLG Celle, ZEV 2003, 365 m. Anm. *Keim*, 358 ff. § 2306 Abs. 1 Satz 1 BGB a.F. (der die Ausschlagung nicht erfordert) kann in diesem Fall nicht herangezogen werden, da es für die Frage der Größe des hinterlassenen Erbteils lediglich auf die Quote, nicht den wirtschaftlichen Wert ankommt (Quotentheorie, Palandt/*Edenhofer*, BGB, § 2306 Rn. 3). Auf einen Wertvergleich kommt es nur dann an, wenn bei Berechnung des Pflichtteils Anrechnungs- und Ausgleichungspflichten gem. §§ 2315, 2316 BGB bestehen, vgl. im Einzelnen auch zu abweichenden Spielarten Rdn. 4135 ff. Die Anwendung dieser Werttheorie auf die Fälle übergroßer Vermächtnisbelastung wird von der überwiegenden Meinung abgelehnt.
225 Palandt/*Edenhofer*, BGB, § 2306 Rn. 13.
226 BGH, NJW 1964, 297: es genügt Grundkenntnis, infolge deren ein verjährungshemmendes Handeln erwartet werden kann.
227 OLG Koblenz, NJOZ 2005, 935.
228 Vgl. *Ruby*, ZErb 2006, 86 ff.
229 Hierzu *Bartsch*, ZErb Beilage »Fachanwalt für Erbrecht« in Heft 2/2005, S. 3 ff. Für die Hemmung genügt nach OLG München, 09.05.2012 – 3 U 4875/11, ZErb 2012, 183 bereits die Bekanntgabe des erstmaligen Antrags auf Gewährung von Prozesskostenhilfe. Monografisch *Krug*, Pflichtteilsprozess, 2014.
230 Beispielsfall: LG Stade, ZEV 2014, 306, hierzu *Sarres*, EE 2014, 214 ff. Keine Beendigung tritt ein während einer Vollstreckungsabwehrklage auch gegen lediglich einen Hilfsanspruch, BGH, 22.03.2006 – IV ZR 93/05, ZEV 2006, 263.

laufhemmung der Frist, solange der Minderjährige ohne wirksam bestellten[231] gesetzlichen Vertreter ist. Die Ausschlagungsfrist des § 1944 BGB wiederum beginnt bei minderjährigen Erben erst zu laufen, wenn der letzte der gemeinsam Sorgeberechtigten erstmals Kenntnis vom Anfall und Grund der Berufung erlangt hat.[232]

3598 Das Gesetz zur Änderung des Erb- und Verjährungsrechts[233] hat die 30-jährige Sonderverjährungsfrist für erb- und familienrechtliche Ansprüche (§ 197 Abs. 1 Nr. 2 BGB) aufgehoben, so dass auch hierfür ab 2010 die 3-jährige Regelverjährung gilt, beginnend ab Sylvester des Jahres, in dem der Gläubiger Kenntnis erlangte oder hätte erlangen können von den anspruchsbegründenden Umständen und der Person des Schuldners, § 199 Abs. 1 Nr. 2 BGB. Unabhängig von einer Kenntnis tritt auf jeden Fall Verjährung gem. § 199 Abs. 3a BGB n.F. 30 Jahre nach Entstehen des Anspruchs ein. Die bisherigen Sonderverjährungsfristbestimmungen des Vertragserben gegen den Beschenkten (§ 2287 Abs. 2 BGB), sowie für die Ansprüche des Pflichtteilsberechtigten (§ 2332 Abs. 1 und 2 BGB), entfallen (es bleiben lediglich Besonderheiten hinsichtlich des Verjährungsbeginns, Rn. 3046). Am 01.01.2010 unverjährte Ansprüche unterliegen neuen Regeln, so dass, sofern Kenntnis eingetreten ist, Verjährung jedenfalls am 31.12.2013 eintritt (Art. 229 § 21 Abs. 1 Satz 1 EGBGB).

3599 Abweichend hiervon beginnt die 3-jährige Regelverjährung – soweit sich der Anspruch gegen Beschenkte richtet, § 2287 Abs. 1 BGB oder § 2329 Abs. 1 BGB – bereits mit dem Erbfall zu laufen (Neufassung der §§ 2287 Abs. 2 und 2332 Abs. 1 BGB n.F., die i.Ü., da §§ 195, 199 BGB universell gelten, aufgehoben wurden). Wegen des unterschiedlichen Streitgegenstandes wird die objektiv anlaufende Verjährung des Anspruchs aus § 2329 BGB nicht durch eine Stufenklage zur Durchsetzung des Anspruchs aus § 2325 BGB gehemmt.[234]

3600 Die Reform beseitigt die bisher nur unbefriedigend lösbare Problematik, was als erbrechtlicher Anspruch zu qualifizieren ist.[235] Lediglich der Herausgabeanspruch des Erben gegen den Erbschaftsbesitzer (analog dem Herausgabeanspruch des Eigentümers) verjährt gem. § 2018 Abs. 2 BGB erst nach 30 Jahren, objektiv anknüpfend, in gleicher Weise wie der Anspruch des Nach- gegen den Vorerben aus § 2130 BGB und der Herausgabeanspruch gegen den Besitzer eines unrichtigen Erbscheins, § 2362 BGB.

2. Abweichende Vereinbarungen

3601 Die Frist kann **durch Vertrag** (§ 202 Abs. 2 BGB) zwischen Erben und Pflichtteilsberechtigtem **verlängert werden**,[236] etwa zur Nutzung der erbschaftsteuermindernden Wirkung von Pflichtteilszahlungen, die dann erst nach dem Tod des zweiten Elternteils geltend gemacht zu werden brauchen, oder um »gutmütigen« Kindern, die den Pflichtteil nicht – wie ihr Geschwister – bereits nach dem Tod des erstversterbenden Ehegatten gefordert haben, dieses Recht auch nach dem

---

231 Daher kein Anlaufen der Frist, wenn die Bestellung eines Pflegers mangels persönlicher Verpflichtung durch den Rechtspfleger unwirksam war, OLG Koblenz, 08.08.2013 – 5 U 175/12, BeckRS 2013, 21754.
232 OLG Frankfurt/Main, 03.07.2012 – 21 W 22/12, RNotZ 2012, 579.
233 Vgl. *Roland*, ZErb 2007, 429.
234 OLG Zweibrücken, 24.03.2009 – 8 U 29/08 ZEV 2010, 44 m. krit. Anm. *Klingelhöffer*.
235 Vgl. etwa die kontroversen Entscheidungen des BGH, ZErb 2002, 356, bestätigt im BGH, 18.04.2007 – IV ZR 279/05, ZErb 2007, 260 ff., wonach auch der Schadensersatzanspruch des Erben gegen den Testamentsvollstrecker aus § 2219 Abs. 1 BGB erbrechtlich zu qualifizieren sei, also erst nach 30 Jahren verjähre.
236 Vgl. *Keim*, ZEV 2004, 173 ff.; skeptischer *Lange*, ZEV 2003, 433.

Tod des länger lebenden Elternteils ohne Einrederisiko[237] aufrechtzuerhalten.[238] In einseitiger Weise kann der Erblasser durch letztwillige Verfügung dem Pflichtteilsberechtigten in Gestalt eines Vermächtnisses einen Anspruch auf Abschluss eines Vertrages nach § 202 Abs. 2 BGB mit dem Erben oder eine Einrede gegen die Geltendmachung der Verjährung zuwenden.

Fraglich ist allerdings, ob die Pflichtteilsverjährung (mit Wirkung zulasten des Erben) auch durch Vertrag zwischen dem Erblasser und dem künftigen Pflichtteilsberechtigten verlängert werden kann (Anwendung des § 2301 BGB d.h. der Voraussetzungen über Verfügungen von Todes wegen – Erbvertrag –; lebzeitige Vollziehung i.S.d. § 2301 Abs. 2 BGB ist wohl noch nicht gegeben).[239] Möglich (und häufig) ist jedenfalls eine Stundungsvereinbarung (als partieller Pflichtteilsverzicht) sowie ein Hinausschieben des Entstehens des Pflichtteilsanspruchs auf einen späteren Zeitpunkt, etwa den Tod des länger lebenden Elternteils (vgl. Rdn. 3900 ff. mit Formulierungsvorschlägen). 3602

VIII. Fälligkeit, Verzug

Der Pflichtteilsanspruch als Forderungsrecht des Berechtigten gegen den oder die Erben **entsteht mit dem Tod des Erblassers**, § 2317 Abs. 1 BGB,[240] und ist ab diesem Zeitpunkt vererblich und übertragbar. Der Berechtigte kann den Pflichtteil gem. § 271 BGB sofort verlangen. In den Fällen, in denen der Pflichtteilsanspruch erst durch Ausschlagung (§§ 2306, 2307 BGB) entsteht, ist streitig, ob der Pflichtteilsanspruch bereits mit dem Erbfall entsteht, aber vor der Ausschlagung nicht geltend gemacht werden darf,[241] oder aber erst mit der Ausschlagung entsteht, aber wegen der Rückwirkung so behandelt wird, als wäre er z.Zt. des Erbfalls entstanden (so die herrschende Auffassung, arg. §§ 1953 Abs. 1, 2332 Abs. 3 BGB).[242] 3603

Die erforderliche **Mahnung**, § 286 Abs. 1 Satz 1 BGB, mit der Folge der Verzinsung des § 288 BGB kann mit der Geltendmachung der Auskunfts- und Wertermittlungsansprüche nach § 2314 BGB verbunden werden, da bereits der unbezifferte Zahlungsantrag im Rahmen einer solchen Stufenklage (§ 254 ZPO) verzugsetzende Wirkung hat.[243] Erforderlich ist die Klarstellung, dass in einer etwa gesetzten Frist zur Auskunftserteilung keine Stundung liege. 3604

Auch die in (seltenen) Härtefällen durch das Nachlassgericht[244] auf Antrag[245] auszusprechende **Stundung des Pflichtteilsanspruchs gem. § 2331a BGB**, deren Anwendungsbereich durch die Reform 2010 erweitert wurde,[246] hat auf die bereits eingetretene Verzugsverzinsung keinen Einfluss. Allerdings kann es am erforderlichen Verschulden des zahlungspflichtigen Erben fehlen, wenn etwa ein notwendiges Sachverständigengutachten noch nicht vorliegt und ihm (den Erben) 3605

---

237 Sofern die Verjährungseinrede allerdings ohnehin nicht erhoben wird, führt auch das (einvernehmlich) spätere Pflichtteilsverlangen zu einer Erbschaftsteuerminderung, § 16 Abs. 1 Nr. 2 ErbStG, da die Finanzverwaltung nicht die Geltendmachung der Einrede verlangen kann.
238 Ggü. Dritten, etwa dem Beschenkten gem. § 2329 BGB, wirkt diese Verlängerung jedoch nicht.
239 Vgl. *Keim*, ZEV 2004, 175.
240 Zu anwaltlichen vorbereitenden Maßnahmen vgl. monografisch *Scheuber*, Pflichtteilsstreitigkeiten zu Lebzeiten des Erblassers, 2014.
241 So RG, JW 1931, 1354.
242 Staudinger/*Haas*, BGB, § 2317 Rn. 6 m.w.N.
243 BGH, NJW 1981, 1729; Formulierungsmuster bei *Monschau*, ZAP 2005, 569 f. = Fach 12, S. 155.
244 Ist der Pflichtteilsanspruch selbst nach Grund und/oder Höhe umstritten, entscheidet das Prozessgericht auch über die Stundung, § 2331a Abs. 2 Satz 2 i.V.m. § 1382 Abs. 5 BGB.
245 Muster bei *Sachs/Himmelreich*, ZErb 2011, 156, 158 sowie bei *Gottwald*, EE 2016, 195 ff. (Stundung beim Nachlass- und beim Prozessgericht).
246 Jeder, nicht nur der selbst pflichtteilsberechtigte, Erbe kann den Stundungsantrag stellen, und zwar bereits dann, wenn die sofortige Zahlung eine »unbillige Härte«, nicht mehr wie bisher »ungewöhnliche Härte«, bedeuten (also etwa zur Veräußerung des Familienheims führen) würde. Im Lichte des § 505b Abs. 2 BGB sind Beleihungen von Immobilien durch betagte, nicht mehr berufstätige Personen seit März 2016 immer seltener möglich, so dass Stundungsanträge zunehmen werden.

weder diesbezüglich ein Auswahlverschulden trifft noch ihm die Verletzung von Mitwirkungspflichten (gerichtet etwa auf die Vorlage von Dokumenten) vorzuwerfen ist.[247] Zur rechtsgeschäftlich vereinbarten Stundung (vor dem Erbfall als beschränkter Pflichtteilsverzicht mit dem Erblasser oder als Erbschaftsvertrag unter künftigen Pflichtteilsberechtigten nach § 311b Abs. 5 BGB, nach dem Erbfall als formfreier teilweiser Erlassvertrag mit dem Erben) vgl. Rdn. 3895 ff.

IX. Verteilung der Pflichtteilslast

3606　Auch außerhalb des nachstehend dargestellten Anwendungsbereichs der §§ 2318 ff. BGB (also der Verteilung der Pflichtteilslast zwischen mehreren Erben oder zwischen Erben und Vermächtnisnehmern und der Möglichkeit abweichender letztwilliger Gestaltung) sind Regelungen denkbar, die im Rahmen lebzeitiger Übertragung eine Freistellung des Erben von der Pflichtteilslast zum Gegenstand haben können.[248] So könnte beispielsweise der Erwerber einer unentgeltlichen Zuwendung die Pflichtteilslast, die gemäß §§ 2325, 2316 BGB zulasten des Erben hierdurch ausgelöst wird, zur Entlastung des Erben (als Vertrag zu dessen Gunsten, § 328 BGB) übernehmen, also im wirtschaftlichen Ergebnis das Regel/Ausnahmeverhältnis zwischen § 2325 BGB einerseits, § 2329 BGB andererseits (vgl. Rdn. 3677 ff.) »umkehren«.

3607　Hierbei genügt es, dass der Erbe als begünstigter Dritter noch nicht im Zeitpunkt des Erfüllungsübernahmeversprechens, sondern erst im Zeitpunkt des Entstehens des übernommenen Anspruchs, also des Ablebens des Veräußerers, feststeht. Zivil- und steuerrechtlich handelt es sich gleichwohl um eine Verpflichtung gegenüber dem Veräußerer, die jedoch in einer Weise eingegangen ist, dass sie nicht mehr ohne Mitwirkung des Begünstigten (künftigen Erben) aufgehoben werden kann, so dass einerseits der Wert der Schenkung (und damit die Höhe des zu übernehmenden Pflichtteilsergänzungsanspruchs) dadurch reduziert wird, andererseits jedoch als Anspruch seinerseits Nachlassbestandteil ist, also ordentliche Pflichtteilsansprüche sonstiger Drittbeteiligter erhöhen könnte. Hierzu

▶ **Formulierungsvorschlag: Übernahme der Pflichtteilslast durch den Beschenkten**

3608　Der Erwerber verpflichtet sich dem Veräußerer gegenüber, den oder die Erben des Veräußerers von dem Pflichtteilsbetrag freizustellen, der als Folge der in heutiger Urkunde enthaltenen Übertragung gemäß §§ 2325, 2316 BGB entsteht. Dem künftigen Erben erwächst aus dieser Vereinbarung ein eigener Anspruch i.S.d. § 328 BGB (echter Vertrag zugunsten Dritter), so dass die Vereinbarung nicht mehr ohne Mitwirkung des/der begünstigten Erben verändert oder aufgehoben werden kann.

3609　Die Verteilung der Pflichtteilslast[249] **im Innenverhältnis zwischen den Nachlassbeteiligten** ist in §§ 2318, 2320 bis 2324 BGB normiert.[250] Schuldner des Pflichtteilsrechts ist im Außenverhältnis allein der Erbe bzw. die Gemeinschaft der Miterben als Gesamtschuldner. Da jedoch Vermächtnisse und Auflagen bei der Berechnung des Pflichtteils nicht abgesetzt werden können (§ 2311 BGB), kann der Erbe als Ausgleich diese im Innenverhältnis soweit kürzen, dass die Pflichtteilslast von ihm und den Vermächtnisnehmern und Auflagebegünstigten verhältnismäßig getragen wird. Diese dem mutmaßlichen Erblasserwillen entsprechende Bestimmung des § 2318 BGB ist jedoch **abdingbar** (§ 2324 BGB) mit der Folge, dass Vermächtnisnehmer oder Auflagenempfänger ohne Abzug in den Genuss der ihnen zustehenden Begünstigung gelangen werden. Hierzu[251]

---

[247] Vgl. *Rißmann*, ZErb 2002, 181 ff.
[248] Vgl. *Dahlkamp*, RNotZ 2014, 257, 259.
[249] Dazu zählen auch Verzugszinsen und Rechtsverfolgungskosten: *Schmidt*, ZEV 2016, 612 ff.
[250] Zur Pflichtteilslast in der notariellen Praxis *Dahlkamp*, RNotZ 2014, 257 ff.
[251] Weitere Formulierungsbeispiele bei *Schlitt/Müller*, Handbuch Pflichtteilsrecht, § 10 Rn. 337 ff., sowie bei *Dahlkamp*, RNotZ 2014, 257, 261 ff.

A. Allgemeine Fragen zum Pflichtteils- und Pflichtteilsergänzungsanspruch   Kapitel 9

▶ **Formulierungsvorschlag: Anordnung gem. § 2324 BGB (Befreiung des Vermächtnisnehmers von der Pflichtteilslast)**

§ 2318 Abs. 1 BGB kommt für das vorstehend angeordnete Vermächtnis nicht zur Anwendung, so dass eine etwaige Pflichtteilslast allein vom Erben zu tragen ist.   3610

Weitere Ausnahmetatbestände regeln §§ 2321 und 2322 BGB.

▶ **Beispiel:**[252]

Ist der Freund F1 des Erblassers zum Alleinerben bei einem Nachlassbestand von 45.000,00 € eingesetzt worden, und belastet mit einem Vermächtnis zugunsten des Freundes F2 i.H.v. 15.000,00 €, ist die Pflichtteilslast des enterbten Sohnes S von F1 zu zwei Teilen und von F2 zu einem Teil zu tragen (Verhältnis der Nettoerwerbe: 30.000,00 €: 15.000,00 €). F1 kann also den Vermächtnisanspruch des F2 um 7.500,00 € (ein Drittel des Pflichtteilsanspruchs von 22.500,00 €) kürzen bzw. – sofern er das Vermächtnis bereits vollständig geleistet hat – gem. § 813 Abs. 1 Satz 1 BGB i.H.v. 7.500,00 € kondizieren.   3611

Gem. § 2318 Abs. 2 BGB ist jedoch bei einem **pflichtteilsberechtigten Vermächtnisnehmer** nur der Betrag kürzungsfähig, der den eigenen Pflichtteil des Vermächtnisnehmers übersteigt (sog. »Kürzungsgrenze«). § 2188 BGB gewährt sodann (in ebenfalls abdingbarer Weise[253]) ein entsprechendes Kürzungsrecht gegenüber dem Untervermächtnisnehmer.[254] Bei einem pflichtteilsberechtigten Ehegatten, der mit dem Erblasser im gesetzlichen Güterstand gelebt hat, berechnet sich die Kürzungsgrenze nach dem gem. §§ 1371, 2303, 1931 BGB erhöhten (»großen«) Pflichtteil. § 2318 BGB will also vermeiden, dass ein selbst pflichtteilsberechtigter Miterbe nach der Teilung des Nachlasses seinen eigenen Pflichtteil dazu verwenden muss, Pflichtteilsansprüche anderer zu befriedigen. Gleiches gilt gem. § 2328 BGB für den Pflichtteilsergänzungsanspruch.   3612

Gem. § 2038 Abs. 2 BGB, § 748 BGB, haben **Miterben** die auf dem Nachlass ruhende Pflichtteilslast grds. im Verhältnis ihrer Erbteile zu tragen. Wer jedoch seinerseits anstelle des Pflichtteilsberechtigten gesetzlicher Erbe wurde, hat im Innenverhältnis diese Last bis zur Höhe des erlangten Vorteils zu tragen, § 2320 BGB (im Außenverhältnis bleibt es bei der gesamtschuldnerischen Haftung aller Miterben gem. §§ 2058 ff. BGB).   3613

▶ **Beispiel:**

Wurde einer von zwei Söhnen des Erblassers enterbt, hat dieser enterbte Sohn jedoch seinerseits ein Kind, tritt dieser Enkel als gesetzlicher Erbe zu 1/2 an die Stelle seines enterbten Vaters. Der Enkel muss im Innenverhältnis allein für den Pflichtteilsanspruch des Vaters aufkommen.

Gleiches gilt gem. § 2321 BGB, wenn ein **mit einem Vermächtnis bedachter Pflichtteilsberechtigter** gem. § 2307 Abs. 1 Satz 1 BGB ausschlägt und den Pflichtteil verlangt. In diesem Fall trifft gem. § 2321 BGB die Pflichtteilslast i.H.d. erlangten Vorteils denjenigen, dem die Ausschlagung zu Gute kommt. Auch diese (abdingbare, § 2324 BGB) Bestimmung betrifft lediglich die Verteilung der Pflichtteilslast im Innenverhältnis. Wird § 2307 Abs. 1 Satz 2 BGB dadurch »abbedungen«, dass in der letztwilligen Verfügung die Anrechnung des Vermächtnisses auf den Pflichtteilsanspruch ausgeschlossen wird, handelt es sich bei diesem Pflichtteil um ein letztwilliges Pflichtteilsvermächtnis, so dass das Kürzungsrecht des Erben gem. § 2318 BGB auch den ungekürzt verbleiben sollenden »Pflichtteil« erfasst.[255]   3614

---

252 Vgl. MünchKomm-BGB/*Musielak*, § 2318 Rn. 5.
253 »Die Kürzung des Untervermächtnisses gem. § 2188 BGB ist ausgeschlossen«.
254 Vgl. (auch zum Zusammenspiel mit § 2318 BGB) *Lutz*, notar 2014, 347 ff.
255 *Biebl*, ZErb 2010, 99 ff.

3615 § 2318 ff. BGB regeln die Verteilung der Pflichtteilslast (unter Heranziehung auch von Vermächtnisnehmern), während die »Erlangung« des Pflichtteils trotz beeinträchtigender Beschwerungen, etwa in Gestalt eines Vermächtnisses, in § 2306 BGB verortet ist (hierzu Rdn. 3556 ff.). Sollen z.B. bei einer angestrebten »**Enkelzuwendung**« die Pflichtteilsansprüche der »übersprungenen Generation« möglichst gering gehalten werden, wird letztere zum Erben eingesetzt, jedoch mit einem Vermächtnis zugunsten des Enkels beschwert, das den Wert des Nachlasses zu guten Teilen ausschöpft. Sofern der Erbe nicht in kurzer Frist ausschlägt, bleibt ihm wirtschaftlich weniger als der Pflichtteil (§ 2306 BGB).

B. Pflichtteilsergänzung

I. Pflichtteilsergänzungsanspruch bei Schenkungen (§ 2325 BGB)

1. Grundlagen

3616 Das Ziel des Pflichtteilsrechts, nahen Angehörigen (Kindern, Ehegatten, ggf. Eltern) einen Mindestanteil zu sichern, könnte durch unentgeltliche Zuwendungen unter Lebenden vereitelt werden. Hiergegen soll der Pflichtteilsergänzungsanspruch (§§ 2325, 2329 BGB) als eigener, neben den ordentlichen Pflichtteil (§§ 2303, 2315, 2316 BGB, samt Pflichtteilsrest, § 2307 Abs. 1 Satz 2 BGB) tretender Anspruch Abhilfe schaffen. Da er nicht voraussetzt, dass ein Anspruch auf den ordentlichen Pflichtteil gem. § 2303 BGB besteht, kann er auch dem gesetzlichen oder gewillkürten Mit- oder Alleinerben zustehen (vgl. § 2326 BGB) und geht auch durch eine Ausschlagung der Erbschaft (die bekanntlich außerhalb der §§ 2306 Abs. 1 und 2, 1371 Abs. 3 BGB zum Verlust des ordentlichen Pflichtteilsanspruchs führt) nicht verloren.[256] Verzicht (§ 2346 Abs. 2 BGB), Erlass (§ 397 BGB), Abtretung (§§ 398, 2317 BGB) oder Pfändung bzw. Verpfändung (§ 852 Abs. 2 ZPO) sollten daher immer beide Ansprüche aufführen.

3617 In **interlokaler Hinsicht**[257] gelten für die Pflichtteilsergänzung bei einem nach dem 02.10.1990 verstorbenen Erblasser gem. Art. 235 § 1 EGBGB unmittelbar §§ 2325, 2329 BGB, auch zugunsten eines zu DDR-Zeit (mangels Unterhaltsberechtigung, § 396 ZGB) noch nicht Pflichtteilsberechtigten;[258] ob eine Schenkung vorlag, richtet sich nach den damaligen Wertverhältnissen bei Vollzug des Vertrags ohne Berücksichtigung späterer, v.a. vereinigungsbedingter Wertsteigerungen.[259]

3618 In **intertemporaler Hinsicht** gilt für alle nach Inkrafttreten des Erbrechtsreformgesetzes (01.01.2010) eingetretenen Sterbefälle (Art. 229 § 21 Abs. 4 EGBGB) § 2325 BGB in neuer Fassung, also unter Berücksichtigung der jährlichen Reduzierung um 10 %, sofern die Frist überhaupt angelaufen ist (Rdn. 3647). Dies gilt insb. auch für in der Vergangenheit liegende Schenkungen. Damit wird die im internationalen Vergleich (Österreich: 2 Jahre,[260] Schweiz: 5 Jahre)[261] relativ lange »Nachverfolgungsfrist« des deutschen Pflichtteilsergänzungsrechtes etwas abgemildert.

---

256 BGH, NJW 1973, 996.
257 Zum Erbrecht der neuen Bundesländer vgl. *Krauß*, Immobilienkaufverträge in der Praxis, 8. Aufl. Rn. 5261 ff.
258 Hierfür gilt allein § 2303 BGB: BGH, 07.03.2001 – IV ZR 258/00, NJW 2001, 2398; ebenso OLG Dresden, 15.09.2009 – 3 U 1341/09, ZErb 2010, 27 zum Pflichtteilsanspruch nichtehelicher Kinder aus dem Beitrittsgebiet.
259 Vgl. BGH, 17.04.2002 – IV ZR 259/01, ZEV 2002, 282.
260 § 785 Abs. 3 Satz 2 ÖsterreichABGB.
261 Art. 527 Nr. 3, 2. Alt. SchweizZGB.

2. Voraussetzungen

a) Schenkung

aa) Schenkungsbegriff

Der Schenkungsbegriff i.S.d. § 2325 Abs. 1 BGB ist identisch mit dem des **§ 516 Abs. 1 BGB**, sowohl hinsichtlich des objektiven Tatbestandes (unentgeltliche Zuwendung aus dem gegenwärtigen Vermögen des Schuldners, das ihn entreichert und den Beschenkten bereichert) als auch hinsichtlich der erforderlichen subjektiven Einigung über die Unentgeltlichkeit.[262] Anders als bei § 2287 BGB ist eine Benachteiligungsabsicht nicht erforderlich. Der Berechtigte muss zunächst das Vorliegen einer Schenkung beweisen, bevor er gem. § 2314 Abs. 1 Satz 2 BGB einen Anspruch auf Wertermittlung auf Kosten des Nachlasses hat.[263] Gelingt ihm allerdings der Nachweis, dass ein auffallendes objektives Missverhältnis beider Leistungen (die ggf. richterlich gem. § 287 Abs. 2 ZPO zu ermitteln sind) besteht, hat der Anspruchsgegner aufgrund der damit eintretenden Beweiserleichterung seinerseits nachzuweisen, dass keine Einigkeit über die Unentgeltlichkeit bestand.[264]

3619

Die insb. in der Literatur im Vordringen befindliche Schule der »**objektiven Unentgeltlichkeit**« plädiert hingegen dafür, im Rahmen »drittschützender« Normen (etwa des § 528 BGB: zugunsten des Sozialleistungsträgers, ebenso des § 2325 BGB: zugunsten des Pflichtteilsberechtigten) subjektive Merkmale gänzlich unberücksichtigt zu lassen, um nicht den seitens der Beteiligen vorgetragenen Wertungen »subjektiver Äquivalenz« Gewicht einräumen zu müssen.[265] Die Rechtsprechung begegnet solchen Missbrauchsgefahren bisher lediglich durch die genannte Beweislasterleichterung: bei einem auffallend groben Missverhältnis wird vermutet, dass die Parteien dies erkannt haben, also Einigkeit über die teilweise Unentgeltlichkeit bestand.[266]

3620

Bei der sog. **Vorwegnahme einer Vermächtniserfüllung** (Rdn. 1983) klassifiziert die h.M. unter pflichtteilsrechtlichen Aspekten den Zuwendungsvertrag als »Vermächtnis« um, so dass § 2325 BGB nicht zur Verfügung steht, sondern sich der Weg zum Pflichtteil nur über § 2306 BGB öffnet.

Hinsichtlich des Begriffs der Schenkung kann daher auf Rdn. 25 ff. erwiesen werden.[267] Der unentgeltlich bleibende Anteil unterliegt grds. der Pflichtteilsergänzung, gleichgültig ob es sich um eine Schenkung unter Auflage oder eine gemischte Schenkung handelt. Die unentgeltliche Überlassung von Wohnraum – eine Leihe i.S.d. §§ 598 ff. BGB, Rdn. 32 – soll demnach keine Pflichtteilsergänzung auslösen.[268] Eine Ausstattung (§ 1624 BGB) unterliegt lediglich hinsichtlich des Übermaßes der Pflichtteilsergänzung; Pflicht- und Anstandsschenkungen sind kraft Gesetzes (§ 2330 BGB, Rdn. 190) ausgeschlossen (eine generelle Freistellung von Schenkungen für gemeinnützige Zwecke besteht, anders als gem. § 785 Abs. 3 österrABGB, nicht).[269]

3621

---

262 OLG Bamberg, 01.10.2007 – 6 U 44/07, ZEV 2008, 386 m.w.N.
263 OLG Schleswig, 15.08.2006 – 3 U 63/05, ZEV 2007, 277.
264 BGH, NJW 1982, 2497; MünchKomm-BGB/*Lange*, § 2325 Rn. 22. Ähnlich OLG Bamberg, ZEV 2004, 207: wer aufgrund Kontovollmacht abhebt, muss anders als bei § 812 BGB den behaupteten Rechtsgrund (Auftrag) beweisen. Allerdings ist der Auskunftsanspruch (§ 666 BGB) der Erben des Vollmachtgebers ggü. dem Bevollmächtigten hinsichtlich der Verwendung solcher Abhebungen deutlich eingeschränkt, wenn aufgrund des Näheverhältnisses (Ehegatte/Lebensgefährte) nicht von einem Auftrag ausgegangen werden kann, vgl. BGH, NJW 2000, 3199; OLG Düsseldorf, NJW-spezial 2007, 206.
265 Eingehend *J. Mayer*, in: Mayer/Süß/Tanck/Bittler/Wälzholz, Handbuch Pflichtteilsrecht, § 8 Rn. 25; krit., *Lange/Kuchinke*, Erbrecht, § 25 Abs. 5 Satz 5a, 37 Abs. 10 Satz 3.
266 Vgl. etwa BGHZ 59, 132, 136; BGHZ 116, 178, 183.
267 So ausdrücklich OLG Bamberg, 01.10.2007 – 6 U 44/07, ZEV 2008, 386: § 2325 BGB setzt eine Schenkung i.S.d. § 516 BGB voraus.
268 *Groll/Rösler*, Praxis-Handbuch Erbrechtsberatung, C VI Rn. 206; a.A. *Herrler*, notar 2010, 97.
269 Hierfür plädiert z.B. *Richter*, ZErb 2005, 139.

bb) Ehebedingte Zuwendung

3622 Die sog. **ehebedingte oder unbenannte Zuwendung** wird jedoch – wie stets, wenn Dritte vor nachteiligen Auswirkungen einer Vermögensverschiebung zwischen Eheleuten geschützt werden sollen – auch in § 2325 Abs. 1 und 3 BGB (sowie in § 2327 BGB) der freigiebigen Schenkung gleichgestellt[270] (vgl. im Einzelnen Rdn. 3262 ff.). Eine Schenkung unter Ehegatten liegt allerdings nicht vor, wenn die Zuwendung unterhaltsrechtlich geboten war[271] (vgl. Rdn. 3129 ff.).

3623 Nach der Rechtsprechung des BGH[272] kann ferner dann ausnahmsweise eine objektiv angemessene entgeltliche ehebezogene Zuwendung vorliegen, die den Pflichtteilsergänzungsanspruch ausschließt, wenn sich die Zuwendung nach den konkreten Verhältnissen als angemessene Alterssicherung des Empfängers (§§ 1360, 1360a BGB) oder aber als nachträgliche Vergütung langjähriger Dienste[273] (nicht allein im Haushalt,[274] sondern z.B. Tätigkeit als Sprechstundenhilfe über 30 Jahre) darstellt (s. Rdn. 3134, 3265 ff.). Dies kommt z.B. in Betracht für die Zuwendung des Nießbrauchs[275] oder für Einzahlungen in die private Rentenversicherung[276] bzw. in eine betriebliche Altersversorgung aus Direktumwandlung[277] zugunsten des Ehegatten, der nur über geringe Rentenansprüche verfügt. Die insb. in der Literatur vorgetragenen Überlegungen, Ehegattenzuwendungen bis zur Höhe des rechnerischen Zugewinnausgleichs ergänzungsfrei zu stellen, hat der BGH im genannten Grundsatzurteil[278] demgegenüber verworfen.

cc) Vorwegnahme der Nacherbfolge

3624 Überträgt der Vorerbe gebundenes Vermögen vorzeitig an den Nacherben, liegt an sich ebenfalls eine freiwillige, unentgeltliche Zuwendung unter Lebenden vor; die Beteiligten haben es nicht in der Hand, den Zeitpunkt des Von-Selbst-Erwerbs (also des Nacherbfalls) vorzuverlegen. Allerdings bedarf § 2325 BGB in diesem Fall einer **teleologischen Reduktion:** da der nacherbschaftsbehaftete Gegenstand beim Tod des Vorerben nicht vom ordentlichen Pflichtteilsanspruch des Angehörigen des Vorerben erfasst worden wäre, unterliegen lebzeitige Minderungen dieses Sondervermögens (im Unterschied zu Minderungen des Eigenvermögens) nicht der Pflichtteilsergänzung als Instrument zur Abwehr von Umgehungsversuchen.[279]

dd) Stiftungssachverhalte

3625 Allerdings ist § 2325 BGB **analog** anzuwenden auf freigiebige Transferleistungen, denen ein Element des Schenkungsbegriffs fehlt, z.B. bei der Einbringung von Vermögen in eine »eigene« noch nicht rechtsfähige **Stiftung** (kein Vertrag, sondern einseitige nicht empfangsbedürftige Willens-

---

270 BGH, 27.11.1991 – IV ZR 164/90, NJW 1992, 564 – hierzu monografisch *Straub*, Die Rechtsfolge ehebezogener Zuwendungen im Erbrecht, 2009; ebenso zu § 2287 BGB, § 134 InsO, § 4 AnfG; a.A. die frühere Lit., z.B. *Morhard*, NJW 1987, 1734.
271 BGH, NJW 1992, 564.
272 BGHZ 116, 167, 173.
273 Bspw. OLG Oldenburg, FamRZ 2000, 638.
274 Vgl. im Einzelnen *J. Mayer*, in: *Mayer/Süß/Tanck/Bittler/Wälzholz*, Handbuch Pflichtteilsrecht, § 8 Rn. 45.
275 OLG Schleswig, 16.02.2010 – 3 U 39/09, MittBayNot 2011, 148 m. Anm. *Herrler*: orientiert an den Pfändungsgrenzen des § 850c ZPO: drei Viertel des gemeinsamen Einkommens (Verhältnis 930,00 € Einpersonenhaushalt zu 1.280,00 € monatlich Zweipersonenhaushalt).
276 I.H.v. 58.000,00 €; die Ehefrau war damals 64 Jahre alt und verfügte über eine geringe Rente: OLG Stuttgart, 26.01.2011 – 19 W 52/10, ZEV 2011, 384.
277 *Gutachten*, DNotI-Report 2012, 114 ff. (auch zur Berechnung etwaiger Pflichtteilsergänzungsansprüche bei übermäßigen Witwenrenten: Rückkaufswert der Versicherung eine Sekunde vor dem Tod des Erblassers).
278 BGHZ 116, 167 ff.
279 *Gutachten*, DNotI-Report 2014, 33; OLG Celle, OLGR 1996, 30, 31.

erklärung in Gestalt des Stiftungsaktes;[280] anders bei der späteren Zustiftung: unmittelbare Anwendung des § 2325 BGB, Vertrag[281] – Sachverhalt »Dresdner Frauenkirche«, Rdn. 28). Die 10-jährige Pflichtteilsergänzungsfrist läuft mit (nießbrauchsfreier) Einbringung des Vermögens in die Stiftung. Dies gilt auch, wenn die Anerkennung der Stiftung (und damit die Erlangung der Rechtsfähigkeit) erst nach dem Tod des Stifters erfolgt (§ 84 BGB fingiert einen lebzeitigen Übergang), sogar wenn der Antrag erst durch den Erben gestellt wurde (lediglich i.R.d. § 82 BGB – gesetzlicher Übergang von Rechten im Zeitpunkt der Anerkennung – kommt es auf letzteren Zeitpunkt an). Der Charakter der Unentgeltlichkeit wird nicht dadurch beseitigt, dass die Stiftung sich kraft ihrer Statuten zu einer bestimmten Verwendung der Erträge verpflichtet hat. Richtet sich der Anspruch gem. § 2329 BGB gegen die (Vor-)Stiftung als Beschenkte, droht allerdings die kurze, 3-jährige Verjährung ab dem Erbfall (§ 2332 Abs. 1 BGB n.F., ebenso vor 2009: § 2332 Abs. 2 BGB a.F.), die durch den Lauf des behördlichen Anerkennungsverfahrens nicht analog § 206 BGB (»höhere Gewalt«) gehemmt wird; zur Wahrnehmung verjährungsunterbrechender Maßnahmen ist die Vorstiftung durch einen Pfleger analog § 1912 BGB (Pfleger für die Leibesfrucht) zu vertreten.[282]

Ein »Sonderrecht« zur Freistellung von Zuwendungen an gemeinnützige Stiftungen in extensiver Auslegung des § 2330 BGB wird, wie oben Rdn. 40, Rdn. 190 ausgeführt, de lege lata abgelehnt,[283] und auch der Gesetzgeber hat sich ungeachtet der Reformvorschläge der Literatur[284] und ausländischer Vorbilder[285] bewusst dagegen entschieden. Handelt es sich bei der pflichtteilsergänzungsrechtlichen Zuwendung jedoch nur um eine Spende, kann die Stiftung, solange sie nicht wegen Kenntnis verschärft haftet, sich häufig auf § 818 Abs. 3 BGB berufen, z.B. wenn mit den Zuwendungen übermäßige Aufwendungen getätigt wurden, die sonst nicht notwendigerweise angefallen wären, oder wenn mit hohen Spenden spezielle Hilfsprogramme aufgelegt wurden, die sonst nicht realisiert worden wären.[286] Ist die Stiftung zugleich Erbe, kann sie in Sterbefällen ab 01.01.2010, obwohl ihrerseits nicht pflichtteilsberechtigt, Antrag auf Stundung der Pflichtteilsschuld gem. § 2331a BGB n.F. stellen.[287] 3626

Bei »**Familienstiftungen**« (Rdn. 3367) – anders als bei gemeinnützigen Stiftungen[288] – stellen sich drei weitere Probleme: 3627
(1) Sind in der Zwischenzeit erfolgte Zuwendungen der Stiftung an den nunmehrigen Pflichtteilsergänzungsberechtigten zu behandeln wie Zuwendungen des ursprünglichen Stifters, so dass sie in (doppelt)[289] analoger Anwendung des § 2327 BGB auf den Anspruch (auch ohne ausdrückliche Anordnung) anzurechnen sind?[290]

---

280 OLG Karlsruhe, ZEV 2004, 470; *Rawert*, ZEV 1999, 153.
281 Vgl. *Röthel*, ZEV 2006, 9.
282 *Damrau*, ZEV 2010, 12, 15, auch zu abweichenden Ansichten.
283 *Rawert/Katschinski*, ZEV 1996, 162 ff.; *Werner*, ZEV 2007, 560 ff.; LG Baden-Baden, ZEV 1999, 152 m. Anm. *Rawert*; BGH, ZEV 2004, 115 m. Anm. *Kollhosser* gegen OLG Dresden, NJW 2002, 3181 m. krit. Anm. *Rawert*.
284 *Hüttemann/Rawert*, ZEV 2007, 107, 112 f.: Pflichtteilsfrei soll der Wert des Pflichtteils eines weiteren, hypothetischen, Kindes zugunsten gemeinnütziger Zwecke sein.
285 Art. 785 Abs. 3 Satz 1 Österreichisches ABGB: gänzliche Freistellung gemeinnütziger Zuwendungen; im norwegischen Recht begrenzt auf 1 Mio. Norwegische Kronen, vgl. *Röthel*, ZEV 2008, 113.
286 Vgl. Gutachten, DNotI-Report 2007, 195.
287 Vgl. *Speckbrock*, Rpfleger 2009, 604.
288 Dort liegt stets eine wirtschaftliche Ausgliederung vor, selbst wenn der Stifter zugleich Vorstand der Stiftung ist, vgl. *Gutachten*, DNotI-Report 2013, 121 ff.
289 Weder liegt eine Leistung des Erblassers vor (sondern der Stiftung), noch handelt es sich (vgl. BGH, 07.10.2009 – Xa ZR 8/08, ZEV 2010, 100 mit teilw. krit. Anm. *Gantenbrink* – Schenkung liege vor, § 518 Abs. 1 BGB gelte aber wegen Analogie zu § 81 Abs. 1 Satz 1 BGB nicht) um eine Schenkung.
290 Bejahend RGZ 54, 401 und *Lange*, ZErb 2010, 137, 141; differenzierend *Rawert/Katschinski*, ZEV 1996, 165: nur, falls auf diese Leistungen ein klagbarer Destinatäranspruch bestand. Gänzlich ablehnend *Corne-*

3628 (2) Verhindern Ausschüttungen an den Stifter das Anlaufen der Zehn-Jahres-Frist ähnlich einem vorbehaltenen Nutzungsrecht, da noch kein »wesentlicher Verzicht« vorlag (vgl. Rdn. 3635)? Maßgeblich wird darauf abzustellen sein, ob der Stifter die Eigenbegünstigung rechtlich oder faktisch steuern konnte; hinsichtlich der »Wesentlichkeit« wird eine Schwelle von 25 % der Ausschüttungen verlangt.[291] Richtiger dürfte sein, wie beim Vorbehaltsquotennießbrauch (Rdn. 1423) zusätzlich zu differenzieren nach der absoluten Höhe der Ausschüttung: gewährleistet sie den nachhaltigen Unterhalt trotz prozentual niedrigerer Quote, ist die Wesentlichkeit des »Vorbehalts« ebenfalls bereits gegeben. Ähnliches gilt wohl bei tatsächlich erfolgten wesentlichen Stiftungsausschüttungen an den Ehegatten des Stifters.[292]

3629 (3) Mitunter sehen Stiftungssatzungen feste Ausschüttungsansprüche gegen die Stiftung vor, so beispielsweise bei den Zweit- und Drittbegünstigungsbestimmungen in Beistatuten für liechtensteinische Anstalten oder Stiftungen, Art. 545 Abs. 1 Nr. 1 PGR.[293] Aus deutscher Sicht handelt es sich dann um aufschiebend befristete lebzeitige Verfügungen auf den Todesfall, die im Verhältnis zum Gründer Schenkungen darstellen und daher von der Auskunftspflicht der Erben des Gründers gemäß §§ 2314, 2325 Abs. 1 BGB erfasst sind.[294]

b) Zeitpunkt der Leistung

aa) Rechtlicher Leistungserfolg

3630 Außer bei Schenkungen unter Ehegatten und eingetragenen Lebenspartnern (§ 2325 Abs. 3 Satz 3 BGB, § 10 Abs. 6 Satz 2 LPartG, Rdn. 3637) sind Schenkungen nur dann ergänzungspflichtig, wenn z.Zt. des Erbfalls 10 Jahre seit der »Leistung« des verschenkten Gegenstands noch nicht verstrichen sind. Der Begriff der Leistung ist nicht identisch mit demjenigen der §§ 518 Abs. 2, 2301 Abs. 2 BGB. Grds. ist abzustellen auf den Eintritt des **rechtlichen Leistungserfolgs**, also den auf Rechtsübertragung gerichtete Vollzug.[295] Entgegen früherer Auffassung reicht es also nicht, dass der Schenker lediglich alles getan hat, was von seiner Seite für den Erwerb des Leistungsgegenstands durch den Beschenkten erforderlich ist.[296]

3631 Je nach Schenkungsgegenstand ist daher hinsichtlich des Zeitpunkts des rechtlichen Leistungserfolgs zu differenzieren:[297]

▶ **Übersicht: Zeitpunkt des rechtlichen Leistungserfolgs**

(1) Aufschiebend bedingte oder befristete Übertragungen sind erst mit Eintritt der Bedingung/der Frist geleistet.

(2) Genügt zur Aufhebung eines Rechts der Verzicht durch Erlassvertrag (§ 397 Abs. 1 BGB), erfolgt die Leistung bereits dadurch; bedarf es zur Aufhebung eines Rechts zusätzlich der Löschung im Grundbuch (§ 875 Abs. 1 Satz 1 BGB), beginnt die Frist erst mit dieser Löschung.

---

lius, ZErb 2006, 230, 233 und *Werner*, ZEV 2007, 563 (dort auch gegen eine Analogie zu § 2307 BGB: kein Vermächtnischarakter der Stiftungszuwendungen). Zum Ganzen *Medicus*, in: FS für *Heinrichs*, 1998, S. 381 ff.

291 Vgl. im Einzelnen *Cornelius*, Der Pflichtteilsergänzungsanspruch, Rn. 736.
292 *Werner*, ZEV 2007, 560 (564).
293 Zu Lebzeiten des Gründers kann dieser sie noch abändern, nach dessen Tod sind sie bindend.
294 BGH, 03.12.2014 – IV ZB 9/14, DNotZ 2015, 148; vgl. *Dutta*, ErbR 2015, 345. Nach Art. 4 Abs. 2 ROM-I Verordnung unterliegt die Schenkung mangels Rechtswahl dem gewöhnlichen Aufenthalt des Erblassers als Schenker. Würde es an einem Rechtsgrund fehlen, existierten Bereicherungsansprüche des Nachlasses, die gem. Art. 12 Abs. 1 lit. e) ROM-I VO bzw. Art. 10 ROM-II VO ebenfalls dem deutschen Recht unterlägen.
295 Vgl. zum Folgenden *J. Mayer* in: Mayer/Süß/Tanck/Bittler/Wälzholz, Handbuch Pflichtteilsrecht, § 8 Rn. 120.
296 So noch BGH, NJW 1970, 1639; in BGHZ 98, 233, aufgegeben.
297 Vgl. zum Folgenden *Schindler*, ZEV 2005, 290 ff.

(3) Bei der schenkweisen Aufnahme eines Gesellschafters ist der Zeitpunkt des Eintritts maßgebend, sofern der neue Gesellschafter seine Rechte als Mitunternehmer tatsächlich wahrnehmen kann.[298] Ist (wie bei Kommanditbeteiligungen im Hinblick auf § 176 HGB üblich, Rdn. 2560) die Wirksamkeit der Abtretung an die (deklaratorische) Registereintragung geknüpft, ist dieser Zeitpunkt maßgeblich (ebenso für den schenkungsteuerlichen Vollzug: Rdn. 4546).

(4) Bei der Schenkung von Grundstücken beginnt die Frist erst mit der Umschreibung im Grundbuch, nicht bereits mit Erwerb eines Anwartschaftsrechts.[299]

(5) Die Zuwendung eines widerruflichen Bezugsrechts bei einer Lebensversicherung bedeutet die Schenkung der Versicherungssumme, die erst im Todeszeitpunkt als Leistung stattfindet.[300] Wird ein unwiderrufliches Bezugsrecht zugewendet, beginnt die Zehnjahresfrist bereits dann zu laufen (vgl. hierzu Rdn. 3466).

(6) Bei der Zuwendung an eine »Vor-Stiftung« tritt der Leistungserfolg mit behördlicher Anerkennung der Stiftung[301] (wegen der davor bestehenden Widerruflichkeit, § 81 Abs. 2 BGB) und deren Eigentumserwerb ein.

(7) Bei der schenkweisen Begründung einer Leibrente soll nicht das Rentenversprechen, sondern die Zahlung der jeweils monatlich fälligen Rate als Leistung gelten.[302]

(8) Sofern in Gesellschaftsverträgen das abfindungslose Ausscheiden (Fortsetzungsklausel mit Abfindungsausschluss) eine ergänzungspflichtige Zuwendung darstellt, tritt der Leistungserfolg erst mit dem Tod des Gesellschafters ein;[303] Gleiches gilt bei der rechtsgeschäftlichen Nachfolgeklausel sowie der rechtsgeschäftlichen Eintrittsklausel (sowohl in Gestalt der Abtretungslösung als auch der Treuhandlösung).[304]

(9) Wird einem Dritten eine sog. »Oder-Konto-Berechtigung« eingeräumt, beginnt die Frist erst mit dem Tod des Erblassers zu laufen, da er bis zu diesem Zeitpunkt noch mitverfügen konnte.[305]

(10) Bereits i.S.d. § 2301 Abs. 2 BGB vollzogene[306] Schenkungen auf den Todesfall setzen gleichwohl die Pflichtteilsergänzungsfrist nicht in Gang, da der Rechtserwerb erst mit dem Tod eintritt.[307]

Ist allerdings am Todestag bei wirksamem Schenkungsversprechen (§ 518 Abs. 1 BGB) der rechtliche Leistungserfolg noch nicht eingetreten, scheidet damit nicht etwa § 2325 BGB mangels Vorliegens einer vollzogenen Schenkung aus; vielmehr ist Gegenstand der bereits erfolgten Schenkung der Anspruch auf Übereignung der Sache.[308] Der Gegenstand selbst befindet sich zwar noch im Nachlass, wird aber durch die entsprechende Verbindlichkeit (Eigentumsverschaffungspflicht) saldiert, und zwar selbst dann, wenn der Erwerbsberechtigte selbst Erbe ist, so dass an sich Forderung und Schuld durch Konfusion untergegangen wären (§§ 1976, 2143, 2377 BGB analog).[309]

3632

---

298 *U. Mayer*, ZEV 2003, 358; *Kerscher/Riedel/Lenz*, Pflichtteilsrecht, § 16 Rn. 7. Eine bloße, sei sie auch »unwiderrufliche«, Stimmrechtsvollmacht hindert (unter dem Aspekt der »wirtschaftlichen Ausgliederung«) wohl nicht, vgl. Gutachten, DNotI-Report 2010, 129.
299 BGHZ 125, 398; a.A. *Behmer*, FamRZ 1999, 1254: § 8 Abs. 2 AnfG analog.
300 Vgl. BGH, NJW 2004, 215 (zur Insolvenzanfechtung), *Elfring*, ZEV 2004, 310.
301 Vgl. *Röthel*, ZEV 2008, 113.
302 *Frank*, JR 1987, 245.
303 *Kohl*, MDR 1995, 873; BGH, NJW 1993, 2738, gegen BGH, NJW 1970, 1639.
304 *Sudhoff/Scherer*, Unternehmensnachfolge, § 17 Rn. 69.
305 Vgl. MünchKomm-BGB/*Lange*, BGB, § 2325, Rn. 36.
306 Andernfalls handelt es sich ohnehin um ein Vermächtnis oder eine Erbeinsetzung, sofern sie unter einer Überlebensbedingung stehen, § 2301 Abs. 1 BGB.
307 Vgl. *Worm*, RNotZ 2003, 544.
308 BGH, 10.11.1982 – IVa ZR/81, NJW 1983, 1485.
309 OLG Schleswig, 15.08.2006 – 3 U 63/05, ZEV 2007, 277.

bb) Wirtschaftliche Ausgliederung

3633 Über den Eintritt des rechtlichen Leistungserfolgs hinaus fordert der BGH,[310] dass der Erblasser einen Zustand geschaffen hat, dessen Folgen er selbst noch 10 Jahre lang zu tragen hat und der ihn schon im Hinblick darauf von einer böslichen Schenkung zum Nachteil des Pflichtteilsberechtigten abhalten könne. Der Schenker muss also nicht nur seine Rechtsstellung als Eigentümer endgültig aufgeben, sondern auch darauf verzichten, den verschenkten Gegenstand aufgrund vorbehaltener dinglicher oder vereinbarter schuldrechtlicher Ansprüche im Wesentlichen weiterhin zu nutzen. Erforderlich ist demnach zusätzlich eine »**wirtschaftliche Ausgliederung**«.[311]

3634 Typische Anwendungssachverhalte, in denen aufgrund dieses zusätzlichen Kriteriums die Frist nicht zu laufen beginnt, sind die bereits oben Rdn. 1421 ff. behandelten Fälle des **Nießbrauchs** (mit den bekannten Unterfragen, wie der Zuwendungsnießbrauch, der Bruchteils- und der Quotennießbrauch zu behandeln sind) sowie des vorbehaltenen **Wohnungsrechts** (oben Rdn. 1599 ff.) Liegt nach den dort diskutierten Kriterien eine wirtschaftliche Ausgliederung noch nicht vor, beginnt die Frist erst mit Erlöschen des dinglichen Rechts durch rechtsgeschäftliche Aufhebung (dann sowohl für die Grundstücksschenkung als auch die Schenkung der Nutzung) zu laufen, wohl nicht bereits dann, wenn der Nutzungsberechtigte von dem ihm eingeräumten Recht keinen Gebrauch mehr macht oder machen kann.[312]

3635 Aber auch außerhalb der vorbehaltenen Wohnungs- und Nießbrauchsrechte wird die Thematik der wirtschaftlichen Ausgliederung diskutiert:[313]

▶ **Übersicht: Wirtschaftliche Ausgliederung**

(1) Bei bloßen Benutzungsdienstbarkeiten für Nebennutzungen dürfte die Frist gleichwohl beginnen, handelt es sich jedoch um die einzig sinnvolle, wenngleich spezifizierte Nutzung, liegt noch keine wirtschaftliche Ausgliederung vor.[314]

(2) Die Übertragung eines Gegenstands gegen (abänderbare) dauernde Last oder (statische) Leibrente verwirklicht nach herrschender Meinung die wirtschaftliche Ausgliederung;[315] die Gegenauffassung betont, dass aus Sicht des Veräußerers noch kein faktischer Genussverzicht vorliege.[316] Folgt man der herrschenden Meinung, kann die nachträgliche Ersetzung eines vorbehaltenen Nießbrauchs/Wohnungsrechts durch einen Mietvertrag mit dauernder Last (»Stuttgarter Modell«) zu einem Anlaufen der Frist ab dem Zeitpunkt der Ersetzung führen, Rdn. 1845 f. Die vermittelnde Auffassung sieht im »Stuttgarter Modell« keine wirtschaftliche Ausgliederung, solange der Veräußerer (sei es auch als Mieter) noch das Objekt bewohne,[317] so dass lediglich die Ersetzung eines bisher durch Fremdvermietung genutzten Nießbrauchs durch eine schlichte dauernde Last/Leibrente für das Anlaufen der Frist günstig sei.

(3) Auch die Übertragung einer Immobilie unter gleichzeitiger Vereinbarung eines Mietvertrags mit dem Veräußerer ist umstritten. Während überwiegend (zutreffender Weise) da-

---

310 BGHZ 98, 232; 125, 397.
311 Krit. hiergegen wegen der Konturenlosigkeit des Kriteriums *Nieder*, DNotZ 1987, 320; als unzulässige Rechtsfortbildung contra legem abgelehnt von *Reiff*, ZEV 1998, 246, die Praxis wird sich gleichwohl darauf einzustellen haben.
312 A.A. *N. Mayer*, ZEV 1994, 330.
313 Vgl. zum Folgenden wiederum *Schindler*, ZEV 2005, 293 ff.; *Gehse*, RNotZ 2009, 361 ff.
314 Vgl. *Schippers*, MittRhNotK 1996, 211.
315 Vgl. *Wegmann*, MittBayNot 1994, 308; *Heinrich*, MittRhNotK 1995, 164; *Worm*, RNotZ 2003, 548; *Schindler*, ZErb 2012, 149, 157 m.w.N.
316 *Pawlytta*, in: Mayer/Süß/Tanck/Bittler/Wälzholz, Handbuch Pflichtteilsrecht, § 7 Rn. 164 und 176; offenlassend DNotI-Gutachten, Faxabruf-Nr. 12146 v. 05.01.2007.
317 *N. Mayer*, ZEV 1994, 328.

rauf abgestellt wird, es liege kein »Vorbehalt« der wesentlichen Nutzung vor,[318] stellen andere den Sachverhalt (obwohl entgeltlich) dem Rückbehalt des Wohnungsrechts gleich[319] (vgl. Rdn. 1845).

(4) Fraglich ist, ob ein **Rückforderungs-, Rücktritts- oder Widerrufsvorbehalt** der wirtschaftlichen Ausgliederung entgegensteht. Dafür spricht, dass der Wegfall der jedenfalls faktischen Verfügungsbefugnis das Eigentum noch stärker kennzeichnet als das Fehlen der Nutzungsmöglichkeit, so dass die Argumentation des BGH erst recht hierfür greifen müsse;[320] dagegen spricht, dass während der Nichtausübung des Rückforderungsvorbehalts ein Genussverzicht gerade stattfindet,[321] wenn es aber zur Rückforderung kommt, der Pflichtteilsberechtigte nicht mehr schutzbedürftig ist, da der zurückgeleistete Gegenstand nun dem unmittelbaren Pflichtteilsrecht unterliegt.[322] Für das enumerative Rückerwerbsrecht geht die ganz herrschende Meinung in der Literatur sowie die untergerichtliche Rechtsprechung[323] ohnehin davon aus, dass es – jedenfalls sofern der Rückerwerbsfall nicht willkürlich herbeigeführt werden kann – kein Fristhindernis darstelle.[324] Entscheidend ist stets, welche Rechtsmacht beim Veräußerer verblieben ist. Möglicherweise bewirkt demnach allerdings auch das bloß enumerative Rückforderungsrecht im Verein mit weiteren Vorbehalten (Wohnungsrecht an den bisher bewohnten Räumen), dass der Veräußerer sich auf keinen Genussverzicht einzurichten brauchte, »**Summationseffekt**«.[325] Im Rahmen dieser Gesamtabwägung kann es sich empfehlen, die Tatbestände der »eigenmächtigen Veräußerung und Belastung« aus dem Katalog der zur Rückforderung berechtigenden Umstände herauszunehmen, da sie in stärkerem Maße als die »passiven Tatbestände« (Pfändung, Insolvenz, Tod, Scheidung etc.) Herrschaftsinstrumente darstellen können.[326] Tatsächlich und rechtlich verfehlt ist jedenfalls die Ansicht des OLG Düsseldorf,[327] ein an verbotswidrige Weiterveräußerung anknüpfender Rückforderungsvorbehalt lasse die Zehn-Jahres-Frist nicht anlaufen, da »der Veräußerer sich sicher sein könne, dass ihm das Grundstück zur wirtschaftlichen Verwertung stünde, wenn er es z.B. für die Heimunterbringung benötige«.

(5) Die Vermögensausstattung einer **Stiftung** lässt die Frist wohl selbst dann anlaufen, wenn der Zuwendende zugleich zum Kreis der Begünstigten dieser Stiftung zählt. Möglicherweise liegt jedoch dann noch kein Genussverzicht vor, wenn der Zuwendende alleiniger Vorstand der Stiftung ist oder jedenfalls maßgeblichen Einfluss auf ihre Entscheidungen hat, vgl. Rdn. 3628. Werden Zuwendungen an ausländische Stiftungen unter Widerrufsvorbehalt getätigt, ist zusätzlich die Fragestellung des vorangehenden Spiegelstrichs rele-

---

[318] Vgl. *Cornelius*, Der Pflichtteilsergänzungsanspruch, Rn. 740 ff.
[319] So etwa *N. Mayer*, ZEV 1994, 328; *Wegmann*, MittBayNot 1994, 308.
[320] So *Mayer/Süß/Tanck/Bittler/Wälzholz*, Handbuch Pflichtteilsrecht, § 8 Rn. 133.
[321] Vgl. monografisch *Böning*, Die Anwendung des § 2325 BGB auf Grundstücksschenkungen unter Widerrufs- und Nießbrauchsvorbehalt, Diss. 1991, S. 117 f.: der Schenker müsse sich in die veränderte Vermögenssituation eingewöhnen, da ihm die Nutzungen nicht mehr zur Verfügung stehen.
[322] *Ellenbeck*, MittRhNotK 1997, 53; Staudinger/*Olshausen*, BGB, § 2325 Rn. 59.
[323] LG München I, 11.02.2008 – 35 O 16744/06, BeckRS 2008, 24625.
[324] Gutachten, DNotI-Report 2011, 65 ff. m.w.N.; *N. Mayer*, ZEV 1994, 329; *Kerscher/Riedel/Lenz*, Pflichtteilsrecht, § 9 Rn. 109; differenzierend *Winkler*, ZEV 2005, 94. *Pawlytta*, in: Mayer/Süß/Tanck/Bittler/Wälzholz, Handbuch Pflichtteilsrecht, § 7 Rn. 173, sei typologisch darauf abzustellen, ob der Schenker noch bis zu seinem Tod durch Rückerwerbsrechte »über die Schenkung weiterregiert«, indem er dem Beschenkten weder die wesentliche Nutzung noch eine erhebliche Verfügungsmöglichkeit einräume.
[325] OLG Düsseldorf, FamRZ 1999, 1547, ebenso OLG München, 25.06.2008 – 20 U 2205/08 ZEV 2008, 480 m. abl. Anm. *Herrler*, 461; s. Rdn. 1601.
[326] *Gehse*, RNotZ 2009, 361, 370.
[327] OLG Düsseldorf, 11.04.2008 – 7 U 70/07 DNotZ 2009, 67 m. abl. Anm. *Diehn*; ablehnend auch *Herrler* ZEV 2008, 526 f.: lediglich i.R.d. § 528 BGB kann durch das schuldrechtliche Verfügungsverbot gesichert werden, dass der Erwerber nicht entreichert ist.

vant.³²⁸ Zuwendungen an eine ausländische »transparente« Stiftung, bei denen sich der Einbringende in der Gesamtschau von Stiftungsstatut, Beistatut und Mandatsvertrag wirtschaftlich die Verfügung vorbehalten hat, lassen die Frist nicht anlaufen.³²⁹

(6) Die bloß tatsächliche Weiternutzung durch den Veräußerer auch ohne ausdrückliche vertragliche Absprache kann – jedenfalls bei verfestigten Sachverhalten – der wirtschaftlichen Ausgliederung entgegenstehen.
Beispiel: Schenkung von Mobiliar an den Lebensgefährten bei Aufrechterhaltung der Haushaltsgemeinschaft.³³⁰ Gemeinsame Nutzung der durch den Lebensgefährten finanzierten Wohnung mit diesem Lebensgefährten.³³¹

(7) Bei der Zusammenfassung mehrerer Rechte – typisch für das Altenteil/Leibgeding – kann eine Kombinationsbetrachtung zur Überschreitung der Wesentlichkeit der noch nicht übergegangenen Nutzung führen.³³²

3636 Wird das fristschädliche vorbehaltene Recht jedoch endgültig aufgegeben (durch Erlassvertrag bei schuldrechtlichen Ansprüchen; materiell-rechtliche Erklärung gem. § 875 BGB und Löschung bei dinglichen Rechten), beginnt die (nunmehr abschmelzende) Zehn-Jahres-Frist des § 2325 Abs. 3 BGB ab diesem Zeitpunkt zu laufen (wobei allerdings zu berücksichtigen ist, dass die kompensationslose Aufgabe vorbehaltener Rechte wiederum eine Schenkung darstellt, die insoweit eine neue Zehn-Jahres-Frist auslöst, und mit den zusätzlichen zivilrechtlichen Schwächen einer Schenkung – § 528 BGB, Anfechtungsgefahren etc., Rdn. 224 ff. – behaftet ist; zu den schenkungsteuerlichen Folgen vgl. Rdn. 4818 ff. (Rechtslage für bis 2008 vorbehaltene Nutzungsrechte) bzw. Rdn. 4842 ff. (Rechtslage für ab 2009 vorbehaltene Nutzungsrechte). Interessanter erscheint daher der Austausch vorbehaltener Nutzungsrechte gegen »unschädliche« Gegenleistungen, etwa eine dauernde Last (vgl. Rdn. 1406 ff.)³³³ Zur Diskussion über die »Reparaturwirkung« von Weiter- oder Rückschenkungen unter Ehegatten vgl. Rdn. 2087.

c) Fristanlauf unter Ehegatten und Verpartnerten

3637 Bei Schenkungen unter Ehegatten gelten gem. § 2325 Abs. 3 Satz 3 BGB, § 10 Abs. 6 Satz 2 LPartG Besonderheiten: Der Anlauf der Frist setzt in diesen Fällen nicht nur die »Leistung des verschenkten Gegenstandes« (also die rechtliche – Rdn. 3630 ff. – und die wirtschaftliche Ausgliederung – Rdn. 3633 ff. –) voraus, sondern auch die Auflösung der Ehe (also Scheidung: § 1564 BGB bzw. Aufhebung: § 1313 BGB) bzw. der eingetragenen Lebenspartnerschaft. Die Norm dient der zeitlichen Erweiterung des Umgehungsschutzes, da der schenkende Ehegatte i.d.R. die Folgen der Zuwendung während bestehender Ehe aufgrund der fortbestehenden faktischen Nutzungsmöglichkeit noch nicht wirklich spürt. Das BVerfG sah darin keinen Verstoß gegen Art. 3 Abs. 1 oder Art. 6 Abs. 1 GG,³³⁴ allerdings unter dem Eindruck der damals in der Literatur überwiegend befürworteten Möglichkeit pflichtteilsfester »ehebedingter Zuwendung« (vgl. hierzu Rdn. 3262 ff.).

3638 In der Literatur mehren sich demgegenüber zwischenzeitlich die Stimmen, die für eine Verfassungswidrigkeit plädieren,³³⁵ als Folge des Wegfalles des vermeintlichen Sonderwegs der »ehebedingten« bzw. »unbenannten« Zuwendung, sowie der zwischenzeitlich ausdifferenzierten Missbrauchskontrolle durch die Rechtsprechung der Zivilgerichte. Eine ausdehnende Auslegung z.B.

---

328 Vgl. zum Ganzen *Scherer/Pawlytta*, in: Jubliläumsschrift »10 Jahre DVEV«, S. 127 ff.
329 Oberster Gerichtshof des Fürstentums Liechtenstein (FL-OGH), 07.12.2012 – 03 CG.2011.93, ZEV 2013, 136 zu § 785 Abs. 3 Satz 2 ABGB.
330 So *v. Olshausen*, FamRZ 1995, 719; zust. auch OLG Düsseldorf, NJW 1996, 3156.
331 Vgl. *Schlögel*, MittBayNot 2010, 398.
332 Vgl. etwa OLG Düsseldorf, FamRZ 1999, 1547.
333 *Gehse*, RNotZ 2009, 361, 377.
334 BVerfG, NJW 1991, 217; ebenso bereits OLG Celle, FamRZ 1989, 1012.
335 Insbesondere *Derleder*, ZEV 2014, 8 ff.; *Daragan*, ZErb 2008, 2; *Amann*, in: FS Brambring, 2011, S. 13 ff.

auf Zuwendungen unter Verlobten[336] oder unter nichtehelichen Lebensgefährten scheidet auf jeden Fall aus.

3. Gläubigerstellung

a) Personenkreis

Berechtigte des Pflichtteilsergänzungsanspruchs sind die abstrakt in § 2303 BGB genannten Berechtigten, sofern deren Recht nicht durch § 2309 BGB oder in anderer Weise (z.B. Pflichtteilsentziehung) ausgeschlossen ist. Ergänzungsberechtigt kann daher auch sein, wer zugleich gesetzlicher oder gewillkürter (Mit)Erbe oder Vermächtnisnehmer ist, § 2326 BGB – hierin zeigt sich die Selbstständigkeit der Pflichtteilsergänzung ggü. dem ordentlichen Pflichtteil (§§ 2303 ff. BGB). Bleibt Erbschaft bzw. Vermächtnis hinter dem ordentlichen Pflichtteil zurück, erhält der Berechtigte bei dessen Annahme neben dem Erbteil/Vermächtnis zunächst den Pflichtteilsrestanspruch (§ 2307 Abs. 1 Satz 2 BGB), ferner den vollen Ergänzungsanspruch (vgl. § 2326 Satz 1 BGB). Übersteigt allerdings der Erbteils-/Vermächtniswert den ordentlichen Pflichtteil, mindert sich zwingend sein Ergänzungsanspruch gem. § 2326 Satz 2 BGB um den Betrag, um den der Wert des ihm Hinterlassenen (Erbteil oder Vermächtnis) den Wert des ordentlichen Pflichtteils ohne Hinzurechnung der Schenkung übersteigt. Diese Mehrhinterlassung wird ihm auch dann abgezogen, wenn er – z.B. wegen einer Ausschlagung des unbeschwerten Erbteils bzw. einer Anfechtung der Erbschaftsannahme – den ihm an sich zugedachten Nachlassbestand selbst nicht mehr erhält. Anders liegt es nur bei der Ausschlagung einer beschwerten Erbschaft gem. § 2306 Abs. 1 BGB: hier bedarf es einer teleologischen Reduktion, so dass der hinterlassene aber ausgeschlagene Erbteil nicht angerechnet wird, da sonst der Erblasser durch geschickte Kombination von Schenkung und belasteter letztwilliger Zuwendung den Pflichtteilsschutz unterlaufen könne.[337] Der Vermächtniswert wird dabei ohne Rücksicht auf etwaige Beschränkungen oder Beschwerungen ermittelt, arg. § 2307 Abs. 1 Satz 2 BGB.

3639

Schwierig ist die Berechnung des Ergänzungspflichtteils bei **vorangegangenen ausgleichungspflichtigen Schenkungen**, da bei der Bemessung der »Hälfte des gesetzlichen Erbteils« i.S.d. § 2326 Satz 1 BGB dann die **Werttheorie** (»Wert der Hälfte des gesetzlichen Erbteils hinterlassen«) zu berücksichtigen ist (vgl. im Einzelnen Rdn. 6531). Der (Allein- oder Mit) Erbe soll den Wert der Differenz zwischen dem, was er als Erbe erhalten hat, und dem, was er bei Hinzurech-

3640

---

336 OLG Düsseldorf, NJW 1996, 3156, a.A. OLG Celle, OLGR 1998, 361.
337 Teleologische Reduktion des § 2326 Satz 2 BGB, vgl. *J. Mayer*, in: Bamberger/Roth, § 2326 BGB Rn. 5. Eine a.A. (*Schindler*, ZErb 2006, 189) vermied dieses Problem, indem sie bei Sterbefällen bis zum 31.12.2009 zur Anwendung des § 2306 Abs. 1 Satz 1 (nicht des Satz 2) BGB kommt, so dass daneben der unmittelbare Pflichtteilsergänzungsanspruch ohne Ausschlagung berechnet werden kann. Beispiel nach *Schindler*, ZErb 2006, 189: Der verwitwete Erblasser setzt seinen einzigen Sohn zum Miterben zu 3/4 des verbleibenden Nachlasses von 100.000,00 € ein und belastet ihn mit einem Vermächtnis zugunsten der Haushälterin i.H.v. 50.000,00 €. Ein Jahr vor seinem Tod hatte er einem Dritten 500.000,00 € verschenkt. Die h.M. wendet i.R.d. § 2306 BGB die Quotentheorie an (Werttheorie nur bei Veränderungen des ordentlichen Pflichtteils durch Vorgänge gem. §§ 2315, 2316 BGB, nicht bei Existenz eines Ergänzungspflichtteilsanspruchs), verbleibt also im Bereich des § 2306 Abs. 1 Satz 2 BGB. Der Sohn muss demnach, um sich vom Vermächtnis zu befreien, ausschlagen und erhält hierfür den ordentlichen Pflichtteil (50.000,00 €); daneben den Ergänzungspflichtteil i.H.v. 250.000,00 €. Schlägt er nicht aus, bliebe ihm als Ergänzungsanspruch wegen § 2326 Satz 2 BGB (Beschwerungen bleiben unberücksichtigt) lediglich 225.000,00 €, daneben der allerdings mit dem Vermächtnis belastete Erbteil, er erhält also 25.000,00 € weniger. *Schindler* wendet dagegen auch bei Pflichtteilsergänzungsansprüchen die Werttheorie an – vgl. unten Rdn. 6533 –, verbleibt daher aufgrund des Vergleichs des Hinterlassenen mit dem Gesamtpflichtteil im Bereich des § 2306 Abs. 1 Satz 1 BGB, so dass die Beschränkung aus dem Vermächtnis ohne Ausschlagung als nicht angeordnet gilt, und gewährt daneben gem. §§ 2325, 2326 Satz 2 BGB in unmittelbarer Anwendung den Ergänzungsanspruch i.H.v. 225.000,00 € gegen den Miterben (der sich i.d.R. gem. § 2329 BGB gegen den Beschenkten D richten wird).

nung der Schenkung zum Nachlass als Pflichtteil erhalten würde, verlangen können. Bei der Ausgleichung (unter Kindern als gesetzlichen Erben, § 2050 BGB, oder als testamentarischen Erben gemäß gesetzlicher Quote, § 2052 BGB) bestimmt sich demnach der Wert des »Hinterlassenen« i.S.d. § 2326 Satz 2 BGB nach demjenigen, was er als »Ausgleichsguthaben« erhält.[338]

▶ Beispiel:

3641 Vater V setzt die Kinder K1 und K2 zu Miterben je zur Hälfte ein bei einem realen Nachlass von noch 20. K1 hat einen ausgleichungspflichtigen Vorempfang von 4, der Dritte D eine Schenkung von (ggf. noch verbleibenden) 40 erhalten. Zu ermitteln ist der Pflichtteilsergänzungsanspruch als Differenz zwischen dem Ausgleichungserbteil und dem Gesamtpflichtteil.

Der Ausgleichungserbteil von K1 beträgt 24:2 = 12 abzgl. 4 = 8. Der Gesamtpflichtteil von K1 setzt sich zusammen aus dem Ausgleichungspflichtteil gem. § 2316 BGB von 4 (Hälfte des Ausgleichungserbteils) und dem Ergänzungspflichtteil von 10 (ein Viertel vom Geschenkwert), also 14.

Der Pflichtteilsergänzungsanspruch des K1 gem. §§ 2325, 2326 Satz 2 BGB beläuft sich daher auf 14–8 = 6.

Der Pflichtteilsergänzungsanspruch des K2 berechnet sich wie folgt: Gesamtpflichtteil von 16 (Ausgleichungspflichtteil 6, Ergänzungspflichtteil 10) abzgl. seines Ausgleichserbteils von 12, also 4.

K1 erhält also insgesamt 18 (Vorempfang 4, Erbteil 8, Ergänzungsanspruch 6), K2 insgesamt lediglich 16 (Erbteil 12 plus Ergänzungsanspruch 4). Die Besserstellung des K1 liegt darin, dass bei K2 aufgrund der Ausgleichung die gesamte Zuwendung an K1 in die Pflichtteilsberechnung eingestellt wird, während K1 nur die Hälfte einzubüßen hat.

Im Fall der Enterbung hätte K1 einen ordentlichen Ausgleichungspflichtteil gem. §§ 2303, 2316 BGB von (24:2 = 12 − 4 = 8 × 1/2 =) 4 sowie einen Ergänzungspflichtteil gem. § 2325 BGB von 1/4 aus 40 = 10, gesamt also 14. K2 hat neben dem Ergänzungspflichtteil von 10 einen Ausgleichungspflichtteil von (24:12 = 12 × 1/2 =) 6, gesamt also 16.[339]

Die Pflichtteilsergänzungsansprüche gem. §§ 2325, 2326 Satz 2 BGB stellen Erbteilsverbindlichkeiten gegen den anderen Miterben dar, die K1 und K2 gem. § 2328 BGB abwehren müssen, so dass letztlich der Beschenkte D gem. § 2329 Abs. 1 Satz 1 BGB auf die K1 und K2 jeweils zustehenden Ansprüche von 6 und 4, gesamt also 10, haftet.

b) Zeitliches Kriterium

3642 Nach überwiegender Meinung in der Literatur[340] und nunmehr auch Ansicht des BGH[341] lösen auch solche Schenkungen Pflichtteilsergänzungsansprüche aus, bei deren Vollziehung das abs-

---

338 *Schindler*, Pflichtteilsberechtigter Erbe und pflichtteilsberechtigter Beschenkter, Rn. 547; *Schindler*, ZEV 2005, 514; a.A. *Kerscher/Kerscher*, ZEV 2005, 295 ff., die eine »erweiterte Bemessungsgrundlage« bilden wollen durch Zurechnung des lebzeitigen Vorempfangs zum Hinterlassenen.
339 Vgl. zum Vorstehenden *Schindler*, ZEV 2005, 514; a.A. der Lösungsvorschlag von *Kerscher/Kerscher*, ZEV 2005, 295 ff.
340 Z.B. *Siebert*, NJW 2006, 2948; *Tiedtke*, DNotZ 1998, 5; *Faentz*, FamRZ 1999, 488; *Reimann*, MittBayNot 1997, 299 – der egalitäre Charakter des deutschen Erbrechts differenziert nicht danach, ob Vermögen z.B. vor oder nach Verehelichung erworben wurde –; zur Problematik der Auswirkung auf andere Pflichtteilsberechtigte *Tanck*, ZErb 2005, 2 ff.
341 BGH, 23.05.2012 – IV ZR 250/11 DNotZ 2012, 860 m. Anm. *Lange*, a.A. z.B. zuvor BGH, DNotZ 1998, 135.

trakt[342] zum Pflichtteil berechtigende Verwandtschaftsverhältnis noch nicht bestand (**Ablehnung des Kriterium der sog. Doppelberechtigung**). Schenkungen, die (wohl) vor der neuerlichen Heirat[343] an die Kinder aus erster Ehe durchgeführt[344] wurden oder vor einer Adoption bzw. der Zeugung[345] oder Vaterschaftsanerkennung[346] oder Erlangung der Pflichtteilsberechtigung[347] eines weiteren Kindes geschahen, lösen also ebenfalls Pflichtteilsergänzungsansprüche zugunsten der später hinzutretenden Berechtigten aus.[348] Früher insoweit empfohlene Ausweichgestaltungen (»erst schenken, dann heiraten«) sind also für Sterbefälle nicht mehr tragfähig, selbst vergangene Sterbefälle rechtfertigen nun (bis zur Verjährungsgrenze) für vor der Eheschließung/eigenen Geburt erfolgte Schenkungen Pflichtteilsnachforderungen (sofern nicht z.B. eine Abfindung mit Generalquittung vereinbart wurde). Der Anwendungsbereich des § 2325 BGB wurde durch die Änderung der Rechtsprechung des BGH deutlich ausgeweitet.

▶ **Hinweis:**

In Eheverträgen wird daher nunmehr auch die Frage nach Pflichtteilsergänzungsverzichten in Bezug auf zuvor (etwa an ereheliche Kinder) erfolgte Schenkungen anzusprechen sein.

Entgegen LG Dortmund[349] galt der (vom BGH nun ohnehin aufgegebene) Grundsatz der Doppelberechtigung auch nicht umgekehrt: der Pflichtteilsergänzungsanspruch entfällt also auch dann nicht, wenn der Inhaber vor dem Erblasser stirbt (mit dem Argument, dessen Abkömmlinge seien zum Zeitpunkt der Schenkung wegen des damals noch lebenden Elternteils gem. § 2309 BGB nicht pflichtteilsberechtigt gewesen – die Frage der [Verdrängung von der] Pflichtteilsberechtigung gem. § 2309 BGB beurteilt sich ohnehin nur nach dem Zeitpunkt des Erbfalls!). Ebenso

3643

---

342 Die »indirekte« (z.B. zur Zeit der Schenkung noch über den Stamm des Vateres angelegte) Pflichtteilsberechtigung dürfte genügen.
343 Dieser Sachverhalt ist in der Entscheidung des BGH (vorstehende Fn.) nicht unmittelbar angesprochen, dürfte aber gleich zu behandeln sein, auch wenn der dagegen sprechende Wertungsgesichtspunkt, der neue Ehegatte habe nie andere Vermögensverhältnisse gekannt, hier besonderes Gewicht erhält (ebenso *Keim*, NJW 2016, 1617 ff.; *Reimann*, FamRZ 2012, 1386; *Otte*, ZEV 2012, 478, 482; *Röhl*, MittBayNot 2013, 148 – der sog. »Migräneklinikfall«, BGH ZEV 1997, 373 m. Anm. *Otte* müsste heute also anders entschieden werden; gegen die neue Linie des BGH in diesem Punkt *Bonefeld*, ZErb 2012, 225, und wohl auch *Burandt/Jensen*, NWB 2013, 143, 145).
344 Nach BGH, 21.06.1972 – IV ZR 69/71, NJW 1973, 40 ist maßgeblich bei Grundstücksschenkungen die Auflassungserklärung samt Bewilligung der Umschreibung, nicht (wie für den Fristanlauf des § 2325 Abs. 3 BGB) der Vollzug.
345 Gegen die frühere BGH-Auffassung insoweit schon zuvor *Pawlytta*, in: Mayer/Süß/Tanck/Bittler/Wälzholz, Handbuch Pflichtteilsrecht, § 7 Rn. 7: Der Grundsatz der Doppelberechtigung sei nicht gerechtfertigt, wenn der Pflichtteilsberechtigte diese Stellung ohne eigene Mitwirkung bzw. Disposition (Heirat, Adoption) erlangt habe.
346 Dies galt schon vor der Rechtsprechungsänderung des BGH: OLG Köln, ZEV 2005, 398 m. Anm. *Reimann*, da mit Wirksamkeit der Vaterschaftsanerkennung der Anerkannte rechtlich bereits ab Geburt als Abkömmling gilt.
347 Dies gilt ebenfalls schon vor der Rechtsprechungsänderung des BGH: *Gutachten*, DNotI-Report 2011, 185 ff.: auch nach früherer Rechtsprechung musste genügen, dass im Zeitpunkt der Schenkung die das Pflichtteilsrecht abstrakt vermittelnde Vater-Kind-Beziehung bereits bestand, auch wenn das (nichteheliche) Kind erst später, nach der Schenkung – jedoch vor dem Ableben des Schenkers –, z.B. durch das Gleichstellungsgesetz vom 12.04.2011 –, konkret pflichtteilsberechtigt wurde.
348 Der Wortlaut des § 2325 Abs. 1 BGB differenziert insoweit nicht; entgegenstehende Regelungen des ersten Kommissionsentwurfs wurden nicht übernommen; zwischenzeitliche Veränderungen der sozialen Wirklichkeit und der Umstand, dass später Hinzugekommene nie andere Vermögensverhältnisse kennengelernt haben, rechtfertigen im Lichte des Art. 3 GG keine andere Behandlung.
349 ZEV 1999, 30, m. abl. Anm. *Otte*.

wenig gilt der Ausschluss für Abkömmlinge des potenziell, nun weggefallenen, Ergänzungsberechtigten, die zum Zeitpunkt der Schenkung noch gar nicht geboren/gezeugt waren.[350]

4. Ermittlungsschritte

3644 Bei Schenkungen an Dritte (die selbst pflichtteilsberechtigt sein können) berechnet sich der Ergänzungspflichtteil gem. § 2325 Abs. 1 BGB nach der bis Ende 2009 geltenden Gesetzeslage (vgl. aber Rdn. 3647) in vier Schritten, nach der für Sterbefälle ab 2010 geltenden Rechtslage in fünf Schritten (Rdn. 3647: Abschmelzungseffekt):
(1) durch Bildung eines fiktiven, ergänzten Nachlasses durch Zurechnung der Schenkung,
(2) und durch anschließende Bildung des fiktiven Ergänzungserbteils aufgrund der gesetzlichen Erbquote des Berechtigten,
(3) schließlich durch Bildung des Ergänzungspflichtteils im Weg der Halbierung des fiktiven Ergänzungserbteils,
(4) und zuletzt durch Feststellung des Ergänzungsbetrags durch Subtraktion des ordentlichen Pflichtteils vom Ergänzungspflichtteil.

▶ Berechnungsbeispiel:[351]

3645 Der verwitwete Erblasser enterbt seinen einzigen Sohn S (Pflichtteilsquote also 1/2) zugunsten des familienfremden X. Wert des Nachlasses = 40.000,00 €; Wert des verschenkten Gegenstandes = 40.000,00 €.

Der ordentliche Pflichtteil beträgt 1/2, somit 40.000,00 € : 2 = 20.000,00 €.

Der Ergänzungspflichtteil beträgt:
– fiktiver Nachlass: 40.000,00 € + 40.000,00 € = 80.000,00 €
– fiktiver Ergänzungserbteil: demnach 80.000,00 €
– fiktiver Ergänzungspflichtteil: hiervon die Hälfte = 40.000,00 €
– Subtraktion ordentlicher Pflichtteil (20.000,00 €) vom Ergänzungspflichtteil (40.000,00 €) = 20.000,00 €

Forderung des S gegen X: 2 mal 20.000,00 €, d.h. der gesamte (noch vorhandene) Nachlass.

3646 Wurde dem Pflichtteilsberechtigten ein größerer Erbteil/Vermächtnis als sein Pflichtteil zugewandt, ist – wie bereits ausgeführt, Rdn. 3639 f. – der Mehrwert gem. § 2326 Satz 2 BGB abzuziehen.

3647 Für Sterbefälle ab dem 01.01.2010 reduziert sich (infolge Umsetzung des RegE v. 30.01.2008[352] in Gestalt der Stellungnahmen v. 24.04.2008)[353] das aus §§ 2325, 2329 BGB für den Erben, in zweiter Linie auch den Beschenkten, ergebende Pflichtteilsergänzungsrisiko deutlich, allerdings nur sofern überhaupt die Frist gem. § 2325 Abs. 3 BGB durch rechtliche und wirtschaftliche Ausgliederung und bei Schenkung unter Ehegatten durch Beendigung der Ehe angelaufen ist (hierzu s.o. Rdn. 3630 ff.): Jedes volle Zeitjahr, das vom Erbfall zurückgerechnet seit der Leistung des verschenkten Gegenstands verstrichen ist, reduziert die Anrechnungshöhe (inflationsbereinigt) um jeweils ein Zehntel. Demnach werden auch lebzeitige Zuwendungen in Konstellationen, in denen – etwa wegen schwerer Erkrankung – das Erreichen der rettenden 10-Jahres-Frist nicht

---

350 A.A. *Bestelmeyer*, FamRZ 1998, 1155 f.; *Pluskat*, ZErb 2005, 173 belegt, dass diese Konsequenzen sich nicht notwendig aus der damaligen BGH-Rspr., die noch vom Grundsatz der Doppelberechtigung ausging, ergeben.
351 Nach MünchKomm-BGB/*Lange*, § 2325 Rn. 27.
352 BR-Drucks. 96/08, veröffentlicht z.B. unter www.zev.de, vgl. *Bonefeld*, ZErb 2008, 67; *Progl*, ZErb 2008, 78; *Keim*, ZEV 2008, 161 ff.; *Herrler/Schmied*, ZNotP 2008, 178; *Schindler*, ZEV 2008, 187; *Schaal/Grigas*, BWNotZ 2008, 2 ff.
353 BT-Drucks. 16/8954.

B. Pflichtteilsergänzung Kapitel 9

mehr erwartet werden darf, zu einer Minderung der Pflichtteilsergänzungshöhe führen, wenn nur ein Jahr noch verstreichen wird. Maßgeblich für die Geltung des neuen Rechts ist das Versterben des Schenkers nach Inkrafttreten der gesetzlichen Neuregelung (01.01.2010), so dass auch Schenkungen aus der Zeit vor Inkrafttreten der Reform erfasst werden.

5. Abzug von Eigengeschenken

Eigenschenkungen an den Ergänzungsberechtigten selbst sind gem. § 2327 Abs. 1 Satz 1 BGB stets, auch ohne Anrechnungsbestimmung, von der Ergänzungsforderung abzuziehen, und zwar **ohne Rücksicht auf die Zehnjahresgrenze** des § 2325 Abs. 3 BGB, die nur bei Dritt-, nicht bei Eigenschenkungen gilt,[354] und selbst dann, wenn er bei der Entgegennahme der Eigenschenkung noch gar nicht zu Kreis der pflichtteilsberechtigten Personen zählte,[355] und auch, wenn ein anzurechnender geschenkter Anspruch wegen Verjährung nicht mehr durchgesetzt werden kann.[356] Das Vorliegen von Schenkungen ist nach allgemeinen Grundsätzen (Rdn. 25 ff.) zu beurteilen; auch Abfindungszahlungen an weichende Geschwister fallen darunter.[357] Wie auch bei der angeordneten Pflichtteilsanrechnung nach § 2315 BGB müssen Schenker und Erblasser identisch sein, es gilt also nicht der »erweiterte Erblasserbegriff« wie i.R.d. Erbteilsausgleichung diskutiert, wonach als Erblasser beim Berliner Testament auch der erstverstorbene Ehegatte anzusehen sei (vgl. Rdn. 1960). 3648

§ 2327 Abs. 1 BGB trägt dem Ausschluss widersprüchlichen Verhaltens Rechnung: wer gem. § 2325 BGB verlangt, dass Zuwendungen an einen Dritten seinen eigenen Pflichtteil erhöhen, kann nicht im gleichen Zuge verweigern, dass sein Eigengeschenk pflichtteilsrechtlich berücksichtigt wird. Wurde demnach eine rechtzeitige Anrechnungsbestimmung bei einer Direktzuwendung (§ 2315 BGB) versäumt, bleibt die »**Flucht in die Pflichtteilsergänzung**«, indem weitere lebzeitige Zuwendungen an Dritte einen (mit den Jahren ggf. sogar gem. § 2325 Abs. 3 BGB abnehmenden) Pflichtteilsergänzungsanspruch des Erstbeschenkten auslösen,[358] der sodann durch seinen früheren Erwerb kompensiert wird; zugleich sinkt durch die weiteren Wegschenkungen der verbleibende ordentliche Pflichtteil. Scheut der Erblasser das mit den weiteren Wegschenkungen verbundene lebzeitige Vermögensopfer, kann er lebzeitige Verträge zugunsten Dritter auf den Todesfall aussetzen (z.B. durch widerrufliche Benennung Dritter als Bezugsberechtigte auf den Todesfall bei einer Lebensversicherung oder Anlegung eines Sparbuchs auf den Namen des Dritten, das jedoch der Erblasser noch im Besitz behält: der Erwerb findet zwar außerhalb des Nachlasses statt, die im Valutaverhältnis zugrunde liegende Schenkung wird jedoch gem. § 2325 BGB erfasst, die Frist ist naturgemäß noch nicht zu Lebzeiten angelaufen).[359] 3649

a) Anrechnung nur gem. § 2327 BGB

Wenn keine zusätzliche Pflicht zur Anrechnung oder Ausgleichung (§§ 2315, 2316 BGB) besteht, wird die **Berechnung** dergestalt vorgenommen, dass 3650
(1) sämtliche Eigengeschenke und sonstigen ergänzungspflichtigen Schenkungen an Dritte dem Nachlass hinzuzurechnen sind (inflationsbereinigt und mit den sich aus § 2325 Abs. 2 BGB –

---

354 BGH, NJW 1983, 2875; eingehend *Seibel*, Rpfleger 2006, 300, der de lege ferenda zu einer Angleichung an § 2325 Abs. 3 BGB rät (bzw. die Verweisung in § 2327 BGB »in gleicher Weise« auf alle Absätze des § 2325 BGB erstrecken will); kritisch auch *Zacher-Röder/Eichner*, ZEV 2011, 557 ff.
355 *Schindler*, Pflichtteilsberechtigter Erbe, Rn. 576.
356 LG Freiburg, 02.10.2009 – 8 O 90/08, JurionRS 2009, 36610.
357 Dies gilt auch für Abfindungszahlungen aus der Übergabe eines Hofes nach Maßgabe der Höfeordnung, OLG Köln, 09.07.2008 – 2 U 100/07, ZErb 2009, 39.
358 Vgl. *J. Mayer*, in: Mayer, J./Süß/Tanck/Bittler/Wälzholz, Handbuch des Pflichtteilsrechts, § 11 Rn. 63; *J. Mayer*, ZErb 2007, 130, 133.
359 *Wall*, ZErb 2011, 10, 14.

Niederstwertprinzip – ergebenden Wertansätzen, ggf. pro rata gekürzt gem. § 2325 Abs. 3 BGB),
(2) hieraus der Ergänzungspflichtteil zu ermitteln ist
(3) und davon (vom Ergänzungspflichtteil) sodann das Eigengeschenk (ungekürzt) abgezogen wird.

3651 War das Eigengeschenk größer als der Ergänzungspflichtteil, ist keine Rückerstattung an den Nachlass geschuldet, andererseits findet jedoch auch keine Anrechnung auf den ordentlichen Pflichtteil statt. (Es kann jedoch bei unzureichendem Nachlass der solchermaßen Beschenkte wegen seines übergroßen Eigengeschenks von anderen Pflichtteilsberechtigten seinerseits nach § 2329 Abs. 1 Satz 2 BGB in Anspruch genommen werden.)

b) Anrechnung nach § 2327 und § 2315 BGB

3652 Ist das **Eigengeschenk zusätzlich** vom Veräußerer mit einer **Pflicht zur Anrechnung** gem. § 2315 BGB versehen worden, erfolgt diese auf den Gesamtbetrag von ordentlichem Pflichtteil und Ergänzung, § 2327 Abs. 1 Satz 2 BGB. Dabei ist umstritten, ob das Eigengeschenk zunächst vom ordentlichen Pflichtteil oder zunächst vom Ergänzungsanspruch abzuziehen ist (was deshalb von Bedeutung ist, weil nur beim Ergänzungsanspruch eine subsidiäre Inanspruchnahme des Beschenkten gem. § 2329 BGB in Betracht kommt).

3653 Hierzu werden in der Literatur vier Berechnungsmethoden vertreten.[360] Am gesetzeskonformsten, da an § 2327 Abs. 1 Satz 1 BGB angelehnt, dürfte der Vorschlag von *Dieckmann*[361] sein:
(1) Zunächst ist der Gesamtpflichtteil gem. § 2327 Abs. 1 Satz 1 BGB zu bereinigen,
(2) sodann der ordentliche Pflichtteil nach Maßgabe des § 2315 BGB zu berechnen (bei § 2327 Abs. 1 Satz 1 BGB wäre der ordentliche Pflichtteil unmittelbar gem. §§ 2303, 2311 BGB zu ermitteln gewesen)
(3) und sodann die Differenz zu bilden. Diese bezeichnet den verbleibenden Ergänzungspflichtteil.

▶ Beispiel:[362]

3654 Der Restnachlass von 100.000,00 € wird an einen Freund vererbt; der einzige Pflichtteilsberechtigte (der Sohn) ist enterbt. Ein Dritter hat zuvor eine Schenkung von 80.000,00 €, der Sohn S eine anrechnungspflichtige Schenkung von 100.000,00 € erhalten.

Der Gesamtpflichtteil des Sohnes beläuft sich auf (100.000,00 € Nachlass + 80.000,00 € Drittschenkung + 100.000,00 € Eigenschenkung) : 2 = 140.000,00 €.

Sein bereinigter Gesamtpflichtteil beläuft sich daher noch (nach Abzug der 100.000,00 €) auf 40.000,00 €.

Der ordentliche Pflichtteil des S gem. § 2315 BGB (durch Hinzurechnung zum Nachlass des an ihn erbrachten anrechnungspflichtigen Geschenks, sodann Abzug) berechnet sich wie folgt:

(100.000,00 € Nachlass + 100.000,00 € anrechnungspflichtige Schenkung) : 2 −100.000,00 € = 0

Der Ergänzungspflichtteil beläuft sich daher auf 40.000,00 € − 0 = 40.000,00 €.

3655 Die Anrechnung des Eigengeschenks erfolgt dabei nach herrschender Meinung bei gleichzeitig angeordneter Anrechnung auf den ordentlichen Pflichtteil gem. § 2315 Abs. 2 Satz 2 BGB mit dem

---

360 Vgl. ausführlich *Kasper*, Anrechnung und Ausgleichung, S. 33 ff., sowie *Pawlytta*, in: Mayer/Süß/Bittler/Wälzholz, Handbuch Pflichtteilsrecht, § 7 Rn. 132 ff.
361 Soergel/*Dieckmann*, BGB, § 2327 Rn. 13 ff.
362 Nach Mayer/Süß/Bittler/Wälzholz, Handbuch Pflichtteilsrecht, 1. Aufl. 2003, § 8 Rn. 170.

Wert zum Zeitpunkt der Schenkung (also nicht nach dem Niederstwertprinzip des § 2325 Abs. 2 BGB).

Umstritten ist auch die Anrechnungs»-reihenfolge« für den Fall, dass sich der Pflichtteilsergänzungsanspruch gem. § 2329 BGB gegen den Beschenkten richtet. Die überwiegende Literatur[363] nimmt die Anrechnung zunächst auf den ordentlichen Pflichtteil vor und sodann hinsichtlich des Restes auf die Pflichtteilsergänzung gegen den Beschenkten.

c) Anrechnung nach §§ 2327 und 2316 BGB

Ist schließlich das **Eigengeschenk zugleich ausgleichungspflichtig** (§ 2050 BGB), ist § 2327 BGB nicht zu entnehmen, wie die Berücksichtigung dieser Anordnung und zugleich der Anrechnung des Eigengeschenks auf den Pflichtteilsergänzungsanspruch erfolgen soll.

J. Mayer[364] schlägt folgendes Verfahren vor:
(1) Zunächst ist der ordentliche Pflichtteil unter Berücksichtigung der Ausgleichung zu berechnen,
(2) sodann der Gesamtpflichtteil samt aller ergänzungspflichtigen Geschenke, des Eigengeschenks und der ausgleichspflichtigen Zuwendungen zu ermitteln,
(3) die Differenz ergibt sodann den Ergänzungspflichtteil.
(4) Von diesem wird im zweiten Schritt lediglich die Hälfte des Eigengeschenks abgezogen (die andere Hälfte wurde bereits i.R.d. Ausgleichsberechnung berücksichtigt):

▶ **Beispiel:**[365]

Ein Nachlass von 40.000,00 € geht allein an den Freund. Ein Dritter D hat eine ergänzungspflichtige Schenkung von 12.000,00 € erhalten. Pflichtteilsberechtigt sind nur die Kinder S und T, wobei S eine ausgleichspflichtige Zuwendung von 16.000,00 € erhielt, von der wiederum 4.000,00 € (als Übermaßausstattung) eine Schenkung darstellen.

Der ordentliche Pflichtteil gem. § 2316 BGB des S beläuft sich auf (40.000,00 € + 16.000,00 €) : 2 = 28.000,00 € – 16.000,00 € = 12.000,00 € : 2 = 6.000,00 €.

Der Gesamtpflichtteil würde sich nach der Berechnungsmethode des BGH[366] wie folgt berechnen:

Nachlass ergänzt um Schenkungen und Zuwendungen (68.000,00 €), multipliziert mit der Erbquote (1/2), abzgl. der ausgleichspflichtigen Vorempfänge (16.000,00 €), geteilt durch zwei, ergibt 9.000,00 €.

Der Ergänzungspflichtteil, noch ohne Anrechnung des Eigengeschenks, beliefe sich demnach auf den Gesamtpflichtteil abzgl. ordentlichen Pflichtteils, also auf 3.000,00 €. Von diesem würde das Eigengeschenk zur Hälfte, also i.H.v. 2.000,00 € (1/2 des Eigengeschenkwerts von 4.000,00 €), abgezogen, so dass noch ein effektiver Ergänzungsanspruch von 1.000,00 € verbliebe.

6. Ausschluss des Pflichtteilsergänzungsanspruchs

Der Pflichtteilsergänzungsanspruch ist ausgeschlossen, wenn das Aktivvermögen im Nachlass trotz der Hinzurechnung beim Erbfall diejenigen Nachlassverbindlichkeiten nicht übersteigt, die dem Pflichtteilsberechtigten auch in der Nachlassinsolvenz vorgehen würden (vgl. § 327 InsO) –

---

363 Bspw. RGRK/*Johannsen*, BGB, § 2327 Rn. 5, Soergel/*Dieckmann*, BGB, § 2327 Rn. 5; a.A. jedoch MünchKomm-BGB/*Frank*, § 2327 Rn. 8 (umgekehrte Reihenfolge).
364 *J. Mayer*, in: Bamberger/Roth, BGB, § 2327 Rn. 11.
365 Nach Soergel/*Dieckmann*, BGB, § 2327 Rn. 20.
366 NJW 1988, 821.

es bleibt der Anspruch gem. § 2329 BGB, vgl. Rdn. 3677.[367] Ist der beschenkte Dritte zugleich Pflichtteilsberechtigter und wurde ihm ggü. eine Anrechnungsbestimmung gem. § 2315 BGB getroffen, ist die Schenkung sowohl in den fiktiven Ergänzungsnachlass des Ergänzungsberechtigten einzurechnen und gleichzeitig beim Dritten nach § 2315 BGB anzurechnen.

7. Bewertung der Schenkung

3661   Die Bewertung der Schenkung erfolgt (ausgenommen Landgüter)[368] nach dem gemeinen Wert (§ 2311 BGB)[369] – der gerade bei Unternehmen schwierig zu ermitteln ist[370] –, und zwar bei verbrauchbaren Sachen (§ 92 BGB)[371] zum Zeitpunkt der Schenkung, sonst nach dem **Niederstwertprinzip des § 2325 Abs. 2 Satz 2 BGB** (Rdn. 1431) im Vergleich des Aktivwertes bei Schenkung und beim Erbfall, inflationsbereinigt[372] durch Herausrechnen des Kaufkraftschwunds (Verbraucherpreisindex). Zeitpunkt der Schenkung ist (wie bei § 2325 Abs. 3 BGB) der Leistungserfolg, bei Grundstücksschenkungen also die Eintragung in das Grundbuch,[373] bei bedingten Vorgängen muss auch die Bedingung eingetreten sein.[374] Ob der Gegenstand im Zeitpunkt des Erbfalls noch dem Beschenkten gehört, ist unerheblich; ist er allerdings dann insgesamt untergegangen und ist nicht ein (dann anzusetzendes) Surrogat (Versicherungssumme, Schadensersatzanspruch) an dessen Stelle getreten, entfällt ein Pflichtteilsergänzungsanspruch.[375] Ob die Wertveränderungen durch Investitionen (bzw. deren Unterlassen, also den »Zahn der Zeit«) oder aber durch Änderungen am Markt eingetreten sind, ist ebenfalls nach herrschender Meinung gleichgültig, solange das Objekt keine Identitätsveränderung erfahren hat (Gegenbeispiel: aus Bauplatz wird Wohngebäude).

3662   Ist dieser Wert im Zeitpunkt des Erbfalls niedriger und somit der Erbfall als Ermittlungsstichtag maßgeblich, kommt ein Abzug der dann durch Ableben »erledigten« Vorbehalte, etwa des Nießbrauchs, nicht mehr in Betracht. **Stets abzuziehen** sind jedoch i.R.d. Schenkung übernommene Verpflichtungen, die auf **aktives Tun** gerichtet sind, da sie der Überlassung einen teilentgeltlichen Charakter geben, und zwar unabhängig davon, ob nach Maßgabe des Niederstwert-Prinzips auf den Zeitpunkt der Schenkung oder den Zeitpunkt des Erbfalls zur Bewertung des Gesamtobjekts abzustellen ist. Der Abzug erfolgt (wie bei der Berücksichtigung des Nießbrauchs, Rdn. 3663) grds. *abstrakt ex ante*, nach Maßgabe des kapitalisierten Werts unter Berücksichtigung der Lebenserwartung des Schenkers zum Zeitpunkt der Überlassung.[376]

3663   Ist dagegen auf den Zeitpunkt der Zuwendung abzustellen, wird der Pflichtteilsergänzungsberechtigte nicht nur (wie dem Niederstwertprinzip immanent) angesichts des damals niedrigeren Wertes benachteiligt, sondern auch durch den zusätzlichen Abzug der vorbehaltenen, mit dem Ableben erledigten Rechte, deren Wert im Normalfall abstrakt ex ante kapitalisiert wird (vgl. oben Rdn. 1434). Dies kann zu einer deutlichen Reduzierung des Pflichtteilsanspruchs führen:

---

367 Vgl. im Einzelnen *Dieckmann*, in: FS für *Beitzke*, 1979, S. 417.
368 Bei ausdrücklicher Anordnung Ertragswert bei einem vollerwerbsland- oder forstwirtschaftlichen Betrieb, vgl. § 2312 BGB (hierzu *Mayer*, MittBayNot 2004, 334).
369 Angaben der Vertragsteile »zum Zweck der Gebührenbewertung« sind im Regelfall unrealistische Wertansätze und daher nicht maßgeblich, vgl. z.B. OLG Oldenburg, NJW-RR 1992, 778.
370 Vgl. *Winkler*, ZEV 2005, 89 ff.: i.d.R. Ertragswertmethode, ggf. unter Abzug latenter Steuern, jedoch unabhängig von Abfindungsklauseln.
371 Gem. BGHZ 98, 226, zählt hierzu auch der schenkweise Erlass einer Geldforderung, da er wie die Hingabe von Geld behandelt wird, gem. OLG Schleswig, 10.10.2006 – 3 U 40/06, NotBZ 2007, 261 auch die Milchreferenzmenge.
372 Vgl. OLG Koblenz, 13.07.2006 – 7 U 1801/05, MittBayNot 2007, 135.
373 Vgl. BGH, NJW 1975, 1832.
374 *Reimann*, ZEV 2012, 171.
375 Staudinger/*Ohlshausen*, BGB (2006), § 2325 Rn. 99.
376 Vgl. OLG Schleswig, 25.11.2008 – 3 U 11/08, ZEV 2009, 81; notar 2009, 70 m. Anm. *Odersky*; *Schindler*, ZErb 2012, 149, 157.

B. Pflichtteilsergänzung   Kapitel 9

▶ **Beispiel:**

Der Grundstückswert bei Vollzug der Schenkung beträgt 200.000,00 €, zum Todestag entspräche dies unter Berücksichtigung der zwischenzeitlichen Geldentwertung von (angenommen) 10 % 220.000,00 €; Wert bei Ableben des Veräußerers 300.000,00 €. Abzustellen ist somit auf den Zeitpunkt des Vollzugs der Schenkung, mithin unter Abzug des kapitalisierten Betrags der vorbehaltenen Nutzung.   3664

Angenommener Jahresnettoertrag der Nutzung (vor Steuern) 12 × 1.000,00 € = 12.000,00 €; Lebensalter des Nießbrauchsberechtigten bei Beginn 75 Jahre, weiblich. Gem. Anlage zu § 14 Abs. 1 Satz 4 BewG ergibt sich ein Kapitalisierungsfaktor (abstrakt, ex ante) von 7,879, also gesamt 94.548,00 €. Auch dieser ist inflationsbedingt um 10 % zu erhöhen auf (gerundet) 105.053,00 €, so dass ein ergänzungspflichtiger, inflationsbereinigter Restwert von 220.000,00 € minus 105.053,00 € = 114.947,00 € verbleibt.

Bei einer (angenommenen) Pflichtteilsquote von 1/4 (gesetzlicher Güterstand; ein Kind) hätte also der Pflichtteilsanspruch ohne die Schenkung 1/4 von 300.000,00 € = 75.000,00 € betragen; aufgrund der vorangegangenen Schenkung unter Nießbrauchsvorbehalt beläuft er sich jedoch nur mehr auf 1/4 von 114.947,00 € = 28.736,75 €! Trotz des dadurch bewirkten Nichtanlaufens der 10-Jahres-Frist des § 2325 Abs. 3 BGB führt also der Nießbrauch zu einer deutlichen Reduzierung, sofern nur eine inflationsbereinigte Wertsteigerung bis zum Todestag erreicht werden kann.

▶ **Hinweis:**

Ist mit dem »Überstehen« der 10-Jahres-Frist ohnehin nicht zu rechnen und verspricht auch die Reduzierung um jeweils 10 % pro Jahr bei Sterbefällen ab dem 01.01.2010 (§ 2325 BGB n.F.) keine ausreichende Besserung, kann der Vorbehaltsnießbrauch bei Schenkungen sogar die »pflichtteilsrechtlich optimierte« Lösung sein, wenn nur der Aktivwert des Geschenkes (inflationsbereinigt) bis zum Ableben nicht sinkt. Gegenüberzustellen ist allerdings die Alternative einer Übertragung ohne Nießbrauchsvorbehalt, z.B. gegen (stets abzugsfähige, Rdn. 3662) Versorgungsrente, die zum Anlaufen der Zehn-Jahres-Frist führt und seit der Erbrechtsreform 2009 die Chance auf ein »jährliches Abschmelzen« um je 10 % eröffnet.   3665

In entsprechender Anwendung des § 2325 Abs. 2 Satz 2 BGB (Niederstwertprinzip, wonach dem Verpflichteten ein Wertverlust des verschenkten Gegenstands zu Gute kommt) ist zu erwägen,[377] dem Verpflichteten auch die Berufung darauf zu ermöglichen, dass durch die Wegschenkung der Wert des verbleibenden Nachlasses in gewissem Umfang erhöht (z.B. bei Spenden-/Zustiftungsschenkungen durch den Sonderausgabenabzug gem. § 10b EStG von Einkommensteuerpflichten entlastet) wurde.   3666

8. Schuldner

Schuldner des Pflichtteilsergänzungsanspruchs ist/sind, auch wenn ein Dritter die Schenkung erhalten hat, grds. der/die Erben (Nachlassverbindlichkeit). Der nicht selbst pflichtteilsberechtigte Erbe muss also u.U. für Pflichtteil und Ergänzungspflichtteil den gesamten Nachlass opfern, ohne beim Beschenkten Regress nehmen zu können.[378] Zur **Vermeidung einer Haftung mit seinem Eigenvermögen** sollte er also rechtzeitig von den **Haftungsbeschränkungsmöglichkeiten** der §§ 1975, 1981 ff., 1990, 1991 Abs. 4 BGB Gebrauch machen.   3667

Insb. um zu vermeiden, dass ein selbst nicht pflichtteilsberechtigter Erbe den gesamten Nachlass zu opfern hat für Ausgleichsansprüche in Bezug auf Schenkungen, die Dritten zugutegekommen   3668

---

377 Vgl. *Adam*, ZEV 2017, 125 ff.
378 BGH, NJW 1983, 1485.

sind, ist zu erwägen, die **Pflichtteilsergänzungslast dem Beschenkten aufzubürden**, über das Vorliegen der Voraussetzungen des § 2329 BGB hinaus:

▶ Formulierungsvorschlag: Übernahme der Pflichtteilsergänzungslast durch den Beschenkten

3669 Der Erwerber der heutigen Zuwendung verpflichtet sich, einen etwa hierdurch ausgelösten Pflichtteilsergänzungsanspruch (§ 2325 BGB), soweit sich dieser gegen den Erben richtet, anstelle des Erben zu übernehmen, also den Erben von dieser Inanspruchnahme freizustellen, und solche Ansprüche, soweit sie begründet sind, auf erstes Anfordern direkt zu begleichen, andernfalls abzuwehren. Auf dingliche oder anderweitige Sicherung des Freistellungsanspruchs wird verzichtet. Den Beteiligten ist bewusst, dass der gesetzliche Pflichtteilsergänzungsanspruch sich zunächst weiter gegen den Erben richtet (sofern nicht die Voraussetzungen des § 2329 BGB erfüllt sind oder der Anspruchsinhaber einem befreienden Wechsel des Schuldners zustimmt), der Erbe also unmittelbar in Anspruch nehmen kann und dadurch lediglich einen schuldrechtlichen Freistellungsanspruch gegen den heutigen Beschenkten bzw. dessen Gesamtrechtsnachfolger erwirbt, dessen Einbringlichkeit sich nach den künftigen Verhältnissen richtet.

3670 Wenn sich künftig voraussichtlich mehrere Pflichtteilsergänzungsansprüche »**über Kreuz**« gegenüberstehen, also z.B. zwei Geschwister je selbst ergänzungspflichtige Schenkungen vom selben Schenker erhalten haben, und sie jeweils (in Entlastung der Erben) die Pflichtteilsergänzungslast der eigenen Zuwendungen entnehmen, ergibt sich nach dem Tod des Schenkers die Möglichkeit zur »gegenseitigen Verrechnung« im Verhältnis zwischen beiden Geschwistern[379] (soweit solche Ansprüche nicht schon über § 2327 BGB: Anrechnung von Eigenschenkungen gekürzt sind).

9. Einrede des Gesamtpflichtteils, § 2328 BGB

3671 Der selbst pflichtteilsberechtigte Erbe kann gem. § 2328 BGB durch Einrede[380] die Ergänzung des Pflichtteils soweit verweigern, dass ihm sein eigener Pflichtteil zuzüglich dessen verbleibt, was ihm selbst zur Ergänzung des Pflichtteils gebühren würde (ergänzter Pflichtteil als Mindestbestand). Der zu schützende (fiktive) konkrete Gesamtpflichtteil setzt sich zusammen aus dem fiktiven ordentlichen Pflichtteil (unter Berücksichtigung der Anrechnungs- und Ausgleichsregel nach §§ 2315, 2316 BGB) und dem fiktiven Ergänzungspflichtteil (unter Abzug der Eigengeschenke nach § 2327 BGB).[381] Wie §§ 2318 Abs. 3[382] und 2319 BGB (Rdn. 3612) soll die Einrede den verpflichteten Erben davor bewahren, dass er das erlangte Vermögen zunächst teilweise auszukehren hat und dann wegen seines eigenen Pflichtteils und Ergänzungspflichtteils bei anderen Ersatz suchen muss.

3672 Wie bei § 2325 BGB genügt für die Einrede des § 2328 BGB die abstrakte Pflichtteilsberechtigung (die bestünde, wenn er nicht tatsächlich [Mit-]Erbe geworden wäre), und zwar – entgegen der früher herrschenden Auffassung nicht sowohl im Zeitpunkt der Schenkung als auch des Erbfalls (Doppelberechtigung),[383] sondern allein im Zeitpunkt des Erbfalls (vgl. Rdn. 3642). § 2328 BGB beschränkt allerdings den Verpflichtungsumfang, also die Höhe des Klageanspruchs (nicht

---

379 Worauf *Mayer/Geck* Der Übergabevertrag, § 9 Rn. 57 hinweisen.
380 OLG Koblenz, 04.09.2009 – 10 U 1443/08, ZEV 2010, 194 (Az. BGH: IV ZR 200/09): keine Berücksichtigung von Amts wegen. Die Einrede kann dazu führen, dass die übrigen Pflichtteilsberechtigten auf das Vorgehen gegen den Beschenkten verwiesen werden (§ 2329 BGB), auch wenn der Beschenkte zugleich Erbe ist.
381 Berechnungsbeispiele bei *Schindler*, ZEV 2010, 558, 559.
382 Die Norm setzt voraus, dass es neben dem Erben einen weiteren Pflichtteilsberechtigten und zusätzlich einen Vermächtnisnehmer gibt, wie sich aus dem systematischen Zusammenhang mit § 2318 Abs. 1 BGB ergibt. Die Norm verschiebt nicht die in § 2306 BGB vorgesehene Belastungsgrenze, vgl. BGH, 10.07.1985 – IVa ZR 131/83, NJW 1985, 2828.
383 OLG Koblenz, 13.07.2006 – 7 U 1801/05, NJOZ 2006, 3869, 3875; vgl. *Ruby/Schindler*, ZEV 2007, 173, im Anschluss an BGHZ 59, 210 ff.

das Vollstreckungsobjekt!). Die Einrede steht dem Erben also nur in der Höhe zu, in der er (als gedachter Nicht-Erbe) tatsächlich pflichtteilsberechtigt wäre, so dass ein vorangehender Pflichtteilsverzicht die Einrede beseitigt.[384]

▶ Hinweis:

Daher ist zu erwägen, den eigenen Pflichtteilsverzicht nur auflösend bedingt für den Fall zu erklären, dass der verzichtende Erbe auf Pflichtteilsergänzung in Anspruch genommen wird, so dass die Einrede aus § 2328 BGB ungekürzt erhalten bleibt:

▶ Formulierungsvorschlag: Auflösend bedingter Pflichtteilsverzicht zur Erhaltung der Einrede des § 2328 BGB

Der vorstehend vereinbarte Pflichtteilsverzicht steht jedoch unter der auflösenden Bedingung, dass der Verzichtende als Erbe wegen Pflichtteilsergänzungsansprüchen Dritter in Anspruch genommen wird. Es ist also der Wunsch der Beteiligten, dem derzeit Verzichtenden die Einrede aus § 2328 BGB zu erhalten. 3673

Mit der Beschränkung der Schuld geht aber nicht zwingend eine Beschränkung der Haftung auf den Nachlass einher, so dass der (Mit-)Erbe für den nach § 2328 BGB gekürzten Ergänzungsanspruch möglicherweise auch mit seinem Eigenvermögen haftet.[385]

Gegenüber dem ordentlichen Pflichtteilsanspruch nach § 2303 oder nach § 2305 BGB (Restpflichtteil) kann die Einrede nicht erhoben werden, da diese Ansprüche stets nur am realen Nachlass ausgerichtet sind, während der aus einem fiktiven Nachlass berechnete Ergänzungsanspruch den gesamten realen Nachlass aufzehren oder gar überschreiten kann. Wirtschaftlich führt § 2328 BGB zu einer Bevorzugung des pflichtteilsberechtigten Erben ggü. anderen Pflichtteilsberechtigten (»beatus possidens«). 3674

Hat der Miterbe selbst einen Pflichtteils(ergänzungs)anspruch oder hat der Alleinerbe selbst einen Anspruch nach § 2329 Abs. 1 Satz 2 BGB, muss eine Doppelbegünstigung durch Gewährung der Einrede (§ 2328 BGB) und daneben das Bestehen eines Pflichtteils(ergänzungs)anspruchs verhindert werden, daher besteht der Schutz nur bis zum Wert des Erbteils bzw. Nachlasses im Zeitpunkt des Erbfalls (Obergrenze). Beläuft sich der Gesamtpflichtteil auf »null«, ist § 2328 BGB nicht einschlägig.[386] Der Mit- oder Alleinerbe muss dann vielmehr seine Haftung nach allgemeinen Grundsätzen auf den Nachlass beschränken. Der Beschenkte selbst kann aber subsidiär aus § 2329 BGB haften. 3675

Ist der Beschenkte selbst pflichtteilsberechtigt, kann ihm in analoger Anwendung die Einrede des § 2328 BGB ebenfalls zustehen,[387] dem Umfang nach gerichtet auf den ohne Beachtung von § 2327 BGB ermittelten Ergänzungspflichtteil aus sämtlichen Schenkungen.[388] 3676

10. Haftung des Beschenkten gem. § 2329 BGB[389]

Ist der Erbe zur Ergänzung des Pflichtteils nicht verpflichtet, weil ein Nachlass nicht vorhanden oder dieser überschuldet ist (also trotz Hinzurechnung des Geschenks keinen positiven Wert er- 3677

---

384 *Tanck*, ZErb 2001, 194, 196; *Gutachten*, DNotI-Report 2013, 68; *Keim*, RNotZ 2013, 411, 421.
385 Vgl. *Schindler*, ZEV 2010, 558.
386 Entgegen OLG Koblenz, 04.09.2009 – 10 U 1443/08, ZEV 2010, 194; vgl. *Schindler*, ZEV 2010, 558, 560.
387 BGH v. 10.11.1982 – IVa ZR 29/81, NJW 1983, 1485.
388 Vgl. ausführlich *Schindler*, Pflichtteilsberechtigter Erbe und pflichtteilsberechtigter Beschenkter, Rn. 995 ff.
389 Überblick bei *Siebert*, ZEV 2013, 241 ff.

reicht),[390] oder weil der Erbe in zulässigerweise seine Haftung beschränkt hat[391] bzw. der Nachlass zur Begleichung des Pflichtteilsanspruchs gem. § 327 Abs. 1 Nr. 1 InsO nicht ausreicht, weil er zulässigerweise die Einrede des § 2328 BGB erhoben hat[392] oder weil der Ergänzungspflichtteilsberechtigte selbst Alleinerbe geworden ist (§ 2329 Abs. 1 Satz 2 BGB), richtet sich der Ergänzungsanspruch (in seiner ggf. abgeschmolzenen Höhe) aufgrund seiner »Richtungsbeweglichkeit« **subsidiär gegen den Beschenkten selbst (§ 2329 Abs. 1 Satz 1 BGB).** Die bloße Zahlungsunfähigkeit oder Unerreichbarkeit des an sich unbeschränkt haftenden, verpflichteten Erben genügt hierfür jedoch nicht.[393]

3678 Der Beschenkte (ebenso der Zweitbeschenkte, § 822 BGB[394]) haftet lediglich nach Bereicherungsrecht – also nicht mehr im Fall der Entreicherung, § 818 Abs. 3 BGB[395] –, kann die Vollstreckung durch Zahlung des am Pflichtteil fehlenden Betrags abwenden (§ 2329 Abs. 2 BGB), ist jedoch bei Nichtausübung dieser Ersetzungsbefugnis nur zur Duldung der Zwangsvollstreckung in das Geschenk zum Zweck der Befriedigung wegen des fehlenden Betrags verpflichtet.[396] Bei mehreren Beschenkten (oder bei mehreren aufeinanderfolgenden Geschenken an denselben Empfänger[397]) haftet gem. § 2329 Abs. 3 BGB zunächst (ähnlich § 528 Abs. 2 BGB) der **zuletzt Beschenkte** in voller Höhe des zur vollständigen Pflichtteilsergänzung fehlenden Betrages (»den Letzten beißen die Hunde«). Soweit vorangegangene Schenkungen gem. § 2325 BGB n.F. bereits teilweise »abgeschmolzen« sind, also die Ausgleichspflicht des Erben reduziert hätten, kommt dies auch dem Letztbeschenkten zugute, selbst wenn seine Schenkung noch nicht abgeschmolzen ist (doppelte Haftungsbeschränkung auf den Betrag der eigenen Schenkung und die gedachte Ausgleichspflicht des Erben).

▶ Beispiel:[398]

Schenkung i.H.v. 10 an A im Jahr 2008, von weiteren 10 an B im Jahr 2009, Ableben des Schenkers ohne weiteren Nachlass Anfang des Jahres 2010; Erbe ist die Lebensgefährtin; der Sohn als einziger gesetzlicher Erben ist damit enterbt. Wäre der Nachlass nicht erschöpft gewesen, hätte der Erbe dem einzigen Pflichtteilsberechtigten (Sohn des Erblassers) 1/2 von (9 + 10),

---

390 BGH, NJW 1974, 1372; gegen diesen Ansatz *Mylich*, ZEV 2016, 669 ff.: vorrangig ist zunächst eine Insolvenzanfechtung gem. § 134 InsO durchzuführen, aber nur, wenn sie der Befriedigung vorrangiger Gläubiger dient. Dann gebühre jedoch trotz §§ 327, 328 InsO den Pflichtteilsberechtigten der Vorzug gegenüber Schenkungsgläubigern.
391 Vgl. §§ 1975 ff., 1990, 1991, 2060 BGB, und der Nachlass genügt nicht auch zur Begleichung des Pflichtteilsergänzungsanspruchs.
392 D.h. er erhielte, wenn er die Pflichtteilsergänzung zu erfüllen hätte, weniger als den ihm gebührenden Gesamtpflichtteil (einschließlich einer ihm selbst gebührenden Pflichtteilsergänzung).
393 BGH, NJW 1983, 1485, 1486.
394 LG Berlin, 28.09.2010 – 2 O 287/10, JurionRS 2010, 34691; OLG Hamm, 08.06.2010 – 10 U 10/10, JurionRS 2010, 21093; *Ruby/Schindler*, ZEV 2011, 188; *Schindler*, ZErb 2012, 149, 159.
395 Z.B. zu bejahen, wenn mit den Zuwendungen übermäßige Aufwendungen getätigt wurden, die sonst nicht notwendigerweise angefallen wären, oder wenn mit hohen Spenden spezielle Hilfsprogramme aufgelegt wurden, die sonst nicht stattgefunden hätten, vgl. Gutachten, DNotI-Report 2007, 195.
396 Der Klageantrag lautet somit auf Duldung der Zwangsvollstreckung in den geschenkten Gegenstand i.H.d. genau zu beziffernden Fehlbetrages, vgl. BGH, NJW 1990, 2064. Auch für solche Duldungstitel kann eine Zwangshypothek eingetragen, bzw. die Sicherungsvollstreckung gem. § 720a ZPO betrieben werden; ist ein verschenkter Miteigentumsanteil im »Alleineigentum« aufgegangen, wird er als fortbestehend fingiert, vgl. BGH, 04.07.2013 – V ZB 151/12, ZfIR 2013, 779 m. Anm. *Wilsch* = EE 2013, 186 m. Anm. *Möller*. Nach OLG Celle, 12.11.2012 – 6 U 33/12, ZEV 2013, 43 kann die Klage mit der Klage gegen den Erben gemeinsam erhoben werden.
397 OLG Celle, 14.11.2013 – 6 U 31/13, BeckRS 2013, 21108.
398 Nach *Trappe*, ZEV 2010, 388, 391.

B. Pflichtteilsergänzung — Kapitel 9

also 9,5 ausgleichen müssen (die erste Schenkung des Jahres 2008 ist bereits von 10 auf 9 abgeschmolzen). Demnach haftet auch der Zweitbeschenkte B nur auf 9,5, nicht auf 10.

Allerdings kommt dem Letztbeschenkten (i.R.d. § 2329 Abs. 3 BGB) nach herrschender Meinung[399] eine »Abschmelzung« seiner eigenen Schenkung (ähnlich § 2325 Abs. 3 Satz 1 BGB) nicht als weitere »Kappungsgrenze« zugute; es bleibt bei der Begrenzung auf das tatsächlich Empfangene (soweit nicht der Entreicherungseinwand des § 818 Abs. 3 BGB greift). 3679

▶ **Beispiel:**

Schenkung i.H.v. 9 an die Ehefrau vor langer Zeit (pflichtteilsergänzungsrechtlich wegen § 2325 Abs. 3 Halbs. 2 BGB immer noch in voller Höhe zu berücksichtigen), sowie i.H.v. 10 an den X im Jahr 2002, im Jahr 2010 stirbt der Erblasser, nachdem er kurz zuvor geschieden wurde, und hinterlässt seiner Freundin einen wertlosen Nachlass. Der Zweitbeschenkte, haftende X würde, wenn es nur um den Ausgleich seiner Schenkung ginge, nur mehr i.H.v. 1 (Abschmelzung seiner Schenkung um 80 % auf nur mehr 2, Pflichtteilsquote des einzigen Sohnes davon 1/2) zum Ausgleich verpflichtet sein. Da es aber um den Ausgleich beider Schenkungen geht, haftet er – bis zur hier nicht überschrittenen Grenze des Erhaltenen von 10, vorbehaltlich etwaiger Entreicherung gem. § 818 Abs. 3 BGB – auf 1/2 von (9 + [abgeschmolzenen] 2) = 5,5.

Den Letzten beißen also auch nach der Pflichtteilsreform die Hunde.

▶ **Hinweis:**

Der selbständige Anspruch verjährt (anders als der unmittelbare Anspruch aus § 2325 BGB auch ohne Kenntnis von Erbfall und/oder Schenkung!) in 3 Jahren nach dem Erbfall, § 2332 Abs. 1 BGB. Die Verjährungsfrist ggü. dem Beschenkten wird nicht gem. § 204 Abs. 1 Nr. 1 BGB gehemmt durch eine gegen den Erben (gem. § 2325 BGB) gerichtete Klage,[400] ebenso wenig durch die vorher notwendige gerichtliche Feststellung der Vaterschaft des Erblassers gem. § 1600d Abs. 4 BGB,[401] so dass vorsorglich Streitverkündung des Ergänzungsberechtigten gegen den Beschenkten analog § 72 Abs. 1 ZPO[402] oder Feststellungsklage[403] (bei noch nicht bezifferbarer Anspruchshöhe), sonst Zahlungsklage[404] gegen den Beschenkten ratsam sind. 3680

Neben dem Anspruch aus § 2329 BGB kann der Beschenkte auch dem unabhängig davon bestehenden Anspruch aus § 2287 BGB ausgesetzt sein (s. hierzu Rdn. 3932 ff.).

Zur Erteilung von **Auskunft** über die Zuwendung (nicht allerdings zur kostenpflichtigen Wertermittlung[405] oder zur Tragung von Auskunftskosten) ist der Beschenkte dem Pflichtteilsergänzungsberechtigten ggü. jedoch unabhängig von § 2329 BGB verpflichtet (vgl. auch Rdn. 3564);[406] 3681

---

399 Vgl. *Trappe*, ZEV 2010, 388, 391 (dem auch das Beispiel nachempfunden ist), *Schindler*, ErbR 2011, 130, 133; a.A. *van Eymeren*, ZEV 2011, 343 ff.: § 2329 BGB könne nicht von § 2325 BGB entkoppelt werden; zum Ganzen *Gutachten*, DNotI-Report 2013, 68, 69.
400 LG Dortmund, 14.11.2014 – 3 O 158/14, ErbR 2015, 104.
401 LG Wuppertal, 24.06.2016 – 2 O 210/15, ZErb 2016, 235 (n. rkr. OLG Düsseldorf – 7 U 151/16).
402 Vgl. *Schindler*, Pflichtteilsberechtigter Erbe und pflichtteilsberechtigter Beschenkter, Rn. 345; Musterformulierung bei *Sarres*, EE 2012, 178, 180.
403 OLG Düsseldorf, FamRZ 1996, 445; zum Klageantrag *Schindler*, ZErb 2012, 149, 159.
404 Verjährungshemmung gem. § 204 Abs. 1 Nr. 1 BGB (allerdings endet die Verjährungshemmung nach sechsmonatigem Verfahrensstillstand!); bzw. Bekanntmachung des erstmaligen PKH-Antrags gem. § 204 Abs. 1 Nr. 14 BGB.
405 LG Dortmund, 14.11.2014 – 3 O 158/14, ErbR 2015, 104, jedenfalls wenn der Beklagte nicht [Mit-]Erbe ist.
406 BGHZ 55, 378, vgl. auch *Cornelius*, ZEV 2005, 287.

ferner besteht gem. §§ 12, 12a GBO, § 46 GBV ein Recht auf Einsicht in das Grundbuch und die Grundakten.[407]

II. »Schleichwege« am Pflichtteilsergänzungsanspruch vorbei?[408]

3682 Nicht Gegenstand dieser Darstellung sind Mittel zur Reduzierung des unmittelbaren Pflichtteilsanspruchs[409] (etwa die Wahl des güterrechtlichen Zugewinnausgleichs, der Einsatz des Voraus gem. § 1932 BGB) sowie des Pflichtteilsanspruchs gegen den Nachlass des Erben (Vor- und Nacherbfolge, wohl auch ein Herausgabevermächtnis [Rdn. 6609],[410] möglicherweise auch das Vor- und Nachvermächtnis[411] etc.), ggf. auch die Pflichtteilsentziehung, Rdn. 3928 ff. I.R.d. Vorsorge gegen den Pflichtteilsergänzungsanspruch sind neben den bereits am Schenkungsbegriff ansetzenden familienrechtlichen (vgl. Rdn. 123 ff.) und gesellschaftsrechtlichen Gestaltungen (oben Rdn. 140 ff.) sowie neben der (auch nachträglichen, zur Heilung etwa bei nicht angelaufener Frist! Rdn. 48) Vereinbarung von sonstigen synallagmatischen, konditionalen oder kausalen Gegenleistungen (vgl. Rdn. 34 ff.) folgende Erwägungen anzustellen:

1. Konsum

3683 Im Konsum für den **Eigenbedarf** bzw. in **Erfüllung gesetzlicher Unterhaltsansprüche** liegt keine Schenkung, die durch den Pflichtteilsergänzungsanspruch des § 2325 BGB aufgegriffen werden könnte. Ein Mittel zur »Umwandlung« des pflichtteilsbehafteten Vermögens in Einkommen, das ergänzungsfrei dem Konsum gewidmet werden kann, liegt bspw. im Verkauf auf Leibrentenbasis, bei dem es sich bei kaufmännisch abgewogener Kapitalisierung um ein aleatorisches, damit kein unentgeltliches, Rechtsgeschäft handelt.[412] Unabdingbar ist jedoch die Besicherung des Kaufpreisratenanspruchs durch Reallast oder Grundpfandrecht an erster Rangstelle.

2. Minderung des anzusetzenden Werts; Landgutprivileg und Höfeordnung

3684 Setzt der Erblasser widerruflich den zu begünstigenden Destinatär als Bezugsberechtigten einer Lebensversicherung ein, stellt der BGH (Rdn. 3462 ff.) bei der Berechnung des Pflichtteilsergänzungsanspruchs auf den Rückkaufwert i.S.d. § 169 VVG ab, den der Erblasser in der letzten Sekunde seines Lebens hätte realisieren können. Jedenfalls in den ersten Jahren nach Abschluss ist dieser Betrag niedriger als die Summe der gezahlten Prämien. Bei unwiderruflicher Einsetzung dürfte auf den (regelmäßig sehr geringen) Wert der Versicherung zur Zeit der unwiderruflichen Benennung zuzüglich späterer Prämien abzustellen sein, vgl. Rdn. 3466. Bei Risikolebensversicherungen schließlich ist der Rückkaufwert gänzlich unbedeutend, Rdn. 3468. In allen Fällen ergeben sich jedenfalls Besserstellungen gegenüber dem Auszahlungsbetrag der Versicherung selbst.

3685 **§ 2312 BGB** eröffnet bei entsprechender Anordnung ein pflichtteilsrechtliches[413] Bewertungsprivileg (Ansatz des Ertragswertes gem. Art. 137 EGBGB i.V.m. den landesrechtlichen Ausführungs-

---

407 LG Stuttgart, ZEV 2005, 313 m. Anm. *Damrau*; *J. Bittler*, in: Mayer/Süß/Tanck/Bittler/Wälzholz, Handbuch Pflichtteilsrecht, § 9 Rn. 1.
408 Vgl. zum folgenden auch monografisch *Zimmermann*, Der Verlust der Erbschaft – Enterbung, Pflichtteilsschmälerung, Erb- und Pflichtteilsunwürdigkeit, 2006.
409 Vgl. hierzu etwa *Keim*, NJW 2008, 2072 ff.; *Müller*, notar 2011, 315 ff.
410 *J. Mayer*, in: Mayer/Süß/Tanck/Bittler/Wälzholz, Handbuch Pflichtteilsrecht, § 12 Rn. 29; vgl. insgesamt *Klinger/Scheuber*, NJW-Spezial 2006, 445.
411 Hinsichtlich der Pflichtteilsfestigkeit unsicher: *J. Mayer*, in: Mayer/Süß/Tanck/Bittler/Wälzholz, Handbuch Pflichtteilsrecht, § 12 Rn. 30 ff.
412 Vgl. BGH, FamRZ 1981, 766 f.
413 Gilt auch für ein angeordnetes Geldvermächtnis i.H.d. Pflichtteils, OLG München, FamRZ 2007, 507, ebenso OLG München, 18.03.2009 – 20 U 2160/06, ZEV 2010, 415 (Geldvermächtnis zum Ausgleich des Pflichtteilsanspruchs).

gesetzen,[414] sofern niedriger) für **Landgüter**, die nach den Verhältnissen z.Zt. des Erbfalles[415] ausreichend Ertrag bringend sind und in der Person des Erwerbers als solche fortgeführt werden sollen.[416] Die Norm gilt unmittelbar für die testamentarisch zugunsten eines abstrakt[417] zum Kreis der Pflichtteilsberechtigten[418] zählende Person geschaffene Übernahmeberechtigung bzw. dessen Einsetzung zum Alleinerben (nicht ausreichend ist daher wohl die Begünstigung aus einer fortgesetzten Gütergemeinschaft) zulasten anderer Pflichtteilsberechtigter (§ 2312 Abs. 2 BGB); jedoch nach herrschender Meinung auch bei lebzeitigen Zuwendungen: Die Rechtslage ist insoweit unstreitig, wenn gegen den Übernehmer Pflichtteilsergänzungsansprüche geltend gemacht werden[419] und im Zeitpunkt des Erbfalls die Landguteigenschaft noch besteht, d.h. die Vollerwerbslandwirtschaft noch betrieben wird.[420] Richtet sich der Pflichtteilsergänzungsanspruch aber gegen einen Erben, der nicht zugleich Hofübernehmer war, soll nach (wohl) herrschender Meinung auch diesem Erben die Begünstigung des § 2312 BGB zugutekommen,[421] zumal so bei geringem Restnachlass die Gefahr gemindert wird, dass schließlich doch der Beschenkte gem. § 2329 BGB herangezogen wird.[422]

Erforderlich ist jedoch eine diesbezügliche (ggf. konkludente)[423] Anordnung des Erblassers bzw. des Übergebers.

▶ **Formulierungsvorschlag: Anordnung der Ertragswertklausel gem. § 2312 BGB**

Der Veräußerer bestimmt, dass hinsichtlich der übertragenen Aktiva und Passiva des landwirtschaftlichen Anwesens ..... für Pflichtteils- und Pflichtteilsergänzungszwecke der Ertragswert gemäß § 2312 BGB zugrunde gelegt werden soll, wenn dieser niedriger als der Verkehrswert ist.

In ähnlicher Weise ermöglichen ggf. die Höfeordnung (vgl. im Einzelnen Rdn. 472 ff.) und vergleichbare kraft Art. 64 EGBGB vorrangig fortgeltende **landesrechtliche Anerbengesetze** (Rdn. 470) einen Wertansatz deutlich unter dem Verkehrswert: Wird ein Hof i.S.d. Höfeordnung durch Übergabevertrag an einen hoferbenberechtigten Abkömmling veräußert, gilt gem. § 17 Abs. 2 HöfeO im Verhältnis zu anderen Abkömmlingen der Erbfall hinsichtlich des Hofes im Zeitpunkt der Übertragung als eingetreten. Pflichtteilsansprüche nach BGB und **Abfindungsansprüche**[424] gem. **§ 12 HöfeO** berechnen sich also auf diesen Zeitpunkt.[425] Der höferechtliche Abfindungsanspruch legt nicht den (gesetzlichen Erbteilsanteil des weichenden Geschwisters am)

---

414 Z.B. für Bayern: 18-facher Jahresreinertrag [Durchschnitt der letzten 3 Jahre zuzüglich Zinsen, abzgl. des Arbeitseinsatzes des Inhabers als Betriebsleiter [für 2005: 32.000,00 €/Jahr] und anteiliger Arbeitseinsatz mitarbeitender Familienangehöriger]. Zur Ermittlung des Reinertrages [i.R.d. § 2049 Abs. 2 BGB] vgl. OLG Celle v. 10.10.2007, ZEV 2009, 141; ausführlich *Kempfler*, ZEV 2011, 337 ff.
415 OLG München, 18.03.2009 – 20 U 2160/06, ZEV 2010, 415; bei negativem Reinertrag kann dennoch ein positiver Ertragswert sich ergeben durch Korrektur der fiktiven Lohnansprüche des Inhabers (hier: auf jährlich 11.000,00 €), wenn Fremdarbeitskräfte weder erforderlich noch tatsächlich beschäftigt sind, vgl. *Kempfler*, ZEV 2010, 415.
416 Vgl. *J. Mayer*, MittBayNot 2004, 334 ff. m.w.N. (Pferdepension nicht geschützt: OLG München, MittBayNot 2004, 369).
417 Auch wenn derzeit nähere Verwandte (§ 2309 BGB) die Pflichtteilsberechtigung noch »blockieren«.
418 Soll daher z.B. der Neffe Hofnachfolger sein und in den Genuss des § 2312 BGB kommen, bedarf es seiner vorherigen Adoption.
419 BGH, NJW 1995, 1352.
420 BGH, 04.12.1994 – IV ZR 113/94, DNotZ 1995, 708.
421 OLG Jena, 08.03.2006 – 2 U 762/05, ZEV 2007, 531 m. Anm. *Ruby*.
422 *Ruby*, ZEV 2007, 534, plädiert daher dafür, § 2312 BGB dem »Nichtübernehmer« als Erben nur insoweit zugutekommen zu lassen, als dies zur Vermeidung eines Anspruchs aus § 2329 BGB ggü. dem Hofübernehmer (z.B. dem Enkel) erforderlich ist.
423 OLG München, 21.06.2006 – 20 U 2160/06, ZEV 2007, 276; sie kann sich bei lebzeitigen Zuwendungen aus § 2049 BGB ergeben, vgl. § 2312 Abs. 1 Satz 1 BGB.
424 Monografisch hierzu *Piltz*, Recht und Bewertung landwirtschaftlicher Betriebe, 2. Aufl. 2015.
425 OLG Schleswig, OLGR 2002, 138.

Verkehrswert zugrunde, vielmehr tritt an die Stelle des Hofes der sog. »Hofeswert« (§ 4 Satz 2 HöfeO), orientiert am **Eineinhalbfachen des zuletzt festgestellten steuerlichen Einheitswertes** gem. § 48 BewG auf der Basis des Jahres 1964.[426]

3689 Veräußert der Hoferbe/Erwerber den Hof oder Hofgrundstücke während einer 20-Jahres-Frist (gleich ob entgeltlich oder unentgeltlich)[427] oder gibt er die Bewirtschaftung in diesem Zeitraum auf bzw. erzielt er aus dem Hof Einkünfte, die nicht mit der landwirtschaftlichen Nutzung im Zusammenhang stehen (etwa aus der Verpachtung für Windenergieanlagen[428] oder Photovoltaikanlagen oder aus der Vermietung zu Wohnzwecken nach Umbau[429] bzw. aus der Bestellung eines Erbbaurechts,[430] aus dem Abbau von Sand[431] bzw. Lehm[432] etc.) erhalten weichende Erben/Geschwister nach Maßgabe des § 13 Abs. 1 HöfeO[433] eine Ergänzung ihrer Abfindung (sog. »**Nachabfindung**«),[434] wobei die auf den Entnahmegewinn entfallende Steuerbelastung[435] und (anteilig) die auf dem Hof lastenden Verbindlichkeiten[436] abzuziehen sind. Fehlt es an einem tatsächlichen Veräußerungserlös (etwa weil der erbende Tierschutzverein den Hof an einen wirtschaftsfähigen Angehörigen unentgeltlich überträgt),[437] kann eine Bemessung am fiktiven Veräußerungserlös erfolgen, sofern das Unterlassen einer Erlöserzielung treuwidrig erscheint. Der Nachabfindungsanspruch ist vertraglich modifizierbar, vgl. Rdn. 1888, zur Abbedingung Rdn. 3917 ff.

3690 Abfindungsansprüche können vom Hofübergeber bis zur Pflichtteilsgrenze (Hälfte des gesetzlichen Erbteils, ggf. berechnet nach Maßgabe des Hofeswertes gem. Rdn. 3688) reduziert werden (vgl. **§ 12 Abs. 10, 16 Abs. 2 HöfeO**). Auf Abfindungs- und Nachabfindungsansprüche kann ferner durch notariell beurkundeten Vertrag verzichtet werden (s. Rdn. 3917 ff. mit Formulierungsvorschlägen); ein umfassender Erb- und Pflichtteilsverzicht umfasst konkludent auch diese Ansprüche mit.[438] Abfindungsansprüche i.S.d. § 12 HöfeO unterliegen der regulären (nun Drei-Jahres-)Verjährung, die bei Erbfällen und Kenntnis vor dem 01.01.2010 demnach am 31.12.2012 eintrat; für Nachabfindungsansprüche beginnt die (ebenfalls dreijährige) Verjährung gem. § 13 Abs. 9 Satz 2 HöfeO erst mit genauer Kenntnis der nachabfindungspflichtigen Erlöse.[439] Zur ertragsteuerlichen Behandlung etwaiger Abfindungszahlungen und der Auseinandersetzung über Höfe i.S.d. Höfe-

---

426 Hierzu BGH, NJW 2001, 1726.
427 Allerdings sollte die Übertragung eines Halbanteils an den Ehegatten ausgenommen sein (etwa gestützt auf § 13 Abs. 5 Satz 4 HöfeO: Unbilligkeit), da auch die Vereinbarung der Gütergemeinschaft keine Pflichtteilsansprüche auslösen würde, vgl. Rdn. 123 ff., vgl. *Gehse*, RNotZ 2007, 269; *Führ*, RNotZ 2012, 303, 318.
428 BGH, 24.04.2009 – BLw 21/08, ZEV 2009, 568.
429 »Schweinestallfall«: BGH, NJW-RR 2000, 1601. Heranzuziehen sind die Mieteinnahmen im 20-Jahres-Zeitraum abzüglich verteilter Herstellungskosten, Finanzierungs- und Verwaltungsaufwand.
430 BGH, AgrarR 1979, 220; *Führ*, RNotZ 2012, 303, 315.
431 OLG Hamm, AgrarR 1988, 21 m. Anm. *Wolter*.
432 Entlehmungsvertrag: OLG Hamm, 09.07.2013 – 10 W 77/12, RNotZ 2013, 625 m. Anm. *Führ*.
433 Es sei denn, ohne die Grundstücksveräußerung wäre die Existenz des Hofes auf dem Spiel gestanden, vgl. § 13 Abs. 1 Satz 2 HöfeO (eng auszulegen, vgl. OLG Hamm, 07.07.2013 – 10 W 77/12, EE 2013, 189 m. Anm. *Ahrens*).
434 Über diese soll nach BGH, ZEV 2004, 334, der Notar zur Belehrung verpflichtet sein; vgl. *Peter/Roemer*, RNotZ 2005, 169. Ausführlich zur Nachabfindung *Führ*, RNotZ 2012, 303 ff.
435 OLG Oldenburg, 23.03.2006 – 10 W 33/04, OLG-Report 2007, 74 ff.; BGH, 13.10.2010 – BLw 4/10, ZEV 2011, 89. Zur Erbschaftsteuer Rdn. 4401.
436 Auch solche des Pächters, wenn sie auf dem Hof dinglich abgesichert und bei Pachtende vom Hofeigentümer faktisch zu übernehmen sind, OLG Hamm, 09.07.2013 – 10 W 77/12, RNotZ 2013, 625 m. Anm. *Führ*.
437 So im Fall des BGH, 28.04.2017 – BLw 5/15, ZEV 2017, 422.
438 BGH, ZEV 1997, 69 ff. m. Anm. *Edenfeld;* a.A. OLG Oldenburg, AgrarR 1996, 160.
439 Vgl. *Graß*, ZEV 2012, 129.

B. Pflichtteilsergänzung   Kapitel 9

ordnung siehe im Einzelnen Rdn. 6245. Überträgt der Hoferwerber ein Grundstück an ein weichendes Geschwister zur Abgeltung des Nachabfindungsanspruchs, fällt Grunderwerbsteuer an.[440]

3. Flucht in ausländische Sachwerte oder Rechtsordnungen

Auch die Verlagerung des Vermögens in den Geltungsbereich von Rechtsordnungen, die das Pflichtteilsrecht nicht kennen und nicht (wie seit dem 17.08.2015 nach Maßgabe der EU-ErbVO im Kreise der Vertragstaaten) auf den letzten gewöhnlichen Aufenthalt abstellen (z.B. Florida,[441] Australien, Thailand[442] oder Mexiko)[443] kam bei Sterbefällen bis zum 16.08.2015 wegen Art. 3a Abs. 2 EGBGB[444] (Vorrang ggü. Art. 25 Abs. 1 EGBGB) beim Erwerb von Todes wegen bis zur Grenze des ordre-public-Vorbehaltes (Art. 6 EGBGB)[445] in Betracht.[446] Auch der Auskunftsanspruch gem. § 2314 BGB erstreckt sich nicht auf solches Auslandsvermögen (Grundbesitz in Belgien).[447]   3691

Lebzeitige Schenkungen lösen allerdings § 2325 BGB aus, auch wenn es sich um Auslandsvermögen handelt.[448]

Bei Sterbefällen **seit dem 17.08.2015** gilt allerdings Art. 3a Abs. 2 EGBGB (ebenso wie Art. 25 EGBGB) nicht mehr; vielmehr gilt für die gesamte Rechtsnachfolge von Todes wegen gem. Art. 21 Abs. 1 EU-ErbVO das Recht des letzten gewöhnlichen Aufenthalts,[449] einschließlich der Rück- oder Weiterverweisungen. Die Anschaffung von Immobilien, die im »pflichtteilsgünstigeren« Ausland (z.B. in Großbritannien) gelegen sind, schützt also bei Sterbefällen ab dem 17.08.2015, wenn nicht auch der Wohnsitz verlegt wird, nicht mehr.   3692

▶ Hinweis:

Zwar sieht Art. 30 EU-ErbVO ähnlich wie Art. 3a Abs. 2 EGBGB Ausnahmen für Nachlassgegenstände vor, die im Belegenheitsstaat besonderen Regelungen unterliegen, allerdings gilt dies (gem. Erwägungsgrund 54)[450] nicht für Immobilien, die im Belegenheitsstaat anderen Re-   3693

---

440 BFH, 29.09.2015 – II R 23/14, ZEV 2016, 50 = EStB 2016, 16 (keine Befreiung gem. § 3 Nr. 2 bzw. 3 GrEStG); hierzu *Michael,* notar 2016, 332, 335.
441 *Böhmer,* ZEV 1998, 251: jedenfalls nicht für erwachsene Kinder; vgl. etwa OLG Celle, ZEV 2003, 509 und BGH, ZEV 2004, 374 m. Anm. *Bestelmeyer,* 359 [§ 2325 BGB allenfalls wenn im folgenden Erbfall keine oder eine den fiktiv verbliebenen Schenkungsgegenstand nicht erfassende Nachlassspaltung eingetreten sei]. Ausführlich zu »Strategien zur Vermeidung von Pflichtteilsansprüchen in deutsch-amerikanischen Erbfällen« *Vorwold,* ErbStB 2004, 14 ff. Bei Erblasserdomizil in Deutschland droht allerdings u.U. die Rückverweisung auf deutsches Recht, *von Oertzen,* ErbStB 2005, 75. Abschwächend zum aktuellen Recht Floridas *Jahn,* ErbR 2015, 552, 553, Fn. 7.
442 Zur Nachlassspaltung OLG Hamburg, 20.10.2014 – 2 UF 70/12, ErbR 2016, 155.
443 *Süß,* in: Mayer/Süß/Tanck/Bittler/Wälzholz, Handbuch Pflichtteilsrecht, § 19 Rn. 269, 472 und 505; *Arlt,* ErbStB 2005, 293.
444 Als »besondere Vorschriften« i.S.d. Art. 3a Abs. 2 EGBGB galten auch die Nachlassspaltungsnormen in Bezug auf Immobilienvermögen, vgl. *Jahn,* ErbR 2015, 552.
445 Der allerdings durch das Fehlen eines Pflichtteilsrechtes für US-Immobilien nach BGH, NJW 1993, 1920 nicht tangiert ist, *Große-Wilde,* Erbrecht effektiv 2008, 63; a.A. *Pentz,* ZEV 1998, 449. Monografisch *Pfundstein,* Pflichtteil und ordre public, München 2010.
446 Umfassend zum Thema »Auslandsvermögen und Pflichtteilsrecht«: *Milzer,* BWNotZ 2002, 116.
447 OLG Koblenz, 19.03.2009 – 2 U 1386/08, JurionRS 2009, 28881.
448 Vgl. *Eichinger,* ZEV 2003, 514.
449 Nicht identisch mit dem »domicile« i.S.d. Common Law, für den es neben dem tatsächlichen Lebensmittelpunkt auch eines Bleibewillens (animus manendi) bedarf, vgl. *Frank/Leithold,* ZEV 2014, 462, 464. Die deutsche Sicht und die Sicht des Auslandsstaates kann also auch wegen des unterschiedlichen Kriteriums differieren.
450 Die in Art. 30 EU-ErbVO zugelassene Sonderanknüpfung umfasst nur z.B. spezielles Landeshöfeerbrecht o.ä., vgl. *Dutta,* FamRZ 2013, 4, 11.

gelungen als bewegliches Vermögen unterliegen, etwa in den USA belegenen Grundbesitz; demzufolge umfassen nun Pflichtteilsansprüche auch Immobilien in Drittstaaten, deren Kollisionsrecht von einer Nachlassspaltung ausgeht![451]

3694 In den seltenen Fällen, in denen gem. Art. 21 Abs. 2 EU-ErbVO ausnahmsweise eine engere Beziehung zu einer – dann anwendbaren – anderen Rechtsordnung besteht, sind jedoch gem. Art. 34 Abs. 2 EU-ErbVO Rück- oder Weiterveräußerungen nicht zu beachten.

Das angerufene deutsche Gericht kann gem. Art. 12 Abs. 1 EU-ErbVO freilich auf Antrag einer Partei beschließen, über Vermögensgegenstände in einem Drittstaat nicht zu entscheiden, wenn zu erwarten ist, dass die deutsche Entscheidung (in Bezug auf das Eigentum) dort nicht anerkannt wird (was bei Pflichtteilsklagen nicht eintreten dürfte, soweit in Deutschland belegenes Vermögen zur Vollstreckung des Zahlungsurteils zur Verfügung steht).

3695 Denkbar war für Sterbefälle bis zum 16.08.2015 auch der dauerhafte Wechsel der Staatsangehörigkeit in eine Rechtsordnung, die kein Pflichtteilsrecht kennt und die Verweisung des Art. 25 Abs. 1 EGBGB auf sein IPR annimmt,[452] oder – für Sterbefälle seit dem **17.08.2015**, für die nach Maßgabe der EU-ErbVO (ROM V-Verordnung) auf den gewöhnlichen Aufenthalt zum Todeszeitpunkt abgestellt wird, der **Wegzug**[453] in ein »pflichtteilsgünstigeres« Staatsgebiet, Rdn. 3534. Allerdings ist darauf hinzuweisen, dass innerhalb der Europäischen Union wohl nur Großbritannien und Estland (aufgrund der Anknüpfung an die Unterhaltsberechtigung) den Kindern geringere Pflichtteilsansprüche als Deutschland zugestehen; im romanischen Rechtskreis ist bereits der Pflichtteil selbst üblicherweise als Noterbrecht und auch mit in der Quote höherer Beteiligung ausgestaltet. Es bestehen jedoch z.T. erleichterte Möglichkeiten der Anrechnung vergangener Schenkungen auf den Pflichtteil auch ohne ausdrückliche Anordnung (z.B. in Spanien[454]).

3696 Auch im Rahmen dieser Strategie (Verlagerung des gewöhnlichen Aufenthalts in pflichtteilsgünstigere Gebiete) ist gleichwohl Vorsicht geboten. Nicht zielführend ist nämlich eine Wohnsitzverlagerung in ein Aufenthaltsland, das nicht Mitgliedsstaat der EU-ErbVO ist, seinerseits jedoch Sonderanknüpfungen etwa für Grundbesitz kennt: Eine Wohnsitzverlegung nach bspw. **Großbritannien** würde, obwohl dort kein bedarfsunabhängiges Pflichtteilsrecht für Abkömmlinge existiert, in Deutschland gelegenen Grundbesitz nicht aus der Pflichtteilsberechnung herauslösen: Gemäß Art. 34 Abs. 1 lit. a EU-ErbVO ist im Verhältnis zum Vereinigten Königreich als Nichtmitgliedsstaat eine Gesamtverweisung auf das dortige Recht anzunehmen, einschließlich von Rück- und Weiterverweisungen, soweit solche Rück- oder Weiterverweisungen auf ein Recht eines Mitgliedsstaats erfolgen. Da das britische IPR für Grundstücke stets das Recht des Belegenheitsstaats zugrunde legt, würde damit für in Deutschland gelegenen Grundbesitz wiederum deutsches Recht (und damit deutsches Pflichtteilsrecht) gelten. Ein Wohnsitzwechsel nach Großbritannien würde also nur bewegliches oder in Drittstaaten (einschließlich Großbritanniens selbst) belegenes unbewegliches Vermögen dem Pflichtteil entziehen.

3697 Selbst der **britische Staatsbürger mit Wohnsitz in England**[455] unterliegt mit dem in Deutschland gelegenen Grundbesitz dem deutschen Pflichtteilsrecht (für Sterbefälle bis zum 16.08.2015 folgt dies aus der Gesamtverweisung auf seine Staatsangehörigkeit in Art. 25 Abs. 1 EGBGB, wobei das englische IPR sodann für in Deutschland gelegenen Grundbesitz auf deutsches Erbrecht zurückverweist, was aus deutscher Sicht durch Art. 4 Abs. 1 Satz 2 EGBGB angenommen wird; seit dem 17.08.2015 ergibt sich dasselbe Ergebnis aus der Gesamtverweisung des Art. 21 Abs. 1 EU-

---

451 Vgl. *Jahn*, ErbR 2015, 552 f.
452 Vgl. *Scherer*, in: Münchener Anwaltshandbuch Erbrecht, § 39 Rn. 44 ff. und 139 ff.
453 Verlagerung des Erblassers anstelle des Vermögens, vgl. *Jensen/Burandt*, NWB 2014, 1449 ff.
454 Vgl. *Frank/Salinas*, ErbR 2015, 182, 189.
455 Gleiches gilt selbstverständlich für Bürger anderer (z.B. sonstiger Common Law-)Staaten ohne eigenes Pflichtteilsregime.

ErbVO auf das britische Recht, was zu einer teilweisen Rückverweisung gemäß Art. 34 Abs. 1 lit. a EU-ErbVO auf deutsches Erbrecht führt, Rdn. 3696). Dem britischen Staatsbürger würde insoweit nur eine Rechtswahl des englischen Erbrechts nach Art. 22 Abs. 1 EU-ErbVO helfen; diese hat nämlich zur Folge,[456] dass Art. 34 Abs. 2 EU-ErbVO Anwendung findet, der ausschließlich auf die Sachnormen des britischen Rechts verweist, nicht auf das dortige IPR, so dass Gerichte im Geltungsbereich der EU-ErbVO britisches (pflichtteilsfreies) Sachrecht ohne Rückverweisung auf das deutsche Recht anwenden müssten. Auch britische Gerichte würden dann in gleicher Weise entscheiden: Zwar ist die Rechtswahl aus britischer Sicht nicht maßgeblich, aufgrund der »foreign court theory«[457] entscheidet der britische Richter bei Rück- oder Weiterverweisung durch fremdes IPR, hier also die EU-ErbVO, ebenso wie der fremde Richter zu entscheiden hätte, also unter ausschließlicher Geltung britischen Erbrechts, auch für den in Deutschland gelegenen Grundbesitz.

Sollte dennoch durch die Wahl eines anderen Wohnsitzes eine Verringerung des pflichtteilsrechtlichen Schutzniveaus eintreten, ist dies hinzunehmen; der »**ordre public**« (Art. 35 EU-ErbVO und Erwägungsgrund 58) jedenfalls des deutschen Rechts steht nicht entgegen.[458] Für dieses Ergebnis spricht, dass der in einen anderen Mitgliedstaat verziehende Erblasser lediglich von dem europarechtlich geschützten Grundrecht der Freizügigkeit Gebrauch macht, ferner dass die Reichweite des dadurch neu anwendbaren Erbstatuts, ausgehend vom Grundsatz der Nachlasseinheit und der universellen Geltung, alle erbrechtlichen Fragen erfasst, also eine Sonderanknüpfung für einzelne Fragen des Erbrechts (im Sinn eines »Rosinenpickens«) weder möglich noch zulässig ist; ferner widerspräche sie dem Vorrang des Europäischen Rechts (auch mit Verordnungsrang) gegenüber deutschem Recht (einschließlich des Verfassungsrechts). 3698

Schließlich hat der BGH entschieden, dass das Pflichtteilsrecht nicht notwendig zur deutschen öffentlichen Ordnung zählt.[459] Hinzu kommt, dass der Umzug in das Ausland teilweise zu einer Verschärfung, teilweise zu einer Liberalisierung der anwendbaren pflichtteilsrechtlichen Vorschriften führen kann. Möglicherweise wird jedoch auf die Gesamtumstände des jeweiligen Einzelfalls abzustellen sein, insbesondere darauf, welche konkreten Ansprüche das ausländische Recht tatsächlich anstelle des Pflichtteilsrechts gewährt, insbesondere ob kompensierende unterhalts- oder familienrechtliche Ansprüche zur Verfügung stehen, ob bereits zu Lebzeiten sonstige Zuwendungen an Pflichtteilsberechtigte erfolgt sind, welche konkreten Motive die Änderung des Aufenthaltsorts des Erblassers bestimmt haben, ob der Pflichtteilsberechtigte noch minderjährig oder sonst unterhaltsbedürftig ist und inwieweit eine tatsächliche Familiengemeinschaft bestand, in der gegenseitige Solidarität auch gelebt worden war. 3699

4. Ausstattung; Pflicht- und Anstandsschenkungen

Keine ergänzungspflichtige Schenkung i.S.d. § 2325 BGB liegt vor bei einer Ausstattung nach § 1624 BGB – die allerdings, auch bei Ausschluss der Ausgleichung, gem. § 2316 Abs. 3 BGB zwingend und zeitlich unbegrenzt zu einer Erhöhung des Pflichtteilsanspruchs anderer Abkömmlinge führt (s. Rdn. 271 und Rdn. 3748; ferner bei Pflicht- oder Anstandsschenkungen nach § 2330 BGB, s.a. Rdn. 190). 3700

---

456 Vgl. *Lehmann*, ZErb 2013, 25, 30.
457 Vgl. Staudinger/*Hausmann*, Art. 4 EGBGB, Rn. 255.
458 Der Entwurf der EU-Erbrechtsverordnung hat noch eine ausdrückliche Klarstellung hierzu enthalten (Art. 27 Abs. 2 EU-ErbVO-E), die jedoch nicht übernommen wurde, jedes andere Ergebnis widerspräche jedoch der europäischen Vorgabe, alle Mitgliedstaaten und deren Rechtsordnungen insoweit als gleichwertig zu behandeln, vgl. auch *Volmer*, RPfleger 2013, 421, 425 f. Zum ordre-Public Vorbehalt aus französischer Sicht *Stade*, ZErb 2015, 69 ff.
459 BGH, 21.04.1993 – XII ZR 248/91, NJW 1993, 1920 in Bezug auf Grundvermögen in Florida, da das deutsche Recht auch einen vollständigen notariellen Verzicht auf den Pflichtteilsanspruch anerkennt.

3701 Schenkungen aus einer solchen sittlichen Pflicht setzen voraus, dass ihr Unterlassen – insb. in Interessenabwägung zum Verbot der Pflichtteilsaushöhlung – dem Erblasser als Pflichtverstoß zur Last gelegt würde. Die Rechtsprechung hat den Anwendungsbereich bisher eng gefasst: Schenkungen aus Dankbarkeit für gewährte Pflege, die nicht von vornherein in Verknüpfung mit einer Gegenleistung erbracht wurde, sind regelmäßig nicht erfasst;[460] allerdings z.B. Unterstützungszahlungen an Geschwister, Existenzsicherungsübertragungen an Partner einer langjährigen nichtehelichen Lebensgemeinschaft,[461] oder an die unversorgte Ehefrau nach langjähriger unbezahlter Mitarbeit im Geschäft,[462] ebenso an behinderte Abkömmlinge zu deren Versorgung[463] [wobei dieses Ziel allerdings wegen dessen Verwertung i.d.R. nicht erreicht wird].

5. Anderweitige Entleerung des Nachlasses

3702 Rechtzeitige, also vor der Ausschlussfrist des § 2325 Abs. 3 BGB vollzogene (Eigentumserwerb! Wirtschaftliche Ausgliederung! – vgl. Rdn. 3630 ff.) Schenkungen an Dritte führen zur dauerhaften (bei Sterbefällen ab 01.01.2010 zumindest graduellen) Entleerung des Nachlasses, ebenso Vorempfänge des Pflichtteilsergänzungsberechtigten selbst ohne zeitliche Grenze (Eigengeschenke, § 2327 Abs. 1 BGB).[464]

6. Reduzierung der Pflichtteilsquote; Beendigung der Pflichtteilsberechtigung

3703 Außer durch eherechtliche Gestaltungen (z.B. Wechsel von der Gütertrennung zum gesetzlichen Güterstand) kann die **Pflichtteilsquote** durch Erhöhung der Zahl der Pflichtteilsberechtigten reduziert werden, bspw. durch Annahme als Kind, Rdn. 5479 ff.[465] (etwa Adoption von Stiefkindern!), Geburt weiterer Kinder, Heirat oder Begründung einer gleichgeschlechtlichen Lebenspartnerschaft, bis zur Schließung der bisherigen Gesetzeslücke auch durch Heirat trotz Bestehens einer Lebenspartnerschaft.[466] Vor dem 01.07.1949 geborene nichteheliche[467] Kinder in den alten Bundesländern konnten durch zu beurkundende Gleichstellungserklärung gem. § 10a Art. 12 Nichtehelichengesetz (mit Einwilligung des Ehegatten von Vater und Sohn) vereinbaren, dass es auch im Verhältnis zum Vater einem ehelichen Kind gleichgestellt sein soll;[468] in den neuen Bundesländern war dies wegen Art. 235 § 1 Abs. 2 EGBGB a.F. nicht erforderlich.[469]

3704 Der ohne eine solche Gleichstellung bestehende Ausschluss der vor dem 01.07.1949 geborenen nichtehelichen Kinder in Art. 12 § 10 Abs. 2 NEhelG verstieß allerdings gegen das Diskriminie-

---

460 Ausnahmefall BGH, WM 1978, 905; ausführlich *Wagner*, ZErb 2003, 112; ZEV 2003, 281; *Keim*, FamRZ 2004, 1085.
461 OLG Düsseldorf, ZEV 1997, 516.
462 OLG Karlsruhe, OLGZ 1990, 456.
463 BGH, NJW-RR 1996, 705.
464 Vgl. OLG Koblenz, NJOZ 2005, 935 (LS in ZEV 2005, 312).
465 Die Adoption ist als Mittel zur Reduzierung des Ehegattenpflichtteils jedoch ungeeignet, da sie dessen Einwilligung bedarf, § 1749 Abs. 1 BGB.
466 Zur hierdurch eintretenden weiteren Reduzierung vgl. *Eue*, FamRZ 2001, 1196 f.
467 Zum Recht des Kindes auf Klärung der eigenen Abstammung (durch gerichtliche Feststellung, § 1600d Abs. 1 BGB), auch im Wege der Exhumierung (§ 178 Abs. 1 FamFG analog): BGH, 29.10.2014 – XII ZB 20/14, NJW 2014, 3786 m. zust. Anm. *Wellenhofer*. Umgekehrt ist der Kreis der zur Anfechtung einer Vaterschaft Berechtigten (§ 1600 BGB) abschließend, BVerfG, 23.11.2015 – 1 BvR 2269/15, FamRZ 2016, 199.
468 Vgl. *Zimmermann*, DNotZ 1998, 429 ff.
469 Die nach DDR-Recht gegebene Gleichstellung blieb dem nichtehelichen Kind erhalten, wenn (a) sich die Erbfolge nach dem Vater im Fall dessen Todes am 02.10.1990 nach dem Erbrecht der DDR gerichtet hätte, er also dort seinen gewöhnlichen Aufenthalt hatte, und (b) das Kind vor dem 03.10.1990 geboren wurde, gleichgültig wo, vgl. *Siebert*, EE 2016, 188, zu KG, 05.07.2016 – 6 W 59/16, ZEV 2017, 571 ff.

rungsverbot der Art. 14 und 8 der Europäischen Menschenrechtskonvention;[470] durch Gesetz v. 12.04.2011[471] werden bei Erbfällen ab dem Urteil des EGMR, also ab 29.05.2009,[472] alle vor dem 01.07.1949 geborenen nichtehelichen Kinder den ehelichen Kindern gleichgestellt, beerben also ihre Väter als gesetzliche Erben bzw. sind pflichtteils- und pflichtteilsergänzungsberechtigt, auch für Schenkungen vor dem 29.05.2009[473] (für Erbfälle **vor dem 29.05.2009** gilt die alte Regelung weiter, es sei denn, der Staat ist gem. § 1936 BGB[474] Erbe geworden). Auch Letztere Ausnahme kann jedoch konventionswidrig sein,[475] so dass Art. 5 Satz 2 des Zweiten Erbrechtsgleichstellungsgesetzes teleologisch zu erweitern ist.[476]

Wurden mit anderen Pflichtteilsberechtigten Erbverzichte geschlossen (nur der bloß auf den Pflichtteil Verzichtende gilt gem. § 2310 Satz 2 BGB noch als Zählkandidat bei der Berechnung der Pflichtteilsquote[477]), sollten diese aufgehoben werden (§ 2351 BGB). 3705

Gezielt gegen die Pflichtteilsberechtigung Einzelner richtet sich die Pflichtteilsentziehung (Rdn. 3928 ff.), die (schwer zu erlangende) Aufhebung der Adoption eines Kindes, sowie das Betreiben der Scheidung der Ehe, wobei es für § 1933 BGB[478] (Ausschluss des Ehegattenerbrechts) nicht ausreicht, als Erblasser dem (begründeten) Scheidungsantrag des anderen nicht entgegenzutreten (erforderlich ist vielmehr die ausdrückliche Zustimmung,[479] oder aber die Antragstellung durch den Erblasser; die nach dem Erbfall erklärte Rücknahme des Scheidungsantrags ändert dann am eingetretenen Ausschluss des Erbfalls nichts mehr[480]). 3706

III. Möglichkeiten nachträglicher »Heilung«?

Es ist sogar möglich, im Wege einer **nachträglichen Vereinbarung der Entgeltlichkeit**[481] eine bereits als unentgeltlich erbrachte Leistung zur vorweggenommenen Erfüllungshandlung für einen nunmehr abzuschließenden Übertragungsvertrag »umzuwidmen«[482] oder für eine bereits voll- 3707

---

470 EuGHMR, 5. Sektion, 28.05.2009 – Beschwerde 3545/04 Brauer/Deutschland FamRZ 2009, 1293 m. Anm. *Henrich.; Leipold*, ZEV 2009, 488 ff.
471 BGBl. 2011 I, S. 615, vgl. etwa *Rebhan*, MittBayNot 2011, 285 ff. und *Krug*, ZEV 2011, 397 ff.
472 Die fortbestehende Ungleichbehandlung nichtehelicher Kinder in Altfällen ist nach BGH, 26.10.2011 – IV ZR 150/10 DNotZ 2012, 212 und BVerfG, 18.03.2013 – 1 BvR 2436/11, 1 BvR 3155/11, ZEV 2013, 326 verfassungsrechtlich unbedenklich; offen ist die Vereinbarkeit mit Art. 8 Abs. 1, 14 der Europäischen Menschenrechtskonvention.
473 *Gutachten*, DNotI-Report 2011, 185 ff.
474 Übersicht zum Fiskuserbrecht *Siebert*, EE 2016, 105 ff. Auch der Fiskus unterliegt als Erbschaftsbesitzer dem Herausgabeanspruch hinsichtlich der Nutzungen gegenüber dem wahren Erben, BGH, 14.10.2015 – IC ZR 438/14, ErbR 2016, 80; hierzu *Eckhardt*, ErbR 2016, 497 ff. sowie *Wolter*, ErbR 2017, 77 [Duplik durch *Eckhardt*, ErbR 2017,79].
475 EGMR, 23.03.2017 – 59752/13, 66277/13, Rs. Wolter und Sarfert gegen Deutschland, FamRZ 2017, 656, hierzu *Magnus*, FamRZ 2017, 586.
476 BGH, 12.07.2017 – IV ZB 6/15, ZNotP 2017, 284.
477 A.A. nur *Otte* in: Staudinger, § 2310 BGB [2015] Rn. 20f; ihn wiederlegend *Schotte*, RNotZ 2015, 412 f. sowie *von Proff*, ZEV 2016, 173 ff.
478 Überblick bei *Horndasch*, ZNotP 2016, 228 ff.
479 OLG Düsseldorf, 03.08.2011 – 2 Wx 114/11, BeckRS 2011, 25762; OLG Düsseldorf, 12.09.2011 – 3 Wx 179/11, NJW-RR 2011, 1642.
480 OLG Naumburg, 30.03.2015 – 2 Wx 55/14, NotBZ 2016, 71.
481 BGH, NJW-RR 1986, 1135; NJW-RR 1989, 706; LG Düsseldorf, DNotZ 1996, 653; a.A. Staudinger/*Cremer*, BGB, § 516 Rn. 30.
482 BGH, NJW 1992, 2567; OLG Oldenburg, MittBayNot 1997, 183; ebenso BGH, 08.03.2006 – IV ZR 263/04, ZEV 2006, 265, m. Anm. *Ruby/Schindler*, ZEV 2006, 471: »übernommene Pflegeverpflichtungen und -leistungen können zudem – auch nachträglich – in Form echter Gegenleistungen als Abzugsposten in Betracht kommen«.

zogene Übertragung Gegenleistungen erst durch »Nachtrag« zu vereinbaren oder zu erhöhen[483] – Abreden, die sich allerdings häufig nahe am Scheingeschäft (§ 117 BGB) bewegen,[484] insb. wenn es um die nachträgliche Entlohnung von früheren unentgeltlichen Leistungen des Erwerbers geht. Jedenfalls nach Ansicht des BGH[485] ist jedoch die nachträgliche Vereinbarung eines Entgelts für eine frühere Schenkung des Veräußerers **pflichtteilsergänzungsfest**,[486] allerdings möglicherweise nicht anfechtungsfest[487] und sozialleistungsfest (Rdn. 1021). Die Umqualifikationsmöglichkeit ist hilfreich gerade in Fällen, in denen erst später erkannt wird, dass – etwa mangels wirtschaftlicher Ausgliederung (Rdn. 3633 ff.) oder bei Schenkungen unter Ehegatten wegen § 2325 Abs. 3 BGB – die Frist für den Ablauf des Pflichtteilsergänzungsrisikos noch gar nicht anlaufen konnte, so dass lediglich die nachträgliche Entgeltlichkeit zu einer »Heilung« führen kann. Offen ist jedoch die schenkungsteuerliche Folge einer solchen nachträglichen Entgeltlichkeit, Rdn. 4425.[488]

3708 Soweit das nachträgliche Entgelt den Wert des ursprünglich schenkungshalber zugewendeten Gegenstands nicht vollständig erreicht (und die verbleibende Lücke nicht im Weg der subjektiven Äquivalenz, Rdn. 41 ff., also in Höhe von bis zu 20 % des Verkehrswerts geschlossen werden kann), verbleibt im Übrigen noch Raum für einen Pflichtteilsergänzungsanspruch. Für den Wertvergleich ist nur auf den Substanzwert des zugewendeten Gegenstands abzustellen, und zwar richtiger Weise im Zeitpunkt der nachträglichen Entgeltabrede (also nicht der historischen Schenkung, zuzüglich Inflationszuschlag),[489] während ein Ausgleich für die bisher durch den Beschenkten gezogenen Nutzungen nicht stattzufinden hat (ggf. handelt es sich insoweit um eine schuldrechtliche unentgeltliche Gebrauchsüberlassung, also eine Leihe, die nicht als Schenkung i.S.d. § 2325 BGB zu qualifizieren ist).[490]

3709 Der BGH befürwortet auch die Möglichkeit, ursprünglich als unentgeltlich erbrachte, gesetzlich nicht geschuldete Zuwendungen (z.B. Pflegeleistungen) nachträglich als »vorweggenommenes Entgelt« für eine im Rahmen dieser »Umwandlungsabrede« vorgenommene Vermögensübertragung zu werten.[491] Die Literatur wendet gegen solche nachträglichen Umqualifizierungen kritisch ein, dass das Objekt dieser Umdeutung, insbesondere die Dienstleistung, sich bereits endgültig im Vermögen des Erblassers befinde, während der nur zum Ausgleich hingegebene Gegenstand

---

483 RGZ 72, 188; BGH, DNotZ 1991, 498 bei einer Ehegattenzuwendung; *Mayer*, in: Mayer/Süß/Tanck/Bittler/Wälzholz, Handbuch Pflichtteilsrecht, § 11 Rn. 135 f.
484 So etwa in BGH, ZEV 1996, 186: Begründung einer Zahlungspflicht für erbrachte Pflegeleistungen in einer Notarurkunde; Erlass eben dieser Forderung in derselben Urkunde im Hinblick auf die Grundstücksübertragung.
485 Skeptisch z.B. *Mayer*, ZEV 2004, 169 und *Keim*, FamRZ 2004, 1084.
486 BGH, 14.02.2007 – IV ZR 258/05, MittBayNot 2008, 225, m. Anm. *Dietz*: nachträgliche Bezahlung der geschenkten Immobilie; für eine Wirksamkeit solcher nachträglichen Vereinbarungen auch ggü. dem Pflichtteilsberechtigten; *Fischer*, Die Unentgeltlichkeit im Zivilrecht, S. 44 ff., 96, 133; *Schindler*, ZErb 2004, 46: Da Entstehungszeitpunkt der Todesfall sei, müsse auf die Leistungsbilanz in ihrer endgültigen Fassung abgestellt werden. Dem BGH folgend OLG Schleswig, 27.03.2012 – 3 U 39/11 MittBayNot 2013, 59 m. Anm. *Everts* sowie *Schindler*, ZErb 2012, 149, 154; vgl. auch *Leitzen*, BWNotZ 2012, 86 ff.
487 So jedenfalls BFH, 10.02.1987 – VII R 122/84, NJW 1988, 3174: Aus Gründen des Gläubigerschutzes könne die einmal gegebene Anfechtbarkeit nicht nachträglich »geheilt« werden, da auch das entstandene Anfechtungsrecht schützenswert sei. Das Pflichtteilsergänzungsrecht entsteht aber erst mit dem Erbfall.
488 Gesetzliche Regelungen (wie etwa in § 29 ErbStG) fehlen. *Kornexl*, ZEV 2007, 326, 328 plädiert dafür, wegen der Maßgeblichkeit des Zivilrechts auch schenkungsteuerlich die Freigebigkeit rückwirkend entfallen zu lassen. Zugleich entfällt damit aber auch die »Sperrwirkung« ggü. der Grunderwerbsteuer.
489 Ebenso *J. Weber*, ZEV 2017, 117, 119.
490 So, jedenfalls zu § 2113 Abs. 1 BGB, BGH, 27.01.2016 – XII ZR 33/15, ZEV 2016, 267, Rn. 30.
491 BGH, 15.03.1989 – IV aZR 338/87, DNotZ 1991, 498; ebenso, im Rahmen einer Entscheidung zu § 235 Abs. 1 BGB, BGH, 17.01.1996 – IV ZR 214/94, ZEV 1996, 186.

tatsächlich abfließe; das Vermögen des Erblassers sei auch nicht durch Herausgabeansprüche belastet, da solche regelmäßig nicht bestehen (vgl. Rdn. 45).[492]

Für einen Pflichtteilsergänzungsanspruch ist ferner kein Raum, wenn der schenkungshalber übertragene Gegenstand aufgrund eines gesetzlichen oder vertraglich vorbehaltenen Rückforderungsrechts in das Vermögen des späteren Erblassers zurückgelangt (er wird dort dann wieder als Nachlassgegenstand, § 2311 BGB, erfasst). Auch ein schlichter freiwilliger **Aufhebungsvertrag** führt zum selben Ergebnis: In der (freiwilligen) Aufhebung des Schenkungsvertrags dürfte ihrerseits keine Schenkung seitens des Ersterwerbers liegen, so dass damit keine neuen, an dieses Verhalten des Erstbeschenkten anknüpfenden Pflichtteilsergänzungsansprüche ausgelöst werden. Die früher anders lautenden Judikate des RG[493] dürften angesichts der Rechtsprechung des BGH zur Anerkennung nachträglicher »Entgeltschaffung« überholt sein, denn auch bei dieser Entgeltschaffung gibt der Erstbeschenkte »freiwillig« eine verpflichtungslose Rechtsposition auf, indem er nachträglich Vermögenswerte aufwendet bzw. ihm zustehende gesetzliche Ansprüche (etwa auf Zugewinnausgleich) einsetzt, um die Unentgeltlichkeit zu mindern. 3710

Anders liegt es jedoch, wenn der Erstbeschenkte seinerseits nicht die Aufhebung der Erstschenkung, sondern eine tatsächlich aus seinem neuen Antrieb heraus entstehende Schenkung möchte, zufällig an den Erstschenker, in gleicher Weise wie es sich um eine pflichtteilsergänzungsauslösende Schenkung handeln würde, sofern er den Gegenstand an einen Dritten weiterverschenkte. Dies hätte die dramatische Konsequenz,[494] dass beim Erstschenker der Gegenstand doppelt erfasst wird (einmal in Gestalt des nicht beseitigten Pflichtteilsergänzungsanspruchs, zum Anderen als Nachlassgegenstand im Rahmen des ordentlichen Pflichtteils), und zudem der Erstbeschenkte, der seinerseits nunmehr eine Rückschenkung vollzieht, ebenfalls Pflichtteilsergänzungsansprüche aufgrund seines Verhaltens hinterlässt. Im Ergebnis wird man hier beim Erstschenker aufgrund teleologischer Reduktion des § 2325 BGB davon auszugehen haben, dass nur die unmittelbare Pflichtteilswirkung (als Nachlassbestandteil) maßgeblich bleibt, andererseits aber (dies ist der Unterschied zum Aufhebungsvertrag) der Ersterwerber seinerseits durch sein Verhalten ebenfalls Pflichtteilsergänzungsansprüche schafft. 3711

Überträgt der Ersterwerber den Gegenstand nicht (regelmäßig im Weg der Aufhebung) zurück an den Erstschenker, sondern an einen Dritten (Weiterschenkung), bleibt der durch den Ersterwerb geschaffene Pflichtteilsergänzungsanspruch unberührt (das spätere Schicksal des durch ihn erworbenen Gegenstands hat auf diesen entstandenen Anspruch ja keinen Einfluss). Besonderheiten gelten jedoch, wenn der Ersterwerber Ehegatte des Schenkers ist: Da das Ehepaar nicht mehr im Genuss der Schenkung (in der Hand des beschenkten Ehegatten) verbleibt, beginnt die bisher suspendierte 10-Jahres-Frist der ersten Schenkung nun zu laufen.[495] Allerdings ist zu berücksichtigen, dass ein weiterer (pflichtteilsergänzungsschaffender) Schenkungstatbestand in der Person des Zwischenglieds (also des ersterwerbenden Ehegatten) stattfindet, mit allen auch zivilrechtlichen Folgen einer Schenkung (z.B. Rückforderung wegen Verarmung, § 528 BGB, wenn der ersterwerbende Ehegatte in den folgenden zehn Jahren zum Sozialhilfefall wird!) 3712

In **formeller Hinsicht** gilt: Ab bindender Erklärung der Auflassung bzw. deren Vorlage zum Grundbuchamt sind Änderungen grundstücksbezogener Schenkungen grundsätzlich unter dem Gesichtspunkt des § 311b Abs. 1 Satz 1 BGB formfrei möglich, sofern nicht eine echte Rückschenkung gewollt ist, die ihrerseits § 518 Abs. 1 Satz 1 BGB und § 311b Abs. 1 Satz 1 BGB auslöst. Auch letztere wird jedoch durch den Vollzug der Rückübertragung gem. §§ 518 Abs. 2, 311b Abs. 1 Satz 2 BGB geheilt. 3713

---

492 Vgl. zum Vorstehenden *J. Weber*, ZEV 2017, 117, 120.
493 RGZ 76, 59 (61).
494 So in der Tat *J. Weber*, ZEV 2017, 117, 121.
495 *J. Weber*, ZEV 2017, 117, 121.

3714 Vom Versuch einer nachträglichen Beseitigung des pflichtteilsergänzungsauslösenden Tatbestands selbst zu unterscheiden ist der nachträgliche **Verzicht auf** denjenigen Umstand, der das Anlaufen der Pflichtteilsergänzungsfrist bisher hinderte, insbesondere also auf vorbehaltene Nutzungsrechte, in erster Linie den **Nießbrauch**. Diese »Heilungsmöglichkeiten«, um zumindest das Anlaufen der (zur Abschmelzung führenden) Frist nachträglich zu ermöglichen, sind zivilrechtlich unbedenklich, vgl. hierzu näher Rdn. 1444 ff. samt der dort zu findenden Weiterverweisung auf die ertragsteuer- und schenkungsteuerrechtlichen Implikationen solcher späteren korrigierenden Eingriffe.

IV. Konkurrenz zu § 2316 BGB

3715 Treffen bei ausgleichspflichtigen Zuwendungen (z.B. Ausstattungen oder Schenkungen mit Ausgleichsanordnung, § 2050 BGB, s. hierzu Rdn. 1917 ff.) Pflichtteilswirkungen gem. § 2316 BGB (»Verschiebungsfernwirkung« zugunsten des nicht bedachten Abkömmlings) zusammen mit der Pflichtteilsergänzungswirkung des § 2325 BGB (fiktive Erhöhung des Gesamtnachlasses), besteht Einigkeit, dass ein und dieselbe Schenkung nicht doppelt, im Rahmen beider Vorschriften, berücksichtigt werden kann. **Vorrang hat die weiter gehende Norm des § 2316 BGB**, zumal die Verschiebungswirkung nicht an die Einhaltung der 10-Jahres-Frist bis zum Erbfall, § 2325 Abs. 3 BGB, geknüpft ist. Nur in den Fällen, in denen die ausgleichspflichtige Zuwendung nicht oder nicht vollständig i.R.d. §§ 2050, 2316 BGB erfasst werden kann, etwa bei einer Übermaßzuwendung und ungenügendem Restnachlass (vgl. § 2056 Satz 1 BGB), wird der dabei unberücksichtigt gebliebene Teil der ausgleichspflichtigen Zuwendung als ausschließlich pflichtteilsergänzungspflichtige Schenkung gewertet,[496] auch im Rahmen des Haftungsanspruchs aus § 2329 BGB.[497]

▶ Beispiel:[498]

3716 Sohn S 1 errichtete auf dem Grundstück des späteren Erblassers E ein Bauwerk. E überlässt dieses Grundstück samt dem Gebäude an den anderen Sohn (S 2), den er auch zum Alleinerben einsetzt. Der Restnachlass ist allerdings wertlos.

Da S 1 durch Mitarbeit oder erhebliche Geldleistung in besonderem Maße zur Mehrung des Vermögens des Erblassers beigetragen hat, liegt hierin ein Ausgleichsbetrag i.S.d. § 2057a Abs. 1 BGB, so dass bei Eintritt gesetzlicher Erbfolge auch ohne ausdrückliche Anordnung eine entsprechende Pflicht zur Ausgleichung bestanden hätte. Diese wirkt sich auch auf die Pflichtteilsbemessung aus, § 2316 BGB, mit der Folge, dass S 1 – wirtschaftlich betrachtet – den Pflichtteil aus der noch vorhandenen Nachlassmasse (abzgl. des Ausgleichsbetrags) erhält, zuzüglich der Hälfte des Ausgleichsbetrags selbst. Da der Nachlass wertlos ist, geht die Pflichtteilsverschiebungswirkung des § 2316 BGB wirtschaftlich ins Leere, sobald S 2 als Erbe die Haftung, etwa durch Nachlassverwaltung oder Nachlassinsolvenz, auf den Nachlassbestand beschränkt. Aus diesem Grund ist die bei § 2316 BGB nicht oder nicht in voller Höhe zur Berücksichtigung gelangte ausgleichungspflichtige Zuwendung i.R.d. §§ 2325, 2329 BGB zu berücksichtigen, mit gleichem wirtschaftlichem Ergebnis: S 1 erhält ein Viertel des Grundstückswerts und die Hälfte des Gebäudewerts, soweit dieser auf seiner ausgleichungspflichtigen besonderen Leistung beruht, als Pflichtteilsergänzung vom Beschenkten (§ 2329 BGB).

---

496 BGH, DNotZ 1988, 441; vgl. *Pawlytta*, in: Mayer/Süß/Tanck/Bittler/Wälzholz, Handbuch Pflichtteilsrecht, § 7 Rn. 143 ff. unter Hinweis auf RGZ 77, 282 (getrennte Berechnung von Ausgleichspflichtteil und Pflichtteilsergänzung) im Unterschied zur bisher h.M. (vgl. *Schanbacher*, ZEV 1997, 349, 351), die wegen § 2056 Satz 2 BGB zu einer wesentlichen Erhöhung der Pflichtteils(ergänzungs)quote der weichenden Geschwister kommt.
497 Letzteres ist allerdings str. in Bezug auf die Ausgleichung gem. § 2057a BGB, vgl. Rdn. 1919.
498 Nach Gutachten, DNotI-Report 2008, 1 ff.

C. Pflichtteilsanrechnung gem. § 2315 BGB

I. Allgemeine Grundsätze/Abgrenzung

Während Vorauszuwendungen an den Pflichtteilsergänzungsberechtigten stets kraft Gesetzes und ohne zeitliche Beschränkung anzurechnen sind (§ 2327 Abs. 1 BGB) – dies kann bei unterbliebener Anrechnungs- oder Ausgleichsanordnung zur **Flucht in den Pflichtteilsergänzungsanspruch** führen, also zur bewussten Auslösung des § 2325 BGB durch lebzeitige Zuwendungen hinsichtlich des Restvermögens an andere Personen, Rdn. 3648 ff.[499] – erfordert die Reduzierung des ordentlichen Pflichtteils eine ausdrückliche, zumindest konkludent eindeutig getroffene[500] Anrechnungsbestimmung (§ 2315 BGB): 3717

▶ Formulierungsvorschlag: Anrechnungsbestimmung nach § 2315 BGB

Die Zuwendung ist, soweit unentgeltlich, auf den Pflichtteil des Erwerbers anzurechnen. 3718

Diese muss dem Erwerber spätestens mit der Zuwendung so bekannt gegeben werden, dass er die Möglichkeit hat, den Erwerb im Hinblick auf seine pflichtteilsmindernde Folge abzulehnen. Str. ist, ob sie ggü. Minderjährigen dem Geschäft den lediglich vorteilhaften Charakter belässt (s. Rdn. 1980) und ob (analog § 2347 Abs. 2 BGB, so die bisher h.M.) ggf. Ergänzungspflegschaft zu ihrer Entgegennahme und weiter die familiengerichtliche, bei Volljährigen betreuungsgerichtliche Genehmigung erforderlich ist oder ob Letztere jedenfalls dann entbehrlich sei, wenn ein etwa zum Todestag gefallener Wert als Maximalanrechnung bestimmt wird.[501] 3719

▶ Formulierungsvorschlag: Anrechnungsbestimmung nach § 2315 BGB mit »Niederstwertprinzip«

Die Zuwendung ist, soweit unentgeltlich, auf den Pflichtteil des Erwerbers anzurechnen, und zwar mit dem (inflationsbereinigt) niedrigeren Wert heute bzw. am Todestag des Veräußerers. 3720

Nach der wohl[502] herrschenden Meinung führt die Anrechnungsbestimmung ggü. einem Minderjährigen zum Wegfall des lediglich rechtlich vorteilhaften Charakters des Rechtsgeschäfts; analog § 2347 Abs. 2 BGB ist ferner die familiengerichtliche Genehmigung für die Mitwirkung des gesetzlichen Vertreters erforderlich). Wäre die geplante Neuregelung des § 2315 Abs. 1 BGB in Kraft getreten, hätte diese Auffassung jedenfalls nicht mehr aufrechterhalten werden können:[503] Eine nachträgliche Anrechnung der lebzeitigen Zuwendung durch spätere Verfügung von Todes wegen hätte der Beschenkte, gleich ob minderjährig oder nicht, dann ohnehin nicht mehr verhindern können, so dass er wohl auch hinsichtlich der ursprünglichen Anrechnungsbestimmung bei einer Schenkung nicht schutzbedürftig wäre. Andererseits wären die Regelungen zur (weiterhin empfangsbedürftigen) unmittelbaren lebzeitigen Anrechnungsbestimmung nicht geändert worden, so dass vorsichtiger Weise insoweit weiterhin jedenfalls ein Ergänzungspfleger zu bestellen gewesen wäre, da das geschäftsunfähige (bis 7 Jahre alte) Kind gar keine und das beschränkt geschäftsfähige Kind nur rechtlich vorteilhafte bzw. neutrale Erklärungen entgegen nehmen kann. 3721

Die wirksam angeordnete Anrechnung nach § 2315 BGB schmälert den Pflichtteil des Anrechnungspflichtigen (wobei alle Pflichtteilsberechtigten erfasst werden, nicht nur – wie bei § 2316 BGB – die Abkömmlinge) um den erhaltenen Vorempfang und kommt dem Erben als Schuldner des Pflichtteilsanspruchs zugute. Auf die Pflichtteilsansprüche anderer Pflichtteilsberechtigter wirkt 3722

---

499 Vgl. *Tanck*, ZErb 2000, 3; *Wall*, ZErb 2011, 10 ff.
500 Auch bei höheren Zuwendungen besteht insoweit kein Anscheinsbeweis. Bloßes Stillschweigen reicht niemals aus, vgl. OLG Köln, 28.11.2007 – 2 W 88/07, ZEV 2008, 244.
501 BGH, NJW 1955, 1353; a.A. MünchKomm-BGB/*Lange*, § 2315 Rn. 9; vgl. hierzu *Fembacher/Franzmann*, MittBayNot 2002, 85; eine vorsorgliche Einholung der Genehmigung wäre empfehlenswert!
502 *Weigl*, MittBayNot 2008, 275 stellt infrage, ob es sich noch um die h.M. handelt; a.A. *Fembacher*, MittBayNot 2004, 24 und *Everts*, Rpfleger 2005, 180.
503 Zweifelnd insoweit auch *Keim*, ZEV 2008, 165.

sie sich nicht aus. Die Reduzierung der Pflichtteilshöhe tritt »automatisch«, also nicht erst bei Erhebung einer »Einrede« oder »Berufung« auf die Anrechnungsbestimmung ein, so dass möglicherweise Steuereinsparungspotential »verschenkt« wurde, wenn sich der Erbe nun an sich gerne auf den Pflichtteilsanspruch in voller Höhe als Abzugsposten einlassen würde.

II. Voraussetzungen der Anrechnung auf den Pflichtteil

1. Lebzeitige, freigiebige Zuwendung des Erblassers

3723 Durch die Zuwendung muss der Nachlass vermindert werden, sei es obligatorisch oder dinglich. Diese Zuwendung muss freigiebig erfolgt sein, d.h. ohne Bestehen einer Leistungspflicht erbracht worden sein, und ist somit weiter als der Schenkungsbegriff des § 516 BGB.[504] Weiter muss die Zuwendung lebzeitig erfolgt sein, wobei die Differenzierung des § 2301 Abs. 1 und 2 BGB vorzunehmen ist, und unmittelbar ggü. dem Pflichtteilsberechtigten. Ausnahmsweise kann auch eine Zuwendung an einen Dritten anrechnungsfähig sein, wenn sie auf Geheiß des Pflichtteilsberechtigten bzw. aufgrund einer Vereinbarung gem. § 328 BGB in dieser Weise erfolgt, also quasi eine Abkürzung zweier Übertragungsvorgänge – zunächst an den Pflichtteilsberechtigten, sodann Weitergabe – vorliegt (Bsp: Zuwendung an eine GbR, an welcher der Pflichtteilsberechtigte beteiligt ist[505]).

2. Anrechnungsbestimmung

3724 Die Anrechnungsbestimmung stellt eine **einseitige empfangsbedürftige Willenserklärung** dar, die dem Empfänger vor oder mit der Zuwendung **zugehen muss**.[506] Sie ist nicht formgebunden und daher auch konkludent möglich,[507] soweit nicht das Kausalgeschäft einer Formvorschrift unterliegt, wie bei Grundstücken der Vorschrift des § 311b BGB. Die Formulierung »Anrechnung auf den Erbteil« bezieht sich allein auf die Ausgleichungsanordnung (Rdn. 1929 ff.), nicht auf die Pflichtteilsanrechnung;[508] die bloße Bezeichnung als Übertragung »im Wege vorweggenommener Erbfolge unentgeltlich« kann – je nach Auslegung – eine Anrechnung nach § 2315 BGB oder eine Ausgleichung nach § 2050 Abs. 3 BGB oder beides oder keines von beiden bedeuten.[509] Sie kann nicht nachträglich einseitig vom Schenker erklärt werden, bei Einverständnis des Pflichtteilsberechtigten läge ein Pflichtteilsverzichtsvertrag mit dem Formerfordernis des § 2348 BGB vor.[510]

Ist der Pflichtteilsberechtigte bei der Zuwendung mit der Anrechnung nicht einverstanden, muss er die Zuwendung zurückweisen. Nimmt er die Zuwendung an, ist er an die Anrechnung gebunden.

3. Keine Änderung durch die Pflichtteilsreform

3725 Die diskutierte **Änderung des Pflichtteilsrechts** nach Maßgabe des RefE v. 16.03.2007[511] und des RegE v. 30.01.2008[512] in Gestalt der Stellungnahmen v. 24.04.2008[513] hatte vorgesehen, dass

---

504 MünchKomm-BGB/*Lange*, § 2315 Rn. 5.
505 *Gutachten*, DNotI-Report 2013, 59, 60.
506 OLG Koblenz, 21.11.2005 – 12 U 1151/04, ZErb 2006, 130: kein Anscheinsbeweis hinsichtlich individueller Verhaltensweisen von Menschen in bestimmten Lebenslagen.
507 Allerdings genügt nicht bloßes Stillschweigen, zumal auch bei hohen Zuwendungen kein Anscheinsbeweis für die Anrechnung streitet, OLG Köln, 28.11.2007 – 2 W 88/07, ZEV 2008, 244.
508 OLG Schleswig, 13.11.2007 – 3 U 54/07, ZEV 2008, 386.
509 BGH, 27.01.2010 – IV ZR 91/09, ZNotP 2010, 228; hierzu *Kühn*, ZErb 2010, 320 ff.
510 OLG München, 26.03.2008 – 15 U 4547/07, ZEV 2008, 344: kein formloser Vertrag »sui generis«.
511 Abrufbar unter www.bmj.bund.de, vgl. hierzu *Spall*, ZErb 2007, 272 und *Bonefeld/Lange/Tanck*, ZErb 2007, 292 ff.
512 BR-Drucks. 96/08, veröffentlicht z.B. unter www.zev.de, vgl. *Bonefeld*, ZErb 2008, 67; *Progl*, ZErb 2008, 78; *Keim*, ZEV 2008, 161 ff.; *Herrler/Schmied*, ZNotP 2008, 178; *Schindler*, ZEV 2008, 187; *Schaal/Grigas*, BWNotZ 2008, 2 ff.
513 BT-Drucks. 16/8954.

C. Pflichtteilsanrechnung gem. § 2315 BGB   Kapitel 9

künftig auch eine Anordnung der Pflichtteilsanrechnung oder die »Aufhebung« einer Anordnung über die Anrechnung durch Verfügung von Todes wegen[514] in Betracht käme, und zwar (nach Maßgabe der geplanten Fassung der Überleitungsbestimmungen, Art. 229 § 17 Abs. 5 a.E. EGBGB-E) auch für solche Zuwendungen, die bereits vor Inkrafttreten der Gesetzesänderung erfolgt wären[515] (zur parallelen, ebenfalls nicht umgesetzten, Regelung i.R.d. Ausgleichungspflicht s. Rdn. 1939). Da letztwillige Verfügungen nicht empfangsbedürftig sind, wäre diese Anordnung ohne Kenntnis des davon Betroffenen erfolgt. Der Anordnende hätte damit spätere Umstände (Undank; Veränderungen des Umfangs des verbleibenden Nachlasses) i.S.e. Korrektur berücksichtigen, und auf entsprechende Beratung reagieren können, wenn er bei der Schenkung selbst (mangels Einhaltung der notariellen Form) nicht kundig betreut worden war.

Die Testierfreiheit wäre damit deutlich gestärkt worden, ebenso die Möglichkeit beständiger Zuwendungen z.B. an gemeinnützige Empfänger (Stiftungen):[516] zur Absicherung gegen Ansprüche aus § 2329 BGB ließen sich nachträglich alle an die Kinder bereits getätigten Zuwendungen pflichtteilsmindernd anrechenbar stellen, weit über die Zehn-Jahres-Grenze des § 2325 BGB hinaus. Von besonderem Reiz wären solche (i.d.R. pauschalen) nachträglichen Anrechnungsbestimmungen bei Kindern gewesen, deren andernfalls verbleibender Pflichtteilsanspruch nach sozialrechtlichen Überleitungsnormen (§ 93 Abs. 1 Satz 4 SGB XII, § 33 SGB II) möglicherweise später Gegenstand öffentlich-rechtlicher Verwertung sein wird.   3726

Rechtspolitisch überlegenswert wäre auch gewesen, in § 2315 BGB das Regel-Ausnahme-Verhältnis (wie in § 1380 BGB) umzukehren, der tatsächlichen Häufigkeit entsprechend.

§ 2278 Abs. 2 Nr. 4 BGB i.d.F. des RegE hätte ferner erlaubt, erbvertragsmäßige »Anordnungen nach §§ 2050, 2053 und 2315 BGB« zu treffen. Demnach wäre es z.B. möglich gewesen,   3727
(1) z.B. mit einem Dritten (etwa einem weichenden Geschwister) zu vereinbaren, dass eine ursprünglich, zeitlich vor oder spätestens mit der Schenkung formfrei getroffene Anrechnungsbestimmung oder auch eine nachträglich in letztwilliger Form getroffene Anrechnungsbestimmung nicht mehr aufgehoben werden dürfen, es sei denn, der Erbvertragspartner wäre damit einverstanden (»Versteinerung der Anrechnung«).
(2) Umgekehrt hätte auch dem Beschenkten selbst daran gelegen sein können, mit bindender Wirkung die nachträgliche Anordnung einer Anrechnung zu vermeiden.   3728

Schließlich hätten auch Eltern (im Regelfall Ehegatten) untereinander ein Interesse daran gehabt haben, dass nach dem Tod des Ersten nicht nachträglich testamentarisch eine Anrechnungsbestimmung aufgehoben (oder getroffen) wird.

Wäre die Gesetzesreform umgesetzt worden, wäre zu differenzieren gewesen, ob das Unterbleiben einer Anrechnungsbestimmung i.S.d. § 2315 Abs. 1 Satz 1 BGB lediglich darauf beruht, dass der Schenker die Anordnung unterlässt – ohne sich hinsichtlich seines künftigen Verhaltens zu binden, so dass eine nachträgliche letztwillige Anrechnungsanordnung jederzeit noch möglich wäre – oder ob das Unterbleiben auf einer erbvertraglichen bindend getroffenen Vereinbarung beruht (so dass eine Verbindung aus Überlassungs- und Erbvertrag vorliegt).   3729

Außerhalb solcher erbvertraglicher »Selbstbindung« hätte die Reform den Grundsatz der Testierfreiheit deutlich zulasten des Primats der lebzeitigen Vertragsgerechtigkeit erweitert und wäre damit weiterer Ausdruck für die gesetzgeberische Geringschätzung der Schenkung als solcher – die insoweit mit einem zusätzlichen mittelbaren »pflichtteilsrechtlichen Wertrückforderungsvorbehalt« behaftet wäre –, hätte aber andererseits eine versteckte Aushöhlung des Pflichtteilsrechts   3730

---

514 Damit wären künftig Vereinbarungen, dass eine Anrechnung unterbleiben müsse, wegen Verstoßes gegen § 2302 BGB nicht möglich.
515 Maßgeblich ist, dass der Sterbefall nach Inkrafttreten der Neuregelung erfolgt, »unabhängig davon, ob an Ereignisse aus der Zeit vor Inkrafttreten dieser Vorschriften angeknüpft wird«.
516 Hierauf weist *Röthel*, ZEV 2008, 113, 114 hin.

»durch die Hintertür« bewirkt. Sie wurde in der Regierungsbegründung dadurch gerechtfertigt, dass der Beschenkte seine Teilhabe am Schenker- (Erblasser-)Vermögen weiterhin erhalte, nur eben bereits früher. Schließlich behielten doch die Bedenken die Oberhand, so dass i.R.d. Pflichtteilsreform 2009 die Änderung des § 2315 BGB nicht umgesetzt wurde.

3731 Von der Anrechnung zu unterscheiden ist die unter den pflichtteilsberechtigten Abkömmlingen vorzunehmende **Ausgleichung gem. § 2316 BGB** (s. hierzu Rdn. 3747 ff.). Auch diese wirkt der Bevorzugung einzelner Pflichtteilsberechtigter durch lebzeitige Zuwendung entgegen. Sie führt allerdings nicht zu einer Reduzierung der Pflichtteilslast zugunsten des Erben, sondern soll erreichen, dass die nach §§ 2050 ff. BGB bei der gesetzlichen Erbfolge stattfindende Ausgleichung auch bei der Berechnung der Pflichtteilsansprüche berücksichtigt wird. Die »Fernwirkung« der Ausgleichungsanordnung auf Pflichtteilsansprüche gem. § 2316 BGB sollte (unverständlicherweise)[517] von der in Vorbereitung befindlichen Gesetzesreform des Pflichtteilsrechtes unberührt bleiben.

III. Berechnung des Pflichtteils unter Anrechnung

1. Grundsätze

3732 Die Berechnung[518] ist wie folgt vorzunehmen:
(1) Bildung des fiktiven Nachlasses durch Addition des Realnachlasses und des Vorempfangs,
(2) Hieraus wird der fiktive Pflichtteil errechnet,
(3) Der zu zahlende Pflichtteil ergibt sich aus dem fiktiven Pflichtteil abzgl. des Vorempfangs.

2. Berechnungsbeispiele

▶ Fall 1:

3733 Frau Sauer (verwitwet) hat ihrem Sohn ein Anwesen im Wert von 500.000,00 € überlassen mit der Bestimmung, er müsse sich den Wert der Zuwendung auf seinen Pflichtteilsanspruch anrechnen lassen. Bei ihrem Tod erbt die Tochter (Schwester des S) als Alleinerbin ein Vermögen von 2.000.000,00 €. Hat S noch einen Pflichtteilsanspruch?

Lösung: JA!

Berechnung: (2 Mio. + 0,5 Mio.) : 4 = 625.000,00 €. Hiervon 500.000,00 € abgezogen, mithin bleibt ein Anspruch von 125.000,00 €.

Mit welchem Wert wird die Zuwendung angerechnet?

3734 **Problem 1**: Gem. § 2315 Abs. 2 Satz 2 BGB mit dem Wert zum Zeitpunkt der Zuwendung. Dies mag als unbillig empfunden werden, sofern der Wert bis zum Todestag gesunken ist, so dass obige Formulierung über eine »Kappung« des Anrechnungswertes zu erwägen ist (ähnlich dem Niederstwertprinzip der Pflichtteilsergänzung). Nach ganz überwiegender, mit dem Grundgesetz vereinbarer[519] Auffassung kann der Veräußerer einen abweichenden Zeitpunkt (z.B. den Erbfall selbst)[520] bestimmen; führt der dann maßgebliche Wert jedoch zu einer höheren Pflichtteilsanrechnung, müssen die Anforderungen an einen (beschränkten) Pflichtteilsverzicht (Vertragsform; höchstpersönliche Erklärung des Veräußerers, notarielle Beurkundung, bei Minderjährigen

---

517 Vgl. die Kritik bei *Spall*, ZErb 2007, 277.
518 Berechnungsbeispiele, auch zur Anrechnung für einen fremden Empfang gem. § 2315 Abs. 3 BGB, bei *Gottwald*, EE 2016, 154 ff. sowie *Horn*, ZNotP 2017, 205 ff. Computerprogramm: *Gutdeutsch*, Erbrechtliche Berechnungen.
519 BVerfG, FamRZ 2006, 927 (kein Verstoß gegen Willkürverbot).
520 OLG Nürnberg, ZEV 2006, 361 m. krit. Anm. *Keim*.

C. Pflichtteilsanrechnung gem. § 2315 BGB   Kapitel 9

auch ggf. Ergänzungspflegschaft und jedenfalls familiengerichtliche Genehmigung analog § 2347 Abs. 2 BGB)[521] eingehalten sein, Rdn. 3719 ff.[522]

Problem 2: Wird ein Inflationsausgleich vorgenommen? Ja!   3735

▶ **Beispiel:**

> Die Zuwendung im November 1995 hat einen damals in der Urkunde zutreffend angegebenen oder durch Gutachten festgestellten Wert von 500.000,00 DM. Der Erbfall ist im November 1998. Angerechnet werden ca. 520.000,00 (500.00,000,00 DM multipliziert mit der Preisindexzahl[523] für November 1998, also 119,7, dividiert durch die Preisindexzahl für November 1995, also 115,1, ist 519982,62 DM). Seit 01.01.2003 ist der Verbraucherpreisindex (VPI) zugrunde zu legen, der durch Verkettung mit den früheren Indices bis 01.07.1958 rückgerechnet werden kann (01.07.1958 bis 31.12.1961: Lebenshaltung eines 4-Personen-Arbeitnehmerhaushaltes mit mittlerem Einkommen; 01.01.1962 bis 31.12.1990: Lebenshaltung aller privaten Haushalte in den alten Bundesländern; 01.01.1991 bis 31.12.2002: Lebenshaltung aller privater Haushalte in Deutschland).[524]

Problem 3: Wie werden Gegenleistungen berücksichtigt?   3736

Hierzu folgende **Abwandlung** zum Ausgangsfall:

> ▶ Frau Sauer (65 Jahre) hat sich ein Wohnrecht vorbehalten (monatlicher Mietwert 500,00 €) und stirbt 2 Jahre später.
>
> Wie wirkt sich das Wohnrecht aus? Es wird grds. nach der Lebenserwartung kapitalisiert und vom anzurechnenden Wert abgezogen (abstrakte ex ante-Berechnung ähnlich § 2325 BGB, vgl. zum Nießbrauch Rdn. 1432 ff.; zum Wohnungsrecht Rdn. 1602).

Bei **mehreren Anrechnungspflichtigen** ist eine getrennte Berechnung vorzunehmen, d.h. es ist   3737
für jeden Anrechnungspflichtigen der fiktive Nachlass anhand seines Vorempfangs zu bestimmen. Hierzu Folgendes

▶ **Beispiel:**

> Frau Sauer (verwitwet) hat ihrem Sohn zu Lebzeiten einen Wert von 500.000,00 € überlassen, ihrer Tochter vor mehr als 10 Jahren einen Wert von 1 Mio. €. Bei ihrem Tod ist eine gemeinnützige Stiftung Alleinerbe eines Vermögens von 4 Mio. €. Wie wird der Pflichtteilsanspruch bei Sohn und Tochter berechnet?
>
> **Lösung: jeweils getrennt!**
>
> Der Sohn hat einen Anspruch von (4 Mio. € + 500.000,00 €) : 4 – 500.000,00 € = 625.000,00 €.
>
> Die Tochter hat einen Anspruch von (4 Mio. € + 1 Mio.) : 4 – 1 Mio. € = 250.000,00 €.

An der Berechnung ändert sich nichts, wenn ein Kind vorverstorben ist und an dessen Stelle ein   3738
Enkelkind tritt, da sich auch das Enkelkind nach § 2315 Abs. 3 i.V.m. § 2051 Abs. 1 BGB die Zuwendung an den Elternteil anrechnen lassen muss, vgl. Rdn. 1948 zur Ausgleichungspflicht.

---

521 Hierzu *Keim*, ZEV 2006, 364.
522 *Damrau/Riedel/Lenz*, Praxiskommentar Erbrecht, § 2315 Rn. 10 m.w.N. Für Formfreiheit: *Ebenroth*, JZ 1991, 281 f.
523 Krit. gegen diese Rspr. [BGHZ 46, 343] *Kogel*, FamRZ 2003, 278, da die Baukosten im Immobilienbereich derzeit geringer steigen als die Lebenshaltungskosten.
524 Vgl. *Gutdeutsch*, FamRZ 2003, 1061 mit Tabellen (zur Inflationsbereinigung des Zugewinnausgleichs).

3. Kombination von § 2315 und § 2325 BGB

3739 Bei mehreren anrechnungspflichtig Beschenkten kommt auch eine Kombination von Anrechnung und Pflichtteilsergänzung wegen des an den jeweils anderen geschenkten Vermögensgegenstand in Betracht. Hat ein Pflichtteilsberechtigter keinen Vorempfang erhalten oder einen geringeren, steht ihm zusätzlich gegen die Erben ein Pflichtteilsergänzungsanspruch zu.[525] Hierzu

▶ Beispiel:

3740 Frau Sauer (nunmehr verheiratet), hat wieder ihrem Sohn 500.000,00 überlassen, ebenso jedoch ihrem Ehemann 1 Mio. Beim Tod ist die Tochter Alleinerbin von 4 Mio., der Ehemann erhält einen Pkw als Vermächtnis. Was ändert sich?

Lösung:
1. Durch den überlebenden Ehemann ändert sich die Pflichtteilsquote des Sohnes auf ein Achtel (wegen des – sei es auch geringwertigen – Vermächtnisses bleibt es für die Pflichtteilsberechnung des Sohnes beim erhöhten väterlichen Erbteil, da § 1371 Abs. 2 BGB nicht eingreift).
2. Die Zuwendung i.H.v. 1 Mio. € an den Ehemann unterliegt der Pflichtteilsergänzung nach § 2325 BGB, da die 10-Jahresfrist bei Zuwendungen an den Ehegatten nicht zu laufen beginnt.
3. Berechnung der Pflichtteilsansprüche des Sohnes: Gesamtpflichtteil (4.000.000 + 500.000 + 1.000.000.) : 8 – 500.000 = 187.500 Ordentlicher Pflichtteil: (4.000.000 + 500.000) : 8 – 50.000 = 62.500 Pflichtteilsergänzungsanspruch demnach: Gesamtpflichtteil abzüglich ordentlicher Pflichtteil, also 125.000.

4. Kombination von § 2315 BGB und § 2327 BGB

3741 Die Anrechnung gem. § 2315 BGB betrifft den ordentlichen Pflichtteil, § 2327 BGB die Anrechnung von Eigengeschenken auf den Pflichtteilsergänzungsanspruch. Während § 2315 BGB eine entsprechende Anordnung des Veräußerers voraussetzt, ist die Anrechnung von Eigengeschenken zulasten des Pflichtteilsergänzungsberechtigten in § 2327 BGB zwingend angeordnet. Insgesamt darf die Anrechnung jedoch, wie sich aus § 2327 Abs. 1 Satz 2 BGB ergibt, nur einmal erfolgen. Demnach ist zunächst der Nachlass zu erhöhen um alle anrechnungspflichtigen Zuwendungen zuzüglich des Eigengeschenks, und sodann von dem sich hieraus ergebenden Gesamtpflichtteil das anrechenbare Eigengeschenk in Abzug zu bringen (vgl. im Einzelnen Rdn. 3652 ff.).

5. Kombination von § 2315 BGB und § 1380 BGB

3742 Erfolgen lebzeitige Zuwendungen an einen Ehegatten im gesetzlichen Güterstand, statuiert § 1380 BGB im Zweifel (mangels anderweitiger Anordnung) bei Erheblichkeit des Geschenks eine (im Ergebnis allerdings nur begrenzt wirksame, vgl. Rdn. 3229 ff.) »Anrechnung« auf den Zugewinnausgleichsanspruch, und zusätzlich fordert § 2315 BGB die Anrechnung auf den Pflichtteil, sofern bei der Zuwendung angeordnet.

3743 Beide Ansprüche können, sofern der überlebende Ehegatte die Erbschaft ausschlägt und den kleinen Pflichtteil samt der konkreten familienrechtlichen Zugewinnausgleichsforderung geltend macht (güterrechtliche Lösung), nebeneinander entstehen. Eine Doppelberücksichtigung ist ausgeschlossen, allerdings kann der Zuwendende die Reihenfolge der Anrechnung bestimmen.[526] Während teilweise dafür plädiert wird, zunächst auf den Zugewinn und sodann einen etwa ver-

---

525 MünchKomm-BGB/*Lange*, § 2315 Rn. 12 a.E.
526 Vgl. *J. Mayer*, ZErb 2007, 135 m.w.N.

bleibenden Rest auf den Pflichtteilsanspruch anzurechnen,[527] favorisieren andere im Zweifel zunächst die Anrechnung auf den Pflichtteil und sodann nur insoweit auf den Zugewinnausgleichsanspruch, dass der Zuwendungsempfänger nicht besser stehen darf, als wenn der Gegenstand als auszugleichender Zugewinn im Vermögen des Veräußerers verblieben wäre.[528] Die überwiegende Literatur nimmt **zunächst die Anrechnung auf den Pflichtteil** und sodann hinsichtlich des nicht verbrauchten Restes auf den Zugewinnausgleichsanspruch vor.[529] Diese Anrechnungsreihenfolge ist auch unter erbschaftsteuerlichen Aspekten günstig, mindert sie doch zunächst den erbschaftsteuerpflichtigen Pflichtteilsanspruch (§ 3 Abs. 1 Satz 1 ErbStG) und entfällt lediglich hinsichtlich des Restes auf den gem. § 5 Abs. 2 ErbStG ohnehin erbschaftsteuerfreien familienrechtlichen Zugewinnausgleichsanspruch.

IV. Problemfälle

1. Streit beim Tod des nicht veräußernden Ehegatten

Die Pflichtteilsanrechnung gaukelt dann eine nicht vorhandene Sicherheit vor, wenn von beiden Ehegatten nur einer an ein Kind überschreibt, später aber ein Streit anlässlich des Todes des anderen Ehegatten entsteht (Zitat einer Betroffenen: Wie kann es denn sein, dass ich meinen Sohn nochmals mit einem Pflichtteil bedenken muss, wo er doch vor einigen Jahren von meinem verstorbenen Mann bereits das Haus bekommen hat!). Beide Sterbefälle sind in Bezug auf die Zuwendungen des jeweiligen Erblassers getrennt zu betrachten,[530] ebenso wie bei der Ausgleichungspflicht unter Miterben. Zur Gleichstellung beim »Berliner Testament« (unabhängig von der Reihenfolge des Versterbens) vgl. ausführlich Rdn. 1960 ff.; zur »Erweiterung der Wirkungen des § 2315 BGB« auch auf den Tod des anderen Ehegatten durch gegenständlich beschränkten Pflichtteilsverzicht s. Rdn. 3891 f.

3744

2. Fehlgeschlagene »Gleichstellungszahlung«

▶ Beispiel:

Frau Sauer (verwitwet) überlässt ihr Haus mit einem Verkehrswert von 500.000,00 € ihrem Sohn. Die Tochter erhält vom Sohn eine Auszahlung i.H.v. 250.000,00 €, »schließlich sollen doch die Kinder gleichgestellt werden!«. Der Notar sieht – wie in vergleichbaren Fällen bei ihm üblich – die Pflichtteilsanrechnung der Zuwendung beim Sohn sowie einen gegenständlich beschränkten Pflichtteilsverzicht der Tochter vor. Beim Tod der Frau Sauer erbt deren Restvermögen von 1 Mio. ihr Lebensgefährte. Bei der Berechnung der Pflichtteilsansprüche muss sich nun der Sohn die Zuwendung abzgl. der Auszahlung anrechnen lassen (dies ergibt einen Pflichtteilsanspruch von 62.500,00 €). Die Tochter hat dagegen unverändert einen Pflichtteilsanspruch von einem Viertel aus 1 Mio. €, also 250.000,00 €.

3745

Dieses missliche Ergebnis lässt sich vermeiden, indem man entweder vollständige Pflichtteilsverzichte der Kinder beurkundet, oder die Auszahlung an die Schwester ebenfalls der Pflichtteilsanrechnung am Nachlass des Veräußerers unterwirft, indem in der Urkunde ausdrücklich eine Zahlungspflicht des Veräußerers begründet wird, die der Erwerber anstelle des Veräußerers zu erfüllen hat (vgl. im Einzelnen mit Formulierungsvorschlägen Rdn. 1871 ff.).

3746

---

527 So *Kerscher/Riedel/Lenz*, Pflichtteilsrecht, § 8 Rn. 59: die Reduzierung des güterrechtlichen Ausgleichs entlastet die Erben des Zuwendenden unmittelbar.
528 *Bonefeld*, ZErb 2002, 190.
529 So etwa MünchKomm-BGB/*Gernhuber*, § 1371 Rn. 48.
530 OLG Koblenz, 14.06.2010 – 2 U 831/09, ZEV 2010, 473.

D. Der Ausgleichspflichtteil (§ 2316 BGB)

I. Pflichtteilsfernwirkung der Ausgleichung (§ 2316 BGB)

1. Allgemeine Grundsätze

3747 § 2316 BGB regelt die Frage, wie sich die Vorschriften der Ausgleichung gem. §§ 2050 bis 2060 BGB unter Abkömmlingen bei gesetzlicher Erbfolge (s. hierzu Rdn. 1917 ff.) auf die Pflichtteilsberechnung auswirken. Ohne Erhöhung der Pflichtteilslast zulasten der Erben werden hierdurch die Pflichtteile der Abkömmlinge untereinander verändert. Ein »Verzicht auf die pflichtteilserhöhenden Wirkungen einer Zuwendung« erfasst auch diesen Anspruch (Formulierungsvorschläge s. Rdn. 3870 ff.).

3748 Gem. § 2316 Abs. 3 BGB ist der nach § 2050 Abs. 1 und 2 BGB vor oder nach der Zuwendung zulässige Ausschluss der Ausgleichungspflicht, auch für Ausstattungen sowie übermäßige Zuschüsse und Ausbildungskosten, i.R.d. Pflichtteilsberechnung unbeachtlich. Auch eine vertragliche Regelung, dass keine Ausgleichungspflicht bestehe, hindert also nicht, dass die frühere **Ausstattung** zu einer Erhöhung des Pflichtteils anderer Geschwister führt, und zwar ohne zeitliche Befristung, da die Zehnjahresgrenze des § 2325 Abs. 3 BGB bei § 2316 BGB nicht gilt und eine Ausstattung ihrerseits (mangels Schenkungsqualität, § 1624 BGB) nicht § 2325 BGB unterliegt. In diesem Kontext ist also die Ausstattung der Schenkung ggü. **nachteilig**. Hat allerdings der Erblasser sein gesamtes Vermögen zu Lebzeiten übertragen, scheitert die ausstattungsbedingte Erhöhung des Pflichtteils der anderen Abkömmlinge an **§ 2056 Satz 1 BGB** (keine Herausgabe des »Mehrempfangs«; keine Korrektur über Direktkondiktion beim »Beschenkten« wie bei § 2329 BGB) – jedoch wird dadurch § 2325 BGB ausgelöst, wenn die »Wegschenkungen« zur Entleerung des Nachlasses nicht mehr rechtzeitig erfolgt sind.[531]

3749 Der »Verschiebungseffekt« zugunsten der abstrakt ausgleichungsbegünstigten Geschwister kann allenfalls durch einen notariell zu beurkundenden, ggf. gegenständlich auf den Erhöhungsanteil beschränkten, Pflichtteilsverzicht des Geschwisters (vgl. Rdn. 3870) behoben werden. Ist diese nicht zu erlangen, kommt bei sehr hohen Vorauszuwendungen möglicherweise ein notariell beurkundeter Erbverzicht (!) zwischen dem Zuwendungsempfänger und dem Erblasser in Betracht: dieser erhöht zwar die Quoten der übrigen Pflichtteilsberechtigten aufgrund des Wegfalls des Verzichtenden, führt aber andererseits dazu, dass gem. § 2316 Abs. 1 Satz 2 BGB die Zuwendung bei der Berechnung der Pflichtteilshöhe gänzlich außer Betracht bleibt.

3750 Die ohne Mitwirkung der Betroffenen nicht ausschließbare Fernwirkung der Ausstattung auf die Höhe des Pflichtteilsanspruchs des nicht ausgestatteten Geschwisters lädt dazu ein, dessen Schlechterstellung gerade **nicht durch Enterbung** (mit der Folge der Entstehung eines Pflichtteilsanspruchs) herbeizuführen, sondern das zu benachteiligende Geschwister als unbelasteten Miterben hinsichtlich des mageren verbleibenden Nachlasses zu einer Quote oberhalb der Pflichtteilsquote zu belassen: die von § 2050 Abs. 1 BGB vermutete Ausgleichungspflicht kann auf der Ebene der Erbschaft ausgeschlossen werden; schlägt das unzufriedene nicht ausgestattete Geschwister aus, erhält es (da § 2306 Abs. 1 Satz 2 BGB nicht einschlägig ist) nicht einmal den Pflichtteil, und auch Pflichtteilsergänzungsansprüche scheiden mangels Schenkung (§ 1624 BGB) aus.

▶ Hinweis:

3751 Im Bereich des § 2050 Abs. 3 BGB, also bei der gekorenen (nicht geborenen) Ausgleichungsanordnung, bestehen einfachere Möglichkeiten der Vorsorge gegen die ungewollte pflichtteilsrechtliche Fernwirkung des § 2316 BGB: die Ausgleichungsanordnung ist lediglich für den

---

531 § 2325 BGB erfasst nur den Anspruchsteil, der nicht über den erhöhten Ausgleichserbteil dem weichenden Geschwister zugutekommt. Der zu viel Bedachte scheidet gem. § 2056 Satz 2 BGB aus der Ausgleichsberechnung unter Geschwistern aus. Nach BGH, NJW 1988, 821 soll sich demnach auch die Pflichtteilsquote der weichenden Geschwister erhöhen, str., vgl. *J. Mayer*, ZErb 2007, 138.

Fall angeordnet, dass gesetzliche Erbfolge (oder eine diese abbildende testamentarische Erbfolge) eintritt, andernfalls – also bei **abweichender testamentarischer Anordnung** mit möglichen Pflichtteilsfolgen – ist sie **auflösend bedingt**.

Hinzu kommt in praktischer Hinsicht, dass der Anspruchsteller bei den gekorenen (nicht geborenen) Ausgleichspflichten beweisen muss, dass eine Ausgleichungsanordnung überhaupt getroffen wurde, was nach vielen Jahren schwer fallen kann; i.R.d. § 2050 Abs. 1 BGB genügt der Nachweis der Existenz einer früheren Ausstattung als solcher.[532]

2. Voraussetzungen der Ausgleichung

Gem. § 2316 BGB müssen mehrere Abkömmlinge vorhanden sein. Neben dem Pflichtteilsberechtigten kann dies ein Erbe oder weiterer Pflichtteilsberechtigter sein. Einzige Voraussetzung ist, dass er im Fall der gesetzlichen Erbfolge zum Erben berufen wäre. Somit werden auch Ausschlagende, Erbunwürdige (Rdn. 3931) und Pflichtteilsberechtigte, denen der Pflichtteil entzogen wurde, berücksichtigt. Lediglich im Fall des Erbverzichts bleibt der Verzichtende gem. § 2346 Abs. 1 Satz 2 BGB außer Betracht.

3752

3. Bewertung und Berechnung

Die Ausgleichsanordnung hat die meist unerwünschte Nebenwirkung, dass sich das Pflichtteilsrecht der anderen Abkömmlinge erhöht: nach § 2316 BGB wird auch für die Berechnung des Pflichtteils der auszugleichende Vermögensgegenstand dem Nachlass hinzugerechnet. Zur Ermittlung der Pflichtteilsfernwirkung des ausgleichspflichtigen Vorempfangs i.R.d. § 2316 BGB wird die **Ausgleichung hypothetisch durchgeführt**, da aufgrund der Enterbung des Pflichtteilsberechtigten eine »echte Ausgleichung« naturgemäß nicht stattfindet.[533] Die pflichtteilsrechtliche Veränderung tritt aber nicht nur zugunsten des enterbten Pflichtteilsberechtigten ein, sondern auch zu dessen Lasten, etwa wenn er selbst ausgleichspflichtige Zuwendungen empfangen hat.[534]

3753

▶ **Übersicht: Berechnung des Ausgleichspflichtteils:**

(1) Vorab wird der Erbteil für andere Personen als Abkömmlinge abgerechnet.
(2) Anschließend werden alle zur Ausgleichung zu bringenden Zuwendungen dem Nachlassteil, der für die Abkömmlinge verbleibt, zugerechnet (fiktiver Nachlass) und
(3) es wird für den einzelnen Abkömmling sein rechnerischer Anteil (fiktiver Erbteil) daran ermittelt.
(4) Abschließend wird von dem rechnerischen Teil beim Erwerber die Zuwendung abgezogen. Daraus ergibt sich der gesetzliche Erbanspruch (Ausgleichungserbteil).
(5) Die Hälfte hiervon ist der Ausgleichungspflichtteil.

3754

Die Ausgleichung scheitert allerdings dann, wenn der verbliebene Nachlass geringer als die lebzeitige Zuwendung ist, da eine Auszahlung durch den Erwerber nicht erfolgen muss.

3755

▶ **Beispiel:**

Frau Sauer (verwitwet) hat ihrem Sohn ein Anwesen im Wert von 500.000,00 € überlassen mit der Bestimmung, er müsse es im Erbfall mit seiner Schwester zur Ausgleichung bringen. Bei ihrem Tod hinterlässt Frau Sauer noch ein Vermögen von 2 Mio. €. Wie hoch ist der Erbanspruch des Sohnes bei gesetzlicher Erbfolge?

---

[532] Was aber wieder den Nachweis des Ausstattungswillens notwendig machen kann, *Mayer/Geck*, Der Übergabevertrag, § 9 Rn. 13.
[533] BGH, NJW 1993, 1197. Übersicht zur Berechnung des Ausgleichspflichtteilsanspruchs bei *Gottwald*, EE 2016, 96 ff.
[534] BGH, FamRZ 1993, 535.

Wie hoch wäre der Pflichtteilsanspruch, falls Frau Sauer ihre Tochter zur Alleinerbin eingesetzt hätte?

Der Erbanspruch ist (2 Mio. € + 500.000,00 €) : 2–500.000,00 € = 750.000,00 €. (Das Ergebnis leuchtet ein, da Sohn und Tochter nunmehr effektiv jeweils 1,25 Mio. erhalten.)

Der Pflichtteilsanspruch des Sohnes bei der im Fall genannten Abwandlung beträgt gem. § 2316 Abs. 1 BGB 750.000,00 € (rechnerischer Erbanspruch) : 2 = 375.000,00 €.

Vergleicht man dies mit dem obigen Beispiel zur Auswirkung der Anordnung einer Pflichtteilsanrechnung erkennt man unschwer, dass die Pflichtteilsanrechnung regelmäßig zu einer stärkeren Pflichtteilsminimierung führt (dort hatte der Sohn nur noch einen Pflichtteilsanspruch von 125.000,00 €).

3756 Allgemein kann festgehalten werden, dass eine Pflichtteilsanrechnung insgesamt die Summe der Pflichtteilsansprüche der Abkömmlinge mindert, während die Anordnung der Erbausgleichung nur die **Verteilung des (gleich hohen) Pflichtteilsanspruchs verändert**. Selbstverständlich kann die Pflichtteilsanrechnung mit der Anordnung der Erbausgleichung auch kombiniert werden:

II. Kombination von Ausgleichung und Anrechnung[535]

3757 Als Berechnungsbeispiel soll wieder folgender, bereits bekannter Fall herangezogen werden:

▶ Beispiel:

Frau Sauer (verwitwet) hat ihrem Sohn ein Anwesen im Wert von 500.000,00 € überlassen mit der Bestimmung, er müsse es im Erbfall mit seiner Schwester zur Ausgleichung bringen und es sich auf seinen Pflichtteil anrechnen lassen. Bei ihrem Tod vererbt Frau Sauer ihrer Tochter als Alleinerbin ein Vermögen von 2 Mio. € Wie hoch ist der Pflichtteilsanspruch des Sohnes?

Die Lösung ergibt sich aus § 2316 Abs. 4 BGB. Diese Bestimmung kommt nur dann zum Tragen, wenn Ausgleichung (§§ 2050 ff., 2316 BGB) und Anrechnung (§ 2315 BGB) bei derselben Person zusammenfallen.

Zunächst ist die Ausgleichung durchzuführen:

(2 Mio. € + 500.000,00 €) : 2–500.000,00 € = 750.000,00 € (Erbteil nach Ausgleichung)

und hieraus der Pflichtteil nach § 2316 Abs. 1 BGB zu errechnen:

750.000,00 € : 2 = 375.000,00 € (Pflichtteil nach Ausgleichung),

auf den nunmehr wiederum gem. § 2316 Abs. 4 BGB die Zuwendung zur Hälfte anzurechnen ist:

375.000,00 € – (500.000,00 € : 2) = 125.000,00 € (Pflichtteil nach Ausgleichung und Anrechnung)

3758 Die Kombinationslösung bewirkt demnach keine weitere Verringerung des Pflichtteils des Erwerbers ggü. der reinen Pflichtteilsanrechnung.

Umgekehrt kann die Kombinationslösung aber zu einer **geringeren Pflichtteilsminderung** führen.[536]

---

535 Zum Zusammentreffen von Zuwendungen, die nur ausgleichungspflichtig sind, mit Zuwendungen, die nur anrechnungspflichtig sind vgl. MünchKomm-BGB/*Lange*, § 2316 Rn. 22.
536 Vgl. *Wegmann*, Grundstücksüberlassung, Rn. 568; ausführliche Berechnungsbeispiele bei *Nieder/Kössinger*, Handbuch der Testamentsgestaltung, Rn. 216 ff. und hier insb. Rn. 230; *Sostmann*, MittRhNotK 1976, 493 ff.

D. Der Ausgleichspflichtteil (§ 2316 BGB) — Kapitel 9

▶ **Beispiel:**

A (verheiratet mit B) hat Vermögenswerte von gesamt 4 Mio. €. Dem Sohn will er eine Wohnung im Wert von 300.000,00 € übertragen. Vorhanden sind noch zwei Töchter »T1« und »T2«. Er hat die Ausgleichung der Zuwendung gem. § 2050 Abs. 3 BGB angeordnet.

Hinterlässt A kein Testament, wird er also durch seine Ehefrau B zu einhalb und durch seine Kinder zu je einem Sechstel beerbt, ist zunächst gem. § 2055 Abs. 1 Satz 2 i.V.m. § 2050 BGB zu berücksichtigen, dass die Ausgleichung im Verhältnis zur Ehefrau keine Wirkung zeitigt. B erhält also 1.850.000,00 € (1/2 von 3.700.00,00 €). Im Verhältnis zwischen den drei Kindern wird zunächst gem. § 2055 Abs. 1 Satz 2 BGB der Wert der Zuwendung dem Nachlassrest hinzugerechnet (1.850.000,00 € + 300.000,00 € = 2.150.000,00 €); dieser steht allen zu einem Drittel, also i.H.v. 716.000,00 € zu. Der Sohn hat bereits 300.00,00 € erhalten, so dass ihm 416.000,00 € bleiben.

Hat A ein Testament zugunsten seiner Ehefrau errichtet, errechnet sich gem. § 2316 Abs. 1 Satz 1 BGB der Pflichtteil nach demjenigen, was auf den gesetzlichen Erbteil unter Berücksichtigung der Ausgleichung entfallen würde, beläuft sich also auf die Hälfte von 416.000,00 €, mithin 208.000,00 €. Bei einer Kombination von Pflichtteilsanrechnung und Ausgleichung muss gem. § 2316 Abs. 4 BGB in einem weiteren Schritt hiervon die Hälfte des Werts der Zuwendung (also 150.000,00 €) abgezogen werden, so dass ein Restanspruch des Sohnes i.H.v. 58.000,00 € verbleibt.

Wäre nur die Pflichtteilsanrechnung angeordnet worden, hätte der Sohn, wenn ein Testament z.B. zugunsten seiner Mutter B vorläge, einen geringeren Restpflichtteil geltend machen können: Gem. § 2315 Abs. 2 BGB ist zunächst der Wert der Zuwendung dem Nachlass hinzuzurechnen, so dass sich dieser wiederum auf 4.000.000,00 € erhöht. Der Pflichtteil des Sohnes beträgt hieraus 1/12, also 333.000,00 €. 300.000,00 € hat er bereits erhalten, so dass ihm nur noch ein Restanspruch von 33.000,00 € bleibt. Sein Pflichtteil ist also geringer, wenn nur die Pflichtteilsanrechnung angeordnet ist, als wenn sowohl Ausgleichung als auch Anrechnung angeordnet wurden.

Da der Anteil des Ehepartners beim Ausgleich vorab auszuscheiden ist, jedoch der auf den Ausgleichserbteil angerechnete Vorempfang insgesamt nur hälftig berücksichtigt wird, führt also die Kombination aus der (um den Ehegattenanteil abgeschwächten) Ausgleichung und hälftigen Anrechnung des Vorempfangs auf den so ermittelten Pflichtteil zu einer geringeren Reduzierung als die unmittelbare Anrechnung des vollen Betrages auf den Pflichtteil nach § 2315 BGB.[537] Diese ungewollte Folge der Kombination aus Ausgleich und Anrechnung tritt auch (wenngleich abgeschwächt) ein, wenn die Ehegatten in Gütertrennung oder in Gütergemeinschaft verheiratet sind.[538] Soll gleichwohl die maximale pflichtteilsentlastende Wirkung erreicht werden, auch wenn im Zeitpunkt des Erbfalls der Ehegatte noch lebt, sollte bei Kombination von Ausgleichung und Anrechnung folgende Formulierung gewählt werden: 3759

▶ **Formulierungsvorschlag: Kombination von Ausgleichung und Anrechnung mit Optimierung der Pflichtteilsreduzierung**

Der Erwerber hat sich den Wert des unentgeltlichen Anteils der heutigen Zuwendung auf seinen Pflichtteil nach § 2315 BGB anrechnen zu lassen und nach §§ 2050 ff. BGB im Verhältnis zu Geschwistern zur Ausgleichung zu bringen [*Anm.: Es folgt Baustein zur Ausgleichungsanordnung, s. oben Rdn. 1954*]. 3760

Sofern nach dem Tod des Veräußerers dessen Ehegatte oder Lebenspartner erbrechtlich zu berücksichtigen ist, findet bei einer etwa notwendigen Ermittlung des Pflichtteils des Erwerbers le-

---

537 Vgl. mit Berechnungsbeispielen, *Schäfer*, ZEV 2013, 63 ff.
538 Berechnungsbeispiele bei *Pawlytta*, in: Mayer/Süß/Tanck/Bittler/Wälzholz, Handbuch Pflichtteilsrecht, § 6 Rn. 103 f.

diglich eine Anrechnung nach § 2315 BGB statt, nicht aber eine Ausgleichung nach §§ 2050, 2316 ff. BGB, falls wegen § 2316 Abs. 4 BGB sonst ein höherer Pflichtteilsanspruch bestünde.

Es handelt sich also um eine aus Rechtsgründen auflösend bedingte Ausgleichungsanordnung.

3761 Die Kombination von Anrechnung und Ausgleichung kann umgekehrt zu einer **stärkeren Reduzierung der Pflichtteilshöhe** führen als die alleinige Anrechnung, wenn **sehr hoher Vorempfänge** vorhanden sind, die wegen Erschöpfung des Nachlasses (§ 2056 BGB) unberücksichtigt bleiben:

▶ Beispiel:[539]

Die Geschwister A, B und C erben zu gleichen Teilen einen Nachlass von gesamt 6.000. B hat einen Vorempfang von 1.800, C von 5.100 erhalten und auszugleichen. Die Teilungsquote für C würde an sich (6.000+0+1.800+5.100) = 12.900:3 = 4.300–5.100 = -800 betragen, so dass § 2056 Satz 1 BGB (Rückzahlungssperre) greift. Gemäß § 2056 Satz 2 BGB wird daher nur unter den verbleibenden Geschwistern, nämlich A und B, ihr Erbteil ohne Berücksichtigung der Zuwendungen des C und ohne Berücksichtigung seiner Erbenstellung errechnet, so dass beispielsweise B noch bei einer Teilungsquote von (6.000+0+1.800) = 7.800:2 = 3.900 – 1.800 = 2.100 erhielte. Sein Pflichtteil würde also 1.050 betragen; von diesem Betrag wird, gemäß § 2316 Abs. 4 BGB, der Vorempfang von 1.800 nochmals zur Hälfte, also in Höhe von 900, abgezogen, so dass der Restpflichtteil nur noch 150 beträgt. Wäre von vornherein nur eine Anrechnung angeordnet worden, ergäbe sich für ihn ein Pflichtteil von (6.000+5.100+1.800+0) = 12.900:6 (Pflichtteilsquote) = 2.150 – 1.800 gemäß § 2315 BGB, so dass 350 (also 200 mehr!) verblieben.

3762 Diese Besserstellung erklärt sich daraus, dass im Rahmen der unmittelbaren Berechnung gemäß § 2315 BGB auch die »Übermaßzuwendung«, die im Rahmen der Ausgleichung wegen § 2056 BGB unberücksichtigt bliebe, zur Ermittlung des ergänzten Nachlasses hinzugerechnet wird, während sie bei der Ermittlung des unmittelbaren Ausgleichungspflichtteils (von dem sodann wiederum der hälftige Abzug des Vorempfangs gemäß § 2316 Abs. 4 BGB stattzufinden hat) i.S.d. § 2316 Abs. 1 BGB unberücksichtigt bleibt, ebenso wie bei der unmittelbaren Ausgleichung.

E. Erb- und Pflichtteilsverzicht

I. Erbverzicht

1. Wirkung

3763 § 2346 Abs. 1 Satz 1 BGB erlaubt den Verzicht auf das gesetzliche Erbrecht durch Vertrag zwischen dem Erblasser einerseits, und dessen Ehegatten bzw. einer mit dem Erblasser verwandten Person andererseits. § 10 Abs. 7 LPartG eröffnet dieselbe Möglichkeit dem gleichgeschlechtlich Verpartnerten. Der wirksame **Erbverzicht** führt zur **Fiktion des Vorversterbens**, d.h. der Verzichtende ist von der gesetzlichen Erbfolge in gleicher Weise ausgeschlossen, wie wenn er beim Erbfall des Erblassers nicht mehr leben würde. Mangels »juristischer Existenz« ist er damit auch nicht mehr pflichtteilsberechtigt. Trotz des Erbverzichts kann jedoch die verzichtet habende Person letztwillig weiter als Vermächtnisnehmer oder Erbe gleich welcher Variante bedacht werden, da der Verzicht sich lediglich auf das **gesetzliche Erbrecht** bezieht.

3764 Die **Vorversterbensfiktion** führt notgedrungen zur Erhöhung der gesetzlichen Erbquote anderer Beteiligter und damit (für den Fall ihrer Enterbung bzw. der Ausschlagung in den gesetzlich solchermaßen geregelten Fällen) zur Erhöhung der Pflichtteilsquote dieser Personen, z.B. anderer, nicht verzichtet habender Abkömmlinge (vgl. § 2310 Satz 2 BGB), oder gar zum Entstehen des Pflichtteilsrechtes entfernterer Verwandter (z.B. der Eltern). Diese irreparable (bzw. nur durch flankierende Pflichtteilserhöhungsverzichte der Begünstigten reparable) **Pflichtteilserhöhungswir-**

---

539 Nach *Schäfer*, ZEV 2013, 63, 65.

kung lässt die Beurkundung eines Erbverzichts oft als geradezu kontraproduktiv erscheinen, wie folgendes Beispiel zeigt:

▶ **Beispiel:**

V hat vier Kinder. Bei seinem Tod soll seine Ehefrau alles erben. Er beauftragt daher den Notar, von K1 bis K4 »Erbverzichte« einzuholen. Der Notar tut wie ihm befohlen und erreicht »immerhin« einen Erbverzicht von K1, K2 und K3. Beim Tod von V macht K4 einen Pflichtteilsanspruch von ein Viertel geltend. K1 bis K3 gelten nach § 2346 Abs. 1 Satz 2 BGB als verstorben bzw. werden nach § 2310 Satz 2 BGB bei der Berechnung nicht mitgezählt. Im Ergebnis haben die drei Erbverzichte keine Verbesserung gebracht. Bei Beurkundung von drei Pflichtteilsverzichten hätte K4 lediglich ein Sechzehntel erhalten.[540]

Nur wenn diese Veränderung der gesetzlichen Erb/Pflichtteilsquote nach dem Lebenssachverhalt unproblematisch ist (Beispiel: Das einzige Kind legt die Ewige Profess als Ordensschwester ab) bzw. es den Beteiligten darauf ankommt, sich die Notwendigkeit einer **flankierenden enterbenden Verfügung von Todes wegen** zu ersparen, mag der Erbverzicht in seiner gesetzlichen Grundform (§ 2346 Abs. 1 Satz 1 BGB) das Mittel der Wahl sein (vgl. Rdn. 3827). 3765

Der Erbverzicht wirkt als **abstrakter Vertrag** nur zwischen den beteiligten Vertragspartnern (allerdings im Zweifel auch mit Wirkung für die Abkömmlinge des Verzichtenden, s.u. Rdn. 3771 ff.) und bezieht sich ausschließlich auf den Erbfall der Person, mit welcher der Verzicht geschlossen wird. Ein »allgemeiner Verzicht« in Bezug auf alle künftigen Erbfälle, die in Bezug zu dem Verzichtenden stehen, ist nicht möglich.[541] 3766

Zur kontroversen Frage, ob der Erbverzicht (ohne Vorbehalt des Pflichtteils, oder auch der schlichte Pflichtteilsverzicht) Fernwirkungen hinsichtlich des nachehelichen Unterhaltsanspruchs beim Vorversterben des Verpflichteten zeitigt (§ 1586b BGB) vgl. schließlich Rdn. 3822, zu den sonstigen Wirkungen des im uneingeschränkten Erbverzicht als Minus enthaltenen Pflichtteilsverzichtes vgl. Rdn. 3824 ff.

2. Varianten

a) Auflösende Bedingung

In anderen Fällen ist zumindest zu erwägen, die Wirkung des Erbverzichts[542] gem. der Auslegungsregel[543] des **§ 2350 Abs. 2 BGB** auf Effekte zugunsten bestimmter Personen (anderer Abkömmlinge/des Ehegatten bzw. [seit 25.11.2015] eingetragenen Lebenspartners des Erblassers) zu beschränken (so dass der Verzicht auflösend bedingt für den Fall ist, dass nicht zumindest einer der Begünstigten – gleich aus welchem Grund – Erbe wird).[544] Tritt dieser Umstand nicht ein, ist 3767

---

540 A.A. nur *Otte* in: Staudinger, § 2310 BGB (2015) Rn. 20f, der § 2310 Satz 2 BGB auch auf den Pflichtteilsverzicht anwenden will; ihn wiederlegend *Schotte*, RNotZ 2015, 412 ff.
541 Vgl. für den Erbverzicht BayObLG, Rpfleger 2005, 431.
542 Auf den Pflichtteilsverzicht findet § 2350 BGB naturgemäß keine Anwendung, da er nicht zu einer Veränderung der Erbfolge oder der Pflichtteilshöhe anderer Beteiligter führt. Allerdings kann der Pflichtteilsverzicht (außerhalb des § 2350 BGB) dergestalt bedingt erklärt werden, dass er nur zugunsten eines bestimmten Erben als Träger der Pflichtteilslast gilt, vgl. Staudinger/*Schotten*, BGB (2010) § 2350 Rn. 5.
543 Sie greift erst, wenn der tatsächliche Wille beider Vertragsbeteiligter nicht ermittelt werden kann, BGH, 17.10.2007 – IV ZR 266/06, FamRZ 2008, 48.
544 Bloße Vorerbfolge genügt, MünchKomm-BGB/*Musielak*, § 2350 Rn. 6. Entgegen KG, DNotZ 1942, 148 hat jedoch der zugunsten eines Geschwisters erklärte Erbverzicht keine »automatische« Anwachsungsfolge zugunsten des Begünstigten; hierzu bedarf es weiter flankierender Verfügungen von Todes wegen.

der »relative Verzicht« (zugunsten bestimmter Personen) demnach aufgrund seiner auflösenden Bedingtheit beim Eintritt des Erbfalls wirkungslos, § 2350 Abs. 1 BGB.[545]

b) Beschränkungen

3768 Der Erbverzicht kann in zulässiger Weise auf den reinen Pflichtteil (§ 2346 Abs. 2 BGB, hierzu unten Rdn. 3824 ff.) beschränkt werden, oder umgekehrt sich lediglich auf das gesetzliche Erbrecht, jedoch unter Vorbehalt des Pflichtteilsrechts beziehen (etwa bei Testierunfähigkeit des Erblassers: der Verzichtsvertrag kann – anders als die Testamentsänderung – durch seinen gesetzlichen Vertreter geschlossen werden; ein solcher beschränkter Verzicht wirkt sich nicht auf die Rechtsstellung anderer Pflichtteilsberechtigter aus).[546] Denkbar ist auch der Verzicht auf einen Bruchteil des gesetzlichen Erbteils. Ein während einer Ehekrise vereinbarter Erbverzicht unter Ehegatten gilt (kraft Auslegung) nicht für die zweite Ehe, welche dieselben Beteiligten nach ihrer Scheidung erneut schließen.[547]

3769 Eine Beschränkung auf die durch die gesetzliche Erbfolge vermittelte gesamthänderische Mitbeteiligung an einem einzelnen künftigen Nachlassgegenstand (z.B. am künftig im Nachlass vorhandenen Grundbesitz) ist jedoch schon rechtslogisch ausgeschlossen, da die gesamthänderische Beteiligung an einem einzelnen Nachlassgegenstand nicht Inhalt eines Verfügungsgeschäfts sein kann (§ 20 BGB). Hierzu bedürfte es einer schuldrechtlichen Vereinbarung unter künftigen Miterben gem. § 311b Abs. 5 BGB.

3770 Spezialgesetzliche Ausnahmen (etwa das Ausscheiden aus der Erbengemeinschaft bzgl. eines Restitutionsanspruchs nach dem Vermögensgesetz gem. § 2a VermG sowie der Verzicht allein auf das Hoferbrecht bzw. auf das hoffreie Vermögen)[548] bestätigen diese Regel. Nach herrschender Meinung ist auch ein auf den gesetzlichen Voraus des Ehegatten (§ 1932 BGB), den Dreißigsten (§ 1969 BGB),[549] und den Ausbildungsanspruch des Stiefkindes gem. § 1371 Abs. 4 BGB beschränkter Verzicht nicht möglich.[550]

c) Wirkung für den Stamm

3771 Der Erb- (wie auch der Pflichtteils-)verzicht eines **Abkömmlings** oder eines **Seitenverwandten** wirkt (anders als sonstige Wegfallstatbestände, etwa die Ausschlagung oder die Erbunwürdigkeitserklärung) im Zweifel für den gesamten **Stamm, § 2349 BGB**. Die Vorversterbensfiktion erstreckt sich also, sofern keine abweichende Regelung getroffen wird, auf die Nachkommen, auch wenn nicht ausdrücklich in deren Vertretung gehandelt wurde. Diese Wirkung tritt unabhängig davon ein, ob für den Verzicht eine Abfindung geleistet wurde, die ihrerseits wertmäßig »als Ausgleich« diesen Nachkommen zumindest potenziell zur Verfügung steht.

3772 Bei gesetzlicher Erbfolge tritt demnach aufgrund des Erbverzichts keine Ersatzerbschaft der leiblichen oder adoptierten Abkömmlinge des Verzichtenden ein, sondern Ersatzerbschaft durch seine Geschwister bzw. den überlebenden Ehegatten. In gleicher Weise wirkt der Pflichtteilsverzicht gem. § 2349 BGB im Zweifel so, wie wenn er auch von den Abkömmlingen des Verzichtenden in eigener Person abgegeben worden wäre, insb. also von »lästigen Enkeln«, deren Eltern nicht miteinander verheiratet sind. Das Gesetz verleiht dem Näherverwandten demnach die Rechts-

---

545 *Gutachten*, DNotI-Report 2013, 29 ff.; OLG Düsseldorf, 25.07.2008 – 7 U 22/06, ZEV 2008, 523.
546 Vgl. BayObLG, Rpfleger 1981, 305.
547 OLG Düsseldorf, 22.02.2017 – I-3 Wx 16/17, ErbR 2017, 345; hierzu *Kessel*, RNotZ 2017, 390. In vergleichbarer Weise kann ein während der ersten Ehezeit errichtetes, nicht widerrufenes gemeinschaftliches Testament nach erneuter Heirat derselben Beteiligten weiterhin gültig sein, OLG Düsseldorf, 10.03.2017 – 3 Wx 186/16, ZErb 2017, 172.
548 OLG Oldenburg, FamRZ 1998, 645, 646.
549 Vgl. hierzu *Eberhardt/Ehrnsperger*, ZEV 2013, 653 ff.
550 A.A. Staudinger/*Schotten*, BGB (2004), § 2346 Rn. 43 ff. m.w.N. auch zur h.M.

E. Erb- und Pflichtteilsverzicht   Kapitel 9

macht, seine eigene Rechtsposition so umfassend zu beseitigen, dass auch dem Ersatzberufenen keine solche Position mehr zufällt – im wirtschaftlichen Ergebnis stellt § 2349 BGB eine Ausnahme vom sonst geltenden »Verbot« des Vertrags zulasten Dritter dar.

§ 2349 BGB ist dispositiv, so dass die Erstreckungswirkung insgesamt oder bzgl. einzelner[551] Nachkommen ausgeschlossen werden kann, nach herrschender Meinung allerdings nicht mehr nach dem vorzeitigen Tod des Verzichtenden mit Wirkung für seine Abkömmlinge.[552] Die Tatsache, dass allein der Erklärende als »Verzichtender« genannt wird, enthält jedoch noch kein Abbedingen der Norm.[553] 3773

▶ Hinweis:

Die Gestaltungspraxis sollte zur Verdeutlichung dieses Umstands und zur Vermeidung von Zweifeln sich ohnehin ausdrücklich zur Frage verhalten, ob die Erstreckung auf Abkömmlinge gewollt ist oder nicht.

§ 2349 BGB gilt jedoch nicht für den Verzicht eines Vorfahren (etwa des Vaters des Erblassers – keine Wirkung zulasten dessen Nachkommen, also der Geschwister), ebenso wenig für den Verzicht eines Ehegatten; diese Erstreckung kann auch nicht rechtsgeschäftlich vereinbart werden.[554] 3774

Ebenso wenig dürfte es möglich sein, einen Pflichtteilsverzicht allein mit Wirkung zulasten der (oder einzelner) eigener Kinder zu vereinbaren, also § 2349 BGB nicht nur i.S.e. Erstreckung des eigenen Verzichtes, sondern als Instrument ausschließlich gegen **lästig** gewordene (z.B. adoptierte) **Enkel** einzusetzen, sofern sie wegen Vorversterbens des Verzichtenden zum Zuge kommen sollten.[555] Der Pflichtteilsverzicht unter der Bedingung, dass der Verzichtende vor dem Erblasser verstirbt, dürfte gegen § 138 BGB verstoßen.[556] Denkbar ist jedoch zur »Ausschaltung des lästigen Enkels« die Vor- und Nacherbfolge, verbunden mit einem (unbedingten) Pflichtteilsverzicht des eigenen Kindes (Vorerben) mit Wirkung auch für Abkömmlinge.[557] 3775

d) Zuwendungsverzicht, § 2352 BGB

Zu unterscheiden ist weiter der (ebenfalls notariell zu beurkundende) **Zuwendungsverzicht** (§ 2352 BGB),[558] also der Verzicht auf letztwillige Erbeinsetzungen[559] oder Vermächtnisse, die bereits angeordnet sind,[560] vor dem Erbfall. Hauptmotiv ist die Beseitigung bindender Verfügungen bei Fehlen des »Bindungspartners« (Änderung der Schlusserbfolge beim Berliner Testament) 3776

---

551 *J. Mayer*, in: *Bamberger/Roth*, BGB, § 2349 Rn. 3.
552 BGH, NJW 1998, 3117, a.A. mit beachtlichen Gründen Staudinger/*Schotten*, BGB (2004), § 2346 Rn. 97d.
553 Vgl. MünchKomm-BGB/*Musielak*, § 2349 Rn. 6.
554 *Regler*, DNotZ 1970, 647.
555 Vgl. Staudinger/*Schotten*, BGB (2004), § 2349 Rn. 4: Sittenwidrigkeit des Erbverzichtes eines Sterbenden, der ausschließlich vereinbart wird, um das gesetzliche Erbrecht der eigenen Abkömmlinge auszuschalten.
556 Gutachten, DNotI-Report 2007, 73.
557 *J. Mayer*, in: *Mayer/Süß/Tanck/Bittler/Wälzholz*, Handbuch Pflichtteilsrecht, Rn. 483.
558 Hauptmotiv ist die Beseitigung bindender Verfügungen bei Fehlen des »Bindungspartners« (Änderung der Schlusserbfolge beim Berliner Testament) und die Änderung letztwilliger, auch nicht bindender, Verfügungen bei testierunfähig gewordenem Erblasser (§ 2352 Satz 3 i.V.m. § 2347 Abs. 2 Satz 2 BGB). Auf die Pflichtteilsquote wirkt sich der Zuwendungsverzicht (anders als der Erbverzicht, § 2310 Satz 2 BGB) nicht aus.
559 Ein Erbverzicht (Verzicht auf das gesetzliche Erbrecht) kann auch als Zuwendungsverzicht auszulegen sein wenn sich die testamentarische mit der gesetzlichen Erbfolge deckt, OLG Celle, 21.02.2011 – 6 W 32/11, notar 2011, 167 m. Anm. *Odersky*.
560 Ein Verzicht auf künftig noch letztwillig anzuordnende Erbeinsetzungen oder Vermächtnisse ist nicht möglich, vgl. MünchKomm-BGB/*Wegerhoff*, § 2352 Rn. 3.

und die Änderung letztwilliger, auch nicht bindender, Verfügungen beim testierunfähig gewordenen Erblasser (§ 2352 Satz 3 i.V.m. § 2347 Abs. 2 Satz 2 BGB). Ist die Erbeinsetzung bzw. Vermächtnisanordnung in einem Erbvertrag enthalten, darf der Verzichtende allerdings nicht Vertragspartner dieses Erbvertrages gewesen sein (§ 2352 Satz 2 BGB: er ist dann an die strengeren Anforderungen der Aufhebung eines Erbvertrages gebunden, § 2290 Abs. 4 i.V.m. § 2276 Abs. 1 Satz 1 BGB;[561] str. bei drei- oder mehrseitigen Erbverträgen[562]). Auf die Pflichtteilsquote wirkt sich der Zuwendungsverzicht (anders als der Erbverzicht, § 2310 Satz 2 BGB) nicht aus.

3777 Ein Zuwendungsverzicht kann sich (»erst recht«) auf einen Ausschnitt der Erbenstellung beschränken, z.B. die Anordnung eines Vermächtnisses oder der Testamentsvollstreckung ermöglichen.[563] Hierzu[564]

▶ **Formulierungsvorschlag: Beschränkter Zuwendungsverzicht (Anordnung der Testamentsvollstreckung und Vermächtnisse zugunsten der Enkel bei Berliner Testament)**

3778 Herr X hat mit seiner verstorbenen Ehefrau am ..... ein gemeinschaftliches Testament errichtet, in welchem sich die Ehegatten gegenseitig als Alleinerben, und die gemeinsamen Kinder A und B bindend als Vollschlusserben eingesetzt haben.

Herr X beabsichtigt nun, über die Nachlassbeteiligung des A Dauertestamentsvollstreckung anzuordnen, und weiterhin, Vermächtnisse in Höhe von je 50.000,00 € zugunsten der Kinder von A und B auszusetzen, sieht sich hieran jedoch durch die eingetretene Bindung aus dem gemeinschaftlichen Testament gehindert.

A und B verzichten hiermit für sich und ihre Abkömmlinge gegenüber ihrem dies annehmenden Vater X auf das ihnen aus dem genannten gemeinschaftlichen Testament zustehende Erbrecht insoweit, als hierdurch die Wirksamkeit der durch ihren Vater beabsichtigten Vermächtnisanordnungen und Anordnung der Testamentsvollstreckung verhindert würde (Zuwendungsverzicht).

Zugleich verzichten sie für sich und ihre Abkömmlinge gegenüber ihrem dies annehmenden Vater auf ihr gesetzliches Pflichtteilsrecht an dessen Nachlass, soweit ihnen solche Ansprüche aufgrund der beabsichtigten letztwilligen Anordnungen ihres Vaters zustehen würden, ebenso auf Pflichtteilsergänzungsansprüche und die Rechtsfolgen aus §§ 2287 f. BGB, soweit die beabsichtigten Vermächtnisse zugunsten der Enkel bereits durch lebzeitige Schenkungen erfolgen sollten. Zugleich verzichtet das Kind A für den Fall der Ausschlagung als Folge der Testamtsvollstreckungsanordnung auf Pflichtteilsansprüche, soweit sich diese aus § 2306 BGB ergeben, und zwar mit Wirkung für sich und seine Abkömmlinge.

3779 § 2349 BGB galt vor der Erbrechtsreform[565] (mangels Verweisung) nicht beim Zuwendungsverzicht (§ 2352 BGB, also dem Verzicht auf testamentarische Zuwendungen), allerdings konnte der Erblasser dann die sich allein aus der Auslegungsregel des § 2069 BGB ergebende (also nicht die ausdrücklich als bindend angeordnete) Ersatzerbenberufung einseitig abändern,[566] ebenso konn-

---

561 Allerdings kann der gescheiterte Versuch der Aufhebung eines Erbvertrages mit dem letztwillig Bedachten in einen Zuwendungsverzicht umgedeutet werden, OLG Hamm, 02.12.2011 – I-15 W 603/10, MittBayNot 2013, 65 m. krit. Anm. *Kornexl* [auch im Verhältnis zu nur einem von mehreren bindend Bedachten]; abl. hierzu *Gockel*, ZEV 2012, 266 ff.
562 Hier nimmt die mittlerweile h.Lit. an, der Erblasser könne mit nur einem Bedachten einen Zuwendungsverzicht schließen, ohne dass die anderen Erbvertragsbeteiligten mitwirken müssten, vgl. *Keim*, RNotZ 2012, 496, 498 l. Sp. m.w.N.; BayObLGZ 1974, 401, 405.
563 BGH, 27.01.1982 – IVa ZR 240/80, NJW 1982, 1100.
564 In Anlehnung an *Najdecki*, NWB 2011, 151 ff.
565 Krit. gegen dadurch ermöglichte »Verfügungen zulasten Dritter« *Kanzleiter*, DNotZ 2009, 805 ff., de lege ferenda dafür plädiert, bindende Ersatzerbenberufungen nur im Erbvertrag zuzulassen; ähnlich *Klinck*, ZEV 2009, 533 ff. (§ 2349 BGB sei nur auf die gesetzliche Erbfolge zugeschnitten). Übersicht bei *Karsten*, RNotZ 2010, 369 ff.
566 OLG München, 21.12.2006 – 31 Wx 071/06, MittBayNot 2007, 226; *Weidlich*, MittBayNot 2007, 194 (Folge der Grundsatzentscheidung BGH DNotZ 2002, 261 über das Verbot einer Kumulation der Auslegungsregeln des § 2270 Abs. 2 und des § 2069 BGB: die vermutete Ersatzerbeneigenschaft

E. Erb- und Pflichtteilsverzicht Kapitel 9

ten sich aus der Höhe der Abfindung Gesichtspunkte dafür ergeben, dass die – auch ausdrückliche – Ersatzerbenberufung seiner Abkömmlinge entfalle.[567] Für Sterbefälle[568] ab 01.01.2010 erstreckt sich der Zuwendungsverzicht jedenfalls auf Abkömmlinge als Ersatzberufene[569] eines verzichtenden Kindes oder Seitenverwandten.[570] Schließt der Vorerbe einen Zuwendungsverzicht, greift dieser allerdings wohl nicht in die in der Nacherbenstellung im Zweifel gem. § 2102 Abs. 2 BGB enthaltene Ersatzerbenstellung ein, so dass der Nacherbe direkter Erbe wird.[571]

Allerdings kann wohl aber die bindende Verfügung anordnen, dass die Ersatzberufung der Enkel ihrerseits auch gelten solle, wenn der »Vormann« durch Zuwendungsverzicht wegfällt.[572] Sofern die letztwillige Verfügung hierzu keine Klarstellung (in Richtung auf das regelmäßig gewollte Gegenteil) enthält, etwa[573] gemäß

3780

---

der nachrückenden Generation ist nicht von der Wechselbezüglichkeit erfasst, ebenso wenig nach h.M. vertragsmäßiger Bestandteil eines Erbvertrages: OLG München, NJW-RR 2012, 9, 10; *Gutachten*, DNotI-Report 2014, 124). Allein kraft Auslegung soll sich das Entfallen der Ersatzerbenberufung der Abkömmlinge aber nicht ergeben, jedenfalls nicht bei einem Belehrungshinweis des Notars, dass sich der Zuwendungsverzicht [nach altem Recht] nicht auf Abkömmlinge erstreckt, OLG Schleswig, 15.04.2014 – 3 Wx 93/13, ZEV 2014, 425 m. krit. Anm. *G. Müller*.; krit. auch *Gutachten*, DNotI-Report 2015, 21 und *Kanzleiter*, MittBayNot 2015, 50.

567 OLG Hamm, 16.06.2009 – I-15 Wx 312/08, RNotZ 2009, 600 (Prüfung, ob die lebzeitig gewährte Abfindung so werthaltig ist, dass sie wirtschaftlich das vom Erblasser angestrebte Verteilungskonzept schon vorzeitig realisiert).

568 Art. 229 § 23 Abs. 4 Satz 2 EGBGB (bedenklich, weil Zuwendungsverzichten, die vor dem 01.01.2010 ohne Erstreckungswirkung abgeschlossen wurden, nachträglich erweiterten Konsequenzen zuteil werden, vgl. *Müller*, ZNotP 2011, 253, 266. Nach OLG Düsseldorf, 31.08.2016 – 3 Wx 192/15, RNotZ 2017, 166 soll jedoch bei vor den 01.01.2010 beurkundeten Zuwendungsverzichten dennoch eine Erstreckung auf ersatzberufene Abkömmlinge nicht stattfinden, wenn die Auslegung (bspw. als Folge einer notariellen Belehrung) ergibt, dass die Beteiligten dieses Verständnis (der Nichterstreckung) nicht nur hingenommen, sondern als Rechtsfolge in die Vereinbarung mitaufgenommen haben, teilweise a.A. OLG Schleswig, 15.04.2014, 3 Wx 93/13, ZEV 2014, 425, wonach sich allein aus dem Belehrungshinweis des Notars nicht ergebe, dass der Zuwendungsverzicht nicht auch auf die Abkömmlinge hätte erstreckt werden sollen.

569 *Odersky* notar 2009, 362, 365; Gutachten, DNotI-Report 2009, 175; a.A. *Schaal/Grigas*, BWNotZ 2008, 2, 24. Offen ist, ob nur Ersatzerben oder alle – etwa als Nacherben – begünstigten Abkömmlinge erfasst sind (wohl ersteres), weiter ob alle Ersatzerben oder nur die über § 2069 BGB im Zweifel Berufenen erfasst sind (wohl ebenfalls ersteres), vgl. Übersicht bei *Karsten*, RNotZ 2010, 370 ff. und *Müller*, ZNotP 2011, 256, 260.

570 Für Erweiterung auf alle Personen außer Vorfahren, Ehegatten und Lebenspartner *Klinck*, ZEV 2009, 533, 536; *Weidlich*, FamRZ 2010, 166, 170, unter zutreffendem Hinweis darauf, es sei nicht nachzuvollziehen, dass z.B. die Kinder der eingesetzten, auf die Zuwendung verzichtenden Haushälterin besser geschützt seien als die eigenen Enkel. Allerdings wird bei Zuwendungen an nicht verwandte Personen selten eine bindende Verfügung auch in Bezug auf die Ersatzerben vorliegen. Für eine analoge Anwendung auch *Müller*, ZNotP 2011, 256, 263.

571 *Keim*, MittBayNot 2010, 85, 93; *Müller*, ZNotP 2011, 256, 261.

572 Konstruktiv lässt sich dies entweder erreichen, indem § 2352 i.V.m. § 2349 BGB lediglich als Vermutungsregel verstanden werden (*Schaal/Grigas*, BWNotZ 2008, 2, 8), oder indem »sofern nicht ein anderes bestimmt wird« im Wortlaut des § 2349 BGB nicht nur auf die Formulierung des Zuwendungsverzichtes selbst, sondern auch der erbrechtlichen Verfügung bezogen wird (*Weidlich*, FamRZ 2010, 166), oder indem in der Einsetzung der Enkel eine selbstständige, auf den Wegfall der ersten Verfügung aufschiebend bedingte, neue Verfügung gesehen wird (*Odersky*, notar 2010, 283), oder aber durch teleologische Reduktion des § 2352 Satz 3 BGB bei bindend gewollter ersatzweiser Zuwendung an Abkömmlinge des Zuwendungsverzichtenden (*Kanzleiter*, DNotZ 2010, 525).

573 Vgl. *Schaal*, notar 2010, 431, 439.

▶ **Formulierungsvorschlag: Ungültigkeit von Ersatzerbeinsetzungen bei Zuwendungsverzicht des »Vormannes«**

3781 Alle in dieser Verfügung von Todes wegen enthaltenen Ersatzerbeinsetzungen entfallen, wenn der vorrangig Bedachte einen wirksamen Zuwendungsverzicht mit dem Erblasser abschließt, und der Ersatzerbe zum in § 2349 BGB genannten Personenkreis zählt.

ist daher zu empfehlen, in einem zweistufigen Verfahren zunächst die bindende Verfügung durch den Zuwendungsverzicht zu beseitigen und sodann neu zu testieren, um etwa andere, nicht bindende, Ersatzberufungen, oder die gesetzliche Erbfolge auszuschließen.[574]

3. Form

3782 Der Erbverzicht bedarf gem. § 2348 BGB der **notariellen Beurkundung**; dies gilt auch für das zu seiner Abgabe verpflichtende, zugrunde liegende schuldrechtliche Geschäft;[575] im Interesse der allgemeinen Rechtssicherheit kann ein Formmangel des Verfügungsgeschäftes nicht durch Berufung auf Treuwidrigkeit o.ä. »geheilt« werden.[576] Der Formzwang erstreckt sich jedoch nicht auf sonstige dingliche Vollzugsgeschäfte, die mit dem Erbverzicht in Zusammenhang stehen, auch nicht, wenn diese z.B. aufschiebende Bedingung für den Erb- oder Pflichtteilsverzicht bilden.[577] Der Abschluss des Erb- (nicht jedoch des bloßen Pflichtteils-)Verzichtes ist wegen seiner statusverändernden Wirkung dem **Zentralen Testamentsregister** (ZTR) der Bundesnotarkammer[578] in Berlin (vor 31.12.2011: dem Geburtsstandesamt des Erblassers) anzuzeigen.

3783 Aus dem Formerfordernis erfolgt zugleich das Gebot der **Ausdrücklichkeit**, das der Annahme »stillschweigender Verzichte«, auch wenn diese nahe liegen mögen, an sich entgegensteht.[579] Im Rahmen von Billigkeitsentscheidungen hat der BGH in notariellen Erbverträgen teilweise konkludente Pflichtteilsverzichte gesehen.

▶ **Beispiel:**

Beide Ehegatten setzen erbvertraglich eine dritte Person ein: stillschweigender gegenseitiger Verzicht;[580] dreiseitiger Erbvertrag zwischen Ehegatten und Kind, wonach das Kind – lediglich – zum alleinigen Schlusserben eingesetzt werde: konkludenter Pflichtteilsverzicht des Abkömmlings auf den ersten Sterbefall.[581]

▶ **Hinweis:**

3784 Verantwortungsvolle Vertragsgestaltung wird sich jedoch nicht auf gerichtliche Auslegungshilfen verlassen, sondern ausdrückliche Verzichtsformulierungen aufnehmen.

3785 Dies gilt insb. im Rahmen von **Überlassungsverträgen**, wo die Rechtsprechung[582] jedenfalls bisher sogar in der Formulierung »der Übernehmer erklärt sich hinsichtlich seiner elterlichen Erb- und

---

574 Nach OLG Hamm, 28.01.2015 – I-15 W 503/14, MittBayNot 2015, 413 m. Anm. *Reimann* erstreckt sich die Bindungswirkung der Schlusserbeinsetzung im Zweifel auch auf den Erbteil, der einem Schlusserben aufgrund des entgeltlichen Zuwendungsverzichts des anderen Schlusserben angewachsen ist.
575 OLG Köln, 30.06.2010 – 2 U 154/09, DNotZ 2011, 344; differenzierend *Keller*, ZEV 2005, 229 ff.: Eine bloße Rechtsgrundabrede ist formlos wirksam (sofern nicht §§ 311b, 518 BGB eingreifen); eine Verpflichtung zur Abgabe des Erbverzichtes bedarf der notariellen Beurkundung analog § 2348 BGB, wobei jedoch Heilung durch wirksame Beurkundung des Verfügungsgeschäftes (Verzicht) eintritt.
576 OLG Köln, RNotZ 2006, 125; der BGH (nachfolgende Fn.) äußert sich dazu nicht.
577 BGH, 07.12.2011 – IV ZR 16/11, ZEV 2012, 145 m. Anm. *Keim*.
578 Zum ZTR *Bormann*, ZEV 2011, 628 ff.
579 Vgl. RGZ, 115, 391; *Kössinger*, in: Nieder/Kössinger, Handbuch der Testamentsgestaltung, § 19 Rn. 22 m.w.N.
580 BGH, DNotZ 1977, 747.
581 BGH, NJW 1957, 422.
582 Vgl. etwa BayObLG, Rpfleger 1981, 305, und Rpfleger 1984, 191.

Pflichtteilsansprüche als abgefunden« keinen erbrechtlich-dinglich wirkenden Erb- oder Pflichtteilsverzicht sieht, sondern allenfalls schuldrechtlich wirkende Zusagen, solche Pflichtteilsansprüche nicht geltend zu machen bzw. (anstelle eines Erbverzichtes) an entsprechenden Erbauseinandersetzungsverträgen mitzuwirken. Großzügiger sind Gerichte bei entsprechenden Erklärungen weichender Geschwister, die nach Erhalt eines Gleichstellungsbetrages im Übertragungsvertrag bestätigen, »vom elterlichen Vermögen unter Lebenden und von Todes wegen ein für alle Male abgefunden« zu sein.[583] Von solchen schlichten **Erledigungserklärungen** ist daher aus Gründen der Rechtsklarheit abzuraten.

4. Zustandekommen

Eine Aufspaltung des Erb- (oder Pflichtteils-)verzichts in Angebot und Annahme ist möglich (§ 128 BGB). Hinsichtlich des Erblassers ist **persönliche Anwesenheit** erforderlich, eine Vertretung durch Vollmacht oder im Weg der Nachgenehmigung also ausgeschlossen – ausgenommen Fälle der Geschäftsunfähigkeit, wo seine gesetzliche Vertretung durch Eltern, Vormund oder Betreuer[584] eröffnet ist (§ 2347 Abs. 2 Satz 1 u. 2 BGB). Die auf Seiten des Erblassers oder des Verzichtenden ebenfalls ggf. erforderliche **gerichtliche** (ab 01.09.2009 familiengerichtliche, bei Volljährigen betreuungsgerichtliche) **Genehmigung** regelt § 2347 Abs. 1 BGB. 3786

▶ Hinweis:

Bestehen Zweifel, ob die betreffende Erklärung in eigener Geschäftsfähigkeit abgegeben werden kann oder nicht, sollte seit Abschaffung des »Entmündigungsstatus« zweigleisig verfahren werden, d.h. die Beurkundung zugleich mit dem Betroffenen selbst als auch mit seinem gesetzlichen Vertreter unter Vorbehalt familiengerichtliche, bei Volljährigen betreuungsgerichtliche Genehmigung abgegeben werden. Für Letzteres ist Eile geboten: Die Zustimmung eines gesetzlichen Vertreters (Eltern, Betreuer) und die gerichtliche Genehmigung müssen **bis zum Tod des Erblassers** erteilt sein.[585] 3787

Unter dem Gesichtspunkt der Belehrungsbedürftigkeit überraschend, ist rechtsgeschäftliche **Vertretung** bzw. Nachgenehmigung in der Person des Verzichtenden möglich, die Vollmacht gem. § 167 Abs. 2 BGB nicht formbedürftig. Erscheint also das »weichende Geschwister« wider Erwarten nicht, 3788

(1) kann der Verzicht vorbehaltlich seiner Genehmigung beurkundet werden, da § 2347 Abs. 2 Satz 1 BGB nur die Genehmigung des Erblassers ausschließt. Hinsichtlich der Einholung der Nachgenehmigung ist (wegen der im Erbfall liegenden Zäsur, s. nachstehend Rdn. 3790) Eile geboten;

(2) ist in der Urkunde jedoch klarzustellen, dass das Grundstücksgeschäft (also die Überlassung als solche) unabhängig von der Genehmigung des weichenden Erben wirksam werden und bleiben soll;

(3) sollte hinsichtlich einer etwa vereinbarten »Abfindung« vereinbart sein, dass diese nur aufschiebend bedingt auf die Erteilung der Nachgenehmigung zum Pflichtteilsverzicht (evtl. innerhalb bestimmter Frist; vgl. aber ohnehin § 177 Abs. 2 BGB) geschuldet ist.

Erscheint der Veräußerer (und künftige Erblasser) überraschenderweise nicht zur Beurkundung, ist der vorbereitete Text eines Erb- (oder Pflichtteils-)verzichts umzugestalten in ein **Angebot des Verzichtenden** an den Erblasser, das dieser zu getrennter Urkunde annehmen kann (unter gleichzeitiger Nachgenehmigung der sonstigen im Überlassungsvertrag enthaltenen Erklärungen und 3789

---

583 Darin sieht OLG Hamm, 22.07.2014 – I-15 W 92/14, ZErb 2014, 314 einen Erbverzicht des Geschwisters; zurückhaltender BayObLG RPfleger 1984, 191.
584 Ausreichend ist eine Betreuung mit dem Aufgabenkreis »Vermögenssorge«, da es um die vermögensmäßige Teilhabe am Nachlass geht, vgl. *Gutachten*, DNotI-Report 2015, 51.
585 BGH, DNotZ 1978, 300.

Vollmachten), oder aber der Verzichtende erteilt dem künftigen Erblasser die zumindest für ausreichende Zeit unwiderrufliche **Vollmacht**, befreit von § 181 BGB, die in der Urkunde als Vollmachtsinhalt wiedergegebenen Erb- bzw. Pflichtteilsverzichtserklärungen später in getrennter Urkunde zugleich namens des Verzichtenden abzugeben. Wird dennoch (versehentlich) »vorbehaltlich Nachgenehmigung« des Veräußerers beurkundet und diese (formunwirksam) erteilt, erfasst die Formnichtigkeit im Zweifel (§ 139 BGB) auch die (schuldrechtliche Seite der) Überlassung selbst, in deren Zuge der Pflichtteilsverzicht erklärt werden sollte.[586] Zur umgekehrten Infektionswirkung der Sittenwidrigkeit verbundener (z.B. eherechtlicher) Erklärungen auf den Pflichtteilsverzicht vgl. Rdn. 3802.

3790 Hinsichtlich des **letztmöglichen Zeitpunkts** des Zustandekommens eines Pflichtteilsverzichts sieht der BGH[587] eine nicht überschreitbare Zäsur im Erbfall selbst: Sofern beispielsweise die Annahme eines auf Erb- (oder Pflichtteils-)verzicht gerichteten Angebots nicht mehr vor dem Erbfall erfolgt oder die Nachgenehmigung der Erklärung des vollmachtlos vertretenen Verzichtenden nicht mehr vor dem Erbfall abgegeben wird und zugeht, ist nach der sehr formalistischen Sichtweise des BGH der Vertrag gescheitert. Hinsichtlich des Pflichtteilsrechts kommt dann lediglich ein Erlassvertrag (§ 397 BGB) in Bezug auf den gem. § 2317 BGB entstandenen Pflichtteilsanspruch selbst in Betracht; die Wirkung des fehlgegangenen Erbvertrages ist durch »händische« Erbteilsübertragung herzustellen.

▶ Hinweis:

3791 Wird der Verzichtende aufgrund **mündlicher Bevollmächtigung** durch einen anderen (bspw. sein Geschwister) i.R.d. Beurkundung vertreten, ist dies daher zur Beseitigung des »Zäsur-Risikos« in der Urkunde zu vermerken, unter Inkaufnahme des Beweisnachteils; zur Vermeidung von Unsicherheiten (nicht jedoch als Wirksamkeitsbedingung) wird jedoch gleichwohl zumindest privatschriftliche, wenn nicht aus Sicherheitsgründen doch öffentlich beglaubigte, Vollmachtsbestätigung durch den Notar eingeholt werden.

5. Grundgeschäft

3792 Rechtsdogmatisch stellt der Erbverzicht einen Vertrag mit **abstraktem Verfügungscharakter** dar. Während die frühere herrschende Meinung[588] das Vorliegen eines Rechtsgrunds für gänzlich entbehrlich hielt (der Erbverzicht trage diesen in sich), sieht die nunmehr überwiegende Auffassung[589] wie bei jedem Verfügungsgeschäft das Erfordernis einer zugrunde liegenden schuldrechtlichen Vereinbarung, die jedoch in der schlichten Abrede, einen Erb-/Pflichtteilsverzicht abzugeben, liegen könne und dann stillschweigend miterklärt sein wird; der Mangel der notariellen Form des Grundgeschäfts (§ 2348 BGB analog)[590] werde durch die Abgabe des Verzichts selbst **geheilt** (analog §§ 311b Abs. 1 Satz 2, 766 Satz 2, 518 Abs. 2, 2301 Abs. 2 BGB, § 15 Abs. 4 GmbHG etc.).[591]

---

586 OLG Düsseldorf, 21.06.2011 – I-3 Wx 56/11, RNotZ 2011, 499 m. krit. Anm. *Kesseler*: nichtig ist allenfalls der schuldrechtliche Übertragungsvertrag, nicht die Auflassung (anders als in Fällen der Sittenwidrigkeit), so dass – entgegen der Ansicht des OLG – kein Amtswiderspruch hätte eingetragen werden dürfen. Auch ist das dem Pflichtteilsverzicht zugrundeliegende Kausalgeschäft wirksam, da insoweit eine Stellvertretung möglich ist, *Weidlich*, ZEV 2011, 531, sowie *Schotten*, RNotZ 2012, 94, so dass die Mitwirkung an einem dinglich wirksamen Verzicht noch geschuldet ist.
587 BGH, DNotZ 1997, 422, m. krit. Anm. *Albrecht*.
588 Planck/*Greiff*, BGB, Vor § 2346 Anm. 4; *Strohal*, Das Deutsche Erbrecht, Bd. 1, S. 528, Fn. 6.
589 Im Anschluss an *Lange*, in: FS für *Nottarp*, 1961, S. 119 ff., vgl. ausführlich *v. Proff zu Irnich*, DNotZ 2017, 84 ff.
590 Z.B. Planck/*Greiff*, BGB, Vor § 2346 Anm. 4.
591 Vgl. *Kuchinke*, NJW 1983, 2354 (die dort in Fn. 5 Genannten), der jedoch selbst abweichender Auffassung ist.

Beim Abschluss des Kausalgeschäfts kann der Erblasser (aufgrund formfreier Vollmacht, § 167 Abs. 2 BGB[592]) vertreten werden, § 2347 Abs. 1 BGB gilt insoweit nicht.[593] Demnach kann sich – wenn das Erfüllungsgeschäft scheitert, da nicht vom Erblasser selbst geschlossen – aus dem fortbestehenden schuldrechtlichen, noch nicht verjährten[594] Grundgeschäft weiterhin die klagbare Verpflichtung zum Abschluss ergeben; zwischen dem dinglichen und dem schuldrechtlichen Geschäft besteht keine Geschäftseinheit i.S.d. § 139 BGB.[595]

3793

Ist ein solcher **Verpflichtungsvertrag** jedoch aus anderen Gründen **nichtig oder fehlt er tatsächlich ganz**, ist er zu Lebzeiten des Erblassers nach herrschender Meinung[596] nach §§ 812 ff. BGB kondizierbar, ebenso gelten bei einem Verzichtsvertrag gegen Abfindung die schuldrechtlichen Leistungsstörungsregelungen (§§ 320 ff. BGB). Der Verzichtende kann dann die Aufhebung des Verzichts nach § 2351 BGB verlangen. Nach dem Erbfall hingegen wird eine Rückabwicklung wegen §§ 2351, 2347 BGB (persönliche Anwesenheit des Erblassers) nicht mehr für möglich gehalten.[597] Teile des Schrifttums plädieren jedoch dann für einen Anspruch des Verzichtenden auf Wertersatz gem. § 818 Abs. 2 BGB.[598] Der BGH[599] tendiert von den angebotenen Lösungen (Anfechtungsrecht analog § 2081 BGB, Rücktrittsrecht entsprechend § 2295 BGB, stillschweigende Bedingung, § 313 BGB, § 242 BGB, Schadensersatzansprüche etc.) allenfalls im Einzelfall zur Prüfung eines Schadensersatzanspruchs.

3794

Anders als das abstrakte Verfügungsgeschäft des § 2346 BGB, das allenfalls unter Bedingungen und/oder Befristungen stehen kann, ist beim zugrunde liegenden Kausalgeschäft auch ein Rücktrittsvorbehalt gem. §§ 346 ff. BGB möglich[600] (auf dessen Ausübung wiederum der Verzicht selbst auflösend bedingt sein kann).

3795

6. Verzicht gegen Abfindung

Das zugrunde liegende schuldrechtliche Verpflichtungsgeschäft regelt häufig nicht nur die Verpflichtung zur Abgabe des Erb-/Pflichtteilsverzichts selbst, sondern auch mögliche »Gegenleistungen«, insb. **Abfindungen**. Auch dieses Kausalgeschäft bedarf der Form des § 2348 BGB (analog),[601] d.h. der notariellen Beurkundung; im Rahmen von Immobilien-Überlassungsverträgen besteht das weitere Formerfordernis des § 311b Abs. 1 BGB.

3796

Das Kausalgeschäft kann einen synallagmatischen oder auch lediglich einen konditionalen **Zusammenhang** zwischen der Verpflichtung zur Abgabe und Aufrechterhaltung des Erbverzichtsvertrags, einerseits, und der Abfindungsleistung, andererseits, schaffen mit der Folge, dass
(1) entweder ein Zurückbehaltungsrecht bis zur Leistung der Abfindung besteht (§ 320 BGB) oder aber,

3797

---

592 Vgl. *v. Proff zu Irnich,* DNotZ 2017, 84, 99.
593 OLG Düsseldorf, 20.12.2013 – I-7 U 153/12, DNotI-Report 2014, 93; Staudinger/*Schotten,* BGB (2010), § 2347 Rn. 26.
594 Zehn Jahre, wenn »Gegenleistung« für die Übertragung eines (Rechtes an einem) Grundstück(s), § 196 BGB (nicht etwa § 197 Abs. 1 Nr. 2 BGB a.F. »erbrechtlicher Anspruch«), vgl. OLG Düsseldorf, 20.12.2013 – I-7 U 153/12, DNotI-Report 2014, 93.
595 OLG Düsseldorf, 20.12.2013 – I-7 U 153/12, DNotI-Report 2014, 93, n. rkr. (Az BGH: IV ZR 39/14).
596 MünchKomm-BGB/*Strobel,* § 2346 Rn. 24; BeckOK/*Mayer,* BGB, § 2346 Rn. 30, 31; Jauernig/*Stürner,* BGB, § 2346 Nr. 2b) bb.
597 MünchKomm-BGB/*Strobel,* § 2346 Rn. 24; BeckOK/*Mayer,* BGB, § 2346 Rn. 30.
598 So MünchKomm-BGB/*Strobel,* § 2346 Rn. 24; Staudinger/*Schotten,* BGB, § 2346 Rn. 184; *Weidlich,* NotBZ 2009, 149, 152.
599 ZEV 1999, 62, m. Anm. *Skibbe,* 106.
600 BayObLG, NJW 1958, 344, 345; Staudinger/*Schotten,* BGB (2004), § 2346 Rn. 112.
601 Vgl. *Schotten,* DNotZ 1998, 163 ff.; auch zur umstrittenen Möglichkeit einer Heilung.

(2) bei diesbezüglicher Vorleistungspflicht, die Verpflichtung zur Abgabe und Aufrechterhaltung des Erbverzichts durch Rücktritt nach Nachfristsetzung erlischt, so dass eine Verpflichtung zur Aufhebung des Erbverzichts (Rückgewähr des Erlangten, § 346 BGB) besteht (§ 2351 BGB).

3798 Andererseits kann jedoch auch der abstrakte Verfügungsvertrag (Verzicht) selbst durch den Erhalt der Abfindung **bedingt** sein, § 158 BGB (hierzu unten Rdn. 3836 ff. i.R.d. Pflichtteilsverzichts, wo diese Thematik jedenfalls bei Überlassungsverträgen höhere praktische Bedeutung gewinnt).

7. Sittenwidrigkeit?

3799 Da Erb- bzw. Pflichtteilsverzichte als aleatorische Rechtsgeschäfte nicht dem Äquivalenzgebot zu genügen haben, scheiden Wucher (§ 138 Abs. 2 BGB) oder die Anwendung der Rechtsprechung zu wucherähnlichen Geschäften von vornherein aus.[602] In Betracht kommen jedoch Einzelfälle der Umstandssittenwidrigkeit (die freilich häufiger bereits unter § 123 BGB: Anfechtung wegen arglistiger Täuschung fallen werden), so etwa im (unter § 138 Abs. 1 BGB subsumierten)[603] Sachverhalt des OLG München:[604] Täuschung durch den Vater und dessen RA zulasten des gerade volljährig gewordenen nichtehelichen Sohnes hinsichtlich der Zusammensetzung des Nachlasses, um einen Erbverzicht zu erlangen – ab dem 21. Lebensjahr hätte auf Verlangen des Sohnes nach damaligem Recht ein vorzeitiger Erbausgleich i.H.d. lediglich 3-fachen Jahresunterhalts gem. § 1934d BGB durchgeführt werden können). Möglicherweise berechtigt die erfolgreiche Anfechtung des Pflichtteilsverzichts später, nach dem Tod des Erblassers, zur Testamentsanfechtung gem. § 2079 Satz 1 BGB (der Erblasser ging irrtümlich davon aus, der Betreffende sei nicht pflichtteilsberechtigt).[605]

3800 Ähnlich gelagert ist der Sachverhalt des OLG Hamm,[606] dem zufolge der Vater den (von ihm getrennt lebenden, jedoch zu einem Praktikum in seinem Unternehmen weilenden) Sohn zwei Tage nach dessen 18. Geburtstag in einem Sportwagen[607] ohne vorheriges Wissen des Sohnes zum Notar fuhr, wo er einen Erb- und Pflichtteilsverzicht, dessen Entwurf dem Sohn nicht zuvor vorgelegen hatte, gegen Abfindung in Gestalt des Sportwagens (allerdings erst ab Erreichen des 25. Lebensjahres und für den Fall der Beendigung der Gesellenprüfung zum Zahntechniker mit Bestnote) beurkunden ließ. Der Wunsch des Sohnes, vor der Unterzeichnung mit seiner Mutter zu telefonieren, wurde mit Hinweis auf angeblichen Zeitdruck abgeschlagen; der Vater erklärte weiter (wahrheitswidrig), praktisch zahlungsunfähig zu sein. Immerhin habe der Notar ausdrücklich darauf hingewiesen, dass er, der Notar, nicht wisse, welches Vermögen der Beklagte einmal hinterlassen werde, es könne nichts oder auch ein Millionen-Vermögen sein. Das OLG wertet die Verknüpfung des Erbverzichtes mit dem Abschluss der Ausbildung nicht als anerkennenswerte Förderung der Motivation und Disziplin des Verzichtenden, sondern als Beschränkung dessen Spielraums zur beruflichen Umorientierung. Außerdem sei der Erbverzicht mit sofortiger Wirkung, die Gegenleistung jedoch nur unter einer (angesichts der bisherigen schulischen Leistungen nicht realistisch erreichbaren) aufschiebenden Bedingung erklärt worden. Schließlich habe die Wahl der Abfindung (Sportwagen) das diesbezügliche Rationalitätsdefizit des heranwachsenden

---

602 LG Düsseldorf, 29.01.2014 – 7 O 132/13, MittBayNot 2016, 58 m. Anm. *Braun*: Abfindung 50.000 € bei einem geschätzten Pflichtteilsbetrag von 5 Mio €.
603 Zu Recht gegen eine Verallgemeinerung i.S.d. gerichtlichen Inhaltskontrolle von Erb- oder Pflichtteilsverzichtsverträgen *Kapfer*, MittBayNot 2006, 385 m.w.N.
604 Urt. v. 25.01.2006 – 15 U 4751/04, ZEV 2006, 313 (»Wildmoser-Entscheidung«), besprochen bei *Theiss/Boger*, ZErb 2006, 164 und *Kapfer*, MittBayNot 2006, 385.
605 Bejahend *Otte*, ZEV 2011, 233; verneinend *Keim*, NotBZ 1999, 1, 4 f.
606 OLG Hamm, 08.11.2016 – 10 U 36/15, ZEV 2017, 163 m. krit. Anm. *Everts*; krit. auch *Zimmer*, NJW 2017, 513, 515 sowie *v. Proff*, ZEV 2017, 301; zustimmend *Löhnig*, NotBZ 2017, 195.
607 Das Urteil nennt den Anschaffungspreis (100.000 €), die Höchstgeschwindigkeit (ca. 320 km/h) und die Beschleunigung (von 0 auf 100 km/h in 2,8 Sek.)!

Verzichtenden ausgenutzt, so dass der Verzicht wegen Sittenwidrigkeit unwirksam sei. Richtigerweise hätten die Täuschung über den Inhalt des Rechtsgeschäfts (durch Verharmlosung) sowie wohl auch über die Vermögensverhältnisse des Vaters jedoch allenfalls gem. § 123 BGB zur Anfechtung berechtigt, tragen jedoch nicht die Sittenwidrigkeit des Rechtsgeschäfts als solchen.[608]

§ 138 Abs. 1 BGB wird jedoch auf solche Einzelfälle der Umstandssittenwidrigkeit beschränkt bleiben: Der **BGH**[609] hat den (auf dem Sterbebett, also mit nur mehr geringem aleatorischem Element, ausgesprochenen) Pflichtteilsverzicht eines (geschäftsfähigen) Behinderten ggü. den Eltern, beschränkt auf den ersten Sterbefall, als wirksam erachtet: Darin liege kein unzulässiger Vertrag zulasten Dritter (sondern nur mit faktisch nachteiliger Wirkung für Dritte), und auch der Nachranggrundsatz des Sozialhilferechts sei bei Behinderten deutlich zurückgenommen und repräsentiere daher keine übergeordnete Wertung, zu deren Verteidigung die Nichtigkeit des Pflichtteilsverzichtes anzuordnen sei,[610] vgl. im Einzelnen Rdn. 104 ff. Allein der Umstand, dass der Verzichtende keine Kenntnis hatte von weiterem Vermögen des künftigen Erblassers (300.000 Euro auf einem Luxemburger Konto), führt nicht zur Sittenwidrigkeit, jedenfalls dann nicht, wenn nicht eine entsprechende Frage wahrheitswidrig beantwortet wurde, insbesondere besteht keine Pflicht zur ungefragten Offenlegung.[611] De lege ferenda plädieren einzelne Autoren für eine Verschärfung der gesetzlichen Regelungen zum Pflichtteilsverzicht (z.B. Höchstpersönlichkeit auch auf Seiten des Verzichtenden, Widerrufsrecht vor dem 30. Lebensjahr?[612]). 3801

Pflichtteilsverzichte unter Ehegatten werden häufig im Verbund mit ehevertraglichen Regelungen stehen, die besonders strenger Wirksamkeits- und richterliche Ausübungskontrolle unterliegen (vgl. Rdn. 1004 ff.). Ist bspw. ein im Ehevertrag enthaltener Verzicht auf nachehelichen Unterhalt oder Zugewinnausgleich unwirksam (§ 138 BGB), stellt sich die Frage, ob dies auch den Pflichtteilsverzicht erfasst (§ 139 BGB).[613] Die besseren Argumente sprechen dafür, dass lediglich die »unterhaltsrechtliche Fernwirkung (§ 1586b BGB) nicht eintritt, die erbrechtlichen Wirkungen des Pflichtteilsverzichts jedoch aufrechterhalten bleiben.[614] Zur spiegelbildlichen Frage der »Infektionswirkung« eines gescheiterten Pflichtteilsverzichts (z.B. da der Erblasser nicht persönlich daran mitgewirkt hat) auf z.B. damit verbundene ehevertragliche Regelungen vgl. Rdn. 3789. 3802

8. Störung der Geschäftsgrundlage (§ 313 BGB)

Umstritten ist, inwieweit der Erb- oder Pflichtteilsverzicht als abstrakter Verfügungsvertrag einem Anspruch aus § 313 BGB (Fehlen oder Wegfall der Geschäftsgrundlage) ausgesetzt sein kann. 3803

---

608 So zu Recht *v. Proff*, ZEV 2017, 301, 305. Zur Zurückhaltung mahnt auch *Lange*, ErbR 2017, 297 ff.
609 BGH, 19.01.2011 – IV ZR 7/10, ZEV 2011, 258 m. Anm. *Zimmer* = NotBZ 2011, 168 m. Anm. *Krauß*, ebenso zuvor OLG Köln, 09.12.2009 – 2 U 46/09, ZEV 2010, 85 m. krit. Anm. *Armbrüster* einerseits und zu Recht zustimmender Anm. *Bengel/Spall*, ZEV 2010, 195 (Replik *Armbrüster*, ZEV 2010, 555) andererseits; zustimmend auch v. *Proff zu Irnich*, ZErb 2010, 206 ff. und *Vaupel*, RNotZ 2010, 141 ff. Ablehnend: *Dutta*, AcP 2009, 793; *ders.*, FamRZ 2010, 841, 843. Differenzierend *Klühs*, ZEV 2011, 15, 18 (bei Behinderten ja, bei Bedürftigen nein).
610 Vgl. § 94 Abs. 2 SGB XII: eingeschränkte Heranziehung der elterlichen Unterhaltspflicht ggü. behinderten Kindern, sowie § 92 Abs. 2 SGB XII: stark zurückgenommene Heranziehung eigenen Einkommens, völlig ausgeschlossene Heranziehung eigenen Vermögens für bestimmte, dort genannte Eingliederungsleistungen.
611 OLG Düsseldorf, 21.02.2013 – I-3 Wx 193/12, MittBayNot 2014, 172 m. Anm. *Keim*.
612 Z.B. *Röthel*, NJW 2012, 337 ff. – allerdings kollidiert diese Forderung mit der Wertung des § 1629a Abs. 4 BGB, der dem volljährigen Jugendlichen nur eine kurze Widerrufsfrist nach seinem 18. Lebensjahr zur Haftungsbefreiung zubilligt.
613 Offen gelassen in OLG Düsseldorf, 21.02.2013 – I-3 Wx 193/12, MittBayNort 2014, 172 m. Anm. *Keim*.
614 *Kühle*, ZErb 2013, 221 ff.

Nach einem Teil der Literatur[615] sowie der Rechtsprechung[616] bedarf es dazu stets eines Rückgriffs auf die schuldrechtliche Causa (hierzu nachstehend Rdn. 3804). Nach anderer Auffassung gilt § 313 BGB nicht nur für Zuwendungsverträge mit erbrechtlichen oder erbrechtsähnlichen Wirkungen[617] sowie für Abfindungsvereinbarungen, die Erbverzichte begleiten,[618] sondern auch für isolierte Pflichtteilsverzichte ohne Gegenleistung bzw. ohne Einbindung in einen schuldrechtlichen Austauschvertrag.[619] Allerdings scheidet auch nach dieser Ansicht eine auf § 313/242 BGB oder die Irrtumsanfechtung (§§ 2078, 2079 BGB)[620] gestützte Rückabwicklung eines Erbverzichtsvertrags nach dem Tod des Erblassers aus, sofern dadurch die Erbfolge geändert würde; gewichtige Belange der Rechtssicherheit gehen vor.[621]

3804 Enthält das Kausalgeschäft Abreden zur »Gegenleistung«, ist im Hinblick auf den aleatorischen Charakter des Erb- bzw. des Pflichtteilsverzichts besonderes Augenmerk darauf zu legen, ob und in welchem Umfang diese Vereinbarung einer **Anpassung** wegen Änderung oder Wegfalls der **Geschäftsgrundlage** zugänglich ist (§ 313 BGB). Der Erb- und/oder Pflichtteilsverzicht gegen Abfindung enthält wegen der Ungewissheit über Bestand und Wert des künftigen Nachlasses, auf den sich die Verzichtserklärung bezieht, Elemente der Risikoübernahme, gewissermaßen von »Spiel und Wette«.[622] Der Differenzeinwand, also die Berufung auf eine unzutreffende Einschätzung des künftigen Nachlasses, sollte daher in um so stärkerem Maße ausgeschlossen sein, als der Verzichtende (im Rahmen seines Einverständnisses mit der angebotenen Abfindungsleistung) dieses Risiko einer Fehleinschätzung übernommen hat: die Risikoübernahme wurde durch den (jedenfalls i.d.R.) früheren Erhalt einer der Höhe nach sicheren Summe »vergütet«.

3805 Dabei beruht ein Erbverzicht auf dem Sterbebett oder auch ein gegenständlich auf ein bestimmtes (jedenfalls nach jetzigen Verhältnissen eindeutig bewertbares) Objekt beschränkter Pflichtteilsverzicht auf einer deutlich stabileren, der Erb- oder Pflichtteilsverzicht in Bezug auf den gesamten, dynamischer Entwicklung zugänglichen Nachlass eher auf einer **schwankenden Tatsachengrundlage**. Jedoch kann auch »statischer«, überwiegend aus Grundbesitz bestehender Vermögensbestand einer ungeahnten Umwertung unterliegen, wie das Beispiel der durch die Wiedervereinigung zurückgewonnenen Verfügbarkeit von Grundbesitz in den neuen Ländern zeigt.[623]

3806 Wünschen die Beteiligten, der Abfindungsvereinbarung einen **endgültigen Charakter** beizumessen, sollte daher vereinbart werden:

▶ Formulierungsvorschlag: Endgültiger Charakter einer Abfindungsvereinbarung bei Erb- oder Pflichtteilsverzicht

3807 Die vorstehend getroffene Vereinbarung über eine Abfindung für die Abgabe und Aufrechterhaltung des Erb-/Pflichtteilsverzichts ist ihrer Art, Höhe und Fälligkeit nach unabhängig vom derzeitigen Bestand und Wert des Vermögens wie auch von Bestand und Wert des künftigen Nachlasses des beteiligten Erblassers; eine Anfechtung oder auch Anpassung, etwa in Fällen des Irrtums oder wegen einer Änderung oder des Wegfalls der Geschäftsgrundlage, ist daher ausgeschlossen. (*Ggf. Ergänzung: Vorbehalten bleibt jedoch die Anfechtung wegen arglistiger Täuschung*).

---

615 Staudinger/*Schotten*, BGB (2004), § 2346 Rn. 115; Soergel/*Damrau*, BGB, § 2346 Rn. 2.
616 OLG Hamm, ZEV 2000, 57.
617 Vgl. BGHZ, 113, 314.
618 BGHZ, 134, 156.
619 In diese Tendenz *Wendt* (RiBGH), in einem Tagungsbeitrag für die 3. Jahresarbeitstagung des Notariats in Bonn am 22.09.2005, ZNotP 2006, 6 ff.
620 Staudinger/*Schotten*, BGB (2004), § 2346 Rn. 106; BayObLG, 04.01.2006 – 1Z BR 97/03, MittBayNot 2006, 249 m. krit. Anm. *Damrau* = ZEV 2006, 209 m. krit. Anm. *Leipold*.
621 Vgl. BGH, ZEV 1999, 62 ff., BGHZ 134, 152 ff.
622 Hierzu ausführlich *Bengel*, ZEV 2006, 195.
623 Bei einem diesbezüglichen Irrtum hat OLG Hamm, ZEV 2000, 507, m. Anm. *Kuchinke*, mangels abweichenden vertraglichen Risikorahmens die Anwendbarkeit des (nunmehrigen) § 313 BGB eröffnet.

E. Erb- und Pflichtteilsverzicht

3808 Eher selten sind wohl die Fälle, in denen umgekehrt die universale Anwendung der Grundsätze über die Änderung der Geschäftsgrundlage ausdrücklich vorbehalten bleibt oder eine vertragliche Konkretisierung des Anpassungsmechanismus – regelmäßig dann bezogen auf die Höhe der Gegenleistung, nicht auf die Möglichkeit der Aufhebung des Verzichtes – an deren Stelle tritt. Es bedarf dann einer eingehenden Schilderung der verwandtschaftlichen und wirtschaftlichen Verhältnisse zur Herleitung des zugrunde gelegten Erbteils- bzw. Pflichtteilswertes und der daran anknüpfenden Anpassungspflicht. Im Anschluss an *Wachter*[624] könnte etwa folgendermaßen formuliert werden:

▶ **Formulierungsvorschlag: Anpassungsvorbehalt beim Erb-/Pflichtteilsverzicht hinsichtlich der Abfindungshöhe (entsprechend § 313 BGB)**

3809 Der Verzichtserklärung und der Abfindungsvereinbarung in dieser Urkunde liegen nach Angabe der Beteiligten folgende Umstände zugrunde:
1. Erblasser
a) Familienverhältnisse

..... – nachfolgend auch kurz »Erblasser« genannt – ist in ..... Ehe mit ....., geb. am ....., wohnhaft: ....., verheiratet. Die Eheschließung ist am ..... vor dem Standesbeamten in ..... erfolgt (Heiratsurkunde des Standesamts ..... vom ....., Nr. .....). Einen Ehevertrag hat der Erblasser mit seinem Ehegatten nicht geschlossen.

Der Erblasser hat ..... eheliche Kinder, nämlich

....., geb. am ..... in ..... (Geburtsurkunde Nr. .....)

wohnhaft: .....

Sonstige Kinder, auch nichteheliche oder angenommene, hat und hatte der Erblasser nicht.
b) Vermögensverhältnisse

Zum Vermögen des Erblassers gehören folgende wesentlichen Vermögenswerte:
- ..... Wohnhaus in ..... (Baujahr .....), eingetragen im Grundbuch des Amtsgerichts ..... von ..... FlNr. ..... mit ..... m², das unter Berücksichtigung des Kaufpreises von ..... im Jahr ..... heute einen geschätzten Verkehrswert von ca. ..... € hat,
- ..... Beteiligung in Höhe von .....% an dem ..... Unternehmen mit dem Sitz in ....., eingetragen im Handelsregister des Amtsgerichts ..... unter HR ....., die laut Gutachten des Wirtschaftsprüfers der Gesellschaft ..... vom ..... einen Verkehrswert von ca. ..... € hat
- ..... verschiedene Wertpapiere, die nach dem Depotauszug der verwahrenden Bank vom ..... einen aktuellen Kurswert von ca. ..... € haben.

Auf eine weiter gehende Einzelaufführung des Vermögens sowie eine nähere Darlegung der Bewertungsunterlagen wird von allen Beteiligten verzichtet.

Es bestehen folgende wesentlichen Verbindlichkeiten:
- Hypothekenkredit bei der ..... bank, derzeit noch valutierend in Höhe von ..... €
- Negatives Gesellschafterkonto bei der ..... KG in Höhe von ..... € zum letzten Bilanzstichtag

Hinsichtlich des Reinwerts des gesamten Vermögens des Erblassers gehen die Beteiligten von derzeit. ..... € aus.
2. Anrechnung und Ausgleichung

Anrechnungs- oder ausgleichungspflichtige Zuwendungen des Erblassers zu Lebzeiten sind nach Angabe der Beteiligten nicht erfolgt.

(Bzw., je nach Sachverhalt: Der Erblasser hat nach Angabe zu Lebzeiten folgende anrechnungspflichtige und/oder ausgleichspflichtige Zuwendungen an Dritte vorgenommen: .....)
3. Höhe des Erb- bzw. Pflichtteils

---

[624] ZErb 2004, 314 f. (dort allerdings gedacht als Vorkehrung gegen die mögliche Sittenwidrigkeit eines Verzichtes, die jedoch wegen des aleatorischen Charakters sich allenfalls aus hinzutretenden anderen Umständen als der Werthaltigkeitsfrage, etwa bei arglistiger Täuschung, ergeben wird).

..... (Erblasser) ist ausschließlich deutscher Staatsangehöriger.

Der Erblasser verfügt über keine Grundstücke oder sonstigen Vermögenswerte im Ausland.

Auf der Grundlage der vorstehenden Familien- und Vermögensverhältnisse würde der gesetzliche Erbteil/der Pflichtteil des Verzichtenden bei einem heute eintretenden Erbfall somit ..... € betragen.

4. Anpassungsverpflichtung

Die nachstehend in dieser Urkunde vereinbarte Abfindung wurde auf der Grundlage des vorstehend 3. genannten Erbteils/Pflichtteilswertes des Verzichtenden ermittelt. Sofern einer der Beteiligten nachweist, dass der tatsächliche Erbteils-/Pflichtteilswert zum heutigen Zeitpunkt davon um mehr als .....% (Schwellenwert) nach oben oder unten abweicht, kann eine prozentual entsprechende Herab- oder Heraufsetzung des Abfindungsbetrages verlangt werden, und zwar ohne Abzug des Schwellenwertes. Die Anwendung des § 313 BGB oder der Anfechtung wegen Irrtums oder Täuschung ist daneben ausgeschlossen.

3810 Umgekehrt kann der Erbverzicht seinerseits die Geschäftsgrundlage entfallen lassen für Rechtsgeschäfte unter »vermeintlichen Miterben«, bzw. das Verschweigen eines bestehenden Erbverzichtes zur Anfechtung wegen Täuschung berechtigen.

▶ Beispiel:[625]

Mit einem der Kinder wurde anlässlich einer Betriebsübertragung ein Erbverzicht abgeschlossen. Im Erbschein werden, da ein Geschwister den Antrag stellt und diesem der Erbverzicht nicht bekannt ist, gleichwohl alle Kinder als gesetzliche Miterben aufgeführt, die sodann in einem Erbauseinandersetzungsvertrag die Immobilien verteilen. Das OLG München sieht den Verzichtenden aufgrund des Informationsgefälles, hilfsweise aufgrund des verwandtschaftlichen Vertrauensverhältnisses, zur ungefragten Offenlegung des Erbverzichtes verpflichtet und erlaubt die Anfechtung wegen arglistiger Täuschung (Herausgabe der Immobilie und der gezogenen Nutzungen).

9. Internationales Privatrecht

a) Ausländische Rechtsordnungen

3811 Ein Pflichtteilsverzicht zu Lebzeiten des Erblassers ist nach zahlreichen ausländischen Rechtsordnungen **unzulässig**, insb. nach dem Recht von Belgien (Art. 791, 1130 CC), England, Frankreich (Art. 791, 1130 Abs. 2 CC), Griechenland (Art. 386 ZGB, möglicherweise jedoch Zulässigkeit unter Ehegatten!), Irland, Israel, Italien (Art. 458 CC), Luxemburg (Art. 791 CC), Portugal, Rumänien, Spanien (Art. 816 CC),[626] Serbien und Montenegro, Slowakei. **Zulässig** ist er jedoch nach der Rechtsordnung in Dänemark (§ 31 ErbG), Finnland, Japan (§ 1043j ZGB), Norwegen (§ 45 ErbG), Österreich (§ 551 ABGB), Polen (Art. 1048 ZGB), Schottland, Schweden (Kap. 17 § 2 ErbG), der Schweiz (Art. 495 ZGB), Türkei (Art. 528 ZGB), Ungarn (§ 603 ZGB), Tschechien (Art. 1484 ZGB) sowie in den meisten Bundesstaaten in den USA (Verzicht des Ehegatten auf den sog. »elective share«).[627] Lässt eine etwa zur Anwendung berufene Rechtsordnung den Pflichtteilsverzicht zu, ist auch zu denken an weitergehende Verzichte auf sonstige Rechte, welche nach dortigem Recht bestehen mögen.

b) Anknüpfung bis zum 17. August 2015

3812 Ob ein Pflichtteilsverzicht oder erbrechtliche Anrechnungs- bzw. Ausgleichungsbestimmungen auch bei Auslandsbezug möglich sind, richtet sich nach dem **Erbstatut des Erblassers**. Inwieweit

---

625 Nach OLG München, 24.06.2009 – 20 U 4882/08, ZEV 2010, 140.
626 Ausnahme: Mallorca (Art. 50 CDB), Ibiza und Formentera (Art. 77 CDB), jeweils im Zusammenhang mit einer Vermögenszuwendung.
627 *Böhmer*, ZEV 1998, 251 ff.

durch eine Übertragung Pflichtteilsergänzungsansprüche ausgelöst werden, bestimmt sich nach dem Erbstatut des Veräußerers,[628] und zwar im Zeitpunkt des Todes, nicht der Veräußerung.[629] Darüber hinaus akzeptiert das deutsche IPR Sonderanknüpfungen[630] ausländischer Rechtsordnungen, etwa an die Belegenheit des Grundbesitzes, wie im französischen, rumänischen oder in Common-Law-Erbrechten, Art. 3a Abs. 2 EGBGB. Aus diesem Grunde enthält der vorstehende Formulierungsvorschlag Rdn. 3809 unter Nr. 3 auch im Sinne einer »Checkliste« Angaben zur Staatsangehörigkeit und zu Auslandsbesitz des nachmaligen Erblassers.

c) Anknüpfung seit dem 17. August 2015

Für alle Sterbefälle seit dem 17.08.2015 führt die **Europäische Erbrechtsverordnung** (EU-ErbVO) zu einem Paradigmenwechsel, vgl. Rdn. 3534 ff. Die gesamte Rechtsnachfolge von Todes wegen (vgl. Art. 21 Abs. 1, 22 u. 23 Abs. 1 EU-ErbVO) unterliegt dann einheitlich dem Recht des gewöhnlichen Aufenthalts des Erblassers, nicht mehr den nationalrechtlichen Anknüpfungen (also aus Sicht des deutschen Rechts gemäß Art. 25 EGBGB a.F. der Staatsangehörigkeit des Erblassers). Hat also ein Erblasser, der zuvor an einem Erb- oder Pflichtteilsverzicht beteiligt war, vor seinem Tod den gewöhnlichen Aufenthalt in ein Land verlegt, das einen Erb- oder Pflichtteilsverzicht nicht akzeptiert (vgl. Rdn. 3811), würde der früher wirksam geschlossene Vertrag seine Wirksamkeit verlieren.

3813

Dieses Risiko[631] wird nicht dadurch gebannt, dass Art. 25 EU-ErbVO auch für den Pflichtteils- oder Erbverzicht (bei dem es sich um einen »Erbvertrag« im Sprachsinn des Art. 25 EU-ErbVO handelt[632]) die »Zulässigkeit, materielle Wirksamkeit und Bindungswirkung« des Verzichtsvertrags dem sogenannten hypothetischen Erbstatut (bzw. »**Vertragsstatut**«) des (jeweiligen) Erblassers, also dem Recht seines gewöhnlichen Aufenthaltsorts zum Zeitpunkt des Abschlusses des Vertrags unterstellt. Damit wird nämlich nur sichergestellt, dass die formalen Zulässigkeitsvoraussetzungen sowie die in Art. 26 EU-ErbVO aufgeführten Details zum Vertragsabschluss dauerhaft rechtskonform bleiben, während die materielle Wirksamkeit als Bestandteil der »gesamten Rechtsnachfolge von Todes wegen« i.S.d. Art. 21 Abs. 1, 22 u. 23 Abs. 1 EU-ErbVO weiterhin dem eigentlichen Erbstatut (letzter gewöhnlicher Aufenthalt) unterfällt. Auch bei anderen vertraglichen Regelungen, etwa Ausgleichungs- oder Anrechnungsbestimmungen, gilt gemäß Art. 23 Abs. 2i EU-ErbVO das allgemeine Erbstatut (letzter gewöhnlicher Aufenthalt), nicht das Vertragsstatut (Aufenthalt zum Zeitpunkt des Vertragsschlusses).[633]

3814

Demnach bliebe, wenn das neue Erbstatut ihn nicht als wirksam aufrecht erhält, ein Erb- oder Pflichtteilsverzichtsvertrag, der in Deutschland wirksam geschlossen wurde, auch beim Wegzug des (späteren) Erblassers zwar »**formal wirksam, aber materiell wirkungslos**«.[634] Bei wechselseitigen Verzichten kann komplizierend hinzutreten, dass nur einer der beiden beteiligten Erblasser ins Ausland verzieht, so dass der auf seinen Sterbefall erklärte Verzicht unwirksam würde. Durch Auslegung gemäß dem hypothetischen Erbstatut bei Vertragsabschluss ist dann gemäß Art. 26

3815

---

628 Vgl. BGH, ZEV 2001, 238, 239.
629 *Haas*, in: Süß, Erbrecht in Europa, § 1 Rn. 40.
630 Nicht hierunter fallen abweichende Anknüpfungen des Personalstatuts des Erblassers, etwa insgesamt nach seinem letzten Wohnsitz, wie in Art. 90 Abs. 1 SchweizIPRG, vgl. OLG München, 08.04.2009 – 31 Wx 121/08, ZEV 2009, 512.
631 Vgl. *Odersky*, notar 2014, 139 ff.; *Döbereiner*, MittBayNot 2013, 437, 443.
632 Gemäß Art. 3 Abs. 1b EU-ErbVO sind alle Vereinbarungen umfasst, die Rechte am künftigen Nachlass oder an künftigen Nachlässen einer oder mehrerer an dieser Vereinbarung beteiligten Personen entziehen, vgl. auch *Döbereiner*, MittBayNot 2013, 437, 442 ff.; *Nordmeier*, ZEV 2013, 117, 120 f.; *Weber*, notar 2015, 296, 305.
633 Vgl. *Everts*, ZEV 2013, 124, 126.
634 Vgl. *Kroll-Ludwigs*, notar 2016, 75, 79; *Odersky*, notar 2014, 139, 140; *Leitzen*, ZEV 2013, 128, 130; Übersicht zum Streitstand bei *Meise*, RNotZ 2016, 553, 563.

Abs. 1d EU-ErbVO zu ermitteln, ob beide Erklärungen in einem inneren Bedingungsverhältnis zueinander standen, so dass die Unwirksamkeit des einen Verzichts auch die Unwirksamkeit des anderen zur Folge hat.

3816 Nach a.A. bleibt der Verzichtsvertrag auch im Fall des Statutenwechsels wirksam.[635] Art. 25 EU-ErbVO wird dann so verstanden, dass er eine Bestandsgarantie für Erbverträge (also auch Pflichtteils- und Erbverzichtsverträge) schaffen wolle, indem er die Zulässigkeit und die Wirksamkeit einer **Sonderanknüpfung** unterwerfe. Dafür spricht auch, dass Art. 23 Abs. 2 lit. h EU-ErbVO nur den »verfügbaren Teil des Nachlasses« dem Erbstatut unterstellt; ob ein bestimmter Teil des Nachlasses verfügbar ist oder dem Pflichtteilsanspruch oder der Erbberechtigung Dritter unterliegt, ergibt sich aber aus der Zulässigkeit etwaiger nach Art. 25 EU-ErbVO geschlossener Verzichtsverträge.[636] Auch die Frage der Erstreckungsfähigkeit und konkreten Erstreckung der Verzichtswirkungen auf Abkömmlinge (im deutschen Recht: § 2349 BGB) richtet sich nach dieser Gegenauffassung nach dem Erbvertragsstatut des Art. 25 EU-ErbVO. Zu bedenken ist auch, dass die bei unterstellter Richtigkeit der von der h.M. vertretenen These des »wirksam-wirkungslosen« Pflichtteilsverzichtes allenfalls als Rettung zur Verfügung stehende Möglichkeit einer Rechtswahl (Rdn. 3818) bei »ungeeigneter« Staatsangehörigkeit des Erblassers nicht zu befriedigenden Ergebnissen führt.

3817 Hinzuweisen ist schließlich noch darauf, dass nach allen Auffassungen sich das materielle Pflichtteilsrecht – und damit möglicherweise auch die Erb- und Pflichtteilsquoten – verändern, wenn der Erblasser seinen gewöhnlichen Aufenthalt wechselt, so dass u.U. eine im Verzichtsvertrag vereinbarte Abfindung von einem unzutreffend geringen oder hohen Pflichtteilsanspruch bzw. Erbanteil ausging.[637]

3818 Der Erblasser könnte – die Richtigkeit der in Rdn. 3815 referierten Auffassung unterstellt – durch einen Aufenthaltswechsel dem erbrechtlichen Vertrag einseitig die Wirksamkeit nehmen, was in der Tat mit der von Art. 25 EU-ErbVO bezweckten Bestandsgarantie von Erbverträgen nicht vereinbar ist. Bis zu einer rechtssicheren Klärung dieser Frage ist daher zu raten, dass ein Erblasser, der zum Zeitpunkt des Pflichtteilsverzichts Staatsangehöriger eines Staates ist, der den Erb- oder Pflichtteilsverzicht anerkennt, (vorsorglich, dann aber mit **universeller Wirkung**, kostenrechtlich zu berücksichtigen und zum Zentralen Testamentsregister zu melden) sein **Staatsangehörigkeitsrecht gemäß Art. 22 EU-ErbVO wählt**, so dass auch das materielle Erbstatut (und nicht nur das Vertragsstatut) dauerhaft maßgeblich bleibt, dem Pflichtteilsverzicht also nicht der Boden entzogen wird (Formulierungsvorschlag in Rdn. 3544). Eine solche Rechtswahl kann – jedenfalls nach Maßgabe des deutschen Erbrechts, §§ 1941 Abs. 1, 2270 Abs. 3, 2278 Abs. 2 BGB[638] – auch erbvertraglich bzw. wechselbezüglich erfolgen (um sicherzustellen, dass der durch den Pflichtteilsverzicht Begünstigte nicht durch ein späteres, eine abweichende Rechtswahl enthaltendes Testament des Erblassers Schaden nimmt) (Rdn. 3541). Daneben kann auch eine Gerichtsstandsvereinbarung (Art. 5 EU-ErbVO) ratsam sein, Rdn. 3543. Ein Muster einer Empfehlung zu einer Rechtswahl im notariell beurkundeten (Erb- oder) Pflichtteilsverzicht könnte lauten:

---

635 So etwa *Everts*, NotBZ 2015, 3, 4 (mit Beispielen); *Weber*, ZEV 2015, 503, 507 (teleologische Erweiterung des Art. 26 EU-ErbVO (formale Zulässigkeit des »Erbvertrages« als Ausfluss des Errichtungsstatuts muss auch die fortbestehende materielle Wirksamkeit zur Folge haben).

636 *Weber*, ZEV 2015, 503, 506 Fn. 36, weist darauf hin, dass auch nach Art. 12 des Haager Erbrechtsübereinkommens von 1989 Pflichtteilsverzichtsverträge nach einem Statutenwechsel wirksam blieben.

637 Eine Anpassung nach § 313 BGB wird dennoch nur in den seltensten Fällen in Betracht kommen, aufgrund der bewusst aleatorischen Natur eines Pflichtteilsverzichtsvertrags, vgl. *Weber*, ZEV 2015, 503, 508.

638 Zur internationalen Anerkennung *Soutier*, ZEV 2015, 515 ff.

▶ **Formulierungsvorschlag: Hinweis auf EU-ErbVO und Empfehlung einer Rechtswahl im Pflichtteilsverzicht**

Der Notar hat darauf hingewiesen, dass die Wirksamkeit dieses Pflichtteilsverzichts nur gewährleistet ist, wenn das deutsche Erbrecht auf die künftige Beerbung des Erblassers anwendbar bleibt. Hierfür ist maßgeblich, wo der Erblasser seinen letzten Wohnsitz haben wird. Sollte also der Erblasser seinen Wohnsitz dauerhaft ins Ausland verlegen und das dann anwendbare ausländische Recht (wie in vielen Ländern Europas) die Wirksamkeit eines Pflichtteilsverzichts nicht anerkennen, wäre die Urkunde unwirksam.

3819

Der Notar hat vorgeschlagen, vorsorglich eine (universelle) Rechtswahl zugunsten des jetzigen Staatsangehörigkeitsrechtes, also des deutschen Rechts, zu treffen, ggf. gar mit erbvertraglicher Bindung; dies wünschen die Beteiligten jedoch derzeit nicht.

Ggf (bei wechselseitigen Pflichtteilsverzichten): Die etwaige Unwirksamkeit des Verzichtes des einen Ehegatten soll/soll nicht die Unwirksamkeit des Verzichtes des anderen Ehegatten zur Folge haben.

Ein **ausländischer Erblasser** mit gewöhnlichem Aufenthalt in Deutschland sollte jedoch naturgemäß eine solche Rechtswahl zugunsten seines Heimatrechtes dann nicht vornehmen, wenn sein Staatsangehörigkeitsrecht den Erb- oder Pflichtteilsverzicht nicht akzeptiert. Warnend ist er darauf hinzuweisen, dass Art. 22 Abs. 2 EU-ErbVO auch eine konkludente Rechtswahl kennt, etwa durch Errichtung eines Testaments unter Bezugnahme auf spezifische Bestimmungen seines Heimatrechts (Beweggrund 39 Satz 2).[639] Er ist daher nicht nur vor den Folgen eines unbedachten dauerhaften Wohnsitzwechsels zu warnen, sondern auch vor einer spontanen späteren Testamentserrichtung ohne ausdrückliche Betonung, dass mit dieser späteren Verfügung von Todes wegen keine konkludente Rechtswahl zugunsten seines Heimatrechts getroffen sein solle.

3820

10. Muster: Erbverzicht

Das Grundmuster eines Erbverzichts ist demnach einfach:

3821

▶ **Formulierungsvorschlag: Erbverzicht eines Abkömmlings**

..... (Verzichtender) verzichtet hiermit gegenüber dem dies annehmenden ..... (Erblasser) auf sein gesetzliches Erbrecht am dereinstigen Nachlass des Erblassers. Er gibt diese Erklärung mit Wirkung für sich und für seine – auch künftigen – Abkömmlinge ab, vgl. § 2349 BGB. Den Beteiligten ist bekannt, dass der Verzicht auch mögliche künftige Pflichtteilsansprüche des Verzichtenden nach dem Tod des Erblassers, auch soweit diese auf lebzeitigen anderweitigen Schenkungen beruhen, umfasst, dass jedoch der Verzichtende und/oder seine Abkömmlinge weiterhin durch Testament ausdrücklich bedacht werden können. Soweit der Verzichtende bereits jetzt testamentarisch oder erbvertraglich bedacht ist, wird diese Verfügung durch den Verzichtsvertrag nicht aufgehoben; hierfür bedürfte es einer Änderung der betreffenden letztwilligen Verfügung oder eines Zuwendungsverzichts (§ 2352 BGB).

Der Erb- (und Pflichtteils-)verzicht des Ehegatten – häufig Bestandteil von Eheverträgen bzw. Scheidungsfolgenvereinbarungen – sollte zusätzlich auf die unterhaltsrechtliche Fernwirkung des **§ 1586b BGB** hinweisen, wonach infolge des Verzichtes eine mögliche Unterhaltslast der Erben des geschiedenen Ehegatten entfällt (noch h.M.),[640] jedenfalls sofern keine gegenteilige Vereinbarung zustande kommt;[641] ferner darauf, dass bereits errichtete Verfügungen von Todes wegen

3822

---

639 Art. 83 Abs. 4 EU-ErbVO sieht in Verfügungen von Todes wegen, die vor dem 17.08.2015 nach einem Recht errichtet wurden, das der Erblasser nach der Verordnung hätte wählen können, eine stillschweigende umfassende Wahl dieses Erbrechts.
640 Abwägend *Münch*, ZEV 2008, 574 m.w.N.; für die h.M. *Schindler*, FamRZ 2004, 1532 m.w.N., dagegen *v. Proff*, ZErb 2017, 33, 35.
641 Vgl. *Münch*, Ehebezogene Rechtsgeschäfte, 3. Aufl. 2011, Rn. 2409; *Gutachten*, DNotI-Report 2014, 52: als ehevertragliche Regelung (alternativ erreichbar auch über ein Vermächtnis oder die Schaffung eines selbständigen Leibrentenversprechens).

allein durch den Erbverzicht des Bedachten nicht hinfällig werden, wenn nicht die Voraussetzungen der §§ 2077,[642] 2268, 2279 BGB (Scheidungsreife und Antrag oder Zustimmung des Erblassers etc.) vorliegen:

▶ Formulierungsvorschlag: Erbverzicht unter Ehegatten

3823 Die Vertragsteile verzichten hiermit gegenseitig auf ihr gesetzliches Erb- und Pflichtteilsrecht am Nachlass des jeweils anderen Ehegatten und nehmen diese Verzichte wechselseitig an.

Der Notar hat auf die Wirkungen des Verzichts hingewiesen, insbesondere darauf, dass die Ehegatten dadurch gegenseitig von der gesetzlichen Erbfolge ausgeschlossen sind, wie wenn sie zur Zeit des Erbfalls des anderen nicht mehr lebten. Dadurch können sich die Erbquoten und (bei Enterbung der Kinder) auch die Pflichtteilsquoten der Kinder entsprechend erhöhen. Soweit sich die Ehegatten gegenseitig testamentarisch oder in einem Erbvertrag bedacht haben, wird diese Regelung durch den Erbverzicht nicht hinfällig, sondern im Zweifel erst bei Eintritt der Voraussetzungen der §§ 2077, 2268, 2279 BGB (Scheidungsreife und Antrag oder Zustimmung des Erblassers); vor diesem Zeitpunkt ist ein Widerruf des Testamentes erforderlich oder die gemeinsame Verfügung durch Aufhebung bzw. Rücktritt zu beseitigen; u.U. ist auch ein Zuwendungsverzicht gem. § 2352 BGB möglich. Diese sind nicht Gegenstand der heutigen Urkunde.

Ein etwaiger nachehelicher Unterhaltsanspruch des Verzichtenden gegen die Erben des heutigen Ehegatten braucht nach dessen Ableben aufgrund des heutigen Verzichtes nicht mehr erfüllt zu werden (§ 1586b BGB), sofern die Beteiligten keine abweichende Regelung treffen.

(Ggf. Ergänzung, falls Begrenzung des postmortalen Unterhaltsanspruchs nicht gewünscht ist: Abweichend hiervon vereinbaren die Beteiligten jedoch: Der vorstehende Erb- und Pflichtteilsverzicht beinhaltet ausdrücklich keinen Verzicht auf nachehelichen Unterhalt gemäß §§ 1586b und 1933 Satz 3 BGB für den Fall des Vorversterbens des unterhaltspflichtigen Ehegatten. Der Überlebende von uns soll vielmehr zulasten der Erben des verstorbenen, geschiedenen Ehegatten so gestellt werden, als ob der Pflichtteilsverzicht nicht erklärt worden wäre.)

II. Pflichtteilsverzicht

1. Wirkungen

3824 Der Pflichtteilsverzicht,[643] § 2346 Abs. 2 BGB, stellt eine zulässige Beschränkung und damit eine Variante des oben I erläuterten Erbverzichts dar; wegen der selten erwünschten dauerhaften Erb- und Pflichtteilserhöhungswirkung eines reinen Erbverzichtsvertrags bildet er sogar in der Praxis entgegen der gesetzlichen Regelung den Normalfall.

Die Ausführungen oben Rdn. 3782 ff. und 3786 ff. zum Beurkundungszwang, zur Vertretung, und zum Zustandekommen eines Erbverzichts gelten demnach für den Pflichtteilsverzicht entsprechend.

3824a Zu differenzieren vom vor dem Tod des Erblassers mit diesem geschlossenen Pflichtteilsverzicht ist der nach dem Erbfall mögliche **Erlassvertrag** (§ 397 BGB) zwischen Erbe und Pflichtteilsberechtigtem, bzw. die vergleichsweise Einigung über dessen Abgeltung, die – sofern keine Grundstücke oder GmbH-Anteile an Erfüllungs statt übertragen werden sollen – keiner notariellen Form bedarf. Die ggf. getroffene vergleichsweise Einigung schafft eine selbständige Zahlungspflicht.[644]

---

642 Str. ist, ob § 2077 BGB analog gilt, wenn der Erblasser den bereits zuvor testamentarisch Bedachten später heiratet/verpartnert und die Ehe/Lebenspartnerschaft dann aufgelöst wird (bejahend: *Krauß*, in: *Groll/Steiner*, Praxishandbuch Erbrechtsberatung, IX Rn. 62; a.A. KG, 29.09.2015 – 6 W 57/15, EE 2016, 60 m. Anm. *Möller*, wenn die Einsetzung des späteren Lebenspartners vor In-Kraft-Treten des LPartG erfolgte).
643 Überblicksaufsatz: *Lange*, ErbR 2017, 250 ff., ErbR 2017, 305 ff. und ErbR 2017, 397 ff.
644 OLG Köln, 08.03.2017 – 16 U 148/16, ErbR 2017, 562.

Wird ein Verzicht ohne weitere Beschränkung auf das Pflichtteilsrecht als solches erklärt, umfasst er auch 3825
(1) den **Pflichtteilsrestanspruch** gem. §§ 2305, 2307 BGB,
(2) sowie den **Pflichtteilsergänzungsanspruch** nach §§ 2325 ff. BGB,
(3) einschließlich des **Verfolgungsanspruchs gegen den Beschenkten** selbst, § 2329 BGB,
(4) und die **Pflichtteilserhöhungswirkung ausgleichungspflichtiger Zuwendungen** an Geschwister, § 2316 BGB (Ausgleichungspflichtteil).
(5) Daneben beseitigt der universelle Pflichtteilsverzicht die Möglichkeit, sich auf die pflichtteilsschützende Vorschrift des § 2306 BGB zu berufen, so dass Beschränkungen und Beschwerungen der in § 2306 Abs. 1 Satz 1 BGB a.F. (bei Sterbefällen vor dem 01.01.2010) genannten Art auch bei Erbeinsetzung lediglich zur Pflichtteilsquote oder darunter aufrechterhalten bleiben und bei einer dergestalt beschränkten Einsetzung oberhalb der Pflichtteilsquote **kein Ausschlagungsrecht** mit Pflichtteilsfolge besteht (gezielte Formulierung hierfür s. Rdn. 3869).
(6) Auch auf die **Verteidigungsrechte** der §§ 2318 Abs. 2 BGB (Pflichtteilsvorbehalt gegen die Vermächtniskürzung durch den Erben), 2318 Abs. 3 BGB (Vermächtniskürzung durch den pflichtteilsberechtigten Erben selbst) und § 2319 BGB (Kürzungsgrenze bei der Verteilung der Pflichtteilslast unter mehreren Miterben) und § 2328 BGB (Kürzung der Pflichtteilsergänzung durch den selbst pflichtteils- bzw. pflichtteilsergänzungsberechtigten Erben) kann er sich nach einem Verzicht nicht mehr berufen.[645] 3826
(7) Der **Nachabfindungsanspruch gem. § 13 HöfeO** (vgl. zum isolierten Verzicht hierauf auch Rdn. 3917 ff.) steht neben den »Miterben, die nicht Hoferben geworden sind« (§ 12 Abs. 1 Satz 1 HöfeO) auch »den Pflichtteilsberechtigten« zu (§ 12 Abs. 10 HöfeO), so dass ein Pflichtteilsverzicht (wie auch erst Recht ein Erbverzicht) diesen Anspruch nicht mehr entstehen lässt.[646] Der BGH deutet allerdings an, dass eine Veräußerung des Hofes während der Haltefrist u.U. die Geschäftsgrundlage des schuldrechtlichen Kausalgeschäfts, das dem Pflichtteilsverzicht zugrunde lag, entfallen lassen kann.[647]

Wer auf sein Pflichtteilsrecht verzichtet hat, kann zudem nicht mehr tauglicher Empfänger testamentarisch angeordneter Versorgungsrenten sein, da er keinen »eigenen Vermögenswert« (in Gestalt des nicht geltend gemachten Pflichtteilsanspruchs, anstelle des bei lebzeitiger Übertragung stattfindenden Vermögenstransfers) mehr aufwenden kann (vgl. Rdn. 6413).[648]

Der Pflichtteilsverzicht ist grds. dem Erbverzicht vorzuziehen (Rdn. 3765). Zwar muss der Pflichtteilsverzicht durch eine Verfügung von Todes wegen (Enterbung) flankiert werden, er führt aber im Gegensatz zum Erbverzicht nicht zu einer Erhöhung des Pflichtteilsanspruchs anderer Pflichtteilsberechtigter, da auch der Pflichtteilsverzichtende – entgegen §§ 2346 Abs. 1 Satz 2, 2310 Satz 2 BGB – bei der Berechnung der Pflichtteilsansprüche gem. § 2310 Satz 1 BGB mitgerechnet wird.[649] Ferner wird der Pflichtteilsverzichtende – anders als der Erbverzichtende – auch bei der Ausgleichung gem. § 2316 BGB mitberücksichtigt. Kostenrechtlich schließlich ist beim Pflichtteilsverzicht nur der potentielle Pflichtteil, beim Erbverzicht der volle Wert des potentiellen Nachlasses anzusetzen (§ 102 Abs. 4 i.V.m. § 102 Abs. 1 Satz 1 und 2 GNotKG). 3827

Die gesetzliche Erbfolge bleibt allerdings beim Pflichtteilsverzicht (anders als beim Erbverzicht) unberührt, so dass bei gewollter Enterbung eine flankierende letztwillige Verfügung erforderlich bleibt. 3828

---

645 Vgl. im Einzelnen, mit Beispielen, *v. Proff.*, ZErb 2017, 33 f.
646 BGH, 29.11.1996 – BLw 16/96, BGHZ 134, 152; vgl. *Führ*, RNotZ 2012, 303.
647 Vgl. dazu *v. Proff,* ZErb 2017, 33, 37 f.
648 BFH, 07.03.2006 – X R 12/05, ZEV 2006, 327 m. krit. Anm. *Fleischer*.
649 Gleiches gilt für den durch letztwillige Verfügung Enterbten, selbst wenn ihm daneben noch der Pflichtteil entzogen wurde: der Pflichtteilsentzug kommt allein dem Erben zugute, nicht den anderen Pflichtteilsberechtigten durch Erhöhung ihrer Quote, vgl. Gutachten, DNotI-Report 2007, 173.

Diese Wirkungen eines allgemeinen Pflichtteilsverzichts könnten etwa durch folgende Formulierung verdeutlicht werden:

▶ **Formulierungsvorschlag: Allgemeiner Pflichtteilsverzicht eines Verwandten**

3829 ..... (Verzichtender) verzichtet hiermit mit Wirkung für sich und seine (auch künftigen) Abkömmlinge auf das Pflichtteilsrecht am künftigen Nachlass des ..... (Erblasser), der diesen Verzicht entgegen- und annimmt.

Den Beteiligten ist dabei Folgendes bewusst: Der Verzicht umfasst neben dem »ordentlichen Pflichtteilsanspruch«, der etwa als Folge einer Enterbung entsteht, auch Pflichtteilsergänzungsansprüche und Ausgleichspflichtteilsansprüche als Folge unentgeltlicher lebzeitiger Zuwendungen an Dritte, und zwar gleichgültig, ob diese Ansprüche sich gegen die Erben oder gegen den Beschenkten richten würden. Umfasst ist weiter der Verzicht auf den Pflichtteilsrestanspruch bei Erb- oder Vermächtniszuwendung unterhalb der »Pflichtteilsquote« sowie die Möglichkeit, eine unter Beschränkungen oder Beschwerungen (z.B. Vor- und Nacherbfolge, Testamentsvollstreckung, Teilungsanordnung, Vermächtnisbelastung etc.) erfolgte Erbeinsetzung auszuschlagen und anstelle dessen den unbelasteten Pflichtteil in Geld zu verlangen (§ 2306 BGB). Der Pflichtteilsverzicht gilt unabhängig von den Vermögensverhältnissen der Beteiligten und ihrer künftigen Entwicklung.

Die gesetzliche Erbfolge bleibt jedoch durch diesen Pflichtteilsverzicht unberührt. Will also der Erblasser diese verändern, bedarf es eines Testaments oder Erbvertrags. Auch soweit der Verzichtende und/oder dessen Abkömmlinge jetzt oder künftig durch Testament oder Erbvertrag bedacht sind oder werden, hat der Pflichtteilsverzicht keine über § 2306 BGB hinausgehende Auswirkungen. Der Verzichtende hat also hinzunehmen, ob und in welchem Umfang er durch den Erblasser bedacht wird, sofern nicht zwischen beiden eine Bindung aufgrund eines Erbvertrags besteht.

3830 Insb. in Ehe- und Erbverträgen aus früherer Zeit finden sich nicht selten »**Pflichtteilsvermächtnisse**«, also Geld- und/oder Sachvermächtnisse, die an die Stelle des gesetzlichen Pflichtteils treten sollen bzw. ihn geringfügig übersteigen, aber in einer den Erben weniger belastenden Weise ausgestattet, z.B. mit späterer Fälligkeit versehen, sind. Solche letztwilligen Ansprüche[650] (§ 2304 BGB) sind vom vorstehenden Pflichtteilsverzicht unberührt. Sollen auch sie erfasst sein, bedürfte es einer ausdrücklichen Ergänzung:

▶ **Formulierungsvorschlag: Zuwendungsverzicht auf Pflichtteilsvermächtnis**

3831 Zugleich verzichtet ..... (Verzichtender) gem. § 2352 BGB hiermit mit Wirkung für sich und seine (auch künftigen) Abkömmlinge auf das Vermächtnis, das ihm in der letztwilligen Verfügung vom ..... durch ..... (Erblasser) an Stelle des gesetzlichen Pflichtteils eingeräumt wurde. Der Erblasser nimmt diesen Verzicht entgegen und an.

3832 Der allgemeine **Pflichtteilsverzicht des Ehegatten** ist weitgehend ähnlich, enthält jedoch auch einen Hinweis auf § 1586b BGB (vgl. Rdn. 3822) und, sofern ein umfassender Verzicht von Todes wegen erzielt werden soll, auch einen Verzicht auf den güterrechtlichen Zugewinnausgleich gem. § 1371 Abs. 2 und 3 BGB, der dem Ehegatten bei völliger Enterbung oder im Fall der Ausschlagung neben dem »kleinen« (aus dem nicht gem. § 1371 Abs. 1 BGB erhöhten[651] Erbanteil be-

---

650 Zur Auslegung vgl. BGH, 07.07.2004 – IV ZR 135/04, ZEV 2004, 374.
651 OLG Frankfurt Die pauschale Erbquotenerhöhung ist IPR-rechtlich [also i.S.d. Art. 15, 25 EGBGB] rein güterrechtlich zu qualifizieren, BGH, 13.05.2015 – IV ZB 30/14, ZEV 2015, 409 m. Anm. *Reimann*; damit wurde eine lange schwelende Streitfrage [»Doppelqualifikation nur bei deutschem Erb- und Güterrecht«, »Anwendung nur, wenn das ausländische Erbrecht ein § 1371 Abs. 1 BGB entsprechende Norm kennt«, »güterrechtliche Qualifikation, es sei denn die gesetzliche Erbquote des überlebenden Ehegatten enthält auch einen güterrechtlichen Ausgleich«, »rein güterrechtliche Anknüpfung«] zugunsten der letztgenannten Auffassung entschieden. Findet § 1371 Abs. 1 BGB allerdings Anwendung neben einem auf ausländischem Recht beruhenden Erbteil, dem dem überlebenden Ehegatten bereits einen güterrechtlichen Ausgleich zukommen lassen will, ist der Vervielfachung der güterrechtlichen

rechneten) Pflichtteil, auf den sich der Verzicht bereits ausdrücklich bezieht, zustünde. Vorsichtige Gestalter beschränken den Verzicht auf den güterrechtlichen Zugewinnausgleich im Todesfall bei der Ausschlagung (also nicht bei der Enterbung) auf diejenigen Fälle, in denen die Ausschlagung des Zugewandten und die Geltendmachung des güterrechtlichen Ausgleichs nicht im Einvernehmen mit allen (nunmehr berufenen) Erben erfolgen. Auf diese Weise können die Beteiligten in allseitigem Zusammenwirken die erbschaftsteuer-reduzierende Wirkung des Zugewinnausgleichs nutzen bzw. ihn als Mittel zur Reduzierung des Pflichtteils anderer Personen (z.B. nichtehelicher Kinder) einsetzen. Von nachstehendem Formulierungsvorschlag zu unterscheiden ist die Gestaltungssituation bei einem gegenständlichen Pflichtteilsverzicht des Ehegatten des Veräußerers anlässlich einer bestimmten Zuwendung, vgl. hierzu Rdn. 3852):

▶ Formulierungsvorschlag: Allgemeiner Pflichtteilsverzicht eines Ehegatten sowie (bedingter) Verzicht auf den güterrechtlichen Ausgleich im Todesfall

...... (Verzichtender) verzichtet auf das Pflichtteilsrecht am künftigen Nachlass des ...... (Erblasser), der diesen Verzicht entgegen- und annimmt.

3833

Den Beteiligten ist dabei Folgendes bewusst: Der Verzicht umfasst neben dem »ordentlichen Pflichtteilsanspruch«, der etwa als Folge einer Enterbung entsteht, auch Pflichtteilsergänzungsansprüche und Ausgleichspflichtteilsansprüche als Folge unentgeltlicher lebzeitiger Zuwendungen an Dritte, und zwar gleichgültig, ob diese Ansprüche sich gegen die Erben oder gegen den Beschenkten selbst richten würden. Umfasst ist weiter der Verzicht auf den Pflichtteilsrestanspruch bei Erb- oder Vermächtniszuwendung unterhalb der »Pflichtteilsquote« sowie die Möglichkeit, eine unter Beschränkungen oder Beschwerungen (z.B. Vor- und Nacherbfolge, Testamentsvollstreckung, Teilungsanordnung, Vermächtnisbelastung etc.) erfolgte Erbeinsetzung auszuschlagen und anstelle dessen den unbelasteten Pflichtteil zu verlangen (§ 2306 BGB). Der Pflichtteilsverzicht gilt unabhängig von den Vermögensverhältnissen der Beteiligten und ihrer künftigen Entwicklung.

Den Beteiligten ist weiter bewusst: Ein etwaiger nachehelicher Unterhaltsanspruch des Verzichtenden gegen die Erben des heutigen Ehegatten braucht nach dessen Ableben aufgrund des heutigen Verzichtes nicht mehr erfüllt zu werden (§ 1586b BGB), sofern die Beteiligten keine abweichende Regelung treffen.

(Ggf. Ergänzung, falls Begrenzung des postmortalen Unterhaltsanspruchs nicht gewünscht ist: Abweichend hiervon vereinbaren die Beteiligten jedoch: Der vorstehende Erb- und Pflichtteilsverzicht beinhaltet ausdrücklich keinen Verzicht auf nachehelichen Unterhalt gemäß §§ 1586b und 1933 Satz 3 BGB für den Fall des Vorversterbens des unterhaltspflichtigen Ehegatten. Der Überlebende von uns soll vielmehr zulasten der Erben des verstorbenen, geschiedenen Ehegatten so gestellt werden, als ob der Pflichtteilsverzicht nicht erklärt worden wäre.)

Die gesetzliche Erbfolge bleibt jedoch durch diesen Pflichtteilsverzicht unberührt. Will also der Erblasser diese verändern, bedarf es eines Testaments oder Erbvertrags. Auch soweit der Verzichtende durch Erbvertrag oder ein gemeinschaftliches Testament bedacht ist oder wird, hat der Pflichtteilsverzicht keine über § 2306 BGB hinausgehende Auswirkungen. Der Verzichtende hat also hinzunehmen, ob und in welchem Umfang er durch den Erblasser bedacht wird, sofern nicht zwischen beiden eine Bindung aufgrund eines Erbvertrags oder gemeinschaftlichen Testaments besteht.

Darüber hinaus verzichtet der Ehegatte weiter auf den güterrechtlichen Zugewinnausgleich, falls der gesetzliche Güterstand durch Tod beendet werden sollte, und der verzichtende Ehegatte weder Erbe noch Vermächtnisnehmer wird. In gleicher Weise wird auf den güterrechtlichen Zugewinnausgleich für den Fall verzichtet, dass der verzichtende Ehegatte unter Ausschlagung des ihm Zugewandten den Zugewinn verlangt, sofern die Ausschlagung und Geltendmachung des

---

Ansprüche durch Anpassung zu begegnen [z.B. OLG Schleswig, 19.08.2013 – 3 Wx 60/13, DNotZ 2014, 292 m. zust. Anm. *Heinig*, DNotZ 2014, 251 ff.; zust. auch *Hertel*, ZEV 2014, 96: güterrechtliche Anknüpfung, daher Anwendung bei deutschem Güterrechts-, aber österreichischem Erbstatut, aber Angleichung an die 1/3 Quote des überlebenden Ehegatten gem. § 757 ABGB, ähnlich OLG Düsseldorf, 10.03.2015 – 3 Wx 196/14, FamRZ 2015, 1237 bei Anwendbarkeit italienischen Rechtes].

güterrechtlichen Zugewinnausgleichs nicht mit vorheriger schriftlicher Einwilligung aller dann berufenen Erben erfolgt.

2. Pflichtteilsverzicht gegen Abfindung

a) Gestaltungsalternativen

3834 Insb. der auf den Zuwendungsgegenstand beschränkte Verzicht eines weichenden Geschwisters ist, sofern die Ausgleichung zu seinen Gunsten nicht bereits in der Vergangenheit stattgefunden hat, häufig von einer »Abfindung« abhängig. Beim Pflichtteilsverzicht handelt es sich (wie beim Erbverzicht, oben Rdn. 3792) um einen abstrakten, keiner Causa bedürfenden Verfügungsvertrag, so dass die »Entgeltlichkeit« des Verzichts nicht Inhalt der Vereinbarung selbst ist. Die Verknüpfung zu einer »Gegenleistung« kann sich jedoch auch aus einer etwa daneben bestehenden Verpflichtungsabrede ergeben, in der bspw. die dort vereinbarte Leistung einer Geldabfindung (schuldrechtlicher Zahlungsanspruch)[652] in ein synallagmatisches Verhältnis zur Abgabe und Aufrechterhaltung des Pflichtteilsverzichts gestellt wird. Unterbleibt demnach die später fällige Abfindungsleistung, kann der Verzichtende nach Setzung einer angemessenen Nachfrist von diesem Verpflichtungsvertrag zurücktreten (§ 323 BGB) mit der Folge, dass der Erblasser das Erlangte, die Verzichtswirkung, durch Aufhebungsvertrag (§ 2351 BGB) »rückzuerstatten« hat (§ 346 BGB). Ist der Verzichtende bei einer solchen synallagmatischen Abrede jedoch nicht zur Vorleistung verpflichtet, kann er bereits die Abgabe des Verzichts vom Erhalt der Gegenleistung abhängig machen, § 320 BGB.

3835 Bei der Formulierung der geschuldeten Abfindung sind die üblichen **Inhalte** festzulegen (Art, Höhe und Fälligkeit der Leistung, Sicherung durch notarielle Vollstreckungsunterwerfung, Bürgschaft oder Bestellung dinglicher Sicherheiten, Festbetrag oder Wertsicherung, betagte oder zusätzlich bedingte Forderung etc.). Auch ist zu klären, ob Abfindungsgegenstand bspw. die Geldsumme als solche ist, oder aber der Anspruch auf deren Leistung, den der Veräußerer (Erblasser) i.R.d. Überlassung mit dem Erwerber vereinbart hat und nun dem Verzichtenden weiter abtritt.

b) Bedingter Verzicht

3836 Noch unmittelbarer verknüpft mit einer erst künftig zu erbringenden Gegenleistung ist die Verzichtsverfügung jedoch dann, wenn sie ihrerseits durch den Erhalt der Abfindung **bedingt** (§ 158 BGB) ist. Hierbei stellen sich folgende Regelungsthemen:
(1) Auch wenn die Leistung des Veräußerers/Erblassers sich in der Abtretung des ihm selbst zustehenden Anspruchs auf Erbringung der Abfindungsleistung[653] erschöpft, er also keine eigene Zahlungspflicht übernimmt, ist es im Interesse des Verzichtenden regelmäßig erforderlich, dass die Bedingung nicht bereits mit Erwerb des Anspruchs als eingetreten gilt, sondern erst **mit tatsächlichem Erhalt** der Leistung, auf deren Erbringung der Anspruch gerichtet ist.
(2) Dass ein Erb- und/oder Pflichtteilsverzicht überhaupt unter Bedingungen erklärt werden kann, also **nicht** kraft seiner Natur **bedingungsfeindlich** ist, ergibt sich bereits aus § 2350 Abs. 1 BGB, wonach der Erbverzicht zugunsten eines anderen (sog. »relativer Verzicht«) im Zweifel dadurch als aufschiebend bedingt gilt, dass dieser andere gesetzlicher oder gewillkürter Erbe wird.

3837 (3) Damit ist jedoch noch nicht entschieden, ob auch Bedingungen oder Befristungen zulässig sind, die erst **nach dem Erbfall** eintreten. Beide Umstände wirken lediglich ex nunc (§ 159 BGB hat nur schuldrechtliche Wirkung), so dass im Zeitpunkt des Erbfalls noch nicht feststeht, ob und wann die Verfügungswirkungen eintreten oder außer Kraft treten. Mit der Begründung, mit dem Erbfall seien eindeutige Verhältnisse zu fordern, sowie unter Verweis auf die Rechtspre-

---

[652] Verjährung gem. § 195 BGB, nicht nach (damaliger) erbrechtlicher Anknüpfung: OLG Celle, 26.07.2007 – 6 U 12/07, ZEV 2008, 485.
[653] Als Bestandteil der vom Erwerber ihm, dem Veräußerer, ggü. geschuldeten Gegenleistung.

E. Erb- und Pflichtteilsverzicht

chung des BGH, dass ein Vertrag i.S.d. § 2346 BGB nur bis zum Erbfall angenommen[654] oder familiengerichtlich, bei Volljährigen betreuungsgerichtlich genehmigt werden könne,[655] wird daher teilweise die Zulässigkeit solcher Bedingungen abgelehnt.[656]

Anders als in der Entscheidung des BGH[657] geht es jedoch vorliegend nicht um das wirksame Zustandekommen des Verzichts als solchen, sondern um die Frage des Zeitpunkts des Eintritts seines Effekts. Aufgrund der Verpflichtung der Beteiligten, sich schuldrechtlich so zu stellen, als wäre die Bedingung bereits zum Zeitpunkt des Erbfalls eingetreten (§ 159 BGB), muss daher ein zunächst entstandener Pflichtteilsgeldanspruch erlassen werden (§ 397 BGB) bzw. ein bereits erfüllter Anspruch zurückgezahlt werden. Gleiches gilt für den späteren Eintritt einer auflösenden Bedingung. Sogar beim Erbverzicht sind die Folgen einer beim Erbfall noch schwebenden aufschiebenden oder auflösenden Bedingung lösbar durch sog. »konstruktive Nacherbfolge«, §§ 2104, 2105 BGB: Bis zum Eintritt der **aufschiebenden** Bedingung ist der Verzichtende Vorerbe und die an seine Stelle tretenden Personen Nacherben; bis zum Eintritt einer **auflösenden** Bedingung sind die Ersatzerben Vorerben und der Verzichtende seinerseits Nacherbe.[658] Das Gesetz zeigt ferner in §§ 84, 1753 Abs. 3, 1764 Abs. 1 Satz 2, 1923 Abs. 2, 2078 ff., 2339 ff. BGB, dass sogar postmortale Änderungen der Erbfolge möglich sind, umso mehr gilt dies daher für den pflichtteilsrechtlichen Geldanspruch.

3838

▶ Hinweis:

Zu beachten ist allerdings die 3-jährige Verjährung des Pflichtteils nach dem Tod des Erblassers[659] (bei einer auflösenden Bedingung würde jedoch wohl § 159 BGB – Rückbezüglichkeit – helfen,[660] i.Ü. ist über eine vertragliche Verlängerung der Pflichtteilsverjährungsfrist nachzudenken, vgl. Rdn. 3601).[661]

3839

(1) Auch aufschiebende oder auflösende Bedingungen (selbst wenn sie erst nach dem Erbfall eintreten) sind also zulässig, müssen jedoch hinreichend **bestimmt** sein. Dies gilt sowohl für den Inhalt als auch für den Zeitpunkt der Ausfalls einer aufschiebenden Bedingung (bereits am Tag nach unterbliebener, geschuldeter Zahlung? Nachfrist?). Hinsichtlich des Eintritts der Bedingung bedarf es bspw. einer Antwort auf die Frage, ob auch die Nebenleistungen (Verzugszinsen) davon erfasst sind oder nicht.

3840

(2) Dieses Bestimmtheitserfordernis gilt bereits auf vorgelagerter Ebene für die Frage, ob es sich überhaupt um Bedingungen i.S.e. § 158 BGB handelt oder ob schuldrechtliche Abfindungsregelung und abstrakter Verfügungsvertrag in ihrer Wirksamkeit lediglich i.S.e. **Rechtseinheit** gem. § 139 BGB »verschmolzen« werden sollen oder ob schließlich eine Verknüpfung nur i.S.e. **synallagmatischen Verpflichtungsverhältnisses** i.R.d. schuldrechtlichen Geschäfts erfolgt (Rücktrittsmöglichkeit und Rückgewährpflicht bei Nichtleistung der Abfindung trotz Nachfristsetzung, §§ 323, 346 BGB). Die Bedingung vermeidet einseitige Vorleistungen am

3841

---

654 BGH, 13.11.1996 – IV ZR 62/96, NJW 1997, 521.
655 BGH, 07.12.1977 – IV ZR 20/76, NJW 1978, 1159.
656 Ausführlich *Lange*, in: FS für *Nottarp*, 1961, S. 123.
657 NJW 1997, 521.
658 Vgl. ausführlich hierzu *J. Mayer*, MittBayNot 1985, 101, und MittBayNot 1997, 85 ff. (mit dem Vorschlag, vorsichtshalber einen weiteren, lediglich schuldrechtlichen Verzicht auf die künftigen Pflichtteilsansprüche beizufügen). Für die Wirksamkeit des auflösend bedingten Verzichtes auch *Weidlich*, MittBayNot 2015, 193, 197.
659 *Frenz*, in: FS 50 Jahre Deutsches Anwaltsinstitut e.V., 2003, S. 387 ff.
660 Vgl. *Mayer*, ZEV 2004, 169.
661 Vgl. hierzu ausführlich *Keim*, ZEV 2004, 173 ff. Der Erblasser selbst könnte ferner einseitig die Frist durch Vermächtnis (Zuwendung eines Anspruchs auf Abschluss eines Vertrages nach § 202 Abs. 2 BGB bzw. einer Einrede gegen die Geltendmachung der Verjährung) oder Auflage »verlängern«.

unmittelbarsten. Die Wahl dieser Gestaltungsalternative kann jedoch nicht stillschweigend zugrunde gelegt werden.⁶⁶²

3842 (3) **Tauglicher Bedingungsinhalt** kann (ohne Verstoß gegen § 2302 BGB, da keine Verpflichtung zur letztwilliger Verfügung geschaffen wird) auch sein, dass nach dem Erbfall dem Verzichtenden ein bestimmtes Vermächtnis eingeräumt sein wird.⁶⁶³ Auch bei Gleichstellungsgeldern braucht der Bedingungsinhalt nicht identisch zu sein mit dem Verpflichtungsinhalt (häufig tritt der Veräußerer lediglich den ihm gegen den Erwerber zustehenden Anspruch an das weichende Geschwister ab, ohne für dessen Erfüllung einzustehen, die Bedingung ihrerseits ist jedoch an den tatsächlichen künftigen Erhalt der versprochenen Geldsumme geknüpft).

3843 (4) In gleichem Maße, wie die exakte Formulierung des Bedingungsinhalts rechtlich erforderlich ist, ist der **Nachweis des Eintritts** der Bedingung praktisch entscheidend. Dies spricht gegen die Vereinbarung sog. »negativer Tatsachen« als Inhalt (v.a. auflösender) Bedingungen.

▶ Beispiel:

Verzicht unter der auflösenden Bedingung der Nichtzahlung eines bestimmten Geldbetrags bis zu einem bestimmten Zeitpunkt.

3844 (5) Schwierigkeiten bereitet die spätere **Änderung der »Gegenleistung«**. Erklärt sich bspw. der Verzichtende nachträglich mit einer geringeren oder einer späteren Zahlung einverstanden, müssten sowohl die schuldrechtliche Abfindungsvereinbarung als auch (wegen seiner Bedingtheit) das Verfügungsgeschäft (in notariell beurkundeter Form) angepasst werden, was selten geschieht. Man mag sich zur praktischen Erleichterung mit einer doppelten (oder Alternativ-)Bedingung behelfen, wonach nämlich die Bedingung als eingetreten gelte, wenn entweder die vereinbarte Abfindungsleistung erbracht sei oder der Verzichtende eine schriftliche Bestätigung über den Bedingungseintritt erteilt habe, zu der er sich nach Erhalt der ggf. modifizierten Gegenleistung verpflichtet.⁶⁶⁴

3845 (6) Da der Bedingungseintritt (oder -ausfall) dem Alles-oder-nichts-Prinzip folgt, sollten **Teilleistungen** wenigstens gem. § 2315 BGB auf den noch fortbestehenden Pflichtteilsanspruch angerechnet werden. Hierzu bedarf es entsprechender Anordnung durch den Verzichtsempfänger (Veräußerer) sowie eines Anerkenntnisses des Verzichtenden dahin gehend, dass nicht nur der Anspruch auf die Abfindungsleistung, sondern auch diese Abfindungsleistung selbst als vom Veräußerer (und künftigen Erblasser) geleistet gelte.

c) Leistungserbringung durch den Erblasser

3846 Ein solcher Textbaustein zur schuldrechtlichen Abfindungsvereinbarung und zur dinglichen Bedingungsabwicklung könnte etwa – im Fall einer vom Erblasser unmittelbar zu erbringenden Gegenleistung, analog der Regelung Rdn. 1868 hinsichtlich Gleichstellungszahlungen an Geschwister durch den Veräußerer selbst – wie folgt lauten:

▶ **Formulierungsvorschlag: Abfindung beim Pflichtteilsverzicht (unmittelbare Leistung des Erblassers)**

3847 *(Anm.: Regelung im Anschluss an den Pflichtteilsverzicht, z.B. gemäß Rdn. 3828)*

Der Erblasser verpflichtet sich, an den Verzichtenden als Abfindung für die vorstehend erfolgte Abgabe des *(ggf.: gegenständlich beschränkten)* Verzichts einen Betrag in Höhe von ..... € zu entrichten, fällig am ..... und bis zu diesem Zeitpunkt zinsfrei gestundet.

(Ggf. bei Befristung über länger als ein Jahr: Den Beteiligten ist bekannt, dass aufgrund dieser zinslosen Befristung über länger als ein Jahr der Abfindungsbetrag einkommensteuerlich zerlegt

---

662 Vgl. *Damrau*, Der Erbverzicht, S. 93 ff.
663 Vgl. BayObLG, ZEV 1995, 228.
664 Durch den Eintritt der dinglichen Wirksamkeit des Verfügungsgeschäfts wird zugleich der möglicherweise bestehende Formmangel des veränderten schuldrechtlichen Geschäfts geheilt.

E. Erb- und Pflichtteilsverzicht
Kapitel 9

wird in eine Kapitalsumme und [fiktive, in Höhe von 5,5 % jährlich angenommene], beim Empfänger steuerpflichtige Zinsen).

Auf Wertsicherung (also Anpassung dieses Betrags an die Geldentwertung) und dingliche Sicherung (durch Bestellung eines Pfandrechts oder eines Grundpfandrechts) wird verzichtet. Der Erblasser unterwirft sich wegen dieser Zahlungsverpflichtung der Zwangsvollstreckung aus dieser Urkunde in sein Vermögen mit der Maßgabe, dass vollstreckbare Ausfertigung auf Antrag ab Fälligkeitstermin ohne weitere Nachweise erteilt werden kann. Der Anspruch auf die Abfindungsleistung ist abtretbar und vererblich.

Der eingangs geschlossene Pflichtteilsverzichtsvertrag ist aufschiebend bedingt. Aufschiebende Bedingung ist die Erfüllung der vorstehend eingegangenen Verpflichtung zur Abfindungsleistung in Haupt- und Nebensache, also einschließlich etwaiger Verzugszinsen ab Fälligkeitstermin in gesetzlicher Höhe (fünf Prozentpunkte über dem jeweiligen Basiszins), oder aber die Erteilung einer schriftlichen Bestätigung des Verzichtenden bzw. seiner Rechtsnachfolger, die jeweils geschuldete Leistung vollständig erhalten zu haben. Die Bedingung ist ausgefallen, wenn die geschuldete Leistung in Haupt- und Nebensache trotz einer nach Eintritt der Fälligkeit schriftlich zu setzenden Nachfrist von mindestens zwei Monaten nicht vollständig erbracht wurde. Der Eintritt der Bedingung ist nicht auf den Tod des Erblassers endbefristet; bis zum Eintritt der Bedingung wird die Verjährung des Pflichtteilsanspruchs hiermit erbvertraglich verlängert (§§ 2301, 202 Abs. 2 BGB). Teilleistungen sind aufgrund hiermit getroffener und hingenommener Anordnung auf den noch fortbestehenden Pflichtteilsanspruch des Verzichtenden anzurechnen, § 2315 BGB.

d) Leistungserbringung durch den Erwerber

Erbringt (wie bei Überlassungsverträgen, etwa hinsichtlich der Gleichstellungszahlungen an Geschwister: Rdn. 1871 eher üblich) der Veräußerer = Erblasser = Verzichtsvertragspartner die Abfindungsleistung nicht aus eigenem Vermögen, sondern stellt deren Aufbringung eine (weitere) – zivilrechtliche und ertragsteuerliche – Entgeltverpflichtung des Erwerbers ggü. dem Veräußerer dar und reicht der Veräußerer diese (regelmäßig unter Beschränkung auf die bloße Abtretung des hierauf gerichteten Anspruchs) an das weichende Geschwister weiter, sind geringfügige Modifikationen erforderlich: 3848

▶ Formulierungsvorschlag: Abfindung beim Pflichtteilsverzicht (Leistungserbringung erfolgt wirtschaftlich durch den Erwerber)

(Anm.: Regelung im Anschluss an den Pflichtteilsverzicht, z.B. gemäß Rdn. 3828) 3849

Der Erwerber verpflichtet sich gegenüber dem Veräußerer/Erblasser, als weitere Gegenleistung (bzw., sofern der Verzicht außerhalb der Überlassungsurkunde erklärt wird: ..... hat sich im Rahmen des Übertragungsvertrags gegenüber dem Veräußerer/Erblasser als weitere Gegenleistung dazu verpflichtet), einen Abfindungsbetrag (Gleichstellungsgeld) in Höhe von ..... €, fällig am ..... und bis zu diesem Zeitpunkt zinslos gestundet, zu entrichten.

(Anm.: ggf. bei Befristung über länger als ein Jahr: Den Beteiligten ist bekannt, dass aufgrund dieser zinslosen Befristung über länger als ein Jahr der Abfindungsbetrag einkommensteuerlich zerlegt wird in eine Kapitalsumme und [fiktive, in Höhe von 5,5 % jährlich angenommene], steuerpflichtige Zinsen. Der Verzichtende hat diesen Zinsanteil im Jahr des Erhalts als Einkünfte aus Kapitalvermögen zu versteuern; der Leistende [Erwerber] verwirklicht Anschaffungskosten lediglich in Höhe des Kapitalbetrags, kann jedoch bei Einkünfteerzielung ggf. den Zinsanteil als Werbungskosten geltend machen.)

Der Anspruch auf die Abfindungsleistung ist abtretbar und vererblich. Auf Wertsicherung (Anpassung an die Geldentwertung) und dingliche Sicherung (Bestellung eines Pfandrechts oder Grundpfandrechts) wird verzichtet.

(Anm.: Falls der Verzicht im Rahmen des Überlassungsvertrags mitbeurkundet wird und sofern die Vollstreckungsunterwerfung gewünscht wird: Der Erwerber unterwirft sich wegen dieser Zahlungsverpflichtung der Zwangsvollstreckung aus dieser Urkunde in sein gesamtes Vermögen mit der Maßgabe, dass vollstreckbare Ausfertigung nach Fälligkeit auf Antrag dem Gläubiger [d.h.

dem Abtretungsempfänger oder dessen Rechtsnachfolger] ohne weitere Nachweise erteilt werden kann.)

Der Veräußerer/Erblasser tritt hiermit an den dies annehmenden Verzichtenden (weichendes Geschwister) den Anspruch auf Erbringung dieser Abfindungsleistung mit sofortiger Wirkung ab, ohne jedoch für dessen Erfüllung einzustehen.

Der vorstehend geschlossene Pflichtteilsverzichtsvertrag ist aufschiebend bedingt. Aufschiebende Bedingung ist die Erfüllung der vorstehend eingegangenen Verpflichtung zur Abfindungsleistung in Haupt- und Nebensache, also einschließlich etwaiger Verzugszinsen ab Fälligkeitstermin in gesetzlicher Höhe (fünf Prozentpunkte über dem jeweiligen Basiszins), oder aber die Erteilung einer schriftlichen Bestätigung des Verzichtenden bzw. seiner Rechtsnachfolger, die jeweils geschuldete Leistung vollständig erhalten zu haben. Die Bedingung ist ausgefallen, wenn die geschuldete Leistung in Haupt- und Nebensache trotz einer nach Eintritt der Fälligkeit schriftlich zu setzenden Nachfrist von mindestens zwei Monaten nicht vollständig erbracht wurde. Der Eintritt der Bedingung ist nicht auf den Tod des Erblassers endbefristet; bis zum Eintritt der Bedingung wird die Verjährung des Pflichtteilsanspruchs hiermit erbvertraglich verlängert (§§ 2301, 202 Abs. 2 BGB). Teilleistungen sind aufgrund hiermit getroffener und hingenommener Anordnung auf den noch fortbestehenden Pflichtteilsanspruch des Verzichtenden anzurechnen, § 2315 BGB. Veräußerer und weichendes Geschwister vereinbaren diese Anrechnung von Teilleistungen so, als ob die tatsächlich erhaltene Teilleistung (und nicht lediglich der Anspruch hierauf) unmittelbar vom Veräußerer gestammt hätte.

3. Gegenständlicher Pflichtteilsverzicht und Zustimmung des Ehegatten des Veräußerers

3850 Was ist zu bedenken, wenn der verheiratete Veräußerer den Großteil seines Vermögens auf (z.B.) ein Kind überschreiben will?
(1) Die Zustimmung des Ehegatten kann nach § 1365 BGB, vgl. Rdn. 4230 ff., erforderlich sein.
(2) Im Hinblick auf eine etwa künftig notwendig werdende Durchführung des gesetzlichen Zugewinnausgleichs sollte klargestellt sein, dass die Zuwendung nicht gem. § 1375 Abs. 2 Nr. 1 BGB dem Endvermögen des Schenkers hinzugerechnet wird und kein »Verfolgungsrecht« gem. § 1390 BGB ggü. dem Beschenkten besteht. Dies wird am einfachsten durch eine ausdrückliche Zustimmung zur Veräußerung gem. § 1375 Abs. 3, 2. Alt. BGB erreicht (andernfalls müsste der Ablauf der Zehn-Jahres-Frist des § 1375 Abs. 3, 1. Alt. BGB bis zum Entstehen des Zugewinnausgleichsanspruchs abgewartet werden).
(3) Möglicherweise ist der Ehegatte außerhalb des Grundbuches am Eigentum beteiligt (etwa bei nicht vermerkter Zugehörigkeit zum Gesamtgut einer Gütergemeinschaft), so dass er vorsorglich auch insoweit mitwirken sollte.
(4) Vorsorglich sollte der Ehegatte, wenn er bindend zum Erben oder Vermächtnisnehmer eingesetzt ist (Berliner Testament!), auch gem. §§ 2287, 2288 BGB zustimmen (Rdn. 3932 ff.).
(5) Weiterhin sollte er ausdrücklich[665] auf Pflichtteilsergänzungsansprüche verzichten: das derzeitige gute Einvernehmen unter den Ehegatten braucht nicht bis zum Tod anzuhalten; ferner sind die Ergänzungsansprüche vererblich und könnten daher bei einem nicht seltenen Nachversterben des Ehegatten vor Ablauf der Verjährungsfrist durch dessen Erben eingefordert werden.
(6) Deutlich gemacht werden sollte weiter, dass mit einem solchen Verzicht auf Pflichtteilsergänzungsansprüche das Objekt auch gem. § 1586b BGB bei der Ermittlung des Grenzbetrages, bis zu dem die Erben des Veräußerers für etwa bei dessen Tod bestehende nacheheliche Unterhaltspflichten haften, ausscheidet.[666]

---

665 Möglicherweise liegt bereits in der Zustimmung ein konkludenter Verzicht.
666 BGH, 18.07.2007 – XII ZR 64/04, MittBayNot 2008, 132. Ggü. den (nur fiktiven) Pflichtteilsergänzungsansprüchen als Berechnungselement kann sich ein pflichtteilsberechtigter Erbe nicht auf § 2328 BGB berufen.

Der Verzicht des Ehegatten des Veräußerers ist kostenrechtlich gegenstandsverschieden.[667] Er könnte etwa folgenden Wortlaut haben (zum umfassenden Pflichtteilsverzicht des Ehegatten vgl. Rdn. 3833): 3851

▶ **Formulierungsvorschlag: Umfassende Zustimmung des Ehegatten des Veräußerers mit gegenständlichem Pflichtteilsverzicht auch gem. § 1586b BGB**

Der mit erschienene Ehegatte stimmt dieser Übertragung hiermit umfassend zu. Dies geschieht, ggf. vorsorglich, 3852
(1) im Hinblick auf § 1365 BGB (Verfügung über das wesentliche Vermögen),
(2) als Einverständnis damit, dass diese Schenkung bei einem etwa künftig notwendig werdenden Zugewinnausgleich weder dem Endvermögen des Veräußerers hinzuzurechnen ist (§ 1375 Abs. 3 BGB) noch beim Beschenkten wirtschaftlich herausverlangt werden kann (§ 1390 BGB),
(3) zur Mitwirkung bei der schuld- und sachenrechtlichen Übertragung, falls außerhalb des Grundbuches der Ehegatte am Eigentum mitbeteiligt sein sollte,
(4) als Zustimmung zu der Schenkung, auch wenn dadurch seine etwa bindend angeordnete Stellung als späterer Erbe oder Vermächtnisnehmer beeinträchtigt werden sollte (§§ 2287, 2288 BGB),
(5) im Wege eines hiermit vereinbarten Verzichtes auf Pflichtteilsergänzungsansprüche des Ehegatten bezüglich des übertragenen Objektes,
(6) im Bewusstsein, dass aufgrund des vorgenannten Verzichtes sich die Haftung der Erben des Veräußerers für dessen etwaige künftige nacheheliche Unterhaltspflichten reduzieren kann (§ 1586b BGB).

4. Aufhebung bzw. Aufhebungssperre

Der Verzicht auf den (möglichen) künftigen Pflichtteil kann gem. § 2351 BGB in notarieller Urkunde (§ 2348 BGB) zwischen Erblasser und Verzichtendem aufgehoben werden. Zur Neubegründung ist dann der neuerliche Abschluss erforderlich (keine »Aufhebung der Aufhebung«).[668] Auch der Zuwendungsverzicht (§ 2352 BGB) kann (obwohl § 2352 BGB nicht auf § 2351 BGB verweist) durch notariellen Vertrag mit dem Erblasser wieder aufgehoben werden, jedenfalls wenn der Erblasser den ursprünglichen Rechtszustand nicht durch Testamentsänderung wieder herstellen kann (etwa aufgrund entgegenstehender Bindungswirkung).[669] 3853

▶ **Hinweis:**

Empfehlenswert ist es, den Verzicht so zu formulieren, dass er nicht ohne Mitwirkung des Erwerbers wieder aufgehoben (§ 2351 BGB) werden kann. Dies gelingt bspw. dadurch, dass auch ggü. dem Erwerber (§ 2329 BGB!) auf Pflichtteilsergänzungsansprüche verzichtet wird.[670] 3854

▶ **Formulierungsvorschlag: Verzicht auf Pflichtteilsergänzungsansprüche auch gem. § 2329 BGB gegenüber dem Beschenkten**

Darüber hinaus verzichtet ..... (*Anm.: Verzichtender, z.B. weichendes Geschwister oder Ehegatte*) auch gegenüber dem Beschenkten, dem Vertragsbeteiligten zu ....., auf etwaige unmittelbar gegen den Beschenkten gerichteten Pflichtteilsergänzungsansprüche gem. § 2329 BGB, also dessen bereicherungsrechtliche »Ausfallhaftung«. Dieser Verzicht kann demnach nur unter Mitwirkung des Beschenkten wieder aufgehoben werden. 3855

---

667 LG Kassel, ZNotP 2005, 239.
668 Vgl. DNotI-Gutachten, Faxabruf-Nr. 12153, auch zu der (zu verneinenden) Frage, ob die Rücknahme eines notariellen Erbvertrages, der auch eine Aufhebung enthält, gem. § 2256 BGB auch zum »Widerruf der Aufhebung« führt. Allgemein zum Widerruf von Testamenten: *Gottwald*, EE 2016, 176 ff.
669 BGH, 20.02.2008 – IV ZR 32/06, DNotI-Report 2008, 61. Sie wirkt (jedenfalls) ex nunc; fraglich ist also, ob ein zwischenzeitliches, der wiederhergestellten Bindung zuwiderlaufendes Testament dadurch per se hinfällig würde.
670 *Mayer*, ZEV 1996, 445.

3856 Mit lediglich schuldrechtlicher Wirkung kann auch ein Erbschaftsvertrag gem. § 311b Abs. 5 BGB[671] zwischen dem Erwerber und dem Verzichtenden als künftigen gesetzlichen Erben[672] geschlossen werden.

▶ **Formulierungsvorschlag: Erbschaftsvertrag gem. § 311b Abs. 5 BGB zwischen Erwerber und weichendem Geschwister**

3857 Darüber hinaus verpflichtet sich ..... (*Anm.: Verzichtender, z.B. weichendes Geschwister oder Ehegatte*) auch gegenüber dem Beschenkten, dem Vertragsbeteiligten zu ....., nach dem Ableben des Veräußerers gegenüber dem Beschenkten keine Pflichtteilsergänzungsansprüche gem. § 2329 BGB gelten zu machen und auf diese sodann unverzüglich zu verzichten. Die Beteiligten verpflichten sich unverzüglich nach dem Erbfall entsprechende Erlassverträge abzuschließen. Sie bevollmächtigen sich gegenseitig hierzu unter Befreiung von § 181 BGB.

3858 Ebenso kommt (ohne Verstoß gegen § 2302 BGB)[673] in Betracht eine Verpflichtung des Veräußerers (= späteren Erblassers) ggü. dem Erwerber, den Pflichtteilsverzicht nicht mehr aufzuheben. Sie führt (zumindest)[674] zu einem Anspruch auf Schadensersatz (zur Kompensation des wiederauflebenden Pflichtteilszahlungsanspruchs). Gleiches gilt für die schlichte schuldrechtliche Aufhebungsunterlassungsvereinbarung zwischen dem Verzichtenden und dem Erwerber, die zudem nicht den Grenzen des § 311b Abs. 5 BGB unterliegt.[675] Eine solche Abrede kann sich[676] aus mehreren notariell beurkundeten Verträgen (bindender Erbvertrag mit verschiedenen Beteiligten und anschließende Vermögensnachfolgeverträge) ergeben, sofern alle Beteiligten einig sind, dass dem Pflichtteilsberechtigten bei der Auseinandersetzung unter den Parteien (und damit auch gegenüber einem Anspruch der Schlusserbin aus § 2287 BGB) kein Pflichtteilsrecht zukommen solle.

3859 Weiter sollte bedacht werden, die dem Pflichtteilsverzicht zugrunde liegende **causa** unter Einbeziehung des Erwerbers so auszugestalten, dass deren Aufhebung nicht ohne Mitwirkung des Erwerbers als Dritten gem. § 328 BGB möglich ist. Unabhängig davon ist der Erwerber zumindest vorübergehend dadurch geschützt, dass die einer gleichwohl vereinbarten Aufhebung als causa zugrunde liegende Schenkung (des Veräußerers an das weichende Geschwister) wiederum Pflichtteilsergänzungsansprüche des Erwerbers gem. § 2325 BGB auslösen würde.[677]

3860 Dieser Ansatz kann auch gegen die unabgesprochene Aufhebung einzelner Pflichtteilsverzichte beim Berliner Testament nutzbar gemacht werden (der überlebende Ehegatte hebt z.B. den Pflichtteilsverzicht mit seinen Kindern wieder auf zulasten der Kinder des Erstverstorbenen): Schutz des Vertragserben gem. § 2287 BGB,[678] sofern der Aufhebung eine unentgeltliche causa zugrunde liege.[679] Alternativ könnte auch der überlebende Ehegatte verpflichtet werden, die Auf-

---

671 Zu § 312 BGB a.F. vgl. *Limmer*, DNotZ 1998, 927; ferner *J. Mayer*, ZEV 2000, 264.
672 Vgl. *Schindler*, DNotZ 2004, 836 f.
673 Der nicht auf Verträge unter Lebenden, wie hier vorliegend, anwendbar ist.
674 *J. Mayer* erwägt im DAI-Skript »Intensivkurs Überlassungsvertrag« (Mai 2007), S. 141, ob ein Verstoß hiergegen nicht sogar zur dinglichen Unwirksamkeit führen könne, da § 137 Satz 1 BGB dem Wortlaut nach nicht entgegensteht (es handelt sich beim künftigen Pflichtteilsanspruch um ein noch nicht veräußerliches Recht).
675 Staudinger/*Wufka*, BGB (2006), § 311b Abs. 4 und 5 Rn. 4; a.A. möglicherweise *Damrau*, ZErb 2004, 206, 209.
676 Nach OLG Karlsruhe, 08.04.2015 – 13 U 68/12, ErbR 2016, 643 m. Anm. *Görtz*.
677 Vgl. *J. Mayer*, ZEV 2005, 177.
678 Vgl. *J. Mayer*, ZEV 2005, 176 weiter gehend *Schindler*, DNotZ 2004, 824, der entgegen der h.M. den Aufhebungsvertrag als Verfügung von Todes wegen qualifizieren möchte und somit § 2289 Abs. 1 BGB anwendet.
679 Wobei darauf hinzuweisen ist, dass im (auch ohne Gegenleistung erfolgenden) Pflichtteilsverzicht keine Schenkung liegt, arg. § 517 BGB, vgl. *Schindler*, ZEV 2005, 300; gegen jede Beeinträchtigung des bindend eingesetzten Erben als Folge der Pflichtteilsverzichtsaufhebung daher *Kanzleiter*, DNotZ 2009,

hebung zu unterlassen, so dass bei einem Verstoß den beeinträchtigten anderen Schlusserben ein Schadensersatzanspruch zustünde, oder aber ein Vertrag zwischen den Schlusserben geschlossen werden, der durch Pflichtteilsverzichtsaufhebungen ausgelöste Verschiebungen für unbeachtlich erklärt.

5. Inhaltskontrolle?

Diskutiert wird schließlich, inwieweit die Rechtsprechung des BGH zur **Abschluss-(§ 138 BGB) und Ausübungskontrolle (§ 242 BGB, Rechtsmissbrauchseinwand)** bei Eheverträgen auf Pflichtteilsverzichtsverträge anwendbar ist.[680]   3861

Dafür spricht,[681] dass auch das Pflichtteilsrecht zum verfassungsrechtlich geschützten Kernbereich des Erbrechts zählt[682] und gegen den Willen des Pflichtteilsberechtigten kaum entzogen werden kann (vgl. §§ 2333 ff. BGB), was Ähnlichkeiten zur Kernbereichslehre des BGH i.R.d. Inhaltskontrolle von Eheverträgen[683] heraufbeschwört. Dem Pflichtteilsrecht kommen weiterhin Unterhalts- und Versorgungsfunktionen zu (vgl. die Haftung der Erben für den vom Erblasser geschuldeten nachehelichen Unterhalt, § 1586b BGB, sowie die Abhängigkeit des Ehegattenerbrechts vom Güterstand, § 1931 Abs. 1 BGB, ferner den Zusammenhang zwischen Pflichtteilsrecht und Unterhaltsansprüchen bei der Pflichtteilsentziehung (§§ 2333 Nr. 4,[684] 2335 Nr. 4, 2334 BGB).[685] Schließlich werden häufig Pflichtteilsverzichtsverträge im Rahmen von ehevertraglichen Vereinbarungen, auch Scheidungsfolgenvereinbarungen, geschlossen, ohne dass der Vermutung des § 139 BGB hinreichend deutlich widersprochen wird.[686] Auch ist der Kreis der pflichtteilsberechtigten Personen typischerweise mit dem Kreis der unterhaltsberechtigten Personen (§§ 1360, 1360a, 1601 ff. BGB) deckungsgleich.

Gegen eine Übertragung der im Familienrecht praktizierten richterlichen Inhaltskontrolle auf den Pflichtteilsverzichtsvertrag spricht allerdings[687] bereits der Umstand, dass der Pflichtteilsverzicht gesetzlich uneingeschränkt zugelassen ist (anders als der Unterhaltsverzicht: § 1614 Abs. 1, § 1360a Abs. 3, § 1361 Abs. 4 Satz 3 BGB), ferner dass es sich dem Grundtypus nach um ein **aleatorisches Rechtsgeschäft** handelt, bei dem sich – anders als beim Erlassvertrag hinsichtlich eines bereits entstandenen Pflichtteilsanspruchs – nicht Leistung und Gegenleistung in kaufmännisch abgewogener Weise gegenüberstehen, vielmehr die Ungewissheit über den künftigen Nachlassbestand und die Höhe der Pflichtteilsquote (etwa im Fall des Hinzutretens weiterer Personen) eine maßgebliche Rolle spielen. Auch zeigt § 2349 BGB, dass ein Abkömmling seinen Pflichtteil ohne eigenes Zutun verlieren kann – Gesichtspunkte »gerechter Kompensation« sind dem Pflichtteilsrecht nicht imma-   3862

---

[86] (anders nur, wenn auf die Rückgabe der für den früheren Pflichtteilsverzicht gewährten Abfindung verzichtet werde).
[680] Vgl. hierzu *Wachter*, ZErb 2004, 238 ff.; *Wendt*, ZNotP 2006, 6; *Bengel*, ZEV 2006, 192 ff.; *Ludyga*, Inhaltskontrolle von Pflichtteilsverzichtsverträgen, 2008, S. 36 ff.; *Münch*, ZEV 2008, 576 ff.
[681] Vgl. *Wachter*, ZErb 2004, 238 ff. u. 306 ff.
[682] Vgl. zuletzt BVerG, FamRZ 2005, 872 ff.
[683] BGH, NJW 2004, 930, mit der Rangfolge Kindesbetreuungsunterhalt – Unterhalt wegen Alters oder Krankheit – Versorgungsausgleich – Unterhalt wegen Erwerbslosigkeit – Krankenvorsorge- und Altersvorsorgeunterhalt – Aufstockungsunterhalt und Ausbildungsunterhalt, zuletzt Zugewinnausgleich.
[684] Hierzu Gutachten, DNotI-Report 2007, 27 (keine Entziehung bei nachträglicher Unterhaltsleistung).
[685] Daher wird häufig in den Rechtsordnungen, die keine Pflichtteilsberechtigung als Mindestteilhabe am Nachlass kennen, eine Art Unterhaltsanspruch gegen die Erben zuerkannt, so etwa in Australien, Großbritannien, Irland, Israel, den meisten Staaten der USA, Thailand, Kanada, Mexiko, Südafrika und Neuseeland.
[686] Vgl. *Wachter*, ZErb 2004, 244.
[687] Vgl. *Mayer*, ZEV 2004, 436; *Bengel*, ZEV 2006, 192 ff.; *Oppermann*, RNotZ 2006, 483 in krit. Anm. zu OLG Oldenburg, v. 16.03.2006 (Verbotene Stimmbindung gem. § 136 Abs. 2 AktG führe zur Nichtigkeit des Gesamtvertrages einer vorweggenommenen Erbfolge und damit gem. § 139 BGB eines aus diesem Anlass geschlossenen Pflichtteilsverzichtsvertrages).

nent.⁶⁸⁸ Demnach bleibt auch regelmäßig kein Raum für eine richterliche Anpassung oder die Anwendung des § 313 BGB (ausgenommen Berechnungsfehler bzw. der gemeinsame Irrtum über wertbildende Merkmale, etwa über die Bedeutungslosigkeit von Grundbesitz in der »DDR« vor der Wiedervereinigung⁶⁸⁹ etc. Solche Irrtümer, allerdings nur bezogen auf die Zusammensetzung des gegenwärtigen Vermögens, können ggf. auch die einseitige Anfechtung gem. § 119 Abs. 2 BGB begründen).⁶⁹⁰

▶ Hinweis:

3863 Vorsichtige Gestalter raten gleichwohl dazu, sich gegen eine künftige Inhaltskontrolle von Pflichtteilsverzichtsverträgen zu wappnen.⁶⁹¹ Dies hat Einfluss auf
(1) die Verfahrensgestaltung (vorherige Besprechung mit dem Notar, Dokumentation dieses Umstands in der Urkunde selbst, nicht lediglich in den auf 7 Jahre aufzubewahrenden Nebenakten),
(2) die Durchführung des Vertragsabschlusses (keine Vertretung des Pflichtteilsberechtigten, obwohl diese gem. § 2347 Abs. 2 Satz 1 Halbs. 1 BGB zulässig wäre),
(3) die Ermittlung und Wiedergabe der persönlichen Verhältnisse (hinsichtlich Lebensalter, Familiensituation, Wohnort, persönliche Not- und Zwangssituationen, Schwangerschaft, Beruf, Staatsangehörigkeit),
(4) möglicherweise auch hinsichtlich der Ermittlung der Vermögensverhältnisse (Altersversorgung, Einkommens- und Vermögensverhältnisse des Verzichtenden und des Erblassers, Vermögen im Ausland),⁶⁹²
(5) des Weiteren besondere Rücksichtnahme auf sprachunkundige oder nicht ausreichend der Rechtssprache kundige Beteiligte (Beiziehung öffentlich vereidigter Übersetzer), ggf. die Hinzuziehung von Zeugen und
(6) die Formulierung durch eine klare Vertragssprache. Erläuterungen und Hinweise sollten auf jeden Fall in die Urkunde selbst aufgenommen werden,
(7) ggf. sollte die Sachkompetenz eines Schiedsrichters, auch in Bewertungsfragen, und die Vertraulichkeit eines Schiedsverfahrens die Aufnahme einer Schiedsklausel nahelegen.⁶⁹³ In Betracht kommt etwa der Schlichtungs- und Schiedsgerichtshof des Deutschen Notarvereins (SGH) oder der Deutsche Schiedsgerichtsbarkeit für Erbstreitigkeiten e.V., Angelbachtal.

3864 In weit höherem Maße gefährdet ist jedoch der Erb- oder Pflichtteilsverzicht, wenn er mit anderen Vereinbarungen, etwa einem Ehevertrag oder einer Scheidungsvereinbarung in Verbindung steht und Letztere wegen Verstoßes gegen § 138 BGB in Fragen des Kernbereichs unwirksam ist⁶⁹⁴ (obwohl sich bspw. ein unangemessener Unterhaltsverzicht nach dem Tod nicht mehr auswirkt!). Eine allgemein gehaltene **salvatorische Klausel** führt allenfalls zu einer **Beweislastumkehr** i.R.d. Prüfung der Voraussetzungen des § 139 BGB.⁶⁹⁵ Soll der Pflichtteilsverzicht unabhängig

---

688 Vgl. *Weidlich*, NotBZ 2009, 149, 159.
689 OLG Hamm, ZEV 2000, 508.
690 Vgl. *Horn* ZEV 2010, 295; allerdings nicht, wenn sich der Verzichtende über das Vermögen des Erblassers keine Gedanken gemacht hat, vgl. *Schotten*, DNotZ 1998, 163, 171.
691 Vgl. *Wachter*, ZErb 2004, 306 ff.
692 Allerdings unter Klarstellung, dass es sich dabei nicht um die Geschäftsgrundlage des Abschlusses handelt, sondern lediglich als Nachweis dafür, dass Ermittlungen angestellt wurden, um eine unlautere Drucksituation auszuschließen. Gänzlich gegen eine solche Angabe von »Motiven« *Bengel*, ZEV 2006, 197.
693 Vgl. *Parolytta*, ZEV 2003, 89.
694 So etwa LG Ravensburg, 31.01.2008 – 2 O 338/07, FamRZ 2008, 1289 m. abl. Anm. *Bergschneider*; ablehnend auch *Münch*, ZEV 2008, 571 ff. und *Muscheler*, FS Spiegelberger (2009) S. 1079, 1085, 1092.
695 BGH, NJW 2003, 347; vgl. *Langenfeld*, ZEV 2004, 315.

III. Beschränkter Pflichtteilsverzicht

Da es sich beim Pflichtteilsanspruch um einen Geldanspruch handelt, kann er wie jeder Geldanspruch in vielfältiger Weise begrenzt werden. Nachstehend werden die wichtigsten Beschränkungsformen dargestellt:[696]

3865

1. Beschränkung auf rechtliche Teile des Gesamtpflichtteils

Insoweit sind insb. zu nennen
(1) der Verzicht auf lediglich einen Bruchteil des ideellen Pflichtteils,
(2) der Verzicht auf lediglich den Pflichtteilsrestanspruch gem. §§ 2305, 2307 BGB,
(3) der Verzicht auf lediglich den Pflichtteilsergänzungsanspruch gem. § 2325 BGB, der auch dessen »richtungsbewegliche« Alternative (§ 2329 BGB, gegen den Beschenkten gerichtet) erfasst, nicht aber die pflichtteilserhöhende »Fernwirkung« einer lebzeitigen Zuwendung zugunsten weichender Geschwister bei Ausstattungen oder ausgleichspflichtigen Vorempfängen (§ 2316 BGB),

3866

▶ Hinweis:

In der Literatur[697] wird vereinzelt darauf hingewiesen, dass die Zulässigkeit eines Verzichts auf den künftigen Pflichtteilsergänzungsanspruch noch nicht höchstrichterlich gesichert sei. Folgt man dieser vorsichtigen Auffassung, müsste ein schuldrechtlicher Vertrag gem. § 311b Abs. 5 (vor der Schuldrechtsreform: § 312) BGB zwischen dem Verzichtenden (z.B. weichende Geschwister) und dem Erwerber der Zuwendung geschlossen werden, der den Verzichtenden dazu verpflichtet, nach dem Erbfall auf den entstandenen Pflichtteilsergänzungsanspruch gem. § 397 BGB vertraglich zu verzichten. Bengel[698] formuliert: »*Als künftige Pflichtteilsberechtigte an den dereinstigen Nachlässen unseres Vaters … und unserer Mutter … verpflichten wir uns hiermit heute schon gegenüber unserer Schwester, der Erwerberin und bei deren Vorableben ihren Kindern gegenüber als künftige gesetzliche Erben nach unseren Eltern unsere Pflichtteilsansprüche an den beiden elterlichen Nachlässen gegenüber der Erwerberin dereinst nicht geltend zu machen.*«

3867

(4) die »Abbedingung« des § 2306 BGB (also Hinnahme der dort genannten Beschränkungen und Beschwerungen durch den Erben, so dass sie auch [bei Erbfällen bis 31.12.2009: bei Erbeinsetzung bis zur Pflichtteilsquote noch als angeordnet gelten und] im Fall der Ausschlagung bei Erbeinsetzung oberhalb dieser Quote kein Pflichtteilsanspruch entsteht).[699]
(5) Häufig finden sich solche Pflichtteilsverzichte im urkundlichen Zusammenhang mit der erbrechtlichen Verfügung, die solche Belastungen/Beschränkungen anordnet, sofern der Verzichtende selbst Testamentsbeteiligter ist:

3868

▶ Formulierungsvorschlag: »Abbedingung des § 2306 BGB«

Ich nehme als Vertragserbe die vorstehend angeordneten Beschränkungen und Beschwerungen (Alt.: *alle in § 2306 BGB genannten Beschränkungen und Beschwerungen, auch wenn sie erst künftig angeordnet werden sollten*) als wirksam hin. Zugleich verzichte ich für den Fall der Ausschlagung auf Pflichtteilsansprüche, soweit sich diese aus § 2306 BGB ergeben, und zwar mit Wirkung für mich und meine Abkömmlinge. Der andere Beteiligte als Erblasser nimmt diesen Verzicht hiermit entgegen und an.

3869

---

696 Vgl. *J. Mayer*, ZEV 2000, 263.
697 *J. Mayer*, ZEV 1996, 441, 445.
698 In *Reimann/Bengel/Mayer*, Testament und Erbvertrag, Formularteil B, Rn. 83.
699 Vgl. OLG Dresden, OLGE 34, 315.

2. Beschränkung auf pflichtteilserhöhende Wirkung einer Zuwendung

3870 Zu dieser Fallgruppe zählt insb.

(1) der Verzicht auf die pflichtteilserhöhende Wirkung anderweitiger Ausstattungen oder ausgleichspflichtiger Zuwendungen (Abbedingung des Ausgleichspflichtteils, § 2316 BGB)

▶ Formulierungsvorschlag: Gegenständlich beschränkter Verzicht auf den Ausgleichspflichtteil (§ 2316 BGB)

3871 ..... (Verzichtender)

verzichtet

hiermit für sich und seine Abkömmlinge auf sein Pflichtteilsrecht am Nachlass des Veräußerers in der Weise, dass der Vertragsgegenstand gemäß gegenwärtiger Urkunde und die darauf derzeit lastenden Verbindlichkeiten[700] aus der Berechnungsgrundlage für den Ausgleichspflichtteil (§ 2316 BGB) ausgeschieden werden, so als ob eine Ausgleichung weder rechtsgeschäftlich noch gesetzlich angeordnet wäre. Im Rahmen einer etwaigen Pflichtteilsergänzung (§§ 2325, 2329 BGB) ist die Zuwendung jedoch bei Vorliegen der gesetzlichen Voraussetzungen zu berücksichtigen.

Der Veräußerer nimmt diesen gegenständlich beschränkten Pflichtteilsverzicht entgegen und an. Er kann nur unter Mitwirkung des Erwerbers wieder aufgehoben werden (Vereinbarung gem. § 328 BGB).

Die Vertragsbeteiligten wurden darauf hingewiesen, dass der gegenständlich beschränkte Pflichtteilsverzicht die gesetzliche Erbfolge den Pflichtteil am Restvermögen des Veräußerers, und sonstige Pflichtteilswirkungen der heutigen Zuwendung außerhalb der »Fernwirkung« einer Ausgleichung unberührt lässt.

3872 (2) Oder, darüber hinausgehend, der Verzicht auf jegliche pflichtteilsbegründende oder -erhöhende Wirkung einer Zuwendung (also sowohl § 2325 als auch § 2316 BGB umfassend):

▶ Formulierungsvorschlag: Gegenständlich beschränkter Pflichtteilsverzicht (§ 2325 und § 2316 BGB)

3873 ..... (Verzichtender)

verzichtet

hiermit für sich und seine Abkömmlinge auf sein Pflichtteilsrecht am Nachlass des Veräußerers in der Weise, dass der Vertragsgegenstand gemäß gegenwärtiger Urkunde und die darauf derzeit lastenden Verbindlichkeiten[701] bei der Berechnung seines Pflichtteilsanspruchs als nicht zum Vermögen oder Nachlass des Veräußerers gehörend angesehen und aus der Berechnungsgrundlage für den Pflichtteilsanspruch, den Ausgleichspflichtteil (§ 2316 BGB), den Pflichtteilsrestanspruch und den Pflichtteilsergänzungsanspruch ausgeschieden werden.

Der Veräußerer nimmt diesen gegenständlich beschränkten Pflichtteilsverzicht entgegen und an. Er kann nur unter Mitwirkung des Erwerbers wieder aufgehoben werden (Vereinbarung gem. § 328 BGB).

Die Vertragsbeteiligten wurden darauf hingewiesen, dass der gegenständlich beschränkte Pflichtteilsverzicht die gesetzliche Erbfolge und den Pflichtteil am Restvermögen des Veräußerers unberührt lässt.

---

[700] Die Verbindlichkeiten des herausgenommenen Vermögens dürfen nicht das restliche Vermögen vermindern, vgl. *Wegmann*, Eheverträge, Rn. 249.

[701] Die Verbindlichkeiten des herausgenommenen Vermögens dürfen nicht das restliche Vermögen vermindern, vgl. *Wegmann*, Eheverträge, Rn. 249.

3. Neutralisierung von Einzelgegenständen

Hauptanwendungsfälle sind 3874
(1) die gegenständliche Beschränkung dergestalt, dass ein bestimmter Nachlassgegenstand oder eine Gesamtheit von Nachlassgegenständen (etwa ein Unternehmen mit Aktiva und Passiva) bei jedweder Pflichtteilsberechnung wertmäßig ausgeschieden wird.

Die kautelar-juristische Herausforderung liegt in diesem Fall in der **exakten Beschreibung** der vom Verzicht erfassten Sachgesamtheit (beim Betriebsvermögen also einschließlich der variablen Konten, Verbindlichkeiten und Sonderbetriebsvermögen, nicht entnommener Gewinne, etwaiger Surrogate etc., jedoch ohne Berücksichtigung getätigter Ausschüttungen und unabhängig vom Einlage/Entnahmeverhalten, trotz der dadurch heraufbeschworenen Missbrauchsgefahr).[702]

▶ Formulierungsvorschlag: Hinsichtlich Betriebsvermögens gegenständlich beschränkter Pflichtteilsverzicht

..... (Verzichtender) 3875

verzichtet

hiermit für sich und seine Abkömmlinge auf sein Pflichtteilsrecht am Nachlass des ..... (Erblassers) in der Weise, dass die Aktiva und Passiva des nachstehend definierten Betriebsvermögens bei der Berechnung seines Pflichtteilsanspruchs als nicht zum Vermögen bzw. Nachlass des Erblassers gehörend angesehen und aus der Berechnungsgrundlage für den Pflichtteilsanspruch, den Ausgleichspflichtteil (§ 2316 BGB), den Pflichtteilsrestanspruch und den Pflichtteilsergänzungsanspruch ausgeschieden wird.

Der Erblasser nimmt diesen gegenständlich beschränkten Pflichtteilsverzicht entgegen und an.

Die Vertragsbeteiligten wurden darauf hingewiesen, dass der gegenständlich beschränkte Pflichtteilsverzicht die gesetzliche Erbfolge und den Pflichtteil am Restvermögen des Erblassers unberührt lässt.

Betriebsvermögen im Sinne dieser Vereinbarung umfasst:
a) alle Gegenstände des notwendigen, gewillkürten, oder Sonderbetriebsvermögens, die beruflichen bzw. gewerblichen Zielen dienen (Aktiva und Passiva), die aufgrund beruflicher/gewerblicher Tätigkeit gehaltenen Gesellschaftsanteile, sowie gepachtete Unternehmen. Im Zweifel entscheidet die steuerliche Zuordnung zu Beginn des Veranlagungszeitraums, in welchem Antrag auf Scheidung der Ehe gestellt wird,
b) ferner dasjenige Vermögen, das an den Betrieb im obigen Sinn langfristig zur Nutzung überlassen ist und wesentliche Betriebsgrundlage bildet.
c) Zum Betriebsvermögen in diesem Sinn gehören auch steuerlich im Privatvermögen gehaltene Kapitalanteile, soweit sie nicht der reinen Kapitalanlage dienen. Letzteres ist jedenfalls immer dann der Fall, wenn die Gesellschaft, mag sie auch durch Rechtsform oder gewerbliche Prägung gewerbliche Einkünfte erzielen, lediglich eigenes Vermögen verwaltet oder wenn die Beteiligungsquote des Ehegatten nicht größer als 1 % ist.
d) Dies gilt in gleicher Weise für jedes Nachfolgeunternehmen oder jede Nachfolgebeteiligung und jedes Tochterunternehmen, unabhängig von der verwendeten Rechtsform, auch bei Aufnahme weiterer Gesellschafter.

Solche gegenständlich hinsichtlich des Betriebsvermögens beschränkten Pflichtteilsverzichte finden sich häufig als »Annex« zu **Eheverträgen**, in denen die Regelungen zum **Zugewinnausgleich** bzgl. solcher Gegenstände **modifiziert** werden (Beispiel: Ausschluss in Bezug auf Gegenstände gem. § 1374 Abs. 2 BGB: Rdn. 1443). Häufig verlangt der Gesellschaftsvertrag (zur Vermeidung 3876

---

702 Vgl. für die parallele Regelungsthematik bei der Modifizierung des Zugewinnausgleichs ausführlich und mit Formulierungsvorschlag (Rdn. 1137) *Münch*, Die Unternehmerehe, Rn. 785 ff., auch zu den Manipulationsgefahren.

des Ausschlusses) oder eine Gesellschaftervereinbarung durch »Güterstandsklauseln«[703] solche Modifikationen. Sie unterliegen weder dem Aspekt der Wirksamkeits- noch der Ausübungskontrolle richterlichen Bedenken.[704] (Am wenigsten belastend sind freilich Bestimmungen, die dem Gesellschafter lediglich auferlegen zu vereinbaren, dass ein auf den Gesellschaftsanteil entfallender Zugewinnausgleich erst dann und insoweit verlangt werden dürfe, als der Gesellschafter selbst ausscheidet und Abfindungszahlungen hierfür erhält).

3877 Die Herausnahme einzelner Gegenstände aus dem Zugewinnausgleich wird gem. § 100 Abs. 1 GNotKG **notarkostenrechtlich** hinsichtlich des Wertansatzes privilegiert: Gegenstandswert ist nur der Wert des betroffenen Vermögens, nicht – wie sonst – das modifizierte Reinvermögen beider Eheleute (also das beiderseitige Aktivvermögen, wobei Schulden des jeweiligen Ehegatten maximal bis zur Hälfte seines Aktivvermögens abzuziehen sind). Eine ehevertragliche Modifizierung dahingehend, dass im Scheidungsfall der Zugewinnausgleich gänzlich ausgeschlossen werden soll, führt jedoch (ebenso wie der Güterstandswechsel) zum ungeschmälerten Ansatz des modifizierten Reinvermögens. Sollte ausnahmsweise der Aktivwert des von der Modifikation betroffenen einzelnen Vermögensgegenstands höher sein als das modifizierte Gesamtreinvermögen, ist wiederum letzteres (als Kappungsgrenze) maßgebend.

3878 Im Einzelnen stellt die Herausnahme bestimmter Vermögensgegenstände besondere **Anforderungen an die Vertragsgestaltung**,[705] etwa im Hinblick auf
(a) die klare Bestimmtheit des herausgenommenen Bereichs
(b) die Frage der Behandlung von Surrogaten, also Umschichtungen innerhalb des geschützten Bereichs, oder auch die Frage der Behandlung von Gelderlösen aus Veräußerungen, die in dem Grunde nach geschützten Gegenständen, wie etwa Betriebsvermögen, angelegt werden
(c) die damit im Zusammenhang stehende Vermischungsproblematik (Investitionen aus dem eigentlich ausgleichspflichtigen Vermögen, die entweder vom geschützten Ehegatten selbst oder gar vom anderen Ehegatten aus dessen eigenem Vermögen getätigt werden)
(d) die Thematik der Auskunfts- und Dokumentations- und Nachverfolgungspflichten[706]
(e) die Behandlung korrespondierender Verbindlichkeiten
(f) die Behandlung von Erträgen, oft in Abhängigkeit davon, ob sie wieder reinvestiert werden oder nicht
(g) die Behandlung des herausgenommenen Vermögens als gleichwohl im Sinn der Kappung des § 1378 Abs. 2 BGB vorhandenes Vermögen und
(h) den Schutz gegen Vollstreckung in herausgenommene Vermögensgegenstände

3879 Derjenige Ehe-/Lebenspartner, der sich auf die Herausnahme bestimmter Gegenstände aus der Zugewinnausgleichsberechnung des anderen Ehepartners (oder eingetragenen Lebenspartners) einlässt, rechnet typischerweise nicht damit, dass umgekehrt seine Zahlungspflicht damit sich erhöhen könnte oder gar er zur Zahlung von Zugewinnausgleich verpflichtet ist, obwohl – bei gesetzlicher Berechnung – er zugewinnausgleichsberechtigt wäre, also gar die Anspruchsrichtung »umkippt«, er sieht vielmehr das von ihm zu erbringende »Opfer« allein darin, dass der Zugewinnausgleichsanspruch, den er gegen seinen (nun privilegierten) Ehepartner hat, sich als Folge der Herausnahme geschützter Vermögensbereiche reduziert. Sollen – nach entsprechendem notariellen Hinweis – solche ungewollten Wirkungen vermieden werden, genügt es nicht, nur das

---

703 Vgl. *Werner*, ZErb 2014, 65 ff. Sittenwidrigkeit droht (zumal der Zugewinnausgleich nicht zum Kernbereich des Scheidungsfolgenrechts gehört) nicht, auch die »Hohenzollern«-Doktrin des BVerfG (FamRZ 2004, 765) zur Drittwirkung der Grundrechte greift nicht, da nicht die Eheschließung mit einem nicht »hausgesetzmäßigen« Partner als solche, sondern das Unterlassen eines Ehevertrages inkriminiert wird. Schutzlücken bleiben jedoch z.B. bei der Anwendbarkeit ausländischen Eherechts.
704 OLG Bremen, 08.05.2014 – 5 UF 110/13, MittBayNot 2014, 456.
705 Vgl. hierzu auch *Münch*, Ehebezogene Rechtsgeschäfte, 3. Aufl. 2011, Rn. 539 ff.; *Reetz*, in: DAI-Skript 12. Jahresarbeitstagung des Notariats, 2014, S. 494 ff.; *Brandt*, RNotZ 2015, 117 ff.
706 § 1379 BGB ist nur stichtagsbezogen, erfasst also nicht verlaufsbezogene Investitionen.

E. Erb- und Pflichtteilsverzicht Kapitel 9

»Umkippen« auszuschließen[707] – wobei die Rechtsprechung klargestellt hat, dass der zugewinnausgleichsmodifizierende Ehevertrag auch ohne die Vermeidung des »Umkippens der Anspruchsrichtung« nicht sittenwidrig wäre,[708] und auch eine Anpassung im Wege der Ausübungskontrolle nach § 242 BGB nicht stattfinden müsste.[709]

Zur umfassenden Vermeidung von »Fehlentwicklungen« ist vielmehr im Sinne einer »**Begrenzungsklausel**«[710] die Ausgleichszahlungspflicht des anderen (nicht privilegierten) Ehepartners zu begrenzen auf denjenigen Betrag, der stichtagsbezogen geschuldet wäre, wenn der Zugewinnausgleich ohne vertragliche Veränderung durchgeführt werden würde. Allerdings ist nicht zu verkennen, dass auf diese Weise die Bewertung des geschützten Vermögens (z.B. der Praxis oder des Unternehmens), die eigentlich vermieden werden sollte, doch wieder – zur Durchführung der Vergleichsberechnung – notwendig wird. Die Vermeidung von (damit aktenkundig werdenden) Bewertungsvorgängen ist nicht selten eines der wesentlichen Motive, weshalb in Gesellschaftsverträgen eine Verpflichtung zur entsprechenden Modifizierung des Zugewinnausgleichs enthalten ist.[711]

3880

Eine derartige Modifizierung des Zugewinn- und des Pflichtteilsanspruchs (samt Begrenzungsklausel und Vollstreckungsschutzvereinbarung[712]) könnte etwa wie folgt lauten:

▶ Formulierungsvorschlag: Modifizierung des Zugewinnausgleichs und des Pflichtteilsrechts, gegenständlich beschränkt auf Betriebsvermögen

1. Grundsatz

3881

Bei der Berechnung des Zugewinnausgleichs infolge Beendigung der Ehe zu Lebzeiten und bei der Berechnung des vorzeitigen Zugewinnausgleichs ist die Wertentwicklung der folgenden Gegenstände (»ausgleichsfreies Vermögen«) außer Acht zu lassen, und zwar auch soweit diese bereits vor Eheschließung erworben wurden. Im Bereich des güterrechtlichen Ausgleiches von Todes wegen gem. § 1371 Abs. 2 und 3 BGB bleiben diese Gegenstände ebenfalls unberücksichtigt (im Falle der Ausschlagung, § 1371 Abs. 3 BGB werden sie jedoch berücksichtigt, wenn die Ausschlagung des Zugewandten und Geltendmachung des güterrechtlichen Ausgleichs mit vorheriger schriftlicher Einwilligung aller dann berufenen Erben erfolgt).

»Ausgleichsfreies Vermögen« ist das gesamte derzeitige oder künftige Betriebsvermögen eines Ehegatten. Hierzu zählen jeweils:
a) alle Gegenstände des notwendigen, gewillkürten, oder Sonderbetriebsvermögens, die beruflichen bzw. gewerblichen Zielen dienen (Aktiva und Passiva), die aufgrund beruflicher/gewerblicher Tätigkeit gehaltenen Gesellschaftsanteile, sowie gepachtete Unternehmen. Im Zweifel entscheidet die steuerliche Zuordnung zu Beginn des Veranlagungszeitraums, in welchem Antrag auf Scheidung der Ehe gestellt wird.
b) ferner dasjenige Vermögen, das an den Betrieb im obigen Sinn langfristig zur Nutzung überlassen ist und wesentliche Betriebsgrundlage bildet.
c) Zum Betriebsvermögen in diesem Sinn gehören auch steuerlich im Privatvermögen gehaltene Kapitalanteile, soweit sie nicht der reinen Kapitalanlage dienen. Letzteres ist jedenfalls immer dann der Fall, wenn die Gesellschaft, mag sie auch durch Rechtsform oder gewerbliche Prägung gewerbliche Einkünfte erzielen, lediglich eigenes Vermögen verwaltet oder wenn die Beteiligungsquote des Ehegatten nicht größer als 1 % ist.
d) Dies gilt in gleicher Weise für jedes Nachfolgeunternehmen oder jede Nachfolgebeteiligung und jedes Tochterunternehmen, unabhängig von der verwendeten Rechtsform, auch bei Aufnahme weiterer Gesellschafter.

---

707 »Sollte aufgrund dieser Vereinbarung einer der beiden Ehegatten gegen den anderen einen Zugewinnausgleichsanspruch haben, der ihm ohne diese Vereinbarung nicht zustände, wird dieser Anspruch wechselseitig ausdrücklich ausgeschlossen.«
708 OLG Nürnberg, 16.02.2012 – 9 UF 1427/11, RNotZ 2012, 337.
709 BGH, 17.07.2013 – XII ZB 143/12, DNotZ 2014, 128; hierzu *Reetz*, DNotZ 2014, 85 ff.
710 Vgl. z.B. *Brambring*, Ehevertrag, 7. Aufl. 2013, Rn. 133.
711 Daher eher ablehnend *Everts* in: *Münch*, Familienrecht in der Notar- und Gestaltungspraxis, § 2, Rn. 66.
712 Eine dennoch erfolgte Pfändung ist auf Vollstreckungsabwehrklage analog § 767 Abs. 1 ZPO aufzuheben, vgl. BGH, 18.05.2017 – VII ZB 38/16, ZNotP 2017, 300.

e) Die fiktive Einbeziehung eines kalkulatorischen Unternehmerlohns in den Zugewinnausgleich wünschen wir nicht Wir sind uns darüber einig, dass hinsichtlich des vorgenannten betrieblichen Vermögens auch bei Mitarbeit des Anderen keine Ehegatten-Innengesellschaft vorliegt, sondern eine rein arbeitsrechtliche Gestaltung.

Wird über einen solchen Gegenstand verfügt, so tritt das Surrogat an die Stelle des ursprünglichen Gegenstandes, unabhängig davon in welcher Form das Surrogat gehalten bzw. investiert wird. Wir verpflichten uns, die jetzt und in Zukunft zum ausgleichsfreien Vermögen gehörende Gegenstände in einem privatschriftlichen Verzeichnis gesondert zu erfassen.

Der entsprechende Wert ist weder beim Anfangs- noch beim Endvermögen in Ansatz zu bringen, und zwar auch dann nicht, wenn sich ein negativer Betrag ergibt. Ein mit dem ausgleichsfreien Vermögen eventuell erzielter Zugewinn verbleibt allein dem Berechtigten und ist nicht auszugleichen.

Die Pflicht des nichtprivilegierten Ehepartners zur Leistung von Zugewinnausgleich ist jedoch begrenzt auf denjenigen Betrag, der stichtagsbezogen geschuldet wäre, wenn der Zugewinnausgleich ohne vertragliche Veränderung durchgeführt werden würde (Vergleichsbetrachtung), durch die Herausnahme privilegierten Vermögens soll also weder eine »unplanmäßige Erhöhung« der gegen den anderen Ehepartner gerichteten Ausgleichsforderung noch gar ein »Umkippen der Ausgleichsrichtung« eintreten.

2. Verfügungsbeschränkung

Die güterrechtlichen Verfügungsbeschränkungen sollen bei diesen Gegenständen nicht gelten. Über die vorgenannten, nicht dem Zugewinnausgleich unterliegenden Vermögenswerte kann daher der Eigentümer ohne Einwilligung seines Ehegatten verfügen, auch wenn er damit über sein Vermögen im Ganzen oder den überwiegenden Teil seines Vermögens verfügt. § 1365 BGB wird insoweit ausgeschlossen.

Ist für einen Dritten nicht erkennbar, ob aufgrund dieser Vereinbarung eine Zustimmung des anderen Ehegatten erforderlich ist, so ist der andere Ehegatte verpflichtet, einer entsprechenden Verfügung des anderen Ehegatten zuzustimmen.

3. Erträge

Erträge aus diesem vom Zugewinn ausgeschlossenen Vermögen sind gleichfalls vom Zugewinn ausgeschlossen, sofern sie entweder.
a) den vom Zugewinn ausgenommenen Bereich noch nicht verlassen haben; insofern sind insbesondere ausgenommen Guthaben auf Kapital-, Darlehens-, Verrechnungs- oder Privatkonten sowie stehen gelassene Gewinne, Gewinnvorträge oder -rücklagen bzw. unmittelbar als Gesellschafterdarlehen rückgewährte Beträge oder
b) zulässigerweise wieder auf die ausgeschlossenen Vermögenswerte verwendet wurden.

4. Verwendungen und Schuldentilgung

4.1. Verwendungen und Schuldentilgung aus eigenem Vermögen

Eine Einschränkung der getroffenen Vereinbarung dahingehend, dass Verwendungen aus dem ausgleichspflichtigen Vermögen auf das privilegierte Vermögen (z.B. die Tilgung von Schulden mit Mitteln des sonstigen Vermögens) für Zwecke des Zugewinnausgleichs als nicht erfolgt gewertet werden sollen, wünschen die Beteiligten zur Erhaltung möglichst umfassender Handlungsmöglichkeiten ausdrücklich nicht. Ihnen ist bekannt, dass auf diese Weise Missbräuche möglich sind (z.B. erhebliche Investitionen in den privilegierten Bereich kurz vor dem Stichtag der Endvermögensermittlung aus dem ausgleichspflichtigen Bereich, mit der Folge, dass sich das zu ermittelnde Endvermögen verringert, die Mehrung im privilegierten Vermögensbereich aber nicht zugunsten des anderen Ehegatten berücksichtigt werden kann).

Allerdings wird vereinbart:

Verwendungen der geschilderten Art sind für die Berechnung des Zugewinnausgleichs als nicht geschehen zu ignorieren, soweit sie nach der Trennung erfolgt sind und über den Durchschnitt der drei vorangehenden Jahre hinausgehen.

E. Erb- und Pflichtteilsverzicht   Kapitel 9

Oder:

Bei der Ermittlung des Zugewinnausgleichs im Scheidungsfall ist Stichtag für die Ermittlung des Endvermögens (§ 1375 BGB) der Zeitpunkt zwei Jahre vor der Rechtshängigkeit des Scheidungsantrags.

Oder (*Anm.: zurückhaltend zu gebrauchen*):

Zur Vermeidung von Missbräuchen vereinbaren die Beteiligten noch Folgendes: Verwendungen auf die betroffenen Gegenstände und die Tilgung etwaiger damit verbundener Verbindlichkeiten sind zunächst aus den Erträgen zu finanzieren. Macht jedoch ein Ehegatte aus seinem sonstigen Vermögen Verwendungen auf seine vom Zugewinnausgleich ausgenommenen Gegenstände oder erbringt er daraus Tilgungsleistungen für etwa damit zusammenhängende Verbindlichkeiten, so werden diese Verwendungen oder Tilgungsleistungen mit ihrem Wert zum Zeitpunkt der Verwendung dem Endvermögen des Eigentümers zugerechnet. Sie unterliegen also, gegebenenfalls um den Geldwertverfall berichtigt, dem Zugewinnausgleich. Entsprechendes gilt für Verwendungen des anderen Ehegatten, zur Befriedigung der sich hieraus etwa ergebenden Zugewinnausgleichsforderung gilt das vom Zugewinnausgleich ausgenommene Vermögen im Sinne von § 1378 Abs. 2 BGB als vorhandenes Vermögen.

4.2. Aufwendungen des anderen Ehegatten auf zugewinnausgleichsfreies Vermögen

Macht der andere Ehegatte aus seinem Vermögen Aufwendungen auf die vom Zugewinnausgleich ausgenommenen Vermögensgegenstände seines Ehegatten, so wird vereinbart, dass die hierfür mit Einverständnis des Eigentümers des ausgleichsfreien Vermögens aufgewandten Mittel ihm vom anderen Ehegatten als Darlehen zur Verfügung gestellt werden. Das Darlehen wird zur Rückzahlung fällig, wenn die Ehe der Vertragsteile in anderer Weise als durch ihren Tod aufgelöst wird oder die Voraussetzungen für ein außerordentliches Kündigungsrecht nach § 490 BGB vorliegen oder bei Veräußerung des ausgleichsfreien Vermögens; bis zur Fälligkeit ist es nicht zu tilgen und nicht zu verzinsen. Dingliche Sicherung im Grundbuch kann für die Rückzahlung verlangt werden.

5. Geltung gesetzlicher Bestimmungen

Im Übrigen bleiben sämtliche Bestimmungen des gesetzlichen Güterstandes der Zugewinngemeinschaft aufrechterhalten, insbesondere die Bestimmungen über den Zugewinnausgleich hinsichtlich des sonstigen während der Ehezeit erworbenen Vermögens und den Zugewinnausgleich im Todesfall.

6. Güterrechtsregister

Die Eintragung der Modifizierung des gesetzlichen Güterstandes im Güterrechtsregister und die Veröffentlichung wird vorerst nicht gewünscht. Jeder Vertragsteil ist jedoch berechtigt, diese Eintragung jederzeit einseitig zu beantragen.

7. Gegenständlich beschränkter Pflichtteilsverzicht

Jeder Ehegatte verzichtet hiermit gegenständlich beschränkt hinsichtlich der vom Ausschluss des Zugewinnausgleichs betroffenen Gegenstände und der darauf lastenden Verbindlichkeiten auf sein Pflichtteilsrecht am dereinstigen Nachlass des anderen Ehegatten; die Beteiligten nimmt diesen beschränkten Pflichtteilsverzicht hiermit an. Der auf die zugewinnausgleichsfreien Gegenstände beschränkte Verzicht gilt auch, wenn der Ehegatte ausschlagen und den Pflichtteil verlangen sollte.

8. Vollstreckungsschutzvereinbarung

Eine Zwangsvollstreckung in das privilegierte Vermögen zur Beitreibung von (auch abgetretenen) Forderungen des anderen Ehegatten gleichwelcher Art wird ausgeschlossen. Dem anderen Ehegatten ist bekannt, dass Ansprüche bei Erschöpfung des sonstigen pfändbaren Vermögens damit faktisch nicht durchsetzbar sind.

9. Belehrung

Über Bedeutung und Tragweite dieser Bestimmungen wurden wir belehrt. Uns ist bekannt, dass uns erhöhte Aufzeichnungsobliegenheiten treffen, um den Weg des ausgleichsfreien Vermögens im Streitfall nachvollziehen zu können.

3882 Deutlich einfacher, wenn auch weitergehender in seiner Wirkung, ist freilich der generelle Ausschluss des Zugewinnausgleichs im Scheidungsfall, dann auch i.d.R. des vorzeitigen Zugewinnausgleichs gem. §§ 1385, 1386 BGB (letzteres ist nicht unumstritten, da Teile der Literatur den Anspruch auf vorzeitigen Zugewinnausgleich als zwingendes Recht werten). Eine für die (künftige) Modifikation des Güterstandes gewährte »Abfindung« bleibt freilich zivil- und steuerrechtlich Schenkung (Rdn. 4891), während das als vorzeitiger Zugewinnausgleich gem. §§ 1385, 1386 BGB Geleistete zwar zivilrechtlich – da Geschuldet – nicht geschenkt ist, aber (mangels Erfüllung der Anforderungen des § 5 Abs. 2 ErbStG) schenkungsteuerpflichtig bleibt, vgl. Rdn. 4898. Andererseits bleibt bei dieser Modifizierung (wie freilich auch im Falle der nur punktuellen Modifizierung der Rdn. 3881) die Möglichkeit der schenkungsteuerfreien (Rdn. 4885 ff.) und auch zivilrechtlich schenkungsvermeidenden (Rdn. 80 ff.) Leistung des Zugewinns beim Wechsel des Güterstands erhalten.

▶ **Formulierungsvorschlag: Modifizierung des Zugewinnausgleichs durch generellen Ausschluss im Scheidungsfall**

3883 Der Ausgleich des Zugewinnausgleichs infolge Beendigung der Ehe zu Lebzeiten sowie der vorzeitige Ausgleich des Zugewinns gem. §§ 1385, 1386 BGB wird vollständig ausgeschlossen. Im Falle der Beendigung der Ehe durch Tod (unabhängig davon ob der andere Ehegatte Erbe wird oder nicht bzw. das ihm Zugewendete ausschlägt oder nicht) sowie im Falle der Beendigung des gesetzlichen Güterstandes bei Fortbestand der Ehe bleibt es jedoch bei den gesetzlichen Bestimmungen zum Zugewinnausgleich; auch §§ 1365, 1369 BGB bleiben uneingeschränkt aufrecht erhalten. Eine Gütertrennung wünschen wir also ausdrücklich nicht zu vereinbaren.

4. Betragsbegrenzung; Bewertungsabschläge

3884 Hauptanwendungsfälle solcher beschränkter Verzichte auf das Pflichtteilsrecht sind
(1) die Kappung des Pflichtteilszahlungsanspruchs auf einen bestimmten **Höchstbetrag**, der möglicherweise indexiert werden müsste/sollte sowie
(2) die Bestimmung eines abweichenden **Bewertungsverfahrens** (z.B. Buchwert für Gesellschaftsbeteiligungen) oder eines abweichenden Ermittlungsverfahrens (z.B. 30 %iger Abschlag vom Verkehrswert).[713]

3885 In diesem Kontext sind zahlreiche Regelungsinhalte denkbar.[714] So käme z.B. in Betracht, für die lebzeitige Übertragung (bzw. Vererbung) eines landwirtschaftlichen Anwesens, bei dem das Vorliegen der Landguteigenschaften (§ 2312 BGB) umstritten sein kann[715] oder ungewiss ist, ob diese Voraussetzungen noch zum Zeitpunkt des Erbfalls vorliegen werden,[716] Letzteres für Pflichtteilszwecke ausdrücklich zu vereinbaren:

▶ **Formulierungsvorschlag: Vereinbarung der Ertragswertklausel unabhängig von § 2312 BGB**

3886 Der Veräußerer bestimmt, dass hinsichtlich der übertragenen Aktiva und Passiva des landwirtschaftlichen Anwesens ..... für Pflichtteilszwecke der Ertragswert gemäß § 2312 BGB zugrunde gelegt werden soll, wenn dieser niedriger als der Verkehrswert ist. Die Verzichtenden (Ehegatte des Veräußerers, weichende Geschwister des Erwerbers) erklären sich hiermit ausdrücklich einverstanden, unabhängig davon, ob die gesetzlichen Voraussetzungen die Ertragswertbewertung vorliegen oder nicht, und verzichten, soweit hierdurch in ihr gesetzliches Pflichtteilsrecht eingegriffen wird, auch im Rahmen der Berechnung von Pflichtteilsergänzungs-, Pflichtteilsrest- und

---

713 Die Verkehrswertfestlegung des § 2311 Abs. 2 Satz 2 BGB steht dem nicht entgegen, da sie lediglich einseitige Festlegungen durch den Erblasser zulasten des Pflichtteilsberechtigten verhindert.
714 Vgl. *J. Mayer*, ZEV 2000, 267.
715 Das Gesetz kennt bekanntlich keine exakten Kriterien hinsichtlich der »Untergrenze«, vgl. *Weber*, BWNotZ 1992, 14.
716 Dies ist gem. BGH, ZEV 1995, 74, erforderlich.

E. Erb- und Pflichtteilsverzicht

Ausgleichsansprüchen auf ihr gesetzliches Pflichtteilsrecht am dereinstigen Nachlass des Veräußerers, der diesen beschränkten Verzicht annimmt.

Denkbar ist weiter, im Verhältnis zum Pflichtteilsberechtigten bestimmte **Bewertungsmethoden**[717] zur Ermittlung des gesetzlich zugrunde gelegten (§ 2311 Abs. 2 Satz 2 BGB) Verkehrswerts »festzuschreiben«. Bei nicht börsennotierten Kapitalgesellschaftsanteilen könnte dies etwa durch vertragliche[718] Verweisung auf das ehemalige »Stuttgarter Verfahren« gem. R 96 bis 108 der Erbschaftsteuerrichtlinien 2003 erfolgen.[719] Wörtliche Wiederholung dieser Richtlinien ist im Hinblick auf das Beurkundungsgebot des § 2348 BGB wohl nicht erforderlich, ebenso wenig wie bei DIN-Normen, der VOB oder den Indexzahlen des Verbraucherpreisindex. Sollen andere, vom Institut der Wirtschaftsprüfer entwickelte Verfahren (etwa das »discounted cash flow«-Verfahren) zugrunde gelegt werden, bedarf es jedoch wohl deren ausdrücklicher Wiedergabe oder aber der Einsetzung eines Schiedsgutachters auf der Basis einer entsprechenden Schiedsgutachterklausel, dem die Beachtung dieses Verfahrens vorgegeben wird: 3887

▶ Formulierungsvorschlag: Schiedsgutachterklausel und Bewertungsfestlegung für Betriebsvermögenswertermittlung

Hinsichtlich aller Wertermittlungsfragen, die den Pflichtteil bezüglich des Unternehmens ..... betreffen, entscheidet mit abschließender Wirkung ein Schiedsgutachter. Die Beteiligten benennen hierzu Herrn .....; hilfsweise ist ein Sachverständiger durch die örtlich zuständige Industrie- und Handelskammer zu benennen. Die Ermittlung soll nach dem Standard des Instituts der Wirtschaftsprüfer zur Durchführung von Unternehmensbewertungen in ihrer dann geltend Fassung (derzeit IDW S1, objektivierter Unternehmenswert) erfolgen; der Schiedsgutachter entscheidet auch über die Tragung der durch seine Einschaltung ausgelösten Kosten nach dem Verhältnis, in dem die Bewertungsvorschläge vom ermittelten Ergebnis entfernt lagen. Soweit hierdurch in das gesetzliche Pflichtteilsrecht des Begünstigten eingegriffen wird, verzichtet er hierauf mit Wirkung für sich und seine Abkömmlinge; der Erblasser nimmt diesen Verzicht an. 3888

Gerade bei Mitunternehmensanteilen finden sich häufig im Gesellschaftsvertrag **Abfindungsregelungen** für den Fall der Kündigung oder des Ausschlusses. Da diese den Pflichtteilsberechtigten nicht binden,[720] ist zu erwägen, ob ihm deren Geltung (regelmäßig allerdings nur i.S.e. statischen, auf den derzeitigen Vertragsstand vorgenommenen, nicht einer dynamischen Verweisung) nicht durch Vertrag auferlegt werden mag: 3889

▶ Formulierungsvorschlag: Pflichtteilsrechtliche Vereinbarung der Gleichstellung mit gesellschaftsvertraglichen Abfindungsbestimmungen

Der Gesellschaftsvertrag der ..... OHG/KG/GbR enthält derzeit für die Bemessung der Abfindung im Fall einer Kündigung folgende Vereinbarung: 3890

– Folgt wörtliche Wiedergabe der derzeitigen Regelung –

..... (Verzichtender) vereinbart mit dem Erblasser/Veräußerer, dass auch für die Bewertung des Mitunternehmeranteils für Pflichtteilszwecke dieselben Regelung gelten. Soweit hierdurch in das gesetzliche Pflichtteilsrecht des Verzichtenden eingegriffen wird, verzichtet er mit Wirkung für sich und seine Abkömmlinge auf darüber hinausgehende Ansprüche; der andere Vertragsbeteiligte nimmt diesen Verzicht entgegen und an.

---

717 Vgl. etwa zur Bewertung von Unternehmen und Freiberuflerpraxen i.R.d. Zugewinnausgleichs *Münch*, Die Unternehmerehe, Rn. 81 ff. und Rn. 129 ff.
718 Ohne Mitwirkung des Pflichtteilsberechtigten kann der Erblasser nicht z.B. allein in der Satzung ein bestimmtes Bewertungsverfahren vorschreiben, vgl. OLG Köln, 10.01.2014 – 1 U 56/13, ZEV 2014, 660; vgl. monografisch *Koch*, Die Kollision von gesellschaftsvertraglicher Abfindungsbeschränkung und Pflichtteilslast in der Person des Gesellschafter-Erben (Diss. Münster 2015).
719 Vgl. *Keidel/Winkler*, BeurkG, § 9 Rn. 80 ff.
720 Vgl. *Bratke*, ZEV 2000, 16.

5. Erweiterungen der Wirkungen des § 2315 BGB

3891 Pflichtteilsreduzierung kann auch erreicht werden
(1) durch die nachträgliche Hinnahme der Anrechnung einer Zuwendung auf den Pflichtteil (»Nachholung der Anrechnungsbestimmung des § 2315 BGB durch Vertrag«, zur Problemsituation s. Rdn. 3744),[721]
(2) durch das Abstellen auf einen höheren Objektwert am Todestag (Abweichung von § 2315 Abs. 2 Satz 2 BGB) – relevant bspw., falls aus geschenktem Ackerland Bauland wird![722] sowie
(3) durch die Hinnahme einer Pflichtteilsanrechnung für Zuwendungen, die nicht vom Erblasser stammen, so dass § 2315 BGB unmittelbar nicht anwendbar ist.

▶ Formulierungsvorschlag: Vertragliche Pflichtteilsanrechnungsvereinbarung analog § 2315 BGB bei Zuwendung eines Dritten[723]

3892 Der Erwerber als Verzichtender und sein heute anwesender Vater/seine Mutter vereinbaren, dass sich der Erwerber den Wert des unentgeltlichen Teils der heutigen Zuwendung, der übereinstimmend mit ...... € beziffert wird, auf seinen Pflichtteil am Nachlass seines Vaters/seiner Mutter so anrechnen zu lassen hat, als wäre die Zuwendung der heutigen Urkunde unmittelbar von diesem als Erblasser an ihn erfolgt. Er verzichtet gegenüber dem genannten Erblasser mit Wirkung für sich und seine Abkömmlinge in dieser Höhe auf sein künftiges Pflichtteilsrecht; der Erblasser nimmt diesen Verzicht entgegen und an.

3893 (4) Letzteres kommt insb. in Betracht, wenn der Erwerber von beiden Eltern (etwa aus deren gemeinsamem Eigentum) eine Zuwendung erhält, die Beteiligten jedoch davon ausgehen, dass (etwa aus Loyalität oder aufgrund entsprechenden Verzichtes) der Pflichtteil nach dem Tod des ersten Elternteils nicht geltend gemacht werden wird:

▶ Formulierungsvorschlag: Sicherstellung der vollständigen Anrechnung auf den Pflichtteil nach dem Ableben beider Veräußerer

3894 Der Erwerber hat sich die Zuwendung auf seinen etwaigen Pflichtteil nach jedem Elternteil mit der Hälfte des Werts gemäß § 2315 BGB anrechnen zu lassen. Sollte jedoch der überlebende Elternteil den erstversterbenden Elternteil allein beerben und der Erwerber vor Ablauf der Verjährung keinen Pflichtteil nach dem erstversterbenden Elternteil verlangen, soll die Zuwendung als vom überlebenden Elternteil allein erfolgt gelten und demnach beim Tod des überlebenden Elternteils mit dem vollen Wert auf den Pflichtteil angerechnet werden. Soweit dabei die Zuwendung tatsächlich nicht aus dem Vermögen des überlebenden Elternteils stammte, verzichtet der Erwerber für sich und seine Abkömmlinge insoweit auf seine Pflichtteilsansprüche nach dem überlebenden Elternteil, als dies für diese Rechtswirkung notwendig ist. Jeder Elternteil nimmt diesen hiermit vereinbarten, unter keiner weiteren Bedingungen stehenden, Verzicht an. Der Zuwendungsbetrag ist dem Kaufkraftschwund nach Maßgabe der Entwicklung des Verbraucherpreisindex auf den Zeitpunkt desjenigen Erbfalls, bei dem er zur Anrechnung gelangt, anzupassen.

6. Stundung

3895 Weitverbreitet sind Vereinbarungen über die Stundung oder ratenweise Begleichung eines späteren Pflichtteilsanspruchs zwischen Erblasser und Pflichtteilsberechtigtem[724] (ebenso wie spätere, gegebenenfalls auch stillschweigende, Stundungsvereinbarungen zwischen dem verpflichteten Erben und dem Pflichtteilsberechtigten[725]).

---

721 Vgl. *Damrau*, Der Erbverzicht, S. 56.
722 Davon zu differenzieren ist die umgekehrte Begrenzung des Anrechnungswertes auf einen niedrigeren Wert am Todestag, etwa zum Schutz des Minderjährigen, vgl. Rdn. 3720.
723 Vgl. *Mohr*, ZEV 1999, 257 ff.
724 Vgl. *Weirich*, DNotZ 1986, 11.
725 OLG Karlsruhe, 15.10.2015 – 9 U 149/14, ZEV 2016, 88 = EE 2016, 38 m. Anm. *Möller* sah eine solche, verjährungshemmende stillschweigende Stundungsvereinbarung im Verhalten der Pflichtteils-

E. Erb- und Pflichtteilsverzicht Kapitel 9

Solche Regelungen werden seitens des Erblassers im primär erbrechtlichen Kontext häufig gewünscht, um die Risiken des Berliner Testaments (Enterbung der Abkömmlinge auf den ersten Sterbefall), wenn schon kein vollständiger Verzicht hierauf (vgl. unten Rdn. 3902 f.) erreicht werden kann, zumindest wirtschaftlich abzumildern, möglicherweise gar die Erfüllung bis zum eigenen Sterbefall »hinauszuschieben«.

Erbschaftsteuerlich reduziert diese Lösung die **Nachteile des Berliner Testaments**, da die Pflichtteilslast ab dem Zeitpunkt ihrer Geltendmachung gem. § 10 Abs. 5 Nr. 2 ErbStG (Rdn. 4487) in Abzug gebracht werden kann – allerdings in gem. § 12 Abs. 3 BewG, Rdn. 6217 ff., abgezinster Höhe, so dass der gewünschte erbschaftsteuerliche Entlastungseffekt geschmälert wird;[726] ferner liegt in der zinslosen[727] Stundung selbst schenkungsteuerlich eine freigiebige Zuwendung i.S.d. § 7 Abs. 1 Nr. 1 ErbStG;[728] beim Pflichtteilsberechtigten führt der diesbezügliche Erwerb gem. §§ 3 Abs. 1 Nr. 1, 9 Abs. 1 Nr. 1a ErbStG häufig nicht zu einer Zahllast, da seine Freibeträge nicht oder nur geringfügig überschritten werden. Allerdings dürfte die Abzugsfähigkeit nach dem ersten Sterbefall mangels wirtschaftlicher Belastung entfallen, wenn die Stundung auf den Tod des belasteten Erben vereinbart ist.[729] 3896

Ertragsteuerlich ist allerdings zu berücksichtigen, dass die (regelmäßig vereinbarte) zinslose Stundung über länger als ein Jahr zur Aufspaltung des Zahlbetrags in einen Kapitalanteil und einen (auf der Basis von 5,5 % p.a. ermittelten) Zinsanteil führt, welch Letzterer als »Einkünfte aus Kapitalvermögen« einkommensteuerpflichtig ist, was aufgrund des »Zusammenballungseffekts« im Jahr des Erhalts zu einer beklagenswerten[730] Zusatzbelastung führt,[731] Rdn. 6217 ff. 3897

Rein tatsächlich[732] muss den Beteiligten schließlich vor Augen geführt werden, dass keine Gewähr dafür besteht, im Zeitpunkt der Fälligkeit des Pflichtteilsanspruchs (etwa zum Zeitpunkt des Ablebens des längerlebenden Elternteils) noch entsprechende Nachlasswerte vorzufinden. Diese Gefahr kann durch dingliche Sicherung des gestundeten Pflichtteilsanspruchs abgemildert werden, wodurch jedoch das Ziel, die »Lästigkeit« des Pflichtteils zu reduzieren, verfehlt werden mag. Schließlich ist ein Hinweis auf die schleichende Entwertung des nach dem Nominalbetrag gestundeten Pflichtteilsanspruchs ratsam, die durch eine Wertsicherungsvereinbarung (Anpassung nach Maßgabe des Verbraucherpreisindex) aufgefangen werden könnte. 3898

Die Stundung hemmt zugleich die kurze Verjährung des Pflichtteilsanspruchs, §§ 195, 199 BGB (vor 2010: § 2332 BGB a.F.), was sich jedoch in der Praxis kaum auswirkt, da die für den erbschaftsteuerlichen Abzug ohnehin notwendige Geltendmachung des Pflichtteilsanspruchs rasch nach dem Sterbefall stattfinden wird. Zu unmittelbaren Verjährungsvereinbarungen im Bereich 3899

---

berechtigten, die sich einer Bitte der Erbin, den Anspruch vorläufig nicht geltend zu machen, um die geerbte Wohnung nicht veräußern zu müssen, entsprechend verhielt. Die Stundung des Pflichtteils umfasst im Zweifel auch die Stundung des verbundenen Auskunftsanspruchs).

726 Berechnungsbeispiele bei *Ebeling*, NJW 1998, 358.
727 D.h. nicht i.H.v. mindestens 3 % verzinslichen, Nr. 1.2.2. des Ländererlasses v. 07.12.2001, BStBl. 2002 I 112.
728 FG Münster, 08.12.2008 – 3 K 2849/06 Erb, ZErb 2009, 213; hierzu *Litzenburger*, FD-ErbR 2009, 282952; ebenso FG Köln, 30.09.2009 – 9 K 2697/08 ErbStB 2010, 34 (trotz der daneben stattfindenden einkommensteuerrechtlichen Abzinsung).
729 BFH, 27.06.2007 – II R 30/05 (zu § 10 Abs. 5 Nr. 1 ErbStG), ErbStB 2007, 291 m. krit. Anm. *Heinrichshofen*, ablehnend auch *Everts*, NJW 2008, 557 (gestützt auf eine Reduktion des § 10 Abs. 5 Satz 1 ErbStG: keine Nachlassverbindlichkeit; ähnlich zuvor FG Düsseldorf, DStRE 2005, 1344 jedoch gestützt auf § 42 AO): Abfindungsvereinbarung nach dem ersten Sterbefall, die erst nach dem zweiten Sterbefall zu einer Zahlung führen, dann jedoch wegen Konfusion (erbvertraglich bindende Schlusserbeinsetzung des Pflichtteilsberechtigten) nicht mehr zu erfüllen sein wird.
730 Vgl. *Wohlschlegel* in der Anmerkung zu BFH, ZEV 1997, 84.
731 Vgl. *Hartmann*, DNotZ 2007, 813.
732 Vgl. *J. Mayer*, ZEV 2000, 266.

des Pflichtteilsrechts vgl. Rdn. 3601 ff.; zum gesetzlichen Stundungsanspruch gem. § 2331a BGB (der durch die Erbrechtsreform erweitert wird), vgl. Rdn. 3605.

3900 In Betracht kommt eine solche Stundungsvereinbarung jedoch auch, wenn lebzeitige Übertragungen stattgefunden haben und der Erbe, etwa der überlebende Elternteil, die ihn gem. § 2325 BGB treffende Pflichtteilsergänzungslast »entschärfen« möchte.

▶ Formulierungsvorschlag: Stundung des Pflichtteils bis zum Ableben des länger lebenden Elternteils

3901 Aufgrund der heutigen Überlassung könnten mir, dem Verzichtenden, nach dem Tod des Veräußerers möglicherweise Pflichtteilsergänzungs- bzw. Ausgleichspflichtteilsansprüche (§§ 2325, 2316 BGB) zustehen. Ich erkläre mich bereits jetzt damit einverstanden, dass ein solcher Anspruch, sofern ich ihn geltend mache und soweit er sich gegen den Erben richtet, zinslos bis zum Ableben des Erben gestundet wird. Der Notar hat mich darauf hingewiesen, dass aufgrund dieser zinslosen Stundung Einkommensteuer hinsichtlich des »rechnerischen Zinsanteils« im Jahr des Erhalts anfallen kann, weiterhin, dass keine tatsächliche Gewähr dafür besteht, dass der gestundete Pflichtteilsanspruch beim Ableben des Erben noch erfüllbar ist, und schließlich, dass der tatsächliche Wert des Pflichtteilsanspruchs aufgrund der Geldentwertung sich verringern wird. Gleichwohl werden weder Wertsicherung noch dingliche oder anderweitige Absicherungen vereinbart. Soweit durch diese Stundung mein gesetzliches Pflichtteilsrecht eingeschränkt wird, verzichte ich mit Wirkung für mich und meine Abkömmlinge insoweit auf weiter gehende Ansprüche am dereinstigen Nachlass des Veräußerers; der Verzicht wird hiermit entgegen- und angenommen.

3902 Dieselbe Stundungsvereinbarung kann naturgemäß in primär erbrechtlichem Kontext auch bezogen auf den gesamten Pflichtteil nach dem Erstversterbenden, unabhängig von vorangegangenen Veräußerungen, erklärt werden:

▶ Formulierungsvorschlag: Stundung des gesamten Pflichtteilsanspruchs nach dem ersten Elternteil

3903 Ich, der Verzichtende, erkläre mich bereits jetzt damit einverstanden, dass mein dereinstiger Pflichtteilsanspruch am Nachlass des Erstversterbenden meiner Eltern nicht bereits mit dessen Tod fällig wird, sondern, sofern ich ihn rechtzeitig geltend mache, bis zum Tod des Erben zinslos gestundet wird. Der Notar hat mich darauf hingewiesen, dass aufgrund dieser zinslosen Stundung Einkommensteuer hinsichtlich des »rechnerischen Zinsanteils« im Jahr des Erhalts anfallen kann, weiterhin, dass keine tatsächliche Gewähr dafür besteht, dass der gestundete Pflichtteilsanspruch beim Eintritt des Schlusserbfalls noch erfüllbar ist und schließlich, dass der tatsächliche Wert des Pflichtteilsanspruchs aufgrund der Geldentwertung sich verringern wird. Gleichwohl werden weder Wertsicherung noch dingliche oder anderweitige Absicherungen vereinbart. Soweit durch diese Stundung mein gesetzliches Pflichtteilsrecht eingeschränkt wird, verzichte ich mit Wirkung für mich und meine Abkömmlinge insoweit auf weiter gehende Ansprüche am dereinstigen Nachlass des Veräußerers; der Verzicht wird hiermit entgegen- und angenommen.

3904 Denkbar ist schließlich, die »Verschiebungswirkung« hinsichtlich des gesamten Pflichtteilsrechts nach dem Erstversterbenden in der Weise eintreten zu lassen, dass der auf die Verhältnisse nach dem Tod des erstversterbenden Elternteils ermittelte Betrag, auch ohne dass es einer Geltendmachung bedarf, geschuldet wird nach dem Tod des Längerlebenden, aber auch erst dann entsteht, quasi als weitere Erbfallschuld. Das Ziel einer Nutzung der Freibeträge nach beiden Eltern kann dadurch jedoch wohl nicht erreicht werden[733] (weite Anwendung des § 6 Abs. 4 ErbStG –

---

733 BFH, 27.06.2007 – II R 30/05, ErbStB 2007, 291 m. krit. Anm. *Heinrichshofen*, ablehnend auch *Everts*, NJW 2008, 557 (gestützt auf eine Reduktion des § 10 Abs. 5 Satz 1 ErbStG: keine Nachlassverbindlichkeit; ähnlich zuvor FG Düsseldorf, DStRE 2005, 1344 jedoch gestützt auf § 42 AO): Abfindungsvereinbarung nach dem ersten Sterbefall, die erst nach dem zweiten Sterbefall zu einer Zahlung führen, dann jedoch wegen Konfusion (erbvertraglich bindende Schlusserbeinsetzung des Pflichtteilsberechtigten) nicht mehr zu erfüllen sein wird.

E. Erb- und Pflichtteilsverzicht

Rdn. 4419 – nicht nur auf Vermächtnisse, sondern auch auf die Stundung von Pflichtteilsansprüchen bis zum Tod des Beschwerten), v.a. (trotz § 10 Abs. 3 ErbStG) dann nicht, wenn der Verzichtende Alleinerbe des Längerlebenden wird, so dass sich Forderung und Schuld in einer Person vereinigen. Ebenso dürfte die oben geschilderte ertragsteuerliche Abzinsung auch bei solchen betagten Pflichten (bei denen die Fälligkeit von einem bestimmten, zeitlich ungewissen, der Art nach jedoch gewissen Ereignis abhängt) eintreten (vgl. Rdn. 6219).

▶ **Formulierungsvorschlag: Hinausschieben des Entstehens des gesamten Pflichtteilsanspruchs nach dem ersten Elternteil**

Ich, der Verzichtende, verzichte mit Wirkung für mich und meine Abkömmling auf meinen dereinstigen Pflichtteilsanspruch am Nachlass des Erstversterbenden meiner Eltern in der Weise, dass dieser Pflichtteilsanspruch in der Höhe, den er rechnerisch (unter Einschluss des Pflichtteilsrest-, Ergänzungspflichtteils- und Ausgleichspflichtteils) nach dem Tod des Erstversterbenden gehabt hätte, erst mit dem Tod des längerlebenden Elternteils entsteht und drei Monate danach fällig wird. Wertanpassung und Sicherung vor Entstehung des aufgeschobenen Pflichtteilsanspruchs können nicht verlangt werden; eine Verzinsung findet bis zur Fälligkeit nicht statt. Der Notar hat mich darauf hingewiesen, dass möglicherweise Einkommensteuer hinsichtlich des »rechnerischen Zinsanteils« im Jahr des Erhalts anfallen kann und die Ausnutzung des erbschaftsteuerlichen Freibetrags nach beiden Eltern insbesondere nicht gesichert ist, soweit der Verzichtende Erbe nach dem Längerlebenden wird; weiterhin, dass keine tatsächliche Gewähr dafür besteht, dass der aufgeschobene Pflichtteilsanspruch beim Eintritt des Schlusserbfalls noch erfüllbar ist, und schließlich, dass der tatsächliche Wert des Pflichtteilsanspruchs aufgrund der Geldentwertung sich verringern wird. Der Verzicht wird hiermit entgegen- und angenommen.

3905

Da § 2331a BGB n.F. seit der Erbrechtsreform (RegE v. 30.01.2008[734] in Gestalt der Stellungnahmen v. 24.04.2008)[735] die Möglichkeiten einer Stundung des Pflichtteilsanspruchs in persönlicher und sachlicher Hinsicht vereinfacht hat, insb. falls der Auszahlungspflichtige sonst zur Aufgabe des Familienheims oder Veräußerung eines Wirtschaftsguts gezwungen wäre, das für ihn und seine Familie die wirtschaftliche Lebensgrundlage bildet, finden unter dem Eindruck dieser Vorschrift privatschriftliche[736] **Pflichtteilsstundungsvereinbarungen nach dem Sterbefall** (ggf. kombiniert mit der Absicherung des gestundeten Pflichtteilsanspruchs durch Grundpfandrecht, Bürgschaft o.ä.) häufiger statt.

3906

Zu beachten ist hierbei jedoch, dass[737]
(1) die Stundungsvereinbarung erlassvertraglichen Charakter gem. § 397 BGB enthält, so dass ggf. (ab 01.09.2009 familien-, bei Volljährigen betreuungs-)gerichtliche Genehmigungen gem. §§ 1643 Abs. 2 Satz 1, 1822 Nr. 2 BGB erforderlich sind,
(2) die Stundung auch den mit dem Pflichtteil verbundenen Auskunftsanspruch umfasst,[738]
(3) bei einer Pflichtteilsstrafklausel üblicher Formulierung bereits die Stundung des Pflichtteilsanspruchs, verbunden mit einer Verzinsung, als Geltendmachung des Pflichtteils gilt und demnach die Enterbungswirkung auslöst[739]

3907

---

734 BR-Drucks. 96/08, veröffentlicht z.B. unter www.zev.de, vgl. *Bonefeld*, ZErb 2008, 67; *Progl*, ZErb 2008, 78; *Keim*, ZEV 2008, 161 ff.; *Herrler/Schmied*, ZNotP 2008, 178; *Schindler*, ZEV 2008, 187; *Schaal/Grigas*, BWNotZ 2008, 2 ff.
735 BT-Drucks. 16/8954.
736 Die Stundungsvereinbarung kann auch konkludent zustande kommen, etwa wenn der Berechtigte einem Ersuchen des Erben, noch zuzuwarten, folgt, OLG Karlsruhe, 15.10.2015 – 9 U 149714, ErbR 2016, 457.
737 Vgl. *Keim*, ZEV 2008, 161, 167.
738 OLG Karlsruhe, 15.10.2015 – 9 U 149714, ErbR 2016, 457.
739 Vgl. OLG München, 29.03.2006 – 31 Wx 7/06 u. 8/06, ZEV. 2006, 411.

(4) und auch erbschaftsteuerlich in der Stundungsvereinbarung eine Geltendmachung des Pflichtteilsanspruchs liegt, so dass sofortige Erbschaftsteuer entsteht, § 3 Abs. 1 Nr. 1, 4. Alt. ErbStG, Rdn. 4483.[740]

▶ **Formulierungsvorschlag: Stundungsvereinbarung nach Entstehung des Pflichtteilsanspruchs**

3908 Zwischen den Beteiligten A (»Erbe«) und B (»Pflichtteilsberechtigter«) wird vereinbart:

Der auf den Sterbefall des ..... entstandene Pflichtteilsanspruch, den ich geltend gemacht habe, und der nach Grund und Höhe im Betrag von ..... € beiderseits anerkannt wird, wird hiermit bis zum Ablauf von drei Monaten nach dem Tod des Erben gestundet. Er ist bis zur Fälligkeit in Höhe von drei v.H. jährlich zu verzinsen, für Teiljahre anteilig; die Zinsen sind jeweils als Jahresende, spätestens mit Fälligkeit der Hauptsache fällig. Vorzeitige Fälligkeit, etwa bei Vollstreckungsmaßnahmen Dritter oder Insolvenzeröffnung, ebenso bei Nichtentrichtung der Zinsen, ist nicht vereinbart. Zur Sicherung des Zahlungsanspruchs in Haupt- und Nebensache bewilligt der Erbe und beantragen beide Beteiligten die Eintragung einer Sicherungshypothek in Höhe von ..... € samt drei v.H. Jahreszinsen ab heute im Grundbuch des AG ..... für ..... Blatt ..... zu Lasten des Grundstücks ..... im Rang nach ...... Der Erbe unterwirft sich in Ansehung der Forderung nebst Zinsen der Zwangsvollstreckung aus dieser Urkunde in sein Vermögen und in Ansehung der Hypothek samt Zinsen der Vollstreckung in den belasteten Grundbesitz mit Wirkung gegen den jeweiligen Eigentümer gem. § 800 ZPO und bewilligt und beantragt deren Eintragung im Grundbuch bei der Hypothek, jeweils mit der Maßgabe, dass vollstreckbare Ausfertigung in der Hauptsache durch den Notar erst nach Vorlage einer Sterbeurkunde des Erben erteilt werden darf, gegen die durch Erbschein oder notarielle Verfügung von Todes wegen mit Eröffnungsvermerk legitimierten Erben des A hinsichtlich der persönlichen Forderung, gegen den dann eingetragenen Eigentümer hinsichtlich der dinglichen Forderung. Hinsichtlich der Zinsen kann vollstreckbare Ausfertigung auf Antrag ohne weitere Nachweise jeweils nach Ablauf des Kalenderjahres erteilt werden. Wertsicherung (Anpassung an die Geldentwertung) ist nicht vereinbart.

7. Verzicht auf den ersten Sterbefall; Verzicht nur zugunsten bestimmter Personen

3909 In primär erbrechtlichem Kontext (insb. beim sog. »Berliner Testament« – »Einheitslösung«[741]) findet sich ferner der Pflichtteilsverzicht mit Wirkung nur ggü. dem erstversterbenden Elternteil; da die Reihenfolge des Ablebens nicht gewiss ist, wirken beide Elternteile als potenzielle Erblasser mit.[742] Vorsichtige Verzichtende werden hierzu nur bereit sein, wenn der überlebende Elternteil Erbe wird, möglicherweise gar unter der weiteren Voraussetzung (auch bei erbvertraglich bindender Schlusserbfolge, sofern sie nicht selbst als weitere Erbvertragsbeteiligte in die Bindungswirkung einbezogen sind) dass sie selbst zum Schluss (Allein- oder Mit)erben berufen sind, so dass der Verzicht dann unter einer oder mehreren weiteren auflösenden Bedingungen steht:

▶ **Formulierungsvorschlag: Bedingter Pflichtteilsverzicht für den ersten Sterbefall der Eltern**

3910 ..... verzichtet hiermit für sich und seine Abkömmlinge auf sein gesetzliches Pflichtteilsrecht gegenüber dem zuerst Versterbenden seiner Eltern, welche diesen Pflichtteilsverzicht entgegen- und annehmen. Der Verzicht umfasst auch Pflichtteilsrest-, Ausgleichspflichtteils- und Pflichtteilsergänzungsansprüche, die beim ersten Sterbefall sonst bestehen könnten.

Ggf. Ergänzung: Dieser Pflichtteilsverzicht erfolgt nur zugunsten des überlebenden Elternteils, ist also auflösend bedingt dadurch, dass der überlebende Elternteil tatsächlich nicht Alleinerbe wird, *ggf. Ergänzung: und zwar gleichgültig, ob diese Rechtsfolge durch Enterbung, Ausschlagung, oder aus anderen Gründen eintritt.*

---

740 Vgl. *Muscheler*, ZEV 2001, 370, 379.
741 Übersicht zu den typischen Regelungsthemen und Ergänzungsbedürfnissen: *Kanzleiter*, ZEV 2014, 225 ff.
742 Andernfalls müsste der nur mit einem Elternteil geschlossene Verzicht auflösend bedingt dadurch sein, dass der derzeitige Ehegatte vor dem Erblasser verstirbt (und wohl auch dadurch, dass beim Ableben die Ehe geschieden oder deren Scheidung beantragt ist).

E. Erb- und Pflichtteilsverzicht   Kapitel 9

Ggf. weitere Ergänzung: Der Verzicht ist weiter auflösend bedingt für den Fall erklärt, dass der Verzichtende nach dem Tod beider Elternteile nicht zum Erben des Längerlebenden mindestens zur gesetzlichen Quote berufen ist; die Verjährung des Pflichtteilsanspruchs tritt nicht vor Ablauf von drei Monaten nach Feststehen der Schlusserbfolge ein.

Die kursiv gehaltenen Bestandteile des vorangehenden Formulierungsvorschlags (auflösende Bedingungen) betreffen bereits die Fallgruppe eingeschränkter Verzichte, die nur bestimmten Personen als dadurch begünstigten Erben zu Gute kommen sollen (sog. »**persönlich beschränkter Verzicht**«). Deren Ausgestaltung ist dann schwierig, wenn es zu einer Erbengemeinschaft des Begünstigten zusammen mit anderen Beteiligten kommt. Da die Miterben für die Pflichtteilslast als Gesamtschuldner haften (§§ 2058 ff. BGB; Verteilung im Innenverhältnis: §§ 2318, 2320 bis 2324 BGB, vgl. Rdn. 3609 ff.), muss sichergestellt sein, dass der begünstigte Miterbe nicht indirekt, v.a. über den Gesamtschuldnerausgleich (§ 426 Abs. 1 BGB), in Anspruch genommen wird. Dies kann beispielsweise durch ein Vermächtnis erreicht werden.[743] Um die Mitschuldner nicht über das gesetzlich geschuldete Maß hinaus zu belasten, sollte die verbleibende Pflichtteilssumme, die sich gegen die nicht begünstigten Erben richtet, entsprechend gekürzt werden.[744] Hierzu   3911

▶ Formulierungsvorschlag: Persönlich beschränkter Pflichtteilsverzicht nur zugunsten des überlebenden Elternteils

..... verzichtet hiermit für sich und seine Abkömmlinge auf sein gesetzliches Pflichtteilsrecht gegenüber dem zuerst Versterbenden seiner Eltern, welche diesen Pflichtteilsverzicht entgegen- und annehmen, allerdings nur beschränkt auf solche Ansprüche, die sich gegen den verbleibenden Elternteil richten. Der Verzicht umfasst auch Pflichtteilsrest-, Ausgleichspflichtteils- und Pflichtteilsergänzungsansprüche, die beim ersten Sterbefall zu Lasten des verbleibenden Elternteils sonst bestehen könnten.   3912

Sofern der erstversterbende Elternteil von mehreren Personen beerbt wird, zu denen auch der überlebende Elternteil gehört, erfolgt dieser Verzicht in der Weise, dass der überlebende Elternteil zugleich von seiner im Innenverhältnis bestehenden Ausgleichspflicht gem. § 426 Abs. 1 BGB befreit wird. Vorsorglich wird ihm hiermit erbvertraglich ein Vermächtnis ausgesetzt, diese Freistellung verlangen zu können. Die Pflichtteilsverpflichtung der verbleibenden Miterben kürzt sich in diesem Fall um den Betrag, der im Verhältnis der Miterben zueinander auf den längerlebenden Elternteil entfallen würde.

8. Verzicht »auf Wunsch des Beschwerten« (Naturalobligation)

Wird auch das Pflichtteilsrisiko gemeinhin durch den längerlebenden Ehegatten als Beschränkung seiner wirtschaftlichen Bewegungsfreiheit empfunden, sind doch auch andererseits Konstellationen denkbar (und angesichts der am gemeinen Wert orientierten Bewertung und gestiegener Freibeträge möglicherweise künftig häufiger zu erwarten), in welchen die Geltendmachung des Pflichtteilsanspruchs zur Erbschaftsteuerreduzierung sowie zur Ausnutzung der Freibeträge der Kinder nach dem Tod des Erstversterbenden im Rahmen eines Berliner Testaments, durchaus wünschenswert ist (Rdn. 4483 ff.) Um beide Regelungsziele zu verknüpfen, ist nach Wegen zu suchen, die eine steuerlich anzuerkennende Realisierung des Pflichtteilsanspruchs doch erlauben, wenn dies »einvernehmlich« angezeigt erscheint.   3913

Rechtskonstruktiv ließe sich dies erreichen durch einen Pflichtteilsverzicht, der unter einer auflösenden Bedingung steht (diese Bedingung könnte in einem aktiven Tun, nämlich der Aufforderung des Erben an den Pflichtteilsberechtigten, seinen Anspruch geltend zu machen, bestehen   3914

---

743 Diese Gestaltung erfolgt vorsorglich; die Rechtsprechung erlaubt auch einen Erlassvertrag mit beschränkter Gesamtwirkung gegenüber einem Gesamtschuldner unter Einschluss der Innenausgleichspflicht, BGH, 21.03.2000 – IX ZR 39/99, NJW 2000, 1942, 1943, vgl. *Spanke*, ZEV 2012, 345, 348.

744 Vgl. *Spanke*, ZEV 2012, 345, 349. Dies wäre auch beim Erlassvertrag mit beschränkter Gesamtwirkung gegenüber einem von mehreren Gesamtschuldnern der Fall.

oder in einem Unterlassen, nämlich im Unterbleiben eines Widerspruchs gegen einen dennoch angemeldeten Pflichtteilsanspruch). Beide Varianten sind zwar zivilrechtlich möglich, dürften aber erbschaftsteuerlich dazu führen, dass der ja aufgrund einer vom Erben gesetzten Bedingung wieder entstehende Pflichtteilsanspruch als vom Erben selbst (und nicht vom Erblasser) zugewendet gilt, so dass er nicht als Nachlassverbindlichkeit gem. § 10 Abs. 5 Nr. 2 ErbStG (Rdn. 4487) abzuziehen ist, sondern zur neuerlichen Versteuerung gem. § 7 Abs. 1 Nr. 1 ErbStG führt.[745]

3915 Bedenkenswert erscheint jedoch der von *Hartmann*[746] vorgeschlagene Weg, einvernehmlich den Pflichtteilsanspruch durch insoweit beschränkten Verzicht herabzustufen auf eine schlichte Naturalobligation, also eine nicht durchsetzbare Verbindlichkeit. Ähnlich der unter Rdn. 3895 ff. diskutierten Stundung handelt es sich um einen qualitativ (nicht quantitativ) beschränkten Pflichtteilsverzicht, so dass der Pflichtteilsanspruch zwar als Causa (Rechtsgrund zum Behalten-Dürfen) entsteht und eingezogen werden kann (»Verlangen-Dürfen«), die klageweise Geltendmachung jedoch fehlt. Die formell verbleibende isolierte Leistungsverpflichtung des Erben dürfte für die erbschaftsteuerliche Anerkennung genügen, sofern der Pflichtteilsanspruch tatsächlich auf das Verlangen hin erfüllt wird (vergleichbar der Rechtslage bei der Geltendmachung eines verjährten Pflichtteilsanspruchs, der erst nach Verzicht auf die Einrede der Verjährung als wirksam i.S.d. § 3 Abs. 1 Nr. 1 ErbStG »geltend gemacht« gilt.)[747] Hierzu

▶ **Formulierungsvorschlag: Qualitativer Pflichtteilsverzicht (Herabstufung zur Naturalobligation) zur Erhaltung der erbschaftsteuerlichen Entlastungswirkung**

3916 ..... verzichtet hiermit für sich und seine Abkömmlinge auf sein gesetzliches Pflichtteilsrecht gegenüber dem zuerst Versterbenden seiner Eltern insoweit, als der Anspruch zwar mit dem Tod des Erstversterbenden als Verpflichtung entsteht, jedoch gegen den Willen des Beschwerten nicht gerichtlich (etwa durch Klage) oder außergerichtlich (etwa durch Aufrechnung) durchgesetzt werden kann (sog. Naturalobligation oder unvollkommene Verbindlichkeit).

Die Eltern nehmen diesen qualitativen Pflichtteilsverzicht entgegen und an, so dass der Pflichtteilsanspruch nicht gegen ihren Willen durchgesetzt werden kann.

IV. Verzicht auf Ansprüche nach der Höfeordnung

3917 Besonderheiten ergeben sich beim Übergang eines Hofes i.S.d. **Höfeordnung** (Hamburg, Schleswig-Holstein, Niedersachsen, Nordrhein-Westfalen) in (vorweggenommener oder tatsächlicher) Erbfolge. Anwendungsbereich, Übertragungswege und Abfindungs- sowie Nachabfindungsansprüche weichender Geschwister sind oben Rdn. 472 ff. erläutert.

3918 Der **Abfindungsanspruch** (und wegen der Bezugnahme auf § 12 HöfeO auch der **Nachabfindungsanspruch** = Abfindungsergänzungsanspruch des § 13 HöfeO)[748] entfällt durch einen Erbverzicht gem. § 2346 BGB, vgl. Rdn. 3826. **Denkbar** ist aber auch ein **isolierter Verzicht** auf die Abfindungsansprüche des § 12 HöfeO – sowohl auf den bereits entstandenen Abfindungsanspruch (als Erlassvertrag gem. § 397 BGB) als auch auf einen möglichen künftigen Abfindungsanspruch (als beschränktem Erbverzicht zwischen dem Erblasser und den weichenden Geschwistern).[749]

---

745 So zu Recht die Befürchtung von *Hartmann*, DNotZ 2007, 816.
746 DNotZ 2007, 817 ff.
747 *Wälzholz*, ZEV 2007, 165.
748 Vgl. hierzu *Söbbeke*, ZEV 2006, 398.
749 Vgl. *Ivo*, ZEV 2004, 317; *Wöhrmann/Stöcker*, § 4 HöfeO Rn. 17.

So könnte etwa formuliert werden:[750]

▶ **Formulierungsvorschlag: Verzicht auf einen bereits entstandenen höferechtlichen Abfindungsanspruch**

Wir, B und C, erklären, mit der Zahlung i.H. von jeweils ..... hinsichtlich der Ansprüche gemäß § 12 HöfeO abgefunden zu sein, auf etwaige weiter gehende Ansprüche gemäß § 12 HöfeO verzichten wir vorsorglich. A nimmt diesen Verzicht an. Etwaige Nachabfindungsansprüche gemäß § 13 HöfeO bleiben unberührt.

Zur Gewährung des Altenteils werden regelmäßig nicht nur dem Übergeber, sondern auch dessen Ehegatten, in der Regel als Gesamtberechtigten gemäß § 428 BGB (vgl. hierzu Rdn. 2422 ff.), Versorgungsrechte gewährt; insoweit empfiehlt sich ein Verzicht des Ehegatten des Veräußerers auf gegebenenfalls darüber hinausgehende gesetzliche Ansprüche:

▶ **Formulierungsvorschlag: Erklärungen des Ehegatten des Veräußerers bei der Hofübertragung**

Der Ehegatte verzichtet gemäß § 14 Abs. 2 HöfeO auf die ihm nach § 12 HöfeO zustehenden Ansprüche, soweit sie über die in dieser Urkunde auch zu seinen Gunsten als Mitberechtigten gemäß § 428 BGB vereinbarten Ansprüche – die kraft Gesetzes unter dem Vorbehalt der Üblichkeit stehen, § 14 Abs. 2 HöfeO – hinausgehen, insbesondere auf die ihm gegebenenfalls nach § 12 HöfeO zustehenden Ansprüche sowie die Ansprüche aus Verwendung eigenen Vermögens für den Hof. Dieser Verzicht erhöht nicht den Abfindungsanspruch der übrigen weichenden Erben. Er umfasst auch eventuell später nach § 13 HöfeO entstehende Ansprüche.

▶ **Formulierungsvorschlag: Verzicht auf künftige höferechtliche Abfindungsansprüche**

Wir, B und C, verzichten hiermit für uns und unsere Abkömmlinge hinsichtlich des Hofes ..... auf etwaige Abfindungsansprüche gemäß § 12 HöfeO einschließlich etwaiger diesbezüglicher Pflichtteilsansprüche. H nimmt diesen Verzicht an. Etwaige Nachabfindungsansprüche gemäß § 13 HöfeO bleiben unberührt.

Denkbar ist schließlich auch ein isolierter Verzicht auf die Nachabfindungsansprüche des § 13 HöfeO[751] unter Aufrechterhaltung der unmittelbaren Ausgleichsansprüche nach § 12 HöfeO. Ist der Nachabfindungsanspruch (z.B. durch Veräußerung des Hofes) bereits entstanden, handelt es sich wiederum um einen (ggf. entgeltlichen) Erlassvertrag gem. § 397 BGB, der nicht der notariellen Beurkundung bedarf.[752] Im Zeitraum zwischen Erbfall/Hofübergabe einerseits und Entstehen des Nachabfindungsanspruchs andererseits handelt es sich ebenfalls um einen Erlassvertrag auf eine bedingte, dem Rechtsgrund nach jedoch bereits angelegte Forderung. Vor der Übergabe/dem Erbfall schließlich kann auf künftige Nachabfindungsansprüche nach den Grundsätzen eines beschränkten Erbverzichts verzichtet werden.

So könnte etwa formuliert werden:[753]

▶ **Formulierungsvorschlag: Verzicht auf höferechtliche Nachabfindungsansprüche nach der Veräußerung einzelner Hofgrundstücke**

Wir, B und C, erklären, mit der vereinbarten Zahlung i.H. von jeweils ..... hinsichtlich der Ansprüche gemäß § 13 HöfeO, die durch die Veräußerung der Grundstücke ..... begründet wurden, abgefunden zu sein. Auf etwaige weiter gehende Ansprüche gemäß § 13 HöfeO anlässlich der Veräußerung der vorgenannten Grundstücke verzichten wir vorsorglich. A nimmt diesen Verzicht an.

---

750 Nach *Ivo*, ZEV 2004, 318.
751 Davon erfasst sind auch Ansprüche wegen Übertragungen an Dritte i.S.d. § 13 Abs. 5 Satz 3 HöfeO, z.B. die Ehefrau zur Abgeltung des Zugewinnausgleichs (OLG Hamm, 03.05.2005 – 10 W 88/04, JurionRS 2005, 21732).
752 OLG Hamm, AgrarR 1988, 197.
753 Wiederum nach *Ivo*, ZEV 2004, 319.

▶ **Formulierungsvorschlag: Verzicht auf künftige höferechtliche Nachabfindungsansprüche nach dem Zeitpunkt der Übergabe/dem Erbfall**

3925 Wir, B und C, erklären, mit der vereinbarten Zahlung i.H.v. jeweils ..... hinsichtlich sämtlicher etwaiger Ansprüche gemäß § 13 HöfeO abgefunden zu sein. Auf etwaige weiter gehende Ansprüche gemäß § 13 HöfeO verzichten wir vorsorglich. A nimmt diesen Verzicht an.

▶ **Formulierungsvorschlag: Verzicht auf künftige höferechtliche Nachabfindungsansprüche vor der Übergabe/dem Erbfall**

3926 Wir, B und C, verzichten hiermit für uns und unsere Abkömmlinge hinsichtlich des Hofes ..... auf etwaige Nachabfindungsansprüche gemäß § 13 HöfeO einschließlich etwaiger diesbezüglicher Pflichtteilsansprüche. H nimmt diesen Verzicht an. Abfindungsansprüche gemäß § 12 HöfeO bleiben unberührt.

3927 Denkbar ist schließlich, künftige Nachabfindungsansprüche inhaltlich zu modifizieren, wie es häufig zugunsten des Hofübernehmers geschieht:

▶ **Formulierungsvorschlag: Modifizierung künftiger Nachabfindungsansprüche**

Eine Nachabfindung findet abweichend von § 13 Abs. 2 HöfeO nicht statt, wenn die finanziellen Vorteile aus der Veräußerung oder Umwidmung innerhalb von vier Jahren wiederum in land- oder forstwirtschaftliches Betriebsvermögen (auch Gebäude) investiert werden oder dem Abbau solcher betrieblichen Verbindlichkeiten dienen, die nicht durch übermäßige private Entnahmen entstanden sind. Gleiches gilt für Erlöse gemäß § 13 Abs. 4 HöfeO.

V. Exkurs: Die Pflichtteilsentziehung

3928 Die Erbrechtsreform hat für Sterbefälle ab 01.01.2010[754] die Pflichtteilsentziehungsgründe (§ 2333 BGB) modernisiert.[755] Der Sache nach handelt es sich nicht mehr um reine Strafvorschriften;[756] auch sind die Tatbestände im Verhältnis zu Abkömmlingen, Eltern, Ehegatten und eingetragenen Lebenspartnern (als Folge der Aufhebung der §§ 2334 und 2335 BGB a.F.) nunmehr einheitlich. Die bisher separat aufgeführte »vorsätzliche körperliche Misshandlung«[757] ist nun in § 2333 Abs. 1 Nr. 2 BGB (»schweres[758] vorsätzliches Vergehen«) erfasst, so dass das sog. »Erziehungsprivileg« (das sich aus dem mangelnden Verweis in § 2334 BGB a.F. auf § 2333 Nr. 2 BGB a.F. ergab) und das »Stiefkindprivileg« abgeschafft sind.

3929 Der vor Lebensnachstellungen, böswilliger Verletzung der Unterhaltspflicht,[759] und schweren vorsätzlichen Vergehen und Verbrechen geschützte Personenkreis[760] wird erweitert und umfasst nun

---

754 Maßgebend ist also nicht das Datum der Testamentserrichtung, welche die Pflichtteilsentziehung enthält, vgl. Art. 229 § 23 Abs. 4 EGBGB.
755 Vgl. hierzu ausführlich *Muscheler*, in Bayer/Koch, Aktuelle Fragen des Erbrechts (Schriften zum NotarR Bd. 21), 2010, S. 39 ff.; *Lange/Honzen*, ZErb 2012, 316 ff.; monografisch *Zimmermann*, Enterbung, Plfichtteilsschmälerung, Erb- und Pflichtteilsunwürdigkeit, 2. Aufl. 2011.
756 Das BVerfG, 19.04.2005 – 1 BvR 1644/00, NJW 2005, 1561, hat bspw. bei der Lebensnachstellung den Vorsatz im natürlichen Sinn ausreichen lassen; zu dessen Anforderungen vgl. BGH, 13.04.2011 – IV ZR 102/09, MittBayNot 2012, 54.
757 Dazu OLG Saarbrücken, 05.10.2016 – 5 U 61/15, ErbR 2017, 98 (Ohrfeigen und Beleidigungen).
758 Die »Schwere« ist durch Abwägung zwischen Testierfreiheit einerseits und Pflichtteilsberechtigung andererseits zu ermitteln, vgl. LG Hagen, 08.02.2017 – 3 O 171/14, ErbR 2017, 442 m. Anm. *Birkenheier* [bejaht für gefährliche Körperverletzung durch Tritte mit dem beschuhten Fuß ins Gesicht] ebenso LG Saarbrücken, 15.02.2017 – 16 O 210/13, ErbR 2017, 579 (bejaht für Schuss mit Schreckschusspistole in das Gesicht des Erblassers).
759 Die bloße Versagung persönlicher Pflege im Krankheitsfall reicht (ohne verwerfliche Gesinnung) nicht aus, OLG Frankfurt/Main, 29.10.2013 – 15 U 61/12, NZFam 2014, 191.
760 Straftaten (Unterschlagungen) zum Nachteil juristischer Personen oder von Handelsgesellschaften werden wohl nur erfasst, wenn alle Gesellschafter zum geschützten Personenkreis gehören, vgl. Gutachten, DNotI-Report 2010, 167.

E. Erb- und Pflichtteilsverzicht Kapitel 9

neben dem Erblasser, dessen Ehegatten und anderen Abkömmlingen auch sonstige, dem Erblasser ähnlich nahestehende Personen (Stief- und Pflegekinder sowie den nichtehelichen Lebensgefährten). Lediglich i.R.d. Unterhaltspflichtverletzungen[761] bleibt es beim bisherigen Schutzumfang. Die nicht mehr zeitgemäße Pflichtteilsentziehungsmöglichkeit aufgrund des weit gefassten »ehrlosen und unsittlichen Lebenswandels« wird ersetzt durch die Verurteilung[762] zu einer Freiheitsstrafe von mindestens einem Jahr ohne Bewährung[763] bzw. die Anordnung der Unterbringung in einem psychiatrischen Krankenhaus, *und* – der Tatbestand bleibt also streitträchtig – die daraus folgende Unzumutbarkeit der Teilhabe am Nachlass.

Unverändert geblieben sind die strengen **formellen Anforderungen**, § 2336 Abs. 1 bis 3 BGB: Der Erblasser muss einen konkreten Kernsachverhalt angeben; die Erben trifft später die Darlegungs- und vor allem auch die Beweislast.[764] Es empfiehlt sich daher, so exakt wie möglich die begangene Straftat, ggf. auch das verurteilende Gericht und das Aktenzeichen zu nennen (Akteneinsichtsrecht besteht gem. § 475 StPO), und – insoweit hat sich der Begründungszwang erweitert – auch die subjektiven Umstände darzulegen, die zur Unzumutbarkeit der Nachlassteilhabe führen. Bisherige Pflichtteilsentziehungsverfügen sind ggf. nachzubessern, den vormals beurkundenden Notar trifft aber insoweit keine »Produktüberwachungspflicht«.[765] Verzeihung führt gem. § 2337 BGB wie bisher zum Erlöschen des Entziehungsrechtes.[766] – Zur sog. Pflichtteilsbeschränkung in wohlmeinender Absicht nach § 2338 BGB vgl. Rdn. 6521 ff. 3930

Liegen die gesetzlichen Voraussetzungen der **Erbunwürdigkeit**[767] vor, § 2339 BGB, kann auch die Pflichtteilsunwürdigkeit der betroffenen Person durch Anfechtung geltend gemacht werden, § 2345 Abs. 2 BGB. Die Anfechtung erfolgt hier nicht (wie bei der Erbunwürdigkeit selbst[768]) durch Klage – § 2345 Abs. 1 Satz 2 BGB verweist nicht auf §§ 2342, 2344 BGB –, sondern durch formlose Erklärung durch den Berechtigten, § 2341 BGB, innerhalb der Frist des § 2082 BGB, gegenüber dem Pflichtteilsberechtigten selbst, § 143 Abs. 1, Abs. 4 Satz 1 BGB. Auch nach Ablauf der Anfechtungsfrist steht dem Anfechtungsberechtigten immerhin ein Leistungsverweigerungsrecht zu, wie sich aus der Verweisung auf § 2083 Hs. 2 BGB ergibt.[769] Die Erbunwürdigkeit selbst ist in erster Linie an die vorsätzliche Tötung[770] oder einen vorsätzlichen Tötungsversuch, die vorsätzliche Verhinderung einer letztwilligen Verfügung, die Herbeiführung einer letztwilligen Verfügung durch arglistige Täuschung oder widerrechtliche Drohung, sowie die Vornahme von Urkundsfälschungen oder Falschbeurkundungen in Bezug auf letztwillige Verfügungen geknüpft. 3931

---

761 Irrelevant ist die Versagung persönlicher Pflege im Krankheitsfall, da Unterhalt grundsätzlich in Geld (§ 1612 BGB) zu leisten ist; die »böswillige« Verletzung der Unterhaltspflicht verlangt, dass die Leistungsverweigerung auf verwerflicher Gesinnung beruht: OLG Frankfurt/Main, 29.10.2013 – 15 U 61/12.
762 Die Verurteilung kann auch noch nach dem Tod des Erblassers erfolgen. Das Verhalten muss aber z.Zt. der Tat strafbar gewesen sein (Beispiel: daran fehlt es bei Stasi-Denunziationen zu DDR-Zeit).
763 Nachträglicher Widerruf der Bewährung wegen Verstoßes gegen Auflagen wird nicht genügen, vgl. *Gutachten*, DNotI-Report 2014, 116 f.
764 LG Landshut, 04.03.2016 – 54 O 2287/12, ErbR 2016, 349: Entziehungsgrund war nicht beweisbar.
765 *J. Mayer*, ZEV 2010, 1, 5.
766 Ein nachträglicher Sinneswandel begründet das Entziehungsrecht nicht erneut, OLG Nürnberg, 08.05.2012 – 12 U 2016/11, NJW-RR 2012, 1225.
767 Zu aktuellen Problemen *Holtmeyer*, ZErb 2010, 6 ff.
768 Im Erbunwürdigkeitsprozess ist auch ein Anerkenntnis möglich, LG Karlsruhe, 02.11.2007 – 8 O 464/07, ZErb 2008, 1 m.w.N.
769 OLG Hamm, 12.07.2016 – 10 U 83/15, ZErb 2016, 326 ff.
770 Auch die Tötung des dementen Erblassers, sofern keine Tötung auf Verlangen (§ 216 StGB) vorliegt bzw. der Erblasser keine wirksame Patientenverfügung hinterlassen hat bzw. der Erbe nicht das Verfahren gem. §§ 1901a ff. BGB eingehalten hat, BGH, 11.03.2015 – IV ZR 400/14, ErbR 2015, 309 m. Anm. *Herzog* und *Wendt*; krit. *de Leve*, ZEV 2015, 682 ff.

Erbunwürdigkeit bedeutet im Zweifel auch den Ausschluss vom Zugewinnausgleich, § 1381 BGB.[771]

F. Den Vertragserben beeinträchtigende Schenkungen (§§ 2287 f. BGB)

I. Schutz des Vertrags-/Schlusserben, § 2287 BGB

1. Vorüberlegungen

a) § 2286 BGB: keine lebzeitige Vorwirkung

3932 Der Gesetzgeber des BGB hat sich in bewusster Entscheidung[772] i.R.d. § 2286 BGB dazu bekannt, die **Freiheit des Erblassers** zur Vornahme von Rechtsgeschäften unter Lebenden in weitem Umfang anzuerkennen, auch wenn er erbvertraglich oder durch gemeinschaftliches Testament[773] mit Wechselbezüglichkeit gebunden ist. Dieser Wertung ist auch Geltung durch weitgehende Zurückhaltung im Anerkennen von Schadensersatzansprüchen gem. § 826 BGB gegen den Beschenkten sowie in der Annahme der Nichtigkeit beeinträchtigender Schenkungen als sog. »Aushöhlungsgeschäfte« zu verschaffen.[774] Auf letztwilliger Verfügung beruhende Erwerbsaussichten sind daher nicht vormerkungsfähig.[775]

3933 Bei Übergabeverträgen nach der **Höfeordnung** durch einen erbvertraglich gebundenen Hofeigentümer gelten strengere Grundsätze (analoge Anwendung des § 2289 Abs. 1 Satz 2 BGB), so dass sie allenfalls bei Abgabe einer negativen Hoferklärung gem. § 1 Abs. 4 Satz 1 HöfeO wirksam sein können.[776]

b) Verfügungsunterlassungsverträge

3934 Die Rechtsprechung tendiert allerdings mitunter dazu, bei Hinzutreten weiterer Umstände einen begleitenden konkludenten lebzeitigen »**Verfügungsunterlassungsvertrag**« zu erkennen, dessen Verletzung immerhin zur Schadensersatzpflicht im Wege der Naturalrestitution führe.[777] Hintergrund ist regelmäßig der Wunsch, unbedingt sicherzustellen, dass der betroffene Grundbesitz nach dem Ableben des Erwerbers an Endbegünstigte (z.B. Verwandte des Erwerbers oder aber des Veräußerers) fällt. Die Verpflichtung, Belastungen oder anderweitige Veräußerungen zu unterlassen, sichert damit regelmäßig ein erbvertragliches Vermächtnis gegen lebzeitige Gefährdungen (über § 2288 BGB, Rdn. 3956 ff., hinaus). Soll die Pflicht zur Verfügungsunterlassung auch dinglich (und nicht nur wirtschaftlich durch die Pflicht zur Leistung von Schadensersatz) gesichert werden, muss sie durch eine vormerkungsgesicherte bedingte Übertragungspflicht zugunsten des Vertragserben bzw. -vertragsvermächtnisnehmers für den Fall des Verstoßes flankiert werden. Damit erreicht sie wirtschaftlich – entgegen § 137 BGB – die Verbindlichkeit eines privatrechtlichen Veräußerungsverbotes. Jedenfalls bei Betriebsvermögen und sofern es sich bei dem betroffenen Vermögen um das wesentliche Vermögen des Gebundenen handelt, begegnet dies Bedenken im

---

771 LG Nürnberg-Fürth, 28.02.2012 – 7 O 8624/11, ZErb 2012, 175 m. krit. Anm. *Wedel*. Im Übrigen sind an § 1381 BGB strenge Anforderungen zu stellen, allein eine lange Trennungszeit genügt nicht, BGH, 09.10.2013 – XII ZR 125/12, ZNotP 2013, 387.
772 Vgl. Protokolle Bd. V, S. 390 bis 393. Der erste Kommissionsentwurf hatte den Bereicherungsherausgabeanspruch noch bei allen Schenkungen, auch ohne Benachteiligungsabsicht, gewährt.
773 Analoge Anwendung, BGHZ 82, 274, 276, allerdings nur für bindend gewordene Verfügungen nach dem Tod des erstverstorbenen Ehegatten (zu Lebzeiten hat die Vermögensdispositionen des anderen Ehegatten zu beobachten, und z.B. mit einem Widerruf des gemeinschaftlichen Testaments zu reagieren). U.U. ist er auch durch § 1365 BGB geschützt).
774 Vgl. MünchKomm-BGB/*Musielak*, § 2271 Rn. 47 f.
775 OLG Düsseldorf, 29.01.2003 – 3 Wx 389/92 I-3 Wx 389/02, Rz. 14, DNotI-Report 2003, 58.
776 Vgl. *Gehse*, RNotZ 2008, 218 ff.
777 OLG München, 28.12.2007 – 8 U 3077/07, ErbR 2009, 385 und 2010, 25f m. Anm. *Rudy* (zeitgleich abgeschlossener Auseinandersetzungsvertrag unter Geschwistern über den väterlichen Nachlass).

Hinblick auf § 138 BGB (so der BGH[778] zur Zulässigkeit eines an jegliche ohne Zustimmung erfolgende Veräußerung oder Belastung anknüpfenden Rückforderungsrechtes, Rdn. 2235 mit Vorschlägen zur Abwehrgestaltung in Rdn. 2247). Siehe auch zum Parallelproblem der Vormerkungssicherung bei lebzeitigen bedingten Übereignungspflichten zugunsten eines Dritten Rdn. 2376 ff., sowie zu einer Gestaltung, in welcher der bedingte Übereignungsanspruch erst nach dem Tod des Versprechensempfängers entsteht, § 331 BGB Rdn. 3424 ff.):

▶ Formulierungsvorschlag: Erbvertrag, Verfügungsunterlassungspflicht, und bedingte Übertragungsverpflichtung

1. Erbvertrag 3935

Zugunsten von … und ….. (Vermächtnisnehmer), geb. am …, wohnhaft in …, setze ich, als Erwerber des betroffenen Grundbesitzes hiermit mit erbvertraglicher Bindungswirkung gegenüber dem Veräußerer als Erbvertragspartner – der in dieser Urkunde nicht selbst testiert – hiermit folgendes

V e r m ä c h t n i s

aus:

Die Vermächtnisnehmer sind berechtigt, von dem bzw. den Erben die Übertragung und Auflassung des zuvor bezeichneten Grundbesitzes zu Miteigentum zu gleichen Teilen zu verlangen.

Im Rahmen der Übertragung haben die Vermächtnisnehmer Verbindlichkeiten betreffend den Vertragsbesitz, die die Erblasserin künftig eingeht, nur dann zu übernehmen, soweit diese mit deren, der Vermächtnisnehmer, Einverständnis begründet werden.

Eine Gewährleistung wird nicht geschuldet. Soweit der Vertragsbesitz von Personen ohne Miet-/Pachtvertrag genutzt wird, steht dem Vermächtnisnehmer ein Anspruch auf Räumung binnen sechs Monaten nach meinem Ableben zu.

Ersatzvermächtnisnehmer sind die leiblichen Abkömmlinge des Vermächtnisnehmers nach Stämmen zu unter sich gleichen Teilen, weiter ersatzweise der andere Vermächtnisnehmer, weiter ersatzweise der Erbvertragspartner, weiter ersatzweise dessen Erben entsprechend deren Erbquoten.

Die Kosten und Steuern der Vermächtniserfüllung trägt der Vermächtnisnehmer. Das Vermächtnis ist auf Verlangen unmittelbar nach meinem Ableben zu erfüllen.

Ich bevollmächtige den Vermächtnisnehmer in unwiderruflicher Weise – nach meinem Ableben von § 181 BGB befreit – mit Wirkung für mich und für meine Erben –, nach meinem Ableben in Vermächtniserfüllung die Übertragung dieses Grundbesitzes im Wege der Vermächtniserfüllung rechtsgeschäftlich zu vereinbaren und den dinglichen Rechtsübergang zur Eintragung in das Grundbuch zu bewilligen und zu beantragen, ferner alle für die Erfüllung des vorstehend definierten Anspruchs zweckdienlichen Vereinbarungen auch in schuldrechtlicher Hinsicht zu treffen und zu erfüllen. Die hierfür erforderliche Ausfertigung der heutigen Verfügung von Todes wegen soll dem Bevollmächtigten auf dessen Antrag hin durch das Nachlassgericht frühestens einen Monat nach meinem Tod erteilt werden.

Der Rücktritt von diesem Erbvertrag ist nicht vorbehalten.

2. Verfügungsunterlassungsverpflichtung, Vormerkung

Zur lebzeitigen Sicherung der Vermächtniserfüllung (über § 2288 BGB hinaus) vereinbaren die Vertragsteile was folgt:

Der Erwerber verpflichtet sich, nicht ohne schriftliche Zustimmung des Veräußerers, nach dessen Ableben des/der im jeweiligen Zeitpunkt der Verfügung vorhandenen Vermächtnisnehmer bzw. hilfsweise Ersatzvermächtnisnehmer, über das Vertragsobjekt zu verfügen, dieses insbesondere nicht zu veräußern oder zu belasten.

---

778 BGH, 06.07.2012 – V ZR 122/11, MittBayNot 2013, 218 m. Anm. *Hertel.*

Die Vermächtnisnehmer, hilfsweise die Ersatzvermächtnisnehmer wie bezeichnet, sind berechtigt, die Übereignung des Vertragsobjekts auf sich zu verlangen, wenn der Erwerber

a) den Vertragsbesitz ganz oder teilweise ohne schriftliche Einwilligung des Veräußerers, nach dessen Ableben des dann jeweils vorhandenen Vermächtnis- bzw., hilfsweise, Ersatzvermächtnisnehmers, (bzw. deren Bevollmächtigten) veräußert oder sonst das Eigentum daran verliert, belastet oder eingetragene Belastungen revalutiert,

b) von Zwangsvollstreckung in den Grundbesitz betroffen ist, sofern die Maßnahme nicht binnen zwei Monaten aufgehoben wird,

c) in Insolvenz fällt, die Eröffnung des Verfahrens mangels Masse abgelehnt wird, oder die eidesstattliche Versicherung abgibt,

Zur Sicherung des bedingten Übertragungsanspruchs nach wirksamer Ausübung eines vorstehend eingeräumten Übertragungsverlangens bestellt hiermit der Erwerber zugunsten der beiden genannten Vermächtnisnehmer – für beide als Gesamtberechtigte gem. § 428 BGB – eine

Eigentumsvormerkung

am übertragenen Vertragsbesitz und

bewilligt und beantragt

deren Eintragung im Grundbuch an nächstoffener Rangstelle, Zug um Zug mit Eigentumserwerb durch den Erwerber (§ 16 Abs. 2 GBO). Die Vormerkung ist als Sicherungsmittel auflösend befristet. Sie erlischt mit dem Tod des jeweiligen Berechtigten. Auf vorsorgliche Sicherung der Rechte der Ersatzbevollmächtigten wird derzeit verzichtet; diese können jedoch, sobald sie Vermächtnisnehmer werden, vom Erwerber die Bestellung einer Vormerkung zu ihren Gunsten verlangen.

Der Erwerber verpflichtet sich darüber hinaus, das Stimmrecht als Wohnungseigentümer des vertragsgegenständlichen Grundbesitzes in der Wohnungseigentümergemeinschaft nicht ohne vorherige schriftliche Einwilligung des Vermächtnisnehmers, hilfsweise des Ersatzvermächtnisnehmers, auszuüben, wenn Gegenstand der Willensbildung in erheblichem Ausmaß kostenauslösende Maßnahmen betreffend den Grundbesitz wie z.B. die Sanierung des Gebäudes, sind. Ein Verstoß gegen diese Verpflichtung verpflichtet zu Schadenersatz, sofern Verpflichtungen aus diesem Beschluss den Vermächtnisnehmer treffen, es sei denn, die Maßnahme wäre wegen Stimmenmehrheit in der Wohnungseigentümergemeinschaft auch ohne oder gegen die Stimme des Erwerbers beschlossen worden.

2. Schenkung

3936 Der **Begriff der Schenkung** in § 2287 BGB[779] ist identisch mit §§ 516 ff. BGB.[780] Auch nicht vollzogene lebzeitige Versprechensschenkungen (§ 518 BGB) unterfallen § 2287 BGB (genauer: dem Anspruch auf Leistung des Geschenks steht die dolo-petit-Einrede entgegen, da das Geschenk gem. § 2287 BGB sofort wieder an den Erben zurückzugeben wäre). In gleicher Weise sind ehebedingte Zuwendungen Schenkungen i.S.d. § 2287 BGB, wenn sie nur objektiv unentgeltlich sind.[781] Liegt ein Schenkungsversprechen unter einer echten Überlebensbedingung vor, das noch nicht vollzogen ist, gelten gem. § 2301 Abs. 1 BGB die erbrechtlichen Vorschriften, so dass dieses Schenkungsversprechen, wenn es im Widerspruch zum Erbvertrag steht, gem. § 2289 Abs. 1 Satz 2 BGB unwirksam ist, vgl. Rdn. 3397. Für das bereits vollzogene Schenkungsversprechen auf den Todesfall gilt § 2287 BGB unmittelbar. Auch ist unerheblich, ob die Schenkung aus

---

[779] Vgl. hierzu umfassend *Sticherling*, Schenkungen in fraudem testamenti, 2005; aktueller Überblick bei *Schindler*, ErbR 2015, 526 ff.
[780] BGH, 28.09.2016 – IV ZR 513/15, ZNotP 2016, 319 = DNotI-Report 2016, 162, Tz. 8.
[781] Grundsatzentscheidung BGH, NJW 1992, 564; BGH, NJW-RR 1996, 133; ebenso OLG Karlsruhe, ZEV 2000, 108, 110; Staudinger/*Kanzleiter*, BGB (2006), § 2287 Rn. 3a.

F. Den Vertragserben beeinträchtigende Schenkungen (§§ 2287 f. BGB) Kapitel 9

dem Vermögen oder aus Erträgen erfolgt, ferner ob damit einer sittlichen »Pflicht« Genüge getan wird oder nicht (§ 534 BGB).[782]

Minderungen der Unentgeltlichkeit, gleich ob eine Schenkung unter Auflage oder eine gemischte Schenkung vorliegt, reduzieren bereits auf der Tatbestandsebene des Merkmals »Schenkung« den möglichen Anspruchsumfang (und können, etwa in Gestalt übernommener Pflegeverpflichtungen, zusätzlich als Indiz des »lebzeitigen Eigeninteresses« wirken, Rdn. 3941 ff.). Schließlich ist zu berücksichtigen, dass das lebzeitige Eigeninteresse angesichts eines überhöhten Schenkungs(rest)volumens auch nur für einen Teil der verbleibenden Schenkung anerkannt werden kann, also auf der Ebene des zweiten Merkmals »Benachteiligungsabsicht« ebenfalls eine weitere Aufteilung erfolgen kann, Rdn. 3943.[783]

3937

3. Eingriff in letztwillige Bindung

Ein Anspruch aus § 2287 Abs. 1 BGB besteht nur in dem Maße, in dem in **erbvertragliche Bindungen eingegriffen** wird. So tritt z.B. durch Schenkungen des Erblassers an einen konkret Pflichtteilsberechtigten keine Beeinträchtigung der Vertragserben ein, sofern die Schenkungen den Pflichtteil nicht übersteigen (der pflichtteilsberechtigte Beschenkte kann sozusagen gegen den Bereicherungsanspruch des Vertragserben »aufrechnen«, sogar ohne eine entsprechende Einrede zu erheben, Rdn. 3951).[784] Dies soll sogar gelten, wenn der Beschenkte bereits auf sein gesetzliches Erbrecht verzichtet hat, da ein solcher Erbverzicht ja gem. § 2351 BGB wieder aufgehoben werden könnte, ohne dass dies zu einer Beeinträchtigung der Vertragserben führen würde[785] (es sei denn, der Vertragserbe konnte im konkreten Einzelfall ausnahmsweise darauf vertrauen, dass seine Rechte nicht mehr nachträglich durch eine Aufhebung des Erbverzichts beeinträchtigt werden können[786]). Ebenso wenig liegt ein Verstoß gegen § 2287 BGB vor, wenn eine im Erbvertrag angeordnete Teilungsanordnung durch lebzeitige Übertragung an eines der Kinder (teilweise) vorweggenommen wird; wird ihm allerdings mehr übertragen, lässt sich eine Verletzung des § 2287 BGB durch Auferlegung eines Wertausgleichs (bezogen auf den Wert der Mehrzuwendung beim späteren Erbfall) vermeiden.[787]

3938

Ebenso wenig bestehen Ansprüche aus § 2287 BGB, wenn der überlebende Ehegatte, z.B. durch eine mit dem »Berliner Testament« verbundene postmortale Generalvollmacht, oder durch im Erbvertrag enthaltene Abänderungsvorbehalte, zum Verbrauch des Nachlassvermögens befugt ist,[788] etwa auch durch die ausdrückliche Anordnung (im Sinne eines rechtlichen Dürfens, nicht nur des Könnens: § 2286 BGB, Rdn. 3932), der Überlebende dürfe unter Lebenden frei über das Ererbte verfügen.[789] Weiter gilt: Alles, was z.B. als Vermächtnis hätte angeordnet werden können, kann auch durch lebzeitige Schenkung erfolgen. Wegen des ungeschriebenen Tatbestandsmerkmals des »Eingriffs in eine letztwillige Bindung« lösen ferner nur solche Schenkungen den Anspruch aus § 2287 BGB aus, die nach Abschluss des Erbvertrages getätigt werden.

3939

---

[782] A.A. OLG Düsseldorf, 27.01.2017 – I-7 U 40/16, ZEV 2017, 328 m. krit. Anm. *Hölscher* (noch dazu zu einem Sachverhalt, in dem die Schenkung einer Yacht im Wert von ca 600.000 Euro aus Anlass der Hochzeit als Anstandsschenkung gewertet wurde!).
[783] BGH, 28.09.2016 – IV ZR 513/15, ZNotP 2016, 319 = DNotI-Report 2016, 162.
[784] BGH, NJW 1984, 121; BGH, ZEV 1996, 25, 26.
[785] BGH, NJW 1980, 2307; LG Aachen, FamRZ 1996, 61, 62; differenzierend OLG Karlsruhe, ZEV 2000, 108/110 f., zu einem Erbverzicht, der auch ggü. dem in Anspruch genommenen Erben erklärt wurde.
[786] OLG Düsseldorf, 20.04.2012 – 7 U 184/10, ZEV 2013, 392 [n. rkr.; Az BGH: IV ZR 177/12].
[787] OLG Schleswig, 31.08.2010 – 9 U 5/08 NotBZ 2011, 459 (nur Ls.).
[788] OLG Frankfurt, 29.04.2009 – 21 U 57/08 ZEV 2009, 393 m. Anm. *Kummer*.
[789] OLG Düsseldorf, 11.09.2014 – I-3 Wx 128/13, MittBayNot 2016, 47 m. Anm. *Keim* schließt aus der Begrenzung auf lebzeitige Verfügungen, dass in letztwilliger Hinsicht Wechselbezüglichkeit gelte.

3940 Naturgemäß entsteht der Anspruch nach § 2287 BGB von vornherein nicht, wenn der Erbvertrag oder die wechselbezügliche Erbeinsetzung kraftlos geworden ist, etwa als Folge einer Anfechtung (§§ 2281 ff. BGB), Aufhebung (§§ 2290 bis 2292 BGB), eines Rücktritts (§§ 2293 ff., 2298 Abs. 2 BGB), oder von Anfang an wegen Geschäftsunfähigkeit, Formmangels, oder Widerspruchs gegen frühere Bindungen (§ 2289 Abs. 1 Satz 2 BGB bzw. § 2298 Abs. 1 BGB) unwirksam war.

4. Beeinträchtigungsabsicht

3941 Erforderlich ist weiter die **Absicht, den Vertragserben zu beeinträchtigen**. Entscheidendes Kriterium ist nicht die wirtschaftliche Schmälerung des Erblasservermögens, die mit jeder Schenkung notwendig einhergeht, sondern die subjektive Einstellung des Erblassers, d.h. bei der regelmäßig gegebenen Gemengelage der ausschlaggebende Beweggrund, das leitende Motiv des Erblassers. Die unüberwindlichen Beweisschwierigkeiten dieses gesetzlichen Ausforschungsauftrags[790] haben den BGH seit 1972 dazu bestimmt, anstelle einer Abwägung und Gewichtung verschiedener Motive (– »Aushöhlungsnichtigkeit«: der Wunsch, den Gegenstand dem Vertragserben zu entziehen, müsse stärker gewesen sein als der Wunsch, dem Beschenkten den Gegenstand zu verschaffen) entscheidend darauf abzustellen, ob ein **lebzeitiges Eigeninteresse** des Erblassers an der Vermögensdisposition anzuerkennen ist.[791] Es geht also um einen Missbrauch des in § 2286 BGB dem Grunde nach gewährten Rechts zu lebzeitigen Verfügungen. Die »Absicht« der Benachteiligung ihrerseits wurde reduziert auf das (praktisch immer gegebene) Wissen um die Schmälerung des Erbes, welche durch die unentgeltliche Weggabe eintrete.[792]

3942 Ausschlaggebende Bedeutung kommt demnach den Gründen zu, die den Erblasser zu seiner Verfügung bestimmt haben. Wenn diese auch unter Berücksichtigung der erbvertraglichen Bindung als billigenswert und gerecht erscheinen, behält der Aspekt der lebzeitigen Verfügungsfreiheit des Erblassers die Oberhand. Ist der Vertragserbe bereits hochbetagt, so dass der tatsächliche Eintritt der Beeinträchtigung unwahrscheinlich wird, sind an das Eigeninteresse geringere Anforderungen zu stellen.[793] Unbeschadet der jeweils zu berücksichtigenden Besonderheiten des Einzelfalls liegt ein lebzeitiges Eigeninteresse regelmäßig bei **Pflicht- und Anstandsschenkungen** vor (vgl. § 534 BGB), z.B. auch Geschenken zu Geburtstagen, Hochzeiten etc., möglicherweise auch bei Schenkungen zu ideellen Zwecken oder aus persönlichen Rücksichten, auf jeden Fall aber bei **Schenkungen zu materiellen Zwecken**, etwa zur Sicherung der eigenen Altersversorgung[794] oder um die jüngere Ehefrau für zu erwartende Phasen der Betreuungsbedürftigkeit »an sich zu binden«,[795] oder den Wegzug des erwachsenen Kindes, von man sich Unterstützung im Alter verspricht, zu verhindern,[796] sowie bei Betriebsübertragungen in der Absicht, den Bestand des Unternehmens zu erhalten.[797] Eine Schenkung als Ausgleich für Pflegeleistungen ist demnach regelmäßig privilegiert, es sei denn, der Vertragserbe war seinerseits zur Pflege vertraglich verpflichtet und bereit und der Schenker wünschte dessen Leistungen lediglich nicht mehr.[798] Es ist jedoch nicht erforderlich, dass die Pflege- und Unterstützungsleistungen im Übertragungsvertrag als »Gegenleistung« ausbedungen werden, vielmehr genügt es, dass der Beschenkte sie tatsächlich erbringt und auch weiter erbringen will.[799] Handelt es sich um »echte Gegenleistungen«, wirken sie sich aller-

---

790 BGH, WM 1969, 1056; BGH, FamRZ 1961, 74.
791 Grundlegend BGHZ, 59, 350; BGH, NJW 1992, 2630/2631; BGH, ZEV 1996, 25, 26.
792 Vgl. *Schindler*, ZEV 2005, 334, 335, *Spanke*, ZEV 2006, 485, 486.
793 LG Düsseldorf, 25.06.2016 – 1 O 410/15, ZErb 2017, 143 m. Anm. *Horn*.
794 Vgl. OLG Köln, ZEV 2000, 317; OLG Hamm, NJW-RR 2000, 1389.
795 BGH NJW 1992, 2630, 2631.
796 LG Düsseldorf, 25.06.2016 – 1 O 410/15, ZErb 2017, 143 m. Anm. *Horn*.
797 BGH, 26.02.1986, BGHZ 97, 188 (Übertragung an einen besser qualifizierten leitenden Angestellten); OLG Oldenburg, 05.10.2010 – 12 U 51/10, BeckRS 2011, 23182: Übertragung an ein anderes anstelle des vorgesehenen, erkrankten, Kindes; vgl. *Tanck*, ZErb 2015, 220 ff.
798 OLG Koblenz, NJW-RR 2005, 883.
799 BGH, 26.10.2011 – IV ZR 72/11 notar 2012, 22 m. Anm. *Odersky*.

dings doppelt günstig aus: sie reduzieren den Schenkungsanteil, und belegen – hinsichtlich der verbleibenden Schenkung – das lebzeitige Eigeninteresse.[800] Nach der Rspr.[801] braucht es sich bei den bereits geleisteten und erwarteten Leistungen nicht um Pflegeleistungen im eigentlichen Sinne zu handeln, es genügt »persönliche Zuwendung und die Erfüllung der persönlichen Lebensbedürfnisse«.

Obiter dictum weist der BGH zwischenzeitlich (entgegen der bisherigen Einschätzung der Praxis) darauf hin,[802] die im Einzelfall vorzunehmende Interessenabwägung könne durchaus auch zu dem Ergebnis führen, dass lediglich **ein Teil der Schenkung** durch das lebzeitige Eigeninteresse gerechtfertigt sei, unter Heranziehung auch der in der Vergangenheit erbrachten und der aus der Prognosewertung der Übertragung noch zu erbringenden Leistungen, sowie der subjektiven Wertung des späteren Erblassers, der sich seine Versorgung durchaus »**etwas kosten lassen darf**«. Denkbar ist dies bspw. bei sehr großen Schenkungen (relevant ist lediglich der nach Abzug der unentgeltlichkeitsmindernden Umstände verbleibende Wert) in Relation zu geringen Versorgungsleistungen, vgl. auch Rdn. 3937. 3943

Vorbeugend lässt sich das lebzeitige Eigeninteresse des Veräußerers in der Urkunde z.B. wie folgt wiedergeben:

▶ Formulierungsvorschlag: Lebzeitiges Eigeninteresse

Die Übertragung erfolgt nicht als freigebige Zuwendung, sondern zur Abgeltung umfangreicher bisher erbrachter hauswirtschaftlicher Dienstleistungen und Besorgungen, die seitens des Erwerbers seinerseits nicht mit Schenkungswillen erbracht worden sind, sondern hätten vergütet werden sollen, wobei eine solche Vergütung bisher nicht finanziell stattfand. Sie dient weiter dem Zweck, den Lebensabend des Veräußerers wie folgt nachhaltig zu sichern: *(folgt Vereinbarung der Pflegeverpflichtung und Verpflichtung zur hauswirtschaftlichen Versorgung).* 3944

Die **Anforderungen** an das »Eigen«-interesse sind allerdings **streng**: der Wunsch, durch lebzeitige Verfügung für eine Gleichbehandlung der Abkömmlinge zu sorgen, soll bspw. nicht ausreichen,[803] ebenso wenig der Wunsch, die Zuneigung zum zweiten Ehegatten zu dokumentieren und diesen zu versorgen.[804] Ebenso wenig genügt das bloße Bestehen einer nichtehelichen Lebensgemeinschaft als Rechtfertigung einer Zuwendung an diesen Partner.[805] Auch eine schwere Verfehlung des Vertragserben kann die lebzeitige Eigenschenkung nicht rechtfertigen; der Erblasser müsste vielmehr den in solchen Fällen gem. § 2294 BGB eröffneten Rücktritt vom Erbvertrag zur Befreiung aus diesen Bindungen erklären.[806] Ein von § 2287 BGB inkriminierter Missbrauch der lebzeitigen Verfügungsmacht liegt auch vor, wenn die Schenkung nur der nachträglichen Korrektur einer erbvertraglichen Verteilung zugunsten einer nunmehr genehmeren Person dienen soll,[807] oder aufgrund der Erkenntnis vorgenommen wird, den (nun beschenkten) Ehegatten zu gering bedacht zu haben, bzw. erfolgt, weil nachträglich unerwartet ein erheblicher Vermögenszuwachs stattfand, den man bei der Abfassung des Erbvertrages gar nicht habe berücksichtigen 3945

---

800 BGH, 28.09.2016 – IV ZR 513/15, ZNotP 2016, 319 = DNotI-Report 2016, 162; ebenso OLG Köln, 01.04.2014 – 3 U 165/13, ZErb 2014, 196, allerdings bei einer in bar zu entrichtenden Gegenleistung, dagegen krit. *Ruby/Schindler*, ZEV 2015, 13, 14.
801 OLG Köln, 01.04.2014 – 3 U 165/13, ZErb 2014, 196.
802 BGH, 26.10.2011 – IV ZR 72/11 notar 2012, 22 m. Anm. *Odersky*; BGH, 28.09.2016 – IV ZR 513/15, ZNotP 2016, 319 = DNotI-Report 2016, 162, Tz. 15.
803 BGH, 29.06.2005 – IV ZR 56/04, ZEV 2005, 479; ebenso BGH, 25.01.2006 – IV ZR 153/04, ZEV 2006, 312: jedenfalls dann, wenn die Begünstigung des anderen Abkömmlings bereits beim Abschluss des Erbvertrages gegeben war.
804 OLG Celle, 15.06.2006 – 6 U 99/06, RNotZ 2006, 477.
805 OLG Köln, 30.09.1991 – 2 W 140/91, NJW-RR 1992, 200.
806 Vgl. OLG Koblenz, OLGZ 1991, 235/237.
807 BGH, WM 1977, 201.

können.⁸⁰⁸ Auch eine (in Gestalt eines ungleichgewichtigen Grundstückstausches) verwirklichte gemischte Schenkung, weil sich die an weichende Geschwister für einen Pflichtteilsverzicht zugunsten des Unternehmensnachfolgers gewährte Abfindung im Nachhinein als zu hoch herausstellt, da das Unternehmen in Insolvenz fiel, ist nicht von lebzeitigem Eigeninteresse gerechtfertigt,⁸⁰⁹ ebenso wenig Grundstücksübertragungen aus Sorge vor einem – späteren – Gläubigerzugriff. Die »böse Gesinnung« wird verstärkend manifestiert durch die Errichtung eines (unwirksamen) späteren Testaments, in dem der Beschenkte zum Alleinerben eingesetzt wird.⁸¹⁰

3946 Erfolgt die Schenkung nicht an nahestehende Privatpersonen, sondern z.B. an mildtätige Organisationen, passt das Kriterium des lebzeitigen Eigeninteresses jedoch nicht. Will der Schenker lediglich »**Gutes tun**«, ist nach überwiegender Ansicht⁸¹¹ abzustellen darauf, ob sich die Schenkungen in angemessenem Umfang halten (was sicherlich zu bejahen ist, wenn sie den Vermögensstamm unangetastet lassen oder dem vor Erbvertragsschluss Üblichen entsprachen). Je näher solche Zuwendungen jedoch zum »herannahenden Todeszeitpunkt« liegen, um so eher ist von Missbräuchlichkeit auszugehen, da die Vermögensminderung wirtschaftlich nicht mehr den Schenker, sondern die Erben trifft.

3947 Die neuere Literatur⁸¹² rückt dagegen die »**Vertragstreue**« als maßgebliches Abwägungskriterium bei der Beurteilung der für und gegen die Zulässigkeit der lebzeitigen Zuwendung sprechenden Interessen in den Vordergrund: Der Erblasser darf nicht aufgrund eines Sinneswandels, der auf die Korrektur der Verfügung von Todes wegen zielt, eine Person, die ihm nunmehr »genehmer« ist, begünstigen. Zu prüfen ist also, inwieweit eine (stillschweigende) Zustimmung des erstverstorbenen Ehegatten zu abweichenden Schenkungen angenommen werden kann. Dies wird z. B. der Fall sein, wenn die Schenkung objektiv zur Sicherung der Versorgungssituation des Längerlebenden vorgenommen wird, nicht aber, wenn diese Versorgung auf anderem Weg hätte sichergestellt werden können. Hätte der Erblasser den Erbvertrag gemäß § 2078 Abs. 2 BGB anfechten können, wird auch die Schenkung (als Minus hierzu) zulässig sein. Durch Auslegung kann sich schließlich aus der letztwilligen Verfügung ergeben, dass der Bindungswille sich nur auf einen bestimmten »zentralen« Vermögensgegenstand konzentrieren sollte, so dass »Randvermögen« disponibel ist. Bedeutsam ist auch, dass die Erbvertragspartner beispielsweise bei der Beurkundung auf die Möglichkeit einer flankierenden Verfügungsunterlassungsverpflichtung (siehe Rdn. 3934 ff.) hingewiesen wurden, diese jedoch bewusst nicht vereinbart haben.

5. Anspruchsgläubiger

3948 **Gläubiger des Anspruchs** ist der Vertragserbe, jedoch erst, nachdem ihm die Erbschaft angefallen ist (Rdn. 3953). Der Anspruch entsteht originär in der Person des Vertragserben, fällt also nicht in den Nachlass, ist nicht in Erbauseinandersetzungen einzubeziehen, schmälert sich nicht um »anrechnungspflichtige« Vorerwerbe i.S.d. § 2050 BGB und unterliegt auch keiner Testamentsvollstreckung. Bis zum Eintritt des Nacherbfalls steht der Anspruch dem Vertrags-Vorerben, sodann dem Nacherben zu. Sind mehrere vertraglich begünstigte Erben vorhanden, ist bei Teilbarkeit⁸¹³ jeder Miterbe berechtigt, den Anspruch in Höhe seiner Quote geltend zu machen, bei Unteilbarkeit gilt § 432 BGB.

---

808 BGH, NJW 1982, 1100.
809 OLG Karlsruhe, 08.04.2015 – 13 U 68/12, ErbR 2016, 643 m. Anm. *Görtz*; die Nichtzulassungsbeschwerde wurde durch BGH, 13.04.2016 – IV ZR 226/15, zurückgewiesen.
810 LG Düsseldorf, 25.06.2016 – 1 O 410/15, ZErb 2017, 143 m. Anm. *Horn*.
811 Nachweise im Gutachten, DNotI-Report 2007, 194.
812 Z. B. *Mayer* in: *Reimann/Bengel/J. Mayer*, Testament und Erbvertrag, Kommentar, 5. Aufl. 2006, § 2287 Rn. 55 f., *Frieser*, ErbR 2015, 475, 480 f.
813 Diese soll nach BGH, NJW 1989, 2389, 2391 auch bei Grundstücken gegeben sein, so dass der Antrag auf Übertragung eines quotenentsprechenden Miteigentumsanteils zu richten ist.

F. Den Vertragserben beeinträchtigende Schenkungen (§§ 2287 f. BGB) Kapitel 9

6. Anspruchsschuldner

Schuldner des Anspruchs ist allein der Beschenkte (zur Fortsetzung des Anspruchs gegen den Zweitbeschenkten gem. § 822 BGB vgl. Rdn. 3950). Liegen mehrere benachteiligende Schenkungen vor, dürfte analog § 2329 Abs. 3, 528 Abs. 2 BGB zunächst der später Beschenkte heranzuziehen sein. 3949

7. Anspruchsinhalt

Hinsichtlich des **Umfangs des Anspruchs** verweist § 2287 BGB auf die Rechtsfolgen der §§ 812 ff. BGB, also bspw. auch die Vorschrift über Wertersatz (§ 818 Abs. 2 BGB), den Wegfall der Bereicherung im Stadium der Gutgläubigkeit (§ 818 Abs. 3 BGB)[814] einerseits, § 818 Abs. 4 bzw. 819 BGB, andererseits. (Letztere verschärfte Haftung tritt ein, sobald der Beschenkte von der Bindung des Erblassers an den Erbvertrag und von den Tatsachen, aus denen nach der Lebenserfahrung auf eine Beeinträchtigungsabsicht zu schließen ist, Kenntnis erlangt). Bei unentgeltlicher Weitergabe des herausgabebehafteten Gegenstands ist die entsprechende Anwendung des § 822 BGB, obwohl es sich um einen eigenständigen Anspruch handelt, auch i.R.d. § 2287 BGB gerechtfertigt.[815] Ist ein unter Verstoß gegen § 2287 BGB gemachtes Schenkungsversprechen beim Eintritt des Erbfalls noch nicht erfüllt, ist dieses Versprechen als Erlangtes herauszugeben, also Befreiung von der Verbindlichkeit zu gewähren, und zwar auch nach Eintritt der Verjährung des § 2287 Abs. 2 BGB, vgl. § 821 BGB. Der von der Herausgabepflicht betroffene Gegenstand ist bis zur Erfüllung im Interesse des Anspruchsinhabers zu verwalten, § 241 Abs. 2 BGB.[816] 3950

Ist der Beschenkte zugleich pflichtteilsberechtigt, muss ihm allerdings der Pflichtteil belassen werden;[817] verlangt der Vertrags-/Schlusserbe also die Herausgabe des Geschenkes selbst, muss er den fiktiven Pflichtteil[818] des Beschenkten auch ohne Einrede auskehren.[819] Ein daneben bestehender, durch das Geschenk ausgelöster realer Pflichtteilsergänzungsanspruch ist jedoch selbstständig geltend zu machen.[820] Wurde bei der Schenkung die Anrechnung auf den Pflichtteil (§ 2315 BGB) angeordnet, entfällt diese aufgrund stillschweigend angeordneter auflösender Bedingung mit Geschenkrückgabe.[821] Die Herausgabe des (ggf. mittelbar)[822] geschenkten Gegenstandes selbst (§ 812 Abs. 1 BGB) kann gemäß der Grundsätze zur gemischten Schenkung (und zwar Zug um Zug gegen Erstattung der Gegenleistungen) nicht verlangt werden, wenn der (als Pflichtteil oder Entgelt) hin- 3951

---

814 Z.B. zu bejahen, wenn mit den Zuwendungen übermäßige Aufwendungen getätigt wurden, die sonst nicht notwendigerweise angefallen wären, oder wenn mit hohen Spenden spezielle Hilfsprogramme aufgelegt wurden, die sonst nicht stattgefunden hätten, vgl. Gutachten, DNotI-Report 2007, 195.
815 BGH, 20.11.2013 – IV ZR 54/13, DNotZ 2014, 371.
816 LG Wuppertal, 05.09.2014 – 2 O 240/14, ErbR 2015, 392 m. Anm. *Knauss* (Stimmrechte aus einem Gesellschaftsanteil).
817 BGHZ 88, 269 ff.; OLG Karlsruhe, 30.06.2005 – 11 U 21/05, ZErb 2006, 172; BGH, 03.05.2006 – IV ZR 72/05, FamRZ 2006, 1186.
818 Ist der pflichtteilsberechtigte Beschenkte seinerseits Miterbe, ist der Erbteil zu berücksichtigen, *Schindler*, ZErb 2007, 41.
819 Andernfalls würde weder das Geschenk noch der Anspruch aus § 2287 BGB in den berechnungserheblichen Nachlass gem. § 2311 BGB fallen.
820 *Schindler*, ZErb 2007, 39, a.A. die h.M. (etwa BGHZ 88, 273), die den dem Beschenkten zu belassenden Pflichtteil sowohl aus dem Nachlass als auch aus der herauszugebenden Schenkung berechnet.
821 *Schindler*, ZErb 2007, 40; Gleiches gilt für Ausgleichspflichten, § 2316 BGB. Auch die »automatische« Anrechnung des Eigengeschenkes auf den Pflichtteilsergänzungsanspruch (§ 2327 BGB) entfällt mit der Rückgabe.
822 Schenkungsobjekt ist das »finanzierte Objekt«, vgl. Rdn. 29.

zunehmende Teil der Zuwendung überwiegt.[823] Die neuere Literatur und wohl auch Rspr.[824] legt diese Zug-um-Zug-Beschränkung stets, unabhängig vom Überwiegen des »entgeltlichen« Elementes, zugrunde.[825]

3952 Die Rechtsprechung erkennt auch, beruhend auf § 242 BGB, einen Anspruch des Vertragserben auf Auskunftserteilung an,[826] sofern er in entschuldbarer Weise von den tatsächlichen Voraussetzungen des Anspruchs keine Kenntnis hat, diese aber beim Beschenkten vorliegt und durch ihn unschwer erteilt werden kann (»Informationsgefälle«[827]). Der Vertragserbe hat den **Beweis zu führen**, dass[828] (1) die ihn einsetzende letztwillige Verfügung bindend war, (2) es sich um eine Schenkung handelte, und (3) dieser kein lebzeitiges Eigeninteresse zugrunde lag;[829] sind die Motive des Erblassers jedoch nicht bekannt, müsse der Beschenkte zunächst die Umstände darlegen, die nach seiner Auffassung den Erblasser bewogen haben können.[830] Unterlässt er dies oder sind die vorgetragenen Gründe nicht schlüssig, ist vom Fehlen des lebzeitigen Eigeninteresses auszugehen. Ist dagegen der Beklagte seiner Substantiierungspflicht nachgekommen, muss der Kläger entweder diese Darstellung widerlegen oder nachweisen, dass die vorgetragenen Gründe nicht kausal waren; ein »non liquet« geht zu Lasten des Klägers (Vertragserben).[831]

3953 Demgegenüber stehen dem »Erbanwärter« Möglichkeiten, nachlassschmälernde Handlungen des künftigen Erblassers, die nach dessen Tod ggf. Gegenstand eines Anspruchs aus § 2287 f. BGB sein können, bereits **zu Lebzeiten zu verhindern**, kaum zu Gebote. In Betracht kommt allenfalls eine Anregung an das Betreuungsgericht, die Einleitung eines Betreuungsverfahrens zu prüfen, wenn keine Vorsorgevollmacht erteilt wurde; einem dann eingesetzten Betreuer sind Schenkungen aufgrund des gesetzlichen Schenkungsverbots (§ 1804 BGB) verwehrt. Gelingt allerdings der Nachweis der Betreuungsbedürftigkeit nicht, ist die persönliche Beziehung zum Erblasser so nachhaltig gestört, dass weitere »Benachteiligungen« die Folge sein werden. Eine bereits zu Lebzeiten erhobene Feststellungsklage des Erbanwärters dürfte unzulässig sein, da es an einem derzeit feststellungsfähigen Rechtsverhältnis fehlt;[832] möglicherweise kann aber in einem selbstständigen Beweisverfahren die Geschäftsfähigkeit des künftigen Erblassers geklärt werden.[833] Dementsprechend stehen auch Verfahren des einstweiligen Rechtsschutzes (Arrest oder einstweilige Verfügung) nicht zur Verfügung, da kein sicherungsfähiger Anspruch besteht,[834] es sei denn, im Erbvertrag liegt eine (gemäß § 137 Satz 2 BGB naturgemäß nur schuldrechtlich wirkende) Verfügungsunterlassungsverpflichtung, die durch ein einstweiliges Veräußerungs- und Belastungsverbot durchgesetzt werden

---

823 BGHZ 77, 264/271; OLG Karlsruhe, 30.06.2005 – 11 U 21/05, ZErb 2006, 172.
824 OLG Karlsruhe, 08.04.2015 – 13 U 68/12, ErbR 2016, 643 m. Anm. *Görtz*; die Nichtzulassungsbeschwerde wurde durch BGH, 13.04.2016 – IV ZR 226/15, zurückgewiesen: stets Bereicherungs- anstelle des Herausgabeanspruchs.
825 *Schindler*, ZErb 2007, 41 f.
826 Vgl. MünchKomm-BGB/*Musielak*, § 2287 Rn. 23, BGH, NJW 1974, 1876, 1877; BGH, NJW 1986, 1755; OLG Düsseldorf, 04.11.2011 – 7 U 144/10 ZErb 2012, 23 (allerdings kein Anspruch auf Kostentragung).
827 Dies fehlte in OLG Düsseldorf, 04.11.2011 – 7 U 144/10, ZEV 2012, 156 [dort auch obiter gegen einen Wertermittlungsanspruch überhaupt; gegen letztere Ausführungen *Spanke*, ZEV 2012, 158].
828 Musterformulierung einer Herausgabeklage gem. § 2287 BGB bei *Gottwald*, EE 2017, 63, 67.
829 OLG München, 20.02.2014 – 23 U 3244/13, FamRZ 2015, 608, 609, dagegen *Schmitz*, ErbR 2016, 624f.
830 BGHZ 66, 8, 16 f.; OLG Köln, ZErb 2003, 21.
831 Zur Beweislast bei § 2287 BGB vgl. *Schmitz*, ErbR 2010, 45 und *Schmitz*, ErbR 2016, 624 sowie LG Bonn, 17.06.2016 – 1 O 388/14, ErbR 2016, 724.
832 OLG Koblenz, ZEV 2003, 242.
833 Vgl. *Klinger*, NJW-Spezial 2004, 13.
834 BayObLGZ 1952, 289.

F. Den Vertragserben beeinträchtigende Schenkungen (§§ 2287 f. BGB) — Kapitel 9

kann.[835] Nach dem Tod des Schenkers kann aber der Anspruch des »geprellten« Vertragserben mittels einstweiliger Verfügung durch eine Vormerkung gesichert werden.[836]

8. Zustimmung des Vertragserben

Ein **Anspruch ist ausgeschlossen**, wenn sich der Erblasser bspw. im Erbvertrag das Recht vorbehalten hat, beliebige Schenkungen vorzunehmen,[837] was ihm (ebenso wie ein freier Rücktrittsvorbehalt) offensteht.[838] Gleiches gilt, wenn der Vertragserbe der Schenkung des Erblassers (vor oder nach ihrer Vornahme) zustimmt.[839] Die Rechtsprechung verlangt hierfür – wegen der Sachnähe zum **Zuwendungsverzichtsvertrag, § 2352 BGB** – die notarielle Beurkundung.[840] Da für Sterbefälle ab 01.01.2010 – aufgrund der nunmehrigen allgemeinen Verweisung in § 2352 BGB auch auf § 2349 BGB – erklärte Zuwendungsverzichte sich auch auf Abkömmlinge des Verzichtenden auswirken (und zwar dem Wortlaut nach gleichgültig, ob diese ausdrücklich als Ersatzerben berufen sind oder ob sich ihre Ersatzberufung nur aus § 2069 BGB ergibt[841] – Rdn. 3774 –, und gleichgültig, ob es sich um einen vollständigen oder lediglich einen teilweisen Zuwendungsverzicht, z.B. in Gestalt des nachträglichen Akzeptierens einer Beschwerung durch Vermächtnis oder Auflage,[842] bzw. die Anordnung einer Testamentsvollstreckung[843] handelt), spricht vieles dafür, dass jedenfalls für »Neufälle«, also bei Sterbefällen nach dem 01.01.2010, auch die vom Schlusserben wirksam erteilte Zustimmung zu einer beeinträchtigenden Verfügung sich gesetzlich auf Abkömmlinge erstreckt,[844] wenn diese als Ersatzerben nachrücken. Der Schutzumfang des § 2287 BGB kann nicht weiter reichen als die letztwillige Bindungswirkung selbst, zu deren Verteidigung § 2287 BGB geschaffen wurde.

Sicherlich formfrei ist der **Erlassvertrag** zwischen Beschenktem und Vertragserben nach Eintritt des Erbfalls (§ 397 BGB).

3954

---

835 OLG Stuttgart, BWNotZ 1959, 70.
836 OLG München, 23.10.2014 – 8 U 2900/14, ErbR 2015, 150.
837 Vgl. OLG Köln, ZEV 2003, 76, m. zust. Anm. *J. Mayer* (es fehlt gleichwohl nicht an einer erbvertraglichen Bindung, da keine abweichende Verfügung von Todes wegen getroffen werden kann), ebenso OLG München, ZEV 2005, 61.
838 Gleiches soll nach BGH, 03.05.2006 – IV ZR 72/05, ZEV 2006, 505 gelten, wenn der Schenker (überlebender Ehegatte) das bindend gewordene gemeinschaftliche Testament nach dem Tod des Erstversterbenden (z.B. wegen Drohung, §§ 123 Abs. 1, 2078 Abs. 2, 2281 BGB) anfechten könnte, und innerhalb der Anfechtungsfrist »stattdessen« eine Schenkung an Dritte vornimmt, ohne anzufechten.
839 Vgl. *Keim*, ZEV 2002, 93/95, *Ivo*, ZEV 2003, 101.
840 BGH, DNotZ 1990, 803 (ggf. begründe jedoch die bloß privatschriftliche Zustimmung den Arglisteinwand); ebenso *Ivo*, ZEV 2003, 103; a.A. *Kanzleiter*, DNotZ 1990, 776, *Spanke*, ZEV 2006, 488 (»Verzicht auf eine künftige Forderung«). Auch das bloß privatschriftliche Einverständnis des Vertragserben zu einer sein Erbrecht beeinträchtigenden und damit gem. § 2289 BGB an sich unwirksamen letztwilligen Verfügung führt nicht zu dessen Wirksamkeit, allerdings kann die Berufung auf § 2289 BGB nach jahrzehntelanger Anerkennung treuwidrig sein, vgl. OLG Düsseldorf, 21.04.2017 – I-7 U 12/16, ErbR 2017, 568.
841 *Odersky,* notar 2009, 362, 365; Gutachten, DNotI-Report 2009, 175; a.A. *Schaal/Grigas,* BWNotZ 2008, 2, 24.
842 Bsp: BGH, NJW 1982, 1100.
843 Vgl. hierzu *Tanck*, ZErb 2014, 269.
844 Vgl. *Keim*, 7. DAI-Jahresarbeitstagung 2009, S. 354 f.; Gutachten, DNotI-Report 2009, 175. Andernfalls müsste der Vertragserbe – unstritig mit Wirkung für seine Abkömmlinge – gem. § 2352 BGB einen Verzicht erklären (was allerdings nicht in Bezug auf einen Einzelgegenstand aus einer allgemeinen Erbschaft möglich ist, sondern z.B. bezogen auf ein Vermächtnis), und sodann erneut eingesetzt werden.

9. Verjährung

3955 Der Anspruch **verjährt** gem. § 2287 Abs. 2 BGB binnen drei Jahren nach dem Anfall der Erbschaft an den Vertragserben ohne Rücksicht darauf, ob der Vertragserbe Kenntnis von der Schenkung, von seiner Berufung zum Erben und von der Beeinträchtigungsabsicht des Erblassers hatte. Die Neuregelung der Verjährungsvorschriften ab 01.01.2010 hat daran nichts geändert; die dreijährige Fristdauer ergibt sich nun allerdings aus §§ 195, 199 BGB. Fristbeginn ist jedoch weiterhin der Erbfall, also nicht erst der Schluss des Jahres, in dem Kenntnis von den anspruchsbegründenden Umständen erlangt wurde. Eine Verweisung auf § 196 BGB (Zehn-Jahres-Frist), soweit sich der Anspruch auf Grundstücke oder grundstücksgleiche Rechte bezieht, war ausweislich der Gesetzesmaterialien nicht gewollt.[845]

II. Schutz des Vermächtnisnehmers (§ 2288 BGB)

1. Grundsatz

3956 Wer durch Erbvertrag oder gemeinschaftliches Testament bindend als **Sachvermächtnisnehmer**[846] eingesetzt ist, bedarf eines weiter gehenden Schutzes als der Vertragserbe. Sein Anspruch könnte nämlich durch bloßes Wegschaffen des vermachten Gegenstands (Verkauf, Verschenken, Zerstörung) vereitelt werden, §§ 2279, 2169, 2171 BGB. Der Vertragsvermächtnisnehmer wird daher in § 2288 BGB in stärkerem Maße gegen arglistige Beeinträchtigung geschützt – auch soweit diese durch **tatsächliche Maßnahmen** (Zerstörung, Beschädigung etc. – § 2288 Abs. 1 BGB) oder durch Veräußerung oder Belastung, sei es **gegen Entgelt** oder unentgeltlich, erfolgt, § 2288 Abs. 2 BGB. Auch auf Rechtsfolgenseite gewährt § 2288 BGB nicht nur – wie § 2287 BGB – einen (schwachen) Bereicherungsanspruch, sondern darüber hinaus einen Wertersatz- oder Verschaffungsanspruch vermächtnisrechtlicher Art gegen den Erben. Auf die rechtsgeschäftliche oder tatsächliche Vereitelung einer erbvertraglichen **Auflage** dürfte § 2288 BGB analog Anwendung finden.

3957 Wie i.R.d. § 2287 BGB (s. Rdn. 3953) ist eine **lebzeitige Sicherung** des Anspruchs des Vermächtnisnehmers, etwa durch Vormerkung bei Grundstücken, nicht möglich, da Schuldner des Anspruchs nicht der Erblasser selbst ist (anders liegt es bei einer vereinbarten bedingten Herausgabepflicht für den Fall eines Verstoßes gegen eine neben dem Erbvertrag parallel vereinbarte Vertragspflicht, lebzeitige Verfügungen zu unterlassen).

Im Einzelnen umfasst § 2288 BGB folgende Sachverhalte:

2. Tatsächliche Beeinträchtigungen (§ 2288 Abs. 1 BGB)

3958 Im Fall der in Beeinträchtigungsabsicht vorgenommenen Zerstörung, Beschädigung oder des sonstigen Beiseiteschaffens eines Sachvermächtnisgegenstands ist der Erbe zunächst verpflichtet zu versuchen, den vertragsmäßig vermachten Gegenstand wieder zurückzuholen oder herzustellen (vgl. den Wortlaut »soweit der Erbe dadurch außerstande gesetzt ist, die Leistung zu bewirken«).[847] Gelingt dies nicht, ist der Erbe dem Vertragsvermächtnisnehmer zum Wertersatz verpflichtet, und zwar selbst dann, wenn er nicht der ursprünglich Beschwerte war (der Erbe muss als Gesamtrechtsnachfolger für die Folgen der Maßnahmen des Erblassers einstehen). Mehrere Miterben sind gemeinsam verpflichtet, auch wenn nur einer der Erben mit dem Vermächtnis belastet war.[848] Im Fall einer Beschädigung des (noch vorhandenen) Sachvermächtnisses ist der Be-

---

845 Für eine teleologische Reduktion daher *Schindler/Walter*, ZEV 2017, 7 ff.
846 Umfassend, mit Formulierungsbeispielen, zur vermächtnisweisen Zuwendung von Grundstücken und Rechten an Grundstücken *Tersteegen*, ZErb 2013, 284 ff. und 313 ff.
847 Darunter fallen bspw. auch die Verbindung, Vermischung oder der sonstige Verbrauch mit Beeinträchtigungsabsicht.
848 Vgl. BGHZ 26, 279 f.

F. Den Vertragserben beeinträchtigende Schenkungen (§§ 2287 f. BGB) Kapitel 9

schwerte verpflichtet, den Gegenstand selbst herauszugeben, und zusätzlich der Erbe, den durch die Beschädigung eingetretenen Minderwert zu ersetzen. Gelingt die Wiederbeschaffung des bereits abhanden gekommenen Gegenstands, ist dieser aber beschädigt, muss ebenfalls der Wertverlust ausgeglichen werden, bemessen nach dem Verkehrswert des Vermächtnisgegenstands im Zeitpunkt des Erbfalls (§ 2176 BGB).[849]

Streitig ist, ob eine Beschädigung des Sachvermächtnisguts auch durch **Unterlassen** geschehen kann. Nach Ansicht des BGH[850] ist der durch ein Vermächtnis beschwerte Erblasser nicht verpflichtet, den vermachten Gegenstand ordnungsgemäß zu verwalten bzw. zu erhalten, geschweige denn gar an gestiegene Anforderungen des Geschäftsverkehrs anzupassen. Die Literatur plädiert allerdings dafür, beim Unterlassen jedenfalls solcher Maßnahmen, die zu einer erheblichen Beschädigung des Vertragsgegenstands führen (Nichtreparatur eines undichten Dachs), eine »Beschädigung durch Unterlassen« anzunehmen.[851]

3959

3. Rechtsgeschäftliche Beeinträchtigungen (§ 2288 Abs. 2 BGB)

Wurde der vertragsmäßig vermachte Gegenstand in Beeinträchtigungsabsicht veräußert (und zwar gleichgültig ob entgeltlich, teilentgeltlich oder unentgeltlich) oder belastet, ist wiederum der Erbe (als Gesamtrechtsnachfolger des Erblassers, auch wenn er mit dem ursprünglichen Vermächtnis nicht beschwert war) verpflichtet, den Gegenstand wieder zurück zu verschaffen bzw. die Belastung zu beseitigen (§ 2288 Abs. 2 Satz 1 BGB). Diese Rechtsfolge tritt auch bei schenkweiser Veräußerung ein; der Erbe ist also selbst dann verpflichtet, wenn eine Gegenleistung, die den Nachlass potenziell hätte vermehren können, nicht zugeflossen ist.

3960

In Abs. 2 wird also das Vermächtnis abweichend von § 2169 Abs. 1 BGB stets wie ein Verschaffungsvermächtnis behandelt (§ 2170 BGB) und dem Bedachten anders als in § 2165 BGB stets ein Anspruch auf Beseitigung solcher Rechte eingeräumt, mit denen der Gegenstand belastet ist. Folgerichtig verweist § 2288 Abs. 2 BGB auf § 2170 Abs. 2 BGB: Danach hat er den Wert des Gegenstands zu entrichten, wenn er zur Wiederverschaffung der Sache selbst bzw. Beseitigung der Belastung außerstande ist. Ist ihm die Verschaffung oder Beseitigung nur mit unverhältnismäßigen Aufwendungen möglich, kann er sich von der Naturalverpflichtung durch Entrichtung des Werts befreien.

3961

Nur im Fall einer **schenkweisen Veräußerung** des Sachvermächtnisgegenstands erhält der Vertragsvermächtnisnehmer, und zwar in zweiter Linie, gem. § 2288 Abs. 2 Satz 2 BGB einen Anspruch gegen den Beschenkten nach bereicherungsrechtlichen Grundsätzen, wenn er vom Erben den Gegenstand selbst oder den an dessen Stelle tretenden Wertersatz nicht erlangen kann. Letzteres mag z.B. darauf beruhen, dass der Erbe die Beschränkung seiner Haftung geltend macht und der Nachlass erschöpft ist (nicht jedoch bei bloßer Zahlungsunfähigkeit), und ist wohl auch dann zu bejahen, wenn der Ersatz zu Lasten eines Vertrags(mit)erben oder eines anderen Vertragsvermächtnisnehmers geht.[852] Damit trägt der Gesetzgeber zum einen dem Umstand Rechnung, dass der beschenkte Dritte von den bösen Absichten des schenkenden Erblassers nichts zu wissen braucht (infolgedessen haftet er nur subsidiär), andererseits wird aber die allgemeine gesetzliche Wertung umgesetzt, dass der unentgeltliche Erwerb in geringerem Maß schutzwürdig ist als der entgeltliche. Die (subsidiäre und nur bereicherungsrechtliche) Herausgabe kann allerdings nur der »geprellte« Vertragsvermächtnisnehmer fordern, nicht der Erbe selbst, und zwar auch dann nicht, wenn er den Vertragsvermächtnisnehmer durch Leistung von Wertersatz entschädigt hat.[853]

3962

---

849 Vgl. *Litzenburger*, in: Bamberger/Roth, BGB, § 2288 Rn. 7.
850 BGH, NJW 1994, 317.
851 VGl. MünchKomm-BGB/*Musielak*, § 2288 Rn. 2.
852 Vgl. *Damrau*, ZEV 2016, 413 ff.
853 OLG Frankfurt, NJW-RR 1991, 1157.

3963 § 2288 Abs. 2 BGB ist die allgemeine Wertung zu entnehmen, dass die Veräußerung oder Belastung, selbst wenn sie in Beeinträchtigungsabsicht geschieht, grds. wirksam ist, also nur im Extremfall, etwa gem. § 138 BGB bzw. § 826 BGB, bereits per se nichtig wäre.

4. Anwendung auf Geld- oder Gattungsvermächtnisse

3964 § 2288 BGB kann auch dann verwirklicht sein, wenn ein vertragsmäßig oder wechselbezüglich auf einen bestimmten Geldbetrag oder eine bestimmte Anzahl (lediglich der Gattung nach bestimmter) Gegenstände eingesetzter Vermächtnisnehmer durch rechtsgeschäftliches oder tatsächliches »Beiseiteschaffen« eine Kürzung oder gar den vollständigen Wegfall dieses Vermächtnisses zu erleiden hat (jedoch nicht, wenn lediglich der Gattung nach bestimmte Gegenstände ohne Zusage einer bestimmten Mindestanzahl vermacht sind oder wenn lediglich das beim Todestag noch vorhandene Bar- und Sparvermögen als Vermächtnis ausgesetzt ist). Liegt ein Verschaffungsvermächtnis vor, wurde also ein bestimmter Gegenstand ohne Rücksicht darauf vermacht, ob er z.Zt. des Erbfalls zur Erbschaft gehören wird oder nicht, schützen bereits §§ 2170, 2182 Abs. 2 i.V.m. 435 BGB im Fall der Veräußerung oder Belastung den Verschaffungsvermächtnisnehmer. Im Fall der Zerstörung oder Beschädigung des verschaffungsvermächtnisweise vermachten Gegenstands verhilft jedoch § 2170 BGB zu keinem Schutz, so dass § 2288 Abs. 1 BGB zur Begründung einer Ersatzpflicht des Erben notwendig ist.

5. Beeinträchtigungsabsicht, Zustimmung, Ausschluss

3965 I.Ü., also in Bezug auf das den Anspruch entfallen lassende lebzeitige Eigeninteresse, die Möglichkeit der Zustimmung des Vertragsvermächtnisnehmers, die Verjährung und den Ausschluss der Ansprüche bei Unwirksamkeit der Bindung bzw. für den Fall, dass der Erbvertrag/das gemeinschaftliche Testament abweichende tatsächliche oder rechtsgeschäftliche Verfügungen zulässt, vgl. oben Rdn. 3938 ff.

III. Erbschaftsteuer

3966 Was der Vertragserbe vom Beschenkten gem. § 2287 BGB erhält, unterliegt gem. § 3 Abs. 2 Nr. 7 ErbStG der **Erbschaftsteuerpflicht**. Die Erbschaftsteuerreform 2009 hat insoweit klargestellt,[854] dass dies sowohl für den Herausgabeanspruch des Vertragserben eines Erbvertrags (§ 2287 BGB) als auch des Schlusserben eines gemeinschaftlichen Testaments als auch eines bindend eingesetzten Vermächtnisnehmers (§ 2288 Abs. 2 BGB) gilt. Das vom Beschenkten nach der Geltendmachung (§ 9 Abs. 1 Buchst. j) ErbStG) des gesetzlichen Anspruchs Herausgegebene gilt als vom Erblasser zugewandt.

---

854 So bereits BFH, 08.08.2000 – II R 40/98, BStBl. 2000 II, S. 587.

Kapitel 10: Beteiligung Minderjähriger

Übersicht

		Rdn.
A.	Vertretung Minderjähriger	3968
I.	Vertretung durch die Eltern	3968
II.	Handeln des Kindes mit Genehmigung der Eltern	3975
III.	Vormundschaft	3978
IV.	Lediglich rechtlich vorteilhaftes Geschäft	3980
	1. Grundstücksrecht	3980
	2. Gesellschaftsrecht	3990
	a) Abschluss des Gesellschaftsvertrags	3990
	b) Erwerb von Gesellschaftsanteilen	3991
	c) Gesellschafterbeschlüsse	3993
V.	Gesetzlicher Ausschluss der elterlichen Vertretungsmacht	3995
VI.	Pflegschaft	4001
VII.	Angeordneter Ausschluss der elterlichen Vertretung oder Verwaltung	4009
B.	(Familien-)Gerichtliche Genehmigungen	4022
I.	Genehmigungsbedürftige Sachverhalte	4022
	1. Immobilientransaktionen	4023
	2. Grundpfandrechtsbestellung	4037
	3. Gesellschaftsrechtliche Vorgänge	4043

		Rdn.
	a) Abschluss eines Gesellschaftsvertrages	4043
	b) Erwerb von Gesellschaftsanteilen	4044
	c) Veräußerung von Gesellschaftsanteilen	4046
	d) Veräußerung und Erwerb von Gesellschaftsimmobilien	4047
	e) Satzungsändernde Beschlüsse	4048
	4. Sonstige Sachverhalte	4050
II.	Verfahren	4051
	1. Zuständigkeiten	4051
	2. Entscheidungskriterien	4054
	3. Rechtskraft des Genehmigungsbeschlusses	4058
	a) Beginn der Beschwerdefrist: Bekanntgabe bzw. Erlass	4059
	b) Beschwerdeverzicht	4068
	c) Rechtskraftzeugnis	4070
	4. Weitergehende Mitwirkung des Notars?	4072
	5. »Doppelvollmacht«	4078
C.	Exkurs: Prüfung der Geschäftsfähigkeit	4087

Besonderheiten in der Person der an einem Vermögensnachfolgevertrag Beteiligten ergeben sich vor allem im Hinblick auf minderjährige Erwerber. Trotz aller allzu menschlichen Warnungen, den »anstrengungslosen Erwerb« durch Vermögensübertragung nicht zu früh eintreten zu lassen (vgl. Rdn. 12), drängen Mandanten oft darauf, möglichst umgehend mit dem Transfer von Vermögen, v.a. Immobilien oder Anteilen an vermögensverwaltenden Gesellschaften, an die nächste Generation zu beginnen, um die Zehn-Jahres-Abstände noch häufiger nutzen zu können. Daher stehen in diesem Kapitel die Fragen zur Wirksamkeit von Rechtsgeschäften unter Beteiligung Minderjähriger,[1] v.a. der Vertretung und gerichtlicher Genehmigung, im Vordergrund. Die auf Veräußererseite bei entgeltlichen Geschäften (z.B. dem Immobilienverkauf[2]) häufig auftretenden Probleme, nämlich das Auftreten von gesetzlichen Vertretern (Betreuern) oder Sachwaltern, die mit Wirkung für fremdes Vermögen handeln können (Testamentsvollstreckern), spielen demgegenüber beim Überlassungsvertrag wegen des gesetzlichen Schenkungsverbotes (§§ 1804, 2205 Satz 3 BGB, Rdn. 237 ff.) keine Rolle; denkbar sind Ausstattungsfälle (§ 1908 BGB) oder Pflicht- und Anstandsschenkungen (§ 1804 Satz 2 BGB). Immer wieder stellt sich jedoch die Frage nach der Geschäftsfähigkeit eines betagten Veräußerers, Rdn. 4085 ff. 3967

A. Vertretung Minderjähriger

I. Vertretung durch die Eltern

Minderjährige Kinder[3] stehen unter der Personen- und Vermögenssorge **beider Eltern** und werden daher durch diese gemeinschaftlich vertreten (§ 1629 Abs. 1 Satz 2 BGB). Bei der Prüfung 3968

---

1 Ausführliche Darstellung bei *Mayer/Geck*, Der Übergabevertrag, 3. Aufl. 2013, § 16 (S. 601 ff.).
2 Vgl. *Krauß*, Immobilienkaufverträge in der Praxis, 8. Aufl., Rn. 657 ff., 677 ff.
3 Gute Übersicht als Checkliste bei *Mayer/Geck*, Der Übergabevertrag, § 16 Rn. 2.

der wirksamen gesetzlichen Vertretung des Kindes durch die Eltern treffen den Notar an sich die gleichen Prüfungspflichten wie in anderen Fällen der gesetzlichen Vertretung (§§ 12, 17 BeurkG). Im vorgenannten Normalfall kann er sich auf eine Plausibilitätsprüfung dahin gehend beschränken, ob die erschienenen Personen tatsächlich Eltern des betreffenden Kindes sein können; die Vorlage entsprechender Auszüge aus dem Familien-Stammbuch dürfte allenfalls bei Namensverschiedenheit angezeigt sein.[4] Die Ausübung der elterlichen Sorge kann auch in Vollmacht, auch durch den anderen Elternteil, erfolgen (»Sorgerechtsvollmacht«, die auch Teil einer allgemeinen Vorsorgevollmacht sein mag[5]).

3969 **Erscheint nur ein Elternteil** und erklärt, gesetzlich zur alleinigen Vertretung des Kindes berechtigt zu sein, wird der Notar hierzu weitere Nachweise verlangen (z.B. Sterbeurkunde des anderen Elternteils, Scheidungsurteil, Nachweis über ein Ruhen des elterlichen Sorgerechtes des anderen Teils gem. §§ 1673 bis 1675 BGB, Urteil zur Übertragung des Sorgerechtes bei getrennt lebenden Eltern gem. § 620 Abs. 1 Nr. 1 ZPO, Nachweis über die Übertragung des Sorgerechtes auf einen Elternteil durch das FamG, § 1628 BGB, Anordnungen gem. § 1638 BGB durch das Gericht, angeordneter Ausschluss eines Elternteils bzgl. geerbten oder geschenkten Vermögens nach § 1638 Abs. 3 BGB).[6] Fehlt es nämlich tatsächlich an der Vertretungsmacht, ist auch kein gutgläubiger Erwerb möglich, da § 892 BGB nur den guten Glauben an das Eigentum, teilweise auch das Fehlen von Verfügungsbeschränkungen, nicht aber an die Vertretungsmacht schützt.

3970 Das **nichteheliche minderjährige Kind** wird regelmäßig durch die Mutter allein vertreten (§ 1626a Abs. 3 BGB), sofern diese nicht minderjährig ist (dann Amtsvormundschaft des Jugendamtes, §§ 1673 Abs. 2, 1791c BGB). Ein Nachweis darüber, dass nicht ausnahmsweise durch Sorgerechtserklärung der Mutter **gemeinsames Sorgerecht** mit dem Vater begründet wurde, § 1626a BGB, wird regelmäßig nicht verlangt werden können; ggf. ist hierzu eine Auskunft des Jugendamtes nach § 58a SGB VIII erforderlich, bei dem diese (ebenfalls öffentlich zu beurkundenden, § 1626d Abs. 1 BGB!) Sorgerechtserklärungen anzuzeigen sind.

3971 Die Rechts- und Geschäftsfähigkeit richtet sich **internationalrechtlich** nach dem für diese Vorfrage maßgeblichen IPR der lex fori, also nach deutschem Recht, gem. Art. 7 Abs. 1 EGBGB[7] nach dem **Recht der Staatsangehörigkeit** der betreffenden Person im Zeitpunkt der Abgabe der Willenserklärung. Letztere wird regelmäßig durch den Pass nachgewiesen. Gehört eine Person mehreren Staaten an, ist das Recht des Staates, dem die Person am engsten verbunden ist (sog. effektive Staatsangehörigkeit) maßgeblich; entscheidend sind insb. Aufenthalt oder Lebensverlauf des Mehrstaaters, Art. 5 Abs. 1 EGBGB. Ist der Mehrstaater zugleich Deutscher, ist stets die deutsche Staatsangehörigkeit vorrangig (Art. 5 Abs. 1 Satz 2 EGBGB). Deutschen Staatsangehörigkeiten stehen solche Personen gleich, die Deutsche i.S.d. Art. 116 Abs. 1 GG sind, also Flüchtlinge, Vertriebene, Spätaussiedler,[8] ohne die deutsche Staatsangehörigkeit zu besitzen. Bei Staatenlosen ist der gewöhnliche Aufenthalt maßgeblich (Art. 5 Abs. 2 EGBGB), bei anerkannten Asylberechtigten der Wohnsitz (§ 2 AsylVfG). Auch bei Flüchtlingen bleibt es insoweit bei der Maßgeblichkeit ihres Heimatrechtes, Art. 5 EGBGB.[9]

3972 In einer Reihe von Staaten tritt die **Volljährigkeit** bereits mit 16 (Schottland) oder erst mit 19, 20 oder 21 Jahren (Ägypten, Argentinien) ein (teilweise wird nach der Religions- oder Volksgruppen-

---

4 Möglicherweise strenger *Kölmel*, RNotZ 2010, 1, 10.
5 Empfehlung durch *Tschernoster*, RNotZ 2017, 125, 149.
6 Beispiel: OLG Karlsruhe, RNotZ 2004, 267.
7 *Tschernoster*, RNotZ 2017, 125, 144 ff.
8 Die relevanten Bestimmungen sind teilweise abgedruckt und kommentiert bei Palandt, BGB, Anhang zu Art. 5 EGBGB.
9 Die Genfer Flüchtlingskonvention (Maßgeblichkeit des Aufenthaltsstaates) ist insoweit nicht vorrangig, vgl. OLG Karlsruhe, 23.07.2015 – 5 WF 74/15.

zugehörigkeit differenziert).¹⁰ Heirat führt in den meisten Fällen zu früherer Geschäftsfähigkeit, was gem. Art. 7 Abs. 1 Satz 2 EGBGB aus deutscher Sicht akzeptiert wird. Die nach ausländischem Staatsangehörigkeitsrecht einmal erlangte Volljährigkeit geht durch späteren Erwerb der deutschen Staatsangehörigkeit nicht mehr verloren (»semel major, semper major«, Art. 7 Abs. 2 EGBGB).

Internationalrechtlich richtete sich die Zuweisung, die Ausübung und das Erlöschen der elterlichen Verantwortung und Vertretungsmacht (»Kindschaftsstatut«) bisher nach Art. 21 EGBGB,¹¹ seit 01.01.2011 (als gem. Art. 3 Nr. 2 EGBGB vorrangiger Staatsvertrag) nach dem **Haager Kinderschutzübereinkommen** (KSÜ¹²), das in Art. 15 bis 17 KSÜ auf das Recht des gewöhnlichen Aufenthalts des Kindes abstellt (auch wenn dieser in einem Staat ist, der nicht zu den Vertragsstaaten¹³ des KSÜ gehört, Art. 20 KSÜ, ohne Rück- oder Weiterverweisung¹⁴ als Sachnormverweisung [Art. 21 Abs. 1 KSÜ], jedoch ggf. unter Beachtung interlokaler Spaltungen wie etwa in Spanien¹⁵). Lebt ein minderjähriges Kind z.B. in Großbritannien, kann es durch die Eltern uneingeschränkt vertreten werden, da das dortige Recht keine den §§ 1629, 1795 BGB vergleichbare Beschränkung der elterlichen Vertretungsmacht, ebenso wenig das Erfordernis einer familiengerichtlichen Genehmigung kennt.¹⁶

3973

Hinsichtlich der **internationalen Zuständigkeit** der Gerichte oder Behörden der Vertragsstaaten für Schutzmaßnahmen, z.B. gerichtliche Genehmigungen, stellen Art. 5 ff. KSÜ ebenfalls auf den gewöhnlichen Aufenthalt des Kindes ab; innerhalb der EG (mit Ausnahme Dänemarks) sind insoweit jedoch Art. 8 ff. der **Brüssel-IIa Verordnung (EU-EheVO)** vorrangig,¹⁷ die auf den gewöhnlichen Aufenthalt des Kindes in einem Mitgliedstaat der Brüssel-IIa Verordnung¹⁸ abstellen. Fehlt eine solche, richtet sich die internationale Zuständigkeit in Kindschaftssachen nach §§ 151, 99 FamFG, sodass bei inländischem Schutzbedürfnis (hier belegenem Grundbesitz des Minderjährigen) das deutsche Belegenheitsgericht gem. §§ 99 Abs. 1 Satz 2, 152 Abs. 3 FamFG berufen ist.¹⁹

3974

Auch wenn es um die Genehmigung eines Erbauseinandersetzungsvertrages unter Beteiligung eines Minderjährigen geht, gehen die Kollisions- und Zuständigkeitsnormen der EU-EheVO denjenigen der EU-ErbVO vor.²⁰

II. Handeln des Kindes mit Genehmigung der Eltern

Handelt das beschränkt geschäftsfähige, also mindestens 7 Jahre alte, Kind selbst, ohne dass ein lediglich rechtlich vorteilhaftes Geschäft (s. nachstehend Rdn. 3976 ff.) vorliegt, bedarf es hierfür der vorherigen oder nachträglichen Zustimmung der Eltern bzw. des sorgeberechtigten Elternteils

3975

---

10 Eine Übersicht findet sich bei *Süß*, Rpfleger 2003, 54 ff.
11 Mit Gesamtverweisung auf das Recht des gewöhnlichen Aufenthalts.
12 Zuvor galt, mit geringerem Anwendungsbereich, das Haager Minderjährigenschutzübereinkommen [MSA] von 1961.
13 Aktuelle Länderliste auf der Homepage der Haager Konferenz für Internationales Privatrecht, www.hcch.net, sowie auf www.bundesjustizamt.de.
14 Ausnahme: Gem. Art. 21 Abs. 2 KSÜ ist die Weiterverweisung eines Nichtvertragsstaates auf einen anderen Nichtvertragsstaat, der diesen renvoi annimmt, beachtlich.
15 Vgl. *Gutachten*, DNotI-Report 2017, 3.
16 Vgl. OLG München, 10.02.2017 – 34 Wx 175/16, RNotZ 2017, 378.
17 *Gutachten* DNotI-Report 2011, 46.
18 Verordnung (EG) Nr. 2201/2003 des Rates über die Zuständigkeit und die Anerkennung und Vollstreckung von Entscheidungen in Ehesachen und in Verfahren betreffend die elterliche Verantwortung und zur Aufhebung der Verordnung (EG) Nr. 1347/2000.
19 *Gutachten* DNotI-Report 2012, 87, 88.
20 EuGH, 06.10.2015, C-404/14, »Matouskova«, ZEV 2016, 147 (trotz Art. 23 Abs. 2 lit. j »Teilung des Nachlasses«), vgl. *Dörner*, ZEV 2016, 117 ff.

(nach h.M.[21] ist auch rechtsgeschäftliche Spezialvollmacht, jedoch keine Generalvollmacht, zur Wahrnehmung von Sorgerechtsangelegenheiten möglich). Die vorherige Zustimmung (= Einwilligung) des gesetzlichen Vertreters, eine empfangsbedürftige Willenserklärung, kann bis zur Vornahme des Rechtsgeschäfts selbst frei widerrufen werden. Die Einwilligung kann sowohl dem Minderjährigen ggü. als auch dem Dritten ggü. widerrufen werden, § 183 BGB.

3976 Gem. § 108 Abs. 2 BGB kann, sofern keine vorherige Einwilligung vorliegt, der andere Vertragsteil den Schwebezustand (vergleichbar § 1829 Abs. 2 BGB) beenden, indem er den Vertreter des Minderjährigen zur Erklärung über die Genehmigung auffordert. In diesem Fall wird die bereits dem Minderjährigen ggü. erteilte oder verweigerte Genehmigung unwirksam, so dass auch ein eigentlich bereits beendeter Schwebezustand rückwirkend wieder auflebt. Zugleich wird hierdurch eine (durch Erklärung des Vertragspartners verlängerbare) 2-Wochen-Frist in Gang gesetzt, nach deren fruchtlosem Ablauf die Genehmigung als verweigert gilt. Eine Notwendigkeit, diese Frist kautelarjuristisch zu verlängern (vgl. Rdn. 4076 für die Frist zur Erklärung der familiengerichtlichen Genehmigung), besteht nicht.

3977 Wird ein einseitiges Rechtsgeschäft (z.B. eine **Vollmachtserteilung**) ohne vorherige Einwilligung des gesetzlichen Vertreters vorgenommen, ist es gem. § 111 Satz 1 BGB endgültig unwirksam. Bei empfangsbedürftigen Willenserklärungen wendet die h.M. allerdings § 180 Satz 2, 2. Alt., BGB analog an, sofern der Geschäftsgegner mit der Vornahme des Geschäfts ohne die erforderliche Einwilligung einverstanden ist, sodass die §§ 108, 109 BGB unmittelbar gelten und das einseitige Rechtsgeschäft mithin lediglich schwebend unwirksam ist bis zur Erteilung der Genehmigung durch den gesetzlichen Vertreter, möglicherweise auch des Gerichts. Ist die von einem Minderjährigen erteilte Vollmacht Bestandteil eines mehrseitigen Rechtsgeschäftes, erfasst dessen schwebende Unwirksamkeit auch die Vollmacht, so dass auch insoweit § 111 Satz 1 BGB nicht gilt,[22] sondern § 108 BGB analog; durch Genehmigung des mehrseitigen Rechtsgeschäfts wird auch die Vollmacht wirksam.

III. Vormundschaft

3978 **Minderjährige**, die **nicht unter elterlicher Sorge** stehen, werden durch einen **Vormund** vertreten (der wohl auch – analog § 1776 BGB – durch Benennung für den Fall des lebzeitigen Ausfalls, nicht nur durch Testament für den Fall des Versterbens, bestimmt werden kann);[23] hinsichtlich des Ausschlusses gelten gem. §§ 1795, 181 BGB die obigen Grundsätze. Ein **Ergänzungspfleger** (Rdn. 4001 ff.) ist für einen Minderjährigen zu bestellen, wenn die gesetzlich sorgeberechtigten Eltern an der Vertretung des Minderjährigen (z.B. wegen eigener Befassung) verhindert sind. Für Volljährige, die aufgrund einer psychischen Krankheit oder körperlicher, geistiger oder seelischer Behinderung an der Besorgung ihrer Angelegenheiten gehindert sind, kann auf Antrag oder von Amts wegen ein Betreuer bestellt werden, sofern nicht durch eine Vorsorgevollmacht (§ 1896 Abs. 2 BGB) Hilfe sichergestellt ist.

▶ Hinweis:

3979 Alle vorgenannten Personen (Vormund, Gegenvormund, Pfleger, Betreuer sowie Ergänzungsbetreuer für den Fall, dass es um ein Rechtsgeschäft zwischen Betreuer und Betreutem geht) haben sich durch ihre **Bestellungsurkunde** auszuweisen, die in beglaubigter Abschrift beizufügen ist, und aus der sich auch der Umfang ihres Wirkungs- bzw. Aufgabenkreises ergibt.[24] So-

---

21 *Gutachten*, DNotI-Report 2010, 203, 204.
22 BGH, 09.03.1990 – V ZR 244/88, MittBayNot 1990, 234.
23 *Gutachten*, DNotI-Report 2010, 203, 206.
24 Vgl. etwa für den Betreuer § 290 FamFG.

IV. Lediglich rechtlich vorteilhaftes Geschäft

1. Grundstücksrecht

Das beschränkt geschäftsfähige Kind kann selbst handeln bei allen Vorgängen, die ihm einen lediglich rechtlichen Vorteil i.S.d. § 107 BGB vermitteln.[25] In diesen Fällen spielt es keine Rolle, ob das mindestens sieben Jahre alte Kind selbst an der Beurkundung mitwirkt, oder dabei durch die Eltern als Veräußerer mitvertreten wird (§§ 1795 Satz 1, 181 1. Alt. BGB wird für diese Fälle teleologisch reduziert, vgl. Rdn. 3997), oder zu seiner eigenen Vertretung bereits vorab eine Vollmacht erteilt hat.[26] Ob das Rechtsgeschäft lediglich rechtlich vorteilhaft ist, hat der Notar nach den bekannten Grundsätzen des Allgemeinen Teils des BGB zu prüfen: 3980

▶ Übersicht: lediglich rechtlich vorteilhafte Natur einer Zuwendung[27]

(1) der Vorbehalt[28] eines Nießbrauchs oder Wohnungsrechts, sofern der Eigentümer nicht zum Aufwendungs- und Kostenersatz gem. §§ 1049, 683, 684 bzw. 667 ff. BGB verpflichtet ist;[29]
(2) der Vorbehalt der Beleihungsmöglichkeit durch den Veräußerer,
(3) die Übernahme dinglicher Belastungen ohne Verbindlichkeiten[30] (s. aber Rdn. 4037 zur Neuvalutierung) – anders also im Fall einer Reallast wegen der persönlichen Haftung während der eigenen Eigentumszeit aus § 1108 BGB
(4) die Übernahme von Dienstbarkeiten, sofern nicht dem Grundstückseigentümer die Unterhaltung einer Anlage unterliegt mit der reallastähnlichen Haftung des §§ 1021 Abs. 3, 1108 Abs. 1 BGB,[31]
(5) die Übernahme dinglicher Vorkaufsrechte oder vorgemerkter Wiederkaufsrechte,[32]
(6) die Anordnung der Ausgleichspflicht nach § 2050 Abs. 3 BGB[33] (s. Rdn. 1979)

---

25 Ausführlich *Kölmel*, RNotZ 2010, 618 ff. Tabellarische Übersicht, auch zum Erfordernis familiengerichtlicher Genehmigung, bei *Rupp*, notar 2011, 300 ff. Vgl. auch *Keller/von Schrenck*, NWB 2014, 2555 ff.
26 Was das Kind, selbstverständlich beschränkt auf lediglich rechtlich vorteilhafte Geschäfte, kann, vgl. *Daragan*, ZErb 2015, 168. Wenn die sofortige Wirksamwerden des Rechtsgeschäftes entscheidend ist, aber weder das Kind noch beide Eltern greifbar sind, kann dies entscheidende Vorteile bringen.
27 Vgl. BayObLGZ 1979, 54; OLG Köln, MittBayNot 1998, 106; Übersicht bei *Böhringer*, BWNotZ 2006, 119 ff. und *Mayer/Geck*, Der Übergabevertrag, § 16 Rn. 79 bzw. 80.
28 Vgl. BGHZ 161, 70; jeweils gleichgültig ob der Nießbrauch noch vom Veräußerer bestellt wird oder ob der Erwerber sich im Erwerbsvertrag zu dessen Bestellung verpflichtet, vgl. *Krüger*, ZNotP 2006, 205; a.A: *Kölmel*, RNotZ 2010, 618, 642 f. Zur Zuwendung eines Nießbrauchs vgl. Rdn. 3984. Bedarf es überhaupt eines Ergänzungspflegers, dann allenfalls für die Bestellung, nicht für die weitere Dauer des Nießbrauchs, vgl. BFH, 13.05.1980, BStBl 1981 II 295, Nießbraucherlass BMF, 30.09.2013, BStBl 2013 I 1184, Tz. 4.
29 Vgl. OLG Celle, 11.11.2013 – 4 W 186/13, NotBZ 2014, 46; Großzügiger *Böttcher*, Rpfleger 2006, 296: da der Eigentümer nur nach GoA-Vorschriften (§§ 1049, 677 ff. BGB) hafte, müsse er nur für objektiv gebotene Verwendungen aufkommen; zum Streitstand insgesamt *Kölmel*, RNotZ 2010, 618, 638 ff. Bei dinglichem Ausschluss der Verwendungsersatzpflicht bleibt die rechtliche Vorteilhaftigkeit erhalten.
30 Jedenfalls wenn die Zwangsvollstreckungsunterwerfung bereits in der Grundpfandrechtsurkunde enthalten war, vgl. BGH, DNotZ 2005, 549; in der Übernahme des lediglich dinglichen (wenngleich valutierten) Rechtes liegt auch kein familiengerichtlich genehmigungspflichtiger »entgeltlicher Erwerb«, vgl. *Gutachten*, DNotI-Report 2005, 195.
31 Es sei denn die persönliche Haftung wäre durch Vereinbarung ausgeschlossen und diese Inhaltsänderung im Grundbuch eingetragen, vgl. *Böhringer*, BWNotZ 2006, 120.
32 *Rastätter*, BWNotZ 2006, 6; *Klüsener*, Rpfleger 1981, 261.
33 BGHZ 15, 168.

(7) das Vorliegen einer »Zweckschenkung« (tritt der Zweck nicht ein, besteht ein Rückforderungsrecht nach gesetzlichen Regelungen: § 812 Abs. 1 Satz 2, 2. Alt. BGB) oder einer Hoffnungsschenkung (der Nichteintritt der erhofften Wirkung bleibt sanktionslos)[34] sowie

(8) nach (vereinzelt bestrittener)[35] überwiegender Auffassung auch die Vereinbarung eines Rückforderungsvorbehalts bei Beschränkung der Haftung des Minderjährigen auf das Objekt analog § 818 Abs. 3 BGB («Bereicherung«),[36] Rdn. 2320 und 2325, sowie

(9) die allgemeine, durch das Innehaben des Eigentums begründete Verpflichtung zur Tragung jedenfalls der wiederkehrenden[37] öffentlich-rechtlichen Grundstückslasten[38]

(10) die durch das Rechtsgeschäft als solche ausgelöste Pflicht zur Tragung der Notar- und Gerichtskosten sowie der Grunderwerb- bzw. Schenkungsteuer[39] stehen der lediglich rechtlich vorteilhaften Natur einer Zuwendung ebenfalls nicht entgegen.[40]

3981 Um sicherzustellen, dass Schenkungen an Minderjährige, die nicht bereits aufgrund der Natur des betreffenden Objektes selbst rechtlich nachteilhaft sind (Sondereigentum; vermietetes Objekt) keine Ergänzungspflegschaft erfordern, sind demnach v.a. Vorkehrungen im Hinblick auf das Rückforderungsrecht, die Pflichtteilsanrechnung und das Schicksal bestehender Verbindlichkeiten bei Beendigung des Nießbrauchs erforderlich:

▶ **Formulierungsvorschlag: Abweichende Regelungen bei minderjährigem Erwerber (Pflichtteilsanrechnung, Abwicklung nach Rückforderung, Schuldübernahme nach Nießbrauchsbeendigung)**

Im Rahmen der Pflichtteilsanrechnung:

Sofern der Erwerber im Erbfall des Veräußerers noch minderjährig ist, hat er sich höchstens den Wert auf seinen Pflichtteil anrechnen zu lassen, den die Zuwendung im Zeitpunkt des Versterbens des Veräußerers hat. Ist der heute minderjährige Erwerber im Zeitpunkt des Erbfalls bereits volljährig, ist die Anrechnung in entsprechender Weise auf den Wert begrenzt, den die Zuwendung beim Eintritt seiner Volljährigkeit hatte.

Im Rahmen der Abwicklung eines Rückforderungsfalles:

Ist der Erwerber im Zeitpunkt des Rückübertragungsverlangens noch minderjährig, hat er lediglich die im Zeitpunkt der Rückübertragung noch vorhandene Bereicherung herauszugeben; sollte er im Zeitpunkt des Rückübertragungsverlangens bereits volljährig sein, höchstens den Wert der

---

34 Vgl. *Mayer/Geck*, Der Übergabevertrag, § 16 Rn. 58.
35 *Böttcher*, Rpfleger 2006, 297: jede schuldrechtliche Rückübereignungspflicht bedarf als per se nachteilhaftes Geschäft der Genehmigung; die bewilligte Vormerkung kann mangels hinreichender Grundlage nicht einmal zur Sicherung eines möglichen künftigen (nach Genehmigung entstehenden, bedingten) Anspruchs aufrechterhalten werden.
36 BayObLG, ZEV 2004, 340: Schädlich sind also insb. vertragliche Regelungen zu den Rückforderungsfolgen, die zu einer Wertersatz- oder Schadensersatzzahlung oder auch nur zur Tragung der Rückauflassungskosten aus dem sonstigen Vermögen führen können; vgl. *Mayer/Geck*, Der Übergabevertrag, § 16 Rn. 64.
37 Für Erschließungslasten noch offen; die latente allgemeine Beitragspflichtigkeit führt jedenfalls nicht zum rechtlichen Nachteil, sondern nur bei konkret erkennbaren Beitragslasten; Gleiches dürfte gelten für die allgemeine »Polizeipflichtigkeit« sowie die allgemeine Verkehrssicherungspflicht, vgl. *Kölmel*, RNotZ 2010, 618, 633 ff.
38 Die Lit. argumentiert, diese Lasten träfen den Minderjährigen nicht aufgrund des Rechtsgeschäftes, sondern kraft öffentlichen Rechtes; der BGH, 25.11.2004 – V ZB 13/04, NJW 2005, 415 und BGH, 03.02.2005, NJW 2005, 1430 reduziert § 107 BGB teleologisch, da diese typischerweise aus den Erträgen zu deckenden Leistungen gemeinhin nicht als Rechtsnachteil angesehen würden; vgl. *Führ/Menzel*, JR 2005, 418. vgl. im Einzelnen *Kölmel*, RNotZ 2010, 618, 627 ff.
39 Vgl. *Kölmel*, RNotZ 2010, 618, 630 ff.
40 Vgl. BayObLGZ 1979, 54; OLG Köln, MittBayNot 1998, 106.

A. Vertretung Minderjähriger   Kapitel 10

Bereicherung, der beim Eintritt der Volljährigkeit noch vorhanden war. Ferner sind ihm unabhängig von den vorstehenden Regelungen alle während der Minderjährigkeit erbrachten Aufwendungen zu ersetzen, unabhängig davon, ob sie noch werterhöhend sind, nicht jedoch laufende Unterhaltskosten, soweit diese aus den vom Minderjährigen aus dem Objekt (nach Steuern) erzielten Einnahmen aufgebracht werden konnten.

Im Rahmen der Schuldübernahme nach Nießbrauchsbeendigung:

Eine etwaige aufschiebend auf den Zeitpunkt der Beendigung eines Nießbrauchs bedingte Übernahme der objektbezogenen Darlehen ist, sofern der Erwerber im Zeitpunkt der Schuldübernahme noch minderjährig ist, begrenzt auf den Wert des Erwerbs in diesem Zeitpunkt.

▶ Übersicht: rechtlich nachteilhafte Gestaltungen

(1) die Überlassung eines vermieteten Objekts,[41] auch wenn Vermieter zunächst der Veräußerer bleibt, aufgrund vorbehaltenen Nießbrauches,[42]   3982
(2) und die Übertragung einer Eigentumswohnung, und zwar jedenfalls seit 01.07.2007 in jedem Fall[43] (als Folge der in § 10 Abs. 8 WEG geschaffenen, im Außenverhältnis unbeschränkbaren, primären, akzessorischen, anteiligen Haftung für die Verbindlichkeiten eines Dritten, des Verbandes der Wohnungseigentümer sowie möglicherweise auch als Folge der Wirkung nicht im Grundbuch eingetragener Beschlüsse gegen den Rechtsnachfolger gem. § 10 Abs. 4 WEG, v.a. wenn eine Öffnungsklausel vereinbarungs- und gesetzesändernde Beschlüsse ermöglicht) – zuvor jedenfalls wenn die Gemeinschaftsordnung vom dispositiven Recht des WEG nachteilig abweicht[44] bzw. beim Eintritt in einen Verwaltervertrag[45]
(3) die Übernahme einer Reallast wegen der in § 1108 BGB enthaltenen persönlichen Haftung des jeweiligen Eigentümers, sofern diese nicht dinglich abbedungen wurde,
(4) auch die vom Veräußerer rechtzeitig angeordnete Anrechnung auf den künftigen Pflichtteil (§ 2315 BGB) soll – wegen ihrer Vergleichbarkeit zum beschränkten Pflichtteilsverzicht – nach herrschender,[46] allerdings bestrittener[47] Ansicht ebenfalls die lediglich rechtliche Vorteilhaftigkeit beseitigen (s. Rdn. 1980),
(5) das tatsächliche Bestehen rückständiger Grundstückslasten (etwa bereits veranlagter Erschließungskosten) dürfte ebenfalls die rechtliche Nachteilhaftigkeit bedingen, sofern keine Ablösungsvereinbarung geschlossen wird und andere (etwa die Eltern) die Zahlungsverpflichtungen unter Freistellung des Minderjährigen übernehmen,
(6) die Zuwendung eines Nießbrauchs (vgl. im Einzelnen Rdn. 3984)

---

41 OLG Oldenburg, NJW-RR 1988, 839.
42 BayObLG, ZNotP 2003, 307 und BGH, 03.02.2005 – V ZB 44/04, ZNotP 2005, 227 m. insoweit zust. Anm. *Feller*, MittBayNot 2005, 415 (wegen des bei Beendigung des Nießbrauches potenziell stattfindenden Übergangs des Mietverhältnisses auf den Erwerber. Zu Recht krit. hierzu *Fembacher*, DNotZ 2005, 629: es handelt sich um die lediglich theoretische Möglichkeit einer künftigen Belastung, außerdem könnte auch bei der – nach BGH unentgeltlich bleibenden – Überlassung eines grundpfandrechtlich belasteten Grundstücks dem minderjährigen Erwerber durch die Zwangsverwaltung (§ 866 Abs. 1 ZPO) die »Vermietung wider Willen« drohen (§ 152 Abs. 1 ZVG).
43 BGH, 30.09.2010 – V ZB 206/10, NotBZ 2011, 94 m. Anm. *Krauß* = ZEV 2011, 40 m. Anm. *Schaub*; zuvor schon OLG München, 06.03.2008 – 34 Wx 14/08, NotBZ 2008, 161.
44 BGHZ 78, 32.
45 OLG Hamm, Rpfleger 2000, 449, BayObLG 2003, 473.
46 *Mayer/Geck*, Der Übergabevertrag, § 16 Rn. 68 m.w.N.; Staudinger/*Haas*, BGB (1998), § 2315 Rn. 31.
47 OLG Dresden, MittBayNot 1996, 291; zustimmend *Everts*, Rpfleger 2005, 180 f.: keine Vergleichbarkeit mit dem vertraglichen Pflichtteilsverzicht; Bedeutungslosigkeit bloßer »Pflichtteilserwartungen«.

(7) rechtlich nachteilhaft wäre auch die nachträgliche[48] Eintragung solcher Rechte, die bei Vorbehalt i.R.d. Übertragung selbst lediglich den Umfang der Schenkung mindern würden (etwa des für den Eigentümer leistungsfreien Nießbrauchs). Daher sollten Umschreibungsantrag und Antrag auf Eintragung beschränkt dinglicher Rechte zugunsten des Veräußerers gem. § 16 Abs. 2 GBO verbunden sein (die Rechtsprechung nimmt eine solche Verbindung, allerdings zum Schutz des Veräußerers vor der Eintragung störender »Zwischenrechte«, ohnehin an).[49]

(8) Rechtlich nachteilig kann auch die Annahme eines mit einem Untervermächtnis beschwerten Vermächtnisses[50] sowie die Annahme eines Vermächtnisses durch einen pflichtteilsberechtigten Minderjährigen sein, da er dann die Chance auf den unbelasteten Pflichtteil gem. § 2307 Abs. 1 BGB verliert.[51]

(9) Rechtlich nachteilig ist schließlich jeder Erwerb eines Erbteils, mit Blick auf die mögliche Erbenhaftung,[52]

(10) sowie der Erwerb (auch Schenkung) einer Fotovoltaikanlage, im Hinblick auf die mit dem Stromerzeugungsbetrieb einhergehenden Verkehrssicherungs-, Anlagenbetreiber- und steuerlichen Pflichten.[53]

3983 Bei der Bestellung oder Übertragung eines **Erbbaurechtes** zugunsten eines Minderjährigen ist zu differenzieren: der notwendige (»gesetzliche«) dingliche Inhalt beeinträchtigt die rechtliche Vorteilhaftigkeit einer Schenkung nicht. Hinsichtlich des fakultativen dinglichen Rechtsinhalts (§ 2 ErbbauRG) führen Errichtungspflichten (Nr. 1), Unterhaltungs- und Wiederaufbaupflichten (Nr. 2) und Vertragsstrafen (Nr. 5) zu einer Nachteilhaftigkeit des Erfüllungsgeschäftes,[54] die auch für das Grundbuchamt relevant ist, während lediglich schuldrechtliche Pflichten von vornherein lediglich das Verpflichtungsgeschäft betreffen (dort also ebenfalls § 107 BGB ausschließen, aber außerhalb des Prüfungsumfangs des Grundbuchamtes).

3984 Wird ein **Nießbrauch** zugunsten eines Minderjährigen mit dem gesetzlichen Inhalt bestellt, enthalten bereits §§ 1036 Abs. 2, 1041 BGB (Unterhaltungspflicht), § 1045 BGB (Versicherungspflicht) und § 1047 BGB (Pflicht zur Tragung der laufenden Lasten und Kosten) für rechtliche Nachteile des Erfüllungsgeschäftes. Mit dinglicher Wirkung (»Bruttonießbrauch«, Rdn. 1379) können zwar letztere Pflichten abbedungen werden, von der Unterhaltungspflicht, die dem Nießbrauch wesensimmanent ist, kann aber nur schuldrechtliche Freistellung erfolgen, so dass die herrschende Meinung die Zuwendung eines Nießbrauchs stets als dinglich rechtlich nachteilhaft wertet.[55] Gleiches gilt für die Zuwendung eines **Wohnungsrechtes** aufgrund der dinglich nicht ausschließbaren Unterhaltungspflicht, § 1093 Satz 2 i.V.m. § 1041 BGB. Einer gerichtlichen Genehmigung bedarf jedoch allenfalls das schuldrechtliche Geschäft, also nicht der grundbuchliche dingliche Vollzug,[56] Rdn. 4028.

---

48 *Krüger*, ZNotP 2006, 205 plädiert dagegen dafür, der »logischen Sekunde« des abstrakt unbelasteten Eigentums kein rechtliches Gewicht beizumessen, also den vorbehaltenen und den eingeräumten Nießbrauch gleich zu behandeln.
49 Vgl. BayObLG, DNotZ 1977, 367; OLG Hamm, DNotZ 1973, 615; OLG München, Rpfleger 2006, 68; krit. hierzu *Bestelmeyer*, Rpfleger 2006, 318: Verwechslung von materiellrechtlicher Rangeinigung gem. § 879 Abs. 3 BGB und verfahrensrechtlicher Rangbestimmung gem. § 45 Abs. 3 GBO.
50 *Röhl*, MittBayNot 2013, 189, 195.
51 *Keim*, in: DAI, 11. Jahresarbeitstagung des Notariats 2013, Skript S. 466.
52 OLG Frankfurt, 18.12.2014 20 W 172/14, ZV 2015, 342 (auch wenn der Minderjährige schon Miterbe ist); ferner kann die familiengerichtliche Genehmigung gem. §§ 1643 Abs. 1, 1822 Nr. 10 BGB erforderlich sein.
53 OLG Dresden, 23.12.2015 – 22 WF 1052/15, NotBZ 2016, 232.
54 Vgl. im Einzelnen *Kölmel*, RNotZ 2011, 332, 336 f.
55 Vgl. *Kölmel*, RNotZ 2011, 332, 338; OLG Celle, 07.11.2013 – 4 W 186/13, MittBayNot 2014, 248 jedenfalls sofern der Nießbraucher nicht alle Kosten zu übernehmen habe.
56 OLG München, 08.02.2011 – 34 Wx 40/11, ZEV 2011, 267 (für den Nießbrauch).

Die Bestellung einer **Grunddienstbarkeit** zugunsten eines Minderjährigen kann zu einem rechtlichen Nachteil führen, wenn den Berechtigten eine Pflicht zur Unterhaltung der Anlage auf dem fremden Grundstück trifft (§ 1021 Abs. 1 Satz 2 BGB mit Verweisung auf die Reallastvorschriften), ebenso aus der Unterhaltungspflicht gem. § 1020 Satz 2 BGB. Gleiches gilt für beschränkt persönliche Dienstbarkeiten aufgrund der Verweisung in § 1090 Satz 2 BGB. Lediglich rechtlich vorteilhaft sind dagegen die Bestellung eines Vorkaufrechtes sowie von Grundpfandrechten zugunsten eines Minderjährigen.[57]

3985

Bei lediglich **dinglich nachteilhaften**[58] Schenkungen des gesetzlichen Vertreters – etwa bei der Schenkung einer Kommanditbeteiligung oder von Wohnungs- oder vermietetem Eigentum, während z.B. die Anrechnung auf den Pflichtteil oder der Vorbehalt eines Rückforderungsrechtes das schuldrechtliche Rechtsgeschäft betreffen –[59] legte der BGH bisher eine **Gesamtbetrachtung** aus schuldrechtlichem und dinglichem Vertrag zugrunde,[60] um dem Dilemma zu entgehen, dass die schlichte Erfüllung eines wirksamen Verpflichtungsgeschäfts, möge sie auch für sich gesehen rechtlich nachteilig sein, sonst gem. §§ 1629 Abs. 2 Satz 1, 1795 Abs. 1 Nr. 1 Halbs. 2, Abs. 2, 181 Halbs. 2 BGB keinen Vertretungsausschluss zur Folge hätte. Bei der **Erfüllung einer Verbindlichkeit** kann es sich sowohl um eine solche handeln, die der Minderjährige zu erfüllen hat, als auch um solche, die ggü. dem Minderjährigen zu erfüllen sind.[61]

3986

Dogmatisch sauberer wäre es, wie bereits früh in der Literatur gefordert[62] und möglicherweise nun auch vom BGH geteilt,[63] unter Wahrung des Trennungsprinzips die in § 1795 Abs. 1 Nr. 1, letzter Halbs. BGB geregelte Ausnahme vom Vertretungsverbot teleologisch zu reduzieren auf solche Fälle, in denen das in der Erfüllung einer Verbindlichkeit bestehende Rechtsgeschäft über den Erfüllungserfolg hinaus nicht zu weiteren rechtlichen Nachteilen für den Vertretenen führt. Solange der BGH die Gesamtbetrachtungslehre nicht insgesamt aufgegeben hat, sollte der Notar vorsichtigerweise hinsichtlich der Einholung von Genehmigungen und bei der Regelung der Fälligkeitsvoraussetzungen davon ausgehen, dass die rechtliche Nachteilhaftigkeit des Verfügungsgeschäfts auch die Nachteilhaftigkeit des Verpflichtungsgeschäfts zur Folge hat.

3987

Ist hingegen – wie häufig – bereits das **schuldrechtliche Grundgeschäft rechtlich nachteilhaft** (etwa wegen darin enthaltener Rücktrittsregelungen, die nicht lediglich bereicherungsrechtlichen Abwicklungscharakter haben) und mangels Genehmigung durch Pfleger und Gericht noch schwebend unwirksam, allerdings das **dingliche Geschäft** unter Beachtung des Abstraktionsprinzips lediglich **rechtlich vorteilhaft**[64] und demnach genehmigungsfrei wirksam, könnte der Grundbuchvollzug (sofern nicht § 139 BGB eingreift) ohne Weiteres erfolgen.[65] Jedenfalls für diese Alternative wurde die Gesamtbetrachtung ausdrücklich aufgegeben.[66] Der Minderjährige wäre jedoch, falls später das

3988

---

57 Vgl. *Kölmel*, RNotZ 2011, 332, 340; die Pflicht zur späteren Abgabe einer Löschungsbewilligung etc bleiben als wirtschaftlich unbedeutend außer Betracht.
58 Für die anderen Sachverhaltsalternativen (beide Geschäfte sind nachteilhaft oder sind vorteilhaft, oder lediglich das dingliche Geschäft ist vorteilhaft) bleibt es beim TrennungsPrinzip, vgl. *Wojcik*, DNotZ 2005, 655 ff.
59 Vgl. den Überblick bei *Everts*, ZEV 2004, 232; krit. *Feller*, MittBayNot 2005, 416.
60 BGH, NJW 1981, 111, a.A. noch BGHZ 15, 168.
61 BayObLG, 08.02.2004 – 2Z BR 068/04, DNotZ 2004, 925.
62 *Feller*, DNotZ 1989, 75 ff.
63 BGH, 03.02.2005 – V ZB 44/04, DNotZ 2005, 625; vgl. *Böttcher*, Rpfleger 2006, 293.
64 OLG Brandenburg, 24.03.2014 – 9 WF 48/14 NJW-RR 2014, 1045 = notar 2014, 381 m. Anm. *Mensch*; auch einer familiengerichtlichen Genehmigung bedarf es dann nicht.
65 So der Sachverhalt bei BGH, 25.11.2004 – V ZB 13/04, ZEV 2005, 66, m. Anm. *Everts* und *Schmitt*, NJW 2005, 1090 sowie *Feiler*, MittBayNot 2005, 412.
66 Vgl. vorstehende Fußnote. Der BGH erwägt im Urt. v. 03.02.2005 – V ZB 44/04, NJW 2005, 1430 die teleologische Reduktion des § 181 BGB a.E. (»Erfüllung einer Verbindlichkeit«) auf solche Sachverhalte, in denen eine wirksame Verpflichtung des Vertretenen (Minderjährigen), nicht des Vertreters, besteht.

schuldrechtliche Grundgeschäft mangels Genehmigungsfähigkeit endgültig unwirksam wird, einem (wegen § 818 Abs. 3 BGB nicht zur rechtlichen Nachteilhaftigkeit führenden) gesetzlichen Rückforderungsanspruch des Übergebers aus § 812 Abs. 1 Satz 1, 1. Alt. BGB ausgesetzt.

▶ Hinweis:

3989 Daher sollte in der Praxis der Notar stets übereinstimmend angewiesen werden, gem. § 53 BeurkG den Vollzug erst nach Pflegerbestellung und familien- oder, bei Volljährigen, betreuungsgerichtlicher Genehmigung, mag diese auch lediglich zum schuldrechtlichen Grundgeschäft erforderlich sein, vorzunehmen. Bei Überlassungsverträgen[67] mit Minderjährigen, in denen der Veräußerer sich z.B. vormerkungsgesicherte Rückforderungsrechte vorbehalten will, bestünde zusätzlich auch für den Veräußerer die Gefahr, das Eigentum zunächst zu verlieren ohne eine Vormerkungssicherung zu erwerben, da der schuldrechtliche (bedingte) Rückforderungsanspruch mangels Genehmigung noch nicht entstanden ist.[68]

2. Gesellschaftsrecht

a) Abschluss des Gesellschaftsvertrags

3990 Bei Beteiligung Minderjähriger[69] am Gesellschaftsvertrag bei der **Gründung** einer **GbR** mit zumindest einem Elternteil[70] ist ein Ergänzungspfleger zu bestellen, da das Rechtsgeschäft aufgrund der persönlichen Haftung für die Kinder nicht lediglich rechtlich vorteilhaft ist. Im Fall der originären Aufnahme (Bildung eines weiteren Gesellschaftsanteils) ist dabei unstreitig für jedes Kind ein eigener Ergänzungspfleger zu bestellen,[71] auch insoweit sind die Eltern also an der Vertretung gehindert (§ 181, 2. Alt. BGB). Auch die Beteiligung an der Gründung[72] einer **AG oder GmbH, einer stillen Beteiligung oder Unterbeteiligung** mit einem Elternteil erfordert wegen der Verpflichtung zur Einlageleistung die Bestellung von Ergänzungspflegern. Nach Auffassung des BFH soll dies sogar dann gelten, wenn eine stille Beteiligung schenkweise eingeräumt wird[73] oder eine Unterbeteiligung nur am Gewinnbezugsrecht besteht[74] bzw. die minderjährigen Kinder im Gesellschaftsvertrag der stillen Gesellschaft einem Wettbewerbsverbot unterliegen.[75] Gleiches gilt für die Gründungsbeteiligung an einer KG, aufgrund der Beitragspflichten im Gesellschaftsvertrag, sowie der persönlichen Haftung im Gründungsstadium gem. § 176 Abs. 1 HGB,[76] und bei einer GbR.[77]

---

67 Bei Kaufverträgen ist die »Vorlagesperre« i.d.R. bereits »eingebaut«: das Vorliegen der vormundschaftsgerichtlichen Genehmigung ist Fälligkeitsvoraussetzung und die Umschreibungsvorlage an den Zahlungsnachweis geknüpft.
68 *Reiß*, RNotZ 2005, 226.
69 S. dazu *Jänig/Schiemzik*, NWB 2016, 1897 ff., sowie *Pauli*, ZErb 2016, 131 ff.; *Wachter/Ivo*, Handbuch des Fachanwalts für Handels- und Gesellschaftsrecht, Teil 2, 11. Kap. Rn. 4 ff. (= ZNotP 2007, 210 ff.); auf Personengesellschaften beschränkte Übersicht: *Ivo*, NWB 2007, 2873 ff. = Fach 18, S. 4497 ff.; vgl. auch *Keller/von Schrenck*, NWB 2014, 2555, 2560 ff. (Übertragung von Gesellschaftsanteilen).
70 Bei einer GmbH & Co. KG gilt dies auch, wenn ein Elternteil lediglich Geschäftsführer der Komplementär-GmbH ist, *Hohaus/Eickmann*, BB 2004, 1709.
71 BayObLG, 16.12.1958 – 1 Z 69/58, FamRZ 1959, 125: Rechtsgeschäft zugleich zwischen mehreren gleichzeitig beitretenden Kindern.
72 Ebenso bei Umwandlungsvorgängen zur Neugründung, *Böhringer*, NotBZ 2014, 121 ff.
73 BFH, DB 1974, 365: »die langfristigen Bindungen des Gesellschaftsvertrages heben den vorteilhaften Charakter der Schenkung wieder auf«.
74 BFH, BB 1975, 261.
75 BFH, 12.05.2016 – IV R 27/13, MittBayNot 2017, 152.
76 Vgl. *Menzel/Wolf*, MittBayNot 2010, 186.
77 Auch hier braucht jedes Kind einen eigenen Pfleger, FG Nürnberg, 24.06.2014 – 1 K 787/11, ErbStB 2015, 33 (n. rkr.; Az. BFH: VIII B 129/14).

b) Erwerb von Gesellschaftsanteilen

Hinsichtlich des **derivativen Erwerbs** von Gesellschaftsanteilen durch **Minderjährige** seitens Verwandter in gerader Linie ist hinsichtlich der Notwendigkeit einer Ergänzungspflegerbestellung zu differenzieren: Auch die Schenkung einer Beteiligung an einer **GbR** oder einer **OHG** bzw. der Komplementärstellung an einer KG führt wegen der Haftung für Alt- und Neuverbindlichkeiten (§§ 128, 130 HGB; bei der GbR in analoger Anwendung) zu rechtlichen Nachteilen; allerdings würde – entgegen der vielerorts noch herrschenden Praxis – bei einer Mehrheit von Minderjährigen ein gemeinsamer Ergänzungspfleger für die gesamte Erwerberseite genügen.[78] Wird eine Beteiligung an einer bestehenden stillen Gesellschaft geschenkt, bedarf es eines Ergänzungspflegers, wenn der minderjährige Erwerber auch am Verlust beteiligt würde oder sich einer Nachzahlungspflicht ausgesetzt sehen kann.

3991

Hingegen kann die Übertragung voll eingezahlter (auch nach §§ 68 Abs. 2, 55 AktG vinkulierter) **Aktien** wegen des lediglich rechtlichen Vorteils vom mindestens 7 Jahre alten Kind selbst (bzw. durch die Eltern ohne Ergänzungspfleger; teleologische Reduktion des Verbots der In-Sich-Vertretung gem. §§ 1795, 1629, 181 BGB) vorgenommen werden. Der Schenkungserwerb von bereits bestehenden[79] **GmbH-Anteilen**, auch wenn sie voll eingezahlt sind, ist jedoch nicht lediglich rechtlich vorteilhaft wegen des damit verbundenen Risikos einer Ausfallhaftung für andere Gesellschafter (z.B. bei einer künftigen Kapitalerhöhung sowie für verbotene Rückzahlungen an andere Gesellschafter, §§ 24, 31 Abs. 3 GmbHG).[80] In der schenkweisen Übertragung voll eingezahlter **Kommanditanteile** sieht ein Teil der Rechtsprechung[81] sowie der Literatur[82] ebenfalls kein lediglich rechtlich vorteilhaftes Geschäft, bspw. wegen der Gefahr des Wiederauflebens der Haftung bei Einlagenrückgewähr (§ 172 Abs. 4 HGB) und der Haftung für Verbindlichkeiten in der Zeit zwischen dem »Eintritt« in die Gesellschaft und der Eintragung in das Handelsregister, § 176 Abs. 2 HGB. Der Berater sollte trotz beachtlicher Gegenstimmen[83] und großzügiger OLG-Rechtsprechung bei der unentgeltlichen Übertragung eingezahlter Kommanditanteile an rein vermögensverwaltenden Gesellschaften[84] vorsichtigerweise hiervon ausgehen. Der letztwillige Erwerb solcher Anteile, auch in Erfüllung eines Vermächtnisses zugunsten des Minderjährigen, bedarf nach herrschender Meinung allerdings keiner Ergänzungspflegschaft (§ 181 Halbs. 2 BGB: Erfüllung einer Verbindlichkeit).[85]

3992

c) Gesellschafterbeschlüsse

Bei Beschlüssen der Gesellschaft können Minderjährige durch ihre Eltern auch dann vertreten werden, wenn diese selbst Gesellschafter sind, § 181 BGB ist auf Maßnahmen der Geschäftsführung (»**Sozialakte**«) nicht analog anwendbar.[86] Anderes gilt wegen ihres auch rechtsgeschäftlichen Charakters bei Beschlüssen über **Änderungen des Gesellschaftsvertrages** einer Personengesell-

3993

---

78 OLG München, 17.06.2010 – 31 Wx 70/10, ZEV 2010, 647; Eingehend *Ivo*, ZEV 2005, 195, m.w.N.
79 Die Übernahme eines durch Kapitalerhöhung geschaffenen Anteils vollzieht sich jedoch (trotz des Wortlautes § 55 Abs. 1 GmbHG: »durch Erklärung«) durch Vertrag mit der GmbH selbst, so dass die weiteren GmbH-Gesellschafter, auch wenn sie gesetzliche Vertreter sind, hieran nicht beteiligt sind.
80 H.Lit, *Bürger*, RNotZ 2006, 156, 162; *Gutachten*, DNotI-Report 2013, 195 m.w.N.
81 LG Aachen, NJW-RR 1994, 1319; LG Köln, Rpfleger 1970, 245; ebenso OLG Frankfurt, 27.05.2008 – 20 W 123/08, ErbStB 2009, 41 jedenfalls wenn die KG ein Erwerbsgeschäft betreibt.
82 Z.B. *Hohaus/Eickmann*, BB 2004, 1708; *Pieler/Schulte*, in: Münchener Handbuch zum Gesellschaftsrecht, Bd. 2, § 35 Rn. 14 m.w.N.
83 *Maier-Reimer/Marx*, NJW 2005, 3026; *Rust*, DStR 2005, 1946 jeweils m.w.N.
84 OLG Bremen, 16.06.2008 – 2 W 38/08, GmbHR 2008, 1263 und OLG München, 06.11.2008 – 31 Wx 76/08, GmbHR 2008, 1264, m. Anm. *Werner*; vgl. *Menzel/Wolf*, MittBayNot 2010, 186, 187.
85 *Menzel/Wolf*, MittBayNot 2010, 186, 190.
86 Vgl. Staudinger/*Schilken*, BGB (2004), § 181 Rn. 24, 26 m.w.N.

schaft[87] oder einer GmbH,[88] nach Ansicht des BGH[89] allgemein für sog. Grundlagenbeschlüsse und wohl auch für die Geschäftsführerbestellung einer GmbH,[90] nicht jedoch (wegen der Gestattung der Mehrfachvertretung in § 135 AktG) bei Satzungsänderungen einer AG, sowie für unmittelbare rechtsgeschäftliche Erklärungen im Rahmen solcher Beschlussvorgänge (etwa Zustimmungen bei Umwandlungen). Demnach bedarf es der Mitwirkung (je eines) Ergänzungspflegers für jeden Minderjährigen z.B. bei der Beschlussfassung über eine Kapitalerhöhung, den Zulassungsbeschluss, und den Übernahmevertrag bei einer GmbH.[91]

3994 Wollen die Eltern bei der Übertragung eines Geschäftsanteils an ihr Kind vermeiden, dass familienfremde Ergänzungspfleger Einblicke in Gesellschaftsinterna erhalten oder deren Geschicke mitbestimmen können, ist zu erwägen, die neue Gesellschafterliste noch nicht elektronisch im Handelsregister einzustellen, so dass gem. § 16 GmbHG noch die Eltern als legitimiert gelten (Rdn. 2783), oder aber zur Geschäftsführerbestellung und -abberufung einen Aufsichtsrat zu installieren. In Betracht kommt schließlich die Möglichkeit, bereits bei der Zuwendung einen Zuwendungspfleger gem. § 1638, 1909 Abs. 1 Satz 2 BGB (Rdn. 4013) zu »installieren«, der einen Ergänzungspfleger überflüssig macht, allerdings auch die Vertretungsmacht der Eltern dann dauerhaft verdrängt.[92]

V. Gesetzlicher Ausschluss der elterlichen Vertretungsmacht

3995 Besonderes Augenmerk ist dem möglichen gesetzlichen[93] Ausschluss der Eltern von der gesetzlichen Vertretung (sei es im Hinblick auf die Genehmigung der Kindeserklärung, sei es i.R.d. Vertretererklärung im Namen des Kindes) zu widmen, zumal solche Vertretungsdefekte nicht – auch nicht durch gerichtliche Genehmigung oder durch späteren Vollzug im Grundbuch – geheilt werden können; der Notar erfüllt damit zugleich seine Pflicht gem. §§ 12, 17 BeurkG.

3996 § 1629 Abs. 2 BGB verweist hinsichtlich des Vertretungsausschlusses auf die Sachverhalte des § 1795 BGB, in denen ein Vormund das Mündel nicht vertreten kann. Umfasst hiervon sind insb.
(1) gem. §§ 1795 Abs. 2, 181, 1. Alt., BGB Rechtsgeschäfte zwischen dem Minderjährigen und einem oder beiden Elternteilen im eigenen Namen (bei dem also Eltern und Kind auf »verschiedenen Seiten«[94] stehen, etwa bei der Verteilung des Erlöses aus der Veräußerung eines [z.B. erben-]gemeinschaftlich gehaltenen Gegenstands (daher empfiehlt sich stets, den Erlös auf ein erbengemeinschaftliches Konto gutschreiben zu lassen,[95] beim Verkauf selbst stehen ja Eltern und minderjährige Kinder als Miterben »auf derselben Seite«, so dass keine Vertretungshindernisse bestehen, unbeschadet der gerichtlichen Genehmigungspflicht),[96] nicht jedoch wenn der

---

87 *Röll*, NJW 1979, 627.
88 BGHZ 65, 93; ausführlich *Bürger*, RNotZ 2006, 156–180.
89 BGH DNotZ 1989, 26, 27; vgl. *Gutachten*, DNotI-Report 2012, 189, 190.
90 Vgl. *Bürger*, RNotZ 2006, 172 unter Hinweis auf BGH, NJW 1991, 692 zum Grundlagencharakter eines Geschäftsführerbestellungsbeschlusses.
91 Vgl. *Gutachten*, DNotI-Report 2016, 173, 174.
92 Vgl. *Pauli*, ZErb 2016, 131, 137.
93 Zum daneben ggf. zu beachtenden rechtsgeschäftlichen Ausschluss gem. § 1638 BGB vgl. Rdn. 4009 ff.
94 Also keine Ergänzungspflegschaft beim Verkauf eines Grundstücks durch eine Erbengemeinschaft aus Eltern und minderjährigem Kind, OLG Frankfurt, 23.02.2007 – 1 UF 371/06, NotBZ 2007, 371.
95 *Ott*, DNotZ 2017, 646 ff., der befürchtet, dass andernfalls eine nicht erkannte »versteckte Erbauseinandersetzung« ohne Mitwirkung von Ergänzungspflegern, unbeschadet etwa erteilter familiengerichtlicher Genehmigung und grundbuchlichen Vollzugs, zur Unwirksamkeit (§ 139 BGB) auch des schuldrechtlichen Veräußerungsgeschäfts und der Auflassung führt.
96 Vgl. *Mahlmann*, ZEV 2009, 320 ff., der ergänzend dafür plädiert, dem minderjährigen Miterben auch beim »Innenbeschluss« über den geplanten Verkauf [auch ohne Erlösverteilungsabrede] einen Ergänzungspfleger beizuordnen, jedenfalls wenn der Verkauf keine notwendige Maßnahme i.S.d. § 2038 Abs. 1 Satz 2 BGB [Alleinvertretungsrecht, kein Beschluss erforderlich] und keine ordnungsgemäße Verwal-

A. Vertretung Minderjähriger   Kapitel 10

Vorerbe [Elternteil] als gesetzlicher Vertreter des Nacherben [Kindes] einer Grundschuldbestellung zustimmt: Erklärungsadressat ist der Grundschuldgläubiger[97]) sowie

(2) gem. §§ 1795 Abs. 2, 181, 2. Alt., BGB Geschäfte zwischen dem Minderjährigen, einerseits, und einem oder beiden Elternteile als Vertreter eines Dritten, andererseits.

▶ Hinweis:

In beiden Alternativen ist der Vertretungsausschluss aufgrund teleologischer Reduktion des § 181 BGB dann nicht anwendbar, wenn das in Rede stehende Rechtsgeschäft für den Minderjährigen rechtlich lediglich vorteilhaft i.S.d. § 107 BGB ist (Rdn. 3980 ff.), da in diesen Fällen ein Schutzbedürfnis nicht besteht (Annahme einer von den Eltern stammenden schlichten Schenkung für den minderjährigen Erwerber), oder wenn das Rechtsgeschäft lediglich der Erfüllung einer entstandenen und fälligen Verbindlichkeit dient, etwa bei der Entgegennahme von Gegenständen zur Erfüllung eines zu Gunsten des Kindes zu Lasten der Eltern als Erben angeordneten Vermächtnisses (selbst wenn damit kein lediglich rechtlicher Vorteil einhergeht).[98] Davon zu trennen ist freilich die Frage nach der gerichtlichen Genehmigungsbedürftigkeit des Rechtsgeschäftes (dort spielt das Kriterium der Erfüllung einer Verbindlichkeit keine Rolle),[99] vgl. 3569 ff.

3997

(3) gem. § 1795 Abs. 1 Nr. 1 BGB Rechtsgeschäfte zwischen dem Minderjährigen, einerseits, und dem Ehegatten, eingetragenen Lebenspartner oder in gerader Linie Verwandten des vertretenden Elternteils, andererseits. Dadurch wird § 181 BGB »personell ausgeweitet«, so dass – wie bei § 181 BGB unmittelbar – der Vertretungsausschluss nicht greift, wenn ein rechtlich lediglich vorteilhaftes Geschäft betroffen ist. Die betreffende Verwandtschaftsbeziehung muss zum Zeitpunkt der Vornahme des Rechtsgeschäfts gegeben sein. Es genügt, wenn eine der in § 1795 Abs. 1 Nr. 1 BGB genannten Personen begünstigter Dritter eines Vertrags i.S.d. § 328 BGB ist, ohne selbst Vertragspartner zu sein, oder wenn Erklärungen gem. §§ 873 Abs. 2, 875 BGB zu einer Rechtsänderung zugunsten einer der genannten Personen führen sollen.[100]

3998

---

tungsmaßnahme i.S.d. § 2038 Abs. 2, 745 Abs. 1 BGB darstellt [Mehrheitsbeschluss genügt]. Für die Wirksamkeit des anschließenden Veräußerungsvorgangs ggü. dem Erwerber selbst ist diese Frage jedoch ohne Bedeutung. Gegen eine Ergänzungspflegschaft bei der Veräußerung eines Grundstücks durch Eltern und minderjährige Kinder als Miterben ohne gleichzeitige Erlösverteilungsabrede (also Auseinandersetzung der Erbengemeinschaft) zu Recht OLG Hamm, 20.09.2013 – I-15 W 251/13, NotBZ 2014, 57.

97 OLG Hamm, DNotZ 2003, 635.
98 OLG München, 23.09.2011 – 34 Wx 311/11 ZEV 2011, 658 m. Anm. *Keim*, zustimmend *Röhl*, MittBayNot 2012, 111 ff., abl. *Rupp/Spieker*, notar 2013, 55; zum Ganzen umfassend *Friedrich-Büttner/Wiese*, ZEV 2014, 513 ff. und *Keim*, in: DAI, 11. Jahresarbeitstagung des Notariats 2013, Skript S. 462 ff. (kein Ergänzungspfleger bei Erfüllung eines Vermächtnisses an das eigene minderjährige Kind, auch bei Einräumung eines Nießbrauchs zugunsten der Eltern in Erfüllung eines Untervermächtnisses. Die Frage, ob das Rechtsgeschäft selbst ausschließlich rechtlich vorteilhaft sei, spiele keine Rolle, ebenso wenig die Prüfung ob die Annahme des Vermächtnisses i.S.d. § 2307 BGB zu Recht erfolgte, oder ob die durch das Elternteil erklärte Annahme an § 181 BGB scheiterte – Folge wäre die weiterhin mögliche Ausschlagung des Vermächtnisses und ggf. die Kondiktion – als solche nicht rechtlich nachteilhaft – der voreiligen Erfüllung). Abweichendes gilt nur dann, wenn die Verbindlichkeit ihren Grund in einem vom Vertreter vorgenommenen Verpflichtungsgeschäft hatte, vgl. *Sonnenfeld*, RPfleger 2011, 475, 477; OLG München, 22.08.2012 – 34 Wx 200/12 MittBayNot 2013, 247, hierzu *Röhl*, MittBayNot 2013, 189; a.A. noch OLG München, 08.02.2011 – 34 Wx 18/11 NotBZ 2011, 186 (Ergänzungspfleger nötig). Vgl. auch *Gutachten*, DNotI-Report 2008, 133, auch zu den Problemen des Nachweises gegenüber dem Grundbuchamt, § 29 GBO, und *Keim*, ZEV 2011, 563 ff. (auch zur Abwicklungstestamentsvollstreckung), sowie *Röhl*, MittBayNot 2013, 189. *Lamberz*, ZEV 2014, 187 ff. plädiert dafür, dass der gesetzliche Vertreter das Kind bei einer nachteiligen Erfüllung in Erfüllung einer Verbindlichkeit in keinem Fall wirksam vertreten kann.
99 Hierzu *Friedrich-Büttner/Wiese*, ZEV 2014, 513, 519 ff.
100 *Staudinger/Engler*, 2004, § 1795, Rz. 14.

3999 (4) gem. § 1795 Abs. 1 Nr. 2 BGB die Übertragung einer durch Pfandrecht, Hypothek oder Bürgschaft gesicherten Forderung des Kindes gegen einen Elternteil oder die Aufhebung/Minderung einer solchen Sicherheit bzw. einer Verpflichtung des Kindes hierzu. Da das Verfügungsgeschäft in solchen Fällen allein zwischen Zedent und Zessionar stattfände (§ 398 BGB), wären die gesetzlichen Vertreter als Schuldner hieran selbst nicht beteiligt, so dass es dieser Ausweitung bedürfte.

(5) ferner gem. § 1796 BGB (i.V.m. § 1629 Abs. 2 Satz 3 BGB) Rechtsgeschäfte, wenn das FamG bei Vorliegen eines erheblichen Interessengegensatzes den Eltern die Vertretung für einzelne Angelegenheit entzogen hat. Die Vertretungsmacht entfällt mit der Bekanntmachung des Beschlusses, § 40 Abs. 1 FamFG.

4000 Demselben Vertretungsausschluss beim In-Sich-Geschäft, das für den Vertretenen nicht ausschließlich rechtlich vorteilhaft ist, unterliegen alle gesetzlichen Vertreter (z.B. gem. § 1908i Abs. 1 Satz 1 BGB i.V.m. §§ 1795 Abs. 2, 181 BGB der Betreuer, der ein für den Betreuten bestelltes Grundpfandrecht an seinem, des Betreuers, Grundstück löschen lassen möchte).[101]

VI. Pflegschaft

4001 In allen diesen Fällen des Vertretungsausschlusses bedarf es einer **Ergänzungspflegschaft, § 1909 BGB**, die – ggf. auf Anregung der Beteiligten – durch das FamG angeordnet wird. Zuständig ist dabei das AG, in dessen Bezirk das betreffende Kind seinen gewöhnlichen Aufenthalt hat, § 152 Abs. 2 FamFG. Es handelt sich um eine Rechtspflegersache, § 3 Nr. 2a RPflG sowohl hinsichtlich der Anordnung der Pflegschaft als auch hinsichtlich der Auswahl und Bestellung des Pflegers, §§ 151 Nr. 5, 111 Nr. 2 FamFG. Der Notar kann eine solche Pflegerbestellung anregen[102] oder aber die Eltern unmittelbar dazu anhalten, was sich häufig als vorteilhafter erweist, weil Rückfragen des Gerichts durch die Eltern direkt beantwortet werden können:

▶ Formulierungsvorschlag: Begleitschreiben an Eltern zur Herbeiführung der Bestellung eines Ergänzungspflegers

4002 Wie Sie dem beigefügten Entwurf entnehmen können, muss durch das zuständige Familiengericht … ein Ergänzungspfleger bestellt werden, da Sie an der Vertretung Ihres Kindes aus rechtlichen Gründen gehindert sind; möglicherweise ist gar aus Sicht des Gerichts bei mehreren minderjährigen Kindern die Bestellung mehrerer Ergänzungspfleger erforderlich, wenn das Gericht insoweit auch Abstimmungsbedarf zwischen den Kindern selbst sieht.

Um die spätere Abwicklung zu erleichtern und vor allem das gesamte Verfahren kostengünstig zu gestalten, darf ich Ihnen vorschlagen, dass
a) Sie unmittelbar mit dem genannten Amtsgericht – Familiengericht – Kontakt aufnehmen und erörtern, welche Person als Ergänzungspfleger in Betracht kommt. Es mag sich empfehlen, insoweit rechtlich und wirtschaftlich bewanderte Personen, die nicht von Ihnen rechtlich oder wirtschaftlich abhängig sind, aber durchaus zu Ihrem Bekanntenkreis zählen können, vorzuschlagen; das Gericht ist allerdings an diese Vorschläge nicht gebunden und kann beispielsweise bei rechtlich komplexen Fragen auch einen Rechtsanwalt beauftragen, dessen Kosten Sie dann tragen müssten.

Wenn der Vorgeschlagene vom Gericht akzeptiert wird und selbst zur Übernahme des Amts bereit ist, sollte er seine Bestellung betreiben und sich einen Nachweis über seine Pflegerbestellung ausstellen lassen, der dann zum Beurkundungstermin mitzubringen ist. Die Aufgabe des Ergänzungspflegers erschöpft sich in der Mitwirkung beim Vertragsabschluss, in die spätere Verwaltung der Immobilie/des Gesellschaftsanteils ist er nicht mehr eingebunden.

---

[101] Und zwar auch, wenn die Aufgabeerklärung gem. § 875 Abs. 1 Satz 2 BGB ggü. dem Grundbuchamt abgegeben wird, da dieses im Interesse des Eigentümers eingeschaltet wird Gutachten, DNotI-Report 2004, 199; BGH, DNotZ 1981, 22.
[102] Im Anschluss an *Lohr*, GmbH-StB 2016, 213 ff.

b) Des Weiteren würde ich Ihnen empfehlen, dass Sie bereits im Vorfeld mit dem übersandten Entwurf beim Familiengericht vorsprechen zur Prüfung, ob Bedenken gegen die beabsichtigte rechtliche Gestaltung bestehen, da solche Änderungswünsche dann noch rechtzeitig berücksichtigt werden können und spätere, Kosten auslösende Nachträge vermeiden helfen. Zugleich beschleunigt sich dadurch das spätere – durch uns im Rahmen der Abwicklung durchzuführende – familiengerichtliche Genehmigungsverfahren, da das Gericht bereits mit der Sache befasst war und seine Vorstellungen eingeflossen sind. Rückfragen zum Sachverhalt möge das Gericht unmittelbar mit Ihnen klären, rechtliche Vorbehalte können mir zur Berücksichtigung im Entwurf direkt übermittelt werden.

Auch wenn nur Zweifel an einem möglicherweise nicht ausschließlich rechtlich vorteilhaften Geschäft bestehen, sollte[103] diese Ergänzungspflegschaft gem. § 1909 BGB (bzw. Ergänzungsbetreuung nach § 1899 Abs. 4 BGB) eingeleitet werden, zumal die sonst möglicherweise gegebene Unwirksamkeit der Auflassung nicht durch den Grundbuchvollzug geheilt wird und auch die steuerliche Anerkennungsfähigkeit infrage stellen kann.[104] Für mehrere minderjährige Erwerber genügt ein Pfleger, sofern nicht zugleich ein Rechtsverhältnis im Innenverhältnis der Erwerber, z.B. eine GbR, zu gestalten ist. Stehen Eltern und Kind jedoch auf derselben Seite (beide verkaufen ein gemeinschaftliches Grundstück an Dritte), bedarf es keines Ergänzungspflegers, auch nicht beim Verkauf aus einer Erbengemeinschaft aus Elternteil und minderjährigem Kind, da sich diese am Verkaufserlös fortsetzt und demnach keine Auseinandersetzung damit verbunden ist.[105] Die Auseinandersetzung des Erlöses erfordert jedoch auf der Seite eines jeden minderjährigen Mitgliedes der Erbengemeinschaft einen Ergänzungspfleger.[106]

Über die Notwendigkeit einer Ergänzungspflegschaft für Eltern hatte bei vor dem 01.09.2009 eingeleiteten Verfahren in jedem Fall das FamG zu entscheiden, für die Bestellung und Beaufsichtigung des Ergänzungspflegers und die Genehmigung seiner Erklärungen war jedoch das Vormundschaftsgericht zuständig,[107] wobei allerdings auch das FamG die Bestellung an sich ziehen konnte.[108] Für die Anordnung, Bestellung und Überwachung eines Betreuers oder Ergänzungsbetreuers war nach alter Rechtslage stets das Vormundschaftsgericht zuständig. In Verfahren seit dem 01.09.2009 liegt die Zuständigkeit für Minderjährige beim FamG, im Übrigen beim Betreuungsgericht. Ein »Vorschlagsrecht« der Eltern besteht freilich nicht.

Die Bestellung löst bei Gericht eine 0,5 – Verfahrensgebühr gem. KV 1313 FamGKG aus dem Geschäftswert des (Anteils des Betroffenen am) Übertragungsvorgang(s) aus, zzgl. der Zustellungsauslagen (KV 2002 FamGKG). Wird ein Rechtsanwalt zum Ergänzungspfleger bestellt, fällt regelmäßig eine 1,3-Geschäftsgebühr gemäß Nr. 2300 VV (§§ 13, 14 RVG) aus dem Geschäftswert an, gegebenenfalls auch eine Erhöhung gemäß Nr. 1008 VV (§ 7 RVG) bei Tätigkeit für

---

103 Wegen der Unüberschaubarkeit der Fallgruppen zur »lediglich rechtlichen Vorteilhaftigkeit« empfiehlt dies *Wilhelm*, NJW 2006, 2353 generell, trotz der dadurch ausgelösten Gerichtskosten (10/10 Gebühr aus dem vollen Wert).
104 LG Würzburg, MittBayNot 1978, 14.
105 OLG Frankfurt, 23.02.2007 – 1 UF 371/06, MittBayNot 2008, 56.
106 Vgl. *Mahlmann*, ZEV 2009, 320 ff., der dafür plädiert, dem minderjährigen Miterben auch beim »Innenbeschluss« über den geplanten Verkauf (auch ohne Erlösverteilungsabrede) einen Ergänzungspfleger beizuordnen, jedenfalls wenn der Verkauf keine notwendige Maßnahme i.S.d. § 2038 Abs. 1 Satz 2 BGB (Alleinvertretungsrecht, kein Beschluss erforderlich) und keine ordnungsgemäße Verwaltungsmaßnahme i.S.d. § 2038 Abs. 2, 745 Abs. 1 BGB darstellt (Mehrheitsbeschluss genügt). Für die Wirksamkeit des anschließenden Veräußerungsvorgangs ggü. dem Erwerber selbst ist diese Frage jedoch ohne Bedeutung.
107 Vgl. BayObLG, FamRZ 2000, 568; OLG Hamm, NJW-RR 2001, 437; Gutachten, DNotI-Report 2003, 25 ff.; BayObLG, ZEV 2004, 341; *Everts*, ZEV 2005, 70; a.A. *Servatius*, NJW 2006, 334 (FamG wegen Vorrangs des § 1643 Abs. 1 BGB).
108 Palandt/*Diederichsen*, BGB, § 1697 Rn. 1. Dann soll nach bestrittener Auffassung des OLG Hamm, FamRZ 2001, 717 das FamG auch zur Genehmigung der Handlungen des Ergänzungspflegers zuständig sein.

mehrere Beteiligte und eine 1,5-Einigungsgebühr gemäß Nr. 1000 VV (§ 13 RVG) neben den Post- und Telekommunikationsdienstleistungen in Höhe der Pauschale gemäß Nr. 7002 VV (20 €) und der Umsatzsteuer.

4006 Ist der **Pfleger** bereits bestellt und »verpflichtet«, weist er sich aus durch seinen **Pflegerausweis** (Bestallungsurkunde) aus, die der Niederschrift in beglaubigter Abschrift beigefügt wird. Soll er erst durch das Gericht bestellt werden (so dass seine in der Urkunde abgegebenen Erklärungen an sich nach Bestellung zum Pfleger in dieser Eigenschaft zu wiederholen wären), erleichtert folgendes Verfahren, das schlüssiges Handeln[109] mit Erklärungswert belegt, den Vollzug:

▶ Formulierungsvorschlag: Noch vorzunehmende Bestellung eines Pflegers

4007 Die Vertragsteile bevollmächtigen den Notar ferner, für sie die Bestellung des Pflegers anzuregen, sodann den Bestallungsausweis von ihm entgegenzunehmen, und hierüber befreit von § 181 BGB eine Eigenurkunde zu errichten. In der Aushändigung des Bestallungsausweises an den Notar liegt die Nachgenehmigung des als Pfleger vorgesehenen Beteiligten zu den heute von ihm abgegebenen Erklärungen in seiner künftigen Eigenschaft als Ergänzungspfleger.

Über die Aushändigung der Bestallungsurkunde (wie auch über die Entgegennahme der familiengerichtlichen Genehmigung) ist sodann eine Eigenurkunde zu fertigen und in gesiegelter Form der Kaufvertragsurkunde beizufügen, etwa mit folgendem Wortlaut:

▶ Formulierungsvorschlag: Eigenurkunde über die Aushändigung der Bestallungsurkunde/ Bestallungsurkunde des Pflegers

4008 Feststellung

Am heutigen Tage habe ich, Notar, aufgrund der in § ..... der diesamtlichen Urkunde URNr. ..... vom ..... erteilten Vollmacht, die Genehmigung des durch das AG – Familiengericht – bestellten Ergänzungspflegers für alle Beteiligten in Empfang genommen.

Die Genehmigung des Ergänzungspflegers erfolgte konkludent durch Übergabe der Bestallungsurkunde, Geschäftszeichen des Amtsgerichtes vom ..... (oder: Übergabe einer Ausfertigung des amtsgerichtlichen Beschlusses über die Anordnung der Ergänzungspflegschaft und die Auswahl des Ergänzungspflegers) zum Zwecke der Anfertigung einer beglaubigten Abschrift, die beigefügt ist Hierüber errichte ich eine Eigenurkunde.

Die Erklärungen des Ergänzungspflegers bedürfen zu ihrer Wirksamkeit noch der familiengerichtlichen Genehmigung, die bereits beantragt ist.

VII. Angeordneter Ausschluss der elterlichen Vertretung oder Verwaltung

4009 In diesem Zusammenhang sei darauf hingewiesen, dass der Veräußerer bei Übertragung (oder Vererbung, vgl. auch Rdn. 4019) an einen Minderjährigen gem. § 1638 BGB die Möglichkeit hat, die **Verwaltung durch die Eltern** auszuschließen oder – auch bei Übertragung an ein eigenes Kind – die Verwaltung durch den anderen Ehegatten auszuschließen;[110] gem. § 1638 Abs. 3 BGB vertritt dann der »verbleibende« Elternteil das Kind alleine. Über die Annahme der Zuwendung kann der benannte Vermögenssorgeberechtigte jedoch nicht entscheiden, da es sich insoweit nicht um einen Akt der Verwaltung handelt.[111] Der Ausschluss kann auch unter einer Zeitbestimmung oder Bedingung (Wiederverheiratung des verbleibenden Elternteils[112]) getroffen werden.

4010 Wurde durch Anordnung im Rahmen einer Schenkung oder Erbschaft die Vermögenssorge der Eltern ausgeschlossen (§ 1638 BGB), ebenso im Fall eines konkreten bzw. abstrakten Interessen-

---

109 LG Aachen, MittRhNotK 1963, 1.
110 RGZ 80, 217; vgl. auch *Müller/Güde*, ErbStB 2008, 189 zur Ausschlagungsbefugnis bei letztwilligem Entzug des Verwaltungsrechtes.
111 OLG Karlsruhe, FamRZ 1965, 573.
112 *Nieder/Kössinger*, Handbuch der Testamentsgestaltung, 5. Aufl. 2015, § 15 Rn. 319.

gegensatzes (§§ 1629 Abs. 2, 1795, 1796 BGB) oder der Gefährdung des Vermögens (§ 1666 BGB), erfolgt die gesetzliche Vertretung des minderjährigen Kindes statt dessen durch einen **Ergänzungspfleger** für den betroffenen Teilbereich, § 1909 BGB. Sofern die Person des Pflegers nicht gemäß § 1917 BGB benannt ist[113] – oder der Erblasser den Testamentsvollstecker zum Ergänzungspfleger bestimmt hat[114] –, wählt das Gericht die Person des Pflegers gemäß § 1779 Abs. 2 BGB aus (dem längerlebenden Ehegatten selbst steht kein Benennungsrecht zu!) Einer Benennung hat das Gericht zu folgen, ausgenommen die Fälle des § 1778 BGB (Alter, Krankheit, berufliche Überlastung, Gefährdung des Kindeswohls oder Widerspruch des mindestens 14 Jahre alten Kindes gegen die Person); über die Auswahl des Pflegers kann gegebenenfalls ein Beschwerdeverfahren gemäß §§ 58 ff. FamFG geführt werden. Die Benennung des Pflegers beim Ausschluss der Vermögenssorge oder in der letztwilligen Verfügung kann konkret oder zumindest hinsichtlich eines bestimmten Personenkreises (Onkel und Tanten des betreffenden Kindes) erfolgen.

Der Pfleger hat bei Beginn seiner Tätigkeit ein Vermögensverzeichnis beim Familiengericht einzureichen (§§ 1915, 1802 BGB) und jährlich Rechnung zu legen (§§ 1840, 1843 BGB), er muss dem Familiengericht Auskünfte erteilen (§ 1839 BGB). Die Vermögenserträge stehen dem Kind (bzw. dessen gesetzlichem Vertreter) zu Unterhaltszwecken zur Verfügung (§§ 1649, 1602 Abs. 2 BGB). Er muss Geld verzinslich (§ 1806 BGB) und mündelsicher (§ 1807 BGB) anlegen, teilweise mit Sperrvermerk (§ 1809 BGB), und unterliegt gemäß § 1804 BGB einem zwingenden Schenkungsverbot. Bestimmte Tätigkeiten bedürfen der gerichtlichen Genehmigung (§§ 1811 bis 1813, 1821, 1822 BGB, vgl. nachstehend Rdn. 4022 ff.). 4011

Der Schenker/Erblasser kann gemäß §§ 1917 Abs. 2 BGB den Pfleger von einzelnen **Verpflichtungen befreien** (§§ 1852 bis 1854: Pflicht zur Anlage mit Sperrvermerk, familiengerichtliches Genehmigungserfordernis bei der Geldanlage, familiengerichtliche Genehmigung bei Verfügungen oder Eingehung einer Verpflichtung über Forderungen oder Wertpapiere, Hinterlegung von Inhaber- und Orderpapieren, Vermerke in Bundesschuldbücher und jährliche Rechnungslegung); diese befreienden Anordnungen können jedoch vom Familiengericht wiederum außer Kraft gesetzt werden, wenn ihre Befolgung das Interesse des Pfleglings gefährden würde. Nicht befreit werden kann von der Einreichung des Vermögensverzeichnisses, der Erteilung von Auskünften, der Erteilung von Vermögensübersichten nach Ablauf von zwei bzw. fünf Jahren (§§ 1854 Abs. 2, 1855 BGB), der mündelsicheren Geldanlage, den familiengerichtlichen Genehmigungen gemäß §§ 1821, 1822 BGB, dem Schenkungsverbot und dem Gebot der Erstellung einer Schlussrechnung nach § 1890 BGB. 4012

Denkbar sind weiter Konstellationen, in denen z.B. dem erstversterbenden Ehegatten daran gelegen ist, dass der auf seinen Tod entstehende **Pflichtteilsanspruch seines Kindes** gegen den längerlebenden Ehegatten (ungeachtet der Tatsache, dass Verjährung gem. § 207 Abs. 1 Satz 2 Nr. 2 BGB bis zur Vollendung des 21. Lebensjahres gehemmt ist, Rdn. 3597) tatsächlich und früh geltend gemacht wird und das Erlangte sicher verwaltet wird. Hier könnte der erstversterbende dem längerlebenden (z.B. geschiedenen) Elternteil das ihm zustehende Sorgerecht für den Teilbereich »Geltendmachung des Pflichtteilsrechtes«[115] und »Verwaltung des Erlangten«[116] gem. §§ 1638, 4013

---

113 Widerspricht der Minderjährige der Bestellung der vom Erblasser bestimmten Person, entfällt die Bindung des Gerichts an diesen, er kann aber im Rahmen gerichtlichen Ermessens gem. § 1779 Abs. 2 BGB gleichwohl benannt werden.
114 Was zulässig ist, es sei denn, es bestehen konkrete Anhaltspunkte dafür, dass die berufene Person die Belange des Minderjährigen in Bezug auf den Nachlass nicht ordnungsgemäß wahrnehmen werde, vgl. OLG Hamm, 15.05.2017 – 7 WF 240/16, ErbStB 2017, 307.
115 OLG Hamm, FamRZ 1969, 663, OLG Düsseldorf FamRZ 2007, 2091; Gutachten, DNotI-Report 2009, 165; *Krug/Horn,* in: Tanck/Krug, Anwaltsformulare Testamente, 5. Aufl., § 16 Rn. 18; a.A. Staudinger/*Engler* BGB (2004), § 1638 Rn. 7, 16.
116 Wortlaut »Erwerb von Todes wegen«; es handelt sich dabei nicht um eine Beschränkung bzw. Beschwerung i.S.d. § 2306 BGB (Staudinger/*Haas*, BGB [2006], § 2306 Rn. 30).

1909 Abs. 1 Satz 2 BGB entziehen und einen Ergänzungspfleger (»Zuwendungspfleger«) gem. § 1917 BGB ernennen, dem Verwaltungsanordnungen gem. §§ 1915, 1803 BGB auferlegt sind. Alternativ könnte der Erblasser auch ein Vermächtnis (knapp) oberhalb der Pflichtteilsquote aussetzen und hierüber Vermächtniserfüllungs- und Vermächtnisverwaltungsdauervollstreckung anordnen.

▶ **Formulierungsvorschlag: Ausschluss der Eltern von der Verwaltung**

4014 Der Erwerber ist minderjährig und steht derzeit unter der Vermögenssorge von .... Der Veräußerer ordnet hiermit an, dass die genannten Eltern das heute übertragene Vermögen, hieraus gezogene Nutzungen sowie Ersatzgegenstände nicht verwalten dürfen (§ 1638 Abs. 1, 2 BGB). Diesen ist also die Verwaltung und damit Vertretung von Anfang an entzogen.

Als Zuwendungspfleger zur Verwaltung des Zugewendeten im vorgenannten Umfang wird für die Dauer der Minderjährigkeit

wohnhaft in .....

geb. am .....

benannt.

Einen Ersatzpfleger will ich derzeit nicht benennen.

Dem Pfleger wird gem. § 1917 Abs. 2, §§ 1852 bis 1854 BGB Befreiung gewährt. Er ist also etwa zur Rechnungslegung sowie zur Hinterlegung von Inhaber- oder Orderpapieren und zur Eintragung eines Vermerks im Bundesschuldenbuch nicht verpflichtet.

bzw.

▶ **Formulierungsvorschlag: Ausschluss des anderen Elternteils von der Verwaltung (§ 1638 BGB)**

4015 Der Erwerber ist das minderjährige Kind des Veräußerers; die Vermögenssorge steht damit an sich dem Veräußerer und dem anderen Elternteil gemeinsam zu. Der Veräußerer ordnet hiermit allerdings an, dass der andere Elternteil das heute übertragene Vermögen, hieraus gezogene Nutzungen sowie Ersatzgegenstände nicht verwalten darf (§ 1638 Abs. 3, 2 BGB). Die Verwaltung und damit Vertretung obliegt also allein dem Veräußerer (§ 1664 BGB). Von der Pflicht zur Erstellung eines Vermögensverzeichnisses ist dieser, soweit zulässig, gem. § 1640 Abs. 2 Nr. 2 BGB befreit.

4016 Schließlich können auch den vermögensverwaltenden Eltern durch den Veräußerer Anordnungen nach § 1639 BGB erteilt werden (Rdn. 4017), und/oder Befreiung von der ab einem Wert von 15.000,00 € bestehenden Pflicht zur Erstellung eines **Vermögensverzeichnisses** gem. § 1640 Abs. 1 Satz 1 (Erbschaft) bzw. Satz 2 (Schenkungen) BGB. Letztere Pflicht soll es dem Familiengericht (das im Erbschaftsfall dem Nachlassgericht hierüber gem. § 356 Abs. 1 FamFG Mitteilung macht) ermöglichen, ggf. geeignete Mittel zu ergreifen, etwa die Anordnung einer Ergänzungspflegschaft. Bis auf Hausrat sind alle Gegenstände zu erfassen, jedoch ohne Wertangaben, allerdings unter Angabe der Kontostände, und die Richtigkeit an Eides statt zu versichern.[117] Wünscht der Erblasser/Schenker eine solche »Einmischung« des Gerichtes nicht, kann er von der Pflicht zur Vorlage des Vermögensverzeichnisses befreien, § 1640 Abs. 2 Satz 2 BGB. Nach Eintritt der Volljährigkeit hat allerdings das Kind gem. § 1698 Abs. 1 BGB Anspruch auf Herausgabe des verwalteten Vermögens und auf Rechenschaftspflicht hinsichtlich dessen Nutzungen (§§ 1698 Abs. 2, 259, 261 BGB), für deren Durchsetzung ggf. die Familiengerichte gem. § 266 Abs. 1 Nr. 4 FamFG zuständig sind, und von denen nicht befreit werden kann.

4017 Hinsichtlich der **Verwaltung des durch einen Minderjährigen Erworbenen** bestimmt § 1649 BGB, dass die Eltern dessen Substanz im Grundsatz unberührt lassen müssen, es insbesondere

---

117 Zu den dabei geltenden Anforderungen OLG Koblenz, 26.11.2013 – 11 UF 451/13, MittBayNot 2015, 54 m. Anm. *Braun*.

nicht für Unterhalt oder Erhöhung des Lebensstandards des Kindes verbrauchen (§ 1602 Abs. 2 BGB) dürfen und nach den Regeln einer wirtschaftlichen Vermögensverwaltung anzulegen haben, § 1652 BGB.[118] Einkünfte aus dem Kindesvermögen dienen jedoch gem. § 1649 Abs. 1 Satz 1 BGB seinem eigenen Unterhalt und (!) können darüber hinaus gem. § 1649 Abs. 2 Satz 1 BGB auch für den Unterhalt der eigenen Eltern und Geschwister herangezogen werden. § 1639 BGB erlaubt dem Schenker oder Erblasser **vorrangige Verwaltungsanordnungen** (etwa hinsichtlich der Vermögensanlage, der Verwendung der Erträge für den Unterhalt anderer, der regelmäßigen Gewährung eines Taschengeldes an das Kind, nicht aber z.B. in Gestalt einer Erweiterung oder Beschränkung gesetzlicher Genehmigungsvorbehalte). Mit Zustimmung des Familiengerichtes können die Eltern allerdings gem. § 1639 Abs. 2 i.V.m. § 1803 Abs. 2 und 3 BGB von diesen Vorgaben abweichen.

▶ **Formulierungsvorschlag: Anordnungen zur Verwaltung gem. §§ 1639, 1640 BGB bei Schenkung**

Der Erwerber ist minderjährig und steht derzeit unter der Vermögenssorge von .... Der Notar hat auf die Möglichkeit hingewiesen, den Eltern die Verwaltung des heute übertragenen Vermögens zu entziehen und dies einem Pfleger zu überantworten (§ 1638 BGB), was jedoch nicht gewünscht wird.

Der Veräußerer trifft allerdings hinsichtlich der Verwaltung des Vermögens folgende Anordnungen gemäß § 1639 BGB:

(z.B. Bestimmung, dass Verkauf nur im Notfall erfolgen soll, Objekt an den Bruder vermietet werden soll, aus den Erträgen ein monatliches Taschengeld von 200 € zur Verfügung gestellt werden soll, die Erträge nicht gem. § 1649 Abs. 2 Satz 1 BGB für den Unterhalt der Eltern oder Geschwister eingesetzt werden sollen etc.)

Die Eltern sind von der Pflicht zur Erstellung eines Vermögensverzeichnisses gem. § 1640 Abs. 2 Nr. 2 BGB befreit.

Auch für Vermögensteile, die aus einem dereinstigen **Nachlass** stammen, kann der Erblasser (in Form einer einseitigen letztwilligen Verfügung,[119] und selbst bei bestehender erbrechtlicher Bindung[120]) das Vermögenssorgerecht beider oder eines Elternteils gem. § 1638 Abs. 1 BGB (einschließlich der an dessen Stelle tretenden Surrogate, § 1638 Abs. 2 BGB, und einschließlich des Rechtes, die Erbschaft auszuschlagen[121]) ausschließen[122] und stattdessen einen Ergänzungspfleger benennen (§§ 1909 Abs. 1 Satz 2, 1917 BGB), dessen Aufgaben dann jedoch auf die Dauer der Minderjährigkeit beschränkt bleiben und gerichtlichen Kontroll- und Genehmigungsvorbehalten unterliegen. Der testamentarische Ausschluss der Vermögenssorge wird häufig in »Patchwork-Situationen« gewählt, um zu verhindern, dass der andere Elternteil z.B. eine beschwerte Erbschaft des minderjährigen Kindes ausschlägt, denn etwa (über Nachlassgegenstände) angeordnete Testamentsvollstreckungen erfassen diese Entscheidungsebene nicht:

---

118 Vgl. *Horn*, ZEV 2013, 297 ff.
119 Daher steht eine letztwillige Anordnung i.S.d. § 1638 BGB einer Rücknahme eines Erbvertrages aus der amtlichen Verwahrung mit Aufhebungswirkung gem. § 2300 Abs. 2 BGB nicht entgegen, OLG Hamm, 24.11.2014 – I-15 W 425/14, MittBayNot 2015, 416.
120 Anordnungen zur Vermögensverwaltung führen nicht zu einer Beeinträchtigung [i.S.d. § 2289 Abs. 1 Satz 2 BGB] eines bindend Bedachten, anders als z.B. die spätere Anordnung einer Testamentsvollstreckung: *Gutachten*, DNotI-Report 1997, 227; *Gutachten*, DNotI-Report 2015, 155, 156.
121 BGH, 29.06.2016 – XII ZB 300/15, ZEV 2017, 33 m. Anm. *Muscheler* (die vom ausgeschlossenen Elternteil im Namen des Kindes erklärte Ausschlagung ist unwirksam, ungeachtet etwa erteilter familiengerichtlicher Genehmigung).; vgl. auch *Becker*, notar 2017, 185.
122 Beispiel: OLG Karlsruhe, RNotZ 2004, 267.

▶ Formulierungsvorschlag: Ausschluss des anderen Elternteils von der Annahme/Ausschlagung der Erbschaft durch testamentarische Anordnung gem. § 1638 BGB

4019a Sollte mein Kind im Erbfall noch minderjährig sein, schließe ich den anderen Elternteil des Kindes gem. § 1638 BGB von der Vermögenssorge in Bezug auf alles, was mein Kind von Todes wegen bei meinem Ableben erwirbt, aus, und bestimme den nachstehend benannten Dauertestamentsvollstrecker als Ergänzungspfleger, der demnach z.B. auch zur Entscheidung über die Annahme oder Ausschlagung der Erbschaft berufen ist. Soweit seine Befugnisse als Ergänzungspfleger und als Dauertestamentsvollstrecker deckungsgleich sind, hat seine Position als Testamentsvollstrecker den Vorrang.

4020 Hat im Fall der Vererbung an einen Minderjährigen (regelmäßig dann deutlich über das Erreichen der Volljährigkeitsgrenze hinaus) der Erblasser jedoch **Testamentsvollstreckung** angeordnet, gehen dessen Befugnisse weit über die der elterlichen Vermögenssorge hinaus, und unterliegen keiner gerichtlichen Genehmigungspflicht gem. §§ 1808–1822 BGB. Dies gilt auch, wenn z.B. ein Elternteil Testamentsvollstrecker ist; er kann das seiner Verwaltung unterliegende Nachlassvermögen auch bspw. dergestalt anlegen, dass er für den Minderjährigen die Aufnahme in eine Handelsgesellschaft unterzeichnet und dessen Einlage aus den betroffenen Mitteln leistet.[123] Die Sorgeberechtigten (Eltern) des Erben bleiben in solchen Fällen nur zur Wahrnehmung der Rechte eines Erben gegenüber dem Testamentsvollstrecker berufen (z.B. hinsichtlich des Verlangens der Vorlage eines Nachlassverzeichnisses, § 2215 BGB, oder der Anhörung vor der Ausführung eines Auseinandersetzungsplans). Auch könnten die Eltern den Erbteil des Betroffenen (der als solcher nicht der Testamentsvollstreckung unterliegt) verkaufen. Will der Erblasser dies vermeiden, kann er den Eltern das Verwaltungsrecht in einzelner Hinsicht (z.B. bezüglich der Verfügung über den Erbteil) oder insgesamt entziehen. Geschieht dies umfassend, ist allerdings zur Wahrung der Rechte des Kindes ggü. dem Testamentsvollstrecker ein Ergänzungspfleger zu bestellen,[124] § 1909 Abs. 1 Satz 2 BGB (sog. »**Zuwendungspflegschaft**«), dessen Person gem. § 1917 BGB testamentarisch vorgeschlagen werden kann. Er hat die Erträge aus dem verwalteten Vermögen und seinen Surrogaten (§ 1638 Abs. 2 BGB) für den laufenden Unterhalt des Kindes zur Verfügung zu stellen (§§ 1649 Abs. 1 Satz 1, 1602 Abs. 2 BGB).

4021 Lebt der Erbe/Vermächtnisnehmer im Güterstand der **Gütergemeinschaft**, kann der Erblasser (ebenso der Schenker) ferner anordnen, dass das zugewendete Vermögen nicht von Gesetzes wegen in das Gesamtgut (§ 1416 BGB[125]) der Gütergemeinschaft fällt, sondern Bestandteil seines Vorbehaltsguts wird, §§ 1418 Abs. 2 Nr. 2, 1486 Abs. 1 BGB. Entsprechendes dürfte gelten bei ausländischen Güterständen, die der Gütergemeinschaft vergleichbar sind. Letztwillige Anordnungen sind auch bei der fortgesetzten Gütergemeinschaft gemäß §§ 1509, 1511, 1516 BGB möglich, etwa in Gestalt des Ausschlusses der vereinbarten Fortsetzung der Gütergemeinschaft durch letztwillige Verfügung, wenn der überlebende Ehegatte berechtigt wäre, dem Anderen den Pflichtteil zu entziehen, oder in Gestalt des Ausschlusses einzelner oder aller gemeinschaftlicher Abkömmlinge von der fortgesetzten Gütergemeinschaft.

---

123 Vgl. *Stritter*, ZErb 2017, 38 ff.; ebenso AG Mainz, 08.06.2016 – 39 F 136/15, ZErb 2017, 59, jedenfalls wenn der Testamentsvollstrecker in der Eingehung von Verbindlichkeiten für den Nachlass gem. § 2207 BGB nicht beschränkt und, je nach Sachverhalt, auch von § 181 BGB befreit ist.

124 OLG Schleswig, 23.03.2007 – 8 WF 191/06, DNotZ 2008, 67; auch zur Verfügung über den Erbteil als Ganzes.

125 Ehegatten, die gemeinsam Miterben geworden sind, werden daher nicht »in Erbengemeinschaft«, sondern als Gesamtgutsberechtigte eingetragen, OLG München, 26.10.2015 – 34 Wx 233/15, ZEV 2016, 383 = EE 2015, 209 m. Anm. *Möller*.

B. (Familien-)Gerichtliche Genehmigungen

I. Genehmigungsbedürftige Sachverhalte

Jedes Rechtsverhältnis ist hinsichtlich des Vertretungshindernisses der Eltern (teleologische Reduktion der §§ 1629 Abs. 2 Satz 1 i.V.m. 1795 Abs. 2, 181 BGB: kein Hindernis bei lediglich rechtlich vorteilhaftem Geschäft i.S.d. § 107 BGB, Rdn. 3968 ff.) – einerseits – und hinsichtlich der **familiengerichtlichen Genehmigungsbedürftigkeit** – anderseits – getrennt zu beurteilen. Die Konsequenzen aus der Beteiligung Minderjähriger an **Gesellschaften** (GbR, Handels- und Kapitalgesellschaften) wurden bereits oben Rdn. 2687 ff. (zum Erfordernis familien-/betreuungsgerichtlicher Genehmigung s. Rdn. 4043 ff.) behandelt. 4022

Die Rechtskraft gerichtlicher Genehmigungen ist nach h.M. ferner maßgebend für den Zeitpunkt der schenkungsteuerlichen »Ausführung der Zuwendung« i.S.d. § 9 Abs. 1 Nr. 2 ErbStG, da entgegen § 1829 BGB keine Rückwirkung eintritt,[126] vgl. Rdn. 4552.

1. Immobilientransaktionen

Für die in §§ 1821, 1822 BGB genannten Rechtsgeschäfte bedürfen Vormund, Pfleger und Betreuer einer gerichtlichen Genehmigung. Zuständig für die vorherige Erlaubnis[127] oder nachträgliche Zustimmung ist das Betreuungsgericht (in vor dem 01.09.2009 eingeleiteten Verfahren: das Vormundschaftsgericht).[128] Eltern bzw. die an ihre Stelle tretenden Ergänzungspfleger gem. § 1909 BGB benötigen für den in § 1643 Abs. 1 BGB erwähnten Ausschnitt hieraus der Genehmigung des FamG[129] (in Verfahren vor dem 01.09.2009 war auch für Ergänzungsbetreuer das VormG zuständig).[130] Nachlasspfleger bedürfen gem. § 1962 BGB (nach wie vor: § 368 Abs. 3 FamFG) der nachlassgerichtlichen Genehmigung.[131] Hält das Gericht eine Genehmigung nicht für erforderlich, erteilt es ein Negativattest.[132] Ist der Veräußerer minderjährig, erstreckt sich die Genehmigung auch auf das dingliche Geschäft, ist der Erwerber minderjährig, nur auf das schuldrechtliche (mit der Folge, dass sie vom Grundbuchamt gem. § 20 GBO an sich nicht verlangt werden kann, vom Notar jedoch gleichwohl einzuholen ist, vgl. Rdn. 3988 a.E.). Das Genehmigungserfordernis kann auch bei ausländischen Betreuungsverhältnissen mit Inlandsbezug bestehen, insb. gem. Art. 14 des Haager Erwachsenenschutzübereinkommens (ESÜ). 4023

Genehmigungsbedürftig sind gem. §§ 1643 Abs. 1, **1821 Abs. 1 Nr. 1 BGB Verfügungen über ein dem Minderjährigen (bzw. Betreuten etc.) gehörendes Grundstück** oder über seine Rechte an einem Grundstück, gem. § 1821 Abs. 1 Nr. 4 BGB auch Verpflichtungen hierzu (wobei jedoch gem. § 1821 Abs. 2 BGB Hypotheken, Grund- oder Rentenschulden nicht zu den Rechten 4024

---

126 *Pauli*, ZErb 2016, 131, 137 plädiert dagegen dafür, die Ausführung bereits anzunehmen, wenn der Steuerpflichtige alles in seiner Macht Stehende getan hat.
127 Sofern der Inhalt des zu genehmigenden Rechtsgeschäftes im Wesentlichen feststeht: BayObLG, RNotZ 2003, 127.
128 BayObLG, ZEV 2004, 340 (Divergenzvorlage an den BGH wegen Abweichung von OLG Köln, Rpfleger 2003, 570: FamG auch bei Pflegergeschäften). Hierzu ausführlich *Fiala/Müller/Braun*, Rpfleger 2002, 389.
129 Hat versehentlich das Vormundschaftsgericht diese Genehmigung erteilt, dürfte sie gleichwohl wirksam sein (vgl. OLG Düsseldorf, FamRZ 1978, 198 für den umgekehrten Fall), DNotI-Report 2003, 97.
130 Vereinfacht gesprochen, wird i.R.d. FamFG differenziert nach der Person dessen, für den gehandelt wird (Kinder: FamG; Erwachsener: Betreuungsgericht); nach altem Recht jedoch nach der Person des handelnden Vertreters (Eltern: FamG, sonst: VormG).
131 Für die unbekannten Erben wird regelmäßig ein Verfahrenspfleger bestellt werden müssen (§ 276 Abs. 1 Satz 1 FamFG), um so alle Beteiligten auch hinsichtlich der Bekanntgabe der Genehmigung zu erfassen.
132 Es handelt sich dabei lediglich um eine Zulässigkeitsentscheidung; der Vertrag bliebe bei unrichtiger Einschätzung unwirksam, so dass eine »vorsorgliche Genehmigung« vorzuziehen ist (Staudinger/*Engler*, BGB, § 1828 Rn. 47).

an einem Grundstück im Sinn dieser Norm zählen). Bei den Immobilienverfügungen i.S.d. § 1821 Abs. 1 Nr. 1 BGB handelt es sich insb. um folgende Vorgänge:[133]
(1) Erklärung der Auflassung, auch wenn sie in Erfüllung einer Rückübertragungspflicht des Kindes erfolgt,
(2) Erteilung einer unwiderruflichen Vollmacht zur Auflassung,
(3) Begründung von Wohnungs- oder Teileigentum durch das minderjährige Kind gem. § 3 WEG, sowie Mitwirkung an einer Änderung der Gemeinschaftsordnung,[134] nicht jedoch die Teilung »im Eigenbesitz« gem. § 8 WEG[135] (str.[136]),
(4) Belastung des dem Kind gehörenden Grundbesitzes mit einer Hypothek, Grundschuld oder Rentenschuld (auch wenn dies in Ausübung der im genehmigten Verkaufsvertrag enthaltenen Belastungsvollmacht erfolgt),
(5) Belastung des Grundbesitzes des Kindes mit Rechten in Abteilung II (Nießbrauchsrecht, Dienstbarkeit, Erbbaurecht, Vorkaufsrecht, Reallast etc.) wobei jedoch – wie bei (4) – nicht solche Belastungen erfasst sind, die sich der Veräußerer bei der Übertragung von Grundbesitz an das Kind vorbehält,
(6) Inhaltsänderung eines der vorgenannten, am Grundbesitz des Kindes lastenden Rechte, soweit dies zu einer Erweiterung oder Erschwerung der Haftung führt,
(7) Bewilligung einer (Eigentums- oder Löschungs-)Vormerkung – dem Grundbuchamt nachzuweisen ist dann freilich nur die Genehmigung samt Rechtskraftvermerk und Bekanntgabe an den gesetzlichen Vertreter, nicht ihre erst für die Auflassung (§ 20 GBO) zu prüfende Mitteilung an den Geschäftsgegner gem. § 1829 Abs. 1 Satz 2 BGB,[137] Rdn. 4078 ff.,
(8) Änderung der sachenrechtlichen Grundlagen, aber auch der Gemeinschaftsordnung einer WEG-Eigentümergemeinschaft, an welcher der Minderjährige beteiligt ist.[138]

4025 Weiter zählen hierzu Verfügungen über **Rechte des Minderjährigen an einem fremden Grundstück**, bspw.
(1) die Inhaltsänderung eines dem Kind zustehenden Rechts in Abteilung II (Erbbaurecht, Grunddienstbarkeit, Nießbrauch, Vorkaufsrecht, Reallast etc.), sofern dieses nicht für das Kind ausschließlich rechtlich vorteilhaft ist,
(2) der Rangrücktritt mit einem der vorgenannten Rechte,
(3) die Aufhebung (Löschung) eines der vorgenannten Rechte,
(4) die Übertragung, Pfändung oder sonstige Belastung eines der vorgenannten Rechte.

4026 Gem. §§ 1643 Abs. 1, **1821 Abs. 1 Nr. 2 BGB** sind auch **Verfügungen über grundstücksbezogene Forderungen** genehmigungsbedürftig (Abtretung eines Übereignungsanspruchs etc., jeweils einschließlich der entsprechenden Verpflichtung hierzu – § 1821 Abs. 1 Nr. 4 BGB –, jedoch jeweils nicht in Bezug auf Hypotheken, Grund- und Rentenschulden, § 1821 Abs. 2 BGB). Die bloße Erfüllung des Anspruchs eines Minderjährigen auf Übereignung einer Immobilie durch Bewirkung der Auflassung wird von der Norm jedoch nicht erfasst.[139]

4027 Gem. §§ 1643 Abs. 1, **1821 Abs. 1 Nr. 4 BGB** kann die Schaffung (auch aufschiebend bedingter) Verpflichtungen zur Übertragung von Eigentum genehmigungsbedürftig sein. Auch insoweit

---

133 Vgl. *Kölmel*, RNotZ 2010, 1, 17.
134 OLG Hamm, 12.11.2015 – 15 W 290/15, MittBayNot 2016, 239.
135 KG, 06.01.2015 – 1 W 369/14, NotBZ 2015, 148.
136 A.A. die ganz überwiegende Literatur, vgl. z.B. *Schöner/Stöber*, Grundbuchrecht, 15. Aufl. 2012 Rn. 2850, *Böttcher*, ZNotP 2016, 42, 46 m.w.N.
137 KG, 09.08.2016 – 1 W 169/16, ZfIR 2017, 332 (nur Ls.).
138 Vgl. *Gutachten*, DNotI-Report 2011, 244. Solche beschlossenen Änderungen wären auch vormerkungsfähig, sind also auf Änderung des dinglichen Rechtsinhalts des Sondereigentums gerichtet, vgl. Staudinger/*Kreuzer*, § 10 WEG Rn. 66.
139 RGZ 108, 356, 364. Erfasst sind nur Verfügungen, die den Anspruch auf Erfüllung unmöglich machen, z.B. die Abtretung des Anspruchs an Dritte.

ist ein vorbehaltenes Rückforderungsrecht, das bereicherungsrechtlich ausgestaltet und damit auch i.S.d. § 107 BGB lediglich rechtlich vorteilhaft ist, unbeachtlich. Anders urteilt die Rechtsprechung, wenn dem Schenker eine unwiderrufliche Rückauflassungsvollmacht eingeräumt wird.[140] Für die Genehmigungsbedürftigkeit reicht die nur abstrakte Gefahr aus, dass der Minderjährige nicht nur mit dem geschenkten Gegenstand haftet.[141]

Gem. §§ 1643 Abs. 1, **1821 Abs. 1 Nr. 5 BGB** ist ferner genehmigungsbedürftig der **entgeltliche Erwerb eines Grundstücks** oder eines Rechts an einem Grundstück (mit Ausnahme der vorgenannten Verwertungsrechte, § 1821 Abs. 2 BGB). Dieser Genehmigungsvorbehalt bezieht sich lediglich auf das **schuldrechtliche Geschäft**, ist also vom Grundbuchamt (wegen § 20 GBO) nicht zu prüfen bzw. allenfalls incidenter von Bedeutung, wenn z.B. im schuldrechtlichen Vertrag Vollmachten für den dinglichen Vollzug enthalten sind, die von einer etwaigen Nichtigkeit des schuldrechtlichen Rechtsgeschäftes (trotz ihrer grundsätzlichen Abstraktheit) erfasst sein könnten, oder aber wenn es um die Eintragung der (akzessorischen) Vormerkung zur Sicherung eines Anspruchs aus einem solchen Rechtsgeschäft geht. 4028

Die erforderliche Abhängigkeit von einer Gegenleistung ist bei Schenkungen unter Auflagen, auch der Auflage der Rückforderung oder Bestellung eines Rechts für den Veräußerer, nicht gegeben, so dass der Vorbehalt des Nießbrauchs und Rückforderungsrechte unschädlich sind.[142] Aber auch darüber hinaus gilt: Nicht jede »nicht mehr lediglich rechtlich vorteilhafte« Vereinbarung, die zur Bestellung eines Ergänzungspflegers wegen rechtlicher Verhinderung der Eltern führt, stellt zugleich die »Unentgeltlichkeit« infrage oder führt aus anderem Grund zur Genehmigungsbedürftigkeit: der bloße Eintritt in einen Verwaltervertrag – auf den vor dem 01.07.2007 beim Erwerb einer Eigentumswohnung i.R.d. Prüfung des § 107 BGB abzustellen war – bzw. der (kraft Gesetzes sich vollziehende) Eintritt in einen Mietvertrag[143] oder einen Pachtvertrag[144] verwirklichen z.B. §§ 1821 Abs. 1 Nr. 5, 1822 Nr. 5 und Nr. 10 BGB nicht. Auch die Bestellung eines Nießbrauchs (mit Pflichten versehen und damit nicht lediglich rechtlich vorteilhaft) für das Kind am Grundstück der Eltern ist nicht »entgeltlich« und damit nicht genehmigungsbedürftig[145] (zu § 107 BGB vgl. Rdn. 3984). 4029

Die in allen vorgenannten Fällen gegebene Genehmigungsfreiheit in Bezug auf Hypotheken, Grund- und Rentenschulden, **§ 1821 Abs. 2 BGB**, rechtfertigt sich aus Sicht des Gesetzgebers daraus, dass solche Verfügungen typischerweise nicht über die Grenzen der gewöhnlichen Vermögensverwaltung hinausgehen. Daher bedarf es für die Bestellung eines der vorgenannten Verwertungsrechte zugunsten des Kindes als Gläubiger keiner Genehmigung, ebenso wenig bei der Abtretung solcher Rechte, beim Rangrücktritt oder bei der Abgabe der Löschungsbewilligung für den Minderjährigen. Unberührt bleiben jedoch Genehmigungserfordernisse (bzw. Vertretungsverbote) aus anderen Gründen, bspw. wenn in der Abgabe einer löschungsfähigen Quittung bzw. der Löschung eine Schenkung zulasten des Kindes läge (§ 1804 BGB: Mitwirkungsverbot). 4030

Wer in einer Anrechnungsbestimmung i.S.d. § 2315 BGB einen teilweisen Pflichtteilsverzicht sieht (vgl. Rdn. 3982 (4)), unterstellt diese Vereinbarung konsequenterweise dem familiengerichtlichen Genehmigungserfordernis **analog § 1822 Nr. 2 BGB**[146]. Unmittelbar von § 1822 Nr. 2 BGB erfasst sind Erbauseinandersetzungs- oder Erbteilungsverträge, auch Abschichtungen[147] un- 4031

---

140 OLG Celle, DNotZ 1974, 731, 733; BayObLG DNotZ 1976, 304, 305.
141 OLG Köln, NJW-RR 1998, 363.
142 BGH, 30.09.2010 – V ZB 206/10, NotBZ 2011, 94 m. Anm. *Krauß*.
143 BGH, DNotZ 1983, 362; *Everts*, ZEV 2004, 234 ff. und LG München II, MittBayNot 2005, 234; a.A. teilweise undifferenziert die Instanzgerichte: LG Heidelberg, BWNotZ 2000, 145.
144 OLG Düsseldorf, 03.03.2017 – I-3 Wx 65/16, RNotZ 2017, 376.
145 Konnte in OLG München, 08.02.2011 – 34 Wx 40/11, ZEV 2011, 267 offen bleiben, da das Grundbuchamt die schuldrechtliche Seite nicht zu prüfen hat.
146 Vgl. BeckOK-BGB/*J. Mayer*, § 2325 BGB Rn. 8; *Fröhler*, BWNotZ 2010, 94, 102; a.A: *Winkler*, ZEV 2005, 89, 92.
147 OLG Hamm, 02.08.2017 – 15 W 263/16.

ter Mitwirkung eines Vormunds, Pflegers oder Betreuers (aber nicht der Eltern, da § 1643 Abs. 1 BGB darauf nicht verweist; allerdings greift § 1821 Abs. 1 Nr. 1 BGB ein, wenn sich im Bestand des unter Mitwirkung des Kindes auseinandergesetzten Nachlasses Grundbesitz befindet.[148]

4032 Praxisbedeutsam ist schließlich das Genehmigungserfordernis der §§ 1643 Abs. 1, **1822 Nr. 5 BGB** bei schuldrechtlichen Verträgen, durch die der Minderjährige **zu wiederkehrenden Leistungen verpflichtet** wird, sofern das Vertragsverhältnis über das 19. Lebensjahr hinaus fortdauern soll. In Betracht kommt dies bspw. für Mietverträge, die den Minderjährigen als Mieter oder als Vermieter betreffen und die nicht vor Vollendung seines 19. Lebensjahres kündbar sind, aber auch Sparverträge etc.

4033 Schließlich bedarf es gem. § 1643 Abs. 1 i.V.m. **§ 1822 Nr. 8 BGB** der familiengerichtlichen Genehmigung bei der **Aufnahme von Geld auf Kredit des Minderjährigen**, und zwar auch wenn dieser Kredit unverzinslich und ungesichert ist, und auch wenn formaler Kreditnehmer eine GbR ist, an welcher der Minderjährige beteiligt ist.[149] Nicht erfasst ist jedoch die bloße Stundung eines Kaufpreises durch den Verkäufer,[150] sofern dieser nicht durch Dritte finanziert ist.

4034 Die §§ 1643 Abs. 1, **1822 Nr. 10 BGB** sollen schließlich den Minderjährigen davor schützen, eine Verbindlichkeit in der falschen Hoffnung zu übernehmen, dass tatsächlich ein anderer leisten werde. Genehmigungsbedürftig sind daher alle Fälle der »Haftungsübernahme«, in denen für den Fall der Inanspruchnahme dem Minderjährigen ein Regressanspruch gegen den Primär-Schuldner zusteht, also bspw. die **Übernahme einer Bürgschaft**, die Schuldübernahme oder Erfüllungsübernahme, der Schuldbeitritt, der Erstattungsanspruch des Gesamtschuldners aus § 426 BGB etc. Die Übernahme der auf einem Grundstück ruhenden Lasten, ebenso der kraft Gesetzes sich vollziehende Eintritt in einen Mietvertrag[151] oder einen Pachtvertrag[152] beim Erwerb eines Grundstücks durch einen Minderjährigen lösen jedoch das Genehmigungserfordernis des § 1822 Nr. 10 BGB nicht aus. Allerdings wird § 1822 Nr. 10 BGB (hinsichtlich des schuldrechtlichen Geschäfts[153]) verwirklicht, wenn lediglich ein **Bruchteil eines Sondereigentums** an einen Minderjährigen aufgelassen wird, da er gesamtschuldnerisch mit dem Eigentümer des verbleibenden Bruchteils auf den vollen Betrag der Gemeinschaftslasten (§§ 10 Abs. 8, 16 Abs. 2 WEG) haftet,[154] ebenso erst recht bei der Übertragung an mehrere minderjährige Geschwister als Miteigentümer.[155]

4035 Auch wenn der Beitritt des Minderjährigen (vertreten durch die Eltern bzw. je einen Ergänzungspfleger)[156] zu einer **Gesellschaft des bürgerlichen Rechts** oder seine Mitwirkung bei der Gründung (z.B. wegen § 1822 Nr. 10 BGB: Übernahme einer fremden Verbindlichkeit analog § 128 HGB bei Gründung oder analog § 130 HGB durch Beitritt bzgl. der Altschulden)[157] bereits ge-

---

148 Vgl. *Gutachten*, DNotI-Report 2017, 76f.
149 OLG Hamm, 18.03.2016 – 2 WF 170/15, ZEV 2016, 585 m. Anm. *Reimann*.
150 Vgl. Praxis-Kommentar BGB/*Lafontaine*, 4. Aufl. 2009, § 1822 Rz. 145.
151 *Everts* ZEV 2004, 234 ff. und LG München II MittBayNot 2005, 234; a.A. teilweise undifferenziert die Instanzgerichte: LG Heidelberg BWNotZ 2000, 145, ebenso falsch KG, 31.08.2010 – 1 W 167/10, NotBZ 2011, 99 (nur Ls.): auf das Erreichen des 18. Lebensjahres aufschiebend bedingte Schenkung mit Eintritt in den Mietvertrag ab Vollendung des 18. Lebensjahres, nicht erst mit Eigentumserwerb, sei entgeltlich).
152 OLG Düsseldorf, 03.03.2017 – I-3 Wx 65/16, RNotZ 2017, 376.
153 Demnach ohne Relevanz für das Grundbuchamt, *Böhringer*, NotBZ 2013, 121, 126.
154 KG, 15.07.2010 – 1 W 312/10, BeckRS 2010, 28459 = FD-MietR 2010, 311706.
155 OLG München, 22.08.2012 – 34 Wx 200/12, DNotZ 2013, 205 m. Anm. *G Müller*; hierzu *Kölmel*, NotBZ 2013, 95 ff., sowie OLG Köln, 06.03.2015 – 2 Wx 44 und 47-49/15, RNotZ 2015, 288.
156 Auch bei unentgeltlicher Übertragung der Gesellschafterstellung ist damit wegen der (in den Grenzen des § 1629a BGB bestehenden) Vollhaftung ein rechtlicher Nachteil verbunden. Ist auch nur ein Elternteil ebenfalls an der GbR beteiligt, bedarf es wegen der Wechselseitigkeit der Beitragspflichten je eines eigenen Ergänzungspflegers nach § 1909 Abs. 1 Nr. 1 BGB, vgl. *Hopt* Gesellschaftsrecht Rn. 53.
157 BGH, NJW 2003, 1803 ff.; vgl. *Wertenbruch*, FamRZ 2003, 1716.

richtlich genehmigt wurde, bedarf die Veräußerung von Grundstücken durch vermögensverwaltende Gesellschaften unter Beteiligung Minderjähriger nach überwiegender Rechtsprechung der neuerlichen familiengerichtlichen Genehmigung gem. § 1821 Abs. 1 Nr. 1 und Nr. 4 BGB[158] (was fragwürdig erscheint angesichts der Rechtsfähigkeit der GbR, vgl. Rdn. 2453 ff.,[159] aber dennoch von der Rechtsprechung so aufrechterhalten wird[160]). Anders mag es liegen bei erwerbswirtschaftlich tätigen Gesellschaften, bei denen bereits i.R.d. § 1822 Nr. 3 BGB der Handel mit Grundstücken in die Genehmigung des Beitritts (oder einer diesbezüglichen Änderung des Gesellschaftsvertrags)[161] einbezogen wurde.[162] Die Lehre von der Teilrechtsfähigkeit der (Außen-)GbR würde allerdings auch i.Ü. eher dafür streiten, das Handeln des Organs »Vertreter« lediglich »der Gesellschaft«, nicht dem Mündel zuzurechnen, sodass Rechtsgeschäfte der GbR (ebenso wenig wie solche der OHG)[163] keiner gerichtlichen Genehmigung bedürfen.[164]

Einseitige Rechtsgeschäfte (mit Ausnahme amtsempfangsbedürftiger Willenserklärungen) bedürfen der vorherigen Genehmigung nach § 1831 BGB.[165] 4036

Zur Frage der Vertretungsverhinderung und der Genehmigungsbedürftigkeit bei der Anordnung der Anrechnung auf den **Pflichtteilsanspruch** eines Minderjährigen (§ 2315 BGB) vgl. Rdn. 3719 ff.; zur Rechtslage beim Pflichtteilsverzicht: § 2347 BGB, Rdn. 3786 ff.

2. Grundpfandrechtsbestellung

Zu berücksichtigen ist, dass auch **Grundpfandrechtsbestellungen**[166] der Genehmigung bedürfen (§ 1821 Abs. 1 Nr. 1 BGB; auch durch Eltern: § 1643 Abs. 1 BGB); Gleiches gilt für den Darlehensabschluss eines Minderjährigen und die Besicherung fremder Verbindlichkeiten (Zweckvereinbarung).[167] Ist bspw. die Übernahme eines mit einem Grundpfandrecht belasteten Grundstücks, solange der Minderjährige keine persönliche Haftung für die noch valutierende Schuld übernimmt, lediglich rechtlich vorteilhaft und genehmigungsfrei (s.o. Rdn. 3969), liegt in der **Abrede zur künftigen Neuvalutierung** durch die Eltern im Verhältnis zwischen Grundstückseigentümer (Erwerber) und persönlichem Schuldner (z.B. den Eltern) entweder eine (dann zwingend nichtige, § 1641 Satz 1 BGB) Schenkung oder aber (richtigerweise) ein Auftrag, dessen Vereinbarung mangels lediglich rechtlichen Vorteils einen Ergänzungspfleger erforderlich macht, jedoch keiner gerichtlichen Genehmigung unterliegt. Beim **Sicherungsvertrag** selbst zwischen Grundpfandrechtsgläubiger und Sicherungsgeber (Eigentümer = Erwerber) sind die Eltern mangels Kollision nicht an der Vertretung gehindert,[168] allerdings bedarf es wohl einer familien- 4037

---

158 OLG Koblenz, NJW 2003, 1401.
159 Gegen das Genehmigungserfordernis daher OLG Schleswig, MittBayNot 2002, 294 und *Bestelmeyer*, Rpfleger 2010, 169, 190; vgl. auch *Lautner*, MittBayNot 2002, 256 und [krit. ggü. dem OLG Koblenz, vorstehende Fn.] *Wertenbruch*, FamRZ 2003, 1714: keine auch nur mittelbare Beteiligung des Minderjährigen am Grundstück aufgrund der Teilrechtsfähigkeit der Außengesellschaft.
160 OLG Nürnberg, 04.10.2012 – 15 W 1623/12, MittBayNot 2014, 165 m. Anm. *Gerono*.
161 Jedenfalls solche wesentlichen Vertragsänderungen bedürfen der Genehmigung, vgl. MünchKommBGB/*Wagenitz* § 1822 Rn. 28.
162 Vgl. im Einzelnen DNotI-Gutachten DNotI-Report 2004, 31.
163 BGH, NJW 1971, 375.
164 *Czeguhn/Dickmann*, FamRZ 2004, 1536; Praxis-Kommentar BGB/*Lafontaine*, 4. Aufl. 2009 § 1821 Rz. 20.
165 Vgl. *Sonnenfeld/Zorn*, Rpfleger 2004, 535 f.
166 Dies gilt auch für Eigentümergrundschulden, nicht erst für deren (für Eltern genehmigungsfreie, da auf § 1821 Abs. 2 BGB nicht verwiesen wird) Abtretung, vgl. *Ivo*, ZNotP 2004, 18.
167 § 1822 Nr. 8 (Darlehen) bzw. Nr. 10 BGB, Nr. 10 dürfte immanent in der Genehmigung des Grundpfandrechts enthalten sein, jedenfalls wenn das Gericht den Beleihungszweck kennt: *Gaberdiel*, Kreditsicherung durch Grundschulden, Rn. 649.
168 Es sei denn, das FamG würde gem. §§ 1629 Abs. 2 Satz 3 Halbs. 1, 1796 BGB im Einzelfall wegen eines konkreten Interessenwiderstreits die Vertretung entziehen.

gerichtlichen Genehmigung gem. § 1822 Nr. 10 BGB (»Übernahme einer fremden Verbindlichkeit«),[169] weil im Fall der Inanspruchnahme aufgrund der gesicherten Forderungen dem Sicherungsgeber ein Ersatzanspruch gegen den persönlichen Schuldner zustünde.

4038 Wurde die Veräußerung durch einen minderjährigen Verkäufer genehmigt, muss für das Finanzierungsgrundpfandrecht des Erwerbers erneut die familiengerichtliche Genehmigung eingeholt werden, auch wenn im Kaufvertrag eine sog. **Finanzierungsvollmacht** enthalten war.[170] Streng genommen kann dies für den Käufer zur Folge haben, dass zwar sein Ankauf, nicht aber seine Finanzierungsgrundschuld genehmigt wird, und demnach der Kaufpreis zwar fällig, das Finanzierungsdarlehen aber anderweit besichert werden muss (vergleichbar dem Risiko der »gespaltenen Zustimmung« eines Grundstückseigentümers zum Verkauf, nicht aber zur Beleihung eines Erbbaurechtes, Rdn. 3097). Der vorsichtige Käufer wird darauf drängen, die Fälligkeit des Kaufpreises auch an die gerichtliche Genehmigung der Bestellung der Finanzierungsgrundschuld zu knüpfen, was dem Verkäufer aber nur dann zuzumuten ist, wenn diese im selben Termin beurkundet wird.

4039 Der Genehmigungsfähigkeit des Finanzierungsgrundpfandrechtes steht dabei nicht entgegen, dass der Grundschuldbetrag den Kaufpreis übersteigt, sofern nur der Sicherungszweck der Grundschuld zunächst auf die Kaufpreiszahlung beschränkt ist.[171] Ist hingegen der **Erwerber** minderjährig, soll die Genehmigung zu einem Kaufvertrag mit Beleihungsvollmacht auch die Grundschuldbestellung zur Kaufpreisfinanzierung erfassen.[172]

4040 Sofern eine gerichtliche Genehmigung zum Grundpfandrecht erforderlich ist, kann der Notar (entsprechende Vollzugsanweisung vorausgesetzt) bereits i.R.d. Genehmigung des Kaufvertrags eine (dann ohne Mitteilung an den prospektiven anderen Vertragsteil, also mit Rechtskraft sofort wirksame) »**Vorwegerlaubnis**« zur Beleihung einholen;[173] außerdem heilt der spätere Eigentumserwerb des Käufers die ggf. ohne gerichtliche Genehmigung, also (noch) als Nichtberechtigter, getroffene Verfügung, sofern der Käufer (wie regelmäßig wegen § 800 ZPO) auch im eigenen Namen als künftiger Eigentümer gehandelt hat (§ 185 Abs. 2 Satz 1, 2. Alt. BGB).[174]

4041 Liegt keine vorherige familien-/betreuungs-/(in Verfahren bis 31.08.2009: vormundschafts-)gerichtliche Erlaubnis vor, muss die nachträglich diesbezüglich erteilte Genehmigung nicht nur dem gesetzlichen Vertreter **zugegangen**, sondern auch dem anderen Vertragsteil (Bank) mitgeteilt und von diesem in Empfang genommen worden sein (§ 1829 Abs. 1 Satz 2 BGB). Dies kann bspw. durch Mitübersendung als Urkundenbestandteil der dem Gläubiger zu erteilenden Ausfertigung (§ 873 Abs. 2 BGB) erfolgen; nach deren Zugang (Rückfax) kann vollstreckbare Ausfertigung erteilt werden. Dem Grundbuchamt ggü. ist wegen des hier geltenden lediglich formellen Konsens-Prinzips (§ 19 GBO) jedoch als Bestandteil der Wirksamkeit der Bewilligung nur nachzuweisen, dass die Genehmigung erteilt wurde und dem gesetzlichen Vertreter zuging (etwa durch Vorlage

---

169 A.A. BayObLG, FamRZ 1986, 597, a.A. *Senft*, MittBayNot 1986, 231, sowie *Gaberdiel*, Kreditsicherung durch Grundschulden, 7. Aufl. 2004, Rn. 647; Gutachten, DNotI-Report 2005, 197.

170 OLG Zweibrücken, MittBayNot 2005, 313; LG Berlin, Rpfleger 1994, 355; *Labuhn*, Vormundschaftsgerichtliche Genehmigung, Rn. 167; differenzierend LG Schwerin, MittBayNot 1997, 297 (Genehmigungsfreiheit, wenn in der Vollmacht bereits Höhe, Verzinsung und Fälligkeit des Grundpfandrechts enthalten sind). Vgl. zum Ganzen umfassend Gutachten, DNotI-Report 2003, 129 f. und *Braun*, DNotZ 2005, 730 ff.

171 LG Nürnberg-Fürth, MittBayNot 2007, 218 m. Anm. *Fahl* (es verbleibt allerdings das Risiko der Zweitschuldnerschaft für dadurch erhöhte Grundbuchkosten).

172 BGH, DNotZ 1998, 490 (auch wenn dadurch Mittel für andere Zwecke als die Kaufpreisfinanzierung beschafft werden sollen, krit. hierzu *Gschoßmann*, MittBayNot 1998, 236).

173 Erforderlich sind Angaben zur maximalen Höhe samt Zinsen und Nebenleistungen und deren Fälligkeit sowie die Vorlage der Sicherungsvereinbarung i.S.d. § 1822 Nr. 10 BGB; ggf. auch die Möglichkeit einer mehrfachen Ausnutzung der Vorwegbeleihungsvollmacht *Braun*, DNotZ 2005, 730 ff.

174 RGZ 89, 158, allerdings erst mit Wirkung ab Eigentumserwerb!

der an diesen gerichteten Ausfertigung mit dem Eintragungsantrag). Des Nachweises der Mitteilung an den Gläubiger (und der dafür üblichen sog. Doppelvollmacht) bedarf es also nicht, allerdings ist diese Mitteilung materiell-rechtlich erforderlich (und erfolgt i.d.R. infolge entsprechender, stets widerruflicher, Vollmacht durch den Notar).[175]

Die **Eigentümerzustimmung zur Löschung eines Grundpfandrechtes** (§ 27 GBO) bedarf zwar (wegen § 1821 Abs. 2 BGB) nicht gem. § 1821 Abs. 1 Nr. 1 BGB der gerichtlichen Genehmigung, sie stellt jedoch i.S.d. § 1812 BGB eine »Verfügung über ein Recht, kraft dessen der Betreute eine Leistung verlangen kann«, dar, und bedarf daher (bei Fehlen eines Gegenvormunds/Gegenbetreuers) der Genehmigung. Dies gilt unabhängig davon, ob die Eigentümerzustimmung materiell-rechtlich eine Aufhebungserklärung i.S.d. § 875 BGB darstellt (z.B. wenn eine Hypothek nach Befriedigung der persönlichen Forderung zur verdeckten Eigentümergrundschuld wurde) oder eine Erklärung i.S.d. § 1183 BGB;[176] und zwar wohl auch, wenn es sich um das rangletzte Grundpfandrecht handelt.[177]

4042

3. Gesellschaftsrechtliche Vorgänge

a) Abschluss eines Gesellschaftsvertrages

Der **Abschluss eines Gesellschaftsvertrages** durch Minderjährige[178] bedarf ferner unter den Voraussetzungen des § 1822 Nr. 10 BGB (bei Übernahme einer fremden Verbindlichkeit) sowie des § 1822 Nr. 3 BGB (erwerbswirtschaftliche Tätigkeit,[179] auch bei auf längere Dauer eingegangenen Gesellschaften, die Immobilien von erheblichem Wert verwalten und vermieten[180]) der (seit 01.09.2009) **familiengerichtlichen Genehmigung** (vor 01.09.2009: bei Vertretung durch die Eltern der familiengerichtlichen, bei Vertretung durch einen Ergänzungspfleger der vormundschaftsgerichtlichen Genehmigung). Dies gilt sowohl für die Gründung einer GbR als auch einer KG, einer AG,[181] einer GmbH,[182] wohl auch einer stillen Gesellschaft nach §§ 230 ff. HGB.[183] Die Gründung einer rein vermögensverwaltenden KG unter Beteiligung minderjähriger Kommanditisten ist dagegen genehmigungsfrei.[184]

4043

---

175 *Ivo*, ZNotP 2004, 20.
176 OLG Hamm, 25.10.2010 – I-15 W 334/10, MittBayNot 2011, 242.
177 So jedenfalls BayObLG DNotZ 1985, 161; *Schöner/Stöber*, Grundbuchrecht, 14. Aufl., Rn. 3711, 3723.
178 Überblick bei *Jänig/Schiemzik*, NWB 2016, 1897 ff.
179 Teilweise wird im Hinblick auf die Anwendung der §§ 128, 130 HGB analog auch allein auf die Tätigkeit als »Außengesellschaft des bürgerlichen Rechtes« abgestellt, vgl. *Wertenbruch*, FamRZ 2003, 1715 m.w.N.
180 Die Rspr. hat die Grenzen der rein vermögensverwaltenden GbR in den letzten Jahren enger gezogen, vgl. Gutachten, DNotI-Report 2004, 31; nach OLG Nürnberg, 16.12.2014 – 11 WF 1415/14 notar 2015, 200 soll es für die Genehmigungsbedürftigkeit genügen, wenn der GbR-Vertrag zwar »gewerbliche Tätigkeit« ausschließt, nicht aber ausdrücklich »reine Vermögensverwaltung« als Gegenstand bezeichnet.
181 § 1822 Nr. 3, 2. Alt. BGB: Handelndenhaftung nach § 41 Abs. 1 AktG.
182 § 1822 Nr. 3, 2. Alt. BGB: Handelndenhaftung nach § 11 Abs. 2 GmbHG, § 1822 Nr. 10 BGB: Haftungsrisiken für andere Gesellschafter gem. §§ 16 Abs. 3, 24, 31 Abs. 3 GmbHG.
183 *Rust*, DStR 2005, 1944. Nach BGH, FamRZ 1957, 121 ist eine Genehmigung dann entbehrlich, wenn der Minderjährige lediglich eine einmalige Einlage leistet, am Verlust und Geschäftsbetrieb nicht teilnimmt und an der Betriebsführung nicht mitwirkt (str.). Gleiches gelte für die Unterbeteiligung (BGB-Innengesellschaft an einer Gesellschaftsbeteiligung, auf die §§ 230 ff. HGB teilweise entsprechend anwendbar sind); a.A. BFH, BStBl. 1968 II, S. 67: Genehmigungserfordernis auch, wenn Verlustbeteiligung auf die Einlage beschränkt ist.
184 OLG Jena, 22.03.2013 – 2 WF 26/13, MittBayNot 2013, 387 m. Anm. *Gerono*.

b) Erwerb von Gesellschaftsanteilen

4044 Für den **derivativen Erwerb** von Anteilen an einer **GbR** oder **Personengesellschaft** (auch Kommanditanteilen)[185] gilt dasselbe, gestützt auf § 1822 Nr. 10 BGB (§§ 128, 130 HGB in ggf. analoger Anwendung!) bzw. auf § 1822 Nr. 3, 3. Alt. BGB (da in der Zustimmung zum Eintritt eines weiteren Gesellschafters nach überwiegender Auffassung der Abschluss eines neuen Gesellschaftsvertrages liegt,[186] und zwar auch bei der schenkweisen Übertragung des Anteils,[187] sofern die Voraussetzungen eines »Erwerbsgeschäftes« nach obigen Kriterien bejaht werden). Bei rein vermögensverwaltenden Personengesellschaften ist die Rechtsprechung jedoch großzügig.[188] Die Beteiligung eines Minderjährigen an einer stillen Gesellschaft wiederum wird, obwohl das Handelsgewerbe gem. § 230 Abs. 1 HGB »ein anderer betreibt«, jedenfalls dann für genehmigungsbedürftig gehalten, wenn er auch Verluste übernehmen müsste oder an der Betriebsführung beteiligt ist.[189] Der letztwillige Erwerb von KG-Anteilen ist niemals genehmigungspflichtig (vgl. die Grundwertung des § 1643 Abs. 2 Satz 1 BGB: nicht die Annahme, sondern nur die Ausschlagung einer Erbschaft bedarf der gerichtlichen Genehmigung).[190]

4045 Der Erwerb von bestehenden **Anteilen an einer GmbH** oder von **Aktien** ist dann genehmigungsbedürftig, wenn im konkreten Sachverhalt alle oder zumindest die unternehmerische Mehrheit[191] (jedenfalls ab 50 %)[192] der Anteile entgeltlich übertragen werden (Übernahme eines Erwerbsgeschäftes, § 1822 Nr. 3, 1. Alt.) oder aber wenn noch nicht alle Anteile an einer GmbH vollständig einbezahlt sind (§ 1822 Nr. 10 BGB: §§ 16 Abs. 3, 24 GmbHG)[193] bzw. die GmbH noch nicht eingetragen ist.[194] Bei der Entscheidung über die Genehmigung ist – orientiert ausschließlich am Interesse des Mündels – die Vor- und Nachteile des Rechtsgeschäfts insgesamt zu würdigen. Möglicherweise ist als Folge des Minderjährigenhaftungsbeschränkungsgesetzes (Neufassung des § 723 und des § 1629a Abs. 1 Satz 1 BGB) eine großzügigere Beurteilung zu erwarten. Für den Fall, dass das volljährig gewordene Kind von der gesetzlich eingeräumten Sonderkündigungsmöglichkeit[195] Gebrauch macht, sollte u.U. eine Rückforderungsklausel in die Schenkung aufgenommen werden.[196]

c) Veräußerung von Gesellschaftsanteilen

4046 In gleicher Weise erfordert die (entgeltliche oder unentgeltliche) **Veräußerung** von Gesellschaftsanteilen Minderjähriger an einer Personengesellschaft unabhängig von der Beteiligungshöhe stets, bei Kapitalgesellschaften nur dann eine gerichtliche Genehmigung, wenn mehr als die Hälfte des

---

185 *Damrau*, ZEV 2000, 210; das Registergericht kann (bei gewerblich tätiger KG) die Vorlage der Genehmigung verlangen: OLG Frankfurt, 27.05.2008 – 20 W 123/08, Rpfleger 2008, 646.
186 Vgl. im Einzelnen *Rust*, DStR 2005, 1946.
187 So dass § 1822 Nr. 3, 1. Alt. BGB [»entgeltlich«] nicht einschlägig ist.
188 OLG Bremen, 16.06.2008 – 2 W 38/08, GmbHR 2008, 1263 und OLG München, 06.11.2008 – 31 Wx 76/08, GmbHR 2008, 1264, m. Anm. *Werner*: ebenso OLG Jena, 22.03.2013 – 2 WF 26/13, MittBayNot 2013, 387 m. Anm. *Gerono* für die originäre Beteiligung minderjähriger Kommanditisten an einer vermögensverwaltenden KG.
189 LG München II, NJW-RR 1999, 1018; für generelle Genehmigungsbedürftigkeit: Münch-Komm/*Wagenitz*, 4. Aufl. 2002, § 1822 Rn. 26 m.w.N.
190 *Menzel/Wolf*, MittBayNot 2010, 186, 190.
191 KG, NJW 1962, 55: sofern nach Art und Struktur der GmbH sich die Beteiligung nicht mehr als Kapitalinvestition darstellt, sondern den Minderjährigen »unternehmerisches Risiko« trifft.
192 BGH, DNotZ 2004, 152; KG, 26.09.1961 – 2 U 266/61, NJW 1962, 54.
193 Konkrete Betrachtungsweise, vgl. BGH, 20.02.1989 – II ZR 148/88, DNotZ 1990, 303; kritisch *Rust*, DStR 2005, 1942, 1948.
194 BGH, 20.02.1989 – II ZR 148/88, DNotZ 1990, 303.
195 Hierzu m.w.N. *Rust*, DStR 2005, 1994 ff. (auch zur Frage des Vorrangs der Handelsregisterpublizität nach § 15 HGB wenn das Geburtsdatum des minderjährigen Gesellschafters nicht eingetragen ist).
196 Empfehlung von *Spiegelberger*, DNotZ 1998, 505.

Kapitals betroffen ist (§ 1822 Nr. 3, 2. Alt. BGB) oder wenn nur Minderjährige an der Gesellschaft beteiligt sind.[197] Die Kündigung einer Gesellschaft durch den Minderjährigen[198] bedarf keiner familiengerichtlichen Genehmigung (da § 1643 Abs. 1 BGB nicht auf § 1823 BGB verweist), ebenso wenig der Beschluss über die Auflösung einer Gesellschaft.

d) Veräußerung und Erwerb von Gesellschaftsimmobilien

Auch wenn der Beitritt des Minderjährigen (vertreten durch die Eltern bzw. je einen Ergänzungspfleger)[199] zu einer **Gesellschaft des bürgerlichen Rechts** oder seine Mitwirkung bei der Gründung (z.B. wegen § 1822 Nr. 10 BGB: Übernahme einer fremden Verbindlichkeit analog § 128 HGB bei Gründung oder analog § 130 HGB durch Beitritt bzgl. der Altschulden)[200] bereits gerichtlich genehmigt wurde, bedarf die Veräußerung von Grundstücken durch vermögensverwaltende Gesellschaften unter Beteiligung Minderjähriger nach überwiegender Rechtsprechung der neuerlichen familiengerichtlichen Genehmigung gem. § 1821 Abs. 1 Nr. 1 und Nr. 4 BGB[201] sowie der entgeltliche Erwerb durch die GbR der Genehmigung nach § 1821 Abs. 1 Nr. 5 BGB (Rdn. 4028) hinsichtlich des schuldrechtlichen Geschäfts (was fragwürdig erscheint angesichts der Rechtsfähigkeit der GbR, vgl. Rdn. 2453 ff.,[202] aber dennoch von der Rechtsprechung so aufrechterhalten wird,[203] was sich im Rechtsformvergleich zu Lasten der GbR auswirkt: Rdn. 2565). Anders mag es liegen bei erwerbswirtschaftlich tätigen Gesellschaften, bei denen bereits i.R.d. § 1822 Nr. 3 BGB der Handel mit Grundstücken in die Genehmigung des Beitritts (oder einer diesbezüglichen Änderung des Gesellschaftsvertrags)[204] einbezogen wurde.[205] Die Lehre von der Teilrechtsfähigkeit der (Außen-)GbR würde allerdings auch i.Ü. eher dafür streiten, das Handeln des Organs »Vertreter« lediglich »der Gesellschaft«, nicht dem Mündel zuzurechnen, sodass Rechtsgeschäfte der GbR (ebenso wenig wie solche der OHG,[206] erst recht nicht solche einer Kapitalgesellschaft) keiner gerichtlichen Genehmigung bedürfen.[207]

4047

---

197 BGH, ZEV 2003, 375 (»Berücksichtigung wirtschaftlicher Zusammenhänge«), m. krit. Anm. *Damrau*; vgl. Gutachten, DNotI-Report 2007, 13.
198 Auch hierzu ist bei Interessenkollision (wie bei der Veräußerung) ggf. die Mitwirkung eines gesetzlichen Vertreters erforderlich, vgl. *Rust*, DStR 2005, 1992.
199 Auch bei unentgeltlicher Übertragung der Gesellschafterstellung ist damit wegen der (in den Grenzen des § 1629a BGB bestehenden) Vollhaftung ein rechtlicher Nachteil verbunden. Ist auch nur ein Elternteil ebenfalls an der GbR beteiligt, bedarf es wegen der Wechselseitigkeit der Beitragspflichten je eines eigenen Ergänzungspflegers nach § 1909 Abs. 1 Nr. 1 BGB, vgl. *Hopt*, Gesellschaftsrecht, Rn. 53.
200 BGH, NJW 2003, 1803 ff.; vgl. *Wertenbruch*, FamRZ 2003, 1716.
201 OLG Koblenz, NJW 2003, 1401.
202 Gegen das Genehmigungserfordernis daher OLG Schleswig, MittBayNot 2002, 294 und *Bestelmeyer*, Rpfleger 2010, 169, 190; vgl. auch *Lautner*, MittBayNot 2002, 256 und [krit. ggü. dem OLG Koblenz, vorstehende Fn.] *Wertenbruch*, FamRZ 2003, 1714 und *Wertenbruch*, NJW 2015, 2150 ff.: keine auch nur mittelbare Beteiligung des Minderjährigen am Grundstück aufgrund der Teilrechtsfähigkeit der Außengesellschaft.
203 OLG Nürnberg, 04.10.2012 – 15 W 1623/12, DNotZ 2013, 33.
204 Jedenfalls solche wesentliche Vertragsänderungen bedürfen der Genehmigung, vgl. MünchKomm-BGB/*Wagenitz* § 1822 Rn. 28.
205 Vgl. im Einzelnen DNotI-Gutachten DNotI-Report 2004, 31.
206 RGZ 54, 278 [280]; BGH, NJW 1971, 375.
207 *Czeguhn/Dickmann*, FamRZ 2004, 1536; Praxis-Kommentar BGB/*Lafontaine*, 4. Aufl. 2009 § 1821 Rz. 20.

e) Satzungsändernde Beschlüsse

4048 Eine gerichtliche Genehmigung ist zu satzungsändernden **Beschlüssen** einer Kapitalgesellschaft nicht erforderlich,[208] sofern nicht eine Neugründung (etwa bei errichtenden Umwandlungen[209]) damit verbunden ist.[210] Bei der Kapitalerhöhung einer GmbH bedarf jedenfalls der Übernahmevertrag (da er i.S.d. § 1822 Nr. 10 BGB zu einer Haftung aus § 24 GmbHG führen kann) einer gerichtlichen Genehmigung, möglicherweise aufgrund des Sachzusammenhangs auch der Kapitalerhöhungs- und der Zulassungsbeschluss selbst.[211] Keiner Genehmigung bedarf es bei schlichten Beschlüssen, auch zur Bestellung eines Geschäftsführers.[212]

4049 Bei Personengesellschaften reicht die Palette der vertretenen Ansichten von der generellen Entbehrlichkeit einer Genehmigung[213] über deren Erforderlichkeit nur bei »wesentlichen Änderungen«[214] bis zur jedesmaligen Notwendigkeit.[215] Sicherlich genehmigungsbedürftig sind Zweckänderungen, wenn dadurch bei bisher vermögensverwaltenden Personengesellschaften erstmals die Grenze zum gewerblichen Erwerbsgeschäft i.S.d. § 1822 Nr. 3 BGB überschritten wird,[216] wobei diese Grenze nicht klar zu ziehen ist (etwa wie für ein Wohnungsunternehmen i.S.d. § 13b Abs. 2 Satz 2 Nr. 1 Buchst. d) ErbStG: 300 Einheiten?).

4. Sonstige Sachverhalte

4050 Daneben ergeben sich insb. **betreuungsgerichtliche** Genehmigungserfordernisse aus der Verweisung des § 1902, 1908i BGB u.a. auf die Vormundschaftsbestimmungen, und damit auch auf §§ 1812, 1813 BGB, wonach bestimmte Rechtsgeschäfte (z.B. die Annahme einer geschuldeten Leistung im Betrag von über 3.000 Euro, § 1813 Abs. 1 Nr. 3 BGB) durch einen Vormund der Mitwirkung eines Gegenvormunds bedürfen. Ist ein solcher (in Gestalt eines Gegenbetreuers) – wie regelmäßig – nicht vorhanden, tritt an die Stelle des Gegen«vertreters« das (Betreuungs-)Gericht, § 1812 Abs. 3 BGB. Damit ist z.B. die Kündigung einer Risikolebensversicherung mit einer Versicherungssumme über 3.000 Euro (maßgebend ist nicht der Prämienwert!) durch den Betreuer ohne Genehmigung des Gerichts unwirksam.[217]

II. Verfahren

1. Zuständigkeiten

4051 Mit In-Kraft-Treten des **FamFG** am 01.09.2009[218] wurden für ab diesem Zeitpunkt neu eingeleitete Verfahren (Art. 111 FGG-ReformG) die bisherigen Aufgaben der Vormundschaftsgerichte von den **Familiengerichten**, soweit sie Angelegenheiten von Kindern betreffen (etwa Vormundschaft, Pflegschaft für Minderjährige, Adoption – auch Volljähriger –), i.Ü. von den neu geschaf-

---

208 *Reimann*, DNotZ 1999, 199.
209 Vgl. *Böhringer*, NotBZ 2014, 121, 123 ff.; auch in Bezug auf die erforderlichen Zustimmungsbeschlüsse.
210 *Soergel/Zimmermann*, BGB, § 1822 Rn. 26.
211 *Gutachten*, DNotI-Report 2016, 173, 175.
212 OLG Düsseldorf, MittBayNot 2007, 327 (allerdings verstoße es gegen § 1795 Abs. 1 BGB analog, wenn der Betreuer in Ausübung des Stimmrechtes für den Betreuten einen mit ihm, dem Betreuer, Verwandten zum Geschäftsführer bestellt).
213 So der BGH, DNotZ 1976, 107: keine analoge Anwendung des § 1822 Nr. 3, 2. Alt. BGB.
214 *Merkel*, BB 1963, 456.
215 *Brüggemann*, FamRZ 1990, 127.
216 Vgl. etwa OG München, 06.11.2008 – 31 Wx 076/08, Tz. 14.
217 OLG Nürnberg, 24.03.2016 – 8 U 1092/15, hierzu *Stake*, EE 2017, 24 ff.
218 Vgl. hierzu *Heinemann*, DNotZ 2009, 6 ff.; *Gutachten*, DNotI-Report 2009, 145 ff.

fenen **Betreuungsgerichten** übernommen. Verfahrenswert für die Gerichtskosten ist nur der Wert des Anteils, der gerichtlicher Genehmigung bedarf.[219]

Die Genehmigung für Maßnahmen des **Nachlasspflegers** wird auch nach dem 01.09.2009 vom Nachlassgericht erteilt, vgl. § 368 Abs. 3 FamFG. Für die unbekannten Erben wird regelmäßig bis zu ihrer Ermittlung[220] ein Verfahrenspfleger bestellt werden müssen, § 276 Abs. 1 Satz 1 FamFG, um so alle Beteiligten auch hinsichtlich der Bekanntgabe der Genehmigung zu erfassen.

4052

Gegen die Erteilung oder Nichterteilung der betreuungsgerichtlichen Genehmigung ist die Beschwerde zum LG (§ 72 Abs. 1 Satz 2 GVG) eröffnet; gegen familien- und nachlassgerichtliche Genehmigungen bzw. deren Nichterteilung findet die Beschwerde zum OLG statt.

4053

2. Entscheidungskriterien

Der Familienrichter trifft bei der Erteilung der Genehmigung eine **Ermessensentscheidung**.[221] Revisibler Ermessensnicht- oder Ermessensfehlgebrauch kann insb. vorliegen, wenn der Richter bereits aus der Genehmigungsbedürftigkeit (also der »nicht lediglich rechtlichen Vorteilhaftigkeit«) auf die Versagung der Genehmigung schließt oder bei der Bewertung relevanter Umstände unrichtige Maßstäbe zugrunde legt. So können allein die Anordnung der Anrechnung auf den Pflichtteil gem. § 2315 BGB (selbst wenn zugunsten des minderjährigen Empfängers keine Begrenzung auf den Wert zum Zeitpunkt des Todes des Übergebers aufgenommen ist, vgl. Rdn. 3385), der Vorbehalt eines Nießbrauchsrechts, der dinglichen Beleihung sowie eines Rückforderungsrechts (selbst dann, wenn Erwerberinvestitionen nur zu ersetzen sind, soweit sie noch zu einer Wertsteigerung des Vertragsobjekts führen) der Genehmigungsfähigkeit nicht entgegenstehen.[222]

4054

Reichen die Mietüberschüsse einer dem Minderjährigen übertragenen Eigentumswohnung aus, um den Kreditbelastungen nachzukommen, bestehen keine Mietstreitigkeiten oder -rückstände, ist eine Sanierung in den nächsten Jahren nicht erforderlich und verpflichtet sich der Veräußerer, bis zum Eintritt der Volljährigkeit des Erwerbers Fehlbeträge aus eigenen Mitteln auszugleichen, besteht ebenfalls Genehmigungsfähigkeit; dies gilt sogar dann, wenn der Veräußerer sich bevollmächtigen lässt, Mietüberschüsse in eine Rücklage einzustellen, die zur Instandhaltung und Darlehensverpflichtung zu verwenden sind, sofern diese Vollmacht nach der Tilgung der Darlehensverpflichtung widerrufen werden kann.[223]

4055

Bei der Beteiligung Minderjähriger an einer GbR legt die Rechtsprechung besonders strenge Maßstäbe an und verweigert nicht selten die Genehmigung,[224] etwa wenn die Eltern im Rahmen eines »Familienpools« aufgrund von Sonderstimmrechten zu unbegrenzten und potentiell gefährlichen Investitionen berechtigt sind, das Kündigungsrecht des Minderjährigen auf 30 Jahre ausgeschlossen ist, im Falle der Kündigung deutliche Abfindungsbeschränkungen bestehen, der Anfangsbetrag der Schenkung in voller Höhe auf den Pflichtteilsanspruch anzurechnen ist, erleichterte Ausschließungsmöglichkeiten zu Lasten des Minderjährigen (etwa bei Unterlassung eines Ehevertrages) bestehen etc. Die Haftungsbefreiungsmöglichkeit des § 1629a Abs. 4 BGB wiegt diese Risiken nicht

4056

---

[219] OLG Stuttgart, 17.02.2017 – 17 WF 22/17, ZEV 2017, 236 (nur Ls.), zu § 36 Abs. 1 Satz 1 FamGKG.
[220] Zu gewerblichen Erbenermittlern *Siebert*, EE 2016, 87 ff.; *A. Schreiber*, Der unbekannte Erbe, 2016, S. 53 ff.
[221] BayObLG, NJW-RR 2003, 649/652.
[222] Vgl. OLG München, 17.07.2007 – 31 Wx 18/07, RNotZ 2008, 27.
[223] OLG Brandenburg, 23.09.2008 – 10 UF 70/08, MittBayNot 2009, 155, m. Anm. *Fenbacher*.
[224] OLG Nürnberg, 16.12.2014 – 11 WF 1415/14, notar 2015, 200, Tz. 30 ff. (fragwürdig: es fehlen jegliche Anhaltspunkte, dass der Vater als Mitgesellschafter mit Sonderstimmrechten tatsächlich den in die GbR eingebrachten und allein dem minderjährigen Sohn zuzurechnenden Betrag von 400.000 Euro gefährlich oder in schuldenerzeugender Weise investiert hätte).

auf, zumal nicht jeder Volljährige an der Regelung seines Vermögens sofort innerhalb der Dreimonatsfrist nach dem 18. Geburtstag Interesse hat.

4057 Die Genehmigung kann mit einer (aufschiebenden) Bedingung versehen sein; es handelt sich dann um eine Verweigerung der nachgesuchten Genehmigung zum bisherigen Vertrag, verbunden mit einer Zustimmung für den Fall, dass die in der Bedingung genannten Änderungen durch Erklärung der Beteiligten vorgenommen werden.[225]

Die gerichtliche Genehmigung dispensiert den gesetzlichen Vertreter nicht von etwaiger Haftung bei pflichtwidrigem Vertragsabschluss.[226]

3. Rechtskraft des Genehmigungsbeschlusses

4058 An die Stelle der bisherigen »Hilfskonstruktion« des »Vorbescheids« tritt die sog. »**Rechtskraftlösung**« (bzw. »Suspensivlösung«), wonach der Beschluss über die Genehmigung eines Rechtsgeschäfts erst mit formeller Rechtskraft wirksam wird, §§ 40 Abs. 2, 45 FamFG.

a) Beginn der Beschwerdefrist: Bekanntgabe bzw. Erlass

4059 Die Beschwerdefrist beträgt 2 Wochen und beginnt mit schriftlicher Bekanntgabe des Beschlusses an die »Beteiligten« (§ 63 Abs. 2 Nr. 2, Abs. 3 Satz 1 FamFG), und zwar gem. § 41 Abs. 1 Satz 2 FamFG durch förmliche Zustellung[227] (§§ 166 bis 195 ZPO), falls der Beschluss dem erklärten Willen eines Beteiligten widerspricht, sonst durch Aufgabe zur Post (§ 15 Abs. FamFG),[228] einer zumindest beglaubigten Abschrift[229] des Beschlusses. Jedem Beteiligten ggü. läuft eine eigene Beschwerdefrist, übrigens unabhängig davon, ob die gem. § 39 FamFG vorgeschriebene Rechtsbehelfsbelehrung beigefügt war oder nicht.[230]

4060 Zu diesen Beteiligten zählt jedenfalls der gesetzliche Vertreter (Eltern, Vormund, Betreuer), ebenso durch das Gericht für den Betroffenen bestellte Unterstützungspersonen (nachstehend untechnisch zusammenfassend als »**Verfahrensvertreter**« bezeichnet), d.h.
(1) Für den Betreuten und bei Nachlasspflegschaften und Nachlassverwaltungen[231] ein etwa gem. § 276 Abs. 1 FamFG bestellter **Verfahrenspfleger** (insb. in den Fällen, in denen eine Verständigung mit dem Betreuten schwierig ist, § 299 Satz 1 FamFG,[232] oder Zweifel daran bestehen, ob der Betreuer tatsächlich im Interesse des Mündels handelt; bei unbekannten Erben stets); seine Beteiligteneigenschaft ergibt sich sodann aus § 274 Abs. 2 FamFG mit der Folge,

---

225 Staudinger/*Engler* BGB, § 1828 (2004), Rn. 39. Eine bloße Auflage genügt jedoch nicht.
226 BGH, 18.09.2003 – XII R 13/01, DNotI-Report 2003, 189.
227 Die daneben in § 41 Abs. 2 Satz 1 FamFG eröffnete Möglichkeit der mündlichen Verlesung der Beschlussformel genügt gem. § 41 Abs. 2 Satz 4 FamFG für den Anlauf der Rechtsmittelfrist nicht.
228 Die in § 15 Abs. 3 FamFG weiter erwähnte formlose Mitteilung genügt nicht, da § 41 Abs. 1 Satz 1 FamFG eine Pflicht zur Bekanntgabe des Beschlusses schafft.
229 Vor der Änderung des § 317 ZPO am 01.07.2014 war eine Ausfertigung erforderlich: BGH, 09.06.2010 – XII ZB 132/09, NJW 2010, 2519 Rn. 13 ff.: Berufungsfrist des § 517 ZPO setzt Zustellung der Urteilsausfertigung voraus, ebenso für Beschlüsse nach FamFG die früher h.Lit., z.B. MünchKommFamFG/*A. Fischer*, 2. Aufl. 2013, § 63 Rn. 13, nun genügt eine beglaubigte Abschrift DNotI-Gutachten 146610 v. Januar 2016, ebenso DNotI-Gutachten 5324 (1998) zum FGG.
230 Gem. § 17 Abs. 2 FamFG wird dann jedoch bei Wiedereinsetzung in den vorigen Stand fehlendes Verschulden vermutet.
231 § 342 Abs. 1 Nr. 2 und Nr. 8 FamFG; gem. § 340 Nr. 1 FamFG gelten die Vorschriften des 3. Buches des FamFG für solche »betreuungsrechtlichen Zuweisungssachen« entsprechend.
232 Trotz § 275 FamFG, vgl. *Schaal*, notar 2010, 268, 275, auch zur Gegenansicht.

dass er selbst beschwerdebefugt ist.[233] Er ist allerdings nicht »gesetzlicher Vertreter« des Betreuten selbst.[234]

(2) Ein etwa für ein minderjähriges Kind bestellter **Verfahrensbeistand** gem. § 158 FamFG (der auch gem. § 158 Abs. 4 Satz 5 für das Kind Beschwerde einlegen kann). Der Schwerpunkt solcher Beistandsbestellung liegt freilich in der Personensorge (§ 158 Abs. 1 FamFG), sodass eine analoge Anwendung im Raum steht.[235]

Der Beschluss über die Bestellung eines solchen »Verfahrensvertreters« ist (wohl gegen die Intention des Gesetzgebers) mit der einmonatigen Rechtspflegererinnerung gem. § 11 Abs. 2 RPflG anfechtbar (durch Eltern/Betreuer, sowie Betreuten und das mindestens 14 Jahre alte Kind), sodass sich das Verfahren möglicherweise bis zum Ablauf dieser Frist weiter verzögert. 4061

Der nicht berufsmäßige Verfahrensbeistand erhält lediglich Erstattung seiner Aufwendungen;[236] der berufsmäßige Verfahrensbeistand erhält immerhin 350 € pro Rechtszug (§ 158 Abs. 7 Satz 2 FamFG).

Ein etwa vom Betreuten daneben eingesetzter Vorsorgebevollmächtigter ist demgegenüber gem. § 274 Abs. 1 Nr. 3 FamFG nur dann zu beteiligen, wenn »sein Aufgabenkreis betroffen ist«, z.B. in hier nicht einschlägigen Verfahren zur Bestellung eines Kontrollbetreuers gem. § 1896 Abs. 3 BGB.[237] 4062

Der Genehmigungsbeschluss ist jedoch stets auch[238] demjenigen bekannt zu geben (zum Verfahren: § 15 FamFG), für den das Rechtsgeschäft genehmigt wird (also dem betroffenen Kind, dem Mündel, Pflegling, dem Betreuten etc., vgl. § 41 Abs. 3 FamFG).[239] Dadurch soll verhindert werden, dass das Rechtsgeschäft ohne Einbeziehung des Rechtsinhabers zustande kommt; das dem Betroffenen zu gewährende rechtliche Gehör kann – so die hiermit umgesetzte Vorgabe des BVerfG in der Entscheidung v. 18.01.2000[240] – nicht durch den gesetzlichen Vertreter vermittelt werden, dessen Handeln im Genehmigungsverfahren gerade überprüft werden soll. 4063

Soweit der Betroffene selbst verfahrensfähig ist, ist ihm also der Beschluss i.S.d. § 41 Abs. 3 FamFG unmittelbar bekannt zu geben. Verfahrensfähigkeit liegt vor 4064
(1) bei **Betreuten**, ohne Rücksicht auf ihre Geschäftsfähigkeit, gem. § 275 FamFG[241] in allen Betreuungssachen (dazu zählen gem. § 271 Nr. 3 FamFG auch vermögensrechtliche Genehmi-

---

233 *Rausch* in: Schulte-Bunert/Weinreich FamFG-Kommentar § 276 Rn. 17.
234 Und kann daher nicht für diesen die Einrede der Verjährung erheben, BGH, 22.08.2012 – XII ZB 474/11.
235 Vgl. *Heggen*, NotBZ 2010, 394; der Verfahrensbeistand ist dabei kein Superrevisor des eingesetzten Betreuers, sondern soll die verfahrensrechtliche Beteiligung des Minderjährigen sicherstellen, BGH, 22.07.2009 – XII ZR 77/06, NotBZ 2009, 452 m. Anm. *Krause*.
236 § 1835 Abs. 1 und Abs. 2 BGB i.V.m. §§ 158 Abs. 7, 277 Abs. 1 Satz 1 FamFG.
237 Zu den hierbei zu stellenden Anforderungen BGH, 09.09.2015 – XII ZB 125/15, ZNotP 2015, 389: eigenmächtige Verwendung von 7.000 €.
238 Dadurch wird im Widerspruch zum unverändert gebliebenen § 1828 BGB, wonach das Gericht die Genehmigung allein dem Vormund ggü. erklären könne, vermieden.
239 Nach Mm. (z.B. *Bumiller/Harders* FamFG, 9. Aufl. 2009 § 41 Rn. 8) ist in § 41 Abs. 3 FamFG der andere Vertragsteil (Adressat der Bekanntmachung gem. § 1829 BGB) gemeint. Dagegen spricht jedoch der Umstand, dass dieser nur ausnahmsweise ein Beschwerderecht haben kann, etwa wenn die Genehmigung zurückgenommen wird, nachdem sie ihm ggü. schon wirksam geworden war (BayObLG 60, 276; OLG Stuttgart, Rpfleger 59, 158) oder bei Versagung der Genehmigung, wenn er vorbringt, das Rechtsgeschäft sei nicht genehmigungsbedürftig (BayObLG, FamRZ 77, 141).
240 BVerfGE 101, 397, 407.
241 Unabhängig davon, ob er fähig ist, einen natürlichen Willen zu bilden, vgl. BGH, 30.10.10213 – XII ZB 317/13, DNotZ 2014, 289.

gungsverfahren)²⁴² – die Zustellung an den Betreuer genügt selbst dann nicht, wenn er für den Aufgabenkreis »Entgegennahme der Post« bestellt ist;²⁴³

(2) bei mindestens **14 Jahre alten** und nicht geschäftsunfähigen **Kindern**, da sie ab diesem Alter durch das Gericht in der Regel²⁴⁴ gem. § 159 Abs. 1 FamFG anzuhören sind, und damit gem. § 60 Satz 2 FamFG selbst Beschwerde einlegen können (auch wenn die Anhörung im Einzelfall tatsächlich nicht stattgefunden hat).²⁴⁵

4065 Liegt solche Verfahrensfähigkeit nicht vor, also bei Kindern unter 14 Jahren oder bei geschäftsunfähigen Kindern, kann – sofern nicht bereits ein Verfahrenspfleger oder Verfahrensbeistand bestellt wurde, str.²⁴⁶ – zum Zwecke der wirksamen Bekanntgabe und ggf. zur Einlegung der Beschwerde durch das Gericht ein Ergänzungspfleger (§ 1909 BGB)²⁴⁷ – str., nach a.A. ein Verfahrensbeistand i.S.d. § 158 FamFG²⁴⁸ oder gem. § 158 FamFG analog²⁴⁹ – bestellt werden. Der **BGH** vertritt eine großzügigere Linie: Jedenfalls bei der Genehmigung einseitiger Akte kann von der Bestellung eines Ergänzungspflegers abgesehen werden, solange ein Interessengegensatz i.S.d. § 1796 Abs. 2 BGB zwischen dem gesetzlichen Vertreter und dem Vertretenen dadurch ausgeschlossen werden könne, dass die Maßnahme des gesetzlichen Vertreters durch das Gericht kontrolliert wird (z.B. bei der Genehmigung der Erbausschlagung des Jugendamts als Vormund für ein minderjähriges Kind gem. § 1822 Nr. 2 BGB).²⁵⁰ Möglicherweise gilt dies auch für mehrseitige Rechtsgeschäfte, so dass auch dort ein Ergänzungspfleger für die Bekanntgabe nur zu bestellen wäre, wenn die Voraussetzungen für die Entziehung der gesetzlichen Vertretungsmacht vorlägen, § 1796 Abs. 2 BGB.²⁵¹

4066 Fehlt es an einer wirksamen Bekanntgabe an einen der vorgenannten Beteiligten, beginnt die 2-wöchige Beschwerdefrist erst **fünf Monate nach Erlass**²⁵² der Genehmigung zu laufen, § 63 Abs. 3 Satz 2 FamFG. Dies gilt unabhängig davon, ob die Bekanntgabe, wie im Gesetz formu-

---

242 Das LG Braunschweig, 17.11.2010 – 8 T 816/10, FamRZ 2011, 675 m. abl. Anm. *Zorn* nimmt (unrichtig) an, trotz § 275 FamFG bedürfe es für die Zustellung stets (neben dem Verfahrenspfleger gem. § 276 FamFG) der Bestellung eines Ergänzungsbetreuers.
243 BGH, 04.05.2011 – XII ZB 632/10, ZNotP 2011, 267.
244 In Verfahren der Vermögenssorge kann gem. § 159 Abs. 1 Satz 2 FamFG davon abgesehen werden, vgl. *Gutachten*, DNotI-Report 2013, 73, 75. Eine Pflicht zur Äußerung besteht ohnehin nicht.
245 *Unger* in: Schulte-Bunert/Weinreich FamFG-Kommentar § 60 Rn. 3; vgl. auch § 164 FamFG.
246 Bedenken bestehen, da gem. § 9 Abs. 2 FamFG verfahrensunfähige Beteiligte (also z.B. unter 14-jährige Kinder) durch die »nach bürgerlichem Recht dazu befugten Personen« vertreten werden, und gem. § 158 Abs. 4 Satz 6 FamFG der Verfahrensbeistand ausdrücklich nicht als gesetzlicher Vertreter fungiert.
247 So OLG Oldenburg, 26.11.2009 – 14 UF 149/09; OLG Köln, 04.07.2011 – 21 UF 105/11, ZEV 2011, 595, OLG Celle, 04.05.2011 – 10 UF 78/11, ZErb 2011, 198, OLG Celle, 11.09.2012 – 10 UF 56/12, ZErb 2012, 267 und KG, 04.03.2010 – 17 UF 5/10, RNotZ 2010, 463 m. krit. Anm. *Kölmel*; ebenso *Sonnenfeld*, NotBZ 2009, 295, 299 und *Damrau*, ZErb 2011, 176 ff., da § 158 Abs. 1 FamFG nur für Angelegenheiten in Bezug auf die »Person des Kindes« gelte; lediglich die (wortgleiche) Vorgängernorm des § 50 FGG wurde zur Schließung der vom BVerfG aufgedeckten Rechtsschutzlücke erweiternd ausgelegt; vgl. Überblick zu den vertretenen Auffassungen bei *Heggen*, NotBZ 2010, 395 ff. und *Schaal*, notar 2010, 268, 273 zum betreuungsgerichtlichen, notar 2010, 404 zum nachlassgerichtlichen Verfahren.
248 *Heinemann*. DNotZ 2009, 6, 17, *Litzenburger*, RNotZ 2009, 380, 381; dagegen spricht jedoch, dass gem. § 158 Abs. 4 Satz 6 FamFG der Verfahrensbeistand ausdrücklich nicht als gesetzlicher Vertreter des Kindes fungiert.
249 *Kölmel*, NotBZ 2010, 2, 5; *ders.* MittBayNot 2011, 190 ff. und MittBayNot 2012, 108 ff.
250 BGH, 12.02.2014 – XII ZB 592/12, DNotI-Report 2014, 70 gegen OLG Celle ZEV 2013, 199.
251 Ebenso OLG Brandenburg, 06.12.2010 – 9 UF 61/10, MittBayNot 2011, 240: Prüfung im Einzelfall, worin der konkrete Interessengegensatz zwischen (z.B.) Kind und Eltern bestehen soll; zustimmend auch *Weber*, DNotZ 2015, 498, 501 ff.
252 Also Übergabe an die Geschäftsstelle oder Verlesung der Beschlussformel (§ 38 Abs. 3 FamFG).

B. (Familien-)Gerichtliche Genehmigungen

liert, nicht bewirkt werden »konnte« oder aus sonstigen Gründen (Versehen der Geschäftsstelle) unterblieb[253] bzw. fehlerhaft war.

Nach wohl richtiger, wenngleich umstrittener[254] Auffassung ist in den Fällen, in denen ein eigentlich zwingend Beteiligter (§ 7 Abs. 2 FamFG), z.B. der Betreute bei einer betreuungsgerichtlichen Genehmigung, gänzlich übergangen worden ist, also das Verfahren ohne seine Kenntnis durchgeführt wurde, eine Anfechtung nur solange möglich, bis die Entscheidung ggü. dem letzten in der ersten Instanz tatsächlich beteiligt Gewesenen wirksam geworden ist.[255] Beschwerdeberechtigt ist allerdings wohl nur der Vertretene und der im Genehmigungsverfahren bestellte Vertreter (z.B. der Verfahrenspfleger des Betreuten gem. § 276 FamFG), nicht aber der tatsächliche gesetzliche Vertreter, da dieser durch Unterlassen der Mitteilung an den anderen Vertragsteil (bzw. durch Anweisung an den Notar, von der Doppelvollmacht keinen Gebrauch zu machen) das Geschäft verhindern kann.[256]

Die Praxis bleibt demnach mit der Unsicherheit behaftet festzustellen, ob die 2-wöchige (§ 63 Abs. 2 Nr. 2 FamFG) – bzw., unter Einbeziehung der zulassungsgebundenen Sprungrechtsbeschwerde gem. § 75 FamFG[257] – 1-monatige **Beschwerdefrist** allseits wirksam in Gang gesetzt wurde.

4067

b) Beschwerdeverzicht

Erklären alle Beteiligten, d.h. (1) die gesetzlichen Vertreter (Eltern, Vormund, Betreuer, Pfleger), ferner (2) der mindestens 14 Jahre alte Minderjährige und der Betreute auch selbst, schließlich (3) etwa durch das Gericht für Zustellungszwecke bestellte »Verfahrensvertreter«, wobei diese Bestellung ergänzenden (Betreute, § 276 FamFG) oder zwingenden Charakter haben kann (geschäftsunfähige oder unter 14 Jahre alte Kinder), möglicherweise gar (4) bei einem Interessenkonflikt zwischen gesetzlichen Vertretern und Vertretenen (also Eltern und Kind bzw. Betreuer und Betreutem) ein zusätzlich zum »Verfahrensvertreter« bestellter Ergänzungspfleger,[258] dem Gericht ggü., auf Rechtsmittel (Beschwerde oder Sprungrechtsbeschwerde) zu verzichten, wird der Genehmigungsbeschluss sofort, bereits vor Ablauf der 2-Wochen-Frist, ein. Die in § 67 Abs. 1 FamFG Gesetz gewordene Fassung lässt den Beschwerdeverzicht erst nach Bekanntgabe des Beschlusses zu, sodass (entgegen der Gesetzesbegründung) ein Verzicht bereits in der Urkunde nicht in Betracht kommt. Allerdings kann bereits im Vorhinein eine (stets widerrufliche) Vollmacht zum Verzicht auf Rechtsmittel erteilt werden, z.B. auch an den Notar. Ebenfalls bereits in der Notarurkunde können die Beteiligten erklären, dass sie einer Sprungrechtsbeschwerde zum BGH die Zustimmung verweigern[259] (§ 75 Abs. 1 Nr. 1 FamFG), sodass das Rechtskraftzeugnis (Rdn. 4070) bereits 2 (und nicht 4) Wochen nach Bekanntgabe erteilt werden kann:

4068

---

253 BGH, 11.03.2015 – XII ZB 571/13, BeckRS 2015, 06142, Tz. 25 ff.
254 A.A. z.B. *Abicht*, RNotZ 2010, 493, 505 sowie *Bolkart*, MittBayNot 2009, 268, 270, der eine gesetzgeberische Korrektur fordert. Für einen Lauf der 5-Monats-Frist analog § 63 Abs. 3 FamFG *Prütting/Helms/Abramenko*, FamFG § 63 Rz. 7.
255 OLG Hamm, 07.09.2010 – 15 W 111/10, NotBZ 2011, 47 m. Anm. *Heggen*; *Leupold*, ZEV 2011, 192; *Harders*, DNotZ 2009, 725, 730 mit Hinweis auf den Auffangcharakter der Norm; *Unger* in: Schulte-Bunert/Weinreich, FamFG-Kommentar § 63 Rn. 19 ff.; BT-Drucks. 16/9733 v. 23.06.2008, S. 289; zum Streitstand *Gutachten*, DNotI-Report 2009, 145, 150 und *Kölmel*, NotBZ 2010, 2, 10 f. sowie (zustimmend zu OLG Hamm) *Kölmel*, ZNotP 2011, 59 ff. und *Bremkamp*, RNotZ 2011, 47 f.
256 *Sonnenfeld*, NotBZ 2009, 295, 298.
257 Es dürfte sich um ein Redaktionsversehen handeln, das möglicherweise durch analoge Anwendung des § 63 FamFG zu lösen ist, vgl. *Milzer*, MittBayNot 2011, 112.
258 Für die zusätzliche Bestellung *Musielak/Borth* FamFG § 158 Rn. 2, *Sonnenfeld*, NotBZ 2009, 295, 299, *Zorn*, Rpfleger 2009, 421, 425; vgl. hierzu *Gutachten*, DNotI-Report 2009, 145, 148. Ist ein Ergänzungspfleger bestellt, hält *Brambring*, NotBZ 2009, 394, 396 daneben die Bestellung eines Verfahrensvertreters nicht mehr für erforderlich.
259 Vgl. *Milzer*, MittBayNot 2011, 112, 114.

▶ **Formulierungsvorschlag: Antizipierte Ablehnung einer Sprungrechtsbeschwerde**

4069 Verkäufer und Käufer einschließlich ihrer gesetzlichen Vertreter erklären untereinander und gegenüber dem Betreuungsgericht, dass sie der Einlegung einer Sprungrechtsbeschwerde gegen die gerichtliche Entscheidung die Zustimmung endgültig verweigern.

c) Rechtskraftzeugnis

4070 Die Unsicherheit über den Beginn und den ereignislosen Ablauf der Beschwerdefrist ggü. allen Beteiligten (einschließlich bestellten »Verfahrensvertretern« also Verfahrenspflegern, Verfahrensbeiständen, Ergänzungspflegern) kann durch das nach ereignislosem[260] Ablauf der Beschwerdefristen (einschließlich der Sprungrechtsbeschwerdefrist zum BGH: einen Monat) auf einfachen Antrag zu erteilende gerichtliche **Rechtskraftzeugnis nach § 46 FamFG** nicht mit letzter Gewissheit *beseitigt* werden, da Letzterem keine konstitutive oder Gutglaubenswirkung zukommt (ist die Beschwerdefrist[261] also entgegen der Aussage des Rechtskraftzeugnisses noch nicht abgelaufen, bleibt das zu genehmigende Rechtsgeschäft weiterhin schwebend unwirksam – ähnlich § 706 ZPO bleibt der Nachweis der Unrichtigkeit der bezeugten Tatsache weiter zulässig, § 418 Abs. 2 ZPO). Der Notar sollte sich also vor haftungsträchtigen Verheißungen hüten, etwa in Gestalt einer Fälligkeitsvoraussetzung *»dass der Vertrag durch Erteilung der gerichtlichen Genehmigung rechtswirksam geworden ist«*. Davon könnte er einigermaßen sicher nur dann ausgehen, wenn erst 5 Monate und 2 Wochen nach Erlass des Genehmigungsbeschlusses die Genehmigung aufgrund einer Doppelvollmacht für Eltern, Vormund, Pfleger usw. entgegengenommen, dem Dritten mitgeteilt und von Letzterem entgegengenommen wird, was jedoch für eine zügige Abwicklungspraxis inakzeptabel ist.

4071 Das Grundbuchamt wird allerdings das Rechtskraftzeugnis (und den Nachweis der Erfüllung der Voraussetzungen des § 1829 BGB nach Rechtskraft) als Grundlage seiner Eintragung genügen lassen müssen, wenn es nicht von seiner Unrichtigkeit überzeugt ist.[262] Auch der Notar sollte sich, schon mangels Kenntnis der Umstände des Genehmigungsverfahrens,[263] nicht durch eine ungeschickte Fälligkeitsregelung in die Rolle eines »Gerichtskontrolleurs« drängen lassen, sondern vielmehr (jedenfalls außerhalb des Bauträgerrechts, wo § 3 Abs. 1 Nr. 1 MaBV den Notar nötigt, zu bescheinigen, dass »der Vertrag rechtswirksam ist«)[264] auf die Mitteilung (§ 1829 BGB) der mit Rechtskraftzeugnis versehenen Genehmigung abstellen.[265]

4. Weitergehende Mitwirkung des Notars?

4072 Die Durchführung des Genehmigungsverfahrens wird erleichtert, wenn der Notar bereits bei der Urkundsabfassung und bei der »Antragstellung« Vorsorge trifft: So sollte z.B. vorgesehen werden, dass Erlöse, die dem Kind/dem Betreuten zustehen, auf ein eigenes Konto des Betroffenen über-

---

260 Hierzu zählt wohl auch das Unterbleiben einer Sprungrechtsbeschwerde an den BGH, § 75 FamFG, einzulegen beim iudex ad quem.
261 Hinzu kommt, dass das Rechtskraftzeugnis ohne Abklärung, ob eine [zulassungsgebundene] Sprungrechtsbeschwerde zum BGH eingelegt wurde [Notfristzeugnis] erteilt wird, vgl. BGH, 09.12.2009 – XII ZB 215/09, DNotZ 2011, 53 [m. Anm. *Borth*: der Urkundsbeamte kann das Rechtskraftzeugnis dennoch erst nach Ablauf der Monatsfrist und einiger Tage erteilen, wenn das Rechtsbeschwerdegericht keine Akten angefordert hat].
262 KG, 06.12.2011 – 1 W 725/11, NotBZ 2012, 132; *Bolkart*, MittBayNot 2009, 268, 272.
263 Der Notar kann z.B. nicht feststellen, ob der Betreute in der Lage ist, seine Interessen selbst wahrzunehmen oder ob ihm ein Verfahrenspfleger zu bestellen ist (§ 276 FamFG); ferner ist rechtlich ungeklärt, ob bei Bestellung eines Verfahrenspflegers zusätzlich die Zustellung auch an den Betreuten (§ 275 FamFG!) erforderlich ist, etc.
264 Diese Bescheinigung muss auf sorgfältigen Ermittlungen basieren, vgl. *Basty*, Der Bauträgervertrag, 6. Aufl., Rn. 329 ff.; *Landmann/Rohmer*, Gewerbeordnung, 53. Erg.Lfg. 2009 § 3 MaBV Rn. 8.
265 So im Ergebnis auch *Litzenburger*, RNotZ 2009, 380, 382; *Kesseler*, ZNotP 2009, 422.

wiesen werden. Bei der Antragstellung selbst (genauer: der Anregung i.S.d. § 24 FamFG, mit dem Ziel einer Genehmigungserteilung gerichtlich tätig zu werden) sollten folgende weitere Informationen mitgeteilt werden:
(1) Angabe der Ansprechpartner samt Telefonnummer für Rückfragen zum Sachverhalt,
(2) Angabe aller Sorgeberechtigten mit Adresse und Telefonnummer,
(3) Angaben zu Verwandtschafts- bzw. Mandatsverhältnissen eines vorgeschlagenen Ergänzungs- oder Verfahrenspflegers zu den Eltern bzw. dem Vertragspartner,
(4) Übermittlung dreier weiterer Abschriften des Vertrages für Ergänzungs- und Verfahrenspfleger,
(5) Angaben zum Geschäftswert und dazu, wer die Kosten des gerichtlichen Genehmigungsverfahrens trägt.

Es entlastet die Beteiligten und beschleunigt die Abwicklung noch zusätzlich, wenn der Notar über das »Pflichtprogramm« hinaus weitere Beiträge erbringt. Eine Verpflichtung hierzu trifft ihn jedoch, auch bei entsprechendem Ansuchen der Beteiligten, nicht (§ 24 BNotO). In Betracht kommen insb. drei Maßnahmen[266] (einzeln, in Kombination oder in Gesamtheit):
(1) Die Anregung, eine namentlich vorgeschlagene Person[267] zum »Verfahrensvertreter« zu bestellen.
(2) Die Bestellung des Notars zum Empfangsbevollmächtigten der Beteiligten (also nicht des anderen Vertragsteils) i.R.d. Bekanntgabe des Genehmigungsbeschlusses
(3) Die Erteilung einer allseitigen[268] Vollmacht an den Notar, sodann dem Gericht ggü. auf Rechtsmittel zu verzichten, samt Ausübung dieser Vollmacht (Wird die Genehmigung dagegen den Beteiligten selbst zugestellt, dürfte der Notar von dieser Rechtsmittelverzichtsvollmacht erst Gebrauch machen, wenn ihm der Empfang angezeigt wurde, sodass keine weitere Beschleunigung ggü. der unmittelbaren Verzichtserklärung der Beteiligten selbst eintritt).

4073

Der Schutz des Betreuten/Pfleglings/Minderjährigen, dessen Wahrung die hierbei umgesetzten Verfahrensnormen dienen, gebietet jedoch den Hinweis an die Beteiligten, dass ein Widerruf der erteilten Empfangs- und Beschwerdeverzichtsvollmacht vor ihrer Ausübung dem Notar ggü. jederzeit erklärt werden kann und beachtet werden wird.

4074

Erschwert wird die Realisierung dieses »dienstleistungsorientierten« Ansatzes durch den Umstand, dass eine ins Gewicht fallende Verbesserung des Ablaufs dadurch nur erreicht wird, wenn *alle* Verfahrensbeteiligten an der Urkunde mitwirken und die erforderlichen Vollmachten erteilen. Dies bedeutet,
(1) dass wegen § 275 FamFG auch der Betreute selbst, sogar wenn er geschäftsunfähig ist, mitwirken müsste;
(2) ebenso das mindestens 14 Jahre alte Kind, das gem. § 159 Abs. 1 FamFG, § 60 Satz 2 FamFG selbst beschwerdeberechtigt ist;
(3) ebenso der vorgeschlagene – oder ein anderer vom Gericht bestellter – »Verfahrensvertreter« (Verfahrenspfleger gem. § 276 FamFG bei Betreuten, Verfahrensbeistand, § 158 FamFG, oder Ergänzungspfleger, § 1909 BGB, bei Minderjährigen), der zu diesem Zweck nach seiner Bestellung die Urkunde zu genehmigen hätte (wozu er freilich nicht verpflichtet werden kann).

4075

---

266 Vgl. hierzu *Vossius*, notar 2009, 447 ff.
267 Der Notar, sein Sozius oder Notarmitarbeiter sind hierfür ungeeignet; sie vermögen kaum zutreffend zu beurteilen, ob das Rechtsgeschäft in finanzieller und persönlicher Hinsicht die für das Kind/den Betreuten optimale Lösung darstellt, und sind zudem wegen ihres Vollzugsbeschleunigungsinteresses befangen.
268 Erteilt auch der Verfahrensvertreter und/oder Ergänzungspfleger diese Vollmacht, wird aus der klassischen »Doppelvollmacht« sozusagen eine »Trippelvollmacht«.

▶ Formulierungsvorschlag: »Umfassende Vollzugsbetreuung« durch den Notar bei der Einholung der gerichtlichen Genehmigung

4076 Der gesetzliche Vertreter – sowie der mit erschienene Betreute/das mit erschienene, mindestens 14 Jahre alte Kind ..... und dessen etwa gerichtlich bestellter Vertreter im Genehmigungsverfahren (Verfahrensbeistand, Verfahrens- oder Ergänzungspfleger), letzterer im Wege der nachträglichen Genehmigung dieser Urkunde –, hinsichtlich d) auch der andere Vertragsteil, bevollmächtigen den Notar,
a) für sie unter Übersendung einer Ausfertigung der Urkunde um die betreuungs- bzw. familiengerichtliche Genehmigung zu ersuchen und die Bestellung des XY zum »Verfahrensvertreter« anzuregen, sofern das Gericht eine solche für erforderlich hält – der Notar ersucht um Übersendung einer Kopie des Bestellungsbeschlusses, um den so bestellten Verfahrensvertreter um Genehmigung dieser Urkunde zu bitten –;
b) sodann den gerichtlichen Beschluss für alle am Genehmigungsverfahren Beteiligten entgegenzunehmen, sofern er die Genehmigung ohne Auflagen und Nebenbestimmungen ausspricht;
c) sodann im Namen aller Verfahrensbeteiligten einen umfassenden Rechtsmittelverzicht zu erklären und das Rechtskraftzeugnis zu beantragen;
d) und nach dessen Eingang die Genehmigung dem anderen Vertragsteil mitzuteilen, für diesen die Mitteilung in Empfang zu nehmen und hierüber für alle Beteiligten eine Eigenurkunde zu errichten.

Der Notar stellt jedoch klar, dass er eine vorherige Weisung des gesetzlichen Vertreters, des Betroffenen oder des Verfahrensvertreters, von diesen Vollmachten ganz oder teilweisen keinen Gebrauch zu machen, ebenso einen vorherigen Widerruf der Vollmachten, beachten wird.

Die Beteiligten vereinbaren angesichts der zu erwartenden längeren Verfahrensdauer ferner: Sollte der andere Vertragsteil den gesetzlichen Vertreter (Empfangsvollmacht an den Notar ist insoweit nicht erteilt) zur Mitteilung darüber auffordern, ob die Genehmigung erteilt ist, wird die gesetzliche 4-Wochen-Frist in ihrem Lauf so lange gehemmt als das gerichtliche Genehmigungsverfahren noch betrieben wird.

4077 Ist der gerichtlich bestellte »Verfahrensvertreter« nicht bereit, die Urkunde samt der darin enthaltenen Vollmachten nachzugenehmen, mag der Notar zur Beschleunigung an ihn folgendes Schreiben richten:

▶ Formulierungsvorschlag: Anschreiben an den Verfahrensvertreter bei »umfassender Vollzugsbetreuung« zur Einholung der gerichtlichen Genehmigung

Sehr geehrte/r Herr/Frau .....,

Sie wurden zum Verfahrensbeistand/Verfahrenspfleger/Ergänzungspfleger zur Wahrung der Interessen des ..... im Rahmen des in Ausfertigung beigefügten Überlassungsvertrages bestellt. Sollten aus Ihrer Sicht keine Bedenken gegen den Kaufvertrag bestehen, würde es die Angelegenheit beschleunigen, wenn Sie unverzüglich nach Bekanntgabe des Genehmigungsbeschlusses dem Familiengericht/Betreuungsgericht schriftlich mitteilen, dass Sie auf alle Rechtsmittel (insbesondere Beschwerde und Sprungrechtsbeschwerde) verzichten. Das sodann zu erteilende gerichtliche Rechtskraftzeugnis ist nämlich Voraussetzung für die Fälligkeit des Kaufpreises.

5. »Doppelvollmacht«

4078 Sofern – wie bei mehrseitigen Rechtsgeschäften möglich und die Regel – die Genehmigung erst nach Abschluss des Vertrags eingeholt wird, wird sie erst wirksam, wenn sie vom Vormund/den Eltern/dem Pfleger/dem Betreuer dem anderen Vertragsteil mitgeteilt wurde und dieser die Mitteilung in Empfang genommen hat. Diese Tatsachen sind, da sie (jedenfalls bei minderjährigem/ betreutem Veräußerer) für die Wirksamkeit der Auflassung maßgeblich sind, dem Grundbuchamt beim Endvollzug (nicht bereits bei Eintragung der Vormerkung, vgl. Rdn. 4024) in der Form des § 29 GBO nachzuweisen (anders bei Grundpfandrechtsbestellungen wegen des nur formellen

B. (Familien-)Gerichtliche Genehmigungen Kapitel 10

Konsens-Prinzips des § 19 GBO, Rdn. 4041).[269] Es hat sich eingebürgert, diese beschwerliche Verfahrensweise (Zustellung durch Postzustellungsurkunde etc.) im Interesse aller Beteiligten, die regelmäßig nicht an einer nochmaligen Überlegungsfrist interessiert sind, dadurch abzukürzen, dass der Notar nicht nur mit der Einholung der Genehmigung, sondern auch mit deren Entgegennahme, Mitteilung an den anderen Vertragsteil und Entgegennahme der Mitteilung beauftragt und bevollmächtigt wird (sog. **Doppelvollmacht**). Diese hat auch im Licht der zitierten Rechtsprechung des BVerfG Bestand.[270]

▶ Hinweis:

Allerdings kann es für den Notar in Ausnahmefällen geboten sein, von der Ausübung der Doppelvollmacht abzusehen oder zuvor eine erneute Anhörung der Beteiligten vorzunehmen, wenn nachträgliche Umstände den Vertrag in neuem Licht erscheinen lassen, etwa verwandtschaftliche oder freundschaftliche Beziehungen des Käufers mit dem Vormund. 4079

Der Notar sollte auch klarstellen, dass er eine etwaige (allerdings nicht abzufragende, sondern unaufgefordert zu übermittelnde) Anweisung des Betreuers/Vormundes/Elternteils, von der Vollmacht keinen Gebrauch zu machen oder einen Widerruf der Vollmacht,[271] beachten wird, um die durch § 1829 BGB geschützte Entscheidungsfreiheit nicht faktisch zu beschneiden.

Die FamFG-Reform hat zu keinen materiell-rechtlichen Änderungen, etwa hinsichtlich des Kreises genehmigungsbedürftiger Rechtsgeschäfte bzw. des Erfordernisses der Mitteilung der dem gesetzlichen Vertreter erteilten Genehmigung an den anderen Vertragsteil (§ 1829 BGB) geführt. Das bewährte Verfahren der Herbeiführung dieser materiell-rechtlichen Wirksamkeitsvoraussetzungen durch den Notar (»Doppelvollmacht«) und ihres Nachweises ggü. dem Grundbuchamt durch Eigenurkunde kann also beibehalten werden, allerdings wegen § 40 Abs. 2 FamFG erst nach Eintritt der Rechtskraft[272] (d.h. angesichts der beschränkten Überprüfungsmöglichkeiten des Notars, ebenso wie i.R.d. Fälligkeitsregelung, nach Vorliegen des gerichtlichen Rechtskraftzeugnisses gem. § 46 FamFG). Hierzu nachfolgender Formulierungsvorschlag: 4080

▶ **Formulierungsvorschlag: Vollzugsauftrag zur Einholung der gerichtlichen Genehmigung**

Die Vertragsteile und deren gesetzliche Vertreter bevollmächtigen den Notar, für sie die betreuungs- bzw. familiengerichtliche Genehmigung samt Rechtskraftzeugnis zu beantragen und entgegenzunehmen, sie dem anderen Vertragsteil mitzuteilen, für diesen die Mitteilung in Empfang zu nehmen und hierüber befreit von § 181 BGB eine Eigenurkunde zu errichten. Der Notar stellt jedoch klar, dass er eine vorherige Weisung des gesetzlichen Vertreters, von dieser Vollmacht keinen Gebrauch zu machen, oder einen vorherigen Widerruf der Vollmacht beachten wird. 4081

Den Beteiligten ist bewusst, dass der Notar nicht mit zumutbaren Mitteln überprüfen kann, ob die Genehmigung tatsächlich unanfechtbar ist, sie beispielsweise allen Beteiligten wirksam bekannt gegeben wurde, erforderliche Verfahrensbeistände wirksam bestellt wurden, und wirksame Rechtsmittelverzichte aller Beteiligten vorliegen bzw. die gesetzlichen Rechtsmittelfristen

---

269 Materiell-rechtlich ist auch hier erforderlich, dass die (nachträgliche) Genehmigung dem gesetzlichen Vertreter zugegangen und von ihm dem Gläubiger mitgeteilt wurde. Da der grundbuchliche Nachweis hierzu nicht geführt werden muss, genügt die in der Grundschuld enthaltene Vollmacht des gesetzlichen Vertreters zur Entgegennahme und der Auftrag an den Notar, sie dem Gläubiger mitzuteilen, deren Eingang muss nicht durch eine »Doppelvollmacht« des anderen Teils belegt sein; vgl. *Ivo*, ZNotP 2004, 20.
270 Krit. allerdings *Kraiß*, BWNotZ 2000, 94; hiergegen umfangreich Gutachten, DNotI-Report 2001, 90 ff. Vgl. auch *Reiß*, RNotZ 2001, 203 ff.
271 Im Zweifel ist die »Doppelvollmacht« stets widerruflich, MünchKomm-BGB/*Schwab*, § 1829 Rn. 18; DNotI-Report 2002, 84.
272 KG, 14.07.2015 – 1 W 381/14, NotBZ 2016, 42; allein dies entspricht auch der Intention des Gesetzgebers, der aus diesem Grund die bisherige 2-Wochen-Frist des § 1829 Abs. 2 BGB um die weiteren 2 Wochen der Beschwerdefrist verlängert hat, vgl. *Kölmel*, NotBZ 2010, 4 m.w.N.

abgelaufen sind. Sie begnügen sich daher mit der Vorlage des gerichtlichen Rechtskraftzeugnisses. Soweit rechtlich zulässig und soweit sie bereits an der heutigen Urkunde mitwirken, verzichten sie bereits heute auf Rechtsmittel gegen einen stattgebenden und nicht mit Nebenbestimmungen versehenen Beschluss; der Notar übermittelt diesen Verzicht durch Übersendung einer Ausfertigung der Urkunde an das Genehmigungsgericht.

Die Beteiligten vereinbaren angesichts der zu erwartenden längeren Verfahrensdauer ferner: Sollte der andere Vertragsteil den gesetzlichen Vertreter (Empfangsvollmacht an den Notar ist insoweit nicht erteilt) zur Mitteilung darüber auffordern, ob die Genehmigung erteilt ist, wird die gesetzliche Vier-Wochen-Frist in ihrem Lauf so lange gehemmt als das gerichtliche Genehmigungsverfahren noch betrieben wird.

4082 Die vom Notar aufgrund der vorstehenden »**Doppelvollmacht**« zu fertigende Eigenurkunde (die mit dem Kaufvertrag durch Schnur und Siegel verbunden, separat gesiegelt, jedoch nicht mit einer Urkundennummer versehen wird) könnte etwa folgenden Wortlaut haben:

▶ Formulierungsvorschlag: Eigenurkunde aufgrund Doppelvollmacht

4083 Am heutigen Tag, habe ich, Notar, aufgrund der in § ..... der diesamtlichen Urkunde, URNr. ....., vom ..... erteilten Vollmacht, die Genehmigung des AG – Familiengericht/Betreuungsgericht – vom ....., Aktenzeichen ....., in Empfang genommen, sie dem anderen Vertragsteil mitgeteilt und für diesen die Mitteilung in Empfang genommen.

Ort, Datum, Unterschrift des Notars und Siegel

4084 Hierüber ist dem Betreuungs-/Familiengericht Mitteilung zu machen. Die Ausübung der Doppelvollmacht führt jedoch nur dann zur Wirksamkeit des Vertrags (und damit zur Schutzwirkung der sodann einzutragenden Vormerkung), wenn die Vollmachten noch Bestand hatten, d.h. nicht widerrufen waren und die Betreuung/Vormundschaft, aufgrund derer die Vollmacht erteilt wurde, noch bestand (also Betreuter/Mündel sowie Betreuer/Vormund noch am Leben waren, und dem Vormund/Betreuer keine Amtsenthebung und keine Aufhebung mitgeteilt worden waren).

▶ Hinweis:

Vorsichtige Notare vergewissern sich hiervon durch Einsicht in die Familiengerichtliche/Betreuungsakte vor Ausübung der Vollmacht bzw. vor Bescheinigung der Fälligkeit.[273]

4085 Die möglichst frühe, jedenfalls aber vor der Fälligkeitsmitteilung eintretende Genehmigungswirksamkeit rechtfertigt die Verwendung der notariellen Eigenurkunde unmittelbar nach Erhalt der gerichtlichen Genehmigung anstelle des – ebenfalls möglichen – Verfahrens, der Vorlage der Genehmigung mit den Endvollzugsdokumenten beim Grundbuchamt[274] die Wirkung einer Mitteilung und Empfangnahme beizumessen.

4086 Das Gericht benötigt zum Abschluss des dortigen Verfahrens zum einen die Mitteilung, wann das Genehmigung durch Mitteilung an den anderen Vertragsteil wirksam wurde (technisch am einfachsten durch Übersendung einer beglaubigten Kopie der Eigenurkunde unter Angabe des gerichtlichen Aktenzeichens) und sodann die Information darüber, wann das Rechtsgeschäft beim Grundbuchamt bzw. Handelsregister eingetragen wurde (durch Übersendung einer Kopie der Vollzugsmitteilung, ebenfalls unter Angabe des Aktenzeichens).

---

273 Vgl. *Krauß*, Immobilienkaufverträge in der Praxis, 8. Aufl., Rn. 667 ff.
274 So *Fassbender/Grauel/Kemp/Ohmen/Peter*, Notariatskunde, Rn. 575; Formulierungsvorschlag bei *Grein*, RNotZ 2004, 137 l. Sp.

C. Exkurs: Prüfung der Geschäftsfähigkeit

Feststellungen über die **Geschäftsfähigkeit**[275] bei Rechtsgeschäften unter Lebenden sind regelmäßig nicht (auch nicht durch das Grundbuchamt,[276] erst recht nicht nachträglich[277]) veranlasst (§ 28 BeurkG e contrario); zu prüfen ist durch den Notar gleichwohl stets, ob Anhaltspunkte dafür vorliegen, dass diese fehlen könnte, insb. bei schwerer Erkrankung i.S.d. § 11 Abs. 2 BeurkG[278] (ähnlich zur Testierfähigkeit i.S.d. § 2229 Abs. 4 BGB, Rdn. 4090[279]). In welchem Umfang der Notar bei Vorliegen solcher Anhaltspunkte sodann Ermittlungen vornimmt, steht in seinem pflichtgemäßen Ermessen, wobei er »einzelfallbezogen mit der gebotenen Sensibilität« vorzugehen hat und sich zunächst auf eine normale Unterhaltung mit dem Beteiligten beschränken kann.[280] Abgelehnt werden darf die Beurkundung gem. § 11 Abs. 1 BeurkG nur, wenn kein vernünftiger Zweifel an der Geschäftsunfähigkeit mehr bestehen kann;[281] beurkundet der Notar trotz Zweifeln, liegt darin keine unrichtige Sachbehandlung.[282] Es empfiehlt sich dann die Beiziehung eines Arztes oder einer anderen kompetenten Person, auch zur Vermeidung disziplinarrechtlicher Beanstandung.[283]

4087

Ist der Beweis für das Vorhandensein eines die freie Willensbildung[284] nicht nur vorübergehend ausschließenden Zustands krankhafter Störung der Geistestätigkeit[285] (§ 104 Nr. 2 BGB) – ggf.

4088

---

275 Vgl. Überblick bei *Herrler,* in: DAI, Aktuelle Probleme der notariellen Vertragsgestaltung im Immobilienrecht 2015/2016, S. 371 ff.; *Kruse* NotBZ 2001, 405 ff., 448 ff. (zur Testierfähigkeit); *Stoppel/Lichtenwimmer* DNotZ 2005, 806 ff. (zu Screening-Verfahren) krit. hiergegen aus juristischer Sicht – der Notar treffe seine Feststellungen i.R.d. §§ 11, 28 BeurkG nicht als Sachverständiger, sondern als »Zeuge des Geschehens« *Müller* DNotZ 2006, 325; krit. aus medizinischer Sicht – zu hohe Fehleranfälligkeit der Screening-Verfahren – *Cording/Foerster* DNotZ 2006. Monografisch *Wetterling,* Freier Wille und neuropsychiatrische Erkrankungen, ein Leitfaden zur Begutachtung der Geschäfts- und Testierfähigkeit, 2016.
276 OLG Jena, 11.01.2012 – 9 W 526/11, NotBZ 2012, 459; zu einem Ausnahmefall OLG Koblenz, 05.05.2004 – 1 U 1382/03; nach OLG Celle, 17.12.2010 – 4 W 196/10, ZEV 2011, 200 und OLG Frankfurt, 20.10.2005 – 20 W 151/05, NotBZ 2006, 285 können auf Tatsachen beruhende Zweifel hinsichtlich der [zu vermutenden] Geschäftsfähigkeit im Zeitpunkt der Beurkundung [etwa aufgrund einer angeordneten Betreuung] ausgeräumt werden durch ein auf § 104 Nr. 2 BGB eingehendes ärztliches Gutachten, wobei der Vollbeweis nicht geführt werden muss.
277 Werden nachträglich Zweifel an der Geschäftsfähigkeit der Erstveräußerers bekannt, hat das Grundbuchamt dennoch im Hinblick auf § 891 BGB von der Berechtigung des nun eingetragenen Erwerbers auszugehen, OLG München, 07.11.2011 – 34 Wx 400/11, DNotZ 2012, 298; ähnlich OLG Düsseldorf, 18.03.2013 – 3 Wx 33/13, RNotZ 2013, 292.
278 Allerdings ist allein das Vorliegen einer fortgeschrittenen Krebserkrankung nicht ausreichend, OLG Bamberg, 18.06.2012 – 6 W 20/12, DNotZ 2013, 864.
279 Vgl. *Gottwald,* EE 2017, 43 ff. sowie 46 ff. [zur prozessualen Geltendmachung]; ferner *Cording,* ZEV 2010, 23 ff. [zu Beweismitteln] und ZEV 2010, 115 ff. [zu den Kriterien]. Nach OLG Düsseldorf, 15.06.2015 – I-3 Wx 103/14, BeckRS, 2015, 11433, hierzu *Röhl,* notar 2016, 239, 246, sind bei vaskulärer Demenz die auffälligen Verhaltensweisen aufzuklären, Klarheit über den medizinischen Befund zu schaffen und die hieraus zu ziehenden Schlüsse zu prüfen; verbleibende Zweifel erfordern ein psychiatrisches oder nervenärztliches Gutachten.
280 OLG Hamm, 08.07.2015 – 11 U 180/14, RNotZ 2016, 60; vgl. *Genske,* notar 2016, 152, 156.
281 OLG München, 08.08.2011 – 32 Wx 286/11, ZNotP 2011, 439, dort auch zur Kostenschuldnerstellung eines Geschäftsunfähigen; zu Letzterem vgl. *Tiedtke,* DNotZ 2012, 645, 662.
282 OLG Düsseldorf, 11.08.2016 – I-10 W 115/16, ZEV 2017, 43.
283 OLG Celle, 09.11.2007 – Not 16/07, MittBayNot 2008, 492 m. Anm.*Winkler.*
284 Der Betroffene darf nicht mehr in der Lage sein, seine Entscheidungen von vernünftigen Erwägungen abhängig zu machen.
285 Urteilsvermögen und Willensbildung müssen so gestört sein, dass mit einer normalen Motivation und Urteilsfindung nicht gerechnet werden kann. Das bloße Unvermögen, die Tragweite einer abgegebenen Erklärung zu erfassen, genügt nicht. OLG Köln, 24.01.2011 – 11 U 199/10, NotBZ 2011, 297 (nur

durch einen psychiatrischen Sachverständigen[286] – oder für eine vorübergehende Störung der Geisteskrankheit (mit Nichtigkeitsfolge, § 105 Abs. 2 BGB) nicht zu führen, muss andererseits das streitige Rechtsgeschäft als wirksam angesehen werden. Fällt die Geschäftsfähigkeit nach wirksamer Abgabe der schuld- und sachenrechtlichen Erklärungen später weg, ist dies gem. § 130 Abs. 2 BGB unschädlich (Erst-recht-Schluss, da die Erklärung dem anderen Teil bereits zugegangen ist); auch die verfahrensrechtlichen Eintragungsbewilligungen bleiben wirksam, wenn sie in Urschrift oder Ausfertigung dem Grundbuchamt oder dem Begünstigten ausgehändigt wurden.[287] Gleiches gilt bei späterer Beschränkung der Geschäftsfähigkeit durch Anordnung einer Betreuung mit Einwilligungsvorbehalt, § 1903 BGB.[288]

4089 Die herrschende Meinung erkennt die sog. relative Geschäftsunfähigkeit für komplizierte im Unterschied zu einfachen Geschäften nicht an,[289] allerdings die **partielle Geschäftsunfähigkeit** für einzelne Lebensbereiche (bspw. Darlehensaufnahme einer sexuell missbrauchten Frau zum Hauskauf, um aus der Familie zu entfliehen).[290] Umgekehrt kann trotz bestehender kognitiver Defizite die partielle Geschäftsfähigkeit zur Erteilung einer Vorsorgevollmacht zugunsten einer Person eigenen Vertrauens bestanden haben.[291] Bei Erkrankung oder hohem Alter der Beteiligten, insb. auch bei auswärtiger Beurkundung im Krankenhaus oder Pflegeheim, empfiehlt es sich (bzw. ist es in letztwilligen Verfügungen gem. § 28 BeurkG, anders als gem. § 11 BeurkG, geboten[292]), zur Geschäfts- bzw. Testierfähigkeit kurze Ausführungen aufzunehmen (vgl. Rdn. 4091).

4090 Die Rechtsprechung[293] definiert den Begriff der **Testierfähigkeit** wie folgt:[294] »Testierfähigkeit setzt voraus, dass der Testierende selbstbestimmt handeln und eigenverantwortlich Entscheidungen treffen kann. Er muss nicht nur erfassen können, dass er ein Testament errichtet und welchen Inhalt die darin enthaltenen Verfügungen aufweisen, sondern muss auch imstande sein, den Inhalt des Testaments von sich aus zu bestimmen und sich aus eigener Überlegung ein klares Urteil über die Tragweite seiner Anordnungen zu bilden. Dies erfordert, dass er sich die für und gegen die Anordnung sprechenden Gründe vergegenwärtigen und sie gegeneinander abwägen kann. Es muss ihm deshalb bei der Testamentserrichtung möglich sein, sich an Sachverhalte und Ereignisse zu erinnern, Informationen aufzunehmen, Zusammenhänge zu erfassen und Abwägungen vorzunehmen.« Im Interesse der Rechtssicherheit sind an den Beweis der Testierunfähigkeit (auch bei angeordneter Betreuung) sehr strenge Anforderungen zu stellen.[295]

Ls.) bejaht Geschäftsunfähigkeit bei einem IQ von 44 und Unfähigkeit, einen Text vorzulesen und Vorgelesenes wiederzugeben.

286 Auch wenn bereits, z.B. aus einem Betreuungsverfahren, ein psychiatrisches Gutachten vorliegt, vgl. OLG München, 13.12.2016 – 31 Wx 144/15, ZErb 2017, 42.
287 BayObLG DNotZ 1994, 183; OLG Frankfurt NJW-RR 1995, 785.
288 OLG Celle, 04.07.2006 – 4 W 106/06, DNotZ 2006, 923; keine Frage der Beschränkung der Verfügungsbefugnis, die bis zur Grundbucheintragung erhalten bleiben muss, sofern § 878 BGB keine Erleichterung schafft, vgl. *Gutachten*, DNotI-Report 2005, 193. Zu § 1903 BGB vgl. auch *Gutachten*, DNotI-Report 2012, 97.
289 Vgl. BGH, NJW 1970, 1680; a.A. OLG Köln, NJW 1960, 1389.
290 OLG Oldenburg, zitiert nach *Eschelbach* in: Lambert/Lang/Tropf/Frenz Handbuch der Grundstückspraxis, S. 365 Rn. 109.
291 OLG München, 05.06.2009 – 33 Wx 278/08 und 279/08, ZEV 2010, 150.
292 Verfassungsrechtliche Bedenken bei *Litzenburger,* ZEV 2016, 1 ff.
293 Monografisch *Brah*, Die Feststellung der Testierfähigkeit durch den Notar, 2013, die einen Fragenkatalog vorschlägt (»welches Motiv gibt es für die Testamentserrichtung« etc.), Kurzübersicht aus anwaltlicher Sicht *Herzog*, ZErb 2016, 34, 37 ff.
294 OLG München, 01.07.2013 – 31 Wx 266/12, ZEV 2013, 504, vgl. auch OLG Hamm, 01.08.2014 – I-15 W 427/13, ZfIR 2015, 216 m. krit. Anm. *Zimmer* (Erblasser stand unter Betreuung), hierzu auch *Weser*, MittBayNot 2015, 368 ff.
295 AG Neuss, 12.04.2017 – 132 VI 46/16, ErbR 2017, 523.

C. Exkurs: Prüfung der Geschäftsfähigkeit   **Kapitel 10**

▶ **Formulierungsvorschlag: Ausführungen zur Geschäftsfähigkeit bei Beurkundungen im Krankenhaus oder Pflegeheim**

Der Beteiligte zu ..... ist zwar erkrankt und körperlich in seiner Bewegungsfähigkeit beeinträchtigt, sodass die Beurkundung auf seinen Wunsch hin auswärtig im Hospital vorgenommen wurde. Er ist jedoch, wovon ich mich anlässlich der Vorbesprechung zur Beurkundung überzeugte, uneingeschränkt geschäftsfähig und vermag seinen Willen ohne Beeinträchtigung zu fassen und auszudrücken. 4091

In vorgerücktem Alter nimmt die Verbreitung von Demenzerkrankungen deutlich zu (65 Jahre: 1,5 %; 95 Jahre: 45 %). Unter den über 100 Erkrankungen, die zur Demenz führen können, sind der Alzheimer-Typ (40 %) und die vaskuläre Demenz (30 %) besonders häufig. Typische Diagnosekriterien sind die objektiv verifizierte Abnahme des Gedächtnisses, die Abnahme anderer kognitiver Fähigkeiten (Urteilsfähigkeit, Sprache, Gnosis, visuell-räumliche Leistungen) und die Verminderung der Affektkontrolle und des Antriebs (emotionale Labilität, Apathie, Reizbarkeit), die nicht auf akute Verwirrtheitszustände (Delirium) zurückzuführen sind. Sobald die Betroffenen nicht ohne Hilfe im täglichen Leben (etwa beim Einkaufen oder Umgang mit Geld) zurechtkommen, also zumindest mittelgradige Demenz vorliegt, ist von Geschäftsunfähigkeit auszugehen. Luzide Intervalle sind bei chronisch-progredienter Demenz praktisch ausgeschlossen,[296] jedoch z.B. denkbar bei Herzrhythmusstörungen, schlecht eingestellter Diabetes mellitus, Austrocknung, schwerer Nierenfunktionsstörung, oder compliance-Störungen bei Medikamenten. Allein die Gabe hochwirksamer Schmerzmittel (etwa bei Krebspatienten) lässt die Geschäfts- und Testierfähigkeit regelmäßig nicht entfallen.[297] 4092

Der Demenzkranke bemüht sich, seine Defizite zu verbergen (etwa durch in Floskeln erstarrte Konversation oder ausweichende Antworten,[298] sog. **Fassadenverhalten**), sodass Demenz bei kurzem Kontakt oft übersehen wird. Verliert der Beteiligte häufig den Faden im Gespräch oder lässt Begleitpersonen für ihn auftreten, bzw. kann er den Inhalt des zu beurkundenden Schriftstückes auch nicht annähernd wiedergeben, sollten auch »unhöfliche Fragen« (Wo sind wir? Welches Datum haben wir heute?) gestellt werden, aber auch – verstärkt – Fragen zum Inhalt des zu beurkundenden Rechtsgeschäfts (Verwandtschaftsverhältnis zum Erben, Wohnort und Beruf; welchen Umfang hat das Erbe?, warum erfolgt die Testamentserrichtung jetzt?). Privatgutachten sind, sofern der Proband mitarbeitet, bei Demenzerkrankungen (»Leistungsdiagnostik«) – anders als bei Psychosen oder anderen Wahnerkrankungen – recht aussagekräftig.[299] Aufgabe des Gutachters ist es insbesondere, qualitative und quantitative Bewusstseinsstörungen, formale Denkstörungen (Ideenflucht, Gedankenabreißen), Halluzinationen, Realitäts- und Personenverkennungen, Affektstörungen, und abnorme Fremdbeeinflussbarkeit zu erkennen. 4093

In Grenzfällen mag eine auch durch die Beurkundungsperson durchführbare **Mini-Mental-Examination (MME)**[300] als »Kurztest« Aufschluss geben; sie erleichtert dem Notar auch in etwaigen 4094

---

296 OLG München, 01.07.2013 – 31 Wx 266/12, NotBZ 2013, 355 (Creutzfeld-Jakob-Erkrankung). Hierzu ausführlich *Mayer,* in: DAI-Skript 12. Jahresarbeitstagung des Notariats, 2014, S. 667 ff.
297 OLG Brandenburg, 13.01.2014 – 3 W 49/13, RNotZ 2014, 321, ebenso OLG Bamberg, 18.06.2012 – 6 W 20/12, DNotZ 2013, 863 in einem Erbscheinsverfahren und OLG Düsseldorf, 10.10.2013 – I-3 Wx 116/13, ErbR 2014, 122 m. krit. Anm. *Kroiß* bei einem vier Monate vor Testamentserrichtung erlittenen Schlaganfall. Allgemein zur Beeinträchtigung der Geschäfts-/Testierfähigkeit durch Medikamente *Wetterling,* ErbR 2015, 179 sowie (inhaltsgleich) ZNotP 2016, 7 ff.; zur Geschäftsfähigkeit von Demenzkranken *Schmoeckel,* NJW 2016, 433 ff.; aus notarieller Sicht *Piegsa,* in: DAI-Skript 14. Jahresarbeitstagung des Notariats, Sept. 2016, S. 513 ff.
298 Vgl. *Wetterling,* ErbR 2015, 355: »Sie stellen vielleicht Fragen«; Verweisen auf Andere, Zurückgeben der Frage: »Warum fragen Sie mich?«, Kokettieren mit dem Alter, Verweisen auf das Hörgerät, Wortfindungsstörungen: »Das Ding zum Schreiben« = Kugelschreiber.
299 Empirische Studien belegen, dass Hausärzte oft den Schweregrad der Demenz überschätzen.
300 Bzw. Mini-Mental-Status-Untersuchung (MMSE), vgl. ausführlich *Sandholzer* et al., DMW 2004, S. 183–226.

späteren Zeugenvernehmungen zur Frage der Geschäftsfähigkeit substanzielle, auf fundierter Erinnerung beruhende Aussagen.

4095 In verkürzter Form umfasst dieser »**mini-mental state examination test**«[301] folgende Prüfungen:

Aufgaben	erreichbare Punkte
1. örtliche und zeitliche Orientierung (Frage nach Datum, Jahreszeit, Jahr, Bundesland, der Station im Krankenhaus etc.)	max. 5 Punkte
2. Merkfähigkeit (drei vorgegebene einfache Begriffe, z.B. Münze, Tisch, Apfel, merken)	max. 5 Punkte
3. Umgang mit einfachen Hilfsmitteln (Angabe der Uhrzeit, Bedienung eines Kugelschreibers etc.)	max. 5 Punkte
4. kognitiver Status (5-buchstabiges Wort rückwärts buchstabieren, z.B. Lampe; Erklärung der Unterschiede bestimmter Begriffe, z.B. Baum und Busch)	max. 5 Punkte
5. Merkfähigkeit (Wiedergabe der drei Begriffe von Nr. 2)	max. 5 Punkte
6. korrekte Ausführung einer mehrgliedrigen Anweisung (z.B. Blatt in die Hand nehmen, in der Mitte falten und dann auf den Boden fallen lassen)	max. 5 Punkte
7. einfache Rechenoperation mit Zehnerübergang, z.B. 7 + 5 = ?; 100 – 7 – 7 = ?	max. 5 Punkte
max. 30 Punkte, über 25 Punkte: keine Demenz,[302] zwischen 18 und 24 Punkten: leichte Demenz, unter 17 Punkten: nicht mehr geschäftsfähig (davon über 11: mittelschwere Demenz; 10 und darunter: schwere Demenz)	

4096 Als vergleichbares Screening-Verfahren zur Überprüfung räumlicher Wahrnehmungsfunktionen und abstrakten Denkens wird der Uhrzeichentest empfohlen.[303] Dabei wird dem Prüfling ein runder Kreis vorgegeben, verbunden mit der Anweisung, in diese »Uhr« die fehlenden Nr. von 1 bis 12 einzutragen und sodann die Zeigerstellung für »10 nach 11« zu ergänzen. Für die Auswertung relevant sind lediglich vier Kriterien, nämlich das Vorhandensein aller zwölf Zahlen, die korrekte Platzierung der Zahl »12«, die zutreffende Proportion der Zeiger und das korrekte Vorlesen der eingestellten Zeit.

4097 Letzte, ggf. postmortale,[304] Gewissheit[305] zur Geschäftsfähigkeit vermitteln Gutachten von Fachärzten für Psychiatrie[306] und Psychotherapie sowie Fachärzten für Nervenheilkunde; Auskünfte zu Sachverständigen hierzu bietet die Website der Deutschen Gesellschaft für Psychiatrie, Psychotherapie und Nervenheilkunde (www.dgppn.de).

---

301 Vgl. *Lichtenwimmer*, MittBayNot 2002, 240.
302 Freilich mit Ausnahmen: in OLG Frankfurt, 20.10.2005 – 20 W 151/05, NJW-RR 2006, 450 ging das Gericht trotz 29 von 30 Punkten von Geschäftsunfähigkeit aus.
303 Vgl. hierzu *Stoppe/Lichtenwimmer*, DNotZ 2005, 811.
304 Vgl. hierzu *Losch*, ZErb 2017, 188 ff.
305 Nach OLG Düsseldorf, 15.06.2015 – I-3 Wx 103/14, BeckRS, 2015, 11433, hierzu *Röhl*, notar 2016, 239, 246, sind bei vaskulärer Demenz die auffälligen Verhaltensweisen aufzuklären, Klarheit über den medizinischen Befund zu schaffen und die hieraus zu ziehenden Schlüsse zu prüfen; verbleibende Zweifel erfordern ein psychiatrisches oder nervenärztliches Gutachten.
306 Gem. § 280 Abs. 1 Satz 2 FamFG soll der in Betreuungsverfahren beauftragte Sachverständige Facharzt für Psychiatrie sein oder als Arzt über Erfahrungen auf diesem Gebiet verfügen, vgl. BGH, 23.11.2016 – XII ZB 385/16, ZNotP 2016, 366.

Kapitel 11: Vollzug; Kosten

Übersicht

		Rdn.
A.	**Vollzug**	4098
I.	Auftrag und Vollmacht	4098
II.	Vollzugstätigkeit	4109
	1. Einholung von Genehmigungen	4109
	a) Rechtsgeschäftliche Genehmigungen	4109
	b) Behördliche Genehmigungen	4115
	2. Eigenurkunden	4118
	3. Vollzugsnachricht	4124
III.	Wichtige Genehmigungserfordernisse	4126
	1. Grundstücksverkehrsgesetz	4128
	a) Genehmigungssachverhalt	4128
	b) Genehmigungsfreistellung	4131
	c) Genehmigungsvoraussetzungen	4136
	d) Verfahren	4139
	2. Grundstücksverkehrsordnung	4145
	3. Genehmigungen nach BauGB	4147
	a) Teilungsgenehmigung	4147
	b) Weitere Genehmigungen nach BauGB	4156
	aa) Sanierungsverfahren	4157
	bb) Umlegungsverfahren	4160
	cc) Erhaltungssatzungsgebiete	4171
	dd) Flurbereinigungsverfahren	4173
	4. Verwalterzustimmung gem. § 12 WEG	4179
	a) Anordnung	4179
	b) Verfahren	4182
	c) Versagung	4192
	5. Nacherbfolge	4195
	a) Zustimmungserfordernisse	4195
	aa) Erforderlichkeit der Zustimmung	4197
	bb) Kreis der abstrakt Zustimmungsberufenen	4199
	cc) Konkrete Bezeichnung der Zustimmungsberufenen	4201
	dd) Verfahren	4203
	ee) beschränkt dingliche Rechte	4205
	ff) Ausnahme: Akzeptierter Fortbestand der Nacherbenbeschränkungen	4208
	b) Löschung des Nacherbenvermerks	4209
	aa) Verzicht auf die Eintragung	4209
	bb) Veräußerung des Gegenstandes	4211
	cc) umfassende »Entstrickung«	4214
	dd) »Entstrickung« eines Einzelgegenstandes	4216
	ee) Surrogation	4218
	c) Vorwegnahme der Nacherbfolge	4220
	aa) in Einzelgegenstände, mit endgültiger Wirkung	4220
	bb) in Einzelgegenstände, unter »Aufrechterhaltung« der Bindungen	4223
	cc) hinsichtlich des gesamten Nachlasses	4225
	6. Testamentsvollstreckervermerk	4226
	7. Zustimmung des Ehegatten	4230
	a) § 1365 BGB	4230
	b) Ausländischer Güterstand	4240
	c) Art. 5 Abs. 1 des Abkommens zum deutsch-französischen Wahlgüterstand (WZGA)	4241
IV.	Schieds- und Schlichtungsverfahren	4247
	1. Schiedsverfahren	4247
	2. Mediation	4258
	3. Erledigungsklauseln	4265
B.	**Notarkosten**	4267
I.	Beurkundungsgebühr	4267
II.	Geschäftswert	4269
	1. Grundsatz: Verkehrswert	4270
	2. Vierfacher Einheitswert bei land- oder forstwirtschaftlichen Betrieben	4273
	3. Bewertung der Erwerberleistungen	4278
III.	Steuerliche Abzugsfähigkeit	4290
IV.	Vollzugs- und Betreuungsgebühren	4294
	1. Gebührenauslösende Tatbestände	4294
	2. Geschäftswert, Gebührensatz	4300
	3. Gestaltungsüberlegungen	4302
	4. Betreuungs- und Treuhandgebühren	4305
	a) Betreuungsgebühr	4305
	b) Treuhandgebühr	4312
C.	**Grundbuchkosten**	4314

A. Vollzug

I. Auftrag und Vollmacht

In aller Regel übernimmt der Notar auch die zur grundbuchlichen Durchführung des Vertrages und zur Einhaltung der Zug-um-Zug-Abwicklung erforderlichen Vollzugsschritte und deren Überwachung. Die auf das Grundbuchverfahren beschränkte gesetzliche Vermutung des § 15 GBO gilt für die Einholung der in diesem Kap. skizzierten Genehmigungen und Vorkaufsrechts- 4098 zeugnisse nicht, sodass der Notar hierzu einer ausdrücklichen Vollmacht bedarf.[1] Deren Beendigung durch Widerruf oder kraft Gesetzes, etwa mit Insolvenzeröffnung (§ 117 Abs. 1 InsO), ist allerdings besonderes Augenmerk zu schenken.[2] Die von beiden Beteiligten in der Urkunde dem Notar im beiderseitigen Abwicklungsinteresse erteilte allgemeine Vollzugsanweisung (Einholung der Genehmigungen etc.) dürfte allerdings einseitig nicht widerruflich sein,[3] ebenso wenig wie mehrseitige Vorlageanweisungen etwa hinsichtlich der Überwachung der Eigentumsumschreibung erst nach Erteilung der Schuldübernahmegenehmigung.

▶ Hinweis:

4099 Hinsichtlich des Inhalts der Vollmacht sollte weiter klar dahin gehend differenziert werden, dass der Notar zwar zur Einholung der Erklärungen unbeschränkt berechtigt und verpflichtet ist, für die Entgegennahme jedoch nur dann als zustellungsbevollmächtigt gilt, wenn diese ohne Auflagen oder Bedingungen ergehen und die für den Vollzug des Kaufvertrags und die Fälligkeit des Kaufpreises notwendigen Umstände erfüllen (also zwar für die Verzichtserklärung auf das Vorkaufsrecht, nicht aber für die Ausübungserklärung).[4] Ablehnende oder mit Nebenbestimmungen versehene oder privatrechtsgestaltende Verwaltungsakte (wie die Ablehnung der Genehmigung nach GrdStVG) – kurz: anfechtbare – Bescheide oder Bescheide zur Fristverlängerung sollten den Beteiligten unmittelbar zugestellt werden, damit diese ohne Zeitverzögerung prüfen können, ob sie hiergegen Rechtsmittel einlegen möchten.

Legt der Notar offen, in wessen Namen er die Genehmigung beantragt, wird der Vertretene (regelmäßig der Erwerber) auch unmittelbar Kostenschuldner ggü. der Behörde, sodass die Gebühren nicht durch den Notar verauslagt und als durchlaufender Posten weiterberechnet werden müssen.

4100 Eine allgemeine Vollzugsvollmacht auch für den Bereich der Genehmigungen – allerdings bzgl. der Vorkaufsrechte begrenzt auf solche mit Grundbuchsperrwirkung, und auch insoweit ohne Befugnis zur Entgegennahme einer Ausübungserklärung – könnte etwa folgenden Wortlaut haben:

▶ Formulierungsvorschlag: Allgemeine Vollzugsvollmacht

4101 Alle Beteiligten beauftragen und bevollmächtigen den amtierenden Notar, seinen amtlichen Vertreter[5] oder Nachfolger im Amt,
– sie im Grundbuchverfahren uneingeschränkt zu vertreten,
– die zur Wirksamkeit und für den Vollzug dieser Urkunde erforderlichen Genehmigungen und Erklärungen anzufordern, (auch gemäß § 875 Abs. 2 BGB) entgegenzunehmen und (auch als Eigenurkunde) abzugeben.
Anfechtbare Bescheide und Zwischenbescheide zur Fristverlängerung sind jedoch den Beteiligten selbst zuzustellen; Abschrift an den Notar wird erbeten.

4102 Die umfassende Vollmacht zur Vertretung im Grundbuchverfahren – auch über die vermutete eigene Berechtigung gem. § 15 GBO hinaus – verschafft dem Notar die notwendige Verfahrensherrschaft zur Rücknahme etwaiger seitens der Beteiligten selbst gestellter, u.U. konfligierender, Anträge (jedenfalls bis zu einem etwaigen Widerruf dieser Vollmacht).[6] § 24 Abs. 3 BNotO ge-

---

1 Einzelgesetze, etwa das Grundstücksverkehrsgesetz, enthalten jedoch ebenfalls eine gesetzliche Vermutung für eine solche Vollmacht.
2 Vgl. BayObLG Rpfleger 2004, 36 f. (auch zur seltenen Ausnahme der Notgeschäftsführungsmaßnahme bei Gefahr in Verzug, §§ 115 Abs. 2, 116 Satz 1 InsO). Ist die Insolvenzeröffnung dem Grundbuchamt bekannt, besteht auch kein Raum mehr für die Vollmachtsvermutung des § 15 GBO.
3 Vgl. *Hertel* in: DAI, 4. Jahresarbeitstagung des Notariats, 2006, S. 505.
4 Vgl. hierzu *Hueber*, NotBZ 2003, 446.
5 Für Notarvertreter und wohl auch Notariatsverwalter (str.; *Reithmann*, MittBayNot 2002, 527) würde die Vollzugsvollmacht gem. § 39 BNotO ohnehin gelten (LG Düsseldorf, MittBayNot 2002, 526).
6 Vgl. *Grein*, RNotZ 2004, 121.

nügt als Rechtsgrundlage hierfür nicht. Die einem Notar erteilte Vollmacht gilt ohne Weiteres auch für den Notarvertreter,[7] den Notariatsverwalter,[8] und den »Aktenverwahrer« als Amtsnachfolger.[9]

Die allgemeine Grundbuchvollzugsvollmacht deckt auch die Einschränkung von Bewilligungen[10] (z.B. Eintragung einer Grundschuld ohne die nunmehr gegen § 1193 Abs. 2 Satz 2 BGB verstoßende Bestimmung, wonach diese sofort fällig sei). Allerdings kann der Notar nicht gestützt auf § 15 GBO der Bewilligung einen anderen Inhalt geben, z.B. sie endgültig nur teilweise vollziehen (Beispiel: eine Grundschuld wird an FlSt 1 und 2 bestellt, es soll aber nur FlSt 1 belastet werden: Nachtragsbeurkundung ist notwendig; allein die Antragstellung nur bzgl. FlSt 1 genügt nicht.). Selbst eine ggü. § 15 GBO erweiterte Vollmacht zu »Änderungen, soweit dies dem grundbuchamtlichen Vollzug dieser Urkunde dienlich ist« gestattet keine Umstellung von der erklärten Grundstücksvereinigung (§ 890 Abs. 1 BGB) zur Bestandteilzuschreibung (§ 890 Abs. 2 BGB).[11] Aus der gesetzlich vermuteten (§ 15 GBO) bzw. einer rechtsgeschäftlich eingeräumten Abwicklungsvollmacht ergibt sich auch die Befugnis zur Einlegung von Rechtsmitteln, wobei Letzteres im Zweifel stets mit Wirkung für den Vertretenen erfolgt.[12]

4103

Sollen darüber hinaus auch inhaltliche Anpassungen des Beurkundeten an das Gewollte sowie Ergänzungen zur Behebung gerichtlicher Beanstandungen (Zwischenverfügungen) vorgenommen werden können (»**Heilungsvollmacht**«, mit der allerdings sehr behutsam und nur nach schriftlicher Einverständniserklärung der Beteiligten im Einzelfall beurkundet werden sollte;[13] Gerichte sind in der Auslegung solcher Heilungsvollmachten zurückhaltend, auch wenn sie »im Außenverhältnis, insbesondere gegenüber dem Grundbuchamt unbeschränkt gelten« sollen[14]), sind als Ausfluss des umfassenden Vollzugsauftrags an den Notar Abwicklungsvollmachten an dessen Kanzleimitarbeiter weit verbreitet. Materiell-rechtlich geht die Bevollmächtigung (§ 167 Abs. 1 Fall 1 BGB) dem Mitarbeiter zu, sobald der die Vollmachtserteilung beurkundende Notar als Bote sie dem Mitarbeiter mitteilt; dem Grundbuchamt ggü. erfolgt der Nachweis nicht gem. § 172 BGB (Vollmachtsurkunde), sondern gestützt auf § 171 Abs. 1 Fall 1 BGB, als Vollmachtsmitteilung.[15] Sind die Bevollmächtigten namentlich benannt, besteht diese Vollmacht auch dann fort, wenn die Benannten nicht mehr Notariatsangestellte sind (auch wenn ihre Anschrift in der Urkunde als

4104

---

7 *Peterßen*, RNotZ 2008, 198. Des Nachweises der Notarvertretereigenschaft bedarf es ggü. dem Grundbuchamt nicht, aufgrund der Verwendung des Siegels des vertretenen Notars, § 437 Abs. 1 ZPO, anders nur bei elektronischer Signatur gem. § 39a BeurkG, da es ein elektronisches Siegel nicht gibt, vgl. OLG Hamm, 02.09.2010 – 15 Wx 19/10, RNotZ 2011, 59.
8 Vgl. *Reithmann*, MittBayNot 2002, 527; LG Düsseldorf, MittBayNot 2002, 526; § 39 BeurkG.
9 LG Halle, 21.07.2003, NotBZ 2004, 37; *Schippel/Bracker*, BNotO, 8. Aufl. 2006 § 51 Rn. 54; KG, 08.05.2014 – 1 W 208/13, DNotI-Report 2014, 142 (zum Nachweis gegenüber dem Grundbuchamt genüge i.d.R. der Hinweis des Notars auf die Übertragung der Aktenverwahrung durch das Justizministerium).
10 BayObLG, NJW-RR 1991, 718.
11 OLG Düsseldorf, 15.07.2009 – I-3 Wx 264/08, JurionRS 2009, 20822.
12 OLG Frankfurt, 03.04.2006 – 20 W 563/05, DNotI-Report 2007, 22; OLG Zweibrücken, Rpfleger 2000, 503.
13 Ihre Reichweite ist gem. BGH, ZNotP 2002, 310 begrenzt; sie ermächtigt bspw. nicht dazu, ein vereinbartes dinglich wirkendes Sondernutzungsrecht durch ein lediglich schuldrechtliches zu ersetzen [Änderung einer Hauptleistungspflicht], ebenso wenig nach OLG Naumburg, NotBZ 2004, 283, anstelle des Grundstücks den Anteil an einem Nachlass bzw. das Auseinandersetzungsguthaben [einer »Gespenstergemeinschaft« des aufgelösten FGB-Güterstandes] zum Vertragsgegenstand zu erklären.
14 Bsp. nach OLG München, 18.10.2012 – 34 Wx 358/12, DNotZ 2013, 139: eine solche Vollmacht »zur Ergänzung oder Berichtigung« berechtige nicht zur Auflassung weiterer, möglicherweise in der Ersturkunde vergessener Grundstücke.
15 OLG Köln, MittRhNotK 1983, 209; *Schöner/Stöber*, Grundbuchrecht 13. Aufl. Rn. 3586; *Hügel/Reetz* GBO 2007, Sonderteil Vertretungsmacht, Rz. 112; a.A. (für § 172 BGB) *Brenner*, BWNotZ 2010, 142.

»geschäftsansässig [Adresse der Notarkanzlei]« angegeben ist) oder das Amt des damaligen Notars erloschen ist.[16]

4105 Da auch bei der Vollmachtsmitteilung (als rechtsgeschäftsähnlicher Handlung) Vertretung möglich ist, kann die Bezeichnung des bevollmächtigten Mitarbeiters bzw. – besser – Angestellten[17] dem Notar selbst überantwortet sein; rechtsgeschäftlich ist sie jedem Mitarbeiter erteilt, dem sie durch Botenschaft des Notars gem. § 167 BGB zugeht – daher brauchen entgegen teilweise anzutreffender strengerer früherer Rechtsprechung[18] die Personalien des einzeln bevollmächtigten Angestellten selbst nicht namentlich wiedergegeben zu sein (sofern nicht gar bloße Bestimmbarkeit genügt).[19] Vielmehr ist es ausreichend, dass der Notar eingangs der Niederschrift (in Form einer Eigenurkunde[20]) die Erklärende als seine Angestellte bezeichnet (»Heute erschien meine Notariatsangestellte ...«).[21]

▶ Formulierungsvorschlag: Angestelltenvollmacht zur Behebung von Zwischenverfügungen

4106 Die Beteiligen bevollmächtigen weiterhin die Angestellten an der Notarstelle – welche der Amtsinhaber seinerseits zu bezeichnen bevollmächtigt wird – je einzeln und befreit von § 181 BGB, Erklärungen, Bewilligungen und Anträge materiell- oder formell-rechtlicher Art zur Ergänzung oder Änderung des Vertrags abzugeben, soweit diese zur Behebung behördlicher oder gerichtlicher Beanstandungen zweckdienlich sind.

▶ Hinweis:

4107 Außerhalb dieses umgrenzten Anwendungsbereiches ist im Umgang mit sog. »**Angestelltenvollmachten**« jedoch Zurückhaltung geboten. Diese begegnen insb. arbeits- und haftungsrechtlichen Bedenken (persönliche Schadensersatzpflicht des Mitarbeiters bei Schlechterfüllung des Auftrags,[22] Freistellungsanspruch gegen den Notar nach den Grundsätzen der betrieblich veranlassten Tätigkeit[23] und ohne Exkulpationswirkung ggü. Dritten[24] mit zudem unklarem Versicherungsschutz)[25] und verstoßen bei Verträgen mit Verbrauchern gegen § 17 Abs. 2a

---

16 OLG Naumburg, 06.11.2013 – 12 Wx 44/13, NotBZ 2014, 272.
17 Zur Klarstellung, dass Reinemachfrauen nicht bevollmächtigt werden können (»überwiegend kaufmännische, höhere technische, büromäßige oder leitende Tätigkeit«), vgl. *Gergaut*, NotBZ 2012, 126. Auszubildende gehören ebenso wenig zu den »Angestellten«.
18 OLG Frankfurt, 11.10.2007 – 20 W 150/07, NotBZ 2008, 123 m. abl. Anm. *Gergaut*.
19 Wie etwa bei der Bezeichnung des Dritten i.R.d. § 328 BGB: BGH, 16.11.2007 – V ZR 208/06, ZNotP 2008, 159.
20 *Milzer*, notar 2013, 35, 38.
21 So richtig OLG Dresden, 16.08.2011 – 17 W 694/11, NotBZ 2012, 135; ähnlich OLG Brandenburg, 12.10.2011 – 5 Wx 28/11, NotBZ 2012, 133 (»Vollmacht zur Bezeichnung«), obiter auch OLG Naumburg, 06.11.2013 – 12 Wx 44/13, NotBZ 2014, 272; vgl. *Gergaut*, NotBZ 2012, 125 ff. Weiter gelte unabhängig von § 171 Abs. 1 BGB insoweit der Erfahrungssatz, dass eine Vollmacht besteht, solange sie nicht in der Weise widerrufen worden ist, wie sie kundgegeben wurde.
22 Der BGH, RNotZ 2003, 62 lehnt einen stillschweigenden Haftungsverzicht ab. Einen formularmäßigen Haftungsverzicht, vom Notar entworfen, würde sich der Angestellte als »Verwender« zunutze machen und damit wohl gegen §§ 307 Abs. 2 Nr. 2, 309 Nr. 7 BGB verstoßen [Kardinalpflichten]. Allenfalls eine Beschränkung auf grobe Fahrlässigkeit ist denkbar.
23 Großer Senat des BAG, NJW 1995, 210 [in Fortentwicklung der früheren Grundsätze der gefahrgeneigten Arbeit]: bei vorsätzlicher oder grob fahrlässiger Schadensverursachung haftet der Arbeitnehmer voll, bei mittlerer tritt Haftungsteilung ein und nur bei leichtester Fahrlässigkeit ist der Arbeitnehmer vollständig freizustellen [vgl. *Linck* in: Schaub/Koch/Linck Arbeitsrechtshandbuch § 52 Rn. 47 ff.].
24 Die Haftung des Angestellten selbst stellt daher keine anderweitige Ersatzmöglichkeit i.S.d. § 19 Abs. 1 Satz 2 BNotO dar, vgl. BGH, RNotZ 2003, 62.
25 Nach Auffassung der BNotK ist in der Berufshaftpflichtversicherung des Notars gem. § 19a Abs. 1 Satz 1 BNotO allenfalls die Haftung nach § 179 BGB mitversichert, DNotZ 1998, 522; vgl. *Arndt/Lerch/Sandkühler* BNotO § 19a Rn. 20.

A. Vollzug

BeurkG, jedenfalls sofern sie systematisch aufgenommen werden[26] und nicht auf Vollzugsgeschäfte beschränkt sind (Rdn. 40). Nicht zu den Vollzugsgeschäften gehört die Bestellung von Finanzierungsgrundpfandrechten.[27] Aufgrund seiner unparteilichen Stellung ist der Angestellte des Notars ferner nicht eo ipso Vertrauensperson des Verbrauchers im Sinne jener Bestimmung.[28] Ein Verstoß gegen § 1 RDG liegt jedoch wohl nicht vor; ebenso wenig gilt § 13 FGG/§ 10 FamFG für Grundbucherklärungen, die in Vollmacht abgegeben werden.[29] Die Angestelltenvollmacht ist, da lediglich im »Bequemlichkeitsinteresse« des Vollmachtgebers (nicht im Interesse des Bevollmächtigten oder beider Vertragsbeteiligten) erteilt, jederzeit widerruflich.[30]

Im Rahmen des Grundbuchvollzuges ist von Bedeutung, dass der Eigentumsverlust des Veräußerers nicht ohne gleichzeitige Absicherung seiner Position stattfindet. So ist z.B. denkbar, dass in **Unkenntnis einer bereits erfolgten Insolvenzeröffnung** noch Grundstückszuwendungen an den Gemeinschuldner erfolgen. Die Annahme solcher Schenkungen obliegt allein und höchstpersönlich dem Gemeinschuldner, der Insolvenzverwalter hat jedoch analog § 333 BGB nach h.M. ein Zurückweisungsrecht, um zu vermeiden, dass der Gemeinschuldner die Masse mit nutzlosen oder sogar belasteten Gegenständen beeinträchtigt.[31] Die für den Fall späterer Verarmung vorbehaltenen Rückforderungsrechte (Rdn. 2249 ff.) greifen erst recht, wenn der Erwerber bereits bei der Zuwendung (unerkannt) sich in Vermögensverfall befindet. Andererseits wird die Eintragung der – solche Rückübertragungsbefugnisse insolvenzfest schützenden – Vormerkung scheitern, wenn das Grundbuchamt zwischenzeitlich von der Insolvenzeröffnung erfährt. Es droht also die Gefahr, dass zwar der Eigentumserwerb zugunsten der Insolvenzmasse (bzw. aus Sicht des Veräußerers: der Eigentumsverlust aufgrund der Schenkung) eingetragen wird, nicht aber die zugunsten des Veräußerers vorbehaltenen Rechte (Nießbrauch, Rückübertragungsvormerkung etc.) Dem kann nur dadurch vorgebeugt werden, dass beide Eintragungsanträge (Auflassung und Absicherung des Veräußerers) i.S.d. **§ 16 Abs. 2 GBO** verbunden sind. Der Notar ist dann auch befugt, den Urkundsvollzug (§ 53 BeurkG) schon vorab einzustellen, weil die Vollzugsreife als Folge dieser **Antragsverknüpfung** fehlt.[32]

4108

---

26 Die Richtlinienempfehlungen der BnotK, DNotZ 1999, 258 und der meisten Landesnotarkammern (z.B. Abschnitt II Nr. 1c) der Richtlinien der LNotK Bayern gem. § 67 Abs. 2 BNotO) untersagen die systematische Beurkundung mit Mitarbeitern des Notars als Vertreter der Beteiligten, sofern es sich nicht um Erfüllungs- und Vollzugsgeschäfte handelt.
27 Jedenfalls wenn ein abstraktes Schuldversprechen aufgenommen wird: OLG Schleswig, 06.07.2007 – Not 1/07, ZNotP 2007, 430, wobei *Zimmer*, ZNotP 2007, 407 zu Recht darauf hinweist, dass angesichts der bereits im Darlehensvertrag und der Sicherungsvereinbarung eingegangenen Bindung wenig Variationsmöglichkeit besteht. Gegen jegliche Qualifikation als Vollzugsgeschäft *Brenner*, BWNotZ 2010, 143.
28 *Hertel*, ZNotP 2002, 288; *Sorge*, DNotZ 2002, 603; *Schmucker*, ZNotP 2003, 243; *Brambring*, ZfIR 2002, 597; OLG Schleswig, 06.07.2007 – Not 1/07, RNotZ 2007, 622 mit zur Begründung krit. Anm. *Litzenburger*; ebenso der Berufsrechtsausschuss der BNotK, vgl. BNotK-Intern 2003, 3: das dem Mitarbeiter entgegengebrachte Vertrauen beruht auf der Unabhängigkeit des Notars, nicht auf dessen Rolle als Interessenvertreter des Verbrauchers; a.A. *Litzenburger*, NotBZ 2002, 281; *Maaß*, ZNotP 2004, 216; *Helms*, ZNotP 2005, 18 und (für die Kammer Stuttgart) *Grigas*, BWNotZ 2003, 104 sowie die Richtlinien der Kammern Frankfurt und Hamburg bei ausreichender vorheriger Belehrung, vgl. www.bnotk.de/Richtlinienempfehlungen/Synopse. Vermittelnd BNotK-Rundschreiben 20/2003 v. 28.04.2003, S. 5 = ZNotP 2003, 257 ff.: Notarangestellter kann Vertrauensperson sein, wenn die Initiative zu dessen Einschaltung vom Verbraucher ausgeht, ebenso *Grziwotz*, ZfIR 2010, 602.
29 Neufassung des § 15 GBO ab 01.09.2009; bereits zuvor in diesem Sinne DNotI-Gutachten Nr. 11539 v. 24.09.2008, RS der BNotK Nr. 24/08 v. 05.09.2008, III.1; mit ausführlicher Begründung *Lindemeier*, RNotZ 2009, 37 ff.
30 So incidenter in OLG Frankfurt MittBayNot 2000, 466 m. Anm. *Reithmann*.
31 Vgl. *Klühs*, ZNotP 2012, 242, 246.
32 Vgl. im Einzelnen *Klühs*, ZNotP 2012, 242, 247.

II. Vollzugstätigkeit

1. Einholung von Genehmigungen

a) Rechtsgeschäftliche Genehmigungen

4109 Immer seltener lässt sich (selbst unter Hinzunahme des Wochenendes) erreichen, dass alle Beteiligte eines Überlassungsvertrages, auch die weichenden Geschwister, gleichzeitig im Beurkundungstermin anwesend sind. Ist keine (wirksame bzw. ausreichende) Vollmacht erteilt oder will der Bevollmächtigte hiervon keinen Gebrauch machen (etwa weil eine im Innenverhältnis erforderliche Abstimmung noch nicht erfolgt ist), kommt ein Handeln durch einen vollmachtlosen Vertreter vorbehaltlich nachträglicher Genehmigung des Vertretenen in Betracht (§§ 177 ff. BGB). Der »falsus procurator« kann ein Dritter, ein an der Urkunde selbst Beteiligter (dann i.R.d. Nachgenehmigung Befreiung von § 181 BGB erforderlich, sofern der vollmachtlose Vertreter »auf anderer Seite« beteiligt ist!) oder ein Mitarbeiter des Notars sein (wobei in letzterem Fall nur Privatangestellte in Betracht kommen, eine Eigenhaftung des vollmachtlosen Vertreters jedenfalls für leichte Fahrlässigkeit ausgeschlossen werden sollte[33] und der [ggf. nach Verschuldensstufen anteilige] Haftungsfreistellungsanspruch gegen den Arbeitgeber entsprechend den Grundsätzen der betrieblich veranlassten Tätigkeit[34] zu beachten ist!).

4110 Das Rechtsgeschäft ist bis zur Erteilung der Genehmigung **schwebend unwirksam** und wird sodann rückwirkend mit dem beurkundeten Inhalt gültig (§ 184 Abs. 2 BGB); über die mit der ausstehenden Genehmigung verbundenen Unsicherheitsfolgen ist zu belehren.[35] Gerade bei Überlassungsverträgen entspricht es jedoch nicht selten dem Willen von Veräußerer und Erwerber, die Übertragung als solche unabhängig davon durchzuführen, ob ein **weichendes Geschwister** die (regelmäßig für den gegenständlich beschränkten Pflichtteilsverzicht notwendige) Genehmigung erteilt oder nicht; allerdings wird die vereinbarte »Abfindung« auch nur für den Fall der Nachgenehmigung geschuldet sein, ist also nicht etwa Ausfluss eines unbedingten Vertrages zugunsten Dritter (vgl. Rdn. 1862). Materiell-rechtlich bedarf die Genehmigung keiner Form;[36] nur wenn dadurch Erklärungen für das Grundbuchamt »in Kraft gesetzt« werden, ist öffentliche Beglaubigung gem. § 29 GBO nötig.

4111 Da es sich bei der Genehmigung um eine einseitige, empfangsbedürftige Willenserklärung handelt, die erst mit Zugang des Originals[37] wirksam wird, sollte der Notar in der Urkunde bevollmächtigt werden, die Genehmigung für alle Beteiligten entgegenzunehmen. Zur **Setzung der Frist** des § 177 Abs. 2 BGB kann der Notar (ohne Verstoß gegen seine Unparteilichkeit)[38] beauftragt werden; im Zweifel liegt dieser Auftrag jedoch nicht bereits in dem an ihn gerichteten Er-

---

33 In einem unveröffentlichten Beschl. des OLG Oldenburg, Kammerreport, NotK Oldenburg Nr. 1/2002, S. 16, wurde ein stillschweigender Haftungsausschluss im Verhältnis des Beteiligten zur Mitarbeiterin angenommen, da diese kein besonderes Vertrauen in Anspruch genommen habe. Der BGH, RNotZ 2003, 62, sieht für einen solchen stillschweigenden Haftungsverzicht jedoch keinen Raum, so dass er vertraglich vereinbart werden muss. Die berufsrechtliche Haftung des Notars selbst und seine arbeitsrechtliche Verpflichtung zur Freistellung des Angestellten [betrieblich veranlasste Tätigkeit; vgl. nachstehende Fn.] bleiben hiervon unberührt.

34 Großer Senat des BAG, NJW 1995, 210 [in Fortentwicklung der früheren Grundsätze der gefahrgeneigten Arbeit]: bei vorsätzlicher oder grob fahrlässiger Schadensverursachung haftet der Arbeitnehmer voll, bei mittlerer tritt Haftungsteilung ein, und nur bei leichtester Fahrlässigkeit ist der Arbeitnehmer vollständig freizustellen.

35 BGH, DNotZ 1997, 62.

36 BGH, NJW 1994, 1344; § 182 Abs. 2 BGB.

37 Beglaubigte Abschrift reicht nicht (a.A. nur BAG, NJW 1999, 596 für einen Sonderfall), es sei denn, im Vertrag ist ein Verzicht auf den Zugang des Originals vereinbart, *Wendtland*, in: Bamberger/Roth, BGB, § 130 Rn. 11.

38 BGH, referiert bei *Brambring*, DNotI-Report 1995, 26, ebenso BGH, MittBayNot 2001, 407.

A. Vollzug Kapitel 11

suchen, die Nachgenehmigung einzuholen.[39] Sind mehrere Beteiligte Vertragspartner des vollmachtlosen Vertreters, müssen an sich alle an der Aufforderung (bzw. dem diesbezüglichen Auftrag an den Notar) mitwirken,[40] sofern sich nicht aus dem Innenverhältnis etwas anderes ergibt (es empfiehlt sich in der Praxis, die diesbezügliche Weisung **eines** Beteiligten genügen zu lassen).

Die Genehmigung erfasst das Rechtsgeschäft im Ganzen. Nur wenn der zu genehmigende Vertrag nach dem Willen der Beteiligten teilbar ist, kann auch die Genehmigung »in Teilen« erfolgen.[41] Die mit einer Auflage versehene Genehmigung gilt als nicht erteilt, so dass der Vertrag nicht wirksam wird.[42] Eine »nachträgliche Vollmachtserteilung« ist dagegen als Genehmigung auszulegen.[43]   4112

Die Eingangsformulierung bei Beurkundung mit einem vollmachtlosen Vertreter (verbunden mit einem Hinweis auf die schwebende Unwirksamkeit des Geschäftes bis zu deren Erteilung zur Vermeidung ungesicherter Dispositionen der Beteiligten) könnte bspw. lauten: 4113

▶ Formulierungsvorschlag: Beurkundung mit vollmachtlosem Vertreter mit Hinweis auf die Folge

..... hier handelnd nicht eigenen Namens,   4114

sondern vorbehaltlich nachträglicher Genehmigung in öffentlich beglaubigter Form für

.....

Der Notar wird auf Kosten des nicht Erschienenen beauftragt und allseits bevollmächtigt, den Entwurf der Nachgenehmigung zu fertigen, diese anzufordern, für alle Beteiligten entgegenzunehmen und den dann zu erteilenden Ausfertigungen beizufügen. Eine Frist gemäß § 177 Abs. 2 BGB soll er jedoch erst auf schriftliche Weisung eines Erschienenen stellen. Den Beteiligten ist bekannt, dass bis zur Erteilung der Genehmigung der Vertrag noch schwebend unwirksam ist.

Ein Formulierungsvorschlag für die Nachgenehmigung durch ein weichendes Geschwister, dessen Genehmigungsverweigerung jedoch nicht zum Scheitern des Vertrages i.Ü. führen soll (sondern lediglich zum Entfallen der für ihn ausgesetzten Gleichstellungszahlungen) ist bereits in Rdn. 1863 vorgestellt worden.

b) Behördliche Genehmigungen

I.R.d. Vollzugsschreiben ist darauf zu achten, dass in den Fällen, in denen durch den Zugang von Mitteilungen oder Anzeigen gesetzliche **Fristen** in Gang gesetzt werden (Genehmigungsfiktionen nach Grundstücksverkehrsgesetz etc.), der Zugang des Schreibens dokumentiert werden kann. Dies geschieht, sofern es sich bei den Adressaten um Ämter handelt, durch Beifügung einer Zweitschrift des Schreibens, die unterzeichnet zurück zu übermitteln ist, soweit es sich um Private handelt (etwa bei Vorkaufsrechten) durch Übersendung per Übergabe-Einschreiben mit Rückschein. Ein jeweils aktuelles Orts- und Gerichtsverzeichnis zur Ermittlung der zuständigen Grundbuchämter findet sich auf der Homepage www.justiz.de/Onlinedienste/index.php – Justizportal des Bundes und der Länder.   4115

Gem. § 18 BeurkG hat der Notar auf die erforderlichen gerichtlichen und behördlichen (im Einzelnen aufzuführenden)[44] Genehmigungen oder Bestätigungen (Vorkaufsrechtsnegativzeugnisse der Gemeinde!) hinzuweisen und dies in der Niederschrift zu vermerken. Gem. § 19 BeurkG ist   4116

---

39 So richtig OLG Naumburg, DNotI-Report 1995, 26 gegen OLG Köln, NJW 1995, 1499.
40 BGH, 02.04.2004 – V ZR 107/03, NotBZ 2004, 229.
41 OLG Hamm, DNotZ 2002, 266 für einen Unternehmenskaufvertrag (asset deal), bei welchem eines von zahlreichen Grundstücken (mit Einzelausweis des Kaufpreisanteiles) ausgenommen werden sollte.
42 BGH, DNotZ 1983, 624.
43 LG Potsdam, NotBZ 2004, 38.
44 OLG Frankfurt, 17.12.2002, OLGR 2004, 35: Hinweis auf kommunalaufsichtliche Genehmigung nach § 67 Abs. 2 ThürKommO (und zwar durch einen hessischen Notar!).

er auch verpflichtet, auf das Erfordernis der **Unbedenklichkeitsbescheinigung** des FA (§ 22 GrEStG) hinzuweisen.[45] Gem. § 20 BeurkG hat er ferner einen Hinweis aufzunehmen, falls gesetzliche Vorkaufsrechte in Betracht kommen. § 8 Abs. 1 Satz 6, Abs. 4 ErbStDV statuiert eine Amtspflicht des Notars, die Vertragsparteien auf den möglichen Anfall von Schenkungsteuer hinzuweisen,[46] vgl. auch Rdn. 5669. Diese »**Pflichtvermerke**« werden textlich regelmäßig in einem eigenen »**Belehrungsblock**« zusammengefasst, etwa nach folgendem Muster:

▶ Formulierungsvorschlag: Standardbelehrungen

4117 Die Beteiligten wurden unter anderem auf folgende Punkte hingewiesen:
1. Das Eigentum geht erst mit Eintragung des Eigentumsübergangs in das Grundbuch auf den Erwerber über. Hierfür ist die Genehmigung nach Grundstücksverkehrsgesetz erforderlich.
2. Alle Vereinbarungen müssen richtig und vollständig beurkundet sein und sollen nur bei gegenseitigem Vertrauen ungesichert bleiben.
3. Anderen pflichtteilsberechtigten Personen können wegen dieser Überlassung im Erbfall ggf. Pflichtteilsergänzungsansprüche zustehen. Die gesetzliche zehnjährige Ausschlussfrist für etwaige Pflichtteilsergänzungsansprüche beginnt nicht zu laufen, solange der Nießbrauch besteht.
4. Die heutige Überlassung sollte Anlass sein, bereits vorhandene Verfügungen von Todes wegen zu überdenken und ggf. abzuändern oder eine Verfügung von Todes wegen zu errichten.
5. Die durch diese Urkunde vorgenommene Vermögenszuwendung kann steuerpflichtig sein, insbesondere ggf. Schenkungsteuer auslösen. Steuerliche Auskünfte erteilt der Notar nicht.

Für die durch diesen Vertrag ausgelösten Kosten bei Notar und Grundbuchamt sowie Steuern haften die Beteiligten als Gesamtschuldner.

2. Eigenurkunden

4118 Beim Vollzug notarieller Urkunden treten nicht selten unverhoffte Hindernisse auf, die erneute Willenserklärungen der Beteiligten notwendig machen. Hierzu können zum einen Angestellte des Notars im Rahmen einer »Heilungsvollmacht« (Rdn. 4106) bevollmächtigt werden, jedoch auch der Notar selbst. Es handelt sich bei diesen Erklärungen nicht um eigene Angelegenheiten des Notars, sodass § 3 Abs. 1 Nr. 1 BeurkG nicht entgegensteht;[47] ebenso wenig verstößt eine Beurkundung mit Sozien des Notars, die aufgrund einer solchen Vollzugsvollmacht tätig werden, gegen § 3 Abs. 1 Nr. 4 BeurkG.[48] Der Notar bedarf bei solchen **Eigenurkunden** auch nicht der Beglaubigung seiner Unterschrift durch einen anderen Notar.[49] Sie können auch elektronisch errichtet werden (die qualifizierte elektronische Signatur ersetzt die Unterschrift des Notars, das Notarattribut als Bestandteil des qualifizierten Zertifikats des Notars ersetzt sein Dienstsiegel).[50] Notarielle Erklärungen zur Berichtigung offenkundiger Unrichtigkeiten (§ 44a Abs. 2 Nr. 1 BeurkG, Rdn. 379 ff.) sind Anwendungsfälle der Eigenurkunde,[51] ebenso die aufgrund einer »Doppelvollmacht« erstellte Erklärung (Rdn. 4078 ff.).

4119 Gesiegelte Eigenerklärungen sind (gestützt auf § 24 Abs. 3 Satz 2 BNotO) öffentliche Urkunden i.S.d. § 415 ZPO und des § 29 GBO unter folgenden Voraussetzungen:

---

45 Er übernimmt damit allerdings keine allgemeine Pflicht zur Belehrung oder Beratung in grunderwerbsteuerlichen Fragen, BGH DNotZ 1979, 228.
46 LG Halle, 28.09.2016 – 4 O 346/15, NotBZ 2017, 353; hierzu *Schulze,* NotBZ 2017, 331 ff. (der eine Aufnahme des Hinweises in den Urkundstext empfiehlt).
47 *Keidl/Kuntze/Winkler* BeurkG § 3 Rn. 10.
48 OLG Celle, 04.10.2005 – Not 10/05, RNotZ 2005, 618.
49 Grundlegend *Reithmann* Allgemeines Urkundenrecht, S. 27 ff.; BGH DNotZ 1981, 118; BayObLG Rpfleger 1988, 60.
50 *Gutachten,* DNotI-Report 2009, 183; ebenso OLG Schleswig DNotZ 2008, 709 m. Anm. *Apfelbaum* zur Berichtigung nach § 44a BeurkG.
51 Hierzu eingehend *Milzer,* notar 2013, 35 ff.

(1) Der Notar hat zuvor eine Beurkundung oder Beglaubigung in der betreffenden Sache vorgenommen.
(2) In dieser wurde dem Notar ausdrücklich ein diesbezüglicher Auftrag, ggf. nebst Vollmacht erteilt. Soll der Notar aufgrund Eigenurkunde eine Bewilligung für einen Vertragsbeteiligten (z.B. zur Eigentumsumschreibung für den Verkäufer) oder materiell-rechtliche Erklärungen abgeben, handelt es sich um eine Vollmacht, für die auch § 117 InsO gilt. In allen anderen Fällen, (etwa Berichtigungsurkunden gem. § 44a Abs. 2 Nr. 1 BeurkG) handelt es sich beurkundungsrechtlich um ein öffentlich-rechtliches Ansuchen um Tätigwerden im Rahmen der freiwilligen Gerichtsbarkeit zur Wahrung der Interessen der Beteiligten, nicht um eine Vollmacht oder einen bürgerlich-rechtlichen Auftrag, sodass auch §§ 115, 117 InsO hierfür nicht gelten.
(3) Die Eigenurkunde ist vom Notar unterzeichnet und gesiegelt.
(4) Gegenstand der Eigenurkunde können alle materiell- oder formell-rechtlichen Erklärungen sein, die nicht beurkundungsbedürftig sind. Denkbar sind also Grundbuchanträge, Eintragungsbewilligungen aller Art, Rangbestimmungen, aber auch die dingliche Einigung (§ 873 BGB) bzgl. beschränkt dinglicher Rechte, Bewilligungen der Rangänderung, des Rangvorbehalts oder der Rangbeilegung (§§ 880, 881 BGB). Untauglicher Gegenstand sind jedoch Änderungen des notariellen Kaufvertrags selbst (§ 311b BGB), die Unterwerfung unter die sofortige Zwangsvollstreckung (§ 800 ZPO) sowie die Erklärung der Auflassung, die ihrerseits vor einem Notar stattzufinden hätte: Urkunden des Inhalts, dass er selbst in seiner Gegenwart eine Willenserklärung in Vollmacht der Beteiligten abgegeben habe, kann er nicht errichten (§ 6 BeurkG).

4120

Eine unmittelbare Eigenurkunde kann allerdings nur **bewirkende Urkunde**, keine bloße Zeugnisurkunde über eigene Wahrnehmungen sein. Eine gesetzliche Ermächtigung zur Erteilung anderer Bescheinigungen, wie etwa in § 21 BNotO für Register- oder Vollmachtsinhalte, fehlt.

4121

Allerdings lässt sich die »Bestätigung« (Erklärung) eines Notars als Eigenurkunde unmittelbar zum Bedingungsinhalt erheben – nicht etwa nur als (dann im Lichte des § 29 GBO untaugliches) Nachweismittel[52] –, etwa hinsichtlich einer als dingliches Recht auflösend bedingten Vormerkung.[53] In diesem Fall gibt der Notar keine Erklärung im fremden Namen (vollmachtsgestützt) ab, sondern eine eigene Erklärung, die jedoch aufgrund des Inhalts der vorab getroffenen Einigung über den auflösend bedingten Charakter eines beschränkt dinglichen Rechtes als auflösende Bedingung wirkt und damit das Recht beseitigt.

4122

Eigenurkunden sind wegen des abschließenden Charakters des § 8 Abs. 1 DONot in die Urkundenrolle nicht aufzunehmen.[54] Ihre Anfertigung und Unterzeichnung löst keine eigene Entwurfsgebühr aus, vielmehr ist der damit einhergehende Überwachungsaufwand durch die allgemeine Betreuungsgebühr, die typischerweise ohnehin für die Fälligkeits- und Umschreibungsüberwachung anfällt, mit abgegolten (KV Nr. 22200 Anm. Nr. 3, 1. Alt. i.V.m. Anm. zu KV Nr. 25204).

4123

3. Vollzugsnachricht

Stellt der Notar den Grundbuchantrag aufgrund ausdrücklicher oder gem. § 15 GBO vermuteter Vollmacht, übermittelt er also nicht nur fremde Anträge als Bote, erhält er (neben den, i.d.R. je-

4124

---

52 Hierzu OLG München, 18.12.2012 – 34 Wx 452/12, NotBZ 2013, 116 (zu einem Wohnungsrecht, das bei Auflösung einer Lebensgemeinschaft auflösend bedingt sein sollte, zum Nachweis solle eine Eigenurkunde dienen).
53 Vgl. hierzu *Krauß*, Immobilienkaufverträge in der Praxis, 8. Aufl. 2014, Rn. 1370 f.
54 RS der LNotK v. 13.06.2008 m.w.N., *Kersten*, ZNotP 2001, 388, 389; a.A. noch Empfehlung der LNotK Bayern an das BayStMinJustiz, vgl. Jahresbericht der LNotK Bayern für 2006 S. 29 und *Weingärtner/Ehrlich* DONot 10. Aufl. 2007 § 8 Rn. 148. Einzutragen sind jedoch Tatsachenbescheinigungen wie etwa Bestätigungen über den vollen Satzungswortlaut gem. § 54 GmbHG.

doch anstelle[55] der Beteiligten) die **Vollzugsnachricht** gem. § 55 Abs. 1 GBO. In aller Regel ist er zu deren Überprüfung (und zur ergänzenden Sachverhaltsaufklärung, etwa bzgl. vorrangig noch eingetragener Belastungen)[56] ohnehin im Rahmen übernommener Abwicklungsaufgaben (Fälligstellung des Kaufpreises etc.) verpflichtet. Rechtsprechung[57] und Literatur[58] werten jedoch auch ohne ausdrückliche Betreuungstätigkeit die Nichtüberprüfung zugegangener Vollzugsmitteilungen als haftungsbegründenden Umstand.

4125 Es ist umstritten, ob – auch zur Vermeidung eigener Haftung und der Lasten der Weiterversendung[59] – die Vollmachtsvermutung des § 15 GBO für einzelne Bereiche (etwa die Empfangnahme der Vollzugsmitteilung) durch Vereinbarung mit Wirkung auch ggü. dem Grundbuchamt ausgeschlossen werden kann.[60] Anderenfalls treten Staats- und Notarhaftung nebeneinander.[61] Davon unabhängig ist die mögliche Staatshaftung bei unzumutbarer Verzögerung der Grundbucheintragung als Folge unterlassenen Einschreitens übergeordneter Stellen (zur Beseitigung der Überlastung des betreffenden Beamten), nicht jedoch als Folge der Nichtbereitstellung weiterer Haushaltsmittel.[62]

III. Wichtige Genehmigungserfordernisse

4126 Gem. § 18 BeurkG muss der Notar auf die erforderlichen Genehmigungen – und zwar konkret[63] – hinweisen. Soweit Genehmigungserfordernisse das dingliche Rechtsgeschäft betreffen, erfordert auch der herbeizuführende grundbuchliche Vollzug die rechtzeitige Einholung der Genehmigung, regelmäßig durch den Notar. Ein sog. **Negativattest** (also eine durch Verwaltungsakt getroffene Entscheidung der zuständigen Behörde, dass das ihr mitgeteilte Rechtsgeschäft keiner Genehmigung bedürfe) steht dabei einer erteilten Genehmigung nur dann gleich, wenn der gesetzliche Genehmigungsvorbehalt allein dem Schutz öffentlicher, nicht auch dem Schutz privater Interessen dient. Ersteres ist z.B. der Fall bei landesrechtlichen Genehmigungsvorbehalten für kommunale Rechtsgeschäfte. Allerdings darf es sich nicht nur um eine schriftliche Rechtsauskunft handeln, sondern um einen Verwaltungsakt, was i.d.R. einen hervorgehobenen Entscheidungssatz, eine Begründung, und eine Rechtsmittelbelehrung erfordert.[64]

4127 Im unmittelbaren Sachzusammenhang wird die bei der befreienden Schuldübernahme notwendig werdende Genehmigung des Gläubigers nach § 415 BGB dargestellt (Rdn. 1995 ff.); zur familien-/vormundschafts-/betreuungsgerichtliche Genehmigung vgl. Rdn. 3988 ff. Nachfolgend stehen die wichtigsten, den Grundstückstransfer als solchen betreffenden Genehmigungsvorbehalte im Vordergrund:

---

55 OLG Köln, 27.06.2011 – 2 Wx 119/11, NotBZ 2012, 143 und OLG Frankfurt, 29.03.2012 – 20 W 391/11, DNotZ 2013, 21 gegen OLG Saarbrücken, 26.10.2010 – 5 W 214/10–82, DNotZ 2011, 549.
56 Gem. § 55 Abs. 6 GBO enthält die Vollzugsmitteilung nur die Stelle der Eintragung in derselben Abteilung des Grundbuchs.
57 KG, 24.09.2007, NotBZ 2008, 157; BGH DNotZ 1964, 434; ebenso im Erbscheinsverfahren BGH DNotZ 1988, 371; anders bei Botentätigkeit: BGH DNotZ 1958, 557.
58 *Arndt/Lerch/Sandkühler* BNotO § 19 Rn. 192; vgl. auch *Reithmann*, NotBZ 2004, 101.
59 Vgl. *Hügel*, NotBZ 2004, 164.
60 Dagegen: OLG Düsseldorf, DNotZ 2001, 704; OLG Köln, NotBZ 2001, 153; OLG Frankfurt, NotBZ 2005, 366; OLG Brandenburg, 22.11.2007 – 5 Wx 31/07, RNotZ 2008, 224; dafür: LG Schwerin, NotBZ 2003, 401 m. zust. Anm. *Biermann-Ratjen*; vermittelnd *Ganter/Hertel/Wöstmann* Handbuch der Notarhaftung Rn. 1485: nur bei ausdrücklichem Hinweis an das Grundbuchamt; unentschieden *Gutachten*, DNotI-Report 2003, 173.
61 Vgl. *Reithmann*, NotBZ 2004, 101 auch zu den Privilegien des § 839 Abs. 1 Satz 2 BGB, § 19 Abs. 1 Satz 2 BNotO.
62 BGH, 11.02.2007 – III ZR 302/05.
63 OLG Frankfurt, 17.12.2002 – 14 U 60/00, OLGR 2004, 35: Hinweis auf kommunalaufsichtliche Genehmigung nach § 67 Abs. 2 ThürKommO (und zwar durch einen hessischen Notar!).
64 Vgl. BGH, 22.09.2009 – XI ZR 286/08, DNotZ 2010, 289.

1. Grundstücksverkehrsgesetz

a) Genehmigungssachverhalt

Zur Abwehr von Gefahren für die Agrarstruktur sowie zur Sicherung selbstständiger und lebensfähiger Betriebe schafft das (auf der Grundstücksverkehrsbekanntmachung v. 26.01.1937 beruhende) **Grundstücksverkehrsgesetz** Vorkehrungen zur staatlichen Kontrolle des Verkehrs mit landwirtschaftlichen Flächen.[65] Es gilt auch nach der Föderalismusreform[66] bis zu einer Ersetzung durch neues Landesrecht (wie etwa in Baden-Württemberg ab 01.07.2010)[67] zunächst fort (Art. 125a GG). Für Grundstücke, die nach Grundbuchbeschrieb oder Kenntnis des Grundbuchamtes[68] land- oder forstwirtschaftlich oder zur berufsmäßigen Fischerei[69] genutzt sind, sowie Moor- und Ödländereien, die in solche Kultur gebracht werden können,[70] bedarf die Veräußerung – gleich ob entgeltlicher oder unentgeltlicher Natur – zu ihrer zivilrechtlichen Wirksamkeit[71] einer Genehmigung der nach Landesrecht bestimmten Behörde. Genehmigungsbedürftig ist auch der schuldrechtliche Vertrag (§ 2 Abs. 1 Satz 1 GrdStVG); ist dieser genehmigt, schließt dies die später erklärte Auflassung ein (§ 2 Abs. 1 Satz 2 GrdStVG). Die Realteilung, Veräußerung eines Grundstücksmiteigentumsanteils sowie die Bestellung eines Nießbrauchs stehen gem. §§ 1 Abs. 3, 2 Abs. 2 Nr. 1 und 2 Abs. 2 Nr. 3 GrdstVG der Veräußerung gleich. Gleiches gilt für die Erbteilsveräußerung, wenn der Nachlass im Wesentlichen aus einem land- oder forstwirtschaftlichen Betrieb besteht,[72] und der Erwerber nicht Miterbe ist (§ 2 Abs. 2 Nr. 2 GrdStVG).

4128

Eine Erbbaurechtsbestellung bedarf jedoch keiner Genehmigung,[73] ebenso wenig die Einräumung eines zeitlich befristeten Ankaufsrechtes,[74] oder eines Vorkaufsrechtes,[75] sowie der Auftrag zur Beschaffung eines Grundstücks.[76] Anteilsübertragungen an einer Gesellschaft (bürgerlichen Rechtes, Handels- oder Kapitalgesellschaft), die landwirtschaftlichen Grundbesitz hält, sind ebenfalls genehmigungsfrei; die Genehmigungsbehörde soll die Gefahr des auf diese Weise möglichen Eindringens von Nichtlandwirten bei der Erteilung der Genehmigung zum Einbringungsvorgang mitberücksichtigen.[77]

4129

---

65 Vgl. im Überblick *Raebel*, in: Lambert-Lang/Tropf/Frenz, Handbuch der Grundstückspraxis, Abschnitt K II, Rn. 343; ferner *Gehse*, RNotZ 2007, 77 ff.
66 Neufassung des Art. 74 Abs. 1 Nr. 18 GG: lediglich städtebaulicher Grundstücksverkehr zählt zur konkurrierenden Gesetzgebungskompetenz des Bundes.
67 Agrarstrukturverbesserungsgesetz v. 10.11.2009, BaWüGBl. 2010, 645 ff. (ersetzt das GrdStVeG und das RSG).
68 Gegenteilige Erklärungen der Beteiligten in der Urkunde sind also grundsätzlich für das Grundbuchamt maßgebend, vgl. OLG Naumburg, 26.10.2012 – 12 Wx 15/12, NotBZ 2013, 23 m. Anm. *Mohnhaupt*.
69 Dies liegt nicht vor bei der Ausgabe von Angelkarten an Sportfischer, OLG Stuttgart, 15.07.2010 – 101 W 2/09, NotBZ 2010, 390.
70 Mehr als normale landwirtschaftliche Bearbeitungsmaßnahmen dürfen hierfür nicht notwendig sein, vgl. BGH, NJW 1989, 1223. Zum Abstellen auf die objektive Eignung auch OLG Naumburg, 26.10.2012 – 12 Wx 15/12, NotBZ 2013, 23 m. Anm. *Mohnhaupt*.
71 Mit Erteilung der Genehmigung wird der Vertrag wirksam, auch wenn die Genehmigungsbehörde dabei öffentlich-rechtliche Vorschriften, die zum Schutz der Agrarinfrastruktur ergangen sind, unzutreffend angewendet hat, OLG Karlsruhe, 27.01.2015 – 9 U 34/14, ZfIR 2015, 396 (nur Ls.).
72 Nicht aber, wenn im Nachlass sich nur einzelne landwirtschaftliche Grundstücke befinden: OLG Rostock, 30.09.2011 – 14 W 4/11, NotBZ 2012, 187; anders, wenn der (nach Auseinandersetzung) verbleibende Nachlass im Wesentlichen aus land- und forstwirtschaftlichen Grundstücken besteht und die Erbteilsveräußerung offensichtlich zur Umgehung gewählt wurde: BGH, 23.11.2012 – BLw 13/11, NotBZ 2013, 246 m. Anm. *Krause* und OLG Jena, 24.02.2015 – 3 W 591/14, MittBayNot 2016, 85.
73 BGHZ 65, 345; der Landesgesetzgeber kann jedoch anderes gem. § 2 Abs. 3 Nr. GrdstVG anordnen.
74 BGH, NJW 1984, 122.
75 BGH, NJW 1952, 1055.
76 BGH, NJW 1982, 881.
77 Allerdings unter Abwägung der Vorteile des gesellschaftsrechtlichen Zusammenschlusses für den Betrieb, vgl. *Pikalo/Bendel*, GrdstVG, § 2 Anm. F III 12b, *Gehse*, RNotZ 2007, 80.

4130 Im Bereich der Höfeordnung erfährt die Lenkung des landwirtschaftlichen Grundstücksverkehrs eine Erweiterung dahingehend, dass gemäß § 16 Abs. 1 Satz 2 HöfeO auch ein **Grundstücksvermächtnis** als eine das Erbrecht des Hoferben beschränkende letztwillige Verfügung der Zustimmung des Landwirtschaftsgerichts bedarf, soweit für ein entsprechendes Verpflichtungsgeschäft unter Lebenden eine Genehmigung nach dem Grundstücksverkehrsgesetz erforderlich wäre. Das Genehmigungsverfahren richtet sich dann nach § 13 ff. der Verfahrensordnung für Höfesachen (HöfeVfO), die Genehmigungsfiktion des § 7 Abs. 3 GrdStVG (wonach das Rechtsgeschäft als genehmigt gilt, wenn eine ohne Genehmigung erfolgte Rechtsänderung länger als ein Jahr besteht) gilt allerdings nicht. Daneben kann ein Vermächtnis gemäß § 16 Abs. 1 Satz 1 HöfeO (als unzulässige Beschränkung der Erbfolge kraft Höferechts) nichtig sein, wenn ein leistungsfähiger und damit erhaltungswürdiger landwirtschaftlicher Betrieb dadurch gefährdet wäre.[78]

Bei eingetragenen Höfen i.S.d. HöfeO erteilt gem. § 17 Abs. 3 HöfeO das Landwirtschaftsgericht die nach GrdStVG erforderliche Genehmigung.[79]

b) Genehmigungsfreistellung

4131 Genehmigungsfrei ist gem. § 4 GrdStVG die Veräußerung von Grundstücken im beplanten Innenbereich (sofern die Grundstücke nicht ausnahmsweise als Wirtschaftsstelle eines Betriebs dienen oder im Bebauungsplan als landwirtschaftliche Grundstücke ausgewiesen sind) sowie[80] die Veräußerung von Almgrundstücken in Bayern (§ 4 Nr. 4 und 5 GrdstVG; da sich diese Voraussetzungen aus der Spalte 3c des Bestandsverzeichnisses regelmäßig nicht zuverlässig feststellen lassen, verlangen die Grundbuchämter – häufig zu Unrecht[81] – regelmäßig zumindest ein **Negativattest gem. § 5 GrdStVG**, sofern die landesrechtlichen Mindestgrößen überschritten sind und nicht ein evidenter Fall der Genehmigungsfreistellung vorliegt.

Praktisch bedeutsam ist die durch § 4 Nr. 1 GrdStVG geschaffene Freistellung von Grundstücksgeschäften unter Beteiligung des Bundes[82] oder eines Landes sowie der ehemaligen Treuhandanstalt.[83]

4132 Zur Verringerung des angesichts der geringen Versagensquote hohen Verwaltungsaufwands haben sämtliche Länder von den in § 2 Abs. 3 Nr. 3 GrdStVG eingeräumten Möglichkeiten Gebrauch gemacht, die Veräußerung von Grundstücken bis zu einer bestimmten Größe **freizustellen**,
(1) bspw. in Bayern: max. 2 Hektar binnen jeweils 3 Jahren,
(2) in Berlin: bis ein Hektar,
(3) in Baden-Württemberg bis 1 ha [im Wein- oder Gartenbau bis 0,5 ha],
(4) in Brandenburg, Hamburg, Nordrhein-Westfalen und seit 01.01.2005 auch Niedersachsen bis 1 ha,
(5) in Bremen, Hessen, Thüringen bis 2.500 m²,
(6) in Mecklenburg-Vorpommern bis 2 ha,
(7) in Rheinland-Pfalz bis 0,5 ha [bei weinbaulicher Nutzung nur bis 1.000 m²],

---

[78] Nach BGH, 25.04.2014 – BLw 6/13, DNotZ 2014, 708 = EE 2014, 128 m. Anm. *Möller*, ist dafür nicht allein der Wirtschaftswert von mindestens 10.000 € (§ 1 Abs. 1 Satz 1 HöfeO) maßgebend, sondern es muss zugleich ein agrarökonomisch förderungswürdiger Haupterwerbsbetrieb vorliegen.
[79] Kostenansatz: 0,5 Gebühr gem. KV Nr. 15110 Ziffer 4 GNotKG, vgl. OLG Hamm, 16.04.2015 – 15 W 13/15, ZErb 2015, 176.
[80] Wegen des dort bestehenden Genehmigungsvorbehalts der Kreisverwaltungsbehörde gem. Art. 1 und 19 des Bayer. Almgesetzes v. 28.04.1932.
[81] Das Grundbuchamt ist zu Ermittlungen nur verpflichtet und berechtigt (!), wenn konkrete Zweifel an der Genehmigungsfreiheit bestehen, OLG Saarbrücken, RNotZ 2006, 619, ebenso OLG Thüringen, 08.03.2010 – 9 W 23/10 RNotZ 2010, 399 und OLG Frankfurt, 22.08.2011 – 20 W 87/11.
[82] Privilegiert ist nur der Bund oder seine rechtsfähigen Sondervermögen als solcher, nicht die BImA, die BvS oder die BVVG, vgl. BGH, DNotZ 2010, 219.
[83] Zu letzterem: § 3 Abs. 11 Ausgleichsleistungsgesetz.

(8) im Saarland bis 1.500 m²,
(9) in Sachsen bis 0,5 ha [bei Veräußerung an Gemeinden oder Landkreise bis 1 ha],
(10) in Sachsen-Anhalt und Schleswig-Holstein bis 2 ha.[84]

An sich bezieht sich die Flächengröße auf die tatsächliche Fläche, nicht auf die im Grundbuch angegebene, die oft bei historisch weit zurückliegender Ermittlung eine beträchtliche Maßtoleranz aufweist. Vorsichtige Grundbuchämter verlangen daher bei nahe am Grenzwert liegenden Flächenangaben dennoch ein Negativattest gem. § 5 GrdstVG. Die Größe der freigestellten Flächen bezieht sich nicht das Stammgrundstück, sondern auf die bei Abveräußerung entstehenden Trennstücke.[85]

Grundstück i.S.d. GrdStVG ist dabei nach herrschender Meinung das »Grundstück im Rechtssinn« (unter einer laufenden Nummer im Bestandsverzeichnis vorgetragene Fläche),[86] bzw. die zu übertragende Teilfläche hieraus;[87] in Ausführungsgesetzen der Länder kann jedoch abweichend davon der »wirtschaftliche Grundstücksbegriff« – der einheitlich genutzte, zu einer »gewachsenen landwirtschaftlichen Bewirtschaftungseinheit« gehörende Flurstücke zusammenfasst – verwendet werden. Auch bei schlichter Verwendung des Begriffes »Grundstück« kann der wirtschaftliche Grundstücksbegriff gemeint sein.[88] Darunter leidet der grundbuchsichere Nachweis der Genehmigungsfreiheit, da die einheitliche Bewirtschaftung nicht mit Beweismitteln des § 29 GBO dokumentierbar ist – lediglich wenn die Gesamtheit der übergehenden Fläche unter den landesrechtlich bestimmten Bagatellgrenzen liegt, bedarf es keines Negativattestes.[89]

Trotz Unterschreitens der Flächengröße genehmigungsbedürftig sind nach Landesrecht regelmäßig Rechtsgeschäfte über Grundstücke im Erwerbsgartenbau, die Hofstelle oder anderweitig mit Wirtschaftsgebäuden bebaute Grundstücken, in Baden-Württemberg, Rheinland-Pfalz und Sachsen auch für Weinbauflächen.

c) *Genehmigungsvoraussetzungen*

I.R.d. **vorweggenommenen Erbfolge** bedeutsam ist die in § 8 Nr. 2 GrdstVG[90] normierte Pflicht zur Erteilung der Genehmigung, wenn ein land- oder forstwirtschaftlicher Betrieb geschlossen veräußert oder im Weg vorweggenommener Erbfolge übertragen wird und der Erwerber entweder der Ehegatte oder ein in gerader Linie Verwandter bzw. bis zum dritten Grad in der Seitenlinie Verwandter oder im zweiten Grad Verschwägerter ist. Voraussetzung ist jedoch, dass alle in Bewirtschaftung genommenen Grundstücke »beieinander bleiben«, wobei wohl analog § 13 Abs. 1 Satz 2 GrdstVG Bauerwartungslandflächen, die in absehbarer Zeit anderen Zwecken dienen werden, ausgenommen sein können.

Außerhalb des Anwendungsbereichs des § 8 GrdstVG darf die Genehmigung bei Verträgen, die nicht Kaufverträge sind (und damit das Vorkaufsrecht nach ReichssiedlungsG auslösen könnten[91]) nur dann versagt oder durch Auflagen bzw. Bedingungen (§§ 10, 11 GrdstVG) eingeschränkt werden, wenn die Veräußerung eine »ungesunde Verteilung des Grund und Bodens

---

84 Vgl. dazu die Zusammenstellung bei:, Beck'sches Notarhandbuch/*Hagemann*, A I Rn. 63.
85 *Stavorinus*, NotBZ 2010, 210 mit Zitaten in Fn. 28.
86 BGH, AgrarR 1986, 211; OLG Jena, 08.03.2010 – 9 W 23/10, DNotI-Report 2010, 91.
87 OLG Rostock, 08.05.2015 – 3 W 94/14.
88 OLG Brandenburg, 26.02.2009 – 5 W (LW) 9/08, ZfIR 2009, 528.
89 *Stavorinus*, NotBZ 2010, 208, 213. Es steht zu hoffen, dass die seit der Föderalismusreform 2006 allein zuständigen Bundesländer bei einer Neufassung ihrer Grundstücksverkehrsgesetze zum rechtlichen Grundstücksbegriff zurückkehren.
90 Bzw. § 6 Nr. 1 BaWüAgrarstrukturverbesserungsgesetz, BaWüGVBl. 2010, 647.
91 Vgl. dazu *Krauß*, Immobilienkaufverträge in der Praxis, 8. Aufl., Rn. 2390 ff.

bedeuten«[92] oder zu einer unwirtschaftlichen Verkleinerung[93] oder Aufsplitterung[94] führen würde oder der Gegenwert in einem groben Missverhältnis zum Wert des Grundstücks steht, vgl. § 9 Abs. 1 GrdstVG.[95] Bei sachlicher und personeller Verflechtung zwischen Besitzunternehmen und Betriebsgesellschaft ist insoweit, in Bezug auf den Willen zum Betreiben der Landwirtschaft auf die Betriebsgesellschaft (z.B. GbR) abzustellen.[96] Die objektive Wirtschaftsfähigkeit des übertragenen Gutes kann auch im Rahmen vorweggenommener Erbfolgen etwa dadurch gefährdet sein, dass übermäßig **hohe Altenteilslasten** vereinbart sind oder dass die Kreditfähigkeit des landwirtschaftlichen Anwesens aufgrund vormerkungsgesicherter Rückforderungsvorbehalte des Veräußerers nicht mehr besteht.[97] Der Nießbrauchsvorbehalt allein schadet jedoch nicht, wenn der Nießbraucher den Hof an den Erwerber weiterhin verpachtet, so dass die ordnungsgemäße Bewirtschaftung gesichert ist.[98]

4138 Durchaus belastend sind auch die **Auflagen**, die bspw. § 10 GrdstVG zur Vermeidung der Unwirtschaftlichkeit oder ungesunden Bodenverteilung erlaubt (allerdings mit der Möglichkeit des dadurch belasteten Erwerbers, binnen eines Monats vom Vertrag zurückzutreten, § 10 Abs. 2 Satz 1 GrdstVG): Verpachtung des Grundstücks an einen Landwirt, Pflicht zur Veräußerung an einen Landwirt oder ein Siedlungsunternehmen oder Abschluss eines Bewirtschaftungsvertrags mit einem Sachverständigen. Denkbar ist auch die Genehmigungserteilung unter der **Bedingung** einer Abänderung bestimmter Vertragsregelungen oder der Verpachtung auf bestimmte Zeit an einen Landwirt mit der Folge, dass erst nach Eintritt der Bedingung und Erteilung der diesbezüglichen Bescheinigung (§ 11 Abs. 2 GrdstVG) die Genehmigung als wirksam gilt.

d) Verfahren

4139 Die sachliche Genehmigungszuständigkeit richtet sich nach **Landesrecht** bspw.
(1) in Bayern: Kreisverwaltungsbehörde,
(2) Nordrhein-Westfalen: Geschäftsführer der Landwirtschaftskammer,
(3) Baden-Württemberg: Landwirtschaftsamt,
(4) in Berlin: der Senator für Wirtschaft und Kredit,
(5) in Bremen: die Abteilung »Ernährung und Landwirtschaft« des Senators für Wirtschaft, Technologie und Außenhandel,
(6) in Hamburg: die Wirtschaftsbehörde,
(7) in Hessen: das Amt für Regionalentwicklung, Landschaftspflege und Landwirtschaft,

---

92 Daran fehlt es, wenn der Erwerber kein Landwirt ist, und der Erwerb auch nicht dem Aufbau eines Vollerwerbsbetriebes dient, oder zwar Landwirt ist, aber der Erwerb nicht im Zusammenhang mit seinen vorhandenen Betriebsflächen steht, BGH, 28.11.2014 – BLw 4/13, NotBZ 2015, 194 (nur Ls.). Wer nur aus der Verpachtung an andere Landwirte Gewinn erwirtschaftet, ist Nichtlandwirt, OLG Naumburg, 15.03.2013 – 2 Ww 6/12, NotBZ 2013, 360. Andererseits ist der (auch ausschließliche) Einsatz von Lohnunternehmern unschädlich, und auch die Rechtsform des Landwirts (Personen- bzw. Kapitalgesellschaft) gleichgültig, vgl. BGH, 25.11.2016 – BLw 4/15, DNotZ 2017, 476.
93 Diese liegt gem. § 9 Abs. 3 Nr. 2 und 3 GrdstVG im Zweifel dann vor, wenn ein landwirtschaftliches Grundstück kleiner als 1 ha bzw. ein forstwirtschaftliches Grundstück kleiner als 3,5 ha wird.
94 Beispiel: 13 ha Ackerland (von gesamt 83 ha) werden nicht mit übertragen, OLG Schleswig, 28.04.2009 – 3 WLw 53/08, JurionRS 2009, 22698.
95 Letzterer ist nicht (wie bisher: so noch z.B. BGH, 25.04.2014 – BLw 5/13, NotBZ 2014, 459 m. Anm. *Gaentzsch*) nach dem sog. innerlandwirtschaftlichen Verkehrswert zu bemessen, sondern nach dem allgemeinen Verkehrswert, also dem Preis, den auch Nichtlandwirte für das Grundstück zu bezahlen bereit sind (BGH, 29.04.2016 – BLw 2/12, DNotZ 2016, 951), so dass allenfalls nachweislich spekulative Überhöhungen zu einer Genehmigungsversagung führen können.
96 BGH, 26.11.2010 – BLw 14/09, MittBayNot 2011, 393.
97 Vgl. OLG Celle, 21.02.2005 – 7 W 85/04 (L), OLG-Report 2006, 102; *Wöhrmann*, Das Landwirtschaftserbrecht, § 6 Rn. 100.
98 OLG Hamm, 27.05.2008 – 10 W 9/08, ZEV 2009, 146.

(8) in Brandenburg: die Landkreise und kreisfreien Städte,
(9) in Mecklenburg-Vorpommern: die Ämter für Landwirtschaft,
(10) in Niedersachsen: die Landkreise bzw. kreisfreien Städte,
(11) in Rheinland-Pfalz: Kreisverwaltung bzw. in kreisfreien Städten die Stadtverwaltung,
(12) im Saarland: die Landkreise, der Stadtverband Saarbrücken, die Landeshauptstadt Saarbrücken und die kreisfreien Städte,
(13) in Sachsen: Landkreise und kreisfreie Städte als untere Landwirtschaftsbehörden; (bei Beteiligung von Gemeinde oder Landkreis das Landesamt für Umwelt, Landwirtschaft und Geologie),
(14) in Sachsen-Anhalt: Landkreise und kreisfreie Städte,
(15) in Schleswig-Holstein: das Amt für Land- und Wasserwirtschaft,
(16) in Thüringen: die Ämter für Landwirtschaft.[99]

§ 2 Abs. 1 Satz 3 GrdStVG erlaubt die **Vorabgenehmigung** für landwirtschaftliche Grundstücksveräußerungen bereits vor Beurkundung des Vertrags. Dies empfiehlt sich insb. bei Kaufverträgen, um das erst mit Vertragsschluss entstehende siedlungsrechtliche Vorkaufsrecht, § 4 Abs. 1 Reichssiedlungsgesetz, zu vermeiden.[100]

4140

Bis zur Erteilung (oder Versagung) der Genehmigung ist der Vertrag **schwebend unwirksam**,[101] jedoch durch Vormerkung sicherbar. § 7 Abs. 1 GrdstVG schafft eine formelle Grundbuchsperre des Inhalts, dass die Auflassung erst vollzogen werden darf, wenn die Unanfechtbarkeit der Genehmigung dem Grundbuchamt nachgewiesen ist, es sei denn, die Genehmigung wäre uneingeschränkt erteilt.[102] Wurde gleichwohl umgeschrieben, gilt die Rechtsänderung nach Ablauf eines Jahres als genehmigt, sofern nicht zuvor ein Widerspruch i.S.d. § 7 Abs. 3 GrdStVG eingetragen oder beantragt wurde. Damit werden die – historisch gerade im landwirtschaftlichen Bereich häufigen – Schwarzkäufe geheilt, da die Genehmigung des beurkundeten Scheinvertrags die tatsächlich erklärte Auflassung zum verdeckten Vertrag nicht erfassen würde.[103]

4141

Die Entscheidung über die Genehmigung ist binnen eines Monats nach Eingang des Antrags und der Urkunde zu treffen, wobei diese **Frist** durch Zwischenbescheid auf 2 bzw. (sofern eine Entscheidung über das Vorkaufsrecht nach Reichssiedlungsgesetz zu treffen ist, § 12 GrdStVG) 3 Monate verlängert werden kann. Mit Fristablauf gilt die Genehmigung als erteilt, § 6 Abs. 2 GrdStVG, worüber die Behörde nach Unanfechtbarkeit ein Zeugnis gem. § 6 Abs. 3 GrdStVG zu erteilen hat. Der den Vertrag beurkundende Notar gilt gem. § 3 Abs. 2 Satz 2 GrdStVG stets als ermächtigt, die Genehmigung namens der Beteiligten zu beantragen; diese ergeht gem. § 23 GrdStVG gebühren- und auslagenfrei.

4142

Gegen eine ablehnende[104] oder mit Nebenbestimmungen (Auflage, Bedingung oder Befristung) versehene Genehmigung kann jeder Beteiligte[105] gem. § 22 LwVG Antrag auf gerichtliche Entscheidung beim Landwirtschaftsgericht stellen; gegen dessen Beschlüsse findet die sofortige Beschwerde zum OLG und ggf. die weitere Beschwerde zum BGH gem. § 24 LwVG statt. Wollen

4143

---

99 Vgl. die Zusammenstellung Beck'sches Notarhandbuch/*Hagemann*, A I Rn. 61.
100 Vgl. Gutachten, DNotI-Report 2001, 156.
101 Vgl. *Wenzel*, AgrarR 1995, 37, im Rahmen einer Übersicht zur Rspr. des BGH zur Grundstücksverkehrsgesetzgenehmigung.
102 Dann bedarf es gemäß BGH, NJW 1985, 1902, keines gesonderten Nachweises der Unanfechtbarkeit mehr.
103 Vgl. BGH, NJW 1981, 1957.
104 Gegen eine erteilte Genehmigung haben weichende Geschwister kein Beschwerderecht, vgl. OLG Hamm, 23.10.2014 – 10 W 71/14, ErbR 2015, 281 (nur Ls.), auch nicht wenn das weichende Geschwister beim einem der HöfeO unterfallenden übergebenen Hof geltend macht, das übernehmende Geschwister sei nicht wirtschaftsfähig: BGH, 29.04.2016 – LwZB 2/15, ErbR 2016, 512.
105 Der Widerspruch eines unbeteiligten Dritten ist unbeachtlich, der Grundbuchantrag ist gleichwohl zu vollziehen: OLG Celle, 28.06.2012 – 4 W 93/12, ZfIR 2012, 719 (nur Ls.).

die Beteiligten die mit solchen Rechtsbehelfsverfahren einhergehende lange Schwebedauer beenden können, schon bevor die in der Literatur geforderte Zeitschwelle zur Treuwidrigkeit eines Festhaltens am Vertrag (§ 242 BGB) überschritten ist,[106] könnten sie vereinbaren:

▶ **Formulierungsvorschlag: Rücktrittsrecht statt gerichtlicher Verfahren bei ablehnenden Bescheiden nach GrdStVG**

4144 Dieser Vertrag bedarf der Genehmigung nach dem Grundstücksverkehrsgesetz, die der Notar einholen und, sofern ohne Nebenbestimmungen (Auflagen, Bedingungen, Befristungen) erteilt, für alle Beteiligten entgegen nehmen soll. Wird die Genehmigung nicht bis zum ..... erteilt, oder zuvor verweigert bzw. nur mit Nebenbestimmungen erteilt, kann jeder Beteiligte binnen eines Monats ab dem genannten Datum bzw. ab Zugang der ablehnenden oder mit Nebenbestimmungen versehenen Entscheidung von diesem Vertrag durch Einschreibebrief zurücktreten. Er trägt die Kosten dieses Vertrages, seiner Finanzierung und seiner Rückabwicklung jeweils bei Notar und Grundbuchamt; im Übrigen sind wechselseitige Ansprüche ausgeschlossen, soweit nicht auf Arglist, Vorsatz oder Garantie beruhend.

2. Grundstücksverkehrsordnung

4145 Genehmigungsgegenstand ist gem. § 2 Abs. 1 Satz 1 Nr. 1 GVO der schuldrechtliche und der dingliche Vertrag bzgl. eines Grundstücks oder Erbbaurechts mit Belegenheit in den neuen Bundesländern. Zentrales Abgrenzungskriterium für die Erforderlichkeit einer GVO-Genehmigung ist seit der Neufassung der Begriff der »Auflassung«. Einer GVO-Genehmigung bedürfen daher
(1) neben Kaufverträgen insb.
(2) Überlassungsverträge,
(3) Erbauseinandersetzungsverträge,
(4) nach überwiegender (richtiger) Auffassung auch die vertragliche Begründung von Wohnungseigentum gem. § 3 WEG (infolge des Eigentumstausches an den Raumeinheiten ändert sich der Inhalt des Restitutionsanspruchs),
(5) die Auseinandersetzung einer Gütergemeinschaft,
(6) die Einbringung eines Grundstücks als Sacheinlage in eine Kapitalgesellschaft oder Personengesellschaft etc.,
(7) ebenso Nachträge zu solchen Verträgen, die (etwa wegen des Beitritts eines Beteiligten) mit neuerlicher Auflassung verbunden sind.[107]

4146 Angesichts der zurückgehenden Bedeutung dieses Genehmigungstatbestandes wird hinsichtlich der Einzelheiten – auch der genehmigungsfreien Tatbestände, des Genehmigungsverfahrens und der Rechtsmittel hiergegen – auf die ausführlicheren Erläuterungen hierzu in der 2. Auflage dieses Werkes, Rn. 3035 ff., verwiesen. Leider erst mit Wirkung ab **01.01.2017**[108] wird § 2 Abs. 1 Satz 2 GVO als Folge des Datenbankgrundbuchgesetzes durch eine **Nr. 6** ergänzt, der zufolge Genehmigungsfreiheit auch dann besteht, wenn im Grundbuch weder ein **Anmeldevermerk gem. § 30b Abs. 1 VermG** eingetragen noch dem Grundbuchamt ein unerledigtes Ersuchen auf Eintragung vorliegt (mit Letzterem gemeint ist wohl: kein Eintrag in der Markentabelle vorliegt[109]). Damit wird in der ganz überwiegenden Zahl der Fälle eine Genehmigung entbehrlich sein. Richtigerweise ist jedoch zur Ermittlung der Genehmigungsfreiheit nicht, wie in der Gesetzesbegründung ausgeführt,[110] auf den Zeitpunkt des notariellen Vollzugsantrags abzustellen, sondern – da

---

106 Vgl. *Wenzel*, AgrarR 1995, 37; *Vorwerk/Spreckelsen*, GrdStVG, § 2 Rn. 54.
107 Vgl. LG Magdeburg, NotBZ 2002, 35, m. zust. Anm. *Bleisteiner*, S. 36 ff.
108 Art. 7 Satz 4 DatenbankgrundbuchG.
109 BT-Drucks. 17/14190 S. 24 verweist auf die Einsichtsmöglichkeit in dieses »Hilfsverzeichnis«. Dann sollte aber auch der Wortlaut darauf abstellen, *Stavorinus*, DNotZ 2014, 340, 346. Hinzuweisen ist aber auf die gem. § 12a Abs. 1 Satz 2 GBO beschränkte Aussagekraft der Markentabelle.
110 BT-Drucks. 17/14190, S. 24. Andernfalls wäre auch die beabsichtigte Erleichterung für die notarielle Praxis nicht zu erreichen.

bereits das schuldrechtliche Geschäft der Genehmigung bedarf – den Zeitpunkt der Beurkundung (andernfalls würde auch der angestrebte Erleichterungseffekt für den Grundstücksverkehr in den neuen Ländern verfehlt).[111] Die Eintragung des Vermerks gem. (»Es liegt ein Antrag auf Rückübertragung nach § 30 Abs. 1 des Vermögensgesetzes vor.«) erfolgt auf behördliches Ersuchen des LARoV (übrigens auch, wenn der Rückübertragungsanspruch offensichtlich unbegründet i.S.d. § 1 Abs. 2 Satz 2 GVO ist). Anfang 2014 sind immerhin 99 % der auf staatliche Behörden der DDR, und 77 % der auf NS-Maßnahmen zurückzuführenden Anmeldungen »abgearbeitet« worden.

3. Genehmigungen nach BauGB

a) Teilungsgenehmigung

Der Bundesgesetzgeber hat die Verpflichtung, die europäische sog. »Plan-UP-Richtlinie« (Einführung einer Umweltprüfung für alle Bauleitpläne) in nationales Recht umzusetzen, zum Anlass genommen, weitere Vorschriften des BauGB zu novellieren.[112] Mit Inkrafttreten am 20.07.2004 ist die bundesrechtliche Teilungsgenehmigung nach § 19 BauGB a.F. entfallen, ebenso deren grundbuchverfahrensrechtliche Durchsetzung, also die Vollzugssperre des § 20 Abs. 2 Satz 2 BauGB a.F. Zuvor hatten zahlreiche Grundbuchämter unabhängig davon, ob die Gemeinde von der in § 19 Abs. 1 BauGB a.F. eingeräumten Möglichkeit eines Satzungserlasses Gebrauch gemacht hatte, ein Negativattest verlangt,[113] sofern nicht durch Landesverordnung die Satzungsoption gesperrt war, § 19 Abs. 5 BauGB a.F. In anderen Fällen »verabredete« die Kommune mit dem Grundbuchamt »praeter legem«, jenes vom Erlass einer Satzung zu verständigen, um es so von der Prüfung untergesetzlichen Rechts zu entbinden. 4147

Mangels einer Überleitungsvorschrift sind Genehmigungserfordernis und Grundbuchsperre auch in laufenden Verfahren entfallen.

§ 19 Abs. 2 BauGB untersagt das teilungsbedingte Entstehen von Verhältnissen, die den Festsetzungen des Bebauungsplans widersprechen (»dürfen nicht ..... entstehen«). Gleichwohl handelt es sich dabei nicht um ein gesetzliches Verbot i.S.d. § 134 BGB,[114] so dass weder die Mitwirkung des Notars noch die Eintragung beim Grundbuchamt von der Prüfung der Baurechtswidrigkeit abhängig zu machen ist.[115] 4148

▶ Hinweis:

Der Notar sollte allerdings darauf hinweisen, dass entstehende Verstöße durch baurechtliche Maßnahmen, bspw. Nutzungsunterlassungsverfügungen,[116] geahndet werden können, und 4149

---

111 *Stavorinus*, DNotZ 2014, 340, 343. Sonst wäre auch nicht klar, ob die Wirksamkeit des Rechtsgeschäftes (Grunderwerbsteuer! Maklerlohnanspruch! etc) bereits eingetreten ist oder nicht.
112 Vgl. *Grziwotz*, ZfIR 2003, 929; *Schliepkorte*, ZfIR 2004, 128.
113 Gegen diese Praxis *Schmidt-Eichstaedt/Reitzig*, NJW 1999, 387 ff.
114 Ebenso LG Traunstein, MittBayNot 2005, 229; anders als etwa die landesrechtliche Vorschrift des § 19 Abs. 1 Satz 1 Rheinland-Pfälzisches AGBGB, wonach unterschiedlich belastete Grundstücke nicht vereinigt werden dürfen, vgl. *Dünig*, Rpfleger 2004, 461.
115 Vgl. Gutachten, DNotI-Report 2004, 174; *Eckert/Höfinghoff*, NotBZ 2004, 405 ff.; *Dümig*, Rpfleger 2004, 462, mit Blick auf die ratio legis (ausschließliche Verwaltungsvereinfachung); das diesbezüglich in der Stellungnahme des Bundesrats, BT-Drucks. 15/2250, S. 80, bemühte Argument e contrario zu § 172 Abs. 1 Satz 5 BauGB greift nicht, da es dort um die Fiktion eines relativen Verfügungsverbots nach § 135 BGB zum Schutz bestimmter Personen mit Gutglaubensschutzmöglichkeit geht, nicht aber um § 134 BGB.
116 Allerdings nur bzgl. des Teilstückes, auf dem baurechtswidrige Zustände bestehen: zu dichte Bebauung auf dem vorderen Grundstücksteil *(Voß/Steinkemper*, ZfIR 2004, 802).

rechtzeitige Erkundigungen[117] bei den Unteren Bauaufsichtsbehörden empfehlen. Eine Pflicht zur Warnung trifft ihn jedoch nur unter dem Gesichtspunkt der erweiterten Belehrungspflicht (§ 14 Abs. 1 Satz 2 BNotO analog), wenn eine besondere Gefahrenlage für einen Beteiligten besteht, deren sich der Betroffene nicht bewusst ist, und der Notar beides erkennt.[118]

▶ **Formulierungsvorschlag: Belehrungshinweis beim Teilflächenerwerb**

4150 Den Beteiligten ist bekannt, dass die geplante Teilung des Grundstücks keiner bauplanungsrechtlichen Genehmigung mehr bedarf, gleichwohl durch die Teilung kein baurechtswidriger Zustand entstehen darf (etwa hinsichtlich der Einhaltung der Bauabstände). Der Notar hat zu Erkundigungen bei der unteren Bauaufsichtsbehörde (Stadt bzw. Landratsamt) geraten, um spätere Sanktionen zu vermeiden.

4151 Die baurechtswidrige Teilung »zerstört« bei noch nicht verwirklichten Bauvorhaben das eigene Baurecht; bei bestehenden Gebäuden macht sie eine Abstandsflächenübernahme in Form einer Dienstbarkeit bzw. eine Vereinigungsbaulast[119] erforderlich; ggf. gelten Überbauvorschriften.[120] Werden Ausbau oder Nutzungsänderung beantragt, wird die Bauaufsichtsbehörde diese ablehnen; repressive Maßnahmen hinsichtlich des Bestandes sind wohl kaum möglich.[121] Einzelne Landesbauordnungen erlauben zumindest nach Ansicht der hierzu ergangenen Entscheidungen[122] auch, die Rückgängigmachung der Grundstücksteilung selbst zu verlangen.

4152 Nicht übersehen werden darf allerdings, dass das Genehmigungserfordernis für Teilungen in der Umlegung (§ 51 Abs. 1 Nr. 1 BauGB), im Enteignungsverfahren (§ 109 Abs. 1 BauGB), im förmlich festgelegten Sanierungs- (§ 144 Abs. 2 Nr. 5 BauGB) und städtebaulichen Entwicklungsbereich (§ 169 Abs. 1 Nr. 1 BauGB) bestehen bleibt. Die Genehmigung bezieht sich auf die Teilung des Grundstücks, nicht auf den Übertragungsvertrag selbst, der sofort rechtswirksam wird (so dass auch die Grunderwerbsteuer sofort anfällt), sofern nicht vertraglich die Erteilung der Teilungsgenehmigung zur aufschiebenden Bedingung erhoben wird. Dies empfiehlt sich insb. auch deshalb, weil sonst die Gefahr besteht, dass der Veräußerer wegen der unmöglich gewordenen »Lieferung« der Teilfläche gem. § 311a Abs. 2 BGB auf Schadensersatz haftet bzw. beide Beteiligten den Schaden gem. § 254 BGB zu teilen haben, da beide die Nichtgenehmigungsfähigkeit hätten kennen können.[123]

4153 Eine genehmigungspflichtige Teilung i.S.d. §§ 51, 109, 144, 169 BauGB liegt auch dann vor, wenn ein Grundbuchgrundstück, das aus mehreren unter einer gemeinsamen laufenden Nummer gebuchten Flurstücken besteht, im Grundbuchsinn geteilt wird, d.h. eines der Flurstücke unter einer laufenden Nummer vorgetragen und damit zu einem eigenen Grundbuchgrundstück wird, das separat veräußert und belastet werden kann. (Getrennt belastbar ist das einzelne Flurstück auch vor Abschreibung, da es sich nur um einfache, nicht um wesentliche Bestandteile des Gesamtgrundbuchgrundstücks handelt, sofern nach Ansicht des Grundbuchamts keine Verwirrung i.S.d. §§ 5, 6 GBO zu besorgen ist.)

4154 Zu berücksichtigen ist ferner das teilweise noch geltende landesrechtliche (**bauordnungsrechtliche**) **Teilungserfordernis**, derzeit in Hamburg (§ 8 HBauO), Niedersachsen (§ 94 NBauO) und Nordrhein-Westfalen (§ 8 BauONRW). Es umfasst bebaute oder (mit Ausnahme von NRW) be-

---

117 Es besteht allerdings kein Anspruch auf Erteilung einer »verbindlichen Auskunft«, *Ekkert/Höfinghoff*, NotBZ 2004, 413.
118 »Wochenendhausfall«: BGH, DNotZ 1996, 118.
119 Vgl. *Wenzel*, Baulasten in der Praxis, Rn. 108 ff.
120 Vgl. *Grziwotz/Lüke/Saller*, Nachbarrecht, 2004, Teil 2, Kap. C I.
121 Vgl. Gutachten, DNotI-Report 2004, 173.
122 OVG Berlin-Brandenburg, ZMR 2002, 628 (noch zur alten Fassung der §§ 70, 77 Abs. 3 BauOBln; nach *Hahn/Radeisen*, Bauordnung für Berlin, 3. Aufl. 2006, § 7 Rn. 6 bis 8 gilt dies auch für die seit 27.09.2005 geltende Neufassung).
123 Formulierungsvorschlag s. *Krauß*, Immobilienkaufverträge in der Praxis, 8. Aufl., Rn. 1043.

baubare Grundstücke; zuständig ist die Kreisverwaltungsbehörde (kreisfreie Stadt bzw. Landkreis). Die Behörde prüft die Einhaltung bauordnungsrechtlicher Vorschriften (z.B. Grenzabstände, Brandschutz etc.).[124] Letztere sind natürlich auch einzuhalten, wenn die Teilung keiner landesrechtlichen Genehmigung mehr bedarf; einzelne Landesgesetze (etwa § 8 Abs. 3 ThürBO)[125] gewähren zur Absicherung des gesetzestreuen Bürgers (und seiner Rechtsnachfolger) einen Anspruch auf eine diesbezügliche Bescheinigung (»Positivzeugnis« als feststellender Verwaltungsakt, deren Vorlage beim Grundbuchamt jedoch nicht verlangt werden kann).[126] Das Grundbuchamt darf die Eintragung der Teilung auch von solchen landesrechtlichen Teilungsgenehmigungserfordernissen abhängig machen.[127]

Daneben treten schließlich landesrechtliche Genehmigungserfordernisse zur Teilung von Waldgrundstücken in Hessen, Mecklenburg-Vorpommern, Schleswig-Holstein, Thüringen.[128] Sie sollen das Entstehen von Splitterflächen unter einem Hektar vermeiden; teilweise gelten sie daher nur, wenn durch die Teilung bestimmte Aufgriffsschwellen unterschritten werden (§ 27 LandesWaldG M-V: 3,5 ha).

4155

b) Weitere Genehmigungen nach BauGB

Das Baugesetzbuch enthält neben den nachstehend zu erläuternden, veräußerungsbezogenen Genehmigungsvorbehalten auch Sachverhalte, die an sonstige dingliche Vorgänge anknüpfen, etwa die in § 22 BauGB verankerte Satzungskompetenz der Gemeinde, in **Fremdenverkehrsgebieten** die **Aufteilung nach dem WEG** unter Genehmigungsvorbehalt zu stellen. Gem. § 22 Abs. 2 BauGB ist das Grundbuchamt unmittelbar durch die Gemeinde über den Satzungsbeschluss zu unterrichten. Wurde noch vor Wirksamwerden der Satzung eine Vormerkung zur Sicherung des Anspruchs auf Begründung von Sondereigentum im Grundbuch eingetragen, ist die Genehmigung stets zu erteilen (§ 22 Abs. 4 Satz 2 Halbs. 1 BauGB).[129] Die Praxis behilft sich teilweise mit allerdings unzureichenden Alternativgestaltungen (Miteigentümervereinbarungen, Wohnungsrechten etc.).

4156

aa) Sanierungsverfahren

§§ 136 ff. BauGB enthalten Vorschriften zu städtebaulichen Sanierungsmaßnahmen und unterscheiden dabei Untersuchungsgebiete, Ersatz- und Ergänzungsgebiete und förmlich festgelegte **Sanierungsgebiete**. Der Umfang Letzterer wird durch Sanierungssatzung bestimmt (§ 143 BauGB) und informatorisch durch Vermerk im Grundbuch verlautbart (sog. »Sanierungsvermerk«, § 143 Abs. 2 Satz 2 BauGB, der allerdings nicht konstitutiver Natur ist).

4157

In solchen förmlich festgelegten Sanierungsgebieten bedürfen u.a. die rechtsgeschäftliche Veräußerung eines Grundstücks sowie die Bestellung und Veräußerung eines Erbbaurechts der **schriftlichen Genehmigung** der Gemeinde (§ 144 Abs. 2 Nr. 1 BauGB), ebenso wie die Bestellung eines das Grundstück belastenden Rechts (§ 144 Abs. 2 Nr. 2), die zugrunde liegenden schuldrechtlichen Verträge (§ 144 Abs. 2 Nr. 3), die Begründung, Änderung oder Aufhebung einer Baulast (§ 144 Abs. 2 Nr. 4) und die Teilung eines Grundstücks (§ 144 Abs. 2 Nr. 5). Die Erteilung durch Allgemeinverfügung für bestimmte Teile des Sanierungsgebiets oder bestimmte Fälle ist gem. § 144 Abs. 3 BauGB möglich. Über die Genehmigung ist binnen eines Monats nach Eingang des Antrags

4158

---

124 Zur Nachweispflicht ggü. dem Grundbuchamt vgl. Gutachten, DNotI-Report 2001, 129 ff. und LG Köln, RNotZ 2005, 609.
125 Hierzu (mit Formulierungshilfen) *Watoro*, NotBZ 2004, 416, der zu Recht darauf hinweist, dass es nur in seltenen Fällen interessengerecht sein dürfte, diese zur Fälligkeitsvoraussetzung zu erheben.
126 A.A. LG Meiningen, NotBZ 2006, 145, m. abl. Anm. *Watoro*.
127 Vgl. DNotI-Report 2004, 173; *Grziwotz*, DNotZ 2004, 681.
128 Übersicht samt Gesetzestexten unter www.dnoti.de/Arbeitshilfen.
129 Zu den Neuerungen i.R.d. EAG Bau, vgl. DNotI-Report 2004, 115 ff.

bei der Gemeinde zu entscheiden, wobei die Frist um max. zwei Monate verlängert werden kann (§ 145 Abs. 1 i.V.m. § 22 Abs. 5 Satz 3 bis 5 BauGB).

4159 Für die vorliegende Darstellung bedeutsam ist allerdings die **Genehmigungsfreiheit** von Grundstücksveräußerungen und -belastungen, die »zum Zwecke der Vorwegnahme der gesetzlichen Erbfolge« durchgeführt werden (§ 144 Abs. 4 Nr. 2 BauGB).

bb) Umlegungsverfahren

4160 Gem. § 51 BauGB bedürfen im Umlegungsgebiet Grundstücksverfügungen aller Art (also auch Belastungen) und die zugrunde liegenden Rechtsgeschäfte der Genehmigung der Umlegungsstelle (regelmäßig »Umlegungsausschuss«).[130] Gleiches gilt für Veräußerungen in städtebaulichen Entwicklungsgebieten (§§ 165 ff. BauGB), sowie für Grundstücke, die von einem Enteignungsverfahren betroffen sind, § 109 BauGB. Das Umlegungsverfahren kann zu Veränderungen der grundbuchlichen Bezeichnung und Flächengröße der Einlagegrundstücke führen: mit Bekanntmachung der Unanfechtbarkeit des Umlegungsplans (§ 72 Abs. 1 Satz 1 BauGB) ändert sich außerhalb des Grundbuchs der Eigentumsgegenstand (nicht die Eigentumsposition); es handelt sich also um eine »ununterbrochene Fortsetzung des Eigentumsrechts an einem verwandelten Grundstück«.[131]

4161 Bei der **Vertragsgestaltung**[132] ist daher zu ermitteln, ob Erwerbsobjekt das Einlage- oder das Zuteilungsobjekt ist. Ferner ist der aktuelle Stand des Umlegungsverfahrens von Bedeutung: ab Eintritt des neuen Rechtszustandes (auch wenn er im Grundbuch noch zu keiner Berichtigung geführt hat) sind Verfügungen über das Einlagegrundstück nicht mehr möglich.[133] Bis zur Beschlussfassung über den Umlegungsplan (§ 66 Abs. 1 BauGB) kann der Erwerber (durch Anmeldung seines Rechts bei der Umlegungsstelle) Verfahrensbeteiligter werden (§ 49 BauGB) und damit außerhalb des Grundbuchs Eigentum erwerben, wodurch die schuldrechtliche Eigentumsverschaffungspflicht des Verkäufers ebenfalls erfüllt werden kann.[134] Wegen des zwingenden Surrogations-Prinzips ist eine Abtretung des Zuteilungsanspruchs selbst (§ 59 Abs. 1 BauGB) wohl nicht möglich.[135]

4162 Erwerbe im Rahmen eines Umlegungs- oder Flurbereinigungsverfahrens sind gem. § 1 Abs. 1 Nr. 3 GrEStG von der Grunderwerbsteuer befreit.[136] Dies gilt auch für »Mehrerwerbe«, die durch Aufzahlung erreicht wurden, und zwar im Flurbereinigungsverfahren nur falls unvermeidbar,[137] im Umlegungsverfahren jedoch uneingeschränkt, sofern nur der Erwerber am Verfahren mit zu-

---

130 Diesem kann die Gemeinde ihr gesetzliches Vorkaufsrecht gem. § 24 Abs. 1 Nr. 2 BauGB übertragen, vgl. § 46 Abs. 5 BauGB.
131 BGH, NJW 1987, 3260.
132 Vgl. hierzu *Knöfel*, ZfIR 2002, 773; *Seikel*, NotBZ 1997, 189; *Amann/Hertel*, DAI-Skript »Aktuelle Probleme der notariellen Vertragsgestaltung«, Februar 2005, S. 160 ff.; *Hertel* in: Würzburger Notarhandbuch, 4. Aufl. Teil 6 Rn. 35 ff.
133 Denkbar ist allerdings eine Auslegung als Auflassung des Zuteilungsgrundstücks, vgl. *Schöner/Stöber* Grundbuchrecht Rn. 3872 a.E.
134 MünchKomm-BGB/*Westermann* § 433 Rn. 58.
135 A.A. OLG Hamm, MittBayNot 1996, 452 m. abl. Anm. *Grziwotz*. Ging das Grundstück, auf das sich ein Herausgabeanspruch bezog, im Umlegungsverfahren unter, richtet sich der Anspruch allerdings nicht auf das Ersatzgrundstück, sondern auf Wertersatz, BGH, 20.01.2012 – V ZR 95/11, ZNotP 2012, 181.
136 Dies gilt seit BFH, BStBl. 2000 II, S. 206 auch für Zuteilungsgrundstücke, für die der neue Eigentümer eine Geldleistung erbringt – vgl. auch § 52 Abs. 3 FlurbereinigungsG zur Möglichkeit eines Verzichts zugunsten Dritter, auch Nichtteilnehmern, hierzu *Tönnies*, MittRhNotK 1997, 117 ff.
137 Erlasse der Finanzverwaltung v. 15.01.2001, zitiert bei *Jäschke*, DStR 2006, 1350 Fn. 7 – vgl. auch § 52 Abs. 3 FlurbereinigungsG zur Möglichkeit eines Verzichts zugunsten Dritter, auch Nichtteilnehmern, hierzu *Tönnies*, MittRhNotK 1997, 117 ff.

mindest einem eigenen Grundstück beteiligt war[138] (was erheblichen Gestaltungsspielraum eröffnet durch rechtzeitigen Erwerb einer Kleinfläche vor Verfahrenseinleitung!).[139] Auch das anlässlich der BauGB-Novelle 2004 geschaffene »**vereinfachte Umlegungsverfahren**« (Rdn. 2071) nimmt nach Verwaltungsauffassung[140] an dieser Grunderwerbsteuerbefreiung teil, anders als die Vorgängerregelung (das sog. Grenzregelungsverfahren), nicht aber die freiwillige Baulandumlegung.[141]

Auch einkommensteuerlich liegt (als bloße Inhaltsänderung des Eigentums) kein Veräußerungs- oder Anschaffungsvorgang vor – anders hinsichtlich der wesentlichen Mehrerwerbe, die aufgrund Aufzahlung nicht mehr als »Surrogat«[142] angesehen werden können. Bei unterschiedlicher Nutzung des eingelegten bzw. zugeteilten Grundstücks kann jedoch eine bilanzielle Entnahme oder Einlage vorliegen.[143] 4163

Schließen die Eigentümer im Rahmen einer »**freiwilligen Umlegung**« (Rdn. 2073) außerhalb der §§ 45 ff. BauGB rechtsgeschäftliche Vereinbarungen, liegt darin sowohl grunderwerbsteuerlich als auch ertragsteuerlich ein direkter Tausch- (Anschaffungs- und Veräußerungs-)vorgang ohne Privilegierung. 4164

▶ Hinweis:

Erwerbsverträge über umlegungsverhaftete Grundstücke erfordern deutliche Hinweise des Notars und Regelungen zur Verteilung des Risikos, dass die erwarteten »Ausgabegrundstücke« nicht entstehen. 4165

▶ Formulierungsvorschlag: Umlegungsverhaftetes Grundstück

Der Erwerber wird aufgrund dieses Vertrages mit dem Vertragsbesitz Teilnehmer des Umlegungsverfahrens. Die Vertragsteile wurden auf die Vorschriften des Baugesetzbuches bezüglich der Umlegung hingewiesen. Ihnen ist bekannt, dass an die Stelle der in die Umlegung einbezogenen Einlagegrundstücke die Ersatzflächen treten. Der Erwerber unterliegt als Teilnehmer des Umlegungsverfahrens den gleichen Pflichten und hat die gleichen Rechte wie die übrigen Teilnehmer der Umlegung. Er hat insbesondere den gleichen Flächenabzug zu dulden, wie alle anderen Teilnehmer und hat etwa sich ergebende Mehr- oder Minderzuteilungen zum Umlegungspreis auszugleichen. Den Beteiligten ist bekannt, dass vor Rechtskraft der Umlegung nicht feststeht, ob die Ersatzfläche die angenommene Größe hat.

Der Veräußerer erteilt hiermit dem Erwerber bis zur Eigentumsumschreibung des Vertragsbesitzes Vollmacht zur Vertretung im Umlegungsverfahren hinsichtlich des erworbenen Grundbesitzes.

Im Innenverhältnis der Vertragsteile, also ohne Auswirkungen für das Verhältnis des Erwerbers gegenüber dem Umlegungsausschuss und als Teilnehmer der Umlegung, vereinbaren die Vertragsteile: Der Veräußerer übernimmt keine Gewähr, ob und in welcher Größe in der Umlegung für den Vertragsbesitz ein Ersatzgrundstück zugeteilt wird. Der Erwerber verpflichtet sich, die Kosten der Umlegung hinsichtlich des Vertragsbesitzes zu tragen, soweit diese noch nicht beglichen sind und einen etwaigen Flächenabzug zu dulden. Dem Erwerber steht auch ein etwaiger Ausgleichsbetrag für den Vertragsbesitz zu. 4166

---

138 BFH, 28.07.1999 – II R 25/98, BStBl. II 2000, S. 206: gilt auch für Zuteilungsgrundstücke, für die der neue Eigentümer eine Geldleistung erbringt.
139 *Jäschke*, DStR 2006, 1351 erwägt in Extremfällen den Rückgriff auf § 42 AO und weist darauf hin, dass Umlegungsverfahren im öffentlichen Interesse, nicht allein zugunsten eines Großinvestors (Bauträgers), durchzuführen sind.
140 Verfügungen v. 21.12.2004, zitiert bei *Jäschke*, DStR 2006, 1350 Fn. 8.
141 Diese Differenzierung verstößt nicht gegen Art. 3 Abs. 1 GG, vgl. BFH, 07.09.2011 – II R 68/09, DNotI-Report 2011, 196.
142 Hinsichtlich des Surrogationserwerbs setzt sich z.B. auch die Betriebsvermögenseigenschaft des Einlagegrundstücks unmittelbar fort, vgl. BFH, 23.09.2009 – IV R 70/06, EStB 2010, 8.
143 Vgl. im Einzelnen *Jäschke*, DStR 2006, 1352 f.

4167 Das Europarechtsanpassungsgesetz-Bau hat die bisherigen Bestimmungen des BauGB zu **Grenzregelungen** durch das Verfahren der sog. »vereinfachten Umlegung« (§§ 80 ff. BauGB) ersetzt.[144] Dieses kann nunmehr auch in enger Nachbarschaft liegende, allerdings nicht selbstständig bebaubare Grundstücke erfassen und gestattet (§ 80 Abs. 3 Satz 3 BauGB) mit Zustimmung der Eigentümer auch »abweichende Regelungen«, die über den schlichten Eigentumstransfer hinausgehen.

Gleiches gilt für Veräußerungen in städtebaulichen Entwicklungsgebieten (§§ 165 ff. BauGB).

4168 Als »Königsweg« der amtlichen Umlegung wird die in §§ 56 Abs. 2, 59 Abs. 4 BauGB vorausgesetzte Unterform der »**vereinbarten amtlichen Umlegung**«[145] bezeichnet. Der öffentlich-rechtliche Umlegungsträger (Gemeinde) unterliegt bei diesem i.R.d. Erörterung mit den Beteiligten (§ 66 BauGB) hergestellten Einvernehmen allerdings denselben öffentlich-rechtlichen Beschränkungen wie bei der strengen amtlichen Umlegung (§§ 45 ff. BauGB), insb. also der Begrenzung auf max. 30 % Flächenabzug (§ 58 Abs. 2 BauGB).

4169 Daneben tritt die **freiwillige Umlegung** durch beurkundungspflichtigen Vertrag i.S.d. § 11 Abs. 1 Satz 2 Nr. 1 BauGB (Rdn. 3362), auch durch private Träger. Die §§ 45 ff. BauGB gelten hierfür nicht, damit aber auch nicht die steuerlichen Privilegierungen (Rdn. 2066). Die Gemeinde als Träger einer freiwilligen Umlegung unterliegt allerdings den allgemeinen öffentlich-rechtlichen Grenzen, etwa dem Koppelungsverbot (Rdn. 3355), der Schranke der Angemessenheit (Rdn. 3365) und der Bindung an den Gleichheitssatz;[146] über die 30 %-Grenze des § 58 Abs. 2 BauGB hinaus kann eine Mehrflächenabtretung an die Gemeinde etwa infolge notwendig gewordener Grünflächen, Sportanlagen und umweltschutzbedingter Ersatzmaßnahmen gerechtfertigt sein.[147]

4170 Technisch gründen entweder alle Eigentümer eine GbR und bringen ihre Grundstücke in diese ein,[148] oder aber sie übertragen ihre Grundstücke auf die Gemeinde als »Treuhänder« bzw. vereinbaren einen Ringtausch.[149] Die Notarkosten bemessen sich (wie beim Ringtausch) stets nach dem Wert des teuersten Einlagegrundstücks;[150] es besteht zwar Befreiung von den Grundbuchkosten (§ 79 BauGB), nicht jedoch von der Grunderwerbsteuer.[151]

cc) Erhaltungssatzungsgebiete

4171 § 172 BauGB in seiner seit 20.09.2013 erweiterten Fassung gestattet es Gemeinden, in Bebauungsplänen oder sog. Erhaltungssatzungen Gebiete auszuweisen, in denen zur Erhaltung der städtebaulichen Eigenart (Abs. 1 Satz 1 Nr. 1), vor allem aber zur Erhaltung der Zusammensetzung der Wohnbevölkerung[152] – sog. **Milieuschutzsatzung** – (Abs. 1 Satz 1 Nr. 2) der Rückbau, die Änderung oder auch nur Nutzungsänderung baulicher Anlagen der Genehmigung bedürfen. Daneben können die Landesregierungen (wie in Hamburg bereits seit Jahren und in Bayern am 04.02.2014 geschehen) durch Landesverordnung mit einer Geltungsdauer von fünf Jahren bestimmen, dass die Begründung von Wohnungs- oder Teileigentum an Gebäuden, die auch Wohnzwecken dienen,[153] in Milieuschutzsatzungsgebieten der gemeindlichen Genehmigung bedarf

---

144 Vgl. hierzu *Grziwotz*, DNotZ 2004, 683.
145 Vgl. *Dieterich* Baulandumlegung Teil B VI.
146 *Hertel* in: Dt. Notarrechtliche Vereinigung e.V., Städtebauliche Verträge in der Praxis (2006), S. 27 m.w.N.
147 BVerwG, MittBayNot 2001, 584, zum Ausgleich auch der zusätzlichen Kosten der privaten Umlegung.
148 Vgl. *Langenfeld* in: Münchener Vertragshandbuch Bd. V S. 137 ff.
149 Vgl. *Grziwotz*, JuS 1998, 1116 f.
150 OLG Zweibrücken, FGPrax 1996, 36.
151 Ggf. kommen die Begünstigungen der §§ 5 bis 7 GrEStG zur Anwendung, vgl. Finanzministerium Baden-Württemberg NVwZ 1998, 595.
152 Schutz gegen sog. »Gentrification«, vgl. zum Folgenden *Grziwotz*, MittBayNot 2014, 394 ff.
153 Selbst wenn derzeit der Wohnraum leer steht (keine individuelle Betroffenheit erforderlich), vgl. BVerwG, 18.06.1997 – 4 C 2/97, NVwZ 1998, 503.

(Verbotsgesetz i.S.d. § 135 BauGB). Wurde der Milieusatzungs-Aufstellungsbeschluss ortsüblich bekannt gemacht, kann die Gemeinde die Genehmigungsentscheidung um bis zu zwölf Monate zurückstellen (§ 172 Abs. 2 BauGB).

Gem. § 172 Abs. 4 BauGB ist in diesen Fällen die **Begründung von Wohnungs- oder Teileigentum** jedenfalls dann zu genehmigen, wenn (Satz 3 Nr. 2) das Grundstück zu einem Nachlass gehört und die Teilung der Erbauseinandersetzung oder Vermächtniserfüllung dient, ferner (Nr. 3) wenn das Wohnungseigentum zur eigenen Nutzung an Familienangehörige veräußert werden soll, oder (Nr. 4) wenn vor Wirksamwerden des Genehmigungsvorbehalts eine Vormerkung zur Sicherung des Anspruchs auf Übertragung noch zu bildenden Wohnungseigentums eingetragen wurde (!), sowie (Nr. 5) wenn das Gebäude bei Antragstellung nicht zu Wohnzwecken genutzt wird (sondern z.B. leergezogen ist), oder schließlich (Nr. 6) sofern der Eigentümer sich verpflichtet, in den ersten sieben Jahren nach der WEG-Begründung (Grundbuchvollzug) nur an die[154] Mieter zu veräußern; findet anschließend eine Veräußerung an einen Kapitalanleger statt, wird deren durch Landesverordnung verlängerte Eigenbedarfskündigungssperrfrist (§ 577 Abs. 2 Satz 1 BGB: zehn Jahre) um diese sieben Jahre verkürzt; die bundesunmittelbare Drei-Jahres-Frist des § 577a Abs. 1 BGB entfällt naturgemäß dann völlig. Die Beschränkung auf Mieterverkäufe kann dadurch gesichert werden, dass die WEG-Teilungs-Genehmigung eine Genehmigungspflicht auch für Veräußerungen anordnet, die dann (als **befristetes gesetzliches Verbot**) gem. § 172 Abs. 4 Satz 5 auf Ersuchen der Gemeinde im Grundbuch eingetragen werden kann, zur Vermeidung gutgläubig genehmigungsfreien Erwerbs (§ 135 Abs. 2 BGB).

4172

dd) Flurbereinigungsverfahren

Das Flurbereinigungsgesetz (FlurbG)[155] bezweckt die Neuordnung ländlichen Grundbesitzes, wobei der Gegenstand der Rechte neu geordnet wird, die Inhaberschaft an diesen aber unberührt bleibt. Zu unterscheiden sind
(1) das Regelverfahren (§§ 1 bis 85 FlurbG),
(2) das vereinfachte Flurbereinigungsverfahren (§ 86 FlurbG),
(3) die sog. Unternehmensflurbereinigung (§§ 87 bis 90 FlurbG),
(4) die beschleunigte Zusammenlegung (§ 91 FlurbG) und
(5) der freiwillige Landtausch (§ 103a FlurbG),

4173

Letzterer findet nur auf Antrag, nicht von Amts wegen statt. Die Flurbereinigung bewirkt weder eine Grundbuchsperre noch einen Verlust der Verfügungsbefugnis, allerdings kann ein relatives Verfügungs- und Belastungsverbot i.S.v. § 135 BGB zugunsten der Gemeinde nach § 52 Abs. 2 Satz 3 FlurbG angeordnet werden.[156]

Die tatsächliche und rechtliche Neugestaltung des Gebiets wird im **Flurbereinigungsplan** (§ 58 FlurbG) geregelt, einem privatrechtsgestaltenden Verwaltungsakt. Zu unterscheiden ist die (ggf. vorzeitige) Ausführung des Flurbereinigungsplans (als Bestimmung des Zeitpunkts, zu dem der vorgesehene neue Rechtszustand an die Stelle des bisherigen tritt, [§§ 61, 63 FlurbG]) vom Vollzug der **Ausführungsanordnung** durch tatsächliche Ausführung des Wege- und Gewässerplans und Regelung des Übergangs von Besitz und Nutzung der neuen Grundstücke sowie Berichtigung der Grundbücher (§§ 79 ff. FlurbG). Die öffentlichen und gemeinschaftlichen Anlagen (Wege, Drainagen etc.) werden allerdings in der Praxis schon viele Jahre (wenn nicht Jahrzehn-

4174

---

154 Gemeint sind nur diejenigen Mieter, die zur Zeit der Stellung des Antrags auf Genehmigung der WEG-Teilung die Wohnung im Objekt nutzen, es sei denn, sie würden die Wohnung nur deshalb bewohnen, weil sie von vorneherein die Absicht haben, die Wohnung käuflich zu erwerben, BVerwG, 30.06.2004 – 4 C 1/03, NVwZ 2005, 383.
155 Standardkommentar: *Schwantag/Wingerter* Flurbereinigungsgesetz.
156 Vgl. DNotI-Gutachten v. 22.02.2006, Faxabruf-Nr. 11460.

te!)[157] vor der Ausführung des Flurbereinigungsplans errichtet (Vorwegausbau nach § 42 Abs. 2 Satz 2 FlurbG) und die Beteiligten gem. § 65 FlurbG durch **vorläufige Besitzeinweisung** tatsächlich in den Besitz der neuen Grundstücke eingewiesen. Damit sind die alten Grundstücke in der Örtlichkeit verschwunden, jedoch noch immer – bis zum Eintritt des neuen Rechtszustands – Gegenstand des Grundbuchverkehrs.

4175 Für Grundstücke, über die ein Flurbereinigungsverfahren eingeleitet wurde, besteht wider Erwarten **keine Genehmigungsbedürftigkeit**. Der Erwerb ist jedoch bei der Flurbereinigungsbehörde anzuzeigen; das über dieses Grundstück bisher durchgeführte Verfahren muss der Erwerber gegen sich gelten lassen (§ 15 FlurbG). Die Teilnehmergemeinschaft erteilt Auskunft über die zu erwartende **Landabfindung**; diese richtet sich nach dem Wertermittlungsverfahren der §§ 72 ff. FlurbG gem. der jeweiligen Qualitätseinstufung (»Wertzahl«), kann also zu einer stark abweichenden Flächenzuteilung führen. Weiterhin werden in Wert umgerechnete Flächenabzüge für **Gemeinschaftsflächen** vorgenommen. Flächenabhängige Kaufpreise bei flurbereinigungsbefangenen Grundstücken sollten also deutlich zu erkennen geben, ob sich der Quadratmeterpreis auf die Einlage oder auf die Abfindung bezieht.[158] Weiter ist zu beachten, dass Flurbereinigungskosten erhoben werden; insoweit geleistete Vorschüsse mindern die künftige Beitragsschuld, sind jedoch nicht an den Veräußerer rückerstattbar.[159]

4176 Der Käufer erwirbt zunächst Eigentum am bisherigen »Einlagegrundstück«, mit Ausführung des Flurbereinigungsplans wird er Eigentümer des zugewiesenen Ersatzgrundstücks, was durch **Grundbuchberichtigung** dokumentiert wird (§ 79 Abs. 1 FlurbG i.V.m. § 38 GBO). Bis zum Vollzug der Grundbuchberichtigung dient der Flurbereinigungsplan als amtliches Verzeichnis der Grundstücke i.S.d. § 2 Abs. 2 GBO. Der Flurbereinigungsteilnehmer hat die Möglichkeit, bei der Behörde eine vorzeitige Teilberichtigung des Grundbuchs zu beantragen (§ 82 FlurbG).[160] Aufgrund des Surrogationsgrundsatzes (§ 68 Abs. 1 Satz 1 FlurbG)[161] setzen sich die dinglichen Rechte und schuldrechtlichen Verhältnisse (Pacht), mit denen die durch die Abfindung ersetzten alten Grundstücke belastet waren, an der Landabfindung fort, während umgekehrt der Grundbesitz von derartigen Belastungen frei wird, die auf ihm als einzubringendes Grundstück eines anderen Teilnehmers lasteten.[162] Eine Genehmigung (z.B. nach der GVO), die für das Einlageflurstück erteilt wurde, gilt demnach auch für die Landabfindung.[163]

4177 Sofern eine **vorläufige Besitzeinweisung** erfolgt, kann der Käufer bereits vor Ausführung des Flurbereinigungsplans, also dem in der Ausführungsanordnung bestimmten Zeitpunkt (§§ 61, 63 FlurbG) Besitz, Verwaltung und Nutzung des neuen Grundstücks erhalten (§§ 55 ff. FlurbG).

---

157 *Haselhoff*, RdL 1999, 1.
158 Vgl. *Mannel*, MittBayNot 2004, 399.
159 Vgl. *Fink*, RdL 1974, 309 ff.; teilweise a.A. *Haselhoff*, RdL 1995, 256.
160 Vgl. BayObLG, MittBayNot 1983, 64.
161 Mangels entgeltlicher Anschaffung sind demnach z.B. im Flurbereinigungsverfahren zugeteilte Waldflächen nicht als § 6b-EStG-Reinvestitionsobjekte tauglich, BFH, 01.07.2010 – IV R 7/08, EStB 2010, 413.
162 *Seehusen/Schwede* FlurbG § 68 Rn. 15–17.
163 Vgl. DNotI-Gutachten Nr. 54670 v. 29.11.2004.

Im Überlassungsvertrag empfehlen sich bei Flurbereinigungsverfahren notarielle Hinweise etwa folgenden Inhalts: 4178

▶ **Formulierungsvorschlag: Grundstück im Flurbereinigungsverfahren**

Die Vertragsteile wurden darauf hingewiesen, dass der Vertragsbesitz in das Flurbereinigungsverfahren einbezogen ist. Der Erwerber wird darauf hingewiesen, dass er das bis zur Eigentumsumschreibung oder bis zur Anmeldung des Erwerbs durchgeführte Flurbereinigungsverfahren gegen sich gelten lassen muss und die Beitrags- und Vorschusspflicht als öffentliche Last auf den Grundstücken ruht und dass davon abweichende Vereinbarungen nur im Verhältnis zwischen den Vertragspartnern Bedeutung zukommt.

Auf Verlangen gibt der Vorsitzende der Teilnehmergemeinschaft Auskunft über den Stand der Beitragsleistungen.

Von der vorläufigen Besitzeinweisung bis zum Eintritt des neuen Rechtszustandes können Teilnehmer rechtswirksam nur über die alten Flurstücke, nicht aber über die Abfindungsflurstücke verfügen; beim Erwerb von Flurstücken wird das Eigentum an den alten Flurstücken, der Besitz aber an den Abfindungsflurstücken des Veräußerers erworben. Nach Eintritt des neuen Rechtszustands sind Verfügungen nur mehr über die neuen Flurstücke möglich.

Sofern die Abfindungsflurstücke bekannt sind:

Die Abfindungsflurstücke beschreiben sich wie folgt und sind im beigefügten, zur Durchsicht vorgelegten Lageplan rot gekennzeichnet:

FlstNr. .... .

(Andernfalls: Dem Notar war es aus Zeitgründen nicht mehr möglich, von der Flurbereinigungsbehörde die Abfindungsflurstücke zu erfragen. Trotz Hinweis auf die damit verbundenen Gefahren bestanden die Erschienenen dennoch auf Beurkundung.)

4. Verwalterzustimmung gem. § 12 WEG

a) Anordnung

Sofern[164] durch die Gemeinschaftsordnung gem. §§ 8, 12 WEG die (schuldrechtliche und dingliche) Veräußerung[165] des Sondereigentums an eine Zustimmung des WEG-Verwalters[166] (oder des Verwaltungsbeirats bzw. der Eigentümer: Rdn. 2681) gebunden wurde, soll dies im **Bestandsverzeichnis des Grundbuchblatts** vermerkt werden;[167] der Vermerk hat jedoch lediglich deklaratorische Natur,[168] sodass sich bei unbekannten WEG-Objekten stets die Einsichtnahme in die gem. § 874 Abs. 1 BGB in Bezug genommene Gemeinschaftsordnung bei den Grundakten empfiehlt (zwar kann i.R.d. Fälligkeitsregelung darauf abgestellt werden, dass nur eine nach Grundbuchvortrag erforderliche Verwalterzustimmung als Fälligkeitsvoraussetzung einzuholen sei, bei einer unerkannt dennoch bestehenden Zustimmungsbedürftigkeit bleibt es jedoch dann bei der Unwirksamkeit der dinglichen Einigung ohne Heilungswirkung). 4179

---

164 Aktueller Überblick bei *Hügel*, MittBayNot 2016, 109 ff.
165 Will die Teilungserklärung auch andere Fälle (z.B. die Unterteilung von Sondereigentum) der Zustimmung des Verwalters unterwerfen, muss sie dies ausdrücklich vorsehen (das Erfordernis ergibt sich z.B. nicht aus der Notwendigkeit, die Zustimmung zu Eingriffen in Geschossdecken zu erteilen, OLG München, 23.07.2013 – 34 Wx 210/13, RNotZ 2013, 549).
166 Umfassender Überblick zum »WEG-Verwalter in der notariellen Praxis« bei *Göhmann* RNotZ 2012, 251 ff.
167 § 3 Abs. 2 der Wohnungseigentums-Grundbuchverfügung.
168 LG München I MittBayNot 1993, 137; *Schöner/Stöber* Grundbuchrecht Rn. 2901; a.A. (Wirksamkeitsvoraussetzung): MünchKomm-BGB/*Commichau* § 12 WEG Rn. 10 m.w.N., sodass der Erwerb wirksam wäre, der Erwerber jedoch der Eintragung der Verfügungsbeschränkung im Grundbuch zustimmen müsste; vgl. zum Ganzen *Gutachten* DNotI-Report 2005, 20.

4180 Ein etwa bestehendes Zustimmungserfordernis erfasst alle Fälle der Veräußerung,[169] auch durch den teilenden Eigentümer selbst, unter Angehörigen, unter Miteigentümern[170] oder Miterben,[171] an andere Wohnungseigentümer,[172] im Konzernbereich bzw. zwischen Gesellschaft und Gesellschafter,[173] nicht jedoch Wechsel im Kreise der Gesellschafter,[174] (partielle) Gesamtrechtsnachfolgen wie Ausgliederungen oder Verschmelzungen,[175] ebenso wenig die Rückübertragung nach wirksamer Anfechtung des Erstgeschäftes[176] sowie die gleichzeitige Veräußerung aller Sondereigentumseinheiten an einen Erwerber.[177] Regelmäßig sind jedoch bestimmte **Veräußerungsfallgruppen** (durch den Bauträger bzw. teilenden Eigentümer,[178] den Insolvenzverwalter, Veräußerungen zur Vermeidung einer Zwangsvollstreckung, an Verwandte[179] an Abkömmlinge,[180]

---

169 Nicht erfasst sind demnach z.B. Anteilsverschiebungen zwischen Sondereigentumseinheiten desselben Eigentümers, vgl. *Gutachten,* DNotI-Report 2015, 165; bei Anteilsverschiebungen zwischen verschiedenen Eigentümern ist die Rechtslage umstritten (Verwalterzustimmung ist dann stets erforderlich: *Müller,* Praktische Fragen des Wohnungseigentums, 6. Aufl. 2015 4. Teil Rn. 6; sie ist nur erforderlich bei Verschiebung der Stimm- oder Lastentragungsquoten: KG, NZM 1999, 258, 259).
170 *Gutachten* DNotI-Report 2009, 182; auch wenn dies zur Erfüllung eines Vermächtnisses geschieht, ebenso KG, 01.03.2011 – 1 W 57/11, ZfIR 2011, 381 (nur Ls.), auch wenn dadurch keine neue Person Mitglied des WEG-Verbandes wird (seine Stimmkraft kann sich allerdings dadurch erhöhen).
171 OLG Nürnberg, 31.08.2015 – 15 W 788/15, MittBayNot 2016, 400 (Auseinandersetzung unter Miterben in Gestalt der Auflassung an einen von ihnen; es sei denn, er hätte zu allen Miterben ein in der Gemeinschaftsordnung von der Zustimmungspflicht freigestelltes Verwandtschaftsverhältnis). Zustimmungsfrei ist auch die Übertragung von einer Erbengemeinschaft an sämtliche Miterben zu wertentsprechenden Bruchteilen, OLG Karlsruhe, 25.06.2012 – 14 Wx 30/11, DNotZ 2013, 122 (ebenso *Schmid,* ZfIR 2012, 721, 723), da die Interessen der Gemeinschaft dadurch nicht nachteilig tangiert sein können (weiterhin besteht nur ein einheitliches Stimmrecht und haften alle Mitglieder für die Lasten des Sondereigentums als Gesamtschuldner); im Gegenteil: Die Veräußerung eines Miteigentumsanteils bedarf künftig der Zustimmung, anders als die Veräußerung eines Erbteils.
172 KG, 01.03.2011 – 1 W 57/11, NZM 2012, 317.
173 OLG Hamm, 28.08.2006 – 15 W 15/06, Rpfleger 2007, 139: von der GmbH & Co. KG auf ihre beiden alleinigen Kommanditisten, ebenso KG, 14.06.2016 – 1 W 166/16, notar 2017, 132 bei Veräußerung durch eine GbR an ihre beiden Gesellschafter als hälftige Miteigentümer.
174 Auch nicht bei einer GbR, OLG Celle, 29.03.2011 – 4 W 23/11, NotBZ 2011, 294 (obiter wird dort ausgeführt, dass wegen der Risiken freier Übertragbarkeit der Anteile an einer GbR die Zustimmung zu deren Erwerb verweigert werden könne).
175 §§ 20, 131 UmwG, LG Darmstadt Rpfleger 2008, 21.
176 OLG Hamm 06.07.2010 – 15 Wx 355/09, ZMR 2011, 147 (fragwürdig; die Zuverlässigkeit des früheren Eigentümers kann sich jetzt anders darstellen!). Beruht die Rückübertragung jedoch auf einem in das Belieben des Berechtigten gestellten vorbehaltenen Rückübertragungsanspruch, ist die Verwalterzustimmung erforderlich, OLG Hamm, 19.10.2011 – I-15 W 348/11, RNotZ 2012, 118.
177 OLG Saarbrücken, 07.11.2011 – 5 W 214/11-96, DNotZ 2012, 367; OLG Hamm, 06.03.2012 – I-15 W 96/11, NotBZ 2012, 274.
178 Ist teilender Eigentümer eine GbR, ist die Genehmigungsfreiheit »verbraucht«, sobald das Sondereigentum auf ein Mitglied der GbR übertragen wurde, KG, 26.05.2014 – 1 W 55/14, DNotZ 2014, 700.
179 Dann ist jedoch gem. OLG München, 12.04.2007 – 32 Wx 64/07, NJW 2007, 1536 und KG, 18.10.2011 – 1 W 566/11, JurionRS 2011, 27519 nur die direkte Veräußerung an den Verwandten, nicht an eine aus Verwandten bestehende [teilrechtsfähige!] GbR, freigestellt. Frei ist jedoch die Auseinandersetzung einer Erbengemeinschaft aus Personen des freigestellten Verwandtschaftsgrades, LG Dortmund MittBayNot 2009, 43.
180 Zur Auslegung KG, 28.02.2012 – 1 W 43/12, DNotZ 2012, 621 [»Abkömmlinge eines Miteigentümers«].

Ehegattengeschäfte,[181] unentgeltliche Übertragungen[182]) ausgenommen; das Vorliegen der Voraussetzungen für die Befreiung bedarf dann des Nachweises in der Form des § 29 Abs. 1 Satz 2 GBO (»andere Voraussetzung der Eintragung«).[183] Wegen der Unübertragbarkeit der Verwalterposition als solcher darf der Verwalter **keine Generalvollmacht** erteilen,[184] schon gar nicht an Personen außerhalb seines Einflussbereichs (Notarangestellte!),[185] sondern allenfalls Spezialvollmachten für den Einzelfall. Die Verwalterzustimmung kann durch Zustimmung aller Wohnungseigentümer ersetzt werden, gleichgültig ob ein Verwalter bestellt ist oder nicht.[186]

Ab 01.07.2007 erweitert § 12 Abs. 4 WEG die Möglichkeiten, Angelegenheiten der Gemeinschaft durch Mehrheitsbeschluss zu regeln: Mit **einfacher Mehrheit** kann die Veräußerungsbeschränkung des § 12 WEG (insb. also die Zustimmung des Verwalters) **aufgehoben** werden; dem Grundbuchamt muss (zum Zwecke der möglichst umgehend vorzunehmenden[187] kostenpflichtigen[188] Berichtigung, § 12 Abs. 4 Satz 5 WEG, an die sich auch der Gutglaubensschutz knüpft)[189] der Beschluss durch ein Protokoll[190] gem. §§ 26 Abs. 3, 24 Abs. 6 WEG (Beglaubigung der Unterschriften des Vorsitzenden, eines Wohnungseigentümers und des [ggf. stellvertretenden] Vorsitzenden des Verwaltungsbeirats, sofern vorhanden) nachgewiesen werden, vgl. Rdn. 2204. Die Neubegründung der Veräußerungsbeschränkung erfordert jedoch wiederum eine Vereinbarung aller Wohnungseigentümer samt Grundbucheintragung,[191] allerdings [wegen § 5 Abs. 4 WEG] nicht mehr die Zustimmung der Grundpfandgläubiger.

4181

---

181 Nach KG, ZWE 2011, 220 m. Anm. *Schmidt* soll es zur Genehmigungsfreistellung genügen, dass vor Rechtskraft der Scheidung die schuldrechtliche Verpflichtung eingegangen wurde, richtigerweise sollte sie jedoch dann bereits vollzogen sein, *Langhein* notar 2012, 126, 132. Überträgt die GbR, die nur aus zwei miteinander verheirateten Gesellschaftern besteht, den Grundbesitz auf diese Gesellschafter zu Bruchteilen, liegt kein Tatbestand »Übertragung an den Ehegatten« vor, KG, 14.06.2016 – 1 W 166/16, ZfIR 2016, 511 [nur Ls.].
182 So z.B. wenn nur von »Verkauf« die Rede ist, KG, 17.08.2010 – 1 W 97/10, DNotZ 2011, 377.
183 Z.B. einer aktuellen Eheurkunde gem. §§ 54, 55 Abs. 1 Nr. 2, 57 PStG, vgl. KG, 20.05.2014 – 1 W 234+235/14, DNotZ 2014, 698. Nicht ausreichend wäre die Vorlage eines (unabhängig von einer Eheschließung möglichen) Ehevertrages, erst recht nicht die Bezeichnung der Beteiligten als »Eheleute« eingangs der Urkunde, da sich die Identitätsfeststellung des Notars gem. § 10 Abs. 1 BeurkG nicht auf den Familienstand erstreckt. Zum Nachweis der »Abkömmlingseigenschaft« bedarf es der Geburtsurkunde, § 59 Abs. 1 Nr. 4 PStG, vgl. *Hogenschurz*, MittBayNot 2015, 313, 314.
184 Wie auch umgekehrt eine pauschale, dem WEG-Verwalter erteilte Generalvollmacht aller Wohnungseigentümer in allen mit dem Wohnungseigentum zusammenhängenden Angelegenheiten wegen Verstoßes gegen Strukturprinzipien des WEG unwirksam ist, OLG Frankfurt, 03.11.2014 – 20 W 241/14, notar 2015, 257 m. Anm. *Scheibengruber*; hierzu *Böttcher*, ZNotP 2016, 42, 58 f.
185 *Gutachten* DNotI-Report 1995, 148; Staudinger/*Bub* BGB § 26 WEG Rn. 368 f.
186 OLG Saarbrücken DNotZ 1989, 439; OLG Zweibrücken NJW-RR 1987, 269.
187 *Drasdo* RNotZ 2007, 266 (Unmöglichkeit nachträglicher Beglaubigung der Unterschriften mitwirkender Eigentümer nach deren Versterben oder bei Unerreichbarkeit).
188 KV Nr. 14160 GNotKG: Fixgebühr von 50,00 € pro Grundbuchblatt (OLG München, 17.07.2015 – 34 Wx 137/15 Kost, ZfIR 2015, 622 (nur Ls.); zuvor gem. §§ 76 Abs. 2, 64 KostO: Halbe Gebühr aus ca. 10 % des Werts der Anlage (NotBZ 2007, 309).
189 Vgl. *Wilsch* NotBZ 2007, 309 bei Anfechtung des Beschlusses (§ 23 Abs. 4 WEG), der allein noch keinen Gutglaubensschutz vermittelt. Zu den Folgen späterer Aufhebung des »Verwalterzustimmungs-Abschaffungsbeschlusses« auf zwischenzeitliche Eintragungen Riecke/Schmid/*Schneider* § 12 WEG Rn. 68d ff. *Langhein* notar 2010, 199 plädiert de lege ferenda dafür, stets mit Vollzug der Auflassung Heilung eintreten zu lassen.
190 Nach OLG München, 09.08.2011 – 34 Wx 248/11, ZNotP 2012, 60 m. Anm. *Heinze*, ZNotP 2012, 52 ff. muss hierfür das Beschlussergebnis wiedergegeben und verkündet werden, es genügt nicht die Aussage im Protokoll, dass »die Verwalterzustimmung im Grundbuch per sofort gelöscht werden soll«.
191 OLG München, 04.04.2014 – 34 Wx 62/14, Rpfleger 2014, 418; *Hügel*, DNotZ 2007, 353, und zwar auch, wenn der Aufhebungsbeschluss noch nicht im Grundbuch deklaratorisch vermerkt ist (Verbot

b) Verfahren

4182 Die Zustimmung zum schuldrechtlichen Vertrag ist mit ihrem Zugang wegen ihrer Gestaltungswirkung (Beendigung der schwebenden Unwirksamkeit) unwiderruflich, die (zugleich erteilte) Einwilligung zum dinglichen Geschäft, also zum Vollzug der Auflassung, könnte allerdings gem. § 183 Satz 1 BGB bis zur Endvollzugsvorlage (§§ 878, 873 Abs. 2 BGB) widerrufen werden, sofern sich nicht zumindest aus den Sicherungsinteressen der Beteiligten etwas anderes ergibt.[192] Vorsorglich sollte der dem Verwalter übersandte Genehmigungsentwurf insgesamt die Unwiderruflichkeit (also Widerruflichkeit nur aus wichtigem Grunde) vorsehen. Die Zustimmung zur Veräußerung »gilt« auch für die Rückübereignung, etwa als Folge einer Anfechtung oder des Schadensersatzes statt der ganzen Leistung.[193]

4183 Wird der Beschluss über die Bestellung eines Verwalters erfolgreich[194] angefochten, verlieren nach Auffassung der Rechtsprechung mit dem Wegfall der Verwalterfunktion rückwirkend auch die bereits durch ihn erteilten § 12 WEG-Genehmigungen ihre Wirksamkeit; bereits umgeschriebene Grundbücher werden unrichtig.[195] § 45 FamFG, wonach die Aufhebung einer gerichtlichen Verwalterbestellung die bereits durch diesen Verwalter vorgenommenen Rechtshandlungen unberührt lässt, gilt für den gewählten Verwalter nicht, ebenso wenig werden die Grundsätze zur faktischen ex-nunc-Wirkung des Erkennens fehlerhafter Organbestellung angewendet.[196] Auch die Grundsätze der Anscheins- oder Duldungsvollmacht finden auf die Verwalterzustimmung keine Anwendung. Erhöhte Aufmerksamkeit ist also geboten, wenn sich aus dem vorgelegten Protokoll ergibt, dass die Verwalterbestellung weniger als einen Monat zurückliegt (§ 46 Abs. 1 Satz 2 WEG: Einlegungsfrist ein Monat, Begründungsfrist 2 Monate). Ist ein laufendes Anfechtungsverfahren bekannt, wird der Notar bspw. empfehlen, einen Teilbetrag auf Anderkonto zurückzubehalten, um die Kosten einer etwaigen Erzwingung der Genehmigung gegen einen neu bestellten Verwalter abzusichern.

4184 Davon zu trennen ist die Frage, ob im Fall eines durch Beschluss der Wohnungseigentümer oder des Gerichts (§ 43 Nr. 1 WEG) herbeigeführten **Wechsels** der Miteigentümer bzw. **des Verwalters** vor Stellung des Antrags auf Endvollzug (§ 878 BGB analog)[197] die Zustimmung des neuen Mit-

---

der Umgehung des § 12 Abs. 1 WEG, *Drasdo* RNotZ 2007, 268), vgl. *Herrler*, in: DAI, Aktuelle Probleme der notariellen Vertragsgestaltung im Immobilienrecht 2014/2015, S. 214 ff.

192 So *Kössinger* in: Bauer/v. Oefele GBO § 19 Rn. 200; vgl. *Gutachten* DNotI-Report 2004, 165. Für Unwiderruflichkeit aus den Umständen i.S.d. § 183 Satz 1 a.E. BGB auch *Kreuzer* DNotZ 2012, 11 ff. (Zustimmung ist keine Verfügung über ein eigenes Recht, sondern Ergebnis einer einmal gewährten Gelegenheit zur Überprüfung des Erwerbers). BGH, 11.10.2012 – V ZB 2/12, ZfIR 2013, 25 m. Anm. *Hogenschurz* = DNotZ 2013, 362 m. Anm. *Commichau* geht obiter von der Widerruflichkeit gem. § 183 BGB aus, vgl. Rdn. 2673.

193 OLG Hamm, 06.07.2010 – I-15 Wx 355/09, DNotZ 2011, 129.

194 Allein auf die Einberufung der Wahlversammlung durch eine dazu nicht befugte Person lässt sich die Anfechtung nicht stützen, wenn sich alle Anwesenden auf die Wahl eingelassen haben und die Abwesenheit der anderen Eigentümer auf anderen Gründen (Verhinderung) beruht, OLG München, 06.04.2009 – 32 Wx 3/09, MittBayNot 2009, 462.

195 KG, 31.03.2009 – 1 W 209/05, RNotZ 2009, 479; kritisch hierzu *Gutachten* DNotI-Report 2011, 113, 115 m.w.N.

196 Vgl. hierzu (und zur Nichtanwendung dieses Grundsatzes auf ein fehlerhaft bestelltes Aufsichtsratsmitglied – stattdessen gelte das Kausalitätskriterium – BGH, 19.02.2013 – II ZR 56/12, DNotZ 2013, 624; *Cziupka*, DNotZ 2013, 579 ff.

197 Vgl. *Gutachten* DNotI-Report 2010, 210 ff.; OLG Celle RNotZ 2005, 542; a.A. Staudinger/*Gursky* BGB § 878 Rn. 28: Fungibilitätsbeschränkung ist aus dem Grundbuch selbst ersichtlich, daher keine analoge Anwendung – maßgeblich ist dann der Eigentumswechsel selbst.

eigentümers/Verwalters erforderlich ist[198] (sodass Anderkontoauszahlung erst nach Endvollzugsvorlage vorzusehen wäre)[199] oder nicht.[200] Richtig ist Letzteres,[201] sodass die Verwaltereigenschaft bei Zugang der Genehmigung maßgeblich ist. Der BGH[202] begründet dies mit der Sachwalterstellung des Verwalters für die Wohnungseigentümer (»bloßes Äußerungsorgan«), die sonst über die Zustimmung durch Beschluss (ohne Mitwirkung des Veräußerers) zu entscheiden hätten:[203] auch ein solcher Beschluss wäre gem. § 10 Abs. 4 Satz 1 WEG für Sonderrechtsnachfolger bindend und vom Grundbuchamt bis zu einem abweichenden neuen Beschluss zu beachten. Ob ein etwa nachrückender neuer Verwalter bis zu dem in § 878 BGB bestimmten Zeitpunkt die Zustimmung noch hätte widerrufen können, darf das Grundbuchamt als bloße hypothetische Erwägung nicht prüfen (allerdings würde ein gleichwohl erfolgter Widerruf, den der BGH entsprechend Rdn. 4182 offensichtlich zulässt,[204] den Eigentumserwerb trotz Eintragung hindern!).

Fordert die Gemeinschaftsordnung die Zustimmung jedes einzelnen Eigentümers, entscheidet (wohl) in gleicher Weise die Eigentümerstellung bei deren Erteilung.[205]

Fordert die Gemeinschaftsordnung die Zustimmung jedes einzelnen Eigentümers, entscheidet (wohl) in gleicher Weise die Eigentümerstellung bei deren Erteilung.[206]   **4185**

---

198 So OLG Celle RNotZ 2005, 542: § 183 BGB analog, ferner gestützt auf das Interesse der »künftigen« Eigentümer an der Vermeidung gemeinschaftswidriger Zustände, ebenso OLG Hamm, 12.05.2010 – I-15 W 139/10, RNotZ 2010, 578; OLG Hamburg, 15.03.2011 – 13 W 15/11, ZfIR 2011, 528; OLG Frankfurt am Main, 13.12.2011 – 20 W 312/11, RNotZ 2012, 330 (n.rk.r, Az BGH: V ZB 2/12!).
199 Allerdings bestünde auch hier die Gefahr, dass der Verwalterwechsel zwar bereits zuvor eingetreten ist, aber nicht mehr rechtzeitig bekannt wurde – Fehlen eines »Verwalterregisters« mit Gutglaubenswirkung.
200 »Entsperrung der Fungibilitätsbeschränkung« erfolge mit Zustimmung des derzeit Berechtigten endgültig, vgl. *Kössinger* in: Bauer/v. Oefele GBO § 19 Rn. 202 f.; *Bärmann/Klein* (BGH-Richter!), WEG § 12 Rz. 33; OLG Düsseldorf, 11.05.2011 – I-3 Wx 70/11, ZfIR 2011, 529 m. zust. Anm. *Schneider*; OLG München, 27.06.2011 – 34 Wx 135/11, MittBayNot 2011, 486 m. zust. Anm. *Kössinger*; KG, 28.02.2012 – 1 W 41/12, DNotZ 2012, 773; zust. auch *Hügel* DNotZ 2011, 628 ff. (keine Verfügungsbeschränkung als Ausnahme zu § 137 BGB, sondern Beschränkung des Rechtsinhalts des Wohnungseigentums; der Eigentümergemeinschaft dürfe durch die Verzögerung im Vollzug keine »zweite Chance« entstehen); LG Wuppertal MittRhNotK 1982, 207; *Kesseler* RNotZ 2005, 547 und RNotZ 2011, 419; *Göhmann* RNotZ 2012, 251, 268; maßgeblich sei dann gem. § 12 Abs. 3 WEG bereits das Wirksamwerden des schuldrechtlichen Vertrags.
201 § 876 Satz 3 BGB analog: für Zustimmung eines dinglichen Berechtigten zur Änderung des belasteten Rechts genügt Befugnis bei Zugang der Zustimmung, diese ist damit unwiderruflich – auch § 12 WEG regelt die Zustimmung eines Dritten zu einem dinglichen Rechtsgeschäft über ein Grundstück.
202 BGH, 11.10.2012 – V ZB 2/12, ZfIR 2013, 25 m. Anm. *Hogenschurz* = DNotZ 2013, 362 m. Anm. *Commichau*; *Kesseler*, Aktuelle Probleme der notariellen Vertragsgestaltung im Immobilienrecht 2012/2013, DAI, S. 252 ff.
203 Wobei nicht ganz klar wird, woraus der BGH die Beschlusskompetenz der Eigentümer schöpft: aus § 21 Abs. 3 WEG? Dann wäre aber die Entscheidung des BGH gegen »Zitterbeschlüsse« (BGH, 20.09.2000 – V ZB 58/99, NJW 2000, 3500) obsolet! Kritisch daher *Hügel* NotBZ 2013, 1.
204 Unwiderruflichkeit wäre gegeben, wenn die Zustimmung als »Entsperrung der Fungibilitätsbeschränkung« verstanden würde, vgl. die in der um vier Nummern vorangehenden Fußnote Genannten.
205 *Hogenschurz* ZfIR 2013, 29; ebenso, wenn ausnahmsweise (BGH, 13.05.2011 – V ZR 166/10, ZfIR 2011, 615) der Verwalter aus eigenem Recht, nicht als Interessenwahrer der anderen Eigentümer, zur Entscheidung berufen ist.
206 *Hogenschurz*, ZfIR 2013, 29; ebenso, wenn ausnahmsweise (BGH, 13.05.2011 – V ZR 166/10, ZfIR 2011, 615) der Verwalter aus eigenem Recht, nicht als Interessenwahrer der anderen Eigentümer, zur Entscheidung berufen ist.

Wird versehentlich ohne Genehmigung umgeschrieben, hat der Verkäufer[207] einen **Grundbuchberichtigungsanspruch** (§ 894 BGB), zu dessen Durchsetzung ihn die Eigentümergemeinschaft durch Beschluss anhalten kann.[208]

4186 Ergibt sich die **Verwalterbestellung** nicht (mehr – Bestellung auf max. 5 Jahre bzw. für den ersten Verwalter 3 Jahre, § 26 Abs. 1 Satz 2 WEG[209]) aus der Gemeinschaftsordnung,[210] die i.d.R. Bestandteil der Teilungserklärung ist, kann die rechtzeitig durch Beschluss[211] erfolgte Mehrheits-Wahl[212] bzw. -Verlängerung[213] (jeweils ohne Rückwirkung!)[214] – an welcher auch er selbst als Eigentümer oder aufgrund Vollmachten der Wohnungseigentümer mitwirken kann[215] – durch Protokoll gem. § 26 Abs. 3 WEG[216] (Niederschrift über den Bestellungsbeschluss mit beglaubigten[217] Unterschriften des Versammlungsleiters, eines Wohnungseigentümers[218] und[219] –

---

207 Der selbst zu Unrecht Eingetragene kann sich nicht auf § 894 BGB stützen, sondern muss Feststellungsklage hinsichtlich der Unwirksamkeit seines Geschäfts erheben, BGH, 17.06.2005 – V ZR 78/04, NotBZ 2005, 324. Ein lediglich Vormerkungsberechtigter hat nicht einmal ein Antragsrecht auf Grundbuchberichtigung, OLG Düsseldorf, 04.10.2006 – I-3 Wx 165/06, RNotZ 2006, 613.
208 OLG Hamm, Rpfleger 2002, 20.
209 Hierzu *Drasdo* ZfIR 2013, 279 ff. [auch zu »Umgehungsmöglichkeiten«, z.B. einer sehr kurzen Erstbestellung für wenige Monate, mit anschließender fünfjähriger Neubestellung noch durch den Bauträger etc.].
210 Wobei umstritten ist, ob es sich um einen Beschluss i.S.d. § 23 Abs. 3 WEG der »werdenden« Gemeinschaft, oder einen »Entschluss« sui generis (Staudinger/*Bub* § 26 WEG Bearbeitung 2005 Rn. 122) handelt. Nach a.A. (*Drasdo* RNotZ 2008, 87 ff.) kann die Gemeinschaftsordnung allenfalls eine Ermächtigung enthalten, dass nach Entstehung der Eigentümergemeinschaft (also Vorhandensein von mindestens zwei werdenden Eigentümern) jeder berechtigt sei, eine Versammlung zum Zweck der Verwalterwahl einzuberufen. *Hügel/Elzer*, Wohnungseigentumsgesetz, 3. Aufl. 2015 § 8 Rn 17, 10 Rn. 155, 26 Rn. 68 hält die Bestellung durch den teilenden Eigentümer, obwohl weder Beschluss noch Vereinbarung, für zulässig, die entstandene Wohnungseigentümergemeinschaft könne jedoch durch Beschluss einen anderen Verwalter wählen.
211 Der Beschluss entspricht nur dann den Grundsätzen ordnungsgemäßer Verwaltung (§ 21 Abs. 3 WEG), wenn gleichzeitig zumindest Laufzeit und Vergütung in wesentlichen Umrissen geregelt werden, vgl. BGH, 27.02.2015 – V ZR 114/14, DNotZ 2015, 757. Ein »stellvertretender« WEG-Verwalter kann nicht existieren, die Wahl des eigentlichen WEG-Verwalters bleibt aber dennoch wirksam, KG, 15.03.2016 – 1 W 79/16, ZfIR 2016, 28 (nur Ls.).
212 § 26 Abs. 1 Satz 1 WEG; nicht ausreichend ist die relative Mehrheit bei gleichzeitiger Abstimmung über mehrere Bewerber, BayObLG NZM 2003, 444.
213 § 26 Abs. 2 WEG.
214 Jedenfalls nicht im Außenverhältnis, vgl. *Gutachten* DNotI-Report 2006, 63. Nach der neuerlichen Wahl muss also eine vorher bereits erteilte Genehmigung erneut erteilt werden.
215 OLG Hamm RNotZ 2007, 32: weder gehindert durch § 181 BGB noch durch § 25 Abs. 5 WEG, sogar wenn zugleich über den Verwaltervertrag abgestimmt wird. Nach OLG München, 15.09.2010 – 32 Wx 16/10, NotBZ 2010, 425 gilt dies auch bei der Beschlussfassung über die eigene Abberufung, wenn der WEG-Verwalter Stimmrechtsvollmachten hat.
216 Gute Übersicht zu den Anforderungen bei *Böhringer*, DNotZ 2016, 831 ff. sowie *Hertel*, in: DAI, Aktuelle Probleme der notariellen Vertragsgestaltung im Immobilienrecht 2015/2016, S. 203 ff.
217 Einheitsgebühr von 20,00 € je Unterschrift gem. KV Nr. 25101 Nr. 3 GNotKG; unter Geltung der KostO: Geschäftswert gem. § 30 Abs. 2 KostO nach Ansicht des BGH DNotZ 2009, 31:, im Regelfall 3.000 €, bei größeren Wohnanlagen jedoch 300 bis 500 € je Wohneinheit.
218 Das Grundbuchamt kann prüfen, ob der Betreffende im Grundbuch als Eigentümer eingetragen ist; ob auch werdende Wohnungseigentümer geeignet sind, kann dahingehend bleiben, da die Besitzverschaffung nicht mit Mitteln des § 29 GBO nachgewiesen werden kann: OLG Köln, 15.08.2012 – 2 Wx 195/12, RNotZ 2012, 565 m. krit. Anm. *Stöhr*.
219 OLG Düsseldorf, 22.02.2010 – 3 Wx 263/09, RNotZ 2010, 258 mit tlw. krit. Anm. *Heggen* RNotZ 2010, 455 ff. lässt es jedenfalls bei gleichzeitiger Wahrnehmung der Versammlungsleitung und des Beiratsvorsitzes genügen, dass mit einer Unterschrift beiden Erfordernissen Genüge getan wird. Fraglich ist, ob dies auch bei [in aller Regel gegebener] Funktionsidentität von »Eigentümer« und »Beiratsvorsitz«

falls ein Verwaltungsbeirat[220] besteht – dessen Vorsitzenden[221] bzw. Vertreters, sofern sie anwesend waren[222]) nachgewiesen werden.[223]

▶ **Hinweis:**

Sofern nicht bereits bei der Protokollunterzeichnung (§ 24 Abs. 6 WEG) die Funktion des Unterzeichnenden angegeben ist, sollte dies in der Unterschriftsbeglaubigung geschehen.[224]

Zur Beibringung des Nachweises seiner Verwaltereigenschaft ist der Verwalter verpflichtet (und haftet bei schuldhafter Pflichtverletzung ggü. dem Verkäufer auf den Verzögerungsschaden),[225] zur formellen Prüfung der Nachweisanforderungen der Notar i.R.d. Fälligkeitsüberwachung. Zusätzliche formale Protokollanforderungen in der Gemeinschaftsordnung sind dabei nicht zu prüfen, sie beeinträchtigen die Wirksamkeit des Beschlusses nicht.[226] Allerdings muss das Ergebnisprotokoll den Mindestanforderungen des § 416 ZPO genügen, also die WEG-Anlage bezeichnen, Ort und Datum der Versammlung sowie den Versammlungsleiter bezeichnen, die Tagesordnung sowie die Feststellung der Beschlussfähigkeit und den Inhalt der gefassten Beschlüsse enthalten; sie sollte ferner die Funktion des Unterzeichnenden angeben (was jedoch im Beglaubigungsvermerk nachgeholt werden kann). Das i.S.d. § 24 Abs. 6 WEG behandelte Protokoll ist in beglaubigter Abschrift der unterschriftsbeglaubigten Verwalterzustimmung i.S.d. § 12 WEG beizufügen (§ 12 Satz 1 BeurkG analog); über eine Vollmachtsbescheinigung des Notars i.S.d. § 21 Abs. 3 BNotO kann der Nachweis (wohl) nicht geführt werden.

4187

§ 26 Abs. 3 WEG findet als Regelung zum Nachweis der Beiratsfunktion der Erklärenden entsprechende Anwendung, wenn die Gemeinschaftsordnung (z.B. neben der Zustimmung des Ver-

4188

---

der Fall ist [ablehnend: KG, 20.01.2015 – 1 W 580/14, RNotZ 2015, 214, hierzu *Hertel*, in: DAI, Aktuelle Probleme der notariellen Vertragsgestaltung im Immobilienrecht 2015/2016, S. 208 ff. – zusätzlich ist die Unterschrift eines weiteren Eigentümers erforderlich], oder gar bei Identität aller drei Funktionen. Entgegen OLG Düsseldorf können Unterschriften nachgeholt werden und schadet es auch nicht, dass ein Eigentümer seiner Unterschrift die Bezeichnung »Beiratsmitglied« beifügt [so zu Letzterem richtig OLG Hamm, 08.07.2011 – 15 W 183/11, RNotZ 2011, 540].

220 Wird ein solcher bestellt, muss er aus drei Mitgliedern bestehen [BGH, 05.02.2010 – V ZR 126/09, ZMR 2010, 545 m. Anm. *Elzer*], es sei denn die Eigentümer vereinbaren eine andere Zusammensetzung gem. § 10 Abs. 2 WEG.

221 Das Grundbuchamt kann keine Nachweise verlangen, dass es sich beim Unterzeichner tatsächlich um den Vorsitzenden bzw. stellvertretenden Vorsitzenden des Verwaltungsbeirats handelt, vgl. LG Aachen, 09.11.1984, MittRhNotK 1985, 13; *Heggen* NotBZ 2009, 401, 402 [Erleichterungsfunktion des Gesetzes; Beweisnot], allerdings soll es die Vorlage des privatschriftlichen Protokolls der Eigentümerversammlung verlangen können, in welcher der aktuelle Beirat bestellt wurde [OLG Hamm, 08.07.2011 – 15 W 183/11, RNotZ 2011, 540; kritisch hiergegen *Langhein* notar 2012, 126, 133. Die Vorsitzendeneigenschaft ist jedoch anzugeben, die bloße Beifügung »Verwaltungsbeirat« soll nicht genügen, so OLG München, 30.05.2016 – 34 Wx 17/16, RNotZ 2016, 551 [nur Ls.]]. Die Eigentümereigenschaft kann das Grundbuchamt ohnehin selbst feststellen. Ist der angebliche Verwaltungsbeiratsvorsitzende bei Unterzeichnung nicht im Grundbuch eingetragen, ist die Nachweiswirkung der Niederschrift erschüttert, vgl. OLG Köln, 20.08.2012 – 2 Wx 195/12, 2 Wx 212/12, NotBZ 2013, 314.

222 H.M.; vgl. *Gutachten* DNotI-Report 2012, 149; Nachweise über die Nichtanwesenheit der Beiratsmitglieder bei fehlender Unterschrift kann das Grundbuchamt nicht verlangen, vgl. *Demharter* ZWE 2012, 75, 77.

223 Sofern die Verwalterbestellung außerhalb einer Versammlung im Weg des Zirkularbeschlusses erfolgte, müssen jedoch alle Wohnungseigentümer unterschreiben und deren Unterschriften beglaubigt werden, BayObLG NJW-RR 1986, 565.

224 Vgl. *F. Schmidt*, ZMR 2013, 501 ff.

225 OLG Düsseldorf ZNotP 2004, 201.

226 BGH, 25.09.2015 – V ZR 203/14, NotBZ 2016, 217 m. Anm. *Löffler*, z.B. Erfordernis der Unterzeichnung durch einen Protokollführer, hierzu *Hertel*, in: DAI, Aktuelle Probleme der notariellen Vertragsgestaltung im Immobilienrecht 2015/2016, S. 204 ff.

walters, oder auch statt dessen) die »**Zustimmung des Verwaltungsbeirats**« verlangt,[227] und dürfte als analogiefähiges Modell für sonstige Beschlussnachweise herangezogen werden können.[228] Wird auf die Zustimmung der »Mehrheit der übrigen Wohnungseigentümer« abgestellt, genügt es nicht, dass diese (nach Köpfen) rechtsgeschäftlich einzeln zu erteilen, vielmehr ist ein Mehrheitsbeschluss mit Protokoll gem. § 26 Abs. 3 WEG erforderlich.[229] Scheitert der Nachweis in der Form des § 26 Abs. 3 WEG (etwa da der Versammlungsleiter vor Beglaubigung verstorben ist), bedarf es eines gem. § 26 Abs. 3 WEG zu bearbeitenden Bestätigungsbeschlusses, oder aber alle Sondereigentümer müssten dem Verwalter gem. § 27 Abs. 6 WEG eine Vollmacht erteilen.[230]

4189 Mit Vereinigung aller Sondereigentumseinheiten in einer Hand (auch ohne Schließung der Sondereigentumsgrundbücher) dürfte die Verwaltereigenschaft eo ipso enden.[231] Trotz ihrer Teilrechtsfähigkeit kann eine **GbR** weiterhin nicht WEG-Verwalter sein.[232] Auch bei Mehrhausanlagen, die Unterversammlungen zur Regelung der Gemeinschaftsbelange einzelner Abschnitte abhalten,[233] kann lediglich ein WEG-Verwalter, und zwar für die Gesamteigentümergemeinschaft, bestellt werden.[234] Ist eine Kapitalgesellschaft[235] zum Verwalter bestellt, besteht diese Eigenschaft nach einer Übertragung von Gesellschaftsanteilen oder Gesamtrechtsnachfolgen (**Verschmelzung**) fort (§ 673 BGB wird durch § 20 Abs. 1 Satz 1 UmwG verdrängt), an das Vorliegen eines wichtigen Grundes zur außerordentlichen Kündigung sind dann jedoch keine hohen Anforderungen zu stellen,[236] sofern der Verwaltervertrag keine ausdrückliche[237] oder durch Auslegung (analog § 168 BGB)[238] zu gewinnende Regelung enthält. Die Abspaltung des Teilbereiches »WEG-Verwaltung« lässt die Verwalterstellung des bisherigen Verwalters jedoch unberührt.[239]

---

227 OLG Hamm, 13.03.2013 – I-15 W 311/12, NotBZ 2013, 310.
228 Z.B. für ermächtigende Beschlüsse gem. § 27 Abs. 3 Satz 1 Nr. 7, 2. Alt. WEG, vgl. *Gutachten,* DNotI-Report 2013, 177 ff.; *Langhein,* notar 2014, 123, 128.
229 OLG Hamm, 16.07.2015 – 15 W 294/15, RPfleger 2016, 94; hierzu *Böttcher,* ZNotP 2016, 42, 53.
230 Vgl. *Gutachten,* DNotI-Report 2017, 9, wobei umstritten ist, ob alle Unterschriften zu beglaubigen sind (*Hügel/Elzer,* WEG, § 27 Rn. 169) oder nur die einer Stimmenmehrheit (Bärmann/Merle/*Becker,* § 27 GBO Rn. 319a; vgl. *Heinemann,* MietRB 2014, 188).
231 OLG Düsseldorf NZM 2005, 743 = NJW-Spezial 2005, 531.
232 BGH, 18.05.1989 – V ZB 4/89, DNotZ 1990, 34; bestätigt durch BGH, 26.01.2006 – V ZB 132/05, NotBZ 2006, 171; a.A. zuvor LG Hamburg DNotI-Report 2004, 162. Nach BGH, 28.05.2009 – VII ZR 206/07, ZfIR 2009, 751 kann eine GbR als »Scheinverwalter« aber ermächtigt werden, Ansprüche der Wohnungseigentümergemeinschaft geltend zu machen (für Sachverhalte seit der WEG-Reform fraglich, da § 10 Abs. 6 Satz 3 WEG diese Maßnahmen allein dem Verband überantwortet, vgl. *Becker* ZfIR 2009, 753.).
233 BayObLG MittBayNot 1994, 430; *Häublein* NZM 2003, 785, 791 f.
234 Vgl. *Gutachten* DNotI – Report 2007, 113.
235 Nach BGH, 22.06.2012 – V ZR 190/11 ZfIR 2012, 747 m. Anm. *J. H. Schmidt* (Vorinstanz: LG Karlsruhe, 28.06.2011 – 11 S 7/10, NotBZ 2012, 70 m. Anm. *Armbrüster)* entspricht die Bestellung einer UG (haftungsbeschränkt) wegen ihrer geringen Kapitalausstattung regelmäßig nicht den Grundsätzen ordnungsgemäßer Verwaltung und ist daher anfechtbar.
236 BGH, 21.02.2014 – V ZR 164/13, ZfIR 2014, 327 m. Anm. *Armbrüster/Greis; Krampen-Lietzke,* DNotZ 2014, 524 ff.; ebenso bereits zuvor *Zajonz/Nachtwey* ZfIR 2008, 701 ff.; anders OLG Köln, 09.02.2006 – 2 Wx 5/06, Rpfleger 2006, 395: Erfordernis wirtschaftlicher Identität; zum Ganzen umfassend *Wickel/Menzel* MittBayNot 2009, 203 ff.
237 *Wickel/Menzel* MittBayNot 2009, 203, 208 mit Formulierungsvorschlag.
238 BayObLG NZM 2002, 346, 348: Koppelung des Verwalteramts an das zugrunde liegende Geschäftsbesorgungsmandat.
239 OLG München, 31.01.2014 – 34 Wx 469/13, DNotZ 2014, 524 m. Anm. *Krampen-Lietzke* (fraglich im Lichte der Abschaffung des § 132 UmwG a.F. und von BGH, 21.02.2014 – V ZR 164/13, ZfIR 2014, 327 m. Anm. *Armbrüster/Greis* zur Verschmelzung, vgl. *Herrler,* in: DAI, Aktuelle Probleme der notariellen Vertragsgestaltung im Immobilienrecht 2014/2015, S. 206 ff.

A. Vollzug

Kapitel 11

Auch zur Veräußerung[240] und zum Erwerb[241] seines eigenen Sondereigentums kann der WEG-Verwalter die Zustimmung selbst erteilen (§ 181 BGB steht nicht entgegen, da der Verwalter als Treuhänder aller Wohnungseigentümer in verdeckter, mittelbarer Stellvertretung handelt, also nicht auf beiden Seiten eines Rechtsgeschäfts steht).[242] Ist der Verwalter zugleich Makler des zustimmungsbedürftigen Rechtsgeschäfts, steht ihm zum einen der Maklerlohn angesichts dieser Verflechtung nur bei Vorliegen eines selbstständigen Provisionsversprechens zu; an der Erteilung der Zustimmung nach § 12 WEG ist er jedoch nicht gehindert, da § 181 BGB weder unmittelbar greift (treuhänderisches Handeln für die Sondereigentümer) noch i.S.e. allgemeinen Verbots bei institutionalisierter Interessenkollision erweiternd angewendet werden kann,[243] und auch kein evidenter Missbrauch der Vertretungsmacht (in Analogie übertragen auf die Fälle der mittelbaren Stellvertretung) vorliegt.[244]

4190

▶ **Hinweis:**

Die Anweisung zur Erteilung einer beglaubigten Abschrift an den WEG-Verwalter bei Anforderung der Genehmigung durch den Notar sollte, sofern die Beteiligten einverstanden sind, gem. § 51 Abs. 2 BeurkG in der Urkunde (Verteiler) vermerkt werden. Anderenfalls ist fraglich, ob die Mitteilung anderer Daten als des Vertragsobjekts, der Personalien des Käufers und des Datums des Besitzübergangs sowie der Formulierungen über den Eintritt in die Gemeinschaftsordnung angesichts der Pflicht zur Verschwiegenheit (§ 18 BNotO) in Betracht kommt.[245]

4191

c) Versagung

Die Die Verwalterzustimmung gem. § 12 Abs. 2 WEG darf (unabdingbar) **nur aus wichtigem Grund versagt** werden, also bei Bestehen konkreter Anhaltspunkte für eine gemeinschaftswidrige Gefahr aus der Person des Erwerbers[246] bzw. seines Umfeldes[247] oder dessen fehlender konkreter[248] wirtschaftlicher Leistungsfähigkeit[249] bzw. bei WEG-Modellen mit besonderer Zweckbindung (Ärztehaus; »Betreutes Wohnen«; Mehrhausanlage mit abschnittsweiser Errichtung[250] – jeweils im Fall des Nichteintritts in schuldrechtliche Begleitverträge bzw. der Nichterteilung erforderlicher Vollmachten. Auskunftsansprüche hat der Verwalter dabei nur gegen den Verkäufer, der einerseits

4192

---

240 BayObLG NJW-RR 1980, 1077: § 25 Abs. 5 WEG ist auf das Stimmrecht des Wohnungseigentümers beschränkt.
241 KG DNotZ 2004, 391, a.A. LG Hagen Rpfleger 2007, 196 m. zust. Anm. *Jurksch*: anders als beim Verkauf, bei dem ein Interessengleichlauf (Suche nach einem leistungsfähigen Käufer) bestehe.
242 A.A. (§ 181 BGB analog) LG Hagen RNotZ 2007, 349.
243 *Herrler* ZNotP 2007, 448 ff. und *Gutachten* DNotI-Report 2008, 57; a.A. *Elsing* ZNotP 2007, 414 aufgrund Gleichbehandlung mit dem Maklerlohn; in diesem Fall müssten die Sondereigentümer selbst die Zustimmung erteilen, § 27 Abs. 3 Satz 3 WEG.
244 *Herrler* ZNotP 2008, 279 ff. gegen. *Elsing* ZNotP 2008, 235.
245 Dagegen *Rapp* in: Beck'sches Notarhandbuch, A III Rn. 180; dafür *Liessem*, NJW 1988, 1306.
246 Beispiel aus BayObLG MittBayNot 2003, 54: der Erwerber hat bereits in der Vergangenheit durch provozierendes und beleidigendes Verhalten für Streit mit anderen Wohnungseigentümern gesorgt.
247 OLG Zweibrücken DNotZ 2006, 295.
248 Allein auf den Umstand, dass der Käufer eine GmbH ist, kann die Verweigerung nicht gestützt werden: BayObLG NJW-RR 1988, 1425, anders wohl bei einer 1-€-UG, vgl. *Kreuzer* MittBayNot 2013, 132; nach LG Düsseldorf, 20.07.2016 – 25 S 179/15 genügt jedenfalls für die Versagung der Erwerb durch eine UG, wenn deren Geschäftsführer als früherer Miteigentümer erhebliche Hausgeldrückstände hatte.
249 *Drasdo* NJW-Spezial 2007, 193 empfiehlt die Einholung von SCHUFA-Auskünften; hierin muss der Erwerbsinteressent jedoch einwilligen. In Betracht kommt weiter die Vorlage von Gehaltsbescheinigungen (*Elsing* ZNotP 2008, 236). Allgemein zugänglich sind die Veröffentlichungen auf www.insolvenzbekanntmachungen.de.
250 Hierzu *Hügel*, DNotZ 2003, 517.

die Informationen ggf. beim Käufer zu beschaffen hat.[251] Erteilt der Verwalter seine Zustimmung ohne hinreichenden Grund nicht oder verspätet, haftet er auf Schadensersatz.[252] Haben die Wohnungseigentümer die Entscheidung über die Zustimmung an sich gezogen und verweigert, ist die Klage auf Erteilung gegen sie zu richten;[253] entscheiden sie durch ablehnenden Beschluss, erwächst dieser allerdings mangels Anfechtung in Bestandskraft, auch wenn ein zur Ablehnung berechtigender wichtiger Grund zu Unrecht angenommen worden ist.[254]

4193 Entgegen landläufiger Auffassung besteht kein Zurückbehaltungsrecht wegen rückständiger Hausgeldforderungen des Veräußerers, da das Erfordernis der Verwalterzustimmung nicht den Erwerber schützen soll,[255] ebenso wenig den Veräußerer.[256] Die Genehmigung kann selbst dann nicht verweigert werden, wenn der Erwerber Pflichten des Veräußerers nicht erfüllt, obwohl ihn diese (rückständige Hausgeldforderungen) nach der Gemeinschaftsordnung treffen würden.[257] Eine »**Bearbeitungsgebühr**« steht dem Verwalter nur zu, wenn sie im Verwaltervertrag oder der Gemeinschaftsordnung in angemessener Höhe[258] vereinbart wurde; Schuldner ist dann aber die Eigentümergemeinschaft oder, bei entsprechender Festlegung in der Gemeinschaftsordnung, sonst durch Beschluss oder den Verwaltervertrag, der Veräußerer.

4194 Macht der Verwalter die Verwendung der Zustimmung von der Zahlung der **Notarkosten** und/oder einer Bearbeitungsgebühr (Rdn. 4193) abhängig, können die Beteiligten dies also wegen Verstoßes gegen § 12 Abs. 2 WEG ablehnen; auch der die Verwalterzustimmung beglaubigende Notar selbst sollte sie nicht unter Auflage oder gar per Nachnahme versenden, sondern allenfalls mit der Bitte um kollegiale Kostenvermittlung.[259] Schuldner der Notarkosten[260] ist allein der

---

251 *Gutachten* DNotI-Report 2009, 105 ff.; von der Erteilung solcher Auskünfte kann der Verwalter die Genehmigung abhängig machen, vgl. OLG Hamburg, 28.07.2004, ZMR 2004, 850; *Liessem* NJW 1988, 1306.
252 OLG Düsseldorf, 10.05.2005 – 3 Wx 321/04, MittBayNot 2006, 232; *Hügel,* MittBayNot 2016, 109, 118.
253 BGH, 13.05.2011 – V ZR 166/10, ZfIR 2011, 615 m. Anm. *Hogenschurz.*
254 BGH, 20.07.2012 – V ZR 241/11, ZfiR 2012, 803 (nur Ls.); *Brückner,* in: DAI, 11. Jahresarbeitstagung des Notariats, 2013, Skript S. 340 f.
255 BayObLG MittBayNot 1981, 190.
256 *Sandkühler* in seiner zutreffenden Anm., MittBayNot 2007, 242 gegen OLG Zweibrücken, 27.07.2006 – 4 U 111/05, MittBayNot 2007, 240 (zu einem Hinterlegungs-Haftpflichtfall: vorzeitige Auszahlung vor Erteilung der Genehmigung).
257 KG DNotZ 1998, 390: erst mit Eigentumswechsel rückt der Käufer in diese Pflichten ein.
258 Das KG NJW-RR 1989, 975, hält eine Vergütung von 600,00 DM zzgl. USt noch für vertretbar!
259 Rundschreiben der BNotK, vgl. DNotI-Report 1997, 212, 213; *Schneider/Karsten* RNotZ 2011, 238, 241, Kammerreport der Westfälischen Notarkammer Nr. 4/2010.
260 0,2 Gebühr nach KV Nr. 25100 GNotKG aus dem halben Wert des Immobilienanteils des Rechtsgeschäfts (also ohne Kaufpreisanteile für bewegliche Gegenstände, die Maklercourtage, werterhöhende Schuldübernahmen etc) gem. §§ 121, 98 Abs. 1 GNotKG, höchstens 70 €, sowie Vertretungs-/Vollmachtsnachweise etc. Fertigt der Vollzugsnotar den Entwurf der Verwalterzustimmung, kommt hierfür keine weitere Gebühr in Ansatz, da die Entwurfsfertigung gem. Vorbem. 2.2 Abs. 2 KV GNotKG mit der Vollzugsgebühr abgegolten ist. Beglaubigt er sodann die Unterschrift unter diesem Entwurf, löst dies zusätzlich die 0,2 Gebühr aus, vgl. OLG Hamm, 16.07.2015 – 15 W 152/15, ZNotP 2015, 277 m. zust. Anm. *Tiedtke; ders.,* DNotZ 2016, 576, 588. Findet die Beglaubigung bei einem anderen Notar statt, kommt ggf. der Übersendungsauftrag gem. KV Nr. 22124 GNotKG hinzu: 20 €. Fertigt der »andere Notar« auftragsgemäß den Entwurf der Verwalterzustimmung, erhält er hierfür gem. KV Nr. 24101 GNotKG eine 1,0 Gebühr aus dem halben betroffenen Immobilienwert (§§ 119 Abs. 1, 98 Abs. 1, ohne mitverkaufte bewegliche Sachen: *Notarkasse,* Streifzug durch das GNotKG, 11. Aufl. 2015, Rn. 2736; zum Gebührenrahmen beim Entwurf: § 92 Abs. 2 GNotKG), daneben jedoch keine weitere Gebühr für die anschließende Unterschriftsbeglaubigung: Vorbem. 2.4.1 Abs. 2 KV GNotKG, und keine Übersendungsgebühr, da Vorbem. 2.2.1.2 Nr. 1 KV GNotKG nicht einschlägig ist.

Verwalter selbst gem. § 29 Nr. 1 GNotKG = § 2 Nr. 1 KostO[261] (in der pauschalen Klausel der Urkunde, »sämtliche Kosten des Vertrags« träfen den Käufer, liegt nicht bereits eine unmittelbare Kostenübernahmeerklärung ggü. dem Notar gem. § 29 Nr. 2 GNotKG = § 3 Nr. 2 KostO; auch i.R.d. § 30 Abs. 3 GNotKG gilt die Übernahmeerklärung gegenüber dem Notar nur für »dieses Beurkundungsverfahren«[262] und nur gegenüber dem Kaufvertragsbeurkundungsnotar, nicht gegenüber demjenigen, bei dem der WEG-Verwalter womöglich einen Auftrag zur Fertigung des Genehmigungsentwurfs erteilt[263]). Der Verwalter hat jedoch einen Kostenerstattungsanspruch (§ 670 BGB) gegen die Eigentümergemeinschaft. Die Gemeinschaftsordnung, sonst ein WEG-Beschluss oder der Verwaltervertrag, kann und wird freilich diese Kosten auf den veräußernden Eigentümer abwälzen.[264]

5. Nacherbfolge

a) Zustimmungserfordernisse

Ist der Veräußerer Vorerbe, kann er zwar ein zum Nachlass gehörendes[265] Grundstück schuldrechtlich wie auch dinglich veräußern und belasten, die Verfügung (nicht die Verpflichtung!) ist jedoch bei Eintritt der Nacherbfolge dem Nacherben ggü. gem. § 2113 Abs. 1 BGB insoweit nachträglich (und absolut, also gegenüber jedermann) »automatisch« unwirksam, als sie dessen Recht vereiteln oder beeinträchtigen würde[266] – was in höherem oder geringerem Umfang drohen mag, je nachdem ob der Vorerbe gem. §§ 2136 i.V.m. § 2113 Abs. 1 BGB befreit, also zur entgeltlichen Verfügung berechtigt war, oder nicht. Der Nacherbenvermerk (zu dessen Löschung vgl. Rdn. 4209 ff.) bewirkt in keinem Fall eine »Grundbuchsperre« (Rdn. 4208); gleichwohl muss der Notar dafür Sorge tragen, dass der von ihm begleitete Eigentumserwerb von Dauer ist, also nicht später, beim (zeitlich i.d.R. ungewissen) Eintritt des Nacherbfalls der Nacherbe Grundbuchberichtigung und Besitzherausgabe verlangen kann,[267] so dass trotz vorläufigen Eigentumserwerbs noch keine Erfüllung gem. § 362 BGB eintritt.[268] Ist der **Vorerbe befreit**, ist eine Beeinträchtigung des Nacherben dem Grunde nach ausgeschlossen, wenn es sich zum einen vollentgeltlichen Vorgang handelt, das kein Unentgeltlichkeitselement i.S.d. (nicht abdingbaren) § 2113 Abs. 2 BGB aufweist bzw. der Erfüllung einer gesetzlichen bzw. letztwilligen Verpflichtung dient. Dieser Nachweis ist gegenüber dem Grundbuchamt besonders schwer zu führen, so dass ungeachtet § 29

4195

---

261 OLG Hamm NJW-RR 1989, 974, 975.
262 OLG Brandenburg, 04.07.2007 – 13 Wx 5/07, notar 2008, 32 m. Anm. *Wudy*.
263 LG Düsseldorf, 08.01.2014 – 25 T 623/13, RNotZ 2015, 596.
264 Vgl. *Schneider/Karsten* RNotZ 2011, 238 ff.
265 Anders, wenn nicht der Miteigentumsanteil oder das Grundstück in den vorerbschaftlichen Nachlass fällt, sondern zum Nachlass seinerseits ein Miterbenanteil gehört, und sich in letzterer Erbengemeinschaft ein Grundstück befindet: § 2113 BGB, § 51 GBO gelten nicht (OLG Stuttgart, 14.09.2006 – 8 W 193/06, Rpfleger 2007, 136 m. Anm. *Böhringer; Gutachten* DNotI-Report 2010, 14), auch nicht wenn dem Vorerben bereits ein anderer Anteil am Grundstück gehört (a.A. OLG Hamm Rpfleger 1985, 21).
266 Eine Beeinträchtigung der Nacherbenrechte scheidet stets aus, wenn durch die Verfügung Verpflichtungen des Erblassers erfüllt werden, z.B. die Auflassung zu einem von ihm geschlossenen Kaufvertrag erklärt oder ein Vermächtnis erfüllt wird (zu letzterer Alternative: OLG Düsseldorf DNotZ 2003, 637). Beeinträchtigungen scheiden auch aus, wenn die letztrangige Belastung auf einem Nachlassgrundstück gelöscht wird: selbst wenn der Vorerbe (Eigentümer) hieran Eigentümerrechte erworben hätte, verschaffen sie ihm (und damit dem Nacherben) keinen Rangvorteil, vgl. OLG Hamm, 20.07.2012 – I-15 W 486/11, MittBayNot 2013, 148 m. zust. Anm. *Keim*.
267 Allenfalls bei bedingter Nacherbfolge mit sehr fernliegendem Bedingungseintritt mag ein risikofreudiger Käufer von der vorsorglichen Einholung der Zustimmung des Nacherben absehen, ungeachtet der auch dann intensiven Risikobelehrungen des Notars.
268 BGH, 27.06.2008 – V ZR 83/07, DNotZ 2008, 923.

GBO Beweiserleichterungen gelten.²⁶⁹ Insoweit ist auf Rdn. 252 ff. sowie auf Rdn. 4211 zu verweisen.²⁷⁰

4196 Stets – also bei befreiter wie auch bei nicht befreiter Vorerbschaft – ausreichend ist (im Sinne des sichersten Weges) zur Erlangung permanenter Wirksamkeit der Verfügung (vgl. aber Rdn. 4208) die **Zustimmung** desjenigen, der durch die Verfügungsbeschränkung geschützt werden soll (»volenti non fit iniuria«). Der Zustimmung durch den Nacherben steht es naturgemäß gleich, wenn die Verfügung in Gestalt einer Übertragung an ihn selbst, also unter seiner Mitwirkung, stattfindet.²⁷¹ Die Zustimmung bewirkt jedoch lediglich, dass die konkrete Verfügung beim Eintritt des Nacherbfalls nicht als »den Nacherben beeinträchtigend« unwirksam wird (also in den Fällen des befreiten Vorerben der Nacherbe später nicht mehr damit gehört werden kann, es habe sich doch um einen nur teilentgeltlichen Vorgang gehandelt, bzw. in Fälle der nicht befreiten Vorerbschaft § 2113 Abs. 2 BGB überwunden wird). Soweit Surrogate an die Stelle des betroffenen Objektes (Veräußerungserlös bzw. davon getätigte Nachfolgeanschaffung bei Veräußerung, Darlehenssumme bei Belastung) getreten sind, bezieht sich der Von-Selbst-Erwerb des Nacherben beim Eintritt des Nacherbfalls auf dieses Surrogat (§ 2111 BGB).

Folgende praxisrelevanten Fragenkreise sind dabei zu unterscheiden:

aa) Erforderlichkeit der Zustimmung

4197 Das Zustimmungsbedürfnis besteht auch, wenn die Nacherbschaft ihrerseits nur unter aufschiebender Bedingung steht (z.B. nur für den Fall der Wiederverheiratung des Vorerben bzw. des [bis zu diesem Zeitpunkt] Vollerben²⁷² oder für den Fall, dass der Vorerbe bei seinem Ableben Abkömmlinge hat, angeordnet ist). Bis zum (ungewissen) Eintritt des Umstandes gelten an sich keine Beschränkungen, sodann ist der Erbe jedoch lediglich (aufschiebend bedingt) Vorerbe, und bleibt dies, wenn der Umstand (z.B. der zweiten Ehe) bis zum Eintritt des Nacherbfalls fortbesteht (z.B. bis zu seinem Tod); bzw. es tritt (je nach Inhalt der letztwilligen Verfügung) zugleich mit dem Umstand, der die aufschiebend bedingte Vor- und Nacherbfolge verkörpert, der Nacherbfall ein. Die ganz h.M.²⁷³ geht daher von der Geltung der Nacherbschaftsbeschränkungen von Anfang aus, bereits vor dem Eintritt des aufschiebenden Umstandes, aus (»**konstruktive Vor- und Nacherbfolge**«, so dass auch in diesen Fällen die Zustimmung des möglichen Nacherben erforderlich ist.

4198 Ist der Vorerbe jedoch aufgrund einer **trans- oder postmortal fortgeltenden Generalvollmacht** zur uneingeschränkten Vertretung des Vollmachtgebers/Erblassers auch nach dessen Tod berechtigt, unterliegt er jedenfalls im Außenverhältnis nicht mehr den Beschränkungen des § 2113 BGB, auch nicht denjenigen, von denen der Erblasser den Vorerben gemäß § 2136 BGB nicht befreien kann, so dass ihm **auch teil- oder vollunentgeltliche Übertragungen** zustimmungsfrei möglich sind. Eine unzulässige Aushöhlung der Rechte der Nacherben ist damit nicht verbunden, zumal der Erblasser auch über die Nacherbenrechte Dauertestamentsvollstreckung nach § 2222 BGB hätte anordnen können, und ferner alle Erben, also sowohl Vor- wie auch Nacherben, durch

---

269 OLG Hamm Rpfleger 1999, 386; *Jung* Rpfleger 1999, 207; OLG München DNotZ 2005, 697: Übertragung eines Grundstücks durch Gesellschafter an die Personenhandelsgesellschaft gegen Erhöhung des Kapitalanteils; OLG München, 02.09.2014 – 34 wx 415/13, ErbR 2014, 545: Gegenleistung besteht aus Nießbrauchsgewährung und Restkaufpreiszahlung. Allerdings gilt das Zeugenbeweisverbot auch hier OLG Hamm, 17.02.2005 – 15 W 460/04, ZErb 2005, 429.
270 Vgl. auch *Krauß*, Immobilienkaufverträge in der Praxis, 8. Aufl., Rn. 2860 ff.
271 BayObLG, DNotZ 2005, 790.
272 So die Auslegung bei BGHZ 96, 198 sowie KG, 03.06.2016 – 6 W 127/15, ErbR 2017, 30.
273 Vgl. etwa RGZ 156, 172, 181; BGH, FamRZ 1961, 275, 276; eine Mindermeinung (OLG Celle, 04.10.2012 – 6 W 180/12, MittBayNot 2013, 252 m. abl. Anm. *Braun*) will dem Erblasser die Möglichkeit zugestehen, in der letztwilligen Verfügung zu bestimmen, ob die Nacherbenbeschränkungen von Anfang an gelten sollen oder nicht.

die seitens des Erblassers einheitlich erteilte Vollmacht gebunden sind, also – virtuell – der Bevollmächtigte auch die seitens der Nacherben etwa geforderte Zustimmung ausüben kann.[274] Allerdings unterliegt die Verwendung der Vollmacht zum Einen im Außenverhältnis dem Risiko eines vorzeitigen Widerrufs durch die Erben oder zumindest durch die Nacherben (mit der Folge, dass deren Zustimmung dann doch nicht entbehrlich ist),[275] zum Anderen bleibt der Vorerbe im Innenverhältnis gegenüber den Nacherben zur Wahrung deren Rechte verpflichtet, haftet also bspw. auf Schadensersatz, wenn er den Erlös schlicht »beiseite schafft«. Für das Grundbuchverfahren bleiben solche Umstände jedoch bis zur Grenze des evidenten Vollmachtsmissbrauchs ohne Belang.

bb) Kreis der abstrakt Zustimmungsberufenen

Erforderlich ist die Zustimmung all derjenigen, die der Vorerbe zum Nacherben bestimmt hat, wobei diese individuell mitunter schwer zu bestimmen ist (nachstehend Rdn. 4201). Bei mehreren Nacherben bedarf es der Zustimmung aller; es ist wohl nicht wirksam, bei Zustimmung lediglich einzelner den Quoten»Anteil« des verbleibenden Nacherben gegen Kaufpreiszahlung, die für ihn zu hinterlegen ist, die anderen, von der Zustimmung erfassten, »Quoten« jedoch unentgeltlich, zu übertragen.[276] Sind weitere Nacherben berufen, ist also der Nacherbe seinerseits im Verhältnis zum **Nach-Nacherben** lediglich ebenfalls als Vorerbe eingesetzt, und hat der Nach-Nacherbe der (z.B. unentgeltlichen) Verfügung nicht zugestimmt,[277] ist die Verfügung zwar nicht beim Eintritt der ersten Nacherbfolge, aber beim Eintritt der weiteren Nacherbfolge insoweit unwirksam, als sie das Recht des Nach-Nacherben vereiteln würde, der Eigentümer müsste also den Gegenstand herausgeben.[278] Auch dies ist für notarielle Praxis nicht hinnehmbar und stellt damit keine Erfüllung der Eigentumsverschaffungspflicht dar, so dass auch der Nachnacherbe zustimmen muss.

4199

Sind gem. § 2096 BGB **Ersatznacherben** eingesetzt, sei es ausdrücklich oder stillschweigend, etwa als Folge der auch bei der Nacherbschaft geltenden Auslegungsregel des § 2069 BGB, sind diese mehrfach bedingten Nacherben ebenfalls im Erbschein und im Abt. II – Vermerk im Grundbuch aufzuführen, sie haben aber bis zu ihrer Höherstufung zum Nacherben lediglich eine »Anwartschaft«, kein Anwartschaftsrecht, damit auch keine Sicherungs- oder Kontrollrechte.[279] Ihrer Zustimmung bedarf es daher zuvor nicht (und zwar wohl auch nicht, wenn der Nacherbe die gesamte Nacherbenanwartschaft auf den Vorerben übertragen hat, da die Stellung der möglicherweise dennoch fortbestehenden Ersatznacherben[280] dadurch nicht verbessert werden soll[281]), da ihnen

4200

---

274 Vgl. *Amann*, MittBayNot 2013, 367, 371; abwägend *Keim* DNotZ 2008, 175 ff. (tauglich zur Erweiterung des § 2222 BGB, sofern auch die Vertretung des Nacherben darin erfasst ist).
275 Vgl. *Weidlich*, ZEV 2016, 57, 64.
276 *Gutachten* DNotI-Report 2010, 165 ff. (Beeinträchtigung des nicht zustimmenden Nacherben jedenfalls wegen des Unterschieds zwischen Beteiligung an einem gesamthänderisch gebundenem Grundstück – Chance auf weitere Gewinne durch Teilungsversteigerung – und Kontobestand).
277 Vgl. *Heider* ZEV 1995, 1, 4; OLG Zweibrücken, 12.01.2011 – 3 W 195/10, BeckRS 2011, 03696.
278 Vgl. *Reimann* DNotZ 2007, 582. Bis zum Nachnacherbfall bleibt die Verfügung allerdings wirksam, Grundbuchberichtigung kann daher nicht verlangt werden, OLG München 07.08.2013 – 34 Wx 161/13, RNotZ 2013, 552.
279 Vgl. im Einzelnen *Hartmann*, DNotZ 2016, 899, 905 m.w.N. zur ganz h.M. (abl. zur differenzierenden Auffassung von *Osterloh-Konrad*, AcP 2015, 107, 129 ff., wonach der Erblasser bestimmen könne ob der Ersatznacherbe bereits ab dem Vorerbfall Sicherungsrechte habe oder nicht).
280 Sofern die Ersatznacherbeneinsetzung nicht im Testament durch die Übertragung der Nacherbenanwartschaft auf den Vorerben auflösend bedingt ausgestaltet ist. Andernfalls verliert der Vorerbe seine [auflösend bedingt erlangte] Vollerbenstellung, sobald der Ersatznacherbe an die Stelle des Nacherben tritt, vgl. *Muscheler*, ZEV 2012, 289, 291 ff.
281 *Gutachten*, DNotI-Report 2016, 149, 150 mit Hinweis auf BayObLGZ 1970, 137, 141.

vor Eintritt des Ersatzfalls keine Erbrechte irgendwelcher Art eingeräumt sind.[282] Rücken sie später, nachdem ihr Vormann bereits die Zustimmung erteilt hat, nach, sind sie an dessen Zustimmung gebunden.

cc) *Konkrete Bezeichnung der Zustimmungsberufenen*

4201 Steht ein Nacherbe namentlich fest, bedarf es seiner Zustimmung, auch wenn er den Nacherbfall möglicherweise nicht mehr erlebt. Dies gilt auch, wenn seine Stellung als Nacherbe unter der (noch nicht eingetretenen) auflösenden Bedingung einer bestimmten letztwilligen Verfügung des Vorerben steht (z.B. eines Testaments zugunsten des anderen, dann allein verbleibenden Nacherben) oder gar die gesamte Nacherbfolge unter der (noch nicht eingetretenen) auflösenden Bedingung einer letztwilligen Verfügung des Vorerben zugunsten bestimmter, akzeptierter Personen steht.[283] Auch ein nur **abstrakt bestimmter Nacherbe** ist in gleicher Weise bekannt wie ein namentlich bezeichneter Nacherbe, wenn feststeht, wer die abstrakte Bestimmung erfüllt und sich daran bis zum Nacherbfall außer durch den Tod der bestimmten Person nichts mehr ändern kann: dass (naturgemäß stets) ungewiss ist, ob der Nacherbe den Nacherbfall überhaupt erlebt hätte, er also in der Regel den Vorerben überlebt hätte, ist also unschädlich, vgl. § 2108 Abs. 2 Satz 1 BGB: Dennoch handelt es sich um einen bzw. den schon jetzt bekannten Nacherben. (Beispiel: Nacherbe ist der jeweils erstgeborene Sohn,[284] oder: Nacherben sind die beim Tod des Vorerben vorhandenen Abkömmlinge des Erblassers nach gesetzlicher Erbregel, wie wenn Letzterer zur Zeit des Nacherbfalls gestorben wäre[285]). Unbekanntheit liegt also nur dann vor, wenn der Kreis der Nacherben erst im Zeitpunkt des Eintritts des Nacherbfalls überhaupt bestimmt werden kann oder er (und seine Ersatznacherben) nur für den Fall als Nacherbe berufen sein sollte, dass er den Vorerben überlebe.[286]

Zum vergleichbaren Problem i.R.d. unentgeltlichen Übertragung an den Nacherben (»vorweggenommene Nacherbfolge«) vgl. Rdn. 4220.

4202 Sind Nacherben jedoch tatsächlich unbekannt, etwa da sie lediglich typusbezogen bezeichnet sind (»der ärmste Einwohner der Stadt Ingolstadt« bzw. – wie häufig: »die Abkömmlinge«), und damit – sofern es sich der ausdrücklich oder als Auslegungsergebnis nur um leibliche Abkömmlinge handelt – jedenfalls im Mannesstamm noch bis ins hohe Alter des Vorerben noch weitere Nacherben hinzutreten können bzw. bei Berücksichtigung auch adoptierter Abkömmlinge generell keine (zumindest zwingende gesetzliche) Altersgrenze besteht, wird deren Zustimmung durch einen gerichtlich bestellten **Pfleger** gem. §§ 1913 Satz 2, 1915 Abs. 1 Satz 1 u. 3 BGB erteilt; dessen

---

282 Vgl. RGZ 145, 316; BayObLG NJW-RR 2005, 956; auch einer Anhörung der Ersatznacherben bedarf es nicht: OLG Karlsruhe, 25.08.2015 – 11 Wx 66/15, MittBayNot 2016, 430 m. zust. Anm. *Morhard*; OLG München, 25.02.2015 – 34 Wx 3/15, RNotZ 2015, 301; OLG München, 09.02.2015 – 34 Wx 416/14, ErbR 2015, 262; *Henn,* DNotZ 2013, 246, 248 ff. (da Unrichtigkeitsnachweis vorliegt), *Dumoulin,* DNotZ 2003, 571; a.A noch OLG München, 10.08.2012 – 34 Wx 187/12, DNotZ 2013, 24.
283 OLG München, 05.01.2017 – 34 Wx 324/16, ErbR 2017, 219, dort auch zur durch BGHZ 15, 199 zugelassenen dritten Variante, als Nacherben im Wege der Bedingung diejenigen Erben zu bestimmen, die der Vorerben als seinen Erben einsetzt, im Interesse eines Gleichlaufs beider Erbfolgen.
284 BGH, 19.12.2013 – V ZB 209/12, ZNotP 2014, 106 [hierzu *Schmidt-Räntsch*, ZNotP 2014, 300], zur mehrfach gestuften Nachnacherbfolge gem. § 49 der Erb- und Bruderreinigung der Fürstlich und Gräflich Solmsischen Häuser von 1915, Hessisches Regierungsblatt 1915, S. 71; zu den klassischen Instrumenten bei hausgesetzlichen Verfügungen von Todes wegen [früher: Fürstenprivatrecht], nämlich Nachnacherbfolge und Pflichtteilsverzichten, vgl. *Ehemann,* ZErb 2014, 332 ff.
285 *Zimmer,* NJW 2014, 1595; *Weidlich,* ZErb 2014, 325, 331.
286 Dies ist jedoch, so der BGH im Beschluss der vorgehenden Fußnote, in der Auslegung unwahrscheinlich, da die Entscheidung über Grundstücksverfügungen dann nicht »in der Familie bleiben« könne, also mit Zustimmung des voraussichtlich künftigen Familienoberhaupts möglich ist, sondern stets ein staatlich berufener Pfleger mit Genehmigung des Gerichts mitzuwirken hätte.

Zustimmung bedarf dann zu ihrer Wirksamkeit der betreuungsgerichtlichen Genehmigung gem. § 1821 Abs. 1 Nr. 1 BGB.[287] Diese zeitraubende Prozedur ist allenfalls entbehrlich, wenn das Hinzutreten weiterer Nacherben völlig unwahrscheinlich ist, so in Bezug auf die leibliche Geburt weiterer Kinder bei einer 66jährigen Frau.[288]

dd) Verfahren

Die Zustimmung ist materiell-rechtlich formfrei, bedarf jedoch gem. § 29 GBO der notariellen Beglaubigung, um dem Grundbuchamt ggü. das wirksame Ausscheiden des Grundstücks aus der Vor- und Nacherbfolge nachzuweisen und damit die **Löschung** des (deklaratorischen, gem. § 51 GBO einzutragenden) Nacherbenvermerks[289] bei Endvollzug wegen Unrichtigkeit des Grundbuchs zu ermöglichen (vgl. hierzu unten Rdn. 4209 ff., auch Rdn. 4210 zur lediglich formalen Löschung des Vermerks ohne Beseitigung des Nacherbenrechts selbst). Ist der Vorerbe zugleich gesetzlicher Vertreter des minderjährigen Nacherben, kann er nach herrschender Auffassung[290] die Zustimmung für jenen selbst abgeben, allerdings nur gegenüber dem Vertragspartner, bedarf jedoch hierzu der familiengerichtlichen Genehmigung,[291] sofern er nicht Nacherbenvollstrecker gem. § 2222 BGB ist. Für einen insolventen Nacherben erteilt der Insolvenzverwalter die Zustimmung. In der notariellen Urkunde sollte, wie stets, der Notar zur Entgegennahme seitens aller Beteiligten bevollmächtigt sein, so dass es dem Grundbuchamt gegenüber nicht des Nachweises des Zugangs der Zustimmung bedarf.

4203

Ein Anspruch des Vorerben (keinesfalls des Vertragspartners) auf Erteilung der Zustimmung besteht gem. § 2120 BGB nur, wenn die Verfügung zur ordnungsgemäßen Nachlassverwaltung, insbesondere zur Begleichung von Nachlassverbindlichkeiten, erforderlich ist, z.B., weil kein sonstiger Nachlass zur Verfügung steht. Dies wird eher selten der Fall sein, und kann – da weder durch den Notar noch durch das Grundbuchamt verifizierbar – die eigentliche Zustimmung nicht entbehrlich machen.

4204

ee) beschränkt dingliche Rechte

Bestellt der befreite Vorerbe eine **Grundschuld**, bezieht sich die materiellrechtliche[292] Entgeltlichkeitsprüfung auf die Verwendung der dadurch abgesicherten Darlehensvaluta.[293] Unentgeltlich ist die Grundpfandrechtsbestellung dann, wenn nach wirtschaftlichen Gesichtspunkten objektiv keine gleichwertige Gegenleistung in den Nachlass erbracht wird und subjektiv der Vorerbe die Ungleichwertigkeit entweder erkennt oder jedenfalls bei ordnungsmäßiger Verwaltung die Ungleichwertigkeit hätte erkennen müssen,[294] also bspw. persönliche Verbindlichkeiten des Vorerben gesichert werden oder der auszuzahlende Betrag in sein Eigenvermögen gelangt. Entgeltlichkeit liegt da-

4205

---

287 *Keim*, RNotZ 2005, 368; zu den Voraussetzungen einer solchen Genehmigung (Ermessensentscheidung) vgl. BayObLG v. 10.07.2002, 3 Z BR 82/02, JurionRS 2002, 25925.
288 OLG Hamm NJW-RR 1997, 1095; *Bremkamp*, RNotZ 2011, 36 ff. (trotz reproduktionsmedizinischer Möglichkeiten); ähnlich OLG Celle, 12.08.2010 – 4 W 139/10, BeckRS 2010, 22047.
289 Dieser kann auch im Rahmen eines Surrogationserwerbs aus Mitteln des Nachlasses bei später erworbenem Grundbesitz zur Eintragung gelangen; in der notariellen Urkunde sind die Umstände glaubhaft zu machen und die Berichtigung des Grundbuchs zu bewilligen und zu beantragen; vgl. OLG München, 10.02.2012 – 34 Wx 143/11, RNotZ 2012, 226.
290 Nach anderer, vorsichtiger Auffassung ist er hieran wegen §§ 1629, 1795, 181 BGB stets gehindert, sodass es eines Ergänzungspflegers bedarf., vgl. *Hartmann*, DNotZ 2016, 899, 908 f.
291 OLG Hamm DNotZ 1966, 102.
292 Das Grundbuchamt braucht diese bei (wie hier) bestehen bleibendem Nacherbenvermerk freilich nicht anzustellen, vgl. Rdn. 2195.
293 Wirksamkeit also, wenn die Valuta dem Nachlass zufließt oder dem Vorerben zum gerechtfertigten Bestreiten seines Lebensunterhalts, nicht für Schenkungen an Dritte, vgl. *Gutachten*, DNotI-Report 2006, 125 ff.
294 St. Rspr., vgl. etwa BGH NJW 1984, 366; vgl. i.Ü. *Palandt/Edenhofer* § 2113 Rn. 10.

gegen vor, wenn Verbindlichkeiten gesichert werden, die bereits gegen den Nachlass gerichtet sind oder deren Entstehung sich im Rahmen ordnungsgemäßer Nachlassverwaltung bewegt, die also z.B. dem Vorerben zum gerechtfertigten Bestreiten seines Lebensunterhalts dienen.[295] Das Grundbuchamt braucht diese bei (wie hier) bestehen bleibendem Nacherbenvermerk freilich nicht anzustellen, vgl. Rdn. 4208; liegt die Zustimmung des Nacherben (nicht auch des Ersatznacherben) vor, trägt es auf entsprechende Bewilligung[296] des Nacherben einen Wirksamkeitsvermerk (»das Grundpfandrecht ist dem Nacherben gegenüber wirksam«) ein. Dies wird in der Regel auch von den Kreditinstituten verlangt.

4206 Gleiches gilt für Abt. II – Rechte: Besteht die unentgeltliche, jedoch durch die Nacherben und Nachnacherben genehmigte Verfügung in der Eintragung eines beschränkt dinglichen Rechtes (z.B. Nießbrauchs), kann zur Verlautbarung der Wirksamkeit auch im (künftigen) Zeitpunkt der Nacherbfolge ein **Wirksamkeitsvermerk** zur Eintragung bewilligt werden[297] (ein »Rangrücktritt« mit dem Nacherbenvermerk scheidet dagegen aus).

4207 Besonderheiten bestehen bei der **Löschung von Grundpfandrechten**. Die Aufgabe einer Eigentümergrundschuld des Vorerben stellt regelmäßig eine unentgeltliche Verfügung dar und darf daher nur mit Zustimmung des Nacherben erfolgen. Ausnahmen gelten dann, wenn gleich- oder nachrangige Grundpfandrechte nicht eingetragen sind, der Erblasser bzw. Vorerbe sich zur Löschung der Grundschuld verpflichtet hatte (§ 1179 BGB) bzw. hierzu gesetzlich verpflichtet ist (§ 1179a BGB), auch wenn der gesetzliche Löschungsanspruch für ein neues Grundpfandrecht besteht, das im Zusammenhang mit der Löschung der Eigentümergrundschuld bestellt wurde.[298]

ff) Ausnahme: Akzeptierter Fortbestand der Nacherbenbeschränkungen

4208 Der Nacherbenvermerk ist freilich keine Grundbuchsperre. Der Nacherbe ist bei Eintritt der Nacherbfolge durch den bestehen bleibenden Nacherbenvermerk (etwa im Fall einer Grundschuldbestellung) ausreichend gegen gutgläubigen Erwerb Dritter geschützt. Grundbucheintragungen müssen daher dem Nacherben nicht gem. § 55 Abs. 1 GBO bekannt gegeben werden,[299] sie bedürfen auch – sofern der Nacherbenvermerk bestehen bleibt – keiner Zustimmung des Nacherben, noch ist überhaupt die Wirksamkeit (Entgeltlichkeit etc.) durch das Grundbuchamt zu prüfen.[300] Anders verhält es sich nur, wenn der Nacherbenvermerk wie im Falle etwa eines Kaufvertrages aus Sicht des Erwerbers stets zu fordern, (mit Eigentumsumschreibung) gelöscht werden soll, ferner wenn die Löschung eines der Nacherbfolge unterliegenden Rechtes beantragt wird oder ein Erbbaurecht an einem nacherbschaftsbelasteten Grundstück eingetragen werden soll.

b) Löschung des Nacherbenvermerks

aa) Verzicht auf die Eintragung

4209 Zum Schutz der Rechtsstellung des Nacherben[301] (ggf. § 2113 Abs. 1 BGB: vor entgeltlichen Verfügungen bei nicht befreiter Vorerbenstellung, jedenfalls aber § 2113 Abs. 2 BGB: gegen un-

---

295 Vgl. *Gutachten,* DNotI-Report 2006, 125 ff.
296 Oder aufgrund Unrichtigkeitsnachweises, vgl. BayObLG MittBayNot 1997, 238 und *Stöber,* MittBayNot 1997, 143, 147.
297 Auch hierfür bedarf es lediglich der Mitwirkung der Nacherben und Nachnacherben, vgl. *Gutachten,* DNotI-Report 2015, 84, LG Bonn, RNotZ 2005, 365; a.A. BayObLG, 24.04.1997, DNotZ 1998, 206, 207, wo auch die Zustimmung der Ersatznacherben verlangt wird.
298 Vgl. hierzu *Palandt/Edenhofer* § 2113 Rn. 14.
299 OLG Hamm, 16.01.2015, I-15 W 302/14, ZErb 2015, 132 (die Unwirksamkeit nacherbschaftswidriger Verfügungen ist zwar absolut, d.h. jedermann kann sich darauf berufen, aber hinausgeschoben auf den Zeitpunkt des Nacherbfalls).
300 OLG Frankfurt, 02.08.2011 – 20 W 346/11, DNotZ 2012, 150.
301 Überblick bei *Zimmer,* ZEV 2014, 526 ff.

entgeltliche Verfügungen) ordnet § 51 GBO (bei Nachweis entsprechender gewillkürter Erbfolge in der Form des § 35 GBO)[302] bei gebuchten Vorerben[303] in Bezug auf von der Nacherbfolge erfassten Grundbesitz[304] von Amts wegen die Eintragung eines entsprechenden Vermerks in Abt. II an. Er hat keinen Rang, sondern Hinweischarakter zur Vermeidung gutgläubigen Erwerbs unter Verletzung der Nacherbenrechte. Sind Eintragungen dem Nacherben ggü. wirksam, etwa da er zugestimmt hat, wird dies beim Nacherbenvermerk aufgeführt.[305] Auch Übertragungen, Pfändungen oder Verpfändungen der Nacherbenanwartschaft können im Grundbuch vermerkt werden.[306]

Der Nacherbe kann nach absolut h.M.[307] von vornherein auf den Schutz des Vermerks durch Nichteintragung verzichten (unter Mitwirkung auch der Ersatznacherben, in der Form des § 29 GBO).[308] Wurde der Vermerk (mangels vorherigen Verzichts) eingetragen, können vor Eintritt des Nacherbfalles alle Nacherben **und Ersatznacherben** gleichwohl nachträglich auf ihn verzichten, also die Löschung bewilligen (können weitere Ersatznacherben hinzukommen [»die Abkömmlinge«], bedarf es eines Pflegers gem. § 1913 BGB samt betreuungsgerichtlicher Genehmigung gem. § 1821 Abs. 1 Nr. 1 BGB,[309] soweit keine Nacherbenvollstreckung gem. § 2222 BGB angeordnet ist). Die Notwendigkeit der Mitwirkung der Ersatznacherben ergibt sich aus § 19 GBO, ungeachtet des Umstandes, dass für die Erteilung der Zustimmung zur Veräußerung der noch nicht zum Nacherben heraufgestufte Ersatznacherbe materiell-rechtlich unberücksichtigt bleibt, vgl. Rdn. 4200. Das Nacherbenrecht selbst bleibt durch eine solche formalrechtliche Löschung jedoch unberührt.[310]

4210

bb) Veräußerung des Gegenstandes

Häufiger ist jedoch die Löschung aufgrund Nachweises der anfänglichen[311] oder – so die Regel – nachträglichen Unrichtigkeit des Grundbuches, v.a. weil das Grundstück bzw. das betreffende dingliche Recht dem Nacherben ggü. wirksam aus dem Nachlass ausgeschieden ist (§ 22 Abs. 1 GBO). Bei der **nicht befreiten Vorerbschaft** müssen alle in Betracht kommenden, auch mögli-

4211

---

302 Zur Bindung des Grundbuchamtes an den Erbschein: OLG Frankfurt, 27.01.2010 – 20 W 251/09, BeckRS 2010, 12092 (wobei ein dem Vorerben erteilter Erbschein nicht das Erbrecht des Nacherben bezeugt).
303 Der Nacherbe hat kein eigenes Antragsrecht auf Buchung des Vorerben, sondern muss seinen Anspruch aus § 895 BGB titulieren (§ 14 GBO), vgl. *Böttcher*, NotBZ 2011, 268, 270. Will der Vorerbe ohne eigene Buchung, etwa gestützt auf § 40 GBO, verfügen, muss das Grundbuchamt die Rechte des Nacherben (Gefahr des gutgläubigen Zweit-, nicht Ersterwerbs) wahren, durch Einholung der Zustimmung oder Verlangen einer Voreintragung gem. § 39 Abs. 1 GBO.
304 Ist der überlebende Teil von in Gütergemeinschaft lebenden Eheleuten nur (alleiniger) Vorerbe, gehört nur der Anteil des Verstorbenen am Gesamtgut, nicht das Grundstück selbst zum Nachlass, so dass kein Nacherbenvermerk einzutragen ist, OLG München, 14.03.2016 – 34 Wx 239/15, ZEV 2016, 393 m. Anm. *Böhringer*.
305 BayObLG, MittBayNot 1997, 238.
306 *Böttcher*, NotBZ 2011, 268, 280 f.
307 Krit. hiergegen *Bestelmeyer*, RPfleger 2015, 177 ff. (die Eintragung des Nacherbenvermerks liege auch im öffentlichen Interesse: Legalitätsprinzip).
308 OLG Köln, NJW 1955, 633; ist ein Nacherbenvollstrecker nach § 2222 BGB bestellt, reicht dessen Verzichtsbewilligung aus: BayObLG DNotZ 1990, 56; vgl. *Böttcher*, NotBZ 2011, 268, 272.
309 OLG Düsseldorf, 10.02.2014 – I-3 Wx 171/13, NotBZ 2014, 144; Vgl. *Schaal*, RNotZ 2008, 585; *Böttcher*, NotBZ 2011, 268, 279; vgl. zur Stellung der Ersatznacherben *Henn*, DNotZ 2013, 246, 251.
310 OLG München, 03.02.2017 – 34 Wx 470/16, RNotZ 2017, 383 m. Anm. *Hartlich*.
311 Etwa aufgrund zutreffender anderer Auslegung des Testaments; erforderlich ist die Vorlage eines neuen Erbscheins. Der erfolglose Berichtigungsantrag eines nicht Erbscheinsantragsberechtigten kann jedoch Anlass für das Grundbuchamt sein, im Amtsverfahren nach §§ 84, 87 lit. b, c GBO die Löschung zu prüfen, OLG München, 15.02.2012 – 34 Wx 151/11, DNotZ 2012, 551.

cherweise noch nicht geborenen oder adoptierten (»Abkömmlinge«),[312] Nacherben (nicht aber die Ersatznacherben[313] oder die Nachnacherben) in der Form des § 29 GBO zustimmen (Rdn. 4195 ff.). Bei der **befreiten Vorerbschaft** bedarf es, sofern die Nacherben nicht vorsorglich in der Form des § 29 GBO zugestimmt haben (die Zustimmung der Ersatznacherben ist auch hier entbehrlich!), eines Nachweises über die Entgeltlichkeit, wobei – unter Aufweichung der Formerfordernisse des § 29 GBO – Regeln der Lebenserfahrung und Wahrscheinlichkeit herangezogen werden können.[314] Beim Verkauf an unbeteiligte Dritte genügt daher i.d.R. die Versicherung der Vollentgeltlichkeit in der Urkunde, sofern keine begründeten Zweifel an deren Richtigkeit bestehen, vgl. auch Rdn. 252 ff.[315] Vorsorglich ist allerdings den Nacherben (wiederum nicht den Ersatznacherben[316]) des befreiten Vorerben vor der Löschung rechtliches Gehör zu gewähren.[317] Der Zustimmung durch den Nacherben steht es naturgemäß gleich, wenn die Verfügung in Gestalt einer Übertragung an ihn selbst, also unter seiner Mitwirkung, stattfindet, vgl. Rdn. 4220 ff.[318]

4212 Denkbar ist aber auch der Nachweis, dass in der Verfügung des Vorerben keine Beeinträchtigung der Rechte des Nacherben liegen kann, etwa da allein die **Erfüllung einer Nachlassverbindlichkeit**, eines Vermächtnisses oder einer Teilungsanordnung stattfindet.[319] Schließlich lassen sich verbleibende Zweifel des Grundbuchamtes durch eine ausdrückliche Zustimmung des Nacherben (in der Form des § 29 GBO) beseitigen. Die Rechtsprechung sieht den Nacherben analog § 2120 BGB sogar in der Verpflichtung, die (materiellrechtlich nicht erforderliche) Zustimmung auf Verlangen des befreiten Vorerben zu erteilen, wenn der Käufer es (z.B. auf Betreiben des Grundbuchamtes) verlangt.[320]

Nach Eintritt der Nacherbfolge ist der Unrichtigkeitsnachweis schließlich schon dadurch geführt, dass keine Verfügungen des Vorerben im Grundbuch erfolgt sind.

▶ Formulierungsvorschlag: Löschung Nacherbenvermerk (nicht befreit)

4213 Der Verkäufer ist laut Grundbucheintrag Vorerbe, der von den gesetzlichen Beschränkungen nicht befreit ist, also ohne Zustimmung des Nacherben nicht zu Verfügungen berechtigt ist. Die heute mit erschienenen Nacherben stimmen allen Erklärungen, Bewilligungen und Anträgen des Vorerben zu, ebenso den aufgrund der Finanzierungsvollmacht etwa bestellten Grundpfandrechten,

---

312 Hierzu bedarf es, sofern keine Nacherbenvollstreckung gem. § 2222 BGB angeordnet ist, der Pflegerbestellung gem. § 1913 BGB samt (schwer zu erlangender) Genehmigung des Betreuungsgerichts, §§ 1915 Abs. 1 Satz 1 i.V.m. § 1821 Abs. 1 Nr. 1 BGB. Diese Prozedur ist jedoch entbehrlich, wenn das Hinzutreten weiterer Nacherben völlig unwahrscheinlich ist, so in Bezug auf die leibliche Geburt weiterer Kinder bei einer 66jährigen Frau: OLG Hamm, NJW-RR 1997, 1095; *Bremkamp*, RNotZ 2011, 36 ff. (trotz reproduktionsmedizinischer Möglichkeiten). Sind nur »Abkömmlinge« des Vorerben eingesetzt, können durch Adoption weitere hinzukommen (OLG München, 13.01.2014 – 34 Wx 166/13, RNotZ 2014, 172); gleiches gilt bei »ehelichen Abkömmlingen« (OLG Stuttgart, ZEV 2010, 94), so dass Ergänzungspflegschaft notwendig ist.
313 Auch einer Anhörung der Ersatznacherben bedarf es nicht: OLG München, 09.02.2015 – 34 Wx 416/14, *Henn*, DNotZ 2013, 246, 248 ff.[da Unrichtigkeitsnachweis vorliegt] *Dumoulin*, DNotZ 2003, 571; a.A noch OLG München, 10.08.2012 – 34 Wx 187/12, DNotZ 2013, 24.
314 OLG Hamm, FamRZ 1991, 113; OLG Düsseldorf v. 11.01.2008 – I-3 Wx 228/07, RNotZ 2008, 544.
315 Daher kein Amtswiderspruch gegen die Löschung des Nacherbenvermerks, wenn der Testamentsvollstrecker bei der Veräußerung an einen unbeteiligten Dritten diese Versicherung abgibt, OLG München, 27.06.2012 – 34 Wx 139/12.
316 *Henn*, DNotZ 2013, 246, 250; a.A. OLG Rostock, 02.01.2013 – 3 W 81/12, NotBZ 2013, 465 m. abl. Anm. *Grüner* [sogar wenn die Ersatznacherben im Grundbuchvermerk gar nicht erwähnt sind].
317 BayObLG, 15.06.1994 – 2 Z BR 44/94, NJW-RR 1994, 1360.
318 BayObLG, DNotZ 2005, 790.
319 BayObLG, DNotZ 2001, 808.
320 OLG Frankfurt, 20.04.2011 – 4 U 78/10, RNotZ 2011, 614.

sodass diese Verfügungen auch den Nacherben gegenüber wirksam sind. Weitere Nacherben oder Ersatznacherben sind nicht vorhanden.

Aufgrund des vorstehenden Sachverhalts steht fest, dass der Nacherbfall bzgl. des Vertragsobjekts wegen endgültigen Ausscheidens aus dem Nachlass nicht mehr eintreten kann. Zur Vermeidung einer Unrichtigkeit des Grundbuches wird daher

beantragt,

den Vermerk über die Vor- und Nacherbfolge bei Umschreibung des Eigentums auf den Erwerber zu löschen. Löschungskosten trägt der Veräußerer.

cc) umfassende »Entstrickung«

Daneben[321] tritt – unabhängig von einem Verkauf – die Möglichkeit der **»generellen« Aufhebung der Beschränkungen**. Dies kann entweder dadurch erfolgen, dass alle Nacherben einschließlich aller (ggf. noch ungeborenen!) gem. § 2096 BGB bestimmten bzw. gem. § 2069 BGB im Zweifel berufenen Ersatznacherben[322] die Nacherbschaft ausschlagen und dadurch dem Vorerben nach Maßgabe des § 2142 Abs. 2 BGB die unbeschränkte Erbschaft verschaffen.[323] Daneben können alle Nacherben einschließlich der Ersatznacherben[324] (sofern die Ersatznacherbenstellung nicht durch Übertragung auf den Vorerben auflösend bedingt ist) ihre Nacherbenanwartschaften zu Lebzeiten[325] auf den Vorerben übertragen (§ 2033 Abs. 1 BGB analog, also in notarieller Form), sodass dieser – da die Nacherben ihrerseits Vollerben geworden wären – im Zeitpunkt des Nacherbfalls Vollerbe wird. Haben die Ersatznacherben nicht mitgewirkt, bleibt der Nacherbenvermerk eingetragen, allerdings mit dem Zusatz, dass die Nacherbenstellung dem Vorerben übertragen, aber Ersatznacherbfolge angeordnet sei.[326]

4214

Schließlich kann – ohne Veräußerung des Nachlassgegenstandes – die Löschung des Nacherbenvermerks wegen Unrichtigkeit des Grundbuches dann gelingen, wenn der **Eintritt der Nacherbfolge ausgeschlossen** ist, etwa da kein Nacherbe oder Ersatznacherbe mehr vorhanden sein kann. An diesen Nachweis sind jedoch strenge Anforderungen zu stellen: sind Nacherben die »ehelichen Abkömmlinge«, kommt die Löschung selbst dann nicht in Betracht, wenn biologisch die Geburt weiterer Kinder ausgeschlossen ist, da eine Adoption nicht ausgeschlossen werden kann[327] (anders bei Verwendung des Begriffes »eheliche, leibliche Kinder« oder bei auflösender Befristung der Vorerbschaft, wenn bis zum 60. Lebensjahr keine Kinder geboren oder adoptiert wurden). Die bloße Erklärung des Vorerben, keine Kinder mehr gebähren bzw. zeugen zu wollen, reicht naturgemäß um so weniger aus.[328]

4215

dd) »Entstrickung« eines Einzelgegenstandes

Allein mit Zustimmung des Nacherben (also ohne Mitwirkung der Ersatznacherben) allerdings lassen sich wenigstens für **Einzelgegenstände** die Beschränkungen aufheben (wie dies auch durch Zustimmung im Rahmen einer Übertragung an Dritte möglich gewesen wäre, § 2113 Abs. 1 BGB); wobei die rechtliche Begründung schwankt: Auseinandersetzungsvertrag zwischen Vor-

4216

---

321 Überblick bei *Weidlich*, ZErb 2014, 325 ff.
322 Die betreuungsgerichtliche Genehmigung für eine solche durch einen Pfleger gem. § 1911 BGB zu erklärende Ausschlagung ist aber kaum zu erlangen, vgl. *Zawar*, NJW 2007, 2356.
323 Sodass zur Löschung eingetragener Rechte (z.B. in Abt. II) die Bewilligung der Eigenerben des »Vorerben« notwendig ist, OLG München, 28.04.2011 – 34 Wx 72/11, BeckRS 2011, 22454.
324 A.A. insoweit (gegen die ganz h.M.) *Muscheler*, ZEV 2012, 289 ff. (Konsolidation auch ohne Mitwirkung der Ersatz- oder Nachnacherben).
325 Nachgenehmigungen (z.B. der vollmachtlos vertretenen Nacherben) sind wegen § 184 BGB auch nach Eintritt des Nacherbfalls möglich, OLG Hamm, 23.02.2017 – I-15 W 463/16, EE 2017, 145.
326 OLG München, 25.02.2015 – 34 Wx 3/15, RNotZ 2015, 301.
327 OLG Stuttgart, 07.07.2009 – 8 W 63/09, ZEV 2010, 94 m. Anm. *Heinze*.
328 OLG Hamm, 15.12.2015 – 15 W 514/15, ZErb 2015, 115.

und Nacherbe analog § 2042 BGB;³²⁹ Theorie der Doppelübereignung zwischen Vor- und Nacherbe;³³⁰ In-Sich-Verfügung des Vorerben mit Zustimmung des Nacherben;³³¹ echte »Freigabe« analog § 2217 BGB bzw. § 32 Abs. 3 InsO durch den Nacherben;³³² vgl. auch Rdn. 6713 mit Formulierungsvorschlag in Rdn. 6714. Selbst wenn viele oder gar sämtliche Einzelgegenstände auf diese Weise »freigegeben« werden, und damit die Nacherbenstellung völlig entleert wird, bedarf es der Mitwirkung der Ersatznacherben nicht.³³³

4217 Der Erblasser selbst kann in der letztwilligen Verfügung eine »**gegenständliche Beschränkung**« der Vor- und Nacherbfolge z.B. auf ein einzelnes Grundstück dadurch erreichen, dass er dem Erben am sonstigen, nicht nacherbschaftsbelasteten, Vermögen ein Vorausvermächtnis zuwendet, das gem. § 2110 Abs. 2 BGB nicht der Nacherbfolge unterliegt.³³⁴ In diesem Fall hat bereits der Erbschein (und der hierauf abzielende Antrag) die »ausgenommenen« Gegenstände zu nennen bzw. (vorzugsweise) zu formulieren, von der Nacherbfolge sei das gesamte Vermögen mit Ausnahme des (allein betroffenen) Gegenstandes XY ausgenommen.³³⁵ Hinsichtlich des erfassten Objektes ist diese Lösung wirkmächtiger (gesetzlicher Von-Selbst-Erwerb bei Eintritt der Nacherbfolge!) als das schlichte Vor- und Nachvermächtnis in Bezug auf diesen Einzelgegenstand (Rdn. 6476 ff.).

ee) Surrogation

4218 Die Vor- und Nacherbschaftsbindung setzt sich gem. § 2111 BGB am **Surrogat** fort. Erhält daher im Rahmen einer Erbauseinandersetzung, also »mit Mitteln des Nachlasses«, ein Mitvorerbe eine Immobilie (ohne Verstoß gegen § 2113 BGB³³⁶), unterliegt auch diese der Nacherbfolge und der Vermerk nach § 51 GBO ist amtswegig einzutragen.³³⁷ Mit Eintritt der Nacherbfolge erhält »sein« Nacherbe diesen Gegenstand »von selbst«.³³⁸ Werden daneben eigene Mittel zum Erwerb eingesetzt, unterliegt nur der nachlassfinanzierte Anteil der Nacherbfolge; das Grundbuchamt kann den Beteiligten aufgeben, die Wertverhältnisse offenzulegen.³³⁹ Die Eintragung des Ver-

---

329 *Maurer,* DNotZ 1981, 223, 229. vgl. zum Ganzen *Heskamp,* RNotZ 2014, 517 ff. sowie monografisch *Warlich,* Die Auseinandersetzung zwischen Vor- und Nacherben, 2012.
330 MünchKomm-BGB/*Grunsky* 4. Aufl. 2004 § 2113 Rn. 15.
331 *Keim,* DNotZ 2003, 823.
332 BGH NJW-RR 2001, 217; BayObLG NJW-RR 2005, 956; *Ivo,* Erbrecht Effektiv 2006, 73; *Zawar,* NJW 2007, 2356; *Hartmann,* ZEV 2009, 107 (ohne Mitwirkung der Ersatznacherben möglich); vgl. auch *Gutachten,* DNotI-Report 2010, 85; in diese Richtung auch OLG Hamm, 13.05.2016 – 15 W 594/15, MittBayNot 2017, 166 m. Anm. *Weidlich,* hierzu *Litzenburger,* ZEV 2016, 640), allerdings sei die Mitwirkung des Vorerben ebenfalls erforderlich.
333 Vgl. *Hartmann,* ZEV 2009, 107, 112; ebenso *Weidlich,* ErbR 2016, 675, 584.
334 Bsp: OLG Hamburg, 06.10.2016 – 2 W 69/15, BeckRS 2016, 06250; Formulierungsvorschlag bei Becksches Formularbuch Erbrecht/*Keim,* 3. Aufl. 2014 C II. 3.
335 OLG München, 01.10.2014 – 31 Wx 313/14, RNotZ 2015, 31; hierzu *Gutachten,* DNotI-Report 2015, 35 und *Kroll-Ludwigs,* DNotZ 2015, 385 ff. sowie *Hahn,* ZEV 2016, 360 ff. (der allgemein eine »gegenständlich beschränkte Erbeinsetzung« zulassen will).
336 Andernfalls wird die Nachlassteilung mit Eintritt des Nacherbfalls hinfällig und die gesamthänderische Bindung lebt wieder auf, vgl. *Leitzen,* RNotZ 2012, 159, 161 m.w.N. Schenkungen lassen sich denknotwendig vermeiden, wenn die Erbquoten nach den Wertverhältnissen im Todeszeitpunkt bestimmt sind, sog. »Frankfurter Testament«, vgl. Rn. 277, ebenso durch Vereinbarung von Vorausvermächtnissen, vgl. Formulierungsvorschlag bei *Leitzen,* RNotZ 2012, 159, 164.
337 Und zwar selbst dann, wenn zuvor ein Eintrag nicht möglich war (etwa da nur einer von mehren Gesamthändern der Beschränkung unterlag, BGHZ 171, 350); OLG München, 10.02.2012 – 34 Wx 143/11, FamRZ 2012, 1169.
338 Vgl. *Leitzen,* RNotZ 2012, 159, 160.
339 Der Antrag ist aber nur dann abzulehnen, wenn das Grundbuchamt weiß, dass keine Surrogation vorliegen kann, LG Berlin RPfleger 2005, 188; *Schaub* in: Bauer/von Oefele, GBO, § 51 Rn. 49.

merks am Surrogat hat bereits mit der den Surrogationserwerb sichernden Vormerkung zu erfolgen, da diese einen Gutglaubensschutz erzeugt.[340] Hierzu

▶ Formulierungsvorschlag: Bewilligung der Eintragung des Nacherbenvermerks am Surrogat

Der Erwerber bestreitet den Kaufpreis für den vorliegenden Erwerb zur Hälfte aus dem Erlös, der bei der Veräußerer des Grundbesitzes FlSt ... (AG ... für ... Blatt ...), URNr ..... des Notars ... vom ..... erzielt wurde. Bezüglich dieses Grundbesitzes war gem. Erbschein vom ... des AG ..., Az .... Nacherbfolge angeordnet. Nacherbin für den mit dem Tod des Vorerben eintretenden Nacherbfall ist dessen Tochter ..., geb. .... Der Vorerbe ist von den gesetzlichen Beschränkungen befreit. Im Übrigen wird der Kaufpreis für den vorliegenden Erwerb aus eigenen Mitteln aufgebracht bzw. (teilweise) finanziert. 4219

Der Erwerber bewilligt daher, Zug um Zug als verbundener Antrag gem. § 16 Abs. 2 GBO mit der Eintragung seiner Vormerkung, und sodann der Eigentumsumschreibung auf ihn, bezogen auf einen ideellen ½-Miteigentumsanteil des Vertragsgegenstandes, die Eintragung des vorstehend definierten Nacherbenvermerks in das Grundbuch.

Zur (wohl abzulehnenden) Frage, ob bei Ausübung eines vertraglichen Rückforderungsvorbehaltes die Nacherbschaftsbindung wieder auflebt, vgl. Rdn. 2333.

c) Vorwegnahme der Nacherbfolge

aa) in Einzelgegenstände, mit endgültiger Wirkung

Soll ein der Nacherbfolge unterliegender Gegenstand bereits vorzeitig, »händisch«, durch Rechtsgeschäft dem Nacherben unentgeltlich übertragen werden (»vorweggenommene Nacherbfolge«) – also ein der »Befreiung des Vorerben«, Rdn. 4209 ff., diametral entgegengesetzter Sachverhalt verwirklicht werden – steht es der gem. § 2113 Abs. 2 BGB stets erforderlichen (Rdn. 4195 ff.) Zustimmung durch den Nacherben naturgemäß gleich, dass die Verfügung in Gestalt einer Übertragung an ihn selbst, also unter seiner Mitwirkung, stattfindet.[341] Problematisch ist allerdings, dass sich erst im Zeitpunkt des Nacherbfalls, also i.d.R. beim Tod des Vorerben, entscheidet, wer tatsächlich »Nacherbe« i.S.d. Zustimmungserfordernisses ist (vgl. bereits Rdn. 4211). Demnach ist zu differenzieren[342]: 4220

(1) Sind abstrakt[343] »die Abkömmlinge des Vorerben« eingesetzt,[344] bedarf es für die noch nicht gezeugten oder adoptierten weiteren Nacherben der Zustimmung eines Pflegers gem. § 1913 BGB sowie der Genehmigung durch das Betreuungsgericht, §§ 1821, 1915 BGB. Beide scheitern am Schenkungsverbot (§ 1804 BGB). Auch wenn ein Nacherbentestamentsvollstrecker bestellt ist (§ 2222 BGB), entfällt zwar das Erfordernis einer gerichtlichen Genehmigung, der Vollstrecker unterliegt aber demselben, nicht überwindbaren, Schenkungsverbot (§ 2205 Satz 3 BGB). Abhilfemöglichkeiten bestehen nicht. Wird dennoch vollzogen (was unter Aufrechterhaltung der Nacherbschaftsbindungen möglich ist), kann jedoch im Zeitpunkt der Nacherbfolge Wirksamkeit eintreten, wenn kein weiterer Nacherbe hinzu gekommen ist, oder die hinzu Gekommenen dann zustimmen. Andernfalls fällt der Gegenstand eo ipso an alle Nacherben 4221

---

340 OLG München, 10.02.2012 – 34 Wx 143/11, FamRZ 2012, 1169.
341 BayObLG, DNotZ 2005, 790.
342 Vgl. *Reimann*, MittBayNot 2014, 466 f.
343 Nicht jede allgemeine Umschreibung der Nacherben führt jedoch zur Unbekanntheit des Nacherben, vgl. Rdn. 4211, »der jeweils erstgeborene Sohn«, sofern bereits ein solcher vorhanden ist.
344 So etwa im Fall OLG München, 13.01.2014 – 34 Wx 166/13, MittBayNot 2014, 464 m. Anm. *Reimann*.

4222 (2) Sind nur bestimmte Personen zu Nacherben eingesetzt, genügt deren Mitwirkung bzw. Zustimmung. Es schadet nicht, dass Ersatznacherben (z.B. deren Abkömmlinge) bestimmt sind; deren Mitwirkung ist nicht erforderlich.[345]

(3) Ist jedoch gestaffelte Nacherbfolge (»Nach-Nacherbfolge«) angeordnet, müssen auch die Nachnacherben zustimmen, es sei denn, sie können wegen Zeitablaufs gar nicht mehr berechtigt sein (also wegen Ablaufs der 30 Jahres-Frist des § 2109 Abs. 1 Satz 1 BGB, ab dem Tag des ursprünglichen Erbfalls gerechnet, oder – auch danach – mit dem Ableben des letzten Vorerben (der zugleich Nacherbe zu seinem Vorgänger gewesen sein kann), der beim ursprünglichen Erbfall zumindest gezeugt war, § 2109 Abs. 1 Satz 2, 1923 Abs. 2 BGB; in diesem Zeitpunkt verbleibt die Erbschaft endgültig und ohne weitere Beschränkungen dem dann berufenen (letzten) Nacherben endgültig.[346]

bb) in Einzelgegenstände, unter »Aufrechterhaltung« der Bindungen

4223 Schwierig umzusetzen ist allerdings der häufig anzutreffende Wunsch der Beteiligten, bei einer (etwa zur Schenkungsteuerersparnis, vgl. Rdn. 4407 ff.) vorgezogenen lebzeitigen Übertragung des unter Nacherbfolge (ggf. und Testamentsvollstreckung) stehenden Gegenstandes an den Nacherben die weiteren **Bindungen** ähnlich einer Vollstreckung bzw. einer Nach-Nacherbfolgeanordnung durch lebzeitiges Rechtsgeschäft **aufrechtzuerhalten**. Dingliche Wirkung kann solchen Regelungen wegen § 137 BGB nicht zukommen. In Betracht kommen z.B. »Rückholrechte« zugunsten des Übergebers (Vorerben) für den Fall, dass das übertragene Vermögen beim Eintritt des Nacherbfalls, also beim Ableben des Übernehmers, nicht in der Weise weiterübertragen wird, wie es nach der ursprünglich angeordneten Nach-Nacherbfolge hätte erfolgen müssen. Bei dessen Ausübung wird das Objekt dann jedoch Bestandteil des freien Eigenvermögens des ursprünglichen Vorerben, erweitert also dort möglicherweise Pflichtteilsansprüche Dritter.

4224 Vielleicht kann in diesem Fall ein Rückerwerb unter »wiederauflebender« Nacherbschaftsbindung aufgrund der Surrogationsvorschrift des § 2111 BGB erreicht werden, falls die Übertragung vom Vorerben auf den Nacherben unter der auflösenden Bedingung des »Nichtanfalls« an den Nachnacherben steht. Der Nacherbenvermerk könnte dann jedoch grundbuchlich zunächst nicht gelöscht werden.[347] Unproblematisch ist jedoch der Vorbehalt eines Nießbrauchs aus Anlass der »vorzeitigen Übertragung« an den Nacherben, da die Erträge auch gem. § 2111 Abs. 1 Satz 1, letzter Halbs. BGB allein dem Vorerben zustehen und bei Eintritt des Nacherbfalls, auch wenn sie angesammelt wurden, nicht herauszugeben wären.

cc) hinsichtlich des gesamten Nachlasses

4225 Die Vorwegnahme der Nacherbfolge kann wirtschaftlich durch rechtzeitige **Ausschlagung** der nacherbschaftsbelasteten Erbschaft seitens des Vorerben erfolgen (dem damit gem. § 2306 Abs. 1 BGB, sofern er zum pflichtteilsberechtigten Personenkreis zählt, der unbelastete Pflichtteil in Geld zusteht, ggf. ergänzend zu einer vereinbarten Ausschlagungsentschädigung); der Nacherbe ist im Zweifel gem. § 2102 BGB auch Ersatzerbe und rückt damit nach (schlägt der Nacherbe aus, was vor, aber auch bis sechs Wochen nach Kenntnis vom Nacherbfall erfolgen kann, erhält er ebenfalls gem. § 2306 Abs. 2 BGB ggf. den Pflichtteil; im Zweifel ist dann gem. § 2142 Abs. 2 BGB der Vorerbe insoweit Vollerbe, sofern keine andere Ersatznacherbeneinsetzung auch für den Fall der Ausschlagung gem. § 2142 Abs. 2 a.E. BGB getroffen ist). Daneben kann der Vorerbe die **gesamte Erbschaft** bzw. den betreffenden Erbanteil an den (oder einen von mehreren) Nacherben rechtsgeschäftlich **übertragen**, §§ 2371 ff. BGB.

---

345 BGH, 25.09.1963 – V ZR 130/61, DNotZ 1964, 623; BayObLG, 22.10.1992 – 2Z BR 85/92, DNotZ 1993, 404; BayObLG, 01.03.2005 – 2Z BR 231/04, NJW-RR 2005, 956.
346 Vgl. *Reimann*, DNotZ 2007, 579, 582 f.
347 Gem. Bauer/v. Oefele/*Schaub*, GBO, § 51 Rn. 66, kann auch bei der Rückauflassungsvormerkung zugunsten des Vorerben ein Nacherbenvermerk eingetragen werden.

6. Testamentsvollstreckervermerk

Ähnliches gilt für den von Amts wegen einzutragenden (§ 52 GBO) und daher nicht durch Bewilligung, sondern nur gegen Nachweis der Unrichtigkeit auf Antrag oder wiederum von Amts wegen (§ 84 GBO)[348] zu löschenden **Testamentsvollstreckervermerk** am Grundstück.[349] In Betracht kommt bspw. ein (neuer) Erbschein, der keinen Vollstreckervermerk mehr enthält, oder aber der Nachweis der Niederlegung in unterschriftsbeglaubigter Form samt deren Zugang beim Nachlassgericht und der Nachlass, dass damit die Vollstreckung insgesamt erloschen sei (durch beglaubigte Abschrift des Testaments mit Eröffnungsniederschrift).[350] Weiter wird das Grundbuch mit Eigentumsumschreibung unrichtig, wenn die Wirksamkeit des Testamentsvollstreckerhandelns i.S.d. § 2205 Satz 3 BGB dem Grundbuchamt nachgewiesen ist (Rdn. 238 ff.); dies ist der transaktionsbezogene Regelfall. 4226

Selbst wenn noch ein (gem. § 2368 Abs. 3 Halbs. 2 BGB kraftlos gewordenes) Testamentsvollstreckerzeugnis physisch vorhanden ist,[351] kann dem Grundbuchamt das Erlöschen des Amtes durch andere öffentliche Urkunden nachgewiesen werden,[352] ggf. auch durch Auslegung des Testaments, dass mit dem Ableben des Vollstreckers die Testamentsvollstreckung insgesamt beendet sein solle.[353] Eine förmliche »Entlassung« aus dem Amt oder eine Aufhebung der Vollstreckung durch das Nachlassgericht findet nicht statt.[354] 4227

Der Testamentsvollstrecker hat bei Beendigung seines Amts den Nachlass an den Erben herauszugeben (§ 2218 i.V.m. § 667 BGB), zuvor gem. § 2217 Abs. 1 BGB solche Gegenstände, die er zur Erfüllung seiner Obliegenheiten offenbar nicht benötigt, auf Verlangen des Erben. Hauptanwendungsfall ist die **Freigabe** überschüssiger Vermögenswerte bei der Abwicklungsvollstreckung, die zur Begleichung der Nachlassverbindlichkeiten nicht erforderlich sind, oder bei der Auseinandersetzungsvollstreckung, wenn alle Erben die Teilung durch Vereinbarung ausschließen. Nach h.M. erfordert die wirksame Freigabe keinen Vertrag, führt also gem. § 2217 Abs. 1 Satz 2 BGB zum Erlöschen des Verwaltungsrechts des Testamentsvollstreckers selbst dann, wenn kein Herausgabeverlangen des Erben vorliegt.[355] 4228

Aber auch eine Freigabe ohne gesetzliche Freigabepflicht ist möglich; sie verstößt insbesondere bei Einvernehmlichkeit nicht gegen das Verbot unentgeltlicher Verfügungen (§ 2205 Satz 3 BGB), da Letzteres nur dem Schutz der Erben vor der Verschleuderung von Nachlassgegenständen dient, noch gegen etwaige in der letztwilligen Verfügung enthaltene dingliche Beschränkungen der Verfügungsbefugnis gem. § 2208 Abs. 1 BGB, da diese durch Zusammenwirken von Testamentsvollstrecker und Erben überwunden werden können. Die Löschung des Testamentsvollstreckervermerks im Grundbuch kann – da § 52 GBO nicht verzichtbar ist – nicht allein durch Bewilligung des Berechtigten erfolgen, sondern erfordert den Unrichtigkeitsnachweis gem. § 22 GBO in der Form des § 29 GBO, samt Antrag des Testamentsvollstreckers oder des Erben. Die Unrichtigkeit wird nachgewiesen durch öffentlich beglaubigte Freigabeerklärung des Testamentsvollstreckers, der das Grundbuchamt nur dann nicht Folge leisten darf, wenn es positiv von der Existenz ding- 4229

---

348 Allerdings gilt § 82 GBO (Grundbuchberichtigungszwang) nicht in Bezug auf den Testamentsvollstreckervermerk, OLG München, 22.03.2011 – 20 W 425/10, BeckRS 2011, 21408.
349 Vgl. *Walloschek*, ZEV 2011, 167, 172 f.
350 Vgl. *Schaal*, RNotZ 2008, 582 f.
351 I.d.R. erfolgt der Nachweis ggü. dem Grundbuchamt durch Vorlage eines neuen Erbscheins ohne Testamentsvollstreckervermerk oder durch Anbringung eines Unwirksamkeitsvermerks auf dem Vollstreckerzeugnis, vgl. *Damrau* in: Soergel/Siebert BGB § 2225 Rn. 7.
352 OLG München, MittBayNot 2006, 427 m. Anm. *Weidlich* S. 390 (dortiger Sachverhalt: Übernahme aller Erbteile durch einen Erwerber bei einer Abwicklungsvollstreckung).
353 OLG Frankfurt, 14.07.2006, MittBayNot 2007, 511.
354 BGH, 22.01.1964 – V ZR 37/62, NJW 1964, 1316; *Mayer/Bonefeld* Testamentsvollstreckung, 3. Aufl. § 13 Rn. 42; KG, 08.03.2012 – 1 W 561/11, ZEV 2012, 483.
355 Vgl. *Keim*, ZEV 2012, 450, 451 m.w.N.

lich wirkender Beschränkungen der Verfügungsbefugnis nach § 2208 Abs. 1 BGB weiß; in diesem Fall müssen alle Erben samt etwa eingesetzter Nacherben in der Form des § 29 GBO ebenfalls zustimmen.[356] Ist das Grundbuch noch nicht berichtigt, muss ferner die Erbstellung gem. § 35 Abs. 1 GBO nachgewiesen werden, da der Testamentsvollstrecker nur gegenüber den Erben die Freigabe vollziehen kann, im Übrigen auflassen musste.[357] Der BGH hat schließlich entschieden,[358] dass eine Freigabe nicht dazu missbraucht werden dürfe, § 2205 Satz 3 BGB zu umgehen, indem nämlich die nun wieder zuständig werdenden Erben unmittelbar eine unentgeltliche Überlassung an Dritte vollziehen, die dem Testamentsvollstrecker selbst verschlossen geblieben wäre. In diesem Fall sei ferner die Zustimmung aller Vermächtnisnehmer zur Wirksamkeit erforderlich, die dann auch dem Grundbuchamt nachgewiesen werden müsste.[359]

7. Zustimmung des Ehegatten

a) § 1365 BGB

4230 Eine besonders praxiswichtige privatrechtliche Zustimmung ist die Einwilligung/Genehmigung des **Nichteigentümer-Ehegatten** gem. § 1365 BGB, sofern nicht ehevertraglich Gütertrennung oder im Wege der Modifikation eine Abdingung des § 1365 BGB zumindest für das betreffende Grundstück bzw. sonstige Wirtschaftsgut (Gesellschaftsanteil[360]) vereinbart wurde. Gleiches gilt bei Verfügungen des eingetragenen Lebenspartners sofern der nun auch dort geltende gesetzliche Güterstand der Zugewinngemeinschaft nicht durch notariellen Lebenspartnerschaftsvertrag (§ 7 LPartG) verändert wurde.[361] Dieses absolute Veräußerungsverbot ist für die Sicherheit des Rechtsverkehrs besonders tückisch, da es weder aus dem Grundbuch ersichtlich ist noch durch guten Glauben überwunden werden kann (vorbehaltlich der subjektiven Theorie bei Einzelverfügungen, Rdn. 4234) und damit die Nichtigkeit des Rechtsgeschäfts durch den »übergangenen Ehegatten« (sogar nach Scheidung),[362] aber auch durch den verfügenden Ehegatten selbst, auch nach Eigentumsumschreibung auf den Käufer geltend gemacht werden kann (§ 1368 BGB), ohne dass jenem ein Zurückbehaltungsrecht gegen den Grundbuchberichtigungsanspruch wegen etwa bereits erbrachter Gegenleistungen Kaufpreises zustünde.[363] Sie erfasst auch verfügungsähnliche Änderungen des zustimmungspflichtigen Vertrages, nicht jedoch Aufhebungen.[364] Seit 01.09.2009 rechtfertigt ferner bereits der Versuch, ein unter § 1365 BGB fallendes Rechtsgeschäft zu schließen (z.B. der beim Notar in Auftrag gegebene Entwurf hierfür),[365] den vorzeitigen Zugewinnausgleich zu verlangen (§ 1385 Nr. 2 BGB).

4231 Das Zustimmungserfordernis besteht auch während des Getrenntlebens; das ohne Zustimmung abgeschlossene Rechtsgeschäft wird durch die nachfolgende Scheidung nicht geheilt (»keine Konvaleszenz«),[366] wird allerdings gültig, wenn der andere Ehegatte verstirbt, gleichgültig ob der Zu-

---

356 BGH, 18.06.1971 – V Z.B. 4/71, NJW 1971, 1805, AG Starnberg, RPfleger 1985, 57.
357 OLG München, 27.05.2011 – 34 Wx 93/11, ZEV 2011, 590.
358 BGH, 24.09.1971 – V Z.B. 6/71, NJW 1971, 2264.
359 Richtigerweise sollte es sich aber gem. *Muscheler*, ZEV 1996, 403, 405, nur um denjenigen Vermächtnisnehmer handeln, dessen konkreter Vermächtnisgegenstand freigegeben wird.
360 Mittelbare Verfügungen, also die Veräußerung eines Wirtschaftsgutes durch eine Gesellschaft, deren Anteile dem Ehegatten gehören, sind nicht erfasst.
361 Anders nach dem bis Ende 2004 geltenden Recht, das § 1365 BGB bei allen »Vermögensständen« vorsah: *Böhringer*, Rpfleger 2002, 299.
362 BGH, NJW 1984, 609.
363 MünchKomm-BGB/*Koch*, § 1368 Rn. 19 m.w.N. Auch die Einwendung der unzulässigen Rechtsausübung (venire contra factum proprium) oder des § 817 Satz 2 BGB kommen nur in Betracht, wenn beide Ehegatten treuwidrig gehandelt haben sollten.
364 *Schmidt-Troschke*, NotBZ 2002, 160 f.
365 *Steer*, notar 2009, 330.
366 BGH, NJW 1984, 609; vgl. *Gutachten*, DNotI-Report 2013, 92 ff.

gewinn erb- oder güterrechtlich durchgeführt wird (§ 1371 Abs. 1 bzw. Abs. 2 BGB).[367] Ist der Ehegatte, dessen Zustimmung es bedarf, nicht geschäftsfähig, kann die Zustimmung auch durch einen Bevollmächtigten oder Betreuer erteilt werden (ist der Betreuer zugleich der verfügende Ehegatte, allerdings mangels Befreiung von § 181 BGB nur ggü. dem anderen Vertragspartner); einer betreuungsgerichtlichen Genehmigung bedarf es hierzu auch bei Betreuung nicht.[368]

§ 1365 BGB ist nicht nur bei den seltenen (gem. § 311b Abs. 3 BGB beurkundungspflichtigen, Rdn. 174) Verträgen über das **gesamte Vermögen als Sach- und Rechtsgesamtheit** einschlägig, sondern auch bei **Veräußerung oder Belastung von Einzelgegenständen**, die das »nahezu gesamte« Vermögen darstellen, auch Erbanteilen.[369] Mehrere Einzelübertragungen, die aufgrund eines vorab gefassten Gesamtplans während eines überschaubaren Zeitraums (ca. 15 Monate) stattfinden, sind zusammenzurechnen.[370] Verbleiben bei einem Netto-Vermögen von bis zu 150.000,00 € weniger als 15 %, bei über 150.000,00 € weniger als ca.[371] 10 %, sind die Voraussetzungen des § 1365 BGB objektiv erfüllt.[372] Verglichen wird – wirtschaftlich betrachtet – das Netto-Vermögen vor der Veräußerung (unter Abzug aller Verbindlichkeiten) mit dem Restvermögen nach der Veräußerung (wobei der bezahlte und erhaltene Kaufpreis außer Betracht bleibt – geschützt ist nicht der Werterhalt des ehelichen Vermögens, sondern dessen gegenständliche Zusammensetzung –, allerdings am veräußerten Vermögen zurückbehaltene Nutzungsrechte als »Restvermögen« zu berücksichtigen sind[373] – gerade bei Veräußerungen durch einen getrennt lebenden Ehegatten kann dies hilfreich sein![374]).

4232

▶ **Beispiel zur Veräußerung:**[375]

Vorhanden sind eine Immobilie im Wert von 300.000,00 €, belastet mit 250.000,00 €, und 5.000,00 € sonstiges (Netto-)Vermögen. Das Reinvermögen vor der Veräußerung beträgt also 55.000,00 €. Die Immobilie wird vollentgeltlich (z.B. gegen Schuldübernahme in voller Höhe) übertragen, sodass (ohne Berücksichtigung der erhaltenen Gegenleistung!) lediglich 5.000,00 € Restvermögen verbleiben, also weniger als 10 %. Die Genehmigung ist also erforderlich.

Bei der Prüfung der Erforderlichkeit einer Zustimmungen zu **Belastungen** ist der Verkehrswert vor und nach der Belastung zu vergleichen; dabei werden bereits eingetragene Grundschulden nur in Höhe ihrer aktuellen Valutierung, die zusätzlich einzutragende Grundschuld aber i.H.d. Nominalbetrages, der Nebenleistung und der dinglichen Zinsen für 2 1/2 Jahre[376] berücksichtigt. Gera-

4233

---

367 Vgl. BGH, NJW 1982, 1099. Hat allerdings der nachverstorbene Ehegatte seine Zustimmung vor dem Tod verweigert, wird das Rechtsgeschäft durch dessen Ableben nur wirksam, wenn die Parteien zuvor durch Aufforderung nach § 1366 Abs. 3 Satz 1 BGB oder durch Anrufung des Vormundschaftsgerichts nach § 1365 Abs. 2 BGB den Schwebezustand wiederhergestellt haben, BGHZ 125, 355.
368 Keine Verfügung über ein Grundstück, *Müller*, ZNotP 2005, 420 ff.
369 OLG Koblenz, 27.05.2015 – 13 UF 156/15, ZEV 2016, 35.
370 So der Sachverhalt in OLG Köln, 08.02.2012 – 5 U 181/11, NotBZ 2012, 461. Ausführlich hierzu *Hertel*, Aktuelle Probleme der notariellen Vertragsgestaltung im Immobilienrecht 2012/2013, DAI, S. 36 ff.
371 OLG Köln, 08.02.2012 – 5 U 181/11, NotBZ 2012, 461 sieht auch bei einem Restvermögen von 11,3 % (aus ursprünglich 500.000 €) Genehmigungspflicht.
372 BGH DNotZ 1981, 43; BGH DNotZ 1992, 239.
373 BGH, 16.01.2013 – XII ZR 141/10, NotBZ 2013, 176 m. Anm. *Klepsch* = ZEV 2013, 405 m. Anm. *Litzenburger*.
374 Vgl. *Herrler*, in: DAI, Aktuelle Probleme der notariellen Vertragsgestaltung im Immobilienrecht 2013/2014, S. 322; *Michael*, notar 2013, 367, 368.
375 Nach *Brambring* in: Beck'sches Notarhandbuch A I Rn. 283.
376 BGH, 07.10.2011 – V ZR 78/11 ZfIR 2012, 93 m. Anm. *Zimmer* = MittBayNot 2012, 222 m. krit. Anm. *Gladenbeck* (es sei damit zu rechnen, dass die Verwertung erst zu einem Zeitpunkt erfolgt, in dem auch die dinglichen Zinsen nennenswert in der Rangklasse 4 des § 10 Abs. 1 ZVG vollstreckt werden können).

de bei den in der Praxis häufigen 80 % – Beleihungen kann dies vermehrt zur schwebenden Unwirksamkeit der Grundschuldbestellung führen (§ 1366 Abs. 1, 4 BGB). Bestellt der Käufer (wie üblich) die Finanzierungsgrundschuld sowohl im Namen des derzeitigen Eigentümers (Verkäufers, aufgrund der Finanzierungsvollmacht) als auch eigenen Namens als künftiger Eigentümer (§ 185 Abs. 2 BGB), wird die im Namen des Verkäufers erklärte dingliche Einigung nicht selten (in Addition mit den noch valutierenden Altbelastungen) bei geringem externen Vermögen des Verkäufers mangels erforderlicher Mitwirkung der Ehegatten des Verkäufers noch nicht wirksam sein, die Grundschuld aber jedenfalls aufgrund Bestellung durch den Käufer an seinem Eigentum entstanden sein.

4234 Zum Schutz des Rechtsverkehrs hat der BGH[377] bei **Einzelobjektübertragungen** sich der sog. subjektiven Theorie angeschlossen, wonach § 1365 BGB dann nicht anzuwenden sei, wenn im Zeitpunkt der Beurkundung der Erwerber die Umstände nicht kannte, aus denen sich die oben erläuterten Wertverhältnisse ergeben. Damit wird der »gutgläubige« Erwerber geschützt; das **Grundbuchamt** kann also die Nachreichung der Zustimmung des Nichteigentümer-Ehegatten im Wege der Zwischenverfügung beim Endvollzug[378] nur dann aufgeben, wenn zur Zeit der Entscheidung über den Eintragungsantrag[379] konkrete Anhaltspunkte dafür vorliegen, dass es sich um das überwiegende Vermögen handelt[380] und der Käufer bei Abschluss des Vertrags »bösgläubig« war.[381] Allein der hohe Wert des Übertragungsobjekts genügt nicht als »Anhaltspunkt«,[382] ebenso wenig die Behauptung des »übergangenen Ehegatten«, der Käufer habe die Verhältnisse gekannt.[383] Verlangt das Grundbuchamt zu Unrecht eine Genehmigung gem. § 1365 BGB, muss der Notar zur Vermeidung eigener Haftung dagegen gem. §§ 71, 76 GBO durch Beschwerde, ggf. Beantragung einer einstweiligen Anordnung, vorgehen.[384]

4235 Darlegungs- und beweispflichtig für die Kenntnis z.Zt. der Vornahme des Verpflichtungsgeschäftes ist derjenige, der sich auf die Unwirksamkeit des Rechtsgeschäftes beruft.[385] Bei Veräußerungen an Dritte mögen deshalb Versicherungen des Verkäufers über die Wertverhältnisse bzw. Versicherungen des Käufers hinsichtlich seiner Unkenntnis der Wertverhältnisse hilfreich sein;[386] bei Übertragungen in der Familie wird **kaum je Unkenntnis** vorliegen, welche die subjektive Theorie zum Wirken bringen kann.

4236 Da der Notar dem materiellen Recht verpflichtet ist, hat er gem. § 17 Abs. 2 Satz 2 BeurkG zu belehren und die Genehmigung anzufordern, wenn er weiß, dass es sich um ein zustimmungsbedürftiges Rechtsgeschäft handelt (auch wenn er dadurch den Käufer erst bösgläubig macht!).[387] Fehlen Anhaltspunkte dafür, dass die objektiven und subjektiven Voraussetzungen des § 1365 BGB erfüllt sind, braucht der Notar hierzu jedoch keine Ausforschungen anzustellen.[388] Sofern feststeht, dass die Genehmigung einzuholen ist (diese ist materiell-rechtlich formlos gültig, bedarf jedoch gem.

---

377 NJW 1989, 1609.
378 Für die Eintragung der Vormerkung ist der Nachweis niemals erforderlich, OLG Frankfurt, 01.06.2011 – 20 W 208/11, NotBZ 2011, 398 (nur Ls.).
379 OLG Frankfurt, 03.01.2012 – 20 W 297/11, NotBZ 2012, 225.
380 Vgl. OLG Zweibrücken, NotBZ 2004, 73; OLG Celle, NJW-RR 2000, 384; OLG Hamm, MittBayNot 2006, 41; OLG Schleswig, MittBayNot 2006, 38 m. Anm. *Bauer*.
381 BGH, 21.02.2013 – V ZB 15/12 DNotZ 2013, 686 = NotBZ 2013, 344 m. Anm. *Klepsch*; *Brudermüller*, NJW 2013, 3218; abl. auch *Herrler*, in: DAI, Aktuelle Probleme der notariellen Vertragsgestaltung im Immobilienrecht 2013/2014, S. 318 ff.; ebenso OLG München, 10.09.2009 – 34 Wx 59/09, RNotZ 2009, 651.
382 OLG München, 09.01.2007 – 32 Wx 176/06, MittBayNot 2008, 119 m. Anm. *Bauer*.
383 OLG München, 10.09.2009 – 34 Wx 59/09, RNotZ 2009, 651.
384 OLG Frankfurt, 28.04.2010 – 4 U 265/09, MittBayNot 2010, 496.
385 OLG Jena, 04.02.2010 – 4 W 36/10, JurionRS 2010, 13450.
386 Muster bei *Krauß*, Immobilienkaufverträge in der Praxis, Rn. 8. Aufl., Rn. 2311.
387 OLG Frankfurt, DNotZ 1986, 244.
388 BGH DNotZ 1975, 628.

§ 29 GBO der Beglaubigung der Unterschrift), könnte etwa die in Rdn. 4237 vorgeschlagene Formulierung aufgenommen werden. Materiell-rechtlich hat die Rspr.[389] auch eine **konkludente Zustimmung** des Ehegatten angenommen, jedoch nur, wenn ihm bewusst ist, dass er zu einer rechtlich bedeutsamen Entscheidung berufen ist, also um seine Rechtsmacht, den Vertrag zu verhindern, weiß. Fehlt dieses Erklärungsbewusstsein kann eine konkludente Zustimmung vorliegen, wenn der Ehegatte zumindest hätte erkennen können, dass sein Verhalten als Zustimmung i.S.d. § 1365 BGB verstanden werden mag, und – zusätzliche Voraussetzung – der andere Vertragspartner das Verhalten auch tatsächlich so verstanden hat, also seinerseits um das Zustimmungserfordernis nach § 1365 BGB im konkreten Fall wusste.

▶ Formulierungsvorschlag: Zustimmungserfordernis gem. § 1365 BGB

Der Veräußerer erklärt, dass es sich bei dem von den Verfügungen der heutigen Urkunde erfassten Besitz um sein ganzes oder überwiegendes Vermögen i.S.d. § 1365 BGB handelt. Die Zustimmung seines Ehegatten, ..., wohnhaft in ....., ist daher zu der heutigen Urkunde erforderlich. 4237

Die Beteiligten beauftragen und bevollmächtigen den amtierenden Notar, die Zustimmung des Ehegatten zu dem heutigen Vertrag einzuholen. Der Erwerber weist den amtierenden Notar an, den Ehegatten des Veräußerers gemäß § 1366 Abs. 3 BGB in ihrem Namen zur Abgabe der Genehmigungserklärung unter Übersendung einer Ausfertigung der heutigen Verhandlung aufzufordern. Die Beteiligten verlängern die mit dem Empfang der Aufforderung beginnende Frist des § 1366 Abs. 3 Satz 2, 1. Halbs. BGB auf vier Wochen.

Die Vertragsteile beauftragen und bevollmächtigen den Notar, die Zustimmungserklärung des Ehegatten des Veräußerers mit Wirkung für alle Beteiligten entgegenzunehmen.

Für den Fall, dass die Zustimmung des anderen Ehegatten verweigert wird oder gemäß § 1366 Abs. 3 Satz 2, 2. Halbs. BGB als verweigert gilt, werden die Beteiligten selbst die Ersetzung der Zustimmung durch familiengerichtliche Genehmigung beantragen. Sie bevollmächtigen den Notar insoweit, für sie die gerichtliche Genehmigung entgegenzunehmen, sie dem anderen Vertragsteil mitzuteilen und für diesen die Mitteilung in Empfang zu nehmen.

Ist der Ehepartner, der nicht Eigentümer ist, bei der Beurkundung mit erschienen, kann er vorsorglich als Urkundsbeteiligter herangezogen werden, nicht nur wegen der Zustimmung gem. § 1365 BGB, sondern auch weil möglicherweise außerhalb des Grundbuchs Mitberechtigung am Eigentum gegeben ist (etwa bei Bodenreformland gem. Art. 233 § 11 Abs. 5 EGBGB oder wegen Vorliegens eines ausländischen Güterstands, der Errungenschaftsgemeinschaft vorsieht), sowie um gegenständlich beschränkte Pflichtteilsverzichte (vgl. auch Rdn. 3852) und Erklärungen im Hinblick auf § 1586b BGB mit aufzunehmen und die Zustimmung gem. § 1375 Abs. 3 BGB zu erteilen, so dass die Schenkung dem Endvermögen des schenkenden Ehegatten nicht hinzuzurechnen ist, vgl. den Formulierungsvorschlag in Rdn. 3852. 4238

Auch andere gesetzliche Bestimmungen, die eine Zustimmung zum Verpflichtungs- und/oder Verfügungsgeschäft in Bezug auf Grundbesitz erfordern (etwa § 5 Abs. 1 ErbbauRG) gelten gleichermaßen für unentgeltliche wie für entgeltliche Übertragungen.[390] 4239

b) Ausländischer Güterstand

In seltenen Fällen enthält ein etwaiger **ausländischer Güterstand**, in dem der Veräußerer verheiratet ist, auch (§ 1365 BGB vergleichbare) Verbote von Schenkungen, sofern nicht der Ehepartner zustimmt. Zu nennen sind etwa Belgien (Art. 224 § 1 Nr. 3 und 4 ZGB: Nichtigerklärung durch das Gericht bei Gefährdung der Familieninteressen), die Niederlande (Art. 1: 88 BW) so- 4240

---

389 Etwa OLG Koblenz, 27.05.2015 – 13 UF 156/15, ErbR 2016, A289 (nur Ls).
390 OLG Hamm, 25.11.2011 – I-15 W 440/11. DNotZ 2012, 373; zu diesem Zustimmungserfordernis vgl. ausführlich *Krauß*, Immobilienkaufverträge in der Praxis, 8. Aufl., Rn. 3980 ff.

wie Portugal (Art. 968–2A CC: hinsichtlich der Veräußerung unbeweglichen Vermögens).[391] Solche Verfügungsbeschränkungen unterliegen dem Statut der allgemeinen Ehewirkungen gem. Art. 14 EGBGB, es sei denn, sie gelten nur bei einem bestimmten Güterstand, so dass Art. 15 EGBGB (güterrechtliches Ehewirkungstatut) maßgebend ist.

c) Art. 5 Abs. 1 des Abkommens zum deutsch-französischen Wahlgüterstand (WZGA)

4241 Das Abkommen vom 04.02.2010 zum deutsch-französischen Wahlgüterstand[392] (durch § 1519 BGB als »Wahl-Zugewinngemeinschaft« ins deutsche Recht übernommen)[393] schafft zwischen den Vertragsstaaten (derzeit lediglich Deutschland und Frankreich) materielles Einheitsrecht auf der Grundlage der Zugewinngemeinschaft des BGB unter Hereinnahme von Elementen französischen allgemeinen Ehe- und Güterrechts.[394] Der Güterstand kann seit 01.05.2013 (durch notarielle Beurkundung,[395] mit Registrierung im Zentralen Testamentsregister![396]) begründet werden, wenn im Zeitpunkt seines Wirksamwerdens aufgrund primärer Anknüpfung, Rück- oder Weiterverweisung oder güterrechtlicher Rechtswahl[397] das deutsche oder französische Güterrecht gilt; der gewählte Wahlgüterstand tritt sodann durch abändernden Ehevertrag oder dadurch außer Kraft, dass das Güterrecht eines Nicht-Vertragsstaates Anwendung findet.[398] Der Wahlgüterstand steht auch eingetragenen Lebenspartnern offen.

4242 Inhaltlich unterscheiden sich die Regelungen zur Ermittlung, Verjährung und Stundung der Zugewinnausgleichsforderung und des vorzeitigen Zugewinnausgleichs gem. Art. 8 bis 18 des Abkommens in durchaus interessanten Nuancen vom BGB-Güterstand. So bleiben z.B. Wertänderungen von in die Ehe eingebrachtem Grundbesitz, die ohne Änderung seines Zustands (also allein aufgrund z.B. der Grundstückspreisentwicklung) eingetreten sind, gem. Art. 9 Abs. 2 des Abkommens außer Ansatz, vgl. Rdn. 4900, ebenso zählt Schmerzensgeld zum Anfangsvermögen, Art. 8 Abs. 2 des Abkommens. Der Zugewinnausgleichsanspruch ist auf die Hälfte des End-Reinvermögens des Ausgleichspflichtigen begrenzt, Art. 14 des Abkommens (während § 1378 Abs. 2 BGB die Grenze erst beim vollen Endreinvermögen zieht!).

4243 Art. 5 des Abkommens normiert die Unwirksamkeit von Verpflichtungs- und Verfügungsgeschäften über Haushaltsgegenstände und »über Rechte, durch die die **Familienwohnung** sichergestellt wird«, es sei denn, solche Rechtsgeschäfte würden vom anderen Ehegatten (oder dessen Bevoll-

---

391 Vgl. *Fetsch*, RNotZ 2007, 472.
392 »WZGA«, gem. Gesetz v. 15.03.2012, BGBl. II 2012 178; vgl. auch BT-Drucks. 17/5126, samt erläuternder Denkschrift als Anlage (ab S. 18) und Regierungsbegründung (ab S. 7). Die Ratifikation durch die Assemblée Nationale erfolgte am 17.01.2013, Inkrafttreten sodann nach dem Austausch der Ratifikationsurkunden zum 01.05.2013.
393 Vgl. hierzu den Überblick von *Hoischen*, RNotZ 2015, 317 ff.; *Braun*, MittBayNot 2012, 89 ff., sowie *Süß*, ZErb 2010, 281 und *Jäger*, DNotZ 2010, 804 ff.
394 Bspw. Herausnahme von Schmerzensgeld sowie von solchen Wertsteigerungen bei Grundstücken oder grundstücksgleichen Rechten, die nicht auf Zustandsänderungen zurückzuführen sind, und von Schenkungen durch Verwandte in gerader Linie, Art. 9 Abs. 2 des Abkommens.
395 Vgl. Art. 3 Abs. 1 des Abkommens i.V.m. § 1410 BGB, Art. 1394 CC.
396 Wegen des Einflusses auf die gesetzliche Erbfolge, § 78b Abs. 2 Satz 1 Fall 3 BNotO, und zwar als »sonstige Urkunde« i.S.d. § 1 Satz 1 Nr. 4 ZTRV.
397 Möglicherweise können französische Ehepaare auf diese Weise durch Rechtswahl zugunsten deutschen Rechts, wenn sie dort den gewöhnlichen Aufenthalt haben (vgl. Art. 6 Abs. 1 des Haager Ehegüterrechtsabkommens), sodann den deutsch-französischen Wahlgüterstand ehevertraglich vereinbaren, ohne die einschränkenden Voraussetzungen des französischen Rechts – Ablauf von 2 Jahren seit Beginn des Güterstands sowie Notwendigkeit einer gerichtlichen Genehmigung, Art. 1396 Abs. 3, 1397 CC – einhalten zu müssen.
398 Vgl. *Schaal*, ZNotP 2010, 162, 164.

mächtigten[399]) genehmigt bzw. die Genehmigung gerichtlich ersetzt.[400] Bei dieser Beschränkung, die Art. 215 Abs. 3 CC nachgebildet ist, dürfte es sich aus deutscher Sicht (anders als im französischen Recht: Nichtigkeitsklage binnen eines Jahres ab Kenntniserlangung) um eine absolute Verfügungsbeschränkung handeln,[401] die bspw. bei der Veräußerung der Familienwohnung oder zugehöriger Teile (Keller, Stellplatz etc.), ihrer Belastung mit Verwertungsrechten (Grundschulden!),[402] der Bestellung eines Nutzungsrechts zugunsten eines Dritten an der Familienwohnung, der Vermietung der Familienwohnung (oder die Kündigung des eigenen Mietvertrages), aber auch bei der Löschung eines Nießbrauchs- oder Wohnungsrechts, das bisher zur Eigennutzung für die Familie in Anspruch genommen wurde, oder bei der Kündigung einer in Bezug auf die Wohnung bestehenden Sachversicherung einschlägig sein kann.[403] Der Schutz der Familienwohnung besteht auch bei Getrenntleben weiter. Letztwillige Verfügungen oder Akte der Zwangsvollstreckung sind nicht davon betroffen. Der »übergangene« Ehegatte kann seine Rechte auf Herausgabe und Grundbuchberichtigung unmittelbar gegen den Dritten geltend machen (§§ 1519 Satz 2 i.V.m. 1368 BGB), ohne dass der Dritte wegen des gezahlten Kaufpreises ein Zurückbehaltungsrecht hiergegen hätte!

▶ Hinweis:

Gestalterisch[404] lässt sich die durch Art. 5 Abs. 1 des Abkommens (WZGA) geschaffene dingliche Verfügungssperre zum Schutz der Familienwohnung durchaus nutzen: Wird die Familienwohnung durch Übertragung an den Ehepartner vor (nach Ablauf der vierjährigen Anfechtungsfrist drohenden) Zugriffen eines Gläubigers in Sicherheit gebracht, weiß sich der »abgebende« Ehegatte gegen »heimliche« Belastungen oder Veräußerungen durch Art. 5 Abs. 1 WZGA geschützt, es bedarf also insoweit nicht eines (vormerkungsgesicherten) Rückforderungsvorbehalts (der mit dem Risiko einhergeht, dass Dritte den künftigen, bedingten, Rückübereignungsanspruch pfänden und einen diesbezüglichen Vermerk bei der Vormerkung eintragen lassen, der auch einvernehmliche Verfügungen über den betroffenen Grundbesitz ohne Mitwirkung des Pfändungsgläubigers faktisch ausschließt, Rdn. 2130 ff.

4244

Art. 16 Abs. 1 EGBGB bewirkt keinen Gutglaubensschutz, da es sich nicht um einen ausländischen, sondern um einen inländischen Güterstand handelt. § 1412 BGB würde zwar an sich gelten, sodass Einwendungen aus Art. 5 Abs. 1 des Abkommens einem Dritten ggü. nur hergeleitet werden können, wenn der Wahlgüterstands-Ehevertrag im Güterrechtsregister eingetragen war (gleichgültig ob dieses durch den Dritten eingesehen wurde oder nicht), oder der genannte Ehevertrag dem Dritten positiv bekannt war,[405] unverständlicherweise schließt jedoch § 1519 Satz 3 BGB die Anwendung des § 1412 BGB ausdrücklich aus.[406] Als absolute Verfügungsbeschränkung ist das Vorliegen eines deutsch-französischen Wahlgüterstands im Grundbuch nicht eintra-

4245

---

399 Aus deutscher Sicht auch kraft Generalvollmacht seitens des verfügenden Ehegatten, vgl. *Amann*, DNotZ 2013, 252, 265; anders gem. Art. 1988 Satz 2, 218 Abs. 2 CC.
400 Durch das Familiengericht als Einzelrichter, §§ 111 Nr. 9, 261 Abs. 2 FamFG, §§ 13, 23a Abs. 1 Nr. 1, 23b Abs. 1 und 3 GVG. Der Beschluss wird erst mit Rechtskraft wirksam, § 40 Abs. 3 Satz 1 FamFG.
401 Ausführlich, auch zum Folgenden, *Hoischen*, RNotZ 2015, 317, 330 ff.; *Schaal*, ZNotP 2010, 162, 167.
402 Vgl. *Amann*, DNotZ 2013, 252, 261 ff. mit Blick auf das französische und schweizerische Recht, das insoweit Pate stand. Ein Vorkaufsrecht kann jedoch zustimmungsfrei eingetragen werden, zumal es den Abverkauf eher erschwert.
403 Gehört eine Familienwohnung zum Vermögen einer Gesellschaft, dürften jedoch Verfügungen über die Gesellschaftsanteile wohl nur von Art. 5 des Abkommens erfasst sein, wenn die Gesellschaft ausschließlich das Halten dieser Wohnung bezweckt, *Amann*, DNotZ 2013, 252, 258.
404 Hinweis von *Amann*, DNotZ 2013, 252, 280.
405 *Jäger*, DNotZ 2010, 804, 821; *Sengl*, Rpfleger 2011, 125, 128.
406 Hiergegen *Braun*, MittBayNot 2012, 89, 91.

gungsfähig;[407] das Grundbuchamt darf Eintragungen nur ablehnen, wenn es positive Anhaltspunkte für ihr Vorliegen hat. Die genannte Verpflichtungs- und Verfügungsbeschränkung kann auch nicht durch Ehevertrag abbedungen werden (Art. 3 Abs. 3 des Abkommens).

Damit steht dem Notar kein taugliches Schutzinstrument für die Vertragsgestaltung zur Verfügung.[408] Im Rahmen der vorweggenommenen Erbfolge wird der Erwerber als Familienangehöriger freilich selten im Irrtum sein über den Güterstand des Veräußerers und den Charakter als Familienheim.

4246 En passant erwähnt sei noch die Besserstellung des überlebenden Ehegatten durch Gewährung des güterrechtlichen Zugewinnausgleichs auch ohne dass er enterbt sein oder das ihm Zugewendete ausschlagen müsste, Art. 12 Abs. 1 des Abkommens, was bei disparitätischen Ehen deutlich pflichtteilsreduzierende Auswirkungen haben kann (trotz der Erhöhung der Pflichtteilsquote der Kinder aufgrund des Unterbleibens der Erhöhung um das Ehegattenviertel), jedenfalls wenn der Zugewinnausgleichsanspruch größer ist als ein Drittel des Nachlasses, Rdn. 3588 ff. Der Ausgleich des Zugewinns nach Beendigung der Wahl-Zugewinngemeinschaft (gleichgültig ob diese durch Tod, Scheidung oder Güterstandswechsel herbeigeführt wird) ist gem. § 5 Abs. 3 ErbStG ebenfalls schenkung- und erbschaftsteuerfrei, Rdn. 4899 ff.

IV. Schieds- und Schlichtungsverfahren

1. Schiedsverfahren

4247 Bei wirtschaftlich bedeutsamen oder inhaltlich komplexen Gestaltungen wünschen die Beteiligten oft eine rasche und diskrete Konfliktentscheidung durch ein **Schiedsgericht**.[409] Es handelt sich um **private Gerichtsbarkeit**,[410] die aufgrund freiwilliger rechtsgeschäftlicher Vereinbarung die staatliche Gerichtsbarkeit ersetzt. Ihre Regelung im Zehnten Buch der ZPO basiert auf dem Modellgesetz über internationale Handelsschiedsgerichtsbarkeit der Kommission für internationales Handelsrecht der Vereinten Nationen (UNCITRAL). Der streitentscheidende Schiedsspruch ist gem. § 1055 BGB einem rechtskräftigen Urteil gleichgestellt. Auch im Schiedsverfahren ist ein Vergleich (»Schiedsspruch mit vereinbartem Wortlaut«) möglich, der gem. § 1053 Abs. 2 Satz 2 ZPO – anders als der normale Prozessvergleich i.S.d. § 794 Abs. 1 Nr. 1 ZPO – sogar der materiellen Rechtskraft fähig ist.

4248 Kompetenzgrundlage des Schiedsgerichts ist die Schiedsvereinbarung i.S.d. § 1029 ZPO, die gem. § 1032 Abs. 1 ZPO bei Rüge zur Abweisung etwaiger dennoch bei staatlichen Gerichten eingereichter Klagen führt. **Staatliche Gerichte** bleiben lediglich unterstützend tätig, etwa durch die Anordnung einstweiliger gerichtlicher Maßnahmen (§ 1033 ZPO), durch Unterstützung bei der Beweisaufnahme (§ 1050 ZPO) und bei der Bildung des Schiedsgerichts (§§ 1034 Abs. 2, 1035 Abs. 3 bis Abs. 5, 1037 Abs. 3, 1038 Abs. 1 Satz 2 ZPO), i.R.d. Überprüfung der Wirksamkeit der Schiedsvereinbarung selbst (§§ 1040 Abs. 3 Satz 2, 1059 Abs. 2 Nr. 1a) ZPO)[411] sowie schließlich im Zusammenhang mit der Kontrolle und Vollstreckung erlassener Schiedssprüche

---

407 Allerdings plädieren *Reithmann/Martiny/Limmer* Internationales Vertragsrecht, 6. Aufl., Rz. 1009 bis 1011, für die Grundbuchvermerkfähigkeit ausländischer Güterstände, wenn sich hieraus Verfügungsbeschränkungen, etwa in Bezug auf die Ehewohnung, ergeben; *Schaal*, ZNotP 2010, 167 leitet die Eintragungsfähigkeit aus dem Umstand ab, dass das Güterrechtsregister selten eingesehen werde.
408 Vgl. *Amann*, DNotZ 2013, 252, 264 ff.; *Krauß*, Immobilienkaufverträge in der Praxis, 8. Aufl., Rn. 2321.
409 Vgl. hierzu monografisch *Lachmann* Handbuch für die Schiedsgerichtspraxis, 3. Aufl. 2008; *R. Schütze*, Schiedsgericht und Schiedsverfahren, 5. Aufl. 2012.
410 Vgl. ausführlich *Bandel*, in: Walz, Formularbuch »außergerichtliche Streitbeilegung«, § 22, S. 357 ff.
411 Hieraus folgt die Unzulässigkeit sog. Kompetenz-Kompetenz-Klauseln, BGH, 24.07.2014 – III ZB 83/13, DNotI-Report 2014, 141, die jedoch nicht die Unwirksamkeit der gesamten Schiedsvereinbarung zur Folge hat.

(§§ 1059 bis 1061 sowie § 1041 Abs. 2 und Abs. 3 ZPO). Getrennt von der Schiedsvereinbarung können rechtsgeschäftliche Regelungen über den Ablauf des Schiedsverfahrens (z.B. Benennung der Schiedsrichter, Abschluss der Schiedsrichterverträge, Festlegung der Verfahrensordnung, Durchführung des Rechtsstreits etc.)[412] getroffen werden. Dispositive gesetzliche Regelungen und das schiedsrichterliche Ermessen füllen etwa noch verbleibende Lücken.

Als **Vorteile der Schiedsgerichtsbarkeit** werden die Neutralität der Entscheidungsinstanz v.a. bei grenzüberschreitenden Streitigkeiten (das Schiedsgericht ist keiner der beiden Rechtsordnungen besonders verbunden), die Geheimhaltung, die Anpassung des Schiedsverfahrens an die Parteibedürfnisse sowie raschere Durchführung und teilweise geringere Kosten ins Feld geführt. Bedenklich, wenn auch nicht unzulässig, ist es, den Testamentsvollstrecker zugleich zum Schiedsrichter zu bestellen.[413]

Objektiv schiedsfähig sind gem. § 1030 ZPO alle vermögensrechtlichen Ansprüche und solche nichtvermögensrechtlichen Ansprüche, über die ein Vergleich geschlossen werden kann (ausgenommen sind also insb. Statusverfahren wie Scheidung, Abstammung und Umgangsrecht). Für die **Form der Schiedsvereinbarung** gilt allein § 1031 ZPO, unabhängig von etwa strengeren Formvorschriften des Hauptvertrags (§ 311b BGB), wobei jedoch die Formerfordernisse des Hauptvertrags eine Mitbeurkundung notwendig machen können, wenn ein diesbezüglicher »Verknüpfungswillen« besteht, also das beurkundungsbedürftige Rechtsgeschäft von der Schiedsvereinbarung abhängt.[414] Vorsichtigerweise ist daher in diesen Fällen zur Mitbeurkundung zu raten.[415] Soll eine Schieds- (oder Mediations-)vereinbarung als Teil einer GmbH-Satzung auch künftige Gesellschafter binden, ergibt sich die Beurkundungsbedürftigkeit bereits aus § 2 Abs. 1 GmbHG. Neben der Schiedsvereinbarung als solcher ist die eigentliche Schiedsordnung nur dann (i.S.e. vollständigen Verlesung[416] oder gem. § 13a BeurkG) mit zu beurkunden, wenn die Entscheidung, eine Immobilie zu erwerben oder zu veräußern, auch von deren Details (z.B. der Geltung einer Schiedsordnung in der derzeitigen, nicht der jeweiligen, Fassung, oder zumindest der Bestimmungen hinsichtlich Bestimmung und Qualifikation der Schiedsrichter) abhängig sein sollte, andernfalls – also z.B. stets bei einer dynamischen Verweisung auf die jeweilige Schiedsordnung[417] – ist der Inhalt der Schiedsverfahrensordnung dem Schiedsgericht als Drittem ähnlich § 317 BGB anvertraut.[418] Sonstige Mängel des Hauptvertrags schlagen auf die zu ihm getroffene Schiedsvereinbarung nicht durch.[419]

Der Deutsche Notarverein e.V. bietet schließlich den »Schlichtungs- und Schiedsgerichtshof Deutscher Notare« (SGH)[420] an; die (ab 2016 überarbeiteten[421]) Statuten für das (kostengünstig[422])

---

412 Vgl. ausführlich *Bandel* in: Walz, Formularbuch außergerichtliche Streitbeilegung § 22 Rn. 35 ff., S. 373 ff.
413 OLG Frankfurt/Main, 04.05.2012 – 8 U 62/11, RNotZ 2013, 238; das Entstehen zusätzlicher Vergütungsansprüche alleine sei unschädlich, anders u.U. bei fehlender Unparteilichkeit.
414 Vgl. *Gutachten*, DNotI-Report 2009, 188 m.w.N.
415 *Gutachten*, DNotI-Report 2014, 169 ff.
416 Es genügt nicht die »unechte Bezugnahme«, wie z.B. auf DIN-Normen, da die Schiedsordnungen solcher privatrechtlicher Organisationen nicht in Amtsblättern veröffentlicht sind, Gutachten, DNotI-Report 2009, 189.
417 *Pelikan*, notar 2014, 160; *Heskamp*, DNotZ 2014, 212, 214f; *Wachter*, EwiR 2014, 267, 268; *Gutachten*, DNotI-Report 2014, 169, 170.
418 BGH, 24.07.2014 – III ZB 83/13, DNotI-Report 2014, 141; Vorinstanz: OLG München, 10.09.2013 – 34 SchH 10/13, DNotZ 2014, 206 m. Anm. *Heskamp*. § 1031 ZPO gilt insoweit nicht.
419 OLG München, 12.02.2008 – 34 SchH 6/07.
420 Vgl. *Wegmann*, ZEV 2003, 20 ff.
421 Notar 2015, 416 ff., vgl. http://www.dnotv.de/schiedsgerichtshof, mit englischer Übersetzung.
422 Die Kosten liegen zwar etwas höher als bei einem staatlichen Verfahren einer Instanz, aber deutlich niedriger als bei staatlichen Gerichtsverfahren durch mehrere Instanzen.

eininstanzliche Verfahren sind in einer Verweisungsurkunde niedergelegt.[423] Schiedssprüche sind vollstreckbar. Eine solche Schiedsgerichtsklausel ist bei Verbrauchern schriftlich und gem. § 1031 Abs. 5 ZPO in einem gesonderten, nur diese Abrede enthaltenden Dokument niederzulegen; beide Anforderungen werden durch die notarielle Beurkundung i.R.d. Gesamtvertrags ersetzt (§ 126 Abs. 4 BGB; § 1031 Abs. 5 Satz 3 Halbs. 1, 1. Alt. und Halbs. 2 ZPO[424]). Sie könnte etwa lauten:

▶ **Formulierungsvorschlag: Schiedsgerichtsvereinbarung im Vermögensnachfolgevertrag**

4252 Über alle vermögensrechtlichen Streitigkeiten im Zusammenhang mit dieser Urkunde zwischen den an der Urkunde beteiligten Personen – auch solchen, die ohne unmittelbar an der Urkunde beteiligt zu sein durch diese begünstigt werden (z.B. Dritte, die im Weg des Vertrags zugunsten Dritter durch die Urkunde begünstigt werden) –, gleichgültig aus welchem Rechtsgrund, entscheidet unter Ausschluss des Rechtswegs zu den staatlichen Gerichten ein Schiedsgericht nach dem Statut des Schlichtungs- und Schiedsgerichtshofs deutscher Notare – SGH –. Dies gilt auch für Streitigkeiten über die Wirksamkeit der Vereinbarungen, deren Auslegung oder Ergänzung, deren Vollzug, Vertragsstörungen und dergleichen. Das Schiedsgericht entscheidet auch über alle nicht vermögensrechtlichen Streitigkeiten, sofern die Parteien berechtigt sind, über den Gegenstand des Streits einen Vergleich zu schließen, mit Ausnahme der Streitigkeiten, die nach dem Gesetz nicht schiedsfähig sind. Der SGH entscheidet auch über seine eigene Zuständigkeit und im Zusammenhang hiermit über das Bestehen dieser Schiedsvereinbarung. Er ist auch für einstweilige Maßnahmen zuständig.

Die Schlichtungs- und Schiedsordnung ist in der Urkunde des Notars Dr. Peter Lehmann in Berlin vom 27.11.2015, UR 619/15, enthalten. Deren Inhalt ist den Beteiligten bekannt. Eine beglaubigte Abschrift dieser Urkunde lag bei der heutigen Beurkundung vor. Auf diese wird verwiesen. Auf Beiheftung und Verlesung wird verzichtet.

4253 Vorzuziehen ist es jedoch, im Sinn einer dynamischen Einbeziehung der Schiedsordnung, den Sekretär des Schiedsgerichtshofes Deutscher Notare (SGH), also nicht den Spruchkörper selbst, dazu zu ermächtigen, entsprechend § 317 BGB das bei Anrufung des SGH geltende Statut festzulegen auf der Grundlage der dann geltenden, möglicherweise geänderten Statuten. Hierzu:[425]

▶ **Formulierungsvorschlag: Dynamische Verweisung auf die Schiedsordnung des SGH**

4254 Der Sekretär des SGH bestimmt entsprechend § 317 BGB das auf das Schiedsverfahren anwendbare Verfahrensstatut samt der Kostenordnung auf der Grundlage des bei der Einleitung des Verfahrens geltenden Statuts nebst Kostenordnung. Die Beteiligten verzichten auf den Zugang der entsprechenden Erklärung des Sekretärs.

4255 Auch in **letztwilligen Verfügungen** sind Schiedsgerichtsvereinbarungen zulässig,[426] als Schiedsverfügungen i.S.d. § 1066 ZPO (bei Erbverträgen handelt es sich sogar um eine Schiedsvereinbarung i.S.d. §§ 1029 ff. ZPO, soweit die unmittelbaren Parteien des Erbvertrags von der Schiedsbindung erfasst sind). Im Rahmen eines Testaments dürfte es sich um eine Vereinbarung mit ledig-

---

423 UR 691/15 des Notars Dr. *Peter Lehmann*, Berlin, vom 27.11.2015, zuvor UR 82/2000 des Notars Dr. *Wolfsteiner*, München, vom 19.01.2000, eine elektronisch beglaubigte Abschrift kann von www.dnotv.de/Schiedsgerichtshof/Schiedsgerichtshof.html heruntergeladen werden. Einer förmlichen Verweisung bedarf es freilich nicht, i.d.R. nicht, Rdn. 4250.
424 Vgl. BGH, 01.03.2007 – III ZR 164/06, DNotZ 2007, 468 m. Anm. *Thode*, S. 404.
425 Vgl. *Schmitz*, notar 2013, 205, 207; weitere Schiedsklauselmuster sind auf der Homepage des Deutschen Notarvereins eingestellt unter www.dnotv.de/Schiedsgerichtshof.
426 Vgl. im Einzelnen *Lange*, ZEV 2017, 1 ff.; *Werner*, ZEV 2011, 506 ff. und *Beckervordersandfort (Hrsg)*, Gestaltungen zum Erhalt des Familienvermögens, 2016, S. 263–270; sowie monografisch *Dawirs*, Das letztwillig angeordnete Schiedsverfahren – Gestaltungsmöglichkeiten, 2014 OLG Frankfurt/Main, 04.05.2012 – 8 U 62/11, ZErb 2013, 267 m. Anm. *Gockel*: Schiedsrichter kann auch Testamentsvollstrecker sein. Wechselbezüglich i.S.d. § 2270 Abs. 1 BGB können solche Anordnungen jedoch nicht sein.

lich prozessualer Bedeutung, nicht um eine Auflage im erbrechtlichen Sinn handeln.[427] Sogar die Überwachung,[428] nicht aber die Entlassung,[429] eines Testamentsvollstreckers kann einem Schiedsgericht zugewiesen werden. Ebenso wenig kann die Rechtsstellung von Pflichtteilsberechtigten in die Schiedsgerichtsbindung einbezogen werden.[430] Auch ein Erbscheinsantrag ist nicht analog § 1032 Abs. 1 ZPO unzulässig, weil der Erblasser im Testament eine Schiedsgerichtsklausel verfügt hat.[431] Hierzu[432]

▶ **Formulierungsvorschlag: Schiedsklausel im Testament (SGH)**

Alle Streitigkeiten, die die Wirksamkeit, die Auslegung meines Testaments oder die Regelung, Abwicklung oder Auseinandersetzung meines Nachlasses betreffen, werden unter Ausschluss des Rechtsweges zu den staatlichen Gerichten der Entscheidung des Schlichtungs- und Schiedsgerichtshofs Deutscher Notare – SGH (nachstehend der »SGH«) unterworfen.   4256

Der Sekretär des SGH bestimmt gemäß § 317 BGB das auf das Schiedsverfahren anwendbare Verfahrens-Statut einschließlich Kostenordnung auf Grundlage des bei Einleitung eines Schiedsverfahrens geltenden Statuts nebst Kostenordnung. Die Beteiligten verzichten auf den Zugang der entsprechenden Erklärung des Sekretärs.

Der SGH entscheidet auch über seine eigene Zuständigkeit und im Zusammenhang hiermit über das Bestehen oder die Gültigkeit dieser Schiedsvereinbarung. Der SGH ist insbesondere auch zuständig für Maßnahmen des einstweiligen Rechtsschutzes in vorgenanntem Bereich.

Das Schiedsgericht entscheidet insbesondere über alle Streitigkeiten, die zwischen Erben untereinander, zwischen Erben und Vermächtnisnehmern oder zwischen Erben und meinem Testamentsvollstrecker entstehen. [*Zulässigkeit bedenklich: Streitigkeiten mit Pflichtteilsberechtigten sind eingeschlossen.*] Das Schiedsgericht kann nach seinem pflichtgemäßen Ermessen auch die Auseinandersetzung durchführen. Es ist also an die gesetzlichen Teilungsregeln nicht gebunden. Das Schiedsgericht entscheidet verbindlich über den Eintritt einer vom Erblasser angeordneten Bedingung und über die Bewertung des Nachlasses und seiner Bestandteile.

Gem. Art. V (2)(a) des New Yorker UN-Übereinkommens über die Anerkennung und Vollstreckung ausländischer Schiedssprüche (UNÜ) richtet sich die objektive Schiedsfähigkeit nach der lex fori, also gem. § 1059 Abs. 2 Nr. 2a ZPO nach deutschem Recht, und ist damit gem. § 1030 Abs. 1 Satz 1 ZPO auf vermögensrechtliche Gegenstände beschränkt. Hinsichtlich des anwendbaren Rechtes sind allerdings ab 17.08.2015 die IPR-Normen der EU-ErbVO vorrangig, verdrängen insbesondere also § 1051 ZPO.[433]   4257

Im Gesellschaftsrecht gelten, wenn auch Beschlussmängelstreitigkeiten in die Schiedsvereinbarung einbezogen werden sollen,[434] weitere Einschränkungen (»Schiedsfähigkeit II – Entscheidung« des

---

427 Vgl. *von Dickhuth-Harrach*, Handbuch der Erbfolgegestaltung, § 35, Rn. 3 ff.
428 OLG Karlsruhe, 26.11.2007 – 10 Sch 6/07, gegen RGZ 133, 135.
429 BGH, 17.05.2017 – IV ZB 25/16, ZEV 2017, 412, hierzu *Wendt*, ErbR 2017, 470 ff., ebenso die Vorinstanz: OLG Stuttgart, 07.11.2016 – 8 W 166/16, ZEV 2017, 269 m. Anm. *Lange*.
430 BGH, 16.03.2017 – I ZB 49/16, ZEV 2017, 416 m. zust. Anm. *Geimer*, ebenso *Burchard*, ZEV 2017, 308 ff. und *Wendt*, ErbR 2017, 470 ff. (es sei denn der Pflichtteilsberechtigte tritt in notarieller Form – analog § 2348 BGB – der Schiedsvereinbarung bei); kritisch bereits *Schiffer*, ZErb 2014, 293.
431 *Wendt*, ErbR 2016, 248, gegen OLG Celle, 10.12.2015 – 6 W 204/15, ErbR 2016, 268 = MittBayNot 2017, 82 m. abl. Anm. *Bandel*, MittBayNot 2017, 1 ff.; gegen OLG Celle auch KG, 29.01.2016 – 6 W 107/15, ErbR 2016, 337, jedenfalls solange noch kein Schiedsverfahren um die Erbfolge anhängig ist.
432 Vgl. *Schmitz*, notar 2013, 205, 209.
433 Vgl. umfassend *Mankowski*, ZEV 2014, 395 ff.
434 Also nicht wenn diese ausdrücklich ausgenommen sind, BGH, 16.04.2015 – I ZB 3/14, DNotZ 2016, 131.

BGH[435]); dies gilt auch bei Personengesellschaften (»Schiedsfähigkeit III – Entscheidung« des BGH[436]).

2. Mediation

4258 Die **Mediation** steht als einigungsbasiertes Verfahren, in dem die Beteiligten mit Unterstützung einer dritten Person selbstbestimmt eine Lösung erarbeiten, dem entscheidungsbasierten Schiedsverfahren gegenüber bzw. ist ihm häufig vorgeschaltet. Sie dient dazu, ohne Entscheidungsautorität Expertenwissen einzubringen und Vergleichsvorschläge zu unterbreiten.[437] Beim »klassischen« Grundstückskaufvertrag, der eher auf einen punktuellen Leistungsaustausch orientiert ist, bietet sich allerdings eine Mediation (anders als beispielsweise bei Unternehmenskaufverträgen oder in Familienangelegenheiten[438]) nur in Ausnahmefällen an. Auch die WEG-Gemeinschaftsordnung kann ein solches Vorschaltverfahren (z.B. Schlichtung durch den Verwaltungsbeirat) vorsehen,[439] ebenso Gesellschaftsverträge.[440] Teilweise ist es, insb. zur Schließung später erkannter Lücken oder Beilegung von Auslegungsdifferenzen bei langfristig wirkenden (z.B. Gesellschafts-)verträgen, auch als (einem Schiedsgerichtsverfahren vorgelagertes) Vertragsergänzungsverfahren ausgestaltet.[441]

4259 Im Bereich der Mediation existieren zwischenzeitlich ebenfalls eine Reihe von Verfahrensordnungen, auf die zur Reduzierung des Regelungsaufwandes verwiesen werden kann, etwa diejenige der CfM Centrale Mediation in Köln, des »Europäischen Institut für Conflictmanagement e.V. (EUCON)« oder der Gesellschaft für Wirtschaftsmediation und Konfliktmanagement (GWMK). Notare sind aufgrund ihrer amtsbedingt neutralen Stellung in besonderer Weise als Mediatoren geeignet;[442] § 126 Abs. 1 GNotKG eröffnet hierzu gebührenrechtlich die Möglichkeit eines einvernehmlichen öffentlich-rechtlichen Vertrages. Auch der in Rdn. 3116 erwähnte SGH bietet solche Schlichtungsverfahren an, die durch eine Zwangsschlichtungsabrede[443] im Überlassungsvertrag (ähnlich der obligatorischen Schlichtungsverfahren nach § 15 EGZPO) einer gerichtlichen Klärung vorzuschalten sind. Der Übertragungsvertrag könnte hierzu vorsehen:

▶ Formulierungsvorschlag: Obligatorische Schlichtung durch den SGH

4260 Für sämtliche Streitigkeiten im Zusammenhang mit durch diese Urkunde begründeten Rechtsverhältnisse gilt zwischen den unmittelbar an der Urkunde Beteiligten und für Personen, die ohne an der Urkunde beteiligt zu sein, durch diese begünstigt werden (z.B. im Weg des Vertrags zugunsten Dritter), dass vor der Erhebung von streitigen Verfahren zunächst der Schlichtungs- und Schiedsgerichtshof deutscher Notare (SGH) nur schlichtend und vermittelnd tätig werden, nicht aber verbindlich entscheiden soll. Dieses Verfahren findet nach den §§ 18 und 19 des Statuts des SGH statt.

Die Schlichtungs- und Schiedsordnung ist in der Urkunde des Notars Dr. Hans Wolfsteiner in München vom 19.01.2000, URNr. 82/2000, enthalten. Deren Inhalt ist den Beteiligten bekannt. Eine

---

435 BGH, 06.04.2009 – II ZR 255/08, BGHZ 180, 221 ff.; vgl. umfassend *Heskamp*, RNotZ 2012, 415, 434; [zweisprachiger] Formulierungsvorschlag bei *Schmitz*, notar 2013, 205, 209.
436 BGH, 06.04.2017 – I ZB 23/16, RNotZ 2017, 477.
437 Vgl. zusammenfassend *Töben*, RNotZ 2013, 321 ff.; *Greger/Unberath*, Kommentar zum Mediationsgesetz, 1. Aufl. 2012; *Walz*, Formularbuch Außergerichtliche Streitbeilegung, 2006; aus notarieller Sicht *Stückemann*, ZNotP 2015, 367 mit Muster einer Mediationsvereinbarung S. 371 ff. und einer Vergütungsabrede nach § 126 GNotKG S. 374.
438 Vgl. hierzu insbesondere *Mähler/Mähler* in: Haft/Schlieffen, Handbuch der Mediation, 2. Aufl. 2009, S. 460.
439 OLG Frankfurt, 11.06.2007 – 20 W 108/07, RNotZ 2008, 26.
440 Zur GmbH-Satzung: *Schröder*, GmbHR 2014, 960 ff.
441 Bsp: Münchner Institut für Schiedswesen, www.mis-institut.de, mit dort abrufbaren Musterklauseln.
442 Vgl. *Meyer/Schmitz-Vonmoor*, DNotZ 2012, 895, 917.
443 Prozessvoraussetzung, vgl. OLG Frankfurt, 06.05.2014 – 5 U 116/13, RNotZ 2014, 563 (in einem Gesellschaftsvertrag).

beglaubigte Abschrift dieser Urkunde lag bei der heutigen Beurkundung vor. Auf diese wird verwiesen. Auf Beiheftung und Verlesen wird verzichtet.

Die klageweise Erhebung von Ansprüchen ist vor und während der Dauer eines Schlichtungsverfahrens grds. unzulässig.

Die Erhebung von Klagen ist ohne vorherige Anrufung des SGH auf Einleitung eines Verfahrens nach §§ 18 und 19 des Statuts des SGH und auch während eines Schlichtungsverfahrens dennoch zulässig, wenn die Verjährung von Ansprüchen droht; dies ist drei Monate vor Ablauf der gesetzlichen Verjährungsfrist der Fall. Die Zulässigkeit der Klageerhebung wegen drohender Verjährung gilt nicht, wenn der SGH als Gütestelle i.S.v. § 209 Abs. 2 Nr. 1 BGB bzw. § 794 Abs. 1 Nr. 1 ZPO anerkannt ist.

Eine allgemeine Mediationsklausel könnte lauten:[444] 4261

▶ **Formulierungsvorschlag: Mediationsklausel in einem Vermögensnachfolgevertrag**

Streitigkeiten aus oder im Zusammenhang mit diesem Vertrag oder seiner Durchführung sollen einvernehmlich in einem Mediationsverfahren beigelegt werden. Dieses wird durch Übersendung eines schriftlichen Antrages eines Beteiligten (Antragsteller) an den/die anderen Beteiligten (Antragsgegner) eingeleitet, womit die Hemmung der Verjährung beginnt. Können sich die Beteiligten nicht binnen eines Monats auf einen Mediator einigen, betraut der Antragsteller die ... *(Name der Mediationsinstitution, z.B. DIS oder EUCON)* mit der Benennung. Der Antragsteller hat die Benennungserklärung den anderen Beteiligten unverzüglich zu übermitteln. Der Mediator bestimmt sodann das weitere Verfahren nach billigem Ermessen. Gerichtsverfahren sind erst zulässig, wenn drei Monate nach Zusendung des Mediationsantrages verstrichen sind, und zumindest eine erste Mediationssitzung ohne Fortsetzungsabsicht durchgeführt wurde bzw. trotz mehrfacher Versuche eine Sitzung nicht stattgefunden hat oder aber der das Gerichtsverfahren betreibende Beteiligten Anspruch auf Verfahrens-/Prozesskostenhilfe hat. Wer ein gerichtliches Verfahren einleitet, ohne dass einer der vorstehenden Voraussetzungen vorliegt, hat eine Vertragsstrafe in Höhe von (z.B.) 250 Euro verwirkt, es sei denn, er hätte die Nichtdurchführung des Mediationsverfahrens nicht zu vertreten. Eil- und selbständige Beweisverfahren bleiben jedoch jederzeit möglich.

Die Kosten des Mediationsverfahrens bis einschließlich der Kosten der ersten Mediationssitzung tragen die Beteiligten je zur Hälfte; im Übrigen obliegt die Verteilung der anfallenden Kosten der im Mediationsverfahren zu treffenden Vereinbarung.

Gerade die **Abwicklung von Erbfällen** eignet sich für die Mediation, liegen doch juristischen Erbstreitigkeiten oft Beziehungsaspekte zugrunde, die bei einer lediglich gerichtlichen Aufarbeitung zu unbefriedigenden – jedenfalls nicht dauerhaft befriedenden – Ergebnissen führen. Die rechtliche Palette[445] reicht von (1) unverbindlichen Verfahrenshinweisen (»Ich habe den unverbindlichen Wunsch, dass möglichst eine einvernehmliche, kostengünstige Regelung über den Nachlass gefunden wird, und rege daher an, dass sich die Erben gemeinsam bei einem Notar beraten lassen.«) bis zu verbindlich angeordneten Mediationsklauseln, die den Erben etwa im Weg einer (2) Auflage nach § 1940 BGB auferlegt sind bzw. wechselseitig (3) den Bedachten als einforderbares Recht im Sinn eines Vermächtnisses nach § 1939 BGB zugewendet sind. Ist ein Testamentsvollstrecker eingeschaltet, kann diesem im Weg der (4) Verwaltungsanordnung nach § 2216 Abs. 2 BGB auch aufgegeben sein, im Dissensfall eine Erbteilung aufgrund einseitiger Entscheidung erst vorzunehmen, nachdem zuvor eine gütliche Einigung im Weg einer Mediation versucht wurde. 4262

Bei einer (5) Teilungsanordnung nach § 2048 Satz 2 BGB kann beispielsweise demjenigen Erben das Recht zustehen, nach billigem Ermessen Regelungen zur Auseinandersetzung (im Sinn von Aufteilungsbestimmungen) zu treffen, der den anderen Erben als erster ein Mediationsangebot übersendet und mehrere Mediationstermine vorschlägt. Wer an mindestens einem der angebote- 4263

---

444 In Anlehnung an *Töben*, RNotZ 2013, 321, 344 f.; vgl. auch *Kallrath*, notar 2014, 75, 81.
445 Vgl. *Töben/Schmitz-Vornmoor*, RNotZ 2014, 527, 535 ff.; zur Kosten-Nutzen-Rechnung *Brackmann*, ErbR 2015, 237 ff. Vgl. auch *Beckervordersandfort (Hrsg)*, Gestaltungen zum Erhalt des Familienvermögens, 2016, S. 271–276.

nen Mediationstermine teilnimmt, erhält dann seinerseits das Recht, diesen einseitigen Aufteilungsbestimmungen wirksam zu widersprechen. Selten wird dagegen die Möglichkeit gewählt werden, die Nichtdurchführung eine Mediationsverfahrens als (6) auflösende Bedingung der Erbenstellung zu etablieren, zumal dadurch die Erbnachweismöglichkeit durch notarielles Testament zerstört wird. In Betracht kommen jedoch beispielsweise (7) Strafvermächtnisse zulasten derjenigen Personen, die ein gerichtliches Verfahren einleiten, ohne zuvor eine Mediation angeboten zu haben. Wenn auch Pflichtteilsberechtigte einbezogen werden sollen, könnte diesen ein pflichtteilübersteigendes Vermächtnis (geknüpft an eine Mediationsklausel) ausgesetzt werden, um einen Anreiz zu schaffen, dieses Vermächtnis nicht gemäß § 2307 BGB auszuschlagen und statt dessen den unbelasteten Pflichtteil zu verlangen. Hierzu[446]:

▶ **Formulierungsvorschlag: Mediationsklausel in einem Testament**

4264 Die Erben und Vermächtnisnehmer sind verpflichtet, Streitigkeiten im Zusammenhang mit dieser letztwilligen Verfügung durch ein Mediationsverfahren beizulegen; Gerichtsverfahren sind daher erst zulässig, wenn drei Monate nach Übersendung eines Mediationsangebots vergangen sind und trotz mehrerer Terminangebote eine Mediationssitzung nicht zustande kam oder nachdem eine erste Mediationssitzung durchgeführt wurde. Etwaige Verjährungsfristen sind jeweils ab Zugang des Mediationsangebots gehemmt. Lediglich Eil- und selbständige Beweisverfahren sind stets möglich. Die Kosten des Mediators trägt der Nachlass, alle am Verfahren Beteiligten können sich etwa verauslagte Kosten im Weg eines Vorausvermächtnisses erstatten lassen.

Können sich die Beteiligten nicht auf einen Mediator einigen, wird dieser auf Antrag eines Beteiligten durch die ... (*Name der Mediationsinstitution, z. B. DIS, EUCON*) benannt.

3. Erledigungsklauseln

4265 Wenn es sich bei der Vermögensnachfolgevereinbarung (oder z.B. dem Erbvergleich, vgl. Rdn. 4392) um einen **Vergleich** i.S.d. § 779 BGB handelt, durch den der Streit oder die Ungewissheit der Parteien über ein Rechtsverhältnis im Wege gegenseitigen Nachgebens beseitigt wird, findet sich zum Abschluss solcher Verträge eine umfassende »Abgeltungsklausel«, die zugleich den Verzicht auf spätere Angriffe gegen das Vertragswerk enthält:

▶ **Formulierungsvorschlag: Umfassende Erledigungsklausel**

4266 Mit Abschluss dieses Vertrages bestehen zum heutigen Zeitpunkt zwischen Veräußerer und Erwerber (»Parteien«) nur noch die in dieser Urkunde enthaltenen Rechte und Pflichten, darüber hinausgehende Ansprüche, gleich welcher Art, gleich welchen Inhalts und gleich welcher rechtlicher Grundlage, gleich ob bereits vorgetragen oder nicht, gleich ob bekannt, grob fahrlässig unbekannt oder unbekannt, bestehen nicht. Vorsorglich wird hierauf wechselseitig Verzicht erklärt und der Verzicht angenommen. Soweit zulässig, gilt weiter: Die Parteien verzichten ferner auf eine Anfechtung nach den §§ 119, 120 BGB, ebenso auf mögliche Ansprüche wegen vorvertraglicher Pflichtverletzung (§§ 311 Abs. 2 und 3, 241 Abs. 2 BGB – culpa in contrahendo), wegen Verletzung von Pflichten aus dem Schuldverhältnis (insbesondere §§ 280, 282, 241 BGB), wegen Störung oder Wegfall der Geschäftsgrundlage (§ 313 BGB), aufgrund gesetzlicher Gewährleistungsvorschriften (insbesondere aus §§ 437 bis 441, 453 BGB) und Delikt (insbesondere §§ 823 ff.) sowie auf alle sonstigen Ansprüche, die einen Rücktritt, eine Anfechtung oder Minderung oder aus anderen Gründen eine Beendigung, Unwirksamkeit oder Rückabwicklung dieses Vertrages, eine Änderung seines Inhalts oder eine Rückzahlung oder Reduzierung des Abfindungsbetrages zur Folge haben können, es sei denn, der Anspruch beruht auf einer vorsätzlichen Handlung oder arglistigen Täuschung. Auch dieser umfassende Verzicht wird jeweils entgegen- und angenommen.

---

446 Nach *Töben/Schmitz-Vornmoor*, RNotZ 2014, 527, 540.

B. Notarkosten

I. Beurkundungsgebühr

Vermögensnachfolgeverträge lösen regelmäßig eine 2,0 Gebühr nach KV 21100 GNotKG aus, Schenkungsversprechen, bei denen (da z.B. auf Geld gerichtet) lediglich die Erklärung des Versprechenden beurkundet wird, eine 1,0 Gebühr nach KV 21200 GNotKG. Besonderheiten gelten für **Vermächtniserfüllungsverträge**, sofern das Vermächtnis nicht auf privatschriftlicher, sondern notariell errichteter letztwilliger Verfügung beruht: Die Gebühr ermäßigt sich dann gem. KV 21102 Nr. 1 GNotKG auf 1,0 (nicht wie noch gem. § 38 Abs. 2 Nr. 6a) KostO auf 0,5 – die Differenzierung ergibt sich daraus, dass zwischen der Beurkundung des Testaments und der Vermächtniserfüllung i.d.R. ein längerer Zeitraum liegt, so dass sich der Notar neu einarbeiten muss). Diese Privilegierung gilt auch, wenn das notarielle Testament an anderer Amtsstelle errichtet wurde, erfasst jedoch nicht schuldrechtliche Regelungen, die über die reine Vermächtniserfüllung hinausgehen. 4267

Werden Dokumente zur Eintragung beschränkt dinglicher Rechte isoliert entworfen (und nicht nur die Unterschrift unter mitgebrachte Entwürfe beglaubigt), löst dies eine 0,5 Gebühr gem. KV 24102, 21201 Nr. 4 i.V.m. § 92 Abs. 2 GNotKG aus, sofern lediglich die sachenrechtlichen Erklärungen (Eintragungsbewilligung) betroffen sind.[447] Kommen schuldrechtliche Vereinbarungen (etwa zur Tragung laufender Kosten) hinzu, löst dies eine 2,0 Gebühr gem. KV 24100, 21100 i.V.m. § 92 Abs. 2 GNotKG aus, bezogen auf den Geschäftswert der Abrede (z.B. der voraussichtlichen Bewirtschaftungskosten), mindestens 120 €. Es handelt sich um einen verschiedenen Beurkundungsgegenstand gem. § 86 Abs. 2 GNotKG, so dass ein Vergleich gem. § 94 Abs. 1 GNotKG vorzunehmen ist. 4268

Urkunden, die aus Anlass der Beantragung, Erbringung oder Erstattung einer Sozialhilfeleistung benötigt werden (etwa zur Absicherung eines Darlehens gem. § 91 SGB XII) sind gem. 64 Abs. 2 SGB X frei von Beurkundungs- oder Beglaubigungskosten (Dokumentenpauschalen, Vollzugsgebühren[448] und Telekommunikationsentgelte dürfen jedoch erhoben werden).

II. Geschäftswert

Für die Bemessung des Geschäftswertes ist (seit 01.08.2013) gem. § 97 Abs. 1 GNotKG der unter Beachtung des § 46 Abs. 2 und 3 GNotKG zu ermittelnde Wert des übertragenen Wirtschaftsguts (bei Erbauseinandersetzungen also der Wert der auseinandergesetzten Gesamthandsgegenstände[449]) maßgebend, sofern keine Gegenleistungen des Erwerbers ausbedungen sind (nachstehend Rdn. 4270 ff.). Andernfalls handelt es sich um einen Austauschvertrag i.S.d. § 97 Abs. 3 GNotKG, bei dem die Leistungen der Vertragsbeteiligten gegenüberzustellen sind; der höhere Wert ist sodann maßgebend (nachstehend Rdn. 4278 ff.). Mit diesem Geschäftswert des Hauptgeschäftes sind auch bspw. Belastungsvollmachten als gegenstandsgleich (derselbe Beurkundungsgegenstand nach § 109 Abs. 1 GNotKG)[450] abgegolten, die den Erwerber bereits vorzeitig in die Lage versetzen sollen, über den zu übereignenden Gegenstand zu verfügen, selbst wenn der Nennwert der Belastungsvollmacht den Wert des Objektes übersteigt (§ 109 Abs. 1 Satz 5, Abs. 1 Satz 4 Nr. 1c GNotKG),[451] ebenso 4269

---

447 Vgl. *Prüfungsabteilung der Ländernotarkasse*, NotBZ 2017, 24.
448 LG Magdeburg, 30.05.2017 – 10 OH 66/16, NotBZ 2017, 355.
449 OLG Hamm, 10.08.2016 – 15 W 62/16 [gem. § 97 Abs. 3 GNotKG zu vergleichen mit dem Wert der Gegenleistung des annehmenden Miterben].
450 *Notarkasse*, Streifzug durch das GNotKG, 12. Auflage 2017, Rn. 3031; zur KostO: *Ländernotarkasse*, NotBZ 2004, 426.
451 Vgl. bereits zur KostO für Kaufverträge BGH, 09.02.2006 – V ZB 152/05, NotBZ 2006, 200 und BGH, 23.03.2006 – V ZB 156/05, NotBZ 2006, 201, m. sehr krit. Anm. *Lappe* = MittBayNot 2006, 528, m. Anm. *Prüfungsabteilung der Notarkasse* gegen die ganz herrschende früherer Praxis (vgl. etwa OLG Hamm, MittBayNot 2006, 75; *Klein*, RNotZ 2002, 499 ff. mit Differenzierung nach dem Zweck

die Löschungszustimmung der Veräußerers, die der Erfüllung der Pflicht zur Lieferung unbelasteten Eigentums dient, auch wenn der Nominalbetrag des Grundpfandrechtes über dem Wert des Austauschvertrages liegen sollte (§ 109 Abs. 1 Satz 5, Abs. 1 Satz 4 Nr. 1b GNotKG).[452] Vereinbarungen mit verschiedenem Beurkundungsgegenstand (wie etwa die Einräumung von Vorkaufsrechten, § 86 Abs. 2 GNotKG) sind jedoch zu dem gem. § 97 Abs. 3 GNotKG ermittelten Betrag hinzuzuaddieren.[453]

1. Grundsatz: Verkehrswert

4270 Gem. § 97 Abs. 1 GNotKG ist (vorbehaltlich der nachstehend 2, Rdn. 4273 ff. zu erläuternden Sonderbestimmungen bei land- oder forstwirtschaftlichen Betrieben) der im gewöhnlichen Geschäftsverkehr nach der Beschaffenheit der Sache unter Berücksichtigung aller den Preis beeinflussenden Umstände bei einer Veräußerung zu erzielende Betrag zu ermitteln (§§ 46 Abs. 1, 95 GNotKG), wobei der Notar gem. § 125 GNotKG gehalten ist, alle in Betracht kommenden Anhaltspunkte zu verwenden und zu nutzen.[454] Ein bereits vorhandenes Gutachten kann verwertet, nicht jedoch die Erstellung eines eigens hierfür vorzulegenden Gutachtens verlangt werden (Beweisaufnahmeverbot gem. § 46 Abs. 4 GNotKG).[455] Auch den Angaben der Beteiligten selbst zum Geschäftswert kommt gem. § 46 Abs. 2 Nr. 2 GNotKG großes Gewicht zu.[456] Ggf. ist der Notar zur Schätzung des Wertes berechtigt[457] vgl. nunmehr § 95 Satz 3 GNotKG, wenn die Beteiligten ihrer Mitwirkungspflicht gem. § 95 Satz 1 und 2 GNotKG nicht nachkommen.[458]

4271 Zur Ermittlung des Gebäudewerts kann auch die Brandversicherungssumme dienen[459]: Die Stammversicherungssumme 1914 (die ggf. aus der aktuellen Versicherungssumme nach Maßgabe der derzeitigen Teuerungszahl [ab 01.10.2016: 17,3] rückgerechnet werden kann) wird mit dem maßgeblichen Vervielfältiger (z.B. Einfamilienhäusern mit einem Alter von 30 Jahren derzeit 9,688)[460] multipliziert. In Betracht kommen auch die Preisindizes für Wohngebäude des Statistischen Bundesamtes Fachserie 17 Reihe 4[461] sowie Kaufpreise in Vorurkunden.[462] Hinzuzurech-

---

der Höherbeleihung – Gegenstandsverschiedenheit bei Sanierungsabsicht; zur Nachbewertung bei späterer Beleihung über den Kaufpreis hinaus: *Lappe*, NotBZ 2003, 347).

452 So bereits zur KostO BGH, 09.02.2006 – V ZB 172/05, DNotZ 2006, 715; dies gilt auch für Überlassungsverträge. Erfasst allerdings die Löschungszustimmung auch anderen, nicht mitveräußerten Grundbesitz, liegt Gegenstandsverschiedenheit i.S.d. § 86 Abs. 2 GNotKG vor, so dass ein Vergleich gem. § 94 Abs. 1 GNotKG/§ 44 Abs. 2b KostO durchzuführen ist, vgl. *Ländernotarkasse*, NotBZ 2009, 451; *Notarkasse*, Streifzug durch das GNotKG, 12. Auflage 2017, Rn. 3027.
453 Berechnungsbeispiel bei LG Magdeburg, 06.12.2016 – 10 OH 12/16, NotBZ 2017, 159.
454 BayObLG, JurBüro 1982, 1548.
455 BayObLG, MittBayNot 2000, 57.
456 An diesen müssen sich die Beteiligten grds. festhalten lassen, vgl. OLG Celle, 09.02.2015 – 2 W 17/15, ZNotP 2015, 197 m. Anm. *Tiedtke*.
457 BayObLG, MittBayNot 1993, 230.
458 Die Verweigerung der Mitwirkung der Beteiligten an der Wertermittlung rechtfertigt daher keine Ablehnung der Beurkundung gem. § 15 Abs. 2 BNotO, vgl. LG Erfurt, 26.07.2017 – 3 OH 24/16, NotBZ 2017, 438.
459 Zur möglichen Verwendung von Brandversicherungswerten bei der Festsetzung der Grundbuchkosten OLG München, 03.05.2016 – 34 Wx 7/16, RNotZ 2016, 483 (nur Ls.); für die Notargebühren LG Schwerin, 23.03.2017 – 4 T 7/16, NotBZ 2017, 357.
460 Umrechnungstabelle in: MittBayNot 2017, 102, mit Erläuterungen.
461 Hinweise und Beispiele als Anhang III in: Streifzug durch die Kostenordnung sowie in: MittBayNot 2006, 89 ff.
462 BayObLG, JurBüro 1997, 378.

nen ist der Grund- und Bodenwert (nach Maßgabe der Bodenrichtwertkarte des Gutachterausschusses[463] mit einem Abschlag von 25 %).[464]

Wird ein Handelsgeschäft oder ein Gewerbebetrieb übergeben, ist der Aktivwert nach Maßgabe der Bilanz (ohne Abzug von Verbindlichkeiten) heranzuziehen (vgl. § 38 GNotKG). Von den Buchwerten abweichende Verkehrswerte mitübertragener Grundstücke sind jedoch durch Zu- oder Abschläge zu erfassen. Gleiches gilt (anteilsbezogen) bei der Übertragung von Personengesellschaftsanteilen, anders als noch unter Geltung der KostO.[465]   4272

2. Vierfacher Einheitswert bei land- oder forstwirtschaftlichen Betrieben

Für die Bemessung der Übergeberleistungen gem. § 97 Abs. 3 GNotKG (nicht der ggf. vorhandenen Gegenleistungen des Erwerbers, hierzu nachstehend Rdn. 4278 ff.) ist zur Erhaltung und Fortführung landwirtschaftlicher Betriebe in der Hand bäuerlicher Familien bei land- und forstwirtschaftlichen Betrieben anstelle des Verkehrswerts gem. **§ 48 Abs. 1 GNotKG**[466] der 4-fache zuletzt vor der Gebührenfälligkeit festgestellte Einheitswert[467] maßgebend (dies gilt auch für Testament, Erbverträge, Auseinandersetzungsverträge, Erbscheinsanträge oder Gesellschaftsverträge mit Nachfolgeregelungen, sofern das betreffende Rechtsgeschäft die Fortführung eines solchen Betriebs mit Hofstelle betrifft, nicht jedoch für Eheverträge, da es sich auch der bei der Vereinbarung der Gütergemeinschaft nicht um eine Zuwendung i.S.d. § 48 Abs. 1 GNotKG handelt).   4273

Existenz und Umfang eines land- oder forstwirtschaftlichen Betriebs sind nach dem Bewertungsgesetz zu beurteilen. Hierzu zählen gem. § 33 Abs. 1 BewG alle Wirtschaftsgüter, die ihm dauernd zu dienen bestimmt sind, als Grund und Boden, Wohn- und Wirtschaftsgebäude, umlaufende und stationäre Betriebsmittel, die von einer gemeinsamen Hofstelle aus bewirtschaftet werden, die daher mitübergeben werden muss.[468] Nicht hierzu zählen jedoch Grundstücke, die nach ihrer Lage und den Umständen in absehbarer Zeit als Bauland, Industrieland oder Land für Verkehrszwecke dienen werden (§ 69 Abs. 1 BewG), ebenso wenig Bauerwartungsland, ebenso wenig Ferienwohnungen mit Bewirtschaftung nach Art einer Pension. Sie sind aus dem Einheitswert herauszurechnen und mit dem Verkehrswert anzusetzen.[469] Bei Biogasanlagen ist danach zu differenzieren, ob die Biomasse überwiegend im eigenen Betrieb erzeugt und die gewonnene Energie überwiegend im eigenen Betrieb verwendet wird (dann privilegiert) oder nicht.   4274

---

463 Diese stehen [überwiegend gegen Gebühr] online zur Verfügung, etwa in Baden-Württemberg [www.gutachterausschuesse-bw.de], Bayern [www.boris-bayern.de], Berlin [http://www.berlin.de/gutachterausschuss/marktinformationen/bodenrichtwerte], Brandenburg [https://www.boris-brandenburg.de/boris-bb], Bremen [www.gutachterausschuss.bremen.de], Hamburg [www.geonord.de], Hessen [http://hessenviewer.hessen.de], Mecklenburg-Vorpommern [www.laiv-mv.de/land-mv/LAiV_prod/LAiV/AfGVG/Grundstueckswertermittlung/index.jsp], Niedersachsen [www.gag.niedersachsen.de], Nordrhein-Westfalen [https://www.boris.nrw.de/borisplus/?lang=de], Rheinland-Pfalz [www.gutachterausschuesse.rlp.de/boris/boris.html], Saarland [www.regionalverband-saarbruecken.de/staticsite/staticsite.php?menuid=296&topmenu=2&keepmenu=inactive], Sachsen [www.bauen-wohnen.sachsen.de/7934.htm], Sachsen-Anhalt [www.lvermgeo.sachsen-anhalt.de], Schleswig-Holstein [www.gutachterausschuesse-sh.de/gutachter.html] und Thüringen [www.bodenrichtwerte-th.de].
464 BayObLG, MittBayNot 1988, 92.
465 Dort galt das Schuldenabzugsverbot (entgegen früherer Praxis) nicht, BGH, NJW 2010, 2218; ebenso wenig bei der Vererbung solcher Anteile, OLG München, 30.10.2012 – 31 Wx 379/11, ZErb 2013, 9 (Bewertungsgegenstand sei die Mitgliedschaft als solche, nicht die Quote an einem Gesamthandsvermögen).
466 Überblick bei *H. Schmidt*, RNotZ 2016, 658 ff.
467 Sofern die Beteiligten einen Einheitswertbescheid nicht vorlegen (können), ist das FA um Auskunft zu ersuchen, § 46 Abs. 3 Satz 2 GNotKG; § 30 AO steht nicht entgegen.
468 Vgl. *Reimann*, MittBayNot 1989, 117; BayObLG, MittBayNot 1996, 232.
469 Vgl. BayObLG, MittBayNot 1997, 312.

4275 Als landwirtschaftliche Betriebe zählen auch Gartenbaubetriebe,[470] wenn die Zucht und der Verkauf eigenproduzierter Pflanzen im Vordergrund stehen, Fischteichwirtschaften sowie Pensionstierhaltung (Aufzucht und Haltung fremder Tiere),[471] letzteres aber nur bei Bodenbewirtschaftung mit eigener Futtergrundlage, und schließlich Betriebe zur gemeinschaftlichen Tierhaltung (§ 51a BewG).[472]

4276 Zur Wahrung des Gesetzeszwecks (Erhaltung leistungsfähiger Betriebe) ist jedoch (1) eine gewisse **Mindestgröße** (»nicht unwesentlicher Teil der Existenzgrundlage des künftigen Inhabers«) erforderlich,[473] die sich angesichts der vergleichbaren Zweckbestimmung an den Voraussetzungen für die Altershilfe für Landwirte (ALG-Fähigkeit) orientieren kann. Hierzu bieten die Merkblätter der landwirtschaftlichen Alterskasse regional abgestufte Anhaltspunkte (bspw. für Bayern: reine Landwirtschaftsbetriebe 8 ha, Forstwirtschaft 75 ha; abweichende Größen für Sonderkulturen wie Spargel, Weinanbau, Gärtnereien[474]). An Dritte verpachtete Flächen sind abzuziehen.[475] In Grenzfällen soll auf den (nachzuweisenden) angemessenen Rohertrag abzustellen sein.[476]

Die notwendig[477] mit zu übertragende Hofstelle i.S.d. § 48 Abs. 1 GNotKG muss auch ein ausreichendes Wohngebäude umfassen, das dem Betriebsinhaber und seiner Familie zu Wohnzwecken dient,[478] und das nicht nur angemietet sein darf.[479] Von dieser aus muss die Bewirtschaftung erfolgen, auch wenn der Betrieb selbst in eine GbR eingebracht ist.[480]

4277 Die ratio legis erfordert weiter eine Übergabe dergestalt, dass (2) der Betrieb einheitlich fortführbar ist und diese Fortführung auch beabsichtigt ist,[481] unabhängig ob Letztere sofort oder erst nach Wegfall eines etwa vorbehaltenen Nießbrauchs erfolgt.[482] Dabei muss die Fortführung durch eine oder mehrere natürliche Personen (nicht notwendig Familienangehörige), nicht jedoch eine Familienstiftung, Kapital- oder Personengesellschaft (auch nicht durch eine GbR) beabsichtigt sein.[483] Die Privilegierung des § 48 Abs. 1 GNotKG scheidet also aus bei stillgelegten Betrieben, insgesamt verpachteten[484] Betrieben – sofern der Pachtvertrag nicht aufgelöst und eine Bewirtschaftung durch den Erwerber erfolgen soll – und bei Betrieben, die lediglich an staatlich

---

470 BayObLG, MittBayNot 1994, 358.
471 OLG München, MittBayNot 2004, 369; OLG Stuttgart, RdL 2008, 275.
472 Hierzu gleichlautende Ländererlasse, 01.09.2011, BStBl 2011 I S. 939; davon tlw. abweichend BFH, 09.03.2015 – II R 23/13, ErbstB 2015, 154.
473 PfälzOLG Zweibrücken, MittBayNot 1996, 401; *Böhringer*, BWNotZ 1992, 57.
474 Z.B. bei Weihnachtsbaumkulturen 2,5 ha, Weinbau 1,5 ha, Gemüsebau und Obstbau 2,2 ha, Hopfen 2 ha, Forellen 5 ha, Karpfen 50 ha, Karpfenzucht 10 ha.
475 OLG München, RNotZ 2005, 622.
476 BayObLG, MittBayNot 2003, 239.
477 Daran hält die Rechtsprechung auch unter Geltung des GNotKG fest, vgl. OLG München, 28.01.2014 – 34 Wx 576/11, ZNotP 2014, 77 m. Anm. *Tiedtke*.
478 BayObLG, MittBayNot 2002, 127.
479 OLG Frankfurt, 22.07.2009 – 20 W 328/07, ZNotP 2010, 119.
480 OLG München, 28.01.2010 – 31 Wx 59/09, ZNotP 2011, 358, m. Anm. *Tiedtke*.
481 BayObLG, MittBayNot 1997, 311; ggf. ist bei Beurkundung oder durch das Gericht im Beschwerdeverfahren nachzufragen: OLG München, 06.06.2006 – 32 Wx 74/06, ZNotP 2007, 158.
482 BayObLG, MittBayNot 1997, 382.
483 *Notarkasse*, Streifzug durch das GNotKG, 12. Aufl. 2017, Rn. 3005; a.A. beim Erwerb durch eine GbR mit Regelungen über die Fortführung beim Ausscheiden von Gesellschaftern, BayObLG, MittBayNot 1999, 496.
484 OLG Hamm, 11.08.2016 – 10 W 14/16, RNotZ 2016, 696; hierzu *Tiedtke/Sikora*, DNotZ 2017, 673, 679; OLG Hamm, 28.02.2013 – 15 WE 271/12, ZNotP 2013, 279 m. Anm. *Tiedtke*; anders jedoch, wenn die Verpachtung an ein Familienmitglied stattfindet (Ehemann der erwerbenden Tochter): OLG Nürnberg, 01.02.2017 – 8 W 2148/16, MittBayNot 2017, 422 m. abl. Anm. *Tiedtke*, der zu Recht auf den abweichenden Wortlaut des § 48 GNotKG gegenüber § 19 Abs. 4 KostO verweist.

subventionierten Kulturlandwirtschaftsprogrammen teilnehmen.[485] Um die Kostenprivilegierung für die lebzeitige Übergabe zu erreichen, muss der Übernehmer den Betrieb unmittelbar im Zeitpunkt der Übergabe fortführen, eine bloße Verpachtung des übernommenen Betriebs reicht also nicht.

3. Bewertung der Erwerberleistungen

4278 Zum Vergleich mit dem vorstehend in Rdn. 4270 erläuterten (Verkehrs- oder 4-fachem Einheits-) Wert der Veräußererleistung und Ermittlung des dann maßgebenden höheren Werts sind die ggf. durch den Erwerber zu erbringende oder ihm auferlegte »Gegenleistungen« zu bewerten (»Austauschvertrag« i.S.d. § 97 Abs. 3 GNotKG, ohne Rücksicht auf die zivilrechtliche Einordnung als Schenkung unter Auflage, gemischte Schenkung oder kaufähnliches Rechtsgeschäft). Dies gilt auch bei landwirtschaftlichen Übergaben.[486] Hierbei gilt:

4279 **Wiederkehrende Nutzungen** und **Leistungen** sind gem. § 52 GNotKG zu bewerten, der gesetzliche Vervielfältiger richtet sich nach dem Lebensalter des Begünstigten bei der Bestellung (wobei die Deckelung bei Begünstigungen zugunsten naher Angehöriger auf den max. 5-fachen Jahreswert gem. § 24 Abs. 3 KostO entfallen ist[487]). Ist das Recht auf die Lebensdauer des Längerlebenden von mehreren Berechtigten befristet, zählt der höchste Vervielfacher[488] (also das derzeitige Lebensalter des jüngsten Begünstigten) Wertsicherungsklauseln bleiben gem. 52 Abs. 7 GNotKG unberücksichtigt (unter Geltung der KostO führten sie zu einem Zuschlag von i.d.R. 10 %). Beginnt das Nutzungsrecht oder der wiederkehrende Leistungsanspruch erst zu einem ungewissen (sonst: § 52 Abs. 6 Satz 2 GNotKG) späteren Zeitpunkt (etwa mit dem Ableben des Verpflichteten), ist gem. § 52 Abs. 6 Satz 3 GNotKG ein angemessener Abschlag vorzunehmen.[489]

4280 (1) Der in die Multiplikation einzubeziehende **Jahreswert** richtet sich bei einem vorbehaltenen oder gewährten **Wohnungsrecht** nach der ortsüblichen Miete, hilfsweise nach der SozialversicherungsentgeltVO (SvEV), ggf. erhöht um die Kosten für Strom, Heizung und sonstige Nebenkosten, sofern diese vom Eigentümer zu tragen sind. Beim Nießbrauch gilt in Ermangelung ausreichender anderer Anhaltspunkte (die aber regelmäßig in Gestalt der ortsüblichen Miete zur Verfügung stehen werden) die Ermittlung gem. § 52 Abs. 5 GNotKG (mit 5 % des Verkehrswertes pro Jahr).

4281 (2) Bei **bedingten Übernehmerleistungen** ist nach dem Grad der Wahrscheinlichkeit des Eintritts gem. § 36 Abs. 1 GNotKG ein Abschlag vorzunehmen,[490] bspw. bei einem auf das Ableben des Erstberechtigten bedingten Wohnungsrecht.[491]

4282 (3) **Hinauszahlungen an Geschwister** sind i.H.d. vereinbarten Beträge (ohne Abzinsung bei späterer Fälligkeit) anzusetzen; etwaige Gleichstellungserklärungen dieser Geschwister werden nicht zusätzlich erfasst.

4283 (4) **Ausgleichs- oder Anrechnungspflichten**, die der Veräußerer anordnet, bilden keine kostenrechtliche »Gegenleistung« des Erwerbers, ebenso wenig ein vorsorglich mitbeurkundeter Ver-

---

485 BayObLG, RdL 1997, 130.
486 BayObLG, MittBayNot 1999, 203; OLG Köln, ZNotP 2000, 287, m. Anm. *Tiedtke*; anders jedoch bei den Grundbuchgebühren: BayObLG, DNotZ 1990, 668.
487 Aufgrund der eigenen Rechtssubjektivität der GbR fand allerdings die Kappung nach § 24 Abs. 3 KostO auf den Fünf-Jahres-Betrag keine Anwendung mehr, wenn auf der einen Seite eine GbR, auf der anderen Seite Gesellschafter oder deren Angehörige beteiligt waren: OLG München, MittBayNot 2009, 163.
488 Beispiel: *Prüfungsabteilung der Ländernotarkasse*, NotBZ 2010, 179.
489 OLG Naumburg, 14.06.2016 – 12 W 99/15, NotBZ 2016, 350 hierzu *Tiedtke/Sikora*, DNotZ 2017, 673, 674.
490 BayObLG, MittBayNot 1967, 73.
491 *Prüfungsabteilung der Ländernotarkasse*, NotBZ 2008, 107: Abschlag von dem Bezugswert gem. § 24 Abs. 3 KostO, gem. § 24 Abs. 5 Satz 3 KostO.

zicht auf entstandene Bereicherungsansprüche wegen früherer Aufwendungen auf dem Objekt, sofern solche bereits zivilrechtlich mit dem Erwerb des Anwesens weggefallen sind.[492]

4284 (5) **Dienstleistungspflichten** (wie Verköstigung) sind ebenfalls nach der SozialversicherungsentgeltVO (s. Rdn. 604), Wart und Pflege nach den Pflegegeldleistungen gem. § 37 SGB XI (s. Rdn. 1247) für die betreffende Pflegestufe hinsichtlich ihres Jahreswerts zu ermitteln und zu kapitalisieren.

4285 (6) Die Übernahme von **Beerdigungskosten** und **Grabpflege** dürfte gem. § 36 Abs. 1 GNotKG je nach den Umständen des Einzelfalls mit ca. 5.000,00 bis 10.000,00 € anzusetzen sein.

4286 (7) **Schuldrechtliche Veräußerungsverbote mit Vormerkungssicherung** sind gem. § 50 Nr. 1 GNotKG mit 10 % des Verkehrswerts (nicht des privilegierten vierfachen Einheitswertes!) als weitere Gegenleistung anzusetzen.[493] Die Rückübertragungs- bzw. Hinauszahlungspflicht ist als Sicherungsgeschäft gem. § 109 Abs. 1 GNotKG nicht gesondert zu bewerten.

4287 (8) **Bedingte Aufzahlungsverpflichtungen** des Erwerbers für den Fall des Verstoßes gegen Obliegenheiten sind je nach dem Grad der Wahrscheinlichkeit gem. § 36 Abs. 1 GNotKG ebenfalls mit ca. 10 % des maßgeblichen Wertes der Veräußererleistung anzusetzen.[494]

4288 (9) Enthält der Übertragungsvertrag zugleich **Verträge mit Dritten** (also anderen Personen als dem Übernehmer),[495] etwa **Erb-** oder (gegenständlich beschränkte) **Pflichtteilsverzichte** mit weichenden Geschwistern, sind diese wegen Gegenstandsverschiedenheit gem. § 86 Abs. 2 GNotKG getrennt zu bewerten,[496] es liegt ein weiterer Austauschvertrag gem. § 97 Abs. 3 GNotKG vor. Zur Ermittlung der Gebühr für das Beurkundungsverfahren, KV Nr. 21100, sind beide Werte zu addieren. Bei der Wertermittlung (Schätzung gem. § 36 Abs. 1 GNotKG) ist gem. § 96 GNotKG, da auf den Zeitpunkt der Beurkundung abzustellen ist, anders als nach bisherigem Recht,[497] die Wahrscheinlichkeit des Bestehens von Pflichtteilsergänzungsansprüchen (voraussichtliches Erreichen der Zehnjahresfrist des § 2325 Abs. 3 BGB?) nicht zu berücksichtigen. Bei einem **gegenständlich beschränkten** Pflichtteilsverzicht ist gemäß § 38 GNotKG der objektive Wert des betroffenen Gegenstands ohne Schuldenabzug anzusetzen (multipliziert mit der Pflichtteilsquote), wobei dieser Wert jedoch gemäß § 102 Abs. 1 Satz 1 u. 2 GNotKG nicht höher sein darf als der Wert eines fiktiven vollständigen Pflichtteilsverzichts (mit maximal hälftigem Schuldenabzug in Bezug auf das Gesamtvermögen). Erhält das Geschwister ein »Gleichstellungsgeld«, dürfte dessen Betrag anzusetzen sein.[498]

4289 Zur Verdeutlichung der vorstehenden Grundsätze mag das nachfolgende[499] **Beispiel** dienen:

▶ Der 61-jährige Landwirt A übergibt seinen landwirtschaftlichen Betrieb samt Hofstelle zur Fortführung an den Sohn B (Einheitswert 30.000,00 €, Verkehrswert 600.000,00€). B übernimmt die Darlehensverbindlichkeiten i.H.v. 50.000,00 €, räumt ein Wohnungsrecht (Mietwert 180,00 €, zuzüglich 40,00 € für vom Übernehmer zu tragende Nebenkosten) ein, gewährt Verköstigung (Ansatz gem. § 2 Abs. 1 SozialversicherungsentgeltVO, vgl. Rdn. 604 ff.) i.H.v. monatlich 224 € pro Person, Wart und Pflege für Pflegestufe I (235,00 € pro Person und Monat) und Entrichtung eines Taschengeldes von monatlich 200,00 € mit Wertsiche-

---

492 Bereits unter Geltung der KostO wurden 10–20 % als angemessen angesetzt, vgl. *Notarkasse*, Streifzug durch die Kostenordnung, 9. Aufl., Rn. 1853.
493 Vgl. BayObLG, MittBayNot 1999, 492.
494 Prüfungsabteilung der *Notarkasse*, MittBayNot 1998, 474.
495 *Ländernotarkasse*, NotBZ 2008, 265.
496 BGH, 18.04.2013 – V ZR 77/12, ZNotP 2013, 198 m. Anm. *Tiedtke*, und zwar auch dann, wenn die Abfindung für den Pflichtteilsverzicht des weichenden Geschwisters durch den Grundstückserwerber aufgebracht wird.
497 OLG München, NotBZ 2006, 181. Vgl. zum neuen Recht *Ländernotarkasse*, NotBZ 2016, 100 f.
498 BayObLG, ZNotP 1998, 166.
499 Dem »Streifzug durch das GNotKG, 10. Auflage 2013«, der *Notarkasse*, Rn. 2236, entnommen. Ein neueres und ähnliches Beispiel findet sich in »Streifzug durch das GNotKG, 12. Auflage 2017« der Notarkasse, Rn. 3055.

rungsklausel. Die Schwester C erhält einen Betrag von 30.000,00 €. Der Erwerber B ist mit einem schuldrechtlichen Verfügungsverbot, vormerkungsgesichert, belastet und hat die Begräbnis- und Grabpflegekosten zu übernehmen. C verzichtet gegenständlich beschränkt auf ihren Pflichtteilsergänzungsanspruch. Die Genehmigung nach dem Grundstücksverkehrsgesetz ist auftragsgemäß durch den Notar einzuholen. Die Anrechnung auf den Pflichtteil ist angeordnet, vorsorglich gibt der Erwerber einen Pflichtteilsverzicht ab (das modifizierte Reinvermögen des A einschließlich des übergebenen, mit dem vierfachen Einheitswert angesetzten, landwirtschaftlichen Betriebes beträgt 240.000,00€).

Bewertung:	
Übergeberleistung gem. § 48 Abs. 1 GNotKG mit 4-fachem Einheitswert	120.000,00 €

Übernehmerleistung:	
Schuldübernahme (nicht i.H.d. Grundschuld-, sondern des tatsächlichen Betrags)	50.000,00 €
Wohnungsrecht samt Nebenkosten, § 52 Abs. 4 GNotKG:(180 + 40) × 12x10 =	26.400,00 €
Verköstigung, § 52 Abs. 4 GNotKG: 224 × 12 ×105 =	26.880,00 €
Wart und Pflege (sofort erforderlich) für Pflegestufe I, § 52 Abs. 4 GNotKG: 235 × 12 ×10 =	28.200,00 €
Taschengeld, § 52 Abs. 4 GNotKG: 200 × 12 × 10 (Wertsicherung bleibt unberücksichtigt, § 52 Abs. 7 GNotKG) =	24.000,00 €
Hinauszahlungsbetrag an Schwester	30.000,00 €
Veräußerungsverbot mit Vormerkungssicherung: § 50 Nr. 1 GNotKG: 10 % des Verkehrswertes	60.000,00 €
Begräbniskosten, § 36 Abs. 1 GNotKG	5.000,00 €
Pflichtteilsverzicht des Erwerbers, § 102 Abs. 1, Abs. 4, § 36 Abs. 1 GNotKG (gering geschätzt wegen bereits angeordneter Anrechnung auf den Pflichtteil: ¼ des modifizierten Reinvermögens, davon 5 %)	3.000,00 €
Gesamtwert der Erwerberleistungen	253.480 €;

dieser ist ggü. den Übergeberleistungen höherwertig und daher maßgeblich. Geschäftswert:	
Hinzurechnung gem. § 86 Abs. 2 GNotKG des Pflichtteilsverzichts der Tochter C, Wertansatz	30.000,00 €

gesamt also **283.480,00 €**, hieraus 2,0 Gebühr nach KV Nr. 21100
Vollzugstätigkeit (Rdn. 4294 ff.) gem. KV Nr. 22110 (0,5 Gebühr) gem. Vorbem. 2.2.1.1 Abs. 1 Satz 2 Nr. 1 und 8 (Einholung Genehmigung nach GrdStVG und der Schuldübernahmegenehmigung), bezogen auf den vollen Wert des Beurkundungsverfahrens von 283.480,00€, vgl. § 112 GNotKG. Wäre nur die Genehmigung nach GrdStVG einzuholen gewesen, hätte dies nur die »kleine Vollzugsgebühr« nach KV Nr. 22112 in Höhe von 50€ ausgelöst.

III. Steuerliche Abzugsfähigkeit

Fallen Notar- und Beraterkosten im Zusammenhang mit der vorweggenommenen Erbfolge **steuerlichen Betriebsvermögens** an, sind diese Aufwendungen, da sie objektiv-kausal getätigt wurden, um die Einkunftsquelle zu erlangen, nach allgemeinen Grundsätzen als Werbungskosten **einkom-**

4290

mensteuerlich abzugsfähig.[500] Wird jedoch eine Familiengesellschaft errichtet, in die bisheriges steuerliches Privatvermögen eingebracht wird, handelt es sich nach überwiegender Auffassung um Anschaffungsnebenkosten, also keine sofort abzugsfähigen Werbungskosten.

4291 Beratungs- und Notarkosten im Zusammenhang mit der unentgeltlichen Übertragung von Gesellschaftsanteilen einer vermögensverwaltenden Personengesellschaft können (entgegen untergerichtlicher Auffassung)[501] i.R.d. **Einkommensteuer** als Aufwendungen zur Erlangung einer Erwerbsquelle sofort abzugsfähige Werbungskosten darstellen;[502] Beratungs- bzw. Notarkosten im Zusammenhang mit der Neuerrichtung einer Familiengesellschaft mit steuerlichem Privatvermögen sind Anschaffungsnebenkosten. In gleicher Weise lässt der **BFH**[503] – entgegen der Finanzverwaltung[504] – die bei der lebzeitigen Vermögensnachfolge anfallenden Notar-, Grundbuch- und Beraterkosten, soweit (ggf. anteilig) das erworbene Wirtschaftsgut zur Einkünfteerzielung eingesetzt wird, als Erwerbsnebenkosten zur Abschreibung durch den Erwerber zu; es handelt sich jedoch nicht um unmittelbar abzugsfähige Werbungskosten bzw. Betriebsausgaben.[505] Beratungs- und Notargebühren im Zusammenhang mit der Errichtung einer Verfügung von Todes wegen sind jedoch, da der Erbfall stets dem privaten Bereich zuzuordnen ist, nicht einkommensteuerrelevant,[506] selbst dann nicht, wenn der Nachlass überwiegend aus Betriebsvermögen besteht.[507] Erwerbssichernde Aufwendungen nach dem Erbfall, etwa Kosten einer entgeltlichen Erbauseinandersetzung oder Kosten einer Streitigkeit um die Inhaberschaft an einem Unternehmen, können jedoch Betriebsausgaben sein.[508]

4292 Im Zusammenhang mit einer Schenkung (zur Vererbung vgl. Rdn. 4293) stehende Erwerbsnebenkosten (Notar, Grundbuch- und Handelsregisterkosten) werden aus Vereinfachungsgründen durch die Finanzverwaltung uneingeschränkt bei der **Schenkungsteuer** zum Abzug zugelassen (so bereits R E 7.4 Abs. 4 ErbStR 2011). Gleiches gilt für Steuerberaterkosten im Zusammenhang mit der Schenkungsteuer- und der Feststellungserklärung (nicht jedoch die im Rechtsbehelfs- oder Klageverfahren entstehenden Kosten),[509] ebenso Kosten eines Gutachters zum Nachweis eines von der Ermittlung durch das FA abweichenden Verkehrswerts (»Escape-Klausel«, § 198 BewG),[510] sowie Anwalts- und Beraterkosten zur Abwehr eines Rückforderungsverlangens des Schenkers, also zur Sicherung des Fortbestandes der Schenkung (§ 10 Abs. 5 Nr. 3 ErbStG analog[511]). Gehören zum Er-

---

500 Vgl. im Einzelnen *Götz*, DStR 2006, 545 ff.; a.A. jedoch FG Köln, 17.11.2004 – 13 K 3695/04, EFG 2005, 433 = Zerb 2005, 227: Anschaffungsnebenkosten.
501 Vgl. FG Köln, 17.11.2004 – 13 K 3695/04, JurionRS 2004, 25762; FG Nürnberg, 17.03.2011 – 4 K 582/09, EFG 2011, 1688 (n. rkr, Az BFH: IV B 95/11).
502 Vgl. *Götz*, DStR 2006, 545.
503 BFH, 09.07.2013 – IX R 43/11, ZflR 2013, 861 m. Anm. *Naujok*: abschreibungsfähige Anschaffungsnebenkosten, soweit z.B. auf vermietete Gebäude entfallend; vgl. *Paus*, NWB 2013, 3612 ff. zur Frage der Übertragbarkeit auf andere Fälle.; Überblick mit Berechnungsbeispiel: *Hutmacher*, ZNotP 2014, 341 ff.
504 BMF-Schreiben v. 13.01.1993, BStBl 1993 I S. 80, Rn. 13.
505 FG München, 30.05.2016 – 7 K 2516/15, ErbStB 2017, 169 (Notar- und Rechtsberatungskosten im Zusammenhang mit dem unentgeltlichen Erwerb von Gesellschaftsanteilen; *Kirchstein* weist in ErbStB 2017, 170 darauf hin, dass die Kosten bei einer späteren Besteuerung der stillen Reserven im erworbenen Anteil gewinnmindernd abgezogen werden müssten).
506 Vgl. FG Saarland, 13.02.2007 – I V 1336/06, BeckRS 2007, 26022713.
507 Vgl. FG Niedersachsen, 19.07.2000 – 12 K 153/96, JurionRS 2000, 21900.
508 Vgl. BFH, 02.03.1993 – VIII R 47/90, JurionRS 1993, 10976.
509 H E 10.7. ErbStH 2011; jedoch nicht mehr die Kosten im anschließenden Rechtsbehelfs- oder finanzgerichtlichen Verfahren, vgl. BFH, 20.06.2007 – II R 29/06, JurionRS 2007, 36464; ebenso wenig die Steuerberaterkosten für die Einkommensteuerveranlagung des Sterbejahres, FG Niedersachsen, 16.08.2011 – 3 K 421/10, ErbStB 2011, 339.
510 Vgl. BFH, 09.12.2009 – II R 37/08, JurionRS 2009, 33696; a.A. noch FG Nürnberg, 21.11.2002 – IV 350/01, JurionRS 2002, 14160.
511 FG Düsseldorf, 30.11.2016 – 4 K3976715 Erb, ErbStB 2017, 100.

werb steuerfreie oder -begünstigte Vermögensgegenstände (§§ 13, 13a, 13d ErbStG), findet gleichwohl keine Kürzung der abzugsfähigen Erwerbsnebenkosten gem. § 10 Abs. 6 ErbStG statt. Rechtsberatungskosten im Vorfeld einer Schenkung bleiben jedoch vom Abzug ausgeschlossen. Für die (regelmäßig nicht gegebene) Abzugsfähigkeit der vom Beschenkten getragenen Schenkungsteuer gilt § 10 Abs. 2 und 8 ErbStG. Die Grunderwerbsteuer, die etwa bei gemischten Schenkungen bzw. Schenkungen unter Auflagen unter Nichtverwandten ggf. anfallen kann, kann dagegen nur bei der mittelbaren Grundstücksschenkung abgezogen werden.[512]

Bei der **Erbschaftsteuer** sind Kosten der »Erlangung des Erwerbs« in der Pauschale von 10.300,00 € gem. § 10 Abs. 5 Nr. 3 ErbStG (neben den Kosten der Bestattung, des angemessenen Grabdenkmals und der üblichen Grabpflege) eingeschlossen; gegen Nachweis sind auch höhere Kosten abziehbar. Dies gilt insb. für Aufwendungen für einen Rechtsstreit über das Erbrecht, Kosten einer Testamentsanfechtung, Kosten einer Auseinandersetzungsklage oder eines Rechtsstreits zwischen Miterben über die Erbquoten, Prozesskosten zur Durchsetzung eines zum Nachlass gehörenden Anspruchs,[513] wohl auch die Kosten einer Mediation und die Kosten von Sachverständigengutachten zur Vorbereitung einer Erbauseinandersetzung. Hierher zählen auch die Kosten einer Erbauseinandersetzung gem. § 10 Abs. 5 Nr. 3 ErbStG (»Verteilung des Nachlasses«) als abzugsfähige Nachlassverbindlichkeit,[514] also die Kosten des schuldrechtlichen und dinglichen Vertrages, sowie die Kosten für Sachverständigengutachten zur Bewertung der Nachlassgegenstände,[515] für anwaltliche Beratung und etwaige gerichtliche Auseinandersetzungen, auch Prozesskosten für die (im Ergebnis vergebliche) Verfolgung eines mutmaßlichen in an den Nachlass fallenden Herausgabeanspruchs gegen einen Miterben.[516] Auch Steuerberatungskosten für die Erstellung der Erbschaftsteuererklärung sind insoweit abzugsfähig,[517] ebenso Kosten eines Gutachters zum Nachweis eines von der Ermittlung durch das FA abweichenden Verkehrswerts (»Escape-Klausel«, § 198 BewG).[518]

4293

IV. Vollzugs- und Betreuungsgebühren

1. Gebührenauslösende Tatbestände

Mit Inkrafttreten des GNotKG, also zum 01.08.2013, wurde das System der Vollzugsgebühren neu geregelt. Die Gebühren nach Teil 2, Hauptabschnitt 2, Abschnitt 1, Unterabschnitt 1 des Kostenverzeichnisses zum GNotKG (kurz: 2.2.1.1 KV) entstehen nun bei allen Beurkundungen,

4294

---

512 Gleichlautende Ländererlasse v. 16.03.2012 – S 3810, BStBl 2012 I, 338; *Gosch*, ZEV 2012, 650 ff.; *Kirschstein*, ErbStB 2012, 175; *Ramb*, NWB 2012, 2795 ff., Nach früherer Rechtslage war der Abzug nur gestattet, soweit auf den unentgeltlichen Teil entfallend, vgl. FinMin Saarland, 20.06.1994 – B/V – 363/94 – S 3810.
513 FG Düsseldorf, 25.01.2017 – 4 K 509/16 Erb, ErbStB 2017, 176, n. rkr., Az. BFH: II R 6/17.
514 BFH, 09.12.2009 – II R 37/08, ErbStB 2010, 161.
515 Gem. BFH, 19.06.2013 – II R 20/12 ErbStB 2013, 268 m. Anm. *Rothenberger*, vgl. hierzu *Bruschke*, ErbStB 2014, 133 ff., auch, wenn es sich um ein Gutachten zum Nachweis eines niedrigeren gemeinen Wertes bei der Besteuerung der Erbschaft handelt (fällt nicht unter die nicht abzugsfähigen »Rechtsverfolgungskosten« i.S.d. § 10 Abs. 8 ErbStG). Dem folgt nun auch die Finanzverwaltung, Gleichlautender Erlass v. 05.06.2014, BStBl 2014 I 893., vgl. *Holtz/Stalleiken*, ErbR 2015, 17, 19.
516 FG Düsseldorf, 25.01.2017 – 4 K 509/16 Erb, ZEV 2017, 2017, 350 m. zust. Anm. *Königer* (n. rkr., Az. BFH: II R 6/17); a.A. FG Baden-Württemberg, 25.03.2015 – 11 K 448/11, n. rkr., Az. BFH: II R 29/16, das einen unmittelbaren Zusammenhang mit der Besteuerung unterworfenen Vermögensgegenständen fordert.
517 H E 10.7. ErbStH 2011; jedoch nicht mehr die Kosten im anschließenden Rechtsbehelfs- oder finanzgerichtlichen Verfahren, vgl. BFH, 20.06.2007 – II R 29/06, JurionRS 2007, 36464; ebenso wenig die Steuerberaterkosten für die Einkommensteuerveranlagung des Sterbejahres, FG Niedersachsen, 16.08.2011 – 3 K 421/10, ErbStB 2011, 339.
518 Vgl. BFH, 09.12.2009 – II R 37/08, JurionRS 2009, 33696; a.A. noch FG Nürnberg, 21.11.2002 – IV 350/01, JurionRS 2002, 14160.

gleich welchen Inhalts, wenn der Notar eine oder mehrere[519] der in der Vorbemerkung zu 2.2.1.1 Abs. 1 Satz 2 Nr. 1 bis 11 KV enumerativ und abschließend aufgezählten Tätigkeiten durchführt, auch wenn dies bereits vor der Beurkundung geschehen ist (2.2.1.1 Abs. 1 Satz 3 KV). Die Vollzugsgebühr entsteht allerdings für jede Urkunde (also bspw. für die Teilflächenübertragung einerseits, die Messungsanerkennung und Auflassung andererseits) getrennt. Die Erhebung der Vollzugsgebühr setzt – wie bisher – einen darauf gerichteten Auftrag voraus, der freilich auch stillschweigend (durch Untätigkeit der Beteiligten) oder im Rahmen eines allgemeinen Auftrags »alles zur Umsetzung Erforderliche zu veranlassen« erteilt werden kann.

4295   Hauptanwendungsfälle der **Gebühren auslösenden Vorgänge** im Rahmen einer Grundstücksübertragung sind – **Nr. 22110** des Kostenverzeichnisses –, der Ziffernfolge des Abs. 1 der Vorbemerkung zu 2.2.1.1 KV folgend:
(1) die Anforderung und Prüfung(!) einer Bescheinigung nach öffentlich-rechtlichen Vorschriften (nicht jedoch der Unbedenklichkeitsbescheinigung des Finanzamts), also bspw. der sanierungsrechtlichen Genehmigung, der Genehmigung nach dem Grundstücksverkehrsgesetz, die Einholung der Negativbescheinigung nach dem BauGB oder anderen öffentlich-rechtlichen Vorschriften (Nr. 1)
(2) die Anforderung und Prüfung einer gerichtlichen Entscheidung oder Bescheinigung, einschließlich der Ermittlung des Inhalts eines ausländischen Registers – soweit nicht unter Nr. 4 fallend (Nr. 2) –

4296   (3) die Anforderung und Prüfung der familien-, betreuungs- oder nachlassgerichtlichen Genehmigung samt der Empfangnahme für beide Beteiligten durch Eigenurkunde gem. § 1829 BGB (Nr. 4)
(4) die Anforderung und Prüfung einer Vollmachtsbestätigung oder privatrechtlichen Zustimmungserklärung, also der Zustimmung eines nicht erschienenen unmittelbaren Urkundsbeteiligten, die Zustimmung des WEG-Verwalters nach § 12 WEG, des Grundstückseigentümers zum Erbbaurechtsverkauf etc. (Nr. 5)

4297   (5) die Anforderung und Prüfung privatrechtlicher Verzichtserklärungen, die keine Vorkaufsrechte sind, also bspw. Verzicht über die Ausübung eines Ankaufsrechts, oder eines Rückforderungsrechts, das bei einer Grundstücksübertragung ausgeübt wurde (Nr. 6)
(6) die Anforderung und Prüfung privatrechtlicher Verzichtserklärungen, (bei Kaufverträgen wäre dies insbesondere die Vorkaufsrechtsverzichtserklärung eines Mieters nach § 577 BGB oder eines sonst rechtsgeschäftlich Vorkaufsberechtigten) (Nr. 7)

4298   (7) die Anforderung und Prüfung einer **Schuldübernahmegenehmigung** oder Entlassung aus einer Haftung (Nr. 8)
(8) die Anforderung und Prüfung einer **Nichtvalutierungserklärung** oder der Löschung/Freigabe/ Rangrücktrittserklärung oder ähnlich in Bezug auf ein in Abteilung II oder III eingetragenes Recht (Nr. 9)
(9) die Anforderung und Prüfung einer Verzichtserklärung zu den in vorstehender Nummer genannten Verfügungen, also bspw. die Einholung eines Freigabeversprechens nach MaBV (Nr. 10)

4299   Für die Erhebung der Vollzugsgebühr ist es nunmehr (gem. Vorbem. 2.2 Abs. 2 KV) gleichgültig, ob die Vollzugstätigkeit mit einer **Entwurfsfertigung** verbunden ist oder nicht. Damit ist der bisher teilweise notwendig gewordene Vergleich, ob nicht die Entwurfsabrechnung eine kostengünstigere Alternative darstellen würde, überflüssig. Auch wenn der Notar den Entwurf fertigt – der, wie ausgeführt, nicht gesondert abgerechnet wird –, kann er für die anschließende Beglaubigung der Unterschrift unter diesem von ihm gefertigten Entwurf die Beglaubigungsgebühr erheben nach Nr. 25100 KV, da diese Beglaubigungsgebühr gemäß Vorbemerkung 2.4.1 KV nur dann abgegolten wäre, wenn eine separate Entwurfsgebühr hätte erhoben werden müssen.

---

519 Gem. § 93 Abs. 1 GNotKG entsteht die Vollzugsgebühr nur einmal, auch wenn mehrere Tätigkeiten dieser Art durchgeführt werden.

2. Geschäftswert, Gebührensatz

Geschäftswert für die Vollzugsgebühr ist stets der volle Geschäftswert des Beurkundungsverfahrens, § 112 GNotKG. Eine Herausrechnung der Geschäftswerte für bewegliche Sachen oder eine Beschränkung auf den Geschäftswert des Grundstücksgeschäfts, wenn sich der Geschäftswert aus mehreren Gegenstandswerten zusammensetzt, findet also nicht mehr statt. Vielmehr erhöht bspw. ein in derselben Urkunde abgegebenes Schuldanerkenntnis für die Übernahme einer bestehen bleibenden Grundschuld zu Neuvalutierungszwecken durch Zusammenrechnung (KV-Nr. 21100 – Kaufvertrag – und KV-Nr. 21200 – Schuldanerkenntnis) gem. § 94 Abs. 1 Halbs. 1 GNotKG den Geschäftswert, gleichgültig ob für die unmittelbare Beurkundungsgebühr die getrennte Berechnung der Gebühren oder deren Zusammenrechnung günstiger ist. Wird demnach beispielsweise im Rahmen einer Grundschuldbestellung ein Rangrücktritt eines anderen Gläubigers (dessen Grundpfandrecht einen deutlich geringeren Nominalbetrag aufweist) eingeholt, bemisst sich auch insoweit die Vollzugsgebühr nach Nr. 22111 (0,3-Gebühr) aus dem Geschäftswert der Grundschuld des Beurkundungsvorgangs.

4300

Der **Gebührensatz** beträgt gemäß Nr. 22110 KV eine 0,5-Gebühr (früher sog. 5/10-Gebühr), wenn für das Beurkundungsverfahren eine 2,0-Gebühr oder eine entsprechende Entwurfsgebühr erhoben werden muss (also bei Grundstücks- oder sonstigen Rechtsveräußerungen, auch Erbanteilsveräußerungen, Eheverträgen, Vorverträgen, Gesellschafterbeschlüssen usw.). Sofern es sich um einfach gelagerte Vollzugstätigkeiten handelt – dies sind die oben genannten Nummern 1 und 2 der Vorbemerkung 2.2.1.1 Abs. 1 Satz 2 KV, also bspw. die Vorkaufsrechtsanfrage und die Einholung einer Sanierungsgenehmigung –, ist die Gebühr jedoch gemäß Nr. 22112 KV auf höchstens 50 € für jede solche Tätigkeit beschränkt. Es handelt sich also um einen »**wachsenden Höchstbetrag**«, dessen Höhe sich aus der Anzahl der einschlägigen einfachen Vollzugsgeschäfte ergibt. Damit soll dem Umstand Rechnung getragen werden, dass sich die Tätigkeit des Notars im Regelfall auf die Einreichung der Unterlagen beschränkt, ferner der Tatsache, dass die öffentlich-rechtliche Beschaffenheit des Vertragsobjekts von den Beteiligten nicht beeinflussbar ist, während die sonstigen, anspruchsvolleren Vollzugstätigkeiten in der Regel durch vorangegangene privatautonome Entscheidungen (z.B. die Einräumung eines Vorkaufsrechts) veranlasst sind.

4301

3. Gestaltungsüberlegungen

Da die einheitliche Vollzugsgebühr ausgelöst werden kann sowohl durch Tätigkeiten, die im Interesse des Erwerbers liegen, als auch solche, bei denen der Veräußerer seine – gesetzliche bzw. vertraglich konkretisierte – Pflicht zur Lastenfreistellung erfüllt, macht sich unter dem Gesichtspunkt des § 448 Abs. 2 BGB Rdn. 3565, auch insoweit eine **Kostenteilung** erforderlich.[520] Würde z.B. im »Auftragsbereich des Erwerbers« lediglich die Einholung der sanierungsrechtlichen Genehmigung anfallen (also mit einer Gebühren von regelmäßig 50 € zzgl. USt.), jedoch Löschungstätigkeit (oder die Beschaffung seiner Nachgenehmigung) im Interesse des Veräußerers hinzukommen, müsste der Veräußerer – sofern keine abweichende Regelung getroffen wird – denjenigen Anteil der Vollzugsgebühr tragen, der über 50 € zzgl. USt hinausgeht[521] (vgl. Rdn. 4303).

4302

▶ **Formulierungsvorschlag: Tragung der Mehrkosten der Lastenfreistellung durch den Veräußerer**

Die Kosten dieser Urkunde und ihres Vollzugs sowie die Schenkungsteuer trägt der Erwerber; der Veräußerer trägt die (Mehr-)Kosten etwaiger Lastenfreistellung bei Notar, Gläubiger und Grundbuchamt. *Ggf. Zusatz: ..., ebenso die (Mehr-)Kosten der Einholung von auf seiner Seite erforderlicher Genehmigungen.*

4303

---

520 Ebenso *Ländernotarkasse*, NotBZ 2013, 428.
521 Das OLG Düsseldorf, ZNotP 2008, 334 m. Anm. *Tiedtke* sah im Wege der Auslegung den Verkäufer ebenfalls zur Tragung der Mehrkosten verpflichtet, wenn – unter Geltung der KostO – die Vollzugsgebühr mangels Entwurfsfertigung auch wegen der Lastenfreistellung anfiel.

▶ Hinweis:

4304 Geschäftswert der durch die Einholung von Lastenfreistellungsunterlagen ausgelösten Vollzugsgebühr ist stets der volle Geschäftswert der Urkunde (§ 112 GNotKG Rdn. 4589; anders nur bei der ggf. zusätzlich zu übernehmenden Treuhandauflage: § 113 Abs. 2 GNotKG, vgl. Rdn. 4313). Dies trifft den Veräußerer besonders hart, wenn es bei einem hohen Verkehrswert (»die Villa für zwei Millionen«) nur um Grundpfandrechte von geringem Nominalbetrag geht (»die vergessene Bausparkassenbriefgrundschuld zu 22.000 DM«), und nicht aus anderen Gründen, etwa wegen der Einholung einer Zustimmung des WEG-Verwalters, eine im Interesse des Erwerbers ausgelöste »große« (also 0,5-)Vollzugsgebühr anfällt. Das Ausweichen auf die bloße Entwurfsberechnung ist dem Notar unter Geltung des GNotKG gem. Vorbem. 2.2 Abs. 2 KV nicht mehr möglich. Es ist ein nobile officium (freilich keine Amtspflicht), den Veräußerer in solchen Fällen vorab auf die entstehende Lastenfreistellungs-Vollzugsgebühr hinzuweisen und ihm Gelegenheit zu geben, die Lastenfreistellungsunterlagen vorab oder nach Beurkundung selbst zu beschaffen.

Auch kann zumindest der formulierungserfahrene Veräußerer darauf hingewiesen werden, dass die privatschriftlich Stellung eines **Grundbuchberichtigungsantrages** aufgrund Erbfolge ihm die 0,5 Gebühr nach KV Nr. 21201 Nr. 4 GNotKG, aus dem Anteil des Erben am Grundbesitzwert, unter Beachtung des § 94 Abs. 1 GNotKG, erspart.[522]

4. Betreuungs- und Treuhandgebühren

a) Betreuungsgebühr

4305 Die allgemeine Gebühr für das Beurkundungsverfahren deckt gemäß Vorbem. KV 2.1 Abs. 1 GNotKG auch die das Hauptgeschäft vorbereitenden Tätigkeiten wie etwa die Vorbesprechung, die Einsicht in das Grundbuch und öffentliche Register etc. ab. Gleiches gilt gemäß Vorbem. KV 2.1 Abs. 2 GNotKG für die Übermittlung von Anträgen an das Grundbuchamt (oder das Registergericht), und zwar gleichgültig ob der Notar insoweit lediglich als Bote oder aufgrund gesetzlicher Ermächtigung, also gem. § 15 GBO, tätig ist (anders nur dann, wenn der Notar lediglich eine Unterschriftsbeglaubigung vorgenommen hat und dieses Dokument dem Grundbuchamt einreicht: Vollzugsgebühr gemäß KV Nr. 22124 GNotKG i.H.v. 20 €). Gleiches gilt gemäß Vorbem. KV 2.1 Abs. 2 Nr. 3 GNotKG für die Erledigung von Beanstandungen samt der Durchführung eines Grundbuchbeschwerdeverfahrens.

4306 Darüber hinausgehende treuhänderische Tätigkeiten des Notars, die nicht zum unmittelbaren Vollzugsbereich (vgl. hierzu Rdn. 4294 ff.) gehören, sind nunmehr abschließend durch KV Nr. 22200 GNotKG im Rahmen der Betreuungsgebühr (sowie gemäß KV Nr. 22201 GNotKG im Rahmen der Treuhandgebühr, s. hierzu Rdn. 4605) geregelt. Eine dem bisherigen § 147 Abs. 2 KostO entsprechende Auffangnorm existiert nicht mehr.

4307 Die Betreuungsgebühr gemäß KV Nr. 22200 GNotKG setzt gemäß Vorbem. 2.2 Abs. 1 GNotKG voraus, dass dem Notar ein »besonderer Auftrag« erteilt worden ist. Die Betreuungsgebühr fällt sodann nach der abschließenden Aufzählung der Nr. 22200 an für
 (1) die Erteilung einer Bescheinigung über den **Eintritt der Wirksamkeit** von Verträgen oder Erklärungen, für den Eintritt einer aufschiebenden Bedingung oder das Erlöschen eines Rücktrittsrechts,
 (2) die Prüfung und Mitteilung des Vorliegens von **Fälligkeitsvoraussetzungen**, (was beim Überlassungsvertrag selten in Betracht kommt)
 (3) die Beachtung einer **Treuhandauflage**, eine Urkunde oder Auszüge hieraus (insbesondere die Auflassung enthaltend) nur unter bestimmten Bedingungen herauszugeben oder die Erklä-

---

[522] Vgl. *Ländernotarkasse*, NotBZ 2016, 337; auf die Möglichkeit eigener Antragstellung braucht der Notar nur bei geschäftsgewandten Beteiligten hinweisen.

rung der Bewilligung nach § 19 GBO aufgrund Vollmacht unter bestimmten Voraussetzungen (Modell der ausgesetzten Bewilligung) abzugeben – was beim Überlassungsvertrag insbesondere dann vorkommt, wenn die Umschreibung des Eigentums an das Vorliegen einer **Schuldübernahmegenehmigung** zur Entlastung des Veräußerers geknüpft ist (Rdn. 2000),

(4) die Prüfung und Beachtung von Auszahlungsvoraussetzungen bei hinterlegten Geldbeträgen, 4308

(5) die **Anzeige** oder Anmeldung einer Tatsache, etwa **einer Abtretung oder Verpfändung** an einen nicht am Beurkundungsverfahren Beteiligten, sofern sich die Tätigkeit nicht in der bloßen Übersendung einer (beglaubigten) Kopie oder Ausfertigung an den Betreffenden erschöpft. Hierunter fällt insbesondere die Verpfändungsanzeige nach § 1280 BGB oder die Anzeige einer Erbteilsabtretung an das Nachlassgericht nach § 2384 BGB, ebenso die förmliche Anzeige einschränkender Sicherungsvereinbarungen an den Grundschuldgläubiger bei Vorwegfinanzierungen. Erforderlich ist jedoch zumindest, dass ein Begleitbrief die Anzeige vornimmt, also nicht lediglich die Übersendung einer Ausfertigung/beglaubigten Abschrift der Urkunde samt einem zur postalischen Zustellung – Fenstercouvert – ohnehin notwendigen Begleitschreiben erfolgt; eindeutig ist die Sachlage dann, wenn der Zugang der (Abtretungs-)Anzeige zu überwachen ist (durch Rücksendung einer Empfangsbestätigung o.ä.)

(6) ferner gemäß KV Nr. 22200 Nr. 7 GNotKG auch für die Entgegennahme der für den Gläubiger eines Grundpfandrechts bestimmten Ausfertigung zur Herbeiführung der **Bindungswirkung gem. § 873 Abs. 2 BGB**. Es ist anzunehmen, dass künftig Kreditinstitute im Lichte dieser deutlich Gebühren erhöhenden Wirkung nicht mehr generell und pauschal dem Notar den Auftrag zur Entgegennahme erteilen werden. 4309

Die Gebühr wird gem. § 93 Abs. 1 GNotKG für alle in einem Verfahren oder zu einem gefertigten Entwurf anfallenden Betreuungstätigkeiten **nur einmal erhoben**, unabhängig davon, wie viele einzelne Betreuungstätigkeiten anfallen und welcher Komplexität diese jeweils sind. Auch eine Verwahrungsgebühr sperrt (anders als die frühere Hebegebühr) nicht mehr, vgl. Vorbem. KV 2.5.3 Abs. 1 GNotKG. 4310

Der **Gebührensatz** beträgt einheitlich 0,5, der **Geschäftswert** ist nach § 113 Abs. 1 GNotKG identisch mit dem Wert des Beurkundungsverfahrens gem. § 35 Abs. 1 GNotKG, sodass keine Teilwerte mehr gebildet werden. Auch wenn sich der Geschäftswert für das Beurkundungsverfahren aus mehreren Gegenständen zusammensetzt, ist die Summe aller Gegenstände (als Wert des Beurkundungsverfahrens) maßgebend (sodass auch werterhöhende Beurkundungsgegenstände wie etwa Maklerklauseln oder Schuldanerkenntniserklärungen bei der Übernahme von Darlehen zur Kaufpreisfinanzierung zu einer entsprechenden Erhöhung der Betreuungsgebühr führen, auch wenn diese nur zur Abwicklung des kaufvertraglichen Teils notwendig war). 4311

b) Treuhandgebühr

Gemäß KV Nr. 22201 GNotKG entsteht eine Gebühr für die Beachtung von Auflagen, die nicht unmittelbar am Beurkundungsverfahren Beteiligte dem Notar mit dem Inhalt stellen, dass er eine Urkunde nur unter bestimmten Bedingungen herausgeben dürfe. Hauptanwendungsfälle sind Treuhandauflagen zur Ablösung von Gläubigern, die dem Notar Lastenfreistellungserklärungen gegebenenfalls samt Grundpfandbriefen übersenden mit der Auflage, diese nur an das Grundbuchamt oder den Eigentümer herauszugeben, wenn die Zahlung des Ablösebetrags bestätigt wird. Diese Treuhandgebühren entstehen sowohl neben Vollzugsgebühren nach KV Nr. 22110 ff. GNotKG als auch neben der Betreuungsgebühr nach KV Nr. 22200 GNotKG, der Grundsatz der einmaligen Gebührenerhebung nach § 93 GNotKG wird also insoweit durchbrochen. Praktischer Hauptanwendungsfall im Rahmen des Überlassungsvertrages ist die Abfrage des Betrages, der vorab als Restschuld zu tilgen ist, bevor der Erwerber das eingetragene Grundpfandrecht zur Neuvalutierung übernehmen kann (Rdn. 2036 ff.). 4312

Geschäftswert für die Treuhandgebühr ist gem. § 113 Abs. 2 GNotKG ebenfalls lediglich der Wert des Sicherungsinteresses, also der geforderte Ablösebetrag (einschließlich geforderter Zinsen). Der Gebührensatz beträgt einheitlich 0,5. Auch die Betreuungsgebühr ist neben Verwah- 4313 rungsgebühren zu erheben, Letztere hat also – anders als die frühere Hebegebühr – keine Sperrwirkung mehr (Vorbem. KV 2.5.3 Abs. 1 GNotKG). Für jeden Treuhandauftrag fällt insoweit eine gesonderte Treuhandgebühr an, die naturgemäß erst dann in Rechnung gestellt werden kann, wenn die Lastenfreistellungsunterlagen dem Notar komplett vorliegen.

Hinzu kommen häufig »Auswärtsgebühren« gem. KV 26003 GNotKG in Höhe von 50 € je angefangene halbe Stunde für notarielle Besprechungs-[523] oder Beurkundungstermine außerhalb der Amtsräume.

C. Grundbuchkosten

4314 Ab dem 01.08.2013 beantragte[524] Eintragungen unterliegen dem GNotKG[525] (§ 136 Abs. 1 GNotKG; zur früheren Rechtslage unter Geltung der KostO vgl. die dritte Auflage): Beim Grundbuchamt fällt für die **Umschreibung des Eigentums** eine 1,0 Gebühr (KV Nr. 14110 GNotKG) an. Gemäß Vorbem. 1.4 wird für die Eintragung desselben Eigentümers oder Rechtes in Bezug auf mehrere Grundstücke desselben Grundbuchamtes nur einmal erhoben, wenn die Anträge an **demselben Tag** beim Gericht eingegangen sind.

▶ Hinweis:

Anträge auf Eintragung desselben Eigentümers bzw. desselben Rechtes an mehreren Grundbuchblättern desselben Amtsgerichts sollten daher, wenn die Vorlage nicht durch Boten und damit notwendig am selben Tag i.S.d. KV Vorbem. 1.4 GNotKG erfolgt, sondern per Post übermittelt wird, in einem einzigen Schriftstück, jedenfalls aber durch Versand in einem einzigen Briefumschlag, auch für mehrere verschiedene Gemarkungen, zusammengefasst werden.

4315 Das in der Kostenordnung noch gewährte **Verwandtenprivileg** hinsichtlich der Eigentumsumschreibungsgebühren für Ehegatten, eingetragene Lebenspartner und Verwandte ist in das GNotKG nicht übernommen worden. Auch bloße Grundbuchberichtigungen sind gebührenpflichtig. Gebührenfrei ist jedoch der **Vollzug der Erbfolge** binnen 2 Jahren nach dem Erbfall (Anm. [1] zu KV 14110 GNotKG; vormals § 60 Abs. 4 KostO, vgl. Rdn. 936); dies gilt (neu) auch für die Eintragung von Erben eines GbR-Gesellschafters. Anm. 1 Satz 2 zu KV Nr. 14110 GNotKG gewährt die Gebührenbefreiung auch, wenn die Erben »des eingetragenen Eigentümers« erst infolge einer Erbauseinandersetzung eingetragen werden, d.h. – wie bisher[526] – unter der weiteren Voraussetzung, dass sich die Erbengemeinschaft selbst (noch) nicht hat eintragen lassen. Rechtssicherheit (§ 892 BGB) und Kostenökonomie stehen also weiterhin im Konflikt.[527] Gebührenfrei ist auch die Berichtigung als Folge einer gesellschaftsrechtlichen Verschmelzung.[528]

4316 Mangels einschlägigen KV-Tatbestandes sind gebührenfrei bloße Richtigstellungen des Namens (etwa infolge Heirat) oder Änderungen einer Firma, ebenso die Änderung der Bezeichnung einer GbR durch Nennung der Gesellschafter anstelle des bzw. zusätzlich zum bisherigen »GbR-Namen«, oder die Berichtigung aufgrund formwechselnder Umwandlung (kein Subjektwechsel).[529] Teilungen oder Vereinigungen sowie Bestandteilszuschreibungen von Grundstücken ohne Eigen-

---

523 *Notarkasse*, Streifzug durch das GNotKG, 12. Aufl. 2017, Rn. 3733.
524 Gem. § 136 Abs. 1 Nr. 1 GNotKG; OLG Bamberg, 07.10.2013 – 8 W 84/13, NotBZ 2013, 468 m. Anm. *Müller*; OLG Dresden, 09.10.2013 – 17 W 996/13, NotBZ 2013, 476; ebenso *Seifert*, NotBZ 2013, 293; a.A. *Böhringer*, BWNotZ 2013, 67, 74: Vornahme der Eintragung gem. Nr. 5 (Auffangregelung).
525 Überblick zu Gerichtskosten in der notariellen Praxis *Fackelmann*, MittBayNot 2014, 129 ff.
526 OLG München NJW-RR 2006, 648.
527 *Wilsch*, notar 2013, 308, 310.
528 EuGH, 15.06.2006 – C 264/04, NJW-Spezial 2007, 99 (sonst Verstoß gegen Richtlinie 69/335/EWG v. 17.07.1969 betreffend die Erhebung indirekter Steuern).
529 Vgl. *Wilsch*, FGPrax 2013, 47 f.; *Gutfried*, DNotZ 2013, 804, 805.

tumswechsel lösen eine Festgebühr i.H.v. 50 € nach KV Nr. 14160 GNotKG aus, sodass die bisher erforderlichen Wertermittlungen entfallen.

Bei der **GbR** wird die 1,0 – Eigentumswechselgebühr nach KV Nr. 14110 Nr. 2 GNotKG auch erhoben für die Eintragung eines Gesellschafters wegen Eintritts, Anteilserwerbs oder als Rechtsnachfolger von Todes wegen,[530] aus dem anteiligen Anteilswert.[531] Der Austritt eines Gesellschafters (Rötung samt Anwachsungsvermerk) ist gebührenfrei.[532] Das Ausscheiden des vorletzten Gesellschafters führt allerdings zu einem Wechsel des Rechtsträgers (von GbR in Alleineigentum) und löst damit eine 1,0 Gebühr nach KV Nr. 14110 Nr. 1 GNotKG aus dem vollen Grundstückswert aus,[533] die Privilegierung des § 70 Abs. 2 GNotKG: hälftiger Grundstückswert gilt hierfür gem. § 70 Abs. 4 GNotKG nicht. In gleicher Weise ist die »Löschung« eines Miterben infolge Abschichtung (Rdn. 325 ff.) gebührenfrei, die Abschichtung des vorletzten Erben führt allerdings zur vollen Gebühr aus dem ganzen Wert. 4317

Für die Eintragung eines **Grundpfandrechtes**, einer Grunddienstbarkeit oder beschränkt persönlichen **Dienstbarkeit** (damit auch eines Nießbrauchs[534] oder eines Wohnungsrechtes), eines **Vorkaufsrechts, Erbbaurechts, sowie einer Reallast** wird ebenfalls eine 1,0 Gebühr erhoben, auch wenn das einheitliche Recht für mehrere Berechtigte, z.B. gem. § 428 BGB, bestellt ist[535] (KV Nr. 14121 GNotKG, bei Briefgrundpfandrechten 1,3 Gebühr: KV Nr. 14120 GNotKG; damit ist die Brieferteilung abgegolten); die Eintragung des Herrschvermerks führt gem. KV Nr. 14160 zur Fixgebühr von 50 €.[536] Bei Gesamtgrundpfandrechten, die bei **mehreren Grundbuchämtern** einzutragen sind, erhöht sich deren Gebührensatz für jedes weitere Grundbuchamt um 0,2 (Bsp.: eine Gesamtbriefgrundschuld bei den Grundbuchämtern A, B und C löst eine Gebühr von 1,3 + 0,2 + 0,2 = 1,7 aus); die Erhebung erfolgt durch das Grundbuchamt, bei dem der Antrag zuerst eingegangen ist. Die Abtretung[537] oder Löschung eines Gesamtgrundpfandrechtes löst gem. KV 14131 GNotKG eine 0,5 Gebühr, und für jedes weitere Grundbuchamt eine weitere 0,1 Gebühr aus. Die nachträgliche Erteilung eines Grundschuldbriefes führt zu einer 0,5 Gebühr gem. KV Nr. 14124 Abs. 1 GNotKG (§§ 71 Abs. 1, 53 Abs. 1 Satz 1 GNotKG).[538] Amtswegige nachträg- 4318

---

530 Zwar tritt keine Änderung im Eigentum ein, die Mitnennung der Gesellschafter gem. §§ 47 Abs. 2 Satz 1, 82 Abs. 3 GBO wird aber wie eine Eigentumsänderung behandelt.

531 Ist die Quote nicht bekannt, geht das Grundbuchamt von gleichen Kopfanteilen aus, § 70 Abs. 1 Satz 2 und Abs. 4 GNotKG.

532 Vgl. die Gesetzesbegründung, BR-Drucks. 517/12, S. 316.

533 Anders nach § 40 Abs. 2 KostO: auch beim Ausscheiden des vorletzten Gesellschafters zählte nur sein Anteil, OLG München, 10.08.2007 – 32 Wx 075/07, RNotZ 2008, 170.

534 Der Wert bemisst sich nach dem Vielfachen [i.S.d. § 52 GNotKG] des Jahreswertes, der hilfsweise gem. § 52 Abs. 5 GNotKG mit 5 % des Verkehrswerts anzusetzen ist, vgl. OLG München, 12.11.2015 – 34 Wx 259/15, JurBüro 2016, 200.

535 OLG Hamm, 22.07.2016 – 15 W 566/15, RNotZ 2017, 53; ebenso für das Wohnungsrecht: OLG Köln, 28.03.2017 – 2 Wx 61/17, RNotZ 2017, 488 (nur Ls.) vgl. *Tiedtke/Sikora*, DNotZ 2017, 673, 701.

536 Für die Gesamtgebühr ist aber nur die Anzahl der im Grundbuch eingetragenen Grunddienstbarkeiten, nicht der Herrschvermerke maßgebend, OLG München, 27.05.2016 – 34 Wx 336/15 Kost, ZfIR 2016, 542 m. zust. Anm. *Wilsch*.

537 Zuvor meinte KG, 15.11.2013 – 5 W 241-244/13, ZfIR 2014, 203 m. abl. Anm. *Wilsch*, dass jedes Grundbuchamt die 0,5 Gebühr aus dem vollen Wert in Rechnung stellen könne! Hiergegen *Buchinger/Banzhaf*, ZfIR 2014, 363 ff. (mit extremen Berechnungsbeispielen: »die Gesamtbuchgrundschuld – ein abtretungsfeindliches Recht«). Für eine Erhöhung um lediglich 0,1 für jedes weitere Grundbuchamt (analog KV 14141 GNotKG) schon vor der gesetzlichen Klarstellung: OLG Stuttgart, 17.09.2014 – 8 W 333/14, ZfIR 2014, 756 (nur Ls.) und OLG Dresden, 13.08.2014 – 17 W 748/14, ZNotP 2014, 359 m. zust. Anm. *Tiedtke*.

538 Bei verschiedenen Grundbuchämtern wird für den Gesamtgrundschuldbrief nach KV Nr. 1424 Abs. 2 die 0,5 Gebühr nach dem Niederstwertprinzip bei jedem betroffenen Grundbuchamt erhoben, §§ 71 Abs. 2, 44 Abs. 1 Satz 1, 53 Abs. 1 Satz 1 GNotKG.

liche Ergänzungen des Briefes (z.B. Vermerke über die Mitbelastung/Entlassung eines Grundstücks, die Herstellung eines Teilbriefes, oder die Forderungsauswechslung) sind gebührenfrei.

4319 Bei Einbeziehung oder Entlassung eines Grundstücks in bzw. aus[539] der **Mithaft** ist weiterhin ein Wertvergleich vorzunehmen: gem. § 44 GNotKG ist der Wert des betroffenen Grundstücks maßgebend, höchstens jedoch der Wert des Rechtes selbst. Die Löschung am letzten betroffenen Grundbuchblatt (nachdem Pfandfreigaben vorangegangen sind) wird gem. § 44 Abs. 1 Satz 2 GNotKG hinsichtlich des Wertes (nicht hinsichtlich des Gebührensatzes: 0,5 statt 0,3) ebenfalls nach Freigabegrundsätzen, also mit dem (niedrigeren) Wert des betroffenen letzten Objektes, angesetzt (unter Geltung der KostO war dies umstritten; beim Verkauf der letzten Eigentumswohnung durch den Bauträger als Verkäufer wurden die Löschungserklärungen zulasten des Käufers für die nur noch daran lastende Globalgrundschuld überwiegend[540] jedoch ebenfalls allein nach dem verbleibenden Objektwert angesetzt[541]). Auch bei Rangänderungen bleibt es bei den bisherigen Grundsätzen: Wertvergleich zwischen dem vortretenden und dem zurücktretenden Recht, § 45 Abs. 1 GNotKG.

4320 **Gebührenfrei** sind gem. Vorbem. 1.4 Abs. 2 KV-GNotKG im Grundsatz alle Eintragungen oder Löschungen, die von Amts wegen erfolgen (z.B. der Amtswiderspruch gem. § 53 GBO), sowie Eintragungen und Löschungen, die auf Ersuchen eines Gerichts oder einer Behörde vorgenommen werden, allerdings mit Ausnahme der Eintragung des Erstehers als neuen Eigentümers (auf Ersuchen des Versteigerungsgerichts) oder der Wiedereintragung von Sicherungshypotheken für Forderungen gegen den Ersteher.

4321 Gebührenfrei sind weiter alle Vorgänge, für die kein eigener Kostentatbestand vorgesehen ist (**Kodifikationsgrundsatz**).[542] Dazu zählen bspw. die Veränderung oder der Rangrücktritt einer Vormerkung (da sie in der Vorbem. 1.4.1.2 des KV-GNotKG nicht genannt ist), die Eintragung, Veränderung oder Löschung einer Verfügungsbeschränkung wie etwa eines Nacherben- oder Testamentsvollstreckervermerks, die nachträgliche Eintragung einer Vollstreckungsunterwerfung (§ 800 ZPO); die Buchung eines Miteigentumsanteils nach § 3 Abs. 5 GBO, die Eintragung oder Löschung eines Wirksamkeitsvermerks; die nachträgliche Eintragung des Höchstbetrages des Wertersatzes; die nachträgliche Eintragung einer Löschungserleichterungsklausel gem. § 23 Abs. 2 GBO (da es sich nicht um eine Veränderung des Rechtes handelt).

---

539 Die Eintragung des »Entlassungsvermerks« bei den weiter belastet bleibenden Objekten eines Gesamtgrundpfandrechtes ist gebührenfreies Nebengeschäft i.S.d. § 35 KostO, LG Oldenburg, 21.07.2009 – 17 T 449/09, ZfIR 2009, 782 m. Anm. *v. Breitenbuch*; auch unter Geltung des GNotKG.

540 A.A. OLG Köln, 31.08.2010 – 2 Wx 90/10, MittBayNot 2011, 519 m. Anm. *Tiedtke*; abschwächend OLG Düsseldorf, 05.06.2008 – I-10 W 20/08, RNotZ 2009, 60 und OLG Hamm, 23.07.2007 – 15 W 169/06, FGPrax 2007, 287: grds. voller Wert, ausnahmsweise Reduzierung unter dem Aspekt der Verhältnismäßigkeit staatlichen Handelns, wenn der Geschäftswert den Freigabewert um mehr als das fünffache übersteigt und beim Bauträger die verauslagten Kosten nicht beizutreiben sind. Verfassungsrechtlich ist der volle Wertansatz nicht zu beanstanden, vgl. Nichtannahmebeschluss BVerfG, 15.04.2012 – 1 BvR 1951/11, WM 2012, 1072.

541 OLG Karlsruhe, 01.03.2012 – 11 Wx 35/11; OLG Hamm, MittBayNot 1995, 160 und OLG Düsseldorf, ZNotP 2000, 207 sowie OLG Dresden, NotBZ 2003, 356 m. Anm. *Wudy* und OLG Dresden, NotBZ 2006, 324: Bei der Berechnung der Grundbuchgebühren ist der Geschäftswert für die Löschung der Globalgrundschuld auf den Wert der zuletzt betroffenen Eigentumswohnung begrenzt, soweit die Löschung aufgrund eines Antrags des Käufers erfolgt, da dieser nicht schlechter gestellt werden darf als die Käufer der bereits veräußerten Eigentumswohnungen. Der Eigentümer selbst konnte den bloßen Ansatz der Freigabekosten bei Gesamtgrundpfandrechten nur dadurch erreichen, dass er ein wertloses weiteres Grundstück auf Ewigkeit mitbelastet [*Pfeifer*, ZNotP 2000, 257 f.; krit. *Blank*, ZfIR 2000, 928].

542 Vgl. Begründung zum Gesetzesentwurf der Bundesregierung vom 14.11.2012, KV Nr. 14160, BT-Drucks. 17/11471, S. 209 f.

Auch die **Begründung von Wohnungs- oder Teileigentum** löst eine 1,0 Gebühr aus, KV Nr. 14112 GNotKG, und zwar nunmehr aus dem vollen Wert des bebauten Grundstücks, § 42 GNotKG (Inhaltsänderungen des Sondereigentums, z.B. die Aufhebung des Zustimmungsvorbehalts nach § 12 WEG, schlagen mit 50 € Fixgebühr je betroffener (nicht nur begünstigter!) Blattstelle zu Buche: KV Nr. 14160 Nr. 5 GNotKG.[543] Bei großen Einheiten mit z.B. 200 Grundbuchblättern führt dies zu einer Gebühr von 10.000 €! Die Norm ist auch einschlägig bei der Vereinigung oder Unterteilung von Sondereigentumseinheiten, bei der Übertragung einzelner Räume von einem in ein anderes Sondereigentum, bei der generellen Aufhebung des Sondereigentums, bei der nachträglichen Bildung von Sondernutzungsrechten, der Übertragung von Sondernutzungsrechten, oder deren Aufhebung, sowie bei der Umwandlung von Wohnungseigentum in Teileigentum und umgekehrt. Die Übertragung (»Umverteilung«) isolierter Miteigentumsanteile sowie die »Umwandlung« von Gemeinschafts- in Sondereigentum und umgekehrt, ebenso der Hinzuerwerb einer Teilfläche zur WEG-Gemeinschaft oder die Veräußerung einer Teilfläche durch alle WEG-Miteigentümer löst allerdings die 1,0 Gebühr gem. KV Nr. 14110 Nr. 1 GNotKG aus dem Anteil (§ 46f GNotKG) aus, ferner die 0,3 Gebühr für Pfandfreigaben (KV Nr. 14142 GNotKG) bzw. die 0,5 Gebühr für Pfandunterstellungen (KV Nr. 14123 GNotKG), §§ 44 Abs. 1 Nr. 1, 53 Abs. 1 GNotKG.

4322

Die **Eintragung einer Vormerkung** (auch einer Löschungsvormerkung nach § 1179 BGB: KV Nr. 14130) führt, wie bisher, zum Ansatz einer 0,5 Gebühr (KV Nr. 14150) – die Eintragung eines Widerspruchs wird dagegen mit einer Fixgebühr von 50 € belegt: KV Nr. 14151, Belastungen nach § 1010 BGB mit 50 € je Anteil: KV Nr. 14160 (der Versteigerungsausschluss ist jedoch gebührenfrei). Schwierig ist die Bemessung des **Geschäftswertes** für Rückauflassungsvormerkungen: während OLG Bamberg[544] gem. § 51 Abs. 1 Satz 1 GNotKG auf den vollen Verkehrswert der Sache abstellt, vertritt die Kostenpraxis einen Teilwert von 10 % (in Anlehnung an § 50 Nr. 1 GNotKG) bzw. (richtigerweise) 50 %[545] (in Anlehnung an § 51 Abs. 1 Satz 2 – Wiederkaufsrecht – oder Abs. 3 – Unbilligkeit[546] – GNotKG).

4323

Die **Löschung der Vormerkung** löst nicht mehr wie unter Geltung der KostO eine 0,25 Gebühr, sondern einen[547] Fixbetrag von nur noch 25 € aus (KV Nr. 14152), ebenso wie die Löschung von Dienstbarkeiten,[548] Vorkaufsrechten, Reallasten, und Erbbaurechten/Gebäudeeigentumsvermerken[549] (KV Nr. 14143). Die Löschung hinweisender Vermerke (wie etwa des Testamentsvollstreckervermerks, des Nacherbenvermerks, eines Widerspruchs) ist beim Grundbuchamt gar gänzlich gebührenfrei.

4324

Veränderungen (z.B. Abtretungen, Verteilungserklärungen, Änderung der dinglichen Zinsen) von Grundpfandrechten und Abt. II – Rechten (mit Ausnahme der Vormerkung) veranschlagt KV Nr. 14130 mit einer 0,5-Gebühr. Die Mithaftentlassung führt zu einer 0,3 Gebühr (KV

4325

---

543 Vgl. eingehend *Wilsch*, ZfIR 2014, 457 ff. und 513 ff.
544 OLG Bamberg, 07.01.2015 – 1 W 44/14, ZfIR 2015, 388 m. abl. Anm. *Wilsch*.
545 OLG München, 09.07.2015 – 34 Wx 136/15 Kost, RPfleger 2016, 123; OLG Zweibrücken, 21.09.2016 – 3 W 49/16, RNotZ 2017, 340 (nur Ls.); vgl. im Einzelnen *Wilsch*, ZfIR 2015, 389 ff. und *Tiedtke*, DNotZ 2016, 576, 600 sowie *Tiedtke/Sikora*, DNotZ 2017, 673, 693.
546 Vgl. BayObLG, 21.08.1985 – 3 Z 125/85, DNotZ 1986, 433. Dies dürfte dem Umstand gerecht werden, dass der Eintritt des Rückerwerbsfalls unwahrscheinlich ist.
547 Vorbem. 1.4 Abs. 3 Satz 3 des Hauptabschnitts 4 des Kostenverzeichnisses zum GNotKG in der seit 04.07.2015 geltenden Fassung: also auch, wenn (etwa nach einer Grundstücksteilung) die Vormerkung für denselben Anspruch an mehreren Grundstücken eingetragen ist, anders die Rechtslage zuvor: OLG Köln, 27.11.2014 – 2 Wx 309/14, Rpfleger 2015, 496 m. abl. Anm. *Kesseler* und OLG Hamm, 25.09.2015 – 15 W 285/15, ZfIR 2015, 907 m. Anm. *Wilsch*.
548 Die Festgebühr fällt auch bei gleichzeitiger Löschung für jedes belastete Grundstück getrennt an, OLG Köln, 12.02.2015 – 2 Wx 30/15, RNotZ 2015, 250 (nur Ls.).
549 Jeweils inkl. Schließung des Erbbau-/Gebäudeeigentumsgrundbuches und der dort eingetragenen Rechte.

Nr. 14142 GNotKG), während die Löschung eines Abt. III – Rechtes weiterhin die 0,5 Gebühr auslöst (KV Nr. 14140 GNotKG), ebenso wie die Nachverpfändung (KV Nr. 14123 GNotKG).

4326 **Antragszurückweisungen** lösen gem. KV Nr. 14400 GNotKG 50 % der Geschäftsgebühr aus (mindestens jedoch 15 €, höchstens 400 €): KV Nr. 14400 GNotKG, Antragsrücknahmen (vor Eintragung bzw. vor Ablauf des Tages, an dem die Entscheidung über die Zurückweisung der Geschäftsstelle übermittelt wird) jedoch 25 % der Geschäftsgebühr (mindestens jedoch 15 €, höchstens 250 €): KV Nr. 14401. Beruhte die Stellung des zurückgewiesenen oder zurückgenommenen Antrags auf unverschuldeter Unkenntnis der tatsächlichen oder rechtlichen Verhältnisse, kann sich aus § 21 Abs. 2 GNotKG allerdings Gebührenfreiheit ergeben. Zwischenverfügungen sind stets gebührenfrei.

4327 Hinzu kommen ggf. die Kosten für **Grundbuchauszüge** (einfacher Ausdruck: 10 € gem. KV Nr. 17000; beglaubigter Ausdruck: 20 € gem. KV Nr. 17001), zzgl. der Dokumentenpauschale (KV Nr. 31000: 50 ct je Seite für die ersten 50 Seiten, sodann 15 ct je Seite).

4328 Der **zugrunde zu legende Wert**[550] ist beim Eigentumswechsel der Verkehrswert (§ 46 Abs. 1 GNotKG, Kriterien zur Ermittlung in Abs. 2 und 3, also bei Immobilienkaufverträgen in der Regel gem. § 47 GNotKG der Kaufpreis;[551] bei land- und forstwirtschaftlichem Besitz gelten gem. § 48 GNotKG (Rdn. 4273 ff.) weiterhin Privilegien in Abhängigkeit bzw. [in den neuen Ländern: § 125 BewG, dem Ersatzwirtschaftswert]). Schulden sind dabei nicht abzuziehen, § 38 GNotKG. Gehen mehrere Anträge desselben Antragstellers auf Eigentumsumschreibung am selben Tag ein, wird die Gebühr nach KV Nr. 14110 GNotKG nur einmal, aus dem zusammengerechneten Wert der Grundstücke berechnet (KV Vorbem. 1.4 Abs. 3; § 69 Abs. 1 Satz 1 GNotKG). Gem. § 39 GNotKG ist der Notar auf Verlangen zur Wertauskunft gegenüber dem Grundbuchamt verpflichtet, während umgekehrt das Grundbuchamt den Notar über eine abweichende Wertfestsetzung informieren muss. Die Festsetzung des Geschäftswertes erfolgt gem. § 79 GNotKG nur dann durch eigenen Beschluss, wenn der Wert sich nicht aus einer öffentlichen Urkunde (also dem eingereichten Grundstückskaufvertrag) oder einer notariellen Wertmitteilung gem. § 39 GNotKG ergibt.

4329 Grundpfandrechte sind hinsichtlich ihres Wertes gem. § 53 Abs. 1 GNotKG mit dem Nennbetrag anzusetzen. Für **Dienstbarkeiten, Reallasten** etc. enthält § 52 GNotKG, vergleichbar der bisherigen Systematik, nur noch vier Altersstufen und eine Höchstgrenze von 20 Jahren. Das bisherige **Verwandtenprivileg** des § 24 Abs. 3 KostO (Deckelung auf den Fünfjahresbetrag) ist entfallen.

»Ewige« Rechte, also z. B. Grunddienstbarkeiten, sind dabei gemäß § 52 Abs. 3 GNotKG mit dem 20-fachen Jahreswert anzusetzen, wobei der Jahreswert seinerseits gemäß § 52 Abs. 5 GNotKG 5 % des Wertes des betroffenen Grundstücksteils entspricht, so dass im Ergebnis der volle Verkehrswert der betroffenen (z. B. der vom Weg bedeckten) Fläche maßgeblich ist, auch wenn dies zu ungewöhnlich hohen Werten führt (die allenfalls gemäß § 52 Abs. 6 GNotKG im Einzelfall nach Billigkeit ermäßigt werden können).[552]

4330 Die Erhebung von **Kostenvorschüssen** soll gem. § 13 Satz 2 GNotKG die Ausnahme bleiben, beschränkt auf Sachverhalte, in denen dem Grundbuchamt (etwa aufgrund eines Zwangsversteigerungsvermerks) Tatsachen bekannt sind, die gegen die Zahlungsfähigkeit oder -willigkeit des Kostenschuldners sprechen; nicht ausreichend ist allein die absolute Höhe der Gebühr.[553]

---

550 Das Wertgebühren-Prinzip (das eine Differenzierung nach individueller Schwierigkeit oder Aufwand unmöglich macht) ist mit dem Grundgesetz vereinbar, BverfG, ZNotP 2004, 491.
551 Sofern nicht niedriger als der Verkehrswert, § 47 Satz 3 GNotKG, wie insbesondere bei Geschäften unter Verwandten.
552 Vgl. OLG Köln, 06.07.20165 – II Wx 152/15, ZNotP 2016, 37 m. Anm. *Fackelmann*.
553 Vgl. *Böhringer*, BWNotZ 2013, 67, 71. Die Vorschussanforderung ist mit der Beschwerde anfechtbar.

Zwangseintragungen (z.B. Zwangs- oder Arresthypotheken, Pfändung einer Grundschuld oder eines Nießbrauchs) sind (wegen der Gefahr ihrer Vereitelung bei dazwischen tretender Insolvenz) stets sofort einzutragen. Sagt sich der Notar für die Kosten stark (Kostenübernahmeerklärung gem. § 16 Nr. 3 GNotKG – dies verstößt nicht gegen das Gewährsübernahmeverbot des § 14 Abs. 4 BNotO[554]), ergeht keine Vorschussanforderung.

Hinzu kommen bei Eigentumswechsel landesrechtlich geregelte **Katastergebühren**, die häufig mit den Grundbuchkosten erhoben werden (z.B. in Bayern 30 % der Umschreibungsgebühr gem. KV 14110 GNotKG). Auch für die Grundbuchkosten (wie für Notarkosten [§ 32 GNotKG Rdn. 3564] und die Grunderwerbsteuer) besteht eine **gesetzliche Mithaftung der Beteiligten** untereinander. 4331

Gebühren, die dem Notar für die Nutzung des automatisierten Verfahrens zum **Abruf von Daten aus dem maschinellen Grundbuch** im Rahmen einer Urkundstätigkeit berechnet werden (KV Nr. 32011 GNotKG: je 8 € gem. KV Nr. 1151 JVKostG), oder vom Notar verauslagte Eintragungskosten[555] (KV Nr. 32015 GNotKG) kann er als Auslagen dem Zahlungspflichtigen in Rechnung stellen.[556] 4332

---

554 OLG Celle, DNotZ 1994, 117; auch nicht, wenn darin eine privatrechtliche Bürgschaft gesehen wird: OLG Hamm, DNotZ 1997, 757.
555 Wohl nicht jedoch verauslagte Verwaltungsgebühren für Bescheide, die zur Umschreibung erforderlich sind, a.A. *Lappe*, NotBZ 2007, 42.
556 BayObLG, 27.10.2004 – 3Z BR 185/04, NotBZ 2004, 482; *Bund*, NotBZ 2004, 270; a.A. *Reetz/Bous*, RNotZ 2004, 318. Im Rahmen eines etwa zu führenden Kostenregisters (Notarkasse und Ländernotarkasse) sind sie der Auslagenspalte zuzuordnen.

Kapitel 12: Verkehrssteuern

Übersicht

	Rdn.
A. Schenkungsteuerrecht	4333
I. Einleitung	4333
1. Bedeutung der Steuer	4333
2. Rechtsgrundlagen	4337
3. Rechtsprechung des BVerfG 1995 und 2006	4339
4. Reform 2009	4344
a) Entwicklung	4344
b) In-Kraft-Treten, Wahlrechte	4345
c) ErbStR 2011	4351
5. Reform 2015/2016	4356
a) Entscheidung des BVerfG	4356
b) Gesetzgebungsprozess; Grundzüge der Neuregelung	4366
c) In-Kraft-Treten; Übergangsrecht	4382
6. Position des Notars	4389
II. Exkurs: Erbschaftsteuerrecht	4392
1. Bürgerlich-rechtliche Prägung	4392
a) Erbvergleich	4392
b) unwirksame Vermächtnisse	4398
2. Grundzüge (§ 3 ErbStG)	4400
3. Vor- und Nacherbfolge (§ 6 ErbStG)	4407
a) Grundsatz	4407
b) »Umwandlung« zur Vollerbenstellung	4409
c) Nacherbenanwartschaft	4410
d) Eintritt des Nacherbfalls, Wahlrecht	4411
e) Nacherbfolge zu Lebzeiten des Vorerben	4416
f) Vor- und Nachvermächtnis	4418
g) Empfehlung	4421
III. Steuerbare Vorgänge gem. § 7 ErbStG	4422
1. Freigebige Zuwendungen (§ 7 Abs. 1 Nr. 1 ErbStG)	4423
a) Tatbestandsvoraussetzungen	4423
b) Beispielsfälle	4428
c) Gesellschaftsrechtliche Vorgänge	4435
aa) Personengesellschaften	4435
bb) Kapitalgesellschaften, § 7 Abs. 8 ErbStG	4438
(1) Leistungen des Gesellschafters an »seine« Gesellschaft: Schenkungsteuer im Verhältnis zu mittelbar begünstigten (Mit-)gesellschaftern	4440
(2) Leistungen des Gesellschafters an »seine« Gesellschaft: Schenkungsteuer im Verhältnis zur Gesellschaft selbst?	4448
(3) Leistungen der Gesellschaft an ihren Gesellschafter	4449
(4) Leistungsverkehr zwischen Gesellschaft und »Angehörigen« des Gesellschafters	4452
(5) Leistungsverkehr zwischen Gesellschaft und Nichtgesellschaftern	4454
cc) Umwandlungsvorgänge	4456
2. Erwerb infolge Vollziehung einer Auflage oder Bedingung (§ 7 Abs. 1 Nr. 2 ErbStG)	4461
3. § 7 Abs. 1 Nr. 4 ErbStG: Bereicherung durch Gütergemeinschaft	4464
4. Abfindungserwerb und vorzeitiger Nacherbenerwerb (§ 7 Abs. 1 Nr. 5, 7 und 10 ErbStG)	4467
5. Stiftungserwerb (§ 7 Abs. 1 Nr. 8 und 9 ErbStG)	4469
6. Gesellschaftsrechtliche Vorgänge (§ 7 Abs. 5 bis 7 ErbStG)	4470
a) Nachträgliche Steuerherabsetzung bei Buchwertabfindung (§ 7 Abs. 5 ErbStG)	4470
b) Zuerwerb beim Ausscheiden eines Gesellschafters (§ 7 Abs. 7 ErbStG)	4471
c) Übermäßige Gewinnbeteiligung (§ 7 Abs. 6 ErbStG)	4472
7. Pflichtteilsrecht, Ausschlagung und Erbschaftsteuer	4475
a) Pflichtteilsrecht	4475
aa) Verzicht auf den Pflichtteil vor dem Erbfall	4476
bb) Unterlassen der Geltendmachung des Pflichtteilsanspruchs	4482
cc) Geltendmachung des Pflichtteilsanspruchs	4483
dd) Verzicht auf entstandenen, jedoch nicht geltend gemachten Pflichtteilsanspruch	4491
ee) Verzicht auf bereits geltend gemachten Pflichtteilsanspruch	4496
ff) Optimierung des Berliner Testamentes, Super-Vermächtnisse	4497
b) Ausschlagung	4509
aa) Zivilrechtliche Aspekte	4509
bb) Einsatzmöglichkeiten	4514

	Rdn.
cc) Erbschaftsteuerliche Aspekte	4523
dd) Ertragsteuerrecht	4526
8. Vermächtnis und Erbschaftsteuer	4529
a) Zivilrechtlicher Erwerb	4529
b) Erbschaftsteuer	4530
aa) Ausschlagung des Vermächtnisses	4530
bb) Annahme des Vermächtnisses	4531
cc) Wertansatz	4536
IV. Entstehung der Schenkungsteuer (§ 9 ErbStG)	4544
1. Bedeutung	4544
2. Grundsatz	4545
3. Ausführung der Schenkung	4546
4. Aufschiebend bedingter Erwerb	4556
V. Wertermittlung (§ 10 ErbStG)	4557
1. Stichtag	4558
2. Übernahme der Schenkungsteuer durch den Schenker	4561
VI. Bewertung nach altem Recht (Rechtslage bis Ende 2008)	4565
VII. Bewertung nach neuem Recht (Rechtslage ab 2009)	4566
1. Grundvermögen	4567
a) Begriff des Grundvermögens (§ 176 BewG)	4568
b) Bewertungsgrundsatz	4571
c) Unbebaute Grundstücke	4573
aa) Grundsatz	4573
bb) Ermittlung der Bodenrichtwerte	4576
cc) Anpassung der Bodenrichtwerte	4580
(1) Abweichende Geschossflächenzahl	4581
(2) Übergröße/Grundstückstiefe	4583
(3) Abweichender Erschließungszustand	4584
d) Grundstücke im Zustand der Bebauung	4585
e) Bebaute Grundstücke (§§ 182 ff. BewG)	4587
aa) Vergleichsverfahren	4589
(1) Vergleichspreisverfahren	4590
(2) Vergleichsfaktorverfahren	4593
bb) Ertragswertverfahren	4595
(1) Rohertrag	4599
(a) Vertragliche Jahresmiete	4600
(b) Übliche Miete	4602
(2) Bewirtschaftungskosten	4605
(3) Bodenverzinsung	4607
(4) Vervielfältiger	4612
(5) Mindestwert: Bodenwert	4619

	Rdn.
(6) Berechnungsbeispiel Ertragswertverfahren	4622
cc) Sachwertverfahren	4623
(1) Grundsatz	4623
(2) Bodenwert	4625
(3) Gebäudesachwert	4626
(a) Gebäuderegelherstellungswert	4627
(b) Alterswertminderung	4632
(4) Marktanpassung durch Wertzahl	4635
(5) Berechnungsbeispiel	4639
f) Bewertung des Erbbaurechts (§ 193 BewG)	4640
aa) Vergleichswertverfahren	4641
bb) Finanzmathematisches Verfahren	4642
(1) Bodenwertanteil	4643
(2) Gebäudewertanteil	4646
cc) Berechnungsbeispiel	4648
g) Bewertung des Erbbaugrundstücks (§ 194 BewG)	4649
aa) Bodenwertanteil	4651
bb) Gebäudewertanteil	4652
cc) Berechnungsbeispiel	4653
h) Gebäude auf fremdem Grund und Boden (§ 195 BewG)	4654
i) »Escape-Klausel« (Verkehrswertnachweis, § 198 BewG)	4657
aa) Verfahren	4657
bb) Anwendungsfälle	4666
2. Bewertung land- und forstwirtschaftlicher Betriebe (§§ 158 ff. BewG)	4674
a) Begriff des »LuF-Vermögens«	4676
b) Umfang des Betriebsvermögens der LuF	4678
c) Bewertung des Wohnteils und der Betriebswohnungen	4681
d) Bewertung des Wirtschaftsteils	4682
aa) Fortführungswert	4685
bb) Mindestwirtschaftswert	4689
cc) Obergrenze Verkehrswert	4694
dd) Ersatzweise: Liquidationswert	4695
ee) Wertung	4698
3. Bewertung des Betriebsvermögens	4701
a) Grundsatz	4701
b) Ableitung aus Verkäufen	4705
c) Vereinfachtes Ertragswertverfahren (§§ 199 ff. BewG)	4706
aa) Nachhaltig erzielbarer Jahresertrag	4710
bb) Kapitalisierungsfaktor	4715
(1) Rechtslage von 2009 bis 2015	4715
(2) Rechtslage seit 2016	4717

	Rdn.
cc) Hinzurechnungen gemeiner Werte	4721
(1) Nicht betriebsnotwendiges Vermögen	4722
(2) Gesellschaftsbeteiligungen	4723
(3) »Junge Wirtschaftsgüter«	4724
(4) Sonderbetriebsvermögen	4725
dd) Mindestwert: Substanzwert	4730
ee) Ausnahme: Untergrenze Liquidationswert	4737
d) Andere Bewertungsverfahren	4738
aa) Einzelbewertungsverfahren	4743
bb) Mischbewertungsverfahren	4744
cc) Gesamtbewertungsverfahren	4745
(1) »Discounted-cash-flow«-Verfahren (DCF-Verfahren)	4746
(2) Multiplikatorenverfahren	4748
(3) AWH-Standard und andere branchenspezifische Methoden	4749
(4) Leitfaden der OFD Rheinland und Münster	4751
(5) IDW S 1 (2008)	4753
e) Feststellungsverfahren	4755
f) Wertung	4756
4. Nutzungs- und Duldungsrechte, wiederkehrende Leistungen	4761
a) Bewertung des Rechtes selbst	4761
b) Berücksichtigung des Rechtes als »Gegenleistung«	4771
5. Bewertung sonstigen Inlandsvermögens	4774
6. Auslandsvermögen	4777
VIII. Berücksichtigung von Gegenleistungen und Auflagen	4779
1. Gemischte Schenkungen (Alte Rechtslage bis Ende 2008)	4780
a) Privatvermögen (alte Rechtslage bis Ende 2008)	4780
b) Betriebsvermögen (alte Rechtslage bis Ende 2008)	4787
2. Gemischte Schenkung (neue Rechtslage ab 2009)	4791
a) Grundsatz	4791
b) Abzugsbeschränkungen: § 10 Abs. 6 Satz 4 ErbStG	4795
3. Schenkung unter Duldungsauflage (alte Rechtslage bis 2008)	4802
a) Duldungsauflage anderer Personen als des Veräußerers und dessen Ehegatten	4803
b) Duldungsauflage zugunsten des Veräußerers und/oder dessen Ehegatten (§ 25 ErbStG a.F.)	4807

	Rdn.
aa) Anwendbarkeit des § 25 ErbStG a.F.	4807
bb) Ermittlung des Stundungsbetrages	4809
cc) Beendigung der Stundung	4813
dd) Weitere Schenkung an den Mitberechtigten (§ 428 BGB)	4815
ee) Unentgeltlicher Verzicht auf das vorbehaltene Nutzungsrecht	4818
ff) Entgeltlicher Verzicht	4822
c) Zusammenfassendes Berechnungsbeispiel zur Rechtslage gem. § 25 ErbStG a.F.	4824
4. Schenkung unter Duldungsauflage (neue Rechtslage ab 2009)	4834
a) Abschaffung des § 25 ErbStG	4834
b) Weitere Schenkung an den Mitberechtigten (§ 428 BGB)	4838
c) nachträglicher Verzicht auf den Nießbrauch	4842
aa) unentgeltlich	4842
bb) entgeltlich	4848
cc) Surrogation	4850
d) Abzugsbeschränkungen	4851
e) Berechnungsbeispiele	4854
f) Berücksichtigung auf der Bewertungsebene	4856
g) Nießbrauchsvermächtnis	4859
h) Grunderwerbsteuer	4861
5. Leistungsauflagen	4862
a) unbedingte Leistungsauflagen	4863
b) aufschiebend/auflösend bedingte Leistungsauflagen	4866
6. Gemischte Schenkung/Leistungsauflagen neben Duldungsauflagen	4872
7. Rückforderungsvorbehalte	4875
IX. Steuerbefreiungen und -begünstigungen	4876
1. Zugewinnausgleich (§ 5 ErbStG)	4876
a) Erbrechtlicher Zugewinnausgleich (§ 5 Abs. 1 ErbStG)	4877
b) Güterrechtlicher Zugewinnausgleich (§ 5 Abs. 2 ErbStG)	4885
c) Ausgleich bei »deutsch-französischer« Wahl-Zugewinngemeinschaft (§ 5 Abs. 3 ErbStG)	4899
d) Zugewinnausgleich zur Reparatur erfolgter Schenkungen, § 29 Abs. 1 Nr. 3 ErbStG	4902
2. Sachliche Steuerbefreiungen (§ 13 Abs. 1 Nr. 1 bis 18 ErbStG)	4908
a) Hausrat, Kunstgegenstände etc. (§ 13 Abs. 1 Nr. 1 u. Nr. 2 ErbStG)	4908

Kapitel 12

	Rdn.
b) Ehebedingte Zuwendung des selbst genutzten Familienheims (§ 13 Abs. 1 Nr. 4a ErbStG) . . .	4914
c) Vererbung des Familienheims an den Ehegatten (§ 13 Abs. 1 Nr. 4b ErbStG) (ab 2009)	4915
aa) Umfang des begünstigten Erwerbs	4918
bb) Begünstigte Immobilie	4926
cc) Selbstnutzung durch den Erblasser	4927
dd) Selbstnutzung durch den Erwerber	4929
ee) Nachversteuerung	4931
d) Vererbung des Familienheims an Abkömmlinge (§ 13 Abs. 1 Nr. 4c ErbStG) (ab 2009)	4937
aa) Erwerbstatbestand	4937
bb) Angemessenheit	4945
cc) Begünstigungstransfer	4947
e) Erwerb durch erwerbsunfähige oder erwerbsgehinderte Personen (§ 13 Abs. 1 Nr. 6 ErbStG)	4952
f) Leistungen für Pflege (§ 13 Abs. 1 Nr. 9, 9a ErbStG)	4953
g) Rückvererbung geschenkten Vermögens (§ 13 Abs. 1 Nr. 10 ErbStG)	4956
h) Sonstige Steuerbefreiungen (§ 13 Abs. 1 Nr. 12, 14, 16 u. 17, Abs. 2 ErbStG)	4957
3. Verschonung bei Grundvermögen ab 2009 (§ 13d ErbStG)	4961
4. Persönliche Steuerbefreiungen (Freibeträge) (§ 16 ErbStG)	4965
a) Rechtslage bis 31.12.2008	4965
b) Rechtslage ab 2009	4968
5. »Steuerstorno« (§ 29 ErbStG)	4970
a) Gesetzliche Rückforderungsrechte	4970
b) Vertragliche Rückforderungsrechte	4979
c) Besteuerung gezogener Nutzungen (§ 29 Abs. 2 ErbStG)	4985
d) Weitere Tatbestände	4987
6. Jahressteuer bei Nutzungen und wiederkehrenden Leistungen (§ 23 ErbStG)	4991
X. Begünstigung von Betriebsvermögen . .	4996
1. Grundkonzept	4997
a) Rechtslage von 2009 bis 30.06.2016	4997
b) Rechtslage seit 01.07.2016	5002
2. Begünstigtes Vermögen (§ 13b Abs. 1 ErbStG)	5005

	Rdn.
a) Land- und forstwirtschaftliches Vermögen (§ 13b Abs. 1 Nr. 1 ErbStG)	5006
b) Betriebsvermögen i.S.d. § 13b Abs. 1 Nr. 2 ErbStG (Betrieb, Teilbetrieb, Mitunternehmeranteil)	5007
c) Kapitalgesellschaftsanteil (§ 13b Abs. 1 Nr. 3 ErbStG) . . .	5015
aa) Grundsatz	5015
bb) Insb.: Poolvereinbarung	5018
(1) Verfügungsbeschränkung	5023
(2) Einheitliche Stimmrechtsausübung	5031
(3) Mindestbeteiligung	5039
(4) Muster einer Gesamtvereinbarung	5043
3. Ausschluss der Betriebsvermögensbegünstigung bei Verwaltungsvermögen (§ 13b Abs. 2 ErbStG)	5048
a) Verfahren; vom begünstigungsfähigen zum begünstigten Vermögen	5048
aa) Rechtslage für Erwerbe zwischen 2009 und 30.06.2016	5048
bb) Rechtslage für Erwerbe seit 01.07.2016	5056
b) Verwaltungsvermögen im Einzelnen (§ 13b Abs. 4 ErbStG)	5087
aa) Dritten zur Nutzung überlassene Grundstücke (§ 13b Abs. 4 Nr. 1 ErbStG)	5088
(1) Ausnahme Sonderbetriebsvermögen und Betriebsaufspaltung (lit. a)	5092
(2) Ausnahme Betriebsverpachtung (lit. b)	5096
(3) Ausnahme Konzernfälle (lit. c)	5099
(4) Wohnungsunternehmen (lit. d)	5100
(5) Verpachtung zur Produktabsatzförderung (lit. e) .	5107
(6) Überlassung zur landwirtschaftlichen Nutzung (lit. f)	5108
bb) Minderheitsanteile an Kapitalgesellschaften (§ 13b Abs. 4 Nr. 2 ErbStG)	5109
cc) Kunstgegenstände etc. (§ 13b Abs. 4 Nr. 3 ErbStG 2016, § 13b Abs. 2 Satz 2 Nr. 5 ErbStG 2009)	5113
dd) Wertpapiere und vergleichbare Forderungen (§ 13b Abs. 4 Nr. 4 ErbStG)	5116

	Rdn.
ee) Finanzmittel	5121
(1) Frühere Rechtslage: § 13b Abs. 2 Satz 2 Nr. 4a ErbStG 2009	5121
(2) Neue Rechtslage: § 13b Abs. 4 Nr. 5 ErbStG 2016	5138
ff) Rechtslage bis 30.06.2016: Anteile an Gesellschaften mit überwiegendem Verwaltungsvermögen (§ 13b Abs. 2 Satz 2 Nr. 3 ErbStG 2009)	5142
c) Verbundvermögensaufstellung (§ 13b Abs. 9 ErbStG)	5147
d) Umqualifizierung altersvorsorgegewidmeten Verwaltungsvermögens (§ 13b Abs. 3 ErbStG)	5165
e) Rückwirkende Umqualifizierung von Verwaltungsvermögen bei letztwilligem Erwerb, § 13b Abs. 5 ErbStG	5169
f) Umqualifizierung in unschädliches Verwaltungsvermögen, »Kulanzpuffer« gem. § 13b Abs. 7 ErbStG	5174
g) Schuldenabzug, § 13b Abs. 6 ErbStG	5176
h) Junges Verwaltungsvermögen	5184
aa) Rechtslage bis 30.06.2016 (§ 13b Abs. 2 Satz 3 ErbStG 2009)	5184
bb) Rechtslage seit 01.07.2016 (§ 13b Abs. 7 ErbStG 2016)	5192
i) Junges Finanzmittelvermögen (§ 13b Abs. 4 Nr. 5 Satz 2 ErbStG)	5194
j) Ausschluss jeglicher Begünstigung bei übermäßigem Verwaltungsvermögen (§ 13b Abs. 2 Satz 2 ErbStG)	5199
4. Vorwegabzug für Familienunternehmen seit 01.07.2016, § 13a Abs. 9 ErbStG	5203
a) Entnahmebeschränkung	5205
b) Verfügungsbeschränkung	5215
c) Abfindungsbeschränkung	5223
d) Höhe des Vorwegabschlags	5228
e) Folgen eines Verstoßes	5231
f) Verfahren	5235
5. Mögliche Vergünstigungen für Erwerbe bis 26 Mio. Euro	5236
a) Verschonungsabschlag und Abzugsbetrag (§ 13a Abs. 1 und 2 ErbStG)	5236
b) Tarifbegrenzung (§ 19a ErbStG)	5242

	Rdn.
c) Optionsverschonung: volle Steuerbefreiung (§ 13a Abs. 10 ErbStG)	5246
6. Mögliche Vergünstigungen für Erwerbe über 26 Mio. Euro	5251
a) Einhaltung der Freigrenze	5252
b) Verschonungsabschlag (§ 13c ErbStG)	5260
c) Verschonungsbedarfsprüfung (§ 28a ErbStG)	5268
aa) Regelungsprinzip	5268
bb) Modalitäten der Vermögensprüfung	5270
cc) Einzusetzendes Vermögen	5274
dd) Ausspruch und Widerruf des Erlasses	5279
ee) Verfahren; Antrag	5281
ff) Familienstiftung	5284
7. Lohnsummenkriterium (§ 13a Abs. 3 ErbStG)	5285
a) Ausnahmen	5286
b) Zeiträume	5289
c) Ermittlung	5291
d) Tochtergesellschaften	5293
e) Folgen des Unterschreitens	5299
f) Änderungen seit 01.07.2016	5305
8. Behaltensregelungen (§ 13a Abs. 6 ErbStG)	5313
a) Grundsatz	5313
b) Schädliche Vorgänge im Einzelnen	5316
aa) § 13a Abs. 6 Satz 1 Nr. 1 ErbStG (Veräußerung)	5316
bb) § 13a Abs. 6 Satz 1 Nr. 4 ErbStG (Kapitalgesellschaftsvorgänge)	5325
cc) § 13a Abs. 6 Satz 1 Nr. 3 ErbStG (Überentnahmen)	5327
dd) § 13a Abs. 6 Satz 1 Nr. 5 ErbStG (Aufhebung einer Pool-Vereinbarung)	5331
c) Folge: Nachversteuerung	5336
d) Verfahrensrecht: Zuständigkeiten und Anzeigepflichten	5341
9. Gestaltungsmöglichkeiten bei Betriebsvermögen seit 2009	5346
a) Gestaltung i.R.d. Bewertung	5347
b) Gestaltung zur Sicherung der Verschonung	5355
aa) Schaffung begünstigten Vermögens	5356
bb) Reduzierung des Verwaltungsvermögens	5358
cc) Aufstockung des Verwaltungsvermögens (bis 30.06.2016)	5368

Kapitel 12 — Verkehrssteuern

	Rdn.
dd) Maßnahmen in Bezug auf das Verwaltungsvermögen seit 01.07.2016	5372
ee) Maßnahmen in Bezug auf den Familienunternehmensabschlag	5380
ff) Optimierung der Verschonungsbedarfsprüfung, § 28a ErbStG	5387
(1) Vermeidung der »Großerwerbsmerkmale«	5387
(2) Verwendung »optimierter Erwerber«	5390
(3) Rechtzeitige und ausreichend lange Verarmung des Erwerbers	5397
(4) Umgruppierung des Übertragungsobjektes	5400
(5) Steuerung letztwilliger Unternehmenserwerbe, Erbauseinandersetzung	5402
(6) Notanker: Rückforderungsrechte	5406
(7) Fazit: Variantenvergleich zu § 13c ErbStG	5407
gg) Bestehen der Lohnsummenkontrolle	5408
(1) Maßnahmen vor dem Stichtag	5408
(2) Maßnahmen nach dem Stichtag	5413
hh) Einhaltung der Behaltensfristen	5416
c) Gestaltungsvergleich Sondergewinnbezugsrechte/Vorbehaltsnießbrauch	5418
10. Übersicht: Vor- und Nachsorgezeiträume	5421
11. Erbauseinandersetzung	5423
a) Rechtslage bis Ende 2008	5423
b) Grundzüge der Neuregelung seit 2009	5425
c) § 13a Abs. 5 Satz 3 ErbStG: positive Allokation	5430
d) § 13a Abs. 5 Satz 1 und 2 ErbStG: negative Allokation	5434
e) Anwendungsbereich im Einzelnen	5435
f) Verfahren	5445
g) Wertung	5446
12. Milderung der Doppelbelastung aus Einkommen- und Schenkungsteuer (§ 35b EStG)	5447
XI. Mittelbare (Grundstücks-)Schenkung	5450
1. Begriff; Tatbestandsvoraussetzungen	5450
2. Zivilrechtliche Aspekte	5455
3. Schenkungsteuer	5463

	Rdn.
4. Ertragsteuern; Eigenheimzulage	5467
5. Mittelbare Schenkungen bei Betriebsvermögen	5470
6. Exkurs: Die »indirekte« (Erlös-)Schenkung	5472
XII. Steuertarif	5475
1. Steuerklassen (§ 15 ErbStG)	5475
a) Einteilung	5475
b) Gestaltung durch Adoption	5479
2. Steuersätze (§ 19 ErbStG)	5485
3. Berücksichtigung früherer Erwerbe (§ 14 ErbStG)	5493
XIII. Persönliche Steuerpflicht; Besteuerungsverfahren	5507
1. Auslandssachverhalte	5507
a) (un)beschränkte Steuerpflicht	5507
b) Doppelbesteuerungsabkommen	5511
c) Anrechnung, § 21 ErbStG	5512
d) Gestaltungsmöglichkeiten	5513
e) Freibeträge, § 16 Abs. 2 ErbStG	5516
2. Besteuerungsverfahren	5518
a) Anzeigepflichten	5518
b) Kontrollmitteilungen, »Schwarzgeld«	5531
c) Erhebungsverfahren	5536
d) Stundung, § 28 ErbStG	5539
e) Steuerschuldnerschaft, § 20 ErbStG	5543
XIV. Übersicht: Gestaltungshinweise zur Steuerreduzierung	5548
1. Gestaltungsoptionen seit 2009	5549
2. Gestaltungsoptionen bis Ende 2008	5557
B. Grunderwerbsteuer	5561
I. Vorrang der Schenkungsteuer	5561
II. Gesellschafterwechsel	5569
1. § 1 Abs. 2a GrEStG	5570
2. § 1 Abs. 3 GrEStG	5579
3. § 1 Abs. 3a GrEStG	5591
4. Gesamthandsfälle: §§ 5, 6 GrEStG	5596
III. Umwandlungsvorgänge	5606
IV. Ausnahmen von der Besteuerung	5609
1. Näheverhältnisse	5612
2. Umwandlungsvorgänge im Konzern	5614
3. Realteilungen	5622
4. Rückabwicklung	5629
V. Bemessung	5638
VI. Anzeigepflichten	5643
C. Umsatzsteuer	5652
I. Erbfolge	5652
II. Lebzeitige Geschäftsveräußerung im Ganzen	5653
III. Steuerpflicht durch Entnahmevorgänge?	5655
IV. Nießbrauchsfälle	5659
V. Übertragung von (Miteigentums-)Anteilen	5661

A. Schenkungsteuerrecht

I. Einleitung

1. Bedeutung der Steuer

Seit dem In-Kraft-Treten des Erbschaftsteuerreformgesetzes 2009 erhöhte sich das in Deutschland verschenkte Vermögen von ca. 12,9 Mrd. Euro im Jahr 2009 auf mehr als das Dreifache, nämlich um 208,4 %, auf 39,9 Mrd. € im Jahr 2013. Beim vererbten Vermögen blieb der Zuwachs mit dagegen mit 41,9 % deutlich dahinter zurück. Die Betroffenen haben sich also überwiegend zugunsten der lebzeitigen Übertragung entschieden. Der größte Vermögensanteil entfiel dabei auf das Betriebsvermögen (im Jahr 2013 20,1 Mrd. €, das entspricht einem Anstieg um 87,8 %) Trotz des starken Zuwachses hinsichtlich der Vermögenswerte schrumpften die steuerpflichtigen Schenkungen (Rückgang um 13,7 %) und die tatsächlich festgesetzte Steuer in noch stärkerem Maß (Rückgang um 21,4 %), insbesondere als Folge der Erhöhung der persönlichen Freibeträge, der unbeschränkten Freistellung des Familienheims und der Steuerbegünstigungen im Betriebsvermögensbereich. Während im Jahr 2009 der Anteil der festgesetzten Schenkungsteuer am gesamten Vermögen noch 11 % betrug, ging er im Jahr 2013 auf 3 % zurück.[1]   **4333**

Fast 80 % aller Erbschaften erfassen einen steuerpflichtigen Erwerb von weniger als 100.000,00 €; diese tragen lediglich 20 % zum gesamten Steueraufkommen bei. In 5 % aller Erbschafts- und Schenkungsfälle liegt der Erwerb über 500.000,00 € (50 % des gesamten Steueraufkommens); in 0,1 % aller Fälle übersteigt der Erwerbswert 5 Mio. € (18 % des gesamten Steueraufkommens).[2] 65 % des gesamten Erbschaftsteueraufkommens entfallen auf die Bundesländer Bayern, Baden-Württemberg und Nordrhein-Westfalen, während Berlin und die neuen Bundesländer gesamt 8 % beitragen[3]: Im Jahr 2012 haben die fünf neuen Bundesländer insgesamt 64,6 Mio. € Erbschaftsteuer eingenommen, das Bundesland Hamburg mit einer wesentlich geringeren Bevölkerungszahl jedoch das Dreifache hiervon. Spitzenreiter waren Nordrhein-Westfalen mit einem Aufkommen von 1,01 Mrd. € und Bayern mit 813 Mio. €. Im Jahr 2014 entfielen auf jeden Bewohner von Hamburg 167 €, für jeden Bewohner in Thüringen 5,50 € Erbschaftsteuerzahlung.   **4334**

Schätzungen für das Jahr 2013 gehen von gesamt 4,7 Mia € Steueraufkommen aus; davon entfallen 3,6 Mia € auf Erbschaft-, 1,1 Mia € auf die Schenkungsteuer. Der Anteil am Gesamtsteueraufkommen beträgt damit lediglich 0,4 % (zum Vergleich: in Frankreich 1 %, in Japan 1,8 %). Dies hat sich nach der vorläufigen Gesamtstatistik[4] im Jahr 2015 nicht gravierend verändert, aus einem den Finanzämtern gemeldeten, geerbten und geschenkten Vermögen (vor Abzug von Steuerbefreiungen) von 102 Mia € wurden gesamt 5,5 Mia € Steuer festgesetzt (Steuerbefreiungen nach § 13a ErbStG für Betriebsvermögen wurden in Höhe von 56,8 Mia € gewährt; der Gesamtwert der steuerpflichtig bleibenden Vermögensübertragungen belief sich im Jahr 2015 auf 35 Mia €).   **4335**

Nach vorläufiger Schätzung des Statistischen Bundesamts war im Jahr 2016 ein neuer Rekord zu verzeichnen, mit gesamt 108,8 Mia € vererbtem oder verschenktem Vermögen. Das Aufkommen an Erbschaft- und Schenkungsteuer dürfte auf ca 6,8 Mia € gestiegen sein. Dieser Anstieg, der bereits 2014 begann und sodann auf etwa gleich hohem Niveau verharrte, spiegelt insbesondere die Vorwegnahme betrieblicher Übertragungen aufgrund der seit dem BVerfG-Urteil Ende 2014 zu erwartenden (und zum 01.07.2016 auch eingetretenen) Verschärfung der Rahmenbedingungen für großbetriebliche Unternehmensnachfolgen wieder, Rdn. 4356 ff.   **4336**

---

1 Pressemitteilung Nr. 33 des Statistischen Bundesamts vom 30.01. bzw. 09.02.2015, vgl. auch *Muscheler*, ErbR 2015, 650, 658 ff.
2 Etymologisch stammt der Begriff »Erbe« übrigens ab vom indogermanischen »orbho« = beraubt, verwaist.
3 Vgl. *Wachter*, ZNotP 2007, 46.
4 Pressemitteilung des Statistischen Bundesamts Nr. 276 v. 11.08.2016.

2. Rechtsgrundlagen

4337 Gesetzliche Grundlage der Schenkungsteuer ist das ErbStG, insb. dessen § 7: die dort abschließend genannten lebzeitigen unentgeltlichen Erwerbsvorgänge unterliegen der Schenkungsteuer (§ 1 Abs. 1 Nr. 2 ErbStG). Für diese gelten zusätzlich die Vorschriften über die Erbschaftsteuer, soweit nichts Anderes bestimmt ist, während umgekehrt die Schenkungsteuervorschriften auf Erwerbsvorgänge von Todes wegen keine Anwendung finden.

4338 Die Bundesregierung hat erstmals am 21.12.1998 **Richtlinien** herausgegeben, die einer bundeseinheitlichen Anwendung des Schenkungsteuerrechts dienen sollen (vgl. Art. 108 Abs. 7 GG), ergänzt durch Hinweise der obersten Finanzbehörde der Länder, die neben Verweisen auf die BFH-Rechtsprechung auch zahlreiche Beispielsberechnungen enthalten (ErbStR 1998). Für alle Erwerbsvorgänge mit Steuerentstehung ab 01.01.2003 galten die Erbschaftsteuerrichtlinien 2003 (ErbStR 2003) und die zugehörigen Hinweise. Die Richtlinien 91 bis 192 der ErbStR 2003 betreffen dabei das Bewertungsgesetz. Nach langen Vorarbeiten wurden schließlich am 19.12.2011 die **ErbStR 2011** veröffentlicht; sie sind, einschließlich der begleitenden Hinweise, für die Finanzverwaltung verbindlich im Hinblick (1) auf alle Erwerbsfälle mit Steuerentstehung nach dem 02.11.2011 sowie (2) auf vor diesem Zeitpunkt verwirklichte, in der Veranlagung noch offene Erwerbsfälle, soweit sie geänderte Vorschriften des ErbStG und des BewG betreffen (insbesondere also die im Rahmen der Reform 2009 geänderten Normen), vgl. im Einzelnen Rdn. 4351 ff.

3. Rechtsprechung des BVerfG 1995 und 2006

4339 Bereits das Urteil des BVerfG v. 22.06.1995[5] hatte in Gestalt des Jahressteuergesetzes 1995 zu neuen Bewertungsvorschriften für Grundbesitz geführt, um die zuvor bestehende Verfassungswidrigkeit aufgrund der ungleichen Bewertung von Grundbesitz einerseits und Kapitalvermögen andererseits zu beseitigen (Rdn. 4565). Der österreichische Verfassungsgerichtshof hat am 07.03.2007[6] Ähnliches zur Einheitsbewertung für Immobilien im österreichischen ErbStG entschieden. Auch die verbleibende »Besserstellung« von Betriebsvermögen, Grundvermögen, Anteilen an Kapitalgesellschaften und land-/forstwirtschaftlichem Vermögen) genügt jedoch nicht den Anforderungen des Gleichheitssatzes, wie das BVerfG durch Beschl. v. 07.11.2006[7] nach intensiver Diskussion im Schrifttum[8] auf Vorlagebeschluss des BFH[9] zur allgemeinen Überraschung[10] festgestellt hat. Erwartungsgemäß hat das BVerfG nicht die Nichtigkeit des ErbStG ab dem entscheidungserheblichen Datum (23.07.1997) feststellt mit der Folge, dass ab Juli 1997 Steuern mangels eines Steuertarifs nicht mehr erhoben werden könnten, sondern die weitere Anwendung bis zur Neuregelung, die bis zum 31.12.2008 zu erfolgen habe und erfolgt ist, verfügt (vgl. auch Rdn. 4345). Erbschaft- und Schenkungsteuerbescheide ergingen schon bisher aufgrund der gleichlautenden Ländererlasse v. 06.12.2001[11] nur mehr vorläufig, was fortgalt.[12]

---

5 BStBl. 1995 II, S. 655, sowie BStBl. 1995 II, S. 671.
6 Vgl. www.vfgh.gv.at; hierzu *Steiner*, ErbStB 2007, 147.
7 1 BvL 10/02, veröffentlicht am 31.01.2007: ZEV 2007, 76, m. Anm. *Seer*, S. 101 ff.; NJW 2007, 573; DStR 2007, 235; FamRZ 2007, 340, m. Anm. *Schlünder/Geißler*, ergangen auf Vorlagebeschluss des BFH v. 22.05.2002, II R 61/99, BStBl. 2002 II, S. 598.
8 Zur Gleichmäßigkeit der erbschaftsteuerlichen Behandlung von Grund- und Betriebsvermögen vgl. *Bach/Broekelschen/Maithert*, DStR 2006, 1961 ff. m.w.N.
9 Beschl. v. 22.05.2002 – II R 61/99, BStBl. 2002 II, S. 598: gestützt v.a. auf die Anwendung eines einheitlichen Tarifs trotz unterschiedlicher Bewertung, den ungekürzten Schuldenabzug auch bei unterbewertetem Vermögen, die Rechtsformabhängigkeit der Bewertung, die Möglichkeit der willkürlichen Schaffung von Betriebsvermögen in Gestalt der gewerblich geprägten GmbH & Co KG.
10 Die i.R.d. Verfahrens abgegebenen Stellungnahmen gingen alle von der Unzulässigkeit, jedenfalls aber der Unbegründetheit der Vorlage aus.
11 BStBl. 2001 I, S. 985, bestätigt durch gleichlautende Erlasse v. 22.11.2005, BStBl. 2005 I, S. 1006.
12 Gleichlautende Erlasse der obersten Finanzbehörden der Länder v. 10.03.2008 sowie Schreiben des BMF v. 09.01.2008, vgl. *Wachter*, ZErb 2008, 105 ff.; aufgehoben durch Erlass v. 02.01.2009, BStBl.

Das BVerfG rügte insb. folgende willkürlichen Privilegierungen im Bewertungsrecht, die eine aus- 4340
reichend belastungsgleiche und folgerichtig ausgestaltete Besteuerung strukturell verhindern. Ein
einheitlicher Tarif setzt Bewertungsgleichheit voraus.
(1) Die Nichtberücksichtigung nichtbilanzierter Vermögenswerte (etwa des selbst geschaffenen
good will) sowie stiller Reserven, die durch erhöhte Abschreibungen oder durch Wertsteigerungen entstanden sind, bei Einzelunternehmen oder Personengesellschaften. Die Maßgeblichkeit der Steuerbilanzwerte (§ 109 Abs. 1 BewG) erlaubt »bilanzpolitische Maßnahmen«
und ist nicht geeignet, den tatsächlichen Wert der Wirtschaftsgüter abzubilden.[13] Die Ungleichbehandlung wird verstärkt durch den vollen Abzug bestehender Schulden. Das BVerfG
zitiert Ermittlungen, wonach nach damaligem Recht lediglich 58 % des wahren Werts von
Betriebsvermögen erfasst werde.
(2) Gleiches gelte in abgeschwächter Form auch für Kapitalgesellschaften, da in das Stuttgarter
Verfahren auch Steuerbilanzwerte einfließen. Eine Differenzierung zwischen Kleinbeteiligungen und solchen von 25 % oder mehr hält das BVerfG allerdings nicht für zwingend geboten.
(3) Die Anwendung eines einheitlichen Vervielfältigers auf den Mietertrag bei der Immobilien- 4341
bewertung führe schließlich nach Ermittlung des BVerfG[14] zu Werten, die zwischen 50 %
und über 100 % des Verkehrswerts liegen. Verfassungsrechtlich akzeptabel sei jedoch lediglich
eine Streubreite von allenfalls »plus/minus 20 % der Verkaufspreise« (Prinzip der Binnen-
gleichheit).
(4) In noch viel stärkerem Maße gelte dies für land- und forstwirtschaftliche Grundstücke (für
Wohnteil und Betriebswohnungen gelten die Grundsätze zu Grundvermögen; der Ertragswert
für den Betriebsteil verfehlt eine Erfassung der im Vermögenszuwachs liegenden Steigerung
der Leistungsfähigkeit des Erben/Beschenkten völlig (ca. 10 % des Verkehrswerts).

Für die **Verfolgung außerfiskalischer Förderungs- und Lenkungsziele** sei das Bewertungsrecht 4342
schon im Ansatz ungeeignet.[15] Dies erfordert die einheitliche Orientierung am Verkehrswert, im
Steuerrecht also am gemeinen Wert i.S.d. § 9 Abs. 2 BewG, wobei der Gesetzgeber in der Wahl
der Ermittlungsmethode grds. frei ist. Der Auftrag an den Gesetzgeber war von kaum lösbarer
Komplexität.[16]

Auf der Basis dieser Bewertung könne der Gesetzgeber sodann, so das BVerfG, zu Lenkungszwe- 4343
cken zielgenaue und normenklare **Verschonungsregelungen** aufbauen. Dabei dürfen allerdings
(vgl. Abs. 157 der Urteilsgründe) Umstände, die sich bereits im Marktpreis niedergeschlagen haben (etwa bei Immobilien: geringe Fungibilität, höhere Sozialbindung, Mieterschutz, Grundsteu-
erbelastung etc.; bei land- und forstwirtschaftlichem Vermögen die beschränkte Nutzbarkeit), nicht
als Rechtfertigungsgründe herangezogen werden. In Betracht kommen können jedoch (Abs. 158
der Urteilsgründe) Gemeinwohlgründe der Bau- und Wohnungswirtschaft (deren »zielgenaue Förderung« jedoch durch pauschale Privilegierungen schwer fallen dürfte).[17] Im Extremfall kann auch
eine vollständige Freistellung, etwa des Familienwohnheims, in Betracht kommen.[18] Für land- und
forstwirtschaftlichen Grundbesitz werden bspw. der Klimaschutz, Trinkwasserschutz, die Belange

---

2009 I, S. 13: Ausdrückliche Erklärung, dass die vorläufigen Steuerfestsetzungen endgültig seien, erfolgt
nur auf Antrag des Steuerpflichtigen oder bei notwendiger Änderung der Festsetzung (§ 165 Abs. 2 Satz 4
AO).
13 Entgegen der Stellungnahmen des Bundes der Steuerzahler, des DIHT, des Zentralverbandes der deutsches Handwerkes, des BDI, des Deutschen Instituts für Wirtschaftsforschung etc.
14 Gestützt auf die Kaufpreisuntersuchung der Finanzverwaltung aus dem Jahr 1998: 7.000 Fälle, vgl. *Eisele*,
NWB 2007, 505.
15 *Crezelius*, DStR 2007, 419.
16 *Riedel/von Hutten*, ZErb 2007, 104: »Und so sehen wir betroffen den Vorhang zu und alle Fragen offen«.
17 § 155 BewG-E i.d.F. der BR-Drucks. 390/96 sah einen gestaffelten Bewertungsabschlag von 30 %, 35 %
bzw. 40 % vor.
18 Tz. 98 a.E. des BVerfG-Beschl. v. 07.11.2006 – 1 BvL 10/02, DStR 2007, 235.

des Kyoto-Protokolls etc. als Rechtfertigungsgründe für Verschonungsregelungen geltend gemacht.[19]

4. Reform 2009

a) Entwicklung

4344 Die vollständige Abschaffung der Erbschaftsteuer (nach dem Vorbild Schwedens und Portugals, Maltas, Zyperns, Sloweniens und der Slowakei) oder gar der Erbschaft- und Schenkungsteuer (nach dem Vorbild der drei baltischen Staaten und Hongkongs, ab 01.08.2008 Österreichs, bisher auch Italiens,[20] im Jahr 2010 auch der USA[21]) – ggf. beschränkt auf Erwerber der Steuerklasse I (wie in Polen, Tschechien, Dänemark [Ehegatten] und in einigen Kantonen der Schweiz; ähnlich in Luxemburg)[22] – war unrealistisch. Die mitunter dramatischen Phasen der Gesetzesentstehung sind in der 3. Auflage dieses Werkes, Rdn. 4344 ff., dargestellt worden. Erst am 25.11.2008 nahm der Bundestag die angepasste Beschlussempfehlung des Finanzausschusses in Gestalt der Drucks. 16/11075 an. Deshalb enthielt erst die am 31.12.2008 ausgelieferte Ausgabe des Bundesgesetzblattes (2008 I, S. 3018 ff.) den Text des am folgenden Tag in Kraft tretenden Erbschaftsteuerreformgesetzes. Auch zu den in der Übergangsphase sich aufdrängenden Gestaltungen (insbesondere das Vorziehen der Übertragung ertragsstarker, aber substanzschwacher Betriebe in der Rechtsform einer Personengesellschaft oder Einzelunternehmung) wird auf Rn. 3481 ff. der 3. Auflage dieses Werkes verwiesen.

b) In-Kraft-Treten, Wahlrechte

4345 Die Neuregelungen finden gem. § 37 Abs. 1 ErbStG auf Erwerbsvorgänge unter Lebenden oder von Todes wegen Anwendung, für welche die Steuer nach dem 01.01.2009 (eigentlich richtig: nach dem 31.12.2008) entstanden ist; zum Entstehungszeitpunkt gem. § 9 Abs. 1 ErbStG (vgl. Rdn. 4544 ff.). Unmittelbare Rückwirkung zulasten des Steuerbürgers kommt dem Gesetz demnach zu Recht nicht zu: Eine rückwirkende Verschärfung für bereits vor dem 31.01.2007 durchgeführte Veranlagungen (auch wenn sie den nun auf Antrag[23] gem. § 165 Abs. 2 Satz 3 AO aufzuhebenden Vorläufigkeitsvermerk tragen)[24] war wegen des verfahrensrechtlichen Vertrauensschutzes des § 176 AO und der tenorierten Anwendbarkeit des bisherigen Rechtes ohnehin ausgeschlossen. Gleiches galt für bis zum 31.01.2007 realisierte Sachverhalte, mag auch die Veranlagung noch nicht erfolgt sein.[25] Ab dem 01.02.2007 entstehende (§ 9 ErbStG) Steuern konnten, sofern der Pflichtige nicht anders optiert, nicht »rückwirkend« dem neuen Gesetz unterstellt werden – zwar können verfassungswidrige Gesetze keinen Vertrauenstatbestand begründen,[26] ande-

---

19 *Landsittel*, ZErb 2007, 180 ff.
20 Wiedereinführung ab 03.10.2006 [Erbschafts-] bzw. ab 01.01.2007 [Schenkungsteuer], vgl. *Reiß*, ZErb 2007, 145. Zusätzlich werden [wie beim entgeltlichen Erwerb] eine Hypothekarsteuer von 2 % und eine Katastersteuer von 1 % des Katasterwertes erhoben – bei Erstwohnsitzimmobilien pauschal jeweils 168,00 € –, die [anders als die Erbschaft- und Schenkungsteuer] nicht gem. § 21 ErbStG auf den deutschen Steuerbetrag anrechenbar ist, vgl. *Kneissler-Dall'Acqua/Comolli*, ZErb 2013, 7.
21 Zur Wiedereinführung 2011 [wenn auch mit einem indirekten Freibetrag von 5 Mio. $] *Vorwold*, ErbStB 2015, 24 ff.
22 Keine Steuer für Ehegatten, wenn es ein gemeinsames Kind mit dem Erblasser gibt, und für Kinder.
23 Andernfalls entfällt der Vorläufigkeitsvermerk gem. § 171 Abs. 8 AO mit Ablauf der Festsetzungsfrist.
24 Gleichlautende Erlasse v. 02.01.2009, BStBl. 2009 I, S. 13; frühere Vorläufigkeitsvermerke: BStBl. 2008 I, S. 465 = ZEV 2008, 212.
25 *Steiner*, ErbStB 2007, 78: sonst echte Rückwirkung; außerdem darf der Steuerpflichtige nicht zum Spielball der Bearbeitungsgeschwindigkeit des FA werden, ebenso *Wachter*, ZErb 2007, 121.
26 Tipke/Kruse/*Drüen*, AO/FGO, § 4 AO Rn. 19, 22 (Nov. 2006); daher ergingen Steuerbescheide weiterhin in vollem Umfang vorläufig gem. § 165 Abs. 1 Satz 2 Nr. 2 AO: Gleichlautender Ländererlass v. 19.03.2007, DStR 2007, 627; krit. hiergegen *Wachter*, DB 2007, 821 (nicht durch § 165 AO gedeckt, da im Widerspruch zur BVerfG-Entscheidung) – der Erlass soll Bescheide wohl lediglich mit dem Ziel of-

rerseits ist (anders als im BVerfG-Beschl. v. 22.06.1995: 31.12.1995) die Anwendbarkeit des bisherigen Rechtes nicht durch das BVerfG auf einen früheren Zeitpunkt als den der Neuregelung begrenzt,[27] was (wohl)[28] auch an der Gesetzeskraft des Tenors, § 31 Abs. 2 Satz 1 BVerfGG, teilhat.

Mittelbar kann sich **ein Eingreifen in »vergangene Sachverhalte«** allerdings ergeben, wenn bisher errichtete Testamente, etwa wegen Testierunfähigkeit, nicht mehr an die neue Rechtslage angepasst werden können (Stichworte: Anpassung von Freibetragsvermächtnissen, sog. Daragan'schen Klauseln, Vermächtnisse hinsichtlich des Familienheims zur Ermöglichung der Freistellung des § 13 Abs. 1 Nr. 4b oder c ErbStG). 4346

Bei **Erwerbsvorgängen unter Lebenden** ist die temporale Abgrenzung des § 37 Abs. 1 ErbStG zwingend. In einem engen zeitlichen, bis zum 30.06.2009[29] befristeten, Korridor bot Art. 3 ErbStRG jedoch die Möglichkeit, Erwerbe von Todes wegen aus dem Zeitraum v. 01.01.2007 bis 31.12.2008 nach neuem Recht besteuern zu lassen (**Wahlrecht** gem. Art. 3 Abs. 1 ErbStG).[30] Der diesbezügliche Antrag konnte bereits vor der Abgabe der eigentlichen Erbschaftsteuererklärung fristwahrend gestellt werden. 4347

▶ Hinweis:

Auch nach Ablauf der Optionsfrist kann – sofern nicht Wiedereinsetzung in den vorigen Stand gewährt wird[31] – in seltenen Konstellationen auch durch eine Ausweichgestaltung in Fällen letztwilligen Erwerbs mitunter die Anwendbarkeit neuen Rechtes erreicht werden: wurde z.B. ein Unternehmen als Vermächtnis im Rahmen eines Sterbefalls vor dem 01.01.2009, also nach altem Rechtszustand, zugewendet, das Vermächtnis jedoch noch nicht angenommen, könnte der Begünstigte dieses Vermächtnis, wenn die neue Rechtslage für ihn günstiger ist, ausschlagen und sich vereinbarungsgemäß das Unternehmen als Abfindung übertragen lassen: maßgeblich für die Entstehung der Steuer ist nun der Ausschlagungszeitpunkt, § 9 Abs. 1 Nr. 1 f.) ErbStG, und besteuert wird der Unternehmenserwerb (§ 3 Abs. 2 Nr. 4 ErbStG) nach neuem Recht. 4348

Da der »Vorausoptierende« nicht in den Genuss der gestiegenen Freibeträge nach § 16 ErbStG kommt, Art. 3 Abs. 1 ErbStRG, empfiehlt sich die Option bspw. bei der Vererbung eines **Familienheimes** durch den Ehegatten, für die erstmals das neue Recht auch eine sachliche Freistellung von Todes wegen in § 13 Abs. 1 Nr. 4b ErbStG ermöglicht, auch bei im EU- oder EWR-Ausland gelegenen selbst genutzten Grundbesitz. Gleiches gilt gem. § 13 Abs. 1 Nr. 4c ErbStG für die erstmals ermöglichte sachliche Freistellung selbst genutzter Eigenheime bei entsprechender Fortnutzung durch Kinder, unter zusätzlicher Geltung des Größenkriteriums (200 m² Wohnfläche). Positiv auswirken kann sich auch, dass mit **Streichung des § 25 ErbStG a.F.** das Abzugsverbot bei Nutzungslasten auch von Todes wegen entfallen ist; der zusätzliche Rückgriff auf die jeweils ak- 4349

---

fenhalten, rückwirkende Vergünstigungen (etwa in Gestalt des Unternehmensnachfolgeerleichterungsgesetzes) zu erhalten, vgl. *Geck*, ZEV 2007, 257.

27 *Geck*, DStR 2007, 428, ebenso *Wachter*, ZErb 2007, 122; *Theiss/Ahlhaus*, ZErb 2007, 200.
28 Str., vgl. *Steiner*, ZEV 2007, 120.
29 Auch bei zunächst nur vorläufiger Steuerfestsetzung musste der Antrag fristgerecht gestellt werden, BFH, 21.11.2012 – II B 78/12, DStR 2013, 30; *Viskorf*, in: DAI, 11. Jahresarbeitstagung des Notariats 2013, Skript S. 557 f.
30 Vgl. hierzu gleichlautenden Erlass der Obersten Finanzbehörden der Länder v. 23.02.2009, ZEV 2009, 152, m. Anm. *Eisele*, sowie *Theissen*, ZEV 2009, 227 ff. und *Hartmann*, ErbStB 2010, 140 (»Rosinenpicken«); Erlass FinMin Schleswig-Holstein v. 01.02.2010 – VI 353 – S 3715–012, ZEV 2010, 160. Die ausgeübte Option kann vor Unanfechtbarkeit widerrufen werden, FG München, 12.02.2014 – 4 K 71/12, ErbStB 2014, 151.
31 *Pilz-Hönig*, ZErb 2011, 9, zu einer Entscheidung des BayMin der Finanzen; dagegen FG Hamburg, 15.05.2013 – 3 K 17/13, ErbStB 2013, 372.

tuelle Sterbetafel nach Maßgabe des § 14 Abs. 1 BewG (auch für die Jahre 2007 und 2008, Rdn. 4766) kann ferner zu einer Erhöhung des Abzugsbetrags zu kapitalisierender Lasten führen (während bei zu kapitalisierenden Ansprüchen regelmäßig das frühere Recht mit dem geringeren Multiplikationsfaktor vorzuziehen ist).

4350 In **Betriebsvermögensfällen** kann sich die Anwendungsoption zugunsten des neuen Rechts lohnen, wenn z.B. erhebliches EU-Betriebsvermögen vorhanden ist, das bisher nicht privilegiert war, und/oder die Chance besteht, 85 % oder gar 100 % Entlastungswirkung zu erzielen, zuzüglich des Abzugsbetrags von 150.000,00 €, §§ 13a ff. ErbStG. Die Anrechnungsvorschrift des § 35b EStG ist jedoch durch Rückanwendungsoption nicht wählbar, so dass eine Abmilderung der Doppelbelastung bei Erwerben von Todes wegen aus Erbschaft- und ESt nicht möglich ist.

c) ErbStR 2011

4351 Die am 19.12.2011 nach Zustimmung des Bundesrates gem. Art. 108 Abs. 7 GG verabschiedete »Allgemeine Verwaltungsvorschrift zur Anwendung des Erbschaftsteuer- und Schenkungsteuerrechts« (kurz: **ErbStR 2011**) samt begleitender »Hinweise zu den Erbschaftsteuer-Richtlinien 2011« (**ErbStH 2011**) wurden am 31.12.2011 in Sondernummer 1/2011 des BStBl I veröffentlicht;[32] sie lösen die ErbStR 2003 ab (Rdn. 4338). Für die Finanzverwaltung sind sie verbindlich im Hinblick (1) auf alle Erwerbsfälle mit Steuerentstehung nach dem 02.11.2011 sowie (2) auf vor diesem Zeitpunkt verwirklichte, in der Veranlagung noch offene Erwerbsfälle, soweit sie geänderte Vorschriften des ErbStG und des BewG betreffen (insbesondere also die im Rahmen der Reform 2009 geänderten Normen). Berücksichtigt sind insbesondere auch das Wachstumsbeschleunigungsgesetz, das Jahressteuergesetz 2010, das Steuervereinfachungsgesetz 2011 und zwischenzeitliche BFH-Rechtsprechung, nicht jedoch die Änderungen der §§ 7 Abs. 8, 15 Abs. 4 ErbStG durch das Beitreibungsrichtlinie-Umsetzungsgesetz v. 07.12.2011, hierzu Rdn. 4438 ff.

4352 Begrüßenswerterweise integrieren die ErbStR 2011 und die ErbStH 2011 erstmals das erläuterte Paragraphenzitat in die Gliederungsbezeichnung, so dass als ein weiterer Unterscheidungsbuchstabe (»E« bzw. »B«) zur Bezeichnung des »Erbschaftsteuergesetzes« bzw. »Bewertungsgesetzes« einzufügen war. R E 9.1 ErbStR 2011 erläutert also z.B. die Anwendung des § 9 ErbStG, H E 9.1 ErbStH 2011 enthält Hinweise und Beispiele hierzu. Gegliedert wird sodann numerisch (9.1, 9.2) – wobei diese Abschnitte nicht den Absätzen des Gesetzestextes entsprechen, sondern thematische Überschriften tragen (z.B. R E 9.1. ErbStR 2011: »Zeitpunkt der Ausführung einer Grundstücksschenkung«, R E 9.2 ErbStR 2011: »Entstehung der Steuer in sonstigen Fällen«); innerhalb der Abschnitte wird wiederum nach Absätzen und Sätzen zitiert.

4353 In die ErbStR 2011 wurden insbesondere folgende **Erlasse** der Finanzverwaltung **integriert** (sie sind nicht mehr anzuwenden, soweit sie mit den ErbStR 2011 im Widerspruch stehen, was allerdings nur sehr vereinzelt der Fall ist):

(1) Gleich lautende Anwendungserlasse v. 30.03.2009 zum Feststellungsverfahren (AEBewFestV, BStBl I 2009, 546); (2) Gleich lautende Anwendungserlasse v. 01.04.2009 zur Bewertung des land- und forstwirtschaftlichen Vermögens (AEBewLuF, BStBl I 2009, 552); (3) Gleich lautende Anwendungserlasse v. 05.05.2009 zur Bewertung des Grundvermögens (AEBewGrV, BStBl I 2009, 590); (4) Gleich lautende Anwendungserlasse v. 25.06.2009 zur Bewertung des betrieblichen Vermögens (AEBewAntBV, BStBl I 2009, 698) einschließlich ihrer Neufassung vom 17.05.2011 (BStBl I 2011, 606); (5) Gleich lautende Anwendungserlasse v. 25.06.2009 zu den Neuregelungen bei der Erbschaft-/Schenkungsteuer, einschließlich Verschonungsregelungen (AEErbSt, BStBl 2009 I, 713); (6) Gleich lautende Anwendungserlasse v. 29.10.2010 (»Poolerlass«, BStBl I 2010, 1210 –

---

32 257 Seiten, erhältlich auch als Einzelnummer (6 €) bei Stollfuss Medien, Postfach 2428, 53105 Bonn, Fax (0228) 724 9223. Vgl. zu den wesentlichen Änderungen gegenüber den ErbStR 2003 *Halaczinsky*, ErbStB 2012, 44 ff. und *Mannek*, ZEV 2012, 6 ff.

zugleich Überarbeitung von A 21 AEErbSt); (7) Gleich lautende Anwendungserlasse v. 20.05.2011 zu gemischten Schenkungen (BStBl I 2011, 562: rückwirkender Verzicht auf die bisherige Formelberechnung in allen noch offenen Fällen), sowie (8) Gleich lautende Anwendungserlasse v. 19.08.2011 zu Nachschenkungen (BStBl I 2011, 860).

Durch gleich lautende Erlasse vom 21.06.2012 (BStBl 2012 I 712) haben die Länder die »Allgemeine Verwaltungsanweisung für die Erbschaft- und Schenkungsteuer« (ErbStVA) herausgegeben, welche das Ermittlungs-, Festsetzungs- und Erhebungsverfahren sowie die Steuerüberwachung regelt. 4354

Die zum 01.07.2016 in Kraft getretenen Änderungen des ErbStG, insb. im Rahmen der Unternehmensnachfolge (vgl. Rdn. 4366 ff.), sind bisher noch nicht in die ErbStR übernommen worden. Es ist auch nicht gelungen, hierzu gleichlautende Erlasse der obersten Finanzbehörden der Länder (im Interesse der Einheitlichkeit der Steuererhebung, die durch die Bundesländer und für deren Rechnung erfolgt, Art. 108 Abs. 2 Satz 1 GG, Art. 30, 83 GG) herauszugeben, da im Rahmen des von März bis Juni 2017 währenden Abstimmungsprozesses der Bundesländer eine Einigung mit der bayerischen Finanzverwaltung nicht zustande kam. Im Ergebnis wurde damit lediglich ein sog. »koordinierter Ländererlass« zur Anwendung der geänderten Vorschriften des ErbStG am 22.06.2017 veröffentlicht.[33] Damit finden die neuen Erlasse für Erbschaften und Schenkungen im Freistaat Bayern keine Anwendung, was als Novum gelten darf und durchaus auch verfassungsrechtliche Fragen zur Gleichmäßigkeit der Besteuerung (vgl. § 3 AO) aufwirft. Es ist zu hoffen, dass im Rahmen der Ergänzung der ErbStR wieder eine bundeseinheitliche Linie gefunden werden kann. Der koordinierte Ländererlass vom 22.06.2017 zur Anwendung der geänderten Vorschriften des Erbschaft- und Schenkungsteuergesetzes wird nachfolgend kurz als »**AE-ErbStG 2017**« bezeichnet; seine Gliederung folgt dem Aufbau der derzeit geltenden Erbschaftsteuerrichtlinien 2011, wobei jedoch an die Stelle der Richtlinienregelung (»R E«) in den AE-ErbStG 2017 schlicht die Bezeichnung »Abschnitt« tritt, während die Hinweise mit »H« abgekürzt werden. 4355

5. Reform 2015/2016

a) Entscheidung des BVerfG

Die am 01.01.2009 in Kraft getretene Reform der Erbschaftsteuer begegnete schon früh erheblichen **verfassungsrechtlichen Bedenken**. So wirken sich Abmilderungen in den Bewertungsnormen, etwa zum land- und forstwirtschaftlichen Vermögen, wie eine (nach dem BVerfG verbotene) versteckte Verschonungsmaßnahme aus.[34] »Ausnahmen von der Ausnahme« (z.B. die Beschränkung der Freistellung auf gewerbliche Wohnungsunternehmen, nicht auch Gewerbevermietungsunternehmen) sind im Hinblick auf Art. 3 GG zusätzlich bedenklich[35] (führen allerdings nicht zu einer verfassungswidrigen Beschränkung der Testierfreiheit).[36] Europarechtlich ist zu prüfen, ob in der potenziell vollständigen Freistellung eine Beihilfe i.S.d. Art. 107 ff. AEUV (zuvor 87 ff. EGV) liegen könnte. Stimmen, die angesichts des geringen Anteils am Gesamtsteueraufkommen (ca. 0,8 % – also weniger als die ohnehin zu verkraftende jährliche Schwankung) eine gänzliche Abschaffung der Steuer fordern, bleiben daher deutlich vernehmbar, auch eingedenk der Tatsache, dass geschätzt 250 Mrd. € jährlich in Deutschland vererbt/verschenkt und hieraus lediglich ca. 6,3 Mrd. € Steuer eingenommen werden,[37] was einem Anteil von weniger als 3 % entspricht. 4356

---

33 BStBl. 2017 I, 902 ff.; vgl. hierzu *Wachter*, GmbHR 2017, 841 ff., *Korezkij*, DStR 2017, 1729 ff., sowie *Eisele*, NWB 2017, 2670 ff. und NWB 2017, 2751 ff.; *Herbst*, ErbStB 2017, 278 ff.; *Geck*, ZEV 2017, 481 ff.
34 Vgl. etwa *Viskorf*, FR 2007, 626 f.; umfassende verfassungsrechtliche Kritik bei *Crezelius*, ZEV 2012, 1 ff.; *Spiegelberger/Wartenburger*, ErbStB 2009, 98 ff.
35 Gutachten von *Joachim Lang* im Auftrag des Bundesverbandes Freier Immobilien- und Wohnungsunternehmen, vgl. FAZ v. 18.11.2009, S. 10.
36 BVerfG, 30.10.2010 – 1 BvR 3196/09, ZEV 2011, 46.
37 Davon ca 102 Mia € erfasst, vgl. Mitteilung des Statistischen Bundesamtes Nr. 276 v. 11.08.2016.

Auch ideologisch lässt sich die weitere Erhebung der Erbschaftsteuer nicht mit Blick auf die dadurch angeblich verbesserte Chancengerechtigkeit rechtfertigen, zumal üblicherweise im Alter von über 50 Jahren geerbt wird, also zu einem Zeitpunkt, in dem über die Lebenschancen längst entschieden ist.

4357 Zudem weisen Länder wie Kanada, Neuseeland und Australien, die schon lange auf Erbschaft- und Vermögensteuer verzichten, keine höhere Staatsverschuldung auf als Länder mit solchen Steuern (Deutschland, Frankreich), wie überhaupt Deutschlands Nachbarn ihre gewerbliche Wirtschaft im Steuerwettbewerb durch umfangreiche und größenunabhängige Freistellungen schützen[38] (Frankreich: 75 % bei Mindestbehaltensfrist, ohne Größenmerkmale; Großbritannien: vollständige Freistellung für land- und forstwirtschaftliches Vermögen, Einzel- und Mitunternehmerschaften, und mehrheitsvermittelnde Beteiligungen an Kapitalgesellschaften; Italien: Steuerfreiheit bei Betriebsübergang auf Ehegatten oder Abkömmlinge [bei Personen- und Kapitalgesellschaftsanteilen nur bei bestimmendem Einfluss und Fortführung über fünf Jahre]; Schweiz: Freistellung zwischen 50 % [Basel-Land] und 100 % [Bern] ohne Größenmerkmale). Kritisch zu bewerten ist auch der Versuch, zugleich Verteilungs-, Familien-, Arbeitsmarkt- und Standortpolitik zu betreiben in Gestalt der Fortführungs- und Erhaltungsauflagen bei Betriebsvermögen.[39] Die Partei »Die Linke« verfolgt das Ziel, in Verschärfung dieser Auflagen künftig auch eine Mindestbeteiligung von Arbeitnehmern am Kapital zu verlangen (wobei die entsprechenden Erfahrungen im früheren Jugoslawien allerdings zeigen, dass hierdurch wenig erreicht wird: können die erworbenen Anteile veräußert werden, wandeln sie sich in kurzfristigen Konsum, sind sie zu halten, bestimmen Gewerkschaftsvertreter und Politiker maßgebend über Unternehmensschicksale mit). Schließlich ist jede Stärkung der Staatsquote kritisch zu hinterfragen, investiert doch der Staat lediglich 3 % seiner Einnahmen, während es im privaten Sektor 20 % sind.

4358 Es nimmt daher nicht wunder, dass das neue Schenkung- und Erbschaftsteuergesetz rasch wieder auf dem Prüfstand des Verfassungsrechtes[40] stand. Bereits in seiner Aufforderung an das BMF,[41] dem Verfahren beizutreten, hatte der BFH eindrucksvolle Beispiele für eine gleichheitssatzwidrige Begünstigung von Betriebsvermögen vorgetragen (Übermaßbegünstigung durch gestufte Beteiligungsverhältnisse mit Verwaltungsvermögen von nicht mehr als 50 %: »positiver Kaskadeneffekt« gem. Rdn. 5363; »Cash-GmbH«: Rdn. 5119; Aufspaltung in eine vermögenslose Betriebsgesellschaft mit den Arbeitnehmern und eine vermögende Besitzgesellschaft ohne Lohnsummenkontrolle: Rdn. 5411; »internes Verkaufsmodell«: Rdn. 5360). Am **27.09.2012**[42] hatte der BFH dem BVerfG demzufolge erneut die Frage vorgelegt, ob § 19 Abs. 1 ErbStG in der im Jahr 2009 geltenden Fassung in Verbindung mit §§ 13a, 13b ErbStG wegen Verstoßes gegen den allgemeinen

---

38 *Spiegelberger*, ZErb 2015, 229, 232.
39 Das am 02.03.2012 veröffentlichte Gutachten des wissenschaftlichen Beirates beim BMF (NWB 2012, 970) empfiehlt wegen der durch die Begünstigungen eintretenden ökonomischen Effizienzverluste, alle Verschonungen abzuschaffen und eine moderate Besteuerung mit 8,5 bzw. 9 bzw. 13 % (in Steuerklasse I, II, III) linear vorzusehen. Für eine »flat tax« auch z.B. *Pahlke* ZEV 2015, 377 ff.
40 Vorlagebeschluss BFH, 27.09.2012 – II R 9/11, GmbHR 2012, 1195; hierzu *Söffing*, ErbStB 2012, 362 ff. (Az. BVerfG: 1 BvL 21/12); vgl. auch BFH II B 168/09, BFHE 228, 149 (zur bis Ende 2009 geltenden Gleichstellung der Steuerklasse II und III); zum neuen Rechtszustand – allerdings verfrüht, ohne Rechtswegerschöpfung – BVerfG, 30.10.2010 – 1 BvR 3196 bis 3198/09, ZEV 2011, 46, hierzu *Wachter*, BB 2010, 667. Aussetzung der Vollziehung wird jedoch nicht gewährt (BFH, 01.04.2010 – II B 168/09, ZEV 2010, 317), was mit Art. 19 Abs. 4 GG vereinbar ist (BVerfG, 24.10.2011 – 1 BvR 1848/11, ZEV 2012, 171). Allerdings gewährt der BFH nun bis zur Entscheidung des BVerfG (BFH, 21.11.2013 – II B 46/13 ZEV 2014, 108; *Gemmer*, EE 2014, 76) bei Erbschaft- (nicht Schenkung-)steuerbescheiden Aussetzung der Vollziehung, wenn nicht ausreichend liquide Mittel zur Begleichung vorhanden sind.
41 BFH, 05.10.2011 – II R 9/11 ZEV 2011, 672 m. Anm. *Hannes*, hierzu auch *Geck*, DNotZ 2012, 330 ff. und *Meiisel/Bokeloh*, ErbStB 2012, 246 ff.
42 BFH, 27.09.2012 – II R 9/11, ZEV 2012, 599 m. Anm. *Hannes*.

A. Schenkungsteuerrecht

Gleichheitssatz verfassungswidrig ist. Seit dem 14.11.2012 ergehen Steuerbescheide nur noch vorläufig gem. § 165 Abs. 1 Satz 2 Nr. 3 AO.

Auf Grund der lang erwarteten **Entscheidung des Bundesverfassungsgerichts** vom 17.12.2014,[43] die (obwohl allenfalls mittelbar entscheidungsrelevant[44]) das gesamte ErbStG auf den Prüfstand stellte, steht nun mit Gesetzeskraft (§ 31 Abs. 2, § 13 Nr. 11 BVerfGG) fest, dass einzelne Bestimmungen des ErbStG verfassungswidrig sind und der Gesetzgeber daher aufgerufen war, bis zum 30.06.2016[45] eine Neuregelung zu treffen. Im Einzelnen trifft das BVerfG[46] hierzu folgende Aussagen: 4359

(1) Die Definition des begünstigungsfähigen Vermögens in § 13b Abs. 1 ErbStG sowie die Möglichkeit eines 85 %igen oder gar 100 %igen Verschonungsabschlags nach § 13a ErbStG sind dem Grunde nach verfassungskonform (Rn. 133 ff., 177 ff.) Die vom BFH im Vorlagebeschluss hierzu geäußerte Kritik teilt der 1. Senat des BverfG nicht. Auch die Begünstigung von Kapitalgesellschaftsanteilen ab einer (gegebenenfalls durch Pooling) zu erreichenden Mindestbeteiligungsquote von mehr als 25 %[47] hält sich noch im zulässigen Gestaltungsspielraum des Gesetzgebers (Rn. 182), wobei das Gericht zu prüfen anheim gibt, ob insoweit tatsächlich weiterhin auf die Quote des Erblassers/Schenkers, oder nicht eher künftig auf die Quote des übertragenen Anteils abzustellen sei. Gleiches gilt für die Begünstigung von Personengesellschaftsanteilen ohne Mindestquote (Rn. 197), da bei diesen – anders als bei Kapitalgesellschaften – von einer engen Einbindung des Anteilsinhabers in das Unternehmen ausgegangen werden kann, sowie für die Begünstigung von Einzelunternehmen sowie land- und forstwirtschaftlichem Vermögen, also den Erhalt vornehmlich klein- und mittelständischer Unternehmen, die in besonderer personaler Verantwortung geführt werden; diese Förderung dient zugleich dem Erhalt von Arbeitsplätzen (Rn. 159). 4360

(2) Nicht mehr vom Gestaltungsermessen des Gesetzgebers gedeckt sind jedoch (jedenfalls) einzelne Aspekte der Begünstigung von Betriebsvermögen, wobei die Behaltensregelungen, § 13a Abs. 5 ErbStG und die diesbezüglichen Fristen als offensichtlich unproblematisch, nicht weiter untersucht wurden (Rn. 230). Die Anforderungen an die Rechtfertigung abweichender steuerlicher Belastungen steigen mit Umfang und Ausmaß der Abweichung (Leitsatz Nr. 3 des Tenors). Daher postuliert das BverfG die (bisher im Gesetz nicht verankerte) Notwendigkeit einer Differenzierung zwischen kleinen und mittelständischen, insbesondere Familien-Unternehmen, einerseits (Rn. 134) und Unternehmen oberhalb dieser Schwelle, andererseits; bei letzteren sei zusätzlich eine individuelle **Bedürfnisprüfung** notwendig um festzustellen, ob der unentgeltliche Übergang des Betriebs zu Liquiditätsanspannungen führt, welche die Existenz des Unternehmens und der daran geknüpften Arbeitsplätze gefährden (Rn. 143 ff.). Diese Bedürfnisprüfung muss sowohl erwerbs- als auch erwerberbezogen durchgeführt werden (Rn. 151 ff.): Zu prüfen ist zum einen, ob der erworbene Betrieb ohne eine Entlastung des 4361

---

43 BVerfG, 17.12.2014 – 1 BvL 21/12, ZEV 2015, 19 (im Originalausdruck 70 Seiten lang!); hierzu *Crezelius*, ZEV 2015, 1 ff.; *Hannes*, ZEV 2015, 8 ff.; *Geck*, ZEV 2015, 129 ff.; *Söffing/Thonemann-Micker*, ErbStB 2015, 40 ff.; *Esskandari*, StBW 2015, 21 ff.
44 Der zur Normenkontroll-Richtervorlage gem. Art. 100 GG führende Revisionsfall des BFH betraf Privatvermögen. Da Teile der §§ 13a, 13b ErbStG verfassungswidrig sind, beeinflusst dies auch die Tarifnorm des § 19 Abs. 1 ErbStG und damit das gesamte Gesetz.
45 Gem. gleichlautenden Ländererlassen v. 12.03.2015, ZEV 2015, 248, ergehen alle Bescheide nun in vollem Umfang vorläufig, § 165 Abs. 1 Satz 2 Nr. 2 AO; dies gilt gem. gleichlautenden Ländererlassen v. 05.11.2015, ZEV 2015, 728 auch für alle Feststellungen nach § 13a Abs. 1a und § 13b Abs. 2a ErbStG.
46 Die im Folgenden zitierten Rn. sind solche des Urteils.
47 *Crezelius*, ZEV 2015, 1, 5, weist darauf hin, dass die 25 % Schwelle, die schon in § 13a ErbStG a.F. enthalten war, ursprünglich Konkordanz herstellen sollte mit der damaligen 25 %-Schwelle des § 17 EStG. Da Letztere nun auf 1 % abgesenkt ist, sei auch eine Herabsetzung der Mindestbeteiligung an Kapitalgesellschaften i.S.d. ErbStG geboten.

Betriebsübergangs in Bezug auf die Erbschaft- oder Schenkungsteuer in Schwierigkeiten käme, andererseits in Bezug auf den Erwerber, ob aus gleichzeitig geschenkten oder geerbten Vermögensteilen (möglicherweise auch aus bereits bei ihm vorhandenem Vermögen, bzw. aus dem mitverschenkten/mitvererbten Verwaltungsvermögen[48]?) die Möglichkeit besteht, die Steuerschuld zu begleichen. Unklar ist, ab welchem Größenkriterium die Bedürfnisprüfung zu greifen hat; in Rn. 174 werden z.B. Unternehmen genannt, die mehr als 250 Arbeitnehmer beschäftigen und entweder einen Jahresumsatz von mehr als 50 Millionen Euro haben oder eine Jahresbilanzsumme von mehr als 43 Millionen Euro,[49] in Rn. 175 ist beispielhaft von einer Förderungshöchstgrenze von 100 Millionen Euro[50] die Rede. Zielgenauer wäre die erstrebte Beschränkung der Begünstigung auf Familienvermögen, wenn ein Abgrenzung nicht nach der Größe, sondern nach der Kapitalmarktorientiertheit des Unternehmens i.S.d. § 264d HGB erfolgen würde.[51] Es ist zu erwarten, dass – sofern auf den Wert abzustellen ist – die Bewertungsfragen künftig noch stärkere Bedeutung gewinnen werden, auch im Hinblick auf die Frage, ob die Verwendung des sog. Vereinfachten Ertragswertverfahrens nach § 199 ff. BewG nicht zu unrealistisch hohen Ergebnissen führt und ob – entgegen § 9 Abs. 3 BewG derzeitiger Fassung – die Besonderheiten des Einzelfalls (wie etwa Verfügungsbeschränkungen, wertmindernde Abfindungsklauseln, Thesaurierungsvorgaben, Gewinnentnahmebeschränkungen, Einschränkungen der Stimmrechte etc.) nicht doch wertmindernd berücksichtigt werden müssten.

4362 (3) Verfassungswidrig ist aus Sicht des BverfG die Ausgestaltung der §§ 13a, 13b ErbStG jedenfalls in folgender Hinsicht:

(a) Gemäß § 13a Abs. 1 Satz 4 ErbStG sind Betriebe mit nicht mehr als 20 Beschäftigten von der **Lohnsummenkontrolle** befreit. Mit der Festsetzung dieser hohen Schwelle hat der Gesetzgeber seinen Gestaltungsspielraum überschritten (Rn. 224), da auf diese Weise 90 % aller Betriebe freigestellt wurden. Sachgerecht sei (Rn. 229) die Begünstigung von Betrieben mit »einigen wenigen Beschäftigten«, genannt wird in diesem Zusammenhang die in § 23 Abs. 1 Satz 3 KSchG genannte Zahl von zehn Beschäftigten, die auch vor der Gesetzesänderung die Grenze bildete (Rn. 217, 225).

4363 (b) Die dem Grunde nach gewährte Vergünstigung von bis zu **50 % Verwaltungsvermögensanteil** im Gesamtvermögen, § 13b Abs. 2 Satz 1 ErbStG, überschreitet ebenfalls die typisierende Gestaltungskompetenz des Gesetzgebers (Rn. 231). Das BVerfG führt hierzu aus (Rn. 252), dass die in § 13b Abs. 4 ErbStG enthaltene Mindestbesteuerung von 15 % des Unternehmenswerts (sofern nicht die Optionsvollfreistellung gemäß § 13a Abs. 8 ErbStG zum Einsatz kommt, Rdn. 5246) die Annahme reflektiere, dass Unternehmen in der Regel über nichtbegünstigungsfähiges Vermögen von 15 % verfügten. Damit sei die um das mehr als dreifache höhere Typisierung von 50 % nicht vereinbar, auch nicht im Hinblick auf etwa damit bezweckte Verwaltungsvereinfachungen. Als sachgerecht würde das Gericht z.B. die konkrete Begrenzung des Förderungsausschlusses auf den jeweils im Einzelfall festgestellten Anteil des Verwaltungsvermögens ansehen (Rn. 244), zumal dieser Anteil ohnehin zu ermitteln ist. Die Neuregelung wird dem Gesetzgeber auch Anlass geben, die Ermittlungskriterien insoweit zu vereinheitlichen: Die im Juni 2013 neu eingefügte Kategorie des Finanzvermögens (§ 13b Abs. 2 Satz 2 Nr. 4a ErbStG) bestimmt, dass ein Schuldenabzug stattfinde, während in den sonstigen Fällen des Verwaltungsvermögens nach § 13b Abs. 2 Satz 2 Nr. 1 bis 5 ErbStG kein Schuldenabzug erfolgt.[52] Immerhin hätte die vom Bundesverfassungsgericht ins Spiel gebrachte konkrete Besteuerung des Verwaltungs-

---

48 Vorschlag von *Viskorf/Philipp*, ZEV 2015, 129, 135 sowie der Stiftung Familienvermögen [Handelsblatt v. 01.02.2015].
49 2003 durch die EU-Kommission aufgestellt.
50 In Anlehnung an einen Regierungsentwurf von 2005. Darüber hinaus gehende Werte unterlägen dann in voller Höhe der Besteuerung, mit Stundungsmöglichkeit.
51 Vorschlag von *Bäuml* FR 2015, 73, 75; *Pauli*, SteuK 2015, 1, 3.
52 Vgl. R E 13b.20 Abs. 2 Satz 5 ErbStR 2011.

vermögensanteils den Vorteil, dass auch Betriebe mit über 50 % Verwaltungsvermögensanteil für den Restbestand an operativem Vermögen noch eine Vergünstigung erhalten können.

(c) In **Konzernstrukturen** führt schließlich die starre 50 %-Grenze des Verwaltungsvermögens wegen des in § 13b Abs. 2 Satz 2 Nr. 3 ErbStG festgelegten Alles-oder-nichts-Prinzips bei Tochtergesellschaften (»Holding-Klausel«) dazu, dass Vergünstigungen in Betracht kommen, obwohl im Gesamtkonzern über 50 % Verwaltungsvermögen vorhanden ist (Rn. 261 und 269 der BVerfG-Entscheidung, vgl. Rdn. 5363: sog. »positiver Kaskadeneffekt« bei mehrstufigen Konzernstrukturen). Auch insoweit mahnt das BVerfG eine Überarbeitung des Verwaltungsvermögenstests an, wobei es insoweit darauf hinweist, dass möglicherweise schon die Finanzgerichte durch Anwendung des § 42 AO hätten Abhilfe schaffen können (Rn. 263 a.E.). 4364

(d) Schließlich erwähnt – wie nicht verwunderlich – das BVerfG die auch vom BFH im Vorlagebeschluss aufgegriffenen, bereits vor 30.06.2016 durch Änderung des § 13b Abs. 2 Satz 2 Nr. 4a ErbStG deutlich beschnittenen Möglichkeiten der sogenannten »Cash-Gesellschaften«, vgl. Rdn. 5119, sowie des internen Verkaufsmodells, Rdn. 5360. 4365

b) Gesetzgebungsprozess; Grundzüge der Neuregelung

Es wurde frühzeitig politisch angekündigt, dass die vom BVerfG angemahnte Neuregelung sich auf die Beseitigung der monierten, den Gestaltungsspielraum des Gesetzgebers überschreitenden Aspekte beschränken werde. Das Petitum einer Bedürfnisprüfung im Einzelfall bei »Großunternehmen« stellte die Gesetzgebung dabei vor besondere Herausforderungen, da eine neue Spaltung der Unternehmenslandschaft unter steuerlicher Perspektive im Sinn einer Alles-oder-nichts-Betrachtung (mit/ohne Bedürfnisprüfung) droht; die Liquiditätsprüfung war im bisherigen Recht auch nicht angelegt.[53] 4366

Die geplante Neuregelung hatte in Gestalt des Referentenentwurfs vom 02.06.2015[54] und des **Regierungsentwurfs vom 08.07.2015**[55] erstmals konkretere Gestalt angenommen. Der Gesetzgeber unternahm dabei leider den Versuch, nahezu jeden Vorschlag, der aus Politik, von Verbänden und Sachverständigen zur Reform des Verschonungssystems vorgebracht wurde, in irgendeiner Form mit zu berücksichtigen, so dass eine unsystematische Gemengelage entstand, die möglicherweise wieder gegen das Grundgesetz verstößt.[56] Das im Regierungsentwurf noch angelegte Differenzierungskriterium zur Aussonderung des nicht begünstigten Vermögens (nämlich ob das einzelne Wirtschaftsgut »überwiegend einer gewerblichen, land- und forstwirtschaftlichen oder freiberuflichen Tätigkeit nach ihrem Hauptzweck dient«[57] stieß auf besondere Kritik: Der **Bundesrat** hat in seiner am 25.09.2015 veröffentlichten Stellungnahme zum Regierungsentwurf[58] in Teilbereichen daher deutlich abweichende Akzente gesetzt. Der von der Bundesregierung beabsichtigte vollständige Systemwechsel zum »Hauptzweckkriterium« soll unterbleiben, vielmehr 4367

---

53 Wenn man von der umgekehrten Berücksichtigung der erbschaftsteuerlichen Liquiditätsbelastung als Entnahmebegünstigung bei der einkommensteuerlichen Thesaurierungsbesteuerung (§ 34a Abs. 4 Satz 3 EStG), Rdn. 2908 ff., absieht.
54 Vgl. hierzu *Eisele*, NWB 2015, 1905 ff.; *Stalleiken/Kotzenberg*, GmbHR 2015, 673 ff.; *Landsittel*; ZErb 2015, 224 ff.; *Söffing/Krogol*, ErbStB 2015, 194 ff.
55 Hierzu *Hannes*, ZEV 2015, 371 ff.; *Stalleiken/Holtz*, ErbR 2015, 423 ff.; *Hutmacher*, ZNotP 2015, 209 ff.; *Viebrock/Van Lück*, NWB 2015, 2717 ff. Zu den Alternativ- und Ergänzungsvorschlägen der Länder im Bundesrat: NWB 2015, 3001 ff.
56 *Born/Lindenau*, ZErb 2015, 337, z.B. wegen der möglichen »Hochschleusung« nicht begünstigten Vermögens, sog. Boost-Effekt des § 13b Abs. 8 ErbStG-E, der zur Benachteiligung von Verwaltungsvermögen gegenüber Privatvermögen geführt hätte.
57 Krit. hierzu z.B. *Thonemann-Micker/Krogoll*, ErbStB 2015, 273 ff.
58 Vgl. *Herbst*, ErbStR 2015, 326 ff.; *Eisele*, NWB 2015, 3001 ff.; *Stalleiken*, DB 2015, 2296 ff., zu BR-Drucks. 353/15.

sei am »bewährten« Verwaltungsvermögenskatalog festzuhalten. Allerdings sollte die bisher in § 13b Abs. 2 Satz 2 Nr. 1 Satz 2 ErbStG vorgesehene »Rückausnahme« für sogenannte Wohnungsunternehmen gestrichen werden. Zugunsten des Steuerpflichtigen sollten allerdings künftig Wertpapiere, die Pensionsverpflichtungen sichern, zu den Finanzmitteln zählen, also mit den Pensionsverpflichtungen selbst saldiert werden können. Hinsichtlich des Finanzmitteltests soll nach Auffassung des Bundesrats der Sockelbetrag (Abzug von 20 % des Unternehmenswerts) nicht mehr bei einer rein gewerblich geprägten Gesellschaft, sondern nur bei überwiegend land- und forstwirtschaftlicher, gewerblicher oder selbständiger Tätigkeit gewährt werden. Im Rahmen der quotalen Verteilung der Schulden (§ 13b Abs. 5 RegE) schlug der Bundesrat anstelle der sehr verwaltungsintensiven Feststellung der gemeinen Werte der einzelnen Wirtschaftsgüter i.S.d. § 11 Abs. 2 Satz 3 BewG die sogenannte »Rückrechenmethode« vor, indem schlicht der Wert des Verwaltungsvermögens vom Unternehmenswert abgezogen wird, ohne Einzelbewertung auch des begünstigten Vermögens. Die finale Umqualifizierung originär nichtbegünstigten Vermögens in Höhe von 10 % (sog. Schmutzzuschlag) sollte nach Meinung des Bundesrats dafür unterbleiben. Deutliche Abstriche – zur Vermeidung einer weiterhin als verfassungswidrig befürchteten Begünstigung – mochte der Bundesrat dagegen bei der Begünstigung von Großerwerben machen.

4368 Wesentliche Änderungen sah schließlich der am 11.02.2016 gefundene **Kompromissvorschlag** auf Ebene der stellvertretenden Fraktionsvorsitzenden von CDU/CSU und SPD vor. Nachdem der auf Betreiben der CSU notwendig gewordene Koalitionsgipfel vom 06. April 2016 keine Annäherung erbrachte, verabschiedete der Finanzausschuss am 22.06.2016 (BT-Drucks. 18/8911) eine (vom Bundestag am 24.06.2016 angenommene) Beschlussempfehlung, die jedoch in der Sitzung des Bundesrates vom 08.07.2016 abgelehnt wurde[59] (aufgrund der Neinstimmen der Länder unter Regierungsbeteiligung der Grünen), so dass der **Vermittlungsausschuss** tätig werden musste. Der Kompromissvorschlag des Finanzausschusses sah abweichend vom »Februar-Kompromiss« vor, (a) die Lohnsummenregelung ab fünf – nicht lediglich drei – Beschäftigten greifen zu lassen, (b) den »Freibetrag« für Finanzmittel von 20 % auf 15 % zu senken, andererseits aber den generellen Schmutzzuschlag von 10 % zu belassen, und (c) auch bei der Optionsverschonung ab einem Wert des begünstigten Vermögens von 90 Mio. Euro keinen Verschonungsabschlag mehr zu gewähren.

4369 Der Vermittlungsausschuss hat sich in der Sitzung vom 21./22.09.2016, nicht zuletzt unter dem Eindruck der Mitteilung des BVerfG,[60] sich Ende September 2016 erneut mit dem Normenkontrollverfahren zu befassen, auf **Kompromisse** im Rahmen der Erbschaftsteuerreform geeinigt, die durch den Bundestag am 29.09.2016 und durch den Bundesrat am 15.10.2016 angenommen wurden und folgenden wesentlichen Inhalt haben[61]:

(1) Unverändert geblieben ist die Differenzierung bei der erbschaftsteuerlichen Betriebsnachfolgevergünstigung zwischen kleinen und mittelständischen Erwerben (begünstigtes Vermögen bis zu 26 Millionen Euro) einerseits und »Großerwerben« (Wert des Einzelerwerbs über 26 Millionen Euro) andererseits.

---

59 Zu den Abweichungen des Bundesratsentwurfes *Herbst*, ErbStB 2016, 250 ff.
60 Pressemitteilung 41/2016 vom 14.07.2016; gemeint war u.U. die Androhung einer Vollstreckungsanordnung nach § 35 BVerfGG. Fraglich ist, ob das BVerfG dadurch einen neuen Vertrauenstatbestand begründen würde, der eine Rückwirkung zum 01.07.2016 ausgeschlossen hätte, vgl. *Crezelius*, ZEV 2016, 367.
61 Vgl. hierzu auch die **Übersichten** bei *Crezelius*, ZEV 2016, 541 ff.; *Geck*, ZEV 2016, 546 ff.; *Hannes*, ZEV 2016, 554 ff.; *Schmitz*, RNotZ 2016, 502 ff. und 649; *Riedel*, ZErb 2016, 371 ff.; *Landsittel*, ZErb 2016, 383 ff.; *Gutachten*, DNotI-Report 2017, 17 ff.; *Söffing*, ErbStB 2016, 339 ff.; *Thouet*, ZNotP 2016, 334 ff.; erste Beispielsfälle bei *Herbst*, ErbStB 2016, 347 ff. sowie *Saecker/Gelhaar*, NWB 2017, 2447 ff. Synopse zur alten und neuen Gesetzesfassung (2009/2016) in ZErb 2016, 353 ff.

Unterhalb der genannten Schwelle blieben folgende Strukturprinzipien unangetastet: 4370
(a) das Abgrenzungsmodell »Verwaltungsvermögen« blieb im Grunde erhalten (anstelle des vorübergehend favorisierten »Hauptzweckkriteriums«), allerdings mit inhaltlichen Veränderungen:
  (aa) Gem. § 13b Abs. 3 Satz 1 ErbStG (bereits in der Fassung des Bundestags-Beschlusses) gehören diejenigen Teile des begünstigungsfähigen Vermögens, die ausschließlich und dauerhaft der Erfüllung von **Schulden aus Altersversorgungsverpflichtungen** dienen und dem Zugriff anderer Gläubiger entzogen sind, nicht zum Verwaltungsvermögen (sog. »Deckungsvermögen«). Dieses Deckungsvermögen gehört nach dem Kompromiss des Vermittlungsausschusses nur bis zur Höhe des gemeinen Werts der Schulden aus Altersversorgungsverpflichtungen nicht zum Verwaltungsvermögen (§ 13b Abs. 3 Satz 1 ErbStG), um mögliche Steuer-Spardosen durch übergroße Deckungsvermögen zu vermeiden.
  (bb) Die Rückausnahme vom Verwaltungsvermögen bei der **Grundstücksüberlassung** 4371 i.S.d. § 13b Abs. 4 Nr. 1 Satz 2 lit. e ErbStG erstreckt sich nur noch auf die Überlassung solcher Grundstücke, die im Rahmen von Lieferungsverträgen dem Absatz eigener Erzeugnisse oder Produkte dienen sollen, so dass im wesentlichen Brauereigaststätten und Tankstellen erfasst sind.
  (cc) Um zu vermeiden, dass Gegenstände der **privaten Freizeitgestaltung** in gewerblich geprägte Gesellschaften eingebracht wurden, damit diese von Vergünstigungen mit partizipieren können, wurde in § 13b Abs. 4 Nr. 3 ErbStG im Vermittlungsausschuss zur zielgenaueren Abgrenzung klargestellt, dass Kunstgegenstände, Kunstsammlungen, wissenschaftliche Sammlungen, Bibliotheken, Archive, Münzen, Edelmetalle, Edelsteine, Briefmarkensammlungen, Oldtimer, Yachten, Segelflugzeuge und sonstige typischerweise der privaten Lebensführung dienende Gegenstände stets Verwaltungsvermögen sind, wenn nicht der Handel mit diesen Gegenständen, die Herstellung oder Verarbeitung oder entgeltliche Vermietung an Dritte Hauptzweck des Betriebs sind.
  (dd) Zur Eindämmung von »Cash-Gesellschaften« (§ 13b Abs. 4 Nr. 5 Satz 1 ErbStG) 4372 wurden die Voraussetzungen für das Bestehen des sog. »**Finanzmitteltestes**«, wonach Finanzmittel von bis zu 15 % (bisher: 20 %) des anzusetzenden Werts des Betriebsvermögens noch begünstigungsfähig sind, eingeschränkt, zumal diese 15 %-Quote zusätzlich zum allgemeinen Verwaltungsvermögen-Freibetrag des § 13b Abs. 7 ErbStG, des sogenannten »Schmutzzuschlags«, die unverändert bei 10 % des um den Nettowert des Verwaltungsvermögens gekürzten gemeinen Werts des Betriebsvermögens geblieben ist (unschädliches Verwaltungsvermögen[62]), gewährt würde. Voraussetzung für die Anwendung der Geringfügigkeitsgrenze von 15 % ist demnach, dass das nach § 13b Abs. 1 ErbStG begünstigungsfähige Vermögen des Betriebs oder nachgeordneter Gesellschaften nach seinem »Hauptzweck« einer Tätigkeit gewerblicher, landwirtschaftlicher oder freiberuflicher Art dient. Es ist bedauerlich, dass die im ersten Regierungsentwurf enthaltene, vielkritisierte Hauptzweckprüfung auf diesen Umweg doch noch bedeutsam bleibt.[63]
(b) Bei der Verwaltungsvermögensermittlung ist nicht nur, wie nach altem Recht, die Einhal- 4373 tung bzw. Verletzung der 10 %- bzw. 50 %-Grenze maßgebend, sondern es ist die **konkrete Verwaltungsvermögensquote** im Gesamtunternehmensverbund zu ermitteln (wie bereits durch das Normenkontrollurteil des Bundesverfassungsgerichts vorgegeben), was natürlich dazu führen wird, dass erheblich stärker um Einzelwerte gestritten werden wird!

---

62 Verwaltungsvermögen, das dem Betrieb im Zeitpunkt der Entstehung der Steuer weniger als zwei Jahre zuzurechnen war [junges Verwaltungsvermögen], und junge Finanzmittel im Sinne des § 13b Abs. 4 Nr. 5 Satz 2 ErbStG-E sind kein unschädliches Verwaltungsvermögen.
63 Krit. z.B. *Stalleiken/Holtz*, ErbR 2016, 560, 562.

(c) Wie bisher bleibt es bei den Varianten der Regelverschonung gem. § 13a Abs. 1 Satz 1 ErbStG in Höhe von 85 % bzw. der Vollverschonung von 100 % des begünstigten Vermögens gemäß § 13a Abs. 10 ErbStG; für Letztere kann jedoch (so die Ergänzung im Vermittlungsausschuss) nur optiert werden, wenn das begünstigungsfähige Vermögen nicht zu mehr als 20 % (bisher: 10 %) aus Verwaltungsvermögen i.S.d. § 13b Abs. 3 u. 4 ErbStG besteht, bemessen nach dem Verhältnis der Summe der gemeinen Werte der Einzelwirtschaftsgüter des Verwaltungsvermögens i.S.d. § 13b Abs. 3 u. 4 ErbStG zum gemeinen Wert des Betriebs.[64] Es bleibt also – wie bisher – bei der Gegenüberstellung der Brutto-Größe des Verwaltungsvermögens zur Netto-Größe des gemeinen Werts des Gesamtbetriebs.

4374 (d) Der begünstigte Teil des begünstigungsfähigen Vermögens ermittelt sich gem. § 13b Abs. 2 Satz 1 ErbStG in der Weise, dass vom gesamten begünstigungsfähigen Vermögen der Netto-Wert des Verwaltungsvermögens abgezogen und das sog. unschädliche Verwaltungsvermögen (in Höhe eines **Kulanzpuffers**, sog. »Schmutzzuschlags«) i.H.v. 10 % des begünstigten Vermögens wieder hinzugerechnet wird. Sog. »junges« (noch nicht zwei Jahre vorhandenes) Verwaltungsvermögen und »junge« Finanzmittel bleiben jedoch stets unverschont, werden also in den 10 %igen Kulanzpuffer nicht einbezogen.

4375 (e) Unverändert geblieben ist der schon bisher im Gesetzgebungsverfahren vorgesehene **Schuldenverrechnungsmodus** gem. § 13b Abs. 6 ErbStG: Soweit sie nicht bereits mit Finanzmitteln und/oder mit Altersversorgungsvermögen (oben [a] [aa]) unmittelbar verrechnet werden konnten, sind sie auf die übrigen Wirtschaftsgüter im Verhältnis des gemeinen Werts des Verwaltungsvermögens zum gemeinen Wert des Betriebsvermögens aufzuteilen. Auf die wirtschaftliche Zuordnung der Verbindlichkeiten kommt es also nicht an. Zusätzlich aufgenommene »junge« Schulden, die über den Durchschnitt der drei dem Stichtag vorangehenden Jahre hinausgehen, werden übrigens nur erfasst, soweit sie nachweislich durch die betriebliche Tätigkeit veranlasst sind.[65] Diese Schuldenverrechnungsregelung begünstigt Betriebe mit hoher Passiv-Belastung, zumal sie »altes« Verwaltungsvermögen nur reduziert um den anteiligen Schuldenabzug versteuern müssen, während Betriebe mit hoher Liquidität durch die verringerte Privilegierung der Finanzmittel bestraft werden. »Junges« Verwaltungsvermögen und »junge« Finanzmittel sind jedoch von der Schuldenverrechnung (ebenso wie vom »Schmutzzuschlag«) ausgeschlossen.

4376 (f) Auch die schon im bisherigen Verfahren sich abzeichnenden Regelungen zur Bagatellgrenze bei der Arbeitnehmer-Lohnsummenprüfung (§ 13a Abs. 3 ErbStG: bereits ab **6 Arbeitnehmer** [anstelle von bisher 20!], allerdings mit abweichenden einzuhaltenden Prozentschwellenwerten), sowie der Investitionsklausel beim Verwaltungsvermögen (§ 13b Abs. 5 ErbStG) blieben unverändert.

(g) Abweichend vom bisherigen Recht bestimmt § 13b Abs. 2 Satz 2 ErbStG, dass ab einer Verwaltungsvermögensquote von **90 % oder mehr** jegliche Begünstigung (auch für den verbleibenden Wert des an sich begünstigungsfähigen Vermögens) entfällt.

4377 (2) Bei sogenannten »**Großerwerben**« (über 26 Millionen Euro im Einzelfall) ist es bei dem im bisherigen Gesetzgebungsverfahren abweichenden Regime verblieben, das je nach Wahl des Erwerbers die **Abschmelzungslösung des § 13d ErbStG** (Verringerung des Abschlags des Regel- oder Vollabschlags gemäß § 13a Abs. 1 oder Abs. 10 ErbStG um jeweils 1 % für jede volle 750.000 € höheren Werts des begünstigten Vermögens) vorsieht oder die **Verschonungsbedarfsprüfung des § 28a ErbStG** (mit der Verpflichtung, das [i] konkret mitverschenkte/mitvererbte Verwaltungsvermögen sowie [ii] 50 % des bei Entstehung der Steuer bereits vorhandenen sonstigen

---

[64] Bei der Prüfung dieser Quote wird das Verwaltungsvermögen nur unter Beachtung des § 13b Abs. 3 u. 4 ErbStG ermittelt, also mit nur begrenztem Schuldenabzug und ohne Berücksichtigung des 10 %igen gemäß § 13b Abs. 7 Satz 1 ErbStG, vgl. *Geck*, ZEV 2016, 546, 552.

[65] Hierdurch soll vermieden werden, dass durch die bewusste Begründung von Verbindlichkeiten kurz vor dem Stichtag Verrechnungspotential geschaffen wird, während z.B. Geldbestände vorher entnommen werden.

Vermögens [das kein privilegiertes Betriebsvermögen ist] zuzüglich [iii] 50 % des sonstigen [nicht privilegiertes Betriebsvermögen bildenden] in den folgenden zehn Jahren durch Schenkung oder Erbschaft erworbenen »verfügbaren« Vermögens einzusetzen). Abzustellen – auch für die Einhaltung der Freigrenze von 26 Millionen Euro – ist auf den Einzelerwerb, so dass die (unternehmenspsychologisch nicht zu begrüßende) Tendenz zunehmen wird, Unternehmensnachfolgen in 10-Jahres-Kaskaden zu gestalten und nicht dem »einen Unternehmensnachfolger«, sondern einer Mehrheit von Personen zu übertragen. Da bei nachträglich einzusetzendem, geerbtem/geschenktem Nicht-Betriebsvermögen die Erbschaft/Schenkungsteuer nicht abgezogen wird, kann theoretisch eine Gesamtsteuerbelastung von bis zu (50+30=)80 % entstehen, im Sinn einer konfiskatorischen Vermögensabgabe. Die Testamentsgestaltung wird bei Destinatären, die bereits Unternehmensnachfolger sind, daher künftig, zeitlich abgeschichtet (je nach dem Datum des Sterbefalls), unterschiedliche Verteilungslösungen vorsehen müssen. Unklar ist aus Gestaltersicht, wie sich die »Verfügbarkeit« von Vermögen beurteilt, ob beispielsweise eine Testamentsvollstreckung letztere beseitigt. Auch die Zurechnung des Vermögens ist noch unklar. (Ist z.B. Unternehmenserwerber eine mit 25.000 € ausgestattete GmbH, würde Steuer nur in Höhe von 12.500 € gezahlt werden müssen? Oder wird »transparent« auf das sonstige Vermögen des Gesellschafters durchgegriffen?)

(3) **Familienunternehmen** erhalten bei kumulativer Aufrechterhaltung der in § 13a Abs. 9 ErbStG genannten Kriterien während einer Vorlaufzeit von zwei Jahren und einer Nachlaufzeit von 20 Jahren, jeweils bezogen auf den Besteuerungszeitpunkt, einen sog. Vorab-Wertabschlag von bis zu 30 % (bemessen nach dem Abschlag gem. nachstehend [c] unterhalb des gemeinen Wertes, die zuvor geplante Verdoppelung der Anwendungsgrenze der Regelverschonung von 26 Mio. auf 52 Mio. ist entfallen) auf den Wert des begünstigten Vermögens. Diese Kriterien wurden im Vermittlungsverfahren konkreter gefasst: **4378**

(a) Der Gesellschaftsvertrag/die Satzung muss die Entnahme/Ausschüttung auf höchstens 37,5 % des (um die auf den Gewinnanteil entfallenden Steuern gekürzten) Betrags des steuerrechtlichen (nicht handelsrechtlichen!) Gewinns beschränken, zzgl. derjenigen Beträge, die zur Begleichung der auf den Gewinnanteil/die Ausschüttung entfallenden Einkommensteuer (nicht auch Erbschaftsteuer!) notwendig sind.

(b) Die Verfügungsbeschränkungen bleiben in der Fassung des Bundestagsbeschlusses bestehen, also beschränkt auf Mitgesellschafter, eigene Angehörige i.S.d. § 15 AO sowie Familienstiftungen/Familienvereine, wurden also nicht erweitert auf Familienpool-GmbHs, auf steuerbegünstigte Stiftungen und auf Angehörige von Mitgesellschaftern. **4379**

(c) Unverändert geblieben ist auch das Erfordernis einer vertraglichen/satzungsrechtlichen Abfindungsbeschränkung »unterhalb des Verkehrswerts« (wobei unsystematischer Weise diese Differenz ihrerseits gem. § 7 Abs. 7 ErbStG besteuert wird, Rdn. 4471 ff.).

Gem. § 13a Abs. 9 Satz 2 ErbStG ist der Vorab-Abschlag von bis zu 30 % (abhängig von der Höhe der prozentualen Abfindungsreduzierung gem. [c]) nur für die Teile des begünstigten Vermögens zu gewähren, die alle vorgenannten Voraussetzungen kumulativ erfüllen (also bspw. nicht für das Sonderbetriebsvermögen, wenn sich die Verfügungsbeschränkung des Gesellschaftsvertrags hierauf – wie regelmäßig – nicht erstreckt).

(4) Anders als der Bundestags-Beschluss, der in Gestalt des § 28 Abs. 2 ErbStG-E bei Erwerben von Todes wegen voraussetzungslos eine zinslose Stundung von bis zu zehn Jahren gewährt hätte, erweitert der im Vermittlungsausschuss gefundene Kompromiss die bisherige restriktive **Stundungsregel** des § 28 Abs. 1 ErbStG (die eine Existenzgefährdung des Betriebs erfordert hätte) dahingehend, dass die Stundung auf sieben Jahre beschränkt ist, ab dem zweiten Jahr bereits Tilgungsbeiträge zu leisten sind und die Stundung endet, wenn Nachversteuerungstatbestände eintreten; die Nachsteuer selbst ist ihrerseits nicht stundungsfähig. Die in § 28a ErbStG enthaltene Verschonungsbedarfsprüfung wurde durch den Vermittlungsausschuss nicht verändert. **4380**

(5) Am einschneidensten, da für alle Unternehmensbewertungsfälle maßgebend, ist die Neubestimmung des **Kapitalisierungsfaktors**, mit dem bei der vereinfachten Ertragswertermittlung nach § 199 ff. BewG der durchschnittliche Jahresertrag des Unternehmens zu multipli- **4381**

zieren ist. Während der Gesetzesbeschluss des Bundestags noch einen Basiszinssatz von mindestens 3,5 % und höchstens 5,5 % vorgeschrieben hatte, woraus sich bei gesetzlicher Umsetzung eine Bandbreite für den Kapitalisierungsfaktor zwischen 12,5 und 10 ergeben hätte, wird nun gem. § 203 Abs. 1 BewG-E der Kapitalisierungsfaktor jeweils gesetzlich bestimmt mit anfänglich **13,75** und das Bundesfinanzministerium gemäß § 203 Abs. 2 BewG ermächtigt, durch Rechtsverordnung mit Zustimmung des Bundesrats (da den Ländern das Erbschaftsteueraufkommen zusteht) den Kapitalisierungsfaktor jeweils an die Entwicklung der Zinsstrukturdaten anzupassen. Die bisherige Ermittlung durch Erhöhung des Basiszinssatzes um den fixen gesetzlichen Risikozuschlag von 4,5 % entfällt also. Diese realistischere Bewertung kommt (und zwar bereits ab 01.01.2016) allen Unternehmen zugute (kann allerdings dazu führen, dass die 10-, 15-, 20-, 90 %igen Schwellen aufgrund der niedrigeren Bezugsgröße nicht mehr eingehalten werden).

(6) Die Neuregelungen treten – ungeachtet der insoweit im Schrifttum geäußerten Bedenken – rückwirkend zum **01.07.2016** in Kraft, § 37 Abs. 12 ErbStG (Rdn. 4386), der neue Bewertungsfaktor von 13,75 gilt bereits ab 01.01.2016, vgl. hierzu Rdn. 4717.

c) In-Kraft-Treten; Übergangsrecht

4382 Hinsichtlich des **Schicksals bereits verwirklichter Steuertatbestände**, einerseits, sowie von Steuersachverhalten, die in der »Übergangszeit«, also zwischen dem **17.12.2014** und dem In-Kraft-Treten der Neuregelung (was spätestens zum **30.06.2016** zu erfolgen hatte) verwirklicht werden, andererseits, gilt folgendes:

(1) Soweit am 17.12.2014 bereits ein Steuerbescheid vorgelegen hat, ergaben sich keine Änderungen für den Steuerpflichtigen, auch dann nicht, wenn die Steuerfestsetzung, wie seit dem Erlass der Obersten Finanzbehörden der Länder vom 14.11.2012 der Fall, mit einem Vorläufigkeitsvermerk gemäß § 165 Abs. 1 Satz 2 Nr. 3 AO erging. Insbesondere konnte es zu keiner Änderung des Steuerbescheids zuungunsten des Steuerpflichtigen kommen, § 176 Abs. 1 Satz 1 Nr. 1 AO.

(2) Ist die Steuer bereits vor dem 17.12.2014 entstanden, jedoch noch kein Steuerbescheid ergangen, gilt § 176 AO nicht unmittelbar. Da jedoch das BVerfG die Erklärung über die verfassungsrechtliche Unvereinbarkeit (nicht: Nichtigkeit) des ErbStG mit einer Weitergeltungsanordnung verknüpft hat, werden auch diese Vorgänge weiter auf der Grundlage des bisherigen, wenn auch verfassungswidrigen, Rechts beschieden werden.

4383 (3) Schwieriger ist die Rechtslage in Bezug auf Tatbestände, in denen die Steuer (i.S.d. § 9 ErbStG, Rdn. 4544 ff.) zwischen dem 17.12.2014 und dem In-Kraft-Treten der Neuregelung entsteht, also die »**Übergangsfälle**«. Auch insoweit war grundsätzlich auf der Grundlage des bisherigen, zwar verfassungswidrigen, jedoch fortgeltenden Rechts zu entscheiden, es sei denn, der Gesetzgeber hätte für einzelne Aspekte der Neuregelung eine Rückwirkung angeordnet, was frühestens auf den Zeitpunkt der Verkündung der Entscheidung (17.12.2014) möglich gewesen wäre. In sachlicher Hinsicht hielt das BVerfG (Rn. 292 a.E. des Beschlusses) eine solche Rückwirkungsanordnung durch den Gesetzgeber nur für möglich, um einer »**exzessiven Ausnutzung**« der als gleichheitswidrig befundenen Ausgestaltung der §§ 13a, 13b ErbStG entgegenzutreten. Im übrigen (Rn. 291) haben »die Unternehmer und ihre Nachfolger ein berechtigtes Interesse an einer verlässlichen Rechtsgrundlage für die Nachfolgeplanung auch in steuerlicher Hinsicht«. Das BVerfG ging nicht darauf ein, ob der »exzessive Charakter« sich auf die Quantität, also die Verwirklichung einer Vielzahl »gestaltungsmodellhafter« Sachverhalte durch zahlreiche Steuerpflichtige, oder auf die Qualität, beispielsweise die damit erzielte Steuerreduzierung in einer einzelnen konkreten Gestaltung, bezog. Wegen der bestehenden Unsicherheiten erteilte die Finanzverwaltung in Bezug auf die derzeitigen Verschonungsregelungen gem. §§ 13a, 13b ErbStG keine verbindlichen Auskünfte mehr.[66] Aufgrund gleichlautender Ländererlasse vom

---

66 BayLfSt, 06.08.2015 – S 3700.2.1-11/2 St 34, ZEV 2015, 604.

A. Schenkungsteuerrecht

12.03.2015[67] wurden alle noch offenen Festsetzungen von nach dem 31.12.2008 entstandenen Schenkung- und Erbschaftsteuern gem. § 165 Abs. 1 Satz 2 Nr. 2 AO in vollem Umfang vorläufig durchgeführt, so dass die Festsetzungsfrist gem. § 171 Abs. 8 AO gehemmt war.

▶ **Hinweis:**

Daher war zu empfehlen, Vergünstigungen in Bezug auf Betriebe oder Familienheime[68] noch vor dem Zeitpunkt in Anspruch zu nehmen, ab dem die für den Steuerpflichtigen weniger günstige Neuregelung in Kraft treten wird[69] (Bsp. zur Familienstiftung: Rdn. 3114). Ist dieser Zeitpunkt für den Veräußerer »an sich noch zu früh«, da er sich z.B. noch kein belastbares Urteil zu den unternehmerischen Fähigkeiten des Erwerbers bilden konnte, ist an eine Übertragung unter freiem Widerrufsvorbehalt zu denken,[70] welcher der Vollziehung der Schenkung (und damit dem Entstehen der Schenkungsteuer dem Grunde nach) nicht entgegensteht, Rdn. 4546, 2143 ff.; bei Personengesellschaftsanteilen verhindert der freie Widerrufsvorbehalt jedoch die Mitunternehmerstellung des Erwerbers (Rdn. 2146 ff.), so dass die Voraussetzungen der Betriebsvermögensprivilegierung entfallen. Der freie Rückforderungsvorbehalt kommt daher nur bei der Übertragung von Einzelunternehmen oder Kapitalgesellschaftsanteilen in Betracht.

4384

Um etwa bereits entrichtete Schenkungsteuern auch dann wieder erstattet erhalten zu können, wenn die neu zu schaffende Regelung für den Steuerpflichtigen wider Erwarten günstiger sein sollte, musste in der Übertragung i.S.e. **Steuerklausel** dem Veräußerer bzw. seinen Gesamtrechtsnachfolgern die Rückforderung für diesen Fall vorbehalten sein[71] (§ 29 ErbStG, vgl. Rdn. 4970 ff.) – durch § 37 Abs. 3 Satz 2 ErbStG jedenfalls für Sachverhalte nach dem 01.01.2007 nicht gesperrt (vgl. Rdn. 4981; Formulierungsvorschlag hierzu s. Rdn. 2288).

Die Frage, welcher Rechtszustand (uneingeschränkte Weitergeltung des ErbStG, Unanwendbarkeit des ErbStG als Ganzes – so die h.Lit –, oder lediglich partielle Unanwendbarkeit im Hinblick auf die inkriminierten Verschonungsregelungen) für die Zeit nach dem 30.06.2016 aufgrund des **Unterbleibens einer rechtzeitigen Neuregelung** galt, bleibt ungeklärt.[72] Allerdings hat ein Sprecher des BVerfG gegenüber der FAZ[73] erklärt, dass die Normen in diesem Falle erst einmal weiter vollständig anwendbar seien. Der Sprecher verweist vor allem darauf, dass das BVerfG – anders als etwa bei der Vermögensteuer im Jahre 1995 – die Weitergeltungsanordnung nicht ausdrücklich befristet, sondern vielmehr die Weitergeltung bis zu einer Neuregelung angeordnet habe. Da nach den Gepflogenheiten des BVerfG solche Äußerungen gegenüber der Presse nicht ohne Rückendeckung des zuständigen (Ersten) Senates erfolgen, wird man in der Praxis von der zunächst uneingeschränkten Fortgeltung ausgehen dürfen[74] bzw. zumindest von einer Zerstörung des Vertrauens der Steuerpflichtigen in ein »Steuermoratorium«, so dass eine (sodann auch eingetretene) rückwirkende In-Kraft-Setzung per 01.07.2016 möglich sein sollte.[75]

4385

---

67 Hierzu *Söffing/Lüken*, ErbStB 2015, 169, die den Erlass für tlw. rechtswidrig halten.
68 Die Streichung jedenfalls des § 13 Abs. 1 Nr. 4b ErbStG erwartet *Steiner*, ZErb 2015, 113, 114.
69 Vgl. *Landsittel*, Sonderbeilage zu ZErb Heft 1/2015, S. 6.
70 Vgl. *Janssen*, NWB 2014, 2283 f.
71 *Siebert*, EE 2012, 216.
72 Vgl. etwa *Drüen*, DStR 2016, 643; *Bäuml*, DB 2016, 1600, *Guerra/Mühlhaus*, ErbStB 2016, 146 ff.
73 Vgl. Ausgabe vom 31.03.2016, S. 17.
74 So auch die gleichlautenden Erlasse der obersten Finanzbehörden der Länder v. 21.06.2016, DB 2016, 1609.
75 Krit. hierzu *Guerra/Mühlhaus*, ErbStB 2016, 230 ff.; zu berücksichtigen ist auch, dass der im Bundestag im Juni 2016 verabschiedete Gesetzesentwurf durch den Bundesrat abgelehnt wurde, so dass bis zur Einigung im Vermittlungsausschuss am 21.09.2016 gänzlich unklar war, auf welche Gesetzesfassung sich der Steuerpflichtige werde einstellen müssen.

4386 Gem. § 37 Abs. 12 ErbStG sollen die schließlich verabschiedeten Neuregelungen für alle Erwerbe anzuwenden sein, für die die Steuer **nach dem 30.06.2016** entstanden ist, so dass es für den Zeitraum zwischen dem 01.07.2016 und der Verkündung der Neuregelung am 09.11.2016 zu einer Rückwirkung kommt. Der Gesetzgeber geht also nicht davon aus, dass es ab 01.07.2016 zu einer »Steuerpause« kam. Sie wird – auch nach Ansicht des Sprechers des BVerfG – damit begründet, dass der Tenor des Beschlusses des BVerfG vom 17.12.2014 zwischen der Verpflichtung zur Neuregelung, einerseits, und dem Auslaufen des alten Rechts, andererseits, durch einen Punkt als Satzzeichen zwischen beiden Aussagen unterscheidet (Rdn. 4385). Daran sind erhebliche Zweifel angezeigt.[76] Der neue Bewertungsfaktor von 13,75 gilt bereits ab 01.01.2016, vgl. hierzu Rdn. 4717.

4387 Die Praxis hofft auf eine baldige Ergänzung der ErbStR 2011. Bis zu diesem Zeitpunkt sollen verbindliche Auskünfte gem. § 89 AO jedenfalls in einigen Bundesländern nicht erteilt werden.[77] Die unterschiedliche Handhabung in einzelnen Bundesländern spiegelt sich in dem Umstand wider, dass der erste Anwendungserlass zur Umsetzung der mit Wirkung zum 01.07.2016 geänderten Bestimmungen des ErbStG vom 22.06.2017 nicht als gleichlautender Erlass aller Bundesländer, sondern lediglich als koordinierter Erlass in Abstimmung von 15 der 16 Bundesländer, mit Ausnahme Bayerns, ergangen ist, vgl. näher Rdn. 4355. Die Bestimmungen dieses lediglich koordinierten, nicht gleichlautenden Ländererlasses werden nachstehend als »**AE-ErbStG 2017**« zitiert.

4388 Auch ohne prophetische Gabe darf als sicher angesehen werden, dass die Neuregelung erneut auf den Prüfstand des Verfassungsrechts gestellt werden wird;[78] gewichtige Stimmen bezweifeln, dass sie diesen neuerlichen Test bestehen wird.[79]

Noch gänzlich ungeklärt ist, ob die (gegenwärtigen bzw. künftigen) Verschonungsregelungen des deutschen ErbStG **europarechtswidrige Beihilfen** darstellen und damit einem strikten Durchführungsverbot unterliegen bzw., soweit bereits gewährt, zurückzufordern wären. Eine beihilferechtliche Notifizierung gem. Art. 108 Abs. 3 AEUV ist jedenfalls bisher noch nicht erfolgt.[80]

6. Position des Notars

4389 Von der allgemeinen Belehrungspflicht des Notars gem. § 17 Abs. 1 Satz 1 BeurkG sind die steuerlichen Folgen eines Rechtsgeschäftes nicht erfasst (s.o. Rdn. 20). Erst recht trifft den Notar demnach keine aktive »Gestaltungsberatung« zur Steuerreduzierung (etwa in Gestalt der vorherigen Teilübertragung an den Ehegatten zur Vermehrung der Freibeträge).[81] Berührt jedoch das Rechtsgeschäft unmittelbar Steuerfragen (wie etwa bei der Haftung für Steuerverbindlichkeiten nach § 25 HGB oder §§ 75 AO)[82] oder erkennt der Notar, dass ein Beteiligter naheliegende steu-

---

76 Vgl. z.B. *M. Söffing*, ErbStB 2016, 339, 345.
77 LfSt Rheinland-Pfalz, 22.11.2016 – S 0224 A – St 32 4, ZEV 2017, 60, anders jedoch BayLfSt, 15.11.2016 – S 3700.2.1 -11/4 St34, ZEV 2016, 724.
78 Treffend das »Nachwort« in ZErb 2016, 399, nach *Brecht*: »Wir stehen selbst enttäuscht und sehn betroffen: Den Vorhang zu und alle Fragen offen.«
79 Vgl. z.B. *Seer/Michalowski*, GmbHR 2017, 609 ff.
80 Vgl. *Wachter*, DB 2016, 1273; *Seer*, GmbHR 2016, 673. Der Arbeitskreis Steuerrecht des DWS-Instituts empfiehlt eine Notifizierung bei der Europäischen Kommission, Pressemitteilung v. 04.07.2016. Keine Bedenken hat *de Weerth*, DB 2016, 2692 (Erbschaftsteuerprivilegien fließen nicht in betriebliche Kostenrechnungen ein).
81 OLG Oldenburg, MittBayNot 2000, 56; unrichtig daher LG Neuruppin, NotBZ 2000, 67: Notarhaftung, da nicht anstelle der Erbteilsübertragung an den Ersatzerben die steuervermeidende Ausschlagung empfohlen wurde.
82 Jedenfalls bei einem Unternehmenskauf, bei dem § 25 Abs. 1 (durch Vermerk gem. Abs. 2) HGB ausdrücklich ausgeschlossen ist, BGH, 20.09.2007 – III ZR 33/07, DNotI-Report 2007, 181.

erliche Gefahren nicht sieht, die sich dem Notar aufdrängen, trifft ihn eine aus der Pflicht zur Warnung (§ 14 Abs. 1 Satz 2 BNotO analog) hergeleitete erweiterte Belehrungspflicht.

Eine solche Warnpflicht kann sich z.B. aus einer von den Beteiligten gewünschten Änderung des vom Steuerberater bereits gutgeheißenen Entwurfes in der Beurkundungssituation ergeben, deren steuerliche Unbedenklichkeit der Notar nicht beurteilen kann – er hat in diesem Fall die erneute vorherige Konsultation des Steuerberaters zu empfehlen (Bsp: Rückbehalt von Bauplatzgrundstücken bei der Hofübergabe).[83] Korrigiert der Notar einen Teilaspekt der durch die Beteiligten vorgegebenen steuerlichen Gestaltung, beschränkt sich jedoch seine Prüfungspflicht regelmäßig hierauf.[84] Übernimmt er weiterhin – ohne hierzu verpflichtet zu sein – steuerliche Beratung durch unmittelbare Beantwortung entsprechender Fragen, haftet er hierfür gem. §§ 24 Abs. 1, 19 BNotO. Die dann geltenden Anforderungen sind streng; so müsse der (Steuer-)Berater auch künftige Gesetzesänderungen durch Lektüre der »informierten Tagespresse (Handelsblatt)« beobachten.[85]

4390

§ 8 Abs. 4 i.V.m. Abs. 1 Satz 6 ErbStDV statuiert eine spezialgesetzliche Pflicht des Notars, bei der Beurkundung von Schenkungen und Zweckzuwendungen die Beteiligten auf ihre mögliche **Steuerpflicht hinzuweisen**. Ausführungen zur Höhe oder Vermeidung der Steuer sind nicht gefordert; auch entfällt die Verpflichtung, wenn die Beteiligten (wie aus ihren Fragen ersichtlich) bereits selbst von der Möglichkeit des Entstehens einer Schenkungsteuer ausgehen. Ist ihnen dies jedoch nicht bewusst (Beispiel in einem Sachverhalt des OLG Schleswig:[86] im Rahmen einer Scheidungsfolgenvereinbarung wird ein Grundstück zur Abgeltung des Zugewinns nicht an den Ehegatten, sondern an dessen Mutter übertragen), führt das Unterlassen eines solchen Hinweises zur Notarhaftung,[87] auch wenn die Schenkungsteuerstelle des FA im »Verteiler« am Ende der Urkunde als Abschriftenempfänger genannt ist. Das Wissen des Schenkers über die Schenkungsteuerpflicht wird dabei nicht »haftungsentlastend« dem Beschenkten zugerechnet.[88]

4391

Der pflichtgemäß durch den Notar erteilte Hinweis seinerseits schneidet den Beteiligten – naturgemäß – eine Rückabwicklung der Schenkung gem. § 313 BGB (in der Hoffnung auf eine Stornierung der Steuer gem. § 29 Abs. 1 Nr. 1 ErbStG) ab,[89] Rdn. 4970.

Zu den Anzeigepflichten des Notars im Schenkungsteuerrecht (§§ 7, 8 ErbStDV) s.u. Rdn. 5519 ff., im Grunderwerbsteuerrecht Rdn. 5575.

II. Exkurs: Erbschaftsteuerrecht

1. Bürgerlich-rechtliche Prägung

a) Erbvergleich

Die Vorgänge des Zivilrechts bilden den maßgeblichen Anknüpfungspunkt für das Erbschaftsteuerrecht (»bürgerlich-rechtliche Prägung«). Dies gilt auch im Rahmen sog. »**Erbschafts- bzw. Erbvergleiche**«[90] oder »Auslegungsverträge« (Ungewissheit über ein erbrechtliches Rechtsverhältnis,

4392

---

83 BGH, 22.05.2003 – IX ZR 201/01, DNotZ 2003, 845.
84 BGH, 20.09.2007 – III ZR 33/07, DNotI-Report 2007, 181: Korrektur des Umsatzsteuersatzes verpflichtet nicht zum Hinweis auf § 75 AO, falls wider Erwarten doch eine Geschäftsveräußerung gem. § 1 Abs. 1a UStG vorliege.
85 BGH, 15.07.2004 – IX ZR 472/00, DStR 2004, 1677.
86 ZEV 2006, 221.
87 Krit. hiergegen *Stelzer*, MittBayNot 2005, 517, 519: § 8 ErbStDV dient allein dem Schutz der Finanzverwaltung, nicht der Vertragsbeteiligten.
88 OLG Oldenburg, 12.06.2009 – 6 U 58/09, RNotZ 2009, 669.
89 BFH, 11.11.2009 – II R 54/08, notar 2010, 243, m. Anm. *Ihle*.
90 *Selbherr*, ZErb 2005, 10 und *Berresheim*, RNotZ 2007, 525 ff.; z.B. FG München, 20.09.2006 – 4 K 755/04, ZErb 2007, 61 (LS) sowie FG Rheinland-Pfalz, 15.09.2011 – 4 K 1781/09, ErbStB 2012, 169.

die durch gemeinsame Feststellung der am Nachlass Beteiligten,[91] welche jedoch ihren letzten Rechtsgrund im Erbrecht haben muss, behoben wird, auch ohne gegenseitiges Nachgeben – notarielle Beurkundung bzw. gerichtliche Protokollierung gem. § 127a BGB ist im Regelfall erforderlich,[92] da schuldrechtlich gem. §§ 2371, 2385 BGB und dinglich gem. § 2033 Abs. 1 Satz 2 BGB nicht ausgeschlossen werden kann, dass doch eine Erbteilungsübertragung vorliegt). Optimalerweise enthalten solche Verträge nicht nur schuldrechtliche Auslegungs- und Abfindungsregelungen, sondern auch einen konkreten Verteilungs- und Umsetzungsplan und die dinglichen Erfüllungshandlungen, nehmen also die eigentliche Erbauseinandersetzung bereits mit vor,[93] und zwar aufgrund umfassender Abgeltungsklausel mit möglichst endgültiger Wirkung, vgl. Rdn. 4266.

4393 Das **Nachlassgericht** ist an die übereinstimmende Auslegung der Beteiligten freilich nicht gebunden,[94] zumal die nach dem Erbfall geäußerten Auffassungen der Beteiligten nur indizielle Bedeutung i.R.d. Testamentsauslegung haben können und das kraft Amtsermittlung (§ 26 FamFG) gefundene Ergebnis jedenfalls eine »Andeutung« im Testamentswortlaut verlangt[95] (in der Praxis unproblematisch ist freilich eine vergleichsweise Einigung dahingehend, die vom Nachlassgericht als festgestellt erachteten, im »Vorbescheid« angekündigte und im Beschwerdeverfahren noch angegriffenen Tatsachen zu akzeptieren). Auch das Grundbuchamt akzeptiert einen Auslegungsvertrag nicht als Nachweis i.S.d. § 35 Abs. 1 Satz 2 GBO.[96]

4394 Der **Besteuerung** wird i.d.R. (ggf. rückwirkend[97]) die übereinstimmend festgestellte Erbfolge zugrunde gelegt,[98] jedenfalls sofern die Rechtsverhältnisse zuvor als streitig bezeichnet werden konnten, der Erbvergleich seinen Rechtsgrund noch im Erbrecht hat,[99] und es nicht der Sache nach um eine Erbauseinandersetzung geht. Dies gilt auch für einkommensteuerliche Sachverhalte: Erklärt ein Beteiligter im Rahmen eines solchen Erbvergleichs, gegen Abfindung auf die Geltendmachung möglicher Rechte als Miterbe eines Gesellschafters zu verzichten, und hätte er gesellschaftsrechtlich in die Gesellschafterstellung einrücken können, wird die Abfindungszahlung wie die Veräußerung eines Mitunternehmeranteils (§ 16 Abs. 1 Satz 1 Nr. 2 EStG) behandelt.[100]

---

91 BFH, 26.02.2008 – II R 82/05, ErbStB 2008, 166: die Grundsätze des »Erbvergleichs« sind nicht auf einen Vergleich zwischen Miterben und einem nicht am Nachlass beteiligten Dritten anwendbar; vgl. auch *Storz*, ZEV 2008, 353 ff. Es genügt jedoch für die Besteuerung [z.B. einer Abfindungsleistung], dass der Erbvergleichspartner möglicher Erbe, etwa aufgrund einer früheren Verfügung von Todes wegen, ist, FG Münster, 28.05.2009 – 3 K 2617/07, JurionRS 2009, 15954, m. Anm. *Erb*, ErbStB 2009, 265.
92 Sofern die Erbenstellung betroffen ist, §§ 2371, 2385 BGB – Erbschaftskauf –; anders u.U. bei Auslegung eines Vermächtnisses über Mobilien, vgl. *Berresheim*, RNotZ 2007, 527. GGf. hilft, etwa in Mediationsverfahren, auch ein Schiedsspruch mit vereinbartem Wortlaut, §§ 1053 ff. ZPO, durch ein ad hoc einberufenes Schiedsgericht, vgl. *Damrau*, ZErb 2014, 1 ff. [auch zu sonstigen »Drittwirkungsproblemen« von Auslegungsverträgen].
93 Vgl. zu beiden Varianten des »Auslegungsvertrages« *Horn*, ZEV 2016, 565 ff.
94 OLG München, 08.06.2010, 31 – Wx 048/10 E, RNotZ 2011, 50. *Baumann*, RNotZ 2011, 33 sieht darin zu Unrecht den »Abschied vom erbrechtlichen Auslegungsvertrag«.
95 Vgl. *Horn*, ZEV 2016, 565 ff.
96 OLG München, 08.11.2012 – 34 Wx 104/12, NJOZ 2013, 304.
97 Es handelt sich um ein rückwirkendes Ereignis i.S.d. § 175 Abs. 1 Satz 1 Nr. 2 AO (anders, wenn der Rechtsstreit nur das Bestehen eines einzelnen Anspruchs betrifft, ggf. kann es sich dann beim Vergleich (der dann kein Erbvergleich ist!) um neue Tatsachen i.S.d. § 173 Abs. 1 AO handeln, vgl. FG München, 08.07.2015 – 4 K 2514/12, ErbStB 2015, 323.
98 Sogar bei einem abweichend erteilten Erbschein, jedenfalls wenn gewichtige tatsächliche oder rechtliche Gründe die Vermutung des § 2365 BGB erschüttern: FG Rheinland-Pfalz, 15.09.2011 – 4 K 1781/09, FamRZ 2012, 586; vgl. *Gemmer*, EE 2012, 169 ff.; *Holler*, ErbR 2014, 433 ff.
99 Hieran fehlt es z.B., wenn die Höhe des Zugewinnausgleichs vergleichsweise festgelegt wird, vgl. BFH, 01.07.2008 – II R 71/06, BStBl 2008 II, 874; vgl. ferner Rdn. 4395.
100 BFH, 16.05.2013 – IV R 15/10, ErbStB 2013, 338 m. Anm. *Esskandari/Bick*.

▶ **Hinweis:**

Die Abfindung, die der »weichende Prätendent« aufgrund der Vergleichsvereinbarung erhält, unterlag nach Ansicht des BFH[101] allerdings ihrerseits nicht der Erbschaftsteuer (keine Erweiterung des abschließenden § 3 ErbStG auf Erwerbe »im Zusammenhang mit dem Erbfall«). Aufgrund des Erbvergleichs ist steuerlich lediglich so zu verfahren, als ob der Erblasser durch Verfügung von Todes wegen eine dem Vergleich entsprechende Regelung getroffen hätte. Ein Erwerb aufgrund Erbvergleichs könne somit nur insoweit der Besteuerung zugrunde gelegt werden, als er tatsächlich auf einen **erbrechtlichen Rechtsgrund** (Erbanfall, Vermächtnis, Pflichtteilsanspruch) zurückgeführt werden kann; also wenn z.B. Streit bestand über die Höhe der Erbschaftsbeteiligung, nicht jedoch über die Frage des Erbanfalls überhaupt. Ebenso wenig unterlag die Abfindung wohl der Schenkungsteuer gem. § 7 ErbStG, da es wegen der Vergleichssituation an einer Freigiebigkeit fehlt.

4395

Würde allerdings das Finanzamt (anders als in der BFH-Entscheidung von 2011) den »Abgefundenen« als den wahren Erben betrachten, hätte dieser nicht etwa allenfalls die Abfindung, sondern den gesamten Nachlasswert zu versteuern, so dass das FA frühzeitig in die Vergleichsregelungen mit eingebunden werden sollte. Richtig wird es wohl sein, die im Erbvergleich festgestellte Erbfolge dann zugrunde zu legen, wenn sie zumindest durch eine vertretbare Meinung gestützt wird (um zu vermeiden, dass sich die Beteiligten eine »steuerfreie Abfindung« sichern, indem sie auf eine völlig aus der Luft gegriffene Behauptung, der Erblasser sei testierunfähig gewesen, eine vergleichsweise Einigung über die Testierfähigkeit folgen lassen und das Absehen von der Behauptung der Testierunfähigkeit mit einer Abfindung »belohnen«.

▶ **Weiterer Hinweis:**

Die gezahlte Abfindung war und ist aber dennoch beim festgestellten Erben als Erwerbsaufwand gem. § 10 Abs. 5 Nr. 3 ErbStG abzugsfähig, es galt insoweit kein Korrespondenzprinzip, da § 3 Abs. 1 Nr. 1 ErbStG eine finale Verknüpfung verlangt (»durch«), während sich § 10 Abs. 5 Nr. 3 Satz 1 ErbStG mit einem bloßen unmittelbaren Zusammenhang der Kosten zur Erwerbserlangung begnügt![102] Damit ergab sich eine nur vom Gesetzgeber schließbare **Besteuerungslücke**[103]. Daher wurde mit Wirkung ab 24.06.2017[104] § 3 Abs. 2 Nr. 4 ErbStG dahingehend ergänzt, dass auch eine Abfindung steuerpflichtig ist, die »dafür gewährt wird, dass eine Rechtsstellung, insbesondere eine Erbenstellung oder ein Recht oder ein Anspruch, die zu einem Erwerb nach Abs. 1 führen würden, nicht mehr oder nur noch teilweise geltend gemacht wird.«[105] Die Abfindung gilt (vgl. den Eingangssatz des § 3 Abs. 2 ErbStG) »als vom Erblasser zugewendet«, gleichgültig wer sie wirtschaftlich trägt. An der Abzugsfähigkeit beim festgestellten Erben als Erwerbsaufwand hat sich nichts geändert. Auch nach der neuen Gesetzeslage ist es allerdings erforderlich, dass die behauptete Rechtsstellung, die aufgegeben wird, zumindest plausibel vertretbar erscheint, denn anderseits würde sie nicht »zu einem Erwerb nach § 3 Abs. 1 führen«. Wie bisher kann also ein nur zum Schein vom Zaun gebrochener Streit nicht von der

4396

---

101 BFH, 04.05.2011 – II R 34/09, ZEV 2011, 438, m. Anm. *Fischer* = MittBayNot 2012, 161 m. krit. Anm. *Wartenburger* (»Aufweichung einer langjährigen Rechtsprechung ohne Not«); *Berresheim*, DB 2011, 2623 ff.
102 BFH, 15.06.2016 – II R 24/15, II 23/15, ZEV 2016, 594 = ErbStB 2016, 296, ebenso die Vorinstanz: FG Baden-Württemberg, 24.02.2015 – 11 K 754/13, ErbStB 2015, 164: Die Abfindung, die zur Beendigung eines gerichtlichen Rechtsstreits wegen Klärung der Erbenstellung geleistet wird, dient dem Zahlenden unmittelbar dazu, die Erbenstellung endgültig und damit zugleich den Erwerb als Erbe zu erlangen; ebenso *Leidel*, ZEV 2017, 357, 360; A.A. *Berresheim*, DB 2011, 2623, 2626, da der Erwerb der die Abfindung zahlenden Erbin aufgrund Erbrechts, nicht aufgrund des Vergleichs erfolgte.
103 Vgl. *Kugelmüller-Pugh/Riehl*, ErbR 2016, 622 ff.
104 Vgl. § 37 Abs. 14 ErbStG; die Steuer auf die Abfindung entsteht gem. § 9 Abs. 1 Nr. 1 f) ErbStG mit der »Erklärung über das Nichtgeltendmachen«.
105 Vgl. hierzu und zum folgenden *Leidel*, ZEV 2017, 357 ff.; *Halaczinsky*, ErbStB 2017, 348, 349 ff.

Steuer befreien, ebenso wie bei korrekter Anwendung der vor dem 24.06.2017 geltenden Gesetzeslage, bei der es sich dann um eine (anders dargestellte) Schenkung unter Lebenden (des tatsächlichen Erben an den Streitpartner) handeln würde.[106]

4397 **Einkommensteuer** (z.B. gem. § 22 Nr. 3 EStG) wird durch die Abfindung selbst übrigens nicht ausgelöst. Vielmehr handelt es sich um ein nicht steuerpflichtiges Entgelt für die Aufgabe einer Rechtsposition im privaten Bereich. Anders verhält es sich freilich, wenn ein Erbvergleich einen Streit, wer in eine unternehmerisch tätige Personengesellschaft von Todes wegen eingetreten sei, beilegt: »verzichtet« ein Beteiligter auf seine Rechte, und war er gesellschaftsvertraglich jedenfalls nicht von der Erbfolge ausgeschlossen, muss er so behandelt werden, als habe er den Mitunternehmeranteil erworben und sodann gegen Abfindung weiterveräußert (ggf. tarifbegünstigter Gewinn gem. § 15 EStG).[107] Einkommensteuer- und Erbschaftsteuerrecht gehen insoweit also getrennte Wege.

b) unwirksame Vermächtnisse

4398 Auch **zivilrechtlich unwirksame Sachverhalte** (z.B. maschinenschriftliche oder mündliche[108] Vermächtnisanordnungen) werden besteuert, wenn sie (zumindest teilweise)[109] tatsächlich so durchgeführt werden, allerdings entsteht die Steuer erst mit der Durchführung, § 41 AO[110] (im ErbStG 1925 war dies als § 14 sogar ausdrücklich kodifiziert). Korrespondierend können auch Beträge, die ein Erbe zur Erfüllung eines formunwirksam (z.B. mündlich) abgegebenen Schenkungsversprechens aufgewendet hat, als Nachlassverbindlichkeiten gem. § 10 Abs. 5 Nr. 1 ErbStG abgezogen werden.[111]

▶ Hinweis:

4399 Wollen die Beteiligten ein zivilrechtlich[112] unwirksam (z.B. lediglich maschinenschriftlich) angeordnetes Vermächtnis tatsächlich nur dann erfüllen, wenn das FA gemäß der in vorstehender Randnummer wiedergegebenen Rechtsprechung die Übertragung als Vermächtniserfüllung besteuert (also nicht zweimal Steuer anfällt – einmal in Gestalt der nichtgekürzten Erbschaftsteuer beim Veräußerer, zum anderen in Gestalt der Schenkungsteuer für die dann freiwillige Weiterübertragung beim Erwerber, dabei einen lebzeitigen Erwerb vom Veräußerer und nicht einen letztwilligen Erwerb vom Erblasser zugrunde legend), ist zu empfehlen, in die Übertragung ein Rückforderungsrecht aufzunehmen für den Fall, dass ein Steuerbescheid ergeht, der die Übertragung nicht als erbschaftsteuerrechtlich beachtliche Erfüllung der letztwilligen Anordnung durch die Beteiligten wertet (mit der Folge des § 29 Abs. 1 Nr. 1 ErbStG, Rdn. 4970 ff.).[113]

---

106 So dass *Leidel*, ZEV 2017, 357 ff., zu dem Ergebnis kommt, dass es der Neuregelung an sich nicht bedarf, sie verschiebt allerdings den Zeitpunkt der Entstehung der Steuer vom Erbfall auf den Zeitpunkt des »Nichtgeltendmachens«.
107 BFH, 16.05.2013 – IV R 15/10, MittBayNot 2015, 178 m. Anm. *Vees*.
108 Dies gilt auch dann, wenn sich der spätere Erblasser der Unwirksamkeit der lediglich mündlichen Anordnung bewusst war, vgl. *Gebel* in *Troll/Gebel/Jülicher*, ErbStG, § 3 Rn. 57 m.w.N. [Stand: 31.07.2011].
109 Dies genügt, vgl. BFH, 22.09.2010 – II R 46/09, notar 2011, 128 m. Anm. *Ihle*.
110 BFH, 28.03.2007 – II R 25/05, ErbStB 2007, 196, m. Anm. *Halaczinsky*; BFH, 15.03.2000 – II R 15/98, ZEV 2000, 335; *Wachter*, MittBayNot 2006, 10. Zum bewussten Einsatz von Testamenten, die im »Zielstaat« zugelassen, im Errichtungsstaat aber unwirksam sind, bei Spaltnachlässen vgl. *Lehmann/Scherer*, FS Spiegelberger (2009) S. 1045 ff.
111 Hessisches FG, 09.12.2008 – 1 K 1709/06, ZErb 2009, 249.
112 Zivilrechtlich können Äußerungen in einem formunwirksamen Testament immerhin für die Auslegung wirksamer Anordnungen von Bedeutung sein, vgl. OLG Hamburg, 22.12.2016 – 2 U 10/16, ZEV 2017, 458.
113 Vgl. *Esskandari*, ErbStB 2014, 77 ff.

2. Grundzüge (§ 3 ErbStG)

Die in der abschließenden Aufzählung des § 3 ErbStG genannten **Erwerbe von Todes** wegen unterliegen der Erbschaftsteuer (§ 1 Abs. 1 Nr. 1 ErbStG). Besteuert wird, im Sinne einer Erbanfallsteuer, die Bereicherung, die der Erwerb von Erblasservermögen beim Erben bewirkt, nicht also die Nachlassmasse als solche (sog. Tote-Hand-Steuer, wie etwa in Großbritannien und den USA, die eine Objekt-, keine Subjektsteuer ist). Formal handelt es sich um eine Verkehrsteuer (auch wenn »Einkommen im weiteren Sinne« erfasst wird[114]), und zwar – aus der Perspektive des übertragenen Vermögens – als Substanzsteuer. 4400

§ 3 ErbStG zählt abschließend folgende Fälle letztwilligen Erwerbs auf, die überwiegend an den nachstehend zitierten Stellen dieses Buches im jeweiligen Kontext behandelt werden: 4401

(1) den Erwerb durch Erbanfall (Rdn. 4404), durch Vermächtnis (Rdn. 4530 ff.) oder aufgrund Pflichtteilsanspruchs (Rdn. 4475 ff.), § 3 Abs. 1 Nr. 1 ErbStG,

(2) den Erwerb durch Schenkung auf den Todesfall, § 3 Abs. 1 Nr. 2 Satz 1 ErbStG (Rdn. 3399), einschließlich Anteilsübergängen nach dem Tod eines Gesellschafters, z.B. durch Anwachsung (a.a.O. Satz 2, vgl. Rdn. 5871 ff.) – übrigens auch als Folge vergleichbarer ausländischer Rechtsinstitute[115] –

(3) sonstige Erwerbe, auf die die für Vermächtnisse geltenden Vorschriften des BGB Anwendung finden, § 3 Abs. 1 Nr. 3 ErbStG (insbesondere also gesetzliche Vermächtnisse, wie der sog. Voraus gem. § 1932 oder der »Dreißigste« gem. § 1969 BGB, ebenso[116] der Abfindungsergänzungsanspruch eines Miterben gegen den Hoferben, der den Hof innerhalb von 20 Jahren nach dem Erwerb durch Erbfolge veräußert, gem. § 13 Abs. 1 HöfeO, Rdn. 3688).

(4) den Erwerb eines Dritten aufgrund eines vom Erblasser zu seinen Gunsten geschlossenen Vertrages, § 3 Abs. 1 Nr. 4 ErbStG (insbesondere der Lebensversicherungsvertrag, vgl. Rdn. 3470 ff.)

(5) den Übergang von Vermögen auf eine vom Erblasser angeordnete Stiftung, § 3 Abs. 2 Nr. 1 ErbStG (Rdn. 3086, 3105).

(6) die Zuwendung aufgrund einer Auflage, § 3 Abs. 2 Nr. 2 ErbStG (allerdings erst mit Vollziehung der Auflage, § 9 Abs. 1 Nr. 1d ErbStG, da es davor an einem Anspruch und oft auch an konkreten Begünstigten fehlt) oder die Zuwendung aufgrund einer Bedingung (also sofern der Erblasser eine Zuwendung von der aufschiebenden Bedingung abhängig gemacht hat, dass der Bedachte seinerseits eine Leistung an einen Dritten erbringt – letzterer ist dann mit Erfüllung der Bedingung bereichert, sog. mortis causa capio). 4402

(7) den Erwerb durch Dritte bei Genehmigung einer Zuwendung, § 3 Abs. 2 Nr. 3 ErbStG (bedeutungslos; gemeint sind vereinzelte landesrechtliche Genehmigungsvorbehalte gem. Art 86 EGBGB für größere Erwerbe durch juristische Personen im Ausland; wird die Genehmigung mit der Auflage erteilt, Leistungen an Dritte zu erbringen, sind diese Dritten mit Erhalt der Leistung bereichert);

(8) die Abfindung für Erbverzichte, Ausschlagungen etc., § 3 Abs. 2 Nr. 4 ErbStG (vgl. z.B. Rdn. 3472, 4410, 4491, 4524, 4530, 4540, 4919). 4403

---

114 Mitunter überlappen sich beider Anwendungsbereiche, trotz § 35b EStG – Rdn. 5447 –: überhöhte Testamentsvollstreckervergütungen gelten als Vermächtnisse und sind insoweit erbschaftsteuerpflichtig; daneben unterliegt das gesamte Testamentsvollstreckerhonorar, soweit an Berufsträger geschuldet, der Einkommensteuer: BFH, 06.09.1990 – IV R 125/89, BStBl 1990 II 1028.

115 Z.B. gem. Art. 1524 Abs. 1 Code Civil (Anwachsungsklausel für eine in frz. Gütergemeinschaft gehaltene, dort belegene Immobilie): BFH, 04.07.2012 – II R 38/10, ZErb 2012, 270 m. Anm. *Jülicher* S. 277 ff.; *Ihle*, notar 2013, 45, 50; *Fischer*, MittBayNot 2013, 274.

116 Gem. BFH BStBl II 1977, 79; 730. Der Abfindungsanspruch selbst, der im Höferecht den weichenden Erben ist nach BFH BStBl II 1992, 669 Teil des Nachlasses, zu dem auch der Hof zählt. Die Zuweisung des Hofes an den Hoferben wird wie eine sich kraft Gesetzes vollziehende Teilungsanordnung eingestuft, die erbschaftsteuerlich bedeutungslos ist.

(9) die Abfindung für die Ausschlagung eines aufschiebend bedingten Vermächtnisses, § 3 Abs. 2 Nr. 5 ErbStG (Rdn. 4468, 4920).
(10) das Entgelt für die Übertragung der Anwartschaft eines Nacherben, § 3 Abs. 2 Nr. 6 ErbStG (Rdn. 4410) und
(11) den Erwerb durch Vertragserben, Schlusserben eines gemeinschaftlichen Testaments oder Vermächtnisnehmer wegen beeinträchtigender Schenkungen des Erblassers gem. §§ 2287, 2288 Abs. 2 BGB, § 3 Abs. 2 Nr. 7 ErbStG (Rdn. 3966).

4404 Hauptanwendungsfall ist der »**Erbanfall**« (§ 3 Abs. 1 Nr. 1 ErbStG), also der Übergang der zum Nachlass gehörenden Gegenstände aufgrund gesetzlicher, testamentarischer oder erbvertraglicher Erbfolge. Ob der Erblasser eine Bereicherung des Erben angestrebt hat oder nicht, ist dabei gleichgültig.[117] Erfasst werden auch solche Gegenstände, die später aufgrund eines Vermächtnisses herauszugeben sind (dieses Ergebnis wird allerdings durch Erfassung des Vermächtnisses als Nachlassverbindlichkeit korrigiert, vgl. Rdn. 4530 ff.), oder die mit einer Auflagenverpflichtung verknüpft sind (die Aufwendungen zur Erfüllung der Auflage, z.B. Versorgung eines Tieres, sind dann grds.[118] gem. § 10 Abs. 5 Nr. 2 ErbStG abzugsfähig. Ist jemand sowohl als Erbe als auch als Vorvermächtnisnehmer berufen, handelt es sich um zwei separat zu besteuernde Erwerbe (was bei einer durch solche Vermächtnisbelastungen negativwertigen Erbschaft dazu führen kann, dass der Erbschaftswert mit Null Euro angesetzt wird, also keine Saldierung des positiven Vermächtniswertes mit dem negativen Erbschaftswert stattfindet[119]). Gilt allerdings der Erbanfall rückwirkend als nicht erfolgt (etwa als Folge einer Ausschlagung der Erbschaft, § 1953 Abs. 1 BGB, oder eines Vermächtnisses, § 2180 BGB, oder weil ein wirksames späteres, abweichendes Testament aufgefunden wird), ist ein bereits ergangener Erbschaftsteuerbescheid gem. § 175 Abs. 1 Satz 1 Nr. 2 AO aufzuheben.

4405 Erwerben mehrere Erben (zur gesamten Hand als **Erbengemeinschaft**), ist ihnen der Nachlass gem. § 39 Abs. 2 Nr. 2 AO anteilig zuzurechnen, gemäß ihrer festgestellten oder durch Vergleich (Rdn. 4392) bestimmten Quote. Diese bleibt auch maßgebend, wenn im Rahmen der Erbauseinandersetzung als Folge einer schuldrechtlichen **Teilungsanordnung** (§ 2048 BGB) Nachlassgegenstände – allerdings eben in Anrechnung auf den Erbteil – zugewiesen werden, vgl. R E 3.1 Abs. 1 Satz 3 ErbStR 2011 (enthält ein Testament nur Teilungsanordnungen, bestimmen sich die Quoten nach dem Verhältnis der Verkehrswerte der zugeordneten Teile, R E 3.1 Abs. 2 Satz 2 und 3 ErbStR 2011). Soweit also bei Mischnachlässen noch Bewertungen unterhalb des Verkehrswertes verbleiben (etwa bei land- und forstwirtschaftlichem Vermögen), profitieren alle Miterben anteilig davon.[120] Vergleichbar sind qualifizierte Nachfolgeklauseln im Personengesellschaftsrecht (Rdn. 5900 ff.) und die Hoferbenbestimmung nach der Höfeordnung (Rdn. 477), die erbschaftsteuerrechtlich wie dingliche Teilungsanordnungen wirken.

4406 Auch die freie **Erbauseinandersetzung** selbst ist demnach erbschaftsteuerrechtlich unbeachtlich (sie kann allerdings, bei entsprechenden Wertverschiebungen, zu Schenkungsteuer führen!). Eine gezielte Zuordnung auch mit Wirkung für den erbschaftsteuerrechtlichen Ansatz lässt sich also nur durch **Vermächtnisse** erreichen, ggf. Vorausvermächtnisse (die beim begünstigen Miterben werterhöhend zu berücksichtigen sind, R E 3.1 Abs. 4 ErbStR 2011). Daneben existieren Sonderregelungen über die (positive und negative) Allokation von Verschonungstatbeständen zum endgültigen Erwerber, die dem Grundsatz über die erbschaftsteuerliche Neutralität der Erbauseinandersetzung vorgehen (§§ 13 Abs. 1 Nr. 4b Satz 3 und 4, 13 Abs. 1 Nr. 4c Satz 3 und 4, 13a Abs. 3 Satz 5 i.V.m. 13b Abs. 3, 13c Abs. 2 Satz 2 und 3 ErbStG), vgl. im einzelnen Rdn. 5423 ff. Zu zivilrecht-

---

117 BFH, 22.02.1961 – II 278/58 S, BStBl III 1961, 234.
118 Ggf. greift das Abzugsverbot des § 10 Abs. 9 ErbStG: Auflagen, die dem Beschwerten selbst zugute kommen, z:B. da er selbst gerne Tiere halten würde? Vgl. *Steiner*, ErbStB 2015, 182.
119 FG Münster, 18.05.2017 – 3 K 961/15 Erb, ErbStB 2017, 232, n. rkr., Az. BFH: II R 29/17.
120 Kritisch hierzu *Geck*, ZEV 2012, 130, 131 mit Blick auf die vom BVerfG geforderte gezielte Zuweisung von Steuervorteilen an denjenigen, der die damit verbundenen Belastungen trägt.

A. Schenkungsteuerrecht   Kapitel 12

lichen Fragen der Erbauseinandersetzung vgl. Rdn. 298 ff., zu ertragsteuerlichen Fragen (Entgeltlichkeit, Zurechnung laufender Einkünfte, Absetzbarkeit von Schuldzinsen, Entnahmevorgänge etc.) vgl. Rdn. 5856 ff.

3. Vor- und Nacherbfolge (§ 6 ErbStG)

a) Grundsatz

Seit 1922 ergänzt § 6 ErbStG die Grundnorm des »Erwerbs durch Erbanfall« i.S.d. § 3 Abs. 1 Nr. 1 ErbStG für die Vor- und Nacherbfolge (Abs. 1 bis 3) bzw. das Nachvermächtnis (Abs. 4). Bürgerlich-rechtlich teilen sich bei der Vor- und Nacherbfolge (§§ 2100 ff. BGB) zwei oder mehrere Erben den Nachlass in der Weise, dass sie nacheinander Erbe werden. Die Nacherbfolge kann befristet sein (so dass feststeht, dass der Vorerbe jedenfalls nur Erbe auf Zeit ist) oder bedingt (so dass mit Ausfall der aufschiebenden Bedingung der Vorerbe zum Vollerben wird, der den Nachlass nun ohne zeitliche oder inhaltliche Grenze innehat). Der Vorerbe hat den Nachlass ordnungsgemäß zu verwalten, muss für sorgfaltswidriges Verhalten einstehen und eigennützig verwendete Gegenstände beim Eintritt des Nacherbfalls ersetzen (§ 2134 BGB). Über Grundbesitz kann er – sofern keine Befreiung gemäß § 2136 BGB erteilt wird – ohne Zustimmung des Nacherben nicht wirksam verfügen; Schenkungen werden auf jeden Fall beim Eintritt der Nacherbfolge unwirksam (§ 2113 Abs. 2 BGB, Rdn. 208).

4407

Auch wenn der **Vorerbe** damit eine wirtschaftlich nur knapp den bloßen Nießbraucher übertreffende Rechtsstellung hat, wird er erbschaftsteuerrechtlich (wie auch zivilrechtlich) als Vollerbe betrachtet, § 6 Abs. 1 ErbStG.[121] Bei der Bewertung der Erbschaft werden die aus der Nacherbschaft folgenden Beschränkungen gemäß § 9 Abs. 2 Satz 3, Abs. 3 BewG nicht durch Abzug berücksichtigt. Entlastet[122] wird der Vorerbe wirtschaftlich nur dadurch, dass er die Erbschaftsteuerschuld,[123] die er sonst aus seinem Privatvermögen zu tragen hätte, gemäß § 20 Abs. 4 ErbStG i.V.m. § 2126 BGB aus dem Vorerbschaftsvermögen entnehmen[124] kann; (auch wenn er sie zunächst aus persönlichen Mitteln entrichtet hat. Falls nur vorerbschaftsgebundener Grundbesitz zur Verfügung steht, kann er gemäß § 2120 BGB sogar die Zustimmung des Nacherben zur Verfügung über dieses Grundstück zur Begleichung der Steuerlast verlangen. Ein den Vorerbfall betreffender Steuerbescheid ist nach dem Eintritt des Nacherbfalls durch das FA nach pflichtgemäßem Ermessen i.d.R. direkt an den Nacherben zu richten[125]). Gleiches gilt im Ergebnis für den **Vorvermächtnisnehmer**, gem. § 2185 BGB i.V.m. § 995 Satz 2 BGB.

4408

b) »Umwandlung« zur Vollerbenstellung

Wandelt sich Vorerbschaft in eine **Vollerbschaft**, etwa weil die Bedingung, an welche die Nacherbfolge geknüpft ist, endgültig ausfällt oder der Nacherbe sein Anwartschaftsrecht ausschlägt, es auf den Vorerben überträgt oder weil der Vorerbe den Nacherben beerbt, führt dies zu keinem zusätzlichen steuerpflichtigen Erwerb des Vorerben. Offen ist, ob Kosten, die der Vorerbe im Zusammenhang mit dem Erwerb des Vollrechts (etwa als Abfindung für die Ausschlagung oder als Gegenleistung für den Erwerb des Nacherbenanwartschaftsrechts) getragen hat, gemäß § 10

4409

---

121 Überblick bei *Holler*, ErbR 2016, 615 ff.; vgl. auch *Wenhardt*, EE 2017, 70 ff.
122 Allerdings bleibt er uneingeschränkt Steuerschulder, insbesondere geht seine Steuerschuld nicht auf den Nacherben über, vgl. FG Hessen, 26.02.2013 – 1 V 2578/12, BeckRS 2013, 94868.
123 Nicht jedoch Säumniszuschläge oder Vollstreckungskosten auf die Erbschaftsteuerschuld, OLG Frankfurt, 25.06.2015 – 16 U 193/14, ZErb 2016, 25 m. Anm. *Kühn*.
124 Bzw. gemäß § 2124 Abs. 2 BGB Aufwendungsersatz verlangen kann; das LG Bonn, 24.01.2012 – 10 O 453/10, ZEV 2012, 321 m. Anm. *Potsch* gewährt auch einen vorherigen Freistellungsanspruch, vgl. *Gemmer*, EE 2012, 167 ff.
125 BFH, 13.04.2016 – II R 55/14, ZEV 2016, 463 m. Anm. *Knief/Hinkers*; hierzu *Paus*, ErbStB 2017, 12 ff.

Abs. 5 Nr. 3 Satz 1 ErbStG abzugsfähig sind. Dies hat der BFH[126] verneint. Gleiches gilt, wenn der Vorerbe den Verzicht des Nacherben auf sein Nacherbenanwartschaftsrecht gegen Herausgabe von Nachlassgegenständen (also unter teilweiser Vorwegnahme der Nacherbfolge) erreicht; der Verzicht ist insoweit auch nicht als Gegenleistung zu werten.[127] Dies hindert allerdings nicht, dass eine Abfindungszahlung, die der Vorerbe an den Nacherben als Kompensation für die Ausschlagung der Nacherbschaft oder Übertragung des Nacherbenanwartschaftsrechts auf den Vorerben leistet (§ 3 Abs. 2 Nr. 4 bzw. Abs. 2 Nr. 6 ErbStG), durch den Nacherben zu versteuern ist.[128]

c) *Nacherbenanwartschaft*

4410 Der Anfall der bloßen **Nacherbenanwartschaft** bleibt als bloßer »Hoffnungswert« noch **unbesteuert**; demzufolge geht auch das Nacherbenanwartschaftsrecht, soweit[129] es vererblich ist (§ 2108 Abs. 2 Satz 1 BGB), mit vorzeitigem Ableben des (künftigen) Nacherben unversteuert auf seine Erben über (§ 10 Abs. 4 ErbStG). Ebenso wenig führt die Schenkung des Nacherbenanwartschaftsrechts an Dritte zu einem steuerpflichtigen Erwerb (§§ 1 Abs. 2, 10 Abs. 4 ErbStG).[130] Lediglich die **entgeltliche** Veräußerung des Anwartschaftsrechts (oder der Verzicht auf das Nacherbenanwartschaftsrecht gegenüber dem Vorerben gegen Entgelt) führt zu einer Besteuerung des Entgelts gemäß § 3 Abs. 2 Nr. 6 ErbStG. Steuerpflichtig ist ferner die Ausschlagung der Nacherbenanwartschaft (die bereits vor Eintritt des Nacherbfalls geschehen kann, § 2142 Abs. 1 BGB), gegen Abfindung, vgl. § 3 Abs. 2 Nr. 4 ErbStG. Steuerpflicht entsteht beim Nacherben vor dem Nacherbfall gemäß § 7 Abs. 1 Nr. 7 ErbStG ferner dann, wenn ihm der Vorerbe mit Rücksicht auf die angeordnete Nacherbfolge vorzeitig Nachlassgegenstände herausgibt, vgl. Rdn. 4467, und zwar unabhängig davon, ob er »im Gegenzug« auf die Nacherbenanwartschaft im Übrigen verzichtet oder nicht.[131]

d) *Eintritt des Nacherbfalls, Wahlrecht*

4411 Mit **Eintritt des Nacherbfalls** fällt die Erbschaft gemäß § 2139 BGB dem Nacherben (bzw. dem nunmehrigen Inhaber des Nacherbenanwartschaftsrechts) von selbst an. Auch er, der Nacherbe, wird nun wie ein Erbe besteuert. Liegt, wie regelmäßig der Fall und vom Gesetz in § 2106 Abs. 1 BGB auch vermutet, der Nacherbfall im **Tod des Vorerben**, ist das auf den Nacherben übergehende Vermögen gemäß § 6 Abs. 2 Satz 1 ErbStG – anders als im Zivilrecht (Erwerb vom ursprünglichen Erblasser, § 2100 BGB) – als **vom Vorerben stammend** zu versteuern. Dies gilt auch, wenn die Nacherbfolge nicht nur auf den Tod befristet, sondern zusätzlich bedingt ist (Beispiel: Der Nacherbfall soll beim Tod des überlebenden Ehegatten eintreten, aber nur, wenn letzterer nicht erneut geheiratet hat, oder nur wenn letzterer den als Nacherben Eingesetzten seinerseits zum Alleinerben eingesetzt hat oder nur wenn er nicht anderweitig über den Nachlass verfügt hat.[132] Tritt die Bedingung zusätzlich zur Befristung ein, liegt ebenfalls ein Fall des § 6 Abs. 2 Satz 1 ErbStG vor).

4412 § 6 Abs. 2 Satz 2 ErbStG räumt dem Nacherben das Antragsrecht ein, eine Versteuerung nach seinem **Angehörigkeitsverhältnis zum ursprünglichen Erblasser** zu verlangen. Geschieht dies, ist das Verhältnis des Nacherben zum Erblasser relevant für die maßgebliche Steuerklasse (§ 15

---

126 BStBl. II 1996, 137; kritisch hierzu *Meincke*, ErbStG, § 6, Rz. 7.
127 FG München, EFG 2003, 552.
128 Wobei noch umstritten ist, ob der Nacherbe in Analogie zu § 7 Abs. 1 Nr. 7 i.V.m. Abs. 2 ErbStG ein Wahlrecht erhält, den Erwerb als vom Vorerben stammend bzw. als vom Erblasser stammend behandeln zu lassen, vgl. *Kamps*, FR 2014, 361, 362.
129 Die Vererblichkeit kann auch nur beschränkt (z.B. nur auf Abkömmlinge der Nacherben) eröffnet sein, OLG Celle, 24.06.2015 – 6 W 135/15, NotBZ 2016, 146.
130 Vgl. BFH, BStBl. II 1993, 158.
131 Der Verzicht selbst ist keine taugliche Gegenleistung, FG München, EFG 2003, 552.
132 Beispielsfall: OLG Hamm, 22.05.2014 – 15 W 102/13, MittBayNot 2015, 499 m. Anm. *Henn*.

ErbStG), den Umfang sachlicher Befreiungen (z.B. § 13 Abs. 1 Nr. 1 ErbStG) sowie insbesondere den persönlichen Freibetrag (§ 16 ErbStG) und den Steuersatz (§ 19 ErbStG) sowie die Steuerermäßigung bei mehrfachem Erwerb desselben[133] Vermögens (§ 27 ErbStG). Im Übrigen, also etwa bei der Zusammenrechnung gem. § 14 ErbStG, der Bestimmung der persönlichen Steuerpflicht nach § 2 ErbStG, der Abzugsfähigkeit als Zugewinnausgleichsforderung gem. § 5 ErbStG, der Anwendung von Doppelbesteuerungsabkommen oder der Anrechnung ausländischer Erbschaftsteuer nach § 21 ErbStG gilt allerdings weiterhin der Vorerbe als derjenige Erblasser, von dem der Nacherbe erworben hat.[134]

Geht beim Tod des Vorerben neben dem nacherbschaftsgebundenen Vermögen **auch »freies Vermögen«** des Vorerben auf den Nacherben (als dessen Eigenerben) über, wird die Trennung beider Erwerbe, wie § 6 Abs. 2 Satz 3 ErbStG klarstellt, nur hinsichtlich der Steuerklasse angeordnet, im Übrigen werden beide Vermögensmassen als Einheit behandelt. Hinsichtlich der Freibeträge bestimmt allerdings § 6 Abs. 2 Satz 4 ErbStG in der Interpretation des BFH,[135] dass ihm zwei Freibeträge, aber nur in Abhängigkeit voneinander, zustehen: Für das Nacherbschaftsvermögen gilt der aus dem Verhältnis des Nacherben zum ursprünglichen Erblasser (als Folge des Antrags) berechnete Freibetrag, für das nacherbschaftsfreie Vermögen derjenige aus dem Verhältnis des Nacherben zum Vorerben, jedoch nur, wenn der für das Nacherbschaftsvermögen vorgesehene Freibetrag nicht voll verbraucht werden konnte (die Summe beider Freibeträge ist also begrenzt durch den Freibetrag gegenüber dem ursprünglichen Erblasser, der Freibetrag für das Eigenvermögen zusätzlich durch das Verwandtschaftsverhältnis zum Vorerben).

4413

▶ Beispiel:

Erwirbt der Nacherbe im Zeitpunkt des Nacherbfalls 250.000 € vom ursprünglichen Erblasser, seinem Vater (als Folge seines Antrags gemäß § 6 Abs. 2 Satz 2 ErbStG ist dieses Angehörigenverhältnis maßgebend) und weitere 250.000 € unmittelbar vom Vorerben (seinem Bruder) als Eigenvermögen, erhält er für das Erblasservermögen 250.000 € Freibetrag, für das vom Bruder erworbene Eigenvermögen lediglich 20.000 €. Er kann also nicht den unverbrauchten Rest von 150.000 €, der auf seinen Erblasser-Freibetrag von 400.000 € noch fehlt, vollständig auf den Eigenerwerb im Verhältnis zum Bruder übertragen.

4414

Hinsichtlich des Steuertarifs (also der Bestimmung der Steuerstufe) gelten jedoch gemäß § 6 Abs. 2 Satz 5 ErbStG wieder beide Vermögensmassen als eine Einheit, d.h. in jeder Steuerklasse ist der Erwerb nach dem Steuersatz zu besteuern, der für den gesamten Erwerb gelten würde (ähnlich einem Progressionsvorbehalt nach dem Modell des § 32b EStG).

4415

▶ Beispiel:

Muss der Nacherbe, nach Abzug der Freibeträge, 500.000 € vom Erblasser (Vater, Steuerklasse I – als Folge des Antrags gem. § 6 Abs. 2 Satz 2 ErbStG) und 500.000 € vom Vorerben (einer ihm gegenüber fremden Person) versteuern, sind diese Beträge sowohl in der Steuerklasse I (gegenüber dem Vater als ursprünglichem Erblasser) als auch in der Steuerklasse III (gegenüber dem Vorerben) nach dem Steuersatz zu versteuern, der bei einem Erwerb von 1 Million € gel-

---

133 »Dasselbe« Vermögen liegt nach der Vfg. des LfSt Bayern v. 14.01.2013, ZEV 2013, 228, auch vor, wenn die Rechtsform des Unternehmens zwischenzeitlich geändert wurde (wirtschaftliche Betrachtungsweise).
134 Diese enge Auffassung vertritt offensichtlich BFH, 03.11.2010 – II R 65/09, DStR 2010, 2567, wonach im Rahmen des § 14 ErbStG im Fall der Weitergabe von Vermögen aus der Vorerbschaft an den Nacherben die Parallelnorm des § 7 Abs. 2 ErbStG nichts daran ändere, dass die Vorerbin Schenkerin bleibe und daher § 14 ErbStG auf einen späteren weiteren Erwerb des Nacherben (etwa durch einen Erbfall nach dem Ableben des Vorerben) Anwendung findet.
135 BFH, BStBl. II 1999, 235.

ten würde (in Steuerklasse I also mit 19 %, nicht nur mit 15 %, in Steuerklasse III führt der Progressionsvorbehalt im Beispiel zu keinem höheren Steuersatz).

e) Nacherbfolge zu Lebzeiten des Vorerben

4416 § 6 Abs. 3 ErbStG befasst sich mit der **Nacherbfolge zu Lebzeiten des Vorerben**: Ein solcher Erwerb kann nur vom Erblasser stammen, so dass das Erbschaftsteuerrecht insoweit zur zivilrechtlichen Einordnung der Nacherbfolge – als Erwerb vom ursprünglichen Erblasser – zurückkehrt und es eines Wahlrechts, wie in § 6 Abs. 2 Satz 2 ErbStG enthalten, nicht mehr bedarf. Die vorzeitige Herausgabe der Vorerbschaft an den Nacherben gilt stets als Schenkung des Vorerben an den Nacherben (§ 7 Abs. 1 Nr. 7 ErbStG, der nicht zwischen § 6 Abs. 2 – Tod als Nacherbfall – und Abs. 3 ErbStG – andere Ereignisse bedingen den Nacherbfall – differenziert); maßgebend ist das Verhältnis des Nacherben zum Vorerben, sofern nicht der Nacherbe die Versteuerung nach seinem Verhältnis zum Erblasser wählt (§ 7 Abs. 2 ErbStG).

4417 Tritt gem. § 6 Abs. 3 ErbStG der (nicht im Tod des Vorerben liegende) Nacherbfall ein, würde an sich § 5 Abs. 2 BewG eine Berichtigung der Besteuerung des (auflösend bedingten) Vorerben fordern. Dies unterbleibt jedoch. Es wird also nicht die Steuerschuld des Vorerben reduziert, sondern vielmehr, als Folge des § 6 Abs. 3 Satz 2 ErbStG, die des Nacherben: Die Steuerschuld des Nacherben wird um den Betrag gekürzt, der vom Vorerben vor oder nach dem Nacherbfall »zu viel« an den Fiskus entrichtet worden ist.[136] Bei vorzeitiger Übertragung der Vorerbschaft an den Nacherben (§ 7 Abs. 1 Nr. 7 ErbStG) findet diese Teil-Steueranrechnung hingegen nicht statt.

f) Vor- und Nachvermächtnis

4418 § 6 Abs. 4 ErbStG behandelt schließlich das **Nachvermächtnis** (also ein Untervermächtnis, in dem der Erblasser den Vermächtnisnehmer beschwert, den Vermächtnisgegenstand nach einer bestimmten Zeit eigener Innehabung an den Nachvermächtnisnehmer weiterzugeben, § 2191 Abs. 1 BGB). Im Zweifel ist damit der Anfall des Vermächtnisses, also das Entstehen des Vermächtnisanspruchs, bis zum Tod des Beschwerten hinausgeschoben (§ 2191 Abs. 2 BGB). Davon zu unterscheiden ist das bereits mit dem Erbfall anfallende, jedoch erst **beim Tod des Beschwerten fällige** Vermächtnis (§ 2181 BGB), das ebenfalls § 6 Abs. 4 ErbStG unterfällt.

4419 Beide Vermächtnisarten, das Nachvermächtnis wie auch das auf den Tod des Beschwerten fällige Vermächtnis, folgen steuerrechtlich den Regelungen über die Vor- und Nacherbfolge. Dies hat die ungünstige Folge, dass es – beispielsweise im Rahmen der Ehegattenbeerbung – als Erwerb vom überlebenden Ehegatten, nicht vom erstverstorbenen, gilt, was in der Regel der gestalterischen Intention (Nutzung der Freibeträge nach dem Erstverstorbenen) zuwiderläuft. Der BFH[137] hat den Rechtsgedanken der Bestimmung weiter auch auf den beim Tod des überlebenden Ehegatten fälligen Abfindungsanspruch erstreckt, der sich als Folge eines Pflichtteilsverzichts gegen Abfindung für den Schlusserben ergibt, da der überlebende Ehegatte wirtschaftlich nicht belastet war, vgl. Rdn. 3904.

4420 Die früher teilweise empfohlene Gestaltung (sogenannte »**Daragan'sche Klausel**«),[138] anstelle eines Vermächtnisses eine beim Tod des Beschwerten fällige Auflage vorzusehen, deren Durchsetzung jedoch von den zugleich als Testamentsvollstrecker eingesetzten Auflagebegünstigten erzwungen werden kann, ist infolge einer diesbezüglichen Erweiterung des § 6 Abs. 4 ErbStG durch das ErbStRG 2009 auf Auflagen versperrt, Rdn. 4508. Möglicherweise tragfähig sind jedoch Gestaltungen, das Vermächtnis nicht beim Tod des Beschwerten, sondern einige Zeit danach oder schlicht einen lan-

---

136 Berechnungsbeispiel bei *Holler*, ErbR 2016, 615, 619 f.
137 BStBl. II 2007, 651.
138 DStR 1999, 393.

A. Schenkungsteuerrecht

gen Zeitraum nach Eintritt des ersten Erbfalls (z.B. 15 Jahre später) eintreten zu lassen, vgl. Rdn. 4500.

g) Empfehlung

▶ Hinweis:

Will ein Ehegatte dem überlebenden Partner (bzw. allgemein der Erblasser dem Begünstigten) lediglich die Stellung eines Nutzungsberechtigten einräumen, ist es im Hinblick auf die sonst faktisch eintretende zweimalige Vollbesteuerung des Vermögens regelmäßig günstiger, ihm einen Nießbrauch am Nachlass einzuräumen (sogenanntes »württembergisches Modell«, vgl. Rdn. 4859) bzw. einen Nießbrauch an Einzelgegenständen des Nachlasses, da die Bewertung des Nießbrauchs als Erwerbsgegenstand deutlich geringer angesetzt wird, vgl. Rdn. 4761, und beim Erben die Nießbrauchsbelastung abgezogen wird, Rdn. 4834 ff., während Verfügungsbeschränkungen des Vermögensinhabers, etwa in Gestalt der Nacherbenbindungen, bewertungsrechtlich (§ 9 Abs. 2, Abs. 3 BewG) nicht berücksichtigt werden. Einkommensteuerlich ist allerdings der (Zuwendungs-)Nießbraucher – anders als der Vorerbe als ertragsteuerlicher Volleigentümer – nicht zur AfA berechtigt.[139]

4421

III. Steuerbare Vorgänge gem. § 7 ErbStG

Die in der abschließenden Aufzählung des § 7 ErbStG genannten lebzeitigen unentgeltlichen Erwerbsvorgänge unterliegen der Schenkungsteuer (§ 1 Abs. 1 Nr. 2 ErbStG). Für diese gelten zusätzlich die Vorschriften über die Erbschaftsteuer, soweit nichts Anderes bestimmt ist, während umgekehrt die Schenkungsteuervorschriften auf Erwerbsvorgänge von Todes wegen keine Anwendung finden. Besteuert wird stets die Bereicherung des jeweiligen Erwerbers (Bereicherungsprinzip, vgl. § 10 Abs. 1 Satz 1 ErbStG), nicht die Vermögensmasse (z.B. bei der Erbschaftsteuer: der Nachlass) als solche.

4422

1. Freigebige Zuwendungen (§ 7 Abs. 1 Nr. 1 ErbStG)

a) Tatbestandsvoraussetzungen

Grundtatbestand ist die Besteuerung **freigebiger Zuwendungen unter Lebenden** (§ 7 Abs. 1 Nr. 1 ErbStG). Sie setzt voraus
(1) eine dauerhafte Bereicherung des Empfängers, R E 7.1 Abs. 2 Sätze 1 und 2 ErbStR 2011, die auf Kosten des Zuwendenden erfolgt ist (Erfordernis der tatsächlichen Vermögensmehrung auf der einen, der tatsächlichen Vermögensbelastung auf der anderen Seite,[140] wobei beides nicht identisch sein, also keine Vermögenssubstanz übergehen muss: Zinslosigkeit eines Darlehens,[141] Löschung eines noch ausübbaren Wohnungsrechtes[142]). Auch ist ohne Belang, ob es sich zivilrechtlich um eine Ausstattung handelt (§ 1624 BGB). Eine Vermögensmehrung muss jedoch vorliegen, so dass die reflexartige Werterhöhung eines Gesellschaftsanteils durch Verzicht auf ein Mehrheitsstimmrecht nicht besteuert wird.[143] Wird ein zunächst form-

4423

---

139 *Hartmann*, ZNotP 2012, 322, 327.
140 BFH, 11.04.2006 – II R 13/04, ErbStB 2006, 243 weicht dieses Prinzip allerdings insoweit auf, als er in der Einräumung eines Ankaufs- oder Vorkaufsrechtes [ohne Bestehen eines Vorkaufsfalles] bereits eine Entreicherung [damit beim Begünstigten auch eine steuerpflichtige Bereicherung!] sieht.
141 BFH, 12.07.1979 – II R 26/78, BStBl. 1979 II, S. 631; zum zinslosen Darlehen vgl. auch Rdn. 4433.
142 FG Niedersachsen, 19.02.2010 – 3 K 293/09, JurionRS 2010, 12623.
143 BFH, 30.01.2013 – II R 38/11, ZEV 2013, 349 m. Anm. *Wachter*; *Ihle*, notar 2014, 48, 49; *Halaczinsky*, ZErb 2013, 165 ff.; *Riedel*, ZErb 2013, 186 f. (§ 7 Abs. 8 ErbStG hat daran nichts geändert, dort werden nur andere Werterhöhungen von Kapitalgesellschaftsanteilen als Schenkung fingiert). Hiergegen Nichtanwendungserlass v. 05.06.2013, BStBl 2013 I 1465 = ZEV 2014, 120; gegen die Finanzverwaltung wiederum BFH, 27.08.2014 – II R 44/13, MittBayNot 2015, 438 m. Anm. *Ziegler*; vgl. auch

unwirksames Schenkungsversprechen später erfüllt, tritt die Bereicherung in diesem Zeitpunkt ein; es handelt sich dann, auch wenn die Erfüllung erst durch den Erben erfolgt, um eine Zuwendung noch des Erblassers.[144]

4424 (2) Dabei sind **aufschiebend bedingte Gegenleistungspflichten** (wie etwa Nießbrauch,[145] Leibrente,[146] Schuldübernahme,[147] bedingte Weiterübertragungspflicht)[148] erst mit Bedingungseintritt zu beachten (§ 12 Abs. 1 ErbStG i.V.m. § 6 BewG, vgl. Rdn. 4866 ff.); Gleiches gilt für Gegenleistungen mit unbestimmter Fälligkeit (§ 9 Abs. 1 Nr. 1lit. a) i.V.m. § 1 Abs. 2 ErbStG).[149] Die Schenkungsteuer ist gem. §§ 6 Abs. 2 i.V.m. 5 Abs. 2 BewG herabzusetzen (wobei der Betrag der erst künftig entstehenden Gegenleistung, z.B. der Schuldübernahme), auf den Zeitpunkt des Entstehens der Steuer, also den Schenkungszeitpunkt, abzuzinsen ist, vgl. Rdn. 4866 mit Berechnungsbeispiel;[150] vgl. auch Rdn. 4556 zur Ermittlung des Steuerwertes selbst erst im Zeitpunkt des Eintritts der aufschiebenden Bedingung eines Erwerbs.

4425 (3) Erforderlich ist weiter die Unentgeltlichkeit der Zuwendung (R E 7.1 Abs. 2 Sätze 3 und 4 ErbStR 2011), wie sie bspw. auch bei symbolischen »Ein-Euro-Kaufpreisen« unter Nahestehenden besteht,[151] es sei denn, der Erwerbsgegenstand ist auch bei objektiver Betracht wertlos.[152] Auch **in der Vergangenheit erbrachte** Dienstleistungen können (wie im Zivilrecht, Rdn. 48) die Unentgeltlichkeit mindern, aber – anders als im Zivilrecht, Rdn. 48 – nur, wenn sie auf einer zuvor getroffenen Entgeltabrede beruhen,[153] anderenfalls liegen zwei gegenläufige Schenkungen vor. In der Tat spricht vieles dafür, außerhalb des § 29 Abs. 1 Nr. 1 ErbStG in der nachträglichen Schaffung von Entgelt, sofern sie freiwillig erfolgt, einen neuen Schenkungsteuertatbestand zu sehen, der zudem die bereits aufgrund der freigebigen Erstzuwendung gem. § 7 Abs. 1 Nr. 1 ErbStG entstandene Steuer für den Vorerwerb nicht nachträglich herabsetzt oder entfallen lässt.[154]

4426 In der **Eingehung einer Bürgschaft für fremde Schuld** liegt demnach allenfalls dann ein schenkungsteuerpflichtiger Vorgang, wenn der Hauptschuldner nach den objektiven Umständen dadurch von seiner Pflicht endgültig befreit werden sollte, da ein Rückgriffsanspruch gegen ihn kaum realisierbar erscheint[155] oder nicht verfolgt wird.[156] Leistet einer von mehreren Gesamtschuldnern, liegt darin keine freigebige Zuwendung, so lange auf den Ausgleichsanspruch gem.

FG Hessen, 19.09.2013 – 1 K 952/10, ErbStB 2014, 153 m. Anm. *Hartmann*, BFH, 02.09.2015 – II B 146/14, ErbStG 2015, 315 (Nichtzulassungsbeschwerde des FA zurückgewiesen) und *Keß*, ZEV 2015, 254, 256. Allgemein zur Konkurrenz zwischen Ertrag- und Erbschaftsteuer auch *Crezelius*, ZEV 2015, 392 ff. Allein das Zusammentreffen beider Steuern stellt allerdings per se noch keine Verletzung der Eigentumsgarantie dar, BVerfG, 07.04.2015 – 1 BvR 1432/10, ZEV 2015, 426; hierzu *Holler*, ErbR 2015, 429 ff.

144 BFH, 23.06.2015 – II R 52/13, ErbStB 2015, 288.
145 BFH, ZEV 2001, 167.
146 BFH, BStBl. 2002 II, S. 25.
147 BFH, BStBl. 2002 II, S. 165; H 17 Abs. 2 ErbStH »Bestehenbleiben der Grundpfandrechte bei Zuwendung eines Grundstücks«.
148 FG Köln, 06.05.2009 – 9 K 4279/07, ErbStB 2011, 211.
149 BFH, BStBl. 2003 II, S. 921.
150 Gemäß Tabelle I der gleichlautenden Ländererlasse v. 07.12.2001 – BStBl. 2001 I, S. 1041 und BStBl. 2002 I, S. 112; vgl. *Theissen/Steger*, ErbStB 2009, 158, 166.
151 Vgl. *Hoffmann*, GmbH-StB 2010, 52.
152 BFH, 03.08.2016 – IX R 23/15, ErbStB 2017, 62.
153 FG Hessen, 25.10.2010 – 1 K 2123/08, ErbStB 2011, 127 = ZEV 2011, 443.
154 BFH, 02.10.1957 – II 127/57 U, NJW 1958, 280: »Es liegt nicht in der Macht der Beteiligten, einer unentgeltlichen Leistung, die abgeschlossen der Vergangenheit angehört, rückwirkend die Eigenschaft der Entgeltlichkeit zu verleihen.«
155 BFH, BStBl. 2000 II, S. 596.
156 *Thonemann/Mudasch*, ErbStB 2009, 280 ff.; die Nichterhebung einer Vergütung für die Sicherheitengestellung ist allerdings (anders als bei zinslosen Darlehen) nicht schenkungsteuerbar.

§ 426 Abs. 2 Satz 1 BGB nicht verzichtet wird.[157] Auch bei Zuwendungen aus öffentlichem Vermögen (Zuschüssen, Subventionen etc.) fehlt der Wille zur Freigebigkeit.[158] Dies gilt insb. für Übertragungsvorgänge zwischen Trägern öffentlicher Verwaltung[159] sowie zwischen einer Gebietskörperschaft einerseits und ihrer Tochter-GmbH[160] bzw. einem Träger der freien Wohlfahrtspflege[161] andererseits: Anstelle von Schenkungsteuer fällt Grunderwerbsteuer an, wegen der allenfalls symbolischen Gegenleistung aus dem Bedarfswert.[162] Bei anderen Institutionen, etwa Kirchengemeinden oder gemeinnützige Vereine, kommen jedoch – nicht durch staatliches (Haushalts-)Recht gehindert – Schenkungen in Betracht,[163] ebenso bei Zuwendungen unter Stiftungen.[164]

Die Unentgeltlichkeit muss seitens des Zuwendenden **subjektiv gewollt** sein. Diese Kriterien bleiben jedoch hinter dem Zivilrecht zurück: Weder ist die Absicht der Bereicherung (animus donandi) erforderlich, noch eine beiderseitige Einigung über die Unentgeltlichkeit, wie es § 516 BGB im Zivilrecht fordert. Auch bedarf es keiner Kenntnis des genauen Ausmaßes des Wertunterschieds, es genügt vielmehr die Kenntnis des Zuwendenden[165] von den Umständen, aus denen sich die Bereicherung des Zuwendungsempfängers ergibt. Diese Kenntnis wird bei persönlichem Näheverhältnis und erheblichem Leistungsungleichgewicht vermutet;[166] teilweise sind subjektive Tatbestandsmerkmale gar gänzlich unerheblich.[167] Allerdings spricht nach Ansicht der Rechtsprechung im Leistungsaustausch unter Kaufleuten die Vermutung gegen den Willen zur Freigebigkeit, da »Kaufleute sich nichts zu schenken pflegen«.[168]

4427

b) Beispielsfälle

Schenkungsteuerpflichtige Vorgänge verwirklichen sich demgemäß häufig in nicht unmittelbar offensichtlicher Form:
(1) Wer durch Los einen Sachgewinn erzielt, erwirbt ihn unentgeltlich i.S.d. § 7 Abs. 1 Nr. 1 ErbStG (und i.S.d. Ertragsteuerrechtes; anders beim investierten Geldgewinn).[169]
(2) Wird ein Dienstleistungsempfänger durch bewusst gewollte Vereinbarung unangemessen niedriger Entlohnung (etwa für einen in Insolvenz befindlichen Arbeitnehmer – Einhaltung der

4428

---

157 BFH, 07.07.2016 – II B 95/15, ErbR 2017, 108; hierzu *G. Schmidt*, ErbR 2017, 72 f.
158 FinMin Hamburg v. 28.12.2004, ErbStB 2005, 89, m. Anm. *Hartmann*.
159 BFH, BStBl. 2005 II, S. 311.
160 BFH, 29.03.2006 – II R 15/04, ErbStB 2006, 176.
161 Bestellung eines Erbbaurechtes ohne Zins für einen freien Träger der Wohlfahrtspflege: BFH, 29.03.2006 – II R 68/04, ErbStB 2006, 212.
162 *Halaczinsky*, ErbStB 2005, 100 ff., 129 ff.; *Hartmann*, ErbStB 2006, 274 auch zur späteren Änderung der Bemessungsgrundlage.
163 BFH, 17.05.2006 – II R 46/04, ErbStB 2006, 273: Erbbaurechtsverleihung durch Kirchengemeinde an karitativ tätigen Verein ohne Erbbauzinsen gegen Umbau- und Altenheimbetriebsverpflichtung: grds. schenkungsteuerbar (Betriebsverpflichtung kommt dem Verein selbst zugute und ist daher nicht bereicherungsmindernd, § 10 Abs. 9 ErbStG). Zustimmend OFD Rheinland v. 18.08.2006, ErbStB 2006, 280.
164 Rdn. 3112; vgl. BFH, 13.04.2011 – II R 45/09, ErbStB 2011, 213.
165 BFH, BStBl. II 1997, S. 832.
166 Anscheinsbeweis: BFH, BStBl. 1994 II, S. 366.
167 Beispiel: die vorzeitige Herausgabe des »gebundenen Vermögens« vom Vorerben an den Nacherben (»Vorwegnahme der Nacherbschaft«) gilt gem. § 7 Abs. 1 Nr. 7 ErbStG als Schenkung (im Verhältnis Vorerbe – Nacherbe, nicht im erbrechtlichen Verhältnis) auch ohne Bereicherungswillen des Vorerben, FG Nürnberg, ErbStB 2003, 213.
168 BFH, 29.10.1997 – II R 60/94, BStBl. 1997 II, S. 832. So wird das »unentgeltliche« Ausleihen einer Maschine unter Kaufleuten in der Erwartung der »Revanche« durch Gewährung eines gleichwertigen Gefallens bei sich bietender Gelegenheit erfolgen, vgl. *Steiner*, ErbStB 2007, 111.
169 BFH, 26.04.2006 – IX R 24/04, EStB 2006, 316.

Pfändungsgrenze) begünstigt, kann die Differenz zur ortsüblichen Entlohnung der Schenkungsteuer unterliegen.[170]

(3) Auch die Gewährung einer sittenwidrigen Zuwendung (Brautgeld zur Entschädigung für den Verlust der Arbeitskraft der Braut an den Brautvater) ist schenkungsteuerpflichtig.[171]

(4) Eine Zuwendung kann zugleich mittelbar als auch unmittelbar freigebig sein: wer durch Direktzahlung an das Finanzamt freiwillige die Steuerschuld eines Dritten tilgt, befreit mittelbar (und schenkungsteuerpflichtig) den Steuerschuldner,[172] und bereichert unmittelbar den Fiskus (letztere Zuwendung ist jedoch steuerfrei, §§ 1 Abs. 2, 13 Abs. 1 Nr. 15 ErbStG).

4429 (5) Der spätere Verzicht auf eine vereinbarte Gegenleistung (Erlassvertrag) ist schenkungsteuerpflichtig, ebenso die Nichtgeltendmachung eines Anspruchs. Letzteres kann auch vorliegen, wenn ein Übertragungsvertrag gerichtlich für nichtig befunden wird, die Beteiligten sich jedoch im Vergleichswege auf eine lediglich teilweise Rückzahlung einigen.[173] Wird anstelle des durch Erlass untergegangenen Anspruchs ein anderer Gegenstand geschenkt, soll nur eine Schenkung, und zwar nach dem Steuerwert der nunmehrigen Zuwendung, vorliegen.[174]

4430 (6) Außerordentliche, also weder durch Satzung, Beschluss, oder Sponsoringinteressen abgedeckte Beiträge an einen **Verein**, der einer satzungsmäßigen Vermögensbindung unterliegt und seinen Mitgliedern keine Gewinnanteile zahlen darf, sind schenkungsteuerpflichtig.[175] Steuerbefreiung kann gem. § 13 Nr. 16 lit. b) ErbStG bei Gemeinnützigkeit bestehen, allerdings nicht beim Sponsoring,[176] wo eine Gegenleistung des Vereins erwartet wird. Besteht für Schenkungen keine Steuerbefreiung, sollten wenigstens die Freibeträge potenziert werden durch Zuwendung an zahlreiche einzelne Vereinsmitglieder mit der Auflage, das Erhaltene dem Verein zur Verfügung zu stellen.[177]

4431 (7) Auch sog. »ehebedingte« oder »**unbenannte**« **Zuwendungen** unterliegen unabhängig von ihrer zivilrechtlichen Qualifikation der Schenkungsteuer (R E 7.2 Satz 1 ErbStR 2011; Beispiel: Verbleib der Einkommensteuererstattung bei einem Ehegatten allein[178]); ausreichend ist die objektive Unentgeltlichkeit und das Wissen um diese (daran fehlt es jedoch bspw. bei der Erfüllung einer gesetzlichen Unterhaltspflicht oder der Auseinandersetzung einer Ehegatteninnengemeinschaft, die etwa als Folge der Mitarbeit des Ehegatten begründet wurde). Zur schenkungsteuerlichen Erfassung von unterschiedlich »gespeisten« Und- bzw. Oder-Konten vgl. Rdn. 3173 f.

4432 (8) Werden im Rahmen von **Scheidungsvereinbarungen** Leistungen zugesagt, die deutlich über das noch als gesetzliches Maß Diskutable hinausgehen (etwa um einer »unkomplizierteren« Trennung willen, als »Schweigegeld«, oder zur Erlangung großzügiger Umgangskonditionen mit den Kindern), können schenkungsteuerpflichtige Vorgänge vorliegen.[179] Auch Abfindungen als »Gegenleistung« für den Verzicht auf (derzeit noch theoretische) nacheheliche Unter-

---

170 BAG, 12.03.2008 – 10 AZR 148/07, ErbStB 2008, 292; der »Arbeitgeber« schuldet ferner Zahlung des Differenzbetrages.
171 OLG Hamm, 13.01.2011 – 18 U 88/10, ErbStB 2011, 190.
172 BGH, 18.04.2013 – IX ZR 90/10 ErbStG 2013, 211 m. Anm. *Hartmann* (zur Anfechtbarkeit der Zuwendung an den Fiskus).
173 FG Münster, 02.02.2012 – 3 K 1291/09, 3 K 1293/09 Erb, ErbStB 2012, 236.
174 Vgl. im Überblick *Hartmann*, ErbStB 2008, 15 ff.
175 BFH, 15.03.2007 – II R 5/04, ErbStB 2007, 159 m. krit. Anm. *Steiner*, ErbStB 2007, 204 (»Schenkungsteuerfalle für Sponsoren«); zuvor großzügiger BFH, 24.08.2005 – II R 28/02, BFH/NV 2006, 63: Zuwendung, die in rechtlichem Zusammenhang mit einem Gemeinschaftszweck steht, ist nicht unentgeltlich.
176 Bsp: FG Niedersachsen, 18.03.2015 – 3 K 174/14, ErbStB 2016, 201 (n. rkr., Az. BFH: II R 46/15): Sponsor beschäftigt Profifußballer zum Schein als Arbeitnehmer: Schenkung an den Verein.
177 Vgl. *Geck/Messner*, ZEV 2007, 373, 377.
178 Jedenfalls bei Gütertrennung, FG Hessen, 29.08.2011 – 1 K 3381/03, ErbStB 2012, 103, n. rkr [Az BFH II R 64/11].
179 Vgl. *Steiner*, ErbStB 2012, 284 ff.

A. Schenkungsteuerrecht   Kapitel 12

haltsansprüche (Rdn. 96) oder Zugewinnausgleichsansprüche (Rdn. 4891) zu Beginn einer Ehe sind schenkungsteuerpflichtig. Besonders misslich ist dieser Umstand, wenn die Schenkung erst nach Rechtskraft der Scheidung ausgeführt (i.S.d. § 9 ErbStG, Rdn. 4544 ff.) wird: Freibetrag lediglich 20.000 Euro, Steuerklasse II! Anstelle einer in Raten, zeitlich gestreckt, zu erbringenden Geld»schenkung« empfiehlt sich daher z.B. die sofort vollzogene Schenkung einer Forderung mit hinausgeschobener Fälligkeit (in demnach abgezinster Höhe), Rdn. 4547.

(9) Auch **unentgeltliche Nutzungsüberlassungen** können (bei Überschreiten der Freibeträge) Schenkungsteuer (daneben auch Ertragsteuer: Rdn. 4894, 6217 ff.) auslösen,[180] sofern beim Schenker tatsächlich eine Entreicherung in Gestalt des Verzichts auf eine objektiv vorhandene und subjektiv mutmaßlich sonst wahrgenommene Erwerbschance vorliegt. Vermögenssubstanz muss im Schenkungsteuerrecht nicht übergehen (Rdn. 4422).   4433

▶ Beispiel:

Gewährung eines unverzinslichen[181] Darlehens, da Geld üblicherweise angelegt wird,[182] die Überlassung einer Wohnung, die nach der subjektiven Verwendungsplanung sonst vermietet worden wäre (Rdn. 3345), oder Einräumung eines gar dinglich gesicherten Wohnungsrechtes.[183] Nutzt der Überlassende die Wohnung allerdings noch selbst (partiell) mit, fehlt es an einer Entreicherung.[184] Ebenso wenig liegt eine Entreicherung in der unentgeltlichen Überlassung eines Pkw, da private Pkw gemeinhin nicht vermietet zu werden pflegen.[185]

Besteuert wird grds. der beim Begünstigten eintretende Nutzen, also die Bereicherung. **Die Zinslosigkeit gewährter Darlehen** (Rdn. 4433) besteuert die Finanzverwaltung jedoch (abweichend vom Gesetz) nach dem marktüblichen Zinssatz vergleichbar lange laufender Kapitalanlagen,[186] nur bei Fehlen anderer Nachweise mit 5,5 %[187] (§ 12 Abs. 1 ErbStG i.V.m. § 15 Abs. 1 BewG, auf die Laufzeit kapitalisiert[188]) bzw. i.H.d. Differenz zwischen einem reduzierten Zins und 5,5 %;[189] wird später das zinslose Darlehen erlassen, tritt zur Besteuerung des Zinsvorteils noch   4434

---

180 Vgl. hierzu *Steiner*, ErbStB 2007, 110; BFH, 20.09.2010 – II B 7/10, BFH/NV 2010, 2280 m.w.N.; auch und gerade im Hinblick auf die Abzinsungspflicht des § 6 Abs. 1 Nr. 3 EStG, vgl. FG Köln, 30.09.2009 – 9 K 2697/08 ErbStG 2010, 34 m. Anm. *Hartmann*. Gegen eine Schenkungsteuerpflicht lediglich schuldrechtlicher Leihverträge (§ 598 BGB) *Curdt*, ZEV 2016, 685 ff. (anders als bei der unentgeltlichen Kapitalüberlassung: Darlehensvertrag, § 488 BGB).
181 FG München, 25.02.2016 – 4 K 1984/14, ErbStB 2016, 169 sieht ein Darlehen für die Errichtung/Sanierung eines Eigenheims auch dann als zinslos an, wenn der Darlehensgeber unentgeltlich mit im Anwesen wohnt, das Wohnen sei der Lebensgemeinschaft geschuldet und mindere daher die Schenkung nicht.
182 BFH, 27.11.2013 – II R 25/12, notar 2014, 137 m. Anm. *Ihle* = MittBayNot 2014, 489 m. Anm. *Crezelius*.
183 Für Schenkungsteuerbarkeit *Fumi*, EFG 2006, 1264; vgl. auch Rdn. 3345 zur Situation unter nichtehelichen Lebenspartnern.
184 FG München, 22.03.2006 – 4 K 1631/04, ErbStB 2006, 275 m. Anm. *Halaczinsky*: weder Vermögensminderung beim Zuwendenden noch -mehrung beim Empfänger.
185 *Steiner*, ErbStB 2007, 113.
186 FinMin Baden-Württemberg, 20.01.2000 – S 3104/6, DStR 2000, 204 (ungeachtet § 13 Abs. 3 Satz 2 BewG, der einen von 5,5 % abweichenden Zinssatz nicht erlaubt); vgl. auch Ländererlasse, FinMin Baden-Württemberg, 10.10.2010 – 3 S 3103/8, Nr. III.1, BStBl 2010 I 810, und *Hartmann*, ErbStB 2012, 72 ff.
187 BFH, 27.11.2013 – II R 25/12, notar 2014, 137 m. Anm. *Ihle* = MittBayNot 2014, 489 m. Anm. *Crezelius;* zur Vorinstanz FG Münster: ErbStB 2012, 293 (der abweichende Anlagezins war erst im Klageverfahren vorgetragen worden, das Gericht konnte – an das Gesetz gebunden – nicht die großzügigere Bewertung der Finanzverwaltung zugrunde legen). FG München, 25.02.2016 – 4 K 1984/14, ErbStB 2016, 169 legt 5,5 % zugrunde.
188 Faktor aus Anlage 9a zum BewG [§ 12 Abs. 1 i.V.m. § 13 Abs. 1 Satz 1 BewG].
189 FG Rheinland-Pfalz, 18.12.2008 – 4K 1859/06, ErbStB 2009, 296.

die volle Steuer auf den Nominalbetrag hinzu.[190] Die »Zinsschenkungsbesteuerung« greift sogar dann, wenn der Darlehensgeber einem gesetzlichen Verzinsungsverbot (z.B. nach islamischem Recht) unterliegt;[191] sie entfällt jedoch, wenn ein Zins vereinbart und gezahlt wird, der jedenfalls nicht wesentlich unter dem Marktüblichen liegt.[192]

c) Gesellschaftsrechtliche Vorgänge

aa) Personengesellschaften

4435 Auch in der Schenkung einer Beteiligung am Nominalkapital einer **Personengesellschaft** in Form eines Komplementäranteils liegt ein schenkungsteuerpflichtiger Vorgang, unbeschadet der zivilrechtlichen Betrachtung, wonach eine Vollhafterstellung wegen des Einsatzes der vollen Arbeitskraft für die Gesellschaft und des Verlustrisiko kein taugliches Schenkungsobjekt sei.[193]

4436 Bei Zuwendungen an Personengesellschaften sind Empfänger jedoch stets die einzelnen Gesellschafter, nicht die Gesellschaft selbst, d.h. die (zu Eigentum – »quoad dominium« – oder zur Nutzung und Gebrauch – »quoad usum« –)eingebrachten Werte werden anteilig den Gesellschaftern zugerechnet.[194] Bei der Einbringung »quoad sortem«, also dem Werte nach, wird neben der Nutzung auch der Wert der Sache dergestalt eingelegt, dass beim Ausscheiden des Gesellschafters (der Eigentümer der Sache bleibt) bzw. bei Auflösung der Gesellschaft ein Anspruch auf Wertersatz in Geld oder wahlweise Übertragung in Natur besteht.[195] Die Einbringung quoad sortem selbst löst, da den Gesellschaftern keine rechtliche Verfügungsmacht vermittelt wird, noch keine Schenkungsteuer aus. Stirbt der Gesellschafter, neutralisiert sich bei seinen Erben der Wert des Gegenstandes mit der Wertersatzzahlungspflicht; der Wertersatzanspruch selbst dürfte aber zulasten der Gesellschafter zu besteuern sein.[196]

4437 Auch wenn die Personifizierung der Steuerschuldner i.S.d. § 20 Abs. 1 Satz 1 ErbStG an sich nach Maßgabe des Zivilrechts erfolgt (und damit die Personengesellschaft, auch die GbR, Eigentümerin des Gesellschaftsvermögens ist) und auch die bewertungsrechtlichen Vorschriften zwischen Gesellschafts- und Gesellschaftervermögen unterscheiden (vgl. § 97 Abs. 1 Satz 1 Nr. 5, Abs. 1a Nr. 1, § 153 Abs. 2 Satz 1 Alt. 2 BewG), sieht der BFH bei Zuwendungen an eine Personengesellschaft (z.B. disquotale Einlagen in unterschiedlicher Höhe mit Buchung auf das nicht gesellschafterbezogene Rücklagenkonto) nicht die Gesellschaft selbst,[197] sondern die Mitgesellschafter als Zuwendungsempfänger und damit Steuerschuldner an, vgl. Rdn. 2553, und hält hieran ungeachtet der Teilrechtsfähigkeit der GbR auch insoweit weiterhin fest, Rdn. 5478.[198] Ebenso wird bei unentgeltlichen »umgekehrten«, also aus dem Gesellschaftsvermögen einer

---

190 BFH, 21.05.2001 – II R 48/99, ZErb 2001, 215 m. Anm. *Jülicher*.
191 BFH, 04.03.2015 – II R 19/13, EStB 2015, 243.
192 *Steiner*, ErbStB 2007, 112 verweist in diesem Zusammenhang auf R 109 Abs. 2, ErbStR 2003, wonach die Abzinsung einer Geldforderung mangels Unverzinslichkeit unterbleibt, wenn sie mit 3 % oder mehr verzinst wird.
193 Vgl. BFH, BStBl. 1992 II, S. 923.
194 BFH, 14.09.1994 – II R 95/92, BStBl. 1995 II 81 = DStR 1995, 94.
195 *Berninger*, DStR 2010, 874, 876 ff. Nach BGH, 15.06.2009 – II ZR 242/08, ErbStB 2010, 97, m. Anm. *Hartmann* muss der »Einbringende« bei Ausscheiden aus der Gesellschaft die Sache zugunsten der Gesellschaft (z.B. GbR) verwerten.
196 A.A. offensichtlich *Werz/Hinterkircher*, ErbStB 2012, 282 ff., die darin ein Gestaltungsmodell (ähnlich der Einbringung in eine Kapitalgesellschaft vor der Einführung des § 7 Abs. 8 ErbStG, Rdn. 4438) sehen.
197 Dafür plädiert *Borggrefe/Staudt*, NWB 2017, 277 ff.; a.A. *Daragan*, NWB 2017, 1601: die Personengesellschaft verwalte zwar eigenes Vermögen, aber für Rechnung ihrer Gesellschafter.
198 Ebenso etwa FG Münster, 12.01.2017 – 3 K 518/15 Erb, ZEV 2017, 426 m. Anm. *Billig* = ErbStB 2017, 127, n. rkr., Az. BFH: II R 9/17; ebenso FG Baden-Württemberg, 01.03.2017 – 7 V 2515/16, ErbStB 2017, 168; vgl. *Hannes/Reich*, ZEV 2017, 321, 322.

Personengesellschaft stammenden Zuwendungen nicht die Gesellschaft, sondern der einzelne Gesellschafter als Schenker angesehen,[199] so dass bspw. gegenleistungslose Zahlungen einer Sponsoring-GmbH & Co. KG an Fußballspieler eines Amateurvereins als Zuwendungen nicht der Gesellschaft selbst, sondern der Gesellschafter gewertet werden.[200]

bb) Kapitalgesellschaften, § 7 Abs. 8 ErbStG

4438 Bei **Kapitalgesellschaften** hingegen hatte die Finanzverwaltung (in Gestalt der Richtlinie 18 ErbStR 2003 und der hierzu ergangenen Hinweise) früher im Regelfall eine steuerbare Leistung zwischen den Gesellschaftern zugrunde gelegt, während der BFH solche steuerbaren Leistungen auf Gesellschafterebene nur in wenigen Fällen bejahte. In Gestalt gleichlautender **Erlasse v. 20.10.2010**[201] war die Finanzverwaltung zwischenzeitlich im Wesentlichen auf die Linie des BFH eingeschwenkt, woraus sich bis zur ab 14.12.2011 in Kraft getretenen Abwehrgesetzgebung (§§ 7 Abs. 8, 15 Abs. 4 ErbStG in Gestalt des BeitrRLUmsG)[202] – erweiterte Möglichkeiten der Gestaltung ergaben (insbesondere durch disquotale verdeckte Einlagen eines Gesellschafters an »seine« Gesellschaft; oder die Übernahme eines Kapitalerhöhungsanteils mit zu hohem Aufgeld). Da der BFH insoweit nicht zwischen ein- und mehrgliedrigen Gesellschaften differenziert und auch eine spätere Reduzierung bzw. ein Wegfall der Gesellschaftsbeteiligung des Einbringenden ohne Folge bleibt, war damit u.U. ein genereller Weg zur Vermeidung der Schenkungsteuerbarkeit eröffnet, möglicherweise auch bei der Vererbung.[203] Teilweise wurde bereits von einem **Gestaltungsmodell** gesprochen.[204]

4439 **Seit 14.12.2011** ist, auch nach Maßgabe der hierzu ergangenen **Erlasse v. 14.03.2012**,[205] die jedoch tlw. von der zwischenzeitlichen Rspr. des BFH abweichen[206] und umstritten bleiben,[207] wie folgt zu differenzieren (zur zivilrechtlichen Frage des Vorliegens einer Schenkung i.S.d. § 516 BGB im Verhältnis zur Gesellschaft vgl. Rdn. 140, im Verhältnis zu den mittelbar mitbegünstigten Mitgesellschaftern vgl. Rdn. 144 ff.):

(1) Leistungen des Gesellschafters an »seine« Gesellschaft: Schenkungsteuer im Verhältnis zu mittelbar begünstigten (Mit-)gesellschaftern

▶ Beispiel:

4440 Solche Leistungen können sich bspw. vollziehen in Form einer »disquotalen Einlage«. (Einer von mehreren Gesellschaftern überträgt zur Deckung deren Kapitalbedarfs einen Vermögenswert an die GmbH im Weg der verdeckten Einlage, also nicht gegen Kapitalerhöhung, so dass wirtschaftlich auch der Wert der Beteiligung der Mitgesellschafter an der GmbH erhöht wird.)

---

199 BFH, 15.07.1998 – II R 82/96, BStBl. 1998 II S. 630.
200 FG Niedersachsen, 18.03.2015 – 3 K 174/14, ErbStB 2016, 201, n. rkr., Az. BFH: II R 46/15.
201 Gleichlautende Erlasse v. 20.10.2010, 3 S 3806/75, BStBl. 2010 I, 1207; hierzu *Christ*, ZEV 2011, 63 ff. und *Binnewies*, GmbHR 2011, 1022 ff.
202 Zum Entwurf *Binnewies*, GmbHR 2011, 1022 ff., kritisch zum Gesetz *Viskorf/Haag/Kerstan*, NWB 2012, 927 ff.; vgl. auch *Korezkij*, DStR 2012, 163 ff.; *Hartmann*, ErbStB 2012, 84 ff. (auch zur zeitlichen Abgrenzung); *Fischer*, ZEV 2012, 77 ff.; *Gutfried*, MittBayNot 2012, 188 ff. (Auswirkungen auf die notarielle Gestaltungspraxis S. 193 ff.).
203 Vgl. *Hartmann*, ErbStB 2008, 37.
204 *Ihle*, notar 2010, 299; *Hübner* MittBayNot 2010, 242.
205 Gleichlautende Erlasse der obersten Finanzbehörden der Länder v. 14.03.2012, BStBl 2012 I, 331 ff.; vgl. *Hutmacher*, ZNotP 2012, 170 ff. und *Korezkij*, ZEV 2012, 303 ff.
206 Vgl. die Zusammenstellung von *Götz*, ZEV 2015, 624 ff., mit Korrekturen durch *van Lishaut*, ZEV 2016, 19 ff.
207 Überblick zu aktuellen Streitfragen bei *Holthusen*, ZEV 2016, 311 ff.

Der BFH[208] sah hierin keine Schenkung im Verhältnis zu den mittelbar begünstigten Mitgesellschaftern, da es sich lediglich um Reflexwirkungen der bei der GmbH eintretenden Bereicherung handele, jedoch keine Vermögenssubstanz auf den anderen Gesellschafter übergehe. Die Finanzverwaltung (Tz. 1.1 der in Rdn. 4438 erwähnten Erlasse v. 20.10.2010) hatte sich dieser Sichtweise im Grundsatz angeschlossen und ging von einer Zuwendung auf Gesellschafterebene nur dann aus, wenn im zeitlichen Zusammenhang mit der Einlage eine offene oder verdeckte Ausschüttung erfolgt, also das eingelegte Vermögen weitergeleitet werde und demnach der an den Mitgesellschafter ausgeschüttete Betrag Gegenstand der Zuwendung des Einlegenden an den Mitgesellschafter i.S.d. § 7 Abs. 1 Nr. 1 ErbStG sei.

4441 § 7 Abs. 8 Satz 1 ErbStG sieht darin (für alle **seit 14.12.2011** verwirklichten Sachverhalte, § 37 Abs. 7 Satz 1 ErbStG) jedoch eine (fingierte) Schenkung des Einlegenden an die Gesellschafter in Höhe der eingetretenen Werterhöhung.[209] Eine zivilrechtliche Leistungsbeziehung ist (anders als bei § 7 Abs. 1 Nr. 1 ErbStG) nicht erforderlich, ebenso wenig ein Bereicherungswille. Der Zuwendende braucht auch nicht unmittelbar oder mittelbar an der Gesellschaft beteiligt zu sein (Nr. 3.2 Abs. 2 der Ländererlasse v. 14.03.2012). Der sehr weite Wortlaut (»Werterhöhung, die ein an der Kapitalgesellschaft Beteiligter durch die Leistung einer anderen Person an die Gesellschaft erlangt«) erfasst auch einseitige Forderungsverzichte von Gesellschaftern (etwa auf gewährte Darlehen, zu Sanierungszwecken[210]) oder gar durch Dritte (etwa eine Bank,[211] die sich von der Abwendung der Insolvenz die weitere Bedienung ihrer verbleibenden Kredite erhofft)! Möglicherweise zählt unter den Begriff der »Leistung« auch die Übernahme von Dienstleistungen (etwa die Geschäftsführungstätigkeit) ohne adäquate Vergütung?[212] Die **Betriebsvermögensprivilegien** der §§ 13a, b ErbStG findet auf die durch § 7 Abs. 8 ErbStG »fingierte« Schenkung in Gestalt einer Werterhöhung **keine Anwendung**, da kein GmbH-Anteil zugewendet wurde[213] (vgl. hierzu den Hinweis in Rdn. 4447).

4442 Fraglich ist des Weiteren, ob verdeckte Einlagen mehrerer Gesellschafter, die zwar unabhängig voneinander, aber in sachlichem und zeitlichem Zusammenhang erbracht werden, zu je einzelner Besteuerung führen oder miteinander »saldiert« werden können; ferner ob eine »wirtschaftliche Saldierung« stattfindet, wenn ein Gesellschafter eine Zuwendung verdeckt in eine Kapitalgesellschaft einlegt, der davon profitierende Mitgesellschafter aber seinerseits dem Einlegenden persönlich etwas »als Ausgleich« zuwendet. Nr. 3.3.3. bis 3.3.5 der Ländererlasse v. 14.03.2012 wollen solche Ausgleichungen berücksichtigen, indem sie auf einen »Gesamtplan« mit zeitlichem und sachlichem Zusammenhang abstellen (unter Einschluss sowohl von Leistungen anderer Gesell-

---

208 BFH, 09.12.2009 – II R 28/08, ZEV 2010, 319 (keine freigiebige Zuwendung an die anderen Gesellschafter, wenn ein Gesellschafter Sacheinlage erbringt, die mehr wert ist als die übernommene neue Stammeinlage); vgl. v. Proff, ZNotP 2009, 423, 427 ff.; anders früher R 18 Abs. 3 Satz 4 Nr. 2 ErbStR 2003.
209 Zu ermitteln durch Vergleich der Anteilswerte nach BewG vor und nach der verdeckten Einlage.
210 Zur Vermeidung der Steuerpflicht wird vorgeschlagen, die notleidende Forderung zuvor an die Mitgesellschafter [gegen geringes Entgelt] anteilig zu veräußern und sodann einen umfassenden Verzicht durch alle zu erklären – darin sieht Nr. 3.3.6 der Ländererlasse v. 14.03.2012 keinen schenkungsteuerpflichtigen Vorgang, ebenso wenig wie im Forderungsverzicht unter Besserungsvorbehalt. Im Konzern wird oft § 7 Abs. 8 Satz 2 ErbStG eingreifen. Zum Ganzen kritisch Viskorf/Haag, DStR 2012, 1166 ff.
211 Hierzu Maile, DB 2012, 1952 ff.: mangels Bereicherungsabsicht liege keine steuerbare Leistung vor. Ziffer 3.3.7 der Ländererlasse v. 14.03.2012 sieht im Verzicht auf wertlose Forderungen großzügigerweise kein steuerbares Vermögensopfer.
212 Dafür Korezkij, DStR 2012, 163, 164; ders., ZEV 2012, 303, 306. Bei der KG ist die Geschäftsführungstätigkeit des Komplementärs durch die Gewinnbeteiligung abgegolten, so dass in einem zu niedrigen Gehalt keine Zuwendung liegen kann, vgl. FG Niedersachsen, 16.10.2012 – 3 K 251/12, ErbStB 2013, 37; Gemmer, EE 2013, 80 ff.
213 Nr. 3.3.5 der Ländererlasse v. 14.03.2012; A.A. Milatz/Herbst, ZEV 2012, 21 ff.; Kowanda, ErbStB 2017, 138 m.w.N.

schafter an die »gemeinsame« Gesellschaft, Leistungen der Gesellschafter untereinander, und der Gewährung zusätzlicher Gesellschafterrechte[214]). Schließlich ist offen, ob die Steuerwirkung vermieden werden kann, indem die Kapitalrücklagenerhöhung »schuldrechtlich« dem einbringenden Gesellschafter zugeordnet wird (sog. schuldrechtlich gebundene Kapitalrücklage[215]) oder die dauerhafte Bereicherung durch Vereinbarung einer Forderung gegen die Mitgesellschafter beseitigt wird.[216]

▶ Hinweis:

Daneben können Maßnahmen eines Gesellschafters bei der von ihm beherrschten Gesellschaft, die zu einer Werterhöhung bei Mitgesellschaftern führen, **ertragsteuerliche Relevanz** erhalten, z.B. als »verdeckte Einlage« (§ 17 Abs. 1 Satz 2 EStG) einer Teilsubstanz bisheriger Anteile im Wege der Mitwirkung an einer nicht verhältniswahrenden Verschmelzung oder in Gestalt eines verbilligten Verkaufs eines GmbH-Anteils an die GmbH selbst, die dann nur noch einen (»begünstigten«) Gesellschafter hat.[217]

4443

▶ Beispiel:[218]

Die A- GmbH im Wert von 200 (Nominalkapital 200) wird auf die B- GmbH im Wert von 5.500 (Nominalkapital 100) nicht verhältniswahrend verschmolzen, unter Gewährung neuer Anteile im Nominalbetrag von 200 an die Gesellschafter der A-GmbH, an beiden GmbHs ist eine Person[219] (an der A-GmbH unmittelbar, an der B-GmbH mittelbar über eine Beteiligungsgesellschaft) beherrschend beteiligt: Diese Person erzielt einen gem. § 17 Abs. 1 Satz 2 EStG zu versteuernden Veräußerungsgewinn durch verdeckte Einlage eines Teils ihrer Beteiligung an der A-GmbH in seine Beteiligungsgesellschaft an der B-GmbH.

Leistungen im schenkungsteuerrechtlichen Sinn an Mitgesellschafter können sich weiter verwirklichen i.R.d. Neugründung einer GmbH bzw. des Beitritts zu einer bestehenden GmbH (unmittelbar sich anschließender[220] zweiter Schritt einer Stufengründung) unter dem Gesichtspunkt des **»Überspringens stiller Reserven«**:

4444

▶ Beispiel:

I.R.d. Neugründung einer GmbH erbringt ein Gesellschafter eine Bareinlage in Höhe seines Nominalanteils, der andere bringt als Sacheinlage ein Unternehmen ein und erhält i.H.d. Betrags, um den der Buchwert die gezeichnete Stammeinlage übersteigt, einen Darlehensanspruch gegen die Gesellschaft. Im eingebrachten Unternehmen sind erhebliche stille Reserven, der tatsächliche Verkehrswert ist also deutlich höher.

---

214 Z.B. durch Erhöhung des Gewinnanteils gem. § 29 Abs. 3 Satz 2 GmbHG oder des Anteils am Liquidationserlös.
215 *Crezelius*, Ubg 2012, 190, 191.
216 Dies wird durch Nr. 3.3.7 der Erlasse grds. gebilligt; vgl. im Einzelnen *Milatz/Bockhoff*, ErbStB 2013, 15 ff.
217 BFH, 20.01.2016 – II R 40/14, ZEV 2016, 281 m. Anm. *Crezelius* = EStB 2016, 140 (im Verhältnis zur GmbH selbst aber weder schenkungsteuerbar gem. § 7 Abs. 1 ErbStG – da § 17 Abs. 1 Satz 2 EStG vorrangig ist – noch gem. § 7 Abs. 7 ErbStG, da letztere Norm auf den derivativen Erwerb unter Lebenden nicht anwendbar ist, entgegen Tz. 2.4.1 der gleichlautenden Ländererlasse v. 14.03.2012, BStBl 2012 I 331), vgl. auch *Gemmer*, EE 2016, 77 ff. sowie *Ihle*, notar 2017, 53, 58. Im Streitjahr war § 7 Abs. 8 Satz 1 ErbStG noch nicht anwendbar, zur heutigen Rechtslage *Wälzholz*, DNotZ 2016, 779, 784.
218 Nach BFH, 09.11.2010 – IX R 24/09, GmbHR 2011, 266.
219 Wäre der Gesellschafter keine natürliche Person, sondern eine GmbH gewesen, wäre § 8b Abs. 2 Satz 6 KStG (vorbehaltlich § 8b Abs. 7 KStG) einschlägig gewesen.
220 Demnach wohl keine Schenkung, wenn es an einem einheitlichen Gründungs- und Einbringungsvorgang fehlt: *Wälzholz*, MittBayNot 2006, 275.

Festzusetzen ist hierbei Steuer auf die Differenz zwischen dem (seit 01.01.2009 gemäß Rdn. 4701 ff. ermittelten) gemeinen Wert des Geschäftsanteils des anderen Gesellschafters an der GmbH nach der Einbringung des Einzelunternehmens einerseits und seiner Stammeinlage andererseits.[221] Möglicherweise lässt sich diese Wirkung vermeiden, wenn die Einbringung handelsrechtlich zu Verkehrswerten erfolgt und die Satzung der GmbH sicherstellt, dass der in die Kapitalrücklage eingestellte Teil des Verkehrswertes beim Ausscheiden des Einbringenden in der Berechnung der Abfindung erfasst wird[222] – fraglich ist ferner ob § 13b ErbStG zum Zuge kommen kann.[223] Gleiches gilt bei einer »Spaltung zu Null«, also der Übertragung von Vermögensteilen auf eine andere Gesellschaft, an der jedoch nicht alle Mitglieder der übertragenden Gesellschaft beteiligt sind, etwa bei einer Trennung nach **Gesellschafterstämmen**.[224]

4445 Erfolgt die Übernahme des in einer Kapitalerhöhung geschaffenen Geschäftsanteils gegen ein **zu niedriges Aufgeld** oder lediglich zum Nennwert trotz deutlich höheren Wertes des Unternehmens, tritt in gleicher Weise eine Verbesserung des Wertes der Altanteile ein (»Überspringen stiller Reserven«), die sowohl BFH[225] als auch Finanzverwaltung (Tz. 1.4 der in Rdn. 4438 erwähnten Erlasse v. 20.10.2010) nunmehr als Bereicherung des eintretenden Gesellschafters auf Kosten der Altgesellschafter ansehen. Es liege sogar eine reine Schenkung vor; die tatsächlich geleistete (geringerwertige) Bareinlage sei keine Gegenleistung an den Altgesellschafter, sondern bilde Erwerbsaufwand an einen Dritten, die GmbH, der allerdings gem. § 10 Abs. 5 Nr. 3 ErbStG abzugsfähig ist. Erfasst wird auf diese Weise wirtschaftlich eine Zuwendung, die im Verzicht auf bzw. der Übertragung des Bezugsrechts (§ 55 Abs. 2 GmbHG) zugunsten eines Dritten zu begünstigten Konditionen liegt.[226] Fraglich ist freilich, ob ein Fall des § 7 Abs. 1 Nr. 1 (was die Anwendbarkeit der Betriebsvermögensprivilegien nach sich ziehen würde)[227] oder ein Fall des § 7 Abs. 8 ErbStG vorliegt.

4446 Schenkungen zwischen Gesellschaftern können weiterhin vorliegen bei der Übertragung von Gewinnansprüchen (Tz. 6.3 der Erlasse v. 20.10.2010) sowie bei der Übernahme der werthaltigen Einlageverpflichtung eines Gesellschafters durch einen Mitgesellschafter (Tz. 1.5 v. 20.10.2010).

---

221 Vgl. BFH, 12.07.2005 – II R 8/04, ZEV 2005, 494 = MittBayNot 2006, 272, m. Anm. *Wälzholz*; vgl. H 18 Nr. 3 ErbStR 2003, »Kapitalerhöhung gegen zu geringes Aufgeld«, Beispiel: FG Nürnberg v. 28.02.2008, ErbStB 2008, 195. Dies gilt unabhängig davon, ob das Aufgeld statutarisch oder schuldrechtlich festgesetzt ist; zu letzterer Unterscheidung BGH, 15.10.2007 – II ZR 216/06, ZNotP 2008, 130.
222 *Perwein*, GmbHR 2010, 133 ff.
223 Finanzverwaltung: R 56 Abs. 2 Satz 2 ErbStR und Rspr. (BFH, 16.02.2005 – II R 6/02, ZEV 2005, 264 m. krit. Anm. *Ziegler*) lehnen bisher ab – besser sollte also der bisherige Gesellschafter den Anteil selbst übernehmen und sodann schenken.
224 *Perwein*, DStR 2009, 1892 ff., auch zur (grds. zu bejahenden) Gewährung der Betriebsvermögensprivilegien beim »begünstigten« Gesellschafter. Zu Stammesregelungen in Gesellschaftsverträgen *Carlé*, KÖSDI 2013, 18569 ff.
225 BFH, 30.05.2001 – II R 6/98, MittBayNot 2001, 497 und BFH, 27.08.2014 – II R 43/12, MittBayNot 2015, 523 m. Anm. *Haag* = DNotZ 2015, 72 m. Anm. *Herbst* DNotZ 2015, 324 ff., allerdings nur, wenn bei den Altgesellschaftern wegen der Kenntnis der wahren Wertverhältnisse ein Wille zur Unentgeltlichkeit angenommen werden kann. Dann kann sogar die Steuervergünstigung des § 13a ErbStG einschlägig sein. Gegen das Vorliegen einer schenkungsteuerlichen Bereicherung ggü. nur mittelbar an der GmbH beteiligten Personen in solchen Fällen eines zu geringen Aufgeldes BFH, 09.07.2009 – II R 47/07, ZEV 2010, 103 m. Anm. *Wachter*, *Geck/Messner*, ZEV 2010, 81; *Hübner*, MittBayNot 2010, 240 ff.
226 Sofern die Altgesellschafter ihrerseits noch Behaltensfristen zu erfüllen haben, liegt in der unentgeltlichen »Übertragung« des Bezugsrechts keine schädliche Anteilsübertragung, vgl. *Herbst*, DNotZ 2015, 324, 339 (anders, wenn ein vom Eintretenden gezahltes Agio an die Altgesellschafter ausgekehrt wird).
227 In diesem Sinne *Herbst*, DNotZ 2015, 324, 333. Allerdings darf die Quote »gepoolter« Altgesellschafter durch die Kapitalerhöhung nicht unter 25 % »verwässert« werden (vgl. § 13a Abs. 5 Nr. 5, Abs. 8 Nr. 2 ErbStG).

A. Schenkungsteuerrecht

Kapitel 12

▶ Hinweis:

Nachteil der unter § 7 Abs. 8 Satz 1 ErbStG fallenden Sachverhalte ist, dass die Betriebsvermögensprivilegien der §§ 13a, b ErbStG nicht gewährt werden können, weil keine Anteile an einer Kapitalgesellschaft übergehen, Rdn. 4441 a.E. Soll wirtschaftlich Unternehmensvermögen in vorweggenommener Erbfolge unter Einschaltung einer Kapitalgesellschaft teilweise übertragen werden, sind daher andere Gestaltungen günstiger:[228]

4447

Gründen Vater und Sohn zunächst in bar gemeinsam eine GmbH, und überträgt der Vater sodann sein Einzelunternehmen auf diese GmbH im Wege der Sachkapitalerhöhung (Stufengründung), ist die Buchwertfortführung auf Antrag gem. § 20 Abs. 2 Satz 2 UmwStG möglich, schenkungsteuerlich liegt ein Fall des § 7 Abs. 8 Satz 1 ErbStG vor. Wird das Unternehmen unmittelbar bei der Gründung als Sachagio eingebracht, genügt auch dies für die Buchwertfortführung gem. § 20 Abs. 2 Satz 2 UmwStG,[229] schenkungsteuerlich liegt (wohl) ein unmittelbarer Anwendungsfall des § 7 Abs. 1 ErbStG vor. Die Betriebsvermögensprivilegien sind in beiden Fällen nicht zu erlangen (auch in der Variante der Sacheinlage als Aufgeld war der Schenker nicht zuvor mit mindestens 25 % an der GmbH beteiligt, sondern erwirbt diese Beteiligung zeitgleich mit dem beschenkten Sohn). Ratsam ist daher stattdessen zunächst die alleinige Sach- (oder Stufensach-)Gründung durch den Vater, und sodann die Übertragung von Anteilen an dieser Kapitalgesellschaft an den Sohn.

(2) Leistungen des Gesellschafters an »seine« Gesellschaft: Schenkungsteuer im Verhältnis zur Gesellschaft selbst?

Der von § 7 Abs. 1 Nr. 1 ErbStG geforderte Substanzübergang findet zwar im Verhältnis zwischen einbringendem Gesellschafter und der Gesellschaft statt, wobei es insoweit an der Unentgeltlichkeit fehlt, wenn die Zuwendung im rechtlichen Zusammenhang mit einem Gesellschaftszweck steht, also der Stärkung der Beteiligung dient (Leistung societatis causa), Rdn. 140 ff., so dass auch insoweit keine Schenkungsteuer anfällt.[230] Demnach fällt für die Übertragung eines Grundstücks auf eine Kapitalgesellschaft auf gesellschaftsrechtlicher Grundlage zur Verstärkung der Beteiligung des Einbringenden zwar Grunderwerbsteuer,[231] nicht aber – im Verhältnis zur Gesellschaft – Schenkungsteuer an (anders verhält es sich naturgemäß bei der Einbringung von Vermögen in nicht gemeinnützige Stiftungen, da es an einer zu verstärkenden »Beteiligung« fehlt, Rdn. 3105 ff.!).

4448

Einen Sonderfall bildet der Erwerb des Anteils selbst durch die Gesellschaft von einem ausscheidenden Gesellschafter (etwa im Falle der Einziehung).[232]

---

[228] Vgl. *Gutfried*, MittBayNot 2012, 188, 193 f.
[229] BFH, 07.04.2010 – I R 55/09, BStBl 2010 II, 1094.
[230] BFH, 17.10.2007 – II R 63/05, MittBayNot 2008, 327 m. Anm. *Gottwald* = ErbStB 2008, 35 m. Anm. *Hartmann*; ebenso R 18 Abs. 2, 3, 5, 6 ErbStR 2003; FG Düsseldorf, EFG 2006, 757; *Gottschalk*, Leistungen in das Gesellschaftsvermögen einer GmbH als freigebige Zuwendung gem. § 7 Abs. 1 ErbStG, 2001; *Nagelschmitz*, Einlagen in Kapitalgesellschaften im Schenkungsteuerrecht, 2010.
[231] Erfolgt die Einbringung darüber hinaus auf vertraglicher Grundlage gegen vereinbartes Entgelt, ist dieses für die Grunderwerbsteuerbemessung maßgebend, sofern nicht lediglich symbolisch (BFH, 05.01.2007 – II B 31/06, BFH/NV 2007, 972), andernfalls der Grundbesitzwert nach § 8 Abs. 2 GrEStG, §§ 138 ff. BewG.
[232] Nach FG Köln, 14.05.2014 – 9 K 879/12, ErbStB 2014, 244, hierzu *Hannes/Reich*, ZEV 2014, 652, 654 trete keine Bereicherung der GmbH durch den Erwerb ihrer eigenen Anteile ein, offen gelassen in der Revisionsentscheidung BFH, 20.01.2016 – II R 40/14, RNotZ 2016, 410 = EStB 2016, 140.

(3) Leistungen der Gesellschaft an ihren Gesellschafter

4449 Auch in **Übermaßzuwendungen der Gesellschaft an ihre Gesellschafter** (»disquotale Gewinnausschüttung«) oder nahestehende Dritte kann – unabhängig von der Wertung als ertragsteuerliche **verdeckte Gewinnausschüttung** i.S.d. § 8 Abs. 3 KStG (Rdn. 5746) – eine steuerpflichtige Schenkung liegen (Tz. 6.2 des Erlasses v. 20.10.2010, Nr. 2.6.2 des Erlasses v. 14.03.2012).[233] Dies ist insoweit inkonsequent, als es sich um das Gegenstück der verdeckten Einlage[234] handelt, wo die gesellschaftsrechtliche Veranlassung (die auch bei der verdeckten Gewinnausschüttung vorliegt) als Argument dafür verwendet wird, dass keine Unentgeltlichkeit vorliege – dies ist wohl auch die Ansicht des BFH (»Sperrwirkung der gesellschaftsrechtlichen Veranlassung«)[235] –, und deckt sich ebenso wenig mit der zivilrechtlichen Wertung, die auch im Verhältnis zwischen Gesellschaft und Gesellschafter von Zuwendungen causa societatis, also keinen Schenkungen i.S.d. § 516 BGB, ausgeht (Rdn. 142). Das Unbehagen auch des Gesetzgebers an dieser Wertung zeigt sich in § 7 Abs. 8 Satz 2 ErbStG, Rdn. 4450 (und, im Verhältnis zu natürlichen Personen, im Steuerklassenprivileg des § 15 Abs. 4 ErbStG, Rdn. 4451), welche die Folgen dieser (unterstellten) Schenkungsteuerpflicht der verdeckten Gewinnausschüttung abmildern sollen:

4450 Gem. **§ 7 Abs. 8 Satz 2 ErbStG** soll eine steuerbare freigiebige Zuwendung zwischen Kapitalgesellschaften, also in Konzernfällen (Bsp: Zahlung eines überhöhten Kaufpreises), nur vorliegen, wenn und soweit (1) die Zuwendung mit Bereicherungsabsicht in Bezug auf die Gesellschafter erfolgt ist und (2) die Beteiligungsverhältnisse an beiden Gesellschaften voneinander abweichen.[236]

4451 Erfolgen (außerhalb von Konzernverhältnissen) verdeckte Gewinnausschüttungen an natürliche Personen (Gesellschafter oder diesen nahe Stehende), bemisst sich gem. § 15 Abs. 4 ErbStG n.F.[237] die (neben die ertragsteuerlichen Folgen; außerbilanzielle Hinzurechnung bei der Kapitalgesellschaft, Dividendenbesteuerung beim veranlassenden Gesellschafter, tretende) Schenkungsteuer nicht nach Steuerklasse III, sondern nach dem Verwandtschaftsverhältnis zwischen dem veranlassenden Gesellschafter und dem Begünstigten (z.B. dem Angehörigen). Der Schenkungsbetrag wird allerdings mit früheren Erwerben i.S.d. § 14 ErbStG zusammengerechnet.

---

233 Obiter dictum des BFH, 07.11.2007 – II R 28/06, BStBl 2008 II 258., FG Düsseldorf, 19.08.2009 – 4 K 1477/09 Erb. Fraglich ist, ob die Steuer gem. § 29 Abs. 1 Nr. 1 ErbStG durch eine (dann auszuübende) »Rückgewährklausel« im Gesellschaftsvertrag beseitigt werden kann (Formulierungsvorschlag bei *Ihle*, notar 2012, 49, 51), da gem. H 18 ErbStH Tz. 6.1 Satz 4 Ersatzansprüche der Gesellschaft die Unentgeltlichkeit nicht ausschließen sollen.

234 BFH, 17.10.2007 – II R 63/05, ZEV 2008, 153.

235 Keine Schenkungsteuerpflicht sieht daher BFH, 30.01.2013 – II R 6/12, MittBayNot 2013, 512 m. Anm. *Wartenburger* = ZEV 2013, 283 m. Anm. *Crezelius* im Fall einer gegenleistungsfreien Abtretung einer nur scheinbar wertlosen Forderung mit Besserungsschein und späteren Leistungen auf die doch wieder werthaltig gewordene Forderung, vgl. *Viskorf*, in: DAI, 11. Jahresarbeitstagung des Notariats 2013, Skript S. 563 ff.; ähnlich BFH, 27.08.2014 – II R 44/13, ZEV 2014, 685: »vGA hat im Verhältnis zu den Gesellschaftern lediglich ertragsteuerliche Folgen«; sowie FG Münster, 22.10.2015 – 3 K 986/13 (n. rkr.; Az. BFH: II R 54/15), ZEV 2016, 106 m. Anm. *Crezelius*: keine Schenkungsteuer bei überhöhter Mietzahlung einer GmbH an ihren Gesellschafter; ebenso FG Niedersachsen, 08.06.2015 – 3 K 72/15, ErbStB 2016, 360 (n. rkr., Az BFH: II R 32/16): keine Schenkungsteuer auf vGA, die darin liegt, dass die GmbH überhöhte Mietzahlungen erbracht hat an die Mutter bzw. Ehefrau der Gesellschafter. *Ihle*, notar 2014, 48, 50 sieht demzufolge lediglich noch als ungeklärt an, ob Leistungen eines Kapitalgesellschaft an eine dem Gesellschafter nahestehende Person als Schenkung des Gesellschafters an den Erwerbers gewertet werden könnte; *Geck*, DNotZ 2015, 803, 812 prognostiziert auch hierfür den Vorrang der Einkommensteuer. Gemäß Kurzinformation zu Besitz- und Verkehrssteuern 1/16 der OFD NRW v. 19.01.2016, ZEV 2016, 230 sollen entsprechende Verfahren in Bezug auf »einem Gesellschafter nahestehende Personen« ruhen.

236 Es handelt sich also um keinen weiteren Steuertatbestand, sondern eine Klarstellung bzw. Einschränkung gegenüber § 7 Abs. 8 Satz 1 ErbStG, vgl. *Korezkij*, ZEV 2012, 303, 307; Tz. 4.2 der Erlasse v. 14.03.2012.

237 Vgl. *Hutmacher*, ZNotP 2012, 255 ff.

(4) Leistungsverkehr zwischen Gesellschaft und »Angehörigen« des Gesellschafters

Der BFH sah (spiegelbildlich zur Rechtsprechung in Einlagefällen [Rdn. 4439], wo die reflexhafte Wertsteigerung des Anteils anderer Gesellschafter schenkungsteuerlich außer Acht gelassen wird) in der Wertzuwendung zugunsten nahestehender Personen eines Gesellschafters keine Zuwendung dieses Gesellschafters, allerdings hält der BFH eine Zuwendung der Kapitalgesellschaft zugunsten der nahestehenden Person für denkbar![238] Dem hat sich die Finanzverwaltung (Tz. 6.1 des Erlasses v. 20.10.2010, Nr. 2.6.1 des Erlasses v. 14.03.2012) und zwischenzeitlich der Gesetzgeber angeschlossen, gewährt jedoch das Steuerklassenprivileg des § 15 Abs. 4 ErbStG, Rdn. 4451.

4452

▶ **Hinweis: Vermeidung von Schenkungsteuer auf verdeckte Gewinnausschüttungen**

Soll eine Bereicherung eigentlich nicht stattfinden, kann eine Rückforderungsklausel[239] (z.B. im Anstellungsvertrag des dem Gesellschafter nahestehenden Geschäftsführers, von der sodann Gebrauch gemacht wird), die Besteuerung gem. § 29 Abs. 1 Nr. 1 ErbStG vermeiden.[240]

4453

(5) Leistungsverkehr zwischen Gesellschaft und Nichtgesellschaftern

Unentgeltliche Leistungen eines **Nichtgesellschafters** an eine Kapitalgesellschaft jedoch stellen Schenkungen an die Gesellschaft selbst, nicht an die Gesellschafter dar[241] (daneben unterliegt die Zuwendung als Betriebseinnahme der Körperschaftsteuer, da die Kapitalgesellschaft keine Privatsphäre hat).[242] Gleiches gilt für außerordentliche Leistungen oder Beiträge eines Mitglieds an einen Verein, soweit diesen keine Gegenleistung ggü. steht (»Sponsoring«) – maßgebend ist die satzungsmäßige Vermögensbindung und der Ausschluss von Gewinnanteilen, so dass ein endgültiger Vermögenstransfer stattfindet.[243] Erfolgt die Schenkung durch eine Personengesellschaft, sind im Wege des Durchgriffs ihre Gesellschafter als Schenker zu behandeln.[244]

4454

Auch in umgekehrter Richtung können unentgeltliche Leistungen (z.B. überhöhte Kaufpreiszahlungen) einer Kapitalgesellschaft an Nicht-Gesellschafter Schenkungen dieser Gesellschaft i.S.d. § 7 Abs. 1 Nr. 1 ErbStG sein. Der II. BFH-Senat verneint dies jedoch grundsätzlich dann, wenn die Vorteilszuwendung ertragsteuerlich als verdeckte Gewinnausschüttung erfasst wird (vgl. Rdn. 4449), ferner ausnahmsweise dann, wenn die Vorteilsgewährung nach dem substantiierten Vortrag des Steuerpflichtigen objektiv nahezu ausschließlich auf die Erzielung geschäftlicher Vor-

4455

---

238 BFH, 07.11.2007 – II R 28/06, BStBl. 2008 II, S. 258 = MittBayNot 2008, 244; *Hartmann*, ErbStB 2009, 178; *Gluth*, ErbStB 2008, 107; *Roser*, EStB 2008, 144; *Kamps*, Stbg 2006, 107 ff. und 324 ff.; *Crezelius*, ZEV 2008, 268. Teilweise abweichend die Sicht der Verwaltung (R/H 18 ErbStR/H), welche *Hübner*, DStR 2008, 1357 ff., vehement gegen den BFH verteidigt; krit. auch *Kesseler*, ZNotP 2008, 481: Übertonung der zivilrechtlichen Betrachtungsweise. Gänzlich ablehnend *Birnbaum*, ZEV 2009, 125 (»nicht aus dem Gesetzeswortlaut ableitbar«).
239 Formulierungsempfehlung bei *Ihle*, notar 2009, 66.
240 Tz. 2.6.3 des Erlasses v. 14.03.2012; zuvor bereits *Korezkij*, DStR 2011, 1454, 1456.
241 FG Hessen, 10.06.2008 – 1 K 4127/04, ErbStB 2008, 289; FG Nürnberg, 29.07.2010 – 4 K 392/09, DStRE 2011, 227; hierzu *Keß*, ZEV 2015, 254, 257.
242 FG Nürnberg, 10.03.2008 – 1 K 289/07; *Viskorf/Haag/Kerstan*, NWB 2012, 927, 935; BFH, 06.12.2016 – I R 50/16, ErbStB 2017, 93 m. Anm. *Hartmann* sowie weiterer Anm. *Heinrichshofen*, ErbStB 2017, 95, vgl. *Gemmer*, EE 2017, 103 ff. und *Crezelius*, ZEV 2017, 172 f.; *Geck/Messner*, ZEV 2016, 632 (Übermaßbesteuerung in Gestalt des Nebeneinander von Erbschaftsteuer, Körperschaftsteuer und Gewerbesteuer verneint, da die erwerbende Gesellschaft als Betreiberin eines Pflegeheims gem. § 3 Nr. 20 GewStG gewerbesteuerbefreit war).
243 BFH, 15.03.2007 – II R 5/04, BStBl. 2007 II, S. 472.
244 BFH, 15.07.1998 – II R 82/96, BStBl. 1998 II, S. 630.

teile der zuwendenden Gesellschaft gerichtet war.[245] Die Anforderungen hierzu sind streng und werden tatsächlich kaum je zu erfüllen sein.[246]

cc) Umwandlungsvorgänge

4456 Auch im Rahmen von Umwandlungsvorgängen, selbst wenn sie ertragsteuerlich nach Buchwertgrundsätzen auf Antrag neutral bleiben mögen,[247] kann sich ein deutlich inkongruenter und damit dem Grunde nach schenkungsteuerpflichtiger Leistungsaustausch gestalten, wenn
  (1) entweder die Gesellschafter des übertragenden Rechtsträgers (oder Letzterer selbst) für die Hingabe der im Weg der Gesamt- oder Teilrechtsnachfolge auf den übernehmenden Rechtsträger übergehenden Wirtschaftsgüter eine wertüberhöhte Beteiligung am aufnehmenden Rechtsträger erhalten, oder
  (2) umgekehrt die Gesellschafter des übertragenden Rechtsträgers oder der übertragende Rechtsträger selbst sodann zu gering am aufnehmenden Rechtsträger beteiligt sind.[248]

4457 Die Finanzverwaltung geht von einem offensichtlichen Missverhältnis (also einer steuerlich relevanten Zuwendung) aus, wenn zwischen den Leistungen eine **Wertdifferenz von mindestens 20 %** liegt (vergleichbar dem Limit für die Maßgeblichkeit der »subjektiven Äquivalenz« zur Vermeidung einer Schenkung, Rdn. 43), da in diesen Fällen die jedenfalls im Verhältnis zu fremden Dritten geltende Vermutung der Ausgewogenheit der Beiträge als widerlegt gelten muss.[249] Die Überprüfung dieses Kriteriums fällt besonders schwer, weil verschiedene Unternehmensbewertungsmethoden (vereinfachtes Ertragswertverfahren oder sonstige branchenübliche Methoden) bereits per se zu sehr unterschiedlichen Ergebnissen führen können.[250] Der ermittelte »Mehrwert« der Differenz ist dabei vereinfachend als reine Nettoschenkung anzusehen, nicht der Gesamtvorgang als gemischte Schenkung (bezogen auf den gesamten eingebrachten Betrieb, abzüglich des gemeinen Werts der erhaltenen Gesellschaftsrechte als Gegenleistung).[251]

4458 Im ersteren Fall der Rdn. 4456 liegt eine nach § 7 Abs. 1 Nr. 1 ErbStG steuerbare freigebige Zuwendung der Altgesellschafter des aufnehmenden Rechtsträgers an die im Zug der Umwandlungsmaßnahme hinzukommenden Neugesellschafter am aufnehmenden Rechtsträger vor, die sich in dem (überhöhten) neu entstehenden, dem »beitretenden« Gesellschafter zukommenden Geschäftsanteil verkörpert (auch wenn dieser originär durch Eintragung der Umwandlung in das Handelsregister entsteht und nicht bereits in der Person der Altgesellschafter vorhanden war: mittelbare Gesellschaftsanteilsschenkung).[252] Kommt die Überhöhung des Werts nicht natürlichen Personen, sondern Kapitalgesellschaften zugute, wertet § 7 Abs. 8 ErbStG, vgl. Rdn. 4449 ff., dies dennoch als fiktive Schenkung an die an dieser Kapitalgesellschaft beteiligten Gesellschafter; handelt es sich bei den Altgesellschaftern um Kapitalgesellschaften, ist gemäß § 15 Abs. 4 ErbStG das persönliche Verhältnis der am übertragenden Rechtsträger beteiligten Personen, zum Veranlasser

---

245 BFH, 29.10.1997 – II R 60/94, BStBl. 1997 II, 832.
246 Beispiel einer ablehnenden Entscheidung: FG Düsseldorf, 30.11.2016 – 4 K 1680/15 Erb, ErbStB 2017, 65, n. rkr., Az. BFH: II R 42/16.
247 Wobei der Antrag auf Buchwertansatz (§ 3 Abs. 2 Satz 1 UmwStG) gem. §§ 20 UmwStG bei Kapital-, § 24 UmwStG bei Personengesellschaften nur möglich sind, soweit die Gegenleistung für die Einbringung nur in der Gewährung von Gesellschaftsanteilen (auch als Sachagio), nicht z.B. in baren Auszahlungen besteht (vgl. Rz. 24.08 UmwStE).
248 Vgl. *Viskorf*, ZEV 2014, 633 ff.; *Kowanda*, ErbStB 2017, 107 ff. und ErbStB 2017, 138 ff.
249 Vgl. Tz. 3.4.3 der gleichlautenden Ländererlasse v. 14.03.2012, BStBl. 2012 I 331.
250 Vgl. *Kowanda*, ErbStB 2017, 138, 139 ff.
251 Vgl. Tz. 2.1.2 u. 2.1.4 der gleichlautenden Ländererlasse v. 14.03.2012, BStBl. 2012 I, 331, *Viskorf*, ZEV 2014, 633, Nr. 3 (2), BFH, 12.07.2005 – II R 8/04, BStBl. 2005 II S. 845.
252 Ähnlich BFH v. 12.07.2005 – II R 8/04, Abschn. II.1b, ZEV 2005, 404, in den Fällen einer Kapitalerhöhung gegen zu niedriges bzw. zu hohes Aufgeld; die Finanzverwaltung ist dem gefolgt, vgl. Erlass v. 14.03.2012, BStBl. 2012 I, 331, Tz. 2.2.1.

maßgebend. Bei Personengesellschaften kommt es ohnehin stets auf das Verhältnis zwischen dem bereichernden und dem bereicherten Gesellschafter an, da Personengesellschaften auch für Schenkungsteuerzwecke transparent sind. Die Betriebsprivilegienvorschriften sind bei Personengesellschaftsanteilen unstreitig anzuwenden, bei Kapitalgesellschaftsanteilen nach Auffassung der Finanzverwaltung dann nicht, wenn es sich um Fälle des § 7 Abs. 8 ErbStG handelt, vgl. Rdn. 4447.

Wenn umgekehrt die Gesellschafter des übertragenden Rechtsträgers eine **zu geringe Abfindung** erhalten, führt dies zu einer Werterhöhung der Anteile der Altgesellschafter, die gemäß § 7 Abs. 8 ErbStG zu besteuern ist, soweit aufnehmender Rechtsträger eine Kapitalgesellschaft ist. Als zuwendende Personen gelten stets die Gesellschafter des übertragenden Rechtsträgers (auch eine zwischengeschaltete Kapitalgesellschaft ist wegen § 15 Abs. 4 ErbStG insoweit transparent; die zwischengeschaltete Personengesellschaft ist es ohnehin). Ist aufnehmender Rechtsträger eine Personengesellschaft, gelten die vorgenannten Grundsätze für beide Fallgruppen unmittelbar, aufgrund deren Transparenz (relevant ist hier insbesondere die verdeckte mittelbare Zuwendung in Gestalt der von den Wertverhältnissen der eingebrachten [Teil-]Betriebe abweichenden Beteiligung an der aufnehmenden Gesellschaft[253]). 4459

Schwierig ist die Feststellung des Wertverhältnisses, zumal der subjektive Tatbestand einer freigebigen Zuwendung den Willen der Freigebigkeit verlangt, also voraussetzt, dass der Wert der erlangten Geschäftsanteile den Wert der durch die Umwandlung übergehenden Sachgesamtheit erheblich übersteigt oder unterschreitet. Die Abweichung dürfte angesichts der bei Betriebsvermögen stets gegebenen Ungenauigkeiten und Unschärfen mehr als die übliche Toleranzbreite von 20 % umfassen müssen.[254] Die Steuervergünstigung nach § 13a Abs. 1 Satz 1 i.V.m. § 13b Abs. 1 Nr. 2 u. 3 ErbStG ist dem Grunde nach möglich, da auch hier (wie bei der Kapitalerhöhung gegen zu geringes Aufgeld) schenkungsteuerlicher Zuwendungsgegenstand die Gesellschaftsanteile sind, selbst wenn diese originär durch Eintragung der Umwandlung im Handelsregister erworben werden. Erforderlich ist natürlich die Einhaltung der weiteren Voraussetzungen, etwa des 25 %igen Beteiligungsquantums und das Fehlen zu hoher Verwaltungsvermögensanteile im Übermaß-Gesellschaftsanteil. 4460

2. Erwerb infolge Vollziehung einer Auflage oder Bedingung (§ 7 Abs. 1 Nr. 2 ErbStG)

Neben den Haupttatbestand der freigebigen Zuwendung gem. § 7 Abs. 1 Nr. 1 ErbStG tritt der **Erwerb infolge Vollziehung einer Auflage oder Bedingung (§ 7 Abs. 1 Nr. 2 ErbStG)**: Hierdurch wird die Leistung besteuert, die ein Dritter von dem Ersterwerber, der durch die Auflage oder Bedingung belastet ist, erhält. Sie wird allerdings behandelt wie eine Schenkung seitens des Erstveräußerers, also desjenigen, der die Auflage angeordnet hat, nicht als Erwerb aus der Hand dessen, der sie tatsächlich zu erfüllen hat und erfüllt. Damit richten sich die Steuerklasse und der Zuwendungsgegenstand nach dem Verhältnis zwischen dem Dritten (Letztbegünstigten) und dem ursprünglichen Schenker (Überträgt also bspw. der Ehemann der Ehefrau in einer Scheidungsvereinbarung Grundbesitz mit der Maßgabe, dass diese auf eine noch zu gründende Stiftung zu übertragen sei, besteuert die Rechtsprechung den Direkterwerb eines Sachleistungsanspruchs – Anspruch auf Übertragung des Grundbesitzes – durch die Stiftung).[255] 4461

Bei den Erwerben in Vollziehung einer Auflage handelt es sich häufig um Leistungen an weichende Geschwister, die dem Ersterwerber auferlegt wurden. Insoweit wirkt es sich günstig aus, dass der Erwerb in Vollziehung der Auflage nicht als »Erwerb unter Geschwistern« (mit lediglich 20.000 Euro Freibetrag), sondern als Zuwendung des Elternteils (Freibetrag 400.000 Euro) gilt, vgl. auch Rdn. 6249 und 1876.[256] 4462

---

253 Vgl. *Kowanda,* ErbStB 2017, 107, 112.
254 Vgl. *Viskorf,* ZEV 2014, 633, 636.
255 BFH, 11.06.2008 – II R 60/06, ErbStB 2008, 324.
256 BFH, 17.02.1993 – II R 72/90, BStBl 1993 II 523; BFH, 11.08.2014 – II B 31/13, DNotI-Report 2015, 38.

▶ **Beispiel:**[257]

Eltern übertragen landwirtschaftlichen Grundbesitz an ihre Tochter mit der Verpflichtung, ihrem Bruder K »die Hälfte des landwirtschaftlich genutzten Grundbesitzes unentgeltlich zu übereignen, soweit dieser es wünscht«. Auch solle sie im Fall eines Verkaufs den Erlös mit dem Bruder teilen. Die Grundstücke wurden in den Jahren nach der Schenkung an Dritte veräußert und der Erlös zwischen der Erwerberin und ihrem Bruder geteilt. Der BFH sah als Erwerbsgegenstand die dem Bruder als Drittem gem. § 328 BGB zugewendete Forderung gegen den Verpflichteten, so dass die Steuer bereits mit der Begründung des Forderungsrechts und nicht erst mit dessen Ausübung entstand und bewertungsrechtlich nicht das Grundstück, sondern der Sachleistungsanspruch zum gemeinen Wert zugrunde zu legen sei – der BFH hielt demnach nicht § 7 Abs. 1 Nr. 2 ErbStG, sondern Nr. 1 für einschlägig, da der Dritte (der Bruder) einen frei verfügbaren Anspruch auf die Leistung gegen den Erwerber als Versprechenden erhielt. Hätte jedoch der Dritte aufgrund des Vertrags zwischen Veräußerer und Erwerber (Versprechensempfänger und Versprechendem) keinen frei verfügbaren, sondern nur einen aufschiebend bedingten Anspruch erlangt, läge § 7 Abs. 1 Nr. 2 ErbStG vor, so dass Erwerbsgegenstand dasjenige ist, was infolge der Vollziehung der Auflage tatsächlich erworben wird, und die Steuerpflicht erst mit dem Vollzug der Auflage eintritt. Der Zusatz »soweit dieser es wünscht« wurde also nicht als aufschiebende Bedingung eines entsprechenden Wunsches interpretiert, sondern als Hinweis auf das Zurückweisungsrecht gem. § 333 BGB.

4463 Vgl. i.Ü. ausführlich zur Problematik der **Kettenschenkungen** oben Rdn. 3304 ff.; zur sog. »interpolierenden Betrachtung« bei der Grunderwerbsteuer in solchen Fällen des »Geheißerwerbs« Rdn. 5609.

»Zwischen« Erwerben von Todes wegen und Schenkungen angesiedelt sind schließlich die dem Auflagenerwerb benachbarten **Zweckzuwendungen** (§ 1 Abs. 1 Nr. 3 i.V.m. § 8 ErbStG), also Zuwendungen, die mit einer Zweckwidmung in Gestalt einer Auflage oder Bedingung verknüpft sind, die einen allgemeinen Sachzweck oder aber einen **unbestimmten Personenkreis** begünstigen (z.B. »die sich in einer Notlage befindlichen Mitarbeiter des Betriebes XY«[258]). Der »Ersterwerb« (unter Lebenden oder von Todes wegen, § 1 Abs. 1 Nr. 1 oder 2 ErbStG) wird gem. § 10 Abs. 5 Nr. 2 ErbStG um die Auflage gekürzt, bleibt also ggf. gänzlich steuerfrei; die Bereicherung beim finalen Empfänger wird jedoch gem. § 1 Abs. 1 Nr. 3 ErbStG besteuert, und zwar in Steuerklasse III mit einheitlich 20.000 € Freibetrag.[259]

3. § 7 Abs. 1 Nr. 4 ErbStG: Bereicherung durch Gütergemeinschaft

4464 Auch wenn die Vereinbarung des Güterstands der Gütergemeinschaft zivilrechtlich nicht als Schenkung, auch nicht i.S.d. §§ 2325 oder 2287 BGB gilt, wird die Bereicherung, die ein Ehegatte dadurch erfährt, als Schenkung unter Lebenden unabhängig vom Motiv[260] besteuert, so dass die Vereinbarung der Gütergemeinschaft dem Schenkungsteuerfinanzamt gem. § 34 Abs. 1 ErbStG anzuzeigen ist. Die Besteuerung wird vermieden, soweit Vermögensgegenstände zum Vorbehaltsgut (§ 1418 BGB) erklärt werden. Die Bemessungsgrundlage wird dabei nach Steuerwerten ermittelt, so dass eine möglicherweise tatsächlich bestehende Bereicherung gleichwohl steuerfrei bleibt:

---

257 Gemäß BFH, 20.01.2005 – II R 20/03, ZEV 2005, 216.
258 FG Münster, 13.02.2014 -3 K 210/12, EFG 2014, 946 [n. rkr].
259 Wobei fraglich sein kann, ob z.B. bei der Auflage zur Versorgung mehrerer Pferde für jedes der Freibetrag greift oder nicht, dafür *Steiner*, ErbStB 2015, 182, 183.
260 Ein Bereicherungswille des vermögenderen Ehegatten ist nicht erforderlich, vgl. R 19 Abs. 1 Satz 2 ErbStR.

A. Schenkungsteuerrecht Kapitel 12

▶ Beispiel:[261]

Die Ehefrau verfügt über Barvermögen i.H.v. 250.000,00 €, der Ehemann über eine Immobilie (Verkehrswert: 500.000,00 €, Steuerwert: 250.000,00 €). Durch Vereinbarung der Gütergemeinschaft erfährt die Frau eine objektive Bereicherung von 125.000,00 € (rechnerisch hälftiger Anteil am Gesamtgut: 375.000,00 € abzgl. bisherigen Vermögens), der jedoch steuerfrei bleibt, da schenkungsteuerlich das Gesamtgut nur einen Wert von 500.000,00 € aufweist (Steuerwert der Immobilie zuzüglich Barvermögen), dessen Hälfte also nicht höher ist als ihr bisheriges Barvermögen. 4465

Endet die Gütergemeinschaft durch Tod, zählen das Sonder- und Vorbehaltsgut sowie der Anteil am Gesamtgut des Verstorbenen auch erbschaftsteuerlich zum Nachlass. Wird die Gütergemeinschaft jedoch mit den gemeinschaftlichen Abkömmlingen fortgesetzt, wird der Anteil des verstorbenen Ehegatten am Gesamtgut so behandelt, als wäre ausschließlich den anteilsberechtigten Abkömmlingen angefallen (§ 4 Abs. 1 ErbStG), und auch beim Tod des anteilsberechtigten Abkömmlings gehört dessen Anteil am Gesamtgut erbschaftsteuerlich zu seinem Nachlass (§ 4 Abs. 2 Satz 1 ErbStG), also abweichend vom Zivilrecht (§ 1490 Satz 1 BGB). 4466

4. Abfindungserwerb und vorzeitiger Nacherbenerwerb (§ 7 Abs. 1 Nr. 5, 7 und 10 ErbStG)

Die **lebzeitige Abfindung für einen Erb- oder Pflichtteilsverzicht**, § 7 Abs. 1 Nr. 5 ErbStG wird ebenfalls wie eine freigebige Zuwendung besteuert, so dass auch solche Vereinbarungen durch den Notar dem zuständigen FA gem. § 34 Abs. 1 ErbStG anzuzeigen sind. Wird die Abfindung erst nach dem Tod des Erblassers geleistet, handelt es sich um einen ebenfalls steuerpflichtigen Erwerb von Todes wegen, § 3 Abs. 2 Nr. 4 ErbStG. Auch der **Erwerb des Nacherben aufgrund vorzeitiger Herausgabe durch den Vorerben** wird gem. § 7 Abs. 1 Nr. 7 ErbStG als steuerbare Zuwendung unter Lebenden behandelt, allerdings mit der Besonderheit, dass der Nacherbe (wie beim Von-selbst-Erwerb mit Eintritt des Nacherbfalls) beantragen kann, für die Berechnung der Steuer auf sein Verhältnis nicht zum Vorerben, sondern zum Erblasser abzustellen (§ 7 Abs. 2 ErbStG). 4467

Der Erwerb eines **aufschiebend bedingten oder befristeten Anspruchs** löst gem. § 9 Abs. 1 Nr. 1 lit. a ErbStG noch keine Steuer aus. Erhält der Inhaber des bedingten Anspruchs jedoch vor Eintritt der Bedingung/Befristung eine Abfindung dafür, dass er auf die Forderung verzichte, unterliegt diese Abfindung gem. § 7 Abs. 1 Nr. 10 ErbStG der Besteuerung (ähnlich wie beim Erwerb von Todes wegen, § 3 Abs. 2 Nr. 5 ErbStG). 4468

5. Stiftungserwerb (§ 7 Abs. 1 Nr. 8 und 9 ErbStG)

Übertragungen an eine Stiftung oder einen Trust bzw. der Erwerb bei Auflösung eines Trust oder eines Vereins (nicht jedoch als Folge einer formwechselnden Umwandlung)[262] sind schließlich gem. § 7 Abs. 1 Nr. 8 und 9 ErbStG steuerpflichtig (Rdn. 3107), wobei bei der Steuerberechnung des Anfallsberechtigten kraft gesetzlicher Fiktion nicht auf den eigentlichen Schenker, die Stiftung (als dritte Person), sondern auf den Stifter abzustellen ist, § 15 Abs. 2 Satz 2 ErbStG. Auch bei einer Mehrheit von Stiftern steht dabei jedoch jedem Anfallberechtigten der Steuerfreibetrag nur einmal zur Verfügung.[263] Noch empfehlenswerter kann insoweit sein, ein auf die Auflösung ab- 4469

---

261 Nach *Wachter*, Erbschaft- und Schenkungsteuerrecht (DAI-Skript Februar 2006), S. 196.
262 Auch nicht beim Formwechsel eines Vereins in eine GmbH gem. §§ 272 ff. UmwG; ebenso wenig fällt Grunderwerbsteuer an (vgl. BFH, 01.02.207 – II R 66/05, ErbStB 2007, 259).
263 Vgl. FG Düsseldorf, 10.01.2007 – 4 K 1136/02 Erb, ErbStB 2007, 230.

stellendes **Rückforderungsrecht** des Stifters (zur Erlangung der Stornowirkung des § 29 ErbStG) auszubedingen.[264]

Wie beim Grundtatbestand des § 7 Abs. 1 Nr. 1 ErbStG bedarf es auch bei der Einbringung subjektiv der Freigebigkeit auf Seiten des Zuwendenden, an der es z.B. fehlt, wenn die öffentliche Hand Gegenstände einbringt, da sie nur in Erfüllung einer rechtlichen Verpflichtung handeln kann.[265]

6. Gesellschaftsrechtliche Vorgänge (§ 7 Abs. 5 bis 7 ErbStG)

a) Nachträgliche Steuerherabsetzung bei Buchwertabfindung (§ 7 Abs. 5 ErbStG)

4470 Wird der Anteil an einer Personengesellschaft verschenkt, die bei Ausscheiden oder Auflösung lediglich den Buchwert des Kapitalanteils gewährt, bleibt diese Klausel bei der Ermittlung der Schenkungsteuer zunächst unberücksichtigt. Besteuert wird also der Steuerwert des Anteils, abzgl. ggf. des Betriebsvermögensfreibetrags und des Bewertungsabschlags gem. § 13a ErbStG und des persönlichen Freibetrags. Scheidet der solchermaßen Beschenkte jedoch später aus der Gesellschaft aus und erhält er dafür lediglich den Buchwert, ist auf dann binnen Jahresfrist zu stellenden Antrag (§ 5 Abs. 2 BewG) die Steuer neu zu berechnen und dabei als berichtigter Vermögensanfall lediglich der erhaltene Buchwert zugrunde zu legen. Die »zuviel« gezahlte Steuer wird erstattet.

b) Zuerwerb beim Ausscheiden eines Gesellschafters (§ 7 Abs. 7 ErbStG)

4471 Sofern – wie in Rdn. 4468 erläutert – aus einer Personengesellschaft den verbleibenden Gesellschaftern Vermögenswerte anwachsen gegen eine Abfindung, die unter dem Steuerwert des früheren Anteils liegt, wird dieser Hinzuwerb ohne Rücksicht das Vorliegen eines Bereicherungswillens (und ohne Rücksicht darauf, ob das Ausscheiden freiwillig oder zwangsweise geschieht) gem. § 7 Abs. 7 ErbStG besteuert (ähnlich beim Erwerb von Todes wegen, § 3 Abs. 1 Nr. 2 Satz 2 ErbStG, Rdn. 293). Gleiches gilt bei der Kapitalgesellschaft, wenn der Anteil des Ausscheidenden durch Einziehung untergeht oder der Zwangsabtretung unterliegt[266] (str.; nach a.A. gilt § 7 Abs. 7 ErbStG generell nicht für den rechtsgeschäftlichen Erwerb[267]). Die Bereicherung ergibt sich aus dem Saldo zwischen dem Steuerwert des Anteils (also seit 01.01.2009 dem gemeinen Wert[268]) und dem geringeren Abfindungsbetrag; die Grundsätze der gemischten Schenkung finden keine Anwendung. Bei Freiberuflerpraxen mit sog. »naked in – naked out« Klausel (derzufolge ein bisher Angestellter ohne weitere Zahlung zum Partner wird, jedoch den Anteil und damit die Gewinnbeteiligung bei seinem Ausscheiden wiederum zum Buchwert, samt etwaiger von ihm stehen gelassener Gewinne, abzugeben hat) führt dies zu einer unangemessenen Besteuerung.[269]

---

264 Vgl. *Theuffel-Werhahn*, ZEV 2017, 17, 21; Formulierungsbeispiel bei *Theuffel-Werhahn*, ZStV 2015, 201, 208.
265 Gleichlautende Erlasse v. 20.12.2013 mit Zusatz durch die OFD Magdeburg durch Vfg. v. 20.11.2013, ZEV 2014, 275 (daher unterliegt die Einbringung von Grundstücken durch die öffentliche Hand der Grunderwerbsteuer, vgl. BFH, 27.11.2013 – II R 11/12, MittBayNot 2015, 173 m. krit. Anm. *Hübner*.
266 Vgl. *Werner*, NWB 2016, 257, 261 f. zur Kapital-, 263 ff. zur Personengesellschaft.
267 FG München, 05.04.2017 – 4 K 711/16, ErbStB 2017, 233, n. rkr., Az. BFH: II R 19/17; in diese Richtung auch BFH, 20.01.2016 – II R 40/14, ErbStB 2016, 133.
268 Der sich nicht um einen Wertabschlag für Verfügungsbeschränkungen mindert, gleichlautende Ländererlasse v. 05.06.2014, BStBl 2014 I S. 882.
269 Für eine teleologische Reduktion in diesen Fällen daher *Kreutziger*, ZEV 2013, 252 ff. BFH, 04.03.2015 – II R 51/13, MittBayNot 2016, 363 m. Anm. *Kotzenberg* = ZEV 2015, 429 m. Anm. *von Lishaut* sieht in der »treuhänderischen Verwahrung« der Anteile an einer Wirtschaftsprüfungsgesellschaft nach dem altersbedingten Ausscheiden eines Mitglieds bis zur Aufnahme neuer Mitglieder jedenfalls keinen Erwerb der Gesellschaft selbst i.S.d. § 7 Abs. 7 ErbStG (möglicherweise aber sind die ver-

A. Schenkungsteuerrecht

Auf den Saldo kann §§ 13a, 19a ErbStG Anwendung finden, allerdings nicht bei der bloßen Einziehung in einer GmbH (nicht AG!), da kein Anteilsübergang (sondern nur ein Wertzuwachs) stattfindet[270] (vgl. Rdn. 6171).

c) Übermäßige Gewinnbeteiligung (§ 7 Abs. 6 ErbStG)

Wird eine Beteiligung an einer Personengesellschaft mit überhöhter Gewinnbeteiligung übertragen, liegt im **Übermaß der Gewinnbeteiligung** eine selbstständige Schenkung gem. § 7 Abs. 6 ErbStG.[271] Ein Übermaß wird dabei ähnlich ertragsteuerlichen Grundsätzen angenommen, wenn der übertragene Geschäftsanteil auf längere Sicht zu einer Verzinsung von mehr als 15 % des Verkehrswerts des Anteils führt.[272] Der über 15 % hinausgehende Gewinn wird als selbstständige Schenkung fingiert, die dem Bedachten auf unbestimmte Zeit in gleichbleibender Höhe zufließt, also mit dem Faktor 9,3 (vgl. § 13 Abs. 2 Halbs. 2 BewG) zu multiplizieren ist.

4472

▶ **Beispiel:**[273]

Der Vater bringt sein Einzelunternehmen (durchschnittlicher Jahresüberschuss 200.000,00 €) in eine KG ein, in die der Sohn eine Bareinlage von 50.000,00 € leistet und an Gewinn und Verlust mit 20 % beteiligt ist. Der vereinbarte Gewinn (20 % von 200.000,00 € = 40.000,00 €) übersteigt den »unbedenklichen« Gewinn (15 % von 50.000,00 € = 7.500,00 €) um 32.500,00 €, so dass nach Kapitalisierung mit dem Faktor 9,3 eine steuerpflichtige Zuwendung i.H.d. übermäßigen Gewinnbeteiligung von 302.250,00 € tritt. Wurde zusätzlich die Einlage i.H.v. 50.000,00 € vom Kapitalkonto des Vaters abgebucht, tritt neben die Besteuerung der überhöhten Gewinnbeteiligung noch die Schenkung des KG-Anteils (50.000,00 € abzgl. Bewertungsabschlag von 35 % [s. § 13a Abs. 2 ErbStG], also 32.500,00 €, ggf. weiter abzgl. des Betriebsvermögensfreibetrags, falls dieser in Anspruch genommen werden soll).

4473

Ob es sich um eine gewerblich tätige, eine gewerblich geprägte oder eine Privatvermögen verwaltende Personengesellschaft handelt, ist gleichgültig, so dass auch stille Beteiligungen ohne Mitunternehmerschaft genügen.[274] Keine an die Übermaßgewinnbeteiligung anknüpfende selbstständige Bereicherung des Erwerbers wird jedoch angenommen bei der Übertragung der Beteiligung von Todes wegen.

4474

Zum mit Wirkung ab 14.12.2011 neu geschaffenen, im Einzelnen diffusen § 7 **Abs. 8** ErbStG vgl. oben Rdn. 4438 ff.

---

bleibenden Gesellschafter bereichert). *Geck*, DNotZ 2015, 803, 815 weist zu Recht darauf hin, dass es jedenfalls an einer Bereicherung fehlen dürfte, da die Anteile – mit der aufschiebend bedingten Verpflichtung zur Rückgabe erworben – entsprechend weniger wert sin.

270 Vgl. *Schwind/Schmidt*, NWB 2009, 303 f.
271 Der Übergewinn ist aus dem durchschnittlichen Gewinn der letzten 3 Wirtschaftsjahre abzuleiten, R 21 Abs. 1 Satz 3 ErbStR 2003.
272 Vgl. Hinweis H 138a Abs. 3 ErbStR.
273 In Anlehnung an *Wachter*, Erbschaft- und Schenkungsteuerrecht (DAI-Skript Februar 2006), S. 203.
274 *Gebel*, in: Troll/Gebel/Jülicher, ErbStG, § 7 Rn. 386 (Stand: 31.07.2011); a.A. *Kapp/Ebeling*, § 7 Rn. 190.10.

7. Pflichtteilsrecht, Ausschlagung und Erbschaftsteuer

a) Pflichtteilsrecht

4475 Bei der transfersteuerlichen Bewertung des Pflichtteilsanspruchs (bzw. Pflichtteilsergänzungsanspruchs)[275] sind folgende wesentliche Fallgruppen zu unterscheiden:[276]

aa) Verzicht auf den Pflichtteil vor dem Erbfall

4476 Dieser kann erfolgen durch Erbverzicht (§ 2346 Abs. 1 BGB) Pflichtteilsverzicht (§ 2346 Abs. 2 BGB) oder Erbschaftsvertrag unter künftigen gesetzlichen Erben, § 311b Abs. 5 BGB:[277]

Erfolgt der Verzicht **ohne Abfindungszahlung**, bleibt er ohne steuerliche Konsequenzen; vor dem Erbfall hat der Pflichtteilsberechtigte lediglich eine Erwerbschance, deren Aufgabe keine Vermögensminderung und bei dem durch den Verzicht Begünstigten keine Bereicherung darstellt;[278] dies entspricht der zivilrechtlichen Wertung des § 517 BGB.

4477 Erfolgt der Verzicht **gegen Abfindungszahlung**, liegt in der Abfindung – jedenfalls für einen Erbverzichtsvertrag gem. § 7 Abs. 1 Nr. 5 ErbStG – eine Schenkung unter Lebenden, die bis zum BFH-Urteil vom 10.05.2017[279] nach der Steuerklasse im Verhältnis zwischen dem künftigen Erblasser und dem Verzichtenden besteuert wurde.[280] Dies galt unabhängig davon, ob die Leistung vom künftigen Erblasser selbst oder von dem durch den Verzicht Begünstigten geleistet wird;[281] schenkungsteuerlich handelte es sich zwar im ersteren Fall um eine Zuwendung des künftigen Erblassers, im letzteren Fall um eine Zuwendung des künftigen Erben,[282] die Steuerklasse richtet sich aber beide Male nach dem Verwandtschaftsverhältnis zum künftigen Erblasser. Damit sollte ein Gleichlauf zur Abfindung für den Verzicht auf die Geltendmachung eines durch den Tod zivilrechtlich bereits entstandenen Pflichtteilsanspruch erreicht werden, wo § 3 Abs. 2 Nr. 4 ErbStG bereits dem Wortlaut nach auf das Verhältnis zum Erblasser abstellt (»als vom Erblasser zugewendet gilt auch ...«).

4478 Seit der Aufgabe dieser Billigkeits-Rechtsprechung zählt (anders als bei der Abfindung für den postmortalen Verzicht) beim »praemortalen Verzicht gegen Abfindung« für Steuerklasse (§ 15 ErbStG), Freibetrag (§ 16 Abs. 1 ErbStG) und Steuersatz (§ 19 ErbStG) allein das **Verhältnis zwischen dem Zuwendenden und dem Zuwendungsempfänger** der Abfindungsleistung: stammt sie vom Erblasser, ist dies das maßgebende Rechtsverhältnis, stammt sie dagegen von einem Dritten, kommt es auf das Rechtsverhältnis zwischen ihm dem Empfänger an. Dies gilt unabhängig

---

275 Auch dieser gilt als Pflichtteilsanspruch i.S.d. § 3 Abs. 1 Nr. 1, 3. Alt. ErbStG, vgl. *Wälzholz*, in: Mayer/Süß/Tanck/Bittler/Wälzholz, Handbuch des Pflichtteilsrechtes, § 17 Rn. 32; a.A. *Fischer*, in: Fischer/Jüptner/Pahlke/Wachter, ErbStG, § 3 Rn. 424.
276 Vgl. *Wenhardt*, EE 2017, 16 ff.; *Jülicher*, ZErb 2014, 126 ff.; *Roth*, RNotZ 2013, 192, 208 ff.; *Tölle*, NWB 2013, 227 ff.; *Söffing/Thoma*, ErbStB 2003, 257 ff.; *v. Oertzen/Cornelius*, ErbStB 2006, 49 ff.; *Wälzholz*, ZEV 2007, 162 ff.
277 Analog § 2348 BGB beurkundungspflichtig; vgl. *Damrau*, Der Erbverzicht, S. 50.
278 BFH, BStBl. 1976 II, S. 17; *Hartmann*, EStB 2001, 307.
279 BFH, 10.05.2017 – II R 25/15 ZEV 2017, 532 m. Anm. *Böing*.
280 BFH, 16.05.2013 – II R 21/11, MittBayNot 2014, 97 m. Anm. *Große-Wilde* = BStBl 2013 II 922; BFH, 25.01.2001 – II R 22/98, BStBl. 2001 II, S. 456; ebenso FG Münster, 17.02.2011 – 3 K 4815/08, ErbStB 2011, 161. Vgl. auch FG Münster, 26.02.2015 – 3 K 3065/14 Erb, ZEV 2015, 696 m. Anm. *Friz* (durch BFH, 10.05.2017 – II R 25/15 ZEV 2017, 532 m. Anm. *Böing* aufgehoben): für die Anrechnung von Vorerwerben (§ 14 Abs. 1 Satz 1 ErbStG) sei aber auf das tatsächliche Erwerbsverhältnis (Bruder-Bruder, nicht Mutter-Sohn) abzustellen. Dadurch hätten faktisch zwei Steuerfreibeträge der Steuerklasse I zur Verfügung gestanden.
281 BFH, BStBl. 1977 II, S. 733.
282 BFH, 16.05.2013 – II R 21/11, MittBayNot 2014, 97 m. Anm. *Große-Wilde* = BStBl 2013 II 922; vgl. *Wälzholz*, MittBayNot 2014, 417, 419.

A. Schenkungsteuerrecht   Kapitel 12

davon ob es sich um einen Pflichtteils-, Zuwendungs- bzw. Erbverzicht unter Mitwirkung des Erblassers (§§ 2346 Abs. 2, 2352, 2346 Abs. 1 BGB) handelt oder um einen Vertrag unter künftigen Miterben ohne Mitwirkung des Erblassers (§ 311b Abs. 5 BGB), wobei bei der Abfindung für Pflichtteilsverzichte streitig ist, ob § 7 Abs. 1 Nr. 5 ErbStG entsprechend gilt[283] oder ob es sich um eine freigiebige Zuwendung nach § 7 Abs. 1 Nr. 1 ErbStG.[284] Die Steuer für die Abfindung fällt natürlich bereits bei deren Erwerb, nicht erst mit dem späteren Erbfall, an.

▶ **Hinweis:**

Wenn die Abfindung, wie häufig, wirtschaftlich vom Dritten (z.B. vom durch den Verzicht begünstigten Geschwister als künftigen Erben bzw. als derzeit Beschenktem und vom Risiko des § 2329 BGB Freigestellten) stammt, und die Beteiligten nicht den Erbfall abwarten und darauf vertrauen wollen, dass die Nichtgeltendmachung des in seiner Entstehung nicht gehinderten Pflichtteilsanspruchs gegen Abfindung danach wie in Aussicht genommen erfolgen wird (mit der Folge des § 3 Abs. 2 Nr. 4 ErbStG), hilft es nicht, die Abfindung über den Erblasser »umzuleiten«, also zunächst ihm zuzuwenden und sodann durch ihn an den Verzichtenden weiter zu reichen. Die lebzeitige Zuwendung an Eltern fällt ebenso in die Steuerklasse II wie die Direktzuwendung unter Geschwistern. Anders verhält es sich regelmäßig, wenn die Abfindung für den (gegenständlich beschränkten oder allgemeinen) Pflichtteilsverzicht des weichenden Geschwisters im Rahmen einer Vermögensübertragung ausbedungen wird: dann handelt es sich um eine Gegenleistung (keine Schenkung!) im Verhältnis zwischen Vermögensveräußerer (Elternteil) und Vermögenserwerber, die der Vermögensveräußerer (Elternteil) sodann an das weichende Geschwister – unter Einstand lediglich für die Verität, nicht die Bonität dieser Forderung – als Anspruch weiterreicht, vgl. Rdn. 1871. Das weichende Geschwister versteuert diesen Erwerb dann als vom Erblasser erhalten unmittelbar in Steuerklasse I gem. § 7 Abs. 1 Nr. 1 ErbStG bzw. (ohne Unterschied im Ergebnis) gem. § 7 Abs. 1 Nr. 5 ErbStG analog.

4479

Wiederkehrende Leistungen als Abfindung unterliegen ebenfalls allein der Schenkung-, nicht der Einkommensteuer (Unterhaltsrenten, § 12 EStG, somit weder Besteuerung beim Bezieher noch Abzugsfähigkeit beim Zahlungspflichtigen,[285] auch nicht hinsichtlich eines fiktiven Zinsanteils[286]).

4480

Der spätere Erbe kann die erbrachte Abfindung im Erbfall von seinem Erwerb als Kosten zu dessen Erlangung abziehen, § 10 Abs. 5 Nr. 3 ErbStG,[287] (wobei der mangels höherer konkreter Nachweise zum Tragen kommende Erbfallkostenpauschbetrag in Höhe von 10.300 Euro nur einmal pro Nachlass, unabhängig von der Zahl der Erwerber von Todes wegen, zur Verfügung steht.[288])

4481

bb) Unterlassen der Geltendmachung des Pflichtteilsanspruchs

Der Pflichtteil entsteht zivilrechtlich zwar mit dem Erbfall (§ 2317 Abs. 1 BGB), der steuerbare Tatbestand ist jedoch gem. § 3 Abs. 1 Nr. 1, 4. Alt. ErbStG erst mit dessen Geltendmachung er-

4482

---

283 So *Gebel*, in: Troll/Gebel/Jülicher, ErbStG, § 7 Rn. 316 (Stand: 31.07.2011).
284 So wohl BFH, BStBl. 2001 II, S. 456, 458.
285 BFH, 20.11.2012 – VIII R 57/10, EStB 2013, 130; BFH, 09.02.2010 – VIII R 43/06, ZEV 2010, 425 m. zust. Anm. *Seifried* = MittBayNot 2010, 509 m. Anm. *Crezelius*; a.A. noch FG München, 15.07.2010 – 15 K 1825/07, ErbStB 2010, 300: pauschalierter Zinsanteil i.H.d. Ertragsanteils ist nach § 22 EStG zu besteuern.
286 BFH, 09.02.2010 – VIII R 43/06, ZEV 2010, 425 m. zust. Anm. *Seifried* = MittBayNot 2010, 509 m. Anm. *Crezelius;* a.A. noch FG München, 15.07.2010 – 15 K 1825/07, ErbStB 2010, 300. Wird allerdings ein bereits entstandener Pflichtteilsanspruch »verrentet«, sind darin Zinsanteile enthalten, die gem. § 20 Abs. 1 Nr. 7 EStG steuerpflichtig sind.
287 BFH, BStBl. 2001 II, S. 456; allgemein zu § 10 Abs. 5 Nr. 3 ErbStG: *Götz*, ZEV 2010, 561 ff.
288 BFH, 24.02.2010 – II R 31/08, JurionRS 2010, 12495.

füllt (§ 9 Abs. 1 Nr. 1 lit. b) ErbStG). Dadurch soll verhindert werden, dass der Berechtigte den Pflichtteil zu versteuern habe, obwohl er nicht beabsichtigt, ihn geltend zu machen.[289] Gleichgestellt ist die zinslose »Stundung« des noch nicht geltend gemachten Pflichtteilsanspruchs – vor dem Zeitpunkt seiner Geltendmachung löst der Pflichtteilsanspruch unter keinen Umständen, auch nicht in Bezug auf die Zinsfreiheit der Stundung, Erbschaftsteuer aus.[290] Die beim Erben mittelbar eintretende Bereicherung, die im **Unterlassen der Geltendmachung des Pflichtteilsanspruchs** liegt, ist demgemäß ebenfalls stets von der Steuer befreit, § 13 Abs. 1 Nr. 11 ErbStG.[291]

cc) Geltendmachung des Pflichtteilsanspruchs

4483 (Erst) die Geltendmachung des originären (zur abweichenden Rechtslage beim weitervererbten Anspruch vgl. Rdn. 4485) Pflichtteilsanspruchs[292] nach dem Ableben des Erblassers führt zu einem Erwerb von Todes wegen gem. § 3 Abs. 1 Nr. 1, 3. Alt. ErbStG vom früheren Erblasser und damit zum Entstehen der Steuer im Moment der Geltendmachung des Anspruchs (§ 9 Abs. 1 Nr. 1 lit. b) ErbStG), auch wenn dessen Einforderung später nicht mehr erfolgt[293] oder nicht mehr erfolgen kann, etwa wegen Verjährung[294] – ein Verzicht auf den geltend gemachten Anspruch löst dann eine zweite Besteuerung nach § 7 Abs. 1 Nr. 1 ErbStG vom Kind an den Erben, den überlebenden Elternteil, aus (Rdn. 4496)![295] Steht allerdings die Höhe des Anspruchs erst als Ergebnis eines Vergleichs (§ 779 BGB) fest, legt die Rechtsprechung diesen Betrag zugrunde.[296] Ein Geltendmachen in diesem Sinne liegt nicht bereits im bloßen Verlangen nach Auskunft gem. § 2314 BGB,[297] setzt andererseits aber keine Bezifferung voraus[298] und ist wohl durch Erhebung einer Stufenklage (§ 254 ZPO) verwirklicht, ebenso durch Gewährung einer Stundung auf den dem Grunde nach geforderten Pflichtteil.[299] Auch eine teilweise, betragsmäßig begrenzte, Geltendmachung ist möglich, und führt dann nur zur Steuerentstehung in dieser Höhe.[300] Steuerwirksam ist auch die Geltendmachung des Pflichtteils »gegen sich selbst« als Erbe des Verpflichteten, also bezogen auf den ersten Sterbefall; wegen § 10 Abs. 3 ErbStG tritt für Zwecke der Steuerberechnung keine Konfusion ein.[301] Die Geltendmachung kann auch noch nach Eintritt

---

289 Zur Rechtfertigung des Prinzipienbruchs im Vergleich zum Vermächtnisnehmer, der bis zur Ausschlagung als erbschaftsteuerlich bereichert gilt, vgl. *Seer/Krumm*, ZEV 2010, 57 ff. (Pflichtteilserwerb vollzieht sich gesetzlich, ggf. sogar gegen den Willen des Begünstigten).
290 BFH, 31.30.2010 – II R 22/09, ErbStB 2010, 231.
291 Vgl. *Crezelius*, BB 2000, 2334.
292 Hierzu als Steuerreduzierungsmodell *J. Mayer*, DStR 2004, 1545 ff.
293 FG München, ErbStR 2006, 8 – Haftungsfalle, falls der Anwalt im Rahmen eines Auskunftsbegehrens zugleich die Geltendmachung erklärt, obwohl diese noch nicht sicher ist. Formulierung für einen entsprechenden Vorbehalt beim Auskunftsersuchen: *v. Oertzen/Cornelius*, ErbStB 2006, 49; vgl. auch *Geck*, DNotZ 2007, 272.
294 *Hartmann*, ErbStB 2008, 261.
295 Keine Steuerfreiheit nach § 13 Abs. 1 Nr. 10 oder § 13 Abs. 1 Nr. 11 ErbStG (da Letzterer nur für den noch nicht geltend gemachten Pflichtteil gilt), vgl. *Wälzholz*, ZEV 2007, 163.
296 BFH, 27.09.2012 – II R 52/11, EStB 2013, 179, jedenfalls wenn die Höhe des Anspruchs zuvor unsicher war.
297 BFH, 19.07.2006 – II R 1/05, ZEV 2006, 514 m. Anm. *Messner* = MittBayNot 2007, 347 m. Anm. *Kreilinger*; ebenso zuvor *v. Oertzen/Cornelius*, ErbStB 2006, 49.
298 BFH, 19.07.2006 – II R 1/05, ZEV 2006, 514 (Haftungsfalle zu Jahreswechsel 1995/1996, wo die Geltendmachung wegen des von 90.000,00 DM auf 400.000,00 DM gestiegenen Freibetrages erst 1996 erfolgen sollte!).
299 *Muscheler*, ZEV 2001, 377/379; *Stahl*, KÖSDI 2001, 12749; krit. *Wälzholz*, ZEV 2007, 164, da es an der klaren Willensäußerung zur Durchsetzung fehle.
300 BFH, 21.08.2015 – II B 126/14, EStB 2015, 445; A.A. *Seer/Krumm*, ZEV 2010, 57, 62, mit Hinweisen zur herrschenden Gegenansicht in Fn. 40; zur h.M. auch *Roth*, RNotZ 2013, 192, 210 f.
301 BFH, 19.02.2013 – II R 47/11 MittBayNot 2013, 342 m. Anm. *Selbherr* = ZEV 2013, 220 m. Anm. *Wachter*: Schreiben an das Finanzamt genügt als »Geltendmachung«; vgl. *Viskorf*, in: DAI, 11. Jahres-

A. Schenkungsteuerrecht Kapitel 12

der Verjährung erfolgen[302] (Letzteres wohl allerdings nicht ggü. sich selbst als Rechtsnachfolger des damit beschwerten Erblassers,[303] so dass sich als Verlängerung der Verjährung eine vertragliche Pflichtteilsstundung zwischen dem Erben des Erstversterbenden und den Kindern empfiehlt[304]).

▶ **Hinweis:**

> In der Geltendmachung des Pflichtteils auf den ersten Sterbefall, auch nach dem Eintritt des zweiten Sterbefalls, sogar gegen sich selbst als alleinigen Schlusserbe (es sei denn Verjährung wäre bereits eingetreten) liegt ein interessanter Weg zur Reduzierung der Erbschaftsteuer: die Pflichtteilsforderung nutzt den (sonst, jedenfalls beim Berliner Testament, ins Leere gehenden) Freibetrag nach dem Erstverstorbenen, ohne diesen zu belasten,[305] und der Nachlass des Zweitverstorbenen mindert sich entsprechend; beide Steuerbescheide sind demzufolge gem. § 175 Abs. 1 Satz 1 Nr. 2 AO zu ändern. Zu berücksichtigen sind jedoch ggf. ungewollte zivilrechtliche (Enterbungs-)Fernwirkungen »automatischer« Pflichtteilsstrafklauseln, wenn diese nicht, wie in Rdn. 6555 f. empfohlen, an die Geltendmachung des Pflichtteils »gegen den Willen des Erben« anknüpfen.

4484

Stirbt der Pflichtteilsberechtigte vor der Erfüllung bzw. dem sonstigen Erlöschen (etwa durch Erlass, § 397 BGB) des Pflichtteilsanspruchs, unterliegt Letzterer bei dessen Erben als Nachlassbestandteil der Erbschaftsteuer (§ 3 Abs. 1 Nr. 1, 1. Alt. ErbStG), und zwar – insoweit wird also der geerbte Pflichtteilsanspruch anders behandelt als der originär erworbene – auch ohne dass er bereits geltend gemacht worden sein müsste (str.).[306] Beim Pflichtteilsverpflichteten ist freilich eine korrespondierende Abzugsmöglichkeit erst eröffnet, wenn der Anspruch tatsächlich geltend gemacht wurde.[307] Zur Vermeidung einer systemwidrigen zweiten Besteuerung des dem Grunde nach erworbenen Pflichtteilsanspruchs für den Fall, dass er tatsächlich geltend gemacht wird (§ 3 Abs. 1 Nr. 1, 3. Alt. ErbStG), ist richtiger Weise der dem Grunde nach steuerpflichtige Erwerb des Pflichtteilsanspruchs als Nachlassbestandteil vor seiner tatsächlichen Geltendmachung mit einem Wert von null Euro (vgl. § 4 BewG) anzusetzen, demnach auch ein Abzug als Nachlassverbindlichkeit zu diesem Zeitpunkt noch abzulehnen, und erst die nachfolgende Geltendmachung führt zur erstmaligen (tatsächlichen) Erhebung einer Steuer gem. § 3 Abs. 1 Nr. 1, 3. Alt. ErbStG.[308]

4485

---

arbeitstagung des Notariats 2013, Skript S. 559 ff.; *Ihle*, notar 2014, 48, 51; *Klümpen-Neusel/Kaiser*, ErbStB 2013, 184 ff.; *Friedrich-Büttner/Herbst*, ZEV 2014, 593, 594; *Loose/Riehl*, ErbR 2017, 409 ff.
302 *Wälzholz*, ZEV 2007, 164 m.w.N.
303 FG Hessen, 03.11.2015 – 1 K 1059/14, ErbStB 2016, 102 [Az. BFH: II R 1/16], da nur bei Personenverschiedenheit der Verpflichtete den Anspruch durch Einredeerhebung hätte abwenden können, ebenso FG München, 30.11.2006 – 4 V 4323/06, ZErb 2007, 194 [trotz § 10 Abs. 3 ErbStG]; offen gelassen in BFH, 19.02.2013 – II R 47/11 MittBayNot 2013, 342 m. Anm. *Selbherr* = ZEV 2013, 220 m. Anm. *Wachter*; vgl. *Viskorf*, in: DAI, 11. Jahresarbeitstagung des Notariats 2013, Skript S. 559 ff.; für eine Geltendmachung auch in diesem Fall FG Schleswig-Holstein, 04.05.2016 – 3 K 148/15, ZEV 2016, 404; *Gemmer*, EE 2017, 28, 31; *Klümpen-Neusel/Kaiser*, ErbStB 2013, 184, 187 und wohl auch *Geck*, DStR 2013, 1368 sowie *Paus*, ErbStB 2017, 12, 15.
304 Formulierungsvorschlag bei *Wälzholz*, MittBayNot 2014, 417, 419.
305 Darin sieht *Wälzholz*, MittBayNot 2014, 417, 418 das »Revolutionäre« dieser Entscheidung, vgl. auch *Steiner*, ZErb 2015, 165, 167.
306 BFH, 07.12.2016 – II R 21/14, ZEV 2017, 283 m. abl. Anm. *Wachter* = ZErb 2017, 175 m. abl. Anm. *Daragan*; gegen das systemwidrige Absehen vom Erfordernis der Geltendmachung in Bezug auf den ererbten Pflichtteilsanspruch auch *Schmidt/Holler*, ErbR 2017, 412 ff. und *Thouet*, ZNotP 2017, 223; vgl. auch Rdn. 4486.
307 Offen insoweit *Loose/Riehl*, ErbR 2017, 409, 411.
308 Vgl. *Wachter*, ZEV 2017, 286.

▶ Hinweis:

4486 Die vom BFH vertretene Auffassung von der Steuerbarkeit eines im Nachlass befindlichen, aber noch nicht geltend gemachten Pflichtteilsanspruchs[309] führt zu erheblichen Verwerfungen: (1) So kann der Erbe des Pflichtteilsanspruchs gehalten sein, möglichst rasch verjährungsunterbrechende Maßnahmen zu ergreifen, denn andernfalls könnte ihm drohen, dass er zwar den »ererbten« Pflichtteilsanspruch als steuerpflichtigen Erwerb behandeln lassen muss, aber nicht mehr geltend machen kann. Auch (2) wäre er gehalten, in seiner Erbschaftsteuererklärung Angaben über die Höhe des Pflichtteilsanspruchs des Erblassers zu machen, die er nicht unbedingt kennen muss, da ihm der Inhalt des Testaments des Vorverstorbenen, dessen Nachlassumfang, die Frage vorherigen anrechnungspflichtigen Erwerbs, § 2315 BGB, oder ausgleichungspflichtiger Zuwendungen mit Auswirkungen auf den Pflichtteil (§ 2316 BGB) sowie die Existenz möglicher Pflichtteilsverzichte, § 2346 BGB, nicht unbedingt bekannt sind. (3) Verfügt der Erbe des Pflichtteilsanspruchs über eine schlechtere Steuerklasse als der Pflichtteilsberechtigte selbst (Bsp.: Es handelt sich um die Lebensgefährtin des pflichtteilsberechtigten, verstorbenen Sohnes), erhöht sich ferner die Gesamtsteuerbelastung erheblich, selbst wenn es zum Abzug beim Vorverstorbenen kommt. Zu berücksichtigen ist schließlich (4), dass der faktische Zwang zur Geltendmachung des ererbten Pflichtteilsanspruchs (um die Besteuerung eines tatsächlich nicht stattgefundenen Erwerbs zu vermeiden) unter Umständen ungewollte Fernwirkungen auslöst, etwa wenn dadurch der Tatbestand einer Pflichtteilsstrafklausel verwirklicht wird.[310]

Empfehlenswert ist daher, rechtzeitig – also vor der Weitervererbung – einen Pflichtteilsanspruch, an dessen Geltendmachung kein Interesse besteht, durch einen (formfreien) Erlassvertrag zu vernichten, bevor er kraft seiner Vererbung zu solchen Verwerfungen Anlass gibt. Unklar ist schließlich, ob der BFH seine Auffassung zur Besteuerung des ererbten Pflichtteilsanspruchs auch auf den Zugewinnausgleichsanspruch ausdehnen würde, was mitunter zu ungewollten Konsequenzen einer »Güterstandsschaukel« zulasten der Kinder als Schlusserben führen könnte.[311]

4487 Die Bewertung erfolgt stets mit dem Nennwert der Geldforderung, § 12 Abs. 1 ErbStG, auch wenn an Erfüllungs statt ein Grundstück übertragen wird,[312] abweichend von möglichen Privilegierungen bei der Abfindung für einen Verzicht auf den entstandenen, aber noch nicht geltend gemachten Pflichtteilsanspruch (vgl. Rdn. 4495). Dementsprechend kann auch der Erbe nach Geltendmachung den Pflichtteilsanspruch als **Nachlassverbindlichkeit** i.H.d. Geldschuld (auch bei Hingabe eines anderen Gegenstands an Erfüllungs statt, § 364 Abs. 1 BGB) abziehen, § 10 Abs. 5 Nr. 2 ErbStG,[313] was beim Gesamtsteuervergleich Erbe/Pflichtteilsberechtigter i.d.R. wegen der höheren Erbschaftsteuerbelastung des Erben von Vorteil ist.[314]

4488 Da die Pflichtteilslast in wirtschaftlichem Zusammenhang mit allen Einzelgegenständen der gesamten Erbschaft stehe, ist sie (wie der güterrechtliche Zugewinnausgleich von Todes wegen, Rdn. 4890) nach Ansicht der Finanzverwaltung gegen Teile der Literatur[315] gem. **§ 10 Abs. 6**

---

309 Da hierauf § 3 Abs. 1 Nr. 1, 1. Alt. ErbStG anwendbar sei, nicht – wie beim originär erworbenen Pflichtteilsanspruch – § 3 Abs. 1 Nr. 1, 3. Alt. ErbStG, der ausdrücklich die vorherige Geltendmachung verlangt.
310 Auch hierauf weisen *Schmidt/Holler*, ErbR 2017, 412, 415, zu Recht hin.
311 Hierauf weist *Wälzholz*, NZG 2017, 552, hin.
312 BFH, BStBl. 1999 II, S. 23 in Abweichung von der früheren Rspr. BFH, BStBl. 1982 II, S. 350. Grunderwerbsteuerlich soll dabei allerdings nach BFH, ZEV 2002, 425 m. Anm. *Daragan*, die Befreiung nach § 3 Nr. 2 Satz 1 GrEStG nicht eintreten, so dass es zu einer transfersteuerlichen Doppelbelastung kommt, vgl. auch *v. Oertzen/Cornelius*, ErbStB 2006, 52.
313 Berechnungsbeispiel: *Gottwald*, ZErb 2005, 317.
314 Hierauf weist *Noll*, DStR 2004, 261 hin.
315 Nachweise bei *Birnbaum,* ZEV 2015, 333 ff.

Satz 4 ErbStG anteilig[316] insoweit zu kürzen, als sie auf steuerbefreite oder steuerbegünstigte Nachlassgegenstände (etwa Betriebsvermögen, vermietete Wohnimmobilien etc.) entfällt[317] – während der **BFH**[318] den Abzug in voller Höhe zulässt, auch wenn zum Nachlass »begünstigtes« Vermögen gehört: die Bemessung der Pflichtteilshöhe nach dem Wert des Nachlasses begründet nur einen rechtlichen, aber nicht den erforderlichen wirtschaftlichen Zusammenhang mit dem einzelnen Nachlassgegenstand, so dass der Pflichtteilsanspruch wie auch der familienrechtliche Zugewinnausgleich im Todesfall, wie sonstige »allgemeine Nachlassverbindlichkeiten«, voll abzugsfähig seien. Gleiches gilt z.B. für auf Geldzahlung gerichtete Untervermächtnisse, die mit einem (privilegiertes Betriebsvermögen umfassenden) Vermächtnis ebenfalls nur in rechtlichem, nicht wirtschaftlichem Zusammenhang stehen, Rdn. 4543.

Wird der Zahlungsanspruch zinslos gestundet (Rdn. 3896), soll im Zinsverzicht eine Schenkung liegen (Rdn. 4433);[319] richtigerweise ist der Pflichtteilsanspruch nur in der abgezinsten Höhe geltend gemacht worden.[320] Wurde allerdings beim Berliner Testament der Pflichtteil nicht zu Lebzeiten des überlebenden Ehegatten geltend gemacht, kann er nicht später, nach dessen Ableben, als nachlassmindernd im Verhältnis zum Erstverstorbenen geltend gemacht werden, da dessen Erbe damit nicht belastet war.[321] 4489

Grunderwerbsteuerlich kommt es (entgegen § 3 Nr. 2 Satz 1 GrEStG und anders als bei der Grundstücksabfindung für den Verzicht auf den entstandenen Pflichtteil, Rdn. 4492) zu einer Doppelbelastung auch mit Grunderwerbsteuer bei Übertragungen im Verhältnis zwischen Geschwistern.[322] 4490

dd) Verzicht auf entstandenen, jedoch nicht geltend gemachten Pflichtteilsanspruch

Die Abfindung für den Verzicht auf einen zwar zivilrechtlich entstandenen, aber noch nicht[323] im steuerrechtlichen Sinn geltend gemachten Pflichtteilsanspruch (nicht: den Nachabfindungsanspruch nach § 13 HöfeO[324]) gilt gem. § 3 Abs. 2 Nr. 4 ErbStG ebenfalls als Erwerb von Todes wegen. Wird die Abfindung allerdings nicht in Geld, sondern durch Übertragung anderer Vermögensgegenstände erbracht, ist der erbschaftsteuerliche Wert jenes Gegenstands (z.B. nur 90 % bei vermietetem Wohnraum, § 13d ErbStG) maßgebend[325] (während bei einer Sachleistung an Erfüllungs statt für den im steuerlichen Sinne geltend gemachten Pflichtteilsanspruch der Ansatz 4491

---

316 Zunächst ist die Pflichtteilslast nach dem Verhältnis der Nettowerte der einzelnen Vermögensgegenstände (Steuerwert des Gegenstandes abzüglich direkt zuzuordnender Nachlassverbindlichkeiten) aufzuteilen, sodann in einem zweiten Schritt die auf auch teilweise steuerbefreite Gegenstände entfallenden Anteile der Pflichtteilslast gem. § 10 Abs. 6 ErbStG zu kürzen.
317 Vgl. H E 10.10 »Pflichtteilskürzung« ErbStH 2011; BFH, 21.07.1972 – III R 44/70, BStBl 1973 I, 3.
318 BFH, 22.07.2015 – II R 12/14, ZEV 2015, 661 m. Anm. *Birnbaum* = ErbStB 2015, 285 m. Anm. *Krämer*, hierzu *Riedel*, MittBayNot 2016, 207 ff., *Loose*, ErbR 2016, 136 ff. (zuvor bereits Beitrittsaufforderung an das BMF: ZEV 2015, 335). Ausführliche Darstellung mit Berechnungsbeispielen bei *Grootens*, ErbStB 2015, 333 ff.
319 FG Münster, 08.12.2008 – 3 K 2849/06 Erb, ZErb 2009, 213.
320 Vgl. *J. Mayer*, DStR 2004, 1547 f.; krit. gegen FG Münster auch *Jehle*, notar 2010, 66, vgl. auch *Roth*, RNotZ 2013, 192, 210.
321 FG Berlin-Brandenburg, 22.09.2010 – 14 K 14203/07 ErbStB 2012, 37 (n. rkr: Az BFH II R 47/11).
322 BFH, 10.07.2002 – II R 11/01, MittBayNot 2003, 73, BFH, 17.11.1955 – II 70/55 U, BStBl III 1956, 7.
323 Allein *Moench*, ErbStG, § 3 Rn. 211 (Stand: Dezember 2005) vertritt die Auffassung, im Aushandeln einer Abfindung liege stets ein »Geltendmachen«, hiergegen überzeugend *Müller/Grund*, ZErb 2007, 209.
324 FG Münster, 20.02.2014 – 8 K 1727/11 GrE, ErbStB 2014, 147.
325 BFH, BStBl. 1996 II, S. 97, FG Köln, EFG 2001, 765; vgl. *Wälzholz*, ZEV 2007, 163. Allerdings gelten bei der Abfindungsleistung von Betriebsvermögen nicht die Vergünstigungen des § 13a ErbStG, vgl. FG Nürnberg, 07.12.2006 – IV 240/2004, ErbStB 2007, 227.

des Nominalwerts gilt, Rdn. 3913; die Abgrenzung kann schwierig sein).[326] Der Erbe kann also die Abfindungsleistung gem. § 10 Abs. 5 Nr. 2 ErbStG in der konkret geleisteten Höhe (wie es auch beim Pflichtteilsanspruch selbst dem Grunde nach gewesen wäre) als Erbfallschuld abziehen[327] – sofern nicht im Einzelfall, etwa bei Fälligkeit[328] erst nach dem Tod des Erben selbst wie bei der ursprünglichen »**Jastrow'schen Sanktionsklausel**« (Rdn. 4500, hierzu R 13 S. 3 ErbStR 1998, jetzt R E 6 S. 3 ErbStR 2011), § 42 AO[329] bzw. eine Reduktion des § 10 Abs. 5 Nr. 1 ErbStG, Rdn. 4493, entgegensteht – und zwar korrespondierend mit dem Bewertungsansatz der Abfindung beim Berechtigten, also nur in der geleisteten Höhe.[330]

4492 **Grunderwerbsteuer** fällt allerdings, wenn die Abfindung für den Verzicht auf den entstandenen, jedoch nicht geltend gemachten Anspruch in Gestalt einer Immobilie geleistet wird, gem. § 3 Nr. 2 GrEStG nicht an, der Erwerb gilt gem. § 3 Abs. 2 Nr. 4 ErbStG als Erwerb von Todes wegen (anders bei der Leistung an Erfüllungs statt für den geltend gemachten Pflichtteil, Rdn. 4490).

4493 Wird die **Fälligkeit der Abfindungsleistung** (wie auch der Pflichtteilsleistung) selbst gestundet bis zum Tod des Längerlebenden, ist sie (gem. § 10 Abs. 5 Nr. 1 ErbStG) hinsichtlich des Erbfalls des Erstverstorbenen niemals abziehbar, und hinsichtlich des Erbfalls des Längerlebenden[331] jedenfalls dann nicht, wenn Anspruch und Verpflichtung nach diesem zweiten Sterbefall durch Konfusion vollständig – also im Falle einer Alleinerbschaft – erloschen sind (trotz § 10 Abs. 3 ErbStG, da es an einer wirtschaftlichen Belastung fehlt).[332] Anders mag es sich verhalten, wenn (etwa bei einer Erbengemeinschaft auf den Schlusserbfall) keine Konfusion eintritt – der Abfindungsanspruch steht jedem einzeln zu – und bereits zu Lebzeiten des Längerlebenden Zinsen an den Abfindungsberechtigten entrichtet wurden, also eine zumindest teilweise Beschwer vorlag.[333] Als weitere Alternativgestaltung ist zu denken an die sofortige Übertragung eines Ersatzgegenstandes (Immobilie) unter Rückbehalt des Nießbrauchs und möglicherweise einer schuldrechtlichen (vormerkungsgesicherten) »Verfügungssperre«, ähnlich der vorweggenommenen Erbfolge.

4494 Das (nicht umgesetzte) obiter dictum des II. BFH-Senats zur möglichen Änderung der Bewertung von Sachvermächtnissen[334] hat nicht dazu geführt, dass die Finanzverwaltung beim Erwerber den Verkehrswert des Grundstücks, beim Erben aber den Steuerwert sowohl bei der Bereicherung als auch beim Abzug als Nachlassverbindlichkeit zu dessen Neutralisierung ansetzen würde. Auch ertragsteuerliche Risiken (entgeltliches Geschäft – Auflösung stiller Reserven bzw. Besteuerung privater Veräußerungsgewinne) sind bei der Sachwertabfindung zu berücksichtigen,[335] zumal der

---

326 Beispiele: FG Köln, 28.11.2000 – 9 K 4299/98, DStRE 2001, 814; FG Nürnberg, 07.12.2006 – IV 240/2004, ErbStB 2007, 227; vgl. *Berresheim*, ZNotP 2007, 524.
327 BFH, BStBl. 1981 II, S. 473.
328 Das Forderungsrecht entsteht zwar bereits zuvor, die Verjährung ist aber bis zum Tod des Längerlebenden gem. § 205 BGB gehemmt.
329 So FG Düsseldorf, DStRE 2005, 1344.
330 FG Baden-Württemberg, 01.10.2014 – 7 K 1520/11, ErbStB 2015, 64 (NZB eingelegt, Az. BFH: II B 126/14).
331 Mit dem sich die Abfindungsberechtigten zu Lebzeiten hinsichtlich des Pflichtteils auf den Tod des Erstverstorbenen geeinigt hatten.
332 BFH, 27.06.2007 – II R 30/05, MittBayNot 2008, 324 m. Anm. *Ivo*; vgl. hierzu *Berresheim*, ZNotP 2007, 520 und ZErb 2007, 439, auch zur (vom BFH offengelassenen, jedoch zu bejahenden) Frage der Abzugsfähigkeit bei fehlender Konfusion, etwa da nicht alle Mitglieder der Schlusserbengemeinschaft den Pflichtteilsanspruch/die Abfindung geltend gemacht haben.
333 So FG Baden-Württemberg, 29.07.2015 – 7 K 1250/13, ZEV 2016, 48 = ErbStB 2015, 321, vgl. auch *Paus*, ErbStB 2017, 12, 15, mit Hinweis darauf, das Kriterium der wirtschaftlichen Belastung sei für den Abzug als Nachlassverbindlichkeit nur von eingeschränkter Bedeutung, vgl. BFH, 02.03.2011 – II R 5/09 unter III.7.c.aa, ErbStB 2011, 216 und BFH, 19.02.2013 – II R 47/11, BStBl 2013 II 332.
334 BFH, 02.07.2004 – II R 9/02, BStBl. 2004 II, S. 1039.
335 BFH, 06.12.2004 – III R 38/00, BStBl. 2005 II, S. 554, *Berresheim*, ZErb 2007, 441, sowie oben Rdn. 70: entgeltliches Rechtsgeschäft bei Übertragung in Abgeltung eines Pflichtteilsanspruchs (§ 21

Anspruch auf Erwerb des Übertragungsgegenstandes nicht auf dem Erbfall, sondern auf einer gesonderten Vereinbarung zwischen Erbe und Pflichtteilsgläubiger beruht.

Obiges gilt auch, wenn die Abfindung für den Verzicht auf den noch nicht geltend gemachten Anspruch (Erlassvertrag gem. § 397 BGB auf den gem. § 2317 BGB bürgerlich rechtlich entstandenen, aber noch nicht erbschaftsteuerrechtlich geltend gemachten Anspruch) erst **nach Verjährungseintritt** erfolgt.[336] Darin liegt ein rückwirkendes Ereignis i.S.d. § 175 Abs. 1 Nr. 2 AO, so dass die nach dem Tod des ersten Ehegatten festgesetzte Steuer zu korrigieren ist.[337] 4495

ee) Verzicht auf bereits geltend gemachten Pflichtteilsanspruch

Der Verzicht auf einen bereits im erbschaftsteuerrechtlichen Sinn geltend gemachten Pflichtteilsanspruch stellt eine Schenkung unter Lebenden des Pflichtteilsberechtigten an den Erben dar, § 7 Abs. 1 Nr. 1 ErbStG.[338] Die Freistellung in § 13 Abs. 1 Nr. 11 ErbStG gilt hierfür nicht, da sie nur den Verzicht auf die Geltendmachung eines im steuerrechtlichen Sinn noch nicht entstandenen Pflichtteilsanspruchs umfasst. Die als »Gegenleistung« etwa gewährte Abfindung ihrerseits ist allenfalls steuerbar, soweit sie den Pflichtteilsanspruch übersteigt (als Schenkung des Erben an den Berechtigten gem. § 7 Abs. 1 Nr. 1 ErbStG); i.Ü. wurde jedoch die Geltendmachung des Pflichtteilsanspruchs bereits als Erwerb von Todes wegen gem. § 3 Abs. 1 Nr. 1, 4. Alt. ErbStG erfasst.[339] Grunderwerbsteuerlich bleibt es im Fall der Abfindung für den Verzicht auf den geltend gemachten Pflichtteilsanspruch (anders als bei der Zuwendung an Erfüllungs statt) bei der verdrängenden Wirkung der Erbschaftsteuer (§ 3 Nr. 2 S. 1 GrEStG).[340] 4496

ff) Optimierung des Berliner Testamentes, Super-Vermächtnisse

Die Geltendmachung des Pflichtteilsanspruchs (bzw. – unter Bewertungsaspekten mitunter günstiger – der Verzicht auf die Geltendmachung des Anspruchs gegen Immobilienabfindung),[341] auch rückwirkend auf den bereits abgewickelten, damit neu zu bewertenden, ersten Sterbefall, möglicherweise auch nach Eintritt der Verjährung (Rdn. 4484); kann die **erbschaftsteuerlichen Nachteile des Berliner Testamentes** etwas mildern, jedenfalls sofern die häufig verfügte »**Pflichtteilsstrafklausel**«[342] nur fakultativ wirken soll (Berechtigung zur Änderung der sonst bindenden Schlusserbeinsetzung) oder aber bei der automatischen Pflichtteilsklausel[343] die Enterbungswirkung für den zweiten Sterbefall nur an die Geltendmachung »gegen den Willen des Erben« geknüpft wird[344] bzw. eine spätere Korrektur durch Wiedereinsetzung zum Schlusserben erlaubt ist (zur sachgerechten Formulierung einer solchen Pflichtteilsstrafklausel, auch mit Blick auf die Gefahr der Überleitung des Pflichtteilsanspruchs durch den Sozialleistungsträger, s.u. Rdn. 6555 f.). 4497

    EStG!); dies dürfte wohl auch gelten bei der Übertragung als Abfindung für den Verzicht auf die Geltendmachung des lediglich zivilrechtlich entstandenen Anspruchs, vgl. *Müller/Grund*, ZErb 2007, 211.
336 *Wälzholz*, ZEV 2007, 164; *Berresheim*, RNotZ 2007, 519.
337 *Messner*, ZEV 2006, 516.
338 FG München, ErbStR 2006, 8 – Haftungsfalle, falls der Anwalt im Rahmen eines Auskunftsbegehrens zugleich die Geltendmachung erklärt, obwohl diese noch nicht sicher ist. Formulierung für einen entsprechenden Vorbehalt beim Auskunftsersuchen: *v. Oertzen/Cornelius*, ErbStB 2006, 49; vgl. auch *Geck*, DNotZ 2007, 272; *Viskorf*, FR 1999, 663.
339 Vgl. *Moench*, ErbStG, § 3 Rn. 211 (Stand: Oktober 2002).
340 Vgl. *Gottwald*, ZErb 2005, 319; *Gottwald*, MittBayNot 2003, 75.
341 Vergleichsberechnung bei *T. Müller*, ErbStB 2006, 54 ff. Es bleibt ggf. die Privilegierung gem. § 13d ErbStG.
342 *Gluth*, ErbStB 2006, 52.
343 Zu den verschiedenen Arten von Pflichtteilsklauseln (fakultative, automatische, schlichte Anrechnungsklausel) vgl. *Zimmer*, NotBZ 2007, 10 ff.
344 Andernfalls würde die Pflichtteilsstrafklausel auch bei »einvernehmlichem« Verlangen, sogar aller Kinder, greifen: OLG Frankfurt, 02.08.2010 – 20 W 49/09, MittBayNot 2011, 409 m. Anm. *Reymann*; hierzu *Gemmer*, Erbrecht Effektiv 2011, 88 ff.

4498 In ähnlicher Weise hilfreich kann mitunter sein, (**form-**)**unwirksam** (z.B. nur mündlich) **geäußerte Vermächtnisse**, die der jeweilige Erblasser auf den ersten (oder zweiten) Sterbefall geäußert hat, zu vollziehen. Der Rechtsgedanke des § 41 AO wird insoweit auch auf einseitige Rechtsgeschäfte, zu Lasten, wie auch – wie hier – zugunsten, des Steuerpflichtigen, angewendet, vgl. Rdn. 4398 f. Ein solcher unwirksam zustande gekommener letzter Wille kann beispielsweise auch vorliegen, wenn ein Testament errichtet wird, das erbrechtlichen Bindungen widerspricht.[345] Des Weiteren ist in diesem Zusammenhang[346] zu nennen die »**taktische Ausschlagung**« **gegen Abfindung**, vgl. Rdn. 4514 ff., die allerdings mit dem Nachteil behaftet ist, dass die zivilrechtliche Folge (Nachrücken der Ersatzerben) nicht gestaltbar ist und ferner ertragsteuerlich die Abfindung zu einem (teil-)entgeltlichen Veräußerungsvorgang führt durch anteilige Zuordnung des Abfindungsbetrags auf die in den Nachlass übergehenden Wirtschaftsgüter, mit möglicherweise verheerenden Folgen beim Übergang von Betriebsvermögen oder steuerverstricktem Privatvermögen (Spekulationssteuer!), vgl. Rdn. 4526 ff.[347]

4499 Prominentes Gestaltungsmittel zur Reduzierung der erbschaftsteuerlichen Belastung des längerlebenden Ehegatten beim Berliner Testament sind ferner die sog. **Freibetragsvermächtnisse**,[348] bei denen durch den Erblasser lediglich der Vermächtnisnehmer und der Zweck des Vermächtnisses bestimmt werden. Der Beschwerte, also der überlebende Ehegatte, kann bei diesem Zweckvermächtnis[349] (§ 2156 BGB) dann nach billigem Ermessen Gegenstand, Bedingungen und Zeitpunkt der Leistung festlegen, und ggf. – in der noch stärker flexibilisierten Form des sog. **erbschaftsteuerlichen Super-Vermächtnisses** gem. Rdn. 4507 – auch den Umfang[350] bestimmen, auch unter mehreren bedachten Abkömmlingen gem. § 2151 BGB bestimmen, wer das Vermächtnis erhalten soll und zu welchen Anteilen (§ 2153 BGB). Optimierend wirkt in beiden Varianten die Bestimmung eines Sachleistungsanspruchs mit Ersetzungsbefugnis, das Verbot des Verlangens einstweiliger Sicherung und die Bestimmung eines (nicht mit dem Tod des Längerlebenden in Zusammenhang stehenden) Endtermins.[351]

4500 In erbschaftsteuerlicher Hinsicht ist stets zu empfehlen, einen Endtermin für die Fälligkeit aufzunehmen, da anderenfalls gem. § 2181 BGB im Zweifel der Tod des Beschwerten die Fälligkeit bestimmt und demnach gem. § 6 Abs. 4 ErbStG – Rdn. 4418 – ein Abzug mit Wirkung für die Besteuerung des erstverstorbenen Ehegatten nicht möglich ist[352] (dies war etwa der Fall bei der »klassischen« **Jastrow'schen Strafklausel**, wonach das Ausgleichsvermächtnis erst mit dem Tod des Längerlebenden fällig werden solle).[353] Im Licht des § 42 AO dürfte es auch nicht hilfreich sein,

---

345 Zur Anerkennung unwirksamer Testamente vgl. auch *Theyson-Wadle*, ZEV 2002, 221.
346 Übersicht zu den postmortalen Reparaturmöglichkeiten für missglückte Nachfolgeplanungen *Werner*, ErbR 2017, 128 ff.
347 Vgl. *Friedrich-Büttner/Herbst*, ZEV 2014, 593, 596.
348 Vgl. *J. Mayer*, DStR 2004, 1409 ff.; *Everts*, ZErb 2004, 373; *Everts*, NJW 2008, 558; krit. *Kanzleiter*, FS für Brambring, 2011, S. 225 ff.; *ders.*, ZEV 2014, 225, 229: bei so viel Vermögen ist ein reales Vermächtnis, ggf. mit Nießbrauchs-Untervermächtnis für den überlebenden Ehegatten, gerechtfertigt.
349 Als Zweck genügt »zur Ausnutzung der steuerlichen Freibeträge«, vgl. AnwK-BGB/*J. Mayer*, § 2156 Rn. 4, jedoch z.B. nicht »um ihm eine Freude zu machen«.
350 Der Beschwerte kann i.R.d. »billigen Ermessens« neben den steuerlichen Aspekten auch den (Ausbildungs-)Bedarf des Kindes, Gleichstellungsaspekte, seine eigene Versorgung etc. berücksichtigen, vgl. *Steiner*, ZErb 2015, 165, 166.
351 Vgl. *J. Mayer*, DStR 2004, 1412 ff.
352 Vgl. Gutachten, DNotI-Report 2010, 5.
353 Die »erweiterte« Jastrow'sche Klausel (etwa Münchner Vertragshandbuch/*Nieder/Otto*, Bd. 6/2, XVI.28 § 5) lässt daher das Vermächtnis von vornherein bereits erst mit dem Tod des Längstlebenden anfallen, so dass es zum Ausgleich der erbschaftsteuerlichen Nachteile des Berliner Testaments nicht geeignet ist (auch ist fraglich, ob es, ähnlich dem Nachvermächtnis, den Pflichtteil der illoyalen Kinder für den zweiten Sterbefall reduzieren kann). Formulierung: »Verlangt ein Schlusserbe beim Tod des Erstversterbenden den Pflichtteil gegen den Willen des Längerlebenden, werden er und seine Abkömmlinge nicht

den Endtermin unrealistisch spät zu legen (»spätestens 30 Jahre nach dem Tod des Erstversterbenden«).[354] Relevant sind die Gestaltungsvarianten auch für die Frage, ob der Abzug nach dem Erstverstorbenen sofort oder erst zu einem späteren Zeitpunkt möglich ist:[355] Aufschiebend bedingte (incertus an, incertus quando) oder aufschiebend befristete (certus an, incertus quando) Vermächtnisse lassen die Erbschaftsteuer erst mit dem Eintritt der Bedingung bzw. des Ereignisses entstehen (§ 9 Abs. 1 Nr. 1 lit. a ErbStG); betagte Vermächtnisse (mit sicherer, hinausgeschobener Fälligkeit: certus an, certus quando) dagegen bereits mit dem Erbfall, allerdings unter Berücksichtigung der Abzinsung des § 12 Abs. 3 BewG gem. Rdn. 6217 ff., vgl. § 12 Abs. 1 ErbStG).[356]

Als Barvermächtnis mit Ersetzungsbefugnis in fester Höhe des noch nicht ausgenutzten Freibetrages könnte es etwa folgenden Wortlaut haben:[357]

▶ Formulierungsvorschlag: Vermächtnis mit bestimmtem Wert zur Reduzierung der Erbschaftsteuerbelastung beim Berliner Testament

Der Erstversterbende beschwert seinen Erben mit folgendem Barvermächtnis: Jedes Kind erhält vermächtnisweise einen Geldbetrag in der Höhe seines am Todestag des Erstversterbenden Ehegatten noch nicht ausgeschöpften Schenkungsteuerfreibetrages gegenüber dem Erblasser. Das Vermächtnis fällt mit dem Tod des Erstversterbenden an; es ist fällig spätestens nach Ablauf von ..... Jahren ab dem Tode des Erstversterbenden und bis dahin mit 1,5 % p.a. (fällig jeweils zum Jahresende) zu verzinsen. Die Verzinsung entfällt ab Ausübung der Ersetzungsbefugnis.

Sollte dem Längerlebenden von uns am Tage des Todes nur ein Gesamtvermögen von weniger als ..... € verbleiben, so kürzen sich die nach den vorstehenden Bestimmungen zu errechnenden Vermächtnisse anteilig so, dass dem Längerlebenden von uns mindestens das vorstehende Vermögen verbleibt. Ggf. entfällt das Vermächtnis dann nach den vorstehenden Bestimmungen ganz. Unter Gesamtvermögen sind die gesamten Aktiva des Erblassers und des längerlebenden Ehegatten abzüglich der Passiva und Sterbefallkosten des Erblassers und der Passiva des längerlebenden Ehegatten zu verstehen. Die Barvermächtnisse sind noch nicht vorab vom genannten Mindestbetrag des Gesamtvermögens in Abzug zu bringen.

Der Längerlebende ist befugt (Ersetzungsbefugnis), sich von der vorstehenden Zahlungspflicht eines Barbetrages nach eigner Bestimmung gegenüber dem jeweiligen Vermächtnisnehmer zu lösen durch Übereignung von Sachen, Rechten oder Forderungen mit mindestens gleichem Wert. Er darf sich an dem Ersatzgegenstand – unter Anrechnung auf den Wert – den (auf Verlangen im Grundbuch zu sichernden) Nießbrauch vorbehalten, bei dem er alle Kosten zu tragen hat. Weiterhin kann er sich (ohne Anrechnung auf den Wert) einen bedingten Anspruch auf Rückübertragung vorbehalten für den Fall
– der Verfügung des Vermächtnisnehmers über den Vermächtnisgegenstand ohne vorherige Zustimmung des Längerlebenden von uns,
– des Vorversterbens eines Vermächtnisnehmers vor dem Tode des Längerlebenden von uns,
– der Zwangsvollstreckung in den Vermächtnisgegenstand, ohne dass die Maßnahme innerhalb von drei Monate wieder aufgehoben worden ist,
– der Insolvenz des Vermächtnisnehmers oder der Ablehnung mangels Masse,

4501

Erben des Letztversterbenden. Die anderen Schlusserben, die den Pflichtteil nicht verlangt haben, erhalten aus dem Nachlass des Erstversterbenden Geldvermächtnisse in Höhe ihres gesetzlichen Erbteils auf das Ableben des Erstversterbenden, wie wenn dieser beim Tod des Längstlebenden verstorben wäre. Sie berechnen sich aus dem beim Tod des Längstlebenden noch vorhandenen Nachlass des Erstverstorbenen und fallen mit dem Tod des Längstlebenden an, und zwar nur an zu diesem Zeitpunkt noch lebende Bedachte. Der Überlebende kann diese Enterbung widerrufen, womit dann auch die Vermächtnisse für die anderen Schlusserben entfallen.«.

354 Vgl. *J. Mayer*, ZEV 1998, 50, 55.
355 Gutachten, DNotI-Report 2010, 4.
356 BFH, ZEV 2004, 35, 36 m.w.N.; *Siebert*, Erbrecht Effektiv, 2011, 197 f.
357 In Anlehnung an *Wälzholz*, MittBayNot 2014, 423.

- und diesen im Grundbuch durch Vormerkung sichern. Kommt es aufgrund eines solchen Vorbehaltes zur Rückübereignung, ist das Vermächtnis dennoch erfüllt, also kein neuerlicher Gegenstand oder Geldbetrag geschuldet.

Ersatzvermächtnisnehmer sind jeweils die Abkömmlinge eines Vermächtnisnehmers nach den Regeln und im Verhältnis der gesetzlichen Erbfolge, es sei denn der Wegfall eines Abkömmlings beruht auf Ausschlagung. Sind solche nicht vorhanden, so entfällt das Vermächtnis für den Stamm vollständig.

Die Kosten der Vermächtniserfüllung und eine ggfs. darauf anfallende Steuer hat der jeweilige Vermächtnisnehmer zu tragen.

4502 Die **zivilrechtliche Zulässigkeit** solcher »Super-Vermächtnisse«, die die gesetzlich eingeräumten Möglichkeiten der §§ 2151 BGB (Auswahl des Begünstigten durch den Beschwerten), § 2153 BGB (Bestimmung des Anteils bei mehreren Bedachten), § 2154 BGB (Auswahl unter mehreren Vermögensgegenständen), § 2181 BGB (Bestimmung des Zeitpunkts) kombinieren und den Vermächtnisinhalt allein durch Benennung des Zwecks i.S.d. § 2156 BGB definieren, wird in letzter Zeit zunehmend in Frage gestellt,[358] da es an einer **ausreichend bestimmten Zweckangabe** fehle. Gemessen am Maßstab des BGH,[359] wonach z.B. »als Abfindung vom elterlichen Vermögen« ausreichend bestimmt sei, dürfte die Zweckangabe »zur ganzen oder teilweisen Ausnutzung der Erbschaftsteuerfreibeträge bzw. des Progressionsgefälles zwischen Erbe und Vermächtnisnehmer« sicherlich genügen. (Letztere Ergänzung erscheint hilfreich, um dem Beschwerten auch die Möglichkeit zu geben, über die Freibeträge hinaus gehende Vermächtniszuwendungen zu bestimmen.) Insb. ist es nicht erforderlich, dass der Verwendungszweck nur aus Sicht des Zuwendungsempfängers zu definieren sei (»Forschungsreise, Studium«).[360]

4503 Daneben bestehen zivilrechtliche Bedenken im Hinblick auf die Möglichkeit der potentiellen Destinatäre, den Beschwerten, in der Regel also den überlebenden Ehegatten (beim zweiten Sterbefall die unmittelbaren Kinder im Verhältnis zu deren Abkömmlingen) doch – entgegen der Intention des Super-Vermächtnisses – »unter Druck zu setzen«, etwa indem gem. § 2151 Abs. 3 BGB beim Amtsgericht ein Antrag auf Stellung einer Frist zur Abgabe der Bestimmungserklärung gestellt wird. Vorsichtigerweise sollte daher die Vermächtnisberechtigung als solche unter die auflösende Bedingung eines solchen Fristsetzungsantrags gestellt werden. Eine unzulässige Verwirkungsklausel liegt hierin nicht, da dem Vermächtnisnehmer stets die Möglichkeit bleibt (§ 2307 BGB), das Vermächtnis gänzlich auszuschlagen und den Pflichtteil geltend zu machen. Die h.M. gestattet es sogar, ohne Verletzung des § 2307 Abs. 1 BGB ein Vermächtnis unter die aufschiebende Bedingung zu stellen, dass der Pflichtteilsberechtigte zuvor auf sein Pflichtteilsrecht komplett verzichte.[361] Wer befürchtet, dass die potentiellen Vermächtnisnehmer die bereits mit dem Tod des zuerst versterbenden Ehegatten angefallenen schuldrechtlichen Vermächtnisansprüche (§§ 2174, 2176 BGB) durch Arrest gemäß § 916 ZPO sichern wollten, wird dem beschwerten überlebenden Ehegatten als Untervermächtnis einen Anspruch auf Abschluss einer vollstreckungsbeschränkenden, diese Antragsmöglichkeiten ausschließenden, Vereinbarung zuwenden, wie im nachstehenden Muster in komprimierter Form enthalten. Unabhängig davon wird es regelmäßig am Arrestgrund (Gefährdungshandlung des Schuldners) fehlen.

4504 **Erbschaftsteuerlich** ist entscheidend, dass nicht § 6 Abs. 4 ErbStG eingreift, der nicht nur Nachvermächtnisse i.S.d. § 2101 BGB, sondern auch solche Vermächtnisse umfasst, die zwar bereits mit dem Tod des Erstversterbenden anfallen (= entstehen), aber erst beim Tod des Letztversterbenden fällig sind, vgl. Rdn. 4418. Gleichgestellt ist unter dem Gesichtspunkt des § 42 AO ein Endbefristungstermin, der so spät ist, dass ihn der Beschwerte nicht mehr selbst erleben wird.

---

358 Etwa von *Otte* in *Staudinger*, § 2156 BGB (2013), Rn. 2.
359 BGH, 23.09.1982 – IVa ZR 26/81, NJW 1983, 277.
360 Vgl. *Keim*, ZEV 2016, 6, 9.
361 BayObLG, 08.12.2003 – 1 Z BR 107/04, ZEV 2005, 345.

Um die Vermutungsregelung des § 2181 BGB (wonach mangels sonstiger Anordnung im Testament die Fälligkeit erst mit dem Tod des Längstlebenden eintrete) zu entkräften, sollte der Erfüllungszeitpunkt daher nicht in das freie Belieben des Beschwerten gestellt werden, sondern nur in sein billiges Ermessen nach § 315 BGB.[362]

Das Absehen von einem festen Endtermin ist auch im Hinblick auf die **Höhe des Abzugsbetrags** sinnvoll, da die 5,5 %ige Abzinsung des § 12 Abs. 3 BewG, Rdn. 6217 ff., bei zeitlich unbestimmter Fälligkeit des Vermächtnisanspruchs unterbleibt. Allerdings ist die Vermächtnisforderung als Nachlassverbindlichkeit i.S.d. § 10 Abs. 5 Nr. 2 ErbStG dann erst abzugsfähig, wenn der beschwerte Erbe die erforderlichen Bestimmungen getroffen hat, nicht bereits im Sterbezeitpunkt, vgl. das Muster in Rdn. 4507 (bei fester, allerdings um mehr als ein Jahr hinausgeschobener Fälligkeit und bestimmter Höhe ist die Abzugsfähigkeit zwar sofort gegeben, allerdings mit einer Minderung von 5,5 %/Jahr, vgl. auch die Differenzierung zwischen den Formulierungsvorschlägen Rdn. 374 und 376 in Bezug auf Super-Vermächtnisse anstelle des Pflichtteils mit sofortiger bzw. hinausgeschobener Abzugsfähigkeit). Eine Endbefristung wie in Rdn. 4507 alternativ vorgesehen von z.B. zehn Jahren ermöglicht immerhin die Neuausnutzung von Schenkungsteuerfreibeträgen (z.B. der Kinder), die bereits einige Jahr vor dem Erbfall ausgeschöpft wurden, nach Ablauf der an zehn noch fehlenden Zahl von Jahren nach dem Erbfall. 4505

Die teilweise geäußerte Besorgnis, dass für den Zeitraum zwischen dem ersten Sterbefall und der Ausübung der Bestimmungsbefugnisse durch den Beschwerten **einkommensteuerlich** fiktive Einkünfte aus Kapitalvermögen (in Höhe von 5,5 % pro Jahr) gemäß § 20 Abs. 1 Nr. 7 EStG anfallen,[363] dürfte jedoch nicht zutreffend sein,[364] da weder zivil- noch steuerrechtlich ein entgeltlicher Leistungsaustausch zugrunde liegt und auch keine Kapitalüberlassung des Kindes an die Eltern stattfindet (ebenso wie bei Abfindungszahlungen der Eltern für einen Pflichtteilsverzicht der Kinder keine Einkommensteuerpflicht entsteht[365] – anders dann, wenn z.B. der Erbfall bereits eingetreten ist und ein Pflichtteilsberechtigter wiederkehrende Leistungen anstelle des sofort fälligen Anspruchs erhält, also übertragen auf den Sachverhalt des Super-Vermächtnisses: Wenn der Beschwerte eine Sofortzahlung bestimmt, dann jedoch an deren Stelle, etwa aufgrund von Liquiditätsschwierigkeiten, Stundung vereinbart wird). 4506

▶ Formulierungsvorschlag: Super-Vermächtnis ohne bestimmten Wert zur Reduzierung der Erbschaftsteuerbelastung beim Berliner Testament für beide Sterbefälle

1. Vermächtnisse für den ersten Sterbefall 4507

Nimmt der überlebende Ehegatte die Erbschaft an, erhalten gemeinsame Abkömmlinge vom erstversterbenden Ehegatten ein Vermächtnis im Sinn des § 2156 BGB zum Zweck der ganzen oder teilweisen Ausnutzung ihrer Erbschaftsteuerfreibeträge oder des erbschaftsteuerlichen Progressionsgefälles zwischen Erbe und Vermächtnisnehmer. Eine einstweilige Sicherung des Anspruchs der Vermächtnisnehmer kann nicht verlangt werden. Gegenstand des Vermächtnisses sind Sachübereignungen, wobei der überlebende Ehegatte bestimmen kann,
– welcher Gegenstand zu welchen Bedingungen und zu welchem Zeitpunkt zu übereignen ist; er erhält insoweit auch die Ersetzungsbefugnis, eine Geldleistung vorzunehmen (§ 2156 BGB; im Rahmen des §§ 2156 Satz 2, 315 BGB kann er dabei auch sein eigenes Versorgungsinteresse berücksichtigen;
– die Zeit der Erfüllung, § 2181 BGB, die er nach billigem Ermessen (§ 315 BGB) zu bestimmen hat (*ggf.: spätestens jedoch binnen zehn Jahren nach dem Erbfall*), und
– die Person des Berechtigten.

---

362 So zu Recht die Empfehlung von *Keim*, ZEV 2016, 6, 12.
363 Etwa *J. Mayer*, DStR 2004, 1371.
364 Vgl. näher *Keim*, ZEV 2016, 6, 13.
365 Vgl. BFH, 09.02.2010 – VIII R 43/06, ZEV 2010, 425 m. Anm. *Seifried*; BFH, 20.11.2012 – VIII R 57/10, ZEV 2013, 223.

Art und Umfang der Erfüllung ist also dem überlebenden Ehegatten überlassen. Soweit er ein Vermächtnis leistet, ist er auch berechtigt, es als Vorvermächtnis zu leisten, sich den Nießbrauch oder Rückforderungsrechte auszubedingen etc.

Wenn und soweit der Beschwerte das Vermächtnis bis zu seinem eigenen Ableben *(Alt: binnen zehn Jahren nach dem ersten Erbfall)* nicht erfüllt haben sollte, ist der Vermächtnisnehmer zum Erlass der Vermächtnisforderung verpflichtet. Insoweit ist er mit einem bedingten Untervermächtnis beschwert. Wer beim Nachlassgericht einen Antrag stellt, dem überlebenden Ehegatten eine Frist zur Bestimmung des Begünstigten oder Inhalts des Vermächtnisses zu stellen, scheidet samt seinem Stamm als Vermächtnisnehmer aus.

2. Vermächtnisse für den zweiten Sterbefall

Nimmt/nehmen der/die Schlusserbe/en die Erbschaft an, erhalten deren jeweilige Abkömmlinge vom Letztversterbenden in vergleichbarer Weise ein Vermächtnis im Sinn des § 2156 BGB zum Zweck der ganzen oder teilweisen Ausnutzung der Erbschaftsteuerfreibeträge oder des Progressionsgefälles. Für dieses Zweckvermächtnis gelten die Regelungen vorstehend 1. entsprechend mit der Maßgabe, dass der jeweilige Schlusserbe an die Stelle des überlebenden Ehegatten tritt.

4508 Seit der Erbschaftsteuerreform 2009 gilt § 6 Abs. 4 ErbStG – wie schon bereits zuvor in der Rechtsprechung des BFH angelegt[366] – auch für **Auflagen**, die erst beim Tod des Beschwerten zu vollziehen sind (»Daragan'sche Klauseln«);[367] möglicherweise bleibt als Ausweg eine Auflage, über deren Vollziehungszeitpunkt der Testamentsvollstrecker nach freiem Ermessen entscheidet.

b) Ausschlagung

aa) Zivilrechtliche Aspekte

4509 Die Erbschaft geht gem. §§ 1922, 1942 Abs. 1 BGB im Zeitpunkt des Erbfalls auf den Erben über, ohne dass es dessen Kenntnis, geschweige denn einer Handlung, bedarf. Von ungewolltem Nachlassanfall kann sich der Erbe (ggf. durch einen Bevollmächtigten[368]: § 1945 Abs. 3 BGB[369]) durch die zugangsgebunden[370] innerhalb kurzer Frist ab Kenntniserlangung[371] vom Erbfall als

---

366 BFH, 27.06.2007 – II R 30/05, MittBayNot 2008, 325 m. Anm. *Ivo.*
367 DStR 1999, 393; krit. dagegen *J. Mayer*, DStR 2004, 1413 f.
368 Auch durch einen Prokuristen, vgl. *Klein*, ZErb 2016, 89 ff. Bei Ausschlagung durch ein Organ (Vorstand eines Vereins) müssen die satzungsmäßigen Voraussetzungen eingehalten werden (z.B. Gesamtvertretung), sie können nicht durch die Grundsätze der Anscheins- oder Duldungsvollmacht überwunden werden, OLG Bremen, 12.05.2015 – 5 W 9/15, RNotZ 2015, 446.
369 Gem. § 1945 Abs. 3 Satz 2 BGB muss die Vollmacht der Erklärung beigefügt oder innerhalb der Frist nachgereicht werden. Ihre Existenz muss jedoch nur für den Zeitpunkt der »Abgabe« (Entäußerung) nachgewiesen sein (nimmt also der Ausschlagende die Erklärung zunächst an sich um über die Vorlage beim Nachlassgericht noch zu entscheiden, sollte er die Vollmachtsausfertigung mit vorlegen und sich nicht mit der vom Notar bei der Unterschriftsbeglaubigung gefertigte beglaubigte Abschrift der Ausfertigung begnügen, vgl. *Gutachten*, DNotI-Report 2016, 85 ff.
370 Gem. § 344 Abs. 7 FamFG ist (über § 73 FGG a.F. hinaus) stets auch das Nachlassgericht am Aufenthaltsort (vor dem 17.08.2015: am Wohnsitz) des Ausschlagenden zuständig, auch bei Anwendung ausländischen Sachrechts (Aufgabe der Gleichlauftheorie), vgl. *Heinemann*, ZErb 2008, 293 ff. Der (das Gewollte nicht vollständig erfassende) Wortlaut wurde mit Wirkung ab 04.07.2015 ergänzt, und erfasst nun auch z.B. die Anfechtung der Versäumnis der Ausschlagungsfrist. Art. 13 EU-ErbVO i.V.m. § 31 IntErbRVG schafft ergänzend eine weitere Empfangszuständigkeit des Gerichts des gewöhnlichen Aufenthalts des Erben, allerdings (abw. von § 344 Abs. 7 Satz 2 FamFG) ohne Weiterleitungspflicht des Empfangsgerichts, so dass die Informationspflicht beim Erklärenden bleibt (Vorbem. 32 zur EU-ErbVO) vgl. *Eichel*, ZEV 2017, 545 ff.; *Egidy/Volmer*, RPfleger 2015, 433, 442 und *Everts*, NotBZ 2015, 3, 15. Hierbei genügt Ortsform und Ortssprache, vgl. *Leipold*, ZEV 2015, 553 ff.; *Lange/Holtwiesche*, ZErb 2016, 29 ff. empfiehlt allerdings vorsorglich die Übersetzung ins Deutsche (§ 184 GVG) vor der (selbst zu bewirkenden) Weiterleitung.
371 Zurechnung der Kenntnis eines Bevollmächtigten, dessen Vollmacht auch die Regelung des Erbfalls umfasst: OLG Rostock, 10.11.2009 – 3 W 53/08, RNotZ 2010, 474; § 166 BGB gilt jedoch nicht. Bei

auch vom Berufungsgrund[372] (bei letztwilligen Verfügungen nicht vor deren gerichtlicher Bekanntmachung, § 1944 Abs. 2 Satz 2 BGB)[373] mögliche Ausschlagung (Erklärung in öffentlicher oder öffentlich beglaubigter Urkunde ggü. dem Nachlassgericht, sofern deutsches Erbstatut Anwendung findet[374]) mit Rückwirkung lösen. Bereits die **zivilrechtliche Wirksamkeit**[375] und die Kenntnis der Folgen stellt gewisse Anforderungen; häufig unterliegen die Beteiligten auch Fehlvorstellungen hinsichtlich der Ersatzerben, die aufgrund der Ausschlagung nachrücken (§ 1953 BGB – Beispiel: Ausschlagung durch das einzige Kind im Glauben, damit werde der überlebende Elternteil Alleinerbe, obwohl der Verstorbene noch Eltern oder Geschwister hatte, § 1931 Abs. 2 BGB).[376]

War die Erbschaft bereits (sei es auch konkludent[377]) angenommen worden, kommt eine Ausschlagung nur durch deren **Anfechtung** (§ 1954 BGB)[378] infolge eigenen[379] Irrtums gem. § 119 Abs. 1, 1. Alt. BGB (Inhaltsirrtum über die Rechtsfolgen) oder § 119 Abs. 2 BGB (Irrtum über verkehrswesentliche Eigenschaften), also über den Fristlauf[380] bzw. über die Anforderungen an eine konkludente Annahme[381] oder die Folgen[382] einer Ausschlagung oder über verkehrswesentli-

4510

Minderjährigen beginnt die Frist, sobald der letzte der gemeinsam Erziehungsberechtigten davon Kenntnis erlangt: OLG Frankfurt, 03.07.2012 – 21 W 22/12, MittBayNot 2013, 150 m. Anm. *Kölmel* (im Ergebnis wünschenswert, allerdings mit der Dogmatik der Wissenszurechnung bei gesetzlicher Gesamtvertretung schwerlich zu vereinbaren).

372 Sind dem Erben die Familienverhältnisse bekannt, besteht eine Vermutung dafür, dass er Kenntnis auch vom Berufungsgrund hat. Ist jedoch das Familienverhältnis schon längere Zeit »untergegangen«, ist aus Sicht des Erben eher wahrscheinlich, dass der Erblasser eine ihn enterbende letztwillige Verfügung errichtet hat, so dass von der (tatsächlich gegebenen) gesetzlichen Erbfolge keine Kenntnis besteht, vgl. OLG Schleswig-Holstein, 20.06.2016, 3 Wx 96/15, ZErb 2017, 25.

373 (früher: »Verkündung«); die Bekanntmachung hat an den Erben in dieser Eigenschaft, nicht als gesetzlichen Vertreter eines Miterben, gerichtet zu sein, OLG München, 02.12.2010 – 31 Wx 067/10 ZErb 2011, 45.

374 Andernfalls gelten die Regeln des anwendbaren Erbstatuts, vgl. OLG Köln, 25.03.2015 – 2 Wx 63/15, MittBayNot 2016, 68 m. Anm. *Frank* = ZErb 2015, 184 m. Anm. *Lenski* = ZEV 2015, 585 m. Anm. *Steiner* (Österreich). Gilt deutsches Erbrecht (vor der EU-ErbVO), ist demnach der Eingang vor dem deutschen Nachlassgericht in deutscher Sprache erforderlich, OLG Schleswig, 11.02.2015 – 3 Wx 90/14, ZErb 2016, 53.

375 Hierzu *Wachter*, ErbStB 2004, 218. Eine Ausschlagungserklärung in fremder Sprache genügt nicht, OLG Köln, 12.02.2014 – 2 Wx 25/14, ZErb 2014, 171.

376 Allerdings liegt kein zur Anfechtung berechtigender Irrtum vor, wenn der Ausschlagende die Überschuldung annahm, weil nähere Erben ausgeschlagen haben, vgl. OLG Düsseldorf, 07.06.2013 – 7 U 130/12, ErbR 2015, 91.

377 Etwa durch Abschluss eines Erbauseinandersetzungsvertrages, OLG Köln, 19.08.2014 – 2 Wx 213/14, RNotZ 2014, 607.

378 Gute Übersicht bei *Bredemeyer*, ZErb 2016, 318 ff.

379 Bei Eltern, die gemeinsam für ihr minderjähriges Kind ausschlagen, muss der Irrtum nicht bei beiden vorliegen, die Anfechtung der Versäumung der Ausschlagungsfrist ist aber dann (namens des vertretenen Kindes) wiederum durch beide Eltern zu erklären, vgl. *Gutachten*, DNotI-Report 2016, 151.

380 Z.B. OLG Schleswig, 31.07.2015 – 3 Wx 120/14, ErbR 2016, 214: irrige Annahme, die Ausschlagungsfrist beginne erst mit dem Erhalt eines Erbscheins zu laufen.

381 Z.B. bei der irrtümlichen Annahme, die Begleichung einer im Nachlass vorgefundenen Rechnung sei für den Sohn verpflichtend, so dass darin noch keine konkludente Annahme der Gesamterbschaft liege. Die Literatur (MünchKomm/*Leipold*, § 1943 BGB, Rn. 5) differenziert hinsichtlich des Vorliegens einer konkludenten Erbschaftsannahme dahingehend, ob die Zahlung nach den Umständen über die laufende Verwaltung hinausging, also nicht der Fürsorge des vorläufigen Erben oblag.

382 BGH, 29.06.2016 – IV ZR 387/15 MittBayNot 2017, 402 m. Anm. *Sammet* = ZEV 2016, 574 m. Anm. *Lange* = EE 2016, 146 m. Anm. *Möller*: der als beschwerter Erbe eingesetzte Pflichtteilsberechtigte glaubt entgegen § 2306 BGB, durch Ausschlagung verlöre er den Pflichtteil, die Neuregelung des § 2306 BGB hat daran nichts geändert (ebenso OLG Düsseldorf, 15.12.2016 – I-3 Wx 314/15, ErbR 2017, 233, vgl. schon BGH, 05.07.2006 – IV ZB 39/05, ZEV 2006, 498 m. Anm. *Leipold* zur alten Rechtslage. Auch insoweit kann ein beachtlicher Inhaltsirrtum (über die Rechtsfolgen), nicht lediglich

che Umstände der Zusammensetzung[383] des Nachlasses (nicht jedoch des Wertes[384] von bekannten aktiven oder passiven[385] Nachlassgegenständen bzw. über das Schicksal des ausgeschlagenen Erbteils[386]) in Betracht – die Anfechtung wegen Inhaltsirrtums (§§ 119, 1955, 1956 BGB) gilt gem. §§ 1956, 1957 BGB als Ausschlagung –; umgekehrt kann auch die bereits erfolgte Ausschlagung (bzw. Anfechtung der Versäumung der Ausschlagungsfrist) u.U. durch kurzfristige[387] Anfechtung wieder beseitigt werden. Die in der Anfechtungserklärung angegebenen Gründe – die sehr bedacht formuliert werden müssen[388] – sind gem § 26 FamFG (Amtsermittlung) durch das Nachlassgericht zu überprüfen; werden später andere Gründe »nachgeschoben«, liegt darin eine neue (i.d.R. dann verspätete) Anfechtungserklärung.[389] Besteht ein Irrtum über den Berufungsgrund (Erbschaft als gesetzlicher Erbe oder testamentarischer Erbe), ordnet bereits § 1949 BGB die Unwirksamkeit der Annahme an, so dass eine Anfechtung bei dem diesbezüglichen Irrtum nicht erforderlich ist.

4511 Für die **Ausschlagung namens aller nachrückender minderjähriger Kinder** bedürfen die selbst ausschlagenden Eltern[390] gem. § 1643 Abs. 2 Satz 2 BGB keiner familiengerichtlichen Genehmigung, (auch nicht, wenn die Eltern Vor-, die Kinder Nacherben waren[391]). Die Genehmigungs-

---

ein unbeachtlicher Rechtsfolgenirrtum, vorliegen. Der seit der Reform 2010 deutlichere Wortlaut des § 2306 BGB hat insoweit nichts geändert (entgegen *Lange*, DNotZ 2009, 732, 736); allenfalls kann dem Erben vorgeworfen werden, keinen Rechtsrat eingeholt zu haben, was aber für die Anfechtung nach § 119 Abs. 1 BGB irrelevant ist, vgl. *Löhnig*, JA 2016, 703, 704.

383 Z.B. den Umstand, dass eine gegen den Nachlass gerichtete Forderung doch noch nicht verjährt ist: OLG München, 28.07.2015 – 31 Wx 54/15, ErbR 2015, 578, oder der Umstand, dass ein gegen den Nachlass gerichtetes Vermächtnis entgegen der Annahme des Erben doch besteht, weil es in einem bindenden früheren Erbvertrag enthalten war, der durch das spätere Einzeltestament insoweit nicht geändert werden konnte: relevanter Irrtum nach § 119 Abs. 2 BGB, vgl. BGH, NJW 1989, 2885; ebenso der Umstand, dass im Nachlass sich ein Schmerzensgeldanspruch (wegen erlittener Todesangst des Verstorbenen; Germanwings-Flugzeugabsturz) befand, OLG Düsseldorf, 16.11.2016 – I-3 Wx 12/16, ErbR 2017, 156.
384 BayObLG NJW 2003, 216, 221.
385 Daher keine Anfechtung der Erbschaftsannahme, wenn das Bestehen einer Nachlassverbindlichkeit zwar bekannt war, diese aber falsch bewertet wurde, vgl. *Bredemeyer*, ZErB 2016, 318, 319.
386 Irrtum über die Person des Nächstberufenen (die Anwachsung beim anderen Miterben, die der Ausschlagende erwartete, tritt nicht ein): OLG Frankfurt, 04.05.2017 – 20 W 197/16, ZEV 2017, 515 m. Anm. *Kollmeyer* und *Ivo*. Notwendig sei aber die abstrakte Verkennung der Folge des § 1953 Abs. 2 BGB, nicht der bloße Irrtum über die konkrete Person des Nächstberufenen.
387 Hierfür gelten die kurzen Fristen des § 121 BGB, nicht die des § 1954 BGB, vgl. KG Berlin, 28.11.2014 – 6 W 140/14, ZEV 2015, 96 m. krit. Anm. *Löhnig/Plettenberg*.
388 *Trappe*, ErbR 2017, 458 ff. spricht in seiner Rechtsprechungsübersicht plakativ von »the art of storytelling«.
389 BGH, 02.12.2015 – IV ZB 27/15, DNotZ 2016, 303, Vorinstanz: OLG Hamm, 07.07.2015 – I-15 W 329/14, RNotZ 2016, 179; ebenso OLG Düsseldorf, 17.10.2016 – I-3 Wx 155/15, ErbR 2017, 518. Daher empfiehlt *Bredemeyer*, ZErb 2016, 318, 322, die Anfechtungserklärung (ungeachtet der noch ungelösten Frage, ob überhaupt eine Begründung in der Erklärung selbst erforderlich ist) möglichst weitschweifig zu begründen, damit späterer Sachvortrag als Ergänzung, nicht als neuer Anfechtungsgrund angesehen wird.
390 § 1643 Abs. 2 BGB greift allerdings nur, wenn der selbst ausschlagende Elternteil bereits zur Zeit der Ausschlagung zur rechtlichen Vertretung des Kindes befugt war und nicht erst nachträglich, etwa durch Heirat der Kindsmutter, wird, vgl. OLG Naumburg, 10.07.2014 – 3 WF 94/14, NotBZ 2015, 235. Genehmigungsbedürftig ist daher auch die Ausschlagung einer Erbschaft, die durch vorangehende Ausschlagung des nicht sorgeberechtigten Elternteils angefallen ist, OLG Rostock, 18.11.2015 – 10 UF 260/15, NotBZ 2017, 278.
391 OLG Frankfurt, 13.04.2011 – 20 W 374/09 ZEV 2011, 597, *Ivo*, ZEV 2012, 209, 310; *Gutachten*, DNotI-Report 2014, 17; dagegen kritisch *Sagmeister*, ZEV 2012, 121, 125: wegen der Nacherbenanwartschaft sei das Kind nicht nur nach, sondern i.S.d. § 1643 Abs. 2 Satz 2 BGB auch »neben« den Eltern berufen.

freiheit gilt auch bei einem werthaltigen Nachlass.[392] Betrifft die Ausschlagung namens der Kinder keine zuvor durch ein Elternteil ausgeschlagene Erbschaft, oder wird die Ausschlagung durch einen Vormund erklärt, ist gem. § 1822 Nr. 2 BGB die familiengerichtliche Genehmigung einzuholen,[393] was das Gericht zu umfangreicher Amtsermittlung, § 26 FamFG, nötigt[394] (zur Wahrung der 6-Wochen-Frist genügt nach h.M. der rechtzeitige Genehmigungsantrag, die weitere Verfahrensdauer steht der Verhinderung aufgrund höherer Gewalt gleich, § 206 BGB. Mit Zugang der Genehmigung beim gesetzlichen Vertreter läuft die Frist freilich weiter, vor deren Ablauf muss die Genehmigung dem Nachlassgericht zugegangen sein[395]). Von der Bestellung eines Ergänzungspflegers (§ 1909 BGB) zur Entgegennahme der Genehmigung für das minderjährige Kind gem. § 41 Abs. 3 FamFG kann abgesehen werden, solange ein Interessengegensatz i.S.d. § 1796 Abs. 2 BGB zwischen dem gesetzlichen Vertreter und dem Vertretenen nicht erkennbar ist.[396] Einer Genehmigung bedarf es auch, wenn die Eltern nach eigener Ausschlagung die Erbschaft nachfolgend für einzelne ihrer Kinder ausschlagen und für ein anderes annehmen.[397] Gegen die Erteilung der Genehmigung ist kein Rechtsmittel eröffnet, da es dem gesetzlichen Vertreter überantwortet bleibt zu entscheiden, ob er von der Genehmigung Gebrauch macht und tatsächlich ausschlägt.[398] War die Ausschlagung bereits erklärt worden, wird sie mit Erteilung der Genehmigung wirksam (teleologische Reduktion des § 1831 Satz 1 BGB).[399] Wurde die Genehmigung versehentlich nicht beantragt, bleibt die Ausschlagung unheilbar unwirksam, eine »Anfechtung der Versäumung der Genehmigungsantragsfrist« ist im Gesetz nicht vorgesehen.[400]

Auch der **Ersatz-Erbschaftsanfall** bei den eigenen Kindern (§ 1924 Abs. 3 BGB) wird gelegentlich übersehen oder die Reichweite der Vermutungsregelung des § 2069 BGB verkannt (die Tante setzt ihre beiden Neffen ein: Ausschlagung durch einen Neffen führt jedenfalls nicht via § 2069 BGB zum Anfall bei dessen Kind).[401] Gleiches gilt bei Ausschlagung durch einen Nacherben im Glauben, dem Vorerben komme damit die Vollerbschaft zu, obwohl Ersatznacherbfolge angeordnet ist (§ 2142 Abs. 2 BGB). Auch Rechtsirrtümer über das Vorliegen einer (zur Ersatzerbfolge

4512

---

392 Vgl. *Sagmeister*, ZEV 2012, 121 ff. und OLG Köln, 26.04.2012 – 12 UF 10/12, DNotZ 2012, 855 m. zust. Anm. *Baumann* = MittBayNot 2013, 248 m. zust. Anm. *Sagmeister*.
393 Zu Besonderheiten bei der Ausschlagung minderjähriger Kinder *Horn*, ZEV 2016, 20 ff. und *Krüger*, EE 2013, 33 ff. Die erteilte Genehmigung zur Ausschlagung umfasst auch die Genehmigung zur Anfechtung der Versäumung der Ausschlagungsfrist für dieselbe Erbschaft, OLG Celle, 14.01.2013 – 10 UF 291/12, ZEV 2013, 201.
394 Bloße Nachfragen bei anderen Abteilungen des Amtsgerichts und beim Vermieter genügen nicht, OLG Schleswig, 25.02.2013 – 10 WF 204/12, EE 2013, 146 m. Anm. *Möller*, ebenso OLG Saarbrücken, 24.04.2015 – 6 WF 42/15, ErbR 2015, 583 und OLG Zweibrücken, 21.07.2016 – 2 WF 81/16, ZErb 2016, 289: jedenfalls sind auch Erkundigungen bei den anderen Erben, die ausgeschlagen haben, nötig.
395 Zu beiden Aspekten: OLG Brandenburg, 22.04.2014 – 3 W 13/14, MittBayNot 2015, 327 m. Anm. *Sagmeister*; *J. Mayer*, RPfleger 2013, 658 ff.
396 BGH, 12.02.2014 – XII ZB 592/12, NotBZ 2014, 287 m. Anm. *Klepsch*, *Möller*, EE 2014, 74 (die gerichtliche Kontrolle des Handelns des gesetzlichen Vertreters genüge, da es nur um die Genehmigung einer einseitigen Erklärung gehe), gegen OLG Celle ZEV 2013, 199 und OLG Köln, 04.07.2011 – 21 UF 105/11 RNotZ 2012, 46, ebenso bereits zuvor OLG Brandenburg, ZEV 2011, 594: nur bei konkretem Interessengegensatz.
397 KG, 13.03.2012 – 1 W 747/11, ZEV 2012, 332 m. abl. Anm. *Litzenburger*; OLG Hamm, 13.12.2013 – I-15 W 374/13, MittBayNot 2014, 350 m. abl. Anm. *Sagmeister* = DNotZ 2014, 858 m. abl. Anm. *Baumann*.
398 OLG Koblenz, 17.01.2014 – 13 WF 1135/13, ZEV 2014, 249, vgl. *Sarres*, EE 2016, 141.
399 RGZ 118, 145 ff.; in BGH, FamRZ 1966, 504 Tz. 26 jedoch offen gelassen.
400 KG, 04.09.2015 – 6 W 92/15.
401 § 2069 BGB gilt nur, wenn ein Abkömmling des Erblassers als Erbe eingesetzt wurde, vgl. OLG München, DNotZ 2006, 138.

berechtigenden) Verwandtschaft sind denkbar.[402] Besonders schwierig war schließlich bei Sterbefällen vor dem 01.10.2010 die Differenzierung i.R.d. § 2306 BGB, ob die Ausschlagung zur Erlangung eines Pflichtteilsanspruchs nötig ist, also ein Fall des § 2306 Abs. 1 Satz 2 oder des Satz 1 BGB a.F. vorlag (zur Ausweichlösung der Ausschlagung unter einer Rechtsbedingung s. Rdn. 3554). Bei ausländischen Erblassern oder Auslandsvermögen sind schließlich kollisionsrechtliche Fragen zu lösen (anwendbares Erbstatut; taugliche Empfängerstellung des inländischen Nachlassgerichts; Nachlassspaltung etc.).[403]

4513 Die Wirksamkeit einer Ausschlagung wird incidenter im Erbscheins-[404] oder einem sonstigen gerichtlichen Erbschaftsfeststellungsverfahren überprüft. Im vorliegenden Kontext interessieren v.a. die erbschaft- und ertragsteuerlichen Aspekte (Rdn. 4514, 4526) sowie das in einer Ausschlagung schlummernde Gestaltungspotenzial (Rdn. 4514).

bb) Einsatzmöglichkeiten

4514 Die Einsatzmöglichkeiten der Ausschlagung – ggf. auch einer »beschränkten Ausschlagung« (bei Nachlassspaltung, bei Sondervererbung nach § 11 HöfeO, bei der getrennten letztwilligen Zuwendung mehrerer Erbteile [»1000 Erbteile zu je einem Tausendstel«] und Gestattung der Teilausschlagung gem. § 1951 Abs. 3 BGB[405] bzw. einer Erbschaft und eines Vorausvermächtnisses, oder beschränkt auf die testamentarische Erbfolge unter gleichzeitiger Annahme der gesetzlichen Erbschaft[406]) – sind vielfältig:[407]

(1) Im Vordergrund steht regelmäßig die Vermeidung des Anfalls eines überschuldeten oder mutmaßlich überschuldeten[408] Nachlasses.

4515 (2) Häufig dient sie der Beseitigung erbschaftsteuerlicher Nachteile des Berliner Testaments[409] – der überlebende Ehegatte schlägt aus und verlangt (vor dem Familiengericht) den steuerfreien (§ 5 Abs. 2 ErbStG) güterrechtlichen Zugewinn[410] und (vor dem Prozessgericht) den kleinen Pflichtteil (siehe [3]) bzw. schließt eine diesbezügliche Abfindungsvereinbarung[411] (Steuerpflicht gem. § 3 Abs. 2 Nr. 4 ErbStG als Erwerb vom Erblasser – Rdn. 4524 –, jedoch nicht für die Abfindung für einen bestehenden Zugewinnausgleichsanspruch: R E 5.2 Abs. 1 Satz 3 ErbStR 2011). Zivilrechtlich muss allerdings gesichert sein, dass die Kinder (Schlusserben) zugleich Ersatzerben sind.[412] Auch ist darauf hinzuweisen, dass nach Versäu-

---

402 Beispiel nach *Specks*, ZErb 2007, 240: Bei vor dem 01.01.1977 erfolgten Adoptionen gelten gem. Art. 12 § 1 Abs. 1 AdopG 1976 für Kinder, die am 01.01.1977 bereits volljährig waren, die Volljährigkeitsadoptionsnormen, somit auch § 1770 BGB, wonach die Wirkungen sich nicht auf die Verwandten des Annehmenden (etwa den verstorbenen Bruder des Annehmenden und nun Ausschlagenden) erstrecken. Das adoptierte Kind rückt demnach jedenfalls nicht kraft Gesetzes nach.
403 Vgl. *Fetsch*, MittBayNot 2007, 285 (mit Formulierungsvorschlägen).
404 OLG München, 25.02.2010 – 31 Wx 20/10, MittBayNot 2010, 486 m. Anm. *Kroiß*.
405 Nach h.M. zulässig, MünchKomm/*Leipold*, § 1951 Rn. 7 m.w.N; *Ivo*, ZEV 2002, 145, 147; a.A. *Erman/Schlüter*, § 1951 BGB Rn. 3.
406 § 1948 Abs. 1 BGB, vgl. *Hartmann*, RNotZ 2015, 486 ff., auch zur [zu bejahenden] Frage, ob nach Verstreichen der Ausschlagungsfrist die Anfechtung der Annahme auf das »testamentarische Mehr« beschränkt werden kann.
407 Zur »taktischen Ausschlagung« vgl. *Siebert* ZEV 2010, 454 ff. sowie – bezogen allein auf den Ehegatten – *Keim*, MittBayNot 2014, 303 ff.
408 Keine spätere Anfechtung der »vorsorglichen« Ausschlagung bei lediglich befürchteter Überschuldung des Nachlasses, vgl. OLG Düsseldorf, 31.01.2011 – 3 Wx 21/11, ZEV 2011, 317.
409 Vgl. etwa hierzu *J. Mayer*, ZEV 1998, 50 sowie *Berresheim*, RNotZ 2007, 503 ff.
410 Nach Berechnungen von *Nieder*, Handbuch der Testamentsgestaltung, 2. Aufl. 2000, Rn. 14 und *Tischer*, BB 1999, 562 f. ist die güterrechtliche Lösung (neben Erben erster Ordnung) wirtschaftlich vorzugswürdig, wenn der Zugewinn des verstorbenen Ehegatten am Gesamtnachlass mindestens 85,71 % beträgt. Auch auf Kürzungen des Zugewinnausgleichsanspruchs gem. § 1380 BGB ist zu achten.
411 Formulierungsvorschlag bei *Keim*, MittBayNot 2014, 303, 309.
412 Ggf. hilft ein Auslegungsvertrag, vgl. *Berresheim*, RNotZ 2007, 513.

mung der Anfechtungsfrist allein die Erbschaftsteuergestaltung keinen Anfechtungsgrund i.S.d. §§ 1954 ff. BGB darstellt.[413]

(3) Daneben kann die Ausschlagung der gesetzlichen Erbfolge durch den überlebenden Ehegatten bei gesetzlichem Güterstand u.U. zu einer höheren Nachlassbeteiligung (in Gestalt des familienrechtlichen Zugewinnausgleich zuzüglich des **kleinen Pflichtteils** – also gemäß der Quote ohne Erhöhung um das Ehegattenviertel, § 1371 Abs. 2 und 3 BGB – aus dem verbleibenden Nachlassbestand, also nach Abzug der Zugewinnausgleichsforderung als Nachlassverbindlichkeit) führen.[414] Neben Verwandten der ersten Ordnung zählt sich diese »taktische Ausschlagung« aus, wenn der Anteil des Zugewinns am Nachlass des erstverstorbenen Ehegatten mindestens 6/7 beträgt, und der überlebende Ehegatte praktisch keinen Zugewinn erzielt hat.[415] In allen anderen Fällen ist es ratsamer, Erbschaft bzw. Vermächtnis anzunehmen und ggf. auf den großen Pflichtteil (also i.d.R. ein Viertel) des ungekürzten Nachlassbestandes aufzustocken. Neben Verwandten der zweiten oder weiterer Ordnungen führt die taktische Ausschlagung zu keiner höheren Beteiligung.

4516

(4) Weiteres Ziel kann die Erhaltung mehrfacher Freibeträge und Progressionsmilderung bei zwei rasch aufeinanderfolgenden Vermögenserwerben sein (Eltern, die sich gegenseitig eingesetzt haben, sterben wenige Tage nacheinander).[416]

4517

(5) Beim gemeinschaftlichen Testament, das nach[417] dem Tod eines Ehegatten nicht mehr widerrufen werden kann (§ 2271 Abs. 2 Satz 1 Halbs. 1 BGB) erlaubt die Ausschlagung des ihm Zugewendeten dem überlebenden Ehegatten gem. § 2271 Abs. 2 Satz 1 Halbs. 2 BGB, seine Verfügung aufzuheben,[418] da er hierdurch die Bindung beseitigt und seine Verfügungsbefugnis zurückerlangt. Widerruft oder ändert er seine Verfügungen durch neues Testament,[419] werden gem. § 2270 Abs. 1 BGB auch die wechselseitigen Verfügungen des verstorbenen Ehegatten unwirksam.

(6) Gleiches gilt, wenn die Erbschaftsteuerfreibeträge des Erben bereits durch lebzeitige Schenkungen ausgeschöpft worden sind, die Ersatzerben (z.B. Enkel) aber noch über Freibeträge verfügen.

4518

(7) Ist der Vermögensanfall beim Erben (etwa wegen Insolvenz oder der Gefahr sonstigen Gläubigerzugriffs) nicht opportun, dient die Ausschlagung, die zivilrechtlich keine Schenkung dar-

---

413 OLG Frankfurt, 08.12.2009 – 20 W 325/09 ErbStB 2010, 332.
414 Zur Berechnung des Ehegattenpflichtteils allgemein *Gottwald*, EE 2016, 81 ff.
415 Berechnungsbeispiele bei *Keim*, MittBayNot 2014, 303, 305.
416 Das Ausschlagungsrecht ist vererblich, § 1952 BGB, so dass der Schlusserbe als Erbe des Letztverstorbenen die Ausschlagung nach dem Erstverstorbenen erklären kann, wenn beide Sterbefälle innerhalb von 6 Wochen erfolgt sind, vgl. *Berresheim*, RNotZ 2007, 504. Die Tarifermäßigung nach § 27 ErbStG führt zu geringeren Steuerreduzierungen, vgl. *Wachter*, ErbStB 2004, 258.
417 Vor dem Tod bedarf es gem. §§ 2271 Abs. 1 Satz 1, 2296 BGB einer notariell beurkundeten, dem anderen Teil zuzustellenden Widerrufserklärung; der Zugang kann auch an einen für den Bereich der Vermögenssorge bestellten personenverschiedenen (Ersatz-)Betreuer erfolgen, vgl. OLG Nürnberg, 06.06.2013 – 15 W 764/13, MittBayNot 2014, 72 m. Anm. *Gerono* = ZErb 2013, 306 m. krit. Anm. *Grädler* = ZEV 2013, 450 m. Anm. *Keim*; *Hausmann*, notar 2014, 58 ff.; OLG Hamm, 05.11.2013 – I-15 W 17/13, NotBZ 2014, 228; *Gutachten*, DNotI-Report 2014, 97. Zum Ganzen umfassend *Keim*, in: DAI-Skript 12. Jahresarbeitstagung des Notariats, 2014, S. 629 ff., dort auch (S. 638 ff.) zum Widerruf wechselbezüglicher Verfügungen eines gemeinschaftlichen Testaments gegenüber dem Bevollmächtigten des anderen Ehegatten (ein Rücktritt vom Erbvertrag gegenüber »sich selbst« als Generalbevollmächtigter des anderen ist rechtsmissbräuchlich, vgl. *Gutachten*, DNotI-Report 2015, 105f, und gegenüber einem nur für den Geschäftskreis »Postvollmacht« bestellten Betreuer unwirksam, OLG Karlsruhe, 09.06.2015 – 11 Wx 12/15, RNotZ 2015, 514).
418 Voraussetzung ist allerdings, dass der gesetzliche Erbteil erheblich hinter dem Zugewendeten zurückbleibt, vgl. *Siebert*, ZEV 2010, 455.
419 Gem. §§ 2254, 2258 BGB; auch durch ein vor der Ausschlagung bereits errichtetes, damals noch unwirksames, da gegen die Bindungswirkung verstoßendes, Testament! Abzustellen ist auf den Zeitpunkt des Ablebens des Erblassers (Dauerwirkung des Testaments).

stellt (Rdn. 107 ff.), der unmittelbaren »Durchleitung« an die Ersatzerben. Sollen Letztere anders als angeordnet (bzw. abweichend von der gesetzlichen Stammanteilsvermutung) erwerben, muss die Ausschlagung kombiniert werden mit einem Erbteilskauf[420] und Übertragungsvertrag unter den Ersatzerben.[421]

(8) Häufig soll (regelmäßig dann durch eine Mehrheit bzw. Kette von Ausschlagungen aller Erben I. und II. Ordnung) erreicht werden, dass der überlebende Ehegatte trotz abweichender gesetzlicher Erbfolge Alleinerbe wird. Scheitert dieses Vorhaben, etwa wegen der Unwirksamkeit der Erklärung eines der Miterben, sind bereits erklärte Ausschlagungen allerdings nicht anfechtbar.[422]

4519 (9) Weiterhin kann die Ausschlagung dazu dienen, Wertschwankungen zwischen dem Sterbezeitpunkt und dem Ausschlagungszeitpunkt (auf den hinsichtlich der Besteuerung der Abfindung abzustellen ist) auszunutzen.[423]

(10) Stirbt ein lebzeitig Beschenkter, ohne dass ein Rückforderungsrecht zur Neutralisierung gem. § 29 Abs. 1 Nr. 1 ErbStG vereinbart wurde, kann die Ausschlagung dazu dienen, den Schenker zum Alleinerben werden zu lassen, so dass er bei Identität des Schenkungsgegenstands die Steuerfreiheit gem. § 13 Abs. 1 Nr. 10 ErbStG in Anspruch nehmen kann.[424]

4520 (11) Schließlich kann die Ausschlagung dazu dienen, bei einem Widerspruch zwischen Testament und Gesellschaftsvertrag (eingeschränkte Nachfolgeklausel) den gesellschaftsrechtlich zugelassenen Nachfolger zum Erben zu bestimmen (mit der Folge der Inanspruchnahme der betrieblichen Vergünstigungen der §§ 13a, 19a ErbStG, die für Barabfindungen anstelle des Betriebsvermögens nicht gewährt werden).[425]

4521 Bestehen gemeinschaftliche Testamente oder Erbverträge, sollten diese bereits zu Lebzeiten beider überprüft werden, sofern keine einvernehmliche Änderung erfolgt bzw. (mangels Testierfähigkeit) erfolgen kann, sind wechselbezügliche Verfügungen in gemeinschaftlichen Testamenten ggf. gem. § 2271 BGB (durch notariell zu beurkundende, zugangsbedürftige Erklärung) zu widerrufen, auch ggü. dem Betreuer oder (falls der Widerrufende selbst Betreuer ist) Ergänzungsbetreuer (§ 1899 Abs. 4 BGB) des anderen Ehegatten.[426] Gleiches gilt beim Erbvertrag, sofern der Rücktritt[427] vorbehalten wurde, § 2296 BGB, oder einer der Rücktrittsgründe gem. §§ 2294, 2295 BGB vorliegt.

---

420 Hierzu *Muscheler*, RNotZ 2009, 65 ff.
421 Vgl. *Müller*, ErbStB 2006, 200 (mit Formulierungsvorschlägen zu einer Sonderkonstruktion, die auf Lebenszeit des Ausschlagenden die volle Erbschaft einem der beiden Ersatzerben ohne Liquiditätsbelastung zur Verfügung stellen soll: der ausschlagende Vater schließt mit dem »übernehmenden« Kind [Ersatzerbe 1] zum Ausgleich von Vorschenkungen an das andere Kind einen Schenkungsvertrag über den Wert der halben Erbschaft, dessen Vollzug auf seines, des Vaters, Tod, aufschiebend bedingt ist. Sodann schließt dieses Kind mit seinem Geschwister [Ersatzerbe 2] einen Kaufvertrag über den hälftigen Erbteil; als Gegenleistung tritt er den Anspruch aus dem Schenkungsversprechen gegen den ausschlagenden Vater ab. Zu beachten ist aber, dass der veräußernde Ersatzerbe trotz des Erbteilsverkaufs Schuldner der sofort fälligen Erbschaftsteuer bleibt; der übernehmende Ersatzerbe zahlt mit Ausführung des väterlichen Schenkungsversprechens die betreffende Schenkungsteuer zusätzlich zur ihn ebenfalls treffenden Erbschaftsteuer für seine hälftige Eigenersatzerbschaft).
422 OLG München, 04.08.2009 – 31 Wx 60/09, Rpfleger 2009, 682.
423 *Wachter*, ErbStB 2004, 259, verweist zudem auf Gestaltungsmöglichkeiten bei Auslandserbfällen, etwa bei Vererbung von in Italien gelegenem Vermögen und unverzüglicher Verlegung des Wohnsitzes nach Italien zwischen Sterbefall und Ausschlagung: Seit 25.10.2001 ist die Erbschaftsteuer in Italien abgeschafft.
424 Beispiel bei *Wachter*, ErbStG 2004, 259.
425 Beispielsfall: BGH, ZEV 2002, 322; *Wachter*, ErbStB 2004, 260.
426 Vgl. *Thonemann/Kanders*, ErbStB 2010, 316, 317. Bei Zweifeln über die Geschäftsfähigkeit sollte vorsichtshalber ggü. dem Ehegatten und dem Betreuer widerrufen werden.
427 Der dem anderen Erbvertragsbeteiligten rechtzeitig (in Ausfertigung) zugehen muss, vgl. zu den sicheren Übermittlungsmöglichkeiten *Brockmann*, MittBayNot 2015, 101 ff.

A. Schenkungsteuerrecht								Kapitel 12

Andernfalls bleibt nur die Anfechtung gem. §§ 2279 Abs. 1, 2281 Abs. 1 i.V.m. §§ 2078 ff. BGB, auch wegen eines Irrtums[428] über steuerliche Folgen (§ 2078 Abs. 2 BGB), binnen eines Jahres ab Kenntnis[429] des Anfechtungsgrundes (§ 2283 BGB), durch notarielle Erklärung (§ 2282 Abs. 3 BGB),[430] ggf. durch einen gesetzlichen Vertreter für den geschäftsunfähigen Erblasser[431] (§ 2282 Abs. 2 BGB), ggü. dem Vertragspartner (§ 143 Abs. 2 BGB), nach dem Tod des Partners ggü. dem Nachlassgericht, § 2081 Abs. 1 BGB). In begrenzter Umfang kann auch ein Dritter (§ 2285 BGB) vertragsmäßige (bzw. beim gemeinschaftlichen Testament wechselbezügliche[432]) Verfügungen anfechten. Der eintretende Steuervorteil ggü. dem »Berliner Testament« kann beträchtlich sein.[433] 4522

cc) Erbschaftsteuerliche Aspekte

Praxisrelevant sind die erbschaftsteuerlichen Aspekte der Ausschlagung, die häufig eine **Korrektur ungenügender Erbschaftsteuerplanung** erlaubt. Sie kann durch den Ehegatten etwa zur Inanspruchnahme der güterrechtlichen Lösung (Rdn. 4885 ff.) erfolgen oder zur Erlangung des gesetzlichen Erbteils (sofern nicht – wie allerdings i.d.R. – eine Ersatzerbeinsetzung vorliegt oder mehrere Erbteile zur teilweisen Geltendmachung angelegt sein (§ 1951 Abs. 3 BGB).[434] War der überlebende Ehegatte nur Vermächtnisnehmer und verstarb sodann auch er, ohne das Vermächtnis angenommen zu haben, zeitnah, können die Schlusserben (z.B. Kinder) das Vermächtnis (auch i.R.d. § 1371 Abs. 2 BGB) noch ausschlagen, so dass, neben dem kleinen Pflichtteil, der güterrechtliche Ausgleich als abzugsfähige Forderung entsteht (§ 10 Abs. 5 Nr. 1 ErbStG).[435] 4523

Häufig ist schließlich die **Ausschlagung gegen Abfindung**: Diese ist als »sekundärer Erwerb« anstelle der Erbschaft zu besteuern (§ 3 Abs. 2 Nr. 4, 2. Alt. ErbStG), und zwar als Erwerb vom Erblasser, nicht von demjenigen, der die Abfindung erbringt. Maßgebend für die Besteuerung ist der Gegenstand der Abfindung,[436] so dass die Übertragung des Familienheims als Abfindung die Freistellungen der § 13 Abs. 1 Nr. 4b oder c ErbStG vermitteln kann. Hat der nächstberufene Erbe die Abfindung erbracht (gleich ob aus Nachlass- oder aus eigenem Vermögen), kann er sie als Nachlassverbindlichkeit abziehen (§ 10 Abs. 5 Nr. 3 ErbStG). Nach überwiegender Auffassung soll dies auch dann möglich sein, wenn nicht der nächstbegünstigte Erbe, sondern ein Dritter zu seinen Gunsten die Abfindung geleistet hat (in der Leistung der Abfindung kann wiederum eine selbstständige freigiebige Zuwendung des Dritten zu seinen Gunsten liegen).[437] Grunderwerb- 4524

---

428 Allg. zum Irrtum des Erblassers und der Erben *Musielak,* ZEV 2016, 353 ff.
429 Die Frist beginnt auch zu laufen, wenn der Anfechtungstatbestand rechtsirrtümlich falsch beurteilt wird, BGH, 09.03.2011 – IV ZB 16/10, DNotI-Report 2011, 102.
430 Die Modalitäten der Begebung dieser Erklärung unterliegt nicht der notariellen Form, BGH, 10.07.2013 – IV ZR 224/12, ZEV 2013, 495.
431 Für eigene einseitige Verfügungen kommt die Anfechtung dagegen nicht in Betracht, da der Überlebende sie auch nach dem ersten Erbfall ändern kann; und zwar auch dann, wenn der Überlebende testierunfähig ist, vgl. OLG Bamberg, 22.05.2015 – 4 W 16/14, RNotZ 2016, 655.
432 Gem. BGH, 25.05.2016 – IV ZR 205/15, DNotZ 2016, 797 m. Anm. *Kanzleiter* = EE 2016, 129 m. Anm. *Möller* = NotBZ 2016, 339 m. Anm. *G. Müller* [Vorinstanz: OLG Stuttgart, 19.03.2015 – 19 U 134/14, ZEV 2015, 476 m. Anm. *Weidlich* = MittBayNot 2016, 518 m. abl. Anm. *Braun*] aber nur analog anwendbar auf wechselbezügliche Verfügungen des zweitversterbenden Ehegatten, da dem Erstversterbenden selbst nur ein Widerrufs-, kein Anfechtungsrecht zusteht.
433 *Thonemann/Kanders,* ErbStB 2010, 316 ff. (im Beispielsfall: »Berliner Testament«: 532.494,00 € Steuer, »Berliner Testament mit Pflichtteilsverlangen der Kinder«: 344.710,00 €, »gesetzliches Erbrecht«: 202.000,00 €, »Kinder Alleinerben, Ehegatte macht Pflichtteilsrecht geltend«: 192.000,00 €).
434 Vgl. *Ivo,* ZEV 2002, 147.
435 *von Oertzen/Reich* ZEV 2010, 281.
436 Bei Übertragung von Betriebsvermögen soll dies allerdings nicht erbschaftsteuerlich begünstigt sein, R 55 Abs. 4 Satz 4 ErbStR 2003, a.A. *Wachter,* ErbStB 2004, 257.
437 *Viskorf/Glier/Hübner/Knobel/Schuck,* ErbStG, § 3 Rn. 318. Vgl. insgesamt *Tölle,* NWB 2013, 148 ff.

steuerlich bleibt es auch hier bei der Befreiung des § 3 Nr. 2 Satz 1 GrEStG.[438] Ertragsteuerlich liegt allerdings in der Abfindung Entgelt, Rdn. 4526 ff.

4525 Eine weitere Möglichkeit zur Erbschaftsteuervermeidung bietet § 29 Abs. 1 Nr. 4 ErbStG. Demnach erlischt die Steuer mit Wirkung für die Vergangenheit, soweit ererbte oder geschenkte Vermögensgegenstände binnen 24 Monaten einer gemeinnützigen Körperschaft, insb. Stiftung, zugeführt werden.

dd) Ertragsteuerrecht

4526 Zu beachten ist aber, dass die Finanzverwaltung[439] und nunmehr auch die Rechtsprechung[440] ertragsteuerlich in der Erbschaftsausschlagung gegen Abfindung ein entgeltliches Rechtsgeschäft sieht, so dass ein steuerpflichtiger Veräußerungsgewinn ausgelöst werden kann. Die **Ausschlagung gegen Abfindung** wird also **ertragsteuerlich** so behandelt, als hätte der Nachlass zunächst dem »vorläufigen« Erben gehört, der ihn sodann gegen Entgelt (Abfindung) auf den Ersatzerben »übertragen« hat. Befindet sich im Nachlass Betriebsvermögen oder solches Privatvermögen, dessen Veräußerung Steuerbelastungen auslöst (z.B. gem. § 17 EStG oder § 23 EStG: Besteuerung privater Veräußerungsgewinne), führt die Abfindung hinsichtlich des Anteils, der auf solche Gegenstände entfällt, zu einem Veräußerungsgeschäft. Dabei ist der Aufteilung der Anschaffungskosten, welche die Beteiligten auf die einzelnen Wirtschaftsgüter der Gesamthand vornehmen, im Zweifel zu folgen.[441]

4527 Nicht als Ausschlagungs-»Entgelt«, das Anschaffungskosten bzw. Veräußerungserlöse generiert, zählen allerdings Versorgungsrenten, die im Gegenzug für eine Ausschlagung gewährt werden, sofern ihre Höhe hinter dem erzielbaren Ertrag aus dem an den Ersatzerben fallenden Nachlass zurückbleibt (vgl. Rdn. 6212 ff. zum »Numerus Clausus« derjenigen Gegenleistungen, die ertragsteuerlichen Entgeltcharakter aufweisen).

4528 Die Folgen bspw. des § 23 EStG können möglicherweise vermieden werden durch unmittelbare Veräußerung des Erbanteils selbst:[442] Der BFH hat[443] die Veräußerung einer gesamthänderischen Beteiligung deutlich von der Veräußerung des Wirtschaftsguts selbst differenziert (Ablehnung eines »wirtschaftlichen Durchgriffs«), woraufhin der Gesetzgeber in § 23 Abs. 1 Satz 4 EStG die Anschaffung oder Veräußerung einer Beteiligung an einer Personengesellschaft (nicht allerdings an einer Erbengemeinschaft!) der Steuer unterworfen hat. Teilweise wird jedoch vertreten, die Regelung zu Personengesellschaftsanteilen müsse erst recht für die stärker vom Zufall geprägte Erbengemeinschaft gelten.[444]

8. Vermächtnis und Erbschaftsteuer

a) Zivilrechtlicher Erwerb

4529 Zur Vervollständigung sei die erbschaftsteuerliche Bewertung des Vermächtnisanfalls, der Vermächtniserfüllung sowie etwaiger Surrogatleistungen skizziert, obwohl auch sie (wie die pflichtteilsrechtliche Parallelthematik) eher erbschaft- als schenkungsteuerliche Relevanz aufweist. Zivilrechtlich erwirbt der Vermächtnisnehmer seinen letztwillig geschaffenen[445] Anspruch unmittelbar, nicht

---

438 *Halaczinsky*, ZEV 2003, 97; *Gottwald*, ZErb 2005, 319.
439 BMF v. 14.03.2006, BStBl. 2006 I, S. 253, Tz. 37; *Tiedtke/Wälzholz*, BB 2001, 237; a.A. *Zimmermann*, ZEV 2001, 7.
440 BFH v. 20.04.2004, BStBl. 2004 II, S. 987.
441 Vgl. Tz 37 und 42 des BMF-Erlasses v. 14.03.2006, BStBl. 2006 I, S. 253 ff.
442 Vgl. *Tiedtke/Wälzholz*, BB 2001, 234 ff.
443 Im Urt. v. 04.10.1990 – XR 148/88, BStBl. 1992 II, S. 211.
444 So etwa *Geck/Messner*, ZEV 2001, 148.
445 Übersicht mit Formulierungsvorschlägen zu Grundstücksvermächtnissen bei *Tersteegen*, RNotZ 2013, 284 ff.

erst mit der ex nunc wirkenden »Annahme« (Letztere beseitigt allerdings das Recht zur Ausschlagung, das – anders als bei der Erbschaft – nicht bereits durch Fristablauf verloren geht, § 2180 Abs. 1 BGB.[446] Auch ein **Minderjähriger** kann das Vermächtnis ohne Mitwirkung Dritter oder des Gerichtes annehmen – anders, wenn das Vermächtnis mit einem Untervermächtnis beschwert ist,[447] oder wenn der Minderjährige zum Kreis der pflichtteilsberechtigten Personen gehört, da er mit der Annahme dann auch sein Ausschlagungsrecht und damit den unbelasteten Pflichtteil gem. § 2307 Abs. 1 BGB verliert[448]). Die Verjährung folgt §§ 195, 199 BGB, bzw. – sofern auf Grundbesitz gerichtet – § 196 BGB (str.[449]).

b) Erbschaftsteuer

aa) Ausschlagung des Vermächtnisses

Erbschaftsteuerlich lässt die »schlichte« **Ausschlagung des Vermächtnisses** (die nur einheitlich für das jeweils gesamte Vermächtnis erfolgen kann, da eine § 1951 Abs. 3 BGB vergleichbare Regelung fehlt) einen steuerpflichtigen Vermögensanfall endgültig nicht (mehr)[450] eintreten.[451] Werden zur Abfindung einer solchen Ausschlagung Vermögensgegenstände übertragen, liegt ein gem. § 3 Abs. 2 Nr. 4, 4. Alt. ErbStG steuerbarer Erwerb von Todes wegen vom Erblasser vor (so dass der Steuerwert des betreffenden Objektes anzusetzen ist und Grunderwerbsteuer wegen § 3 Nr. 2 GrEStG verdrängt ist). Würde dagegen ein anderes Grundstück anstelle des vermächtnisweise geschuldeten, »an Erfüllung statt«, geleistet werden, ist das tatsächlich Geleistete nicht Gegenstand eines erbrechtlichen Erwerbs, so dass § 3 Nr. 2 GrEStG nicht sperrt.[452]

4530

bb) Annahme des Vermächtnisses

Nimmt der Begünstigte dagegen das Vermächtnis (i.d.R. konkludent) an, entsteht Erbschaftsteuer gem. § 1 Abs. 1 Nr. 1, § 3 Abs. 1 Nr. 1 ErbStG bereits im Zeitpunkt des Ablebens des Erblassers (§ 9 Abs. 1 Nr. 1 ErbStG, da keiner der in Nr. 1a bis j genannten Ausnahmetatbestände vorliegt), also des Vermächtnisanfalls[453] (§§ 2174, 2176 BGB), so dass auch der Abzug beim Erben sofort möglich ist (lediglich bei völlig unbestimmter Fälligkeit des Vermächtnisses tendiert der BFH dazu, dieses erst mit seiner Geltendmachung steuerlich zu berücksichtigen.[454]). Für die Besteuerung ist es also grds.[455] unerheblich, ob und in welcher Höhe der Anspruch (sofern nicht ausgeschlagen wird) tatsächlich erfüllt wird[456] (ein Verzicht nach der Annahme löst sogar neuerliche Schenkungsteuer aus!).[457]

4531

---

446 BGH, 12.01.2011 – IV ZR 230/09, NotBZ 2011, 170 [§ 2180 Abs. 3 BGB verweist nicht auf § 1944 BGB].
447 *Röhl*, MittBayNot 2013, 189, 195.
448 *Keim*, in: DAI, 11. Jahresarbeitstagung des Notariats 2013, Skript S. 466.
449 OLG München, 26.07.2017 – 7 U 302/17, ErbR 2017, 662; a.A. die Gesetzesbegründung, BT-Drucks. 16/8954, die aber wohl § 196 BGB übersehen hat. Für dreijährige Regelverjährung *Damrau*, ZErb 2015, 333 [ebenso *Schindler*, ZEV 2017, 7 für Ansprüche aus § 2287 BGB], für § 196 BGB *Papenmeier*, EE 2017, 51.
450 Ein etwa bereits ergangener Bescheid ist wegen der Rückwirkung der Anfechtung gem. § 175 Abs. 1 Satz 1 Nr. 2 AO aufzuheben.
451 BFH, 08.06.1977 – II R 76/69, BStBl. 1979 II, S. 562.
452 BFH, 10.07.2002 – II R 11/01, MittBayNot 2003, 73; *Berresheim*, RNotZ 2007, 517.
453 Entsteht der Vermächtnisanspruch bürgerlich-rechtlich nicht, z.B. wegen Unmöglichkeit (§§ 275, 2169 ff. BGB), unterbleibt auch eine Besteuerung, *Kamps*, ErbStB 2008, 267.
454 BFH, BStBl. 2003 II, S. 921; hierzu *Everts*, ZErb 2004, 373.
455 Billigkeitserlass gem. § 163 AO, wenn die an sich festzusetzende Erbschaftsteuer den tatsächlich erhaltenen und erlangbaren Wert über steigt, FG Düsseldorf, 10.03.2010 – 4 K 3000/09 Erb, BeckRS 2010, 07702.
456 BFH v. 18.10.2000 – II R 46/98, ZEV 2001, 208.
457 RFH, 31.07.1931 – I e A 279/31, RStBl. 1931, 678; *Fliedner*, ErbStB 2010, 374, 375.

4532 Hat der Erblasser bestimmt, dass der Vermächtnisanspruch (der gemäß § 2176 BGB, vorbehaltlich der Annahme, an sich bereits mit dem Erbfall entsteht) erst zu einem späteren Zeitpunkt entstehen soll – sogenanntes **befristetes Vermächtnis** – oder unter einer Bedingung i.S.d. §§ 2074, 2075 BGB[458] steht – **bedingtes Vermächtnis«** – jeweils mit späterem Vermächtnisanfall gem. § 2177 BGB, tritt die steuerliche Abzugsfähigkeit (beim Erben) bzw. Besteuerung (beim Vermächtnisnehmer) erst mit diesem Zeitpunkt (Befristung bzw. Bedingung) ein. Handelt es sich dagegen um ein sog. **betagtes Vermächtnis** (also ein Vermächtnis, das gem. § 2176 BGB bereits mit dem Erbfall entsteht, dessen Fälligkeit jedoch hinausgeschoben ist), tritt die Abzugsfähigkeit/Besteuerung zwar sofort ein, jedoch in einer gem. § 12 Abs. 3 BewG um 5,5 % p.a. verringerten Höhe, sofern kein tatsächlicher Stundungszins im Testament festgelegt ist (in letzterem Fall bleibt es bei der vollen Abzugsfähigkeit, ohne dass der Stundungszins selbst hinzuzurechnen wäre). Allerdings handelt es sich **ertragsteuerlich** bei den tatsächlich gezahlten[459] bzw. fiktiv gem. § 12 Abs. 3 BewG, Rdn. 6217 ff., »unterstellten« Stundungszinsen[460] um beim Vermächtnisnehmer steuerpflichtige Einnahmen gem. § 20 Abs. 1 Nr. 7 EStG.[461]

▶ Hinweis:

Das Entstehen steuerpflichtiger Zinseinkünfte lässt sich vermeiden, wenn dem Vermächtnisnehmer ein betagtes Sachvermächtnis ausgesetzt wird, verbunden mit der Befugnis des Erben, einen wertkongruenten Barbetrag an dessen Stelle zu setzen.

4533 Handelt es sich dagegen um ein **aufschiebend** (nicht auflösend!) **bedingtes Vermächtnis** (incertus an, incertus quando), entsteht die Steuer auf das Vermächtnis erst mit dem Eintritt der Bedingung (§ 9 Abs. 1 Nr. 1a ErbStG); der Erbe kann die Belastung erst dann gem. §§ 5 Abs. 2, 6 Abs. 2 BewG abziehen (Änderung des ursprünglichen Steuerbescheids gem. § 175 Abs. 1 Satz 1 Nr. 2 AO auf Antrag binnen eines Jahres nach dem Ereignis). Dadurch lassen sich Steuerfreibeträge mehrfach ausnutzen,[462]

▶ Beispiel:

Aussetzung eines Vermächtnisses an die überlebende Ehefrau, fällig 11 Jahre nach dem Tod des Ehemannes für den Fall (= aufschiebende Bedingung), dass die Ehefrau dann noch lebt und nicht neuerlich verheiratet ist,

auch in Kombination mit »Belohnungseffekten«:

▶ Beispiel:

Der Unternehmensnachfolger erhält ein weiteres (bedingtes) Vermächtnis fällig 11 Jahre nach dem Tod des Erblassers für den Fall, dass er dann noch lebt und Unternehmensinhaber ist.

4534 Unsicher ist die Rechtslage, wenn der Erbe ein ihm testamentarisch auferlegtes **Vermächtnis erfüllt**, obwohl es den **Wert des erhaltenen Nachlasses** (möglicherweise gar deutlich) über-

---

458 § 2162 Abs. 2 BGB enthält eine 30-Jahres-Grenze ab Erbfall für den Bedingungs- (oder Befristungs)Eintritt, es sei denn, der Bedingungseintritt knüpft an ein Ereignis (z.B. Verfügungen über einen geerbten Gegenstand) in der Person des Beschwerten (Erben bzw. Erbeserben) an, und der Beschwerte (z.B. der Erbeserbe) ist z. Zt. des Erbfalls bereits am Leben, vgl. § 2163 BGB und *Gutachten*, DNotI-Report 2017, 75f.
459 BFH, 20.10.2015 – VIII R 40/13, ZEV 2016, 221 = ErbStB 2016, 97 (testamentarisch angeordnete Verzinsung); hierzu *Wälzholz*, DNotZ 2016, 779, 787 sowie *Ihle*, notar 2017, 53, 66 f.
460 Die Besteuerung erfolgt dann allerdings erst im Zuflusszeitpunkt, dieser liegt nicht bereits im bloßen Unterlassen der Geltendmachung der Zinsen, da darin keine »Verfügung« über den Zinsanspruch liegt, vgl. BFH, folgende Fn. Unterbleibt die Geltendmachung dauerhaft, kann darin allerdings eine schenkungsteuerpflichtige Rückschenkung an den Erben liegen.
461 BFH, 20.10.2015 – VIII R 40/13, ZEV 2016, 221 = ErbStB 2016, 97.
462 *Stein*, ZEV 2011, 572 ff.

A. Schenkungsteuerrecht

steigt.[463] Zu fragen ist, ob die Nichtausschlagung der solchermaßen überbeschwerten Erbschaft bzw. die Nichtgeltendmachung der Überschuldungseinreden, etwa gemäß § 1992 BGB, oder sonstiger Kürzungsmöglichkeiten, wenn der Erbe selbst zum Kreis der pflichtteilsberechtigten Personen zählt, als freigebige Zuwendung (Schenkung) an die Vermächtnisnehmer zu werten ist oder nicht. Bei Anwendung allgemeiner Rechtsgrundsätze wäre dies nicht der Fall (zumal auch die Ausschlagung selbst, sofern sie stattfände, nicht als Zuwendung des Ausschlagenden an den Nächstberufenen gewertet wird), ferner dürfte die bloße Nichtgeltendmachung von Einreden keine freigebige Zuwendung i.S.d. § 7 Abs. 1 Nr. 1 ErbStG darstellen, jedenfalls wenn keine vertragliche Vereinbarung insoweit zugrunde liegt.

4535   Trifft diese rechtliche Einschätzung zu, könnte der Erbe, indem er die übermäßig beschwerte Erbschaft nicht ausschlägt, wirtschaftlich aus seinem Vermögen den Vermächtnisnehmern (z.B. den eigenen Kindern) Werte zuwenden, die zwar wirtschaftlich aus seinem, des Erben, Vermögen stammen, aber hinsichtlich des Steuerfreibetrags als vom Erblasser erworben und damit dessen Freibeträge nutzend zu werten sind (da auch insoweit die Steuer auf den Vermächtniserwerb bereits mit dem Tod entsteht, und zwar in Höhe des Vermächtnisgegenstands, sofern keine Ausschlagung stattfindet). Möglicherweise liegt darin gar ein »Gestaltungsmodell«.

cc) Wertansatz

4536   Hinsichtlich des **Wertansatzes** für die Besteuerung (§ 3 Abs. 1 Nr. 1 ErbStG) ist zu differenzieren:

(1) Das **Stückvermächtnis** eines Einzelgrundstücks wird (trotz zwischenzeitlicher Bedenken, vgl. den nachfolgenden Absatz) zum **Steuerwert** angesetzt (R B 9.1 Abs. 2 und R B 151.2 Abs. 2 Nr. 4 S. 2 ErbStR 2011);[464] der Steuerwert wird nunmehr unmittelbar dem Vermächtnisnehmer ggü. festgestellt.[465] Anders dagegen beim **Gattungsvermächtnis** (§ 2155 BGB, unabhängig davon, ob die Auswahl dem Beschwerten obliegt, § 243 Abs. 2 BGB, oder einem Dritten, z.B. Testamentsvollstrecker bzw. dem Bedachten): **Nominalbetrag** (Verkehrswert), egal ob sich das Einzelstück im Nachlass befindet oder extern beschafft wird.

4537   Der BFH[466] hat obiter dicens im Sommer 2004 wegen der Stichtagsbetrachtung (am Todestag nur Sachleistungsanspruch!) hinsichtlich des Stück-Grundstücksvermächtnisses eine Wende zum Verkehrswertansatz angedeutet, diese Ankündigung jedoch in späteren Urteilen[467] nicht umgesetzt und im April 2008[468] jedenfalls für die Geltungsdauer des ErbStG 1974 (also bis Ende 2008) davon endgültig Abstand genommen (ist jedoch für Kaufrechtsvermächtnisse bereits im Juni 2008 diesem Grundsatz untreu geworden, Rn. 3236 der 3. Auflage dieses Werks).[469] Damit sind i.Ü. die insoweit bestehenden Befürchtungen der Kautelargestaltung (Rn. 3236 ff. der 3. Auflage) obsolet.

---

463 Vgl. hierzu *Dick*, ZEV 2014, 630 ff.
464 Daran hält die Finanzverwaltung weiter fest, OFD Düsseldorf und OFD Münster v. 30.06.2005, DB 2005, 1490: Behandlung des Sachvermächtnisnehmers so, als wäre der Grundbesitz dinglich auf ihn übergegangen.
465 FinMin Bayern v. 21.12.2010 – 34 – S 3715–009 – 50519/10, ZEV 2011, 104 sowie FM Baden-Württemberg vom 10. Februar 2011–3 – S 371.5/11, BeckVerw 288667 (anders noch Ländererlasse v. 30.03.2009, BStBl. 2009 I 546 Abschn. 2 Abs. 2 Nr. 4, 4 Abs. 1, 5 Abs. 1, 6 Abs. 1 Satz 3: Bedarfsbewertung ggü. dem Erben). Krit. *Hartmann* ErbStB 2011, 98: Bewertungsgegenstand sollte der Sachleistungsanspruch sein.
466 BFH, 02.07.2004 – II R 9/02, BStBl. 2004 II, S. 1039.
467 BFH, 02.03.2006 – II R 57/04, vgl. *Götz*, NWB 2007, 1464 = Fach 10, S. 1596.
468 BFH, 09.04.2008 – II R 24/06, ZEV 2008, 351; *Thouet*, RNotZ 2008, 489.
469 Mit dem bemerkenswerten Argument, bisher seien solche Kaufrechtsvermächtnisse als Zuwendung von Gestaltungsrechten klassifiziert worden, so dass der ausgesprochene Vertrauensschutz dafür nicht gelte, allerdings seien sie tatsächlich den Sachvermächtnissen gleichzustellen.

Übernimmt der Nachlass anstelle des Vermächtnisnehmers die auf das Vermächtnis entfallende Erbschaftsteuer (§ 10 Abs. 2 ErbStG), erhöht dies die Bemessungsgrundlage für Letztere.[470]

4538 (2) **Wahlvermächtnis** zwischen mehreren, genau bestimmten Einzelobjekten (egal, ob der Vermächtnisnehmer, der beschwerte Erbe oder ein Dritter auswählen darf): Maßgeblich ist der **Steuerwert** derjenigen Leistung, zugunsten derer das Wahlrecht ausgeübt wird,[471] und zwar erst im Zeitpunkt der Ausübung, § 9 Abs. 1 Nr. 1 lit. a ErbStG (Behandlung wie eine aufschiebende Bedingung). Gleiches gilt beim Bestimmungsvermächtnis, § 2151 BGB, und beim Zweckvermächtnis, § 2156 BGB.[472]

4539 (3) **Verschaffungsvermächtnis** (Gegenstand von außerhalb des Nachlasses ist mit Mitteln des Nachlasses zu erwerben): Nach herrschender Meinung beim Erben Abzug der Geldsumme, die er zur Erfüllung des Vermächtnisses benötigt, beim Vermächtnisnehmer ebenfalls (Korrespondenzprinzip!) Ansatz mit dem gemeinen Wert.[473]

4540 (4) Das Vermächtnis ist auf Geld gerichtet und wird nach »Annahme« **an Erfüllungs statt** durch Lieferung eines Grundstücks erfüllt (Verrechnung Kaufpreis gegen Vermächtnisanspruch – ertragsteuerlich liegt eine Veräußerung durch den Erben vor[474]): maßgebend ist der ursprüngliche Inhalt des Vermächtnisses, hier also der auf Geld gerichtete **Nominalbetrag**[475] (war es dagegen ursprünglich auf eine Grundstückslieferung gerichtet und wird nach Annahme an Erfüllungs statt durch Geldleistung erfüllt, bliebe es dementsprechend beim Grundstückswertansatz).[476] Teile der Literatur stellen auf den ursprünglichen Gegenstand auch bei Ausübung einer von vornherein eingeräumten **Ersetzungsbefugnis** ab.[477] Anders liegt es, wenn das (z.B. auf Geld gerichtete) Vermächtnis ausgeschlagen und als Abfindung (§ 3 Abs. 2 Nr. 4 ErbStG) ein Grundstück übertragen wird: in diesem Fall zählt lediglich der Steuerwert des Abfindungsobjektes, das zudem – wie der ursprüngliche Anspruch aus dem Vermächtnis – als vom Erblasser, nicht vom Erben, zugewendet gilt.

4541 (5) **Kaufrechtsvermächtnis** (Anspruch auf Abschluss eines Kaufvertrags über einen Nachlassgegenstand gegen den Erben, d.h. der Anspruch entsteht nicht schon mit Erbfall und damit Anfall des Vermächtnisses, sondern erst nach Ausübung des Kaufrechts): Soweit der Kaufpreis hinter dem Vermächtniswert zurückbleibt, muss der Vermächtnisnehmer die **Differenz zum Verkehrswert** (nicht zum Steuerwert)[478] versteuern, und zwar mit Geltendmachung des Kaufrechts (dies bedeutet für den Erben: Der Anfall des Hauses im Nachlass wird mit dem ggf. günstigeren Steuerwert berücksichtigt, als Nachlassverbindlichkeit wird der Verkehrswert,

---

470 FG Hamburg, 27.09.2011 – 3 K 83/11, DStRE 2012, 476.
471 Nach *Piltz*, ZEV 2005, 471 f. soll dies auch dann gelten, wenn mehrere Vermächtnisnehmer gemeinsam (hilfsweise ein Dritter oder der Testamentsvollstrecker) untereinander gem. § 2151 BGB bestimmen sollen, wer welches Vermächtnis erhält (Bestimmungs- und Verteilungsvermächtnis).
472 *Steiner*, ErbStB 2011, 144 ff.
473 BFH, 28.03.2007 – II R 25/05, ErbStB 2007, 196 m. Anm. *Halaczinsky*; zur identischen Entscheidung der Vorinstanz (FG Köln) krit. *Wachter*, MittBayNot 2006, 10.
474 *Stein*, ZEV 2011, 520 ff. Vorzuziehen ist daher das Wahlvermächtnis, § 2154 BGB, das eine einheitliche Forderung mit alternativem Inhalt vorsieht, nach Wahl des Erben oder eines Testamentsvollstreckers.
475 BFH, 25.10.1995 – II R 5/92, BStBl. 1996 II, S. 97 (keine analoge Anwendung des § 3 Abs. 2 Nr. 4 ErbStG).
476 *Carlé/Loy*, ErbStB 2007, 271.
477 *J. Mayer*, DStR 2004, 1409, 1411; a.A. *Daragan* ZErb 2004, 8, 13; vermittelnd *Steiner*, ErbStB 2011, 144, 146 (zunächst Besteuerung des Ursprungsgegenstandes, Neufestsetzung gem. § 175 Abs. 1 Satz 1 Nr. 2 AO bei Ausübung der Ersetzung).
478 BFH, 06.06.2001 – II R 14/00, BStBl. 2001 I, S. 725 = ZNotP 2001, 397; BFH, 13.08.2008 – II R 7/07, ZErb 2008, 351 m. Anm. *Daragan*; zu Letzterem auch *Kirnberger*, ErbStB 2009, 15. Der BFH bejaht allerdings (eher obiter) die Anwendbarkeit des § 13a ErbStG bei auf Betriebsvermögen bezogenen Kaufrechtsvermächtnissen. Dem folgt nun die Finanzverwaltung (FinMin Baden-Württemberg v. 22.12.2009, 3 – S 3812a/20 ZEV 2010, 108).

abzgl. des Kaufpreises, zugrunde gelegt). Soll also der Erbe erbschaftsteuerlich entlastet werden, empfiehlt sich das Kaufrechtsvermächtnis – büßen dafür muss allerdings der Vermächtnisnehmer, zumal der BFH auch Übernahmerechte mit geringer Gegenleistung (Versorgung der Witwe; Übernahme der Beerdigungskosten) als »Kaufrechtsvermächtnis« klassifiziert.[479]
Der entgeltliche Anteil bei Ausübung des Kaufrechtsvermächtnisses stellt einen Anschaffungsvorgang dar, der bei späterem Verkauf ggf. »Spekulationssteuer« (§ 23 Abs. 1 Satz 1 Nr. 1 EStG) auslösen kann;[480] Grunderwerbsteuer fällt daneben wohl nicht an[481] (anders bei der letztwilligen Zuwendung eines Vorkaufsrechtes: der nach Ausübung des Vorkaufsrechts zustande kommende Kaufvertrag unterliegt der Grunderwerbsteuer).[482] Ist Gegenstand des Vermächtnisses die Zuwendung eines Wahl- bzw. Gestaltungsrechtes zum Abschluss eines Schenkungsvertrages oder einer Schenkung unter Auflage (sog. **Übernahmevermächtnis**),[483] ist demnach der Verkehrswert des Objektes insgesamt (als gemeiner Wert der zugewendeten aufschiebend bedingten Forderung gegen den Beschwerten)[484] maßgebend.

4542

Gem. § 10 Abs. 1 Satz 2 i.V.m. § 10 Abs. 5 Nr. 2 ErbStG kann der Vermächtnisnehmer vom Wert des Vermächtnisanfalls die Verbindlichkeiten aus Vermächtnissen abziehen, also bspw. den Betrag von Untervermächtnissen, mit denen der Vermächtnisnehmer gem. § 2186 BGB beschwert ist. Handelt es sich dabei um Geldzahlungspflichten, und nicht um an dem vermachten Gegenstand einzuräumende (z.B. Nießbrauchs-)Rechte, erfolgt eine Kürzung des Geldabzugsbetrages i.S.d. § 10 Abs. 6 ErbStG auch dann nicht, wenn der Vermächtnisgegenstand (z.B. als Betriebsvermögen) zu einem reduzierten Wertansatz berechtigt. Es liegt bei solchen Geldvermächtnissen nämlich nur eine rechtliche, keine wirtschaftliche Verbindung zum Vermächtnisgegenstand vor[485] (vgl. auch Rdn. 4488 zur entsprechenden Wertung im Hinblick auf die Abzugsfähigkeit der Pflichtteilslast). Verfügungsbeschränkungen auf dem Vermächtnisgegenstand (etwa in Gestalt einer Dauertestamentsvollstreckung) führen zu keinem Abschlag bei der Bewertung (§ 9 Abs. 2 Satz 3, Abs. 3 Satz 2 BewG),[486] ebenso wenig die Belastung des Vorvermächtnisnehmers durch das Nachvermächtnis, da gem. § 6 Abs. 4 ErbStG Letzteres als Erwerb vom Vorvermächtnisnehmer besteuert wird.

4543

IV. Entstehung der Schenkungsteuer (§ 9 ErbStG)

1. Bedeutung

Der Entstehenszeitpunkt – der vom Zeitpunkt der Fälligkeit (§ 220 AO), zu unterscheiden ist – ist maßgeblich
(1) für den Stichtag der Wertermittlung (§ 11 ErbStG),
(2) die Feststellung des Verwandtschaftsverhältnisses und der Steuerklasse (§ 15 ErbStG),

4544

---

479 Im Urteil BFH, 13.08.2008 – II R 7/07, ZErb 2008, 351 m. Anm. *Daragan*; näher gelegen hätte die Auslegung als bedingte Erbeinsetzung oder Erbeinsetzung unter Auflage.
480 BFH, 29.06.2011 – IX R 63/10, ZEV 2011, 551 m. Anm. *Seifried*; vgl. *Geck/Messner*, ZEV 2011, 420.
481 FG Köln, 28.10.2015 – 5 K 585/14, ZEV 2016, 407 m. krit. Anm. *Behrens* (n. rkr., Az BFH: II R 7/16), hierzu auch *Holtz/Stalleiken*, ErbR 2016, 130, 133; *Gottwald* ZEV 2009, 51 (daher ist die letztwillige Zuwendung eines Ankaufsrechtes der eines Vorkaufsrechtes, s. folgende Fußnote, überlegen. Möglicherweise wird allerdings das derzeitige »alles oder nichts Prinzip« künftig zugunsten der GrESt-Belastung des nicht verbilligten Anteils aufgegeben, vgl. *Gottwald*, DNotZ 2006, 818 f.
482 BFH, 08.10.2008 – II R 15/07, ZEV 2009, 49 m. Anm. *Gottwald*; *Ihle*, DNotZ 2010, 725, 737.
483 Beispielsfall: FG Baden-Württemberg, 08.12.2006 – 9 K 23/05, ErbStB 2007, 100.
484 Nach früherer Sichtweise war das Gestaltungsrecht selbst Erwerbsgegenstand.
485 BFH, 22.07.2015 – II R 21/13, MittBayNot 2016, 359 m. Anm. *Ihle*; *Ihle*, notar 2016, 49, 51; *Loose*, ErbR 2016, 136 ff.
486 FG Düsseldorf, 22.11.2016 – 4 K 2949/14 Erb, ErbStG 2017, 35.

(3) die Gewährung der Steuerermäßigung bei mehrfachem Erwerb desselben Vermögens (§ 27 ErbStG),

(4) die Zusammenrechnung innerhalb eines »einheitlichen Erwerbs«, insb. aber mit früheren Erwerben (§ 14 ErbStG),

(5) ebenso zur Abgrenzung des zeitlichen Anwendungsbereichs bei Gesetzesänderungen.

Der Ausführungszeitpunkt ist ferner entscheidend, wenn kurz nach Erwerb das verschenkte Grundstück durch den Erwerber **weiterverkauft** wird: bei »aneinandergereihten« Auflassungen ohne Bewilligung der Eintragung des Ersterwerbers liegt eine Geldschenkung vor: der zuerst Beschenkte hat keine wirtschaftliche Verfügungsbefugnis erlangt, die er hätte ausnutzen können.[487]

2. Grundsatz

4545 Der gesetzliche Tatbestand,[488] an dessen Verwirklichung das Steuerschuldverhältnis anknüpft, ist in § 9 Abs. 1 Nr. 1 bis 4 ErbStG geregelt. Während bei **Erwerben von Todes wegen** die Steuer grds. mit dem Tod entsteht[489] – auch zulasten des Vermächtnisnehmers[490] (unterbleibt die Erfüllung des Vermächtnisses, ist der Steuerbescheid aufgrund eines Ereignisses mit Rückwirkung zu ändern, § 175 Abs. 1 Nr. 2 AO – wobei der BFH zwischenzeitlich zu erkennen gibt, bei völlig unbestimmter Fälligkeit des Vermächtnisses dieses erst mit seiner Geltendmachung steuerlich zu berücksichtigen,[491] vgl. auch Rdn. 4500 zu betagten, bedingten und befristeten Vermächtnissen) –, ist bei Pflichtteilsansprüchen auf den Zeitpunkt der Geltendmachung abzustellen (§ 9 Abs. 1 Nr. 1b ErbStG – vgl. hierzu Rdn. 4482, Rdn. 4491).

3. Ausführung der Schenkung

4546 Schenkungsteuer dagegen entsteht mit dem Zeitpunkt der »**Ausführung der Schenkung**« (§ 9 Abs. 1 Nr. 2 ErbStG).[492] Erforderlich ist hierfür nicht allein die Erlangung »wirtschaftlichen Eigentums« i.S.d. § 39 Abs. 2 AO, sondern wegen der Maßgeblichkeit des bürgerlich-rechtlichen Vorgangs die zivilrechtliche Wirksamkeit[493] und Endgültigkeit der Zuwendung. Ein freier Widerrufsvorbehalt oder eine Schenkung unter Vorbehaltsnießbrauch stehen dem Entstehen der Schenkungsteuerpflicht dabei nicht entgegen.[494] Auch eine Kumulation von Rückforderungsrechten und weiteren Vereinbarungen zugunsten des Veräußerers, z.B. ein Nießbrauchsvorbehalt, ändern hieran nichts (Rdn. 2143).

4547 Liegt eine in Raten zu erbringende Geldschenkung vor, wird diese mit Zahlung der jeweiligen Rate ausgeführt. Ist Zuwendungsgegenstand jedoch der Anspruch auf die Geldzahlung, mag letztere auch in Raten gestundet sein, ist die Schenkung sofort ausgeführt; hinsichtlich der Bewertung erfolgt Abzinsung gem. § 12 Abs. 3 BewG, Rdn. 6217 ff. Das bloße Schenkungsversprechen in Be-

---

487 FG Hessen, NotBZ 2003, 319; anders bei Verkauf 4 Tage nach eigenem Erwerb: BFH, BStBl. 1991 II, S. 320 ff. Differenzierend *Schuck*, DStR 2004, 1951.
488 Überblick bei *Schmid*, ZEV 2015, 387 ff.
489 Anders allerdings bei der Erfüllung unwirksamer, z.B. maschinenschriftlicher oder mündlicher, letztwilliger Verfügungen: Entstehung erst mit der Erfüllungshandlung, vgl. BFH, 28.03.2007 – II R 25/05 BStBl. 2007 II, S. 461; BFH, BStBl. 1997 II, S. 11; anders auch bei Betagungen, Befristungen, Bedingungen – vgl. *Halaczinsky*, ErbStB 2007, 386 ff.
490 Vgl. hierzu *Halaczinsky*, ErbStB 2007, 385, auch zum Sonderfall des § 6 Abs. 4 ErbStG: beim Tod des Beschwerten fällige Vermächtnisse sind als vom Beschwerten stammend zu versteuern, so dass die Steuer erst dann entsteht.
491 BFH, BStBl. 2003 II, S. 921; hierzu *Everts*, ZErb 2004, 373.
492 Eingehend hierzu *Halaczinsky*, ErbStB 2008, 20 ff.
493 Die mündliche Schenkung von GbR-Anteilen genügt daher nicht, wenn im GbR-Vertrag Schriftform vereinbart ist, vgl. FG Niedersachen, 27.02.2007 – 3 K 34/06, ErbStB 2007, 263.
494 BFH, BStBl. 1989 II, S. 1034 (betraf Verfügungsvollmacht), BFH, BStBl. 1983 II, S. 179.

A. Schenkungsteuerrecht

zug auf Geldleistungen ist jedoch irrelevant, maßgeblich ist also die Übergabe des Geldbetrages bzw. die Ausführung des Überweisungsauftrages.[495]

Die unentgeltliche Einräumung einer **typischen Unterbeteiligung** hat bspw. lediglich den Charakter eines Schenkungsversprechens, so dass erst mit tatsächlicher Vereinnahmung der jeweils anteilig zugedachten Beteiligungserträge freigiebige Zuwendungen ausgeführt sind (Rdn. 2718).[496] Ähnlich ist bei Schenkung einer zunächst wertlosen, nachrangigen, Forderung, die jedoch mit einem »Besserungsschein« versehen ist, die Schenkung mit Eintritt des Besserungsfalles ausgeführt.[497]

▶ Hinweis:

Werden daher aufschiebend bedingte Ansprüche (z.B. auf Nachzahlung gegen den Käufer einer Immobilie, wenn er diese für andere als die derzeitigen Zwecke verwendet)[498] verschenkt, entsteht die Steuer erst mit dem Eintritt der Bedingung, führt aber dann zur Besteuerung in voller Höhe. Vorzuziehen ist der sofortige Verkauf gegen Entrichtung des geringen, derzeitigen Wahrscheinlichkeitswerts.[499]

4548

Bei **Grundstücksschenkungen** ist demnach an sich zur Prüfung des »Zeitpunkts der Ausführung der Schenkung« auf den zivilrechtlichen Eigentumserwerb durch Umschreibung im Grundbuch abzustellen. Damit wären jedoch die Beteiligten den Zufälligkeiten des Geschäftsgangs beim Grundbuchamt unterworfen – eine nicht zu rechtfertigende Ungleichbehandlung.

4549

Demzufolge ist die Schenkung eines Grundstücks bereits dann ausgeführt, wenn die Auflassung erklärt ist (bloße Vollmacht hierzu genügt noch nicht) und die Eintragungsbewilligung formgerecht abgegeben wurde, R E 9.1 Sätze 1 bis 4 ErbStR 2011.[500] Der Antrag auf Eigentumsumschreibung braucht beim Grundbuchamt noch nicht gestellt worden zu sein (R E 9.1 Satz 5 ErbStR 2011), allerdings muss der Beschenkte berechtigt sein, von der Eintragungsbewilligung Gebrauch zu machen.[501] Auf den Besitzerwerb (Übergang von Besitz, Nutzungen und Lasten) kommt es grds. nicht an.[502] Dies gilt auch für die mittelbare Grundstücksschenkung (Rdn. 5452).

4550

Grundstücksübertragungen[503] sind demnach – sofern die Umschreibung nachfolgt (Rdn. 4554) – jedenfalls bereits mit Erklärung der Auflassung und Abgabe der Eintragungsbewilligung[504] ausgeführt; bei **Teilflächenschenkungen** wohl dann, wenn der Erwerber durch Stellung des Vermes-

4551

---

495 FG Münster, 25.04.2013 – 3 K 2972/12 Erb, ErbStB 2014, 115.
496 BFH, 16.01.2008 – II R 10/06, GmbH-StB 2008, 164; *Thouet*, RNotZ 2008, 483; die »Weitergabe« der Erträge führt demnach zugleich zu Erbschaft- und Einkommensteuerbelastung beim Erwerber!
497 BFH, 21.04.2009 – II R 57/07, ZEV 2009, 414 m. krit. Anm. *Ebeling*.
498 So FG Hannover, 23.02.2011 – 3 K 544/08, n.v.
499 *Daragan*, ZErb 2011, 203 ff.
500 FG Hamburg, ErbStB 2006, 278.
501 BFH, 02.02.2005 – II R 26/02, DStR 2005, 18: daher ist es nicht ausreichend, wenn der Beschenkte von der Eintragungsbewilligung erst nach dem Ableben des Schenkers Gebrauch machen darf, unabhängig von der Eintragung der Vormerkung.
502 BFH, BStBl. 1979 II, S. 642. Anders soll es jedoch dann liegen, wenn die Vertragsbeteiligten einen Dritten zur Bewilligung der Eigentumsumschreibung bevollmächtigt haben: In diesem Fall sei neben der Erklärung der Auflassung auch die Besitzverschaffung auf den Beschenkten erforderlich.
503 Anders liegt es bei der Schenkung eines grundstücksbezogenen Anspruchs, etwa eines Restitutionsanspruchs nach dem VermG: die Schenkung ist bereits mit der Beurkundung steuerlich ausgeführt, vgl. BFH, 24.08.2005 – II R 16/02, ErbStB 2006, 41 (die Bewertung erfolgt übrigens mit dem Steuerwert des Grundstücks, nicht als Sachleistungsanspruch mit dem gemeinen Wert).
504 FG Kassel, NotBZ 2003, 319; anders dann, wenn sich der Erwerber schuldrechtlich verpflichtet hat, von der Eintragungsbewilligung keinen Gebrauch zu machen: FG Niedersachsen, DStRE 2000, 479, OFD Rostock, ZEV 2001, 357.

sungsantrages und Auflassungsvollmacht in die Lage versetzt wird, die Umschreibung zeitnah[505] herbeizuführen.

▶ Hinweis:

Nach Verwaltungsauffassung (H E 9.1, letzter Spiegelstrich ErbStH 2011) soll jedoch auch für Teilflächen Gleiches wie für bereits vermessene Grundstücke gelten, so dass zur raschen Steuerentstehung die Auflassung samt Eintragungsbewilligung schon dann erklärt werden sollten, wenn sie grundbuchrechtlich mangels ausreichender Bestimmtheit noch nicht vollzogen werden können, verbunden mit einer unwiderruflichen Vollmacht an den Erwerber zur Durchführung der Vermessung. Zusätzlich sollte (vgl. Rdn. 4555) eine Vereinbarung dahin gehend aufgenommen werden, dass die Beteiligten die Schenkung als bereits derzeit ausgeführt ansehen. Der ganz sichere, jedoch zu höheren Transaktionskosten führende Weg besteht allerdings in der Sofortübertragung des Gesamtgrundstücks mit Rückforderungsvereinbarung gem. § 29 Abs. 1 Nr. 1 ErbStG hinsichtlich der »überschießenden« Fläche.

4552 Anders als im bürgerlichen Recht (§ 184 Abs. 1 BGB) wirken **behördliche, gerichtliche** (Rdn. 4022) **oder privatrechtliche Genehmigungen** nicht auf den Tag des Vertragsschlusses zurück,[506] so dass die Schenkung erst mit deren Erteilung ausgeführt sein kann (R E 9.1 Abs. 3 Satz 3 ErbStR 2011). Erfordert z.B. die Übertragung einer Lebensversicherung (Wechsel des Versicherungsnehmers) die Zustimmung des Versicherers, ist die Schenkung erst mit deren Zugang bewirkt.[507] Anstelle des Auftretens vollmachtloser privatrechtlicher Vertreter empfiehlt sich deren ggf. auch nur mündliche Bevollmächtigung mit späterer Vollmachtsbestätigung in grundbuchtauglicher Form. Haben die Beteiligten jedoch den Antrag auf behördliche (oder gerichtliche) Genehmigung[508] unverzüglich (jedenfalls nachdem ihre Notwendigkeit erkannt wurde[509]) gestellt und alles zu deren Erteilung Erforderliche getan, genügt bereits dies nach Ansicht der Finanzverwaltung[510] für die Ausführung (identischer Rechtsgedanke zur Unabhängigkeit von den Zufälligkeiten des Grundbuchvollzugs).[511]

4553 Ist allerdings (einheitlicher) Gegenstand der Schenkung das Grundstück in einem erst noch durch den Schenker herzustellenden (z.B. sanierten) Zustand, tritt die endgültige Vermögensmehrung, das Erlangen der freien Verfügung über den tatsächlichen Schenkungsgegenstand, erst mit Herstellung dieses Zustandes (Abschluss der Sanierungsarbeiten) ein.[512] Dies gilt auch für die mittelbare Schenkung eines Grundstücks mit noch zu errichtendem Bauwerk (Rdn. 5452).

---

505 Es schadet also eine Zeitbestimmung, gleich ob diese das schuldrechtliche Geschäft, oder den Vollzug des dinglichen Geschäftes betrifft: BFH, DStRE 2000, 870; OFD Rostock, ZEV 2001, 357.
506 FG Rheinland-Pfalz, ZEV 2003, 40 m. Anm. *Fumi*, EFG 2002, 1623; BFH, 27.04.2005 – II R 52/02, DNotI-Report 2005, 199, BFH, 26.10.2005 – II R 53/02, ErbStB 2006, 42 – ebenso i.R.d. § 23 EStG: BFH, MittBayNot 2002, 233; anders bei Auftreten eines mündlich bzw. privatschriftlich Bevollmächtigten!
507 FG Münster, 23.10.2014 – 3 K 265/12 Erb, ErbStB 2015, 63.
508 Die Abgrenzung ist teilweise schwierig: muss z.B. ein Ergänzungspfleger mitwirken, wird dessen Erklärung wohl als privatrechtliche Genehmigung (Ersetzung der Mitwirkung der Eltern) anzusehen sein, nach a.A. sollen wegen der Notwendigkeit einer gerichtlichen Bestellung des Pflegers die Grundsätze für behördliche Genehmigungen gelten.
509 Ausreichend ist es jedenfalls, wenn die Pflegerbestellung bzw. Genehmigung unmittelbar nach Vertragsschluss beantragt und binnen zwei Monaten erteilt wird, BFH, 08.11.1972, BStBl 1973 II, 287; es genügt, wenn der Ergänzungspfleger sodann die Genehmigung erteilt, BFH, 23.04.1992, BStBl 1992 II, 1024.
510 R E 9.1 Abs 3 Satz 4 ErbStR 2011; *Weinmann*, DStZ 2003, 848 und *Söffing/Thoma*, ErbStB 2004, 21.
511 *Schuck*, DStR 2004, 1948.
512 BFH, 22.09.2004 – II R 88/00, ZEV 2005, 34; *Billig*, ZEV 2003, 407. Es wäre – da die Schenkung damit erst nach Wegfall der Einheitswerte Ende 1995 erfolgt ist – günstiger gewesen, zunächst eine Schen-

A. Schenkungsteuerrecht

▶ **Hinweis:**

Der Zeitpunkt der Ausführung der Grundstücksschenkung ist bspw. bedeutsam, wenn die Beteiligten noch vor Umschreibung die unerwartet hohe Steuerlast erkennen und daher den Eigentumsübergang steuerneutral »stornieren« wollen, sich jedoch kein Rückforderungsrecht i.S.d. § 29 Abs. 1 Nr. 1 ErbStG vorbehalten haben (Steuerklausel, Rdn. 2285 ff.): da Auflassung und Bewilligung i.S.d. Rdn. 4551 nur dann als Ausführung der Schenkung genügen, wenn die Grundbuchumschreibung nachfolgt, kann durch rechtzeitige übereinstimmende Anweisung an den Notar zur Rücknahme des Umschreibungsantrags die erste Schenkung vermieden werden und es wird keine zweite (Rück-)Schenkung ausgelöst.[513] Das gleiche Ergebnis wird möglicherweise erreicht, wenn der bereits gestellte Antrag auf Erteilung einer behördlichen Genehmigung (Rdn. 4552 am Ende) wieder zurückgenommen wird.

4554

Die Beteiligten haben es jedoch nach Ansicht der Finanzverwaltung in der Hand, durch ausdrückliche Vereinbarung einen späteren Zeitpunkt der Steuerentstehung zu vereinbaren, obwohl die Auflassung und die Eintragungsbewilligung bereits erklärt wurden (R E 9.1 Abs. 1 Sätze 7 und 8 ErbStR 2011).

4555

4. Aufschiebend bedingter Erwerb

Voraussetzung ist jedoch der Eintritt einer Bereicherung beim Erwerber,[514] so dass **aufschiebend bedingte Erwerbe** erst mit Eintritt der Bedingung besteuert werden (§ 4 BewG)[515] (ebenso wie aufschiebend bedingte Beschwerungen erst dann abgezogen werden können, Rdn. 4424, 4866 ff.);

4556

▶ **Beispiel:**

Die (wegen § 176 HGB) auf den Zeitpunkt der Eintragung der Rechtsnachfolge im Handelsregister aufschiebend bedingte Schenkung eines Kommanditanteils ist auch steuerlich erst mit der Eintragung ausgeführt[516] (zu möglichen Ausweichgestaltungen s. Rdn. 2560). Zur Wertberechnung ist jedoch nach Ansicht der Rechtsprechung[517] auf den Zeitpunkt des Rechtsgeschäftes selbst, nicht der aufschiebenden Bedingung, abzustellen.

Zum auflösend bedingten Erwerb (§ 5 BewG) vgl. Rdn. 4870.

V. Wertermittlung (§ 10 ErbStG)

§ 10 Abs. 1 Satz ErbStG (Ermittlung der Bereicherung des Erwerbers) gilt unmittelbar lediglich für Erwerbsvorgänge von Todes wegen, aufgrund der allgemeinen Verweisung in § 1 Abs. 2 ErbStG jedoch auch entsprechend für Schenkungen unter Lebenden (mit Ausnahme der gemisch-

4557

---

kung der Immobilie im unsanierten Zustand vorzunehmen, und sodann eine mittelbare Schenkung der Kosten der Sanierung.

513 BFH, 24.07.2002 – II R 33/01, BStBl. 2002 II 781, sowie BFH, 27.04.2005 – II R 52/02, ZEV 2005, 530 m. Anm. *Everts*; *Reich*, ZNotP 2002, 454; OFD Frankfurt am Main, 06.08.2010 ErbStB 2010, 334. Krit. zur Rspr. des BFH *Gebel*, DStR 2004, 165 ff. (Unterbleiben der Eigentumsumschreibung sei lediglich Erlöschungsgrund; die Steuer entstehe, wenn die Auflassung erklärt und die Umschreibung bewilligt und beantragt sei.).

514 Daran fehlt es bei der Übertragung auf eine sog. kontrollierte liechtensteinische Familienstiftung, bei welcher der Stifter sich vorbehält, weiter über die Verwendung des Vermögens zu entscheiden, sogar sich dieses wieder zurück übertragen zu lassen (Rdn. 3025): keine Schenkungsteuerpflicht gem. BFH, 28.06.2007 – II R 21/05, EStB 2007, 329.

515 A.A. FG Münster, 16.02.2012 – 3 K 2923/09 Erb, EFG 2012, 1574 (n. rkr, Az BFH: II B 66/12, vgl. *Geck/Messner*, ZEV 2012, 633, 634): liegt die Bedingung allein in einem Verhalten des Beschenkten (hier: Zahlung eines Entgeltes) genüge es, dass der Schenker alles seinerseits Erforderliche getan habe.

516 BFH, 30.11.2009 – II R 70/06 EStB 2010, 173.

517 FG Münster, 16.02.2012 – 3 K 2923/09 Erb, ErbStB 2012, 239.

ten Schenkungen und Schenkungen unter Leistungsauflagen, s.o. Rdn. 4461 f.). Ein negativer steuerpflichtiger Erwerb ist lediglich bei Zuwendungen unter Lebenden denkbar (etwa Zuwendung eines Personengesellschaftsanteils mit negativem Betriebsvermögen), nicht jedoch beim Erwerb von Todes wegen.[518]

1. Stichtag

4558 Maßgeblicher Stichtag für die Wertermittlung ist der Zeitpunkt der Entstehung der Steuer (§§ 11, 9 ErbStG). Spätere Wertveränderungen, bspw. durch Kursverluste, bleiben daher ohne Einfluss, was zu Zufälligkeiten (Erblasser verstirbt während des Brandes seines Wohnhauses: exakter Beschädigungszustand im Todeszeitpunkt),[519] ja gerade zu Unbilligkeiten führen kann (Besteuerung eines Vermächtnisses mit dem Nominalwert, auch wenn sich der Kurswert des zu übertragenden Depots bis zur tatsächlichen Erfüllung deutlich verringert hat).

▶ Hinweis:

4559 Um zu erreichen, dass bei Kurswertverlusten des geerbten Depots wenigstens die Erbschaftsteuer nur aus dem tatsächlich zur Auszahlung kommenden Betrag erhoben wird, wäre dem Vermächtnisnehmer daher zu raten, das noch nicht angenommene Vermächtnis auszuschlagen und hierfür eine Abfindung i.H.d. verbleibenden Kurswerts zu vereinbaren, so dass nur diese der Besteuerung unterliegt).

4560 Abweichend von diesem Stichtagsprinzip wurden jedoch Grundbesitz und Betriebsgrundstücke bis zum 31.12.2006 zum Stichtag 01.01.1996 bewertet (§ 138 Abs. 4 BewG a.F.; vgl. Rn. 3234 der 3. Auflage).

2. Übernahme der Schenkungsteuer durch den Schenker

4561 Übernimmt der Schenker als Teil der Zuwendung[520] auch die Schenkungsteuer – bei Betriebsvermögen allerdings empfehlenswerter Weise nicht in Bezug auf etwaige Nachbesteuerungsbeträge (Rdn. 5545)! –, gilt nach § 10 Abs. 2 ErbStG als steuerpflichtiger Erwerb der Betrag, der sich aus der Zusammenrechnung des Steuerwerts der Zuwendung mit der aus ihr errechneten Steuer ergibt.[521] Die Übernahme der Schenkungsteuer durch den Veräußerer wirkt sich bei hoher Steuerprogression deshalb u.U. günstig aus, weil der Veräußerer die durch die Übernahme der Schenkungsteuer zusätzlich anfallende Schenkungsteuer wiederum dem Erwerber erstatten kann, ohne dass für diese Zusatzleistung eine weitere Erhöhung der Steuer stattfände, da § 10 Abs. 2 ErbStG insoweit abschließend ist.

▶ Beispiel:

4562 V schenkt seinem Neffen E – Steuerklasse II, Freibetrag 20.000,00 € – einen Geldbetrag von 200.000,00 €. Ohne Übernahme der Schenkungsteuer ergäbe sich hieraus eine Steuerlast von 17 % aus 180.000,00 €, also 30.600,00 €. Übernimmt V auch diese Steuer, erhöht sich der

---

518 Mittelbar kann zumindest derzeit ein negativer Erwerb sich dadurch vollziehen, dass Grundstücke, die zwar verkauft, aber noch nicht im Eigentum übertragen sind, als noch zum Nachlass gehörend (i.H.d. Steuerwerts) anzusetzen sind, während der Sachleistungsanspruch mit dem Verkehrswert abgezogen werden kann.
519 BFH, 02.03.2006 – II R 57/04, ZEV 2006, 373 (Erbschaftsteuer für die Versicherungsansprüche entsteht dagegen erst mit deren Fälligkeit).
520 Also nicht aufgrund späteren Entschlusses, FG Hessen, 19.09.2013 – 1 K 1072/10, ErbStB 2014, 5 (Az BFH: I R 40/13); darin liegt eine zweite Schenkung.
521 Dies gilt gem. H 27 und H 85 Abs. 3 (2. Beispiel) der Erbschaftsteuerrichtlinien auch dann, wenn im Fall des § 25 ErbStG Antrag auf sofortige Ablösung des gestundeten Steueranteils gestellt wird, BFH, BStBl. 2002 II, S. 314: Anzusetzen ist der nach § 25 Abs. 1 Satz 1 und 2 sofort zu zahlende Steuerbetrag und der nach dessen Satz 3 sich ergebende Ablösungsbetrag.

Wert des steuerbaren Erwerbs auf 230.600,00 € abzgl. 20.000,00 € Freibetrag; hierauf fällt eine Gesamtschenkungsteuer i.H.v. 17 %, also 35.802,00 € an. Wenn nun V dem E, um ihn vollständig steuerfrei zu stellen, auch diese Zusatzschenkungsteuer von 5.202,00 € »schenkt«, muss auf letzteren Betrag, obwohl er ebenfalls zugewendet wurde, wegen des abschließenden Charakters von § 10 Abs. 2 ErbStG keine weitere Steuer entrichtet werden.

▶ **Formulierungsvorschlag: Übernahme der Schenkungsteuer und Nebenkosten durch den Schenker**

Der Schenker trägt auch die für die Übertragung unmittelbar anfallende Schenkungsteuer (§ 10 Abs. 2 ErbStG), ebenso die weiteren Vollzugsnebenkosten, insbesondere bei Notar und Grundbuchamt. Die Beschenkten wiederum treten den Anspruch auf etwaige künftige Rückerstattung der Schenkungsteuer (§ 29 ErbStG) an den dies annehmenden Schenker ab, der diese Abtretung dem Finanzamt selbst anzuzeigen bevollmächtigt wird.

4563

Manchen Veräußerern ist in diesem Zusammenhang wichtig, klarzustellen, dass sie künftig entstehende weitere Schenkungsteuern (etwa Nachversteuerungstatbestände) nicht übernehmen (wie im Baustein Rdn. 4563 durch das Wort »anfallende« verdeutlicht) bzw. nur in Fällen in denen die auslösenden Tatbestände unvermeidbar waren:

4564

▶ **Formulierungsvorschlag: Begrenzte Übernahme der Schenkungsteuer für Nachbesteuerungstatbestände**

Der Schenker trägt auch die für die Übertragung unmittelbar anfallende Schenkungsteuer (§ 10 Abs. 2 ErbStG), ebenso die weiteren Vollzugsnebenkosten, insbesondere bei Notar und Grundbuchamt.

Der Schenker übernimmt jedoch nicht die (nacherhobene) Schenkungsteuer, wenn und soweit einer der Erwerber 1 oder 2 einen Nachsteuertatbestand gemäß § 13a Abs. 5 ErbStG (in der zum Stichtag geltenden Gesetzesfassung) verwirklicht, es sei denn es handelt sich um eine Veräußerung oder sonstige Verfügung über den Kommanditanteil aufgrund rechtlicher Verpflichtung ohne Ermessen der Erwerber, etwa aufgrund einer vom Veräußerer in Anspruch genommenen Mitverkaufsverpflichtung (drag-along), soweit vereinbart.

Die Beschenkten wiederum treten den Anspruch auf etwaige künftige Rückerstattung der Schenkungsteuer (§ 29 ErbStG) an den dies annehmenden Schenker ab, der diese Abtretung dem Finanzamt selbst anzuzeigen bevollmächtigt wird.

VI. Bewertung nach altem Recht (Rechtslage bis Ende 2008)

Maßgeblich sind für Bewertungsfälle, die noch dem alten Recht (Steuerverwirklichung bis 31.12.2008) unterfallen, die früheren Bestimmungen des Bewertungsgesetzes, auf die § 12 ErbStG verweist (vgl. hierzu R 91 ff. ErbStR 2003 [jetzt: R B 4 ff. ErbStR 2011] sowie die Erlasse der obersten Finanzbehörden der Länder v. 02.04.2007).[522] Diese Berechnungen können durchaus auch heute noch bedeutsam sein, etwa um zu ermitteln, welche Anrechnungswerte auf die derzeitigen Schenkungsteuerfreibeträge durch frühere Zuwendungen zu veranschlagen sind. Angesichts der gesunkenen Bedeutung der Bestimmungen wird auf die ausführlichen Erläuterungen in Rn. 3233 bis 3313 der 2. Aufl. dieses Buches verwiesen. Dem Grundsatz nach galt zur Ermittlung dieser schenkungsteuerliche Bedarfswert gem. § 138 ff. BewG: bei Ein- oder Zweifamilienhäusern sowie einzelnen Eigentumswohnungen war der 12,5-fache Jahresnettomietwert, zzgl. 20 % Aufschlag, abzgl. 0,5 % Alterungsabschlag pro Jahr seit Errichtung/Sanierung, max. für 50 Jahre, mindestens jedoch 80 % des reinen Grundstückswerts gem. aktueller Bodenrichtwertkarte anzusetzen; bei Betriebsgebäuden galt der Ansatz in der Bilanz des Veräußerers.

4565

---

522 BStBl. 2007 I, S. 314 ff. (Stand nach dem Jahressteuergesetz 2007).

VII. Bewertung nach neuem Recht (Rechtslage ab 2009)

4566 Diese bisherigen Vorschriften über die Bewertung von Grundbesitz (§§ 138 ff. BewG, Rdn. 4565) wurden nicht aufgehoben, sie blieben zunächst weiter bedeutsam für die Zwecke der Grunderwerbsteuer, da § 8 Abs. 2 GrEStG a.F. hierauf verwies, Rdn. 5640. Für die Erbschaft- und Schenkungsteuer ist gem. § 12 ErbStG der neu eingefügte 6. Abschnitt, §§ 157 ff. BewG, maßgebend. Demnach galten die auf den Einheitswert abzielenden Bewertungsvorschriften für die Grundsteuer, die zum Bedarfswert ergangenen Vorschriften für die Grunderwerbsteuer und die auf den gemeinen Wert gerichteten Bewertungsnormen für die Schenkung- und Erbschaftsteuer – ein Spiegelbild der Zersplitterung des deutschen Steuerrechts! Die Verfassungsmäßigkeit der Bewertungsvorschriften des Grundsteuergesetzes wird jedenfalls für Zeiträume ab 2009 durch den BFH[523] angezweifelt; die Finanzverwaltungen befinden sich im Abstimmungsprozess zur Reform des Gesetzes;[524] angestrebt ist eine Neubewertung zum 01.01.2022 (mit Wirksamwerden der neuen Grundsteuerwerte ab 2027). Auch die Verweisung des § 8 Abs. 2 GrEStG a.F. auf die Bedarfswerte gem. § 138 ff. BewG verstieß gegen den Gleichheitssatz (Art. 3 Abs. 1 GG),[525] so dass – und zwar rückwirkend zum 01.01.2009[526] – nunmehr die aktuellen Wertermittlungsvorschriften i.S.d. § 151 Abs. 1 Satz 1 Nr. 1 i.V.m. § 157 Abs. 1 bis 3 BewG zugrunde zu legen sind.

In verfahrensrechtlicher Hinsicht gelten gem. § 181 Abs. 1 und 5 AO die Vorschriften der AO zur Feststellung von Einheitswerten entsprechend.[527]

1. Grundvermögen

4567 Die Finanzverwaltung geht davon aus, dass die Bewertung von Grundstücken nach neuem Recht (gem. §§ 176 ff. BewG, erläutert durch gleichlautende Ländererlasse v. 05.05.2009, AE-BewGrV)[528] eine durchschnittliche Anhebung der steuerlichen Bemessungsgrundlage im Vergleich zur Rechtslage bis Ende 2008 um 66 % zur Folgen hatten (bei Eigentumswohnungen plus 59 %, für Mietwohngrundstücke plus 71 %, für Geschäftsgrundstücke und gemischt genutzte Grundstücke plus 78 %, bei Geschäftsgrundstücken plus 27 %). Besonders deutlich fiel der Anstieg aus für Objekte mit hohem Grund- und Bodenwert, jedoch relativ geringem bisherigem Mietertrag, sowie in Ballungsgebieten mit hohen Grundstückspreisen.

a) Begriff des Grundvermögens (§ 176 BewG)

4568 Die Definition und Abgrenzung der Vermögensart »Grundvermögen« in § 176 BewG folgt weitgehend den §§ 68, 69 BewG a.F. Demnach gehören zum Grundvermögen

---

[523] Vorlagebeschluss des BFH, 22.10.2014 – II R 16/13, DStR 2014, 2438 (anders noch BFH, 30.06.2010 – II R 12/09, BFH/NV 2010, 1940), vgl. *Eisele*, NWB 2014, 3864.

[524] Vgl. *Schulemann* BB 2012, 813 zum »Nordländer-«, »Südländer-« und »Thüringischen Kombinationsmodell«; aktuell *Eisele*, NWB 2016, 2410 ff. und 2486 ff.

[525] BVerfG, 23.06.2015 – 1 BvL 13/11, 14/11, DStR 2015, 1678; vgl. auch *Pahlke* NWB 2011, 2126 ff. Seit 01.04.2010 erfolgten Steuerfestsetzungen insoweit nur vorläufig (Gleichlautende Ländererlasse v. 01.04.2010 – 3 – S 0338/58, DB 2010, 816).

[526] Allerdings mit Vertrauensschutz gem. § 23 Abs. 14 GrEStG für Erwerbsvorgänge vor dem 23.06.2015, wenn zumindest vorläufige Bescheide (§ 165 AO) vorliegen, § 176 Abs. 1 Satz 1 Nr. 1 AO: gleichlautende Ländererlasse v. 16.12.2015.

[527] Hierzu Verfügung der OFD Nordrhein-Westfalen, 11.11.2013 – S 3080–2040 – St 251; ZEV 2014, 222.

[528] BStBl. 2009 I, S. 590 ff.; vgl. hierzu ausführlich *Tremel*, ZEV 2009, 445 ff.; *Eisele*, ZEV 2009, 451 ff. und *Eisele* NWB 2011, 127 ff. Zur Bewertung von Grundvermögen instruktive Übersicht bei *Kempen/Roscher*, ZNotP 2010, 455–478; monografisch *Handzik*, Die Bewertung des Grundvermögens für die Erbschaft- und Schenkungsteuer, 2. Aufl. 2011.

A. Schenkungsteuerrecht Kapitel 12

(1) Grund und Boden, Gebäude (nicht jedoch Hausboote[529]), sonstige Bestandteile und Zubehör (Letztere im bürgerlich rechtlichen Sinn verstanden) (§ 176 Abs. 1 Satz 1 Nr. 1 BewG),
(2) Erbbaurechte (§ 176 Abs. 1 Satz 1 Nr. 2),
(3) Wohnungs- und Teileigentum (§ 176 Abs. 1 Satz 1 Nr. 3).

Ausgenommen ist das land- und forstwirtschaftliche Vermögen (§ 159 Abs. 1 BewG, vgl. hierzu Rdn. 4676 ff.); wobei im Bebauungsplan als Bauland ausgewiesene Flächen wiederum stets zum Grundvermögen zählen (§ 159 Abs. 2 BewG) ebenso i.d.R. Kleingartenflächen[530].

Die **Abgrenzung** zwischen Grundvermögen und **Betriebsvermögen** ergibt sich aus § 99 Abs. 1 BewG, sie folgt allein ertragsteuerlichen Grundsätzen (§ 95 BewG). Die bisherige Sonderregelung in § 99 Abs. 2 BewG (kein Miteigentum Dritter, betriebliche Nutzung zu mehr als 50 % etc.) wurden aufgehoben. 4569

Nicht einzubeziehen in das Grundvermögen sind gem. § 176 Abs. 2 Nr. 2 BewG die sog. »Betriebsvorrichtungen«, selbst wenn sie wesentliche Bestandteile des Gebäudes oder Grundstücks sind. Es handelt sich insb. um Maschinen und sonstige Vorrichtungen, die zu einer Betriebsanlage gehören. Für die Abgrenzung zu Gebäudebestandteilen gibt der Erlass v. 15.03.2006 näher Aufschluss.[531] Ebenfalls gesondert zu erfassen (als Kapitalforderung i.S.d. §§ 93, 12 BewG) ist das anteilige Guthaben aus Instandhaltungsrücklagen beim Sondereigentum.[532] 4570

b) Bewertungsgrundsatz

Bewertungsmaßstab ist entsprechend der Vorgabe des BVerfG für alle Grundstücksarten der gemeine Wert, also gem. § 9 BewG der Preis, der bei gewöhnlichem Geschäftsverkehr nach der Beschaffenheit des Wirtschaftsguts bei einer Veräußerung zu erzielen wäre, wobei ungewöhnliche und persönliche Verhältnisse nicht zu berücksichtigen sind. Materiell ist diese Definition identisch mit dem Verkehrswert i.S.d. § 194 BauGB, so dass das Konzept der Neubewertung auf den Grundsätzen für die Ermittlung von Verkehrswerten für Grundstücke (Wertermittlungsverordnung – WertV, seit 01.07.2010: Immobilienwertermittlungsverordnung – **ImmoWertV**)[533] basiert. Ergänzend hat das Bundesministerium für Verkehr, Bau und Wohnungswesen Wertermittlungsrichtlinien (zuletzt aktuell i.d.F. »WertR 2006«) herausgegeben (Rdn. 4664), die am 12.11.2015[534] in Bezug auf §§ 17 bis 20 ImmoWertV durch die Ertragswertrichtlinie ersetzt wurden. 4571

Zur Erleichterung der Bewertung und zur Sicherstellung einheitlicher Rechtsanwendung gelten jedoch die WertV und die WertR nicht unmittelbar, sondern standen Pate bei der Einführung des neuen, gesonderten 6. Abschnitts des Bewertungsgesetzes (§§ 176 bis 198 BewG). Die OFD Nordrhein-Westfalen hat hierzu umfassende Hilfestellungen für die Finanzverwaltung herausgegeben.[535] 4572

Für ideelle Bruchteile an Grundstücken (die nicht mit Sondereigentum verbunden sind), wird in gleicher Weise zunächst der Gesamtwert ermittelt und sodann der Bruchteil hieraus gebildet; der ideelle Bruchteil hat nicht a priori einen niedrigeren anteiligen gemeinen Wert.[536]

Im Einzelnen gilt:

---

529 BFH, 26.10.2011 – II R 27/10, BStBl 2012 II S. 274; hierzu *Stöckel*, NWB 2012, 2770 [daher auch nicht als »Familienheim« i.S.d. § 13 Abs. 1 Nr. 4a ErbStG tauglich!].
530 FG Berlin-Brandenburg, 10.05.2017 – 3 K 3246/13, ErbStB 2017, 303 (n. rkr., Az. BFH: II R 28/17).
531 Gleichlautende Ländererlasse v. 15.03.2006, BStBl. 2006 I, S. 314.
532 BayLfSt, 27.08.2012 – S. 3190.1.1–5/2, ErbStB 2012, 291.
533 BGBl. 2010 I 639, vgl. *Eisele/Schmitt*, NWB 2010, 2232 ff. Monografisch: *Sommer/Kröll*, Lehrbuch zur Immobilienbewertung, 3. Aufl. 2010.
534 Bundesanzeiger v. 04.12.2015, B 4.
535 OFD Nordrhein-Westfalen, Vfg. v. 24.04.2014 – S 3015–2014/0001-St 251; BeckVerw 285682.
536 FG München, 25.02.2015 – 4 K 3683/12, ErbStB 2015, 222 (NZB eingelegt, Az BFH: II B 29/15).

c) Unbebaute Grundstücke

aa) Grundsatz

4573 Als unbebaut gelten gem. § 178 BewG Grundstücke, auf denen sich keine benutzbaren oder nur solche Gebäude, die auf Dauer keiner Nutzung zugeführt werden können, befinden. Nur vorübergehende Nutzungseinschränkungen wegen Bauschäden, Instandhaltungsstaus o.ä. genügen nicht, solange das Gebäude nicht dem Verfall preisgegeben ist (R B 178 Abs. 4 Satz 6 ErbStR 2011). Anders als nach bisherigem Recht führt eine auch nur untergeordnet mögliche Nutzung des Gebäudes stets zu einem bebauten Grundstück.

4574 Das Bewertungsschema ist einfach: Grundbesitzwert ist die Grundstücksfläche in Quadratmetern multipliziert mit dem Bodenrichtwert, der vom Gutachterausschuss zuletzt zu ermitteln war (§ 179 Satz 3 BewG). Dies gilt auch, wenn der bereits ermittelte Bodenrichtwert noch gar nicht veröffentlicht wurde.[537]

4575 Fehlt ein Bodenrichtwert für das betreffende Grundstück, kann das FA die Ermittlung eines Bodenrichtwerts durch den Gutachterausschuss verlangen. Ist dies – gleich aus welchem Grund[538] – nicht möglich, ist der Bodenrichtwert durch das FA aus den Werten vergleichbarer Flächen abzuleiten (§§ 145 Abs. 3 Satz 4, 179 Satz 4 BewG). Solche Sachverhalte dürften v.a. gegeben sein für Bauerwartungs- oder Rohbauland, für die Gutacherausschüsse nur selten Richtwerte liefern können.[539]

bb) Ermittlung der Bodenrichtwerte

4576 Bodenrichtwerte werden gem. § 196 BauGB als durchschnittliche Lagewerte für jedes Gemeindegebiet ermittelt auf der Grundlage der Kaufpreissammlung durch die gem. § 192 BauGB zu bildenden Gutachterausschüsse. Sie sind überwiegend über das Internet (gebührenpflichtig) zugänglich.[540] Maßgeblich für den Bodenrichtwert ist die Entwicklungsstufe des Grundstücks (§ 5 ImmoWertV). Ausgehend vom schlichten Agrarland ergeben sich folgende Steigerungen:
(1) **Bauerwartungsland** liegt jedenfalls vor, wenn es in einen Flächennutzungsplan aufgenommen ist, nach den bisherigen Erbschaftsteuerrichtlinien und Ansicht des FG München[541] auch dann, wenn eine Bebauung innerhalb von 6 Jahren wahrscheinlich ist.

4577 (2) **Rohbauland** liegt jedenfalls vor, wenn die Fläche in einen Bebauungsplan aufgenommen wurde, jedoch noch nicht erschlossen und nach Lage, Form und Größe noch nicht für eine bauliche Nutzung geeignet ist (vgl. § 5 Abs. 3 ImmoWertV).

---

537 *Mönch*, ZEV 2008, 12, 13, vgl. H B 179.2 ErbStH 2011.
538 Klarstellung durch das BeitrRLUmsG, BGBl 2011 I, 2592.
539 Vgl. *Pauli/Maßbaum/Reiser*, Erbschaftsteuerreform 2009, S. 362.
540 Etwa in Baden-Württemberg (www.gutachterausschuesse-bw.de), Bayern (www.boris-bayern.de), Berlin (https://www.gutachterausschuss-berlin.de/gaaonline/index.html), Brandenburg (www.gutachterausschuss-bb.de), Bremen (www.gutachterausschuss.bremen.de), Hamburg (www.geonord.de) Hessen (http://hessenviewer.hessen.de) Mecklenburg-Vorpommern (www.laiv-mv.de/land-mv/LAiV_prod/LAiV/AfGVG/Grundstueckswertermittlung/index.jsp) Niedersachsen (www.gag.niedersachsen.de), Nordrhein-Westfalen (www.boris.nrw.de) Rheinland-Pfalz (www.gutachterausschuesse.rlp.de/boris/boris.html) Saarland (www.regionalverband-saarbruecken.de/staticsite/staticsite.php?menuid=296&topmenu=2&keepmenu=inactive) Sachsen (www.bauen-wohnen.sachsen.de/7934.htm) Sachsen-Anhalt (www.lvermgeo.sachsen-anhalt.de), Schleswig-Holstein (www.gutachterausschuesse-sh.de/gutachter.html) Thüringen (www.bodenrichtwerte-th.de).
541 FG München, 22.01.2004 – 4 K 2812/02, EFG 2004, 631; a.A. FG Düsseldorf, 07.10.2004 – 11 K 757/02 BG, EFG 2005, 94: 8 Jahre.

(3) **Erschließungsbeitragspflichtiges Bauland** liegt stets so lange vor, bis keine Beitragspflichten mehr bestehen (unabhängig vom tatsächlichen Erschließungszustand ist also der abgabenrechtliche Zustand maßgebend).

(4) Mit Erlöschen aller Beitragspflichten liegt schließlich **erschließungsbeitragsfreies Bauland** als oberste Entwicklungsstufe vor.

Art. 4 Nr. 2 des Erbschaftsteuerreformgesetzes erweitert die Pflichten der Gutachterausschüsse, die bisher gem. § 196 BauGB nur zwischen erschließungsbeitragspflichtigem und erschließungsbeitragsfreiem Bauland zu differenzieren hatten. Künftig sind auch die oben erwähnten Zwischenstufen zu ermitteln, ferner müssen beeinflussende Merkmale des Bodenrichtwert-Grundstücks und Umrechnungskoeffizienten, etwa bei unterschiedlichem Maß der baulichen Nutzung, angegeben werden. Bodenrichtwerte sind zumindest zum Ende jeden zweiten Kalenderjahres zu ermitteln.

cc) Anpassung der Bodenrichtwerte[542]

Wenn die lagetypischen Merkmale des zu bewertenden unbebauten Grundstücks vom »Standard-Bodenrichtwert-Grundstück« abweichen, sind Zu- oder Abschläge vorzunehmen. Andere wertbeeinflussende Merkmale, wie etwa Lage, Zuschnitt, Oberflächenbeschaffenheit, Außenanlagen, Lärm, Staub oder Geruchsbelästigung, Altlasten etc., bleiben wie bisher außer Ansatz (R B 179.2 Abs. 8 ErbStR 2011).

Ausgangspunkt ist dabei – zumindest nach der BFH-Rechtsprechung – sofern die Karte eine Preisspanne angibt, der unterste Wert.

(1) Abweichende Geschossflächenzahl

Hauptanwendungsfall einer Anpassung ist eine abweichende Geschossenflächenzahl (GFZ), also ein abweichendes Verhältnis der Gesamtmenge der zulässigen Quadratmetergeschossfläche pro Quadratmeter Grundstücksfläche. Umrechnungskoeffizienten sind, sofern durch den Gutachterausschuss keine spezifischen Werte aufgestellt wurden, die als Anlage 11 der WertR 2006 angegebenen, die in die bisherigen ErbStR übernommen wurden.[543] Der Umrechnungskoeffizient ist dabei nicht linear zur Geschossflächenzahl.

▶ **Beispiel:**[544]

Beträgt der Bodenrichtwert eines Grundstücks 200,00 € je Quadratmeter bei einer Geschossfläche von 0,8, hat jedoch das zu bewertende Grundstück eine zulässige Geschossflächenzahl von 1,5 (bei 500 m^2 Grundstücksfläche würde dies 750 m^2 Geschossfläche bedeuten), ist der Bodenrichtwert von 200,00 € je Quadratmeter zu multiplizieren mit dem Verhältnis der Umrechnungskoeffizienten bei einer Geschossflächenzahl von 1,5 (das sind 1,24) und einer Geschossflächenzahl von 0,8 (das ist ein Umrechnungskoeffizient von 0,9, d.h. 200 × 1,24: 0,9 = 275,55 € je Quadratmeter).

(2) Übergröße/Grundstückstiefe

Ein Abschlag wegen Übergröße darf nach BFH[545] nur vorgenommen werden, wenn der Gutachterausschuss Umrechnungskoeffizienten hierfür zur Verfügung gestellt hat. Gleiches gilt für eine Aufteilung der Grundstücksfläche in Vorder- und Hinterland, also für die Bebauung unmittelbar geeigneten und lediglich eingeschränkt baulich nutzbaren Lands.

---

542 Vgl. *Pauli/Maßbaum/Reiser*, Erbschaftsteuerreform 2009, S. 365.
543 Diese beruhen nach BFH, 12.07.2006 – II R 1/04, BStBl. 2006 II, S. 742, auf gesicherten Erfahrungswerten.
544 Nach *Pauli/Maßbach/Reiser*, Erbschaftsteuerreform 2009, S. 366.
545 11.05.2005 – II R 21/02, BFH/NV 2005, 1908.

(3) Abweichender Erschließungszustand

4584 Gem. § 179 Satz 4 BewG kann der Bodenrichtwert aus den Werten vergleichbarer Flächen abgeleitet werden, wenn der Gutachterausschuss für den Entwicklungszustand selbst keinen Bodenrichtwert ermittelt hat. Dabei ist – anders als nach bisheriger Rechtslage[546] – die Möglichkeit eröffnet, Prozentsätze zum vergleichbaren Bauland zu bilden (25 % bei Bauerwartungsland, 50 % bei Brutto-Rohbauland und 75 % bei Netto-Rohbauland),[547] jedenfalls bis die Gutachterausschüsse gem. ihrer erweiterten gesetzlichen Verpflichtung für alle Entwicklungsstufen Bodenrichtwerte bereitgestellt haben.

d) Grundstücke im Zustand der Bebauung

4585 Ab dem technischen Baubeginn bis zur Bezugsfertigkeit handelt es sich um »Grundstücke im Zustand der Bebauung«. Dies gilt auch bei Raumerweiterungen durch Aus- oder Umbauten eines bereits vorhandenen Gebäudes, nicht aber bei bloßen Modernisierungen (R B 196.1 Abs. 1 Satz 4 u. 5 ErbStR 2011). Die Bezugsfertigkeit muss bei mehrgeschossigen Wohn- oder Bürogebäuden für alle Einheiten gegeben sein, es sei denn, das Objekt würde in Bauabschnitten erstellt, so dass die bereits fertiggestellten Teile als bebautes Grundstück zu bewerten sind (R B 178 Abs. 3 ErbStR 2011).

4586 Anders als bisher werden Grundstücke im Zustand der Bebauung einheitlich bewertet in der Weise, dass der Wert des unbebauten (bzw. bei Raumerweiterung des bereits bebauten) Grundstücks und die bis zum Bewertungsstichtag entstandenen Herstellungskosten addiert werden. Die Herstellungskosten müssen noch nicht bezahlt sein (offene Kosten sind allerdings in Erbfällen durch entsprechende Verbindlichkeit zu saldieren). Auch insoweit ist der gutachterliche Nachweis eines niedrigeren Verkehrswerts (Escape-Klausel § 198 BewG) möglich.

e) Bebaute Grundstücke (§§ 182 ff. BewG)

4587 Für die einzelnen Grundstücksarten stellt § 182 BewG drei Bewertungsverfahren zur Verfügung: das Vergleichsverfahren (nachstehend Rdn. 4589, § 182 Abs. 2 BewG, vgl. auch §§ 15, 16 ImmoWertV), das Ertragswertverfahren (nachstehend Rdn. 4595, § 182 Abs. 3 BewG, vgl. auch §§ 17 ff. ImmoWertV) und das Sachwertverfahren (nachstehend Rdn. 4623, § 182 Abs. 4 BewG, vgl. §§ 21 ff. ImmoWertV).

▶ Hinweis:

Bei Wohnungs- und Teileigentum wird die anteilig mit übertragene **Instandhaltungsrücklage** als gesonderte Kapitalforderung erfasst und gem. § 12 BewG gesondert bewertet (gesonderte Feststellung gem. § 151 Abs. 1 Nr. 4 BewG, da die Rücklage mehreren Beteiligten zusteht).[548]

▶ Hinweis:

4588 Das Vergleichsverfahren gilt für Wohn- oder Teileigentum sowie 1- und 2-Familien-Häuser, soweit ein Vergleichswert vorliegt (andernfalls gilt hierfür das Sachwertverfahren), das Ertragswertverfahren gilt für Mietwohngrundstücke, Geschäftsgrundstücke und gemischt genutzte Grundstücke, für die sich auf dem örtlichen Grundstücksmarkt eine übliche Miete ermitteln lässt (andernfalls gilt für Geschäftsgrundstücke und gemischt genutzte Grundstücke das Sachwertverfahren).

---

546 BFH, 26.04.2006 – II R 58/04, BStBl. 2006 II, S. 793: Verbot einer Schätzung, die mit der gesetzlichen Verteilung der Zuständigkeiten zwischen Gutachterausschuss und FA nicht vereinbar wäre.
547 *Drosdzol*, ZEV 2008, 10, 12; *Drosdzol*, ZEV 2012, 17 ff.; *Grootens*, ErbStB 2012, 113 ff.
548 OFD Frankfurt, 29.03.2012 – S 3800 A – 36 – St 119, ZEV 2012, 344.

A. Schenkungsteuerrecht

aa) Vergleichsverfahren

Es ist grds. bei Wohnungs- oder Teileigentum sowie Ein- oder Zwei-Familien-Häusern anzuwenden, wobei ein- oder Zwei-Familien-Haus auch dann vorliegt, wenn das Objekt zu weniger als 50 % (nach Wohn- oder Nutzfläche) zu anderen als Wohnzwecken mitbenutzt wird, es sei denn, die andere Nutzung beeinträchtigt wesentlich die Eigenart des Gebäudes. — 4589

Im Einzelnen ist zu unterscheiden das Vergleichspreisverfahren (nachstehend Rdn. 4590) und das Vergleichsfaktorverfahren (nachstehend Rdn. 4593):

(1) Vergleichspreisverfahren

Die Ableitung erfolgt aus tatsächlich erzielten Kaufpreisen für Objekte, die hinsichtlich der wertbeeinflussenden Merkmale übereinstimmen. Besonderheiten, etwa Belastungen privater oder öffentlich-rechtlicher Natur bleiben dabei gem. § 183 Abs. 3 BewG unberücksichtigt. Spätere Minderungen des Kaufpreises, die auf am Stichtag bereits objektiv bestehenden Gründen beruhen, sind allerdings einzubeziehen.[549] — 4590

Die Schwierigkeit besteht naturgemäß darin, festzulegen, wie viele vergleichbare Fälle vorliegen müssen, andererseits wie weitreichend die Übereinstimmung gegeben sein muss; Tz. 2.3.2 der WertR 2006 stellt hinsichtlich Grund und Boden insb. auf Lage, Größe und Grundstücksgestalt ab. In der Bewertungspraxis von Sachverständigen fand das Vergleichspreisverfahren bisher v.a. bei Reihenhäusern in geschlossenen Wohnanlagen Anwendung.[550] — 4591

Heranzuziehen sind vorrangig (§ 183 Abs. 1 Satz 2 BewG) die von Gutachterausschüssen ermittelten Vergleichswerte; die Benennung von Vergleichsobjekten durch den Steuerpflichtigen oder die Heranziehung anderer Fälle aus den Akten des FA dürfte regelmäßig daran scheitern, dass eine hinreichende Anzahl von Kauffällen nicht erreicht wird.[551] Das bloße Zur-Verfügung-Stellen des Immobilien-Preis-Kalkulators durch den Gutachterausschuss genügt in keinem Fall.[552] — 4592

Zur Heranziehung des zeitnah erzielten tatsächlichen Verkaufserlöses des zu bewertenden Objektes selbst als Nachweis eines tatsächlich niedrigeren Verkehrswertes vgl. Rdn. 4658.

(2) Vergleichsfaktorverfahren

Da Vergleichspreise häufig nicht zur Verfügung stehen, haben Gutachterausschüsse seit 2009 (wie bereits zuvor teilweise geschehen) gem. § 193 Abs. 5 Nr. 4 BauGB Vergleichsfaktoren für bebaute Grundstücke flächendeckend zu ermitteln. Dabei handelt es sich um Multiplikatoren, die auf wertrelevante Ausgangsdaten des Bewertungsobjekts bezogen werden, im Wesentlichen wohl Ertrags- und Gebäudefaktoren (bei ersteren werden die Preise aus jährlichen Reinerträgen ermittelt, bei Letzteren aus Raum- oder Flächeneinheiten). Für Wohnungs- oder Teileigentum sowie Ein- und Zwei-Familien-Häuser sind demnach v.a. Gebäudefaktoren, die am Sachwert orientiert sind, maßgebend. Diese werden in Abhängigkeit vom Baujahr ermittelt.[553] — 4593

Privatrechtliche und öffentlich-rechtliche Belastungen bleiben auch hier unberücksichtigt, ebenso Abweichungen, die sich aus anderer Ausstattung, Lage oder anderem Zustand des zu bewertenden Gebäudes (über oder unter dem Durchschnitt) ergeben. Der Steuerpflichtige wird regelmäßig mit — 4594

---

549 BFH, 22.01.2009 – II R 43/07, ErbStB 2009, 176.
550 *Tremmel*, DStR 2008, 753, 755.
551 Vgl. *Pauli/Maßbach/Reiser*, Erbschaftsteuerreform 2009, S. 369. Die schematische Mittelwertbildung von Auszügen aus der Kaufpreissammlung genügt nicht, vgl. H B 183 (2) ErbStH 2011.
552 FG Niedersachsen, 11.04.2014 – 1 K 107/11, ErbStB 2014, 182.
553 FG Hamburg, 31.08.2015 – 3 K 15/15, BeckRS 2016, 94405 zur Ermessensausübung zwischen Vergleichspreis- und faktorenverfahren (standardisierte Ermittlung bei fehlendem Balkon, Berücksichtigung eines Fahrstuhls in unteren Etagen, Stellplatzpreise in Stadtteilen mit ausreichendem Parkraum).

Hinweis auf fehlende Vergleichbarkeit bestrebt sein, den niedrigeren Sachwert (nachstehend Rdn. 4623) als Bemessungsgrundlage durchzusetzen oder unter Inanspruchnahme der Escape-Möglichkeit des § 198 BewG ein Gutachten anfertigen zu lassen.

bb) Ertragswertverfahren

4595 Diese[554] sind maßgebend für Mietwohngrundstücke, Geschäftsgrundstücke und gemischt genutzte Grundstücke, für die sich am örtlichen Grundstücksmarkt eine übliche Miete ermitteln lässt. Es handelt sich also um »Rendite-Objekte«. Als Mietwohngrundstücke gelten Objekte, die zu mehr als 80 % Wohnzwecken dienen, als Geschäftsgrundstücke solche, die zu mehr als 80 % eigenen oder fremden betrieblichen oder öffentlichen Zwecken dienen, während gemischt genutzte Grundstücke teils Wohnzwecken, teils eigenen oder fremden betrieblichen oder öffentlichen Zwecken zu dienen bestimmt sind.

4596 Das in §§ 184 ff. BewG bestimmte Verfahren entspricht vereinfachend der Wertermittlungsverordnung (abweichend von § 17 Abs. 1 Satz 2, Abs. 3 ImmoWertV allerdings ohne Berücksichtigung periodisch unterschiedlicher Erträge, sog. Discounted Cash Flow – Verfahren, DCF). Im Kern geht es um die Addition aus Bodenwert, einerseits und Gebäudeertragswert, andererseits Letzterer verstanden als der Barwert der für die gesamte Nutzungsdauer aus den Gebäuden erzielbaren Reinerträge (Kapitalisierung des nachhaltig erzielbaren Reinertrags mit einem Vervielfältiger). Der reine Bodenwert ist jedoch stets Mindestwert, so dass ein negativer Gebäudeertragswert (etwa aufgrund Abzugs hoher Bodenverzinsung) sich nicht auswirken kann, § 184 Abs. 3 Satz 2 BewG. Außenanlagen und sonstige bauliche Anlagen sind durch den Ertragswert abgegolten und nicht gesondert anzusetzen (§ 184 Abs. 3 Satz 3 BewG).

4597 Dies ergibt folgende **Übersicht:**

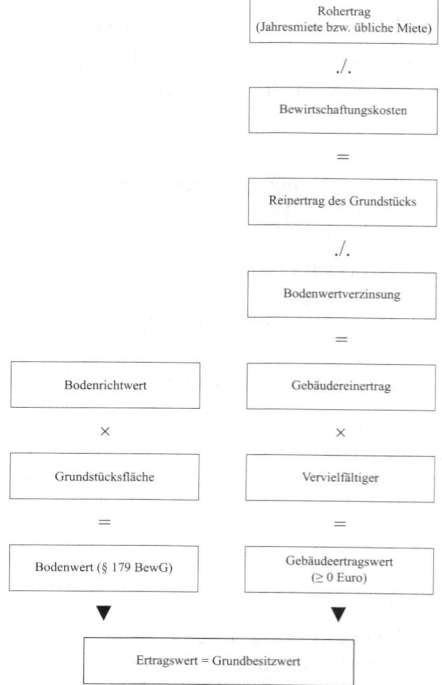

---

554 Vgl. *Feldner/Stoklassa*, ErbStB 2013, 193 ff.

Der Bodenwert bemisst sich – vgl. oben Rdn. 4573 ff. – als Bodenrichtwert multipliziert mit der Grundstücksfläche. 4598

Komplex ist die Ermittlung des Gebäudeertragswerts. Ausgangspunkt ist der Rohertrag (nachstehend Rdn. 4599), der um die Bewirtschaftungskosten (nachstehend Rdn. 4605) zu mindern ist und damit den Reinertrag des Grundstücks ergibt. Dieser ist um die Bodenverzinsung (nachstehend Rdn. 4607) zu reduzieren und ergibt den Gebäudereinertrag, der mit einem Vervielfältiger (nachstehend Rdn. 4612) zu multiplizieren ist und den Gebäudeertragswert ergibt.

(1) Rohertrag

Grds. ist die vertraglich vereinbarte Jahresmiete (nachstehend Rdn. 4600) maßgebend, in Ausnahmefällen die tatsächliche Miete (nachstehend Rdn. 4602). 4599

(a) Vertragliche Jahresmiete

Grds. ist maßgebend die für das Gebäude nach den am Bewertungsstichtag geltenden vertraglichen Vereinbarungen für einen Zeitraum von 12 Monaten zu zahlende Miete (unabhängig davon, ob diese auch tatsächlich entrichtet wird) in Übereinstimmung mit dem derzeitigen Recht (R B 193 Abs. 5 Satz 4 ErbStR 2011). Wertsicherungsklauseln und künftige Staffelmieterhöhungen bleiben außer Betracht, umsatzabhängige Mieten sind zu schätzen. Miete für Garagen und Stellplätze sind einzubeziehen.[555] 4600

Nicht einzubeziehen sind die umgelegten Betriebskosten, § 186 Abs. 1 BewG,[556] ebenso der Mietzins, der auf Überlassung von Inventar, Maschinen oder Betriebsvorrichtungen entfällt (ggf. in geschätzter Höhe),[557] ebenso bleibt die USt unberücksichtigt. 4601

Hat der Mieter auch die Instandhaltungskosten und Lasten umfassend zu tragen (sog. »Triple-net-Verträge«), wurde bisher ein pauschaler Zuschlag von 15 % zur Netto-Kaltmiete vorgenommen.[558]

(b) Übliche Miete

Diese ist zu ermitteln, wenn das Gebäude teilweise eigengenutzt, ungenutzt, unentgeltlich überlassen oder zum vorübergehenden Gebrauch (als Ferienwohnungen) überlassen wird, oder wenn die tatsächliche Miete um mehr als **20 %** von der üblichen Miete (nach oben oder nach unten) abweicht. Es ist zu erwarten, dass die Finanzverwaltung grds. die tatsächliche Miete ansetzen wird, außer bei Wohnungsüberlassungen unter Angehörigen (wo die Gefahr eines im Hinblick auf § 21 Abs. 2 EStG niedrigeren Mietzinses besteht) und bei Betriebsaufspaltungsfällen (mit eher überhöhter Miete[559]). 4602

Als übliche Miete ist diejenige zu schätzen, die für Räume gleicher oder ähnlicher Art, Lage und Ausstattung regelmäßig gezahlt wird (§§ 79 Abs. 2, 186 Abs. 2 Satz 2 BewG). Die Größe und das Alter der Wohnung bzw. des Geschäftsgrundstücks sind (anders als bis Ende 2008) nicht mehr als Kriterium angesprochen, da ältere, umfassend renovierte Gebäude annähernd dieselben Mieten erzielen wie Neubauten. Trotz des abweichenden Wortlauts ggü. § 21 Abs. 2 EStG (»ortsübliche Marktmiete«) dürfte lediglich auf den regionalen engeren Vermietungsmarkt abzustellen sein. Be- 4603

---

555 Erlass FinMin Baden-Württemberg v. 17.07.2000, DB 2000, 1493.
556 Nach bisherigem Recht waren auch solche Betriebskosten, die nicht gesondert umgelegt wurden, herauszurechnen, vgl. R 168 Abs. 1 ErbStR 2003.
557 Gewerbemietverträge enthalten regelmäßig – wegen der seit 2008 geltenden unterschiedlichen gewerbesteuerlichen Hinzurechnungen bei Mieten, vgl. Rdn. 5762, eine diesbezügliche klare Aufteilung des Mietzinses im Vertrag.
558 Ländereinheitlicher Erlass v. 28.03.2006, DB 2006, 870.
559 FG München, 12.10.2011 – 4 K 2955/07, EFG 2012, 807.

sondere Ausstattungen, die jedoch nicht auf mieterspezifischen Bedarf Rücksicht nehmen, hindern die Geeignetheit der Vergleichsobjekte nicht.[560]

4604 Die übliche Miete kann – wie bisher (R 172 ErbStR 2005) – ermittelt werden durch Vergleichsmieten, Mietspiegel,[561] Mietpreisdatenbank oder ein Mietpreisgutachten eines Sachverständigen (R B 186.5 Abs. 1 ErbStR 2011). Preisgebundene Grundstücke oder Mieten, die auf ungewöhnlichen oder persönlichen Verhältnissen beruhen, sind als Vergleichsmaßstab – wie bisher – ungeeignet (R B 186.4 Abs. 3 Satz 5 ErbStR 2011). Das Über- bzw. Unterschreiten um mehr als 20 % ermittelt sich bei Zugrundelegung eines qualifizierten Mietspiegels im Vergleich zum oberen Spannenwert bzw. dem unteren Spannenwert, nicht dem Mittelwert.[562]

(2) Bewirtschaftungskosten

4605 Zu diesen vom Rohertrag abzuziehenden Kosten zählen:
(1) **Verwaltungskosten** (erforderliche Arbeitskräfte und Einrichtungen und Kosten der Aufsicht),
(2) **Betriebskosten** (die durch Eigentum oder Gebrauch des Grundstücks laufend entstehenden Kosten, soweit sie nicht auf den Mieter umgelegt werden),
(3) **Instandhaltungskosten** (infolge Abnutzung, Alterung oder Witterung zur Erhaltung des Gebrauchs der baulichen Anlagen während ihrer Nutzungsdauer erforderliche Aufwendungen) und
(4) das **Mietausfallwagnis** (Ertragsminderung durch uneinbringliche Mietrückstände oder den Leerstand von Räumen).

4606 **Maßgebend** sind jedoch nicht die tatsächlichen Bewirtschaftungskosten, sondern die **Erfahrungssätze der Gutachterausschüsse**. Solche fehlen jedoch i.d.R., so dass hilfsweise Anlage 23 des Bewertungsgesetzes maßgebend ist, wo – differenziert nach vier Restnutzungsdauerintervallen und bezogen auf die Jahresmiete bzw. übliche Miete – je nach Grundstücksart bestimmte Prozentsätze (zwischen 18 und 29 %) festgelegt wurden. Je kleiner die Restnutzungsdauer, umso höher der Prozentsatz, bei Mietwohngrundstücken sind die Bewirtschaftungskosten ebenfalls höher als bei Geschäftsgrundstücken.

(3) Bodenverzinsung

4607 Nach **Abzug der Bewirtschaftungskosten vom Rohertrag** ergibt sich der sog. »Reinertrag«, der sodann um die Bodenwertverzinsung zu kürzen ist, um den Gebäudereinertrag zu ermitteln. Diese Subtraktion trägt dem Umstand Rechnung, dass das in Grund und Boden investierte Kapital nicht anderweitig angelegt werden kann und somit fiktiven Aufwand bildet.

4608 Der **Bodenwertverzinsungsbetrag** ist die Multiplikation des Bodenwerts mit dem Liegenschaftszins. Die exakte Ermittlung des Liegenschaftszinses ist bei der Berechnung des Ertragswerts an zwei Stellen bedeutsam: zum einen (für die hier zu behandelnde) Berechnung der Bodenwertverzinsung, nach deren Abzug vom Reinertrag des Grundstücks sich der Gebäudereinertrag ergibt, zum anderen für den Vervielfältiger (s.u. Rdn. 4612), mit dem dieser Gebäudereinertrag multipliziert schließlich den Gebäudeertragswert generiert. Je höher dabei die Restnutzungsdauer ist, umso bedeutsamer wird der Liegenschaftszins für die Bestimmung des Vervielfältigers, da dieser mit zunehmender Nutzungsdauer ansteigt.

---

560 FG Berlin-Brandenburg, 18.10.2012 – 3 K 3183/07, ErbStB 2013, 136 zum Gebäud einer Versicherungsgesellschaft.
561 Vergleichbar § 558c, d u. e BGB ist Voraussetzung, dass *sie* von der Gemeinde oder Interessenvertretern der Vermieter und Mieter gemeinsam erstellt und anerkannt worden sind.
562 FG Berlin-Brandenburg, 19.10.2016 – 3 K 3002/15, ErbStB 2017, 102 (n. rkr., Az. BFH: II R 41/16).

A. Schenkungsteuerrecht   Kapitel 12

Als **Liegenschaftszins** verstanden wird der Zinssatz, mit dem der Marktwert von Grundstücken üblicherweise im Durchschnitt verzinst wird. Er spiegelt also die Renditeerwartung eines Immobilienkäufers wider, insb. die erhoffte Ertrags- und Wertentwicklung. Wegen der höheren Wertbeständigkeit von Immobilien ist der Liegenschaftszins geringer als der Zins für langfristige Kapitalmarktanlagen und unterliegt geringeren Schwankungen. Je besser Lage, Bauausführung und Vermietbarkeit der Immobilie sind, umso niedriger ist der Liegenschaftszins (der niedrigere Zins führt zu einem geringeren Abzug der Bodenwertverzinsung und damit zu einem höheren Gebäudereinertrag, also insgesamt auch einem höheren Gebäudeertragswert der Immobilie). Bei Wohnimmobilien ist der Liegenschaftszins in der Tendenz niedriger als bei Gewerbeimmobilien. 4609

Gem. § 193 Abs. 5 Satz 1 Nr. 1 BauGB sollen Gutachterausschüsse künftig flächendeckend Liegenschaftszinssätze für verschiedene Grundstücksarten, zumindest differenziert nach Mietwohngrundstücken, Geschäftsgrundstücken und gemischt genutzten Grundstücken ermitteln. Solche durch den jeweils örtlichen Gutachterausschuss ermittelten Zahlen sind dann für die Ermittlung nach dem ErbStG vorrangig. Fehlen solche Liegenschaftszinssätze, bestimmt § 188 Abs. 2 BewG hilfsweise als Liegenschaftszinssatz: 4610
(1) 5 % für Mietwohngrundstücke,
(2) 5,5 % für gemischt genutzte Grundstücke mit gewerblichem Anteil (nach Wohn- und Nutzfläche) von bis zu 50 %,
(3) 6 % für gemischt genutzte Grundstücke mit gewerblichem Anteil von über 50 %,
(4) 6,5 % für Geschäftsgrundstücke.

Der (konkret, hilfsweise pauschal ermittelte) Liegenschaftszins ist mit dem Bodenwert zu multiplizieren und ergibt den Bodenwertverzinsungsbetrag, der vom Reinertrag des Gesamtobjekts abzuziehen ist; das Ergebnis ist der Gebäudereinertrag. Übergroße Grundstücke (d.h. Grundstücke, die wesentlich größer sind als für eine angemessene Nutzung des Gebäudes erforderlich und bei denen die zusätzliche Fläche nicht selbstständig genutzt oder verwertet werden kann) bleiben gem. § 185 Abs. 3 Satz 3 BewG bei der Bodenwertverzinsung außer Betracht, d.h. lediglich die unmittelbar zurechenbare Grundstücksfläche wird beim Bodenwert berücksichtigt, der mit dem Liegenschaftszins zu multiplizieren ist. 4611

(4) Vervielfältiger

Als Ergebnis der vorangegangenen Operationen steht der **Gebäudereinertrag** fest. Aus diesem ist nun der eigentliche Gebäudeertragswert abzuleiten. Dies geschieht dadurch, dass der Gebäudereinertrag mit einem »Vervielfältiger« multipliziert wird, der finanzmathematisch den Barwertfaktor für eine nachschüssige jährliche endliche Rente darstellt (Tz. 3.5.7 WertR 2006). Der Vervielfältiger ist abhängig einerseits von: 4612
(1) der Restnutzungsdauer des Gebäudes in Jahren,
(2) sowie vom Liegenschaftszins.

Je geringer die **Restnutzungsdauer** ist, umso geringer der Multiplikator; je geringer der Liegenschaftszinssatz (Verzinsung des reinen Grund und Bodens) ist, umso höher der Multiplikator. Ein höherer Multiplikator bedeutet unmittelbar einen höheren Ertragswert als Gesamtergebnis der Ermittlungsoperation. 4613

Anlage 21 zum Bewertungsgesetz enthält die anzuwendenden Vervielfältiger in einer Tabelle, die identisch ist mit der bisherigen Tabelle des § 16 Abs. 3 WertV, nunmehrigen Anlage 1 zu § 20 ImmoWertV.

Die **Restnutzungsdauer** (also der Zeitraum, für den die Immobilie voraussichtlich wirtschaftlich genutzt werden kann) ermittelt sich aus der wirtschaftlichen Gesamtnutzungsdauer und dem bisherigen Alter des Gebäudes. Hierbei wird die Gesamtnutzungsdauer gem. § 185 BewG vorgegeben durch die Anlage 22 zum Bewertungsgesetz, differenziert wiederum nach verschiedenen **Gebäudearten**: 4614

(1) bei Mietwohngrundstücken 80 Jahre,
(2) bei Geschäftsgrundstücken in Form von Verwaltungsgebäuden 60 Jahre,
(3) bei Geschäftsgrundstücken in Form von Industrie-, Lager- und Ausstellungsgebäuden 50 Jahre,
(4) für Einkaufs- und Großmärkte, Tennishallen und Reitsporthallen 40 Jahre etc.

4615 Allerdings ist gem. § 185 Abs. 3 Satz 4 BewG mindestens eine Restnutzungsdauer von 30 % der Gesamtnutzungsdauer anzusetzen (d.h. für Mietwohngrundstücke 24 Jahre, für Verwaltungsgebäude mindestens 18 Jahre, für Industrie-, Lager-, Ausstellungsgebäude mindestens 15 Jahre). Diese Mindest-Nutzungsdauer führt bei älteren Gebäuden zu tendenziell überhöhten Bewertungsergebnissen.

4616 Befinden sich auf einem Grundstück **Gebäude unterschiedlichen Baujahres**, ist die Nutzungsdauer für jedes Gebäude separat zu ermitteln (R B 190.8 Abs. 1 BewG 2011), es sei denn, es handelt sich um untergeordnete Nebengebäude wie Garagen oder Anbauten. Wie bisher (R 174 Abs. 1 Satz 2 ErbStR 2005) wird wohl zur Vereinfachung stets der 01.01. des Bezugsfertigkeitsjahres als rechnerischer Beginn angenommen werden.

4617 Gem. § 185 Abs. 3 Satz 5 BewG ist eine längere oder kürzere Nutzungsdauer als pauschal ermittelt zugrunde zu legen, wenn nach Bezugsfertigkeit entsprechende Veränderungen eingetreten sind. Fiktiv ist also dann ein späteres oder früheres Fertigstellungsjahr anzusetzen. Eine **Verlängerung der Nutzungsdauer**, also ein späteres Fertigstellungsjahr, kann (unter Übernahme der Grundsätze des bisherigen Rechts, R 174 Abs. 2 ErbStR 2005, jetzt neu geregelt in R B 190.7 Abs. 2 ErbStR 2011) sich nur ergeben bei einer durchgreifenden Erneuerung oder Verbesserung der Teile, die für die Nutzungsdauer bestimmend sind, also Fundamente, tragende Außen- und Innenwände, Geschossdecken und Dachaufbau. Eine Verkürzung der Nutzungsdauer, also ein früheres Fertigstellungsdatum, ist nach der Gesetzesbegründung anzunehmen, wenn das Gebäude nicht mehr den Anforderungen entspricht, die die gesetzlichen Bestimmungen und Verhältnisse auf dem Grundstücks- und Mietenmarkt verlangen. Dies kann auf baulichen Mängeln beruhen, aber auch auf einer Veränderung der Produktionsanforderungen, bspw. bei Gewerbeimmobilien (unzureichende Tragfähigkeit, Höhe, verschachtelte Bauweise etc.). Untergrenze bleibt aber stets – auch in den Verkürzungsfällen – die 30 %-Grenze der wirtschaftlichen Gesamtnutzungsdauer, es sei denn, das Gebäude wäre nicht mehr nutzbar (§ 185 Abs. 3 Satz 5 BewG).

4618 Die Finanzverwaltung hat hierzu in R B 185.3 ErbStR 2011 Tabellen veröffentlicht, die bestimmte Modernisierungsmaßnahmen mit Punktewerten versieht (Dacherneuerung samt Verbesserung der Wärmedämmung, Einbau von Bädern, Modernisierung der Decken und Fußböden, wesentliche Verbesserung der Grundrissgestaltung – je drei Punkte; Modernisierung der Fenster, der Strom-/Gas-/Wasser-Leitungssysteme, der Heizungsanlage, der Bäder, Wärmedämmung der Außenwände – je zwei Punkte). Ab gesamt elf »Modernisierungspunkten« tritt eine Verlängerung der Restnutzungsdauer nach Maßgabe weiterer Tabellen ein, vgl. auch Rdn. 4634.

(5) Mindestwert: Bodenwert

4619 Selbst wenn sich ein negativer Gebäudeertragswert ergeben sollte (etwa wegen des Abzugs einer sehr hohen Bodenwertverzinsung), stellt der Bodenwert (Bodenrichtwert mal Grundstücksfläche, s.o. Rdn. 4573) den Mindestwert dar, d.h. der Endwert (Grundbesitzwert) entspricht in diesem Fall dem Wert des fiktiv unbebauten Grundstücks.

4620 Auch i.R.d. Ermittlung des Gebäudewerts selbst spielt – wie dargestellt – der Bodenwert eine maßgebliche Rolle als Minderung des Gebäudewerts (durch Abzug der Bodenwertverzinsung, s.o. Rdn. 4607 ff.). Bei einer sehr langen Restnutzungsdauer des Gebäudes hat der Bodenwert eine umso geringere Bedeutung, da sich der Kapitalwert der Bodenwertverzinsung dem gesamten Bodenwert annähert (der Betrag also bei der Ermittlung des Gebäudewerts zwar abgezogen wird,

A. Schenkungsteuerrecht

durch die Addition des Bodenwerts sich dies jedoch wieder ausgleicht und somit letztendlich der reine ungeschmälerte Gebäudewert maßgeblich ist).[563]

I.Ü. beeinflusst in umgekehrter Richtung die Tatsache der Bebauung den Bodenwert selbst nicht. Es tritt also **keine** Wertminderung (**Dämpfung**) des Werts des Grund und Bodens aufgrund der durch die Bebauung eingeschränkten Verwertbarkeit ein. Die zum alten Recht ergangenen Richtlinien (R 176 Abs. 2 ErbStR 2005) haben allerdings einen Abschlag erlaubt, wenn die tatsächliche Bebauung hinter der rechtlich zulässigen Nutzungsmöglichkeit zurückgeblieben ist und aus rechtlichen Gründen (etwa wegen Denkmalschutzes, wegen bestehender Grunddienstbarkeiten oder öffentlich-rechtlicher Baulasten) keine Möglichkeit bestand, das bauplanungsrechtlich zulässige Maß der Nutzung durch eine Erweiterung oder einen Neubau auszuschöpfen.

4621

(6) Berechnungsbeispiel Ertragswertverfahren

▶ **Fall:**[564] **Mietwohngrundstück (vermietetes Mehrfamilienhaus) – Schenkungszeitpunkt 2009**

Auf einer Grundstücksfläche von 900 m² (Bodenrichtwert 200,00 € je m²) wurde im Jahr 1979 ein Gebäude mit acht Wohnungen vermietet, die jeweils eine Netto-Kaltmiete von 640,00 € monatlich erbringen. Der Gutachterausschuss hat keine Bewirtschaftungskosten und keinen Liegenschaftszins ermittelt.

4622

Der Bodenwert errechnet sich (Grundstücksfläche mal Bodenrichtwert) als 900 m² × 200,00 € = 180.000,00 €.

Zur Ermittlung des Gebäudewerts ist der Rohertrag (640,00 € × 8 [Wohnungen] × 12 [Monate] = 61.440,00 €) zu schmälern um die Bewirtschaftungskosten. Gem. Anlage 23 zum Bewertungsgesetz betragen diese bei einer Restnutzungsdauer von 50 Jahren (80 Jahre Gesamtnutzungsdauer laut Anlage 22, abzgl. bisherigen Gebäudealters 30 Jahre = 50 Jahre) 23 %, so dass eine Minderung um 61.440,00 € × 23 % = 14.131,00 € eintritt.

Weiter abzuziehen ist die Bodenwertverzinsung (180.000,00 € × 5 % = 9.000,00 €), so dass ein Gebäudereinertrag von 38.309,00 € verbleibt. Dieser ist bei einer Restnutzungsdauer von 50 Jahren gem. Anlage 21 mit dem Vervielfältiger 18,26 zu multiplizieren, der Gebäudeertragswert beläuft sich also auf 38.309,00 € × 18,26 = 699.522,00 €, der gesamte Grundbesitzwert (addiert zum Bodenwert) auf 879.522,00 €.

cc) Sachwertverfahren

(1) Grundsatz

Gem. § 182 Abs. 4 BewG ist das Sachwertverfahren[565] anzuwenden:

4623

(1) bei Wohnungs- oder Teileigentum sowie Ein- und Zwei-Familienhäusern, sofern kein Vergleichswert vorliegt. Dies dürfte insb. in ländlichen Regionen der Fall sein, da die Gutachterausschüsse keine Vergleichswerte liefern können.
(2) bei Geschäftsgrundstücken und gemischt genutzten Grundstücken (ausnahmsweise auch bei Mietwohngrundstücken![566]), für die sich am örtlichen Grundstücksmarkt keine übliche Miete

---

563 Eine Untersuchung von *Broekelschen/Maiterth*, FR 2008, 698, 701, weist nach, dass bei einer theoretisch unendlichen Nutzungsdauer des Gebäudes der Bodenwert ohne Bedeutung bleibt.
564 Nach *Pauli/Maßbaum/Reiser*, Erbschaftsteuerreform 2009, S. 382.
565 Überblick bei *Feldner/Stoklassa*, ErbStB 2014, 292 ff.; zur Neuregelung i.R.d. SteuerÄndG 2015 *Eisele*, NWB 2015, 3751, 3754 ff. und *Grootens*, ErbStB 2016, 22 ff.
566 Wenn das Mietwohngrundstück so außergewöhnlich ausgestaltet ist, dass weder eine Jahresrohmiete noch eine übliche Miete ermittelt werden kann, BFH, 06.07.2011 – II R 35/10, ErbStB 2011, 337. Nach *Gohlisch*, ZErb 2016, 59 ff. werde das Sachwertverfahren bei gemischt genutzten und Geschäftsgrundstücken die Regel, wenn keine ortsübliche Miete aus Datenbanken oder durch ein Mietgutachten

ermitteln lässt (insb. selbst genutzte Produktionsgebäude, Werkstätten, Lager, Saalbauten etc., vgl. schon bisher R 178 Abs. 1 Satz 3 ErbStR 2003, wohl auch in Fällen der Betriebsaufspaltung, wenn sich keine übliche Miete zur Prüfung der vereinbarten Miete feststellen lässt, da es an Vergleichsobjekten fehlt)[567]
(3) bei sonstigen bebauten Grundstücken (die also weder Wohnzwecken noch betrieblichen oder öffentlichen Zwecken dienen, bspw. Vereins- oder Clubhäuser, Jagdhütten etc.)[568]

4624 Das in §§ 189 ff. BewG geregelte, ab 2016 modifizierte[569] und in neuen gleich lautenden Ländererlassen v. 08.01.2016 erläuterte,[570] Verfahren folgt weitgehend dem Muster der Sachwertrichtlinie vom 05.09.2012,[571] die ihrerseits §§ 21 ff. der ImmoWertV vom 19.05.2010 konkretisiert. Damit sind auch Außenanlagen, gärtnerische Anpflanzungen etc. mitabgegolten, sofern sie nicht wertmäßig selbstständig ins Gewicht fallen (Beispiel: teure Kunstobjekte vor Bürogebäuden).

In Fortschreibung der im Bericht des Finanzausschusses[572] veröffentlichten Übersicht ergibt sich ab 2016 folgendes **Schema**[573]:

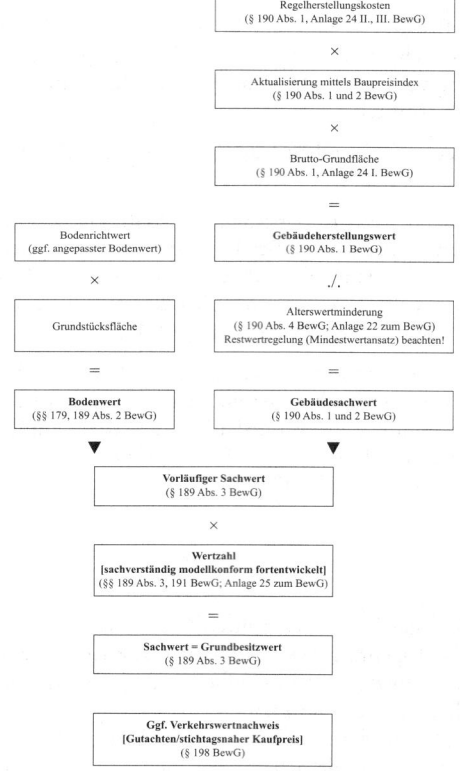

---

ermittelt werden könne, dagegen *Daragan*, ZErb 2016, 317 [hilfsweise muss die ortsübliche Miete gem. § 162 AO geschätzt werden].
567 Vgl. *Brüggemann*, Erbfolgebesteuerung 2008, 311, 313; *Grootens*, BBEV 2008, 361, 362.
568 *Krause/Grootens*, BBEV 2008, 80, 83.
569 *Drosdzol*, ZEV 2016, 687 ff.
570 BStBl 2016 I 173; hierzu *Grootens*, ErbStB 2016, 111 ff.
571 Hierzu *Krause/Grootens*, NWB 2013, 37; *Eisele*, StW 2014, 147.
572 BT-Drucks. 16/11107 v. 26.11.2008.
573 Konkretes Berechnungsbsp. für ein Einfamilienhaus (Rechtslage 2016) bei *Gohlisch*, ZErb 2016, 98 ff.

(2) Bodenwert

Der Bodenwert wird nach allgemeinen Grundsätzen (Rdn. 4573 ff.) aus der Fläche und dem Bodenrichtwert ermittelt (vgl. auch R B 179.1 ff. ErbStR 2011); möglicherweise kommt es auch hier – wie in der bisherigen Praxis (früher: R 176 Abs. 2 ErbStR 2003) – zu einem Abschlag, wenn die tatsächliche Bebauung hinter der rechtlich zulässigen Bebauung zurückbleibt und eine Erweiterung oder ein Neubau aus rechtlichen Gründen (Grunddienstbarkeiten, Baulasten, Denkmalschutzvorschriften) nicht möglich ist, so dass dauerhaft die bauplanungsrechtlichen Möglichkeiten nicht ausgeschöpft werden können (vgl. Rdn. 4619 beim Ertragswertverfahren). 4625

(3) Gebäudesachwert

Schwerpunkt des Sachwertverfahrens ist die Ermittlung des Gebäudesachwerts, der zum Bodenwert addiert den vorläufigen Sachwert ergibt und sodann unter Berücksichtigung der Wertzahl den endgültigen Grundbesitzwert generiert. Der Gebäudesachwert, einerseits, ermittelt sich aus dem Gebäuderegelherstellungswert (dies sind die Regelherstellungskosten multipliziert mit der Brutto-Grundfläche, nachstehend Rdn. 4627), der um eine Alterswertminderung (nachstehend Rdn. 4632) reduziert wird und den Gebäudesachwert ergibt. 4626

(a) Gebäuderegelherstellungswert

Zugrunde gelegt werden nicht die tatsächlichen Herstellungskosten des konkreten Gebäudes, sondern **typisiert Regelherstellungskosten pro Quadratmeter Brutto-Grundfläche (BGF**, vgl. Rdn. 4631). Sie sind in der Anlage 24 zum Bewertungsgesetz für die einzelnen Gebäudearten, abhängig nach Ausstattung (»einfachst«, »einfach«, »Basis«, »gehoben«, »aufwändig«) getrennt aufgeführt. Hinsichtlich des **Gebäudetypus** wird differenziert bspw. zwischen 1- und 2-Familien-Häusern »mit Keller, Dachgeschoss nicht ausgebaut«, »mit Keller, Dachgeschoss ausgebaut«, »mit Keller, Flachdach« sowie »ohne Keller, Dachgeschoss ausgebaut«, »ohne Keller, Dachgeschoss nicht ausgebaut«, »ohne Keller, Flachdach«, ferner Mehrfamilienhäusern, Reihenhäusern, gemischt genutzten Gebäuden, Sondergebäuden etc. Dabei sind die Regelherstellungskosten bei den Gebäuden mit Keller deutlich geringer, da die Grundrissebene Keller in die Brutto-Grundfläche miteinfließt. Die Regelherstellungskosten variieren zwischen 480,00 € und 3.840,00 € je Quadratmeter. 4627

Die Werte aus Teil II der Anlage 24 zum Bewertungsgesetz wurden ursprünglich aus den Normalherstellungskosten des Jahres 2000 (Anlage 7 der Wertermittlungsrichtlinien 2006) abgeleitet. Sie enthalten auch die Baunebenkosten und sind Deutschland weit ermittelt worden, ohne regionale Differenzierung. Ggü. der Wertermittlungsverordnung wurden vereinfachend Gebäudetypen zusammengefasst und die Werte des Jahres 2000 aufgrund des Baupreisindex, den das Statistische Bundesamt ermittelt, auf den 01.01.2007 fortgeschrieben. Das BMF ist gem. § 190 Abs. 3 BewG ermächtigt, durch jeweils im BStBl veröffentlichte Rechtsverordnung die Regelherstellungskosten jährlich zu aktualisieren. Dies ist mit Wirkung ab 2012 erfolgt,[574] ab dem Jahr 2016 sind die Normalherstellungskosten 2010 zugrunde gelegt;[575] auch die Beschreibungen der Gebäudestandards wurden angepasst. Zum 11.01.2017 sind neue Werte veröffentlicht worden.[576] 4628

Die in den Wertermittlungsrichtlinien (Tz. 3.6.1.1.1 WertR 2006) verlangte Gewichtung der einzelnen Kostengruppen wird durch den »Ausstattungsbogen« in Teil III der Anlage 24 erreicht. Dort wird – für 1-/2-Familien-Häuser, Wohnungseigentum und gemischt genutzte Grundstücke getrennt – angegeben, wie sich die einfachste, einfache, Basis-, gehobene und aufwendige Ausführung in Bezug auf die Bereiche Außenwände (Wägungsanteil 23 %), Dach (15 %), Fenster und 4629

---

[574] Durch G vom 13.12.2011, BGBl 2011 I, S. 2592; ergänzend enthält H B 190.2 (2) ErbStH 2011 eine Aufzählung von nicht in Anlage 24 aufgeführten Gebäudeklassen, vgl. *Eisele*, NWB 2012, 373, 386.
[575] BMF, 11.01.2016 – IV C 7 – S 3225/16/10001, EStB 2016, 63.
[576] BMF, 11.01.2017 – IV C 7 – S 3225/16/10001, ErbStB 2017, 106 = ZEV 2017, 116.

Außentüren (11 %), Innenwände und -türen (11 %), Deckenkonstruktionen und Treppen (11 %), Fußböden (5 %), Sanitäreinrichtung (9 %), Heizung (9 %) und sonstige technische Ausstattung (6 %) beschreibt. Dennoch eröffnet die Einordnung des Ausstattungstypus der subjektiven Einschätzung, möglicherweise auch dem Neidfaktor, Spielräume.

4630 **Regelherstellungskosten** sind Brutto-Werte, die USt wird – auch bei Vorsteuerabzugsberechtigung des Gebäudeeigentümers – nicht herausgerechnet, da es sich insoweit um persönliche, außer Betracht bleibende Verhältnisse handelt.

4631 Die Regelherstellungskosten sind mit der **Brutto-Grundfläche**, also der Summe aller nutzbaren Grundrissebenen, zu multiplizieren. Die Ermittlung der Brutto-Grundfläche ist in Teil I der Anlage 24 zum Bewertungsgesetz eingehend definiert (zugrunde zu legen sind die Nutzungen nach DIN 277–2:2005–02[577] – Tabelle 1, Nr. 1 bis 9). Sie erfasst auch die konstruktiven Umschließungen. Dabei bildet die Brutto-Grundfläche die Summe aus der Netto-Grundfläche und der Konstruktionsgrundfläche, so dass die äußeren Maße der Bauteile samt Verkleidung, Putz, Außenschalen etc. i.H.d. Boden- bzw. Deckenbelagsoberkanten anzusetzen sind. Gestalterische Vor- und Rücksprünge, Sockelleisten etc. Überstände, Teile von Fenster- und Türverkleidungen bleiben unberücksichtigt, ebenso Flächen, die lediglich zur Wartung oder Inspektion dienen (fest installierte Dachleitern etc.). Nutzbare Dachflächen (Dachterrassen) zählen zwar zur Brutto-Grundfläche, werden aber bei der Ermittlung der Regelherstellungskosten nicht erfasst.

(b) Alterswertminderung

4632 Der **Gebäuderegelherstellungswert** ist bezogen auf ein neu errichtetes Gebäude, so dass im nächsten Schritt die Alterswertminderung zu berücksichtigen ist. Das Gesetz geht von einer linearen (gleichmäßigen) Wertminderung im Verhältnis des bisherigen Gebäudealters zur wirtschaftlichen Gesamtnutzungsdauer aus.

4633 Während beim Ertragswertverfahren das Alter des Gebäudes (identisch mit der Abschreibung) im Vervielfältiger berücksichtigt ist und dort dem Gedanken Rechnung trägt, dass der Gebäudeeigentümer eine Erneuerungsrücklage in Höhe dieser Abschreibung zu bilden hat, soll beim Sachwertverfahren der tatsächliche, durch das Alter bedingte Wertverzehr berücksichtigt werden.

4634 Die **wirtschaftliche Gesamtnutzungsdauer** ist (wie beim Ertragswertverfahren) für einzelne Gebäudearten in Anlage 22 zum Bewertungsgesetz verbindlich festgelegt (seit 2016 gilt: 1- und 2-Familien-Häuser, Mietwohngrundstücke und Wohnungseigentum 70 Jahre – zuvor 80 Jahre –, Verwaltungsgebäude 60 Jahre, Industriegebäude 40 – zuvor 50 – Jahre; Hotel 40 – zuvor 60 – Jahre). Wie beim Ertragswertverfahren ist auch hier eine **Mindestrestnutzungsdauer** anzusetzen, die seit 2016[578] (wie dort) 30 % der Gesamtnutzungsdauer umfasst (bis 2015: 40 % der Gesamtnutzungsdauer!) umfasst, so dass sie bei 1- und 2-Familien-Häusern 21 Jahre, bei Verwaltungsgebäuden 18 Jahre und bei Industriegebäuden 12 Jahre umfasst. Der Gesetzgeber unterstellt offensichtlich, dass ältere Gebäude ohnehin laufend instand gehalten werden. Wie beim Ertragswertverfahren kann die wirtschaftliche Gesamtnutzungsdauer verlängert oder verkürzt werden, wobei der Mindestansatz von 30 % der gesetzlichen Gesamtnutzungsdauer nicht unterschritten werden darf, so dass zumindest Verkürzungen (aber auch Verlängerungen bei alten Gebäuden) selten eintreten werden. Zur Ermittlung des Modernisierungsgrades hat die Finanzverwaltung Punktesysteme entwickelt, vgl. Rdn. 4618 und R B 190.7 ErbStR 2011.

---

577 Wiedergegeben z.B. in R B 190.6 ErbStR 2011.
578 Die Absenkung der Gesamtnutzungs- und der Mindestnutzungsdauer ab 2016 wird in vielen Fällen einen gutachterlichen Verkehrswertnachweis gem. § 198 BewG entbehrlich machen, vgl. *Eisele*, NWB 2015, 3751, 3757.

A. Schenkungsteuerrecht

(4) Marktanpassung durch Wertzahl

Die **Addition** des nach allgemeinen Grundsätzen ermittelten **Bodenwerts** (Rdn. 4625) und des **Gebäudesachwerts** (Gebäuderegelherstellungswert abzgl. Alterswertminderung, Rdn. 4626 ff.) ergibt den **vorläufigen Sachwert**. Dieser berücksichtigt jedoch noch nicht die Lage auf dem örtlichen Grundstücksmarkt, muss daher durch Marktanpassungsab- oder -zuschläge angepasst werden, um den Grundbesitzwert als Verkehrswert nach Sachwertgesichtspunkten zu ermitteln. Erforderlich ist also, die für bestimmte Objekte ermittelten Sachwerte in Relation mit bekannten Kaufpreisen zu setzen. 4635

Durch die Neufassung des § 193 BauGB sind Gutachterausschüsse künftig verpflichtet, Sachwertfaktoren (insb. für 1- und 2-Familien-Häuser) zu ermitteln. Solange diese nicht zur Verfügung stehen, enthält **Anlage 25 zum BewG** (aktualisiert ab 01.01.2016[579]) typisierte Wertzahlen, die ausweislich der Gesetzesbegründung aus bundesweiten Untersuchungen bei Gutachterausschüssen ermittelt wurden. Diese Wertzahlen stehen in Abhängigkeit vom vorläufigen Sachwert und dem Bodenrichtwert für das Grundstück, und zwar dergestalt, dass die Wertzahl umso geringer ist, je höher der vorläufige Sachwert ist und umgekehrt, umso höher ist, je höher der Wert des Grund und Bodens ist. 4636

▶ Hinweis:

Unverständlicherweise ist die Wertzahl bei Geschäftsgrundstücken nur abhängig vom vorläufigen Sachwert des Gebäudes, nicht vom Bodenrichtwert, so dass ein altes Gebäude in bester Innenstadtlage (etwa ein Kaufhaus) dieselbe Wertzahl aufweist wie ein neues Fabrikgebäude in einer billigen Stadtrandlage; es findet also eine extreme Pauschalierung statt. 4637

Die Tabelle weist Wertzahlen zwischen 0,3 (hoher vorläufiger Sachwert über 500.000,00 €, geringer Bodenrichtwert bis 15,00 €) und 1,4 (geringer vorläufiger Sachwert bis 50.000,00 €, Bodenrichtwert über 500,00 €) aus. Sie sind differenziert zwischen 1- und 2-Familien-Häusern sowie Wohnungseigentum einerseits, und Teileigentum, Geschäftsgrundstücken, gemischt genutzten Grundstücken und sonstigen bebauten Grundstücken andererseits (bei Letzteren lediglich abhängig vom vorläufigen Sachwert, nicht vom Bodenrichtwert, differierend zwischen 0,7 und 0,9). 4638

Beim Ertragswertverfahren entfällt eine solche Marktanpassung, da die Miete und der Liegenschaftszins bereits die Marktkomponenten des konkreten Umfelds berücksichtigen.

(5) Berechnungsbeispiel

▶ Fall:[580]

Ein 1-Familien-Haus mit Keller, ohne Dachgeschossausbau, mittlerer Ausstattungsstandard, für das kein Vergleichswert vorliegt, verfügt über eine Brutto-Grundfläche von 200 m², Baujahr 1978. Es ist auf einem Grundstück von 800 m², Bodenrichtwert 300,00 €, errichtet. Zum Bewertungsstichtag des Jahres 2009 ist der Sachwert zu ermitteln: 4639

Der Bodenwert ergibt sich aus der Multiplikation von Grundstücksfläche mal Bodenrichtwert, 800 m² × 300,00 € = 240.000,00 €.

Der Gebäudesachwert ermittelt sich aus dem Gebäuderegelherstellungswert (Regelherstellungskosten) nach Anlage 24 zum Bewertungsgesetz: 690,00 € je Quadratmeter mal 200 m² Brutto – Geschossfläche = 138.000,00 €, abzgl. einer Wertminderung von 31/80 (bisheriges Gebäudealter in Relation zur Gesamtnutzungsdauer gem. Anlage 22 zum Bewertungsgesetz, also Minderung um 38,75 %, demnach um 53.475,00 €, so dass ein Gebäudesachwert von 84.525,00 €

---

579 *Eisele*, NWB 2015, 3751, 3758 ff.: die Wertzahl nimmt von 0,9 [bei vorläufigen Sachwerten bis 500.000 Euro] auf 0,6 [über 3 Mio Euro] ab.
580 Nach *Pauli/Maßbaum/Reiser*, Erbschaftsteuerreform 2009, S. 390.

verbleibt und sich in der Addition zum Bodenwert ein vorläufiger Sachwert von 324.525,00 € ergibt. Die anzuwendende Wertzahl zur Anpassung an den Markt beträgt gem. Anlage 25 zum Bewertungsgesetz 0,9, so dass der Grundbesitzwert 292.073,00 € umfasst. Damit sind auch etwaige Außenanlagen abgegolten.

f) Bewertung des Erbbaurechts (§ 193 BewG)[581]

4640 Während nach bisherigem Recht der Gesamtwert des bebauten Grundstücks ermittelt und in einem zweiten Schritt auf das belastete Grundstück und das Erbbaurecht aufgeteilt wurde, sehen § 193 BewG (für das Erbbaurecht) und § 194 BewG (für das Erbbaugrundstück) nunmehr jeweils eine getrennte Ermittlung vor, die im Wesentlichen die Grundsätze der Wertermittlungsrichtlinien 2006 (Tz. 4.3.2 für das Erbbaurecht, 4.3.3 für das Erbbaugrundstück) übernehmen. Mit der Bewertung des Erbbaurechtes ist die Verpflichtung, mit der Bewertung des erbbaubelasteten Grundstücks der Anspruch auf den Erbbauzins mit abgegolten, vgl. § 192 Satz 2 BewG.

aa) Vergleichswertverfahren

4641 Vorrangig ist gem. §§ 193 Abs. 1, 183 BewG zu ermitteln, ob Kaufpreise für entsprechende Vergleichsobjekte vorliegen, was (ausweislich der Gesetzesbegründung) Objekte innerhalb derselben Grundstücksart mit annähernd gleichhohen Erbbauzinsen und Gebieten mit annähernd gleichem Bodenwertniveau, mit annähernd gleicher Restlaufzeit und annähernd gleichen Möglichkeiten der Anpassung des Erbbauzinses voraussetzt. Dies wird allenfalls gegeben sein bei Wohngebieten, die zur gleichen Zeit nach einheitlichem Vertragsmuster für vergleichbare Zwecke als Erbbaurecht ausgegeben wurden.

bb) Finanzmathematisches Verfahren

4642 In allen anderen (sicherlich in der Praxis überwiegenden) Fällen ist das finanzmathematische Verfahren anzuwenden, das 4.3.2.1 WertR 2006 entspricht. Der Wert des Erbbaurechts wird hier aus dem Bodenwertanteil und dem Gebäudewertanteil durch Addition ermittelt.

Der Bericht des Finanzausschusses[582] enthält folgenden schematischen **Verfahrensüberblick:**

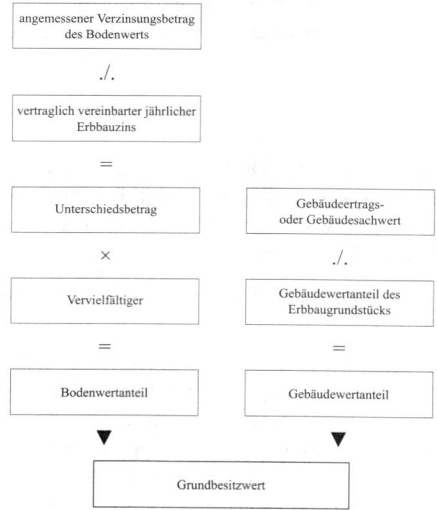

---

581 Vgl. Überblick bei *Mannek/Roscher*, ZNotP 2011, 162 ff. und *Bruschke*, ErbStB 2012, 310 ff.
582 BT-Drucks. 16/11107 v. 26.11.2008.

A. Schenkungsteuerrecht

Kapitel 12

(1) Bodenwertanteil

Der Bodenwertanteil repräsentiert den wirtschaftlichen Vorteil des Erbbauberechtigten aus einem vergünstigten, also unter der angemessenen Bodenwertverzinsung liegenden, Erbbauzins. Er ist also positiv bei einem »zu geringen«, negativ bei einem überhöhten Erbbauzins, wobei Letzteres sich bspw. auch daraus ergeben kann, dass die Bodenpreise seit der Bestellung des Erbbaurechts stark gefallen sind, so dass die ursprünglich angemessene Verzinsung sich nun als über dem Marktniveau liegend darstellt. Diese Bewertung erfolgt unabhängig davon, dass § 9a ErbbauRG für Wohnzwecken dienenden Erbbaurechten die Anpassung des Erbbauzinses an die Bodenwertentwicklung eng begrenzt, nämlich auf das Mittel des Anstiegs der Löhne und der Preise. 4643

Der **»angemessene« Liegenschaftszins** ist vorrangig durch den Gutachterausschuss zu ermitteln. Fehlen solche Werte, bestimmt § 193 Abs. 4 BewG als angemessene Verzinsung (zugleich als Anhaltspunkt für einen grundstückswertabhängigen fairen Erbbauzins): 3 % für 1- und 2-Familien-Häuser (auch Wohnungseigentum i.S.d. unechten Realteilung, das wie ein 1- oder 2-Familien-Haus ausgestaltet ist), 5 % für Mietwohngrundstücke und sonstiges Wohnungseigentum, 5,5 % für gemischt genutzte Grundstücke mit einem gewerblichen Anteil (nach Wohn-Nutzfläche) bis zu 50 % und sonstige bebaute Grundstücke, 6 % für gemischt genutzte Grundstücke mit gewerblichem Anteil über 50 % und 6,5 % für Geschäftsgrundstücke und Teileigentum. 4644

Der **Unterschiedsbetrag** zwischen dem vertraglich vereinbarten Erbbauzins (ohne Dynamisierungskomponente) und der angemessenen Bodenwertverzinsung ist zu **kapitalisieren** mit einem Vervielfältiger, der sich aus Anlage 21 ergibt. Er ist abhängig vom Liegenschaftszins und der Restlaufzeit des Erbbaurechts zum Stichtag der Versteuerung. Je höher die Restlaufzeit des Erbbaurechts und je geringer die zu vergleichende Bodenwertverzinsung, umso höher ist der Multiplikator (max. 31,6). 4645

(2) Gebäudewertanteil

Sofern aufgrund des Erbbaurechts das Gebäude zum Stichtag der Besteuerung bereits errichtet wurde, bzw. das Erbbaurecht ein solches schon vorher bestehendes Gebäude erfasst hat, ist naturgemäß ebenfalls dieses Gebäude mit einzubeziehen. Der Gebäudewert ist nach dem **Ertragswert-** (Rdn. 4595 ff.) bzw. dem **Sachwertverfahren** (Rdn. 4623 ff.) zu ermitteln in gleicher Weise wie dies für ein bebautes Grundstück der Fall wäre. Der Gebäudewert reflektiert die Regelung des § 27 ErbbauRG, wonach beim Ablauf des Erbbaurechtsvertrags eine Entschädigung i.H.d. Verkehrswerts des Gebäudes beansprucht werden kann, sofern nicht (wie allerdings in der Praxis die Regel) eine abweichende Vereinbarung getroffen wurde. Bei Erbbaurechten zu Wohnzwecken für »minderbemittelte Bevölkerungskreise« darf diese Entschädigung nicht unter zwei Dritteln des dann geltenden Verkehrswerts liegen. 4646

Hat demgemäß aufgrund des Erbbaurechtsvertrags der Grundstückseigentümer beim Zeitablauf nur eine teilweise **Entschädigung für das Erbbaurecht** zu gewähren, ist der Gebäudewertanteil entsprechend zu reduzieren; technisch handelt es sich um den Abzug desjenigen Anteils am Gebäudewert, der dem Grundstückseigentümer zufällt. Dieser dem Grundstück zuzurechnende Anteil ist auf den Bewertungsstichtag abzuzinsen nach Maßgabe der als Anlage 26 des Bewertungsgesetzes aufgeführten Abzinsungsfaktoren. Für die Feststellung des Gebäudewertanteils des Erbbaugrundstücks sind die künftigen Verhältnisse im Zeitpunkt des Ablaufs des Erbbaurechts maßgebend, so dass im Ergebnis der Gebäude-Sach- bzw. Gebäude-Ertragswert sowohl auf den Bewertungsstichtag als auch auf den Zeitpunkt des Ablaufs des Erbbaurechts zu ermitteln ist. Aus Vereinfachungsgründen sieht das Bewertungsgesetz bei Erbbaurechtsgebäuden keine Marktanpassungsfaktoren vor. 4647

cc) Berechnungsbeispiel

▶ **Fall:**[583]

4648 Auf einem Grundstück (Bodenwert gem. § 179 BewG 100.000,00 €) wurde ein Erbbaurecht ausgegeben, auf dessen Grundlage im Jahr 1980 ein 1-Familien-Haus errichtet wurde. Sein Gebäuderegelherstellungswert i.S.d. § 190 BewG belaufe sich auf 250.000,00 €. Jährlich ist ein Erbbauzins von 2.000,00 € zu entrichten; bei Fristablauf sind zwei Drittel des Gebäudewerts zu entschädigen. Zum Bewertungsstichtag (2009) hat das Erbbaurecht noch eine Restlaufzeit von 30 Jahren.

Bodenwertanteil des Erbbaurechts:

Die angemessene Bodenwertverzinsung würde sich auf 100.000,00 € mal 3 % (vgl. § 193 Abs. 4 BewG: 1-Familien-Haus) = 3.000,00 € im Jahr belaufen; der Erbbauzins beträgt lediglich 2.000,00 €, so dass der Unterschiedsbetrag von 1.000,00 € gem. Anlage 21 bei einer Restlaufzeit von 30 Jahren mit 19,6 also auf 19.600,00 € zu kapitalisieren ist.

Hinzu kommt der Gebäudewertanteil:

Der Gebäudesachwert zum Bewertungsstichtag beläuft sich auf 250.000,00 € abzgl. Alterswertminderung von 29 (bisheriges Alter)/80tel (wirtschaftliche Gesamtnutzungsdauer), also 36,25 %, so dass nach Abzug von 90.625,00 € 159.375,00 € verbleiben.

Dieser aktuelle Gebäudesachwert ist vermindert um den Gebäudewertanteil des Erbbaugrundstücks. Zu diesem Zweck ist der voraussichtliche Gebäudesachwert am Ende des Erbbaurechts zu ermitteln: Eigentlich wäre hierfür der Gebäuderegelherstellungswert von 250.000,00 € um 59/80tel = 73,25 % zu mindern (59 Jahre wird das Alter des Gebäudes betragen beim Ablauf des Erbbaurechts), mindestens muss jedoch nach Abzug der Alterswertminderung ein Gebäuderegelherstellungswert von 40 % verbleiben, § 190 Abs. 2 Satz 4 BewG, so dass der Abzug bei 60 % gekappt ist und zum Ablauf des Erbbaurechts ein Gebäudesachwert von 100.000,00 € verbleibt.

Dieser künftige Gebäudesachwert zum Ablauf des Erbbaurechts (100.000,00 €) ist gem. Anlage 26 zum Bewertungsgesetz abzuzinsen auf den Wertermittlungsstichtag, also den Gegenwartswert. Bei einer Restlaufzeit des Erbbaurechts von 30 Jahren und einem Liegenschaftszins von 3 % beträgt der Faktor 0,4120, so dass der auf den Wertermittlungsstichtag abgezinste Sachwert 41.200,00 € beträgt. Der Grundstückseigentümer hat ein Drittel des dann geltenden Gebäudewerts nicht zu entschädigen, dies entspricht 33,33 % von 41.200,00 €; also beträgt der Gebäudewertanteil des Erbbaugrundstücks 13.733,00 €.

Insgesamt ist also finanzmathematisch das Erbbaurecht zu bewerten als Addition des Bodenwertanteils des Erbbaurechts (19.600,00 €) zuzüglich des Gebäudesachwerts zum Bewertungsstichtag (159.357,00 €) abzgl. desjenigen Gebäudewertanteils, der auf das Erbbaugrundstück entfällt (13.733,00 €), so dass 165.242,00 € verbleiben.

g) Bewertung des Erbbaugrundstücks (§ 194 BewG)

4649 § 194 BewG bestimmt spiegelbildlich das Bewertungsverfahren als Addition des Bodenwertanteils (Summe des abgezinsten Bodenwerts des unbelasteten Grundstücks zuzüglich der während der Restlaufzeit kapitalisierten Erbbauzinsen) und des abgezinsten Gebäudewertanteils nach folgendem Schema:[584]

---

583 *Pauli/Maßbaum/Reiser*, Erbschaftsteuerreform 2009, S. 396.
584 Bericht des Finanzausschusses, BT-Drucks. 16/11107 v. 26.01.2008.

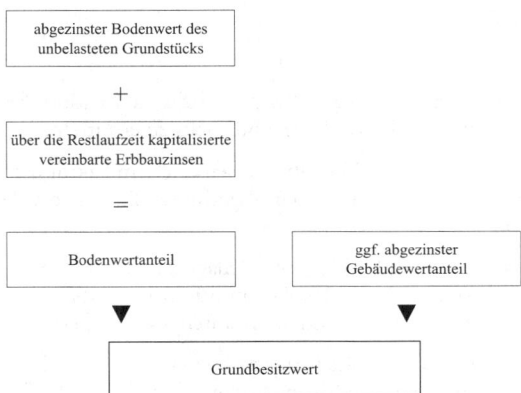

Die Bewertung folgt im Wesentlichen den Grundsätzen der Wertermittlungsrichtlinie 2006 (Tz. 4.3.3). Vorrangig vor dem vorstehend skizzierten und nachstehend erläuterten finanzmathematischen Verfahren ist allerdings auch hier gem. § 194 Abs. 1 BewG das Vergleichswertverfahren (§ 183 BewG) zugrunde zu legen, wobei hinsichtlich der Vergleichbarkeit der Grundstücke dieselben Anforderungen wie beim Erbbaurecht selbst gelten (oben Rdn. 4641 ff.). Es wird daher i.d.R. am ausreichend berücksichtigungsfähigen Vergleichssachverhalten fehlen.[585]   **4650**

aa) Bodenwertanteil

Zur **Ermittlung des Bodenwertanteils** ist zunächst der Bodenwert als solcher (Grundstücksgröße multipliziert mit den Bodenrichtwerten) abzuzinsen auf die Restlaufzeit des Erbbaurechts (angesichts des Umstands, dass jedenfalls auf diese Zeit eine selbstständige Nutzung des Erbbaugrundstücks ausscheidet). Die Abzinsung ergibt sich aus dem Faktor in Anlage 26 in Abhängigkeit von der Restnutzungsdauer und dem zugrunde zu legenden Liegenschaftszins (welch Letzterer bei einem Erbbaurecht für ein Ein-Familien-Haus bspw. 3 % beträgt). Dieser Betrag wird erhöht um den kapitalisierten Erbbauzins selbst, gemessen am derzeitigen Jahreserbbauzinsbetrag und dem Multiplikator nach Anlage 21 (wiederum abhängig von der Restlaufdauer und dem Liegenschaftszinssatz). Die Summe beider ergibt den Bodenwertanteil.[586]   **4651**

bb) Gebäudewertanteil

Sofern der Grundstückseigentümer bei Fristablauf des Erbbaurechts nicht den vollen Wert des dann vorhandenen Gebäudes zu entschädigen hat, kommt dem Erbbaugrundstück auch ein Gebäudewertanteil zu (spiegelbildlich zum entsprechenden Abzug des Gebäudewertanteils des Erbbaugrundstücks bei der Bemessung des Erbbaurechts selbst, vgl. oben Rdn. 4646 ff.) Für die Praxis problematisch wird allerdings sein, dass der Grundstückseigentümer regelmäßig nicht über die Daten zur Bewertung des Gebäudes verfügt, die zur Ermittlung dieses Gebäudewertanteils des Erbbaugrundstücks erforderlich sind.[587]   **4652**

---

585 Vgl. *Drosdzol*, ZEV 2008, 177, 181.
586 Dass bei der Bemessung der Grunderwerbsteuer für den Kauf eines erbbaurechtsbelasteten Grundstücks der kapitalisierte Wert des Erbbauzinses abgezogen wird (§ 2 Abs. 1 Satz 2 Nr. 3 GrEStG), spielt für die schenkungsteuerliche Bewertung keine Rolle, BFH, 11.12.2013 – II R 22/11, ZfIR 2014, 492 (nur Ls.).
587 *Krause/Grootens*, BBEV 2008, 132, 135.

cc) Berechnungsbeispiel

▶ **Fall:**[588]

4653 Gem. den Sachverhaltsdaten des obigen Beispiels Rdn. 4648 (dort Berechnung des Erbbaurechts) ist der Grundbesitzwert des Erbbaugrundstücks zu ermitteln:

Unmittelbarer Bodenwert 100.000,00 €, abzuzinsen mit dem Faktor laut Anlage 26 (bei 30 Jahren Restnutzungsdauer: 0,412) ergibt einen abgezinsten Bodenwert des unbebauten Grundstücks von 41.200,00 €.

Der Jahreserbbauzins von 2.000,00 € ist gem. Anlage 21 (30 Jahre Restlaufzeit, Liegenschaftszins 3 % für 1-Familien-Häuser) mit 19,6 zu multiplizieren, dies ergibt einen kapitalisierten Erbbauzins von 39.20,00 €, gesamter Bodenwertanteil also (addiert) 80.400,00 €.

Hinzu kommt der abgezinste Gebäudewertanteil bei einer Entschädigungsquote von 2/3 (also 33,33 % aus dem abgezinsten künftigen Sachwert) beim Ablauf des Erbbaurechts von 41.200,00 €, das sind 13.733,00 €, so dass der gesamte Grundbesitzwert des Erbbaugrundstücks auf 94.133,00 € beläuft.

h) Gebäude auf fremdem Grund und Boden (§ 195 BewG)

4654 Handelt es sich bei dem Gebäude um einen zivilrechtlichen Scheinbestandteil i.S.d. § 95 BGB oder um eine Gebäude, bzgl. dessen der Grundstückseigentümer bei Beendigung der Nutzungsberechtigung zur Erstattung des Verkehrswerts des Gebäudes verpflichtet ist (auch wenn sachenrechtlich kein Scheinbestandteil vorliegt), liegt steuerrechtlich ein »Gebäude auf fremdem Grund und Boden« vor. Gem. § 195 BewG sind hier die Grundsätze zur Bewertung eines Erbbaurechts bzw. eines erbbaubelasteten Grundstücks entsprechend anzuwenden, wobei jedoch auf die vorgängige Vergleichsrechnung verzichtet wird, da Vergleichswerte hierfür kaum zur Verfügung stehen werden.

4655 Als **Gebäudewert** ist lediglich der Ertrags- bzw. Sachwert des Gebäudes anzusetzen, allenfalls mit der Besonderheit, dass die Mindestrestnutzungsdauer von 30 % (beim Ertragswertverfahren) bzw. 40 % der wirtschaftlichen Gesamtnutzungsdauer (beim Sachwertverfahren) entfällt, wenn der Gebäudebesitzer beim Ablauf des Nutzungsrechts dieses beseitigen muss. Die Vorteile aus der Nutzung des Grund und Bodens bleiben vereinfachend unberücksichtigt.

4656 Der Wert des belasteten **Grund und Bodens** selbst entspricht dem Bodenwert, abgezinst auf den Bewertungsstichtag nach Anlage 26, zuzüglich des auf die Restlaufzeit des Nutzungsrechts kapitalisierten Entgelts (Vervielfältiger gem. Anlage 21), ebenso wie beim erbbaurechtsbelasteten Grundstück. Der Gebäudewertanteil bleibt hierbei ebenfalls vereinfachend unberücksichtigt.

i) »Escape-Klausel« (Verkehrswertnachweis, § 198 BewG)

aa) Verfahren

4657 Die vorstehend erläuterten Bewertungsverfahren enthalten typisierende Vereinfachungen, um Massenbewertungen durchführen zu können. § 198 Satz 1 BewG eröffnet daher dem Steuerpflichtigen die Möglichkeit, den niedrigeren gemeinen Wert der wirtschaftlichen Einheit am Bewertungsstichtag in anderer Weise nachzuweisen, wobei hierfür grds. die gem. § 199 Abs. 1 BauGB erlassenen Vorschriften, also die Wertermittlungsverordnung – seit 01.07.2010 die Immobilienwertermittlungsverordnung[589] = **ImmoWertV**, und die Wertermittlungsrichtlinien, heranzuziehen sind

---

588 Gemäß *Pauli/Maßbaum/Reiser*, Erbschaftsteuerreform 2009, S. 398.
589 BGBl. 2010 I, S. 639; vgl. hierzu ausführlich *Eisele/Schmitt*, NWB 2010, 2232 ff.

A. Schenkungsteuerrecht

Kapitel 12

(§ 198 Satz 2 BewG). Die ImmoWertV wurde durch die Bodenrichtwertrichtlinie (2011), die Sachwertrichtlinie (2012) und die Vergleichswertrichtlinie (2014)[590] weiter konkretisiert.

Da Letztere jedoch nur »grundsätzlich« gelten, dürfte – wie bisher[591] – ein **zeitnaher Verkauf** des konkret zu bewertenden Objekts selbst – nicht lediglich von Anteilen an einer dieses Objekt haltenden Gesellschaft[592] – zum Nachweis des gemeinen Werts ausreichen, sofern er im gewöhnlichen Geschäftsverkehr zustande kam (Veräußerungsnebenkosten sind dabei nicht abzuziehen[593]). Ein Verkauf des Objektes im Jahr vor oder nach dem Bewertungsstichtag genügt jedenfalls (R B 198 Abs. 4 ErbStR 2011). Erforderlich ist aber stets, dass die Höhe des erzielten Kaufpreises rechtzeitig vor Bestandskraft der Grundbesitzwertfeststellung bekannt wird; danach scheidet eine Korrektur aus, da es sich weder um eine neue Tatsache noch um ein rückwirkendes Ereignis handelt.[594]

4658

Liegt der Verkauf länger (drei Jahre oder mehr) zurück, muss nach Ansicht des BFH[595] zusätzlich der Gutachterausschuss bestätigen, dass Bodenwert und maßgebliche Miete seitdem unverändert geblieben sind. Abweichende Grundstücksmerkmale und wertbeeinflussende Besonderheiten des Vergleichsgrundstücks[596] sind beispielsweise eine wirtschaftliche Überalterung, über- oder unterdurchschnittlicher Erhaltungszustand, von den marktüblich erzielbaren Erträgen erheblich abweichende Erträge, Freilegungs- oder Teilabbruchkosten, Verunreinigungen, sowie rechtliche Grundstücksbelastungen, die die zulässige wirtschaftliche Nutzung beeinflussen. Kommt der Kaufvertrag jedoch erst nach der abschließenden Entscheidung des für die Grundbesitzwertfeststellung zuständigen Amtsträgers zustande, bleibt er unberücksichtigt; er ist als neue Tatsache i.S.d. § 173 Abs. 1 AO nur dann zu berücksichtigen, wenn der Verkauf zwar vor der abschließenden Entscheidung des Sachbearbeiters erfolgte, jedoch dem Amtsträger bei der Entscheidung nicht bekannt war und den Steuerpflichtigen hieran kein grobes Verschulden trifft.[597]

4659

---

590 Vom 20.03.2014, BAnz AT v. 11.04.2014 B3, vgl. *Eisele*, NWB 2014, 1434 ff.
591 BFH, 02.07.2004 – II R 55/01, BStBl. 2004 II, S. 703; ebenso *Eisele*, NWB 2008, 4679, unter II 3a. Nach FG Brandenburg, 15.09.2010 – 3 K 3232/07, ErbStB 2011, 40 ist ein zeitnaher Fremdverkauf dem Gutachten stets vorzuziehen, ebenso OFD Münster, 14.12.2011, ZEV 2012, 288; hiergegen *Geck/Messner*, ZEV 2012, 254, 257.
592 Jedenfalls wenn die Übertragung im Kreise der Gesellschafter, also nicht auf dem freien Markt, erfolgte, FG Münster, 12.08.2015 – 3 K 1531/14 F, ErbStB 2016, 3; ebenso wenig ausreichend ist beim »anteiligen« Übergang des Grundstücks durch Anwachsung (§ 738 BGB) das vereinbarte gesellschaftsrechtliche Abfindungsguthaben maßgebend, FG Münster, 3 K 336/14 F, ErbStB 2016, 3 (Az. BFH: II R 47/15).
593 Z.B. nicht die Maklercourtage des Verkäufers, FG Köln, 12.02.2014 – 4 K 3081/13, EFG 2014, 818; *Gemmer*, EE 2014, 114. Trägt der Käufer die Maklercourtage, wird diese allerdings auch nicht hinzugerechnet.
594 BFH, 17.05.2017 – II R 60/15, ErbStB 2017, 301; a.A. FG Berlin-Brandenburg, 24.03.2010 – 3 K 3258/06 B, EFG 2010, 1097.
595 BFH, 02.07.2004 – II R 55/01, BStBl. 2004 II, S. 703; FG Nürnberg, 29.03.2001, EFG 2001, 960.
596 Vgl. *Eisele*, NWB 2014, 1434, 1437 ff.
597 So im Anschluss an FG Baden-Württemberg, 25.06.2012 – 8 K 3603/11 ErbStB 2013, 110 nun auch die Finanzverwaltung, vgl. *Krause*, NWB 2014, 2165, 2170 f.

4660 Abgesehen von diesen Fällen kann der Nachweis eines niedrigeren gemeinen Werts praktisch nur durch ein **Gutachten**[598] des Gutachterausschusses[599] oder eines Sachverständigen[600] erfolgen.[601] Es unterliegt der freien Beweiswürdigung; bei inhaltlichen Mängeln[602] kann das FA es schlicht zurückweisen, ohne ein Gegengutachten zu erstellen (vgl. hierzu auch zur bisherigen Escape-Klausel des § 138 Abs. 4 BewG und zur Vorgängernorm des § 146 Abs. 7 BewG Rn. 3238 der 3. Auflage dieses Werks).[603] Bloße Auszüge aus der Kaufpreissammlung können ein solches Gutachten nicht ersetzen (R B 198 Abs. 3 Satz 8 ErbStR 2011). Es führt zur Unschlüssigkeit des Gutachtens, wenn darin z.b. schlicht der werkvertragliche Beseitigungsaufwand eines Reparaturstaus als Abzugsbetrag angesetzt wird.[604]

4661 Die **Kosten** des Gutachtens trägt der Steuerpflichtige, auch wenn er im Rahmen eines Finanzgerichtsverfahrens obsiegt (erstattungsfähige Verfahrenskosten liegen nur dann vor, wenn das Gericht selbst zur Feststellung der üblichen Miete ein Mietgutachten angefordert hat).[605] Allerdings billigt ihm der BFH[606] den Abzug der Gutachterkosten als Nachlassregelungskosten (§ 10 Abs. 5 Nr. 3 Satz 1 ErbStG) bei der Bemessung der Erbschaftsteuer zu.

4662 Ob sich die Erstellung des Sachverständigengutachtes empfiehlt, hängt insb. davon ab, welche **wertmindernden Bewertungsparameter** zusätzlich eingeführt werden können, die bei den typisierten gesetzlichen Verfahren unberücksichtigt geblieben sind – dabei ist jedoch zu bedenken, dass i.R.d. Wertermittlungsverordnung möglicherweise auch werterhöhende Faktoren zusätzlich zu erfassen sind, die bei der gesetzlichen Betrachtung außer Ansatz geblieben wären. Soweit Jahresabschlüsse von Unternehmen nach IFRS (International Financial Reporting Standards) erstellt sind und Betriebsgrundstücke dabei in der Bilanz mit dem Marktwert angesetzt werden, dürften die dafür vorliegenden Sachverständigenbewertungen regelmäßig herangezogen werden (auch unmittelbar durch das FA).

4663 Der Nachweis des Marktwerts ist jeweils für eine gesamte wirtschaftliche Einheit zu führen, also bspw. nicht isoliert auf den Wert des Grund und Bodens bei einem bebauten Grundstück. Der Umfang der wirtschaftlichen Einheit kann jedoch geringer sein als beim Grundbuchgrundstück,

---

598 Vgl. insgesamt *Eisele*, ZEV 2007, 170, *ders.*, ZEV 2014, 295 ff.; *Bruschke*, ErbStB 2011, 147 ff.; *Grootens*, ErbStB 2013, 278 ff. Im Gutachten sind alle plausiblen lagetypischen Merkmale des Grundstücks zu erfassen und durch Zu- und Abschläge vom Vergleichswert zu berücksichtigen, BFH, 02.07.2004 – II R 55/01, ErbStB 2004, 27. Dieses Gutachten ist jedoch für das FA nicht bindend, sondern auf inhaltliche Richtigkeit und Schlüssigkeit zu prüfen, R 161 Abs. 1 Satz 4 ErbStR. Der Gutachter darf nicht nur seine Kenntnisse und Erfahrungen zur Grundlage machen, sondern muss das Ergebnis durch nachprüfbare Vergleichswerte plausibel machen, FG München, 07.03.2012 – 4 K 826/09, ErbStB 2014, 5.
599 Die Gebühren richten sich nach Landesrecht, i.d.R. wertabhängig, durchschnittliche Zeit bis zur Erstellung ca 6 Monate.
600 Im Hinblick auf einen späteren Finanzgerichtsprozess ist zu empfehlen, einen öffentlich bestellten und vereidigten »Sachverständigen für die Bewertung von Grundstücken« zu wählen, vgl. § 404 Abs. 2 ZPO. Der BFH (11.09.2013 – II R 61/11, BStBl 2014 II 363) vertritt sogar die Auffassung, dass nur ein solcher Sachverständiger (oder der Gutachterausschuss) gewählt werden könne; anders die Finanzverwaltung: Gleich lautende Erlasse v. 19.02.2014, BStBl 2014 I 808 und R B 198 Abs. 3 Satz 1 ErbStR 2011 – hierzu *Grootens* ErbStB 2014, 279, 281 – jedenfalls genüge ein nach DIN EN OSO/IEC 17024 zertifizierter Sachverständiger für die Bewertung von Grundstücken. Ein Wirtschaftsprüfer genügt gem. BFH, 10.11.2004 – II R 69/01, ZEV 2005, 129 m. Anm. *Götz* ebenfalls.
601 BFH, 10.11.2004 – II R 69/01, BStBl. 2005 II, S. 259.
602 Zu den Anforderungen an Gliederung, Verständlichkeit und Dokumentation vgl. im Einzelnen *Bruschke*, ErbStB 2016, 31 ff.
603 Gleichlautende Erlasse der Länder v. 24.08.1998, DB 1998, 1840.
604 FG Berlin-Brandenburg, 10.06.2015 – 3 K 3248/11, BeckRS 2015, 95439, n rkr., Az. BFH II R 40/15.
605 Hessisches FG, 10.01.2008, DATEV-Dokument 5006420.
606 BFH, 19.06.2013 – II R 20/12, ErbStB 2013, 268.

A. Schenkungsteuerrecht

etwa wenn unbebaute Grundstücksflächen selbstständig bebaut werden können, oder bei Fabrikanlagen (vgl. R 178 Abs. 3 Satz 2, Abs. 6 ErbStR 2003 zu Fabrikationsnebengebäuden).

Die Methodik der Wertermittlung ist (verbindlich allerdings nur für Gutachterausschüsse, §§ 192 ff. BauGB) in der Wertermittlungsverordnung (WertV), seit 01.07.2010 in der Immobilienwertermittlungsverordnung (**ImmoWertV**),[607] ergänzt durch die in den **Wertermittlungsrichtlinien** (WertR 2006 v. 01.03.2006 – BAnz. 2006, 4325 ff.) enthaltenen Verwaltungsanweisungen, niedergelegt. Demnach wird der Verkehrswert (= Marktwert), § 194 BauGB, (= gemeiner Wert, § 9 BewG) bestimmt: 4664
(1) hinsichtlich unbebauter Grundstücke nach dem Vergleichswertverfahren (§§ 13 bis 14 WertV, §§ 15 bis 16 ImmoWertV),
(2) hinsichtlich Geschäfts- und Fabrikgrundstücken und Büroobjekten nach dem Ertragswertverfahren (§§ 15 bis 20 WertV, §§ 17 bis 20 ImmoWertV), für das seit 12.11.2015[608] die vorrangige Ertragswertrichtlinie gilt,
(3) für eigengenutzte Ein- oder Zweifamilienhäuser, eigenbetrieblich genutzte Objekte nach dem Sachwertverfahren (§§ 21 bis 25 WertV, §§ 21 bis 23 ImmoWertV),
(4) für Eigentumswohnungen und Mietwohnungen nach der Vergleichs-, hilfsweise dem Ertragsoder Sachwertverfahren.

In der Praxis gewinnen **internationale Wertermittlungsstandards**[609] an Bedeutung, insb. zusammengefasst im sog. 4665
(1) White Book des IVSC (International Valuation Standards Committee),
(2) Blue Book der TEGoVA (The European Group of Valuers' Association),
(3) Red Book der RICS (Royal Institution of Chartered Surveyors[610]).

bb) Anwendungsfälle

Interessant ist der gutachterliche Wertnachweis insb. in folgenden Sachverhaltskonstellationen:[611] 4666
(1) bei unbebauten Grundstücken, wenn nachteilige Abweichungen in Bezug auf Ecklage, Zuschnitt, Oberflächenbeschaffenheit, Beschaffenheit des Baugrunds, Lärm-, Staub- oder Geruchsbelästigung, Altlasten, abbruchreife Gebäude, langfristige Miet- und Pachtverträge, Lasten aufgrund Planungsbauordnungs- und Abgabenrecht sowie aufgrund Denkmal-, Natur- und Gewässerschutzrecht sowie privatrechtliche oder öffentlich-rechtliche Belastungen wie etwa Vorkaufsrechte[612] oder Leibrenten bestehen, die gem. § 5 Abs. 2 WertV bzw. § 6 Abs. 2 ImmoWertV, Tz. 2.2.3, 2.2.6 und 2.2.7 WertR 2006 berücksichtigt werden, in die Bodenrichtwerte des Gutachterausschusses jedoch nicht einfließen. Solche Umstände waren früher durch den Pauschalabschlag von 20 % abgegolten worden.
(2) Dies mag auch gelten, wenn solche Beeinträchtigungen auf Nachbargrundstücken vorhanden sind (Mülldeponie, Sportplatz, Starkstromleitungen) und auf das zu bewertende Grundstück ausstrahlen. 4667
(3) Selbst wenn Altlasten bereits beseitigt sind, verbleibt ein merkantiler Minderwert, da eine Abneigung besteht, ehemals kontaminierte Grundstücke zu erwerben (anders nur, wenn alle

---

607 BGBl. 2010 I, S. 639; vgl. *Eisele/Schmitt*, NWB 2010, 2232 ff.
608 Bundesanzeiger v. 04.12.2015, B 4.
609 Vgl. hierzu *Eisele*, NWB 2007, 183 = Fach 9, S. 2869 ff.
610 In Deutschland haben sich bis 2013 ca 1.200 Mitglieder zum Chartered Surveyor qualifiziert. Ebenfalls ca 1.200 Gutachter sind durch die HypZert GmbH nach ISO 17024 als »CIS HypZert« zertifiziert und erfüllen damit die Anforderungen des § 6 BeleihungswertermittlungsVO.
611 Vgl. *Eisele*, NWB 2008, 3447 ff.
612 Maßgeblich können jedoch gem. FG Berlin-Brandenburg, 14.10.2015 – 3 K 3252/12, ErbStB 2016, 44 nur Vorkaufsrechte sein, die zugunsten des jeweiligen Eigentümers eines anderen Grundstücks eingetragen oder aber als Ankaufsrechte zu einem (unter dem Verkehrswert liegenden) Wert limitiert sind.

Grundstücke einer Zone von diesem merkantilen Minderwert erfasst sind, so dass sie in die Bodenrichtwerte eingegangen sind).

4668 (4) Ein allgemeiner Rückgang der Kaufpreise findet erst allmählich Eingang in die Bodenrichtwerte, so dass auch insoweit ein Sachverständigengutachten zu Abweichungen führen kann.

(5) Befindet sich auf dem Grundstück ein nicht mehr benutzbares Gebäude, werden die Abbruchkosten bei der Regelbewertung nicht berücksichtigt (zugrunde zu legen ist danach § 178 Abs. 2 Satz 2 BewG der Wert eines unbebauten Grundstücks), sie können jedoch über ein Sachverständigengutachten berücksichtigt werden (§ 16 Abs. 3 ImmoWertV).[613]

4669 (6) Bei bebauten Grundstücken lässt das **Vergleichswertverfahren** Belastungen privatrechtlicher und öffentlich-rechtlicher Art unberücksichtigt; gleichwohl sind diese verkehrswertbestimmend. Solche Lasten öffentlich-rechtlicher Art können sich aus Planungs-, Bauordnungs- und Abgabenrecht sowie aus Denkmal-, Landschafts- und Gewässerschutzrecht ergeben. Privatrechtliche Belastungen sind insb. langfristige nachteilige Miet- und Pachtverträge, dinglich gesicherte Nutzungsrechte, **Nießbrauchs- oder Wohnungsrechte**[614] sowie Leibrenten, da diese im Gegensatz zu Grundpfandrechten, bei denen ein außerordentliches Kündigungsrecht des Darlehensnehmers bei Veräußerung gem. § 490 Abs. 2 BGB besteht, nicht ohne Zustimmung des Berechtigten enthaftet werden können.

4670 Die zur früheren Rechtslage ergangene einschränkende Rechtsprechung des BFH (Rn. 3239 der 3. Auflage dieses Werks), wonach die Belastung mit einen (teil-)unentgeltlichen Nutzungsrecht nicht mehr zur wirtschaftlichen Einheit »Grundvermögen« zähle, wird vom Reformgesetzgeber offensichtlich nicht geteilt, da § 10 Abs. 6 Satz 6 ErbStG jedenfalls wahlweise auch die Berücksichtigung solcher Belastungen auf der Bewertungsebene vorsieht[615] (freilich dann einen erneuten Abzug i.R.d. § 10 Abs. 5 ErbStG ausschließt, vgl. Rdn. 4857). Der Abzug auf der Bewertungsebene hat z.B. den Vorteil, dass die Kappung des Jahreswerts auf den 18,6ten Teil des Steuerwerts des belasteten Objektes (§ 16 BewG) nicht greift,[616] der Sachverständige nicht an den Zinssatz von 5,5 % gem. § 12 Abs. 3 BewG, Rdn. 6217 ff., gebunden ist, eine mögliche individuell längere Lebenserwartung in Gestalt eines Marktanpassungsfaktors berücksichtigen kann,[617] und die Abzugsbeschränkung für aufschiebend bedingte Nutzungsrechte gem. § 6 BewG bei einer Wertermittlung nach der ImmoWertV nicht gilt.[618]

4671 (7) I.R.d. **Ertragswertverfahrens** kann der Verkehrswertnachweis bspw. ansetzen an signifikanten Abweichungen der nachhaltig erzielbaren Mieteinnahmen (§ 17 Abs. 1 WertV) bzw. marktüblich erzielbaren Erträgen (§ 18 Abs. 2 Satz 1 ImmoWertV) von den aktuell erzielten Erträgen, höheren nachgewiesenen Bewirtschaftungskosten als in Anlage 23 zum BewG pauschaliert vorgegeben (etwa bei denkmalgeschützten Objekten) - § 19 ImmoWertV –, höheren konkreten örtlichen Liegenschaftszinssätze ggü. den Pauschsätzen des § 188 Abs. 2 BewG, abweichende Restnutzungsdauer ggü. der durch § 184 Abs. 3 Satz 5 BewG unterstellten 30 %igen Mindestrestnutzungsdauer, etwa bei unterbliebener laufender Instandhaltung.

4672 (8) Auch beim **Sachwertverfahren** kann der Verkehrswertnachweis eine Überbewertung vermeiden, die etwa durch den mindestens 40 %igen Gebäuderegelherstellungswert (§ 190 Abs. 2 Satz 4 BewG) entstehen kann, etwa bei besonderen Bauschäden, Reparaturstau und ähn-

---

613 *Ihle*, notar 2011, 12, 14.
614 Vgl. § 4 Abs. 2 und § 6 Abs. 2 ImmoWertV; zur Kontroverse zwischen BFH und Finanzverwaltung vgl. Rn. 3239 der 2. Auflage dieses Werks. Mittlerweile erkennt BFH, 09.04.2014 – II R 48/12 ZEV 2014, 320 m. Anm. *Wachter;* hierzu *Milatz/Herbst*, ErbStB 2013, 190 ff. die Abzugsfähigkeit an, gleiches dürfte gelten für Dienstbarkeiten etc, vgl. *Krause*, NWB 2014, 2165, 2167.
615 Keine Doppelverwertung: OFD Münster, 17.02.2012 – S 3104–14 – St 23–35, EStB 2012, 136.
616 Aus diesem Grunde hält FG Niedersachsen, 19.09.2012 – 3 K 194/12 (Az. BFH: II R 48/12) ErbStB 2013, 7 die Abzugsbegrenzung des § 16 Abs. 2 BewG als solche für verfassungswidrig.
617 Vgl. *Esskandari*, ErbStB 2013, 119, 121.
618 OFD Münster, 17.02.2012 – S 3104–14-Sr. 23 bis 25, ZEV 2012, 344; *Geck/Messner*, ZEV 2012, 409, 412.

lichem, sowie regional abweichenden Marktanpassungsfaktoren, die in der Pauschalierung der Anlage 25 zum BewG keinen Niederschlag gefunden haben.

(9) Bei der Bewertung des Erbbaurechts (finanzmathematische Methode) wird aus Vereinfachungsgründen (entgegen Abschnitt 4.3.2.2 WertR 2006) gänzlich auf Marktanpassungsfaktoren verzichtet, so dass diese wiederum im Verkehrswertnachweisverfahren einzuführen sind; Gleiches gilt für sonstige Besonderheiten (wie etwa fehlende Wertsicherungsklauseln beim Erbbauzins).

(10) Auch bei **landwirtschaftlichen Wohngebäuden** entfällt der bisher in § 143 Abs. 3 BewG enthaltende Pauschalabschlag von 15 %, mit dem der eingeschränkten Fungibilität solcher Bauten Rechnung getragen werden sollte; diese landwirtschaftstypische Beeinträchtigung ist ebenfalls nur im Verkehrswertnachweis berücksichtigbar, ebenso wie wirtschaftliche Überalterung, Baumängel, Denkmalschutzauflagen etc. § 167 Abs. 4 BewG enthält insoweit eine eigenständige Öffnungsklausel, die dem Steuerpflichtigen den Verkehrswertnachweis entweder für den gesamten Wohnteil oder lediglich für die Betriebswohnungen ermöglicht.

4673

2. Bewertung land- und forstwirtschaftlicher Betriebe (§§ 158 ff. BewG)

Rechtsgrundlagen[619] sind die Begriffsbestimmungen in §§ 158 bis 161 BewG sowie die Bewertungsvorschriften in §§ 162 ff. BewG samt der dazu ergangenen Anlagen 14 bis 20 zum BewG. Die Qualität des in diesen Anlagen enthaltenen Zahlenmaterials bestimmt letztendlich über die Geeignetheit des neuen Bewertungsverfahrens. Gleichlautende Erlasse v. 01.04.2009[620] sowie (in Fällen der Nutzungsüberlassung) vom 04.12.2014[621] der obersten Länderfinanzbehörden haben zur Konkretisierung beigetragen.

4674

Das Gesetz definiert auf der ersten Bearbeitungsebene den am Bewertungsstichtag zum land- und forstwirtschaftlichen Vermögen (im Folgenden »LuF-Vermögen«) zählenden Bestand; auf der zweiten (Verschonungs-)Ebene steht die Untersuchung der Voraussetzungen der §§ 13a, 13b, 19a ErbStG im Vordergrund, wobei auch auf dieser zweiten Ebene die begriffliche Umgrenzung des LuF-Vermögens bedeutsam ist (gem. § 158 Abs. 4 BewG werden z.B. Geschäftsguthaben, über den normalen Bestand hinausgehende umlaufende Betriebsmittel, Geldforderungen etc. dem übrigen Vermögen bzw. dem Grundvermögen zugeordnet, so dass sie nicht an den Betriebsvermögensverschonungen teilhaben können). Gleiches gilt für den Wohnteil und die Betriebswohnungen.

4675

▶ Hinweis:

Auch wenn ganz überwiegend mit einer Verschonung gem. §§ 13a, 13b ErbStG (Rdn. 4996 ff.) zu rechnen ist, sollte die Bewertung des übertragenen Vermögens kritisch begleitet werden, da sie im Fall einer Nachversteuerung Bedeutung gewinnt.

a) Begriff des »LuF-Vermögens«

§ 158 BewG definiert erstmals den Begriff des »LuF-Vermögens« unter Rückgriff auf ertragsteuerliche Abgrenzungskriterien (vgl. R 15.5 EStR). Kapitalgesellschaften und Genossenschaften, die Land- und/oder Forstwirtschaft betreiben, sind Gewerbebetriebe, so dass für sie die Verfahren

4676

---

619 Vgl. zum folgenden *Krause*, NWB 2012, 3864 ff. (Rechtslage nach den ErbStR 2011) und NWB 2014, 110 ff. (im Wirtschaftsteil) sowie NWB 2014, 271 ff. (zum Wohnteil, zum Nachbewertungsvorbehalt und zur Reinvestition); zuvor *Halaczinsky*, ErbStB 2009, 130 ff.; ferner *Hutmacher*, ZEV 2008, 22 ff., *ders.*, ZEV 2008, 182 ff.; *ders.*, ZEV 2009, 22 ff. (zum Wirtschaftsteil); *ders.*, ZNotP 2010, 282 ff. und ZNotP 2014, 176 ff. (für einen beiderseits der Staatsgrenze liegenden Betrieb); *Eisele*, NWB 2009, 3997 ff.; *von Cölln*, ZEV 2011, 182 ff. (für forstwirtschaftliches Vermögen). Allgemein zu Bilanz des Landwirts *Hutmacher*, ZNotP 2011, 211 ff.
620 BStBl. 2009 I, S. 552 ff.; vgl. *Bruschke*, ErbStB 2009, 320 ff.
621 BStBl 2014 I, S. 1577 ff.

gem. §§ 199 ff. BewG (im Zweifel also das vereinfachte Ertragswertverfahren) Anwendung finden. Schwierig ist im Einzelnen die Abgrenzung zu selbständigen Gewerbebetrieben, etwa beim Betrieb eines Hofladens, in dem auch Fremdprodukte verkauft werden,[622] einerseits, und zur Liebhaberei (private Reitpferdehaltung), andererseits.[623]

4677 Als wirtschaftliche Einheiten des LuF-Vermögens gelten demnach das land- und/oder forstwirtschaftliche Einzelunternehmen gem. § 158 Abs. 2 BewG, die Beteiligung an einer land- und/oder forstwirtschaftlich tätigen Personengesellschaft,[624] daneben der Wohnteil, Betriebswohnungen sowie Stückländereien. In fremdem Eigentum stehende Wirtschaftsgüter werden (anders als bisher)[625] nicht mehr in die wirtschaftliche Einheit einbezogen.

Die untergerichtliche Rechtsprechung geht in Fällen nur noch geringer verbleibender, langfristig verpachteter Flächen (4,2 ha) von Grundvermögen anstelle land- und forstwirtschaftlichen Vermögens aus.[626]

b) Umfang des Betriebsvermögens der LuF

4678 Anders als im bisherigen Recht werden Schulden und Lasten durch Abzug in die wirtschaftliche Einheit einbezogen, soweit das korrespondierende Wirtschaftsgut erfasst ist (§ 158 Abs. 5 BewG). Geldforderungen aus Verkäufen sowie auf betrieblichen Konten bereits eingegangene Zahlungsmittel zählen aber zum »übrigen Vermögen«, so dass sie auch auf der Verschonungsebene nicht in den Bereich der §§ 13a, 13b, 19a ErbStG einbezogen werden können.

4679 Welche Grundstücke zum LuF-Vermögen oder zum allgemeinen »Grundvermögen« zählen, ist ähnlich wie im bisherigen Recht, in § 159 BewG geregelt. Nur solcher Grund und Boden, der zum LuF-Vermögen gehört, kann nach dem Reinertragsverfahren bewertet werden; die Abgrenzung ist insb. bei Bauland, Bauerwartungsland und Abbauland sowie bei entfernt belegenen Zusatzflächen[627] mitunter schwierig.

4680 Auch das LuF-Vermögen in anderen EU-/EWR-Staaten wird einbezogen, wobei der individuelle Verkehrswert, nicht der nach §§ 162 ff. BewG ermittelte Wert anzusetzen ist (§ 31 BewG); der Wirtschaftsteil und andere selbstbewirtschaftete Flächen sind jedoch ebenfalls begünstigungsfähig (§ 13b Abs. 1 Nr. 1 ErbStG).

c) Bewertung des Wohnteils und der Betriebswohnungen

4681 Maßgeblich für die Bewertung des Wohnteils (§ 160 Abs. 9 BewG) und die Betriebswohnungen (§ 160 Abs. 8 BewG) sind die Vorschriften über die Bewertung von Grundvermögen. Miterfasst ist der zugehörige Grund und Boden, max. jedoch das 5-fache der jeweils bebauten Fläche. Vom Grundstückswert (der gem. §§ 182 ff. BewG zu ermitteln ist, vgl. Rdn. 4587 ff.) wird wegen der räumlichen Nähe zum Betrieb ein Abschlag von 15 % vorgenommen. Bei Nachweis ist der niedrigere individuelle Wert anzusetzen, § 167 Abs. 4 BewG. Verschonungsfähig sind der Wohnteil und die Betriebswohnungen nicht, § 13b Nr. 1 ErbStG, allerdings können die Voraussetzungen

---

622 BFH, 25.03.2009 – IV R 21/06, BStBl 2010 II, 113 (sofern in drei aufeinanderfolgenden Jahren der Jahresumsatz 51.500€ bzw. ein Drittel des Jahresgesamtumsatzes übersteigt. Vgl. Erlass des BayLfSt v. 22.03.2012 – S 2230.2.1–11/50 St 32, ErbStB 2012,175.
623 Nach BFH, 18.12.1985 – II B 35/85, BStBl 1986 II 282 können zur privaten Reitpferdehaltung genutzte Fläche dennoch LuF-Vermögen sind; anders jedoch gem. FG Düsseldorf, 24.07.2014 – 11 K 4587/12 BG, ErbStB 2016, 294 bei einem lediglich angepachteten Betrieb.
624 § 97 Abs. 1 Nr. 45 BewG; es findet eine einheitliche Ermittlung des Vermögens statt, wobei die wirtschaftliche Einheit auch Sonderbetriebsvermögen umfasst, vgl. § 158 Abs. 2 Satz 2 BewG.
625 Zur früheren Rechtslage etwa R 129 ErbStR 2003.
626 FG Hessen, 13.05.2016 – 3 K 927/13, ErbStB 2016, 140 (n. rkr., Az. BFH: II R 28/15).
627 BFH, 19.07.2011 – IV R 10/09 EStB 2011, 391: bis 100 km Entfernung gewillkürtes Betriebsvermögen möglich.

A. Schenkungsteuerrecht   Kapitel 12

des § 13 Abs. 1 Nr. 4a ErbStG (Übertragung des selbst genutzten Wohneigentums an den Ehegatten zu Lebzeiten, Rdn. 3270 ff.) oder Nr. 4b, 4c ErbStG (Vererbung des selbst genutzten Wohneigentums an Ehegatten bzw. Abkömmlinge zur Selbstnutzung für 10 Jahre, vgl. Rdn. 4915 ff., 4937 ff.) vorliegen.

d) Bewertung des Wirtschaftsteils

Der Wirtschaftsteil umfasst die landwirtschaftliche Nutzung, der Weinbau, Gartenbau, Forstwirtschaft, Nebenbetriebe etc., vgl. § 160 Abs. 2 bis 7 BewG, §§ 169 ff. BewG. Dabei gehören »normale« Tierbestände zur landwirtschaftlichen Nutzung (vgl. Anlagen 19, 20 zum BewG zur Umrechnung in Vieheinheiten); darüber hinausgehende Tierbestände zählen zur gewerblichen Tierzucht. Landwirtschaftliche Nebenbetriebe sind von gewerblichen Nebenbetrieben (etwa Bio-Gas-Anlagen)[628] abzugrenzen. Jeder Bestandteil des Wirtschaftsteils wird gesondert bewertet, wobei ein Mindestwert nicht unterschritten werden darf, die Summe ergibt den Wirtschaftswert des LuF-Betriebs. Stichtag ist dabei der Tag der Steuerentstehung i.S.d. § 9 ErbStG, hinsichtlich der umlaufenden Betriebsmittel der Stand am Ende des dem Stichtag vorangehenden Wirtschaftsjahres (§ 161 Abs. 2 BewG). 4682

Maßgebendes Prinzip ist grds. der sog. »**Fortführungswert**«, Untergrenze ist der Mindestwirtschaftswert des §§ 162 Abs. 1 Satz 4, 164 BewG, Obergrenze der – nur auf entsprechenden Nachweis anzusetzende – individuelle gemeine Wert, § 165 Abs. 3 BewG. Werden der Betrieb oder ein Anteil hieran oder wesentliche Wirtschaftsgüter binnen 15 Jahren nach dem Stichtag veräußert oder dienen sie nicht mehr dem LuF-Betrieb, ist stattdessen der Liquidationswert rückwirkend anzusetzen, es sei denn, der Veräußerungserlös wird binnen 6 Monaten zum Erwerb eines anderen Betriebs verwendet (Reinvestitionsklausel). 4683

Die **Stückländerei**, also einzelne, verpachtete landwirtschaftlich genutzte Flächen, werden stets mit dem Mindestwirtschaftswert bewertet (§ 162 Abs. 2 BewG, beim Verpächter wird also kein Besatzkapital berücksichtigt); dies gilt unabhängig davon, ob die Nutzungsüberlassung an einen anderen Betrieb am Bewertungsstichtag für mehr (»echte Stückländerei«) oder weniger als 15 Jahre (»unechte Stückländerei«) geplant ist. Bei einer Betriebsverpachtung im Ganzen oder der sog. Eisernen Verpachtung i.S.d. § 582a BGB gilt der höhere Wert aus Reingewinnverfahren (§ 163 BewG) und Mindestwertverfahren (§ 162 Abs. 1 Satz 4 BewG),[629] so dass das Besatzkapital beim Verpächter zu berücksichtigen ist.[630] 4684

aa) Fortführungswert

Der Fortführungswert bemisst sich nach dem Ertragswertverfahren, wobei nicht der individuelle Reingewinn, sondern ein steuerlich **pauschaliert ermittelter Reingewinnbetrag** mit einem Kapitalisierungsfaktor von **18,6** (vgl. § 164 Abs. 11 BewG) multipliziert wird (dieser Faktor entspricht einem Kapitalisierungszins von 5,5 %)[631] Zugrunde zu legen ist der »gemeinhin und nachhaltig« (§ 163 Abs. 2 Satz 3 BewG: nach dem Durchschnitt der letzten 5 Jahre) »erzielbare Reingewinn«, also das ordentliche Ergebnis abzgl. eines angemessenen Lohnanteils für die Arbeitsleistung des Betriebsinhabers und abzgl. der Zinsaufwendungen. Der steuerlich pauschal anzusetzende Reingewinn beurteilt sich nach der regionalen **Belegenheit** des Betriebs (36 Regionen), der **Nutzungsart** und der **Betriebsgröße**. 4685

---

628 Vgl. BMF-Schreiben v. 29.06.2006 – IV C 2-S 2236–10/06, BStBl. 2006 I, S. 417.
629 Vgl. hierzu krit. Hutmacher, ZNotP 2014, 380 ff.
630 Vgl. im Einzelnen die Erläuterungen und Beispielrechnungen der gleich lautenden Ländererlasse v. 04.12.2014, BStBl 2014 I S. 1577 ff.
631 Basiszinssatz von 4,5 % zuzüglich Risikozuschlag von einem Prozentpunkt.

4686 Dabei wird die Betriebsgröße nach **EGE** (europäische Größeneinheiten) kategorisiert. Zur Ermittlung der EGE pro Hektar wird der sog. »Standarddeckungsbeitrag«, der vom Statistischen Bundesamt[632] veröffentlicht wird, durch 1.200,00 € geteilt.

▶ Beispiel:[633]

Zuckerrübenanbau 60 Hektar in der Kölner Region

Der Standarddeckungsbeitrag, gem. Veröffentlichung des Statistischen Bundesamts, beträgt 2.267,00 € je Hektar, auf einen Hektar entfallen also 1,89 EGE (2267: 1200). Bei 60 Hektar ergeben sich also 113,4 EGE, so dass (über 100 EGE) ein Großbetrieb vorliegt.

4687 Je nach Nutzungsart, Betriebsgröße und regionaler Belegenheit enthält die Anlage zum Bewertungsgesetz pauschalierte Reingewinnbeträge pro Hektar landwirtschaftlicher Nutzung (Spalte 4). Für Betriebe der Forstwirtschaft, Weinbau, Gärtnereien, Hopfen/Spargel/Tabak (§ 163 Abs. 4 bis 7 BewG) etc. existieren vergleichbare Anlagen 15 bis 18 zum BewG, die den Reingewinn in €/Hektar nach unterschiedlichen Differenzierungskriterien (Baumart etc.) ausweisen. Die Anlagen 14 bis 18 können durch das BMF turnusmäßig im Verordnungswege an die Erhebungen nach § 2 LandwirtschaftsG angepasst werden.

4688 Der Reingewinn für sonstige LuF-Nutzungen i.S.d. § 175 BewG und für Nebenbetrieb und Abbauland ist im Einzelertragswertverfahren zu ermitteln,[634] soweit nicht auf regionale statistische Werte, etwa der Landwirtschaftskammern, zurückgegriffen werden kann. Der Reingewinn für Umland beträgt 0,00 €, für Geringstland pauschal 5,40 € je Hektar.

▶ Beispiel:

Im vorerwähnten (Rdn. 4686) Zuckerrübenanbaubetrieb beträgt der Reingewinnbetrag (Anlage 14, »Köln«, »Ackerbau«, »Großbetrieb«) 127,00 € je Hektar, somit bei 60 Hektar 7.620,00 €, mit einem Kapitalisierungsfaktor von 18,6 ergibt dies einen Wirtschaftswert von 141.732,00 €.

bb) Mindestwirtschaftswert

4689 Die Summe der einzelnen Fortführungswerte aller Wirtschaftsteile darf jedoch nicht geringer sein als der Gesamt-Mindestwirtschaftswert i.S.d. § 164 BewG (kapitalisierter Pachtpreis des Grund und Bodens zuzüglich kapitalisiertem Wert des Besatzkapitals abzgl. der Verbindlichkeiten).

Für Klein- und Mittelbetriebe enthält die Anlage 14 Spalte 4 überwiegend negative Reingewinne pro Hektar. Da sich für diese demnach ein negativer Ertragswert ergäbe, ist faktisch für solche Betriebe stets der Mindestwert maßgebend. Für die Stückländerei, also die Verpachtung einzelner landwirtschaftlich genutzter Flächen, ist kraft Gesetzes der Mindestwert stets entscheidend (§ 162 Abs. 2 BewG).

4690 Dieser Mindestwert ermittelt sich gem. § 164 BewG **zweistufig**, nämlich durch Addition des Werts des Grund und Bodens, einerseits, und des Werts der übrigen Wirtschaftsgüter des Betriebs, andererseits, wobei die jeweiligen Werte um die im Zusammenhang damit stehenden Verbindlichkeiten zu mindern sind. Mindestens ergeben sich jedoch als Ergebnis stets 0,00 €, d.h. der Mindestwert kann nicht negativ sein.

---

632 Betriebswirtschaftliche Ausrichtung und Standarddeckungsbeiträge, Fachserie 3, Reihe 2.1.4, www.ec.statis.de: die Standarddeckungsbeiträge werden demnächst auch im Bundessteuerblatt Teil I veröffentlicht; vgl. BMF v. 18.03.2009 – IV C 2 – S 3015/0, ZEV 2009, 263, beruhend auf den Ermittlungen des Kuratoriums für Technik und Bauwesen in der Landwirtschaft e.V. (KTBL) für die Wirtschaftsjahre 2002/2007.
633 Nach *Halaczinsky*, ErbStB 2009, 133.
634 Vgl. bereits R 134 Abs. 2 ErbStR 2003.

Der Wert des **Grund und Bodens** ermittelt sich aus den Pachtpreisen pro Hektar; Letztere sind in Abhängigkeit von der Nutzung, dem Nutzungsteil und der Nutzungsart aus Anlagen 14 bis 18 zu entnehmen. 4691

▶ Beispiel:

Im oben erwähnten Zuckerrübenanbaubetrieb in der Kölner Region ergibt sich aus Anlage 14, Spalte 5, ein Pachtpreis von 239,00 €, bei 60 Hektar also 14.340,00 €, kapitalisiert mit 18,6, demnach 266.724,00 € (unter der Prämisse, dass keine Verbindlichkeiten vorhanden sind).

Die hinzuzurechnenden übrigen Wirtschaftsgüter umfassen bspw. Wirtschaftsgebäude, stehende Betriebsmittel (Erntemaschinen, Melkanlage), einen normaler Bestand an umlaufenden Betriebsmitteln (Saatgut, Düngemittel) sowie immaterielle Wirtschaftsgüter (Anlieferungs- und Brennrechte). Das Gesetz fasst diese übrigen Wirtschaftsgüter als »Besatzkapital« zusammen. Es enthält in den Tabellen 14 bis 18 zum BewG in Spalte 6 bzw. 5 wiederum in Abhängigkeit von Betriebsgröße, Nutzung, Nutzungsteil und Nutzungsart Hektarwerte, die aber nur für die selbstbewirtschafteten Flächen gelten, d.h. verpachtete Flächen scheiden insoweit aus, während hinzugepachtete Flächen berücksichtigt werden. Das Produkt aus Besatzkapitalwert und der Größe der bewirtschafteten Flächen ist wiederum mit 18,6 (§ 164 Abs. 3 bzw. 5 BewG) zu kapitalisieren. 4692

▶ Beispiel:

Für den vorerwähnten Zuckerrübenbetrieb in der Kölner Region (Großbetrieb) ist gem. Anlage 14 Spalte 6 ein Besatzkapitalwert von 127,00 € pro Hektar anzusetzen; das Ergebnis (7.620,00 €) mit 18,6 kapitalisiert ergibt 141.732,00 €.

Vom Ergebnis sind die Verbindlichkeiten abzuziehen, hinzu kommt ggf. noch der Wert des Wohnteils und der Betriebswohnungen, jeweils abzgl. der darauf entfallenden offenen Verbindlichkeiten. Die Verbindlichkeiten können bei hoch verschuldeten Betrieben mitunter den kapitalisierten Pacht- und Besatzkapitalpreis vollständig neutralisieren; das Mindestergebnis ist allerdings Null (§ 164 Abs. 6 Satz 2 BewG). 4693

cc) Obergrenze Verkehrswert

Gegenüber dem Gesamtergebnis kann ein individueller Nachweis eines niedrigeren Verkehrswerts, § 165 Abs. 3 BewG, sich durchsetzen, ähnlich der »Escape-Klausel« des § 198 BewG (vgl. im Einzelnen Rdn. 4657 ff.). 4694

dd) Ersatzweise: Liquidationswert

Der vorerwähnte Fortführungs- bzw. (wie im Regelfall) Mindestwert wird zwingend und mit Rückwirkung durch den Liquidationswert[635] ersetzt, wenn der Betrieb, der Betriebsteil oder wesentliche Grundlagen entnommen (z.B. veräußert) oder in eine andere Vermögensart, etwa in Grundvermögen – Bauplätze! –, überführt werden (vgl. § 162 Abs. 3, Abs. 4 BewG). Der Beobachtungszeitraum währt hierfür 15 Jahre. Hat der Erwerber allerdings die 7-jährigen Behaltensvoraussetzungen der 100 %igen Verschonung eingehalten, geht der Nachversteuerungsvorbehalt ins Leere; hat er binnen 5 Jahren die Voraussetzungen für die 85 %igen Verschonung eingehalten, erfasst die Nachversteuerung lediglich die verbleibenden 15 % des betreffenden LuF-Vermögens. Tritt das den Liquidationswert auslösende Ereignis jedoch während des 7- bzw. 10-Jahres-Zeitraums der Verschonungsbeobachtung ein, wirkt es sich doppelt aus, d.h. die zeitanteilige Nachversteuerung des § 13a Abs. 7 ErbStG findet auf der Basis des höheren Liquidationswerts statt. 4695

---

635 Hierzu *Bruschke*, ErbStB 2011, 317 ff.

4696 Der **Liquidationswert** berechnet sich gem. § 166 BewG aus der Summe des Werts des Grund und Bodens (ermittelt aus Bodenrichtwert[636] mal Fläche abzgl. 10 % pauschaler Liquidationskosten) und dem Wert der übrigen Wirtschaftsgüter (des Besatzkapitals) – anzusetzen mit der Summe der gemeinen Werte der einzelnen Wirtschaftsgüter, abzgl. 10 % für Liquidationskosten; von der Summe dieser Werte sind die wirtschaftlich im Zusammenhang hiermit stehenden Verbindlichkeiten abzuziehen (§ 158 Abs. 5 BewG). Die Möglichkeit des Nachweises eines niedrigeren gemeinen Wertes ist nicht vorgesehen.[637]

4697 Der **Verkaufserlös**, der als Ergebnis des »schädlichen Ereignisses« erzielt wird, zählt erbschaftsteuerlich ohnehin zum übrigen Vermögen. Die bloße Verpachtung ohne Aufgabe des Betriebs löst noch nicht den Liquidationswert aus. Im Fall des Verkaufs kann der Erlös zur Vermeidung des Ansatzes des Liquidationswerts binnen 6 Monaten an einen anderen LuF-Betrieb oder im betrieblichen Interesse im eigenen LuF-Betrieb reinvestiert werden (§ 162 Abs. 3 und 4 BewG).

ee) Wertung

4698 Der **Fortführungswert** berücksichtigt, dass in der Landwirtschaft typischerweise ein Betrieb nicht verkauft, sondern verpachtet wird, spiegelt also die kapitalisierten Pachterträge, nicht den gemeinen Wert des Verkaufserlöses wider. Hinzu kommt, dass mit der pauschalierten Hektar-Bewertung des Besatzkapitals auch wertvolle Wirtschaftsgebäude, Maschinen u.Ä. miterfasst sind – eine deutliche Besserstellung ggü. der Bewertung von gewerblichem oder freiberuflichem Betriebsvermögen, wo die individuellen, nicht die typisierten Reinerträge zugrunde zu legen sind.

4699 Vergleichsberechnungen[638] ergeben, dass häufig der zusammengesetzte Mindestwert aus Einzelertragswert des Grund und Bodens und Einzelertragswert des Besatzkapitals, sofern er nicht durch Verbindlichkeiten überstiegen wird, maßgeblich ist. Allenfalls bei land- und forstwirtschaftlichen Großbetrieben (mit mehr als 100 europäischen Größeneinheiten), die mit hohem Fremdkapitaleinsatz arbeiten, wird demnach der kapitalisierte Reingewinn noch maßgeblich bleiben. Ggü. der bisherigen Bewertung nach der Summe der Ertragsmesszahlen, multipliziert mit im Regelfall 0,35 € (§ 142 Abs. 1 Nr. 1a BewG),[639] ergibt sich zwar eine deutliche Anhebung, die jedoch noch immer spürbar unter dem Verkehrswert bleibt. Es werden bereits erste verfassungsrechtliche Bedenken (versteckte Verschonungsmaßnahme) laut.[640]

4700 Insgesamt strebt der Gesetzgeber offensichtlich nicht eine Bewertung mit dem vollen Verkehrswert, sondern mit einem modifizierten Verkehrswert an, was sich auch aus dem Nachsteuervorbehalt für den Wirtschaftsteil auf der Bewertungsebene ergibt, der bei sonstigen Vermögensarten, insb. dem Grundbesitz, nicht vorkommt (zu differenzieren vom Nachsteuervorbehalt auf der Verschonungsebene). Auch europarechtlich sind die Bewertungsvorschriften fragwürdig, da für ausländisches land- und forstwirtschaftliches Vermögen gem. § 12 Abs. 7 ErbStG i.V.m. § 31 BewG der gemeine Wert ohne Ausnahmen anzuwenden ist, also nicht die günstigeren Bestimmungen der §§ 158 ff. BewG. Dies widerspricht diametral dem Urteil des EuGH v. 17.01.2008 in der Rechtssache »Jäger«,[641] (vgl. Rn. 3286 der dritten Auflage dieses Werks).

---

636 Der Bodenrichtwert für den Entwicklungszustand »Flächen der Land- und Forstwirtschaft«, § 5 Abs. 1 ImmoWertV, ist jedoch für Hofstellen im Außenbereich gem. § 35 BauGB nicht maßgeblich, bauliche Anlagen sind also auch bei der Ermittlung des Bodenwerts zu berücksichtigen. Stellt der Gutachterausschuss keinen eigenen Bodenrichtwert für Hofstellen im Außenbereich zur Verfügung, ist eine Ableitung des Bodenwerts nach § 166 Abs. 2 Nr. 1 Satz 2, § 179 Satz 4 BewG zulässig, vgl. BayLfSt, 30.06.2017 – S 3213.1.1 – 5/2 St 34, ZEV 2017, 480.
637 FG Nürnberg, 14.01.2016 – 4 K 814/15, ErbStB 2016, 233, n. rkr. (Az. BFH: II R 9/16).
638 Etwa durch *Hutmacher*, ZEV 2008, 182 ff.
639 Das Ergebnis belief sich nach Erhebungen des BVerfG häufig auf lediglich 10 % des Verkehrswertes.
640 Vgl. etwa *Viskorf*, FR 2007, 626 f.; umfassende verfassungsrechtliche Kritik bei *Spiegelberger/Wartenburger*, ErbStB 2009, 98 ff.
641 EuGH, 17.01.2008 – C 256/06, ZEV 2008, 87.

3. Bewertung des Betriebsvermögens

a) Grundsatz

Einzelunternehmen sowie personengesellschaftsrechtliche Beteiligungen (**Mitunternehmerschaften**) wurden bis Ende 2008 gem. § 12 Abs. 5 ErbStG,[642] § 109 Abs. 1 BewG a.F. nach den Steuerbilanzwerten, unter vollem Abzug der Verbindlichkeiten, taxiert. Auch insoweit ist nunmehr der gemeine Wert maßgeblich, § 109 Abs. 1 BewG und die hierzu ergangenen gleichlautenden Erlasse der Länderfinanzbehörden (**AEBewAntBV**),[643] übernommen in die **ErbStR 2011**. Stille Reserven, Firmenwerte usw. werden also in die Bewertung einbezogen. Die Ermittlung des gemeinen Werts soll zuvörderst aus Verkäufen unter Fremden, die im Jahr vor dem steuerlichen Stichtag durchgeführt wurden, erfolgen, hilfsweise (und dies wird die Regel sein) »aufgrund der Ertragsaussichten oder einer anderen anerkannten, auch im gewöhnlichen Geschäftsverkehr für nichtsteuerliche Zwecke üblichen Methode« (§ 11 Abs. 2 BewG, auf den § 109 Abs. 1 Satz 2 BewG verweist), also auf der Basis von Vergangenheitserträgen, oder nach vergleichsorientierten Methoden bzw. nach der Multiplikatorenmethode, mindestens jedoch nach dem Substanzwert i.S.d. §§ 98a, 103 BewG (§ 11 Abs. 2 Satz 3 BewG). Soll die Gesellschaft nicht weiter betrieben werden, bildet der Liquidationswert (als besondere Ausprägung des Substanzwerts) die Untergrenze (richtig wäre gewesen, stets den Liquidationswert, also die fiktiven Nettoerlöse der Liquidation abzgl. der Liquidationskosten, als Untergrenze anzusetzen).[644]

4701

Gleiches gilt für **Kapitalgesellschaftsanteile**: Auch insoweit[645] ist gem. § 109 Abs. 2 BewG (wie bisher, § 11 Abs. 2 Satz 1 BewG, auf den verwiesen wird) der gemeine Wert zugrunde zu legen, so dass es rechtsformbezogene Unterschiede zwischen Personen- und Kapitalgesellschaften nicht mehr geben wird. Maßgeblich ist die Ableitung aus Verkäufen unter fremden Dritten im vorangehenden Jahr, hilfsweise (wie i.d.R.) »aufgrund der Ertragsaussichten oder einer anderen anerkannten, auch im gewöhnlichen Geschäftsverkehr für nichtsteuerliche Zwecke üblichen Methode«. Maßgeblich ist jedoch stets mindestens der Substanzwert. Die Ermittlung »aufgrund der Ertragsaussichten« soll auch insoweit nach der unten dargestellten »vereinfachten Ertragswertmethode« erfolgen, sofern diese nicht zu offensichtlich unzutreffenden Ergebnissen führt. Nur in besonderen Konstellationen finden pauschale Korrekturen statt (etwa beim Erwerb von Anteilen an gemeinnützigen Kapitalgesellschaften, die nicht gewinnbringend veräußert werden können[646]).

4702

(Nur) bei Kapitalgesellschaftsanteilen findet im Anschluss an die Bewertung (Ausnahme: Substanzbewertungsmethode) eine Korrektur um **Paketzuschläge** gem. § 11 Abs. 3 BewG statt, insbesondere wenn die Beteiligung die Beherrschung der Gesellschaft ermöglicht, was schon ab 25 % der Fall sein kann. Rechtsprechung und Finanzverwaltung[647] haben hierfür grobe Korridore definiert, denen zufolge bei einer Beteiligung zwischen 25 % und 50 % ein Zuschlag von 5 – 10 %, bei einer Beteiligung von 50 % bis 74 % ein Zuschlag von 10 %–20 %, und bei einer Beteiligung von 75 % oder mehr ein Zuschlag von 25 % angemessen ist. Durch § 97 Abs. 1b Satz 4 BewG sind ferner, allerdings erst seit 01.01.2016 und beschränkt auf Kapitalgesellschaften, **ab-**

4703

---

642 Die Maßgeblichkeit der ertragsteuerlichen Ansätze galt auch, wenn wirtschaftlich eigentlich keine Werthaltigkeit mehr gegeben war, kein Billigkeitserlass gem. § 163 AO: BFH, 17.04.2013 – II R 13/11, BFH/NV 2013, 1383; *Gemmer*, EE 2014, 66.
643 Zunächst gleichlautende Erlasse v. 25.06.2009, BStBl. 2009 I 698; neu bekannt gemacht in Gestalt der gleichlautenden Erlasse v. 17.05.2011, BStBl. 2011 I 606, für Bewertungsvorgänge ab 30.06.2011 (mit weitgehend redaktionellen Änderungen, jedoch einer Klarstellung zum Wahlrecht des Steuerpflichtigen hinsichtlich des Bewertungsverfahrens, vgl. Rdn. 4706).
644 Vgl. *Riedel*, ZErb 2015, 205, 208 ff.; *Landsittel*, ZErb 2009, 14.
645 Überblick bei *Riedel*, ZErb 2015, 204, 205 ff.
646 Tz. 5 der gleichlautenden Erlasse vom 09.10.2013, ZEV 2013, 700 [Abzug einer auflösend bedingten Last i.S.d. § 7 BewG], vgl. *Mannek*, NWB 2013, 3449 ff. und *Hannes/von Oertzen*, ZEV 2013, 669, 670.
647 Referiert bei *Riedel*, ZErb 2015, 204, 211 f.

weichende Gewinnbeteiligungsabreden für die Aufteilung des Betriebsvermögenswertes unter den Gesellschaftern maßgeblich.[648]

▶ Beispiel[649]:

Ein Gesellschafter ist mit einem Anteil von 10 % am Stammkapital einer GmbH beteiligt, deren Betriebsvermögen einen gemeinen Wert von 1 Mio. Euro aufweist. Abweichend von der Beteiligung ist jedoch in der Satzung der GmbH geregelt, dass er stets einen Anspruch auf 90 % der ausgeschütteten Gewinne hat, solange er an der Gesellschaft beteiligt ist. Gemäß § 97 Abs. 1b Satz 4 BewG beträgt aufgrund dieses disquotalen Gewinnbezugsrechts der steuerliche Wert seiner Beteiligung nicht mehr, wie bis zum 31.12.2015, 100.000 €, sondern 900.000 €.

4704 Da § 11 Abs. 2 BewG universell gilt, kommen die nachstehend erläuterten Bewertungsverfahren, v.a. das vereinfachte Ertragswertverfahren, auch für die Ertragsteuer zur Anwendung, z.B. zur Prüfung, ob der zwischen Angehörigen vereinbarte Kaufpreis den tatsächlichen Unternehmenswert widerspiegelt, also ein Fall des § 17 Abs. 1 EStG (entgeltliche Übertragung von Kapitalgesellschaftsanteilen) vorliegt,[650] ebenso im Rahmen der verdeckten Einlage von Anteilen an Kapitalgesellschaften, der Auflösung solcher Kapitalgesellschaften, oder der Entstrickung von Anteilen an solchen – § 17 Abs. 2 Satz 2, Abs. 4, Abs. EStG, § 3 Abs. 1 Satz 3 i.V.m. § 6 Abs. 1 Nr. 4 Satz 1 EStG – sowie im Rahmen des UmwStG).[651] Das frühere Stuttgarter Verfahren darf insoweit nicht mehr angewendet werden. Als Bewertungsuntergrenze gilt im Rahmen des vereinbarten vereinfachten Ertragswertverfahrens wiederum der Substanzwert, wobei höchstrichterlich noch nicht entschieden ist, ob dieser in Höhe des Liquidationswerts oder des Fortführungswerts des Unternehmens anzusetzen ist. Die Feststellungslast dafür, dass das vereinfachte Ertragswertverfahren zu offensichtlich unzutreffenden Ergebnissen führen würde, trägt im Rahmen der Ertragsteuer – anders als im Rahmen der Erbschaftsteuer, Rdn. 4706, – der Steuerpflichtige.

b) Ableitung aus Verkäufen

4705 Nur selten wird eine Ableitung des gemeinen Werts gelingen aus Verkäufen unter fremden Dritten, die weniger als ein Jahr zurück[652] liegen (§ 12 Abs. 2 Satz 2 BewG) und nicht nur »Zwerganteile« betreffen.[653] Solche Verkäufe begründen an sich eine unwiderlegliche Vermutung für den zutreffenden Marktwert (§ 11 Abs. 2 Satz 1 BewG). Stellt sich der innerhalb des vorangehenden Jahres durchgeführte Kauf des Unternehmens oder einer Beteiligung als Fehlinvestition heraus, so dass ertragsteuerlich eine Teilwertabschreibung notwendig ist, dürfte freilich dieser Kaufpreis nicht als Grundlage für die Ermittlung des gemeinen Werts dienen können;[654] Gleiches gilt, wenn nach den Veräußerungen sonstige Umstände hinzutreten, die dafür sprechen, dass sie nicht mehr dem gemeinen Wert (z.B. der nicht börsennotierten Aktien) entsprechen.[655]

---

648 Hierzu BayLfST, 06.04.2016 – S 3150.1.1-2/2 St 34, ZEV 2016, 291 f.; *Wälzholz*, notar 2016, 345, 348 ff.
649 Nach *Ihle*, notar 2016, 49, 50.
650 Vgl. OFD Frankfurt/Main, 15.10.2014, ZEV 2014, 692.
651 BMF v. 22.09.2011 – IV C 6 – S 2170/1 – DOK 2011/0723781, EStB 2011, 402.
652 Gleichgestellt sind nach BFH, 22.06.2010 – II R 40/08, ErbStB 2010, 298 und BFH, 16.05.2013 – II R 4/11 Verkäufe, die zwar knapp nach dem Bewertungsstichtag zustande kommen, aber auf einer davor getroffenen Einigung über einen Mindestverkaufspreis beruhen.
653 Nach BFH, 16.05.2013 – II R 4/11 und FG Nürnberg, 12.02.2011 – 4 K 715/09, BeckRS 2011, 95015 sind 6 % des Stammkapitals kein Zwerganteil mehr.
654 Ebenso *Halaczinsky*, ErbStB 2009, 82; vgl. *Schiffers*, GmbH-StB 2010, 38.
655 BFH, 29.07.2010 – VI R 30/07, DStR 2010, 2231.

A. Schenkungsteuerrecht **Kapitel 12**

c) *Vereinfachtes Ertragswertverfahren (§§ 199 ff. BewG)*

Mangels Vergleichskaufpreisen im vorangehenden Jahr und bei Fehlen »anerkannter üblicher Methoden« der betroffenen Verkehrskreise (z.B. Multiplikatorenverfahren, Rdn. 4738, 4740) wird regelmäßig allein die »Wertermittlung unter Berücksichtigung der Ertragsaussichten« in Betracht kommen (§ 11 Abs. 2 Satz 2 BewG). Als Standardbewertung, in der Praxis aber insb. für kleinere Betriebe[656] und Freiberuflerpraxen, sehen §§ 199 bis 203 BewG ein sog. »**vereinfachtes Ertragswertverfahren**« vor, »sofern diese nicht zu offensichtlich unzutreffenden Ergebnissen führt«. Der Steuerpflichtige hat insoweit – jedenfalls nach Ansicht der Finanzverwaltung[657] – ein Wahlrecht; das FA hat ggf. substantiiert darzulegen, weshalb das gewählte vereinfachte Ertragswertverfahren (z.B. bei komplexen Strukturen von verbundenen Unternehmen) zu »offensichtlich unzutreffenden Ergebnissen« führt. R B 199.1 Abs. 6 ErbStR 2011 enthält einen Beispielskatalog von Ausschlussfällen, etwa für Wachstumsunternehmen, branchenbezogene oder allgemeine Krisensituationen, grenzüberschreitende Sachverhalte oder bei absehbaren Änderungen des wirtschaftlichen Umfelds. Auch für Neugründungen ist das Verfahren naturgemäß ungeeignet.[658] Allein die Komplexität der Unternehmensstruktur (20 Konzerngesellschaften) genügt jedoch nicht.[659]

4706

Beim vereinfachten Ertragswertverfahren **ist kein Raum für Zu- oder Abschläge für besondere Umstände**(§ 9 Abs. 2 Satz 3, Abs. 3 BewG: »ungewöhnliche oder persönliche Verhältnisse«), wie etwa unverhältnismäßig geringe Erträge bei großem Vermögenswert, die schwere Verkäuflichkeit der Anteile, die Zusammenfassung größerer »Pakete« in einer Hand (vgl. hierzu aber § 11 Abs. 3 BewG bei Kapitalgesellschaften, Rdn. 4703, möglicherweise auch künftig bei abweichendem Gewinnverteilungsschlüssel), die latente Ertragsteuerbelastung[660] beim Anteilsverkauf, die Unterkapitalisierung, das Fehlen eigener Betriebsgrundstücke, konzerninterne Vorteile, mangelnden Einfluss auf die Geschäftsführung, sowie Abfindungsbeschränkungen im Kündigungsfall, selbst wenn die Kündigungsfrist im Besteuerungszeitpunkt bereits in Gang gesetzt wurde! Soweit es um haftungsbeschränkte Anteile (an Kapitalgesellschaften bzw. voll eingezahlte Kommanditbeteiligungen) geht, kann der Wert nach Auffassung der Finanzverwaltung auch bei negativem Betriebsvermögen nicht kleiner als Null sein.[661]

4707

Der dabei zugrunde gelegte Kapitalisierungszins (für 2015: 5,49 %; für 2014: 7,09 %; für 2013: 6,54 %; für 2012 6,94 %; für 2011: 7,93 %; für 2010: 8,48 %, für 2009: 8,11 %,[662] vgl. Rdn. 4716) wurde schon früh als unter Marktaspekten zu gering kritisiert;[663] er führt zu einer Bewertung i.H.d. für das Jahr 2016 zunächst [vgl. nun aber Rdn. 4717: 13,75 facher] ca. **17,86 fa-**

4708

---

656 § 1 Abs. 3 des Entwurfes einer Betriebsanteilsbewertungsverordnung sah insoweit noch vor, dass das vereinfachte Ertragswertverfahren keine Anwendung finde bei Großbetrieben der Klasse G1 gem. § 3 Betriebsprüfungsordnung v. 15.03.2000 (BStBl. 2000 I, S. 368), also bei einem Jahresumsatz von über 32 Mio. €. Das Gesetz hat diese Abgrenzung nicht übernommen.
657 Abschnitt A 19 Abs. 4 der gleichlautenden Erlasse v. 17.05.2011, BStBl. 2011 I, S. 606, vgl. *Hannes/Onderka/von Oertzen*, ZEV 2011, 496.
658 Rz. 1.5 der gleichlautenden Ländererlasse v. 05.06.2014, BStBl 2014 I 882.
659 Vgl. *Kamps*, ErbStB 2014, 162 ff.; R B 199.1 Abs. 4 und 6 Satz 1 Nr. 1 ErbStR 2011.
660 FG Hamburg, 20.01.2015 – 3 K 180/14, ErbStB 2015, 159 (Az. BFH: II R 15/15).
661 Zu beiden Aussagen: Gleichlautender Ländererlass v. 05.06.2014, BStBl 2014 I 882; vgl. *Eisele*, NWB 2014, 2777 ff.
662 Basiszins gem. § 203 Abs. 2 BewG gem. BMF-Schreiben v. 07.01.2009, BStBl. 2009 I, S. 14: 3,61 % [errechnet durch die Bundesbank anhand der Zinsstrukturdaten als langfristig erzielbare Rendite öffentlicher Anleihen]. Der Basiszins wird jeweils um 4,5 Prozentpunkte erhöht. Im Fall der Option nach Art. 3 ErbStRG beträgt der Zins für 2007: 4,02 % – Kapitalisierungsfaktor also 11,74 –, für 2008: 4,58 % – Kapitalisierungsfaktor also 11,01 – [BMF-Schreiben v. 17.03.2009 – IV C 2 S 3102/07/0001, ErbStB 2009, 146 m. Anm. *Mühlhaus*]. Dies führte zwischen 2008 und 2009 zu einer Erhöhung um 12 %!
663 Je nach Branche sind am deutschen Bewertungsmarkt zwischen 13 und 15 % realistisch (als Maßstab der Renditeerwartung eines Investors), so dass sich das ca. 6 bis 8-fache des Jahresertrages ergeben wür-

chen (für 2015: 18,21 fachen, für 2014: 14,10 fachen; für 2013: 15,29 fachen; für 2012: 14,41 fachen; 2011: 12,61-fachen; 2010: 11,79-fachen; 2009: 12,33-fachen – 100 dividiert durch 6,54 bzw. 6,94 bzw. 7,93 bzw. 8,48 bzw. 8,11) der erzielbaren Zukunftserträge, was in vielen Branchen überhöht ist.[664] Auch betriebswirtschaftlich ist eine Unternehmensbewertung aufbauend auf Vergangenheitswerten wenig sinnvoll, diskontiert werden richtigerweise Zukunftserträge. Mitunter mag eine überhöhte Bewertung dann erwünscht sein, wenn dadurch die 10 % – bzw. 50 % – Schwelle des Verwaltungsvermögens in Relation zum Gesamtbetriebsvermögen unterschritten wird (Rdn. 5048 ff.).[665]

4709 Gem. § 200 BewG gilt folgendes **Grundschema**:[666]

Der gemeine Wert des Unternehmens ist die Summe aus dem Ertragswert (Jahresertrag mal Kapitalisierungsfaktor), zuzüglich des gemeinen Werts des nichtbetriebsnotwendigen Vermögens (§ 200 Abs. 2 BewG), des gemeinen Werts von Beteiligungsgesellschaften (§ 200 Abs. 3 BewG) und des gemeinen Werts »junger Wirtschaftsgüter« (§ 200 Abs. 4 BewG), wobei die im Zusammenhang mit den Positionen des Abs. 2 bis 4 stehenden Schulden subtrahiert werden. Bei Personenunternehmen ist vom Jahresertrag jedoch der angemessene Unternehmerlohn abzusetzen, der bei Kapitalgesellschaften als Betriebsausgabe berücksichtigt würde.

aa) Nachhaltig erzielbarer Jahresertrag

4710 Bewertungsgrundlage ist gem. § 201 Abs. 1 BewG der in der Vergangenheit tatsächlich erzielte Durchschnittsertrag. Er wird hergeleitet regelmäßig aus den Betriebsergebnissen der letzten 3 vor dem Bewertungsstichtag abgelaufenen Wirtschaftsjahre; ein am Bewertungsstichtag bereits weitgehend abgelaufenes Wirtschaftsjahr kann jedoch ausnahmsweise berücksichtigt werden (anstelle des drittletzten Jahres, § 201 Abs. 2 BewG). Hat sich im 3-Jahres-Zeitraum der Charakter des Unternehmens nachhaltig geändert oder es in dieser Zeit erst gegründet worden, verkürzt sich der Ermittlungszeitraum, § 201 Abs. 3 BewG. Auch bei einer Änderung der Rechtsform, die sich auf den Jahresertrag auswirkt, sind die früheren Betriebsergebnisse zu korrigieren (§ 201 Abs. 2 BewG). Der nachhaltig zu erzielende Jahresertrag ist der – nicht gewichtete – Durchschnittsertrag.

4711 Zugrunde gelegt werden die steuerlichen Betriebsergebnisse der Vergangenheit, wobei der Gewinn i.S.d. § 4 Abs. 1 Satz 1 EStG nach Maßgabe des § 202 Abs. 1 BewG – für jedes Geschäftsjahr gesondert – zu korrigieren ist. Die im Gesetz aufgeführten **Hinzurechnungen und Kürzungen** sind nicht abschließend, wie sich aus § 202 Abs. 1 Nr. 3 BewG ergibt.

4712 Demnach ist der steuerliche Bilanzgewinn bspw. zu erhöhen um Sonderabschreibungen, Absetzungen auf den Geschäfts- und Firmenwert, einmalige Veräußerungsverluste, außerordentliche Aufwendungen, und zu reduzieren um gewinnerhöhende Auflösungsbeträge auf steuerfreie Rücklagen, einmalige Veräußerungsgewinne, den angemessenen Unternehmerlohn,[667] soweit er in der bisherigen Ergebnisrechnung nicht berücksichtigt ist, sowie einmalige Investitionszulagen etc.

---

de. Damit würden schon Unternehmen mit Jahreserträgen von ca. 40.000,00 € den persönlichen Freibetrag eines Kindes übersteigen.
664 Berechnungsbeispiele bei *Flöter/Matern*, NWB 2008, 1727 ff.: ursächlich für das überhöhte Ergebnis ist zum einen die Nichtberücksichtigung der Kapitalstruktur des Bewertungsobjekts, zum anderen die fehlende Branchendifferenzierung.
665 Hierauf weisen *Hecht/von Cölln*, DB 2010, 1084 ff. hin.
666 Vgl. die (kritische) Darstellung von *Ramb*, NWB 2010, 3390 ff. und NWB 2010, 3482 ff., sowie *Rüttenauer*, ErbStB 2014, 102 ff.
667 Vgl. R B 202 Abs. 3 Nr. 2d ErbStR 2011. Der Unternehmerlohn ist nach BGH, 02.02.2011 – XII ZR 185/08, NJW 2011, 2572 auch bei der Bewertung einer freiberuflichen Praxis im Zugewinnausgleich abzusetzen, nach den Verhältnissen des Einzelfalls (Steuerberaterpraxis).

A. Schenkungsteuerrecht **Kapitel 12**

Die sodann sich ergebende Zwischensumme ist um 30 % zu kürzen zur pauschalen Abgeltung des Ertragsteueraufwands (»**latente Steuerlast**«, vgl. § 202 Abs. 3 BewG); die Differenz bildet das »bereinigte Betriebsergebnis«. 4713

Erfolgt eine Gewinnermittlung nach § 4 Abs. 3 EStG, ist anstelle des steuerlichen Bilanzgewinns vom Überschuss der Betriebseinnahmen über die Betriebsausgaben auszugehen, die Korrekturregelungen gelten hier entsprechend (§ 202 Abs. 2 BewG). 4714

bb) Kapitalisierungsfaktor

(1) Rechtslage von 2009 bis 2015

Die finanziellen Überschüsse aus dem Unternehmen sind auf den Bewertungsstichtag abzuzinsen; Faktor ist der Kehrwert des Kapitalisierungszinssatzes. Letzterer setzte sich gem. § 203 Abs. 1 BewG a.F. für Besteuerungsvorgänge zwischen dem 01.01.2009 und dem 31.12.2015 aus dem variablen Basiszinssatz und einem pauschalen Zuschlag von 4,5 Prozentpunkten zusammen. Der Basiszinssatz bildet den »risikofreien Anteil«, gleicht also der langfristig erzielbaren Rendite öffentlicher Anleihen und ist demnach gem. § 203 Abs. 2 BewG aus den Zinsstrukturdaten für öffentliche Anleihen der Deutschen Bundesbank abzuleiten, ermittelt auf den ersten Börsentag des Jahres. Dieser Zinssatz ist jeweils im Bundessteuerblatt zu veröffentlichen, er beträgt für das Jahr 2009 3,61,[668] für 2010 3,98[669] für 2011 3,43 %,[670] für 2012 2,44 %[671] und für 2013 2,04 %,[672] für 2014 2,59 %,[673] für 2015 0,99 %[674] und für 2016 1,10 %.[675] (Der Fachausschuss Unternehmensbewertung und Betriebswirtschaft, FAUB, des IDW hatte per 31.12.2008 den Basiszinssatz i.R.d. Verfahrens IDW S1 mit 4,25 % ermittelt, so dass der Basiszinssatz des BMF zu einem höheren Ertragswert führte.) 4715

Das Gesetz legte in § 203 Abs. 1 BewG a.F. den Zuschlag mit 4,5 Prozentpunkten fest. Dadurch sollen – unabhängig von Branche und Marktlage – pauschal auch alle anderen Korrekturposten, wie etwa Fungibilitätszuschlag, Wachstumsabschlag, inhaberabhängige Faktoren usw. berücksichtigt werden. Demgemäß betrug für die Besteuerungsfälle des Jahres 2016 der Kapitalisierungszinssatz insgesamt 5,60 % (für 2015: 5,49 %, für 2014: 7,09 %, für 2013: 6,54 %, für 2012: 6,94 %, für 2011: 7,93 %, für 2010: 8,48 %, 2009: 8,11 %), der Kapitalisierungsfaktor also für das Jahr 2016 zunächst (vgl. nun aber Rdn. 4717) 100: 5,60 = 17,86 (für 2015: [100: 5,49] = 18,21 (für 2014: [100: 7,09] = 14,10; für 2013: [100:6,54] = 15,29; für 2012: [100: 6,94] = 14,41; für 2011: [100: 7,93] = 12,61; für 2010: [100: 8,48 =] 11,79; für 2009: [100: 8,11 =] 12,33). Im Ergebnis war also das bereinigte steuerliche Betriebsergebnis zuletzt (im Jahr 2016 vorläufig, vgl. nun aber Rdn. 4717) mit **17,86** zu multiplizieren. 4716

(2) Rechtslage seit 2016

Die Neuregelung des § 203 Abs. 1 BewG korrigiert die überhöhten Ergebnisse, die der bisherige Festsetzungsmodus für den Kapitalisierungsfaktor angesichts der Niedrigzinsverhältnisse hatte. Im Ergebnis führt der Ansatz des **13,75fachen** durchschnittlichen, in den letzten drei abgeschlossenen Geschäftsjahren erzielten Gewinns vor Abzug der Ertragsteuern zu einer Reduzierung der im vereinfachten Ertragswertverfahren anzusetzenden Unternehmenswerte um zirka ein Viertel gegenüber dem Zustand bis Ende 2015. Dieser verringerte Kapitalisierungsfaktor gilt, bis das BMF 4717

---

668 BMF-Schreiben v. 07.01.2009, BStBl. 2009 I, S. 14.
669 BMF-Schreiben v. 05.01.2010, BStBl. 2010 I, S. 14.
670 BMF-Schreiben v. 05.01.2011, BStBl. 2011 I, S. 5.
671 BMF-Schreiben v. 02.01.2012, BStBl. 2012 I, S. 13.
672 BMF-Schreiben v. 02.01.2013, IV D 4 – S 3102/07/10001.
673 BMF-Schreiben v. 03.01.2014, IV D 4 – S 3102/07/10001.
674 BMF-Schreiben v. 02.01.2015, IV D 4 – S 3102/07/10001.
675 BMF-Schreiben v. 04.01.2016, IV C 7 – S 3102/07/10001.

von der in § 203 Abs. 2 BewG eingeräumten Ermächtigung zum Erlass einer Rechtsverordnung zur Anpassung an die Zinsstrukturdaten Gebrauch macht. Diese Neuregelung gilt bereits für alle Bewertungen ab dem 01.01.2016 (vgl. § 205 Abs. 11 BewG), wohl im Glauben, dass sich die Änderung nur zugunsten des Steuerpflichtigen auswirke.

4718 Allerdings kann für bis zum 30.06.2016 verwirklichte Sachverhalte durch die Herabsetzung des Unternehmenswerts der Zustand eintreten, dass die »Alles-oder-nichts«-Grenze für das Verwaltungsvermögen von 50 % oder 10 % gem. § 13a bzw. § 13b ErbStG a.F. überschritten wird, so dass die Finanzverwaltung im Billigkeitsweg auf Wahl des Steuerpflichtigen für Übertragungen vor dem 30.06.2016 die Anwendung des alten Kapitalisierungsfaktors von 17,8571 (ausgehend von einem Kapitalisierungszinssatz von 5,6 %) zulässt.[676]

4719 Auch der derzeit geltende Kapitalisierungsfaktor von 13,75 ist insbesondere für kleine und mittelständische Unternehmen (KMU) immer noch **deutlich überhöht**.[677] Das Handelsblatt veröffentlicht in der Wochenendausgabe vom 7. bis 9. Oktober 2016 folgende Ebit-Multiplikatoren:[678] für KMU aus der Branche Bau und Handwerk zwischen 3,4 und 5,1; Elektrotechnik zwischen 3,9 und 6,4; Medien zwischen 4,2 und 6,1; Software zwischen 4,5 und 8,1; Versorgungswirtschaft zwischen 4,2 und 6,1; Maschinen- und Anlagenbau zwischen 4,5 und 6,6. Lediglich für börsennotierte Unternehmen sind höhere Mittelwerte zu verzeichnen (der geringste Wert: 10,6 für Bau und Handwerk, Höchstwert: 25,0 für den Sektor Nahrungs- und Genussmittel).

▶ Hinweis:

4720 Bei einem Erbschaftsteuersatz von 30 % und einer (unterstellten) Gesamtertrag- und Gewerbesteuerbelastung auf den im übertragenen Betrieb erwirtschafteten Gewinn von 50 % werden auch unter Beachtung des seit 01.01.2016 (bis auf weiteres) geltenden Kapitalisierungsfaktors von 13,75 die **vollständigen Nachsteuergewinne von fast sechs Jahren** benötigt, um die anfallende Erbschaft- bzw. Schenkungsteuer aufzubringen (bei unterstellter Konstanz der Gewinne), wenn keine Privilegierungen für das übergehende Betriebsvermögen erreichbar sind:

Der Gewinn (vor Steuern) von 100 abzüglich der pauschalierten Ertragsteuer von 30 führt zu einem mit 13,75 zu multiplizierenden Ertrag von 70, so dass sich auf das Ergebnis (70 × 13,75 = 962,5) eine 30 %ige Erbschaftsteuer von 288,7 errechnet. Werden vom Gewinn (100) Gewerbe-, Körperschaft- und/oder Einkommensteuer in Höhe von geschätzt 50 abgezogen, bedarf es also des 5,77fachen verbleibenden einsetzbaren Jahresergebnisses (von noch 50), um diese Steuer von 288,7 zu tilgen.[679]

cc) Hinzurechnungen gemeiner Werte

4721 Gem. § 203 Abs. 2 bis 4 BewG sind in drei Fällen eigenständige Wertansätze für Vermögensbestandteile zu ermitteln, die dem Ertragswert hinzu addiert werden (Rdn. 4722–4724), und dann z.B. für Grundstücke nach dem Regelbewertungsverfahren der §§ 176 ff. BewG erfolgen.[680] Separat zu bewerten ist auch das SBV, Rdn. 4725:

---

676 Gleich lautende Ländererlasse v. 11.05.2017, BStBl 2017 I 751; hierzu *Eisele*, NWB 2017, 1948 ff.
677 Vgl. *Heurung/Gilson*, ZErb 2016, 396 ff.
678 Beruhend für kleine und mittelständische Unternehmen auf Ermittlungen der Concess GmbH vom August 2016, für Börsengesellschaften auf Ermittlungen der Finexpert vom Juli 2016.
679 Bsp. nach *Thouet*, Reform der Erbschaftsteuer, 2017, S, 21.
680 Hierzu *Pauli*, ZEV 2011, 277 ff. (dort auch zur separaten Ermittlung der Grundstückswerte zur Feststellung des Mindest-[Substanz-]wertes).

A. Schenkungsteuerrecht

Kapitel 12

(1) Nicht betriebsnotwendiges Vermögen

Das nicht betriebsnotwendige Vermögen einschließlich der damit im Zusammenhang stehenden Schulden, also solche Wirtschaftsgüter, die aus dem Gewerbebetrieb bzw. der Gesellschaft herausgelöst werden können, ohne dass die eigentliche Unternehmenstätigkeit beeinträchtigt wird, bspw. betrieblich nicht genutzte Grundstücke. Da sich ihr gemeiner Wert nicht in Ertragssteigerung des Unternehmens niederschlägt, sind die Erträge und damit zusammenhängenden Aufwendungen bei der Ermittlung des Jahresertrags zu neutralisieren und dafür der gemeine Wert (also der gem. § 9 Abs. 2 BewG im gewöhnlichen Geschäftsverkehr bei einer Veräußerung zu erzielende Betrag) zu ermitteln und hinzu zu addieren.

4722

(2) Gesellschaftsbeteiligungen

Gleiches gilt für Beteiligungen an anderen Gesellschaften, gleichgültig ob diese zu nicht betriebsnotwendigem Vermögen (§ 200 Abs. 2 BewG) oder zum betriebsnotwendigen Vermögen zählen (§ 200 Abs. 3 BewG). Die mit solchen Beteiligungen im Zusammenhang stehenden Erträge sind bei der Ermittlung des Ertragswerts aus dem Jahresertrag herauszurechnen, allerdings nach dem Wortlaut des § 200 Abs. 3 BewG nicht die damit im Zusammenhang stehenden Aufwendungen (etwa Finanzierungskosten). Unmittelbar berücksichtigt werden nur Verlustübernahmen der Mutter-Gesellschaft für Tochter-Gesellschaften, da sie den steuerlichen Gewinn der Mutter-Gesellschaft mindern.

4723

(3) »Junge Wirtschaftsgüter«

Ähnlich der Bereichsausnahme für sog. »junges Verwaltungsvermögen« i.R.d. Verschonung für Betriebsvermögensübertragungen, § 13b Abs. 2 Satz 3 ErbStG (Rdn. 5184 ff.), sind gem. § 200 Abs. 4 BewG Wirtschaftsgüter (gleichgültig ob es sich um »Verwaltungsvermögen« oder »produktives Vermögen« handelt), die innerhalb von 2 Jahren vor dem Bewertungsstichtag eingelegt wurden, mit dem gesondert zu ermittelnden gemeinen Wert anzusetzen, aber auch die damit im Zusammenhang stehenden Schulden sind bei der Ermittlung des Ertragswerts herauszurechnen. Die gesonderte Behandlung erklärt sich daraus, dass junges Vermögen noch nicht nachhaltig zum Jahresergebnis beitragen konnte.

4724

(4) Sonderbetriebsvermögen

Beim **Betriebsvermögen einer Personengesellschaft**[681] ist weiter zu berücksichtigen, dass das vereinfachte Ertragswertverfahren lediglich den Gesamthandsanteil erfasst, nicht das zivilrechtlich den Gesellschaftern gehörende Sonderbetriebsvermögen (SBV, zum Begriff vgl. Rdn. 5725 ff.). Hinzu zu rechnen ist das SBV des einzelnen betroffenen Gesellschafters, dessen gemeiner Wert gesondert zu ermitteln ist (§ 97 Abs. 1a Nr. 2 BewG).[682] Die SBV der anderen Gesellschafter können also unberücksichtigt bleiben.

4725

Der gemeine Wert des Gesamthandsvermögens wird auf die Gesellschafter dergestalt aufgeteilt, dass jedem Gesellschafter vorweg die Kapitalkonten aus der Gesamthandsbilanz zuzurechnen sind (§ 97 Abs. 1a Nr. 1 Buchst. a) BewG); das Kapital etwaiger Ergänzungsbilanzen ist dabei nicht zu berücksichtigen. Besonderheiten gelten bei Kommanditisten, die ihre Hafteinlage vollständig erbracht haben und nicht nachschusspflichtig sind: ihnen kann kein negativer Wert des Gesellschaftsvermögens zugerechnet werden, der Wert des Gesamthandsanteils (ohne das SBV) ist also stets mindestens »Null«.[683] Der verbleibende Wert ist sodann nach dem Gewinnverteilungsschlüs-

4726

---

681 Überblick bei *Rüttenauer,* ErbStB 2014, 338 ff.
682 Vgl. hierzu Rz. 2 der gleich lautenden Ländererlasse v. 05.06.2014, BStBl 2014 I S. 882.
683 Vgl. R B 97.3 Abs. 1 Satz 2 ErbStR 2011. Entnahmen, die gem. § 172 Abs. 4 Satz 2 HGB zum Wiederaufleben der Außenhaftung führen, oder vertragliche Außenhaftungsabreden werden wie ausstehende Pflichteinlagen behandelt.

sel (vgl. Rdn. 2674, nicht nach der Höhe der Beteiligung!) auf die Gesellschafter aufzuteilen (§ 97 Abs. 1a Nr. 1 Buchst. b) BewG)[684] – ebenso wie zwischenzeitlich bei Kapitalgesellschaftsanteilen, Rdn. 4703. Damit wird dem Auftrag des § 9 Abs. 2 Satz 2 BewG Genüge getan, alle Umstände zu berücksichtigen, die den Preis beeinflussen, insb. also auch die individuelle Ertragskraft eines Gesellschaftsanteils.[685]

▶ **Beispiel:**[686]

4727 Der Veräußerer ist an einer KG, steuerlicher Wert des Gesamthandsvermögens 1 Mio. €, zu 30 % beteiligt. Die Summe der Kapitalkonten beträgt 500.000,00 €. Überträgt er von seinen gesamt 30 % Anteilen 29 % an seinen Sohn und behält sich 1 % zurück, entspricht dies Kapitalanteilen von 145.000,00 € bzw. 5.000,00 €. Der überschießende Wert der Gesellschafterrechte (das sind insgesamt weitere 150.000,00 €, die auf den Gesamtwert von 30 % aus 1 Mio. € = 300.000,00 € fehlen, wird sodann im Verhältnis der Gewinn- und Stimmrechtsanteile aufgeteilt. Wird bspw. mit dem 1 %igen, dem Veräußerer verbleibenden Anteil ein insgesamt 25 %iges Gewinnbezugsrecht verknüpft, während die 29 % übertragener Anteile lediglich 5 % Gewinnbeteiligung vermitteln, wird ein Sechstel (5/30) des Restwertanteils dem übertragenen Anteil, 5/6 dem zurückbehaltenen Anteil »zugeschlagen«. Demnach beträgt der Steuerwert des verschenkten Anteils mit geringerer Bezugsberechtigung 170.000,00 (145.000 und 25.000) €, der Wert des zurückbehaltenen Anteils mit höherer Gewinnberechtigung dagegen 130.000,00 (5.000,00 und 125.000,00) €.

4728 Nach altem, bis zum 31.12.2008 geltenden, Recht wurde der Wert einer Beteiligung lediglich quotal nach Kapitalanteilen ermittelt, ohne individuelle Besonderheiten wie etwa die Gewinnbeteiligung und Stimmberechtigung zu berücksichtigen. Der Ausgleich wurde sodann über § 7 Abs. 6 ErbStG (»Übermaßschenkung«) geschaffen, der jedoch unter Geltung des neuen Rechts insoweit keine Bedeutung mehr hat.[687]

4729 Bei der Übertragung eines auch nur geringen Anteils an einer Personengesellschaft ist stets das gesamte Unternehmen zu bewerten, was naturgemäß die Frage aufwirft, ob die Gesellschaft dabei ihr entstehende Kosten von ihrem Gesellschafter erstattet verlangen kann. Unklar ist auch, inwieweit Informationsverweigerungsrechte der Gesellschaft verhindern können, dass die erforderlichen Daten erhoben werden.

dd) Mindestwert: Substanzwert

4730 Die **Untergrenze der Bewertung von Betriebsvermögen** bildet jedoch der **Substanzwert**, d.h. gem. § 11 Abs. 2 Satz 3 BewG die Summe der gemeinen Werte der zum Betriebsvermögen gehörenden Wirtschaftsgüter und sonstigen aktiven Ansätze abzgl. der zum Betriebsvermögen gehörenden Schulden und sonstigen Abzüge. Es handelt sich also um den Gebrauchswert der betrieblichen Substanz unter der Annahme der Fortführung des Unternehmens.[688] Aufgrund dieser Fortführungsprämisse sind beispielsweise Steuern auf Buchgewinne nicht berücksichtigungsfähig, vielmehr ist die Summe der Rekonstruktions- und Wiederbeschaffungswerte aller vorhandenen immateriellen und materiellen Werte zu berücksichtigen, abzgl. der Schulden.

---

684 Vgl. hierzu OFD Frankfurt, 13.05.2015 – S 2241 A-9-St 213, DStR 2015, 1802 ff.; hierzu *Wälzholz*, notar 2016, 345, 350 ff.
685 Zur (unbefriedigend gelösten) Berücksichtigung gesellschaftsvertraglicher Sonderrechte im Bewertungsrecht vgl. *Koblenzer/Seker*, ErbStB 2011, 282 ff.
686 Nach *Werz/Sager*, ErbStB 2010, 73 ff. Berechnungsbeispiel auch bei H B 97.3 ErbStH 2011; *Eisele*, NWB 2012, 373, 377.
687 Vgl. *Fischer*, in: Fischer/Jüptner/Pahlke/Wachter, ErbStG, § 7 Rn. 521; *Werz/Sager*, ErbStB 2010, 75.
688 Bei in Liquidation befindlichen Unternehmen gilt der Liquidationswert als Mindestwert (Rdn. 4737), also unter Abzug etwa der Sozialplankosten, vgl. *Eisele*, NWB 2012, 373, 376.

Der **Gesamt-Rekonstruktionswert** setzt sich dabei zusammen aus den Einzelwerten der bilanzierungsfähigen Vermögensgegenstände, zuzüglich der geschätzten Ausgaben für den Neuaufbau der Organisation (originärer Firmenwert), selbst geschaffener Marken und Patente usw.[689] 4731

Die Gesetzesbegründung verweist bzgl. der Ermittlung des Substanzwerts auf die »Grundsätze« der bisherigen §§ 98a und 103 BewG.

Im Einzelnen gilt: 4732
(1) **Anlagevermögen** ist nach seiner qualitativen Eignung für Leistungsprozess, Restnutzungsdauer etc. zu bewerten. Soweit sie aufgrund von Überkapazitäten oder Änderungen der Betriebsleistung nicht mehr zu verwenden sind, ist der Veräußerungspreis anzusetzen, bei technisch überholten Anlagen sind Wertabschläge vorzunehmen unter Berücksichtigung der künftigen Mehrausgaben bzw. Mindereinnahmen im Vergleich zum Einsatz moderner Anlagen. R B 11.3 Abs. 7 Satz 2 ErbStR 2011 sieht den angemessenen Restwert des abnutzbaren beweglichen Anlagevermögens bei mindestens 30 % der Anschaffungskosten.

(2) **Immaterielle Vermögenswerte**, die originär erworben wurden (gekaufte Patente) sind mit den Wiederbeschaffungskosten anzusetzen, selbstgeschaffene Vermögenswerte (eigene Patente) sind zu schätzen. Nach R B 11.3 Abs. 3 Satz 5 ErbStR 2011 sollen auch Know-How und Kundenstamm einbezogen werden,[690] soweit »diesen Faktoren ein eigenständiger Wert zugewiesen werden kann« (also nicht, wenn sie – wie regelmäßig – nur die Ertragsaussichten des Unternehmens als Mehrwert über den Substanzwert der einzelnen Wirtschaftsgüter ausdrücken). 4733

(3) **Umlaufvermögen**: Vorräte sind nach den Reproduktionskosten zu bewerten, wobei technische oder modische Entwertungen, Qualitätsmängel, Veräußerungsrisiken usw. i.d.R. bereits bilanziell durch entsprechende Abschläge berücksichtigt sind. Überbestände an Forderungen gelten als nichtbetriebsnotwendiges Vermögen. 4734

(4) **Beteiligungen**: Unternehmen, die wirtschaftlich eng mit der Mutter-Gesellschaft verbunden sind, werden i.d.R. unmittelbar mit ihrem anteiligen Substanzwert in die Mutter-Gesellschaft einbezogen; nichtbetriebsnotwendige Beteiligungen werden mit dem mutmaßlichen Veräußerungspreis bewertet. Letzteres gilt i.d.R. auch für eigene Anteile des Unternehmens an sich selbst. 4735

(5) **Rückstellungen für künftige Aufwendungen und Verluste** sind grds. abzuziehen, der Höhe nach aber nicht an einer vorsichtigen Bewertung, sondern an der wahrscheinlichsten künftigen Inanspruchnahme zu orientieren. Pensionsrückstellungen, die dagegen in der Handelsbilanz nicht gebildet oder nach steuerrechtlichen Restriktionen ermittelt wurden, müssen jedoch i.R.d. Substanzbewertung mit ihrer tatsächlichen künftigen wirtschaftlichen Belastung angesetzt werden. 4736

ee) Ausnahme: Untergrenze Liquidationswert

Ist am Stichtag nicht von einer Fortführung des Unternehmens auszugehen, bildet anstelle des Substanzwerts der Liquidationswert die Untergrenze. Dies sind die Werte, die sich bei Abwicklungsveräußerung der einzelnen Vermögensgegenstände nach Tilgung von Schulden ergeben werden, abhängig von Zerschlagungsgeschwindigkeit, Zerschlagungsintensität und dem Grad der Aufsplitterung der Vermögensgegenstände. Der Barwert der Netto-Erlöse abzgl. der Schulden und Liquidationskosten ist also zu ermitteln. Zu diesen Liquidationskosten zählen bspw. auch Vorfälligkeitsentschädigungen bei Kreditinstituten, Sozialpläne etc. Abzuziehen sind neben den Unternehmensschulden auch verpflichtende Rückstellungen, wie etwa Rückbaupflichten, zu erfüllende Pensionsansprüche usw.[691] 4737

---

689 Vgl. im Einzelnen *IDW*, Wirtschaftsprüfer-Handbuch, Bd. II, 2008, Abschn. A, Tz. 436 ff., sowie den Überblick bei *Rüttenauer*, ErbStb 2014, 49 ff.
690 Anders noch A 4 Abs. 3 Satz 5 AEBewAntV: kein Ansatz des Firmenwertes.
691 Vgl. *Eisele*, NWB 2012, 373, 376; NWB 2011, 2782, 2789.

d) Andere Bewertungsverfahren

4738 Falls eine Ableitung des gemeinen Werts aus Verkäufen unter fremden Dritten, die weniger als ein Jahr zurückliegen und demnach eine unwiderlegliche Vermutung für den zutreffenden Marktwert begründen, ausscheidet (Rdn. 4705), eröffnet § 11 Abs. 2 BewG einen »**Methodenpluralismus**«:[692] der gemeine Wert ist unter Berücksichtigung der Ertragsaussichten (nicht des Vermögens!) oder einer anderen anerkannten, auch im gewöhnlichen Geschäftsverkehr für nichtsteuerliche Zwecke üblichen Methode zu ermitteln.

4739 Nach dem klaren Wortlaut des § 199 Abs. 1 BewG kann das **vereinfachte Ertragswertverfahren** vom Steuerpflichtigen angewendet werden; es besteht jedoch kein Zwang hierzu. Erscheint dem Steuerpflichtigen das Verfahren nicht als sachgerecht, kann er auf eigene Kosten[693] die Bewertung nach einem anderen Ertragswertverfahren vornehmen. Das Wahlrecht steht insb. nicht der Finanzverwaltung zu. Wird das vereinfachte Ertragswertverfahren gewählt, ist es so lange maßgebend, bis feststeht, dass es »zu offensichtlich unzutreffenden Ergebnissen führt«. Es ist noch nicht geklärt, welche Prozentrelation als »offensichtlich unzutreffend« angesehen wird. Eine Abweichung von bspw. 20 % dürfte diesem Kriterium noch nicht genügen, so dass das vereinfachte Ertragswertverfahren auch dann verwendet werden kann, wenn es um eine vergleichbare Marge hinter vollwertigen Ertragswertverfahren, etwa nach IDW S1 (»objektivierter Unternehmenswert«), zurückbleibt.

4740 Die Ertragswertmethode beruht im Grunde auf der Fragestellung, welches Kapital ein gedachter Investor einsetzen würde, um eine angemessene Rendite zu erzielen. Sie ist jedoch nicht für jedes Unternehmen geeignet; die Gesetzesbegründung verweist daher auch auf vergleichsorientierte Verfahren und »Multiplikatorenmethoden«. Solche umsatz- oder produktmengenorientierte Verfahren sind etwa bei der Kaufpreisermittlung von freiberuflichen Praxen und Kanzleien,[694] Brauereien und Verlagsbetrieben üblich (Letztere gemessen am Hektoliterausstoß, der Abonnentenzahl etc.), vgl. Rdn. 4750 f. Die Feststellungslast dafür, ob eine derartige Methode anstelle der Ertragswertmethode einschlägig ist, trägt derjenige, der sich darauf beruft, ebenso die Kosten der Bewertung.[695]

4741 Als Wertuntergrenze (Mindestwertregelung) normiert § 11 Abs. 2 Satz 2 BewG den **Substanzwert** (Rdn. 4730 ff.), also die Summe der gemeinen Werte der zum Betriebsvermögen gehörenden Wirtschaftsgüter und sonstigen aktiven Ansätze abzgl. der zum Betriebsvermögen gehörenden Schulden und sonstigen Abzüge, vergleichbar den bisherigen §§ 98a und 103 BewG. Steht fest, dass das Unternehmen nicht weiter betrieben werden soll, ist der **Liquidationswert** (Rdn. 4737 ff.) die Untergrenze der Bewertung. Für solche Sachverhalte ist insb. das vereinfachte Ertragswertverfahren nicht anwendbar, da es vom Vorhandensein künftig nachhaltig erzielbarer Jahreserträge ausgeht.

---

692 Hierzu und zum folgenden *Eisele*, Erbschaftsteuerreform 2009, S. 178 ff.; *Grootens*, ErbStB 2013, 188 ff.

693 Muss die Kapitalgesellschaft hierfür Kosten aufwenden, handelt es sich nicht um verdeckte Gewinnausschüttungen an den Gesellschafter, auch wenn die gesonderte Feststellung der Werte für Zwecke des ErbStG gem. § 153 Abs. 3 BewG nur im Interesse des Gesellschafters getätigt wurden, FinMin Schleswig-Holstein, 03.09.2014 – VI 3011 – S 2741 -04, ZEV 204, 692.

694 Vgl. Richtlinien zur Bewertung von Anwaltskanzleien der Bundesrechtsanwaltskammer, BRAK-Mitteilungen 2009, 268: Substanzwert (Überschuss der Aktiva – gemeiner Wert, nicht Buchwerte – über die Passiva) zuzüglich »good will«: durchschnittlicher Nettoumsatz der letzten drei Jahre (unter doppelter Gewichtung des letzten Jahres, bereinigt um außerordentliche personen- und anwaltsbezogene Einkünfte als Referent, Testamentsvollstrecker etc) multipliziert mit einem Faktor zwischen 0,3 und 1,0 (in Ausnahmefällen zwischen 0,0 und 1,3), vgl. *Esskandari*, ZEV 2011, 575, 578.

695 Soweit die Gesellschaft selbst gem. § 153 Abs. 2 und 3 BewG die Feststellungsverpflichtete ist, hat sie einen GoA-Anspruch gegen den »auslösenden« Gesellschafter, vgl. *Schothöfer*, GmbHR 2011, 1139 ff.

A. Schenkungsteuerrecht

Bewertungsmethoden lassen sich grob in drei Kategorien einteilen, nämlich in (Rdn. 4743) Einzelbewertungsverfahren, (Rdn. 4744) Mischbewertungsverfahren und (Rdn. 4745) Gesamtbewertungsverfahren. 4742

aa) Einzelbewertungsverfahren

Der Unternehmenswert wird stichtagsbezogen aus der Summe der einzelnen Bestandteile (Aktiva und Passiva) ermittelt, und zwar unter der Annahme der Unternehmensfortführung (Reproduktionswert), alternativ der Liquidation (Liquidationswert). Reproduktionswerte legen die Wiederbeschaffungswerte zugrunde, also den Betrag, der veranschlagt werden müsste, um die gleiche Substanz im gleichen Zustand zu erhalten. Rückschlüsse auf künftige Erträge oder Ertragspotenziale lässt dieses Verfahren nicht zu; auch taugt es nicht für Dienstleistungsunternehmen, die nur über geringe Sachanlagen verfügen. 4743

Einzelbewertungsverfahren sind für fortzuführende Unternehmen wenig geeignet; in Betracht kommen sie jedoch bei ertragsschwachen und insolventen Betrieben.

bb) Mischbewertungsverfahren

Sie vereinen Elemente der Einzelbewertung mit solchen der Gesamtbewertung, bspw. i.S.d. Mittelwertverfahrens (arithmetisches Mittel zwischen Substanz- und Ertragswert), auch ggf. in unterschiedlicher Gewichtung oder i.S.d. »Übergewinnmethode«, die die über das Zinsniveau langfristiger inländischer Anleihen hinausgehende Rendite (als Indikator überdurchschnittlicher unternehmerischer Fähigkeiten) mit einem höheren Zinssatz kapitalisiert und daraus den Firmenwert (good will) ermittelt, der dem allgemeinen Unternehmenswert zuzuschlagen ist. Hierzu zählt auch das von der Finanzverwaltung als Schätzverfahren entwickelte sog. »Stuttgarter Verfahren« (Rn. 3296 ff. der 3. Auflage dieses Werks). 4744

cc) Gesamtbewertungsverfahren

Diese stellen allein auf die künftig zu erwartende Ertragskraft des Unternehmens ab, sehen also den Betrieb als Gesamtkomplex. Hauptsächliche Anwendungsfälle sind: 4745

(1) »Discounted-cash-flow«-Verfahren (DCF-Verfahren)

Der Unternehmenswert wird durch Vergleich der künftigen cash flows (zu erwartenden Zahlungen des Unternehmens an die Kapitalgeber), einerseits, mit der Rendite einer Alternativanlage (Diskontierungszinssatz), andererseits, abgeleitet. Zur Ermittlung der Vergleichbarkeit (Äquivalenz) der finanziellen Vorteile aus dem Unternehmen mit alternativen Geldanlagen müssen ähnliche Laufzeitstrukturen, Verfügbarkeiten, Kaufkraft und Unsicherheitsannahmen zugrunde liegen. 4746

Dabei wird häufig auf das »capital-asset-pricing«-Modell (CAPM) zurückgegriffen zur Ermittlung eines Zinses, der sowohl die Renditeerwartung der Eigenkapitalgeber berücksichtigt als auch eine angemessene Risikoprämie enthält. Der Unternehmenswert ergibt sich nach dem DCF-Verfahren aus dem Barwert der künftigen cash flows zuzüglich des Werts der nichtbetriebsnotwendigen Vermögensteile, die veräußert werden könnten, ohne die Leistungsfähigkeit des Unternehmens einzuschränken. Daneben existieren der WACC-Ansatz, der sog. APV-Ansatz, sowie der equity-Ansatz.[696] Die DCF-Verfahren gelten im Vergleich zu reinen Ertragswertverfahren als weniger anfällig für eine bestimmte Bilanzpolitik; sie zielen verstärkt auf die Liquidität des Unternehmens und blenden Abschreibungen und Fremdkapitalkosten aus.[697] 4747

---

[696] *Großfeld*, Recht der Unternehmensbewertung, Rn. 1012 ff.
[697] *Leitzen*, RNotZ 2009, 315, 316.

(2) Multiplikatorenverfahren

4748 Dieses findet insb. auf kleine und mittlere Unternehmen Anwendung, wobei auf das operative Betriebsergebnis (Gewinn vor Zinsen und Steuern), den Umsatz oder sonstige branchenübliche Faktoren abgestellt wird. Solche Maßstäbe werden bspw. durch die Bundesärztekammer, die Bundesrechtsanwaltskammer und die Bundessteuerberaterkammer ihren Mitgliedern zur Verfügung gestellt (das BayLfSt[698] geht bei Steuerberatungspraxen von einem Umsatzmultiplikator zwischen 0,8 und 1,4, bei Rechtsanwaltskanzleien[699] zwischen 0,3 und 1,0 aus).[700] Für Biotechnologieunternehmen existiert das »Biotech-Disount-Modell«, für Kranken- und Lebensversicherer das »Appraisal-Value-Verfahren«, für Leasing-Unternehmen das »Substanzwertrechnungsverfahren«, für Medienunternehmen die »Excess-Operating-Profits-Methode«, und für Softwareentwicklungsunternehmen das »Realoptionsverfahren«.

(3) AWH-Standard und andere branchenspezifische Methoden

4749 Der Zentralverband des deutschen Handwerks (»Arbeitsgemeinschaft der wertermittelnden Betriebsberater im Handwerk« = AWH) stellt ein vereinfachtes Ertragswertverfahren, das die steuerlichen Jahresabschlüsse der letzten 3–5 Jahre zugrunde legt, zur Verfügung; die Ergebnisse sind um betriebsfremde und außerordentliche Erträge bzw. Aufwendungen sowie familiär motivierte Wertansätze zu bereinigen. Diese bereinigten Vergangenheitsergebnisse werden sodann unter Anwendung eines Kapitalisierungszinssatzes, der sich aus Basiszins, Immobilitätszuschlag, standardisiertem Risikozuschlag und dem Grad der Inhaberabhängigkeit ermittelt, in die Zukunft projiziert.

4750 Daneben existiert eine Vielzahl weiterer branchenspezifischer »anerkannter und üblicher Methode« i.S.d. § 11 Abs. 2 Satz 2, 3. Alt. BewG,[701] so bspw. das »Weihenstephaner Konzept« in Bezug auf Brauereien (deren maßgeblicher Wert die Deckungsbeiträge sind, die aus der übernommenen Kundschaft erwirtschaftet werden), oder der »Pipeline-Comparable-Approach« für Medikamentenentwickler (orientiert an einem peer-group-Vergleich anhand der »in der pipeline« befindlichen Entwicklungen) etc.[702]

(4) Leitfaden der OFD Rheinland und Münster

4751 Beschränkt auf die Bewertung von Kapitalgesellschaftsanteilen für ertragsteuerliche (nicht schenkungsteuerliche) Zwecke haben die OFD Rheinland und Münster als Arbeitshilfe für die Finanzverwaltung einen Leitfaden veröffentlicht (www.fm.nrw.de), der auf dem Ertragswertverfahren beruht, wobei der Substanzwert die Wertuntergrenze bildet. Auch hier werden (in Anlehnung an das Stuttgarter Verfahren) die künftigen Durchschnittserträge vergangenheitsorientiert durch Heranziehung der Betriebsergebnisse der letzten 3 bis (max.) 5 Jahre ermittelt, wobei außergewöhnliche betriebliche Vorgänge eliminiert werden müssen.

4752 Der Kapitalisierungszinssatz entspricht der Summe aus Basiszinssatz (Umlaufrendite für festverzinsliche öffentliche Anleihen mit einer Restlaufzeit von ca. 10 Jahren) und einem Sicherheitszuschlag, welcher das allgemeine Unternehmerrisiko, die Unbeweglichkeit betrieblich gebunde-

---

698 BayLfSt v. 28.02.2013 – S 3224.1.1 – 1/6 St 34, Rz. 2.2 und 2.3; zuvor: Schreiben des BayFinMin v. 04.01.2013 – 34/31/33 – S 3102–0006 – 333/13, hierzu *Riedel*, ZErb 2013, 161 ff.
699 Der »Ausschuss Kanzleibewertung« der BRAK sieht den maximal zu erzielenden Kaufpreis beim 0,8 bis 1,3-fachen des durchschnittlichen Jahresumsatzes der vergangenen drei Jahre.
700 Vgl. *Grootens*, ErbStB 2013, 219 ff. Aktuelle Multiplikatoren sind unter www.finance-magazin.de/research/multiples abrufbar.
701 BayLfSt v. 28.02.2013 – S 3224.1.1 – 1/6 St 34, Rz. 2.2 und 2.3; zuvor: Schreiben des BayFinMin v. 04.01.2013 – 34/31/33 – S 3102–0006 – 333/13, hierzu *Riedel*, ZErb 2013, 161 ff.
702 Vgl. monografisch *Drukarczyk/Ernst*, Branchenorientierte Unternehmensbewertung, z.B. S- 395 ff.

nen Vermögens und die Inflationsgefahr abbildet und mit ca. drei Prozentpunkten veranschlagt wird. Anschließend erfolgt eine pauschale Minderung um die immanente Ertragsteuerbelastung.

(5) IDW S 1 (2008)

In Fortführung des früheren IDW-Standards des Instituts der Wirtschaftsprüfer liegt diesem Verfahren (IDW S1) die Abzinsung der einem (gedachten neuen) Eigentümer des Unternehmens künftig zufließenden Überschüsse nach den Verhältnissen eines konkreten Bewertungsstichtags zugrunde. Wertbestimmend ist auch hier der Kapitalisierungszinssatz, der die Rendite aus einer zur Investition in das zu bewertende Unternehmen vergleichbaren alternativen Anlage repräsentiert. Vergleichsmaßstab ist regelmäßig eine Anlage in Unternehmensbeteiligungen, da diese in Bezug auf Fristigkeit, Risiko und Steuerbelastung etwa vergleichbar ist. Wie bei anderen Ertragswertmethoden üblich, setzt sich der Kapitalisierungszinssatz aus dem Basiszinssatz (in Anlehnung an langfristige Anleihen der öffentlichen Hand) und einem branchen- und unternehmensspezifischen Risikozuschlag zusammen. 4753

Für Bewertungsfälle nach dem 07.07.2007 hat der Fachausschuss Unternehmensbewertung und Betriebswirtschaft (FAUB) des IDW unter Berücksichtigung der Unternehmensteuerreform die Grundsätze angepasst.[703] Da die Netto-Zuflüsse den Unternehmenswert bestimmen, sind sowohl die Ertragsteuerbelastung des Unternehmens (rechtsformabhängig) als auch die persönliche Ertragsteuer des Anteilseigners zu berücksichtigen. Das nicht betriebsnotwendige Vermögen ist wiederum gesondert zu bewerten. 4754

Den Besonderheiten der Unternehmensbewertung zur Erfüllung von erb- und familienrechtlichen Ansprüchen (in erster Linie Pflichtteilsansprüchen) trägt der fortentwickelte Standard IDW S13 Rechnung.[704]

e) Feststellungsverfahren

Die einzelnen wirtschaftlichen Einheiten sind gesondert festzustellen durch Erklärungen bei den für die Betriebsstätten örtlich zuständigen FA (§§ 151 ff. BewG); diese Bescheide sind sodann Grundlagenbescheide in Bezug auf den Erbschaftsteuerbescheid (§ 175 Abs. 1 Nr. 1 AO). Gehören zur Wirtschaftseinheit Beteiligungen oder Grundbesitz, sind Feststellungen der Belegenheitsfinanzämter einzuholen. Angesichts der zu erwartenden Verfahrensdauer bleiben unter bestimmten Voraussetzungen einmal festgestellte Werte ein Jahr gültig (§ 151 Abs. 3 BewG). Das Steuervereinfachungsgesetz 2011 erweitert das Feststellungsverfahren durch die Betriebsstättenfinanzämter auch auf die Lohnsummen und die Ermittlung der Werte jungen Vermögens.[705] 4755

f) Wertung

Nach internen Berechnungen der Finanzverwaltung führten die neuen Bewertungsvorschriften – jedenfalls bei Anteilen an Kapitalgesellschaften – zu einer durchschnittlichen Erhöhung der Bemessungsgrundlage um ca. 64 %, bei Personengesellschaften zu einer durchschnittlichen Erhöhung der Bemessungsgrundlage um ca. 117 %, Letztere werden also mehr als verdoppelt – jeweils im Vergleich zu den Verhältnissen bis Ende 2008. 4756

Nach Schätzungen des Deutschen Industrie- und Handelstags beträgt der nun ermittelte gemeine Wert durchschnittlich das 3,61-fache des Steuerbilanzwerts.

Besonders krass fiel der Anstieg bei ertragsstarken, jedoch substanzschwachen Mittelstandsbetrieben aus.

---

703 Vgl. FN-IDW 2008, 271 ff. (Stand: 02.04.2008).
704 Vgl. *Siebert*, EE 2017, 136 ff.
705 *Volquardsen*, ZErb 2011, 295 ff.; vgl. hierzu eingehend R B 151 – 156 ErbStR 2011; *Halczinsky*, ErbStB 2012, 77, 82 ff.

4757 Als mittelbare Konsequenz aus dem deutlich höheren Steuerwert erhielten **gesellschaftsrechtliche Anwachsungsklauseln**, die hinter dem Verkehrswert zurückbleiben, wegen § 3 Abs. 1 Nr. 2 Satz 2 und § 7 Abs. 7 ErbStG (Rdn. 4471 ff.) sehr viel stärkere Steuerrelevanz erhalten[706] (Rdn. 5871 ff., Rdn. 5883 ff., Rdn. 5897 ff., Rdn. 5915 ff.). Dies gilt umso mehr, als die Vinkulierung von Anteilen an Familiengesellschaften nach Ansicht des BFH nicht zu einer Minderung des Steuerwerts führt, da »persönliche Umstände« unberücksichtigt bleiben müssen (§ 9 Abs. 2 Satz 3, Abs. 3 Satz 1 BewG). Immerhin ist durch § 13a Abs. 5 Satz 3 ErbStG (Rdn. 5423 ff.) seit 2009 sichergestellt, dass bei qualifizierten Nachfolgeklauseln bzw. entsprechender Erbauseinandersetzung stets nur derjenige Miterbe (und zwar vollständig) in den Genuss der Betriebsvermögensprivilegien kommt, der den Anteil erhält.

4758 Auch bei Kapitalgesellschaftsanteilen wurde die Besteuerung des Einziehungserwerbs spürbarer; um insoweit wenigstens in den Genuss der Betriebsvermögensfreistellungen zu kommen, sind Abtretungsklauseln der schlichten Einziehung vorzuziehen (privilegiert ist nämlich nur der Anteilserwerb, nicht der schlichte relative Wertzuwachs).

▶ Hinweis:

4759 Die Neuregelungen zeitigen zugleich **Anpassungsbedarf in Gesellschaftsverträgen**:
(1) In Personengesellschaftsverträgen sollte das Entnahmerecht auch auf entsprechende Erbschaft- oder Schenkungsteuerbeträge, nicht nur für die ESt auf die Ausschüttungen, erweitert werden.
(2) In Kapitalgesellschaften ist die Einziehungsklausel mit einer Abtretungsklausel zu kombinieren.
(3) Bewertungen nach dem Stuttgarter Verfahren sind zu überprüfen, zumal die Verfassungswidrigkeit für Steuerzwecke möglicherweise auch auf die zivilrechtliche Zulässigkeit ausstrahlt und da andernfalls unklar ist, ob die Beteiligten mit dem Verweis auf das Stuttgarter Verfahren die jeweiligen steuerlichen Grundsätze ins Auge gefasst hatten oder nur die damaligen Regelungen (also ob eine statische oder eine dynamische Verweisung vorliegt).[707]

4760 Die politisch als Ziel propagierte **Rechtsformneutralität** der Unternehmensbewertung wurde insb. bei gesellschafterfremd finanzierten Unternehmungen deutlich **verfehlt**:[708] Während die Darlehensforderung des Personengesellschafters gegen »seine« Gesellschaft als Sonderbetriebsvermögen ebenfalls begünstigt ist und demnach zumindest dem Grunde nach an der Verschonung teilnimmt (also kein Verwaltungsvermögen bildet), handelt es sich bei der Gesellschafterforderung eines GmbH-Mitglieds gegen seine Gesellschaft um nichtbegünstigtes Privatvermögen, selbst wenn wirtschaftlich »verdecktes Eigenkapital« vorliegt. Diese Darlehensforderung kann daher weder an der Vergünstigung noch an der Gewährung der Steuerklasse I (§ 19a Abs. 1 ErbStG) teilnehmen. Darüber hinaus wird durch die Fremdfinanzierung einer GmbH die Verwaltungsvermögensquote verschlechtert, weil die Fremdfinanzierung den Gesamtwert der GmbH senkt, so dass möglicherweise gar wegen Überschreitens der Höchstquote an zulässigem Verwaltungsvermögen die Begünstigung insgesamt entfällt.

4. Nutzungs- und Duldungsrechte, wiederkehrende Leistungen

a) Bewertung des Rechtes selbst

4761 Auch Nutzungs- und Duldungsrechte (z.B. Nießbrauch oder Wohnungsrecht) sowie wiederkehrende Leistungen (Rentenansprüche) können Gegenstand einer Schenkung oder teilentgeltlichen Zuwendung sein (z.B. beim Zuwendungsnießbrauch, Muster Rdn. 1307 und 1319) oder Zuwen-

---

706 *Schmidt/Schwind*, NWB 2007, 4469 forderten daher eine Änderung dieser Bestimmungen.
707 Zur differenzierenden Auslegung (und zum Abstellen auf IDW S 1 bei »dynamischer Verweisung«) vgl. *Moog/Schweizer*, GmbHR 2009, 1198 ff.
708 Vgl. *Piltz/Stalleiken*, ZEV 2011, 67 ff.

dungsgegenstand eines Vermächtnisses (Rdn. 4859); ferner ist der (Rest-)Wert wiederkehrender Leistungs- oder Duldungsrechte zu ermitteln, wenn der Beschwerte verstirbt (als Minderung des Nachlasswertes gem. § 10 Abs. 5 Nr. 1 ErbStG: Nachlassverbindlichkeit), und beim Rückbehalt des (Vorbehalts-)Nutzungsrechtes, Rdn. 4854 ff., und schließlich als Gegenleistung für entgeltliche Grundstücksübertragungen (Rdn. 4771 ff.). Der Wert solcher Rechte wird ermittelt aus der Multiplikation von Jahreswert – unter Berücksichtigung einer Kappung – und Vervielfältiger:[709] (1) als **Jahreswert** ist anzusetzen der nach den »üblichen Mittelpreisen des Verbrauchsortes« (§ 15 Abs. 2 BewG), regelmäßig[710] also der SachbezugsVO, zu ermittelnde Wert der Wohnungsnutzung, Gewährung von Verpflegung oder sonstiger Sachbezüge, beim Unternehmensnießbrauch der durchschnittliche entnahmefähige Handelsbilanzgewinn der letzten 3 Jahre[711] (allerdings unter Berücksichtigung von in nicht allzu ferner Zukunft nach dem Stichtagsprinzip liegenden Ereignissen).[712] Bei vermieten Immobilien ist anzusetzen der durchschnittliche jährlicher Kaltmietertrag, § 15 Abs. 2 BewG, bei Nießbrauchsrechten an Gesellschaftsanteilen gem. § 15 Abs. 3 BewG der Ertrag, der in Zukunft im Durchschnitt der Jahre voraussichtlich erzielt werden wird. Dies erfordert eine Prognose, die aus Sicht des Bewertungsstichtags anzustellen ist. Bei gewinnabhängigen Nutzungen darf die Bewertung jedoch nicht auf der Grundlage nach dem Bewertungsstichtag liegender Wirtschaftsjahre erfolgen. Vielmehr sind die bekannten Ergebnisse der letzten drei – im Einzelfall sogar fünf Jahre – zugrunde zu legen.[713]

Der Wert der Nutzungen ist nicht um die AfA zu kürzen. Umstritten ist jedoch, ob die Tragung von Finanzierungslasten durch den Nießbraucher (sei es gem. der gesetzlichen Vermutung des § 1047 BGB lediglich die Verzinsung, sei es auch die Tilgung, vgl. Rdn. 1371 ff.) auf die Bemessung des Jahreswertes der Nutzung Einfluss hat oder nicht. Die untergerichtliche Rspr.[714] vertritt die Auffassung, dass sowohl die vom Nießbraucher zu tragenden Zinsen[715] abzuziehen seien als auch etwa von ihm zu tragende Tilgungsbeiträge; gleiches vertritt die wohl noch h.M.[716] Tatsächlich wird jedoch zu differenzieren sein, ob es um die Bewertung eines zugewendeten Nießbrauchs selbst geht (insoweit ist die tatsächliche Bereicherung zu erfassen, die beim Beschenkten eintritt, so dass Zins und Tilgung Letztere mindern), oder um die Bewertung der Abzugsposition eines z.B. vorbehaltenen Nießbrauchs, wo in Bezug auf die Bereicherung des beschenkten Eigentümers die Lastentragung keinen Unterschied macht,[717] vielmehr ggf. die (sofortige oder aufgeschobene) (Nicht-)Übernahme von Verbindlichkeiten durch den Erwerber als getrennter Abzugsposten zu berücksichtigen ist. 4762

---

709 Umfassend zur Bewertung von Nießbrauchsrechten an Privat- und an Betriebsvermögen: *Gebel*, ZErb 2006, 122 und 2006, 142 ff. Aus Sicht der Verwaltung umfassend Gleichlautende Ländererlasse, 10.10.2010, 3 – S 3103/08, BStBl. 2010 I 805 ff. Vgl. hierzu, mit Berechnungsbeispielen, *Marfels*, ErbStB 2017, 310 ff.
710 Vgl. Tz 1.1.2 des gemeinsamen Ländererlasses v. 07.12.2001, RNotZ 2002, 122.
711 Ohne Gewinnanteile, die auf realisierten stillen Reserven beruhen, und ohne Beträge, die für höhere Investitionen im Interesse der Substanzerhaltung des Betriebes erforderlich sind, vgl. im Einzelnen *Halaczinsky*, NWB 2006, 2595 = Fach 10, S. 1559.
712 Koordinierter Ländererlass v. 10.10.2010, BStBl. 2010 I, S. 805 ff., Ziff. III.1.1.3.
713 Sind Gewinnausschüttungen aus unternehmerischen Gründen unterblieben, ist dies hinzunehmen, anders wenn der Einbehalt im Hinblick auf eine beabsichtigte geringere Bewertung des Steuerwertes des Nießbrauches erfolgte: § 42 AO, vgl. *Esskandari*, NWB 2009, 930 ff., vgl. zur Bewertung gewinnabhängiger Nutzungen auch: BFH v. 27.01.1961, III 452/58U, BStBl III 1961, 150.
714 FG Münster, 26.11.2015 – 3 K 2711/13 Erb, ZEV 2016, 216 m. Anm. *Wälzholz* (n. rkr.); hierzu auch *Michael*, notar 2016, 332, 336.
715 Insoweit gestützt auf BFH, 23.07.1980 – II R 62/77, BStBl. 1980 II, 748, einen Vermächtnisnießbrauch betreffend.
716 Vgl. im einzelnen *Wälzholz*, ZEV 2016, 218 m. w. N.
717 So die zutreffende Einschätzung von *Wälzholz*, ZEV 2016, 218; es besteht soweit kein gesetzlich zwingendes Korrespondenzprinzip für beide Bewertungssituationen; im Ergebnis ebenso wohl FinMin

4763 (2) Max. anzusetzen ist jedoch[718] weiterhin[719] bei Duldungs- und Rentenfällen gem. § 16 BewG der 18,6te Teil des Steuerwerts des nießbrauchsbelasteten Objektes (ohne Abzug von Schulden und Lasten) – bezieht sich das Wohnungsrecht nur auf einen Teil eines Gebäudes, ist Bezugswert 1/18,6tel dieses Gebäudeteil-Steuerwerts. Ab 2009 ist der »nach den Vorschriften des BewG ermittelte Wert des genutzten Wirtschaftsgutes« der gemeine Wert (ohne Anwendung des § 13d ErbStG, also ohne 10 %igen Abzug für vermietete Immobilien, und ohne Abzug sonstiger Schulden und Lasten).[720] Handelt es sich hingegen bei wiederkehrenden Leistungspflichten um Kaufpreisraten (wie i.d.R. bei festen Laufzeiten unter zehn Jahren, oder wenn ein Barkaufpreis in Raten gestundet wird), also Kapitalforderungen, findet keine Begrenzung auf den 18,6ten Teil statt.

4764 (3) Als **Multiplikator** ist für Besteuerungszeitpunkte nach dem 31.12.2001[721] anzusetzen:
– Bei **Rechten von bestimmter Dauer**: der Wert gem. Tabelle 6 des Ländererlasses v. 10.10.2010 (zu finden in Anlage 9a zum BewG).[722] Die Tabelle, die von Mittelwerten zwischen jährlich vorschüssigen und jährlich nachschüssigen Zahlungen ausgeht, ist aus Vereinfachungsgründen unabhängig davon anzuwenden, ob es sich um monatliche oder jährliche Zahlungen handelt und wann diese fällig werden. Sie gilt auch für Kaufpreisraten, also Kapitalforderungen, vgl. Tabelle 2 zum BewG, in identischer Höhe jedenfalls für Laufzeiten bis zu 101 Jahren.
– Bei **immerwährenden Rechten** (Ende hängt ab von Ereignissen, deren Eintritt hinsichtlich ob und wann ungewiss ist, bzw. Berechtigter ist eine juristische Person mit potentiell ewigem Leben): Faktor 18,6 gem. § 13 Abs. 2 Halbs. 1 BewG).
– **Rechte von unbestimmter Dauer** (Ende in absehbarer Zeit, maximal jedoch in 25 Jahren, ist sicher, Zeitpunkt noch ungewiss Bsp: Verpflichtung zur Zahlung einer Rente an ein Kind bis zum Abschluss seiner Ausbildung): Faktor 9,3.

4765 – Bei **auf Lebenszeit befristeten Rechten: ab 2009** ist maßgeblich der jeweils gem. § 14 Abs. 1 Satz 4 BewG veröffentlichte Vervielfältiger, der durch Abzinsung i.H.v. 5,5 % auf der jeweils aktuellen Sterbetafel ermittelt ist. Die am 20.01.2009[723] veröffentlichten Werte beruhen auf der am 22.08.2008 ermittelten Sterbetafel 2005/2007; die Werte für 2011 wurden am 08.11.2010 veröffentlicht,[724] diejenigen für 2012 am 26.09.2011,[725] basierend auf der Sterbetafel 2008/2010, diejenigen für 2013 am 26.10.2012,[726] basierend auf

---

Schleswig-Holstein v. 30.01.2004 – VI 353 – S 3808–014, DStR 2004, 1129; *Theissen/Steger*, ErbStB 2009, 158, 163).
718 Ausnahme: die Zuwendung des reinen Nießbrauches am Gewinn eines Unternehmens (Ertragsnießbrauch) gilt als Zuwendung einer wiederkehrenden Leistung ohne Höchstwertbegrenzung nach § 16 BewG (*Troll/Gebel/Jülicher*, ErbStG, § 12 Rz. 911); beim Unternehmensnießbrauch ist der Jahreswert jedoch auf 1/18,6tel des Steuerwertes begrenzt.
719 Trotz der Kritik z.B. von *Drosdzol*, ZEV 2013, 176 ff., vgl. BFH, 09.04.2014 – II R 48/12 ZEV 2014, 320 m. Anm. *Wachter*; hierzu *Milatz/Herbst*, ErbStB 2013, 190 ff.
720 Abschnitt III.1.1.4 des koordinierten Ländererlasses v. 10.10.2010, BStBl. 2010 I, S. 805 ff.
721 Vor dem gemeinsamen Ländererlass v. 07.12.2001 differenzierte der BFH und ihm folgend R 17 ErbStR 1999 zwischen lebenszeitabhängigen Leistungsauflagen (z.B. Rentenzahlungen), bei denen der Abzug von der Schenkungsteuer wegen des Gegenleistungscharakters nach Maßgabe der allgemeinen Sterbetafel aus der Sicht »ex ante« vorzunehmen ist, einerseits, und lebenszeitabhängigen Duldungsauflagen (z.B. Wohnungsrecht), bei denen wegen des fehlenden Gegenleistungscharakters die Festsetzung nach Maßgabe der tatsächlichen Bezugsdauer zu erfolgen habe bzw. nachträglich gem. § 14 Abs. 2 BewG anzupassen sei, vgl. BFH v. 17.10.2001 – II R 72/99, EStB 2002, 11.
722 BStBl. 2010 I, S. 805 ff. (zuvor Anlage 7a zum Erlass v. 07.12.2001, BStBl. 2001 I, S. 1041).
723 BMF-Schreiben v. 20.01.2009 – IV C 2 – S 3104/09/10001, MittBayNot 2009, 173 (abrufbar etwa unter www.zev.de, unter »Aktuelles: Finanzverwaltung«).
724 BMF-Schreiben v. 08.11.2010 – IV D – S 3104/09/10001, BStBl. 2010 I 1288.
725 BMF-Schreiben v. 26.09.2011 – IV D 4 – S 3104/09/10001, BStBl 2011 I 834.
726 BMF-Schreiben v. 26.10.2012 – IV D 4 – S 3104/09/10001, BStBl 2012 I 950.

der Sterbetafel 2009/2011; diese galten im Jahr 2014[727] und 2015[728] unverändert weiter, während für 2016 neue Vervielfältiger veröffentlicht wurden,[729] ebenso (basierend auf der Sterbetafel 2013/2015) für 2017.[730] Auch künftig werden die sich aus der dazugehörigen Sterbetafel ergebenden Kapitalwerte vom BMF im Bundessteuerblatt veröffentlicht werden.

Für Bewertungsfälle bis Ende 2008 war dagegen maßgeblich die Aufstellung in Tabelle 8 des o.g. Erlasses v. 07.12.2001 (= Anlage 9 zu § 14 Abs. 1 BewG), die noch auf der Sterbetafel 1986/1988 nach dem Gebietsstand seit dem 03.10.1990 beruhte und demnach zu um etwa 10 % geringeren Beträgen führte. Lediglich im Fall der Option gem. Art. 3 ErbStG zur rückwirkenden Anwendung neuen Rechtes auf Erbfälle der Jahre 2007 und 2008 gelten andere Werte, beruhend auf den Sterbetafeln 2003/2005 (für das Jahr 2007) und 2004/2006 (für das Jahr 2008).[731]

▶ Hinweis:

Unverändert wird allerdings ein Abzinsungszinssatz von 5,5 % (der versicherungsmathematisch jedenfalls derzeit zu hoch erscheint, so dass die Kapitalisierungsfaktoren zu gering sind) und der Mittelwert zwischen dem Kapitalwert vorschüssiger und nachschüssiger Zahlungsweise zugrunde gelegt. Für steuerliche Bewertungszwecke ist dies zwingend, da der Nachweis eines höheren oder geringeren Wertes der Nutzungen/Leistungen gem. § 13 Abs. 3 Satz 2, 14 Abs. 4 Satz 2 BewG nicht darauf gestützt werden kann, dass mit einer kürzeren oder längeren Lebensdauer, mit einem anderen Zinssatz als 5,5 % oder mit einer anderen als der mittelschüssigen Zahlungsweise zu rechnen sei.

Später eintretende Umstände (z.B. ein »unerwartet früher« Tod des Berechtigten) können nur dann berücksichtigt werden, wenn sie bereits im Besteuerungszeitpunkt voraussehbar waren,[732] ferner in den Fällen des § 14 Abs. 2 BewG (z.B. wenn die Rente vor dem 30. Lebensjahr beginnt und tatsächlich nicht mehr als 10 Jahre zu entrichten ist, vgl. auch Rdn. 4835 zum vorbehaltenen lebenslangen Nießbrauch, auf den diese Norm nun ebenfalls anwendbar ist).[733]

(4) Steht eine **Rente zu Lebzeiten** beiden Ehegatten gemeinsam zu und **vermindert sich** diese nach dem Ableben eines Begünstigten, sind zunächst die derzeitigen (im Zweifel hälftigen) Anteile nach dem Lebenszeitvervielfältiger gem. § 14 Abs. 1 Satz 4 BewG zu bewerten; der Gesamtjahresbetrag ist multipliziert mit dem niedrigeren der beiden Vervielfältiger anzusetzen. Die dem überlebenden Ehegatten allein zustehende verbleibende (z.B. hälftige) Rente wird sodann mit der Differenz der beiden Vervielfältiger multipliziert, die Summe beider ergibt den gesamten Steuerwert. **Vermindert sich** die gemeinsame[734] Rente nach dem Ableben des Erstversterbenden **nicht**, ist von vornherein der Lebenszeitvervielfältiger des statistisch länger lebenden Ehegatten zugrunde zu legen. Zu Problemen im Zusammenhang mit der Zuwendung an dritte »Mitberechtigte« vgl. Rdn. 4815 ff.

(5) Bezieht jedoch **ein Ehegatte seine Rente nur aufschiebend bedingt** für den Fall des Überlebens, ist diese Rente nach § 4 BewG zunächst noch nicht zu berücksichtigen,[735] sondern erst im Zeitpunkt des Ablebens des ersten Beziehers, sofern der Ehegatte dann noch lebt.

---

727 BMF-Schreiben v. 13.12.2013 – IV D 4 – S 3104/09/10001, BStBl 2013 I 1609.
728 BMF-Schreiben v. 21.11.2014 – IV D 4 – S 3104/09/10001, BStBl 2014 I 1576.
729 BMF-Schreiben v. 02.12.2015 – IV C 7 – S 3104/09/10001, BStBl 2015 I 954.
730 BMF-Schreiben v. 04.11.2016 – IV C 7 – S 3104/09/10001, BStBl 2016 I 1166.
731 BMF v. 17.03.2009 – IV C 2 – S 3104/09/10001, ZEV 2009, 263, www.zev.de (»Aktuelles: Finanzverwaltung«).
732 BFH, 09.09.1960 – III U 277/57 U, BStBl. 1961 III, S. 18.
733 Koordinierter Ländererlass v. 25.06.2009, BStBl. 2009 I, S. 713 ff., Abschnitt 42 Abs. 5, gegen R 85 Abs. 6 Satz 8 und 9 ErbStR 2003.
734 Koordinierter Ländererlass v. 10.10.2010, BStBl. 2010 I, S. 805 ff.; Abschnitt III.1.2.6.
735 Vgl. BFH, 31.01.1964 – III 199/61 U, BStBl. 1964 III, S. 179.

(6) **Abgekürzte** oder **verlängerte Leibrenten** (also Höchstzeitrenten oder Mindestlaufzeitrenten) werden ebenfalls durch eine Kombination der Werte aus Tabelle 6 (bestimmte Dauer) und der Tabelle gem. § 14 Abs. 1 Satz 4 BewG (lebenslängliche Laufzeit) ermittelt: Bei Höchstzeitrenten bestimmt der Multiplikator der Tabelle 6 den maximalen Vervielfacher, bei Mindestzeitrenten den geringstmöglichen Vervielfacher.

(7) Liegen Laufzeitrenten mit sich verändernden Rentenbeträgen vor, oder besteht eine rentenfreie »Anfangszeit«, ist der Rentenanspruch in mehrere Teilbeträge aufzuteilen.[736]

4770 Der Zuwendungsnießbraucher kann nach § 23 ErbStG wählen, ob er die Steuer in einem Betrag vom Kapitalwert entrichtet oder aber jährlich im Voraus vom Jahreswert des Nießbrauchs (s. Rdn. 4991 ff.).[737]

b) Berücksichtigung des Rechtes als »Gegenleistung«

4771 Wird ein Wirtschaftsgut gegen eine Verpflichtung zu wiederkehrender Leistung übertragen (gleich ob es sich dabei ertragsteuerlich um Anschaffungskosten = Kaufpreisrenten, Sonderausgaben = Versorgungsrenten, oder einkommensteuerlich unbeachtliche Unterhaltsrenten handelt), ist zur Ermittlung des »**Entgeltlichkeitsanteils**« der dadurch verwirklichten gemischten Schenkung selbst (Rdn. 4779 ff.) jedoch der **Verkehrswert der Rentenverpflichtung** zu ermitteln, mithin der Betrag, zu dem der Rentenanspruch bei einem Lebensversicherungsunternehmen zu erkaufen wäre. Zugrunde zu legen ist demnach die jüngste zur Verfügung stehende Sterbetafel[738] des Statistischen Bundesamtes.[739] Aus Vereinfachungsgründen erlaubt die Finanzverwaltung, auch hier nach Anlage 9 zu § 14 Abs. 1 BewG vorzugehen.[740] Eine Begrenzung des Jahreswertes gem. § 16 BewG auf den 18,6ten Teil des steuerlich maßgeblichen Teils des Wirtschaftsgutes findet bei der Ermittlung der Bemessungsgrundlage für die Grunderwerbsteuer gem. § 17 Abs. 3 Satz 2 BewG nicht statt (Bsp: Die Übertragung eines Grundstücks erfolgt gegen Einräumung eines Nießbrauchsrechtes für den Veräußerer an einem anderen Grundstück des Erwerbers – also nicht als Vorbehalt auf dem übertragenen Grundstück: für die Bemessung der Grunderwerbsteuer wird der Jahreswert des Nießbrauchs nicht limitiert).

4772 Eine noch **aufschiebend bedingte Rentenverpflichtung** (etwa zugunsten des Hinterbliebenen nach dem Ableben des ersten Rentenberechtigten, ebenso bedingte Pflegeverpflichtungen, vgl. Rdn. 4866) wird auch in diesem Zusammenhang noch nicht berücksichtigt, sondern führt zur nachträglichen Minderung der Entgeltlichkeit erst im Zeitpunkt des Bedingungseintritts (Ereignis i.S.d. § 175 Abs. 1 Satz 1 Nr. 2 AO), der dem FA bis zum Ablauf des auf den Eintritt folgenden Kalenderjahres anzuzeigen ist,[741] so dass eine gemeinsame Bezugsberechtigung etwa gem. § 428 BGB ggf. mit Reduzierung bei Vorhandensein nur eines Berechtigten vorzuziehen ist.

▶ Hinweis:

4773 Es existiert kein Rechtssatz des Inhalts, dass der durch die Finanzverwaltung zur Besteuerung des Erwerbers festgestellte Jahreswert des Nießbrauchs (zur Ermöglichung eines hohen Abzugs

---

736 Berechnungsbeispiele bei *Marfels*, ErbStB 2017, 310, 315 ff.
737 Letztere kann nach § 10 Abs. 1a Satz 1 Nr. 2 EStG die ESt mindern (*Schmidt/Drenseck*, EStG, 29. Aufl. 2010, § 12 Rn. 52). Zum »fiskalischen Roulette« des § 23 ErbStG vgl. *Moench*, ZEV 2001, 303 ff.; *Jülicher*, in: Jubiläumsschrift »10 Jahre DVEV«, S. 37 ff.; *Esskandari*, ZEV 2008, 324 ff.
738 Derzeit Sterbetafel 2012/2014 des Statistischen Bundesamtes (einheitliche Ländererlasse v. 31.03.2016, BStBl 2016 I, S. 459), kostenfrei zu beziehen unter www.destatis.de unter dem Menüpunkt Bevölkerung/Geburten und Sterbefälle/Periodensterbetafeln und Lebenserwartung/aktuelle Sterbetafeln für Deutschland.
739 FG Köln, DStRE 2004, 39; BFH v. 08.02.2006 – II R 38/04, ZEV 2006, 277 m. Anm. *Seifried*.
740 Vgl. Ländererlasse v. 07.12.2001 BStBl. 2001 I, S. 1041, unter III. Daraus resultiert ein geringerer Entgeltlichkeitsanteil, mithin eine tendenziell höhere Steuer!
741 Entsprechend §§ 5 Abs. 2, 6 Abs. 2 BewG; vgl. BFH v. 08.02.2006 – II R 38/04, ErbStB 2006, 143.

bzw. Stundungsanteils wird der Beschenkte diesen Jahreswert möglichst hoch anzusetzen bestrebt sein) identisch sein muss mit dem zur Einkommensbesteuerung des Nießbrauchers ermittelten tatsächlichen Betrag.[742]

5. Bewertung sonstigen Inlandsvermögens

In Fällen nicht speziell geregelter Sachverhalte, etwa Schmuck, Hausrat, Kleidung, Kunstgegenstände, Sammlungen und Edelmetalle, Urheberrechte,[743] Patente, sonstige bewegliche körperliche Sachen etc. gilt der allgemeine Grundsatz des § 9 BewG (Ansatz mit dem gemeinen Wert). Insoweit ergeben sich nur geringe Änderungen ggü. der früheren Rechtslage. Gleiches gilt für Kapitalforderungen und Schulden, die grds. mit dem Nennwert anzusetzen sind, außer es handelt sich um besonders hochverzinsliche Forderungen (über 9 % Zins), oder die Forderung ist zweifelhaft oder uneinbringlich bzw. nur sehr gering zu verzinsen (unter 3 %). Für börsennotierte Wertpapiere ist gem. § 11 Abs. 1 BewG der Börsenkurs am Stichtag maßgebend, für Wertpapiere, die Rechte der Einleger gegen eine Kapitalanlagegesellschaft oder in sonstigen Fonds verbriefen (etwa Anteile an offenen Immobilienfonds), ist an sich der Rücknahmepreis zugrunde zu legen, § 11 Abs. 4 BewG, es sei denn, die Rücknahme der Anteilsscheine war zum Besteuerungszeitpunkt ausgesetzt, dann ist lediglich der niedrigere Kurswert anzusetzen.[744]

4774

Lebens-, Kapital- und Rentenversicherungen werden gem. § 12 Abs. 4 BewG ab 2009 mit dem Rückkaufswert angesetzt, also dem Betrag, den das Versicherungsunternehmen im Fall einer vorzeitigen Aufhebung des Vertragsverhältnisses zu erstatten hätte (§ 176 VVG). Die bis Ende 2008 wahlweise geltende Möglichkeit, noch nicht fällig Ansprüche aus Lebens-, Kapital- oder Rentenversicherungen mit zwei Dritteln der eingezahlten Prämie oder Kapitalbeiträge zu bewerten, ist entfallen.

4775

Für Kapitalforderungen und -schulden gelten § 12 Abs. 1 bis 3 BewG,[745] die bei uneinbringlichen Forderungen (§ 12 Abs. 2 BewG) einen Ansatz mit Null, bei zweifelhaften Forderungen (§ 12 Abs. 1 BewG) einen niedrigeren Ansatz vorsehen (R B 12.1 [3] ErbStR). Die (fiktive) Abzinsung zinslos für länger als ein Jahr gestundeter Forderungen i.H.v. 5,5 % (§ 12 Abs. 3 BewG) wird in Rdn. 6217 ff. dargestellt. Forderungen, die dem Steuerabzug unterliegen, z.B. Dividenden stiller Beteiligter oder von Kapitalgesellschaften (Abgeltungssteuer) bzw. Gehaltsforderungen (Lohnsteuer) werden übrigens mit ihrem Wert vor dem Steuerabzug angesetzt.

4776

6. Auslandsvermögen

Für im Ausland belegenes Vermögen[746] verweist § 12 Abs. 7 ErbStG (entspricht § 12 Abs. 6 ErbStG a.F.) in Bezug auf Grundbesitz und Betriebsvermögen auf § 31 Abs. 1 BewG, so dass auch hierfür der gemeine Wert i.S.d. § 9 BewG zu ermitteln ist. Zwar sind für ausländische Grundstücke im Inland keine gesonderten Feststellungen durchzuführen, jedoch entspräche es der Rechtsprechung des EuGH,[747] welche die Finanzverwaltung übernommen hat,[748] einheitliche Grundsätze anzuwenden, d.h. §§ 176 ff. BewG zugrunde zu legen und die Datenlage so ähnlich wie möglich

4777

---

742 Letzterer ist ohnehin bspw. dann niedriger, wenn der Nießbraucher die Zinszahlungen übernommen hat, vgl. insgesamt Erlass FinMin Schleswig-Holstein v. 30.01.2004, DStR 2004, 1129.
743 Hierzu *Halaczinsky*, ErbStB 2010, 309 ff.; allg. zur Bindung von Erben an das Urheberrecht *Gergen/Görog*, ZErb 2016, 253 ff.
744 FG Hessen, 16.02.2016 – 1 K 1161/15, ZEV 2016, 284.
745 Instruktiv hierzu *Marfels*, ErbStB 2017, 239 ff.
746 Hierzu umfassend *Gottschalk*, ZEV 2009, 157 ff.
747 EuGH, 17.01.2008 – Rs C-256/06, *Jäger*, DStRE 2008, 174.
748 Finanzministerium Baden-Württemberg, 16.07.2008, DStR 2008, 1537; BayLfST, 28.04.2016 – S 3811.1.1 – 10/2 St 34, EStB 2016, 224.

nach der Vergleichs-, Sachwert- oder Ertragswertmethode[749] aufzuarbeiten. Den Steuerpflichtigen treffen gem. § 90 Abs. 2 AO[750] gesteigerte Mitwirkungs- (z.B. Vollmachtserteilungs-) und gem. § 90 Abs. 3 AO erweiterte Dokumentationspflichten;[751] ggf. kommt eine Schätzung nach § 162 AO in Betracht. Teilweise helfen auch Werte, die im Ausland für dortige erbschaftsteuerliche Zwecke ermittelt wurden (insb. Ertragswerte, sog. »Katastral-Werte« in den Beneluxstaaten, Frankreich, Italien und Spanien).

4778 Gleiches gilt im Grundsatz für ausländisches Betriebsvermögen; auch insoweit darf die Bewertung von Auslandssachverhalten nicht zu Nachteilen für den Steuerbürger führen (Verstoß gegen Niederlassungsfreiheit, Art. 43, 48 EG-Vertrag).[752]

VIII. Berücksichtigung von Gegenleistungen und Auflagen

4779 Zu prüfen ist insoweit, ob Gegenleistungen und Auflagen im Zusammenhang mit der Zuwendung dem Grunde nach überhaupt abzugsfähig sind; sodann in welcher Höhe sie zum Abzug berechtigen.

Unter Berücksichtigung des Rechtsgedankens des § 7 Abs. 1 Nr. 1 ErbStG (»Bereicherung auf Kosten des Zuwendenden«) differenzierte der BFH und ihm folgend die Finanzverwaltung[753] für die Zeit bis Ende 2008 zwischen gemischten Schenkungen einerseits (nachfolgend unter Rdn. 4780 ff.), und Schenkungen unter Auflagen andererseits (nachfolgend Rdn. 4802 ff.), dort wiederum unterteilt in Nutzungs- und Duldungsauflagen ggü. Leistungsauflagen (Rdn. 4863).

1. Gemischte Schenkungen (Alte Rechtslage bis Ende 2008)

a) Privatvermögen (alte Rechtslage bis Ende 2008)

4780 Sofern Leistung und Gegenleistung bei Übertragungen, die **bis zum 31.12.2008** i.S.d. § 9 Abs. 1 Satz 2 ErbStG vollzogen wurden,[754] nicht den gleichen Wert haben und die Parteien übereinstimmend davon ausgehen, der überschießende Wert der Leistung sei unentgeltlich gewährt, war zunächst im ersten Schritt der quotale Anteil dieser freigebigen Zuwendung zu ermitteln (vgl. § 7 Abs. 1 Nr. 1 ErbStG: »**soweit** der Bedachte durch sie auf Kosten des Zuwendenden bereichert wird«). Bei dieser Aufspaltung in einen entgeltlichen und einen unentgeltlichen Anteil war mangels steuerrechtlicher Sondernormen die bürgerlich-rechtliche Bereicherung zugrunde zu legen, also der Unterschied zwischen dem Verkehrswert der Leistung und dem Verkehrswert der Gegenleistung.

4781 Als Verkehrswerte galten dabei die gemeinen Werte (§ 9 BewG, R 17 Abs. 5 Sätze 1 u. 2 ErbStR 2003) – bei der gemischten Schenkung eines Lebensversicherungsvertrages also bspw. der Rückkaufswert, nicht der frühere privilegierte Steuerwert von zwei Dritteln der gezahlten Beiträge gem. § 12 Abs. 4 BewG.[755] Zur Verwaltungsvereinfachung ordnete R 17 Abs. 6 ErbStR 2003 an, dass die vom Steuerpflichtigen genannten Verkehrswerte zu übernehmen seien, sofern sie bei unbebauten Grundstücken mindestens das 1,2-fache, bei bebauten Grundstücken das 2-fache des schen-

---

[749] FG Hessen, 24.05.2013 – 1 K 139/09, BeckRS 2013, 96208 hält allerdings die Ertragswertmethode bei Auslandssachverhalten mangels marktkonformer Liegenschaftszinssätze für nicht geeignet.
[750] BFH, 19.02.2009 – II B 120/08, ZEV 2009, 521, auch bei grenzüberschreitenden Sachverhalten.
[751] Vgl. zu den i.R.d. Steuerhinterziehungsbekämpfungsgesetzes 2009 geschaffenen Erweiterungen *Worgulla*, ErbStB 2009, 255 ff.
[752] EuGH, 02.10.2008 – Rs C-360/06, IStR 2008, 773.
[753] BFH, BStBl. 1989 II, S. 524; koordinierter Ländererlass v. 09.11.1989, BStBl. 1989 I, S. 445 ff.; geändert durch Erlass v. 06.12.1993, BStBl. 1993 I, S. 1002, s.z.B. BeckVerw075179.
[754] Diese Erläuterungen werden als Kurzdarstellung beibehalten, da die Ermittlung des unentgeltlichen bzw. entgeltlichen Transferanteils auch künftig, etwa als Bemessungsgrundlage für Abschreibungen, Gewinnrealisierungen etc., noch von Bedeutung bleibt.
[755] FG Düsseldorf, 24.02.2010 – 4 K 2304/09 Erb, ErbStB 2010, 357.

kungsteuerlichen Immobilienwerts betragen und kein höherer Verkehrswert bekannt ist. Gibt der Steuerpflichtige einen hinter dem doppelten Bedarfswert zurückbleibenden Verkehrswert an, darf freilich das FA nicht ohne Weiteres pauschal den doppelten Bedarfswert ansetzen, sondern muss den nach seiner Ansicht maßgeblichen Verkehrswert nachweisen.[756]

Auch für sonstige Wirtschaftsgüter, etwa Einzelunternehmen, Anteile an Personengesellschaften, nichtnotierte Anteile an Kapitalgesellschaften sowie Nutzungen und wiederkehrende Leistungen (ohne Begrenzung des Jahreswerts nach § 16 BewG) enthält R 17 Abs. 6 ErbStR 2003 Vereinfachungsregelungen. Persönliche Umstände sind dabei unbeachtlich (§ 9 Abs. 2 Satz 3 BewG), allerdings kann bei einem kleinen Unternehmen, dessen Wahrnehmung am Markt maßgeblich von den geschäftsführenden Gesellschaftern geprägt wurde, deren Ausscheiden deutliche Wertabschläge rechtfertigen.[757] 4782

Im zweiten Schritt ist sodann der **Steuerwert der Bereicherung** und damit die Bemessungsgrundlage zu ermitteln. Hierfür wird gem. R 17 Abs. 2 ErbStR 2003 der Steuerwert der Gesamtleistung quotal in gleicher Weise aufgeteilt, wie der Verkehrswert der Gesamtleistung zum Verkehrswert der Gegenleistung steht. Wirtschaftlich wird also der Abzugsbetrag, der durch die Gegenleistungen vermittelt wird, in gleichem Maße gekürzt, wie der Verkehrswert der Leistung im Verhältnis zu dessen Steuerwert steht. Diese quotale Kürzung schließt zugleich Schenkungen mit negativem Steuerwert aus, die sonst entstehen könnten, wenn beispielsweise Bankverbindlichkeiten vom niedrigeren Steuerwert der Immobilie im vollen Umfang abgezogen werden könnten. 4783

Es galt also die Formel:[758] 4784

Steuerwert der Leistung mal Verkehrswert der Bereicherung dividiert durch Verkehrswert der Leistung	= Steuerwert der Schenkung

▶ Beispiel:[759]

V überträgt ein Grundstück im Verkehrswert von 375.000,00 €, Steuerwert nach Bewertungsgesetz 213.000,00 €, an E. E übernimmt auf dem Grundbesitz ruhende Verbindlichkeiten zur weiteren Verzinsung und Tilgung i.H.v. 75.000,00 €. Der bürgerlich-rechtliche Wert der Bereicherung beträgt also 375.000,00 € abzgl. 75.000,00 €, somit 300.000,00 €. Der Steuerwert der Bereicherung beträgt 213.000,00 € mal 300.000,00 € dividiert durch 375.000,00 €, also 170.400,00 €.

Jedenfalls nach einhelliger Rechtspraxis zur bisherigen Rechtslage galten diese Grundsätze zur **Aufspaltung der gemischten Schenkung *nicht* für Erwerbe von Todes wegen** – bei der Ermittlung der Erbschaftsteuer werden also bspw. Verbindlichkeiten bisher ungekürzt zum Abzug zugelassen, auch soweit sie bewertungsrechtlich privilegiertes Vermögen, etwa Grundbesitz oder Betriebsvermögen, betreffen. Bei hoch belasteten Immobilien/Betrieben ist also die Vererbung transfersteuerlich günstiger – es wird gar der Hinzuerwerb weiterer Immobilien mit Vollfinanzierung erörtert zur Reduzierung der Erbschaftsteuer –;[760] noch stärker optimiert ist die Einbringung in eine gewerblich geprägte Personengesellschaft, so dass Betriebsvermögen entsteht: Vergünstigungen der §§ 13a, 19a ErbStG und dennoch voller Schuldenabzug gem. § 10 Abs. 6 Satz 4 ErbStG.[761] 4785

---

756 BFH, 24.11.2005 – II R 11/04, ErbStB 2006, 91.
757 BFH, 19.12.2007 – II R 22/06, ZEV 2008, 300.
758 Vgl. R 17 ErbStR; BFH, BStBl. 1989 II, S. 526, grundlegend war BFH, BStBl. 1982 II, S. 83.
759 Nach Hinweis 17 Abs. 2 der Erbschaftsteuerrichtlinien, Sonderheft 2 zu BStBl. I 1998.
760 Vgl. *Vorwold*, ErbStB 2005, 25.
761 Der entgegenstehende § 10 Abs. 1 Satz 3 ErbStG gilt nur bei der rein vermögensverwaltenden Personengesellschaft.

4786 Allerdings war zu befürchten, dass die durch den BFH in einem obiter dictum angekündigte Rechtsprechungsänderung zur Bewertung von Grundstücksvermächtnissen (vom Bedarfswert zum Sachleistungsanspruch mit Verkehrswertansatz)[762] auch den vollen Abzug der Verbindlichkeiten bei belasteten Grundstücken im Erbfall »außer Vollzug setzen« wird, versteht doch der BFH die niedrigere Grundstücksbewertung als teilweise Steuerbefreiung i.S.d. § 10 Abs. 6 Satz 3 ErbStG. Fraglich war, ob die Abzugsbeschränkung nur der Höhe nach (auf den Steuerwert der Grundstücke zuzüglich sonstiger Nachlasswerte) oder aber verhältnismäßig (gekürzt im Verhältnis Steuerwert zu Verkehrswert, wie bei gemischten Schenkungen)[763] erfolgen würde.

b) Betriebsvermögen (alte Rechtslage bis Ende 2008)

4787 Die geschilderten Grundsätze finden weiterhin keine Anwendung bei der Übertragung von Betrieben und Betriebsvermögen, für die sowohl ertragsteuerlich als auch schenkungsteuerlich nicht das sog. »Trennungsprinzip«, sondern das **Einheitsprinzip** gilt.

4788 Nicht als Betriebsvermögen im schenkungsteuerrechtlichen Sinn gewertet, sondern nur zum quotal gekürzten Schuldenabzug zugelassen werden **Anteilsübertragungen an schlicht vermögensverwaltenden Personengesellschaften**, die also weder gewerblich tätig noch gewerblich geprägt sind (d.h. gem. § 15 Abs. 3 Nr. 2 EStG: Kapitalgesellschaft als Komplementärin, der die ausschließliche Geschäftsführung obliegt). Der Erwerb von Anteilen an solchen vermögensverwaltenden Personengesellschaften gilt vielmehr gem. § 10 Abs. 1 Satz 3 ErbStG (entgegen früherer Rechtsprechung)[764] als Erwerb der anteiligen Wirtschaftsgüter der Personengesellschaft (§ 10 Abs. 1 Satz 3 ErbStG, R 26 Abs. 1 ErbStR). Damit sind auch Negativschenkungen ausgeschlossen.

▶ Beispiel:

4789 Wird also ein Kommanditanteil an einer vermögensverwaltenden KG, die Grundbesitz im Verkehrswert von 400.000,00 € mit einem Steuerwert von 300.000,00 € hält, aber Gesellschaftsverbindlichkeiten von 200.000,00 € aufweist, übertragen, gilt dies nach dem Trennungsprinzip als zur Hälfte entgeltlicher, zur weiteren Hälfte unentgeltlicher Erwerb, so dass vom Steuerwert der Grundstücke lediglich drei Viertel der Verbindlichkeiten, also 150.000,00 €, abgezogen werden können. Hätte es sich um eine GmbH & Co. KG mit ausschließlicher Geschäftsführung durch die Komplementärin (gewerblich geprägte Personengesellschaft) gehandelt, wären die Verbindlichkeiten vom Steuerwert des Gesellschaftsvermögens in voller Höhe abzugsfähig gewesen, zusätzlich stünde (nach derzeitiger Rechtslage: noch) der Betriebsvermögensfreibetrag des § 13a ErbStG zur Verfügung.

4790 Neben der anteiligen Abzugsverkürzung für Verbindlichkeiten, die als Folge des Trennungsgrundsatzes bei hinter den Verkehrswerten zurückbleibenden steuerlichen Werten (etwa Bedarfswerten bei Grundbesitz) eintreten, sieht § 10 Abs. 6 ErbStG ein Abzugsverbot für Schulden und Lasten vor, die in wirtschaftlichem Zusammenhang mit Vermögensgegenständen stehen, die ihrerseits nicht der Besteuerung unterliegen (vergleichbar dem einkommensteuerlichen Abzugsverbot des § 3c EStG). Relevant ist dies in erster Linie für Verbindlichkeiten, die mit begünstigtem land- und forstwirtschaftlichen Vermögen und begünstigten Anteilen an Kapitalgesellschaften in wirtschaftlichem Zusammenhang stehen (§ 13a Abs. 4 Nr. 2 u. 3 ErbStG), vgl. § 10 Abs. 6 Satz 5 ErbStG. Bei unmittelbarem Betriebsvermögen wurden die Schulden bereits bei der Ermittlung des Steuerwerts des Betriebsvermögens selbst berücksichtigt, § 12 Abs. 5 ErbStG, so dass dort der volle Abzug greift, § 10 Abs. 6 Satz 4 ErbStG.

---

762 BFH, 02.07.2004 – II R 9/02, BStBl. 2004 II, S. 1039, ausführlich hierzu Rn. 3236 der 3. Auflage dieses Werks.
763 Dafür *Viskorf*, FR 2004, 1338.
764 Vgl. BFH, BStBl. 1996 II, S. 546.

2. Gemischte Schenkung (neue Rechtslage ab 2009)

a) Grundsatz

Da das neue Bewertungsrecht in der Konzeption Verkehrswerte und Steuerwerte gleichsetzt, ist der Anwendungsbereich der (nicht kodifizierten) Grundsätze der gemischten Schenkung entfallen (wobei der Gesetzgeber in § 198 BewG in Gestalt der escape-Klausel zugesteht, dass der Verkehrswert vom nach BewG ermittelten Wert abweichen kann!). Eine gesonderte Ermittlung des Verkehrswerts, um die Begrenzung der Abzugsfähigkeit von Sach- bzw. Geldleistungen im Verhältnis des Steuerwerts zum Verkehrswert zu begrenzen, ist damit nicht mehr angezeigt.[765] Demnach gilt im Grundsatz, auch nach Ansicht der Finanzverwaltung:[766]

4791

▶ **Hinweis:**

Schulden sind – sowohl im Erbfall wie auch bei Schenkungen – in voller Höhe abzugsfähig, so dass sich auch negative Steuerwerte ergeben können[767] (ist ein Grundstück im Steuerwert von 100.000,00 € belastet mit Schulden i.H.v. 130.000,00 €, ist der Steuerwert – 30.000,00 €). Im Betriebsvermögen werden die Schulden i.R.d. Ertragswertverfahrens nur mittelbar (gewinnsenkende Wirkung des Zinsaufwands) berücksichtigt; bei der Ermittlung des Mindestwerts (Substanzwert) werden sie dagegen in voller Höhe abgezogen. Im Zusammenhang mit der lebzeitigen Betriebsübertragung übernommene Gegenleistungen (z.B. Übernahme privater Schulden; Zusagen einer Versorgungsrente) werden allerdings – wie vor 2009 – nur anteilig im Verhältnis des Verkehrswertes zum Steuerwert, der sich nach Anwendung des § 13a ErbStG (Verschonungsabschlag) ergibt, abgezogen.[768]

4792

Hinsichtlich des Abzugs des dinglichen Rechtes »Grundschuld« ist zu differenzieren, welches Schicksal die **Rückübertragungsansprüche** (also der »frei gewordene« Teil der Grundschuld, Rdn. 2037 ff.) nehmen: werden sie an den Erwerber mit übertragen, vermindert nur die Restvaluta der Grundschuld den Wert der Zuwendung;[769] behält sie der Veräußerer zurück, wird zwar die Grundschuld in voller Nominalhöhe abgezogen,[770] allerdings fallen die zurückbehaltenen Rückgewähransprüche dann in den Nachlass und werden versteuert, so dass auf diese Weise eine Verschiebung der Versteuerung erreicht werden kann.[771]

4793

Obwohl i.Ü. nicht kodifiziert, enthielt immerhin § 10 Abs. 1 Satz 3 ErbStG eine Ausschnittregelung zu vermögensverwaltenden Personengesellschaften, wonach (entgegen der Rechtsprechung des BFH)[772] auch insoweit von einem Erwerb der anteiligen Wirtschaftsgüter des Gesamthandsvermögens auszugehen sei, so dass die Grundsätze der gemischten Schenkung (wie für Privatvermögen) galten. Dies normiert nun **§ 10 Abs. 1 Satz 4 ErbStG**. Während jedoch bis Ende 2008 Schulden vollständig als Nachlassverbindlichkeiten abgezogen werden konnten und bei Schenkungen umstritten war, ob sie vollständig oder (nach den Grundsätzen der gemischten Schenkung) nur anteilig (so die Finanzverwaltung: jetzt: R E 10.4 Abs. 2 Sätze 5 und 6 ErbStR 2011) abgezogen werden konnten, ist nunmehr in § 10 Abs. 1 Satz 4 a.E. ErbStG bestimmt, dass Schul-

4794

---

765 So auch FG Hamburg, 14.03.2017 – 3 V 12/17, ZEV 2017, 468, m. Anm. *Königer*.
766 Gleichlautende Ländererlasse v. 20.05.2011, BStBl. 2011 I, S. 562; vgl. *Geck/Messner*, ZEV 2011, 418; *Ramb*, NWB 2012, 138 ff. Der Inhalt wurde gleichlautend in R E 7.4 ErbStR 2011 übernommen. Zu den Folgen für die Zusammenrechnung solcher Erwerbe mit nachfolgenden Erwerben binnen zehn Jahren (§ 14 ErbStG) vgl. Gleichlautende Ländererlasse v. 19.08.2011, BStBl 2011 I 860.
767 *Mannek*, ZEV 2012, 6, 7, befürchtet, dass die Finanzverwaltung in diesen Fällen den Schenker als Beschenkten ansieht!
768 Abschnitt 1 Abs. 1 Satz 1 der gleichlautenden Ländererlasse v. 25.06.2009 zur Erbschaftsteuerreform, BStBl. 2009 I, S. 713 (AEErbSt); *Wälzholz*, ZEV 2009, 435, 437; *Milatz/Bockhoff*, ZEV 2011, 410 ff.
769 BFH, 11.12.2007 – VII R 1/07, ZEV 2008, 50.
770 BFH, 29.11.1983 – VII R 22/83, BStBl 1984 II 287.
771 *Kesseler*, in: DAI, Aktuelle Probleme der Vertragsgestaltung im Immobilienrecht 2014/2015, S. 160.
772 BFH, BStBl. 1996 II, S. 546; BFH, BStBl. 1999 II, S. 476.

den im Zusammenhang mit Anteilen an vermögensverwaltenden Personengesellschaften[773] stets als Gegenleistung (also als Schuldübernahme, nicht als Schuldübergang) zu behandeln sind, und demnach sowohl von Todes wegen als auch zu Lebzeiten nach den Grundsätzen der gemischten Schenkung (Verhältnisrechnung) abzuziehen sind (gesonderte Feststellung nach § 151 Abs. 1 BewG[774]).

b) Abzugsbeschränkungen: § 10 Abs. 6 Satz 4 ErbStG

4795 Schulden und Lasten im Zusammenhang mit **dem letztwilligen Erwerb** begünstigtem **Betriebsvermögen** waren bis Ende 2008 stets in voller Höhe abzugsfähig (§ 10 Abs. 6 Satz 4 ErbStG a.F.), im Zusammenhang mit begünstigten Anteilen an Kapitalgesellschaften oder mit land- und forstwirtschaftlichem Vermögen jedoch nur anteilig (§ 10 Abs. 6 Satz 5 ErbStG a.F.). Nunmehr sind Schulden und Lasten in allen Fällen des letztwilligen Erwerbs unternehmerischen Vermögens nur noch anteilig im Verhältnis zwischen dem einerseits vor, andererseits nach der Anwendung des § 13a ErbStG anzusetzenden Werts abzugsfähig (§ 10 Abs. 6 Satz 4 ErbStG); Gleiches gilt für Schulden und Lasten im Zusammenhang mit begünstigten Mietwohnimmobilien (§ 10 Abs. 6 Satz 5 ErbStG i.V.m. § 13d ErbStG). Dies gilt nun, nach Streichung des § 25 ErbStG a.F., in gleicher Weise für den vorbehaltenen Nießbrauch, vgl. Rdn. 4851 ff.[775]

4796 Schwierig ist die Feststellung, welche »Schulden und Lasten mit dem nach § 13a befreiten Vermögen im wirtschaftlichen Zusammenhang stehen« (so der Wortlaut des § 10 Abs. 6 Satz 4 und auch des Satz 5 ErbStG). Bei betrieblichen Schulden im eigentlichen Sinn spielt diese Vorschrift keine Rolle (ausgenommen Anteile an Kapitalgesellschaften), da sie bereits bei der Bewertung der wirtschaftlichen Einheit selbst berücksichtigt wurden, indem die damit in Zusammenhang stehenden Zinsen den Ertrag gemindert haben. Fraglich ist also lediglich die Zuordnung **allgemeiner Nachlassverbindlichkeiten**, also beispielsweise von Barvermächtnissen. Die Finanzverwaltung vertritt[776] eine enge Auslegung, ähnlich wie im früheren Recht (H 31 ErbStH 2003), so dass allgemeine Nachlassverbindlichkeiten wie etwa Vermächtnisse ungekürzt abgezogen werden. Fraglich ist, ob dasselbe gilt für **Versorgungsleistungen**, die im Zusammenhang mit der Vererbung eines Betriebs als Vermächtnis angeordnet sind. Vieles spricht jedoch dafür, dass auch diese ungekürzt abgezogen werden können, da dinglich und schuldrechtlich nicht nur der Betrieb, sondern der gesamte Nachlass für diese Verbindlichkeiten haftet, auch wenn sie ertragsteuerlich (als Voraussetzung des Sonderausgabenabzugs) allein aus dem vererbten Betriebsvermögen erwirtschaftet werden können müssen (§ 10 Abs. 1a Satz 1 Nr. 2 EStG). Damit erweist sich das »Versorgungsleistungsmodell« dem »Nießbrauchsmodell« – bei dem eine Kürzung z.B. um 85 % bei der Regelverschonung von Betriebsvermögen vorzunehmen ist – als überlegen.[777]

4797 **Pflichtteilsansprüche** werden jedoch – jedenfalls von der Finanzverwaltung – als im wirtschaftlichen Zusammenhang mit allen erworbenen Vermögensgegenständen stehend gesehen, so dass sie anteilig (nach Verkehrswerten) auf die Gegenstände des Nachlasses zu verteilen sind und demnach – soweit sie auf begünstigtes Vermögen entfallen – nur beschränkt abzugsfähig seien, vgl. Rdn. 4488 nicht abzugsfähig wären. Dem ist der BFH entgegen getreten (a.a.O; gleiches gilt für die Zugewinnausgleichslast, Rdn. 4890).

4798 Im Zusammenhang mit **lebzeitigen Übertragungen** (also Schenkungen unter Auflage bzw. gemischten Schenkungen) gilt Gleiches, allerdings nur im Grundsatz. Nach H.E. 7.4 ErbStH 2011 sollen übernommene Verbindlichkeiten, die mit einem Einzelgegenstand in wirtschaftlichem Zu-

---

773 A.A. *Wälzholz*, ZEV 2009, 435, 438: nur für den Erwerb unter Lebenden (Wortlaut zu weit geraten).
774 Hinweise zur Ermittlung bei *Rüttenauer*, ErbStB 2014, 265 ff.
775 *Landsittel*, ZErb 2009, 17.
776 Koordinierte Ländererlasse zur Erbschaftsteuer v. 25.06.2009, Abschn. 1 Abs. 2 Satz 2, BStBl. 2009 I, S. 713; vgl. hierzu *Wälzholz*, ZEV 2009, 435 ff.
777 Vgl. *Milatz/Bockhoff*, ZEV 2011, 410, 414.

A. Schenkungsteuerrecht   Kapitel 12

sammenhang stehen (z.B. zu übernehmende Steuerschulden oder Konsumentendarlehen im Rahmen der kombinierten Schenkung einer begünstigten Vermietungsimmobilie und eines Festgeldkontos) nicht, wie im Erbfall, ungekürzt abgezogen werden können, sondern wiederum anteilig gekürzt, soweit sie – rein rechnerisch, nicht wirtschaftlich – auf die begünstigten Erwerbsobjekte entfallen. Gerade bei in erheblichem Umfang begünstigten Erwerben (also potentiell bei Betriebsvermögen) ist also die lebzeitige Übertragung gegenüber der Vererbung **schlechter gestellt**. Dies dürfte der Rspr. des **BFH**[778] zu letztwilligen Erwerben, bei denen er die Kürzung bei lediglich rechtlichem Zusammenhang nicht eintreten lässt (Rdn. 4488 zum Pflichtteilsanspruch, Rdn. 4890 zum Zugewinnausgleichsanspruch), widersprechen und erscheint auch im Hinblick auf die angestrebte Steuerneutralität der »Übertragung aus warmer Hand« zur Übertragung »aus kalter Hand« nicht sachgerecht.[779]

Die bis Ende 2008 (in § 13a Abs. 6 ErbStG a.F.) gegebene Möglichkeit des **Verzichts auf § 13a, 13b ErbStG** ist im neuen Recht nicht mehr vorgesehen. Dies ist dann von Nachteil, wenn tatsächlich ein Schuldenüberhang besteht. 4799

▶ Beispiele[780]:

Der Erblasser hinterlässt Wertpapiere im Wert von 5 Mio. Euro sowie einen GmbH-Anteil (privilegierungsfähiges Betriebsvermögen, für das die Regelverschonung gewährt werden kann) in Höhe von ebenfalls 5 Mio. Euro, aber auch Schulden in Höhe von 10 Mio. Euro. Bei den Schulden in Höhe von 10 Mio. Euro handelt es sich um das Anschaffungsdarlehen für die GmbH-Beteiligung (die zwischenzeitlich im Wert gesunken ist). Der tatsächliche Wert des Erwerbs beträgt also null Euro (5 Mio. Euro Wertpapiere plus 5 Mio. Euro GmbH-Anteile abzüglich 10 Mio. Euro Schulden). Erbschaftsteuerlich ist jedoch ein Wert in Höhe von 5 Mio. Euro Wertpapieren zuzüglich 750.000 € GmbH-Anteile (15 % Sockelversteuerung aus 5 Mio. Euro Wert) abzüglich 1,5 Mio. Euro Schulden (wegen § 10 Abs. 6 Satz 4 ErbStG sind die Schulden in Höhe von 10. Mio. Euro ebenfalls nur zu 15 % abzugsfähig), d. h. netto 4,25 Mio. Euro zu versteuern, so dass in verfassungsrechtlich bedenklicher Weise auf einen Erwerb von null Euro – der also keine tatsächliche Leistungsfähigkeit vermittelt – erhebliche Erbschaftsteuer fällig wird. Noch dramatischer wird diese »Schuldenfalle« des § 10 Abs. 6 Satz 4 ErbStG, wenn der Wert der Wertpapiere lediglich 2 Mio. Euro beträgt, da hier ein Minusvermögen von -3 Mio. Euro vererbt wird, erbschaftsteuerlich aber weiterhin 2 Mio. Euro Wertpapiere plus 0,75 Mio. Euro GmbH-Anteile (15 %ige Sockelversteuerung) abzüglich 1,5 Mio. Euro Abzug gem. § 10 Abs. 6 Satz 4 ErbStG, also netto 1,25 Mio. Euro versteuert werden.

Wird später (etwa aufgrund eines Verstoßes gegen die Haltefristen) die Anwendung der §§ 13a, b, 19a ErbStG teilweise beseitigt, fällt auch die Anwendung des § 10 Abs. 6 Satz 4 ErbStG entsprechend weg. Diesen Umstand kann sich der Steuerpflichtige zunutze machen, indem er den erworbenen Betrieb bzw. (im genannten Beispiel) den Kapitalgesellschaftsanteil möglichst rasch unter Verstoß gegen die Haltefrist veräußert, so dass die Anwendung der §§ 13a, 13b ErbStG vollständig entfällt und damit der Schuldenüberhang uneingeschränkt geltend gemacht werden kann. Diese Veräußerung kann bspw. auch erfolgen als ertragsteuerlich unentgeltliche Übertragung an ein Kind gegen Versorgungsleistungen i.S.d. § 10 Abs. 1a Satz 1 Nr. 2 EStG (vgl. Rdn. 6362), die jedenfalls nach Ansicht des BFH ebenfalls eine schädliche Veräußerung i.S.d. § 13a Abs. 5 ErbStG a.F. darstellt (vgl. Rdn. 5323), oder durch Kündigung eines Pools gem. § 13a Abs. 6 Nr. 5 ErbStG, der zum Überschreiten der 25 %-Grenze behilflich war, oder aber durch verdeckte Einlage der Anteile an einer Kapitalgesellschaft gegen Gewährung eines Anteils von (beispielsweise) 1 Euro. 4800

---

778 BFH, 22.07.2015 – II R 15/14 MittBayNot 2016, 274; hierzu *Riedel*, MittBayNot 2016, 207 ff., *Loose*, ErbR 2016, 136 ff.; gegen FG Münster, 13.02.2014 – 3 K 37/12 Erb ErbStB 2014, 152.
779 Vgl., mit Berechnungsbeispielen, *Grootens*, ErbStB 2015, 333, 338 ff.
780 Nach *Piltz*, ZEV 2017, 255 ff.

> Hinweis:
>
> Ein Verzicht auf die Steuerbefreiung des § 13a ErbStG ist (seit der Streichung des § 13a Abs. 6 ErbStG a.F. durch das ErbStG 2009) nicht mehr möglich, die Regelverschonung wird vielmehr zwingend, antragsunabhängig, gewährt. Absurderweise ist lediglich die Begünstigung für Großerwerbe von mehr als 26 Mio. Euro gem. § 13c Abs. 2 Satz 6 ErbStG bzw. § 28a ErbStG antragsabhängig; wird also keiner der beiden Anträge gestellt ist, wird der Erwerb unverschont besteuert.[781] Der Erwerber eines verschuldeten Großbetriebes kann also je nach Sachverhalt besser stehen als der eines verschuldeten Kleinbetriebs.
>
> Gesetzgeberisch vernünftig wäre es gewesen, zur Vermeidung solcher absurden Szenarien dem Steuerpflichtigen (wie nach der bis Ende 2008 geltenden Rechtslage) ein Wahlrecht zu geben, ob er überhaupt die betriebsvermögensrechtlichen Privilegien in Anspruch nehmen möchte.

4801 Im Zusammenhang mit einer Schenkung (zur Vererbung vgl. Rdn. 4293) stehende **Erwerbsnebenkosten** (Notar, Grundbuch- und Handelsregisterkosten) werden aus Vereinfachungsgründen durch die Finanzverwaltung übrigens uneingeschränkt zum Abzug bei der Schenkungsteuer zugelassen (so bereits R E 7.4 Abs. 4 ErbStR 2011), vgl. Rdn. 4292.

3. Schenkung unter Duldungsauflage (alte Rechtslage bis 2008)

4802 Die von der vorgenannten gemischten Schenkung zu differenzierende Schenkung unter Auflage wird – in Anlehnung an das Zivilrecht – auch schenkungsteuerlich als einheitlicher unentgeltlicher Vorgang angesehen. Zu differenzieren ist jedoch unter Geltung des bis 2008 geltenden Rechtes für den Bereich der Schenkungsteuer zwischen **Nutzungs-** (z.B. Nießbrauch) und **Duldungsauflagen** (z.B. Wohnungsrecht, lediglich dingliche Übernahme einer Grundschuld), einerseits – nachstehend Rdn. 4803 ff. –, und sog. **Leistungsauflagen**, andererseits (z.B. Zahlung wiederkehrender Leistungen, einmalige Zahlungen an Veräußerer oder Geschwister, Übernahme einer Grundschuld samt zugrunde liegender Verbindlichkeiten) – nachstehend Rdn. 4862. –. Ob es sich ertragsteuerlich bei den wiederkehrenden Leistungen um (nach dem EStG irrelevante) Unterhaltsrenten, um (Anschaffungs- oder Herstellungskosten generierende) Kaufpreis- oder um (ggf. zum Sonderausgabenabzug führende) Versorgungsrenten handelt, ist für die schenkungsteuerliche Beurteilung gleichgültig.

a) Duldungsauflage anderer Personen als des Veräußerers und dessen Ehegatten

4803 Ist Berechtigter der Nutzungs- und Duldungsauflage nicht der Schenker oder dessen Ehegatte, mindert die Auflage hingegen den Wert der Schenkung, so dass insoweit die gleichen Grundsätze gelten wie bei der Schenkung unter Leistungsauflage – sogar mit der Besserstellung, dass der kapitalisierte Wert der zugewendeten Nutzung vom Steuerwert der Zuwendung in voller Höhe, nicht nur im Verhältnis des Steuer- zum Verkehrswerts, abgezogen wird.[782] Sind Schenker und ein Dritter zugleich (etwa gem. § 428 BGB) Begünstigte, ist der Kapitalwert zu quoteln (im Zweifel nach Köpfen, § 430 BGB).

4804 Bei einer Schenkung unter einer Nutzungs- oder einer Duldungsauflage ist zur Ermittlung der schenkungsteuerlichen Bemessungsgrundlage zunächst die Nutzungsauflage nach ihrem Kapitalwert (§§ 13 ff. BewG) vom Steuerwert der Zuwendung abzuziehen (soweit es sich nicht um eine Auflage zugunsten des Veräußerers oder dessen Ehegatten handelt, so dass das Abzugsverbot des § 25 ErbStG a.F. greift, s. nachstehend Rdn. 4807 ff.). Zur Ermittlung des Kapitalwerts, bspw. eines Nießbrauchs als Nutzungsauflage (gleichgültig ob es sich um einen dinglichen oder einen schuldrechtlichen Nießbrauch handelt), ist gem. Rdn. 4761 der Jahreswert der Nutzung, und ggf. gem. **§ 16 BewG** zu begrenzen auf höchstens ein 1/18,6tel des Steuerwerts der Zuwendung selbst,

---

781 Vgl. *Holtz*, NJW 2016, 3754.
782 R 17 Abs. 3 ErbStR, vgl. *Kapp/Oltmanns*, DB 1989, 2352.

A. Schenkungsteuerrecht Kapitel 12

Rdn. 4763. Dieser (ggf. gekappte) Betrag wird sodann mit dem Vervielfältiger (bis 31.12.2008: gem. Anlage 9 zu § 14 Abs. 1 BewG) multipliziert und in voller Höhe vom Steuerwert der Zuwendung abgezogen.

▶ **Beispiel:**[783]

Der Veräußerer überträgt seiner Nichte im Jahr 2008 ein Grundstück (Verkehrswert: 2.000.000,00 €, Steuerwert: 1.000.000,00 €) gegen Einräumung eines Nießbrauchs zugunsten der 56-jährigen Schwester der Erwerberin (durchschnittlicher monatlicher Mietertrag. 6.000,00 €):

Der Kapitalwert des Nießbrauchs (das Abzugsverbot des § 25 ErbStG a.F. greift nicht) beläuft sich auf 72.000,00 €, wird allerdings gem. § 16 BewG auf 53.763,44 € »gekappt« (1.000.000,00 € Steuerwert: 18,6). Der Vervielfältiger gem. Anlage 9 zu § 14 Abs. 1 BewG, nämlich 13,040 (für weibliche Personen, Alter bei Erstbezug 56 Jahre), ergibt mit dem vorgenannten gekappten Wert einen Steuerwert des Nießbrauchs von 701.075,25 €. Dieser wird vom Steuerwert (nicht Verkehrswert) der Zuwendung selbst, nämlich 1.000.000,00 €, abgezogen, so dass 298.924,75 € verbleiben, nach Abzug des persönlichen Freibetrags (Steuerklasse II) von 10.300,00 € also ein steuerpflichtiger Erwerb von (abgerundet) 288.600,00 €. Die Steuer hierauf beträgt 63.492,00 € (nach Anwendung des Härteausgleichs gem. § 19 Abs. 3 ErbStG).

4805

I.R.d. Besteuerung der nießbrauchsberechtigten Schwester selbst wird das Nutzungsrecht – wie oben ermittelt – seinerseits mit 701.075,25 € angesetzt, so dass der steuerpflichtige, abgerundete Erwerb nach Abzug des auch dort zu gewährenden persönlichen Freibetrags der Steuerklasse II 690.700,00 € beträgt, die Steuer also 186.489,00 €. Anstelle der Versteuerung des Kapitalwerts könnte die Schwester der Erwerberin die Steuer auch jährlich im Voraus vom Jahreswert entrichten, § 23 Abs. 1 Satz 2 ErbStG, d.h. jährlich 27 % von 53.763,44 € = 11.827,00 €.

Dasselbe Berechnungsschema gilt für die Besteuerung einer Zuwendung unter einer Duldungsauflage, bspw. einem Wohnungsrecht.

4806

b) *Duldungsauflage zugunsten des Veräußerers und/oder dessen Ehegatten (§ 25 ErbStG a.F.)*

aa) *Anwendbarkeit des § 25 ErbStG a.F.*

Nutzungs- bzw. Duldungsauflagen zugunsten des Schenkers oder seines Ehegatten[784] mindern hingegen, sofern die Steuer **vor dem 01.01.2009** entstanden ist, nicht den Steuerwert der Schenkung,[785] führten aber zu einer Stundung der anteilig auf die Belastung entfallenden Steuer bis zum Wegfall des Nutzungsrechts (regelmäßig also bis zum Tod) nach der Erstveranlagung.[786] Das Abzugsverbot, mit dem die Besteuerung nach dem Bereicherungsprinzip durchbrochen wird, galt für alle Nutzungen, und sonstigen wiederkehrenden Leistungen, die unmittelbar im Zusam-

4807

---

[783] Nach *Wachter*, Erbschaft- und Schenkungsteuerrecht (DAI-Skript Februar 2006), S. 175. Die Steuersätze und Freibeträge entsprechen der bis Ende 2008 geltenden Rechtslage.
[784] Eine Erweiterung auf eingetragene Lebenspartner gilt mangels Verabschiedung des Lebenspartnerergänzungsgesetzes noch nicht. Unterbleibt dies endgültig, könnte § 25 ErbStG gegen Art. 6 Abs. 1 GG verstoßen; vgl. *Wälzholz*, MittBayNot Sonderheft 2001, 56.
[785] Wurde jedoch für die Ermittlung des Bedarfswertes des Grundstücks der niedrigere Verkehrswert angesetzt, wurde hierbei die Nießbrauchsbelastung bereits abgezogen (Ländererlasse v. 01.03.2004, BStBl. 2004 I, S. 272), so dass keine zusätzliche Stundung mehr stattfindet, H 17 Abs. 3, H 177 ErbStH.
[786] Erlischt der Nießbrauch durch Versterben vor der Erstveranlagung, unterbleibt die anteilige Stundung (und damit die Ablösungsmöglichkeit), jedenfalls wenn die zögerliche Veranlagung nicht durch Nachlässigkeit der Finanzbehörde verursacht wurde, FG Hessen, 16.02.2006 – 1 K 2526/03.

menhang mit einer Schenkung unter Lebenden[787] begründet worden sind (R 85 Abs. 1 Satz 1 Nr. 2 ErbStR). Rentenzahlungen (»Leistungsauflagen«) unterliegen trotz des zu weit geratenen Wortlauts bei lebzeitiger Übertragung nicht dem Abzugsverbot (Rdn. 6325), sondern nur bei letztwilliger Begründung[788] (so dass Versorgungsleistungen für den Ehegatten des Erblassers lediglich eine anteilige Stundung der Erbschaftsteuer bewirken).[789] Nicht umfasst von § 25 ErbStG a.F. waren wortlautgemäß ferner Absicherungen zugunsten dritter Personen, etwa Lebensgefährten, der eigenen Kinder bei Übertragung unmittelbar an die Enkel etc.

4808 Ebenfalls nicht vom Abzugsverbot umfasst war die Vereinbarung einer Kapitalforderung, bei welcher dem Berechtigten das Recht eingeräumt wird, anstelle der Einmalzahlung nachträglich eine dem Kapitalisierungsbetrag entsprechende Rentenzahlung zu verlangen (sog. **Kapitalforderung mit Rentenwahlrecht**). Für die Anwendbarkeit des § 25 ErbStG a.F. kommt es nämlich auf die Verhältnisse zum Zeitpunkt der Steuerentstehung an.

▶ Hinweis:

Die Kenntnis des früher geltenden Rechtes (vor Abschaffung des § 25 ErbStG für neue Vorgänge ab 01.01.2009) ist auf zukünftig von Bedeutung z.B. für solche Altvorgänge, da sich z.B. die Rechtsfolgen einer vorzeitige Aufgabe des Nutzungsrechtes – mit oder ohne Abfindung – weiter nach damaligem Recht richten.

bb) Ermittlung des Stundungsbetrages

4809 Der Stundungsbetrag i.R.d. § 25 ErbStG a.F. selbst wurde in einem dreistufigen Verfahren ermittelt:
(1) Ermittlung der festzusetzenden Steuer für den Bruttoerwerb,
(2) Ermittlung der fiktiven Steuer für den Nettoerwerb, R 85 Abs. 3 Satz 2 ErbStR,
(3) der Stundungsbetrag ergibt sich im dritten Schritt als Differenz der Steuer für Bruttoerwerb und Nettoerwerb.

Der Stundungsbetrag ergab sich also durch Vergleich der Steuern für den »Brutto-Erwerb« und für den »Netto-Erwerb«.[790] Der dabei zugrunde zu legende Kapitalwert des vorbehaltenen Nießbrauchs war zwar bei nach § 13a ErbStG privilegiertem (Betriebs-)Vermögen anteilig zu kürzen (§ 10 Abs. 6 Satz 5 ErbStG),[791] allerdings fand (anders als bei Leistungsauflagen) keine Kürzung statt im Verhältnis zwischen Steuerwert und Verkehrswert.

---

787 FG Köln v. 05.04.2005 – 9 K 6814/01, DStR 2006, 480: Stundung gem. § 25 Abs. 1 Satz 2 ErbStG auch dann, wenn lediglich der Vorerwerb und nicht der dann folgende Erwerb von Todes wegen mit einem Nießbrauchsrecht zugunsten des Ehegatten des Erblassers belastet ist (anders H 83 Abs. 3 ErbStR 2003).
788 Vgl. *Michael*, RNotZ 2007, 261.
789 Der Erwerber des Versorgungsanspruchs wird hingegen regelmäßig die Jahresversteuerung gem. § 23 ErbStG wählen (Rdn. 4991), zumal diese Zahlungen als Sonderausgaben abzugsfähig sind, vgl. *Jüptner*, in: Fischer/Jüptner/Pahlke/Wachter, ErbStG, § 23 Rn. 91.
790 Beispiel gem. H 85 Abs. 3 der Erbschaftsteuerrichtlinien: Geschenkt sei ein Mehrfamilienhaus mit einem Steuerwert von 350.000,00 €, belastet mit einem Nießbrauchsrecht zugunsten des Veräußerers im Kapitalwert von 100.000,00 € (dieser wird errechnet durch Vervielfältigung des Jahresreinertrages, max. jedoch 1/18,6tel des steuerlichen Bedarfswertes, mit dem Faktor gem. Anlage 9 des Bewertungsgesetzes). Die Steuer für den Brutto-Erwerb (350.000,00 €, abzgl. Freibetrag 205.000,00 €), mithin also auf 145.000,00 €, beträgt 11 %, also 15.095,00 €. Die Steuer auf den Netto-Erwerb (350.000,00 €, abzgl. 100.000,00 € Nießbrauchsrecht, abzgl. 205.000,00 € Freibetrag) beträgt 7 % auf den steuerpflichtigen Restbetrag von 45.000,00 €, also 3.150,00 €. Zinslos zu stunden ist die Differenz zwischen beiden, also 12.800,00 €.
791 R 17 Abs. 7 ErbStR, BFH, 06.07.2005 – II R 34/03, ZEV 2005, 496 m. Anm. *Scharfenberg*.

▶ **Hinweis:**

Wurde ein Nutzungsrecht letztwillig durch Vermächtnis zugewendet, konnten die Beteiligten das Abzugsverbot des § 25 ErbStG a.F. dadurch »umgehen«, dass der Vermächtnisnehmer das Nutzungsvermächtnis gegen Abfindungszahlung ausschlug, die beim Erben erbschaftsteuerlich abzugsfähig ist.[792] 4810

Der Steueranteil, der dadurch entsteht, dass der Nießbrauch nicht abgezogen wird, kann auf Antrag des Erwerbers jederzeit (sofern das Nießbrauchsrecht im Zeitpunkt der Schenkungsteuerfestsetzung nicht bereits anderweit erloschen ist[793]) mit dem Barwert[794] **vorzeitig abgelöst** werden (§ 25 Abs. 1 Satz 3 ErbStG a.F.),[795] und zwar ausgehend von der nunmehr aktuellen Sterbetafel,[796] so dass sich der Abzinsungseffekt weiter verstärkt. Dies kann zu einer geringeren Gesamtsteuerbelastung führen als bei Vereinbarung von Leistungsauflagen, die nur gekürzt im Verhältnis Steuerwert/Verkehrswert abgezogen werden können.[797] Die Ablösung der gestundeten Steuerschuld ist angesichts des hohen gesetzlichen Abzinsungsfaktors von 5,5 % (§ 12 Abs. 3 BewG, Rdn. 6217 ff.) in aller Regel anzuraten, da aus Eigenkapital derzeit keine entsprechende Nachsteuerrendite erzielt werden kann – anders mag es sich verhalten, wenn der Nießbraucher erwartet, deutlich länger als statistisch prognostiziert zu leben. Die vorzeitige Ablösung mit Abzinsungseffekt wird allerdings nicht mehr gewährt, wenn der Nießbrauch vor Erhalt des Ablösungsbescheides ohnehin endet, etwa wegen Versterbens des Nießbrauchers[798] oder infolge Löschungsbewilligung im Rahmen eines Verkaufs. Daher empfiehlt sich, die Ablösung vollständig abzuwickeln, bevor das FA (über die Grunderwerbsteuerstelle) Nachricht von der Veräußerung erhält. 4811

Im Rahmen einer Zusammenrechnung mehrerer Erwerbe binnen 10 Jahren wird für die Übertragung unter Nießbrauchsvorbehalt nicht der durch vorzeitige Ablösung reduzierte Schenkungsteuerbetrag, sondern der ursprüngliche Bruttobetrag angesetzt, so dass dem Steuerpflichtige der Ablösungsvorteil auch i.R.d. § 14 ErbStG verbleibt.[799] Dem folgt nunmehr auch die Finanzverwaltung.[800] 4812

cc) Beendigung der Stundung

Die Stundung endet bei vorzeitiger **Ablösung der Steuer durch den Verpflichteten** (auf Antrag i.H.d. Barwerts, solange die gestundete Steuer[801] noch nicht fällig geworden ist: § 25 Abs. 1 4813

---

792 *Meincke*, ErbStG, 14. Aufl. 2004, § 25 Rn. 9; *Wachter*, MittBayNot 2000, 194.
793 FG Hessen, 10.02.2014 – 1 V 2602/13, ErbStB 2014, 218 [u.U. Abweichung nach Billigkeit, wenn die Finanzbehörden den Antrag zögerlich bearbeitet haben].
794 Zu dessen Berechnung (in Abhängigkeit von der Tragung der Grundstückslasten etc) vgl. *Moench*, in: Jubiläumsschrift »10 Jahre DVEV«, S. 102 ff.; zum Abzinsungsfaktor vgl. Anhang 7a zu § 25 ErbStG.; Gleichlautender Erlass der obersten Finanzbehörden der Länder v. 18.11.2016, ZEV 2017, 180.
795 Zur Abwägung, welche Variante betriebswirtschaftlich sinnvoller ist, vgl. *Korezkij*, DStR 2002, 2205 ff. mit Fortschreibung aufgrund der neuen Rspr. des BFH, übernommen in H 85 Abs. 4 ErbStH: ZEV 2005, 242: kommt späterer vorzeitiger Verzicht in Betracht, ist die Ablösung regelmäßig vorteilhafter.
796 Einheitliche Ländererlasse v. 05.06.2007, EStB 2007, 332; 31.03.2016, ZEV 2016, 352; Hinweis auf die jeweils veröffentlichten Sterbetafeln im Erlass FinMin Sachsen-Anhalt v. 22.04.2016 – 42-S 3837-6, ZEV 2016, 604; vgl. auch FG München, DStRE 2004, 712; hierzu ausführlich *Scharfenberg*, ZEV 2005, 246.
797 Berechnungsbeispiel bei *Geck/Reimann*, Unternehmensnachfolge in der Kautelarpraxis (DAI-Skript November 2005), S. 170 ff.
798 FG Hannover, 13.08.2004 – 3 K 404/03, EFG 2005, 642.
799 BFH, 19.11.2008 – II R 22/07, BFH/NV 2009, 587.
800 FinMin Bayern, Erlass v. 21.04.2010, 34 – S 3820–009 -16632/10, ZEV 2010, 331.
801 Offen ist, ob die Ablösung möglich ist, wenn die Nießbrauchslast vor der Steuerfestsetzung [durch Tod] erlischt. Nach BFH v. 23.03.1998 – II B 97/97, BFH/NV 1998, 1224 ist dann eine Stundung jedenfalls nicht mehr möglich, nach Ansicht von *Troll/Gebel/Jülicher*, ErbStG, § 25 Rn. 57 jedoch eine Ablösung,

Satz 3 ErbStG a.F.: Rdn. 4811), bei vorzeitigem Verzicht, Erlöschen durch Tod, ferner bei entgeltlicher Veräußerung des belasteten Vermögens (§ 25 Abs. 2 ErbStG a.F., R 85 Abs. 4 Sätze 3 bis 6 ErbStR). Eine solche »entgeltliche Veräußerung« soll auch vorliegen, wenn bei einer Veräußerung ein Nießbrauch oder sonstiges Nutzungsrecht an einem **Surrogat** bestellt wird (Rdn. 1292; zur Rechtslage für seit 2009 bestellte Nießbrauchsrechte: Rdn. 4850; zur ertragsteuerlichen Bewertung Rdn. 5823 und 5841). Anders verhält es sich allerdings – die Stundungswirkung endet also nicht –, wenn bereits bei der ursprünglichen Nießbrauchsbestellung die Fortsetzung des Nießbrauchs am Erlös oder am davon neu angeschafften Objekt ausbedungen wurde.[802]

4814 Entfällt einer von mehreren Gesamtberechtigten, soll der auf ihn entfallende Anteil vorzeitig fällig werden, auch wenn dem Ehegatten der Nießbrauch weiter ungeschmälert zusteht (vgl. allerdings zur Gefahr des Erlasses mit Gesamtwirkung Rdn. 2426).[803] Günstiger ist daher unter schenkungsteuerlichem Blickwinkel jedenfalls unter Ehegatten, den mutmaßlich Längerlebenden zum alleinig Berechtigten zu erklären (mit aufschiebend bedingtem Nießbrauch sodann für den etwa wider Erwarten doch längerlebenden anderen Ehegatten).

dd) Weitere Schenkung an den Mitberechtigten (§ 428 BGB)

4815 Schenkung- bzw. erbschaftsteuerlich liegt in der Übertragung eines Vermögensgegenstandes gegen Renten- oder Nutzungsrechte auch für einen Dritten, mag er Ehegatte des Veräußerers sein oder nicht, als Mitberechtigten nach § 428 BGB eine Zuwendung des Veräußerers an den Dritten, wenn diesem Dritten im Verhältnis zum Erwerber ein eigenes Forderungsrecht zusteht bzw. er über die eingehenden Zahlungen im Innenverhältnis tatsächlich frei verfügen kann und er ggü. dem Veräußerer (Schenker) nicht zum vollen Innenausgleich verpflichtet ist bzw. die Zuwendung an den dritten, Mitberechtigten, sich nicht als geschuldete (Unterhalts-)Leistung darstellt, vgl. im Einzelnen Rdn. 4838 ff.

4816 Diese Grundsätze gelten nach herrschender Meinung[804] auch für die Berechnung des Stundungsanteils nach § 25 ErbStG a.F. und des Vervielfältigers bei vorzeitiger Ablösung nach § 25 Abs. 1 Satz 3 ErbStG a.F.[805]

▶ Beispiel:

4817 Schenkung eines Mietwohngrundstückes, Jahreswert der Nutzung 36.000,00 €, unter Vorbehalt des Nießbrauchs für den Veräußerer (62 J) und dessen Ehefrau (58 J) nach § 428 BGB. Vervielfältiger des Ehemannes lt. Anlage 9: 9,889 × 18.000,00 € (hälftiger Wert, § 430 BGB) ergibt 178.002,00 € = 39,39 %; Vervielfältiger der Ehefrau 12,553 × 18.000 = 225.954 und, für den mutmaßlichen Überlebenszeitraum, weitere 12,553 minus 9,889 = 2,664 × 18.000 (ihr zuwachsender weiterer Mietertrag, da ja keine Bruchteils-, sondern Gesamtgläubigerschaft) = 47.952,00 €, gesamt also 273.906,00 € = 60,61 %. Bei einem angenommenen Steuersatz von 19 % aus (gesamt, abgerundet) 451.900,00 € entfällt auf den Ehemann ein Stundungsbetrag von 39,39 % aus 85.861,00 € = 33.820,00 €, auf den Gesamtgläubigeranspruch der Ehefrau 52.041,00 €. Bei vorzeitiger Ablösung betrüge der auf den Ehemann entfallende

---

a.A. FG Hessen, 24.09.2009 – 1 K 1340/07 ErbStB 2010, 95: weder Stundung noch Ablösung, auch nicht im Billigkeitswege.

802 BFH, 11.11.2009 – II R 31/07 ZEV 2010, 208; dem folgt nun auch die Finanzverwaltung: FinMin Baden-Württemberg, Erlass v. 10.05.2010, 3 – S 3837/7, ZEV 2010, 332; vgl. *Götz/Hülsmann*, DStR 2010, 2377 ff.

803 Vgl. OFD Koblenz, ErbStB 2003, 283, a.A. *Wälzholz*, ZErb 2003, 340.

804 A.A. bei zwei Gesamtgläubigern: Ermittlung insgesamt nach den Verhältnissen des statistisch länger lebenden Ehegatten: FG Brandenburg, 05.05.12010 – 14 K 14168/08 ErbStB 2010, 259 = BeckRS 2010, 26029339.

805 Sterbetafel = Tab. 6 und Vervielfältiger = Tab. 1 der Ländererlasse v. 07.12.2001, BStBl. 2001 I, S. 1041, berichtigt BStBl. 2002 I, S. 112.

A. Schenkungsteuerrecht

Anteil 0,425 × 33.820,00 € = 14.373,50 €; auf die Ehefrau entfällt bei einem Vervielfältiger von 0,292: 15.195,97 €, gesamt also 29.569,47 €.

ee) Unentgeltlicher Verzicht auf das vorbehaltene Nutzungsrecht

Sofern der Nutzungsberechtigte **vorzeitig** auf das vor 2009 eingeräumte (für Neufälle vgl. Rdn. 4842 ff.) Nutzungsrecht ohne Gegenleistung **verzichtet** (s. Rdn. 1301 ff.), haben Teile der untergerichtlichen Rechtsprechung[806] schon dem Grunde nach keine neuerliche Zuwendung gesehen; lediglich die Stundungswirkung erlösche vorzeitig. Die Finanzverwaltung sah im Verzicht eine neuerliche steuerpflichtige Zuwendung, allerdings wurde aus Billigkeitsgründen gem. § 163 AO zur Vermeidung einer Doppelbesteuerung (hinausgeschobener Steueranteil, der auf den Nutzungsvorbehalt entfällt, zuzüglich der Steuer auf den Verzicht als solchen, die eine weitere Schenkung darstellt)[807] gemäß bisheriger Verwaltungsanweisung[808] die Steuer auf den Verzicht nur insoweit erhoben, als sie den Betrag der gestundeten Steuer übersteigt. 4818

Der BFH[809] hat nunmehr den **vorzeitigen Nießbrauchsverzicht** sowie den unentgeltlichen Verzicht auf das dingliche Wohnungsrecht[810] ebenfalls als Schenkung mit der Folge einer objektiven Bereicherung gewertet (§ 7 Abs. 1 Satz 1 Nr. 1 ErbStG); die sonst eintretende Doppelbelastung solle jedoch nicht (wie nach bisheriger Ansicht der Finanzverwaltung) durch Anrechnung bei der Steuerfestsetzung, sondern auf der Ebene der Bereicherungsbemessung, also durch Anrechnung des historischen Nießbrauchswerts auf die Bemessungsgrundlage des nunmehrigen Schenkungsverzichtes, behoben werden. Nachversteuert würde also etwa eine Wertsteigerung des Nießbrauchsanteils zwischen Vorbehalt und Verzicht (aufgrund Änderung des Steuer- oder Bewertungsrechtes,[811] des Jahreswerts etc., sofern diese über das Absinken des Vervielfältigers in Anlage 9 hinausgehen). Der durch eine vorzeitige Ablösung der gestundeten Steuer in Anspruch genommene Abzinsungsvorteil würde andererseits (entgegen der bisherige Auffassung der Finanzverwaltung, die nur den Zahlbetrag angerechnet hätte) erhalten bleiben[812] Die Finanzverwaltung hat sich dieser Sichtweise nun angeschlossen.[813] 4819

▶ Hinweis:

Es empfiehlt sich daher, vor einem unentgeltlichen Verzicht auf den vorbehaltenen Nießbrauch die gestundete Steuer mit Abzinsung abzulösen; andernfalls wird mit dem Verzicht die Steuer in voller Höhe fällig. Durch die vorzeitige Ablösung des gestundeten Teils und dessen anschließende (bei unveränderten Wertverhältnissen nicht zu einer weiteren steuerpflichtigen Bereicherung führende) Aufgabe lässt sich ein Gegenstand steuergünstiger verschenken als im Fall seiner direkten Zuwendung ohne Nießbrauchsbelastung. 4820

---

806 FG Hamburg, MittBayNot 2002, 224, Rev. BFH, II R 65/01; a.A. FG Nürnberg, EFG 2001, 148; FG München, EFG 2001, 147.
807 *Moench*, ZEV 2001, 143.
808 Hinweis H 85 Abs. 4 ErbStR 2003.
809 BFH, 17.03.2004 – II R 3/01, ZEV 2004, 211 m. Anm. *Rödl/Seifried*, ZEV 2004, 238 ff.; *Viskorf*, FR 2004, 604 ff.; bestätigt durch BFH, 20.05.2014 – II R 7/13, ZNotP 2014, 317; vgl. *Ihle*, notar 2014, 422.
810 BFH, 23.06.2010 – II B 32/10; hierzu *Michael*, notar 2010, 413 (wohl anders beim schuldrechtlichen Wohnungsrecht, also der Leihe, deren Einräumung – und demnach auch Löschung – auch zivilrechtlich nicht als Schenkung anzusehen ist, vgl. Rdn. 1525).
811 Gefährlich ist demnach v.a. der Verzicht auf den Vorbehaltsnießbrauch bei vor 1996 durchgeführten Übertragungen, vgl. *Wachter*, DNotZ 2005, 539.
812 Zu Gestaltungsmöglichkeiten vgl. *Rödl/Seifried*, ZEV 2004, 238 ff.
813 Koordinierter Ländererlass v. 23.09.2004, BStBl. 2004 I, S. 939.

▶ Beispiel:[814]

4821 Der 69-jährige Vater schenkt dem Sohn ein Grundstück mit einem Steuerwert von 500.000,00 € (jährliche Mieterträge 25.000,00 €). Die »Direktsteuer« beträgt nach Abzug des Freibetrages von 205.000,00 € 15 % auf 295.000,00 € = 44.250,00 €.

Würde die Immobilie stattdessen unter Nießbrauchsvorbehalt übertragen, beträgt dessen Kapitalwert im Jahr 2008 gem. Anlage 9 zu § 14 BewG 25.000 × 8,12 = 203.000,00 €. Der sofort fällige Steuerbetrag beläuft sich demnach auf 500.000 – 203.000 – 205.000 [Freibetrag] = 92.000,00 €, hieraus 11 % = 10.120,00 €. Wird die gestundete Steuer von 44.250,00 € – 10.120,00 € = 34.130,00 € sofort abgelöst, beläuft sich der Zahlbetrag gem. Anlage 14 zu § 12 Abs. 3 BewG auf 0,526 × 34.130 = 17.953,00 €. Der anschließende unentgeltliche Verzicht auf den Nießbrauch führt im Regelfall gem. Rdn. 4819 zu keiner neuerlichen Steuer. Die Gesamtsteuerbelastung unter Inanspruchnahme des Abzinsungseffektes, den der Nießbrauchsvorbehalt eröffnet, beläuft sich also auf 10.120 + 17.953 = 28.073,00 € im Vergleich zu 44.250,00 €.

Zur **Vermeidung der Annahme eines Gesamtplanes** (Rdn. 5695) bzw. des § 42 AO (Rdn. 5695) sollten außersteuerliche Motive für die ursprünglich nicht beabsichtigte vorzeitige Aufgabe des Nießbrauchs dokumentiert werden.

ff) Entgeltlicher Verzicht

4822 Schenkungsteuerlich führt die **entgeltliche Ablösung eines Vorbehaltsnießbrauchs** nicht etwa dazu, dass rückwirkend (jedenfalls insoweit) die Schenkung als solche entfalle, da § 29 Abs. 1 Nr. 1 ErbStG nicht erfüllt ist. Zwar können ertragsteuerlich in solchen Fällen nachträgliche Anschaffungskosten vorliegen, § 255 Abs. 1 HGB,[815] erbschaftsteuerlich bleibt es jedoch bei selbständigen Vereinbarungen, so dass keine nachträgliche bereicherungsmindernde Gegenleistung anzuerkennen ist,[816] vielmehr entfällt sogar für Altfälle (Zeitpunkt der Steuerentstehung vor dem 01.01.2009) noch die Stundungswirkung (§ 25 Abs. 1 Satz 2 ErbStG) für die insgesamt unentgeltlich bleibende Zuwendung.[817] Dies führt zu extrem unberechtigten Ergebnissen, wenn sich zumindest ein Teil der gezahlten Abfindungssumme noch im Nachlass des später verstorbenen Veräußerers/zwischenzeitlichen Vorbehaltsnießbrauchers findet und der Erwerber diesen beerbt: Die frühere Schenkung, die Schenkung bleibt, ist gem. § 14 Abs. 1 ErbStG als Vorerwerb zu berücksichtigen;[818] zugleich versteuert der Erbe den ihm zugefallenen Nachlass, der die von ihm selbst gewährten Zahlungen enthält.[819]

4823 Ertragsteuerlich interessant ist (seit 2008 allerdings beschränkt auf Betriebsvermögen, Rdn. 6362 ff.) in erster Linie die Ablösung eines vorbehaltenen Nießbrauchs gegen Versorgungsleistungen (der Nießbrauch als Vermögensgegenstand einer Vermögensübergabe gegen Versorgungsleistungen, sog. »**gestreckter Übergabetatbestand**«) außerhalb eines Gesamtplanes – Rdn. 5695 ff. – (vgl. Rdn. 6339 ff. nach altem Recht und 4588d ff. nach neuem Recht). Schenkungsteuerlich ist auch dabei der kapitalisierte Nießbrauchswert im Ablösungszeitpunkt mit dem kapitalisierten Wert der

---

814 Zahlen nach einer Seminarunterlage von *Wachter*, Erbschaft- und Schenkungsteuerrecht (DAI-Skript 2006), S. 128 ff.
815 Etwa BFH, 16.06.2004 – X R 50/01, BStBl. 2005 II, S. 130.
816 BFH, 14.06.2005 – VIII R 14/04, BStBl. 2006 II, S. 15; FG Köln, 14.03.2006 – 9 K 4735/05, ErbStB 2006, 146.
817 BFH, 19.12.2007 – II R 34/06, ErbStB 2008, 100; *Thouet*, RNotZ 2008, 487.
818 Und zwar mit dem Bruttowert, ohne Abzug der Nießbrauchsbelastung: BFH v. 19.12.2007 – II R 34/06, ErbStB 2008, 100.
819 *Hartmann* spricht in ErbStG 2006, 147, vom »worst case« einer missglückten vorweggenommenen Erbfolge.

A. Schenkungsteuerrecht Kapitel 12

wiederkehrenden Leistungen zu vergleichen; ein etwaiger »Überhang« führt zu einer gemischten Schenkung.[820]

c) Zusammenfassendes Berechnungsbeispiel zur Rechtslage gem. § 25 ErbStG a.F.

Die Besteuerung vorbehaltener bzw. zugewendeter Nutzungsrechte i.R.d. ErbStG wird verdeutlicht an folgendem Beispiel:[821]   4824

▶ **Beispiel zur Rechtslage bis Ende 2008:**

> Der 80-jährige Onkel O schenkt im Jahr 2007 seinem Neffen N ein Mietwohngrundstück (steuerlicher Grundbesitzwert – Bedarfswert – 320.000,00 €, jährlicher Reinertrag 15.000,00 €). Er behält für sich und seine 20 Jahre jüngere Ehefrau, Tante T, den Nießbrauch als Gesamtberechtigte nach § 428 BGB zurück.
>
> (a) **Besteuerung des Neffen N:**   4825
>
> Der Jahreswert von 15.000,00 € liegt unter 1/18,6 des Bedarfswerts, so dass die Kappung des § 16 BewG nicht eingreift. Das Abzugsverbot des § 25 Abs. 1 ErbStG erfasst sowohl den Nießbrauchs»anteil« des Onkels wie auch der Tante; maßgeblich ist allein der höhere Vervielfältiger der Tante (60 Jahre: 12,034), so dass der **Kapitalwert des Nießbrauchs** sich auf 15.000 × 12,034 = 180.510,00 € beläuft.
>
> Berechnung demnach:
> Steuer auf den **Bruttoerwerb**:
> | | |
> |---|---:|
> | Bruttoerwerb als Bedarfswert | 320.000,00 € |
> | abzgl. Freibetrag Steuerklasse II | 10.300,00 € |
> | verbleibt als steuerpflichtiger Erwerb | 309.700,00 € |
> | Steuersatz 22 % | 68.134,00 € |
>
> Steuer auf den **Nettoerwerb**:
> | | |
> |---|---:|
> | Bruttowert des Erwerbs wie oben | 320.000,00 € |
> | abzgl. Kapitalwert des Nießbrauchs, wie oben berechnet | 180.510,00 € |
> | abzgl. Freibetrag Steuerklasse II | 10.300,00 € |
> | ergibt Nettowert des Erwerbs (abgerundet) | 129.100,00 € |
> | Steuersatz 17 % | 21.947,00 € |
>
> **Zinslos zu stundende Steuer** demnach:
> | | |
> |---|---:|
> | 68.134,00 € – 21.947,00 € = | 46.187,00 €, |
> | **sofort zu zahlende Steuer:** | 21.947,00 € |
>
> (b)   4826
>
> Wünscht der beschenkte Neffe die **Ablösung der gestundeten Steuer** nach dem Barwert gem. § 25 Abs. 1 Satz 3 ErbStG, nimmt das FA (was für den Steuerpflichtigen ungünstiger ist) jeweils eine getrennte Berechnung nach dem Lebensalter jedes Nießbrauchers vor, also nicht allein nach Maßgabe der höheren, für den Abzugsbetrag selbst ausschließlich maßgeblichen Lebenserwartung der Tante.[822] Zur Ermittlung des Ablösebetrags legt die Finanzverwaltung die jeweilige mittlere Lebenserwartung zugrunde und ermittelt hieraus die Abzinsungsfaktoren.[823] Demnach würde folgende Berechnung stattfinden:

---

[820] FG München, 23.01.2009 – 4 K 4101/05, BeckRS 2008, 26026547.
[821] Sachverhalt und Rechenwerk sind entnommen dem illustrativen Aufsatz von *Moench*, ErbStB 2006, 97 ff.; vgl. auch zusammenfassend *Esskandari*, NWB 2008, 3493 ff. = Fach 10, S. 1645 ff.
[822] Vgl. R 85 Abs. 6 Satz 8 u. 9 ErbStR 2003 sowie Erlass FinMin Stuttgart v. 25.06.2003 und 09.01.2004, DStR 2003, 1485, und DStR 2004, 138.
[823] Entgegen dem Ländererlass v. 07.12.2001, BStBl. 2001 I, S. 1041 ist die jeweils aktuelle Sterbetafel zugrunde zu legen, die dem Bewertungsstichtag vorausgeht, vgl. Erlass des FinMin Baden-Württemberg

Der **Anteil des Onkels O am Kapitalwert des Gesamtnießbrauchs** beträgt:
7.500,00 € (hälftiger Jahreswert) × 4,693 (seinem Vervielfältiger
nach Anlage 9 zum Bewertungsgesetz) = 35.197,00 €,
dies entspricht 19,5 % des gesamten Kapitalwerts von 180.510,00 €.

Von der gestundeten Steuer entfallen demnach
auf O 9.006,00 €
auf dessen Ehefrau T 37.181,00 €.

Der **Abzinsungsfaktor** beträgt unter Berücksichtigung der Lebenserwartung von 6 Jahren (O) bzw. 21 Jahren (T)
bei O 0,725 – Ablösungsbetrag also 6.529,00 €
bei T jedoch 0,325 – also 12.083,00 €
so dass die **Gesamtablösungssumme** sich addiert auf 18.612,00 €.

4827 (c) Besteuerung der Ehefrau hinsichtlich des Zuwendungsnießbrauchs:

Wie in Rdn. 4815 ausgeführt, liegt in der anteiligen (und nach dem Ableben des Ehemanns alleinigen) Zuwendung des Nießbrauchs an den Ehegatten des Veräußerers eine Schenkung des Onkels (Veräußerers) an seine Ehefrau, Tante T, die getrennt für die Zeit bis zum Tod des O und sodann für ihre anschließende Überlebenszeit berechnet werden muss:

Kapitalwert des Anteils am gemeinsamen Nießbrauch:
hälftiger Jahreswert (7.500,00 €) × Kapitalisierungsfaktor des Ehemanns O
gem. Anlage 9 zum Bewertungsgesetz (4,693) = 35.197,00 €

Kapitalwert in der Überlebenszeit:
voller Jahresertrag (15.000,00 €) × Differenz aus ihrem eigenen Kapitalisierungsfaktor und dem Faktor ihres verstorbenen Mannes
(12,034 abzgl. 4,693) = 110.115,00 €,
daher **Kapitalwert des Zuwendungsnießbrauchs:** 145.312,00 €
Dieser Betrag würde bspw. mit einem erbschaftsteuerpflichtigen Erwerb der Tante nach dem Tod des O binnen 10 Jahren nach der Schenkung zusammengerechnet (§ 14 ErbStG).

4828 (d) Vorzeitiger unentgeltlicher Verzicht auf den Nießbrauch durch beide Berechtigten:

Ein vorzeitiger Verzicht ohne Entgelt (z.B. ein Jahr nach Bestellung des Nießbrauchs) stellt eine weitere freigebige Zuwendung dar,[824] zur Vermeidung einer doppelten Erfassung des Nießbrauchs ist jedoch nach der Rechtsprechung des BFH die Grundstückszuwendung auf die Verzichtszuwendung anzurechnen; lediglich die Differenz löst eine zusätzliche Steuer aus (vgl. Rdn. 4819).[825] Daher kommt es vorliegend zu keiner weiteren Besteuerung:

maßgeblicher **Vervielfältiger der Tante** (ihr höherer Faktor entscheidet) ein Jahr nach der Schenkung: 11,763,
daher **Kapitalwert beim Verzicht** im Jahr 1 nach der Schenkung:
15.000 × 11,763 = 176.445,00 €,
Kapitalwert bei Grundstücksschenkung jedoch 180.510,00 €,
es wird also keine zusätzliche Bereicherung durch den Verzicht eintreten.

Selbst wenn die Grundstückserträge zum Zeitpunkt des unentgeltlichen Verzichts gestiegen sein sollten, wirkt die Kappung auf den max. 1/18,6ten Anteil gem. § 16 BewG dämpfend. Diese

---

v. 09.06.2008, ZEV 2008, 352; also bei Bewertungsstichtagen im Jahr 2008 die Sterbetafel 2005/2007, vgl. Verfügung der OFD Karlsruhe v. 22.04.2009, ZEV 2009, 264.
824 Vgl. ausführlich Rdn. 4815 ff. sowie BFH, 17.03.2004 – II R 31/01, BStBl. 2004 II, S. 429.
825 So auch nun die Finanzverwaltung in gleichlautenden Erlassen v. 23.09.2004, BStBl. 2004 I, S. 939.

A. Schenkungsteuerrecht

Dämpfung versagt allerdings, falls künftig gesetzlich höhere Grundstückswerte eingeführt werden sollten.

(e) Tod eines Nießbrauchers: 4829

Ohne vorherigen Verzicht stirbt O 3 Jahre nach der Schenkung, T bleibt alleinige Nießbrauchsberechtigte.
Wegen der Gesamtberechtigung (§ 428 BGB) tritt kein neuer schenkungsteuerpflichtiger Erwerb ein, die gestundete Steuer wird jedoch anteilig hinsichtlich des Anteils des O fällig:[826]
Ermittlung des Anteils des Onkels O am Kapitalwert des Nießbrauchs:
7.500,00 € (hälftiger Jahreswert) × 4,693 (sein Multiplikator z.Zt. der
Schenkung) = 35.197,00 €,
dies entspricht im Verhältnis zum gesamten Kapitalwert von 180.510,00 € einem Anteil von 19,5 %.
Demnach wird von der gestundeten Steuer i.H.v. 46.187,00 € ein Anteil
von 19,5 % fällig, das sind 9.006,00 €,
der Rest (37.181,00 €) bleibt weiterhin gestundet.

(f) In Abwandlung zum Ausgangsbeispiel wird der Nießbrauch zunächst allein dem Veräußerer (Onkel O), nach dessen Ableben (aufschiebend bedingt) seiner Ehefrau T zugewendet: 4830

Da der Nießbrauch für die Tante derzeit nur aufschiebend bedingt bestellt ist, bleibt er bei der Besteuerung der Grundstücksschenkung zunächst außer Betracht.

Der **Kapitalwert des Nießbrauchs** beläuft sich daher auf lediglich
15.000,00 € × 5,693 (Faktor für O, Alter 80 Jahre) = 70.395,00 €,
so dass die **Steuer auf den Nettoerwerb** 320.000,00 € beträgt abzgl. 70.395,00 € (Kapitalwert des Nießbrauchs) abzgl. 10.300,00 € Freibetrag =
239.305,00 € × Steuersatz 17 % = 40.681,00 €.
Dieser Betrag ist sofort zu entrichten, lediglich die Differenz zu 68.134,00 € (oben a ermittelte Steuer auf den Bruttoerwerb), also 27.453,00 €, wird gestundet.

(g) Stirbt der Veräußerer »vorzeitig«, bspw. 3 Jahre später, so dass der Nießbrauch zugunsten der Tante zum Tragen kommt, wird auf Antrag (§§ 6 Abs. 2, 5 Abs. 2 BewG) des Beschenkten N eine **Neubewertung** vorgenommen, so wie wenn die Tante T bereits bei der Grundstücksschenkung Nießbrauchsberechtigte geworden wäre. Es erfolgen also folgende Rechenschritte: 4831

Vervielfältiger der T bei erstmaliger Nießbrauchsberechtigung, Alter 63 Jahre: 11,197, ergibt **Kapitalwert** (x 15.000,00 €) von 167.955,00 €. Dieser ist auf den Zeitpunkt der Grundstücksschenkung, also 3 Jahre zuvor, **abzuzinsen**:[827]
167.955,00 € × 0,852 = 143.098,00 € als **maßgeblicher Kapitalwert**

Demnach ist der **Nettowert des Erwerbs** wie folgt zu ermitteln:	320.000,00 €
abzgl. Kapitalwert des abgezinsten Nießbrauchs der Tante	143.089,00 €
abzgl. Freibetrag	10.300,00 €
ergibt Nettowert des Erwerbs	166.602,00 €,
Steuer bei 17 % demnach	28.322,00 €.
Diese ist sofort fällig, gestundet werden dagegen	
(68.134,00 € − 28.322,00 € =)	39.812,00 €.

---

[826] Erlass FinMin Stuttgart v. 25.06.2003 und 09.01.2004, BStR 2003, 1485, und BStR 2004, 638; a.A. die Lit., da sich an der Lage des beschenkten Neffen nichts geändert hat, vgl. *Wälzholz*, ZErb 2003, 340; *Ebelin*, ZEV 2004, 501.

[827] Faktor ist zu entnehmen aus dem Ländererlass v. 07.12.2001 (220/3) zur Bewertung von Kapitalforderungen und Kapitalschulden sowie von Ansprüchen/Lasten bei wiederkehrenden Nutzungen und Leistungen nach dem 31.12.2001 für Zwecke der Erbschaft- und Schenkungsteuer.

Da der Neffe bereits »zuviel« Sofortsteuer entrichtet hat, erhält er die Differenz (ursprünglich 40.681,00 € abzgl. 28.322,00 €) von 12.359,00 € erstattet, gestundet bleiben nunmehr 39.812,00 €.[828]

4832 (h) In der letzten Abwandlung sei schließlich der **Nießbrauch für den Veräußerer und eine andere Person als seinen Ehegatten** (z.B. die 20 Jahre jüngere Lebensgefährtin) als Gesamtberechtigten nach § 428 BGB vorbehalten:

Das Abzugsverbot des § 25 Abs. 1 ErbStG betrifft lediglich die Berechtigung des früheren Schenkers O. Demnach ist zunächst der anteilige Kapitalwert des Nießbrauchs des Onkels und der Lebensgefährtin je getrennt zu ermitteln:

Gesamtkapitalwert des Nießbrauchs: 15.000,00 € × 12,034 (höherer Vervielfältiger der Lebensgefährtin, 60 Jahre) =	180.510,00 €;
Kapitalwert des Nießbrauchs allein für den Onkel: 7.500,00 € (hälftiger Anteil) × 4,693 (sein Faktor) =	35.197,00 €,
demnach **Nettoanteil der Lebensgefährtin:**	145.312,00 €.

Bei der Ermittlung der Steuer auf den Bruttoerwerb wird nun (da das Abzugsverbot des § 25 ErbStG a.F. hinsichtlich der Lebensgefährtin nicht greift) der Kapitalwert des Nießbrauchs der Lebensgefährtin abgezogen, also:

Bedarfswert des Grundstücks:	320.000,00 €
abzgl. Kapitalwert des Nießbrauchs der Lebensgefährtin:	145.312,00 €
abzgl. Freibetrag von 10.200,00 € ergibt (abgerundet)	164.300,00 €
bei 17 % Steuersatz beträgt die Steuer also	27.931,00 €.
Der Steuersatz auf den Nettoerwerb geht aus vom Bruttowert des Erwerbs nach Abzug des Kapitalwerts des Nießbrauchs der Lebensgefährtin, also 320.000,00 € – 145.312,00 € =	174.688,00 €
abzgl. des anteiligen Kapitalwerts des Onkels (35.197,00 €) und des Freibetrags (10.300,00 €), verbleibt ein Nettowert von	129.191,00 €,
abgerundet	129.100,00 €,
bei **17 % Steuersatz** also	21.947,00 €.

Diese Steuer wäre sofort zu entrichten, die Differenz (5.984,00 €) wäre gestundet und erst nach dem Tod des O fällig.

4833 Der Tod der Lebensgefährtin hätte in diesem Fall keine Relevanz, da der Nießbrauch bereits vom Bruttoerwerb abgezogen war und daher keine Stundung mehr eintrat. Würde jedoch die Lebensgefährtin vorzeitig unentgeltlich verzichten, läge darin eine Zuwendung an den Neffen, die ohne Anrechnung besteuert wird, da der Wert ihres Nießbrauchsanteils bei der Grundstücksschenkung bereits vollständig abgezogen worden war!

4. Schenkung unter Duldungsauflage (neue Rechtslage ab 2009)

a) Abschaffung des § 25 ErbStG

4834 I.R.d. Erbschaftsteuerreform 2009 wurde § 25 ErbStG a.F., der durch die Kombination von Abzugsverbot, zinsloser Stundung und abgezinster Ablösung bisher nur eine Teilberücksichtigung von Nutzungsvorbehalten zugunsten des Veräußerers und seines Ehegatten ermöglicht hat, gestrichen. Demnach werden solche Duldungsauflagen (im praktischen Hauptanwendungsfall also der Vorbehaltsnießbrauch oder das Vorbehaltswohnungsrecht) den Leistungsauflagen (z.B. Rentenzahlungspflichten) gleichgestellt; beide »Gegenleistungen« eröffnen somit grds. den Vollabzug. Dies

---

828 Quelle: Ländererlass gemäß vorstehender Fußnote.

führt häufig trotz erhöhter Bewertung zu einer **steuerlichen Entlastung**,[829] und zwar gilt jedenfalls dann, wenn der Nießbrauch bis zum Tod aufrechterhalten bleibt und sodann durch das Ableben des Nießbrauchers kraft Gesetzes, also nicht durch vorzeitigen unentgeltlichen Verzicht (Schenkung!) erlischt. Maßgeblich hierbei ist auch der durch § 14 Abs. 1 Satz 4 BewG geschaffene (jährlich angepasste) Vervielfältiger, der den jeweils aktualisierten, gegenüber dem Stand 1986/88 fortgeschriebenen Sterbetafeln Rechnung trägt, vgl. Rdn. 4764; zur Ermittlung des Jahreswertes selbst s. Rdn. 4761 ff., und zwar bei Berechtigungen gem. § 428 BGB nach Maßgabe der Lebensdauer des mutmaßlich Längerlebenden. Ob der Nießbrauch bzw. das dingliche Wohnungsrecht tatsächlich »gelebt« werden oder die Räume leer stehen, ist für den Abzug ohne Belang.[830]

Zudem wird bei hohen Erträgen die Kappung, die durch die Anknüpfung an den steuerlichen Substanzwert in § 16 BewG erreicht wird (Jahreswert des Nießbrauchs beträgt max. 1/18,6 des Steuerwerts des Gesamtobjekts, Rdn. 4763), weniger bedeutsam sein, da der Steuerwert nunmehr grds. mit dem gemeinen Wert identisch ist. Gerade bei jüngeren oder im mittleren Alter stehenden Nießbrauchern bewirkt demnach die Übertragung unter Nießbrauchsvorbehalt eine deutliche und sofortige Steuerentlastung. 4835

Diese Entlastung ist allenfalls dann teilweise zurückzuerstatten, wenn der Nießbraucher innerhalb der Aufgreifgrenzen des **§ 14 Abs. 2 BewG**[831] deutlich vor dem statistisch zu erwartenden Zeitpunkt verstirbt (vgl. auch Rdn. 4767): 4836

▶ Hinweis:

Verstirbt z.B. ein 30-jähriger Nießbraucher binnen weniger als 10 Jahren nach dem Erwerb der Nutzung, ist beim Verpflichteten der frühere (Schenkungs- und ggf. korrespondierende Grunderwerb-)Steuerbescheid von Amts wegen zu ändern – die Nutzungs- oder Rentenlast wird mit dem Kapitalwert angesetzt, der sich nach der bei der Übertragung maßgeblichen Sterbetafel unter Berücksichtigung der tatsächlichen Dauer ergibt.[832] Dieses (erst seit der Streichung des § 25 ErbStG, also für Übertragungen ab 2009, bestehende) Risiko in Form einer latenten Schenkungsteuer muss dem Erwerber bewusst sein. Zugleich erhöht sich dadurch im Nachhinein der Umfang der steuerpflichtigen Schenkung, so dass – im Verein mit späteren Zuwendungen unter Lebenden oder von Todes wegen – gem. § 14 ErbStG die Gesamtsteuerprogression steigt bzw. der noch zur Verfügung stehende Restfreibetrag sinkt. Eine Neubewertung (Steuererhöhung) findet allerdings nicht statt, wenn das Nutzungsrecht bereits im Rahmen eines Verkehrswertgutachtens gem. § 198 BewG (endgültig) berücksichtigt wurde, vgl. Rdn. 4856 ff.

Damit wird der Rechtszustand, der vor dem 01.01.1974 (Einführung des § 25 ErbStG) herrschte, wiederhergestellt. In der Gesamtabwägung ist allerdings zu berücksichtigen, dass sich beim Nießbraucher, zumal wenn er bereits anderweit gut versorgt ist, erhebliche Erträge ansammeln können, die dann ihrerseits potenziell der Erbschaftsbesteuerung unterliegen. 4837

---

829 Berechnungsbeispiele auch bei *Söffing*, ErbStB 2009, 48, 57 f.
830 FG Hessen, 18.05.2015 – 1 K 119/15, ErbStB 2015, 320. Anders, wenn aus den Umständen mit Sicherheit zu schließen ist, dass der Einzug des Berechtigten nicht zu erwarten ist: RFH, 03.02.1926 – VI A 1303/25, RFHE 18, 307 (Ansatz mit »Null«).
831 Vgl. *Götz*, DStR 2009, 2233 ff.
832 Abschnitt 42 Abs. 5 Koordinierter Ländererlass v. 25.06.2009 BStBl. 2009 I, S. 713 – zugrundezulegen sind die Vervielfältiger aus Anlage 9a zu § 13 BewG; Berechnungsbeispiel bei *Ihle*, notar 2010, 61.

b) Weitere Schenkung an den Mitberechtigten (§ 428 BGB)

4838 Schenkung- bzw. erbschaftsteuerlich[833] liegt – sowohl nach der für »Altvorgänge« vor 2009 geltenden Rechtslage als auch bei »Neuvorgängen« in der Zeit seit Abschaffung des § 25 ErbStG a.F. zum 01.01.2009 – in der Übertragung eines Vermögensgegenstandes gegen Renten- oder Nutzungsrechte auch für einen Dritten, mag er Ehegatte des Veräußerers sein oder nicht, als Mitberechtigten nach § 428 BGB eine Zuwendung des Veräußerers an den Dritten, wenn diesem Dritten im Verhältnis zum Erwerber ein eigenes Forderungsrecht zusteht bzw. er über die eingehenden Zahlungen im Innenverhältnis tatsächlich frei verfügen kann[834] und er ggü. dem Veräußerer (Schenker) nicht zum vollen Innenausgleich verpflichtet ist bzw. die Zuwendung an den dritten, Mitberechtigten, sich nicht als geschuldete (Unterhalts-)Leistung darstellt.[835] Bei sofortiger Berechtigung mehrerer ist im Zweifel von gleichen Kopfanteilen auszugehen (§ 430 BGB);[836] so dass beim Vorbehalt des »gemeinsamen Nießbrauchs« gem. § 428 BGB für zwei Veräußerer, die bisher je zur Hälfte Bruchteilseigentümer der übertragenen Immobilie sind, kein Schenkungsvorgang im Verhältnis zwischen diesen Ehegatten stattfindet[837] (anders natürlich, wenn [1] die derzeitigen Miteigentumsquoten nicht 50-50 lauten, es sei denn im Innenverhältnis der Gesamtberechtigten wird eine entsprechend abweichende, und damit § 430 BGB überlagernde, Mitberechtigungsquotelung getroffen, ebenso wenn [2] sofortige Mitberechtigung zugunsten eines »Dritten«, also derzeitigen Nichteigentümers, nicht des »Zweiten«, besteht, es sei denn eine Vorrangabrede zugunsten des derzeitigen Eigentümers schließt den Mitberechtigten auf des Ersteren Lebensdauer von seinen Befugnissen aus[838]).

4839 Steht der Nießbrauch zunächst beiden vormaligen Miteigentümern gem. § 428 BGB in (wegen § 430 BGB oder als Folge entsprechender Innenabrede) wirtschaftlich vergleichbarer Berechtigung zu, wächst die Nutzungsbefugnis dem Verbleibenden (ähnlich einer Anwachsung) alleine zu, wenn der andere Berechtigte ausscheidet. In schenkungsteuerlicher Hinsicht handelt es sich dabei jedenfalls um eine Zuwendung an den Verbleibenden, wenn der Zuwachs auf eine **Verzicht**« (Aufgabeerklärung gem. § 875 BGB) des Mitberechtigten zurückgeht, zu bewerten mit dem anteilig hinzugewonnenen Jahresnutzungswert multipliziert mit dem Restlebensfaktor des Verbleibenden gem. § 14 Abs. 1 Satz 4 BewG (auch zivilrechtlich handelt es sich um eine Schenkung an ihn, wenn für

---

833 Vgl. zum folgenden OFD Hamburg v. 02.06.2003, ZEV 2003, 324 sowie FinMin Baden-Württemberg Erlass v. 25.06.2003, DStR 2003, 1485, m. Ergänzung *Kirschstein*, ZEV 2003, Heft 9 Seite VI, ebenso z.B. FinMin Schleswig-Holstein, 04.08.2003 – VI 316 – S 3808-014; krit. hierzu *Gebel*, ZEV 2004, 98 ff.

834 BFH, 22.08.2007 – II R 33/06, MittBayNot 2008, 158 (*Thouet*, RNotZ 2008, 486). Maßgeblich ist dabei auch, ob die Rentenzahlungen bzw. Nießbrauchsleistungen auf ein gemeinsames (Und- bzw. Oder-) oder ein Einzelkonto überwiesen werden, ferner ob der mitbegünstigte Ehegatte, der über eine Kontovollmacht verfügt, kraft dieser Vollmacht nicht zur gemeinsamen Lebensführung bestimmte Beträge endgültig für eigene Zwecke verwenden konnte.

835 Das FG Münster, 16.02.2006 – 3 K 3639/03 Erb, ErbStB 2006, 148 = DStRE 2007, 307 weist jedoch darauf hin, dass die Zuwendung eines Stammrechtes nicht als Unterhaltsleistung unter Ehegatten in Betracht komme, sondern nur laufende Zuwendungen zum Verbrauch in einem überschaubaren Zeitraum.

836 In gleicher Weise werden geldwerte Versorgungsansprüche, die zwei Begünstigten als Gesamtberechtigten nach § 428 BGB zustehen, auch sozialrechtlich im Zweifel beiden je zur Hälfte zugerechnet, so dass bspw. die beitragsfreie Familienversicherung bei der gesetzlichen Krankenversicherung unerkannt entfallen kann, vgl. hierzu ausführlich (allerdings noch zum alten Recht) *Gitter*, DNotZ 1984, 607 ff.

837 Bei strenger Betrachtung ist jeder Miteigentumsanteil mit einem Gesamtberechtigungsnießbrauch zugunsten beider Miteigentümer belastet, so dass ein jeder dem Anderen die im Innenverhältnis hälftige Mitbefugnis einräumt; da derselbe Vorgang jedoch reziprok am anderen Miteigentumsanteil stattfindet, kompensieren sich beide (»Nutzungstausch«).

838 Ähnlich der Vorrangabrede Rdn. 2183 beim Rückforderungsrecht gem. § 428 BGB; darin liegt zugleich eine Abbedingung der Wahlfreiheit des Schuldners, befreiend an den Anderen zu leisten, vgl. Rdn. 2425.

den Nutzungszuwachs keine Kompensation geleistet wird, wobei an die Stelle des BewG-Multiplikators bei genauer Betrachtung ein abweichend abgezinster Multiplikator tritt, vgl. Rdn. 50.

Endet die Mitberechtigung des Ausscheidenden (wie regelmäßig) durch dessen **Tod**, liegt darin nur dann eine schenkungsteuerpflichtige Zuwendung des hinzugewonnenen Nutzungsanteils an den Verbleibenden (in Gestalt der vorab getroffenen Wahl des § 428 BGB als Berechtigungsverhältnis, dem der Zuwachs an den Längerlebenden bereits immanent ist; erst mit Eintritt der Überlebensbedingung entsteht freilich die Steuer), wenn im Zeitpunkt der Vereinbarung des § 428 BGB die Sterbereihenfolge bereits ein statistisch eindeutiges »Gefälle« aufwies. War die Mortalitätsprognose aber (aus der konkreten Sicht ex ante) für beide Mitberechtigte vergleichbar, liegt – auf der Nutzungsebene, nicht auf der Eigentumsebene – ein Fall der »Entgeltlichkeit« als Folge wechselseitiger Zuwendungsversprechen auf den Todesfall (Rdn. 283 ff.) vor; das eine Schenkungsbesteuerung ausschließende »Entgelt« liegt in der gleichwertigen Risikoübernahme einer umgekehrten Entwicklung bei vertauschter Sterbereihenfolge (während auf der Immobilieneigentumsebene immerhin noch Grunderwerbsteuer anfällt, Rdn. 290, scheidet auch dies auf der Ebene der »Zuwendung« beschränkt dinglicher Rechte auf den Todesfall aus). Auch zivilrechtlich liegt dann (bei ex ante vergleichbarer Sterbewahrscheinlichkeit) kein Schenkungsvorgang vor.

4840

Steht hingegen einem Dritten (bisherigen Nichteigentümer) nach den Regelungen des § 428 BGB – Innenverhältnisses ein Forderungsrecht erst aufschiebend bedingt z.B. nach dem Ableben des Erstbegünstigten zu, ist die Schenkung an den Dritten erst dann ausgeführt (§ 9 ErbStG) und zu berücksichtigen, also zuvor nicht einmal durch Stundung des kapitalisierten Werts zu erfassen.[839] Steht dem Dritten dann jedoch lediglich ein Anspruch auf Einräumung des Rechtes zu, ist die Zuwendung sogar doppelt bedingt, und wird schenkungsteuerlich erst bei Ausübung des Anspruchs erfasst (vgl. Rdn. 1324 zum vormerkungsgesicherten Anspruch auf Einräumung des Zuwendungsnießbrauchs für den Ehegatten).

4841

c) nachträglicher Verzicht auf den Nießbrauch

aa) unentgeltlich

Wird auf den ab dem 01.01.2009, also nach »neuem Recht«, vorbehaltenen Nießbrauch vorzeitig (z.B. auch im Rahmen eines Verkaufs des nießbrauchsbelasteten Objekts) **unentgeltlich verzichtet**, entfällt naturgemäß die nach bisheriger Rechtslage (Rdn. 4818 ff.)[840] gewährte Anrechnung des ursprünglichen (nun ja nicht mehr gewährten) Stundungsbetrags auf die Schenkungsteuer, die durch den freigebigen Verzicht auf den Nießbrauch zugunsten des (nunmehrigen) Eigentümers ausgelöst wird. Der Verzicht löst also in vollem Umfang Schenkungsteuer aus (bei einem Verzicht gegen eine nicht vollwertige Abfindung gelten die Grundsätze der gemischten Schenkung; zur Einkommensteuer vgl. Rdn. 5841).[841] Zugleich liegt in der entschädigungslosen Aufgabe eines Nießbrauchs auch zivilrechtlich eine Schenkung, die z.B. bei späterer Verarmung des vormaligen Nießbrauchers gem. § 528 BGB hinsichtlich ihres kapitalisierten Wertes rückforderbar ist.[842] Findet als Folge des Erlöschens des Nießbrauchs ein Übergang der bisher vom Nieß-

4842

---

839 FG Hamburg, 29.11.2004 – III 257/02, ErbStB 2005, 175 (dort wurde zugleich die Zuwendung als Vertrag zugunsten Dritter auf den Todesfall i.S.d. § 3 Abs. 1 Nr. 4 ErbStG, nicht als Schenkung auf den Todesfall i.S.d. § 3 Abs. 1 Nr. 2 ErbStG oder als [aufschiebend bedingte und befristete] Schenkung zu Lebzeiten nach § 7 ErbStG qualifiziert).
840 Instruktive Berechnungsbeispiele für den Verzicht nach altem und neuem Recht bei *Götz* ZEV 2009, 609 ff.
841 BFH, 15.12.2010 – II R 41/08, ZEV 2011, 211 = EStB 2011, 146; Überblick zur Ablösung von Nutzungsrechten bei *Neufang/Merz*, DStR 2012, 939 ff.
842 OLG Köln, 09.03.2017 – 7 U 119/16; der Kapitalisierungsbetrag gem. § 14 BewG sei i.R.d. richterlichen Schätzungsermessens eine geeignete Grundlage.

braucher zu bedienenden Verbindlichkeiten auf den Eigentümer statt (Rdn. 1388), mindert diese aufschiebend bedingte Last (§ 6 Abs. 1 BewG) den Umfang der durch den Nießbrauchsverzicht eintretenden Schenkung.[843]

4843 Ein Schenkungsvorgang liegt auch vor, wenn ein Zuwendungsnießbraucher auf ein ihm bereits angefallenes Nutzungsrecht verzichtet (in der Praxis häufig der überlebende Ehegatte, dem nach Ablauf des Vorbehaltsnießbrauchers der konsekutiv schon zu seinen Gunsten und unter seiner Mitwirkung (§ 873 BGB!) bestellte Nießbrauch »**automatisch**« **zufällt**, der diesen jedoch aufgrund verringerten Versorgungsbedarfs nicht benötigt: in der Sekunde des Bedingungseintritts hat sich eine (zu versteuernde) Zuwendung vom Vorbehaltsnießbraucher an den Zuwendungsnießbraucher (auf dessen verbleibende Lebenszeit) vollzogen, in der Sekunde des sodann folgenden Verzichtes eine Zuwendung an den begünstigten Eigentümer: zwei Steuertatbestände für einen Vorgang, der letztendlich gar nicht stattfindet! Hat der überlebende Ehegatte an der Urkunde, die seinen Nießbrauch geschaffen hat, nicht mitgewirkt,[844] kann er die Zuwendung immerhin noch gem. § 333 BGB zurückweisen (in diesem Fall allenfalls eine etwa dafür gewährte Abfindung gem. § 3 Abs. 2 Nr. 4 ErbStG zu versteuern); geschah die Zuwendung jedoch unter seiner Mitwirkung, wäre eine bedingte Zuwendung (unter Einfügung einer weiteren Potestativbedingung, Muster Rdn. 1324, nämlich seiner Ausübungserklärung) empfehlenswerter gewesen: schenkungsteuerlich ist (da die Bedingung ausgefallen, nicht eingetreten, ist) kein Tatbestand verwirklicht worden, und zivilrechtlich liegt wegen § 517 BGB ebenso wenig eine Schenkung an den begünstigten Eigentümer vor.

4844 Die durch den Verzicht auf das Nießbrauchs- oder dingliche Wohnungsrecht[845] ausgelöste Steuer kann sogar höher sein als der Steuerbetrag, der bei der Übertragung des Objekts selbst aufgrund des Nießbrauchsabzugs erspart blieb, so bspw. bei einer zwischenzeitlichen Erhöhung der jährlichen Rendite, bei einer Erhöhung des Kapitalisierungsfaktors trotz geringerer Lebenserwartung (infolge genauer, neuerer jährlich zu aktualisierender Sterbetafeln des BMF) oder infolge einer Erhöhung der Kappungsgrenze auf 1/18,6 des Substanzwerts, falls der maßgebliche gemeine Wert des Gesamtobjekts gestiegen ist.

4845 Ferner können sich Überhänge ergeben, die auf eine Doppelbesteuerung hinauslaufen, da die Restlebenserwartung mit zunehmendem Alter steigt (während ein 50-jähriger bspw. eine noch 29,06 Jahre währende Erwartung hat, beträgt sie bei einem 70-jährigen nicht nur 9,06 sondern 13,38 Jahre, so dass bei einem Verzicht nach 20 Jahren die »Nutzungen der Jahre 79 bis 83«, obwohl sie bereits bei der Schenkung des Objektes selbst als nicht vom Nießbrauch überlagert versteuert wurden, erneut als Teil des Nießbrauchsstammrechtes, das durch Verzicht untergeht, erfasst werden). Das Bereicherungsprinzip[846] erfordert insoweit eine Reduzierung des Schenkungswerts des Restnießbrauchs auf den Multiplikator, der bei der ursprünglichen Restlebenserwartung verbliebe.

4846 Ist ein (auch nur teilweise) steuerbefreiter Zuwendungsgegenstand – etwa Betriebsvermögen oder zu Wohnzwecken vermietete Immobilien im Privatvermögen, §§ 13a, 13b ErbStG bzw. § 13d ErbStG – mit einem Nutzungsrecht belastet, wird Letzteres bei der Besteuerung des Erwerbs des nutzungsrechtsbelasteten Gegenstands gemäß § 10 Abs. 6 ErbStG ebenfalls als (im selben Verhält-

---

843 *Müller/Dorn*, ErbStB 2013, 216 ff.
844 Die Grundbucheintragung des Nießbrauchsrechts erfolgt ja gem. § 19 GBO bereits allein aufgrund einer Bewilligung des »verlierenden« Eigentümers; die dingliche (§ 873 BGB), geschweige denn die schuldrechtliche (§ 518 BGB), Einigung sind nicht nachzuweisen.
845 BFH, 23.06.2010 – II B 32/10, BFH/NV 2010, 2075; hierzu *Michael*, notar 2010, 413 (wohl anders bei schuldrechtlichen Wohnungsrecht, also der Leihe, deren Einräumung – und demnach auch Löschung – auch zivilrechtlich nicht als Schenkung anzusehen ist, vgl. Rdn. 1526).
846 Auf das auch der BFH, 17.03.2004 – II R 3/01, BStBl. 2004 II, S. 429 seine Anrechnungslösung bei § 25 ErbStG gestützt hatte.

nis) nicht abzugsfähig behandelt. Kommt es später zum vorzeitigen unentgeltlichen (also schenkungsteuerpflichtigen) Verzicht auf das vorbehaltene Nutzungsrecht – auf die Berechnung des Kapitalwertes des Nießbrauchsverzichts finden §§ 13a, 13b, 13c ErbStG keine Anwendung –, muss auch insoweit eine Doppelerfassung des Nutzungsrechts vermieden werden. Dies geschieht nach Verwaltungsauffassung dadurch, dass der (historisch festgestellte) Teil des Steuerwerts des Nutzungsrechts, der bei der Ursprungsbesteuerung der Übertragung gemäß § 10 Abs. 6 ErbStG gekürzt wurde, bei der Besteuerung des Schenkungserwerbs als Folge des durch den Verzicht ausgelösten Schenkungserwerbs wiederum (in identischer Höhe) abgezogen wird.[847] Erfolgt der Verzicht innerhalb des 10-Jahres-Zeitraums des § 14 ErbStG, ist der verbleibende Zuwendungsbetrag des Vorerwerbs (Übertragung des Gegenstands selbst) mit dem verbleibenden Schenkungswert des Verzichtserwerbs zu addieren und die damals entrichtete Steuer in Abzug zu bringen.

▶ Beispiel:

Übertragen wird ein zu Wohnzwecken vermietetes 2-Familien-Haus mit einem steuerlich ermittelten Wert von 750.000 €, der wegen § 13d ErbStG um 10 % (also 75.000 €) gekürzt wird. Der (gem. § 14 BewG kapitalisierte) Nießbrauchswert betrage (angenommen) 225.000 €, wovon jedoch wiederum, gemäß § 10 Abs. 6 Satz 5 ErbStG, ein Zehntel, also 22.500 €, nicht abzugsfähig ist. Die verbleibende Bereicherung errechnet sich damit auf (675.000 € abzüglich 202.500 € =) 472.500 €, was, abzüglich des persönlichen Freibetrags von (angenommen) 400.000 €, zu einem steuerpflichtigen, mit einem Steuersatz von 7 % belegten, Erwerb von 72.500 € führen würde, die Steuer beträgt also 5.075 €.

4847

Wird, angenommen, zwei Jahre später auf den Nießbrauch unentgeltlich verzichtet – der Kapitalwert hat sich, durch die geringere Lebenserwartung bei unterstellt gleichbleibender Rendite, auf beispielsweise 215.000 € reduziert –, ist vom zu versteuernden Schenkungswert des nunmehrigen Verzichts (also 215.000 €) wiederum der bei der ursprünglichen Schenkung unberücksichtigt gebliebene Anteil des Nießbrauchs, also 22.500 €, abzuziehen, so dass noch 192.500 € Verzichtserwerb verbleiben.

Wegen § 14 ErbStG ist der historische Vorerwerb von 472.500 € zu addieren, so dass sich ein Gesamterwerb von 665.000 € ergibt, was – vermindert um den persönlichen Freibetrag von 400.000 € – zu einem steuerpflichtigen Gesamterwerb von 265.000 € führt, bei einem Steuersatz von 11 % also zu einer Gesamtsteuer von 29.150 €, von der die zwei Jahre zuvor gezahlte Steuer in Höhe von 5.075 € abzuziehen ist, so dass noch ein Betrag in Höhe von 24.075 € zu entrichten ist.

bb) entgeltlich

Erfolgt die vorzeitige Aufhebung des Nießbrauchs gegen wertentsprechendes **Entgelt**, liegt hierin für den Nießbraucher (sofern er früher Eigentümer war) keine nachträgliche Veräußerung des zuvor übertragenen Wirtschaftsgutes;[848] es handelt sich vielmehr um eine steuerfreie Umschichtung auf der Vermögensebene; es handelt sich nicht um einen »Ersatz für entgangene künftige Einnahmen« i.S.d. § 24 EStG; im Falle der Verrentung ist der Zinsanteil zu versteuern.[849] Der Eigentümer, der die Ausgleichszahlung erbringt, schafft nachträgliche Anschaffungskosten.[850]

4848

---

847 BayLfSt, 05.12.2014 – S 3837.1.1 -4/2 St 34, ZEV 2015, 68, fußend auf BFH, 20.05.2014 – II R 7/13, BStBl 2014 II 896; Berechnungsbeispiel bei *Hutmacher*, ZNotP 2015, 377, 381.
848 Jedenfalls wenn der Verzicht auf einer späteren Änderung der Verhältnisse beruht, vgl. FG Düsseldorf, 06.08.2010 – 1 K 2690/09 E, ErbStB 2010, 328 m. Anm. *Heinrichshofen*.
849 *Milatz/Bockhoff*, ErbStB 2013, 384, 388.
850 BFH, 21.07.1992 – IX R 14/89, BStBl 1993 II 484.

4849 Eine die schenkungsteuerliche Belastung **mindernde Gegenleistung** kann (außer in der Übernahme der bisher vom Nießbraucher zu bedienenden Verbindlichkeiten, Rdn. 4866) in einer als Bestandteil der Aufhebungsabrede (also nicht nachträglich!)[851] zu vereinbarenden Einmalzahlung zur »Ablösung« des Nießbrauchs liegen, aber auch in dessen Ersetzung durch einen schwächeren Duldungsvorbehalt (Wohnungsrecht), i.d.R. kombiniert mit wiederkehrenden Verpflichtungen zu Dienst- oder Geldleistungen (Taschengeld, hauswirtschaftliche Versorgung). Eine solche »**gleitende Übergabe**« kann bereits zu Beginn vereinbart sein: Der bisherige Eigentümer will zunächst das Wirtschaftsgut selbst weiter bewirtschaften, behält sich jedoch vor, zu einem von ihm zu bestimmenden Zeitpunkt zu wechseln in die Rolle des »passiven« Empfängers von Versorgungsleistungen.[852] Darin wird die innere Verwandtschaft des Vorbehaltsnießbrauchs mit dem Institut der Vermögensübergabe gegen Versorgungsleistungen deutlich (im ersteren Fall erwirtschaftet noch der Veräußerer die Erträge, im Letzteren obliegt dies dem Erwerber, jedenfalls bis zur Grenze der Ertragskraft des übertragenen Vermögenswerts, vgl. Rdn. 6349 ff., dort auch zur seit 2008 geltenden Beschränkung auf Betriebsvermögen Rdn. 6376 ff.). Zur Übertragung des Nießbrauchs auf ein Surrogationsobjekt vgl. Rdn. 4813 (in Bezug auf die Schenkungsteuer, zum bis 31.12.2008 bestellten Nießbrauch, bzw. Rdn. 4850 zum seit 01.01.2009 bestellten Nießbrauch) bzw. Rdn. 5823 und 5841 (in Hinsicht auf die Ertragsteuer, jeweils wiederum für Nießbrauchsrechte bis Ende 2008 einerseits und seit 2009 andererseits).

cc) Surrogation

4850 Wird der vorzeitig aufgegebene Nießbrauch am neu angeschafften **Surrogat** zivilrechtlich wieder bestellt (Rdn. 1292), hat der BFH zum bisherigen Recht (Rdn. 4813), also für bis zum 31.12.2008 bestellte Nießbrauchsrechte, entschieden, dass die Stundungswirkung des § 25 ErbStG a.F. nicht vorzeitig endet, wenn bereits bei der ursprünglichen Nießbrauchsbestellung die Fortsetzung des Nießbrauchs am Erlös oder am davon neu angeschafften Objekt ausbedungen wurde.[853] In diesem Fall wird für ab dem 01.01.2009 bestellte Nießbrauchsrechte demzufolge auch in der Löschung (zur Ermöglichung des Verkaufs) keine unentgeltliche Zuwendung i.S.d. § 7 Abs. 1 Nr. 1 ErbStG liegen.[854] In den anderen Fällen (also bei Fehlen einer Abrede im Sinne der Rdn. 1301 bereits bei der Erstbestellung des Nießbrauches) steht zu befürchten, dass die Finanzverwaltung zwei Zuwendungen annimmt: in Gestalt der Löschung am Altobjekt, sodann der Bestellung am Neuobjekt.[855]

Die ertragsteuerliche Wertung birgt für den Steuerpflichtigen weniger Risiken, da der BFH in der Annahme eines »verlängerten Vorbehaltsnießbrauchs« großzügig ist, vgl. Rdn. 5823, 5841.

d) Abzugsbeschränkungen

4851 Nachteilig wirkt sich allerdings aus, dass künftig der Abzug des Nießbrauchs bei betrieblichem Vermögen nicht mehr ungeschmälert stattfinden kann, da § 10 Abs. 6 Satz 4 ErbStG, der diesbezügliche eine Sonderbehandlung für Duldungsauflagen anordnete, entfällt. Für alle »Schulden«, also abzugsfähige Lasten wie auch den vorbehaltenen Nießbrauch, gilt künftig der Grundsatz des § 10

---

851 BFH, 17.05.2006 – X R 2/05, ZEV 2006, 422 m. Anm. *Schönfelder;* andernfalls ist der erforderliche Zusammenhang unterbrochen.
852 War allerdings bei Nießbrauchsbestellung dessen baldige Ablösung bereits bekannt, kann der Sonderausgabenabzug aufgrund der Gesamtplan-Rspr. verwehrt sein, vgl. *Korn/Strahl*, NWB, Fach 2, S. 9134.
853 BFH, 11.11.2009 – II R 31/07 ZEV 2010, 208; dem folgt nun auch die Finanzverwaltung: FinMin Baden-Württemberg, Erlass v. 10.05.2010, 3 – S 3837/7, ZEV 2010, 332; vgl. *Götz/Hülsmann,* DStR 2010, 2377 ff.
854 Ebenso *Milatz/Bockhoff*, ErbStB 2013, 384, 385.
855 Mit der weiteren Komplikation, dass ertragsteuerlich der Zuwendungsnießbrauch an Kapitalvermögen (Kaufpreis, der als Surrogat aus dem Verkauf erlangt wird) nicht anerkannt wird, Rdn. 1454, vgl. FG Münster, 16.05.2013 – 2 K 577/11 Erb, ErbStB 2014, 93 m. krit. Anm. *Rothenberger.*

Abs. 6 Satz 5 ErbStG mit der Folge, dass der Schuldenabzug gekürzt wird im Verhältnis zwischen Verkehrswert und steuerlich anzusetzendem Wert. Wird also bspw. der Verschonungsabschlag von 85 % gem. § 13a ErbStG-E gewährt, ist auch der Nießbrauchswert um 85 % zu kürzen. Wird jedoch ein Nachsteuertatbestand im unternehmerischen Bereich (der Wohnimmobilienbereich kennt einen solchen nicht) i.S.d. § 13a Abs. 5 ErbStG verwirklicht, führt dies wohl dazu, dass nun der Nießbrauch i.R.d. Nachversteuerung in entsprechend höherem Maße, also im Maß des anteiligen Wegfalls des Verschonungsabschlags, berücksichtigt werden muss.[856]

Nach der bis Ende 2008 geltenden Rechtslage war zwar der steuerliche Wert des Betriebsvermögens um 35 % zu reduzieren, der kapitalisierte Nießbrauchswert selbst wurde jedoch in voller Höhe ermittelt mit der Folge, dass teilweise – v.a. bei jüngeren Nießbrauchern – eine gänzliche Stundung der Steuer erreicht wurde, da die Nießbrauchslast zu 100 %, das Betriebsvermögen jedoch nur zu 65 % angesetzt wurden. Solche »Bewertungsüberhänge«, die beim Effektivabzug des Nießbrauchs künftig zu einem vollständigen Steuererlass führen würden, sind nun ausgeschlossen. In solchen Konstellationen kann die Besteuerung bei nießbrauchsbelastetem Betriebsvermögen nach altem Recht sogar günstiger sein als nach neuem Recht, v.a. wenn von der Möglichkeit der abgezinsten Ablösung Gebrauch gemacht wird.

4852

Bei **Wohn-Mietimmobilien** sind wegen § 13d ErbStG lediglich 90 % des Nießbrauchswerts abzugsfähig (vgl. § 10 Abs. 6 Satz 5 ErbStG). Für Übertragungen ab 2009 lässt sich folgende vereinfachende »Daumenregel« aufstellen: Der Jahreswert, der bei der Bewertung des Nießbrauchs zu vervielfachen ist, darf gem. § 16 BewG nicht höher sein als der Steuerwert des nießbrauchsbelasteten Vermögens dividiert durch 18,6. Diese Begrenzung greift also bei Immobilien dann, wenn der Ertragswert auf der Multiplikation eines Reinertrags (dieser ist allerdings nicht genau identisch mit dem Jahreswert des Nießbrauchs, vgl. Rdn. 4599 ff.) mit einem Vervielfältiger von weniger als 18,6 beruht, demnach bei Wohnimmobilien stets dann, wenn die Restnutzungsdauer 54 Jahre nicht übersteigt, d.h. die Wohnimmobilie nicht jünger als 26 Jahre ist. In diesem Fall gilt für die Bewertung der Übertragung von vermieteten Wohnimmobilien unter Nießbrauchsvorbehalt:

4853

Steuerlich anzusetzender Wert ist »90 vom Hundert des Immobilienwerts« abzgl. »90 vom Hundert mal ein 18,6stel des Immobiliensteuerwerts mal Vervielfältiger«, d.h. bei entsprechender Auflösung der Gleichung:

▶ Hinweis:

Der max. steuerfrei übertragbare Immobilienwert beläuft sich also auf den persönlichen Schenkungsteuerfreibetrag mal 18,6 dividiert durch 0,9-mal (18,6 minus Vervielfältiger).

e) Berechnungsbeispiele

Unter Ausnutzung des vollen Kinderfreibetrags von 400.000,00 € kann demnach bspw. durch eine 35-jährige Frau (Vervielfältiger 17,248) ein Immobilienwert von 6,114 Mio. € (vermietet) steuerfrei übertragen werden.[857]

4854

---

856 Vgl. *Hannes/Steger*, ErbStB 2009, 122.
857 Vgl. NWB 2009, 1113.

Steuerfrei zu übertragende Immobilien (Wert nach BewG)

Alter	Mann		Frau	
	Vervielfältiger	Immobilienwert	Vervielfältiger	Immobilienwert
35	16,812	4.623.415,36 €	17,248	6.114.398,42 €
40	16,265	3.540.328,34 €	16,821	4.646.805,32 €
45	15,581	2.738.213,54 €	16,276	3.557.085,48 €
50	14,74	2.141.623,49 €	15,591	2.747.313,61 €
55	13,73	1.697.467,49 €	14,736	2.139.406,49 €
60	12,531	1.362.113,47	13,679	1.679.875,36 €
65	11,135	1.107.390,04 €	12,384	1.329.901,33 €
70	9,555	913.948,77 €	10,813	1.061.598,39 €
75	7,879	771.072,35 €	9,017	862.638,70 €
80	6,219	667.689,74 €	7,094	718.465,73 €
85	4,683	593.997,75 €	5,256	619.504,40 €
90	3,382	543.216,37 €	3,706	555.033,35 €

4855 Unter **Einschaltung eines Familien-Pools**, bei dem alle 10 Jahre erneut Anteile an einer vermögensverwaltenden Gesellschaft übertragen werden, lassen sich so auch hohe Immobilienvermögen steuerfrei transferieren, sofern nur früh genug damit begonnen wird und die Freibeträge nach beiden Eltern ausgenutzt werden, bspw. zuvor in Verrechnung mit Zugewinnausgleichsansprüchen durch Wechseln des Güterstands ein nennenswerter Anteil auf den Ehegatten übertragen wurde.

f) Berücksichtigung auf der Bewertungsebene

4856 Während der BFH den Nießbrauch nicht schon bei der Ermittlung des gemeinen Werts, sondern erst bei der Ermittlung der steuerpflichtigen Bereicherung berücksichtigen will (a.A. die Finanzverwaltung, vgl. im Einzelnen Rn. 3239 der 3. Auflage), hat der Gesetzgeber 2009 diese Streitfrage nicht ausdrücklich entschieden, jedoch klargestellt, dass eine doppelte Berücksichtigung nicht in Betracht kommt (§ 10 Abs. 6 Satz 6 ErbStG, vgl. Rdn. 4669 f). Dieser Grundgedanke dürfte wohl auch für den Nießbrauch an Gesellschaftsanteilen gelten (trotz des einschränkenden Wortlauts »Grundstücksbelastungen«). Demnach gilt: Jedenfalls seit 2009 steht ein Wahlrecht zur Verfügung, auf welche Weise der Steuerpflichtige den Nießbrauchsabzug bewerkstelligen möchte: Entweder, wie vorerläutert, unter Anwendung der pauschalierenden Ansätze des Bewertungsgesetzes samt der Tabelle gem. § 14 Abs. 1 Satz 4 BewG, oder nach seinem tatsächlich wertreduzierenden Effekt i.R.d. Ermittlung des Verkehrswerts (gemeinen Werts), etwa als Ergebnis eines Gutachtens gem. § 198 BewG, vgl. Rdn. 4669 (naturgemäß dann ohne erneuten Abzug gem. § 10 Abs. 6 Satz 2 ErbStG[858]).

4857 Letzteres ist bspw. dann interessant, wenn der Nießbraucher bereits recht betagt ist, so dass der Abzug nach Bewertungsgesetz nur gering ausfällt, tatsächlich am Immobilienmarkt jedoch bereits aufgrund der Nießbrauchsbelastung als solcher, ohne exakte versicherungsmathematische Berücksichtigung des Lebensalters, ein deutlich höherer Abschlag hinzunehmen ist. Ähnliche Unterschiede können sich ergeben, wenn die Jahreswertbegrenzung auf 1/18,6 des Steuersubstanzwerts gem.

---

858 Keine Doppelverwertung: OFD Münster, 17.02.2012 – S 3104–14 – St 23–35, ZEV 2012, 344.

§ 16 BewG zu einer deutlichen Kappung führt, die bei der Berücksichtigung i.R.d. Verkehrswertermittlung naturgemäß ebenfalls nicht gilt. Letztere legt den Versicherungsbarwert mithilfe von Leibrentenbarwertfaktoren unter Berücksichtigung des Liegenschaftszinses des belasteten Objektes zugrunde. Für die Besteuerung des Nutzungsrechtes selbst (etwa bei einem vermächtnisweise zugewendeten Nießbrauch) ist dann – nach geltender Rechtslage – der Jahreswert der Nutzung gem. § 16 BewG ihrerseits auf den 18,6ten Teil des (bereits unter Abzug des Nutzungsrechtes ermittelten!) gutachterlich festgestellten, deutlich geringen Steuergrundbesitzwertes zu begrenzen.[859] Der Abzug auf der Bewertungsebene hat weiter den Vorteil, dass der Sachverständige nicht an den Zinssatz von 5,5 % gem. § 12 Abs. 3 BewG, Rdn. 6217 ff., gebunden ist, und die Abzugsbeschränkung für aufschiebend bedingte Nutzungsrechte gem. § 6 BewG bei einer Wertermittlung nach der ImmoWertV nicht gilt.[860]

▶ Hinweis zur Vermeidung der Begrenzung nach § 16 BewG und der Nachbewertung nach § 14 BewG:

Wird der gemeine Wert des Vermögensgegenstands durch ein Gutachten nachgewiesen, in dem die Nutzungsbelastung berücksichtigt ist, was jedenfalls nach Auffassung der Finanzverwaltung zulässig ist,[861] gilt die Begrenzung des Abzugs nach § 16 BewG (Kappung des Jahreswerts der Nutzung) nicht. Zu erwägen ist ferner, anstelle der Vermögensübertragung unter Nießbrauchsvorbehalt eine Übertragung gegen Versorgungsleistungen zu vollziehen, da § 16 BewG in diesem Fall ebenfalls nicht greift. Auch eine Nachbewertung gem. § 14 Abs. 2 BewG bei »vorzeitigem« Ableben des Nutzungsberechtigten findet nicht mehr statt, wenn das Nutzungsrecht bereits endgültig i.R.d. Gutachtens nach § 198 BewG berücksichtigt wurde.[862]

4858

g) Nießbrauchsvermächtnis

Gerade bei vermögenden Eltern sind häufig **testamentarische Lösungen** anzutreffen, wonach die gemeinsamen Kinder sofort die Vermögenssubstanz erben, der überlebende Ehegatte jedoch als Dauertestamentsvollstrecker die Verwaltungs- und Verfügungsbefugnis (d.h. die Kontrolle) über den gesamten Nachlass behält und zum anderen durch Vermächtnis einen Nießbrauch am Nachlass oder einen Nießbrauch an den Erbteilen bzw. an den Nachlassgegenständen erhält. Dieses sog. **»württembergische Modell«** wird durch den ersatzlosen Wegfall des § 25 ErbStG a.F. und damit durch die Rückkehr zum Korrespondenzprinzip auch für Nießbrauchsrechte deutlich attraktiver, da jedermann nur seine tatsächliche Bereicherung zu versteuern hat. Es ist allerdings kontraproduktiv im Hinblick auf das zu vererbende Eigenheim, da weder der Erbe – z.B. das Kind – (der Nießbrauch des überlebenden Elternteils schließt die Eigennutzung i.S.d. § 13 Abs. 1 Nr. 4c ErbStG aus), noch der Nießbraucher (mangels Eigentum i.S.d. § 13 Abs. 1 Nr. 4b ErbStG) in den Genuss der erbschaftsteuerlichen Privilegierung kommt, vgl. Rdn. 4929 ff.

4859

▶ Hinweis: Verjährungsfalle beim »Württembergischen Modell«:

In der Vergangenheit hat allerdings häufig der überlebende Ehegatte im Vertrauen auf seine Dauertestamentsvollstreckung und die bisherige 30-jährige Verjährung des Vermächtnisanspruchs die Erfüllung des Nießbrauchsvermächtnisses durch dingliche Bestellung solcher Rechte sehr nachlässig betrieben. Daher sollte im Testament, im Hinblick auf die zum 01.01.2010 eintretende Verkürzung der Verjährungsfrist, gem. § 202 Abs. 2 BGB wiederum eine Verlängerung auf 30 Jahre angeordnet werden.[863] Zu Bedenken ist auch, dass das Amt des (Ehegat-

4860

---

859 Hierauf weisen *Krause/Grootens*, NWB 2011, 1142, 1146 hin.
860 *Geck/Messner*, ZEV 2012, 409, 412.
861 BStBl. 2004 I, S. 272.
862 Vgl. *Krause/Grootens*, NWB 2011, 1142, 1147; vgl. BFH, 09.04.2014 – II R 48/12 ZEV 2014, 320 m. Anm. *Wachter;* hierzu *Milatz/Herbst*, ErbStB 2013, 190 ff.
863 Vgl. *Schaal/Griegas*, BWNotZ 2008, 2, 23; *Kein*, ZEV 2008, 162, 169.

ten-)Vollstreckers gem. § 2225 BGB erlischt, wenn er geschäftsunfähig oder in Vermögensangelegenheiten betreut ist.[864]

h) Grunderwerbsteuer

4861 Schenkungen an Verwandte in der Seitenlinie oder an nicht verwandte Dritte (Steuerklasse II und III) unter Nießbrauchsvorbehalt lösen ab 2009 **Grunderwerbsteuer** i.H.d. kapitalisierten Nießbrauchswerts aus, der bei der Bemessung der Schenkungsteuer abgezogen wurde, da § 3 Nr. 2 GrEStG insoweit nicht mehr sperrt[865] (vgl. im Einzelnen Rdn. 5561 ff.). Ist der Erwerber zudem verpflichtet, ab Erlöschen des Nießbrauchs die dann noch bestehenden Verbindlichkeiten zu übernehmen, erhöht sich ab diesem Zeitpunkt die Gegenleistung und damit die Grunderwerbsteuer um (mindestens) 3,5 % des noch bestehenden Schuldsaldos (nachträgliche Leistung gem. § 9 Abs. 2 Nr. 1 GrEStG; Steuerentstehung mit Eintritt der Bedingung, § 14 GrEStG);[866] die Schenkungsteuer ist herabzusetzen (wobei der Schuldübernahmebetrag auf den Zeitpunkt des Entstehens der Steuer, also den Schenkungszeitpunkt, abzuzinsen ist.[867] Unproblematisch ist demnach allein die Übertragung unter Nießbrauchsvorbehalt an Kinder/Stiefkinder, Ehegatten der Kinder/Stiefkinder, sowie an den eigenen Ehegatten.

5. Leistungsauflagen

4862 Leistungsauflagen sind auf Zahlung von Geld, Übernahme von Verbindlichkeiten[868] oder auf Erbringung von Dienstleistungen gerichtete Vereinbarungen,[869] die der Verpflichtete unabhängig vom Innehaben des auf ihn übergegangenen Vermögens erbringen kann.[870]

a) unbedingte Leistungsauflagen

4863 Bei der Schenkung unter einer Leistungsauflage liegt schenkungsteuerlich derselbe Sachverhalt vor **wie bei einer gemischten Schenkung**. In Besteuerungsfällen bis Ende 2008 (Rdn. 4780 ff.) wurde daher der Steuerwert der Leistung des Schenkers in dem Verhältnis aufgeteilt, in dem der Verkehrswert der Bereicherung zum Verkehrswert des geschenkten Vermögens steht. Auch hier wurde also der Steuerwert der Leistungsauflage anteilig »gekürzt« im Verhältnis zwischen Verkehrswert und Steuerwert der Zuwendung selbst. Eine weitere Abzugsbeschränkung, wie etwa in § 25 ErbStG a.F. für die Nutzungs- oder Duldungsauflagen enthalten, bestand jedoch nicht.[871]

---

864 Hierauf weist *Schaal*, notar 2010, 431, 440 hin.
865 OFD Münster v. 11.02.2009 – Kurzinformation Nr. 002/2009 GrEStG, ZEV 2009, 648; BayStMinFin v. 17.04.2009 (36 S 4505–026–16 097/09); *Theissen/Steger*, ErbStB 2009, 158, 165.
866 *Theissen/Steger*, ErbStB 2009, 158, 166.
867 Gemäß Tabelle I der gleichlautenden Ländererlasse v. 07.12.2001 – BStBl. 2001 I, S. 1041 und BStBl. 2002 I, S. 112; vgl. *Theissen/Steger*, ErbStB 2009, 158, 166.
868 Wird nur das Grundpfandrecht ohne zugrunde liegende Verbindlichkeit übernehmen, bleibt das dingliche Haftungsrisiko zunächst außer Betracht; muss jedoch der Erwerber später Zins- und Tilgungszahlungen zur Vermeidung einer Zwangsvollstreckung übernommen oder erleidet er den zwangsweisen Zugriff, handelt es sich um den Eintritt der aufschiebenden Bedingung einer gemischten Schenkung, die auf nachträglichen Antrag zu einer Minderung der Erbschaftsteuer führt (BFH, BStBl. 2002 II, S. 165; H 17 Abs. 2 ErbStR 2003).
869 Trotz fehlender Beurkundung können vorab erbrachte Dienstleistungen als Gegenleistung anzuerkennen sein, wenn die Dienstleistung an sich gegen Entgelt zu erbringen und die Grundstücksübertragung als eine mögliche Vergütungsform in Aussicht genommen war: FG Rheinland-Pfalz, DStRE 2003, 551.
870 Nach BFH, 13.04.2011 – II R 27/09 ZEV 2011, 390 m. Anm. *Daragan* = ErbStB 2011, 183 liegt eine Leistungsauflage in einem schuldrechtlichen Gewinnbezugsrecht, das zugunsten Dritter bei der Übertragung eines Gesellschaftsanteils vereinbart wurde.
871 Vgl. R 17 Abs. 7 Satz 5 ErbStR. § 25 ErbStG a.F. galt (entgegen seinem Wortlaut) nicht für Leistungsauflagen.

Nach der für Besteuerungsfälle seit 2009 geltenden Rechtslage erfolgt der Abzug, wie bei der gemischten Schenkung (Rdn. 4791 ff.), nun grds. mehr mit dem vollen Steuerwert. Wiederkehrende Leistungen, gleich wie sie ertragsteuerlich einzustufen sind (Rdn. 6325 ff.), werden mit ihrem kapitalisierten Jahreswert abgezogen (der sich bei **Pflegeverpflichtungen** an den beim Eintritt der Verpflichtung geltenden[872] Pauschalvergütungen für Pflegesachleistungen gem. § 36 Abs. 3 SGB XI orientiert [Rdn. 1254 f.],[873] – nach neuerer Verwaltungsauffassung auch pauschal in Höhe von **11,00 €**[874] **je Zeitstunde**[875] [gerichtliche Entscheidungen setzen regelmäßig höhere Stundensätze an[876]] – abzgl. etwa[877] weitergereichten Pflegegeldes und bezogener externer Pflegekrafteinsätze, multipliziert mit dem Vervielfältiger der Anlage zu § 14 Abs. 1 Satz 4 BewG, und damit bereits mit 5,5 % [!] abgezinst auf den Zeitpunkt der Schenkung gemäß Faktor aus Tabelle 1 zu § 12 Abs. 3 BewG, Rdn. 6217 ff.).[878] Eine Begrenzung des Jahreswerts auf 1/18,6-tel des Steuerwerts des übertragenen Objektes findet, anders als bei Nutzungen (§ 16 BewG), nicht statt.

4864

Oft führt der Vorbehaltsnießbrauch (so dass der Veräußerer die Erträge weiter selbst erwirtschaftet) – jedenfalls in der Variante der sofortigen Steuerablösung mit Abzinsungseffekt, vgl. hierzu die Berechnungsbeispiele in der 4. Auflage dieses Werks zur Rechtslage bis Ende 2008,[879] Rn. 4264 ff. – und die Alternative der vorbehaltenen Versorgungsrente, bei welcher also die Erträge durch den Erwerber zu erwirtschaften sind, zu schenkungsteuerlich vergleichbaren Ergebnissen. (Ertragsteuerlich weichen sie jedoch deutlich voneinander ab, zu erwähnen ist etwa die Möglichkeit des Sonderausgabenabzugs der Versorgungsrentenzahlungen beim Erwerber, die allerdings nun auf Betriebsvermögen beschränkt ist, Rdn. 6317 ff.)

4865

b) aufschiebend/auflösend bedingte Leistungsauflagen

Gem. § 6 Abs. 1 BewG werden Lasten, deren Entstehung vom Eintritt einer aufschiebenden Bedingung eintritt (z.B. Pflegeverpflichtungen, die naturgemäß erst ab künftigen Eintritt der Pflege-

4866

---

872 FinBeh Hamburg v. 25.08.2008 – 53 S 3806–012/06, NWB 2008, 3551: also keine Berücksichtigung künftiger Pflegesachleistungserhöhungen.
873 Vgl. H E 7.4 Abs. 1 ErbStH 2011; OFD Hamburg v. 01.08.2002 – S 3806–10/01 – St 41, ZNotP 2002, 431; FinMin Baden-Württemberg v. 09.09.2008 – 3 S 3806/37, ZEV 2008, 503; Berechnungsbeispiel bei *Kieser*, ZErb 2014, 300, 301.
874 Es handelt sich um den [auf einen vollen Euro-Betrag aufgerundeten] Mittelwert des Verhältnisses der im Jahr 2016 [also vor der Umstellung von Pflegestufen in Pflegegrade] gesetzlich festgelegten monatlichen Pauschalvergütung bei Inanspruchnahme von Pflegesachleistungen gem. § 36 Abs. 3 SGB XI zum jeweiligen Zeitaufwand für die erforderlichen Leistungen der Grundpflege und hauswirtschaftlichen Versorgung gem. § 15 Abs. 3 SGB XI. Dem Beschenkten steht es jedoch frei, einen höheren Wert seiner Leistungen nachzuweisen; auch an die Erforderlichkeit der Pflegeerbringung sind nach Verwaltungsauffassung keine allzu strengen Anforderungen zu stellen, jedenfalls nicht mehr bei mindestens 80 Jahre alten Personen.
875 Rundverfügung der OFD Frankfurt/Main v. 18.05.2017, ZEV 2017, 431, Nr. 4; ebenso Berechnungsbsp. des BayLfSt, 08.06.2016 – S 3806.1.1-1/9 St 34, ZEV 2016, 471 f.; Ziff. 4 der Gleichlautenden Ländererlasse v. 04.06.2014, ZEV 2014, 447 [in Abänderung von H E 7.4[1] und H E 13.5[2] ErbStH 2011]. Überblick bei *Grootens*, ErbStB 2015, 114, 116.
876 Z.B. FG Hamburg, 14.03.2017 – 3 V 12/17, ZEV 2017, 468: ohne Nachweis 15 € je Stunde gem. Pflegetagebuch [beantragt waren allerdings 47 €/Stunde].
877 Schenkungsteuerfrei, § 13 Abs. 1 Nr. 9a ErbStG.
878 Im Einzelnen Erlass des Bay. Staatsministeriums der Finanzen v. 06.12.2002 – 34 S 3806 45/4 – 54702, RNotZ 2003, 206 ff., dem das Beispiel entnommen ist; ähnlich OFD Koblenz, ErbStB 2003, 80. Die genannte Tabelle ist veröffentlicht als Anlage 1 zum gleichlautenden Ländererlass v. 07.12.2001 (Bewertung von Kapitalforderungen und Kapitalschulden sowie von Ansprüchen/Lasten bei wiederkehrenden Nutzungen und Leistungen nach dem 31.12.1995 für Zwecke der Erbschaft- und Schenkungsteuer) BStBl. 2001 I, S. 1041, beck online, BeckVerw033092.
879 Nach *Korezkej*, DStR 2002, 2205.

bedürftigkeit[880] zu erbringen sind, Schuldübernahmen, die erst beim Erlöschen des Nießbrauchs eintreten), zunächst noch nicht berücksichtigt. Sie **führen erst dann** zum Abzug (§ 6 Abs. 2 i.V.m. § 5 Abs. 2 BewG), wenn die Bedingung eintritt, und zwar mit dem tatsächlichen (also auf den Ausführungszeitpunkt der Schenkung abgezinsten,[881] Rdn. 4424) Wert des Abzugs, und nur auf Antrag, der bis zum Ablauf des Jahres zu stellen ist, das auf den Eintritt der Bedingung folgt (vgl. Rdn. 1388, 1987); Gleiches gilt in ertragsteuerlicher Hinsicht, Rdn. 6253. Die Rechtslage entspricht der Bewertung aufschiebend bedingter Erwerbe: auch insoweit findet eine Besteuerung erst bei Eintritt der aufschiebenden Bedingung statt, § 4 BewG, unter Ansatz des dann vorhandenen Wertes und in Anwendung der dann geltenden Rechtslage.

4867 Die i.R.d. Erstveranlagung endgültig festgesetzte **Schenkungsteuer** ist beim nachträglichen Hinzutreten der bisher nur aufschiebend bedingten Last also auf Antrag auch nach Bestandskraft des Bescheides gem. § 175 Abs. 1 Satz 1 AO **zu berichtigen**.[882] Sofern keine Freistellung wegen der Verwandtschaft von Veräußerer und Erwerber (Ehegatten/gerade Linie, § 3 Nr. 6 GrEStG) vorliegt, ist bei Berücksichtigung der erbrachten Pflege als Gegenleistung allerdings der angesetzte Wert der Grunderwerbsteuerstelle mitzuteilen.

4868 Hierzu folgendes

▶ Beispiel:

Der am 05.05.1924 geborene Veräußerer überträgt am 01.10.1996 eine Immobilie gegen die Verpflichtung zur Pflege gemäß Stufe I im Bedarfsfall. Dieser tritt am 25.06.2002 ein. Auf Antrag wird daher berücksichtigt: Jahreswert der Pflegeleistung (Pauschalvergütung für Pflegesachleistungen der Stufe I – Rdn. 4864 –; Wertansätze des Jahres 2002) 384,00 € × 12 = 4.608,00 €, Vervielfältiger gem. § 14 Abs. 1 BewG i.V.m. Anlage 9 zum BewG bei 78 Jahren, männlich: 5,198, also 23.952,00 € (46.846,00 DM). Dieser Betrag ist auf den Zeitpunkt der Schenkung, den 01.10.1996 abzuzinsen durch Multiplikation mit dem Faktor gemäß Tabelle 1 zu § 12 Abs. 3 BewG (bei einer bisherigen Laufzeit von 5 Jahren 265 Tagen also 0,736, demnach auf 34.479,00 DM).

4869 Im Kern gilt gleiches bei **auflösend bedingten Lasten** (z.B. den, wenn auch nicht wahrscheinlichen, Fall einer sofort in Kraft tretenden Pflegeverpflichtung, sofern der zu Pflegende sich wider Erwarten erholt): Sie werden gem. § 7 Abs. 1 BewG zunächst wie unbedingte abgezogen, tritt die auflösende Bedingung jedoch ein, ist die Schenkungsteuer jedoch entsprechend zu berichtigen, sofern die Festsetzungsfrist noch nicht abgelaufen ist (§ 169 Abs. 1 AO), die hier jedoch erst mit dem Ablauf des Kalenderjahres zu laufen beginnt, in dem die auflösende Bedingung eintritt, § 175 Abs. 1 Satz 2 AO.

4870 In vergleichbarer Weise werden **auflösend bedingte Erwerbe** gem. § 5 Abs. 1 BewG zunächst wie unbedingte versteuert, ab dem Wegfall des Erwerbs durch Eintritt der auflösenden Bedingung jedoch auf fristgebundenen Antrag des Steuerpflichtigen nur nach dem Wert des tatsächlich stattgefundenen Erwerbs, § 5 Abs. 2 BewG, also im Regelfall nur in Bezug auf die gezogenen Nutzungen (dieser Rechtsgedanke kommt in § 29 Abs. 2 ErbStG zum Ausdruck).

4871 Die Regelungen zu aufschiebenden oder auflösenden Bedingungen in Bezug auf Lasten gelten gem. § 8 BewG auch für aufschiebend oder auflösend befristete Lasten, sofern der Zeitpunkt der Befristung (nicht der Eintritt des Umstands selbst) ungewiss ist (**certus an, incertus quando**). Für den praktisch wichtigsten Anwendungsfall, den Tod eines Menschen, gilt jedoch an Stelle von § 8 BewG vorrangig § 14 BewG: es wird nach den in § 14 Abs. 1 BewG niedergelegten Grundsätzen,

---

880 FG Hannover, DStRE 2005, 456.
881 BFH, 27.06.2006 – II B 162/05, BFH/NV 2006, 1845.
882 BFH, ZEV 2002, 121 ff.: § 12 ErbStG i.V.m. §§ 8, 6 Abs. 1 und 2 BewG, § 5 Abs. 2 BewG m. Anm. *Daragan*; FG München, 25.10.2006 – 4 K 1395/04, BeckRS 2006, 26022285.

nach jährlich aktualisierten Tabelle, kapitalisiert, und nur bei Unterschreiten der Aufgreifgrenzen des § 14 Abs. 2 BewG, also bei unerwartet frühem Tod, findet eine Neubewertung nach den tatsächlich durchlaufenen Zeiträumen statt.

6. Gemischte Schenkung/Leistungsauflagen neben Duldungsauflagen

Sofern Schenkungen sowohl Elemente der gemischten Schenkung bzw. Schenkung unter Leistungsauflage, einerseits, als auch der Schenkung unter Nutzungs- oder Duldungsauflage, andererseits, enthalten, war nach der bis Ende 2008 geltenden Rechtslage ein dreistufiges Ermittlungsverfahren anzuwenden (vgl. R 17 Abs. 4 ErbStR 2003): 4872

(1) Zunächst ist die Bemessungsgrundlage hinsichtlich der gemischten Schenkung bzw. Schenkung unter Leistungsauflage zu ermitteln (also der quotale Anteil der Entgeltlichkeit zu finden).
(2) Sodann ist der freigebige Teil der Zuwendung zu ermitteln, auf den die Nutzungs- oder Duldungsauflage entfällt (also das Verhältnis des Steuerwerts der Schenkung zum Steuerwert der freigebigen Zuwendung).
(3) Schließlich ist der auf den freigebigen Zuwendung entfallende Kapitalwert der Nutzungs- oder Duldungsauflage abzuziehen, sofern nicht § 25 ErbStG a.F. entgegenstand.

▶ Berechnungsbeispiel:[883]

Das von A an B übertragene Grundstück hat einen Verkehrswert von 750.000,00 € und einen schenkungsteuerlichen Bedarfswert von 426.000,00 €. B übernimmt objektbezogene Darlehen i.H.v. 150.000,00 € und gewährt der Schwester des Veräußerers ein lebenslanges Wohnrecht, dessen Kapitalwert 96.000,00 € beträgt: 4873

Der Steuerwert der freigiebigen Zuwendung ist durch proportionale Kürzung des Bedarfswerts von 426.000,00 € zu ermitteln (Grundstückswert 750.000,00 € minus gemischte Schenkung/Leistungsauflage: Schuldübernahme 150.000,00 € = 600.000,00 € im Verhältnis zu 750.000,00 € = Faktor 0,8, so dass der Steuerwert sich auf 0,8 × 426.000,00 € = 340.800,00 € berechnet). Der Steuerwert der Bereicherung ergibt sich durch Abzug des ebenfalls anteilig gekürzten Kapitalwerts des (hier abzuziehenden, da das Recht nicht für den Veräußerer oder dessen Ehegatten gewährt wird) Wohnungsrechts, d.h. durch Abzug von 0,8 × 96.000 = 76.800,00 €, so dass im Ergebnis die Bereicherung mit 264.000,00 € anzusetzen ist.

Diese Vorgehensweise ist seit Abschaffung des § 25 ErbStG, also für **Besteuerungsfälle ab 2009**, fragwürdig; sie führt dazu, dass vorbehaltene Nutzungsrechte nicht vollständig abgezogen werden können, wenn daneben weitere Gegenleistungen (mögen sie auch im Zusammenhang mit dem Nutzungsrecht stehen, z.B. die Übernahme der Heizungs-, Strom- und Instandhaltungskosten für die vom Wohnrecht des Veräußerers umfassten Räume) übernommen werden. Richtig ist es daher, den vollen Abzug des Nutzungsrechtes wie auch der übernommenen Leistungsauflagen kumuliert zuzulassen.[884] 4874

7. Rückforderungsvorbehalte

Vertragliche Rückforderungsvorbehalte bleiben hingegen gänzlich unberücksichtigt; sie führen nur für den Fall ihrer Ausübung bei Rückabwicklung der Schenkung zum Erlöschen der festgesetzten Steuer gem. § 29 ErbStG (s.u. Rdn. 4970 ff.). Bei der zivilrechtlichen Vermögensbewertung, etwa hinsichtlich der Wertansätze im Zugewinnausgleich, wird jedoch das Rückforderungsrisiko je nach dem Grad der Eintrittswahrscheinlichkeit durch einen Abschlag von etwa einem 4875

---

883 Vgl., mit Berechnungsbsp., BayLfSt, 08.06.2016 – S 3806.1.1-1/9 St 34, ZEV 2016, 471 f.
884 Vgl. *Milatz/Bockhoff*, ZEV 2011, 410, 414, mit Berechnungsbeispiel.

Drittel,[885] in pflichtteilsergänzungsrechtlichem Kontext teilweise von 10 %,[886] berücksichtigt (s. Rdn. 2108).

IX. Steuerbefreiungen und -begünstigungen

1. Zugewinnausgleich (§ 5 ErbStG)

4876 Wird der gesetzliche Güterstand der **Zugewinngemeinschaft durch** den **Tod** eines Ehegatten **beendet**, ist in erbschaftsteuerlicher Hinsicht zwischen der erbrechtlichen Durchführung des Zugewinns (pauschale Erhöhung des gesetzlichen Erbteils des überlebenden Ehegatten um ein Viertel, § 1371 Abs. 1 BGB), einerseits, und der güterrechtlichen Lösung (Ehegatte wird weder Erbe noch Vermächtnisnehmer oder schlägt die Erbschaft aus, dafür erhält er den tatsächlichen Zugewinnausgleich sowie den kleinen Pflichtteil, § 1371 Abs. 2 BGB und § 1371 Abs. 3 BGB), andererseits, zu differenzieren. Seit der Erbschaftsteuerreform 2008 gilt die Norm auch für Verpartnerte, die im gesetzlichen Güterstand der Zugewinngemeinschaft leben, § 6 LPartG. Die »erbrechtliche Abwicklung« ist dabei jeweils in § 5 Abs. 1 ErbStG, die güterrechtliche Lösung, auch beim Entstehen des Zugewinnausgleichs unter Lebenden, in § 5 Abs. 2 ErbStG erfasst.

a) Erbrechtlicher Zugewinnausgleich (§ 5 Abs. 1 ErbStG)

4877 Während sich zivilrechtlich der erbrechtliche Ausgleich stets pauschal durch die Erhöhung der Erbquote um ein Viertel vollzieht, unabhängig davon, ob tatsächlich ein Zugewinn entstanden ist oder nicht, stellt **§ 5 Abs. 1 ErbStG** (seit 1974) unter Ehegatten (nicht Lebenspartnern)[887] im gesetzlichen Güterstand des deutschen Rechtes[888] lediglich den **fiktiven Zugewinnausgleichsanspruch**, der demnach für Steuerzwecke zu ermitteln ist, frei. Die Berechnung[889] folgt dabei grds. den (reformierten[890]) gesetzlichen Vorgaben des Ehegüterrechts, §§ 1373 ff. BGB,[891] jedoch mit folgenden Abweichungen:

4878 (1) Die gesetzliche Vermutung, wonach das Endvermögen eines Ehegatten mit seinem Zugewinn identisch sei, § 1377 Abs. 3 BGB, findet gem. § 5 Abs. 1 Satz 3 ErbStG keine Anwendung. Das Finanzamt kann also z.B. den Gegenbeweis aus alten Vermögensteuerakten, Grundsteuerakten oder Grundbucheintragungen führen.

(2) Güterrechtliche Vereinbarungen, die vom gesetzlichen Zugewinnausgleichsmechanismus abweichen (gleichgültig, ob es sich um eine Erweiterung oder eine Reduzierung handelt,[892] etwa hinsichtlich der Berücksichtigung abweichenden Anfangs- oder Endvermögens, der gegenständlichen Herausnahme einzelner Gegenstände aus dem Zugewinnausgleich, einer Änderung der Ausgleichsquote, der Fälligkeit oder Durchsetzbarkeit der Forderung) bleiben gem.

---

885 OLG München, MittBayNot 2001, 85.
886 Vgl. OLG Düsseldorf, MittRhNotK 2000, 208; OLG Koblenz, RNotZ 2002, 338.
887 Keine Analogie zu § 5 Abs. 1 Satz 1 ErbStG mangels planwidriger Lücke: Schreiben des BayStMinF v. 15.07.2005, MittBayNot 2006, 277/278. Vgl. auch OFD Magdeburg, S 3800–14-St 272 v. 15.08.2003 (DStR 2003, 1486). Anders verhält es sich, wenn der überlebende Partner nicht Erbe wird oder ausschlägt und den (dann schenkungsteuerfreien) Anspruch nach § 6 Abs. 2 LPartG geltend macht.
888 Möglicherweise wegen der europarechtlich verbürgten Personenverkehrsfreiheit (Art. 18, 39 ff., 43 ff. EG) auch im Fall eines der deutschen Zugewinngemeinschaft vergleichbaren ausländischen Güterstandes hinsichtlich der in Deutschland zu entrichtenden Erbschaftsteuer, vgl. *Jeremias,* ZEV 2005, 414.
889 Überblick zum fiktiven Ausgleichsbetrag i.R.d. § 5 Abs. 1 ErbStG bei *Bruschke,* ErbStB 2014, 343 ff.; Berechnungsbeispiele bei *Bruschke,* ErbStB 2015, 302 ff.
890 Vgl. R E 5.1. ErbStR 2011; so z.B. in Bezug auf negatives Anfangsvermögen, ebenfalls indexiert [R E 5.1 Abs. 2 ErbStR 2011].
891 Überblick bei *Gelhaar,* ZErb 2016, 10 ff., auch zu den Hinzurechnungen zum Anfangs- (§ 1374 BGB) und Endvermögen (§ 1375 BGB) sowie zur Berücksichtigung vorangegangener Schenkungen unter Ehegatten (§ 1380 BGB).
892 Vgl. *Münch,* NotBZ 2009, 348, 351.

§ 5 Abs. 1 Satz 2 ErbStG, ebenfalls außer Betracht. Dies gilt nach herrschender Meinung selbst dann, wenn ehevertraglich auch der tatsächliche (familienrechtliche) Zugewinnausgleich im Todesfall (§ 1371 Abs. 2 und 3 BGB) abbedungen ist, da die gesetzliche Bezugnahme in § 5 Abs. 1 ErbStG auf § 1371 Abs. 2 BGB nur der Definition der Berechnungsgrundlage dient[893] (vorsichtige Gestalter sehen jedoch vor, den güterrechtlichen Ausgleich im Todesfall gem. § 1371 Abs. 2 und 3 BGB aufrechtzuerhalten, jedoch für den Fall, dass der länger lebende Ehegatte ihn gegen den Willen auch nur eines Abkömmlings geltend macht, auf das dem Ehegatten letztwillig Hinterlassene zu beschränken, ähnlich dem Muster in Rdn. 3881.).[894]

(3) Erhält der hinterbliebene Ehegatte steuerpflichtige Hinterbliebenenbezüge i.S.d. § 3 Abs. 1 Nr. 4 ErbStG (z.B. aufgrund von Bezugsrechten aus einer Lebensversicherung), sind diese dem Endvermögen des verstorbenen Ehegatten zuzurechnen, da sie aus dessen Vermögen »stammen«. Damit erhöht sich die fiktive steuerfreie Ausgleichsforderung um die Hälfte des Kapitalwerts dieser Hinterbliebenenbezüge, die auf diese Weise steuerfrei übergehen.   4879

Auch eine (zivilrechtlich durchaus mögliche, Rdn. 136) rückwirkende Wiedervereinbarung der Zugewinngemeinschaft ist gem. § 5 Abs. 1 Satz 4 ErbStG[895] nicht maßgeblich; ermittelt wird lediglich der Zugewinn ab tatsächlichem Ehevertragsdatum. Anders liegt es beim tatsächlichen güterrechtlichen Ausgleich des § 5 Abs. 2 ErbStG (vgl. Rdn. 4896). Im Übrigen ist Anfangsstichtag der Tag der Eheschließung bzw. der Begründung der Lebenspartnerschaft (mit Besonderheiten für Lebenspartnerschaften vor dem 31.12.2004, vgl. R E 5.1 Abs. 7 Nr. 3 ErbStR 2011).   4880

Sofern die Verkehrswerte des Nachlassvermögens höher sind als die steuerlichen Bewertungsergebnisse (etwa bei zu Wohnzwecken vermietetem Immobilienvermögen, § 13d ErbStG), wird die fiktive Zugewinnausgleichsforderung **quotal** entsprechend **gekürzt**, § 5 Abs. 1 Satz 5 ErbStG[896] (wiederum anders als beim güterrechtlichen Ausgleich des § 5 Abs. 2 ErbStG, vgl. Rdn. 4887). Die Kürzung erfolgt seit 01.01.2009 bezogen auf den Steuerwert des Endvermögens;[897] also ohne Rücksicht auf die steuerlichen Verschonungen, so dass im Ergebnis der volle Abzug der fiktiven Zugewinnausgleichsforderung erst nach Abzug etwaiger (vorläufiger) Verschonungsabschläge zum Tragen kommt. Zu diesem Zweck wird die fiktive Zugewinnausgleichsforderung, wie sie auf der Grundlage der Verkehrswerte zunächst ermittelt wurde, mit dem Endvermögen des ausgleichspflichtigen Ehegatten zu Steuerwerten multipliziert und durch das Endvermögen des ausgleichspflichtigen Ehegatten zu Verkehrswerten dividiert. Dabei bleiben aber fiktive Rechnungspositionen, die im Nachlass nicht real vorhanden sind (z.B. § 1375 Abs. 2 BGB: nicht gebilligte Schenkungen zulasten des Zugewinnausgleichsempfängers) unberücksichtigt[898] Da Wirtschafts-   4881

---

893 *Grund*, MittBayNot 2008, 19 ff. m.w.N.; keine Koppelung der steuerlichen Vergünstigung an die zivilrechtliche Ausgleichsforderung. Da zumindest §§ 1365, 1369 BGB aufrechterhalten bleiben, kann auch nicht von faktischer Gütertrennung (»Denaturierung des gesetzlichen Güterstandes«) gesprochen werden.
894 Vgl. *Jülicher*, ZEV 2006, 342; *Grund*, MittBayNot 2008, 22.
895 Gilt gem. § 37 Abs. 10 ErbStG für alle Erwerbe, für welche die Steuer ab 01.01.2004 entstanden ist (verfassungskonforme unechte Rückwirkung gem. BFH v. 13.04.2005 – II R 46/03, FamRZ 2006, 1667).
896 Diese Umrechnung von Verkehrs- auf Steuer(Bedarfs-)werte erfasst jedoch nach BFH, 29.06.2005 – II R 7/01, ZEV 2005, 488 m. Anm. *Gebel* entgegen R 11 Abs. 5 ErbStR 2003 nur solche Positionen des gesetzlichen (fiktiven) Zugewinnausgleichsanspruchs, die auch tatsächlich in den Nachlass fallen, nicht also z.B. die Hinzurechnungen von getätigten Schenkungen zum Endvermögen gem. § 1375 Abs. 2 Nr. 1 BGB, vgl. *Schlünder/Geißler*, FamRZ 2006, 1658.
897 Zuvor auf den Steuerwert des Nachlasses, vgl. FinMin Baden-Württemberg v. 26.02.2009, ZEV 2009, 154.
898 Gem. § 1375 Abs. 2 BGB dem Endvermögen zuzurechnende Vorschenkungen an Dritte sind nach BFH, 29.06.2005 – II R 7/01, ZEV 2005, 488 m. Anm. *Gebel* nur Rechengrößen bei der Zugewinnausgleichsforderung und daher i.R.d. § 5 Abs. 1 Satz 5 ErbStG bei der proportionalen Herabsetzung im Verhältnis Verkehrswert zum Steuerwert mangels Zugehörigkeit zum Nachlass nicht zu berücksichti-

güter i.R.d. Erbschaftsteuerreform mit dem gemeinen Wert erfasst werden, ist für eine Kürzung i.S.d. § 5 Abs. 1 Satz 5 ErbStG an sich kein Raum mehr.[899] Eine Kürzung nach § 10 Abs. 6 ErbStG, also in Bezug auf im Nachlass befindliche steuerbefreite Bestandteile (z.B. Betriebsvermögen), findet jedoch (anders als beim konkreten güterrechtlichen Ausgleich von Todes wegen gem. § 5 Abs. 2 ErbStG, Rdn. 4890) von vorneherein nicht statt.[900]

4882 I.Ü. gelten ohnehin die zivilrechtlichen Bestimmungen entsprechend,[901] so auch der Mindestansatz von Null als Anfangsvermögen auch bei überschuldeten Ehegatten vor dem 01.09.2009; seitdem werden Schulden sowohl beim Anfangs- wie auch beim Endvermögen abgezogen (vgl. R E 5.1 Abs. 2 Satz 5 ErbStR 2011; allerdings[902] kann der Zugewinn selbst gem. § 1373 BGB [»übersteigt«] weiterhin nicht negativ sein). Wie im Zivilrecht, wo inflationsbedingte Wertsteigerungen bekanntlich nicht auszugleichen sind, wird seit 01.01.1999 auch für das Erbschaftsteuerrecht i.R.d. § 5 Abs. 1 die **Geldentwertung** neutralisiert.[903] Hierzu wird der Wert des Anfangsvermögens mit dem Preisindex bei Beendigung des Güterstands multipliziert und durch den Preisindex bei Beginn des Güterstands dividiert.[904]

▶ Hinweis:

4883 Bei sehr lange dauernden Ehen mit hohem Anfangsvermögen kann sich daher erbschaftsteuerlich empfehlen, anstelle der erbrechtlichen Abwicklung den güterrechtlichen Zugewinnausgleich (samt kleinem Pflichtteil) zu wählen, da in § 5 Abs. 2 ErbStG keine Indexierung stattfindet.[905] Dies lässt sich bspw. durch rechtzeitige Ausschlagung erreichen (§ 1371 Abs. 3 BGB).

I.R.d. erbrechtlichen Zugewinnausgleichs (§ 5 Abs. 1 ErbStG) ist naturgemäß ein Anfangsvermögen von 0,00 € am günstigsten, da dann eine Indexierung[906] mathematisch zwingend entfällt. Allerdings gilt gem. § 5 Abs. 1 Satz 3 ErbStG die Vermutung des § 1377 Abs. 3 BGB (Endvermögen ist identisch mit dem Zugewinn) nicht, Rdn. 4878.

4884 Zuwendungen zwischen Ehegatten werden bei der Beendigung des Güterstands auf die Ausgleichsforderung angerechnet, **§ 1380 BGB** (vgl. Rdn. 3229). Wie dort ausgeführt, führt die Anwendung des § 1380 BGB (Hinzurechnung des Vorausempfangs beim schenkenden Ehegatten, Abzug beim Beschenkten, sodann Abzug des Geschenks vom Zugewinnbetrag) nur dann zu einer Abweichung ggü. der unmittelbaren Zugewinnausgleichsberechnung, wenn der Vorausempfang

---

gen, vgl. *Schlünder/Geißler*, FamRZ 2006, 1658. Dem folgt die Finanzverwaltung (Bay. StMinF Erlass v. 25.09.2006 – 34 – S 3804–012 – 37 030/06, ZEV 2007, 48 mit Berechnungsbeispiel).

899 *Schlünder/Geißler*, NWB 2008, 1540 plädierten daher für dessen Streichung; vgl. auch *Bardenhewer*, RNotZ 2009, 313.

900 FinMin Bayern v. 24.10.2014 – 34 – S 3810–5/1, ZEV 2015, 67.

901 Umfassend hierzu *Ebeling*, ZEV 2006, 19 ff., auch zur angeordneten Anrechnung von Vorausempfängen nach § 1380 BGB bzw. zu deren Fehlen, sowie bei negativem Anfangsvermögen (diese Sachverhalte bleiben von der neuen BFH-Rspr. unberührt).

902 Zur Maßgeblichkeit der Neuregelung des Zugewinnausgleichsrechtes: FinMin Schleswig-Holstein, 19.02.2010 – VI 353 S 3804–002, ZEV 2010, 220.

903 BMF-Schreiben v. 22.10.2003, DB 2003, 2626 (Änderung der Verwaltungspraxis ab dem Jahr 1998, vgl. R 11 Abs. 3 Satz 2 ErbStR 1998. Dies begegnet gem. BFH, 27.06.2007 – II R 39/05, ErbStB 2007, 331 keinen Bedenken, obwohl nicht recht einzusehen ist, weshalb der Kaufkraftschwund bei der Höhe des Anfangsvermögens, nicht jedoch bei während der Ehe erworbenem Vermögen berücksichtigt wird). Zur neuen Praxis vgl. H E 5.1 (2) ErbStH 2011 und BMF-Schreiben v. 17.02.2012, BStBl 2012 I 240. Jahreswertindizes ab 1958 in ZEV 2014, 221.

904 Die Hinweise H 11 Abs. 3 zu den Erbschaftsteuerrichtlinien enthalten Preisindizes für die Lebenshaltung aller privaten Haushalte zurück bis zum Jahr 1958; aktuell etwa BMF v. 17.02.2006, ZEV 2006, 402.

905 Für Indexierung auch i.R.d. § 5 Abs. 2 ErbStG allerdings FG Düsseldorf, EFG 2005, 1548.

906 Zur Ermittlung des Kaufkraftschwundes hat die Finanzverwaltung Tabellen veröffentlicht, zuletzt am 20.03.2017, ZEV 2017, 298.

beim Berechtigten nicht oder nicht mehr in voller Höhe im Endvermögen vorhanden ist. Wurde für die ursprüngliche Schenkung Schenkungsteuer entrichtet (d.h. hat sie zu einer Kürzung der steuerfreien Zugewinnausgleichforderung geführt[907], ist diese nachträglich zu erstatten (§ 29 Abs. 1 Nr. 3 ErbStG; siehe näher bei Rdn. 4987), und zwar sowohl bei der fiktiven erbrechtlichen Berechnung als auch bei der güterrechtlichen Ermittlung,[908] vgl. im Einzelnen Rdn. 4902 ff.

b) Güterrechtlicher Zugewinnausgleich (§ 5 Abs. 2 ErbStG)

Die güterrechtliche Ausgleichung des Zugewinns (auch der Wahlzugewinngemeinschaft, § 5 Abs. 3 ErbStG, Rdn. 4899 ff.), der (1) bei Beendigung der Ehe unter Lebenden, insbesondere also Scheidung, sowie (2) bei Wechsel des Güterstandes unter Lebenden, sowie (3) bei Beendigung der Ehe durch Tod entsteht, sofern der überlebende Ehegatte nicht Erbe bzw. Vermächtnisnehmer wird (§ 1378 Abs. 2 BGB) oder ausschlägt (§ 1378 Abs. 3 BGB[909]), ist beim überlebenden Ehegatten gem. § 5 Abs. 2 ErbStG in vollem Umfang **steuerfrei**; der Erbe kann sie (gleich ob bereits zu Lebzeiten oder erst von Todes wegen als Folge der Enterbung/Ausschlagung entstanden) als Nachlassverbindlichkeit grds. mit dem Nennwert gem. § 10 Abs. 5 Nr. 1 ErbStG abziehen.[910] Dies gilt für den Anspruch in seiner vollen gesetzlich entstehenden,[911] ggf. durch Vergleich zwischen den Beteiligten ermittelten[912] Höhe. In gleicher Weise ist die **Abfindung** schenkungsteuerfrei, die für einen **Verzicht auf entstandene Zugewinnausgleichsansprüche** gewährt wird (vormals R 12 Abs. 1 Satz 3 ErbStR 2003, jetzt R E 5.2 Abs. 1 Satz 3 ErbStR 2011) – allerdings bedarf es einer klaren Zuordnung zum Verzicht auf Zugewinnausgleich, wenn daneben ein Verzicht auf **Pflichtteilsansprüche ausgesprochen und »vergütet« wird**.[913]

4885

▶ Hinweis:

Einigt sich der Erbe mit dem Ehegatten des Erblassers auf eine pauschale Abfindungszahlung für Zugewinnausgleichs- und Pflichtteilsansprüche, ist in schenkungsteuerlicher Hinsicht eine Tilgungsbestimmung (§ 366 Abs. 1 BGB) auf den Zugewinnausgleichsanspruch anzuraten (Steuerfreiheit beim Empfänger gem. § 5 Abs. 2 ErbStG). Für den Erben als Zahlungspflichti-

4886

---

907 Berechnungsbeispiele bei *Gelhaar,* ZErb 2016, 10, 15 f.
908 Vgl. R 11 Abs. 6 Satz 1 u. 2 ErbStR – gesetzliche Klarstellung erfolgte durch die Erbschaftsteuerreform 2009, vgl. *Wachter,* ZNotP 2007, 50.
909 Auch dieser Fall ist erfasst; § 5 Abs. 2 ErbStG erwähnt lediglich die in § 1378 Abs. 2 BGB enthaltene Rechtsfolge, die über die in Abs. 3 enthaltene Verweisung erreicht wird, vgl. *Troll/Gebel/Jülicher/Gottschalk,* ErbStG, § 5 Rn. 250 [Stand Juni 2017].
910 BFH, 01.07.2008 – II R 71/06, ZEV 2008, 549 (zu einem Fall des § 1371 Abs. 2 BGB); nur ausnahmsweise kommt der Abzug nur in geringerer Höhe in Betracht, wenn der Verpflichtete damit rechnen kann, der überlebende Ehegatte werde die Ausgleichsschuld nicht oder nicht in voller Höhe geltend machen. Gegen eine Abzinsung auch in Konfusionsfällen (§ 10 Abs. 3 ErbStG) BFH, 07.10.1998 – II R 64/96, BStBl 1999 II 25; gegen den BFH nun FG Münster, 10.09.2015 – 3 K 1879/13 Erb, ErbStB 2016, 48 (Az. BFH: II R 51/15) in Bezug auf die durch zinsfreie Stundung entstandene weitere »Zinsschenkung«.
911 R 12 Abs. 2 Satz 2 ff. ErbStR 2003 (in der eheverträglich abweichenden Regelung der Zugewinnausgleichsberechnung gem. § 1378 BGB liege ihrerseits eine aufschiebend bedingte Schenkung). Allerdings enthält § 5 Abs. 2 ErbStG keine ausdrückliche Bestimmung (wie § 5 Abs. 1 Satz 2 ErbStG hinsichtlich des erbrechtlichen Zugewinns), dass vertragliche Modifikationen unbeachtlich seien, so dass *Geck,* ZEV 2006, 62 ff. für eine weitgehende Berücksichtigung solcher eheverträglicher Abreden eintritt, auch wenn sie die Ausgleichsforderung erhöhen.
912 FG Düsseldorf, 07.09.2011 – 4 K 803/11 Erb DStRE 2012, 1199 (n. rkr, Az BFH: II R 52/11), vgl. *Geck/Messner,* ZEV 2012, 633.
913 BFH, 27.09.2012 – II R 52/11, vgl. *Ihle,* notar 2014, 48, 50 (andernfalls erfolgt gem. § 366 Abs. 2 BGB im Zweifel eine je hälftige Zuordnung auf den Pflichtteils- und auf den Zugewinnausgleichsanspruch, so dass der auf den Pflichtteilsverzicht entfallende Betrag steuerpflichtig ist).

gen ergibt sich daraus kein Nachteil: die Zahlungsverpflichtungen sind gem. § 10 Abs. 5 Nr. 1 und 2 ErbStG in beiden Fällen als Nachlassverbindlichkeiten abzuziehen.

4887 Eine Umrechnung auf den Steuerwert (Kürzung gem. § 5 Abs. 1 Satz 5 ErbStG, hierzu Rdn. 4881) erfolgt im Rahmen des § 5 Abs. 2 ErbStG von vorneherein nicht;[914] vielmehr wird der **real geleistete Gegenstand** zugrunde gelegt. Wird daher einvernehmlich anstelle der Geldforderung ein Grundstück übereignet, ist dessen Steuerwert maßgebend. Beim ausgleichsverpflichteten Erben verbleibt es jedoch gem. § 10 Abs. 5 Nr. 1 ErbStG beim vollen Abzug der Zugewinnausgleichsschuld mit ihrem Nennwert.

4888 **Verzichtet** dagegen ein Ehegatte ohne Abfindung auf einen bereits geltend gemachten und damit entstandenen Zugewinnausgleichsanspruch, kann hierin eine Schenkung unter Lebenden liegen, R E 5.2 Abs. 1 Satz 2 ErbStR 2011; gleiches gilt beim Verzicht auf einen durch ehevertragliche Beendigung des Güterstands »geschaffenen« Zugewinnausgleichsanspruch bzw. Teile davon.[915]

4889 Der kraft Gesetzes (§ 1378 Abs. 3 Satz 1 BGB) – sofern nicht ehevertraglich ausgeschlossen[916] – mit Beendigung des gesetzlichen Güterstandes **unter Lebenden** entstehende Zahlungsanspruch auf Ausgleich des bisherigen Zugewinns ist nicht rechtsgeschäftlich zugewendet und somit nicht schenkungsteuerbar (§ 5 Abs. 2 ErbStG) – Rdn. 74 ff. – führt allerdings zu ertragsteuerlich entgeltlichen Erwerben, wenn Gegenstände »an Erfüllungs statt« bzw. »zur Verrechnung« übertragen werden (s. Rdn. 89 ff.); vgl. hierzu auch den Gestaltungshinweis in Rdn. 4895. Gleiches gilt für die Forderung bei lebzeitiger Beendigung der Ausgleichsgemeinschaft nach § 6 Abs. 2 LPartG.[917]

4890 Entgegen früherer Auffassung der Finanzverwaltung[918] ist beim güterrechtlichen Zugewinnausgleich von Todes wegen (jedenfalls in der Variante des § 1378 Abs. 2 BGB, oben Rdn. 4885 [2] und des § 1378 Abs. 3 BGB, ebd. [3]) die Abzugsfähigkeit i.S.d. § 10 Abs. 5 Nr. 1 ErbStG als Nachlassverbindlichkeit in voller Höhe, also nicht gem. **§ 10 Abs. 6 ErbStG** gekürzt, anzuerkennen, ungeachtet des Umstandes, dass zum Nachlass schenkungsteuerfreie bzw. -begünstigte Gegenstände zählen (z.B. Betriebsvermögen: §§ 13a, 13b ErbStG oder zu Wohnzwecken vermietete Immobilien: § 13d ErbStG). Damit folgt die Finanzverwaltung nunmehr[919] der Einschätzung des BFH – ebenso wie beim Pflichtteil, Rdn. 4488 –: es liegt lediglich eine rechtliche, keine wirtschaftliche Verknüpfung zum privilegierten Vermögensgegenstand vor, so dass der Abzug uneingeschränkt zu gewähren ist.

4891 Erforderlich ist zivilrechtlich in der oben Rdn. 4885 (2) genannten Variante ein tatsächlicher **Wechsel des Güterstandes** (kein bloßer »fliegender Ausgleich« durch bloße »Zwischenabrechnung« i.R.d. fortbestehenden gesetzlichen Güterstandes, Rdn. 4898). Auch die Erbringung einer Ausgleichsleistung (»Abfindung«, Rdn. 4885) für die bloße **Modifizierung** des bisherigen gesetzli-

---

914 Vgl. *Gelhaar,* ZErb 2016, 10, 17.
915 FG Hessen, 15.12.2016 – 1 K 199/15, ErbStB 2017, 266 = ZErb 2017, 264 m. krit. Anm. *Daragan,* der darauf hinweist, dass u.U. schlicht eine vertragliche Einigung (im Sinne einer das Gesetz ändernden Zugewinnausgleichsvereinbarung) über den geringeren Betrag vorlag.
916 Daher sollte die Modifizierung des gesetzlichen Güterstandes durch Ausschluss oder betragsmäßige Begrenzung des Zugewinnausgleichs ausdrücklich nur den Fall der Scheidung oder der Eheaufhebung, nicht den Fall eines Güterstandswechsels erfassen, vgl. mit Formulierungsvorschlägen *Jülicher,* ZEV 2006, 338 ff.
917 OFD Magdeburg, 15.08.2003 – S 3800–14-St 272 (DStR 2003, 1486): keine freigiebige Zuwendung.
918 FinMin Bayern, 24.10.2014 – 34 – S 3810–5/1, ZEV 2015, 67; hierzu *Grootens,* ErbStB 2015, 333, 335. Wie der Pflichtteilsanspruch (Rdn. 4488) stehe der güterrechtliche Zugewinnausgleich von Todes wegen in wirtschaftlichem Zusammenhang mit der gesamten Erbschaft, so dass die Forderung auf die einzelnen Nachlassgegenstände zu verteilen und der auf steuerbegünstigt erworbene Bestandteile entfallende Anteil der Schuld entsprechend zu kürzen sei (vgl. H E 10.10 ErbStG 2011 zur Pflichtteilskürzung).
919 FinMin Bayern, 12.04.2016 – 34 S 3810–5/1, ZEV 2016, 352.

chen Güterstandes (Ausschluss des Zugewinnausgleichs im Scheidungsfall, Rdn. 3883) ist demgemäß als freigiebige, schenkungsteuerpflichtige Zuwendung zu werten,[920] also nicht dem zum tatsächlichen Ausgleich des bisherigen Zugewinns Geleisteten gleichzustellen.[921] Gleiches gilt für »Abfindungen« im Zusammenhang mit einem »Verzicht« auf **künftig möglicherweise entstehende** Zugewinnausgleichsansprüche (also für eine Modifizierung oder einen Ausschluss des Zugewinns bzw. die Vereinbarung der Gütertrennung zu Beginn der Ehe).

Schenkungsteuerpflichtig, da nicht von § 5 Abs. 2 ErbStG erfasst, sind schließlich in gleicher Weise wohl Abfindungszahlungen, die anlässlich des Abschlusses von Eheverträgen oder Scheidungsvereinbarungen entrichtet werden, um die Angemessenheit im Lichte richterlicher Wirksamkeits- oder Ausübungskontrolle zu wahren (vgl. Rdn. 1007 f.). Dafür spricht,[922] dass solche Zahlungen gerade nicht der Erfüllung entstandener gesetzlicher Zugewinnausgleichsansprüche dienen; auch liegt in der ehevertraglich geschaffenen Änderung (Modifizierung des Zugewinnausgleichs etc.) keine selbstständig bewertbare, als Gegenleistung taugliche Vermögensposition.[923] 4892

Die anschließende[924] sofortige Neubegründung des gesetzlichen Güterstandes (»**Güterstandsschaukel**« oder auch »Gütertrennung für einen Abend«) gefährdet die **Schenkungsteuerfreiheit** der Zugewinnausgleichsforderung nicht (da es für § 5 Abs. 2 ErbStG lediglich auf das gesetzeskonforme Entstehen des Ausgleichsanspruchs ankommt);[925] zivilrechtlich ist allerdings – sofern die Vermeidung einer Schenkung auch und gerade im Verhältnis gegenüber Dritten (Pflichtteilsberechtigten!) im Fokus steht – eher vom sofortigen neuerlichen Wechsel abzuraten, vgl. Rdn. 86 ff. 4893

▶ Hinweis:

Der Güterstandswechsel (optimiert durch zeitnahe Rückkehr zum gesetzlichen Güterstand zur Ermöglichung des Anwachsens neuen Verrechnungspotenzials und zur Vermeidung der sonst verbleibenden Erb-/Pflichtteilsquotenverschlechterung des Ehegatten, § 1931 Abs. 4

---

920 So BFH, 28.06.2007 – II R 12/06, ErbStR 2007, 328 = ZErb 2008, 90 ff.; Gutachten, DNotI-Report 2005, 40 ff.
921 So die Vorinstanz FG Nürnberg, 09.06.2005 – IV 446/2004, DStRE 2005, 1154: keine Freigebigkeit; ebenso *Everts*, ZErb 2005, 422: auch das für einen Erbverzicht Geleistete wäre an sich nicht freigebig, und muss daher durch § 7 Abs. 1 Nr. 5 ErbStG im Wege der Fiktion der Erbschaftsteuer unterworfen werden; für die Anhänger der herrschenden Ansicht wäre diese Norm überflüssig.
922 Auch die Abfindung für einen Erbverzicht ist gem. § 7 Abs. 1 Nr. 5 ErbStG steuerpflichtig, allerdings ist dort auch der dadurch untergehende bzw. nicht entstehende erbrechtliche Erwerbsanspruch steuerbar.
923 Ähnlich *Th. Müller*, ErbStB 2007, 15; a.A. *Jülicher*, ZEV 2006, 343, der doch von einer »Gegenleistung« für den Verzicht auf Zugewinn-Erwerbsaussichten ausgeht; die Sachlage ist der Entscheidung des FG Nürnberg zur Schenkungsteuerpflicht der Abfindung für einen Unterhaltsverzicht vergleichbar, s. Rdn. 96.
924 Beurkundungsrechtlich setzt dies allerdings zwei separate Eheverträge voraus, da die beurkundungspflichtigen Güterstandswechselerklärungen erst mit Abschluss der Urkunde durch Unterzeichnung seitens des Notars als abgegeben gelten.
925 BFH, 12.07.2005 – II R 29/02, ZEV 2005, 490 m. Anm. *Münch*: die sofortige Neuvereinbarung des gesetzlichen Güterstandes auch im selben Ehevertrag sei regelmäßig nicht rechtsmissbräuchlich (ihm folgend FG Düsseldorf, EFG 2006, 1447), ebenso zuvor FG Köln, ErbStB 2003, 5 = RNotZ 2003, 65: kein Gestaltungsmissbrauch (§ 42 AO) oder Scheingeschäft (§ 41 Abs. 2 AO) bei »alsbaldiger« Neubegründung des gesetzlichen Güterstandes. Dem ist insoweit zuzustimmen als es keinen Unterschied machen kann ob der Zugewinn insgesamt am Ende der Ehe (bei Scheidung oder Tod) steuerfrei gestellt wird oder in sich addierenden Teilen bei zwischenzeitlichen Güterstandswechseln – abgesehen von Zinsvorteilen und der abweichenden steuerlichen Berechnung der Zugewinnausgleichsforderung in § 5 Abs. 1 ErbStG, vgl. *Münch*, Ehebezogene Rechtsgeschäfte, 2004, Rn. 253 ff. *Münch*, ZEV 2005, 491 rät gleichwohl dazu, die Gütertrennung für einen kurzen Zeitraum eintreten zu lassen.

BGB)[926] erlaubt also zwischen Ehegatten die Aufstockung des »Basisfreibetrages« von 307.000,00 €/500.000,00 € bzw. (vor Inkrafttreten der Erbschaftsteuerreform 2009) innerhalb einer eingetragenen Lebenspartnerschaft überhaupt erstmals »Übertragungsfreibeträge«.[927]

4894 Kann die Zugewinnausgleichsschuld nicht in voller Höhe in Geld beglichen werden und sollen keine Sachwerte an Erfüllung statt sofort übertragen werden, da hierdurch bei steuerverstrickten Objekten ertragsteuerlich ein Veräußerungs-/Anschaffungsfall ausgelöst wird (Rdn. 89 ff.), könnte die noch nicht getilgte Schuld (fremdüblich verzinst) **gestundet** werden zur Begleichung durch künftig zur Verfügung stehende Vermögenswerte (auch diese Leistungen stellen weder zivilrechtlich noch i.S.d. ErbStG eine Schenkung dar). Die dreijährige Sylvesterverjährung sollte rechtsgeschäftlich gem. § 202 Abs. 2 BGB auf (bis zu) 30 Jahre verlängert werden. Unterbleibt eine Verzinsung, wird im Jahr der Tilgung der längerfristig (über ein Jahr hinaus) unverzinslichen Kapitalforderung ein gem. § 12 Abs. 5 BewG in Höhe von 5,5 % p.a. ermittelter fiktiver Zinsertrag beim Empfänger der Einkommensteuer unterworfen (§ 20 Abs. 1 Nr. 7, Abs. 8 EStG, vgl. Rdn. 6217 ff.); daneben unterliegt die gegenleistungslose Gewährung der Nutzungsmöglichkeit einer Geldsumme der Schenkungsteuer (Rdn. 4433 ff.); die kumulative Versteuerung ist nach Ansicht des BFH verfassungswidrig und zugunsten eines Vorrangs der Schenkungsteuer aufzulösen.[928] Hat umgekehrt der Erblasser gegenüber dem (nunmehrigen) Erben die zinslose Stundung der Zugewinnausgleichsforderung (z.B. bis zu dessen Tod) gewährt, wird die Ausgleichsforderung im Nachlass des Erblassers als Aktivposten nur in abgezinster Höhe erfasst (selbst wenn der Zahlungspflichtige Alleinerbe ist, da für steuerliche Zwecke keine Konfusion eintritt, vgl. § 10 Abs. 3 ErbStG); daneben ist zusätzlich die vorangegangene »Zinsschenkung« als Vorschenkung i.S.d. § 14 Abs. 2 ErbStG zu erfassen.[929]

▶ Hinweis:

4895 Soll die Tilgung der Zugewinnausgleichsschuld durch steuerverstrickte Vermögensgegenstände erfolgen, ohne ertragsteuerlich (vgl. Rdn. 4889) eine entgeltliche Veräußerung/Anschaffung auszulösen, muss der künftig ausgleichspflichtige Ehegatte zunächst den steuerverstrickten Gegenstand (Betriebsvermögen; vermietete Immobilien vor Ablauf der Zehn-Jahres-Frist des § 23 EStG, Kapitalgesellschaftsanteile i.S.d. § 17 EStG; altrechtliche einbringungsgeborene Anteile, einbringungsverstrickte Anteile nach SEStEG gem. §§ 20, 21 UmwStG.) an den künftig ausgleichsberechtigten Ehegatten schenken unter Vereinbarung der Anrechnung auf künftige Zugewinnforderungen gem. § 1380 BGB (keine Entgeltlichkeit im ertragsteuerlichen Sinn, Schenkungsteuer entsteht jedoch zunächst in voller Höhe). Wird später durch Güterstandsbeendigung der Zugewinnausgleich ausgelöst, erlischt die Schenkungsteuer mit Wirkung für die Vergangenheit gem. § 29 Abs. 1 Nr. 3 ErbStG (Rdn. 4987), ohne dass rückwirkend aus der ersten Schenkung ein Verkauf würde (vgl. Rdn. 104, auch zur möglichen Gegenansicht Rdn. 95).

4896 § 5 Abs. 2 ErbStG (güterrechtlicher Ausgleich) erwähnt schlicht »die Ausgleichsforderung (§ 1378 BGB)« und kennt keine ausdrückliche Verweisung auf das **Rückwirkungsverbot** des § 5 Abs. 1 Satz 4 ErbStG, das bei der fiktiven Berechnung des **erbrechtlichen** Zugewinnausgleichs gilt. Daher

---

926 § 1931 Abs. 4 BGB gilt auch bei vergleichbaren Gütertrennungen ausländischen Güterrechtes (strenger Maßstab: OLG Düsseldorf, 03.09.2009 – 3 Wx 8/09 RNotZ 2010, 59).
927 Vgl. Erlass des BayStMinFin v. 15.07.2005, ZEV 2005, 477, Nr. 2.3.a). Im Todesfall bestand jedoch vor der Erbschaftsteuerreform 2008 mangels Geltung des § 5 ErbStG für Lebenspartnerschaften keine Freistellung i.H.e. fiktiven Ausgleichsforderung.
928 BFH, 12.09.2011 – VIII B 70/09, ZEV 2012, 58 m. Anm. *Keß*, ZEV 2012, 119 = ErbStB 2012, 32.
929 FG Münster, 10.09.2015 – 3 K 1870/13 Erb, EFG 2016, 45 m. Anm. *Gemmer* (n. rkr., Az BFH II R 51/15); das FG Münster setzt sowohl die Zugewinnausgleichsforderung als auch die Zinsschenkung nur mit dem abgezinsten Wert an, a.A. zu Letzterem: BFH, BStBl 1999 II S. 25, wonach § 10 Abs. 3 ErbStG einer Korrektur der Vorschenkung entgegenstehe.

A. Schenkungsteuerrecht
Kapitel 12

besteht (Schenkung-)Steuerfreiheit auch des »rückwirkend« auf den Beginn der Ehe »**wiedervereinbarten**« **Zugewinns**, aber nur beim (lebzeitig durch Güterstandswechsel oder letztwillig durch Enterbung/Ausschlagung herbeigeführten) güterrechtlichen Ausgleich,[930] nunmehr auch nach Ansicht der Finanzverwaltung.[931] Leben also bspw. Ehegatten in Gütertrennung und vereinbaren sie ehevertraglich den gesetzlichen Güterstand ab Beginn ihrer Ehe, können sie bei späterem erneutem Wechsel in die Gütertrennung den gesamten Zugewinnausgleichsbetrag als nicht steuerpflichtigen gesetzlichen Anspruch zur Entgeltverrechnung einsetzen[932] bzw. bei der Wahl der güterrechtlichen Abwicklung im Sterbefall den gesamten während der Ehe erzielten Zugewinnausgleich erbschaftsteuerfrei stellen. Dies dürfte sogar gelten, wenn nach der (zur »Hebung« des geschaffenen Zugewinnausgleichsvolumens erfolgten) Beendigung des neu gewählten gesetzlichen Güterstandes durch Gütertrennung wiederum der gesetzliche Güterstand (nunmehr aber ex nunc) begründet wird (drei Eheverträge!).[933]

Gleichwohl gilt weiterhin[934] die Steuerfreiheit jedoch nicht für den Forderungsteil, der aufgrund ehevertraglicher Vereinbarung eines vor Ehebeginn liegenden Anfangsvermögensstichtages oder abweichenden Anfangsvermögens geschaffen wurde. Der BFH[935] sieht die Grenze erst, wo »einem Ehepartner eine überhöhte Ausgleichsforderung[936] dergestalt verschafft wird, dass der Rahmen einer güterrechtlichen Vereinbarung überschritten wird« (eine tautologische Formulierung!),[937] so dass die Literatur[938] dafür plädiert, ehevertraglich geschaffene Modifikationen (Erhöhungen) der Zugewinnausgleichsforderung anzuerkennen (z.B. Vereinbarung eines 80 %igen statt 50 %igen Ausgleichs). Letzteres Ergebnis, das der ratio des § 5 Abs. 2 ErbStG (Freistellung dessen, was bei hälftiger Teilung des beiderseitigen Vermögenszuwachses während der Ehe verlangt werden kann) widerspricht, sollte jedoch wohl nicht zum Gegenstand belastbarer Konstruktionen gewählt werden. 4897

§ 5 Abs. 1 u. 2 ErbStG verlangt seinem klaren Wortlaut nach in beiden Alternativen die Beendigung des Güterstands der Zugewinngemeinschaft. Führen die Ehegatten daher (notarkostenrechtlich häufig günstiger!)[939] einen »**Zwischenausgleich**« auf freiwilliger Basis oder bei Vorliegen der gesetzlichen Voraussetzungen der §§ 1385, 1386 BGB (mindestens 3-jähriges Getrenntleben oder Nichterfüllung wirtschaftlicher Pflichten durch einen Ehegatten) durch, ist das zum Ausgleich 4898

---

930 FG Düsseldorf, 14.06.2006 – 4 K 7107/02 Erb, EFG 2006, 1447 = ErbStB 2006, 305, rk. Das FA hatte in der rückwirkenden Wiedervereinbarung des gesetzlichen Güterstandes eine Schenkung des Erblassers auf den Todesfall gesehen.
931 R E 5.2 Abs. 2 Satz 4 ErbStR 2011 – *Geck*, ZEV 2012, 130, 132 –; bereits zuvor BayLfSt, Erlass v. 05.10.2006 – S 3804–4 St35N, ZEV 2007, 48; OFD Karlsruhe v. 29.12.2006 – S 3804/4 – St 432 entgegen R 12 Abs. 2 Satz 3 ErbStR 2003; vgl. auch *Th. Müller*, ErbStB 2007, 14; *Wälzholz*, MittBayNot 2007, 250 ff.
932 Wurde jedoch der Zugewinn der Vergangenheit bereits (anlässlich des Wechsels in die Gütertrennung) insoweit »genutzt«, steht er freilich nicht erneut zur Verfügung.
933 Vgl. Gutachten, DNotI-Report 2007, 149 (unter Hinweis auf die verbleibende Unsicherheit v.a. auch im Hinblick auf die zivilrechtliche Schenkungsvermeidung).
934 Vgl. R 12 Abs. 2 Satz 2 und 3 ErbStR.
935 V. 12.07.2005 – II R 29/02, ZEV 2005 490 m. Anm. *Münch* und BFH, 24.08.2005 – II R 28/02, ZEV 2006, 41 m. Anm. *Münch*.
936 Es sind also wohl außersteuerliche Gesamtumstände anzuführen, die den schlichten Zuwendungswillen verdrängen. In Betracht kommen bspw. überobligationsmäßige Mitarbeit oder ähnliche Hilfeleistungen bzw. Investitionsleistungen des nun begünstigten Ehegatten, die durch die rückwirkende Vereinbarung der Zugewinngemeinschaft erfasst werden sollen.
937 *Schlünder/Geißler*, NJW 2007, 485.
938 *Geck*, ZEV 2006, 62 ff.
939 Es wird der volle Geschäftswertansatz des Reinvermögens vermieden, der bei Vereinbarung der Gütertrennung zwingend ist.

dieser »Zwischenberechnung« Geleistete seinerseits eine steuerpflichtige Schenkung.[940] Würde es jedoch später auf einen endgültigen Zugewinnausgleich, der bei Beendigung des Güterstands (durch Güterstandswechsel oder im Fall des Versterbens) eintritt, angerechnet, erlischt die festgesetzte Steuer mit Wirkung für die Vergangenheit gem. § 29 Abs. 1 Nr. 3 ErbStG.

▶ Hinweis:

> Muster für »Güterstandsschaukeln«, sowohl in »klassischer Richtung« (also aus dem gesetzlichen Güterstand in die Gütertrennung mit Ausgleich des Zugewinns durch Immobilienübertragung an Erfüllungs statt: Rdn. 6761, und zurück in den gesetzlichen Güterstand: Rdn. 6762, ebenso als »Ein-Urkunds-Modell«: Rdn. 6763) als auch in »umgekehrter Richtung« (also aus der Gütertrennung rückwirkend in den gesetzlichen Güterstand: Rdn. 6764, und zurück in die Gütertrennung mit Vortrag des Zugewinnausgleichs auf künftige Rechnung: Rdn. 6765, ebenso als »Ein-Urkunds-Modell«: Rdn. 6766) finden sich in Kapitel 15.

c) *Ausgleich bei »deutsch-französischer« Wahl-Zugewinngemeinschaft (§ 5 Abs. 3 ErbStG)*

4899 Haben Ehegatten oder eingetragenen Lebenspartner den (seit 01.05.2013) den weiteren inländischen Güterstand der sogenannten »Wahl-Zugewinngemeinschaft« nach Maßgabe des deutsch-französischen Abkommens vom 04.02.2010 (durch notarielle Urkunde) vereinbart (§ 1519 BGB, vgl. Rdn. 3588 ff. zur pflichtteilsreduzierenden Wirkung, Rdn. 4243 ff. zum Zustimmungsvorbehalt bei Verfügungen über selbstgenutzten Wohnraum), ist gem. Art. 12 des genannten Abkommens der Zugewinnausgleich in seiner gesetzlichen Höhe ebenfalls schenkung- bzw. erbschaftsteuerfrei, vgl. § 5 Abs. 3 ErbStG.

4900 Die konkrete Berechnung des Zugewinnausgleichs folgt weitgehend den Bestimmungen des BGB zum gesetzlichen Güterstand der Zugewinngemeinschaft, allerdings
(1) werden gem. Art. 9 Abs. 2 des Abkommens Grundstücke des Anfangsvermögens (auch des »fiktiven« Anfangsvermögens, also aus späterer Erbschaft oder Schenkung stammende Grundstücke[941]) mit dem Wert im Anfangsvermögen angesetzt, den sie bei ihrer Veräußerung bzw. bei Beendigung des Güterstands, sofern dann noch vorhanden, hatten, ausgenommen sind lediglich Wertsteigerungen »aufgrund einer Änderung des Zustands der Immobilie« – damit sind reine Zuwächse beim Grund und Boden Wert (ohne Investitionen) sowie Indexierungseffekte ausgeschlossen;
(2) findet eine Hinzurechnung von Schenkungen während der Ehe (vergleichbar § 1375 BGB) gem. Art. 10 Abs. 2 Nr. 1, lit. a und b, des Abkommens auf keinen Fall statt für Schenkungen, die nach der Lebensführung der Ehegatten angemessen waren oder die einem Verwandten in gerader Linie aus dem Anfangsvermögen zugewendet wurden
(3) wird erhaltenes Schmerzensgeld gem. Art. 8 Abs. 2 des Abkommens dem Anfangsvermögen hinzugerechnet.

4901 Die Schenkung- und Erbschaftsteuerfreiheit des § 5 Abs. 3 ErbStG tritt unabhängig davon ein, ob der Güterstand der Wahl-Zugewinngemeinschaft durch Scheidung/Aufhebung, durch Tod oder aber durch rechtsgeschäftlichen Wechsel des Güterstands beendet wurde; sie gilt gleichermaßen im Erbfall wie auch bei lebzeitigen Vorgängen. Dies trägt dem Umstand Rechnung, dass gem. Art. 12 des Abkommens der Zugewinnausgleich stets durchzuführen ist, also insbesondere im Sterbefall auch dann, wenn der überlebende Ehegatte Vermächtnisnehmer oder Erbe, gegebenenfalls gar Alleinerbe, geworden ist (hierin liegt ein entscheidender Vorteil des Güterstands der Wahl-Zugewinngemeinschaft gegenüber dem Dilemma, vor welches § 1371 BGB den Ehegatten im BGB-Güterstand stellt, vgl. Rdn. 3588 ff. zu den pflichtteilsrechtlichen Vorteilen beim Erst-

---

940 BFH, 24.08.2005 – II R 28/02, ZEV 2006, 41 m. Anm. *Münch*; FG Köln, EFG 2002, 1254; ErbStR 12 Abs. 3; *Schlünder/Geißler*, FamRZ 2006, 1655.
941 So ist der Begriff »Erwerb durch Erbschaft« auszulegen, vgl. *Hoisch*, RNotZ 2015, 317, 323 m.w.N.

versterben des vermögenderen Ehegatten). Ein **Rückwirkungsverbot** kennt § 5 Abs. 3 ErbStG **nicht**, so dass die Ausführungen in Rdn. 4896 ff. entsprechend gelten für den Fall, dass aus einem anderen Güterstand, etwa der Gütertrennung, bei bestehender Ehe rückwirkend ab 01.05.2013 in den Güterstand der Wahl-Zugewinngemeinschaft gewechselt wird.

d) Zugewinnausgleich zur Reparatur erfolgter Schenkungen, § 29 Abs. 1 Nr. 3 ErbStG

Eine **zugewinnbezogene Korrekturmöglichkeit** zur Steuervermeidung als »Notlösung« eröffnet § 29 Abs. 1 Nr. 3 ErbStG (s. Rdn. 4884, 4987), falls eine Übertragung unter Ehegatten wider Erwarten Schenkungsteuer ausgelöst hat und keine »Steuerklausel« im engeren Sinn vorbehalten wurde (vgl. hierzu oben Rdn. 3276). Nach dieser Vorschrift erlischt nämlich die Steuer mit Wirkung für die Vergangenheit, soweit unentgeltliche Zuwendungen **auf die Ausgleichsforderung** i.R.d. durchgeführten (güter- oder erbrechtlichen, § 5 Abs. 2 und Abs. 1 ErbStG)[942] Zugewinnausgleichs gem. § 1380 BGB **angerechnet worden** sind.[943]   4902

▶ Hinweis:

Die Ehegatten könnten daher bei als steuerbelastend erkannten Schenkungen ihre bestehende Zugewinngemeinschaft durch Ehevertrag beenden, den tatsächlichen Zugewinnausgleich (§ 1378 BGB) ermitteln und die Vorschenkung auf die Zugewinnausgleichsforderung ausdrücklich anrechnen, auch über den gesetzlichen Mechanismus des § 1380 BGB hinaus. Dadurch lässt sich das »Entgeltpotenzial« von Zugewinnausgleichsverbindlichkeiten auch für bereits in der Vergangenheit erfolgte Schenkungen nutzen;[944] möglicherweise entfällt damit auch rückwirkend eine Strafbarkeit wegen unterlassener Anzeige der vorangegangenen Schenkung, vgl. Rdn. 4906.[945]   4903

Vorsicht ist jedoch geboten, wenn die Ehegatten durch die »Güterstandsschaukel« nur einen bestimmten (unerkannt) schenkungsteuerpflichtigen Vorausempfang der Vergangenheit »heilen« möchten, jedoch keine darüber hinaus gehenden Wirkungen wünschen. Führt nämlich die arithmetische Ermittlung des Zugewinnausgleichs zu einem Ausgleichsvolumen von bspw. 500.000 €, beträgt jedoch die zu neutralisierende Vorschenkung lediglich 350.000 €, bleibt noch ein **Restbetrag** offen, der z.B. in einem Scheidungsverfahren als noch zu erfüllende Forderung präsentiert werden könnte. Bleibt die Restforderung unerfüllt, wird die Finanzverwaltung darin eine umgekehrte Schenkung in Gestalt des Erlasses der entstandenen Forderung sehen, wie für den Verzicht auf einen durch ehevertragliche Beendigung des Güterstands »geschaffenen« Zugewinnausgleichsanspruch bzw. Teile davon bereits entschieden.[946] Ggf. müssten daher die Ehegatten, wenn sie eine »passgenaue« Kompensation durch identisches Zugewinnausgleichsvolumen schaffen wollen, zunächst im Rahmen einer getrennten, möglichst zeitlich deutlich vorgeschalteten, notariell zu beurkundenden **Modifizierung der gesetzlichen Zugewinngemeinschaft** z.B. die gesetzliche Ausgleichsquote von 50 % auf einen geringeren Prozentsatz herabsetzen oder aber durch gegenständliche Modifikation einzelne Zugewinnausgleichsgegenstände ausnehmen (vgl. z.B. Rdn. 3881). Auch könnte erwogen werden, z.B. die Berücksichtigung eines negativen Zugewinns zuzulassen,[947] um den Saldo zu senken (eine solche Vereinbarung dürfte nicht den Rahmen güterrechtlicher Vereinbarungen überschreiten (im Sinn der Grenzen, die R E 5.2 Abs. 2 Satz 2 ErbStR zieht), da § 1374 Abs. 2 BGB seit 2009 zumindest auch ein negatives Anfangsvermögen anerkennt.   4904

---

942 Klarstellung durch die Erbschaftsteuerreform 2009, vgl. *Wachter*, ZNotP 2007, 50.
943 *Reich*, ZEV 2011, 59 ff.
944 Vgl. *Th. Müller*, ErbStB 2007, 15.
945 *Götz*, DStR 2001, 417.
946 FG Hessen, 15.12.2016 – 1 K 199/15, ErbStB 2017, 266 = BeckRS 2017, 94609.
947 Vgl. *Blusz*, ZEV 2016, 626, 628 m. w. N.; für die schenkungsteuerliche Anerkennung einer solchen Vereinbarung vgl. auch *Wetzel*, BWNotZ 2001, 10, 11.

4905 Ist umgekehrt das im üblichen Verfahren ermittelte **Zugewinnausgleichsvolumen zu gering**, erscheinen vorher durchzuführende ehevertragliche Modifikationen schwieriger. In Betracht käme z.B. (v.a. für eine bereits vor 2009 geschlossene Ehe) in geeigneten Fällen die Nichtanerkennung negativen Anfangsvermögens (mit der Folge entsprechend niedrigeren Zugewinns dieses Ehegatten, da die Wertentwicklung von der Überschuldung zur Null-Linie unberücksichtigt bleibt), möglicherweise auch die Vereinbarung einer höheren als 50 %igen Ausgleichsquote, jedoch – jedenfalls nach Verwaltungsauffassung, R E 5.2 Abs. 2 Satz 2 ErbStR 2011, – nicht die Vereinbarung eines Anfangsvermögensstichtages vor der Eheschließung oder die Vereinbarung eines geringeren als des tatsächlich vorhandenen Anfangsvermögens.

4906 Nicht gesichert ist, ob der rückwirkende Entfall der Schenkungsteuer gem. § 29 Abs. 1 Nr. 3 ErbStG auch den von der Finanzverwaltung mitunter geäußerten Vorwurf der **Steuerhinterziehung** entfallen lässt,[948] da die Rückwirkung nur auf einer rechtlichen Fiktion beruht. Bestehen Bedenken, dass der bereits realisierte Straftatbestand dadurch nicht rückwirkend beseitigt werden kann, sollte daher die Güterstandsschaukel mit einer strafbefreienden (also vollständigen) Selbstanzeige verbunden werden, solange die Tat noch nicht entdeckt ist. Die nachträgliche Festsetzung von Hinterziehungszinsen[949] nach § 235 Abs. 1 AO (mit 6 % p.a. gem. § 238 Abs. 1 Satz 1 AO oft in sehr belastender Höhe) ist regelmäßig ungerechtfertigt, da es an dem bei der Steuerhinterziehung nach § 370 Abs. 1 AO erforderlichen Merkmal des Vorsatzes fehlen wird, bei einer lediglich leichtfertigen Steuerverkürzung nach § 378 AO kommen Hinterziehungszinsen nicht in Betracht.

4907 Zur möglichen Anwendbarkeit der **Geschäftsgrundlagenlehre** zur »Reparatur« entstandener Schenkungsteuerpflichten unter Ehegatten (§ 313 Abs. 3 BGB, § 29 Abs. 1 Nr. 1 ErbStG, Rdn. 4970 ff.) vgl. ferner Rdn. 3295.

2. Sachliche Steuerbefreiungen (§ 13 Abs. 1 Nr. 1 bis 18 ErbStG)

a) Hausrat, Kunstgegenstände etc. (§ 13 Abs. 1 Nr. 1 u. Nr. 2 ErbStG)

4908 Zum Hausrat zählen alle beweglichen Sachen, die in der Wohnung von der Familie genutzt werden, also das gesamte Mobiliar, Wäsche, Geschirr, Bücher, Lebensmittel (Weinkeller!) und elektronische Geräte. Auch Kunstgegenstände können hierunter fallen, und (wohl) auch Pkw,[950] nicht jedoch Zahlungsmittel, Wertpapiere, Münzen, Edelmetalle, Edelsteine oder Perlen. Bis zu einem Freibetrag (nicht Freigrenze!) von 41.000,00 € ist solcher Erwerb durch Personen der Steuerklasse I frei. Der Freibetrag steht jedem Erwerber in voller Höhe zu, kann also bei wertvollem Hausrat unter mehreren Kindern und dem Ehegatten vervielfältigt werden. Daneben steht für andere bewegliche Gegenstände für Personen der Steuerklasse I ein zusätzlicher Freibetrag von je 12.000,00 € zur Verfügung.

Für Erwerber der Steuerklassen II und III gilt ein einheitlicher Freibetrag (für Hausrat einschließlich sonstiger beweglicher Gegenstände, die nicht zum Betriebsvermögen zählen[951]) von insgesamt je 12.000,00 €.

---

948 So *Demuth/Schreiber*, ZEV 2012, 405, sowie *Blusz*, ZEV 2016, 626, 629.
949 Zinsbeginn ist nach FG Münster, 24.11.2016 – 3 K 1627/15 Erb, ErbStB 2017, 99 (n. rkr., Az. BFH: II R 7/17) ein Jahr nach der Schenkung (drei Monate Anzeigefrist gem. § 30 Abs. 1 ErbStG, einen Monat Abgabefrist für die Steuererklärung gem. § 31 Abs. 1 ErbStG, acht Monate durchschnittliche Bearbeitungszeit).
950 Vgl. *Erle*, ZEV 2016, 240 ff.: jedenfalls wenn sie der Haushalts- und allgemeinen Lebensführung dienen und dem Erwerber bei der Bewältigung des nicht beruflichen Alltags helfen.
951 Das kann auch die Einrichtung einer Apotheke sein, nachdem der Betrieb aufgegeben [§ 16 Abs. 3 EStG] wurde, FG Düsseldorf, 08.02.2017 – 4 K 2510/15 Erb, ErbStB 2017, 170.

A. Schenkungsteuerrecht	Kapitel 12

Nicht als Hausrat oder »andere bewegliche körperliche Gegenstände« begünstigungsfähig sind jedoch gem. § 13 Abs. 1 Nr. 1 Satz 2 ErbStG »Zahlungsmittel, Münzen, Wertpapiere, Edelmetalle, Edelsteine und Perlen«, wobei der BFH klargestellt hat,[952] dass Edelsteine, Perlen oder Edelmetalle, die in Schmuck verarbeitet sind, von dem Verbot nicht erfasst sind, ebenso wenig außer Kurs gesetzte Goldmünzen. Die geschilderten Freibeträge dieser sachlichen Steuerbefreiungen treten neben die persönlichen Freibeträge von bspw. 20.000 € in den Steuerklassen II und III. Sie werden sowohl bei Erwerben von Todes wegen als auch bei lebzeitigen Übertragungen gewährt, und zwar alle zehn Jahre wiederum neu, so dass sie sich »wieder aufladen« können.[953]   4909

▶ **Hinweis:**

Die (insbesondere im Verhältnis zu Erwerbern der Steuerklassen II und III) spürbaren zusätzlichen sachlichen Steuerbefreiungsachverhalte können auch im Weg der **mittelbaren Zuwendung von Hausrat** und beweglichen Gegenständen unter Lebenden genutzt werden, also durch Überweisung von zweckgebundenen Geldbeträgen, die für den Erwerb eines konkreten Gegenstandes der geschilderten Art einzusetzen sind (jedenfalls sofern der mittelbar dazu beigesteuerte Anteil mindestens zehn Prozent des Anschaffungsvolumens beträgt).   4910

Liegt die Erhaltung von **Kunstgegenständen**,[954] insb. Kunstsammlungen,[955] oder von Baudenkmalen, deren jährliche Kosten die Einnahmen übersteigen, im öffentlichen Interesse,[956] werden sie nur zu 15 % (vor dem 01.01.2009: zu 40 %), teilweise (bei national wertvollem Kulturgut und Denkmalobjekten[957]) zu 0 % ihres gemeinen Werts (sog. Adelsprivileg oder »große Kulturgutbefreiung«),[958] angesetzt. Unklar ist, inwieweit die sachliche Steuerbefreiung auch gewährt wird, wenn die Kunstgegenstände nur mittelbar, also in einer Personen- oder Kapitalgesellschaft gehalten werden.[959] Die (Schenkung- und Erbschaft-)Steuerbefreiung entfällt rückwirkend, soweit der Gegenstand[960] binnen 10 Jahren veräußert oder sonst bestimmungswidrig benutzt wird   4911

---

952 BFH, BStBl. 1962 III, S. 312.
953 Vgl. hierzu und zum folgenden: *Stein/Tack*, ZEV 2013, 180 ff.
954 Zu Kunst im Nachlass, auch zu ertragsteuerlichen Fragen (Betriebs- oder Privatvermögen?), *Crezelius*, ZEV 2014, 637 ff.; zum »Steuersparmodell Kunstsammlung« *Lindenau*, ZErb 2015, 245 ff.; Kurzüberblick bei *Speidel/Kunstmann*, EE 2015, 195 ff., zur Nachlassgestaltung bei großem Kunstbesitz: *Elmenhorst/Wargalla*, ErbR 2016, 430 ff.
955 Zum Sammlungsbegriff (»wirtschaftliche Einheit nach bestimmten Ordnungsprinzipien«) *Heuer/von Cube*, ZEV 2013, 641 ff.
956 An den Nachweis hierfür werden keine allzu hohen Anforderungen gestellt, insb. wenn sich die Kunstwerke bereits als Leihgaben im Besitz der öffentlichen Hand befinden. Ferner müssen die jährlichen Kosten die erzielten Einnahmen übersteigen. Schießlich müssen die Kunstwerke in gewissem Umfang Forschungs- und Bildungszwecken zur Verfügung gestellt werden, wozu auch ein Kooperationsvertrag mit einem Museum (Verwahrung daheim; auf Verlangen temporäre Leihgabe) genügt, vgl. *von Oertzen*, ZEV 2016, 561 ff.
957 Es genügt, wenn die denkmalrechtliche Unterschutzstellung in zeitlicher Nähe zur Schenkung erfolgt, BFH, 12.05.2016 – II R 56/14, ZEV 2016, 596 m. Anm. *von Oertzen*, ZEV 2016,561 ff. = ZErb 2016, 303 m. Anm. *Lindenau* = ErbStG 2016, 229, zur Vorinstanz FG Münster, 24.09.2014 – 3 K 2906/12 Erb, ZEV 2015, 175 m. Anm. *Heuer/Cube*.
958 Maßgeblich ist nicht die Versicherungssumme, sondern der »Wiederbeschaffungswert«, von dem in Verhandlungen ggü. der Finanzverwaltung regelmäßig Abschläge von 50 bis 80 % durchgesetzt werden können.
959 Vgl. *Hoheisel/Graf Nesselrode*, DStR 2011, 441 ff.; *Lindenau*, ZErb 2015, 245, 247.
960 Richtigerweise ist dabei, so *Kugelmüller-Pugh*, ErbR 2017, 15, 18 auf das einzelne Kunstwerk abzustellen, so dass wegen eines Verkaufs nicht die gesamte Sammlung rückwirkend die Steuerbefreiung verliert.

(§ 13 Abs. 1 Nr. 2 Satz 2 ErbStG). Ferner müssen z.T. lange Vorbesitzzeiträume gewahrt sein (z.B. gem. § 13 Abs. 1 Nr. 2 Buchst. b) bb): 20 Jahre zuvor in Familienbesitz[961]).[962]

4912 Diese Vergünstigungen sind im internationalen Vergleich großzügig.[963] Daneben werden Kunstwerke, deren Erwerb im Besonderen öffentlichen Interesse liegt, zum Verkehrswert an Erfüllungs statt in Zahlung genommen, § 224a AO, was jedoch die Liquidität des erwerbenden Landes belastet, da der Länderfinanzausgleich lediglich in Geld geleistet werden kann. Schließlich besteht für Kunstwerke wie für alle anderen Objekte die Möglichkeit, bereits entstandene Schenkungs-/Erbschaftsteuern gem. § 13 Abs. 1 Nr. 16, 17 ErbStG, § 29 Abs. 1 Nr. 4 ErbStG (Rdn. 4958 f.) durch Zuwendungen an eine Körperschaft des öffentlichen Rechtes oder eine gemeinnützige Stiftung binnen 2 Jahren nach Anfall zu »neutralisieren«, wobei häufig die alternativ wählbare ertragsteuerliche Förderung (Rdn. 3363) günstiger sein wird. Schließlich können entstandene Schenkung- oder Erbschaftsteuerbeträge durch Hingabe von Kunstgegenständen beglichen werden, § 224a AO.[964]

4913 Greift die (ggf. teilweise) Steuerfreistellung gem. § 13 Abs. 1 Nr. 2 ErbStG nicht ein, wird bei der Vererbung (als fiktive Nachlassverbindlichkeit, § 10 Abs. 5 Nr. 1 ErbStG) oder der Schenkung (wie eine Leistungsauflage) von denkmalgeschützten, Schlössern, Burgen und Herrenhäusern eine sog. **Überlast** als Ausgleich für die Verpflichtung zur Instandhaltung des Bauwerks in Abzug zu bringen, und zwar in Höhe von einheitlich 2,30€/m³ umbauten Raum für rein museal genutzte Räume, bzw. 1,15€/m³ für sonstige Innenräume, vgl. R E 10.6. Abs. 2 ErbStR 2011. Alternativ kann die Wertminderung auch im Rahmen eines gutachtlichen Einzelnachweises nach § 198 BewG berücksichtigt werden (Rdn. 4657 ff.).

b) Ehebedingte Zuwendung des selbst genutzten Familienheims (§ 13 Abs. 1 Nr. 4a ErbStG)

4914 Diese besonders praxiswichtige und durchaus großzügige[965] Steuerbefreiung, die – wenn auch begrenzt auf lebzeitige Übertragungen – beliebig oft und ohne Rücksicht auf den Wert der selbst genutzten Immobilien zur Verfügung steht, wurde bereits in Rdn. 3270 ff. i.R.d. ehebedingten Zuwendungen, welche sie zivilrechtlich i.d.R. bilden, erläutert. Die Erbschaftsteuerreform hat dieses Privileg für Sachverhalte ab 2009 sogar noch erweitert (Rdn. 3279 ff.).

c) Vererbung des Familienheims an den Ehegatten (§ 13 Abs. 1 Nr. 4b ErbStG) (ab 2009)

4915 Die objektbezogene Freistellung des Familienheims für letztwillige Übertragungen an Abkömmlinge (Rdn. 4937 ff.) oder Ehegatten (Rdn. 4915 ff.)[966] zur anschließenden Selbstnutzung (in Ergänzung der bereits zuvor bestehenden Privilegierung der lebzeitigen Übertragung des Familienheims an den Ehegatten, Rdn. 4914) führt zu erheblichen Verwerfungen, die die Gesetzesbegründung mit dem »Schutz des gemeinsamen familiären Lebensraums«, einerseits, sowie der »Lenkung im Grundvermögen schon zu Lebzeiten des Erblassers«, andererseits, zu rechtfertigen versucht.[967]

---

961 So dass Sammler zeitgenössischer Kunst de lege lata benachteiligt sind, vgl. *Kugelmüller-Pugh*, ErbR 2017, 15, 18.
962 Vgl. im Einzelnen *Werner, Viskorf*, DStZ 2002, 881; *von Oertzen*, ZEV 1999, 422.
963 Nach dem Tod Pablo Picassos gingen im Jahr 1973 4.000 Kunstwerke zur Begleichung der auf 100 Mio. € geschätzten Erbschaftsteuer in das Eigentum des französischen Staates über, Grundstock des Musée Picasso in Paris.
964 *Bruschke*, ErbStB 2013, 21, 23 ff.
965 »Geschenk des Gesetzgebers«: *Meßbacher-Hönsch*, ZEV 2015, 382 ff.
966 Kurzüberblick zu beiden Tatbeständen bei *Paus*, ErbStB 2016, 189 ff. sowie *Ziegler*, MittBayNot 2017, 354 ff.
967 BT-Drucks. 16/11107, S. 10.

A. Schenkungsteuerrecht

Dabei ist zu berücksichtigen, dass 4916
(1) die Gefahr eines **Verkaufs des Eigenheims** zur Zahlung hoher Erbschaftsteuerbelastungen eine durch den Gesetzgeber selbst geschaffene Gefahr ist (ein niedriger Steuersatz auf einer breiten Bemessungsgrundlage würde das Problem einfacher lösen),
(2) das **Einhalten der 10-jährigen Selbstnutzungsbindung** von privaten und beruflichen Zufällen abhängt, d.h. äußerlich gleiche Sachverhalte steuerrechtlich sehr ungleich behandelt werden.

Schließlich führt das 10-jährige (nicht abschmelzende) **Nachversteuerungsrisiko** zu einer unsympathischen Durchleuchtung der Privatsphäre des Steuerbürgers, der belegen muss, ob das Abbrechen der Selbstnutzung aus »zwingendem Grund« geschah oder nicht.

Schulden und Lasten im wirtschaftlichen Zusammenhang mit steuerbefreiten Familienheimen 4917 sind naturgemäß nicht abzugsfähig, § 10 Abs. 6 Satz 1 ErbStG. Kommt es allerdings zur Nachversteuerung wegen eines Verstoßes gegen die 10-jährige Nutzungsfrist, sind die Verbindlichkeiten nachträglich zu berücksichtigen.[968]

aa) Umfang des begünstigten Erwerbs

Wird der überlebende Ehepartner lediglich **Miterbe**, steht ihm zunächst die Freistellungschance 4918 nur hinsichtlich seines Bruchteils zu. Allerdings erlaubt § 13 Abs. 1 Nr. 4b ErbStG (ebenso wie Nr. 4c, s. Rdn. 4947 ff.) einen **Begünstigungstransfer** auf den Ehegatten allein, wenn ihm das/ weiteres Eigentum übertragen wird,[969] gleichgültig ob dies aufgrund letztwilliger Vermächtnis- oder Teilungsanordnung geschieht oder aus freien Stücken. Auch zeitlich besteht zwar nach dem Gesetzeswortlaut keine Grenze, die Finanzverwaltung will aber – entgegen der Rechtsprechung des BFH[970] – »freie Auseinandersetzungen« gem. R E 13.4 Abs. 5 Satz 4 und 11, Abs. 7 Satz 6 ErbStR 2011 nur anerkennen, wenn sie »zeitnah«, i.d.R. binnen 6 Monaten nach dem Erbfall, stattfinden.

Auf jeden Fall ist es ausreichend, dem Ehegatten ein Vorausvermächtnis hinsichtlich der Gesamt- 4919 immobilie zuzuwenden, da Nr. 4b mit der Anknüpfung an den »Erwerb von Todes wegen« auf die Erwerbstatbestände in § 3 ErbStG Bezug nimmt und damit beispielsweise auch den Vermächtniserwerb oder den Erwerb des Familienheims als Abfindung für einen anderen Vermächtnisanspruch oder als Abfindung für den Verzicht auf einen entstandenen Pflichtteilsanspruch (§ 3 Abs. 2 Nr. 4 ErbStG) mit umfasst (Letzteres zu unterscheiden von der Übertragung des Familienheims an Erfüllungs statt für den geltend gemachten Pflichtteilsanspruch, Rdn. 4921).

Als »Erwerb von Todes wegen« gilt demnach auch[971] 4920
(1) die Schenkung auf den Todesfall gem. § 2301 BGB (§ 3 Abs. 1 Nr. 2 ErbStG) oder der Erwerb als Abfindung für die Zurückweisung eines Rechtes aus einem Vertrag des Erblassers zugunsten Dritter auf den Todesfall, § 331 BGB (§ 3 Abs. 2 Nr. 4 ErbStG),
(2) der Erwerb als Abfindung für die Ausschlagung einer Erbschaft oder eines Vermächtnisses oder als Abfindung für den Verzicht auf den entstandenen Pflichtteilsanspruch (§ 3 Abs. 2 Nr. 4 ErbStG),
(3) der Erwerb als Abfindung für ein aufschiebend bedingtes, betagtes, befristetes Vermächtnis, für das die Ausschlagungsfrist abgelaufen ist, noch vor Bedingungs- oder Ereigniseintritt (§ 3 Abs. 2 Nr. 5 ErbStG),
(4) der Erwerb als Entgelt für die Übertragung der Anwartschaft eines Nacherben (§ 3 Abs. 2 Nr. 6 ErbStG).

---

968 Vgl. *Steiner*, ErbStB 2009, 124.
969 Überblick bei *Halczinsky*, ErbStB 2016, 240 ff.
970 BFH, 23.06.2015 – II R 39/13, ZEV 2015, 658 = ErbStB 2015, 287, hierzu *Mensch*, ZEV 2016, 75 ff.; vgl. *Gemmer*, EE 2014, 42 ff. zur Vorinstanz: nur die Bestimmung zu eigenen Wohnzwecken muss unverzüglich erfolgen.
971 Vgl. *Reimann*, ZEV 2010, 177.

(5) der Erwerb als Abfindung eines gem. §§ 2287, 2288 Abs. 2 BGB »geschädigten« Vertragserben eines Erbvertrages bzw. Schlusserben eines gemeinschaftlichen Testamentes (§ 3 Abs. 2 Nr. 7 ErbStG), sowie

(6) – abweichend vom Zivilrecht – der Anwachsungserwerb in einer Personengesellschaft mit unvererblich gestellten Anteilen beim Ableben des Mitgesellschafter-Ehegatten (§ 3 Abs. 1 Nr. 2 Satz 2 ErbStG), sofern der dabei sich vollziehende Übergang von der GbR auf eine natürliche Person überhaupt als letztwilliger Erwerb »vom Ehegatten« qualifiziert werden kann, vgl. Rdn. 3286.

4921 Dies erlaubt eine »**Korrektur**« **steuerlich unvernünftiger letztwilliger Eigenheimzuordnungen** auch nach dem Erbfall. Wird allerdings das Eigenheim an Erfüllungs statt für geltend gemachte Pflichtteils- oder Vermächtnisansprüche übertragen, liegt ein entgeltlicher Erwerb unter Lebenden vor,[972] Rdn. 69 ff.

4922 Mangels klaren Anhaltspunkts im Wortlaut reicht die letztwillige Einräumung eines bloßen **Nießbrauchs- oder Wohnungsrechts** an einer dadurch selbst genutzten Immobilie allein nicht aus, da das Gesetz an das Eigentum oder Miteigentum anknüpft.[973] Der (an sich naheliegende) Schluss »a maiore ad minus« ist also nicht zulässig.

▶ Hinweis:

Testamente, in denen der Ehegatte lediglich den Nießbrauch oder das Wohnungsrecht erhält, sollten daher geprüft werden, da auf diese Weise weder der Erbe (typischerweise die Kinder) noch der Ehegatte für das Familienheim die Steuerbefreiung erlangen können.[974]

4923 Vorsorgende **Testamentsgestaltung** kann die Risiken einer nachträglichen Versteuerung des Familienwohnheims mindern. In Betracht kommt zunächst,[975] dem überlebenden Ehegatten durch Wahlvermächtnis (§ 2154 BGB) die Möglichkeit einzuräumen, anstelle des zunächst zu seinen Gunsten ausgesetzten Eigenheimvermächtnisses einen gleichwertigen Geldbetrag zu verlangen, so dass der Lebensabend bspw. durch Erwerb einer kleineren Immobilie an einem anderen Ort gesichert werden kann. Entscheidet sich der überlebende Ehegatte für das Geldvermächtnis, steht das Eigenheim ersatzvermächtnisweise demjenigen Kind zu, das voraussichtlich die 10-Jahres-Frist des § 13 Abs. 1 Nr. 4c ErbStG wird verwirklichen können.

4924 Hat der überlebende Ehegatte statt dessen das Eigenheimvermächtnis gewählt, beendet er jedoch binnen 10 Jahren die Selbstnutzung ohne zwingenden Grund, hilft möglicherweise ein für diesen Fall angeordnetes Herausgabevermächtnis wiederum zugunsten desjenigen Kindes, das voraussichtlich die 10-Jahres-Frist des § 13 Abs. 1 Nr. 4c ErbStG am ehesten verwirklichen kann und wird: Der Enderwerber erhält in diesem Fall das Eigenheim von Todes wegen vom ursprünglichen Eigentümer aufgrund einer – wenn auch auf einen späteren Zeitpunkt bedingten – Vermächtnisanordnung des ursprünglichen Erblassers; der Zwischenerwerber wird – da das **Herausgabevermächtnis** nicht i.S.d. § 6 Abs. 4 ErbStG an den Tod des Zwischenerwerbers anknüpft – wie ein Nießbraucher, beschränkt auf die Jahre seines »Zwischeneigentums«, also bezogen auf seinen tatsächlichen Erwerb gem. § 5 Abs. 2 BewG, besteuert.[976] (Ein für diesen Fall angeordnetes

---

972 BFH, 07.10.1998 – II R 52/96, ZEV 1999, 34 m. Anm. *Daragan*.
973 BFH, 03.06.2014 – II R 45/12, MittBayNot 2015, 531 m. Anm. *Selbherr*, vgl. *Herrler*, in: DAI, Aktuelle Probleme der Vertragsgestaltung im Immobilienrecht 2014/2015, S. 179 ff.; so auch Abschnitt 4 Abs. 6 Satz 2 der Erlasse v. 25.06.2009, BStBl. 2009 I, S. 713; vgl. *Reimann*, FamRZ 2009, 1785, 1789; *Krüger*, ZErb 2014, 320 f.
974 *N. Mayer*, ZEV 2009, 439, 442.
975 Vgl. *Jülicher*, ZErb 2009, 222, 225.
976 Vgl. *Jülicher*, ZErb 2009, 222, 227, der diese Konstruktion gegen eine analoge Anwendung des in §§ 13a Abs. 3, 13b Abs. 3 ErbStG geregelten unmittelbaren Übergangs der Privilegierung auf den Enderwerber abgrenzt.

A. Schenkungsteuerrecht

Nachvermächtnis würde nicht helfen: Beim Vorvermächtnisnehmer tritt die Nachversteuerung ein, und die von ihm zu entrichtende Steuer wird lediglich auf die Steuerbelastung des Nachvermächtnisnehmers angerechnet, § 6 Abs. 4 i.V.m. Abs. 3 Satz 1 ErbStG, Rdn. 4419.)[977]

▶ **Formulierungsvorschlag: Wahl- und Herausgabevermächtnis zur steuerfreien Vererbung des Eigenheims**

Vermächtnisweise wende ich meinem Ehegatten, sofern zum Zeitpunkt meines Ablebens die Ehe noch besteht und auch ihre Scheidung nicht beantragt ist, das zuletzt gemeinsam bewohnte Eigenheim zu. Der überlebende Ehegatte kann jedoch wahlweise (§ 2154 BGB) binnen drei Monaten nach meinem Tod als alternatives Vermächtnis die Zuwendung eines Geldbetrags in Höhe des Verkehrswerts dieses Eigenheims verlangen; im Dissensfall wird dieser Verkehrswert durch den örtlich zuständigen Gutachterausschuss bestimmt. Ersatzvermächtnisnehmer hinsichtlich des Eigenheims ist in diesem Fall unser Kind 4925

Wählt und erhält der überlebende Ehegatte das selbstgenutzte Eigenheim, belaste ich ihn mit einem Herausgabevermächtnis hinsichtlich dieses Eigenheims für den Fall, dass in seiner, des Ehegatten, Person innerhalb der 10-Jahres-Frist des § 13 Abs. 1 Nr. 4b ErbStG ein Umstand eintritt, der nachträglich zur Erbschaftsbesteuerung des Eigenheims führen würde, insbesondere also das Eigenheim ohne zwingenden Grund verlassen wird. Herausgabevermächtnisnehmer ist unser Kind .....

Auf dem Objekt lastende Verbindlichkeiten sind maximal in dem Umfang zu übernehmen, den sie bei meinem Ableben hatten; eine Sicherung durch Vormerkung kann nicht verlangt werden.

bb) Begünstigte Immobilie

Es gelten dieselben Kriterien wie in § 13 Abs. 1 Nr. 4a ErbStG (vgl. Rdn. 3270 ff.). Es muss sich also um den Lebensmittelpunkt der Familie handeln (demnach unter Ausschluss von Ferien- oder Zweitwohnungen), der im Inland, in der EU oder im EWR[978] gelegen ist. Eine teilweise Fremdvermietung ist – ebenfalls wie nun in Nr. 4a – unschädlich (s.o. Rdn. 3282); die Begünstigung wird allerdings nur für den eigengenutzten Teil gewährt, wobei die zugrunde zu legenden Kriterien im Einzelnen noch unklar sind. Dass neben der eigengenutzten, den Lebensmittelpunkt bildenden Wohnung/dem diesbezüglichen Eigenheim ein Zweitwohnsitz, etwa bei Berufspendlern, gegeben sein mag, schadet nicht.[979] Allerdings ist (anders als bei der lebzeitigen Ehegattenzuwendung gem. § 13 Abs. 1 Nr. 4a ErbStG) die bloße Vererbung von Geldmitteln mit der Auflage, davon ein selbst zu nutzendes Eigenheim anzuschaffen, nicht begünstigt, erst recht nicht die letztwillige Zuwendung lediglich eines Nutzungsrechtes.[980] Die begünstigte Immobilie muss im Todeszeitpunkt also im Eigentum des Erblassers stehen, es reicht nicht einmal ein Anwartschaftsrecht.[981] 4926

---

977 Vgl. *Steiner*, ErbStB 2010, 183. Ausführliches Muster eines solchen Zweckvermächtnisses bei *Ihle*, RNotZ 2011, 471, 483 f.
978 Der Hauptwohnsitz muss sich demnach am Auslandseigenheim befinden; die zur Erreichung des § 13 Abs. 1 Nr. 4b und 4c erforderliche unbeschränkte Steuerpflicht in Deutschland muss demnach durch einen Nebenwohnsitz in Deutschland, oder durch Erwerberansässigkeit in Deutschland, bzw. durch Versterben eines Deutschen binnen 5 Jahren nach Aufgabe des letzten Wohnsitzes in Deutschland (§ 2 Abs. 1 Nr. 1 Satz 2 Buchst. b) ErbStG) erreicht werden, vgl. *Jülicher*, ZErb 2009, 222, 223.
979 Vgl. Gesetzesbegründung, BT-Drucks. 16/11107, S. 11.
980 FG Köln, 08.08.2012 – 9 K 3615/11 (Az. BFH: II R 4/12), notar 2012, 361.
981 Also die (vorgemerkte) Eigentumsumschreibung nach dem Tod, FG München, 06.04.2016 – 4 K 1868/15, ErbStB 2016, 225 (n. rkr., Az. BFH: II R 14/16); hierzu *Michael*, notar 2016, 332, 337: bloße Anwartschaft reicht nicht. Es drängt sich allerdings die abweichende Festsetzung aus sachlichen Billigkeitsgründen gem. § 163 AO bzw. ein Erlass gem. § 227 AO auf.

cc) Selbstnutzung durch den Erblasser

4927 Der Erblasser muss das Eigenheim/die Wohnung vor dem Erbfall zu eigenen Wohnzwecken genutzt haben, es sei denn, er wäre hieran aus zwingenden Gründen gehindert gewesen. Medizinische Gründe, die eine Übersiedlung in ein Altenheim notwendig gemacht haben, fallen sicherlich darunter, möglicherweise aber schon nicht mehr der Wunsch, aus Gründen der einfacheren Lebensgestaltung oder des Komforts in eine Anlage des »Betreuten Wohnens« zu ziehen. Fraglich ist, ob auch wirtschaftliche Gründe (Beispiel: Die Nebenkosten des Objekts können aus laufenden sonstigen Einnahmen nicht mehr getilgt werden, so dass es vermietet werden musste) oder persönliche Gründe zwingend sein können (Trennung der Ehegatten, so dass das gemeinsame Objekt leergezogen wird und zum Verkauf steht). Eindeutig ist lediglich, dass bei Ehegatten, deren einer zum Erblasser wird, zuvor keine gemeinsame Nutzung des Familienheims vorliegen muss, solange nur bspw. infolge des Getrenntlebens lediglich der Erblasser im Objekt verblieben ist.[982]

4928 Es muss aber, auch wenn im Todeszeitpunkt zwingende Gründe die Selbstnutzung durch den Erblasser verhindert haben, jedenfalls zu einem früheren Zeitpunkt die Selbstnutzung bereits stattgefunden haben, so dass keine Vergünstigung gem. § 13 Abs. 1 Nr. 4b ErbStG gewährt werden kann, wenn die Ehegatten bis zum Tod des Eigentümers nur vorbereitende Baumaßnahmen durchgeführt haben und der erstmalige Eigenbezug erst durch den Erben erfolgt.[983] Frühere BFH-Rechtsprechung gewährte die Privilegierung (für die Eigenheimübertragung unter Lebenden) allerdings auch, wenn in Trennungsfällen lediglich der Erwerber (Erbe) zuvor im Eigenheim lebte.[984]

Die Nutzung zu eigenen Wohnzwecken erfordert einen »hauptsächlichen Wohnaufenthalt in der Wohnung in der Art, dass sich hier der Mittelpunkt des familiären Lebens des Erblassers befunden hat«.[985] Das bloße Bereitstellen von Wohnraum genügt nicht, ebenso wenig ist die Meldung als »Hauptwohnung« maßgebend. Es reicht auf keinen Fall, als Erblasser nur mit Zweitwohnsitz gemeldet gewesen zu sein, in das familiäre Leben der Hausbewohner (Kinder) zwar integriert gewesen zu sein (z.B. die Mahlzeiten regelmäßig dort eingenommen zu haben), jedoch keine Räume im Anwesen zur ausschließlichen Wohnnutzung in Anspruch genommen zu haben.[986]

dd) Selbstnutzung durch den Erwerber

4929 Der erbende Ehegatte muss – sofern er nicht bereits zuvor das Objekt zur Eigennutzung mitbewohnt hat – unverzüglich (also »ohne schuldhaftes Zögern«, § 121 BGB) nach dem Erbfall (z.B. bei getrenntlebenden Ehegatten) in dem Anwesen wohnen. War das Objekt zuvor, da der Erblasser aus zwingenden Gründen (Pflegeheimaufenthalt) es nicht selbst bewohnen musste, vermietet, genügt es allerdings, dass er sofort nach dem Erbfall die Eigenbedarfskündigung ausspricht; sind Renovierungsarbeiten erforderlich, müssen diese innerhalb der ersten Monate nach dem Erbfall in Auftrag gegeben werden;[987] die »innere Tatsache« der Selbstnutzungsabsicht muss

---

982 Vgl. *Schumann*, DStR 2009, 197, 199, ebenso schon zuvor zu § 13 Abs. 1 Nr. 4a ErbStG: FG Berlin, 28.01.2003 – V K 5267/01, DStR 2004, 214.
983 FG München, 24.02.2016 – 4 K 2885/14, ErbStB 2016, 167.
984 BFH, 26.02.2009 – II R 69/06 ZEV 2009, 257 m. Anm. *Schlünder/Geißler*; vgl. *Reimann*, ZEV 2010, 177.
985 FG München, 22.10.2014 – 4 K 2517/12, ErbStB 2015, 59 (zu § 13 Abs. 1 Nr. 4c) ErbStG).
986 FG München, 12.10.2016 – 4 K 3006/15, ErbStB 2017, 67.
987 Dann genügt gem. Bsp. 1 in OFD Rheinland, Vfg. v. 04.07.2012, ZEV 2012, 567 auch ein Bezug erst 18 Monate nach dem Erbfall. *Meßbacher-Hönsch*, ZEV 2015, 382, 385, plädiert dafür, den Selbstbezug binnen sechs Monaten – orientiert an der längeren Erbausschlagungsfrist – nach dem Sterbefall stets genügen zu lassen, während bei einem Zeitraum zwischen sechs und zwölf Monaten die ab Beginn bestehende Absicht nachzuweisen ist.

A. Schenkungsteuerrecht Kapitel 12

also durch zeitnahe äußere Umstände dokumentiert sein.[988] Schwebende Erbstreitigkeiten, die nicht vorhersehbare Insolvenz des mit der Sanierung beauftragen Bauunternehmers, die Feststellung weiterer gravierender Baumängel während der Renovierung etc. können als »entschuldbare Verzögerungsgründe« auch einen späteren Selbstbezug (Verlegung des »Mittelpunktes« des familiären Lebens) rechtfertigen Anders als bei der späteren Aufgabe der Selbstnutzung (Rdn. 4931 ff.) macht das Gesetz aber hinsichtlich deren Beginns auch bei »zwingenden Gründen« keine Ausnahme, die Selbstnutzung muss also auf jeden Fall stattfinden,[989] die Finanzverwaltung ist insoweit z.T. großzügiger.[990] Keine Selbstnutzung des »geerbten« Anwesens liegt jedoch vor, wenn der Erbe das Gebäude vollständig abreißt und ein neues Familienheim errichtet, selbst wenn der Abriss betriebswirtschaftlich geboten war.[991]

Die Selbstnutzung braucht – bei der Schenkung wie auch der letztwilligen Zuwendung – nicht (als Auflage) angeordnet sein, sie kann vielmehr auch aus freien Stücken erfolgen. Nach Verwaltungsauffassung[992] steht es der Selbstnutzung ferner nicht entgegen, dass einzelne Räume an andere Verwandte unentgeltlich überlassen werden, z.B. an die Eltern. Demzufolge dürften auch Wohnungsrechte zugunsten solcher Verwandter, bezogen auf einzelne Zimmer, unschädlich sein.[993] Nicht ausreichend ist es jedoch, die Räume ausschließlich (auch unentgeltlich) an Angehörige zu überlassen[994] oder lediglich einzelne Räume gelegentlich selbst zu nutzen.[995] 4930

ee) Nachversteuerung

Die zunächst nur vorläufig gewährte Steuerfreistellung entfällt insgesamt und vollständig (also **ohne Abschmelzung** während des 10-Jahres-Zeitraums), wenn binnen 10 Jahren nach dem Erwerb die Selbstnutzung aufgegeben wird, es sei denn, dies geschah wiederum aus zwingenden Gründen. Immerhin bleibt aber – selbst für den Fall der Nachversteuerung – der Zins(Liquiditäts)vorteil erhalten, da die wiederauflebende Erbschaftsteuer nominal nach den Verhältnissen am Todestag, ohne Verzinsung, berechnet wird. 4931

Der Gesetzeswortlaut stellt allein auf die Selbstnutzung ab, nicht auf den Fortbestand des Eigentums. Ein Verkauf, bei dem zugleich ein **Nießbrauch** vorbehalten oder ein Mietvertrag mit dem Verkäufer (Erben) abgeschlossen wird, wäre dann also unschädlich.[996] Die Gesetzesbegründung[997] erwähnt dagegen auch den Verkauf des Familienheims als befreiungsschädlich, auch die Finanzverwaltung verlangt demgemäß, der Ehegatte müsse das Eigenheim »als Eigentümer« zehn Jahre lang 4932

---

[988] Ein Selbstbezug erst 14 Monate nach dem Sterbefall ohne vorherige Dokumentation der Selbstnutzungsabsicht genügt jedoch nicht, FG Hessen, 20.07.2015 – 1 K 392/15, ErbStB 2016, 1 (Az. BFH: II B 87/15).
[989] BFH, 23.06.2015 – II R 13/13, ErbStB 2015, 315 (bei einem Professor, der beruflich einer Residenzpflicht am Studienort unterliegt).
[990] Die OFD Rheinland, Vfg. v. 04.07.2012, ZEV 2012, 567 will z.B. »zwingende Gründe« wie etwa »Pflegebedürftigkeit oder minderjähriges Kind« anerkennen; dafür auch *Wachter*, ZEV 2014, 191, 193, ebenso Gemeinsamer Erlass der Obersten Finanzbehörden der Länder, 03.03.2016 – S 3812, ZEV 2016, 229 = BStBl 2016 I S. 280, hierzu ErbStB 2016, 145, wenn (a) die Pflegebedürftigkeit oder (b) die Minderjährigkeit des Erwerbers zur Zeit des Erwerbs die Führung eines eigenen Haushalts noch nicht zulässt.
[991] FG München, 22.10.2014 – 4 K 847/13.
[992] Abschn. 4 Abs. 3 i.V.m. Abschn. 3 Abs. 2 Satz 6 Ausführungserlass ErbSt, ebenso zu § 13 Abs. 1 Nr. 4a ErbStG a.F. Abschn. 43 Abs. 1 Satz 7 ErbStR.
[993] *Reimann*, ZEV 2010, 178.
[994] Dies war nur in § 4 Satz 2 EigZulG der Selbstnutzung gleichgestellt, vgl. FG Hessen, 24.03.2015 – 1 K 118/15, ErbStB 2015, 186.
[995] BFH, 05.10.2016 – II R 32/15, ZEV 2017, 50, ebenso FG Hessen, 24.03.2015 – 1 K 118/15, ErbStB 2015, 186.
[996] Ebenso *Geck*, ZEV 2008, 559; *Steiner*, ErbStB 2009, 127.
[997] BT-Drucks. 16/11107, S. 10.

nutzen;⁹⁹⁸ die Literatur differenziert teilweise dahin gehend, ob die Weiterübertragung unter Nutzungsvorbehalt unentgeltlich erfolgt (dann keine Nachversteuerung) oder im Rahmen einer entgeltlichen, dann schädlichen, Veräußerung.⁹⁹⁹ Die untergerichtliche Rechtsprechung folgt der strengen Auffassung und bestätigt die Nachversteuerung auch dann, wenn während des 10-Jahres-Zeitraums eine unentgeltliche Weiterübertragung in vorweggenommener Erbfolge unter Nießbrauchs- oder Wohnungsrechtsrückbehalt erfolgt.¹⁰⁰⁰ Die bloße Rückanmietung nach Verkauf oder Überlassung genügt schließlich ebenso wenig, da nur die Nutzung aus eigenem Recht geschützt werden soll.¹⁰⁰¹ Auch ein Abriss des Gebäudes, selbst bei späterer Neuerrichtung, ist schädlich.¹⁰⁰²

4933 Fraglich ist des Weiteren, ob die Fortführung der Selbstnutzung sich auf das gesamte Familienheim beziehen muss, also »ausschließliche Selbstnutzung« verlangt wird, oder ob eine (zumindest untergeordnete) Fremdvermietung unschädlich wäre. Auch hier erwähnt die Gesetzesbegründung, über den Wortlaut hinaus, jegliche, auch untergeordnete, Vermietung als Beispiel eines die Befreiung entfallen lassenden Verstoßes.¹⁰⁰³

4934 Offen ist schließlich, ebenso wie hinsichtlich der notwendigen Eigennutzung durch den Erblasser vor dem Sterbefall, aus welchen zwingenden Gründen beim Erwerber von der Eigennutzung abgesehen werden kann. Unproblematisch ist insoweit nur ein Sachverhalt, nämlich der Tod des Erben (mit der Folge, dass die Erbeserben ihrerseits keine Nachversteuerung zu befürchten haben, die auf den ersten Sterbefall zurückgeht, ihrerseits aber wiederum möglicherweise eine zweite 10-Jahres-Frist der Eigennutzung verwirklichen müssen, falls sie selbst steuerfrei vom Verstorbenen erben möchten).

4935 Offen ist jedoch – jedenfalls bis zur Herausbildung gefestigter Rechtsprechung –, ob auch folgende Tatbestände ausreichen:
(1) **gesundheitliche Gründe** (Umzug in ein Pflegeheim): Genügt die Verwirklichung der Pflegestufe I, ist auf eine höhere Pflegestufe abzustellen oder sind die Umstände des Einzelfalls maßgebend (konkreter Pflegebedarf, Vorhandensein eines Liftes im Haus, einer behindertengerechten Dusche etc.)? Die Gesetzesbegründung stellt beispielhaft auf die Voraussetzungen der Pflegestufe III ab,¹⁰⁰⁴ die ErbStR 2011 (R E 13.4 Abs. 6 Satz 9) sprechen von Pflegebedürftigkeit, die die Führung eines eigenen Haushalts nicht mehr zulässt«, wobei maßgeblich ist, dass das Führen eines Haushalts schlechthin, nicht nur im übertragenen Objekt, ausscheidet;¹⁰⁰⁵
(2) **wirtschaftliche Gründe** (insb. Schwierigkeit, die Nebenkosten des Wohnens ohne Einschränkung der sonstigen Lebensführung aufzubringen): Genügt der Umstand, dass an anderer Stelle ein besser bezahlter Arbeitsplatz zur Verfügung steht oder muss am bisherigen Wohnort länger dauernde Arbeitslosigkeit drohen? Liegt in der Inhaftierung ein »zwingender Grund«? Der bloße Wunsch nach einer adäquaten, kleineren Wohnung genügt sicherlich nicht.¹⁰⁰⁶
(3) **persönliche Gründe**: z.B. der Umzug zu einem neuen Ehepartner?¹⁰⁰⁷

---

998 R E 13.4 Abs. 6 Satz 2 ErbStR 2011; kritisch *Geck*, ZEV 2012, 130, 133.
999 *Jülicher*, ZErb 2009, 222, 224.
1000 FG Hessen, 15.02.2016 – 1 K 2275/15, ZEV 2016, 346 = ErbStB 2016, 168; hierzu auch *Michael*, notar 2016, 332, 337, ebenso FG Münster, 28.09.2016 – 3 K 3757/15 Erb, BeckRS 2016, 95719.
1001 *Geck*, ZEV 2008, 559.
1002 Bsp. 2 in OFD Rheinland, Vfg. v. 04.07.2012, ZEV 2012, 567.
1003 BT-Drucks. 16/11107, S. 10.
1004 *Bauer/Wartenburger*, MittBayNot 2009, 86 weisen zu Recht darauf hin, dass demnach auch bei Pflegebedürftigkeit der Stufe II (Bedarf an fremder Hilfe mindestens dreimal am Tag) eine Umsiedlung zur Nachbesteuerung führt.
1005 FG Hessen, 10.05.2016 – 1 K 877/15, ErbStB 2016, 302.
1006 FG Hessen, 10.05.2016 – 1 K 877/15, ErbStB 2016, 302 (jedenfalls wenn der Erbe noch ein Jahr im Haus wohnte, während der Suche nach einer kleineren Wohnung: gesundheitliche Gründe sind dann nicht maßgeblich).
1007 Für eine verfassungskonforme Auslegung im Licht des Art. 6 Abs. 1 GG plädiert insoweit *Schumann*, DStR 2009, 197, 200.

A. Schenkungsteuerrecht **Kapitel 12**

Nach dem Wortlaut des Gesetzes darf allerdings der zwingende Grund nicht von vornherein vor- 4936
liegen, er muss also später eine unverzüglich aufgenommene Selbstnutzung beenden. War demnach der pflegebedürftige Erbe von vornherein an der Eigennutzung gehindert, kann die Freistellung nicht erlangt werden.

In verfahrensrechtlicher Hinsicht sieht übrigens das Gesetz keine Pflicht zur Anzeige des Auszugs ggü. dem FA vor.[1008]

d) Vererbung des Familienheims an Abkömmlinge (§ 13 Abs. 1 Nr. 4c ErbStG) (ab 2009)

aa) Erwerbstatbestand

§ 13 Abs. 1 Nr. 4c ErbStG schließlich erweitert ab 2009 die Freistellung des Familienheims auf 4937
den **letztwilligen (allerdings nicht den lebzeitigen!) Erwerb durch ein Kind** oder durch Kinder[1009] (bzw. Enkel, sofern das unmittelbare Kind bereits verstorben ist), soweit der Erblasser darin bis zum Erbfall wenigstens eine Wohnung (wenn auch ohne Mindestdauer) zu eigenen Wohnzwecken genutzt hat[1010] (Rdn. 4929) oder aus zwingenden Gründen an der Selbstnutzung gehindert war (also die Entscheidung, die Immobilie nicht selbst zu nutzen, nicht freiwillig traf) und sie vom erbenden bzw. vermächtnisbegünstigten Kind unverzüglich (Rdn. 4929 f) zur Selbstnutzung zu eigenen Wohnzwecken bezogen wird, allerdings unter noch stärker einschränkenden Voraussetzungen: Die Freistellung wird nämlich nur gewährt, soweit die Wohnfläche 200 m^2 nicht übersteigt (»Angemessenheit«, nachstehend Rdn. 4945). Wie beim letztwilligen Ehegattenerwerb sind Vererbung, Vermächtniszuwendung, Teilungsanordnung und freiwillige Teilung des Nachlasses gleichgestellt, allerdings erlaubt das Gesetz einen Begünstigungstransfer zum final Berechtigten (nachstehend Rdn. 4947). Der Umfang des »letztwilligen Erwerbs« erfasst (wie beim Ehegatten, Rdn. 4920) nicht nur die unmittelbare Erbschafts- bzw. Vermächtnisbegünstigung.

Problematisch sind allerdings Vor- und Nachvermächtnisse bzw. die **Vor- und Nacherbfolge**, die 4938
auf den Tod des Vorerben/Vorvermächtnisnehmers abstellt, da der Nacherbe – abweichend von der zivilrechtlichen Lage – erbschaftsteuerlich vom Vorerben erbt.[1011] Ist z.B. ein Kind als Vorerbe, das andere als dessen Nacherbe eingesetzt, läge an sich ein nicht privilegierter Erwerb unter Geschwistern vor; es ist nicht gesichert, ob die Optionsmöglichkeit gem. § 6 Abs. 2 Satz 2 ErbStG, auf Antrag das Verhältnis des Nacherben zum Erblasser zugrunde zu legen, auch Befreiungsvorschriften einschließt.[1012] Ungefährlich ist lediglich die Einsetzung eines Kindes als Nacherben des Vorerben-Ehegatten, und zwar selbst wenn das Nacherben-Kind nur Abkömmling des Erblassers, nicht aber des Vorerben ist, da begünstigte Kinder i.S.d. § 13 Abs. 1 Nr. 4c ErbStG auch Stiefkinder sind (»Kinder i.S.d. Steuerklasse Abs. 1 Nr. 2«).

Weiterhin ist – wie beim letztwilligen Erwerb durch den Ehegatten (Rdn. 4931 ff.) – die Selbst- 4939
nutzung innerhalb von 10 Jahren nach dem Erwerb erforderlich, es sei denn, aus zwingenden Gründen ist der Erwerber an der Aufrechterhaltung der Selbstnutzung als Eigentümer (auch die Weiterübertragung in vorweggenommener Erbfolge unter Nießbrauchsrückbehalt ist also schädlich[1013]) für den verbleibenden Zeitraum gehindert (wie oben). Unterbleibt die Selbstnutzung von vorneherein aus z.B. berufsrechtlichen Gründen (Residenzpflicht),[1014] oder weil das geerbte Objekt baufällig ist und daher abgerissen und durch einen dann selbst bezogenen Neubau ersetzt

---

1008 Vgl. *Steiner*, ErbStB 2009, 127.
1009 Zum Begriff »Kind« bzw. »Abkömmling« allgemein, auch zur Erstreckung auf nichteheliche Kinder, *Karczewski*, ZEV 2014, 641 ff.
1010 Auch hier muss sich in der Wohnung der »Mittelpunkt« des familiären Lebens des Erblassers befunden haben, FG Köln, 27.01.2016 – 7 K 247/14, ErbStB 2016,138.
1011 *Reimann*, FamRZ 2009, 1786, 1791; *ders.*, ZEV 2010, 177.
1012 Bejahend aufgrund teleologischer Auslegung *Reimann*, ZEV 2010, 174, 177.
1013 FG Münster, 28.09.2016 – 3 K 3757/15 Erb, ErbStB 2017, 3 [n. rkr., Az. BFH: II R 38/16].
1014 BFH, 23.06.2015 – II R 13/13, BStBl 2016 II 223.

wird, wird die Freistellung nicht gewährt;[1015] anders allenfalls, wenn das Gebäude später unbewohnbar wird und die Selbstnutzung daher aus zwingenden Gründen nicht zu Ende geführt werden kann.

4940 Die Rechtsprechung[1016] sieht die Unverzüglichkeit der Fassung einer Absicht zur Selbstnutzung und deren Umsetzung jedenfalls als gewahrt, wenn der Abkömmling als Erbe innerhalb eines Zeitraums von sechs Monaten nach der Eintragung im Grundbuch diese realisiert; ein Überschreiten dieser Halbjahresfrist ist nur dann unschädlich, wenn Umstände zugrunde liegen, die nicht im Einflussbereich des Erben liegen. Die Privilegierung des § 13 Abs. 1 Nr. 4c (wie auch b)) ErbStG wird demnach durch eine deutliche Beschränkung der Handlungsmöglichkeiten, also erhöhte Immobilität bzw. die faktische Vereitelung der Wahrnehmung von Marktchancen vor Ablauf der 10-Jahres-Frist, erkauft. Möglicherweise wird unter Kindern der »Kampf ums Haus« anbrechen, was Anlass sein kann, einem Außenstehenden (z.B. Testamentsvollstrecker) unter mehreren Kindern die Zuordnung zu überantworten (§ 2154 BGB):

▶ Formulierungsvorschlag: Zuordnung des Eigenheims unter mehreren Kindern durch Testamentsvollstrecker

4941 Die zuletzt von mir bewohnte Immobilie vermache ich demjenigen meiner Kinder, den der Testamentsvollstrecker gemäß § 2154 BGB binnen drei Monaten nach meinem Tod bestimmt. Den anderen Kindern wende ich andere, ebenso wertvolle Gegenstände bzw. Finanzwerte zu, die ebenfalls der Testamentsvollstrecker bestimmt und zuordnet; kommt es zum Dissens hinsichtlich der anzusetzenden Werte, entscheidet hinsichtlich der Immobilie der örtlich zuständige Gutachterausschuss, im Übrigen ein durch die örtlich zustände Industrie- und Handelskammer bestellter Sachverständiger als Schiedsgutachter.

Der Testamentsvollstrecker soll sich bei der Zuordnung der Immobilie zuvörderst davon leiten lassen, welches der Kinder voraussichtlich am ehesten Gewähr bietet, das Eigenheim zehn Jahre lang selbst zu nutzen, hilfsweise die persönlichen Lebensumstände (Zahl der haushaltsangehörigen Personen, Entfernung zum Arbeitsplatz etc.) berücksichtigen.

4942 In vergleichbarer Weise kann auch der Erbe des Längerlebenden mit einem bedingten Vermächtnis zugunsten desjenigen Schlusserben, der als erster die künftige Eigenheimnutzung ankündigt, beschwert werden, etwa wie folgt:[1017]

▶ Formulierungsvorschlag: Bedingtes Vermächtnis zugunsten des nach eigener Ankündigung eigennutzenden Schlusserben-Abkömmlings

Unsere Abkömmlinge als Schlusserben sind mit dem bedingten Vermächtnis beschwert, das im Todeszeitpunkt des Längerlebenden noch eigen genutzte oder aus zwingenden Gründen nicht mehr eigen genutzte Familienheim innerhalb von drei Monaten nach dem Ableben des Längerlebenden an dasjenige Kind zu übertragen und aufzulassen, das unverzüglich nach Eröffnung der Verfügung von Todes wegen seine Bereitschaft dazu erklärt hat, das Familienheim ohne schuldhaftes Zögern zu beziehen und die folgenden zehn Jahre als Familienheim zu nutzen. Äußern mehrere Kinder diese Absicht, entscheidet die zeitliche Priorität der Äußerung/*Alternativ:* entscheidet das Los/*Alternativ:* entscheidet XY als Dritter, welches Kind vermächtnisbegünstigt sein soll. Die Erfüllung des Vermächtnisses ist im Rahmen der Erbauseinandersetzung in Höhe des vollen Verkehrswerts auf die Quote des begünstigten Kindes anzurechnen, es handelt sich also nicht um ein Vorausvermächtnis.

1015 FG München, 22.10.2014 – 4 K 847/13, ErbStB 2015, 60.
1016 BFH, 23.06.2015 – 2 R 39/13, BStBl. 2016 II, 225; FG Münster, 28.09.2016 – 3 K 3793/15, ErbStB 2017, 2 (erforderliche Sanierungsarbeiten; die Umschreibung im Grundbuch auf den Erben erfolgte wegen der erforderlichen Notwendigkeit einer Genehmigung des Betreuungsgerichts zur Erfüllung des Vermächtnisses erst verspätet; gleichwohl zählt dieser Zeitpunkt für den Beginn der 6-Monats-Frist).
1017 Vgl. *Wälzholz*, in: DAI-Skript Intensivkurs Grundstücksrecht 2017, Band 1, S. 138.

Soweit lediglich eine Immobilie zur Verfügung steht, wird künftig bei der Bemessung der Abfindung derjenige Miterbe, der nicht privilegiertes Vermögen (Barvermögen oder vermietete Immobilien) erhält, auf eine höhere Abfindung pochen, so dass die Steuerfreistellung sich als Malus i.R.d. Erbauseinandersetzung auswirkt. Der Erblasser kann allerdings auch seinerseits diesen Umstand zum Anlass nehmen, dem Familienheimübernehmer ein steuerliches Ausgleichsvermächtnis zugunsten seiner Geschwister aufzuerlegen:[1018]   4943

▶ Formulierungsvorschlag: Steuerliches Ausgleichsvermächtnis bei Vererbung des Familienheims an einen Abkömmling

Derjenige meiner Abkömmlinge, der das Familienheim von Todes wegen erhält und damit (bei Einhaltung der weiteren, in seiner Person liegenden Voraussetzungen, vor allem der zehnjährigen Eigennutzung) die Möglichkeit erhält, von der Steuerbefreiung des § 13 Abs. 1 Nr. 4c ErbStG zu profitieren, wird mit einem bedingten steuerlichen Ausgleichsvermächtnis belastet zugunsten seiner Geschwister. Er hat jedem seiner Geschwister einen einmaligen Betrag auszuzahlen, der so zu berechnen ist, dass der Vorteil, den er durch die erbschaftsteuerliche Freistellung erlangen kann, auf alle Abkömmlinge, soweit sie in diesem Testament, sei es als Erben oder Vermächtnisnehmer, bedacht sind, zu gleichen Anteilen entfällt (bei gesamt drei Abkömmlingen ergäbe sich hieraus also eine Erstattung eines Drittels der möglichen Steuerersparnis). Vorschenkungen, die beim ausgleichsverpflichteten oder ausgleichsberechtigten Kind i.S.d. § 14 ErbStG zu berücksichtigen sind, bleiben dabei außer Betracht. Der Barbetrag ist zur Zahlung fällig innerhalb eines Monats nach Abschluss des Erbschaftsteuerverfahrens für das mit dem Vermächtnis belastete Kind. Aus Vereinfachungsgründen bleibt bei der Berechnung die weitere Steuerbelastung, die aufgrund des Ausgleichsvermächtnisses selbst eintritt, und die durch die Berechtigten zu tragen ist, außer Betracht. Soweit durch spätere Verstöße, z.B. wegen erbschaftsteuerlicher Haltefristen, Steuernachzahlungen zu Lasten des ausgleichsverpflichteten Kindes anstehen, sind die ausgleichsberechtigten Kinder hieran nicht zu beteiligen. Ersatzvermächtnisnehmer sind die Abkömmlinge der anderen Kinder nach Stämmen.   4944

bb) Angemessenheit

Anders als beim lebzeitigen oder letztwilligen Erwerb durch den Ehegatten (§ 13 Abs. 1 Nr. 4a und b ErbStG) existiert insoweit eine Angemessenheitsgrenze i.H.v. 200 m² Wohnfläche. Ein Übersteigen dieser Grenze führt zur anteiligen Versagung der Steuerbefreiung (bei 300 m² Wohnfläche wären also zwei Drittel des Werts der Immobilie steuerbefreit, ein Drittel wird sofort versteuert).   4945

Nach der für maßgeblich erklärten Wohnflächenverordnung zählen Neben- und Nutzflächen wie Keller, Garagen usw. nicht mit. Auch sonstige Nutzflächen bleiben außer Betracht.[1019]

Der Wortlaut des Gesetzes stellt auf die Wohnungsgröße ab, gewährt also nicht etwa 200 m² pro Erwerber. Allerdings müsste, wenn ein Objekt zwei Wohnungen enthält und bei mehreren Erben (Ehegatten und/oder Abkömmlinge) jeder eine Wohnung selbst nutzt, die Angemessenheitsgrenze mehrfach zur Anwendung gelangen (beschränkt auf Abkömmlinge, da Ehegatten in der Wohnungsgröße insoweit keiner Begrenzung unterliegen).   4946

cc) Begünstigungstransfer

§ 13 Abs. 1 Nr. 4c Sätze 2 bis 4 ErbStG wollen (ebenso wie §§ 13b Abs. 3, 13c Abs. 2 ErbStG) sicherstellen, dass die Begünstigung dem Letzterwerber ungeschmälert zugutekommt (dieselbe Transfervorschrift gilt für den Erbschaftserwerb des Ehegatten, Nr. 4b Sätze 2 bis 4).   4947

1018 In Anlehnung an *Wälzholz*, in: DAI-Skript, Intensivkurs Grundstücksrecht 2014, S. 155.
1019 Umkehrschluss zu § 181 Abs. 2 BewG, wo auf die Wohn- und Nutzfläche abgestellt wird.

Erfasst sind folgende Tatbestände[1020]:
(1) § 13 Abs. 1 Nr. 4c Satz 2 ErbStG: **Weitergabeverpflichtung** aufgrund letztwilliger oder rechtsgeschäftlicher Verfügung des Erblassers
Dieser Sachverhalt dürfte auch ohne gesetzliche Erwähnung zu einem privilegierten Erwerb des – z.B. – Vermächtnisnehmers führen, da auch der Vermächtniserwerb ein Erwerb von Todes wegen i.S.d. § 3 ErbStG ist, der bereits gem. Nr. 4c Satz 1 begünstigungsfähig ist. Der Erbe, der das Vermächtnis zu erfüllen hat, bedarf der Freistellung ohnehin nicht, da er das Vermächtnis als Nachlassverbindlichkeit, § 10 Abs. 5 Nr. 2 ErbStG, abziehen kann.

4948 (2) § 13 Abs. 1 Nr. 4c Satz 3 und 4 ErbStG: **Nachlassteilung**
In diesen Fällen erhält der Enderwerber mehr als seiner Erbquote entspricht, sei es aufgrund einer letztwilligen Teilungsanordnung oder aufgrund einer freihändig vereinbarten Erbauseinandersetzung mit den weiteren Miterben. Ausweislich der Gesetzesbegründung[1021] soll der Letzterwerber in diesem Fall die Steuerbegünstigung voll in Anspruch nehmen können. Die Gesetz gewordene Formulierung (Nr. 4c Satz 4) ist nicht gerade ein Ruhmesblatt der Kunst verständlicher Gesetzgebung:
»Überträgt ein Erbe erworbenes begünstigtes Vermögen im Rahmen der Teilung des Nachlasses auf einen Dritten und gibt der Dritte dabei diesem Erwerber nichtbegünstigtes[1022] Vermögen hin, das er vom Erblasser erworben hat, erhöht sich insoweit der Wert des begünstigten Vermögens des Dritten um den Wert des hingegebenen Vermögens, höchstens jedoch um den Wert des übertragenen Vermögens.«

4949 »**Dritter**« im Sinn dieser Norm dürfte jeder sein, der an der Abwicklung des Nachlasses beteiligt ist, also ein Miterbe,[1023] ein Vermächtnisnehmer, ein Pflichtteilsberechtigter oder ein Auflagenbegünstigter.[1024]

▶ Hinweis:

Die »Teilung des Nachlasses« unterliegt nach dem Gesetz keiner Zeitgrenze. Sie kann also – solange die Erbauseinandersetzung nicht stattgefunden hat – jederzeit – auch nach mehreren Jahren – stattfinden.[1025] Während zunächst die Steuerbefreiung nur i.H.d. Erbquote gewährt wird, die das jeweilige Kind bei Selbstnutzung der Immobilie hat, führt die Auseinandersetzung als rückwirkendes Ereignis i.S.d. § 175 Abs. 1 Nr. 2 AO zu einer Änderung der einzelnen Erbschaftsteuerbescheide. Die faktische Selbstnutzung von 10 Jahren wird hinsichtlich des geerbten Anteils ab dem Erbfall, hinsichtlich des hinzuerworbenen Anteils ab Vollzug der Erbauseinandersetzung rechnen (str.).[1026]

4950 »**Erwerb vom Erblasser**«: Dieses Kriterium dürfte so auszulegen sein, dass Ausgleichsleistungen, die der Immobilien-Enderwerber für den Hinzuerwerb erbringt, aus dem Nachlass erfolgen müssen. Ausgleichsleistungen aus eigenem Vermögen – seien sie kreditfinanziert[1027] oder aus dem ei-

---

1020 Überblick bei *Halaczinsky,* ErbStB 2016, 240 ff.
1021 BT-Drucks. 16/11107, S. 11.
1022 Maßgeblich ist das Fehlen von Vergünstigungsnormen beim Dritten, vgl. BFH, folgende Fußnote.
1023 So ausdrücklich BFH, 23.06.2015 – II R 39/13, ZEV 2015, 658.
1024 Vgl. *Steiner,* Das neue Erbschaftsteuerrecht, Teil C, Rn. 48 f.
1025 BFH, 23.06.2015 – II R 39/13, ZEV 2015, 658 wendet sich ausdrücklich gegen eine Sechs-Monats-Frist nach dem Erbfall. Die Finanzverwaltung (Gemeinsamer Ländererlass v. 03.03.2016 – S 3182, BStBl 2016 I S. 280, hierzu ErbStB 2016, 145) erkennt bei einer nach mehr als sechs Monaten nach dem Erbfall stattfindenden Erbauseinandersetzung eine steuerliche Rückwirkung auf den Erbfall nur in begründeten Ausnahmefällen (z.B. Erbstreitigkeiten, Erstellung von Gutachten etc.) an, vgl. auch H E 13.4 und H E 13c ErbStH 2011 »freie Erbauseinandersetzung«.
1026 Für Fristlauf insgesamt ab Erbfall: *N. Mayer,* ZEV 2009, 439, 444; für Fristlauf insgesamt ab Erbauseinandersetzung: *Reimann,* ZEV 2010, 174, 179; differenzierend: *Steiner,* ErbStB 2010, 184.
1027 FG Hamburg, 11.03.2016 – 3 V 230/15, BeckRS 2016, 94698: »Hingabe« ist wörtlich eng auszulegen.

A. Schenkungsteuerrecht

genen Aktivbestand entnommen – sind daher ebenso irrelevant wie die Hingabe von Gegenständen, die der Immobilien-Enderwerber bereits zu Lebzeiten, in vorweggenommener Erbfolge, vom späteren Erblasser erhalten hat.

▶ **Beispiel:**[1028]

Zwei Kinder (A und B) erben einen aus einer Immobilie (3 Mio. €) und sonstigem Vermögen von 1 Mio. € bestehenden Nachlass je zur Hälfte. Kind A übernimmt i.R.d. Erbauseinandersetzung die Immobilie zum Alleineigentum und zu künftiger Selbstnutzung, B erhält das volle sonstige Nachlassvermögen (1 Mio. €) zuzüglich einer (z.B. von A kreditfinanzierten) Ausgleichszahlung von einer weiteren Mio., so dass wirtschaftlich beide einen Wert von je 2 Mio. € erhalten haben. In dieser Weise findet auch die Besteuerung statt: Der durch Erbfall erfolgende Erwerb der selbst genutzten Immobilie von 1/2 = 1,5 Mio. € des A erhöht sich um 500.000,00 € (den Wert der von ihm hingegebenen Hälfte am weiteren Nachlassvermögen) auf 2 Mio. €; die Ausgleichsleistung ist, da sie nicht dem Nachlass entnommen ist, insoweit irrelevant. B versteuert ebenfalls die ihm verbleibende Ausgleichsmasse von gesamt 2 Mio. €. Gelingt A, 10 Jahre lang die Selbstnutzung zu verwirklichen, bleibt sein Erwerb allerdings endgültig steuerbefreit, während B den Erwerb von 2 Mio. € sofort zu versteuern hat.

»**Höchstens um den Wert des übertragenen Vermögens**«: Ist die Ausgleichsleistung höher als der steuerliche Wert des übergehenden privilegierten Vermögens, begrenzt Letztere die zur Verfügung stehende Freistellungsmasse.   4951

▶ **Beispiel:**[1029]

Im Sachverhalt wie vor (Kinder A und B erben je zur Hälfte) setzt sich der Nachlass aus einem Familienheim im Verkehrswert von 1 Mio. € und sonstigem Vermögen von 3 Mio. € zusammen. I.R.d. Erbauseinandersetzung setzen die Beteiligten jedoch den Wert des Familienheims höher – bspw. mit 1,4 Mio. € – an, etwa um die potenzielle Steuerfreistellung mit zu berücksichtigen. Demgemäß leistet A aus dem sonstigen Nachlass eine Ausgleichszahlung von 700.000,00 €, so dass vom sonstigen Vermögen von 3 Mio. € der Immobilienerwerber A noch 0,8 Mio. € (3 Mio. dividiert durch zwei, minus 700.000) erhält, B 2,2 Mio. €.

Der steuerbefreite Erwerb des A beläuft sich gleichwohl auf lediglich max. 1 Mio. € (sein unmittelbarer Erwerb von 500.000,00 € wird lediglich um den Wert des hinzuerworbenen privilegierten Gegenstands, also der weiteren Hälfte von 500.000,00 €, auf 1 Mio. € aufgestockt), so dass er insgesamt 2 Mio. € zu versteuern hat (obwohl ihm lediglich 1,8 Mio. € – Immobilien im Wert von 1 Mio. € und 800.000,00 € aus dem sonstigen Vermögen – verbleiben!), während B ebenfalls 2 Mio. € versteuert, wenngleich ohne Chance auf Freistellung.

e) Erwerb durch erwerbsunfähige oder erwerbsgehinderte Personen (§ 13 Abs. 1 Nr. 6 ErbStG)

Erwerben infolge geistiger oder körperlicher Gebrechen erwerbsunfähige Eltern (auch Stiefeltern oder Großeltern) Vermögensgegenstände und übersteigt deren Wert zusammen mit dem eigenen Vermögen des Erwerbers 41.000,00 € nicht, ist diese Zuwendung steuerfrei. Gleiches gilt für den Erwerb durch Personen, die wegen der Betreuung Erwerbsunfähiger oder in Ausbildung befindlicher Kinder selbst an der Erwerbstätigkeit gehindert sind (etwa alleinerziehende Mütter). Werden zum Zweck des angemessenen Unterhalts laufende Zahlungen zu Lebzeiten erbracht, sind diese gem. § 13 Abs. 1 Nr. 12 ErbStG schenkungsteuerfrei.   4952

1028 Nach *Steiner*, ErbStB 2009, 129.
1029 Nach *Steiner*, ErbStB 2009, 129.

f) Leistungen für Pflege (§ 13 Abs. 1 Nr. 9, 9a ErbStG)

4953 Lebzeitige oder letztwillige Zuwendungen an Personen, die den Zuwendenden/Erblasser gepflegt oder unterhalten haben, ohne hierzu gesetzlich verpflichtet gewesen zu sein (daher keine Gewährung des Freibetrages für Erwerbe des Ehegatten/Lebenspartners: Pflegeverpflichtung gem. § 1353 BGB; sowie unter Lebenspartnern: § 5 LPartG; ebenso wenig für Erwerbe durch Verwandte in gerader Linie aufgrund der Unterhaltsverpflichtung des § 1601 BGB [auch wenn diese eigentlich nur auf Geldzahlung gerichtet ist];[1030] sowie unter getrennt Lebenden: § 1360 BGB) sind auf Nachweis[1031] bis zu einem Freibetrag[1032] von 20.000,00 € (vor 2009: bis zu 5.200,00 €) je Person steuerbefreit (**Pflegepauschbetrag**). Damit sind zugleich alle Auslagen im Zusammenhang mit solchen Pflegeleistungen abgegolten.

4954 Voraussetzung ist jedoch stets die unentgeltliche und »freiwillige« Pflege-/Unterhaltsgewährung, an der es bspw. fehlt bei der Erbringung der Pflege im Rahmen eines vergüteten Dienstleistungsverhältnisses, § 611 BGB, oder als vertraglich ausbedungene Gegenleistung für eine Immobilienübertragung[1033] bzw. die (gem. § 2302 BGB zivilrechtlich unwirksame[1034]) Verpflichtung zur Einsetzung als Erbe bzw. Vermächtnisnehmer. Entgegen früherer Verwaltungsauffassung (R E 13.5 Abs. 1 Satz 2 ErbStR 2011[1035]) liegt jedoch die erforderliche Freiwilligkeit **auch** vor, wenn die Pflegeleistungen durch **gesetzlich Unterhaltspflichtige** erbracht werden, und zwar gleichgültig ob eine Unterhaltspflicht nur abstrakt (aufgrund des Verwandtschaftsverhältnisses) oder konkret (aufgrund eigener Leistungsfähigkeit und Bedürftigkeit des Berechtigten) bestand.[1036] Pflegebedürftigkeit i.S.d. § 14 Abs. 1 SGB XI oder gar das Erreichen einer Pflegestufe i.S.d. § 15 Abs. 1 SGB XI sind nicht erforderlich,[1037] jedoch müssen die Leistungen mit gewisser Regelmäßigkeit über eine längere Dauer erbracht worden sein.[1038]

4955 Die Weitergabe des staatlichen **Pflegegeldes** (vgl. § 37 SGB XI) an die tatsächlich pflegende Person ist zu Lebzeiten steuerfrei (§ 13 Abs. 1 Nr. 9a ErbStG) um die Motivationswirkung nicht zu gefährden. Ähnlich wie bei der einkommensteuerlichen Befreiung des Pflegegeldes (§ 3 Nr. 36

1030 BayLfSt, 12.03.2014 – S 3812.1.1–1/12 St 34, ZEV 2014, 221 und BayLfSt, 08.04.2014 – S 3812.1.1–1/15 St 34, ZEV 2014, 275; FinBeh Hamburg, 18.05.2012, ZEV 2012, 440; FG Niedersachsen, 20.04.2012 – 3 K 229/11, EFG 2012, 1952 m. Anm. *Fumi*; rkr. Übersicht bei *Grootens*, ErbStB 2015, 114.
1031 Der Wertansatz folgt den Pflegesachleistungsbeträgen des SGB XI, vgl. FG Niedersachsen, 20.04.2012 – 3 K 229/11 (Rev. BFH: II R 22/12 wurde zurückgenommen), ErbStB 2012, 295 = EFG 2012, 1952 m. Anm. *Fumi*; es sei denn, es wurden keine Verrichtungen i.S.d. § 14 Abs. 4 SGB XI erbracht, dann ist das angemessene Entgelt zu schätzen, FG Baden-Württemberg, 06.07.2012 – 11 K 4190/11, BeckRS 2012, 96211.
1032 Keine Freigrenze, vgl. FG Niedersachsen, 20.04.2012 – 3 K 229/11, EFG 2012, 1952 m. Anm. *Fumi*.
1033 Es genügt gem. FG Nürnberg, 01.03.2007 – IV 23/2005, ErbStB 2007, 231, dass die Beteiligten eine Grundbesitzübertragung als angemessene Gegenleistung für spätere Pflege angesehen haben.
1034 Zur Umdeutung familiengerichtlicher Scheidungsfolgenvergleiche, die eine gegen § 2302 BGB verstoßende Verpflichtung, zugunsten der Kinder zu testieren, enthalten, in ein erbvertragliches Vermächtnis vgl. *Bäßler*, ZErb 2017, 245 ff.
1035 Nach dieser Auffassung konnte in der erbrachten Pflege eine gem. § 10 Abs. 5 Nr. 1 ErbStG abzugsfähige Schuldposition liegen, die § 13 Abs. 1 Nr. 9 ErbStG vorgeht, vgl. *Kieser*, ZErb 2014, 300, 302; *Grootens*, ErbStB 2015, 114, 115; BFH, 13.07.1983 – II R 105/82, BStBl 1984 II S. 37. Kosten zur Erlangung des Erwerbs gem. § 10 Abs. 5 Nr. 3 ErbStG liegen nicht vor, vgl. R E 13.5 ErbStR 2011.
1036 BFH, 10.05.2017 – II R 37/15, ZEV 2017, 464, vgl. zur Vorinstanz *Paus*, ErbStB 2016, 313 ff.
1037 BFH, 11.09.2013 – II 37/12, MittBayNot 2014, 194; hierzu *Pilz-Hönig*, ZErb 2014, 70 und *Viskorf*, in: DAI-Skript 12. Jahresarbeitstagung des Notariats, 2014, S. 752 ff.
1038 FG Baden-Württemberg, 06.07.2012 – 11 K 4190/11, ErbStB 2012, 351; ferner muss das Zugewendete als angemessenes Entgelt für die Pflegeleistung erscheinen, wobei ein großzügiger Maßstab anzulegen ist, vgl. *Ihle*, notar 2014, 48, 52.

EStG) gilt nach h. M. die Steuerfreiheit unabhängig von der Herkunft der Mittel.[1039] Beide Tatbestände (§ 13 Abs. 1 Nr. 9 u. Nr. 9a ErbStG) können auch nebeneinander zur Anwendung gelangen, etwa wenn neben der Befreiung für das weitergeleitete Pflegegeld der Freibetrag in Anspruch genommen wird für andere Pflege- oder Unterhaltsleistungen, für die kein Pflegegeld gezahlt worden ist. Anders als bei § 13 Abs. 1 Nr. 9 ErbStG enthält Nr. 9a keine Höchstgrenze, sondern lediglich Maximalbeträge für die einzelnen Leistungen, Orientierung an § 37 SGB XI, bzw. die entsprechenden Versicherungsverträge oder beamtenrechtliche Regelungen.

Zum Abzug von Pflegeleistungen (als Leistungsauflage) als Minderung der Unentgeltlichkeit (gemischte Schenkung) vgl. Rdn. 4864 ff. Zur Einkommensteuer vgl. Rdn. 1707 und Rdn. 1282 ff.

g) Rückvererbung geschenkten Vermögens (§ 13 Abs. 1 Nr. 10 ErbStG)

Die Rückvererbung eines zuvor von Eltern an Abkömmlinge zugewendeten Gegenstands an eben diese Eltern ist gem. § 13 Abs. 1 Nr. 10 ErbStG steuerbefreit, soweit der zugewendete und der zurückfallende Vermögensgegenstand bei objektiver Betrachtung art- und funktionsgleich[1040] sind (also nicht im Fall von Surrogaten, ebenso wenig hinsichtlich gezogener Früchte).[1041] Die lebzeitige Rückübertragung hingegen wird allein von § 29 Abs. 1 Nr. 1 ErbStG erfasst, sofern auf der Basis eines gesetzlich oder vertraglich ausbedungenen Rückforderungsrechts erfolgend (vgl. hierzu unten Rdn. 4970 ff.). 4956

h) Sonstige Steuerbefreiungen (§ 13 Abs. 1 Nr. 12, 14, 16 u. 17, Abs. 2 ErbStG)

Laufende Zuwendungen[1042] zum Zweck des Unterhalts, sofern sie der Höhe nach angemessen sind, sowie zum Zweck der Ausbildungsförderung (ohne Rücksicht auf die Angemessenheit, jedoch nicht für Fort- oder Weiterbildung) sind gem. § 13 Abs. 1 Nr. 12, Abs. 2 ErbStG steuerbefreit. 4957

Übliche Gelegenheitsgeschenke (zur Hochzeit, zu Geburtstagen, Weihnachten etc.) sind, sofern angemessen, ebenfalls steuerbefreit (§ 13 Abs. 1 Nr. 14 ErbStG).[1043]

Gleiches gilt für Zuwendungen an steuerbegünstigte Körperschaften und für Zuwendungen zu gemeinnützigen, mildtätigen und kirchlichen Zwecken (§ 13 Abs. 1 Nr. 16, 17 ErbStG). Eine bereits entstandene Erbschaft- oder Schenkungsteuer erlischt rückwirkend, wenn die erworbenen Gegenstände binnen 24 Monaten nach der Entstehung der Steuer einer inländischen Stiftung zur Verwendung für gemeinnützige[1044] steuerbegünstigte Zwecke zugewendet werden, wobei jedoch keine Leistung an den Stifter oder dessen Angehörige erbracht werden darf und für die Zuwendung selbst kein einkommensteuerlicher Spendenabzug gem. § 10b EStG/§ 9 Abs. 1 Nr. 2 KStG/§ 9 Nr. 5 GewStG geltend gemacht werden darf, vgl. § 29 Abs. 1 Nr. 4 ErbStG. 4958

▶ **Hinweis:**

Der Erbe als Stifter hat also die Wahl zwischen der einkommensteuerlichen Förderung des § 10b EStG (Rdn. 3097) oder der nachträglichen entsprechenden Stornierung entstandener Schenkungsteuer (Letztere durch fiktive Besteuerung so, als ob der Gegenstand unmittelbar steuerfrei vom Erstschenker auf die steuerbegünstigte Einrichtung übertragen worden wäre). 4959

1039 Vgl. *Paus*, ErbStB 2016, 313, 315.
1040 Lediglich für die Tarifermäßigung gem. § 27 Abs. 1 u. 2 ErbStG ist eine solche Identität des Vermögens nicht erforderlich.
1041 Vgl. mit Beispielen *Wenhardt*, ErbStB 2007, 25.
1042 Die Befreiung gilt also nicht für einmalige Zuwendungen, vgl. BFH, BStBl. 1985 II, S. 333.
1043 Zur Abgrenzung *Stoklassa/Feldner*, ErbStB 2014, 69.
1044 Mit Ausnahme jedoch der Freizeitzwecke des § 52 Abs. 2 Nr. 4 AO.

4960 Die Befreiungen nach § 13 Abs. 1 Nr. 16b) und 16c) ErbStG sind auflösend bedingt dadurch, dass die Voraussetzungen für die Anerkennung der empfangenden Institution als steuerbegünstigte Körperschaft binnen zehn Jahren nach der Zuwendung entfallen.[1045] Spätere Auflösungen der steuerbegünstigten Körperschaft, sogar der Rückfall an den Stifter, sind unschädlich.[1046]

▶ Hinweis:

Um die nachträgliche Besteuerung (gem. § 175 Abs. 1 Satz 1 Nr. 2 AO i.V.m. § 7 Abs. 1 Nr. 8 ErbStG) als Erwerb durch eine nicht steuerbegünstigte Institution zu vermeiden, sollte daher die Zuwendung bereits ihrerseits unter dem Vorbehalt der Rückforderung bei Wegfall der Steuerbegünstigung binnen zehn Jahren erfolgen, § 29 Abs. 1 Nr. 1 ErbStG.

3. Verschonung bei Grundvermögen ab 2009 (§ 13d ErbStG)

4961 Selbstgenutzte Immobilien sind (bei der lebzeitigen Übertragung an Ehegatten uneingeschränkt, im Fall der Vererbung an den Ehegatten bzw. der Vererbung an Kinder mit Einschränkungen – s.o. Rdn. 3270, 4915, 4914 ff.) durch sachliche Befreiungsvorschriften privilegiert.

4962 Für[1047] **vermietete** (bzw. zur – auch erstmaligen[1048] – Vermietung bestimmte,[1049] wenngleich derzeit ungewollt leerstehende[1050]) **Wohnimmobilien** in der EU/dem EWR, die nicht zu einem Betriebsvermögen gehören, wird ein Abschlag von 10 % der betroffenen[1051] Bemessungsgrundlage gewährt (§ 13d ErbStG, vor dem 01.07.2016: § 13c ErbStG, inhaltlich jedoch textgleich), zumal das BVerfG die Belange der Bau- und Wohnungswirtschaft als gewichtige Gemeinwohlgründe akzeptiert hat. Auch damit zusammen hängende Schulden – seit 2009 zählt hierzu auch der Nießbrauchsvorbehalt – sind dann nur zu 90 % abziehbar (§ 10 Abs. 6 Satz 5 ErbStG). Eine Nachversteuerung bei vorzeitiger Beendigung der Vermietung (etwa nach einer Kündigung wegen Eigenbedarfs) während eines Beobachtungszeitraums findet nicht statt. Nicht von der Privilegierung erfasst ist die bloße Zuwendung eines Nießbrauchsrechts, das zur Wohnvermietung genutzt wird,[1052] ebenso wenig ist die Übertragung eines Grundstücks begünstigt, auf dem sich ein zu Wohnzwecken vermietetes Erbbaurechtsgebäude eines Dritten befindet.[1053] Allerdings kann eine wertmäßige Einbeziehung des Erbbaugrundstücks in die Steuerbefreiung nach § 13d ErbStG dadurch erreicht werden, dass das Erbbaurecht aufgehoben wird und auf diese Weise noch eine Gesamtsteuereinheit, die von der Begünstigung erfasst ist, besteht.[1054]

1045 Die unverzügliche Weitergabe an eine andere gemeinnützige Institution kann bei Einhaltung des § 13 Abs. 1 Nr. 17 ErbStG helfen.
1046 Vgl. *Halaczinsky*, ErbStG 2014, 192, 195.
1047 Überblick zu § 13d ErbStG: *Hutmacher*, ZNotP 2015, 131 ff.; *Halaczinsky*, ErbStB 2015, 365 ff.; *Regierer/Vosseler*, DStR 2015, 1351 ff.
1048 BFH, 11.12.2014 – II R 30/14 DStR 2015, 294 [allerdings muss das Gebäude im Zeitpunkt der Entstehung der Steuer bereits bezugsfertig sein]; a.A. die Finanzverwaltung: R E 13c Abs. 3 Satz 4 ErbStR 2011.
1049 BFH, 11.12.2014 – II R 24/14 ErbStB 2015, 90: im Besteuerungszeitpunkt muss die Vermietungsabsicht des Schenkers/Erblassers und der Beginn ihrer Umsetzung anhand objektiv nachprüfbarer Kriterien erkennbar geworden sein; vgl. *Loose*, ErbR 2015, 304, 306.
1050 Vgl. *Ramb*, NWB 2011, 2145, 2147. Gemäß R E 13c Abs. 3 Satz 4 ErbStR ist also der Leerstand wegen Mieterwechsels oder Modernisierung unschädlich. Wird jedoch die Wohnung erst 18 Monate nach dem Sterbefall vermietet, kann § 13d ErbStG nicht mehr gewährt werden, FG Bremen, 12.03.2013 – 3 K 1/14 [1], ErbStB 2014, 121.
1051 Ist ein Haus zur Hälfte eigengenutzt, zur anderen Hälfte vermietet, wird im Ergebnis demnach nur ein Abschlag von 5 % gewährt.
1052 Vgl. Abschn. 36 Abs. 6 der Ausführungserlasse zum ErbStG v. 25.06.2009, BStBl. 2009 I, S. 713 ff.
1053 BFH, 11.12.2014 – II R 25/14, ErbStB 2015, 91.
1054 Vgl. *Ihle*, notar 2016, 49, 53.

A. Schenkungsteuerrecht   Kapitel 12

Die lebzeitige Übertragung erlaubt (anders als die zeitlich nicht kalkulierbare erbrechtliche Variante) die Steuerung auf den Zeitpunkt, in dem die Gesetzesvoraussetzungen sicher vorliegen. Allerdings muss das Gebäude im Zeitpunkt der Entstehung der Steuer zumindest bezugsfertig sein,[1055] um in den Genuss des 10 %igen Wertabschlags nach § 13d ErbStG zu kommen. Andererseits kann es mitunter günstiger sein, ein noch nicht bezugsfertiges Gebäude zu übertragen, da für Grundstücke im Zustand der Bebauung gemäß § 196 BewG der Wert des Grund und Bodens zuzüglich der am Bewertungsstichtag entstandenen Herstellungskosten maßgeblich ist, also nicht die oft zu einem höheren Ergebnis führenden Bewertungsmethoden des Vergleichs-, Ertrags- oder Sachwertverfahrens gemäß §§ 182 ff. BewG gelten.[1056]   4963

§ 13d Abs. 2 ErbStG[1057] erlaubt im Rahmen von (freiwilligen oder aufgrund testamentarischer Anordnung erfolgter) Erbauseinandersetzungen die positive Allokation der Vergünstigung bei demjenigen, der letztendlich die vermietete Wohnimmobilie übernimmt, vgl. im Einzelnen zu den Parallelvorschriften im Bereich des Betriebsvermögens Rdn. 5423 ff., sowie beim vergünstigten Erwerb des Familienheims durch ein Kind Rdn. 4947. Zur seit 2009 auch für Immobilienerwerbe erweiterten Stundungsregelung (§ 28 ErbStG) vgl. Rdn. 5539.   4964

4. Persönliche Steuerbefreiungen (Freibeträge) (§ 16 ErbStG)

a) Rechtslage bis 31.12.2008

Die nachstehend aufgeführten persönlichen Freibeträge standen jedem Erwerber ohne Rücksicht auf die Zusammensetzung seines Erwerbs zu, abhängig von der Steuerklasse des Erwerbers und dem Verwandtschaftsverhältnis. Bei beschränkter Steuerpflicht wurde lediglich ein Freibetrag von 1.100,00 € gewährt, § 16 Abs. 2 ErbStG.   4965

Ehegatte:	307.000,00 €
Kinder sowie Kinder verstorbener Kinder:	205.000,00 €
alle übrigen Personen der Steuerklasse I (z.B. Enkel bei noch lebenden Kindern, Eltern bei Erwerb von Todes wegen):	51.200,00 €
Steuerklasse II:	10.300,00 €
Steuerklasse III:	5.200,00 €

Die Ungleichbehandlung von Ehe und eingetragener Lebenspartnerschaft jedenfalls bis 31.12.2008 verstieß gegen das Grundgesetz;[1058] daher hat das Jahressteuergesetz 2010 rückwirkend ab dem 01.08.2001 die Gleichstellung mit Ehegatten herbeigeführt.

Im Todesfall, also nicht bei lebzeitiger Zuwendung, wurde ferner ein Versorgungsfreibetrag von 256.000,00 € bei Ehegatten, zwischen 10.300,00 € und 52.000,00 € bei Kindern bis max. zur Vollendung des 27. Lebensjahres gewährt. Der Versorgungsfreibetrag ist jedoch zu mindern um den Kapitalwert erbschaftsteuerfreier Hinterbliebenenbezüge, z.B. bei gesetzlichen Renten, Pensionen, berufsständischen Pflichtversicherungen. Bei Bezugsbeginn mit 60 Jahren wurde der Kapitalwert von 256.000,00 € erreicht bei jährlichen Bezügen von 24.400,00 € bei Männern, 21.200,00 € bei Frauen.   4966

Ferner wurden, wie in Rdn. 4908 f. ausgeführt, sachliche Befreiungen gewährt: Hausrat bis 41.000,00 € bei Steuerklasse I, weitere Gegenstände, z.B. Pkw, sind hier bis zu 10.300,00 € steu-   4967

1055 BFH, 11.12.2014 – II R 30/14, DStR 2015, 294.
1056 Vgl. *Ihle*, notar 2016, 49, 52.
1057 Vgl. *Schumann*, DStR 2009, 197; *Halachinsky*, ZErb 2009, 21; *Geck*, ZEV 2008, 557.
1058 BVerfG, 21.07.2010 – 1 BvR 611/07, FamRZ 2010, 1525 m. Anm. *Grziwotz*.

erfrei. In den Steuerklassen II und III waren für Hausrat und Pkw nur gesamt je 10.300,00 € pro Erwerber frei.

b) Rechtslage ab 2009

4968 Nachstehende Tabelle verdeutlicht (im Vergleich zum früheren Rechtszustand) die für Erwerbe ab 01.01.2009 geltenden Freibeträge:

Verhältnis zum Erblasser/Schenker	Steuerklasse	Neu	Bisher	Differenz in €
Ehegatte (falls nicht geschieden)	I Nr. 1	500.000	307.000	+193.000
Kinder, Stiefkinder	I Nr. 2	400.000	205.000	+ 195.000
Kinder, Kinder verstorbener Kinder und Stiefkinder	I Nr. 2	400.000	205.000	+ 195.000
Kinder, nicht verstorbener Kinder und Stiefkinder	I Nr. 3	200.000	51.200	+ 148.800
Eltern, Großeltern usw. bei Erwerben von Todes wegen	I Nr. 4	100.000	51.200	+ 148.800
Eltern, Großeltern usw. bei Schenkung unter Lebenden	II Nr. 1	20.000	10.300	+ 9.700
Geschwister	II Nr. 2	20.000	10.300	+ 9.700
Nichte/Neffe	II Nr. 3	20.000	10.300	+ 9.700
Stiefeltern	II Nr. 4	20.000	10.300	+ 9.700
Schwiegerkinder (= Schwiegersohn, -tochter)	II Nr. 5	20.000	10.300	+ 9.700
Schwiegereltern (= Schwiegervater, -mutter)	II Nr. 6	20.000	10.300	+ 9.700
Geschiedener Ehegatte, Ehegatte bei einer für nichtig erklärten Ehe	II Nr. 7	20.000	10.300	+ 9.700
Eingetragener Lebenspartner	I Nr. 1	500.000	5.200 (vor JStG 2010!)	+ 494.800
Alle übrigen Erwerber	III	20.000	5.200	+ 14.800
Zweckzuwendungen	III	20.000	5.200	+ 14.800

▶ Hinweis:

Das JStG 2010 hat – und zwar rückwirkend ab 01.08.2001, § 37 Abs. 5 ErbStG – die Freibeträge eingetragener gleichgeschlechtlicher Lebenspartnern den unter Ehegatten geltenden gleichgestellt und damit verfassungsrechtlichen Vorgaben Rechnung getragen.[1059]

Der **Versorgungsfreibetrag**[1060] des § 17 ErbStG des Ehegatten bleibt unverändert bei 256.000,00 €; er wird jedoch erstmals auch für eingetragene gleichgeschlechtliche Lebenspartner gewährt. Der Freibetrag bei **beschränkter Steuerpflicht** i.S.d. § 2 Abs. 1 Nr. 3 ErbStG wurde zunächst lediglich auf 2.000 Euro angehoben (§ 16 Abs. 2 ErbStG a.F.), flankiert durch die Optionsmöglichkeit des § 2 Abs. 3 ErbStG für Erblasser/Schenker/Beschenkte mit Wohnsitz in der EU, Rdn. 5516; seit 25.06.2017 gilt auch für beschränkt Steuerpflichtige derselbe Freibetrag nach

---

1059 BVerfG, 21.07.2010 – 1 BvR 611/07, NJW 2010, 2783.
1060 Hierzu *Bruschke*, ErbStB 2016, 218 ff.

A. Schenkungsteuerrecht   Kapitel 12

Maßgabe der bestehenden Verwandtschaftsbeziehung zum Schenker/Erblasser, allerdings mit quotaler Kürzung um die nicht der deutschen Steuerpflicht unterliegenden Vermögenserwerbe von derselben Person binnen zehn Jahren, Rdn. 5517.

Ins Auge fällt die »Vervierfachung« des Freibetrags, den Enkelkinder genießen – dies wird nach Inkrafttreten des neuen Rechts sicherlich Anlass für vermehrte Direktzuwendungen unter Überspringung einer Generation sein, insb. bei wirtschaftlich prekären Verhältnissen der unmittelbaren Kinder (Verbraucherinsolvenz, Sozialleistungsbezug etc.). Auch die nun – jedenfalls im Erbschaft- und Schenkungsteuerrecht – sich vollziehende Gleichstellung eingetragener Lebenspartner (wohl auch bei solcher Verpartnerung im Ausland, jedenfalls sofern unbeschränkte Steuerpflicht im Inland besteht), die wirtschaftlich eine Verhundertfachung des Freibetrags bedeutet, wird die »offizielle Registrierung« dauerhafter gleichgeschlechtlicher Beziehungen beflügeln, zumal den gesteigerten zivilrechtlichen Pflichten nun auch entsprechende Begünstigungen gegenüberstehen. Insoweit verliert, unter Lebenspartnern wie auch unter Ehegatten, das Güterstandsschaukel-Modell als Verfahren zur Vermeidung unentgeltlicher Übertragungen (und damit der Schenkungsbesteuerung) etwas an Gewicht, wobei jedoch die Privilegierung in § 5 ErbStG, einschließlich der besonders attraktiven, auch rückwirkende Gestaltungen ermöglichenden, Freistellung des güterrechtlichen Zugewinnausgleichs in § 5 Abs. 2 ErbStG, erhalten bleibt. 4969

5. »Steuerstorno« (§ 29 ErbStG)

a) Gesetzliche Rückforderungsrechte

Als spezialgesetzliche Erstattungsvorschrift (vgl. auch § 47 AO) regelt § 29 ErbStG[1061] in den hier interessierenden Tatbeständen des Abs. 1 Nr. 1 (Herausgabe aufgrund Rückforderungsrecht) und Nr. 2 (Abwendung der Herausgabe aufgrund Ersetzungsbefugnis gem. § 528 Abs. 1 Satz 2 BGB) die Rückabwicklung des früheren Steuerfalls und stellt zugleich die Rückgabe des Geschenks schenkungsteuerfrei. Voraussetzung ist jedoch stets, dass der »historische Zuwendungsvorgang« tatsächlich zu einer Schenkung/Erbschaftsteuerpflicht führte, es ist also nicht ausreichend, dass eine solche Steuer lediglich rechtsirrtümlich festgesetzt und nicht angegriffen wurde (etwa als Folge einer »Selbstanzeige« wegen der »Einbringung« von Vermögen in eine transparente Familienstiftung ausländischen Rechts[1062]). 4970

Wertersatzzahlungen, die gem. § 528 BGB erbracht werden, führen ertragsteuerlich jedoch zu nachträglichen Anschaffungskosten.[1063]

Verfahrensrechtlich stellt die Herausgabe des Geschenks aufgrund Eingreifens eines gesetzlichen oder vertraglichen Rückforderungsrechts ein **rückwirkendes Ereignis** i.S.d. § 175 Abs. 1 Satz 1 Nr. 2 AO dar, so dass der ursprüngliche Schenkungsteuerbescheid aufzuheben bzw. zu ändern ist. Die Festsetzungsfrist des § 169 Abs. 2 Satz 1 Nr. 2 AO beginnt gemäß § 175 Abs. 1 Satz 2 AO mit Ablauf des Kalenderjahres, in dem das Ereignis eingetreten ist, so dass der Antrag auf Änderung oder Aufhebung des ursprünglichen Steuerbescheids spätestens vier Jahre nach Ablauf des betreffenden Kalenderjahres gestellt werden muss, um das Ablaufen der Festsetzungsfrist zu verhindern. Eine Verzinsung des rückzuerstattenden Betrags findet nicht statt, da § 233a AO bei der Erbschaft- und Schenkungsteuer keine Anwendung findet. Historische Stundungs-, Aussetzungs- oder Hinterziehungszinsen, Säumnis- oder Verspätungszuschläge werden durch die Aufhebung 4971

1061 Überblick zu den steuerlichen Konsequenzen des Schenkungswiderrufs *Thonemann-Micker*, ErbR 2015, 590 ff.; allgemeine Übersicht bei *Bruschke*, ErbStB 2017, 85 ff.
1062 So der Sachverhalt in FG München, 19.08.2015 – IV K 1647/13 [Az. BFH: II B 82/15], ErbStB 2016, 6: Eine Änderung der steuerlichen Zuordnung des »eingebrachten« Vermögens ist gem. BFH, 28.06.2007 – II R 21/05, BStBl. 2007 II, 669, vgl. Rdn. 2143, nicht eingetreten.
1063 Vgl. BFH, 17.04.2007 – IX R 56/06, EStB 2008, 444 (zu Abgeltungszahlungen gem. § 11 AnfG); es liegen keine sofort abzugsfähigen Werbungskosten vor, vgl. BFH, 19.12.2000 – IX R 66/97, BFH/NV 2001, 769.

des ursprünglichen Steuerbescheids allerdings nicht gegenstandslos, sondern bleiben weiter geschuldet.[1064]

4972 Zur davon zu trennenden Frage, ob die Rückabwicklung auch zu einer Stornierung der etwa angefallenen **Grunderwerbsteuer** in Bezug auf entgeltliche Bestandteile einer Vermögensnachfolge unter nicht verwandten oder nicht verheirateten Personen führt (§ 16 GrEStG) vgl. Rdn. 5629 ff. Zu den **ertragsteuerlichen Folgen**, insbesondere beliebiger Rückforderungsrechte (z.B. Nichtübergang der Mitunternehmerstellung bei Personengesellschaften) vgl. im Einzelnen Rdn. 2145 ff. Dabei ist zu berücksichtigen, dass Übertragungen zum Buchwert, die also steuerneutral erfolgen können, etwa gemäß §§ 6 Abs. 3, 6 Abs. 5 EStG, § 24 UmwStG, auch die Einhaltung bestimmter Nachbesitzfristen erforderlich machen, die durch die Rückabwicklung mit nachteiligen ertragsteuerlichen Folgen verletzt werden, Rdn. 2149.

4973 Voraussetzung für die Anwendung des § 29 ErbStG ist allerdings, dass die gesetzlichen Rückforderungsrechte, z.B.
(1) gem. § 527 BGB wegen Nichtvollziehung einer Auflage,
(2) gem. § 528 BGB wegen Verarmung des Schenkers ohne Vorliegen der Tatbestände des § 529 BGB (Demzufolge tritt kein Steuerstornoeffekt, sondern eine weitere »umgekehrte« Besteuerung ein, wenn trotz vorsätzlicher oder grob fahrlässiger Herbeiführung der Bedürftigkeit auf Seiten des Schenkers i.S.d. § 529 Abs. 1 BGB der Übertragungsvorgang rückabgewickelt wird![1065]),
(3) Rückforderung wegen groben Undanks nach § 530 BGB (Rdn. 185 ff.)
(4) Rückforderung des Verlobungsgeschenks bei Unterbleiben der Eheschließung gem. § 1301 BGB,
(5) Kondiktion durch den beeinträchtigten Vertragserben gem. §§ 2287 ff. BGB (Rdn. 3932 ff.),
(6) Herausgabe an den Pflichtteilsergänzungsberechtigten gem. § 2329 BGB (Rdn. 3677 ff.),[1066]
(7) Herausgabe aufgrund Gläubigeranfechtung nach § 134 InsO und §§ 3, 4 AnfG (Rdn. 209 ff.),
(8) Kondiktion nach Anfechtung der Schenkung wegen Irrtums oder arglistiger Täuschung oder wegen Verstoßes gegen ein gesetzliches Verbot[1067] etc., ebenso gem. § 812 Abs. 1 Satz 2, Alt. 2 BGB bei Zweckschenkungen aus der Verfehlung des Schenkungszweckes.[1068]
(9) Rückabwicklung aufgrund Wegfalls der Geschäftsgrundlage gem. § 313 BGB (Rdn. 4974) etc.
tatsächlich bestehen.

4974 Eine Rückabwicklung gem. **§ 313 BGB**[1069] kann angesichts eines vom Notar pflichtgemäß (§ 8 Abs. 1 Satz 6 und Abs. 4 EStDV) erteilten Hinweises bspw. nicht darauf gestützt werden, man habe nicht mit der Entstehung von Schenkungsteuer gerechnet.[1070] Denkbar ist jedoch, dass die Höhe der zu erwartenden Steuer zur Geschäftsgrundlage wurde, etwa wenn der Veräußerer die

---

1064 Vgl. im Einzelnen *Thonemann-Micker*, ErbR 2015, 590, 594, Fn. 32 m. w. N.
1065 *Thonemann/Micker*, ErbR 2015, 590, 595, verlangt insoweit zusätzlich, dass der Zurückgebende wissen müsse, dass er gemäß § 529 Abs. 1 BGB an sich hierzu nicht verpflichtet sei, da sonst keine Freigebigkeit vorliege.
1066 Zahlungen zur Abwendung des Herausgabeanspruchs gem. § 2329 Abs. 2 BGB führen nicht zum Erlöschen der Erbschaftsteuer gem. § 29 ErbStG, sind allerdings gem. § 10 Abs. 5 Nr. 2 ErbStG erwerbsmindernd zu berücksichtigen, BFH, 08.10.2003 – II R 46/01, DStRE 2004, 278 = ErbStB 2004, 105, a.A. wohl R 1 Abs. 1 Satz 3 Nr. 1 ErbStR 2003.
1067 Z.B. bei Rückforderung einer gegen das europarechtliche Beihilfeverbot verstoßenden Subvention (vgl. BFH, 30.01.2009 – VII B 180/08 EStB 2009, 175 m. Anm. *Hartmann*).
1068 So etwa im Fall des BGH, 23.09.1983 – V ZR 67/82, NJW 1984, 233: Schenkung eines Grundstücks (in der nicht in Erfüllung gehenden) Erwartung, der Beschenkte werde sich für eine erneute Mitarbeit im Unternehmen gewinnen lassen.
1069 Vgl. *Götz*, ZEV 2017, 371 ff.
1070 BFH, 11.11.2009 – II R 54/08 notar 2010, 243 m. Anm. *Ihle*, ebenso FG Berlin-Brandenburg, 22.04.2008 – 14 V 14016/08, DStRE 2008, 1339 Rn. 47.

Steuerlast übernommen hat und auch für den Beschenkten erkennbar war, dass die Höhe der kalkulierten Steuer wesentliche Grundlage seines Schenkungsversprechens wurde.[1071] § 313 BGB setzt voraus (a) eine nicht zum Vertragsinhalt erhobene, vor oder bei Vertragsschluss bestehende gemeinsame Vorstellung der Vertragsparteien oder von der anderen Vertragspartei erkennbare und nicht beanstandete Vorstellungen einer Vertragspartei, die sich (b) als unzutreffend herausstellt, was zu einer (c) nicht nur unwesentlichen Veränderung der Sachlage führt,[1072] und (d) nicht allein dem Risikobereich einer Vertragspartei zuzuweisen ist. Sieht das Finanzamt die Voraussetzungen des § 313 BGB allerdings als nicht gegeben an, läge eine wiederum steuerpflichtige (und häufig angesichts der umgekehrten Erwerbsrichtung noch schmerzhaftere) Rückschenkung vor. Es empfiehlt sich daher,[1073] die Rückgängigmachung des durch die Beteiligten angenommenen Wegfalls der Geschäftsgrundlage ihrerseits unter den Widerrufsvorbehalt für den Fall der Nichtanerkennung des Rückforderungsrechts durch die Finanzverwaltung zu stellen.

▶ Hinweis:

§ 313 BGB liegt bspw. nahe, wenn die ursprünglich zugrunde gelegte Annahme des Schenkers, alle Kinder gleichermaßen bedenken zu können, sich als unzutreffend herausstellt. Haben z.B. die beiden Kinder A und B bereits – untereinander gleichwertige – Zuwendungen ohne Ausgleichspflicht erhalten in der Erwartung, auch das dritte Kind C könne (lebzeitig oder von Todes wegen) wertentsprechend bedacht werden, stehen solche Mittel aber nun nicht mehr zur Verfügung, kann der Veräußerer von A und B gem. § 313 BGB Anpassung in Form der Rückübertragung je eines Drittels des bereits Übertragenen verlangen (und diese zwei Drittel sodann C zuwenden). Wirtschaftlich gleichbedeutend ist es, dass A und B sich von der Teilrückgabepflicht »freikaufen« durch entsprechenden Wertersatz an den Veräußerer, den dieser dem dritten Kind C zuwendet. Damit liegt keine unmittelbare, v.a. keine unentgeltliche, Zuwendung im Verhältnis A/B zu C vor, sondern ein Teilstorno i.S.d. § 29 Abs. 1 Nr. 1 ErbStG i.V.m. § 313 BGB im Verhältnis A/B zum Veräußerer, sowie sodann eine neuerliche Schenkung des Veräußerers an C (zur zivilrechtlichen Anerkennung nachträglicher Entgeltmehrung vgl. Rdn. 48). Vgl. auch zur Verwendung des § 29 ErbStG als Instrument zur nachträglichen Korrektur des Verteilungszustands unter Geschwistern Rdn. 1905.

4975

Hauptanwendungsfall des § 313 BGB im Zusammenhang mit der Rückgängigmachung von Schenkungen[1074] ist bei ehebedingten Zuwendungen das unerwartete Scheitern der Ehe, wenn das Festhalten am Vertrag dadurch unzumutbar wird (vgl. Rdn. 3179 ff.) Gleiches dürfte gelten bei Zuwendungen unter Verlobten, wenn es nicht zur Eheschließung kommt. Bei Zuwendungen unter nichtehelichen Lebenspartnern gelten noch weiter eingeschränkte Kriterien, vgl. Rdn. 3341 ff. Bei schlichten Schenkungsvorgängen sind typische Fallgruppen Fehlvorstellungen über die Höhe der Schenkungsteuer, eine falsche Werteinschätzung hinsichtlich der Äquivalenz von Leistung und Gegenleistung, die irrtümliche Einschätzung, dass die Zuwendung selbst nicht schenkungsteuerpflichtig sei, da Befreiungstatbestände eingreifen, oder auch ein Irrtum über ertragsteuerliche Folgen.

4976

Es genügt also in keinem Fall, durch »freiwillige Rückschenkung« einem Widerruf »zuvorzukommen«.[1075] Erst recht genügt es nicht, die Schenkung »schlicht aufzuheben«, ohne dass einer der in § 29 ErbStG geregelten Tatbestände vorliegt: ist die erste Schenkung bereits dinglich vollzogen (andernfalls: Rdn. 4554), liegt in der »Aufhebung« eine neuerliche Schenkung, die wiederum

4977

1071 Vgl. FG Rheinland-Pfalz, 23.03.2001 – 4 K 2805/99, FR 2001, 653 m. Anm. *Kamps*, FR 2001, 717 ff.
1072 Vgl. OLG Köln, 13.11.1992 – 19 U 77/92, DStR 1993, 178: jährliche Steuermehrbelastung in Höhe von 140 € genügt nicht.
1073 Vgl. *Kamps*, Zerb 2002, 174, 177.
1074 Vgl. hierzu *Götz*, ZEV 2017, 371, 373 ff.
1075 FG Hessen, 10.01.2006 – 1 K 4104/04, ErbStB 2006, 244.

Schenkungsteuer auslöst;[1076] zu Recht wird plastisch die verunglückte Rückabwicklung einer Schenkung als »größter anzunehmender Unfall« bezeichnet.[1077]

4978 Erforderlich ist ferner in jedem Fall, dass die **Rückübertragung** bzw. Herausgabe **tatsächlich stattfindet**, es genügt als nicht lediglich die Verurteilung hierzu.[1078] Abweichend hiervon gilt, sofern bei Eintritt einer vertraglich vereinbarten auflösenden Bedingung die tatsächliche Rückabwicklung nicht durchgeführt wird: Die Rechtswirkung des § 29 Abs. 1 Nr. 1, Abs. 2 ErbStG tritt hinsichtlich der ersten Übertragung und der Rückabwicklung bereits ein, sofern die Anwendung des § 29 Abs. 1 ErbStG beantragt wird. Der Verzicht auf die Wiederherstellung des ursprünglichen Zustands stellt jedoch eine neue Schenkung dar, die ihrerseits gemäß § 7 Abs. 1 Nr. 1 ErbStG zu versteuern ist, so dass der (etwa für die Zusammenrechnung im Rahmen des zehnjährigen Berücksichtigungszeitraums des § 14 ErbStG maßgebliche) Zeitpunkt der Durchführung i.S.d. § 9 Abs. 1 Satz 2 ErbStG erst jetzt eintritt. Auch die Werte und die Begünstigungsvoraussetzungen bemessen sich dann nach den Umständen der »zweiten« Schenkung.[1079]

b) Vertragliche Rückforderungsrechte

4979 Gleichgestellt i.R.d. § 29 ErbStG sind **vertragliche Rückforderungsrechte**, seien es vertragliche Rücktrittsvereinbarungen, Widerrufsvorbehalte mit Rechtsfolgen analog § 531 Abs. 2 BGB, auflösende Bedingungen (vgl. hierzu auch Rdn. 4978) oder Rückforderungsrechte sui generis als Gestaltungsrechte. Erforderlich ist, dass das Rückforderungsrecht bereits im ursprünglichen Schenkungsvertrag vorbehalten wurde; die nachträgliche Einräumung eines Widerrufsrechts verkörpert demnach eine selbstständige Rückschenkung (aufschiebend bedingt auf den Zeitpunkt der Ausübung des zugewendeten Gestaltungsrechts).[1080]

▶ Hinweis:

4980 Der »**Stornoeffekt**« des § 29 ErbStG eröffnet nicht nur die Möglichkeit zur steuerneutralen Rückabwicklung, sondern auch zur ungefährdeten Ausnutzung lebzeitiger Übertragungsprivilegierungen, wie sie etwa § 13 Abs. 1 Nr. 4a ErbStG (vgl. Rdn. 3270 ff.) bei Schenkungen des **Eigenheims** an den Ehegatten einräumt: da die Vererbung des Familienheims an den Ehegatten nicht in gleicher Weise (nämlich ohne Nutzungsfristen etc.) freigestellt ist, wird dieses bereits zu Lebzeiten an ihn übertragen, allerdings unter Rückforderungsvorbehalt bei Vorversterben des erwerbenden Partners (und bei Scheidung etc.): stirbt der erwerbende Ehegatte demnach entgegen der Annahme zuerst, gelangt die Immobilie gem. § 29 ErbStG ohne Belastung des erbschaftsteuerlichen Kontos an den ursprünglichen zuwendenden, überlebenden Ehegatten zurück. Rückforderungsrechte können sich auch bei **Betriebsvermögen** empfehlen, um eine Schenkungsnachbesteuerung zulasten des Veräußerers (gesamtschuldnerische Haftung, § 20 ErbStG!) zu vermeiden, wenn der Erwerber gegen Behaltensfristen (§§ 13a, 19a ErbStG) verstößt.

4981 Wegen **§ 37 Abs. 3 Satz 2 ErbStG** greift der Stornoeffekt solcher vertraglicher Rückforderungsklauseln jedoch uneingeschränkt nur für Privatvermögen, und für solches Betriebsvermögen, das nach dem 01.01.2007 durch Schenkung übertragen wird: vor dem 01.01.2007 geschenktes Be-

---

1076 Plastischer Beispielsfall: FG Berlin-Brandenburg, 22.04.2008 – 14 V 14016/08, DStRE 2008, 1339; hierzu *Piltz*, ZEV 2009, 70 ff.
1077 *Piltz*, ZEV 2009, 70.
1078 FG Hamburg, 09.02.2012 – 3 K 232/11, DStRE 2012, 1453.
1079 Vorsichtiger insoweit *Thonemann-Micker*, ErbR 2015, 590, 593: Beim bloßen »Verzicht« auf die Rückabwicklung handele es sich nicht um z.B. eine Immobilienzuwendung, so dass die sachbezogenen Voraussetzungen etwa des § 13a, § 13b oder § 13d ErbStG nicht greifen können.
1080 Vgl. *Jülicher*, ZEV 1998, 201, 285; DStR 1998, 1977; ZEV 2003, 350 ff.

triebsvermögen, das aufgrund eines nach dem 11.11.2005[1081] vereinbarten Rückforderungsrechts herausgegeben wurden muss, genießt bis zum 01.01.2011 bei der neuerlichen Übertragung nicht die schenkungsteuerlichen Bewertungsprivilegierungen. § 37 Abs. 3 Satz 1 ErbStG umfasst dem Wortlaut nach (entgegen der verfolgten Sanktion der Vermeidung darin gesehenen Missbrauchs)[1082] auch die Rückforderung wegen anderer, durchaus sinnvoller Rückfallgründe, etwa den Fall der Scheidung, des Vermögensverfalls oder Ähnliches (ausgenommen ist lediglich der Fall der Vorversterbens des Erwerbers). Fraglich ist, ob die Ausweichgestaltung einer auflösenden Bedingung hilft.

Wurden allerdings Betriebsvermögensschenkungen nach dem 01.01.2007 durchgeführt und mit einer Steuerklausel versehen, die auch ausgeübt wird, ist die neuerliche Betriebsübertragung unter Geltung der §§ 13a ff. ErbStG n.F. möglich! Wurde nach bisherigem Recht der Freibetrag von 225.000,00 € in Anspruch genommen, endet die dadurch in Gang gesetzte 10-jährige Sperrfrist für die nochmalige Inanspruchnahme dieses Freibetrages wegen Außerkrafttreten des Gesetzes vorzeitig; der Abzugsbetrag nach neuem Recht (§ 13a Abs. 2 ErbStG) steht unabhängig davon zur Verfügung.[1083] Dies eröffnete noch ein kurzes Zeitfenster bis 31.12.2008 für Teilübertragungen nach altem Recht unter Inanspruchnahme des § 13a Abs. 1 Satz 1 Nr. 2 ErbStG a.F. 4982

§ 29 ErbStG findet bei vorbehaltener Rückforderung auch Anwendung, wenn die Rückgabe nicht an den Schenker, sondern aufgrund einer »**Weiterleitungsklausel** unter Lebenden« an einen Dritten erfolgt.[1084] Ausschlaggebend ist allein, dass der Erstbeschenkte das Geschenk nicht behalten darf – daher ist § 29 ErbStG nicht erfüllt, wenn der Erwerber trotz »Rückabwicklung« des Schenkungsvertrages aufgrund eines anderen Rechtsgeschäftes weiterhin Eigentümer der geschenkten Immobilie bleibt.[1085] Der Erwerb des Dritten aufgrund der Weiterleitungsbestimmung ist allerdings selbstständig steuerpflichtig, und zwar nach dem Verhältnis zum ursprünglichen Schenker, nicht zum Ersterwerber.[1086] 4983

Zwischen dem hingegebenen und dem zurückübertragenen Vermögensgegenstand muss Identität, also »**Art- und Funktionsgleichheit**« bestehen.[1087] Teilweise wird bezweifelt, ob diese noch gegeben ist, wenn die Rückforderung geschenkter Gesellschaftsanteile an die Eröffnung der Insolvenz über das Vermögen dieser Gesellschaft anknüpft, die ja kraft Gesetzes ab diesem Zeitpunkt als aufgelöst gilt und nicht mehr werbend tätig ist (§ 60 Abs. 1 Nr. 4 GmbHG, §§ 131 Abs. 1 Nr. 3, 161 Abs. 2 HGB).[1088] Dem ist zu widersprechen, da steuerlich erst mit der tatsächlichen Betriebsaufgabe oder Betriebsveräußerung die Betriebsvermögenseigenschaft endet.[1089] 4984

c) Besteuerung gezogener Nutzungen (§ 29 Abs. 2 ErbStG)

Muss der Ersterwerber die von ihm zuvor gezogenen Nutzungen nicht (z.B. aufgrund Konditionsrechts oder vertraglicher Rückabwicklungsvereinbarung) ebenfalls herausgeben, werden diese allerdings bei ihm gem. **§ 29 Abs. 2 ErbStG** selbstständig (wie bei einem Nießbrauch) besteuert, im Wege der Kürzung der rückzuerstattenden Steuer, die er für den Ersterwerb errichtet hat (nicht 4985

1081 Datum der Regierungserklärung, in der die Begünstigungen zur Unternehmensnachfolge angekündigt wurden.
1082 Deren Gefahr sich relativiert angesichts der frustrierten Transaktionskosten und möglicherweise auch Grunderwerbsteuer (sofern nicht § 16 GrEStG erfüllt ist), ebenso der ertragsteuerlichen Folgen: *Wachter*, ErbStB 2006, 315.
1083 *Perwein*, DStR 2008, 1080 ff.
1084 BFH, ZEV 2001, 77 m. Anm. *Wachter*.
1085 FG Düsseldorf, 06.08.2008 – 4 K 3936/07, Erb, DStRE 2008, 1512; BFH, II R 54/08, BFH/NV 2010, 896; *Geck/Messner*, ZEV 2009, 74.
1086 BFH, 13.10.1993 – II R 92/91, BStBl. 1994 II, S. 128 (nur Ls.); *Pauli*, ZEV 2013, 289, 292 f.
1087 BFH, II R 13/90 und II R 1/92, jeweils v. 22.06.1994, BStBl. 1994 II 656 und 760.
1088 In diesem Sinne *Carlé*, ErbStB 2010, 21, 23.
1089 Vgl. *Demuth/Schreiner*, ErbStB 2010, 77 ff.

also im Wege eines eigenständigen Steuertatbestandes[1090]). Erfolgt die Rückabwicklung nach den Grundsätzen des Bereicherungsrechts, würden zwischenzeitlich gezogene Nutzungen nach der grds. anwendbaren »Saldo-Theorie« miterfasst sein; allerdings wären im Gegenzug auch Aufwendungen des Rückübertragungsverpflichteten zu erstatten. Gerade bei komplexen Übertragungsgegenständen, die sich über einen längeren Zeitraum dynamisch verändert haben (z.B. übertragenen Betrieben), ist dies nicht sachgerecht. Hinzu kommt, dass die zivilrechtliche Rückübertragung auf verwirklichte ertragsteuerliche Tatbestände (z.B. die Versteuerung bereits gezogener Nutzungen, also Gewinnausschüttungen) regelmäßig keine Auswirkungen hat,[1091] so dass allenfalls der nach Versteuerung verbleibende Betrag rückzugewähren sein sollte.

4986 Daher wird regelmäßig vereinbart, dass gezogene Nutzungen nicht zu erstatten sind, wie umgekehrt getätigte Aufwendungen nicht geltend gemacht werden können, obwohl sich dadurch der »Stornoeffekt« der Rückabwicklung wegen § 29 Abs. 2 ErbStG bei längeren Zwischenzeiträumen erheblich reduzieren kann. Bei Schenkungen an Minderjährige, bei denen die Saldo-Theorie keine Anwendung findet, muss jedoch möglicherweise zur Erlangung familiengerichtlichen Genehmigung der Fall geregelt werden, dass ein Überhang an Aufwendungen ggü. den gezogenen Nutzungen besteht; dieser sollte dann zumindest erstattet werden. Nach überwiegender Auffassung handelt es sich bei § 29 Abs. 2 ErbStG nicht um einen selbstständigen Steuertatbestand,[1092] sondern um die die Reduzierung der früheren Schenkung auf den verbleibenden Nutzungsvorteil,[1093] so dass als Zuwendungszeitpunkt (etwa i.R.d. § 14 ErbStG) die Erstschenkung gilt. Auch zugewendete Nutzungen (Nießbrauch an einem Gesellschaftsanteil) können als Betriebsvermögen (Mitunternehmerschaft) begünstigungsfähig i.S.d. §§ 13a, 13b, 19a ErbStG sein.[1094] Erfasst sind aber nur tatsächlich erfolgte, unmittelbare Ausschüttungen, so dass allein die Ausschüttungsberechtigung ohne tatsächlichen Zufluss nicht besteuert wird.[1095]

d) Weitere Tatbestände

4987 § 29 Abs. 1 Nr. 3 ErbStG führt zur Erstattung bereits entrichteter Steuer für eine Zuwendung (vgl. Rdn. 4902 ff.), die im Rahmen eines später durchgeführten **Zugewinnausgleichs** auf diesen (ggf. teilweise) gem. § 1380 BGB **verrechnet** wurde,[1096] vgl. Rdn. 4884, ggf. auch zum Wegfall der Strafbarkeit einer bisher nicht angezeigten Schenkung (Rdn. 4902 ff.). Wurde die Schenkung bei Bestehen einer Gütertrennung vorgenommen, die später (rückwirkend) ehevertraglich durch den gesetzlichen Güterstand ersetzt wurde, kann bei einem sodann durchzuführenden Zugewinnausgleich (durch neuerlichen lebzeitigen Güterstandswechsel, oder Wahl der güterrechtlichen Lösung im Todesfall – beides § 5 Abs. 2 ErbStG,[1097] Rdn. 4885 ff.)

4988 Die Erstattung erfolgt durch nachträgliche Änderung des historischen Steuerbescheids, § 175 Abs. 1 Satz 1 Nr. 2 u. Satz 2 AO (ohne Zinsen). Systemwidrig ist es allerdings, dass § 1380 BGB auch dann zu einer Kürzung des Zugewinnausgleichsanspruchs führt, wenn die vorangegangene

---

1090 FG Düsseldorf, 30.11.2016 – 4 K 3976/15 Erb, ErbStB 2017, 100 = ZEV 2017, 173 m. Anm. *Viskorf.*
1091 Vgl. *Jülicher,* ZErb 2008, 349.
1092 So aber *Meinke,* § 29 ErbStG Anm. 3; *Troll/Gebel/Jülicher,* ErbStG, § 29 Rz. 48.
1093 BR-Drucks., 140/72, S. 75; *Geck,* DNotZ 2012, 329, 332.
1094 BFH, 01.09.2011 – II R 67/09, ZEV 2012, 51; *Geck,* DNotZ 2012, 329, 332 (allerdings ist die Rückübertragung im Nachversteuerungszeitraum des § 13a Abs. 5 und 8 ErbStG auch insoweit schädlich). Vgl auch *Eisele,* NWB 2012, 4151 ff. Die Finanzverwaltung ist dem BFH gefolgt: gleichlautende Ländererlasse v. 02.11.2012, BStBl 2012 I 1101 = ZEV 2013, 51 f., vgl. *Böing,* ErbStB 2013, 46 f. und *Stein,* DStR 2013, 567 ff.
1095 Vgl. *Thonemann-Micker,* ErbR 2015, 590, 595.
1096 *Reich,* ZEV 2011, 59 ff.
1097 Die rein erbrechtliche Lösung, § 5 Abs. 1 ErbStG, auf die § 29 Abs. 1 Nr. 3 Satz 2 ErbStG nun ebenfalls verweist, hilft wegen des Rückwirkungsverbots, § 5 Abs. 1 Satz 4 ErbStG, nicht.

A. Schenkungsteuerrecht   Kapitel 12

Ehegattenschenkung steuerbefreit war (etwa in Gestalt des selbstgenutzten Eigenheims[1098] oder einer gem. § 13a, b ErbStG ganz oder teilweise verschonten Unternehmensübertragung[1099]); hierdurch geht mittelbar ein Teil der früheren Steuerfreistellung wieder verloren.

Damit steht möglicherweise auch ein Instrument zur Vermeidung eines **ertragsteuerlich entgeltlichen Veräußerungsgeschäftes** i.R.d. Güterstandsschaukel zur Verfügung (Rdn. 4893), jedenfalls aber, auch nach vorsichtiger Auffassung, zur Bestimmung des Zeitpunktes einer solchen, wenn schon unvermeidbaren, Veräußerung. 4989

Eine weitere Möglichkeit zur Erbschaftsteuervermeidung bietet § **29 Abs. 1 Nr. 4 ErbStG**: Demnach erlischt die Steuer mit Wirkung für die Vergangenheit, soweit ererbte oder geschenkte Vermögensgegenstände binnen 24 Monaten einer gemeinnützigen Körperschaft, insb. Stiftung, zugeführt werden, vgl. Rdn. 3102 f. 4990

6. Jahressteuer bei Nutzungen und wiederkehrenden Leistungen (§ 23 ErbStG)

Nach normalen Grundsätzen würde der Erwerb eines Rechts auf wiederkehrende Leistungen oder wiederkehrende Nutzungen durch Einmalzahlung aus dem kapitalisierten Gesamtwert des »Stammrechts« besteuert. Der Kapitalisierungsfaktor ergibt sich dabei aus Anlage 9 zu § 14 Abs. 1 BewG und enthält bereits die Abzinsung auf den Gegenwartswert. Damit würde jedoch der Erwerber eines solchen Nutzungsrechts oder einer Rente gezwungen, im Jahr der Steuerentrichtung eigenes Vermögen heranzuziehen. Um ihm die Möglichkeit zu eröffnen, die Steuer »ratierlich« aus den jährlich erzielten Renteneinnahmen bzw. Nutzungserträgen zu finanzieren, gewährt § 23 Abs. 1 Satz 1 Halbs. 2 ErbStG auf Antrag die alternative Entrichtung im Weg der sog. **Jahressteuer**.[1100] Hierfür wird der Steuersatz aus dem kapitalisierten Gesamtbetrag der Rente/Nutzung (abzgl. persönlicher Freibeträge) nach den Verhältnissen z.Zt. des Erwerbs des Stammrechtes ermittelt und dieser Steuersatz sodann auf den Jahreswert des Ertrags angewendet.[1101] 4991

Fließen neben der Rente/dauernden Nutzung weitere, sofort zu versteuernde Vermögensgegenstände in die Schenkungsteuer ein (bspw. die Übernahme der Schenkungsteuer selbst durch den Veräußerer, § 10 Abs. 2 ErbStG),[1102] sind persönliche Freibeträge zunächst auf die anderen Vermögenswerte, sodann auf die Jahressteuerbeträge der Nutzungen/wiederkehrenden Leistungen zu verrechnen (R 84 ErbStR 2003, jetzt: R E 23 ErbStR 2011, aber unbesetzt[1103]). Nach dieser »**Aufzehrungsmethode**« wird also die Jahressteuer erst (und dann in voller Höhe) erhoben, sobald der Freibetrag (einschließlich des Betrages der nicht der Steuer unterliegenden Zugewinnausgleichsforderung[1104]) durch Addition der bisherigen Jahressteuern sowie ggf. den Einmalerwerb aufgebraucht ist. Alternativ kann auch die Berücksichtigung der Freibeträge nach der sog. »Kürzungsmethode« (also durch jährliche anteilige Herabsetzung im Verhältnis der Minderung des Kapitalwerts durch den Freibetrag) beantragt werden.[1105] 4992

1098 Vgl. *Götz*, ErbStB 2013, 355 ff. mit Berechnungsbeispiel.
1099 Vgl. *Götz*, ZEV 2013, 74 ff. mit Berechnungsbeispiel.
1100 Vgl. hierzu im Überblick *Esskandari*, ZEV 2008, 324 ff.
1101 Zu Besonderheiten der Berechnung bei Zusammenrechnung mit Vorerwerben gem. § 14 ErbStG (Notwendigkeit einer Verhältnisrechnung) vgl. *Götz*, DStR 2006, 260.
1102 FinMin Baden-Württemberg v. 09.09.2008 – 3 – S 3834/2, ZEV 2008, 503.
1103 Zum Billigkeitserlass bei Ablösung der für eine Rente zu entrichtenden Jahressteuer nach § 23 ErbStG bei Zahlungsunfähigkeit des Leistungsverpflichteten siehe BFH v. 30.06.2014 II S 2/14 [PKH], n.v. – Zur abweichenden Steuerfestsetzung aus sachlichen Billigkeitsgründen wegen Ausfalls von Rentenzahlungen vgl. BFH v. 22.10.2014 II R 4/14, BStBl. II 2015, 237.
1104 LfSt Bayern, Vfg. v. 14.01.2013, ZEV 2013, 288.
1105 H 84 ErbStH, ebenso BFH, 17.09.1997 – II R 8/96, ZEV 1998, 195.

4993 Hat der Erwerber der Nutzung/Rente die Regelform der Einmalzahlung aus dem kapitalisierten Betrag gewählt und entrichtet,[1106] stirbt jedoch innerhalb einer bestimmten Zeit nach dem Erwerb (vorzeitig), ist die bereits festgesetzte und entrichtete Schenkungsteuer auf Antrag nach der wirklichen Dauer der Nutzung zu **berichtigen** (§ 14 Abs. 2 BewG). Hat er umgekehrt die Jahressteuer (jeweils jährlich im Vorhinein zu entrichten aufgrund eines Dauerverwaltungsaktes) gewählt, kann er diese nachträglich durch eine Einmalzahlung nach dem Kapitalwert **ablösen** (§ 23 Abs. 2 ErbStG).[1107] Dies führt jedoch nicht dazu, dass nunmehr nachträglich der Kapitalwert des Stammrechts besteuert wird, sondern zur Kapitalisierung der Jahressteuer (durch Multiplikation mit dem Vervielfältiger gem. der Anlage nach § 14 BewG bei lebzeitigen Rechten,[1108] bzw. gem. Tabelle 9a zu § 13 BewG bei auf bestimmte Zeit beschränkten Rechten).

▶ Hinweis:

4994 Die Sofortversteuerung ist vorteilhaft, wenn der Erwerber der Nutzung/Rente davon ausgeht, länger zu leben als nach der statistischen Erwartung, die der Anlage gem. § 14 Abs. 1 BewG zugrunde liegt. Rechnet der Erwerber der Nutzung/wiederkehrenden Leistung mit seinem früheren Ableben, wird er die Jahresversteuerung wählen. Ein Nachteil der Jahressteuer liegt allerdings darin, dass sie auf der Grundlage der im Zeitpunkt des Erwerbs bestehenden Verhältnisse festgesetzt wird, also bei später zurückgehenden Erträgen (etwa im Fall des Nießbrauchs an Gesellschaftsanteilen) keine Reduzierung erfolgt.

4995 Einkommensteuerlich konnte die nach § 23 ErbStG laufend zu entrichtende Jahreserbschaftsteuer bisher als dauernde Last nach § 10 Abs. 1 Nr. 1a EStG a.F. abgezogen werden[1109] (str.),[1110] soweit die Bereicherung wertgleich in die Bewertungsgrundlage der ESt einging,[1111] wie später vom Gesetzgeber in § 35 Satz 3 EStG a.F. bestätigt. Mit Streichung des § 35 Satz 3 EStG geriet dieser Sonderausgabenabzug in Streit; die überwiegende Literatur sowie die Finanzverwaltung (H 87 EStH) ging nach wie vor von der Abzugsmöglichkeit aus.[1112]

Als Folge der gesetzlichen Beschränkung des Sonderausgabenabzugs auf »lebenslange, wiederkehrende Versorgungsleistungen«, zudem begrenzt auf den Übergang von Betriebsvermögen, in § 10 Abs. 1a Satz 1 Nr. 2 EStG n.F. seit 2008 (Rdn. 6362 ff.) ist der Sonderausgabenabzug für die Jahressteuer nach § 23 ErbStG jedenfalls für Neufälle[1113] entfallen, soweit nicht Betriebsvermögen betroffen ist.

X. Begünstigung von Betriebsvermögen

4996 Die Nachfolgefrage ist nach Ermittlungen des Instituts für Mittelstandsforschung, Bonn im Fünfjahreszeitraum von 2014 bis 2018 in circa 135.000 Unternehmen mit ca. zwei Millionen Beschäftigten zu lösen. Die erbschaftsteuerliche Belastung hat für Unternehmensnachfolger naturgemäß

1106 Es ist umstritten (wird jedoch überwiegend bejaht), ob diese Berichtigung des Gesamtkapitalwertes auch bei der Wahl der Jahressteuer möglich ist, vgl. im Einzelnen *Esskandari*, ZEV 2008, 325.
1107 Zu möglichen Billigkeitserlassen bei nachträglichem dauerndem Wegfall der Rente etwa aufgrund Insolvenz: BFH, 22.10.2014 – II R 4/14, ZEV 2015, 54; hierzu *Bruschke*, ErbStB 2015, 80 ff.
1108 Berechnungsbeispiel bei *Siebert*, Erbrecht Effektiv 2012, 140, 142.
1109 Vgl. *Meincke*, ErbStG, 14. Aufl. 2004, § 23 Rn. 15; *Schmidt/Drenseck*, EStG, 27. Aufl. 2008, § 12 Rn. 52; *Fuhrmann*, ErbStB 2008, 244 ff.
1110 A.A. bspw. FG Niedersachsen v. 12.06.2008 – 11 K 312/06, n. rkr., mit Blick auf die Abschaffung des § 35 Satz 3 EStG.
1111 BFH, 23.02.1994 – X R 123/92, BStBl. 1994 II, S. 690.
1112 A.A. FG München, EFG 2005, 370.
1113 Nach Auffassung des BFH, 18.01.2011 – X R 63/08, ZEV 2011, 329 m. Anm. *Seifried* auch für Altfälle, jedenfalls im VZ 2004 (Indizwirkung der Abschaffung der Anrechnungsnorm des § 35 Satz 1 und 2 EStG in der Fassung zwischen 1974 und 1998, der ab VZ 2009 als § 35b EStG wieder eingeführt wurde).

A. Schenkungsteuerrecht **Kapitel 12**

in Familienunternehmen einen weit höheren Stellenwert als für Kapitalgesellschaften im Streubesitz. In der Gesamtstatistik spielt das inländische Betriebsvermögen (jedenfalls im Jahr 2015) mit einem Anteil von 41,1 % am Gesamtwert der übergehenden Vermögenswerte und von 36,0 % am Gesamtsteueraufkommen der Erbschaft- und Schenkungsteuer eine immer bedeutendere Rolle (zum Vergleich: Grundvermögen 19,4 %).[1114]

1. Grundkonzept

a) Rechtslage von 2009 bis 30.06.2016:

Um die Ausgestaltung der erbschaftsteuerlichen Belastung (und insb. Verschonung) von Betriebsvermögen wurde bis zuletzt erbittert gerungen; erst Anfang November 2008 hatte sich die Regierungskoalition auf einen einheitlichen Kompromiss geeinigt, dem der Bundesrat am 05.12.2008 zustimmte. Ggü. dem bisherigen Recht (vgl. hierzu die dritte Auflage, Rn. 3974 ff., auch zum erfassten Vermögen, zur Zuordnung des Freibetrages und zur fünfjährigen Nachversteuerungsphase) bietet die ab 2009 geltende Regelung deutliche **Vorteile**: An die Stelle des Freibetrags von 225.000,00 € und eines Bewertungsabschlags von 35 % trat ein Verschonungsabschlag von 85 % sowie ein gleitender Abzugsbetrag von bis zu 150.000,00 €, im alternativen, »ambitionierten« Modell gar ein Verschonungsabschlag von 100 %, so dass das gesamte begünstigte Vermögen ohne Steuerbelastung übertragen werden kann. 4997

Allerdings zeigt sich bei näherem Hinsehen, dass Einschränkungen sowohl hinsichtlich des Umfangs des begünstigungsfähigen Vermögens als auch der einzuhaltenden Anforderungen die Betriebsnachfolge ggü. der bisherigen Handhabung deutlich erschweren. Die Politik entfernt sich immer weiter vom Leitmotiv des Art. 164 der Weimarer Reichsverfassung: »*Der selbständige Mittelstand in Landwirtschaft, Gewerbe und Handel ist in Gesetzgebung und Verwaltung zu fördern und gegen Überlastung und Aufsaugung zu schützen.*« 4998

Die **Ermittlung des begünstigungsfähigen Betriebsvermögens** (zu den möglichen Vergünstigungen s.u. Rdn. 5236 ff.) erfolgte in drei Schritten: 4999

(1) Zunächst war zu prüfen, ob dem Grunde nach **begünstigungsfähiges Vermögen** vorliegt (nachstehend Rdn. 5005 ff.).
(2) sodann war dieses dem sog. »**Verwaltungsvermögenstest**« zu unterwerfen (nachstehend Rdn. 5048 ff.).
(3) und schließlich war – sofern das Verwaltungsvermögen nicht überwog (bzw. im ambitionierten Modell 10 % nicht überstieg) – das sog. »**junge Verwaltungsvermögen**«, das noch nicht mindestens 2 Jahre dem Betriebsvermögen zuzurechnen ist, auszunehmen, also normal zu versteuern (nachstehend Rdn. 5184 ff.).

Begünstigt waren – wie vor 2009 – Schenkungen sowie Erwerbe von Todes wegen (dies ergab sich bereits aus der Nennung der »Erblasser« und »Schenker« in § 13a Abs. 3 ErbStG 2009); Gleiches gilt für die Bemessung der Erbersatzsteuer bei Familienstiftungen, § 1 Abs. 1 Nr. 4 ErbStG (vgl. § 13a Abs. 11 ErbStG); für Letztere gilt allerdings der Entlastungsbetrag nach § 19a ErbStG nicht, da er nur Erwerbe durch natürliche Personen in den Steuerklassen II und III erfasst. 5000

Die Erbschaftsteuerreform ermöglicht bei Erbauseinandersetzungen bzw. Teilungsanordnungen eine zielgenauere Allokation der Vergünstigung beim tatsächlichen Betriebsinhaber (vgl. § 13a Abs. 5 ErbStG).

Die Rechtsgrundlagen für Übertragungs-/Vererbungsvorgänge, die zwischen dem 01.01.2009 und dem 30.06.2016 (jeweils einschließlich) i.S.d. § 9 Abs. 1 Satz 2 ErbStG vollzogen wurden, 5001

1114 Institut für Mittelstandsforschung, Bonn (2013): Unternehmensnachfolgen in Deutschland 2014 bis 2018 von Rosemarie Kay und Olga Suprinovič – Daten und Fakten Nr. 11; Statistisches Bundesamt (2016): Erbschaft- und Schenkungsteuerstatistik 2015.

werden nachstehend, wenn auch in geraffter Form, auch als Kontrast zur für Übertragungs-/Vererbungsvorgänge ab 01.07.2016 geltenden Neuregelung, weiterhin erläutert, zumal sie angesichts des bis zu siebenjährigen Nachverfolgungszeitraums (bei Anwendung der Optionsverschonung) noch **bis 2023 bedeutsam** bleiben können, und zudem viele noch nach »altem Recht« verwirklichte Vorgänge noch nicht veranlagt bzw. bis zu einer neuerlichen Übertragung im Zehnjahreszeitraum des § 14 ErbStG, Rdn. 5493 ff., zurückgestellt wurden.

b) *Rechtslage seit 01.07.2016:*

5002 Wie bereits in Rdn. 4369 ff. detaillierter erläutert, hatte die zur Umsetzung des BVerfG-Urteils vom Dezember 2014 (Rdn. 4356 ff.) verabschiedete Reform, die für alle ab dem 01.07.2016 verwirklichten Übertragungs-/Vererbungsvorgänge gilt, grundlegende Umstellungen zur Folge: Während § 13b Abs. 1 ErbStG a.F. noch vom »begünstigten Vermögen« sprach, bezeichnet § 13b Abs. 1 ErbStG n.F. nun den Ausgangspunkt als »begünstigungsfähiges Vermögen«. Inhaltlich ist der Kreis des erfassten Vermögens unverändert geblieben, dem Grunde nach ist also auch die sog. gewerblich geprägte GmbH & Co. KG, auch wenn sie lediglich Verwaltungsvermögen hält, zwar abstrakt begünstigungsfähig, jedoch – in Bezug auf das Verwaltungsvermögen – nicht begünstigt. Maßgeblich ist also nicht die ertragsteuerliche Bewertung (ertragsteuerliches Privat- bzw. Betriebsvermögen), sondern die Abgrenzung des verschonungswürdigen Vermögens nach inhaltlichen Kriterien.

5003 Der neue Verwaltungsvermögenstest (vgl. im Einzelnen Rdn. 5056 ff.) dient – anders als nach der bis 30.06.2016 geltenden Rechtslage – aufgrund der Verfassungswidrigkeit der »Alles-oder-nichts«-Grenze (von vormals 50 % bei der Regelverschonung bzw. 10 % bei der Optionsverschonung) nicht mehr lediglich der grundsätzlichen Ermittlung, ob die kritischen Grenzen von 10 % bzw. 50 % überschritten wurden (mit der »en passant« erfolgenden Herausnahme jungen Verwaltungsvermögens aus der Begünstigung), sondern der trennscharfen Separation begünstigungsfähigen Vermögens vom nicht begünstigungsfähigen Vermögen. Die Ermittlung der Verwaltungsvermögensquote erlaubt zugleich die Überprüfung, ob die nach neuem Recht geltenden kritischen Grenzen von 20 % (für die Anwendbarkeit der ambitionierten Optionsverschonung von 100 %) bzw. 90 % (für die Anwendbarkeit jeglicher Verschonung, auch der Regelverschonung) überschritten sind oder nicht. Anders als im bisherigen Recht erfolgt der Verwaltungsvermögenstest überwiegend auf der Grundlage eines Netto-Vergleichs, also unter teilweiser Minderung des Verwaltungsvermögens um Schulden (in im Einzelnen komplexer Weise, vgl. Rdn. 5176 ff.). Anstelle der bisherigen Stufenbetrachtung mit positiven und negativen Kaskadeneffekten in Konzernstrukturen wird nun konsolidiert »durchgerechnet«, § 13b Abs. 9 ErbStG, Rdn. 5147 ff.

5004 Sofern (Familien-)Gesellschaften 22 Jahre lang Entnahme-, Verfügungs- und Abfindungsbeschränkungen einhalten, können sie in den Genuss eines max. 30 %igen Wert-Vorweg-Abzugs gelangen, § 13a Abs. 9 ErbStG, vgl. Rdn. 5203 ff.

Neu ist ebenso das abweichende Verschonungsregime für »Großerwerbe« über 26 Mio. Euro begünstigten Vermögens hinaus: An die Stelle der im Übrigen weiterhin gewährten 85 %igen Freistellung (Regelverschonung, mit fünfjähriger Behaltensfrist) bzw. der gar 100 %igen Freistellung (Optionsverschonung mit siebenjähriger Behaltensfrist und verschärfter Lohnsummenkontrolle, wählbar nur bei einer Verwaltungsvermögensquote von weniger als 20 %) treten hier wahlweise das Abschmelzungsmodell des § 13c ErbStG (Rdn. 5260 ff.) oder die individuelle Verschonungsbedarfsprüfung gem. § 28a ErbStG mit Nachversteuerung bei Hinzuerwerb in den folgenden zehn Jahren (Rdn. 5268 ff.). Damit will der Gesetzgeber das verfassungsrechtliche Petitum einer nur mehr bedürfnisorientierten Verschonung bei Großbetrieben (im Unterschied zum klassischen Mittelstand, sog. KMU) umsetzen.

A. Schenkungsteuerrecht Kapitel 12

2. Begünstigtes Vermögen (§ 13b Abs. 1 ErbStG)

§ 13b Abs. 1 ErbStG definiert das begünstigte Betriebsvermögen ähnlich der bisherigen Gesetzeslage (§ 13a Abs. 4 ErbStG 2009), jedoch räumlich bezogen auf Belegenheiten (Nr. 1), Betriebsstätten (Nr. 2) bzw. Sitz (Nr. 3, also unabhängig von der Belegenheit) in allen Mitgliedsstaaten der EU (EU) oder des Europäischen Wirtschaftsraumes (EWR). 5005

Im Einzelnen handelt es sich um:

a) Land- und forstwirtschaftliches Vermögen (§ 13b Abs. 1 Nr. 1 ErbStG)

(Vgl. hierzu umfassend Rdn. 4674 ff.) 5006

b) Betriebsvermögen i.S.d. § 13b Abs. 1 Nr. 2 ErbStG (Betrieb, Teilbetrieb, Mitunternehmeranteil)

Begünstigt ist inländisches Betriebsvermögen i.S.d. §§ 95 bis 97 BewG, d.h. ertragsteuerliches Betriebsvermögen für freiberufliche oder gewerbliche Tätigkeit, sofern der ganze Betrieb (ohne Rückbehalt einzelner Wirtschaftsgüter: H E 13b.5 ErbStH!), ein Teilbetrieb, ein Mitunternehmeranteil, ein Komplementäranteil an der KGaA oder ein Anteil hieran erworben werden. Erfasst sind demnach auch Kommanditanteile an gewerblich tätigen, gewerblich infizierten (Rdn. 5748) und gewerblich geprägten (Rdn. 5750), im Handelsregister eingetragenen,[1115] Personengesellschaften, nicht jedoch an privatvermögensverwaltenden Personengesellschaften ohne gewerbliche Prägung,[1116] auch nicht, wenn diese z.B. ausreichende Anteile an einer Kapitalgesellschaft (Rdn. 5015 ff.) hält.[1117] Atypisch stille Beteiligungen und Unterbeteiligungen an tauglichen Personengesellschaften zählen ebenfalls dazu,[1118] und mittlerweile auch die bloße Treugeberstellung (gem. § 39 Abs. 2 Nr. 1 Satz 2 AO);[1119] nach früherer Verwaltungspraxis wurde sie nur als Übergang eines Herausgabeanspruchs behandelt (Rdn. 5885). Halten einzelne Gesellschafter ihre Beteiligung an einer vermögensverwaltenden Personengesellschaft im Betriebsvermögen (als »schwarze Gesellschafter« einer sog. Zebragesellschaft) könnte allenfalls die Übertragung dieses Anteils an einen anderen »schwarzen Gesellschafter« begünstigungsfähig sein.[1120] 5007

Auch der an einem Mitunternehmeranteil bestellte **Zuwendungsnießbrauch**, der seinerseits die Voraussetzungen einer Mitunternehmerschaft vermittelt (Rdn. 5795 ff. – also nicht der bloße Ertragsnießbrauch), ist begünstigungsfähig.[1121] Die Übertragung von Betriebsvermögen unter **Nießbrauchsvorbehalt** ist ihrerseits nur begünstigungsfähig, wenn das übertragene Vermögen weiterhin 5008

1115 BFH, 04.02.2009 – II R 41/07 ZEV 2009, 356 (m. abl. Anm. *Wachter*): gewerbliche Prägung sei wegen der Vollhaftung des Kommanditisten noch nicht eingetreten; erforderlich ist die Eintragung der GmbH und der KG. Ebenso BFH, 18.05.2011 – II R 10/10, GmbHR 2011, 1286.
1116 Erfasst das Lagefinanzamt irrtümlicherweise das Vermögen einer vermögensverwaltenden GbR als Betriebsvermögen, ist das Erbschaftsteuerfinanzamt daran nicht gebunden, FG Schleswig-Holstein, 03.03.2011 – 3 K 142/09, ErbStB 2011, 188 (n.rk., AZ BFH: II R 11/10).
1117 BFH, 18.09.2013 – II R 63/11 (NV), MittBayNot 2014, 564 m. Anm. *Ziegler*.
1118 R E 13b.5 Abs. 4 Satz 4 ErbStR 2011, BayLfSt v. 14.01.2013, EStB 2013, 95 und BayLfSt v. 07.03.2013, ZEV 2013, 228; schon zuvor FinMin Baden-Württemberg v. 09.04.2009 DB 2009, 878; ebenso FinMin Bayern v. 23.03.2009 DStR 2009, 908; vgl. bereits zur bisherigen Rechtslage Rn. 3986 der dritten Auflage dieses Werks. Für atypisch stille Beteiligungen im Unternehmensvermögen vgl. FinMin Baden-Württemberg, 02.11.2010 – 3 S 3806/51.
1119 Vgl. FinMin Baden-Württemberg v. 02.11.2010 – 3 S 3806/51, hierzu *Schmidt/Leyh*, NWB 2011, 1071; BayLfSt v. 14.01.2013, ZEV 2013, 228; vgl. ferner Rdn. 5885.
1120 So *Dorn*, ZEV 2013, 372 ff. (fraglich wegen § 10 Abs. 1 Satz 4 ErbStG).
1121 BFH, 01.09.2011 – II R 67/09, ZEV 2012, 51; zur Abstellung auf die ertragsteuerliche Sicht *Viskorf/Haag*, ZEV 2012, 24 ff. und *Eisele*, NWB 2012, 4151 ff.; *Esskandari*, ErbStB 2012, 306, 308. Dem ist die Finanzverwaltung gefolgt: gleichlautende Ländererlasse v. 02.11.2012, BStBl 2012 I 1101.

die Stellung eines Mitunternehmers (– initiative und -risiko) vermittelt, vgl. im Einzelnen Rdn. 1497 ff., 1504 ff.

5009 Neu ist die Hereinnahme entsprechenden Betriebsvermögens, das einer Betriebsstätte in einem EU- bzw. EWR-Mitgliedsstaat dient. Damit wird erfolgreich[1122] europarechtlichen Bedenken vorgebeugt,[1123] ohne dass diese gänzlich ausgeräumt wären. Begünstigungsfähig sind auch Beteiligungen an Personen- oder Kapitalgesellschaften in einem Drittstaat (außerhalb der EU/des EWR), die zum Betriebsvermögen eines inländischen/EU-/EWR- Einzelunternehmens oder Betriebsvermögens gehören (R E 13b.5 Abs. 4 Satz 4 ErbStR 2011), nicht jedoch unmittelbare Betriebsstätten in einem solchen Drittstaat (a.a.O. S. 2 und 3) – würden sie zum Betriebsvermögen einer inländischen oder mit Sitz und Ort der Geschäftsleitung in der EU/dem EWR beheimateten Kapitalgesellschaft gehören, wären sie dagegen begünstigungsfähig[1124] (Rdn. 5015). Insoweit sind also Kapital- gegenüber Personengesellschaften privilegiert.

5010 Überträgt der Schenker seinen gesamten Mitunternehmeranteil, behält jedoch **SBV** ganz oder teilweise zurück (oder vererbt der Erblasser das SBV ganz oder teilweise an andere Personen als den künftigen Inhaber des gesamthänderischen Personengesellschaftsanteils), findet ertragsteuerlich zwangsweise insoweit eine Überführung in das **Privatvermögen** statt. Sofern das SBV mindestens eine wesentliche Betriebsgrundlage beinhaltet, liegt gar die Aufgabe des gesamten Mitunternehmeranteils vor (vgl. Rdn. 5773), so dass dieser auch erbschaftsteuerlich insgesamt nicht mehr begünstigungsfähig ist.

5011 Liegen inländische oder **EU/EWR-ausländische**[1125] **Betriebsstätten** vor, kann dieses Vermögen auch einer Gesellschaft oder einem Betrieb außerhalb der EU/EWR gehören, d.h. der Sitz oder die Rechtsform des Unternehmens ist insoweit gleichgültig.

5012 Die **Einzelübertragung** von Gegenständen des Betriebsvermögens, auch des Sonderbetriebsvermögens,[1126] ist ohnehin nicht begünstigungsfähig (R E 13b.5 Abs. 3 Satz 9 ErbStR 2011), ebenso wenig die Abtretung eines Gesellschafterdarlehens bzw. die Übertragung eines »variablen Kapitalkontos« an einer Personengesellschaft[1127] oder die Überlassung zur Ausübung eines Nießbrauchs an einem Gesellschaftsanteil.[1128] Unschädlich dürfte jedoch – ebenfalls wie bisher – sein, das SBV über- oder unterquotal (§ 6 Abs. 3 Satz 2 EStG, vgl. Rdn. 6008) zu übertragen oder es insgesamt zurückzubehalten, wenn noch ein Teilgesellschaftsanteil beim Inhaber des SBV verbleibt,

---

1122 EuGH, 19.07.2012, C-31/11 ZEV 2012, 618 m. Anm. *Wachter* (»Marianne Scheunemann/FA Bremerhaven«) zu einer Kapitalgesellschaft mit Sitz und Geschäftsleitung in Kanada, auf Vorlagebeschluss des BFH, 15.12.2010 – II R 63/09, BStBl 2011 II, 221 an den EuGH, vgl. *Scheller/Bader,* ZEV 2011, 112.
1123 Vgl. EuGH, 17.01.2008, C-256/06; Jäger, DStRE 2008, 174 (Verstoß der bis Ende 2008 geltenden Begünstigungsbeschränkung auf inländisches land- und forstwirtschaftliches Vermögen gegen das Gemeinschaftsrecht); hierzu OFD Karlsruhe v. 16.07.2008, DB 2008, 1660, und FinMin Baden-Württemberg, Erlass v. 16.07.1 – 3 – S 3831/4, DStR 2008, 1537 – Bewertung nach den für inländisches Betriebsvermögen anwendbaren Vorschriften.
1124 Kritisch daher *Felten*, ZEV 2012, 84, 85.
1125 In diesem Kontext wird maßgeblich werden, ob Großbritannien nach dem »Brexit« Mitglied im EWR bleibt (»Norwegisches Modell«) oder aber nur individuelle Abkommen verhandelt (»Schweizer Modell«), vgl. *Riegeler/Vosseler,* ZEV 2016, 473 ff. sowie *Bron,* ErbStB 2016, 177 ff.
1126 FG München, 30.05.2012 – 4 K 2398/09, ErbStB 2012, 324. Anders liegt es nur bei der disquotalen Übertragung des SBV im Zusammenhang mit der Übertragung einer Gesellschaftsbeteiligung, R E 13b.5 Abs. 3 Satz 5 und 6 ErbStR 2011.
1127 FG München, 22.10.2010 – 4 K 1790/10, ErbStB 2011, 68 (Zurückweisung der Nichtzulassungsbeschwerde durch BFH II B 157/10); vgl. *Geck/Messner,* ZEV 2011, 246 und OFD Frankfurt/Main, 14.11.2011, S 3812a A-22-St 119, ZEV 2012, 287.
1128 FG Düsseldorf, 28.10.2009 – 4 K 169/09 Erb, BeckRS 2009, 26028160.

A. Schenkungsteuerrecht

so dass es weiterhin zum steuerlichen Betriebsvermögen dieser Personengesellschaft zählt (so auch die Finanzverwaltung: R E 13b.5 Abs. 3 Satz 5, 6 ErbStR 2011).[1129]

Die strenge untergerichtliche Finanzrechtsprechung[1130] sieht das Gebot der gleichzeitigen Übertragung von Kommanditanteil und Sonderbetriebsvermögen (Grundstück) schon dann als verletzt, wenn – wie zur Vermeidung des Wiederauflebens der Kommanditistenhaftung gem. § 176 HGB üblich (vgl. Rdn. 2251) – die dingliche Wirkung der Übertragung des Kommanditanteils unter der aufschiebenden Bedingung der Eintragung des Übernehmers als Sonderrechtsnachfolger im Handelsregister steht, selbst wenn der Veräußerer ab sofort den Kommanditanteil treuhänderisch für den Erwerber halten soll. Um den Folgen dieser strengen Rechtsprechung (nämlich der Aberkennung der Betriebsvermögensbegünstigung für die Grundstücksschenkung) vorzubeugen, sollte daher die (naturgemäß unbedingt erklärte) Auflassung des Sonderbetriebsvermögens-Grundstücks aufgrund Anweisung an den Notar erst (dann jedoch unverzüglich) nach der Eintragung der Sonderrechtsnachfolge bezüglich des Kommanditanteils im Handelsregister zum Vollzug vorgelegt werden. Nach richtiger Auffassung ist es aber auch umgekehrt möglich, den Ausführungszeitpunkt i.S.d. § 9 ErbStG sowohl für die Grundstücks- wie auch für die Kommanditanteilsübertragung einheitlich auf das Datum der Beurkundung zu legen, etwa durch folgende Formulierung:[1131]

▶ **Formulierungsvorschlag:** Übertragung von Kommanditanteil und Grundbesitz im Sonderbetriebsvermögen mit gleichzeitiger (sofortiger) schenkungsteuerlicher Wirkung

Die Abtretung des Kommanditanteils steht dinglich unter der aufschiebenden Bedingung der Eintragung des Erwerbers im Weg der Sonderrechtsnachfolge im Handelsregister, zur Vermeidung der sonst aus § 176 HGB drohenden Haftungsgefahren. Die Zuwendung wird jedoch wirtschaftlich, ertragsteuerlich und schenkungsteuerrechtlich sofort ausgeführt, indem Veräußerer und Erwerber ab sofort darüber einig sind, dass der Veräußerer den zugewendeten Kommanditanteil treuhänderisch für den Erwerber hält, bis die aufschiebende Bedingung eingetreten ist. Alle Gesellschaftsrechte aus dem zugewendeten Kommanditanteil stehen daher ab sofort dem Erwerber zu, so dass er die Stellung eines Mitunternehmers erhält. Der Anteil an der Komplementär-GmbH wird ebenfalls mit sofortiger schuldrechtlicher und dinglicher Wirkung überlassen und abgetreten. Das im Sonderbetriebsvermögen stehende Grundstück wird an den Erwerber hiermit aufgelassen, der Vollzug der Eigentumsumschreibung wird bewilligt und beantragt, der Notar ist angewiesen, die Urkunde sofort beim Grundbuchamt zum Vollzug einzureichen. Der Übergang von Besitz, Nutzungen und Lasten findet auch insoweit sofort statt.

Werden Beteiligungen an in- oder ausländischen Kapitalgesellschaften in einem Betriebsvermögen oder SBV einer inländischen oder EU/EWR-ausländischen Betriebsstätte gehalten, zählen sie ebenfalls zum begünstigungsfähigen Vermögen (auf den Sitz oder die Geschäftsleitung oder die Belegenheit des Vermögens der Kapitalgesellschaft kommt es insoweit nicht an, auch nicht auf die Beteiligungsquote – anders bei der unmittelbaren Übertragung von Kapitalgesellschaftsanteilen gem. § 13b Abs. 1 Nr. 3 ErbStG: 25 %!).

Demzufolge unterliegt die Übertragung der Beteiligung an der Komplementär-GmbH (SBV der GmbH & Co. KG) sowie der Beteiligung an einer Betriebs-GmbH im Rahmen einer Betriebsaufspaltung (SBV des Besitzunternehmens) allein § 13b Abs. 1 Nr. 2, nicht den verschärften Anforderungen des § 13b Abs. 1 Nr. 3 ErbStG.

1129 Vgl. *Wälzholz*, NWB 2012, 3719, 3721 (ebenso wie im Rahmen des § 6 Abs. 3 EStG, hierzu *Levedag* GmbHR 2010, 855, 856).
1130 FG Köln, 29.06.2017 – 7 K 1654/16, ZEV 2017, 535, m. abl. Anm. *Wälzholz*.
1131 Im Anschluss an *Wälzholz*, ZEV 2017, 539, entgegen des Iudikats des FG Köln aus vorangehender Fußnote.

c) Kapitalgesellschaftsanteil (§ 13b Abs. 1 Nr. 3 ErbStG)

aa) Grundsatz

5015 Begünstigungsfähig sind weiter (im Privatvermögen gehaltene) unmittelbare Beteiligungen an Kapitalgesellschaften, allerdings nur wenn Letztere z.Zt. der Steuerentstehung **Sitz oder Geschäftsleitung** im Inland oder (Neuregelung!) im EU- bzw. EWR-Ausland haben.[1132] Da lediglich auf Sitz oder Geschäftsleitung abgestellt wird, kann sich das Vermögen der Kapitalgesellschaft auch (sogar überwiegend) in Drittstaaten befinden,[1133] ebenso können Tochter- oder Enkelgesellschaften in solchen Drittstaaten sein (vgl. im Einzelnen R E 13a.4 Abs. 6 und 7 ErbStR 2011 sowie H E 13b.6 ErbStH). Demnach kann die Zwischenschaltung einer inländischen oder EU/EWR-ausländischen Kapitalgesellschaft als Gestaltungsmittel in Betracht kommen.

5016 Voraussetzung ist allerdings weiter, dass der Erblasser bzw. Schenker zu **mehr als 25 %** an dem Kapital dieser Gesellschaft **unmittelbar** beteiligt ist. Diese dient als »Indiz« dafür, dass der Anteilseigner unternehmerisch in die Gesellschaft eingebunden ist und nicht nur als Kapitalanleger auftritt. Die Beteiligungshöhe ermittelt sich, wie bisher, nur anhand der unmittelbaren Quote, wobei eigene Anteile der Gesellschaft (entgegen der bisherigen Auffassung: R 53 Abs. 2 Satz 1 u. 2 ErbStR) aufgrund R E 13b.6 Abs. 2 Satz 2 ErbStR 2011 herausgerechnet werden, also die maßgebliche relative Beteiligungsquote des Gesellschafters erhöhen. **Nicht** zählen jedoch (R E 13b.6 Abs. 2 Satz 2 ErbStR 2011, wie im bisherigen Recht: R 53 Abs. 2 Satz 3 ErbStR) **mittelbare** Beteiligungen,[1134] ebenso wenig stille Beteiligungen oder Unterbeteiligungen an einer Kapitalgesellschaft[1135] bzw. treuhänderisch gehaltene Anteile, bezüglich welcher der Herausgabeanspruch abgetreten wird;[1136] auch eine Zusammenrechnung mit im Betriebs- oder Sonderbetriebsvermögen gehaltenen Beteiligungen findet nicht statt.[1137] Wird die Quote nicht erreicht und will der Gesellschafter die mit einer Poolvereinbarung (Rdn. 5018 ff.) als zweitbester Lösung[1138] verbundenen Restriktionen vermeiden, kann er die Anteile in eine – aber nur gewerblich tätige, infizierte oder zumindest geprägte!, Rdn. 5007 – Personengesellschaft einlegen und sodann Anteile an dieser (§ 13b Abs. 1 Nr. 2 ErbStG) übertragen.[1139]

Die mittelbare Zuwendung von Kapitalgesellschaftsanteilen ist damit (da der Schenker nicht unmittelbar beteiligt war) ebenfalls nicht privilegierungsfähig.

5017 Unerheblich ist, in welcher Höhe tatsächlich Anteile an den Erwerber übertragen werden (auch die Abtretung/Vererbung von 1 % der Anteile ist bspw. grds. begünstigt, sofern der Veräußerer/Erblasser zum Stichtag mehr als 25 % der Anteile hatte). Anteile an einer **Vor-GmbH** sind[1140]

1132 Diese Differenzierung (Ausschluss von Anteilen an Kapitalgesellschaften mit Sitz oder Geschäftsleitung in Drittstaaten) ist europarechtskonform, EuGH, 19.07.2012, C-31/11 ZEV 2012, 618 m. Anm. *Wachter* (»Marianne Scheunemann/FA Bremerhaven«).
1133 Vgl. zu dieser Besserstellung gegenüber Einzelunternehmen und Personengesellschaften *Bockhoff,* ZEV 2017, 187.
1134 Z.B. Anteile, die über eine zwischengeschaltete vermögensverwaltende (!) GmbH & Co KG gehalten werden, BFH, 11.06.2013 – II R 4/12 ZEV 2013, 464; hierzu *Geck,* ZEV 2013, 601 ff.; ebenso bei einer vermögensverwaltenden KG: BFH, 18.09.2013 – II R 63/11 (NV) MittBayNot 2014, 559 m. Anm. *Ziegler*; vgl. *Viskorf,* in: DAI, 11. Jahresarbeitstagung des Notariats, 2013, Skript S. 546 ff., ungeachtet der Wertungen der §§ 10 Abs. 1 Satz 1 ErbStG sowie § 39 Abs. 2 Nr. 2 AO; kritisch hiergegen *Daragan,* ZErb 2013, 319 ff. sowie *Milatz/John,* ErbStB 2016, 371 ff.
1135 Abschnitt 21 Abs. 2 Satz 3 ErbSt-Erlass v. 25.06.2009, BStBl. 2009 I, S. 713, ebenso zuvor R 53 Abs. 2 Satz 3 ErbStR 2003.
1136 Anders als im Rahmen der Ertragsteuer gilt der Treugeber insoweit nicht als Gesellschafter.
1137 Vgl. *Hannes/Onderka,* ZEV 2008, 16, 19.
1138 *Wartenburger,* MittBayNot 2011, 197, 199.
1139 Abschnitt 20 Abs. 1 Satz 3, Abs. 3 Satz 4 ErbSt-Erlass v. 25.06.2009, BStBl. 2009 I, S. 713 ff.; *Ihle,* notar 2010, 63.
1140 Nach BFH, 18.05.2011 – II R 10/10, GmbHR 2011, 1286.

A. Schenkungsteuerrecht

nur dann begünstigungsfähig, wenn zur Zeit der Steuerentstehung das Stammkapital bereits eingezahlt war.

bb) Insb.: Poolvereinbarung

Die Mindestbeteiligung von 25 % kann gem. § 13b Abs. 1 Nr. 3 Satz 2 ErbStG auch durch eine **Poolung** erreicht werden.[1141] Dadurch sollen auch Splitteranteile an (i.d.R. familiengeführten) Kapitalgesellschaften von den Begünstigungen der §§ 13a und 13b ErbStG profitieren können. Die Poolregelung gilt stets, wenn in Privatvermögen gehaltene Anteile übertragen werden, die an sich die Mindestbeteiligungsquote von 25 % nicht erreichen. (Solche Anteile des Privatvermögens können auch vorliegen, wenn sie sich im SBV befanden, jedoch ohne den Anteil am Gesamthandsvermögen übertragen werden und damit in das Privatvermögen entnommen sind.) Mittelbar gehaltene Anteile (z.B. solche, die über eine vermögensverwaltende GbR gehalten sind) können nicht in den Pool einbezogen werden.[1142]

5018

In gleicher Weise stellt § 13b Abs. 4 Nr. 2 Satz 2 ErbStG (Rdn. 5109 ff.) auf diese Pool-Vereinbarung ab zur Prüfung, ob es sich um (schädliches) Verwaltungsvermögen handelt oder nicht (letzteres ist nur der Fall, wenn durch eine »Poolung« die unmittelbare Beteiligungsquote von mindestens 25 % überschritten ist, wobei es hier nicht darauf ankommt, ob die Anteile im Privat- oder im Betriebsvermögen gehalten werden).

5019

▶ Hinweis:

Ein solcher Pool-Vertrag ist sofort zu schließen, um insb. für den unerwarteten Erbfall vorbereitet zu sein. Ein zeitlicher Vorlauf vor dem Stichtag der Entstehung der Schenkung-/Erbschaftsteuer (Rdn. 4544 ff.) ist nicht erforderlich.[1143] Der ErbSt-Erlass verlangt für den Abschluss (allerdings ohne Anknüpfung im Gesetz[1144]) die Schriftform.[1145] Das Recht der Kündigung aus wichtigem Grund (§ 723 Abs. 3 BGB) kann zwar nicht ausgeschlossen werden, wegen der Gefahr einer Nachversteuerung bei vorzeitiger Beendigung (Rdn. 5331 ff.) sollte jedoch das ordentliche Kündigungsrecht auf die Dauer von 5 bzw. (bei der ambitionierten Variante) 7[1146] Jahren nach dem Eintritt eines Umstandes, bei dem §§ 13a, 13b, 19a ErbStG aufgrund der Poolabrede zur Anwendung gelangt sind,[1147] ausgeschlossen sein bzw. erst nach dieser Zeitphase jeder Gesellschafter das Recht haben, die Aufhebung der (ja nicht um ihrer selbst willen gewollten) Bindungen zu verlangen.

5020

R E 13b.6 ErbStR 2011 stellen es dem Steuerpflichtigen frei, ob die Poolregelung als Satzungsbestandteil oder in gesonderter gesellschaftsvertraglicher Abrede (BGB-Innengesellschaft) getroffen wird. Im Poolvertrag sollte **auf keinen Fall Gesamthandsvermögen** gebildet werden, da nach dem eindeutigen Gesetzeswortlaut[1148] nur unmittelbare Beteiligungen an Kapitalgesellschaften begünstigt sind. Dies gilt auch für Anteile, die über eine nur vermögensverwaltend tätige Gesell-

5021

1141 Allg. zu Gesellschaftervereinbarungen (Stimmbindungs- und Poolvereinbarungen) *Wachter*, ErbR 2016, 115 ff. (in zivilrechtlicher Hinsicht) und ErbR 2016, 174 ff. (in steuerrechtlicher Hinsicht).
1142 Wie bisher: R 53 Abs. 2 Satz 3 ErbStR; vgl. *von Oertzen*, Ubg 2008, 59, 61.
1143 Allerdings genügt es nicht, dass die Poolabrede erst beim Erwerber wirksam wird.
1144 Worauf FG Hessen, 28.02.2014 – 1 V 210/14, ErbStB 2014, 217 hinweist.
1145 R E 13b.6 Abs. 6 ErbStR 2011.
1146 Ursprünglich: 7 bzw. 10 Jahre; durch das Wachstumsbeschleunigungsgesetz mit Rückwirkung ab 2009 verkürzt (§ 37 Abs. 3 Satz 1 ErbStG).
1147 Nicht nur aufgrund des Schenkungsvorgangs, für den die Poolabrede geschlossen wurde (es können während dieser Überwachungsperiode z.B. Sterbefälle eintreten, die eine neuerliche Frist in Gang setzen).
1148 Aufweichend BayLfSt v. 10.01.2011, S 3812.b.1.1–1 St 34, DStR 2011, 413: es genüge, wenn ein Teil der Anteile unmittelbar durch die Personengesellschaft im Gesamthandsvermögen, ein weiterer Teil unmittelbar durch einen oder mehrere Gesellschafter im Sonderbetriebsvermögen gehalten werde

schaft gehalten werden, trotz der Transparenzregelung in § 10 Abs. 1 Satz 4 ErbStG, so jedenfalls die Verwaltungsauffassung in R E 13b.6 Abs. 2 Satz 3 ErbStR 2011 (ebenso zuvor R 53 Abs. 2 Satz 3 ErbStR 2003)[1149] und der BFH.[1150] Demnach empfiehlt sich die Klarstellung: »Die Aktien/Gesellschaftsanteile verbleiben im alleinigen Eigentum der Pool-Mitglieder, Gesamthandseigentum wird also nicht gebildet.«

5022 Die Verpflichtungen können bei der GmbH und der AG schuldrechtlich im Rahmen eines gesonderten Pool-Vertrags getroffen sein (der bei der GmbH gem. § 15 Abs. 3 GmbHG notarieller Beurkundung bedarf[1151]), bei der GmbH (nicht jedoch der AG: Satzungsstrenge, § 23 Abs. 5 AktG) auch als Bestandteil in die Satzung aufgenommen werden.

Die Anforderungen an die Pool-Vereinbarung sind im Einzelnen – trotz zwischenzeitlicher Konkretisierung durch die Finanzverwaltung[1152] oder Klärung durch die Rechtsprechung – in vielerlei Hinsicht unklar:[1153]

(1) Verfügungsbeschränkung

5023 Durch die Pool-Vereinbarung[1154] müssen der Erblasser/Schenker, einerseits, und die weiteren, dem Pool angehörigen Mitgesellschafter, andererseits, untereinander verpflichtet sein, über die Anteile nur einheitlich zu verfügen oder diese ausschließlich auf andere derselben Verpflichtung unterliegende Anteilseigner zu übertragen (»**Verfügungsbeschränkung**«).

5024 Das Element der **Verpflichtung** ist stets notwendig, selbst dann, wenn ein Gesellschafter die andere (100-%ige, ihm gehörende GmbH oder KG) beherrscht. Eindeutig kann diese geschaffen werden durch Regelung im Gesellschaftsvertrag (Rdn. 5043) oder durch eine gesonderte schuldrechtliche Vereinbarung (die nicht über das Handelsregister publik werden soll). Fraglich ist jedoch, ob z.B. durch einseitige Anordnung einer Testamentsvollstreckung über den an mehrere Miterben vererbten Anteil eine identische »Verpflichtung untereinander« erreicht werden kann. Gegen Letzteres spricht, dass durch Veräußerung des Erbteils, die dem Erben trotz Vollstreckung stets möglich bleibt, eine jederzeitige Lösung aus den Beschränkungen erreicht werden könnte.

5025 Die **erste Alternative** der Verfügungsbeschränkung zielt auf eine »einheitliche Verfügung« ab. Vom Begriff der »Verfügung« (Übergang des wirtschaftlichen Eigentums) erfasst ist sowohl die entgeltliche wie auch die unentgeltliche Abtretung von Gesellschaftsanteilen unter Lebenden (in der, 1b Alt.) als Hauptanwendungsfall, wenn auch pars pro toto,[1155] genannt), ebenso die Bestellung eines Nießbrauchs[1156] – aber nur sofern der Nießbraucher auch die Stimmrechte ausübt –

---

und zwischen der Personengesellschaft und den betreffenden Gesellschaftern eine entsprechende Poolvereinbarung besteht.

1149 *Geck*, DNotZ 2012, 329, 341. Alternativ könnten die Anteile (zur Vermeidung ertragsteuerlicher Belastung im Wege der verdeckten Einlage) in das Gesamthandsvermögen einer GmbH & Co KG eingelegt werden, so dass es sich um begünstigtes Vermögen handelt, wenn die GmbH & Co KG mehr als 25 % der Anteile an der Kapitalgesellschaft hält, § 13b Abs. 1 Nr. 2, Abs. 2 ErbStG.

1150 BFH, 11.06.2013 – II R 4/12, ZEV 2013, 464 (noch zur Vorgängernorm: § 13a Abs. 4 Nr. 3 ErbStG a.F.); vgl. *Ihle*, notar 2014, 48, 53.

1151 Vgl. *Stahl/Fuhrmann*, KÖSDI 2008, 16056, 16066.

1152 Klärungen brachten die gleichlautenden Erlasse v. 29.10.2010 BStBl. 2010 I 1210 ff. = ZEV 2010, 658 m. Anm. *Hannes/Onderka/von Oertzen* sowie die Verfügung des BayLfSt v. 11.08.2011, S 3812b.1.1–1 St 34, ZEV 2010, 659; hierzu *Weber/Schwind*, DStR 2011, 13 ff. und *Felten*, ZEV 2010, 627 ff., ferner die Verfügung des BayLfSt v. 11.08.2011, S 3812b.1.1 – 1 St 34, ZEV 2012, 64.

1153 Vgl. *Weber/Schwind*, ZEV 2009, 16 ff. sowie *Groß*, ErbStB 2009, 396 ff. und 2010, 24 ff.; *Groß*, ErbStB 2014, 284 ff. und 2014, 305 ff. (mit Formulierungsvorschlägen).

1154 Hierzu *Schwind/Schmidt*, NWB 2009, 614 ff., *Wälzholz*, MittBayNot 2013, 281 ff.; *Wachter*, ErbR 2016, 114 ff. (Zivilrecht) und ErbR 2016, 174 ff. (Erbschaftsteuerrecht).

1155 *Wehage*, ErbStB 2009, 148, 149.

1156 A.A. *Wachter*, ErbR 2016, 174, 177.

oder die Verpfändung – jedoch erst im Zeitpunkt der Verwertung. Die Einräumung einer atypischen Unterbeteiligung dürfte ebenfalls dazu zählen, da sie dem Unterbeteiligten mittelbar Verwaltungsrechte und hierdurch wirtschaftliches Eigentum i.S.d. § 39 Abs. 2 Nr. 1 AO verschafft,[1157] anderes wird jedoch bei einer typischen Unterbeteiligung (lediglich schuldrechtlicher Anspruch auf Teilhabe am Jahresergebnis) gelten. Der Erwerb von Todes wegen stellt als gesetzlicher Eigentumserwerb keine Verfügung dar; eine Verpflichtung zur einheitlichen Gestaltung letztwilliger Verfügungen wäre wegen § 2302 BGB ohnehin nichtig.[1158]

Offen ist die Bedeutung des Merkmals der **Einheitlichkeit** der Verfügung. Die gesetzliche Anforderung könnte (1) i.S.e. zeitlichen Miteinanders, also einer gleichzeitigen Verfügung aller Gesellschafter, zu verstehen sein; sie könnte (2) weiter so auszulegen sein, dass die Einheitlichkeit nur über ein gemeinschaftliches Halten in GbR erfüllt werden könne – was allerdings kontraproduktiv wäre, da es dann – trotz der steuerlichen Transparenz nach § 39 Abs. 2 Nr. 2 AO – an der unmittelbaren Beteiligung an einer Kapitalgesellschaft fehlt, R E 13b.6 Abs. 2 Satz 3 ErbStR 2011;[1159] die Einheitlichkeit könnte (3) ferner so verstanden werden, dass sie personell auszulegen ist, also nur an einen Erwerber oder eine Erwerbergruppe erfolgen könne; schließlich (4) kann sie sich auf das Übertragungsobjekt beziehen, also fordern, dass die Übertragung stets in quotenentsprechendem Umfang erfolgen müsse. 5026

Für vorstehende enge Auslegung könnte sprechen, dass die **zweite Alternative** (»Übertragung auf andere derselben Verpflichtung unterliegende Anteilseigner«) sonst keinen eigenen Anwendungsbereich mehr behielte. Legt man die Gesetzesbegründung zugrunde, der die bisherigen Stellungnahmen in der Literatur[1160] und der Finanzverwaltung[1161] folgen, ist jedoch lediglich die Existenz einheitlicher Regularien in Bezug auf Verfügungen zu fordern. Es müssen also **einheitliche Grundsätze**[1162] gelten. Zugrunde zu legen ist also ein weiter Begriff der »einheitlichen Verfügung«, der sicherstellen soll, dass der Einfluss der Familie erhalten bleibt. Demnach würde es genügen, dass Verfügungen über Geschäftsanteile nur mit Genehmigung der Pool-Versammlung (die auch aufgrund Mehrheitsentscheidung[1163] gefasst werden könnte) möglich sind, es sei denn die Übertragung erfolgt an andere Pool-Mitglieder oder an Abkömmlinge des verfügenden Gesellschafters (ggf. auch an den Ehegatten des Gesellschafters). Dasselbe Ergebnis könnte auch durch eine »Erlaubnis mit Verbotsvorbehalt«, also das Veto-Recht eines Gesellschafters (Sprecher der Familienversammlung) erreicht werden. 5027

Die bloße Aufnahme von Vorerwerbsrechten bzw. Vorkaufsrechten sowie die für alle Gesellschafter geltende (z.B. qualifizierte) Nachfolgeklausel[1164] sichert jedoch keine gleichzeitige Verfügung, auch nicht i.S.d. erweiterten Interpretation. Möglicherweise genügt also (in Anlehnung an das 5028

1157 Vgl. BFH, 18.05.2005 – VIII R 34/01, BStBl. 2005 II, S. 857; zum Ganzen *Felten*, ZEV 2010, 627, 628.
1158 § 13b Abs. 1 Nr. 3 ErbStG bezieht sich daher zutreffenderweise nur auf Verfügungen unter Lebenden, vgl. *Wachter*, ErbR 2016, 174, 177; *Leitzen*, ZEV 2010, 401 ff., auch zur abweichenden Auffassung; vgl. auch *Kramer*, GmbHR 2011, 1023, 1025, der aus Vorsicht Regulierungen zur beschränkten Vererblichkeit der Poolbeteiligung selbst [z.B. einfache Nachfolgeklausel mit Kündigungsmöglichkeit bei Vererbung an andere als Ehegatten oder Abkömmlinge] vorschlägt, verbunden mit einem Ankaufsrecht der anderen Poolmitglieder hinsichtlich der Kapitalgesellschaftsanteile selbst bei Ausübung des Hinauskündigungsrechts.
1159 Krit. zu dieser Verwaltungsauffassung *Götz*, NWB Fach 10, S. 1353; *Weber/Schwind*, ZEV 2009, 18.
1160 Vgl. etwa *Hannes/Onderka*, ZEV 2008, 17, 20; *von Oertzen*, Ubg 2008, 57, 62; *Weber/Schwind*, ZEV 2009, 18.
1161 Gleichlautende Erlasse v. 29.10.2010, ZEV 2010, 658, Abschnitt 5.
1162 *Wachter*, in: Fischer/Jüptner/Pahlke § 13b ErbStG Rn. 77 m.w.N; BayLfSt v. 11.08.2011, S 3812b.1.1-1 St 34, ZEV 2012, 64.
1163 Es genügt die Mehrheit der Stimmen, ggf. auch nur innerhalb des betroffenen Familienstammes, *Geck*, DNotZ 2012, 329, 341; *Wälzholz*, MittBayNot 2013, 281, 283.
1164 *Wehage*, ErbStB 2009, 148, 152.

Gesetz) die Formulierung: »Die Pool-Mitglieder sind untereinander verpflichtet, über die Anteile nur einheitlich zu verfügen.«

5029 Die **zweite Alternative** der Verfügungsbeschränkung, nämlich die Verpflichtung zur Übertragung an andere derselben Verpflichtung unterliegende Anteilseigner, setzt dem Wortlaut nach voraus, dass der Erwerber bereits Pool-Mitglied ist, so dass er zunächst aufzunehmen wäre (noch ohne dass ihm ein Gesellschaftsanteil zustünde, bzgl. dessen die Bindung tatsächlich einzuhalten wäre) und sodann erst die Anteile erwerben dürfte. Sinnvoller wäre allerdings, es (mit der Finanzverwaltung)[1165] genügen zu lassen, dass der Erwerber etwa auf gesellschaftsvertraglicher Basis unmittelbar in die bestehende Regelung zur Verfügungsbeschränkung eintritt,[1166] bzw. eine satzungsmäßige Vinkulierungsklausel für alle Rechtsgeschäfte, die auf die Übertragung des wirtschaftlichen Eigentums gerichtet sind, wobei die Zustimmung nur für den Fall des Eintritts in den Pool erteilt werden darf (R E 13b.6. Abs. 4 ErbStR 2011).

5030 Hierzu[1167] folgender

▶ **Formulierungsvorschlag: Gebot einheitlicher Verfügung/Vererbung beim Poolvertrag**

Eine Übertragung von Geschäftsanteilen auf Dritte, einschließlich der Einräumung von atypischen Unterbeteiligungen an Dritte, die nicht Poolmitglieder oder Abkömmlinge (bzw. Ehegatten/eingetragene Lebenspartner) eines Poolmitglieds sind, ist nur zulässig, wenn die Poolversammlung mit einfacher Mehrheit der Stimmen zustimmt. Von Todes wegen dürfen gebundene Geschäftsanteile ganz oder teilweise ausschließlich auf Personen übergehen, welche selbst Poolmitglieder oder Abkömmlinge eines Poolmitglieds sind (fortsetzungsberechtigte Personen). Nicht fortsetzungsberechtigte Personen sind verpflichtet, die erworbenen Geschäftsanteile an den/die von der Poolversammlung benannten fortsetzungsberechtigten Person(en) oder die Gesellschaft selbst gegen Entgelt in Höhe der im Gesellschaftsvertrag der Gesellschaft festgelegten Abfindung abzutreten, es sei denn, die Poolversammlung stimmt deren Verbleib in der Gesellschaft mit einfacher Mehrheit sämtlicher Stimmen der Poolmitglieder zu. Die nicht fortsetzungsberechtigten Personen haben bei dieser Beschlussfassung keine Stimme.

(2) Einheitliche Stimmrechtsausübung

5031 Auch in Bezug auf die daneben notwendige zweite Voraussetzung der »einheitlichen Stimmrechtsausübung« ist der Umfang der »Einheitlichkeit« unklar. Die Gesetzesbegründung stellt lediglich darauf ab, dass die Einflussnahme einzelner Anteilseigner zum Zweck einer einheitlichen Willensbildung zurücktreten muss, so dass auch die Bestimmung eines gemeinsamen Sprechers, die Installation eines Aufsichts- oder Leitungsgremiums, ein reiner Stimmrechtsbindungsvertrag im Innenverhältnis einer Innen-GbR, oder der Stimmrechtsverzicht einzelner Anteilseigner ausreichend sind. Ein ähnliches Ergebnis könnte auch durch gesellschaftsvertragliche Mehrstimmrechte für den Sprecher der Familie erreicht werden. Nicht notwendig ist jedoch, dass die Einflussnahme auf die Gesellschaft ausschließlich durch Pool-Mitglieder erfolgt. Die Einflussnahme familienexterner Personen ist ebenfalls nicht von vornherein schädlich. Bei der Installation eines Leitungsgremiums wird jedoch verlangt werden müssen, dass die Gesellschafterversammlung zumindest alle wesentlichen Entscheidungen auf das Gremium übertragen hat, Letzteres also nicht nur beratende oder überwachende Funktion hat.

5032 Auch stimmrechtslose Anteile (was bei der AG gesetzlich in § 12 Abs. 1 Satz 2 AktG für Vorzugsaktien vorgesehen ist und auch bei der GmbH möglich ist) würden daher die einheitliche Stimmrechtsausübung gewährleisten, wenn zumindest ein Anteil noch Stimmrechte vermittelt. R E

1165 Gemeinsame Erlasse v. 29.10.2010, ZEV 2010, 658, Abschnitt 21 Abs. 4 Satz 5 AEErbSt; BayLfSt v. 11.08.2011, S 3812b.1.1- 1 St 34, ZEV 2012, 64.
1166 *Hannes/Onderka*, ZEV 2008, 17, 20; *Weber/Schwind*, ZEV 2009, 16, 20.
1167 Im Anschluss an *Weber/Schwind*, DStR 2011, 13 ff.

13b.6 Abs. 5 Satz 1 ErbStR 2011[1168] schließt jedoch überraschenderweise stimmrechtslose Anteile von der Poolvereinbarung aus, d.h. der Pool muss mindestens 25 % der mit Stimmrecht ausgestatteten Anteile am Nennwert der Gesellschaft halten. Diese Einschränkung ist[1169] (1) weder im Wortlaut noch in der Gesetzesbegründung angelegt, (2) widerspricht dem Umstand, dass stimmrechtslose Anteile nach der Grundnorm des § 13b Abs. 1 Nr. 3 Satz 1 ErbStG begünstigungsfähig sind, (3) führt zu Problemen bei stimmrechtslosen Vorzugsaktien gem. § 140 AktG, entspricht aber der Zählweise bei den Sperrminoritäten für satzungsändernde Beschlüsse in § 179 Abs. 2 Satz 1 AktG und § 53 Abs. 2 GmbHG.[1170]

Bei der Beurteilung der Mindestbeteiligung i.S.d. § 13b Abs. 1 Nr. 3 Satz 1 ErbStG kommt es hingegen nicht auf die Stimmrechte, die mit den Anteilen verbunden sind, an, so dass auch stimmrechtslose Anteile begünstigungsfähig sind, sofern nur in der Summe der unmittelbar gehaltenen Anteile (gleich ob stimmberechtigt oder nicht) mindestens 25 % erreicht werden.[1171] Wird diese Quote überschritten, ist es gleichgültig, dass/ob die betroffenen Anteile zugleich Gegenstand eines mit den Anteilen anderer Gesellschafter gebildeten Pools sind. 5033

Die Stimmrechtsbindung muss – um steuerlich akzeptiert zu sein – auch zivilrechtlich wirksam sein, insb. nicht gegen § 134 BGB, § 1 GWB und § 136 Abs. 2 AktG[1172] (Letzteres z.B. bei Poolmitgliedschaft eines alleinigen oder bestimmenden Vorstands)[1173] verstoßen; zu Folgen bei börsennotierten Aktiengesellschaften aufgrund des WpÜG und WpHG vgl. Rdn. 2793 ff. IPR-rechtlich dürften Stimmbindungsverträge schuldrechtlich, nicht gesellschaftsrechtlich, angeknüpft werden, so dass Rechtswahlmöglichkeiten gem. Art. 3 Rom-I-VO eröffnet sind.[1174] 5034

Die am häufigsten gewählte Lösung ist sicherlich die Stimmrechtsbindung dadurch, dass zuvor in einer Pool-Versammlung eine Abstimmung durchzuführen ist und das Abstimmungsergebnis durch alle Pool-Mitglieder im Rahmen ihrer eigenen Stimmabgabe umzusetzen ist bzw. aufgrund entsprechender Stimmrechtsvollmacht durch einen einheitlichen Sprecher umgesetzt wird. Dabei kann der Poolvertrag für die Entscheidung über das Abstimmungsverhalten die einfache Mehrheit vorsehen, auch wenn in der nachfolgenden Gesellschafterversammlung eine qualifizierte Mehrheit erforderlich ist.[1175] 5035

Die Mitglieder der Stimmbindungsvereinbarung und die Mitglieder des Verfügungspools können Teilmengen bilden: in einer GmbH, die von Familienstamm A zu 77 %, von Stamm B zu 23 % (jeweils in kleineren Stückelungen) gehalten wird, könnte z.B.[1176] die Stimmrechtspoolung alle Gesellschafter umfassen (so dass sich die relativen Stimmgewichte nicht verschieben), während Verfügungen immer nur innerhalb des jeweiligen Stamms A oder B stattzufinden haben. 5036

Die Stimmrechtsbindung sollte trotz der großzügigen Auffassung der Finanzverwaltung (R E 13b.6 Abs. 5 Satz 4 ErbStR 2011) nicht nur schriftlich vereinbart, sondern auch tatsächlich um-

---

1168 Ebenso abgestimmter Erlass des BayMinFin v. 30.01.2013, 34 – S 3812b – 006 – 3 801/13.
1169 Kritisch daher z.B. *Felten*, ZEV 2012, 84, 86; *Söffing/Thonemann-Micker*, DB 2012, 593, 598, sowie *Riedel*, ZErb 2013, 145 ff.
1170 Verteidigend daher *Gelhaar/Saecker*, ZEV 2012, 358 ff.
1171 Vgl. Vfg. des FinM Bayern v. 30.01.2013, ZEV 2013, 227, sowie Vfg. des BayLfSt v. 19.02.2013, ZErb 2013, 153 f.; hierzu *Riedel*, ZErb 2013, 145 ff.
1172 Vgl. zu Letzteren OLG Oldenburg, 16.03.2006 – 1 U 12/05, ZEV 2007, 35, m. Anm. *Reimann*.
1173 Nach *Kramer*, GmbHR 2011, 1023, 1026, steht § 136 Abs. 2 AktG jedoch der Wirksamkeit nicht entgegen, wenn die Einflussmöglichkeiten der Poolmitglieder nur ihre Beteiligungsumfänge widerspiegeln. Stimmausübungsschranken im Einzelfall (§ 47 Abs. 4 GmbHG) schaden nicht. *Bauer/Garbe*, ZEV 2014, 61 ff. sieht in der Beteiligung von Organmitgliedern am Pool nur in Umgehungsfällen einen Verstoß gegen § 136 Abs. 2 AktG und empfiehlt in der Formulierung des Poolvertrages klarzustellen, dass der Betroffene als Aktionär handle.
1174 Vgl. *Becker*, NotBZ 2017, 1 ff.
1175 *Kramer*, GmbHR 2011, 1023, 1027.
1176 Nach BayLfSt v. 11.08.2010, S 3812 b.1.1 -1 St 34, DStR 2010, 2134.

gesetzt werden, da in einem nachhaltigen Verstoß eine faktische Aufhebung des Pools gesehen werden könnte.

5037 Hierzu folgender Formulierungsvorschlag, wobei die Vertragsstrafenregelung nicht durch das ErbStG gefordert ist und auch die Stimmrechtsvollmacht nicht zwingend notwendig wäre:

▶ Formulierungsvorschlag: Stimmrechtsbindung beim Poolvertrag

Vor jeder Abstimmung in der Gesellschaft haben die Mitglieder des Pools vorab in einer Pool-Versammlung über die Ausübung ihrer Stimmrechte bei den Abstimmungen in der Gesellschaft zu beschließen; je ein Euro Beteiligung an der GmbH gewährt dabei eine Stimme. Die Abstimmungen erfolgen mit der Mehrheit, die nach dem Gesellschaftsvertrag der GmbH für die Beschlussfassung dort erforderlich ist. Ist ein Pool-Mitglied aufgrund gesetzlicher oder satzungsmäßiger Bestimmung an der Ausübung des Stimmrechts bei der Beschlussfassung in der GmbH gehindert, kann es auch in der Pool-Versammlung nicht abstimmen. Jedes Pool-Mitglied verpflichtet sich, bei den Beschlussfassungen in der Gesellschaft das Stimmrecht so auszuüben, wie es die Versammlung beschlossen hat. Findet kein Vorschlag die gegebenenfalls erforderliche qualifizierte Mehrheit in der Pool-Versammlung, haben sich die Mitglieder der Pool-Versammlung der Stimmabgabe zu enthalten.

Das Stimmrecht aus gebundenen Anteilen wird ausschließlich durch den Vorsitzenden, bei dessen Fehlen durch den Stellvertreter der Pool-Versammlung, ausgeübt. Jedes Pool-Mitglied hat diesem je einzeln entsprechende Stimmrechtsvollmacht zu erteilen und hierüber eine schriftliche, gegebenenfalls in notariell beglaubigter Form errichtete, Urkunde auszuhändigen. Verstößt ein Pool-Mitglied gegen die Verpflichtung zur einheitlichen Umsetzung des Ergebnisses der Pool-Versammlungsentscheidung oder erteilt es die erforderliche Vollmacht nicht bzw. widerruft es sie ohne Vorliegen eines wichtigen Grunds, hat es in jedem Fall eine Vertragsstrafe i.H.v. ...... € an die Gesamtheit der weiteren Pool-Mitglieder zu entrichten.

5038 Noch ungeklärt ist, ob Stimmrechtsvereinbarungen, Bindungen oder Verzichte i.R.d. § 8c KStG (Wegfall des Verlustvortrags) schädlich sind.[1177] Als weitere, mitunter ungewollte, »Nebenwirkung« kann bei Minderheitsgesellschaftern, die nun eine faktische Veto-Position erlangen, Sozialversicherungsfreiheit eintreten. Schließlich ist noch unsicher (aber wohl zu bejahen), ob eine am GmbH-Anteil angeordnete Testamentsvollstreckung auch die Ausübung der Rechte an der Poolbeteiligung (und nicht nur an der »Außenseite« dieser Personengesellschaft) erfasst;[1178] allein die einheitliche Testamentsvollstreckung über die betreffenden Anteile ersetzt aber keine Poolabrede als solche, da in bestimmten Kernbereichen das (ungebundene) Stimmrecht beim Erben/Gesellschafter verbleibt.[1179]

Unabhängig davon gilt: Minderheitsgesellschafter, die unter Missachtung gewachsener gesellschaftsrechtlicher Strukturen aus Gründen der Schenkung-/Erbschaftsteuerersparnis auf solche Stimmrechtsbindungsverträge angewiesen sind, werden erpressbar![1180]

(3) Mindestbeteiligung

5039 Die Rechtsfolge (grundsätzliche Begünstigungsfähigkeit der gepoolten Anteile) tritt ein mit Überschreiten der Mindestbeteiligungsgrenze von 25 % durch die im Pool gebündelten Anteile. Denkbar ist auch ein Pool zwischen einer (an der Kapitalgesellschaft beteiligten) Personengesellschaft

---

1177 Das BMF, 04.07.2008, BStBl. 2008 I, S. 736, Rn. 7, 2. Spiegelstrich, zählt solche Regelungen zu den »vergleichbaren Sachverhalten« i.S.d. § 8c KStG; abl. *Felten*, DStR 2010, 1261 ff. und *Elicker/Zillmer*, BB 2009, 2620 ff.
1178 Bejahend *Reimann*, ZEV 2014, 521, 525 mit Hinweis auf das Schutzgemeinschaft II – Urteil des BGH, 24.11.2008 – II ZR 116/08, NJW 2009, 669.
1179 Vgl. *Wachter*, ErbR 2016, 174, 179.
1180 Empfehlenswerter wäre gewesen, die Anteile Verwandter oder Verheirateter zusammenzurechnen (»Familienstämme«).

A. Schenkungsteuerrecht

und einem Gesellschafter dieser Personengesellschaft, der weitere Anteile an der GmbH im Sonderbetriebsvermögen hält.[1181]

Unklar ist allerdings, ob die Mindestbeteiligung lediglich anteilsbezogen oder gesellschafterbezogen zu prüfen ist; die Finanzverwaltung hat hierzu bisher nicht Stellung bezogen.

▶ Beispiel:

Fünf Gesellschafter halten je 20 % Beteiligung an einer GmbH, jeder Gesellschafter bringt 4 % in einen Pool ein, der den Anforderungen des ErbStG i.Ü. entspricht. Überträgt ein Gesellschafter nun die ihm selbst gehörenden 16 % sowie seinen Anteil an den Pool-Anteilen, würde – wenn anteilsbezogen auszulegen ist – die Quote nicht überschritten sein (weder die 16 % Eigenanteil noch die 5 × 4 = 20 % gepoolter Anteile überschreiten die 25 Prozentgrenze). Würde jedoch die Mindestbeteiligung gesellschafterbezogen ermittelt werden, könnten seinen privat gehaltenen 16 % Anteilen weitere 4 × 4 = 16 % gepoolter Anteile hinzugerechnet werden, so dass insgesamt 32 % überschritten wären. Die Literatur plädiert für eine gesellschafterbezogene Betrachtungsweise.[1182]

Sicherlich nicht erfüllt sind die gesetzlichen Voraussetzungen jedoch wohl dann, wenn der Pool selbst weniger als 25 % der Anteile erfasst, ein anderes Pool-Mitglied (aber nicht der Schenker/Erblasser selbst) außerhalb der Pool-Vereinbarung weitere Anteile erhält, so dass insgesamt die Mindestbeteiligung unterschritten wäre. Ebenso wenig genügt es, dass der Pool lediglich genau 25 % repräsentiert und ein Pool-Mitglied selbst weitere 25 % hält, da dann keine der beiden Beteiligungsgruppen die 25-%-Grenze – wie gefordert – überschreitet.

Die gesellschafterbezogene Betrachtungsweise kann sich nur auf den Schenker/Erblasser selbst beziehen, da nach dem Wortlaut die Gesellschafter über »die« Anteile, die zum Überschreiten der Mindestbeteiligung führen, nur einheitlich verfügen können müssen, was bei nicht-pool-gebundenen Fremdanteilen nicht der Fall ist, zumal für letztere Anteile auch keine Haltefrist gem. § 13a Abs. 6 Satz 1 Nr. 5 ErbStG existiert.

Offen ist auch, ob eine »Pool-Vereinbarung« voraussetzt, dass es zumindest einen nicht poolangehörigen Gesellschafter gibt, mithin ob auch ein Hundert-Prozent-Pool, wie er bei Familiengesellschaften oft anzutreffen ist, zulässig ist.[1183]

Zu den Folgen einer Poolaufhebung vor Ablauf der Fünf- bzw. Sieben-Jahresfrist des § 13a Abs. 6 Satz 1 Nr. 5 ErbStG vgl. Rdn. 5331 ff.; die schädliche Verfügung hat nicht zur Folge, dass die bis dahin gepoolten Anteile rückwirkend zum Verwaltungsvermögen gehören.[1184] Es mag sich empfehlen, das »Ausscheren« aus der Poolvereinbarung dadurch zu erschweren, dass die betreffende Abrede dem Grunde nach satzungsrechtlich verankert wird (vgl. Rdn. 5043).[1185] Schadensersatz- oder Vertragsstrafenregelungen als Sanktion für das Ausscheiden verlangt die Finanzverwaltung nicht.[1186] Der bloße Verstoß gegen die schuldrechtliche Poolabrede (z.B. die Stimmrechtsbin-

---

1181 BayLfSt v. 11.08.2011, S 3812b.1.1- 1 St 34, ZEV 2012, 64: Die AB ohG halt 24 %, A weitere 11 % an der X-GmbH; im Pool zwischen AB ohG und A sind 35 % zusammengefasst.
1182 *Weber/Schwind*, ZEV 2009, 16, 22; die Frage ist noch immer offen, *Weber/Schwind*, DStR 2011, 13 ff.
1183 Vgl. zur Diskussion *Weber/Schwind*, ZEV 2009, 16; *Lahme/Zikesch*, DB 2009, 527.
1184 BayLfSt v. 10.01.2011, S 3812.b.1.1–1 St 34, DStR 2011, 413; BayLfSt v. 11.08.2011, S 3812b.1.1- 1 St 34, ZEV 2012, 64.
1185 In Anlehnung an *Wälzholz*, Tagungsunterlage »Erbschaftsteuerreform 2008/2009«, 41. Bielefelder Notarlehrgang 09.03.2009, S. 121 ff.; *Langenfeld*, ZEV 2009, 596 ff.
1186 BayLfSt v. 10.01.2011, S 3812.b.1.1–1 St 34, DStR 2011, 413; BayLfSt v. 11.08.2011, S 3812b.1.1- 1 St 34, ZEV 2012, 64.

dung) stellt keine die Nachversteuerung auslösende Aufhebung der Poolvereinbarung selbst dar,[1187] was möglichst auch ausdrücklich in der Poolabrede klargestellt werden sollte.

(4) Muster einer Gesamtvereinbarung

▶ **Formulierungsvorschlag: Poolvereinbarung als Satzungsbestandteil**

5043 Das Stimmrecht aus den in der Gesellschafterliste mit Nr. 4 und 5 versehenen Geschäftsanteilen kann nur einheitlich ausgeübt werden; unterschiedliche Stimmabgabe wird als Enthaltung gewertet. Über diese Anteile oder Teile von ihnen kann nur mit Zustimmung der Inhaber aller Anteile Nr. 4 und 5 verfügt werden. Die Aufhebung dieser Abrede durch Satzungsänderung bedarf der Zustimmung der Inhaber der Anteile Nr. 4 und 5. Auf deren gemeinsames Verlangen sind jedoch die übrigen Mitgesellschafter verpflichtet, der Aufhebung dieser Satzungsbestimmung durch Satzungsänderung zuzustimmen.

5044 Eine (wegen der bedingten Anteilsübertragungspflicht, § 15 GmbHG, zu beurkundende) schuldrechtliche Poolabrede (ggf. auch als Anlage zur Satzung, sofern insgesamt die Poolvereinbarung nur satzungsrechtlich installiert werden soll, zur satzungsrechtlichen Verankerung Rdn. 5046)[1188] könnte etwa entsprechend dem folgenden Formulierungsbeispiel[1189] formuliert sein.

▶ **Formulierungsvorschlag: Umfangreiche schuldrechtliche Poolvereinbarung (shareholder agreement)**

5045 § 1

Die Beteiligten schließen sich hiermit zu einem Stimmrechts- und Verfügungspool zusammen, um gemeinsam ihre Interessen in der ..... GmbH mit dem Sitz in ..... (»Gesellschaft«) wahrzunehmen. Die Gesellschaftsanteile verbleiben im alleinigen Eigentum der Pool-Mitglieder, Gesamthands- oder Miteigentum wird also nicht gebildet.

§ 2

Bevor die Poolmitglieder in Versammlungen der genannten Gesellschaft ihre Stimme abgeben, haben sie – unabhängig vom Beschlussgegenstand – eine Vorversammlung abhalten, in der sie mit einfacher Mehrheit über die Stimmabgabe entscheiden, und zwar auch, wenn für die Beschlussfassung in der Gesellschaft selbst eine qualifizierte Mehrheit erforderlich ist. Jedes Poolmitglied hat in der Poolversammlung so viele Stimmen, wie es Stimmen in der Gesellschafterversammlung der Gesellschaft hat; wäre er in der Gesellschafterversammlung vom Stimmrecht ausgeschlossen, gilt dies auch für die Vorversammlung im Pool. Jedes Poolmitglied hat sodann so zu stimmen, wie es die einfache Mehrheit der Poolmitglieder (gewichtet nach dem Stimmrecht in der Gesellschaft selbst) beschließt. Bei Stimmengleichheit haben sich die Poolmitglieder zu enthalten. Uneinheitliche Stimmabgabe der Poolmitglieder in der Gesellschaft gilt ebenfalls als Enthaltung aller. Die Stimmabgabe erfolgt sodann einheitlich durch das an Lebensjahren älteste Mitglied des Pools, dem hiermit hierfür umfassende Stimmrechtsvollmacht, befreit von § 181 BGB, erteilt wird.

(Alternative: Die Poolmitglieder sind sich einig, dass für alle gebundenen Gesellschafter nur Herr/Frau ..... mit Wirkung für alle das Stimmrecht einheitlich ausübt. Er/Sie wird hiermit entsprechend für die Dauer dieser Vereinbarung unwiderruflich bevollmächtigt. Von § 181 BGB wird Befreiung erteilt. Ihm ist eine Stimmrechtsvollmachtsurkunde gem. § 172 BGB auszuhändigen; er verpflichtet sich, diese bei Beendigung des Poolvertrages zu vernichten.)

§ 3

Für jeden Fall der Zuwiderhandlung ist das betreffende Poolmitglied zur Zahlung einer Vertragsstrafe in Höhe von 20 Prozent des Gegenstandswerts der Beschlussfassung (bei Beschlussfassung

---

1187 *Hübner*, Erbschaftsteuerreform 2009, S. 424; *Wehage*, ErbStB 2009, 148, 153.
1188 Dafür plädiert *Langenfeld*, ZEV 2009, 600, mit Formulierungsvorschlag.
1189 Weiteres Muster bei *Lasa*, in: *Hannes*, Formularbuch Vermögens- und Unternehmensnachfolge, 3. Auflage 2011, S. 1001 ff.

ohne Geldwert in Höhe von 20 Prozent seiner Nominalbeteiligung an der Gesellschaft) zugunsten der übrigen Poolmitglieder verpflichtet. Soweit aus einem Verstoß den anderen Poolmitgliedern Schaden entsteht, ist jedoch mindestens dieser Schadensbetrag zu ersetzen.

§ 4

Vor Verfügungen gleich welcher Art über ihre Anteile oder Teile hiervon an der Gesellschaft haben sich die Poolmitglieder zu verständigen. Jedes Poolmitglied ist verpflichtet, Verfügungen über Anteile an der Gesellschaft nur einheitlich mit Zustimmung aller Unterzeichner dieser Vereinbarung vorzunehmen, es sei denn die Verfügung erfolgte zugunsten eines anderen Unterzeichners dieser Vereinbarung bzw. einer anderen Person, die im Zuge der Verfügung dieser Poolvereinbarung beitritt. Diese Abrede gilt auch für Vereinbarungen, die zum Übergang des wirtschaftlichen Eigentums führen, wie etwa die Einräumung einer atypischen Unterbeteiligung oder einer Verwaltungstreuhand.

§ 5

Die heutige Vereinbarung gilt auf unbestimmte Zeit und ist einseitig unkündbar auf die Dauer von 5 (bzw., sofern der Erwerber eines Anteils von der Möglichkeit des § 13a Abs. 10 ErbStG Gebrauch macht, 7) Jahren und einen Monat ab dem Zeitpunkt einer Steuerentstehung nach § 9 ErbStG – auch wenn keine Steuer festgesetzt wird – bei einem Poolmitglied. Außerhalb einer solchen Fünf- (bzw.: Sieben-)Jahresfrist ist die Vereinbarung stets kündbar mit einer Frist von 6 Monaten zum nächsten Jahresende. Der Kündigende scheidet mit Wirksamwerden der Kündigung aus der Gesellschaft aus, die mit den übrigen Mitgliedern der Poolvereinbarung fortgesetzt wird. Er erhält keine Abfindung.

Ein Poolmitglied scheidet aus der Poolvereinbarung aus, wenn es als Gesellschafter aus der GmbH ausscheidet, oder die an die Stelle einer Einziehung tretende Abtretung verlangt wird. Die Poolvereinbarung wird mit einem evtl. Nachfolger in dessen Geschäftsanteil fortgesetzt, der Übertragende ist bevollmächtigt und verpflichtet, den Erwerber in diese Poolvereinbarung aufzunehmen; alle anderen Poolmitglieder stimmen dieser Annahme bereits hiermit zu.

Die Verpflichtungen und Rechte aus dieser Poolvereinbarung sind uneingeschränkt vererblich; die Poolvereinbarung wird mit den Rechtsnachfolgern von Todes wegen fortgesetzt.

§ 6

Änderungen und Ergänzungen dieses Vertrages bedürfen der Schriftform. Durch abweichendes Verhalten, auch im Wiederholungsfall, kommt keine Änderung dieses Vertrages, insbesondere keine Aufhebung, zustande.

Soll nur die Mitgliedschaft im Pool satzungsrechtlich angeordnet werden (R E 13b.6 ErbStR 2011 stellen es dem Steuerpflichtigen frei, ob die Poolregelung als Satzungsbestandteil oder in gesonderter gesellschaftsvertraglicher Abrede getroffen wird), kann dies bspw. wie folgt erfolgen[1190] (die Regelung aus Rdn. 5044 bildet dann eine Anlage zur Satzung): 5046

▶ Formulierungsvorschlag: Poolmitgliedschaft als Satzungsbestandteil

(1) Diejenigen Gesellschafter, deren jeweils zusammengerechneten eigenen Anteile keine Beteiligung am Nennkapital der Gesellschaft von mehr als 25 % (§ 13b Abs. 1 Nr. 3 Satz 1 ErbStG) erreichen, bilden einen Verfügungs- und Stimmrechtspool i.S. von § 13b Abs. 1 Nr. 3 Satz 2 ErbStG nach Maßgabe der in der Anlage beigefügten Poolvereinbarung. Wird von solchen Gesellschaftern durch Zusammenrechnung ihrer unmittelbaren eigenen Beteiligungen nicht mehr als 25 % erreicht, gilt die Poolvereinbarung auch für denjenigen weiteren Gesellschafter, der seinerseits mehr als 25 % hält – sind mehrere solche Gesellschafter vorhanden, für denjenigen, der die 25 % – Quote selbst am geringsten übersteigt. Gesellschafter, bei denen ein Schenkung- oder Erbschaftsteuerfall eingetreten ist und die wegen des Pooling in den Genuss der Verschonung gekommen sind, bleiben unabhängig von der Höhe ihrer Beteiligung Mitglied der Poolvereinbarung, bis die Behaltensfrist für ihren Erwerb abgelaufen ist. 5047

1190 Angelehnt an *Langenfeld*, ZEV 2009, 596; *Stahl*, KÖSDI 2010, 16822.

(2) Geschäftsanteile, die unter Verstoß gegen diese Poolvereinbarung erworben werden, unterliegen den Einziehungsregelungen gemäß § ..... der Satzung.

(3) Eine Abänderung dieser Satzungsbestimmung und/oder der Anlage bedarf der Zustimmung aller Gesellschafter, die Mitglieder des Pools sind.

3. Ausschluss der Betriebsvermögensbegünstigung bei Verwaltungsvermögen (§ 13b Abs. 2 ErbStG)

a) Verfahren; vom begünstigungsfähigen zum begünstigten Vermögen

aa) Rechtslage für Erwerbe zwischen 2009 und 30.06.2016

5048 Sofern im ersten Prüfungsschritt dem Grunde nach begünstigungsfähiges Betriebsvermögen abgegrenzt ist, ist dieses in einem zweiten Schritt dem »**Verwaltungsvermögenstest**« zu unterziehen, indem festgestellt wird, ob es wertmäßig mehr als 50 % (Basisvariante) bzw. zu mehr als 10 % (ambitioniertes Alternativmodell) aus »Verwaltungsvermögen« besteht. Wird dieser Test nicht bestanden, ist das Vermögen insgesamt, auch hinsichtlich der neben dem Verwaltungsvermögen vorhandenen »produktiven Vermögensteile«, nicht begünstigungsfähig. Wird er bestanden, ist es (bis auf das junge Verwaltungsvermögen, Rdn. 5184 ff.) insgesamt begünstigungsfähig.

5049 Testobjekt ist bei der Übertragung eines Anteils an einer Kapitalgesellschaft das gesamte Vermögen der Kapitalgesellschaft (unabhängig von der Höhe des übertragenen Anteils),[1191] bei Übertragung eines Betriebs oder Teilbetriebs ist lediglich der Teilbetrieb bzw. das Betriebsvermögen dem Test zu unterwerfen, bei der Übertragung eines Anteils an einer Personengesellschaft erfolgt der Test bzgl. dieses übertragenen Gesamthandsanteils zuzüglich des mitübertragenen SBV (bzw. des mitübertragenen SBV-Anteils).[1192] Rechnerisch ist also der Gesamtbetrag aus Verwaltungsvermögen im SBV und anteiligem Verwaltungsvermögen im Gesamthandsanteil durch den Gesamtwert des übertragenen Anteils – inklusive des mitübertragenen SBV – zu dividieren. Bei mehreren begünstigten Einheiten hat der Test für jede Einheit separat zu erfolgen.[1193]

5050 Der Verwaltungsvermögenstest findet zunächst auf der **Ebene der Beteiligungen** statt, die dann – je nach dem Ausgang des Tests, allerdings dann insgesamt – als begünstigungsfähiges Vermögen oder aber als Verwaltungsvermögen der Spitzeneinheit zugeordnet wird (vgl. § 13b Abs. 2 Satz 2 Nr. 3 u. 4 ErbStG). Sofern allerdings die Beteiligung an einer **vermögensverwaltenden Personengesellschaft** ohne gewerbliche Prägung besteht, sollen deren Wirtschaftsgüter nach Auffassung der Verwaltung[1194] unmittelbar im Rahmen des Verwaltungsvermögenstests gem. § 13b Abs. 2 Satz 4 ErbStG der Spitzeneinheit zuzurechnen sein und demnach ggf. auf dieser Ebene Verwaltungsvermögen bilden. Dies wird aus § 10 Abs. 1 Satz 4 ErbStG (wonach der Erwerb einer Beteiligung an einer vermögensverwaltenden Personengesellschaft als Erwerb der anteiligen Wirtschaftsgüter gelte, Rdn. 4794) gefolgt, wo jedoch lediglich der Erwerbsgegenstand festgelegt wird, also keine Entscheidung dazu getroffen wird, ob der Verwaltungsvermögenstest nicht ebenfalls auf dieser Ebene durchzuführen ist.

5051 Der Test ist **lediglich zum Besteuerungszeitpunkt** (Entstehen der Steuer) durchzuführen, so dass es gleichgültig ist, ob er auch zuvor bestanden worden wäre oder danach noch bestanden werden kann. Allenfalls über § 42 AO (Gestaltungsmissbrauch) könnten Umstrukturierungen, die knapp

---

1191 Vgl. *Rödder*, DStR 2008, 997, 990.
1192 Vgl. *Viskorf/Philipp*, ZEV 2009, 230 ff., mit Berechnungsbeispielen auch bei negativem SBV.
1193 Vgl. Abschnitt 5 Abs. 3 Satz 2 Nr. 1 der Ausführungserlasse zum ErbStG v. 25.06.2009, BStBl. 2009, I, S. 713, 719.
1194 BayLfSt v. 24.11.2011, S 3812b.1.1–3 St 34, ZEV 2012, 64 (hiergegen kritisch *Geck/Messner*, ZEV 2012, 254, 256) und erneut FinMin Baden-Württemberg v. 23.07.2013, 3 S 381.2b/6, ZEV 2013, 528; entsprechendes gilt bei der Überprüfung im Hinblick auf junges Verwaltungsvermögen (R E 13 b.19 Abs. 4 ErbStR 2011 ist nicht einschlägig).

A. Schenkungsteuerrecht

vor dem Stichtag erfolgen, geahndet werden (Verkauf schädlichen Verwaltungsvermögens und Anschaffung begünstigten Vermögens).[1195]

Rechnerisch erfolgt der Verwaltungsvermögenstest gem. § 13b Abs. 2 Satz 4 ErbStG dergestalt, dass die Summe der gemeinen Werte der Einzelwirtschaftsgüter des Verwaltungsvermögens zum gemeinen Wert des Gesamtbetriebs ins Verhältnis gesetzt wird. Gleiches gilt gem. § 13b Abs. 2 Satz 6 ErbStG (i.d.F. des JStG 2010) klarstellend bei Anteilen an Kapitalgesellschaften. Der **gemeine Wert des Gesamtbetriebs** ist dabei **netto**, also unter Berücksichtigung der Zinsbelastung aufgrund Fremdfinanzierung, zu ermitteln. Das **Verwaltungsvermögen** wird dagegen zu gemeinen Werten, **brutto** – also ohne Abzug der mit diesem Verwaltungsvermögen zusammenhängenden Schulden – angesetzt. Diese inkohärente Berechnungsweise führt zu einer rechnerischen »Überbetonung« des Verwaltungsvermögens, bis zu dem fast absurden Ergebnis, dass das Verwaltungsvermögen mehr als 100 % des gemeinen Werts des Betriebs ausmachen kann.

▶ Beispiel:[1196]

Ein Betrieb verfügt über Verwaltungsvermögen von 300.000,00 € und sonstige Aktiva im Wert von 700.000,00 €, denen Passiva i.H.v. 800.000,00 € gegenüberstehen (Eigenkapitalquote also 200.000,00 €). Der Unternehmenswert beträgt wegen schlechter Ertragslage und hoher Fremdfinanzierung beispielsweise lediglich 250.000,00 €, also knapp mehr als das steuerliche Eigenkapital. Das Verwaltungsvermögen (300.000,00 € ohne Schuldenabzug) beträgt also 120 % des Unternehmenswerts.

Umgekehrt können rein rechnerisch tatsächlich die Aktiva eines Unternehmens fast ausschließlich aus Verwaltungsvermögen bestehen und dennoch ist die 50-%-Grenze nicht überschritten, insb. sofern der Unternehmenswert aufgrund sehr hoher Erträge weit über den Aktiva-Bestand des Unternehmens angewachsen ist.

Vorstehende Regelungen enthalten eine **deutliche Verschärfung** ggü. dem bis Ende 2008 geltenden Rechtszustand, der bspw. dadurch gekennzeichnet war, dass es auf die Zusammensetzung des Vermögens an einer Kapitalgesellschaft, an der 25 % oder mehr übertragen wurden, nicht ankam. Personengesellschaften, die nicht gewerblich tätig sind, sondern lediglich kraft ihrer gewerblichen Prägung (GmbH & Co KG) Betriebsvermögen halten, sind daher ab 2009 nicht mehr taugliche Vehikel zur Inanspruchnahme der Betriebsvermögensbegünstigung.

bb) Rechtslage für Erwerbe seit 01.07.2016

Während § 13b Abs. 1 ErbStG a.F. noch vom »begünstigten Vermögen« sprach, bezeichnet § 13b Abs. 1 ErbStG n.F. nun den Ausgangspunkt als »**begünstigungsfähiges Vermögen**«. Inhaltlich ist der Kreis des erfassten Vermögens unverändert geblieben, dem Grunde nach ist also die sog. gewerblich geprägte GmbH & Co. KG, auch wenn sie lediglich Verwaltungsvermögen hält, zwar abstrakt begünstigungsfähig, jedoch – in Bezug auf das Verwaltungsvermögen – nicht begünstigt. Maßgeblich ist also nicht die ertragsteuerliche Bewertung (ertragsteuerliches Privat- bzw. Betriebsvermögen), sondern die Abgrenzung des verschonungswürdigen Vermögens nach inhaltlichen Kriterien.

Der neue Verwaltungsvermögenstest[1197] dient – anders als nach der bis 30.06.2016 geltenden Rechtslage – aufgrund der Verfassungswidrigkeit der »Alles-oder-nichts«-Grenze (von vormals 50 % bei der Regelverschonung bzw. 10 % bei der Optionsverschonung) nicht mehr lediglich der grundsätzlichen Ermittlung, ob die kritischen Grenzen von 10 % bzw. 50 % überschritten wurden (mit der »en passant« erfolgenden Herausnahme jungen Verwaltungsvermögens aus der Be-

---

1195 Vgl. *Scholten/Korezkij*, DStR 2009, 148.
1196 Nach *Scholten/Korezkij*, DStR 2009, 148.
1197 Vgl. hierzu *Korezkij*, DStR 2016, 2434 ff.

günstigung), sondern der trennscharfen Separation begünstigungsfähigen Vermögens vom nicht begünstigungsfähigen Vermögen. Die Wertermittlungen erfolgen daher weit konfliktbeladener und **streitbehafteter**, zumal jedes Prozent weniger an Verwaltungsvermögen ein Mehrvolumen an potentieller Vergünstigung bedeutet. Die Ermittlung der Verwaltungsvermögensquote erlaubt zugleich die Überprüfung, ob die nach neuem Recht geltenden kritischen Grenzen von 20 % (für die Anwendbarkeit der ambitionierten Optionsverschonung von 100 %) bzw. 90 % (für die Anwendbarkeit jeglicher Verschonung, auch der Regelverschonung) überschritten sind oder nicht. Anders als im bisherigen Recht erfolgt der Verwaltungsvermögenstest überwiegend auf der Grundlage eines Netto-Vergleichs, also unter teilweiser Minderung des Verwaltungsvermögens um Schulden (in im Einzelnen komplexer Weise). Anstelle der bisherigen Stufenbetrachtung mit positiven und negativen Kaskadeneffekten in Konzernstrukturen wird nun konsolidiert »durchgerechnet«.

5058 Die in § 13b Abs. 2 bis 9 ErbStG enthaltene Regelung des **Verwaltungsvermögenstests** ist in hohem Maße **unsystematisch** aufgebaut: Abs. 4 enthält eine Definition des Verwaltungsvermögens, Ausnahmeregelungen sind teilweise bereits in Abs. 3 geregelt, zusammenhängende Begriffe wie »junges Verwaltungsvermögen« bzw. »junge Finanzmittel« sind an unterschiedlichen Stellen (Abs. 7 Satz 2 bzw. Abs. 4 Nr. 5 Satz 2) eher beiläufig definiert; der Begriff der Schulden selbst ist überhaupt nicht erläutert. Die Verbundvermögensaufstellung (also das Herzstück des Verwaltungsvermögenstest im Konzern) wird erst in Abs. 9 erwähnt, während die Prüfung der 90 %-Grenze bereits am Anfang der Vorschrift, in Abs. 2, platziert wird. Die Schuldenverrechnungsschritte sind verwirrend und auf viele einzelne Normen aufgeteilt (§ 13b Abs. 2 Satz 2, Abs. 3 Satz 2, Abs. 4 Nr. 5 Satz 1, Abs. 6, Abs. 8 Satz 1 u. 2, Abs. 9 Satz 3 bis 5). Auch der Wechsel von der Stufen- zur konsolidierten Betrachtung, wie in § 13b Abs. 9 ErbStG beschrieben, ist nicht sauber umgesetzt (die Verfahrensvorschriften zum Feststellungsverfahren in § 13b Abs. 10 ErbStG gehen noch von der alten Stufenbetrachtung aus, auch der Reinvestitionsklausel nach § 13b Abs. 5 ErbStG liegt eine Gesellschaft ohne Tochter-Unternehmen zugrunde). Die Abgrenzung des jungen Verwaltungsvermögens und der jungen Finanzmittel im Konzern ist überhaupt nicht angesprochen. Unverständlich ist ferner, warum die nicht näher begründete 90 %-Grenze (Rdn. 5199 ff.) in § 13b Abs. 2 Satz 2 ErbStG von einer Brutto-Netto-Betrachtung ausgeht, während im Übrigen der Verwaltungsvermögenstest nun auf Netto-Netto-Basis durchgeführt wird.

5059 Im Ergebnis gilt: Der **Bruttowert des jungen Verwaltungs- und Finanzmittelvermögens** und der **das unschädliche Verwaltungsvermögen übersteigende Wert des Netto-Verwaltungsvermögens** sind im Ergebnis von der Begünstigung ausgeschlossen.

Daher ergibt sich das **begünstigte Vermögen** i.S.d. § 13b Abs. 2 ErbStG, (auf das die Verschonungssubvention des § 13a ErbStG bzw. [bei Großerwerben] die Verschonungssubvention des § 13c ErbStG oder die Verschonungsbedarfsprüfung des § 28a ErbStG Anwendung finden) dadurch,[1198] dass

das begünstigungsfähige Vermögen

(1) um den Nettowert des Verwaltungsvermögens (§ 13b Abs. 6 ErbStG, hierzu nachstehend a bis e) vermindert wird,

(2) Letzteres aber zuvor gekürzt wird um das unschädliche Verwaltungsvermögen gem. § 13b Abs. 7 ErbStG (den »Schmutzzuschlag« i.H.v. 10 % des nach Abzug des Nettoverwaltungsvermögens verbleibenden gemeinen Wertes des Betriebsvermögens, wobei junges Verwaltungs- und junges Finanzmittelvermögen nicht zum unschädlichen Verwaltungsvermögen zählen können), und

---

1198 Vgl. das Berechnungsschema von *Herbst*, ErbStB 2017, 278, 283 in Anlehnung an die koordinierten, nicht gleichlautenden, Ländererlasse v. 22.06.2017, BStBl 2017 I 902 sowie die Tabellen von *Thouet*, Reform der Erbschaftsteuer 2017, § 2 Rn. 87 bis 90. Praxisbeispiele bei *Herbst*, ErbStB 2017, 340 ff.

A. Schenkungsteuerrecht
Kapitel 12

(3) als Mindestwert des abzuziehenden Nettoverwaltungsvermögens aber gem. § 13b Abs. 8 Satz 3 ErbStG die Summe aus den Bruttowerten des jungen Verwaltungsvermögens und des jungen Finanzmittelvermögens anzusetzen ist.

(ad 1:) Zur Berechnung des Nettowerts des Verwaltungsvermögens wird ermittelt 5060
(a) die Gesamtsumme des Verwaltungsvermögens i.S.d. § 13b Abs. 4 Nr. 1 bis 4 ErbStG abzüglich der Vermögensteile, die altersvorsorgegewidmet sind gem. § 13b Abs. 3 ErbStG.
(b) zuzüglich der Finanzmittel i.S.d. § 13b Abs. 4 Nr. 5 ErbStG – ohne die sog. jungen Finanzmittel –, (aa) nach Vorwegabzug der altersvorsorgegewidmeten Finanzmittel gem. § 13b Abs. 3 ErbStG, und (bb) nur soweit sie vorhandenen Schulden und (cc) – sofern als Hauptzweck tatsächlich gewerbliche, freiberufliche oder land- und forstwirtschaftliche Tätigkeit ausgeübt wird – 15 % des anzusetzenden gemeinen Bruttowertes des Betriebsvermögens übersteigen,
(c) zuzüglich der jungen Finanzmittel, soweit sie nicht altersvorsorgegewidmet sind i.S.d. § 13b Abs. 3 ErbStG.
(d) abzüglich – in Erbfällen – der aufgrund geplanter und nachträglich umgesetzter Investition oder Lohnverwendung mit Rückwirkung umqualifizierten Verwaltungsvermögensteile gem. § 13b Abs. 5 ErbStG.
Das Ergebnis bildet den gemeinen Wert des Verwaltungsvermögens, das
(e) um die anteiligen Schulden, § 13b Abs. 6 ErbStG bereinigt wird, soweit (aa) nicht bereits durch altersvorsorgegewidmetes Vermögen gem. § 13b Abs. 3 ErbStG neutralisiert oder (bb) mit Finanzmitteln gem. § 13b Abs. 4 Nr. 5 ErbStG verrechnet oder soweit (cc) nicht wegen fehlender Belastungswirkung oder (dd) als nicht betrieblich motivierte junge Schulden unbeachtlich bleibend, § 13b Abs. 8 Satz 1 und 2 ErbStG, wobei (ee) junges Verwaltungsvermögen und junge Finanzmittel nicht durch anteiligen Schuldenabzug gekürzt werden können, § 13b Abs. 8 Satz 1 ErbStG,
so dass sich hieraus der **Nettowert des Verwaltungsvermögens** ergibt.

Zur Verbundvermögensaufstellung vgl. Rdn. 5147 ff., mit Gesamtübersicht zu den dort insgesamt 22 Ermittlungsschritten.

Außerhalb von Konzern- (»Verbundvermögens«-)Aufstellungen lassen sich die erforderlichen 5061
Schritte für die unterschiedlichen Szenarien[1199] am besten anhand von **Beispielen** verinnerlichen:

▶ Beispiele:

Gegenstand der Übertragung (an den Neffen des Schenkers/Erblassers) sei im Ausgangsfall sowie in den folgenden sechs Abwandlungen ein inländisches Einzelunternehmen mit einem nachhaltig erzielbaren Gewinn von jährlich 145.454,54 €, so dass (unter Anwendung des Kapitalisierungsfaktors von nun 13,75, vgl. §§ 11 Abs. 2, 199 ff., 203 BewG, ein Unternehmenswert von 2 Mio. Euro zugrunde zu legen ist. Zugrunde gelegt wird jeweils ein Verschonungsabschlag von 85 % (Regelverschonung) gem. § 13a Abs. 1 Satz 1 ErbStG.

▶ **Grundfall: Der Betrieb weist weder Verwaltungsvermögen noch Verbindlichkeiten auf**

Sofern das Einzelunternehmen weder Verwaltungsvermögen noch Verbindlichkeiten enthält, 5062
also insgesamt begünstigtes Vermögen von 2 Mio. Euro umfasst, verbleibt nach Abzug des 85 %igen Verschonungsabschlags ein Betrag von 300.000 € als begünstigtes Vermögen. Die weitere Verschonungsvorschrift gem. § 13a Abs. 2 ErbStG (Abzugsbetrag von 150.000 €, gekürzt um die Hälfte des Betrages um den das begünstigte Vermögen 150.000 Euro übersteigt) führt zu einer zusätzlichen Reduzierung um 75.000 € (300.000 € Restbetrag an begünstigtem Vermögen abzüglich 150.000 € Ausgangs-Abzugsbetrag als Wertgrenze ergibt 150.000 € übersteigenden Betrag, davon die Hälfte = 75.000 €, um diesen Betrag verringert sich der Aus-

---

[1199] In enger Anlehnung an *Kirschstein*, ErbStB 2017, 148 ff. Vgl. auch die mehrere Seiten umfassende Übersicht in Abschn. 13b.9 AE-ErbStG 2017, BStBl 2017 I S. 902 ff.

gangs-Abzugsbetrag von 150.000 € auf nun mehr 75.000 €); so dass noch ein steuerpflichtiges begünstigtes Vermögen von 225.000 € verbleibt, das gem. § 19a ErbStG in Steuerklasse I zu versteuern ist.

▶ **Abwandlung 1: Der Betrieb weist Verwaltungsvermögen (auch Finanzmittel) und Verbindlichkeiten auf**

5063 Das Einzelunternehmen im Steuerwert von 2 Mio. Euro weist neben einem betrieblich genutzten Gebäude im Wert von 1 Mio. €, Betriebs- und Geschäftsausstattung im Wert von 500.000 € und Vorräten in Höhe von 200.000 €, auch ein fremdvermietetes Grundstück (Verwaltungsvermögen) im Wert von 500.000 €, Kassenbestände in Höhe von 200.000 € (Finanzvermögen) sowie – auf der Passivseite – Verbindlichkeiten (Bankschulden) in Höhe von 100.000 € aus.

5064 Wie auch in den folgenden Abwandlungen sind nun **zusätzliche** (nachstehend bei den Abwandlungen im Einzelnen dargestellte) **Rechenschritte** erforderlich, nämlich
(1) die Ermittlung des Nettowertes des Verwaltungsvermögens i.S.d. § 13b Abs. 2 Satz 1, Abs. 6 Satz 1 ErbStG, was wiederum in drei Stufen stattfindet:
  (a) Ermittlung des gemeinen Wertes des Verwaltungsvermögens (§ 13b Abs. 4 ErbStG)
  (b) Ermittlung der Schuldenquote (§ 13b Abs. 6 Satz 2 ErbStG)
  (c) Ermittlung des Nettowertes des Verwaltungsvermögens (§ 13b Abs. 6 Satz 1 ErbStG) – ggf. Ansatz des jungen Verwaltungsvermögens und der jungen Finanzmittel als Mindestwert;
sodann
(2) die Ermittlung des unschädlichen Verwaltungsvermögens (»Schmutzzuschlag« gem. § 13b Abs. 2 Satz 1 i.V.m. Abs. 7 Satz 1 ErbStG) und, daraus folgend,
(3) die Ermittlung des verbleibenden begünstigten Vermögens (§ 13b Abs. 2 Satz 1 ErbStG); anschließend
(4) als »Zwischenschritt« zur Missbrauchskontrolle (Überschreiten der 90 % Grenze) die Ermittlung der Schädlichkeitsquote gem. § 13b Abs. 2 Satz 2 ErbStG unter Zugrundelegung des Gesamtverwaltungsvermögens vor Anwendung der Kürzungsvorschriften,
an die sich die im Grundfall erläuterte (5) Anwendung der Verschonungsvorschriften gem. § 13a ErbStG (85 %iger Verschonungsabschlag gem. § 13a Abs. 1 ErbStG, sodann abschmelzender Abzugsbetrag von 150.000 € gem. § 13a Abs. 2 ErbStG, dessen Funktionsweise beim Grundfall dargestellt ist) anschließt.

5065 Bezogen auf die **erste Abwandlung**, ergibt dies: (1)(a) Der gemeine Wert des Verwaltungsvermögens setzt sich zusammen aus
– dem vermieteten Grundstück (§ 13b Abs. 4 Satz 1 Nr. 1 ErbStG) im Wert von 500.000 € sowie
– Finanzmitteln (§ 13b Abs. 4 Satz 1 Nr. 5 ErbStG) in Höhe von 200.000 €, die allerdings zu kürzen sind um den gemeinen Wert der Schulden (also 100.000 €) und weiter zu kürzen sind um einen Sockelbetrag von bis zu 15 % des gemeinen Werts des Betriebsvermögens von 2 Mio. Euro, also bis zu 300.000 €, hier also um die maximalen 100.000 €, so dass Finanzmittel mit null € anzusetzen sind
und der gemeine Wert des Verwaltungsvermögens bei gesamt 500.000 € verbleibt.

5066 (1)(b) und (c): Von diesem gemeinen Wert des Verwaltungsvermögens ist kein weiterer quotaler Schuldenabzug vorzunehmen, weil keine »ungenutzten« Schulden verbleiben (die Ermittlung der Schuldenquote, § 13b Abs. 6 Satz 2 ErbStG, ergibt 100.000 € Schulden, abzüglich der nach § 13b Abs. 4 ErbStG im vorstehenden [1][a] abgezogenen Schulden von 100.000 €, so dass null Euro verbleiben). Damit bleibt es beim einen endgültigen Nettowert des Verwaltungsvermögens von 500.000 €.

(2) Von diesem Nettowert ist sodann das unschädliche Verwaltungsvermögen (sog. »Schmutzzuschlag«) abzuziehen; er beläuft sich auf 10 % des Betrags, der nach Abzug des Nettowerts des Verwaltungsvermögens (500.000 €) vom gemeinen Wert des Betriebsvermögens (2 Mio. Euro)

A. Schenkungsteuerrecht   Kapitel 12

verbleibt, also 10 % von 1.500.000 €, mithin auf 150.000 €. Demnach ist (3) das nichtbegünstigte Verwaltungsvermögen mit 350.000 € anzusetzen, das begünstigte Vermögen mit 1.650.000 €. Sodann ist als »Kontrollschritt« die Missbrauchsregelung des § 13b Abs. 2 Satz 2 ErbStG zu prüfen (4): Das ungekürzte (!) Verwaltungsvermögen (500.000 € Grundstück plus 200.000 € Finanzmittel, also 700.000 € gesamt) ist in Relation zu setzen zum gemeinen Wert des Gesamtbetriebs, also des abstrakt begünstigungsfähigen Vermögens, von 2 Mio. Euro, so dass sich eine Schädlichkeitsquote von 35 % ergibt, also weniger als die in § 13b Abs. 2 Satz 2 ErbStG zugrunde gelegten 90 %.

Damit ist der Weg frei für die Anwendung der Verschonungsvorschriften, (5): Der Verschonungsabschlag von 85 % des verbleibenden begünstigten Vermögens von 1.650.000 € ergibt einen Abzug von 1.402.500 €, so dass noch 247.500 € als begünstigtes Vermögen verbleibt, abzüglich weiterer 101.250 €[1200] gem. § 13a Abs. 2 BGB also noch 146.250 €. Dieses wird nach § 19a ErbStG in Steuerklasse I versteuert, daneben liegt nichtbegünstigtes »Verwaltungsvermögen« in Höhe von 350.000 € vor, das in Steuerklasse II der allgemeinen Besteuerung unterliegt.   5067

▶ **Abwandlung 2: Der Betrieb weist überwiegend Verwaltungsvermögen und Verbindlichkeiten auf**

Im Unterschied zum Ausgangsfall verfügt das Einzelunternehmen lediglich über ein fremdvermietetes Grundstück (also Verwaltungsvermögen) im Wert von 1.950.000 €, Betriebs- und Geschäftsausstattung in Höhe von 50.000 € und auf der Passivseite über Verbindlichkeiten von 800.000 €.   5068

Bezogen auf diese **zweite Abwandlung** ergeben sich folgende Ermittlungsschritte – der Gliederung in Rdn. 5064 folgend –: Der gemeine Wert des Verwaltungsvermögens (1)(a) beläuft sich auf 1.950.000 €. Im nächsten Zwischenschritt ist, da 800.000 € Schulden nicht anderweit (gem. § 13b Abs. 3 oder 4 ErbStG) – wie dies in der Abweichung 1 der Fall war – kompensiert werden und demnach Schulden von 800.000 € verbleiben, die Schuldenquote festzustellen (1)(b) (§ 13b Abs. 6 Satz 2 ErbStG). Hierfür gilt die Formel: gemeiner Wert des Verwaltungsvermögens mal Hundert dividiert durch den gemeinen Wert des Betriebsvermögens zuzüglich der nach Abzug von § 13b Abs. 3 u. 4 ErbStG verbleibenden Schulden, d. h. (1.950.000 € × 100): (2.000.000 € + 800.000 €), so dass sich eine Quote von 69,6 % ergibt. Der in Schritt (1)(c) vorzunehmende quotale Schuldenabzug gem. § 13b Abs. 6 Satz 1 ErbStG vom gemeinen Wert des Verwaltungsvermögens (1.950.000 €), also 69,6 % von 800.000 € = 556.800 €, führt zum vorläufigen Nettowert des Verwaltungsvermögens in Höhe von 1.393.200 €.

Sodann ist (2) der »Schmutzzuschlag« vom vorläufigen Nettowert des Verwaltungsvermögens abzuziehen: Vorliegend beläuft er sich auf 10 % von 606.800 € (gemeiner Wert des Betriebsvermögens von 2 Mio. Euro abzüglich des Nettowerts des Verwaltungsvermögens von 1.393.200 € = 606.800 €), also auf 60.680 €. Es verbleibt nichtbegünstigtes Verwaltungsvermögen in Höhe von (1.393.200-60.680) = 1.332.520 €, so dass an sich 667.480 € (2.000.000-1.332.520) gem. § 13b Abs. 2 Satz 1 ErbStG begünstigt wären (3). Der Abwandlungssachverhalt 2 verdeutlicht die Bedeutung des nun folgenden Schritts (4), der Ermittlung der Schädlichkeitsquote gem. § 13b Abs. 2 Satz 2 ErbStG: Das ungekürzte(!) Verwaltungsvermögen von 1.950.000 € ist in Relation zum steuerlichen Gesamtwert des Betriebs, also zu 2 Mio. Euro, zu setzen, was eine Schädlichkeitsquote von 97,5 % ergibt, so dass wegen Überschreitens der Schädlichkeitsquote von 90 % auch das an sich begünstigungsfähige Vermögen i.H.v. von 667.480 € keine Privilegierung mehr erfahren kann, also jede Anwendung der Verschonungsregelungen nach § 13a Abs. 1 oder 2   5069

1200 Zieht man 150.000 € von 247.500 € ab, ergibt sich ein übersteigender Betrag von 97.500 €, davon die Hälfte sind 48.750 €. Um diese 48.750 € reduziert sich der Abzugsbetrag von 150.000 € auf noch verbleibende 101.250 €, so dass als begünstigtes Vermögen steuerpflichtig verbleibt: 146.250 € (247.500-101.250).

ErbStG ausscheidet (5). (Eine Ausnahme würde nur gelten, wenn das Verwaltungsvermögen der Erfüllung von Altersversorgungsverpflichtungen dient, da hierfür das Überschreiten der 90 %-Grenze nicht mehr maßgeblich ist.)

▶ **Abwandlung 3: Der Betrieb weist Verwaltungsvermögen und Verbindlichkeiten auf, ohne Schuldenüberhang aus Altersvorsorgeverpflichtungen**

5070   Im Unterschied zum Ausgangsfall verfügt das Einzelunternehmen neben dem betrieblich genutzten Gebäude im Wert von 1 Mio. Euro, der Betriebs- und Geschäftsausstattung in Höhe von 500.000 € und den Vorräten von 200.000 € über ein fremdvermietetes Grundstück (Verwaltungsvermögen) in Höhe von 500.000 €, sowie Barbestände in Höhe von 200.000 €, und Wertpapiere zur Erfüllung von Altersversorgungsverpflichtungen in Höhe von 300.000 €; die Passivseite weist Verbindlichkeiten in Höhe von 600.000 € und eine Pensionsrückstellung in Höhe von 200.000 € aus.

5071   Bezogen auf diese **dritte Abwandlung** ergeben sich folgende Ermittlungsschritte – der Gliederung in Rdn. 5064 folgend –: Der gemeine Wert des Verwaltungsvermögens (1)(a) umfasst das Grundstück in Höhe von 500.000 € (§ 13b Abs. 4 Satz 1 Nr. 1 ErbStG) sowie Wertpapiere gem. § 13b Abs. 4 Satz 1 Nr. 4 ErbStG (an sich in Höhe von 300.000 €, jedoch gekürzt gem. § 13b Abs. 3 Satz 1 ErbStG um die Pensionsrückstellung von 200.000 €, so dass noch 100.000 € verbleiben) und schließlich Finanzmittel gem. § 13b Abs. 4 Satz 1 Nr. 5 ErbStG (in Höhe von 200.000 € abzüglich der gemeinen Werts der verbleibenden Schulden, also eines Betrags von 200.000 € aus den weiter vorhandenen Schulden von 600.000 €, mithin null Euro). Der gemeine Wert des gesamten Verwaltungsvermögens addiert sich also auf 600.000 €. Die im nächsten Schritt (1)(b) zu ermittelnde Schuldenquote gem. § 13b Abs. 6 Satz 2 ErbStG hat auszugehen von verbleibenden Schulden in Höhe von 400.000 € (gesamt 800.000 €, abzüglich der nach § 13b Abs. 3 ErbStG verrechneten Pensionsrückstellung und der, nach § 13b Abs. 4 ErbStG von den Finanzmitteln abgezogenen Schulden von 200.000 €, so dass noch 400.000 € verbleiben), was eine Schuldenquote von 25 % ergibt (ungekürztes nach Verrechnung verbleibendes Verwaltungsvermögen von 600.000 € mal 100 dividiert durch den Unternehmenswert von 2 Mio. Euro plus 400.000 € verbleibende Schulden, also 60.000.000 : 2.400.00 = 25).

5072   Die in Schritt (1)(c) vorzunehmende Ermittlung des Nettowerts des Verwaltungsvermögens gem. § 13b Abs. 6 Satz 1 ErbStG führt also zu einer Kürzung des gemeinen Werts des Verwaltungsvermögens von 600.000 € (Schritt 1a) um den quotalen Schuldenabzug (25 % von 400.000 €, also 100.000 €), so dass als Nettowert des Verwaltungsvermögens vorläufig 500.000 € verbleiben. Diese wiederum sind zu reduzieren gem. Schritt (2) um den »Schmutzzuschlag« i.H.v. 10 % von 1.500.000 € (2.000.000 € Betriebsvermögenswert abzüglich Nettowert des Verwaltungsvermögens von 500.000 €), also um 150.000 €, so dass ein nichtbegünstigtes Verwaltungsvermögen von 350.000 € verbleibt, ein begünstigtes Vermögen von 1.650.000 € (3). Die Missbrauchsprüfung gem. § 13b Abs. 2 Satz 2 ErbStG ergibt (4) eine unproblematische Schädlichkeitsquote von 50 % (ungekürztes Verwaltungsvermögen von 1 Mio. Euro: fremdvermietetes Grundstück 500.000 €, Wertpapiere 200.000 €, Finanzmittel 200.000 € in Relation zum Gesamtunternehmenswert von 2 Mio. Euro = 50 vom Hundert). Sofern vom begünstigten Vermögen von 1.650.000 € (5) der Verschonungsabschlag von 85 % abgezogen wird, verbleiben 247.500 €, die sich gem. § 13a Abs. 2 ErbStG (wie in der ersten Abwandlung) weiter um 101.250 € auf 146.250 € reduzieren, die gem. § 19a ErbStG in Steuerklasse I zu versteuern sind, das nichtbegünstigte Vermögen in Höhe von 350.000 € wird daneben – mit gegebenenfalls sonstigem steuerpflichtigem Vermögen – in Steuerklasse II besteuert.

▶ **Abwandlung 4: Der Betrieb weist Verwaltungsvermögen und Verbindlichkeiten auf, mit Schuldenüberhang aus Altersvorsorgeverpflichtungen**

5073   Beispiel: Im Unterschied zum Ausgangsfall verfügt das Einzelunternehmen neben dem betrieblich genutzten Gebäude im Wert von 1 Mio. Euro, der Betriebs- und Geschäftsausstattung in

Höhe von 500.000 € und den Vorräten von 200.000 € über ein fremdvermietetes Grundstück (Verwaltungsvermögen) in Höhe von 500.000 €, sowie Barbestände in Höhe von 200.000 €, und Wertpapiere zur Erfüllung von Altersversorgungsverpflichtungen in Höhe von 300.000 €; die Passivseite weist jedoch abweichend von Abwandlung 3 Verbindlichkeiten in Höhe von 400.000 € und eine Pensionsrückstellung in Höhe von 400.000 € aus.

Bezogen auf diese **vierte Abwandlung** ergeben sich folgende Ermittlungsschritte – der Gliederung in Rdn. 5064 folgend -: Der gemeine Wert des Verwaltungsvermögens (1)(a) umfasst jedenfalls das Grundstück (§ 13b Abs. 4 Satz 1 Nr. 1 ErbStG) mit 500.000 €. Die Wertpapiere (§ 13b Abs. 4 Satz 1 Nr. 4 ErbStG) in Höhe von 300.000 € werden mit den Altersversorgungsverpflichtungen (Pensionsrückstellungen) maximal in gleicher Höhe, also wieder 300.000 €, saldiert und sind daher nicht mehr anzusetzen. Es verbleibt insoweit noch ein Schuldenüberhang (aus der nicht verrechneten Pensionsrückstellung) von 100.000 €. Die Finanzmittel (§ 13b Abs. 4 Satz 1 Nr. 5 ErbStG) von 200.000 € werden ebenfalls gekürzt um 200.000 € aus dem gemeinen Wert der verbleibenden Schulden, so dass ein weiterer Schuldenüberhang von 200.000 € verbleibt. Da der verbleibende Bestand an Finanzmitteln nach Verrechnung bereits null Euro beträgt, spielt der weitere Sockelbetrag bis zu 15 % des gemeinen Werts des Betriebsvermögens (dies wären weitere 300.000 €) keine Rolle mehr, es bleibt also beim gemeinen Wert des Verwaltungsvermögens von gesamt 500.000 € (aus dem Grundstück).

5074

Im nächsten Schritt (1)(b), bei der Ermittlung der Schuldenquote (§ 13b Abs. 6 Satz 2 ErbStG) sind nur die noch verbleibenden Schulden von gesamt 300.000 € anzusetzen (also ursprünglich 800.000 € abzüglich der nach § 13b Abs. 3 ErbStG mit den Altersversorgungsverpflichtungen verrechneten Schulden von 300.000 € und der nach § 13b Abs. 4 ErbStG mit Finanzmitteln verrechneten Schulden von 200.000 €). Dies ergibt eine Schuldenquote in Höhe von 500.000 € (= gemeiner Wert des Verwaltungsvermögens, siehe Schritt 1a) mal 100 dividiert durch die Summe aus dem steuerlichen Wert des Betriebsvermögens (2 Mio. Euro) zuzüglich der verbleibenden Schulden von 300.000 €, also 50.000.000: 2.300.000 = 21,7 %. Im nächsten Schritt (1)(c) ist zur Ermittlung des Nettowerts des Verwaltungsvermögens dieser quotale Schuldenabzug von 21,7 % aus den verbleibenden Schulden von 300.000 €, das sind 65.100 €, vom gemeinen Wert des Verwaltungsvermögens (500.000 €) abzuziehen, so dass sich ein vorläufiger Nettowert des Verwaltungsvermögens von 434.900 € ergibt.

5075

Dieser wird sodann – im nächsten Schritt (2) durch Abzug des Schmutzzuschlags – um weitere 10 % des Betrags gekürzt, der nach Abzug des Nettowerts des Verwaltungsvermögens (434.900 €) vom gemeinen Wert des Betriebsvermögens (2 Mio. Euro) verbleibt, also 10 % aus 1.565.100 €. Nach Abzug des Betrags von 156.510 € (unschädliches Verwaltungsvermögen) bleibt demnach ein nichtbegünstigtes Verwaltungsvermögen von 278.390 €, das begünstigte Vermögen gem. § 13b Abs. 2 Satz 1 ErbStG beläuft sich also auf 1.721.610 € (3). Der Zwischenschritt der Missbrauchsprüfung (4) nach § 13b Abs. 2 Satz 2 ErbStG führt zu keinem abweichenden Ergebnis (die Summe des ungekürzten Verwaltungsvermögens von 1 Mio. Euro, also Grundstück, Wertpapiere und Finanzmittel, in Bezug zum gemeinen Wert des gesamten Vermögens von 2 Mio. Euro ergibt lediglich eine Quote von 50 %). Die dadurch als Schritt (5) eröffnete Anwendung der Verschonungsvorschriften nach § 13a ErbStG führt bei einem Verschonungsabschlag von 85 % auf das begünstigte Vermögen von 1.721.610 € zu einem verbleibenden Wert des begünstigten Vermögens von 258.242 €, das durch den Abzugsbetrag nach § 13a Abs. 2 ErbStG auf gesamt 162.363 € verringert wird.[1201] Dieses verbleibende steuerpflichtige begünstigte Vermögen von

5076

1201 Der Abzugsbetrag von 150.000 € wird nochmals gekürzt um die Hälfte des Betrags, um den der verbleibende Wert des begünstigten Vermögens von 258.242 € die Wertgrenze von 150.000 € übersteigt, also die Hälfte von 108.242 €, also um 54.121 €, so dass die Kürzung nur noch 150.000-54.121 = 95.879 € beträgt.

162.363 € wird nach § 19a ErbStG in Steuerklasse I versteuert, das nichtbegünstigte Vermögen von 278.390 € nach allgemeinen Grundsätzen, also in Steuerklasse II.

▶ **Abwandlung 5: Der Betrieb weist auch junges Finanzvermögen und junge Finanzmittel aus, ohne Kappung des unschädlichen Vermögens**

5077 Beispiel: Das übertragene Einzelunternehmen verfügt neben unschädlichem Betriebsvermögen (Gebäude: 600.000 €, Betriebs- und Geschäftsausstattung: 300.000 €, Vorräte: 200.000 €) nun über Wertpapiere in Höhe von 500.000 €, von denen jedoch 200.000 € innerhalb der letzten zwei Jahre angeschafft wurden (»junges Verwaltungsvermögen«), und einen Kassenbestand von 800.000 €, wobei in den letzten zwei Jahren Finanzmittel in Höhe von 300.000 € eingelegt und in Höhe von 100.000 € entnommen wurden: »junge Finanzmittel«. Dem stehen auf der Passivseite aktuelle Verbindlichkeiten von 100.000 € gegenüber.

5078 Bezogen auf diese **fünfte Abwandlung** ergeben sich folgende Ermittlungsschritte – der Gliederung in Rdn. 5064 folgend –: Der gemeine Wert des Verwaltungsvermögens (1)(a) ist nun unter Beachtung der Besonderheiten für junges Verwaltungsvermögen und junge Finanzmittel zu bestimmen. An Wertpapieren (§ 13b Abs. 4 Satz 1 Nr. 4 ErbStG) ist der Bestand von 500.000 € anzusetzen (auf dieser Prüfungsebene noch ohne Abzug für das junge Verwaltungsvermögen, also ohne Berücksichtigung des Umstands, dass 200.000 € hiervon den letzten zwei Jahren erst angeschafft wurden). In Bezug auf die Finanzmittel (§ 13b Abs. 4 Satz 1 Nr. 5 ErbStG) von 800.000 € handelt es sich in Höhe von 200.000 € (positiver Saldo aus den Einlagen abzüglich Entnahmen während der letzten zwei Jahre, § 13b Abs. 4 Nr. 5 Satz 2 ErbStG) um getrennt zu behandelnde – insb. keiner weiteren Kürzung zugängliche – junge Finanzmittel. Die verbleibenden Finanzmittel von 600.000 € werden um den gemeinen Wert der Schulden (100.000 €) gekürzt, so dass noch 500.000 € verbleiben. Diese wiederum werden um den Sockelbetrag von bis zu 15 % des gemeinen Werts des Gesamtbetriebsvermögens (also 15 % von 2.000.000 € = 300.000 €) reduziert, so dass noch 200.000 € anzusetzende Finanzmittel verbleiben. Der gemeine Wert des Verwaltungsvermögens beläuft sich also auf die Wertpapiere (500.000 €), die jungen Finanzmittel von 200.000 € sowie die verbleibenden anzusetzenden Finanzmittel von weiteren 200.000 €, also auf gesamt 900.000 €.

5079 Die Schuldenquote (1)(b) beträgt null, da die 100.000 € Schulden durch Verrechnung gem. § 13b Abs. 4 ErbStG »verschwunden« sind, ein quotaler Schuldenabzug (1)(c) findet demnach ebenfalls nicht statt, so dass der vorläufige Nettowert des Verwaltungsvermögens bei 900.000 € bleibt. Als weitere Zwischenprüfung im Rahmen dieses Schrittes ist nun gem. § 13b Abs. 8 Satz 3 ErbStG zu beachten, dass mindestens der gemeine Wert des jungen Verwaltungsvermögens und der jungen Finanzmittel anzusetzen sind, d. h. von 200.000 € (junges Verwaltungsvermögen) und weiteren 200.000 € (junge Finanzmittel). Der Mindestwert von 400.000 € ist jedoch überschritten, so dass es beim Nettowert des Verwaltungsvermögens von 900.000 € bleibt.

5080 Dieser ist sodann im nächsten Schritt (2) zu kürzen um den Schmutzzuschlag i.H.v. grundsätzlich 10 % des Werts, der sich nach Abzug des Nettowerts des Verwaltungsvermögens (900.000 €) vom gemeinen Wert des Betriebsvermögens (2 Mio. Euro) ergibt, also 10 % von 1,1 Mio. Euro = 110.000 €, so dass noch 790.000 € als nichtbegünstigtes Verwaltungsvermögen verbleiben.[1202] Damit beläuft sich das begünstigte Vermögen auf 1.210.000 € (2 Mio. Euro abzüglich 790.000 €), (3). Die als Zwischenschritt (4) notwendige Ermittlung der Schädlichkeitsquote ergibt: Das ungekürzte Verwaltungsvermögen von 1,3 Mio. € (500.000 € Wertpapiere und 800.000 € Finanzmittel) in Relation zum gemeinen Wert des Betriebsvermögens (2 Mio. Euro) führt zu einer unschädli-

---

[1202] Maximal abzugsfähig wäre der Wert, der vom Nettowert des Verwaltungsvermögens – 900.000 € – nach Abzug des jungen Verwaltungsvermögens und der jungen Finanzmittel, also 200.000 € und 200.000 €, verbleibt, also 500.000 €, da dieser Betrag jedoch durch die Berechnung von 10 % aus 1,1 Mio. Euro nicht erreicht wird, bleibt es beim Abzug von 110.000 € ohne weitere Kappung.

A. Schenkungsteuerrecht
Kapitel 12

chen Quote von 65 %. Die somit eröffneten Verschonungsvorschriften (§ 13a ErbStG) führen **(5)** zu folgendem Resultat: Vom begünstigten Vermögen in Höhe von 1.210.000 € ist 85 % Verschonungsabschlag (1.028.500 €) abzuziehen, so dass noch 181.500 € verbeiben, gekürzt gem. § 13a Abs. 2 ErbStG um 134.250 €[1203] auf noch 47.250 € steuerpflichtiges begünstigtes Vermögen, das nach § 19a ErbStG in Steuerklasse I versteuert wird. Daneben ist das nichtbegünstigte Vermögen in Höhe 790.000 € nach allgemeinen Vorschriften in Steuerklasse II zu versteuern.

▶ **Abwandlung 6: Der Betrieb weist auch junges Finanzvermögen und junge Finanzmittel aus, das zur Anhebung schädlichen Vermögens auf diesen Mindestansatz führt**

Beispiel: Das übertragene Einzelunternehmen verfügt neben unschädlichem Betriebsvermögen (Gebäude: 600.000 €, Betriebs- und Geschäftsausstattung: 300.000 €, Vorräte: 200.000 €) nun über Wertpapiere in Höhe von 500.000 €, von denen jedoch – anders als bei Abwandlung 5 – 450.000 € innerhalb der letzten zwei Jahre angeschafft wurden (»junges Verwaltungsvermögen«), und einen Kassenbestand von 800.000 €, wobei in den letzten zwei Jahren – abweichend von Abwandlung 5 – Finanzmittel in Höhe von 1.000.000 € eingelegt und in Höhe von 100.000 € entnommen wurden: »junge Finanzmittel«. Dem stehen auf der Passivseite aktuelle Verbindlichkeiten von 100.000 € gegenüber. **5081**

Bezogen auf diese **sechste Abwandlung** ergeben sich folgende Ermittlungsschritte – der Gliederung in Rdn. 5064 folgend –: Der gemeine Wert des Verwaltungsvermögens **(1)(a)** ist auch hier, wie bei Abwandlung 5, unter Beachtung der Besonderheiten für junges Verwaltungsvermögens und junge Finanzmittel zu bestimmen. Anzusetzen sind gem. § 13b Abs. 4 Satz 1 Nr. 4 ErbStG Wertpapiere in Höhe von 500.000 € sowie Finanzmittel (§ 13b Abs. 4 Satz 1 Nr. 5 ErbStG) in Höhe von 800.000 €, die nicht weiter gekürzt werden (weder findet ein Abzug des Schuldenüberhangs von 100.000 € statt, noch des Sockelbetrags von bis zu 15 % des gemeinen Werts des Betriebsvermögens, da es sich ausschließlich um junge Finanzmittel handelt, tatsächlich sind sogar 900.000 €, also höhere junge Finanzmittel anzusetzen, und damit mehr als derzeit noch im Bestand). Es bleibt also bei einem gemeinen Wert des Verwaltungsvermögens von 1.300.000 €. **5082**

Die Schuldenquote **(1)(b)** (von 100.000 €, die weder nach § 13b Abs. 3 noch nach Abs. 4 ErbStG gekürzt wurde), ergibt gem. § 13b Abs. 6 Satz 2 ErbStG einen Wert von 61,9 % (1,3 Mio. Euro gemeiner Wert des Verwaltungsvermögens mal 100 dividiert durch 2 Mio. Euro Gesamtbetriebswert zuzüglich 100.000 € verbleibender Schulden, also 130.000.000 : 2.100.000 = 61,9 %). Wird vom gemeinen Wert des Verwaltungsvermögens dieser quotale Schuldenabzug (61,9 % von 100.000 €, also 61.900 €) vorgenommen **(1)(c)**, verbliebe ein vorläufiger Nettowert des Verwaltungsvermögens von 1.238.100 €, der aber nicht maßgeblich ist, weil tatsächlich mindestens der gemeine Wert des jungen Verwaltungsvermögens und die jungen Finanzmittel zählen, vgl. § 13b Abs. 8 Satz 3 ErbStG, also ein Betrag von 1.350.000 € (junges Verwaltungsvermögen von 450.000 € zuzüglich junger Finanzmittel von per Saldo 900.000 €). **5083**

Ein weiterer Schmutzzuschlag **(2)** gem. § 13b Abs. 2 Satz 1 i.V.m. Abs. 7 Satz 1 ErbStG wird ebenso wenig gewährt. (Abzuziehen ist nämlich höchstens der Wert, der sich durch Subtraktion der jungen Verwaltungs- und Finanzmittel, also von 1.350.000 €, vom Nettowert des Verwaltungsvermögens, also ebenfalls von 1.350.000 €, ergibt, also null Euro. Das an sich geltende Kriterium von 10 % der Differenz des gemeinen Betriebsvermögenswerts [2 Mio. Euro] abzüglich des Nettowerts des Verwaltungsvermögens [1.350.000 €], also 10 % von 650.000 €, geht also ins Leere). Demnach liegt **(3)** begünstigtes Vermögen in Höhe von noch 650.000 € vor (2.000.000 € – 1.350.000 €), während 1.350.000 € (eben der Mindestwert des Verwaltungsvermögens, zusammengesetzt aus jungem Verwaltungsvermögen und jungem Finanzmittel) nicht begünstigt sind. **5084**

[1203] 150.000 € abzüglich der Hälfte des übersteigenden Betrags 181.500 – 150.000 = 31.500 €, also gekürzt um 15.750 €, so dass noch 134.250 € Abzug verbleiben.

5085 Die (4) Überprüfung der »Schädlichkeitsquote« (Missbrauchsregelung nach § 13b Abs. 2 Satz 3 ErbStG) führt zu keinem anderen Ergebnis, da die Summe des ungekürzten Verwaltungsvermögens (von 1,3 Mio. Euro) in Relation zum Gesamtvermögenswert von 2 Mio. Euro bei 65 % liegt. Die Verschonungsvorschriften (5) bezüglich des noch begünstigten Vermögens von 650.000 € führen zu dessen Kürzung um den Verschonungsabschlag von 85 % (§ 13a Abs. 1 Satz 1 ErbStG) auf noch verbleibende 97.500 €, die durch den weiteren Abzugsbetrag nach § 13a Abs. 2 ErbStG völlig aufgezehrt werden, so dass ein steuerpflichtiges begünstigtes Vermögen von null Euro verbleibt. Daneben besteht nichtbegünstigtes Vermögen in Höhe von 1.350.000 € (junges Verwaltungsvermögen und junge Finanzmittel), das in Steuerklasse II nach allgemeinen Grundsätzen versteuert wird.

▶ Hinweis:

5086 Dieses Ergebnis ist systemwidrig, weil tatsächlich im derzeitigen Bestand nur noch ungekürztes Verwaltungsvermögen von 1,3 Mio. Euro, nämlich 500.000 € Wertpapiere und 800.000 € Finanzmittel, vorhanden sind; im Extremfall könnten sogar die jungen Finanzmittel und das junge Verwaltungsvermögen insgesamt höher sein als der gemeine Wert des begünstigten Vermögens als solchem – also 2 Mio. Euro –, da die Besteuerung zwar auf den Stichtag nach § 9 ErbStG berechnet wird, aber für die Summe der akkumulierten jungen Finanzmittel und des jungen Verwaltungsvermögens auf den Saldo des vorangegangenen Zeitraums von zwei Jahren abgestellt wird.[1204]

b) Verwaltungsvermögen im Einzelnen (§ 13b Abs. 4 ErbStG)

5087 Das Gesetz zählt abschließend folgende Positionen zum »Verwaltungsvermögen« (der in Vorgänger-Entwürfen, etwa zum Unternehmensnachfolge-Erleichterungsgesetz, verwendete Begriff des »unproduktiven Vermögens« wurde nicht weitergeführt), vgl. § 13b Abs. 4 ErbStG 2016 (entspricht § 13b Abs. 2 Satz 2 ErbStG 2009).

aa) Dritten zur Nutzung überlassene Grundstücke (§ 13b Abs. 4 Nr. 1 ErbStG)

5088 Betroffen sind nur **unbewegliche Sachen** (Grundstücke, Grundstücksteile, Bauten, grundstücksgleiche Rechte), nicht aber Fahrzeuge, Konzessionen-Rechte oder Lizenzen, die an Dritte vermietet oder verpachtet sind.

Der Begriff des »Dritten« ist evident weit gefasst: Es kann sich auch um Angehörige des Schenkers handeln, um Arbeitnehmer der Firma, um vom Schenker beherrschte Kapitalgesellschaften. Dem Grunde nach schafft also die Nutzungsüberlassung im Konzern Verwaltungsvermögen, sofern keine der nachstehend genannten Ausnahmen (wie allerdings häufig) eingreifen.[1205]

5089 Gleichgültig ist die Art und Dauer der Nutzungsüberlassung, es muss also kein Entgelt für die Gebrauchsgewährung geschuldet sein. Bei strenger Betrachtung würde daher auch ein Hotelbetrieb (tägliche Nutzungsüberlassung) ein Camping-, Haus- oder Parkhaus-Verwaltungsvermögen darstellen,[1206] was (auch angesichts der Bereichsausnahme für Wohnungsunternehmen, Buchst. d) wenig nachvollziehbar ist. Die Finanzverwaltung[1207] behilft sich damit, nicht von einer Überlassung von Grundbesitz auszugehen, wenn weitere gewerbliche Tätigkeiten einheitlich angeboten werden, so dass die gesamte Tätigkeit als originär gewerblicher Vorgang einzustufen ist, etwa im Beherbergungsgewerbe (Hotels). Trotz begleitender Getränke- bzw. Benzinbelieferungen sollen aber durch Brauereien verpachtete Gaststätten bzw. durch Mineralölunternehmen verpach-

---

1204 Worauf *Kirschstein*, ErbStB 2017, 148, 159, zu Recht hinweist.
1205 Vgl. *Piltz*, ZEV 2008, 229, 230.
1206 So ausdrücklich *Griesel/Mertes*, ErbBstg 2008, 202, 203.
1207 BayLfSt v. 11.08.2010, S 3812a.2.1 – 3 St 34, ZEV 2010, 660; hierzu *Brüggemann*, ErbBstg 2010, 278 ff.

tete Tankstellen ebenfalls Verwaltungsvermögen darstellen,[1208] was im Rahmen der ErbStG-Reform 2016 zur Einführung der weiteren Rückausnahme des § 13b Abs. 4 Satz 1 Nr. 1 lit. e) ErbStG führt, vgl. Rdn. 5107 ff.

Gänzlich ungenutzte Grundstücke und Gebäude (z.B. leerstehende Räume) zählen nicht zum Verwaltungsvermögen, das Gesetz verlangt insoweit nicht eine aktive eigenbetriebliche Nutzung zur Vermeidung der Verwaltungsvermögenseigenschaft von Immobilien. 5090

Aufgrund des sehr weiten grundsätzlichen Anwendungsbereichs des § 13b Abs. 4 Nr. 1 ErbStG (Dritten zur Nutzung überlassene Grundstücke) sind bedeutsame Einschränkungen erforderlich geworden, um dem Missbrauchszweck der Ausgrenzung »unproduktiven Vermögens« gerecht zu werden: 5091

(1) Ausnahme Sonderbetriebsvermögen und Betriebsaufspaltung (lit. a)

Beide sind nur dann unschädlich (stellen also kein Verwaltungsvermögen dar), wenn die Rechtsstellung des Erblassers/Schenkers auf den Erwerber übergeht und die an die Gesellschaft zur Nutzung überlassenen Grundstücke (zum Sonderbetriebsvermögen vgl. Rdn. 5725 ff.) von der Gesellschaft nicht an einen weiteren Dritten zur Nutzung überlassen werden. Auf Art und Dauer der »weiteren Nutzungsüberlassung« kommt es auch hier nicht an. Zum begünstigten Sonderbetriebsvermögen eines Personengesellschafters zählen auch Ansprüche aus Pensionszusagen.[1209] 5092

Der Sachverhalt der Betriebsaufspaltung (s. hierzu Rdn. 5707 ff.) wird im Gesetz dahin gehend beschrieben, dass der Erblasser/Schenker sowohl im überlassenden Betrieb als auch im nutzenden Betrieb allein oder zusammen mit anderen Gesellschaftern (»**Gruppentheorie**«) einen einheitlichen geschäftlichen Betätigungswillen durchsetzen konnte. Diese Beschreibung geht jedoch über den eigentlichen Sachverhalt der Betriebsaufspaltung hinaus.[1210] 5093

▶ Beispiel:

Eine Obergesellschaft vermietet ihren Grundbesitz an eine hundertprozentige Tochter-Gesellschaft: Sofern der Erblasser/Schenker an der Obergesellschaft mehrheitlich beteiligt ist, kann er seinen Willen auf beiden Ebenen durchsetzen, so dass gem. § 13b Abs. 4 Nr. 1 Satz 2 Buchst. a) kein Verwaltungsvermögen vorliegt; eine Betriebsaufspaltung im ertragsteuerlichen Sinne liegt gleichwohl an sich nicht vor. Gemeint war die Ausnahme des Buchst. a) für solche Konzernsachverhalte ersichtlich nicht, sonst hätte es der Konzernausnahme des Buchst. c) (s. Rdn. 5098) nicht bedurft. 5094

Die Eigenschaft des Schenkers/Erblassers als »Doppelgesellschafter« (also als Mitglied der Gruppe, die sowohl das Besitz- als auch das Betriebsunternehmen beherrscht) muss auf den Erwerber übergehen, was wohl (über den Wortlaut hinaus) auch dann gegeben ist, wenn der Erwerber bereits Mitglied bei beiden Gruppen war bzw. nur bei einer der beiden Gruppen ein Übergang auf den schon in dieser Gruppe vorhandenen Erwerber stattfindet.[1211] 5095

(2) Ausnahme Betriebsverpachtung (lit. b)

Ausgenommen ist ferner die Vertriebsverpachtung im Ganzen, solange der Erblasser/Schenker keine Betriebsaufgabe erklärt hat (zum diesbezüglichen Wahlrecht vgl. Rdn. 5738) und aus der Pacht Gewinneinkünfte erzielte (§ 13b Abs. 4 Nr. 1 Satz 2 Buchst. b) Satz 1 ErbStG). Das Gesetz regelt zwei Verpachtungsfälle: 5096

1208 OFD Koblenz, 09.05.2012 – S 3812b – St 35 4, ErbStB 2012, 264.
1209 *Halaczinsky/Schumann*, ErbStB 2011, 106 ff.
1210 Zur »erbschaftsteuerlichen Betriebsaufspaltung« *Söffing*, ErbStB 2014, 253 ff. (weiterer Begriff der personellen Verflechtung, Erblasser/Schenker muss aber der beherrschenden Gruppe angehören).
1211 Vgl. *Bauer/Wartenburger*, MittBayNot 2009, 95.

(1) Der **bisherige Pächter** wird durch eine letztwillige Verfügung oder eine »rechtsgeschäftliche Verfügung« **als Erbe eingesetzt**. Dem Wortlaut nach kann dann allerdings das Unternehmen zu Lebzeiten dennoch einem anderen zugewendet werden?![1212]

5097 (2) Die (auf max. 10 Jahre befristete) **Verpachtung erfolgt deshalb an einen Dritten**, »weil der Beschenkte zur Zeit der Steuerentstehung den Betrieb noch nicht führen kann«; die 10-Jahres-Frist beginnt bei Minderjährigen erst mit Vollendung des 18. Lebensjahres. Offen ist demnach die Rechtslage, wenn er zwar geeignet, aber noch nicht willens ist! Ob er die Qualifikation dann erlangt, ist nach dem Wortlaut ebenfalls gleichgültig.[1213]

5098 Von beiden Verpachtungsausnahmen profitieren können naturgemäß nur solche verpachteten Betriebe, die vor der Verpachtung begünstigtes Vermögen i.S.d. § 13b Abs. 1 ErbStG darstellten (und nach der vor 30.06.2016 geltenden Rechtslage den Verwaltungsvermögenstest [50 %] bestanden haben), also z.B. nicht verpachtete Betriebe, deren Hauptzweck die Überlassung von Grundstücken ist, es sei denn, es handelte sich um Wohnungsunternehmen gemäß nachstehend Rdn. 5100). Trotz des missverständlichen Wortlautes (der lediglich auf die Einkunftsarten des § 2 Abs. 1 Nr. 2 und 3, nicht der Nr. 1, EStG Bezug nimmt) ist auch die Verpachtung landwirtschaftlicher Betriebe und Flächen (lit. f) erfasst, sofern es sich nicht um Stückländerei (§ 13a Abs. 6 Nr. 2 Satz 2 ErbStG) handelt.[1214]

(3) Ausnahme Konzernfälle (lit. c)

5099 **Nutzungsüberlassungen im Konzern** sind ebenfalls ausgenommen, führen also nicht zur Entstehung von Verwaltungsvermögen. Der Konzernbegriff ist wie bei der Beurteilung der Zinsschranke (§ 4h EStG) abzugrenzen[1215] (womit internationale Rechnungslegungsvorschriften mittelbar Eingang in das ErbStG gefunden haben). Es darf aber auch hier keine Nutzungsüberlassung an einen konzernfremden Dritten erfolgen.

(4) Wohnungsunternehmen (lit. d)

5100 Verwaltungsvermögen liegt ferner nicht in Bezug auf Gebäude oder Grundstücke vor, die zum Betriebsvermögen eines Einzelunternehmens, zum Gesamthandsvermögen einer (nicht lediglich vermögensverwaltenden,[1216] sondern gewerblich tätigen, infizierten oder geprägten) Personengesellschaft,[1217] oder zum Vermögen einer Kapitalgesellschaft gehören, sofern Hauptzweck des Betriebes die Vermietung von Wohnungen ist und dessen Erfüllung einen wirtschaftlichen Geschäftsbetrieb (§ 14 AO) erfordert. Da die Vermietung von Wohnungen i.S.d. § 181 Abs. 9 BewG (abgeschlossene Einheit mit selbständigem Zugang, Kochgelegenheit und Bad, i.d.R. nicht unter 23 qm Fläche) lediglich »Hauptzweck« des Betriebes sein muss, fragt sich, bis zu welchem Umfang auch andere Tätigkeiten als Nebenzweck unproblematisch sind (Beispiel: Gewerbeimmo-

---

1212 *Hannes/Onderka*, ZEV 2009, 13; *Schwind/Schmidt*, NWB 2009, 612.
1213 Vgl. *Bauer/Wartenburger*, MittBayNot 2009, 96.
1214 Vgl. *Wellmann*, ZErb 2010, 12, 17.
1215 Abschnitt 27 des Entwurfes (Stand: 01.04.2009) der koordinierten Ländererlasse zur Erbschaftsteuer verweist auf Rn. 59 bis 68 des BMF-Schreibens v. 04.07.2008, BStBl. 2008 I, S. 718.
1216 Wird allerdings die Beteiligung an einer solchen, niemals geprägten oder zwischenzeitlich entprägten, Personengesellschaft in einer gewerblichen oder kapitalgesellschaftlichen Holding gehalten, wird auch diese Beteiligung vertikal in den »Wohnungsbegünstigungstest« einbezogen, vgl. *Müller/Fröhlich*, ErbStB 2010, 14, 16.
1217 Werden Wohnungen des bisherigen Privatvermögens in gewerblich geprägte Gesellschaften eingebracht, ist allerdings gem. Rdn. 2581 ff. zu differenzieren, ob es sich um noch steuerverhaftete Objekte handelt (dann verdeckte Einlage vorzuziehen) oder nicht (dann tauschähnliches Geschäft, gegen Gewährung von Gesellschaftsrechten, zur Schaffung neuen Abschreibungspotentials, empfehlenswert), vgl. *Königer/Ziegler*, ZEV 2011, 618 ff. (auch zur weiteren Auffüllung mit nicht begünstigtem Vermögen). Ein gewerblicher Grundstückshandel wird durch die Einbringung nicht begründet.

bilien, Büros, Supermärkte). Der Bericht des Finanzausschusses v. 26.11.2008[1218] sowie die ErbStR 2011 (R E 13b.13 Abs. 2 Satz 3 ErbStR 2011) plädieren dafür, insoweit auf das Verhältnis der Grundbesitzwerte abzustellen, und legen einen kritischen Prozentsatz von 50 v.H. zugrunde.[1219] Wird diese Hürde genommen, ist auch das sonstige Vermögen dieses Unternehmens begünstigt, selbst wenn es sich sonst um »junges«, erst in den letzten 2 Jahren zugeführtes Verwaltungsvermögen handeln würde.[1220]

5101 Die Rückausnahme für Wohnungsunternehmen ist **ab 01.07.2016** in § 13b Abs. 4 Nr. 1 Satz 2 lit. d ErbStG weitgehend ohne Wortlautänderung übernommen worden. Die Vermietung eigener Wohnungen (im Unterschied zur Vermietung von Gewerberäumen) muss nach dem Gesetzeswortlaut den überwiegenden Teil der betrieblichen Tätigkeit ausmachen, was die Richtlinien (R E 13b.13 Abs. 2 Satz 3 ErbStR 2011) dann als gegeben ansehen, wenn die Summe der steuerlichen Grundbesitzwerte der zu Wohnzwecken vermieteten Immobilien höher ist als die Summe der steuerlichen Grundbesitzwerte anderer (gewerblich vermieteter) Immobilien. (Befinden sich in einem Haus sowohl Mietwohnungen als auch [etwa im Erdgeschoss] gewerblich genutzte/vermietete Immobilien, ist wohl eine Aufteilung nach dem Verhältnis der Flächennutzung,[1221] nach anderer Ansicht im Verhältnis der Mieterträge[1222] notwendig). Aus dem Gesetzeswortlaut »Vermietung eigener Wohnungen« ist wohl ferner zu folgern, dass ein erbschaftsteuerlich privilegiertes Wohnungsunternehmen dann nicht vorliegt, wenn es lediglich seinerseits Beteiligungen an Grundbesitz verwaltenden Personengesellschaften (etwa GbRs) hält.[1223]

5102 Ist diese »Überwiegensvoraussetzung« im unmittelbaren Bestand jedoch erfüllt, sind auch die Grundstücke und Grundstücksteile, die zu gewerblichen Zwecken genutzt oder vermietet werden, von der Steuerbegünstigung erfasst (R E 13b.13 Abs. 2 Satz 4 ErbStR 2011, ebenso 13b.17 Abs. 2 Satz 4 des Erlasses v. 22.06.2017, BStBl 2017 I 902), da die Vergünstigung stets für den Gesamtbetrieb gewährt oder nicht gewährt wird. Diese **Alles-oder-nichts-Betrachtung** steht in deutlichem Widerspruch zur Ratio der zum 01.07.2016 in Kraft getretenen Neuregelung der betrieblichen Unternehmensnachfolgebesteuerung, schädliches Verwaltungsvermögen nicht »durch die Hintertür« in begünstigtes Vermögen umwandeln zu können.

▶ Hinweis:

5103 Demzufolge würde – beschränkt auf Wohnungsunternehmen – weiterhin die Möglichkeit bestehen, gewerblich vermietete Immobilien (also Verwaltungsvermögen) bis zur Schädlichkeitsgrenze von 50 % rechtzeitig »aufzufüllen«.

5104 Das weiter erforderliche **Kriterium des wirtschaftlichen Geschäftsbetriebs** (§ 14 AO) ist problematisch, da § 14 Satz 3 AO just die (hier ungünstige) Regelvermutung aufstellt, dass bei Vermietung von unbeweglichem Vermögen eine reine Vermögensverwaltung vorliege. Eine solche wird zum einen überschritten, wenn der Vermieter wesentliche über die typische Vermietertätigkeit hinausgehende Zusatzleistungen erbringt (z.B. Frühstücksdienst, Bewachung, Hausmeister-Service

---

1218 BT-Drucks. 16/11107, S. 14.
1219 Aufgrund des anzuwendenden Ertragswertverfahrens sind im Wesentlichen also die erzielten Mieteinnahmen maßgebend, nicht das Verhältnis der vermieteten Flächen zueinander.
1220 [1214] *Ostermayer/Riedel*, BB 2009, 1395, 1397.
1221 Vgl. *Stoklassa*, ErbStB 2017, 80, 83 m. w. N., ebenso wohl R E 13b.9 Satz 4 ErbStR 2011.
1222 So etwa *Ivens*, DStR 2010, 2168.
1223 Anderer Ansicht *Stoklassa*, ErbStB 2017, 80, 84, mit Hinweis auf die ähnliche Rechtsfrage im Rahmen des Merkmals »Verwaltung eigenen Grundbesitzes« bei der erweiterten Gewerbesteuerkürzung nach § 9 Nr. 1 Satz 2 GewStG, wo OFG Berlin-Brandenburg, 06.05.2014 – 6 K 6091/12, DStRE 2014, 1232, n. rkr., Az. BFH: IV R 27/14, das Merkmal »eigen« nicht zivilrechtlich, sondern nach ertragsteuerlichen Grundsätzen, also im Sinn einer Zurechnung zur Obergesellschaft analog § 39 Abs. 2 Nr. 2 AO, interpretiert hat.

o.ä.[1224]) oder aber wenn es sich um kurzfristige Vermietung mit häufigem Benutzerwechsel handelt, so dass eine geschäftliche Betätigung in den Vordergrund rückt[1225] oder aber bei häufigen Vermögensumschichtungen.

5105 Tatsächlich ist jedoch wohl der gesetzgeberische Gedanke dahin gehend zu interpretieren, ob ein in kaufmännischer Weise eingerichteter, also wirtschaftlicher Geschäftsbetrieb vorliegt.[1226] Dieses § 1 Abs. 2 HGB entnommene Merkmal stellt in wesentlicher Hinsicht darauf ab, ob die Vermietung der Immobilie in einer Größenordnung stattfindet, die den Einsatz von Arbeitnehmern erfordert, das Unterhalten eines Büros, die Durchführung einer Buchführung zur Gewinnermittlung (vgl. die in R E 13b.13 Abs. 3 ErbStR 2011 genannten Indizien).[1227] Nur dadurch lässt sich auch das sonst sinnwidrige Ergebnis vermeiden, dass wegen Überschreitens der Grenze der Vermögensverwaltung hin zur gewerblichen Tätigkeit (also bei Zugrundelegung des Kriteriums des § 14 AO) die erweiterte gewerbesteuerliche Kürzung des § 9 Nr. 1 Sätze 2 ff. GewStG entfällt. Die sonst i.R.d. § 14 AO maßgeblichen Kriterien, z.B. häufiger Mieterwechsel etc., spielen jedenfalls keine Rolle.

5106 Im Ergebnis besteht insoweit erhebliche Rechtsunsicherheit. Die Literatur sieht jedenfalls einen kaufmännischen Geschäftsbetrieb bei mehr als 500.000,00 € Jahresumsatz als erforderlich an, sofern sich nicht die Geschäftsentwicklung im Einzelfall als einfach und gleichförmig darstellt.[1228] Die ErbStR 2011 (R E 13b.13 Abs. 3 Satz 2)[1229] sehen eine Nichtaufgriffsgrenze bei mehr als 300 Wohnungen.[1230] Es spielt dann keine Rolle, ob das Eigentumsunternehmen diese – einen kaufmännischen Geschäftsbetrieb erfordernde Verwaltung – selbst durchführt oder durch verbundene Unternehmen (Betriebsaufspaltung) bzw. gar durch externe Dienstleister durchführen lässt.[1231] Hinzuweisen ist weiter darauf, dass das Vorliegen der Voraussetzungen eines Wohnungsbauunternehmens nur zum Stichtag gegeben sein muss, spätere Änderungen, bspw. die Rückkehr zur reinen Vermögensverwaltung, also keine Nachversteuerung i.S.d. § 13a Abs. 5 ErbStG auslöst.[1232]

(5) Verpachtung zur Produktabsatzförderung (lit. e)

5107 Hinsichtlich des Verwaltungsvermögenskatalogs des § 13a Abs. 4 ErbStG wurde in Nr. 1 Satz 2 lit. e ErbStG der Katalog der unschädlich überlassenen Grundstücke um solche Immobilien erweitert, die im Rahmen von Lieferverträgen dem Absatz eigener Erzeugnisse dienen; erfasst davon ist in erster Linie die Verpachtung von Grundbesitz durch Brauereien oder Tankstellen, die zur Förderung des Produktabsatzes dienen, weniger zur Erzielung von Verpachtungseinnahmen. Die in Bayern bereits zuvor im Sinne dieser Bestimmung favorisierte Anwendung wurde durch den Gesetzgeber also bestätigt (BT-Drucksache 18/8911, S. 44). Die koordinierten (nicht gleichlautenden) Anwendungserlasse 2017, Rdn. 4355, lehnen eine Anwendung der Rückausnahme auf

---

1224 *Königer/Ziegler*, ZEV 2011, 618, 620.
1225 BFH, BStBl. 1969 II, S. 441, 442.
1226 Bericht des Finanzausschusses v. 26.11.2008, BT-Drucks. 16/11107, S. 14; vgl. im Einzelnen *Möhrle/Gerber*, DB 2011, 903 ff.
1227 Vgl. *von Cölln*, ZEV 2012, 133, 135.
1228 *Ivens*, DStR 2010, 2168.
1229 Hierzu *Schmidt/Schwind*, NWB 2011, 3512, 3525; unmittelbar zu R-E 13b.13 ErbStR 2011 *Klose*, NWB 2011, 3682 ff.; auch zur (wohl nur selten in Betracht kommenden) Möglichkeit des Zusammenschlusses mehrerer Wohnungsunternehmer in einer neuen Gesellschaft.
1230 37 Wohnungen auf 5 Grundstücken reichen sicherlich nicht, FG Düsseldorf, 24.06.2015 – 4 K 2086/14 Erb, ErbStB 2015, 290 (n. rkr., Az. BFH: II R 44/15), ebenso wenig 45 Wohnungen mit 37 Garagen in Fremdverwaltung, FG München, 08.07.2015 – 4 K 360/12, ErbStB 2015, 319.
1231 R E 13b.13 Abs. 4 Satz 1 ErbStR 2011 – vgl. *von Cölln*, ZEV 2012, 133, 136 –; schon zuvor FinMin Bayern, Erlass v. 12.07.2010, 34 – S 3812b – 001 – 27200/01 ZEV 2010, 432; *Hannes/Onderka/v. Oertzen*, ZEV 2010, 466; *Ivens*, DStR 2010, 2168.
1232 Vgl. *Hannes/Steger*, ErbStB 2009, 119.

andere Fälle der Grundstücksüberlassung, etwa in der Logistik-Branche, ab, da es am Absatz eigener Erzeugnisse fehlt.[1233]

(6) Überlassung zur landwirtschaftlichen Nutzung (lit. f)

Wie bereits gem. § 13a Abs. 2 Satz 2 Nr. 1 Satz 2 lit. f) ErbStG 2009 regelt nun § 13a Abs. 4 Nr. 1 Satz 2 lit. f) ErbStG 2016, dass Grundstücke, grundstücksgleiche Rechte und Bauten, die an Dritte zur land- und forstwirtschaftlichen Nutzung überlassen wurden (gleich ob entgeltlich oder nicht), nicht zum Verwaltungsvermögen gehören. 5108

bb) Minderheitsanteile an Kapitalgesellschaften (§ 13b Abs. 4 Nr. 2 ErbStG)

Verwaltungsvermögen bilden weiter Anteile an (in- und ausländischen) Kapitalgesellschaften, sofern die unmittelbare Beteiligung am Nennkapital dieser Gesellschaften 25 % nicht überschreitet (§ 13b Abs. 4 Nr. 2 ErbStG; ausgenommen sind jedoch naturgemäß solche Kleinbeteiligungen in der Hand von Kredit- oder Finanzdienstleistungsinstituten). Auch hier ist die (bereits auf der ersten Ebene, der Prüfung begünstigungsfähigen Vermögens in § 13b Abs. 1 Nr. 3 Satz 2 ErbStG, enthaltene) **Pool-Regelung** entsprechend zur Prüfung, ob die 25 %-Quote erreicht wird, anzuwenden. 5109

Anteile, die z.T. im Gesamthandsvermögen einer Personengesellschaft und i.Ü. im SBV eines Gesellschafters (der nicht der Übertragende sein muss!) gehalten werden, sind zusammenzurechnen. 5110

Maßgeblich ist stets die Höhe der im Betriebsvermögen der Gesellschaft insgesamt gehaltenen Beteiligung an der Kapitalgesellschaft, nicht etwa die durchgerechnete mittelbare Beteiligungsquote des Obergesellschafters, dessen Anteil soeben übertragen wird.[1234] 5111

Wird die 25 %-Schwelle nicht erreicht, zählt der Beteiligungswert voll zum Verwaltungsvermögen, selbst dann, wenn die betreffende Kapitalgesellschaft ausschließlich produktives Vermögen innehat. Dies kann im Einzelfall absurde Folgen haben. 5112

▶ **Beispiel:**[1235]

Im Betriebsvermögen eines Einzelunternehmens befindet sich eine 20 %ige Beteiligung an einer Tochter-GmbH. Das Einzelunternehmen wie auch die GmbH sind in vollem Umfang operativ tätig. Das Einzelunternehmen hat einen Wert von 5 Mio. € (ohne Berücksichtigung der Erträge der GmbH), die Beteiligung selbst einen Wert von 6 Mio. €. Da die Beteiligung aufgrund der zu geringen Quote als Verwaltungsvermögen gilt, überwiegt das Verwaltungsvermögen (Relation 6 Mio. € zu 11 Mio. €), so dass der Test nicht bestanden wird, somit jede Begünstigung ausscheidet, obwohl sowohl beim Einzelbetrieb als auch bei der Beteiligung lediglich produktives Vermögen vorhanden ist.

cc) Kunstgegenstände etc. (§ 13b Abs. 4 Nr. 3 ErbStG 2016, § 13b Abs. 2 Satz 2 Nr. 5 ErbStG 2009)

Kunstgegenstände, Kunstsammlungen, wissenschaftliche Sammlungen, Bibliotheken, Archive, Münzen, Edelmetall und Edelsteine zählen zum Verwaltungsvermögen,[1236] sofern der Handel mit solchen Gegenständen nicht Hauptzweck des Gewerbebetriebs ist. Unklar ist das zur Bemessung des Hauptzwecks anzuwendende Kriterium (Umsatz, Gewinn, Anzahl der beschäftigten Mitarbeiter). Die Bibliothek des Steuerberaters oder Rechtsanwalts ist demnach wohl Verwaltungsvermögen (anders das Kunstvermögen eines Galeristen). Verwaltungsvermögen ist auch das 5113

1233 Abschnitt 13b.18 AE-ErbStG 2017, BStBl. 2017 I, 902 ff.
1234 Vgl. *Piltz*, ZEV 2008, 229, 230.
1235 Nach *Scholten/Korezkij*, DStR 2009, 151.
1236 Krit. hiergegen *Hoheisel/Nesselrode*, DStR 2011, 441.

beim Zahnarzt vorhandene Zahngold, da die Verarbeitung oder der Handel damit nicht Hauptzweck der Praxis sein wird.

5114 Zum 01.07.2016 wurde der Katalog der privatverdächtigen Vermögensgegenstände, die zum Verwaltungsvermögen zählen, in § 13b Abs. 4 Nr. 3 ErbStG 2016 erweitert um Briefmarkensammlungen, Oldtimer, Yachten, Segelflugzeuge und sonstige typischerweise der privaten Lebensführung dienende Gegenstände, stets unter dem Vorbehalt, dass der Handel mit diesen Waren nicht zum Hauptzweck des Unternehmens zählt. Durch die gesonderte Aufführung der »Oldtimer« wird deutlich, dass die üblichen Firmen-Pkw, die auch der privaten Lebensführung dienen können, nicht unter den Ausschluss fallen.

5115 Auch diese Erweiterung des bisherigen Katalogs erscheint zum Teil willkürlich (wie steht es mit Motor- oder Sportflugzeugen bzw. Hubschraubern?) Auch lädt die Herausnahme von Verpachtungsfällen zu Umgehungsgestaltungen ein (Einlage des Oldtimers in eine Gesellschaft, Abschluss eines entgeltlichen Mietvertrags mit dem Schenker oder bereits dem zu Beschenkenden, anschließend begünstigte Schenkung der Gesellschaft). Die koordinierten, nicht gleichlautenden Anwendungserlasse der Finanzverwaltung 2017, Rdn. 4355, erwähnen eine im Gesetz nicht ausdrücklich vorgesehene, ausweislich einer Protokollerklärung der Bundesregierung jedoch beabsichtigte weitere Rückausnahme für den Fall, dass die im Gesetz genannten Gegenstände Bestandteil eines Museums zur Unternehmensgeschichte sind und der Öffentlichkeit zugänglich gemacht werden.[1237]

dd) Wertpapiere und vergleichbare Forderungen (§ 13b Abs. 4 Nr. 4 ErbStG)

5116 Die Definition des »Wertpapiers« bleibt im Gesetz offen – möglicherweise nimmt sie Bezug auf das Gliederungsschema des § 266 Abs. 2a HGB (Abschnitt III Finanzanlagen Nr. 5). Die Finanzverwaltung vertritt eine engere (für den Steuerpflichtigen also günstigere) Auslegung unter Beschränkung auf am Markt gehandelte Wertpapiere i.S.d. § 2 Abs. 1 des Wertpapierhandelsgesetzes (WpHG), so dass die zivilrechtlich als Wertpapier einzustufenden kaufmännischen Orderpapiere i.S.d. §§ 363 bis 365 HGB, Wechsel und Schecks sowie auf Order lautende Anweisungen und Rektapapiere nicht darunter zählen.[1238] Unklar ist, ob auch solche Wertpapiere zum Verwaltungsvermögen zählen, die als Rückdeckung für eine Pensionszusage dienen, bzw. Ansprüche gegen Rückdeckungsversicherungen selbst.[1239]

5117 Besonders streitträchtig ist der Umfang der »vergleichbaren Forderungen«. Denkbar wäre, dass damit die Finanz-Innovationen gemeint sind, die gesetzestechnisch nicht unter den Begriff der Wertpapiere fallen; die strengere Linie der Finanzverwaltung subsumiert darunter nur solche Produkte, die nach § 2 Abs. 1 WpHG als Wertpapiere gelten, obwohl über sie keine Urkunden ausgegeben werden, z.B. Schuldbuchforderungen, Geldmarkt- und Festgeldfonds,[1240] vgl. hierzu auch Rdn. 5120. Ganz überwiegend wird angenommen, dass jedenfalls Kundenforderungen aus Lieferungen und Leistungen,[1241] Forderungen aus konzerninternen Darlehen[1242] sowie Geld-

---

[1237] Abschnitt 13b.21 Abs. 2 AE-ErbStG 2017, BStBl. 2017 I, 902 ff.
[1238] In diese Richtung Abschnitt 32 Abs. 1 des koordinierten Ländererlasses zur Erbschaftsteuer v. 25.06.2009 BStBl. 2009 I, S. 737, so dass allenfalls Pfandbriefe und Wechsel im internationalen Warenverkehr darunter zählen.
[1239] Dagegen *Herrmann*, DB 2014, 2072 (zu sog. Contractual Trust Arrangements = CTA) sowie *Milatz/Bockhoff*, ErbStB 2011, 13 ff. (hilfsweise seien sie entgegen § 13b Abs. 2 Satz 4 ErbStG mit den Versorgungsverpflichtungen zu saldieren).
[1240] Hinweis 32 des koordinierten Ländererlasses zur Erbschaftsteuer v. 25.06.2009, BStBl. 2009 I, S. 737.
[1241] *Stahl/Fuhrmann*, KÖSDI 2008, 16056, 16058; *Hannes/Onderka*, ZEV 2008, 16, 21; *Schulz/Althof/Markl*, BB 2008, 528.
[1242] *Rödder*, DStR 2008, 997, 999.

A. Schenkungsteuerrecht   Kapitel 12

bestände (Bar- und Buchgeld, also Sicht- oder Sparanlagen)[1243] nicht zu den vergleichbaren Forderungen zählen.[1244] Auch (z.B. fondsgebundene) Lebensversicherungen im Betriebsvermögen – jedenfalls solange der Versicherungsnehmer nicht in schädlicher Weise »vermögensverwaltend« Einfluss nehmen kann, § 20 Abs. 1 Nr. 6 Satz 5 EStG, Rn. 2193 – gehören wohl nicht zum Verwaltungsvermögen.[1245]

Auch Festgeldkonten zählen jedenfalls nach Ansicht der Finanzverwaltung[1246] nicht zum Verwaltungsvermögen, ebenso wenig Darlehensansprüche gegen fremden Dritte oder Forderungen aus Lieferungen und Leistungen, z.B. geschuldete Kaufpreisforderungen aus dem Verkauf betrieblichen Vermögens – zu Gestaltungsempfehlungen vgl. Rdn. 5360 –,[1247] ebenso wenig Forderungen an verbundene Unternehmen. 5118

▶ Hinweis:

Da (vor In-Kraft-Treten des § 13b Abs. 2 Satz S. 2 Nr. 4a ErbStG a.F. am 06.06.2013, Rdn. 5121) Bar- und Buchgeld sowie Festgeld nicht zum Verwaltungsvermögen zählte, konnten solche Mittel in eine gewerblich geprägte GmbH & Co KG[1248] oder eine GmbH eingebracht werden (die Zweijahresfrist war hierfür, da Betriebsvermögen vorlag, nicht einzuhalten), die Anteile[1249] sodann steuerfrei übertragen und Anteil und Vermögen 7 Jahre gehalten werden, wonach die Gesellschaft liquidiert wird. Es konnte sogar (unter Einhaltung der Zwei-Jahres-Frist) schädliches Verwaltungsvermögen (z.B. Wertpapiere) bis zur 10 % bzw. 50 % Grenze »beigepackt« werden. Da beim »Verwaltungsvermögenstest« nur auf die Verhältnisse zum Bewertungsstichtag abgestellt werden, schaden spätere Umschichtungen in Wertpapiere nicht.[1250] Allerdings durften über den Fünf- bzw. Siebenjahreszeitraum keine Überentnahmen i.S.d. § 13a Abs. 5 Satz 1 Nr. 3 ErbStG a.F. stattfinden. Auch war zu bedenken, dass die Erträge nicht der Abgeltungsteuer unterliegen, sondern in einer Kapitalgesellschaft der Körperschaft- und Gewerbesteuer (was in etwa dem Niveau der Abgeltung- und Kirchensteuer entspricht), in einer gewerblich geprägten Personengesellschaft der individuellen Progression (aber unter Abzugsmöglichkeit von Betriebsausgaben, unter Verrechnung von Kursverlusten mit sonstigem Einkommen, und unter Berücksichtigung von Dividenden nur zu 60 %). 5119

1243 *Herbach/Kühnold*, DStZ 2008, 20, 25; *Piltz*, ZEV 2008, 229, 231; *Griesel/Mertes*, ErbBstG 2008, 202, 204. Die koordinierten Ländererlasse vom 25.06.2009, BStBl 2009 I, S. 698 ff., Abschnitt 9 Abs. 3 Satz 5 sehen Bargeld nur dann als begünstigt, wenn es aus gewerblicher Tätigkeit stammt.
1244 Anders noch der RegE v. 26.10.2006 (Unternehmensnachfolgeerleichterungsgesetz), der von »Geldforderungen ggü. Kreditinstituten und vergleichbaren Forderungen« sprach, vgl. zur insoweit bestehenden Ungewissheit *Hannes/Onderka*, ZEV 2008, 16, 21; *Geck*, ZEV 2008, 557, 562.
1245 *Koblenzer*, ErbStB 2010, 178; ausführlich Werz, ErbStB 2011, 100 ff.
1246 Hinweis 32 des koordinierten Erlasses zur Erbschaftsteuer v. 25.06.2009, BStBl. 2009 I, S. 737; a.A. *Piltz*, ZEV 2008, 229, 231; *Griesel/Mertes*, ErbBstG 2008, 202, 205; *Stahl/Fuhrmann*, KÖSDI 2008, 16056, 16057.
1247 A.A. *Piltz*, ZEV 2008, 229, 231.
1248 Hierzu, mit Berechnungsbeispielen, *Tölle*, NWB 2012, 1176, 1180 ff.
1249 Bei der Kapitalgesellschaft muss der Erbe/Schenker allerdings die Mindestbeteiligungsquote von 25 % überschreiten oder seine Anteile gem. § 13b Abs. 1 Nr. 3 Satz 2 ErbStG »poolen«.
1250 *Maack/Römer*, DStR 2013, 80 empfehlen zur Vermeidung des Gesamtplan-Vorwurfs, mit der Umschichtung zwei Jahre zu warten; die Investition in Immobilien könnte mit Blick auf die »Veräußerung wesentlicher Betriebsgrundlagen« schädlich sein; demgegenüber sieht *Felten*, ErbStB 2013, 181 ff. darin keine Gefahr, ebenso wenig *Cornelius/Wagenknecht*, ZErb 2013, 172 ff., da Liquidität keine wesentliche Betriebsgrundlage i.S.d. § 13a Abs. 5 Satz 1 Nr. 1 ErbStG sein könne und demnach keine Nachversteuerung auslöse, und § 42 AO seit dem Vorlagebeschluss des BFH, 27.09.2012 – II R 9/11, ZEV 2012, 599 m. Anm. *Hannes*, insoweit keine Rolle mehr spielt. Vorsichtigerweise kann eine (geringe) eigene wirtschaftliche Tätigkeit der GmbH stattfinden.

Die Verzerrung der Steuergerechtigkeit durch sog. den Einsatz einer solchen **Cash-KG** bzw. **Cash-GmbH** war verfassungsrechtlich besonders bedenklich[1251] und wurde daher – allerdings erst mit Wirkung ab 07.06.2013 – durch die Einführung des § 13b Abs. 2 Satz 2 Nr. 4a ErbStG (Rdn. 5121 ff.) deutlich beschnitten.

5120 Die Abgrenzung der »vergleichbaren Forderungen« i.S.d. § 13b Abs. 4 Nr. 4 ErbStG soll nach Auffassung der Finanzverwaltung[1252] anhand des Kriteriums der »Verbriefung« erfolgen, so dass unter Nr. 4 zu subsumieren sind: Forderungspapiere des Kapitalverkehrs wie Anleihen, Pfandbriefe und Industrieobligationen, Pfandbriefe von Hypothekenbanken, Aktien, Schuldbuchforderungen der Länder und des Bundes, Investmentanteile, Geldmarktfondsanteile und Festgeldfonds, nicht jedoch Geld, Sichteinlagen, Spareinlagen, Festgeldkonten, Forderungen verbundener Unternehmen oder aus Lieferungen und Leistungen, die zum Finanzmittelvermögen der Nr. 5 gehören. Sofern solche Wertpapiere – wie in der Praxis oft festzustellen – ausschließlich der Absicherung von Verpflichtungen aus **Altersvorsorgezusagen** dienen und dem Zugriff aller übrigen Gläubiger damit entzogen sind (aufgrund etwa einer Verpfändung), stellt sich die Frage der Zugehörigkeit zum Verwaltungsvermögen wegen § 13b Abs. 3 ErbStG nicht mehr, vielmehr ist vorab eine Verrechnung mit den Verpflichtungen selbst durchzuführen, und nur ein möglicher Überhang wäre nicht privilegiert.

ee) Finanzmittel

(1) Frühere Rechtslage: § 13b Abs. 2 Satz 2 Nr. 4a ErbStG 2009

5121 Der auch im Vorlagebeschluss des BFH[1253] aufgegriffene, verfassungsrechtlich bedenkliche »Begünstigungsüberhang«, der es dem Steuerpflichtigen erlaubte, Bargeld oder Guthaben aus Spar- oder Festgeldkonten als »Betriebsvermögen« einer GmbH oder gewerblich geprägten GmbH & Co. KG steuerfrei zu übertragen (Rdn. 5119), veranlasste den Gesetzgeber nach mehreren Anläufen[1254] – gem. § 30 Abs. 8 ErbStG für alle Sachverhalte, für die die Steuer nach dem 06.06.2013 (Tag des Bundestagsbeschlusses) entstanden ist –, zu einer Ausweitung der abschließenden gesetzlichen Definition des Verwaltungsvermögens in Gestalt der neu eingefügten Nr. 4a in § 13b Abs. 2 Satz 2 ErbStG. Danach ist uneingeschränkt begünstigtes Betriebsvermögen nur der Teil des Werts des Bestands an **Zahlungsmitteln, Geschäftsguthaben, Geldforderungen und anderen Forderungen** (»ZGGF«), der (hier allerdings nach Abzug des Werts der Schulden!) 20 %[1255] des (gemäß § 12 Abs. 5 ErbStG i.V.m. § 151 Abs. 1 Nr. 2 BewG zu bewertenden) Betriebsvermögens nicht übersteigt.[1256] Der darüber hinausgehende Finanzmittelbestand ist bereits dem Grunde nach nicht begünstigungsfähig. Das gesamte Verwaltungsvermögen setzt sich nun also zusammen aus den »schädlichen Finanzmitteln« (Saldo aus [Finanzmitteln minus Schulden] abzüglich 20 %

1251 Vgl. den Beschluss des BFH, 05.10.2011 – II R 9/11 ZEV 2011, 672 m. Anm. *Hannes*, das BMF zum Beitritt zum Verfahren aufzufordern.
1252 Vgl. Ländererlass v. 10.10.2013, BStBl. 2013 I, 1272, Tz. 2.1.
1253 BFH, 27.09.2012 – II R 9/11, ZEV 2012, 599 m. Anm. *Hannes*.
1254 Die Neuregelung sollte zunächst auf Vorschlag des Bundesrates i.R.d. JStG 2013 (mit Wirkung ab dem Tag nach dem Bundestagsbeschluss, also ab 27. Oktober 2012) eingeführt werden, *Steger/Zipfel/Dijkstra*, ErbStB 2012, 277, 281 sahen darin eine unzulässige echte Rückwirkung. Sodann war geplant, den Vorschlag des Vermittlungsausschusses vom 12.12.2012 mit Rückwirkung auf dieses Datum umzusetzen, *Erkis/Mannek/van Lishaut*, FR 2013, 245 ff.; *Schley*, GmbHR 2013, 348 ff.
1255 Diese Schwelle (der Entwurf ging sogar noch von 10 % aus) wird gerade bei ertragsschwachen (und damit geringwertigen) Betrieben viel zu früh überschritten. Saisonbetriebe mit stark schwankendem Liquiditätsbestand werden dadurch benachteiligt, vgl. *Korn/Strahl*, NWB 2012, 3909, 3936 ff. Ein nicht ausgenützter Sockelbetrag kann nicht mit anderem Verwaltungsvermögen verrechnet werden.
1256 Vgl. Gleichlautende Ländererlasse v. 10.10.2013, BStBl 2013 I 1272 = ZEV ZEV 2013, 697; *Viskorf/Haag*, ZEV 2014, 21 ff.: *Stalleiken* DB 2013, 2586 (krit. zur Doppelberücksichtigung jungen Verwaltungsvermögens; hiergegen auch *Milatz/Herbst*, GmbHR 2014, 18); kritisch auch *Korezkij*, DStR 2013, 2550 ff.

A. Schenkungsteuerrecht   **Kapitel 12**

des gemeinen Gesamtbetriebswertes, der demnach wie ein Sockelbetrag wirkt) und dem übrigen Verwaltungsvermögen. Damit darf eine »Cash-Gesellschaft« zum Erreichen der Regelverschonung nur mehr (50 + 20 =) knapp 70 %, zur Erlangung des vollständigen Abschlags nur mehr (10 + 20 =) knapp 30 % Finanzvermögen aufweisen.

Zu den Finanzmitteln in diesem Sinne[1257] zählen nun jedenfalls diejenigen Positionen, die bisher gem. R E 13b.17 ErbStR 2011 (in Abgrenzung zu den »Wertpapieren und vergleichbaren Forderungen«) nicht zum schädlichen Verwaltungsvermögen zählten, also Bargeld, Sicht- und Spareinlagen, Festgeldkonten, Forderungen aus Lieferungen und Leistungen, Forderungen an verbundene Unternehmen, Forderungen von Gesellschaften gegen ihre Gesellschafter, Forderungen im Sonderbetriebsvermögen eines Gesellschafters gegen seine Personengesellschaft, geleistete Anzahlungen (also Sachleistungsansprüche), Steuerforderungen, Forderungen aus stillen Beteiligungen etc.   5122

Als »Schulden« abzugsfähig sind auch Rückstellungen (selbst wenn sie einem steuerlichen Passivierungsverbot unterliegen), Sachleistungsverpflichtungen, und Darlehenskonten von Gesellschaftern, sofern es sich ertragsteuerlich um Fremdkapital handelt, nicht jedoch passive Rechnungsabgrenzungsposten und Rücklagen.   5123

Die gesetzliche Neuregelung ergänzt das »Verwaltungsvermögensmonitoring« um ein **Finanzmonitoring**, gerade in der Endphase des Ansparstadiums für Investitionen oder bei Saisonbetrieben. Nach dem Stichtag können die Finanzmittelbestände wieder sanktionslos erhöht werden, sofern dies nicht durch Veräußerung von privilegiertem Sachanlagevermögen geschieht (Nachversteuerung, Rdn. 5316 ff.).   5124

Ausgenommen von der gesetzlichen Regelung sind Kreditinstitute oder Finanzdienstleistungsinstitute i.S.d. KWG[1258] sowie Versicherungsgesellschaften, ebenso solche Gesellschaften, deren Hauptzweck in der Finanzierung einer gewerblichen Tätigkeit (i.S.d. § 15 Abs. 1 Nr. 1 EStG) von verbundenen Unternehmen besteht, vgl. zu Letzterem Rdn. 5131 ff.   5125

Als Folge der Neuregelung sind die bisher möglichen Gestaltungen über Veräußerungsgeschäfte zwischen Schwestergesellschaften nicht mehr zur Steuervermeidung geeignet, da die »erwerbende Gesellschaft«, in deren Vermögen sich lediglich die Kaufpreisforderung befindet, aufgrund der Neuregelung nicht mehr begünstigtes Verwaltungsvermögen hält.[1259]   5126

Da die Relation zum gemeinen Wert des Betriebes (20 % hieraus bildet den freien Sockelbetrag) zugrunde zu legen ist, kann in Grenzfällen der Ansatz eines höheren Unternehmenswertes (Verkehrswertgutachten anstelle des vereinfachten Ertragswertverfahrens) für den Steuerpflichtigen von Vorteil sein.[1260] In Konzernstrukturen kann es sich empfehlen, Liquidität in andere Gesellschaften umzuschichten, bis bei jenen die Höhe der Verbindlichkeiten zuzüglich 20 % des Unternehmenswertes erreicht wird.[1261] Verfügt ein Betrieb bereits über hohe Verbindlichkeiten, kann trotz Zuführung weiterer Bargeldbestände immer noch der Verwaltungsvermögenstest bestanden werden: 5127

1257 Überblick bei *Siegmund/Zipfel*, NWB 2013, 2302 ff.
1258 Vgl. *Mewes/Bockhoff*, ZEV 2014, 532 ff.
1259 Vgl. im Einzelnen *Geck*, ZEV 2012, 399, 400; *Steger/Zipfel/Dijkstra*, ErbStB 2012, 277 ff.; *Riedel*, ZErb 2012, 267 ff.
1260 *Hannes*, DStR 2013, 1417, 1418.
1261 Da sog. junges Verwaltungsvermögen hinzuaddiert wird, erhöht dies i.d.R. den Gesamtunternehmenswert, und damit den Ausgangswert für die Ermittlung der 20 % Quote. »Jung« sind allerdings gem. § 13b Abs. 2 Satz 3 ErbStG n.F. nur solche über 20 % hinausgehenden Finanzwerte, die als positiver Saldo der in den letzten zwei Jahren eingelegten und entnommenen Finanzmittel ermittelt werden. Vgl. auch die Gestaltungsempfehlungen bei *Milatz/Herbst*, GmbHR 2013, 923 ff. (z.B. Umwandlung von Liquidität in unschädliche Sachleistungsansprüche).

▶ Beispiel:[1262]

5128 Ein Betrieb verfügt auf der Aktivseite über Maschinen im Wert von 1 Mio. €, denen Verbindlichkeiten im Wert von 990.000€ und Eigenkapital im Wert von 10.000€ gegenüberstehen. Der Gesellschafter legt Bargeld i.H.v. 3,3 Mio. € ein, so dass sich der Wert der Gesellschaft auf 3.310.000€ erhöht. Die Finanzmittel belaufen sich auf 3.300.000€ abzüglich 990.000€ Schulden, also 2.310.000€, abzüglich 20 % des Betriebsvermögenswertes (also 662.000€), mithin auf 1.648.000€, überschreitet also nicht die 50 % Grenze, so dass (nach Ablauf der Zweijahresfrist zur Beseitigung der »Jugend« des Bargeld-Verwaltungsvermögens zumindest die 85 %ige Regelverschonung erreicht werden kann.

▶ Hinweis:

5129 Einzubeziehen sind auch die (im Sonderbetriebsvermögen gehaltenen) **Gesellschafterdarlehen**, so dass sich wegen der gesellschafterbezogenen Betrachtungsweise[1263] bei Personengesellschaften die Verwaltungsvermögensquote derjenigen Gesellschafter verschlechtert, die ihr Guthaben auf Darlehenskonten haben »stehen lassen«, etwa zur Alterssicherung im Rahmen früherer Teilanteilsübertragungen:

▶ Beispiel:[1264]

5130 A und B sind mit jeweils 50 % an der AB OHG beteiligt. Diese hat einen Unternehmenswert von 10 Mio. Zu ihren Aktiva gehören Nichtverwaltungsvermögen von 6 Mio. und Geldmittel/Forderungen von 4 Mio. Das Fremdkapital besteht aus Gesellschafterverbindlichkeiten gegenüber A und B i.H. von jeweils 2 Mio., somit insgesamt ebenfalls 4 Mio., das Eigenkapital beträgt 6 Mio. Der Mitunternehmeranteil des A (50 % am Gesamthandsvermögen, also 5 Mio., zzgl. 2 Mio. SBV) hat einen Wert von 7 Mio. Ihm sind im Rahmen des Verwaltungsvermögenstests 50 % der Geldmittel/Forderungen (also 2 Mio.) und 50 % der Schulden (ebenfalls 2 Mio.) der Gesamthand (beides neutralisiert sich also) sowie 2 Mio. Forderungen im Sonderbetriebsvermögen zuzurechnen, so dass sich sein Verwaltungsvermögen (§ 13b Abs. 2 Satz 2 Nr. 4a ErbStG) nach Abzug des Freibetrags von (20 % von 7 Mio. =) 1,4 Mio. auf 0,6 Mio. beläuft. Die Verwaltungsvermögensquote liegt somit bei (0,6 Mio.: 7 Mio. =) 8,6 % und damit unter 10 %, so dass die Vollverschonung nach dem bis zum 30.06.2016 geltenden Recht in Betracht kam.

A schenkt nun seinem Sohn S eine 45 %ige Beteiligung an der AB OHG und bleibt mit 5 % beteiligt, behält jedoch sein komplettes Darlehenskonto zur Alterssicherung zurück. Im Erbfall könnte bezüglich der verbleibenden 5 % zuzüglich der gesamten Darlehensforderung keine Verschonung mehr gewährt werden: Der verbleibende Mitunternehmeranteil des A hat einen Wert von (5 % Gesamthandsvermögen, also 0,5 Mio., zuzüglich des Sonderbetriebsvermögens von 2 Mio. =) 2,5 Mio. Dem A sind 5 % der Forderungen (0,2 Mio.) abzüglich 5 % der Schulden (0,2 Mio.) der Gesamthand (also Null) sowie 2 Mio. Forderungen in seinem Sonderbetriebsvermögen zuzurechnen, so dass nach Abzug des Freibetrags i.S.d. Nr. 4a von (20 % von 2,5 Mio. =) 0,5 Mio. noch 2 Mio. verbleiben. Die Verwaltungsvermögensquote liegt bei (2 Mio.: 2,5 Mio. =) 80 %, so dass keine Verschonung mehr nach dem bis zum 30.06.2016 geltenden Recht in Betracht kam.

5131 Die in § 13b Abs. 2 Nr. 4a Satz 3 ErbStG 2009 (= § 13b Abs. 4 Nr. 5, 2. Hauptsatz ErbStG 2016) genannte Unterausnahme von der Erweiterung des Verwaltungsvermögensbegriffs (»Gesellschaft, deren Hauptzweck in der Finanzierung einer Tätigkeit i.S.d. § 15 Abs. 1 Nr. 1 EStG von

---

1262 Nach *Mannek*, ErbStB 2013, 343, 352.
1263 Vgl. H E 13b.20 ErbStH 2011; *Korezkij*, DStR 2013, 1764, 1765; kritisch auch *Immes*, ZEV 2014, 86 ff.
1264 Nach *Hannes*, DStR 2013, 1417, 1419; ähnliche Berechnungsbeispiele bei *Grootens*, ErbStB 2013, 380, 381.

verbundenen Unternehmen [§ 15 AktG] besteht« – gemeint waren wohl in erster Linie konzerninterne cash-pool-Gesellschaften) schaffte **Gestaltungspotential**:[1265]

Dem Gesetz ist sicherlich Genüge getan, wenn die betreffende Gesellschaft sich allein der **Finanzierung verbundener Unternehmen** widmet, unabhängig davon, wie viel Vermögen sie hält und wie hoch der Anteil ihrer Finanzierungsdienstleistung am Gesamtfinanzbedarf der verbundenen Gesellschaften ist. Zu den finanzierten »verbundenen Unternehmen« zählen z.B. (§ 16 ff. AktG) mehrheitliche Schwestergesellschaften, aber auch abhängige Unternehmen, Konzernunternehmen und wechselseitig beteiligte Unternehmen. Am einfachsten lässt sich die »Verbundenheit« sicherlich durch schlichte Mehrheitsbeteiligung bzw. Herstellung einer Stimmrechtsmehrheit zugunsten der zu finanzierenden Unternehmen herstellen. Bei den finanzierten Gesellschaften schließlich müssen diese Darlehensmittel unmittelbar dem operativen Geschäft zugute kommen, beispielsweise zur Finanzierung von Anlage- oder Umlaufvermögen (Warenvorräten). 5132

Das Vehikel der Finanzierungsgesellschaft ließ sich beispielsweise dergestalt nutzbar machen, dass der Inhaber liquiden Finanzvermögens, der dieses an Abkömmlinge steuerfrei übertragen möchte, mit der Holding-Gesellschaft einer (beliebigen) Unternehmensgruppe gemeinsam eine (gewerblich geprägte) GmbH & Co. KG gründet, an der er als Kommanditist (unter Wahrung der Anforderungen an die steuerliche Mitunternehmerschaft) eine Kommanditbeteiligung unter 50 % hält, so dass diese GmbH & Co. KG in Beziehung zur Holding-Gesellschaft und den Tochter- und Enkelgesellschaften der (zu finanzierenden) Unternehmensgruppe ein verbundenes Unternehmen darstellt. 5133

Diese Finanzierungs-GmbH & Co. KG wird nun seitens des Finanzvermögensinhabers mit Kapital durch Einzahlung dadurch ausgestattet, dass das bei der KG für ihn eingerichtete Kapitalkonto II (mit Eigenkapitalcharakter, aber ohne Beteiligungs- oder Stimmrechte) dotiert wird; es steht vermögensmäßig allein dem Finanzvermögensinhaber zu. Die Finanzierungs-KG gewährt sodann Darlehen an die operativen Gesellschaften der mehrheitlichen Mitgesellschafterin (also der genannten Unternehmensgruppe), z.B. durch Ablösung bestehender Fremdfinanzierungen. Der Finanzvermögensinhaber kann anschließend seinen Kommanditanteil an der Finanzierungsgesellschaft (samt dem Guthaben auf dem Kapitalkonto II) steuerfrei gemäß § 13a Abs. 8 ErbStG an andere Personen verschenken, es handelt sich wegen der Gegenausnahme des § 13b Abs. 2 Nr. 4a Satz 3 ErbStG nicht um Verwaltungsvermögen. Lohnsummenkriterien etc. dürften (mangels Arbeitnehmern in der Finanzierungsgesellschaft) keine Rolle spielen. 5134

▶ Hinweis:

> Da der Verwaltungsvermögenstest rein stichtagsbezogen durchgeführt wird, könnten nach dem Stichtag innerhalb der Finanzierungs-KG Vermögensumschichtungen stattfinden, beispielsweise die ausgereichten Darlehen zurückgeführt und davon Wertpapiere erworben oder sonstige Vermögensverwaltungszwecke verfolgt werden, Rdn. 5121. Die Gesellschaftsbeteiligung selbst muss jedoch sieben Jahre weitergeführt (insbesondere als weder gekündigt noch verkauft) werden. 5135

Zur Ermittlung der 15 % (bisher 20 %)-Grenze des Finanzmittelwerts im Verhältnis zum Betriebsvermögen ist der Begriff der Finanzmittel (wohl) brutto zu verstehen, also vor Abzug der Schulden (was sich auch daraus ergibt, dass z.B. § 13b Abs. 9 Satz 2 ErbStG a.F. die Finanzmittel und Schulden getrennt aufführt und auch verfahrensrechtlich gem. § 13b Abs. 10 Satz 1 ErbStG a.F. die Summe der gemeinen Werte der Finanzmittel und der Schulden nebeneinander festzustellen ist). 5136

Es ist bedauerlich, dass das in den ersten Gesetzesentwürfen der Jahresmitte 2015 noch enthaltene Hauptzweckkriterium im Rahmen der Finanzmittelprüfung beibehalten wurde, und zwar in verschärfter Form (es fehlt der ursprünglich enthaltene Zusatz des »überwiegenden« Dienens einer 5137

[1265] Vgl. *Riedel*, ZErb 2014, 209 ff.

gewerblichen, land- und forstwirtschaftlichen oder freiberuflichen Tätigkeit). Diese braucht nicht unbedingt im übertragenen Betrieb selbst, sondern kann auch in nachgeordneten Gesellschaften stattfinden, und es ist wohl auch (erst recht) ausreichend, wenn mehrere Hauptzwecke dieser Art ausgeübt werden.

(2) Neue Rechtslage: § 13b Abs. 4 Nr. 5 ErbStG 2016

5138 Da nach früherem Recht die nicht verbrieften Finanzmittel (also Geld, Sichteinlagen, Spareinlagen, Festgeldkonten, Forderungen aus Lieferung und Leistung und Forderungen verbundener Unternehmen, Ansprüche aus Rückdeckungsversicherungen, Forderungen im Sonderbetriebsvermögen des Gesellschafters, etwa Forderungen gegenüber der Personengesellschaft selbst, Forderungen von Personen- oder Kapitalgesellschaften gegen ihre Gesellschafter und sonstige auf Geld gerichtete Forderungen aller Art etwa aus geleisteten Anzahlungen, Steuerforderungen oder Forderungen aus stillen Beteiligungen) nicht als »Wertpapiere und vergleichbare Forderungen« i.S.d. Nr. 4 klassifiziert wurden, ergaben sich Vergünstigungsmöglichkeiten für sog. »Cash-Gesellschaften«, die nur über Festgeldguthaben verfügten. Diese gleichheitssatzwidrige Besteuerungslücke wurde bereits teilweise durch die Einführung des § 13b Abs. 2 Nr. 4a ErbStG a.F. (schädliche Finanzmittelvermögen) verringert, indem nur mehr 20 % des (nach Abzug des Schuldenbetrags) Betriebsvermögens in solchen Cash-Beständen privilegiert übertragen werden konnten, vgl. Rdn. 5121 ff.

5139 Die durch die Reform 2016 als § 13b Abs. 4 Nr. 5 ErbStG fortgeführte Norm[1266] zum Finanzmittelvermögen führt zu einer zweifachen weiteren Verschärfung:
(a) Zum Einen ist der Freibetrag für das begünstigungsfähige Finanzmittelvermögen auf **15 (nicht 20) %** des gemeinen Werts des Betriebsvermögens reduziert worden (zu ermitteln ebenfalls nach Abzug des gemeinen Wertes der betrieblichen Schulden).
(b) Zum Zweiten wird auch diese 15 %-Grenze nur auf solches Vermögen begrenzt, das im **Hauptzweck** einer land- und forstwirtschaftlichen, einer originär gewerblichen (§ 15 Abs. 1 Satz 1 Nr. 1 EStG) oder einer selbständigen Tätigkeit (freier Beruf oder staatlicher Lotterie-Einnehmer i.S.d. § 18 Abs. 1 Nr. 1 u. Nr. 2 EStG) dient. Eine lediglich gewerblich geprägte oder infizierte Gesellschaft genügt also nicht.

Es genügt aber, dass diese Anforderungen bei nachgeordneten Gesellschaften erfüllt sind, so dass auch Holding-Gesellschaften mit eigenen Finanzmitteln in den Genuss der 15 %igen Begünstigung kommen können, wenn diese bei Tochtergesellschaften zu den förderungswürdigen Zwecken verwendet werden, vgl. § 13b Abs. 4 Nr. 5 Satz 4 und 5 ErbStG; zu Finanzierungsgesellschaften vgl. auch Rdn. 5131 ff.

5140 Unklar ist jedoch, wie die Finanzverwaltung des Merkmals des »Dienens im Hauptzweck zugunsten begünstigter Tätigkeiten« feststellen will.[1267] In dem koordinierten (nicht gleichlautenden) Erlass vom 22.06.2017 (vgl. Rdn. 4355) hat die Finanzverwaltung jedenfalls den im Schrifttum vorgetragenen Versuchen, die Bestimmung auf offene Missbrauchssachverhalte zu reduzieren,[1268] eine Absage erteilt. Es bleibt nach wie vor offen, anhand welcher Kriterien (Gewinn, Umsatz, Vermögenszusammensetzung etc.) der »Hauptzweck« zu überprüfen ist und wie bei Mischfällen, also bei Vorliegen mehrerer, teils begünstigter, teils nichtbegünstigter Tätigkeiten, vorgegangen werden soll oder in den Fällen, in denen die eigene Tätigkeit der Obergesellschaft anders zu beurteilen ist als die Tätigkeiten der nachgeordneten Gesellschaften nach Maßgabe der Mitteilung deren Be-

---

1266 Vgl. zum Folgenden *Korezkij*, DStR 2017, 745 ff.
1267 *Korezkij*, DStR 2017, 745, 747 schlägt vor, Daten der (Konzern-)GuV zu analysieren: Miet-, Zins- und Dividendeneinnahmen wären nicht begünstigten Tätigkeiten, alle anderen Erträge den begünstigten Tätigkeiten zuzurechnen. Abzustellen wäre auf (Brutto-)Erträge, um Zuordnungsprobleme hinsichtlich der Aufwendungen zu umgehen. Zur Vermeidung einmaliger Effekte könnte ein Dreijahreszeitraum zugrunde gelegt werden, wie im vereinfachten Ertragswertverfahren (§§ 199 ff. BewG).
1268 Vgl. etwa *Korezkij*, DStR 2017, 745 ff.

triebsfinanzämter[1269] oder aber in den Fällen, in denen für einzelne der nachgeordneten Gesellschaften der 15 %ige Freibetrag eingehalten ist, bei anderen nicht. Vielleicht ist die nach dem Gesetzeswortlaut notwendige Alles-oder-nichts-Entscheidung auf der Gesamtebene nach Maßgabe einer Gewichtung der nachgeordneten Gesellschaften zu führen, so dass in versteckter Form die früheren positiven oder negativen Kaskadeneffekte der bis 2016 geltenden Rechtslage (vgl. Rdn. 5144 bzw. Rdn. 5363) wieder Einzug halten.[1270]

Insbesondere in Konzernen ist es schwierig, den Finanzmitteltest auf konsolidierter Basis auch unterjährig stets im Blick zu behalten. Dies mag dadurch erleichtert werden, dass eine für den Gesamtkonzern zuständige Finanzierungsgesellschaft installiert wird, die im Sinn eines Cash-Pooling die Finanzmittel zusammenfasst.[1271] Darüber hinaus kann bei großen Volumina erwogen werden, eine »konzerneigene Bank« zu gründen, deren Finanzmittel dann gänzlich freigestellt sind (mit Ausnahme der jungen Finanzmittel, da nur auf § 13b Abs. 4 Nr. 5 Satz 1 ErbStG verwiesen wird).

5141

ff) Rechtslage bis 30.06.2016: Anteile an Gesellschaften mit überwiegendem Verwaltungsvermögen (§ 13b Abs. 2 Satz 2 Nr. 3 ErbStG 2009)

Verwaltungsvermögen bildeten nach der **bis zum 30.06.2016 geltenden Rechtslage** auch unmittelbare Beteiligungen an in- und ausländischen Personengesellschaften, ebenso unmittelbare Beteiligungen an in- und ausländischen Kapitalgesellschaften mit einer Quote von mehr als 25 % bzw. wenn die Kapitalgesellschaftsbeteiligung zu einem Pool gehört und die Summe aller pool-gebundenen unmittelbaren Anteile 25 % überschreitet, jeweils sofern die (Personen- bzw. Kapital-)Gesellschaft ihrerseits zu mindestens 50 % aus Verwaltungsvermögen besteht.

5142

Die Prüfung des Verwaltungsvermögens auf der Ebene des Tochter-Unternehmens wurde nach den gleichen Regelungen wie beim Mutter-Unternehmen durchgeführt, obwohl eine unmittelbare gesetzliche Regelung hierzu fehlte.[1272] Auch hier war also die Summe der gemeinen Werte der Einzelwirtschaftsgüter des Verwaltungsvermögens (als Brutto-Wert, ohne Schuldenabzug) zum gemeinen Wert des Gesamtbetriebs der Tochter-Gesellschaft (als Netto-Wert) ins Verhältnis zu setzen. Bei Anteilen an einer Personengesellschaft war auch das SBV in den Verwaltungsvermögenstest miteinzubeziehen.

5143

Eine Durchrechnung »des Gesellschaftsvermögens in Relation zum Mutter-Unternehmen«, also eine transparente Gewichtung, erfolgte nicht, es galt vielmehr das »Alles-oder-Nichts-Prinzip«. Die Tochter-Gesellschaft, die den Verwaltungsvermögenstest nicht bestanden hatte, zählt bei der Mutter-Gesellschaft komplett als Verwaltungsvermögen und infizierte demnach Letztere (»**negativer Kaskadeneffekt**«, zum positiven Kaskadeneffekt der bis 30.06.2016 geltenden Rechtslage vgl. Rdn. 5363):

5144

▶ Beispiel:[1273]

Übertragen wurde vor dem 30.06.2016 die gesamte Beteiligung an der Großmutter-GmbH (Wert 35 Mio. €). Deren 100 %ige Beteiligung, die Mutter-GmbH, hat einen Wert von 18 Mio. €, deren 100 %ige Beteiligung wiederum, die Tochter-GmbH, einen Wert von

---

1269 Nach Auffassung der Finanzverwaltung, Abschnitt 13b.30 Abs. 5 Satz 1 Nr. 1 Satz 2–5 AE-ErbStG 2017, BStBl. 2017 I, 902 ff., sind in Verbundvermögensfällen die Voraussetzungen vom jeweiligen Betriebsfinanzamt für jede einzelne Gesellschaft zu überprüfen und dem Betriebsfinanzamt der darüberliegenden Feststellungsebene nachrichtlich mitzuteilen, wo eine Zusammenfassung inklusive der eigenen Tätigkeit der Obergesellschaft erfolgen soll.
1270 Vgl. *Korezkij*, DStR 2017, 1729, 1735.
1271 Zur Gewährung des 15 %igen Freibetrags reicht es aus, dass entweder die begünstigungsfähige Einheit (wie hier nicht) oder die nachgeordneten Gesellschaften produktiv tätig sind.
1272 Vgl. *Scholten/Korezkij*, DStR 2009, 151.
1273 Nach *Scholten/Korezkij*, DStR 2009, 152.

7 Mio. €. Die Tochter-GmbH, hielt ihrerseits zwei je 100 %ige Beteiligungen, nämlich an der Enkel-1-GmbH (2 Mio. €) und der Enkel-2-GmbH (10 Mio. €).

Alle Gesellschaften, die Großmutter-, Mutter- und Tochter-GmbH sowie die Enkel-1-GmbH, hatten ausschließlich »produktives« Vermögen, lediglich bei der Enkel-2-GmbH besteht Verwaltungsvermögen i.H.v. 6 Mio. €.

Bei der Enkel-2-GmbH überwog also das Verwaltungsvermögen, so dass die gesamte Beteiligung an der Enkel-2-GmbH im Wert von 10 Mio. € bei der Tochter-GmbH als Verwaltungsvermögen galt. Die Tochter-GmbH hatte einen eigenen Wert von 7 Mio. € zuzüglich Beteiligungen von gesamt 12 Mio. € (Enkel-1- und Enkel-2-GmbH), so dass das Verwaltungsvermögen (10 Mio. €) mehr als 50 % des Unternehmenswert der Tochter-GmbH ausmachte. Damit war die gesamte Beteiligung an der Tochter-GmbH im Wert von 19 Mio. € bei der Mutter-GmbH wiederum Verwaltungsvermögen, so dass auf der Ebene der Mutter-GmbH das Verwaltungsvermögen (19 Mio. €) mehr als 50 % des gesamten Unternehmenswerts (18 Mio. € Eigenwert zuzüglich 19 Mio. € Beteiligung = 37 Mio. €) ausmachte. Folglich zählte auch die Beteiligung an der Mutter-GmbH bei der Großmutter-GmbH zum Verwaltungsvermögen und führte insgesamt dazu, dass auch dort der Verwaltungsvermögenstest nicht bestanden wurde, da das Verwaltungsvermögen (Summe der Vermögen aus Mutter, Tochter, Enkel-1- und Enkel-2-GmbH, d.h. 37 Mio. €) 50 % des gesamten Unternehmenswerts (35 Mio. € Eigenwert plus 37 Mio. € = 72 Mio. €) überwog. Im Ergebnis führte also ein Anteil von 6 Mio. € bei der Enkel-2-GmbH dazu, dass die gesamte Unternehmensgruppe im Wert von 72 Mio. € nicht begünstigungsfähig war.

5145 Positiv zu vermerken war allerdings, dass auf der Ebene der Tochter-Gesellschaften keine Sonderregelung für »junges Verwaltungsvermögen« (Rdn. 5184 ff.) existierte (die diesbezüglich vom Bundesrat angeregte Ergänzung ist vom Gesetzgeber nicht aufgegriffen worden). Es konnte also unschädlich bei der Tochter-GmbH bis zur 50 %-Grenze »aufgefüllt« werden.[1274]

5146 Interessant war weiter, dass auf der Ebene der Tochter-Gesellschaft stets lediglich die **50 %-Grenze** galt, selbst wenn bei der Ober-Gesellschaft bzw. beim zu prüfenden Betrieb das ambitionierte Modell (10 %-Grenze) gewählt wurde. Letztere bezog sich stets nur auf die oberste Ebene, auf den nachgelagerten Ebenen galt weiter die 50 %-Grenze. Dies folgte eindeutig aus dem Gesetzeswortlaut, da die 10 %-Grenze sich lediglich auf § 13b Abs. 2 Satz 1 ErbStG a.F. bezog, also für Satz 2 nicht relevant war, vgl. § 13a Abs. 8 Nr. 3 ErbStG a.F. Demnach ergeben sich beim ambitionierten Modell steuerliche Planungsmöglichkeiten durch Verlagerung des Verwaltungsvermögens von der Mutter- auf die Tochter- oder Enkel-Gesellschaft. Das Jahressteuergesetz 2010 hatte diese Gestaltungsmöglichkeit entgegen erster Ankündigungen nicht abgeschafft (»**positiver Kaskadeneffekt**«, Rdn. 5363 ff. mit Berechnungsbeispiel).

c) Verbundvermögensaufstellung (§ 13b Abs. 9 ErbStG)

5147 Diese verzerrenden, insbesondere in ungerechtfertigter Weise begünstigenden, sog. Kaskadeneffekte des bisherigen Rechts sollen durch die im Rahmen der Erbschaftsteuerreform 2016 eingeführte sog. Verbundvermögensaufstellung, § 13b Abs. 9 ErbStG, beseitigt werden. Ähnlich wie bei einer Konzernbilanz werden Forderungen und Verbindlichkeiten innerhalb des Verbands eliminiert, also das Verwaltungsvermögen im Verband insgesamt ermittelt. Dabei werden Forderungen und Verbindlichkeiten zwischen den Konzerngesellschaften untereinander und im Verhältnis zur Konzernobergesellschaft nicht mit angesetzt (§ 13b Abs. 9 Satz 3 ErbStG). Bei durchgerechneter Beteiligungsquote der Konzernobergesellschaft von weniger als 100 % gilt dieses »Ansatzverbot« nur anteilig, bei Forderungen zwischen zwei Konzerngesellschaften nur insoweit, als (aus Sicht der Obergesellschaft) gleiche Mindestbeteiligungen bestehen. (Es ist also eine Forderung an-

---

[1274] Vgl. *Scholten/Korezkij*, DStR 2009, 152.

zusetzen, soweit die Beteiligungsquote der Obergesellschaft an der Gläubigerin die der Schuldnerin übersteigt bzw. eine Verbindlichkeit, soweit die Beteiligungsquote der Obergesellschaft an der Schuldnerin die an der Gläubigerin übersteigt.)

Einzubeziehen sind alle im Vermögen gem. § 13b Abs. 1 Nr. 2 und 3 ErbStG[1275] gehaltenen Beteiligungen an Personen- oder Kapitalgesellschaften, soweit sie zum abstrakt begünstigungsfähigen Vermögen i.S.d. § 13b Abs. 1 ErbStG zählen, also beispielsweise nicht Beteiligungen an Kapitalgesellschaften, die unter der 25-Prozent-Quote bleiben und auch durch eine Pool-Vereinbarung nicht über diese Schwelle gelangen. Solche Splitterbeteiligungen zählen endgültig zum Verwaltungsvermögen (§ 13b Abs. 4 Nr. 2 ErbStG) und werden damit in den Verbund nicht aufgenommen, § 13b Abs. 9 Satz 5, 1. Halbsatz, ErbStG. Sie werden also vereinfachend bei der Verbundvermögensaufstellung als nicht transparent behandelt, mit der Folge, dass eigenes Verwaltungsvermögen, Finanzmittel und Schulden etc. dieser Kapitalgesellschaften ebenfalls nicht in die Verbundvermögensaufstellung einbezogen werden. Auch Tochter- und Enkelbeteiligungen, die eine solche Kapitaltochtergesellschaft mit zu geringem Anteil hält, bleiben damit endgültig Verwaltungsvermögen. 5148

Ebenso sind gem. § 13b Abs. 9 Satz 1 ErbStG Schwestergesellschaften ausgenommen.

Die Verbundvermögensaufstellung dient nur der Ermittlung des **nicht begünstigungsfähigen Vermögens** (nicht der Bewertung des begünstigungsfähigen Vermögens als solchem; sie umfasst also entgegen dem zu weit geratenen Wortlaut des § 13b Abs. 9 Satz 1 ErbStG nicht eine vollständige Aufstellung aller aktiven Vermögensgegenstände). Hierzu werden zunächst im Verbund die Forderungen und Verbindlichkeiten, die sich gegenüberstehen, eliminiert (verrechnet), vgl. § 13b Abs. 9 Satz 3 ErbStG (wobei auch hier, wie in § 13b Abs. 8 Satz 2 ErbStG, wirtschaftlich nichtbelastete Schulden, etwa mit einem Rangrücktritt versehene Gesellschafterforderungen,[1276] nicht angesetzt werden). Die konsolidierten Verbundschulden sind dann Ausgangspunkt für die anschließende Anwendung der Schuldenverrechnungsregelung des § 13 Abs. 4 Nr. 5 Satz 2 ErbStG mit aktivem Finanzmittelvermögen. 5149

Gem. § 13b Abs. 9 Satz 2 ErbStG werden sodann die auf der jeweiligen einzelnen Beteiligungsebene gesondert festgestellten gemeinen Werte des Verwaltungsvermögens i.S.d. § 13b Abs. 4 Nr. 1 bis 4 ErbStG, einerseits, und des Finanzmittelvermögens i.S.d. § 13b Abs. 4 Nr. 5 ErbStG, andererseits, sowie schließlich die anteiligen jungen Finanzmittel und die jungen Verwaltungsvermögen zusammengefasst. Im Ergebnis sind also die fünf relevanten Töpfe in durchgerechneter Beteiligungsquote zu ermitteln: (1) Verwaltungsvermögen i.S.d. § 13b Abs. 4 Nr. 1 bis 4 ErbStG, (2) junges Verwaltungsvermögen, (3) Finanzmittel, (4) junge Finanzmittel, und (5) Schulden. 5150

Dabei handelt es sich nicht um eine bloße Addition, vielmehr 5151
– ist zunächst das Verwaltungsvermögen i.S.d. § 13b Abs. 4 Nr. 1 bis 4 ErbStG mit Altersvorsorgeverpflichtungen, denen es ausschließlich und dauerhaft zweckgebunden dient, gem. § 13b Abs. 3 ErbStG zu verrechnen
– ist der Wert des Finanzmittelvermögens zu reduzieren, wenn Forderungen des Finanzmittelvermögens i.S.d. § 13b Abs. 4 Nr. 5 ErbStG mit Verbindlichkeiten verrechnet werden
– ist bei den jungen Finanzmitteln auf das begünstigungsfähige Vermögen insgesamt abzustellen, nicht auf die einzelne Beteiligung.

Nur ein positiver Finanzmittelsaldo bezogen auf den Gesamtverband (also ein Einlagenüberschuss binnen zwei Jahren vor dem Besteuerungszeitpunkt) sollte zu »jungen Finanzmitteln« im Konzern führen. Die Finanzverwaltung (mit Ausnahme Bayerns) will jedoch im Verbund das junge Finanz- und sonstige Verwaltungsvermögen auf jeder Ebene getrennt betrachten, so dass bei der Finanzie- 5152

1275 Richtigerweise muss dies auch für Beteiligung in land- und forstwirtschaftlichem Vermögen (§ 13b Abs. 1 Nr. 1 ErbStG) gelten, vgl. *Königer*, ZEV 2017, 365.
1276 Vgl. BT-Drucks. 18/8911, S. 49.

rung einer Maßnahme bei einer Tochtergesellschaft durch Einlage von Finanzmitteln aus der Obergesellschaft in den zwei Jahren vor dem Stichtag die Einlage junger Finanzmittel nicht mit der Entnahme auf der vorgelagerten Beteiligungsebene saldiert würde,[1277] so dass der Praxis zur Finanzierung von Investitionen auf nachgelagerter Ebene durch Darlehen zu raten ist.[1278] Umgliederungen von Verwaltungsvermögen i.S.d. § 13b Abs. 4 Nr. 1 bis 4 ErbStG innerhalb des Verbunds bleiben jedoch richtigerweise unberücksichtigt, erfasst sind also nur solche Wirtschaftsgüter, die dem Verbund weniger als zwei Jahre angehören. Im Ergebnis werden also durch die Verbundvermögensaufstellung das Verbund-Verwaltungsvermögen nach § 13b Abs. 4 Nr. 1 bis 4 ErbStG, das Verbund-Finanzmittelvermögen nach § 13b Abs. 4 Nr. 5 ErbStG, das junge Verbund-Verwaltungsvermögen und die jungen Verbund-Finanzmittel, ebenso wie die Verbund-Schulden, insgesamt ermittelt.

5153 Die **Festsetzungskompetenz** für die Verbundvermögensaufstellung des § 13b Abs. 9 ErbStG liegt (ebenso wie die Kompetenz für die Ermittlung des begünstigten Vermögens i.S.d. § 13b Abs. 2 ErbStG) beim Erbschaftsteuerfinanzamt, nicht beim Betriebsfinanzamt, vgl. § 13b Abs. 10 ErbStG. Die Bewertung des Betriebsvermögens, die Feststellung der anteiligen Beschäftigen, der Lohnsummen, der Summe des Verwaltungsvermögens, des Finanzmittelvermögens, der Schulden, des jungen Verwaltungsvermögens fällt jedoch in die Zuständigkeit des Betriebsfinanzamts, vgl. §§ 13a Abs. 4, 13b Abs. 10 ErbStG. Es wird also sinnvoll sein,[1279] dass die Betriebsfinanzämter die Finanzmittel und die Schulden gesondert feststellen, die konzerninternen Forderungen und Verbindlichkeiten nachrichtlich festhalten und das Erbschaftsteuerfinanzamt anschließend die komplette Schuldenkonsolidierung übergreifend vornimmt. Die koordinierten (nicht gleichlautenden) Anwendungserlasse der Finanzverwaltung vom 22.06.2017, vgl. Rdn. 4355, sehen demgegenüber vor, dass die Verbundvermögensaufstellung von den einzelnen Betriebsfinanzämtern auf jeder Beteiligungsstufe selbst gefertigt wird, eine konsolidierte Erstellung durch das Erbschaftsteuerfinanzamt findet (leider) nicht statt. Es ist leicht auszumachen, dass das Gesamtverfahren sehr fehleranfällig sein wird, zumal jedes Einzelbetriebsfinanzamt über die gesamte Konzernstruktur informiert werden muss, um die Schuldenkonsolidierung nach § 13b Abs. 9 Satz 3 ErbStG durchzuführen; die Konzernbilanz als solche bildet für die Ermittlung ohnehin keine Grundlage.[1280]

5154 *Korezkij*[1281] hat die Schrittfolge des Ablaufs des Verwaltungsvermögens im mehrstufigen Konzern in insgesamt **22 Schritten** dargestellt, wobei die Schritte 1 bis 6 auf der Ebene jeder Konzerngesellschaft sowie der Konzernobergesellschaft durchzuführen sind, während ab Schritt 7 die Berechnung im Rahmen der Verbundvermögensaufstellung stattfindet:

1. **Ermittlung des sonstigen Verwaltungsvermögens:**
   1.1 sonstiges Verwaltungsvermögen, das zum Deckungsvermögen zählt (§ 13b Abs. 3 S. 1 ErbStG)
   ./. Schulden aus Altersversorgungsverpflichtungen (§ 13b Abs. 3 S. 1 ErbStG)
   = Teil des Deckungsvermögens, das dem sonstigen Verwaltungsvermögen zuzurechnen ist (mindestens null)
   1.2 sonstiges Verwaltungsvermögen, das zum Deckungsvermögen zählt
   (§ 13b Abs. 3 S. 1 ErbStG)
   ./. Teil des Deckungsvermögens, das dem sonstigen Verwaltungsvermögen zuzurechnen ist (Schritt 1.1)
   = sonstiges Verwaltungsvermögen, das nach § 13b Abs. 3 ErbStG abzuziehen ist

---

1277 H 13b.29 »Verbundvermögensaufstellung« Bsp. 1 und A 13b.29 Abs. 3 Satz 7 AE-ErbStG 2017, BStBl 2017 I, 902 ff.
1278 Das Darlehen sollte (wenn auch gering) verzinst sein, um eine Abzinsung gem. § 6 Abs. 1 Satz 3 EStG zu vermeiden, soweit es sich nicht um Sonderbetriebsvermögen handelt, vgl. *Geck*, ZEV 2017, 481, 487.
1279 Vgl. *Korezkij*, DStR 2017, 745, 752.
1280 Vgl. Abschnitt 13b.29 Abs. 1 Satz 3 AE-ErbStG 2017, BStBl. 2017 I, 902 ff.
1281 DStR 2016, 2434, 2445 ff.

A. Schenkungsteuerrecht

1.3 Summe von Vermögensgegenständen des sonstigen Verwaltungsvermögens
(§ 13b Abs. 4 Nr. 1–4 ErbStG)
./. sonstiges Verwaltungsvermögen, das nach § 13b Abs. 3 ErbStG abzuziehen ist (Schritt 1.2)
./. später reinvestiertes sonstiges Verwaltungsvermögen (§ 13b Abs. 5 S. 1 und 2 ErbStG)
= sonstiges Verwaltungsvermögen (gesondert festzustellen)

2. **Ermittlung der Finanzmittel:**
2.1 Schulden aus Altersversorgungsverpflichtungen (§ 13b Abs. 3 S. 1 ErbStG)
./. sonstiges Verwaltungsvermögen, das nach § 13b Abs. 3 ErbStG abzuziehen ist (Schritt 1.2)
= verbleibende Schulden aus Altersversorgungsverpflichtungen
2.2 Finanzmittel, die zum Deckungsvermögen zählen (§ 13b Abs. 3 S. 1 ErbStG)
./. verbleibende Schulden aus Altersversorgungsverpflichtungen (Schritt 2.1)
= Teil des Deckungsvermögens, das den Finanzmitteln zuzurechnen ist (mindestens null)
2.3 Finanzmittel, die zum Deckungsvermögen zählen (§ 13b Abs. 3 S. 1 ErbStG)
./. Teil des Deckungsvermögens, das den Finanzmitteln zuzurechnen ist (Schritt 2.2)
= Finanzmittel, die nach § 13b Abs. 3 ErbStG abzuziehen sind
2.4 Summe der Finanzmittel (§ 13b Abs. 4 Nr. 5 S. 1 ErbStG)
./. Finanzmittel, die nach § 13b Abs. 3 ErbStG abzuziehen sind (Schritt 2.3)
./. später reinvestierte Finanzmittel (§ 13b Abs. 5 S. 1–2 bzw. 3–4 ErbStG)
= Finanzmittel (gesondert festzustellen)

3. **Ermittlung der Schulden:**
3.1 Alle Schulden
./. sonstiges Verwaltungsvermögen, das nach § 13b Abs. 3 ErbStG abzuziehen ist (Schritt 1.2)
./. Finanzmittel, die nach § 13b Abs. 3 ErbStG abzuziehen sind (Schritt 2.3)
= Schulden (gesondert festzustellen)
3.2 gesondert festgestellte Schulden (Schritt 3.1)
./. wirtschaftlich nicht belastende Schulden (§ 13b Abs. 8 S. 2, Abs. 9 S. 5 ErbStG)
= wirtschaftlich belastende Schulden

4. **Ermittlung des jungen Verwaltungsvermögens (§ 13b Abs. 7 S. 2 ErbStG):**
soweit Zurechnung des sonstigen Verwaltungsvermögens (Schritt 1.3)
zum Betrieb < 2 Jahre
→ junges Verwaltungsvermögen (gesondert festzustellen)

5. **Ermittlung der jungen Finanzmittel (§ 13b Abs. 4 Nr. 5 S. 2 ErbStG):**
soweit Saldo der Einlagen und Entnahmen von Finanzmitteln > 0
→ junge Finanzmittel (gesondert festzustellen)

6. **Festhalten der für die Verbundvermögensaufstellung relevanten Korrekturposten:**
a) konzerninterne Forderungen (§ 13b Abs. 9 S. 3 ErbStG)
b) konzerninterne Verbindlichkeiten (§ 13b Abs. 9 S. 3 ErbStG)

7. **Bildung der »vorläufigen« Töpfe in der Verbundvermögensaufstellung**
(§ 13b Abs. 9 S. 1 und 2 ErbStG):
a) sonstiges Verwaltungsvermögen (Summe aus Schritt 1.3, ggf. anteilig einzubeziehen)
b) Finanzmittel (Summe aus Schritt 2.4, ggf. anteilig einzubeziehen)
c) Schulden (Summe aus Schritt 3.2, ggf. anteilig einzubeziehen)
d) junges Verwaltungsvermögen (Summe aus Schritt 4, ggf. anteilig einzubeziehen)
e) junge Finanzmittel (Summe aus Schritt 5, ggf. anteilig einzubeziehen)

8. **Bildung der »Korrektur-Töpfe« (§ 13b Abs. 9 S. 3 ErbStG):**
   a) konzerninterne Forderungen (Summe aus 6.a, ggf. anteilig einzubeziehen)
   b) konzerninterne Verbindlichkeiten (Summe aus 6.b, ggf. anteilig einzubeziehen)

9. **Bereinigung der vorläufigen Töpfe um konzerninterne Forderungen und Verbindlichkeiten:**
   a) »vorläufiger« Finanzmittel-Topf (Schritt 7.b)
   ./. konzerninterne Forderungen (Schritt 8.a)
   = »finaler« Finanzmittel-Topf
   b) »vorläufiger« Schulden-Topf (Schritt 7.c)
   ./. konzerninterne Verbindlichkeiten (Schritt 8.b)
   = »finaler« Schulden-Topf

10. **Prüfung der 90 %-Grenze (§ 13b Abs. 2 S. 2 ErbStG):**
    sonstiges Verwaltungsvermögen (Schritt 7.a)
    + »finaler« Finanzmittel-Topf (Schritt 9.a), mindestens jedoch junge Finanzmittel (Schritt 7.e)
    ./. 90 % des Unternehmenswertes
    = Saldo
    Ist der Saldo negativ, dann weiter mit Schritt 11; anderenfalls ist das gesamte Vermögen nicht begünstigt.

11. **Ermittlung der nicht verrechenbaren Schulden (§ 13b Abs. 8 S. 2 ErbStG):**
    »finaler« Schulden-Topf (Schritt 9.b)
    ./. durchschnittlicher Schuldenstand der letzten drei Jahre
    = Erhöhung des Schuldenstandes (mindestens 0)
    ./. Erhöhung des Schuldenstands, die durch die Betriebstätigkeit veranlasst ist
    = nicht verrechenbare Schulden

12. **Ermittlung der mit den Finanzmitteln verrechenbaren Schulden (§ 13b Abs. 8 S. 2 ErbStG):**
    »finaler« Schulden-Topf (Schritt 9.b)
    ./. nicht verrechenbare Schulden (Schritt 11)
    = mit Finanzmitteln verrechenbare Schulden

13. **Abzug der jungen Finanzmittel von den Finanzmitteln (§ 13b Abs. 4 Nr. 5 S. 2 ErbStG):**
    »finaler« Finanzmittel-Topf (Schritt 9.a)
    ./. junge Finanzmittel (Schritt 7.e)
    = Finanzmittel nach Abzug der jungen Finanzmittel (mindestens 0)

14. **Ermittlung der Netto-Finanzmittel (§ 13b Abs. 4 Nr. 5 S. 1 ErbStG):**
    Finanzmittel nach Abzug der jungen Finanzmittel (Schritt 13)
    ./. mit Finanzmitteln verrechenbare Schulden (Schritt 12)
    ./. 15 % des Unternehmenswerts (falls Voraussetzungen erfüllt)
    = Netto-Finanzmittel (mindestens null)

15. **Ermittlung des gemeinen Wertes des Verwaltungsvermögens:**
    sonstiges Verwaltungsvermögen (Schritt 7.a.)
    + Netto-Finanzmittel (Schritt 14)
    + junge Finanzmittel (Schritt 7.e)
    = gemeiner Wert des Verwaltungsvermögens

A. Schenkungsteuerrecht Kapitel 12

16. **Ermittlung der verbleibenden verrechenbaren Schulden:**
    mit Finanzmitteln verrechenbare Schulden (Schritt 12)
    ./. Finanzmittel nach Abzug der jungen Finanzmittel (Schritt 13)
    = verbleibende verrechenbare Schulden (mindestens null)
    Wenn kein positiver Wert verbleibt:
    → gemeiner Wert des Verwaltungsvermögens (Schritt 15) = Nettowert des Verwaltungsvermögens
    → weiter mit Schritt 19.

17. **Ermittlung der vom gemeinen Wert des Verwaltungsvermögens anteilig abziehbaren Schulden (§ 13b Abs. 6 S. 2 ErbStG):**
    gemeiner Wert des Verwaltungsvermögens (Schritt 15)
    x verbleibende verrechenbare Schulden (Schritt 16)
    ./. (Unternehmenswert + verbleibende verrechenbare Schulden [Schritt 16])
    = vom gemeinen Wert des Verwaltungsvermögens abziehbare anteilige Schulden

18. **Ermittlung des Nettowertes des Verwaltungsvermögens (§ 13b Abs. 6 S. 1, Abs. 8 S. 1 und 3 ErbStG):**
    gemeiner Wert des Verwaltungsvermögens (Schritt 15)
    ./. junges Verwaltungsvermögen (Schritt 7.d)
    ./. junge Finanzmittel (Schritt 7.e)
    ./. vom gemeinen Wert des Verwaltungsvermögens abziehbare anteilige Schulden (Schritt 17)
    = Zwischenergebnis (mindestens 0)
    + junges Verwaltungsvermögen (Schritt 7.d)
    + junge Finanzmittel (Schritt 7.e)
    = Nettowert des Verwaltungsvermögens

19. **Ermittlung des unschädlichen Verwaltungsvermögens (§ 13b Abs. 7 S. 1 ErbStG):**
    Unternehmenswert
    ./. Nettowert des Verwaltungsvermögens (Schritt 18)
    = verbleiben
    x 10 %
    = unschädliches Verwaltungsvermögen

20. **Abzug des unschädlichen Verwaltungsvermögens (§ 13b Abs. 7 S. 1 und 2 ErbStG):**
    Nettowert des Verwaltungsvermögens (Schritt 18)
    ./. junges Verwaltungsvermögen (Schritt 7.d)
    ./. junge Finanzmittel (Schritt 7.e)
    ./. unschädliches Verwaltungsvermögen (Schritt 19)
    = verbleiben (mindestens 0)
    + junges Verwaltungsvermögen (Schritt 7.d)
    + junge Finanzmittel (Schritt 7.e)
    = Nettowert des Verwaltungsvermögens nach Abzug des unschädlichen Verwaltungsvermögens

21. **Ermittlung des begünstigten Vermögens (§ 13b Abs. 2 S. 1 ErbStG)**
    Unternehmenswert
    ./. Nettowert des Verwaltungsvermögens nach Abzug des unschädlichen Verwaltungsvermögens (Schritt 20)
    = begünstigtes Vermögen

22. Prüfung der 20 %-Grenze bei der Beantragung der Optionsverschonung
gemeiner Wert des Verwaltungsvermögens (Schritt 15)
./. 20 % × Unternehmenswert
= Saldo
Ist der Saldo negativ, dann Optionsverschonung auf Antrag möglich; anderenfalls ist nur Regelverschonung möglich.

5155 *Kirschstein*[1282] hat hierzu illustrative, nachstehende kurz zu skizzierende, Berechnungsbeispiele vorgelegt, die zugleich folgenden Systemfehler verdeutlichen: Während Ausgangsbetrag der Bewertung auf der Ebene der Obergesellschaft deren Ertragswert ist (der nach verschiedenen Kriterien, wie etwa allgemeines Verwaltungsvermögen, Schulden, junges Finanz- bzw. Verwaltungsvermögen, in einen begünstigen und einen nichtbegünstigten Teil aufgeteilt wird), werden im Zug der Ersetzung der Bilanzposition der Beteiligungsgesellschaft in der Bilanz der Obergesellschaft durch die einzelnen Vermögensgegenstände der Tochtergesellschaft die Substanzwerte dieser Positionen herangezogen, vgl. § 13b Abs. 9 Satz 1 ErbStG. Hat die Tochtergesellschaft ihre Gewinne nicht an die Obergesellschaft ausgeschüttet (so dass sie dort zu einer Erhöhung des Ertragswerts und damit des steuerlichen Ansatzes geführt hätten), befinden sie sich noch als Liquidität oder Investition in der Tochtergesellschaft und erhöhen damit die dort anzusetzenden Verkehrswerte (beträgt die Beteiligung an der Tochtergesellschaft lediglich 25 % oder weniger, erhöhen sie damit das insgesamt anzusetzende, schädliche Verwaltungsvermögen, das allerdings dann wieder nach Ertragswertgesichtspunkten ermittelt wird).

▶ Berechnungsbeispiel[1283]:

5156 Verschenkt wird die hundertprozentige Beteiligung an der »Obergesellschaft« mit einem steuerlichen Wert von 3 Mio. Euro (berechnet aus dem 13,75fachen durchschnittlichen Jahresgewinn). In der Bilanz dieser »Obergesellschaft« sind neben einem Produktionsgrundstück im Wert von 1 Mio. Euro ein fremdvermietetes Grundstück (Verwaltungsvermögen) im Wert von 800.000 €, Kassenbestand in Höhe von 175.000 €, sonstige Forderungen im Betrag von 200.000 € und (in Höhe des Buchwertes von 25.000 € angesetzt) eine 100 %ige Beteiligung an einer Tochtergesellschaft enthalten sowie schließlich sonstige Verbindlichkeiten (Passiva) im Betrag von 250.000 €. Der steuerliche Wert der Tochtergesellschaft (13,75facher Gewinn) betrage 1 Mio. Euro. In der Bilanz dieser Tochtergesellschaft sind neben Betriebs- und Geschäftsausstattung im Wert von 300.000 € sonstige Forderungen im Wert von 200.000 €, Kassenbestand im Betrag von 100.000 € sowie sonstige Verbindlichkeiten als Passiva in Höhe von 300.000 € ausgewiesen.

5157 Zunächst ist *(Schritt 1)* die (dem Grund nach begünstigungsfähige, da mehr als 25 % betragende) Beteiligung an der Tochtergesellschaft in Höhe von 25.000 € (Buchwert) in der Bilanz der Obergesellschaft durch die tatsächlichen gemeinen (hier vollständig zu berücksichtigenden) Werte der einzelnen Vermögensgegenstände dieser Tochtergesellschaft zu ersetzen, vgl. § 13b Abs. 9 Satz 1 ErbStG. Damit wird die Auflistung der Vermögenswerte der Tochtergesellschaft anstelle des Ansatzes von 25.000 € schlicht in die »Bilanz« der Obergesellschaft integriert.

5158 Im nächsten Schritt *(2)* sind gem. § 13b Abs. 9 Satz 2 ErbStG die (unmittelbar oder mittelbar gehaltenen) Finanzmittel, das sonstige Verwaltungsvermögen und die Schulden zu saldieren. Dies führt in Bezug auf die Finanzmittel zur Addition in Höhe von 200.000 € (sonstige Forderungen der Tochtergesellschaft), 100.000 € (Kassenbestand der Tochtergesellschaft) und 200.000 € (sonstige Forderungen der Obergesellschaft) sowie schließlich 175.000 € (Kassenbestand der Obergesellschaft) auf gesamt 675.000 €, hinsichtlich des sonstigen Verwaltungsvermögens bleibt es beim Ansatz des fremdvermieteten Grundstücks von 800.000 € und hinsichtlich der Schulden ad-

---

1282 ErbStB 2017, 206 ff.
1283 Nach *Kirschstein*, ErbStB 2017, 206 ff.

A. Schenkungsteuerrecht

dieren sich die sonstigen Verbindlichkeiten der Tochtergesellschaft (300.000 €) und der Obergesellschaft (250.000 €) auf 550.000 €.

Anschließend *(Schritt 3)* ist der gemeine Wert des gesamten (saldierten) Verwaltungsvermögens zu ermitteln, was vorliegend gem. § 13b Abs. 4 Satz 1 Nr. 5 ErbStG dazu führt, dass die gesamten Finanzmittel (675.000 €), von denen keine jungen Finanzmittel abzuziehen sind, um den gemeinen Wert der Schulden (550.000 €) gekürzt werden, und vom verbleibenden Bestand an Finanzmitteln der »Sockelbetrag« (nämlich von bis zu 15 % des gemeinen Werts des Gesamtbetriebsvermögens, also 15 % von 3 Mio. Euro = 450.000 €) abgezogen werden, so dass die Finanzmittel mit null anzusetzen sind. Der gemeine Wert des Verwaltungsvermögens bleibt demnach unverändert bei 800.000 € (fremdvermietetes Grundstück). Ein weiterer Schuldenabzug findet nicht statt, die Schuldenquote beträgt ja, da die Schulden bereits gem. § 13b Abs. 4 ErbStG abgezogen wurden (vgl. § 13b Abs. 6 Satz 2 ErbStG), null. Der endgültige Nettowert des Verwaltungsvermögens ist also 800.000 €, der Mindestansatz des jungen Verwaltungsvermögens und der jungen Finanzmittel gem. § 13b Abs. 8 Satz 3 ErbStG führt zu keinem abweichenden Ergebnis. 5159

Im nächsten Schritt *(Schritt 4)* ist das unschädliche Verwaltungsvermögen abzuziehen, § 13b Abs. 2 Satz 1 i.V.m. Abs. 7 Satz 1 ErbStG, sog. »Schmutzzuschlag«. Er beträgt 10 % des Werts, der sich nach Abzug des Nettowerts des Verwaltungsvermögens (800.000 €) vom gemeinen Wert des Betriebsvermögens (3 Mio. Euro) ergibt, also 10 % von 2.200.000 € = 220.000 €, so dass ein nichtbegünstigtes Verwaltungsvermögen von (800.000 – 220.000 =) 580.000 € verbleibt. Das begünstigte Vermögen beläuft sich also auf 2.420.000 €. 5160

Der sodann folgende Zwischenschritt *(Schritt 5)*, also die Prüfung der Missbrauchsregelung gem. § 13b Abs. 2 Satz 2 ErbStG (Relation des ungekürzten Verwaltungsvermögens von 800.000 € Grundstück sowie 675.000 € ungekürzter Finanzmittel nach Verbundvermögensaufstellung, also gesamt 1.475.000 € einerseits im Verhältnis zum Gesamtsteuerwert von 3 Mio. € andererseits) ergibt eine Schädlichkeitsquote von 49,17 %, was unter dem Schwellenwert von 90 % verbleibt. 5161

Die Anwendung der (hier unterstellt Regel-)Verschonungsvorschriften *(Schritt 6)* des § 13a ErbStG auf das begünstigte Vermögen von 2.420.000 € führt zu einem Verschonungsabschlag in Höhe von 85 % = 2.750.000 €, der verbleibende Wert des begünstigten Vermögens von 363.000 € wird um weitere 43.500 € gem. § 13a Abs. 2 ErbStG gekürzt.[1284] Der Restbetrag i.H.v. 319.500 € ist demnach gem. § 19a ErbStG in Steuerklasse I zu versteuern, daneben liegt nichtbegünstigtes Vermögen in Höhe von 580.000 € vor, das in der konkreten Erwerber-Steuerklasse nach allgemeinen Grundsätzen zu versteuern ist. 5162

▶ **Abwandlung des Ausgangsbeispiels:**

> Beträgt die Beteiligung an der Tochtergesellschaft nicht 100 %, aber mehr als 25 %, ist nur der entsprechende Prozentanteil der einzelnen Wirtschaftsgüter der Tochtergesellschaft anstelle des Buchwert-Beteiligungsansatzes in der Bilanz der »Obergesellschaft« einzusetzen. Verfügt die »Obergesellschaft« über eine »begünstigungstaugliche«, also mehr als 25 % betragende, Beteiligung an der unmittelbaren Tochtergesellschaft, hält diese jedoch ihrerseits eine »begünstigungsuntaugliche«, z.B. nur 20 %ige, Beteiligung an einer Enkelgesellschaft, ist letztere Beteiligung an der Enkelgesellschaft insgesamt Verwaltungsvermögen, wird also nicht mit den anteiligen gemeinen Werten einbezogen, sondern mit dem hier z.B. 20 %igen Anteil am 13,75fachen nachhaltigen Gewinn der Enkelgesellschaft anstelle des Buchwertansatzes, den die Enkel-Beteiligung an der Bilanz der Tochtergesellschaft hat. 5163

1284 Der Abzugsbetrag von 150.000 € reduziert sich um die Hälfte des Betrags, um den der verbleibende Wert des begünstigten Vermögens, hier also 363.000 €, die Wertgrenze von 150.000 € übersteigt, also um die Hälfte von 213.000 €, somit um 106.500 € auf noch 43.500 €.

5164 Beträgt die Beteiligung bereits an der Tochtergesellschaft lediglich 25 % oder weniger, ist dementsprechend bereits die Beteiligung an der Tochtergesellschaft unmittelbar und endgültig als Verwaltungsvermögen anzusetzen, es findet also keine Ersetzung des Beteiligungsansatzes durch die anteiligen gemeinen Werte und keine Erstellung einer Verbundvermögensaufstellung statt. Würde also die Beteiligung an der Tochtergesellschaft z.B. 20 % betragen und deren steuerlicher Wert 1 Mio. Euro (13,75facher nachhaltiger Gewinn), würde dies zu einer Erhöhung des Verwaltungsvermögens der »Obergesellschaft« in Höhe von 200.000 € unter dem Gesichtspunkt des § 13b Abs. 4 Nr. 2 ErbStG führen, die Verwaltungsvermögensaufstellung unterbleibt, vgl. § 13b Abs. 9 Satz 5 ErbStG.

d) Umqualifizierung altersvorsorgegewidmeten Verwaltungsvermögens (§ 13b Abs. 3 ErbStG)

5165 Als Folge des Übergangs vom Bruttoprinzip zum Nettoprinzip bei der Ermittlung der Verwaltungsvermögensquote, also nach Berücksichtigung von Schulden, gilt (allerdings nicht bei der Verrechnung der Finanzmittel i.S.d. § 13b Abs. 4 Nr. 5 ErbStG) der Grundsatz der anteiligen Berücksichtigung von Schulden: Abzustellen ist also nicht darauf, wodurch die Eingehung der Verbindlichkeit veranlasst wurde und mit welchem Gegenstand sie in besonderem Zusammenhang steht. Von diesem Prinzip ausgenommen sind allerdings gem. § 13b Abs. 3 ErbStG Altersvorsorgeverpflichtungen; diese sind nicht als allgemeiner, »quotaler«, Schuldenabzugsposten konzipiert, sondern führen zur direkten Eliminierung derjenigen Gegenstände aus dem schädlichen Verwaltungsvermögen – sogar wenn es sich um junge Verwaltungsvermögen oder um junge Finanzmittel handelt, letzteres str.[1285]! – die (1) ausschließlich und dauerhaft der Erfüllung von Schulden aus Altersvorsorgeverpflichtungen dienen und (2) dem Zugriff aller übrigen Gläubiger entzogen sind.

5166 Die Einhaltung der Anforderungen ist idealtypisch gewährleistet durch sog. **Contractual Trust Arrangements (CTA)** (auch als Pensions-Treuhand-Modell bezeichnet[1286]). Es handelt sich um ein Modell im Rahmen der betrieblichen Altersvorsorge, mit dem Ziel, bei Wahl des Durchführungsweges »Direktzusage« Pensionsverpflichtungen aus der Bilanz auszugliedern. Eine getrennte (unternehmenseigene = Einzel-CTA oder überbetriebliche = Gruppen-CTA, dann mit Freistellung der BaFin nach § 2 KWG) Treuhandgesellschaft übernimmt und verwaltet die Pensionsverpflichtungen und hat ihr Vermögen ausschließlich zum Zweck der Erfüllung der Pensionsverpflichtungen zu verwenden. Der koordinierte, nicht gleichlautende, Erlass der Finanzverwaltung vom 22.06.2017 (vgl. Rdn. 4355) schließt hinsichtlich der im Gesetz enthaltenen Öffnungsklausel »oder in sonstiger Weise« wohl auch Vermögen, das (ähnlich wie bei § 246 Abs. 2 Satz 2 HGB) vergleichbaren langfristigen Verpflichtungen dient, etwa aufgrund von Altersteilzeit- oder Lebensarbeitszeitmodellen, mit ein. Auch Leistungen für Beiräte, Organmitglieder o. ä., über den unmittelbaren Arbeitnehmerkreis hinaus, dürften umfasst sein.

5167 Dabei sind vorrangig die Verwaltungsvermögenspositionen des § 13b Abs. 4 Nr. 1 bis 4 ErbStG abzuziehen, alsdann auch das Finanzmittelvermögen i.S.d. Nr. 5, vgl. § 13b Abs. 3 Satz 2 u. 3 ErbStG. Eine nochmalige Berücksichtigung der Altersvorsorgeverpflichtungen, nachdem sie zur Saldierung herangezogen wurden, als Schuldenabzugsposition scheidet freilich aus, vgl. § 13b Abs. 3 Satz 2 ErbStG und Rdn. 5178. Diese Saldierungsvorschrift entspricht dem in § 246 Abs. 2 Satz 2 u. 3 HGB niedergelegten Grundsatz, dass alle Vermögensgegenstände, die dauerhaft seiner Haftungsmasse entzogen sind, für den Unternehmer keinen nachhaltigen Wert repräsentieren.

1285 Der koordinierte, nicht gleichlautende Ländererlass der Finanzverwaltung vom 22.06.2017, Rdn. 4355, nimmt – ohne Rechtsgrundlage – die jungen Finanzmittel davon aus, Abschn. 13b.11 Abs. 2 Satz 3 und Abschn. 13b.30 Abs. 3 Satz 3 AE-ErbStG 2017.
1286 Vgl. *von Wolfersdorf*, DB 2017, 935 ff.

A. Schenkungsteuerrecht

Nicht gesetzlich geregelt sind die (in der Praxis freilich seltenen) Fälle einer »**Überdotierung**«, also wenn das mit gemeinen Werten[1287] anzusetzende Deckungsvermögen die Verpflichtungen übersteigt. Während das Schrifttum teilweise eine gleichmäßige Verrechnung mit Finanzmitteln und sonstigem Verwaltungsvermögen oder ein Wahlrecht des Steuerpflichtigen hinsichtlich der für ihn günstigen Verrechnungsreihenfolge favorisierte, sieht die Finanzverwaltung eine feste Verwendungsreihenfolge (junges Verwaltungsvermögen, sodann Verwaltungsvermögen, sodann Finanzmittel) vor, was im Regelfall sachgerecht sein dürfte.

e) Rückwirkende Umqualifizierung von Verwaltungsvermögen bei letztwilligem Erwerb, § 13b Abs. 5 ErbStG

Nur bei Erwerben von Todes wegen, bei denen naturgemäß kein »planbarer Erwerb« vorliegt, also nicht bei lebzeitigen Zuwendungen, kann gem. § 13b Abs. 5 Satz 1 und 2 ErbStG, durch die Reform 2016 neu eingeführt, die schädliche Qualifikation als Verwaltungsvermögen bzw. Finanzmittelvermögen (auch junges Verwaltungsvermögen bzw. junge Finanzmittel) rückwirkend entfallen, sofern die Mittel (1) binnen zwei Jahren nach dem Erbfall zu im Gesetz genannten »**privilegierten**« Zwecken verwendet werden, also zu Investition in originär land- und forstwirtschaftliche oder freiberufliche Tätigkeiten innerhalb des durch den Todesfall erworbenen begünstigungsfähigen Vermögens, und (2) die Investition aufgrund eines im Todeszeitpunkt bereits **gefassten Plans** des Erblassers erfolgte und schließlich (3) keine anderweitige Ersatzbeschaffung von Verwaltungsvermögen stattfindet. Auch die Investition selbst darf nicht in Verwaltungsvermögensgegenstände erfolgen, muss also bspw. bei der Anschaffung einer Beteiligung an einer Kapitalgesellschaft das Quorum von mehr als 25 % erreichen, vgl. § 13b Abs. 5 Satz 2, letzter Halbsatz ErbStG.

Für die Abgrenzung der begünstigungsfähigen Investitionen wird wohl die Verwaltungsvorschrift (R E 13a.11 ErbStR 2011) zur Reinvestitionsklausel bei der Veräußerung wesentlicher Betriebsgrundlagen herangezogen werden können, ungewiss ist dies hinsichtlich der dort begünstigten Reinvestitionen in Gestalt der Tilgung betrieblicher Schulden. Das Reinvestitionsgut muss gem. § 13b Abs. 5 Satz 1 ErbStG **unmittelbar** einer begünstigten Tätigkeit dienen, wobei nicht deutlich wird, wie intensiv und wie lange dieser Bezug bestehen muss. Besondere Behaltensfristen existieren zumindest gesetzlich nicht und sind auch nicht praktikabel, insbesondere wenn es sich bei den Reinvestitionsgütern um Umlaufvermögen, etwa Warenvorräte, handelt, die für den raschen Weiterverkauf bestimmt sind.[1288]

Ungewiss ist, wie die Verwaltungspraxis den inneren Tatbestand des »durch den Erblasser **vorgefassten Plans**« überprüfen will (der allerdings zur Vermeidung ungerechtfertigter Vergünstigungen notwendig ist, da ja sonst eine Besserstellung gegenüber einem lebzeitigen Erwerber stattfände, der erstmals eine Investition nach dem Erwerb durchführt und dabei Verwaltungsvermögen in Betriebsvermögen umschichtet, ohne dass dies zu einer Reduzierung der Steuerschuld führen würde). Die Finanzverwaltung führt hierzu in dem koordinierten, nicht gleichlautenden Ländererlass vom 22.06.2017 (vgl. Rdn. 4355) aus, dass in dem (nicht notwendig schriftlich niederzulegenden) Plan keine feste Vorgabe, welche Gegenstände des Verwaltungsvermögens zur Finanzierung der Investition zu verwenden seien, notwendig ist, weiter dass Investitionsplanungen der Geschäftsleitung (bei andern als Ein-Personen-Gesellschaften) dem Erblasser jedenfalls dann zugerechnet werden, wenn er als Mehrheitsgesellschafter entsprechenden Einfluss auf die Geschäftsführung hatte, was sogar bei Aktiengesellschaften (ungeachtet des § 76 AktG) gelten soll.

§ 13b Abs. 5 Satz 1 u. 2 ErbStG führt in den Fällen des § 13b Abs. 4 Nr. 5 ErbStG zu einer Reduzierung des **Finanzmittelvermögens** bzw. – falls kein positives Finanzmittelvermögen mehr

---

[1287] Abschn. 13b.11 Abs. 3 AE-ErbStG 2017, BStBl. 2017 I, 902 ff.; die Literatur hatte demgegenüber teilweise für einen Ansatz nach Bilanzwerten plädiert.

[1288] *Wachter*, FR 2016, 690 (694), plädiert zu Recht dafür, dass für Reinvestitionsgüter generell keine besonderen Behaltensfristen mehr gelten.

vorhanden ist – zur Erhöhung der bei der Ermittlung des Nettowerts des Verwaltungsvermögens zu berücksichtigenden verbleibenden Schulden. Ausschließlich für Finanzmittelvermögen kann ferner die Freistellung von **Lohnrücklagen** bei saisonalen Schwankungen gem. § 13b Abs. 5 Satz 3 u. 4 ErbStG zum Einsatz kommen: Sofern nämlich Finanzmittel nach dem vorgefassten Plan des Erblassers dazu bestimmt sind, bei wiederkehrenden saisonalen Schwankungen laufende Löhne in Phasen geringerer Einnahmen zu zahlen (z.B. bei Freizeitparks, die im Sommer Mittel ansparen, um in den umsatzschwachen Wintermonaten die Gehälter fortzahlen zu können) kommt es zu einem rückwirkenden Wegfall der Verwaltungsvermögenseigenschaft, soweit diese Finanzmittel in den zwei auf den Todeszeitpunkt folgenden Jahren tatsächlich zur Lohnzahlung in umsatzschwachen Monaten verwendet werden. Der Nachweis des vorgefassten Plans wird durch die bisher geübte Praxis erleichtert werden. Ein die 15-Prozent-Grenze des § 13b Abs. 4 Nr. 5 Satz 1 ErbStG übersteigendes Finanzmittelvermögen wird daher in solchen Fällen nicht dem Verwaltungsvermögen zugerechnet.

5173 Diese Re-Investitionsklausel für Lohnzahlungen ist angesichts der Aneinanderreihung von unbestimmten Rechtsbegriffen und praxisferner Anforderungen **wenig hilfreich**[1289]: (1) sie erfasst ausschließlich Finanzmittel i.S.d. § 13b Abs. 4 Nr. 5 ErbStG, also nicht »semi-liquide Mittel« wie etwa Wertpapiere i.S.d. § 13b Abs. 4 Nr. 4 ErbStG, so dass bei Absehbarkeit eines Erbfalls etwa aus gesundheitlichen Gründen zeitnah ein Umschichten in reine Finanzmittel erfolgen sollte. (2) Da § 13b Abs. 5 Satz 3 ErbStG nur auf § 13b Abs. 4 Satz 1 ErbStG Bezug nimmt, sind »junge Finanzmittel« (i.S.d. Satzes 2) von der Lohnzahlungsklausel wohl nicht erfasst; in diesem Zusammenhang wird relevant, wie der Begriff »zugeführt wurden« bei der Definition der jungen Finanzmittel zu verstehen ist, insb. ob auch Erlöse aus der Veräußerung von Wertpapieren davon darunter fallen, oder nur (wohl) reine Einlagen. (3) Die in § 13b Abs. 5 Sätze 4 und 5 ErbStG verlangten formalen Tatbestandsvoraussetzungen (der vom Erblasser bereits vorab gefassten und dokumentierten Absicht der Lohnzahlung) sind realitätsfern: Ein Erblasser, der mit vorgefasstem Plan stirbt, ist in der Praxis selten anzutreffen.[1290] Das Gesetz verlangt groteskerweise vom potentiellen Erblasser, schriftlich die Weisung zu hinterlassen, dass im Fall seines Todes sein Nachfolger beim Fehlen sonstiger Einnahmen die vorhandenen Mittel zur Zahlung der Löhne und Gehälter einzusetzen habe. (4) Realitätsfern ist ebenso bereits dem Grunde nach die in der Gesetzesbegründung ausgesprochene Erwartung, den Erhalt von Dauerbeschäftigungsverhältnissen zu fördern, da Saisonbetriebe, etwa Eisdielen, Schleppliftbetriebe, Strandkorbvermietungen etc. in der »tätigkeitsfreien Zeit« keinerlei Beschäftigungsbedarf haben werden.

f) Umqualifizierung in unschädliches Verwaltungsvermögen, »Kulanzpuffer« gem. § 13b Abs. 7 ErbStG

5174 Zur Abmilderung der mit der trennscharfen Erfassung des Verwaltungsvermögens einhergehenden Unwägbarkeiten gewährt der Reformgesetzgeber in § 13b Abs. 7 Satz 1 ErbStG einen **10 %igen** Kulanzpuffer bzw. »**Schmutzzuschlag**«. Er bezieht sich auf den (um den Nettowert des Verwaltungsvermögens gekürzten) gemeinen Wert des Betriebsvermögens, also nicht auf den Nettowert des Verwaltungsvermögens selbst (vgl. die Berechnungsbeispiele oben Rdn. 5065 ff.). Unklar ist dabei, wie sich § 13b Abs. 7 Satz 2 ErbStG (wonach junge Finanzmittel und junges Verwaltungsvermögen kein unschädliches Verwaltungsvermögen sein können) auswirkt. Richtig ist wohl,[1291] zunächst bei der Berechnung den Nettowert des Verwaltungsvermögens um das junge Verwaltungsvermögen und die jungen Finanzmittel zu mindern, bevor 10 % des gekürzten gemeinen Werts des Betriebsvermögens abgezogen werden,[1292] und anschließend die jungen Finanzmittel und das junge Verwaltungsvermögen wieder hinzuzurechnen.

1289 Vgl. kritisch *Kowanda,* ErbStB 2017, 48 ff.
1290 So zutreffend *Wachter,* FR 2016, 690, 694.
1291 Vgl. *Korezkij,* DStR 2017, 745, 751.
1292 Der Abzugsbetrag kann jedoch nie negativ sein.

▶ **Beispiel:**[1293]

Der Unternehmenswert betrage 1000, der Nettowert des Verwaltungsvermögens 200, davon ist junges Verwaltungsvermögen 50.

Der Schmutzzuschlag berechnet sich als 1000 abzüglich 200=800x10 %=80.

Der bereinigte Nettowert des Verwaltungsvermögens beläuft sich auf 200-50=150, nach Abzug des Schmutzzuschlags verbleiben noch 70, dies wird wiederum erhöht um 50 (Sockelbetrag in Gestalt des jungen Verwaltungsvermögens), so dass insgesamt 120 schädliches Verwaltungsvermögen einschließlich Sockelbetrag verbleiben, während 880 als begünstigtes Vermögen anzusetzen ist.

g) Schuldenabzug, § 13b Abs. 6 ErbStG

Die durch das BVerfG vorgegebene konkrete Berechnung der Vermögensverwaltungsquote macht es erforderlich, Schulden, für die übrigens eine gesetzliche Definition weiterhin fehlt,[1294] anteilig auch bei der Ermittlung des nicht verschonungswürdigen Verwaltungsvermögens zu berücksichtigen (nach der früheren Gesetzeslage des Alles-oder-nichts-Prinzips genügte der Ansatz mit dem Brutto-Wert, lediglich bei der Ermittlung des Finanzmittelvermögens wurden schon bisher Nettowerte zugrunde gelegt).

Das Verfahren der Schuldenberücksichtigung ist in § 13b Abs. 6 ErbStG nicht etwa abschließend geregelt ist, sondern findet dort nur seinen Abschluss, nach zahlreichen vorangehenden Ermittlungsschritten: Betriebliche Schulden können, soweit sie altersvorsorgebedingt eingegangen sind, zunächst mit (auch jungem) Verwaltungsvermögen und (auch jungem) zugehörigem Finanzmittelvermögen gem. § 13b Abs. 3 Satz 2 ErbStG verrechnet werden, vgl. Rdn. 5178. Die verbleibenden Altersvorsorgeschulden werden wie die sonstigen Schulden gewertet, § 13b Abs. 3 Satz 3 ErbStG. Die Gesamtsumme der verbleibenden Schulden bleibt unberücksichtigt, soweit sie »wirtschaftlich nicht belastend sind«, § 13b Abs. 8 Satz 2, 1. Fall ErbStG, ebenso soweit sie den durchschnittlichen Schuldenstand der letzten drei Jahre überschreiten, es sei denn, dies ist durch Betriebstätigkeit veranlasst, § 13b Abs. 8 Satz 2, 2. Fall ErbStG. Der Rest wird mit Finanzmitteln, nicht den jungen Finanzmitteln, verrechnet, § 13b Abs. 4 Nr. 5 Satz 1 ErbStG, und sodann anteilig berücksichtigt beim Verwaltungsvermögen, nicht dem jungen Verwaltungsvermögen, § 13b Abs. 6 ErbStG.

Abzustellen ist also nicht darauf, wodurch die Eingehung der konkreten Verbindlichkeit veranlasst wurde und mit welchem Gegenstand sie in besonderem Zusammenhang steht! Etwas anderes gilt nur für **Altersvorsorgeschulden** ein, die gem. § 13b Abs. 3 Satz 1 und 2 ErbStG (Rdn. 5165) anstelle des geschilderten Prinzips anteiligen Pauschalabzugs vorab mit konkretem Verwaltungsvermögen (auch jungem Verwaltungsvermögen) und Finanzmittelvermögen (auch jungem Finanzmittelvermögen) verrechnet werden, soweit diese Verwaltungsvermögensgegenstände ausschließlich und dauerhaft der Erfüllung solcher Altersvorsorgeverpflichtungen dienen und andere Gläubiger, etwa aufgrund einer vorrangigen Verpfändung, von der Verwertung ausgeschlossen sind. Übersteigende Altersvorsorgeschulden sind nach den allgemeinen Grundsätzen zunächst mit den Finanzmitteln (allerdings nicht mit jungen Finanzmitteln) i.S.d. § 13b Abs. 4 Nr. 5 ErbStG, sodann mit dem sonstigen Vermögen (also anteilig verteilt auf Verwaltungsvermögen und begünstigtes Vermögen, § 13b Abs. 6 ErbStG) zu verrechnen, teilen also das Schicksal der sonstigen betrieblichen Schulden.

1293 Nach *Korezkij*, DStR 2017, 745, 751, dort auch alternative Berechnungsvorschläge.
1294 Es ist zu hoffen, dass die Finanzverwaltung wie vor dem 01.07.2016 davon ausgeht, dass auch Rückstellungen zu den Schulden zählen.

5179 Gem. § 13b Abs. 8 Satz 2, 1. Fall, ErbStG sind sog. **wirtschaftlich nicht belastende Schulden** zu ignorieren. Der Regelungsgehalt dieser Verpflichtung ist unklar; zumal nichtbelastende Schulden ohnehin einen gemeinen Wert von Null Euro haben, also bereits aufgrund dieses Umstands keine Rolle spielen. Vermutlich liegt[1295] die eigentliche Bedeutung in dem Wertersatz bei der Verbundvermögensaufstellung des 13b Abs. 9 ErbStG, wenn bspw. bei Tochter- oder Beteiligungsgesellschaften mit Haftungsbeschränkung ein Ausgleich konzerninterner Forderungen nicht mehr wahrscheinlich ist, oder wenn ein Rangrücktritt oder Forderungsverzicht mit Besserungsabrede stattgefunden hat.

5180 Eine Missbrauchsverhinderungsregelung enthält § 13b Abs. 8 Satz 2, 2. Fall, ErbStG, wonach Schulden insoweit nicht zu berücksichtigen sind, als der Schuldenstand im Besteuerungszeitpunkt den durchschnittlichen Schuldenstand der vergangenen drei Jahre übersteigt. Eine **künstliche Aufblähung von Schulden**, um damit eine erhöhte Verrechnung mit Finanzmitteln nach § 13b Abs. 4 Nr. 5 ErbStG oder mit sonstigem Verwaltungsvermögen zu erreichen, soll also ausgeschlossen werden. Demzufolge greift diese Sperrvorschrift nicht ein, wenn der Steuerpflichtige nachweisen kann, dass die Schuldenerhöhung auf betriebliche Umstände, etwa Betriebserweiterungen, zurückzuführen ist. Im Hinblick auf die Ermittlung, inwieweit Schulden den durchschnittlichen Schuldenstand der letzten drei Jahre übersteigen (§ 13b Abs. 8 Satz 2 ErbStG), ist unklar, ob insoweit monatliche, tägliche oder gar stündliche Stichtagsvergleiche notwendig sind. Die auch sonst nicht zu berücksichtigenden, wirtschaftlich nicht belastenden Schulden und die Altersversorgungsverpflichtungen müssen auch wohl hier vorher herausgerechnet werden. Völlig unklar ist weiter, wie der Nachweis zu führen sein wird, dass die positive Differenz zwischen dem aktuellen Schuldenstand und dem Durchschnitt der Vergangenheitswerte »durch die Betriebstätigkeit« veranlasst ist (zumal offensichtlich nicht darauf abgestellt wird, dass die Schuldenerhöhung auf die »begünstigte Tätigkeit« zurückgeführt werden kann).

5181 In dem koordinierten, nicht gleichlautenden Ländererlass der Finanzverwaltung vom 22.06.2017 (vgl. Rdn. 4355) führt die Finanzverwaltung hierzu aus, dass aus Vereinfachungsgründen der **durchschnittliche Schuldenstand** am Ende der letzten drei abgelaufenen Wirtschaftsjahre als Ausgangspunkt zu nehmen sei[1296] und dieser durchschnittliche Schuldenstand um die Altersversorgungsverpflichtungen, die am Stichtag der Steuer entstehen, mit dem Verwaltungsvermögen verrechnet wurden, zu mindern sei (insoweit entfällt also eine auf die drei Stichtage abstellende Betrachtung) und sodann zu ermitteln ist, ob die Erhöhung des Schuldenstands »durch den laufenden Geschäftsbetrieb veranlasst« sei oder z.B. zur Fremdfinanzierung nichtbetriebsnotwendiger Wirtschaftsgüter diene.[1297] Diese Feststellungen sollen im Rahmen der Feststellung der Schulden nach § 13b Abs. 10 ErbStG durch das Betriebsfinanzamt getroffen werden.

5182 Soweit Schulden nicht nach § 13b Abs. 3 ErbStG mit Altersvorsorgeverpflichtungen saldiert und soweit sie nicht nach § 13b Abs. 8 Satz 2 (da wirtschaftlich nichtbelastend oder in den letzten drei Jahren ohne betriebliche Veranlassung neu aufgenommen) von der Verrechnung ausgeschlossen sind, findet zunächst gem. § 13b Abs. 4 Nr. 5 Satz 1 ErbStG eine **Verrechnung** mit den vorhandenen Finanzmitteln (allerdings nicht mit den jungen Finanzmitteln, § 13b Abs. 4 Nr. 5 Satz 2 ErbStG) statt, im Übrigen gilt § 13b Abs. 6 ErbStG mit der Folge einer anteiligen Aufteilung der Schulden auf das verbleibende Verwaltungsvermögen, so dass die anteiligen Schulden dem Verhältnis des gemeinen Werts des Verwaltungsvermögens, einerseits, im Verhältnis des gemeinen Werts des Betriebsvermögens zuzüglich der verbleibenden Schulden, andererseits, entsprechen. Das um die anteiligen Schulden gekürzte Verwaltungsvermögen bildet dann den Nettowert des Verwaltungsvermögens, der von der Begünstigung ausgeschlossen ist. Das junge Verwaltungsver-

---

1295 Vgl. *Thouet*, Reform der Erbschaftsteuer 2017, Rn. 150.
1296 Abschn. 13b.28 Abs. 2 Satz 4 AE-ErbStG 2017, BStBl. 2017 I, 902 ff.
1297 Abschn. 13b.28 Abs. 2 Satz 7 u. 8 AE-ErbStG 2017, BStBl. 2017 I, 902 ff.; was zu viel Streitpotential führt, da der Begriff des laufenden Geschäftsbetriebs nicht legal definiert ist (eine Definition des nicht betriebsnotwendigen Betriebsvermögens findet sich immerhin in § 200 Abs. 2 BewG).

mögen i.S.d. § 13b Abs. 7 Satz 2 ErbStG ist allerdings von dieser Kürzung ausgeschlossen. Die rechnerische Umsetzung dieser Ermittlungsschritte ist den Beispielen Rdn. 5065 ff. zu entnehmen.

Die gerade bei hochverschuldeten Erwerbern zu teilweise absurden Ergebnissen führende **Abzugsbeschränkung des § 10 Abs. 6 Satz 4 ErbStG** wurde bereits in Rdn. 4800 erläutert; de lege ferenda wäre zu fordern, dass der Steuerpflichtige (auch bei »Normalerwerben« unter 26 Mio. Euro) auf die Steuervergünstigung der §§ 13a, 13b ErbStG gänzlich verzichten können sollte, um den vollen Schuldenabzug zu ermöglichen. 5183

h) Junges Verwaltungsvermögen

aa) Rechtslage bis 30.06.2016 (§ 13b Abs. 2 Satz 3 ErbStG 2009)

Nach »Absolvierung« des Verwaltungsvermögenstests (oben Rdn. 5048, 5087) war sodann zu untersuchen, inwieweit »**junges Verwaltungsvermögen**« vorliegt, § 13b Abs. 2 Satz 3 ErbStG a.F. (bei Personengesellschaften) bzw. § 13b Abs. 2 Satz 7 ErbStG a.F. (bei Kapitalgesellschaften, seit dem JStG 2010[1298]). »Jung« ist das Verwaltungsvermögen, solange es »dem Betrieb« im Besteuerungszeitpunkt weniger als 2 Jahre zuzurechnen ist. Damit sollte ein kurzfristiges Auffüllen von Betriebsvermögen durch Verwaltungsvermögen bis zur 50 %-Grenze, um sodann die steuerbegünstigte Übertragung in Anspruch zu nehmen, verhindert werden. 5184

Solch »junges Vermögen« wurde aus der Begünstigung ausgeschieden, wobei dies rechnerisch wiederum so geschah, dass der Wert des »jungen Verwaltungsvermögens« direkt vom Unternehmenswert, also einem Netto-Wert, abgezogen wurde. Da zuvor der 50 %-Test bestanden worden sein musste, konnte auf diese Weise bis zu 50 % des Unternehmenswerts als »junges Vermögen« ohne Begünstigung bleiben (sachgerechter wäre es gewesen, die Nichtberücksichtigung des »jungen Verwaltungsvermögens« dergestalt zu bewerkstelligen, dass der anteilige Prozentanteil am Aktiv-Vermögen [nicht am Netto-Wert] unberücksichtigt blieb). 5185

Nach dem Wortlaut der Norm umfasste der Ausschluss jungen Verwaltungsvermögens nicht nur solche Gegenstände, die tatsächlich durch Einlage zugeführt wurden (dem Missbrauchsvermeidungscharakter der Norm entsprechend), sondern auch solche, die mit Mitteln des Betriebsvermögens angeschafft wurden, also im Wege des »Aktivtausches«.[1299] Gerade als Folge von Umschichtungen in Wertpapieren konnte somit »ewig junges Verwaltungsvermögen« vorliegen.[1300] 5186

Dies führte zu unverständlichen Ergebnissen, die erst mit Wirkung ab 06.06.2013 (§ 30 Abs. 8 ErbStG) korrigiert wurden[1301]: Um zu vermeiden, dass beim Austausch von Aktivvermögen, z.B. durch die kurzfristige Anlage von Umsatzerlösen in Wertpapiere, innerhalb von zwei Jahren vor der Übertragung »junges Verwaltungsvermögen« entsteht und der Begünstigung entzogen wird, wurde § **13b Abs. 2 Satz 3 ErbStG 2009** geändert. Bei Zahlungsmitteln, Geschäftsguthaben, Geldforderungen und anderen Forderungen ergab sich demnach die Zurechnung stets aus dem positiven Saldo der eingelegten und der entnommenen Wirtschaftsgüter. Lediglich dieser »Über-Saldo« war als junges Verwaltungsvermögen von der Vergünstigung ausgeschlossen. Da nach Verwaltungsauffassung bei Personengesellschaften hierbei die Einlagen und Entnahmen aller Gesellschafter anzusetzen waren, konnte dies bei ungünstigen Verhältnissen für einen Gesellschafter die 5187

1298 Hierzu, mit Berechnungsbeispiel, *Mannek*, ZEV 2012, 6, 13 ff.
1299 Vgl. hierzu *Rödder*, DStR 2008, 997, 999; *Scholten/Korezkij*, DStR 2009, 148. Die ErbStR 2011 (R 13b.19) enthalten hierzu keine gegenteilige Aussage, vgl. *Schmidt/Schwind*, NWB 2011, 3512, 3526.
1300 *Felten*, ZEV 2012, 84, 87.
1301 Was zur Folge hat, dass bei den nachrichtlichen Angaben des Verwaltungsvermögens und des jungen Verwaltungsvermögens bei Feststellungen gem. § 151 Abs. 1 Satz 1 Nr. 2 und 3 BewG zwischen dem Zeitraum davor und danach differenziert werden muss, vgl. OFD Nordrhein-Westfalen, 21.01.2015 – S 3812b-2010/5001 – St 242, ErbStB 2015, 69.

Versagung der Steuerfreistellung bedeuten, obwohl er selbst keine schädlichen Einlagen getätigt hatte.[1302]

5188 Ähnliche Probleme ergaben sich bei **konzerninternen Umstrukturierungen**, z.B. Übertragungen von Beteiligungen, die als Verwaltungsvermögen zu qualifizieren waren (Verkürzung oder Verlängerung der Beteiligungskette), Formwechsel bei Personen- in eine Kapitalgesellschaft und umgekehrt. Sinn und Zweck der Vorschrift rechtfertigten nicht die vom Wortlaut her jedoch naheliegende Qualifizierung des Ergebnisses solcher Vorgänge als »junge Verwaltungsvermögen«, wenn diese konzerninternen Änderungen innerhalb des 2-Jahres-Zeitraums stattfanden.

5189 Richtigerweise war bei mehrstöckigen Konzernstrukturen junges Verwaltungsvermögen lediglich auf der obersten Konzernebene zu eliminieren.[1303] Befand sich »junges Verwaltungsvermögen« in Tochtergesellschaften, vertrat die Finanzverwaltung (R 13b.19 Abs. 4 Satz 1 ErbStR 2011) die für den Steuerpflichtigen regelmäßig günstige, jedoch im Gesetzeswortlaut nicht unmittelbar angelegte,[1304] Auffassung, dass dieses nur maximal in Höhe der Beteiligung, welche die Mutter hält, als »normales« Verwaltungsvermögen bei der Mutter zähle.

▶ Beispiel:[1305]

Der gemeine Wert einer Tochtergesellschaft beträgt 10.000€ (Maschinen), ferner befindet sich in der Tochtergesellschaft Wertpapiere i.H.v. 200.000€, die durch Verbindlichkeiten aufgewogen werden. Diese könnten dann bei der Muttergesellschaft nur in Höhe von 10.000€ berücksichtigt werden.

5190 Im Sinne eines »Richtlinien-Nichtanwendungsgesetzes«[1306] wurde diese Deckelung in § 13b Abs. 2 Satz 7 ErbStG mit Wirkung ab 07.06.2013 aufgehoben: junges Verwaltungsvermögen war demnach auf der nächsthöheren Ebene bei der Durchführung des 50 % (oder 10 %) Tests auch anzusetzen, soweit es den Beteiligungswert überstieg[1307] (dies dürfte, über den Wortlaut hinaus, auch bei Personengesellschaften gegolten haben[1308]).

▶ Hinweis:

5191 Gleichwohl konnte die Verlagerung »jungen Verwaltungsvermögens« »nach unten«, also in Tochtergesellschaften, sinnvoll sein: gem. § 13b Abs. 2 Satz 7 Hs. 2 ErbStG zählte das junge Verwaltungsvermögen der Tochtergesellschaft zwar bei der Durchführung des 50 % Tests auf der Ebene der Obergesellschaft als Verwaltungsvermögen, aber nicht zusätzlich als »junges Verwaltungsvermögen«, d.h. es blieb begünstigt, sofern der 50 % Test bestanden wird.[1309]

bb) Rechtslage seit 01.07.2016 (§ 13b Abs. 7 ErbStG 2016)

5192 Mit Wirkung ab 01.07.2016 gilt für ab diesem Zeitpunkt verwirklichte Besteuerungstatbestände: Das sog. »junge Verwaltungsvermögen« besteht gemäß § 13b Abs. 7 ErbStG aus demjenigen Verwaltungsvermögen i.S.d. § 13b Abs. 4 Nr. 1 bis 4 ErbStG, das dem Betriebsvermögen weniger als

---

1302 Kritisch *Grootens*, ErbStB 2013, 380, 381 mit Berechnungsbeispiel.
1303 Vgl. *Wälzholz*, DStR 2009, 1605, 1611 (zur Vorgängerregelung des § 13b Abs. 2 Satz 3 ErbStG), ebenso *Ihle*, notar 2011, 13 m.w.N. in Fn. 8.
1304 A.A. *Kempny/Rösner*, ZErb 2012, 204 ff.: junges Personengesellschaftstochter-Verwaltungsvermögen ist auch bei der Muttergesellschaft (in Höhe der Beteiligungsquote) vom begünstigungsfähigen Vermögen abzuziehen.
1305 Nach *Mannek*, ErbStB 2013, 343, 350.
1306 *Korezkij*, DStR 2013, 1764.
1307 Kritisch hiergegen *Grootens*, ErbStB 2013, 380, 382: dadurch wird dasselbe Vermögen zweimal erfasst.
1308 *Mannek*, ErbStB 2013, 343, 351.
1309 Berechnungsbeispiel bei *Mannek*, ErbStB 2013, 343, 353.

A. Schenkungsteuerrecht   Kapitel 12

zwei Jahre vor dem Stichtag der Entstehung der Steuer zuzurechnen ist. Es wird bereinigt um die sog. »Altersvorsorgeschulden«, § 13b Abs. 3 Satz 1 ErbStG, jedoch nicht mit sonstigen Schulden.

Davon zu unterscheiden sind die sog. »jungen Finanzmittel«, also der Einlagensaldo der vergangenen zwei Jahre, § 13b Abs. 4 Nr. 5 Satz 2 ErbStG, höchstens jedoch die Finanzmittel als solche, wiederum bereinigt um Altersvorsorgeschulden, vgl. Rdn. 5194 ff.

Das junge Verwaltungsvermögen und die jungen Finanzmittel bilden den Mindestwert des Netto-Verwaltungsvermögens, § 13b Abs. 8 Satz 3 ErbStG.

Wie schon bisher (§ 13b Abs. 2 Satz 3 ErbStG a.F.) gehört zum jungen Verwaltungsvermögen i.S.d. § 13b Abs. 7 Satz 2 ErbStG neben den originär eingelegten Wirtschaftsgütern auch solches Verwaltungsvermögen, das in dem 2-Jahres-Zeitraum mit betrieblichen Mitteln angeschafft wurde.[1310]   5193

i) Junges Finanzmittelvermögen (§ 13b Abs. 4 Nr. 5 Satz 2 ErbStG)

Sog. »**junges Finanzmittelvermögen**« i.S.d § 13b Abs. 4 Nr. 5 Satz 2 ErbStG ist der positive Saldo von eingelegten und entnommenen Finanzmitteln im vorangehenden 2-Jahres-Zeitraum (was dem Umstand Rechnung trägt, dass insbes. bei Familien-Personengesellschaften in der Praxis ein umfangreicher Verrechnungsverkehr zwischen Gesellschaft und Gesellschaftern, etwa zur Finanzierung der Ertragsteuern, stattfindet). Ein positiver Saldo solcher junger Finanzmittel ist gem. § 13b Abs. 4 Nr. 5 Satz 1 ErbStG von den Finanzmitteln selbst abzuziehen, so dass ein Abzug unterbleibt, wenn überhaupt keine Finanzmittel am Stichtag mehr vorhanden sind (andernfalls wären alle in den letzten zwei Jahren getätigten Kapitaleinlagen, etwa in Gründungs- oder Sanierungsfällen, sinnwidrigerweise kein begünstigungsfähiges Vermögen mehr).   5194

Die vom Gesetz verlangte Ermittlung der jungen Finanzmittel als diejenigen, die dem Betrieb im Besteuerungszeitpunkt weniger als zwei Jahre zuzurechnen waren (§ 13b Abs. 4 Nr. 5 Satz 2 ErbStG 2016), ist wie unter Geltung der Vorgängerregelung des § 13b Abs. 2 Satz 3 Halbsatz 2 ErbStG a.F. **nicht handhabbar**.[1311] Da sich eingelegte Finanzmittel nicht »mit Kontrastmittel einfärben« lassen, kann nicht ermittelt werden, ob sie vor dem Besteuerungszeitpunkt bereits wieder verbraucht sind, da die Verbrauchsreihenfolge nicht feststeht. Sinnvoll ist daher allenfalls die Bestimmung der jungen Finanzmittel als der Saldo aus den eingelegten und entnommenen Finanzmitteln in den letzten zwei Jahren vor dem Besteuerungszeitpunkt. Dabei sollten reine Veränderungen des Schuldenstands durch Entnahmen oder Einlagen irrelevant sein (so dass die Tilgung eines Darlehens durch eine Einlage nicht zu jungen Finanzmitteln führt). Zur Ermittlung junger Finanzmittel im Unternehmensverbund vgl. Rdn. 5152.   5195

Bis zu einer Klärung der Handhabung durch die Finanzverwaltung ist hier vieles unsicher. *Wartenburger*[1312] bildet hierzu folgendes   5196

▶ Beispiel:

Der Alleingesellschafter einer GmbH hat im Jahr 1 500.000 € in diese eingelegt und damit betriebliche Schulden in Höhe von 300.000 € getilgt und anderweitige Ausgaben getätigt, so dass am Ende des Jahres 1 keine Finanzmittel mehr vorhanden sind. Beim Tod dieses Alleingesellschafters im Jahr 2 sind noch Finanzmittel von insgesamt 100.000 € vorhanden, jedoch keine Schulden mehr. Entnahmen fanden in den Jahren 1 und 2 nicht statt. Je nach Lesart der Norm lässt sich hier vertreten, dass die jungen Finanzmittel entweder null Euro betragen (die eingelegten Finanzmittel von 500.000 € waren jedenfalls zwischenzeitlich, nämlich Ende des Jahres 1, nicht mehr vorhanden und sind damit endgültig nicht mehr zuzurechnen) oder dass

---

1310 Abschnitt E 13b.19 Abs. 1 ErbStR.
1311 Vgl. *Korezkij*, DStR 2016, 2434, 2438.
1312 MittBayNot 2017, 220, 223.

sie 100.000 € betragen (mit dem Argument der Beschränkung der jungen Finanzmittel auf die Höhe des am Stichtag noch vorhandenen Finanzmittelbestands) oder aber 200.000 € (mit dem Argument, dass die Schuldentilgung aus dem jungen Finanzmittelbestand herauszurechnen sei) oder aber 500.000 € (mit dem wortlautgemäßen Argument, dass der Überschuss der Einlagen über die Entnahmen innerhalb der letzten zwei Jahre eben genau 500.000 € betrage).

5197 Das junge Verwaltungsvermögen ist von einer Verrechnung mit Schulden (ausgenommen sind die Altersvorsorgeverpflichtungen nach § 13b Abs. 3 ErbStG) ausgeschlossen, vgl. § 13b Abs. 6 ErbStG. Für die jungen Finanzmittel dagegen gilt, (1) dass sie stets zum schädlichen Verwaltungsvermögen zählen (§ 13b Abs. 4 Nr. 5 ErbStG), (2) sie nicht i.R.d. 10 %igen Schmutzzuschlags in unschädliches Verwaltungsvermögen umqualifiziert werden können (§ 13b Abs. 7 Satz 2 ErbStG, Rdn. 5174 ff.), (3) sie nicht mit Schulden saldiert werden können (§ 13b Abs. 8 Satz 1 ErbStG) und (4) als Netto-Wert des Verwaltungsvermögens mindestens der Wert des jungen Verwaltungsvermögens und der jungen Finanzmittel anzusetzen ist (§ 13b Abs. 8 Satz 3 ErbStG).

5198 Dass mindestens der Betrag der jungen Finanzmittel als Verwaltungsvermögen anzusetzen ist (§ 13b Abs. 4 Nr. 5 Satz 2 ErbStG), sogar wenn er die tatsächlich jetzt noch vorhandenen Finanzmittel übersteigt, könnte insbesondere die unentgeltliche Übertragung von kriselnden Betrieben, die durch Gesellschaftereinlagen »am Leben gehalten« wurden, erheblich erschweren.

j) Ausschluss jeglicher Begünstigung bei übermäßigem Verwaltungsvermögen (§ 13b Abs. 2 Satz 2 ErbStG)

5199 Sofern das **Brutto**-Verwaltungsvermögen (wie sogleich zu erläutern) mehr als 90 % des begünstigungsfähigen Vermögens ausmacht, handelt es sich bei dem verschenkten/vererbten insgesamt um nicht begünstigtes Vermögen, § 13b Abs. 2 Satz 2 ErbStG, d.h. es entfällt auch für die verbleibenden Vermögensteile jegliche Verschonungsmöglichkeit, also sowohl der Verschonungsabschlag von 85 % bzw. 100 %, ebenso der Vorweg-Abschlag für Familiengesellschaften nach § 13a Abs. 9 ErbStG, und die Möglichkeit der Steuerstundung gem. § 28 ErbStG und bei Großerwerben der Steuererlass (§ 28a ErbStG) bzw. der reduzierte Abschlag (§ 13c ErbStG). Das »Brutto-Verwaltungsvermögen« wird dabei (unabhängig davon ob es sich um »normales« oder um »junges« Verwaltungsvermögen handelt) ermittelt **vor** (1) der Verrechnung der Finanzmittel mit Schulden und vor (2) der Kürzung um den Freibetrag nach § 13b Abs. 4 Nr. 5 ErbStG, vor (3) der quotalen Schuldenverrechnung mit dem Verwaltungsvermögen nach § 13b Abs. 6 ErbStG und vor (4) der 10 %igen Umqualifizierung in unschädliches Verwaltungsvermögen gem. § 13b Abs. 7 ErbStG zu ermitteln ist. Berechnungsbeispiele finden sich in Rdn. 5065 ff. (jeweils Ermittlungsschritt 4).

5200 Dies führt dazu,[1313] dass auch als unbedenklich einzustufende Unternehmen nicht mehr begünstigungsfähig sind, obwohl sie keine missbräuchliche Cash-GmbH darstellen:

▶ Beispiel:

Das Einzelunternehmen des Verstorbenen hat nach dem vereinfachten Ertragswertverfahren einen Unternehmenswert von 3.000.

Es weist auf der Aktivseite (neben Maschinen im Wert von 1.000 und Vorräten im Wert von 2.000) Forderungen aus Lieferung und Leistung in Höhe von 2.000, Bankguthaben in Höhe von 1.000 und Wertpapiere in Höhe von 100 aus (somit also ein Brutto-Verwaltungsvermögen von 3.100: Lieferungsforderungen, Bankguthaben, Wertpapiere).

Auf der Passivseite sind Eigenkapital in Höhe von 1.100, Rückstellungen in Höhe von 2.000 und Verbindlichkeiten in Höhe von 3.000 zu verzeichnen.

1313 Vgl. *Brabender/Winter*, ZEV 2017, 81 ff., mit Berechnungsbeispielen.

Die Quote des Brutto-Verwaltungsvermögens von 3.100 im Verhältnis zum Unternehmenswert von 3.000 beträgt also 103,33 %, so dass jede Begünstigung ausscheidet.

Sinnvoll wäre es, (gegen den Wortlaut) die Verbindlichkeiten in Höhe von 3.000 mit den Finanzmitteln und den sonstigen Forderungen verrechnen zu dürfen, wie dies auch bei der unmittelbaren Prüfung der Verwaltungsvermögenseigenschaft gem. § 13b Abs. 4 ErbStG der Fall wäre.

Ob wenigstens eine vorherige Saldierung von Forderungen und Verbindlichkeiten des Gesellschafters gegenüber der Gesellschaft analog der Bestimmungen zur Verbundvermögensaufstellung nach § 13b Abs. 9 ErbStG stattfinden kann, ergibt sich aus dem Wortlaut der Norm nicht.[1314]

Die als Missbrauchsvermeidungsregel intendierte 90 %-Grenze gem. § 13b Abs. 2 Satz 2 ErbStG führt also zu verfälschenden Ergebnissen, da das Verwaltungsvermögen nicht zur Summe der Aktivwerte ins Verhältnis gesetzt wird, sondern (»im Nenner«) zum gemeinen Wert des begünstigungsfähigen Vermögens (Unternehmenswert), der – direkt oder indirekt – um Schulden gemindert ist. »Im Zähler« stehen (1) das sonstige Verwaltungsvermögen vor Abzug der Schulden nach § 13b Abs. 6 ErbStG und (2) Finanzmittel vor Abzug der Schulden und des 15 %igen Freibetrags nach § 13b Abs. 4 Nr. 5 ErbStG, alles vor Abzug des unschädlichen Verwaltungsvermögens i.S.d. § 13b Abs. 7 ErbStG (10 %iger Zuschlag). Damit ist jede Kundenforderung und jeder Euro auf dem Bankkonto dem sonstigen Verwaltungsvermögen gleichgestellt, auch wenn erhebliche Verbindlichkeiten oder Rückstellungen gegenüberstehen.[1315]

5201

▶ Hinweis:

Wenn der Unternehmenswert (wie de lege lata) im Nenner des Bruches steht, müsste richtigerweise das »Netto-Verwaltungsvermögen« im Zähler stehen; bleibt es wie derzeit beim Brutto-Verwaltungsvermögen im Zähler, müsste die Summe der Aktivwerte des Unternehmens im Nenner stehen.

5202

Da eine Verrechnung der Finanzmittel mit Schulden nicht zulässig ist, kann insbesondere in Branchen, in denen erhebliche Vermögensteile aus Forderungen (also Finanzmitteln) bestehen, also bei Handelsunternehmen, die 90 %-Grenze rasch überschritten sein und damit eine an sich verdiente Betriebsvermögensbegünstigung entfallen.[1316]

4. Vorwegabzug für Familienunternehmen seit 01.07.2016, § 13a Abs. 9 ErbStG

»Familienunternehmen« erhalten bei ab dem 01.07.2016 verwirklichten Schenkungs- oder Vererbungsvorgänge im Falle der kumulativer Aufrechterhaltung der folgenden in § 13a Abs. 9 ErbStG genannten Kriterien während einer Vorlaufzeit von zwei Jahren und einer Nachlaufzeit von 20 Jahren, jeweils bezogen auf den Besteuerungszeitpunkt, einen sog. Vorab-Wertabschlag von bis zu 30 %[1317] auf den Wert des begünstigten Vermögens. Besonders bedeutsam ist der Vorab-Abschlag für Familienunternehmen bei begünstigtem Betriebsvermögen bis 37 Mio. Euro, deren maßgeblicher Wert aufgrund des Vorab-Abschlags auf sodann 25,9 Mio. Euro gesenkt wird, so dass bei Wahrung der maximal 20 %igen Verwaltungsvermögensquote sogar eine Vollverschonung in Betracht kommt. Die Begeisterung der Praxis hält sich allerdings angesichts der 22 Jahre umfassenden Vor- und Nachsorgephase (vgl. § 13a Abs. 9 Satz 5 ErbStG) in Grenzen, zumal das

5203

1314 Dafür plädieren *Brabender/Winter*, ZEV 2017, 81, 83.
1315 Kritisch hierzu insbesondere *Korezkij*, DStR 2017, 745, 748.
1316 Vgl. hierzu auch die IDW-Eingabe an das BNF v. 17.03.2017.
1317 Die zuvor im Regierungsentwurf vorgesehen Verdoppelung der Anwendungsgrenze der Regelverschonung von 26 Mio auf 52 Mio für Familienunternehmen ist entfallen.

begünstigte Vermögen bereits um 85 % entlastet ist, so dass bei max. 30 %igem Abschlag eine weitere Entlastung um lediglich 4,5 % (30 % von 15 %) eintritt.

▶ Hinweis:

5204 Da der Vorab-Abschlag gemäß § 13a Abs. 9 ErbStG nur für den Erwerb von Personen- oder Kapitalgesellschaftsanteilen (vgl. zur AG aber Rdn. 5220) in Anspruch genommen werden kann, ist zu überlegen, ein andernfalls insoweit nicht begünstigungsfähiges Einzelunternehmen in eine Einmann-GmbH oder eine GmbH & Co. KG einzubringen.

Obwohl nach dem Gesetzeswortlaut der Vorweg-Abschlag für alle Erwerber von Todes wegen oder unter Lebenden gilt, will die Finanzverwaltung in dem koordinierten, nicht gleichlautenden Ländererlass vom 22.06.2017 (vgl. Rdn. 4355) den **Anwachsungserwerb** bei der Einziehung von GmbH-Anteilen davon **ausnehmen**, obwohl dieser fiktive Erwerb auf der Besteuerungsebene durch § 3 Abs. 1 Nr. 2 Satz 3, § 7 Abs. 7 Satz 2 ErbStG gleichgestellt wird, so dass es nur sachgerecht wäre, ihn auch auf der Begünstigungsebene gleichzustellen.[1318]

Die gem. § 13a Abs. 9 ErbStG einzuhaltenden Kriterien wurden im Vermittlungsausschuss konkreter gefasst:

a) Entnahmebeschränkung

5205 Der Gesellschaftsvertrag/die Satzung muss die Entnahme/Ausschüttung auf höchstens 37,5 % des (um die auf den Gewinnanteil entfallenden Steuern gekürzten) Betrags des steuerrechtlichen (nicht handelsrechtlichen!) Gewinns beschränken, zzgl. derjenigen Beträge, die zur Begleichung der auf den Gewinnanteil/die Ausschüttung entfallenden Einkommensteuer (nicht auch Erbschaftsteuer!) notwendig sind.[1319]

Unklar ist die Bedeutung und Berechnung des in § 13a Abs. 9 Satz 1 Nr. 1 ErbStG benannten Referenzkriteriums des »steuerrechtlichen Gewinns«.[1320] Gemeint ist vermutlich der Steuerbilanzgewinn,[1321] so dass sich wohl folgendes Berechnungsschema ergibt:

5206 (aa) Bei Personengesellschaften ist der Steuerbilanzgewinn zunächst um die Gewerbesteuer zu mindern, ferner um die Einkommensteuer,[1322] die auf den Gewinnanteil des Gesellschafters entfällt (wohl reduziert um die Gewerbesteueranrechnung gem. § 35 EStG) und wohl auch um die Einkommensteuer, die auf Tätigkeitsvergütungen und Sonderbetriebseinnahmen entfällt.[1323] Der solchermaßen gekürzte steuerrechtliche Gewinn bildet die Bemessungsgrundlage, von der max. 37,5 % entnommen werden dürfen.

5207 (bb) Bei der Kapitalgesellschaft ist der Gewinn vor Steuern zu kürzen um die Gewerbe- und die Körperschaftsteuer (samt Solidaritätszuschlag), der sich dadurch ergebende Steuerbilanzgewinn unterliegt (im Falle der Ausschüttung) der Abgeltungsteuer von 25 % zzgl. Solidaritätszuschlag.

1318 Die ablehnende Sicht der Finanzverwaltung deckt sich freilich mit der Nichtgewährung von Betriebsvermögensprivilegien für diesen Fall nach Maßgabe der RE 3.4 Abs. 3 Satz 7 ff. ErbStR 2011 sowie H E 7.9 ErbStR 2011.
1319 Bsp. bei *M. Söffing*, ErbStB 2016, 339, 342 f.; *Thonemann-Micker*, DB 2016, 2312, 2316.
1320 Vgl. zum Folgenden *Uhl-Ludäscher*, ErbStB 2017, 42 ff.
1321 Ebenso *Steger/Königer*, BB 2016, 3099.
1322 Wohl errechnet aus dem fiktiven Spitzensteuersatz von 42 %, nicht unter Heranziehung des individuellen Steuersatzes, da weitere Einkünfte dabei an sich nicht berücksichtigt werden dürfen. Nach A.A. (*Wälzholz*, GmbH-StB 2017, 54, 55) ist auf den individuellen Durchschnittssteuersatz jedes einzelnen Gesellschafters abzustellen, so dass sich jeweils unterschiedliche Entnahmevolumina ergeben können. Die Finanzverwaltung akzeptiert in den koordinierten Ländererlassen v. 22.06.2017, BStBl 2017 I 902 ff., unter Hinweis auf § 202 Abs. 3 BewG aus Vereinfachungsgründen einen Steuersatz von 30 %.
1323 Obwohl das Sonderbetriebsvermögen nicht von der Gewährung des Vorab-Abschlags erfasst ist!

Wird der Steuerbilanzgewinn um diese (zusätzlich entnehmbare) Abgeltungsteuer reduziert, ergibt sich der gekürzte steuerrechtliche Gewinn als Bemessungsgrundlage, von der wiederum 37,5 % entnommen werden können, was rechnerisch notwendig einem Betrag von 37,5 % des Steuerbilanzgewinns (»steuerlicher Gewinn« i.S.d. § 13a Abs. 9 Satz 1 Nr. 1 ErbStG) entspricht.

Bei mehrstufigen Unternehmern gilt: in einer reinen Personengesellschaftsstruktur werden auf der Ebene der Muttergesellschaft stets alle Gewinn- und Verlustanteile der Tochtergesellschaften in der Steuerbilanz konsolidiert (unabhängig von tatsächlichen Liquiditätstransfers), so dass die Entnahmebeschränkung nur auf der obersten Ebene maßgeblich sind. Bei Kapitalgesellschaften wird dagegen häufig nur der tatsächliche Liquiditätsbedarf der Holdinggesellschaft an Letztere ausgeschüttet. Soll das maximale Entnahmevolumen auf der Holdingebene genutzt werden, müssten daher künftig die Ausschüttungen der Tochtergesellschaften erhöht werden, was allerdings zur Schaffung übermäßiger Liquidität an der Spitze führen kann, die wiederum als Darlehen an die »Töchter« weiterzugeben ist. Sinnvoll wäre, zur Berechnung der Ausschüttungsbeschränkung den konsolidierten Gewinn aller Unternehmen in der Kette heranzuziehen. 5208

Offen ist schließlich auch, inwieweit die in einem Jahr nicht getätigten Entnahmen in den Folgejahren nachgeholt werden können. Bei Personengesellschaften ergibt sich dies zwanglos, wenn dem Privatkonto der maximal zulässige Betrag gutgeschrieben wird; das spätere Abziehen von Liquidität von diesem Konto stellt dann wohl keine »Entnahme« mehr dar. 5209

▶ Hinweis:

Personengesellschaftsverträge sehen häufig vor, dass Jahresüberschüsse den Gesellschafterdarlehenskonten gutgeschrieben werden. Soweit dieses Konto Fremdkapital darstellt, kann bereits eine solche Gutschrift handelsrechtlich eine Entnahme (mit anschließender Darlehensgewährung an die eigene Gesellschaft) darstellen. Um die Grenze von 37,5 % Maximalentnahme nicht zu überschreiten, empfiehlt es sich daher vorzusehen, dass in der Gesellschaft verbleibende Gewinnanteile nicht dem Gesellschafterdarlehens-, sondern den Rücklagenkonten gutgeschrieben werden. In Auslandssachverhalten kann allerdings umgekehrt das Unterlassen rechtzeitiger (Mehr-)Ausschüttungen zu einer ertragsteuerlichen Doppelbesteuerung führen.[1324] 5210

▶ Weiterer Hinweis:

Als Vorsorge gegen zu hohe Entnahmen von Gesellschaftern kann es sich empfehlen, eine gesellschaftsvertragliche Verpflichtung der Gesellschafter aufzunehmen, spätere Steuererstattungen (etwa als Folge einer steuerlichen Betriebsprüfung) oder Nachaktivierungen, die dazu führen, dass es sich im Nachhinein bei den betreffenden Beträgen nicht um stets unschädliche Steuervolumina handelt, sondern um »schlichte« Entnahmen führen, die dann möglicherweise zur Überschreitung des dafür geltenden Höchstbetrags von 37,5 % führen, durch entsprechende Einlagen in das Gesellschaftsvermögen wieder auszugleichen.[1325] 5211

Überhaupt ist zu konstatieren, dass im Jahr der Entnahme bzw. Ausschüttung regelmäßig noch nicht feststeht, wie hoch die Steuerbelastung des einzelnen Gesellschafters sein wird (sofern nicht auf den Spitzensteuersatz abgestellt werden darf und dieser jedes Jahr ohnehin stets verwirklicht ist); ggf. sind zurückhaltende Schätzungen notwendig. Die Finanzverwaltung akzeptiert analog § 202 Abs. 3 BewG bei Familienpersonengesellschaften einen pauschalen Steuersatzwert von 30 %.[1326] 5212

1324 Z.B. Gewinnausschüttungen von Hinzurechnungsbeträgen, § 3 Nr. 41 lit. a EStG, vgl. *Bockhoff*, ZEV 2017, 186, 189.
1325 Vgl. etwa *Hannes*, ZEV 2016, 554, 557; *Crezelius*, ZEV 2016, 541, 544.
1326 13a.19 Abs. 2 Satz 2 Nr. 1 Satz 3 des koordinierten, nicht einheitlichen, Ländererlasses v. 22.06.2017, BStBl 2017 I 902.

Eine Kompensation von unzulässigen Entnahmen der Ausschüttungen durch Einlagen sieht das Gesetz zwar nicht vor; dies sollte aber im Weg teleologischer Reduktion als unschädlich angesehen werden, so dass nur der Saldo von Einlagen und Entnahmen des jeweiligen Geschäftsjahres zählt.

5213 Hierzu,[1327] unter Einschluss alternativer Formulierungen, die jedoch rechtlich (noch nicht) gesichert sind,[1328] folgender

▶ **Formulierungsvorschlag: Entnahmebeschränkung gem. § 13a Abs. 9 ErbStG für Familien-Personengesellschaften**

Die Entnahme des um die auf den Gewinnanteil entfallenden Steuern vom Einkommen gekürzten Betrags des steuerrechtlichen Gewinns oder der Ausschüttung ist auf höchstens 37,5 % beschränkt; Entnahmen zur Begleichung der auf den ihm zuzurechnenden steuerlichen Gewinnanteil (Steuerbilanz einschließlich außerbilanzieller Korrekturen ohne Ergebnisse aus Sonderbilanzen) oder die Ausschüttungen aus der Gesellschaft entfallenden Steuern vom Einkommen sind darüber hinaus durch den betroffenen Gesellschafter stets zulässig. Jeder Gesellschafter muss der Gesellschaft seine Steuerbelastung auf den Gewinnanteil durch Vorlage des letzten verfügbaren Einkommensteuerbescheids nachweisen. (*Alt.:* Die abzuziehenden Steuern errechnen sich auf Basis eines pauschalen persönlichen Einkommensteuersatzes einschließlich Kirchensteuer und Solidaritätszuschlag von insgesamt 30 %.) Der nicht entnahmefähige Teil des Gewinns ist jedes Jahr dem nicht entnahmefähigen variablen Kapitalkonto (Kapitalkonto II) des betreffenden Gesellschafters gutzuschreiben; abweichende Beschlüsse können nur einstimmig gefasst werden.

(*Ggf. Ergänzung, jedoch rechtlich noch nicht gesichert:* In einem Jahr nicht ausgeschöpfte Entnahmen können im Folgejahr nachgeholt werden).

Eine Aufhebung oder Abänderung der vorstehenden Entnahmebeschränkung bedarf der Zustimmung sämtlicher Mitgesellschafter. Im Übrigen entscheidet die Gesellschafterversammlung mit einfacher Mehrheit darüber, ob der gesellschaftsrechtlich entnahmefähige Gewinn dem entnahmefähigen Forderungskonto oder dem nicht entnahmefähigen variablen Kapitalkonto gutgeschrieben wird.

5214 Entsprechend lautet die[1329] Musterformulierung für eine Entnahmebeschränkung gem. § 13a Abs. 9 ErbStG für eine Familien-Kapitalgesellschaft:

▶ **Formulierungsvorschlag: Entnahmebeschränkung gem. § 13a Abs. 9 ErbStG für Familien-Kapitalgesellschaften**

Die Gesellschafterversammlung entscheidet alljährlich über die Verwendung des Jahresüberschusses der Kapitalgesellschaft. Die Ausschüttung ist auf höchstens 37,5 % des steuerrechtlichen Gewinns beschränkt, der zuvor um die auf die Ausschüttungen aus der Gesellschaft entfallenden Steuern vom Einkommen gekürzt wurde. Bei Anwendung der Abgeltungssteuer errechnen sich die nach Satz 2 anzusetzenden Steuern auf Basis eines pauschalen persönlichen Einkommensteuersatzes einschließlich Kirchensteuer und Solidaritätszuschlag von insgesamt 28,625 %. Entnahmen zur Begleichung der auf diese Ausschüttungen aus der Gesellschaft entfallenden Steuern vom Einkommen sind stets zulässig. Eine davon abweichende Handhabung bedarf stets eines einstimmigen Gesellschafterbeschlusses. Die Änderung oder Aufhebung dieser Entnahmebeschränkung bedarf der Zustimmung aller Gesellschafter.

Ggf. Ergänzung, jedoch rechtlich noch nicht gesichert: Bleibt die jährliche Ausschüttung in einem Jahr hinter der in diesem Absatz geregelten Höchstgrenze zurück, kann diese insoweit in den Folgejahren nachgeholt werden.

Darüber hinausgehende Teile des Jahresüberschusses/Bilanzgewinns können zur Bildung von Rücklagen verwendet oder auf neue Rechnung vorgetragen werden.

1327 Im Anschluss an *Wälzholz*, GmbH-StB 2017, 54, 56.
1328 Im Anschluss an *Weber/Schwind*, ZEV 2016, 688, 691.
1329 Ebenfalls im Anschluss an *Wälzholz*, GmbH-StB 2017, 54, 56.

Im Übrigen entscheidet die Versammlung durch Gesellschafterbeschluss mit einfacher Mehrheit über die Thesaurierung oder Ausschüttung des Gewinns der GmbH in den gesellschaftsrechtlich zulässigen, vorstehend definierten, Grenzen.

b) Verfügungsbeschränkung

Die Verfügungsbeschränkungen bleiben in der Fassung des Bundestagsbeschlusses bestehen, also beschränkt auf Mitgesellschafter, eigene Angehörige i.S.d. § 15 AO sowie Familienstiftungen/Familienvereine, wurden also nicht erweitert auf Familienpool-GmbHs, auf steuerbegünstigte Stiftungen und auf Angehörige von Mitgesellschaftern.

5215

Da lediglich Familienstiftungen (gleichgültig ob ihre Destinatäre mit den bisherigen Gesellschaftern identisch sind oder nicht![1330]) als taugliche Empfänger genannt sind, sollte eine als Erwerberin gewünschte gemeinnützige Stiftung bereits vorab mit einem kleinen Anteil beteiligt und damit zum »Mitgesellschafter« werden. Zu den Familienstiftungen i.S.d. § 13a Abs. 9 Nr. 2 ErbStG zählen auch ausländische Familienstiftungen (die nicht der Erbersatzsteuer unterliegen, wie sich aus § 2 Abs. 1 Nr. 2 ErbStG ergibt).[1331]

5216

Die Beschränkung umfasst nach dem Wortlaut sämtliche Verfügungen (einschließlich der Begründung von Nutzungsrechten, Unterbeteiligungen oder Treuhandverhältnissen[1332]), nicht nur deren Zustimmungsfreiheit.[1333] Unklar und ungesichert ist daher, ob anstelle eines vollständigen Verfügungsverbots an andere als nichtprivilegierte (Familien-)Erwerber auch eine schlichte Vinkulierungsklausel genügen würde, die die Übertragung oder Belastung zugunsten von anderen als privilegierten Personen von der **Zustimmung** sämtlicher Gesellschafter abhängig macht.[1334] Nach der Regierungsbegründung[1335] ist sicherzustellen, dass der objektive gemeine Wert der Beteiligung nicht vom Erwerber verwirklicht werden kann, so dass (wortlautkonform) die Zulässigkeit eines Drittverkaufs bei (in kleinem Gesellschafterkreis zu erwartender) Mehrheitsbilligung wohl schädlich sein dürfte, vgl. dennoch hierzu Formulierungsvorschlag in Rdn. 5222. Auch die Finanzverwaltung geht wohl im koordinierten, nicht gleichlautenden Ländererlass vom 22.06.2017 (Rdn. 4355) davon aus, dass die gesetzlichen Anforderungen nicht erfüllt sind, »wenn eine Verfügung auf andere Personen nach Zustimmung der übrigen Gesellschafter möglich ist«.[1336] Umso weniger genügen gesellschaftsvertragliche Vor- oder Ankaufsrechte.[1337]

5217

Erfasst sind durch den weiten Begriff »**Verfügung**« auch Belastungen oder Inhaltsänderungen, z.B. die Verpfändung des Gesellschaftsanteils zugunsten einer Bank zum Zweck der Kreditfinanzierung; möglicherweise handelt es sich insoweit um ein Redaktionsversehen.[1338] Es ist ungewiss, ob die Verfügungsbeschränkung dadurch »umgangen« werden kann, dass der neue, fremde Gesellschafter im Weg der Kapitalerhöhung, also nicht durch Verfügung über Anteile der Alt-Gesellschafter, eintritt.[1339] Verfügungen von Todes wegen sind jedoch wohl nicht erfasst.

5218

1330 Die prospektiven Erwerber können also vorab eine »eigene« Familienstiftung i.S.d. § 1 Abs. 1 Nr. 4 ErbStG »gründen« und die Anteile an diese abtreten, auch wenn es sich um eine gänzlich andere Familie als die bisherigen Inhaber handelt.
1331 Vgl. *Reich*, DStR 2016, 2447, 2448; a.A. *Hannes*, ZEV 2016, 554.
1332 Vgl. *Riedel*, ZErb 2016, 371; a.A. *Wachter*, NZG 2016, 1168.
1333 So *Riedel*, ZErb 2016, 371, *Viskorf/Ehle*, DStR 2016, 2425.
1334 Zweifelnd insoweit *Schwind/Weber*, ZEV 2016, 688, 692; *Wälzholz*, GmbH-StB 2017, 54, 60.
1335 BT-Drucks. 18/8911 S. 41.
1336 Abschnitt 13a.19 Abs. 2 Nr. 2 Satz 2 AE-ErbStG 2017, BStBl. 2017 I, 902 ff. Damit wäre sogar eine Übertragung der Beteiligung auf eine vermögensverwaltende Familiengesellschaft, an der ausschließlich privilegierte Personen beteiligt sind, schädlich, vgl. *Geck*, ZEV 2017, 481, 485.
1337 Vgl. *Wachter*, NZG 2016, 1168.
1338 Ebenso *Schwind/Weber*, ZEV 2016, 688, 692; auch die Finanzverwaltung legt bei § 13b Abs. 1 Nr. 3 ErbStG in RE 13b.6 Abs. 4 Satz 1 ErbStR 2011 einen engeren Verfügungsbegriff zugrunde.
1339 So allerdings *Schwind/Weber*, ZEV 2016, 688, 692.

5219 Rein schuldrechtliche Verfügungsbeschränkungen, etwa in Shareholder Agreements außerhalb des Gesellschaftsvertrags, genügen nicht, da § 13a Abs. 9 Satz 1 Nr. 2 ErbStG die »Verfügung über die Beteiligung« und damit die dingliche Seite betrifft; streitig ist, ob eine Bindung solcher Verfügungen an die Zustimmung der übrigen Gesellschafter oder einer Mehrheit der Gesellschafterversammlung ausreichen würde.[1340] Handelt es sich um eine Familiengesellschaft mit Sitz/Geschäftsleitungssitz in anderen Staaten des EU/EWR-Raumes, stellt sich freilich die Frage, ob das anwendbare ausländische Gesellschaftsrecht eine entsprechende gesellschaftsvertragliche Beschränkung überhaupt erlaubt.[1341]

▶ Hinweis:

5220 Für Aktiengesellschaften kommt demnach ein Familien-Vorababschlag nur bei (allein vinkulierungsfähigen, §§ 68 Abs. 2, 10 AktG) Namens-, nicht bei Inhaberaktien, in Betracht. Vinkulierungsklauseln lassen sich beispielsweise in Satzungen börsennotierter Kapitalgesellschaften nicht vereinbaren, ebenso wenig wie Abfindungsbeschränkungen, so dass sich insoweit nur die Möglichkeit eines mittelbaren Haltens solcher Gesellschaftsanteile in einer Personengesellschaft, die ihrerseits den Kriterien genügt, anbietet. Die Finanzverwaltung geht in dem koordinierten, nicht gleichlautenden Ländererlass vom 22.06.2017 (Rdn. 4355) sehr undifferenziert davon aus, bei einer deutschen Aktiengesellschaft scheide ein Vorweg-Abschlag grundsätzlich aus, da entsprechende Einschränkungen in der Satzung nicht möglich seien.[1342]

▶ Formulierungsvorschlag: Verfügungsverbot gem. § 13a Abs. 9 ErbStG

5221 Verfügungen über die Beteiligung an der Gesellschaft/den Anteil an der Kapitalgesellschaft sind nur zugunsten von Mitgesellschaftern, Angehörigen i.S.d. § 15 Abgabenordnung oder einer Familienstiftung i.S.d. § 1 Abs. 1 Nr. 4 ErbStG zulässig und wirksam.

5222 Hält man (vgl. Rdn. 5217)[1343] einen Zustimmungsvorbehalt der Gesellschafterversammlung für ausreichend, was jedoch derzeit beileibe nicht gesichert ist, könnte formuliert werden:

▶ Formulierungsvorschlag: Beschlussabhängige Verfügungsbeschränkung gem. § 13a Abs. 9 ErbStG

Jede Verfügung über einen Gesellschaftsanteil oder einen Teil eines Gesellschaftsanteils bedarf zu ihrer Wirksamkeit eines einstimmigen Gesellschafterbeschlusses/eines Gesellschafterbeschlusses mit einer Mehrheit von … Prozent der abgegeben Stimmen, wobei der verfügende Gesellschafter selbst nicht stimmberechtigt ist. Ein Anspruch auf Zustimmung besteht nicht; die Ablehnung bedarf keiner Begründung. Keiner Zustimmung bedürfen jedoch Verfügungen zugunsten von Mitgesellschaftern, von Angehörigen i.S.d. § 15 AO sowie von Familienstiftungen gem. § 1 Abs. 1 Nr. 4 ErbStG.

c) Abfindungsbeschränkung

5223 Unverändert geblieben ist auch das Erfordernis einer vertraglichen/satzungsrechtlichen Abfindungsbeschränkung »unterhalb des Verkehrswerts« (wobei unsystematischer Weise diese Differenz ihrerseits gem. § 7 Abs. 7 ErbStG besteuert wird, Rdn. 4471 ff.).

Der für die Abfindungsbeschränkung maßgebliche gemeine Wert der Beteiligung i.S.d. § 9 i.V.m. § 11 Abs. 2 BewG ist nicht zwingend mit dem Verkehrswert der Beteiligung identisch.[1344]

1340 So *Geck*, ZEV 2016, 546, 551; a.A. *Ihle*, Notar 2017, 53, 56.
1341 *Bockhoff*, ZEV 2017, 186, 189.
1342 Abschnitt 13a.19 Abs. 1 Satz 4 Nr. 2 AE-ErbStG 2017, BStBl. 2017 I, 902 ff.; hierzu kritisch *Wachter*, GmbHR 2017, 841, 846, der auch auf die europarechtliche Diskriminierung gegenüber ausländischen Aktiengesellschaften hinweist.
1343 Beispielsweise mit *Weber/Schwind*, ZEV 2016, 688, 692; *Viskorf/Jehle*, DStR 2016, 2425, 2429.
1344 Vgl. *Hannes*, ZEV 2016, 554, 557.

Ausreichend ist es, eine auch nur gering (z.B. um 5 %) hinter dem gemeinen Wert zurückbleibende Abfindung vorzusehen, allerdings ist dann der Bewertungsabschlag lediglich auf diesen Prozentsatz beschränkt, vgl. Rdn. 5228. Sofern – wie regelmäßig – unterschiedliche Abfindungshöhen für verschiedene Fälle des Ausscheidens vorgesehen sind (z.B. bei Ausscheiden durch Tod jegliche Abfindung ausgeschlossen ist und im Fall des Ausscheidens aus einem wichtigen Grund – Insolvenz, Zwangsversteigerung etc.- lediglich 50 % des gemeinen Werts anzusetzen sind, während in den übrigen Fällen des Ausscheidens 80 % des gemeinen Werts geschuldet wären), dürfte für die Bemessung des Wertabschlags nach § 13a Abs. 9 Satz 2 ErbStG der niedrigste im Vertrag vorgesehene Wertabschlag (also der höchste vorgesehene Abfindungsbetrag) maßgeblich sein, im vorstehenden Beispielsfall also beispielsweise 80 %.[1345]

5224

▶ Hinweis:

Verfügt die Familie, die eine Übertragung unter Inanspruchnahme des Familienunternehmensabschlags plant, nicht über ausreichende Stimmkraft im Gesamtunternehmen, um die nach § 13a Abs. 9 ErbStG notwendigen gesellschaftsvertraglichen Regelungen zu vereinbaren, kann sie ihre Beteiligung am Gesamtunternehmen in eine gewerblich tätige oder gewerblich geprägte Familienpersonengesellschaft einbringen und auf der Ebene dieser »eigenen Holding« – auf die es in mehrstöckigen Beteiligungsstrukturen ankommt – selbst die entsprechenden Satzungsregelungen aufnehmen. Die Familienholdinggesellschaft kann die ihr übertragenen Anteile an der Tochtergesellschaft unschädlich übertragen, weil die Veräußerungsbeschränkung nur auf ihrer eigenen (Holding-)Ebene eingehalten werden muss.[1346]

5225

Um dem Finanzamt die Höhe des Abschlags plausibel zu machen, erscheint es sinnvoll, abweichend von bisherigen Bewertungsformulierungen (die beispielsweise pauschal auf Bilanzwerte, bestimmte Kapitalisierungsfaktoren, das Stuttgarter Verfahren o.ä. abstellen) in der Klausel zunächst zu regeln, wie der gemeine Wert des Anteils festzustellen ist, und sodann einen Prozentanteil dessen als maximal geschuldet zu definieren, beispielsweise nach Maßgabe des folgenden[1347]

5226

▶ Formulierungsvorschlag: Abfindungsbeschränkung gem. § 13a Abs. 9 ErbStG

Für den Fall des Ausscheidens eines Gesellschafters aus der Gesellschaft aus anderen Gründen als den Tod ist eine Abfindung geschuldet; im Fall des Ausscheidens durch Tod ist eine Abfindung gänzlich ausgeschlossen. Für die Ermittlung des Abfindungsguthabens ist zunächst der gemeine Wert des Gesellschaftsanteils zu ermitteln. Die Abfindung beträgt grundsätzlich 70 % des so ermittelten gemeinen Werts, im Fall der Ausschließung eines Gesellschafters aus einem wichtigen Grund (Insolvenz, Zwangsvollstreckung, wiederholter Verstoß gegen gesellschaftsrechtliche Treuepflichten gem. § ... des Vertrags) lediglich 60 % des gemeinen Werts. Bewertungsstichtag ist der Ablauf des dem Ausscheiden vorangehenden Geschäftsjahres.

5227

Die Abfindung ist, sobald ihre Höhe feststeht, in zwei gleich hohen Raten in halbjährlichem Abstand fällig und bis dahin zinslos gestundet.

Sollten die Beteiligten sich nicht über den gemeinen Wert des Gesellschaftsanteils innerhalb eines Monats nach Aufforderung einigen können, entscheidet auf Antrag der Gesellschaft oder des ausscheidenden Gesellschafters ein von der örtlich zuständigen IHK zu bestimmender Schiedsgutachter, dessen Kosten die Gesellschaft und der ausscheidende Gesellschafter je zur Hälfte tragen.

d) Höhe des Vorwegabschlags

Gem. § 13a Abs. 9 Satz 2 ErbStG ist der Vorab-Abschlag von bis zu 30 % nur für die Teile des begünstigten Vermögens zu gewähren, die alle vorgenannten Voraussetzungen kumulativ erfüllen (also bspw. nicht für das Sonderbetriebsvermögen, wenn sich die Verfügungsbeschränkung des

5228

1345 Vgl. *Wälzholz*, GmbH-StB 2017, 54, 59.
1346 Vgl. *Uhl-Ludäscher*, ErbStB 2017, 42, 45.
1347 Angelehnt an *Wälzholz*, GmbH-StB 2017, 54, 58.

Gesellschaftsvertrags hierauf – wie regelmäßig – nicht erstreckt). Der max. 30 %ige Abschlag wird nur auf das begünstigte Vermögen i.S.d. § 13b Abs. 2 ErbStG gewährt, ist aber seinerseits der betragsmäßigen Höhe nach unbeschränkt.

5229 Die Höhe des gewährten Abschlags entspricht dem Prozentbetrag, um den die im Gesellschaftsvertrag vorgesehene Abfindung im Zeitpunkt der Besteuerung (allein auf diesen ist abzustellen, die beiden weiteren Kriterien sind also nur für das Ob, nicht für die Höhe des Abschlags relevant) hinter dem gemeinen Wert des Gesellschaftsanteils zurückbleibt. Differenziert der Gesellschaftsvertrag (wie häufig) zwischen verschiedenen Ausscheidensszenarien (good leaver/bad leaver), wird auf den Betrag abzustellen sein, der bei ordentlicher Kündigung (nicht bei Hinauskündigung aus wichtigem Grund) einschlägig ist;[1348] nach a.A.[1349] und wohl auch Ansicht der Finanzverwaltung[1350] soll die höchstmögliche Abfindung maßgeblich sein.

▶ Hinweis:

5230 Da in Bezug auf Besitz-Einzelunternehmen im Fall einer Betriebsaufspaltung sowie in Bezug auf **Sonderbetriebsvermögen** keine Gesellschaftsverträge existieren bzw. diese hierauf keine Anwendung finden, können hierfür auch keine Abfindungsbeschränkungen vorgesehen werden, so dass hierfür kein Wertabschlag in Betracht kommt.[1351] Da jedoch bei der Ermittlung des begünstigten Vermögens i. S. d § 13b Abs. 2 ErbStG auch das mitübertragene Sonderbetriebsvermögen erfasst ist und sich im Nachhinein nicht mehr rekonstruieren lässt, welcher Teilbetrag des insgesamt begünstigten Vermögens auf das anteilige Gesamthandsvermögen entfiel, soll nach Ansicht der Finanzverwaltung das begünstigte Vermögen, allein für Zwecke der Vorweg-Abschlags-Prüfung, in Art einer **Schattenrechnung**, beschränkt auf das Gesamthandsvermögen – also ohne Sonderbetriebsvermögen –, ermittelt werden, offenkundig ohne Prüfung der 90 %-Grenze nach § 13b Abs. 2 Satz 2 ErbStG, und auf dieses, um das junge Verwaltungsvermögen und junge Finanzmittel bereinigte, begünstigte Gesamthandsvermögen dann der Prozentabschlag angewendet werden.[1352]

e) Folgen eines Verstoßes

5231 Sämtliche Voraussetzungen des § 13a Abs. 9 Satz 1 ErbStG müssen gemäß § 13a Abs. 9 Satz 3 ErbStG kumulativ **zwei Jahre vor** dem Zeitpunkt der Entstehung der Steuer i.S.d. § 9 ErbStG vorliegen, so dass in den ersten zwei Jahren ab Inkrafttreten des neuen Rechts, also bis zum 01.07.2018, diese Voraussetzungen allenfalls zufällig, nicht aber gesteuert, erfüllt sein können.

5232 Bereits ein tatsächlicher oder rechtlicher Verstoß (letzteres etwa in Gestalt einer Aufhebung der gesellschaftsvertraglich erforderlichen Regelungen, zu entsprechenden Abwehrklauseln vgl. Rdn. 5385) innerhalb der nachlaufenden Frist von zwanzig Jahren führt rückwirkend zum Entfallen der zusätzlichen Steuerbefreiung auf den Wertabschlag. Denkbar ist allerdings, dass der Vorweg-Abschlag nicht vollständig entfällt, wenn nämlich die geänderte Gesellschaftsvertragsklausel bzw. die abweichende Handhabung einen, wenn auch niedrigeren, Vorweg-Abschlag rechtfertigen würden. (Beispiel: Anstelle der vertraglich vorgesehenen 70 %igen Abfindung wird einmalig eine 90 %ige Abfindung gewährt: aufrechtzuerhalten ist der Vorweg-Abschlag noch in Höhe von 10 %.)[1353]

1348 Vgl. *Thouet*, Reform der Erbschaftsteuer, 2017, § 2 Rn. 58.
1349 *Hannes*, ZEV 2016, 554.
1350 Abschnitt 13a.19 Abs. 4 Satz 4 AE ErbStG 2017, BStBl 2017 I 902 ff.
1351 Ebenso *Schwind/Weber*, ZEV 2016, 688, 689.
1352 Vgl. Abschnitt 13a.19 Abs. 3 Satz 3 sowie Beispiel 2 in H 13a.19 AE-ErbStG 2017, BStBl. 2017 I, 902 ff.
1353 Vgl. Abschn. 13a.19 Abs. 6 Satz 4 AE-ErbStG 2017, BStBl. 2017 I, 902 ff.

A. Schenkungsteuerrecht Kapitel 12

▶ Hinweis:

Auch nach Ablauf der »regulären« Behaltensfrist von fünf Jahren (§ 13a Abs. 6 ErbStG) kann der Erwerber nach einem späteren Verkauf den Vorabschlag noch rückwirkend verlieren[1354] (also bei der Regelverschonung 15 % aus diesem Betrag nachentrichten müssen), wenn der Gesellschaftsvertrag – ohne dass er dies verhindern könnte – nach seinem Ausscheiden in schädlicher Weise geändert wird, zu vertraglichen Vorkehrungen im Weiterverkaufsvertrag vgl. Rdn 5384 – konnte er jedoch die Optionsverschonung (von 100 %) in Anspruch nehmen, sind spätere Nachteile ausgeschlossen, es sei denn die Großerwerbsgrenze von 26 Mio. Euro wird durch den Wegfall des Familienunternehmensabschlags überschritten.

Da in Familienunternehmen immer wieder (zeitlich gestaffelte) Übertragungen auf die nächste Generation stattfinden werden, beginnt die **20-Jahres-Frist** ab Entstehung der Steuer i.S.d. § 9 ErbStG stets neu zu laufen, so dass faktisch der Gesellschaftsvertrag insoweit nicht mehr änderbar ist. In Bezug auf den vorangegangenen Erwerb des nun weiterübertragenen Anteils am Familienunternehmen geht die Finanzverwaltung in dem koordinierten, nicht gleichlautenden Ländererlass vom 22.06.2017 (vgl. Rdn. 4355) davon aus, dass der damals gewährte Vorweg-Abschlag nicht entfällt, wenn begünstigtes Vermögen, sei es von Todes wegen oder zu Lebzeiten, durch Schenkung oder entgeltlich, übergeht an Mitgesellschafter, Angehörige oder eine Familien-Stiftung (allerdings nicht an eine gemeinnützige Stiftung!)[1355] Dafür spricht auch, dass ein Verstoß gegen die Behaltensverpflichtungen des § 13a Abs. 6 ErbStG irrelevant ist. Stirbt der begünstigte Anteilserwerber, endet die 20-jährige Überwachungsfrist für seinen Erwerb, für den Erben beginnt hinsichtlich seines Erwerbs jedoch eine neue, wiederum 20-jährige Frist.

5233

▶ Hinweis:

Hinzuweisen ist noch darauf, dass der Wertabschlag für Familienunternehmen unabhängig davon gewährt wird, ob die Lohnsummenregelung oder die sonstigen Haltefristen gem. § 13a Abs. 4 u. Abs. 6 ErbStG später eingehalten werden oder nicht. Auch ein späterer Wegfall des Verschonungsabschlags nach § 13a Abs. 1 ErbStG wegen Verstoßes gegen die Lohnsummenregelung oder die Haltefristen hat also, sofern nur die Vorgaben des § 13a Abs. 9 ErbStG während des gesamten Zeitraums von 22 Jahren (!) gewahrt bleiben, auf den Wertabschlag keinen Einfluss.

5234

f) Verfahren

Der Vorab-Abschlag wird ohne Antrag von Amts wegen gewährt, der Erwerber muss freilich dem Betriebsfinanzamt die Voraussetzungen nachweisen; dieses teilt sodann den Prozentsatz des Abschlags nachrichtlich (ohne Feststellungsverfahren) dem Erbschaftsteuerfinanzamt mit. Der Steuerpflichtige kann sich freilich, sobald die Parameter wie etwa Verwaltungsvermögen/Unternehmenswert etc. bestandskräftig feststehen und damit das steuerliche Risiko ermittelt werden kann, durch bewussten Verstoß gegen die Entnahme/Ausschüttungsbeschränkungen davon »verabschieden«.

5235

Weitere Empfehlungen zur Aufrechterhaltung des Vorwegabzugs für Familienunternehmen, z.B. Sperrklauseln gegen schädliche Gesellschaftsvertragsänderungen, finden sich in Rdn. 5380 ff.

5. Mögliche Vergünstigungen für Erwerbe bis 26 Mio. Euro

a) Verschonungsabschlag und Abzugsbetrag (§ 13a Abs. 1 und 2 ErbStG)

Im Grundmodell beträgt – sofern der Erwerb begünstigten Vermögens i.S.d. § 13b Abs. 2 ErbStG insgesamt 26 Mio. Euro nicht übersteigt (Rdn. 5252 ff.) – der »Verschonungsabschlag« 85 % des insgesamt begünstigten Vermögens, vgl. § 13a Abs. 1 i.V.m. § 13b Abs. 2 ErbStG; die verbleiben-

5236

[1354] Abschn. 13a.19 Abs. 7 Satz 3 AE-ErbStG 2017, BStBl 2017 I 902 ff.
[1355] Abschn. 13a.19 Abs. 7 AE-ErbStG 2017, BStBl. 2017 I, 902 ff.

den 15 % werden als »nicht betriebsnotwendiges Vermögen« fingiert, so dass sie wie Privatvermögen besteuert werden. Diese gesetzlich zwingende Abgrenzung tritt an die Stelle der im Entwurf des nicht realisierten Unternehmensfortführungserleichterungsgesetzes geplanten Differenzierung nach »produktivem« und »unproduktivem« Vermögen. Wählt allerdings der Steuerpflichtige gem. § 13a Abs. 10 ErbStG (= § 13a Abs. 8 ErbStG 2009) unwiderruflich die »ambitioniertere« Variante der Freistellung, Rdn. 5246 ff. (mit verschärften Anforderungen und Fortführungsauflagen), entfällt die 15 %ige Sofortbesteuerung – werden alle gesetzlichen Auflagen auf die Dauer von 7 (ursprünglich, vor dem Wachstumsbeschleunigungsgesetz: zehn) Jahren eingehalten, winkt am Ende die 100 %ige Freistellung.

5237 Für die verbleibenden 15 % wird ein sog. Abzugsbetrag von max. 150.000,00 € gewährt, der sich jedoch um die Hälfte des übersteigenden Betrags verringert, soweit verbleibendes begünstigtes Vermögen (15 %) die Grenze von 150.000,00 € übersteigt. Ab 450.000,00 € oder mehr begünstigungsfähigem verbleibendem Vermögen entfällt also der Abzugsbetrag komplett. (Bei einem Wert des Betriebsvermögens von 3 Mio. €, also einem Verschonungsabschlag von 85 % = 2.550.000,00 €, wird also kein Abzugsbetrag gewährt; beträgt das Betriebsvermögen 2 Mio. €, der Verschonungsabschlag also rund 1.700.000,00 € [85 % davon], verbleiben 300.000,00 €, was einem Abzugsbetrag von 75.000,00 € entspricht [150.000,00 € abzgl. der Hälfte des diesen übersteigenden Betrags, also der Hälfte von 150.000,00 € = 75.000,00 €].)

5238 Der Abzugsbetrag von max. 150.000,00 € kann innerhalb von 10 Jahren für von derselben Person angefallene Erwerbe nur einmal berücksichtigt werden (vgl. § 13a Abs. 2 ErbStG) dadurch soll eine Aufspaltung in mehrere Einzelzuwendungen unterhalb der 150.000,00 €-Grenze verhindert werden.

5239 Für die **Inanspruchnahme des Abzugsbetrags** ist es gleichgültig, ob der frühere Freibetrag des § 13a Abs. 1 ErbStG a.F. (dieser betrug bis zum Jahr 2001 500.000,00 DM, in den Jahren 2002 und 2003 256.000,00 €, von 2004 bis 2009 225.000,00 €) während der vorangehenden 10 Jahre bereits einmal in Anspruch genommen wurde, da der Freibetrag des alten Rechts ggü. dem Abzugsbetrag des neuen Rechts keine Sperrfrist in Gang setzte, zumal beide unterschiedlich ausgestaltet sind. (Der Abzugsbetrag des neuen Rechts ist erwerberbezogen, der Freibetrag des alten Rechts war schenkerbezogen.)[1356]

5240 Eines Antrags für die Gewährung des Abzugsbetrag bedarf es nicht; demgemäß besteht auch keine Möglichkeit, auf diesen zu verzichten, um ihn für einen anderen künftigen Erwerb in Anspruch nehmen zu können.

5241 Die Inanspruchnahme des Abzugsbetrags durch einen Erwerber – und sei sie auch nur teilweise – sperrt für die folgenden 10 Jahre, so dass ein Auffüllen der nicht benutzten Betragsanteile auf 150.000,00 € nicht in Betracht kommt. Anders dürfte es sich verhalten, wenn der Abzugsbetrag nachträglich vollständig wegfällt, z.B. weil nach einer Kürzung des Verschonungsabschlags infolge Verstoßes gegen Behaltensfristen o.ä., der nichtbegünstigte Anteil über 450.000,00 € gestiegen ist. Dann dürfte für spätere Übertragungen von derselben Person der Abzugsbetrag erneut zur Verfügung stehen (wie auch im alten Recht: R 67 Abs. 3 Satz 4 ErbStR). Der Abzugsbetrag kann allerdings für andere Erwerbe vom selben Schenker zugunsten anderer Personen erneut in Anspruch genommen werden (anders als der bisherige Freibetrag i.H.v. 225.000,00 €, der schenker-, nicht erwerberbezogen war).

b) Tarifbegrenzung (§ 19a ErbStG)

5242 Zugunsten natürlicher Personen der Steuerklassen II und III wird durch § 19a Abs. 1 bis 4 ErbStG erreicht, dass die Steuerbelastung auf das Niveau der Steuerklasse I reduziert wird. Adoptionen des

---

[1356] Vgl. ausführlich *Perlwein*, DStR 2008, 1080 ff.; so nun auch ausdrücklich Abschnitt 6 Abs. 2 Satz 4 der Ausführungserlasse zum ErbStG v. 25.06.2009, BStBl. 2009 I, S. 713, 719.

A. Schenkungsteuerrecht   Kapitel 12

Betriebsnachfolgers, die allein der Erzielung des geringeren Steuersatzes in Steuerklasse I dienen, sind also insoweit entbehrlich (allerdings wird der personenbezogene Freibetrag nach § 16 ErbStG – 400.000,00 € statt 20.000,00 € – nur durch eine Adoption erreicht!). Technisch wird die Tarifbegrenzung dadurch erreicht, dass für den steuerpflichtigen Erwerb die Steuer nach der tatsächlichen Steuerklasse des Erwerbers und alternativ nach Steuerklasse I ermittelt wird; der Differenzbetrag ist mit dem zuvor ermittelten Anteil (Wert des begünstigten Vermögens nach Abzug aller Verschonungsabschläge und des Abzugsbetrags sowie ggf.[1357] der mit dem Vermögen wirtschaftlich im Zusammenhang stehenden abzugsfähigen Schulden und Lasten, einerseits, zum Wert des gesamten Vermögensanfalls, andererseits) zu multiplizieren; dieser Entlastungsbetrag ist dann bei der Ermittlung der festzusetzenden Steuer abzuziehen.

Die Tarifbegrenzung unterliegt demselben Vorbehalt der Behaltensregelung (§ 13a Abs. 5 ErbStG) wie der Verschonungsabschlag, allerdings hat das Ergebnis der Lohnsummenprüfung nach § 13a Abs. 1 ErbStG auf die Gewährung des Tarifabschlags keinen Einfluss. Sinkt – aufgrund Verstoßes gegen die Behaltensregelungen – der Verschonungsbetrag, ist auch der Abzugsbetrag neu zu berechnen (regelmäßig mit der Folge einer Reduzierung, sofern der nichtbegünstigungsfähige Anteil über 150.000,00 € steigt), so dass der steuerpflichtige Teil des Betriebsvermögens höher wird und demnach auch der Entlastungsbetrag des § 19a ErbStG sich erhöht.   5243

§ 19a ErbStG gewährt einen tariflichen Entlastungsbetrag zur Erleichterung der Fortführung von Betrieben durch andere Personen als Ehegatten, Lebenspartner oder Kinder, indem auf den Erwerb des begünstigten Vermögens die Steuersätze der Steuerklasse I gewährt werden, auch wenn keine tatsächliche Adoption stattfindet (sog. »fiktive Adoption«). Durch Änderung der Verweisung in § 19a Abs. 2 Satz 1 ErbStG mit **Wirkung ab 30.06.2016** werden die Wirkungen dieser fiktiven Adoption nun auch für Großvermögen nach § 13c ErbStG gewährt, so dass auch beim Erwerb zwischen 26 Mio. Euro und 90 Mio. Euro eine höhere Besteuerung sich nur durch Abnahme des prozentualen Abzugsbetrags, nicht aber durch den Wegfall des Steuerklassenprivilegs ergibt.   5244

§ 19a ErbStG gewährt einen tariflichen Entlastungsbetrag zur Erleichterung der Fortführung   5245

▶ Hinweis:

  Das Steuerklassenprivileg des § 19a ErbStG griff bisher (auch bei der Regelverschonung) auch bezüglich des mitbegünstigten Verwaltungsvermögens. Da Letzteres nun (bis auf geringe Ausnahmen) nicht mehr begünstigt ist, es also nicht mehr zu 100 % oder 85 % mitverschont wird, wird die klassische Gestaltung, die im Bereich der privaten Vermögensnachfolge zum Wechsel der Steuerklasse etwa durch Ehe oder Adoption ergriffen wird, nun auch in der Unternehmensnachfolge bedeutsamer.

c) *Optionsverschonung: volle Steuerbefreiung (§ 13a Abs. 10 ErbStG)*

Gem. § 13a Abs. 10 (bis zum 30.06.2016: Abs. 8) Satz 1 Nr. 1 i.V.m. § 13b ErbStG winkt dem Steuerpflichtigen – wiederum nur sofern der Erwerb begünstigten Vermögens i.S.d. § 13b Abs. 2 ErbStG insgesamt 26 Mio. Euro nicht übersteigt (Rdn. 5252 ff.) – ein Verschonungsabschlag von 100 %, wenn zusätzliche Voraussetzungen erfüllt sind und ein diesbezüglicher Antrag gestellt wird. Der Abzugsbetrag nach § 13a Abs. 2 ErbStG fällt naturgemäß dann, da kein begünstigtes Vermögen nach Abzug der 100 % mehr verbleiben kann, fort, ebenso der Entlastungsbetrag nach § 19a ErbStG.   5246

Die Option zum Alternativ-Modell kommt nur in Betracht, wenn der verschärfte Verwaltungsvermögenstest (10 %-Quote statt 50 %-Quote) bestanden wird. Scheitert dieser Test, ist die Opti-   5247

1357 Sofern nicht bereits bei der Wertermittlung mittelbar berücksichtigt, z.B. durch Abzug der damit im Zusammenhang stehenden Zinsausgaben.

on unbeachtlich, es kann also – sofern die weiteren Voraussetzungen eingehalten werden – noch die Regelverschonung greifen.[1358]

▶ Hinweis:

Votiert der Erwerber jedoch für das ambitionierte Modell und verstößt er später gegen die insoweit verschärften Auflagen (Lohnsummenprüfung auf 7 Jahre verlängert und auf 100 % verschärft, ebenso die Behaltensregelungen auf 7 Jahre verlängert),[1359] kann er sich nicht mehr »auffangweise« auf die Grundregelung berufen, selbst wenn diese für ihn günstiger gewesen wäre.

5248 Nach der Gesetzesbegründung kann der (unwiderrufliche!) Optionsantrag bis zur materiellen Bestandskraft der Steuerfestsetzung erklärt werden.[1360] Obwohl die Lohnsummenprüfung und der Verwaltungsvermögenstest für jede Einheit gesondert erfolgen, erlaubt die Finanzverwaltung[1361] nicht, den Antrag bei mehreren zu übertragenden Betrieben oder Teilbetrieben lediglich auf einen Betrieb oder Teilbetrieb zu beschränken, sofern sie aufgrund einheitlichen Zuwendungsaktes übergehen. Es empfiehlt sich, Schenkungen zu »entzerren« (Rdn. 5355).[1362] Unklar sind die Folgen, wenn sich im Nachhinein herausstellt, dass die Optionsvoraussetzungen für die einzelnen Betriebe unterschiedlich erfüllt werden.[1363] Die Finanzverwaltung vertritt nun erfreulicher Weise den Standpunkt, dass bei Wahl der 100 %-Verschonung die nachträgliche Feststellung des Überschreitens der 10 %-Grenze in Bezug auf das Verwaltungsvermögen bei einem Betrieb dazu führt, dass entsprechend § 175 Abs. 1 Satz 1 Nr. 1 AO nicht nur die Bestandskraft der Schenkungsteuerfestsetzung (als Folgebescheid) durchbrochen wird, sondern auch die Wahlmöglichkeit neu zur Verfügung steht.[1364]

5249 § 19a Abs. 5 ErbStG sieht eine nachträgliche Anwendung der Tarifbegrenzung auch beim ambitionierten Modell vor, was naturgemäß aber nur in Betracht kommt, wenn der Entlastungsbetrag im Nachhinein wegen Teilverstoßes gegen die Behaltensfristen oder die Lohnsummenprüfung anteilig gekürzt wird.

5250 Mit Wirkung ab **01.07.2016** hat der Gesetzgeber die **Anforderungen zur Erlangung der Vollverschonung verschärft**. Sie kommt nur mehr in Betracht, wenn das begünstigungsfähige Vermögen nicht zu mehr als 20 % aus schädlichem Verwaltungsvermögen besteht. Verwaltungsvermögen im Sinn dieses **20 %-Testes** (§ 13a Abs. 10 Satz 2 und 3 ErbStG) ist das in § 13b Abs. 3 u. 4 ErbStG erwähnte, so dass Schulden sich nur insoweit mindernd auswirken, als die Verrechnung der Schulden dort zugelassen ist (also beschränkt auf Altersversorgungsverpflichtungen und Finanzmittel, nicht jedoch zur Kompensation sonstiger Gegenstände des Verwaltungsvermögens, wie etwa

---

1358 R E 13a.13 Abs. 3 ErbStR 2011; vgl. *Wälzholz*, DStR 2009, 1605 ff., zu einem praktischen Anwendungsfall auch *Kirchstein*, ErbStB 2014, 91, 92.
1359 Vor der Änderung durch das Wachstumsbeschleunigungsgesetz 2010: jeweils auf 10 Jahre verlängert. Die Änderung gilt gem. § 37 Abs. 3 Satz 1 ErbStG bereits ab 01.01.2009 und erfasst auch diejenigen Sachverhalte, in denen bis zum 01.07.2009 gem. Art. 3 ErbStRefG für Erbfälle der Jahre 2007/2008 zugunsten des neuen Rechtes optiert wurde.
1360 Die seit November 2012 im Hinblick auf den Vorlagebeschluss des BFH ergehende Vorläufigkeit gem. § 165 Abs. 1 Satz 2 Nr. 3 AO schiebt die materielle Bestandskraft hinaus, vgl. OFD Karlsruhe, 07.08.2014, ZEV 2014, 572 auch zur Fortdauer des Vorläufigkeitsvermerks nach der Entscheidung des BVerfG. Solange eine gesonderte Feststellung der Vermögensverwaltungsquote (§ 151 Abs. 1 Satz 1 Nr. 1 bis 3 BewG) noch unter dem Vorbehalt des § 175 Abs. 1 Satz 1 Nr. 1 AO steht, kann der Antrag noch gestellt werden, vgl. BayLfSt, 19.05.2015 – S 3812b.2.1 -13/2 St 34, ZEV 2015, 436.
1361 R E 13a.13 Abs. 1 Satz 1 ErbStR 2011; dem folgend FG Münster, 09.12.2013 – 3 K 3969/11 Erb, ZEV 2014, 325 m. Anm. *Althof*.
1362 *Ihle*, notar 2010, 62 empfiehlt einen Abstand von 6 Monaten.
1363 *Mannek*, ZEV 2012, 6, 10 r.Sp. führt die drei Auslegungsvarianten auf.
1364 LfSt Bayern, 07.07.2016 – S 3812b.2.1-13/6 St 34, ZEV 2016, 536; krit. zur abw. früheren Verwaltungsauffassung (»Optionsfalle«) *Geck/Messner*, ZEV 2014, 412, 414.

A. Schenkungsteuerrecht

Grundbesitz). Ferner mindert sich das Verwaltungsvermögen nicht um den 10 %igen Schmutzzuschlag gem. § 13b Abs. 7 Satz 1 ErbStG. Maßgeblich ist gem. § 13a Abs. 10 Satz 3 ErbStG das Verhältnis der Summe der gemeinen Werte der Einzelwirtschaftsgüter des genannten Verwaltungsvermögens i.S.d. § 13b Abs. 3 und 4 ErbStG zum gemeinen Wert des Betriebes.

▶ Hinweis:
Gerade bei Betrieben, die nur geringe Verbindlichkeiten, aber erhebliche Liquiditätsbestände haben, wächst daher die Gefahr, die Vollverschonung nicht mehr in Anspruch nehmen zu können.

6. Mögliche Vergünstigungen für Erwerbe über 26 Mio. Euro

Eine Andersbehandlung (also eine geringeren Privilegierung) von sog. »Großerwerben«, im Unterschied insbes. zu Familienunternehmen, wurde im Urteil des BVerfG vom 17.12.2014 maßgeblich gefordert. Ursprünglich beabsichtigte die Bundesregierung, als Alternative zur Verschonungsbedarfsprüfung gem. § 28a ErbStG eine »Sockelverschonung« von 20 % bzw. (als Alternative zur Optionsverschonung) 35 % durchzuführen, was jedoch beim Bundesrat auf Bedenken stieß.[1365] Der Anwendungsbereich des nun Gesetz gewordenen »Sonderregimes« ist eröffnet, wenn (für den Einzelerwerb) das begünstigte Vermögen i.S.d. § 13b Abs. 2 ErbStG die Höchstgrenze von **26 Mio. Euro** übersteigt. — 5251

a) Einhaltung der Freigrenze

Die aus der Forderung des BVerfG nach einer Bedürfnisprüfung als Voraussetzung für die verfassungsrechtliche Zulässigkeit von Großerwerben entstandene Begünstigungsgrenze von 26 Mio. Euro ist eine **Freigrenze**, kein Freibetrag, d.h. bei auch nur geringfügigem Überschreiten der Schwelle fällt die 85 %ige (§ 13a Abs. 1 ErbStG) oder gar 100 %ige (§ 13a Abs. 10 ErbStG) Befreiungsmöglichkeit insgesamt weg. Der Erwerber kann dann lediglich – und zwar unwiderruflich – wählen, ob er den Verschonungsabschlag für Großvermögen nach § 13c ErbStG in Anspruch nehmen möchte (nachstehend Rdn. 5260 ff.) oder die Verschonungsbedarfsprüfung nach § 28a ErbStG (Rdn. 5268 ff.) beantragt. Zugrunde zu legen ist (wohl) der Wert des Vermögensgegenstands als solcher, nicht der Netto-Erwerb etwa nach Abzug von Verbindlichkeiten. Ebenso wenig werden beim Erwerb von Todes wegen Pflichtteilsansprüche, Vermächtnisse, Zugewinnausgleichsschulden oder allgemeine Nachlassverbindlichkeiten abgezogen. Vor der Messung an der Begünstigungsobergrenze ist allerdings der Familienunternehmensabschlag nach § 13a Abs. 9 ErbStG (Rdn. 5203 ff.) zu subtrahieren. — 5252

Gem. § 13a Abs. 1 ErbStG sind zur Ermittlung der Begünstigungsobergrenze auch vorangegangene oder nachfolgende Erwerbe innerhalb eines **10-Jahres-Zeitraums einzubeziehen**, jedoch wohl nicht solche Erwerbe, die bereits vor dem 01.07.2016 verwirklicht wurden (potentiell schädlicher Vorerwerb kann nur ein solcher sein, auf den § 13b Abs. 2 ErbStG n.F. überhaupt anwendbar ist, str.;[1366] zu möglichen Vorkehrungen vgl. Rdn. 5406). Im koordinierten (nicht gleichlautenden) Ländererlass vom 22.06.2017, vgl. Rdn. 4355, hat sich die **Finanzverwaltung** (erwartungsgemäß) dahingehend positioniert, auch Erwerbe vor dem 01.07.2016, sogar Erwerbe vor dem 01.01.2009, — 5253

1365 Die jedoch wohl ungerechtfertigt waren; auch im vorletzten Beschluss v. 07.11.2006 hat das BVerfG die damalig geltende prozentuale Pauschalverschonung von 35 % als solche nicht beanstandet.

1366 Allerdings enthält die Anwendungsvorschrift des § 37 Abs. 12 Satz 2 u. 3 ErbStG insoweit keine zeitliche Einschränkung enthält. Erforderlich wäre allerdings, dass der Alterwerb »durch die Brille des § 13b Abs. 2 ErbStG gesehen wird, [also unter Anwendung des neuen Verwaltungsvermögenstestes, der Schuldenverrechnung, der 90 %-Grenze, des 10 %igen Schmutzzuschlags etc.], vgl. – auch zur Gegenmeinung – *Korezkij*, DStR 2017, 189, 192.

einzubeziehen,[1367] obwohl es bei solchen früheren Erwerben an sich gar kein »begünstigtes Vermögen i.S.d. § 13b Abs. 2 ErbStG« geben kann. Nach Ansicht der Finanzverwaltung soll bei Vorerwerben vor dem 30.06.2016 der frühere Wert des begünstigten Vermögens von 85 % bzw. 100 % als begünstigungsfähiges Vermögen angesetzt werden, bei Erwerben aus der Zeit vor dem 01.01.2009 sogar der volle Wert des damals begünstigten Vermögens (also nicht nur in Höhe des Abschlags von 35 % und eines Freibetrags von 225.000 €), allerdings nach Maßgabe der damaligen Wertermittlungsbestimmungen.

5254 Ebenso wenig einzubeziehen sind erhaltene Vermögenswerte, die beim Erwerber nicht dauerhaft verbleiben, etwa da er sie gem. § 13a Abs. 5 Satz 1 ErbStG auf einen Dritten zu übertragen hat oder tatsächlich gem. § 13a Abs. 5 Satz 2 ErbStG im Rahmen der Erbteilung auf einen Miterben überträgt.[1368] Es ist davon auszugehen, dass – jedenfalls nach Ansicht der Finanzverwaltung – bei einem Verstoß gegen die Behaltensregelungen in Bezug auf frühere, vor dem 01.07.2016 erfolgte Erwerbe und einer sich daraus ergebenden Nachversteuerung der anzurechnende Betrag des Vorerwerbs nachträglich entsprechend zu kürzen ist.

5255 Der 10-Jahres-Zeitraum ist »rollierend«, d.h. bei einer jährlichen Übertragung von jeweils 2,5 Mio. Euro wird niemals im 10-Jahres-Beobachtungszeitraum die 26 Mio. Euro-Summe erreicht. Überschreitet allerdings aufgrund eines späteren Erwerbs das Gesamtvolumen im 10-Jahres-Zeitraum die Freigrenze, fällt die Vergünstigung rückwirkend auch für die vorigen Erwerbe weg, selbst wenn insoweit bereits materielle Bestandskraft eingetreten ist, der Erwerber kann dann jedoch anstelle der Regel- oder Optionsverschonung gem. § 13a Abs. 1 oder Abs. 10 ErbStG nach seiner Wahl zur Verschonungsbedarfsprüfung nach § 28a ErbStG übergehen oder den Verschonungsabschlag für Großvermögen gemäß § 13c ErbStG in Anspruch nehmen.

5256 Sowohl die Besteuerung des Letzterwerbs als auch die des Vorerwerbs und der Zwischenerwerbe wird gem. § 13c Abs. 2 Satz 2 bis 5 ErbStG durch Zusammenrechnung der Erwerbe, die ein Erwerber von derselben Person (sei es durch Schenkung oder von Todes wegen) erfährt, vereinheitlicht. Erwerbe, die nach altem Recht, also mit Entstehenszeitpunkt vor dem 30.06.2016, zu versteuern sind, sind allerdings nicht in die Zusammenrechnung einzubeziehen, str.[1369] Über § 14 ErbStG, vgl. Rdn. 5493 ff., erfolgt die Zusammenrechnung also nur zur Ermittlung des einheitlichen Gesamtbetriebsvermögensabschlags. Wird lediglich durch den Letzterwerb die Freigrenze von 26 Mio. Euro überschritten, bezieht sich der (reduzierte) Abschlag nur auf den übersteigenden Betrag des Letzterwerbs:

▶ Beispiel[1370]:

5257 Bei einem Ersterwerb von 24 Mio. Euro und einem im Folgejahr stattfindenden Erwerb von 4 Mio. Euro ist der Begünstigungshöchstbetrag um 2 Mio. Euro überschritten, so dass der Verschonungsabschlag (wegen der Überschreitung der 26-Millionen-Euro-Grenze um zweimal volle 750.000 €) sich um zwei Prozentpunkte auf 83 % reduziert. Demnach wird der Letzterwerb von 4 Mio. Euro um 83 % aus 2 Mio. Euro (den übersteigenden Anteil), also um 1.660.000 €, als verschonter Anteil gekürzt und ist damit in Höhe von 2.360.000 € regulär zu versteuern (hinsichtlich des zunächst verschonten Anteils, kommt es auf die Einhaltung der hier fünfjährigen Nachverfolgungskriterien an).

5258 Sofern jedoch bereits beim vorangegangenen Erwerb § 13c ErbStG Anwendung fand, wird der damals gewährte Verschonungsabschlag neu berechnet. Wird allein durch den späteren Erwerb

---

1367 Abschnitt 13a.2 Abs. 2 AE-ErbStG 2017, kritisch hierzu *Wachter*. GmbHR 2017, 841, 843; *Korezkij*. DStR 2017, 1729.
1368 Vgl. *Thouet*, Reform der Erbschaftsteuer, 2017, Rn. 14.
1369 Vgl. *Hannes*, ZEV 2016, 554, 560; *Wachter*, FR 2016, 690, 703f.
1370 Nach *Thouet*, Reform der Erbschaftsteuer 2017, Rn. 200.

die Höchstgrenze überschritten, könnte jedoch der Erwerber dann noch den Antrag auf Verschonungsbedarfsprüfung nach § 28a ErbStG stellen.

Der Letzterwerb stellt ein rückwirkendes Ereignis für die Besteuerung der Vorerwerbe dar, so dass gem. § 175 Abs. 1 Satz 1 Nr. 2 AO auch nach Eintritt der materiellen Bestandskraft der teilweise Wegfall der Steuerbefreiung durch das Finanzamt berücksichtigt werden kann, vgl. § 13c Abs. 2 Satz 4 ErbStG. Die Festsetzungsfrist für die Änderung beginnt gem. § 13c Abs. 2 Satz 5 ErbStG i.V.m. § 13a Abs. 1 Satz 4 ErbStG erst mit Ablauf des Kalenderjahres, in dem das Finanzamt Kenntnis vom teilweisen Wegfall der Steuerbefreiung erlangt hat (diese Regelung ist für das Finanzamt günstiger als die allgemeine Vorschrift des § 175 Abs. 1 Satz 2 AO).

b) Verschonungsabschlag (§ 13c ErbStG)

§ 13c ErbStG in seiner Gesetz gewordenen Fassung hat lediglich die Funktion, den »Fallbeileffekt« des Wegfalls der Regel- oder Optionsverschonung bei Vermögen über 26 Mio. Euro im Einzelfall durch Einführung einer sog. »Abschmelzungszone« abzumildern. Die Überschrift »Verschonungsabschlag bei Großerwerben« ist also irreführend.

Für jede 750.000 €, um die die Freigrenze überschritten wird, reduziert sich der gewährte Abschlag von anfänglich 85 % (bzw. 100 %) um einen Prozentpunkt. Damit führt das Überschreiten des Betrags von 26 Mio. Euro zu einer doppelten Mehrbelastung, da zum Einen ein immer geringerer Prozentsatz des Gesamterwerbs steuerfrei bleibt, zum Anderen der Steuersatz für das steuerpflichtige überschießende Vermögen aufgrund der Progression steigt (in Steuerklasse I z.B. auf bis zu 30 %). In der Spitze erreicht die Gesamtsteuerbelastung damit (ab Erwerben von 90 Mio. Euro) den Höchststeuersatz (bei Steuerklasse I also von 30 %), während andererseits der übersteigende Betrag selbst einer höheren Einzelmehrbelastung unterliegt.

▶ Beispiel:

In Steuerklasse I (vgl. § 19a ErbStG) ist bei einem Wert des Erwerbs in Höhe von 45 Mio. Euro der Abschlag noch in Höhe von 60 % zu gewähren, so dass 15.600.000 € steuerfrei sind, 29.400.000 € steuerpflichtig, was bei einem Steuersatz von 27 % eine Steuer von 7.938.000 € ergibt (dies entspricht einer Gesamtsteuerbelastung von 17,64 %).

Beträgt der Wert des Erwerbs dagegen 50 Mio. Euro, reduziert sich die Abschlagsprozentquote auf lediglich 53 %, so dass nur mehr 13.780.000 € steuerfrei, jedoch 36.220.000 € steuerpflichtig sind, was bei einem Steuersatz von 30 % 10.866.000 € Steuer ergibt.

Damit führt die Werterhöhung von 45 Mio. Euro auf 50 Mio. Euro zu einer höheren Steuer in Höhe von 2.928.000 €, also fast 59 % von 5 Mio. Der in § 19 Abs. 3 ErbStG zum Ausdruck kommende Gedanke, dass bei einem Mehrerwerb die Steuer nur insoweit zu erheben ist, als sie maximal zur Hälfte aus dem Mehrerwerb gedeckt werden kann, wird also (gewollt) verletzt. In Steuerklasse III können sich dadurch in der Abschmelzzone Teilsteuersätze von zusätzlich 68 % ergeben.[1371]

Die Verminderung des Verschonungsabschlags um jeweils einen Prozentpunkt für jede volle 750.000 €, die der Erwerb von begünstigtem Vermögen den Begünstigungsfestbetrag überschreitet, führt dazu, dass nur solche Erwerbe betroffen sind, bei denen das begünstigte Vermögen mindestens 26.750.001 € beträgt. In der Regelverschonung (von 85 %) endet die Abschmelzzone bei 89.750.000 €, bei der Optionsverschonung (von idealerweise 100 %) betrüge der Verschonungsabschlag dann noch 15 %, wird aber durch die gesetzliche Grenze bei 90 Mio. Euro sodann insgesamt abgeschnitten.

1371 Vgl. *Thouet*, Reform der Erbschaftsteuer 2017, Rn. 184.

5264 Diese Stufenwirkung führt dazu, dass beim Überschreiten einer Stufe um nur 1 € der zu versteuernde Erwerb sich um 260.000 € erhöht. Bei der Vollverschonung führt das Überschreiten der Höchstgrenze von 90 Mio. Euro um lediglich 1 € zu einer Anhebung der Besteuerungsbemessungsgrundlage gar um 15 × 260.000 € = 3,9 Mio. Euro. Diese Übermaßwirkung soll § 19 Abs. 3 ErbStG in Bezug auf die normale tarifliche Steuer vermeiden; in § 13c Abs. 1 ErbStG ist jedoch das Prinzip des § 19 Abs. 3 ErbStG nicht übernommen worden.[1372]

5265 Hinzu kommt: Erhöht sich der Betrag des begünstigten Vermögens um eine Tarifstufe von 750.000 €, reduziert sich der Verschonungsabschlag um einen Prozentpunkt, so dass zwei gegenläufige Effekte entstehen: Zum einen sinkt der absolute Betrag des Verschonungsabschlags um 1 % des bisherigen begünstigten Vermögens, zum anderen steigt er um 750.000 €, multipliziert mit dem um einen Prozentpunkt verringerten bisherigen Prozentsatz. Je höher das begünstigte Vermögen ist, umso mehr steigt also die negative Wirkung des ersten Effekts und reduziert sich die positive Wirkung des zweiten Effekts. Es wurde nachgewiesen,[1373] dass die kritische Grenze, ab welcher der Begünstigungseffekt des Abschmelzungsmodells »umkippt«, bei Übertragung in der Steuerklasse I im Rahmen der Regelverschonung bei rund 45 Mio. Euro liegt, im Rahmen der Optionsverschonung bei rund 51 Mio. Euro. Bei Übertragung in den Steuerklassen II und III führt der Entlastungsbetrag nach § 19a ErbStG, der nur für begünstigtes Vermögen gilt, allerdings dazu, dass die kritische Grenze deutlich höher liegt. Hat das begünstigte Vermögen i.S.d. § 13b Abs. 2 ErbStG die »kritische Grenze« erreicht, führt jedes zusätzliche begünstigte Vermögen zu einem höheren steuerpflichtigen Erwerb und damit zu einer höheren Grenzsteuerbelastung, als wenn das zusätzliche Vermögen nicht begünstigt wäre.

▶ Hinweis:

5266 Die grundsätzlich empfehlenswerte Aufteilung von Großerwerben in mehrere Tranchen sollte also, wenn die Einzeltranche schon nicht unter 26 Mio. Euro liegen kann, so erfolgen, dass die Teilübertragungen nicht mehr als 45 bzw. 51 Mio. Euro betragen. Kommt dies nicht in Betracht, ist es ratsam, keinen Antrag nach § 13c ErbStG zu stellen, sondern allenfalls das Erlassmodell nach § 28a ErbStG ins Auge zu fassen.

5267 Da der Erwerber die Wahl hat zwischen der Abschmelzungsregelung des § 13c ErbStG und der Verschonungsbedarfsprüfung des § 28a ErbStG, ist stets ein (dann allerdings unwiderruflicher) Antrag erforderlich, § 13c Abs. 2 Satz 5 ErbStG. Es empfiehlt sich, diesen möglichst spät zu stellen. Richtigerweise wird der Antrag allerdings als unmaßgeblich zu betrachten sein, wenn die Tatbestandsvoraussetzungen des § 13c ErbStG ohnehin nicht vorliegen, etwa da der Erwerb die Höchstgrenze von 90 Mio. Euro gegebenenfalls in Verbindung mit nachfolgenden Erwerben, § 13c Abs. 2 Satz 2 bis 5 ErbStG, überschritten hat.

c) Verschonungsbedarfsprüfung (§ 28a ErbStG)

aa) Regelungsprinzip

5268 Allein auf der Ebene der Erhebung (also nicht der Festsetzung) der Schenkung- oder Erbschaftsteuer auf Großbetriebserwerbe gewährt § 28a ErbStG eine individuelle Vergünstigung, die nicht – wie alle anderen Privilegien – pauschaliert oder in prozentualer Höhe gewährt wird, sondern nach den Verhältnissen des Einzelfalls vermeiden soll, dass der Steuerpflichtige mehr als die Hälfte des nicht begünstigten Vermögens für die Tilgung der Erbschaft- oder Schenkungsteuer einzusetzen hat. Es ist fraglich, ob die Nichtgewährung der Wahlmöglichkeit zugunsten der Verschonungsbedarfsprüfung für Erwerbe unter 26 Mio. Euro nicht gegen den Gleichheitssatz ver-

---

[1372] Für eine analoge Anwendung jedoch *Thouet*, Reform der Erbschaftsteuer 2017, Rn. 187 bis 190 mit Berechnungsbeispielen.
[1373] Vgl. *Korezkij*, DStR 2017, 189 ff.

A. Schenkungsteuerrecht

stößt, da § 28a ErbStG – bei Großerwerben – mitunter größere Ersparnismöglichkeiten eröffnet als z.B. die Regelverschonung gem. § 13a Abs. 1 ErbStG.

Im Verhältnis zu §§ 163, 227 AO handelt es sich um eine spezialgesetzliche Ausformung des Erlasses aus Billigkeitsgründen, ein weiter gehender Erlass nach diesen Vorschriften wird also (wohl) verdrängt.[1374] Der Erlass findet gem. § 28a Abs. 4 Satz 2 ErbStG kraft Gesetzes unter dem **Vorbehalt des Widerrufs** statt (so wie wenn Nebenbestimmungen i.S.d. § 120 Abs. 2 Nr. 3 AO kraft Gesetzes, etwa in Gestalt der Behaltensbestimmungen etc., in den Verwaltungsakt aufgenommen wären). Die Frist für die Zahlungsverjährung beginnt abweichend von § 229 AO erst mit Kenntnis der Behörde von den Voraussetzungen, die Anlass zum Wegfall des Erlasses sind (ähnlich wie nach § 170 Abs. 5 Nr. 2 AO die Festsetzungsfrist für Schenkungen erst mit Kenntnis der Behörde hiervon beginnt).

bb) Modalitäten der Vermögensprüfung

Für den Nachweis des verfügbaren Vermögens kommt es lediglich auf das **zum Stichtag vorhandene (weltweite**[1375]**) Vermögen** an, so dass vorangegangene Vermögensminderungen, auch durch Schenkungen, nach dem Wortlaut des § 28a ErbStG irrelevant sind; eine »Vorfrist« (wie etwa bei der Abgrenzung des »jungen Verwaltungsvermögens«: zwei Jahre) ist in § 28a Abs. 4 Satz 1 Nr. 3 ErbStG nicht vorgesehen.[1376] Auch eine vorbereitete, geplante Vermögenslosigkeit durch rechtzeitige Weitergabe an andere Familienmitglieder (Kinder) kann dazu beitragen, die Verschonungsbedarfsprüfung zu »bestehen«.

Unklar ist allerdings, auf welchen Zeitpunkt für die Durchführung der Verschonungsbedarfsprüfung abzustellen ist, wenn aufgrund einer **späteren Schenkung/Erbschaft** die Höchstgrenze für die reguläre Verschonung von 26 Mio. Euro überschritten wird und damit der Weg zur Verschonungsbedarfsprüfung (oder zum Verschonungsabschlag) eröffnet ist. Systematisch wäre an sich gem. § 28a Abs. 2 ErbStG der Zeitpunkt der (damaligen) Steuerentstehung zugrunde zu legen, sinnvoller ist jedoch das Abstellen auf den Zeitpunkt des Entstehens der zur Überschreitung der Schwelle führenden Steuer für den zweiten Erwerb, zumal die beim vorangegangenen Erwerb vorhandenen einsatzpflichtigen Vermögensbestandteile nun nicht mehr zwingend vorhanden sein müssen.

Die Prüfung der Verschonungsbedürftigkeit wird stets in der Person dessen vorgenommen, der **Erwerber** ist, selbst wenn ein anderer (gem. § 10 Abs. 2 ErbStG) die Erbschaftsteuer zu tragen hat. Da die Übernahme der Steuer eine zusätzliche Zuwendungsposition darstellt, ist vielmehr für die Durchführung der Verschonungsbedarfsprüfung das verfügbare Vermögen i.S.d. § 28a Abs. 2 ErbStG entsprechend zu erhöhen. Dass nach § 20 Abs. 1 ErbStG Schenker und Zuwendender gesamtschuldnerisch für die Steuer haften und nach § 20 Abs. 3 ErbStG der Nachlass bis zur Auseinandersetzung ebenfalls vollständig herangezogen werden kann, spielt für die Verschonungsbedarfsprüfung ebenfalls keine Rolle, es kommt stets allein auf das verfügbare Vermögen des Erwerbers an. Ist allerdings nach Durchführung dieser Prüfung Erbschaftsteuer festzusetzen, tritt dafür wiederum die gesamtschuldnerische Haftung auch der anderen Beteiligten ein.

In den Fällen des **Begünstigungstransfers** (wie in den Fällen des § 13a Abs. 5 ErbStG), etwa weil aufgrund einer letztwilligen Verfügung des Erblassers oder aufgrund einer Verpflichtung im Er-

---

[1374] Vgl. *Thouet*, Reform der Erbschaftsteuer, 2017, Rn. 229.
[1375] Dies vertritt (wohl) die Finanzverwaltung auch in den Fällen der beschränkten Steuerpflicht des § 2 Abs. 1 Nr. 3 ErbStG oder der erweiterten beschränkten Steuerpflicht gem. § 4 AStG i.V.m. § 5 Abs. 1 Satz 2 AStG, A 13a.1 Abs. 2 Satz 3 der koordinierten (nicht einheitlichen) Ländererlasse v. 22.06.2017, BStBl 2017 I 902, krit. hiergegen *Königer*, ZEV 2017, 556 ff., mit Vorschlägen zur vorsorglichen Vermögensumschichtung.
[1376] Vgl. *J. Maier*, ZEV 2017, 10, 15.

werbsvertrag das begünstigte Vermögen auf einen Dritten weiterübertragen werden muss, ist auf den Letzterwerber abzustellen, vgl. § 28a Abs. 1 Satz 2 u. 3 ErbStG.

cc) Einzusetzendes Vermögen

5274 Zum **einzusetzenden Vermögen** zählt gem. § 28a Abs. 2 ErbStG zum einen das nichtbegünstigungsfähige Betriebsvermögen (also die Differenz zwischen dem gemeinen Wert des Betriebsvermögens, ggf. vermindert um den Familienunternehmensabschlag nach § 13a Abs. 9 ErbStG, und dem begünstigten Vermögen i.S.d. § 13b Abs. 2 ErbStG), sowie das mit dem Erwerb (also durch Erbschaft oder Schenkung) mit übergegangene weitere (Privat-)Vermögen. Schließlich zählt hierzu das dem Erwerber im Zeitpunkt der Entstehung der Steuer bereits gehörende Vermögen, das selbst nichtbegünstigtes (Betriebs-)Vermögen i.S.d. § 13b Abs. 2 ErbStG ist. Schulden sind abzuziehen, auch Verbindlichkeiten aus dem Erbfall selbst für etwaige Pflichtteilsansprüche – jedenfalls wenn sie eine wirtschaftliche Belastung darstellen –, Vermächtnisse und Zugewinnausgleichsschulden bei der güterrechtlichen Lösung.

5275 Sachliche oder persönliche bzw. nach Doppelbesteuerungsabkommen gewährte **Steuerbefreiungen** spielen allerdings auch nach Ansicht der Finanzverwaltung[1377] für die Einsatzpflicht des sonstigen Vermögens **keine Rolle**, so dass auch begünstigte Kunstsammlungen i.S.d. § 13 Abs. 1 Nr. 2 ErbStG oder das Familienwohnheim nach § 13 Abs. 1 Nr. 4a, 4b oder 4c ErbStG mit berücksichtigt werden, der Beschenkte kann daher gezwungen sein, solches Vermögen zur Zahlung der Erbschaftsteuer einzusetzen und damit (in Gestalt des Verkaufs) eine i.S.d. § 13 Abs. 1 Nr. 4b oder 4c ErbStG begünstigungsschädliche Verfügung vorzunehmen.

5276 Voraussetzung ist jedoch gem. § 28a Abs. 1 ErbStG weiter, dass es sich um »**verfügbares**« **Vermögen** handelt, so dass wohl unveräußerliche, nicht beleihbare oder nicht pfändbare Vermögensgegenstände (auch Ansprüche aus Rürup- oder Riester-Versicherungen) nicht heranzuziehen sind. Gleiches dürfte gelten für erbrechtliche Verwertungsschranken, wie etwa Beschränkungen aus der Vor- und Nacherbschaft, § 2115 BGB, oder aufgrund einer Dauertestamentsvollstreckung, § 2214 BGB, a.A. ist möglicherweise die Finanzverwaltung.[1378] Bloße Erwerbsaussichten (wie etwa die Destinatärsstellung in Bezug auf mögliche künftige Ausschüttungen einer Familienstiftung) bleiben ebenfalls außer Betracht.[1379]

5277 Ob das heranzuziehende Vermögen **ertragsteuerlich belastet** ist (also die Veräußerung zur Auflösung stiller Reserven führen würde), spielt keine Rolle, ebenso wenig (vgl. § 10 Abs. 8 ErbStG) die Belastung des sonstigen Vermögens mit Erbschaftsteuer selbst, all diese Umstände sind bereits durch die Heranziehung nur der Hälfte des sonstigen Vermögens berücksichtigt. Abzuziehen sind allerdings Schulden und Lasten des verfügbaren Vermögens, auch ein etwa vorbehaltener Vorbehaltsnießbrauch, und zwar jeweils mit den Werten im Zeitpunkt der Besteuerung.

5278 Zur Vermeidung mehrfacher »Inanspruchnahme« des Eigenvermögens des Erwerbers (und damit eines zu Lasten des Steuerpflichtigen eintretenden Kaskadeneffekts) wird wohl (obwohl § 28a ErbStG keine dem Rechtsgedanken des § 14 ErbStG entsprechende Regelung enthält) davon auszugehen sein, dass bei mehreren Erwerben eine **Zusammenfassung mehrerer Prüfungen** stattfindet, so dass das beim ersten Erlass zu 50 % noch verschonte Privatvermögen nicht beim zweiten Erlass erneut halbiert wird.

[1377] Abschn. 28a.2 Abs. 1 Satz 7 Nr. 3, Abs. 2 Satz 7, Abs. 3 Satz 2 Nr. 1 AE-ErbStG 2017, BStBl 2017 I 902 ff.

[1378] Abschn. 28a.2 Abs. 2 Satz 9 AE-ErbStG 2017, BStBl 2017 I 902 ff., allerdings bezogen auf Vermögen, das »in einer wirtschaftlichen Einheit des begünstigungsfähigen Vermögens nach § 13b Absatz 1 ErbStG gebunden ist«. Gegen eine Anwendung auf tatsächliche Verfügungsbeschränkungen zu Recht *Wachter*, GmbHR 2017, 841, 848.

[1379] Vgl. *Wachter,* FR 2017, 69 ff. und 130 ff.

dd) Ausspruch und Widerruf des Erlasses

Derjenige Anteil der errechneten Erbschaftsteuer, der nicht aus der Hälfte des einzusetzenden Vermögens aufgebracht werden kann, ist zu erlassen (hinsichtlich des zu zahlenden Anteils kann gem. § 28a Abs. 3 ErbStG auf Antrag eine verzinsliche Stundung gewährt werden, eine weitere Erlassmöglichkeit gem. § 227 AO ist daneben [wohl] nicht gegeben[1380]); der Erlass ist jedoch **auflösend bedingt** gem. § 28a Abs. 4 ErbStG, sofern der Erwerber über das Vermögen in schädlicher Weise verfügt oder sonstige Behaltensvorschriften nicht einhält, ausgehend von den längeren Fristen der Optionsverschonung nach § 13b Abs. 10 ErbStG, vgl. § 28a Abs. 4 Nr. 2 ErbStG. Für die Lohnsummen gilt demzufolge, dass Unternehmen mit bis zu fünf Beschäftigten nicht dem Lohnsummenkriterium als Verschonungsvoraussetzung unterfallen, solche mit sechs bis zehn Beschäftigten eine Lohnsumme von 500 %, also jährlich durchschnittlich 71,43 %, Unternehmen zwischen elf und 15 Beschäftigten eine Lohnsumme von 565 %, also jährlich durchschnittlich 80,71 %, und Unternehmen mit 16 oder mehr Beschäftigten 700 % der Lohnsumme, gemessen am Durchschnitt der Lohnsumme der vergangenen fünf Jahre vor dem Besteuerungszeitpunkt, also demnach durchschnittlich jährlich 100 % einzuhalten haben. — 5279

Auch der spätere Erwerb einsatzpflichtigen Vermögens durch eine (über übliche Gelegenheitsgeschenke hinaus gehende[1381]) Schenkung oder einen Erwerb von Todes wegen ist auflösende Bedingung für den gewährten Erlass der Steuer, § 28a Abs. 4 Nr. 3 ErbStG. Damit führen nachträgliche Schenkungen oder Erbschaften aufgrund der Kumulationswirkung von Erbschaftsteuer auf den Erwerb selbst und nachträglicher Erhebung durch Wegfall des Erlasses zu einer Steuerbelastung von bis zu 75 % (50 % Steuerbelastung auf den Erwerb selbst plus der Hälfte der verbleibenden 50 %, also von weiteren 25 %, bzw., falls auf den Erwerb als solchen vor Abzug der Erbschaftsteuer abzustellen sein sollte, von bis zu 100 %[1382]). **Ausschlagung oder Abfindungslösungen** sind daher vorzuziehen. Anders als im Insolvenzrecht bezieht § 28a ErbStG die Zurückweisung von Erwerben (ebenso wie die vorherige Vermögensverschiebung) nicht in die Bemessungsgrundlage ein. — 5280

ee) Verfahren; Antrag

Die Verschonungsbedarfsprüfung ist nur **auf Antrag** durchzuführen, der nicht mehr möglich ist, wenn bereits der Verschonungsabschlag für Großvermögen nach § 13c ErbStG gewählt wurde; abgesehen davon besteht keine Ausschlussfrist. Der Antrag muss insbes. nicht bereits in der Erbschaftsteuererklärung bzw. vor dem Eintritt der formellen bzw. materiellen Bestandskraft des Bescheides gestellt werden.[1383] Die Finanzverwaltung geht in dem koordinierten, nicht gleichlautenden, Ländererlass vom 22.06.2017 (vgl. Rdn. 4355) davon aus, der Antrag könne bis zum Eintritt der Zahlungsverjährung (nicht der Festsetzungsverjährung) gestellt werden und sei stets widerruflich.[1384] — 5281

Lediglich der Antrag auf Durchführung des Verschonungsabschlags für Großvermögen nach § 13c ErbStG ist unwiderruflich, nicht jedoch der Antrag auf Durchführung einer Verschonungsprüfung, so dass bei einem späteren Erwerb der Verschonungsabschlag gewählt werden kann. In diesem Fall wird gem. § 13c Abs. 2 Satz 3 ErbStG der einheitlich für beide Erwerbe ermittelte Abschlag nur auf den späteren Erwerb angewendet, das Ergebnis der Verschonungsbedarfsprüfung für den ersten Erwerb bleibt also bestehen (allerdings kann der spätere Erwerb zu einem teilweisen Wegfall des Erlasses führen, wenn darin einsatzpflichtiges Vermögen gem. § 28a Abs. 4 Nr. 3 — 5282

1380 Kritisch hiergegen *J. Maier*, ZEV 2017, 10, 13.
1381 Abschnitt 28a.4 Abs. 2 Satz 3 AE ErbStG 2017, BStBl 2017 I 902 ff., i.V.m. § 13 Abs. 1 Nr. 14 ErbStG, aus Vereinfachungsgründen.
1382 Dies befürchtet *J. Maier*, ZEV 2017, 10, 14.
1383 Vgl. *Thouet*, Reform der Erbschaftsteuer, 2017, Rn. 248.
1384 Abschnitt 28a.1 Abs. 2 AE-ErbStG 2017, BStBl. 2017 I, 902 ff.

ErbStG enthalten ist). Möglich muss jedoch (wohl) sein,[1385] trotz eines bereits gestellten Antrags auf Verschonungsabschlag noch die Verschonungsbedarfsprüfung zu beantragen, wenn sich nämlich im Nachhinein herausstellt, dass die Höchstgrenze von 90 Mio. Euro überschritten ist, so dass § 13c ErbStG ins Leere geht.

5283 (Nur) der Erwerber ist verpflichtet, gem. § 28a Abs. 5 ErbStG dem Finanzamt, das den Erbschaft- oder Schenkungsteuerbescheid erlassen hat und damit der Verantwortung für die Verschonungsbedarfsprüfung hat, das Unterschreiten der Mindestlohnsumme binnen sechs Monaten nach Ablauf der Lohnsummenfrist, Verstöße gegen die Behalteregelungen binnen eines Monats nach deren Eintritt und den Erwerb von Todes wegen durch Erbschaft oder Schenkung ebenfalls innerhalb eines Monats schriftlich **anzuzeigen**. Die Zahlungsverjährungsfrist beginnt gem. § 28a Abs. 6 ErbStG (abweichend von § 229 Abs. 1 Satz 1 AO) erst mit Ablauf des Jahres, in dem die Finanzbehörde von dem begünstigungsschädlichen Sachverhalt Kenntnis erlangt hat.

ff) Familienstiftung

5284 Auch für die im Abstand von 30 Jahren anfallende Erbersatzsteuer gem. § 1 Abs. 1 Nr. 4 ErbStG kann die **Familienstiftung** oder der Familienverein eine Verschonungsbedarfsprüfung beantragen. Sofern sie lediglich produktives Betriebsvermögen hält, entfällt damit regelmäßig die Steuer aufgrund Erlasses vollständig (§ 28a Abs. 7 ErbStG).

Überhaupt ist die im Übrigen vermögenslose Familienstiftung das »schenkungsteuerlich ideale« Erwerbsvehikel im Lichte des § 28a ErbStG (vgl. Rdn. 5387 ff.), dort auch zu weiteren Überlegungen im Rahmen der Optimierung der Verschonungsbedarfsprüfung.

7. Lohnsummenkriterium (§ 13a Abs. 3 ErbStG)

5285 Die Gewährung des vollen Verschonungsabschlags für die max. freigestellten 85 % (bei Wahl der »ambitionierten Variante« gem. Rdn. 5236 ff.: 100 %) des unternehmerischen Vermögens setzt voraus, dass über einen Beobachtungszeitraum (sog. Lohnsummenfrist) von fünf (bei der ambitionierten Variante, Rdn. 5246 ff.: sieben) Jahren nach dem Erwerb die Summe der maßgeblichen jährlichen Lohnsummen des Betriebs (bei Personen- oder Kapitalgesellschaftsbeteiligungen des Betriebs, den die Gesellschaft führt), – für Erwerbe bis zum 30.06.2016 – 400 % der Ausgangslohnsumme (also durchschnittlich 80vH/Jahr) nicht unterschreitet (bei der ambitionierten Variante 700 % auf den Sieben-Jahres-Zeitraum);[1386] zu den ab 30.06.2017 geltenden Mindestlohnsummen vgl. Rdn. 5305 ff. Vor der Änderung durch das Wachstumsbeschleunigungsgesetz 2010 hatten die Lohnsummenfristen 7 bzw. 10 Jahre, die Prozentsätze 650 % (entspricht im Jahresdurchschnitt ca. 93 %) bzw. 1.000 % betragen.[1387]

a) Ausnahmen

5286 Die Lohnsummenprüfung **unterbleibt**, wenn der »Betrieb« zum Besteuerungszeitpunkt (bis zum 30.06.2016: max. **zwanzig**,[1388] seit 01.07.2016 max. **fünf** »Beschäftigte« hat, § 13a Abs. 3 Satz 3 Nr. 2 ErbStG 2016, zuvor § 13a Abs. 1 Satz 4 ErbStG 2009. Die Gesetzesbegründung verwies zum Beschäftigtenbegriff auf § 23 Abs. 1 Satz 3 KSchG; durch die Neuregelung 2016 (Einfügung des § 13a Abs. 3 Satz 7 ErbStG, im Einzelnen Rdn. 5305 ff.) wurde in Bezug auf Auszubildende, Personen in Mutterschutz, Bezieher von Krankengeld, Saisonarbeiter etc. deren Nichtberücksichtigung zwischenzeitlich ausdrücklich angeordnet. Schon Maßgabe des Ausführungserlas-

---

1385 Vgl. *Thouet*, Reform der Erbschaftsteuer, 2017, Rn. 281.
1386 Vgl. zum folgenden *Schmidt/Schwind*, NWB 2009, 2410 ff.
1387 Rückwirkende Änderung ab 01.01.2009, § 37 Abs. 3 Satz 1 ErbStG. Sie erfasst auch diejenigen Sachverhalte, in denen bis zum 01.07.2009 gem. Art. 3 ErbStRefG für Erbfälle der Jahre 2007/2008 zugunsten des neuen Rechtes optiert wurde.
1388 Vor der Änderung durch das Wachstumsbeschleunigungsgesetz 2010: zehn Mitarbeiter.

A. Schenkungsteuerrecht   Kapitel 12

ses[1389] wurden Leih- und Saisonarbeiter nicht mit erfasst. Eine Umrechnung vom Teilzeitbeschäftigungen, Mitarbeiterverhältnissen auf 450 € – Euro – Basis auf der Grundlage der regelmäßigen wöchentlichen Arbeitszeit erfolgt allerdings (nach wie vor) nicht; zu berücksichtigen sind solche Personen allerdings nur, wenn sie nicht daneben noch überwiegend in einem anderen Betrieb tätig sind, vgl. Rdn. 5292.

Bei der Prüfung, ob die Schwelle von mindestens 5 (vor dem 30.06.2017: mindestens 20) Arbeitnehmern erreicht wird (§ 13a Abs. 3 Satz 3 Nr. 2 ErbStG[1390]), sind – ebenso wie bei der Ermittlung der dann maßgeblichen Ausgangslohnsumme (§ 13a Abs. 3 Satz 11 ErbStG 2016 = § 13a Abs. 4 Satz 5 ErbStG 2009) auch die Arbeitnehmerzahlen solcher nachgeordneter in der EU/dem EWR ansässigen Gesellschaften anteilig (nach Maßgabe der Beteiligungsquote) einzubeziehen, an denen die Beteiligung mehr als 25 % beträgt (Arbeitnehmer einer 25 % Tochtergesellschaft zählen also nicht mit; Arbeitnehmer einer 40 %igen Beteiligung nur zu 40 %). 5287

Daneben entfällt die Lohnsummenregelung, wenn die Ausgangslohnsumme null Euro beträgt, was jedoch neben dem Kriterium der Zahl der Beschäftigten (abgesehen von Fällen der Sklaverei) keine Bedeutung haben dürfte. Die Finanzverwaltung[1391] sieht von einer Lohnsummenprüfung ferner »in Fällen von geringer Bedeutung, z.B. bei einem gemeinen Wert des erworbenen begünstigten Vermögens von bis zu 150.000 Euro« ab. 5288

b) Zeiträume

Der 5-Jahres-Zeitraum zur Ermittlung der Ausgangslohnsumme bezieht sich auf die »fünf vor dem Besteuerungszeitpunkt endenden Wirtschaftsjahre«. Erfolgt also eine Übertragung zum 31.12.2009, 24 Uhr, dürfte auch das Jahr 2009 mit zählen, bei einer Übertragung am 30.12.2009 dagegen lediglich die Jahre 2004 mit 2008.[1392] 5289

Die **Lohnsummenprüfung** erfolgt nach Ablauf von 5 bzw. 7 »Jahren seit der Übertragung«. Abzustellen ist wohl auf die Wirtschaftsjahre (ähnlich § 13a Abs. 3 Satz 2 ErbStG), die innerhalb eines Zeitraums von 5 bzw. 7 Kalenderjahren nach der Übertragung enden. Erfolgt also die Übertragung unterjährig, ist das laufende Wirtschaftsjahr nicht bei der Ermittlung der Ausgangslohnsumme, aber bei den kumulierten Lohnsummen des 5-, bzw. 7-Jahres-Zeitraums zu berücksichtigen, selbst dann, wenn die Übertragung kurz vor Ende des Wirtschaftsjahres erfolgt, so dass der Übernehmer auf die Lohnsumme in den verbleibenden wenigen Tagen kaum noch Einfluss nehmen kann. 5290

c) Ermittlung

Die **relevante Lohnsumme** wird gem. § 13a Abs. 3 Satz 6 bis 13 ErbStG[1393] sehr ausführlich definiert. **Freie Mitarbeiter** und der Inhaber eines einzelkaufmännischen Unternehmens[1394] sind 5291

1389 Vom 25.06.2009, BStBl. 2009 I, S. 713, 721 (Abschnitt 8 Abs. 2 Satz 2). Der dort enthaltene Verweis auf Anhang I der VO (EG) 1503/2006 führt jedoch zu Widersprüchen, da Zeit- und Saisonarbeitskräfte zu berücksichtigen seien, nicht aber Leiharbeitnehmer, vgl. *Esskandari*, ErbStB 2011, 194.
1390 Erst aufgrund einer am 07.06.2013 in Kraft getretenen gesetzlichen Klarstellung, zuvor nach Verwaltungsauffassung: R E 13a.4 Abs. 2 Satz 9 ErbStR und bereits im Anwendungserlass zum ErbStG v. 25.06.2009, BStBl. 2009 I, S. 713, 721 [Abschnitt 8 Abs. 2 Satz 5 bis 8].
1391 Anwendungserlass zum ErbStG v. 25.06.2009, BStBl. 2009 I, S. 713, 721 (Abschnitt 8 Abs. 1 Satz 6).
1392 Vgl. *Scholten/Korezkij*, DStR 2009, 254.
1393 Vgl. weiter Erlass FinMinBaden-Württemberg v. 02.11.2010 – 3 S 3812a/24 (auch zur Begünstigungsfähigkeit von Drittlandgesellschaften), ferner die Richtlinien (R E 13a.4 ErbStR ff.) und den gleichlautenden Ländererlass v. 05.12.2012, BStBl 2012 I 1250 = ErbStB 2013, 84 m. Erl. *Bron*.
1394 Abschn. 8 Abs. 8 des Anwendungserlasses zum ErbStG, BStBl. 2009 I, S. 713, 721; *Esskandari*, ErbStB 2011, 195. Auch das »Gehalt« eines Gesellschafter-Geschäftsführers einer Personengesellschaft zählt als Einkunft aus Gewerbebetrieb.

bspw. nicht zu berücksichtigen, jedoch das **Gehalt eines Gesellschafter-Geschäftsführers** (wohl selbst dann, wenn es sich wegen Überhöhung um eine verdeckte Gewinnausschüttung handelt).[1395] Die für erbschaftsteuerliche Zwecke eingeführte eigenständige Definition des Lohnes (anstelle einer Verweisung auf § 19 EStG bzw. § 2 LStDV) macht[1396] umfangreiche rückwirkende Parallelrechnungen in der Buchhaltung notwendig.

5292 Die **Löhne von Teilzeit-Beschäftigten** bleiben außer Ansatz, wenn sie nicht ausschließlich oder überwiegend im Betrieb tätig sind (§ 13a Abs. 3 Satz 7 Nr. 5 ErbStG). Ausweislich der Gesetzesbegründung und seit 2016 angesichts des Klammerzusatzes (»Saisonarbeiter«) soll diese Norm für Leih- und Saison-Arbeitsverhältnisse gelten. Sie führt jedoch dazu, dass bei jeder Teilzeitkraft über einen Zeitraum von gesamt (ab 2010) 10 (5+5) bzw. 12 (5 + 7) Jahren zu prüfen ist, wann andere Beschäftigungsverhältnisse vorlagen und in welchem Umfang, insb. ob diese Tätigkeiten im zu prüfenden Betrieb überwogen haben.[1397] Es ist kaum einzusehen, weshalb der Umstand, dass eine Teilzeitkraft eine andere, überwiegende Zusatzbeschäftigung findet oder wieder verliert, auf die Lohnsumme des Betriebs von Einfluss sein soll. Nach Verwaltungsauffassung[1398] zählt hingegen (für den Unternehmer günstig) das Kurzarbeitergeld (obwohl es ihn wirtschaftlich nicht belastet) zur maßgeblichen Lohnsumme dazu. Auch Ausbildungsvergütungen, Löhne für geringfügig Beschäftigte i.S.d. § 8 SGB IV, Beschäftigte in Mutterschutz und Langzeitkranke,[1399] sowie die Löhne von Kapitalgesellschafts-Geschäftsführern (sofern nicht überhöht als verdeckte Gewinnausschüttung), nicht jedoch Tätigkeitsvergütungen für Mitunternehmer einer Personengesellschaft[1400] sind mit einzubeziehen.

d) Tochtergesellschaften

5293 Lohnsummen der Tochter-**Kapitalgesellschaften** sind erst ab einer unmittelbaren oder mittelbaren[1401] Beteiligung von mehr als 25 % (dann anteilig) zu berücksichtigen,[1402] ferner nur dann, wenn die jeweilige Gesellschaft ihren Sitz oder ihre Geschäftsleitung im Inland oder im EU/EWR-Ausland hat (gleichgültig wo sich das Unternehmensvermögen befindet!), nicht jedoch bei Beteiligungen an Drittstaatengesellschaften.[1403] Auf eine Zusammenrechnung kleinerer Beteiligungen durch Pool-Verträge kommt es in diesem Zusammenhang nicht an; bei mittelbaren Beteiligungen ist die wirtschaftliche Quote zugrunde zu legen.

5294 Unklar war weiterhin, ob die Ermittlung der Quote bei mittelbaren Beteiligungen »durchgerechnet« oder von Stufe zu Stufe zu prüfen ist.[1404] Durch eine Neufassung des § 13a Abs. 1 Satz 4

1395 Der sozialversicherungsrechtliche Beschäftigungsstatus ist gleichgültig, vgl. R 13a.4 Abs. 2 Satz 3, 5, 9 des Entwurfs der ErbStR 2011, *Schmidt/Schwind*, NWB 2011, 3512, 3518.
1396 Nach Auffassung der Finanzverwaltung (Anwendungserlass zum ErbStG v. 25.06.2009, BStBl. 2009 I, S. 713, 721, Abschnitt 8 Abs. 4) ist es *»im Allgemeinen nicht zu beanstanden«*, vom Aufwand für Löhne und Gehälter in der GuV (§ 275 Abs. 2 Nr. 6 HGB) ohne Berücksichtigung des Arbeitgeberanteils zu den Sozialabgaben auszugehen.
1397 Vgl. *Schulz/Althoff/Markl*, BB 2008, 528, 530.
1398 R E 13a4 Abs. 4 Satz 4 ErbStR; FinMinBaWü v. 24.09.2009, 3 – S 3812a/24, ZEV 2009, 584, hierzu *Stiller*, ZErb 2010, 133 ff. und *Koblenzer*, ErbStB 2010, 43 ff.
1399 Für alle Vorgenannten: H E 13a.4 Abs. 2 ErbStH.
1400 H E 13a.4 Abs. 2 ErbStH, zu früher insoweit bestehenden Zweifeln vgl. *Mannek*, ZEV 2012, 6, 9.
1401 Berechnungsbeispiele im Gleichlautenden Ländererlass v. 05.12.2012, BGBl 2012 I 1250, vgl. *Bron*, ErbStB 2013, 84, 85 ff. Erläuterungen zum Erlass v 05.12.2012: *Weber/Schwind*, ZEV 2013, 70 ff.
1402 R E 13a.4 Abs. 7 ErbStR 2011, vgl. *Weber/Schwind*, ZEV 2012, 88, 89; *Stiller*, ZErb 2011, 2 ff. hält diese Differenzierung für europarechtlich bedenklich.
1403 Gemeinsamer Ländererlass v. 12.07.2010, BayStMinFin 34 – S 3812a-018–28 364/10, DStR 2010, 1626 m. Anm. *Weber/Schwind*.
1404 Ausführlich hierzu *Weber/Schwind*, ZEV 2010, 351, 353; *Mannek*, ZEV 2012, 6, 8.

A. Schenkungsteuerrecht

ErbStG a.F. wurde mit Wirkung ab 06.06.2013 (§ 30 Abs. 8 ErbStG) »klargestellt«,[1405] dass für die Ermittlung der maßgeblichen Anzahl von Beschäftigten auf der obersten betroffenen Ebene auch anteilig (nach der Beteiligungsquote) die Beschäftigten aus solchen Personen- oder Kapitalgesellschaften einzubeziehen sind, an denen unmittelbare oder mittelbare Beteiligungen von mehr als 25 % bestehen; nunmehr ist sedes materiae § 13a Abs. 3 Satz 11 und 12 ErbStG 2016.

Lohnsummen der Tochter-**Personengesellschaften** werden dagegen (gem. § 13a Abs. 4 Satz 5 ErbStG, dessen Wortlaut insoweit allerdings nicht über alle Zweifel erhaben ist) unabhängig von der Beteiligungshöhe anteilig miterfasst (R E 13a.4 Abs. 6 ErbStR 2011),[1406] sofern sie in der EU/dem EWR-Raum angesiedelt sind.

5295

Insb. die Zurechnung von Lohnsummen der Auslandsgesellschaften außerhalb des Euro-Raums macht Währungsumrechnungen notwendig (nach Tageskurs, jährlichem Durchschnittskurs?) Außerdem ist zu berücksichtigen, dass die Lohnbuchhaltung in anderen Nationen noch viel weniger als solche in deutschen Betrieben den Kriterien des § 13a Abs. 3 ErbStG genügt, so dass umfangreiche Parallelrechnungen notwendig werden.

5296

Erhebliche Verzerrungen können sich durch den Zu- oder Verkauf von Beteiligungen im Fünf-jährigen Zeitraum vor dem Stichtag ergeben,[1407] ebenso aber während des Verpflichtungszeitraums. Gleiches gilt für Insolvenzen bei einer Tochtergesellschaft, sei es vor oder nach dem Ausgangszeitpunkt.[1408] Die Finanzverwaltung vertritt insoweit eine statische Betrachtungsweise: die Lohnsumme aus Beteiligungen, die vor dem Zeitpunkt des steuerlichen Wirksamwerdens der Übertragung bereits veräußert wurden, bleibt unberücksichtigt. Diese an sich für den Steuerpflichtigen günstige Betrachtung (geringere Ausgangslohnsumme) verkehrt sich gem. R E 13a.4 Abs. 8 ErbStR 2011 bei der Ermittlung der einzuhaltenden Mindestlohnsumme in das Gegenteil: Löhne aus nach dem Besteuerungszeitpunkt hinzuerworbenen Beteiligungen bleiben ebenfalls unberücksichtigt (außer, es handelt sich bei der hinzuerworbenen Beteiligung um eine Reinvestition i.S.d. § 13a Abs. 6 Satz 3 ErbStG). Dies widerspricht der gesetzgeberischen Intention und behandelt vergleichbare Fälle ungleich (würde die hinzuerworbene Beteiligung mit der Hauptgesellschaft verschmolzen oder fände lediglich ein Asset deal mit Übernahme der Arbeitnehmer statt, würden die zusätzlichen Löhne mit erfasst![1409]) Der gleichlautende Ländererlass v. 05.12.2012 (BGBl 2012 I 1250) berücksichtigt daher abweichend davon zugekaufte Beteiligungen von mehr als 25 % an neuen Tochtergesellschaften für die Folgezeit bei der Lohnsummenermittlung,[1410] so dass die Nachversteuerung bei abnehmender Lohnsumme durch den Hinzuerwerb weiterer Beteiligungen kompensiert werden kann.

5297

Kommt es dagegen zu Schwankungen in der Beteiligungshöhe während des Verpflichtungszeitraums, legt die Finanzverwaltung (R E 13a.4 Abs. 6 Satz 3 und Abs. 7 Satz 6 ErbStR 2011) einen dynamischen Ansatz zugrunde: sowohl bei der Ausgangs-, als auch bei der Mindestlohnsumme und bei der Ermittlung der jeweiligen Jahressumme ist der jeweilige Prozentanteil zu berücksichtigen.[1411] Dies soll im Rahmen der Jahressummenermittlung sogar (im Sinne einer Billigkeitsregelung) gelten, wenn die Beteiligung an der Kapitalgesellschaft unter 25 % sinkt.

5298

1405 So Ländererlass v. 10.10.2013, ZEV 2013, 697 Ziff. 1; a.A. FG Köln, 10.06.2015 – 9 K 2384/09, ErbStB 2015, 291 (n. rkr., Az. BFH: II R 34/15): für die Zeit davor gilt dies nicht. Bis zur BFH-Entscheidung ruhen Einspruchsverfahren (OFD NRW, 25.11.2015 – Kurzinfo 5/15, ZEV 2016, 116.
1406 Berechnungsbeispiel bei *Mannek*, ZEV 2012, 6, 8 f.
1407 Vgl. *Schulte/Korezkij*, DStR 2009, 255 f.
1408 Vgl. *Stein*, ZEV 2016, 180 ff.: Letzteres führt sicherlich zu einer Lohnsummenverfehlung; ersteres sollte dazu führen, dass die insolvente Tochtergesellschaft gar nicht einbezogen wird.
1409 A.A. daher die ganz überwiegende Literatur, vgl. *Weber/Schwind*, ZEV 2012, 88, 90 m.w.N.
1410 Vgl. *Bron*, ErbStB 2013, 84, 90.
1411 *Eisele*, NWB 2012, 100; *Weber/Schwind*, ZEV 2012, 88, 91.

e) Folgen des Unterschreitens

5299 Wird die Mindestlohnsumme nach Ablauf der 5 bzw. 7 Jahre unterschritten, entfällt der Verschonungsabschlag nachträglich in dem prozentualen Umfang, in den die Mindestlohnsumme unterschritten wurde, vgl. § 13a Abs. 3 Satz 5 ErbStG. Der Abzugsbetrag gem. § 13a Abs. 2 ErbStG bleibt dagegen erhalten; er erhöht sich ggf. wegen des nicht mehr gewährten Verschonungsabschlags. Ein Liquiditätsvorteil bleibt dem Steuerpflichtigen jedoch auf jeden Fall, da eine Verzinsung der nacherhobenen Steuer nicht stattfindet.

▶ Beispiel:

5300 Unterschreitet – über die gesamte Lohnsummenfrist betrachtet – die Summe der Lohnsummen den Mindestwert von 400 %, entfällt die zunächst vorläufig gewährte Verschonung mit Wirkung für die Vergangenheit im Verhältnis des Zurückbleibens (Beispiel: beträgt die Gesamtlohnsumme über 5 Jahre lediglich 320 %, also zwanzig v.H. weniger als die geschuldeten 400 %), entfällt die Freistellung rückwirkend für 20 % der zunächst freigestellten 85 % des Betriebsvermögens, so dass zusätzlich zum Sofortbesteuerungsanteil von 15 % weitere 20 % von 85 %, also weitere 17 % besteuert werden, und demnach insgesamt 32 % des Betriebsvermögens zu gemeinen Werten versteuert werden.

5301 Die deutlich schärfere Fassung des früheren Regierungsentwurfes wurde demgemäß in dreierlei Hinsicht durch die 2009 in Kraft getretene Gesetzesfassung abgemildert:
1. zum einen genügt es bereits, im Durchschnitt 80 % (vor der Änderung durch das WachstumsbeschleunigungsG: ca. 92 %, 7 × 93 = 651 %) der Ausgangslohnsumme zu halten, zum weiteren
2. wird die Ausgangslohnsumme nicht indexiert, und schließlich
3. erlaubt die Gesamtbetrachtung, einzelne Jahre unterdurchschnittlicher Lohnsumme später wieder zu kompensieren. Ferner erfolgt die Prüfung der Mindestlohnsumme nur insgesamt für alle erworbenen begünstigten wirtschaftlichen Einheiten.[1412]

Auch die entschärfte Lohnsummenklausel führte jedoch dazu, dass bereits lange im Vorfeld der Übertragung die Stammbelegschaft durch Entlassung, durch Outsourcing bzw. durch den Einsatz von Leih- und Zeitarbeitnehmern oder durch Verlagerung der Produktion ins außereuropäische Ausland bzw. durch Beschäftigung von Arbeitnehmern bei außerhalb der EU angesiedelten Tochterunternehmen reduziert wurde.

5302 Wählt der Erwerber die »ambitionierte Variante« (oben Rdn. 5246 ff.), muss er strengeren Anforderungen hinsichtlich der Lohnsumme genügen: Die Beobachtungsfrist verlängert sich auf 7 (vor der Änderung durch das WachstumsbeschleunigungsG 2010:[1413] zehn) Jahre, und die Gesamtlohnsumme erhöht sich auf 700 % (zuvor 1.000 %). Vollständige Freistellung ist also nur dann zu erlangen, wenn im Durchschnitt die Ausgangslohnsumme permanent gehalten wird.

5303 Die Gründe, die zur Unterschreitung der Lohnsumme führen, sind für die erbschaftsteuerrechtliche Folge (anteiliges Entfallen des Verschonungsabschlags) gleichgültig. Auch wenn der Erwerber beispielsweise den erworbenen Betrieb verpachten muss, weil er nicht über die gesetzlich vorgeschriebene berufliche Qualifikation verfügt, liegt ein Verstoß gegen die Lohnsummenregelung vor (die vom Pächter des Betriebs gezahlten Löhne und Gehälter sind nicht in die Summe der maßgeblichen jährlichen Lohnsumme des Verpächters für den bei ihm verbleibenden Verpachtungsbetrieb einzubeziehen).[1414]

1412 Abschnitt 5 Abs. 3 Satz 5 der Anwendungserlasse zum ErbstG v. 25.06.2009, BStBl. 2009 I, S. 713, 719.
1413 Rückwirkende Änderung ab 01.01.2009, § 37 Abs. 3 Satz 1 ErbStG. Sie erfasst auch diejenigen Sachverhalte, in denen bis zum 01.07.2009 gem. Art. 3 ErbStRefG für Erbfälle der Jahre 2007/2008 zugunsten des neuen Rechtes optiert wurde.
1414 Vgl. Verfügung des BayLfSt, 05.07.2017 – S 3812a.1.1-23/6 St 34, ZEV 2017, 480.

Das Unterschreiten der Lohnsumme ist durch den Erwerber anzuzeigen, eine Neuberechnung der fälligen Nachsteuer ist jedoch nicht (mehr) vorgesehen. In der Praxis wird sich als Problem herauskristallisieren, auf welche Weise bspw. der Erwerber eines Anteils die Beteiligungsgesellschaft selbst dazu bringen kann, die Lohnsumme jährlich festzustellen und ihm mitzuteilen, so dass er seiner Anzeigepflicht nachkommt. Neben der Frage der Kostentragung stellt sich auch die der Zuordnung des Risikos, falls die Feststellung fehlerhaft war. 5304

f) Änderungen seit 01.07.2016

Die Lohnsummengrenzen wurden durch § 13a Abs. 3 ErbStG n.F. herabgesetzt, als Ausgleich dafür, dass nun auch Betriebe ab sechs Vollzeitbeschäftigten (nicht mehr wie vor dem 01.07.2016 ab 20 Vollzeitbeschäftigten) einbezogen sind. Im Rahmen der Regelverschonung (also bei einem Abschlag von 85 %) gilt bei Unternehmen 5305
(a) zwischen sechs bis zehn Beschäftigten eine Lohnsumme von nun 250 % (also jährlich durchschnittlich 50 %),
(b) zwischen elf und 15 Beschäftigten beträgt sie 300 % (also jährlich durchschnittlich 60 %) und
(c) ab 16 Beschäftigten beträgt sie 400 % des Durchschnitts der Lohnsumme der vergangenen fünf Jahre vor dem Besteuerungszeitpunkt, somit durchschnittlich jährlich 80 %.

Im Fall der optionalen Vollverschonung (mit 100 % Verschonungsabschlag) gem. § 13a Abs. 10 ErbStG) gelten folgende abweichende Zahlen, nun bezogen auf eine Lohnsummenfrist von sieben Jahren (vgl. § 13a Abs. 10 Satz 1 Nr. 2, die Mindestlohnsummen sind in Nr. 3 bis 5 enthalten): 5306
(a) Bei Unternehmen zwischen sechs und zehn Beschäftigten gilt eine Lohnsumme von 500 %, also jährlich durchschnittlich 71,43 %.
(b) Bei Unternehmen zwischen elf und 15 Beschäftigten beträgt die Lohnsumme 565 %, also jährlich durchschnittlich 80,71 %.
(c) Bei Unternehmen ab 16 Beschäftigten beträgt die Lohnsumme 700 % des Durchschnitts der Lohnsumme der vergangenen fünf Jahre vor dem Besteuerungszeitpunkt, also durchschnittlich jährlich 100 %.

Für die Frage, welche der Alternativen (a, b oder c) einschlägig ist, wird die Arbeitnehmerzahl – für den Stichtag der Entstehung der Steuer, Rdn. 4544 ff. – allein nach Köpfen ermittelt, so dass auch Teilzeitbeschäftigte oder Aushilfen (letztere mit der Ausnahme des § 13a Abs. 3 Satz 7 Nr. 5 ErbStG: Saisonarbeiter) wie »volle« Arbeitnehmer zählen. Eine Umrechnung von Teilzeitbeschäftigung (wie etwa gemäß § 23 Abs. 1 Satz 4 Kündigungsschutzgesetz) in Vollzeitarbeitnehmer-Einheiten findet also nicht statt. 5307

Nicht mehr mitgerechnet werden allerdings – anders als nach der vor dem 01.07.2016 geltenden Rechtslage[1415] – gem. § 13a Abs. 3 Satz 7 (Nr. 2:) Auszubildende, (Nr. 1:) Arbeitnehmer in Mutterschutz sowie (Nr. 3:) Bezieher von Krankengeld und (Nr. 4:) Elterngeld, schließlich auch (Nr. 5:) »Saisonarbeiter«, die nur während bestimmter Zeiten, etwa im Weihnachtsgeschäft, in Freizeitparks oder als Erntehelfer tätig sind. Wie bisher werden ferner freie Mitarbeiter oder Leiharbeitnehmer nicht mitberücksichtigt. 5308

GmbH-Gesellschafter, die zugleich im Unternehmen tätig sind, zählen jedenfalls nach Auffassung der Finanzverwaltung stets mit, auch wenn sie sozialversicherungsfrei behandelt werden, während mitarbeitende Personengesellschafter niemals berücksichtigt werden sollen, selbst wenn sie sozialversicherungspflichtig sind. 5309

Die Finanzverwaltung[1416] will die kurzfristige Minderung der Beschäftigtenzahl vor dem Stichtag als Gestaltungsmissbrauch werten.

1415 R E 13a4 Abs. 2 Satz 5 ErbStR 2011.
1416 R E 13a.4 Abs. 2 Satz 3 ErbStR 2011.

Die anteilige Einbeziehung der Beschäftigten in mehrstufige Beteiligungsstrukturen gemäß § 13a Abs. 3 Satz 11, 12 ErbStG entspricht dem bisherigen § 13a Abs. 4 Satz 5 ErbStG a.F.

5310 Neu ist die Zusammenrechnung der Lohnsummen und der Beschäftigtenzahlen bei **Betriebsaufspaltungen**, § 13a Abs. 3 Satz 13 ErbStG. Da in Besitzunternehmen typischerweise wenig Arbeitnehmer vorhanden sind, wirkt sich diese Zusammenrechnung insb. dahin gehend negativ aus, dass bei einem Verstoß gegen die Lohnsummenprüfung eine Nachversteuerung nicht nur – wie bisher – im Betriebsunternehmen, sondern auch im (häufig ungleich wertvolleren) Besitzunternehmen erfolgt.

5311 Problematisch ist dies bei der sog. mitunternehmerischen Betriebsaufspaltung (bei der sowohl Besitz- wie auch Betriebsunternehmen als Personengesellschaft strukturiert sind): Nach der Subsidiaritätsthese des BFH verdrängt bekanntlich die gewerbliche Prägung oder Infektion der Besitzpersonengesellschaft die Grundsätze der mitunternehmerischen Betriebsaufspaltung (vgl. im Einzelnen Rdn. 5722). Werden demnach (da es sich ja weiter um ertragsteuerliches Betriebsvermögen handelt) lediglich Anteile an der Besitzgesellschaft übertragen, ohne zugleich die Anteile an der Betriebsgesellschaft übergehen zu lassen, hätte der Erwerber keine Möglichkeit, auf die weitere Einhaltung der Lohnsummenkriterien in der Betriebsgesellschaft hinzuwirken. Es spricht daher manches dafür, dass lediglich die klassischen Fälle der kapitalistischen Betriebsaufspaltung (Besitz- und Betriebsunternehmen sind Kapitalgesellschaften) oder der Kombination aus Besitzpersonengesellschaft und Betriebskapitalgesellschaft von § 13a Abs. 3 Satz 13 ErbStG erfasst sein sollten.

5312 Die Ermittlung der Ausgangslohnsumme findet für die letzten fünf im Zeitpunkt der Entstehung der Steuer abgeschlossenen Wirtschaftsjahre (Durchschnittsermittlung) statt; das Jahr der Übertragung selbst bleibt also außer Betracht (§ 13a Abs. 3 Satz 2 ErbStG). Der Überwachungszeitraum, in dem die Mindestlohnsumme nicht überschritten werden darf, erstreckt sich allerdings auf die fünf Zeitjahre (nicht Wirtschaftsjahre), die auf den Tag der Steuerentstehung folgen.

8. Behaltensregelungen (§ 13a Abs. 6 ErbStG)

a) Grundsatz

5313 Der Abzugsbetrag gem. § 13a Abs. 1 ErbStG und die Tarifbegrenzung (Entlastungsbetrag) des § 19a Abs. 1 ErbStG entfallen rückwirkend, soweit der Erwerber innerhalb der Behaltensfrist von 5 Jahren bzw. (beim »ambitionierten Modell«, Rdn. 5246 ff.) von 7 Jahren (vor 2010: 7 bzw. 10 Jahren) gegen die Regelungen in § 13a Abs. 6 ErbStG 2016 (= § 13a Abs. 5 ErbStG 2009) verstößt.[1417] Die Anforderungen, die großteils an § 13a Abs. 5 ErbStG der vor 2009 geltenden Fassung anknüpfen, umfassen insb. Normen zum Ausschluss schädlicher Verwendung (§ 13a Abs. 6 Satz 1 Nr. 1, 2, 4 u. 5) während der gesamten Dauer der Behaltensfrist sowie von Überentnahmen (§ 13a Abs. 6 Satz 1 Nr. 3, dessen Kontrolle jedoch nur einmalig nach Ablauf der Gesamtfrist stattfindet). Die Fristenberechnung richtet sich nach § 108 AO.[1418]

5314 Obwohl § 13a Abs. 6 ErbStG nur den »Erwerber« erwähnt, soll nach Ansicht des FG Münster[1419] auch dessen Gesamtrechtsnachfolger (Erbe) in die noch nicht abgelaufenen Bindungen des Erblassers (Ersterwerbers) eintreten. Dies hat zur Folge, dass bei kurz nacheinander folgenden Sterbefällen (etwa als Folge eines Berliner Testaments) ein Verstoß des Erbeserben zum gleichzeitigen Entstehen zweier Nachversteuerungstatbestände führt. Es liegt eher nahe, dass der Gesetzgeber nur den originären Erwerber ins Auge gefasst hatte und der Tod als absolutes Ereignis den Lauf der Behaltensfrist abschließen sollte.

1417 Vgl. zum folgenden die Übersicht von *Schmidt/Leyh*, NWB 2009, 2557 ff.
1418 Vgl. *Söffing*, ErbStB 2010, 268–270.
1419 FG Münster, 12.06.2013 – 3 K 204/11 Erb, ErbStB 2013, 306, vgl. hierzu *Tölle*, NWB 2014, 2160 ff. (n. rkr., Az. BFH: II R 25/13).

▶ Hinweis:

Im Zug der auf das Betriebsvermögen konzentrierten »kleinen« Erbschaftsteuerreform 2016/17 wurden die Nachversteuerungsregelungen des § 13a Abs. 6 ErbStG nicht an das neue System angepasst. Sanktioniert werden weiterhin schädliche Verfügungen über das »begünstigte Vermögen«, das jedoch nach neuer Wertung nicht als Vermögensgegenstand oder Sachgesamtheit feststellbar ist, sondern als Zahlbetrag, der aus dem Wert des begünstigten Vermögens nach Maßgabe weiterer Abzüge gem. § 13b Abs. 2–9 ErbStG abgeleitet wird. Eine konkrete Zuordnung dieser Zahl auf einzelne Vermögensgegenstände ist nicht möglich. Auf diesen in der Literatur wiederholt betonten Missstand[1420] geht die Finanzverwaltung in dem koordinierten, nicht gleichlautenden Ländererlass vom 22.06.2017 (vgl. Rdn. 4355) nicht ein; ausgeführt ist insoweit lediglich, dass eine Verfügung über junges Verwaltungsvermögen (das ohnehin nicht begünstigt war) zu keiner Nachversteuerung führe;[1421] entsprechende Regelungen zu jungen Finanzmitteln, normalen Finanzmitteln und Verwaltungsvermögen fehlen jedoch. Sinnvoll wäre es, aus Vereinfachungsgründen vorzusehen, dass Verfügungen über jedwedes Verwaltungsvermögen, welcher Art auch immer, so lange keine Nachversteuerung auslösen, als dabei der Betrag des nichtbegünstigten Vermögens nicht überschritten wird.

5315

b) Schädliche Vorgänge im Einzelnen

aa) § 13a Abs. 6 Satz 1 Nr. 1 ErbStG (Veräußerung)

Erfasst ist in erster Linie die **Veräußerung**[1422] oder **Aufgabe des begünstigt erworbenen Vermögens** (Betriebs, Teilbetriebs, Mitunternehmeranteils oder Anteils daran), auch soweit diese aufgrund Insolvenz erfolgt (zur kautelaren Vorsorge für letzteren Fall vgl. Rdn. 2397) oder durch einen Vertreter,[1423] oder zur Abgeltung eines Pflichtteilsanspruchs.[1424] Die Nachversteuerung droht auch, soweit wesentliche Betriebsgrundlagen veräußert oder in das Privatvermögen überführt[1425] oder anderen betriebsfremden Zwecken zugeführt werden. Dabei ist es gleichgültig, ob es sich um Verwaltungsvermögen handelt oder nicht, lediglich sog. »junges Verwaltungsvermögen« i.S.d. § 13b Abs. 2 Satz 3 ErbStG a.F., das schon auf der Begünstigungsebene nicht berücksichtigt wurde (Rdn. 5184 ff.), bleibt außer Betracht.[1426]

5316

Obwohl der Wortlaut hierzu schweigt, sollte allerdings die Überführung wesentlicher Betriebsgrundlagen in ein anderes Betriebsvermögen desselben Steuerpflichtigen (§ 6 Abs. 5 EStG), unschädlich sein, da der politisch gewollte Sanktionszweck hier keine Nachversteuerung notwendig macht. Auch die bloße Verpachtung, selbst wenn dem Verpächter eine Put-Option (Andienungsrecht, so dass der Pächter zum Erwerb verpflichtet ist) eingeräumt ist, die erst nach der Behaltensfrist ausgeübt wird, stellt keinen Verstoß dar, solange der Verpächter einen ruhenden Betrieb weiterführt (und damit die Betriebsaufgabe vermeidet).[1427]

5317

1420 Vgl. *Korezkij*, DStR 2017, 1729, 1736.
1421 Abschnitt 13a.12 Abs. 2 Satz 2, Abschnitt 13a.14 Abs. 1 Satz 6 AE-ErbStG 2017, BStBl. 2017 I, 902 ff.
1422 Maßgeblicher Zeitpunkt ist (wohl) der ertragsteuerliche Übergang des »wirtschaftlichen Eigentums« (Besitzübergang), *Philipp* in: *Viskorf/Knobel/Schuck* ErbStG 3. Aufl. 2010 § 13a Rn. 74, nach a.A. das schuldrechtliche Rechtsgeschäft (*Meincke* ErbStG, 15. Aufl. 2009 § 13a Rn. 27).
1423 Für Handlungen eines Nachlasspflegers FG Hessen, 24.05.2011 – 1 K 3157/09, GmbHR 2011, 1118.
1424 BFH, 26.02.2014 – II R 36/12, BStBl 2014 II 581; vgl. *Geck*, DNotZ 2015, 803, 816.
1425 Beispiel: Bilder eines verstorbenen freiberuflichen Künstlers, BFH, 27.05.2009 – II R 53/07, ErbStB 2009, 373.
1426 Anwendungserlass zum ErbStG v. 25.06.2009, BStBl. 2009 I, S. 713, 723 (Abschnitt 10 Abs. 2 Satz 2).
1427 *Söffing*, ErbStB 2010, 271.

► Hinweis:

5318 Von schädlichen Veräußerungsvorgängen i.S.d. § 13a Abs. 6 Satz 1 Nr. 1 ErbStG zu unterscheiden sind Weiterübertragungen etwa im Rahmen einer Erbauseinandersetzung, die bei Einhaltung der Vorschriften über die positive bzw. negative Allokation, § 13a Abs. 5 Satz 3 bzw. § 13a Abs. 5 Sätze 1 und 2 ErbStG, vgl. Rdn. 5430 ff. bzw. Rdn. 5434 ff., dazu führen können, dass dem Enderwerber die schenkungsteuerlichen Privilegierungen zuerkannt werden (z.B. bei der unschädlichen Realteilung).[1428]

5319 Anders als der RegE zur Vorbereitung der 2009 in Kraft getretenen Fassung enthält § 13a Abs. 6 Satz 3 ErbStG nun eine **Reinvestitionsklausel** für die Veräußerungs- und die der Veräußerung gleichgestellten Fälle (Nr. 1, 2 u. 4), falls der Veräußerungserlös innerhalb der begünstigten Vermögensart verbleibt. Von Letzterem ist nach der gesetzlichen Regelung auszugehen, wenn der Veräußerungserlös innerhalb von 6 Monaten in ein entsprechendes Vermögen investiert wird, das nicht Verwaltungsvermögen i.S.d. § 13b Abs. 2 ErbStG ist.[1429] Der Anwendungsbereich dieser Reinvestitionsklausel ist deutlich weiter als im bisherigen Recht, insb. ist keine Betriebsbezogenheit mehr notwendig. Auch neue Betriebe, Teilbetriebe oder Anlagegüter kommen in Betracht, ebenso die Tilgung betrieblicher Schulden oder die Erhöhung von Liquidationsreserven. Allerdings soll nur die Reinvestition in derselben Vermögensart (Land- und Forstwirtschaft[1430]/Betriebsvermögen/Anteile an Kapitalgesellschaften) zulässig sein.[1431]

5320 Die Reinvestition muss binnen sechs Monaten erfolgen. Da schlichte Liquidität seit der Einführung des § 13b Abs. 2 Nr. 4a ErbStG a.F. zum 07.06.2013 (vergleichbar § 13b Abs. 4 Nr. 5 ErbStG 2016, Rdn. 5138 ff.) nur noch begrenzt begünstigungsfähig ist, muss eine Reinvestition unmittelbar in das neue Zielvermögen erfolgen, die bloße Schuldentilgung dürfte nicht mehr genügen.[1432] Es genügt aber bei reinvestiven Baumaßnahmen, dass innerhalb der Sechs-Monats-Frist mit der Errichtung begonnen wird.[1433]

5321 Unschädlich ist die **Veräußerung nicht wesentlicher Betriebsgrundlagen** (bei der Entnahme des daraus erzielten Erlöses ist allerdings die Überentnahmesperre, nachstehend Rdn. 5327 ff., zu beachten). Die Wesentlichkeit ist nach den Grundsätzen des Ertragsteuerrechtes (funktionale Betriebsnotwendigkeit, vgl. Rdn. 5998 f.) zu beurteilen.[1434]

5322 Unschädlich ist ferner die **Sacheinlage bzw. die Einbringung des erworbenen Einzelunternehmens** oder der erworbenen Anteile an einer Personengesellschaft in eine Kapital- oder Personengesellschaft, §§ 20 Abs. 1, 24 Abs. 1 UmwStG (nur[1435]) gegen Gewährung von Gesellschaftsrech-

---

1428 Vgl. RE 13a.6 Abs. 3 Satz 2 ErbStR 2011; im Sachverhalt des FG Baden-Württemberg, 17.01.2017 – 11 K 3976/13, ErbStB 2017, 132, verneint, da als Gegenleistung kein anderes begünstigtes Vermögen erworben wurde.
1429 Krit. hierzu, v.a. zur Verbindung zwischen Veräußerungs- und Anschaffungsvorgang, *Korezkij*, DStR 2009, 2412 ff.
1430 Hierzu LfSt Bayern, 13.11.2015 – S 3812a.2.1-27/2, ZEV 2016, 56: Teilfinanzierung eines neuen Betriebsgebäudes reicht.
1431 ErbStR 2011, R 13a.11 Satz 1, vgl. *Schmidt/Schwind*, NWB 2011, 3512, 3522; beim Verkauf selbst bewirtschafteten Bauerwartungslandes i.S.d. § 159 BewG reicht die Reinvestition in anderes LuF-Vermögen, LfSt Bayern, 13.11.2015 – S 3812a.2.1-27/2, ZEV 2016, 56.
1432 Kritisch *Pohl*, ErbStB 2014, 197, 199, a.A. *Pfeifer/Hinkers*, DStZ 2013, 729; Vgl. koordinierter Ländererlass v. 10.10.2013, BStBl 2013 I 1272.
1433 LfSt Bayern, 13.11.2015 – S 3812a.2.1-27/2, ZEV 2016, 56.
1434 Anwendungserlass zum ErbStG v. 25.06.2009, BStBl. 2009 I, S. 713, 723 (Abschnitt 10 Abs. 2 Satz 3).
1435 Obwohl § 20 Abs. 2 Satz 4 UmwStG [allerdings seit dem SteueränderungsG 2015 begrenzt] auch andere Gegenleistungen als die Gewährung von Kapitalgesellschaftsanteilen erlaubt, läge darin eine steuerschädliche Verwendung, vgl. BayLfSt v. 11.05.2012 – S 3812a.2.1 – 15/St 34, ErbStB 2012, 210, und FinMin Schleswig-Hostein, 02.10.2012 – VI 353 – S 3812a -013, ErbStB 2013, 3.

A. Schenkungsteuerrecht   Kapitel 12

ten, auch wenn mehrere solcher Vorgänge nacheinander stattfinden.[1436] (Werden jedoch die im Zug der Einbringung gewährten Anteile innerhalb der Behaltensfrist veräußert, löst dies die Nachversteuerung aus – R E 13a.6 Abs. 3 ErbStR 2011 –, nach dem Wortlaut gilt dies allerdings nicht für die Entnahme eines einzelnen Wirtschaftsgutes, etwa eines Grundstücks, aus dem eingebrachten Betriebsvermögen.)[1437]

Ähnlich der bisherigen Regelung (Rn. 4006 der dritten Auflage dieses Werks) dürfte die **unentgeltliche Weitergabe** des begünstigt erworbenen Vermögens im Weg der vorweggenommenen Erbfolge oder durch Tod unschädlich sein,[1438] wobei jedoch wohl[1439] – wie bisher – jegliche Gegenleistung, auch wenn sie ertragsteuerlich nicht als Entgelt zählt (§ 10 Abs. 1a Satz 1 Nr. 2 EStG: Versorgungsleistungen, vgl. Rdn. 6395, nach Verwaltungsauffassung jedoch nicht die Übertragung unter Nießbrauchsvorbehalt[1440]) hinsichtlich dieses Wertanteils einen Verstoß gegen die Behaltensregelungen zur Folge hat.[1441] Allerdings werden durch die erneute entgeltfreie Übertragung des begünstigten Vermögens neue Behaltensfristen in Gang gesetzt, parallel zur fortlaufenden ersten Frist (so dass auch der Ersterwerber seine Verschonung verliert, wenn der Zweitbeschenkte vor Ablauf der ursprünglichen Behaltensfrist einen Nachbesteuerungstatbestand verwirklicht[1442] – der Zweitbeschenkte sollte die dadurch eintretende Steuerbelastung übernehmen und besichern!). Die Übertragung von Betriebsvermögen zur Erfüllung eines Pflichtteilsanspruchs (an Erfüllungs statt) ist eine schädliche Verfügung;[1443] ebenso soll die Übertragung als Abfindung für eine Ausschlagung (§ 3 Abs. 2 Nr. 4 ErbStG) nach nunmehriger Verwaltungsauffassung (anders als bisher: R 62 Abs. 2 Nr. 4 ErbStR 2003) bereits per se einen Verstoß gegen die Haltefrist darstellen;[1444] in diesem Fall muss jedoch dem Letzterwerber die Betriebsvermögensbegünstigung zugutekommen[1445] (str.; a.A. FG Münster[1446]).   5323

Noch ungewiss ist, inwieweit Umstrukturierungen auf der Ebene von **Tochter-Gesellschaften** schädlich sind oder nicht (nach h.M. entfaltet zumindest die Zwischenschaltung einer Kapitalgesellschaft Abschirmwirkung, so dass die Veräußerung wesentlicher Betriebsgrundlagen, eines Teilbetriebs oder von Beteiligungen bei der Tochter-Gesellschaft unschädlich wäre[1447]). Bei Tochterpersonengesellschaften ist nicht auszuschließen, dass dortige Wirtschaftsgüter analog § 39 Abs. 2 Nr. 2 AO auch für Zwecke des § 13a Abs. 5 ErbStG der Muttergesellschaft zugerechnet und damit sogar u.U. wesentliche Betriebsgrundlage für Letztere sein können, so dass ggf. eine zeitnahe Reinvestition angezeigt ist.[1448]   5324

1436 BFH, 16.02.2011 – II R 60/09, notar 2011, 164 m. Anm. *Ihle*.
1437 Vgl. *Ihle*, notar 2011, 165; zu beachten ist jedoch die Entnahmebegrenzung des § 13a Abs. 5 Satz 1 Nr. 3 Satz 3 ErbStG von 150.000,00 € auf die fünf- bzw. 7-jährige Nachversteuerungsfrist.
1438 Anwendungserlass zum ErbStG v. 25.06.2009, BStBl. 2009 I, S. 713, 723 (Abschnitt 10 Abs. 2 Satz 1 Nr. 2 Satz 2); vgl. zum bisherigen Recht R 62 Abs. 2 Satz 1 Nr. 1 Satz 1 ErbStR für Schenkungen; ebenso *Schulze zur Wische*, UVR 2008, 79, 84.
1439 Vgl. *Fürwentsches/Schulz*, NWB 2010, 3563, 3574 f.
1440 BayLfSt, 01.06.2016 – S 3812a.1.1 – 19/4 St 34, ZEV 2016, 412, noch undifferenziert R E 13.a5 Abs. 2 Nr. 2 Satz 2 ErbStR »Schenkung unter Auflage«.
1441 So BFH, 02.03.2005 – II R 11/02, BStBl 2005 II 532 zum bisherigen Recht.
1442 Abschn. 16 Abs. 5 ErbSt-Erlass v. 25.06.2009, BStBl. 2009 I, S. 713.
1443 BFH, 26.02.2014 – II R 36/12, ErbStB 2014, 149; ebenso FG Hessen, 19.11.2013 – 1 K 3364/10, ZEV 2014, 566.
1444 R E 13a.5 Abs. 3 Nr. 1 ErbStR 2011; Abschnitt 9 Abs. 3 Satz 1 des Anwendungserlasses v. 25.06.2009, BStBl. 2009 I, S. 713, 722.
1445 *Wälzholz*, Intensivkurs Grundstücksrecht 2012 (DAI-Skript, Juli 2009), S. 135; *Meincke*, ErbStG, 13. Aufl., § 13a Rz. 7.
1446 FG Münster, 21.06.2012 – 3 K 2039/10 Erb, ErbStB 2012, 326; ebenso R 55 Abs. 4 Satz 4 ErbStR 2003; hierzu *Geck/Messner*, ZEV 2013, 76, 78.
1447 So *Dorn*, ZEV 2015, 690, 69; ebenso bereits *Rödder*, DStR 2008, 997, 1000.
1448 Vgl. hierzu im Einzelnen *Dorn*, ZEV 2015, 690, 692 ff.

bb) § 13a Abs. 6 Satz 1 Nr. 4 ErbStG (Kapitalgesellschaftsvorgänge)

5325 Bei der **Nachversteuerung des Erwerbs begünstigter Anteile an Kapitalgesellschaften** schadet v.a. die ganze oder teilweise Veräußerung der Anteile während der Behaltensfrist. Gleiches gilt jedoch bei einer verdeckten Einlage der Anteile, bei einer Auflösung der Gesellschaft, einer Kapitalherabsetzung und bei der Veräußerung wesentlicher Betriebsgrundlagen samt Verteilung des entsprechenden Vermögens an die Gesellschafter. Anders als bisher ist die Umwandlung der Kapitalgesellschaft nach §§ 3 bis 16 UmwStG nicht mehr schädlich, sondern erst dann (ähnlich der Regelung betreffend Personenunternehmen), wenn die im Weg der Umwandlung erworbenen Anteile nach der Behaltensfrist veräußert werden. Kein[1449] Verstoß gegen § 13a Abs. 6 Satz 1 Nr. 4 ErbStG liegt in der Einbringung von Anteilen an einer Kapitalgesellschaft oder eines Betriebs/Teilbetriebs in eine andere Kapitalgesellschaft gegen Gewährung von Gesellschaftsrechten (Anteilstausch), ebenso wenig in der Einbringung von Kapitalgesellschaftsanteilen in eine Personengesellschaft dergestalt, dass der Einbringende dadurch selbst Mitunternehmer wird, sofern jeweils die übernehmende Gesellschaft Sitz bzw. Geschäftsleitung im Inland oder EU-Ausland hat. Die nachfolgende Veräußerung der bei den vorgenannten Maßnahmen erworbenen Anteile innerhalb der Behaltensfrist ist jedoch schädlich.[1450]

5326 Schließlich kann ein Dritter durch eine Kapitalerhöhung mit ungenügendem Aufgeld aufgenommen werden: auch dies löst Schenkungsteuer aus, die jedoch der Erwerber zu tragen hat; in einer Kapitalerhöhung liegt keine begünstigungsschädliche Verfügung i.S.d. § 13a Abs. 6 Satz 1 Nr. 4 ErbStG n.F.,[1451] ebenso wenig in der Vornahme von Ausschüttungen aus dem steuerlichen Einlagekonto i.S.d. § 27 KStG.[1452]

cc) § 13a Abs. 6 Satz 1 Nr. 3 ErbStG (Überentnahmen)

5327 Ähnlich der bis Ende 2008 geltenden Regelung sind Überentnahmen – auch wenn sie nicht auf Missbrauchsabsicht beruhen,[1453] dass die Überentnahme getätigt wurde, um bspw. fällige Erbschaftsteuern zu tilgen, hindert den Verstoß also nicht[1454] – schädlich, sie führen zu einer Nachversteuerung des Überentnahmebetrags als solchem, d.h. in Höhe der über 150.000 € hinausgehenden Überentnahme entfällt die Betriebsvermögensvergünstigung, vgl. Abschnitt R E 13a.12 ErbStR 2011.[1455] Überentnahmen liegen vor, wenn der Erwerber bis zum Ende des letzten in die Behaltensfrist fallenden Wirtschaftsjahres (also nicht bis zum Ablauf von 5 bzw. 7 Jahren nach dem Steuerentstehungs-Stichtag!) Entnahmen tätigt, die die Summe seiner Einlagen und der ihm zuzurechnenden Gewinne (Gewinnanteile) um mehr als 150.000,00 € übersteigen (Verluste bleiben dabei unberücksichtigt). Es handelt sich um einen pauschalen Betrag, der unabhängig von der Größe des Unternehmens oder der Höhe der Beteiligungsquote gewährt wird, aber für jeden Erwerber und jede erworbene Wirtschaftseinheit selbständig zur Verfügung steht.[1456] Gem. § 13a Abs. 6 Satz 1 Nr. 3 Satz 3 ErbStG gilt die Regelung »sinngemäß« bei Ausschüttungen an Gesell-

---

1449 Es sei denn, der gemeine Wert der für die Einbringung erhaltenen Anteile wäre geringer als das Eingebrachte: anteilige schädliche Verfügung über das erworbene begünstigte Vermögen, vgl. den Erlass aus nachstehender Fn.
1450 FinMin NRW v. 20.11.2013 – S 3812a – 103 – V A 6, ZEV 2014, 56; vgl. *Görden*, GmbH-StB 2014, 47; kritisch zu den Lücken des Erlasses (»Betriebsvermögensbegünstigung als Umstrukturierungshindernis«) *Steger/Königer*, BB 2014, 2711 sowie *Weber/Schwind*, ZEV 2014, 408 ff., auch zur Frage, inwiefern Umstrukturierungen im Vorfeld einer Übertragung zu jungem Verwaltungsvermögen führen können.
1451 *Riedel*, ZErb 2009, 113, 119.
1452 *Söffing/Bron*, DStR 2016, 1913 ff.
1453 Krit. hierzu *Kleinmanns*, DStR 2009, 2359 ff.
1454 BFH, BStBl. 2010 II, 305.
1455 Offensichtlich wird dabei die Überentnahme allein dem begünstigten Vermögen i.S.d. § 13b Abs. 2 ErbStG zugeordnet, nicht anteilig auch dem nicht begünstigten Verwaltungsvermögen.
1456 Vgl. hierzu und zum Folgenden *Wälzholz*, ZEV 2017, 444 ff.

schafter einer Kapitalgesellschaft, etwa als Folge offener oder verdeckter Gewinnausschüttungen über die tatsächlich erzielten Gewinne und die offenen oder verdeckten Einlagen hinaus.[1457] (Bisher konnte eine Ausschüttung des Gewinnvortrags sowie von Kapital- und Gewinnrücklagen ohne Nachversteuerung gem. § 13a Abs. 5 ErbStG der bis Ende 2008 geltenden Fassung erfolgen.)

Nach dem Wortlaut wird nicht differenziert danach, ob die Überentnahme aus Erlösen stammt, die aus begünstigungsfähigem oder aus nicht begünstigungsfähigem Vermögen (z.B. jungem Verwaltungsvermögen, das veräußert wurde) herrühren.[1458] Da Verwaltungsvermögen erbschaftsteuerlich wohl niemals wesentliche Betriebsgrundlage des Betriebsvermögens i.S.d. § 13a Abs. 6 Nr. 1 Satz 2 ErbStG sein kann, dürfte der Entnahmetatbestand des § 13a Abs. 6 Nr. 3 ErbStG (Überentnahmen von mehr als 150.000 €) teleologisch **seit 01.07.2016** dahingehend zu reduzieren sein, dass es sich um begünstigtes Vermögen i.S.d. § 13b Abs. 2 ErbStG handeln muss.[1459] 5328

Die Entnahmebeschränkung wird nicht verletzt, soweit »Gewinne« entnommen werden. Dabei kann es sich nicht nur um tatsächlich unternehmerisch erwirtschaftete Gewinne handeln, sondern auch um Ausschüttungen z.B. vorhandener Gewinnrücklagen einer Tochter-Kapitalgesellschaft an eine Mutter(Kapital- oder Personen-)Gesellschaft, selbst dann, wenn die Mutter-Tochter-Verbindung erst zuvor geschaffen wurde,[1460] um ein solches sog. »Durchschütten von Gewinnen« zu ermöglichen. Der in Gestalt der Beteiligung an der neugeschaffenen Mutter-Gesellschaft Beschenkte kann demnach die bei dieser Mutter-Gesellschaft als Gewinne erfassten »Ausschüttungen« aus den Gewinnrücklagen der Tochtergesellschaft erbschaftsteuerunschädlich entnehmen.[1461] 5329

Ungeklärt ist noch,[1462] ob auch ertragsteuerlich zu Buchwerten mögliche Umstrukturierungen i.S.d. § 6 Abs. 5 Satz 3 EStG (Rdn. 6062 ff.) schädliche Überentnahmen i.S.d. § 13a Abs. 6 Satz 1 Nr. 3 ErbStG darstellen können, da es sich an sich um Entnahmen (bzw. Einlagen) im ertragsteuerlichen Sinn handelt, auch wenn sie durch die in § 6 Abs. 5 EStG angeordnete Buchwertfortführung zu keiner Einkommensteuerlast führen. Dieses steuerpolitisch nicht gewollte Ergebnis lässt sich vermeiden entweder durch teleologische Reduktion des § 13a Abs. 6 Satz 1 Nr. 3 ErbStG oder durch das Postulat eines Vorrangs des § 13a Abs. 6 Satz 1 Nr. 1 ErbStG (Veräußerung) mit der Annahme gleichzeitiger, steuervermeidender, Reinvestition gem. § 13a Abs. 6 Satz 3 u. 4 ErbStG in Gestalt der Gewährung von Gesellschaftsrechten für die Übertragung des Wirtschaftsguts. 5330

dd) § 13a Abs. 6 Satz 1 Nr. 5 ErbStG (Aufhebung einer Pool-Vereinbarung)

Waren Kapitalgesellschaftsanteile nur deshalb begünstigungsfähig, weil sie über die Schwelle von 25 % »gepoolt« wurden, führt eine »Aufhebung« der Verfügungsbeschränkung oder Stimmrechtsbindung binnen 5 Jahren (bei der »ambitionierten Variante« binnen 7 Jahren, § 13a Abs. 10 Satz 1 Nr. 6 i.V.m. Abs. 6 Satz 1 Nr. 5 ErbStG) zur Nachversteuerung. Unzweifelhaft davon erfasst ist also die rechtsgeschäftliche, einvernehmliche Beendigung des Pools insgesamt oder zu- 5331

1457 Abschnitt 12 Abs. 6 des Anwendungserlasses zum ErbStG v. 25.06.2009, BStBl. 2009 I, S. 713, 724.
1458 *Schulte/Kortezkij*, EStR 2009, 304, will insoweit nach Sinn und Zweck keine Berücksichtigung i.R.d. Entnahmebegrenzung.
1459 Vgl. *Wälzholz*, ZEV 2017, 135, 137 und *Wälzholz*, ZEV 2017, 444, 446.
1460 Etwa durch Einbringung der Beteiligung an der (Tochter-)Kapitalgesellschaft in eine Holding-GmbH nach § 20 UmwStG.
1461 Vgl. *Wälzholz*, ZEV 2017, 444, 445, der darauf hinweist, dass eine entsprechende Anregung des Bundesrats, solche Durchschüttungen als erbschaftsteuerschädlich zu erfassen, nicht aufgegriffen wurde.
1462 Vgl. *Wälzholz*, ZEV 2017, 444, 447, *Müller/Dorn*, DStR 2016, 1063 ff.; gegen die Erbschaftsteuerschädlichkeit solcher Vorgänge (etwa der Übertragung wesentlicher Betriebsgrundlagen aus einem Sonderbetriebsvermögen ... Übernahme von Verbindlichkeiten an eine personenidentische GmbH & Co. KG) spricht auch FG Baden-Württemberg, 17.01.2017 – 11 K 3975/13, EFG 2017, 682, wonach erforderlich sei, dass der Steuerpflichtige sich vom begünstigt erworbenen Vermögen »endgültig trenne«, vgl. *Geck/Messner*, ZEV 2017, 449, 452.

mindest die einvernehmliche Änderung der notwendigen einschränkenden Klauseln der Pool-Vereinbarung.

5332 Endet der Pool zwingend dadurch, dass sich alle Anteile in einer Hand vereinigen, dürfte dies – trotz des abweichenden Wortlauts des Gesetzesbegründung (»Wegfall«) – unproblematisch sein, da ein einheitlicher Anteil von über 25 % ohnehin »höherwertig ist« als mehrere durch Pool verbundene Minderheitsquoten.[1463] Auch eine Verpfändung eines pool-gebundenen Anteils dürfte keinen Verstoß darstellen, zumal auch ein unmittelbar zu mehr als 25 % beteiligter Gesellschafter durch die bloße Verpfändung (anders als durch eine Veräußerung) keine Nachversteuerung auslösen würde[1464] – lediglich die Verwertung des Pfandgutes durch den Gläubiger ist gem. § 13a Abs. 6 Satz 1 Nr. 4 ErbStG schädlich. Offen ist die Rechtslage bei Einräumung eines Nießbrauchs oder einer Unterbeteiligung;[1465] die Finanzverwaltung akzeptiert die Nießbrauchsbestellung als unproblematisch, solange das Stimmrecht beim Gesellschafter verbleibt. Der bloße (vereinzelte) Verstoß gegen die schuldrechtliche Poolabrede stellt ebenfalls keine die Nachversteuerung auslösende Aufhebung der Poolvereinbarung selbst dar.[1466]

5333 Kündigt ein bisher gebundener Gesellschafter seine Mitgliedschaft in der Vereinigung, dürfte dies bei **ihm selbst** zur Nachversteuerung führen, i.Ü. jedoch jedenfalls dann nicht, wenn die Quote der verbleibenden Anteile immer noch über 25 % beträgt. Bei einem Unterschreiten der 25 % Schwelle hinsichtlich der verbleibenden Poolmitglieder (gleichgültig aus welchem Grund, auch infolge der Nichtteilnahme an einer Kapitalerhöhung[1467]) geht die Finanzverwaltung jedoch (R E 13a.10 Abs. 2 Nr. 3 ErbStR 2011) von der allgemeinen Nachbesteuerung aus – die Literatur wendet ein, dies verstoße gegen die Gleichbehandlung mit dem nichtgepoolten unmittelbaren Anteilseigner, der während der Nachsteuerfrist nicht die bei der Stichtagsprüfung gewahrte 25 %-Quote halten müsste.[1468]

5334 Die gleiche Frage stellt sich, wenn zulässigerweise (also im Rahmen einer »einheitlichen Verfügung«) ein Anteil an einen Erwerber veräußert wird, der dem Pool jedoch nicht beitritt, so dass die Quote der pool-gebundenen Anteile nachträglich sinkt. Die Veräußerung selbst wird gem. § 13a Abs. 6 Satz 1 Nr. 4 ErbStG zur Nachversteuerung führen, aufgrund § 13a Abs. 6 Satz 1 Nr. 5 ErbStG werden wohl – so jedenfalls nach Ansicht der Finanzverwaltung, R E 13a.10 Abs. 2 Nr. 3 ErbStR 2011 – (s. vorstehende Rdn. 5333) die im Pool verbleibenden Anteile ebenfalls nachbesteuert, wenn deren Quote unter 25 % sinkt.[1469]

5335 Im Gesetz nicht geregelt war schließlich der Sachverhalt, dass eine Pool-Vereinbarung in Bezug auf eine Tochter-Gesellschaft aufgehoben wird, wenn allein aufgrund dieser Pool-Vereinbarung die 25 %-Grenze des für Übertragungsvorgänge bis zum 30.06.2016 maßgeblichen § 13b Abs. 2 Satz 2 Nr. 2 Satz 2 ErbStG a.F. überschritten wurde, derzufolge die Minderheitsbeteiligung nicht mehr als Verwaltungsvermögen zählt. Gegen eine analoge Anwendung des **Nachversteuerungstatbestands** in § 13a Abs. 6 (damals Abs. 5) Satz 1 Nr. 5 ErbStG sprach jedoch in diesem Fall, dass der Verwaltungsvermögenstest nur zum Besteuerungsstichtag durchgeführt wird, also spätere unmittelbare Umschichtungen zwischen dem Verwaltungsvermögen und dem sonstigen Vermögen keine Rolle mehr spielen, so dass dies erst recht für die mittelbare Verwaltungsvermögenseigen-

---

1463 Vgl. die Reihenfolge der in § 13b Abs. 1 Nr. 3 ErbStG genannten Tatbestände; ebenso *Scholten/Korezkij*, DStR 2009, 307.
1464 Vgl. *Schulz/Althoff/Markl*, BB 2008, 528, 534.
1465 *Felten*, ZEV 2010, 627, 628.
1466 *Hübner*, Erbschaftsteuerreform 2009, S. 424; *Wehage*, ErbStB 2009, 148, 153.
1467 Daher empfiehlt *Felten*, ZEV 2012, 84, 87, die Poolgesellschafter zu verpflichten, Rücklagen für Kapitalerhöhungen zu bilden.
1468 Vgl. hierzu *Hannes/Steger*, ErbStB 2009, 116; *Wälzholz*, MittBayNot 2013, 281, 288.
1469 Vgl. m.w.N. *Scholten/Korezkij*, DStR 2009, 308; *Hannes/Onderka/v. Oertzen*, ZEV 2010, 631; für eine Beschränkung auf den Ausscheidenden dagegen *Felten*, ZEV 2010, 627, 630.

c) Folge: Nachversteuerung

Bei der in § 13a Abs. 6 Satz 1 Nr. 1, 2, 4 und 5 ErbStG genannten Gruppe von Anforderungen (Ausschluss schädlicher Verwendungen) entfällt der Verschonungsabschlag zeitanteilig (mit der Folge einer Erweiterung auch der Testamentsvollstreckerhaftung, § 32 Abs. 1 Satz 2 ErbStG i.V.m. § 69 AO![1471]), je nachdem wie viele volle Jahre nach dem Übertragungszeitpunkt bereits beanstandungsfrei »durchgehalten« wurden und in der Relation des wertmäßigen Anteils der schädlichen Verwendung in Bezug auf das gesamte begünstigt erworbene Vermögen. Bzgl. der Überentnahmen (§ 13a Abs. 6 Satz 1 Nr. 3) erfolgt die Nachversteuerung in Bezug auf den Überentnahmebetrag, insoweit aber natürlich insgesamt.

5336

▶ **Beispiel:**

Wird die Hälfte des begünstigt erworbenen Vermögens im dritten Jahr während des 5-Jahres-Zeitraums veräußert, wird die Hälfte von 3/5, also 3/10, nachversteuert.

Ein **Verstoß gegen die Behaltensregelungen** führt nachträglich zu einer Reduzierung des begünstigten Vermögens und damit der Bemessungsgrundlage für den Verschonungsabschlag, aber auch den Entlastungsbetrag (Tarifbegrenzung gem. § 19a ErbStG). Entfällt also der Verschonungsabschlag vollständig, da gleich im ersten Jahr eine schädliche Verfügung stattfindet, gibt es auch keinen Entlastungsbetrag (Relation des verbleibenden begünstigten Vermögens, Null, zum Gesamterwerb ergibt Null). Beim ambitionierten Modell, bei dem die Bemessungsgrundlage des Entlastungsbetrags die verbleibenden »0 % des begünstigten Vermögens« sind, könnte es demnach ebenfalls keinen Entlastungsbetrag geben. Da jedoch § 19a Abs. 5 Satz 2 ErbStG für die Nachbesteuerung i.R.d. Alternativmodells eine Sonderregelung enthält (Behaltensfrist beträgt 7 Jahre statt 5 Jahre), ist wohl der Wille des Gesetzgebers zu vermuten, dass bei einem Verstoß gegen die Behaltensregelung doch ein Entlastungsbetrag gewährt werden soll (allerdings würde dieser wachsen, wenn der Verschonungsabschlag sich reduziert, was ein Widerspruch zur Situation beim Grundmodell ist).[1472]

5337

Unklar ist weiterhin, wie die Nachversteuerung bei einem später sich zusätzlich ergebenden Verstoß gegen die Lohnsummenklausel (vgl. insoweit § 13a Abs. 3 Satz 5 ErbStG 2016) durchgeführt wird.

5338

▶ **Beispiel:**[1473]

Der ursprüngliche Betrieb besteht aus zwei Teilbetrieben mit einem konstanten Wert von 6 bzw. 4 Mio. € und konstanten Lohnsummen von 600.000,00 bzw. 400.000,00 € jährlich. Der zweite Teilbetrieb (4 Mio. € Wert) wird nach Ablauf eines Jahres verkauft, so dass 4/5 in Bezug auf 40 %, also 32 % des Verschonungsabschlags nachträglich entfallen. Die kumulierte Lohnsumme erreicht – wegen des Verkaufs des Betriebs – über die gesamte 5 Jahre 600.000,00 × 5 plus 400.000,00 × 1 = 3.400.00 €, so dass die Mindestlohnsumme von 400 % (4.000.000,00 €) ebenfalls um 15 % unterschritten wird.

1470 Ebenso BayLfSt v. 10.01.2011, DStR 2011, 413, Tz. 2.
1471 *Blum/Schauer*, ZEV 2012, 92 ff.
1472 Ebenso *Scholten/Korezkij*, DStR 2009, 305.
1473 Nach *Scholten/Korezkij*, DStR 2009, 305, angepasst an die Verhältnis nach dem WachstumsbeschleunigungsG 2010.

5339 Denkbar sind verschiedene Lösungen:
a) Ist lediglich der höhere der beiden Verstöße (die an dasselbe auslösende Ereignis anknüpfen), d.h. 32 %, zugrunde zu legen? Hierfür spricht die Pragmatik, ebenso die derzeitige Auffassung der Finanzverwaltung.[1474]
b) Oder sind die 32 % deshalb maßgeblich, weil der Verstoß gegen die Behaltensregelung notwendigerweise vor der Lohnsummenprüfung feststeht?
c) Oder werden beide Nachversteuerungstatbestände kumuliert, so dass 47 % des Abschlags entfallen?
d) Oder wird der Lohnsummenverstoß (15 %) gekürzt um das Verhältnis, um das sich das begünstigte Vermögen wegen des vorzeitigen Verkaufs reduziert hat, so dass 15 % × (100 % − 32 %), also ca. 10 % zum Basisverstoß von 32 % zu addieren sind?[1475]
e) Oder wird allein der Behaltensregelverstoß sanktioniert[1476] (was wenig plausibel erscheint, da auf diese Weise bei einem sich abzeichnenden krassen Verstoß gegen die Lohnsummenklausel sich eine mutwillige Veräußerung im letzten Behaltensjahr empfiehlt, um die Nachbesteuerung auf ein Fünftel bzw. ein Siebtel zu begrenzen!).

5340 Ist ein Gesellschafter bereits vor einem späteren, nach § 13a Abs. 1 Satz 1 und Abs. 2 ErbStG begünstigten Erwerb an einer Gesellschaft beteiligt gewesen, ist in Bezug auf die Nachversteuerung bei einer späteren entgeltlichen Veräußerung eines Teils dieser Gesamtbeteiligung in Bezug auf § 13a Abs. 6 Satz 1 Nr. 1 ErbStG zugunsten des Steuerpflichtigen davon auszugehen, dass die Steuerbegünstigungen nur insoweit wegfallen können, als der Gesellschafter nach der Veräußerung nicht mehr über den begünstigt erworbenen Gesellschaftsanteil verfügt. Es wird also zu seinen Gunsten unterstellt, dass die Veräußerung zunächst den ihm bereits zuvor (ohne Steuervergünstigung) zustehenden Anteil erfasst hat und erst dann den unter Freistellung erworbenen.[1477] Dies gilt jedenfalls bei Personengesellschaftsanteilen, wo aufgrund der Einheitlichkeit der Beteiligung keine direkte Zuordnung des übertragenen Anteils auf den bereits vorab vorhandenen bzw. später erworbenen möglich ist.

d) Verfahrensrecht: Zuständigkeiten und Anzeigepflichten

5341 Das für die Bewertung des Betriebsvermögens zuständige Finanzamt (»Betriebsfinanzamt«) i.S.d. §§ 151 Abs. 1 Nr. 2 u. § 152 BewG hat die sog. **Feststellungskompetenz** für den Wert des Betriebsvermögens, die Beschäftigtenzahl, die maßgeblichen Lohnsummen, die Summen des Verwaltungsvermögens, des Finanzmittelvermögens, der Schulden und des jungen Verwaltungsvermögens, vgl. § 13a Abs. 4 und § 13b Abs. 10 ErbStG.

Das Erbschaftsteuerfinanzamt selbst hat dagegen die sog. **Festsetzungskompetenz** für die Ermittlung des begünstigten Vermögens i.S.d. § 13b Abs. 2 ErbStG sowie für die Verbundvermögensaufstellung gemäß § 13b Abs. 9 ErbStG.

5342 Gegenüber dem Erbschaftsteuerfinanzamt treffen den Steuerpflichtigen in Bezug auf den nachträglichen oder teilweisen Wegfall der Voraussetzungen für eine Steuervergünstigung (§ 153 Abs. 2 AO) **erweiterte Anzeigepflichten**:

(a) Gem. § 13a Abs. 7 Satz 1 ErbStG ist spätestens sechs Monate nach Ablauf der Lohnsummenfrist anzuzeigen, ob die Lohnsummengrenzen gem. § 13a Abs. 3 ErbStG bzw. (bei der Options-

---

1474 Abschnitt 16 Abs. 3 des Anwendungserlasses v. 25.06.2009, BStBl. 2009 I 713 ff.: Die entfallenden Verschonungsabschläge wegen der Verfügung über das begünstigte Vermögen (§ 13a Abs. 6 ErbStG) und wegen Unterschreitens der Mindestlohnsumme (§ 13a Abs. 3 Satz 5 ErbStG) sind gesondert zu berechnen; der höhere der sich hierbei ergebenden Beträge wird bei der Kürzung angesetzt. Vgl. hierzu (krit. zur Ermittlung der Nachsteuer bei Inanspruchnahme des Steuerklassenprivilegs nach § 19a ErbStG) *Siegmund/Zipfel*, BB 2010, 1695.
1475 So *Hannes/Onderka*, ZEV 2009, 10, 14.
1476 So *Klümpen-Neusel*, ErbBstG 2009, 54.
1477 BFH, 26.02.2014 – II R 36/12, ErbStB 2014, 149, Tz. 14 ff. mit Berechnungsbeispiel, ebenso R E 13a.6 Abs. 1 Satz 4 ErbStR 2011.

verschonung) gem. § 13a Abs. 10 ErbStG eingehalten wurden, so dass der bürokratische Aufwand für Unternehmer während des Nachverhaftungs- und Lohnsummenprüfungszeitraums deutlich erhöht wird.[1478]

(b) Gem. § 13a Abs. 7 Satz 2 ErbStG muss der Erwerber binnen eines Monats einen Verstoß in Gestalt einer schädlichen Veräußerung, Aufgabe oder Aufhebung einer Poolvereinbarung (also einen begünstigungsschädlichen Tatbestand nach § 13a Abs. 6 ErbStG) anzeigen.

(c) Beide vorgenannten Anzeigepflichten gelten auch bei Inspruchnahme des Erlasses aufgrund individueller Bedürfnisprüfung, § 28a Abs. 5 ErbStG.

5343

(d) Gem. § 28a Abs. 5 ErbStG muss ferner ein nachfolgender Erwerb durch Schenkung oder von Todes wegen angezeigt werden, wenn dieser bei einer durchgeführten individuellen Bedürfnisprüfung zu berücksichtigen wäre (es sich also um Privat- oder um Verwaltungsvermögen handelt). Die daneben gem. § 30 ErbStG erforderliche »normale« Anzeige des Erwerbs bleibt unberührt.

(e) Gem. § 13a Abs. 8 ErbStG muss der Erwerber, wenn zum begünstigten Vermögen Auslandsvermögen zählt, ferner nachweisen, dass die Lohnsummenkriterien des § 13a Abs. 3 ErbStG und die Veräußerungs- und Überentnahmeverbote des § 13a Abs. 6 ErbStG für den gesamten Zeitraum eingehalten wurden.

5344

(f) Bei Inspruchnahme des Familienunternehmensabschlags muss eine Änderung der maßgeblichen Verhältnisse, z.B. auch der satzungsmäßigen Bestimmungen, innerhalb eines Monats angezeigt werden, § 13a Abs. 9 Satz 6 Nr. 1 ErbStG.

(g) Für begünstigtes Auslandsvermögen ist die Mitwirkungs- und Nachweispflicht verschärft, § 13a Abs. 8 ErbStG.

Geleitet von der Befürchtung, dass die erforderlichen Anzeigen in der Praxis oft nicht erfolgen, wurden die **Festsetzungsverjährungsfristen** nach §§ 169 ff. AO seit 01.07.2016 dergestalt verlängert, dass sie nicht vor dem Ablauf des vierten Jahres enden, nachdem die Finanzbehörde Kenntnis von den zu einer Nachbelastung führenden Ereignissen erlangt hat (maßgeblich ist also die Kenntnis des letzten Erwerbs, der zu einer Überschreitung des Begünstigungshöchstbetrags von 26 Mio. Euro führte oder zu einer Verringerung des Verschonungsabschlags für Großvermögen durch nachfolgende Erwerbe gem. § 13c Abs. 2 Satz 4 ErbStG bzw. zu einer Änderung der gesellschaftsvertraglichen Bestimmungen bei Familienunternehmen, § 13a Abs. 9 Satz 6 Nr. 2 ErbStG).

5345

9. Gestaltungsmöglichkeiten bei Betriebsvermögen seit 2009

Eine ganze Reihe von Verfahren, deren sich die Praxis bis 31.12.2008 bediente, um die lebzeitige Vermögensnachfolge möglichst schenkungsgünstig zu gestalten, sind mit der Erbschaftsteuerreform 2009 weggefallen, bspw.:
(1) der Rechtsformwechsel von der Kapital- in die Personengesellschaft,
(2) die Umqualifizierung von Privatvermögen in steuerliches Betriebsvermögen mithilfe der GmbH & Co. KG, sofern es sich dort um »Verwaltungsvermögen« handelt! –
(3) die Übertragung werthaltiger Gegenstände zusammen mit Personengesellschaften, die durch Saldierung der Verbindlichkeiten einen negativen Steuerwert aufwiesen.

5346

An deren Stelle treten jedoch andere Gestaltungsmöglichkeiten:

a) Gestaltung i.R.d. Bewertung

Ein Teilanteil eines nach Ertragswertgesichtspunkten zu hoch bewerteten Unternehmens, kann innerhalb eines Jahres vor dem Stichtag an einen außenstehenden Dritten zu fremdüblichen Konditionen veräußert werden, so dass allenfalls durch die Finanzverwaltung ein angeblich höherer

5347

[1478] Hierzu *Mannek/Höne*, ZEV 2009, 329 (mit Muster S. 332).

Substanzwert als Mindestwert angeführt werden kann. In geeigneten Fällen ist eine Börsennotierung zu erwägen, um den Verkehrswert festzuhalten.

5348 Überhöhte Ertragswerte, die sich etwa bei Besitzgesellschaften im Rahmen von Betriebsaufspaltungen wegen der dort anzutreffenden hohen »Mieten« ergeben, sollten vermieden werden.

5349 Unterschreitet der Ertragswert des Gesamthandsvermögens den (als Mindestwert anzusetzenden) Substanzwert, erzielt jedoch das Sonderbetriebsvermögen (SBV) deutliche Erträge, ist daran zu denken, die Ertragssituation des Gesamthandsvermögens durch Reduzierung der Pacht zu erhöhen (allerdings nicht über den Substanzwert hinaus), und dadurch eine geringere Addition des Ertragswerts des SBVs zu erreichen.

5350 Durch die Wahl des Besteuerungszeitpunkts, beispielsweise auf das Ende einer Krisensituation, lässt sich durch die vergangenheitsorientierte Betrachtung des vereinfachten Ertragswertverfahrens ein niedrigerer Wert ansetzen als bei den zukunftsorientierten Individualbewertungen.

5351 Im Einzelfall kann es ratsam sein, einen höheren Brutto-Unternehmenswert zu berücksichtigen, weil dadurch der absolute Betrag der 10-Prozent-Grenze des unschädlichen Verwaltungsvermögens (»Kulanzpuffer« gem. § 13b Abs. 7 ErbStG, Rdn. 5174) steigt, für das ebenfalls dem Grunde nach die 85- bzw. 100 %-igen Verschonungsabschläge in Betracht kommen.

5352 Da der Substanzwert als Wertuntergrenze anzusetzen ist, muss bei substanzstarken (aber ertragsschwachen) Unternehmen stets eine Aufstellung aller dem Betriebsvermögen zuzurechnenden aktiven und passiven Wirtschaftsgüter mit ihrem (gegebenenfalls näherungsweise zu bestimmenden) gemeinen Wert vorgehalten werden.

5353 Zur Verringerung des unentgeltlichen Anteils der Vermögensübertragung kann auch eine Vermögensübergabe von Betriebsvermögen gegen Versorgungsleistungen (die zudem ertragsteuerlich den Vorteil hat, dass sie nicht zur Auflösung stiller Reserven führt, da kein Veräußerungsgewinn, sondern sonstige Bezüge i.S.d. § 22 EStG vorliegen), vgl. Rdn. 6317 ff.

5354 In bestimmten Konstellationen (vgl. im Einzelnen z.B. Rdn. 4799, sog. »Schuldenfalle«) führt die Abzugsbeschränkung für Schulden gem. § 10 Abs. 6 Satz 4 ErbStG dazu, dass auf einen Erwerb von »netto« null Euro oder gar einen Erwerb mit negativem Nettowert – der also keine tatsächliche Leistungsfähigkeit vermittelt – erhebliche Erbschaftsteuer fällig wird. Da es seit 2009 (anders als in § 13a Abs. 6 ErbStG der zuvor geltenden Fassung) keine Möglichkeit mehr des »Verzichtes auf §§ 13a, 13b ErbStG« mehr gibt, hilft in diesen Fällen allein das bewusste Auslösen von Nachversteuerungstatbeständen, vgl. Rdn. 4800.

b) Gestaltung zur Sicherung der Verschonung

5355 Im Vordergrund steht (nach der für Schenkungsvorgänge bis 30.06.2016 geltenden Rechtslage wie auch für die Zeit ab 01.07.2016) das Bestreben, die Voraussetzungen für die Inanspruchnahme der 85 %igen oder gar 100 %igen Vergünstigung nach § 13a ErbStG herbeizuführen (nach der bis 30.06.2016 geltenden Rechtslage waren dafür das Unterschreiten der 10 % bzw. 50 %igen Verwaltungsvermögensquote maßgeblich, seit 01.07.2016 ist stets die genaue Verwaltungsvermögensquote durchzuermitteln, die ambitionierte Variante der Optionsverschonung steht jedoch nur bei weniger als 20 % Verwaltungsvermögensquote zur Verfügung, § 13a Abs. 10 Satz 2 ErbStG 2016, Rdn. 5250. Bei einer Mehrheit von zu übertragenden Betrieben empfiehlt sich u.U. eine zeitliche »Entzerrung«,[1479] um für jede Einheit eine eigene Optionswahl treffen zu können.

Zur Vorbereitung auf den »Verwaltungsvermögenstest« können dienen:

1479 *Ihle*, notar 2010, 62, empfiehlt einen Zeitraum von 6 Monaten.

A. Schenkungsteuerrecht

aa) Schaffung begünstigten Vermögens

Zu nennen ist bspw.[1480] der rechtzeitige Abschluss von Poolverträgen, vgl. Rdn. 5018. **Auslandsvermögen** kann dadurch zu begünstigtem Unternehmensvermögen werden, dass es in Strukturen eingebracht wird, die ihrerseits die Voraussetzungen erfüllen (bei Kapitalgesellschaften muss also Sitz oder Geschäftsleitung im Inland oder in einem Mitgliedsstaat der EU/des EWR sein, bei Einzelunternehmen oder Personengesellschaften muss das Vermögen einer Betriebsstätte im Inland oder einem Mitgliedsstaat der EU/des EWR zuzurechnen sein bzw. dienen). Dies bedeutet z.B. 5356

(1) Kapitalgesellschaften in Drittländern sollten in Holding-Strukturen eingegliedert werden, so dass die Drittlands-Kapitalgesellschaft, mittelbar gehalten, nicht mehr zum schädlichen Verwaltungsvermögen zählt 5357

(2) sonstige Vermögensgegenstände außerhalb der EU oder des EWR sind entweder in eine Kapitalgesellschaft mit Sitz oder Geschäftsleitung im Inland/der EU/der EWR einzubringen oder einer Betriebsstätte eines Einzelunternehmens/Personengesellschaftsbetriebsvermögens im Inland/der EU/dem EWR zuzuordnen (vgl. R E 13b.5 Abs. 4 S. 2 ErbStR 2011: entscheidend ist nicht die steuerliche, sondern die eigentumsmäßige Zuordnung).

Zu beachten sind allerdings ertragsteuerliche Schwierigkeiten, auch im jeweiligen Drittstaat.

bb) Reduzierung des Verwaltungsvermögens

Ziel ist die Reduzierung schädlichen Verwaltungsvermögens (vgl. auch Rdn. 5375), entweder durch Entfernung schädlichen Verwaltungsvermögens oder durch Beimischung eines ausreichenden Quantums aktiven Betriebsvermögens oder schließlich durch die »Umwandlung« von Verwaltungsvermögen in unschädliches Betriebsvermögen. Nach dem bis zum 30.06.2016 geltenden Recht war dabei nur das Unterschreiten der 10 %- bzw. 50 %igen Quoten von Bedeutung, nach dem seit 01.07.2016 geltenden Recht führt jede Reduzierung des Verwaltungsvermögensanteils zu einer Reduzierung; nur für die Wahl der »Vollverschonungsoption« ist gem. § 13a Abs. 10 Satz 2 ErbStG noch das Unterschreiten eines Schwellenwerts (von 20 %) von eigenständiger Bedeutung. 5358

Die **Entfernung schädlichen Vermögens** kann geschehen durch schlichte Entnahme, v.a. von Verwaltungsvermögen mit geringen stillen Reserven, die Veräußerung (möglichst mit Wiederanlagemöglichkeit gem. § 6b EStG), die Übertragung in ein anderes Betriebsvermögen oder in das SBV einer anderen Mitunternehmerschaft (§ 6 Abs. 5 EStG) oder die Realteilung von Personengesellschaften bzw. Spaltung von Kapitalgesellschaften zur Schaffung neuer, günstigerer Mischverhältnisse. Für die Entfernung (anders als für die Einbringung) schädlichen Verwaltungsvermögens gilt die Zwei-Jahres-Frist des § 13b Abs. 7 Satz 2 ErbStG 2016 (= § 13b Abs. 2 Satz 3 ErbStG 2009) nicht, so dass diese Maßnahmen auch kurz vor dem Stichtag erfolgen können. 5359

Schädliches Verwaltungsvermögen, z.B. Wertpapiervermögen, konnte bis zum In-Kraft-Treten des § 13b Abs. 2 Satz 2 Nr. 4a ErbStG am 06.06.2013 (Rdn. 5121 ff.) ferner unter Einsatz einer neu gegründeten Schwestergesellschaft in eine unschädliche, gestundete Kaufpreisforderung »umgewandelt« werden: der Gesellschafter verkaufte das »schädliche« Vermögen der GmbH 1 an die neu gegründete Schwestergesellschaft GmbH 2 und stundete die Kaufpreisforderung. Diese bildete alleiniges Vermögen der GmbH 1 (unschädliche Forderung an verbundenes Unternehmen); bei der GmbH 2 saldierten sich die erworbenen Vermögenswerte und die noch offene Kaufpreisschuld, so dass deren Wert Null betrug.[1481] 5360

Die **»Beimischung« von aktivem Betriebsvermögen** kann durch deren Einlage als Einzelgegenstand oder durch die Einbringung von Mitunternehmeranteilen, Betrieben oder Teilbetrieben 5361

1480 Zur »Umwandlung« von nicht begünstigtem Betriebsvermögen in begünstigtes vgl. ferner *Maithert*, DB 2017, 1037 ff.
1481 Vgl. *Piltz*, DStR 2010, 1913, 1916.

bzw. die Hineinverschmelzung erfolgen, sofern die eingebrachten betrieblichen Einheiten eine günstigere (geringere) Verwaltungsvermögensquote als die Zielgesellschaft aufweisen und dadurch insgesamt das ausreichende Mischverhältnis hergestellt war, soweit es (wie insbes. nach der bis 30.06.2016 geltenden Rechtslage. Die Übertragung betrieblicher Wirtschaftsgüter (z.B. gem. § 6 Abs. 5 EStG, Rdn. 2594) kann dabei sogar kurz vor dem Stichtag erfolgen, da die Zweijahresfrist des § 13b Abs. 7 Satz 2 ErbStG 2016 = § 13b Abs. 2 Satz 3 ErbStG 2009 nur für junges Verwaltungsvermögen, nicht für junges Betriebsvermögen, gilt.

5362 Die »**Umwandlung**« schädlichen Verwaltungsvermögens in verschonungsfähiges Betriebsvermögen kann schließlich erfolgen zum einen durch den Abschluss von Pool-Verträgen (s.o. Rdn. 5005 ff.) bzw. durch den Formwechsel von der Kapital- in die Personengesellschaft,[1482] aber auch durch Herstellung der Voraussetzungen der Privilegierung für Wohnungsunternehmen bei fremdvermieteten Wohnimmobilien, § 13b Abs. 4 Nr. 1 Buchst. d) ErbStG (s. Rdn. 5100), sowie durch die Umschichtung von Verwaltungsvermögen aus dem Gesamthandsvermögen der Personengesellschaft in SBV, wo es schenkungsteuerlich nicht mehr zum schädlichen Verwaltungsvermögen zählte (Rdn. 5092). Geeignet war nach der bis zum 30.06.2016 geltenden Rechtslage auch die Aufstockung von Kapitalgesellschaftsbeteiligungen von derzeit unter 25 % auf mehr als 25 %, selbst kurz vor dem Stichtag (es handelte sich dann zwar um »junges Vermögen«, nicht aber um »junges Verwaltungsvermögen« i.S.d. § 13b Abs. 2 Satz 3 ErbStG a.F.).[1483] Gleiches gilt für die Umschichtung von Anleihen oder anderen Wertpapieren vor dem Stichtag in taugliches Betriebsvermögen (nach dem 06.06.2013 wegen § 13b Abs. 2 Satz 2 Nr. 4a ErbStG a.F. aber nicht mehr in schlichte Kontobestände, Rdn. 5121 ff.).

5363 Hilfreich waren nach der **bis 30.06.2016 geltenden Rechtslage** ferner **Holdingstrukturen**: Durch geschickte Verteilung von operativen Einheiten und Verwaltungsvermögen auf Tochter- und Enkelgesellschaften (»Verlängerung der Beteiligungsstruktur«) ließ sich ein erheblicher »**positiver Kaskadeneffekt**« erzielen, der sich zunutze macht, dass
(a) Verwaltungsvermögen auf nachgeordneter Ebene unter 50 % unschädlich war, d.h. die gesamte Beteiligung auf der Ebene der übergeordneten Einheit zum »unschädlichen« Vermögen zählte,
(b) selbst dann, wenn auf oberster Ebene der 10 %ige Verwaltungsvermögenstest angestrebt wurde, auf unteren Ebenen die 50 %-Schwelle galt.[1484]

5364 Durch diesen Kaskadeneffekt ließen sich (allerdings um den Preis hoher einmaliger Transaktions- und laufender Verwaltungskosten) hohe Vermögensverwaltungsquoten steuerfrei übertragen, noch über das bis Ende 2008 praktizierte Modell der gewerblich geprägten Personengesellschaft, die der Sache nach Privatvermögen hält, hinaus. Verfassungsrechtlich war dieser »Begünstigungsüberhang« natürlich fragwürdig.[1485]

▶ **Beispiel für eine günstigere Verteilung überwiegenden Verwaltungsvermögens nach dem bis 30.06.2016 geltenden Recht:**[1486]

5365 Eine GmbH (Gesamtwert 20 Mio. €) hatte Verwaltungsvermögen von 12 Mio. € und zwei Teilbetriebe zu je 4 Mio. € gemeinen Werts. Die GmbH wäre in dieser Struktur insgesamt nicht begünstigungsfähig gewesen. Gliederte sie nun die Teilbetriebe in selbstständige Tochter-

---

1482 Vgl. *Felten*, DStR 2010, 1261, 1266; damit wird auch die Möglichkeit der Übertragung gegen Versorgungsleistungen gem. § 10 Abs. 1a Satz 1 Nr. 2 Buchst. c) EStG erleichtert, da nicht 50 % der Anteile übergehen müssen.
1483 *Scharfenberg/Müller*, DB 2009, 2681; a.A. *Rödl/Preißer*, ErbStG, § 13b Rn. 4.2.7.1.
1484 Vgl. *Hannes/Onderka*, ZEV 2009, 10, 12 f.
1485 Der BFH hatte in seinem Vorlagebeschl. v. 22.05.2002, BStBl. 2002 II, S. 598, 611 den Begünstigungsübergang aufgrund des mit Fiktionen arbeitenden ertragsteuerrechtlichen Betriebsvermögensbegriffs ausdrücklich gerügt.
1486 Nach *Hannes/Steger*, ErbStB 2009, 119.

GmbHs aus (aufgrund der Teilbetriebseigenschaft ertragsteuerneutral zu Buchwerten möglich) und übertrug sie jeweils 3 Mio. € Verwaltungsvermögen auf die Tochtergesellschaft, bestand jede der beiden Tochtergesellschaft den Verwaltungsvermögenstest (da das aktive Vermögen von 4 Mio. € jeweils überwog). Auf der Ebene der Muttergesellschaft zählten demnach die beiden Beteiligungen von gesamt je 7 Mio. € als unschädliches Vermögen, so dass das bei der Mutter verbleibende Verwaltungsvermögen von 6 Mio. € ebenfalls unschädlich war, da insgesamt der 50 %-Test auf der Ebene der Holding-GmbH bestanden wurde.

Zu knappe Quoten konnten allerdings nach der bis 30.06.2016 geltenden Rechtslage den gesamten Erfolg gefährden, da bei Überschreiten der 50 %-Grenze auch nur um einen Zehntel-Prozentpunkt die gesamte Vermögensmasse zu einem schädlichen Verwaltungsvermögen mutierte. 5366

Ist das Verwaltungsvermögen hoch belastet, empfiehlt sich gar darüber hinaus, dieses mitsamt der darauf lastenden Verbindlichkeiten möglichst vollständig auszugliedern: die »Verwaltungsvermögensgesellschaft« ist dann zwar nicht privilegiert, wird aber aufgrund der hohen Verbindlichkeiten nur mit geringen Ertrags-, mindestens aber Substanzwerten, veranschlagt. 5367

cc) Aufstockung des Verwaltungsvermögens (bis 30.06.2016)

Da das gesamte Vermögen, einschließlich der an sich schädlichen Bestandteile, nach dem bis zum 30.06.2016 geltenden Recht verschonungsfähig war, konnte erwogen werden, den Verwaltungsvermögensanteil bis zur unschädlichen Grenze »aufzustocken«, um möglichst viele Vermögenswerte steuergünstig (Regelverschonung) oder gar ganz steuerfrei (Optionsverschonung) zu übertragen. Die vorstehend bb) genannten Ansätze galten also in »umgekehrter« Richtung. Zu beachten waren jedoch folgende Besonderheiten: 5368

(a) »**Junges Verwaltungsvermögen**« nahm an der Vergünstigung nicht teil, gefährdete jedoch, sofern der Gesamttest bestanden wurde, nicht die Verschonung des übrigen Vermögens. Bei der Einbringung von Einzelgegenständen des Verwaltungsvermögens bedurfte es also optimaler Weise einer 2-jährigen Vorlaufzeit. Umstrukturierungen im Konzern (z.B. zwischen Tochter- und Enkelgesellschaft oder zwischen Mutter- und Tochtergesellschaft) dürften allerdings nicht unter diesen Missbrauchstatbestand des § 13b Abs. 2 Satz 3 ErbStG a.F. fallen, da mit »dem Betrieb« i.S.d. Norm die Gesamteinheit gemeint war. (Die Aussonderung »jungen Verwaltungsvermögens« fand gesetzessystematisch erst statt, nachdem die betriebliche Gesamteinheit den »Verwaltungsvermögenstest« bestanden hatte, also feststand, dass »Satz 1 nicht zur Anwendung kommt«.) Ein dieser Auslegung widersprechender Änderungswunsch des Bundesrats wurde nicht in das Gesetz übernommen.[1487] 5369

(b) Hinzuweisen ist schließlich darauf, dass der Verwaltungsvermögenstest stets nur zu einem bestimmten **Stichtag** erfüllt werden musste. Spätere Veränderungen der Verwaltungsvermögensquote, auch ein Überschreiten der maßgeblichen Schwelle, lösten also keine Nachsteuer aus. Umgekehrt konnten Vermögensübertragungen während eines Jahres für den Fall, dass es zu Beginn und zu Ende erneut zu einem Test kam (etwa da wiederum Anteile an der Gesellschaft übertragen wurden), das Ergebnis unterschiedlich beeinflussen. Es dürfte jedoch zu weit gehen, im Gesellschaftsvertrag Beschränkungen dergestalt vorzusehen, dass Schenkungen von Anteilen bspw. stets nur zum Jahresende oder zur Jahresmitte zulässig seien.[1488] 5370

(c) Auch führte die Stichtagsbezogenheit des Verwaltungsvermögenstests dazu, dass sowohl aktive Werte, wie etwa Aktien, sich kurz vor dem Stichtag ungünstig (nach oben) entwickeln können, so dass rechtzeitige Reaktion not tat. 5371

1487 BR-Drucks. 4/1/08 v. 04.02.2008, S. 20 f.
1488 So die Anregung von *Hannes/Steger*, ErbStB 2009, 117.

dd) Maßnahmen in Bezug auf das Verwaltungsvermögen seit 01.07.2016

5372 Auch Vermögen, das dem Grunde nach »Verwaltungsvermögenscharakter« hat, kann gem. § 13b Abs. 3 Satz 2 ErbStG steuerbefreit übertragen werden, wenn es ausschließlich der Erfüllung bestehender Altersvorsorgeverpflichtungen dient, auch im Rahmen einer Ausgliederung auf eine **CTA-Konstruktion**.[1489] Diese Vorkehrung kann (wie jeder Weg zur Schaffung von begünstigtem Vermögen) auch kurz vor dem Stichtag erfolgen, da die Zwei-Jahres-Sperrfrist nur für »junges Verwaltungsvermögen«, nicht für »junges Betriebsvermögen« gilt.

5373 Mit Blick auf § 13b Abs. 5 ErbStG sollten zur Erlangung des weiteren Investitionsabzugs bei Erwerben von Todes wegen detaillierte **Investitionsplanungen**[1490] erstellt und dokumentiert (und nach dem Tod auch binnen zwei Jahren durchgeführt) werden. Die vorsorgliche Vorhaltung eines »Lohnrücklagenkontos« in Saisonbetrieben mit stark schwankenden Lohnsummen ermöglicht in Erbfällen den Abzug nach § 13b Abs. 5 Satz 3 u. 4 ErbStG binnen zwei Jahren.

5374 Die Hereinnahme von Verwaltungsvermögen ist nur zu einem Zeitpunkt **länger als zwei Jahre** vor dem Stichtag der Steuerentstehung ratsam, andernfalls nur soweit dadurch das Volumen des »unschädlichen« Verwaltungsvermögens gem. § 13b Abs. 7 Satz 2 ErbStG nicht überschritten wird. Es wird allerdings, selbst falls erbschaftsteuerlich als unschädlich begünstigt, zur Hälfte in eine etwaige Verschonungsbedarfsprüfung für Großerwerbe gemäß § 28a ErbStG einbezogen. Bei der Prüfung schädlicher Überentnahmen i.S.d. § 13a Abs. 6 Satz 1 Nr. 3 ErbStG wird das Verwaltungsvermögen ebenfalls berücksichtigt, so dass sich möglicherweise ein ungewollter »Lock-in-Effekt« ergibt.

5375 Das »junge« und das »übrige«, also insgesamt: das schädliche Verwaltungsvermögen, kann vor der Übertragung beispielsweise **minimiert** werden (vgl. auch Rdn. 5358 ff.)
 – durch Verkauf schädlichen Verwaltungsvermögens (etwa einer fremdvermieteten Immobilie) an eine Schwestergesellschaft, die zunächst nicht in die Unternehmensnachfolge eingebunden wird (zur Vermeidung ertragsteuerlicher Belastungen durch Aufdeckung stiller Reserven ist an eine Rücklage nach § 6b EStG zu denken)
 – Durch Realteilung oder Spaltung kann im übertragenden Rechtsträger die Verwaltungsvermögensquote gesenkt werden, und zwar ohne dass ertragsteuerschädlich stille Reserven aufgedeckt würden.
 – Da als Folge der konsolidierten Betrachtung die Kaskadeneffekte des früheren Rechts nicht mehr genutzt werden können (also eine geschickte Verteilung des Verwaltungsvermögens, insbesondere von Finanzmitteln, auf den verschiedenen Stufen der Beteiligung zu keinem abweichenden Ergebnis führt), müssen die Freibeträge für die Finanzmittel von 15 % des Unternehmenswerts und 10 % für das übrige Verwaltungsvermögen (»Kulanzpuffer«) besonders streng überwacht werden.

5376 Junges Verwaltungsvermögen sollte vor der Übertragung möglichst **in begünstigtes Vermögen umgewandelt** werden, etwa ein vorhandener Wertpapierbestand in unschädliches Bankguthaben (sofern der Freibetrag für Finanzmittel dadurch nicht überschritten wird). Auch Maßnahmen zur Reduzierung (Veräußerung) des Verwaltungsvermögens (etwa vermieteten Immobilien) können zu weiterem jungen Verwaltungsvermögen (bzw. Finanzmitteln) führen.

1489 Contractual Trust Arrangement (CTA) (auch als Pensions-Treuhand-Modell bezeichnet) ist ein Modell im Rahmen der betrieblichen Altersvorsorge, um bei Wahl des Durchführungsweges »Direktzusage« Pensionsverpflichtungen aus der Bilanz auszugliedern. Eine getrennte (unternehmenseigene = Einzel-CTA oder überbetriebliche = Gruppen-CTA, dann mit Freistellung der BaFin nach § 2 KWG) Treuhandgesellschaft übernimmt und verwaltet die Pensionsverpflichtungen und hat ihr Vermögen ausschließlich zum Zweck der Erfüllung der Pensionsverpflichtungen zu verwenden.

1490 Es ist zu erwarten, dass die Finanzverwaltung in der Überarbeitung der Erbschaftsteuerrichtlinien hierzu nähere Anforderungen formulieren wird.

A. Schenkungsteuerrecht Kapitel 12

Werden Anteile an Kapitalgesellschaften, die weder ihren Sitz noch ihre Geschäftsleitung im In- 5377
land oder einem EU-/EWR-Staat haben, in Privatvermögen gehalten, handelt es sich um nichtbegünstigtes Vermögen. Werden sie dagegen in einem inländischen oder EU-/EWR-Betriebsvermögen gehalten, sind sie begünstigungsfähig. Sofern die ertragsteuerlichen und außensteuerlichen Konsequenzen erträglich sind, sollten daher solche Beteiligungen in inländisches oder EU-/EWR-Betriebsvermögen überführt werden.

Einlagen von Finanzmitteln oder Verwaltungsvermögen in das Betriebsvermögen vor dem Be- 5378
steuerungsstichtag haben aufgrund des Wegfalls der 10- oder 50-Prozent-Schwellenbetrachtung bereits per se deutlich an Attraktivität verloren. (Nach früherer Rechtslage war es sinnvoll, bei einer beispielsweise bestehenden Verwaltungsvermögensquote von 30 % jeweils mehr als zwei Jahre vor dem Besteuerungszeitraum weitere 19 % Verwaltungsvermögens zuzuführen, so dass insgesamt dadurch die 50-Prozent-Schwelle nicht überschritten wurde und damit auch dieses zusätzliche Verwaltungsvermögen bei Einhaltung der sonstigen fünfjährigen Folgepflichten zu 85 % steuerfrei übertragen werden konnte.)

Nach **neuem Recht** sind solche zusätzlichen Einlagen von Verwaltungsvermögen nur mehr sinn- 5379
voll, wenn sie die Grenze des unschädlichen Verwaltungsvermögens von 10 % i. S d. § 13b Abs. 7 Satz 1 ErbStG nicht überschreiten oder wenn sie der Ausschöpfung des zulässigen Finanzmittelvermögens von 15 % i.S.d. § 13b Abs. 4 Nr. 5 ErbStG dienen oder sofern sie zu einer anteilig höheren Schuldenberücksichtigung i.S.d. § 13b Abs. 6 ErbStG führen. Dem gegenüber zu stellen ist die erhebliche Bindung, die solchem (jungen) Verwaltungsvermögen anhaftet, insbesondere in Gestalt der fünf- oder siebenjährigen Entnahmebeschränkung nach § 13a Abs. 6 Nr. 3 ErbStG.

ee) Maßnahmen in Bezug auf den Familienunternehmensabschlag

Im Hinblick auf die Erlangung des Familienunternehmensabschlags nach § 13a Abs. 9 ErbStG 5380
(Rdn. 5203 ff.) sind bestehende Gesellschaftsverträge bzw. Satzungen anzupassen, womöglich auch unter ausdrücklicher Bezugnahme auf die Gesetzesnorm des § 13a Abs. 9 ErbStG um spätere unbeabsichtigte Aufhebungen der relevanten Normen während des 20-jährigen Beobachtungszeitraums zu vermeiden. Etwaige bisher außerhalb des Gesellschaftsvertrags/der Satzung, beispielsweise in Gesellschaftervereinbarungen enthaltene (schuldrechtliche) Beschränkungen der Verfügung über Gesellschaftsanteile sind in die Satzung/den Gesellschaftsvertrag aufzunehmen.

Zu § 13a Abs. 9 ErbStG steht allerdings noch eine gesetzliche Regelung aus, wonach bei Holding- 5381
Strukturen für die Entnahme- bzw. Ausschüttungsbeschränkungen auf ein konsolidiertes Ergebnis abzustellen ist; die Anpassung des Gesellschaftsvertrags sollte daher in Konzernstrukturen bis zu deren Ergehen zurückgestellt werden (im Hinblick auf die Notwendigkeit, dass die Bestimmungen im Vertrag bereits zwei Jahre vor dem Übertragungsstichtag gelten, andererseits nicht auf die lange Bank geschoben werden).

Sofern Tätigkeits- oder sonstige (z.B. Kapitalüberlassungs-)Vergütungen für mitarbeitende Gesell- 5382
schafter bisher noch nicht in angemessener Höhe vereinbart waren, sollten sie auf dieses Niveau angehoben werden, da sie zum einen den Unternehmensertrag (und damit den Wert des Betriebsvermögens) mindern, zum anderen ihre Auszahlung keine der Höhe nach gedeckelte Entnahme i.S.d. § 13a Abs. 9 ErbStG darstellt.

Zur Sicherung des Fortbestands der Regelungen in der zwanzigjährigen Nachsorgephase ist der 5383
ausgeschiedene Gesellschafter auf Sekundäransprüche angewiesen (Freistellung von Steuerschäden, die aus einer für ihn nachteiligen späteren Änderung des Gesellschaftsvertrags resultieren). Es ist jedoch rechtlich nicht geklärt, ob solche schuldrechtlichen Vereinbarungen mittelbar als Verstoß gegen § 723 Abs. 3 BGB überhaupt wirksam begründet werden können. Um in zeitlicher Hinsicht nicht an gefährliche Grenzen zu stoßen, ist es ratsam, Kündigungsbeschränkungen regelmäßig zu erneuern, so dass die von § 723 Abs. 3 BGB noch erlaubte (gleichwohl durch die Rechtsprechung bisher nicht genau bezifferte) Frist stets neu zu laufen beginnt.

5384 Um Minderheitsgesellschafter vor einer drohenden Nachversteuerung zu schützen, sollten diejenigen Regelungen des Gesellschaftsvertrags, die für die Erfüllung der Anforderungen des § 13a Abs. 9 ErbStG von Bedeutung sind, nur einstimmig bzw. zumindest nicht gegen den Willen des zu schützenden Gesellschafters geändert werden können, solange der (20 Jahre währende!) Nachbeobachtungszeitraum noch läuft. Scheidet der zu schützende Gesellschafter, der den Verschonungsabschlag für Familienunternehmen in Anspruch genommen hat, bereits nach Ablauf der fünf- bzw. siebenjährigen Behaltensfrist des § 13a Abs. 6 i.V.m. Abs. 10 ErbStG aus, hilft nur eine schuldrechtliche Verpflichtung des Anteilserwerbers mit Weitergabepflicht an dessen Rechtsnachfolger,[1491] die durch entsprechende Schadensersatzfolgen sanktioniert ist.

Eine Sperrklausel im Gesellschaftsvertrag[1492] – die durch eine Bindung des Abstimmungsverhaltens des Erwerbers bei der (erlaubten) Veräußerung eines Gesellschaftsanteils im Abtretungsvertrag selbst zu ergänzen ist – könnte etwa wie folgt lauten:

▶ Formulierungsvorschlag: Abwehrklausel gegen Gesellschaftsvertragsänderungen zur Erhaltung des Familienunternehmens-Wertabschlags gem. § 13a Abs. 9 ErbStG

5385 Jedem Gesellschafter ist das Sonderrecht eingeräumt, dass die gesellschaftsvertraglichen Bestimmungen zur Entnahmebeschränkung, zur Verfügungsbeschränkung und zur herabgesetzten Abfindung (§§ ..., ... und ... dieses Gesellschaftsvertrags) nur mit seiner Zustimmung geändert werden können. Alle Gesellschafter sind verpflichtet, ihr tatsächliches Abstimmungsverhalten so zu gestalten, dass die Voraussetzungen des § 13a Abs. 9 Satz 1 ErbStG gewahrt bleiben, solange ein Fristlauf gem. § 13a Abs. 9 Satz 3 ErbStG nicht abgeschlossen ist. Sollten einer oder mehrere Gesellschafter einen Verstoß verursachen, der zu einer Nachversteuerung (Verlust des Wertabschlags) führt, haben die verstoßenden Gesellschafter dem geschädigten Gesellschafter den daraus resultierenden Steuerschaden gegen Nachweis zu erstatten. Solange bei Beschlussfassung über eine Satzungsänderung keine nachträgliche Haltefrist i.S.d. § 13a Abs. 9 Satz 3 ErbStG am Laufen ist, gelten die allgemeinen Regelungen zu Gesellschaftsvertragsänderungen, d. h. die Abstimmung bedarf (z.B.) eines mit Dreiviertel-Mehrheit gefassten Beschlusses, wobei auch insoweit jedem Gesellschafter das Sonderrecht zusteht, dass ein solcher abändernder Beschluss auf Verlangen nicht ohne seine Zustimmung erfolgen kann, wenn er ankündigt, während der folgenden zwei Jahre eine lebzeitige Übertragung seines Anteils vorzunehmen, und daher auf die Aufrechterhaltung der Bestimmungen während des Fristvorlaufs angewiesen zu sein.

Sofern ein Gesellschafter durch zulässige Verfügung aus der Gesellschaft ausscheidet, kann er vom Erwerber verlangen, dass dieser sein Stimmverhalten wie vorstehend geschuldet bis zum Ablauf seiner 20-jährigen Nachverfolgungsfrist ausübt und diese Verpflichtung bei Weiterveräußerung seinerseits dem jeweiligen Rechtsnachfolger mit Weitergabeverpflichtung auferlegt.

5386 Mit Blick auf die 20-jährige Nachwirkungsdauer empfiehlt es sich ferner, Beschlüsse über Änderungen der relevanten Satzungs-/Gesellschaftsvertragsbestimmungen unter den Vorbehalt einer verbindlichen Auskunft des zuständigen Finanzamts über die Unschädlichkeit der Änderung für den gewährten Familienunternehmensabschlag zu stellen.

Wer als Notar mit der Änderung eines Gesellschaftsvertrags betraut ist, sollte prüfen (lassen), ob durch die Änderung einer solchen Klausel ungewollt eine Nachversteuerung für vergangene Schenkungen oder Erbfälle ausgelöst wird.

ff) Optimierung der Verschonungsbedarfsprüfung, § 28a ErbStG

(1) Vermeidung der »Großerwerbsmerkmale«

5387 Bei Anwendung des vereinfachten Ertragswertverfahrens (Multiplikator 13,75) wird die Begünstigungshöchstgrenze von 26 Mio. Euro erreicht, wenn der anzusetzende Jahresertrag (nach Abzug der 30 %igen pauschalierten Ertragsteuerbelastung) über 1.890.909 € liegt. Zur Senkung des Un-

---

1491 Vgl. *Ihle*, Notar 2017, 53, 57.
1492 Im Anschluss an *Wälzholz*, GmbH-StB 2017, 54, 60.

ternehmenswerts empfiehlt es sich, wirtschaftliche »Krisenzeiten« zu nutzen, da in diesem Fall eine höhere Prozentbeteiligung innerhalb der Freigrenze von 26 Mio. Euro übertragen werden kann.

Um die 26 Mio. Euro-Grenze, die zur Vermeidung einer Verschonungsbedarfsprüfung (Rdn. 5268 ff.) zu wahren ist, mehrfach in Anspruch nehmen zu können, ist daher Betriebsvermögen auf mehrere Erwerber bzw. mehrere Erwerbe aufzuteilen, also ein frühzeitiger Beginn der Unternehmensnachfolge (in Raten) ratsam. Auch die (Mit-)Begünstigung des **Ehegatten des Erwerbers** wird (ungeachtet aller Risiken im Scheidungsfall!) zur Verdopplung der Begünstigungshöchstgrenze häufiger anzutreffen sein. Der Ersterwerber (z.B. Ehegatte) kann die Unternehmensbeteiligung sodann unentgeltlich weiterübertragen und dennoch die Privilegierung nicht verlieren (solange er nicht ausdrücklich oder konkludent zur Weitergabe verpflichtet war); es laufen dann allerdings zwei getrennte Nachsteuerfristen. 5388

Die Verteilung auf mehrere Erwerbe kann auch durch Errichtung mehrerer erwerbender **Familienstiftungen** erfolgen. Weder im Einsatz einer Familienstiftung als solcher noch in der Wahl der Anzahl solcher Stiftungen dürfte ein Missbrauch von Gestaltungsmöglichkeiten i.S.d. § 42 AO liegen, zumal § 28a Abs. 7 ErbStG die Familienstiftung als solche im Zusammenhang mit der Verschonungsbedarfsprüfung erwähnt (Rdn. 5284) und die Bundesregierung ausweislich der Beantwortung einer parlamentarischen Anfrage mit der Verteilung des zu übertragenden Unternehmens auf mehrere Erwerber rechnete.[1493] 5389

(2) Verwendung »optimierter Erwerber«

Wird der »Großvermögenscharakter« als unvermeidbar hingenommen, bietet sich zur Nutzung des Erlassmodells des § 28a ErbStG, das (anders als das Abschmelzungsmodell des § 13c ErbStG) zu einem vollständigen Steuererlass auch bei Erwerben von mehr als 90 Mio. Euro führen kann, die Übertragung auf eine eigens zu diesem Zweck errichtete, steuerlich bedürftige – also über kein sonstiges Vermögen verfügende – und auch bedürftig bleibende **Familienstiftung** an,[1494] oder der Einsatz einer mit einem entsprechenden Vermächtnis bedachten GmbH mit einem geringen Stammkapital von (z.B.) 25.000 €,[1495] bei der jeweils ausgeschlossen werden kann, dass sie in den nächsten zehn Jahren nach dem Erwerb noch weiteres verfügbares – und damit zum teilweisen Wegfall des Verschonungsabschlags führendes – Vermögen durch Schenkung oder Erbschaft erhalten wird.[1496] 5390

Die Familienstiftung schirmt zugleich gegen das sonstige Privatvermögen der Erben ab; ferner lässt sich leicht vermeiden, dass in den folgenden zehn Jahren unbeabsichtigt weiterer Erwerb stattfindet, da eine Familienstiftung niemals zu den gesetzlichen Erben zählen kann. Unterstellt wird dabei allerdings, dass die Destinatärsstellung bei einer Familienstiftung nicht als verfügbares Vermögen i.S.d. § 28a ErbStG zählt, was jedenfalls dann gesichert sein sollte, wenn kein »klagbarer« Anspruch auf Ausschüttungen aus der Familienstiftung besteht. Allerdings ist der Betrieb dann dauerhaft (bzw. jedenfalls für sieben Jahre) dem Vermögen der eigentlichen Destinatäre entzogen. Wird das Unternehmen danach »entnommen«, im Zuge einer Auflösung der Familienstiftung, löst dies jedoch gem. § 7 Abs. 1 Nr. 9 ErbStG neuerliche Schenkungsteuer aus (Rdn. 3117, 4469), wenn kein neuerlicher Privilegierungstatbestand verwirklicht wird; empfehlenswerter kann insoweit daher sein, ein auf die Auflösung abstellendes Rückforderungsrecht des Stifters (§ 29 5391

[1493] Antwort der BReg. auf eine Kleine Anfrage der Fraktion Bündnis 90/die Grünen, BT-Drucks. 18/6277 v. 08.10.2015; noch deutlicher eine Stellungnahme des DGB, die im Gesetzgebungsverfahren nicht aufgegriffen wurde, beides zitiert bei *Theuffel-Werhahn*, ZEV 2017, 17, 19.
[1494] Vgl. *Werder/Wystrcil*, BB 2016, 1558 ff.; *Ihle*, notar 2017, 53, 56; *von Oertzen/Reich*, Ubg 2015, 629 ff.
[1495] *Wachter*, FR 2016, 690, 707.
[1496] Vgl. *Wachter*, FR 2016, 690, 707.

ErbStG) auszubedingen.[1497] Dieses kann als »Steuerklausel« (Rdn. 2285 ff.) auch abstellen auf das (unerwartete) Festsetzen von Schenkungsteuer als solcher für die Übertragung auf die Stiftung (etwa da die Finanzverwaltung doch § 42 AO bemüht), sowie auf die Ermöglichung einfacherer Steuervermeidung auf anderem Wege durch eine etwaige künftige Rechtsänderung. Sind durch die Einbringung gleichwohl bereits (entgegen Rdn. 2983) ertragsteuerliche Nachteile aufgetreten, werden diese (Auflösung stiller Reserven) freilich durch den vorbehaltenen Widerruf nicht rückwirkend beseitigt.[1498] Sofern die Stiftungsaufsicht ein Stiftungsgeschäft mit Rückforderungsvorbehalt ablehnt, kann – nach einer geringen vorbehaltlichen Anstiftung – eine Zustiftungsvereinbarung unter Rückforderungsvorbehalt vereinbart werden.[1499]

5392 Die Verschonungsbedarfsprüfung des § 28a ErbStG lädt dazu ein, den ins Auge gefassten Erwerber von Großbetriebsvermögen nach dem (nicht unbedingt sachgerechten) **Kriterium seiner** derzeitigen (und zumindest für die nächsten zehn Jahre anhaltenden) **Bedürftigkeit** auszusuchen.

▶ Beispiel:[1500]

5393 Ein (Familien-)Unternehmen in Rechtsform einer GmbH hat einen erbschaftsteuerlich anzusetzenden Wert von 200 Mio. Euro (darin enthalten begünstigungsschädliche Wertpapiere in Höhe von 10 Mio. Euro, bereits nach Abzug der unschädlichen Verwaltungsvermögensquote von 10 % des begünstigten Vermögens). Der Unternehmer (Alleingesellschafter, Schenker) verfügt seinerseits über 10 Mio. Euro Privatvermögen – die ebenfalls mit übertragen werden sollen –, jedes seiner beiden Kinder (prospektive Unternehmensnachfolger) hat jeweils 3 Mio. Euro Privatvermögen, die Enkelkinder sind noch mittellos.

Nach dem bis zum 30.06.2016 geltenden Recht wäre die Übertragung unter Inanspruchnahme der Optionsverschonung nach altem Recht (da nicht mehr als 10 % schädliches Verwaltungsvermögen vorhanden ist) bei Einhaltung der Behaltefristen von sieben Jahren insgesamt steuerfrei möglich gewesen. Lediglich für die Vererbung des Privatvermögens (von 10 Mio. Euro) wären ca. 2 Mio. Euro Steuer angefallen.

5394 Seit dem 01.07.2016 ist für das begünstigte Vermögen (von 190 Mio. Euro) bei Übertragung an die beiden Kinder 50 % des steuerpflichtigen Verwaltungsvermögens (also 50 % von 10 Mio. Euro = 5 Mio. Euro) einzusetzen, ferner 50 % des übertragenen Privatvermögens (also wiederum 50 % von 10 Mio. Euro = 5 Mio. Euro) sowie 50 % des bei den beiden Kindern vorhandenen Privatvermögens von 6 Mio. Euro, also weitere 3 Mio. Euro, gesamt also 13 Mio. Euro, hinzu kommt die separat zu entrichtende Erbschaftsteuer für das Verwaltungsvermögen (mit einem Steuersatz von 30 % aus 10 Mio. Euro = 3 Mio. Euro) und desgleichen für das Privatvermögen (30 % Steuersatz aus 10 Mio. Euro = 3 Mio. Euro), so dass die Gesamtbelastung bei Übertragung des gesamten unternehmerischen und privaten Vermögens auf die Kinder bei 19 Mio. Euro liegt.

5395 Würde die Übertragung an die (mittellosen) Enkel (oder an eine ebenso mittellose Familienstiftung) erfolgen und nur das Privatvermögen an die Kinder vererbt werden, läge die Steuerbelastung für das Unternehmensvermögen nur noch bei etwa 8 Mio. Euro (50 % des mitübertragenen steuerpflichtigen Verwaltungsvermögens von 10 Mio. Euro = 5 Mio. Euro, zzgl. der

---

1497 Vgl. *Theuffel-Werhahn*, ZEV 2017, 17, 21; Formulierungsbeispiel bei *Theuffel-Werhahn*, ZStV 2015, 201, 208.
1498 Dazu hätte es eines freien Widerrufsvorbehalts bedurft, der allerdings (Rdn. 2145 ff.) bereits den Betriebsvermögenscharakter – und damit die grundsätzliche Privilegierungsfähigkeit – der übertragenen Wirtschaftsgüter beseitigt hätte, vgl. *Theuffel-Werhahn*, ZEV 2017, 17, 20.
1499 Dafür gilt dann zwar die ungünstige Steuerklasse III, was sich aber bei der beim Erwerb steuerbegünstigten Vermögens im Ergebnis nicht auswirkt, vgl. *Blusz*, DStR 2017, 1016 ff.
1500 Nach: Wittener Institut für Familienunternehmen (WIFU), »Familienunternehmen und die Erbschaftsteuer«, Praxisleitfaden S. 26, 27.

Erbschaftsteuer auf das Verwaltungsvermögen selbst mit angenommenen 30 % Steuersatz aus 10 Mio. Euro = 3 Mio. Euro, also gesamt 8 Mio. Euro); die Übertragung (nur) des Privatvermögens an die Kinder löst, aufgrund der geringeren Progression, auf den Betrag von 10 Mio. Euro Privatvermögen ca. 2 Mio. Euro Steuer aus (so dass sich eine Gesamtersparnis gegenüber dem Ursprungsfall von ca. 9 Mio. Euro ergibt).

Würde der Unternehmer noch vor dem Stichtag das Verwaltungsvermögen in betriebliches Vermögen umschichten (dies kann auch innerhalb eines 2-Jahres-Zeitraums vor dem Übertragungsstichtag erfolgen, da es junges Betriebsvermögen als Sonderkategorie nicht gibt) und überträgt er dieses sodann an die (derzeit und für die nächsten zehn Jahre mittellosen) Enkel bzw. eine Familienstiftung, entfällt jegliche Erbschaftsteuer auf das Betriebsvermögen, es bleibt dann lediglich bei den (auch bis zum 30.06.2016 angefallenen) ca. 2 Mio. Euro auf die Übertragung des Privatvermögens an die Kinder. 5396

Möglicherweise kann übrigens auch ein Großunternehmenserwerber die »Flucht in die gemeinnützige Stiftung« durch Weitergabe sonstigen geerbten Vermögens im 2-Jahres-Zeitraum des § 29 Abs. 1 Nr. 4 ErbStG nutzen.[1501]

(3) Rechtzeitige und ausreichend lange Verarmung des Erwerbers

Sofern beim prospektiven Erwerber des Betriebsvermögens eine Verschonungsbedarfsprüfung gemäß § 28a ErbStG beabsichtigt ist, sollte bestehendes Privatvermögen des Erwerbers vorab (etwa als begünstigtes Familienheim) an dessen Ehegatten oder an Abkömmlinge übertragen werden bzw. über eine Güterstandsschaukel entgeltlich an den Ehegatten transferiert werden. Ein Rückgriff auf **vorangegangene Minderungen** (etwa analog zum Gläubigeranfechtungsrecht) ist in § 28a ErbStG nämlich nicht vorgesehen. Zur Vorwegübertragung verfügbaren Privatvermögens vor dem Unternehmenserwerb bietet sich beispielsweise der Ehe- oder Lebenspartner an, unter Nutzung seines Freibetrags oder zur Erfüllung einer Zugewinnausgleichsforderung. Freie Rückforderungsrechte und Nießbrauchsvorbehalte sind dabei eher ungeeignet, da sie wieder als verfügbares Vermögen qualifiziert werden könnten. 5397

Ferner sind etwaige **Testamente anzupassen**, um zeitlich befristet für den 10-Jahres-Zeitraum nach dem betrieblichen Besteuerungszeitpunkt den Hinzuerwerb sonstigen Privatvermögens beim Unternehmenserwerber zu vermeiden (also je nach dem Zeitpunkt des Todesfalls unterschiedliche Personen als Erben zu bedenken). Noch einfacher wäre es, die Steuerentstehung für das letztwillig hinzuzuerwerbende Vermögen im Testament auf den Ablauf der 10-Jahres-Zeitraums zu verschieben, etwa durch Anordnung eines aufschiebend bedingten oder befristeten Herausgabevermächtnisses.[1502] Auch könnte erwogen werden, einem Dritten, z.B. einem Testamentsvollstrecker, im Rahmen eines Vermächtnisses nach § 2151 BGB das Bestimmungsrecht zu geben, wer von mehreren Bedachten welchen Vermögensgegenstand zu welchem Zeitpunkt erhalten soll. Auch auf diese Weise kann ein Nacherwerb gänzlich vermieden werden, wenn der Testamentsvollstrecker zunächst den Ablauf des 10-Jahres-Zeitraums abwartet, und erst dann den Unternehmenserwerber bedenkt. 5398

Zur Vermeidung einer Heranziehung als »verfügbares Vermögen« i.S.d. § 28a Abs. 2 ErbStG beim künftigen Erwerb weiterer großbetrieblicher Werte empfiehlt es sich ferner, das gesamte Betriebsvermögen in einem Schritt zu übertragen, um zu vermeiden, dass aus den Gewinnen des im ersten Schritt übertragenen Unternehmens Privat- bzw. Verwaltungsvermögen aufgebaut wird, das 5399

1501 Dies erscheint deshalb zweifelhaft, weil es an einer Verknüpfung von § 29 Abs. 1 Nr. 4 ErbStG mit § 28a ErbStG fehlt. Ggf. sollte die Weitergabe an die gemeinnützige Stiftung auflösend bedingt sein für den Fall, dass die Verpflichtung zum Einsatz des verfügbaren Vermögens gem. § 28a Abs. 2 ErbStG nicht entfällt, vgl. *Reich*, DStR 2016, 2447, 2452.
1502 Vgl. *Ihle*, notar 2017, 53, 55.

bei der späteren restlichen Anteilsübertragung hälftig zur Zahlung von Erbschaft- oder Schenkungsteuer einzusetzen ist.[1503]

Um das Privatvermögen nicht über Gebühr zu stärken, sollten Gewinne im Unternehmen stehengelassen und wieder in begünstigtes Vermögen reinvestiert werden.

(4) Umgruppierung des Übertragungsobjektes

5400 Im Hinblick auf die Verschonungsbedarfsprüfung kann es sich empfehlen, bei Personengesellschaften das begünstigte vom **nichtbegünstigten Betriebsvermögen zu trennen**. Dies kann bspw. dadurch geschehen, dass das Verwaltungsvermögen gem. § 6 Abs. 5 Satz 3 Nr. 2 EStG vom Gesamthands- in das Sonderbetriebsvermögen überführt wird, und sodann der Mitunternehmeranteil mit dem begünstigten Vermögen als Gesamthandsbestandteil im Rahmen der Verschonungsbedarfsprüfung optimiert (ohne hälftige Einsatzpflicht vorhandenen Verwaltungsvermögens, da ein solches nicht vorhanden ist) übertragen wird. Das nichtbegünstigte Betriebsvermögen, das nun Bestandteil des Sonderbetriebsvermögens ist, bleibt mit einem kleinen Rest-Mitunternehmeranteil gem. § 6 Abs. 3 Satz 2 EStG unter Fortführung der Buchwerte zurück, dieser Rest-Mitunternehmeranteil kann anschließend einem anderen Kind oder dem Ehepartner (ohne Steuerbefreiung) zugewendet werden, der sodann später wieder dem eigentlichen Unternehmensnachfolger weiterüberträgt.

5401 Behält sich der Unternehmensveräußerer den Nießbrauch vor, können die ihm daraus erwachsenden Erträge weiteres Vermögen generieren, das einen späteren Nacherwerb i.S.d. § 28a Abs. 4 Nr. 3 ErbStG auslöst. Behält umgekehrt der Großunternehmer seinen Betrieb, gewährt jedoch einen mitunternehmerisch ausgestalteten Zuwendungsnießbrauch einem Dritten, ist auch dieser Nießbrauch begünstigungsfähiges Vermögen i.S.d. § 13b Abs. 1 Nr. 2 ErbStG. Die aus dem Zuwendungsnießbrauch erwirtschafteten Erträge stellen keinen »Nacherwerb« dar.

(5) Steuerung letztwilliger Unternehmenserwerbe, Erbauseinandersetzung

5402 Um das heranzuziehende sonstige Vermögen im Rahmen der Verschonungsbedarfsprüfung gering zu halten, könnten Gegenstände des Betriebsvermögens, die nicht begünstigt sind (wie etwa Gesellschafterdarlehen im Sonderbetriebsvermögen, sofern die Finanzmittelquote von 15 % überschritten ist) und die keine wesentlichen Betriebsgrundlagen darstellen, anderen Personen im Unternehmertestament vermächtnisweise, auch unter Nutzung des § 6 Abs. 5 EStG, zugewendet werden. Umgekehrt kann auch der Unternehmensnachfolger (entgegen der allgemeinen Empfehlung in Rdn. 354 ff.) als Vermächtnisnehmer eingesetzt werden,[1504] so dass alles andere, auch private, Vermögen den testamentarischen Erben und damit für den Vermächtnisnehmer nicht i.S.d. § 28a Abs. 2 ErbStG verfügbar zusteht.

5403 Durch eine **geschickte**, nach – vom BFH allerdings nicht geteilter – Ansicht der Finanzverwaltung (vgl. Rdn. 4949) binnen sechs Monaten nach dem Erbfall stattfindende, auch freiwillige, **Erbauseinandersetzung** kann auch die Erben selbst insbesondere bei Mischnachlässen, die aus begünstigungsfähigem Betriebsvermögen und nichtbegünstigungsfähigem Vermögen bestehen, eine erhebliche Reduzierung der Gesamtsteuerlast erreicht werden.

▶ Beispiel:[1505]

5404 Der Erblasser hinterlässt an seine beiden bisher mittellosen Kinder in gesetzlicher Erbfolge je zur Hälfte einen (allein aus begünstigtem Vermögen bestehenden) Betrieb im Wert von 90 Mio. Euro und weiteres Privatvermögen von ebenfalls 90 Mio. Euro. Ohne Erbauseinandersetzung hätte jeder der beiden Erben je 45 Mio. Euro Privat- und Betriebsvermögen geerbt, so dass kein

---

1503 Vgl. *H. Maier*, ZEV 2017, 10, 16.
1504 Vgl. *Reich*, DStR 2016, 2447, 2453.
1505 Nach *Wälzholz*, ZEV 2017, 135, 138.

Verschonungsabschlag mehr gewährt werden könnte, also jeder von ihnen 30 % Steuer auf 90 Mio. Euro Gesamterwerb, also pro Person je 27 Mio. Euro Erbschaftsteuer hätte entrichten müssen. Setzen sich beide Miterben allerdings dergestalt auseinander, dass eines der Kinder allein das Betriebsvermögen, das andere allein das Privatvermögen erhält, ist gem. § 28a Abs. 1 Satz 2 bis 4, § 13a Abs. 5 ErbStG die Verschonungsbedarfsprüfung allein bei demjenigen Erben durchzuführen, der das Betriebsvermögen erhält. Da dieser kein verfügbares sonstiges Vermögen innehat bzw. erhält, hat er für den Betriebserwerb keine Steuern zu zahlen, das andere Kind zahlt auf den Privatvermögenserwerb von 90 Mio. Euro jedoch unverändert 30 % = 27 Mio. Euro Steuer. (Diese unterschiedliche Steuerbelastung sollten die Miterben im Rahmen der angedachten Auseinandersetzung berücksichtigen.)

▶ **Weiteres Beispiel:**[1506]

Etwas abweichend stellt sich die Sachlage dar, wenn bereits vorhandenes eigenes Vermögen in die Erbauseinandersetzung einbezogen wird:

5405

Sofern im vorangehenden Beispielsfall der Wert des Betriebsvermögens 100 Mio. Euro beträgt, das im Nachlass befindliche Privatvermögen lediglich 75 Mio. Euro ausmacht und der den Betrieb übernehmende Abkömmling bereits eigenes Privatvermögen von 25 Mio. Euro innehat, das er nun im Rahmen der Erbauseinandersetzung mit einbringt, so dass er den gesamten Betrieb im Wert von 100 Mio. Euro erhält und das andere Kind das vererbte komplette Privatvermögen von 75 Mio. Euro und das vom Geschwister stammende vorhandene Vermögen von 25 Mio. Euro, ist das Begünstigungsvolumen des Betriebsübernehmers gedeckelt auf 87,5 Mio. Euro (50 Mio. Euro aufgrund der unmittelbar geerbten Betriebshälfte, zzgl. 37,5 Mio. Euro für die weitere Hälfte, da er nur in dieser Höhe Nachlassvermögen – die ihm vererbte Hälfte des im Nachlass vorhandenen Privatvermögens – zur Erbauseinandersetzung einsetzt; damit geht also ein Teil des maximal möglichen Begünstigungsvolumens, nämlich 12,5 Mio. Euro, verloren). Das andere Geschwister hat hingegen seinen Nachlassanteil in Höhe von gesamt 87,5 Mio. Euro (die Hälfte aus 175 Mio. Euro) ohne Begünstigung zu versteuern.

(6) Notanker: Rückforderungsrechte

Rückforderungsrechte als Steuerklauseln, § 29 ErbStG, vgl. Rdn. 4970 ff., können eingesetzt werden, um sich vor unliebsamen Überraschungen bei der Klärung noch offener Rechtsfragen im Zusammenhang mit der Erbschaft-/Schenkungsteuer zu wappnen: Entscheidet sich beispielsweise der Mandant zu einer Übertragung, obwohl die Frage noch ungeklärt ist, ob für das Überschreiten der Freigrenze von 26 Mio. Euro gem. § 13a Abs. 1 Satz 2 ErbStG auch vor dem 01.07.2016 vollzogene Schenkungen mit einzubeziehen sind (vgl. Rdn. 5253), könnte ein an dieser Zusammenrechnung anknüpfendes Rückforderungsrecht nach § 29 ErbStG helfen.[1507]

5406

(7) Fazit: Variantenvergleich zu § 13c ErbStG

Der Antrag nach § 28a ErbStG empfiehlt sich also stets dann, wenn der gemeine Wert des beim Erwerber vorhandenen verfügbaren, nicht begünstigten Vermögens weniger als das Doppelte der Steuerzahllast beträgt, die sich bei Inanspruchnahme des Verschonungsabschlags gem. § 13c ErbStG (Rdn. 5260 ff.) ergäbe, so dass insoweit stets eine »Vergleichsrechnung« notwendig ist.[1508]

5407

1506 Nach *Wälzholz*, ZEV 2017, 135, 139.
1507 Vgl. *Reich,* DStR 2016, 2447, 2453.
1508 Vgl. *J. Maier*, ZEV 2017, 10 ff., mit Berechnungsbeispiel.

gg) Bestehen der Lohnsummenkontrolle

(1) Maßnahmen vor dem Stichtag

5408 Im Vordergrund steht die **Reduzierung der Lohnsumme vor der Schenkung/dem Erbanfall** (bei Letzterem naturgemäß mit geringerer Planungssicherheit) durch rechtzeitige – 5-Jahres-Zeitraum! – Reduzierung der in die Berechnung einfließenden Bestandteile:

Gem. § 13a Abs. 3 Satz 7 Nr. 5 ErbStG 2016 bleiben bei der Berechnung der Ausgangslohnsumme solche Beschäftigte außer Betracht, die nicht ausschließlich oder überwiegend im Betrieb tätig sind. Demnach ist zu erwägen

5409 (a) der vermehrte Einsatz von Teilzeit-Arbeitskräften,
(b) der Einsatz von Leih- und Saison-Arbeitern,
(c) die Reduzierung variabler Gehaltskomponenten,
(d) die Auflösung von Mitarbeiterverhältnissen mit Familienangehörigen,
(e) als »Beschäftigter« i.S.d. § 13a Abs. 3 ErbStG gilt (wohl) auch der Gesellschafter-Geschäftsführer, so dass er durch Reduzierung oder gar Verzicht auf Gehalt vor dem Stichtag die Referenzsumme drücken kann,

5410 (f) da die Lohnsummen nachgeordneter Gesellschaften nur dann relevant sind, wenn Letztere ihren Sitz in Deutschland, der EU oder einem EWR-Staat haben und zugleich die Obergesellschaft eine Beteiligung von mehr als 25 % an der nachgeordneten Gesellschaft (gleich ob es sich um eine Kapital- oder Personengesellschaft handelt)[1509] hält, kann es sich empfehlen, i.R.d. arbeitsrechtlich Zulässigen Arbeitsplätze in Gesellschaften zu verlagern, an denen eine unter fünfundzwanzigprozentige Beteiligung besteht oder die ihren Sitz in Drittländern außerhalb der EU/des EWR-Raumes haben,
(g) die Beteiligungshöhe an Tochtergesellschaften kann (mindestens 5 Jahre vor dem Stichtag) auf unter 25 % gesenkt werden, so dass die dort beschäftigten Arbeitnehmer nicht gezählt werden,

5411 (h) zu bedenken ist schließlich, dass Gesellschaften, die unmittelbar durch den Schenker/Erblasser gehalten werden (»Schwestergesellschaften«), bei der Berechnung der Lohnsumme als selbstständiges Übertragungsobjekt gänzlich außer Betracht bleiben. Daher könnte erwogen werden, eine reine Arbeitnehmergesellschaft zu gründen (die naturgemäß ausschließliches Verwaltungsvermögen, wenn auch in geringem Umfang, hält, so dass das Scheitern der Verschonung nicht ins Gewicht fällt), die ihrerseits Arbeitnehmer den anderen, operativen Gesellschaften zur Verfügung stellt. Die operativ tätigen Gesellschaften ihrerseits sind dann, da sie weniger als 20 (seit 01.07.2016: weniger als 6) Arbeitnehmer haben (bspw. lediglich über eine eigenständige Geschäftsführung verfügen) vom Lohnsummenkriterium gänzlich ausgenommen. Zu diesem Zweck lässt sich bis zum 30.06.2016 auch das Betriebsvermögen in eine Besitzgesellschaft mit weniger als 20 Beschäftigten ausgliedern,[1510] sog. »Betriebsaufspaltungsmodell«; seit 01.07.2016 ordnet jedoch § 13a Abs. 3 Satz 13 ErbStG 2016 die Addition der Lohnsummen von Betriebs- und Besitzgesellschaft an.

▶ Hinweis:

5412 Angesichts des 5-jährigen Referenzzeitraums für die Beurteilung der Ausgangs-Lohnsumme schwebt über diesen Gestaltungen stets (seit das »**Damoklesschwert**« eines »zu frühen Sterbefalls«: Da die Reduzierung der Lohnsumme durch Auslagerung auf Gesellschaften in Drittländern oder reine Arbeitnehmergesellschaften noch nicht lange genug zurückliegt, startet die

---

1509 Vgl. *Hannes/Steger*, ErbStB 2009, 120: Das maßgebliche Kriterium ist die Einflussnahmemöglichkeit der Obergesellschaft auf die Lohnpolitik der Untergesellschaft, die bei Kapital- und Personengesellschaften vergleichbar ist.

1510 *Scholten/Korezkij*, DStR 2009, 253, 254; im Beschluss des BFH, 05.10.2011 – II R 9/11 ZEV 2011, 672 m. Anm. *Hannes*, das BMF zum Beitritt zur Prüfung der Verfassungsmäßigkeit des ErbStG aufzufordern, wird diese Gestaltung ebenfalls als Beispiel angeführt.

A. Schenkungsteuerrecht
Kapitel 12

operativ tätige Gesellschaft in den Beobachtungszeitraum mit einer relativ hohen Ausgangslohnsumme (weil bspw. nur eines von 5 Vergangenheitsjahren durch die getroffenen Maßnahmen abgedeckt ist), aber einer sehr geringen Zahl aktueller Arbeitnehmer!

(2) Maßnahmen nach dem Stichtag

Nach dem Erbfall/der Schenkung sind die vorstehenden Maßnahmen in umgekehrter Richtung zu befolgen. Ziel ist also 5413
(1) die Schaffung neuer Arbeitsplätze,
(2) die Verlagerung von Arbeitsplätzen aus Ländern außerhalb der EU/des EWR in das relevante Gebiet,
(3) die Schaffung von Vollzeit-Arbeitsplätzen anstelle von Teilzeit-Arbeitsplätzen,
(4) die Reduzierung von Leih-Arbeitsverhältnissen zugunsten ordentlicher Arbeitsverhältnisse, 5414
(5) die Rückübertragung von Arbeitnehmern der Arbeitnehmergesellschaft in die operativ tätige Gesellschaft,
(6) die Erhöhung der Gehälter der Geschäftsführung,
(7) die Erhöhung der Beteiligungsquote an Tochtergesellschaften auf über 25 %, so dass die dortigen Arbeitnehmer anteilig mit berücksichtigt werden,
(8) die Vorwegnahme von Lohnerhöhungen noch vor das Ende des Vergleichszeitraums.
(9) Der Zukauf weiterer Unternehmensteile kurz nach dem Übertragungsstichtag erleichtert die Erfüllung für die Zukunft (auch ein Zukauf kurz vor dem Stichtag wirkt sich ähnlich aus, da er in die 5-Jahres-Durchschnittsberechnung der Ausgangslohnsumme kaum mehr einfließt).

Zur Einhaltung der Verschonungsregelung ist ein »Erbschaftsteuer-Monitoring« erforderlich, insb. die fortlaufende Beobachtung der Lohnsummenentwicklung. Überhaupt schaffen die Bindungsfristen nach neuem Erbschaftsteuerrecht besondere Herausforderungen für Rechnungswesen und Controlling in Familienunternehmen.[1511] 5415

hh) Einhaltung der Behaltensfristen

Um sich vor dem gesamtschuldnerischen Risiko (§ 20 ErbStG) einer **Nachversteuerung** aufgrund eines Verstoßes während des 5- bzw. 7-jährigen Überwachungszeitraums zu schützen, sollte der Schenker bei der lebzeitigen Übertragung entweder die Vornahme von Maßnahmen, die gegen die Behaltensregeln verstoßen, an seine Zustimmung knüpfen (schuldrechtliche Zustimmungsvorbehalte, ggf. gesichert durch Rückübertragungsvormerkungen oder durch dingliche Sicherung eines daraus resultierenden Schadensersatzanspruches) oder aber zumindest sich ein Rückforderungsrecht gem. § 29 ErbStG, anknüpfend an die Verwirklichung eines Nachversteuerungstatbestandes, vorbehalten (Rdn. 2294). Bei der erbrechtlichen Gestaltung kann sich die zeitlich befristete Einsetzung eines Testamentsvollstreckers empfehlen, um die Einhaltung der Behaltensfristen und die steuergerechte Verwendung des Unternehmensvermögens sicherzustellen, wenn insoweit Zweifel an der Zuverlässigkeit des Unternehmenserben bestehen. 5416

Der Beschenkte selbst kann eine Nachversteuerung als Folge der Veräußerung eines Betriebes, Teilbetriebes oder wesentlicher Betriebsgrundlagen durch rechtzeitige (binnen 6 Monaten erfolgende) Reinvestition gem. § 13a Abs. 6 Satz 3 und 4 ErbStG vermeiden; eine Nachversteuerung als Folge einer (über den gesamten Zeitraum kumuliert festzustellenden) Überentnahme durch rechtzeitige – auch gegen Fristende erfolgende[1512] – Einlage in ausreichender Höhe, auch wenn diese Einlage durch Kredit finanziert wird (allerdings liegt keine taugliche Einlage vor, wenn dieser Kredit als Betriebsvermögen, z.B. als negatives Sonderbetriebsvermögen, des Erwerbers zu behandeln ist).[1513] 5417

1511 *Seifried*, ZEV 2009, 614 ff.; *Gräfe*, ZEV 2010, 601 ff.
1512 Berechnungsbeispiel bei *Jarosch/Rund/Gluth*, StB-Sonderheft 2010/2011 S. 25.
1513 Abschnitt 12 Abs. 4 Satz 3 des Anwendungserlasses zum ErbStG v. 25.06.2009, BStBl. 2009 I, S. 713, 724.

c) Gestaltungsvergleich Sondergewinnbezugsrechte/Vorbehaltsnießbrauch

5418 Bei der Übertragung von Gesellschaftsanteilen in vorweggenommener Erbfolge konkurriert das Ziel frühzeitiger Übertragung größerer Vermögenswerte, auch zum Heranführen der nachrückenden Generationen in unternehmerische Verantwortung, einerseits, mit der Notwendigkeit weiterer Versorgung der übertragenden Generation, andererseits. Dieser Regelungskonflikt kann entweder durch Vereinbarung eines Vorbehaltsnießbrauchs oder aber durch Vereinbarung eines »disquotalen« Gewinnbezugsrechts (zur gesellschaftsrechtlichen Seite vgl. Rdn. 2437 ff.) erreicht werden.

5419 Schenkungsteuerlich ermöglicht auch die disquotale Gewinnbezugsregelung die Inanspruchnahme von Vergünstigungen, und zwar zum einen auf der Bewertungsebene (vgl. im Einzelnen Rdn. 4726 f.), zum anderen in Bezug auf die Betriebsvermögensverschonung: vermittelt der übertragene Anteil ein – sei es auch geringes – Stimmrecht und sind mit ihm zumindest die Widerspruchs- und Kontrollrechte verbunden, die einem Kommanditisten nach §§ 164, 166 HGB zustehen, und bedürfen zumindest wesentliche Entscheidungen, wie Auflösung und Änderung des Gesellschaftsvertrags, der Einstimmigkeit (wie dies gem. § 161 Abs. 2 i.V.m. § 119 Abs. 1 HGB an sich für alle Beschlüsse gelten würde), ist bei Personengesellschaften die Mitunternehmerstellung des Beschenkten i.S.d. § 15 Abs. 1 Satz 1 Nr. 2 EStG nicht gefährdet (vgl. zu den Anforderungen hierfür im Einzelnen Rdn. 2603 ff.). Damit kann für den verschenkten Anteil die Betriebsvermögensprivilegierung nach § 13a ErbStG (Rn. 3707 ff.) zumindest dem Grunde nach gewährt werden. Auch der verbleibende, mit überdimensionalem Gewinnbezugsrecht ausgestattete Zwerg-Mitunternehmeranteil bleibt steuerlich in Mitunternehmerschaft, so dass bei der anschließender Vererbung dieser Restanteile die Voraussetzungen des § 13a ErbStG wiederum in Anspruch genommen werden können, soweit sie i.Ü. erfüllt sind (es genügt nicht, dass der Erwerber als bisheriger Mitgesellschafter bereits Mitunternehmer war, der Grundsatz der Einheitlichkeit der Gesellschafterstellung gilt für § 13a ErbStG nicht.)[1514]

5420 Wird statt dessen die gesamte Mitunternehmerstellung übertragen und behält sich der Veräußerer den Nießbrauch vor, führt dies – seit der Abschaffung des § 25 ErbStG i.R.d. Erbschaftsteuerreform 2009, vgl. Rdn. 4834 ff. – zu einer deutlich **stärkeren Reduzierung** der Erbschaftsteuer.[1515] Dies gilt sogar dann, wenn es wegen »vorzeitigen« Ablebens des Nießbrauchers zu einer Neuberechnung der Steuer gem. § 14 Abs. 2 ErbStG kommt, vgl. Rdn. 4836. Die lediglich überwiegende Übertragung des Anteils unter Rückbehalt disquotaler, übermäßiger Gewinnbezugsrechte wird daher nur dann das Mittel der Wahl sein, wenn sich der Veräußerer bestimmenden Einfluss auf die Geschicke der Gesellschaft vorbehalten will, also dem unternehmerischen Talent des Erwerbers zunächst noch in solchem Maße misstraut, dass ihm die bloßen Einflussmöglichkeiten, die mit dem Nießbrauch verbunden sind bzw. max. verbunden sein dürfen, um dem Erwerber seinerseits Mitunternehmerschaft zukommen zu lassen (vgl. Rdn. 2603 ff.), nicht genügen.

10. Übersicht: Vor- und Nachsorgezeiträume

5421 Die zahlreichen Referenz- und Beobachtungszeiträume mit Bezug auf betriebliches Vermögen im (reformieren) ErbStG erfordern ein Monitoring vor und nach dem Zeitpunkt, in dem die Steuerschuld gemäß § 9 ErbStG (vgl. Rdn. 4544 ff.) dem Grunde nach entsteht:
(1) VOR dem Entstehenszeitpunkt:
  (a) Fünf abgeschlossene Wirtschaftsjahre: Ermittlung der durchschnittlichen Ausgangslohnsumme gem. § 13a Abs. 3 Satz 2 ErbStG
  (b) Drei Jahre: Ermittlung des durchschnittlichen Schuldenstandes zur Aussonderung nicht betrieblich veranlasster weiterer »junger Schulden« gem. § 13b Abs. 8 Satz 2, 2. Alt. ErbStG

1514 Vgl. *Götz/Jorde*, ZErb 2005, 365, 373.
1515 Vgl. im Einzelnen *Werz/Sager*, ErbStB 2010, 101 ff. mit Berechnungsbeispielen.

(c) Zwei Jahre: Sperrfrist für die Nichtberücksichtigung jungen Verwaltungsvermögens, § 13b Abs. 7 Satz 2 ErbStG, und jungen Finanzvermögens, § 13b Abs. 4 Nr. 5 Satz 2 ErbStG
(d) Zwei Jahre: Beginn des Zeitraums, ab dem die drei Voraussetzungen für die Gewährung des Familienunternehmensabschlags, § 13a Abs. 9 ErbStG, ununterbrochen gegeben sein müssen.
(2) NACH dem Entstehenszeitpunkt:
(a) sechs Monate: Ablauf der Frist zur zeitnahen Investitionsmöglichkeit gemäß § 13a Abs. 6 Satz 4 ErbStG (Rdn. 5417)
(b) zwei Jahre:
Ende der Investitionsfrist für Verwaltungsvermögen bei Erwerben von Todes wegen, § 13b Abs. 5 Satz 2 ErbStG,
Ablauf der Frist zur Lohnzahlung bei saisonalen Lohnschwankungen, § 13b Abs. 5 Satz 3 ErbStG,
(c) fünf Jahre:
Ende der Lohnsummenüberwachungsfrist, § 13a Abs. 3 ErbStG, und des Behaltezeitraums (§ 13a Abs. 6 Nr. 1 u. Nr. 4 ErbStG) sowie des Zeitraums der Fortdauer der Poolvereinbarung, § 13a Abs. 6 Nr. 5 ErbStG, sowie der Überentnahmenüberwachungsfrist, § 13a Abs. 6 Nr. 3 ErbStG, bei der Regelverschonung,
(d) sieben Jahre nach dem Erwerb:
Ablauf der Lohnsummenüberwachungsfrist (§ 13a Abs. 10 Satz 1 Nr. 2 ErbStG), des Behaltezeitraums, des Fortdauerzeitraums für die Poolvereinbarung und der Überentnahmenüberwachungsfrist bei der Optionsverschonung (jeweils § 13a Abs. 10 Satz 1 Nr. 6 ErbStG).
(e) zehn Jahre nach dem Erwerb:
Ende des Zusammenrechnungszeitraums bei mehreren begünstigten Erwerben (§ 13a Abs. 1 Satz 2 bis 4 ErbStG).
Ablauf des Zeitraums, in dem ein Hinzuerwerb von Privatvermögen durch Schenkung oder Erbschaft beim Erwerber zur Entrichtung der Steuer bei der Verschonungsbedarfsprüfung gemäß § 28a Abs. 4 Nr. 3 ErbStG hälftig herangezogen wird.
(f) zwanzig Jahre nach dem Zeitpunkt des Erwerbs:
Ende der Überwachungsfrist für den Familienunternehmensabschlag nach § 13a Abs. 9 ErbStG

11. Erbauseinandersetzung

a) Rechtslage bis Ende 2008

Nach der bis 31.12.2008 geltenden Rechtslage war eine **Teilungsanordnung** erbschaftsteuerlich in vollem Umfang unbeachtlich (d.h. es blieb bei der allgemeinen Besteuerung jeden Mitglieds der Erbengemeinschaft nach dem zunächst erworbenen Gesamtvermögen ohne Rücksicht darauf, wer im Rahmen einer – angeordneten oder freiwillig vollzogenen – Teilungsanordnung welchen Gegenstand erhielt, während Vermächtnisse, auch Vorausvermächtnisse, zu einer eigenständigen steuerpflichtigen Bereicherung allein des Begünstigten führten).[1516] Erbschaftsteuerlich (anders als ertragsteuerlich, hierzu Rdn. 5920 ff.) war also die Erbauseinandersetzung, selbst wenn Ausgleichszahlungen erbracht wurden, ohne Relevanz. Wurde bspw. ein Betrieb vererbt, kamen die Betriebsvermögensprivilegien grds. allen Miterben zugute, auch wenn letztendlich aufgrund der Erbauseinandersetzung lediglich eine Person den Betrieb übernahm; erfüllte dieser die 5-jährige Haltefrist des § 13a Abs. 5 ErbStG a.F. nicht, führte dies zur Nachbesteuerung bei allen ursprünglichen Miterben.[1517]

1516 Vgl. R 5 Abs. 1 ErbStR 2003; *Pach-Hanssenheimb*, DStR 2008, 957.
1517 H 67 ErbStH 2003; daher wurden in Erbauseinandersetzungen typischerweise Freistellungspflichten von entsprechenden Steuerlasten vereinbart.

5424 Nach bisherigem Recht wurde also bei Nachlässen, die sich z.T. aus privilegiertem (z.B. Betriebs- oder Grundbesitz-), z.T. aus nicht privilegiertem Vermögen zusammensetzten (»Mischnachlässen«), in der ersten Stufe die steuerliche Gesamtsumme der Nachlassgegenstände ermittelt und sodann auf eine Mehrheit von Erben quotal aufgeteilt. Bewertungsvorteile (z.B. der Buchwertansatz bei Personengesellschaften) kamen damit allen Miterben in gleicher Weise zugute. Auch machte es nach bisherigem Recht einen Unterschied, ob bspw. zwei Erben zu gleichen Teilen miteinander eingesetzt waren (gleichgültig ob mit Teilungsanordnung belastet oder nicht) oder ob einer von beiden zum Alleinerben, belastet mit einem Sachvermächtnis zugunsten des anderen, bestimmt war: Nur im letzterem Fall neutralisierte das Sachvermächtnis den Ansatz des Betriebsvermögens im Nachlass und kam demnach allein dem Betriebs-Vermächtnisnehmer zugute.[1518]

b) Grundzüge der Neuregelung seit 2009

5425 Das neue, auch nach dem 01.07.2016 (in anderer Gesetzeszählung) fortgeltende Recht[1519] hingegen bewertet in der ersten Stufe alle Vermögenswerte mit dem gemeinen Wert und weist sodann in der zweiten Stufe (»zu Lenkungszwecken«) die Verschonungsabschläge bei vermieteten Immobilien (10 %) und bei Betriebsvermögen (85 % bzw. 100 %) sowie den diesbezüglichen Freibetrag (150.000,00 €) allein demjenigen zu, der dieses begünstigte Vermögen entweder aufgrund einer Anordnung des Erblassers oder im Austausch gegen gesetzliche Ansprüche gegen den Erben erhält. Begünstigt ist demnach der Vermächtnisnehmer, der durch eine Auflage Begünstigte, der Pflichtteilsberechtigte und alle anderen, die als Abfindung ihrer Ansprüche gegen den Erben begünstigtes Vermögen erhalten. Die Gesetzesbegründung zählt bei Betriebsvermögen hierzu auch etwa qualifizierte Nachfolgeklauseln in Gesellschaftsverträgen,[1520] landwirtschaftliche Sondererbfolgeregelungen, umgesetzte Teilungsanordnungen etc.

5426 Abweichend von der bisherigen Rechtslage macht es nunmehr auch keinen Unterschied mehr, ob bei **Mischnachlässen** mehrere Personen zu Miterben (mit oder ohne Belastung im Rahmen einer Teilungsanordnung) eingesetzt sind oder ob der **Betriebsübernehmer als Alleinerbe** oder umgekehrt als bloßer **Vermächtnisnehmer** eingesetzt ist: Die Vergünstigungen kommen allein ihm zugute, allerdings hat auch allein er die Nachteile zu tragen, wenn es zu einer Nachversteuerung kommt (diese Nachversteuerung hatte nach bisheriger Rechtslage beide ursprünglichen Miterben getroffen, beim Vermächtnis jedoch allein den Vermächtnisnehmer). Im Rahmen von Erbauseinandersetzungen wird daher künftig nicht nur die unterschiedliche latente einkommensteuerliche Belastung des übernommenen Vermögens[1521] zu berücksichtigen sein, sondern auch die stark auseinanderfallende erbschaftsteuerliche Sofortbelastung, bei Betriebsübernehmern allerdings unter dem Vorbehalt späterer Nachbesteuerung.

5427 Die Neuregelung dient also der Umsetzung des verfassungsgerichtlichen Auftrags, Begünstigungswirkungen »ausreichend zielgenau eintreten zu lassen«.[1522] Dies hat Einfluss auf die »Wertigkeit« der zugeordneten Wirtschaftsgüter, sofern es bei einzelnen Miterben zu einem Steuerabzug kommt, bei anderen nicht. War dies nicht bereits bei der Anordnung bzw. Vereinbarung der Aus-

---

1518 Vgl. Berechnungsbeispiel bei *Pach-Hanssenheimb*, DStR 2008, 957, 960.
1519 Überblick bei *Roth*, RNotZ 2013, 193, 195 ff.
1520 R E 3.1 Abs. 3 ErbStR 2011 behandelt die qualifizierte Nachfolgeklausel »zweiaktig«: der Gesellschaftsanteil fällt für eine logische Sekunde in den Nachlass und wird sodann gegenständlich auseinandergesetzt. Für den Begünstigungstransfer spielt es jedoch keine Rolle mehr, ob der Erwerb »durch« oder »aufgrund« eines Erbanfalls erfolgt, vgl. *Roth*, RNotZ 2013, 193, 202. Allerdings gilt dies nicht für das Sonderbetriebsvermögen!
1521 I.R.d. Erbschaftsteuer wird die auf geerbtem Vermögen, z.B. geerbten Forderungen, ruhende latente Einkommensteuerlast nicht abgezogen, vgl. BFH, 17.02.2010 – II R 23/09, ErbStB 2010, 198.
1522 Rn. 228 der Entscheidungsgründe, BVerfG, 07.11.2006 – 1 BvL 10/02, ZEV 2007, 76 m. Anm. *Piltz*.

A. Schenkungsteuerrecht

einandersetzung selbst berücksichtigt worden, kann eine Ausgleichsklausel dazu führen, dass die steuerlichen Vergünstigungen, sobald ihre endgültige Höhe feststeht, ebenfalls geteilt werden:

▸ **Formulierungsvorschlag: Ausgleichsklausel zur nachträglichen Teilung der Erbschaftsteuerprivilegien bei Erbauseinandersetzung**

Sollte der Sohn ..... das ihm im Rahmen der Erbauseinandersetzung übertragene Vermögen (vermietete Immobilie/selbstgenutzte Immobilie/Betrieb) dauerhaft unter vollständiger oder teilweiser Verschonung von der sonst anfallenden Erbschaftsteuer erhalten, hat er nach Ablauf der Nachversteuerungsfristen den Geschwistern denjenigen Betrag auszukehren, der dem Anteil der Geschwister (nach Stämmen) an der Steuerreduzierung entspricht, maximal jedoch den Betrag der von jenen tatsächlich entrichteten Erbschaftsteuer. Auf Verlangen ist wechselseitig Rechnung zu legen. Dadurch soll gewährleistet sein, dass alle Miterben gleichmäßig steuerlich belastet werden, wie dies bei der Verteilung des Nachlasses zugrunde gelegt wurde, trotz des Umstandes, dass die dauerhafte Erfüllung der steuerlichen Verschonungsvoraussetzungen unter Umständen mit einem Verlust an Handlungsoptionen erkauft wird.

Außerhalb des (auf einzelne Verschonungsregelungen begrenzten) Anwendungsbereichs der positiven und negativen Zuordnung von erbschaftsteuerlichen Privilegierungen bleibt es aber beim Grundsatz des bisherigen Rechts, wonach die Erbauseinandersetzung auf die bereits mit dem Sterbefall eingetretenen Steuerfolgen keinen Einfluss hat. Nur durch ein **(Voraus-)Vermächtnis** kann also erreicht werden, dass ein bestimmter Gegenstand und damit der in ihm verkörperte Bewertungsvorteil[1523] auch mit erbschaftsteuerlicher Wirkung alleine dem Empfänger zu Gute kommt (R E 3.1 Abs. 1 Satz 5 und Abs. 4 ErbStR 2011). Allerdings können – nach allgemeinen Grundsätzen – im Rahmen der Erbauseinandersetzung selbst aufgrund **wissentlich und willentlich disquotal** erfolgender Zuteilungen freigebige Zuwendungen i.S.d. § 7 Abs. 1 Nr. 1 ErbStG darstellen, wobei die Rechtsprechung die Vermögensverschiebung als einheitlichen Schenkungsgegenstand betrachtet.[1524] Eine kraft Gesetzes eintretende Verschiebung der Nachlasszuteilung (etwa zum Ausgleich von Vorempfängen in indexierter Höhe nach §§ 2050 ff. BGB) bleibt dabei selbstverständlich außer Betracht.[1525]

c) § 13a Abs. 5 Satz 3 ErbStG: positive Allokation

Die Erbschaftsteuerreform 2009 hat in **§ 13b Abs. 3 ErbStG (seit 01.07.2016: § 13a Abs. 5 Satz 3 ErbStG)** eine neue Regelung geschaffen, deren Ziel es ist, denjenigen Miterben,[1526] der den Betrieb nach entsprechender Auseinandersetzung tatsächlich fortführt, so zu stellen, als habe er von Anfang an (also ohne Zwischenerwerb eines Erben oder einer Erbengemeinschaft) begünstigtes Betriebsvermögen erhalten. Er wird also einem Vermächtnisnehmer, der privilegiertes Betriebsvermögen i.S.d. § 13b Abs. 2 ErbStG erworben hat und demnach gem. § 3 Abs. 1 Nr. 1 ErbStG einen eigenständigen und umfassenden Erwerb von Todes wegen verwirklicht hat, gleichgestellt. Dies entspricht der allgemeinen Systematik des neuen ErbStG, den Begünstigungstransfer zusammen mit der Übertragung des betroffenen Vermögens zuzulassen, in weitgehend einheitlicher Weise (allerdings unter dem Vorbehalt einer Nachversteuerung bei z.B. späterer Veräußerung des begünstigt erworbenen Vermögens etc.)[1527]

1523 Solche können auch außerhalb der Begünstigungsregeln durchaus vorkommen, etwa bei noch nicht als Bauland ausgewiesenem Bauerwartungsland, oder land- und forstwirtschaftlichen Flächen, vgl. *Geck*, DNotZ 2012, 329, 338.
1524 Beispielsfall: FG Münster, 22.10.2015 – 3 K 1776/12 Erb, ZEV 2016, 466 = ErbStB 2016, 42.
1525 FG Niedersachsen, 02.09.2015 – 3 K 388/14, ZEV 2016, 108 = ErbStB 2016, 43.
1526 Nur dieser ist wohl »Dritter« i.S.d. § 13b Abs. 3 ErbStG, vgl. *Wälzholz*, ZEV 2009, 115; a.A. *Pach-Hanssenheimb*, DStR 2008, 957, 959: auch eine sonstige am Nachlass nicht beteiligte Person.
1527 Vgl. allgemein zu Systematik und Vergleich der Begünstigungstransfer-Vorschriften: *Jülicher*, ZErb 2017, 5 ff.

5431 Dabei ist es grundsätzlich[1528] gleichgültig, ob die Erbauseinandersetzung freiwillig oder aufgrund letztwilliger (z.B. Teilungs-)Anordnung erfolgt. Analog zu behandeln ist der Fall des Abfindungserwerbs durch einen ausschlagenden (Mit-)erben, § 3 Abs. 2 Nr. 4 ErbStG, vgl. R E 13b.1 Satz 4 Nr. 7 ErbStR 2011. Das gesetzgeberische Ziel (Gleichbehandlung der Erbauseinandersetzung mit einer unmittelbaren Vermächtniseinsetzung) ist im Wortlaut des § 13a Abs. 5 Satz 3[1529] ErbStG (wonach sich der Wert des begünstigten Vermögens um den Wert des im Austausch dafür hingegebenen Vermögens, höchstens jedoch um den Wert des übertragenen Vermögens erhöht) nur unvollkommen zum Ausdruck gebracht. Fraglich ist z.B. auch, inwieweit die Übernahme von im Nachlass befindlichen Schulden sich als solche Hingabe vom Erblasser erworbenen Vermögens darstellt.[1530]

▶ **Beispiele:**[1531]

5432 Der Erblasser hat begünstigtes Produktivvermögen mit einem erbschaftsteuerlich maßgeblichen Wert von 10 Mio. €, sonstiges Vermögen i.H.v. 11 Mio. €, Sohn und Tochter werden je zur Hälfte Miterben. Beide setzen sich dergestalt auseinander, dass der Sohn den Betrieb, die Tochter das gesamte Privatvermögen erhalten, ohne sonstigen Ausgleich (dabei ist es gleichgültig, ob die Auseinandersetzung einer entsprechenden Teilungsanordnung folgt oder »freiwillig« erfolgte). Rechnerisch hat die Tochter für die Hingabe des Betriebsanteils i.H.v. 5 Mio. € Privatvermögen i.H.v. 5,5 Mio. € erhalten. Demgemäß erhöht sich gem. § 13b Abs. 3 ErbStG der Wert des privilegierten Vermögens des Sohnes um den Wert des hingegebenen Vermögens (5,5 Mio. €), höchstens jedoch um den Wert des übertragenen Vermögens (also des im Gegenzug dafür erlangten Betriebsvermögens, d.h. um 5 Mio. €). Im Ergebnis wird also der Sohn so behandelt, als ob er das gesamte privilegierte Betriebsvermögen (10 Mio. €) unmittelbar von Todes wegen erworben hätte. Zu versteuern ist gleichwohl durch den Sohn das tatsächlich geerbte Vermögen, in diesem Beispielsfall also 10,5 Mio. €, wovon allerdings 10 Mio. € als privilegiertes Vermögen gelten, als Folge des § 13a Abs. 5 Satz 3 ErbStG. Der ursprüngliche Steuerbescheid der Miterben ist also nach der Erbauseinandersetzung zu ändern. Verstößt der Sohn gegen die Haltefristen, trifft die Nachversteuerung allein ihn.

▶ **Umgekehrter Sachverhalt:**

5433 Es sei Betriebsvermögen von 10 Mio. €, Privatvermögen von lediglich 8 Mio. € vorhanden, die Auseinandersetzung erfolgt wiederum ohne Spitzenausgleich durch vollständige Zuordnung des Betriebsvermögens an den Sohn, des sonstigen Vermögens an die Tochter (um der besonderen Risikolage des Betriebsvermögens Rechnung zu tragen). Bei direkter Wortlautanwendung wäre beim Sohn begünstigt der unmittelbar erworbene Halbanteil i.H.v. 5 Mio. € sowie der Wert des zum Erwerb der weiteren Betriebshälfte hingegebenen hälftigen Privatvermögens von 4 Mio. €, also gesamt nur noch 9 Mio. €, obwohl insgesamt Betriebsvermögen i.H.v. 10 Mio. € bei ihm verbleibt. Beide haben demnach 9 Mio. € zu versteuern (d.h. die Tochter mehr als sie letztlich behält; beim Sohn geht 1 Mio. € »Befreiungspotential« verloren). Dies entspricht zwar nicht der Intention der Norm, die sich aus der Gesetzesbegründung[1532]

1528 Vgl. allerdings nachstehend Rdn. 5435 zum möglichen Erfordernis der »zeitnahen« Umsetzung bei der freiwilligen Auseinandersetzung.
1529 Satz 2 ist wohl als Redaktionsversehen unbeachtlich, vgl. *Hannes/Steger/Stalleiken*, DStR 2009, 2029 ff.
1530 Nach Abschnitt 4 Abs. 5 Satz 7 und Abschnitt 7 Abs. 2 Satz 2 des Entwurfs (Stand 01.04.2009) der koordinierten Ländererlasse zur Erbschaftsteuer dann nicht, wenn es sich um Verbindlichkeiten handelt, die in wirtschaftlichem Zusammenhang mit dem übernommenen Betriebsvermögen stammen, vgl. *Wälzholz*, 2. Jahresarbeitstagung Erbrecht (DAI-Skript Mai 2009, S. 269 ff.).
1531 Nach *Riedel*, ZErb 2009, 8.
1532 Abrufbar im Internet unter: http://dip21.bundestag.de/dip21/btd/16/079/1607918.pdf, S. 60.

ergibt, aber dem Wortlaut. Eine vollständig zutreffende Allokation lässt sich nur durch ein Vermächtnis, bezogen auf das Betriebsvermögen, erreichen.[1533]

d) § 13a Abs. 5 Satz 1 und 2 ErbStG: negative Allokation

Der oben erläuterten »positiven Komponente« der Zuweisung der Betriebsvermögensprivilegien an den übernehmenden Miterben entspricht die in § 13a Abs. 5 Satz 1 und 2 ErbStG (vor dem 01.07.2016 inhaltsgleich: §§ 13a Abs. 3 ErbStG, 19a Abs. 2 Satz 2 ErbStG) normierte »negative Komponente«. Demnach stehen gem. § 13a Abs. 5 Satz 1 ErbStG seit 2009 demjenigen (Mit-)Erben, der i.R.d. Teilung des Nachlasses privilegiertes (Betriebs-)Vermögen auf einen anderen Miterben überträgt, weder der Verschonungsabschlag, noch der Abzugsbetrag, noch der Entlassungsbetrag zu. Gleiches gilt, wenn er privilegiertes Vermögen aufgrund einer letztwilligen Verfügung des Erblassers oder einer rechtsgeschäftlichen Verfügung des Erblassers oder Schenkers auf einen Dritten übertragen muss.[1534] Dies wirkt sich (und zwar zugunsten desjenigen, der letztendlich den Mitunternehmeranteil behält) unmittelbar bei der qualifizierten und der rechtsgeschäftlichen Nachfolgeklausel, aber auch bei der einfachen Nachfolgeklausel mit anschließender Erbauseinandersetzung aus.[1535]

5434

e) Anwendungsbereich im Einzelnen

Wie in Rdn. 5431 bereits ausgeführt, differenziert das Gesetz nicht danach, ob die zum Begünstigungstransfer führende Auseinandersetzung in Vollzug einer Teilungs- bzw. Vermächtnisanordnung oder aber »aus freien Stücken« erfolgt. Die Finanzverwaltung (R E 13a.3 Abs. 1 Satz 4 ErbStR 2011) verlangt allerdings (nur) bei freien Auseinandersetzungen in Anlehnung an den ertragsteuerlichen »Rückwirkungszeitraum« einer Erbauseinandersetzung (z.B. für die Gewinnzurechnung) – Rdn. 5930, 5931 – eine zeitnahe Umsetzung, in der Regel[1536] binnen **6 Monaten** nach dem Erbfall.

5435

Die durch § 13a Abs. 5 Satz 1 und 2 ErbStG (negative Komponente) bzw. § 13a Abs. 5 Satz 3 ErbStG (positive Komponente) gewährleistete Zuordnung der Betriebsvermögensprivilegien allein beim den Betrieb übernehmenden Miterben (so wie wenn er Vermächtnisnehmer wäre) setzt allerdings voraus, dass die Erbauseinandersetzung allein aus **Nachlassmitteln** erfolgt, also für den Betrieb das geerbte Vermögen i.S.d. § 13a Abs. 5 ErbStG »hingegeben« wird. Zahlt also der künftige Betriebsinhaber an den ausscheidenden Miterben für den »Hinzuerwerb« des Betriebsanteils eine Abfindung (in Geld oder Sachwerten) aus seinem eigenen (ggf. darlehensweise beschafften), nicht dem geerbten, Vermögen, gibt er also kein Nachlassvermögen hin, sondern kauft sich den zusätzlichen Anteil, gilt § 13a Abs. 5 Satz 1 ErbStG nicht, so dass die Vergünstigung nur für den unmittelbar geerbten Betriebsanteil gewährt wird und der andere Miterbe, der den Betriebsvermögensanteil »verkauft«, mangels Erfüllung der Privilegierungsvoraussetzungen den Betriebsanteil vollständig zu versteuern hat.[1537]

5436

Als noch begünstigte Nachlassmittel, die für den Betriebserwerb »hingegeben« werden, dürften allerdings solche Beträge gelten, welche die Erbengemeinschaft aus dem geerbten Nachlass erwirtschaftet hat, bspw. indem sie den Betrieb einige Zeit fortführte und hieraus zusätzliche Erträge generiert hat, die zur Abgeltung »hingegeben« werden. Unklar ist jedoch, ob § 13a Abs. 5 Satz 3 ErbStG auch dann greift, wenn die »Hingabe« von Nachlassvermögen durch den Betriebserwer-

5437

1533 *Wälzholz*, NWB 2009, 2803, 2808; *Wartenburger*, MittBayNot 2011, 197, 202.
1534 Zum Kausalitätsbegriff vgl. *Koblenzer*, ErbStB 2011, 227 ff.
1535 Vgl. *Riedel*, ZErb 2009, 8 sowie *Softing*, ErbStB 2009, 271 ff.
1536 Kritisch hierzu gerade bei komplexen Nachlässen *Viskorg/Haag*, DStR 2012, 219, 223; *Roth*, RNotZ 2013, 193, 198.
1537 Vgl. *Roth*, RNotZ 2013, 192, 205; *Wälzholz*, ZEV 2009, 116; zu späten Betriebsvermögensauseinandersetzungen auch *Pach-Hanssenheimb*, DStR 2008, 957, 961.

ber sich ihrerseits auf begünstigtes (Betriebs-)Vermögen bezieht, nicht auf – wie von § 13a Abs. 5 ErbStG verlangt – »nicht begünstigtes Vermögen«. Die Wortlautauslegung, die bei der wechselseitigen Hingabe begünstigten Vermögens zum beiderseitigen anteiligen Wegfall der Begünstigung führen würde, wird der Intention des Gesetzes nicht gerecht und ist daher teleologisch zu reduzieren.[1538]

5438 Bleiben die Miterben zunächst gemeinsam Miteigentümer des Betriebs und setzen sich erst **nach Ablauf der** (5- oder 7-jährigen) **Haltefrist** dergestalt auseinander, dass einer der ihren den Betrieb entgeltlich übernimmt, sind an sich die Betriebsvermögensprivilegien hinsichtlich ihrer »positiven Komponente« erfüllt. Anderseits tritt dem Wortlaut nach dadurch gem. § 13a Abs. 5 Satz 1 und 2 ErbStG (negative Komponente) der Verlust der Betriebsvermögensprivilegien bei dem Miterben ein, der seinen Anteil überträgt, da eine Haltefrist in § 13a Abs. 5 ErbStG nicht vorgesehen ist.

5439 Dieses gesetzgeberische Versehen kann wohl nur durch eine teleologische Reduktion des § 13a Abs. 5 Satz 2 ErbStG behoben werden, da kein nachvollziehbarer Grund ersichtlich ist, weshalb die Erbauseinandersetzung schlechter gestellt werden soll als ein Verkauf an einen Außenstehenden nach der erbschaftsteuerlichen »Entstrickung«. Bis diese Lösung durch Rechtsprechung oder Finanzverwaltung anerkannt ist, empfiehlt sich allerdings[1539] nach Ablauf der Haltefrist ein formaler Verkauf bspw. an den Ehegatten des Miterben, nicht an diesen selbst. Die teleologische Reduktion kann allerdings wohl nicht so weit gehen, dass auch der Abschmelzungsgedanke des § 13a Abs. 6 Satz 2 ErbStG auf die negative Zuweisungskomponente des § 13a Abs. 5 Satz 2 ErbStG übertragen wird, also mit jedem weiteren Jahr der Haltefristerfüllung auch die Sanktionswirkung der Erbauseinandersetzung sich reduziert.

▶ Beispiel:[1540]

5440 Der Erblasser hinterlässt zwei gleichgroße Teilbetriebe im Wert von je 5 Mio. € und kein sonstiges Vermögen. Sohn und Tochter (Miterben je zur Hälfte) setzen sich dergestalt auseinander, dass der Sohn den einen Teilbetrieb, die Tochter den anderen allein erhält. Die Allokationsregelungen zur Betriebsvermögensprivilegierung finden an sich dem Wortlaut nach keine Anwendung, da keine Verschiebung begünstigten Vermögens gegen nichtbegünstigtes Vermögen stattgefunden hat. Lediglich die negative Komponente (Verlust der Privilegien aufgrund der Weggabe von Betriebsvermögen) gem. § 13a Abs. 5 Satz 1 und 2 ErbStG wäre erfüllt. Demnach würde weiterhin – wie bisher – die Verletzung der Haltefrist durch einen der beiden Teilbetriebsübernehmer zur Nachversteuerung bei beiden führen, was jedoch evident nicht gewollt ist. Dem Ziel des Gesetzgebers gemäß sollte daher der Sachverhalt der Auseinandersetzung mit ausschließlich begünstigtem Vermögen dem gesetzlich geregelten Sachverhalt (der Hingabe nichtbegünstigten Vermögens) i.S.e. Erst-recht-Schlusses gleichgestellt werden.

5441 Ebenfalls einem Redaktionsversehen geschuldet ist wohl der Umstand, dass i.R.d. **§ 19a Abs. 2 ErbStG** (hinsichtlich der Zuordnung des Entlastungsbetrags) zwar der Verlust der Privilegierung bei Übertragung begünstigten Vermögens auf einen Miterben i.R.d. Nachlassteilung erfasst ist, jedoch die positive Komponente (vgl. § 13a Abs. 5 Satz 3 ErbStG), wonach der erwerbende Miterbe auch für das zusätzlich erworbene begünstigte Vermögen in den Genuss des Entlastungsbetrags kommt, unterblieben ist. In Gesamtanalogie zu §§ 13d Abs. 2 Satz 3, 13 Abs. 1 Nr. 4b u. c ErbStG ist dieses notwendige Korrelat daher zu ergänzen.[1541]

1538 *Roth*, RNotZ 2013, 192, 206; *Theilacker*, BWNotZ 2011, 93, 105.
1539 Mit *Wälzholz*, ZEV 2009, 116; *ders.*, NWB 2009, 2803, 2809. Die ErbStR 2011 gehen auf das Problem nicht ein; vgl. auch *Roth*, RNotZ 2013, 192, 206.
1540 Vgl. *Wälzholz*, ZEV 2009, 117.
1541 Ebenso *Roth*, RNotZ 2013, 192, 203 m.w.N.

Dieselben Regelungen gelten auch für die Privilegierungen von Mietwohnimmobilien, § 13d Abs. 2 ErbStG (Rdn. 4961 ff.),[1542] und bei der Vererbung des Familienheims an Abkömmlinge, § 13 Abs. 1 Nr. 4c (Rdn. 4947 ff.), sowie bei der Vererbung des Familienheims an den Ehegatten (§ 13 Abs. 1 Nr. 4b ErbStG, Rdn. 4918).

5442

Auch wenn der Wortlaut der Begünstigungs-Allokationsvorschrift im Rahmen der Neuregelung der betrieblichen Unternehmensnachfolgebesteuerung unverändert übernommen wurde, ergeben sich seit dem 01.07.2016 dadurch gravierende Veränderungen, dass als »begünstigtes Betriebsvermögen« nur mehr der **Nettowert des begünstigten Vermögens** i.S.d. § 13b Abs. 2 ErbStG gilt. Der Nettowert des Verwaltungsvermögens, gleich wie hoch oder gering der Anteil ist, nimmt daher an den Verschiebungen des § 13a Abs. 5 ErbStG nicht mehr teil.[1543]

5443

Die Grundsätze des Begünstigungstransfers bei der Erbauseinandersetzung gelten **auch für Großbetriebe** i.S.d. § 13c ErbStG, also bei Wertvolumina von über 26 Mio. Euro im Einzelfall, vgl. § 13c Abs. 2 Satz 1 ErbStG. Gleiches gilt für die Prüfung des Verschonungsabschlags in Großerwerbsfällen, § 28a Abs. 1 Satz 2 bis 4 ErbStG. Bei »Mischnachlässen«, die aus Betriebsvermögen und Nicht-Betriebsvermögen bestehen, kann durch rechtzeitige (nach Ansicht der Finanzverwaltung, die vom BFH nicht geteilt wird, innerhalb von sechs Monaten nach dem Erbfall stattfindende, vgl. Rdn. 4949) geschickte Erbauseinandersetzung eine erhebliche Reduzierung der Gesamtsteuerlast erreicht werden, vgl. Rdn. 5387.

5444

f) Verfahren

Verfahrensrechtlich stellt jede Auseinandersetzung unter Verteilung privilegierten Vermögens demnach ein rückwirkendes Ereignis i.S.d. § 175 Abs. 1 Nr. 2 AO dar, das zur Änderung der ursprünglichen Erbschaftsteuerbescheide führt (die Festsetzungsverjährungsfrist ist entsprechend hinausgeschoben).

5445

g) Wertung

Auch wenn sich Teilungsanordnung und Vermächtnis erbschaftsteuerrechtlich, soweit Privilegierungen in Rede stehen, weitgehend angenähert haben, ist weiterhin das Vermächtnis die zielsicherere und damit vorzugswürdige Regelungsalternative. Dies gilt insb. im Hinblick auf die gesetzgeberischen Unsicherheiten, etwa bei einem Wertüberhang des Betriebsvermögens ggü. dem »eingetauschten« nicht privilegierten Vermögen (vgl. Rdn. 5423). Zudem erspart das (Voraus-)Vermächtnis die Notwendigkeit einer Bewertung der Nachlassgegenstände unter den Miterben.

5446

12. Milderung der Doppelbelastung aus Einkommen- und Schenkungsteuer (§ 35b EStG)

Zu nennen ist schließlich die »auf der Zielgeraden der Erbschaftsteuerreform« auf Vorschlag des Finanzausschusses aufgenommene Bestimmung des § 35b EStG[1544] (Renaissance des bis 1998 geltenden § 35 EStG a.F.), um die **doppelte Belastung mit Erb- und Einkommensteuer**[1545] zu mildern, sofern infolge Veräußerung, Entnahme oder Aufgabe die erbschaftsteuerlichen Vorteile entfallen und zugleich die enthaltenen stillen Reserven einkommensteuerlich erfasst werden. Glei-

5447

1542 Vgl. *Schumann*, DStR 2009, 197; *Halachinsky*, ZErb 2009, 21; *Geck*, ZEV 2008, 557.
1543 Vgl. *Wälzholz*, ZEV 2017, 235, 137.
1544 Übersicht bei *Bruschke*, ErbStB 2012, 217 ff.; *Bron/Seidel*, ErbStB 2010, 48 ff. und (in Bezug auf Kapitalanlagen) ErbStB 2010, 81 ff. Die Verweisung in § 35b Satz 3 EStG auf § 10 Abs. 1a Satz 1 Nr. 2 EStG geht seit 2008 ins Leere, vgl. FG Baden-Württemberg, 27.11.2013 – 1 K 1147/13, ErbStB 2014, 121.
1545 Aufstellung solcher Doppelbesteuerungsfälle bei *Schallmoser*, in: *Blümich/Falk*, EStG, Bearb. 2012, § 35b Rn. 17–19; vgl. Verfassungsbeschwerde 1 BvR 1432/10 (gegen BFH, 23.02.2010 – II R 23/09, BStBl 2010 II 643, Doppelbelastung bei Stückzinsen).

ches gilt, wenn dem Erben Überschusseinkünfte oder i.R.d. § 4 Abs. 3 EStG (etwa bei verstorbenen Freiberuflern) nachträglich Zahlungen zufließen, die (als Teil des Unternehmens) in die Erbschaftsteuerberechnung eingeflossen sind, jedoch zusätzlich der ESt unterliegen.[1546] Die tariflich festgesetzte ESt soll dann um Teilbeträge der geleisteten Erbschaftsteuer ermäßigt werden, allerdings nur begrenzt (1) auf vorangegangene nach dem 31.12.2008 erfolgte Erbfälle, nicht Schenkungen,[1547] die (2) im laufenden oder den vier vorangehenden Veranlagungszeiträumen stattgefunden haben und nur sofern (3) die Gewinne einkommensteuerlich beim Erben erfasst werden (beim entgeltlichen Ausscheiden aus einer Personengesellschaft aufgrund einer Fortsetzungsklausel handelt es sich hingegen um einen noch vom Erblasser »auf dem Sterbebett« realisierten Geschäftsvorfall i.S.d. § 16 EStG).

5448 Aufgrund seiner Wirkungsweise kann § 35b EStG die Doppelbelastung mit Einkommen- und Erbschaftsteuer nicht vollständig beseitigen, da (1) sich der Ermäßigungsprozentsatz nach der durchschnittlichen und nicht der Erbschaftsteuergrenzbelastung richtet, (2) der Ermäßigungsprozentsatz auf die anteilige und nicht auf die Einkommensteuergrenzbelastung angewendet wird und (3) Solidaritätszuschlag und Kirchensteuer nicht berücksichtigt werden. Die Anrechnungsmöglichkeit des § 35b EStG ist allerdings auf 5 Jahre begrenzt, obwohl die Nachsteuerfristen 7 bzw. 10 Jahre betragen. Unklar ist auch, wie die Anrechnung bei Gewinnen bewerkstelligt wird, die nicht unter die »tarifliche Einkommensteuer« i.S.d. § 35b EStG fallen (sondern etwa der Abgeltungsteuer, dem Teileinkünfteverfahren oder dem ermäßigten Steuersatz des § 34 Abs. 3 EStG – 56 % des durchschnittlichen Steuersatzes – unterliegen) bzw. ob auch latente Einkommensteuerbelastungen[1548] gemindert werden können (etwa bei der Vererbung einer »Spardosen-GmbH« mit hohen akkumulierten liquiden Reserven, die als nicht betriebsnotwendiges Vermögen i.S.d. § 200 Abs. 2 BewG mit dem gemeinen Wert den erbschaftsteuerlichen Wert erhöht haben und im Fall ihrer Ausschüttung an den Erben zusätzlich der Abgeltungsteuer unterliegen.[1549] Steuerlich empfehlenswerter ist stets die Veräußerung steuerbelasteten Vermögens noch durch den Erblasser bzw. der Zufluss zu versteuernder Einkünfte noch bei ihm, da dann die konkrete Einkommensteuerschuld den Nachlass mindert (sei es durch vorherigen Abfluss von Aktiva, sei es als noch zu erfüllende Zahlungspflicht: Die vom Erblasser herrührende Einkommensteuerpflicht des Todesjahres, samt Kirchensteuer und Solidaritätszuschlag, ist als Nachlassverbindlichkeit gem. § 10 Abs. 5 Nr. 1 ErbStG abzugsfähig.[1550] Gleiches gilt für »latente« Steuerverbindlichkeiten, die der Erblasser als Steuerpflichtiger verwirklicht hat, etwa aufgrund verschwiegener Einkünfte,[1551] allerdings nur, soweit die Steuer tatsächlich später auch festgesetzt wird,[1552] ebenso für »verwirkte«, jedoch im Sterbezeitpunkt noch nicht festgesetzte Erschließungsbeiträge.[1553]

5449 Keine Milderung tritt ein, wenn lebzeitige Schenkung zugleich (z.B. als Arbeitslohn) der Einkommensteuer unterliegen (Bsp: Zuwendung von 2 % der Aktien an der Axel Springer AG durch Friede

---

1546 *Seifried*, ZEV 2009, 285, 286.
1547 Auch dann nicht, wenn sie als Vorerwerbe i.R.d. Zusammenrechnung nach § 14 ErbStG bei der Erbschaftsteuerbelastung zu berücksichtigen sind, FG Düsseldorf, 31.05.2017 – 2 K 489/16 E, ErbStB 2017, 331 (n. rkr., Az. BFH: IX R 23/17).
1548 Kein bereicherungsmindernder Abzug der latenten Einkommensteuerbelastung als Nachlassverbindlichkeit bei der Erbschaftsteuer, vgl. FG München, 18.02.2009 – 4 K 1131/07, ZErb 2009, 215.
1549 *Seifried*, ZEV 2009, 285, 288.
1550 Obwohl sie erst am 31.12. entsteht, BFH, 04.07.2012 – II R 56/11 ZErb 2012, 270 m. Anm. *Riedel* = ZEV 2012, 500 m. Anm. *Crezelius* (Änderung der Rechtsprechung und Abweichung von R E 10.8 Abs. 3 ErbStR 2011) – zum Ganzen vgl. *Scholl/Riedel*, DB 2012, 1236 und *Kobor*, FR 2012, 1075 ff.; nicht abzugsfähig sind allerdings die Steuerberaterkosten für diese Einkommensteuererklärung, FG Niedersachsen, 16.08.2011 – 3 K 421/10, ErbStB 2011, 339.
1551 BFH, 04.07.2012 – II R 14/11, BStBl 2012 II 790.
1552 BFH, 28.10.2015 – II R 46/13, ZEV 2016, 213 m. Anm. *Geck* = ErbStB 2016, 99; hierzu *Gemmer*, EE 2016, 94 f. und *Loose*, ErbR 2016, 316 ff.
1553 FG Nürnberg, 13.05.2015 – 4 K 270/14, ErbStB 2016, 355.

Springer an den Vorstandsvorsitzenden der AG, Herrn Dr. Mathias Döpfner am 17.08.2012 im Wert von ca 75 Mio. Euro: Würde Lohn- und zugleich Schenkungsteuer anfallen, ergäbe sich eine Gesamtsteuerbelastung von ca 95 %.[1554] Die Senate des BFH vertreten unterschiedliche Tendenzen: Vorrang der Erbschaftsteuer (VIII. Senat[1555]), Vorrang der Einkommensteuer (II.[1556] und wohl auch VI. Senat[1557]).

XI. Mittelbare (Grundstücks-)Schenkung

1. Begriff; Tatbestandsvoraussetzungen

Nach der Rechtsprechung des BGH besteht keine zwingende Identität zwischen dem Vermögensopfer des Schenkenden und dem Zuwendungsgegenstand beim Beschenkten.[1558] So kann der Schenkende als Vermögensopfer Geld aufwenden, während der Beschenkte damit Grundbesitz oder einen Betrieb erwirbt. Auch das Steuerrecht erfordert keine Identität des Entreicherungs- und Bereicherungsgegenstands, da gem. § 7 Abs. 1 Nr. 1 ErbStG nur eine Bereicherung des Bedachten »auf Kosten des Zuwendenden« notwendig ist. Im Fall der sog. »mittelbaren Grundstücksschenkung« erfolgt die schenkungsteuerliche Beurteilung so, wie wenn der Veräußerer dem Erwerber unter Lebenden[1559] unmittelbar das Grundstück zugewendet hätte, Rdn. 5463.[1560] Erforderlich ist jedoch stets, dass der Beschenkte einen Gegenstand erhält, der überhaupt Zuwendungsobjekt sein kann (nicht ausreichend ist z.B. die »mittelbare Erhöhung eines Anwartschaftsrechts« gegen eine Lebensversicherung durch Übernahme der Prämien: bloße Geldschenkung, Rdn. 33, 3474[1561]).

5450

Für die Anerkennung einer mittelbaren Grundstücksschenkung im steuerrechtlichen Sinn ist erforderlich, dass der Schenker einen nicht ganz unerheblichen Teil (mehr als 10 %) des Kaufpreises eines **genau bestimmten** Grundstücks oder eines zu erwerbenden Anspruchs auf Übereignung eines genau bestimmten Grundstücks[1562] schenkweise zur Verfügung stellt oder zu mehr als 10 %[1563] die Kosten für die Errichtung eines konkreten Bauvorhabens trägt (»mittelbare Baukostenschenkung«). Auch die Übernahme der Kosten für konkrete Um-, Aus- oder Anbauten genügt, nicht aber die Zuwendung von Mitteln für Reparaturmaßnahmen oder bloße Erhaltensaufwendungen. Obergrenze sind jedoch stets die tatsächlich entstandenen Erwerbs- bzw. Errichtungskosten samt Nebenkosten.[1564] Die Geldzuwendung durch einen steuerlich nicht anzuerkennenden

5451

1554 Vgl. zu diesem Fall *Hartmann,* ErbStB 2016, 181 ff. und 209 ff.
1555 Z.B. BFH, 08.10.2014 – VIII B 115/13, BFH/NV 2015, 200.
1556 Z.B. BFH, 07.11.2007 – II R 28/06, BStBl 2008 II 258.
1557 Z.B. BFH, 28.02.2013 – VI R 58/11, BStBl 2013 II 642.
1558 BGHZ 112, 40 ff.
1559 Die Grundsätze sind auf den Erwerb von Todes wegen (Wunsch des Erblassers, mit Geldmitteln des Nachlasses ein bestimmtes Grundstück zu erwerben) nicht anwendbar, vgl. BFH, 03.07.2003 – II B 90/02, ErbStB 2003, 377. Auch eine »mittelbare Schenkung auf den Todesfall« wird durch FG Rheinland-Pfalz, ZEV 1996, 276 nicht anerkannt, a.A. *Söffing/Worgula,* ErbStB 2005, 326: es handele sich um einen aufschiebend bedingten Vermächtnisanspruch, der erst mit Erfüllung = Bedingungseintritt (und zwar in Gestalt des Bereicherungssachgegenstandes) besteuert und als Vermächtnislast abgezogen werde.
1560 Vgl. Koordinierter Ländererlass v. 02.11.1989, BStBl. 1989 I, S. 443, geändert durch Erlass v. 10.09.1996, BStBl. 1996 I, S. 1173, s. z.B. beck online, BeckVerw075178, sowie R E 7.3 ErbStR 2011.
1561 BFH, 22.10.2014 – II R 26/13, ErbStB 2015, 31 [gegen FG München, 20.02.2013 – 4 K 690/10, EFG 2013, 869].
1562 BFH, 10.11.2004 – II R 44/02, ZEV 2005, 126.
1563 FG München, DStRE 2003, 1462. Sofern der Bedachte zum Vorsteuerabzug berechtigt ist, genügen 10 v.H. des Nettoaufwandes: BFH, DStR 2003, 367. Vgl. hierzu R E 7.3. (3) Satz 2 ErbStR 2011.
1564 Trägt der Beschenkte die Notar- und Grundbuchkosten, mindern diese den schenkungsteuerlichen Wert der Schenkung, gleichlautende Ländererlasse v. 16.03.2012, BStBl 2012 I 338, Nr. 1.1.1; bei gemischten Schenkungen nur hinsichtlich des unentgeltlichen Anteils.

»Scheindarlehensvertrag« steht gem. § 42 AO der Schenkung gleich.[1565] Ist das zu erwerbende Grundstück bzw. die durchzuführende Baumaßnahme nicht im Zeitpunkt der Geldschenkung bereits bestimmt (bloße Bestimmbarkeit genügt auch bei Vorliegen nur weniger Auswahlexemplare nicht), handelt es sich schenkungsteuerlich dagegen um eine Geldschenkung.

5452 Zwischen dem Zeitpunkt der Geldzuwendung bzw. der Zuwendungszusage einerseits[1566] und dem Erwerb des Grundstücks andererseits sollte kein größerer zeitlicher Abstand liegen[1567] (R E 7.3 [1] Satz 6 ErbStR 2011 verlangt dies nur für den Zeitraum zwischen der Bereitstellung des Geldes und seiner bestimmungsgemäßen Verwendung); auf jeden Fall aber muss die Schenkungszusage (sei sie auch entgegen § 518 Abs. 1 BGB lediglich privatschriftlich) vor dem Abschluss des Kaufvertrages[1568] bzw. vor der Eingehung der Kaufpreisschuld,[1569] in Herstellungsfällen vor Fertigstellung des Gebäudes/Abschluss der Sanierungsmaßnahmen[1570] erfolgen. Es ist daher darauf zu achten, dass spätestens beim Abschluss des Grundstückskauf- bzw. -werkvertrages eine zumindest privatschriftliche Zuwendungszusage mit genauer Bezeichnung des »geförderten« Objektes vorliegt. I.S.d. § 9 Abs. 1 Nr. 2 ErbStG ist die mittelbare Schenkung schließlich ausgeführt mit Erklärung der Auflassung und Abgabe der Eintragungsbewilligung, bei zu errichtenden Gebäuden muss auch die Fertigstellung erfolgt sein.[1571]

5453 Eine bloße **Geldschenkung unter Auflage** liegt vor, wenn der Schenkende ggü. dem Beschenkten nur zum Ausdruck bringt, dass jener den Geldbetrag für ein (noch nicht konkret feststehendes)[1572] Grundstück verwenden solle, oder aber er dem Beschenkten auferlegt, auf einem jenem gehörenden Grundstück nach eigenen Vorstellungen ein Gebäude zu errichten, bzgl. dessen keine konkreten Pläne bestehen; schließlich auch dann, wenn dem Erwerber ein (sei es auch zinsloses)[1573] Darlehen gewährt wird, auf dessen Rückzahlung der Darlehensgeber später verzichtet,[1574] oder wenn der Erwerber durch eigenes Darlehen vorfinanziert, und dieses durch die zuge-

---

1565 BFH, 07.11.2006 – IX R 4/06, DStRE 2007, 301.
1566 BFH, 10.11.2004 – II R 44/02, ZEV 2005, 126: es genügt, dass die Kaufpreisschuld (trotz vorzeitigen Eigentumsübergangs) aufgrund vor dem Erwerb (maßgeblich wohl der schuldrechtlicher Vertrag bzw. Beginn der Baumaßnahme) getätigter Zusage unmittelbar durch den Schenker getilgt wird; hierzu *Münch*, RNotZ 2005, 165 und *van de Loo*, DStR 2005, 723. Nach früherer Rspr. war nicht auf den Zeitpunkt des Zuwendungsversprechens, sondern der Zuwendung selbst abzustellen.
1567 BFH, BStBl. 1985 II, S. 160. Stellt der Schenker dem Bedachten den Betrag im Voraus zinslos zur Verfügung, liegt hierin eine weitere Schenkung (Gewährung der Möglichkeit zur Kapitalnutzung), die gem. § 15 Abs. 1 BewG mit 5,5 % p.a. des Kapitals zu bewerten ist: BFH, DStR 2003, 367. Gegenstand der Schenkung sind jedoch nicht die tatsächlich erzielten Zinsen, da diese vom Beschenkten selbst erwirtschaftet wurden. Daher kann auch die auf die Zinsen bezahlte ESt bei der Ermittlung der schenkungsteuerlichen Bereicherung nicht abgezogen werden.
1568 BFH, 02.02.2005 – II R 31/03, DStRE 2005, 833.
1569 BFH, 01.06.2004 – IX R 61/03, ZEV 2005, 29; ausreichend ist die Zusage und Überweisung des zugesagten Teilbetrages für die Restzahlung auch nach Entrichtung der ersten Raten: FG Köln, 08.10.2006 – 18 K 2888/04 F, ErbStB 2006, 341.
1570 BFH, BStBl. 2003 II, S. 273, R 23 Abs. 2 Sätze 3 bis 5 ErbStR 2003; *Hartmann*, ErbStB 2005, 225.
1571 BFH, 23.08.2006 – II R 16/06, ZEV 2006, 516 m. Anm. *Götz*, S. 518 und Anm. *Klein*, NWB 2007, 453 = Fach 10, S. 1569.
1572 Es genügt nicht, lediglich die politische Gemeinde festzulegen, FG Köln, 04.11.2008 – 9 K 4186/07, ErbStB 2009, 5 m. Anm. *Wefers* auch zur etwas großzügigeren Lit. (Bestimmbarkeit müsse genügen).
1573 Hierin liegt zusätzlich eine mit 5,5 % (vgl. § 15 Abs. 1 BewG) des Kapitals p.a. (bei unbefristeten Darlehen mal Multiplikator 9,3: § 13 Abs. 2 BewG) zu versteuernde Zuwendung der unentgeltlichen Kapitalnutzung, BFH, 21.02.2006 – II R 70/04, ZEV 2006, 324, ebenso FG Baden-Württemberg v. 24.09.2003, DStRE 2004, 474 = ErbStB 2004, 106, a.A. die frühere Lit., die auch auf den Zinsvorteil die Grundsätze der mittelbaren Grundstücksschenkung anwendete.
1574 BFH, 29.06.2005 – II R 52/03, ZEV 2005, 492 m. Anm. *Meincke*: die Zinsersparnis wird erst nach Kaufpreistilgung erzielt, also nicht zur Kaufpreistilgung eingesetzt; ebenso bereits zuvor FG Baden-Württemberg v. 24.09.2003, DStRE 2004, 474: die Zinslosigkeit wird gem. § 12 Abs. 1 ErbStG

sagte Geldzuwendung abgelöst wird[1575] – ebenso in Herstellungsfällen, wenn der »Beschenkte« die Handwerkerrechnungen zunächst selbst bezahlt und den Betrag sodann durch Geldzuwendung erstattet erhält. Solche Geldschenkungen unter Auflage sind bereits mit der Geldhingabe vollzogen. Da die Auflage dem Beschenkten selbst zugutekommt (Erwerb seines Grundstücks bzw. Errichtung seines Gebäudes), ist sie nicht abzugsfähig.[1576] Ebenso liegt eine bloße Geldschenkung vor, wenn der Schenker schon vor der Schenkung das Grundstück an einen Dritten veräußert hat und den Erlös dem Beschenkten »als Surrogat« zukommen lässt.[1577]

Anzutreffen ist auch die **mittelbare Schenkung des Veräußerungserlöses** an den Beschenkten. Hierbei verpflichtet sich der Schenker, einen ihm gehörenden Gegenstand zu veräußern und den Erlös dem Beschenkten auszukehren. Dies kann schenkungsteuerlich dann sinnvoll sein, wenn der Steuerwert des Anteils, z.B. aufgrund hoher Substanzwerte, höher ist als der erzielte Veräußerungserlös (etwa da das Verkaufsobjekt lange Zeit ertraglos war). In diesen Fällen ist es sinnvoll, den Geldbetrag und nicht den höher bewerteten Vermögensgegenstand zuzuwenden. Anzuzeigen (und für das Anlaufen der Festsetzungsfrist gemäß § 170 Abs. 5 Nr. 2, 2. Alt., AO erforderlich) ist in diesem Fall nicht nur die Abrede über die Zuwendung des künftigen Veräußerungserlöses, sondern auch der Verkaufsvertrag selbst.[1578] 5454

2. Zivilrechtliche Aspekte

Eine mittelbare Grundstücksschenkung kann sich durch 5455
(1) Hingabe von Geldmitteln zum Erwerb eines bestimmten Grundstücks (oder Errichtung einer bestimmten Immobilie),
(2) Verschaffung eines Anspruchs auf Erwerb eines bestimmten Grundstücks/Errichtung eines bestimmten Gebäudes oder
(3) Hingabe von Geldmitteln zum Erwerb eines Anspruchs auf Verschaffung eines bestimmten Grundstücks/Errichtung eines bestimmten Gebäudes vollziehen.

Dementsprechend kann die tatsächliche Umsetzung der mittelbaren Grundstücksschenkung dadurch geschehen, dass der Schenker dem Beschenkten das Geld zum Erwerb des Grundstücks/zur Errichtung eines Gebäudes zweckgebunden zur Verfügung stellt oder aber unmittelbar die diesbezüglichen Verbindlichkeiten des Beschenkten begleicht oder aber in den Erwerbsvertrag als weiterer Schuldner einbezogen wird und im Innenverhältnis als Folge der Schenkung die Erfüllung im Verhältnis zum Beschenkten allein übernimmt oder aber mit einem Dritten einen Vertrag schließt, wonach dieser zugunsten des Beschenkten als Dritten gem. § 328 BGB diesem ein Grundstück zu übereignen habe. 5456

Eine **bestimmte Mindestbehaltensfrist** ist zur Anerkennung der mittelbaren Schenkung nicht erforderlich; wäre jedoch der Erwerber zur Weiterveräußerung des Grundstücks verpflichtet, läge wohl lediglich die mittelbare Schenkung des aus der Weiterveräußerung zu erzielenden Erlöses vor.[1579] 5457

Die mittelbare Grundstücksschenkung bedarf **zivilrechtlich** der **Form des § 518 BGB** (nicht des § 311b Abs. 1 Satz 1 BGB, da keine Verpflichtung zum Erwerb eines bestimmten Grundstücks 5458

---

i.V.m. § 15 Abs. 1 BewG mit jährlich 5,5 % i.R.d. Schenkungsteuer bewertet. Der BFH (Urt. v. 02.02.2005 – II R 31/03, DStRE 2005, 833) sieht allerdings eine mittelbare Grundstücksschenkung als noch gegeben an, wenn die »Umwandlung« des Darlehens in eine Schenkung noch vor dem Grundstückserwerb zugesagt und vor Bezahlung des Kaufpreises tatsächlich vorgenommen wird.
1575 Steuerunschädlich wäre es gewesen, wenn der Zuwendende selbst das »Überbrückungsdarlehen« (etwa bis zum Freiwerden der zugesagten Mittel) aufgenommen hätte.
1576 § 10 Abs. 9 ErbStG, R 16 Abs. 2 Satz 4 ErbStR 2003.
1577 BFH, 10.10.2008 – II B 85/08, notar 2009, 483.
1578 FG München, 09.04.2014 – 4 K 1852/11, EFG 2014, 1270, Az. BFH: II B 59/14.
1579 Vgl. *Wachter*, Erbschaft- und Schenkungsteuerrecht (DAI-Skript Februar 2006), S. 150.

besteht!) Ein etwaiger Formmangel wird geheilt durch die Bewirkung der Leistung (§ 518 Abs. 2 BGB); die Finanzverwaltung verlangt regelmäßig lediglich den schriftlichen Nachweis der Schenkungszusage.[1580] Da (mittelbar) der Grundbesitz Schenkungsgegenstand ist, beziehen sich Rückforderungsrechte und Widerrufsrechte (§§ 527, 528, 530 BGB sowie vertragliche Rückforderungsrechte, Rdn. 5461) auf Grundbesitz, nicht auf den geschenkten Geldbetrag.[1581]

5459 Am unmittelbarsten lässt sich die Verknüpfung des Schenkungsversprechen mit dem Immobilienerwerb des Beschenkten herstellen, wenn beide in derselben Urkunde (also i.R.d. im Kaufvertrag, kostenrechtlich freilich eine gem. § 110 Nr. 2a GNotKG zusätzlich in Ansatz zu bringende, i.S.d. § 86 Abs. 2 GNotKG gegenstandsverschiedene Erklärung[1582]) enthalten sind; kostenrechtlich handelt es sich freilich um gegenstandsverschiedene Regelungen, so dass beide Geschäftswerte im Ergebnis zu addieren sind. Auch im Rahmen solcher mittelbarer Schenkungen kann sich der Schenker bspw. den Nießbrauch vorbehalten (kein Zuwendungsnießbrauch!), und/oder ein Rückforderungsrecht, so etwa in den folgenden Formulierungsvorschlägen

▶ Formulierungsvorschlag: Mittelbare Grundstücksschenkung mit Nießbrauchsvorbehalt (als Teil eines Kaufvertrages)

5460 § .....

Zuwendung durch die Eltern; Nießbrauchsvorbehalt

Herr ..... und Frau ....., die Eltern des Käufers, versprechen dem Käufer, ihrer Tochter ....., ... € – in Worten: Euro ..... (im Innenverhältnis je hälftig) – zuzüglich der für den Erwerb anfallenden Erwerbsnebenkosten (Notar, Grundbuch, Grunderwerbsteuer) – zum Erwerb des in § 1 genannten Kaufobjektes zu

schenken,

mit der Auflage, dass der geschenkte Betrag zum Erwerb des Vertragsgegenstandes zu verwenden ist. Eltern und Tochter sind einig, dass Gegenstand der Schenkung nicht das Geld sondern der vertragsgegenständliche Grundbesitz ist (mittelbare Grundstücksschenkung).

Der beurkundende Notar wies darauf hin, dass geschenkte Beträge ausschließlich auf das in der Kaufurkunde angegebene Konto des Verkäufers bzw. des Grundpfandrechtsgläubigers zur Lastenfreistellung einzuzahlen sind. Eigene Verfügungsgewalt erhält der Beschenkte über den Geldbetrag daher nicht.

Wirtschaftlich und steuerrechtlich handelt es sich also bei der heutigen Zuwendung um einen Erwerb der Immobilie durch die Eltern mit anschließender Übertragung auf ihre Tochter, auch wenn der Grundbuchvollzug unmittelbar auf ihre Tochter erfolgt. Die Schenker – nachstehend »die Berechtigten« genannt – behalten sich jedoch am gesamten übertragenen Vertragsbesitz ein

Nießbrauchsrecht

(also ein Recht zur Eigennutzung oder Vermietung) vor, das jedoch nicht an Dritte überlassen werden kann. Abweichend vom Gesetz trägt der Nießbraucher auch die Tilgung bestehender Verbindlichkeiten sowie außerordentliche Lasten, Ausbesserungen und Erneuerungen, auch wenn sie über die gewöhnliche Unterhaltung der Sache hinausgehen. Dem Nießbraucher stehen keine Verwendungsersatzansprüche und Wegnahmerechte zu, während umgekehrt der Eigentümer keine Sicherheitsleistung (§ 1051 BGB) verlangen kann. Die gesamten Lasten und Kosten des Vertragsbesitzes sowie die Verkehrssicherungspflicht verbleiben demnach beim Nießbraucher. Dieser ist zur vorzeitigen Aufgabe des Nießbrauchs berechtigt.

Eine Vollmacht zur Wiederbeleihung bestehender oder zur Bestellung neuer Grundpfandrechte wünscht der Nießbraucher nicht.

1580 R 16 Abs. 1 Satz 5 ErbStR 2003.
1581 BGHZ 112, 40 ff., für die Zuwendung von Geldmitteln zum Erwerb von Kommanditgesellschaftsbeteiligungen.
1582 Beispielsfall: OLG Düsseldorf, 27.04.2017 – I-10 W 33/17, ZNotP 2017, 309.

A. Schenkungsteuerrecht Kapitel 12

Die Eintragung des Nießbrauchsrechts – für beide als Berechtigte gemäß § 428 BGB – am Vertragsbesitz wird bewilligt und beantragt, wobei zur Löschung der Nachweis des Todes des Berechtigten genügen soll. Das Recht erhält nächstoffene Rangstelle.

Die Beteiligten wurden darauf hingewiesen, dass die Eintragung des vorgenannten Nießbrauchsrechtes jedoch erst mit Umschreibung des Eigentums auf ihre Tochter im Grundbuch beantragt werden kann.

Der Nießbrauchsvorbehalt mindert den derzeitigen Schenkungswert sowohl zivilrechtlich als auch steuerrechtlich. Der verbleibende Schenkungsbetrag ist auf den Pflichtteil des Erwerbers nach jedem Elternteil je zur Hälfte anzurechnen; eine Anrechnung auf den Erbteil ist jedoch derzeit nicht angeordnet.

▶ Formulierungsvorschlag: Mittelbare Grundstücksschenkung mit Nießbrauchs- und Rückforderungsvorbehalt (als Teil eines Kaufvertrages)

§ 5461

Zuwendung durch die Eltern; Nießbrauchsvorbehalt

Herr ..... und Frau ....., die Eltern des Käufers, versprechen dem Käufer, ihrer Tochter ....., ... € – in Worten: Euro ..... (im Innenverhältnis je hälftig) – zuzüglich der für den Erwerb anfallenden Erwerbsnebenkosten (Notar, Grundbuch, Grunderwerbsteuer) – zum Erwerb des in § 1 genannten Kaufobjektes zu

schenken,

mit der Auflage, dass der geschenkte Betrag zum Erwerb des Vertragsgegenstandes zu verwenden ist. Eltern und Tochter sind einig, dass Gegenstand der Schenkung nicht das Geld sondern der vertragsgegenständliche Grundbesitz ist (mittelbare Grundstücksschenkung).

Der beurkundende Notar wies darauf hin, dass geschenkte Beträge ausschließlich auf das in der Kaufurkunde angegebene Konto des Verkäufers bzw. des Grundpfandrechtsgläubigers zur Lastenfreistellung einzuzahlen sind. Eigene Verfügungsgewalt erhält der Beschenkte über den Geldbetrag daher nicht.

Wirtschaftlich und steuerrechtlich handelt es sich also bei der heutigen Zuwendung um einen Erwerb der Immobilie durch die Eltern mit anschließender Übertragung auf ihre Tochter, auch wenn der Grundbuchvollzug unmittelbar auf ihre Tochter erfolgt. Die Schenker – nachstehend »die Berechtigten« genannt – behalten sich jedoch am gesamten übertragenen Vertragsbesitz ein

Nießbrauchsrecht

(also ein Recht zur Eigennutzung oder Vermietung) vor, das jedoch nicht an Dritte überlassen werden kann. Abweichend vom Gesetz trägt der Nießbraucher auch die Tilgung bestehender Verbindlichkeiten sowie außerordentliche Lasten, Ausbesserungen und Erneuerungen, auch wenn sie über die gewöhnliche Unterhaltung der Sache hinausgehen. Dem Nießbraucher stehen keine Verwendungsersatzansprüche und Wegnahmerechte zu, während umgekehrt der Eigentümer keine Sicherheitsleistung (§ 1051 BGB) verlangen kann. Die gesamten Lasten und Kosten des Vertragsbesitzes sowie die Verkehrssicherungspflicht verbleiben demnach beim Nießbraucher. Dieser ist zur vorzeitigen Aufgabe des Nießbrauchs berechtigt.

Eine Vollmacht zur Wiederbeleihung bestehender oder zur Bestellung neuer Grundpfandrechte wünscht der Nießbraucher nicht.

Die Eintragung des Nießbrauchsrechts – für beide als Berechtigte gemäß § 428 BGB – am Vertragsbesitz wird bewilligt und beantragt, wobei zur Löschung der Nachweis des Todes des Berechtigten genügen soll. Das Recht erhält nächstoffene Rangstelle.

Weiter ist vereinbart:

Der Erwerber und seine Gesamtrechtsnachfolger sind gegenüber den schenkenden Eltern als Berechtigten verpflichtet, den betreffenden Vertragsbesitz zurückzuübertragen, wenn und soweit ein Rückforderungsgrund eintritt und die Rückforderung vertragsgemäß d.h. binnen zwölf Monaten nach Kenntnis vom Rückforderungstatbestand und in notariell beglaubigter Form, aufgrund höchstpersönlicher Entscheidung erklärt wird. Das Rückforderungsrecht ist nicht vererblich oder übertragbar und kann nicht durch gesetzliche Vertreter oder Insolvenzverwalter ausgeübt werden. Es kann sich auch lediglich auf Teile des Vertragsbesitzes erstrecken.

Macht zu Lebzeiten beider Berechtigter nur einer das Rückforderungsrecht geltend, oder ist der andere Berechtigte verstorben, ist nur an den verbleibenden Berechtigten aufzulassen, der auch die Verpflichtungen alleine übernimmt. Andernfalls ist an beide zu je hälftigem Miteigentum unter gesamtschuldnerischer Übernahme der Verpflichtungen aufzulassen.

Ein Rückforderungsgrund tritt jeweils ein, sobald der jeweilige Eigentümer

a) den Vertragsbesitz ganz oder teilweise ohne schriftliche Einwilligung des Berechtigten (bzw. seines gesetzlichen Vertreters oder Bevollmächtigten) veräußert oder sonst das Eigentum daran verliert, belastet oder eingetragene Belastungen revalutiert, oder während des Nießbrauchs vermietet,

b) von Zwangsvollstreckung in den Grundbesitz betroffen ist, sofern die Maßnahme nicht binnen zwei Monaten aufgehoben wird,

c) in Insolvenz fällt, die Eröffnung des Verfahrens mangels Masse abgelehnt wird, oder er die eidesstattliche Versicherung abgibt

d) vor dem Berechtigten verstirbt

e) von seinem (künftigen) Ehegatten/eingetragenen Lebenspartner (»Partner«) getrennt lebt im Sinne des § 1567 BGB, es sei denn, durch vertragliche Vereinbarung ist sichergestellt, dass der Vertragsbesitz im Rahmen des Zugewinnausgleichs nicht berücksichtigt wird, sondern allenfalls tatsächlich getätigte Investitionen oder Tilgungsleistungen dem Partner zu erstatten sind

f) der Drogen- oder Alkoholsucht verfällt, oder

g) Mitglied einer im Sektenbericht des Bundestages aufgeführten Sekte oder einer unter Beobachtung des Verfassungsschutzes stehenden Vereinigung ist

h) länger als sechs Monate geschäftsunfähig ist.

i) Ein Recht zur Rückforderung besteht auch, wenn für die heutige Zuwendung Schenkungsteuer erhoben werden sollte oder wenn sich das Schenkungsteuerrecht oder seine Anwendung nach dieser Zuwendung in einer Weise ändert, dass sich nach dieser Änderung für die heutige Übertragung im Vergleich zum geltenden Recht eine geringere Steuerbelastung, eine spätere Fälligkeit der Steuer, ihr gänzlicher Wegfall oder die Möglichkeit ihrer Vermeidung bei Eintritt zusätzlicher Bedingungen ergibt bzw. zusätzliche Anforderungen zur Erreichung der Steuerfreiheit entfallen

Der Berechtigte hat die im Grundbuch eingetragenen Rechte und Grundpfandrechte dinglich zu übernehmen, soweit sie im Rang vor der nachstehend bestellten Auflassungsvormerkung eingetragen sind.

Aufwendungen aus dem Vermögen des Rückübertragungsverpflichteten werden – maximal jedoch bis zur Höhe der noch vorhandenen Zeitwerterhöhung – gegen Rechnungsnachweis erstattet bzw. durch Schuldübernahme abgegolten, soweit sie nicht nur der Erhaltung des Anwesens im derzeitigen Zustand, sondern der Verbesserung oder Erweiterung des Anwesens gedient haben und mit schriftlicher Zustimmung des Berechtigten oder seines Vertreters durchgeführt wurden. Im Übrigen erfolgt die Rückübertragung unentgeltlich, also insbesondere ohne Ausgleich für geleistete Dienste, wiederkehrende Leistungen, Tilgungen, geleistete Zinsen, Arbeitsleistungen, oder die gezogenen Nutzungen. Hilfsweise gelten die gesetzlichen Bestimmungen zum Rücktrittsrecht.

Die Kosten der Rückübertragung hat der Anspruchsberechtigte zu tragen. Mit Durchführung der Rückübertragung entfällt die ggf. angeordnete Anrechnung der Zuwendung auf den Pflichtteilsanspruch des heutigen Erwerbers sowie ein etwa mit ihm in dieser Urkunde vereinbarter Pflichtteilsverzicht (auflösende Bedingung).

Zur Sicherung des bedingten Rückübertragungsanspruchs nach wirksamer Ausübung eines vorstehend eingeräumten Rückforderungsrechtes oder des gesetzlichen Widerrufs gemäß § 530 BGB (»grober Undank«) bestellt hiermit der Käufer zugunsten beider Eltern als Gesamtberechtigte gem. § 428 BGB eine

A. Schenkungsteuerrecht　　　　　　　　　　　　　　　　　　　　　　Kapitel 12

Vormerkung

am Vertragsbesitz und

bewilligt und beantragt

deren Eintragung im Grundbuch. Die Vormerkung ist als Sicherungsmittel auflösend befristet. Sie erlischt mit dem Tod des jeweiligen Elternteils.

Die Eintragung des vorgenannten Nießbrauchsrechtes und des Rückforderungsvorbehaltes zugunsten der Eltern erfolgen zusammen mit der Umschreibung des Eigentums auf den Sohn als Erwerber, § 16 Abs. 2 GBO.

Der Nießbrauchsvorbehalt mindert den derzeitigen Schenkungswert sowohl zivilrechtlich als auch steuerrechtlich, der Rückforderungsvorbehalt jedenfalls zivilrechtlich. Der verbleibende Schenkungsbetrag ist auf den Pflichtteil des Erwerbers nach jedem Elternteil je zur Hälfte anzurechnen; eine Anrechnung auf den Erbteil ist jedoch derzeit nicht angeordnet.

▶ **Formulierungsvorschlag:** Mittelbare hälftige Grundstücksschenkung durch den Ehegatten (als Teil eines Kaufvertrages)

Regelungen zwischen dem Käufer und seinem Ehegatten　　　　　　　　　　　　　　　5462

Herr ... wird sich an der Finanzierung des Objekterwerbs beteiligen. Er erhält daher einen hälftigen Quotennießbrauch zugewendet (nachstehend 1); ferner ist vereinbart, dass eine Veräußerung und eine Belastung der Immobilie ohne seine Mitwirkung unterbleiben soll; verstößt der Käufer als Eigentümer hiergegen, ist er zur unentgeltlichen Übertragung eines Halbanteils der Wohnung an Herrn ..... verpflichtet. Gleiches gilt für den Fall einer Scheidung oder des Zugriffs Dritter (2).

1.
Quotenzuwendungsnießbrauch

Der Käufer bestellt als künftiger Eigentümer an der genannten Wohnung den Nießbrauch zu einer Quote von 1/2 zugunsten des vorgenannten Ehegatten. Für diesen Quotennießbrauch gelten die gesetzlichen Bestimmungen mit der Abweichung, dass der Nießbraucher hinsichtlich seiner Nutzungshälfte auch die Tilgung bestehender Verbindlichkeiten sowie außerordentliche Lasten, Ausbesserungen und Erneuerungen trägt, auch wenn sie über die gewöhnliche Unterhaltung der Sache hinausgehen. Während des Bestandes des Nießbrauchs bilden Eigentümer und Nießbraucher demnach eine Nutzungs- und Verwaltungsgemeinschaft analog §§ 741 ff. BGB, zu deren innerer Ausgestaltung die heutigen Beteiligten folgende schuldrechtliche Vereinbarung treffen mit der Maßgabe, diese etwaigen Einzelrechtsnachfolgern im Eigentum aufzuerlegen: Sie vereinbaren, in der WEG-Eigentümerversammlung so abzustimmen, wie beide dies vorab vereinbart haben; sie erteilen sich gegenseitig Vollmacht, an der Versammlung teilzunehmen und abzustimmen.

2.
Verfügungssperre

Der Käufer und seine Rechtsnachfolger ist gegenüber seinem Ehegatten verpflichtet, einen Halbanteil am Wohnungseigentum an letzteren zu übertragen, wenn ein Rückforderungsgrund eintritt und die Rückforderung vertragsgemäß d.h. binnen zwölf Monaten nach Kenntnis vom Rückforderungstatbestand und in notariell beglaubigter Form, aufgrund höchstpersönlicher Entscheidung erklärt wird. Das Rückforderungsrecht ist nicht vererblich oder übertragbar.

Ein Rückforderungsgrund tritt jeweils ein, sobald der jeweilige Eigentümer

a) den Vertragsbesitz ganz oder teilweise ohne schriftliche Einwilligung des Veräußerers (bzw. seines gesetzlichen Vertreters oder Bevollmächtigten) veräußert oder sonst das Eigentum daran verliert, belastet oder eingetragene Belastungen revalutiert, oder vermietet,

b) von Zwangsvollstreckung in den Grundbesitz betroffen ist, sofern die Maßnahme nicht binnen zwei Monaten aufgehoben wird,

c) in Insolvenz fällt, die Eröffnung des Verfahrens mangels Masse abgelehnt wird, oder er die eidesstattliche Versicherung abgibt

d) vom Berechtigten seit mindestens sechs Monaten getrennt lebt im Sinne des § 1567 BGB.

Der Berechtigte hat in diesem Fall den Nießbrauch zur Löschung zu bringen, weitere vor der Vormerkung eingetragene Rechte sind zu übernehmen. Im Übrigen erfolgt die Übertragung unentgeltlich, also insbesondere ohne Ausgleich für geleistete Dienste, wiederkehrende Leistungen, Tilgungen, geleistete Zinsen, Arbeitsleistungen, oder die gezogenen Nutzungen. Hilfsweise gelten die gesetzlichen Bestimmungen zum Rücktrittsrecht.

Zur Sicherung des bedingten Übertragungsanspruchs bestellt hiermit der Käufer zugunsten seines Ehegatten eine

Vormerkung, gerichtet auf Übertragung eines Halbanteils,

und im Rang danach einen Nießbrauch zur Hälfte

am Vertragsobjekt und

bewilligt und beantragt

deren Eintragung im Grundbuch. Beide Rechte erlöschen mit dem Tod des Berechtigten.

Dem Käufer und seinem Ehegatten ist bewusst, dass durch die Bestellung des Zuwendungsquotennießbrauchs die Hälfte der steuerlichen Abschreibung verloren geht.

3. Schenkungsteuer

5463   Bedeutung hat die mittelbare Zuwendung eines Gegenstands im Schenkungsteuerrecht nicht nur hinsichtlich der Bewertung, die nicht auf den Gegenstand der Entreicherung (Abfluss beim Schenker in Geld), sondern der Bereicherung (Erwerb des Grundstücks durch den Beschenkten) abstellt, soweit dieser als Folge der mittelbaren Grundstücksschenkung erfolgt (also ggf. anteilig). Vom Steuerwert der »geschenkten« Immobilie können die Kosten des Eigentumserwerbs (Notar und Grundbuch), soweit vom Beschenkten getragen, und die Steuerberatungskosten für die Schenkungsteuererklärung abgezogen werden.[1583] Auch der Zeitpunkt der Steuerentstehung (R E 7.3 Abs. 1 Satz 7 ErbStR 2011, ebenso zuvor R 16 Abs. 1 Satz 7 ErbStR 2003) richtet sich nach den Kriterien der Ausführung einer Grundstücksschenkung, d.h. der Abgabe der für die Grundbucheintragung erforderlichen Erklärungen: Auflassung und Bewilligung; im Fall einer Gebäudeerrichtung mit Bezugsfertigkeit des Gebäudes (R E 9.1 Abs. 2 Satz 4 ErbStR 2011, ebenso zuvor R 23 Abs. 2 Sätze 2 ff. ErbStR 2003). Der BFH sieht in der mittelbaren Schenkung eines Grundstücks im Zustand der Bebauung regelmäßig einen einheitlichen, auf das Gesamtgebäude gerichteten (teils unmittelbaren, teils mittelbaren) Schenkungsvorgang.[1584]

5464   Erfolgt die mittelbare Zuwendung zum Zweck der **Durchführung von Baumaßnahmen**, ist schenkungsteuerlich maßgeblich die dadurch eintretende Erhöhung des Steuerwerts des Grundstücks. An einer solchen Erhöhung konnte es unter Geltung des früheren Bewertungsrechtes bspw. fehlen, wenn
(1) nachträgliche Reparaturen, Modernisierungen und Renovierungen nicht zu einer Erhöhung der erzielbaren Miete führen, oder
(2) eine dritte Wohnung hinzugerichtet wird, so dass es zum Wegfall des 20 %igen Zuschlags bei Ein- oder Zweifamilienhäusern kommt (§ 146 Abs. 5 BewG), oder
(3) bei Baumaßnahmen in hochpreisigen Gebieten auch nach der Gebäudeerrichtung bzw. Gebäudeerweiterung als Mindestwert nach wie vor der Wert des unbebauten Grundstücks (80 % des jeweils aktuellen Bodenrichtwerts) anzusetzen ist (§ 146 Abs. 6 BewG).

1583 BFH, 04.12.2002 – II R 75/00, BStBl. 2003 II, S. 273.
1584 BFH, 27.08.2008 – II R 19/07, MittBayNot 2010, 243 m. Anm. *Grund*; a.A. die Vorinstanz FG München, die von zwei Schenkungen ausging (was gerade an zeitlichen Nahtstellen schlechterer Bewertung, wie 1995/1996 und 2008/2009, von Vorteil gewesen wäre).

A. Schenkungsteuerrecht   Kapitel 12

Unter Geltung des am 01.01.2009 in Kraft getretenen Bewertungsrechtes bleibt die mittelbare   5465
Grundstücksschenkung uneingeschränkt attraktiv in Bezug auf das selbst genutzte Eigenheim (bei
Schenkung durch den Ehegatten: § 13 Abs. 1 Nr. 4a ErbStG, vgl. Rdn. 3279), aber auch – unabhängig von der Person des Schenkers – in Bezug auf vermietete Wohnimmobilien zur Erzielung des 10 %igen Bewertungsabschlags gem. § 13d ErbStG, vgl. Rdn. 4961 ff.

Erbt der mittelbare Schenker später den »mittelbar verschenkten« Gegenstand, wirkt sich die Vermehrung des Erblasservermögens freilich für ihn nachteilig aus: (Bsp[1585]: der Erwerbe nimmt Kredite auf; die Kreditsumme stellt er dem Erblasser zur Anschaffung einer Immobilie zur Verfügung: mittelbare Grundstücksschenkung. Die Vererbung der Immobilie an den mittelbaren Schenker wird in voller Höhe besteuert; weder ist § 13 Abs. 10 ErbStG analog anwendbar noch können die vorab aufgenommenen Schulden gem. § 10 Abs. 5 Nr. 1 ErbStG abgezogen werden). Zur Abgrenzung vgl. Rdn. 6237.

Auch mit der **mittelbaren Hausratschenkung** sind schenkungsteuerliche Vorteile verbunden, allerdings nicht in Bezug auf deren Bewertung (§ 9 BewG), sondern hinsichtlich des objektbezogenen Freibetrages gem. § 13 Abs. 1 Nr. 1a bis 1c ErbStG (in Steuerklasse I: 41.000 Euro für Mobiliar, 12.000 Euro für sonstige bewegliche Gegenstände; in Steuerklasse II und III: jeweils gesamt 12.000 Euro). Dieser wird gewährt, wenn Geldbeträge zweckgebunden zum Erwerb bestimmter steuerbefreiter Gegenstände geschenkt werden. Damit lässt sich insb. in Steuerklasse II und III der persönliche Freibetrag von 20.000 Euro »erhöhen«.[1586]   5466

4. Ertragsteuern; Eigenheimzulage

Die für Neufälle seit 2006 nicht mehr gewährte Eigenheimzulage setzte voraus, dass der Steuerpflichtige die geförderten Beträge selbst aufgewendet hat. Wenn Schenkungsgegenstand – gleich ob aufgrund eines vor oder nach[1587] Kaufvertragsabschluss zustande kommenden Schenkungsversprechens – der Geldbetrag selbst ist, so dass der Erwerber diesen aus eigenen Stücken zur Gebäudeerrichtung oder zum Gebäudeerwerb verwendet, trägt den Aufwand der Beschenkte, sonst trägt ihn der Schenkende. § 11d EStDV gilt jedoch für § 10 EStG und die Eigenheimzulage nicht.[1588] Sofern jedoch der Eigennutzer einen Anteil von 125.000,00 € (maximale Bemessungsgrundlage) aus eigenen Mitteln, ggf. auch aus auflagenfrei zugewendeten Geldmitteln, trägt, steht ihm die Eigenheimzulage ungeschmälert zur Verfügung.   5467

Werden durch die mittelbare Grundstücksschenkung vermietete oder verpachtete Objekte mittelbar zugewendet (also angeschafft oder errichtet), entstehen beim Beschenkten jedoch keine Nachteile; insb. ist er auch befugt, die AfA geltend zu machen. Gem. § 11d EStDV setzt er nämlich die AfA des Vorgängers fort, auch wenn er die Anschaffungs- oder Herstellungskosten nicht selbst getragen hat[1589] und der Schenker rechtlich nie Eigentümer des Objekts war.[1590] Bemessungsgrundlage der AfA des mittelbar Beschenkten ist dabei nicht lediglich der Steuerwert der Immobilie, sondern der Betrag der tatsächlichen (vom Schenker getragenen) Anschaffungs- bzw. Herstellungskosten.[1591] Im Bilanzsteuerrecht ist dagegen wiederum die Art der Finanzierung des Erwerbs von Bedeutung (etwa bei der Anschaffung von Betriebsgütern aus mittelbaren Schenkungen, so dass Re-   5468

1585 FG Mecklenburg-Vorpommern, 26.04.2017 – 3 K 233/14, ErbStB 2017, 268, n. rkr. [Az. BFH: II R 27/17].
1586 Berechnungsbsp. bei *Wenhardt,* EE 2017, 105, 107.
1587 FG Köln, 10.07.2002 – 10 K 5325/99, DStRE 2004, 264.
1588 Beispiel: BFH, 10.05.2005 – IX R 65/04, ErbStB 2005, 273; gegen die h.M. allerdings FG München, DStRE 2005, 393: Direktzahlung des Vaters sei als Abkürzung des Zahlungsweges der Tochter als Anschaffungsaufwand zuzurechnen.
1589 Vgl. *Wegmann,* Grundstücksüberlassung, Rn. 110; *van de Loo,* DStR 2005, 724.
1590 FG Düsseldorf, 13.11.2002 – 16 K 4405/98 E, sowie FG Niedersachsen, 17.03.2015 – 13 K 156/13, ErbStB 2016, 46 (Az. BFH: IX R 26/15).
1591 BFH, 04.10.2016 – IX R 26/15, DStR 2017, 445.

investitionsrücklagen nach §§ 6b, 6c EStG nicht auf Güter übertragen werden können, deren »Anschaffungskosten« auf diese Weise getragen wurden,[1592] ebenso wenig wie auf Wirtschaftsgüter, die durch Surrogation erworben wurden).[1593]

▶ Hinweis:

5469 Ferner ist zu bedenken, dass die Anwendung der Grundsätze der mittelbaren Grundstücksschenkung nur bis zur Höhe der effektiv zu tragenden Anschaffungs- bzw. Herstellungskosten reicht. Bei Vorsteuerabzugsberechtigung des Beschenkten liegt demnach i.H.d. geschenkten abziehbaren Vorsteuer eine Geldschenkung vor.[1594]

Die schenkungsteuerlichen Vorzüge der mittelbaren Grundstücksschenkung können jedoch mit der ertragsteuerlichen Wohltat des Sonderausgabenabzugs für Versorgungsleistungen kombiniert werden (vgl. Rdn. 6346); für Sachverhalte ab 2008 allerdings nur mehr im Zusammenhang mit der Übertragung von Betriebsvermögen.

5. Mittelbare Schenkungen bei Betriebsvermögen

5470 Begrifflich sind solche mittelbaren Schenkungen auch in Bezug auf andere Objekte als Grundstücke denkbar, etwa in Bezug auf **Betriebsvermögen**. Sie haben insoweit freilich wenig Verbreitung gefunden, weil die schenkung-/erbschaftsteuerlichen Betriebsvermögensprivilegien nach Ansicht der Finanzverwaltung,[1595] und nun auch des BFH (Rdn. 5016) nur gewährt werden, wenn das Betriebsvermögen bereits beim Veräußerer/Erblasser vorhanden war. Die »mittelbare Betriebsschenkung« wird bisher nur in den Fällen anerkannt, in denen Geld zweckgebunden zur Beteiligung am Betriebsvermögen des Schenkers (nicht eines Dritten) zugewendet wird.[1596]

5471 Wird Vermögen (z.B. Gesellschaftsanteile) eines Betriebs übertragen, dessen Verkauf bereits eingeleitet wurde, kann darin umgekehrt die mittelbare Schenkung des Verkaufserlöses liegen (»**mittelbare Geldschenkung**«). Dies ist insbesondere anzunehmen, wenn die Verkaufsabsicht bereits in einem Letter of Intent festgehalten ist, und der Beschenkte sich den Verfügungen des Schenkers in Bezug auf die Verkaufsverhandlungen unterzuordnen hat, von ihm vertreten wird, und selbst geschäftsunerfahren ist,[1597] oder wenn der Erwerber der Anteile im Verhältnis zum Schenker nur über den Erlös, nicht aber über die Geschäftsanteile frei verfügen darf.[1598] Schenkungsteuer entsteht dann erst in dem Zeitpunkt, in dem der Beschenkte über den Verkaufserlös verfügen kann, auch die Festsetzungsfrist gem. § 170 Abs. 5 Nr. 2 AO beginnt erst mit Ende des Jahres, in dem die Finanzverwaltung vom Verkauf des zuvor verschenkten Anteils erfährt.

6. Exkurs: Die »indirekte« (Erlös-)Schenkung

5472 Als »indirekte« Schenkung wird in der Literatur[1599] die Schenkung des aus einem (z.B. Verwandtschafts-)Kauf erhaltenen Erlöses bezeichnet, oft »zurück« an den Käufer oder diesem nahestehen-

---

1592 BFH, 23.04.2009 – IV R 9/06, ErbStB 2009, 238 m. Anm. *Geck* gegen FG Hannover, 08.12.2005, ErbStB 2006, 178.
1593 Etwa im Flurbereinigungsverfahren zugeteilte Waldflächen, BFH, 01.07.2010 – IV R 7/08 EStB 2010, 413.
1594 BFH, 04.12.2002 – II R 75/00, DStR 2003, 367.
1595 R E 13b.2 (2) Satz 2 ErbStR 2013, ebenso zuvor R 55 Abs. 4 ErbStR 2003.
1596 Vgl. R E 13b.2 (2) Satz 1 ErbStR 2011; FG Hessen, 22.03.2016 – 1 K 2014/14, ZEV 2016, 688; n. rkr., Az. BFH: II R 18/16, hierzu *Geck/Messner*, ZEV 2016, 632 und *Wenhardt*, EE 2017, 105. Werden Geldbeträge zugewendet, um einen Anteil des Schenkers an einer Kapitalgesellschaft zu erwerben, muss zur Erlangung der Privilegierung gem. § 13b Abs. 1 Nr. 3 ErbStG der (vorherige) Anteil des Schenkers mehr als 25 % betragen.
1597 BFH, 28.03.2012 – II R 39/10, ZEV 2012, 564 = ErbStR 2012, 264.
1598 BFH, 08.03.2017 – II R 2/15, ZEV 2017, 346.
1599 Vgl. *Speidel/Kunstmann*, EE 2015, 120 ff.

de Personen. Der als erster Schritt stattfindende Kaufvorgang ist aus Sicht des Käufers – jedenfalls bei vermieteten Immobilien – in der Regel ertragsteuerlich sinnvoll (z.B. durch Schaffung neuen Abschreibungspotentials) und – jedenfalls wenn es sich nicht um Betriebsvermögen oder spekulationsverhaftetes Privatvermögen (vgl. Rdn. 6289 ff.) handelt – für den Verkäufer steuerneutral. Grunderwerbsteuer fällt unter Verwandten in der Regel nicht an (vgl. Rdn. 5612 ff.) Die (Rück-)Schenkung des vereinbarten und tatsächlich gezahlten Kaufpreises in einem zweiten (Zuwendungs-)akt verschafft dem Käufer wieder Liquidität (auch Liquidität zur Begleichung der durch die Schenkung selbst etwa ausgelösten Schenkungsteuer), ohne die durch den Kauf bereits eingetretenen einkommensteuerlichen Vorteile wieder rückwirkend zu beseitigen.

Voraussetzung ist allerdings, dass die Finanzverwaltung keinen Gesamtplan unterstellt, da in diesem Fall lediglich eine schlichte unmittelbare Schenkung des Grundstücks selbst zugrunde gelegt wird (vgl. Rdn. 5693 ff.) Erforderlich also ist, dass beide Teilschritte tatsächlich durchgeführt werden und je eine eigenständige wirtschaftliche Bedeutung haben, die idealerweise sich auch gegenständlich und personell nicht vollständig decken (Rückschenkung nur eines Teils des Kaufpreises, Zuwendung sowohl an den Käufer als auch an andere, ihm etwa nahestehende dritte Personen). Ratsam ist auch ein ausreichender zeitlicher Abstand und ein greifbarer äußerer Anlass für den zweiten »Akt«. 5473

Ein noch höherer Steuerspareffekt wird erzielt, wenn der Verkäufer den erhaltenen Kaufpreis zunächst teilweise an seinen Ehegatten schenkt (vgl. bei der Gestaltung Rdn. 3327 ff.), weil letzterer diese Beträge dann unter Inanspruchnahme seines eigenen, selbständigen Schenkungsteuerfreibetrags weiterverschenken kann (z.B. an den Käufer), während der Verkäufer lediglich den ihm verbleibenden Teil des Kaufpreises ganz oder in Teilen weiter- bzw. zurückschenkt. 5474

XII. Steuertarif

1. Steuerklassen (§ 15 ErbStG)

a) Einteilung

Seit der Neufassung durch das Jahressteuergesetz 1997[1600] gelten folgende Grundsätze: 5475

Nach Maßgabe der formalen familiären Nähebeziehung zum Erblasser/Schenker sieht § 15 ErbStG eine Einteilung in drei Steuerklassen vor, die maßgeblich sind u.a. für
(1) die Höhe der Freibeträge (§ 16 ErbStG),
(2) den Steuersatz (§ 19 ErbStG),
(3) Vergünstigungen beim Mehrfacherwerb (§ 27 ErbStG)
(4) und bestimmte sachliche Steuerbefreiungen hinsichtlich des Hausrats (§ 13 Abs. 1 Nr. 1 ErbStG).

Wegen des Abstellens auf das lediglich formale Kriterium des Verheiratetseins sind **Verlobte** wie fremde Personen in Steuerklasse III eingestuft,[1601] während **Getrenntlebende** bis zur Rechtskraft der Scheidung noch von Steuerklasse I profitieren. **Kinder** und **Stiefkinder**[1602] sowie **Adoptivkinder** (gleich ob als Volljährige oder Minderjährige adoptiert, gleich ob mit schwacher oder mit starker zivilrechtlicher Wirkung) sind untereinander gleichgestellt. Sowohl die rechtliche (nicht angefochtene) Vaterschaft (des mit der Kindsmutter verheirateten Mannes) als auch die biologische (z.B. durch Genanalyse belegte) Vaterschaft unterfällt der Steuerklasse I.[1603] Adoptivkinder profi- 5476

1600 Zur Problematik der Entlastungsfreibeträge des § 16 ErbStG bei Zusammenrechnung von Erwerben vor dem 31.12.1995: *Dobroschke*, ZEV 2004, 62; FG Köln, ZEV 2004, 87.
1601 Selbst bei einem Versterben nach Bestellung des Aufgebots bleibt es bei Steuerklasse III, vgl. BFH, BStBl. 1998 II, S. 396.
1602 Auch, wenn die Ehe mit dem Stiefelternteil durch Tod oder Scheidung beendet wurde.
1603 FG Hessen, 15.12.2016 – 1 K 1507/16, ZEV 2017, 288 m. Anm. *v. Oertzen* (n. rkr., Az. BFH: II R 5/17).

tieren von Steuerklasse I sowohl im Verhältnis zu ihren »nunmehrigen« Eltern als auch ggü. ihren leiblichen Eltern (§ 15 Abs. 1a ErbStG) (allerdings nicht mehr nach Aufhebung der Adoption).[1604] Pflegekinder (i.S.d. § 32 Abs. 1 Nr. 2 EStG) gehören dagegen zur Steuerklasse III. Schwiegerkinder zählen zur Steuerklasse II, und zwar auch dann, wenn die Ehe im Zeitpunkt des Erwerbs bereits aufgelöst war, vgl. § 1590 Abs. 2 BGB, ebenso wie z.B. Geschwister.[1605]

5477 Es zählen demnach zur

Steuerklasse I	Ehegatten und (aufgrund des JStG 2010) eingetragene Lebenspartner[1], Kinder und Stiefkinder, Enkel, Eltern und Großeltern bei Erwerb von Todes wegen
Steuerklasse II	Eltern und Großeltern bei Schenkungen, Geschwister und deren Abkömmlinge, Stiefeltern, Schwiegerkinder, Schwiegereltern, geschiedener Ehegatte
Steuerklasse III	Alle übrigen Erwerber.
Hinweis zu 1):	
Das BVerfG[1606] hat die bisherige Diskriminierung (Einordnung in Steuerklasse I) für verfassungswidrig erklärt; daher erfolgte die Gleichstellung durch das JStG 2010 (BGBl. 2010 I, S. 1768) gem. § 37 Abs. 5 ErbStG rückwirkend ab dem 01.01.2001, auch hinsichtlich der Freibeträge.	

5478 Der II. Senat des BFH hat – abweichend von seiner früheren Auffassung[1607] – seit 1994 vertreten, das Vermögen einer Personengesellschaft sei gemeinschaftliches Vermögen der Gesellschafter, so dass für Schenkungen an **Gesellschafter in GbR** nicht die GbR Beschenkte sei (in Steuerklasse III), sondern die einzelnen Gesellschafter (Transparenz der Personengesellschaft).[1608] Folgt das Schenkung/Erbschaftsteuerrecht – wie sonst – der Zivilrechtslage, wäre infolge der Teilrechtsfähigkeit der GbR,[1609] die mittlerweile auch als formale Grundbuchfähigkeit durch den V. Senat anerkannt wurde,[1610] dass entweder der gemeinsame Senat der obersten Gerichtshöfe des Bundes anzurufen wäre oder aber eine Rückkehr zur früheren Rechtsprechung erfolgen müsste (mit der desaströsen Folge, dass Übertragungen auf eine GbR stets in Steuerklasse III zu besteuern wären). Bisher hat der BFH diese Kehrtwende allerdings nicht vollzogen,[1611] ebenso wenig die Finanzverwaltung.[1612]

1604 BFH, 17.03.2010 – II R 46/08, ZEV 2010, 323, gegen BFH, 20.06.2007 – II R 56/05, ErbStG 2007, 292.
1605 Eine Einordnung in Steuerklasse I ist verfassungsrechtlich nicht geboten, BFH, 24.04.2013 – II R 65/11, DStR 2013, 1128; vgl. ausführlich *Viskorf*, in: DAI, 11. Jahresarbeitstagung des Notariats 2013, Skript S. 542 ff.
1606 BVerfG, 21.07.2010 – 1 BvR 611/07, NJW 2010, 2783.
1607 BFH, 07.12.1988 – II R 150/85, BStBl. 1989 II, S. 237; BFH, 21.04.2009 – II R 57/07, BStBl 2009 II 606; zu den mehrfachen Kehrtwendungen des RFH und BFH vgl. *Hartmann*, DB 1996, 2250.
1608 BFH, 14.09.1994 – II R 95/92, BStBl. 1995 II, S. 81; BFH, 15.07.1998 – II R 82/96, BStBl. 1998 II, S. 630.
1609 BGH, 29.01.2001 – II ZR 331/00, NJW 2001, 1056.
1610 BGH, 04.12.2008 – V ZB 74/08, DNotZ 2009, 115.
1611 BFH, NJW-RR 2010, 805, 806 Tz. 18 – »die Teilrechtsfähigkeit betreffe lediglich die Anerkennung der Gesamthand im Rechtsverkehr, solle aber nicht der Gesamthand als solche eine der juristischen Person vergleichbare Rechtsfähigkeit zuerkennen« und die Literatur, z.B. *Fischer*, ErbStG, 4. Aufl. 2012, § 3 Rn. 70–72; *Gutachten*, DNotI-Report 2013, 59. *Hartmann*, ErbStB 2011, 341 ff. bezeichnet die Frage als offen; auch für *Geck*, KÖSDI 2013, 18290 ist das Postulat der Transparenz der Personengesellschaft »nicht in Stein gemeißelt«.
1612 Vgl. Tz. 3.2 der gleichlautenden Erlasse v. 14.03.2012, BStBl 2012 I 331: Zurechnung an die die »hinter der Personengesellschaft stehenden Gesellschafter«.

b) Gestaltung durch Adoption

Der enorme Belastungsunterschied zwischen Steuerklasse I, einerseits, und den Steuerklassen II und III, andererseits (Eingangssteuersatz bei Letzterer nunmehr 30 %!) wird die Adoption, auch die Adoption Volljähriger,[1613] und mit Auslandsberührung,[1614] insb. in einer zunehmend kinderlosen Gesellschaft, als Mittel zur Ersparnis von Erbschaftsteuer noch attraktiver als bisher scheinen lassen. Reizvoll ist dabei die **Volljährigenadoption** (bis zum 31.12.1976 auch die Minderjährigenadoption[1615]) mit schwachen Wirkungen, da hierzu die Verwandtschaftsverhältnisse mit den leiblichen Eltern nicht beendet werden (§ 1770 Abs. 2 BGB). Bei Stiefkindadoptionen[1616] steht dagegen die emotionale Betonung des Näheverhältnisses im Vordergrund, da schenkung-/erbschaftsteuerrechtlich auch das Stiefkind zur Steuerklasse I zählt (§ 15 Abs. 1 Nr. 1 Nr. 2 ErbStG). Die (nacheheliche) Adoption eines Kindes kann ferner (ebenso wie eine spätere Heirat) die Höhe des Unterhalts reduzieren, der dem geschiedenen Ehegatten geschuldet ist.[1617] Auch wer als Minderjähriger adoptiert wurde,[1618] kann als Volljähriger erneut anderweit adoptiert werden (das Verbot der **Mehrfachadoption** – § 1742 BGB – gilt insoweit nicht, § 1768 Abs. 1 Satz 2 BGB[1619]). Der Adoptierende selbst muss bis zur Entscheidung über den Antrag geschäftsfähig sein.[1620] Kinderlosigkeit ist nicht erforderlich, wobei jedoch die Interessen der bereits vorhandenen Kinder zu prüfen sind[1621] (§ 1769 BGB), was zu einer Anhörung durch das Familiengericht führt.[1622] Eingetragene Lebenspartner können das Stiefkind ihres Partners (§ 9 Abs. 7 LPartG),[1623] nicht aber gemeinsam ein fremdes Kind, annehmen.

Bei Volljährigen müssen die leiblichen Eltern (ggf. auch der Samenspender[1624]) nicht einwilligen (allerdings werden bei einer Adoption mit starker Wirkung die Eltern zur Prüfung angehört, ob

---

1613 Überblick bei *Brandt*, RNotZ 2013, 459 ff. sowie *Zschiebsch*, notar 2017, 195 ff.
1614 *Emmerling de Oliveira*, MittBayNot 2010, 429 ff.
1615 Starke Wirkungen, hatten davor durchgeführte Minderjährigenadoptionen nur in den Fällen des Art. 12 § 7 Abs. 2 AdoptG, vgl. OLG Köln, 13.08.2014 – 2 Wx 220/14, ZEV 2014, 569 [nur Ls.].
1616 OLG Köln, 02.12.2014 – 4 UF 90/14, MittBayNot 2015, 412: die Reduzierung des Unterhaltsanspruchs der leiblichen Kinder steht nicht a priori gem. § 1745 BGB entgehen. Dass bei der »Stiefkindadoption« des minderjährigen Kindes eines Lebensgefährten die Verwandtschaft des Kindes zum Lebensgefährten gem. §§ 1741 Abs. 2, 1755 Abs. 1 BGB erlischt, ist verfassungsgemäß, BGH, 08.02.2017 – XII ZB 586/16, DNotZ 2017, 375 = NotBZ 2017, 263 m. Anm. *G. Müller*.
1617 BGH, 01.10.1008 – XII ZR 62/07; ebenso kann eine spätere Heirat die ehelichen Lebensverhältnisse noch prägen: BGH, 30.07.2008 – XII ZR 177/06 (»Dreiteilungsgrundsatz«).
1618 Krit. zum damit einhergehenden Verlust des Erbrechts nach den leiblichen Eltern unter dem Aspekt des Minderjährigenschutzes *Wetzel*, ZEV 2011, 401 ff.
1619 Zur Re-Adoption durch den leiblichen Vater [und dessen Ehegatten] vgl. *Gutachten*, DNotI-Report 2014, 171; BGH, 15.01.2014 – XII ZB 443/13, NZFam 2014, 262 ff. m. Anm. *Milzer*.
1620 OLG München, 07.04.2010 – 31 Wx 3/10, ZErb 2010, 181.
1621 Nach AG Rüdesheim, MittBayNot 2008, 57 ist die Adoption auszusprechen bei gleicher Gewichtung der jeweiligen Interessen; ein Überwiegen der Interessen des zu adoptierenden volljährigen Kindes oder ein Fehlverhalten der leiblichen Kinder ist also nicht erforderlich. Ein naturgegebener Vorrang der Interessen schon vorhandener Kinder besteht nicht, OLG München, 10.01.2011 – 33 UF 988/10, BeckRS 2011, 04914.
1622 Unterbleibt diese, ist die Adoption unwirksam, BVerfG, 20.10.2008 – 1 BvR 291/06, ZEV 2009, 44.
1623 Auch, wenn das Kind bereits adoptiert worden war (Ausnahme vom Verbot der Sukzessivadoption), aufgrund Gesetzesänderung v. 20.06.2014, BGBl 2014 I 786 (zur Umsetzung von BVerfG, 19.02.2013 – 1 BvR 3247/09, BGBl 2013 I 428), zur früheren abweichenden Rechtslage vgl. OLG Hamm, 01.12.2009 – I-15 Wx 236/09, DNotZ 2010, 698 m. Anm. *Müller*.
1624 BGH, 18.02.2015 – XII ZB 473/13, ErbR 2015, 337 es sei denn, er hätte »auf sein grundrechtlich geschütztes Interesse, die Rechtsstellung als Vater des Kindes einzunehmen, von vorneherein verzichtet«, vgl. OLG Bamberg, 26.04.2017 – 2 UF 70/17, RNotZ 2017, 538; zum Auskunftsanspruch des Kindes gegen den Reproduktionsmediziner BGH, 28.01.2015 – XII ZR 201/13, DNotZ 2015, 426; etwaige Verzichtserklärungen der Wunscheltern binden das Kind nicht. Das vermutlich Mitte 2018 in Kraft tretende Samenspenderregistergesetz eröffnet Kindern ab dem 16. Lebensjahr Einsichtsrechte in

deren überwiegende Interessen entgegenstehen, § 1772 Abs. 1 Satz 2 BGB).[1625] Ist der Adoptierende verheiratet, muss das Ehepaar das Kind grds. gemeinsam annehmen (§ 1741 Abs. 2 Satz 2 BGB),[1626] es sei denn, der Ehegatte wäre geschäftsunfähig oder unter 21 Jahre alt. Der durch das FamG (bis 01.09.2009 Vormundschaftsgericht) bei Vorliegen und positivem[1627] Nachweis[1628] des dauerhaften[1629] Vorliegens der Voraussetzungen, insb. des Eltern-Kind-Verhältnisses,[1630] des angemessenen Altersabstands,[1631] der sittlichen Rechtfertigung[1632] – dabei darf die Steuererspar-

---

das beim Deutschen Institut für Medizinische Dokumentation und Information DIMDI einzurichtende Register, wo die Daten 110 Jahre vorzuhalten sind, allerdings wird eine gerichtliche Feststellung der rechtlichen Vaterschaft ausgeschlossen sein.). Die Einwilligung zur heterologen Insemination verpflichtet den »sozialen Vater« zur Unterhaltsleistung wie ein leiblicher Vater, BGH, 23.09.2015 – XII ZR 99/14, DNotZ 2016, 54, und zwar im Weg eines Vertrags zugunsten des noch ungeborenen Kindes (§ 328 Abs. 1 BGB), der weder notarieller Beurkundung noch (nach Leibrentenrecht, § 761 Satz 1 BGB) der Schriftform bedarf, jedoch bis zum Beginn der Schwangerschaft widerruflich ist.

1625 Beispielsfall: OLG München, 08.05.2009 – 31 Wx 147/08, NotBZ 2009, 498 (Gefahr, dass der leibliche Vater, der Unterhalt gezahlt hat, seinerseits keine Unterhaltsansprüche gegen das »wegadoptierte« Kind mehr hat).

1626 Dies ist verfassungsgemäß, vgl. OLG Schleswig, 20.12.2013 – 8 UF 173/13, NotBZ 2014, 191 und OLG Koblenz, 05.12.2013 – 13 UF 793/13, MittBayNot 2014, 343; krit. *Brandt*, notar 2014, 298.

1627 Verbleiben begründete Zweifel, muss der Antrag abgelehnt werden, OLG Köln, 01.08.2011 – 4 UF 108/11 NotBZ 2011, 448 (nur Ls.) und OLG Nürnberg, 04.08.2014 – 9 UF 468/14, RNotZ 2015, 167.

1628 Zu den Anforderungen LG Saarbrücken, 26.09.2008 – 5 T 187/08, n.v.: Ablehnung der Adoption, wenn die Beteiligten in der mündlichen Anhörung sich mit »Sie« anreden und zur Häufigkeit der Kontakte angeben, »das komme darauf an«. Ähnlich OLG München, 08.06.2009 – 31 Wx 22/09, ZEV 2009, 355: lediglich einzelne Telefonate und Besuche; der Anzunehmende stimmt der Adoption durch seinen begüterten Paten nur zu, »da man sechs Richtige im Lotto nicht ausschlagen dürfe«.

1629 Daran fehlt es i.d.R. bei der Adoption des Schwiegersohns, da das familiäre Band vom Fortbestand der Ehe abhängt, vgl. Gutachten, DNotI-Report 2009, 75.

1630 Gute Zusammenstellung der Kriterien bei OLG Braunschweig, 15.03.2017 – 1 UF 139/16, ErbStB 2017, 276: grundsätzliche Sympathie, Verfestigung der Beziehung über Jahre, wechselseitige Bereitschaft zu Hilfe und Unterstützung, Unterstützung bei schweren Krankheiten und Trennungen, Aufnahme in die eigenen Räumlichkeiten in Krisenzeiten, gemeinsames Verbringen von Freizeit, Ausführung von Hilfsdiensten im Haushalt, häufige Besuche, wechselseitige Einbindung in das familiäre Beziehungsgeflecht, gemeinsame Oster- oder Weihnachtsfeiern, Erhalt von Geschenken wie z.B. Schmuck aus dem Familieneigentum, Erbringung höchstpersönlicher Unterstützungsleistungen, insbesondere der Körperpflege, Erledigung von Schriftverkehr, Aufnahme in die Patientenverfügung, Kenntnis vom Testamentsinhalt.

1631 Zwölf Jahre genügen nicht, KG, 27.03.2013 – 17 UF 42/13, DNotZ 2013, 780; bei Stiefkindadoptionen sollen allerdings gem. OLG Hamm, 05.08.2013 – 8 UF 68/13, RNotZ 2014, 236 im Einzelfall 13 Jahre 7 Monate ausreichend sein.

1632 Vgl. *Becker*, ZEV 2009, 25 ff. Ein gutes Verwandtschaftsverhältnis zur Adoptivtante genügt nicht, OLG Nürnberg, 04.08.2014 – 9 UF 468/14, RNotZ 2015, 167, vgl. jedoch auch OLG Nürnberg, 12.06.2015 – 10 UF 272/15, MittBayNot 2016, 42: bejahte Adoption zwischen Onkel und Nichte. Ein intaktes Verhältnis zu den leiblichen Eltern steht der Volljährigenadoption regelmäßig entgegen, vgl. OLG Stuttgart, 03.07.2014 – 11 UF 316/13, DNotZ 2015, 855 m. Anm. *Leiß*; a.A. zu Recht OLG München, 10.02.2017 – 33 UF 1304/16, DNotZ 2017, 703 m. Anm. *Leiß*. Nach OLG Bremen, 09.11.2016 – 4 UF 108/16, ZErb 2017, 18, ist eine Volljährigenadoption regelmäßig abzulehnen, wenn zu wenigstens einem leiblichen Elternteil eine funktionierende Eltern-Kind-Beziehung besteht und auch der Altersunterschied gegen die natürliche Generationenfolge spricht, es sei denn, der Annehmende ist der Lebensgefährte des leiblichen Elternteils. Auch zu einem ehemaligen Hausangestellten kann ein Eltern-Kind-ähnliches Verhältnis entstehen, OLG Braunschweig, 15.03.2017 – 1 UF 139/16, ZEV 2017, 343.

nis[1633] bzw. finanzielle Absicherung beim Adoptivkind[1634] oder die Erlangung künftig von ihm zu erbringender Pflegeleistungen,[1635] also der »Nutzen« für den Adoptierenden oder den Anzunehmenden, allenfalls Neben-, nicht aber Hauptzweck sein –, und des Fehlens entgegenstehender überwiegender Interessen Dritter[1636] zwingend auszusprechende Adoptionsbeschluss ist weder nach früherer (§ 56e Satz 2, 3 FGG) noch nach neuer Rechtslage (§ 197 Abs. 3 FamFG) anfechtbar, sofern nicht ausnahmsweise Nichtigkeit gegeben ist, oder aber z.B. die weiterhin beantragten starken Adoptionswirkungen abgelehnt wurden.[1637]

Die Volljährigenadoption führt[1638] weder (bei der Adoption durch einen ausländischen Staatsangehörigen) zum Verlust[1639] noch (bei der Adoption eines Ausländers) zum Erwerb der deutschen Staatsangehörigkeit.[1640] Genuine Auslandsadoptionen können über das Umwandlungsverfahren nach dem Adoptionswirkungsgesetz und die Gleichstellungsverfügung nach Art. 22 Abs. 3 EGBGB auch im Inland erb- und erbschaftsteuerlich nutzbar gemacht werden.[1641] **Unterhaltsrechtlich** werden die Beteiligten einander unterhaltspflichtig. Auch ggü. den leiblichen Eltern bleibt (außer bei der Adoption mit starken Wirkungen und der Minderjährigenadoption) das gegenseitige Unterhaltsverhältnis bestehen, wobei jedoch die Unterhaltspflicht der Adoptiveltern vorrangig ist (§ 1770 Abs. 3 BGB).

5481

Erbrechtlich bleiben im Fall der (den von § 1772 BGB durchbrochenen[1642] gesetzlichen Regelfall darstellenden[1643]) schwachen Volljährigenadoption die **Verwandtschaftsverhältnisse zu den leiblichen Eltern** bestehen, so dass sowohl die leiblichen als auch die Adoptiveltern Erben Zweiter Ordnung sind. Die Kinder des Angenommenen werden dann zwar rechtlich Enkel des Annehmenden, eine Erstreckung auf andere Beteiligte tritt allerdings nicht mehr ein. Namensrechtlich erhält auch der mit schwachen Wirkungen adoptierte Volljährige den Familiennamen des Annehmenden als Geburtsnamen[1644] (§ 1757 BGB), wobei auf Antrag der bisherige Familienname vorangestellt oder angefügt werden kann.[1645] Ist das Adoptivkind verheiratet, kann es jedoch seinen bisherigen Ehenamen behalten, sofern sich der Ehegatte/Verpartnerte der Namensänderung nicht

5482

1633 OLG München, 19.12.2008 – 31 Wx 49/08, ZEV 2009, 83; OLG Hamm, 29.06.2012 – II-2 UF 274/11, EE 2012, 189; ausführlich (und kritisch) zur »Nebenzweckthese« in Bezug auf schenkungsteuerliche Motive *Hölscher*, ZErb 2012, 253 ff.
1634 OLG München, 08.06.2009 – 31 Wx 22/09, ZEV 2009, 355.
1635 OLG München, 05.05.2009 – 31 Wx 17/09, ZEV 2009, 354; für eher schädlich hält dies OLG Nürnberg, 04.08.2014 – 9 UF 468/14, RNotZ 2015, 167.
1636 Z.B. auch Interessen des leiblichen, potenziell unterhaltsberechtigten Vaters, wenn eine Volljährigenadoption mit den starken Wirkungen der Minderjährigenadoption beantragt ist, OLG München, 08.05.2009 – 31 Wx 147/08, ZEV 2009, 355.
1637 OLG München, 08.04.2010 – 31 Wx 30/10, ZErb 2010, 183.
1638 Vgl. hierzu und zum folgenden *Steiner*, ErbStB 2008, 83 ff.
1639 § 27 StAG.
1640 § 6 StAG, vgl. BVerwG, 21.11.2006 – BVerwG 5 C 19.05, NJW 2007, 937.
1641 Vgl. monografisch *Hölscher*, Die Adoption mit schwacher Wirkung in der erbrechtlichen Gestaltung, 2010.
1642 Zur Frage, ob das im Nachhinein bedauerte Erlöschen der Verwandtschaftsbeziehungen zu den bisherigen Eltern durch eine neuerliche oder eine Re-Adoption »korrigiert« werden kann, vgl. *Gutachten*, DNotI-Report 2017, 123 f.
1643 OLG Düsseldorf, 15.12.2011 – I-3 Wx 313/11, NotBZ 2012, 427.
1644 Gem. BGH, 17.08.2011 – XII ZB 656/10, MittBayNot 2012, 49 tritt der »neue« Geburtsname dann auch zwingend an die Stelle des bisherigen Geburtsnamens als »Beiname« zum Ehenamen; allenfalls kann die Beifügung des Beinamens als solche gem. § 1355 Abs. 3 Satz 4 BGB widerrufen werden.
1645 LG Regensburg, 05.08.2008 – 7 T 320/08, MittBayNot 2008, 481. Lediglich AG Leverkusen, 16.04.2009 – 14 XVI 01/09 sowie AG Halberstadt, 22.12.2011 – 8 F 661/10 AD, NotBZ 2012, 135 m. Anm. *Kiupel* gestattet praeter legem die Beibehaltung des Geburtsnamens bei Vorliegen »schwerwiegender Gründe«.

anschließt (§ 1757 Abs. 3 BGB);[1646] darüber hinaus ist möglicherweise verfassungsrechtlich die Beibehaltung des bisherigen Geburtsnamens auch aus sonstigen »schwerwiegenden Gründen« möglich.[1647]

5483 Wegen dieser starken und überwiegend zwingenden außersteuerlichen Wirkungen liegt in der Adoption kein Gestaltungsmissbrauch i.S.d. § 42 AO.

Ist die Adoption vor dem Zeitpunkt der Steuerentstehung durch Zustellung des Beschlusses wirksam geworden (oder wird die Annahme nach dem Tod[1648] des Annehmenden mit Rückwirkung gem. § 1753 Abs. 2 BGB ausgesprochen[1649]), zählt das Adoptivkind gem. §§ 15 Abs. 1 Nr. 2, 16 Abs. 1 Nr. 2 ErbStG zur Steuerklasse I und erhält den Freibetrag eines leiblichen Kindes. Die leiblichen Eltern bleiben – selbst bei der Volladoption (§ 15 Abs. 1a ErbStG) in Steuerklasse I, ebenso wie die Stiefeltern in den Genuss der Steuerklasse I kommen. Gleiches gilt im Verhältnis der Kinder des Adoptivkindes zu den Annehmenden (Enkelverhältnis, § 15 Abs. 1 Nr. 3 ErbStG), auch im Verhältnis zu den Eltern der leiblichen Eltern und zwar auch bei der Volladoption (§ 15 Abs. 1a ErbStG).

5484 Im **Verhältnis zu sonstigen Verwandten** (Onkel, Tanten etc.) gilt: Bei der Erwachsenenadoption mit starken Wirkungen entsteht auch insoweit ein Verwandtschaftsverhältnis, das steuerlich nachvollzogen wird – die steuerliche (nicht die zivilrechtliche!) Verwandtschaft zu den bisherigen leiblichen Verwandten bleibt jedoch auch bei der Adoption mit starken Wirkungen aufrechterhalten (§ 15 Abs. 1a ErbStG). Findet eine Volljährigenadoption mit schwachen Wirkungen statt, gewährt die Rechtsprechung im Verhältnis zu Geschwistern der Adoptiveltern ebenfalls die Steuerklasse II (§ 15 Abs. 1 Teil II Nr. 3 ErbStG),[1650] obwohl insoweit eine zivilrechtliche Verwandtschaft nicht entsteht.

2. Steuersätze (§ 19 ErbStG)

5485 Je nach Steuerklasse und Wert des steuerpflichtigen Erwerbs beträgt der Steuersatz für Erwerbe im Jahr **2009** zwischen 7 % und 50 %:

Wert des steuerpflichtigen Erwerbs bis einschließlich ... €	Prozentsatz in der Steuerklasse		
	I	II	III
75.000	7	30	30
300.000	11	30	30
600.000	15	30	30
6.000.000	19	30	30
13.000.000	23	50	50
26.000.000	27	50	50
Über 26.000.000	30	50	50

1646 Vgl. *Wartenburger*, MittBayNot 2008, 504 f.
1647 AG Leverkusen, 16.04.2009 – 14 XVI 01/09, RNotZ 2009, 544.
1648 Erst Recht gilt dies nach Eintritt der Geschäftsunfähigkeit, OLG München, 26.02.2015 – 33 UF 1292/14, notar 2015, 256 m. Anm. *Beller*.
1649 Hierzu muss der Antrag zu Lebzeiten eingereicht oder der Notar unwiderruflich mit der sofortigen Einreichung beauftragt worden sein; es genügt also nicht die Anweisung zur Einreichung erst nach dem Tod des Annehmenden, OLG München, 02.02.2010 – 31 Wx 157/09, NotBZ 2010, 231.
1650 BFH, 14.05.1986 – II R 37/84, BStBl. 1986 II, S. 613.

A. Schenkungsteuerrecht Kapitel 12

Die Steuerklassen II und III hätten demnach eigentlich zusammengefasst werden können, sie sollten allein aus optischen Gründen (getrennte Erwähnung der Geschwister) beibehalten werden. Dies kann allerdings nicht darüber hinwegtäuschen, dass gerade Geschwister, Neffen und Nichten zu den großen Verlierern der Reform zählen; dies ist im Hinblick auf heutige Familienverhältnisse rechtspolitisch wenig sinnvoll, mag es auch nicht unmittelbar gegen Art. 6 Abs. 1 GG verstoßen, der nach herrschender Meinung nur die Kleinfamilie (Eltern und Kinder) schützt.[1651] 5486

Das Wachstumsbeschleunigungsgesetz 2010 hat für alle Erwerbe ab 01.01.2010 (§ 37 Abs. 1 ErbStG) eine Differenzierung zwischen den Steuerklassen II und III eingeführt, mit einem niedrigeren Eingangs- und Endsteuersatz (15 % bzw. 43 %); für Erwerbe zwischen 600.000 und 6 Mio. € bleibt es beim Steuersatz von 30 %. Die Freibeträge bleiben unverändert. Demgemäß lauten die maßgeblichen Prozentsätze des § 19 Abs. 1 ErbStG für alle Erwerbe **ab 2010**: 5487

Wert des steuerpflichtigen Erwerbs bis einschließlich ... €	Prozentsatz in der Steuerklasse		
	I	II	III
75.000	7	15	30
300.000	11	20	30
600.000	15	25	30
6.000.000	19	30	30
13.000.000	23	35	50
26.000.000	27	40	50
Über 26.000.000	30	43	50

Bis 31.12.2008 schließlich galten folgende Steuersätze: 5488

Wert des steuerpflichtigen Erwerbs (§ 10 ErbStG) bis einschließlich ... €	Vom Hundertsatz in der Steuerklasse		
	I	II	III
52.000	7	12	17
256.000	11	17	23
512.000	15	22	29
5.113.000	19	27	35
12.783.000	23	32	41
25.565.000	27	37	47
über 25.565.000	30	40	50

Der »Halbteilungsgrundsatz« als verfassungsrechtliche Schranke ist auf das ErbStG nicht anwendbar.[1652]

Es handelt sich um einen sog. »Stufentarif«, so dass die Steuerbelastung an der Grenze der jeweiligen Wertstufen sprunghaft ansteigt. Daher mildert der **Härteausgleich** des § 19 Abs. 3 ErbStG diesen Tarifsprung ab. Er findet bspw. seit 2010 hinsichtlich der ersten Wertgrenze des § 19 5489

[1651] Gegen Verfassungswidrigkeit des alten Rechtes: BFH, 20.01.2015 – II R 9/11, ZEV 2015, 242.
[1652] BFH, 27.03.2006 – II B 161/05, ZEV 2006, 323.

Abs. 1 ErbStG (75.000,00 €) bis zu einem Betrag von 82.600,00 € in Steuerklasse I, bzw. 87.400,00 € in Steuerklasse II Anwendung.[1653]

5490 Bei **Betriebsvermögen**, das durch Personen der Steuerklasse II oder III erworben wird, gewährt § 19a ErbStG eine Tarifermäßigung, Rdn. 5242 ff. (bis 31.12.2008 lediglich i.H.v. 88 % des Differenzbetrags zum Steuerbetrag in Steuerklasse I, und zwar sowohl beim Erwerb von Todes wegen als auch unter Lebenden in vorweggenommener Erbfolge, vgl. § 13a Abs. 1 Nr. 2 ErbStG a.F., Rn. 3974 ff. der dritten Auflage dieses Werks. Bis Ende 2008 war daher v.a. für Zuwendungen zwischen nicht verwandten Personen die Gründung einer gewerblich geprägten Personengesellschaft und Übertragung von Anteilen hieran von besonderem Interesse; seit 2009 steht diese Möglichkeit nur für »echt gewerbliche Unternehmen« zur Verfügung.

▶ Hinweis:

5491 Zu beachten ist allerdings, dass dadurch nicht zusätzlich der persönliche Freibetrag der Steuerklasse I gewährt wird; dieser richtet sich vielmehr nach der tatsächlichen Steuerklasse. Um Letzteres zu erlangen, müsste der Erwerber adoptiert werden.

5492 § 19 Abs. 2 ErbStG regelt schließlich den sog. »**Progressionsvorbehalt**« bei Erwerben in Ländern, die aufgrund bestehender Doppelbesteuerungsabkommen von der deutschen Schenkung/Erbschaftsteuer freigestellt sind – derzeit[1654] also der Schweiz und den USA (bis 31.07.2008 auch Österreich) sowie seit 27.02.2009[1655] auch Frankreich[1656] – und führt zum Ansatz des höheren Steuersatzes aus dem fiktiven Gesamterwerb auf den tatsächlich in Deutschland zu versteuernden Erwerb.

3. Berücksichtigung früherer Erwerbe (§ 14 ErbStG)

5493 Grundsätzlich werden alle auf einem einheitlichen, vor der Ausführung bestehenden Schenkungswillen beruhenden und auch »in einem Zug« vollzogenen Schenkungen als »Einzelvorgang« zusammengerechnet, also hinsichtlich der Werte ggf. saldiert, insb. wenn sie (z.B. als Schenkung eines GbR-Anteils und eines Grundstücks) in einem Vertrag[1657] oder in zwei Verträgen beim selben Notartermin[1658] zusammengefasst sind, allenfalls aber aus technischen Gründen binnen weniger Tage[1659] erfüllt werden.

5494 § 14 ErbStG[1660] dient mehreren, teilweise nicht völlig kompatiblen Zwecken, nämlich
(1) einerseits der Vermeidung mehrfacher Ausnutzung der Freibeträge innerhalb der 10-Jahres-Grenze[1661] und des »Unterlaufens« der Steuersatzprogression bei höheren Erwerben durch

---

1653 Vgl. im Einzelnen Erlass FinMin Baden-Württemberg v. 18.01.2010, 3 – 3825/2, ZEV 2010, 108.
1654 Übersicht in BStBl 2014 I 171.
1655 ZEV 2009, 185; zum französischen Loi des Finances 2009: *Gottschalk*, ZEV 2009, 185.
1656 Hierzu *Kirnberger*, ErbStB 2008, 300 ff.
1657 FG Münster, 22.12.1970, EFG 1971, 491.
1658 FG Brandenburg, 04.04.2001, EFG 2001, 985.
1659 BFH, 10.02.1982 – II R 3/80, BStBl. 1982 II, S. 351; Gegenbeispiel: FG Hamburg, 07.04.2009 – 3 K 218/07, ErbStB 2010, 6: zwei Schenkungen zwar binnen dreier Tage, aber ohne gegenseitige Bezugnahme, genügen nicht.
1660 Vgl. hierzu und zum folgenden *Meincke*, ZEV 2009, 604 ff.; *ders.*, DStR 2007, 273 ff.; *Wenhardt*, EE 2017, 32–36.
1661 Für die Fristberechnung gilt § 108 Abs. 1 AO i.V.m. §§ 187 Abs. 2, 188 Abs. 2 Alt. 2 BGB (d.h: wird die erste Schenkung am 31.12.1998 steuerlich wirksam, ist eine zweite Schenkung mit steuerlicher Wirksamkeit zum 31.12.2008 nicht mehr zusammenzurechnen); beim Fristende findet allerdings keine Verlängerung auf den nächsten Werktag statt, BFH, 28.03.2012 – II R 43/11, ZEV 2012, 384 m. Anm. *Wachter*; vgl. hierzu *Hertel*, Aktuelle Probleme der notariellen Vertragsgestaltung im Immobilienrecht 2012/2013, DAI, S. 225 ff.

A. Schenkungsteuerrecht
Kapitel 12

Zerlegung in mehrfache Teilzuwendungen (dies führt in der Tendenz zur höheren Belastung des zweiten Erwerbs aufgrund des vorangegangenen),
(2) andererseits der Milderung der Steuer für den Letzterwerb durch Verrechnung der hohen Steuerlast aus einem früheren Erwerb, § 14 Abs. 1 Satz 3 ErbStG (mit der Folge eines Entlastungseffektes für die nunmehrige Zuwendung – im Anschluss an hoch besteuerte Zuwendungen zu DDR-Zeit konnten nach der Wende Folgeschenkungen sogar gänzlich steuerfrei bleiben!).[1662]

Erfasst sind Erwerbe, für die die Steuer innerhalb des zurückliegenden Zehn-Jahres-Zeitraums[1663] entstanden ist (zum Entstehenszeitpunkt und diesbezüglichen Steuerungsmöglichkeiten vgl. oben Rdn. 4544 ff.), und zwar nur zwischen exakt demselben Veräußerer (lebzeitig oder letztwillig) und demselben Erwerber (auch im Verhältnis Vorerbe – Nacherbe),[1664] d.h. eine Zuwendung durch den Erben selbst wird mit früheren Zuwendungen des Erblassers nicht zusammengerechnet.[1665] Schenkungen und Erbschaften werden gleich behandelt, auch wenn der Erbfall keine natürliche Ursache hat.[1666] Bezahlte ausländische Schenkungsteuern bleiben bei § 14 ErbStG unberücksichtigt.[1667] 5495

I.R.d. § 14 ErbStG wird im **ersten Schritt** die Steuer nach jetziger Rechtslage auf die Gesamtheit aller Erwerbe in diesem Zeitraum ermittelt, wobei alle einzelnen Erwerbe mit ihrer jeweils historischen individuellen Bewertung in diese Summe einfließen (also bspw. Grundbesitz, der vor dem 31.12.1995 übertragen wurde, lediglich mit dem 1,4-fachen Einheitswert), und von der Summe der Einzelwerte der persönliche Freibetrag abgezogen wird. 5496

Zuwendungen, die ihrer Art nach, unabhängig vom Wert, gänzlich freigestellt sind (»qualitative Steuerbefreiungen« wie etwa die Freistellung des Familienheims, § 13 Abs. 1 Nr. 4a ErbStG), werden bei der Zusammenrechnung nicht berücksichtigt. Quantitative Steuerbefreiungen, die der Höhe nach begrenzt sind (etwa hinsichtlich des Hausrats, § 13 Abs. 1 Nr. 1 ErbStG), werden jedoch erfasst und entfallen demnach nachträglich, wenn weitere Zuwendungen erfolgen. Freibeträge, die nur bei Erwerben von Todes wegen zur Anwendung kommen (etwa der Zugewinnausgleichsfreibetrag, § 5 ErbStG, bzw. der Versorgungsfreibetrag) oder die (wie der Betriebsvermögensfreibetrag) nur einmal im Zehn-Jahres-Zeitraum gewährt werden, können schon immanent nicht zu aufteilungsbedingten Vorteilen führen, sind also unmittelbar dort abzuziehen, wo sie anfallen (zu §§ 13a, 19a ErbStG vgl. R E 14.2 ErbStR 2011, zuvor schon R 71 ErbStR 2003). 5497

▶ Hinweis:

Negative Vorerwerbe (etwa Personengesellschaftsanteile mit negativem Steuerwert) bleiben gem. § 14 Abs. 1 Satz 4 ErbStG unberücksichtigt; sie können daher nur nutzbar gemacht werden, indem sie i.V.m. anderen Vermögensgegenständen im Rahmen eines einheitlichen Er- 5498

1662 Erl. v. 22.01.1991, BStBl. 1991 I, S. 142, 143.
1663 Der Tag der ersten Schenkung selbst wird nicht mitgezählt, FG Niedersachen, 16.06.2011 – 3 K 136/11, ErbStB 2011, 338.
1664 Gem. BFH, 03.11.2010 – II R 65/09, ZEV 2011, 95 m. Anm. *Kobor* gilt dies für die Zusammenrechnung einer lebzeitigen, vorweggenommenen Übertragungen vom Vor- auf den Nacherben mit dem restlichen Nacherbanfall auch dann, wenn der Nacherbe gem. § 7 Abs. 2 Satz 1 ErbStG beantragt, der Versteuerung sein Verhältnis zum Ersterblasser zugrunde zu legen, vgl. *Geck*, DNotZ 2012, 329, 343.
1665 Vgl. *Halaczinsky*, ErbStB 2006, 187, auch zu Besonderheiten bei der Vor- und Nacherbfolge sowie (wegen § 15 Abs. 3 ErbStG) der Schlusserbschaft beim Berliner Testament, zu Letzterem: FG Köln, DStRE 2006, 1281 und *Hülsmann*, NWB 2007, 789 = Fach 10, S. 1585 ff.
1666 FG Hamburg, 30.04.2008 – 3 K 17/07, ErbStG 2008, 349: Ermordung (durch einen Dritten).
1667 FG Köln, 23.04.2009 – 9 K 47/07, ErbStB 2010, 63 m. Anm. *Kirschstein*, krit. *Werz/Sager*, ErbStB 2010, 304 ff. in Bezug auf nicht gem. § 21 ErbStG »verbrauchte« Anrechnungsbeträge.

werbs andere positive Steuerwerte unmittelbar neutralisieren, nicht im Weg der Zusammenrechnung.

5499 Im **zweiten Schritt** wird lediglich die Summe der vorangegangenen Erwerbe (also ohne den nunmehrigen Nacherwerb) gebildet und die Steuer ermittelt, die auf die Summe der früheren Erwerbe nach dem derzeit geltenden Steuersatz und den derzeitigen persönlichen Verhältnissen,[1668] jedoch nach Maßgabe des damaligen Freibetrages[1669] (vor 1996: 90.000,00 statt 400.000,00 DM) zu entrichten wäre. Unterliegt der Vorerwerb[1670] der teilweisen Stundung gem. § 25 ErbStG a.F. (vorbehaltene Nutzungsrecht für den Schenker bzw. seinen Ehegatten), ist er nach Ansicht des BFH mit dem Steuerbetrag für den Bruttowert, also ohne Abzug der Belastung anzusetzen,[1671] nach Ansicht der Finanzverwaltung jedoch mit dem tatsächlich sofort fälligen Steueranteil zuzüglich des Ablösebetrages für den zu stundenden Anteil (§ 25 Abs. 1 Satz 2 und 3 ErbStG a.F.).[1672]

5500 Die im zweiten Schritt errechnete fiktive Abzugssteuer wird mit der Summe der tatsächlich historisch entrichteten Steuern für die früheren Erwerbe verglichen und sodann im **dritten Schritt** von der im ersten Schritt ermittelten derzeitigen Gesamtsteuer auf den Gesamtbetrag die historisch tatsächlich zu entrichtende[1673] oder die fiktiv nach derzeitigen Tarifnormen ermittelte Steuer auf die Vorerwerbe abgezogen, je nachdem welcher der beiden zum Abzug anstehenden Beträge höher ist (§ 14 Abs. 1 Satz 3 ErbStG).[1674]

5501 Eine reale Erstattung »überhöhter« Steuern auf die Vorerwerbe (im Vergleich zu der nunmehr fiktiv zu entrichtenden Gesamtsteuer) findet zwar nicht statt, allerdings konnte sich nach der bis Ende 2008 geltenden Rechtslage wirtschaftlich ein »Abrechnungsguthaben« ergeben, wenn seit der ersten, noch nicht 10 Jahre zurückliegenden Schenkung, sich Status- oder Gesetzesänderungen ergeben haben, die zu einer günstigeren Situation führen (der damals und nun erneut Beschenkte ist zwischenzeitlich adoptiert worden: die damals bezahlte Steuer mindert die nunmehrige und erlaubt damit höhere Übertragungen).

1668 Z.B. unter Berücksichtigung der Tatsache, dass Schenker und Beschenkter jetzt verheiratet sind, § 14 Abs. 1 Satz 2 ErbStG.
1669 Rechtsprechungsänderung durch BFH, 02.03.2005 – II R 43/03, BStBl. 2005 II, S. 728; bestätigt durch BFH, 31.05.2006 – II R 20/05, EStB 2006, 336. Dem ist die Finanzverwaltung durch Erlass v. 01.12.2005 gefolgt, BStBl. 2005 I, S. 1032 und H E 14.1 ErbStH. Der Widerspruch zum Gesetzeswortlaut wird sprachlich dadurch vermieden, dass der BFH den aktuell geltenden Freibetrag berücksichtigt, aber nur in dem Umfang, in dem er beim Vorerwerb verbraucht werden konnte, also limitiert auf den damaligen Höchstbetrag; vgl. auch FG Münster, 13.09.2012 – 3 K 1019/10 Erb, ErbStB 2013, 113.
1670 Ist der Nacherwerb mit dem Duldungsrecht belastet, stellen sich diese Probleme nicht – da es um die Besteuerung dieses Nacherwerbs geht, ist die Steuer ggf. anteilig zu stunden. Gleiches gilt bei Duldungsbelastung beider Erwerbe, vgl. *Halaczinsky*, ErbStB 2006, 193. Ruht der Duldungsvorbehalt lediglich auf dem Vorerwerb, liegt dieser aber insgesamt unter dem Freibetrag, so dass keine Stundung gewährt werden konnte, ist bei Überschreiten des Freibetrages durch die hinzutretende zweite (vorbehaltlose) Schenkung die Steuer sofort festzusetzen, also nicht die Stundung »nachzuholen« (auch insoweit gilt also die »Bruttowertmethode« = Steuer auf den gesamten verbleibenden Bruttoerwerb, BFH, 08.03.2006 – II R 10/05, ZErb 2006, 312 m. krit. Anm *Korezkij*; ebenso H 85 Abs. 4 ErbStH 2003.
1671 BFH, 08.03.2006 – II R 10/05, ZEV 2006, 371 m. krit. Anm. *Dobroschke* = ZErb 2006, 312 m. krit. Anm. *Korezkij*; weitere Nachweise bei *Halaczinsky*, ErbStB 2006, 192. Dies gilt für die Berechnung der fiktiven sowie der ggf. höheren tatsächlichen Steuer auf den Vorerwerb (wurde die Stundung tatsächlich abgezinst abgelöst, bleibt dies jedoch unberücksichtigt!).
1672 Gleichlautende OFD-Erlasse v. 26.04.2005, ErbStB 2005, 149; auch wenn der Erwerber die Ablösung nicht beantragt hat, vgl. Nachweise bei *Korezkij*, ZEV 2005, 242.
1673 Eine objektiv fehlerhafte Steuerfestsetzung ist fiktiv neu zu berechnen, BFH, 09.07.2009 – II R 55/08, ErbStB 2009, 371.
1674 Krit. hierzu *Meincke*, DStR 2007, 276.

Daher wurde i.R.d. Erbschaftsteuerreform § 14 Abs. 1 Satz 3 ErbStG geändert: Bei der Zusammenrechnung mehrerer Erwerbe binnen 10 Jahren wird eine **Mindestbesteuerung** eingeführt (i.H.d. Steuer, die für den letzten Erwerb ohne Zusammenrechnung mit früheren Erwerben anfallen würde). Damit wird hinsichtlich der beiden von § 14 ErbStG verfolgten Ziele (zum einen Konservierung niedriger Steuern auf Vorerwerbe; zum anderen Absenkung höherer früherer Steuern auf das niedrigere Gegenwartsniveau) das zweite Ziel insoweit eingeschränkt, als das Gegenwartsniveau durch Anrechnung nicht mehr unterschritten werden kann. Dies wird im Hinblick auf die Neuregelungen zur Betriebsnachfolge notwendig, die bei Erfüllung der Voraussetzungen im Endergebnis steuerfreie Übertragungen erlauben. Wurde im Zehn-Jahres-Zeitraum des § 14 ErbStG zuvor für andere Vorgänge Steuer bezahlt, führt die Mindestanrechnung der gezahlten Steuer dazu, dass später auch an sich steuerpflichtige (nicht produktive) Betriebsschenkungen ggf. »neutralisiert« werden könnten i.S.e. »negativen Steuer«. Dies ist nicht gewollt.

5502

Auch Erwerbe, die aufgrund einer bis zum 01.04.2005 möglichen strafbefreienden Erklärung nach dem StraBEG[1675] besteuert wurden,[1676] werden in den Zehnjahreszeitraum einbezogen;[1677] abzuziehen ist nach Verwaltungsauffassung die fiktive Steuer i.S.d. § 14 Abs. 1 Satz 2 ErbStG, nicht die (i.d.R. allerdings niedrigere) tatsächlich gezahlte StraBEG-Steuer gem. § 14 Abs. 1 Satz 3 ErbStG.[1678]

5503

Primärer Gesetzeszweck des § 14 ErbStG bleibt jedoch das Interesse des Fiskus an einer Umgehung der Steuerprogression, nicht der Schutz des Steuerpflichtigen vor übermäßiger Belastung. Daher existiert kein Rechtssatz des Inhalts, dass der sukzessive, aufgeteilte Erwerb eines Gegenstands (zunächst Erwerb eines Nutzungsrechts hieran, sodann Erwerb des Eigentums) zu keiner höheren Steuer führen dürfe als der Direkterwerb des Gesamtobjekts durch einheitlichen Rechtsakt.[1679]

5504

Verteilen sich drei oder mehr Erwerbe über einen Zeitraum von **mehr als 10 Jahren**, existieren mehrere Zusammenrechnungszeiträume, jeweils ausgehend von der ersten Schenkung in die Zukunft und von der letzten Schenkung in die Vergangenheit zurückgerechnet. Dies kann, da jeweils zumindest ein »zu früher« oder »zu später« Erwerb herausfällt, zu einer Überprogression führen, also einer höheren Steuer, als wenn alle Erwerbe insgesamt während eines einzigen 10-Jahres-Zeitraums stattgefunden hätten – ein nicht nachvollziehbares Ergebnis. Die neuere BFH-Rechtsprechung[1680] fordert insoweit, die Steuer für den letzten Erwerb so zu berechnen, dass sich der dem Steuerpflichtigen z.Zt. dieses Erwerbs zustehende Freibetrag tatsächlich auswirkt, soweit er nicht innerhalb von 10 Jahren vor diesem Erwerb verbraucht worden ist. Bei Schenkungsketten, die über 10 Jahre hinausreichen, ist demnach ein »wiederauflebender Freibetrag« nicht mehr hinzuzurechnen.[1681] Die Finanzverwaltung ist dem zunächst gefolgt.[1682] Aufgrund der Neufassung des § 14 Abs. 1 Satz 3 ErbStG ab 2009 ist diese (für den Steuerpflichtigen günstigere) Rechtsprechung zur Beseitigung einer Überprogression nicht mehr aufrechtzuerhalten.[1683]

5505

1675 BGBl. 2003 I, S. 2928.
1676 I.H.v. 25 % bzw. 35 % der »Einnahmen«, die bei hinterzogener Erbschaft- und Schenkungsteuer mit 20 % des ursprünglich unversteuert gebliebenen steuerpflichtigen Erwerbe aus den Jahren 1993 bis 2002 pauschaliert werden.
1677 BFH, 12.10.2006 – II R 40/05, ErbStB 2007, 130 m. Anm. *Kirschstein*.
1678 Vgl. BMF v. 20.07.2004, DStR 2004, 1390 (Frage 20), *Halaczinsky*, ErbStB 2005, 239; a.A. (Abzug der StraBEG-Steuer, wenn sie höher sein sollte) *Korezkij/Thomer*, ZErb 2006, 24 ff.
1679 Vgl. BFH, MittBayNot 1999, 412, m. Anm. *Geck*.
1680 Im Urt. v. 02.03.2005 – II R 43/03, ZEV 2005, 405 m. Anm. *Dobroschke*; bestätigt durch BFH v. 31.05.2006 – II R 20/05, EStB 2006, 336.
1681 Krit. zum Ansatz des BFH *Meincke*, DStR 2007, 279, auch zu den Korrekturschritten bei der Steuersatzberechnung: BFH, 30.01.2002 – II R 78/99, ZEV 2002, 201 m. Anm. *Jülicher*.
1682 Gleichlautende Erlasse der obersten Finanzbehörden der Länder v. 01.12.2005, BStBl. 2005 I, 1032 m. Anm. *Dobroschke*, ZEV 2006, 72 zu den entsprechenden Änderungen der Berechnungsbeispiele in den Hinweisen H 70 und H 71 zu den ErbStR 2003.
1683 BFH, 14.01.2009 – II R 48/07, ErbStB 2009, 207.

5506 Wird dasselbe Vermögen innerhalb von 10 Jahren durch Personen der Steuerklasse I[1684] nacheinander von Todes wegen erworben, wird je nach dem zeitlichen Abstand der Erbfälle durch § 27 ErbStG eine allerdings auf das Inland beschränkte[1685] **Tarifermäßigung** gewährt,[1686] bezogen auf die Steuer, die für den ersten Erwerb tatsächlich entrichtet wurde.[1687] Bei Vererbungen nach Maßgabe des Berliner Testaments führt § 15 Abs. 3 ErbStG[1688] auf Antrag zu einer Steuerreduzierung beim bindend eingesetzten[1689] Schlusserben, sofern dieser mit dem Erstverstorbenen näher verwandt ist und soweit das Vermögen des Erstverstorbenen sich noch im Nachlass des Zweitverstorbenden befand: der Schlusserbe[1690] gilt insoweit steuerrechtlich als unmittelbarer Erbe des Erstverstorbenen. Nimmt der überlebende Ehegatte jedoch durch lebzeitige Übertragung des vom Erstverstorbenen ererbten Vermögensgegenstandes an den Schlusserben diese Wirkung vorweg, findet § 15 Abs. 3 ErbStG, da auf Erbschaften beschränkt, keine Anwendung.[1691] Infolge der Gleichstellung der Steuerklassen II und III durch die Erbschaftsteuerreform hat § 15 Abs. 3 ErbStG seinen Sinn weitgehend verloren.[1692]

XIII. Persönliche Steuerpflicht; Besteuerungsverfahren

1. Auslandssachverhalte

a) (un)beschränkte Steuerpflicht

5507 § 2 ErbStG differenziert zwischen der unbeschränkten Schenkung- und Erbschaftsteuerpflicht aller Inländer, die sodann allen Erwerb (»**Weltvermögen**«) umfasst einerseits, und der beschränkten Steuerpflicht für im Inland gelegenes, vererbtes oder verschenktes Vermögen andererseits. Dabei genügt es für die unbeschränkte Steuerpflicht, wenn entweder der Schenker/Erblasser oder der Beschenkte/Erbe Inländer ist, also im Fall natürlicher Personen diese ihren Wohnsitz (§ 8 AO)[1693] oder ihren gewöhnlichen Aufenthalt (§ 9 AO) im Inland haben bzw. im Fall juristischer Personen oder sonstiger Vermögensmassen diese ihren Sitz bzw. ihre Geschäftsleitung in Deutschland ha-

---

1684 Und nur bei Anwendbarkeit deutschen Erbschaftsteuerrechts auch auf den Vorerwerb, FG Hessen, 03.07.2013 – 1 K 608/10, ErbStB 2014, 6 (Az BFH: II R 37/13, siehe folgende Fußnote).
1685 BFH, 27.09.2016 – II R 37/13, ErbStB 2017, 30; dies ist nach EuGH, 30.06.2016 – C-123/15, »Feilen –, ZEV 2016, 524 mit der Kapitalverkehrsfreiheit (Art. 63 Abs. 1 AEUV) vereinbar, da durch die Notwendigkeit der Kohärenz des Steuersystems gerechtfertigt.
1686 Übersicht mit Berechnungsbeispiel *Wenhardt*, EE 2016, 122 ff.
1687 FG Münster, 09.06.2016 – 3 K 3171/14 Erb, ErbStB 2016, 331 (n. rkr., Az: BFH II R 25/16).
1688 Vgl. ausführlich *Hülsmann*, NWB 2007, 789 = Fach 10, S. 1585 ff.; zu Einzelfragen Erlass FinMin Baden-Württemberg v. 09.09.2008, ZEV 2008, 504 (maßgebend ist der Wert am Todestag; Erträge nach dem Tod des Erstverstorbenen sind nicht privilegiert).
1689 Gleiches gilt gem. BFH, 16.06.1999 – II R 57/96, BStBl. 1999 II, S. 789, wenn zwar eine Abänderungsbefugnis bestand, von dieser jedoch kein Gebrauch gemacht wurde.
1690 Sind mehrere Personen als Schlusserben eingesetzt, wird das beim Tod des Längerlebenden noch vorhandene Vermögen des Erstverstorbenen den mit dem Erstverstorbenen näher verwandten Schlusserben zugeordnet, BFH v. 27.08.2008 – II R 23/06, FamRZ 2009, 113 und BFH v. 09.07.2009 – II R 42/07 notar 2009, 533 m. Anm. *Ihle*.
1691 FG Hamburg, EFG 1995, 369.
1692 *Götz*, ZEV 2009, 49; relevant ist das Wahlrecht z.B. noch in Bezug auf Eltern/Voreltern eines Ehegatten als Schlusserben (Steuerklasse I Nr. 4 bzw. II Nr. 5) sowie wenn eingetragene Lebenspartner das Kind eines von ihnen im gemeinschaftlichen Testament bindend zum Schlusserben einsetzen (kein Stiefkindverhältnis – trotz § 11 Abs. 2 LPartG –, da sonst Zuwendungen an Kinder des eingetragenen Lebenspartners in eine günstigere Steuerklasse fallen würden als Zuwendungen an den Lebenspartner selbst: Steuerklasse III), vgl. *Ihle*, notar 2009, 186 und notar 2009, 533.
1693 Gem. § 8 AO genügt auch jeder Zweit- oder Nebenwohnsitz, sogar sog. »stand-by«-Wohnungen für Flugpersonal, die nur einmal im Monat genutzt werden, vgl. FG Hessen, 13.12.2010 – 3 K 1060/09, EStB 2011, 269 m. krit. Anm. *Eich*.

ben. Dieser weite Anwendungsbereich des deutschen Erbschaft- und Schenkungsteuerrechtes beschwört die erhöhte Gefahr von Doppelbesteuerungen herauf[1694] (s. Rdn. 5511).

Um der deutschen Steuerpflicht »endgültig« zu entfliehen,[1695] sind insgesamt vier Hürden zu nehmen, nämlich
(1) die unbeschränkte Erbschaft- und Schenkungsteuerpflicht nach § 2 Abs. 1 Nr. 1 Buchst. a) ErbStG,
(2) die erweitert unbeschränkte Steuerpflicht nach § 2 Abs. 1 Nr. 1 Buchst. b) ErbStG,
(3) die beschränkte Steuerpflicht für Inlandsvermögen i.S.d. § 121 BewG nach § 2 Abs. 1 Nr. 3 ErbStG,
(4) die erweitert beschränkte Erbschaftsteuerpflicht nach § 4 AStG i.V.m. § 2 AStG, die bis zu 11 Jahren nach Wegzug greifen kann.

Hinzuweisen ist weiter auf umfangreiche ertragsteuerliche Probleme, etwa die Wegzugbesteuerung i.S.d. § 6 AStG, Rdn. 6177.

Im Einzelnen: Deutsche Staatsangehörige, die zwar keinen inländischen Wohnsitz mehr haben, sich jedoch noch nicht 5 Jahre lang im Ausland dauernd aufhalten (»Wegzügler«), unterliegen gem. § 2 Abs. 1 Nr. 1 Satz 2 Buchst. b) ErbStG einer (grds. europarechtskonformen)[1696] **erweiterten unbeschränkten Steuerpflicht**, sofern nicht Doppelbesteuerungsabkommen vorrangige Regelungen treffen.[1697] Diese »nachwirkende« Erbschaftsteuerpflicht,[1698] die neben die Gewinnrealisierung (ab 01.01.2007: bei Wegzug in das EU- oder EWR-Ausland die Steuerstundung)[1699] aufgrund der Wegzugsbesteuerung gem. § 6 AStG (Rdn. 6177) tritt, führt bei einem Erbfall oder einer Schenkung während der 5-jährigen Wegzugsfrist (für Schenker und Beschenkten!) regelmäßig zur doppelten Steuer, sowohl im neuen Wohnsitzstaat als auch nach dem deutschen ErbStG. Dies könnte nur durch Verlust der deutschen Staatsangehörigkeit (§ 17 StAG) vermieden werden. Die tatsächliche dauerhafte Aufgabe eines inländischen Wohnsitzes wird durch die Finanzverwaltung streng und regelmäßig kontrolliert (bereits das Freihalten eines Zimmers für gelegentliche Besuche von Verwandten, eine inländische Krankenversicherung oder Kontoverbindung können schädlich sein).[1700]

Als **Inlandsvermögen**, dessen Vererbung oder Verschenkung begrenzte Steuerpflicht begründet, zählt im Wesentlichen Grundvermögen, land- und forstwirtschaftlicher Besitz, inländisches Betriebsvermögen, eine mindestens 10 %ige Beteiligung an inländischen Kapitalgesellschaften, nicht jedoch inländische Bankkonten, hier verwahrte Wertpapiere oder Forderungen gegen inländische Schuldner (Pflichtteilsansprüche, Geldvermächtnisansprüche etc.)[1701] § 4 AStG kennt schließlich auch eine **erweiterte beschränkte Steuerpflicht**, wenn ein deutscher Staatsangehöriger in ein »niedrig besteuertes Gebiet« i.S.d. § 2 Abs. 2 AStG verzogen ist, jedoch in den letzten 10 Jahren

---

1694 Zu möglichen Wegen einer Vereinheitlichung in Europa *Ley*, FamRZ 2014, 345 ff. (zu den Kommissionsvorschlägen auch *Kaminski*, ErbR 2016, 183, 190 ff.). Überblick zum internationalen Erbschaftsteuerrecht bei *Jülicher*, BB 2014, 1367 ff. Länderübersicht mit teils ausführlichen Erläuterungen bei Troll/Gebel/Jülicher/*Jülicher*, ErbStG, § 21 Rn. 91 ff. (Juni 2017).
1695 Überblick bei *Watrin/Kappenberg*, ZEV 2011, 105 ff.; *Kaminski*, ErbR 2016, 183 ff.; *Schmidt*, MittBayNot 2017, 455 ff.
1696 EuGH, 23.02.2006 – C 513/03, ZErb 2006, 166 zur vergleichbaren niederländischen Regelung.
1697 Beispiel: Nach dem DBA mit den USA beträgt die Wegzugsfrist für den Beschenkten 5 Jahre, jedoch für den Schenker 10 Jahre.
1698 Vgl. hierzu z.B. *Deininger/Götzenberger*, Internationale Vermögensnachfolgeplanung mit Auslandsstiftungen und Trusts, 2006.
1699 *Gebhardt*, EStB 2007, 148.
1700 Vgl. umfassend *Deininger/Lang*, Wegzug aus steuerlichen Gründen, 2. Aufl. 2009 (betreffend Österreich und Schweiz).
1701 Der Erbe kann die Pflichtteilsschuld bzw. Geldvermächtnisschuld gleichwohl gem. §§ 10 Abs. 5 Nr. 2, 10 Abs. 6 Nr. 2 ErbStG abziehen, soweit sie auf inländisches Vermögen entfällt.

vor dem Wegzug mindestens 5 Jahre lang in Deutschland unbeschränkt einkommensteuerpflichtig war und im Inland wesentliche wirtschaftliche Interessen hat.

b) Doppelbesteuerungsabkommen

5511 Durch die in verschiedenen Nationen differierenden Anknüpfungen (Staatsangehörigkeit, Wohnsitz, Belegenheit des Vermögens etc.) kann es zu Doppelbesteuerung[1702] kommen. Deren Abmilderung dienen die (noch wenigen) **Doppelbesteuerungsabkommen**,[1703] die für Erbschaften (Schweiz,[1704] Österreich bis 31.07.2008 – Rdn. 3032, Israel, Griechenland, seit 27.02.2009 auch Frankreich)[1705] bzw. Erbschaften und Schenkungen (Dänemark, Frankreich,[1706] Schweden und USA[1707]) existieren. Sie folgen entweder der sog. »Freistellungsmethode« (Besteuerung in einem Staat führt zur Nichtbesteuerung im anderen), wobei Deutschland dann den Progressionsvorbehalt erhebt (§ 19 Abs. 2 ErbStG, s.o. Rdn. 5492), oder aber der Anrechnungsmethode (Anrechnung des tatsächlich entrichteten Betrags auf die Steuer im anderen Staat (§ 21 Abs. 4 ErbStG). Aus Sorge vor der Vermeidung deutscher Erbschaftsteuer durch »kurzfristigen« Wegzug enthält das DBA-Erb Schweiz in Art 4 Abs. 3 und 4 eine sog. »überdachende Besteuerung« bei Ableben binnen 5 Jahren nach Aufgabe der deutschen Wohnstätte.[1708]

c) Anrechnung, § 21 ErbStG

5512 Fehlen solche Abkommen, kann § 21 ErbStG zur (zumindest teilweisen)[1709] **Anrechnung** einer im Ausland auf dort gelegenes Vermögen entrichteten,[1710] der Art nach gleichartigen[1711] Steuer

---

1702 Übersicht, auch zur EuGH-Rechtsprechung (»Barbier«, »Jäger«, »Mattner« etc) bei *Esskandari/Bick*, ErbStB 2012, 142 ff.
1703 Vgl. hierzu BMF-Schreiben v. 11.01.2006, BStBl. 2006 I, S. 85; tabellarische Übersicht bei *Kaminski*, ErbR 2016, 83, 190.
1704 Vgl. *Bürgin/Ludwig/Schmidt/Schwind*, ZErb 2009, 49 ff.
1705 Hierzu *Kirnberger*, ErbStB 2008, 300.
1706 Jedoch beschränkt auf das Saarland bis 27.02.2009.
1707 Zum Nachlasssteuerrecht der USA vgl. *Brix/Thonemann-Micker*, ErbStB 2012, 225 ff. (zur ab 2018 geplanten Anhebung: *Wolff*, ZEV 2013, 551); zum dortigen Erbrecht *Brix/Thonemann-Micker*, ErbStB 2012, 151 ff., zum anwendbaren IPR *Brix/Thonemann-Micker*, ErbStB 2012, 192 ff., zum internationalen Erbschaftsteuerrecht *Frank/Wainwright*, ZEV 2015, 568 ff. und *Brix/Thonemann-Micker*, ErbStB 2012, 251 ff.
1708 *Carlé*, ErbStB 2011, 178.
1709 Eine vollständige Anrechnung ist europarechtlich nicht geboten, EuGH, 12.02.2009 – C-67/08 »Margarete Block/FA Kaufbeuren«, ZEV 2009, 203 m. Anm. *Hamdan/Hamdan*; *Hellwege* ErbStB 2009, 252 ff.: spanische Erbschaftsteuer knüpft an den Sitz des Schuldners (Bank bei entsprechenden Guthaben), deutsches an den Wohnsitz des Gläubigers an; keine Anwendung des § 21 ErbStG, da Kapitalvermögen aus deutscher Sicht nicht als Auslandsvermögen gilt (vgl. auch FG Düsseldorf, 13.05.2009 – 4 K 155/08 Erb, ErbStB 2009, 241). Gleiches galt im Verhältnis zu Frankreich vor Abschluss des DBA: BFH, 19.06.2013 – II R 10/12, DStR 2013, 1700; hierzu *Viskorf*, in: DAI, 11. Jahresarbeitstagung des Notariats 2013, Skript S. 538 ff. Die im Ausland bezahlte Erbschaftsteuer bildet keine abzugsfähige Nachlassverbindlichkeit, da § 21 ErbStG abschließend ist. Ggf. kommen Billigkeitsmaßnahmen in Betracht.
1710 Erfolgt die Zahlung nach Bestandskraft des deutschen ErbSt-Bescheides, liegt ein rückwirkendes Ereignis i.S.d. § 175 Abs. 1 Satz 1 Nr. 2 AO vor, BFH, 22.09.2010 – II R 54/09 ZEV 2011, 150 m. Anm. *Jülicher*. Zur Fünf-Jahres-Frist des § 21 Abs. 1 Satz 4 ErbStG vgl. FG Köln, 29.06.2011 – 9 K 2690/09, ErbStB 2011, 211 hierzu Vfg. des Sächsischen Landesamtes für Steuern v. 16.08.2012, ZEV 2013, 164.
1711 Schwierig ist die Vergleichbarkeit bei Wertzuwachssteuern, die zum Todeszeitpunkt erhoben werden. Für die kanadische capital gains tax hat BFH, DStR 1995, 1227 die Vergleichbarkeit abgelehnt, aber den Abzug als Nachlassverbindlichkeit i.S.d. § 10 Abs. 1 Satz 2 ErbStG zugelassen. Sog. Registergebühren, die z.B. in Portugal seit der Abschaffung der Erbschaftsteuer erhoben wurden, sind dagegen (wohl) nicht anrechenbar, vgl. *Schmidt*, MittBayNot 2017, 455, 460.

führen.¹⁷¹² Gem. § 21 Abs. 1 ErbStG wird dabei angeknüpft an das Vorhandensein von Auslandsvermögen, wobei § 21 Abs. 2 ErbStG zwei Sachverhalte unterscheidet:
(1) war der Erblasser Inländer (Wohnsitz/gewöhnlicher Aufenthalt in Deutschland), gilt ein »enger Auslandsvermögensbegriff« d.h. lediglich Vermögensgegenstände i.S.d. § 121 BewG und Nutzungsrechte an diesen zählen als Auslandsvermögen (nicht alle aus ausländischer Sicht als Auslandsvermögen qualifizierten Gegenstände berechtigen also aus deutscher Sicht zur Anrechnung)¹⁷¹³
(2) War der Erblasser kein Inländer, gelten alle erworbenen Gegenstände bis auf das reine Inlandsvermögen i.S.d. § 121 BewG als »Auslandsvermögen« (sog. »weiter Auslandsvermögensbegriff«, § 21 Abs. 2 Nr. 2 ErbStG; hier vermeidet die weitreichende Anrechnungsmöglichkeit i.d.R. Verwerfungen).

d) Gestaltungsmöglichkeiten

Ist die ausländische Steuerbelastung höher als die deutsche, verbleibt allerdings ein Anrechnungsüberhang,¹⁷¹⁴ d.h. es setzt sich stets die höhere Steuerbelastung durch. Vorzugswürdig sind daher – wenn schon kein rechtzeitiger und dauerhafter Wegzug ohne Hinterlassung von Inlandsvermögen gelingt – Gestaltungen, welche die Entstehung einer ausländischen parallelen Erbschaftsteuerpflicht verhindern.¹⁷¹⁵   5513

▶ **Hinweis:**

Dies gelingt häufig durch Einbringung in deutsche Gesellschaften, die aus Sicht des ausländischen Erbschaftsteuerrechts intransparent sind, i.d.R.¹⁷¹⁶ also Kapitalgesellschaften mit inländischem Sitz und inländischer Geschäftsleitung. Ggf. können dann in Deutschland hierfür zusätzlich noch die Betriebsvermögensprivilegien genutzt werden. Hilfreich mag auch die gezielte Allokation von Schulden in denjenigen Staat sein, der die höchste Besteuerung beansprucht.

Unterliegen Personen umgekehrt in Deutschland nur der **beschränkten Steuerpflicht**, bietet sich für diese – zur gänzlichen Vermeidung der deutschen Steuerpflicht – die Gründung einer ausländischen Kapitalgesellschaft an, auf die das »Inlandsvermögen« i.S.d. § 121 BewG übertragen wird.   5514

1712 Berechnungsbeispiele für deutsch-spanische Erbfälle: *Hellwege,* ErbStB 2013, 260 ff. sowie ErbStB 2014, 25 ff.; zur Anpassung des spanischen Erbschaftsteuerrechtes 2015 (Ende der Diskriminierung nicht ansässiger Steuerpflichtiger) *Hellwege,* ErbStB 2015, 111 ff. und (zur Rechtslage auf den Balearischen Inseln) *Hellwege,* ErbStB 2016, 90 ff. (vgl. auch *Salinas/Frank,* ErbStB 2015, 372 ff. zur Erhöhung der Erbschaft-, nicht Schenkungsteuer auf den Balearen); zur Nachlassabwicklung mit deutschem Erbschein *Löber/Alcazar,* EE 2014, 50 ff. Zu den Folgen der EU-ErbRVO für deutsch-spanische Erbfälle *Frank/Salinas,* ErbR 2015, 182 ff. und *Hellwege,* ErbStB 2015, 135 ff. Zu den Folgen der Schenkung an eine in Spanien ansässige Person *Hellwege,* ErbStB 2013, 260 ff.; zur Diskriminierung von Nicht-Inländern durch das spanische ErbStG *Hellwege,* ErbStB 2014, 25 ff. Zur Versteuerung der unentgeltlichen Nutzung der spanischen Ferienimmobilie, die der »eigenen« spanischen Kapitalgesellschaft gehört, als verdeckter Gewinnausschüttung vgl. BFH, 12.06.2013 – I R 109/10, DStR 2013, 2100 und *Bienewies/Wollweber,* DStR 2014, 628 ff.
1713 *Meincke,* ErbStG, Stand: Mai 2011, § 21 Tz. 30; dies ist häufig der Fall bei Kapitalgesellschaftsbeteiligungen unter 10 % oder privaten Kapitalforderungen, vgl. *Thonemann,* ErbStB 2011, 177.
1714 In einer staatenbezogenen Betrachtung (per country limitation) ist gem. § 21 Abs. 1 ErbStG der Anrechnungshöchstbetrag nach dem Verhältnis deutsche Erbschaftsteuer multipliziert mit dem Verhältnis aus steuerpflichtigem Auslandsvermögen in einem bestimmten Staat und dem steuerpflichtigen Gesamtwert zu ermitteln, wobei die Wertermittlung nicht nach den ausländischen, sondern nach deutschen Bewertungsvorschriften stattfindet.
1715 Vgl. *Watrin/Kappenberg,* ZEV 2011, 105, 109.
1716 Dies ist jedoch z.B. nicht der Fall für eine inländische Kapitalgesellschaft mit Grundbesitz in Frankreich, die aus französischer Sicht als transparent betrachtet wird: *Dehmer,* IStR 2009, 457 Fn. 26; die also dennoch entstehende französische Erbschaftsteuer wird zudem nicht gem. § 21 ErbStG angerechnet, da es sich aus deutscher Sicht um Inlandsvermögen handelt.

Bis zum Jahr 2000 war auch ein ausländischer Trust hierfür geeignet (seither löst sowohl die Errichtung des Trusts – und zwar zwingend in Steuerklasse III – gem. § 7 Abs. 1 Nr. 8 bzw. 3 Abs. 2 Nr. 1 Satz 2 ErbStG, als auch die Zuwendung an Zwischenberechtigte deutsche Erbschaftsteuer aus, § 7 Abs. 1 Nr. 9 ErbStG). Gleiches gilt für die ausländische Familienstiftung (§ 15 Abs. 2 Satz 1 ErbStG, der die Steuerklasse des am entferntest verwandten Begünstigten maßgeblich sein lässt, gilt auch hier nicht, Rdn. 3019).

▶ Hinweis:

5515 Inlandssachverhalte in Fällen beschränkter Steuerpflicht lassen sich mitunter dadurch vermeiden, dass eine **Barzuwendung nach ausländischem Recht** im Ausland durchgeführt wird und anschließend aufgrund selbständiger, nicht damit im Zusammenhang stehender Verträge die im Inland gelegene Immobilie oder sonstigen Vermögenswerte vollentgeltlich an das Kind **verkauft** werden; hinzuweisen ist aber auf die mögliche Veräußerungsgewinnbesteuerung gem. § 23 EStG. Ist die Spekulationsfrist abgelaufen, kann jedoch der Verwandtschaftsverkauf im Hinblick auf die Ingangsetzung einer neuen Abschreibungsreihe sogar auch insoweit von Vorteil sein.[1717]

e) *Freibeträge, § 16 Abs. 2 ErbStG*

5516 Alternativ konnte der Erwerber eines an sich nur beschränkt steuerpflichtigen Vermögensanfalls in Deutschland (§ 16 Abs. 2 ErbStG a.F.: Freibetrag lediglich 2.000 Euro!) gem. **§ 2 Abs. 3 ErbStG** seit 13.12.2011 auf Antrag diesen Erwerb mit allen Konsequenzen der unbeschränkten Steuerpflicht unterwerfen,[1718] wenn der Erblasser zur Zeit seines Todes, der Schenker zur Zeit der Ausführung der Schenkung oder der Erwerber zur Zeit der Entstehung der Steuer (§ 9 ErbStG) seinen Wohnsitz in einem Mitgliedstaat der EU oder des Europäischen Wirtschaftsraumes EWR hat. Diese Option war europarechtlich erforderlich[1719] – aber nicht allein ausreichend[1720] im Verhältnis zu Drittstaaten (z.B. die Schweiz)[1721] –, um einen Verstoß gegen das Gebot des freien Kapitalverkehrs (Art. 63 AEUV) zu vermeiden. Die Option erfasste (wegen § 14

1717 Vgl. *Wälzholz*, DNotZ 2016, 779, 791.
1718 Vgl. eingehend *Eisele*, NWB 2012, 1591 ff. und *Hutmacher*, ZNotP 2012, 416 ff.; vgl. ferner hierzu gleichlautende Ländererlasse v. 15.03.2012, BStBl 2012 I, 328, *Grootens*, ErbStB 2012, 178 ff.
1719 EuGH, 22.04.2010 – Rs. C-510/08 – Mattner, ZEV 2010, 270 m. Anm. *Jochum* (Schenkung eines in Deutschland belegenen Grundstücks von Mutter an Tochter, die beide deutscher Nationalität, jedoch in Holland ansässig sind). Die Europäische Kommission hat am 14.03.2011 Deutschland aufgefordert, § 16 Abs. 2 ErbStG zu ändern, vgl. hierzu *Esskandari/Bick*, ErbStB 2011, 133 ff.
1720 So EuGH, 03.09.2014 – Rs C-127/12, ErbStB 2014, 269, hierzu *Hellwege*, ErbStB 2014, 319 ff. (Vertragsverletzungsverfahren gegenüber Spanien) sowie EuGH, 04.09.2014 – C 211/13, ZEV 2014, 675 m. Anm. *Jülicher* (Vertragsverletzungsverfahren gegen Deutschland); § 2 Abs. 3 ErbStG genügt als Abhilfe nicht, insbesondere wegen der (i.d.R. unerwünschten) Nebenfolge der unbeschränkten Steuerpflicht und der für Gebietsfremde geltenden 20-jährigen Zusammenrechnungszeit, vgl. EuGH, 08.06.2016 – C-479/14 »Hünnebeck«, ZEV 2016, 517 m. Anm. *Geck*, hierzu *Heurung/Fröhr/Buhrandt*, ZErb 2016, 283 ff. und *Friz*, MittBayNot 2017, 97 ff. – auf Vorlagebeschluss FG Düsseldorf, 22.10.2014 – 4 K 488/14 Erb, ZEV 2015, 121; in dieser Sache gewährt FG Düsseldorf, 13.07.2016 – 4 K 488/14 Erb, ErbStB 2016, 328 nun den Freibetrag von 400.000 Euro ohne entsprechenden Antrag.
1721 EuGH, 17.10.2013 – C 181/12 »Welte«, DStR 2013, 2269 auf Vorlagebeschluss FG Düsseldorf, 02.04.2012 – 4 K 689/12 Erb, ZEV 2012, 627 m. Anm. *Wachter* für Personen mit Wohnsitz in einem Drittstaat (Schweiz), vgl. hierzu *Gemmer*, EE 2014, 10 ff.: der deutsche Gesetzgeber kann nun z.B. das Optionsrecht des § 2 Abs. 3 ErbStG auf Personen aus Drittstaaten erweitern oder den Freibetrag des § 16 Abs. 2 ErbStG deutlich erhöhen. FG Düsseldorf, 13.07.2016 – 4 K 488/14 Erb, ErbStB 2016, 328 gewährt in der der EuGH-Vorlage zugrunde liegenden Angelegenheit nun den für Inländer geltenden Freibetrag, ebenso FG Baden-Württemberg, 28.07.2014 – 11 K 3629/13, ZEV 2015, 122 (bestätigt durch BFH, 10.05.2017 – II R 53/14, ZEV 2017, 585 m. Anm. *Erkis* im Verhältnis zur

ErbStG) alle Erwerbe innerhalb von zehn Jahren vor[1722] und nach dem gegenwärtigen Vermögensanfall, wobei die deutschen Steuerbehörden kaum von ausländischen Erwerben Kenntnis erlangen werden.

Europäisches Recht forderte jedoch die Gewährung des »inländischen« Freibetrages auch ohne Wahl der unbeschränkten Steuerpflicht,[1723] so dass § 16 Abs. 2 ErbStG in seiner bis zum 24.06.2017 geltenden Fassung keinen Anwendungsbereich mehr hatte; die Finanzverwaltung[1724] vertritt allerdings die Auffassung, dass bei beschränkt Steuerpflichtigen der Gesamtfreibetrag um den Anteil gekürzt werden müsse, der auf das nicht von der beschränkten Steuerpflicht erfasste (z.B. Auslandsvermögen), bezogen auf alle Erwerbe von derselben Person innerhalb eines Zehn-Jahres-Zeitraums entfalle. Auch letztere Einschränkung dürfte allerdings nicht zu halten sein.[1725] Der Gesetzgeber hat gleichwohl, dieser Verwaltungspraxis folgend, mit Wirkung ab 25.06.2017 § 2 Abs. 3 ErbStG aufgehoben und § 16 Abs. 2 ErbStG in diesem Sinne geändert[1726] (Gewährung des grds. vollen Freibetrages, allerdings Kürzung um den beschriebenen Teilbetrag in Fällen der beschränkten Steuerpflicht gem. § 2 Abs. 1 Nr. 3 ErbStG). 5517

2. Besteuerungsverfahren[1727]

a) Anzeigepflichten

Das Erbschaft- und Schenkungsteuerrecht kennt (außer für Testamentsvollstrecker,[1728] Nachlassverwalter und Nachlasspfleger) – anders als das Einkommensteuerrecht – keine allgemeine Pflicht zur Abgabe einer Steuererklärung, sondern ein differenziertes System von **Anzeigepflichten**, um der Finanzverwaltung diejenigen Informationen zu verschaffen, in deren Folge zur Abgabe einer Steuererklärung gem. § 31 Abs. 1 Satz 1 ErbStG aufgefordert wird (zweistufiges Verfahren).[1729] 5518

Schweiz; hierzu auch *Holler*, ErbR 2017, 652 ff.); vgl. *Holtz/Stalleiken,* ErbR 2015, 17 und *Eule*, ZEV 2015, 88 (im Verhältnis zu den Niederlanden).

1722 Vgl. Tz. 3 Bsp. 1 der Ländererlasse v. 15.03.2012, so konnte z.B. für eine gezielte Nachschenkung von derselben Person das Wahlrecht gem. § 2 Abs. 3 ErbStG ausgeübt werden mit der Folge, dass für eine bereits bestandskräftig (mit lediglich 2.000 Euro Freibetrag) veranlagter Vorschenkung der höhere Freibetrag gilt und ein Anspruch auf Erstattung besteht, vgl. *Ihle*, notar 2013, 45, 48.
1723 Vorabentscheidungsantrag des FG Düsseldorf, 15.05.2012 – 4 V 1181/12A (Erb), ZErb 2012, 218.
1724 OFD NRW v. 29.07.2014, DB 2015, 1840, dort Nr. 2.
1725 So FG Düsseldorf, 18.06.2015 – 4 K 3636/14 Erb, ErbStB 2016, 101 Az. BFH: II R 2/16.
1726 BGBl 2017 I S. 1688; vgl. hierzu umfassend *Halaczinsky*, ErbStB 2017, 142 ff., und *Bockhoff/Flecke*, ZEV 2017, 552 ff., die jeweils die Neuregelung ebenfalls für nicht unionsrechtskonform halten; Überblick auch bei *Sarburg/Mengwasser,* DStR 2016, 2777 ff.
1727 Vgl. zum folgenden auch die Übersicht von *Eich*, ErbStB 2006, 158.
1728 Vgl. hierzu *Tolksdorf/Simon*, ErbStB 2008, 336 ff. und 360 ff.; zur Steuerhaftung des Testamentsvollstreckers *Steiner* ErbStB 2011, 201 ff. [insb. zu § 32 Abs. 1 Satz 2 ErbStG: Bewirkung der Entrichtung der Steuer; § 20 Abs. 6 Satz 2 ErbStG: Verbringung ins Ausland] und 235 ff. [insb. zu Steuern vor und nach dem Erbfall]. Der Dauertestamentsvollstrecker muss auch Nachversteuerungstatbestände mit berücksichtigen, *Piltz*, in: *Bengel/Reimann*, Handbuch der Testamentsvollstreckung, S. 439; *Purrucker*, ZErb 2011, 265 ff.; BayLfSt, 04.02.2016 – S 3812.1.1 – 12/8 St 34, ZEV 2016, 231: jedenfalls wenn bereits bei der Nachlassverteilung Umstände bekannt sind, die eine Nachversteuerung wahrscheinlich machen. Vorsicht geboten ist auch vor verfrühter Vermächtniserfüllung, vgl. *Weidmann*, ZEV 2014, 404 ff.
1729 Überblick über die Anzeigepflichten und die sich daraus ergebenden Folgen für die Festsetzungsfrist zum 01.01.2011 bei *Gohlisch*, ZErb 2011, 102 ff. sowie 133 ff.; zur Verjährung der Hinterziehung von ErbSt *Esskandari/Bick*, ErbStB 2012, 108 (§ 78a StGB: Tag nach der Beendigung der Tat; bei Unterlassen einer Anzeige ist dies vier Monate nach Kenntnis von der Schenkung). Für eine teilweise Berücksichtigung des persönlichen Freibetrages OFD NRW – 29.07.2014, Kurzinformation Sonstige Besitz- und Verkehrssteuern Nr. 3/2014, Zev 2014, 508 f.

5519 Anzeigepflichtig sind der Erwerber, bei Schenkungen auch der Veräußerer (§ 30 ErbStG),[1730] ebenso private Einrichtungen, die an der Abwicklung der Vermögensnachfolge beteiligt sind (etwa Banken und Versicherungen: § 33 ErbStG),[1731] sowie Amtspersonen (Notare, Gerichte, Landesämter und die deutschen Auslandskonsulate und -botschaften, § 34 ErbStG).

5520 Die Anzeige durch die Beteiligten selbst (bei Schenkungen also Veräußerer und Erwerber) ist nicht formgebunden, sie ist binnen einer (nicht verlängerbaren) Frist von 3 Monaten ab sicherer Kenntnis vom i.S.d. § 9 Abs. 2 Nr. 2 ErbStG (Rdn. 4544 ff.) erfolgten Anfall des Vermögens zu erbringen und entfällt gem. § 30 Abs. 3 ErbStG, wenn die Kenntnis des FA auf andere Weise (etwa durch Anzeige des Notars) sichergestellt ist. Die **Erbschaftsteuerreform** hat ab 2009 die Anzeigepflichten zulasten der Beteiligten bei Erwerb von Grundbesitz, Betriebsvermögen, Gesellschaftsanteilen und Auslandsvermögen erweitert und (ab 2011) in Bezug auf die zu liefernden Daten konkretisiert:[1732] sie gelten auch dann, wenn am Erwerb von Todes wegen ein Gericht[1733] durch Eröffnung einer Verfügung von Todes wegen mitgewirkt hat (im Vordergrund stehen die erwarteten Angaben des Erwerbers, § 30 Abs. 1 ErbStG, über die Zusammensetzung des Nachlasses und seines Werts, § 30 Abs. 4 Nr. 3 ErbStG, da dem Gericht die genaue Zusammensetzung des Nachlasses häufig nicht bekannt ist). Eine Pflicht des Notars, die Beteiligten auf diese ihn treffende Anzeigepflicht hinzuweisen, besteht nicht.

5521 Bei notariell beurkundeten Schenkungen beginnt die steuerliche Festsetzungsfrist (von i.d.R. 4 Jahren, bei leichtfertiger Steuerverkürzung 5 Jahren, bei Steuerhinterziehung 10 Jahren: §§ 376 Abs. 1, 169 AO) gem. § 170 Abs. 1 AO mit Ablauf des Kalenderjahres der Steuerentstehung, es sei denn eine Anlaufhemmung[1734] tritt ein (z.B. gem. § 31 Abs. 1 ErbStG durch Aufforderung zur Abgabe einer Steuerklärung; Hemmung dann allerdings nur ggü. diesem Adressaten;[1735] spätestens mit Ablauf des dritten Kalenderjahres, das auf das Entstehungsjahr der Steuer folgt: § 170 Abs. 2 Nr. 1 AO. Bei Schenkungen allerdings beginnt die Festsetzungsverjährung gem. § 170 Abs. 5 Nr. 2 AO nicht vor Ablauf des Kalenderjahrs, in dem der Schenker gestorben ist oder die Finanzbehörde von der vollzogenen Schenkung Kenntnis erlangt hat). Ist infolge Unterlassens der durch den Notar geschuldeten Anzeige Festsetzungsverjährung eingetreten, hat das FA ggf. zu prüfen, ob der Notar gem. § 19 Abs. 1 BNotO in Anspruch zu nehmen ist; ggf. steht ihm das Haftungsprivileg des § 32 AO zur Seite.[1736]

5522 Die in § 33 ErbStG geregelte Anzeige durch Vermögensverwahrer, -verwalter und Versicherer ist formgebunden und hat innerhalb eines Monats zu erfolgen. Banken[1737] haben auch das Bestehen eines Schließfaches mitzuteilen (§ 1 Abs. 3 ErbStV); all dies gilt auch (ohne Verstoß gegen Art. 49 AEUV) für Vermögenswerte, die in unselbständigen ausländischen Zweigstellen eines inländi-

---

1730 Vgl. *Bruschke*, ErbStB 2017, 16 ff.
1731 Ergeht kein Steuerbescheid (wegen Unterschreitens der Freibeträge), besteht kein Anspruch auf Herausgabe dieser Meldungen (etwa für einen privaten Erbschaftsstreit), vgl. BFH, 23.02.2010 – VII R 19/09, EStB 2010, 213.
1732 *Müller*, ErbStB 2011, 29 und *Halaczinsky*, ZErb 2011, 31 (BGBl. 2010 I, S. 1544); z.B. Angabe des Verwandtschaftsverhältnisses, der Ehe oder Lebenspartnerschaft. Gem. § 7 Abs. 4 Nr. 1 ErbStDV kann die Anzeige unterbleiben, wenn offensichtlich lediglich Vermögen im Wert von 20.000,00 € (zuvor 5.200,00 €) und Hausrat im Wert von höchstens 12.000,00 € (zuvor 5.200,00 €) übergehen. Bei Vermögensverwaltern und Versicherungen wurde die Bagatellgrenze von 2.500 auf 5.000,00 € erhöht.
1733 Also das Nachlassgericht, § 34 Abs. 2 Nr. 3 ErbStG.
1734 Hierzu *Gohlisch*, ZErb 2011, 102, 105.
1735 BFH, 26.10.2006 – II R 16/05, ErbStB 2007, 129: Verjährung ggü. dem Schenker, wenn nur der Beschenkte aufgefordert wurde.
1736 *Hartmann*, ErbStB 2009, 378.
1737 Übersicht zu den Pflichten von Kreditinstituten im Besteuerungsverfahren bei *Bruschke*, ErbStB 2017, 219 ff.

schen Kreditinstituts verwahrt werden.[1738] Zur Anzeige verpflichtet sind auch Aktiengesellschaften, die Namensaktien ausgegeben haben; die Anzeige hat vor der Umschreibung im Aktienregister zu erfolgen (§ 2 ErbStDV).

Die in § 34 Abs. 1 ErbStG geregelte Anzeige durch **Amtspersonen** (v.a. Notare und Gerichte) ist ebenfalls formulargebunden,[1739] sie hat unverzüglich an das zuständige FA (gem. § 35 Abs. 1 Satz 1 ErbStG regelmäßig das FA am Wohnsitz des Erblassers bzw. des Schenkers) zu erfolgen, das den Internetseiten des Bundeszentralamtes für Steuern entnommen werden kann[1740] Sie erfasst nicht nur Beurkundungen, sondern auch Beglaubigungen[1741] (die i.R.d. § 39 BeurkG zu den Beurkundungen i.w.S. zählen), und zwar wohl sogar dann, wenn der Entwurf des unterzeichneten Textes nicht vom Notar stammt,[1742] vergleichbar den Anzeigepflichten im Grunderwerbsteuer- und Ertragsteuerrecht (§§ 18 GrEStG, 54 EStDV). 5523

Nach § 34 ErbStG und § 8 ErbStDV (die auf § 36 Abs. 1 Nr. 1 Buchst. e) ErbStG beruht) sind alle Beurkundungen anzuzeigen, die für die Festsetzung von Schenkungsteuer von Bedeutung sein **können**, also auch Vereinbarungen der Gütergemeinschaft, Erbauseinandersetzungen, Zweckzuwendungen, Änderungen eines Gesellschaftsvertrages mit Auswirkung auf die Gewinnverwendung, Übertragung von GmbH-Anteilen unter Angehörigen zum Nominalwert.[1743] Die Anzeige erfolgt gem. § 8 Abs. 1 und 4 ErbStDV durch Übersendung einer beglaubigten Abschrift der Urkunde und Ausfüllen des amtlich vorgeschriebenen Vordruckes (Muster 6 zu § 8 ErbStDV), der jedoch selbst zu generieren ist; die Absendung ist auf der Urschrift zu vermerken. 5524

Dort sind folgende Angaben und Informationen aufzunehmen: 5525
(1) Angaben zum Schenker und Beschenkten, seit dem 29.12.2014 (§ 12 Abs. 3 ErbStDV) auch unter Angabe der steuerlichen Identifikationsnummer gem. § 139b AO der Beteiligten (wie schon bisher bei der grunderwerbsteuerlichen Anzeige, Rdn. 5643[1744])
(2) Informationen zum Verwandtschaftsverhältnis,
(3) zum Verkehrswert des übertragenen Vermögens,
(4) zum letzten festgestellten Einheitswert,
(5) zum Wert welcher der Kostenberechnung zugrunde gelegt wird
(6) und, sofern einschlägig, der Valutastand der übernommenen Verbindlichkeiten am Tag der Schenkung,
(7) der Jahreswert gewährter Gegenleistungen, z.B. des Nießbrauchs,
(8) sowie die Höhe der Notargebühren.

Der für die Kostenberechnung maßgebliche Wert und die Höhe der Notargebühren werden in der Praxis durch Übersendung einer Kopie der Kostenrechnung nachgewiesen. Eine elektronische Übermittlung der Anzeige ist (noch) ausgeschlossen (§§ 7 Abs. 1 Satz 2, 8 Abs. 1 Satz 2 ErbStDV). Die Anzeigepflicht schützt lediglich den Fiskus,[1745] so dass Haftungsansprüche der Beteiligten ge- 5526

1738 EuGH, 14.04.2016 – C 522/14 »Sparkasse Allgäu/FA Kempten«, ZEV 2016, 527 = ErbStB 2016, 165.
1739 Die Formulare gem. §§ 7 und 8 ErbStDV (Muster 5 und 6) wurden durch VO v. 22.12.2014 BGBl 2014 I 2392 für Vorgänge ab dem 29.12.2014 geändert.
1740 www.bzst.bund.de. Ein weiteres, nach Bundesländern sortiertes, Verzeichnis mit allerdings weniger komfortabler Suchfunktion findet sich unter www.finanzamt.de.
1741 LfSt Bayern, 18.12.2014 – S 3844.1.1 – 5/3 St 34, ZEV 2015, 128.
1742 A.A. *Klöckner*, ZEV 2011, 299, 301: nur bei Entwurfsfertigung durch den Notar.
1743 *Klöckner*, ZEV 2011, 299, 300; vgl. im Einzelnen die hierzu veröffentlichten »Merkblätter über die steuerlichen Beistandspflichten der Notare«, z.B. des Bay. Landesamtes für Steuern (Stand: Juni 2016), Teil C zur Erbschaft-/Schenkungsteuerm www.finanzamt.bayern.de.
1744 Vgl. hierzu ausführlicher *Krauß*, Immobilienkaufverträge in der Praxis, 8. Aufl., Rn. 5033 f.
1745 Allerdings keine Amtshaftung ggü. dem Fiskus mangels Schutzvorschrift zugunsten der Vermögensinteressen des Staates, vgl. OLG München, 10.04.1997 – 1 U 5533/96, ZNotP 1997, 73; *Klöckner*, ZEV 2011, 302.

gen die anzeigepflichtige Person aus ihrer Verletzung nicht erwachsen können.[1746] Besondere Übermittlungsformen, welche den Zugang nachweisen, sind nicht vorgeschrieben, allerdings obliegt dem Steuerpflichtigen ggf. die Feststellungslast, dass die Anzeige der Dienststelle gem. § 170 Abs. 5 Nr. 2, 2. Alt. AO zugegangen ist.[1747]

5527 Eine Verletzung der Anzeigepflicht kann als (versuchte) **Ordnungswidrigkeit** oder sogar Steuerstraftat geahndet werden (§§ 378 Abs. 1 AO, 370 Abs. 1 Nr. 2 AO). Das Unterbleiben einer vorgeschriebenen Anzeige hat ferner zur Folge, dass die 4-jährige Festsetzungsverjährung (Rdn. 5536) nicht vor Ablauf des Jahres beginnt, in dem der Schenker gestorben ist (§ 170 Abs. 5 Nr. 2 AO). Die i.d.R. 5-jährige[1748] strafrechtliche Verfolgungsverjährung beginnt mit der Beendigung der Tat (bei einem Erfolgsdelikt wie der leichtfertigen Steuerverkürzung bzw. der Steuerhinterziehung im Rahmen einer Veranlagungssteuer also mit Bekanntgabe des unrichtigen Steuerbescheides im Fall aktiven Tuns, der frühestmöglichen fiktiven Steuerfestsetzung bei Hinterziehung durch Unterlassen).[1749] Bei der unterbliebenen Anzeige von Vorschenkungen i.S.d. § 14 ErbStG verlängert die Rspr. des BGH[1750] faktisch die strafrechtliche Verjährungsfrist dadurch, dass auch strafrechtlich (jedoch nicht steuerrechtlich) verjährte Steuern für die früher »schwarz« vollzogenen Schenkungen als verkürzt bzw. hinterzogen gelten und damit das Strafmaß erhöhen.

Zu den Anzeigepflichten des Steuerpflichtigen im Zusammenhang mit der Einhaltung der Behaltefristen für gewährte Betriebsvermögensprivilegien vgl. Rdn. 5342. Zu den Folgen unterlassener Anzeige des im Nachlass ggf. vorgefundenen »Schwarzgeldes« vgl. Rdn. 5533 ff.

5528 Bei der Verwirklichung der **Erbschaftsteuerhinterziehung** sind verschiedene Tatbestandskonstellationen zu unterscheiden.[1751] Da § 370 Abs. 1 Nr. 1 AO (»unrichtige Angabe«) nicht nur auf Steuererklärungen im eigentlichen Sinn, sondern auch auf unrichtige Anzeigen i.S.d. § 30 ErbStG Anwendung findet, tritt die Tat bereits mit der Abgabe einer **unrichtigen Anzeige** in das Versuchsstadium und wird vollendet, wenn das Finanzamt (aufgrund der unrichtigen Anzeige) mitteilt, dass keine Steuererklärung eingereicht werden müsse, bzw. mit Anbringung des betreffenden Vermerks in den Akten. Soll jedoch die falsche Anzeige nicht mit dem Ziel abgegeben werden, die Aufforderung zur Abgabe einer Erklärung gänzlich zu vermeiden, sondern die in der künftigen Erklärung angestrebten falschen Angaben zu »decken«, handelt es sich noch um eine straflose Vorbereitungshandlung, die erst mit der Abgabe der unrichtigen Erklärung selbst in das Versuchsstadium eintritt. Wird allerdings sodann eine korrekte Steuererklärung eingereicht, hat diese (ähnlich einer Selbstanzeige gem. § 371 AO) steuerbefreiende Wirkung auch für die ursprünglich falsche Anzeige.

5529 Die **unrichtige Erklärung** i.S.d. § 31 ErbStG stellt stets den Versuch einer Steuerhinterziehung (§ 370 Abs. 2 AO) dar und wird mit Erlass des unrichtigen Bescheids vollendet. Hinzu kommt die Möglichkeit der Erbschaft- oder Schenkungsteuerhinterziehung durch **Unterlassen**, also pflichtwidriges In-Unkenntnis-Lassen der Finanzbehörde. Die Kausalität wird bereits durch das Unterlassen der Anzeige nach § 30 Abs. 1 ErbStG innerhalb der vorgesehenen 3-Monats-Frist geschaffen. Wird im Anschluss daran jedoch eine richtige Steuererklärung eingereicht, wirkt dies strafbefreiend für die gänzlich unterlassene Anzeige (§ 371 AO). Schwierig ist die Beurteilung, wann bei Unterlassen der Anzeige (und demzufolge auch der Erklärung, mangels entsprechender Aufforderung) die Beendigung der Tat eintritt, da es keinen »allgemeinen Veranlagungsschluss«

1746 *Stelzer*, MittBayNot 2005, 519.
1747 FG Köln, 16.12.2009 – 9 K 2580/07, ErbStB 2010, 65.
1748 § 78 Abs. 3 Nr. 4 StGB i.V.m. § 369 Abs. 2, 384 AO, bei Steuerhinterziehung »in großem Ausmaß« (nach BGH, 27.10.2015 – 1 StR 373/15, DStR 2016, 914 ab 50.000 Euro) beträgt die Verjährungsfrist gem. § 376 Abs. 1 AO zehn Jahre.
1749 Vgl. *Eich*, ErbStB 2008, 76; eingehend auch *Stahl/Durst*, ZEV 2008, 469 f.
1750 BGH, 10.02.2015 – 1 StR 405/14, hierzu krit. *Esskandari/Bick*, ErbStB 2015, 299 ff.
1751 Vgl. *Einemann*, ZEV 2017, 316 ff.

gibt. Es ist also zu prüfen, wann der Steuerpflichtige bei fiktiver Anzeige veranlagt worden wäre, also wie lange die Bearbeitung des Steuerfalls vom Eingang der mit Ablauf der drei Monate erfolgten Anzeige bis zum Erlass des Bescheids gedauert hätte.

Der BGH[1752] vertritt hierzu einen pauschalen Lösungsansatz und addiert zur dreimonatigen Anzeigepflicht eine einmonatige (also unrealistisch kurze) fiktive Bearbeitungs- und Bekanntgabedauer, so dass die Unterlassungstat vier Monate nach dem anzuzeigenden Ereignis bereits beendet ist. Noch nicht entschieden ist die Konstellation, wenn die Abgabe der angeforderten Steuererklärung unterbleibt und das Finanzamt trotz dieses Unterlassens keine Festsetzung durch Schätzungsbescheid vornimmt; bei entsprechender Anwendung der BGH-Grundsätze wäre diese Tat ebenfalls einen Monat nach Ablauf der vom Finanzamt gesetzten Frist beendet. Der strafrechtlich weiter erforderliche Vorsatz (im Unterschied zur bewusst fahrlässigen Verkürzung, die nur eine Ordnungswidrigkeit gem. § 378 AO darstellt) setzt allerdings voraus, dass der Steuerpflichtige seine Anzeigepflicht gekannt haben muss, was insbesondere bei kleinem betroffenem Vermögen und wirtschaftlich nicht gewandten Personen nicht unbedingt unterstellt werden darf.[1753]

5530

b) *Kontrollmitteilungen, »Schwarzgeld«*

Die für die Festsetzung der Erbschaft- und Schenkungsteuer zuständigen FA versenden ab bestimmten Wertgrenzen[1754] **Kontrollmitteilungen**[1755] an die Einkommensteuer-Finanzämter des Schenkers und des Erwerbers, welche die daraus gewonnenen Erkenntnisse (»neue Tatsachen«) jedenfalls innerhalb der 4-jährigen Festsetzungsverjährungsfrist, bei nachgewiesener leichtfertiger Steuerverkürzung oder Steuerhinterziehung »in großem Ausmaß«[1756] 10 Jahre rückwirkend auswerten können. Bereits seit 01.04.2005 kann jedes FA über die Bundesanstalt für Finanzdienstleistungsaufsicht die Kontenstammdaten (nicht jedoch Kontenbewegungen) jedes inländischen Kreditinstitutes abfragen (§§ 93 Abs. 7 und 8, 93b AO); seit 01.07.2005 müssen EU-Banken und -Fondsgesellschaften ferner Informationen über Zinserträge[1757] von EU-Ausländern (natürlichen Personen)[1758] an den Fiskus des Wohnsitzstaates melden oder,[1759] sofern der Anleger nicht hierfür optiert, anonymisiert Quellensteuer (gem. § 45e EStG an das Bundeszentralamt für Steuern, Bonn) abführen. Hinzu kommen die durch alle Behörden und Gerichte bei Verdacht von Steuerstraftaten gem. § 116 AO zu übermittelnden Informationen.[1760] Für Zwecke der Schenkungsbesteuerung verwertbar sind ferner die ab 2009 (Abgeltungsteuer) zwingenden Mitteilungen

5531

1752 BGH, 25.07.2011 – 1 StR 631/10, mit Ablauf der vier Monate beginnt die Verjährung.
1753 Vgl. *Einemann*, ZEV 2017, 316, 320.
1754 Nachlassreinwert (ohne Abzug von Zugewinnausgleichspflichten) ab 250.000,00 €, bei Schenkungen u.U. auch darunter, wenn sie bei einer Außenprüfung aufgedeckt wurden, jeweils unter Beifügung der Bankenmitteilungen gem. § 33 ErbStG, und zwar an das FA des Erblassers/Schenkers wie auch des Erben/Beschenkten; vgl. zum Vorgängererlass *Stahl/Durst*, ZEV 2008, 469.
1755 Vgl. etwa gleichlautende Erlasse der Obersten Finanzbehörden der Länder v. 12.03.2015, ZEV 2015, 308.
1756 Ab einem Steuerschaden von 50.000 Euro, vgl. BGH, 27.10.2015 – 1 StR 373/15, DStR 2016, 914.
1757 Die Zinsinformationsverordnung (ZIV) erfasst derzeit nicht Dividenden, Veräußerungsgewinne, ebenso wenig Lebensversicherungen (sog. Versicherungsmantel, insurance wrapper), vgl. *Schwedhelm*, FR 2007, 941. Allerdings müssen inländische Versicherungsvertreter nach Maßgabe des Jahressteuergesetzes 2009 ab 2009 die erfolgreiche Vermittlung einer Auslandspolice an den Fiskus melden, und ab 2010 inländische Niederlassungen einer ausländischen Versicherung Abgeltungsteuer an das FA abführen, auch wenn die Auszahlung der Leistung im Ausland abgewickelt wird.
1758 Nicht erfasst von der EU-Zinsrichtlinie (d.h. weder melde- noch alternativ quellensteuerpflichtig) sind demnach Erträge von Kapitalgesellschaften, Stiftungen, Trusts etc.
1759 Luxemburg, Österreich, Belgien, die Schweiz und Liechtenstein, Monaco, Andorra und San Marino erheben lediglich Quellensteuer von (ab 2008) 25 %, ab 2011 35 %.
1760 Vgl. etwa *Bruschke*, AO-StB 2016, 172 ff.

depotführender Banken an den Fiskus[1761] zu Depotübertragungen an andere Personen sowie die bereits bisher häufigen Meldungen der Zollbehörden über beim Grenzübertritt mitgeführte[1762] Barmittel von mehr als 10.000,00 € (§ 12a Abs. 5 ZollVG). Hinzu kommen zwischenstaatliche Abkommen über die Zusammenarbeit in Steuersachen, so ab 01.01.2010 auch mit Liechtenstein,[1763] sowie nationale Normen zur Umsetzung der sog. OECD-Grundsätze der internationalen abgabenrechtlichen Amtshilfe,[1764] mit der Folge bspw. einer Lockerung des Bankgeheimnisses ab 01.09.2009 auch in Österreich.[1765]

5532 Das **Steuerumgehungsbekämpfungsgesetz 2017**[1766] führte ferner zu einer (bußgeldbewehrte) Pflicht zur Anzeige aller Geschäftsbeziehungen zu Drittstaat-Gesellschaften (auch ohne eigene Beteiligung hieran) vor, die auch Finanzinstitute hinsichtlich von ihnen hergestellten oder vermittelten Geschäftsbeziehungen zwischen inländischen steuerpflichtigen und solchen Gesellschaften trifft. Das **steuerliche Bankgeheimnis** wird damit **vollständig aufgehoben**, d.h. Kreditinstitute haben bei der Aufklärung steuerlicher Sachverhalte gegenüber Finanzbehörden dieselben Rechte und Pflichten wie andere auskunftspflichte Personen (eine gesetzliche Verschwiegenheitspflicht besteht, anders als zugunsten von Rechtsanwälten oder Steuerberatern ohnehin nicht mehr); damit sind auch Sammelauskunftsersuchen (anders jedoch als anlasslose Ermittlungen) künftig erleichtert. Das automatisierte Kontoabrufverfahren zur Ermittlung, in welchen Fällen ein inländischer Steuerpflichtiger Verfügungsberechtigter oder wirtschaftlich Berechtigter eines Kontos oder Depots einer Körperschaft oder Vermögensmasse im Ausland ist, wird erweitert; ferner wird die Benutzung von Drittstaaten-Gesellschaften zur Verschleierung steuerlicher Sachverhalte als besonders schwerer Fall der Steuerhinterziehung geahndet mit der Folge der zehnjährigen Verjährungsfrist für die Strafverfolgung.

5533 Entdeckt ein Erbe[1767] bzw. der für ihn handelnde Verfügungsberechtigte,[1768] z.B. im Bankschließfach oder auf Auslandskonten,[1769] vom Erblasser erkennbar nicht deklarierte Vermögens-

---

1761 Daneben sind bei einem Depotübertrag auf eine andere Bank die Anschaffungskosten der Wertpapiere mitzuteilen, um die sonst pauschalierend angenommene Abgeltungsteuer auf 30 % des Verkaufspreises zu vermeiden. Bei Depotübertrag aus dem Ausland außerhalb des EU- und EWR-Raumes wird stets zunächst 30 % des Verkaufspreises zugrundegelegt; überhöhte Steuern können gegen Einzelnachweis durch Veranlagung rückgefordert werden.
1762 Bei der Ein- und Ausreise in nicht der EU angehörige Drittländer (Schweiz) müssen solche Barmittelbestände ungefragt gemeldet werden, § 12a Abs. 1 ZollVG i.V.m. Art. 3 EU-Verordnung Nr. 1889/05 v. 26.10.2005, andernfalls sind sie auf Verlangen vorzuzeigen.
1763 *Lennert* ZEV 2009, 504.
1764 Gemäß Mitteilung des BMF v. 05.01.2010 BStBl. 2010 I 19 existiert derzeit kein Staat, der keine DBA-Auskunftsklausel nach Standard Art. 26 OECD-MA hat bzw. keine Auskünfte in vergleichbarem Umfang zu erteilen bereit ist.
1765 *Fugger*, ZEV 2009, 507.
1766 BGBL 2017 I S. 1682 ff.
1767 Vgl. zur »Rückkehr in eigene Steuerehrlichkeit nach ererbtem Steuervakuum« *Müller/Korthals* ErbStB 2010, 282 ff. sowie *Warlich*, ZErb 2013, 254 ff.
1768 Testamentsvollstrecker, Nachlassverwalter (§§ 34, 35 AO), wobei diese nicht verpflichtet sind, aktiv nach Unrichtigkeiten zu suchen, vgl. *Siebert*, EE 2011, 123, 125 und umfassend *Kamps*, ErbStB 2016, 11 ff. (zu Erbschaft- und Ertragsteuer). Unterlässt er die Anzeige und Richtigstellung (§ 153 AO) erkannter »Schwarzgeldkonten«, haftet er gem. § 71 AO auf die Steuerschuld und setzt sich strafrechtlichen Risiken (§ 370 Abs. 1 Satz 2 AO) aus. Ferner muss er genügend Nachlassmittel zur Steuerentrichtung zurückbehalten, § 34 AO. Die Festsetzungsfrist verlängert sich bei Verletzung der Pflicht aus § 153 AO auf zehn Jahre, und zwar gegenüber allen Gesamtrechtsnachfolgern, auch wenn nur einer die Tatbestände gekannt hat, FG Hessen, 30.07.2015 – 13 K 2871/09, ErbStB 2016, 104 (Az. BFH: VIII R 32/15).
1769 Im Ausland (je etwa ein Drittel in Liechtenstein/Luxemburg, in der Karibik und in Singapur) werden ca. 400 Mrd. € Schwarzgeld vermutet, dorthin verbracht v.a. in den 70er-Jahren (als Früchte des Wirt-

A. Schenkungsteuerrecht   Kapitel 12

werte (»**Schwarzgeld**«),[1770] trifft ihn gem. § 153 Abs. 1 AO die Pflicht zur Korrektur fehlerhafter Erklärungen der Vergangenheit, andernfalls erfüllt er selbst den Tatbestand der Steuerhinterziehung gem. § 370 Abs. 1 Nr. 2 AO (mit nunmehr[1771] ebenfalls 10-jähriger Verjährung!). Hinzu käme eine eigene Hinterziehung[1772] von Erbschaftsteuer, wenn der Nachlass nicht vollständig und rechtzeitig (vgl. Rdn. 5528) gem. § 30 Abs. 1 ErbStG angegeben wird.[1773] Ergeben sich jedoch keine Anhaltspunkte für unzutreffende ertragsteuerliche Erklärungen des Erblassers, genügt es, wenn der Erbe nun seinerseits die Zinserträge aus dem geerbten Vermögen zutreffend angibt; das FA wird dann jedoch von sich aus die Einkommensteuererklärungen des Erblassers einer Prüfung unterziehen.[1774] Steuerverbindlichkeiten des Erblassers, auch sofern sie aus Hinterziehung stammen und erst nach dem Tod für zuvor abgeschlossene Veranlagungszeiträume[1775] festgesetzt werden, zählen samt der Zinsen gem. §§ 233a, 235 AO bis zum Todestag zu den abzugsfähigen Nachlassverbindlichkeiten gem. § 10 Abs. 5 Nr. 1 ErbStG[1776] (ebenso wie umgekehrt Steuererstattungsansprüche aufgrund von Überzahlungen der Vergangenheit zum erbschaftsteuerpflichtigen Erwerb zählen).[1777]

▶ Hinweis[1778]:

Tückisch ist die Konstellation, in der das »verschwiegene« Vermögen (etwa das im Ausland befindliche Wertpapierdepot) nicht dem Erben, sondern einem Vermächtnisnehmer zufällt. Falls keine diesbezügliche testamentarische Anordnung getroffen wurde, ist dieser nämlich nicht verpflichtet, die nachzuentrichtenden Steuerschulden aus dem Vermächtnis zu begleichen, vielmehr treffen diese den Erben. Um dies zu vermeiden, wäre bspw. im Testament anzuordnen: »Die mit der Vermächtniserfüllung verbundenen Kosten und Steuern trägt der Vermächtnis-

5534

---

schaftswunders) und Mitte der 90er vor Einführung der Kapitalertragsteuer. Zu schenkungsteuerlichen Aspekten bei Kapitalanlagen vgl. *Halaczinsky*, ErbStB 2013, 226 ff.

1770 Illustrativ zu einem Beispielsfall *Steiner*, ErbStB 2008, 152; vgl. auch *Bron/Seidel*, ErbStB 2010, 111 ff. zu »Informationsaustausch und Selbstanzeige bei Stiftungsstrukturen«, *Schaub*, ZEV 2011, 501 ff. zu präventiven Gestaltungsüberlegungen des Erblassers (keine Erbengemeinschaft, keine minderjährigen Erben, keine Testamentsvollstreckung, keine Einsetzung von Berufsträgern), sowie *ders.*, ZEV 2011, 624 ff. zu Ratschlägen für den Erben (Ausschlagung, Selbstanzeige).

1771 § 376 Abs. 1 AO i.d.F. des Jahressteuergesetzes 2009; derzeit [§ 78 Abs. 3 Nr. 4 StGB] 5 Jahre; die steuerliche Festsetzungsfrist für hinterzogene Steuern betrug schon bisher gem. § 169 Abs. 2 Satz 2 AO 10 Jahre.

1772 Abschwächend insoweit *Stahl/Durst*, ZEV 2008, 467.

1773 Zu Anzeigepflichten im Zusammenhang mit ausländischen Stiftungen, auch aus Sicht des Erben, vgl. *Schulze-Borges*, ZEV 2017, 190 ff.

1774 Eine Pflicht zur Durchsicht alter Steuererklärungen des Erblassers, falls dem Erben überhaupt solche vorliegen, besteht (wohl) nicht. Wird Geld im Schließfach gefunden, spricht allerdings bereits die erste Vermutung dafür, dass der Erblasser seine Erklärungspflichten nicht erfüllt hat, so dass der Erbe sich zumindest der leichtfertigen Steuerverkürzung schuldig macht. Allerdings wird den Erben kaum bekannt sein, aus welchem Veranlagungszeitraum die Schwarzgeldbestände stammen, ob also die Festsetzungsfrist bereits abgelaufen ist. Er muss jedoch zur Vermeidung einer Steuerordnungswidrigkeit zumindest den Inhalt des Schließfachs deklarieren und mitteilen, dass ihm keine weiteren Umstände hierzu bekannt sind. Unproblematisch ist der Sachverhalt, wenn dem Erben der Nachweis gelingt, dass das Vermögen aus einem festsetzungsverjährten Jahr stammen muss.

1775 § 45 Abs. 1 Satz 1 AO, vgl. § 36 Abs. 1 EStG, BFH, BStBl 2010 II 641. BFH, 04.07.2012 – II R 15/11, ZEV 2012, 500 m. Anm. *Crezelius*, DStR 2012, 1698 lässt auch einen anteiligen Abzug der Einkommensteuer des Todesjahres zu, die Finanzverwaltung folgt dem ebenfalls (OFD Niedersachsen, Vfg. v. 26.10.2012 – S 3810–89–35 1, ZEV 2012, 692, anders noch R E 10.8 Abs. 3 ErbStR 2011).

1776 Vgl. FinMin NRW v. 14.11.2002 – S 3810–13-V A 2, *Siebert*, Erbrecht effektiv 2008, 59; *Kämper/Milatz*, ZEV 2011, 70 ff.; jedenfalls wenn die Hinterziehung vom Erben zeitnah gemeldet wurde, vgl. *Esskandari*, ErbStB 2013, 140; a.A. FG Düsseldorf, DStRE 2002, 1253.

1777 Vgl. im Einzelnen FinMin Baden-Württemberg, 18.01.2010, 3 – 3810/28, ZEV 2010, 107.

1778 Vgl. *Streck/Kamps*, ErbR 2016, 691.

nehmer, ebenso die mit dem vermachten Gegenstand verbundenen Schenkung- und Ertragsteuern, sofern sie nach dem Tod festgesetzt werden.«

Entdeckt der Erbe in seiner Eigenschaft als Organ einer »geerbten« Gesellschaft die Verkürzung betrieblicher Steuern (Lohn-, Gewerbe-, Umsatz-, Körperschaftsteuer) und führt er diese fort, haftet er für die weitere Steuerverkürzung auch persönlich gem. § 71 AO.

5535 Vereinbaren mehrere Miterben, zur »Deckung« der Steuerhinterziehung des Erblassers die geerbten Werte nicht anzugeben (und begehen damit gemeinschaftlich eine vollendete Erbschaftsteuer-Hinterziehung, sog. »Hinterziehungsgemeinschaft«), kann bei Streitigkeiten oder der Gefahr der Entdeckung (»CD-Daten-Ankauf«)[1779] ein »Wettlauf« zwischen den Miterben darüber eintreten, wer als erster eine (für ihn[1780] hinsichtlich des gemeldeten Tatbestandes[1781] strafbefreiende[1782]) umfassende, also alle infrage kommenden Steuerarten einschließende[1783] Selbstanzeige[1784] (§ 371 AO) rechtzeitig[1785] durchführt. Spätere Anzeigen haben sonst auf die Strafbarkeit keinen Einfluss mehr.

c) Erhebungsverfahren

5536 Auf der Grundlage der durch die Anzeige erlangten Informationen fordert das FA die an der Schenkung Beteiligten[1786] (unabhängig vom Bestehen einer tatsächlichen Steuerpflicht) zur Abgabe einer **Steuererklärung**[1787] binnen einer zu setzenden Frist auf (§ 31 ErbStG). Werden darin

---

1779 Zur Strafbarkeit des Ankaufs und zur Verwertbarkeit der Daten vgl. *Koblenzer*, ErbStB 2010, 116 ff., für Verwertbarkeit FG Köln, 15.12.2010 – 14 V 2484/10, ErbStB 2011, 184.

1780 Anders bei einem »steuerkontaminierten Unternehmen«: meldet einer von zwei Geschäftsführern die [z.B.] Lohnsteuerhinterziehung durch Selbstanzeige, befreit dies beide, vgl. *Schwedhelm*, FR 2007, 942. Aus der personengesellschaftsrechtlichen Treuepflicht können sich ferner Schadensersatzpflichten ergeben, wenn ein Gesellschafter, ohne den anderen Gelegenheit zur Teilnahme zu eröffnen, durch seine Selbstanzeige den Anderen diesen Weg verschließt, vgl. *Streck/Kamps*, ErbR 2017, 607.

1781 Wird also lediglich eine [in 5 Jahren verjährende] leichtfertige Steuerverkürzung gemeldet, während tatsächlich vorsätzliche Steuerhinterziehung [nunmehr 10 Jahre Verjährung: § 169 Abs. 2 Satz 2 AO] festgestellt wird, besteht keine Straffreiheit für die zurückliegenden Jahre 6–10.

1782 In Bezug auf die vorsätzliche Steuerhinterziehung, § 370 AO, und die leichtfertige Steuerverkürzung, § 378 AO.

1783 Neuregelung des § 371 Abs. 2 Nr. 3 AO durch das Schwarzgeldbekämpfungsgesetz v. 28.04.2011, BGBl. I 2011, S. 676. Erforderlich ist seitdem weiter, dass alle Tatbestände derselben Steuerart (z.B. Zinseinkünfte und Einkünfte aus Vermietung und Verpachtung nach dem EStG) nachdeklariert werden. Vgl. hierzu *Warlich*, ZErb 2013, 281 ff., auch zur gestuften Selbstanzeige, sowie *Eich*, ErbStB 2013, 221 ff., und *Siebert*, EE 2014, 193 ff. Zum 01.01.2015 tritt eine weitere Verschärfung in Kraft, vgl. *Carlé*, ErbStB 2014, 287 und *Geuenich*, NWB 2015, 29 ff.

1784 Nach BGH, 20.05.2010 – 1 StR 577/09, DStR 2010, 1133 wirkt sie nur strafbefreiend, wenn sämtliche hinterzogenen Beträge der jeweiligen Steuerart des jeweiligen Steuerjahres aufgedeckt werden. Ferner muss die Anzeige so aufbereitet sein, dass das FA die Veranlagung ohne weitere Ermittlungsarbeiten vornehmen kann (also keine Abgabe mehrerer Aktenordner von Bankunterlagen, vgl. Pressemitteilung der OFD Koblenz v. 25.05.2010). Überblick bei *Gluth/Rund*, StB-Sonderheft 2013/2014, S. 19 ff.

1785 D.h. (seit dem SchwarzgeldbekämpfungsG v. 08.12.2010) vor Bekanntgabe einer Prüfungsanordnung erfolgte.

1786 Bei Erbschaften u.U. auch den Testamentsvollstrecker gem. § 31 Abs. 5 Satz 1 ErbStG, wenn sich die Vollstreckung auf den Gegenstand des Erwerbs bezieht, vgl. BFH, 11.06.2013 – II R 10/11, EE 2013, 191 m. Anm. *Gemmer*. Die Pflicht zur Abgabe entsteht erst mit Aufforderung (vgl. auch BFH, 18.10.2000 – II R 50/98, ZEV 2001, 39).

1787 Hilfestellung zum Ausfüllen der amtlichen Vordrucke bietet *Halaczinsky*, Die Erbschaft- und Schenkungsteuererklärung, 3. Aufl. 2013.

unzutreffende Angaben gemacht, liegt Steuerhinterziehung gem. § 370 Abs. 1 Nr. 1 AO vor.[1788] Die Festsetzung der Steuer erfolgt sodann durch Steuerbescheid innerhalb der (4-jährigen, § 169 Abs. 2 Nr. 2 AO) Festsetzungsfrist, die allerdings nicht vor der Kenntniserlangung der zuständigen Schenkungsteuerstelle[1789] (andere Abteilungen des FA genügen nicht[1790]) von der vollzogenen Schenkung einschließlich der Namen und Anschriften aller Beschenkten zu laufen beginnt (Anlaufhemmung gem. § 170 Abs. 2 Satz 1 Nr. 1 AO sowohl durch Anzeige gem. § 30 ErbStG als auch nochmals durch Abgabe einer Steuererklärung nach Aufforderung, § 31 ErbStG, selbst in derselben Sache).[1791]

Gegen den Steuerbescheid ist nach Einspruch (§§ 347 ff. AO)[1792] der Finanzgerichtsweg (§ 33 FGO) eröffnet,[1793] ebenso gegen den Feststellungsbescheid (insbesondere über den Grundbesitzwert, § 151 Abs. 1 Nr. 1 BewG). Aufgrund der Neuregelung durch das Steuervereinfachungsgesetz 2011[1794] ist auch derjenige, der die Schenkungsteuer gem. § 10 Abs. 2 ErbStG übernommen hat, am Feststellungsverfahren zu beteiligen (§ 154 Abs. 1 Nr. 3 BewG n.F.) und damit auch zur Einlegung des Einspruchs befugt (§ 155 BewG).

5537

Hat das zuständige[1795] Finanzamt auf Antrag gem. § 89 Abs. 2 AO[1796] eine **verbindliche Auskunft** (gebührenpflichtig[1797]) erteilt, ist bei unveränderter Sach- und Rechtslage diese der Besteuerung zugrunde zu legen. Solche Anträge sind nicht nur zu schenkung-, sondern auch zu erbschaftsteuerlichen Sachverhalten zulässig.[1798] Über sie soll seit 2017 binnen sechs Monaten entschieden werden (§ 89 Abs. 2 Satz 4 AO).

5538

d) Stundung, § 28 ErbStG

Die auf Antrag gem. § 28 ErbStG – jedoch beschränkt auf Erwerbe von Todes wegen – zu gewährende **Stundungsmöglichkeit** beim Erwerb von Betriebs- oder land- und forstwirtschaftlichem Vermögen (Abs. 1), und Familienstiftungen (Abs. 2) wurde bereits seit 2009 auf vermietetes (Abs. 3 Satz 1) und eigengenutztes (Abs. 3 Satz 2) Grundvermögen ausgedehnt: sofern der Erwer-

5539

1788 Die unrichtige Angabe, keine Vorschenkungen erhalten zu haben, verwirklicht diesen Tatbestand sowohl in Bezug auf die Vorschenkung als auch auf die aktuelle Schenkung, BFH, 10.02.2015 – 1 StR 405/15, ZEV 2015, 420.
1789 BFH, 05.02.2003 – II R 22/01, BStBl. 2003 II, S. 502 = ErbStB 2003, 247 m. Anm. *Schlüssel*.
1790 FG Berlin-Brandenburg, 05.11.2015 – 14 K 14205/14, ErbStB 2016, 332 [n. rkr., Az: BFH II R 23/16]: Kenntnis der Grunderwerbsteuerstelle genügt nicht, selbst wenn die Schenkungsteuerstelle schon früher hätte Kenntnis haben können.
1791 BFH, 27.08.2008 – II R 36/06, ZEV 2008, 555, vgl. zur Festsetzungsverjährung auch *Demme*, ZEV 2008, 222; a.A. BFH, 06.06.2007 – II R 54/05 und 55/05, DStRE 2007, 1525; *Alvermann/Fraedrich*, DStR 2008, 393.
1792 Übersicht zu den außergerichtlichen Rechtsbehelfen (im Feststellungs-, Festsetzungs- und Vollziehungsverfahren) vgl. *Halaczinsky/Volquardsen*, ErbStB 2010, 240 ff.
1793 Zur Rechtsbehelfsbefugnis, auch im Hinblick auf Erbengemeinschaften, Testamentsvollstreckung, Nachlasspfleger etc. *Halaczinsky/Volquardsen*, ErbStB 2010, 274 ff.
1794 BGBl 2011 I, 2131 ff.; hierzu *Halaczinsky*, UVR 2011, 342; *Volquardsen*, ZErb 2011, 295.
1795 BMF-Schreiben v. 03.05.2007 – IV A 4 S 0224/07/0003, DStR 2007, 907; hierzu *Baum*, NWB 2007, 1681 = Fach 2, S. 9311.
1796 Samt VO des BMF v. 30.11.2007 (StAuskVO, BStBl 2007 I 2783; zuvor BMF-Schreiben v. 29.12.2003, BStBl. 2003 I.S. 742, betreffend Auskunft mit Bindungswirkung nach Treu und Glauben (Beck online BeckVerw047219).
1797 Vgl. § 89 Abs. 3 bis 5 AO, seit 01.01.2007 (abhängig vom Betrag der steuerlichen Auswirkung zwischen 121,00 und 91.456,00 €, sonst Zeitgebühr: 50,00 € je halbe Stunde, mindestens 100,00 €); vgl. BMF v. 12.03.2007, DStR 2007, 582 m. Anm. *Simon*, S. 557 ff. sowie Anwendungserlass zur Abgabenordnung 2008 Nr. 4 zu § 89 AO; BStBl. 2008 I, S. 26 ff.; Erläuterung bei *Baum*, NWB 2008, 1227 ff. = Fach 2, S. 9725 ff. Die Gebührenpflicht ist nach Ansicht des FG Baden-Württemberg v. 20.05.2008, notar 2008, 279 verfassungsgemäß.
1798 Vgl. *Berg*, ZEV 2012, 137 ff.

ber die Steuer nur durch die Veräußerung dieses Vermögens aufbringen könnte, wurde sie ihm auf Antrag auf die Dauer von 10 Jahren verzinslich (0,5 % pro Monat, also 6 % p.a.!) gestundet.[1799] Im Vergleich zur Stundung nach § 222 AO ist weder zu prüfen, ob der Antragsteller »stundungswürdig« ist (also seine mangelnde Leistungsfähigkeit nicht selbst herbeigeführt hat) noch ob der Steueranspruch gefährdet erscheint. Bei Zuwendungen unter Lebenden kommt nur eine Stundung nach § 222 AO in Betracht, vgl. § 28 Abs. 1 Satz 4 ErbStG n.F.

5540 Seit dem **01.07.2016** gilt: In Bezug auf Betriebsvermögen (§ 28 Abs. 1 ErbStG) wird lediglich das begünstigte Vermögen, nicht also das Verwaltungsvermögen, in mögliche Stundungen einbezogen. Durch die Bezugnahme auf das begünstigte Vermögen i.S.d. § 13b Abs. 2 ErbStG sind nun auch Anteile an Kapitalgesellschaften i.S.d. § 13b Abs. 1 Nr. 3 ErbStG in den stundungsfähigen Kreis aufgenommen worden. Die Stundung wird antragsgebunden gewährt, anders als bei § 222 AO muss der Steuerpflichtige aber nicht darlegen, dass die sofortige Einziehung der auf den begünstigten Vermögensteil entfallenden Steuer zu einer erheblichen Härte führen würde. Gewährt wird sie nun auf einen Zeitraum von (je nach Antrag) bis zu sieben Jahren, wobei das erste Jahr unverzinslich gewährt wird, im Übrigen findet ab dem zweiten Jahr eine **Verzinsung** i.H.v. monatlich 0,5 %, auf das Jahr bezogen also 6 %, statt. Unter sehr hohen Voraussetzungen kann aufgrund der Verweisung auf § 234 AO im Einzelfall auf die Erhebung der Zinsen verzichtet werden, wenn dies nach Lage des Einzelfalls unbillig wäre.

5541 Die Stundung endet gem. § 28 Abs. 1 Satz 5 u. 6 ErbStG vorzeitig, wenn der Erwerber gegen Behaltevorschriften verstößt, die Lohnsummengrenze nicht einhält oder einen Nachsteuertatbestand nach § 13a Abs. 6 ErbStG erfüllt. Sofern die Vollverschonung nach § 13a Abs. 10 ErbStG (ohne die Verschonungsbedarfsprüfung nach § 28a ErbStG) in Anspruch genommen wurde, gelten insoweit auch die verschärften Voraussetzungen bezüglich der Lohnsummenregelung und der Behaltensfrist, vgl. § 28 Abs. 1 Satz 6 ErbStG. Die Beendigung der Stundung (jeweils mit der Folge der sofortigen Fälligkeit der Steuer) für den Fall der »Aufgabe oder Übertragung« des Betriebs, § 28 Abs. 1 Satz 8 ErbStG, gilt offensichtlich auch für unentgeltliche Übertragungen, da der Wortlaut nicht auf entgeltliche Veräußerungen beschränkt ist. Eine Vererbung während des siebenjährigen Stundungszeitraums beendet die Stundung jedoch nicht.

5542 Auf die Stundung gem. § 28 Abs. 1 ErbStG besteht ein Rechtsanspruch unabhängig davon, nach welcher Maßgabe die der Stundung unterliegende Steuer auf das begünstigte Vermögen ermittelt wurde, also ob im Übrigen die Regelverschonung oder die Optionsverschonung bzw. die Verschonungsbedarfsprüfung in Anspruch genommen wurde. Die Stundungsmöglichkeit stellt also eine begleitende Maßnahme zu den sonstigen Begünstigungstatbeständen bezüglich unternehmerischen Vermögens dar und erfasst den Steuerbetrag, der nach Einsatz aller sonstigen Privilegierungsumstände verbleibt.

Zum davon zu unterscheidenden, potentiell dauerhaften, sog. Verschonungsabschlag gem. § 28a ErbStG bei Großerwerben von Betriebsvermögen über 26 Mio. Euro vgl. Rdn. 5268 ff.

e) Steuerschuldnerschaft, § 20 ErbStG

5543 **Steuerschuldner** ist beim Erwerb von Todes wegen der jeweilige Erwerber, bei Schenkungen unter Lebenden sowohl der Erwerber als auch der Schenker als **Gesamtschuldner**, § 20 Abs. 1 Halbs. 1 ErbStG;[1800] dies verstößt nicht gegen das Grundgesetz.[1801] Wegen des Charakters der Schenkungsteuer als Bereicherungsteuer hat sich dabei das FA zunächst an den Beschenkten zu halten, es sei denn der Schenker hätte sich vertraglich zur Tragung der Schenkungsteuer verpflichtet[1802]

1799 *Eich*, ErbStB 2011, 114 ff.; *Höne*, ZEV 2010, 565 ff.
1800 So bleibt der Erwerber auch dann Mitschuldner, wenn der Schenker selbst vertraglich die Schenkungsteuer übernommen hat. Überblick bei *Bruschke*, ErbStB 2011, 257 ff.
1801 BVerfG, 18.12.2012 – 1 BvR 1509/10, ZEV 2013, 99.
1802 BFH, 01.07.2008 – II R 2/07, ZEV 2008, 554.

oder die Einziehung der Steuer beim Beschenkten wäre unmöglich (etwa im Fall der Nachversteuerung nach insolvenzbedingter Betriebsaufgabe beim Erwerber).[1803] Mit der Zahlung durch einen der Gesamtschuldner erlischt der Steueranspruch insgesamt, § 47 i.V.m. § 44 Abs. 2 Satz 1 AO.[1804] Etwaige Rückerstattungen stehen dem jeweils Leistenden anteilig zu.[1805] Leistet der durch das Finanzamt in Anspruch genommene Schenker, hat er jedoch aufgrund der Rechtsnatur der Schenkung (§ 426 Abs. 1 Satz 1 BGB: »soweit nicht ein ... bestimmt ist«) keinen Anspruch auf hälftige Erstattung der Schenkungsteuer gegen den Schenker.[1806] Die spätere Festsetzung der Steuer gegen den Schenker darf ferner nur insoweit erfolgen, als der Steueranspruch gegenüber dem Beschenkten noch nicht erloschen ist.[1807] Allerdings hat der gegen den Beschenkten ergangene Bescheid keine Wirkung gegen den Schenker als weiteren Gesamtschuldner; diesem werden also keine Einwendungen abgeschnitten, andererseits kann das FA ihm gegenüber aufgrund verbesserter Erkenntnis auch eine höhere Steuer festsetzen.[1808]

In der Insolvenz des Steuerschuldners (z.B. bei einer Erbschaft nach Insolvenzeröffnung) handelt es sich bei der Schenkung- bzw. Erbschaftsteuer um eine Masseverbindlichkeit i.S.d. § 55 Abs. 1 Nr. 1 Hs. 2 InsO, die ausschließlich gegen den Insolvenzverwalter festzusetzen ist, nicht um eine schlichte, zur Tabelle anzumeldende Insolvenzforderung.[1809] 5544

Erfolgt eine Nachversteuerung begünstigten Betriebsvermögens wegen eines Verstoßes gegen die Behaltensregelung oder die Mindestlohnsumme, will die Finanzverwaltung allerdings im Erlasswege[1810] den Schenker von einer Inanspruchnahme gänzlich freistellen, es sei denn er hätte den Betrag der Steuer gem. § 10 Abs. 2 ErbStG ebenfalls geschenkt. Daher sollten solche Übernahmeerklärungen (Rdn. 4561, Muster Rdn. 4563) nur begrenzt, nicht in Bezug auf die Nachbesteuerungsbeträge, abgegeben werden. 5545

▶ **Formulierungsvorschlag: Begrenzte Übernahme der Schenkungsteuerschuld durch den Betriebsveräußerer**

Der Schenker trägt auch die für die Übertragung des Betriebs unmittelbar anfallende Schenkungsteuer (§ 10 Abs. 2 ErbStG), allerdings nicht diejenigen Steuerbeträge, die infolge einer Nachversteuerung, etwa als Folge des Verstoßes gegen Behaltens- oder Lohnsummenregelungen, anfallen. 5546

Daneben bestehen zur Sicherstellung des Steuereingangs verschiedene **Haftungstatbestände** (§ 20 Abs. 3 bis 7 ErbStG).[1811] So haftet bspw. der Nachlass bis zur vollständigen Erbauseinandersetzung[1812] (also wohl unter Einschluss der bereits durch Vermächtniserfüllung »abgewanderten« Vermögensteile, str.[1813]) für die Steuer der am Erbfall Beteiligten und im Fall der Weiterschen- 5547

1803 Anwendungserlass zum ErbStG v. 25.06.2009, BStBl. 2009 I, S. 713, 719 (Abschnitt 5 Abs. 4). Die ErbStR 2011 enthalten diese Formulierungen jedoch nicht.
1804 BFH, 29.02.2012 – II R 19/10, ZEV 2012, 341 gegen FG Köln, 10.03.2010 – 9 K 1550/09, ErbStB 2010, 196.
1805 FG Baden-Württemberg, 25.09.2013 – 7 K 159/11, ErbStB 2014, 95 (NZB BFH: VII B 210/13).
1806 OLG Saarbrücken, 05.04.2017 – 1 U 102/16, ZEV 2017, 462.
1807 BFH, 08.03.2017 – II R 31/15, ZEV 2017, 349, ebenso die Vorinstanz FG Münster, 26.02.2015 – 3 K 823/13 Erb, ErbStB 2015, 220.
1808 BFH, 08.03.2017 – II R 31/15, ZEV 2017, 349.
1809 BFH, 05.04.2017- II R 30/15, ErbStB 2017, 302.
1810 Anwendungserlass zum ErbStG v. 25.06.2009, BStBl. 2009 I, S. 713, 719 (Abschnitt 5 Abs. 4). Die ErbStR 2011 enthalten diese Formulierungen jedoch nicht mehr; vgl. *Wälzholz*, NWB 2012, 3721, 3727. Die Inanspruchnahme des Schenkers wäre jedoch auch in Nachversteuerungsfällen verfassungsrechtlich unbedenklich: FG Münster, 19.06.2008 – 3 K 3145/06 Erb, BeckRS 2008, 26025690.
1811 Vgl. hierzu die Übersicht von *Halaczinsky*, ErbStB 2007, 208; allgemein zur Haftung des Gewahrsamsinhabers *Bruschke*, ErbStB 2012, 22 ff.
1812 FG Münster, 30.04.2014 – 3 K 1915/12 Erb, ErbStB 2014, 248.
1813 Vgl. *Weidmann*, ZEV 2014, 404, 407 m.w.N.

kung eines Erwerbs der Letzterwerber auch für die Steuer der vorangegangenen Schenkung. Gem. § 20 Abs. 6 ErbStG haften ferner (verschuldensunabhängig) Versicherungsunternehmen sowie (nur bei grober Fahrlässigkeit) Vermögensverwalter – dies können auch kontoführende Kreditinstitute sein[1814] – bei ins Ausland ausgezahlten Beträgen. Daneben treten die allgemeinen Haftungstatbestände für Testamentsvollstrecker,[1815] Nachlassverwalter und -pfleger, Erbschaftsbesitzer und Bevollmächtigte der Erben gem. §§ 69 ff. AO.

XIV. Übersicht: Gestaltungshinweise zur Steuerreduzierung

5548 Gewissermaßen »hinter die Klammer gezogen«, soll nachstehende Übersicht im Wege der Verweisung nochmals das Augenmerk auf einige bereits erläuterte Gestaltungsempfehlungen lenken, die eine Reduzierung der schenkungsteuerlichen Belastung herbeizuführen geeignet sind:

1. Gestaltungsoptionen seit 2009

5549 In Bezug auf Betriebsvermögen ist zunächst auf die oben Rdn. 5346 ff. aufgeführten Gestaltungsmöglichkeiten zu verweisen. Diese können auch dergestalt ausgenutzt werden, dass bestehendes Privatvermögen veräußert und aus dem Erlös betriebliche Einheiten angeschafft werden, die dann Gegenstand der Übertragung sind (sog. »alternative Schenkung«).[1816] Es bieten sich z.B. Anlagen zur Energieerzeugung mit sicheren Einnahmen nach dem EEG oder von Film- oder anderen Lizenzrechten mit bankmäßiger Absicherung der Lizenzansprüche an.

5550 Vermögenstypusunabhängig stehen insb. folgende Optionen zur Verfügung:
(1) Nachweis geringeren Verkehrswerts, etwa durch Gutachten oder zeitnahen Vergleichswert aus einem Verkauf im vorangegangenen Jahr (vgl. Rdn. 4657 ff.), auch zu den im Einzelnen zusätzlich berücksichtigungsfähigen wertbelastenden Faktoren. Der Abzug von Nutzungsrechten auf der Bewertungsebene (§ 10 Abs. 6 Satz 6 ErbStG, Rdn. 4669) bietet bspw. den Vorteil, dass die Betragskappung des § 16 BewG nicht greift,
(2) Nutzung des (infolge Entfallens des § 25 ErbStG a.F. gegebenen) Abzugspotenzials durch vorbehaltene Nutzungs-, v.a. Nießbrauchsrechte, deren allmähliche Wertreduzierung nicht der Steuer unterworfen ist (Rdn. 4834 ff., mit Tabelle in Rdn. 4854),
(3) Verbesserung der Steuerklasse durch (Erwachsenen-)Adoption (Rdn. 5479 f.),
5551 (4) Möglichst gleichmäßige Verteilung des Vermögens in der Elterngeneration, z.B. durch vorangehende Schenkungen (Rdn. 3327 ff., oder entgeltliche Übertragungen anstelle des Zugewinnausgleichs, Rdn. 72 ff.),
(5) Sinnvolle Aneinanderreihung nicht verknüpfter (»verketteter«) Schenkungen zur Erreichung eines näheren Verwandtschaftsgrades, insbesondere seitdem (für Erwerbe ab 01.01.2010) die Steuersätze für Erwerbe der Steuerklassen II und III wieder differieren (Beispiel: Anstelle einer Direktschenkung an die Nichte der Ehefrau – Steuerklasse III – Zerlegung in eine Schenkung an die Ehefrau – Steuerklasse I –, welche sodann, aus getrenntem Entschluss, an ihre Nichte weiterschenkt – Steuerklasse II –).
(6) Schenkungen im Zehn-Jahres-Takt zur neuerlichen Ausnutzung der Freibeträge (§ 14 ErbStG),
(7) Vervielfältigung der Zahl der Erwerber (und Freibeträge) durch Hereinnahme der Enkel, ggf. in Gestalt eines mehrere Generationen umfassenden Familienpools (Rdn. 2437 ff.) –

1814 BFH, 12.03.2009 – II R 51/07, ErbStB 2009, 266; FinMin Schleswig-Holstein, 11.08.2009 – VI 353 – S 3830–013, ZEV 2009, 528; FG Rheinland-Pfalz, 07.10.2010 – 4 K 1663/07, ErbStB 2011, 96 (Unbedenklichkeitsbescheinigung des Erbschaftsteuerfinanzamtes erforderlich; davon wird auch für Zahlungen, die todesfallbedingt sind, keine Ausnahme gemacht: Vfg. des LfSt Bayern v. 07.01.2015 – S 3830.2.1-1/11 St 44, ZEV 2015, 185).
1815 Guter Überblick zu den steuerrechtlichen Pflichten des Testamentsvollstreckers bei *Siebert*, ZEV 2010, 121 ff.
1816 Begriff von *Speidel/Kunstmann*, EE 2015, 118 ff.

wenngleich ohne die zusätzlichen Betriebsvermögensprivilegien, soweit es sich um Verwaltungsvermögen handelt,
(8) Generationensprung durch Übertragung an Enkel mit gleichzeitiger Absicherung der Zwischengeneration durch letztwillige Vermächtnisse[1817] bzw. durch lebzeitige Zuwendung von Versorgungs- oder Nießbrauchsrechten,
(9) Nutzung der (durch die Reform erweiterten) Freistellungsmöglichkeiten bei lebzeitiger Übertragung des Familienheims an den Ehegatten, § 13 Abs. 1 Nr. 4a ErbStG (Rdn. 3270, 3279 ff.). Zur Vermeidung steuerungünstiger Rückvererbung ist ein Rückforderungsrecht im Vorversterbensfall vorzubehalten, Rdn. 2387. Durch mehrfache, nicht auf einem Gesamtplan beruhende Übertragung desselben Familienheims, das zwischenzeitlich an den Erstschenker zurückverkauft wurde (»Familienheim-Schaukel«) kann sogar zusätzlich der Kaufpreis steuerfrei transferiert werden (Rdn. 3277),

5552

(10) Nutzung der Freistellungsmöglichkeit bei letztwilliger Übertragung des Familienheims an Ehegatten bzw. Abkömmlinge, § 13 Abs. 1 Nr. 4b und 4c ErbStG (Rdn. 4915, 4937 ff.),
(11) Mittelbare Schenkung vermieteten Grundbesitzes (wegen des dort bestehenden 10 %igen Verschonungsabschlages gem. § 13d ErbStG ohne Nachversteuerungsfrist; vgl. Rdn. 3326 ff.),
(12) Nutzung der »Güterstandsschaukel«, also des Entgeltlichkeitspotenzials, das in der Zugewinnausgleichsschuld aufgrund Wechsels des Güterstandes schlummert, unter späterer Neubegründung des gesetzlichen Güterstandes (vgl. Rdn. 4892 und Rdn. 77, 86, 134), auch zur zivilrechtlichen Schenkungsvermeidung. Sollen steuerverstrickte Gegenstände an Erfüllung statt übertragen werden, ohne eine ertragsteuerliche Veräußerung/Anschaffung auszulösen, hilft möglicherweise eine Kombination mit § 1380 BGB (§ 29 Abs. 1 Nr. 3 ErbStG, Rdn. 4893).

5553

(13) Nutzung insb. der Gestaltungsmöglichkeiten des güterrechtlichen Zugewinnausgleichs bei Güterstandswechsel gem. § 5 Abs. 2 ErbStG (z.B. kein Rückwirkungsverbot, Rdn. 4896; keine Kürzung im Verhältnis Steuer- zu Verkehrswert, Rdn. 3243), ggf. auch durch Ehevertrag kurz vor dem Tod (Schaffung von Nachlassverbindlichkeiten, vgl. das Beispiel in Rdn. 4890). I.R.d. (weniger attraktiven) erbrechtlichen Zugewinnausgleichs, § 5 Abs. 1 ErbStG, ist ein Anfangsvermögen von NULL zur Vermeidung der Indexierung »erstrebenswert« (Rdn. 4883). Auf jeden Fall verbietet sich die anfänglich Wahl des Güterstandes der Gütertrennung.

5554

(14) Auch bereits erfolgte, nachträglich als hoch besteuert erkannte Schenkungen unter Ehegatten können nachträglich durch Beendigung des gesetzlichen Güterstands und Anrechnung der Vorschenkung auf den Zugewinn gem. § 1380 BGB »neutralisiert« werden (§ 29 Abs. 1 Nr. 3 ErbStG, Rdn. 2390).

5555

(15) Empfehlenswert ist weiter die Verwendung von »Steuerklauseln« als Reparaturmöglichkeit gem. § 29 Abs. 1 Nr. 1 ErbStG (s. Rdn. 2285, 4970).
(16) Erbschaftsteuerlich ist besonders hinzuweisen auf die Möglichkeit, Pflichtteilsansprüche (sogar nach Eintritt der Verjährung) geltend zu machen (Rdn. 4491), wobei sich im Hinblick auf die Erhöhung der persönlichen Freibeträge seit 01.01.2009 empfahl, diese Geltendmachung i.S.d. § 9 Abs. 1 Nr. 1b ErbStG erst danach vorzunehmen, sofern die bisherigen Freibeträge überschritten oder ausgeschöpft waren.

5556

2. Gestaltungsoptionen bis Ende 2008

Bis zum Inkrafttreten der Erbschaftsteuerreform standen der Praxis weitere Gestaltungen zur Steuerreduzierung zu Gebote, die zum Vergleich nochmals kurz erwähnt werden sollen:
(1) Nutzung der Betriebsvermögensprivilegierungen der §§ 13a, 19a ErbStG (Rn. 3974 der 3. Auflage dieses Werks) durch Einbringung von Privatvermögen in gewerblich geprägte GmbH & Co. KG (vgl. Rdn. 2144 ff.), mit vollem Schuldzinsabzug (Rdn. 3179).

5557

1817 Vgl. hierzu, mit Formulierungsempfehlung, *Steiner*, ErbStB 2012, 160 ff.

5558 (2) Wahl der jeweils unter Bewertungsaspekten (bis zu einer Neuregelung durch Erfassung des gemeinen Werts) günstigeren Gesellschaftsform, d.h. bei ertragstarken aber substanzschwachen Unternehmen eher der Personengesellschaft.

5559 (3) Jedenfalls nach bis 31.12.2008 vorherrschender Auffassung (Rdn. 4780 ff.) galten die Grundsätze zur Aufspaltung der gemischten Schenkung von Privatvermögen nicht für Erwerbe von Todes wegen – bei der Ermittlung der Erbschaftsteuer wurden also bspw. Verbindlichkeiten ungekürzt zum Abzug zugelassen, auch soweit sie bewertungsrechtlich privilegiertes Vermögen, etwa Grundbesitz, betrafen. Bei hoch belasteten Immobilien war also die Vererbung transfersteuerlich günstiger (Rdn. 4785); teilweise empfahl sich gar der Hinzuerwerb hoch belasteter weiterer Immobilien zur »Neutralisierung« der Erbschaft.

5560 (4) Übertragung unter Nießbrauchsvorbehalt nach altem Recht mit Sofortablösung des Steuerstundungsbetrages und anschließendem Nießbrauchsverzicht: Reduzierung aufgrund des Abzinsungseffektes der Sofortablösung, die durch den Nießbrauchsvorbehalt eröffnet wird (Rdn. 4781 mit Berechnungsbeispiel).

(5) Mittelbare Schenkungen (Rdn. 5450) konnten nach altem Recht gar in Extremfällen zum Zuwendungswert »Null« erfolgen (Bsp. in Rdn. 5464: Erweiterung eines Zweifamilienhauses um eine weitere Wohnung: Erhöhung des Mietwerts wird kompensiert durch Wegfall des 20 %igen Bewertungszuschlages; Bsp. in Rn. 3264 der 3. Auflage dieses Werks: die zweckgebundene »mittelbare« Schenkung eines unbebauten Erbbaurechtes durch Zuwendung der hierfür – etwa als Einmalbetrag – erforderlichen Geldmittel wird also ebenfalls mit »Null« bewertet).

B. Grunderwerbsteuer

I. Vorrang der Schenkungsteuer

5561 Häufig wird übersehen, dass gem. § 3 Nr. 2 Satz 2 GrEStG[1818] Schenkungen unter einer Auflage (gleichgültig ob diese als »Vorbehalt des Schenkers« oder als »Bestellung durch den Erwerber« dargestellt ist[1819]) oder gemischte Schenkungen der Grunderwerbsteuer bzgl. des Anteils unterliegen, der bei der Schenkungsteuer abziehbar ist. Es soll also eine Doppelbesteuerung mit Grunderwerbsteuer und Schenkungsteuer verhindert werden, wobei ein Vorrang der Schenkungsteuer besteht[1820] (vgl. allerdings Rdn. 5565). Demnach ergibt sich: Bei **gemischten Schenkungen**[1821] und **Schenkungen unter Leistungsauflagen** unterliegen die »Gegenleistungen« der Grunderwerbsteuer; Gleiches galt schon immer für **Nutzungsauflagen**, wenn diese nicht an den Schenker oder dessen Ehegatten erbracht wurden.[1822] Nutzungsauflagen zugunsten des Schenkers oder seines Ehegatten selbst unterlagen jedoch bis Ende 2008 nicht der Grunderwerbsteuer, da sie nicht zu einer Reduzierung der Schenkungsteuer geführt haben[1823] – anders jedoch in ab 01.01.2009 (§ 37 ErbStG) verwirklichten Sachverhalten, in denen die Streichung des § 25 ErbStG a.F. dazu geführt hat, dass auch Nutzungsvorbehalte für den Veräußerer bzw. dessen Ehegatten die Schen-

---

1818 Überblick zu grunderwerbsteuerlichen Aspekten bei Schenkungen und Erwerben von Todes wegen: *Halaczinsky*, ErbStB 2012, 335 ff. sowie *Holler/Schmidt*, ErbR 2016, 192 ff.
1819 FG Bremen, 24.06.2015 – 2 K 24/15 [1], ErbStB 2016, 5.
1820 BVerfG, BStBl. 1984 II, S. 608.
1821 So z.B. auch beim Erwerb von Anteilen einer grundbesitzenden Gesellschaft in gemischter Schenkung: BFH, 13.09.2006 – II R 37/05, DStR 2006, 2253; vgl. *Franz*, NWB 2007, 3151 = Fach 8, S. 1575 ff.
1822 *Geck*, ZEV 1997, 285.
1823 Sondern lediglich zu einer Stundung gem. § 25 ErbStG a.F., so dass die Grunderwerbsteuer weiter vollständig verdrängt bleibt, vgl. BFH, 12.10.2006 – II R 79/05, RNotZ 2007, 495 m. Anm. *von Proff zu Irnich*; *Heine*, GmbHR 2008, 925.

kungsteuer mindern. Dies gilt unabhängig davon, ob die (Duldungs-)Auflage im Schenkungsvertrag ausbedungen[1824] oder zuvor (als Eigentümerrecht) bestellt und im Vertrag schlicht übernommen wird.[1825]

Der **kapitalisierte Wert des Nießbrauchs** ist demnach (wie eine auf Leistung gerichtete Gegenleistung) für solche »Neufälle« grunderwerbsteuerpflichtig[1826] (Rdn. 4861); die Bemessungsgrundlage ermittelt sich aus dem nach BewG (§ 14 i.V.m. den jährlich neu veröffentlichten Faktoren) bestimmten kapitalisierten Wert, und zwar gem. § 17 Abs. 3 Satz 2 BewG ohne Begrenzung des Jahreswertes auf den 18,6ten Teil des Steuerwertes (§ 16 BewG).[1827] Ist der Erwerber zudem verpflichtet, ab Erlöschen des Nießbrauchs die dann noch bestehenden Verbindlichkeiten zu übernehmen, erhöht sich ab diesem Zeitpunkt die Gegenleistung und damit die Grunderwerbsteuer um – ja nach Bundesland – 3,5 % bis 6,5 % (Rdn. 5641) des noch bestehenden Schuldsaldos (nachträgliche Leistung gem. § 9 Abs. 2 Nr. 1 GrEStG; Steuerentstehung mit Eintritt der Bedingung, § 14 GrEStG);[1828] die Schenkungsteuer ist herabzusetzen (wobei der Schuldübernahmebetrag auf den Zeitpunkt des Entstehens der Steuer, also den Schenkungszeitpunkt, abzuzinsen ist.[1829]

5562

I.d.R. liegt dann jedoch der **Befreiungstatbestand** des § 3 Nr. 4 (Erwerb unter Ehegatten bzw. – seit 14.12.2010 – unter eingetragenen Lebenspartnern) bzw. Nr. 5 (Erwerb durch den[1830] ehemaligen[1831] Ehegatten[1832] bzw. – wiederum seit 14.12.2010[1833] – durch den ehemaligen eingetragenen Lebenspartner – zur Vermögensauseinandersetzung aus Anlass[1834] einer Scheidung/Trennung) oder Nr. 6 (Erwerb unter Verwandten in gerader Linie bzw. Stiefkindern, und deren jeweilige Ehegatten) GrEStG vor. Auch Grundstücksgeschäfte aus Anlass der Teilung des Nachlasses sind steuerfrei gestellt (erstmalige **Auseinandersetzung einer Erbengemeinschaft**, § 3 Nr. 3 GrEStG, allerdings nicht mittelbar z.B. in Gestalt der Anwachsung bzw. des Erwerbs aller Anteile an grund-

5563

1824 Bsp.: FG Nürnberg, 05.03.2015 – 4 K 410/13, BeckRS 2015, 95093, bestätigt durch BFH, 09.02.2017 – II B 38/15, ZEV 2017, 291.
1825 FG Bremen, 24.06.2015 – 2 K 24/15, ZfIR 2016, 331 (nur Ls).
1826 OFD Münster v. 11.02.2009, NWB 2009, 598; FinMin Baden-Württemberg v. 15.04.2009, ZEV 2009, 264.
1827 BFH, 20.11.2013 – II R 38/12, notar 2014, 136 m. Anm. *Ihle* = ZEV 2014, 211 m. Anm. *Wachter*; § 3 Nr. 2 Satz 2 GrEStG gebietet es nicht, denselben Wertansatz wie beim schenkungsteuerlichen Abzug (wo die Kappung gem. § 16 BewG zum Tragen kommt) zu verwenden.
1828 *Theissen/Steger*, ErbStB 2009, 158, 166.
1829 Gemäß Tabelle I der gleichlautenden Ländererlasse v. 07.12.2001, BStBl. 2001 I, S. 1041 und BStBl. 2002 I, S. 112; vgl. *Theissen/Steger*, ErbStB 2009, 158, 166.
1830 Auf Erwerberseite können weitere Personen beteiligt sein: im Rahmen einer Auseinandersetzung erwirbt eine Gesamthand, an welcher der geschiedene Ehegatte des Veräußerers beteiligt ist: Freistellung gem. §§ 5 Abs. 2 i.V.m. 3 Nr. 5 GrEStG in Höhe des betreffenden Anteils, BFH, 20.12.2011 – II R 42/10, ErbStB 2012, 204.
1831 Die Finanzverwaltung sieht den Zusammenhang zur Scheidung lediglich 2 Jahre nach deren Rechtskraft als erfüllt an, hiergegen *Kesseler*, DStR 2010, 2173. Ohne feste Zeitgrenze BFH, 23.03.2011 – II R 33/09, DStRE 2011, 976: Spätere Ausübung eines Ankaufsrechtes, das bei der Scheidung eingeräumt wurde, ist steuerfrei.
1832 § 3 Nr. 5 GrEStG begünstigt nicht den Erwerb vom Erben des geschiedenen Ehegatten, BFH, 23.03.2011 – II R 33/09, notar 2011, 336 m. Anm. *Ihle*.
1833 Nach FG Niedersachsen v. 06.01.2011 – 7 V 66/10, ErbStB 2011, 123 und FG Münster v. 24.03.2011 – 8 K 2430/09 verstieß die Erhebung von Grunderwerbsteuer unter eingetragenen Lebenspartnern vor dem 14.12.2010 gegen Art. 3 GG.
1834 Nach BFH, 23.03.2011 – II R 33/09, notar 2011, 336 m. Anm. *Ihle*, ist auch die spätere Ausübung eines Ankaufsrechtes, das bei der Scheidung eingeräumt wurde, steuerfrei. Der Konnex wird jedoch unterbrochen sein, wenn die Scheidungsfolgenvereinbarung eine pauschale Abgeltungsvereinbarung enthält. Nach FG Hessen, 10.05.2012 – 5 K 2338/08, notar 2012, 249 m. Anm. *Ihle* [n. rkr] ist der Zusammenhang ferner unterbrochen, wenn die Grundstücksübertragung aus anderen Gründen [hier: Ermöglichung fortdauernder Nutzung durch einen nahen Angehörigen] erfolgte.

besitzhaltenden Personen- oder Kapitalgesellschaften[1835]). Als Miterbe zählt gem. § 3 Nr. 3 Satz 2 GrEStG auch der Ehegatte/Lebenspartner bei der Teilung gütergemeinschaftlichen Vermögens mit den Erben des verstorbenen Ehegatten/Lebenspartners sowie bei der Übertragung eines Grundstücks zur Abgeltung einer Zugewinnausgleichsforderung gegen den Nachlass des verstorbenen Ehegatten/Lebenspartners. »Miterbe« ist gem. § 3 Nr. 3 Satz 3 GrEStG auch der Ehegatte/Lebenspartner eines Miterben.

5563a Kraft Interpolation (Rdn. 5613) ist auch die Erbauseinandersetzung unter Miterben auf den Abkömmling nur eines Miterben grunderwerbsteuerfrei, in kombinierter Anwendung von § 3 Nr. 3 und § 3 Nr. 2 bzw. § 3 Nr. 6 Satz 1 GrEStG.[1836] Die Steuerbefreiung endet jedoch, wenn und sobald der Grundbesitz seine Qualifikation als Nachlassbestandteil verliert, etwa nach Übertragung in das Bruchteilseigentum der Erben,[1837] so dass sich stets empfiehlt, die Auseinandersetzung für ein bestimmtes Grundstück in komplettem Umfang (also möglichst in das Alleineigentum eines Miterben) durchzuführen.

5564 Bei Übertragung an entferntere Verwandte, etwa an den Neffen, können jedoch durchaus erhebliche Grunderwerbsteuerbeträge fällig werden.

▶ Hinweis:

Grunderwerbsteuer auf den »entgeltlichen«, also durch Duldungs- oder Leistungsauflagen oder gemischte Schenkungsanteile repräsentierten, Anteil einer Zuwendung gem. § 3 Nr. 2 Satz 2 GrEStG fällt auch dann an, wenn für den unentgeltlichen Anteil keine Schenkungsteuer erhoben wird, etwa da die Zuwendung an eine gemeinnützige Körperschaft erfolgt. Die Abziehbarkeit der Auflage/Gegenleistung i.S.d. § 10 Abs. 5 Nr. 1 ErbStG ist also abstrakt, »dem Grunde nach«, zu prüfen, nicht in Bezug auf den konkreten Einzelfall, so dass Grunderwerbsteuer selbst dann anfällt, wenn die Grundstücksschenkung insgesamt von der Schenkungsteuer befreit ist.[1838]

5565 Gem. § 3 Nr. 2 Satz 1 GrEStG schließen sich also **Grunderwerbsteuer**, einerseits, und **Schenkungsteuer**, andererseits, dergestalt aus, dass die Anwendbarkeit des Schenkungsteuergesetzes grds. die Erhebung der Grunderwerbsteuer verdrängt (selbst dann, wenn wegen Unterschreitens der Freibeträge keine Schenkungsteuer anfällt). Dies gilt entgegen der früheren Verwaltungspraxis[1839] sogar dann, wenn das Schenkungsteuerrecht an einen anderen Teilumstand des Gesamtsachverhalts anknüpft:

▶ Beispiel:

An nicht steuerbefreite Personen (z.B. die Neffen A, B, C) werden Anteile an einer Personengesellschaft (Gesamthand) übertragen, in die der Schenker (D) innerhalb des 5-jährigen Referenzzeitraums (§ 5 Abs. 3 GrEStG) Grundbesitz eingebracht hatte: grunderwerbsteuerlich wird gem. § 1 Abs. 2a GrEStG (Übergang von mehr als 95 %) ein Erwerb der A, B, C seitens der Gesamthand fingiert, worauf die nachzuerhebende Steuer auf den Einbringungsvorgang (§ 5 Abs. 3 GrEStG) anzurechnen ist. Daneben tritt die (u.U. privilegierte, § 13a ErbStG) Schenkungsteuer für die Übertragung der Anteile, also anders anknüpfend an die Grunderwerbsteu-

---

1835 BFH, 25.11.2015 – II R 35/14, ZfIR 2016, 506 m. Anm. *Uhl-Ludäscher* = ErbStB 2016, 70: kein Grund zur Ausdehnung über den Wortlaut hinaus [zur Anteilsvereinigung gem. § 1 Abs. 3 Nr. 1 GrEStG bei einer Kapitalgesellschaft, a.A. z.B noch FG Hamburg, 21.07.2006 – 3 K 14/06, DStRE 2007, 111 zur Anteilsvereinigung bei einer Personengesellschaft].
1836 Erlass FinMin Saarland, 10.07.2017 – S 4505-2-002-2017/86640, ZEV 2017, 544.
1837 FG Rheinland-Pfalz, 16.04.2015 – IV K 1380/13, EFG 2015, 1295.
1838 BFH, 12.07.2016 – II R 57/14, ErbStB 2016, 295 (Vorinstanz: FG Baden-Württemberg, 21.10.2014 – 5 K 2894/12, ErbStB 2015, 63).
1839 Ländererlass v. 28.04.2005, ZEV 2005, 254.

er, und diese gleichwohl auch hinsichtlich der Anteilsvereinigung sperrend,[1840] so dass im Ergebnis zunächst nur Schenkungsteuer anfällt.[1841] Eine Nacherhebung der (zunächst gem. § 5 Abs. 2 GrEStG anteilig noch nicht erhobenen) Grunderbersteuer auf die Einbringung des Grundstücks durch D in die GbR, die noch nicht 5 Jahre zurücklag, gem. § 5 Abs. 3 GrEStG, unterbleibt ebenso, da der Anteilserwerber das Grundstück auch vom Einbringenden unmittelbar hätte grunderwerbsteuerfrei erwerben können (im Wege einer Schenkung oder aufgrund Verwandtschaft in gerader Linie/Heirat); § 5 Abs. 3 GrEStG ist insoweit als Missbrauchsverhinderungsvorschrift einschränkend auszulegen.[1842]

In den Fällen der unentgeltlichen (mehr als 95 %igen) Anteilsvereinigung oder der Übertragung vereinigter Anteile bei Kapitalgesellschaften und bei Personengesellschaften[1843] gem. § 1 Abs. 3 GrEStG gilt: Obwohl bei § 1 Abs. 3 Nr. 1 und 2 GrEStG (Anteilsvereinigung) der »Erwerb« des Grundstücks auf einer durch § 1 Abs. 3 GrEStG angeordneten Fiktion (des Erwerbs von der Gesellschaft) und damit nicht auf einer Schenkung beruht, wendet der BFH mittlerweile § 3 Nr. 2 GrEStG (Vorrang der Schenkungsteuer) an, da der tatsächliche Lebenssachverhalt die (freigiebige) Übertragung eines Anteils betreffe.[1844] Damit wird eine doppelte Belastung mit Schenkung- und Grunderwerbsteuer in diesen Fällen vermieden. Bei mehraktigen Anteilsschenkungen[1845] erfasst diese Freistellung von der Grunderwerbsteuer allerdings nur diejenigen Grundstücke, die bei der jeweiligen Anteilsschenkung der Gesellschaft bereits zuzurechnen waren,[1846] und nur bezogen auf den (Bedarfs-)Wert, den das Grundstück damals hatte.[1847] In den Fällen des § 1 Abs. 3 Nr. 3 und 4 GrEStG erwirbt der neue Gesellschafter die Grundstücke vom früheren Gesellschafter, nicht von der Gesellschaft, sodass unstreitig § 3 Nr. 2 GrEStG schon immer anwendbar war.[1848] Tritt freilich die Anteilsvereinigung erst nach der Schenkung von Anteilen auf-

5566

1840 So BFH, 12.10.2006 – II R 79/05, RNotZ 2007, 495, m. Anm. *von Proff zu Irnich*; Heine, GmbHR 2008, 925; ebenso nun die Finanzverwaltung: FinMin Nordrhein-Westfalen v. 11.10.2007 bzw. 19.11.2007, GmbH-StB 2008, 10; BayStMinF v. 12.10.2007, ZEV 2007, 548 (teilweise Aufhebung des Erlasses v. 02.06.2005 über die Nichtanwendbarkeit des § 3 Nr. 2 GrEStG in den Fällen des § 1 Abs. 3 Nr. 3 und 4 GrEStG).
1841 Vgl. FG Nürnberg v. 01.04.2008, notar 2008, 280 m. Anm. *Ihle*; FG Saarland, 12.08.2008 – 2 K 2417/04, BB 2009, 816 m. Anm. *Behrens/Schmitt*.
1842 BFH, 07.10.2009 – II R 58/08, GmbH-StB 2010, 5 (teilweise abweichend noch Erlass des FinMin NRW v. 03.11.2008 DB 2008, 2569; die Finanzverwaltung folgt dem Urteil nun: Erlass FinMin Baden-Württemberg v. 14.01.2010, 3 – S 451.4/25, DStR 2010, 283, vgl. *Gottwald*, MittBayNot 2011, 98).
1843 Bei denen allerdings § 1 Abs. 2a GrEStG vorrangig ist, vgl. § 1 Abs. 3 Satz 1 GrEStG.
1844 BFH, 23.05.2012 – II R 21/10, notar 2012, 340 m. Anm. *Ihle* = BStBl. 2012 II 793, FinMin NRW, 06.03.2013 – S 4505–12 – V A 6, BStBl. 2013 I S. 773; *Demuth/Eberhard*, ZfIR 2012, 792.
1845 Ist einer der mehreren Akte ein entgeltlicher oder teilentgeltlicher Anteilsübergang, wird die Freistellung von der Grunderwerbsteuer nur für den (durchgerechnet) unentgeltlichen Anteil in Bezug auf die damals bereits vorhandenen Grundstücke gewährt, z.B. bei einem zur Hälfte unentgeltlichen Anteilserwerb von 55 % der Anteile i.H.v. 27,5 %; vgl. Bsp. 3 und 4 des Erlasses FinMin NRW, 06.03.2013 – S 4505–12 – V A 6, BStBl. 2013 I S. 773.
1846 Vgl. Bsp. 2 des Erlasses FinMin NRW, 06.03.2013 – S 4505–12 – V A 6, BStBl. 2013 I S. 773: Ein Grundstück, das erst vor der zweiten Anteilsschenkung in das Vermögen der Kapitalgesellschaft gelangt ist, wird nur prozentual i.H.d. zweiten Anteilsschenkung freigestellt, i.Ü. unterliegt die Anteilsvereinigung der Grunderwerbsteuer. Dem folgt FG Nürnberg, 23.01.2014 – 4 K 1854/12, ErbStB 2014, 147.
1847 BFH, 15.10.2014 – II R 14/14, RNotZ 2015, 308; vgl. hierzu *Bron*, BB 2015, 1438 ff. und *Hutmacher*, ZNotP 2015, 94 ff. Bsp: Bei Schenkung der ersten 50 % Gesellschaftsanteile hatte das Grundstück einen Bedarfswert von 100.000 €, bei Schenkung der zweiten 50 % einen Bedarfswert von 1 Mio €: die erste Schenkung führt zu einer Freistellung in Höhe von (50 % × 100.000) : 1.000.000 € = 5 %, die zweite zur Freistellung von 50 %, gesamt also tritt eine Freistellung von 55 % ein.
1848 BFH, 23.05.2012 – II R 21/10, notar 2012, 340 m. Anm. *Ihle*; vgl. *Gottwald*, MittBayNot 2011, 98 und *Hutmacher*, ZNotP 2013, 333, 337 ff. mit Beispielen; Beispiele 5 bis 8 des Erlasses FinMin NRW,

grund eines weiteren Rechtsvorgangs ein, wird hierfür GrESt erhoben, ohne dass § 3 Nr. 2 GrEStG entgegen stünde (da der Vereinigungsvorgang selbst nicht zusätzlich der Schenkungsteuer unterliegt).[1849]

5567 Trotz § 3 Nr. 2 Satz 1 GrEStG sind **wirtschaftliche Doppelbelastungen** mit Schenkung- und zugleich Grunderwerbsteuer nicht ausgeschlossen.[1850] In Betracht kommen sie z.B., wenn anstelle eines Geldvermächtnisses[1851] oder eines Pflichtteilsanspruchs[1852] ein Grundstück an Erfüllungs statt übertragen wird[1853] – günstiger erscheint die Ausschlagung des Vermächtnisses gegen Grundstücksabfindung, die sicherlich lediglich gem. § 3 Abs. 2 Nr. 4 ErbStG erbschaftsteuerpflichtig ist. Unproblematisch sind jedoch Wahlvermächtnisse gem. § 2154 BGB, die von vornherein auch die Grundstücksübertragung erlauben. Besonderheiten ergeben sich bei Kaufrechtsvermächtnissen je nachdem, ob ein ggü. dem Verkehrswert begünstigter und damit schenkungsteuerpflichtiger Erwerb ermöglicht wird oder nicht (s. Rdn. 4541). Auch der Wertansatz kann differieren: während i.R.d. Schenkungsteuer wiederkehrende Leistungen oder Duldungspflichten gem. § 16 BewG höchstens mit einem auf den 18,6ten Teil des Steuerwertes gekappten Jahresbetrag abgezogen werden können, bemisst sich die Grunderwerbsteuer hierfür aus dem kapitalisierten, nicht gekappten, Betrag.[1854]

5568 In seltenen Fällen kann es jedoch dazu kommen, dass zwar eine Minderung der Bemessungsgrundlage bei der Schenkungsteuer eintritt, die Auflage/Gegenleistung jedoch ihrerseits dennoch bereits dem Grunde nach nicht der Grunderwerbsteuer unterliegt, weil es sich um unter § 9 Abs. 2 Nr. 2 Satz 2 GrEStG fallenden Umstand handelt. Die nicht der Grunderwerbsteuer unterfallenden »dauernden Lasten« im Sinn dieser Norm, sind z.B. »ewige« Grunddienstbarkeiten i.S.d. §§ 1018 ff. BGB,[1855] ebenso das unbefristete (»eigentumsähnliche«) **Dauerwohnrecht** i.S.d.

06.03.2013 – S 4505–12 – V A 6, BStBl. 2013 I S. 773. Die Freistellung gem. § 3 Nr. 2 GrEStG wird nur gewährt für die Gesellschaftsanteilsquote, die unentgeltlich überging und für solche Grundstücke, die im Zeitpunkt des unentgeltlichen Anteilsübergangs bereits im Gesellschaftsvermögen waren.

1849 BFH, 22.02.2017 – II R 52/14, ZEV 2017, 293 hierzu *Krämer*, ErbStB 2017, 164 (»Steuerfalle«). Die Steuer hätte vermieden werden können, wenn der Schenker zunächst seine GmbH-Anteile auf die GmbH & Co KG übertragen hätte und sodann seinen Anteil an der GmbH & Co KG an die Tochter verschenkt hätte.

1850 Vgl. *Halaczinsky*, ErbStB 2005, 100.

1851 Vgl. *Reich*, MittBayNot 2007, 283. Zum Geldvermächtnis (Geldsummen-, Geldwert-, Quoten-, Geldforderungsvermächtnis) umfassend *Warlich/Kühne*, ZErb 2012, 259 ff. Zu Geldvermächtnissen für Enkelkinder: *Steiner*, ErbStB 2012, 160 ff.

1852 Vgl. *Gottwald*, DNotZ 2006, 820.

1853 BFH, 10.07.2002, MittBayNot 2003, 73 m. Anm. *Gottwald*; OFD Münster v. 07.06.2006, ZEV 2006, 311; s. bereits *Viskorf*, FR 1999, 664: Die Abfindung für eine Erbausschlagung sowie die Abfindung für den Verzicht auf einen zwar entstandenen, aber noch nicht geltend gemachten Pflichtteils(-ergänzungs-)Anspruch werden gem. § 3 Abs. 2 Nr. 4 ErbStG der Erbschaftsteuer unterworfen (der Erbe kann die geleistete Abfindung von seinem erbschaftsteuerlichen Erwerb in Abzug bringen). Erhält der Pflichtteilsberechtigte aber eine Abfindung für den Verzicht nach Geltendmachung des Anspruchs, also z.B. ein Grundstück an Erfüllungs statt für den bereits entstandenen Geldanspruch, ist die Abfindung/Hingabe des Grundstücks ohne Relevanz: besteuert wird der geltend gemachte und damit entstandene Vermächtnis-/Pflichtteilsanspruch in Geld. Die Grundstückshingabe ihrerseits, die erbschaftsteuerlich außer Betracht bleibt, ist demnach von der Sperrwirkung des § 3 Nr. 2 GrEStG nicht erfasst und unterliegt ihrerseits der Grunderwerbsteuer, so dass im Ergebnis nach der »Geltendmachung« des Pflichtteils-(oder Vermächtnis-)Anspruchs eine Doppelbesteuerung für einen wirtschaftlich einheitlichen Vorgang stattfindet.

1854 BFH, 20.11.2013 – II R 38/12, notar 2014, 136 m. Anm. *Ihle*; § 3 Nr. 2 Satz 2 GrEStG gebietet es nicht, denselben Wertansatz wie beim schenkungsteuerlichen Abzug (wo die Kappung gem. § 16 BewG zum Tragen kommt) zu verwenden.

1855 BFH, 10.06.1969 – II R 172/64, BStBl. 1969 II, 668.

B. Grunderwerbsteuer

§§ 31 ff. WEG,[1856] das (weil es ebenfalls zu einer potentiell ewigen Wertminderung führt) als grunderwerbsteuerlich irrelevant gilt (und dennoch im Rahmen der Schenkungsteuer steuerlich mindernd berücksichtigt wird). Nicht unter § 9 Abs. 2 Nr. 2 Satz 2 GrEStG zu subsumieren ist hingegen das zeitlich zumindest durch das Ableben des Berechtigten begrenzte und damit der Art nach vorübergehende Wohnungsrecht gem. § 1093 BGB.

II. Gesellschafterwechsel

Von besonderer Bedeutung sind die in § 1 Abs. 2a,[1857] Abs. 3 und Abs. 3a GrEStG geregelten (und in dieser Reihenfolge zu prüfenden[1858]) **Tatbestände eines Gesellschafterwechsels bei Personen- bzw. Kapitalgesellschaften:**[1859]   5569

1. § 1 Abs. 2a GrEStG

Gehen mindestens 95 % der Anteile[1860] am Gesellschaftsvermögen[1861] einer Immobilien besitzenden[1862] **Personengesellschaft** (OHG, KG, GbR) auf **neue Gesellschafter** über, führt dies gem. **§ 1 Abs. 2a GrEStG** zu einer Grunderwerbsteuerpflicht hinsichtlich jedes betroffenen Grundstücks[1863] (die allerdings einkommensteuerlich immerhin sofort abziehbaren Aufwand darstellt[1864]). Fingiert wird dadurch der Erwerb des Grundstücks durch eine »neue« Personengesellschaft neuer Zusammensetzung. Dabei werden alle Erwerbe während eines 5-Jahres-Zeitraums   5570

1856   FG Hamburg, 09.08.1973 – I 23/72, EFG 1974, 31; FG Düsseldorf, 24.02.1981 – III 237/77, EFG 1982, 36.
1857   Vgl. hierzu umfassend gleichlautende Erlasse der Obersten Finanzbehörden der Länder v. 25.02.2010, BStBl. 2010 I, S. 245 = DStR 2010, 697 m. Anm. *Behrens* DStR 2010, 777; *Gottwald*, MittBayNot 2011, 99, die an die Stelle der Erlasse v. 26.02.2003, RNotZ 2003, 407, treten (systematischer Vergleich beider Erlasse: *Lustig*, NWB 2010, 4185 ff.).
1858   Vgl. Beispielsfälle bei *Cortez/Göbel*, ZfIR 2015, 693 ff.
1859   Überblick zur Grunderwerbsteuer bei der Übertragung von Gesellschaftsanteilen bei *Krämer*, ErbStB 2012, 342 ff.
1860   Der Anteilsübergang kann sich auch durch »Kapitalerhöhung« im Zuge des Beitritts neuer Gesellschafter vollziehen (bei Erhöhungen nach vorgefasstem Plan, etwa im Rahmen von Immobilienfonds, werden die 95 % ermittelt auf der Basis der von Anfang an geplanten Gesamtkapitalziffer), vgl. Anm. 3 der Ländererlasse vom 25.02.1010, BStBl. I 2010, S. 245.
1861   Gemeint ist in § 1 Abs. 2a GrEStG die quotale vermögensmäßige Beteiligung am Gesamthandsvermögen, nicht die gesamthänderische Mitberechtigung als solche, vgl. *Teiche* DStR 2005, 49. Nach Ansicht der Finanzverwaltung sind wohl die Kapitalkonten I und II maßgebend, richtigerweise aber nur das feste Kapitalkonto I, vgl. *Gottwald* Grunderwerbsteuer, Rn. 230 m.w.N.
1862   Gemäß Anm. 1.2 des Erlasses vom 25.02.2010, BStBl. I 2010, S. 245 genügt es (auch i.R.d. § 1 Abs. 3 GrEStG), dass ein Grundstück der Gesellschaft grunderwerbsteuerlich zuzurechnen ist, etwa da Steuerbarkeit bereits aufgrund eines noch nicht erfüllten Ankaufvertrages oder aufgrund einer Verwertungsmöglichkeit i.S.d. § 1 Abs. 2 GrEStG eingetreten ist; inkonsequenterweise soll aber auch ein Grundstück, für welches die Gesellschaft bereits einem Dritten eine Verwertungsbefugnis i.S.d. § 1 Abs. 2 GrEStG eingeräumt hat, noch zum Vermögen der Gesellschaft zählen.
1863   Es handelt sich um je einzelne Steuervorgänge, sodass eine gesonderte Feststellung der Besteuerungsgrundlagen gem. § 17 Abs. 2, 2. Alt. GrEStG stattfindet, BFH, 26.10.2006 – II R 32/05, ErbStB m. Anm. *Hartmann*.
1864   BFH, 02.09.2014 – IX R 50/13, BStBl 2015 II 260, zu § 1 Abs. 2a GrEStG, hierzu *Schießl*, DStR 2015, 1902, ebenso nun OFD Nordhein-Westfalen v. 21.04.2015, GmbHR 2015, 615 [a.A. zuvor die Finanzverwaltung: lediglich abschreibungsfähige Anschaffungsnebenkosten der erworbenen Anteile], ebenso BFH, 20.04.2011 – I R 2/10, EStB 2011, 247; BFH, 14.03.2011 – I R 40/10, EStB 2011, 320 zu § 1 Abs. 3 GrEStG, hierzu *Hutmacher* ZNotP 2011, 298 ff. Zu Umwandlungsfällen vgl. Tz. 04.34 und 23.01 des Umwandlungssteuererlasses vom 11.11.2011.

zusammengerechnet;[1865] der Beginn des 5-Jahres-Zeitraums kann jedoch nicht vor Inkrafttreten der Norm (01.01.1997) liegen.[1866] Als Anteilserwerb gilt auch eine Übertragung, die nur sicherungshalber (etwa zur Absicherung eines Darlehens) erfolgt; findet sodann, nach Erledigung des Sicherungszwecks, eine Rückabtretung statt, kann die Steuer gem. § 16 Abs. 2 Nr. 1 GrEStG entfallen, sofern der Erwerb selbst i.S.d. § 16 Abs. 5 GrEStG ordnungsgemäß angezeigt wurde.[1867]

5571 Wegen des Erfordernisses »neuer Gesellschafter« sind Verschiebungen unter den bisherigen sog. Altgesellschaftern i.R.d. § 1 Abs. 2a GrEStG ohne Belang, können allerdings die subsidiäre Besteuerung nach § 1 Abs. 3 GrEStG auslösen (Rdn. 5579). »**Altgesellschafter**«, in deren Kreis Verschiebungen ohne Auswirkungen auf § 1 Abs. 2a GrEStG stattfinden können, sind[1868] (1) jedenfalls alle, die unmittelbar Gründungsgesellschafter waren ebenso (2) alle, die vor Beginn des 5-Jahres-Zeitraums unmittelbar oder mittelbar an der grundbesitzenden Gesellschaft beteiligt waren, ferner (3) diejenigen Gesellschafter, die im Zeitpunkt des Erwerbs des jeweiligen Grundstücks durch die Personengesellschaft unmittelbar oder mittelbar an dieser beteiligt waren, ebenso (4) solche, deren Beitritt oder Anteilserwerb – auch auf der Ebene einer Personen-Obergesellschaft, nachstehend (5) – bereits in der Vergangenheit zur Erfüllung des Tatbestandes des § 1 Abs. 2a GrEStG beigetragen hat, und schließlich (5) sofern Gesellschafterin der Personengesellschaft ihrerseits eine Personengesellschaft ist, auch diejenigen Mitglieder dieser »Obergesellschaft«, die ihrerseits an der Obergesellschaft beteiligt waren, als einer der in (1) bis (4) genannten Umstände eintrat (also z.Zt. der Gründung der grundbesitzenden Personengesellschaft, vor Beginn des 5-Jahres-Zeitraums, beim Erwerb des Grundstücks selbst). Gesellschafter einer Kapitalgesellschaft, die ihrerseits an der grundbesitzhaltenden Personengesellschaft beteiligt ist, sind allerdings keine Altgesellschafter, da die Kapitalgesellschaft abschirmt.[1869]

5572 Der neue Treugeber oder der neue (oder erstmalige) Treuhänder[1870] bei einem diesbezüglichen Wechsel zählt dagegen als »**Neugesellschafter**«, ebenso ein früherer Gesellschafter, der nach seinem Ausscheiden wieder eintritt (anders bei Rückgängigmachung des früheren Ausscheidens),[1871] und erst Recht ein Gesellschafter, der vor weniger als fünf Jahren beigetreten ist und seine Beteiligung nun aufstockt.[1872]

5573 Diese Regelung in § 1 Abs. 2a GrEStG wurde mit Wirkung ab 01.01.2000 um folgende Klarstellungen ergänzt:
(1) Es ist nunmehr eindeutig, dass mit dem Wechsel von 95 % immer eine Besteuerung stattfindet (nach dem früheren Gesetzeswortlaut war noch zusätzlich erforderlich, dass bei »wirtschaftlicher Betrachtungsweise« die Vorgänge wie Übertragung des Grundstücks auf eine neue

---

1865 Zur Übertragung in mehreren Teilakten und zur Befreiung nach § 6 Abs. 3 GrEStG bei sukzessivem Rückerwerb (durch Vergleich vor dem ersten und nach dem letzten Akt) vgl. BFH, 27.04.2005 – II R 61/03, DStR 2005, 1438 m. Anm. *Stoschek/Mies* DStR 2006, 221.
1866 BFH, 20.10.2004 – II R 54/02, BStBl. II 2005, S. 299; auch der »faktische Beitritt« wird dabei steuerlich berücksichtigt (Grundsätze der fehlerhaften Gesellschaft).
1867 BFH, 17.05.2017 – II R 35/15, RNotZ 2017, 610, Tz. 25 ff. (anders läge es bei einem bloßen Angebot auf Abtretung).
1868 Vgl. Gleichlautender Erlass v. 18.02.2014, BStBl 2014 I 561, Tz. 2.1.
1869 FG Düsseldorf, 29.03.2017 – 7 K 439/10 GE, ErbStB 2017, 234, n. rkr., Az. BFH: II R 18/17.
1870 Auch bei der Übertragung an den Ehegatten als Treuhänder, allerdings wird dann i.H.d. Ehegattenanteils die Steuer gem. § 3 Nr. 4 GrEStG nicht erhoben, BFH, 16.01.2013 – II R 66/11, DStR 2013, 360 ff.; vgl. *Gottwald* in: DAI, 11. Jahresarbeitstagung des Notariats 2013, Skript S. 591 ff.; *Ihle,* notar 2014, 48, 53.
1871 BFH, 16.05.2013 – II R 3/11, EStB 2013, 374; *Ihle,* notar 2014, 48, 54.
1872 BFH, 17.05.2017 – II R 35/15, RNotZ 2017, 610, Tz. 22: er verliert die »Neuheitseigenschaft« erst nach fünf Jahren.

Gesellschaft zu werten seien). Dahinter zurückbleibende Anteilserwerbe sind regelmäßig auch nicht aufgrund § 42 AO steuerbar.[1873]

(2) Erfasst sind auch **mittelbare Änderungen**[1874] des Gesellschafterbestands, z.B. in Gestalt der Abrede, künftig den Anteil treuhänderisch für einen Dritten zu halten, ebenso beim Wechsel des Treugebers[1875] oder beim Übergang des Anteils vom Treuhänder auf den Treugeber[1876] und bei Änderungen im Gesellschafterbestand einer (Personen- oder Kapital-)Gesellschaft, die ihrerseits wiederum einen Anteil an der Grund besitzenden Gesellschaft hat, möglicherweise sogar aufgrund schuldrechtlicher Bindungen des bisherigen unmittelbaren Gesellschafters, wenn dessen Anteil gem. § 39 Abs. 2 Nr. 1 AO damit einem Neugesellschafter wirtschaftlich zuzurechnen ist.[1877] Die Finanzverwaltung[1878] hatte insoweit schon bisher **differenziert**: Sofern an einer grundbesitzenden Personengesellschaft eine andere Personengesellschaft beteiligt war und bei letzterer Anteilsübertragungen an neue Gesellschafter stattfanden, wurde die Ober-Personengesellschaft als transparent behandelt, sodass eine unmittelbare Durchrechnung der Anteile stattfand. War jedoch eine Kapitalgesellschaft zwischengeschaltet, wurde der Anteil dieser Kapitalgesellschaft (als nicht transparent) als vollständig neuer Anteil gewertet, sobald mindestens 95 % der Anteile an dieser GmbH auf neue Gesellschafter übergegangen waren.[1879] Erst recht liegt nach Verwaltungsauffassung eine schädliche mittelbare Änderung des Gesellschafterbestandes vor, wenn die Anteile an einer zu mehr als 95 % an der grundbesitzhaltenden Personengesellschaft beteiligten Kapitalgesellschaft insgesamt übergehen.[1880]

Diese Verwaltungsauffassung wurde – jedenfalls für Erwerbsvorgänge ab dem 02.11.2015 (§ 23 Abs. 13 GrEStG) – durch die Einfügung der Sätze 2 bis 5 in § 1 Abs. 2a GrEStG festgeschrieben, und damit die abweichend hiervon durch den **BFH**[1881] vertretene abweichende

5574

5575

1873 FG Baden-Württemberg, 27.07.2011 – 2 K 364/08, JurionRS 2011, 38230 (nach der damals geltenden Fassung des § 42 AO war § 1 Abs. 2a GrEStG unmittelbar und verdrängend lex specialis, gem. Tz. 1 AEAO zu § 42 AO n.F. gilt dies allerdings nur mehr, wenn der Tatbestand der vorrangigen Norm auch verwirklicht ist).

1874 Zur Frage, ob eine wechselseitige (Überkreuz-)Beteiligung als mittelbar eigene Beteiligung angesehen werden kann, abl. *Wischott/Schönweiß/Fröhlich* DStR 2007, 833 ff.

1875 BFH, 25.11.2015 – II R 18/14, ZfIR 2016, 423 m. Anm. *Wutzke* = ErbStB 2016, 71. Gleiches gilt beim Wechsel des Treuhänders, auch wenn der Treugeber derselbe bleibt: unmittelbarer Gesellschafterwechsel, vgl. BFH, 16.01.2013 – II R 66/11, BB 2013, 804.

1876 FG Hamburg, 28.12.2016 – 3 K 172/16, NotBZ 2017, 306 m. Anm. *Haas* (n. rkr., Az. BFH: II R 3/17); allerdings sei die Steuer gem. § 6 Abs. 3 GrEStG analog nicht zu erheben, soweit der Treugeber im 5-Jahres-Zeitraum schon gem. § 39 Abs. 2 Nr. 1 AO beteiligt gewesen sei, wie im Streitfall.

1877 BFH, 09.07.2014 – II R 49/12, ZfIR 2014, 810 m. Anm. *Wutzke* (Option auf Hinzuerwerb des restlichen Anteils, Darlehensgewährung als »Vorschuss« auf den Resterwerbskaufpreis, sofortige Übertragung des Gewinnstammrechtes, unwiderrufliche Stimmrechtsvollmacht etc); hierzu *Hutmacher*, ZNotP 2014, 301 ff. Gegen eine Zurechnungsentscheidung gem. § 39 Abs. 2 Nr. 1 AO im Grunderwerbsteuerrecht jedoch Oberste Finanzbehörden der Länder v. 09.12.2015, S 4501, BStBl 2016 I 477.

1878 Gleichlautende Erlasse v. 18.02.2014, BStBl 2014 I 561; hierzu *Behrens*, DStR 2014, 1526 ff.; *Stangl/Aichberger*, DB 2014, 1509 ff. (diese Erlasse bleiben nach der sie bestätigenden Gesetzesänderung ab dem 02.11.2015 weiter maßgebend), ebenso zuvor koordinierter Ländererlass v. 25.02.2010, BStBl. 2010 I, 245 ff.; ebenso Verfügung der OFD Rheinland und Münster v. 21.05.2008 – 001/2008, BB 2008, 1552.

1879 Vgl. Beispiel Tz. 3.3. der koordinierten Ländererlasse vom 25.02.2010, BStBl. I 2010, S. 245.

1880 Allerdings gilt nach OFD Koblenz v. 29.09.2009 § 6 Abs. 3 Satz 1 GrEStG (anteilige Nichterhebung der Steuer bei wirtschaftlicher Beteiligungsidentität) entsprechend. Beispiel: Y überträgt seinen 100 %igen Geschäftsanteil an einer GmbH, die an einer grundbesitzhaltenden Personengesellschaft (A-GbR) zu 96 % beteiligt ist, an eine B-oHG, an der wiederum zur Hälfte beteiligt ist: Gem. § 1 Abs. 2a GrEStG gilt der Vorgang als Übertragung des Grundbesitzes der A-GbR auf die B-oHG, wird aber i.H.v. 4 % (§ 6 Abs. 3 Satz 1 GrEStG in unmittelbarer Anwendung) und weiterer 48 % (in analoger Anwendung, Durchgriff durch die GmbH) nicht erhoben.

1881 BFH, 24.04.2013 – II R 17/10, ZfIR 2013, 654 m. Anm. *Demuth/Ergenzinger*; dagegen Nichtanwendungserlasse v. 18.02.2014, BStBl 2014 I S. 561; hiergegen wiederum FG Düsseldorf, 09.04.2014 – 7 K 4310/13, GE, ErbStB 2014, 333; zum Ganzen *Gottwald* in: DAI, 11. Jahresarbeitstagung des No-

Auffassung, dass nur bei einem Übergang von 100 % der Anteile an einer zwischengeschalteten Personen- oder Kapitalgesellschaft von einem Gesellschafterwechsel ausgegangen werden könne, verworfen. Der BFH war weiter der Ansicht, dass durch die bloße Zwischenschaltung einer hundertprozentigen Tochter-Kapitalgesellschaft ihrerseits kein mittelbaren Gesellschafterwechsel stattfindet, also die bloße Verlängerung der Beteiligungsstruktur durch eine Zwischen-Kapitalgesellschaft ihrerseits kein mittelbarer Gesellschafterwechsel sei. Die abweichenden BFH-Grundsätze (vgl. hierzu mit Berechnungsbeispiel Rn. 4733 und 4734 der 4. Auflage dieses Werks) sind jedoch für Erwerbsvorgänge bis zum 01.11.2015 anzuwenden.[1882]

5576 Auch Gesellschafterwechsel aufgrund des Umwandlungsgesetzes können den Tatbestand des § 1 Abs. 2a Satz 1 GrEStG erfüllen, etwa wenn die Gesellschafterstellung aufgrund Abspaltung übergeht.[1883] Allerdings fällt der Anteilserwerb **durch Tod** nicht unter die Erwerbsvorgänge.

5577 Zur (zu bejahenden) Sperrwirkung des § 3 Nr. 2 GrEStG bei unentgeltlichen Übertragungen vgl. Rdn. 5585; auch die Steuerbefreiungen gem. § 3 Nr. 4 und Nr. 6 sowie gem. § 6 Abs. 3[1884] sind zu gewähren.[1885] Steuerschuldner in den Fällen des § 1 Abs. 2a Satz 1 GrEStG ist die Personengesellschaft selbst in ihrer jeweiligen Zusammensetzung, vgl. § 13 Nr. 6 GrEStG.

5578 Eine auf § 1 Abs. 2a GrEStG beruhende Steuerfestsetzung ist aufzuheben, wenn als Folge einer Rückgängigmachung i.S.d. § 16 GrEStG die 95 % Grenze unterschritten wird;[1886] es bedarf (ebenso wenig wie i.R.d. § 1 Abs. 3 GrEStG: Rdn. 5589) nicht des Rückerwerbs sämtlicher Anteile.[1887] Der zur Erstbesteuerung führende Erwerb muss jedoch gem. § 16 Abs. 5 GrEStG ordnungsgemäß, v.a. innerhalb der 14-Tages-Frist der §§ 18 Abs. 3, 19 Abs. 3 GrEStG, angezeigt worden sein.

2. § 1 Abs. 3 GrEStG

5579 Die Steuerpflicht aus § 1 Abs. 3 GrEStG setzt voraus, dass Anteile an einer (1) Gesellschaft, zu deren Vermögen ein im Inland belegenes Grundstück gehört, (2) zu mindestens 95 % (»grunderwerbsteuerliches Quorum«) (3) (a) in »einer Hand« **vereinigt** – § 1 Abs. 3 Nr. 1 und 2 GrEStG – oder (b) aus dieser einen Hand **weiterübertragen** – § 1 Abs. 3 Nr. 3 und 4 GrEStG – werden (nicht erfasst ist davon allerdings die bloße Abtretung eines bereits begründeten Anspruchs auf Anteilsübertragung).[1888] Betroffen sind in erster Linie **Kapitalgesellschaften**[1889] (GmbH, Genossenschaft, AG etc.), aber auch (subsidiär) **Personengesellschaften**. Auf welchem Wege die Anteilsvereinigung

---

tariats 2013, Skript S. 595 ff.; *Ihle*, notar 2014, 48, 54 f. Nach dem Entwurf eines Zollkodex-Anpassungsgesetzes (19.02.2015) sollen mittelbare Änderungen i.R.d. § 1 Abs. 2a GrEStG grds. durch Multiplikation der Vomhundertsätze berücksichtigt werden; die Änderung soll sogar rückwirkend ab dem 27.03.2015 festgeschrieben werden, dagegen krit. *Naujok/Janzen*, ZfIR 2015, 585, 587 f.

1882 Der hiergegen zunächst ergangene Nichtanwendungserlass vom 09.10.2013, BStBl. 2013 I, S. 1278, wurde durch Erlass vom 16.09.2015, BStBl. 2015 I, 822, aufgehoben.
1883 BFH, 03.06.2014 – II R 1/13, BStBl 2014 II 855, hierzu *Naujok/Janzen*, ZfIR 2015, 585, 595 § 6 Abs. 3 GrEStG führte im konkreten Fall zu keiner Steuerbefreiung.
1884 BFH, 29.02.2012 – II R 57/09 ErbStB 2012, 268 Verlängerung der Beteiligungskette; hierzu *Ihle* notar 2012, 251 und *Naujoks* ZfIR 2013, 385, 391): die nach § 1 Abs. 2a GrEStG entstandene Steuer wird nach § 6 Abs. 3 Satz 1 i.V.m. Abs. 1 Satz 1 GrEStG nicht erhoben, wenn der teils unmittelbar, teils mittelbar (über eine Kapitalgesellschaft) beteiligte Gesellschafter der grundbesitzenden Personengesellschaft seine Anteile auf eine andere Personengesellschaft überträgt, an der allein beteiligt ist.
1885 Vgl. Beispiel Tz. 7.2 und 8 der koordinierten Ländererlasse vom 25.02.2010, BStBl. I 2010, S. 245.
1886 BFH, 18.04.2012 – II R 51/11, MittBayNot 2012, 513; hierzu *Gottwald*, MittBayNot 2013, 1, 7.
1887 So aber Tz. 9 der Gleichlautenden Ländererlasse v. 25.02.2010, BStBl. 2010 I, 245.
1888 BFH, 12.05.2016 – II R 26/14, EStB 2016, 329: keine analoge Anwendung der »Zwischengeschäfte« des § 1 Abs. 1 Nr. 5 bis 7 GrEStG auf § 1 Abs. 3 Nr. 3 und 4 GrEStG.
1889 Überblick zur Anteilsvereinigung bei Kapitalgesellschaften durch Rechtsgeschäft vgl. *Hutmacher*, ZNotP 2013, 97 ff.

stattfindet, ist gleichgültig; auch der Übergang im Erbweg ist erfasst,[1890] ebenso der Anteilserwerb, der ohne eigenes Zutun des Übertragenden zur Erfüllung eines Rückforderungsverlangens, Widerrufs etc. erfolgt.[1891] Anteilsvereinigung i.S.d. § 1 Abs. 3 Nr. 1 GrEStG tritt auch ein, wenn anstelle des einzig verbleibenden Gesellschafters die GmbH selbst den Anteil des Ausscheidenden erwirbt.[1892] Schuldner der Steuer ist derjenige, in dessen Hand sich die Vereinigung der Anteile vollzieht bzw. der die vereinigten, abgetretenen Anteile erwirbt (§ 13 Nr. 5a) GrEStG).

Vor dem 01.01.2000 konnte die Anteilsvereinigung schon dadurch verhindert werden, dass ein Zwerganteil beim Veräußerer zurückblieb. Ab 01.01.2000 wurde die Anteilsvereinigung dahin gehend neu gefasst, dass sie schon bei der Vereinigung von mindestens 95 % der Anteile in einer Hand stattfindet, wobei (1) die mittelbare Anteilsvereinigung der unmittelbaren gleichgestellt ist (Rdn. 5581), (2) auch die Vereinigung in der Hand eines Organkreises – finanzielle, wirtschaftliche und organisatorische Eingliederung –[1893] genügt (Rdn. 5585), und (3) der Erwerb durch einen Treuhänder dem Treugeber zugerechnet wird;[1894] was auch mit EU-Recht vereinbar ist.[1895] 5580

Eine Erbengemeinschaft, die (etwa aus Mitteln des Nachlasses) Anteile an einer grundbesitzhaltenden Gesellschaft erwirbt, gilt, obwohl nicht rechtsfähig, ebenfalls als »eine Hand«, also als selbständiger Rechtsträger i.S.d. GrEStG.[1896]

Die »mittelbare Vereinigung« i.S.d. § 1 Abs. 3 Nr. 1 GrEStG bezieht nach der Rechtsprechung (ausgenommen Fälle der Organschaft) nur solche Beteiligungen ein, die ihrerseits zu mindestens 95 % gehalten werden[1897] (sodass als Gestaltungsvorkehrung sich die Reduzierung der Beteiligung an Tochtergesellschaften unter 95 % empfiehlt). Grunderwerbsteuer in Gestalt des Erwerbs einer mittelbaren Beteiligung fällt an, wenn auf jeder Beteiligungsstufe 95 %[1898] erreicht wird; ein »Durchrechnen« der Quote durch Multiplikation kommt nicht in Betracht.[1899] 5581

1890 BFH, 08.06.1988 – II R 143/86, BStBl. 1988 II 785; kritisch hierzu FG Nürnberg, 09.11.2011 – 4 V 939/2011, ErbStB 2012, 40 (in einem AdV-Verfahren).
1891 FG Münster, 20.12.2016 – 8 K 1686/13 GrE, ErbStB 2017, 130, n. rkr. (Az. BFH: II R 2/17).
1892 BFH, 20.01.2015 – II R 8/13, MittBayNot 2015, 346 m. Anm. *Wachter* = EStB 2015, 133.
1893 Vgl. § 1 Abs. 3 Nr. 1 und 2 i.V.m. Abs. 4 Nr. 2 GrEStG sowie gleichlautende Ländererlasse v. 21.03.2007, BStBl. I 2007, S. 422 sowie *Adolf*, GmbHR 2007, 1309 ff. und zuvor *Forst/Ruppel*, EStB 2006, 223 ff. Allerdings ersetzt ein bestehendes und fortgeführtes Organverhältnis nicht das Erfordernis des 95 %-Übergangs, vgl. BFH, 20.07.2005 – II R 30/04, BStBl. II 2005, S. 839 m. Anm. *Wischott/Schönweiß*, DStR 2006, 172 (entgegen OFD Münster, UVR 2001, 366), während umgekehrt Anteile, die zu mindestens 95 % bei der Organgesellschaft vereinigt wurden, nicht zusätzlich dem Organträger zugerechnet werden können.
1894 *Gottwald*, MittBayNot 2009, 11; *Boruttau/Fischer*, Grunderwerbsteuergesetz, § 1, Rz. 880 bis 881. Der Treugeber erwirbt damit gleichzeitig einen Anspruch auf Rückübertragung sämtlicher Anteile (§ 667 BGB), der ebenfalls an sich gem. § 1 Abs. 3 Nr. 3 GrEStG steuerpflichtig wäre, jedoch analog § 3 Nr. 8 GrEStG freigestellt ist, vgl. Gleichlautende Ländererlasse v. 25.05.1984, BStBl. I 1984, S. 380, BeckVerw 027316.
1895 BFH, 19.12.2007 – II R 65/06, GmbH-StB 2008, 96.
1896 BFH, 12.02.2014 – II R 46/12, ZEV 2014, 383; hierzu *Loose*, ErbR 2014, 321, *Graessner*, NWB 2014, 1645 ff. und *Gemmer*, EE 2015, 8 ff.
1897 Koordinierter Ländererlass FinMin Baden-Württemberg v. 14.02.2000, DStR 2000, 430; bei Überschreiten der Quote wird die mittelbare Beteiligung jedoch voll zugerechnet.
1898 Bei dieser Prüfung werden Anteile, welche die Zwischengesellschaft an sich selbst hält, und Anteile, die eine 100 %ige Tochtergesellschaft an der Zwischengesellschaft (im Sinne einer wechselseitigen Beteiligung) hält, nicht berücksichtigt, vgl. BFH, 18.09.2013 – II R 21/12, DB 2014, 282. Sofern die Kommanditanteile an einer Einheits-GmbH & Co KG in einer Hand vereinigt werden, liegt jedoch nach Auffassung der Finanzverwaltung eine Anteilsvereinigung in einer Hand vor (OFD NRW v. 07.02.2014 – S 4501-2013/4002 – St 225, EStB 2014, 100; ebenso nach Ansicht des BFH, 12.03.2014 – II R 51/12, DStR 2014, 1389; vgl. *Ihle*, notar 2015, 46, 50).
1899 BFH, 25.08.2010 – II R 65/08, ZfIR 2011, 257 m. Anm. *Demuth*; vgl. auch *Naujok*, ZfIR 2012, 400.

▶ Beispiel:

Es werden 96 % der Anteile an der A-GmbH erworben, die ihrerseits zu 97 % an der grundbesitzenden B-GmbH beteiligt ist. Grunderwerbsteuer fällt an, nicht etwa wird die Beteiligung »durchgerechnet« (96 % von 97 % ergäbe nur 93,12 %).

5582 Die mittelbare Vereinigung setzt weiter voraus, dass Erwerber die »Muttergesellschaft« ist. Demnach gewinnt die Reihenfolge der Erwerbsschritte Bedeutung:

▶ Beispiel:[1900]

Eine Mutter-GmbH hält 100 % der Anteile an der Tochter-GmbH, ohne dass Organschaft (oben [2]) bestünde. Erwirbt zunächst (ohne Gesamtplan) die Mutter-GmbH 10 % an einer grundbesitzenden dritten GmbH, und später die Tochter-GmbH die verbleibenden 90 % der Anteile, werden zwar diese Anteile nun (mittelbar) der Mutter zugerechnet, die Mutter war jedoch nicht Erwerberin bei dem zur Anteilsvereinigung führenden Geschäft (dies war die Tochter-Gesellschaft).

Würde der Vorgang in umgekehrter Reihenfolge vollzogen, d.h. erwirbt zunächst die Tochter-GmbH 10 % der Anteile an der grundbesitzenden Gesellschaft und sodann die Mutter-GmbH die verbleibenden 90 %, vereinigen sich nun (teils unmittelbar, teils mittelbar) alle Anteile an der grundbesitzenden Gesellschaft in der Person der Mutter-Gesellschaft, der Erwerberin, sodass Steuerpflicht besteht.

Erwerben Mutter und Tochter gleichzeitig bspw. je 50 % der Anteile an der grundbesitzenden GmbH, ist zwar de jure noch keine mittelbare Anteilsvereinigung eingetreten, allerdings lässt die Gleichzeitigkeit auf ein zumindest stillschweigendes Auftrags- oder Treuhandverhältnis (oben [3]) schließen.

5583 Vor dem Übergang von Anteilen an einer **grundbesitzenden GmbH** kann sich demnach empfehlen, das Grundvermögen entweder (a) vorab »grunderwerbsteuerlich zu separieren« oder aber (b) dafür zu sorgen, dass dem Erwerber nicht mehr als 94,9 % an der betreffenden GmbH zuzurechnen sind (eine bloße Kaufoption hinsichtlich der verbleibenden 5,1 % schadet nicht),[1901] bzw. (c) für die verbleibenden 5,1 % einen geeigneten fremden Zweiterwerber zu finden, dessen Gesellschafterrechte in gewissem Umfang eingeschränkt sein können.[1902] Hält die zu übertragende GmbH ihrerseits Anteile an einer **grundbesitzenden Tochter-GmbH**, kann die mittelbare Anteilsvereinigung sowohl auf der Ebene der zu übertragenden Mutter als auch (in der Praxis häufiger) auf der Ebene der Tochter-GmbH (durch Vorabübertragung von 5,1 % an grunderwerbsteuerlich nicht von der Unternehmenserwerberin beherrschte Dritte) verhindert werden.[1903] Weitere früher mögliche sog. [Real Estate Transfer Tax] – Blocker – Konstruktionen sind seit dem 07.06.2013 durch § 1 Abs. 3a GrEStG (Rdn. 5591) versperrt. Hält schließlich die zu übertragende GmbH ihrerseits Anteile an einer **grundbesitzenden Tochter-GmbH & Co KG**, muss bei Letzterer sowohl eine mittelbare Anteilsvereinigung als auch eine steuerbare Änderung des Gesellschafterbestandes vermieden werden, was wiederum auf der Ebene der Mutter-GmbH (Übergang von lediglich 94,9 %)[1904] geschehen kann oder auf der Ebene der Tochter GmbH & Co KG (Übertragung von mehr als 5 % Anteil an letzterer KG z.B. auf einen Anderen; seit 07.06.2013 aber nicht mehr allein durch Rückbehalt von mehr als 5 % allein an der Komplementär-GmbH

1900 Nach *Heine*, GmbHR 2009, 364.
1901 *Kaiser*, Grunderwerbsteuerplanung bei Umstrukturierung und Unternehmenserwerb, 2008, S. 350.
1902 *Voßkuhl/Hunsmann*, UVR 2005, 51, 54.
1903 *Jacobsen*, GmbHR 2009, 690, 695.
1904 FinMin Baden-Württemberg, 14.02.2000 – 3 S 4500/43, GmbHR 2000, 351; *Jacobsen*, GmbHR 2009, 690, 696.

der KG, aufgrund der Durchrechnung gem. § 1 Abs. 3a GrEStG Rdn. 5591 ff.), jeweils mit Übergang der Restbeteiligung nach mehr als 5 Jahren gem. § 1 Abs. 2a GrEStG).[1905]

Einen 5-Jahres-Zeitraum kennt § 1 Abs. 3 GrEStG selbst (anders als Abs. 2a) nicht. Fingiert wird durch das Gesetz die Übertragung des Grundstücks an den zu mindestens 95 % beteiligten Erwerber als Steuerschuldner[1906] (§ 13 Nr. 5 Buchst. a) GrEStG), wobei im Fall einer Kapitalgesellschaft keine Kürzung um die bisherige Erwerbsquote stattfindet (»**Alles-oder-Nichts-Prinzip**«).[1907] Bei der Ermittlung der 95 %-Quote werden eigene Anteile, welche die grundstücksbesitzende GmbH »an sich selbst« hält, als »wertlos«[1908] nicht berücksichtigt. Dies gilt auch für »mittelbar« gehaltene eigene Anteile, d.h. solche, die eine mindestens 95 %ige Tochter-Gesellschaft der grundbesitzenden GmbH an letzterer GmbH selbst hält.[1909]

5584

Ist bereits eine Anteilsvereinigung von mindestens 95 % gem. § 1 Abs. 3 GrEStG besteuert worden, löst die Verstärkung einer solchen Beteiligung (z.B. Erhöhung der Vereinigungsquote des Steuerpflichtigen auf 100 %) keine neue Steuer aus, und zwar auch dann nicht, wenn die betreffende Gesellschaft zwischenzeitlich weitere Grundstücke hält[1910] (»einmal vereinigt, immer vereinigt«). Dieser Grundsatz gilt jedoch nur in Bezug auf die »Obergesellschaft«, nicht hinsichtlich gemeinsamer Töchter, etwa im Konzern. Diese werden nicht mit dem Argument gehört, Anteilsverschiebungen zwischen ihnen (»sidestream«) oder der erstmalige Erwerb von der Mutter (»downstream«) seien unbeachtlich, da alle Gesellschaften bereits unter dem Dach der Mutter vereint seien.[1911] Gleiches gilt im Organkreis: Anteilsverschiebungen »von unten nach oben«, also Verkürzungen der rechtlichen Beteiligungskette (»upstream«) sind steuerfrei, nicht jedoch Anteilsübertragungen von der Mutter auf beherrschte Töchter (»downstream«) oder Anteilsübertragungen zwischen beherrschten Töchtern (»sidestream«).[1912] Führte die mittelbare Anteilsvereinigung bei der Muttergesellschaft zu einer Besteuerung gem. § 1 Abs. 3 GrEStG, löst die anschließende Übertragung der Anteile an der Muttergesellschaft selbst (auch innerhalb des Konzerns) neue Grunderwerbsteuer aus.[1913]

5585

Auch die **personenbezogenen Freistellungen** des § 3 Nr. 4 bis Nr. 7 GrEStG gelten i.R.d. Anteilsvereinigungen des **§ 1 Abs. 3 Nr. 1 und Nr. 2 GrEStG** demnach nur bei Personengesellschaften (da Eigentümer die Gesellschafter als natürliche Personen in ihrer gesamthänderischen Verbundenheit sind),[1914] nicht bei Kapitalgesellschaften in den Fällen des § 1 Abs. 3 Nr. 1 und 2 GrEStG (Fiktion des Grundstückserwerbs von der Gesellschaft selbst).[1915] Bei den Weiterübertragungen vereinigter Anteile auf neue Erwerber (Tatbestände des **§ 1 Abs. 3 Nr. 3 und Nr. 4 GrEStG**: anfangs waren mindestens 95 % der Anteile in der Hand des Veräußerers, zuletzt[1916] mindestens 95 % in der Hand des Erwerbers vorhanden) sind die personenbezogenen Freistellun-

5586

1905 *Götz*, BB 2006, 578, 579; Gleichlautende Ländererlasse FinMin NRW v. 26.02.2003 – S 4501–10 V A 2, BStBl. I 2003, S. 271 Tz. 4.
1906 BFH, 02.08.2006 – II R 23/05, DStRE 2007, 110.
1907 Vgl. *Boruttau/Viskorf*, GrEStG § 8 Rn. 83 f.
1908 BFH v. 23.02.2005 – I R 44/04, GmbHR 2005, 783, m. Anm. *Mildner*.
1909 BFH, 18.09.2013 – II R 21/12, DB 2014, 282, vgl. *Hutmacher*, ZNotP 2014, 58 ff.
1910 *Gottwald*, Grunderwerbsteuer S. 105 ff.
1911 Vgl. *Fumi*, EFG 2002, 574.
1912 Vgl. Erlass zur Anwendung des § 1 Abs. 3 i.V.m. Abs. 4 GrEStG auf Organschaftsfälle vom 21.03.2007, BStBl. I 2007, S. 422; *Gottwald* Grunderwerbsteuer Rn. 300 ff.
1913 BFH, 15.12.2010 – II R 45/08, DNotZ 2011, 743.
1914 Vgl. *Gottwald* DNotZ 2006, 810 f.
1915 BFH, 23.05.2012 – II R 21/10, notar 2012, 340 m. Anm. *Ihle* = BStBl. 2012 II 793; *Gottwald* MittBayNot 2013, 1, 3; *ders*. ZEV 2012, 499 ff.; FinMin NRW (Gleichlautende Ländererlasse), 06.03.2013 – S 4505–12 – V A 6, BStBl. 2013 I S. 773; *Demuth/Eberhard* ZfIR 2012, 792; *Hutmacher* ZNotP 2013, 333 ff. mit Beispielsfällen.
1916 Unabhängig davon, wie viele Zwischenakte innerhalb welchen Zeitraums dazwischenliegen.

gen dagegen auf alle Gesellschaften anwendbar, da stets ein Erwerb des (ganzen[1917]) Grundstücks durch den neuen vom bisherigen Gesellschafter (und nicht von der Gesellschaft selbst) fingiert wird.[1918]

Bei unentgeltlichen Anteilsvereinigungen (§ 1 Abs. 3 Nr. 1 und 2 GrEStG) und unentgeltlichen Übertragungen vereinigter Anteile (§ 1 Abs. 3 Nr. 3 und 4 GrEStG) gilt mittlerweile **§ 3 Nr. 2 GrEStG** (Vorrang des Schenkungsteuerrechtes) stets, allerdings nicht § 3 Nr. 3 GrEStG (Erbauseinandersetzungen), vgl. jeweils Rdn. 5561 ff.

5587 Deutlich eingeschränkt wird die – ggü. § 1 Abs. 2a GrEStG subsidiäre – Anwendung des **§ 1 Abs. 3 GrEStG** auf **Personengesellschaften** dadurch, dass dort (anders als in Abs. 2a »Anteil am Gesellschaftsvermögen«) gem. dem Wortlaut »Anteil an der Gesellschaft« lediglich auf die Mitgliedschaft als solche, nicht auf die vermögensmäßige Beteiligung abgestellt wird.[1919] Die Beteiligung wird insoweit also nicht (wie bei § 1 Abs. 2a GrEStG) »gewogen«, sondern nur »gezählt«. Überträgt daher einer von zwei Mitgesellschaftern Anteile auf den anderen Mitgesellschafter, sind beide nach wie vor (wegen der Unteilbarkeit der Gesellschafterstellung) zu je »50 %« gesamthänderisch beteiligt (jeder hält einen der beiden Anteile). Weiter einschränkend wirkt, dass es eine unmittelbare Vereinigung aller Anteile in einer Hand (durch Ausscheiden des zweiten Mitgesellschafters oder Übertragung seines Anteils) nicht geben kann, da die Anteile in diesem Fall mangels Gesellschaft untergehen.[1920] Verwirklichen kann sich allenfalls die mittelbare Vereinigung, indem z.B. der letzte verbleibende Gesellschafter einer GmbH & Co. KG auch die Anteile an der Komplementär-GmbH erwirbt.[1921] Nicht ausreichend wäre es jedoch, dass die KG nur mehr über einen Kommanditisten verfügt, und die KG ihrerseits (»Einheits-KG«) alleiniger Gesellschafter ihrer Komplementär-GmbH ist; auch hier liegen noch zwei Anteile vor.[1922]

5588 In Bezug auf Anteilsvereinigungen bei Personengesellschaften erfasst § 1 Abs. 3 Nr. 1 GrEStG die Fälle der Anteilsübertragung (zur Tatbestandsverwirklichung und damit Steuerentstehung genügt hier bereits das schuldrechtliche Geschäft), während § 1 Abs. 3 Nr. 2 GrEStG die Fälle des Ausscheidens regelt (maßgebend ist insoweit der »dingliche« Vollzug der Vereinbarung, so dass nur die zu diesem Zeitpunkt der Gesellschaft noch zuzurechnenden Grundstücke einbezogen werden).[1923]

5589 Eine auf § 1 Abs. 3 GrEStG beruhende Steuerfestsetzung ist **aufzuheben**, wenn als Folge einer Rückgängigmachung i.S.d. § 16 GrEStG die 95 % Grenze unterschritten wird;[1924] es bedarf (ebenso wenig wie i.R.d. § 1 Abs. 2a GrEStG: Rdn. 5578) nicht des Rückerwerbs sämtlicher Anteile.[1925] Der zur Erstbesteuerung führende Erwerb muss jedoch gem. § 16 Abs. 5 GrEStG ordnungsgemäß, v.a. innerhalb der 14-Tages-Frist der §§ 18 Abs. 3, 19 Abs. 3 GrEStG, angezeigt worden sein.

1917 Auch wenn nur 95 % der Anteile übergehen.
1918 Vgl. FinMin Baden-Württemberg v. 28.04.2005, DStR 2005, 1012 und FinMin Baden-Württemberg v. 18.12.2009, DStR 2010, 114; *Gottwald* Grunderwerbsteuer, S. 90 f. m.w.N.; *Gottwald* DNotZ 2006, 811 f. mit Beispielen.
1919 BFH, 08.08.2001 – II R 66/98, DStR 2001, 1793; *Salzmann/Loose*, DStR 2005, 53. Gleichlautende Ländererlasse v. 26.02.2003, Tz. 7.1.2, DStR 2003, 982.
1920 BFH, 13.09.1995 – II R 80/92, BStBl. II 1995, S. 903; *Gottwald*, DNotZ 2006, 814.
1921 BFH, 12.03.2014 – II R 51/12, JurionRS 2014, 17473; vgl. im Überblick *Hutmacher*, ZNotP 2014, 213 ff. und *Graessner*, NWB 2014, 2934 ff.
1922 Oberste Finanzbehörden der Länder, 09.12.2015 – S 4501, BStBl 2016 I 477, insoweit gegen das BFH-Urteil aus der vorangehenden Fn.
1923 BFH, 20.01.2016 – II R 29/14 (der amtliche Leitsatz ist insoweit irreführend).
1924 BFH, 11.06.2013 – II R 52/12 ZfIR 2013, 776 m. Anm. *Schley*; hierzu *Hutmacher*, ZNotP 2013, 412 (unschädlich sei sogar, wenn in derselben Urkunde ein Anteilskauf von 5 % aufgehoben und durch einen neuen Anteilskauf von 4,9 % zum selben, verrechneten, Kaufpreis ersetzt werde!).
1925 So aber noch Tz. 9 der Gleichlautenden Ländererlasse v. 25.02.2010, BStBl. 2010 I, 245.

B. Grunderwerbsteuer Kapitel 12

Ertragsteuerlich führen Grunderwerbsteuern, die infolge eines Wechsels im Gesellschafterbestand einer Personengesellschaft anfallen, zu sofort abzugsfähigen Betriebsausgaben, auch im Falle des § 1 Abs. 3 GrEStG.[1926] 5590

3. § 1 Abs. 3a GrEStG

Zur Vermeidung sog. real estate transfer tax – Blocker-Strukturen (»**RETT-Blocker**«) schafft § 1 Abs. 3a GrEStG mit Wirkung ab 07.06.2013[1927] einen neuen, neben § 1 Abs. 2a und Abs. 3 GrEStG tretenden – und diesen Vorschriften gegenüber nachrangigen[1928] – »Auffang«-Tatbestand der »**wirtschaftlichen Beteiligung** an einer Gesellschaft zu mindestens 95 %« bzw. der Veräußerung wirtschaftlich solchermaßen vereinigter Anteile.[1929] Diese wirtschaftliche Beteiligung stellt auf die unmittelbare und/oder mittelbare Beteiligung am Kapital oder am Vermögen ab, subjektive Beweggründe sind dabei unbeachtlich. Zur Ermittlung der wirtschaftlichen Beteiligung sind (anders als bei der sachenrechtlichen Betrachtungsweise) alle unmittelbaren und mittelbaren Beteiligungen am Kapital oder Vermögen einer Gesellschaft rechtsformneutral anteilig zu berücksichtigen, es findet also eine Durchrechnung mit anschließender Addition statt. Da auf das »Innehaben« abgestellt wird, greift der Besteuerungstatbestand auch dann, wenn sukzessive Anteilserwerbe in mehreren Rechtsvorgängen stattgefunden haben. Steuerschuldner ist der Rechtsträger, der die wirtschaftliche Beteiligung von mindestens 95 % innehat, § 13 Nr. 7 GrEStG. 5591

Die frühere Rechtslage erlaubte es, durch Zwischenschaltung einer Personengesellschaft (sog. »RETT-Blocker«) wirtschaftlich 100 % an einer grundbesitzenden Gesellschaft zu halten, ohne dass Grunderwerbsteuer ausgelöst würde: 5592

▶ Beispiel:

Die G-GmbH, die Grundbesitz erhält, hat zwei Gesellschafter: die K-GmbH (Gesellschaft des Käufers), die zu 94,9 % an ihrem Stammkapital beteiligt ist, sowie eine Kommanditgesellschaft, die zu 5,1 % beteiligt ist. An letzterer KG sind wiederum vermögensmäßig die K-GmbH zu 100 % und eine fremde Y-GmbH, die weder herrschendes noch abhängiges Unternehmen i.S.d. § 1 Abs. 4 Nr. 2 GrEStG ist, zu null Prozent, also als bloßer Gesellschafter ohne Vermögensquote, beteiligt.

Da im Rahmen des § 1 Abs. 3 GrEStG die Beteiligungen an der zwischengeschalteten KG nicht vermögensmäßig »gewogen«, sondern gezählt werden, ist die KG der K-GmbH (der zahlenmäßig nur die Hälfte der gesamt vorhandenen zwei Gesellschaftsanteile an der KG gehört) nicht zuzurechnen, sodass der Tatbestand des § 1 Abs. 3 GrEStG durch die K-GmbH nur zu 94,9 %, und damit nicht grunderwerbsteuerlich relevant, verwirklicht wurde. In der Praxis wurde die Beteiligung des Fremdinvestors (Y-GmbH) häufig (allerdings ohne dass dies zwingend erforderlich gewesen wäre), orientiert an den in § 1 Abs. 2a und Abs. 3 GrEStG genannten Beteiligungsschwellen, auf 5,1 % an der zwischengeschalteten KG bemessen, sodass durchgerechnet die Beteiligung des fremden Co-Investors bei etwa 0,26 % lag.

1926 BFH, 02.09.2014 – IX R 50/13, BStBl 2015 II 260, zu § 1 Abs. 2a GrEStG, hierzu *Schießl*, DStR 2015, 1902 (a.A. zuvor die Finanzverwaltung: lediglich abschreibungsfähige Anschaffungsnebenkosten der erworbenen Anteile), ebenso BFH, 20.04.2011 – I R 2/10, EStB 2011, 247; BFH, 14.03.2011 – I R 40/10, EStB 2011, 320 zu § 1 Abs. 3 GrEStG, hierzu *Hutmacher* ZNotP 2011, 298 ff. Zu Umwandlungsfällen vgl. Tz. 04.34 und 23.01 des Umwandlungssteuererlasses vom 11.11.2011.
1927 BStBl. 2013 I 1809 ff.; vgl. *Schaflitzl/Schrade*, BB 2013, 343 ff.; *Behrens*, DStR 2013, 1405 ff.; *Glutsch/Meining*, GmbHR 2013, 743 ff. Zum Inkrafttreten: § 23 Abs. 11 GrEStG.
1928 Mit der Folge, dass § 1 Abs. 3a GrEStG nicht zu prüfen ist, wenn § 1 Abs. 2a oder Abs. 3 GrEStG verwirklicht ist.
1929 Gleich lautende Ländererlasse zur Anwendung des § 1 Abs. 3a GrEStG v. 09.10.2013, BStBl 2013 I 1364; vgl. die Übersicht von *Hutmacher*, ZNotP 2014, 92 ff.

Nach Maßgabe des neuen § 1 Abs. 3a GrEStG werden dagegen die Beteiligungen durchgerechnet, sodass (in Neufällen) 100 % bzw. 98,74 % (steuerschädlich) übergegangen wären.

Der im Gesetz erstmals verwendete Begriff der wirtschaftlichen Beteiligung lässt freilich noch viele Fragen offen.

5593 Nach Maßgabe es neu eingefügten § 20 Abs. 2 Nr. 3 GrEStG ist einer Anzeige an die Grunderwerbsteuerstelle, die sich auf Anteile an einer Gesellschaft bezieht, bei mehreren beteiligten Rechtsträgern eine **Beteiligungsübersicht** beizufügen. Sie soll das Erkennen von wirtschaftlichen Anteilsvereinigungen erleichtern, ist aber nicht darauf beschränkt. Die Pflicht trifft lediglich die Beteiligten selbst,[1930] sollte aber erfüllt sein, um die Möglichkeiten einer steuerbefreienden Rückabwicklung offenzuhalten (Anzeige i.S.d. § 16 Abs. 5 GrEStG). Der Notar ist gem. § 18 Abs. 2 und 5 GrEStG lediglich zur Anzeige als solcher verpflichtet, z.B. durch Übersendung der Abschrift samt Veräußerungsanzeige, soweit ihm die Grundstücke bekannt sind, vgl. Rdn. 5651. Er sollte jedoch im Rahmen einer auf eine Anteilsübertragung gerichteten Urkunde einen Hinweis aufnehmen:[1931]

▶ Formulierungsvorschlag: Hinweis des Notars an die Beteiligten einer Anteilsübertragung auf Anzeigepflicht gem. §§ 19, 20 GrEStG, mit Beteiligungsübersicht

5594 Der Notar hat die Beteiligten darauf hingewiesen, dass § 1 Abs. 2a, Abs. 3 und Abs. 3a GrEStG zu einer Grunderwerbsteuerpflicht führen können, auch in Fällen der lediglich mittelbaren, wirtschaftlichen oder überwiegenden Anteilsvereinigung. Der Notar hat die Beteiligten auf die Pflicht zur Anzeige des Vorgangs gem. §§ 19, 20 GrEStG, unter Beifügung einer Beteiligungsübersicht, hingewiesen. Nur eine vollständige und ordnungsgemäße Anzeige berechtigt gem. § 16 Abs. 5 GrEStG zur steuerfreien Rückgängigmachung des Vorgangs.

5595 Besteht bereits eine nach dem früheren Recht privilegierte »RETT-Blocker-Struktur«, ist die Aufstockung des Anteils der »Eigentümer-Gesellschaft« an der Blocker-KG (von z.B. bisher meist 94,9 % auf schon bisher ungefährliche 100 %) unproblematisch, solange ein weiterer Gesellschafter an der Blocker-KG beteiligt bleibt. Scheidet dieser jedoch später aus, liegt bereits eine echte (unmittelbare und mittelbare) Anteilsvereinigung gem. § 1 Abs. 3 GrEStG vor.[1932] Findet ein späterer Formwechsel der Blocker-KG in eine GmbH statt (bei der schon bisher die Gesellschaftsanteile gewogen, nicht gezählt wurden), scheidet allerdings § 1 Abs. 3a GrEStG wohl aus, da er (wie § 1 Abs. 3 GrEStG) an einen Rechtsvorgang in Gestalt eines Erwerbs anknüpft, an dem es bei einem Formwechsel fehlt. Die Übertragung einer bereits bestehenden wirtschaftlichen Beteiligung von mindestens 95 % löst seit 06.06.2013 ebenfalls Grunderwerbsteuer aus, gem. § 1 Abs. 3a i.V.m. Abs. 3 Nr. 3 und 4 GrEStG (Veräußerung vereinigter Anteile). Bei Grundstücks- und Erwerberidentität wird bei einem nach § 1 Abs. 3a GrEStG steuerbaren Erwerbsvorgang, dem ein anderer grunderwerbsteuerbarer Rechtsvorgang vorausgegangen ist, die Steuer gem. § 1 Abs. 6 GrEStG nur insoweit erhoben, als die Bemessungsgrundlage für den zweiten Vorgang den des ersten Vorgangs übersteigt.

4. Gesamthandsfälle: §§ 5, 6 GrEStG

5596 Allerdings wird insoweit gem. **§ 6 Abs. 2 GrEStG** die Steuer i.H.d. Anteils nicht erhoben, zu dem der Erwerber am Vermögen der Gesamthand bereits beteiligt war (bzw. gem. § 6 Abs. 3 GrEStG beim Übergang eines Grundstücks von einer Gesamthand auf eine beteiligungsidentische

---

1930 Vgl. *Ihle,* notar 2016, 49, 54.
1931 Formulierungsvorschlag von *Ihle,* notar 2013, 376, 379. Eine Pflicht zum Hinweis besteht jedoch wohl nicht, *Ihle,* DNotZ 2016, 79.
1932 *Schafflitzl/Schrade,* BB 2013, 343, 346; a.A. *Glutsch/Meining,* GmbHR 2013, 743, 744, die argumentieren, bereits in der Vergangenheit sei § 1 Abs. 3a GrEStG verwirklicht gewesen (allerdings ohne Besteuerungsfolge), sodass eine erneute Anteilsvereinigung denklogisch ausscheide; offen gelassen bei *Ihle,* notar 2013, 376, 378.

zweite Gesamthand[1933]). Dies gilt auch, wenn die identische Beteiligungsquote nur mittelbar durch Zwischenschaltung einer Kapitalgesellschaft vermittelt wird:

▶ **Beispiel:**[1934]

An der A-GbR sind W zu 4 % und die X-GmbH zu 96 % beteiligt. Alleiniger Gesellschafter der X-GmbH ist Y. Dieser überträgt alle GmbH-Anteile an eine B-oHG, an der er zur Hälfte beteiligt ist. Gem. § 1 Abs. 2a GrEStG gilt ein Übergang des Grundbesitzes von der A-GbR auf eine neue Personengesellschaft als eingetreten, deren mittelbare Gesellschafterin die B-ohG ist. Die Steuer wird gem. § 6 Abs. 2 GrEStG i.H.v. 4 % (Anteil W) und i.H.v. 48 % (mittelbar identisch gebliebene Beteiligung des Y) nicht erhoben.

Gem. § 6 Abs. 3 Satz 2 GrEStG entfällt die Vergünstigung jedoch insoweit, als sich der Anteil des Gesamthänders am Vermögen der erwerbenden Gesamthand innerhalb von fünf Jahren nach dem Übergang des Grundstücks von der einen auf die andere Gesamthand vermindert, und zwar auch in Gestalt einer Übertragung auf eine »eigene« Kapitalgesellschaft.[1935]

5597

Gem. § 6 Abs. 4 GrEStG wird die Freistellung bzgl. des vorher gehaltenen Anteils ferner insoweit versagt, als ein Gesamthänder bzw. bei Erbfolge sein Rechtsvorgänger innerhalb von 5 Jahren vor dem Erwerbsvorgang seinen Anteil an der Gesamthand durch Rechtsgeschäft unter Lebenden[1936] erworben hat oder innerhalb dieser Frist eine abweichende Auseinandersetzungsquote vereinbart wurde, ohne dass der Vorerwerb seinerseits der Grunderwerbsteuer unterlag.[1937]

▶ **Beispiel:**

Sind der Vater und seine beiden Söhne an einer Grundstücks-GbR zu drei gleichen Teilen beteiligt und tritt ein Bruder an den anderen seine GbR-Beteiligung ab, ist dieser Vorgang für sich genommen nicht grunderwerbsteuerbar.

5598

Scheidet nun der Vater aus, sodass das gesamte Gesellschaftsvermögen (Grundstück) dem verbleibenden Sohn anwächst, würde hierfür (Übergang in gerader Linie, § 3 Nr. 6 GrEStG) an sich ebenfalls keine Grunderwerbsteuer anfallen.

Fand jedoch der Hinzuerwerb vom Bruder während des 5-jährigen Referenzzeitraums statt, führt § 6 Abs. 4 GrEStG dazu, dass der Hinzuerwerb des einen Drittels außer Betracht bleibt, sodass der Vorgang besteuert wird wie eine Anteilsvereinigung aus der Hand aller drei Gesellschafter, die nur für den bisher schon gehaltenen Anteil (1/3) und den Hinzuerwerb vom Vater als Verwandten in gerader Linie (weiteres Drittel) freigestellt ist (§§ 6 Abs. 2, 3 Nr. 6 GrEStG).

In ähnlicher Weise wird gem. § 5 Abs. 2 GrEStG beim Übergang eines Grundstücks von einem Alleineigentümer oder mehreren Miteigentümern auf eine Gesamthand (OHG, KG, GbR, auch

5599

1933 § 6 Abs. 3 GrEStG wird nicht analog angewendet auf den Übergang [§ 1 Abs. 2a GrEStG] eines Kommanditanteils von einer GmbH auf eine Personengesellschaft, an der wirtschaftlich allein die GmbH beteiligt ist, BFH, 03.06.2014 – II R 1/13, BStBl 2014 II 855, hierzu *Naujok/Janzen*, ZfIR 2015, 585, 595.
1934 Nach FinMin Baden-Württemberg v. 03.03.2009 – 3 – S 450.1/15, ZEV 2009, 264; vgl. auch *Heine*, GmbHR 2009, 1142 ff.: »erster Schritt zur Durchlässigkeit von Kapitalgesellschaften, die an grundbesitzenden Personengesellschaften beteiligt sind«.
1935 BFH, 17.12.2014 – II R 24/13, ErbStB 2015, 92; eine Beteiligungsverminderung tritt bei einer doppelstöckigen Gesamthand auch ein, wenn die Anteile der an der erwerbenden Gesamthand beteiligten anderen Gesamthand auf eine andere Kapitalgesellschaft übertragen werden.
1936 Nach BFH, 14.12.2002 – II R 31/01, RNotZ 2003, 336 liegt ein »Rechtsgeschäft unter Lebenden« auch in der Kündigung der Gesellschaft durch einen Gesellschafter mit daraus folgender Anwachsung (§ 738 BGB).
1937 Diese Einschränkung folgt aus dem Charakter des § 6 Abs. 4 GrEStG als Missbrauchsverhinderungsvorschrift, FG Düsseldorf, 14.07.2004 – 7 K 792/02 GE, DStRE 2004, 1363.

eine vergleichbare Gesamthandsgemeinschaft ausländischen Rechts)[1938] die Grunderwerbsteuer nicht erhoben auf den Anteil, an dem der Einbringende selbst an der Gesamthand beteiligt ist.

▶ **Beispiel:**

A ist Alleineigentümer eines Grundstücks und bringt dieses in die ABC-OHG ein, an der er zur Hälfte beteiligt ist. Grunderwerbsteuer wird nur auf die andere Hälfte erhoben.

Der Rechtsgedanke des § 5 GrEStG wird analog auf Immobilienvorgänge angewendet, die mit keiner Wertverschiebung verbunden sind, etwa im Fall der Aufhebung von Sondereigentum bei Reihenhäusern (sodass schlichtes Miteigentum am Gesamtobjekt besteht) und anschließender Realteilung gem. der bisherigen WEG-Grenzen,[1939] vergleichbar der Grundstücksteilung von Gesamthands- in wertgleiches Flächeneigentum (§ 7 Abs. 2 GrEStG) oder der Bildung von Sondereigentum aus wertgleichen Miteigentumsanteilen gem. § 3 WEG oder gem. § 8 WEG mit anschließendem, in sachlichem und zeitlichem Zusammenhang vollzogenem Tausch der Anteile.[1940] § 5 Abs. 1 GrEStG gilt jedoch nicht analog für den Fall, dass Anteile an grundbesitzhaltenden Kapitalgesellschaften (also nicht die Grundstücke selbst) in eine Gesamthand (GbR) eingebracht werden.[1941]

5600　Gem. § 5 Abs. 3 GrEStG entfällt jedoch (wie bei § 6 Abs. 4 GrEStG, oben Rdn. 5596) die Vergünstigung für den Anteil, um den sich der Anteil des Einbringenden am Vermögen der Gesamthand binnen **5 Jahren** nach dem Übergang des Grundstücks auf die Gesamthand **vermindert**.[1942]

▶ **Beispiel:**

Tritt der Einbringende A im vorgenannten Beispiel (s. Rdn. 5596) 45 % der Geschäftsanteile an einen Dritten vor Ablauf der 5 Jahre ab, werden weitere 45 % Grunderwerbsteuer nachbelastet, sodass insgesamt nur 5 % des Einbringungswerts steuerfrei geblieben sind. Die bloße Abschwächung einer unmittelbaren in eine mittelbare Beteiligung (Übertragung auf eine KG, an welcher der Gesellschafter seinerseits beteiligt ist) schadet jedoch nicht; der Anteil wird »durchgerechnet«.[1943] Ändern sich jedoch an der »doppelstöckigen« Personengesellschaft die mittelbare Beteiligung (Gesellschafter der KG ist u.a. eine GbR, an dieser gehen im Fünf-Jahres-Zeitraum Anteile über), führt dies zur Anwendung des § 5 Abs. 3 bzw. § 6 Abs. 3 GrEStG.[1944]

5601　Eine solche Verminderung kann sich in extremer Form (nämlich in Gestalt des völligen Wegfalls der gesamthänderischen Mitberechtigung am Grundstück) auch durch einen »heterogenen« **Formwechsel** der grundstückserwerbenden Gesamthand oder des grundstücksübertragenden Gesamthänders[1945] in eine Kapitalgesellschaft verwirklichen, sodass eine Nachversteuerung eintritt,[1946] obwohl der Formwechsel an sich keine Grunderwerbsteuer auslösen würde. Weiterhin

---

1938　FinMin Baden-Württemberg, 30.10.2008 – 3 S 451.4/21, ZEV 2009, 209, unter Verweis auf die in BStBl. I 1999, S. 1076 enthaltene Aufstellung.
1939　Erlass des BayStMinF v. 19.09.2005, MittBayNot 2006, 179 m. Anm. *Gottwald/Schiffner*, S. 125.
1940　BFH, BStBl. II 1990, S. 922; *Gottwald/Schiffner* MittBayNot 2006, 126.
1941　BFH, 02.04.2008 – II R 53/06, notar 2008, 186 m. Anm. *Ihle*; *Klass* GmbHR 2008, 715.
1942　Hierzu gleichlautende Erlasse der Obersten Finanzbehörden der Länder v. 09.12.2015, BStBl 2015 I, 1029.
1943　OFD Rheinland und Münster v. 06.07.2010, S 4514-1000-St 235, StEK GrEStG 1983 § 5/20 Tz. 2.4.4.
1944　Bsp. 2 der Gleichlautenden Ländererlasse v. 09.12.2015, BStBl 2015 I, 1029.
1945　Analoge Anwendung von BFH, 25.09.2013 – II R 17/12, ZfIR 2014, 336 m. Anm. *Bank/Achenbach*; vgl. Bsp. 3 der Gleichlautenden Ländererlasse v. 09.12.2015, BStBl 2015 I, 1029 (anders bei einem »homologen« Formwechsel des grundstücksübertragenden Gesamthänders von einer Gesamthand in eine andere: der neue Rechtsträger führt den Fünfjahreszeitraum fort).
1946　BFH, 25.09.2013 – II R 17/12, ZfIR 2014, 336 m. Anm. *Bank/Achenbach*; FG Hamburg, 21.06.2011 – 3 K 67/11, rkr; ausführlich *Saecker*, NWB 2012, 3798 ff. (auch zu Anwachsungsfällen).

ist die Begünstigung zu versagen, wenn die spätere (auch nach der 5-jährigen Verfolgungsfrist liegende) Veränderung der Gesellschafterstellung des Übertragenden bereits zum Zeitpunkt der Grundstückseinbringung zwischen den Gesamthändern »abgesprochen« war.[1947]

Die Nachbesteuerung des § 5 Abs. 3 GrEStG unterbleibt aber, wenn die Anteilsübertragung an Verwandte oder Ehegatten (§ 3 Nr. 4 bis 6 GrEStG)[1948] oder aber, gleichgültig an wen, unentgeltlich erfolgt, Letzteres aufgrund des Vorrangs des § 3 Nr. 2 Satz 1 GrEStG[1949] (Rdn. 5561). Kommt es bei entgeltlicher Anteilsveräußerung zu einer teilweisen Nachversteuerung und anschließend während des 5-Jahres-Zeitraums zur Verwirklichung des § 1 Abs. 2a GrEStG (95 % Grenze, Rdn. 5570 ff.), vermeidet § 1 Abs. 2a Satz 3 GrEStG eine Doppelbesteuerung durch Anrechnung,[1950] die selbst stattfindet, wenn für den Grundstückserwerb durch die Personengesellschaft gar keine Grunderwerbsteuer festgesetzt wurde.[1951]

5602

Daneben unterbleibt eine Nachversteuerung, wenn die Beteiligungsminderung ihrerseits Grunderwerbsteuer auslöst (z.B. in Gestalt einer Verschmelzung auf eine Kapitalgesellschaft, § 1 Abs. 3 GrEStG: keine doppelte Belastung[1952]). I.R.d. § 5 Abs. 3 (ebenso des § 6 Abs. 3) GrEStG gänzlich ohne Relevanz ist die Veräußerung des Grundstücks selbst (nicht des Anteils) binnen 5 Jahren, nachdem es gem. §§ 5 Abs. 1 oder 2 GrEStG begünstigt eingebracht wurde, da hierfür die volle Grunderwerbsteuer beim Käufer anfällt und demnach eine Missbrauchsgestaltung objektiv ausgeschlossen ist.[1953]

5603

Bei **Anteilsübertragungen an GbR, OHG, KG oder GmbH & Co. KG** ist also in grunderwerbsteuerlicher Hinsicht zweierlei zu beachten, wenn Grundbesitz vorhanden ist:
(1) Sind innerhalb von 5 Jahren mindestens 95 % der Anteile an der GmbH & Co. KG, OHG etc. auf neue Gesellschafter übergegangen, fällt Grunderwerbsteuer nach § 1 Abs. 2a bzw. § 1 Abs. 3 GrEStG an, es sei denn, die Befreiungsvorschrift des § 3 Nr. 6 Satz 1 GrEStG (Verwandte in gerader Linie/Ehegatten) oder § 3 Nr. 2 Satz 1 GrEStG (unentgeltlicher Erwerb, str.; a.A. die Finanzverwaltung, Rdn. 5565) greift ein.
(2) Sind innerhalb von 5 Jahren vor der Anteilsabtretung vom nunmehr veräußernden Gesellschafter Grundstücke eingebracht worden, wird nachträglich die damalige Steuerbefreiung anteilig versagt (§ 5 Abs. 3 GrEStG), es sei denn, es liegt ein Freistellungsfall gem. Rdn. 5602 (nahestehender/unentgeltlicher Erwerb) vor. Beteiligte sollten bei der Anmeldung eines Kommanditistenwechsels an Gesellschaften mit Grundbesitz hierauf hingewiesen werden.

5604

[1947] BFH, 15.12.2004 – II R 37/01, BStBl. II 2005, S. 203 (geringere Anforderungen als an den Nachweis eines »Gesamtplans«); ebenso FG Nürnberg DStRE 2005, 1160.
[1948] Vgl. Bsp. 5 der Gleichlautenden Ländererlasse v. 09.12.2015, BStBl 2015 I, 1029; ebenso Ländererlasse zu § 1 Abs. 2a GrEStG v. 26.02.2003, BStBl. I 2003, S. 271 Tz. 10. Dies gilt aber nur, wenn die begünstigten Personen ihrerseits nun die Beteiligung an der Gesamthand i.S.d. § 6 Abs. 3 Satz 2 GrEStG unvermindert über den Zeitraum von fünf Jahren aufrechterhalten, BFH, 25.09.2013 – II R 17/12.
[1949] Bsp. 4 der Gleichlautenden Ländererlasse v. 09.12.2015, BStBl 2015 I, 1029; *Gottwald* ZErb 2007, 256; BFH, 07.10.2009 – II R 58/08, BStBl. II 2010, S. 302 (teilweise abweichend noch Erlass des FinMin NRW v. 03.11.2008, DB 2008, 2569; die Finanzverwaltung folgt dem Urteil nun: Erlass FinMin Baden-Württemberg v. 14.01.2010 – 3 – S 451.4/25, DStR 2010, 283, vgl. *Gottwald* MittBayNot 2011, 98).
[1950] Bsp. 12 und Tz. 7.8.1 der Gleichlautenden Ländererlasse v. 09.12.2015, BStBl 2015 I, 1029.
[1951] BFH, 17.12.2014 – II R 2/13, MittBayNot 2015, 435, vgl. *Ihle*, notar 2016, 49, 56.
[1952] Bsp. 14 und Tz. 7.8.2 der Gleichlautenden Ländererlasse v. 09.12.2015, BStBl 2015 I, 1029; FG Rheinland-Pfalz, 03.05.2012 – 4 K 734/09, DStRE 2013, 112; zu dieser teleologischen Reduktion *Gottwald* in: DAI, 11. Jahresarbeitstagung des Notariats 2013, Skript S. 610 f.
[1953] Beispiele 7 bis 9 und Tz. 7.6 der Gleichlautenden Ländererlasse v. 09.12.2015, BStBl 2015 I, 1029 (auch zu Anwachsungsfällen); Erlass des FinMin Baden-Württemberg v. 05.06.2009 – 3 – S 451.4/24, ZEV 2009, 360.

5605 Zur Bemessungsgrundlage in den Fällen der Anteilsvereinigung oder des Übergangs von mindestens 95 % der Anteile s. Rdn. 5640.

Steuerschuldner bei der Änderung des Gesellschafterbestands einer Personengesellschaft gem. § 1 Abs. 2a GrEStG ist die (neue) Personengesellschaft selbst in ihrer neuen Zusammensetzung; bei der Anteilsvereinigung nach § 1 Abs. 3 GrEStG ist es der Erwerber selbst.

III. Umwandlungsvorgänge

5606 Vorgänge i.S.d. **UmwG** haben häufig auch grunderwerbsteuerliche Relevanz:
(1) Die sog. **formwechselnde Umwandlung** lässt die Identität des Rechtsträgers unberührt,[1954] sodass auch bei einem sog. »heterogenen Formwechsel« (von einer Personen- in eine Kapitalgesellschaft oder umgekehrt) keine Grunderwerbsteuer anfällt.[1955] Wurde allerdings ein Grundstück in eine Personengesellschaft eingebracht (und dafür die anteilige Steuerfreistellung gem. § 5 Abs. 2 GrEStG gewährt) und sodann in vorgefasster Absicht in zeitlichem Zusammenhang die Personengesellschaft in eine Kapitalgesellschaft formwechselnd umgewandelt, führt dies zur Versagung der anteiligen Steuerbefreiung gem. § 42 AO (Missbrauch steuerlicher Gestaltungsmöglichkeiten).[1956] Auch führt dieser »kreuzende (heterogene) Formwechsel« in eine Kapitalgesellschaft möglicherweise dazu, dass die 5-jährige Haltedauer in der Personengesellschaft nicht mehr erfüllt werden kann, sodass unabhängig vom Nachweis einer vorgefassten Absicht die bei Einbringung gewährte anteilige Freistellung gem. § 5 Abs. 3 bzw. § 6 Abs. 3 Satz 2 GrEStG ebenfalls rückwirkend versagt werden muss, Rdn. 5600.[1957]

5607 (2) Bei **Verschmelzung** (durch Aufnahme oder Neugründung), **Gestaltung** (Aufspaltung, Abspaltung und Ausgliederung) und **Vermögensübertragungen** fällt jedoch grds.[1958] Grunderwerbsteuer an, soweit Grundbesitz übergeht (§ 1 Abs. 1 Nr. 3 GrEStG).[1959] Sie ist beim aufnehmenden Rechtsträger aktivierungspflichtig (Anschaffungsnebenkosten), es handelt sich also nicht um Betriebsausgaben oder Werbungskosten.[1960] Bemessungsgrundlage war zunächst der schenkungsteuerliche Bedarfswert gem. § 138 BewG (Rechtslage bis Ende 2008); dies verstieß gegen den Gleichheitssatz (Art. 3 Abs. 1 GG),[1961] so dass – und zwar rückwirkend zum 01.01.2009[1962] – nunmehr die aktuellen Wertermittlungsvorschriften i.S.d. § 151 Abs. 1 Satz 1 Nr. 1 i.V.m. § 157 Abs. 1 bis 3 BewG zugrunde zu legen sind. Die grunderwerbsteuerliche Belas-

---

1954 Dies gilt auch beim Formwechsel eines Vereins in eine GmbH gem. §§ 272 ff. UmwG, ebenso wenig fällt Schenkungsteuer an (anders als bei der Liquidation kein Anfallserwerb gem. § 7 Abs. 1 Nr. 9 Satz 1 ErbStG), vgl. BFH, 01.02.2007 – II R 66/05, ErbStB 2007, 259.

1955 Koordinierter Erlass der Finanzministeriums Baden-Württemberg, DB 1997, 2002.

1956 Dies gilt auch für die Versagung der Steuervergünstigung nach § 6 Abs. 3 GrEStG 1983 a.F. (Vergünstigung, soweit Beteiligung an veräußernder und erwerbender Gesamthand identisch ist) bei Formwechsel in eine Kapitalgesellschaft in sachlichem und zeitlichem Zusammenhang mit der Grundstücksübertragung: BFH, 18.12.2002 – II R 13/01, DStRE 2003, 564.

1957 Vgl. im Einzelnen instruktiv *Gottwald*, MittBayNot 2003, 438 ff. zu BFH, 18.12.2002 – II R 13/01, DStR 2004, 341 ff.; ferner BFH, 25.09.2013 – II R 17/12, GmbH-StB 2014, 40.

1958 Ausnahme in § 6a GrEStG, s. Rdn. 5614 ff., sowie § 4 Nr. 8 GrEStG: Verschmelzungen/Spaltungen ausschließlich unter Beteiligung von Wohnungsgenossenschaften/Wohnungsgesellschaften der neuen Länder zwischen 01.01.2004 und 01.01.2007.

1959 Aus Billigkeitsgründen nicht erfasst werden sollen gem. Erlass des Finanzministeriums Baden-Württemberg v. 16.09.2003, DStR 2003, 1794 solche Grundstücke, die bereits vor Wirksamwerden der Umwandlung oder Anwachsung schuldrechtlich wirksam an Dritte veräußert wurden, trotz § 1 Abs. 1 Nr. 3 GrEStG.

1960 BMF-Schreiben v. 18.01.2010 – IV C 2 – S 1978 – b/0, ZfIR 2010, 156.

1961 BVerfG, 23.06.2015 – 1 BvL 13/11, 14/11, DStR 2015, 1678; vgl. auch *Pahlke*, NWB 2011, 2126 ff. Seit 01.04.2010 erfolgten Steuerfestsetzungen insoweit nur vorläufig (Gleichlautende Ländererlasse v. 01.04.2010 – 3 – S 0338/58, DB 2010, 816).

1962 Allerdings mit Vertrauensschutz gem. § 23 Abs. 14 GrEStG, wenn zumindest vorläufige Bescheide (§ 165 AO) vorliegen, § 176 Abs. 1 Satz 1 Nr. 1 AO.

tung ist häufig einer der Umstände, der für die Verschmelzungsrichtung von Bedeutung ist (Grundbesitz nur bei der aufnehmenden Gesellschaft). Daneben sind die mittelbaren Folgen einer Verschmelzung zu berücksichtigen – etwa der Eintritt einer Anteilsvereinigung nach § 1 Abs. 3 GrEStG, relevante Änderungen im Gesamthänderbestand nach § 1 Abs. 2a GrEStG,[1963] seit 2010 allerdings in Konzernsachverhalten abgemildert durch § 6a GrEStG (Rdn. 5614 ff.).

Bei Verschmelzungsvorgängen zwischen Personengesellschaften können freilich Steuerbefreiungsvorschriften des § 3 GrEStG eingreifen (etwa zwischen Eheleuten, § 3 Nr. 4 GrEStG, von denen der eine Teil an der übertragenden, der andere an der aufnehmenden Gesellschaft beteiligt ist), ebenso die sachlichen Begünstigungsvorschriften des § 6 Abs. 3 Satz 1 GrEStG mit der Folge der Steuerfreistellung, soweit (auch nur mittelbar) identische Beteiligungsverhältnisse auf beiden Seiten bestehen. Das durch § 6 Abs. 3 Satz 1 GrEStG gewährte sachliche Begünstigungsvolumen kann sich allerdings wieder durch nachträgliche Besteuerung gem. § 6 Abs. 3 Satz 2 GrEStG i.H.d. Reduzierung des Anteils in den folgenden 5 Jahren verkürzen.[1964]

5608

IV. Ausnahmen von der Besteuerung

Die nachfolgend (Rdn. 5612 ff.) dargestellten Befreiungsvorschriften können auch interpolierend, also im Weg einer Zusammenschau, zur Anwendung kommen, wenn Grundstückserwerbe oder Erwerbe von Anteilen an Kapital- oder Personengesellschaften mit Grundbesitz in »abgekürzter« Weise stattfinden, wobei jeder einzelne unterlassene Zwischenerwerb für sich steuerbefreit gewesen wäre, es sei denn, die unterlassenen Zwischenerwerbe würden sich als Gestaltungsmissbrauch (§ 42 AO) darstellen.[1965] Beispielsfälle einer solchen Steuerbefreiung kraft **Interpolation** ist etwa der Erwerb im Rahmen der Vermögensauseinandersetzung nach einer Scheidung verbunden mit der Einbringung in das Gesamthandsvermögen einer Personengesellschaft (in abgekürzter Weise),[1966] bzw. der Erwerb von Verwandten in gerader Linie mit der (direkt vollzogenen) Einbringung in das Gesamthandsvermögen einer Mitunternehmerschaft,[1967] ebenso der Erwerb von Ehegatten bzw. von Verwandten in gerader Linie und die (direkt sich vollziehende) Einbringung in das Gesamthandsvermögen einer Mitunternehmerschaft sowie die Erbauseinandersetzung unter Miterben auf den Abkömmling nur eines Miterben[1968].

5609

Auch eine Grundstücksübertragung zwischen Geschwistern, die **auf Geheiß** des Vaters **zur »Gleichstellung«** stattfindet (vgl. Rdn. 1907), da er zuvor dem Übertragenden weiteres Vermögen zugewendet hat, kann sich als steuerfreie Abkürzung wie eine Grundstücksrückübertragung des zuvor begünstigten Geschwisters an den Vater und sodann die Grundstücksübertragung des Vaters an das andere Geschwister darstellen.[1969] Gleiches gilt, wenn sich ein Kind, das Grundbesitz

5610

1963 Vgl. *Gottwald*, MittBayNot 2004, 407 f.
1964 So etwa im Sachverhalt des FG München, 07.11.2012, UVR 2013, 74; vgl. *Salzmann*, DStR 2012, 1314 ff.
1965 Vgl. *Hutmacher*, ZNotP 2005, 55 ff., in der Wiedergabe insbesondere der Rechtsprechung seit BFH, 15.12.1972 – II R 129/67, BStBl. 1973 II, 597.
1966 BFH, 20.12.2011 – II R 42/10, BFH/NV 2012, 1177.
1967 BFH, 26.02.2003 – II B 202/01, BStBl. 2003 II, 528.
1968 Erlass FinMin Saarland, 10.07.2017 – S 4505-2-002-2017/86640, ZEV 2017, 544.
1969 BFH, 11.08.2014 – II B 131/13, DNotI-Report 2015, 38. Allerdings gilt dies nur für den »unentgeltlichen Teil« der Grundstücksübertragung; der Wert des Nießbrauchs, den sich der Vater ursprünglich zurückbehalten hatte und der nun auf den vom einen Geschwister an das Andere weiter übertragenen Hälfte lastet, unterliegt (wie bei einer Direktübertragung unter Geschwistern) der Grunderwerbsteuer (Tz. 21: »die interpolierenden Betrachtung darf nicht zu einer Erweiterung des Anwendungsbereichs einer Befreiungsvorschrift über ihren Zweck hinaus führen«). Letzteres erscheint nicht stringent, da auch bei »Rückgabe« an den Vater und »neuerlicher Übertragung« an das Geschwister wegen § 3 Nr. 6 GrEStG überhaupt keine Steuer angefallen wäre, daher für völlige Freistellung FG Düsseldorf, 01.07.2015 – 1 K 1256/14 GE, RNotZ 2015, 526; a.A. BFH, 09.02.2017 – II R 38/15). Vgl. auch *Wrenger*, DStR 2017, 18 ff.

von den Eltern erhält, verpflichtet, Miteigentumsanteile hieraus an etwa nachgeborene Geschwister zu übertragen.[1970]

5611 Erfolgt jedoch ohne einen solchen Anlass die direkte entgeltliche Übertragung eines Grundstücks von einem Geschwister an das andere, lässt sich dies nicht interpolierend als Übertragung (nicht Rückübertragung!) an einen Elternteil und sodann Erwerb des Grundstücks seitens des anderen Geschwisters von diesem gestalten (Verstoß gegen § 42 AO). Überträgt der Hoferwerber ein Grundstück an ein weichendes Geschwister zur Abgeltung des Nachabfindungsanspruchs, fällt ebenfalls Grunderwerbsteuer an, es findet also keine fiktive »Umleitung« über den elterlichen Hofübergeber statt.[1971]

1. Näheverhältnisse

5612 Die durch § 3 GrEStG gewährten Vergünstigungen sind besonders praxisrelevant. Es handelt sich um Grundstücksübertragungen zwischen Verwandten in gerader Linie bzw. Stiefkindern (unter Einschluss deren Ehegatten und – seit 14.12.2010[1972] – Lebenspartner), unter Ehegatten,[1973] seit 14.12.2010 (s. allerdings vorangehende Fußnote!) auch unter eingetragenen Lebenspartnern oder vom[1974] geschiedenen[1975] Ehegatten[1976] (§ 3 Nr. 5 GrEStG) bzw. (seit 14.12.2010) vom geschiedenen Lebenspartner, Erwerbe von Todes wegen und Grundstücksgeschäfte aus Anlass der Teilung des Nachlasses[1977] (**erstmalige** Auseinandersetzung einer Erbengemeinschaft, auch mittelbar z.B. auch in Gestalt wechselseitiger Anwachsung aller Anteile an grundbesitzhaltenden Personengesellschaften bei Ausführung einer erbrechtlichen Teilungsanordnung.[1978] Als Miterbe

---

1970 BFH, 16.12.2015 – II R 49/14, DNotZ 2016, 383 = ErbStB 2016, 72 (Interpolation gem. § 3 Nr. 6 i.V.m. § 3 Nr. 2 Satz 1 GrEStG). Schenkungsteuerlich gilt gem. § 7 Abs. 1 Nr. 2 ErbStG, Rdn. 4461 ff. nicht der mit der Auflage Beschwerte, sondern der die Auflage Anordnende als »Schenker«, so dass Steuerklasse I und höhere Freibeträge gelten, vgl. BFH, 17.02.1993 – II R 72/90, BStBl 1993 II, 523.
1971 BFH, 29.09.2015 – II R 23/14, ZEV 2016, 50 = EStB 2016, 16, vgl. *Ihle,* notar 2017, 53, 64; dem folgt die Finanzverwaltung: OFD Niedersachen, 26.01.2016 – S 4505-24-St 261, ZEV 2016, 232.
1972 Das BVerfG, 18.07.2012 – 1 BvL 16/11 notar 2012, 337 verlangt bis 31.12.2012 eine Gesetzesanpassung dahin gehend, dass solche Vorgänge unter Lebenspartnern bereits am 01.08.2001 steuerbefreit sind.
1973 Dies gilt aber nur beim direkten Erwerb vom Ehegatten. Überträgt eine GbR ein Grundstück direkt an einen (bisher zu ein Drittel beteiligten) Gesellschafter und dessen Ehegatten je zur Hälfte, erhebt BFH, 11.06.2008 – II R 58/06, DStR 2008, 1784 auf den Erwerb des Mannes Grunderwerbsteuer i.H.v. 1/6 (vorher 1/3, nachher 1/2), auf den Erwerb der Ehefrau in voller Höhe.
1974 Auf Erwerberseite können weitere Personen beteiligt sein: im Rahmen einer Auseinandersetzung erwirbt eine Gesamthand, an welcher der geschiedene Ehegatte des Veräußerers beteiligt ist: Freistellung gem. §§ 5 Abs. 2 i.V.m. 3 Nr. 5 GrEStG i.H.d. betreffenden Anteils, BFH, 20.12.2011 – II R 42/10, ErbStB 2012, 204.
1975 Die Finanzverwaltung sieht den Zusammenhang zur Scheidung lediglich 2 Jahre nach deren Rechtskraft als erfüllt an, hiergegen *Kesseler* DStR 2010, 2173. Ohne feste Zeitgrenze BFH, 23.03.2011 – II R 33/09 ErbStB 2011, 345 m. Komm. *Böing*: Spätere Ausübung eines Ankaufsrechtes, das bei der Scheidung eingeräumt wurde, ist steuerfrei. 28 Jahre Zwischenzeit sind jedoch sicherlich zu lang, FG Berlin-Brandenburg, 26.06.2015 – 15 K 4021/13, hierzu *Michael,* notar 2015, 322, 326. Der Konnex wird jedoch unterbrochen sein, wenn die Scheidungsfolgenvereinbarung eine pauschale Abgeltungsvereinbarung enthält. Nach FG Hessen, 10.05.2012 – 5 K 2338/08, notar 2012, 249 m. Anm. *Ihle* ist der Zusammenhang ferner unterbrochen, wenn die Grundstücksübertragung aus anderen Gründen (hier: Ermöglichung fortdauernder Nutzung durch einen nahen Angehörigen) erfolgte; kritisch hierzu *Gottwald* in: DAI, 11. Jahresarbeitstagung des Notariats 2013, Skript S. 607 ff.
1976 Nicht allerdings vom Erben des früheren Ehegatten, BFH, 23.03.2011 – II R 33/09.
1977 Keine analoge Anwendung des § 3 Nr. 3 GrEStG unter Miteigentümern (auch wenn sie den Grundbesitz in vorweggenommener Erbfolge erhalten haben), FG Schleswig-Holstein, 13.06.2012, DStRE 2013, 32.
1978 FG Hamburg, 21.07.2006 – 3 K 14/06, DStRE 2007, 111.

bzw. Miterbeserbe[1979] zählt gem. § 3 Nr. 3 Satz 2 GrEStG auch der Ehegatte/Lebenspartner bei der Teilung gütergemeinschaftlichen Vermögens mit den Erben des verstorbenen Ehegatten/Lebenspartners sowie bei der Übertragung eines Grundstücks zur Abgeltung einer Zugewinnausgleichsforderung gegen den Nachlass des verstorbenen Ehegatten/Lebenspartners. »Miterbe« ist gem. § 3 Nr. 3 Satz 3 GrEStG auch der Ehegatte/Lebenspartner eines Miterben). Die Steuerbefreiung endet jedoch, wenn und sobald der Grundbesitz seine Qualifikation als Nachlassbestandteil verliert, etwa nach Übertragung in das Bruchteilseigentum der Erben,[1980] so dass sich stets empfiehlt, die Auseinandersetzung für ein bestimmtes Grundstück in komplettem Umfang (also möglichst in das Alleineigentum eines Miterben) durchzuführen.

▶ Hinweis:

Erfolgt eine Grundstücksübertragung »**zur Gleichstellung**« abkürzend direkt zwischen Geschwistern (und damit grds. grunderwerbsteuerpflichtig), jedoch auf Veranlassung (»Geheiß«) des zuwendenden Elternteils, spaltet der BFH[1981] diesen Vorgang in »interpolierender Betrachtung«,[1982] Rdn. 5609, auf in eine Rückübertragung auf das Elternteil und eine Weiterübertragung durch diesen an das andere Kind, so dass insoweit Grunderwerbsteuerfreiheit eintreten kann. Gegenleistungen oder (Nießbrauchs-)vorbehalte werden allerdings (wie im direkten Verhältnis unter Geschwistern) besteuert.

5613

2. Umwandlungsvorgänge im Konzern

Mit Wirkung ab 01.01.2010 stellt **§ 6a GrEStG** Grundstücksübergänge, die als Folge von Umwandlungsvorgängen oder mittelbar in Form der Änderung des Gesellschafterbestands einer Personengesellschaft, als Anteilsvereinigungen bzw. Anteilsübertragungen eintreten, wenn diese auf einer Umwandlung i.S.d. § 1 Abs. 1 Nr. 1 bis 3 UmwG beruhen,[1983] ebenso den Übergang der Verwertungsbefugnis als Folge einer solchen Umwandlung, von der Grunderwerbsteuer frei. Die Befreiung – die gleichrangig neben die Vergünstigungen der §§ 5 und 6 GrEStG tritt[1984] – ist jedoch auf Konzernsachverhalte beschränkt; erforderlich sind also ein herrschendes Unternehmen und eine oder mehrere von diesem abhängige Gesellschaften, wobei diese Beherrschung zur Vermeidung kurzfristiger »taktischer Umgehungsbeteiligungen« 5 Jahre vor und 5 Jahre nach dem Rechtsvorgang unmittelbar oder mittelbar zu mindestens 95 % ununterbrochen gegeben sein muss (§ 6a Satz 4 GrEStG). Im Einzelnen ist der Anwendungsbereich – durch gleichlautende Ländererlasse präzisiert[1985] – freilich, teilweise in unsystematischer und europarechtlich bedenklicher selektiver[1986] Weise, beschränkt:[1987]

5614

1979 FG Hamburg, 15.04.2016 – 3 K 213/15, ErbStB 2016, 234.
1980 FG Rheinland-Pfalz, 16.04.2015 – IV K 1380/13, ErbStB 2015, 225: mit Auseinandersetzung des Erben-Gesamthandseigentums in Alleineigentum ist die Befreiung »verbraucht« und steht für einen anschließenden Tausch nicht mehr zur Verfügung, hierzu *Mensch*, ZEV 2016, 75 ff.; ebenso FG Hamburg, 15.04.2016 – 3 K 213/15, ErbStB 2016, 234: Übertragung aller Erbanteile auf eine (auch personengleiche) GbR.
1981 BFH, 11.08.2014 – II B 131/13, DNotI-Report 2015, 38.
1982 Vgl. *Hutmacher*, ZNotP 2005, 55 ff., in der Wiedergabe insbesondere der Rechtsprechung seit BFH, 15.12.1972 – II R 129/67, BStBl. 1973 II, 597.
1983 Dabei wird nicht die Steuerbarkeit als solche verneint, sodass gem. § 4 Nr. 9a UStG der Anwendungsbereich der USt eröffnet wäre, sondern die Steuer nicht erhoben (wie in §§ 5, 6 GrEStG).
1984 Tz. 7 der gleichlautenden Ländererlasse v. 19.06.2012, BStBl. 2012 I 662.
1985 Gleichlautende Ländererlasse v. 19.06.2012 BStBl. 2012 I 662 ff., welche die Vorgängererlasse v. 01.12.2010 und vom 22.06.2011 überarbeiten; vgl. hierzu *Gottwald* in: DAI, 11. Jahresarbeitstagung des Notariats 2013, Skript S. 614 ff.
1986 Vorlage an den EuGH durch BFH, 30.05.2017 – II R 62/14, EStB 2017, 277 im Hinblick auf Art. 107 Abs. 1 AEUV.
1987 Vgl. hierzu *Dettmeier/Geibel* NWB 2010, 582 ff.; *Wischott/Schönweiß* DStR 2009, 2638 ff.; *Schaflitzl/Stadler* DB 2010, 185 ff.; *Klass/Lay* ZfIR 2010, 157 ff.; *Wälzholz* GmbH-StB 2010, 108 ff.; *Pahlke*

5615 (1) Erfasst sind lediglich Rechtsträgerwechsel (**Gesamt- und partielle Gesamtrechtsnachfolgen** nach deutschem oder ausländischem[1988] Recht) als Folge einer Verschmelzung (§ 1 Abs. 1 Nr. 1 UmwG), einer Spaltung (Aufspaltung, Abspaltung und Ausgliederung gem. § 1 Abs. 1 Nr. 2 UmwG) und einer Vermögensübertragung (§ 1 Abs. 1 Nr. 3 UmwG), nicht aber der Formwechsel,[1989] ebenso nicht die Einzelrechtsnachfolge (Übertragung eines Grundstücks durch Auflassung von einer hundertprozentigen Tochter- auf die andere hundertprozentige Tochtergesellschaft, während die Ausgliederung desselben Grundstücks als Einzelgegenstand grunderwerbsteuerfrei wäre). Seit 26.06.2013 werden zusätzlich Einbringungen und andere Erwerbsvorgänge auf gesellschaftsrechtlicher Grundlage (z.B. Anwachsungen[1990]) erfasst, sodass der Anwendungsbereich sich den Sachverhalten möglicher Buchwertfortführungen etwa gem. § 20 UmwStG annähert.[1991]

5616 (2) Der in § 6a GrEStG verwendete **Abhängigkeitsbegriff** ist nicht identisch mit der grunderwerbsteuerlichen Organschaft des § 1 Abs. 4 Nr. 2 GrEStG (Rdn. 5814). Es dürfte (entgegen der Auffassung der Finanzverwaltung)[1992] ausreichend sein, dass der beherrschende Rechtsträger Unternehmer im konzernrechtlichen Sinn ist, auch wenn er nicht die Unternehmereigenschaft i.S.d. § 2 UStG erfüllt[1993] (sodass auch reine Konzern-Holding-Gesellschaften ohne unternehmerische Tätigkeit, natürliche Personen oder Personengesellschaften geeignet sind). Die in § 6a Satz 4 GrEStG geforderte »Beteiligung am Kapital« als Merkmal des Abhängigkeitsverhältnisses kann bei abhängigen Kapital- und Personengesellschaften beteiligt sein, wobei bei Letzteren, anders als etwa bei § 1 Abs. 3 GrEStG, vgl. Rdn. 5587, die Beteiligung nicht »gezählt«, sondern vermögensmäßig gewichtet wird.[1994]

5617 (3) Am Umwandlungsvorgang dürfen weiterhin »**ausschließlich**« herrschende und abhängige Unternehmen beteiligt sein. Diese Regelung, die Begünstigungen zugunsten nichtabhängiger Gesellschaften vermeiden soll, schießt insoweit über das Ziel hinaus, als auch solche Drittbeteiligungen schädlich sind, die ihrerseits gar keinen Grunderwerbsteuertatbestand (etwa mangels

---

MittBayNot 2010, 169 ff.; *Ihle* DNotZ 2010, 725 ff.; *Gottwald* MittBayNot 2012, 1 ff. und DNotZ 2012, 99 ff.; *Wälzholz*, in: DAI Skript 14. Jahresarbeitstagung des Notariats, September 2016, S. 810 ff.

1988 § 6a Satz 2 GrEStG, einschließlich grenzüberschreitender Verschmelzungen gem. §§ 122a bis 122l UmwG und wohl auch Verschmelzungen aufgrund sekundären Gemeinschaftsrechts, die keines nationalen Umsetzungsaktes bedürfen, Art. 17 SE-VU, Art. 19 SCE-VU.

1989 Der mittelbar zur Entstehung von Grunderwerbsteuer führen kann, etwa beim Formwechsel einer Gesamthand in eine Kapitalgesellschaft während der 5-Jahres-Frist des § 5 Abs. 3 GrEStG oder weil ein Gesellschafter nach dem Formwechsel einer Kapitalgesellschaft mindestens 95 % der Anteile i.S.d. § 1 Abs. 3 GrEStG hält, *Behrens/Schmitt* UVR 2008, 54.

1990 Und zwar gleichgültig, ob die Anwachsung z.B. auf einen Mehrheitsgesellschafter oder auf einen bisher nicht am Vermögen beteiligten Gesellschafter erfolgt, vgl. *Wischott/Keller/Graessner* NWB 2013, 3460, 3466 ff.

1991 Vgl. hierzu *Gottwald*, in: DAI-Skript 12. Jahresarbeitstagung des Notariats, 2014, S. 813 ff. und *Wischott/Keller/Graessner* NWB 2013, 3460 ff. mit Überblick zu den weiter unerfassten Sachverhalten (Zwischenschaltung einer neu gegründeten Gesellschaft im Unterschied zur Zwischenschaltung einer »verbundgeborenen«, z.B. durch Abspaltung entstandenen, Gesellschaft; Grundbesitzkonzentration bei Konzernobergesellschaft; quotenverschiebender Formwechsel).

1992 Tz. 2.2 Abs. 4 Satz 1 der Erlasse v. 19.06.2012, BStBl. 2012 I 662. Der BFH, 25.11.2015 – II R 63/14, GmbHR 2016, 135 hat das BMF zum Beitritt dahingehend aufgefordert, ob nicht auch eine gemeinnützige Stiftung herrschender Rechtsträger sein kann; das Gesetz selbst verweist nicht auf § 2 UStG. Die Finanzverwaltung verlangt nun sogar, dass das herrschende Unternehmen nicht nur im Zeitpunkt der Eintragung im Handelsregister, sondern auch während der Fünf-Jahres-Haltefristen davor und danach umsatzsteuerlicher Unternehmer i.S.d. § 2 UStG sein müsse; dagegen bereits *Behrens/Bock* NWB 2011, 615.

1993 Beitrittsaufforderung an das BMF durch BFH, 25.11.2015 – II R 63/14, ErbStB 2016, 39.

1994 Vgl. Tz. 8 der Ländererlasse v. 01.12.2010, BStBl. I 2010, S. 1321.

Grundbesitzes) verwirklichen, sodass einheitliche Umwandlungsvorgänge ohne Not in mehrere Akte aufgespalten werden müssen.

(4) Bei der Berechnung der mindestens **95 %igen** unmittelbaren oder mittelbaren (vermögensmäßigen[1995]) **Beteiligungsquote** ist zum einen unklar, ob bei mehrstufigen Ketten durchgerechnet wird.

5618

▶ Beispiel:[1996]

Die Mutter hält 95 % an der Tochter, diese wiederum 95 % an der Enkelin, sodass durchgerechnet die Mutter an der grundbesitzenden Enkelin nur 90,25 % hielte. I.R.d. gleichlautenden Ländererlasse zur Anwendung des § 1 Abs. 2a GrEStG[1997] hat sich die Finanzverwaltung jedoch auf den Standpunkt gestellt, eine 95 %ige Beteiligung werde zur Gänze gewertet, sodass im Beispielsfall die Abhängigkeitsquote erfüllt wäre.

Unklar ist ferner, ob Beteiligungen, die teils unmittelbar, teils mittelbar gehalten werden, zusammenzurechnen sind.

5619

▶ Beispiel:

Die Mutter hält unmittelbar 94 % der Anteile an der Tochter, die verbleibenden 6 % werden von einer anderen Gesellschaft gehalten, an der die Muttergesellschaft ihrerseits zu 30 % beteiligt ist, sodass in Zusammenrechnung 95,8 % wirtschaftlich gehalten werden.

Dem Wortlaut zufolge dürfte eine Zusammenrechnung jedoch in diesem Fall ausscheiden. Das Erfordernis der 95 %igen Mindestbeteiligung lässt insb. Immobilienunternehmen häufig nicht in den Genuss der Begünstigung kommen, da dort wegen § 1 Abs. 2a u. Abs. 3 GrEStG 94,9 %/5,1 %-Strukturen häufig sind, die die Mindestquote gerade noch nicht erfüllen!

(5) Die 5-jährige **Vorbesitz- und Nachbehaltensfrist** berechnet sich ab bzw. rückwirkend von der Verwirklichung des Rechtsvorgangs.[1998] Sie stellt nicht darauf ab, ob der Grundbesitz bereits während dieser Zeit sich in der betreffenden Gesellschaft befand oder noch befindet,[1999] sondern ob die Beteiligung oberhalb der betreffenden Quote bereits gehalten wurde oder wird.[2000] Aufgrund des Erfordernisses der Vorbesitzzeit scheiden dem Wortlaut nach alle Umwandlungsvorgänge zur Neugründung aus dem Anwendungsbereich aus,[2001] was zu eigenartigen Umgehungskonstruktionen einlädt (Vorhalten funktionsloser Mäntel im Konzern). Die 5-jährige Nachbehaltensfrist schließlich kann naturgemäß nicht eingehalten werden, wenn, wie etwa infolge einer Verschmelzung, eine der Tochtergesellschaften erlischt;[2002] die Finanz-

5620

[1995] Maßgebend ist das Kapitalkonto I, nicht die bloße [z.B. gesamthänderische] Mitgliedschaft, vgl. FG Berlin-Brandenburg, 15.04.2013 – 4 V 4250/12, DStRE 2013, 1314.
[1996] Nach *Dettmeier/Geibel*, NWB 2010, 582, 591.
[1997] Erlasse v. 26.02.2003, BStBl. I 2003, S. 271, Tz. 4.1c.
[1998] Also Eintragung im Handelsregister (bei Verschmelzungen des übernehmenden Rechtsträgers: § 20 Abs. 1 UmwG, bei Spaltungen des übertragenden Rechtsträgers, § 131 Abs. 1 UmwG.
[1999] FG München, 22.10.2014 – 4 K 37/12 ZfIR 2015, 120 (nur Ls.), Az BFH: II R 58/14. Daher hat auch der Erwerb und die Veräußerung eines Grundstücks innerhalb der Vor- und Nachbehaltensfristen keinen Einfluss auf die Steuerbefreiung, Tz. 1 und 8 des Ländererlasses vom 01.12.2010, BStBl. I 2010, S. 1321.
[2000] Beteiligungsbezogene Auslegung, vgl. Tz. 1 Abs. 2 der Erlasse vom 19.06.2012, BStBl. 2012 I, S. 662; für eine grundstücksbezogene Auslegung dagegen *Behrens/Bock* NWB 2011, 615, 625.
[2001] Kritisch hierzu *Gottwald* in: DAI, 11. Jahresarbeitstagung des Notariats 2012, Skript S. 616 ff. A.A. FG Düsseldorf, 07.05.2014 – 7 K 281/14 GE GmbH-StB 2014, 195 (n. rkr., Az. BFH: II R 56/15) und FG Düsseldorf, 04.11.2015 – 7 K 1553/15: Die fünfjährige Vorbehaltensfrist gelte bei Neugründungen nicht. Tz. 4 der Erlasse v. 19.06.2012, BStBl 2012 I 662 macht immerhin eine Ausnahme für sog. »verbundgeborene Gesellschaften«, so dass die Behaltenszeiten im Verbund zusammengerechnet werden können.
[2002] Gem. Tz. 2.1 Abs. 3 Satz 1 der Erlasse vom 19.06.2012, BStBl. 2012 I 662.

verwaltung sieht generell Umwandlungsvorgänge, durch die der jeweilige Verbund[2003] begründet oder beendet wird, als nicht begünstigt an (str.,[2004] auch der BFH äußert hieran Zweifel[2005]). Nach Sinn und Zweck muss beides (Erlöschen der Tochtergesellschaft wie auch Verbundbeendigung) jedoch als notwendige Folge unschädlich sein.[2006] Vorbesitzzeiten anderer Rechtsträger können nicht angerechnet werden, außer es liegt Gesamtrechtsnachfolge (z.B. Verschmelzung) vor.[2007]

5621 (6) § 23 23 Abs. 8 GrEStG enthält eine Missbrauchsregelung, die verhindert, dass Erwerbsvorgänge aus der Zeit vor dem 31.12.2007 während der 2-Jahres-Frist des § 16 GrEStG bis zum 31.12.2009 rückgängig gemacht und sodann ab 2010 steuerfrei wiederholt werden, § 19 Abs. 2 Nr. 4a GrEStG schafft weitere Anzeigepflichten zulasten der Steuerschuldner (als übertragender und übernehmender Rechtsträger) hinsichtlich einer Änderung der Beherrschungsverhältnisse im folgenden 5-Jahres-Zeitraum, deren Nichtbeachtung zur Hemmung des Anlaufs der Festsetzungsfrist führt (§§ 19 Abs. 5 GrEStG, 170 Abs. 2 Satz 1 Nr. 1 AO) und steuerstrafrechtliche Folgen haben kann (§§ 369 ff. AO).

3. Realteilungen

5622 Gem. § 7 Abs. 1 GrEStG wird bei der Aufteilung eines Grundstücks, das mehreren Miteigentümern gehört, in real vermessene Flächen die Grunderwerbsteuer nicht erhoben, soweit der Wert des Teilgrundstücks, das der einzelne Erwerber erhält, dem Bruchteil entspricht, zu dem er am zu verteilenden Grundstück beteiligt ist. Entscheidend ist dabei nicht die Flächenrelation der im Weg der Realteilung zugewiesenen Parzellen, sondern die Wertrelation. Die Teilung des (in Bruchteilseigentum gehaltenen) Grundstücks selbst, als erste Stufe, und die Übertragung der Miteigentumsanteile an den neu gebildeten Grundstücken zur Bildung von alleinigem Eigentum, als zweite Stufe, müssen dabei in engem zeitlichem und sachlichem Zusammenhang erfolgen. Würde sich der zweite Schritt (Tausch der Anteile) später als etwa ein Jahr nach der Zerlegung (also der frühesten Zuweisbarkeit von Teilflächen, da der Fortführungsnachweis des Vermessungsamts vorliegt) anbahnen, verblasst die Indizwirkung für einen vorgefassten Plan.[2008] Ausreichend zur Fristwahrung ist die Vorlage der auf die Realteilung gerichteten Anträge beim Grundbuchamt, da die Beteiligten auf die Geschwindigkeit des Grundbuchvollzugs selbst keinen Einfluss haben.

5623 § 7 Abs. 1 GrEStG ist in entsprechender Anwendung auch einschlägig, wenn nur ein ehemaliger Miteigentümer eine Grundstücksfläche zu Alleineigentum erhält, und die Restfläche den übrigen Miteigentümern verbleibt (es genügt also, dass ein einheitlicher Entschluss zur entsprechenden Teilung des gesamten Grundstücks vorliegt, die Aufteilung selbst muss jedoch nicht unter Einbeziehung aller Miteigentümer erfolgen). Ebenso genügt es, dass z.B. vier Miteigentümer zwei Grundstücke, an denen jeweils nur mehr zwei Miteigentümer beteiligt sind, durch Realteilung bilden. Würde jedoch ein ehemaliger Miteigentümer das Gesamtgrundstück erwerben, läge kein

---

2003 Zum Verbund zählt die Finanzverwaltung das herrschende Unternehmen und die am Umwandlungsvorgang beteiligten abhängigen Gesellschaften, ebenso die das Beteiligungsverhältnis vermittelnden abhängigen Gesellschaften.
2004 Abl. z.B. *Klass/Möller* BB 2011, 413; *Behrens* DStR 2012, 2149. Die Finanzverwaltung stützend für den Fall der Beendigung des Konzernverbundes: FG München, 23.07.2014 – 4 K 1304/13, GmbHR 2014, 1217 ff.
2005 Beitrittsaufforderung an das BMF: BFH, 25.11.2015 – II R 62/14, ZfIR 2016, 197 m. Anm. *Wutzke*, vgl. *Stangl/Brühl*, DStR 2016, 24.
2006 Für eine teleologische Reduktion FG Berlin-Brandenburg, 01.10.2015 – 15 K 3015/15: vorausgesetzt die übernehmende Gesellschaft und die Mindestbeteiligung von 95 % hieran besteht noch fünf Jahre weiter. Dies gilt auch beim Erlöschen des »Verbundes« durch Verschmelzung der letzten abhängigen Gesellschaft auf das herrschende Unternehmen.
2007 Tz. 6.2 der Erlasse vom 19.06.2012, BStBl. 2012 I 662.
2008 BFH/NV 1995, 156; *Gottwald*, Grunderwerbsteuer, Rn. 590.

Fall des § 7 Abs. 1 GrEStG vor, sondern ein (steuerpflichtiger) Hinzuerwerb der Bruchteile der übrigen Miteigentümer.

Die Rechtsprechung hat § 7 Abs. 1 GrEStG auch bei der Umwandlung von gemeinschaftlichem (Bruchteils-)Eigentum in **Sondereigentum** entsprechend angewendet,[2009] so insbesondere bei der Aufteilung gem. § 3 WEG, bei welcher das Miteigentum an einem Grundstück in der Weise beschränkt wird, dass jedem Miteigentümer Sondereigentum nach WEG eingeräumt wird. Wird hingegen zunächst gem. § 8 WEG »Teilung im Eigenbesitz« betrieben, muss der anschließende Tausch der Miteigentumsanteile, sodass jeder ursprüngliche Bruchteilseigentümer künftig Alleineigentümer der ihm zugewiesenen Wohnung wird, sich wiederum in sachlichem und zeitlichem Zusammenhang mit der WEG-Teilung abspielen;[2010] maßgeblich für die Einhaltung des auch hier noch unproblematischen Zeitrahmens von einem Jahr ist die erstmalige Aufteilbarkeit der Einheiten infolge des Vorliegens einer Abgeschlossenheitsbescheinigung.[2011] Auch für die **Aufhebung von Wohnungseigentum** (unter Bildung wiederum isolierten Bruchteilseigentums in gleicher Höhe ohne Verbindung mit Sondereigentum, gem. § 17 WEG) wird dem Rechtsgedanken des § 5 Abs. 2 und des § 7 GrEStG die Wertung entnommen, dass nur Wertverschiebungen im Sinn eines Mehrerwerbs zu besteuern sind, sodass auch die Umwandlung bestehenden Sonder- oder Teileigentums, nach dessen Aufhebung, in Flächeneigentum entsprechend freigestellt wird.[2012]

5624

In identischer Weise behandelt § 7 Abs. 2 GrEStG die Nichterhebung der Steuer, wenn ein **Grundstück einer Gesamthand flächenweise real geteilt** wird. Die Norm steht damit in innerem Zusammenhang zu § 6 Abs. 2 GrEStG, der die Umwandlung von Gesamthandeigentum in Alleineigentum begünstigt; § 7 Abs. 2 GrEStG erfasst die Umwandlung von Gesamthandeigentum in Flächeneigentum an Teilen des bisher gemeinschaftlichen Grundstücks in der Hand der bisherigen Gesamthänder als nunmehriger Alleineigentümer. Die Wirkung des § 7 Abs. 2 GrEStG geht jedoch über die des § 6 Abs. 2 GrEStG, soweit beide ihrem Wortlaut nach einschlägig sind, hinaus.

5625

▶ Beispiel:[2013]

Ein 800 m² großes Grundstück gehört einer GbR, an der A, B, C, D zu je einem Viertel anteilig beteiligt sind. D scheidet aus der GbR aus und erhält als Ausgleich eine Grundstücksfläche, die 50 % des Werts des Gesamtgrundstücks ausmacht. § 6 Abs. 2 GrEStG würde den Erwerb nur zu einem Viertel (der Höhe seiner bisherigen Beteiligung) freistellen, § 7 Abs. 2 GrEStG stellt ihn zur Hälfte frei (im Übrigen, also bezüglich der weiteren Hälfte des hinzuerworbenen Grundstücks, wird der Hinzuerwerb besteuert, da der GbR-Gesellschafter ursprünglich zu 25 %, nun zu 50 % an dem Wert des Gesamtgrundstücks beteiligt ist).

§ 7 Abs. 2 GrEStG setzt allerdings voraus, dass es sich bei der flächenweisen Aufteilung um ein einzelnes oder zumindest ein wirtschaftlich durch einen einheitlichen Zweck zusammengefasstes, jedoch möglicherweise aus einzelnen Parzellen bestehendes, Grundstück i.S.d. § 2 GrEStG handelt. Verfügt also eine Gesamthand über mehrere wirtschaftlich und rechtlich selbstständige Objekte, die sie auf die Gesamthänder verteilt, ist der Vorgang nur anteilig nach § 6 Abs. 2 GrEStG freigestellt. An das Vorliegen einer wirtschaftlichen Einheit sind strenge Anforderungen zu stellen, lediglich die Einheitlichkeit der Planung oder architektonischen Gestaltung einer Gesamtanlage genügen noch nicht. Vielmehr muss die selbstständige Funktion des einzelnen Grundstücks nach

5626

2009 Seit BFH BStBl. 1980 II, 667.
2010 BFH BStBl. 1990 II, 922.
2011 BFH/NV 1995, 156; das FG Düsseldorf, UVR 2009, 293, hat in einem Sonderfall (Rechtsstreit mit den Eigentümern der übrigen Wohnungen, sodass erst 3 Jahre nach Vorliegen der Abgeschlossenheitsbescheinigung die Realteilung möglich war) ein längeren Zeitraum als ausreichend akzeptiert.
2012 Vgl. gleichlautende Erlasse der Landesfinanzministerien, z.B. des BayStMinFin v. 19.09.2005, DStR 2005, 1774.
2013 Nach *Gottwald*, Grunderwerbsteuer, Rn. 606.

der Verkehrsauffassung aufgehoben sein.[2014] Dies kann insbesondere gegeben sein bei mehreren Mietwohnungsgebäuden, deren eines die zentrale Heizungsanlage aller Baukörper, ein anderes den zentralen Müllraum und Zählerraum etc. für alle Gebäude enthält.

5627 § 7 Abs. 2 GrEStG wird häufig zur Anwendung gelangen bei **freiwilliger Baulandumlegung**, bei der die Umlegungsteilnehmer ihren Grundbesitz in eine GbR als Umlegungsgemeinschaft einbringen, die sodann neugebildete Grundstücke wieder auf die Umlegungsteilnehmer zurücküberträgt. Die verschiedenen eingebrachten Grundstücke bilden aufgrund des wirtschaftlichen Zusammenhangs in der Hand der Umlegungsgemeinschaft ein einheitliches Grundstück i.S.d. § 2 Abs. 3 GrEStG, dessen räumlicher Zusammenhang auch durch die das Umlegungsgebiet zerschneidenden Straßen nicht aufgehoben wird.[2015] Sofern die zugeteilte Fläche eine identische Lage zu der eingebrachten Fläche aufweist und die Abwicklung binnen 2 Jahren nach Einbringung stattfindet, handelt es sich bereits unmittelbar um einen steuerfreien Rückerwerb i.S.d. § 16 Abs. 2 Nr. 1 GrEStG.

5628 Der **Missbrauchsvermeidungsregelung** des § 6 Abs. 4 GrEStG entsprechend schließt § 7 Abs. 3 GrEStG die Anwendung des § 7 Abs. 2 GrEStG (für die Umwandlung von gemeinschaftlichem Eigentum in Flächeneigentum) insoweit aus, als ein Gesamthänder seinen Anteil an der Gesamthand innerhalb von **5 Jahren** vor der Umwandlung in Flächeneigentum durch ein Rechtsgeschäft unter Lebenden erworben hat. Wie § 6 Abs. 4 GrEStG ist auch § 7 Abs. 3 GrEStG einschränkend dahin gehend auszulegen, dass die Steuervergünstigung des § 7 Abs. 2 GrEStG nicht schon deshalb zu versagen ist, weil die veräußernde Gesamthand noch keine 5 Jahre vor dem Erwerbsvorgang bestanden hat. In diesen Fällen ist die Sperrfrist bedeutungslos,[2016] sofern die Beteiligungsverhältnisse an der veräußernden Gesamthand seit dem Erwerb des Grundstücks durch die Gesamthand unverändert geblieben sind, da jegliche Steuerumgehungsmöglichkeit ausscheidet. In gleicher Weise ist § 7 Abs. 3 GrEStG teleologisch zu reduzieren beim Anteilserwerb von Todes wegen oder durch Schenkung, weil der entsprechende Erwerbsvorgang bei einer unmittelbaren Grundstücksübertragung auf die Erwerber von der Grunderwerbsteuer ebenfalls befreit gewesen wäre.[2017]

4. Rückabwicklung

5629 Unter den Voraussetzungen des § 16 GrEStG wird bei **Rückgängigmachung**[2018] eines Rechtsgeschäfts die Grunderwerbsteuer für den Rückerwerb des Grundstücks nicht erhoben und für den ursprünglichen Erwerb nachträglich »storniert«.[2019] Bedingung ist jedoch stets, dass die Rückabwicklung auch tatsächlich erfolgt[2020] (z.B. die Käufervormerkung gelöscht wird[2021] oder zumindest der Verkäufer sie löschen lassen kann;[2022] bzw. der 95 % übersteigende erworbene Anteil rückabgetreten wird, Rdn. 5578, 5589) und dem (früheren) Erwerber nach Aufhebung des Ver-

---

2014 Vgl. BFH/NV 1994, 504; BFH/NV 2006, 2124.
2015 Vgl. Erlass des Finanzministeriums Niedersachsen v. 13.10.1997, DStR 1998, 143.
2016 BFH BStBl. 1969 II, 400, ebenso zu § 6 Abs. 4 GrEStG: BFH BStBl. 1973 II, 802.
2017 Vgl. *Borottau*, Grunderwerbsteuergesetz, § 7 Rn. 44.
2018 Hierzu, auch zu den zivilrechtlichen Formerfordernissen (Anwartschaft!), vgl. FinMin Baden-Württemberg, Erlass v. 07.08.2002 – 3 S 4543/9, DStR 2002, 1765 f.
2019 Der Aufhebungsanspruch ist bereits im Erstveranlagungsverfahren (bis zur Einspruchsentscheidung) zu berücksichtigen, BFH, 16.02.2005 – II R 53/03, BStBl. II 2005, S. 495.
2020 Der BFH (BStBl. II 1993, S. 58) lässt es jedoch genügen, wenn die Rückerstattung wegen Vermögensverfalls des anderen Beteiligten (Insolvenz) nicht mehr durchgesetzt werden kann, vgl. *Gottwald/Steer*, MittBayNot 2005, 278. Geleistete Teilzahlungen können mit tatsächlich bestehenden Schadensersatzansprüchen verrechnet werden, BFH, 30.06.2008 – II B 61/07.
2021 BFH BStBl. II 2003, S. 770.
2022 Da ihm der Käufer eine Löschungsbewilligung auflagenfrei ausgehändigt hat, BFH, 01.07.2008 – II R 36/07, ZfIR 2008, 768 m. Anm. *Just*.

trags weder eine rechtliche noch eine wirtschaftliche, aus dem ursprünglichen Erwerbsvorgang herzuleitende Möglichkeit mehr verbleibt, eigene wirtschaftliche Interessen bzgl. des Grundbesitzes durchzusetzen.[2023] Hieran kann es bspw. fehlen, wenn der Erwerb des Grundstücks durch eine Privatperson aufgehoben wird und an dessen Stelle eine Übertragung an eine Kapitalgesellschaft erfolgt, die von dieser Person beherrscht bzw. vertreten wird,[2024] bzw. wenn unmittelbar nach der Aufhebung des Grundstückskaufs durch die Gesellschafter einer GmbH diese GmbH selbst erwirbt,[2025] bzw. wenn an die Stelle des aufgehobenen »asset deal« in derselben Urkunde ein »share deal« vereinbart wird,[2026] oder aber wenn ein Teil des vom Erstkäufer bezahlten Kaufpreises dem Zweitkäufer gutgeschrieben wird,[2027] schließlich auch bei Aufhebung und Weiterveräußerung in einer einzigen Urkunde[2028] oder in nacheinander beurkundeten Verträgen,[2029] bzw. bei Übertragung an einen Dritten (Vorkaufsberechtigten), ohne dass zuvor ein Rücktritt vom auslösenden Verkauf erfolgt wäre.[2030]

Es genügt für § 16 GrEStG schließlich ebenso wenig, dass der frühere Eigentümer auf andere Weise (etwa als Meistbietender im Rahmen einer von dritter Seite betriebenen Zwangsversteigerung in das verkaufte Objekt) wieder Eigentümer wird.[2031]

5630

Keine analoge Anwendung findet § 16 GrEStG auf die »Rückabwicklung« von Anteilsübertragungen im Gesellschafterbestand einer erwerbenden Gesamthand (welche zur nachträglichen Steuerpflicht, § 5 Abs. 3 GrEStG geführt hatten), da die ursprüngliche, gem. § 1 Abs. 1 Nr. 1 GrEStG steuerbare, aber gem. § 5 Abs. 1 GrEStG zunächst steuerfrei gestellte Grundstücksübertragung unberührt bleibt.[2032]

§ 16 Abs. 2 GrEStG setzt ferner den Rückerwerb des Eigentums »an dem veräußerten Grundstück«, also die Identität zwischen erworbenem und rückerworbenem Grundstück voraus. Zwischenzeitliche Wertänderungen (etwa als Folge einer Bebauung) sind dabei unschädlich, da keine Identität des Grundstückszustandes verlangt wird. Die bisherige Rechtsprechung und Verwaltungspraxis hatte (Teil-)Identität auch dann angenommen, wenn der private Grundstücksverkäufer sein Grundstück gegen eine von seinem Käufer, dem Bauträger, zu errichtende Wohnung auf

5631

2023 Das Handeln »im eigenen wirtschaftlichen Interesse« des Ersterwerbers alleine genügt allerdings nicht, die Anwendung des § 16 Abs. 1 GrEStG auszuschließen, wenn ihm nicht auch die Möglichkeit einer Verwertung verbleibt und er diese ausübt, vgl. BFH, 19.03.2003 – II R 12/01, RNotZ 2003, 472. Hat der Verkäufer aber tatsächlich keinen anderen Zweitkäufer finden können als den vom Ersterwerber genannten, dürfte darin keine »Ausnutzung einer Verwertungsposition« liegen, vgl. *Reich*, ZNotP 2003, 428 f., ebenso wenig wenn der Verkäufer vom Käufer als Voraussetzung der Aufhebung die Präsentation eines Ersatzkäufers verlangt, BFH, BStBl. II 1986, S. 271; vgl. zum Ganzen auch *Gottwald*, MittBayNot 2010, 1, 6 f.
2024 BFH, 25.04.2007 – II R 18/05. Überhaupt liegt bei einem einheitlichen »Austausch« des Käufers der Verdacht des § 42 AO nahe; vgl. *Waldner*, Praktische Fragen des Grundstückskaufvertrags Rn. 465.
2025 BFH, 14.11.2007 – II R 2/06, GmbHR 2008, 221.
2026 BFH, 05.09.2013 – II R 9/12, ZfIR 2014, 387 m. Anm. *Schley*.
2027 BFH, 21.02.2006 – II R 60/04, DStRE 2006, 1359: Die Einflussnahme des Ersterwerbers auf die Zweitveräußerung stellt sich als Ausfluss der ihm (auch aufgrund der noch eingetragenen Vormerkung) verbleibenden Rechtsposition dar.
2028 BFH, 25.04.2007 – II R 18/05, DStR 2007, 1304. Allerdings kann mitunter doch der Nachweis gelingen, dass die Benennung des Ersatzkäufers nicht im Interesse des Erstkäufers, sondern auf Verlangen des Verkäufers erfolgt ist, vgl. BFH, 05.09.2013 – II R 16/12, ZfIR 2014, 385 m. Anm. *Schley*.
2029 FG Schleswig, 19.03.2009 – 3 K 40/08, DStRE 2009, 1137 (Az Rev: II R 31/09).
2030 FG Berlin-Brandenburg, 19.09.2012 – 11 K 11198/09, ErbStB 2013, 11 (trotz notariellen Hinweises auf das Vorkaufsrecht bei einem Erbteilskauf wurde kein Rücktrittsrecht aufgenommen!).
2031 FG Düsseldorf, 11.02.2015 – 7 K 3097/14 GE, ZfIR 2015, 449 m. Anm. *Lambert* (auch wenn der Käufer im Verhältnis zum Verkäufer vertragliche Pflichten verletzt hatte).
2032 BFH, 29.09.2005 – II R 36/04, RNotZ 2006, 137.

diesem Objekt »eintauscht«. Der BFH[2033] betont allerdings, dass der mit Sondereigentum verbundene Miteigentumsanteil ein selbständiges Grundstück i.S.d. § 2 Abs. 1 Satz 1 GrEStG und damit nicht mehr (teil)identisch mit dem veräußerten Grundstück ist, so dass Grunderwerbsteuer auf beide Vorgänge in voller Höhe erhoben wird.

5632 Besonders tückisch sind die Fälle der »**missglückten Rückabwicklung**« als Folge von Veränderungen auf Erwerberseite[2034] vor Eigentumserwerb. Ist zunächst nur ein Ehegatte als Erwerber aufgetreten, sollen jedoch aufgrund Vertragsänderung durch Nachtragsurkunde nunmehr beide Ehegatten zur ideellen Hälfte erwerben, liegen zwei grunderwerbsteuerliche Tatbestände vor:
(1) der nicht aufgehobene erste Kaufvorgang (der Verkäufer wurde hinsichtlich der verbleibenden Hälfte nicht aus der Übereignungsverpflichtung entlassen) und
(2) der zweite Kauf, der nicht als Erwerb vom Ehegatten, sondern vom (fremden) Verkäufer besteuert wird.[2035]

Bei (dreiseitigen) Vertragsübernahmen gewährt jedoch der BFH[2036] die Besteuerung im Verhältnis zwischen Erstkäufer und beitretendem weiterem Beteiligten.[2037] Sicherer ist stets die (teilweise) Abtretung des Eigentumsverschaffungsanspruchs bzw. des Miteigentumsanteils nach Erstvollzug.

5633 Eine Rückabwicklung **binnen 2 Jahren** seit Entstehen der Grunderwerbsteuer (die Frist ist mit rechtzeitiger Antragstellung auf Vollzug des Rückerwerbs gewahrt) unterliegt erleichterten Voraussetzungen.[2038]

▶ Hinweis:

Zur Wahrung der Frist sollte der Notar die »Rück-«Auflassung trotz der zu erwartenden Zwischenverfügung selbst dann dem Grundbuchamt rechtzeitig zum Vollzug vorlegen, wenn notwendige Genehmigungen oder gar die Unbedenklichkeitsbescheinigung für die Rückübertragung noch fehlen, da **Wiedereinsetzung in den vorigen Stand nicht gewährt** wird.[2039]

Ist absehbar, dass die zur »Entriegelung« der Auflassungssperre (§ 53 BeurkG) notwendigen (Rück-)zahlungen nicht mehr rechtzeitig erfolgen können, sollte die Auflassung mit gleichzeitiger Sicherungshypothek zugunsten des Gläubigers (§ 16 Abs. 2 GBO), gewählt werden.

5634 Ist die 2-Jahres-Frist verstrichen, ist die Rückabwicklung nur grunderwerbsteuerlich privilegiert, wenn sie aufgrund der Nichterfüllung von Bedingungen des ursprünglichen Vertrags[2040] erfolgt (berechtigte[2041] Rücktrittserklärung bzw. Verlangen des Schadensersatzes statt der ganzen Leistung). Gleiches gilt, wenn der Ersterwerb nichtig war oder wirksam angefochten wurde (§ 142

2033 BFH, 19.02.2014 – II B 106/13, DNotI-Report 2014, 110.
2034 Anders auf Verkäuferseite (Aufhebung des mit dem Nichteigentümer geschlossenen Vertrages und Neuabschluss mit dem Eigentümer): FG Hamburg, 21.06.2011 – 3 K 12/11 (Az. BFH: II R 42/11).
2035 *Gottwald*, DNotZ 2006, 822.
2036 BFH, 22.01.2003 – II R 32/01, MittBayNot 2004, 215 m. Anm. *Gottwald/Steer*, S. 166.
2037 Vgl. *Krauß*, Immobilienkaufverträge in der Praxis, 8. Aufl., Rn. 4093 und 3868.
2038 Notwendig ist aber auch hier, dass der ursprüngliche Erwerbsvorgang ordnungsgemäß angezeigt wurde, FG Berlin, 08.03.2004 – 1 B 1381/03, DStRE 2004, 784, und FG Münster, 17.09.2008 – 8 K 4809/06, GrE EFG 2008, 1996; großzügig hinsichtlich des Inhalts der Erstanzeige die Revisionsentscheidung des BFH, 20.01.2005 – II B 52/04, DStR 2005, 741.
2039 Vgl. BFH, 18.01.2006 – II B 105/05, MittBayNot 2006, 364 m. Anm. *Wälzholz*; vgl. auch *Gottwald*, MittBayNot 2010, 165.
2040 Es genügt also nicht, nachträglich (z.B. nach Verlust eines eingeräumten Rücktrittsrechtes) ein neues Rücktrittsrecht zu schaffen, das dann ausgeübt wird, vgl. BFH, 02.08.2013 – II B 111/12, EStB 2014, 138.
2041 Das Vorliegen der Rücktrittsvoraussetzungen ist i.R.d. § 16 GrEStG einer vergleichsweisen Regelung nicht zugänglich, BFH, 30.06.2008 – II B 61/07, JurionRS 2008, 18950.

B. Grunderwerbsteuer Kapitel 12

BGB) und tatsächlich rückabgewickelt wird:[2042] Aufhebung des Grunderwerbsteuerbescheides gem. § 175 Abs. 1 Satz 1 Nr. 2 AO.

▶ **Hinweis:**

> Ist absehbar, dass ein für die Vertragsdurchführung maßgeblicher Umstand (wie etwa die Erteilung einer Baugenehmigung) möglicherweise erst nach Ablauf der 2-Jahres-Frist ausfallen wird, genügt es nicht, diesen Umstand lediglich als Fälligkeitsvoraussetzung aufzunehmen, gepaart mit einem vertraglichen Rücktrittsrecht falls der Kaufpreis nicht binnen vereinbarter Endfrist fällig wurde. Dieser Rücktritt beruht dann nicht »auf der Nichterfüllung von Vertragsbestimmungen« i.S.d. § 16 Abs. 1 Nr. 2 GrEStG.[2043] Sicherer ist es daher, die Bebaubarkeit des Grundstücks als vorausgesetzte Beschaffenheit zu vereinbaren, und die Rechtsfolgen eines Fehlens dieser Beschaffenheit auf den Rücktritt zu begrenzen (vgl. Rdn. 3494). War die Rücktrittsmöglichkeit befristet, muss die Frist allerdings jeweils rechtzeitig, vor ihrem Auslaufen, verlängert worden sein.[2044]

Die **Rückerstattung der Grunderwerbsteuer** setzt eine entsprechende Anzeige und einen Antrag voraus, der in Vertretung durch den Notar gestellt werden kann. Der Antrag auf Änderung, Aufhebung, oder Nichtfestsetzung der Grunderwerbsteuer ist gem. § 86 Abs. 2 Nr. 2 AO bei der Grunderwerbsteuerstelle zu stellen, das Finanzamt soll gem. § 89 Abs. 1 Satz 1 AO ggf. die Stellung eines solchen Antrags anregen. Die Festsetzungsfrist für den ursprünglichen Grundstückserwerb ist einzuhalten: sie beträgt gem. § 169 Abs. 2 Satz 1 Nr. 2 AO grds. vier Jahre, endet jedoch aufgrund der Ablaufhemmung des § 16 Abs. 4 GrEStG nicht vor Ablauf eines Jahres nach dem Eintritt des Ereignisses, das die Rückabwicklung auslöst. Die Steueraufhebung erfolgt ex nunc, entstandene Säumnigungszuschläge bleiben also gem. § 240 Abs. 1 Satz 4 AO bestehen. 5635

In den »**Anteilsvereinigungs-Fällen**« des § 1 Abs. 2, 2a und 3 GrEStG setzt die Aufhebung der Steuerfestsetzung ferner voraus, dass der ursprüngliche Vorgang **ordnungsgemäß** (also vor allem innerhalb der 14-Tages-Frist i.S.d. §§ 18 Abs. 3, 19 Abs. 3 GrEStG, vgl. Rdn. 5643 ff. – ggf. ist vor Fristablauf gem. § 109 AO Fristverlängerung zu beantragen[2045]) und – seit 06.06.2013[2046] – »**in allen Teilen vollständig**« (also wohl insbesondere unter Angabe der Steueridentifikationsnummern der Beteiligten gem. § 139b AO, § 20 Abs. 1 Nr. 1 GrEStG, str.[2047]) **angezeigt** war, § 16 Abs. 5 GrEStG.[2048] Die Anzeige (des Steuerpflichtigen bzw. die diese ersetzende Anzeige des No- 5636

2042 BFH, 23.11.2006 – II R 38/05, DStRE 2007, 433.
2043 FG Münster, 19.11.2007 – 8 K 3267/05, notar 2008, 142 (jedenfalls bei einem freien Rücktrittsrecht).
2044 BFH, 18.11.2009 – II R 11/08, ZfIR 2010, 145.
2045 Vgl. *Ihle,* notar 2015, 39, 48.
2046 Vgl. § 23 Abs. 12 GrEStG, obwohl das Gesetz vom 25.07.2014 stammt! Gem. BT-Drucks. 18/1529 S. 79 wollte der Gesetzgeber damit auf BFH, 18.04.2012 – II R 51/11, MittBayNot 2012, 513 reagieren, dem zufolge eine »ordnungsgemäße« Anzeige (wegen der bisherigen Unbestimmtheit des Begriffs) auch vorliege, wenn grundstücksbezogene Angaben gänzlich fehlen, vgl. *Gutachten,* DNotI-Report 2016, 49, 50.
2047 *Gutachten,* DNotI-Report 2016, 49, 50 plädiert dafür, die Gesetzesänderung habe [trotz der Globalverweisung in § 16 Abs. 5 auch auf § 20 GrEStG] nur die Rspr. des BFH zum Fehlen grundstücksbezogener Angaben [vgl. vorangehende Fn.] außer Kraft setzen sollen, aber keine Änderung in Bezug auf die Steuer-ID beabsichtigt, ebenso *Ihle,* notar 2015, 39, 48. Für das Erfordernis der Angabe der SteuerID RS der BNotK 6/2017 v. 20.06.2017 aufgrund eines Treffens mit obersten Finanzbehörden einiger Länder.
2048 Illustrativer Beispielsfall: FG Niedersachsen, 12.12.2012 – 7 K 122/09, JurionRS 2012, 36097. Durch § 16 Abs. 5 GrEStG wird die frühere großzügigere Rechtsprechung des BFH, 18.04.2012 – II R 51/11, DStR 2012, 1342, außer Kraft gesetzt. Unkenntnis (auch der Steuerpflicht also solcher) schützt nicht, BFH, 25.11.2015 – II R 64/08, Rn. 25 ff.

tars gem. § 18 Abs. 2 Satz 2 GrEStG) muss als grunderwerbsteuerliche erkennbar sein.[2049] Ausreichend ist[2050] der fristgerechte Eingang der Anzeige bei den für die Steuerfestsetzung zuständigen Stellen (anstelle des für die gesonderte Feststellung nach § 17 GrEStG zuständigen Finanzamts). Ist diese unterblieben, kann ferner die Festsetzungsfrist gem. § 169 Abs. 2 Satz 2 AO von zwei auf fünf Jahre verlängert sein, wenn der Steuerpflichtige (nicht der Notar) dadurch »leichtfertige Steuerverkürzung« verwirklicht hat.[2051]

5637 Die bereits erteilte Unbedenklichkeitsbescheinigung ist zurückzusenden. Bereits entstandene Säumniszuschläge bleiben bestehen, und können allenfalls durch Billigkeitserlass gem. § 227 AO aufgehoben werden.[2052]

Insb. bei Rückgängigmachungen wegen Pflichtverletzungen wird der Rückerstattungsanspruch als Teilleistung auf den Schadensersatz abgetreten; diese ist dem FA formgebunden (§ 46 AO) anzuzeigen. Ist der Erwerbsvorgang mangels entsprechender Löschungsbewilligungen noch nicht als i.S.d. § 16 Abs. 1 Nr. 2 GrEStG »rückgängig gemacht« anzusehen, kann der Erwerber die entrichtete Grunderwerbsteuer vom Veräußerer als ersatzfähigen Begleitschaden verlangen, wenn er seinen (künftigen) Erstattungsanspruch gegen das Finanzamt an den Veräußerer gem. § 281 BGB abtritt.[2053]

V. Bemessung

5638 Die **Bemessungsgrundlage** ist gem. § 8 Abs. 1 GrEStG regelmäßig[2054] der Wert der grunderwerbsteuerlich relevanten Gegenleistung,[2055] soweit er auf Grundstück und Gebäude entfällt, also nicht bspw. auf mitverkaufte bewegliche Gegenstände und Rechte. Der Begriff der Gegenleistung ist im Grunderwerbsteuerrecht teils enger (§ 9 Abs. 2 GrEStG: Übernahme auf dem Grundbesitz ruhender dauernder Lasten zählt nicht dazu – allerdings müssen sie z.B. Kiesabbaurecht im Zeitpunkt des Erwerbsvorgangs auf dem Grundstück ruhen),[2056] teils weiter (umfasst auch vorbehaltene Nutzungen, § 9 Abs. 1 Nr. 1 GrEStG) als im bürgerlichen und im Ertragsteuerrecht. Auch Leistungen an Dritte, um diese zu einem Erwerbsverzicht zu bewegen, erhöhen die Gegenleistung (§ 9 Abs. 2 Nr. 3 GrEStG).[2057] Die Bewertung folgt dem BewG, ohne die nur im Rahmen der Schenkungsteuer geltenden Kappungsvorschriften (z.B. § 16 BewG: Begrenzung des Jahreswertes wiederkehrender Leistungen auf den 18,6ten Teil des Steuerwertes).[2058]

2049 Gem. FG Niedersachsen, 12.12.2012 – 7 K 122/09, JurionRS 2012, 36097 muss zumindest aus der Mitteilung hervorgehen, dass die Gesellschaft über inländischen Grundbesitz verfügt.
2050 Gem. FG Berlin-Brandenburg, 12.05.2016 – 12 K 15028/14, ErbStB (n. rkr., Az. BFH II R 24/16).
2051 BFH, 03.03.2015 – II R 30/13, EStB 2015, 239.
2052 BFH, 09.09.2015 – II B 28/15, ZfIR 2015, 814 (nur Ls.).
2053 OLG München, 11.11.2010 – 14 U 274/10, MDR 2011, 1283.
2054 Zu Sonderfällen (Übertragung zur Vermeidung einer Enteignung, § 9 Abs. 1 Nr. 1 oder 7 GrEStG) vgl. Erlass FinMin Baden-Württemberg v. 27.07.2004, DStR 2004, 1609 und BFH, 02.06.2005 – II R 6/04, BStBl. 2005 II, S. 651: Auch Entschädigung für provisorische Betriebsverlagerung zählt zur Bemessungsgrundlage.
2055 Dies ist regelmäßig der Kaufpreis (die Ratenzahlung nach der MaBV stellt keine weitere Vorleistung des Käufers dar, BFH, DStR 2002, 142 f.). Übernimmt der Käufer eine den Verkäufer treffende Maklerprovision, erhöht dies die Gegenleistung, auch wenn dem Makler ein eigener Anspruch nach § 328 BGB zusteht, so FG Brandenburg, 19.04.2005 – 3 K 1105/02, DStRE 2006, 945.
2056 BFH, 08.06.2005 – II R 26/03, BStBl. 2005 II, S. 633.
2057 Z.B. BFH, 25.06.2003 – II R 39/01, DStRE 2004, 282: Zahlungen, um einen zahlungsfähigen und bietwilligen Mitbieter bei der Zwangsversteigerung von weiteren Geboten abzuhalten.
2058 BFH, 20.11.2013 – II R 38/12, notar 2014, 136 m. Anm. *Ihle*; § 3 Nr. 2 Satz 2 GrEStG gebietet es nicht, denselben Wertansatz wie beim schenkungsteuerlichen Abzug (wo die Kappung gem. § 16 BewG zum Tragen kommt) zu verwenden.

Diejenigen Gegenleistungen, z.B. Pflegeverpflichtungen, die zur Zeit der Übertragung noch nicht 5639
zu erbringen sind, werden **erst im Zeitpunkt ihrer Leistung** grunderwerbsteuererhöhend angesetzt.[2059] Die Finanzverwaltung setzt dabei, sofern es sich beim Erwerber um eine ausgebildete Pflegekraft handelt, die Wertansätze des § 36 SGB XI (also die höheren Pflegesachleistungsbeträge) an, andernfalls, also wenn beim Erwerb durch eine ungelernte Kraft, die Pflegegeldleistungsbeträge des § 37 SGB XI, und weicht in Bezug auf Letzteres von der schenkungsteuerlichen Betrachtungsweise, vgl. Rdn. 4864, ab. Die nachträgliche Erfassung der Pflegeverpflichtung erfolgt durch einen gesonderten Grunderwerbsteuerbescheid; zur Überwachung des Steuerfalls sind die Grunderwerbsteuerstellen angewiesen, längstens zehn Jahre lang jeweils im Abstand von fünf Jahren zu prüfen, ob die Bedingung eingetreten ist.

Bei den **gesellschaftsrechtlichen Ersatztatbeständen ohne Gegenleistung**[2060] (Anteilsvereinigung 5640
in einer Hand, Einbringung als Sacheinlage, Erwerbsvorgang auf gesellschaftsvertraglicher Grundlage mit rechtlicher Veränderung der Gesellschafterstellung,[2061] Umwandlung) und sonstigen Fällen ohne messbare Gegenleistung (Erwerb als Lotteriegewinn, symbolischer Ein-Euro-Kaufpreis)[2062] war nach früherer Rechtslage gem. § 8 Abs. 2 GrEStG als **Ersatzbemessungsgrundlage** der schenkungsteuerliche Bedarfswert gem. § 138 ff. BewG zugrunde zu legen (bei Ein- oder Zweifamilienhäusern also der 12,5-fache Jahresnettomietwert, zzgl. 20 % Aufschlag, abzgl. 0,5 % Alterungsabschlag pro Jahr für max. 50 Jahre, mindestens jedoch 80 % des reinen Grundstückswerts gem. aktueller Bodenrichtwertkarte; bei Betriebsgebäuden Bilanz des Veräußerers).[2063] Dies verstieß gegen den Gleichheitssatz (Art. 3 Abs. 1 GG),[2064] so dass – und zwar rückwirkend zum 01.01.2009[2065] – nunmehr die aktuellen Wertermittlungsvorschriften i.S.d. § 151 Abs. 1 Satz 1 Nr. 1 i.V.m. § 157 Abs. 1 bis 3 BewG zugrunde zu legen sind. Damit macht es hinsichtlich der Bemessung der Grunderwerbsteuer in aller Regel keinen bedeutsamen Unterschied mehr, ob Grundbesitz von Personen- oder Kapitalgesellschaften durch einen »asset deal« oder einen »share deal« veräußert wird, es sei denn, der Erwerber ist bereit, nur eine Mehrheitsbeteiligung zu erwerben.

Abfindungszahlungen, die im Auseinandersetzungsvertrag festgelegt werden, können keinen von § 8 Abs. 2 GrEStG abweichenden Ansatz rechtfertigen[2066]

Der Steuersatz beträgt 3,5 % vorbehaltlich landesrechtlicher Abweichungen, die durch die Föde- 5641
ralismusreform eröffnet sind (Art. 105 Abs. 2a Satz 2 GG).

2059 Vgl. OFD Niedersachsen, Vfg. v. 21.02.2014, ZEV 2014, 276.
2060 Sofern eine Gegenleistung vereinbart ist – Übertragung gegen Gewährung eines Darlehens –, bleibt diese auch dann maßgeblich, wenn sie unter dem Verkehrswert liegt (da i.Ü. eine Zufuhr zur Kapitalrücklage erfolgen soll), vgl. BFH, DStR 2003, 778 (dort zugleich zur Definition der Erwerbsvorgänge auf gesellschaftsvertraglicher Grundlage).
2061 Daher genügt die bloße Zuweisung des Vermögenszuwachses bei den Gesellschaftsrücklagen nicht, vgl. zu Gestaltungsmöglichkeiten *Gottwald*, MittBayNot 2004, 100; allerdings ist § 8 Abs. 2 Nr. 2 GrEStG verwirklicht, wenn im Zuge des Grundstücksgeschäftes die Gesellschafterstellung in rechtlicher Hinsicht berührt wird, z.B. bei Kapitalerhöhung gegen Sacheinlage, vgl. BFH v. 11.06.2008 – II R 58/06, EStB 2008, 358.
2062 FG Brandenburg, 10.05.2005 – 3 K 1500/02, DStRE 2005, 1359, jedenfalls bei noch vorhandenem Substanzwert.
2063 FinMin Schleswig-Holstein v. 07.07.2008 – VI 353 – S 3014b – 037, ZEV 2008, 504.
2064 BVerfG, 23.06.2015 – 1 BvL 13/11, 14/11, DStR 2015, 1678; vgl. auch *Pahlke* NWB 2011, 2126 ff. Seit 01.04.2010 erfolgten Steuerfestsetzungen insoweit nur vorläufig (Gleichlautende Ländererlasse v. 01.04.2010 – 3 – S 0338/58, DB 2010, 816).
2065 Allerdings mit Vertrauensschutz gem. § 23 Abs. 14 GrEStG, wenn zumindest vorläufige Bescheide (§ 165 AO) vorliegen, § 176 Abs. 1 Satz 1 Nr. 1 AO.
2066 Auch nicht als Nachweis eines niedrigeren Verkehrswertes gem. § 146 Abs. 7 BewG, FG Köln, 27.02.2013 – 4 K 1543/09, ErbStB 2013, 245 (Az. BFH II R 18/13).

▶ Hinweis:

Alle Bundesländer bis auf die Freistaaten Bayern und Sachsen haben von dieser Änderungsbefugnis Gebrauch gemacht:[2067]

Baden-Württemberg mit Wirkung ab 05.11.2011 auf 5,0 %

Berlin mit Wirkung ab 01.01.2007 auf 4,5 %, ab 01.04.2012 auf 5,0 %, ab 01.01.2014 auf 6,0 %

Brandenburg mit Wirkung ab 01.01.2011 auf 5,0 %, ab 01.07.2015 auf 6,5 %

Bremen mit Wirkung ab 01.01.2011 auf 4,5 %; ab 01.01.2014 auf 5,0 %

Hamburg mit Wirkung ab 01.01.2009 auf 4,5 %

Hessen mit Wirkung ab 01.01.2013 auf 5,0 %.

Mecklenburg-Vorpommern mit Wirkung ab 01.07.2012 auf 5,0 %

Niedersachsen mit Wirkung ab 01.01.2011 auf 4,5 %; ab 01.01.2014 auf 5,0 %

Nordrhein-Westfalen mit Wirkung ab 01.10.2011 auf 5,0 %, ab 01.01.2015 auf 6,5 %

Rheinland-Pfalz mit Wirkung ab 01.03.2012 auf 5,0 %.

Saarland mit Wirkung ab 01.01.2011 auf 4,0 %, ab 01.01.2012 auf 4,5 %, ab 01.01.2013 auf 5,5 %, ab 01.01.2015 auf 6,5 %

Sachsen-Anhalt mit Wirkung ab 01.03.2010 auf 4,5 %, ab 01.03.2012 auf 5,0 %

Schleswig-Holstein mit Wirkung ab 01.01.2012 auf 5,0 %, ab 01.01.2014 auf 6,5 %,

Thüringen mit Wirkung ab 07.04.2011 auf 5,0 %, ab 01.01.2017 auf 6,5 %.

5642 Schwierigkeiten bereitet die zeitliche Abgrenzung von Steuererhöhungen. Es bietet sich an, auf die Rechtsprechung zu § 23 EStG zurückzugreifen (spätere behördliche Genehmigungen sind unschädlich, nicht aber spätere Genehmigungen eines vollmachtlos Vertretenen[2068] oder des Familien-/Betreuungsgerichts).[2069] Die Finanzverwaltung hat (zur Rechtslage in NRW, jedoch verallgemeinerungsfähig[2070]) klargestellt, dass Rücktrittsrechte oder aufschiebende Bedingungen in vor dem Stichtag abgeschlossenen Verträgen nicht der Anwendung des früheren Rechtes entgegenstehen, es sei denn, die aufschiebende Bedingung betrifft die Willenserklärung eines Vertragsteils (etwa bei einem Gremienvorbehalt). Sofern schließlich lediglich Gegenleistungen aufschiebend bedingt sind (etwa bei bedingten Kaufpreiserhöhungen, wenn sich später die zulässige GFZ erhöht), bleibt für die Besteuerung des späteren Zusatzkaufpreises ebenfalls der ursprüngliche Steuersatz maßgebend.[2071]

2067 Jeweils aktualisierte Übersicht auf www.dnoti.de, mit Angabe der Fundstelle in den Landesgesetzblättern.
2068 Dann bedarf es an sich aus des rechtzeitigen Zugangs der notariell beglaubigten Genehmigungserklärung in Urschrift beim anderen Vertragsteil oder dem empfangsbevollmächtigten Notar vor dem Stichtag der Steuersatzänderung, wobei allerdings [jedenfalls im Individualvertrag, vgl. § 308 Nr. 6 BGB] auf den Zugang verzichtet werden kann, vgl. Rdn. 676 und *Gutachten*, DNotI-Report 2013, 193.
2069 Vgl. *Gutachten*, DNotI-Report 2007, 6.
2070 Erlass OFD Münster und Rheinland v. 16.08.2011, DStR 2011, 1958; hierzu *Naujok*, ZfIR 2012, 397, 402.
2071 FG Düsseldorf, 29.07.2013 – 7 K 563/13 GE, RNotZ 2013, 568 m. Anm. *Thouet* (§ 14 GrEStG gilt hierfür nicht).

VI. Anzeigepflichten

Den Notar trifft (als Durchbrechung der Berufsverschwiegenheitspflichten) gem. § 18 Abs. 1 Nr. 1 GrEStG die Pflicht zur Anzeige[2072] an die Grunderwerbsteuerstelle auf amtlich vorgeschriebenem Vordruck (im Durchschreibesatz oder – nach entsprechender Freigabe durch die OFD – als selbst erstellte Maske im Laserausdruck[2073]), künftig gem. § 22a GrEStG möglicherweise auch elektronisch,[2074] samt einfacher Abschrift der Urkunde; diese muss Vorname, Zuname und Anschrift des Veräußerers und des Erwerbers enthalten und – seit 14.12.2010 – auch die steuerliche **Identifikationsnummer** gem. § 139b AO bei natürlichen Personen bzw. des Ortes der Geschäftsführung und der Wirtschaftsidentifikationsnummer gem. § 139c AO bei Unternehmen (die allerdings derzeit noch nicht vergeben wird) für Veräußerer und Erwerber.

5643

Letztere, für jeden in Deutschland gemeldeten potenziell Steuerpflichtigen ab der Geburt zugeordnete,[2075] seit Ende 2008 durch das Zentralamt für Steuern zugewiesene elfziffrige Nummer ist nicht zu verwechseln mit der Einkommens- oder Umsatzsteuernummer, die vom lokalen Finanzamt zugeteilt wird, sowie mit der USt-Identnummer für Unternehmer im grenzüberschreitenden Verkehr). Fehlt die Identifikationsnummer oder ist sie unrichtig, steht dies allerdings nicht der Erteilung der Unbedenklichkeitsbescheinigung i.S.d. § 22 Abs. 2 Nr. 1 GrEStG entgegen, und auch die Urkundsvorlage an das Grundbuchamt[2076] ist möglich, allerdings dürfen die Beteiligten gem. § 21 GrEStG (jedenfalls in der seit 02.11.2015 geltenden Gesetzesfassung[2077]) noch keine Ausfertigungen oder beglaubigten Abschriften, sondern allenfalls einfache Abschriften, erhalten. In gesellschaftsrechtlichen Vorgängen (§ 1 Abs. 2 bis 3a GrEStG) fehlt es ferner (seit 06.06.2013, § 23 Abs. 12 GrEStG) an der Ordnungsmäßigkeit der Anzeige i.S.d. § 16 Abs. 5 GrEStG, sodass die Stornowirkungen einer Aufhebung (Rdn. 5629 ff.) nicht zur Verfügung steht.

5644

Dies gilt für **beurkundete Vorgänge** wie auch für **beglaubigte Erklärungen**, sofern der Notar die Urkunde entworfen hat, ferner für **Grundbuchberichtigungsanträge** und für nachträgliche Änderungen oder Ergänzungen der vorgenannten Dokumente. Die Anzeigepflicht gilt auch in Bezug auf Käufer- und Verkäuferangebote, Vorverträge, Optionsrechte, Erbteilsübertragungen und Umwandlungen. Hierzu existieren **Merkblätter** über die steuerlichen Beistandspflichten der Notare.[2078]

5645

2072 Vgl. hierzu *Hofmann*, NotBZ 2006, 1 ff.
2073 § 18 Abs. 1 Satz 3 GrEStG. Die OFD kann jedoch die Verwendung selbst erstellter Vordrucke, die mit dem amtlichen [Durchschreibesatz-]Vordruck bis auf die Farbverwendung identisch sind, genehmigen.
2074 Die hierfür erforderliche Rechtsverordnung wurde noch nicht erlassen, vgl. *Grünwald*, MittBayNot 2013, 1, 7.
2075 Ihre Zuteilung und Speicherung ist verfassungsgemäß, BFH, 18.01.2012 – II R 49/10.
2076 So auch RS der BNotK 1/2016 v. 27.01.2016, S. 2: keine Suspendierung der Vollzugspflicht des § 53 BeurkG durch § 21 GrEStG.
2077 Da § 21 GrEStG nun auf die Absendung der »in allen Teilen [§§ 18 bis 20 GrEStG] vollständigen Anzeige« abstellt, anders die zuvor h.M: *Gottwald*, DNotZ 2011, 83 ff. ebenso Schreiben des BMF v. 30.03.2011 – IV D 4 – S 4540/11/10001:001; BNotK-Rundschreiben Nr. 2/2011 und Nr. 7/2011. Für eine Fortgeltung der früheren Auffassung – wonach die Mitteilung der Steuer-ID für § 16 Abs. 5 GrEStG nicht erforderlich sei, auch zum neuen Recht plädiert jedoch *Ihle*, notar 2016, 49, 54; ebenso *Gutachten*, DNotI-Report 2016, 49 ff. mit Hinweis auf das Merkblatt des Bayerischen Landesamtes für Steuern.
2078 Z.B. Bay. Landesamt für Steuern v. Juni 2016, www.finanzamt.bayern.de, oder OFD Koblenz, Merkblatt über die steuerlichen Beistandspflichten der Notare, Stand Januar 2012, www.fin-rlp.de/uploads/media/Merkblatt_fuer_Notare.pdf.

5646 Gem. § 18 Abs. 2 und 5 GrEStG sind die Notare darüber hinaus verpflichtet, dem zuständigen[2079] (vgl. Rdn. 5648) FA[2080] alle Vorgänge anzuzeigen, die die Übertragung von Anteilen an einer Kapitalgesellschaft oder Personengesellschaft betreffen (also unabhängig von der Höhe der abgetretenen Beteiligung!), wenn zum Vermögen der Gesellschaft ein im Inland gelegenes Grundstück gehört. Insoweit[2081] besteht für den Notar keine besondere Nachforschungspflicht, um welche Flurstücke es sich im Einzelnen handelt, sondern nur eine allgemeine Erkundigungspflicht. Der amtliche Vordruck »Veräußerungsanzeige« ist daher nicht vollständig auszufüllen, sondern nur hinsichtlich der durch Befragung der Beteiligten ermittelten Daten. Erforderlich ist aber stets die Information an die Grunderwerbsteuerstelle, dass zum Vermögen der betroffenen Gesellschaft inländischer Grundbesitz gehöre.[2082]

5647 Unabhängig davon sind auch die **Beteiligten selbst** gem. § 19 GrEStG seit 01.01.2000 verpflichtet, zahlreiche Vorgänge, z.B. gem. § 19 Abs. 1 Satz 1 Nr. 3a bis 7a GrEStG auch die Vereinigung von mehr als 95 % der Anteile in einer Hand anzuzeigen (i.d.R. wird es sich bei Personengesellschaften nicht um notariell beurkundete oder beglaubigte Vorgänge handeln, außer beim notariell entworfenen Antrag auf dadurch ausgelöste Grundbuchberichtigung),[2083] z.B. im Falle des § 1 Abs. 2a GrEStG die schwellenüberschreitende Aufstockung der Beteiligungsquote eines »Neugesellschafters«.[2084] Die Rechtsprechung wertet das Unterlassen einer solchen von den Beteiligten zu erstattenden Anzeige als leichtfertige Steuerverkürzung i.S.d. § 370 Abs. 4 AO, mit der Folge einer auf 5 Jahre verlängerten Festsetzungsfrist gem. § 169 Abs. 2 Satz 1 AO.[2085]

5648 Die bloße Übersendung einer Urkundskopie durch den Notar »zur gefl. Bedienung« genügt nicht,[2086] ebenso wenig die Übersendung an ein nicht zuständiges Finanzamt (Körperschaftsteuerstelle).[2087] **Zuständiges Finanzamt** gem. § 18 Abs. 5 GrEStG ist in den »gesellschaftsrechtlichen« Sachverhalten des § 1 Abs. 2a, Abs. 3 und Abs. 3a diejenige Grunderwerbsteuerstelle, welche für die Geschäftsleitung der Gesellschaft zuständig ist (ggf. zur gesonderten Feststellung der Besteuerungsgrundlagen gemäß § 17 Abs. 3 GrEStG). Liegt die Geschäftsleitung im Ausland, ist allerdings gemäß § 17 Abs. 3 Satz 2 GrEStG diejenige Inlands-Grunderwerbsteuerstelle zuständig, in deren Bezirk sich der wertvollste inländische Grundbesitz der Gesellschaft befindet. Die örtlichen Zuständigkeiten[2088] werden zunehmend gem. § 17 Abs. 2 Satz 3 FVG konzentriert, so z.B. in Thüringen seit 01.01.2009 allein beim Zentralfinanzamt für Grunderwerbsteuer, Postfach 100153, 98490 Suhl, oder in Hessen ab 01.01.2016 beim FA Fulda für alle Grunderwerbsteuerfälle mit gesellschaftsrechtlichem Bezug (§ 1 Abs. 1 Nr. 3, § 1 Abs. 2a, § 1 Abs. 3, § 1

2079 Der Pflicht des § 18 Abs. 5 GrEStG ist nicht genügt, wenn die Urkunde an ein nicht zuständiges Finanzamt, etwa die Körperschaftsteuerstelle, versandt wird, BFH, 11.06.2008 – II R 55/06, notar 2008, 376.
2080 Die Zuständigkeiten werden zunehmend zentralisiert, so z.B. in Thüringen seit 01.01.2009 allein beim Zentralfinanzamt für Grunderwerbsteuer, PF 100153, 98490 Suhl.
2081 Vgl. Verfügung der OFD München v. 06.11.2001, MittBayNot 2001, 595.
2082 Sonst liegt keine ordnungsgemäße Anzeige vor, die gem. § 16 Abs. 5 GrEStG Voraussetzung einer Aufhebung der Steuer bei späterer Rückabwicklung ist, vgl. FG Niedersachsen, 12.12.2012 – 7 K 122/09.
2083 Ferner genügt bereits eine durch einen Verpflichteten (Notar oder Steuerpflichtiger) binnen 14 Tagen vorgenommene Anzeige, um im Fall der Rückabwicklung die Sperrwirkung des § 16 Abs. 5 GrEStG zu verhindern (BFH, 20.01.2005 – II B 52/04, MittBayNot 2005, 441 m. Anm. *Gottwald* S. 378).
2084 BFH, 17.05.2017 – II R 35/15, RNotZ 2017, 610, Tz. 48: Zweifel an der Bestimmtheit der Norm teilt der BFH wegen des Klammerzusatzes »§ 1 Abs. 2a« nicht.
2085 BFH, 19.02.2009 – II R 49/07, ErbStB 2009, 263.
2086 Nach FG Düsseldorf, 15.08.2006 – 3 K 3341/04, GE, NotBZ 2007, 263 genügt es nicht, dass die von § 20 GrEStG geforderten Angaben der Urkundskopie entnommen werden können, sofern das Anschreiben nicht als Anzeige zu erkennen ist.
2087 BFH, 11.06.2008 – II R 55/06, MittBayNot 2009, 409.
2088 Hierzu *Haßelbeck*, MittBayNot 2009, 415.

Abs. 3a GrEStG.[2089] Die 4-jährige Festsetzungsverjährung für die Grunderwerbsteuer (§ 169 Abs. 2 Satz 1 Nr. 2 AO) beginnt mit Ablauf des Jahres, in dem die Anzeige erstattet wurde, spätestens mit Ablauf des dritten Jahres, das auf das Kalenderjahr der Entstehung der Steuer folgt (§ 170 Abs. 2 Nr. 1 AO).

Die Übersendung einer einfachen Abschrift der Urkunde an die Grunderwerbsteuerstelle des Finanzamts muss spätestens **14 Tage nach der Beurkundung**, jedoch nicht später als an andere Beteiligte (§ 21 GrEStG) erfolgen und ist auf der Urschrift oder einem dieser beigehefteten Blatt zu vermerken. Besonderer Aufmerksamkeit bedarf das korrekte Ausfüllen der in den amtlichen Formblättern abgefragten Daten zum Übergang von Besitz, Nutzungen und Lasten (= Datum der steuerlichen Anschaffung), des Kaufpreises (Bemessungsgrundlage!) und zur Frage, ob die Rechtswirksamkeit des Vertrages bereits eingetreten ist (zur Festlegung des Zeitpunkts des Entstehens der Grunderwerbsteuer).

5649

Sofern noch privatrechtliche oder öffentlich-rechtliche Genehmigungen ausstehen, die für die Wirksamkeit der schuldrechtlichen oder dinglichen Einigung von Bedeutung sind und nicht lediglich für den Vollzug des Vertrags – wie etwa die Teilungsgenehmigung gem. § 19 BauGB –, muss dies daher auf dem Formblatt vermerkt werden; Gleiches gilt für in der Urkunde vereinbarte aufschiebende Bedingungen. Das Finanzamt leitet sodann eine Zweitschrift oder Durchschrift des ausgefüllten Formulars zurück an den Notar (im Durchschreibesatz: blaue Färbung) zur Rücksendung an das Finanzamt, sobald die letzte der für die Wirksamkeit noch ausstehenden Genehmigungen eingegangen ist, samt Angabe des Datums.

5650

Das Unterlassen einer erforderlichen Anzeige kann eine leichtfertige Steuerverkürzung darstellen, § 370 Abs. 4 AO (mit der Folge der Verlängerung der Festsetzungsfrist[2090] auf 5 Jahre, § 169 Abs. 2 Satz 1 AO); sie führt außerdem zum Ausschluss der Aufhebungsvergünstigung bei Rückabwicklung, § 16 Abs. 5 GrEStG.[2091] Gleiches gilt beim Unterbleiben einer von den Beteiligten selbst zu erstattenden Anzeige.[2092]

5651

C. Umsatzsteuer

I. Erbfolge

Die **Erbfolge selbst** ist ein nicht umsatzsteuerbarer Vorgang (R 15a.10 Satz 1 Nr. 2 UStAE): Die umsatzsteuerliche Unternehmereigenschaft des Erblassers endet mit seinem Tod, sie wird beim Erben neu begründet,[2093] wobei auch die Veräußerung der Bestandteile eines nicht fortgeführten Unternehmens als unternehmerische Tätigkeit zählt.[2094] Der Erbe tritt im Rahmen des § 15a Abs. 10 UStG (Abschn. 15a.10 Satz 1 Nr. 2 UStAE) in die Vorsteuerberichtigungszeiträume des Erblassers ein. Anders verhält es sich hingegen beim Vermächtnis, das als lebzeitiger Veräußerungsvorgang umsatzsteuerliche Konsequenzen haben kann. Liegt ein schädliches, z.B. auf ein einzelnes Betriebsgrundstück gerichtetes, Vermächtnis vor, kann überlegt werden, dieses (zeitlich

5652

2089 RS Nr. 12/2015 der BNotK v. 16.12.2015.
2090 Hat allerdings der Notar eine ordnungsgemäße Anzeige erstattet, wird die Festsetzungsfrist nach § 170 Abs. 2 Nr. 1 AO dadurch weiter hinausgeschoben, dass die gem. § 19 GrEStG unmittelbar Anzeigeverpflichteten nicht angezeigt haben: BFH, 06.07.2005 – II R 9/04, BStBl. II 2005, S. 780.
2091 Zu den Anforderungen an eine ordnungsgemäße Anzeige BFH, 20.01.2005 – II B 52/04, RNotZ 2005, 304; Gemäß FG Niedersachsen, 12.12.2012 – 7 K 122/09 muss zumindest aus der Mitteilung hervorgehen, dass die Gesellschaft über inländischen Grundbesitz verfügt. Gem. FG Berlin-Brandenburg, 12.05.2016 – 12 K 15028/14, ErbStB (n. rkr., Az. BFH II R 24/16) ist der fristgerechte Eingang der Anzeige bei den für die Steuerfestsetzung zuständigen Stellen (anstelle des für die gesonderte Feststellung nach § 17 GrEStG zuständigen Finanzamts) ausreichend.
2092 BFH, 19.02.2009 – II R 49/07, ErbStB 2009, 263.
2093 BFH, 13.01.2010 – V R 24/07, BStBl. 2011 II 241.
2094 Vgl. OFD Karlsruhe, Vfg. v. 12.12.2013 – S 7104 Karte 7, ZEV 2014, 224.

unbefristet, sofern noch nicht angenommen wurde) auszuschlagen, so dass aufgrund der Rückwirkung des § 2180 BGB i.V.m. § 1953 BGB keine Vorsteuerkorrektur stattfindet, und statt dessen eine als Abfindung unschädliche Geldleistung zu erbringen.

II. Lebzeitige Geschäftsveräußerung im Ganzen

5653 Handelt es sich bei der lebzeitigen Übertragung (gleich ob sie in Erfüllung eines Vermächtnisses oder aus freien Stücken geschieht) um eine **Geschäftsveräußerung im Ganzen**,[2095] liegt ein nicht steuerbarer Umsatz i.S.d. § 1 Abs. 1a UStG vor,[2096] so dass der Erwerber den Vorsteuerberichtigungszeitraum (§ 15a Abs. 10 UStG) des Vorgängers weiterführt. Erforderlich ist gemäß R 1.5 UStAE die Übertragung aller wesentlichen Grundlagen des Unternehmens (auch ohne dass hierfür ein Entgelt gewährt wird) zum Zweck der weitgehend unveränderten Fortführung, so dass die Voraussetzungen des § 1 Abs. 1a UStG nicht vorliegen, wenn der Erwerber die sofortige Abwicklung der Geschäftstätigkeit betreibt[2097] oder die unternehmerische Tätigkeit ohne Abwicklung beendet wird.[2098] Die künftige Nutzung durch den Erwerber muss der bisherigen unternehmerischen Nutzung ähnlich sein; hieran fehlt es beispielsweise, wenn eine beim Veräußerer noch im Rahmen eines produzierenden Betriebs als Betriebsgrundstück genutzte Fläche nach der Übertragung fremdvermietet wird.[2099]

5654 Die Übertragung eines vollständig vermieteten Grundstücks unter Übernahme der Miet- und Pachtverträge erfüllt regelmäßig die Voraussetzungen des § 1 Abs. 1a UStG, anders jedoch, wenn diese Mietverträge nicht fortgeführt werden, da z.B. der Mieter selbst erwirbt. Jedenfalls aus Sicht des Veräußerers ist die »Geschäftsveräußerung im Ganzen« (»GiG«) regelmäßig ein erstrebenswertes, das Risiko einer Vorsteuerberichtigung vermeidendes, Ziel.

III. Steuerpflicht durch Entnahmevorgänge?

5655 Die unentgeltliche Lieferung von Einzelgegenständen aus dem Unternehmen an Angehörige zu unternehmensfremden Zwecken führt hingegen zu einem grundsätzlich steuerpflichtigen Eigenverbrauch durch Gegenstandsentnahme, gem. § 3 Abs. 1b Satz 1 Nr. 1 UStG. Auch die Übertragung aus dem Vermögen einer Gesellschaft an ihren Gesellschafter kann, selbst wenn einkommensteuerlich eine Buchwertfortführung gemäß § 6 Abs. 5 EStG eintritt, eine Entnahme darstellen.[2100] Die nachstehend geschilderten **Nachteile einer Entnahme** (Vorsteuerberichtigung) lassen sich beispielsweise dadurch vermeiden, dass der Gegenstand in GbR gehalten wird und nicht als solcher Objekt der Übertragung wird, sondern die (überwiegenden, z.B. 99 % umfassenden) Anteile an dieser GbR übertragen werden. Umsatzsteuerlich ist dieser Vorgang neutral, da das Unternehmen nach wie vor von (derselben) Gesellschaft ausgeübt wird.[2101]

5656 Während die frühere Verwaltungsauffassung[2102] die Entnahme von Grundstücken gem. § 4 Nr. 9a UStG (»Umsätze, die unter das Grunderwerbsteuergesetz fallen«) steuerfrei stellte, wurde ab dem

---

2095 Vgl. umfassend: *Hundt-Eßwein*, UStB 2017, 84 ff. und UStB 2017, 123 ff.; *Fuß*, NWB 2014, 2236 ff.; *Baltromejus*, BB 2015, 2391 ff.
2096 Überträgt allerdings der Erwerber das Unternehmen sofort weiter an eine GmbH, scheidet § 1 Abs. 1a UStG mangels nachhaltiger unternehmerischer Tätigkeit des Erwerbers aus: FG Düsseldorf, DStRE 2004, 775.
2097 EuGH, 27.11.2003 – C 497/01, DStR 2003, 2220.
2098 BFH, 04.09.2008 – V R 23/06, BFH/NV 2009, 426.
2099 BFH, 04.09.2008 – V R 23/06, BFH/NV 2009, 426.
2100 Vgl. *Stein*, ZEV 2012, 535.
2101 BFH, 27.06.1995 – V R 36/94, BStBl. 1995 II 915, vgl. *Stein*, ZEV 2012, 537.
2102 Abschn. 71 Abs. 2 Nr. 2 UStG 2000 – seit dem 30.06.2004 nicht mehr anzuwenden, vgl. Abschn. 71 Abs. 1 Satz 1 UStR 2005.

30.06.2004 als Folge der »Seeling-Rechtsprechung« des EuGH[2103] und des BFH[2104] die Entnahme (ebenso wie die Nutzung einer dem Unternehmensvermögen zugeordneten Wohnung) als steuerpflichtig eingestuft.[2105] Dies verstieß gegen europarechtliche Vorgaben, so dass die Finanzverwaltung mit BMF-Schreiben vom 22.09.2008 (BStBl 2008 I 895) und späteren Erläuterungen[2106] die Entnahme von Grundstücken, gleich ob mit (Schenkung) oder ohne Rechtsträgerwechsel, wieder ab 01.10.2008 als gem. § 4 Nr. 9a UStG steuerfrei behandelt.

Solche steuerfreien Übertragungen führen beim Veräußerer zu einer **Vorsteuerberichtigung** für noch laufende Berichtigungszeiträume gemäß § 15a Abs. 8 UStG (gleiches gilt, wenn das Grundstück Gegenstand einer Entnahme, also umsatzsteuerlich eine unentgeltliche Wertabgabe nach § 3 Abs. 1b UStG ist). Ein Verzicht auf die Steuerbefreiung nach § 9 UStG (zur Vermeidung der Vorsteuerberichtigung, wie sie bei entgeltlichen Vorgängen, die keine GiG darstellen, regelmäßig vereinbart wird[2107]) scheidet gem. Abschn. 9.1. Abs. 2 Satz 3 UStAE aus, sie kommt gemäß R 3.2 Abs. 2 Satz 4 UStAE nur in Betracht, wenn die unentgeltliche Wertabgabe nach § 3 Abs. 1b Satz 1 Nr. 3 UStG an einen anderen Unternehmer für dessen Unternehmen stattfindet, nicht aber bei Schenkungsvorgängen an Angehörige (die § 3 Abs. 1b Satz 1 Nr. 1 UStG verwirklichen).[2108]   5657

Wird ein Betriebsgrundstück unentgeltlich an einen Angehörigen übertragen und sodann an das Unternehmen des Veräußerers **zurückverpachtet**, ist der Umsatz – wie in vorstehender Randnummer ausgeführt – gemäß § 4 Nr. 9a UStG steuerfrei. Der Unternehmer (Veräußerer) kann nicht gemäß § 9 UStG auf die Steuerfreiheit verzichten, da er keine Lieferung an einen anderen Unternehmer für dessen Unternehmen ausführt.[2109] Es kommt demnach zur Vorsteuerberichtigung gemäß § 15a UStG. Der Erwerber erbringt mit der Verpachtung eine steuerbare und nach § 4 Nr. 12 Satz 1 lit. a UStG steuerfreie sonstige Leistung, wobei er auf die Steuerfreiheit unter den Voraussetzungen des § 9 UStG verzichten kann mit der Folge, dass er die ihm in Rechnung gestellte Umsatzsteuer als Vorsteuer abziehen kann. (Bei verbilligter Abgabe an Angehörige ist gegebenenfalls die Mindestbemessungsgrundlage des § 10 Abs. 5 Nr. 1 UStG anzusetzen.)   5658

IV. Nießbrauchsfälle

Wird hingegen bei der Übertragung eines Betriebsgrundstücks an einen Angehörigen der **Nießbrauch** zur weiteren uneingeschränkten Verwendung des Grundstücks im Unternehmen des Veräußerers **zurückbehalten**, ist die Verfügungsmacht weiter beim Unternehmer verblieben (Abschn. 3.3 Abs. 5 UStAE). Die steuerliche Zuordnung hat sich damit nicht geändert, so dass auch eine Berichtigung des Vorsteuerabzugs nach § 15a UStG unterbleibt (sie findet erst statt, wenn der vorbehaltene Nießbrauch endet, dann liegt je nach Sachverhalt eine Lieferung, eine unentgeltliche Wertabgabe durch Entnahme oder aber eine nicht steuerbare Geschäftsveräußerung im ganzen vor).   5659

Wird schließlich an einem Betriebsgrundstück ein unentgeltlicher **Zuwendungsnießbrauch** für einen Angehörigen bestellt und führt letzterer sodann den Betrieb als neuer Unternehmer fort, hat der Nießbrauchsbesteller als bisheriger Unternehmer das Grundstück ebenfalls aus seinem Unter-   5660

2103 V. 08.05.2003 – C 269/00, BStBl. 2004 II, S. 378 = DStR 2003, 873.
2104 V. 24.07.2003, BStBl. 2004 II, S. 371 = DStR 2003, 1791.
2105 Abschn. 24b Abs. 6 UStR 2005 stellte jedoch solche Entnahmen, die mit Rechtsträgerwechsel verbunden waren (Schenkungen), wiederum (systemwidrig) steuerfrei. Die UStR 2008 enthielten diese Regelung nicht mehr.
2106 Abschn. 3.3 Abs. 7 und 8 UStAE, Verfügungen der OFD Niedersachsen v. 11.06.2008 und 16.09.2011, vgl. hierzu *Hättich/Renz*, NWB 2012, 229 ff.
2107 Vgl. *Krauß*, Immobilienkaufverträge in der Praxis, 8. Aufl. Rn. 5066 ff.
2108 Vgl. OFD Frankfurt, 09.08.2011, BeckVerw 253358; *Söffing*, NJW 1997, 302, 303; *Korf*, UR 2009, 553.
2109 Vgl. Abschn. 3.2 Abs. 2 Satz 4 u. Abschn. 9.1 Abs. 2 Satz 3 UStAE.

nehmen entnommen[2110] (es sei denn, die Nießbrauchsbestellung ist Teil einer nicht steuerbaren »Geschäftsveräußerung im Ganzen«, § 1 Abs. 1a UStG). Die Bindung des Grundstücks an das Unternehmen ist damit beendet, auch wenn das nießbrauchsbelastete Eigentum beim Veräußerer verblieben ist. Diese Entnahme ist ebenfalls steuerfrei nach § 4 Nr. 9a UStG.[2111]

V. Übertragung von (Miteigentums-)Anteilen

5661 Die Übertragung eines Mitunternehmer-(personengesellschafts)anteils oder Kapitalgesellschaftsanteils ist gem. § 4 Nr. 8 Buchst. f) UStG steuerfrei (darüber hinaus fehlt es i.d.R. an der Unternehmereigenschaft des Veräußerers, da er den Anteil im Privatvermögen hält, R 4.8.10 UStAE).

5662 Auch bei der **Übertragung von Miteigentumsanteilen** ist zunächst vorab zu prüfen, ob es sich um eine »Geschäftsveräußerung im Ganzen« i.S.d. § 1 Abs. 1a UStG handelt, die zu keiner Vorsteuerkorrektur gemäß § 15a UStG führt – dies ist beispielsweise dann der Fall,[2112] wenn die unternehmerische Tätigkeit der Vermietung nach der Übertragung eines Miteigentumsanteils am vermieteten Grundstück durch die kraft Gesetzes entstandene Bruchteilsgemeinschaft unter Eintritt in die bestehenden Mietverträge fortgeführt wird. Fehlt es an einer Geschäftsveräußerung im Ganzen, z.B. weil das Grundstück, an dem die Miteigentumsanteile übertragen werden, nicht vermietet, sondern eigenunternehmerisch genutzt wird, liegt wiederum eine grundsätzlich steuerbare, jedoch gemäß § 4 Nr. 9a UStG steuerfrei gestellte Wertabgabe vor (Abschn. 3.3 Abs. 8 Satz 2 UStAE).

5663 Wird ein Miteigentumsanteil an einem Betriebsgrundstück an den Ehepartner übertragen und das Grundstück sodann weiterhin aufgrund eines Pachtvertrags mit dem Ehepartner für die unternehmerischen Zwecke des Veräußerers genutzt, wird die kraft Gesetzes entstehende Bruchteilsgemeinschaft nicht als solche unternehmerisch tätig (vielmehr bleibt der Veräußerer Unternehmer mit seinem bisherigen Unternehmen, der Ehepartner gründet ein neues Vermietungsunternehmen). Da der Ehepartner durch die anschließende Verpachtung regelmäßig Unternehmer wird,[2113] hat der veräußernde Ehepartner die Möglichkeit zur Option nach § 9 Abs. 1 UStG in Bezug auf die an sich gemäß § 4 Nr. 9 lit. a UStG steuerfrei gestellte Leistung, und sollte diese zur Vermeidung einer Vorsteuerberichtigung ausüben. Die Option erfasst etwaige Entgelte, die für den Erwerb des Miteigentumsanteils geleistet werden, einschließlich beispielsweise der anteiligen Übernahme der auf dem Grundstück ruhenden Verbindlichkeiten, hilfsweise gilt die Mindestbemessungsgrundlage nach § 10 Abs. 5 Nr. 1 UStG. Da die Übertragung ein unter das Grunderwerbsteuergesetz fallender Umsatz ist, wird der Erwerber nach § 13b Abs. 5 Satz 1 i.V.m. § 13b Abs. 2 Nr. 3 UStG Steuerschuldner, worauf der Veräußerer gemäß § 14a Abs. 5 UStG hinzuweisen hat.

5664 Mit der Verpachtung des erworbenen Anteils an den veräußernden Ehepartner erbringt der Erwerber eine steuerbare und regelmäßig durch Option steuerpflichtige sonstige Leistung, so dass ihm dann, nach Option, gemäß § 15 Abs. 1 Nr. 4 UStG der Vorsteuerabzug aus dem Entgelt[2114]

2110 BFH, 16.09.1987 – X R 51/81, BStBl. 1988 II, 205.
2111 Vgl. Abschn. 4.9.1 Abs. 2 Nr. 6 UStAE.
2112 BFH, 06.09.2007 – V R41/05, BStBl. 2008 II, S. 65; vgl. *Hättich/Renz*, NWB 2012, 229, 234 ff.
2113 Allerdings liegt eine (ggf. kraft Option) steuerpflichtige Verpachtung und damit Unternehmereigenschaft des Erwerbers nicht vor, wenn keine direkte unternehmerische Verpachtung erfolgt, sondern eine unentgeltliche Überlassung an die Ehegattengemeinschaft zwischengeschaltet ist, so dass der entgeltlich Übertragende dann nicht für die Steuerpflicht der entgeltlichen Übertragung optieren kann, vgl. OFD Hannover v. 15.08.2006, DStR 2006, 1652, Sachverhalt 5.
2114 Der Charakter eines Entgeltes ist im Umsatzsteuerrecht weiter als im Ertragsteuerrecht, vgl. *Kieser*, ZEV 2006, 551: auch Versorgungsleistungen zählen z.B. hierzu. Ferner ist die Höhe der Gegenleistung zur Verwirklichung des Merkmals »gegen Entgelt« i.S.d. § 1 Abs. 1 Nr. 1 UStG irrelevant (kein Fremdvergleichserfordernis, BFH, BStBl. 1994 II, S. 826); der Wert der Gegenleistung ist eine Frage der Bemessungsgrundlage.

für den Erwerb des Miteigentumsanteils und aus den laufenden Aufwendungen gemäß § 15 Abs. 1 Nr. 1 UStG zusteht.

Wird ein Miteigentumsanteil an einem Grundstück an einen Angehörigen unentgeltlich übertragen und bleibt das Grundstück zu einer Quote kleiner oder gleich dem beim Veräußerer verbliebenen Anteil **eigenunternehmerisch** genutzt, treten beim »Veräußerer« keine umsatzsteuerlichen Folgen ein, da sich seine eigenunternehmerische Nutzung weiter aus seinem Miteigentumsanteil ableitet.[2115] Übersteigt jedoch der für eigenunternehmerische Zwecke genutzte Grundstücksteil den verbleibenden Miteigentumsanteil, liegt insoweit eine nach § 4 Nr. 9 lit. a UStG steuerfrei gestellte unentgeltliche Wertabgabe (»Entnahme«) vor, da die Verwendung nicht mehr auf der Zuordnungsentscheidung des früheren Eigentümers, sondern auf einer Entscheidung des Erwerbers beruht. Es tritt demnach insoweit eine Vorsteuerberichtigung gemäß § 15a UStG ein.

5665

Wird (in der Regel unter Ehepartnern) eine **GbR** gegründet, in die der bisherige Einzelunternehmer-Ehepartner sein Betriebsgrundstück einbringt, liegt hinsichtlich der bisher bestehenden und künftig weitergeführten steuerpflichtigen Fremdvermietung eine Fortführung des Vermietungsunternehmens des Veräußerers durch die GbR vor (Teilbetriebsveräußerung i.S.d. § 1 Abs. 1a UStG, also keine Vorsteuerberichtigung). Soweit die GbR jedoch das Grundstück unentgeltlich an den Veräußerer zur eigenunternehmerischen Nutzung überlässt, ist der Vorsteuerabzug für die GbR aus dem Erwerb des Grundstücks gemäß § 15 Abs. 1b UStG ausgeschlossen (anders vor dem 01.01.2011: Wurde das Grundstück vor diesem Datum an die GbR veräußert, war letztere zum Vorsteuerabzug berechtigt und hatte im Gegenzug eine unentgeltliche Wertabgabe zu besteuern[2116]). Beim Veräußerer (bisherigen Unternehmer) liegt hinsichtlich des eigenunternehmerisch genutzten Grundstücksteils eine zwar steuerbare, jedoch nach § 4 Nr. 9 lit. a UStG steuerfreie Leistung vor (mit der Folge der Vorsteuerberichtigung nach § 15a UStG), wobei jedoch die Möglichkeit einer Option nach § 9 Abs. 1 UStG besteht, sobald feststeht, dass die GbR das Grundstück ihrem Unternehmen zuordnen wird. In diesem Fall wird die GbR gemäß § 13b Abs. 5 Satz 1 i.V.m. § 13b Abs. 2 Nr. 3 UStG Steuerschuldner; gegebenenfalls ist die Mindestbemessungsgrundlage des § 10 Abs. 5 UStG anzusetzen. Der neue Mitgesellschafter in der GbR selbst wird nicht unternehmerisch tätig, so dass sich für ihn keine umsatzsteuerlichen Folgen ergeben.

5666

2115 Vgl. Abschn. 15a.2 Abs. 4 UStAE i.V.m. BFH, 22.11.2007 – V R 5/06, BStBl. 2008 II, 448.
2116 BMF-Schreiben v. 22.06.2011, BStBl. 2011 I, 597; zur Umsetzung der früheren »Seeling-Rechtsprechung« durch die Finanzverwaltung vgl. *Küffner/Zugmaier*, NWB 2008, 1771 = Fach 7, S. 7055 ff.

Kapitel 13: Einkommensteuerrecht

Übersicht

	Rdn.
A. Voraussetzung der steuerlichen Anerkennung von Geschäften unter Verwandten	5671
I. Zivilrechtliche Wirksamkeit	5672
II. Ernsthaftigkeit der Vereinbarung und ihrer Durchführung	5674
III. Fremdvergleich	5678
1. Grundsatz	5678
2. Darlehen	5680
3. Mietverträge	5684
4. Arbeitsverträge	5690
IV. Exkurs: Gestaltungsmissbrauch/Gesamtplan	5693
B. Unterscheidung Privat-/Betriebsvermögen	5697
I. Selbstständige Wirtschaftsgüter	5697
1. Nutzungsbereiche	5701
2. »Verdecktes Betriebsvermögen«	5706
a) Betriebsaufspaltung	5707
aa) Anforderungen	5707
bb) Erscheinungsformen	5710
cc) Folgen	5711
dd) Konkurrenzen	5722
ee) Beendigung	5724
b) Sonderbetriebsvermögen	5725
aa) Erscheinungsformen	5725
bb) Steuernachteile bei unterbliebener Einbeziehung	5729
c) Verpächterwahlrecht	5738
d) Gewerblicher Grundstückshandel	5742
3. »Geborenes Betriebsvermögen« bei Gesellschaften	5743
a) Kapitalgesellschaften	5744
b) Gewerbliche Personengesellschaft	5748
aa) Gewerblich tätige Personengesellschaft	5748
bb) Gewerblich geprägte Personengesellschaft	5750
c) Vermögensverwaltende Personengesellschaft	5752
II. Gewerbesteuer	5754
1. Steuerobjekt und -subjekt	5754
2. Bemessungsgrundlage	5756
3. Berechnung der Gewerbesteuer	5763
4. Unternehmensteuerreform 2008	5765
C. Steuerliche Folgen der Übertragung des Wirtschaftsguts selbst	5767
I. Gefahr der Entnahme	5770
1. Entnahmetatbestand	5771
a) Grundfall	5771
b) »Verdecktes Betriebsvermögen« (SBV; Betriebsaufspaltung)	5772
c) Nießbrauchsvorbehalt	5779
d) Vermeidungsstrategien	5784
e) Betriebsaufgabe	5787
aa) Tatbestand	5787
bb) Privilegierungen	5789
cc) Abgrenzung zur Betriebsabwicklung und Betriebsunterbrechung	5793
2. Nießbrauchsbedingte Mehrheit von Betrieben	5795
II. Zurechnung des Wirtschaftsguts, AfA-Berechtigung	5800
1. Zurechnung beim Erwerber	5800
a) Übergang der AfA-Befugnis	5801
aa) Zeitpunkt der Anschaffung	5801
bb) Durchführung (Besitzübergabe)	5804
cc) Wirkungen	5814
b) Anerkennung von Fremdwerbungskosten	5817
c) Anerkennung eigener Werbungskosten	5818
2. Besonderheiten beim Nießbrauch (»Nießbrauchserlass«)	5821
a) Unentgeltlich bestellter Vorbehalts- bzw. Zuwendungsnießbrauch	5822
b) Entgeltlich bestellter Nießbrauch	5833
c) Vermächtnisnießbrauch	5836
d) Ablösung eines Nießbrauchs	5838
III. Eigenheimzulage/Eigenheimriesterförderung	5842
1. Eigenheimzulage	5842
2. »Wohnriester«	5844
IV. Ertragsteuerliche Folgen des Erbfalles und der Erbauseinandersetzung/Vermächtniserfüllung	5856
1. Ertragsteuerliche Folgen des Erbfalls selbst: Grundsatz	5856
2. Besonderheiten bei der »Vererbung« von Anteilen an einer Personengesellschaft	5860
a) Auflösung (§ 727 BGB)	5864
b) Fortsetzungsklausel	5865
aa) Zivilrecht	5865
bb) Ertragsteuerrecht	5867
cc) Erbschaftsteuerrecht	5871
c) Einfache Nachfolgeklausel	5875
aa) Zivilrecht	5875
bb) Ertragsteuerrecht	5879
cc) Erbschaftsteuerrecht	5883
d) Qualifizierte Nachfolgeklausel	5888
aa) Zivilrecht	5888
bb) Ertragsteuerrecht	5893
cc) Erbschaftsteuerrecht	5900

Kapitel 13 — Einkommensteuerrecht

	Rdn.
e) Eintrittsklausel	5904
aa) Zivilrecht	5904
bb) Ertragsteuerrecht	5912
cc) Erbschaftsteuerrecht	5915
f) Einlage anlässlich des Erbfalls	5916
3. Veräußerung von Nachlassgegenständen	5917
4. Auseinandersetzung durch gegenständliche Zuordnung (»Realteilung«)	5920
a) Anschaffungsvorgang?	5920
b) Zurechnung laufender Einkünfte und Schuldzinsen	5929
c) Buchwertfortführung/Entnahme bei Betriebsvermögen (Realteilungsgrundsätze)	5935
5. Erbteilsveräußerung	5944
6. Ausscheiden durch Abschichtung	5945
V. Ertragsteuerliche Fragen der Betriebsübergabe	5946
1. Haftung für Betriebsteuern (§ 75 AO)	5947
2. Buchwertfortführung	5949
a) Vorüberlegung: Für und Wider der Alternativen	5949
b) »Einheitstheorie« zur Feststellung der Unentgeltlichkeit	5953
c) Voraussetzungen des § 6 Abs. 3 EStG	5955
aa) Betrieb, Teilbetrieb	5956
bb) Unentgeltlichkeit	5964
cc) Keine Aufrechterhaltung unternehmerischer Tätigkeit beim Veräußerer	5967
dd) Fortbestand deutschen Besteuerungsrechtes	5970
ee) Ausnahme: Aufstockung der Buchwerte	5971
3. Unentgeltliche Aufnahme einer natürlichen Person in ein Einzelunternehmen	5972
a) Aufnahme gem. § 6 Abs. 3 EStG	5972
b) Einbringung gem. § 24 UmwStG	5975
4. Entgeltliche Aufnahme einer natürlichen Person in ein Einzelunternehmen	5984
a) Bargründung einer Personengesellschaft	5985
b) Einbringungsvorgang gem. § 24 UmwStG	5986
c) Einbringung außerhalb des § 24 UmwStG	5995
5. Unentgeltliche Übertragung eines Mitunternehmeranteils	5998
6. Unentgeltliche Übertragung eines Teils eines Mitunternehmeranteils	6008

	Rdn.
7. Entgeltliche Veräußerung eines Einzelunternehmens oder Mitunternehmeranteils	6013
a) Einkommensteuerbelastung des Veräußerers	6014
aa) Veräußerungsgewinn	6014
(1) Kapitalgesellschaft als Verkäufer	6019
(2) Natürliche Person/Personengesellschaft als Verkäufer	6024
(3) Konsequenz aus Verkäufersicht: Formwechsel von der Personen- in die Kapitalgesellschaft	6030
bb) Verschonungen (§§ 16, 34 EStG)	6033
b) Einkommensbesteuerung des Erwerbers	6037
aa) Nutzung der Anschaffungskosten	6037
bb) Abzugsfähigkeit der Finanzierungsaufwendungen	6041
c) Gewerbesteuer	6042
d) Umsatz- und Grunderwerbsteuer	6049
8. Übertragung eines einzelnen Wirtschaftsguts des Betriebsvermögens	6050
a) »Überführung« ohne Rechtsträgerwechsel	6051
b) Mit Rechtsträgerwechsel	6052
aa) Unentgeltlich	6053
bb) Teilentgeltlich: Trennungstheorie	6054
cc) Vollentgeltlich	6056
c) Besonderheiten bei Kapitalgesellschaften	6057
d) Besonderheiten bei Personengesellschaften	6059
aa) »Mitunternehmererlass«	6060
(1) Rechtslage bis 31.12.1998	6060
(2) Rechtslage in den Jahren 1999 und 2000	6061
(3) Rechtslage seit 2001: § 6 Abs. 5 EStG	6062
bb) Ausscheiden gegen Sachabfindung	6071
cc) Realteilung im engeren Sinne	6073
9. Übertragung eines Unternehmens/Mitunternehmeranteils unter Nießbrauchsvorbehalt	6082
10. Betriebsverpachtung	6094
11. Übertragung von Kapitalgesellschaftsanteilen unter Lebenden und von Todes wegen	6101

	Rdn.
a) Einkommensteuer	6102
aa) Unentgeltliche Übertragung	6102
bb) Trennungstheorie bei Teilentgeltlichkeit	6106
cc) Entgeltliche Übertragung: Überblick	6113
dd) Einzelheiten: Besteuerung beim Verkäufer	6114
(1) Kapitalgesellschaft als Verkäufer	6114
(2) Natürliche Person/ Personengesellschaft als Verkäufer	6118
ee) Einzelheiten: Besteuerung beim Käufer	6128
(1) Nutzung der Anschaffungskosten	6128
(2) Abzugsfähigkeit der Finanzierungsaufwendungen	6138
(a) Privatvermögen	6138
(b) Betriebsvermögen einer natürlichen Person/ Personengesellschaft	6141
(c) Betriebsvermögen einer erwerbenden Kapitalgesellschaft	6151
(3) Konsequenz aus Käufersicht: Formwechsel von der Kapital- in die Personengesellschaft	6153
ff) Verrentung	6160
b) Körperschaftsteuer	6165
c) Erbschaftsteuer	6168
VI. Exkurs: Außensteuerrecht	6173
D. **Überlassungsvereinbarungen mit Entgeltcharakter**	6188
I. Steuerliche Vorfragen	6188
1. Teilentgeltlichkeit (Einheits- versus Trennungsmethode)	6189
2. Steuerliche Bedeutung der Entgeltlichkeitsfrage	6192
3. Entgeltverteilung bei Mehrheit von Wirtschaftsgütern	6197
II. Entgeltlichkeit – suchen oder meiden?	6200
1. Allgemeine Abwägungskriterien	6200
2. Anwendungsbeispiel: Varianten der steuereffizienten Immobiliennachfolge	6206
III. Gegenleistungen mit ertragsteuerlichem Entgeltcharakter im Einzelnen	6212
1. Abstandsgelder an den Veräußerer	6214
a) Erscheinungsformen	6214
b) Abzinsung, § 12 Abs. 3 BewG	6217
2. Verrechnung mit Geldansprüchen gegenüber dem Veräußerer	6229

	Rdn.
3. Gleichstellungsgelder an Geschwister	6239
4. Schuldübernahme	6253
5. »Austauschrenten« (wiederkehrende Leistungen mit ertragsteuerlichem Gegenleistungscharakter)	6259
a) Vollentgeltliche Übertragung bei kaufmännisch abgewogener Rente	6261
b) Teilentgeltliche Übertragung	6267
c) »Überentgeltliche« Rente	6269
d) Zeitrenten	6271
e) »Ungewollte Austauschrenten«	6275
f) Kaufpreisrenten bei Betriebsvermögen	6278
6. Positionen ohne ertragsteuerlichen Entgeltcharakter: Nutzungs- und Rückforderungsrechte, Dienstleistungspflichten	6285
IV. »Spekulationsbesteuerung« i.R.d. vorweggenommenen Erbfolge	6289
1. Betroffene Objekte	6289
2. Steuerfreiheit bei fehlender Identität	6293
3. Anschaffungs- und Veräußerungsvorgänge	6294
a) Betroffene Vorgänge	6294
b) Entgeltlichkeit	6299
c) Die »Spekulationsfalle«: Immobilien zum Ausgleich des Zugewinns	6308
4. Ermittlung des Veräußerungsgewinns	6312
5. Entstehung und Entfallen der Steuer	6314
E. **Versorgungsrenten**	6317
I. Sonderinstitut der Vermögensübergabe gegen Versorgungsleistungen	6317
1. Entwicklung	6317
a) Wesen der Versorgungsleistung	6317
b) Reform 2008	6319
aa) Ziele	6319
bb) Übergangsregelung	6323
2. Ertragsteuerliche Differenzierung (Rententypen)	6325
a) Austauschrenten	6326
b) Unterhaltsrenten	6327
c) Betriebliche Renten	6330
d) Letztwillige Renten	6332
e) Beitragserkaufte Renten	6334
II. »Unentgeltlichkeit«	6337
III. »Vermögen«	6338
1. Rechtslage für Altfälle bis 31.12.2007	6338
a) Existenzsicherndes Vermögen	6338
aa) Geeignete Wirtschaftsgüter	6338

	Rdn.			Rdn.
bb) Nachträgliche Umschichtung in geeignete Objekte ..	6343	IV.	»Behaltensdauer«; Umschichtungen innerhalb geeigneten Vermögens......	6386
cc) Sonderbehandlung von Betriebsvermögen?........	6348		1. Erster Rentenerlass..............	6388
b) »Ausreichend ertragbringend« ..	6349		2. Zweiter Rentenerlass............	6390
aa) Ertragsprognose..........	6349		3. Dritter Rentenerlass............	6392
bb) Teilentgeltliche Übertragungen	6353		4. Vierter Rentenerlass............ a) Umschichtungsfälle..........	6395 6395
cc) Unternehmensübertragung .	6355		b) Gleitende Vermögensübergabe..	6400
dd) Unzureichende Erträge: der frühere »Typus 2«......	6358	V. VI.	»Lebenszeit«..................... Destinatäre	6405 6408
2. Rechtslage für Neufälle ab 2008 ...	6362		1. Vermögensempfänger............	6408
a) Beschränkung auf »Betriebsvermögen«...................	6362	VII.	2. Versorgungsleistungsempfänger.... Korrespondenzprinzip..............	6409 6415
aa) Betriebe oder Teilbetriebe ..	6363	VIII.	Formale Anforderungen.............	6417
bb) Mitunternehmeranteile	6365	IX.	Umfang der absetzbaren Sonderausgaben/der zu besteuernden wiederkehrenden Bezüge.................	6419
cc) GmbH-Anteile...........	6368			
dd) »Versorgungsrenten« bei »ungeeignetem« Vermögen .	6376		1. Nichtgeldleistungen	6422
ee) Umschichtung in »geeignetes Vermögen«..........	6380		2. Insb. Nutzungsüberlassung .... 3. Geldleistungen	6424 6428
ff) Gestaltungsalternativen für »nunmehr ungeeignetes« Vermögen	6381		4. Sonderausgabenabzug bei vorbehaltenem Wohnungsrecht des Veräußerers nach altem Recht?	6435
b) Ausreichende Ertragsprognose ..	6383		5. Sonderausgabenabzug bei Selbstnutzung durch Erwerber nach altem Recht?	6436

5667 Jedem Praktiker ist allgegenwärtig, welche Rolle das Ertragsteuerrecht bei der Gestaltung der Vermögensnachfolge eingenommen hat, sowohl der entgeltlichen wie auch der unentgeltlichen oder teilentgeltlichen. Dies ist gerade für die finanziellen Dauerwirkungen, welche die Rechtsbeziehung zwischen Veräußerer und Erwerber im Rahmen ihrer alljährlichen einkommensteuerlichen Be- oder Entlastung zeitigt, menschlich nur allzu verständlich. Gleichwohl ist davor zu warnen, der Steueroptimierung das Primat vor einer menschlich-psychologisch passenden und zivilrechtlich klaren und sicheren Gestaltung einzuräumen – dies umso mehr, als das Ertragsteuerrecht bei jährlich durchschnittlich fünf gewichtigen Änderungsgesetzen die geringste Konstanz und Verlässlichkeit aller in diesem Buch behandelten Berücksichtigungsfelder (einschließlich des Sozialrechtes) aufweist.

5668 Wer also (jedenfalls ertrag-)steuerlich nicht zurückfallen möchte, muss in Kauf nehmen, seinen Vertrag und damit seinen Rechte- und Pflichtenkatalog regelmäßig anzupassen, mit allen damit verbundenen Beratungskosten und Konflikten mit (älter werdenden und damit weniger flexiblen) Vertragspartnern. Er muss sich (und seine Vertragspartner) weiterhin wappnen auf langwierige und nervenaufreibende Auseinandersetzungen mit der Finanzverwaltung, wenn er (wie es gerade viele jung-dynamische, akademisch gebildete Erwerber wie selbstverständlich voraussetzen) den ihm durch Gesetze, Rechtsprechung und Richtlinien sowie Erlasse eingeräumten Spielraum durch sog. borderline-Konstruktionen bis zum Limit »ausreizen« möchte. Und er sollte sich schließlich (ggf. auf Vorhalt eines verantwortungsbewussten Beraters) vor Augen führen, dass das Leben selbst beim Drehbuch Regie führen kann in gänzlich unerwartete Richtungen, so dass anfänglich optimale Steuergestaltungen sich als kontraproduktiv erweisen.

▶ Beispiel:
Der Erwerber, der sich durch den Sonderausgabenabzug der Versorgungsleistungen hohe Entlastung versprach, wird arbeitslos – der Veräußerer hat die Rentenbezüge gleichwohl weiter zu versteuern etc.

Steuerliche Grundkenntnisse sind daher Voraussetzung jeder anspruchsvollen Beratung auf dem Gebiet der vorweggenommenen Erbfolge, das Steuerrecht bildet jedoch nur eine von mehreren Determinanten der Gestaltung. Eine gesetzliche Pflicht zum Hinweis auf mögliche Steuerpflichten trifft den Notar nur hinsichtlich der Schenkungsteuer (§ 8 Abs. 1 Satz 6 ErbStDV); unterbleibt dieser, kann Amtshaftung drohen.[1] I.Ü., v.a. in ertragsteuerlicher Hinsicht, können sich Hinweispflichten

(1) aus sog. »erweiterter Belehrungspflicht« ergeben (**Warnpflicht** analog § 14 Abs. 1 Satz 2 BNotO, die aus generellen Besonderheiten des beurkundeten Rechtsgeschäfts herrührt, die dem Notar bekannt sind oder bekannt sein müssen, jedoch demjenigen unbekannt sind, dessen Interessen gefährdet sind),

(2) sowie in den Fallgruppen der sog. »**außerordentlichen Belehrungspflicht**« (bei erkennbaren Gefährdungen aufgrund dem Notar bekannten Besonderheiten des Einzelgeschäftes),

(3) schließlich wenn der Notar **auf gezielte Nachfrage** eine steuerliche Beratung übernimmt, wozu er jedoch nicht verpflichtet ist.

A. Voraussetzung der steuerlichen Anerkennung von Geschäften unter Verwandten

Gerade bei Verträgen der vorweggenommenen Erbfolge werden die allgemeinen Voraussetzungen einer steuerlichen Anerkennung[2] zivilrechtlicher Gestaltungen besonders bedeutsam.[3] Sie sollen nachstehend kurz in Erinnerung gerufen werden – mit naturgegebenem Schwerpunkt auf den Aspekten der Vertragsgestaltung unter **nahen Angehörigen**, d.h. unter Ehegatten, zwischen Eltern und Kindern,[4] zwischen Großeltern und Enkeln[5] und zwischen Onkel/Tante und Neffe/Nichte[6] –, mithin in einem engeren Kreis als unter »Angehörigen i.S.d. § 15 AO«. Verlobte, Geschwister und Lebensgefährten[7] zählen nicht dazu, ebenso wenig enge Freunde.[8]

I. Zivilrechtliche Wirksamkeit

Ungeachtet der Anerkennung faktischer Verhältnisse, so lange die Beteiligten sie trotz der Unwirksamkeit untereinander gelten lassen (§ 41 Abs. 1 AO), verlangt die Finanzverwaltung bei Geschäften unter Verwandten (Rdn. 5671), dass sie zivilrechtlich wirksam sein müssen. In der Praxis wird diese Frage vor allem bedeutsam in Bezug auf die Beteiligung Minderjähriger, also zum Einen deren wirksame Vertretung (durch sie selbst, die Eltern, den Vormund, oder Ergänzungspfle-

---

1 LG Halle, 28.09.2016 – 4 O 346/15, NotBZ 2017, 353; hierzu *Schulze*, NotBZ 2017, 331 ff. (der eine Aufnahme des Hinweises in den Urkundstext empfiehlt); OLG Schleswig, MittBayNot 2005, 516 m. Anm. *Stelzer*: allerdings richtigerweise nicht allein aufgrund einer Verletzung von Anzeigepflichten, die lediglich den Fiskus schützen, s. Rdn. 5526.
2 Beispiel: NiedersächsFG, DStRE 2004, 1193 (Darlehen). Gemäß OFD Berlin, FR 2000, 949 = ZEV 2000, 445 führt die fehlende Bestellung eines Ergänzungspflegers jedoch ausnahmsweise dann nicht zur Aberkennung der steuerlichen Wirksamkeit, wenn das FamG selbst dem Steuerpflichtigen (fehlerhafterweise) mitgeteilt habe, es bedürfe ihrer nicht, anders noch Rn. 5 Satz 1 des Nießbrauchserlasses v. 24.07.1998, BStBl. I 1998, S. 914.
3 Überblick bei *Günther*, ErbStB 2016, 84 ff.
4 BFH, BStBl. 1992 II, S. 391.
5 BFH/NV 1988, 628.
6 Dafür *Authenrieth*, DStZ 1992, 86.
7 Anders BFH, 19.11.2014 – VIII R 23/11, EStB 2015, 320 für Personen, die über Jahre von Dritten »als Paar« wahrgenommen wurden.
8 BFH, 09.05.2017 – IX R 1/16, Tz. 19: anders nur »ausnahmsweise im Einzelfall«.

ger), zum Anderen das Vorliegen etwa erforderlicher familiengerichtlicher Genehmigungen. Diese Fragen, sowohl in Anbetracht grundstücksrechtlicher als auch gesellschaftsrechtlicher Vorgänge, wurden im 10. Kapitel ausführlich behandelt.

5673 In sehr beschränktem Umfang kann jedoch ein zunächst formunwirksamer (oder z.B. gegen § 181 BGB verstoßender) Vertrag steuerlich anzuerkennen sein, wenn[9] (1) der ernsthafte Bindungswille aus den übrigen Umständen zweifelsfrei abgeleitet werden kann und (2) die Angehörigen zeitnah nach dem Auftreten von Zweifeln alle erforderlichen um die zivilrechtliche Wirksamkeit des Vertrages herbeizuführen.

II. Ernsthaftigkeit der Vereinbarung und ihrer Durchführung

5674 Vereinbarungen unter nahen Angehörigen (zum Begriff vgl. Rdn. 5671) müssen klar (insb. unter Einschluss der wechselseitigen Hauptleistungspflichten[10]) formuliert, ernsthaft gewollt und tatsächlich auch in der vereinbarten Weise durchgeführt werden. Bei Geldschenkungen bedeutet dies auch, dass der Beschenkte den (z.B. auf Festgeldkonto angelegten) Betrag herausverlangen kann.[11] Auch die fehlende Einhaltung von Formvorschriften wird in der neueren Steuerrechtsprechung als Indiz gegen die Ernsthaftigkeit des Vertrages verstanden,[12] während die Finanzverwaltung bei bereits zivilrechtlich unwirksamer Vereinbarung stets die Anerkennung versagt, es sei denn der Fehler war für die Beteiligten nicht erkennbar und wurde sodann, nach Bekanntwerden, sofort behoben[13] (großzügiger die Sichtweise im Erbschaftsteuerrecht, Rdn. 4392).

5675 Insb. die Umsetzung der Verträge wird von der Finanzverwaltung exakt geprüft; als Beweis genügt dabei nicht allein die eigene Schilderung der Abläufe durch die Beteiligten.[14] Zahlungen, die aus unterschiedlichem Rechtsgrund wechselseitig geschuldet sind (etwa i.R.d. Kombinationsmodells »dauernde Last und Mietvertrag«), dürfen nicht saldiert werden;[15] vereinbarte wiederkehrende Leistungen müssen regelmäßig und im wesentlichen pünktlich[16] (jedenfalls nicht lediglich »nach Kassenlage«) erbracht werden; geschuldete Kaufpreise dürfen nicht aufgrund vorgefassten Plans nach Zahlung wieder zurückgeschenkt werden.[17] können aber durchaus nachträglich in ein i.Ü. fremdübliches Darlehen »umgewandelt« werden.[18]

5676 Werden z.B. Teile einer Versorgungsabrede (etwa die Taschengeldzahlung) nicht erfüllt, »infiziert« dies auch die tatsächlich erbrachten Naturalleistungen, für die der Abzug versagt wird,[19] da der

---

9 BFH, 13.07.1999 – VIII R 29/97, BStBl 2000 II 386.
10 Diese müssen über dasjenige hinausgehen, was unter Familienangehörigen bereits gem. § 1619 BGB als Dienstleistung geschuldet ist.
11 OLG Saarbrücken, 28.12.2007 – 4 U 8/07–2 (Schenkung an minderjähriges Kind, um steuerliche Freibeträge zu nutzen).
12 BFH, 12.05.2009 – IX R 46/08, EStB 2009, 266 und BFH, 07.06.2006 – IX R 4/04, ZEV 2006, 519 im Anschluss an BFH, BStBl. 2000 II, S. 386 (gegen die frühere Rechtsprechung, welche die bürgerlichrechtliche Wirksamkeit zur strengen Voraussetzung der steuerlichen Anerkennung von Verwandtengeschäften erhob; dieser Ansicht ist auch die Finanzverwaltung, s. folgende Fn.).
13 Nichtanwendungserlass des BMF v. 02.04.2007, DStR 2007, 805; ähnlich BFH, 22.02.2007 – IX R 45/06, DStR 2007, 986: Indizwirkung der Formunwirksamkeit.
14 BFH, 11.05.2010 – IX R 19/09 EStB 2010, 323: Ehegatten behaupten den Vollzug einer formunwirksam vereinbarten Unterbeteiligung.
15 Allerdings ist es nach FG Stuttgart, DStRE 2006, 408 unschädlich, wenn sich gegenläufige Zahlungen (Darlehen und Miete) der Höhe nach entsprechen.
16 Nach BFH, 15.09.2010 – X R 10/09 notar 2011, 94 m. Anm. *Ihle* schadet allein die gelegentlich verspätete Überweisung der vereinbarten Monatsrente nicht.
17 FG Hannover, DStRE 2003, 741.
18 FG Stuttgart, DStRE 2006, 408.
19 BFH, 19.01.2005 – X R 23/04, MittBayNot 2006, 454, zum Folgenden vgl. krit. *Paus*, EStB 2011, 161 ff.

Rechtsbindungswille insgesamt gefehlt habe, so dass auch bei späterer Wiederaufnahme der Geldleistungen die Abzugsfähigkeit insgesamt versagt bleibt.[20] Werden in einem Übergabevertrag vereinbarte Versorgungsleistungen ohne ausdrückliche (nach BFH[21] und nun auch Finanzverwaltung:[22] schriftliche) Vertragsänderung schlicht ausgesetzt, sind die nach Wiederaufnahme erbrachten Leistungen nicht mehr (als Sonderausgaben) absetzbar.[23] Gleiches soll gelten, wenn die Versorgungsleistungen reduziert werden, nachdem der Zahlungspflichtige das erworbene Vermögen in weniger ertragreiche Werte umgeschichtet hatte.[24] Allenfalls bei Nebenansprüchen sind »Nachlässigkeiten« u.U. ohne schädliche Wirkung (z.B. Nichtausübung einer Inflationsanpassungsklausel[25] – allerdings nicht über einen langen Zeitraum, z.B. 18 Jahre[26] – oder eines Vorbehalts nach § 323 ZPO/§ 239 FamFG bei einer Versorgungsvereinbarung,[27] Zahlung am Monatsende statt, wie vereinbart, zum dritten Werktag eines Monats, wegen fehlender Kontodeckung).[28] Das Erfordernis der tatsächlichen wortlautgetreuen Umsetzung wird teilweise zum Anlass genommen für Empfehlungen, als ungünstig erkannte Verabredungen unter nahen Angehörigen dadurch steuerlich »außer Kraft zu setzen«, dass sie schlicht nicht (mehr) erfüllt werden.

Einer »Reparatur« sich als steuerlich ungünstig erweisender Vertragsgestaltungen mit Wirkung ex tunc steht (anders als bei der Rückabwicklung gescheiterter Verträge)[29] das **Rückwirkungsverbot** des § 38 AO entgegen. Bestätigt jedoch eine Nachtragsabrede bereits früher rechtswirksam abgeschlossene mündliche Vereinbarungen, wird sie anerkannt,[30] sofern nicht die äußeren Umstände oder der Wortlaut des ursprünglichen Vertrages dagegen sprechen.[31] Für die Zukunft können steuerwirksam Änderungen vereinbart werden, wobei jedoch die neue Rechtslage wiederum dem Fremdvergleich standzuhalten hat.[32]

5677

---

20 BFH, 15.09.2010 – X R 13/09, ZEV 2011, 98 m. Anm. *Geck* (a.A. *Schuster*, jurisPR-SteuerR 18/2005 Anm. 1: Wiederaufnahme bekräftigt ab dann den Rechtsbindungswillen).
21 BFH, 15.09.2010 – X R 13/09, ZEV 2011, 98 m. Anm. *Geck*; krit. dazu *Paus*, EStB 2011, 161, 164.
22 BMF v. 02.08.2011 – IV C 3 – S 2221/09/10031:008 DOK 2011/0559337, BeckVerw 253048; OFD Frankfurt/Main, 19.08.2011, S 2221 A-82-St 218, ZEV 2011, 616.
23 BFH, 15.09.2010 – X R 13/09, ZEV 2011, 98 m. Anm. *Geck*, FG Niedersachsen, 22.01.2014 – 3 K 490/12, BeckRS 2014, 95854.
24 BFH, 18.08.2010 – X R 55/09, ZEV 2011, 269 m. Anm. *Spiegelberger*; krit. dazu *Paus*, EStB 2011, 161: erfolgte die Umschichtung (zur Schuldentilgung) aus wirtschaftlicher Not, ist sie kein Indiz für mangelnden Rechtsbindungswillen.
25 So soll es nach FG Münster, DStRE 2002, 1297 nicht als Indiz gegen die Ernsthaftigkeit der Vereinbarung gewertet werden können, dass der Begünstigte einer wertgesicherten Reallast die Betragssteigerung aufgrund der Geldentwertung nicht verlangt hat. War eine »automatische« Anpassung vereinbart, die jedoch unterblieben ist, kann vielleicht in der Vergangenheit mündlich eine Änderung der Vereinbarung [Aufhebung der Preisklausel] vereinbart worden sein.
26 BFH, 21.02.2008 – III R 70/05, bei Mietvertrag unter Ehegatten.
27 BFH, 03.03.2004 – X R 14/01, DStR 2004, 854.
28 BFH, 15.09.2010 – X R 10/09, notar 2011, 94 m. Anm. *Ihle*.
29 BFH, 28.10.2009 – IX R 17/09 (Rückabwicklung eines wegen Wegfalls der Geschäftsgrundlage gescheiterten Geschäftsanteilskaufvertrages).
30 BFH, 25.10.1960 – I 116/60, BStBl. 1961 III, S. 94.
31 So der Sachverhalt in BFH, 24.08.2006 – IX R 40/05, ErbStB 2006, 338 (Schenkungsvereinbarung wird in angeblich von Anfang an gewollte Übertragung gegen Schuldübernahme geändert; der klare Wortlaut der ersten Urkunde steht der Rückwirkung entgegen).
32 Beispiel: FG Köln, 27.09.2006 – 11 K 5823/04, DStRE 2007, 597 zur Änderung der Lastenverteilung beim Nießbrauch.

III. Fremdvergleich

1. Grundsatz

5678 Rechtsgeschäfte unter nahen Angehörigen müssen schließlich inhaltlich wie unter fremden Dritten ausgestaltet sein, obgleich damit die besondere Natur des Innenverhältnisses unter Angehörigen wesenswidrig geleugnet wird.[33] Dieses am Äquivalenzprinzip ausgerichtete Prüfungskriterium erfasst jedoch naheliegender Weise in erster Linie solche Austauschverträge, die auf entgeltliche, üblicherweise unter kaufmännischen Gesichtspunkten abgewogene Leistungs-Gegenleistungs-Beziehungen ausgerichtet sind (z.B. Arbeitsverträge – Rdn. 5690 ff. –, Darlehensverträge – Rdn. 5680 ff. – und Kaufverträge: wird also z.b. ein Kaufvertrag unter Ehegatten aus einem Darlehen finanziert, das der Verkäufer als Gesamtschuldner weiterhin mitschuldet, liegt ein Gestaltungsmissbrauch i.S.d. § 42 AO vor).[34]

5679 Dem Eigentümer eines Immobilienobjekts steht es dagegen frei, dies nach seiner Wahl entgeltlich, teilentgeltlich oder unentgeltlich zu übertragen und dementsprechend auch **Preiszuordnungen** für steuerrechtlich eigenständige Gebäudeteile (Wirtschaftsgüter) in Übereinstimmung mit dem Erwerber festzulegen (vgl. Rdn. 5699). Einzubeziehen in die Fremdvergleichsprüfung sind lediglich die Vereinbarungen zwischen den Beteiligten selbst,[35] entscheidend ist ferner die Gesamtschau aller Umstände, so dass einzelne Elemente der Abweichung (z.B. Verzicht auf Besicherung eines Kreditvertrages)[36] noch nicht die steuerrechtliche Unbeachtlichkeit rechtfertigen.

2. Darlehen

5680 Notwendige Voraussetzungen der Anerkennung sind nach Auffassung der Finanzverwaltung[37] im Vorhinein getroffene Vereinbarungen über Laufzeit und Art und Zeitpunkt der Rückzahlung des Darlehens – schädlich wären demnach z.B. Rückzahlungsmodalitäten »je nach Liquiditätslage des Betriebs« oder ein gänzlicher Ausschluss des Rückzahlungsanspruchs zu Lebzeiten des Darlehensnehmers, wobei die Tilgungsmodalitäten nicht sicherstellen müssen, dass der Gläubiger die Tilgung voraussichtlich noch erleben wird[38] –, über die Entrichtung der Zinsen zu den Fälligkeitszeitpunkten und jedenfalls bei Angehörigendarlehen ab 4-jähriger Laufzeit die ausreichende Besicherung[39] des Rückzahlungsanspruchs. Vergleichsmaßstab ist nach Ansicht des BFH[40] stets, was im Bereich der Geldanlagen ansonsten üblich ist, während die Finanzverwaltung[41] ausschließlich auf die Vertragsbeziehungen zwischen Darlehensnehmern und Kreditinstituten abstellt. Eine Ausnahme gilt für Darlehensverträge zwischen volljährigen, voneinander unabhängigen Angehörigen zur Finanzierung der Anschaffung oder Herstellung von Vermögensgegenständen, wenn die Kreditmittel sonst bei Dritten aufgenommen werden müssten, also aus eindeutig betrieblicher Veranlassung: in diesem Fall kommt es nur auf die tatsächliche Durchführung der im Vorhinein getroffenen Zins- und

---

33 Vgl. *Kirnberger*, ErbStB 2007, 59, der für eigene gesetzliche Regelungen für Familiengesellschaften plädiert.
34 FG Stuttgart, NotBZ 2006, 291.
35 Nicht also z.B. das Verhältnis zum finanzierenden Kreditinstitut im Rahmen eines Kaufvertrages zwischen Angehörigen, bei dem der Verkäufer weiter die Mithaftung für den Kredit übernimmt: BFH, ZNotP 2003, 271 m. Anm. *Reich*, 247.
36 BFH, 06.03.2003 – IV R 21/01, DStRE 2003, 1372. *Lotter*, MittBayNot 2005, 210 legt dar, dass Eigenheimzulage demnach auch dann zu gewähren ist, wenn der Kaufpreis durch ein Verkäuferdarlehen aufgebracht wird, das seinerseits nicht dem Fremdvergleich standhält.
37 BMF v. 23.12.2010, BStBl. 2011 I, S. 37; hierzu krit. *Paus*, EStB 2011, 262 ff.
38 FG Stuttgart, DStRE 2006, 408.
39 BFH, DStR 2000, 1049; bei kurzfristigen oder jederzeit kündbaren Darlehen kommt es auf die Umstände des Einzelfalls (Darlehenshöhe, Bonität etc.) an, vgl. die vorangehende Fußnote. BMF v. 23.12.2010, BStBl. 2011 I, S. 37 Tz. 6 erwähnt das Vierjahreskriterium nicht.
40 BFH, 22.10.2013 – X R 26/11, EStB 2014, 3; hierzu *Osterloh*, DStR 2014, 393 ff.
41 BMF v. 23.12.2010, BStBl 2011 I 37 Rz. 4 Satz 3.

A. Voraussetzung der steuerlichen Anerkennung von Geschäften unter Verwandten **Kapitel 13**

Rückzahlungspflichten an, die Höhe der Zinsen und die Art der Besicherung brauchen dann nicht geprüft zu werden.[42]

Besonderheiten gelten, wenn aus Betriebsvermögen Geldbeträge an nahe Angehörige (insb. Kinder) verschenkt werden und diese (oder deren Ehegatte)[43] sodann den Betrag als zinspflichtiges Darlehen an das Unternehmen zurückgewähren. Bereits aufgrund der vorangegangenen Schenkung ist in diesen Fällen (ebenso wie in den Fällen, in denen geschuldete Auszahlungen »stehen bleiben« und im Wege der Novation in eine Darlehen umgewandelt werden, ohne dass zuvor die Auszahlung angeboten worden wäre) eine striktere Prüfung angezeigt.[44] Steht die Schenkung unter dem Junktim der Rückgewähr des Darlehens (Schenkung unter Auflage oder Schenkungsversprechen unter aufschiebender Bedingung der Rückgewähr als Darlehen), sind die Zinszahlungen steuerlich nicht abzugsfähig, vielmehr handelt es sich um eine modifizierte Schenkung mit aufgeschobenem Vollzug bis zur Rückzahlung des »Darlehens«, zuzüglich der vermeintlichen Darlehenszinsen. Diese Abhängigkeit wird unwiderleglich vermutet, wenn Kapitalzuwendung und Darlehen in derselben Urkunde vereinbart sind.[45] Die Vermutung ist hingegen widerleglich in den Fällen, in denen eine Darlehenskündigung nur mit Zustimmung des Schenkers zulässig ist oder ein zuvor aus anderem Rechtsgrund geschuldeter Betrag in eine Darlehensschuld umgewandelt wird. Hat der Beschenkte jedoch tatsächliche Herrschaft über den Betrag erlangt und erfolgt die Darlehensrückgewähr erst bspw. einen Monat später aus neuem Entschluss, und zwar zu fremdüblichen Konditionen, ist die Gestaltung anzuerkennen.

5681

▶ Hinweis:

Wirtschaftlich vergleichbare Resultate lassen sich durch die schenkweise Einräumung einer stillen Beteiligung erzielen, die – sofern der Beschenkte auch Verluste zu tragen hätte – (unabhängig von deren realer Wahrscheinlichkeit) grds. auch unter Verwandten steuerlich anerkannt wird.

Die Finanzverwaltung hat die anzuwendenden Grundsätze im BMF-Schreiben v. 29.04.2014[46] zusammengefasst: (1) Sofern das Darlehen aus Mitteln gewährt wird, die zuvor vom Darlehensnehmer geschenkt worden waren, müssen sowohl die Vereinbarungen hinsichtlich Laufzeit, Art und Zeitpunkt der Rückzahlung, Höhe der Verzinsung, Besicherung als auch deren Durchführung dem entsprechen, was zwischen Kreditinstituten und ihren Kunden üblich ist. (2) Gleiches gilt, wenn eine an sich geschuldete Gegenleistung darlehenshalber »stehengelassen« wird, insbesondere sind dann auch klare Regelungen zur Kündigung der gestundeten Beträge erforderlich. (3) Wird das Darlehen jedoch schlicht zur Finanzierung von Anschaffungs- oder Herstellungskosten eines Wirtschaftsgutes gewährt, müssen nur die Hauptleistungspflichten, also die Darlehenshingabe und die Zinshöhe, klar (wenn auch möglicherweise nicht in banküblicher Höhe) geregelt und tatsächlich erfüllt werden, die übrigen Klauseln, etwa die Besicherung, müssen jedoch einem Fremdvergleich nicht standhalten.

5682

Abweichende Regeln gelten bei Darlehensverträgen eines Gesellschafters mit »seiner« vermögensverwaltenden Personengesellschaft.[47]

Die Zinsen aus der Darlehensgewährung an nahe Angehörige unterliegen gem. § 32d Abs. 2 Nr. 1a EStG jedenfalls dann nicht der Abgeltungssteuer (§ 32d Abs. 1 EStG), sondern der individuellen Grenzbesteuerung, wenn der Darlehensnehmer wirtschaftlich vom Darlehensgeber ab-

5683

---

42 BFH, 25.01.2000 – VIII R 50/97, DStR 2000, 1049.
43 Die Finanzverwaltung stellt diesen Fall zur Missbrauchsvermeidung einer unmittelbaren Schenkung an den Darlehensgeber gleich, krit. *Paus*, EStB 2011, 262, 264.
44 BFH, 22.10.2013 – X R 26/11, EStB 2014, 3.
45 BFH, DStR 2001, 479; BMF v. 23.12.2010, BStBl. 2011 I, S. 37 Tz. 11.
46 BMF-Schreiben v. 29.04.2014 – IV C 6 – S 2144/07/10004, DStR 2014, 953.
47 OFD Münster, 07.01.2016, ESt-Kurzinfo Nr. 1/2016, EStB 2016, 59.

hängig ist (»nahe stehende Person«),[48] vgl. Rdn. 2874 ff. Zinsen für ein Darlehen, das ein Gesellschafter »seiner« vermögensverwaltenden Personengesellschaft gewährt, sind nur hinsichtlich der Fremdgesellschafteranteile abzugsfähig.[49]

3. Mietverträge

5684 Beim wichtigen Anwendungsfall des **Mietvertrags** über Wohnungen zu Wohnzwecken[50] erfährt der Fremdvergleichsgrundsatz eine Durchbrechung in Gestalt des § 21 Abs. 2 Satz 2 EStG (in Veranlagungszeiträumen **bis einschließlich 2011** sind mindestens 56 – vor 31.12.2003: 50 % – der ortsüblichen Marktmiete sind ausreichend für die vollen Entgeltlichkeit, also den vollen Werbungskostenabzug bei Vermietung von Grundstücken im Privatvermögen). Wurde dieser Prozentsatz (56 %) unterschritten, erfolgte eine Aufspaltung des Vertragsverhältnisses: der an 100 fehlende Teil der Entgeltlichkeit bildet eine unentgeltliche Wohnungsleihe, ohne Werbungskostenabzug (dann kann jedoch das insoweit nicht marktgerechte Verhalten des Steuerpflichtigen für die Prüfung seiner Einkünfteerzielungsabsicht i.R.d. entgeltlichen Teils keine Bedeutung mehr erlangen.)[51]

5685 Nach ständiger Rechtsprechung des BFH[52] bedurfte es aber zusätzlich des Nachweises der Gewinnerzielungsabsicht: Bei einer Miete zwischen 56 und 75 v.H. der Marktmiete sei eine Überschussprognose[53] notwendig; ist sie positiv, waren die Werbungskosten voll abzugsfähig, andernfalls nur hinsichtlich des entgeltlichen Anteiles.[54] Erst ab 75 % der ortsüblichen Miete könne bei Fehlen sonstiger Merkmale (Ferienobjekt; Rückerwerbsgarantie etc.) regelmäßig auf die Prüfung der Überschusserzielungsabsicht verzichtet werden. Das BMF hat sich (mit Anwendung ab dem 01.01.2004)[55] dieser Auffassung angeschlossen. Die Literatur[56] wies zu Recht darauf hin, dass §§ 557 ff. BGB, insb. die 20 %ige Kappungsgrenze für den Dreijahreszeitraum in § 558 Abs. 3 BGB, einer Anpassung von Mietverträgen, die durch langjährige Kulanz des Vermieters unter die 75 %ige Entgeltgrenze »gerutscht« sind, regelmäßig zivilrechtlich entgegenstehen und einvernehmlich gleichwohl erfolgte Anhebungen gem. § 42 AO die steuerliche Anerkennung versagt werden könnte.[57]

5686 Ab dem **Veranlagungszeitraum 2012** (§ 52 Abs. 1 EStG) vereinfacht § 21 Abs. 2 EStG n.F. die Ermittlung der Einkünfte aus Vermietung und Verpachtung bei Wohnraumüberlassungen unterhalb der ortsüblichen Mieten: Sowohl für die Frage der Aufspaltung in einen entgeltlichen und einen unentgeltlichen Teil als auch für die Frage der Totalüberschussprognose ist nur mehr eine Prozentgrenze maßgebend, die sich auf **66 % der ortsüblichen Miete** beläuft. Übersteigt die Miete diese Schwelle, wird voller Werbungskostenabzug gewährt, ohne dass es einer Totalüberschuss-

---

48 BFH, 28.01.2015 – VIII R 8/14, EStB 2015, 126.
49 OFD NRW, 07.01.2016, DB 2016, 80.
50 § 21 Abs. 2 EStG gilt nicht bei Vermietung von Wohnungen etwa als Kanzlei, Büro etc: OFD Rheinland v. 18.12.2009, DB 2010, 139.
51 BFH, BStBl. 2003 II, S. 806.
52 BFH, 05.11.2002 – IX R 48/01, DStR 2003, 74 entgegen BFH, BStBl. 1993 II, S. 490 und BFH, BStBl. 1999 II, S. 826.
53 Maßgeblich ist ein Zeitraum von 30 Jahren, vgl. auch FG Düsseldorf, DStRE 2003, 1096; BFH, DStR 2003, 1742.
54 Erfolgt eine Aufspaltung, ist allerdings die Verbilligung (der »unentgeltliche Anteil«) weder bei der Fremdvergleichsprüfung noch i.R.d. Prüfung der Einkünfteerzielungsabsicht zu berücksichtigen, vgl. BFH, 22.07.2003 – IX R 59/02, FR 2003, 1180 = EStB 2003, 415.
55 Im Erlass v. 29.07.2003 (FR 2003, 873; EStB 2003, 336).
56 *Wübbelsmann*, EStB 2003, 361.
57 Vgl. FG München, EFG 1998, 305; *Sauren*, DStR 2004, 943. Großzügiger jedoch nunmehr OFD Münster v. 13.02.2004, DStR 2004, 957: Mieterhöhung über die Grenzen des § 558 Abs. 3 BGB hinaus allein genüge nicht zum Ausschluss der steuerlichen Anerkennung des Mietverhältnisses.

prognose bedürfte. Unterhalb dieser Schwelle findet eine Aufteilung in einen entgeltlichen und einen unentgeltlichen Teil statt (um letzteren wird der Werbungskostenabzug gekürzt).

Mietverträge mit eigenen Kindern stellen nach neuerer Rechtsprechung des BFH auch dann keinen Gestaltungsmissbrauch i.S.d. § 42 AO (Rdn. 5693 ff.) dar, wenn die Mietzahlung nur aus elterlich gewährtem laufendem Barunterhalt erfolgen kann;[58] allerdings bedarf es dann eines tatsächlichen Hin- und Herzahlens, sonst handelt es sich um die Gewährung von Naturalunterhalt durch Wohnraumüberlassung.[59] Unproblematisch sind auch Sachverhalte, in denen der Unterhaltsberechtigte die Miete aus den Erträgen des ihm zuvor vom Unterhaltsverpflichteten geschenkten Kapitals bestreiten kann.[60] Schädlich ist jedoch die Begleichung der Mietzahlung aus der Substanz des zugewendeten Kapitals, da die Geldschenkung dann lediglich eine Vorauszahlung auf künftige Unterhaltsansprüche sei.[61]

5687

Steuerrechtlich anerkannt werden auch Mietverträge mit dem geschiedenen Ehegatten, dem zuvor Barunterhalt gewährt wurde (§ 1585 Abs. 1 BGB),[62] oder mit den eigenen Eltern, welche die Miete aus Barunterhalt bestreiten (§ 1612 Abs. 1 Satz 1 BGB)[63] oder auch durch Verrechnung mit einer früheren Schenkung, die in Höhe der Miete in Ausübung eines vorbehaltenen Widerrufsrechtes jeweils Stück für Stück widerrufen wird.[64] Die unentgeltliche Überlassung einer Wohnung zu Unterhaltszwecken an den geschiedenen oder getrennt lebenden Ehegatten (ohne »Anmietung«) kann ihrerseits steuerrechtlich zum Sonderausgabenabzug (begrenztes Realsplitting, Anlage U[65]) berechtigen i.H.d. objektiven Mietwerts.[66]

5688

Inhaltlich müssen im Mietvertrag zumindest die Hauptpflichten klar geregelt sein;[67] die Auslassung von Einzelheiten, etwa in Bezug auf die Nebenkosten, ist jedoch unschädlich.[68] Werden solche Details jedoch normiert, müssen sie entsprechend umgesetzt werden (Nebenkostenabrechnung!)[69] Gegen die Anerkennung spricht daher auch, wenn anstelle der vereinbarten bargeldlosen Mietzahlung die Miete in bar entrichtet wird,[70] sowie die zeitnahe Rücküberweisung des Mietbetrages ohne anderweitige Verpflichtung hierzu.[71] Auch Unregelmäßigkeiten beim Zustandekommen des Vertrages sind Indizien gegen die Anerkennung.[72] Die steuerliche Anerkennung ist auch dann zu versagen, wenn das Mietverhältnis in zahlreichen Punkten von den zwischen fremden Dritten üblichen Vertragsinhalten abweicht, bspw. eine Mietzahlung nur einmal jährlich im Nachhinein vorsieht, Nebenkosten ohne Vorauszahlungen abgerechnet und mit erheblicher Verzögerung bezahlt werden, ebenso wenn die Mietbeträge aus vorbehaltenen jährlichen Schenkungs-

5689

---

58 BFH, BStBl. 2000 II, S. 2223 und BStBl. 2000 II, S. 224. Anders zuvor noch BFH, BStBl. 1988 II, S. 604, da Eltern dem unverheirateten Kind gegenüber die Form der Unterhaltsgewährung gem. § 1612 Abs. 2 Satz 1 BGB bestimmen können und dies durch die Wohnraumüberlassung bereits vorgenommen hätten.
59 FG Düsseldorf, 20.05.2015 – 7 K 1077/14, NWB 2016, 16 (bestätigt durch: BFH, 16.02.2016 – IX R 28/15).
60 BFH, BStBl. 1994 II, 694.
61 FG Berlin, DStRE 2001, 912.
62 BFH, BStBl. 1996 II, S. 214.
63 BFH, BStBl. 1997 II, S. 52.
64 FG Berlin-Brandenburg, 01.10.2015 – 7 K 7216/13, ErbStB 2016, 333.
65 Bis zum Unterhaltshöchstbetrag von [2016] 13.805 Euro/Jahr, bei Angabe der Steuer-Identifikationsnummer des Empfängers.
66 BFH, DStR 2000, 1303.
67 FG Sachsen-Anhalt, DStRE 2001, 919.
68 BFH, DStR 1998, 761.
69 FG Düsseldorf, DStRE 2000, 686.
70 BFH, DStR 1997, 1117.
71 FG Düsseldorf, 25.06.2010 – 1 K 292/09 E, NWB 2010, 2196.
72 Bsp. aus BFH, 21.11.2013 – IX R 26/12, EStB 2014, 97: Unterschrift des Vermieters fehlt, Vertretung mehrerer angehöriger Mieter gegenseitig ohne nachweisbare Vollmacht.

rückforderungen stammen sollen.[73] Schädlich ist schließlich ferner, die Miethöhe nur »vorbehaltlich der Anerkennung durch das Finanzamt« zu vereinbaren, da sich ein fremder Dritter auf einen solchen Vorbehalt nicht einlassen würde;[74] Vertragsverletzungen müssen beanstandet werden,[75] und ggf. zur zeitnahen Kündigung führen.[76]

4. Arbeitsverträge

5690 Ungeachtet des (allerdings nicht als Wirksamkeitserfordernis ausgestalteten) Schriftlichkeitsgebotes des Nachweisgesetzes kann die Anerkennung eines Arbeitsvertrags zwischen Angehörigen[77] nicht allein mit Hinweis darauf versagt werden, der Vertrag sei nicht schriftlich abgefasst, es fehle eine Konkretisierung über Art und Umfang der zu erbringenden Leistung, es würden keine Stundenzettel geführt bzw. es fehle eine Regelung zum Urlaubsanspruch. Allerdings ist es schädlich, wenn die vereinbarte Stundenzahl gar nicht geleistet worden sein kann, weil es an zu erledigender Arbeit fehlte.[78] Strenger sind die Anforderungen an **Ehegatten-Arbeitsverhältnisse**, wo die fehlende Schriftform faktisch zumeist zur Nichtanerkennung führt[79] und es sogar einer Entscheidung des BVerfG[80] bedürfte, um die Anerkennung solcher Arbeitsverhältnisse auch dann zu gewährleisten, wenn der Lohn auf ein sog. »Oder-Konto« entrichtet wird.[81] Ist die Vergütung unangemessen hoch, entfällt nicht die steuerliche Anerkennung insgesamt, sondern nur bzgl. des Übermaßes,[82] während umgekehrt eine Übererfüllung der Arbeitsverpflichtung unschädlich ist.[83] Ist der Betrieb Bestandteil des Gesamtgutes der ehelichen Gütergemeinschaft, scheiden steuerlich anerkennungsfähige Ehegattenarbeitsverhältnisse jedoch gänzlich aus.[84]

5691 Betriebliche Altersversorgungszusagen als Vergütungsbestandteil setzen neben der Angemessenheit (dem Grund und der Höhe nach)[85] auch voraus, dass die Altersversorgungszusage erfüllbar sein muss[86] und der Arbeitgeber-Ehegatte tatsächlich mit der Inanspruchnahme aus der Pensionszusage rechnet.[87] Direktversicherungen genügen nicht mehr dem Fremdvergleich, wenn der Aufwand

---

73 BFH, 04.10.2016 – IX R 8/16, ErbStB 2017, 33.
74 BFH, 01.08.2012 – IX R 18/11.
75 Bsp: Schädliche Nichtbeanstandung der Nichtzahlung vereinbarter Mietzahlungen für mehr als ein Jahr, BFH, 22.01.2013 – IX R 70/10, EStB 2013, 217.
76 FG Rheinland-Pfalz, 18.11.2014 – 5 K 1403/14, EFG 2015, 2177 (n. rkr., Az. BFH: IX R 42/15): achtmonatiges Absehen von der Kündigung des Mietverhältnisses mit den eigenen Eltern, die wegen Übersiedlung ins Pflegeheim keine Miete mehr entrichten, ist schädlich.
77 Als solche zählen nicht ehemalige nichteheliche Lebensgefährten, vgl. FG Niedersachsen, 16.11.2016 – 9 K 316/15, ErbStB 2017, 104.
78 BFH, 13.05.2015 – III R 59/13, EStB 2015, 319: 39 Std/Monat Beschäftigung der Schwägerin für Ablage bei nur einer Ausgangsrechnung/Monat.
79 Überblick bei *Becker* NWB 2010, 3122 ff.; vgl. FG Rheinland-Pfalz, DB 1995, 503.
80 DStR 1995, 1908.
81 Für schädlich hielt dies noch BFG – GS 1/88, DB 1990, 1166.
82 BFH, BB 1983, 1835; Gleiches gilt bei der Bestimmung der Bemessungsgrundlage für das Arbeitslosengeld (§ 134 Abs. 2 Nr. 1 SGB III).
83 BFH, 17.07.2013 – X R 31/12, EStB 2013, 444.
84 Da in diesem Fall eine Mitunternehmerschaft der Ehegatten angenommen wird und die Arbeitsvergütung Gewinnanteil i.S.d. § 15 Abs. 1 Nr. 2 EStG ist.
85 Dies ist zu prüfen zunächst nach dem internen Fremdvergleich (unter Heranziehung vergleichbarer anderer Arbeitnehmer des Betriebs), hilfsweise danach, ob eine hohe Wahrscheinlichkeit dafür spricht, dass der Arbeitgeber-Ehegatte auch fremdem Arbeitnehmer eine solche Versorgung eingeräumt haben würde, BFH, BStBl. 1993 II, 604.
86 Erforderlich ist also bspw. eine Rückdeckungsversicherung für den Fall der Einstellung oder Veräußerung des Unternehmens, BMF v. 04.09.1984, BStBl. 1984 I, 495, dort I Abs. 5.
87 Daran kann es insb. fehlen, wenn der versorgungsberechtigte Arbeitnehmer-Ehegatte wesentlich jünger ist als der versorgungsverpflichtete Ehegatte, so dass davon auszugehen ist, dass der Berechtigte den Ver-

A. Voraussetzung der steuerlichen Anerkennung von Geschäften unter Verwandten — Kapitel 13

für die Versicherungsbeiträge mehr als 30 % der Arbeitsvergütung des Arbeitnehmer-Ehegatten umfasst,[88] wobei allein das Fehlen einer Rückdeckungsversicherung[89] die steuerliche Anerkennung nicht zwingend ausschließt.[90] (Zu Besonderheiten der Pensionszusage an Gesellschafter-Geschäftsführer vgl. Rdn. 2849 ff.).

Die strengen Regelungen der Arbeitsverhältnisse mit Angehörigen bzw. Ehegatten sollen auch gelten, wenn eine Personengesellschaft oder Kapitalgesellschaft Arbeitgeber ist, diese jedoch durch den Verwandten/Angehörigen beherrscht wird (Beteiligung über 50 %). Bei Kapitalgesellschaften sind jedoch die Regeln der verdeckten Gewinnausschüttung (auch zugunsten dem Anteilseigner nahestehenden Personen) vorrangig, Rdn. 5746, 2848 ff. — 5692

IV. Exkurs: Gestaltungsmissbrauch/Gesamtplan

Für die Veranlagungszeiträume 2008 und später wurde § 42 AO durch das Jahressteuergesetz 2008[91] dergestalt verschärft, dass jede »unangemessene rechtliche Gestaltung«, die beim Steuerpflichtigen oder einem Dritten im Vergleich zu einer angemessenen Gestaltung zu einem gesetzlich nicht vorgesehenen Steuervorteil führt, als **Missbrauch** gewertet wird. Es obliegt dem Steuerpflichtigen, außersteuerliche Gründe nachzuweisen, die nach dem Gesamtbild der Verhältnisse beachtlich sind, um die sonst eintretende Rechtsfolge (Entstehen des Steueranspruchs so, wie er bei einer den wirtschaftlichen Vorgängen angemessenen rechtlichen Gestaltung sich berechnen würde) zu vermeiden. Spezialgesetzliche Missbrauchsregelungen sperren nicht die Anwendung des § 42 AO, vgl. dort Abs. 1 Satz 3. § 42 AO wird teilweise als »Einbruchsstelle der Gefühlsjurisprudenz« bezeichnet. — 5693

Andererseits steht es auch Angehörigen frei, ihre Rechtsverhältnisse untereinander steuerlich möglichst günstig zu gestalten. Unangemessenheit i.S.d. § 42 AO liegt erst dann vor, wenn der Steuerpflichtige die vom Gesetzgeber vorausgesetzte Gestaltung zum Erreichen eines bestimmten wirtschaftlichen Ziels nicht gebraucht, sondern dafür einen ungewöhnlichen Weg wählt, auf dem nach den Wertungen des Gesetzgebers das Ziel nicht erreichbar sein soll. Eltern können also bspw. sich ohne Weiteres dafür entscheiden, ihre Unterhaltspflicht gegenüber dem (studierenden) Kind dadurch zu erfüllen, dass sie diesem eigene Einkünfte verschaffen in Gestalt der befristeten, unentgeltlichen Zuwendung eines Nießbrauchsrechts an einer vermieteten Immobilie.[92] — 5694

Wenn auch nicht unmittelbar auf Geschäfte unter Angehörigen begrenzt, kann die in Ausgestaltung des zum 01.01.2008 – vgl. Rn. 4059 der 3. Auflage dieses Werks – verschärften § 42 AO (Missbrauch steuerlicher Gestaltungsmöglichkeiten) sich seit etwa 2000[93] entwickelnde **Gesamtplanrechtsprechung** zu einer Versagung von Steuereffekten gerade im Kontext innerfamiliärer Übertragungen führen (vgl. etwa zur Kettenschenkung Rdn. 3298, zum Familienheim-Schaukelmodell Rdn. 3277, zum Nießbrauchsvorbehalt mit Sofortversteuerung und baldiger Aufgabe Rdn. 4991; zum »gestreckten Erwerbstatbestand« der Nießbrauchsablösung gegen Versorgungsrente vgl. Rdn. 3811, 6339, zur »zeitgleichen«, jeweils für sich buchwertverknüpften, Übertragung des Sonderbetriebsvermögens und des Mitunternehmeranteils vgl. Rdn. 6002). — 5695

---

 pflichteten überlebt und dadurch Vereinigung von Forderung und Schuld in einer Person eintritt, BFH, BStBl. 1994 II, S. 111, für eine Pensionszusage zwischen Eltern und Kind.
88 BFH, BStBl. 1989 II, S. 969.
89 Auch die Absicherung durch einen jederzeit liquiden Investmentfonds kommt in Betracht, BMF v. 15.09.1995, DStR 1995, 1633.
90 FG Niedersachsen, GmbHR 1998, 388.
91 BStBl. 2008 I, S. 3171.
92 FG Baden-Württemberg, 13.12.2016 – 11 K 2951/15, ErbStB 2017, 201.
93 BFH, 06.09.2000 – IV R 18/99, BStBl. 2001 II, S. 229.

5696 Ein Gesamtplan ist dadurch gekennzeichnet,[94] dass mehrere in zeitlichem Zusammenhang stehende Teilschritte auf einem von Anfang an bestehenden in sich geschlossenen Konzept beruhen und jeder Teilschritt vom Steuerpflichtigen beherrschbar ist. Die beabsichtigten steuerlichen Konsequenzen wären nicht erreicht worden, wenn der Gesamtplan nicht in Teilschritte zergliedert worden wäre. Wie lange der »gefährliche Zeitraum« dauert, ist nach Maßgabe des Steuertatbestandes des letzten, steuerlich entscheidenden, Teilschrittes zu bemessen.[95] Das im BMF-Schreiben v. 03.03.2005 Tz. 6, 7 genannte Beispiel (Rdn. 6002) beläuft sich auf 4 Monate; beim Zwei-Stufen-Modell der Gründung/Erweiterung einer Sozietät nennt der BFH[96] ein Jahr. Die Obergrenze dürfte sich auf 5 Jahre belaufen,[97] wahrscheinlicher jedoch auf ca. zwei[98] bis drei[99] Jahre.

Nicht förderlich ist daher sicherlich eine schriftliche Fixierung der einzelnen Teilschritte, etwa im Rahmen einer Präambel. Schädlich ist es auch, wenn alle Schritte durch den Erstbeteiligten rechtlich gesteuert werden, z.B. Eltern in einem ersten Schritt ihren minderjährigen Kindern Aktien schenken und sofort im Anschluss, in Vertretung ihrer Kinder, diese Aktien veräußern: der Veräußerungsgewinn i.S.d. § 17 Abs. 1 EStG wird den Eltern zugerechnet.[100]

B. Unterscheidung Privat-/Betriebsvermögen

I. Selbstständige Wirtschaftsgüter

5697 Während ein **Gebäude** (abgesehen von Erbbaurechten, Scheinbestandteilen aufgrund dinglichen Nutzungsrechts, Gebäudeeigentum in den neuen Bundesländern) zivilrechtlich wesentlicher Bestandteil des Grundstücks ist, ist es **ertragsteuerlich verselbstständigt**, unabhängig ob es auf eigenem oder fremdem Grund und Boden errichtet ist. Vom einheitlichen Gebäudebegriff umfasst sind weiterhin bestimmte Außenanlagen (lebende Umzäunung, Garage bei Wohngebäuden, Tore und Versorgungsanlagen außerhalb des Gebäudes), nicht aber sog. selbstständige Gebäudeteile, die nicht in einem einheitlichen Nutzungs- und Funktionszusammenhang mit dem Gebäude stehen. Diese können als bewegliche Teile zu klassifizieren sein (Ladeneinbauten, Gaststätteneinbauten, Mietereinbauten, **Betriebsvorrichtungen**)[101] oder als unbewegliche (Schaufenster, sonstige Außenanlagen und Zuwegungen).

5698 Die Unterscheidung wird bedeutsam i.R.d. **Abschreibung**: Das Grundstück selbst unterliegt keiner Abschreibung, Gebäude und die ihm zugehörigen unselbstständigen Gebäudeteile unterliegen der Abschreibung gem. § 7 Abs. 4 und 5 EStG, unbewegliche selbstständige Wirtschaftsgüter (wie z.B. Hofbefestigungen, Straßenzufahrten) unterliegen der linearen Abschreibung nach § 7 Abs. 1 EStG, bewegliche Wirtschaftsgüter, auch bewegliche selbstständige Gebäudeteile, unterliegen der Abschreibung gem. § 7 Abs. 1 und 2 EStG. Bei der **Aufteilung etwaiger Entgelte** (Rdn. 6188 ff., Rdn. 6217) in den Anteil für Grund und Boden einerseits, für Gebäude andererseits und schließlich für bewegliche Sachen folgt die **Finanzverwaltung** den zwischen den Beteiligten getroffenen, in der Urkunde wiedergegebenen Vereinbarungen, solange diese nachvollziehbar sind, andernfalls erfolgt die Aufteilung nach der Wertermittlungsverordnung (WertV 1988)[102] seit 01.07.2010 der

---

94 Nach *Spindler*, DStR 2005, 1 ff.; vgl. auch *Röhrig/Demant*, EStB 2011, 33 ff. und 77 ff. (zur Umstrukturierung von Personenunternehmen).
95 Vgl. *Strahl*, FR 2004, 929, 934, 935.
96 BStBl. 2004 II, S. 106.
97 *Spindler*, DStR 2005, 4.
98 BFH, 12.04.1989 – I R 105/85, BStBl. 1989 II, S. 653/655: »25 Monate ist die obere Grenze der für einheitliche Vorgänge noch denkbaren Zeitdauer«.
99 BFH, 02.09.1992 – I R 26/91, BFH/NV 1993, 161/162: 3-jähriger Abstand zwischen erstem und letztem Übertragungsakt ist zu groß.
100 FG Rheinland-Pfalz, 23.11.2016 – 2 K 2395/15, ErbStB 2017, 333; n. rkr. (Az. BFH: IX R 19/17).
101 § 68 Abs. 2 Nr. 2 BewG: Lastenaufzüge, Kräne, Kühlvorrichtungen; vgl. hierzu die gleichlautenden Länder-Abgrenzungserlasse v. 05.06.2013, BStBl 2013 I 734, *Schumann*, EStB 2013, 468 ff.
102 BFH, BStBl. 2001 II, S. 183 ff.

B. Unterscheidung Privat-/Betriebsvermögen — Kapitel 13

Immobilienwertermittlungsverordnung (ImmoWertV),[103] ergänzt durch die in den **Wertermittlungsrichtlinien**[104] enthaltenen Verwaltungsanweisungen.

Auch die von den Beteiligten getroffene Zuordnung der Entgeltkomponenten auf die einzelnen Wirtschaftsgüter innerhalb eines Gebäudes (z.B. des gezahlten Gleichstellungsgeldes auf die fremd vermietete, nicht die vom Vorbehaltswohnungsrecht erfasste Wohnung im übergebenen Anwesen) ist durch das FA hinzunehmen.[105] Empfehlenswert ist bei Wirtschaftsgütern des Privatvermögens die Zuordnung auf solche Objekte, die (möglichst rasch) abschreibbar sind, also auf die Gebäude; bei Mischvermögen möglichst vorrangig auf die nicht steuerverstrickten Teile (§§ 17, 23 EStG!) des Privatvermögens.[106] Hinsichtlich des Betriebsvermögens empfiehlt sich, wenn Buchwertfortführung angestrebt ist, eine Entgeltausweisung unterhalb der Buchwerte.[107] 5699

Eine weitere entscheidende Differenzierung liegt in der Zuordnung von Grundvermögen zum Betriebsvermögen oder Privatvermögen. Die **Abschreibungsmethodik** und **Abschreibungssätze** sind unterschiedlich; Mieteinnahmen sind im Privatvermögen als Einkünfte aus Vermietung und Verpachtung (nach Zufluss- und Abflussprinzip) zu ermitteln, im Betriebsvermögen durch Betriebsvermögensvergleich nach der wirtschaftlichen Zuordnung (z.B. ist die Dezembermiete also ggf. als Forderung einzubuchen) und unterliegen dort zusätzlich der Gewerbesteuer;[108] Gewinne aus der Veräußerung von Immobilien sind im Betriebsvermögen stets einkommens- bzw. körperschaftsteuer- und zusätzlich gewerbesteuerpflichtig, im Privatvermögen nur bei Vorliegen eines privaten Veräußerungsgeschäfts (§ 23 EStG, Rdn. 6289 ff.). 5700

1. Nutzungsbereiche

Die Zuordnung von Grundstücken zum Betriebs- oder Privatvermögen hängt von Art und Umfang der **Nutzung**, aber auch von Entscheidungen des Steuerpflichtigen ab (vgl. Abschnitt R 4.2 der Einkommensteuerrichtlinien = EStR 2005). Steuerlich ist zu unterscheiden zwischen der Nutzung zu 5701
(1) eigenen Wohnzwecken,
(2) eigenbetrieblichen Zwecken,
(3) fremden Wohnzwecken,
(4) fremdbetrieblichen Zwecken.

Bei **Nutzung zu eigenen Wohnzwecken** (oder unentgeltlicher Überlassung an Dritte zu Wohnzwecken) liegt (vorbehaltlich der Wahlrechte gem. Rdn. 5704) notwendiges Privatvermögen vor. Dies gilt auch für Wohnungen, die sich bisher im Betriebsvermögen befanden, jedoch mit Auslaufen der Übergangsbestimmungen zur 1987 abgeschafften Nutzungswertbesteuerung per 31.12.1998 samt zugeordnetem Grund und Boden[109] als steuerfrei entnommen galten (§ 52 Abs. 15 EStG) – mit Ausnahme von zu privaten Wohnzwecken dienenden Baudenkmalen in 5702

---

103 BGBl. 2010 I 639, vgl. *Eisele/Schmitt*, NWB 2010, 2232 ff.
104 WertR 2006 v. 01.03.2006, BAnz. 2006, 4325 ff.
105 BFH, 27.07.2004 – IX R 54/02, DStRE 2005, 1379; die Finanzverwaltung hat sich dieser Sichtweise angeschlossen: OFD Münster v. 13.01.2006, ZEV 2006, 208 und BMF-Schreiben v. 26.02.2007, BStBl. 2007 I, S. 269 = ZEV 2007, 190 m. Anm. *Geck* (Änderung der Tz. 14 und 47 des BMF-Schreibens v. 13.01.1993 zur vorweggenommenen Erbfolge).
106 *Geck*, ZEV 2007, 191.
107 Nach BMF v. 26.02.2007, BStBl. 2007 I, S., 269 sind vertraglich vereinbarte Einzelpreise für das gesamte Betriebsvermögen einerseits und für daneben übertragene einzelne Wirtschaftsgüter des Privatvermögens jedenfalls bis zur Grenze des Verkehrswertes anzuerkennen.
108 Vgl. *Krauß*, Immobilienkaufverträge in der Praxis, 8. Aufl., Rn. 4898 ff.
109 Hausgarten bis 1000 m² bzw. katastermäßig zugeordnetes, auch größeres, Grundstück.

land- und forstwirtschaftlichem Vermögen (§ 13 Abs. 2 Nr. 2 EStG;[110] die Neuerrichtung einer selbst genutzten oder einer Altenteiler-Wohnung führt gem. § 13 Abs. 5 EStG stets zur steuerfreien Entnahme).

5703 Im Fall der Nutzung **zu eigenbetrieblichen Zwecken** (für einen land- oder forstwirtschaftlichen Betrieb, freiberufliche Tätigkeit[111] oder einen Gewerbebetrieb) liegt notwendiges Betriebsvermögen vor (unabhängig davon, ob die Wirtschaftsgüter in der Buchführung bzw. Bilanz als solche auch erfasst sind, bei Waldgrundstücken als Forstbetrieb sogar unabhängig davon, ob diese tatsächlich bewirtschaftet werden oder nicht[112]). Bei einer Nutzung zu **fremden Wohnzwecken** (Vermietung zu Wohnzwecken) oder **fremdbetrieblichen Zwecken** (Vermietung für betriebliche oder berufliche Zwecke eines Dritten) liegt grds. Privatvermögen vor, es sei denn, der Steuerpflichtige hat die Gegenstände bei der Gewinnermittlung durch Betriebsvermögensvergleich in der Bilanz als gewillkürtes Betriebsvermögen behandelt.[113]

5704 Wird das Grundstück zu mindestens 10 % auch eigenbetrieblich genutzt, ist die Bildung **gewillkürten Betriebsvermögens** für das gesamte Objekt, auch wenn die Restfläche durch Vermietung genutzt wird oder eigenen Wohnzwecken dient, nunmehr sowohl bilanzierenden Unternehmern als auch Einnahmen-Überschuss-Rechnern (§ 4 Abs. 3 EStG), wie etwa Freiberuflern,[114] möglich; erforderlich sind unmissverständliche, zeitnahe[115] Aufzeichnungen, R 4.2 Abs. 1 Satz 3 EStR 2012.[116] Voraussetzung ist weiter, dass der Grundbesitz in einem objektiven Zusammenhang mit dem Betrieb des Vermieters steht und ihn zu fördern bestimmt und geeignet ist.[117] Die lineare AfA erhöht sich auf 3 % (§ 7 Abs. 4 Nr. 1 EStG), allerdings um den Preis zeitlich unbegrenzter Verhaftung der Wertsteigerung.[118]

5705 Innerhalb eines **einheitlichen Gebäudes** können **mehrere Nutzungsarten** verwirklicht sein; es liegen dann steuerlich so viele Wirtschaftsgüter vor, als Nutzungsarten vorhanden sind.[119] Auf einen

---

110 § 13 Abs. 4 EStG erlaubt den [unwiderruflichen] Verzicht auf die Fortführung der Nutzungswertbesteuerung, wiederum mit der Folge der steuerfreien Entnahme der Wohnung samt zugehörigem Grund und Boden in das Privatvermögen.
111 Eine Wohnung, die aufgrund behördlicher Auflage durch einen Freiberufler als Ausgleich für die im eigenen Büro verwirklichte Zweckentfremdung angeschafft werden musste, ist deshalb noch kein notwendiges Betriebsvermögen: BFH, EStB 2005, 164.
112 BFH, 09.03.2017 – VI R 86/14, EStB 2017, 392: Erwerb eines ca. 5 ha großen Waldstücks durch einen fachfremden Privatmann«, Zukauf zweier weiterer Waldflächen von je ca. 1 ha, Verkauf nach 13 Jahren mit Gewinn: Begründung und Verkauf eines Forstbetriebes aufgrund der generationenübergreifenden Totalgewinnprognose.
113 Wobei allerdings bei der Bilanzierung verlustträchtiger (überfinanzierter) Mietwohngrundstücke als gewillkürtem Betriebsvermögen Grenzen bestehen, vgl. FG Hamburg, 15.06.2006 – 2 K 267/04, EFG 2006, 1652; *Hoffmann*, GmbH-StB 2007, 126.
114 *Warnke*, EStB 2013, 276 ff., insbesondere zu Gesellschaftsbeteiligungen als gewillkürtem Betriebsvermögen eines Freiberuflers (z.B. eines Rechtsanwalts, der dadurch zusätzliche Mandate sichern will).
115 Die Rspr. zu § 146 AO geht von 10 Tagen aus.
116 BFH, 02.10.2003 – IV R 13/03, DStR 2003, 2156 m. Anm. *Bischoff*, DStR 2004, 1280 (anders noch BFH, BStBl. 1983 II, S. 101), so auch die Finanzverwaltung (BMF v. 17.11.2004, FR 2005, 117). Bei unteilbaren, gemischt genutzten beweglichen Wirtschaftsgütern (z.B. einem Pkw, nicht aber Gebäudeteilen) kam zuvor für das Gesamtobjekt nur notwendiges Betriebsvermögen in Betracht bei einer betrieblichen Nutzung von mindestens fünfzig v.H. (BFH, BStBl. 1991 II, S. 798). Nunmehr kann das (bewegliche oder unbewegliche) Gesamtobjekt insgesamt, nur der betrieblich genutzte Teil oder das Gesamtobjekt gar nicht dem Betriebsvermögen zugeordnet werden.
117 Vgl. zu damit (insbesondere vor dem JStG 2010) eröffneten umsatzsteuerlichen Gestaltungsmöglichkeiten *Krauß*, Immobilienkaufverträge in der Praxis, 8. Aufl., Rn. 5112 ff.
118 Steuergünstig kann die Übernahme in das Betriebsvermögen sich auch bei Pkw – 1 %-Regelung bei weit überwiegender privater Nutzung – und Wertpapieren mit hohem Währungs- oder Ausfallrisiko auswirken, vgl. *Kratzsch*, NWB 2004, 2861 = Fach 3, S. 13017.
119 Vgl. R 4.2 (4) Satz 1 EStR 2005.

getrennten Ansatz des eigenbetrieblich genutzten Gebäudeteils kann jedoch verzichtet werden, wenn dieser von untergeordneter Bedeutung ist (Wert unter 20 % und unter 20.500,00 €),[120] etwa beim häuslichen Arbeitszimmer. Für die Zurechnung von Aufwendungen, die der Art nach mehrere Gebäudeteile betreffen (z.B. Schuldzinsen), ist abzustellen auf objektiv nachprüfbare, tatsächliche Zuordnungen, mit denen sodann die Schuldzinsen und sonstige Aufwendungen in wirtschaftlichen Zusammenhang zu bringen sind;[121] andernfalls erfolgt eine Aufteilung nach dem Verhältnis der Wohn-/Nutzflächen.[122] Es ist daher dem Steuerpflichtigen zu raten, bereits im Kaufvertrag auf eine Aufteilung der Anschaffungskosten zu drängen, in der Herstellungsphase getrennte Bau- und Darlehenskonten einzurichten und auf separate Rechnungstellung zu achten.

2. »Verdecktes Betriebsvermögen«

Ein besonders praxisrelevantes Problem liegt im Vorliegen »verdeckten Betriebsvermögens«. Folgende Themenkreise sind hervorzuheben: 5706

a) Betriebsaufspaltung

aa) Anforderungen

Bei der **Betriebsaufspaltung**[123] vermietet ein Besitzunternehmen (auch als nicht eingetragener »verdeckter Einzelkaufmann«) eine wesentliche Betriebsgrundlage (Produktions- oder Verwaltungsgebäude) an ein Betriebsunternehmen. Voraussetzung ist eine enge sachliche und personelle Verflechtung zwischen Besitz- und Betriebsunternehmen: 5707

(1) **personelle Verflechtung** liegt vor, wenn eine Person oder eine Personengruppe[124] sowohl das Besitz- als auch das Betriebsunternehmen in der Weise beherrschen, dass sie in der Lage sind, in beiden Unternehmen einen einheitlichen Geschäfts- und Betätigungswillen durchzusetzen[125] (Beispiel: Gütergemeinschaft als Besitz »unternehmen«, personelle Verflechtung gegeben bei Zugehörigkeit des GmbH-Geschäftsanteils zum Gesamtgut;[126] Gesellschafter-Geschäftsführer der Besitz-GbR ist zugleich alleiniger Geschäftsführer der von ihm beherrschten GmbH[127] oder Mehrheitsaktionär der Betriebs-AG;[128] zwei Personen sind alleinige Gesellschafter beider Unternehmen, wenn auch mit unterschiedlichen Mehrheiten;[129] schließlich

---

120 R 4.2 (8) Satz 1 EStR 2005.
121 Grundlegend BMF v. 16.04.2004, BStBl. 2004 I, S. 464 m. Anm. *Kusterer*, EStB 2004, 423; dieselben Grundsätze gelten auch für die Verteilung der Schuldzinsen für ein Darlehen zur Finanzierung von Erhaltungsaufwand an einem gemischt genutzten Grundstück, OFD Koblenz, DStR 2005, 478 und OFD Frankfurt am Main v. 30.08.2006, EStB 2006, 453, ebenso für sonstige Renovierungsarbeiten, OFD München/Nürnberg v. 08.03.2005, EStB 2005, 179.
122 Vgl. BFH, 25.03.2003 – IX R 22/01, EStB 2003, 326: Erfolgt die Darlehensgutschrift auf einem Konto, von dem der Herstellungsaufwand sowohl des künftig eigengenutzten wie auch des zur Vermietung bestimmten Gebäudeteiles bezahlt wird, sind die Finanzierungskosten nur anteilig nach dem Flächenschlüssel zu berücksichtigen; ähnliche Konstellation in BFH, BStBl. 1999 II, S. 676. Noch weiter gehend BMF v. 10.12.1999, BStBl. 1999 I, S. 1130, das typisierend von einer Verwendung der Eigen- und Fremdmittel nach dem Verhältnis der Wohn-/Nutzflächen ausgeht.
123 Monografisch *Carlé*, Die Betriebsaufspaltung, 2. Aufl. 2014; Übersicht bei *Kußmaul/Schwarz*, GmbHR 2012, 834 ff. und *Günther*, EStB 2014, 216 ff. Gesamtdarstellung aus Sicht der Finanzverwaltung: OFD Frankfurt/Main, 10.05.2012 – S 2240 A – 28 – St 219.
124 Bei der umsatzsteuerlichen Organschaft hat BFH, 22.04.2010 – V R 9/09, GmbHR 2010, 823 die Personengruppentheorie aufgegeben; fraglich ist, ob dies auch für die Betriebsaufspaltungsfälle gelten wird, *Dehmer* DStR 2010, 1705.
125 BFH, 08.11.1971 – GrS 2/1971, BStBl. 1972 II, S. 63.
126 BFH, 19.10.2006 – IV R 22/02, DStR 2006, 2207.
127 BFH, 24.08.2006 – IX R 52/04, DStR 2007, 21.
128 BFH, 23.03.2011 – X R 45/09, EStB 2011, 281.
129 BFH, DStR 2000, 816.

die Fälle der weitgehend gleichen Beteiligungsverhältnisse[130] oder faktischer einheitlicher Beherrschung;[131] ebenso kann trotz satzungsmäßigen Einstimmigkeitserfordernisses bei einem Mehrheitsgesellschafter die zusätzliche Übernahme des Geschäftsführeramtes bereits genügen[132] während umgekehrt die Stimmenmehrheit einer »Gruppe« dadurch bedeutungslos werden kann, dass diese nicht alleine die Geschäftsführung auszuüben vermag.[133] Das Handeln eines Testamentsvollstreckers ist den Erben zuzurechnen.[134] Die Herrschaft über das Betriebsunternehmen kann auch mittelbar, also über zwischengeschaltete Beteiligungsgesellschaften, ausgeübt werden;[135] ebenso kann die Herrschaft über das Besitzunternehmen durch einen daran bestehenden Nießbrauch vermittelt werden (Rdn. 5799). Die personelle Verflechtung kann durch ein zuwiderlaufendes Erwerbsangebot unterbrochen werden, sie wird aber erst durch seine Annahme beendet.[136] An der personellen Verflechtung kann es ferner z.B. fehlen, wenn Beschlüsse der Besitzpersonengesellschaft einstimmig gefasst werden müssen, aber nicht alle Besitzgesellschafter an der Betriebsgesellschaft beteiligt sind.

5708 »Institutionalisiert gesichert« wird der einheitliche Betätigungswille bei der »**Einheits-Betriebsaufspaltung**« (das Besitzunternehmen ist alleinige Gesellschafterin der Betriebs-Kapitalgesellschaft; vererbt oder übertragen wird lediglich der Anteil an der Besitz[personen]gesellschaft). Umgekehrt wird ein einheitlicher Betätigungswille vermieden beim sog. **Wiesbadener Modell**, bei welchem das Besitzunternehmen allein dem einen, das Betriebsunternehmen dem anderen Ehegatten gehört,[137] und durch Vereinbarung des Einstimmigkeitserfordernisses[138] bei der Besitzgesellschaft, wenn nur dort ein weiterer Gesellschafter beteiligt ist.[139]

---

130 Nach der vorherrschenden »Personengruppentheorie« genügt es, wenn mehrere Personen als Gruppe in der Lage sind, die Entscheidungen in beiden Unternehmen mit einheitlichem Betätigungswillen zu treffen (angesichts der quotalen Beteiligungsidentität wird Interessengleichklang unterstellt).
131 Diese ist nach BFH, 01.07.2003 – VIII R 24/01, BStBl. 2003 II, S. 757 (ungeachtet eines gesellschaftsvertraglichen Einstimmigkeitserfordernisses) gegeben, wenn z.B. in der Besitzgesellschaft einem Gesellschafter die alleinige Geschäftsführungs- und Vertretungsbefugnis übertragen wurde. Gleiches gilt, wenn ein Gesellschafter hinsichtlich beider Gesellschaften Alleingeschäftsführungsbefugnis hat mit Befreiung von § 181 BGB bzw. aufgrund seiner beherrschenden Stellung bewirken kann, dass hinsichtlich einer der beiden Gesellschaften ein anderer von ihm bestimmter Vertreter auftritt, BFH, 24.08.2006 – IX R 52/04, EStB 2007, 35. Zur Einzelfallprüfung, wenn zugleich Geschäftsführungsbefugnisse anderen Personen als den Mehrheitsgesellschaftern zustehen: BFH, 16.05.2013 – IV R 54/11, MittBayNot 2014, 567 m. Anm. *Wälzholz*.
132 BFH, 30.11.2005 – X R 56/04, BStBl. 2006 II, S. 415; vgl. *Wälzholz*, GmbH-StB 2008, 306.
133 BFH, 16.05.2013 – IV R 54/11, MittBayNot 2014, 567 m. Anm. *Wälzholz*.
134 BFH, 05.06.2008 – IV R 76/05, GmbH-StB 2008, 225, a.A. teilweise H 15.7. Abs. 6 EStH 2005.
135 Vgl. *Roser*, EStB 2009, 177 ff.; dies soll sogar gelten bei zwischengeschalteten, zu mehr als 50 % gehaltenen AG gelten: nicht jede Maßnahme der laufenden Geschäftsführung muss unmittelbar bestimmt werden können (was an den §§ 76, 111, 119 Abs. 2 AktG scheitern würde).
136 BFH, 14.10.2009 – X R 37/07, GmbHR 2010, 269.
137 Gemäß BFH, BStBl. 1986 II, S. 359 und 1987 II, S. 29 im Regelfall keine Betriebsaufspaltung; anders möglicherweise bei einer Verpflichtung zur Übertragung an den anderen Ehegatten im Scheidungsfall. Vgl. hierzu auch BGH, 21.02.2014 – V ZR 176/12, DNotZ 2014; 683 und BGH, 30.01.2015 – V ZR 171/13, MittBayNot 2015, 487; *Herrler*, in: DAI, Aktuelle Probleme der Vertragsgestaltung im Immobilienrecht 2014/2015, S. 127 ff., *Kesseler*, DStR 2015, 1189 ff.: verlangt der nutzende Unternehmer das Grundstück von der Ehefrau, in deren Privatvermögen es sich befand, zurück, muss er die bestehenden Verbindlichkeiten übernehmen, und ggf. einkommensteuerliche Nachteile ersetzen (§ 23 EStG).
138 BFH, DStRE 2000, 412, sofern sich die Einstimmigkeitsvereinbarung auf alle Geschäfte des täglichen Lebens bezieht und nicht nur formaler Natur ist, also praktisch bedeutungslos sei (BMF v. 23.01.1989, BStBl. 1989 I, S. 39): Grundstück bleibt steuerliches Privatvermögen, dessen Verpachtung private Vermögensverwaltung darstellt. Bei Personengesellschaften entspricht das Einstimmigkeitserfordernis übrigens der gesetzlichen Regel, vgl. § 709 Abs. 1 BGB, § 119 Abs. 1 HGB.
139 Es sei denn, ein Gesellschafter hat hinsichtlich beider Gesellschaften Alleingeschäftsführungsbefugnis mit Befreiung von § 181 BGB bzw. kann aufgrund seiner beherrschenden Stellung bewirken, dass hin-

B. Unterscheidung Privat-/Betriebsvermögen   Kapitel 13

(2) die **sachliche Verflechtung** erfordert, dass die vermieteten Gebäudeteile »wesentliche Betriebs- 5709
grundlage« des Betriebsunternehmens darstellen, also – nach den insoweit immer stärker abgeschwächten Kriterien – für dieses von wirtschaftlich nicht nur geringer Bedeutung sind.[140] Letzteres wird bejaht, wenn die Immobilie die räumliche und funktionale Grundlage der Geschäftstätigkeit der Betriebsgesellschaft bildet und es ihr ermöglicht, den Geschäftsbetrieb aufzunehmen und auszuüben.[141] Eine branchenspezifische Herrichtung und Ausgestaltung ist hingegen nicht erforderlich, so dass auch reine Büro- und Verwaltungsgebäude[142] genügen und sogar die Vermietung eines häuslichen Büroraumes im eigenen Einfamilienhaus (»Allerweltsgebäude«) an die eigene Dienstleistungs-GmbH ausreicht![143] Es genügt, wenn die Räumlichkeiten z.B. nur 10 % der Nutzfläche des gesamten Unternehmens ausmachen (etwa bei einem Filialhandelsgeschäft).[144] Möglicherweise scheidet jedoch bei der Vermietung des häuslichen Arbeitszimmers an die GmbH eine Betriebsaufspaltung aus, wenn ein Einzelgewerbetreibender als »Besitzunternehmer« den betreffenden Gebäudeteil nicht als Betriebsvermögen zu behandeln braucht und auch nicht als solchen behandelt (§ 8 EStDV: Wertanteil unter 1/5 des gemeinen Werts des Gesamtgrundstücks und unter 20.500,00 €).

bb) Erscheinungsformen

Eine Betriebsaufspaltung kann (als »echte«) durch Aufspaltung eines bisher einheitlichen Unter- 5710
nehmens in Besitz- und Betriebsunternehmen oder durch Übertragung aller Aktiva[145] und Passiva mit Ausnahme der Immobilie auf eine neu gegründete Betriebsgesellschaft entstehen[146] (Gefahr verschleierter Sacheinlage, wenn die bar gegründete Betriebskapitalgesellschaft sodann das Vorratsvermögen »ankauft«!),[147] oder auch (als »unechte«) durch nachträgliche Verbindung zweier bestehender Unternehmen im Wege eines Pachtvertrages. Zur »kapitalistischen« bzw. »mitunternehmerischen« Betriebsaufspaltung vgl. unten Rdn. 5722.

---

sichtlich einer der beiden Gesellschaften ein anderer von ihm bestimmter Vertreter auftritt, BFH, 24.08.2006 – IX R 52/04, EStB 2007, 35.
140 BFH, 23.01.2001 – VIII R 71/98, BFH/NV 2001, 894. Prozentual dürfte die Grenze bei etwa 10 % liegen, vgl. BFH, BStBl. 2004 II, S. 985 zur Wesentlichkeit von Flächen bei landwirtschaftlichen Betrieben mit Parallelen zur Zuordnungsfähigkeit zum gewillkürten Betriebsvermögen, zu Vorsteuerabzug, zur schädlichen Nebentätigkeit bei der Gewerbesteuerkürzung gem. § 9 Nr. 1 Satz 2 GewStG. Ähnlich FG Köln DStR 200, 1254 (Az. BFH: VIII R 16/06): unwesentlich, wenn Grundstück hinsichtlich Ertrag, Umsatz und Größe weniger als 10 % der Betriebsgesellschaft ausmacht.
141 BFH, 11.02.2003 – IX R 43/01, BFH/NV 2003, 910.
142 BFH, 19.03.2002 – VIII R 57/99, BStBl. 2002 II, S. 662; BMF v. 18.09.2001, BStBl. 2001 I, S. 634. Ebenso BFH, 16.02.2012 – X B 99/10: besonderer Lagevorteil durch das Grundstück sowie besondere Ausgestaltung des Gebäudes für den Betrieb sind nicht erforderlich.
143 BFH, 13.07.2006 – IV R 25/05, EStB 2006, 396; *Wälzholz*, GmbH-StB 2008, 305; vermutlich wird die »Wesentlichkeit der Betriebsgrundlage« auch in anderem ertragsteuerlichem Kontext (Veräußerung/Aufgabe i.S.d. § 16 EStG, Einbringung i.S.d. §§ 20, 24 UmwStG) dann bejaht werden, so dass die betreffenden Räumlichkeiten mit einzubringen/zu veräußern wären, vgl. *Patt*, EStB 2006, 4546.
144 BFH, 19.03.2009 – IV R 78/06, GmbHR 2009, 724 m. krit. Anm. *Hoffmann*.
145 Mitübertragen ist der good will (Geschäftswert), BFH, 16.06.2004 – X R 34/03, BStBl. 2005 II, S. 378.
146 Umfangreiche Checkliste auch zu den praktischen Folgeschritten (Umstellung der Rechnungsformulare, Meldungen an das FA etc.) bei *Arens*, »Gestaltungsformen mittelständischer Unternehmen in der notariellen Praxis«, Seminarskript Auditorium Celle 09.03.2007, S. 61 ff., samt Muster einer Arbeitnehmer-Übernahmevereinbarung.
147 Das MoMiG hat insoweit Erleichterungen gebracht (keine Nichtigkeit der Einlageverträge, Anrechnung des Einbringungswertes), vgl. *Mohr*, GmbH-StB 2009, 134 ff.

cc) Folgen

5711 Steuerrechtlich führen alle Varianten zum selben Ergebnis: Das Vermögen der Besitzgesellschaft bleibt/wird[148] steuerliches Betriebs(anlage-, nicht umlauf-)[149] vermögen mit Buchwertfortführung, scheidet aber aus der Haftung für die **Risiken der Betriebsgesellschaft** (Sozialplan gem. § 112 BetrVG! Gewährleistungen! Gefährdungshaftungen![150] verschuldensunabhängige Produkthaftung gem. ProduktHaftungsG bis zu 85 Mio. €! Prospekthaftung![151]) aus. Hierin liegt das **zivilrechtliche Hauptmotiv** der Betriebsaufspaltung.

5712 Es wurde allerdings konterkariert durch die ausufernde Rechtsprechung des BGH[152] zur **eigenkapitalersetzenden Nutzungsüberlassung** i.R.d. Generalklausel des § 32a Abs. 3 GmbHG a.F. (bis zum Inkrafttreten des MoMiG), vgl. auch Rdn. 2737. Sie kann vorliegen, wenn das Grundstück den Bedürfnissen des Unternehmens besonders angepasst ist oder die Betriebsgesellschaft nicht in der Lage wäre, die Investitionskosten für das Grundstück aufzubringen oder zu finanzieren. Wurde dann der Pachtvertrag in der beginnenden Krise nicht sofort zum nächstmöglichen Termin gekündigt, konnte der Insolvenzverwalter zum einen die Weiterüberlassung (auch zur Untervermietung!) pachtfrei[153] i.d.R.[154] mindestens so lange verlangen, wie ein außenstehender Dritter den Mietvertrag abgeschlossen hätte, und zum anderen die in der Vergangenheit unter Verletzung des Auszahlungsverbotes (**§ 30 GmbHG**) an den Gesellschafter[155] ausbezahlten Pachten zurückverlangen. Das **MoMiG** hat insoweit ab 01.11.2008 eine rechtsformneutrale Neuregelung in Gestalt des § 135 Abs. 3 InsO geschaffen:

5713 Demnach[156] steht nunmehr dem Überlassenden ab Eröffnung der Insolvenz über das Vermögen der benutzenden Gesellschaft nach Kündigung des Mietvertrages[157] ein **Aussonderungsrecht** (Herausverlangen des Objekts) zu; der Insolvenzverwalter kann, wenn der Gebrauch der Sache für die

---

148 Bilanziell ist das Betriebsgrundstück mit dem Wert zu erfassen, den es bei frühestmöglicher richtiger Buchung hatte, BFH, 16.02.2012 – X B 99/10.
149 Daher kann das betreffende Grundstück nicht zugleich Umlaufvermögen eines gewerblichen Grundstückshandels sein, vgl. BFH, 14.12.2006 – III R 64/05, EStB 2007, 330.
150 Z.B. gem. § 84 ArzneimittelG für fehlerhafte in Verkehr gebrachte Arzneimittel.
151 Ausgehend von § 13 VerkaufsprospektG und §§ 45 bis 48 BörsenG; hieraus entwickelt die zivilrechtliche Prospekthaftung für Bauherrenmodelle und Kapitalanlagen, vgl. *Krauß*, Immobilienkaufverträge in der Praxis, 8. Aufl., Rn. 3279 ff.
152 »Lagergrundstück III«: BGH, ZIP 1994, 1265; »Lagergrundstück IV«: BGH, ZIP 1994, 1441; »Lagergrundstück V«: BGH, ZIP 1997, 1375.
153 Der Geldwert der Nutzungsüberlassung stellt gerade die kapitalersetzende Leistung des Gesellschafters dar. Auch ggü. einem Zessionar künftiger Mietzinsforderungen kann die Mietzinsfreiheit laufender Nutzung entgegengehalten werden (§ 404 BGB), auch wenn sie nach der Zession eintrat, BGH, 05.12.2007 – XII ZR 183/05, GmbHR 2008, 198.
154 Allerdings endet die Nutzungsüberlassungspflicht schon zuvor, wenn der Grundpfandgläubiger die Zwangsverwaltung betreibt, wegen Vorrangs der Rechte aus §§ 1123 ff. BGB: BGH, 31.01.2000 – II ZR 309/98, DStR 2000, 527 m. Anm. *Goette*; ebenso bei Insolvenz über das Vermögen des überlassenden Gesellschafters (BGH, 28.04.2008 – II ZR 207/06, NotBZ 2008, 339 m. Anm. *Vossius*), nicht jedoch bereits mit Pfändung der Pachtzinsforderung: BGH, 28.02.2005 – II ZR 103/03, ZInsO 2005, 653.
155 Bei Auszahlungen während einer noch aufschiebend bedingten Geschäftsanteilsabtretung haften Veräußerer und Erwerber gesamtschuldnerisch, BGH, 18.06.2007 – II R 86/06, n.v.
156 BGH, 29.01.2015 – IX 279/13, ZNotP 2015, 187 m. Anm. *Spliedt* ZNotP 2015, 162 ff. = NotBZ 2015, 260 m. Anm. *Suppliet;* vgl. auch *Hirte*, ZNotP 2016, 258, 267; *Burg/Blasche*, GmbHR 2008, 1250 ff.
157 Andernfalls gilt ab Insolvenzeröffnung der vereinbarte Mietzins als Masseverbindlichkeit weiter, BGH, 29.01.2015 – IX 279/13, ZNotP 2015, 187 m. Anm. *Spliedt* ZNotP 2015, 162 ff., so dass sich eine Kündigung nur bei zu niedrigem Mietzins nach Eintritt entsprechenden Rückstandes empfiehlt, am besten mit Rückabwicklung schon vor Insolvenzeröffnung, da die Erfüllung des Herausgabeanspruchs (§ 985 BGB) dann keine anfechtbare Rechtshandlung darstellt.

Fortführung des Unternehmens von erheblicher Bedeutung ist (§ 20 Abs. 2 Satz 1 Nr. 5 InsO), einen Aufschub um bis zu einem Jahr erlangen, allerdings gegen Zahlung eines Nutzungsentgelts i.H.d. Durchschnitts der im letzten Jahr vor Insolvenzantragstellung[158] tatsächlich geleisteten (nicht nur lediglich geschuldeten!) Miete. Fraglich ist allerdings, ob die Miete auch dann als »geleistet« i.S.d. Durchschnittsberechnung gilt, wenn sie – etwa infolge einer Insolvenzanfechtung oder aufgrund Anwendung des § 30 GmbHG auf Mietzahlungen an den Gesellschafter vor Insolvenzeröffnung – wieder herauszugeben ist. Unklar ist auch, ob das Aussonderungsrecht dann nicht besteht, wenn der Insolvenzverwalter uneingeschränkt die vertragliche Mietzinszahlungspflicht zur Erfüllung verspricht.[159] Häufig gewährt ferner die Besitzgesellschaft der Betriebsgesellschaft Finanzhilfen, die wie **Gesellschafterdarlehen** behandelt werden (auch insoweit erfolgt seit Inkrafttreten des MoMiG allein eine insolvenzrechtliche Anknüpfung: Nachrang ggü. sonstigen Forderungen gem. § 39 Abs. 1 Nr. 5 InsO, Anfechtbarkeit von Tilgungsleistungen des vorangehenden Jahres gem. § 135 InsO),[160] vgl. im Einzelnen Rdn. 2766 ff.

Die »Gläubigerfestigkeit« von Nutzungsentgelten ist ein starkes Argument zugunsten der Betriebsaufspaltung!

Arbeitsrechtlich übernimmt die Betriebsgesellschaft gem. § 613a BGB die Arbeitsverhältnisse und kann (mit neuem Rechtsformzusatz) die Firma des bisherigen Unternehmens gem. § 22 Abs. 2 HGB fortführen, allerdings mit der Haftungsfolge des § 25 HGB. Im Besitzunternehmen bestehen aufgrund der geringen Größe häufig keine Mitbestimmungsrechte oder Beteiligungs- bzw. Informationsrechte des Betriebsrates. Die Betriebskapitalgesellschaft wiederum ist als kleine Gesellschaft i.S.d. § 267 HGB i.d.R. nur eingeschränkt publizitätspflichtig.   5714

Die von der Betriebsgesellschaften bezahlten Pachten sind im Besitzunternehmen nicht mehr Einkünfte aus Vermietung oder Verpachtung, sondern Einkünfte aus Gewerbebetrieb (§ 15 Abs. 1 Satz 1 Nr. 1, Abs. 2 EStG). **Sozialversicherungsrechtlich** zählen sie damit zum »Arbeitseinkommen«, also zu den typischerweise mit persönlichem Einsatz verbundenen Einkunftsarten (§ 15 SGB IV), zu denen neben der Arbeitnehmertätigkeit auch selbständige, land- und forstwirtschaftliche und – hier einschlägig – gewerbliche Einkünfte zählen, so dass sie die Bemessungsgrundlage z.B. für die Heranziehung in der freiwilligen gesetzlichen Krankenversicherung[161] erhöhen.   5715

Auch **ertragsteuerlich** bietet die Betriebsaufspaltung allenfalls überschaubare Vorteile: Ausnutzung von Besteuerungsunterschieden durch gezielte Festlegung der Miethöhen und der Ausschüttungen, Inanspruchnahme von Investitionszulagen, die nur für gewerbliche Unternehmen gewährt werden, auch in der Besitzgesellschaft, Nutzung der Steuervorteile der (Betriebs-)kapitalgesellschaft (steuermindernde Pensionszusage, Dividendenbesteuerung erst bei Zufluss etc.) und der (Besitz-)Personengesellschaft (gewerbesteuerlicher Freibetrag und Anrechnung). Da die Betriebskapitalgesellschaftsanteile sich im (Sonder-)Betriebsvermögen II der Besitzgesellschaft befinden, können bei deren dauerhafter Wertminderung Teilwertabschreibungen vorgenommen werden (allerdings mit zwingendem Wertaufholungsgebot, § 6 Abs. 1 Nr. 1 Satz 4 EStG).   5716

Ist der durch die Betriebs-GmbH bezahlte Pachtzins überhöht,[162] geht die Finanzverwaltung von verdeckter Gewinnausschüttung[163] aus. Eine solche kann auch vorliegen, wenn die Betriebsgesellschaft »Pacht« leistet für den Kundenstamm, obwohl dieser (1) bereits (mit den Betriebsgrund-   5717

---

158 Der Gesetzeswortlaut »Verfahrenseröffnung« beruht auf einem Redaktionsversehen, BGH, 29.01.2015 – IX 279/13, ZNotP 2015, 187 Tz. 56.
159 Verneinend etwa *K. Schmidt*, DB 2008, 1727, 1732.
160 Vgl. *Mohr*, GmbH-StB 2009, 134, 136.
161 LSG Baden-Württemberg, 13.11.2012 – L 11 KR 5353/11, vgl. *Esskandari/Bick*, NWB 2013, 1584 ff.
162 Gemäß *Märkle*, BB 2000, Beilage zu Heft 31, S. 15 ist bei Grundstücken eine Verzinsung des eingesetzten Kapitals von 5–8 %, bei sonstigem Vermögen von 6–10 % angemessen; für die Verpachtung des Geschäftswertes eine weitere Umsatzpacht von 0,5–1 %.
163 I.S.d. Hinweises H 36 Abschn. V »Nutzungsüberlassungen« zu KStR 2004.

lagen) auf sie übergegangen ist, oder obwohl dieser (2) als persönliche Eigenschaft des Unternehmers untrennbar mit diesem verbunden ist, so dass die GmbH für einen Vorteil zahlt, den sie gar nicht erhalten hat. Lediglich wenn es sich (3) beim Kundenstamm um ein eigenständiges Wirtschaftsgut handelt, und dieses beim Besitzunternehmen verbleibt, ist ein Pachtentgelt hierfür steuerlich anzuerkennen.[164] Umgekehrt soll ein zu geringer Pachtzins auf persönlichen Motiven beruhen, so dass die Betriebsausgaben des Besitzunternehmens anteilig zu kürzen sind (irrelevant ist diese Frage bei einem Ergebnisabführungsvertrag mit Verlustübernahmepflicht, wodurch allerdings die Haftungsbegrenzung vereitelt wird).

5718 Die negativen Folgen aus der steuerlichen Verstrickung des Besitzunternehmens lassen es häufig angeraten sein, zwar Besitz und Betrieb bei verschiedenen Eigentümern (Gesellschaften) zu trennen, die Umqualifizierung in gewerbliche Einkünfte und betriebliches Vermögen jedoch zu vermeiden, also gerade darauf zu achten, dass **keine Betriebsaufspaltung** vorliegt (etwa durch das Wiesbadener Modell, oben Rdn. 5708 a.E.). Die (oft ungewollte) Beendigung der personellen oder sachlichen Verflechtung führt zu Entnahmewirkungen (vgl. Rdn. 5773).

5719 Bedeutsamer sind die **gewerbesteuerlichen**[165] **Vorteile**, die allerdings ab 2008 für eigenkapitalfinanzierte Unternehmen mit hohen Mietzahlungen deutlich reduziert wurden:[166] Die Bezüge des Betriebs-GmbH-Gesellschafter-Geschäftsführers (und Pensionsrückstellungen zu seinen Gunsten) werden (anders als bei der GmbH & Co. KG, wo sie gewerbesteuerpflichtigen Vorausgewinn darstellen) als Betriebsausgaben gewerbesteuerfrei gestellt. Andererseits unterliegt auch das Besitzunternehmen der Gewerbesteuer, wobei sich etwaige tätigkeitsbezogene Befreiungstatbestände bei der Betriebskapitalgesellschaft (z.B. § 3 Nr. 20b GewStG: Klinikbetrieb) ebenfalls auf die Besitzgesellschaft erstrecken.[167] Der Gewerbeertrag des Betriebsunternehmens wurde bis Ende 2007 gem. § 8 Nr. 7 GewStG lediglich erhöht um die Hälfte derjenigen Pachtzinsen, die für die Überlassung nicht in Grundbesitz bestehender Wirtschaftsgüter (etwa von Maschinen) entrichtet wird; in gleichem Maße wird beim Besitzunternehmen der Gewerbeertrag gem. § 9 Nr. 4 GewStG gekürzt.[168] Daher sollte im Pachtvertrag der Zins bspw. für Grundstück, Maschinen und Firmenwert (good will) getrennt ausgewiesen werden. Ab 2008 erfasst die Hinzurechnung[169] gem. § 8 Nr. 1a bis f GewStG 12,5 %, vor 2010: 16,25 % der Mietentgelte für Grundstücke und Gebäude (vgl. Rdn. 2900), sowie 5 % der Mietentgelte für bewegliche Sachen (wobei von der Summe der Entgelte, einschließlich der Schuldzinsen, 100.000,00 € Jahresfreibetrag abgezogen werden); die Kürzung beim Vermieter gem. § 9 Nr. 4 GewStG wurde aufgehoben. Daher ist zu überlegen, dem Mieter auch Instandsetzungskosten an Dach und Fach aufzubürden (triple-net-Verträge) und dafür die Miete zu reduzieren,[170] ferner die Miete für bewegliche Sachen (Betriebsvorrichtungen) nicht zu knapp auszuweisen.

5720 Des Weiteren bilden alle dem Besitzunternehmen zuzurechnenden Vermögenswerte gewerbliches Betriebsvermögen, also auch die Anteile an der Betriebskapitalgesellschaft (sog. »Sonderbetriebsvermögen II« der Besitzpersonengesellschafter: Wirtschaftsgüter, die der Stärkung der Beteiligung an der Besitzgesellschaft dienen).[171] Diese GmbH-Anteile nehmen daher auch **schenkungsteuer-**

---

164 Zu diesen Differenzierungen BFH, 26.11.2009 – III R 40/07, EStB 2010, 84.
165 Vgl. hierzu *Krauß*, Immobilienkaufverträge in der Praxis, 8. Aufl., Rn. 4898 ff.
166 Vgl. *Wesselbaum-Neugebauer*, GmbHR 2007, 1300 sowie *Wälzholz*, GmbH-StB 2008, 304 ff., so dass die GmbH & Co KG, wo es wegen der Transparenz nicht zu Hinzurechnungen kommt, geeigneter sein kann.
167 BFH, 20.08.2015 – IV R 26/13, EStB 2015, 430 (anders bei bloßen Organgesellschaften: jede Gesellschaft muss die Voraussetzungen selbst erfüllen).
168 Die Praxis zeigt aber, dass die Besitzunternehmung die permanent steigenden vortragsfähigen Gewerbesteuerverluste nicht zur Steuerersparnis nutzen konnte.
169 Hierzu *Warnke*, EStB 2013, 152 ff.
170 Allgemein zur Mietreduzierung bei der Betriebsaufspaltung *Forst/Ginsburg*, EStB 2008, 33.
171 Vgl. Beck'sches Steuerlexikon (Online, 2011) s.v. »Betriebsaufspaltung« Rn. 17.

lich unabhängig von der sonst gegebenen 25 % Grenze an der Privilegierung nach § 13a ErbStG teil (vgl. Rn. 3986 ff. in der dritten Auflage dieses Werkes; zur Rechtslage bis Ende 2008, Rdn. 5092 zu § 13b Abs. 2 Satz 2 lit. a ErbStG n.F.: Bereichsausnahme für Betriebsaufspaltung und Sonderbetriebsvermögen), ebenso wie die Anlagevermögensgegenstände des Besitzunternehmens, v.a. der Grundbesitz. Die Anteile an der Betriebskapitalgesellschaft bilden i.d.R. sogar **wesentliche Betriebsgrundlage** des Besitz(einzel)unternehmens, so dass keine privilegierte Betriebs- oder Teilbetriebsübertragung vorliegt, wenn lediglich das Besitzunternehmen ohne diese Anteile übergeht.[172]

▶ **Hinweis:**

Die hohen »Mieten« i.R.d. Betriebsaufspaltung führten bis Ende 2008 zu weit höheren Bewertungen also etwa bei Grundbesitz, der im Gesamthandsvermögen (z.B. einer Einheits-GmbH & Co KG) gehalten wird – für Fabrikationsbetriebe lässt sich dann nicht einmal eine ortsübliche Miete ermitteln, so dass gem. § 147 BewG die Sonderbewertung in Ansatz kommt: Gebäude i.H.d. (meist abgeschriebenen) Buchwerts, Grundstücke nach der Bodenrichtwertkarte abzgl. 30 %). Daher werden Betriebsaufspaltungen oft vor Vererbung oder Übertragung aufgelöst.[173] Auch i.R.d. seit 2009 anzustellenden Ertragswertbewertung sind »überhöhte« Mieten schädlich.

5721

dd) Konkurrenzen

Sind Besitz- und Betriebsgesellschaft als Kapitalgesellschaft strukturiert, spricht man von einer »kapitalistischen Betriebsaufspaltung«. Handelt es sich dagegen beim Besitz- und beim Betriebsunternehmen jeweils um eine Personengesellschaft (als »Schwestergesellschaften«, bzw. beim Besitzunternehmen um ein Einzelunternehmen, beim Betriebsunternehmen um eine Personengesellschaft), können gleichzeitig sowohl die Voraussetzungen einer (dann sog. **mitunternehmerischen**) **Betriebsaufspaltung** vorliegen als auch gem. § 15 Abs. 1 Satz 1 Nr. 2 EStG die Qualifikation der Anteile an den zur Nutzung überlassenen Wirtschaftsgütern als Sonderbetriebsvermögen I der Betriebsgesellschafter gegeben sein. Ursprünglich vertrat die Rspr. durchgängig die Auffassung, dass die Mitunternehmerschaft Vorrang vor der mitunternehmerischen Betriebsaufspaltung habe, d.h. die überlassenen Betriebsgrundlagen als SBV bei der Betriebsgesellschaft zu bilanzieren seien.[174] Anders verhält es sich bei der Überlassung von Betriebsgrundlagen zwischen Schwesterpersonengesellschaften, an denen ganz oder teilweise dieselben Personen beteiligt sind: hier ist die Betriebsaufspaltung vorrangig.[175] Ähnliches gilt beim nachträglichen Entstehen einer Betriebsaufspaltung: Ist Grundbesitz zunächst als unmittelbares Sonderbetriebsvermögen der Betriebsgesellschaft zu werten, wird sodann jedoch (bei Entstehung einer mitunternehmerischen Betriebsaufspaltung) ei-

5722

---

172 Vgl. BFH, 04.07.2007 – X R 49/06, GmbHR 2007, 1112; zu den Konsequenzen *Schulze zur Wiesche*, GmbHR 2008, 238 ff. Anders kann es sich verhalten (Vorliegen je eines getrennten Teilbetriebes), wenn neben der Betriebsaufspaltung separate Vermietungstätigkeiten »als gesonderter Verwaltungskomplex« ausgeübt werden, oder bei der »Mehrfach-Betriebsaufspaltung«, wenn räumlich abgrenzbare Gebäudeteile je eigenen Betriebsgesellschaften zuzuordnen sind, vgl. BFH, 29.03.2006 – X R 59/00, GmbHStB 2006, 193.
173 Vgl. *Vorwold*, BB 1999, 1300 ff.
174 BFH, 25.04.1985 – IV R 36/82, BStBl 1985 II 622; BMF-Schr. v. 28.04.1998, BStBl 1998 I 583 Rn. 1.
175 BFH, 24.11.1998 – VIII R 61/97, BStBl 1999 II 483; EStR H 15.7 (4); FG Münster, 24.06.2014 – 3 K 3886/12 F, ZEV 2014, 687 (n. rkr., Az. BFH IV R 38/14), hierzu *El Mourabit*, ZEV 2016, 14 ff., auch zur abw. Entscheidung in FG Münster, 18.09.2014 – 13 K 724/11 E, ZEV 2015, 302, Revisionsentscheidung BFH, 25.01.2017 – X R 59/14, ZEV 2017, 471, jedenfalls wenn der Einsatz des Grundbesitzes durch die Tätigkeit des Besitzeinzelunternehmens veranlasst ist: BFH, 30.08.2007 – IV R 50/05, GmbH-StB 2008, 5: mit Wegfall der personellen Verflechtung tritt die Sonderbetriebsvermögenseigenschaft wieder in Erscheinung, vgl. *Gebhardt*, EStB 2007, 65.

ne Besitzgesellschaft zwischengeschaltet, welcher der Grundbesitz nun als unmittelbares SBV zuzuordnen ist, soll er nach neuerer Auffassung des BFH[176] dennoch weiter »**latentes Sonderbetriebsvermögen**« der Betriebs-Personengesellschaft bleiben (wenn auch während der Existenz der Besitzgesellschaft durch die Eigenschaft als SBV der Besitzgesellschaft überlagert), so dass zwar äußerlich eine Entnahme bzw. Einlage vorliegt, jedoch nicht die Voraussetzungen des § 6 Abs. 5 Satz 2 EStG erfüllt sind.

5723 Bei Beendigung der Nutzung wird aus dem überlassenen Vermögen nicht »automatisch« Privatvermögen unter Aufdeckung der stillen Reserven,[177] sondern es besteht das **Verpächterwahlrecht** zugunsten einer Aufrechterhaltung des Betriebsvermögensstatus (Rdn. 5738); ebenso erzielt die Besitzgesellschaft eigene Einnahmen, es handelt sich also nicht um Sonderbetriebseinnahmen der Betriebsgesellschaft.[178] Keine mitunternehmerische Betriebsaufspaltung liegt jedoch vor, wenn die Betriebsgesellschaft (etwa eine freiberufliche GbR) keine gewerblichen Einkünfte erzielt.[179]

ee) Beendigung

5724 Gefährlich ist die zwingend eintretende Betriebsaufgabe (mit der Folge der Auflösung stiller Reserven), wenn die sachliche und/oder personelle Verflechtung wegfällt (z.B. das Einstimmigkeitserfordernis aufgehoben wird oder lediglich eines der beiden Unternehmen übertragen wird[180] oder die Betriebe unterschiedlich vererbt werden, Rdn. 5859) oder das Betriebsunternehmen, etwa infolge Insolvenz, das Nutzungsverhältnis nicht mehr fortsetzt (vgl. Rdn. 5778), oder Nießbrauchsvorbehalte zu einem Auseinanderfallen von »Beherrschung« und »Eigentum« führen (Rdn. 5774). Zur »sicheren« **geordneten Beendigung** einer Betriebsaufspaltung empfiehlt sich die Begründung einer atypisch stillen Gesellschaft an der Betriebs-GmbH (keine Aufdeckung der stillen Reserven gem. § 20 UmwStG, anstelle der Betriebsaufspaltung gelten mitunternehmerische Grundsätze; die wesentliche Betriebsgrundlage wird Sonderbetriebsvermögen der Mitunternehmerschaft).[181] Alternativ kann sichergestellt werden, dass das Besitzunternehmen aufgrund gewerblicher Prägung (§ 15 Abs. 3 Nr. 2 EStG) stets gewerbliche Einkünfte erzielt, indem es z.B. gegen Gewährung von Gesellschaftsrechten in eine GmbH & Co KG gem. § 24 UmwStG zu Buchwerten eingebracht wird, oder eine GmbH der bestehenden GbR/KG/OHG beitritt und die bisherigen Gesellschafter in die Stellung eines Kommanditisten wechseln.[182]

---

176 BFH, 22.09.2011 – IV R 33/08, EStB 2011, 428; hierzu eingehend *Röhrig*, EStB 2012, 142 ff.
177 BFH, 23.04.1996 – VIII R 13/95, BStBl. 1998 II, S. 325.
178 Die Mietzahlungen bilden bei der Betriebs-KG daher gewerbesteuerlichen Aufwand, und auch die Besitz-GbR nutzt die Gewerbesteuerfreiheit der »Miet«einnahmen aus der Nutzungsüberlassung eigenen Grundbesitzes, BFH, 22.11.1994 – VIII R 63/93, BStBl. 1996 II, S. 93.
179 BFH, 10.11.2005 – IV R 29/04, EStB 2006, 44.
180 Die bloße Abgabe eines unwiderruflichen Verkaufsangebotes genügt noch nicht [sie führt ggf. zu einer Unterbrechung der Betriebsaufspaltung]; Beendigung tritt erst mit dem Übergang selbst ein: BFH, 14.10.2009 – X R 37/07, EStB 2010, 98.
181 *Haense*, GmbHR 2002, 787; *Wälzholz*, GmbH-StB 2008, 309. Weniger sicher ist die Einbringung des Besitzunternehmens in die Betriebskapitalgesellschaft: gilt Tz. 20.11 des UmwSt-Erlasses v. 25.03.1998 auch für § 20 UmwStG n.F.?; beim Formwechsel der Betriebskapitalgesellschaft in eine GmbH & Co. KG werden die offenen Reserven versteuert, beim späteren Verkauf greift § 18 Abs. 3 UmwStG ein, Anschaffungskosten auf die GmbH-Anteile können verloren gehen etc.
182 Vgl. *Gluth/Rund*, StB-Sonderheft 2014/2015, S. 8.

B. Unterscheidung Privat-/Betriebsvermögen

b) Sonderbetriebsvermögen
aa) Erscheinungsformen

Sofern eine Immobilie oder ein sonstiges betriebsnotwendiges Wirtschaftsgut an eine gewerblich tätige, wohl auch an eine gewerblich geprägte,[183] Personengesellschaft (entgeltlich oder unentgeltlich, schuldrechtlich oder dinglich)[184] zur Nutzung überlassen wird, an der der Eigentümer des Grundbesitzes als Mitunternehmer beteiligt ist, zählt sie zum sog. **Sonderbetriebsvermögen** des Gesellschafters und damit zum steuerlichen Betriebsvermögen der Gesellschaft, auch wenn sie zivilrechtlich korrekt als Alleineigentum des Gesellschafters eingetragen ist. Damit wird der Mitunternehmer in Bezug auf den Umfang des Betriebsvermögens einem Einzelunternehmer, der betriebsnotwendige Wirtschaftsgüter ebenfalls nicht im steuerlichen Privatvermögen zurückbehalten kann, gleichgestellt.[185] Der Mitunternehmeranteil umfasst also ertragsteuerrechtlich den Anteil am Gesamthandsvermögen zuzüglich des Sonderbetriebsvermögens.

5725

Mitunter können sich »Bilanzierungskonkurrenzen« ergeben (etwa bei der Überlassung von Wirtschaftsgütern bei doppelstöckigen Personengesellschaften oder beim Einsatz des im Einzelunternehmen einer natürlichen Person erfassten Wirtschaftsgutes in der »eigenen« Personengesellschaft), die regelmäßig zugunsten eines Vorrangs der Mitunternehmerschaft gelöst werden.[186]

5726

Sonderbetriebsvermögen kann auch von Todes wegen entstehen.

▶ **Beispiel:**

Der Grundstückseigentümer erbt einen Mitunternehmeranteil der Gesellschaft, an welche sein Grundstück verpachtet ist: Einlage zum Teilwert nach § 6 Abs. 5 Nr. 3 EStG.[187]

Zum sog. »**Sonderbetriebsvermögen I**« im vorgenannten Sinn zählen alle Wirtschaftsgüter, die einem Mitunternehmer gehören und die dazu geeignet und objektiv bestimmt sind, dem Betrieb der Personengesellschaft zu dienen, zum sog. »**Sonderbetriebsvermögen II**« zählen die Wirtschaftsgüter, die der Beteiligung des Gesellschafters an der Personengesellschaft selbst dienen, also ein Mittel darstellen, um besonderen Einfluss auf die Personengesellschaft auszuüben und damit unmittelbar die dortige Stellung des Gesellschafters zu stärken.[188] Insb.[189] zählen hierzu die Anteile, die der Kommanditist einer GmbH & Co. KG an der **Komplementär-GmbH** hält, es sei denn

5727

(1) Letztere entfaltet eigenständige gewerbliche Tätigkeit von einiger Bedeutung, die nicht im Zusammenhang mit der KG steht,[190]
(2) bzw. die zwar im Zusammenhang mit der KG steht, aber aus deren Sicht nur von geringer Bedeutung ist,

---

183 Letzteres ist str., da der BFH die Geprägerechtsprechung aufgegeben hat (BFH, GrS BStBl. 1984 II, S. 751).
184 FG Berlin, 21.03.2006 – 7 K 4230/01, DStRE 2006, 1377 (auch Erbbaurechtsvertrag genügt als Nutzungsüberlassung).
185 BFH, 12.04.2000 – XI R 35/99, BStBl. 2001 II, S. 26, 27.
186 Vgl. *Patt,* EStB 2016, 194 ff., mit illustrativer Übersicht S. 196 f.
187 Erfolgt die Einlage binnen 3 Monaten nach der Anschaffung, ist der historische Anschaffungswert maßgeblich, § 6 Abs. 1 Nr. 5a EStG.
188 BFH, 30.03.1993 – VIII R 8/91, BStBl. 1993 II, S. 864.
189 Notwendiges Sonderbetriebsvermögen II kann aber auch vorliegen bei einer Vertriebskapitalgesellschaft, BFH, 13.02.2008 – I R 63/06, GmbH-StB 2008, 166, oder beim Halten von Anteilen an einer Vermietungs-GmbH, die Werkswohnungen bereit hält für die Arbeitnehmer einer KG: notwendiges Sonder-BV II der Kommanditisten dieser KG, BFH, 14.01.2010 – IV R 86/06, EStB 2010, 173.
190 Vgl. BFH, 12.04.2000 – XI R 35/99, BStBl. 2001 II, S. 26, 27; OFD München v. 02.04.2001, GmbHR 2001, 684 Tz. 1.

(3) die GmbH übernähme die reine Komplementär- und Verwaltungsfunktion bei mehreren KG: SBV II – Eigenschaft nur bei der zuerst gegründeten KG,[191] oder
(4) die Beteiligung des Kommanditisten an der Komplementär-GmbH liegt unter 10 % und es bestehen keine abweichenden Satzungsbestimmungen, die einem solchen Minderheitsgesellschafter besondere Rechte einräumen würden.[192]

5728 Auch Grundstücke können zum **Sonderbetriebsvermögen II** zählen, wenn sie durch einen Gesellschafter der Besitzpersonengesellschaft der Betriebs-GmbH zur Verfügung gestellt werden, sie also zwar nicht in den Verfügungsbereich der Personengesellschaft übergehen, der Gesellschafter sie aber für eine Tätigkeit benötigt, die er ausschließlich in deren Interesse ausübt[193] (Gleiches gilt, wenn der atypisch stille Gesellschafter einer GmbH & Still zugleich an der GmbH selbst beteiligt ist (»Doppelgesellschafter«, vgl. Rdn. 2714).

bb) Steuernachteile bei unterbliebener Einbeziehung

5729 Die Notwendigkeit der Einbeziehung des Sonderbetriebsvermögens ergibt sich insbesondere[194] in folgenden Zusammenhängen:
(a) Eine gemäß **§ 16 Abs. 1 Satz 1 Nr. 2 EStG** freibetrags- und tarifbegünstigte Veräußerung eines Mitunternehmeranteils setzt – aufgrund der Verweisung auf § 15 Abs. 1 Satz 1 Nr. 2 EStG – voraus, dass alle wesentlichen Reserven sowohl des Gesamthands- als auch des Sonderbereichs in einem einheitlichen Vorgang aufgedeckt werden. Schädlich wäre es also, wenn wesentliche Betriebsgrundlagen zurückbehalten werden, auch wenn es sich um bisher übersehenes oder unzutreffend einem anderen Betriebsvermögen zugerechnetes wesentliches Sonderbetriebsvermögen handelt. Die gleichen Grundsätze gelten bei der Veräußerung eines Betriebs oder Teilbetriebs durch die Personengesellschaft selbst: Auch hier sind die funktional und quantitativ wesentlichen Betriebsgrundlagen im Sonderbereich des Mitunternehmers mit zu veräußern. Andernfalls entsteht in beiden Fällen ein laufender, also dem regulären Tarif unterliegender, Gewinn. Auch eine steuerbegünstigte Betriebsaufgabe muss alle stillen Reserven, auch die im Sonderbetriebsvermögen, umfassen (Rdn. 5787, 5788).

5730 (b) Gemäß **§§ 20 bzw. 24 UmwStG** ist die Einbringung von Mitunternehmeranteilen sowie (Teil)Betrieben in eine Kapitalgesellschaft (§ 20 UmwStG) bzw. eine Personengesellschaft (§ 24 UmwStG, Rdn. 5975, 5986 ff.) gegen Gewährung von Gesellschaftsrechten begünstigt (durch steuerliche Rückbeziehung und Möglichkeit der Buchwertfortführung). Die notwendige Sacheinlage muss auch die wesentlichen Betriebsgrundlagen im Sonderbetriebsvermögen umfassen,[195] wobei es – wie bei § 16 EStG oben (a) – nur auf die funktional wesentlichen Wirtschaftsgüter ankommt. Bei einem Verstoß werden die Rückwirkungs- und Buchwertprivilegien nicht gewährt, vielmehr sind sämtliche stillen Reserven des eingebrachten Betriebsvermögens aufzudecken, es handelt sich um einen tauschähnlichen Vorgang. Der entstehende Gewinn ist weder freibetrags- noch tarifbegünstigt

5731 (c) Gleiches gilt beim Formwechsel einer Personen- in eine Kapitalgesellschaft gemäß **§ 25 UmwStG**, aufgrund der Rechtsgrundverweisung auf § 20 Abs. 1 UmwStG. Auch hier müssen also die funktional wesentlichen Betriebsgrundlagen der formgewechselten Personengesell-

---

191 OFD Münster v. 23.03.2011, DB 2011, 1302, sub V. 1.
192 BFH, 16.04.2015 – IV R 1/12, EStB 2015, 226; Komplementär-Anteile unter 10 % sind damit i.d.R. als Privatvermögen zu behandeln. Möglicherweise liegt die Grenze gar bei 25 %?
193 BFH, 17.12.2008 – IV R 65/07, EStB 2009, 119; Indizien für diesen Veranlassungszusammenhang sind z.B.: Das Grundstück ist für die Betriebsgesellschaft unverzichtbar und nur an diese vermietbar, die Nutzungsüberlassung ist von der Dauer der Beteiligung an der Betriebs-GmbH abhängig; zeitlicher Zusammenhang zwischen Abschluss des Pachtvertrages über das Grundstück und Begründung der Betriebsaufspaltung; vgl. auch *Stinn*, NWB 2014, 2538, 2547 f.
194 Vgl. hierzu *Patt*, EStB 2016, 144 ff., zur Sonderfrage der Auflösung von Bilanzierungskonkurrenzen *Patt*, EStB 2016, 194 ff.
195 Vgl. etwa BFH, 16.12.2009 – I R 97/08, BStBl. 2010 II, 808, unter II 1a.

schaft erfasst sein, etwa durch zusätzliche Einbringung des Sonderbetriebsvermögens.[196] Eine spätere Übertragung des »vergessenen« wesentlichen Sonderbetriebsvermögens schafft keine begünstigte Sacheinlage mehr.

(d) Nicht nur durch eine Ausgliederung (die eine Einbringung i.S.d. § 20 Abs. 1 oder 24 Abs. 1 UmwStG darstellt – hierzu oben [b]) kann ein Mitunternehmeranteil auch durch Abspaltung oder Aufspaltung gemäß **§ 15 Abs. 1 Satz 3, § 16 Satz 1 UmwStG** steuerbegünstigt von einer Kapitalgesellschaft auf eine andere Kapital- (§ 15 UmwStG) oder Personengesellschaft (§ 16 UmwStG) übertragen werden. Auch hier ist die Mitübertragung funktional wesentlichen Sonderbetriebsvermögens (sowohl bei einem ganzen als auch bei einem Teil eines Mitunternehmeranteils) notwendig.[197] Andernfalls fehlt es an der Teilbetriebseigenschaft, so dass mangels Anwendbarkeit des § 11 Abs. 2 UmwStG in Bezug auf das übergehende Betriebsvermögens zwingend der gemeine Wert nach § 11 Abs. 2 UmwStG anzusetzen ist, es ergibt sich also ein körperschaftsteuer- und gewerbesteuerpflichtiger Übertragungsgewinn.[198] Diese Steuerfolgen sind in den Einbringungssachverhalten des UmwStG (Rdn. 5730 ff.) besonders misslich, weil keine liquiden Mittel erlöst werden, die zur Steuerentrichtung geeignet wären. 5732

Zum sog. »latenten Sonderbetriebsvermögen« bei der mitunternehmerischen **Betriebsaufspaltung** vgl. Rdn. 5722. Zu Vermeidungsstrategien vgl. Rdn. 5784 ff. zur Vermeidung der Entnahmewirkung bei Aufgabe des betrieblichen Zusammenhangs, Rdn. 5777 zur Vorsorge bei Beendigung einer Betriebsaufspaltung. 5733

Unproblematisch verhält es sich allerdings, wenn eine natürliche Person einen ganzen Mitunternehmeranteil unentgeltlich überträgt, dabei jedoch ein funktional wesentliches Wirtschaftsgut im Sonderbetriebsvermögen nicht berücksichtigt: Nach Auffassung des BFH ist gleichwohl insgesamt ein steuerneutraler Vorgang gegeben, aufgrund des Zusammenspiels der Begünstigungsnormen von § 6 Abs. 3 und § 6 Abs. 5 Satz 2 EStG, Rdn. 6002.[199] 5734

Aufgrund der ertragsteuerlich durch § 6 Abs. 3 Satz 2 EStG vollzogenen Lockerung der engen Verbindung zwischen Sonderbetriebsvermögen und Mitunternehmeranteil müssen ferner beide bei unentgeltlicher teilweiser Veräußerung nicht mehr zur gleichen Quote übertragen werden (vgl. Rdn. 6008 ff.). Die im verbleibenden Sonderbetriebsvermögen enthaltenen stillen Reserven werden jedoch steuererhöhend aufgelöst, wenn die übrige Mitunternehmerstellung zur Gänze übertragen wird (vgl. Rdn. 5999 und 5894) oder das Sonderbetriebsvermögen (z.B. der Komplementär-GmbH-Anteil) seinerseits isoliert übertragen[200] wird. Darüber hinaus kann die Komplementärbeteiligung sogar **wesentliche Betriebsgrundlage** der Kommanditistenbeteiligung sein, so dass alle stille Reserven, auch die im Gesamthandsanteil vorhandenen, steuererhöhend aufgelöst werden (vgl. Rdn. 2745, 5772). 5735

Vermeiden lassen sich die unangenehmen Folgen einer Nichteinbeziehung von Sonderbetriebsvermögen (außer durch die Mitübertragung des wesentlichen Sonderbetriebsvermögens selbst) durch die steuerneutrale Auslagerung des Sonder-BV im Vorfeld der Veräußerung oder Einbringung, etwa durch gewinnneutrale Übertragung zu Buchwerten gemäß § 6 Abs. 5 Satz 3 EStG in ein anderes Betriebsvermögen oder Sonderbetriebsvermögen, etwa eine Schwester-Personengesellschaft, 5736

---

196 Nach Umwandlungsteuererlass, BMF v. 11.11.2011, BStBl. 2011 I, 1314 Tz. 15.02, sind jedoch abweichend davon bei einer Teilbetriebsübertragung auch unwesentliche Wirtschaftsgüter einzubeziehen, solange sie dem Teilbetrieb wirtschaftlich zuordenbar sind (europarechtlicher Teilbetriebsbegriff).
197 Vgl. Umwandlungsteuererlass, BMF v. 11.11.2011, BStBl. 2011 I, 1314, Tz. 15.04.
198 Umwandlungsteuererlass BMF v. 11.11.2011, BStBl. 2011 I, 1314, Tz. 15.12.
199 BFH, 02.08.2012 – IV R 41/11, EStB 2012, 395; hiergegen Nichtanwendungserlass BMF v. 12.09.2013, BStBl. 2013 I, 1164.
200 Dafür genügt die wirtschaftliche Übertragung (Abrede, dass der Anteil nur noch treuhänderisch für einen Dritten gehalten werde), vgl. BFH, 24.04.2014 – IV R 20/11, EStB 2014, 370.

vgl. Rdn. 5894 ff. (vor dem Übergang von Gesellschaftsanteilen von Todes wegen) bzw. Rdn. 6001 ff. (vor dem Übergang von Gesellschaftsanteilen unter Lebenden).

5737 Im Vorfeld einer Betriebsveräußerung (Rdn. 5729) ist jedoch zu bedenken, dass die Finanzverwaltung eine im sachlichen und zeitlichen Zusammenhang mit der Betriebsveräußerung stehende Vorübertragung nach den Grundsätzen der Gesamtplanrechtsprechung als schädlich ansieht, weil keine zusammengeballte Gesamtrealisierung aller stillen Reserven stattfindet, vgl. Rdn. 5788. Diese präventiven Maßnahmen müssen also ausreichend lange vor der Betriebsveräußerung/Betriebsaufgabe erfolgen.

c) Verpächterwahlrecht

5738 Die Rechtsprechung (und nunmehr auch das Gesetz, Rdn. 5739) räumt dem **Verpächter** (Rdn. 6094 ff.) bisherigen Betriebsvermögens das **Wahlrecht**[201] ein, entweder die Betriebsaufgabe zu erklären (mit der Folge der Versteuerung sämtlicher stiller Reserven als begünstigter Aufgabegewinn; die künftigen Pachtzahlungen führen zu Einnahmen aus Vermietung und Verpachtung) oder aber die verpachteten Wirtschaftsgüter weiterhin als Betriebsvermögen zu behandeln, sofern objektiv die Möglichkeit und subjektiv die Absicht besteht, das Unternehmen in dem Zustand wieder aufzunehmen, in dem es seine werbende Tätigkeit eingestellt hat.[202] Die Ausübung dieses Verpächterwahlrechtes[203] eröffnet die Chance, die Versteuerung der stillen Reserven auf einen künftigen Zeitpunkt, etwa nach Vollendung des 55. Lebensjahres wegen § 34 EStG, zu verschieben. In diesem Fall zählen die Pachteinnahmen weiter zu gewerblichen – allerdings gewerbesteuerfreien[204] – Betriebseinnahmen, beim verpachteten Substrat handelt es sich weiter um Betriebsvermögen. Für die Betriebsverpachtung gelten auch die erbschaftsteuerlichen Vergünstigungen (§§ 13a, 19a ErbStG, vgl. Rdn. 5096 ff.). Die »Fortführungsoption« ist weder bei einem werbenden noch bei einem gewerblich geprägten Betrieb hinsichtlich ihrer zeitlichen Reichweite »befristet«,[205] auch ein Branchenwechsel und eine Verkleinerung auf Pächterseite sind unschädlich. Zu einem ruhenden Betrieb (etwa der Land- und Forstwirtschaft) können sogar weitere Flächen hinzuerworben werden.[206]

5739 Seit 01.11.2011 gilt gem. § 16 Abs. 3b Satz 1 Nr. 1 EStG der Betrieb im Falle der Betriebsverpachtung im Ganzen (wie auch der Betriebsunterbrechung, Rdn. 5794) als so lange fortgeführt, bis eine **ausdrückliche**[207] **Aufgabeerklärung** durch den Steuerpflichtigen erfolgt (und zwar auf den von ihm gewählten Zeitpunkt, sofern die Erklärung spätestens drei Monate danach dem Finanzamt vorliegt);[208] sog. gesetzliche Fortführungsfiktion.[209] Damit soll der Gefahr seitens der Finanzverwaltung unerkannter Aufgabeerklärungen in rechtsverjährter Zeit gegengewirkt werden.

---

201 Vgl. Überblick bei *Stinn*, NWB 2011, 440, 444 ff.
202 BFH, 08.02.2007 – IV R 65/01, EStB 2007, 159: Zwangsaufgabe bei Umbau des verpachteten Fabrikgebäudes in einen Supermarkt.
203 Hierzu *Heidrich/Rosseburg*, NWB 2003, 3955 = Fach 3, S. 12699 ff.
204 R 2.2 GewStR; beim Pächter wird bei der Ermittlung des Gewerbeertrags 5 % der auf die beweglichen, 12,5 % (ab 2010) der auf die unbeweglichen Wirtschaftsgüter entfallenden Pachtzinsen hinzugerechnet, soweit sie den Freibetrag von 100.000,00 € (§ 8 Nr. 1 GewStG) übersteigen, vgl. Rdn. 2900.
205 BFH, 19.03.2009 – IV R 45/06, FR 2010, 35 m. Anm. *Kanzler*: 38 bzw. 43 Jahre!
206 BFH, 18.07.2011 – IV R 10/08; hierzu *Hutmacher*, ZNotP 2012, 224 ff.
207 Die bloße Deklaration der Einkünfte als Vermietungs- statt gewerblicher Einkünfte in der Steuererklärung genügte schon bisher nicht, vgl. BFH, 06.11.2008 – IV R 51/07, BStBl 2009 II S. 303. Auch die Stellung eines Eigeninsolvenzantrags genügt nicht, da (etwa im Rahmen eines Insolvenzplanes, §§ 217 ff. InsO) auch eine Fortführung in Betracht kommt, vgl. BFH, 01.10.2015 – X B 71/15, EStB 2016, 53.
208 Vgl. hierzu *Wendt*, FR 2011, 1023.
209 Vgl. *Günther*, EStB 2012, 146 ff. Anwendungsschreiben: BMF, 22.11.2016 – IV C 6 – S 2242/12/10001, BStBl 2016 I 1326; hierzu *Hiller/Wildermuth*, StuB 2017, 188.

Die endgültige Betriebsaufgabe kann für einen bis zu 3 Monate zurückliegenden Stichtag erklärt werden, § 16 Abs. 3b Satz 2 EStG.[210] Verstirbt der Verpächter, geht das Wahlrecht (zur gemeinsamen Ausübung) auf die Erben über; ebenso bei der vollständig oder teilweise[211] unentgeltlichen Übertragung unter Lebenden. Werden jedoch die wesentlichen Betriebsgrundlagen an Dritte veräußert oder so umgestaltet, dass eine Wiederaufnahme der betrieblichen Tätigkeit in gleicher Form nicht mehr möglich ist, kommt es gem. § 16 Abs. 3b Satz 1 Nr. 2 EStG weiterhin zwangsweise zu einer Betriebsaufgabe i.S.d. § 16 Abs. 3 Satz 1 EStG; die verbleibenden Wirtschaftsgüter sind dann ausschließlich dem Privatvermögen zuzurechnen.[212]

5740

Wurde jedoch der Betrieb entgeltlich erworben und sodann, ohne eigene Bewirtschaftung, sofort verpachtet, gewährt die Rechtsprechung[213] das Verpächterwahlrecht nicht, so dass Einkünfte aus Vermietung und Verpachtung, nicht z.B. aus landwirtschaftlicher Tätigkeit, erzielt werden.

5741

d) Gewerblicher Grundstückshandel

Häufig wird der Notar schließlich mit Fragen über die Abgrenzung zwischen privater Vermögensverwaltung und gewerblichem Grundstückshandel bzw. gewerblicher Grundstücksentwicklung konfrontiert. Diese zählen allerdings im Schwerpunkt zu entgeltlichen Immobilientransaktionen und werden daher getrennt behandelt.[214]

5742

3. »Geborenes Betriebsvermögen« bei Gesellschaften

Neben die oben (Rdn. 5700) erläuterte Differenzierung nach Nutzungsbereichen (mit der Folge notwendigen Betriebsvermögens z.B. bei der Nutzung zu eigenbetrieblichen Zwecken durch den Einzelunternehmer als Eigentümer) tritt bei **Gesellschaften als Eigentümern** eine weitere Differenzierung nach der Rechtsform und nach der Tätigkeitsform (also nicht des Wirtschaftsguts und seiner Nutzung):

5743

a) Kapitalgesellschaften

Inländische juristische Personen kennen keine »Privatsphäre«, verwirklichen also stets Einkünfte aus Gewerbebetrieb und halten ausschließlich Betriebsvermögen. Der durch Betriebsvermögensvergleich (Bilanzierung) zu ermittelnde Gewinn unterliegt auf der Ebene der GmbH einer Definitivbesteuerung von 15 % (§ 23 Abs. 1 KStG) zuzüglich Solidaritätszuschlag. Ausschüttungen werden sodann (ab 2009) im Privatvermögen des Gesellschafters (als natürliche Person oder Personenhandelsgesellschaft) der Abgeltungsteuer von 25 % (bzw. einem niedrigeren individuellen Steuersatz) unterworfen, im Betriebsvermögen einer natürlichen Person/einer Personenhandelsgesellschaft werden sie gem. § 3 Nr. 40d EStG zu 60 % (bis Ende 2008: zu 50 %) besteuert, andererseits werden auch die Werbungskosten und Betriebsausgaben gem. § 3c Abs. 2 EStG nur zu 60 %, bis Ende 2008 nur zur Hälfte, anerkannt. Handelt es sich beim Gesellschafter um eine Kapitalgesellschaft, gilt gem. § 8b Abs. 5 EStG 5 % der im Grunde steuerfrei gestellten Gewinnausschüttung als nicht abziehbare Betriebsausgabe, so dass im Ergebnis Dividenden und sonstige Ausschüttungen sowie Veräußerungsgewinne wirtschaftlich i.H.v. 95 % körperschaftsteuerfreigestellt werden.

5744

Nach ausländischem Recht gegründete Kapitalgesellschaften (etwa die Limited, vgl. Rdn. 2824 ff.) unterliegen zwar hinsichtlich ihrer inländischen Einkünfte i.S.d. § 49 EStG jedenfalls der beschränkten Körperschaftsteuerpflicht (§ 2 Abs. 1 KStG) bzw. gar, wenn sich zumindest der Ort der Geschäftsleitung i.S.d. § 10 AO im Inland befindet, mit ihrem Welteinkommen der

5745

---

210 Zuvor: R 16 Abs. 5 EStR 2008, H 16 Abs. 5 EStH 2010.
211 BFH, 06.04.2016 – X R 52/13, EStB 2016, 281, hierzu *Geck/Messner*, ZEV 2016, 631, 634.
212 BFH, BStBl. 2004 II, S. 10, 12.
213 BFH, BStBl. 1989 II, S. 863.
214 Vgl. *Krauß*, Immobilienkaufverträge in der Praxis, 8. Aufl., Rn. 4851 ff.

Körperschaftbesteuerung im Inland. Allerdings handelt es sich bei **grundstücksverwaltenden ausländischen Kapitalgesellschaften** nicht bereits gem. § 2 Abs. 2 Satz 1 GewStG um Gewerbebetriebe kraft Rechtsform. Auch handelt es sich beim inländischen Grundbesitz vermögensverwaltender ausländischer Kapitalgesellschaften nicht um Betriebsvermögen,[215] so dass für Gebäude nur die lineare AfA gem. § 7 Abs. 4 Nr. 2 EStG in Anspruch genommen werden kann, Teilwertabschreibungen bei dauernder Wertminderung gem. § 6 Abs. 1 Nr. 1 Satz 2 EStG nicht zulässig sind und stille Reserven auf Reinvestitionsgütern nach § 6b EStG nicht übertragen werden können.

5746 Da die Ermittlung des Einkommens der Kapitalgesellschaft ohne Rücksicht darauf erfolgt, ob dieses verteilt (ausgeschüttet) wird oder nicht, zählen auch sog. **verdeckte Gewinnausschüttungen** zum Einkommen, § 8 Abs. 3 Satz 2 KStG. Eine solche liegt vor, wenn bei der Kapitalgesellschaft eine Vermögensminderung oder verhinderte Vermögensmehrung eintritt, die durch das Gesellschaftsverhältnis veranlasst ist und nicht auf einem den gesellschaftsrechtlichen Vorschriften entsprechenden Gewinnverteilungsbeschluss beruht. Ob eine schädliche gesellschaftsrechtliche Veranlassung vorliegt, wird angesichts der Angemessenheit der Leistungsbeziehungen beurteilt, also nach dem mutmaßlichen Verhalten eines ordentlichen und gewissenhaften Geschäftsführers unter Berücksichtigung des Maßstabs des Fremdvergleichs (Rdn. 2848).[216] Demnach muss z.B. die Miete, welche die Gesellschaft für die Anmietung der Privatimmobilie eines Gesellschafters entrichtet, dem entsprechen, was ein ordnungsgemäß handelnder Geschäftsleiter mit einem fremden Dritten vereinbaren würde. Zu den steuerlichen Folgen »aufgedeckter« vGA vgl. Rdn. 2852.

5747 Zu den Änderungen aufgrund der Unternehmensteuerreform 2008 und der ab 2009 eingeführten Abgeltungsteuer vgl. Rdn. 2869 ff.

b) Gewerbliche Personengesellschaft

aa) Gewerblich tätige Personengesellschaft

5748 Eine Personengesellschaft kann inhaltlich auf ausschließliche Vermögensverwaltung ausgerichtet sein mit der Folge, dass Einkünfte aus Vermietung und Verpachtung (§ 21 EStG) aus »Privatvermögen« erzielt werden, solange die Grenze zur **großgewerblichen Grundstücksvermietung**[217] oder zu einem gewerblichen Grundstückshandel (s. hierzu Verweisung in Rdn. 5742) nicht überschritten ist. Übt eine Personengesellschaft (OHG oder KG) jedoch auch[218] gewerbliche Tätigkeit aus (was gem. § 105 HGB – Betrieb eines Handelsgewerbes – vermutet wird), erzielt sie ausschließlich gewerbliche Einkünfte, selbst wenn daneben die Verwaltung eigenen Vermögens oder freiberufliche Tätigkeit vorliegt (Bsp: Steuerberatungs-GbR mit Kapitalanlagenvermittlung; Tanzschule mit Getränkeverkauf, ärztliche Gemeinschaftspraxis mit angeschlossener gewerblicher Augenklinik[219] bzw. mit nicht unerheblichen Vergütungen für ärztliche Leistungen, die durch »Schein-Gesellschafter« ohne ärztliche Eigenverantwortung erbracht werden,[220] möglicherweise

---

215 Vgl. OFD Münster v. 24.07.2008, GmbHR 2008, 1007 ff.
216 Vgl. BFH, DStR 2004, 1209; BFH/NV 2004, 817.
217 Nach BFH, 14.07.2016 – IV R 34/13, DStR 2016, 2697 wird die Gebrauchsüberlassung durch ein gewerbliches Gepräge nur verdrängt, wenn gewichtige Sonderleistungen erbracht werden, die nicht üblicherweise mit Vermietung verbunden sind (unschädlich sind daher objektspezifische Sonderleistungen zur Begleitung der Vermietung gewerblicher Großimmobilien auch im Vermieterinteresse, wie das Centermanagement, Werbemaßnahmen für ein Einkaufszentrum etc.).
218 Es muss sich um eine eigenständige gewerbliche Tätigkeit handeln, die von mindestens einer Tätigkeit, auf die sich die Abfärbung auswirken kann, getrennt werden kann, BFH, 29.11.2012 – IV R 37/10, EStB 2013, 216 und BFH, 14.07.2016 – IV R 34/13, DStR 2016, 2697.
219 Zur [empfehlenswerten] Ausgliederung auf eine personenidentische Schwestergesellschaft *Schlegel/Tillmanns* DStZ 2010, 287.
220 BFH, 03.11.2015 – VIII R 62 und 63/13, EStB 2016, 161.

auch beim Betrieb einer Strom einspeisenden Fotovoltaikanlage auf einem Mietshaus[221] etc.; sog. Obstkarren-Theorem: GbR, die ein Hochhaus vermietet und im Eingangsbereich Melonen als nicht objektspezifische Sonderleistung feilbietet, erzielt Einkünfte aus Gewerbebetrieb).

Diese sog. »Abfärbe-« oder »**Infektionswirkung**« des § 15 Abs. 3 Nr. 1 EStG[222] tritt nur bei äußerst geringen Anteilen an originär[223] gewerblicher Tätigkeit nicht ein (d.h. wenn sie eine relative Grenze von 3 % der Nettoumsätze und eine absolute Grenze von 24.500 Euro/Jahr nicht übersteigen[224]). Bereits die Beteiligung an einer gewerblich tätigen Personengesellschaft (Flugzeug-Leasing-Fonds!) löst den Abfärbeeffekt aus,[225] und zwar möglicherweise auch unterhalb der vorerwähnten 3-%-Grenze.[226] In gleicher Weise geht die Qualifikation als freiberufliche Einkünfte (§ 18 EStG) verloren,[227] wenn auch nur ein Gesellschafter nicht Freiberufler ist,[228] sondern (und sei es auch kraft Rechtsform als Kapitalgesellschaft)[229] gewerbliche Einkünfte erzielt. Dies gilt auch[230] bei nur mittelbarer Beteiligung des Nicht-Freiberuflers (z.B. an einer GbR, die ihrerseits Gesellschafter der Freiberuflergesellschaft ist), auch wenn diese Beteiligung nur 3,3 % umfasst, nicht jedoch bei bloßen Angestelltenverhältnissen[231] oder freier Mitarbeit. Unschädlich sind jedoch gewerbliche Einkünfte im Sondervermögensbereich eines Personengesellschafters.[232] Zur Vermeidung dieser Infektionswirkung empfiehlt sich die Gründung und separate Weiterführung einer (ggf. auch personenidentischen) Parallelgesellschaft.[233] Diese Lösung versagt jedoch, wenn eine wesentliche Betriebsgrundlage an die gewerblich tätige Gesellschaft vermietet wird und daneben personelle und wirtschaftliche Verflechtung vorliegt, so dass die Voraussetzungen einer **Betriebsaufspaltung** gegeben sind, vgl. oben Rdn. 5707 ff. Die Besitzgesellschaft erzielt hier stets originär gewerbliche Einkünfte.

5749

---

221 OFD Frankfurt, 21.10.2009 – S 2241 A-110-St 213.
222 Rechtsprechungsübersicht bei *Weiss,* EStB 2015, 179 ff.
223 Sie muss gem. BFH, 14.07.2016 – IV R 34/13, DStR 2016, 2697 von mindestens einer weiteren Tätigkeit, auf die sich die Abfärbung auswirken soll, getrennt werden können, so dass z.B. objektspezifische Sonderleistungen zur Begleitung der Vermietung gewerblicher Großimmobilien (Centermanagement, Werbemaßnahmen für ein Einkaufszentrum) nicht genügen.
224 BFH, 27.08.2014 – VIII R 6/12 [DStR 2015, 345]; – VIII R 16/11 [DB 2015, 469]; – VIII R 41/11 [DB 2015, 471]; vgl. *Korn,* NWB 2015, 1042.
225 § 15 Abs. 3 Nr. 1 EStG und OFD Frankfurt v. 07.03.2007 – S 2241A-65-SZ 213, ebenso BMF v. 18.05.2005, BStBl. 2005 I, S. 698; a.A. zuvor BFH, 06.10.2004 – IX R 53/01, BStBl. 2005 II, S. 383.
226 FG Baden-Württemberg, 22.04.2016 – 13 K 3651/13 (n. rkr., Az. BFH: IV R 30/16), vgl. *Weiss,* DB 2016, 2133 ff.
227 *Siegmund/Ungemach,* DStZ 2009, 133 ff.
228 BFH, 04.07.2007 – VIII R 77/05, BFH/NV 2008, 53. Insolvenzverwalter, die selbst leitend und eigenverantwortlich tätig sind, üben auch bei Beschäftigung zahlreicher fachlich vorgebildeter Mitarbeiter keine gewerbliche Tätigkeit aus, BFH, 15.12.2010 – VIII R 50/09, EStB 2011, 131 (Aufgabe der sog. Vervielfältigungstheorie).
229 Selbst wenn an der Kapitalgesellschaft nur Freiberufler beteiligt sind (keine Übertragung der Grundsätze zur Zebragesellschaft – Rn. 1979 –, die nur für vermögensverwaltende Tätigkeiten gilt): BFH, 08.04.2008 – VIII R 73/05, GmbH-StB 2008, 191, ebenso BFH, 10.10.2012 – VIII R 42/10, EStB 2013, 45 (es ist bereits schädlich, dass die GmbH Komplementärin ist, ohne am Vermögen beteiligt zu sein); vgl. auch *Wendt,* EStB 2008, 245 ff.: Haftungsbeschränkung demnach nur um den Preis der Gewerbesteuerpflicht, auch bei »Entprägung«, also unabhängig vom Vorliegen des § 15 Abs. 3 Nr. 2 EStG.
230 BFH, 28.10.2008 – VIII R 69/06, EStB 2009, 120.
231 Entscheidend ist die persönliche Mitwirkung des Inhabers, unbeschadet der Eigenverantwortlichkeit (z.B. gem. § 57 StBerG); vgl. *Gebhardt,* EStB 2009, 284 (286).
232 BFH, 28.06.2006 – XI R 31/05, EStB 2006, 395.
233 BFH/NV 2002, 1554.

bb) Gewerblich geprägte Personengesellschaft

5750 Als bereits aufgrund ihrer Struktur gewerblich tätig gilt auch eine Personengesellschaft, bei der lediglich eine oder mehrere (auch ausländische)[234] Kapitalgesellschaften persönlich haftende Gesellschafter sind und lediglich diese Kapitalgesellschaften oder dritte Personen, die ihrerseits nicht Gesellschafter sind, zur Geschäftsführung befugt sind,[235] sog. gewerblich geprägte Personengesellschaften i.S.d. § 15 Abs. 3 Nr. 2 EStG (»GmbH & Co KG«, jedenfalls ab der Eintragung beider Gesellschaften).[236] Eine solche gewerbliche Prägung kann also bspw. entfallen, wenn auch eine natürliche Person, die zugleich Kommanditist ist, zum Geschäftsführer bestellt ist (zur organschaftlichen Vertretung kann ein Kommanditist nicht berufen sein), vgl. Rdn. 2578. Die gewerbliche Prägung fingiert die Gewerblichkeit der Personengesellschaft, so dass diese ebenfalls notwendig **gewerbliches Betriebsvermögen** hält. Je nach der Zweckbestimmung im »fiktiven« Betrieb kann die gewerblich geprägte, jedoch der Sache nach nur vermögensverwaltende, Gesellschaft (in der Regel) Anlage-, aber auch Umlaufvermögen besitzen.[237] Damit bietet sich die gewerblich geprägte Personengesellschaft stets an, wenn die Betriebsvermögenseigenschaft erwünscht, jedoch nicht bereits der Sache nach gegeben ist (Beispiel: Erhalt einer Investitionszulage, Aufschub der Versteuerung stiller Reserven durch Vermeidung einer Betriebsaufgabe oder der Entnahme ins Privatvermögen; Nutzung der Betriebsvermögensprivilegien – zumindest dem Grunde nach – bei der Erbschaft- und Schenkungsteuer).

5751 Zum Betriebsvermögen einer gewerblich tätigen oder gewerblich geprägten Personengesellschaft zählen auch als »verdecktes« Betriebsvermögen die oben Rdn. 5725 ff. erläuterten Wirtschaftsgüter des **Sonderbetriebsvermögens I und Sonderbetriebsvermögens II**. Im Bereich der Immobilienbesteuerung besonders tückisch sind im formalen »Privat«-Eigentum eines Gesellschafters stehende Grundstücke, die unmittelbar für betriebliche Zwecke der Personengesellschaft genutzt werden, und die – wären sie Gesamthandsvermögen – dem betrieblichen Bereich zuzuordnen wären. Vergütungen für die Überlassung solcher Wirtschaftsgüter zählen neben dem Gewinnanteil gemäß der Steuerbilanz der Gesellschaft zu den Einkünften des Gesellschafters aus Gewerbebetrieb, § 15 Abs. 1 Satz 1 Nr. 2 EStG, ebenso wie etwa Zinsen für die Hingabe von Darlehen oder Tätigkeitsvergütungen.

Zur ab 2008 bei den Einkünften aus Gewerbebetrieb u.U. möglichen Thesaurierungsbegünstigung und zur Nachbesteuerung bei späteren Überentnahmen vgl. Rdn. 2867 und 2888. Zur Verdrängung der daneben bzw. subsidiär ggf. (weiter-)bestehenden Betriebsaufspaltung durch die gewerbliche Prägung (oder Infektion) der Besitzpersonengesellschaft vgl. Rdn. 5722.

c) Vermögensverwaltende Personengesellschaft

5752 Davon zu differenzieren ist die ausschließlich vermögensverwaltende Personengesellschaft, die steuerlich »**Privatvermögen**« hält, und daher im Weg der gesonderten und einheitlichen Feststellung der Besteuerungsgrundlagen gem. § 180 Abs. 1 Nr. 2a AO Einkünfte aus Vermietung und Verpachtung den Gesellschaftern zuweist. Die bloße **Büro- oder Praxis-Gemeinschaft** ohne gemeinsame Gewinnerzielungsabsicht stellt demzufolge steuerrechtlich keine Mitunternehmerschaft i.S.d. § 15 Abs. 1 Nr. 2 EStG dar,[238] selbst wenn sie berufsrechtlich unzulässig sich durch gemeinschaftliches Kanzleischild oder entsprechenden Briefkopf als Schein-Gemeinschaftspraxis ge-

---

[234] Sofern nach rechtlichem Aufbau und wirtschaftlicher Gestaltung einer GmbH entsprechend (BFH, 14.03.2007 – XI R 15/05, EStB 2007, 199 zur liechtensteinischen GmbH).
[235] Vgl. BFH, BStBl. 1996 II, S. 93.
[236] BFH, 04.02.2009 – II R 41/07, ZEV 2009, 356, wegen der Gründerhaftung der natürlichen Person und § 176 Abs. 2 HGB; krit. hiergegen *Wachter*, ZEV 2009, 356: ungerechtfertigte Schlechterstellung der vermögensverwaltenden KG ggü. der gewerblich tätigen, sofort entstehenden KG.
[237] BFH, 19.01.2017 – IV R 10/14, EStG 2017, 174: soweit nicht zum Gebrauch, sondern zum Verbrauch oder sofortigen Verkauf bestimmt.
[238] BFH, DStR 2005, 1602.

riert. Lediglich umsatzsteuerrechtlich ist die Bürogemeinschaft durch das gemeinsame Anmieten der Büroräume (und Überlassung an die Gesellschafter gegen Kostenersatz zur Nutzung) als solche Unternehmer i.S.d. § 2 Abs. 1 UStG, da hierfür bereits die Einnahmenerzielungsabsicht (nicht notwendig Gewinnerzielungsabsicht) genügt. Ebenso wenig erfüllt das schlichte Vermieten einzelner Wirtschaftsgüter (Fruchtziehung aus den Substanzwerten) für sich genommen den Tatbestand der Gewerblichkeit i.S.d. § 15 Abs. 2 EStG – anders, wenn diese Vermietung mit dem An- und Verkauf aufgrund eines einheitlichen Konzeptes verklammert ist, also bspw. von vornherein ein Verkauf vor Ablauf der gewöhnlichen Nutzungsdauer geplant ist oder die Erzielung eines Totalgewinns diesen Verkauf notwendig macht.[239]

Schwierig ist bei vermögensverwaltenden Personengesellschaften die Besteuerung, wenn einzelne Gesellschafter einer solchen vermögensverwaltenden Personengesellschaft ihre Beteiligung (Mitunternehmerschaft) im Privatvermögen, andere im Betriebsvermögen halten, sog. »**Zebragesellschaften**« (Rdn. 2567 und 5007). Die Finanzverwaltung ermittelt Gewinne oder Verluste auf der Ebene der Gesellschaft nach Privatvermögensgrundsätzen, nimmt jedoch auf der Ebene des betrieblich oder gewerblich beteiligten Gesellschafters eine Umqualifizierung vor (so dass bspw. Veräußerungserlöse oder -verluste, die auf der Gesellschaftsebene außerhalb von § 23 EStG – private Veräußerungsgeschäfte – unbeachtlich geblieben sind, nunmehr erfasst werden).[240] Dem ist der Große Senat des BFH gefolgt.[241]

5753

II. Gewerbesteuer

1. Steuerobjekt und -subjekt

Steuerobjekt der Gewerbesteuer[242] ist der Gewerbebetrieb i.S.d. § 2 Abs. 1 Satz 1 GewStG, so dass die Land- und Forstwirtschaft, die Ausübung eines freien Berufes sowie die reine Vermögensverwaltung ausgenommen sind. Gewerblich geprägte Personengesellschaften[243] (vgl. hierzu oben Rdn. 3224) – sofern an dieser nicht steuerlich nur ein Gesellschafter beteiligt ist, sog. Treuhandmodell[244] – sowie Kapitalgesellschaften gelten kraft ihrer Rechtsform stets und in vollem Umfang als Gewerbebetriebe (§ 2 Abs. 2 GewStG), auch in der Zeit zwischen Gründung und Eintragung (z.B. als Vor-GmbH[245]).

5754

Steuerschuldner ist jedoch der Unternehmer selbst, vgl. § 5 Abs. 1 GewStG, und zwar auch bei Personengesellschaften nicht die Mitunternehmer, sondern die Gesellschaft als solche. Dies kann

5755

---

239 BMF v. 01.04.2009 – IV C 6 – S 2240/08/10008, EStB 2009, 165.
240 Vgl. BMF-Schreiben v. 08.06.1999, BStBl. 1999 I, S. 592.
241 BFH, 11.04.2005 – GrS 2/02, DStR 2005, 1274. Vgl. auch BFH, 26.04.2012 – IV R 44/09, MittbayNot 2013, 179 m. Anm. *Gutfried* und *Bode* NWB 2012, 3076 ff. zur (auf die Beteiligungsquoten der anderen Gesellschafter begrenzten) Aufdeckung stiller Reserven beim Verkauf eines Wirtschaftsgutes aus dem Betriebsvermögen eines Gesellschafters in das Gesamthandsvermögen der vermögensverwaltenden Zebragesellschaft (im übrigen ändert sich die Zurechnung nicht, § 39 Abs. 2 Nr. 2 AO).
242 Vgl. hierzu *Schützeberg/Klein*, in: *Lambert-Lang/Tropf/Frenz*, Handbuch der Grundstückspraxis, S. 1471 ff.
243 Demzufolge liegt im Verkauf des Geschäftsbereichs einer GmbH & Co KG ein laufender Gewerbeertrag, wenn der Veräußerer das Betriebsgrundstück zurückbehält und an den Erwerber verpachtet (gewerbesteuerfreier Aufgabegewinn nur, wenn entweder die persönliche Steuerpflicht entfällt oder der Betrieb durch vollständige Veräußerung aller Grundlagen beendet wird), BFH, 17.03.2010 – IV R 41/07, GmbH-StB 2010, 161.
244 BFH, 03.02.2010 – IV R 26/07 (Hauptgesellschafter ist Komplementär, mit 99,99 % Beteiligung; die Kommanditbeteiligung von 0,01 % hält eine nur aus ihm bestehende GmbH treuhänderisch für ihn – damit werden organschaftliche Strukturen auch für Personengesellschaften ermöglicht, da die Konstruktion i.R.d. EStG, des KStG und des GewStG wie ein Einzelunternehmen bewertet wird, vgl. *Neumayer/Imschweiler*, EStB 2010, 345 ff.).
245 BFH, 24.01.2017 – I R 81/15, auch wenn sie nur vermögensverwaltend tätig ist.

Abgrenzungsklauseln erforderlich machen, um den Gewerbesteueraufwand verursachungsgerecht zu verteilen, wenn er durch Ergebnisanteile aus Ergänzungs- oder Sonderbilanzen einzelner Gesellschafter generiert wurde, vgl. Rdn. 6042 ff.

2. Bemessungsgrundlage

5756 Bemessungsgrundlage ist der **Gewerbeertrag**, d.h. der nach den Vorschriften des Einkommen- oder Körperschaftsteuergesetzes ermittelte Gewinn aus Gewerbebetrieb (bspw. auch einem gewerblichen Grundstückshandel, Rdn. 5742), modifiziert durch Hinzurechnungen (Rdn. 5762 ff.) oder Kürzungen gem. §§ 7 ff. GewStG (vgl. Rdn. 5757 ff.). Bei der Ermittlung der Gewerbesteuer für eine Kapitalgesellschaft werden die steuerfrei gestellten Beteiligungserträge – d.h. bei natürlichen Personen oder Personenhandelsgesellschaften aufgrund des Halbeinkünfteverfahrens 50 %, bei Kapitalgesellschaften 95 % der Ausschüttung – gewerbesteuerlich hinzugerechnet, allerdings erst nach vollständigem Abzug der Betriebsausgaben, sofern nicht § 9 Nr. 2 Buchst. a) oder Nr. 7 GewStG erfüllt sind.

> ▶ Hinweis:
> Beträgt z.B. die Beteiligung an der Kapitalgesellschaft mindestens 15 %, § 9 Nr. 5 GewStG n.F. (bis Ende 2007: 10 %), handelt es sich um sog. **Schachtel-Dividenden**, so dass eine Hinzurechnung (anders als bei Streubesitz) gem. § 9 Nr. 2a GewStG unterbleibt.

5757 Bei Gewerbebetrieben mit Immobilienbesitz sind besonders die Vorschriften über eine pauschale **Kürzung des Ertrags** gem. § 9 Nr. 1 Satz 1 GewStG sowie über dessen erweiterte Kürzung gem. § 9 Nr. 1 Satz 2 bis 5 GewStG von Bedeutung, aber auch die hälftige Hinzurechnung von Dauerschulden, § 8 Nr. 1 GewStG:
(1) Um eine Doppelbelastung mit Gewerbe- und Grundsteuer zu vermeiden, gestattet § 9 Nr. 1 Satz 1 GewStG die pauschale Kürzung des Betriebsgewinns um 1,2 % des Einheitswerts des inländischen Grundbesitzes, welch Letzterer zu diesem Zweck (und zur Bemessung der Grundsteuer selbst) weiterhin festzusetzen ist. Die Kürzung unterbleibt naturgemäß, wenn Grundsteuerbefreiung gewährt wurde.

5758 (2) Alternativ können Unternehmen, deren Gegenstand sich ausschließlich[246] in der Verwaltung oder Nutzung eigenen Grundbesitzes und in lediglich unschädlichen Nebentätigkeiten[247] erschöpft, gem. § 9 Nr. 1 Satz 2 GewStG eine erweiterte Kürzung in Anspruch nehmen, nämlich um den gesamten Gewerbeertrag, der auf die **Verwaltung** und Nutzung dieses **eigenen Grundbesitzes** entfällt. Dies gilt unabhängig von der Gesellschaftsform[248] und erfasst auch die »Sondervergütungen«, welche eine solche Personengesellschaft ihrem Gesellschafter für die Überlassung von Grundbesitz gewährt.[249]

5759 Zur unschädlichen Vermögensverwaltung zählt auch die Veräußerung einzelner Grundstücke (Erzielung von Veräußerungsgewinnen), sofern die Grenzen zum gewerblichen Grundstückshandel (vgl. Rdn. 5742) nicht überschritten werden. Problematisch ist jedoch die Erbringung unüblicher

---

246 Nach BFH, BStBl. 2003 II, S. 355 ist das Ausschließlichkeitsgebot bereits verletzt, wenn eine grundbesitzende Kapitalgesellschaft zugleich als Komplementärin an einer grundbesitzhaltenden Personengesellschaft beteiligt ist.

247 Eine solche liegt allerdings nicht mehr vor, wenn eine Wohnungsgenossenschaft ein Schwimmbad unterhält zur entgeltlichen Nutzung durch Mitglieder (anders bei Fremdvermietung des gesamten Schwimmbades), BFH, 05.03.2008 – I R 56/07, n.v.

248 Ursprünglich sollte diese erweiterte Kürzung Kapitalgesellschaften privilegieren, die tatsächlich lediglich Vermögensverwaltung ausüben, und sie den schlicht vermögensverwaltenden Personengesellschaften gleichstellen.

249 Seit der Einschränkung des § 9 Nr. 1 Satz 5 Nr. 1a GewStG durch das JStG 2009 gilt die Kürzung jedoch z.B. nicht mehr für Sondervergütungen, die der Gesellschafter für eine Darlehensgewährung erhält.

Sonderleistungen, etwa von Bewachungsdiensten oder Reinigungsarbeiten im Bereich des Sondereigentums sowie die Ausübung von Vermietung und Verpachtung in solchem Umfang, dass eine Organisation nach Art eines Gewerbebetriebs erforderlich wäre. Unschädliche Nebentätigkeiten sind kraft Gesetzes die Betreuung von Wohnungsbauten, die Verwaltung und Nutzung eigenen Kapitalvermögens sowie die Errichtung und Veräußerung von Ein- oder Zweifamilienhäusern sowie Eigentumswohnungen (auch Bauträgertätigkeit), sogar wenn diese Nebentätigkeiten zum überwiegenden Teil ausgeübt werden. Die Erträge aus solchen »Nebentätigkeiten« unterliegen jedoch ihrerseits der Gewerbesteuerpflicht. Sie stehen also lediglich einer Anerkennung der erweiterten Kürzung gem. § 9 Nr. 1 Satz 2 ff. GewStG nicht im Wege, da dennoch von einer fiktiv »ausschließlichen« Vermögensverwaltung ausgegangen werden darf.

Eine schädliche Nebentätigkeit, die insgesamt die Gewerbesteuerkürzung versagt, liegt allerdings im Halten einer Komplementärbeteiligung an einer anderen Gesellschaft: Hält und verwaltet die Komplementär-GmbH einer KG eigenen Grundbesitz, verliert diese »Obergesellschaft« aufgrund der schädlichen Nebentätigkeit die Begünstigung auch für ihren eigenen Grundbesitz, muss also Gewerbesteuer auf die Mieteinnahmen entrichten[250] (die aus der KG fließenden Ausschüttungseinkünfte gelten nicht als Verwaltungseinkünfte in Bezug auf eigenen Grundbesitz, die bloße wirtschaftliche Zurechnung genügt nicht). Eine grundbesitzende GmbH sollte also nicht zusätzlich Komplementärfunktionen übernehmen.[251] 5760

Die erweiterte Kürzung ist gleichwohl ausgeschlossen, wenn der von einer vermögensverwaltenden Gesellschaft gehaltene Grundbesitz ganz oder z.T. dem Gewerbebetrieb eines der Gesellschafter dient. Die Erträge sollen also dann nicht begünstigt werden, wenn ohne die Einschaltung z.B. einer Besitz-Kapitalgesellschaft der Grundbesitz zum notwendigen Betriebsvermögen des Gewerbebetriebs eines Gesellschafters oder eines Unternehmers gehören würde, vgl. § 9 Nr. 1 Satz 5 GewStG.[252] Zur Gewerbesteuer bei der Betriebsaufspaltung vgl. Rdn. 5717. 5761

Bei der Ermittlung der Bemessungsgrundlage der Gewerbesteuer, bei der bis Ende 2007 der Gewinn um die Hälfte der zuvor vollständig abgezogenen Fremdfinanzierungskosten für sog. Dauerschulden erhöht wurde, wird ab 2008 anstelle dessen gem. § 8 Nr. 1a bis f GewStG eine **Hinzurechnung**[253] um folgende anteilige Entgelte vorgenommen, soweit ihre Summe 100.000,00 € (Freibetrag) übersteigt (Rdn. 2900): 5762
(1) 25 % aller Entgelte für Schulden, aller Renten und dauernden Lasten, aller Gewinnanteile eines stillen Gesellschafters,
(2) 5 % der Miete und Pacht für bewegliche Anlagegüter (z.B. Leasingraten),
(3) 12,5 % – vor 2010: 16,25 % – der Miete und Pacht, Erbbauzinsen, sowie Leasingraten für unbewegliche Anlagegüter (v.a. Grundstücke und Gebäude)[254] – dadurch verschlechtert sich die steuerliche Situation insb. in der (ohnehin margenschwachen) Bekleidungsfilialbranche mit zahlreichen Ladenlokalen in gehobenen Innenstadtlagen, sowie beim Bestehen von Haupt- und Untermietverhältnissen im Handelskonzern über dasselbe Objekt[255] – und
(4) 6,25 % der Zahlungen für Überlassung von Konzessionen, Lizenzen etc.

---

250 BFH, 19.10.2010 – I R 67/09, DB 2011, 455; *Heuel*, EStB 2011, 133.
251 Allgemein zur erweiterten gewerbesteuerlichen Kürzung im Konzern *Pyszka*, GmbHR 2013, 132 ff.
252 Beispiel gem. BFH, 07.08.2008 – IV R 36/07, ZfIR 2009, 472: Verpachtung an die Komplementär-GmbH, auch wenn diese weder am Gewinn noch am Vermögen der Personengesellschaft beteiligt ist.
253 Hierzu FinMin NW v. 04.07.2008 – G 1422–95-VB 4, EStB 2008, 277.
254 Pauschalierter Zinsanteil von 20 % der Leasingraten bei beweglichen Wirtschaftsgütern, 50 % – vor 2010: 65 % – bei Immobilien, § 8 Nr. 1e GewStG, hieraus jeweils ein Viertel.
255 Gestaltungsempfehlungen bei *Eisolt/Götte*, NWB 2008, 1755 = Fach 5, S. 1659 ff.: stille Gesellschaften sowie Organschaftslösungen.

Diese Hinzurechnungsregelungen können insb. in Fällen der Betriebsaufspaltung zu erheblichen Mehrbelastungen führen (Rdn. 5719, 2901) und werden die steuerpolitisch unerwünschte Substanzbesteuerung verstärken.

3. Berechnung der Gewerbesteuer

5763 Nach Abzug eines von der Unternehmensform abhängigen Freibetrags (bei natürlichen Personen und Personengesellschaften 24.500,00 €, sonst 3.900,00 €) gilt ab 2008 ein einheitlicher Tarif von 3,5 % (sog. Messzahl, die bestimmt, welcher Anteil des Ertrages der Gewerbesteuer unterliegt) – bis 2007 betrug diese Messzahl für Kapitalgesellschaften einheitlich 5 %, für gewerbliche Einzelunternehmen und Personengesellschaften existierte ein Staffeltarif zwischen 1 % und 5 %, so dass kleinere Betriebe im Vergleich zur früheren Lage tendenziell höher belastet werden.[256]

5764 Den sodann anzuwendenden **Hebesatz** kann jede Gemeinde selbstständig bestimmen, er muss jedoch mindestens bei 200 % liegen; i.d.R. schwankt er jedoch zwischen 350 % und 500 %. §§ 28 bis 34 GewStG zerlegen die Gesamtgewerbesteuer bei Betriebsstätten in mehreren Gemeinden. Aufgrund der parallelen Absenkung der Körperschaftsteuer und des Wegfalls der Abzugsfähigkeit der Gewerbesteuer als Betriebsausgabe (Rdn. 2899) steigt sie zur vielerorts bestimmenden Gesellschaftsteuer auf, so dass der Wettbewerb der Kommunen um abwanderungswillige Betriebe (v.a. im Umland von Großstädten: Eschborn ggü. Frankfurt, Grünwald ggü. München) in vollem Umfang entbrannt ist.

4. Unternehmensteuerreform 2008

5765 Bei der Ermittlung der Einkünfte aus Gewerbebetrieb und der eigenen Bemessungsgrundlage ist die Gewerbesteuer ihrerseits als Betriebsausgabe entgegen der Rechtslage bis Ende 2007[257] als Folge der Unternehmensteuerreform 2008[258] nicht mehr abzugsfähig.

Um die Zusatzbelastung gewerblicher Einkünfte mit Gewerbesteuer ggü. nichtgewerblichen Einkünften zumindest für gewerbliche Einzelunternehmer und Mitunternehmer einer gewerblich tätigen oder gewerblich geprägten Personengesellschaft zu reduzieren, sieht § 35 EStG[259] eine pauschale Anrechnung auf die ESt vor: Reduzierung um das 3,8-fache (bis Ende 2007: 1,8-fache) des festgesetzten Gewerbesteuermessbetrags. Diese Ermäßigungsbeträge können jedoch weder vor- noch zurückgetragen werden, gehen also bspw. ins Leere, wenn das zu versteuernde Einkommen durch den vertikalen Verlustausgleich mit anderen Einkünften bereits stark gemindert wurde (Unmaßgeblichkeit sog. »Anrechnungsüberhänge«);[260] auch ist die Tarifermäßigung teilweise (etwa bei § 18 Abs. 3 UmwStG) ausgeschlossen.[261] Auch ein etwa bestehender Nießbrauch an Gesellschaftsanteilen bleibt unbeachtlich (Rdn. 1486).

5766 Eine vollständige Entlastung von der Gewerbesteuer ergibt sich dadurch künftig bis zu einem Hebesatz von höchstens 380 % (vor 2008: 341 %). Bei Kapitalgesellschaften führt die Senkung des Körperschaftsteuersatzes (Rdn. 2869) sowie die Nichtabzugsfähigkeit der Gewerbesteuer als Betriebsausgabe dazu, dass ab einem Hebesatz von 452 % die Gewerbesteuer einen höheren Anteil

---

256 Krit. hierzu *Bergemann/Markl/Althof*, DStR 2007, 693 ff.
257 Vgl. R 4.9 EStR 2005 zur näherungsweisen Berechnung der Gewerbesteuer.
258 BGBl. 2007 I, S. 1912 ff.; vgl. *Fehling*, NWB 2007, 2459 = Fach 5, S. 1617 ff.
259 Rechtsprechungsübersicht bei *Weiss*, EStB 2015, 365 ff.; Anwendungserlass: BMF, 03.11.2016 – IV C 6, BStBl 2016 I 1187.
260 BFH, 23.03.2008 – X R 32/06, EStB 2008, 308: keine negative ESt.
261 Vgl. krit. *Roser*, EStB 2010, 191, auch zur Zuordnung bei unterjährigem Gesellschafterwechsel und abweichendem Gewinnverteilungsschlüssel.

an der steuerlichen Gesamtbelastung der Kapitalgesellschaft hat als die Körperschaftsteuer (bei 490 %, wie etwa in München, 17,15 % GewSt ggü. 15 % KSt).[262]

C. Steuerliche Folgen der Übertragung des Wirtschaftsguts selbst

Gefahrlos ist stets der unentgeltliche Übergang eines Wirtschaftsguts als Bestandteil eines Gesamtbetriebs oder Teilbetriebs, so dass die Buchwerte gem. § 6 Abs. 3 Satz 1 EStG nunmehr fortgeschrieben werden müssen (früher: Wahlrecht gem. § 7 EStDV). Werden im Rahmen einer unentgeltlichen Betriebsübertragung einzelne Wirtschaftsgüter zurückbehalten, ist dies nur in den Grenzen des § 6 Abs. 3 Satz 2 EStG unschädlich (Rückbehalt des Sonderbetriebsvermögens bei Übertragung eines Teiles einer Mitunternehmerschaft, allerdings mit 5-jähriger Behaltefrist für den Übernehmer, vgl. Rdn. 6008 ff.) 5767

Werden **im Betriebsvermögen gehaltene Grundstücke** (sei es als Teil des gesamt veräußerten Betriebs oder Teilbetriebes, sei es einzeln) **entgeltlich** veräußert, entsteht i.H.d. Differenz zum Buchwert ein Veräußerungsgewinn (§ 4 Abs. 1 Satz 1 EStG i.V.m. §§ 15, 18 EStG, Rdn. 6054 ff.). Dieser kann möglicherweise gem. § 6b (Rdn. 5785) oder §§ 16, 34 EStG begünstigt sein. Die entgeltliche Veräußerung im Privatvermögen gehaltener Grundstücke kann allenfalls nach § 23 EStG zur »Spekulationssteuer« führen (Rdn. 6289 ff.). 5768

Bei **unentgeltlicher Veräußerung im Betriebsvermögen gehaltener Grundstücke** entsteht i.H.d. Differenz zwischen Teilwert und Buchwert ein Entnahmegewinn gem. § 4 Abs. 1 Satz 2 EStG i.V.m. §§ 15, 18 EStG. Dieser ist nicht nach § 6b EStG, möglicherweise aber nach §§ 16, 34 EStG begünstigt. Unter strengen Voraussetzungen kommt die Buchwertfortführung gem. § 6 Abs. 5 Satz 3 Nr. 3 EStG (z.B. Rdn. 5945) oder § 6 Abs. 3 EStG (z.B. Rdn. 5949) in Betracht. 5769

I. Gefahr der Entnahme

Entnahmevorgänge liegen häufig unerkannt in der tatsächlichen Verwendung zu privaten Zwecken ohne Einkunftserzielung, etwa in der Bebauung eines Betriebsgrundstücks mit einem privaten Wohnhaus.[263] Lediglich im land- und forstwirtschaftlichen Bereich ist eine solche Maßnahme, sofern sie durch den Betriebsinhaber oder einen Altenteiler erfolgt, steuerfrei gestellt.[264] In der Bebauung mit Mietwohngebäuden liegt (sofern kein Erbbaurecht zwischengeschaltet wird)[265] 5770

---

262 Vgl. die eingehenden Berechnungen bei *Weber*, NWB 2007, 3034 = Fach 18, S. 4512.
263 Das selbst bewohnte Haus kann seit 01.01.1987 nicht mehr notwendiges Betriebsvermögen sein, BFH v. 25.04.2003, BeckRS 2003, 25002295. Bei der Schenkungs-/Erbschaftsteuer wird jedoch das denkmalgeschützte Eigenheim gem. § 13a Abs. 4 Nr. 2 ErbStG, R 52 Abs. 3 Sätze 1, 5, 6 ErbStR 2003 wie Betriebsvermögen behandelt.
264 § 52 Abs. 15 Satz 10 EStG a.F., § 13 Abs. 5 EStG n.F., sofern die Wohnung nach ihrer Fertigstellung tatsächlich von einem Altenteiler oder vom Betriebsinhaber genutzt wird, vgl. BFH, 13.10.2005 – IV R 33/04, EStB 2006, 11. Bereits zu Beginn der Baumaßnahme (= Entnahmehandlung) muss jedoch der Bauherr Eigentümer oder Altenteiler gewesen sein, es genügt also nicht, dass er dies durch Hofübergabe später wird (FG München, DStRE 2006, 655).
265 BFH, BB 1970, 740. Voraussetzung ist, dass das Erbbaurechtsgebäude in einer objektiven Beziehung zum Betrieb steht, diesen (z.B. durch die Zinseinkünfte) fördert, und der Wert- und Einkommensvergleich zugunsten der Land- und Forstwirtschaft ausgeht: BFH, BStBl. 1993 II, S. 342. Dies gilt auch bei einem flächenmäßigen Umfang der Erbbaurechtsfläche bis zu 15–20 % der landwirtschaftlichen Gesamtnutzfläche. Sofern übermäßige Erbbaurechtsbestellungen jedoch zu einer Entnahme führen würden, ist die Gründung einer GmbH & Co. KG und die Überführung der Grundstücke in das Sonderbetriebsvermögen dieser gewerblich geprägten Personengesellschaft ohne Rechtsträgerwechsel zu überlegen oder die Einbringung des gesamten landwirtschaftlichen Betriebes gem. § 24 UmwStG in eine GmbH & Co. KG.

jedenfalls dann eine Entnahme,[266] wenn die Nutzungsänderung mehr als 10 % der landwirtschaftlichen Flächen ausmacht.[267]

1. Entnahmetatbestand

a) Grundfall

5771   Befinden sich Grundstücke im Betriebsvermögen einer selbstständigen Tätigkeit, eines Gewerbebetriebs oder der Land- und Forstwirtschaft oder eines gewerblichen Einzelunternehmens, führt die – entgeltliche oder unentgeltliche – Veräußerung ohne gleichzeitige Übertragung des Betriebes selbst, ebenso die sonstige Beendigung der betrieblichen Nutzung, insb. die Entnahme für private oder sonstige betriebsfremde Zwecke, zur Gewinnrealisierung im Zeitpunkt des Besitz-, sonst des Eigentumsübergangs (je nachdem welcher Zeitpunkt früher liegt),[268] vgl. § 4 Abs. 1 Satz 2 EStG. Maßgebend bei einer Veräußerung ist dabei, in welchem Umfang das zumindest »wirtschaftliche Eigentum« übergeht; nach wohl zu großzügiger Rechtsprechung[269] sollen dabei Sondernutzungsrechte nach WEG nicht zu »wirtschaftlichem Eigentum« an der betreffenden Grundstücksfläche führen. Die Entnahme eines Wirtschaftsguts erhöht den Gewinn um die darin verkörperten stillen Reserven (Differenz zwischen Teilwert gem. § 6 Abs. 1 Nr. 1 Satz 3, Nr. 4 Satz 1 EStG einerseits und dem Buchwert andererseits).

b) »Verdecktes Betriebsvermögen« (SBV; Betriebsaufspaltung)

5772   Ob es sich bei einem übertragenen Wirtschaftsgut ganz oder teilweise (z.B. hinsichtlich eines selbst genutzten Büros in einem sonst zu Wohnzwecken dienenden Gebäude) um Betriebsvermögen handelt, kann nur durch Befragen der Beteiligten ermittelt werden. Besonders gefährlich sind die oben (Rdn. 5706 ff.) erläuterten Tatbestände des »verdeckten« Betriebsvermögens, etwa in Bezug auf Sonderbetriebsvermögen, Betriebsaufspaltungen, oder ruhende Verpachtungsbetriebe. Wird bspw. Sonderbetriebsvermögen (auch schenkweise) übertragen an einen Erwerber, der nicht an der nutzenden Personengesellschaft beteiligt ist, liegt eine Entnahme vor mit der Folge einer Aufdeckung der stillen Reserven des Grundstücks (vgl. Rdn. 5894); enthält das Sonderbetriebsvermögen mindestens eine notwendige Betriebsgrundlage, findet gar eine Aufgabe des gesamten Mitunternehmeranteils statt. Außerdem werden, mangels Betriebsvermögenseigenschaft, die Privilegierungen der §§ 13a, 19a ErbStG nicht gewährt – bei der Entnahme in Bezug auf den betreffenden Gegenstand, bei der Aufgabe in Bezug auf den gesamten Mitunternehmeranteil. Bereits ein vorher erworbener »Mini-Anteil« an der Personengesellschaft genügt für die schenkungsteuerliche Privilegierung und ist auch einkommensteuerlich zur Vermeidung einer Entnahmewirkung ausreichend, Rdn. 5840, 6008 ff.[270]

---

266 Gem. BFH, EStB 2002, 346 setzt jedoch auch in diesem Fall die Entnahme eine von einem unmissverständlichen Entnahmewillen getragene Entnahmehandlung voraus, die nicht bereits in der Bebauung mit einem Mietshaus als solcher liege, so dass »geduldetes Betriebsvermögen« entsteht (anders bei Bebauung zu eigenen Wohnzwecken, vgl. *Schmidt/Heinicke*, EStG, 25. Aufl., § 4 Rn. 360).
267 So OFD München v. 29.09.1997; ebenso BFH v. 25.11.2004, EStB 2005, 103: 13 Wohneinheiten, jedoch nur 0,5 % der Fläche. Nach BFH, EStB 2003, 7 liegt sonst eine bloße Nutzungsänderung vor, jedoch weiter notwendiges Betriebsvermögen.
268 BFH, 18.05.2006 – III R 25/05, EStB 2006, 275.
269 FG Münster, 12.06.2015 – 4 K 4110/13 E (n. rkr); immerhin kann der Berechtigte sein Sondernutzungsrecht, wenn auch nur innerhalb »seiner« WEG, verkaufen.
270 Allerdings mit der Einschränkung, dass die Übernahme von Verbindlichkeiten zu einer Gewinnrealisierung führt, vgl. § 6 Abs. 5 Satz 4 EStG.

Gleiches gilt bei der **Betriebsaufspaltung** (Rdn. 5707 und Rdn. 5799) im Falle ihrer ungewollten, ggf. auch nur teilweisen, Beendigung[271]: Entfällt etwa[272] aufgrund der Übertragung der Inhaberschaft an lediglich einem der beiden Unternehmen die sachliche und/oder persönliche Verflechtung (dies kann auch eintreten im Todesfall durch gesellschaftsrechtliche Nachfolge im einen Unternehmen, erbrechtliche im anderen (Rdn. 5898); oder aber schlicht durch Aufhebung eines notwendigen Einstimmigkeitserfordernisses, kommt es wegen der Entnahmewirkung zur ungewollten Versteuerung der »stillen Reserven«, die sich im Besitzunternehmen gebildet haben[273] und der stillen Reserven in den Anteilen an der Betriebsgesellschaft, Rdn. 5724!

5773

▶ Hinweis:

Gefährlich sind insoweit Nießbrauchsvorbehalte, vgl. im Detail Rdn. 5779 ff.: (1) Dieselbe Entnahmewirkung tritt nämlich dadurch ein, dass das Besitzunternehmen unter Nießbrauchsvorbehalt, das Betriebsunternehmen ohne einen solchen übertragen wird.[274] (2) Wird hingegen zunächst nur das Betriebsgrundstück (also die Anteile an der vom BFH insoweit gesehenen Besitz-Innen-GbR[275]) unter Rückbehalt des Nießbrauchs übertragen, bleibt die personelle Verflechtung zwar bestehen (aufgrund der Herrschaft der Nießbraucher über das Grundstück), jedoch ist das Grundstück aufgrund des Eigentumswechsels an die Erwerber aus dem Sonderbetriebsvermögen der bisherigen Besitz-GbR-Gesellschafter ausgeschieden, und damit aus dem SBV entnommen.[276] (3) Letzteres würde auch gelten, wenn die Anteile an der Besitzpersonen- und an der Betriebskapitalgesellschaft beide unter Nießbrauchsvorbehalt übertragen würden: die personelle Verflechtung und damit die Betriebsaufspaltung bliebe aufrechterhalten, sofern der Nießbraucher alle Stimmrechte erhält und damit wirtschaftlicher Eigentümer der Betriebs-Kapitalgesellschaftsanteile bleibt.[277] Allerdings wäre auch dann das Grundstück aus dem SBV der Besitzpersonengesellschaft entnommen. (4) Werden hingegen lediglich Anteile an der Betriebskapitalgesellschaft unter »starkem Nießbrauchsvorbehalt« übertragen, kraft dessen der Veräußerer weiter seinen Geschäfts- und Betätigungswillen im Betriebsunternehmen durchsetzen kann, ist die Betriebsaufspaltung (noch) nicht beendet.[278]

5774

Zur Betriebsaufspaltung i.R.d. Betriebsvermögensübergabe gegen Versorgungsleistungen vgl. Rdn. 6367.

---

271 *Hennig*, RNotZ 2015, 127, 131 ff.
272 Stellt die Betriebs-GmbH die Tätigkeit ein und vermietet die Besitz-Personengesellschaft die wesentlichen Betriebsgrundlagen ohne Umgestaltung an fremde Dritte, liegt bis zur Aufgabeerklärung dagegen zunächst nur eine Betriebsunterbrechung (ruhender Gewerbebetrieb) vor, vgl. BFH, 14.03.2006 – VIII R 80/03, EStB 2006, 235 und *Fichtelmann*, EStB 2006, 373.
273 Vergleichbar dem ungewollt sich vollziehenden Anschaffungsvorgang bei der nichtparallelen Übertragung von Sonderbetriebsvermögen, Rn. 2746, sowie bei der Erbauseinandersetzung gegen Abfindung aus dem sonstigen Vermögen, Rn. 2723.
274 FG Niedersachsen, 20.06.2007 – 2 K 562/05, EFG 2007, 1584; BFH, 18.08.2009 – X R 22/07, BFH/NV 2010, 208; krit. *Hoffmann*, GmbH-StB 2008, 24; vgl. *Stinn*, NWB 2014, 2538, 2545 ff.
275 BFH, 29.08.2001 – VIII R 34/00.
276 Vgl. *Stinn*, NWB 2014, 2538, 2546 f.; die Besteuerung der stillen Reserven am Grundstück ist nicht nach §§ 16, 34 EStG begünstigt: BFH, 18.10.2001 – VIII R 25/01.
277 BFH, 24.01.2012 – IX R 51/10, BStBl 2012 II 308, vgl. Rdn. 1517. Anders verhält es sich, wenn die Stimmrechte bei der Betriebskapitalgesellschaft beim Gesellschafter bleiben, also nicht auf den Nießbraucher übergehen, BFH, 21.01.2015 – X R 16/12, MittBayNot 2016, 276 m. krit. Anm. *Dehmer*, der zu Recht darauf hinweist, dass die Zuständigkeit zur Stimmrechtsausübung ja nach Gesellschaftsform unterschiedlich sein kann.
278 BFH, 25.01.2017 – X R 45/14, GmbHR 2017, 942: mit vollständiger Dauerstimmrechtsvollmacht für den Nießbraucher und der Verpflichtung des Erwerbers, sein Teilnahmerecht an Versammlungen dauerhaft dem Nießbraucher zu überlassen, sowie unwiderruflicher Vollmacht zur Entgegennahme aller Erklärungen des Geschäftsführers wie etwa Ladungen etc.

5775 Der Aufstockungsgewinn am Betriebsgrundstück (Besitzunternehmen) ist ggf. gem. §§ 16, 34 EStG begünstigt (Freibetrag/Tarifermäßigung bei Überschreiten des 55. Lebensjahres oder dauernder Berufsunfähigkeit); der Aufgabegewinn bei der Betriebsgesellschaft unterliegt, sofern es sich (wie i.d.R.) um eine Kapitalgesellschaft handelt, regelmäßig lediglich dem Halbeinkünfteverfahren nach § 3 Nr. 40d EStG.

5776 Eine »versteckte« Entnahme bei der Betriebsgesellschaft kann sich schließlich auch ergeben, wenn im Rahmen einer dort durchgeführten Kapitalerhöhung Dritte Mitgesellschafter werden:[279]

▶ Beispiel:

A ist alleiniger Eigentümer eines der Betriebs-GmbH dauerhaft überlassenen, eine wesentliche Betriebsgrundlage bildenden Grundstücks. An der Betriebs-GmbH sind er zu 3/4 und seine Ehefrau zu 1/4 beteiligt. Es besteht also eine Betriebsaufspaltung mit der Folge, dass die Beteiligung des A an der Betriebs-GmbH zum Betriebsvermögen des Grundbesitz-Einzelunternehmens gehört (Sonderbetriebsvermögen II). Erhöht nun die Betriebs-GmbH das Stammkapital und tritt auf diese Weise gegen bloße Zahlung des Nennbetrags (also ohne Vergütung für die anteilig übergehenden stillen Reserven) der Sohn des A bei, erhält dieser einen nicht mehr betrieblich verstrickten »privaten« GmbH-Anteil. Derjenige Anteil an der GmbH, der infolge der Kapitalerhöhung auf den Sohn übergegangen ist, wurde zuvor aus dem Betriebsvermögen entnommen, so dass A die Differenz zwischen dem Verkehrswert des vom Sohn übernommenen Anteils an der GmbH und der durch ihn geleisteten (Nominal-)Einlage zu versteuern hat.

Zusätzlich ist zu beachten, dass der Übergang der stillen Reserven auf den Sohn infolge der Kapitalerhöhung zum Nennwert (ohne Aufgeld) Schenkungsteuer auslösen kann, Rdn. 4435.[280]

5777 Erforderlich ist demnach die **gleichzeitige Übertragung von Besitz- und Betriebsunternehmen**, sofern nicht ausnahmsweise die Überlassung wesentlicher Betriebsgrundlagen die Voraussetzungen einer Betriebsverpachtung erfüllt und keine Betriebsaufgabe erklärt wird. Auf jeden Fall sind die Gesellschaftsverträge untereinander und im Verhältnis zur letztwilligen Verfügung abzustimmen.[281] Sind die Eigentums- und Beherrschungsverhältnisse bereits durch einen ohne Vorsorge eingetretenen Todesfall auseinandergefallen, kann u.U. deren »Wiederherstellung« durch Erbauseinandersetzung binnen 6 Monaten[282] eine rückwirkende Heilung herbeiführen.

▶ Hinweis:

5778 Bei sachlicher Entflechtung kann jedoch die Betriebsaufgabe des Besitzunternehmens durch Ausübung des wieder auflebenden Verpächterwahlrechtes[283] verhindert werden oder aber bei Vorliegen einer bloßen Betriebsunterbrechung.[284] Andernfalls empfiehlt sich die rechtzeitige (grunderwerbsteuerfreie) Übertragung der Immobilie auf bzw. Umwandlung des Besitzunter-

---

279 BFH, 17.11.2005 – III R 8/03, BB 2006, 365; hierzu *Slabon*, NotBZ 2006, 157/159.
280 Vgl. H 18 Nr. 3 ErbStR 2003, »Kapitalerhöhung gegen zu geringes Aufgeld«.
281 Vgl. *Carlé*, ErbStB 2006, 155 ff.
282 Tz. 3 und 8 des BMF-Schreibens v. 14.03.2006, BStBl. 2006 I, S. 253 bezieht diese Möglichkeit allerdings nur auf die Zurechnung der laufenden Einkünfte; nach *Carlé*, ErbStB 2006, 157 liegt es nahe, den Grundsatz auch auf die der Einkunftsart zugrunde liegende personelle Verflechtung anzuwenden.
283 Vgl. BFH, 15.03.2005 – X R 2/02 und unten Rdn. 2019; und zwar seit BFH, BStBl. 2002 II, S. 527 auch bei einer unechten Betriebsaufspaltung (bei der vor der Aufspaltung ein einheitliches Unternehmen nicht vorgelegen hat). Übersicht zu den Strategien der Vermeidung einer ungewollten Beendigung der Betriebsaufspaltung bei *Hennig*, RNotZ 2015, 127, 134 ff.
284 Nach BFH, 14.03.2006 – VIII R 80/03 sogar wenn wesentliche Betriebsgrundlagen an verschiedene Personen verpachtet und dort branchenfremd verwendet werden, vgl. *Steinhauff*, NWB 2007, 19 = Fach 3, S. 14321; bis zur Aufgabeerklärung liegt zunächst nur eine Betriebsunterbrechung (ruhender Gewerbebetrieb) vor, vgl. *Fichtelmann*, EStB 2006, 373.

nehmens in eine gewerblich geprägte Personengesellschaft (GmbH & Co. KG, § 15 Abs. 3 Nr. 2 EStG, bzw. eine Kapitalgesellschaft zu Buchwerten nach § 20 UmwStG). Alternativ könnten die Anteile an der Betriebs-Kapitalgesellschaft in das Vermögen des Besitzunternehmens eingelegt werden (sog. **Einheitsbetriebsaufspaltung**)[285] oder aber das Besitzunternehmen wird in die Betriebsgesellschaft eingebracht, was aber gem. § 20 UmwStG nur zu Buchwerten erfolgen kann, wenn alle wesentlichen Betriebsgrundlagen mit übergehen.[286]

c) Nießbrauchsvorbehalt

5779 Diese Entnahmewirkung[287] gilt (anders als im Umsatzsteuerrecht, Rdn. 5659) selbst dann,[288] wenn sich (wie in Rdn. 5774 bereits im Überblick geschildert) der zu **betriebsfremden Zwecken** (also etwa in vorweggenommener Erbfolge) veräußernde Unternehmer den **Nießbrauch am Grundstück** vorbehält: das im privaten Vermögensbereich entstandene Nutzungsrecht wird nachfolgend in das Betriebsvermögen eingelegt, und zwar unter Ansatz des auf das Gebäude entfallenden Entnahmewerts, welcher Bemessungsgrundlage für die anschließenden Abschreibungen des Vorbehaltsnießbrauchers bildet[289] (davon zu differenzieren ist jedoch der Nießbrauch am Gesamtbetrieb, der zur Entstehung mehrerer steuerlicher Betriebe führt [vgl. Rdn. 5795 ff.] bzw. bei Rückbehalt eines solchen Gesamtnießbrauchs zum Fortbestand des wirtschaftlichen Eigentums beim Nießbraucher, dem früheren Eigentümer).[290] Als ertragsteuerlich nicht übergeben (und damit auch als nicht entnommen) gilt das Betriebsvermögen jedoch dann, wenn sich der Veräußerer hieran das jederzeitige beliebige Rückforderungsrecht zurückbehält (Rdn. 2146 ff.).

5780 Eine **teilweise Entnahmewirkung** (nach h.M. bezogen auf den Nießbrauchswert, nicht das Grundstück)[291] tritt auch umgekehrt ein, wenn der Veräußerer das Grundstück zwar **im Rahmen einer Betriebsübertragung** dem Erwerber überträgt (notwendiges Betriebsvermögen), sich daran jedoch den **Nießbrauch zurückbehält**[292] (Nutzung zu betriebsfremden Zwecken, die gem. § 4 Abs. 1 Satz 2 i.V.m. § 6 Abs. 1 Nr. 4 EStG ähnlich einer Entnahme mit dem Teilwert zu bewerten ist)[293] und aufgrund dieses Nießbrauchs an den Betriebsinhaber vermietet: Letzterer nutzt dann als Mieter, nicht als Eigentümer, kann also keine Gebäudeabschreibungen geltend machen.[294]

---

285 Dies ist bei späterer Veräußerung der GmbH-Anteile nicht nachteilhaft, da auch im Betriebsvermögen gehaltene GmbH-Geschäftsanteile am Teileinkünfteverfahren teilhaben, § 3 Nr. 40 Buchst. b) EStG.
286 FG Baden-Württemberg, 10.12.2015 – 1 K 3485/13, notar 2016, 127 m. Anm. *Mensch*.
287 Vgl. *Hennig*, RNotZ 2015, 127, 137 ff. und *Stinn*, NWB 2014, 2538, 2545 ff., auch zur Gefahr, dass Grundstücke in Alleineigentum sich im SBV II eines von mehreren Besitzpersonengesellschaften befinden, vgl. hierzu Rdn. 5728.
288 Beispielsfall: FG Köln, 09.08.2007 – 10 K 5022/03, ZErb 2007, 467.
289 Eigene Aufwendungen, die der nunmehrige Nießbraucher auf das betrieblich genutzte Grundstück hatte, vgl. BFH, BStBl. 1989 II, S. 763; BStBl. 1990 II, S. 368, BFH, 30.01.1995 – GrS 4/92, BStBl 1995 II, S. 281. Erlischt der vorbehaltene Nießbrauch, solange der Grundstückseigentümer dort einen Geschäftsbetrieb unterhält, ist das Grundstücks gem. § 6 Abs. 1 Nr. 5 EStG in dessen Betriebsvermögen einzulegen.
290 Sog. Winzerin-Entscheidung des BFH, BStBl. 1983 II, S. 631; gleichwohl ist die Übertragung aber i.S.d. § 9 ErbStG durchgeführt, BFH, BStBl. 1989 II. 1034.
291 So wohl BFH, 01.03.1994 – VIII R 35/92, BStBl. 1995 II, S. 241: keine Entnahme eines zum Sonderbetriebsvermögen gehörenden Grundstücks durch Nießbrauchsbestellung am Grundstück und am Gesellschaftsanteil; vgl. auch efiv-Steuerseminar, April 2006, S. 27.
292 Dadurch kann auch eine Betriebsaufspaltung aufgelöst werden, wenn kein entsprechender Nießbrauch am Betriebsunternehmen besteht, vgl. FG Niedersachsen, 20.06.2007 – 2 K 562/05, EFG 2007, 1584 m. krit. Anm. *Hoffmann*, GmbH-StB 2008, 24 (Az. BFH: X R 22/07).
293 In der Landwirtschaft erlaubt allerdings § 52 Abs. 15 EStG die steuerfreie Entnahme der Altenteilerwohnung bzw. die steuerfreie Nutzungsentnahme eines Wohnungsrechtes hieran.
294 BFH, BStBl. 1989 II, S. 872.

5781 Zur steuerlich weniger problematischen Situation der Übertragung eines Mitunternehmeranteils samt Sonderbetriebsvermögen unter Rückbehalt des Nießbrauchs an Letzterem (Buchwertfortführung gem. § 6 Abs. 3 EStG dennoch gesichert) s. Rdn. 6001.

5782 Wird umgekehrt an betrieblich genutzten Grundstücken einem Dritten ein Zuwendungsnießbrauch bestellt, ist zu differenzieren: In Gestalt der jährlichen Nutzungen liegt stets eine Entnahme vor (die Besteuerung erfolgt i.H.d. anteiligen Kosten der außerbetrieblichen Nutzung ohne fiktiven Vermietergewinnaufschlag, höchstens des Marktwerts).[295] Ob auch das Grundstück selbst entnommen ist, richtet sich danach, ob der betriebliche Zusammenhang für immer gelöst wird. Letzteres ist nicht der Fall bei der entgeltlich (zu mehr als 50 % des ortsüblichen Entgeltes) erfolgenden Nießbrauchszuwendung, ebenso bei einer kurzzeitig befristeten Zuwendung; das Grundstück bleibt dann Bestandteil des gewillkürten (nicht mehr notwendigen) Betriebsvermögens.[296]

5783 Erst recht liegt im **Rückbehalt des Eigentums** an einzelnen Gegenständen des früheren Betriebsvermögens durch den Veräußerer eine **Entnahme** in das Privatvermögen (mit der Folge der Einkommensversteuerung der Differenz zwischen Teilwert = Verkehrswert und betrieblichem, insb. bilanziellem Ansatzwert), sofern das zurückbehaltene Gut (wie etwa beim Bauernwald) nicht seinerseits wiederum einen Betrieb im steuerrechtlichen Sinne darstellt (vgl. Rdn. 446). Bei der landwirtschaftlichen Hofübergabe kann der Rückbehalt von Flächen, die aus Sicht des fast vollständig übergebenen Gesamtbetriebes unwesentlich sind, und auf denen der Veräußerer einen verkleinerten landwirtschaftlichen Betrieb weiterführt, einen solchen neuen Betrieb mit wesentlichen Betriebsgrundlagen begründen, für den das »Verpächterwahlrecht« analog gilt.[297]

Zu den Auswirkungen vorbehaltenen Nießbrauchs am Besitz- und/oder Betriebsunternehmen bei der Betriebsaufspaltung vgl. Rdn. 5774, am Kapitalgesellschaftsanteil bei vorweggenommener Erbfolge vgl. Rdn. 6102.

d) Vermeidungsstrategien

5784 Die mit Beendigung der betrieblichen Nutzung stattfindende Entnahme lässt sich vermeiden durch Gründung einer GmbH & Co. KG und Überführung der Grundstücke in das Sonderbetriebsvermögen dieser gewerblich geprägten Personengesellschaft (Rdn. 2575) ohne Rechtsträgerwechsel (§ 6 Abs. 5 EStG) oder durch Einbringung des gesamten (z.B. landwirtschaftlichen) Betriebes gem. § 24 UmwStG in eine GmbH & Co KG, in bestimmten Grenzen auch durch entgeltliche Erbbaurechtsbestellung[298] oder entgeltliche Bestellung eines eigentumsähnlichen Dauerwohnrechtes (Rdn. 1543 ff.). Zur Vorsorge i.R.d. Betriebsaufspaltung vgl. Rdn. 5777 f.

5785 Nur bei der entgeltlichen Veräußerung (nicht bei der schlichten Entnahme zu betriebsfremden Zwecken oder der unentgeltlichen Veräußerung)[299] können Rücklagen gem. **§ 6b EStG** gebildet und auf Ersatzwirtschaftsgüter übertragen werden.[300] Danach können stille Reserven, die durch Veräußerung bspw. von Grund und Boden, Anteilen an Kapitalgesellschaften und langlebigen Wirtschaftsgütern aufgedeckt werden, ganz oder zur Hälfte auf andere Wirtschaftsgüter übertragen werden, indem sie von den dortigen Anschaffungs- oder Herstellungskosten abgezogen werden oder – sofern dies in demselben Wirtschaftsjahr nicht möglich ist – eine Gewinn mindernde Rücklage gebildet wird. Gleiches gilt gem. R 6.6 EStR 2005 für (gewohnheitsrechtlich geduldete) Rücklagen zur Ersatzbeschaffung für Wirtschaftsgüter, die aufgrund höherer Gewalt oder zur Vermeidung eines behördlichen Zugriffs aus dem Betriebsvermögen ausscheiden.

---

295 BFH, 19.12.2002 – IV R 46/00, DStRE 2003, 773.
296 BFH, 01.03.1994 – VIII R 35/92, BStBl. 1995 II, S. 241 ff.
297 BMF v. 20.05.2008 – IV C 2 – S 2230/08/0001, EStB 2008, 278.
298 Vgl. hierzu *Krauß*, Immobilienkaufverträge in der Praxis, 8. Aufl., Rn. 3877 ff.
299 BFH, 27.08.1992 – IV R 89/90, BStBl. 1993 II, S. 225.
300 Vgl. ausführlich *Schützeberg/Klein*, in: Lambert-Lang/Tropf/Frenz, Handbuch der Grundstückspraxis, S. 1457 ff.

Auch **land- und forstwirtschaftliche Grundstücke** sind[301] bei Veräußerung und Entnahme[302] der Bodengewinnbesteuerung unterworfen,[303] und zwar im Fall des Verkaufs als Hilfsgeschäft des land- und forstwirtschaftlichen Betriebs, nicht als Gegenstand eines eigenen gewerblichen Unternehmens.[304] Der Rückbehalt von Bauernwald genügt allerdings fast immer[305] zur weiteren Anerkennung eines forstwirtschaftlichen Betriebes.[306] Die Folgen einer Gewinnrealisierung lassen sich abmildern durch Reinvestitionen nach Maßgabe[307] der §§ 6b, 6c EStG und (bis zum 31.12.2006) durch den personenbezogenen Freibetrag von 61.800,00 € bei der Abfindung weichender Erben nach § 14a Abs. 4 EStG (sofern ein Hof, also ein »Landgut« i.S.d. § 2312 BGB vorliegt[308]), ebenso durch Realisierung einer Betriebsaufgabe in den Grenzen der §§ 16, 34 EStG (Rdn. 5787 ff.).

5786

e) Betriebsaufgabe

aa) Tatbestand

Eine über die Entnahmewirkung hinausgehende **Betriebsaufgabe**[309] liegt vor, wenn der Inhaber aufgrund eigenen Entschlusses die bisher im Betrieb entfaltete Tätigkeit endgültig einstellt und zur konkreten Umsetzung[310] die wesentlichen Betriebsgrundlagen in einem einheitlichen Vorgang binnen kurzer Frist[311] (sonst Rdn. 5793) an verschiedene Erwerber entgeltlich veräußert und/oder in sein Privatvermögen überführt. Voraussetzung ist also die **zusammengeballte Realisierung** der stillen Reserven, insb. auch in allen wesentlichen Betriebsgrundlagen, die sich nach der funktional-quantitativen Betrachtungsweise definieren, also neben den funktional wichtigen auch solche Wirtschaftsgüter umfassen, die erhebliche stille Reserven beinhalten, auch wenn sie für den Betrieb des Gewerbes nicht von Relevanz sind. 100 %ige Beteiligungen an einer Kapitalgesellschaft gelten gem. § 16 Abs. 1 Satz 1 Nr. 1 Satz 2 EStG als Teilbetrieb, der ebenfalls mit übergehen muss.[312]

5787

---

301 Seit dem 2. SteueränderungsG, BStBl. 1971 I, S. 373.
302 Die bloße Nutzungsänderung (Bebauung) führt (unabhängig von der Gewinnermittlungsart) allerdings nur dann zu einer Entnahme, wenn diese entweder eindeutig erklärt ist (durch Behandlung als Privatvermögen) oder es sich, wie bei der Nutzung zu eigenen Wohnzwecken, um notwendiges Privatvermögen handelt, BFH v. 14.05.2009 – IV R 44/06, EStB 2009, 301.
303 Land- und forstwirtschaftliche Grundstücke, die allerdings am 01.07.1979 vom Landwirt fremdverpachtet wurden, sind gewinnneutral aus dem landwirtschaftlichen Betriebsvermögen ausgeschieden.
304 Anders beim rasch aufeinanderfolgenden Verkauf landwirtschaftlicher Grundstücke mit Gewinnabsicht, die bereits in der Absicht der Weiterveräußerung erworben wurden, BFH, MittBayNot 1984, 275; FG Bremen, EFG 1988, 300.
305 Sofern sie mit echter Gewinnerzielungsabsicht bewirtschaftet werden können, was bereits bei wenigen Hektar Fläche angenommen werden kann, BFH, BStBl. 1985 II, S. 550.
306 Vgl. *Ochs*, MittBayNot 1985, 174; *Martin*, MittBayNot 1980, 145; *Leingärtner/Zaisch*, Die Einkommensbesteuerung der Land- und Forstwirtschaft, Rn. 1665 ff.
307 Bei der Gewinnermittlung nach § 4 Abs. 1 oder Abs. 3 EStG sowie nach Durchschnittssätzen nach § 13a EStG, also nicht bei Schätzungslandwirten.
308 BFH, 05.05.2011 – IV R 7/09, EStB 2011, 400.
309 Überblick, auch zu den erforderlichen Planungsschritten, bei *Paus*, EStB 2015, 144 ff.
310 Insb. bei einem Eigentumsbetrieb muss der innere Entschluss tatsächlich umgesetzt werden, BFH, 30.08.2007 – IV R 5/06, EStB 2008, 8.
311 Auf jeden Fall akzeptabel ist ein Zeitraum von 9 Monaten: BFH, BStBl. 1990 II, S. 373; die absolute Obergrenze kann in Einzelfällen bei 36 Monaten liegen: BFH, 26.04.2001 – IV R 14/00, FR 2001, 944. Zur Anwendung der »Gesamtplanrechtsprechung« insoweit vgl. *Röhrig/Demant*, EStB 2011, 36 ff.: liegt ein Gesamtplan vor, sind 17 Monate schädlich: BFH, 30.08.2012 – IV R 44/10, BFH/NV 2013, 376. Entscheidet sich jedoch der Steuerpflichtige bewusst für eine Übertragung von Wirtschaftsgütern in Einzelakten, findet die Gesamtplanrechtsprechung keine Anwendung, BFH, 22.10.2013 – X R 14/11, vielmehr liegt ein sog. »Plan in Einzelakten« vor.
312 Bsp: BFH, 28.05.2015 – IV R 26/12, EStB 2015, 305 (Übertragung aller Anteile an einer Kapitalgesellschaft zum Buchwert in ein anderes Betriebsvermögen kurz vor der Betriebsaufgabe).

5788 Einer Betriebsaufgabe abträglich wäre demnach die ertragsteuerneutrale Überführung einer wesentlichen Betriebsgrundlage in ein anderes Betriebsvermögen des Veräußerers, z.B. gem. § 6 Abs. 5 Satz 3 EStG, bzw. die Überführung eines zum Sonderbetriebsvermögen gehörenden Wirtschaftsguts in ein anderes Betriebsvermögen, da insoweit die Gesamtrealisierung aller stillen Reserven gerade nicht stattfindet[313] – gleichgültig ob sodann die Anteile am »abgebenden« Betriebsvermögen[314] oder am »aufnehmenden« Betriebsvermögen[315] veräußert werden (in beiden Fällen findet keine Aufdeckung *aller* stillen Reserven statt) oder aber die Schenkung eines Teils eines Mitunternehmeranteils an einen Verwandten, und sodann, im zeitlichen Zusammenhang, die entgeltliche Veräußerung des Restes.[316] Unproblematisch ist es jedoch, nach dem Verkauf des Gesamtbetriebes als Arbeitnehmer oder als Berater für dieses weiter tätig zu sein.[317]

bb) Privilegierungen

5789 Bei einer Betriebsaufgabe kommt es definitionsgemäß zur Gesamtaufdeckung aller stillen Reserven (Differenz zwischen Buchwert und Teilwerten). Immerhin schaffen bei land- und forstwirtschaftlichen Vermögen bis zum 01.01.2006 § 14a Abs. 4 EStG (Freistellung bis zu 61.800,00 € bei Verwendung[318] zur Abfindung weichender Erben innerhalb eines Jahres), bei sonstigen Gewinneinkünften §§ 16, 34 EStG in ihrer durch das Steuersenkungsgesetz ab 2001 wieder eingeführten Form gewisse Privilegierungen hinsichtlich des Aufgabegewinns, der zudem nicht der **Gewerbesteuer** unterliegt, sofern alle wesentlichen Betriebsgrundlagen den Betrieb verlassen:[319]

5790 Gem. § 34 Abs. 1 EStG tritt bei außerordentlichen Einkünften eine »**Progressionsglättung**« dadurch ein, dass sich lediglich ein Fünftel der begünstigten, in einem Veranlagungszeitraum »zusammengeballten« außerordentlichen Einkünfte progressionsverschärfend auswirkt. Liegt das Einkommen jedoch ohnehin in der höchsten Progressionsstufe, bleibt dieser Effekt wirkungslos.

5791 Gem. § 34 Abs. 3 EStG kann auf Antrag,[320] sofern der Steuerpflichtige bei[321] Veräußerung/Aufgabe das 55. Lebensjahres vollendet hat oder dauernd berufsunfähig im sozialversicherungsrechtlichen Sinn ist, auf diese außerordentlichen Einkünfte bis zu einem maximalen Veräußerungsgewinn[322] oder Aufgabegewinn von 5 Mio. € lediglich ein **ermäßigter Steuersatz** von 56 %[323] des durchschnittlichen Steuersatzes erhoben werden. Diese Steuerermäßigung steht nur einmal im Leben zur Verfügung, allerdings auch dann, wenn bereits eine frühere Vergünstigung nach § 34 EStG a.F. in Anspruch genommen worden war.[324]

---

313 Beispielsfall (Betriebsaufgabe verneint): BFH, 05.02.2014 – X R 22/12, EStB 2014, 123.
314 So der Sachverhalt in BFH, 06.09.2000 – IV R 18/99, EStB 2001, 9.
315 So der Sachverhalt in BFH, 17.12.2014 – IV R 57/11, EStB 2015, 119 (Anteil an der aufnehmenden Schwestergesellschaft wird veräußert), vgl. *Mensch*, NotBZ 2015, 246, 247.
316 BFH, 09.12.2014 – IV R 36/13, DStR 2015, 404, vgl. *Mensch*, NotBZ 2015, 246, 247.
317 BFH, 17.07.2008 – X R 40/07, EStB 2008, 424; *Schoor*, NWB 2010, 54, 57 (nach Verkauf einer Freiberuflerpraxis).
318 Der Steuerpflichtige muss über den erzielten Veräußerungserlös frei verfügen können, FG Niedersachsen, 02.03.2009 – 9 V 437/08, ErbStB 2009, 211.
319 BFH, 17.03.2010 – IV R 41/07, DB 2010, 986: dies ist nicht gegeben, wenn eine gewerblich geprägte GmbH & Co KG ihr gesamtes Betriebsvermögen mit Ausnahme des Betriebsgrundstücks veräußert.
320 BFH, 27.10.2015 – X R 44/13, EStB 2016, 84: bis zur formellen Bestandskraft; betragsmäßiger Rahmen: § 351 Abs. 1 AO.
321 Zeitpunkt des steuerlichen Wirksamwerdens der Veräußerung, BFH, 28.11.2007 – X R 12/07, EStB 2008, 44.
322 Dieser erhöht sich bei einer nachträglichen Verkaufspreiserhöhung aufgrund Nachforderungsklausel, BFH, 31.08.2006 – IV R 53/04, DStRE 2006, 1482.
323 Bis zum Veranlagungszeitraum 2003: die Hälfte des durchschnittlichen Steuersatzes, mindestens jedoch 19,9 %.
324 Vgl. § 52 Abs. 47 letzter Satz EStG.

Daneben gewährt § 16 Abs. 4 EStG unter denselben Voraussetzungen (55. Lebensjahr bzw. dauernde Berufsunfähigkeit/einmalige Gewährung) einmalig – und zwar übergreifend über alle Einkunftsarten[325] – einen **Freibetrag** von 45.000,00 €. Er ermäßigt sich um den Betrag, um den der Veräußerungsgewinn 136.000,00 € übersteigt, entfällt also völlig ab einem Veräußerungsgewinn von 181.000,00 €.

5792

cc) Abgrenzung zur Betriebsabwicklung und Betriebsunterbrechung

Die Freibetrags- und Tarifbegünstigung wird lediglich für den Betriebsaufgabe- oder Veräußerungsgewinn gewährt, nicht jedoch für denjenigen Gewinn, der durch eine **allmähliche Abwicklung** des Betriebs entsteht. Von Letzterem ist stets dann auszugehen, wenn die in Rdn. 5787 erwähnte »kurze Zeit« für die Überführung der wesentlichen Betriebsgrundlagen in das Privatvermögen des Steuerpflichtigen oder deren Veräußerung überschritten ist. Bis zur endgültigen Veräußerung oder Entnahme aller wesentlichen Betriebsgrundlagen besteht die Betriebsvermögenseigenschaft noch weiter;[326] die Fortsetzung der bisherigen unternehmerischen Tätigkeit führt zu laufenden Erträgen, auch wenn sie in zeitlicher Nähe zur späterem Beendigung steht.[327]

5793

Von der allmählichen Betriebsabwicklung und der Betriebsaufgabe wiederum zu unterscheiden ist die bloße **Betriebsunterbrechung**, die zu einem ruhenden Betrieb führt, solange die Möglichkeit zur jederzeitigen Wiederaufnahme der gewerblichen Tätigkeit fortbesteht (vergleichbar der Situation bei Bestellung eines Nießbrauchs [Rdn. 5795], sowie bei der Verpachtung [Rdn. 5738] oder als Auffangregelung zur Betriebsaufspaltung bei sachlicher Entflechtung [Rdn. 5724]). Ab **01.11.2011** gilt gem. § 16 Abs. 3b EStG der Betrieb im Falle der Betriebsunterbrechung (und der Betriebsverpachtung, Rdn. 5739) als solange fortgeführt, bis eine ausdrückliche Aufgabeerklärung durch den Steuerpflichtigen erfolgt (und zwar auf den von ihm gewählten Zeitpunkt, sofern die Erklärung spätestens drei Monate danach dem Finanzamt vorliegt).[328] Werden jedoch die wesentlichen Betriebsgrundlagen veräußert oder so umgestaltet (dazu genügt auch die Einräumung eines Erbbaurechtes, das zur grundlegenden Umgestaltung berechtigt[329]), dass eine Wiederaufnahme der betrieblichen Tätigkeit in gleicher Form nicht mehr möglich ist, kommt es weiterhin zwangsweise zu einer Betriebsaufgabe i.S.d. § 16 Abs. 3 Satz 1 EStG.

5794

2. Nießbrauchsbedingte Mehrheit von Betrieben

Wird ein **land- und forstwirtschaftlicher Betrieb** im Ganzen übergeben und behält sich der Veräußerer am gesamten Betrieb den Nießbrauch zurück, entstehen – ebenso wie bei einem **Wirtschaftsüberlassungsvertrag**[330] – zwei land- und forstwirtschaftliche Betriebe.[331] Es gelten also nicht die Grundsätze der Betriebsaufgabe, sondern diejenigen der Betriebsverpachtung, so dass in

5795

---

325 BFH, 21.07.2009 – X R 2/09, EStB 2009, 375 – daher sperrt die Inanspruchnahme für einen freiberuflichen Veräußerungsgewinn die spätere nochmalige Inanspruchnahme für einen gewerblichen Veräußerungsgewinn.
326 Allerdings liegt in der Veräußerung geerbter Kunstwerke keine Fortführung des »Kunstmalerei-Betriebes«, BFH, 27.05.2009 – II R 53/07, ErbStB 2009, 372.
327 BFH, 01.08.2013 – IV R 18/11, EStB 2013, 411.
328 Vgl. hierzu *Wendt*, FR 2011, 1023.
329 BFH, 18.12.2014 – IV R 40/10, EStB 2015, 203.
330 Hierzu BFH, 25.06.2014 – X R 16/13 ErbStB 2014, 273; *Kanzler*, NWB 2014, 2926 ff.: keine Berücksichtigung als Sonderausgaben gem. § 10 Abs. 1a Nr. 2 EStG, aber u.U. als Betriebsausgaben. Auch gegen Letzteres (da es an der ge. § 4 Abs. 4 EStG erforderlichen ausschließlichen betrieblichen Veranlassung fehlt) FG Niedersachsen, 14.01.2015 – 4 K 233/14, ErbStB 2015, 249 (n. rkr.; Az. BFH: VI R 59/15).
331 Vgl. BFH, BStBl. 1988 II, S. 360, BFH/NV 2000, 1078; *Blümich*, EStG, 88. Aufl., § 13 Rn. 33 (Stand: 90. Erg.Lfg.).

der Hand des Übernehmers ein ruhender Betrieb[332] besteht und ein weiterer, wirtschaftender, in der Hand des Nießbrauchers. Ohne Verpachtung würde allerdings die Übertragung sämtlicher landwirtschaftlicher Nutzflächen (selbst wenn das Hofgrundstück im Eigentum zurückbehalten wird) eine Betriebsaufgabe darstellen, da Grund und Boden eines Eigentumsbetriebs für dessen Fortführung unerlässlich sind.[333]

5796 Ob Gleiches bei **gewerblichen Betrieben** gilt, wurde von der h.M. bisher (vgl. jedoch zur Sicht des BFH Rdn. 5797) bejaht: Der Unternehmensnießbraucher ist i.S.d. § 15 EStG Unternehmer, sofern er (wie i.d.R.) Unternehmerinitiative entfalten kann und das Unternehmerrisiko trägt.[334] Anders als bei einem schlichten Ertragsnießbrauch und einem bloßen Quotennießbrauch bzw. der Beschränkung auf einzelne Nutzungen ist also der Unternehmensnießbrauch wie eine Verpachtung des Unternehmens zu bewerten (vgl. zur parallelen Frage der Mitunternehmerschaft des Nießbrauchers am **Personengesellschaftsanteil** Rdn. 1495 ff., des Gesellschafters selbst Rdn. 2605 ff.). Der zugewendete Nießbrauch, der die Mitunternehmerschafts-Voraussetzungen erfüllt, ist i.S.d. §§ 13a, 13b ErbStG begünstigungsfähig.[335]

5797 Problematisch und **diametral entgegengesetzt** ist die Rechtsfolge allerdings nach Ansicht des BFH[336] (Rdn. 6082 ff., insb. Rdn. 6086), wenn aufgrund vorbehaltenen Nießbrauchs allein der Veräußerer weiter die Merkmale eines Unternehmers erfüllt, also der (tätigkeitsbezogen zu verstehende) Betrieb im eigentlichen Sinn nicht übergegangen ist. Wie bei der Vorgängernorm des § 7 Abs. 1 EStDV[337] und bei der parallelen Thematik der Betriebsveräußerung im Ganzen i.S.d. § 16 Abs. 1 Nr. 1 EStG (vgl. Rdn. 5787 ff.) sind dann zwar die sächlichen Betriebsmittel, nicht aber die eigentliche Erwerbsquelle übergegangen. Die Übertragung selbst erfolgte zwar unentgeltlich (da der Nießbrauch keine Gegenleistung im ertragsteuerlichen Sinn darstellt), stellt aber, da die Voraussetzungen des § 6 Abs. 3 EStG nicht vorliegen (vgl. Rdn. 5967), einen privaten Vorgang dar, der im außerbetrieblichen Bereich vollzogen wird und das (gesamte) Grundstück aus dem Betriebsvermögen in das Privatvermögen überführt hat. Damit sind die stillen Reserven, die in den übergegangenen Betriebsgrundlagen enthalten waren, gewinnmehrend aufzulösen (Entnahme, anzusetzen gem. § 6 Abs. 1 Nr. 4 Satz 1 EStG mit dem Teilwert). Das Nießbrauchsrecht ist sodann im privaten Vermögensbereich neu entstanden.[338] Dies gilt unabhängig davon,[339] ob lediglich ein einzelnes Wirtschaftsgut (Grundstück) unter Nießbrauchsvorbehalt übertragen wird, oder ob sich der Nießbrauch auf den gesamten Betrieb bezog und nur die wesentliche Betriebsgrundlage in Gestalt des Grundstücks erwähnt wurde.

5798 Mitunter ist dem Nießbraucher zu empfehlen, sich lediglich Befugnisse unterhalb der Schwelle der Mitunternehmerschaft vorzubehalten, so dass er lediglich Einkünfte gem. § 22 Nr. 1 EStG er-

---

332 Bei ihm können, da er bei unentgeltlicher Nießbrauchsbestellung keine laufenden Einnahmen hat, allenfalls Einkünfte aus der Veräußerung oder Entnahme einzelner Grundstücke oder einer Betriebsveräußerung anfallen, BFH/NV 2000, 1078. Erzielt er (bei einem Zuwendungsnießbrauch) aus einem Entgelt für die Nießbrauchsgewährung laufende Einkünfte, handelt es sich insoweit ebenfalls um land- und forstwirtschaftliche Einnahmen.
333 BFH, 25.09.2008 – IV R 16/07, BStBl. 2009 II 989; BFH, 16.12.2009 – IV R 7/07, EStB 2010, 88: das zurückbehaltene Hofgrundstück gilt als in das Privatvermögen überführt.
334 BFH, BStBl. 1981 II, S. 396, *Paus*, BB 1990, 1675.
335 BFH, 01.09.2011 – II R 67/09, ZEV 2012, 51 (hierzu *Geck/Messner*, ZEV 2012, 255); zur Abstellung auf die ertragsteuerliche Sicht *Viskorf/Haag*, ZEV 2012, 24 ff.
336 BFH, 25.01.2017 – X R 59/14, ZEV 2017, 471 m. Anm. *Gräfe/Kraft*, hierzu *Kraft*, NWB 2017, 2972 ff., in Bestätigung von FG Münster, 18.09.2014 – 13 K 724/11 E, ZEV 2015, 302; hierzu *Lederle/Wanner*, DStR 2015, 2270 und *El Mourabit*, ZEV 2016, 14 ff.
337 BFH, 02.09.1992 – XI R 26/91, BFH/NV 1993, 161 und BFH, 12.04.1989 – I R 105/85, BStBl. 1989 II S. 653.
338 BFH, 20.09.1989 – X R 140/87, BStBl. 1990 II, 368.
339 BFH, 25.01.2017 – X R 59/14, Tz. 31 ff., ZEV 2017, 471 m. Anm. *Gräfe/Kraft*, hierzu *Kraft*, NWB 2017, 2972 ff.

C. Steuerliche Folgen der Übertragung des Wirtschaftsguts selbst — Kapitel 13

zielt,[340] nicht jedoch Einkünfte desselben Typus wie die Gesellschaft selbst (im Regelfall also gewerbliche Einkünfte, die der – allerdings überwiegend auf die ESt anrechenbaren – Gewerbesteuer unterliegen). Ungeklärt ist ferner, in welchem Umfang der mitunternehmerische Nießbraucher für Verluste der Gesellschaft mit herangezogen werden kann (Gleichlauf von Mitverwaltung und Mithaftung), vgl. hierzu auch Rdn. 2678.

Besteht **Betriebsaufspaltung** (vgl. Rdn. 5707 ff.), bleibt die dafür erforderliche personelle Verflechtung zwischen Besitz- und Betriebsunternehmen weiterhin aufrechterhalten, wenn das Besitzunternehmen auf Dritte (z.B. in vorweggenommener Erbfolge) übertragen wird, aber der Nießbrauch hieran (z.B. am übertragenen Grundbesitz) zurückbehalten wird: die Betriebsgrundlagen können auch im Eigentum Dritter stehen, solange der einheitliche Betätigungswille des Betriebsunternehmers auch im Besitzunternehmen durch den Nießbrauch gewährleistet bleibt,[341] vgl. im Einzelnen zu den dabei zu unterscheidenden Konstellationen Rdn. 5774. Eine bisher nicht bestehende Betriebsaufspaltung wird andererseits auch nicht begründet, wenn das Besitzgrundstück zwar in das Eigentum des Betriebsunternehmers übertragen wird, der frühere (nicht mit dem Betriebsunternehmer verflochtene) Grundstückseigentümer sich jedoch den Nießbrauch zurückbehält[342] (allerdings tritt mit dem Wegfall des Nießbrauchsrechtes auf jeden Fall, oft ungewollt, Betriebsaufspaltung ein!). 5799

II. Zurechnung des Wirtschaftsguts, AfA-Berechtigung

1. Zurechnung beim Erwerber

Werden mit dem übertragenen Wirtschaftsgut sog. »Überschusseinkünfte« gem. § 2 Abs. 2 Nr. 2 EStG (insb. also Einkünfte aus Vermietung und Verpachtung von unbeweglichem Vermögen) realisiert, geht der Einkunftstatbestand im steuerlichen Zeitpunkt der Veräußerung auf den Erwerber über. Voraussetzung ist jedoch der endgültige Übergang der Berechtigung. Wird bspw. Geldvermögen im Namen der Kinder angelegt, muss der Wille der Eltern, die Guthabenforderung den Kindern sofort zuzuwenden, bestehen und der Bank erkennbar geworden sein, z.B. durch Klarstellung, dass künftige Verfügungen nur auf dem elterlichen Sorgerecht, §§ 1626 ff. BGB, beruhen.[343] 5800

a) Übergang der AfA-Befugnis

aa) Zeitpunkt der Anschaffung

Bei Grundbesitz ist maßgeblich die Zuordnung von Immobilien zum »**wirtschaftlichen Eigentümer**« (vgl. § 39 Abs. 2 Nr. 1 Satz 1 AO), die auch bilanzielle Auswirkung hat. So wird bei Immobiliengeschäften der Übergang des wirtschaftlichen Eigentums auf den Zeitpunkt vorverlegt, in dem der Erwerber den Veräußerer rechtmäßig von der Einwirkung auf das Wirtschaftsgut ausschließen kann, also den Übergang von Besitz, Nutzungen und Lasten (Anschaffungszeitpunkt).[344] Ist jedoch bereits das Eigentum übergegangen, ist dieser Zeitpunkt der »juristischen Anschaffung« allein maßgeblich, auch wenn der Verkäufer noch Besitzer bleibt.[345] Der Erwerber ist dann nämlich bereits – wenn auch mittelbarer – Eigenbesitzer (§ 872 BGB), der frühere Eigentümer nutzt das Grundstück lediglich als Fremdbesitzer, etwa aufgrund eines schuldrechtlichen Nutzungsverhältnisses oder als Nießbraucher. Demnach lässt sich der Zeitpunkt des steuerlichen Veräußerungsgeschäfts etwa i.S.d. 5801

---

340 Vgl. *von Sothen*, Münchner Anwaltshandbuch Erbrecht, 2. Aufl. 2007, Rz. 225.
341 BFH, 24.08.1989 – IV R 135/86, BStBl 1989 II 1014, vgl. *Schlegel*, NWB 2012, 1654, 1655.
342 Vgl. *Schlegel*, NWB 2012, 1654, 1656 ff.; allerdings geht der Nießbrauchserlass, der nur Überschusseinkünfte betrifft, hierauf nicht ein.
343 Vgl. Verfügung der OFD Magdeburg, 26.01.2007 – S 2252–90-St 214.
344 Vgl. BFH, BStBl. 1972 II, S. 700; hierzu und zum folgenden *Everts* in: *Amann/Hertel/Everts*, Aktuelle Probleme der notariellen Vertragsgestaltung im Immobilienrecht 2006/2007 (DAI-Skript), S. 40 ff.
345 BFH, 18.05.2006 – III R 25/05, DStR 2006, 1359.

§§ 6b, 16, 17 EStG nicht durch vereinbarten späteren Besitzübergang nach Übergang des Sacheigentums »steuern«.

5802 Zweckmäßigerweise wird für diesen **Besitzübergang** bei Betrieben das Ende (bzw. der Beginn) eines Wirtschaftsjahres gewählt, um eine weitere Bilanz (§ 6 EStDV) zu vermeiden. Dies ist i.d.R. das Kalenderjahr, bei landwirtschaftlichen Marktfruchtbetrieben der Zeitraum von 01.07. bis 30.06., bei Grünlandbetrieben v. 01.05. bis 30.04 (§ 4a Abs. 1 Nr. 1 EStG); im Handelsregister eingetragene Gewerbetreibende[346] können[347] abweichende Wirtschaftsjahre bilden, § 4a Nr. 2 EStG.

▶ Hinweis:

Wichtig ist insoweit die exakte Bezeichnung des Stichtages (»01.01.2008«), zur Vermeidung von Zweifeln auch die Angabe, ob der Beginn oder das Ende dieses Tages oder eine dazwischen liegende Uhrzeit gemeint ist. Der BFH hat besagten »ersten Januar« im Wege der Auslegung durch »null Uhr« ergänzt.[348] Auch wenn die Zeitpunktpunkte chronologisch zusammenfallen, unterscheiden sich doch »31.12., 24 Uhr« und »01.01., null Uhr« dadurch, dass im ersteren Fall die Folgen noch im alten, sonst im neuen Jahr eintreten.

5803 Wird der Übergabevertrag nach dem **Stichtag** abgeschlossen, vereinbaren die Beteiligten regelmäßig, sich so zu stellen, als wäre das wirtschaftliche Eigentum bereits zu dem genannten Zeitpunkt übergegangen. Einkommensteuerlich wird eine solche Rückwirkung durch die Finanzverwaltung nur dann anerkannt, wenn sie eine kurze Zeitspanne (bis etwa 3 Monate)[349] umfasst oder nur der technischen Vereinfachung der Besteuerung dient; darüber hinaus allenfalls durch niedrigere Steuerfestsetzung im Billigkeitswege.[350] Die Rechtsprechung ist bei Grundbesitz insoweit strenger: Der Anschaffungszeitpunkt in Bezug auf Immobilien kann, trotz möglicher schuldrechtlicher Rückbeziehung, nicht vor der Beurkundung liegen, auch nicht im Sinne einer »technischen« Rückwirkung um wenige Tage (am 03. Januar auf den vorangehenden 31. Dezember).[351]

bb) Durchführung (Besitzübergabe)

5804 Braucht (etwa bei einem vermieteten Objekt) nur der **mittelbare Besitz** übergeben zu werden, kann dies durch Abtretung des Herausgabeanspruches (aufschiebend bedingt auf den Erhalt des geschuldeten Kaufpreises) erfolgen (§§ 868, 870, 546 Abs. 1 BGB).[352] Bei einem unbebauten, miet- und pachtfreien Grundstück kann die **unmittelbare Besitzverschaffung** gem. § 854 Abs. 1 BGB (durch Erlangung der tatsächlichen Gewalt) oder gem. § 854 Abs. 2 BGB (durch Einigung) von Statten gehen. Die Praxis greift regelmäßig auf die rechtsgeschäftliche Variante (durch den Zeitpunkt der Kaufpreiszahlung aufschiebend bedingte, gegebenenfalls zusätzlich auf einen Kalenderstichtag aufschiebend befristete Einigung) zurück.[353] Dies hat den Vorteil, dass die Be-

---

346 Also nicht z.B. eine im Handelsregister eingetragene Freiberufler-Personengesellschaft, vgl. BFH, 18.05.2000 – IV R 26/99, BStBl. 2000 II, S. 498.
347 Im Fall nachträglicher Abweichung vom Kalenderjahr jedoch nur mit Zustimmung des FA.
348 BFH, BStBl. 1993 II, S. 228.
349 Vgl. *Wollny*, Unternehmens- und Praxisübertragungen, 4. Aufl. 1996, Rn. 2766 ff.; BMF-Schreiben BStBl. 2002 I, S. 893 (900, Tz. 26). Abgesehen davon kann der Steuerpflichtige nicht auf einen entstandenen öffentlich-rechtlichen Steueranspruch rückwirkend Einfluss nehmen, vgl. BFH, BStBl. 1997 II, S. 581.
350 BFH, BStBl. 1983 II, S. 730.
351 BFH, 20.10.2011 – IV R 35/08, notar 2012, 134 m. Anm. *Ihle;* anders BFH, 25.06.1974 – VIII R 163/71, DStR 1975, 344 im Falle des (nicht beurkundeten) Beschlusses von OHG-Gesellschaftern, die Gesellschaft zu liquidieren und Grundbesitz auf die Gesellschafter zu Bruchteilen zu übertragen.
352 Nach OLG Brandenburg, 15.02.2012 – 4 U 146/11, JurionRS 2012, 11121, ist eine solche Abtretung stillschweigend in der Regelung, wonach »der Besitz mit Kaufpreiszahlung übergeht«, enthalten.
353 Vgl. *Mai*, notar 2013, 379, 380.

C. Steuerliche Folgen der Übertragung des Wirtschaftsguts selbst   Kapitel 13

sitzschutznormen (insbesondere gegen verbotene Eigenmacht, § 859 BGB sowie gegen Besitzentziehung [etwa Einzäunung] oder Besitzstörung [z.B. Erdaushub auf dem Grundstück] §§ 861, 862 BGB) nicht erst mit der tatsächlichen Inbesitznahme (als Realakt, wie bei § 854 Abs. 1 BGB erforderlich) greifen, sondern bereits mit dem Wirksamwerden dieser Einigung.

Dies lässt sich auch ausdrücklich festhalten, etwa wie folgt: 5805

▶ **Formulierungsvorschlag: Einräumung des unmittelbaren und des mittelbaren Besitzes**

Soweit der Vertragsgegenstand an Dritte vermietet ist und/oder Dritte gegenüber dem Erwerber nach diesem Vertrag zum Besitz des Vertragsgegenstandes berechtigt sind, erfolgt die Übergabe durch Übertragung des mittelbaren Besitzes. Der Veräußerer tritt hierzu die ihm gegenüber den unmittelbaren Besitzern des Kaufgegenstandes zustehenden Herausgabeansprüche bereits jetzt unter aufschiebend befristet auf den Zeitpunkt des Besitzübergangs an den diese Abtretung annehmenden Erwerber ab. Hinsichtlich des verbleibenden Vertragsgegenstandes sind die Beteiligten unter derselben aufschiebenden Bedingung über den Übergang des unmittelbaren Besitzes einig, § 854 Abs. 2 BGB; sämtliche Schlüssel sind zu übergeben. Im Übrigen kann der Erwerber den Vertragsgegenstand selbst in unmittelbaren Besitz nehmen.

Bei bebautem, unvermietetem Grundbesitz regelt der Überlassungsvertrag lediglich den Stichtags-Zeitpunkt, an dem die Besitzübertragung geschuldet ist. Die tatsächliche Übergabe des Besitzes gem. § 854 BGB bedarf an sich der physischen Überreichung der Schlüssel, Einweisung, Ablesung der Zählerstände etc. Um dem ggf. steuerrechtlich gefährlichen Vorwurf zu begegnen, die Besitzübergabe habe nicht tatsächlich am geschuldeten Zeitpunkt (z.B. am 31.12. um Mitternacht) stattgefunden, so dass der Anschaffungszeitpunkt ein anderer sei, kann der Erwerber bereits in der Übertragungsurkunde ermächtigt werden, sich am Tag der vereinbarten Besitzübergabe selbst in den Besitz des Objekts zu setzen, so dass auf eine förmliche Besitzübergabe bei Anwesenheit beider Beteiligten verzichtet wird. 5806

Wird im Objekt Wasser, Gas oder Strom bezogen, fingiert § 2 Abs. 2 der betreffenden Versorgungsbedingungen (AVBEltV, AVBGasV, AVBWasserV) ein Vertragsverhältnis durch Annahme der im Rahmen einer »Realofferte« angebotenen Leistungen des Versorgungsunternehmens. Diese Regelungen gelten jedoch nicht,[354] wenn noch mit einem Dritten, etwa dem Veräußerer, oder dem Nutzer,[355] ein (ungekündigter) Vertrag besteht. Das ausdrückliche Vertragsverhältnis hat stets Vorrang, sodass nur im Innenverhältnis ein Ausgleichsanspruch zwischen Veräußerer und Erwerber, nach der getroffenen Regelung zum Übergang der Lasten, besteht. 5807

Zur Vermeidung von Überraschungen ist ein Hinweis darauf ratsam, dass die Abgrenzung der **Grundsteuer-Schuldnerschaft** durch Fortschreibung des Grundsteuermessbescheids jeweils nur zum 01.01. eines Jahres erfolgt, sodass ggü. der Gemeinde der Veräußerer für den Rest des Kalenderjahres noch als Steuerschuldner gilt und die Beteiligten daher die Übernahme der Lasten zum Abgrenzungsstichtag intern vorzunehmen haben (etwa indem der Erwerber Einzugsermächtigung auf sein Konto erteilt, noch unter der Steuernummer des Veräußerers). 5808

Fehlt eine vertragliche Regelung zum Abgrenzungsstichtag, stellt § 436 Abs. 2 BGB nunmehr hinsichtlich der Verteilung der Beitragslast auf den Stand bei Abschluss des Kaufvertrags ab (eine Verbesserung ggü. § 436 BGB a.F., wonach der Veräußerer nicht für die Freiheit des Grundstückes von öffentlichen Abgaben und Lasten, die zur Eintragung in das Grundbuch nicht geeignet seien, hafte). § 103 BGB regelt, dass regelmäßig wiederkehrende Lasten wie Grundsteuer und Gebühren im Zweifel im Verhältnis der Dauer der Verpflichtung aufzuteilen seien. Auch wenn z.B. die Grundsteuer abgabenrechtlich keine dingliche, sondern eine persönliche Abgabe (grund- 5809

---

354 BGH, 17.03.2004 – VIII ZR 95/03, NZM 2004, 425.
355 BGH, 10.12.2008 – VIII ZR 293/07, NotBZ 2009, 134 (auch bei konkludentem Vertrag mit dem Nutzer).

1825

stücksbezogene Steuer) ist,[356] handelt es sich bürgerlich-rechtlich um eine öffentliche Last i.S.d. § 436 BGB.

5810 Nicht mehr zu den bürgerlich-rechtlichen öffentlichen Lasten zählen jedoch öffentlich-rechtliche Beiträge, die sich nicht auf das Grundstück, sondern – wie z.B. die Baugenehmigungsgebühr – auf ein Bauvorhaben beziehen.[357]

Hinzuweisen ist auch auf die Regelungen der §§ 96 ff. VVG zu den Gebäudesachversicherungen, sowie zur begleitenden Nebenpflicht zur Einweisung und Übergabe von Dokumenten, Betriebsanleitungen usw.

5811 Bei größeren land- oder forstwirtschaftlich genutzten Flächen ist mitunter auch eine Regelung zur Abgrenzung der Rechte und Pflichten aus dem **Jagdrecht** anzutreffen. Ist die zusammenhängende Fläche hinreichend groß (in Bayern z.B. mindestens 81,755 ha), steht dem Eigentümer (bzw. Nutzungsberechtigten) nicht nur – wie stets – das Jagdrecht, sondern auch das Jagdausübungsrecht zu (sog. Eigenjagd) zu, entweder zur Eigennutzung (bei Vorliegen der öffentlich-rechtlichen Voraussetzungen: Jagdschein), oder zur Verpachtung.

▶ Formulierungsvorschlag: Übergang des Jagdrechts

5812 Die Rechte und Pflichten nach Bundes- und Landesjagdgesetz werden mit Besitzübergang vom Erwerber übernommen bzw. an ihn abgetreten. Ab diesem Zeitpunkt haftet der Erwerber für etwaige Wildschäden, hat jedoch Anspruch auf Auskehr von Erlösen (zeitanteilig) aus der Jagdnutzung.

5813 Eine ausführliche Formulierung unter Einschluss dieser Möglichkeit der »Selbstvornahme« könnte etwa, bezogen auf Betriebsvermögen, wie folgt lauten:

▶ Formulierungsvorschlag: Besitzübergang (Stichtagsregelung) für Betriebsübertragung (mit Selbstvornahmemöglichkeit)

Stichtag für die Übertragung der Aktiva und Passiva der vorgenannten betrieblichen Einheit (Grundbesitz samt Gebäude, Betriebsvorrichtungen, Maschinen, sonstiges Anlagevermögen und Warenvorräte, halbfertige Erzeugnisse und sonstiges Umlaufvermögen) ist der Ablauf des 31.12.2007. Zu diesem Zeitpunkt gehen Nutzungen und Lasten sowie die Gefahr einer zufälligen Verschlechterung oder Zerstörung der übertragenen Gegenstände auf den Erwerber über. Der Erwerber ist ermächtigt, sich zum Stichtag selbst in den Eigenbesitz der zu übertragenden Sachen zu setzen, auf eine körperliche Übergabe (§ 854 BGB) wird verzichtet. Befinden sich Sachen zum Stichtag im Fremdbesitz Dritter, wird der Herausgabeanspruch zum Stichtag an den Erwerber hiermit abgetreten (§§ 868, 870 BGB).

Zum gleichen Zeitpunkt tritt der Erwerber in alle Berechtigungen, aber auch Verpflichtungen, die sich auf die übertragenen Vermögensgegenstände (Sachen und Forderungen) beziehen, ein. Er wird hiermit unwiderruflich ermächtigt, diesen Übergang, gegebenenfalls unter Vorlage einer beglaubigten Abschrift dieses Vertrags, anzuzeigen und etwa noch erforderliche Erklärungen rechtsgeschäftlicher Art auch für den Veräußerer abzugeben, befreit von § 181 BGB, über den Tod hinaus mit dem Recht zur Erteilung von Untervollmacht.

In gleicher Weise tritt der Erwerber mit Wirkung ab Übergabestichtag in sämtliche die übertragenen Gegenstände betreffenden Verträge ein, einschließlich aller Versicherungs-, Dienst-, Pacht-, Miet- und Arbeitsverträge. Er verpflichtet sich, den Übergeber insoweit von jeglicher Verpflichtung und Inanspruchnahme im Innenverhältnis ab dem Stichtag freizustellen und sich nach besten Kräften dafür einzusetzen, dass eine schuldbefreiende Übernahme auch im Außenverhältnis, unter Genehmigung des jeweiligen Vertragspartners, so rasch wie möglich zustande kommt. Wird letztere durch den anderen Vertragsteil verweigert, hat er die nächste ordentliche Kündigungsmöglichkeit wahrzunehmen, um sodann einen etwaigen Nachfolgevertrag im eigenen Namen abzuschließen.

---

356 BGH, NJW 1989, 107.
357 *Wilhelms*, NJW 2003, 1420.

cc) Wirkungen

Der Erwerber führt ab diesem Zeitpunkt die **AfA-Reihe des Veräußerers** (im Privatvermögen gem. § 11d EStDV, im Betriebsvermögen gem. § 6 Abs. 3 EStG) weiter, soweit es sich um unentgeltliche Übertragungen handelt. Soweit jedoch die vereinbarten »Gegenleistungen« **Entgeltlichkeitscharakter** haben (hierzu nachstehend C, Rdn. 6212), also etwa bzgl. geleisteter Abstandsgelder, übernommener Privatverbindlichkeiten und geleisteter Austauschrenten) und damit der Erwerber eigene Anschaffungskosten verwirklicht, setzt er diesbezüglich **eine neue AfA-Reihe** in Gang. 5814

Treffen beide Merkmale in einer **teilentgeltlichen** Übertragung zusammen, ist das Rechtsgeschäft – wie nachstehend Rdn. 6054 f., 6191 (»Trennungstheorie«) erläutert – in seine entgeltlichen und unentgeltlichen Teile prozentual aufzuspalten, soweit es sich um Privatvermögen oder einzelne Wirtschaftsgüter des Betriebsvermögens handelt (bei Betrieben, Teilbetrieben oder Mitunternehmeranteilen gilt dagegen die sog. »Einheitstheorie«, d.h. diese sind entweder in vollem Umfang entgeltlich – sofern die Gegenleistungen das Kapitalkonto des Übergebers nach der Übergabe übersteigen –, sonst in vollem Umfang unentgeltlich, vgl. unten Rdn. 5953 f., Rdn. 6190). Die Berechnung der Grundlage für die neue AfA-Reihe des Erwerbers hinsichtlich der vom ihn getragenen Anschaffungs- oder Herstellungskosten ist allerdings verkompliziert im Falle der Übertragung unter Wohnungsrechtsvorbehalt, wegen der Kürzung um den auf vom Wohnungsrecht umfassten Teil, vgl. im Einzelnen Rdn. 5831 f. 5815

Mit der Zurechnung des Wirtschaftsguts an den Erwerber werden diesem auch evtl. Einkünfte steuerlich zugerechnet. Unterliegt er einem geringeren Grenzsteuersatz, sinkt die Gesamtsteuerbelastung der Familie (»**Familiensplitting durch Einkünfteverlagerung auf Kinder**«). Bei Einkünften aus Kapitalvermögen können auf diese Weise bis zu 8.501,00 €/Jahr steuerfrei vereinnahmt werden.[358] Übersteigen allerdings die Einkünfte und Bezüge eines Kindes die Grenze des § 32 Abs. 4 Satz 5 EStG (derzeit 7.680,00 €/Jahr),[359] gehen das Kindergeld bzw. der Kinderfreibetrag verloren. Verfügt ein volljähriges Kind über höhere Einkünfte, kann umgekehrt die Verlagerung von Verlusten (aus Vermietung und Verpachtung) den Kinderfreibetrag/das Kindergeld retten. Bereits ab einem deutlich geringeren Gesamteinkommen i.S.d. § 16 SGB IV (derzeit 365,00 €/Monat) – hierzu zählen auch Einkünfte aus Kapitalvermögen[360] – entfällt ferner die beitragsfreie Familienmitversicherung der Kinder in der gesetzlichen Krankenversicherung. 5816

b) Anerkennung von Fremdwerbungskosten

Mit dem Übergang der steuerlichen Einkunftsart und damit der AfA-Befugnis stellt sich möglicherweise ein »Inkongruenz-Problem« hinsichtlich der sonstigen **Werbungskosten**, wenn diese, z.B. aufgrund der bisherigen Verträge, weiterhin vom Veräußerer getragen werden. Thematisiert wird dies unter dem Gesichtspunkt der »**Anerkennung von Drittaufwand**«. Zusammenfassend gilt: Ist der nunmehrige Nicht-mehr-Eigentümer alleiniger zivilrechtlicher Schuldner der Darlehensverbindlichkeiten, sind die von ihm auf seinen Darlehensvertrag bezahlten Schuldzinsen, auch wenn sie wirtschaftlich das vermietete Objekt entlasten, keine Werbungskosten des Eigentümers. Eine Zurechnung der vom Nichteigentümer bezahlten Schuldzinsen als für Rechnung des nunmehrigen Vermieters geleistet kann auch nicht über die sog. Theorie des abgekürzten Zahlungs- bzw. Vertragswegs erfolgen, da diese nur bei Bargeschäften des täglichen Lebens (z.B. Ein- 5817

---

358 Grundfreibetrag von 7.664,00 € zzgl. Sparerfreibetrag von 801,00 € und Sonderausgaben-Pauschbetrag von 36,00 € (dem Kreditinstitut muss dann eine NV-Bescheinigung vorgelegt werden).
359 Zuzüglich Ausbildungskosten, jedoch ohne Unterbringung und Verpflegung, vgl. H 32.10 EStH 2005. Ab 2009 sind auch Kapitaleinkünfte i.H.d. Sparerfreibetrages von 801,00 € nicht mehr als »Bezug« zu berücksichtigen.
360 Gem. BSG v. 22.05.2003, BSGE 91, 83 ff. ist dabei der Sparerfreibetrag abzuziehen; bis 2008 auch darüber hinausgehende höhere tatsächlich nachgewiesene Werbungskosten.

kauf von Büromaterial) anerkannt wird, nicht aber bei Dauerschuldverhältnissen.³⁶¹ Allerdings sind diejenigen Schuldzinsen als Werbungskosten anzuerkennen, die der nunmehrige Eigentümer, obwohl er nicht Schuldner der Verbindlichkeit ist, aus eigenen Mitteln (z.B. aus den Mieteinnahmen) bezahlt (vgl. im Einzelnen Rdn. 3299 ff.).

c) Anerkennung eigener Werbungskosten

5818 Ertragsteuerlich zählt die Finanzverwaltung³⁶² die bei der Vermögensnachfolge anfallenden **Notar-, Grundbuch- und Beraterkosten** weder zu den Anschaffungsneben-, noch zu den Werbungskosten, auch wenn das erworbene Wirtschaftsgut zur Einkünfteerzielung eingesetzt wird; dem hat der BFH widersprochen:³⁶³ der auf den zur Einkünfteerzielung bestimmten Gebäudeanteil entfallende Betragsanteil könne getrennt vom Erwerber abgeschrieben werden.³⁶⁴ Daneben stehen ihm, soweit er Einkünfte (etwa aus Vermietung und Verpachtung) erzielt, die sonstigen (anteilig auf dieses selbständige Wirtschaftsgut, Rdn. 5697 ff., entfallenden) Werbungskosten, wie etwa Schuldzinsen, Grundsteuer, Versicherungsprämien, Erhaltungsaufwendungen etc. zur Verfügung.

▶ Hinweis:

5819 Beim (teil)entgeltlichen Erwerb wird sog. **anschaffungsnaher Aufwand** durch die frühere Verwaltungsauffassung (R 157 Abs. 4 EStR 2003) und Rechtsprechung³⁶⁵ und für seit 01.01.2004 begonnene Maßnahmen nunmehr auch durch das Gesetz (§§ 6 Abs. 1 Nr. 1 Buchst. a),³⁶⁶ 9 Abs. 5 Satz 2 EStG, vgl. R 6.4 Abs. 1 Satz 1 EStR 2005) zu aktivierungspflichtigem (und damit nur abschreibungsfähigem) Herstellungsaufwand umqualifiziert.³⁶⁷ Dies ist der Fall, wenn innerhalb der **ersten 3 Jahre nach Gebäudeerwerb** (Übergang von Besitz, Nutzungen und Lasten) die Erhaltungsaufwendungen³⁶⁸ (ohne USt) 15 % der Anschaffungskosten des Gesamtgebäudes³⁶⁹ (samt Erwerbsnebenkosten, ohne Grunderwerb) übersteigen: Es handelt sich dann stets um Herstellungskosten, unabhängig davon, ob tatsächlich ein neues Wirtschaftsgut geschaffen oder ein vorhandenes in seiner Substanz wesentlich verbessert wurde, und unter Einschluss darin enthaltener laufender Schönheitsreparaturen.³⁷⁰ Beim teilentgeltlichen Er-

---

361 BFH, 24.02.2000 – IV R 75/98, EStB 2000, 197. BFH, 15.11.2005 – IX R 25/03, ErbStB 2006, 52 und BFH, 15.01.2008 – IX R 45/07, ErbStB 2008, 101 will außer bei Bargeschäften des täglichen Lebens den Abzug auch bei einer »abkürzenden« Geldschenkung zulassen, kommt dadurch allerdings in Kollision mit der Rechtsfigur der mittelbaren Grundstücksschenkung (daher Nichtanwendungserlass des BMF v. 09.08.2006, ErbStB 2006, 278).
362 BMF-Schreiben v. 13.01.1993, BStBl 1993 I S. 80, Rn. 13.
363 BFH, 09.07.2013 – IX R 43/11, ZfIR 2013, 861 m. Anm. *Naujok*: abschreibungsfähige Anschaffungsnebenkosten, soweit z.B. auf vermietete Gebäude entfallend; vgl. *Paus*, NWB 2013, 3612 ff. zur Frage der Übertragbarkeit auf andere Fälle.
364 Berechnungsbeispiel bei *Günther*, EStB 2013, 464, 465.
365 Wobei Untergerichte diese Rspr. schon bisher zunehmend infrage stellten und allein auf § 255 Abs. 2 HGB als Definition der Herstellungskosten verwiesen, etwa FG Münster EFG 2000, 1316.
366 Gem. *Bäuml*, FR 2010, 924 gelten die Regeln zum anschaffungsnahen Herstellungsaufwand nicht bei Freiberuflern und Gewerbetreibenden, die ihren Gewinn durch Einnahmen-Überschuss-Rechnung ermitteln.
367 Instruktiv *Wendt*, EStB 2004, 329; *Stuhrmann*, NWB 2004, 761 = Fach 3, S. 12765 ff.
368 Ohne die »jährlich üblicherweise anfallenden Erhaltungsarbeiten«, nach Ansicht der OFD Düsseldorf bspw. Streichen und Tapezieren, enger OFD München v. 11.06.2004, NWB DokSt Nr. 03x47104: nur Kleinstreparaturen. Vgl. auch OFD Frankfurt v. 16.09.2004, DB 2004, 2191: auch Kosten der Herstellung der Funktionsbereitschaft sind in die 15 %-Grenze des § 6 Abs. 1 Nr. 1 Buchst. a) EStG einzubeziehen, ebenso reine Schönheitsreparaturen und Luxussanierungen.
369 OFD Frankfurt v. 31.01.2006, DStR 2006, 567 (anders bei selbstständigen Eigentumswohnungen).
370 BFH, 25.08.2009 – IX R 20/08, EStB 2009, 424.

werb kann eine Umqualifizierung in anschaffungsnahen Aufwand nur in Höhe der Prozentquote der Entgeltlichkeit stattfinden.[371]

Diese Umqualifizierung findet allerdings **nicht** statt **beim unentgeltlichen Erwerb** (R 6.4 Abs. 1 Satz 2 EStR 2005[372]). Lässt also der Erwerber kurz nach der Übertragung im ganzen Haus neue Fenster für 50.000 Euro einbauen, kann er den auf die vermieteten Bereiche[373] entfallenden Anteil (z.B. 25.000 Euro) sofort im Jahr des Geldabflusses abziehen! Allerdings ist darauf hinzuweisen, dass der unentgeltliche Erwerber den dreijährigen »Beobachtungszeitraum« seines Rechtsvorgängers fortführt: hat der Schenker in den beiden ersten Jahren (an sich sofort abzugsfähige) Erhaltungsaufwendungen unterhalb der 15 % Grenze getätigt, nimmt jedoch der Beschenkte im dritten Jahr zusätzliche Aufwendungen vor, so dass die Schwelle überschritten ist, findet beim Schenker eine nachträgliche Umqualifizierung statt, und damit auch beim Beschenkten, da er gem. § 11d EStDV die vom Schenker verwirklichte Bemessungsgrundlage übernimmt und weiter erhöht.[374]

Werden im übertragenen Objekt verschiedene Nutzungen verwirklicht, so dass mehrere ertragsteuerliche Wirtschaftsgüter vorliegen (vgl. Rdn. 5701 ff.), gestattet der BFH, und ihm folgend auch die Finanzverwaltung (vgl. im einzelnen Rdn. 6197 f.), dass die Vertragsparteien untereinander Abreden darüber treffen, auf welches der Wirtschaftsgüter sie die im ertragsteuerlichen Sinn als Gegenleistungen zu qualifizierenden Aufwendungen (vgl. hierzu Rdn. 6188 ff., also vor allem Abstandsgelder, Gleichstellungsgelder, Schuldübernahme, Austauschrenten etc.) leisten wollen. **Ertragsteuerlich optimal** ist es naturgemäß, das Entgelt vollständig auf die vermietete Einheit (bis zu deren Verkehrswert) entfallen zu lassen. Dies gilt auch für die **Zuordnung von Finanzierungskosten**: Ordnet der Steuerpflichtige Darlehensmittel einem vermieteten Gebäudeteil in der Weise zu, dass er mit diesem Darlehen tatsächlich die Aufwendungen begleicht, die der Anschaffung oder Finanzierung von Erhaltungsaufwendungen in Bezug auf diesen Gebäudeteil konkret zuzurechnen sind, sind die hierauf entfallenden Schuldzinsen in vollem Umfang als Werbungskosten abziehbar, nicht nur anteilig.[375]

5820

2. Besonderheiten beim Nießbrauch (»Nießbrauchserlass«)

In bestimmten, gleichwohl praktisch bedeutsamen Ausnahmefällen des Vorbehalts wesentlicher Nutzungen durch den Veräußerer verbleibt allerdings die AfA-Befugnis bei ihm. Grundlegend für die einkommensteuerliche Behandlung des Nießbrauchs (und des Wohnungsrechtes mit ausgeübter Überlassungsbefugnis, die ertragsteuerlich wie eine Vermietung behandelt wird[376]) ist der **Nießbrauchserlass** v. 24.07.1998[377] mit späteren Änderungen, neu bekannt gegeben am 30.09.2013.[378] Für das schlichte, nicht an Dritte entgeltlich überlassene, Wohnungsrecht gelten die nachstehenden Ausführungen grundsätzlich entsprechend mit der Maßgabe, dass der Wohnungsberechtigte selbst mangels Einkünfteerzielung keine AfA oder sonstigen Werbungskosten geltend machen kann; ferner das vorbehaltene Wohnungsrecht zu einer Kürzung der Erwerber-AfA für den wohnrechtsbelasteten Gebäudeteil führt (Rdn. 5831) und bei Übertragung eines Grundstücks zur Errichtung eines

5821

---

371 R 6.4 Abs. 1 EStR, Berechnungsbeispiel bei *Günther,* ErbStB 2017, 289.
372 BFH, 08.06.1994 – X R 51/91, BStBl 1994 II 779. Beim teilentgeltlichen Erwerb [zum Entgeltcharakter i.S.d. EStG vgl. Rdn. 6188 ff.] gelten sie nur in Bezug auf den entgeltlichen Anteil.
373 Dies gilt (in Abgrenzung zu Rdn. 5831) unabhängig davon, ob der nicht vermietete Teil vom Eigentümer (Erwerber) oder vom Veräußerer (aufgrund vorbehaltenen Wohnungsrechtes) zu anderen als Vermietungszwecken genutzt wird, vgl. *Günther,* EStB 2013, 464, 466.
374 Vgl. *Günther,* ErbStB 2017, 288.
375 Vgl. BFH, 09.07.2002 – IX R 65/00, BStBl. 2003 II 389.
376 Vgl. Tz. 49 i.V.m. Tz. 42 des Nießbrauchserlasses, BStBl 1998 I, S. 914 ff.
377 BStBl. 1998 I, S. 914 ff.
378 BMF, 30.09.2013 – IV C 1 – S 2253/07/10004, BStBl 2013 I, 1184; hierzu *Günther,* EStB 2013, 427 ff.

Gebäudes, an welchem dem Veräußerer ein Wohnungsrecht bestellt werden muss, der kapitalisierte Betrag des Wohnungsrechts als Teilentgelt für das Grundstück gewertet wird (Rdn. 5835).

a) Unentgeltlich bestellter Vorbehalts- bzw. Zuwendungsnießbrauch

5822 Der Nießbrauch im Rahmen eines Überlassungsvertrags ist regelmäßig »unentgeltlich bestellt« i.S.d. Tz. 13 und 40 des Nießbrauchserlasses (andernfalls s.u. Rdn. 5833). Demnach ist zu differenzieren zwischen

(1) dem **Vorbehaltsnießbrauch** zugunsten des Veräußerers selbst, d.h. einer Art Teilrückbehalt einer Eigentumsbefugnis, wobei dem Veräußerer der Schenker einer mittelbaren Grundstücksgeldschenkung gleichgestellt ist, dem ein Nießbrauch an dem Grundstück bestellt wird,[379] sowie

(2) dem **Zuwendungsnießbrauch** zugunsten einer anderen Person als des ursprünglichen Eigentümers (z.B. auch zugunsten dessen Ehegatten, sofern dieser nicht Miteigentümer war).

5823 Der BFH[380] hat in großzügiger Weise den Nießbrauch am angeschafften **Ersatzobjekt**,[381] von dessen Bestellung die Nießbrauchsberechtigten ihre Löschung beim Verkauf abhängig gemacht hatten, in ertragsteuerlicher Hinsicht ebenfalls als »verlängerten« Vorbehalts-, nicht als Zuwendungsnießbrauch qualifiziert,[382] allerdings mit der Folge der Gewährung von AfA nur auf das Nießbrauchsrecht, nicht auf das Nießbrauchsgebäude, vgl. Rdn. 1303. Da die Finanzverwaltung im »Nießbrauchserlass« hierzu noch nicht Stellung bezogen hat, empfiehlt die Literatur, bereits bei der Nießbrauchseinräumung eine Verpflichtung zur Neubestellung am Ersatzobjekt bei Veräußerung des nießbrauchsbelasteten Wirtschaftsgutes einzugehen.[383] Zur schenkungsteuerrechtlichen Seite der Nießbrauchssurrogation vgl. Rdn. 4813 (zum bis 31.12.2008 bestellten Nießbrauch) und Rdn. 4850 (zum seit 01.01.2009 bestellten Nießbrauch).

5824 Zu prüfen sind regelmäßig drei Aspekte:[384]

(aa) **Die Zuordnung der steuerbaren Einnahmen** folgt steuerrechtlich stets dem Zivilrecht, findet also zugunsten des Nießbrauchers statt. Dies gilt selbst beim widerruflich oder befristet bestellten Nießbrauch.[385] Selbst wenn ein befristetes Nutzungsrecht nach »Ablauf« schuldrechtlich ausdrücklich oder konkludent verlängert wurde, kann dies die weitere Zurechnung der Vermietungseinkünfte beim Nutzungsberechtigten rechtfertigen.[386]

5825 (bb) **Die Geltendmachung von Aufwendungen**, z.B. Erhaltungsaufwendungen, Schuldzinsen etc. folgt dem Korrespondenzprinzip (Kongruenz zwischen Einnahmenerzielung und Tragung der Werbungskosten). Die oben (Rdn. 3299 ff., 5817) dargestellte Rechtsprechung zur Behandlung sog. Drittaufwands wird in Nießbrauchsfällen noch strenger angewendet: Auch wenn der Nießbraucher aus eigenen Mitteln diese Aufwendungen erbringt, ohne hierzu rechtlich verpflichtet zu sein, können diese Aufwendungen nicht als Werbungskosten abgezogen werden.[387] Anders kann es sich verhalten bei außergewöhnlichen Ausbesserungen und

---

379 Tz. 39 des Nießbrauchserlasses, DStR 1998, 1175, 1177; BFH, BStBl. 1992 II, S. 67.
380 BFH, 24.01.1995 – IX R 40/92, BFH/NV 1995, 770; vgl. *Milatz/Bockhoff*, ErbStB 2013, 384, 385 sowie umfassend *Götz*, DStR 2010, 2432 ff.
381 Jedenfalls dann, wenn der Nießbrauch am Ersatzobjekt dieselbe Einkunftsart verwirklicht (z.B. Vermietungseinkünfte).
382 Vgl. *Brambring*, DNotZ 2003, 569; zum Ganzen auch *Götz/Hülsmann*, DStR 2010, 2432 ff.
383 *Götz/Hülsmann*, DStR 2010, 2432, 2436.
384 Vgl. hierzu umfassend *Drosdzol*, NotBZ 2000, 398 ff.
385 Jedenfalls solange die Befristung/auflösende Bedingtheit nicht als Eingriff in die Dispositionsbefugnis des Nießbrauchers zu sehen sei; BFH v. 19.11.2003, ZEV 2004, 518 m. Anm. *Klose*.
386 BFH, 16.01.2007 – IX R 69/04, ZEV 2007, 400.
387 Nießbrauchserlass Tz. 21 u. 43, DStR 1998, 1175, 1176, 1178. Großzügiger in einem Einzelfall BFH, 24.06.2009 – IV R 20/07, BFH/NV 2010, 20, hierzu *Geck/Messner*, ZEV 2010, 83 (bei allerdings mündlicher Absprache zur Übernahme der Kosten).

Erneuerung, zu denen der Nießbraucher gem. § 1043 BGB stets berechtigt ist (wenn er sie auch gem. § 1041 BGB nicht vornehmen muss); hier erkennt die Finanzverwaltung den Werbungskostenabzug (auch die Verteilung größerer Erhaltungsaufwendungen auf mehrere Jahre gem. § 82b EStDV[388]) an, wenn feststeht, dass der Ersatzanspruch gegen den Eigentümer (§ 1049 BGB) nicht zu realisieren ist. Trägt der Eigentümer solche Aufwendungen, kann er sie nicht einmal unter dem Gesichtspunkt vorab entstandener Werbungskosten bei seinen (nach Beendigung des Nießbrauches) künftigen Einnahmen aus Vermietung und Verpachtung geltend machen,[389] außer die zeitnahe Aufhebung des Nießbrauchs war nachweisbar beabsichtigt und die Aufwendungen werden vom Eigentümer allein im eigenen (künftigen) Interesse getätigt.[390]

▶ **Hinweis:**

Es ist also unbedingt erforderlich, den Nießbrauch zivilrechtlich so auszugestalten, dass solche Aufwendungen (insb. Instandhaltungs- und Instandsetzungslasten sowie Schuldzinsen) auch tatsächlich vom Nießbraucher zu tragen sind). Steuerrechtlich soll es allerdings genügen, die Kostentragungspflicht aus Anlass der Nießbrauchsbestellung mündlich zu vereinbaren.[391]

5826

(cc) **AfA-Befugnis:**[392] Errichtet ein Nießbraucher (gleich ob er früherer Eigentümer war oder nicht) ein neues Gebäude/eine neue Wohnung auf der Basis des Nießbrauches, erwirbt er gem. § 95 Abs. 1 Satz 2 BGB jedenfalls für die Dauer des Nießbrauches bürgerlich-rechtliches Eigentum hieran und ist demnach – sofern die sonstigen Voraussetzungen vorliegen, etwa bei Vermietung die Überschusserzielungsabsicht nicht wegen befristeter Laufzeit des Nießbrauches infrage steht, zur Geltendmachung der AfA bzw. bei Eigennutzung der (früheren) Eigenheimzulage berechtigt.[393] Die Finanzverwaltung[394] erkennt nun die Möglichkeit an, nach Ablauf einer dinglichen Befristung des Nießbrauchsrechtes diesen schuldrechtlich bis zu einer einseitigen Kündigung durch Eigentümer oder Nießbrauchsberechtigten weiterzuführen.

5827

Fehlt ein solcher Investitionstatbestand, also bei **bereits bestehendem Gebäude**, ist jedoch zu differenzieren: Beim **Zuwendungsnießbrauch** geht die AfA-Befugnis dem Eigentümer (mangels Einkünfteerzielung) verloren; dem Zuwendungsnießbraucher steht sie[395] ebenfalls nicht zu, da er nicht »wirtschaftlicher« Eigentümer der unbeweglichen Sache wird[396] (anders – wie ausgeführt – für nachträgliche Anlagen und Einrichtungen i.S.d. § 95 Abs. 1 Satz 2 BGB, die er in Ausübung des Rechtes errichtet hat). Im Ergebnis ist also im Fall der Vermietung eines Bestandsgebäudes keiner der Beteiligten beim Zuwendungsnießbrauch (der oft unerkannt anteilig vorliegt bei Nießbrauchsvereinbarung zugunsten des Alleinveräußerers und seines Ehegatten! Rdn. 2428) AfA-be-

5828

---

388 Gem. Tz. 22 des Nießbraucherlasses vom 30.09.2013, BStBl 2013 I S. 1184 muss der noch nicht berücksichtigte Teil bei vorzeitigem Erlöschen des Nießbrauchs in dessen letzter Steuererklärung als Werbungskosten geltend gemacht werden, d.h. keine spätere Verteilung gem. § 82b EStDV durch den Rechtsnachfolge, auch keine Fortführung durch den Eigentümer: FG Münster, 15.04.2016 – 4 K 422/15 E, ErbStB 2016, 203 [keine »Fußstapfentheorie«], krit. hierzu *Gerling*, NWB 2016, 1864.
389 Dies gilt auch, wenn der Nießbrauchsberechtigte in vorgerücktem Alter ist, BFH, 14.11.2007 – IX R 51/06, EStB 2008, 314.
390 BFH, 25.02.2009 – IX R 3/07, MittBayNot 2009, 492.
391 Pflicht des Nießbrauchers eines landwirtschaftlichen Betriebes, ein Wirtschaftsgebäude instand zu setzen, BFH, 24.06.2009 – IV R 20/07, NotBZ 2010, 69.
392 Vgl. zum Folgenden umfassend *Drosdzol*, NotBZ 2000, 398 ff.
393 Vgl. *Mayer*, Übergabevertrag, 2. Aufl., Rn. 452 m.w.N.
394 Tz. 7 des Nießbraucherlasses v. 30.09.2013, BStBl 2013 I S. 1184.
395 Und zwar weder die Gebäude-AfA noch die AfA auf das unentgeltlich erworbene Nießbrauchsrecht.
396 BFH, BStBl. 1982 II, S. 454; BStBl 1990 II, S. 888; a.A. *Ivens*, ZEV 2012, 71, 76: der Ehegatte, der im Rahmen einer Sukzessivberechtigung in den Nießbrauch einbezogen werde, sei analog § 11d Abs. 1 EStDV AfA-berechtigt.

rechtigt. Bei bereits ohnehin vollständig abgeschriebenen Vermietungsobjekten kann freilich der Zuwendungsnießbrauch zumindest zur Verlagerung der Vermietungseinkünfte auf einen niedriger besteuerten Nießbraucher nutzbar gemacht werden.

5829 Dem **Vorbehaltsnießbraucher**, also dem früheren Eigentümer, bleibt die AfA-Befugnis für ein bereits bestehendes Gebäude jedoch erhalten;[397] er wird aufgrund der vorbehaltenen Nutzung als wesentlicher aus dem Eigentum fließenden Befugnis weiterhin wie ein »wirtschaftlicher Eigentümer« betrachtet. Dies gilt auch bei Betriebsvermögen (Rdn. 6088). Wegen der Privilegierung des Vorbehaltsnießbrauchs ist es Aufgabe der kautelarjuristischen Gestaltung, Zuwendungsnießbrauch-Tatbestände zu vermeiden. Sollen z.B. Erträge dem Veräußerer und dessen (Nichteigentümer-)Ehegatten zugutekommen, empfiehlt es sich,[398] zunächst lediglich einen Vorbehaltsnießbrauch zugunsten des Veräußerers und sodann, aufschiebend bedingt auf das Erlöschen dieses Nießbrauchs, einen Zuwendungsnießbrauch zugunsten des Ehegatten (Schenkungsteuer beachten!)[399] zu vereinbaren, oder aber (zum Erhalt der AfA-Befugnis für beide Ehegatten) vorab einen Halbanteil an den Ehegatten zu übertragen.

5830 Löst der Eigentümer einen ihm auferlegten Nießbrauch entgeltlich ab, und erzielt er sodann Einkünften aus der Vermietung der Immobilie, handelt es sich bei dieser Ablösungszahlung um nachträgliche Anschaffungskosten, die eine neue AfA-Reihe in Gang setzen, soweit sie auf das Gebäude (und nicht auf das Grundstück) entfallen.[400]

5831 Davon zu unterscheiden ist die Rechtslage bei einem **vorbehaltenen Wohnungsrecht**. Der bloße Wohnungsberechtigte ist nicht (weiterhin) »wirtschaftlicher Eigentümer« i.S.d. § 39 Abs. 2 Nr. 1 Satz 1 AO.[401] Der Erwerber darf, sofern er den verbleibenden Gebäudebereich vermietet, »neue« AfA nur aus den Anschaffungskosten in Anspruch nehmen, soweit sie auf den nicht vom Wohnungsrecht betroffenen, »unbelasteten« Teil entfallen[402] (im Übrigen, also für den unentgeltlich erworbenen Anteil der vermieteten Wohnung führt er gem. § 11d EStDV die AfA-Reihe des Vorgängers fort). Die Einräumung des Wohnungsrechtes stellt dabei (anders als z.B. die Schuldübernahme etc.) kein Entgelt für die Überlassung des Grundstücks dar. In einem ersten Schritt ist zur Ermittlung der neuen AfA-Ausgangsbasis der »Kaufpreis« samt Nebenkosten auf Grund und Boden einerseits, Gebäude andererseits aufzuteilen (und dabei der Gebäudeverkehrswert um den kapitalisierten Wert des Wohnungsrechts, das ja nicht den Grund und Boden betrifft, zu mindern). Der Anteil des unbelasteten Gebäudeteils an den tatsächlichen Gebäudeanschaffungskosten ergibt sich dann, sofern die Beteiligten keine andere nachvollziehbare Aufteilung im Vertrag getroffen haben,[403] aus dem Verhältnis des Verkehrswerts des unbelasteten Teils einerseits zum Verkehrswert des Gesamtgebäudes abzüglich des kapitalisierten Wohnungsrechtsbetrages.

---

397 Nießbraucherlass Tz. 42; BFH, BStBl. II 1995, S. 281.
398 Wegen BFH, BStBl. II 1982, S. 380; differenzierend hierzu jedoch *Wegmann*, Grundstücksüberlassung, 2. Aufl. 2002, Rn. 298.
399 Erhält der Nichteigentümer-Ehegatte eine lebzeitige Mitberechtigung nach § 428 BGB, liegt in diesem Zuwendungsnießbrauch eine Schenkung seines Ehegatten, bei einer auf den Tod aufschiebend bedingten und befristeten Zuwendung reduziert sich der Steuerwert aufgrund des vorgerückten Alters, *Wälzholz*, NotBZ 2002, 94.
400 BayLfSt, 28.01.2011 – S 2196.1.1–2/1 St 32, ZEV 2011, 215 (Beurteilung nach dem Verhältnis der Verkehrswerte Grund und Boden/Gebäude im Jahr der Ablösung); krit. hierzu *Meyer/Ball*, DStR 2011, 1211 ff.
401 BFH, 29.03.2012 – II B 65/11 EStB 2012, 212 – auch nicht in Kombination mit einer 19 Jahre währenden »Verfügungssperre«.
402 BFH, 07.06.1994, BStBl 1994 II 927.
403 BFH, 27.07.2004, BStBl 2006 II 9; dies erkennt nun auch Rz. 50 des BMF-Schreibens v. 30.09.2013, BStBl 2013 I 1148 an.

▶ **Beispiel:**[404]

Ein Zweifamilienhaus (Wert des Grund und Bodens: 50.000€, des Gebäudes 250.000€) wird gegen Schuldübernahme in Höhe von 175.000€, also teilentgeltlich, übertragen. Der Veräußerer behält sich das lebenslange Wohnungsrecht (Kapitalisierungsbetrag 75.000€) am Obergeschoss vor, das Erdgeschoss wird durch den Erwerber weiterhin vermietet. Wird im notariellen Vertrag keine Zurechnung der Schuldübernahme als Kaufpreis auf Grund und Boden und jede der beiden Wohnungen vorgenommen,[405] sind (1) zunächst die Anschaffungskosten von 175.000€ auf Grund und Boden und Gebäude aufzuteilen, im Verhältnis der Werte zueinander (50.000€ einerseits, und Gebäudewert minus Wohnungswert also 250.000€ minus 75.000€ = 175.000 Euro andererseits), also 22,22 zu 77,78 %. Der Gebäudeanteil von (77,78 % aus 175.000€ =) 136.115€ wird dann aufgeteilt auf die beiden Wohnungen, wiederum im Verhältnis der Werte (bezüglich der wohnungsrechtsbelasteten Wohnung abzüglich Wohnungsrecht) zueinander, also im Verhältnis 125.000€ zu (125.000€ minus 75.000€ =) 50.000€ zueinander, so dass auf die vermietete Wohnung 136.115€ × 125/175 = 97.225€ entfallen.

5832

b) Entgeltlich bestellter Nießbrauch

Wurde der **Nießbrauch gegen Entgelt** bestellt, treten folgende weiteren steuerlichen Effekte ein: (1) zum einen erlangt der Nießbraucher im Verhältnis zum Eigentümer seinerseits die Rechtsstellung eines Mieters, der bei Nutzung des Nießbrauches zu Fremdvermietungszwecken »untervermietet«. Das von ihm an den Eigentümer entrichtete Entgelt hat Letzterer im Zuflussjahr als Einnahme i.S.d. § 21 Abs. 1 EStG zu versteuern; bei Einmalzahlungen kann alternativ gem. § 11 Abs. 1 Satz 3 EStG seit 01.01.2014 eine Verteilung auf den Zeitraum erfolgen, für den die Zahlung geleistet wird, sofern das Nießbrauchsrecht auf mindestens fünf Jahre vereinbart ist.[406] Die vom Eigentümer vertragsentsprechend bzw. gem. §§ 1047, 1041, 1045 BGB getragenen Kosten sowie die AfA auf das Eigentum sind als Werbungskosten abzugsfähig (und zwar analog § 21 Abs. 2 EStG wohl ungekürzt, wenn das Entgelt mindestens zwei Drittel des Kapitalwerts des Nießbrauchsrechtes beträgt,[407] andernfalls quotal gekürzt i.H.d. entgeltlich verbliebenen Anteils),

5833

(2) zum anderen ist der Nießbraucher berechtigt, die Aufwendungen für den Erwerb des Nießbrauchsrechtes als Werbungskosten abzuziehen (und zwar laufende Zahlungen im jeweiligen Kalenderjahr, einmalige [Voraus-]Zahlungen seit 01.01.2014[408] für einen Zeitraum von bis zu fünf Jahren im Zahlungszeitpunkt, sofern für einen längeren Zeitraum bestimmt gem. § 11 Abs. 2 Satz 3 EStG gleichmäßig verteilt auf den Gesamtzeitraum, bei lebenszeitbezogenen Nießbrauchsrechten mit voraussichtlich mehr als 5 Jahren Dauer nach Maßgabe der jeweils aktuellen Sterbetafel).[409] Bei entsprechend unterschiedlicher Progression zwischen Eigentümer (Vater) und entgeltlichem Nießbraucher (z.B. Sohn) ergibt sich ein »Familien-Splitting-Vorteil«.[410]

5834

Wird ein Grundstück übertragen mit der Verpflichtung, dieses mit einem Wohngebäude zu bebauen und dem Veräußerer ein Wohnungsrecht an einer Wohnung zu bestellen, liegt (abweichend von der im Nießbrauchserlass 1998 noch vertretenen Auffassung) darin nicht eine entgeltliche Be-

5835

---

404 Nach Rz. 50 des BMF-Schreibens v. 30.09.2013, BStBl 2013 I 1148.
405 Z.B. in dem Sinne, dass ein höherer Anteil (das BMF-Schreiben, Rz. 50, nennt z.B. 125.000€) auf die vermietete Wohnung entfällt, 50.000€ auf den Grund und Boden, und die wohnungsrechtsbetroffene Wohnung unentgeltlich übertragen wird.
406 BMF-Schreiben v. 30.09.2013, BStBl. 2013 I 1184, Rn. 28.
407 Vgl. *Langenfeld/Günther*, Grundstückszuwendungen zur lebzeitigen Vermögensnachfolge, 5. Aufl. 2005, Rn. 85.
408 Übergangsregelung in Tz. 68 des BMF-Schreibens v. 30.09.2013, BStBl 2013 I 1148.
409 Neuregelung im BMF-Schreiben v. 30.09.2013, BStBl 2013 I 1148, Tz. 26.
410 Berechnungsbeispiel bei *Günther*, EStB 2010, 187.

stellung des Wohnungsrechtes (so dass der Erwerber bis zum Kapitalwert des Wohnungsrechtes Einkünfte aus Vermietung und Verpachtung zu versteuern hatte), sondern eine teilentgeltliche Anschaffung des Grundstücks, so dass bei einer künftigen Veräußerung auf das Teilanschaffungsentgelt und nicht auf die fortgeführten Anschaffungskosten des Rechtsvorgängers (§ 23 Abs. 1 Satz 3 EStG) abzustellen ist.[411]

c) Vermächtnisnießbrauch

5836 Wer durch Verfügung von Todes wegen einen Nießbrauch als Vermächtnisgegenstand zugewendet erhält, wird nunmehr (anders als in der früheren Rechtsprechung), getreu der zivilrechtlichen Betrachtung, einem Zuwendungsnießbraucher gleichgestellt mit der Folge, dass weder die Erben noch der Vermächtnisnehmer AfA-berechtigt sind.[412] Anders liegt es nur in dem Ausnahmefall, dass der Vermächtnisnehmer bereits ab dem Zeitpunkt des Anfalls des Vermächtnisses (Erbfall) als wirtschaftlicher Eigentümer der zugewendeten Nießbrauchsberechtigung anzusehen ist,[413] oder wenn der Erbe die Erbschaft mit der Maßgabe ausschlägt, dass ihm ein lebenslanger unentgeltlicher Nießbrauch an den zum Nachlass gehörenden Wirtschaftsgütern (z.B. dem Betrieb) eingeräumt wird – in diesen Fällen wird er wirtschaftlich wie ein Vorbehaltsnießbraucher behandelt,[414] ist also AfA-berechtigt.

5837 Abgesehen von diesen Sonderfällen geht jedoch beim Vermächtnisnießbrauch (wie beim Zuwendungsnießbrauch) die AfA-Berechtigung gänzlich verloren; beim Zuwendungsnießbrauch hinsichtlich eines Betriebs bilden sich wie bei der lebzeitigen Nießbrauchseinräumung an einem Unternehmen zwei Betriebe, ein ruhender Eigentümerbetrieb im Gesamthandsvermögen der Miterbengemeinschaft (bis zur Erklärung der Betriebsaufgabe) und ein wirtschaftender Betrieb in der Hand des Vermächtnis-Nießbrauchers[415] (vgl. Rdn. 5795 ff.), sowie zum Wahlrecht der Erbengemeinschaft (ähnlich dem Verpächterwahlrecht) Rdn. 5738 ff.

d) Ablösung eines Nießbrauchs

5838 Durch die vorzeitige Löschung (vgl. Rdn. 1301 ff.) des **vorbehaltenen Nießbrauches** geht die Einkunftsquelle auf den Eigentümer über, sofern er Besitz und Verwaltung künftig tatsächlich ausübt. Entrichtet der Eigentümer für die Aufgabe des Nießbrauches eine Entschädigung, kann er diese, sofern er Einkünfte aus dem Objekt erzielt, als Aufwendungen zur Erlangung des Vermögenswertes »Gebäude« und »Grund und Boden« abschreiben; er setzt damit in Bezug auf das Gebäude eine neue AfA-Reihe in Gang.[416] Auf Seiten des Nießbrauchers stellt die entgeltliche Abgeltung des im Privatvermögen befindlichen Nießbrauchs eine nicht steuerbare Vermögensumschichtung dar.[417] Die vorzeitige Ablösung eines **unentgeltlich eingeräumten Zuwendungsnießbrauchs** ist einkommensteuerlich unbeachtlich (§ 12 Nr. 2 EStG): Ablösungszahlungen führen weder beim Nießbraucher zu Einkünften aus Vermietung und Verpachtung noch kann sie der Eigentümer als Werbungskosten oder Anschaffungskosten geltend machen.[418] Handelte es sich

---

411 BMF-Schreiben v. 30.09.2013, BStBl 2013 I 1148, Tz. 33; *Günther*, EStB 2013, 427, 429.
412 Vgl. BFH, BStBl. 1996 II, S. 440, 441.
413 BFH, ZEV 1998, 274, 275.
414 BFH, DB 1996, 2367.
415 Vgl. BFH, BStBl. 1987 II, S. 772.
416 Bay. Landesamt für Steuern, 28.01.2011 – S 2196.1.1–2/1 St 32, EStB 2011, 115; BMF, 30.09.2013, BStBl 2013 I 1184, Tz. 57.
417 BMF, 30.09.2013, BStBl 2013 I 1184, Tz. 58 (§ 23 EStG kann mangels vorangegangenen entgeltlichen Anschaffungsvorgangs nicht verwirklicht werden).
418 BMF, 30.09.2013, BStBl 2013 I 1184, Tz. 61 (außer der ablösende Eigentümer hat das Objekt bereits mit dem Nießbrauch belastet erworben: dann handelt es sich um ein entgeltliches Veräußerungsgeschäft, die Einmalzahlung oder wiederkehrende Leistungen in Höhe des Barwertes führen gem. a.a.O. Tz. 62 zu Anschaffungskosten).

C. Steuerliche Folgen der Übertragung des Wirtschaftsguts selbst **Kapitel 13**

bisher um einen **entgeltlichen Zuwendungsnießbrauch** (der Eigentümer musste das Entgelt bisher gem. § 21 EStG versteuern), führt die Ablösungszahlung des Eigentümers zu negativen Einkünften aus Vermietung und Verpachtung;[419] beim Nießbraucher handelt es sich um eine private Vermögensumschichtung, die dann steuerpflichtig ist, wenn noch nicht zehn Jahre verstrichen sind, § 23 Abs. 1 Satz 1 Nr. 2 EStG.

Befand sich der Nießbrauch im **Betriebsvermögen** und vermittelte er dem Nießbraucher die Stellung eines Unternehmers bzw. Mitunternehmers (Rdn. 5795, 1504 ff.), stellt die entgeltliche Ablösung des Nießbrauchs für den Nießbraucher eine steuerpflichtige Betriebsveräußerung bzw. -aufgabe (Rdn. 5787 ff.) i.S.d. § 16, 34 EStG dar,[420] beim Nießbrauchsbesteller handelt es sich um Aufwand zur Erlangung der Einkünfteerzielungsmöglichkeit.[421]   5839

Abweichendes gilt, wenn der Nießbrauch **gegen wiederkehrende Leistungen** gelöscht wird (sog. »Gleitende Vermögensübergabe«), vgl. zivilrechtlich Rdn. 1406 ff., einkommensteuerlich für bis 2008 verwirklichte Vorgänge im Einzelnen Rdn. 6339 ff.; für seit 2008 verwirklichte Vorgänge (mit auf betriebliche Einheiten beschränktem Anwendungsbereich) Rdn. 6362 ff., s. Rdn. 6400 ff. auch zum Übergangsrecht.   5840

Wird die nießbrauchsbelastete Immobilie jedoch nur »**ausgetauscht**« (d.h. verzichtet der Vorbehaltsnießbraucher auf den Nießbrauch, um dem Eigentümer den Verkauf des Grundstücks zu ermöglichen und erhält er »im Gegenzug« den Nießbrauch an dem neu erworbenen Grundstück), kann der Nießbraucher Abschreibungen zwar nicht mehr auf die Immobilie selbst (mangels »wirtschaftlichen Eigentums« in Verlängerung früherer zivilrechtlicher Eigentümerstellung als Vorbehaltsnießbraucher) geltend machen, allerdings auf das nunmehr entgeltlich erworbene Nießbrauchsrecht gem. § 7 Abs. 1 EStG vornehmen, vgl. Rdn. 5823.[422]   5841

III. Eigenheimzulage/Eigenheimriesterförderung

1. Eigenheimzulage

Für Objekte im Inland,[423] für die nach dem 31.12.1995 und vor dem 31.12.2005 ein Bauantrag gestellt bzw. Kaufvertrag abgeschlossen wurde, ersetzte das Eigenheimzulagengesetz (EigZulG)[424] als progressionsunabhängig ausgestalteter Subventionstatbestand die frühere Förderung nach § 10e (Eigenheim) bzw. § 10h EStG (unentgeltliche Überlassung an Angehörige). Die bisherige, in der 4. Auflage dieses Werkes, dort Rn. 4975 ff., dargestellte Rechtslage unter Berücksichtigung des Haushaltsbegleitgesetzes 2004,[425] war nur bis zum Auslaufen der bereits begründeten Förderansprüche (längstens bis Ende 2013) von Bedeutung.   5842

Durch das »Gesetz zur Abschaffung der Eigenheimzulage« wird gem. § 19 Abs. 9 EigZulG für Neufälle ab 01.01.2006 die Eigenheimzulage nicht mehr gewährt. Maßgeblich ist in Anschaf-   5843

---

419   Hatte der Eigentümer einen Einmalbetrag erhalten, der auf mehrere Jahre verteilt wurde, ist der Rest im Jahr der Ablösung als einmalige Einnahme gegenzurechnen, vgl. BMF, 30.09.2013, BStBl 2013 I 1184, Tz. 63.
420   *Gluth/Rund*, StB-Sonderheft 2013/2014, S. 8.
421   Möglicherweise liegt allerdings bei der entgeltlichen Ablösung eines unentgeltlich eingeräumten Zuwendungsnießbrauchs an einem Unternehmen nur eine gem. § 12 Nr. 2 EStG unbeachtliche Vermögensverwendung vor, vgl. *Gluth/Rund*, StB-Sonderheft 2013/2014, S. 8.
422   Vgl. BFH, 24.01.1995 – IX R 40/92, NV 1995, 770; *Werz*, ErbStB 2005, 288.
423   Diese Beschränkung war europarechtswidrig, so dass nunmehr auch für eigengenutzte Immobilien im EU-Ausland Eigenheimzulage nacherhoben werden kann (Verjährung 4 Jahre!).
424   Vgl. zum Folgenden BFM-Schreiben v. 10.02.1998, BStBl. I, S. 190 ff.; aktuelle Ergänzungen im BMF-Schreiben v. 21.12.2004, BStBl. 2005 I, S. 305.
425   Hierzu ausführlich *Krause*, NotBZ 2004, 53; zur zeitlichen Abgrenzung: OFD München v. 28.01.2005, DStR 2005, 559.

fungsfällen der Abschluss des notariellen Kaufvertrags,[426] in Herstellungsfällen der Beginn der Herstellung, der bereits mit der Stellung des Bauantrags[427] erfüllt ist. Alle bis zum 31.12.2005 von der Förderung erfassten Sachverhalte bleiben hiervon unberührt. Folgeobjekte i.S.d. § 7 Satz 2 EigZulG, für die nach dem 01.01.2006 mit der Herstellung begonnen (bzw. Bauantrag gestellt) oder der Kaufvertrag abgeschlossen wird, werden dagegen nicht mehr gefördert, da es sich um eigenständige Objekte i.S.d. § 2 EigZulG handelt.[428] Wegen des bereits abgelaufenen maximalen Förderungszeitraums wird auf die ausführliche Darstellung der 4. Auflage dieses Werks, dort Rn. 4975 ff., verwiesen, auch zur Nichtgewährung einer Fortführung der Zulage durch den unentgeltlichen Erwerber, die Ausnahmen beim Erwerb durch den Ehegatten, und die Verwirklichung eines eigenen Förderungstatbestandes durch den Erwerber, der Auswirkungen vorbehaltener Nutzung, und der möglichen Förderung für »wirtschaftliches Eigentum« in Gestalt von Investitionen auf fremdem Grund und Boden.

2. »Wohnriester«

5844 Das am 01.01.2002 in Kraft getretene »**Altersvermögensgesetz**«[429] soll durch Aufbau einer freiwilligen, zusätzlichen, kapitalgedeckten Altersvorsorge eine Zusatzrente für alle in gesetzlicher Versicherung (LVA oder Rentenversicherung Bund [vormals BfA], Knappschaft, Seekasse etc.) stehenden Arbeitnehmer ermöglichen. Der Staat gewährt für Mindesteinzahlungen, die auf besondere, zertifizierte Altersvorsorgeprodukte geleistet werden, Zulagen (zuzüglich Kinderzulagen); alternativ kann ein Sonderausgabenabzug in Anspruch genommen werden. Die **Spareinzahlungen** sind bis zu bestimmten Höchstbeträgen **von der Einkommen/Lohnsteuer** befreit, allerdings wird dann die später ab Rentenbezug zu beziehende Rente vollständig besteuert (sog. »nachgelagerte Besteuerung« als Prototyp des nunmehrigen Alterseinkünftegesetzes).[430]

5845 Altersvorsorgevermögen sind gem. § 97 EStG i.V.m. § 851 Abs. 1 ZPO in **hohem Maße gegen Zugriff Dritter (Pfändung etc.)** geschützt und **nicht frei übertragbar**. Bei einer schädlichen Verwendung sind die staatlichen Zuschüsse zuzüglich Zinsen zurückzuzahlen. Stirbt der Altersvorsorgebegünstigte vor Erreichen der Leistungsphase und sieht der Vertrag im Todesfall eine Kapitalauszahlung vor, kann der überlebende Ehegatte (allerdings nur dieser, nicht die Kinder!) den Betrag in einen eigenen Altersvorsorgevertrag einzahlen und damit die Rückzahlung der Zuschüsse vermeiden. Erfolgt jedoch eine Kapitalauszahlung an mehrere Erben, z.B. auch an die Kinder gemäß gesetzlicher Erbfolge, treten sämtliche Folgen einer schädlichen Verwendung ein.

5846 Durch das **Eigenheimrentengesetz**[431] ab 01.08.2008 und erneut durch das **Altersvorsorgeverbesserungsgesetz**[432] ab 01.07.2013 wurde die Einbeziehung der selbst genutzten Wohnimmobilie in die sog. »Riester-Förderung« verbessert (»Wohn-Riester«). Inhaltlich handelt es sich um einen

---

426 Schädlich ist eine erst in 2006 erteilte Nachgenehmigung eines vollmachtlos Vertretenen (anders im Fall der Bestätigung einer mündlich erteilten Vollmacht), ebenso wohl auch eines Ergänzungspflegers, sowie die erst 2006 erfolgende Annahme eines Angebots. Unschädlich dürften dagegen (wegen der bereits dem Grunde nach eingetretenen Bindung) Bedingungen und Zeitbestimmungen sein, ebenso die fehlende behördliche und (anders als bei § 23 EStG) vormundschaftsgerichtliche Genehmigung, vgl. *Everts*, ZNotP 2006, 48 ff.
427 Wohl auch durch den Noch-Nicht-Eigentümer (OFD München v. 28.01.2005, DStR 2005, 559, sub I.2), ebenso durch den Veräußerer, vgl. *Everts*, ZNotP 2006, 52 gegen *Heidinger*, ZNotP 2003, 26.
428 BayLfSt v. 23.01.2008, EStB 2008, 138.
429 BGBl. I 2001, S. 1310; vgl. *Ruland*, NJW 2001, 3505 ff.; zum Entnahmebetrag *Nachreiner*, MittBayNot 2002, 148.
430 05.07.2004, BGBl. I 2004, S. 1427 ff., das zugleich die »Riester-Rente« hinsichtlich der Zertifizierung der Produkte und des Antragsverfahrens vereinfacht hat.
431 BGBl. I 2008, S. 1509; vgl. hierzu als ersten Überblick *Myßen/Fischer*, NWB 2008, 2719 ff. = Fach 3 S. 15117 ff.; aus notarieller Sicht *Schaal/Mensch*, RNotZ 2011, 93 ff.
432 BGBl. I 2013 1667, vgl. *Mensch*, NotBZ 2013, 373 ff. und *Gatzen*, EStB 2013, 384 ff. sowie *Myßen/Fischer*, NWB 2013, 1977 ff. Hierzu BMF-Schreiben v. 24.07.2013, BStBl 2013 I 1022, vgl. *Gatzen*,

C. Steuerliche Folgen der Übertragung des Wirtschaftsguts selbst   Kapitel 13

Kompromiss zwischen dem seitens der CDU/CSU favorisierten »SoFA-Modell«[433] (verringerte Förderung/keine nachgelagerte Besteuerung) und dem sog. »Kanapee-Modell«[434] der SPD (systemgetreue Einbeziehung durch volle Förderung in der Ansparphase, jedoch nachgelagerte Besteuerung auf der Basis einer fiktiven Verrentung). Seit 2008 zählen auch Bezieher von Erwerbsunfähigkeitsrenten zum begünstigten Personenkreis.

Der Kreis der begünstigten Anlageprodukte (Altersvorsorgebeiträge gem. § 82 Abs. 1 EStG) wurde um den Erwerb weiterer Genossenschaftsanteile an einer selbst genutzten Genossenschaftswohnung erweitert, ferner um zertifizierte[435] Darlehensverträge, § 1 Abs. 1a Satz 1 AltZertG (dort Nr. 1: als reiner Darlehensvertrag ohne vorhergehenden Sparvorgang, Nr. 2: als Sparvertrag kombiniert mit einer Darlehensoption – Typus Bausparvertrag –, Nr. 3: als Kombination eines tilgungsfreien Vorfinanzierungsdarlehens i.V.m. einem Sparvertrag). **Tilgungen** zugunsten solcher Darlehensverträge gelten künftig als förderfähige Altersvorsorgebeiträge, wenn das Darlehen für eine nach dem 01.01.2008 vorgenommene wohnungswirtschaftliche Verwendung (i.S.d. § 92a Abs. 1 Satz 1 EStG)[436] genutzt wird; unterbleibt eine solche Verwendung, muss die Auszahlung demnach als lebenslange Altersleistung erfolgen.

5847

Werden also Tilgungsleistungen i.H.v. mindestens 4 % der maßgebenden Einnahmen (max. 2.100,00 € abzgl. Zulage) in diesen Altersvorsorge-Darlehensvertrag eingezahlt, wird zugunsten dieses Darlehensvertrages, also als zwingende Sondertilgung, die Zulage (Grundzulage i.H.v. 154,00 € – Erhöhung auf 165,00 € soll i.R.d. Betriebsrentenstärkungsgesetzes 2017 eintreten – sowie Kinderzulagen von je 185,00 € für vor dem 01.01.2008 geborene Kinder, 300,00 € für danach geborene Kinder; zuzüglich eines Berufseinsteigerbonus von 200,00 € bis zum 25. Lebensjahr) gewährt. Zahlungen auf Darlehenszinsen sind jedoch nicht förderungsfähig. Bei Vorfinanzierungsdarlehen gelten die Ansparbeiträge als Tilgungsleistungen. Die Förderung kann auch gewährt werden für Umschuldungen, die ihrerseits als zertifizierte Altersvorsorgedarlehensverträge nach dem 01.01.2008 einer wohnungswirtschaftlichen Verwendung dienen. Auf Antrag des Zulageberechtigten wird gem. § 10a EStG geprüft, ob der Sonderausgabenabzug für die Tilgungsleistungen einschließlich des Zulagenanspruchs (max. 2.100,00 €) günstiger ist; der verbleibende Steuervorteil wird i.R.d. Einkommensteuerveranlagung gewährt.

5848

Die Möglichkeiten der Entnahme aus gefördertem Altersvorsorgevermögen gem. § 92a EStG (»zinsloser Kredit bei sich selbst«) werden dahin gehend erweitert, dass die betragsmäßige (Mindest- und Höchst-)Begrenzung entfällt – die Entnahme darf allerdings nicht zwischen 75,01 % und 99,99 % des Altersvorsorgekapitals erfassen[437] – und keine Pflicht zur Rückzahlung des entnommenen Betrages mehr besteht. Demnach sind die noch in der 3. Auflage dieses Werkes enthaltenen Formulierungsvorschläge zur Sicherung des Rückzahlungsanspruchs (im Interesse des für die Rückzahlung mithaftenden Anbieters) entbehrlich. Die Entnahme kann[438] gem. § 92a Abs. 1 Satz 1 bis zum Beginn der Auszahlungsphase für die Anschaffung oder Herstellung einer

5849

ErbStB 2013, 313 ff., geändert durch BMF-Schreiben v. 13.01.2014, BStBl 2014 I 97, vgl. hierzu *Gatzen*, ErbStB 2014, 157 ff.

433 »Sofort ohne Finanzamt«.
434 »Kapitalstock zur Kalkulation der nachgelagerten persönlichen Einkommensbesteuerung«.
435 Gem. § 14 Abs. 3 AltZertG kann die Zertifizierung solcher Darlehensverträge frühestens zum 01.11.2008 erfolgen.
436 Erfasst sind die Anschaffung oder Herstellung einer selbst genutzten Wohnung, der Erwerb von Pflichtanteilen an einer eingetragenen Genossenschaft für die Selbstnutzung einer Genossenschaftswohnung sowie die Anschaffung eines eigentumsähnlichen bzw. lebenslänglichen Dauerwohnrechts. Es muss sich jeweils um eine Wohnung in Deutschland handeln, die den Hauptwohnsitz (i.S.d. Melderechts, § 92a Abs. 1 Satz 2 EStG i.d.F. des JStG 2009) bildet.
437 Dadurch soll verhindert werden, dass nur sehr geringes Kapital verbleibt, der Anbieter jedoch weiterhin die Informations- und Bescheinigungspflichten erfüllen muss.
438 Vgl. *Myßen/Fischer*, NWB 2008, 2728 ff. = Fach 3 S. 15126 ff.

Wohnung im zumindest wirtschaftlichen Eigentum (§ 39 Abs. 2 Nr. 1 Satz 1 AO) des Zulagenberechtigten (Nr. 1), zur Entschuldung einer solchen Wohnung (ebenfalls Nr. 1), oder für den Erwerb von Wohnungsgenossenschaftsanteilen (Nr. 2) erfolgen, und (seit 01.07.2013) auch für Umbaumaßnahmen, die zumindest zur Hälfte auf die barrierefreie Umgestaltung gem. DIN 18040 entfallen (Nr. 3).[439] Die Kapitalentnahme kann auch mit der Tilgungsförderung für dieselbe wohnungswirtschaftliche Verwendung kombiniert werden (z.B. bei Bausparverträgen). Sie erfasst seit 01.07.2010 auch Wohnimmobilien im EU-Ausland bzw. im EWR-Wirtschaftsraum.[440]

5850 Geförderte Tilgungsbeiträge sowie hierfür gewährte Leistungszulagen, ebenso wie entnommene Altersvorsorge-Eigenheimbeträge, werden zur Sicherung der sog. **nachgelagerten Besteuerung** in einem »Wohnförderkonto« (§ 92a Abs. 2 Satz 1 EStG) erfasst (buchhalterische Ermittlung des in der Immobilie gebundenen, steuerlich geförderten Kapitals). Zur Gleichstellung mit anderen Riester-Produkten (Ausgleich für die vorzeitige Nutzung) erhöht sich dieser Wohnförderkonto-Betrag in der Ansparphase um jährlich 2 %. Der Zulagenberechtigte kann durch Einzahlungen auf einen zertifizierten Altersvorsorgevertrag den Stand des Wohnförderkontos verringern (ohne hierfür zusätzliche Förderung zu erhalten, wirtschaftlich handelt es sich ja lediglich um einen Wechsel des Riester-Produkts).

5851 Während (bis zum 01.07.2013: zu Beginn) der Auszahlungsphase wird der verbleibende Saldo des Wohnförderkontos entweder[441] als Einmalbetrag (mit 30 %igem Abschlag)[442] oder[443] verteilt bis zum 85. Lebensjahr nachgelagert besteuert. Stirbt der Zulagenberechtigte, wird der verbleibende Stand des Wohnförderkontos beim Erblasser (zulasten der Erbengemeinschaft) sofort besteuert; eine Rückforderung der Zulagen erfolgt jedoch nicht. Die Besteuerung unterbleibt, wenn der früher zusammenveranlagte Ehegatte nach dem Tod die Wohnung selbst weiter nutzt.

5852 Dieselbe Sofortbesteuerung greift gem. § 22 Nr. 5 Satz 4 i.V.m. § 92a Abs. 3 Satz 2 EStG bei **Aufgabe der Selbstnutzung** (ausgenommen Fälle der Krankheit oder Pflegebedürftigkeit)[444] **oder des Eigentums**, es sei denn, der Zulagenberechtigte investiert einen Betrag i.H.d. erreichten Standes des Wohnförderkontos binnen 5 (vor dem 01.07.2013: 4) Jahren nach (oder 2 Jahre vor) dem Ablauf des Veranlagungszeitraums, in dem die Selbstnutzung aufgegeben wurde, in eine weitere förderfähige Wohnung[445] oder innerhalb eines Jahres nach dem Veranlagungszeitraum der Aufgabe der Selbstnutzung[446] in einen anderen zertifizierten Altersvorsorgevertrag oder der Ehegatte des zusammenveranlagten Zulageberechtigten nutzt die Wohnung aufgrund richterlicher Entscheidung weiterhin. Andernfalls führt jede[447] Veräußerung der selbst genutzten Wohnung, auch die Schenkung an Abkömmlinge unter Nießbrauchsvorbehalt,[448] auch die Übertragung an den Ehegatten im Rahmen einer »Güterstandsschaukel« oder einer schenkungsteuerfreien Famili-

---

439 Vgl. *Mensch*, NotBZ 2013, 373, 375.
440 Vgl. *Mensch/Schaal*, NotBZ 2011, 281, 282 f.
441 Gem. § 22 Nr. 5 Satz 5 i.V.m. § 92a Abs. 2 Satz 6 EStG.
442 Gibt der Zulageberechtigte die Selbstnutzung nach der privilegierten Sofortbesteuerung auf, muss er bis zum zehnten Jahr nach dem Beginn der Auszahlungsphase das Zweifache der noch nicht besteuerten 30 % des Wohnförderkontos versteuern, vom elften bis zum zwanzigsten Jahr den 30 %igen Betrag, danach nichts mehr. Im Fall des Todes erfolgt jedoch – unabhängig vom Zeitpunkt des Versterbens – keine Nachversteuerung des verschonten 30 % – Anteils.
443 Gem. § 22 Nr. 5 Satz 4 i.V.m. § 92a Abs. 2 Satz 4 Nr. 2 und Satz 5 EStG.
444 Ergänzung des § 92a Abs. 3 Satz 9 EStG durch das JStG 2009.
445 Gem. § 92a Abs. 3 Satz 9 Nr. 1 ff. EStG.
446 Ausgenommen sind Fälle befristeter Vermietung für einen beruflich bedingten Umzug, sofern die Selbstnutzung spätestens mit Vollendung des 67. Lebensjahres wieder aufgenommen wird.
447 Ausgenommen wohl die Einbringung in eine personen- und beteiligungsidentische Personengesellschaft, aufgrund ihrer einkommensteuerlichen Transparenz, *Mensch/Schaal*, NotBZ 2011, 281, 285.
448 Vgl. *Mensch/Schaal*, NotBZ 2011, 281, 286.

enwohnheimübertragung gem. § 13 Abs. 1 Nr. 4a ErbStG,[449] ebenso wie ihre Vermietung, zur Versteuerung des »Auflösungsbetrages«. Bei Trennungsvereinbarungen über Immobilien, die zur schädlichen Verwendung eines tilgungsgeförderten Darlehens führen, mag als Ausgleich die Verpflichtung zur Einzahlung des entsprechenden Kompensationsbetrages in einen anderen Altersvorsorgevertrag binnen eines Jahres nach Auszug verhandelt werden.[450]

Stirbt der Zulagenberechtigte, liegt daraufhin keine Fehlverwendung der geförderten Wohnung vor, wenn der mit ihm zuletzt zusammen veranlagte, überlebende Ehegatte innerhalb eines Jahres nach dem Tod Alleineigentümer[451] der weiter vom Ehegatten dann selbst genutzten Wohnung wird.

▶ **Hinweis: Eigenheim-Rentenförderung beim Ableben des Zulageberechtigten**

Demnach sollte, sofern die Wohn-Riester-Förderung in Anspruch genommen wird, durch Testament sichergestellt werden, dass der überlebende Ehegatte Alleineigentümer der geförderten Wohnung ist oder (infolge Teilungsanordnung bzw. Vermächtnis) spätestens innerhalb eines Jahres nach dem Tod wird.

Ist der Steuerpflichtige an der Selbstnutzung der Wohnung aufgrund eines beruflich bedingten Umzugs verhindert, kann er auf Antrag die Folgen der Fehlverwendung gem. § 92a Abs. 4 Satz 1 Nr. 3 EStG abwenden, wenn die Selbstnutzung spätestens mit Vollendung des 67. Lebensjahrs wieder aufgenommen wird.

▶ **Hinweis:[452] Beruflich bedingter Umzug bei »Wohn-Riester«-geförderter Wohnung**

Kann der Zulagenberechtigte aufgrund eines beruflich bedingten Umzugs die nach dem Eigenheim-Rentengesetz geförderte Wohnung nicht mehr weiter selbst nutzen, ist das mit dem Dritten geschlossene Nutzungsverhältnis (Vermietung) so zu befristen, dass der Eigentümer spätestens mit Vollendung des 67. Lebensjahrs die Wohnung wieder selbst beziehen kann, um die Folgen einer Fehlverwendung abzuwenden.

Für ab 01.01.2009 abgeschlossene Verträge, für die **Wohnungsbauprämie**[453] (und ggf. Arbeitnehmersparzulage)[454] gewährt wird, sind nach Ablauf der 7-jährigen Bindungsfrist ebenfalls nur noch wohnungswirtschaftliche Verwendungen zugelassen, sodass die Auszahlung der jährlich festgesetzten Prämie künftig erst mit dieser Verwendung erfolgt. Der Kreis der geförderten Maßnahme ist hier erweitert (er erfasst bspw. auch Modernisierungsmaßnahmen an der Wohnimmobilie). Eine prämienumschädliche Verfügung in sozialen Härtefällen (Tod, Eintritt von Erwerbsunfähigkeit, längere Arbeitslosigkeit) bleibt aufrechterhalten; ebenso die freie Verfügbarkeit von Altverträgen, die vor dem 31.12.2008 abgeschlossen wurden.[455]

---

449 Vgl. *Mensch/Schaal*, NotBZ 2011, 281, 286 f. Werden nur Miteigentumsanteile übertragen, muss der verbleibende Anteil des Veräußerers an den Anschaffungskosten den Betrag seines geförderten Darlehensvertrages noch übersteigen. Eine Nachversteuerung kann i.Ü. stets vermieden werden durch Reinvestition in ein Ersatzobjekt oder Einzahlung in einen Geld-Riestervertrag.
450 Vgl. im Einzelnen *Schaal/Mensch*, RNotZ 2011, 98 ff.
451 So die Gesetzesbegründung, BR-Drucks. 239/08, S. 48, sowie BMF-Schreiben v. 20.01.2009 zu § 93 Abs. 1 Satz 3 Buchst. c) EStG Tz. 198.
452 Vgl. *Ihle*, notar 2009, 60.
453 8,8 % Förderung auf Beiträge von jährlich max. 512,00 €, d.h. bis zu 45,06 €, bei zu versteuerndem Einkommen von unter 25.600,00 €.
454 9,9 % auf max. 470,00 € jährlich Arbeitgebereinzahlung, d.h. bis zu 43,00 € pro Jahr, bei zu versteuerndem Einkommen von unter 17.900,00 €.
455 Vgl. *Bornhaupt*, NWB Fach 3, S. 14137.

IV. Ertragsteuerliche Folgen des Erbfalles und der Erbauseinandersetzung/Vermächtniserfüllung

1. Ertragsteuerliche Folgen des Erbfalls selbst: Grundsatz

5856 Seit dem Beschluss des Großen Senats des BFH v. 05.07.1990[456] bewertet das Steuerrecht,[457] ebenso wie das Zivilrecht, den Erbfall und die Erbauseinandersetzung als getrennte Vorgänge. Der Erbfall selbst bleibt im Grundsatz ohne ertragsteuerliche Folgen (Buchwertfortführung beim Vermögensübergang auf die Erbengemeinschaft gem. § 6 Abs. 3 EStG für Betriebsvermögen – vgl. Rdn. 5949 ff. –, gem. § 11d EStDV für Privatvermögen; Zurechnung der aus einer Fortführung der bisherigen Tätigkeit erzielten Einnahmen in der Erbengemeinschaft gem. Rdn. 5929).

5857 Ungünstige Testamentsgestaltung[458] kann allerdings zur **Entnahme** (Rdn. 5771 ff.) einzelner Gegenstände des Betriebsvermögens führen, die Dritten als Vermächtnis ausgesetzt sind (oder bei nicht paralleler Vererbung des Sonderbetriebsvermögens, Rdn. 5868: der Unternehmenserbe wird so behandelt, als habe er den Gegenstand an einen Dritten zum Verkehrswert veräußert (mit der Folge, dass die im übertragenen Einzelwirtschaftsgut ruhenden stillen Reserven ohne tatsächlichen Liquiditätszufluss als laufender Gewinn i.S.d. § 15 EStG – ohne Tarifbegünstigung – zu versteuern sind. § 6 Abs. 3 EStG findet selbst dann keine Anwendung, wenn das Wirtschaftsgut beim Vermächtnisnehmer wieder zu einem Betriebsvermögen zählen wird; die Überführung in dieses Betriebsvermögen erfolgt erst im zweiten Schritt.

5858 Eine Ausschlagung gegen Abfindung verspricht keine Heilung, da die Finanzverwaltung[459] und die Rechtsprechung[460] auch dies als Veräußerung des Vermächtnisgegenstands wertet (unproblematisch ist allein die kaum realistische entschädigungslose Ausschlagung des Vermächtnisses). Die Buchwertfortführung bleibt jedoch gesichert, wenn der gesamte Betrieb Gegenstand des Vermächtnisses ist,[461] sowie bei der Überführung eines Wirtschaftsgutes aus dem Betriebsvermögen der Erbengemeinschaft in das Betriebsvermögen eines Miterben (Vorausvermächtnis):[462] § 6 Abs. 5 Satz 3 Nr. 1 EStG.

5859 Tückisch ist schließlich die (ungewollte) Beendigung einer bestehenden Betriebsaufspaltung durch unterschiedliche letztwillige Zuordnung des Betriebs- und des Besitzunternehmens (Beendigung der personellen Verflechtung, Rdn. 5724), oder umgekehrt die ungewollte Einlage als Folge des Erbfalls (Begründung einer bisher nicht gegebenen Betriebsaufspaltung, Rdn. 5916).

2. Besonderheiten bei der »Vererbung« von Anteilen an einer Personengesellschaft

5860 Bei der »Vererbung« von Anteilen an einer Personengesellschaft[463] (auch der »kleinen Münze«: Fondsbeteiligungen[464]) ist allerdings wegen des Vorrangs des Handels- und Gesellschaftsrechts ggü. dem allgemeinen Erbrecht (Art. 2 Abs. 1 EGHGB) zivilrechtlich (s. Rdn. 147 ff. mit Blick

---

456 GrS 2/89, BStBl. 1990 II, S. 847.
457 Zu den Steuerfolgen beim Tod eines Einzelunternehmers *Esskandari/Steffen*, ErbStB 2012, 17 ff. und 52 ff.
458 Überblick bei *Friedrich-Büttner/Herbst*, ErbStB 2012, 186 ff. Vgl. auch das Bsp. in Rdn. 5934 zur Frage der ertragsteuerlichen Berücksichtigung von Schuldzinsen zur Erfüllung testamentarischer Anordnungen.
459 BMF v. 14.03.2006, BStBl 2006 I, 253 Tz. 37.
460 BFH, 20.04.2004 – IX R 5/02, BStBl 2004 II, 987.
461 BMF v. 14.03.2006, BStBl 2006 I, 253 Tz. 61.
462 BMF v. 14.03.2006, BStBl 2006 I, 253 Tz. 65, 83.
463 Anders bei der Kapitalgesellschaft, vgl. Rdn. 2789. Dies schafft Abstimmungsprobleme bei der GmbH & Co. KG, welche bei der Einheits-GmbH & Co. KG (Rdn. 2733 f.) zugunsten des Personengesellschaftsrechts gelöst sind.
464 Vgl. *Pinkernell/Filenius*, ErbR 2017, 201 ff. insb. zur Teilung des Anteils bei einer Mehrheit von Erben.

auf das mögliche Vorliegen von Schenkungen), ertragsteuerlich und erbschaftsteuerlich wie nachstehend Rdn. 5864 ff. ausgeführt zu differenzieren.[465] Bei Sterbefällen seit dem 17.08.2015 ergeben sich zusätzliche Probleme daraus, dass ausländisches Erbrecht zur Anwendung kommen wird, wenn ein Personengesellschafter, sei er auch deutscher Nationalität, mit letztem Wohnsitz im Ausland verstirbt, und keine Rechtswahl zugunsten seines Staatsangehörigenrechtes (gem. Art. 22 EU-ErbVO, Rdn. 3544 ff.) getroffen hat, da die Kollision deutschen Gesellschaftsrechts mit ausländischem Erbrecht (das insoweit keinen Vorrang des Personengesellschaftsrechts kennt) nicht gelöst ist. Auch die EU-ErbVO akzeptiert gem. § 1 Abs. 2 lit. h) und i) grds. den Vorrang des Gesellschaftsstatuts.[466]

Umsatzsteuerlich bleibt die Personengesellschaft Unternehmer,[467] **grunderwerbsteuerlich** ist § 1 Abs. 3 GrEStG (Vereinigung aller Anteile in einer Hand) zu beachten, vgl. Rdn. 5579 ff. Doppelbelastung mit Schenkung- und Grunderwerbsteuer kann ferner eintreten, wenn Grundstücke zur Erfüllung eines erb- oder schenkungsrechtlichen Anspruchs übertragen werden; hiergegen hilft der Verzicht auf den Anspruch unter Vereinbarung der Grundstücksübertragung als Abfindung – der Grundstückserwerb gilt dann als Erwerb gem. § 3 Abs. 2 Nr. 4 ErbStG vom Erblasser, so dass § 3 Nr. 2 GrEStG sperrt.[468]

5861

Gewerbesteuerrechtlich[469] ist der Betrieb als solcher Gegenstand der Besteuerung, nicht der dahinterstehende Unternehmer (Grundsatz der »Objektbezogenheit«, § 2 Abs. 1 Satz 1 GewStG). Nur dann, wenn der Gewerbebetrieb im Ganzen auf einen anderen Unternehmer übergeht, auch im Wege der Erbfolge, wird dieses Prinzip durch § 2 Abs. 5 GewStG durchbrochen: Zum Zeitpunkt des Erwerbs erlischt die Steuerpflicht des eingestellten Betriebs und ein neuer, selbständiger Betrieb wird eröffnet, so dass auch ein Gewerbeverlust nach § 10a GewStG notwendig untergeht (der Verlustabzug nach § 10a GewStG erfordert Unternehmeridentität und Unternehmensidentität[470]. Solange lediglich einzelne Gesellschafter wechseln, findet jedoch § 2 Abs. 5 GewStG keine Anwendung.[471]

5862

Auch auf der Ebene des ausgeschiedenen Gesellschafters tritt regelmäßig kein gewerbesteuerlicher Schaden ein, da Gewinne, die etwa aus der Entnahme von Sonderbetriebsvermögen entstehen (hierzu Rdn. 5868), nicht gewerbesteuerpflichtig sind (es handelt sich nicht um Gewinne des laufenden Geschäftsbetriebs).[472] Auswirkungen hat das Ausscheiden eines Einzelgesellschafters aus einer Personengesellschaft (unabhängig davon, ob neue Gesellschafter hinzutreten oder nicht) lediglich auf die Höhe des Gewerbeverlustes nach § 10a GewStG: dieser reduziert sich anteilig in der Höhe, die quotal auf den ausgeschiedenen Gesellschafter entfällt, § 10a Satz 4 u. 5 GewStG. Nur beim vollständigen Wechsel des Unternehmers geht er insgesamt verloren (also beim Versterben des letzten verbleibenden Gesellschafters).

5863

a) Auflösung (§ 727 BGB)

Der Tod eines Gesellschafters führt bei der GbR (§ 727 BGB) bei Fehlen einer abweichenden Regelung zur **Auflösung** (anders nunmehr beim Ableben eines OHG-Gesellschafters oder KG-Kom-

5864

---

465 Vgl. hierzu auch im Überblick *Ivo*, ZEV 2006, 302 ff.; *Horn*, NWB 2008, 2643 ff. = Fach 18, S. 4693 ff.; *Esskandari*, ZEV 2012, 249 ff.; *Wälzholz*, notar 2015, 39 ff.; ferner *Sudhoff*, Unternehmensnachfolge, § 44. Guter Überblick ferner bei *Gluth/Rund*, StB-Sonderheft 2014/2015, S. 21–31.
466 Vgl. zur alten und (nicht wesentlich veränderten) neuen Rechtslage *Paulus*, notar 2016, 3 ff.
467 *Esskandari*, ZEV 2012, 308.
468 *Halaczinsky*, ErbStB 2005, 100, 104; *Esskandari*, ZEV 2012, 308, 309.
469 Vgl. *Esskandari*, ZEV 2012, 249, 252 f.
470 Vgl. z.B. BFH, 04.05.2017 – IV R 2/14, EStB 2017, 384 (keine Unternehmensidentität, wenn zunächst gewerbliche Tätigkeit vorliegt, sodann gewerbliche Einkünfte kraft gewerblicher Prägung erzielt werden).
471 R 2.7 Abs. 2 Satz 1 GewStR.
472 Vgl. BFH, 15.03.2000 – VIII R 51/98, ZEV 2000, 244, hierzu Anm. *Häfke*, ZEV 2000, 334.

plementärs: § 131 Abs. 3 Satz 1 Nr. 1 HGB sowie schon stets bei Versterben eines Kommanditisten: § 177 Abs. 1 HGB). Die Auflösung stellt steuerlich eine Betriebsaufgabe gem. § 16 Abs. 3 EStG dar in der Person der Erben (als Mitglieder der Liquidationsgesellschaft), die bei Vorliegen der Voraussetzungen gem. §§ 16, 34 EStG begünstigt sind – dies gilt jedoch nicht für den Entnahmegewinn bei Sonderbetriebsvermögen, das damit zu Privatvermögen wird.[473]

b) Fortsetzungsklausel

aa) Zivilrecht

5865 Im Fall der schlichten **Fortsetzungsklausel gegen Abfindung** setzen die anderen Gesellschafter die Gesellschaft fort (Unvererblichkeit des Gesellschaftsanteils,[474] daher ist vielleicht die Bezeichnung »Ausschlussklausel« treffender). Die Abfindung richtet sich im Zweifel nach dem Verkehrswert, ist jedoch typischerweise niedriger vereinbart (Rdn. 2641 ff.; i.d.R. liegt darin keine pflichtteilsergänzungsauslösende Schenkung, vgl. Rdn. 155 ff., 2649). Die schlichte Ausschlussklausel (ohne Ergänzung um eine Eintrittsklausel, Rdn. 5904 ff.) kommt z.B. in Betracht, wenn die prospektiven Nachfolger bereits Mitgesellschafter sind, so dass die Anwachsung – und zwar ohne Erhöhung der Haftsumme[475] – gewollt ist, oder aber keiner der prospektiven Erben/Vermächtnisnehmer geeignet erscheint, oder aber es sich um eine »verschworene Gemeinschaft« im strengen Sinne handelt. Die Fortsetzungsklausel greift auch, wenn die Mehrheit der Gesellschafter sterben (oder die Gesellschaft kündigen)[476] sollte. Ist nur ein weiterer Gesellschafter vorhanden, wachsen diesem alle Aktiva und Passiva an (liquidationslose Vollbeendigung der Personengesellschaft),[477] so dass er, auch wenn er bisher nur Kommanditist war, vollhaftender Einzelunternehmer wird.[478] Zu seinem Schutz kann für diesen Fall die Auflösung mit Übernahmeoption vereinbart werden.[479]

Die Formulierung der »Ausschlussklausel« ist denkbar einfach:

▶ **Formulierungsvorschlag: Fortsetzungsklausel bei Personengesellschaft mit Abfindung**

5866 Beim Tod eines Gesellschafters wird die Gesellschaft unter den verbleibenden Gesellschaftern fortgesetzt. Der Gesellschaftsanteil ist also nicht vererblich, sondern wächst den verbleibenden Gesellschaftern im Verhältnis ihrer bisherigen Beteiligung an. Verbleibt lediglich ein weiterer Gesellschafter, ist die Gesellschaft aufgelöst, der Verbleibende hat jedoch das Recht, binnen drei Monaten das Unternehmen mit allen Aktiva und Passiva zu übernehmen. Die Erben bzw. Vermächtnisnehmer des Verstorbenen erhalten eine Abfindung gem. § ….. dieses Gesellschaftsvertrages.

bb) Ertragsteuerrecht

5867 Bei der schlichten Fortsetzungsklausel gegen Abfindung realisiert der Erblasser[480] »auf dem Sterbebett« durch Aufgabe seines Mitunternehmeranteils (infolge Anwachsung) einen (möglicherweise nach §§ 16, 34 EStG begünstigten) Veräußerungsgewinn gem. § 16 Abs. 1 Nr. 2 bzw. Abs. 3

---

473 Auch dieser Entnahmegewinn ist – mangels abweichender Anordnung durch vermächtnisweise Zuwendung eines Freistellungsanspruchs – vom Erben zu versteuern, nicht von demjenigen, der das frühere Sonderbetriebsvermögensgrundstück letztlich erhält.
474 Für den Kommanditisten ist damit § 177 HGB abbedungen, für den Komplementär entspricht die Unvererblichkeit jedoch § 131 Abs. 3 Satz 1 Nr. 1 HGB.
475 Es erhöhen sich lediglich die »festen Kapitalkonten«, vgl. *Gutachten* DNotI-Report 2010, 23 ff.; anzumelden ist also nur das Ausscheiden des Verstorbenen.
476 BGH, 07.04.2008 – II ZR 3/06, ZNotP 2008, 411.
477 BGH, 07.07.2008 – II ZR 37/07, ZNotP 2008, 452 bei einer GbR.
478 Wird bei einer GmbH & Co. KG mit nur einem Kommanditisten die Insolvenz über das Vermögen des Komplementärs eröffnet, ist allerdings nach BGH, ZIP 2004, 1047 die Haftung auf den Wert des übergehenden Vermögens beschränkt.
479 Vgl. *Peters*, RNotZ 2002, 425, 440.
480 Die Erben werden – anders als bei der Auflösungsklausel – nie Mitglied der Gesellschaft!

C. Steuerliche Folgen der Übertragung des Wirtschaftsguts selbst — Kapitel 13

Satz 1 EStG in Höhe des Unterschieds zwischen dem Abfindungsanspruch und dem Buchwert seines Kapitalkontos.[481] Die bisherigen Mitgesellschafter erwerben entgeltlich (Anschaffungskosten i.H.d. Abfindung) – sofern die Abfindung allerdings unter dem Steuerwert des Gesellschaftsanteils liegt, verwirklicht der Erblasser einen einkommensteuerlichen Veräußerungsverlust (so dass die Buchwerte abzustocken sind).

Sonderbetriebsvermögen des früheren Mitunternehmers (Erblassers) fällt jedoch an seine Eigenerben und wird damit (sofern die Erben nicht Mitgesellschafter sind) Privatvermögen;[482] die Differenz zwischen Buchwert und Teilwert gehört zum (ggf. tarifbegünstigten, aber regelmäßig nicht gewollten)[483] Veräußerungsgewinn des Erblassers; § 13a ErbStG findet auch insoweit keine Anwendung (daher empfiehlt sich rechtzeitige Beseitigung oder »Konservierung« vorhandenen Sonderbetriebsvermögens zu Lebzeiten, vgl. die Ausführungen zur qualifizierten Nachfolgeklausel, Rdn. 5894).[484] 5868

War der **Abfindungsanspruch** (zulässigerweise) gesellschaftsvertraglich **ausgeschlossen** (s. Formulierungsvorschlag[485] Rdn. 5870, zur Pflichtteilsrelevanz vgl. Rdn. 155 f.), ist ertragsteuerlich zu differenzieren: Beruht der Ausschluss auf familiären Gründen, liegt in der Anwachsung an die verbleibenden Mitgesellschafter eine unentgeltliche Übertragung, für die § 6 Abs. 3 EStG die Buchwertfortführung eröffnet. War sie – als Vereinbarung unter Fremden, wie in Rdn. 5870 – betrieblich veranlasst, v.a. also bei allseitigem Abfindungsausschluss, entsteht in der Person des verstorbenen Gesellschafters ein Veräußerungsverlust. Die begünstigten Erwerber haben die Anteile des Erblassers am Gesellschaftsvermögen abzustocken oder die Buchwerte fortzuführen und in Höhe der Differenz einen laufenden Gewinn zu versteuern. 5869

▶ **Formulierungsvorschlag: Fortsetzungsklausel bei Personengesellschaft mit Abfindungsausschluss**

Beim Tod eines Gesellschafters wird die Gesellschaft unter den verbleibenden Gesellschaftern fortgesetzt. Der Gesellschaftsanteil ist also nicht vererblich, sondern wächst den anderen Gesellschaftern im Verhältnis ihrer bisherigen Beteiligung an. Verbleibt lediglich ein weiterer Gesell- 5870

---

481 BFH, BStBl. 1998 II, S. 290; BMF v. 14.03.2006 Tz. 69, BStBl. 2006 I, S. 253 ff.; *Reich*, MittBayNot 2007, 183.
482 Die Buchwertfortführung ist wohl auch dann nicht möglich, wenn das Grundstück in ein anderes Betriebsvermögen oder Sonderbetriebsvermögen des Erben (bei einer anderen Personengesellschaft) übergeht; das BMF-Schreiben v. 03.03.2005, ZEV 2005, 200 verhält sich hierzu nicht.
483 Anders allenfalls dann, wenn der Erblasser noch einen hohen Verlustvortrag i.S.d § 10d EStG hatte, der auf diese Weise genutzt werden soll unter gleichzeitiger Schaffung höherer Abschreibungsvolumina bei den übernehmenden Erben; dies erscheint insbes. sinnvoll, da der Verlustvortrag nicht vererblich ist, BFH, 17.12.2007 – GrS 2/04, BStBl. 2008 II, S. 608 – hierzu Erlass OFD Rheinland v. 21.02.2012 – S 2225 – St 143 (02/2008), ErbStB 2012, 210 und OFD Frankfurt, 01.03.2017 – S 2225 A -12 – St 213, EStB 2017, 284 –; vgl. *von Proff zu Irnich*, RNotZ 2008, 563; *Eich*, EStB 2012, 305 ff.; im Hinblick auf die 1962 begründete abweichende Rspr. wird Vertrauensschutz für Sterbefälle bis zur Veröffentlichung im BStBl. (18.08.2008 – der BFH gewährte diesen Schutz nur bis zur Bekanntgabe des Beschlusses am 12.03.2008) gewährt. Zur neuen Rechtslage FinMin Schleswig-Holstein v. 23.03.2011, ZEV 2011, 335. Bestehen verrechenbare (und nicht nur ausgleichsfähige) Verluste i.S.d § 15a EStG, sind diese allerdings weiter vererblich (bzw. gehen beim unentgeltlichen Anteilserwerb auf den Erwerber über, sofern stille Reserven vorhanden sind, die höher sind als das negative Kapitalkonto, andernfalls ist das negative Kapitalkonto im Zuge der Schenkung zu versteuern, vgl. *Wälzholz*, DStR 2008, 1769 ff.; *Piltz*, ZEV 2008, 376 ff.). Kirchensteuern, die der Erbe auf offene Kirchensteuerschulden des Erblassers begleicht, sind jedoch beim Erben als Sonderausgaben abzugsfähig, vgl. BFH, 21.07.2016 – X R 43/13, ZEV 2016, 717; hierzu *Gemmer*, EE 2017, 41 ff. Auch gesondert festgestellte verbleibende negative Einkünfte aus Vermietung im Ausland gem. § 2a Abs. 1 EStG sind vererblich, FG Düsseldorf, 20.12.2016 – 13 K 897/16 F, ErbStB 2017, 232.
484 Vgl. *Tiedtke/Hils*, ZEV 2004, 441; *Gluth*, ErbStB 2003, 122.
485 Vgl. auch Formulierungsvorschlag bei *Wälzholz*, FamRB 2007, 89.

schafter, ist die Gesellschaft aufgelöst, der Verbleibende hat jedoch das Recht, binnen drei Monaten das Unternehmen mit allen Aktiva und Passiva zu übernehmen. Eine Abfindung erhalten die Erben bzw. Vermächtnisnehmer des Verstorbenen nicht. Dieser Abfindungsausschluss beruht auf dem wechselseitigen, etwa gleich hohen Risiko des Vorversterbens und ist im Interesse des Fortbestehens des Unternehmens vereinbart, stellt also nach Einschätzung der Beteiligten keine Schenkung dar.

cc) Erbschaftsteuerrecht

5871   Der schuldrechtliche Abfindungsanspruch der Erben des ausgeschiedenen Gesellschafters wird gem. § 3 Abs. 1 Nr. 1 ErbStG besteuert, die Privilegierung des § 13a ErbStG ist allerdings (mangels Betriebsvermögenseigenschaft des schuldrechtlichen Anspruchs, seit R 55 Abs. 2 Satz 5 ErbStR 2005, jetzt: R E 13b.1 Abs. 2 Satz 5 ErbStR 2011) nicht anwendbar. Der Abfindungsempfänger »erbt« also, sofern er zugleich (Mit-)erbe des verstorbenen Gesellschafters ist, dessen Einkommensteuerschuld aus dem in der letzten Lebenssekunde verwirklichten Veräußerungsgewinn, und entrichtet zusätzlich auf die Abfindung (abzgl. der Einkommensteuerlast) Erbschaftsteuer in voller, nicht durch §§ 13a, 19a ErbStG privilegierter Höhe. Sofern die Anwachsungsempfänger, also die verbleibenden Gesellschafter, weniger Abfindung zu leisten haben als dem (mitunter, etwa bei Anwaltskanzleien, schwer zu ermittelnden[486]) Steuerwert der anwachsenden Beteiligung entspricht, ist dieser Anwachsungserwerb (übrigens auch als Folge vergleichbarer ausländischer Rechtsinstitute[487]) gem. § 3 Abs. 1 Nr. 2 Satz 2 ErbStG steuerpflichtig, auch wenn den Beteiligten das Bewusstsein der Unentgeltlichkeit fehlen sollte.[488] Ein solcher Anwachsungserwerb ist jedoch, da Betriebsvermögen, potentiell begünstigt gem. §§ 13a Abs. 1 Satz 1 Nr. 1, 19a ErbStG.[489]

5872   Mit der Anhebung des steuerlichen Werts des »zugewendeten« Mitunternehmeranteils für alle Anwachsungsvorgänge ab 01.01.2009 gem. § 12 Abs. 1 ErbStG, § 9 Abs. 1 BewG auf den »gemeinen Wert« verschärft sich dieses Steuerbelastungsrisiko ganz erheblich, in extremster Form im Fall der schlichten Anwachsungsklausel mit vollständigem Abfindungsausschluss. Die gestiegene Steuerbelastung kann Abwägungsfaktor bei der Entscheidung darüber sein, ob den Gesellschaftern zivilrechtlich ein Festhalten an den bisherigen vertraglichen Regelungen weiterhin zumutbar ist oder ob eine Anpassung nach den Grundsätzen der Änderung der Geschäftsgrundlage (§ 313 BGB), geschuldet ist, insb. wenn bisher eine Abfindung vollständig ausgeschlossen oder lediglich auf den Buchwert begrenzt war.[490] Es kann nämlich in der Tat fraglich sein, ob die in Personengesellschaftsverträgen bisher häufig enthaltenen Buchwertklauseln bzw. die Verweise auf das Stuttgarter Verfahren in Kapital-Gesellschaftsverträgen noch dem Willen der Gesellschafter entsprechen, zumal sie die bisherige schenkung-/erbschaftsteuerliche Bewertung reflektiert haben. Sollten diese Klauseln nicht als Vereinbarung der damaligen oder der zuletzt gültigen Fassung der ErbStR 2005 bzw. jetzt ErbStR 2011, sondern i.S.e. stillschweigenden »dynamischen Verweisung« auf den jeweiligen Steuerwert beabsichtigt gewesen sein, wäre eine **Anpassungsverpflichtung i.S.d. § 313 BGB** in Betracht zu ziehen.

▶ Hinweis:

5873   Im Hinblick auf die Neuregelungen der §§ 199 ff. BewG sollten daher Abfindungs- und Einziehungsvergütungsregelungen in Gesellschaftsverträgen überprüft werden. Wegen der die Ge-

---

486 *Esskandari*, ZEV 2011, 575 ff. [zu den Bewertungsrichtlinien der Bundesrechtsanwaltskammer].
487 Z.B. gem. Art. 1524 Abs. 1 Code Civil [Anwachsungsklausel für eine in frz. Gütergemeinschaft gehaltene, dort belegene Immobilie]: BFH, 04.07.2012 – II R 38/10, ZErb 2012, 270 m. Anm. *Jülicher* S. 277 ff.; *Ihle*, notar 2013, 45, 50.
488 BFH, BStBl. 1992 II, S. 912.
489 Abschn. 2 Abs. 3 der Gleichlautenden Erlasse v. 25.06.2009, BStBl. 2009 I, S. 713; *Crezelius*, Unternehmenserbrecht, Rn. 285.
490 Vgl. *Casper/Altgen*, DStR 2008, 2319.

C. Steuerliche Folgen der Übertragung des Wirtschaftsguts selbst   Kapitel 13

fahr des Anfalls deutlich höherer Steuern (§ 3 Abs. 1 Satz 1 Nr. 2 Satz 2, § 7 Abs. 7 ErbStG) bei geringen Abfindungsbeträgen ist das Entnahmerecht (Rdn. 2682) des Personengesellschafters über die bisher üblichen Einkommensteuerbeträge hinaus auch auf die Erbschaftsteuer zu erstrecken.[491]

Dies gilt umso mehr, als bei der Ermittlung des gemeinen Werts »ungewöhnliche und persönliche Umstände« unberücksichtigt zu bleiben haben (§ 9 Abs. 2 Satz 3 BewG), wozu gem. § 9 Abs. 3 Satz 1 BewG insb. auch Verfügungsbeschränkungen gehören, die in der Person des Steuerpflichtigen oder eines Rechtsvorgängers begründet sind. Hierzu zählen also v.a. gesellschaftsvertragliche Beschränkungen in der Verfügung oder Vererbung von Gesellschaftsanteilen bzw. im Abfindungswert beim Ausscheiden. Sie haben nach Ansicht des BFH[492] auch dann ihren Rechtsgrund in der mitgliedschaftlichen Rechtsbeziehung zwischen Gesellschaftern und Gesellschaft und liegen daher »in der Person« des Gesellschafters begründet, wenn der Gesellschafter seine Mitgliedschaft erst später, rechtsgeschäftlich, erworben hat oder nur gering beteiligt ist. Solche **Verfügungsbeschränkungen** führen daher **nicht** zu einer **Reduzierung des steuerlichen Anteilswerts**, zumal – nach Ansicht des BFH – Vorzüge für die Familiengesellschaft gegenüberstünden, bspw. die Sicherung langfristiger Geschäftspolitik, straffere Verwaltung und Erhaltung der inneren Stärke, und die Verfügungen jederzeit einvernehmlich wieder aufgehoben werden könnten.[493]   5874

c) Einfache Nachfolgeklausel

aa) Zivilrecht

Bei der **einfachen Nachfolgeklausel**, übernehmen die Erben (anteilig, s. Rdn. 5876) den Mitunternehmeranteil nebst Sonderbetriebsvermögen; das Gesellschaftsrecht räumt also dem (gewillkürten, sonst gesetzlichen) Erbrecht den Vorrang ein. Auch der Fiskus gehört in diesem Fall ggf. zu den gesetzlichen Erben letzter Ordnung.[494] Die Vererblichkeit des Gesamthandsanteils bedingt für den Komplementär § 131 Abs. 3 Satz 1 Nr. 1 HGB ab; sie entspricht § 177 Abs. 1 HGB für den Kommanditisten. Wer bei einer OHG oder KG in eine Vollhafterstellung nachfolgt, kann binnen 3 Monaten nach Kenntnis vom Erbfall verlangen, dass ihm die Stellung eines Kommanditisten eingeräumt wird (§ 139 Abs. 1 HGB),[495] erreicht also eine Befreiung von persönlicher Haftung (§§ 128, 130 Abs. 1 HGB) ohne Ausschlagung. § 139 HGB ist im Gesellschaftsvertrag nicht abdingbar; allerdings kann dem Erben zur Auflage gemacht werden, von § 139 HGB keinen Gebrauch zu machen.   5875

Mehrere Erben treten im Fall einer einfachen Nachfolgeklausel allerdings nur in Bezug auf das Sonderbetriebsvermögen »als Erbengemeinschaft« ein (zu den ertragsteuerlichen Folgen dieser Differenzierung vgl. Rdn. 5881 ff.). In Bezug auf den Gesellschaftsanteil des Verstorbenen erhalten sie im Wege der **Sonderrechtsnachfolge** je eine eigenständige anteilige Gesellschafterstellung[496] (»vorweggenommene Erfüllung einer unterstellten Teilungsanordnung«, so dass Verfügungen über einen Erbteil nicht per se den »ererbten« Personengesellschaftsanteil einschließen).[497] Daher sind auch Vor- und Nacherbfolgen – beschränkt auf den Gegenstand der Sonderrechtsnachfolge – möglich,   5876

---

491 Vgl. *Milatz/Kämper*, GmbHR 2009, 476.
492 BFH, 17.06.1998 – II R 46/96, n.v.
493 BFH, 19.12.2007 – II R 22/06, n.v.; zum Ganzen vgl. *Schwind/Schmidt*, NWB 2009, 299.
494 BGH, 23.09.2002 – II ZR 299/01, DB 2002, 2526.
495 Fraglich ist, ob beim minderjährigen Erben eines Komplementärs diese Norm durch das Sonderkündigungsrecht des § 1629a BGB verdrängt wird, vgl. *Carlé*, ErbStB 2009, 195, so dass vorsorglich die Möglichkeit einer solchen Umwandlung im Gesellschaftsvertrag eröffnet werden sollte.
496 *Ivo*, ZEV 2004, 499; dies gilt auch nach Anerkennung der Teilrechtsfähigkeit der Außen-GbR weiter.
497 *Nieder/Kössinger*, Handbuch der Testamentsgestaltung, 3. Aufl. 2008, § 20 Rn. 20; Gutachten, DNotI-Report 2011, 10 (ungeachtet des Umstandes, dass der in Sonderrechtsnachfolge erworbene Gesellschaftsanteil nach BGHZ 98, 48 zwar nicht zum erbengemeinschaftlichen Vermögen, aber zum »Nachlass« gehört).

allerdings mit unklarer Reichweite (nur der Anteil selbst? unter Einschluss der nach § 717 Satz 2 BGB abtretbaren Rechte? unter Einschluss der Gesellschafterverrechnungskonten?).[498]

5877 Geht der Anteil auf mehrere von Todes wegen über, schreibt der Gesellschaftsvertrag nicht selten gemeinschaftliche Vertretung vor:[499]

▶ Formulierungsvorschlag: Erfordernis einheitlicher Vertretung bei Nachfolge einer Personenmehrheit in Gesellschaftsanteil

Geht ein Gesellschaftsanteil an mehrere Erben oder Vermächtnisnehmer über, haben sich diese – auch wenn sie je Inhaber eines eigenen Anteils sind – durch einen gemeinsam Bevollmächtigten vertreten zu lassen. Solange keine solche Vollmacht erteilt ist und ausgeübt wird, ruht das Stimmrecht.

Ist der Nachfolger »nur« Vermächtnisnehmer[500] oder Vorausvermächtnisnehmer,[501] bedarf es der Übertragung seitens der Erben zur Erfüllung des Vermächtnisses. In der Vereinbarung der schlichten Nachfolgeklausel dürfte bereits die Zustimmung der Mitgesellschafter zu dieser Übertragung auf den Vermächtnisnehmer liegen.[502]

5878 Formulierungsvorschlag mit diesbezüglicher Klarstellung:

▶ Formulierungsvorschlag: Einfache Nachfolgeklausel bei Personengesellschaft

Beim Tod eines Gesellschafters wird die Gesellschaft von den verbleibenden Gesellschaftern mit dem bzw. den Erben bzw. Vermächtnisnehmer(n) des Verstorbenen fortgesetzt, der Gesellschaftsanteil ist also uneingeschränkt vererblich. Zur Erfüllung eines angeordneten Vermächtnisses bzw. einer Teilungsanordnung bedarf es in diesem Fall keiner Zustimmung oder sonstigen Mitwirkung der verbleibenden Gesellschafter.

bb) Ertragsteuerrecht

5879 Da kein Veräußerungstatbestand vorliegt, werden die Buchwerte gem. § 6 Abs. 3 Satz 1 EStG analog[503] (bei mehreren Erben: § 6 Abs. 3 Satz 1 Halbs. 2 EStG: Übertragung eines Mitunternehmerteilanteils, Rdn. 6008 ff.) fortgeführt. Überträgt ein Miterbe sodann seinen Anteil auf einen anderen und erhält er hierfür eine Abfindung über seinem Buchkapital, verwirklicht dieser Miterbe dadurch einen (ggf. tarifbegünstigten) Veräußerungsgewinn (§§ 16, 34 EStG).

▶ Hinweis:

5880 Die einfache Fortsetzungsklausel verkörpert zwar in Bezug auf den Gesellschaftsanteil selbst (zum Sonderbetriebsvermögen vgl. Rdn. 5881 ff.) die **steuerliche Ideallösung**, wird aber wegen der Gefahr der Anteilszersplitterung[504] und des Eindringens familienfremder Nachfolger typischerweise nicht gewählt bzw. bedarf dann der Abhilfe durch obligatorische Gruppenvertretung (vergleichbar § 18 Abs. 1 GmbHG)[505] bzw. einen Schutzgemeinschafts-

---

498 Für weiten Umfang *Renaud*, GmbHR 2013, 297 ff.
499 Vgl. *Heuking*, in: FS für *Lüer*, 2008, S. 231.
500 Vgl. hierzu *Ivo*, Der Fachanwalt für ErbR, 2005, 29.
501 Beispielsfall OLG Stuttgart, 05.11.2015 – 19 U 19/15, ErbR 2017, 424.
502 Vgl. MünchKomm-HGB/*K. Schmidt*, 2004, § 139 Rn. 15.
503 Dem Wortlaut nach wird nur die lebzeitige Übertragung erfasst, sie gilt jedoch auch für die Vererbung, vgl. z.B. *Herrmann/Heuer/Raupach/Graz*, EStG/KStG, § 6 EStG Rz. 1334 (Mai 2004) m.w.N.
504 Hinzu kommt, wenn kein Stimmrecht nach Kapitalquoten vereinbart ist, die Gefahr der Majorisierung durch zahlreiche Erben als Sonderrechtsnachfolger (§ 119 Abs. 2 HGB: Stimmrecht nach Köpfen).
505 Hierzu umfassend monografisch *Schörnig*, Die obligatorische Gruppenvertretung, 2001. Ihre Zulässigkeit ist für Abstimmungen, Mitverwaltungsrechte und reine Vermögensrechte unbestritten, jedoch fraglich im Kernbereich (Kündigungs-, Informationsrecht). Vgl. auch (zur Erbengemeinschaft mit gemeinsamem Vertreter) OLG Stuttgart, 09.09.2014 – 14 U 9/14, MittBayNot 2015, 252.

C. Steuerliche Folgen der Übertragung des Wirtschaftsguts selbst — Kapitel 13

vertrag[506] oder die Verwendung einer (nunmehr teilrechtsfähigen) GbR. Erlaubt der Gesellschaftsvertrag gegen den eingetretenen Erben die Einziehung gegen Abfindung aufgrund Beschlusses der anderen Gesellschafter (oder sieht ein Ausscheiden gar zwingend nach gewisser, kurzer Zugehörigkeitszeit vor), stehen allerdings die steuerlichen Wohltaten der Fortsetzungsklausel unter dem Vorbehalt des § 42 AO[507] (Vergleich zur wirtschaftlich gewollten, jedoch einkommen- und erbschaftsteuerlich[508] extrem belastenden Fortsetzungsklausel mit Abfindung, oben Rdn. 5865 ff.).

Bei einer **Mehrheit von Erben** können jedoch in Bezug auf **Sonderbetriebsvermögen** des Verstorbenen (Rdn. 5725 ff., v.a. an die Personengesellschaft verpachtete Grundstücke sowie den Anteil an der Komplementär-GmbH) erhebliche Komplikationen eintreten, da dieses in Erbengemeinschaft (Gesamthand), nicht in quotaler Einzelberechtigung, vererbt wird.[509] Diese Komplikationen ergeben sich aus zwei Umständen: (1) die »Erbengemeinschaft« als solche kann Besitzunternehmen[510] einer (mitunternehmerischen) Betriebsaufspaltung sein, die sich »automatisch« ggü. der eigentlichen Personengesellschaft als Betriebsunternehmern bildet. Die Finanzverwaltung[511] zerlegt dies zwei Schritte, nämlich die Universalsukzession des § 1923 BGB in der Sekunde des Todes, und sodann, eine logische Sekunde danach, die Einbringung des Sonderbetriebsvermögens in die Besitzpersonengesellschaft »Erbengemeinschaft« gegen Gewährung von Gesellschaftsrechten hieran, § 6 Abs. 5 Satz 3 EStG (zu den erbschaftsteuerlichen Folgen dieser Einbringung vgl. nachstehend Rdn. 5887). Damit bleibt jedenfalls die steuerliche Buchwertfortführung nur erhalten bei Einhaltung der Sperrfristen des § 6 Abs. 5 Satz 4 bis 6 EStG, vgl. Rdn. 6062 ff. Weitere Komplikationen treten ein, (2) wenn auf dem Sonderbetriebsvermögen Verbindlichkeiten lasteten (die in der Sonderbilanz des Verstorbenen passiviert waren); diese gehen auf das »Besitzunternehmen Erbengemeinschaft« über, bilden jedoch eine »Gegenleistung«; so dass insoweit die Einbringung i.S.d. § 6 Abs. 5 Satz 3 EStG nicht steuerneutral erfolgen kann, und damit stille Reserven zu versteuern sind[512] (die allerdings in Bezug auf die Komplementär-GmbH regelmäßig nicht bestehen).

5881

Das Problem tritt nicht auf bei der Vererbung an eine Person, ebenso wenig, wenn das Grundstück nicht an die Betriebspersonengesellschaft selbst verpachtet ist, sondern z.B. an ein Tochterunternehmen (und damit nicht Sonderbetriebsvermögen zur Mutter-Personengesellschaft darstellte, sondern Betriebsvermögen eines Ein-Personen-Besitzunternehmens des Verstorbenen in Bezug auf die Tochtergesellschaft als Betriebsgesellschaft einer mittelbaren[513] Betriebsaufspaltung: dieser Betrieb geht unmittelbar an die Gesamthand der Miterben über, es gilt § 6 Abs. 3 EStG, und auch erbschaftsteuerlich bleibt die Privilegierung erhalten, § 13b Abs. 2 Satz 2 Nr. 1 lit. a ErbStG,

5882

---

506 Als Innen-GbR mit Regelungen zur Vertretung in der Hauptgesellschaft und zur Verhinderung der Beteiligung Dritter durch Anbietungspflichten und Erwerbsrechte im Kündigungsfall, vgl. *Langenfeld*, GbR, 6. Aufl., S. 67 ff.
507 Hierzu *Piltz*, ZEV 2006, 205 ff.
508 Scheidet der Gesellschafter gewordene Erbe vor Ablauf von 5 Jahren aus, entfällt zwar die Begünstigung der §§ 13a, 19a ErbStG, es bleibt allerdings bei der Bewertung des »geerbten« Anteils als Betriebsvermögen, nicht als Geldanspruch.
509 Vgl. zum folgenden *Schwetlik*, GmbHR 2010, 1087 ff.
510 Vgl. *Levedag*, GmbHR 2010, 855, 857. Die personelle Verflechtung derselben Personengruppen (als Miterben bzw. Einzelpersonen) ergibt sich zwar nicht aus einem zielgerichteten Zusammenschluss, allerdings werden sie sich das bewusste Testieren (bzw. Nichttestieren) des Erblassers zurechnen lassen müssen.
511 BMF v. 03.03.2005, BStBl. 2005 I, S. 458 ff., Tz. 22.
512 Vgl. *Schwetlik*, GmbHR 2010, 1087, 1089.
513 Der Grundstückseigentümer ist mittelbar, über die Mutter-Personengesellschaft, am Tochterunternehmen beteiligt, so dass personelle Verflechtung vorliegt, vgl. BFH, 20.11.2007 – IV R 82/05, BStBl. 2008 II, S. 471.

Rdn. 5092 ff.). Zur Vermeidung stehen weiter die unten Rdn. 5895 ff. (zur Vermeidung einer Entnahmewirkung beim Sonderbetriebsvermögen) diskutierten Wege zur Verfügung.[514]

cc) Erbschaftsteuerrecht

5883 Die Erben bzw. Vermächtnisnehmer erhalten den entsprechenden Anteil des Betriebsvermögens (§ 12 Abs. 5 BewG) erbschaftsteuerlich gem. § 3 Abs. 1 Nr. 1 ErbStG, können aber die Steuervergünstigung der §§ 13a, 19a ErbStG in Anspruch nehmen, und zwar nach der bis Ende 2008 geltenden Rechtslage selbst dann, wenn i.R.d. dann folgenden Erbauseinandersetzung (sei es aufgrund letztwilliger Anordnung, sei es freiwillig) nur ein Miterbe den Mitunternehmeranteil übernahm. Im Ergebnis kamen die Begünstigungen teilweise den falschen Personen, die letztendlich kein betriebliches Vermögen behalten, zugute.[515]

5884 Gem. **§§ 13a Abs. 3 Satz 2 ErbStG**, 19a Abs. 2 Satz 2 ErbStG n.F. stehen **ab 2009** demjenigen (Mit-)Erben, der i.R.d. Teilung des Nachlasses privilegiertes (Betriebs-)Vermögen auf einen anderen Miterben überträgt, weder der Verschonungsabschlag noch der Abzugsbetrag noch der Entlastungsbetrag zu (vgl. im Detail Rdn. 5425 ff.). Dies wirkt sich (und zwar zugunsten desjenigen, der letztendlich den Mitunternehmeranteil behält) unmittelbar bei der qualifizierten und der rechtsgeschäftlichen Nachfolgeklausel, aber auch bei der einfachen Nachfolgeklausel mit anschließender Erbauseinandersetzung aus.[516]

5885 Bei lediglich **treuhänderisch gehaltenen**[517] Beteiligungen an Personengesellschaften verlangt allerdings die Finanzverwaltung bisher, um die erbschaftsteuerlichen Betriebsnachfolgeprivilegien der §§ 13a, 19a ErbStG zu gewähren,[518] sowohl im Gesellschaftsvertrag als auch im formwirksam errichteten[519] Treuhandvertrag zu regeln, dass
(1) die Treuhandschaft beim Tod des Treugebers bzw. bei Übertragung des Anspruchs aus dem Treuhandvertrag ende und
(2) der Erbe bzw. Beschenkte unmittelbar in die Gesellschafterstellung des ehemaligen Treuhänders eintrete.

Offen ist, ob diese Voraussetzungen angesichts der seit September 2010 geltenden neuen Erlasslage[520] (Herausgabeanspruch gegen den Treuhänder ist Sachleistungsanspruch, steuerliche Behandlung richtet sich also nach der Vermögensart des Treuguts) weiterhin erforderlich sind, oder ob es nicht wie sonst genügt dass der Treuhänder im Innenverhältnis ausschließlich im Auftrag,

---

514 Vgl. *Schwetlik*, GmbHR 2010, 1087, 1091.
515 Vgl. *Troll/Gebel/Jülicher*, ErbStG, § 13a Rn. 39.
516 Vgl. *Riedel*, ZErb 2009, 8.
517 Aktuelle Übersicht zu Treuhandverhältnissen über Gesellschaftsanteile *Hermanns*, notar 2014, 283 ff.
518 Koordinierte Ländererlasse v. 28.06.2005, z.B. ZEV 2005, 341, Erlass Finanzministerium Baden-Württemberg v. 16.02.2007, ZErb 2007, 157, m. Anm. *Jülicher*, Verfügung OFD Rheinland und Münster v. 30.03.2007, ZEV 2007, 295.
519 Formlose Vereinbarungen sind allenfalls bei der Erwerbstreuhand (Auftrag zum Erwerb von Anteilen an einer noch zu gründenden GmbH) denkbar (BFH, 04.12.2007 – VIII R 14/05, GmbHR 2008, 558), andernfalls scheitert die steuerliche Anerkennung als Treuhandverhältnis i.S.d. § 39 Abs. 2 Nr. 1 Satz 2 AO unabhängig davon, ob die weiterhin notwendig wirtschaftliche und rechtliche Beherrschung durch den Treugeber vorliegt. Die Vereinbarungstreuhand bezüglich eines bereits bestehenden GmbH-Anteils ist gem. § 15 Abs. 4 GmbHG beurkundungsbedürftig, ebenso dann bei einer GmbH & Co KG der Treuhandvertrag bezüglich des Kommanditanteils, wenn beide nur zusammen übergehen sollen, vgl. BGH, 14.12.2016 – IV ZR 7/15, ZNotP 2017, 70 = notar 2017, 181 m. Anm. *Vossius*.
520 BayStMinFin, 16.09.2010 – 34 S 3811-035-38476/10, DStR 2010, 2084; FinMin Baden-Württemberg, 02.11.2010 – 3 S 3806/51, hierzu *Schmid/Leyh*, NWB 2011, 1071; ebenso FG Hannover, 28.07.2010 – 3 K 215/09, ErbStB 2010, 329 m. Anm. *Kirschstein*. Eine Übergangsregelung fehlt, vgl. *Carlé*, ErbStB 2011, 260, 261.

für Rechnung und auf Weisung des Treugebers, also des Mitunternehmers, handelt.[521] – Sofern die Verfügung über Gesellschaftsanteile – wie i.d.R. – der Zustimmung der anderen Gesellschafter oder zumindest eines Quorums der anderen Gesellschafter bedarf, müsste vorsorglich für diesen Fall die freie Übertragbarkeit des Anteils eröffnet sein, etwa durch folgende Formulierung:[522]

▶ **Formulierungsvorschlag: Freier Anteilserwerb bei Beendigung eines Treuhandverhältnisses über Personengesellschaftsanteil**

Abweichend von den Bestimmungen der vorstehenden Absätze bedarf es einer Zustimmung nicht, wenn ein Treuhandverhältnis über einen Gesellschaftsanteil als Folge einer unentgeltlichen Zuwendung im Sinn des § 7 Abs. 1 Nr. 1 ErbStG oder eines Erbfalls erlischt und der Erbe, Beschenkte oder Vermächtnisnehmer unmittelbar den Gesellschaftsanteil erwirbt. 5886

In Bezug auf das **Sonderbetriebsvermögen** kann sich bei einer Mehrheit von Erben allerdings ein erbschaftsteuerliches Problem ergeben (zur einkommensteuerlichen Komplikation vgl. Rdn. 5881), wenn die Finanzverwaltung die Erbengemeinschaft als neue Besitzpersonengesellschaft einer Betriebsaufspaltung ansieht, in welche die Miterben ihre Gesamthandsanteile eine logische Sekunde nach dem Tod (unerkannt) eingebracht haben, Rdn. 5881 (ertragsteuerlich: § 6 Abs. 5 Satz 3 EStG). Der Verschonungsabschlag, der an sich auch dem Sonderbetriebsvermögen bzw. dem Besitzunternehmen einer Betriebsaufspaltung zugutekommt (§ 13b Abs. 2 Satz 2 Nr. 1 lit. a ErbStG, Rdn. 5092 ff.) entfällt nämlich rückwirkend bei einer Veräußerung wesentlicher Betriebsgrundlagen binnen 5 Jahren, § 13a Abs. 5 Satz 1 Nr. 1 Satz 2 ErbStG, Rdn. 5316, und es ist nicht gesichert, dass die Fortführung des bisherigen SBV als Besitzunternehmen einer Betriebsaufspaltung eine begünstigte »Reinvestition« i.S.d. § 13a Abs. 5 Satz 3 ErbStG darstellt.[523] 5887

d) Qualifizierte Nachfolgeklausel

aa) Zivilrecht

Bei der **qualifizierten Nachfolgeklausel** kann nicht jeder Erbe/Vermächtnisnehmer in die Gesellschafterstellung nachrücken. Beschränkungen können etwa bestehen hinsichtlich der Anzahl, des Verwandtschaftsverhältnisses bzw. der Zugehörigkeit zu einem bestimmten Stamm, der Eignung (abgeschlossenes Studium), des Alters etc. Zur Umsetzung der Beschränkung kann der zugelassene Nachfolger z.B. namentlich oder nach eindeutigen Kriterien (»ältester männlicher Abkömmling«, »Kinder«,[524] »Abkömmlinge«,[525] »Ehegatte«[526]) benannt werden oder aber es wird dem Erblasser ein Bestimmungsrecht aus dem Kreis derer eingeräumt, welche die satzungsrechtlichen 5888

---

521 *Ihle*, notar 2011, 5, 15. Zur Maßgeblichkeit des Ertragsteuerrechts (§ 39 Abs. 2 Nr. 1 AO) auch BFH, 01.09.2011 – II R 67/09, ZEV 2012, 51 (Zuwendungsnießbrauch am Gesellschaftsanteil ist begünstigungsfähig); *Viskorf/Haag*, ZEV 2012, 24 ff.; und *Eisele*, NWB 2012, 4151 ff. Die Finanzverwaltung ist dem genannten BFH-Urteil gefolgt (gleichlautende Ländererlasse v. 02.11.2012, BStBl 2012 I 1101), so dass auch der Treugeber zwischenzeitlich als Mitunternehmer i.S.d. ErbStG gelten sollte.
522 Vgl. *Wälzholz*, ZEV 2007, 370, auch zu entsprechenden Formulierungen im Treuhandvertrag.
523 Vgl. *Schwetlik*, GmbHR 2010, 1087, 1090.
524 Dann sind nach OLG Stuttgart, 14.11.2012 – 14 U 9/12, ErbStB 2013, 12 im Zweifel auch adoptierte Kinder gemeint. Entscheidend ist freilich die Auslegung anhand des Textes und solcher Umstände, dem betroffenen Kreis [Gesellschafter und ihre Angehörigen] erkennbar sind. Die Interpretation des Art. 14 EMRK [Diskriminierungsverbot] durch den EGMR, 13.07.2004 – 69498/01 Pla und Puncernau/Andorra, ZEV 2005, 162: Verstoß gegen Art. 14 EMRK, wenn Adoptiv- den ehelichen Kindern nicht gleichgestellt werden) gebietet aufgrund ihres einfachgesetzlichen Ranges (BVerfG, NJW 2011, 1931) keine andere Sichtweise, vgl. *Reimann*, ZEV 2013, 479 ff.
525 Vgl. § 1924 Abs. 1 BGB: Kinder und Kindeskinder, wegen § 1754 BGB unter Einschluss der Adoptierten.
526 Zur (Auslegungs-)Frage, ob auch eingetragene Lebenspartner als Ehegatten gelten können (wohl zu bejahen bei älteren Verträgen, wenn es erkennbar auf Personen ankam, die in rechtlich gesicherter Weise dem Gesellschafter besonders nahe stehen): *Gutachten* DNotI-Report 2011, 33 ff.

Anforderungen erfüllen. Damit ist wieder der Vorrang des Gesellschafts- vor dem Erbrecht hergestellt. Wird zumindest ein tauglicher Nachfolger auch letztwillig (oder kraft Gesetzes) zum Erben bestimmt, rückt er »eo ipso« im Wege der Sonderrechtsnachfolge in die Gesellschafterstellung ein. Vorstehende Grundsätze gelten auch für den Komplementär; handelt es sich dabei um eine juristische Person (GmbH & Co KG), ist eine gesellschaftsvertraglich vereinbarte Beschränkung auf »Angehörige« jedenfalls dann gewahrt, wenn die neue Komplementär-GmbH nicht gesellschafterfremd ist oder alle Gesellschafter zustimmen.[527]

5889 Sind daneben noch weitere (nicht qualifizierte) Miterben vorhanden, vollzieht sich »automatisch« eine »Teilungsanordnung«. Sofern der »qualifizierte Miterbe« dadurch mehr erhält als dem Wert seiner gesamten (testamentarischen oder gesetzlichen) Erbquote entspricht (also im »Asymmetrie-Fall«[528]), bestehen ggf.- nach Maßgabe der letztwilligen Verfügung[529] – erbrechtliche[530] Ausgleichsansprüche der »benachteiligten« gegen den begünstigten »qualifizierten« Miterben,[531] die ertragsteuerlich »verloren« sind (Rdn. 5893) und erbschaftsteuerlich ebenfalls ohne Wirkung bleiben (Rdn. 5901). Decken sich schließlich die Erbfolge einerseits und die Satzungsanforderungen andererseits in keiner Weise – die bloße Einsetzung eines qualifizierten Vermächtnisnehmers genügt nicht, sofern nicht zumindest ein nachfolgeberechtigter Erbe vorhanden ist, der als Sonderrechtsnachfolger das Vermächtnis erfüllen kann[532] – geht die Nachfolgeregelung ins Leere – dies verdeutlicht die Notwendigkeit der Abstimmung zwischen Gesellschaftsvertrag und letztwilliger Verfügung![533] –, es sei denn, sie lässt sich in eine Eintrittsklausel (Rdn. 5904 ff.) umdeuten[534] bzw. erlaubt, wenn zumindest nachfolgeberechtigte Vermächtnisnehmer vorhanden sind, den vorübergehenden Übergang auf nicht qualifizierte Erben zur Erfüllung des Vermächtnisses.[535]

5890 Soll die qualifizierte Nachfolgeklausel hilfsweise als Eintrittsklausel zugunsten »berechtigter«, jedoch weder zum Erben noch zum Vermächtnisnehmer berufener Personen, bzw. als »Interimsklausel« bei Vorhandensein qualifizierter Vermächtnisnehmer aufrechterhalten werden, könnte sie etwa wie folgt lauten:[536]

▶ Formulierungsvorschlag: Qualifizierte Nachfolgeklausel bei Personengesellschaften, hilfsweise als Eintrittsklausel für nachfolgeberechtigte Nicht-Erben

5891 Beim Tod eines Gesellschafters wird die Gesellschaft durch die verbleibenden Gesellschafter und – anstelle des Verstorbenen – nachfolgeberechtigten Personen, die der Verstorbene durch letztwillige Verfügung oder durch lebzeitige schriftliche Erklärung benennt oder als gesetzliche Erben hinterlässt, fortgeführt. Nachfolgeberechtigt sind (*Anm.: Es folgt die Angabe der Kriterien, z.B.: lediglich leibliche, eheliche Abkömmlinge mit abgeschlossener Berufsausbildung oder Studium in einem technischen, wirtschaftlichen oder juristischen Fach / lediglich Ehegatten oder Abkömmlinge / derjenige Abkömmmling, der als erster seine akademische Ausbildung abschließt etc.*). Für diese qualifizierte Nachfolgeklausel gilt im Einzelnen:

---

527 OLG Nürnberg, 27.03.2017 – 12 W 2197/16, MittBayNot 2017, 413 (beide Tatbestände genügen entgegen des Leitsatzes alternativ, vgl. Tz. 20).
528 Dieser kann natürlich durch ein Vorausvermächtnis ausgeglichen werden.
529 Die Entscheidung, ob und welche Ausgleichsleistung geschuldet ist, kann nach OLG Stuttgart, 02.11.2016 – 19 U 49/16, ErbR 2017, 429 m. Anm. *Otte*, im Testament auch den nachfolgeberechtigten Miterben überlassen werden.
530 Diese bleiben daher von einem gesellschaftsrechtlichen Ausschluss der Abfindung beim Fehlen eines qualifizierten Nachfolgers, also im Scheiternsfall, unberührt!
531 Nicht gegen die anderen Gesellschafter, da diesen der Anteil des Verstorbenen am Gesellschaftsvermögen nicht anwächst, vgl. *Ivo*, ZEV 2006, 304.
532 Vgl. *Kössinger*, in: Nieder/Kössinger, Handbuch der Testamentsgestaltung, 4. Teil, § 20 Rn. 33.
533 Vgl. Überblick bei *Gallus*, ErbStB 2017, 112 ff.
534 BGH, 29.09.1977 – II ZR 214/75, NJW 1978, 264, 265.
535 Für eine solche Umdeutung *Reimann*, ZNotP 2006, 162, 173.
536 Vgl. *Ivo*, ZEV 2006, 304.

C. Steuerliche Folgen der Übertragung des Wirtschaftsguts selbst Kapitel 13

- Ist eine nachfolgeberechtigte Person Erbe oder zumindest Miterbe, geht der Anteil unmittelbar auf sie (ggf. auf mehrere nachfolgeberechtigte Erben im Weg der Sonderrechtsnachfolge) über; etwaige weitere, nicht nachfolgeberechtigte Miterben sind durch den Gesellschaftsanteils-Rechtsnachfolger nur abzufinden, soweit dies durch den Erblasser in einer letztwilligen Verfügung angeordnet wurde. Der Betriebsvermögensfreibetrag gemäß § 13a Abs. 1 Satz 1 Nr. 1 ErbStG steht allein den nachfolgeberechtigten Miterben zu.
- Ist eine nachfolgeberechtigte Person lediglich zum Vermächtnisnehmer eingesetzt, wird die Gesellschaft auf die Dauer von maximal drei Monaten nach dem Erbfall zunächst mit den Erben des Verstorbenen fortgesetzt. Kommt es nicht binnen drei Monaten zur Übertragung des Gesellschaftsanteils an den nachfolgeberechtigten Vermächtnisnehmer oder wird innerhalb dieser Zeit zumindest hierauf gerichtete Klage erhoben, scheiden die Erben nach Ablauf von drei Monaten aus der Gesellschaft aus und die Beteiligung wächst den verbleibenden Gesellschaftern an. Letztere schulden in diesem Fall den ausscheidenden Erben eine Abfindung gemäß § ..... dieser Satzung; etwaige Ansprüche des Vermächtnisnehmers, der von seiner Nachfolgeberechtigung keinen Gebrauch gemacht hat, richten sich allein nach der letztwilligen Verfügung.
- Wird die nachfolgeberechtigte Person weder Erbe noch Vermächtnisnehmer, sondern ist sie lediglich durch lebzeitige Erklärung gegenüber der Gesellschaft benannt worden, hat sie das Recht, von den verbleibenden Gesellschaftern binnen drei Monaten nach dem Erbfall durch schriftliche Erklärung die Aufnahme in die Gesellschaft zu den Bedingungen der Mitgliedschaft des Verstorbenen zu verlangen. Die verbleibenden Gesellschafter halten den Gesellschaftsanteil bis zur Ausübung des Eintrittsrechts treuhänderisch und haben ihn sodann einschließlich des Kapitalanteils und der variablen Gesellschafterkonten unentgeltlich an den eintrittswilligen Nachfolgeberechtigten zu übertragen. Einen Ausgleich hat der Eintretende hierfür nicht zu leisten; etwaige Abfindungsansprüche der Erben richten sich allein nach der letztwilligen Verfügung. Macht der benannte Nachfolgeberechtigte von diesem hilfsweise eingeräumten Eintrittsrecht keinen Gebrauch, wird die Gesellschaft unter den übrigen Gesellschaftern unter Anwachsung des zunächst treuhänderisch gehaltenen Anteils fortgeführt; die Erben erhalten in diesem Fall durch die verbleibenden Gesellschafter eine Abfindung gemäß § ..... dieses Gesellschaftsvertrages.

Selten anzutreffen ist die verwandte »**qualifizierte Teilnachfolgeklausel**«, welche vorsieht, dass derjenige Gesellschaftsanteil, der – bemessen nach den Erbquoten – auf die nicht nachfolgeberechtigten Miterben entfällt, den verbleibenden Gesellschaftern nach Maßgabe ihrer bestehenden Beteiligung anwächst. Es handelt sich also um eine Kombination aus qualifizierter Nachfolgeklausel und Fortsetzungsklausel.[537]   5892

bb) Ertragsteuerrecht

Der »qualifizierte Erbe« erlangt, sofern er kraft Gesetzes oder letztwilliger Verfügung zumindest Miterbe wird (»Deckungsgleichheit«), den Gesellschaftsanteil im Wege der Sonderrechtsnachfolge zivilrechtlich sofort und einkommensteuerlich unentgeltlich[538] gem. § 6 Abs. 3 EStG (trotz etwaiger Abfindungspflichten an nicht qualifizierte Miterben im Asymmetriefall gem. Rdn. 5889; solche Zahlungen führen also nicht zu Anschaffungskosten bzw. zu Veräußerungsgewinnen,[539] da die anderen Miterben den betroffenen Anteil nie, auch nicht im Wege des Durchgangserwerbs, erhalten haben. Damit entsteht bei einem späteren Verkauf des »geerbten« Anteils ein entspre-   5893

---

537 Vgl. MünchHdb-Gesellschaftsrecht/*Levedag*, Bd. 2, § 59 Rn. 72; *Carlé*, ErbStB 2009, 358.
538 BFH, BStBl. 1992 II, S. 512; a.A. FG Saarland, EFG 2004, 1038. Etwaige Finanzierungsaufwendungen zur Begleichung der Abfindungszahlungen können damit ebenso wenig als Betriebsausgaben geltend gemacht werden, so BFH, BStBl. 1994 II, S. 625 unter Aufgabe der früheren »Sekundärfolgenrechtsprechung«.
539 BFH, 27.07.1993 – VIII R 72/90, BStBl 1994 I 625; BMF-Schreiben v. 14.03.2006, BStBl 2006 I S. 253 Tz. 72.

chend höherer Veräußerungsgewinn, und Schuldzinsen für die Abfindungszahlung sind nicht steuerlich absetzbar.

5894 Gefahren drohen jedoch, wenn Sonderbetriebsvermögen anders, also unmittelbar nach Maßgabe der letztwilligen Verfügung übergeht: Soweit **Sonderbetriebsvermögen** auf nicht qualifizierte Miterben entfällt, kommt es zu einer anteiligen, § 39 Abs. 2 Nr. 2 AO,[540] Entnahme (die Finanzverwaltung belässt es aus Billigkeitsgründen auch dann bei dieser auf den SBV-Bereich beschränkten Entnahme, ohne Auflösung der stillen Reserven im Gesamthandsanteil selbst, auch wenn das SBV, wie regelmäßig, wesentliche Betriebsgrundlage war).[541] Dieser anteilige Entnahmegewinn wird noch vom Erblasser realisiert, trifft also die Erbengemeinschaft – während der Entnahme- oder Veräußerungsgewinn, den der qualifizierte Miterbe bzw. der ausübende Eintrittsberechtigte später dadurch realisiert, dass er selbst den erworbenen Mitunternehmeranteil samt anteiligen Sonderbetriebsvermögens veräußert bzw. entnimmt, von ihm allein zu versteuern sein wird (diese »latenten« Steuern werden jedoch im Rahmen einer Erbauseinandersetzung rechtsgeschäftlich selten berücksichtigt).

5895 Zur **Vermeidung**[542] **des Entnahmegewinns** beim Sonderbetriebsvermögen (d.h. zur Schaffung eines Gleichlaufs hinsichtlich der persönlichen Zuordnung und des Erwerbszeitpunktes) kann[543] **durch lebzeitige Maßnahmen** dieses aufschiebend bedingt auf den Todesfall dem qualifizierten Miterben geschenkt werden (die Auflassung wird bereits erklärt, der Notar wird angewiesen, Umschreibungsantrag nach dem Erbfall zu stellen.)[544] oder – noch sicherer, da das Grundstück nicht erst nach dem Tod ähnlich einem Vermächtnis übertragen wird – die Begründung einer (allerdings grunderwerbsteuerlich nachteiligen)[545] lebzeitigen **Treuhänderstellung**[546] eines qualifizierten Miterben für den prospektiven Erblasser (mit weiterer ertragsteuerlicher Zurechnung des Vermögens beim Treugeber, § 39 Abs. 2 Nr. 1 AO). Die Treuhandschaft endet (ohne dass es weiterer zivilrechtlicher Maßnahmen bedürfte), wenn der Treuhänder auch alleiniger Nachfolger des Gesellschaftsanteils wird, andernfalls wird sie für die gesellschaftsrechtlichen Sonderrechtsnachfolger als neue Treugeber[547] weitergeführt. Denkbar wäre auch eine lebzeitige Schenkung unter freiem, auf das Ableben des Schenkers befristetem Widerrufsvorbehalt: der Schenker bleibt zunächst ertragsteuerlich Mitunternehmer und vermeidet damit eine Sofortentnahme, damit genießt die Schenkung aber nicht die erbschaftsteuerlichen Privilegierungen der §§ 13a, 19a ErbStG (Rdn. 2143 ff.).

5896 Alternativ kann das Sonderbetriebsvermögen vor dem Erbfall in ein anderes Betriebsvermögen (**gewerblich geprägte GmbH & Co. KG** mit gleicher qualifizierter Nachfolgeklausel) nach § 6 Abs. 5 Satz 3 Nr. 2, 2. Alt. EStG zu Buchwerten überführt werden,[548] z.B. nach dem Modell der

---

540 BMF-Schreiben v. 03.03.2005, BStBl. 2005 I, S. 458 Tz. 23, entgegen der Befürchtung von *Geck*, DStR 2000, 2031 (Totalentnahme), vgl. *Geck*, ZEV 2005, 196, 200; vorsichtiger *Wälzholz*, in: *Bayer/Koch (Hrsg)* Personen- und Kapitalgesellschaftsrecht an den Schnittstellen zum Familien- und Erbrecht, Schriften zum Notarrecht Bd. 42, 23, 43.
541 Vgl. BMF-Scheiben v. 14.30.2006, BStBl. 2006 I, S. 253 Rn. 73; *Wälzholz*, notar 2015, 39, 44 m.w.N. in Fn. 52.
542 Zur umgekehrten Situation, wenn die Auflösung der stillen Reserven zwar nicht vermieden werden kann, aber hinsichtlich Zeitpunkt und Person des Versteuernden »gesteuert« werden soll vgl. *Paus*, EStB 2016, 28, 29f. (z.B. »Einkünftesplitting« durch Erhöhung der Zahl der Erben kraft Ausschlagung etc.
543 Vgl. die Übersicht bei *Carlé*, ErbStB 2009, 290 f. sowie *Wälzholz*, NWB 2014, 3266 ff.
544 Dies genügt für den notwendigen Übergang des wirtschaftlichen Eigentums, die Grundsätze des IDW, Erbfolge, Tz. 506; *Schnitter*, EStB 2005, 30; ausführlich *Tiedtke/Hils*, ZEV 2005, 441.
545 Auch bei unentgeltlicher Begründung (zugunsten anderer Personen als Ehegatten oder Abkömmlingen) fällt trotz § 3 Nr. 2 GrEStG Grunderwerbsteuer an.
546 Vgl. *Reich*, MittBayNot 2007, 186 f.
547 Allerdings mit dem Nachteil behaftet, dass für den Erwerb des Treuhänderanspruchs nicht die (freilich abgeschwächten) Privilegierungen für Grundbesitz etc. gelten (Bewertung als Sachleistungsanspruch).
548 Nachteilig sind allerdings die beiden weiteren, für KG und GmbH erforderlichen Handelsbilanzen und die Publizitätpflichten.

mitunternehmerischen Betriebsaufspaltung[549] (neu zu gründende Schwester-Personengesellschaft) oder durch Ausgliederung in eine gewerblich geprägte GmbH & Co. KG.[550] Die Übernahme von Verbindlichkeiten stellt allerdings dabei eine steuerpflichtige Gegenleistung dar (s. Rdn. 6001).[551] Sonderbetriebsvermögen einer Einzelperson bildete vielleicht schon bisher unerkannt Bestandteil eines Besitzeinzelunternehmens im Rahmen einer Betriebsaufspaltung und sollte dann auch steuerlich so deklariert werden.[552]

In Betracht kommt weiter die lebzeitige **Überführung des Sonderbetriebsvermögens in das Gesamthandsvermögen der Personengesellschaft** unter entsprechender Anpassung der Gesellschafterquoten, § 6 Abs. 5 Satz 3 EStG (allerdings wird es damit auch Bestandteil der Haftungsmasse, und die Übernahme von Sonderbetriebsverbindlichkeiten gälte als Gegenleistung, so dass diese im passiven Sonderbetriebsvermögen verbleiben müssten; schließlich gelten dann anschließend die Sperrfristen des § 6 Abs. 5 Satz 4 bis 6 EStG, Rdn. 6062 ff.). Sicherste und einfachste, allerdings psychologisch oft nicht zu vermittelnde Lösung ist die **Alleinerbeinsetzung des Personengesellschaftsanteilsnachfolgers** mit Vermächtnisanordnungen zugunsten der Geschwister/des überlebenden Ehegatten.[553] Ein bloßes Vorausvermächtnis hinsichtlich des Sonderbetriebsvermögens zugunsten des qualifizierten Miterben oder eine dahin gehende Teilungsanordnung kann allerdings, da nicht auf den Erbfall zurückwirkend, die Folgen der Entnahme nicht beseitigen.[554]

5897

Noch dramatischer, nämlich auf eine **Totalbetriebsaufgabe** gerichtet, sind die Folgen bei der Entnahme **wesentlicher Betriebsgrundlagen**: Dieses Risiko realisiert sich häufig bei einer **Betriebsaufspaltung** (Rdn. 5707 ff.), wenn das Besitzunternehmen eine Personengesellschaft ist (samt dem zu dieser Mitunternehmerschaft zählenden Sonderbetriebsvermögen I = zur Nutzung überlassene Grundstücke sowie Sonderbetriebsvermögen II = Anteile an der Betriebskapitalgesellschaft). Fallen die Anteile an der Besitzgesellschaft aufgrund qualifizierter Nachfolgeklausel (oder Eintrittsklausel) an andere Personen als die Erben, welche in die Kapitalgesellschaftsanteile bei der Betriebsgesellschaft einrücken, wird die personelle Verflechtung und damit die Betriebsaufspaltung beendet. Die stillen Reserven werden dann noch in der Person des Erblassers »auf dem Sterbebett« aufgedeckt (Rdn. 5793), wirtschaftlich also zulasten der Erbengemeinschaft.[555]

5898

Ist die Entnahme im Zeitpunkt des Erbfalls bereits eingetreten, kann sie ebenso wenig durch eine Erbauseinandersetzung wieder »geheilt« werden, auch wenn diese sehr zeitnah erfolgen würde (die sechsmonatige Rückwirkung[556] gilt lediglich für die Zurechnung erzielter Einkünfte, Rdn. 5930). In bestimmten Konstellationen kommt eine kurzfristige Korrektur durch Ausschlagung seitens der nicht qualifizierten Erben in Betracht, sofern dadurch der qualifizierte Erbe (und nicht etwa andere Ersatzerben) nachrückt. Erfolgt diese allerdings gegen Abfindung, ist zu berücksichtigen, dass die Ausschlagung gegen Abfindung wie eine entgeltliche Veräußerung des Erbteils – bzw. genauer: die anteilige Veräußerung der in der Erbengemeinschaft vorhandenen Nachlassgegenstände – angesehen wird, so dass zwar der Entnahmegewinn in der Person des Erblassers verhindert wird, aber der Ausschlagende einen Veräußerungsgewinn erzielt (Rdn. 4526 ff.). Unproblematisch ist jedoch häufig eine Ausschlagung durch den überlebenden Ehegatten, wenn er dafür kraft Ge-

5899

---

549 BFH, DStR 1998, 238, *Tiedtke*, NotRV 2004, 143 ff.
550 *Schmidt*, EStG, 29. Aufl. 2010, § 15 Rn. 227.
551 *Geck*, ZEV 2001, 43; *Slabon*, ZErb 2006, 52.
552 Hinweis von *Schwetlik*, GmbHR 2010, 1087, 1091.
553 Allerdings kann der Vermächtnisnehmer ausschlagen und seinen Pflichtteil verlangen, § 2307 Abs. 1 BGB; ferner drohen bei Sachvermächtnissen möglicherweise Verschlechterungen hinsichtlich der erbschaftsteuerlichen Bewertung.
554 BMF-Schreiben v. 14.03.2006, BStBl. 2006 I, S. 253 Tz. 67 ff.
555 Vgl. *Reich*, MittBayNot 2007, 185.
556 BMF-Schreiben v. 14.03.2006, BStBl. 2006 I, S. 253 Tz. 8.

setzes einen ausreichend hohen familienrechtlichen Zugewinnausgleichsanspruch in Geld erhält, § 1371 Abs. 3 BGB.[557]

cc) Erbschaftsteuerrecht

5900 Wird die nachfolgeberechtigte Person Alleinerbe, liegt ein schlichter Erwerb der Gesellschaftsbeteiligung gem. § 3 Abs. 1 Nr. 1 ErbStG vor, mit Betriebsvermögensprivilegierung gem. §§ 13, 19a ErbStG. Sind jedoch weitere, nicht nachfolgeberechtigte Miterben vorhanden, begriff allerdings das Erbschaftsteuerrecht – anders als das Ertragsteuerrecht (oben Rdn. 5893) – diese Sondererbfolge bis Ende 2008 als eine gegenständlich beschränkte »automatische Erbauseinandersetzung« (sich selbst vollziehende Teilungsanordnung), so dass aufgrund des damaligen Grundsatzes der erbschaftsteuerrechtlichen Unbeachtlichkeit einer Erbauseinandersetzung eigenartiger Weise zunächst allen Miterben der Betriebsvermögensfreibetrag zugutekam (ohne dass insoweit zivilrechtlich Betriebsvermögen vorhanden wäre!) und Abfindungszahlungen nicht gem. § 10 Abs. 5 und 6 ErbStG abzugsfähig waren.[558] Es empfahl sich daher, dem Nachfolger-Miterben allein den Betriebsvermögensfreibetrag des § 13a ErbStG a.F. zuzuweisen.

5901 Die oben (Rdn. 5884) dargestellte Neuregelung der §§ 13a Abs. 3, 13b Abs. 3 ErbStG ist ausweislich der Gesetzesbegründung, der sich die Finanzverwaltung angeschlossen hat,[559] auch gemünzt auf die Fälle der qualifizierten Nachfolgeklausel, obwohl dort zivilrechtlich streng genommen gar kein Anteil erworben wird, der weiterübertragen werden könnte (offensichtlich stand hier die steuerrechtliche Sicht des BFH von der sich selbst vollziehenden gegenständlich beschränkten Erbauseinandersetzung Pate). Demzufolge kommt dem qualifizierten »Sonderrechtsnachfolger« die Betriebsprivilegierung vollständig zugute, wenn er nicht begünstigte Nachlassbestandteile zum Ausgleich des Mehrwertes, den er durch die Gesellschaftsnachfolge erfahren hat, hingibt. Erfolgt die Abfindung jedoch aus dem (nicht nachlassgebundenen) bisherigen Eigenvermögen des qualifizierten Nachfolgers, z.B. da er gesellschaftsrechtlich mehr erhalten hat als ihm erbrechtlich zustand (Asymmetriefall gem. Rdn. 5889) sind §§ 13a, 13b Abs. 3 ErbStG nicht einschlägig, es bleibt bei der bis Ende 2008 geltenden Rechtslage.[560]

5902 **§ 10 Abs. 10 ErbStG** bestimmt insoweit seit 01.01.2009, dass ein Erbe, der ein auf ihn von Todes wegen übergegangenes Mitgliedschaftsrecht an einer Personengesellschaft (oder Kapitalgesellschaft[561]), aufgrund einer im Todeszeitpunkt bereits bestehenden abschließenden Regelung im Gesellschaftsvertrag unverzüglich an Mitgesellschafter übertragen muss (beispielsweise i.S.d. vorstehend erwähnten »sich selbst vollziehenden Teilungsanordnung«, einer Zwangsabtretungsklausel etc.) und hierfür eine Abfindung unter dem Steuerwert i.S.d. § 12 ErbStG (= gemeinen Wert) erhält, **allein diesen Abfindungsanspruch** zu versteuern hat, nicht den Steuerwert des Anteils als solchen. Er wird also erbschaftsteuerlich lediglich in der Höhe belastet, die ihm endgültig verbleibt, die Abfindung kann allerdings nicht an den möglichen Privilegierungen für Betriebsvermögen teilhaben (R E 10.13 ErbStR 2011, anders als der Erwerb des weiterübertragenen Anteils, R E 10.13 Abs. 3 ErbStR 2011. Die Steuerfolgen der §§ 3 Abs. 1 Nr. 2 Satz 2, 7 Abs. 7 ErbStG auf Seiten der »Begünstigten« werden durch § 10 Abs. 10 ErbStG nicht eingeschränkt).

---

557 Werden allerdings Sachobjekte wiederum an Erfüllungs statt für den Zugewinnausgleichsanspruch übertragen, realisiert sich auch ertragsteuerlich eine Veräußerung, Rdn. 74 ff., worauf *Reich*, MittBayNot 2007, 185 hinweist.
558 BFH, BStBl. 1992 II, S. 671 und R 61 Abs. 2 ErbStR 2003; krit. *Hübner*, ZErb 2004, 37.
559 Die qualifizierte Nachfolgeklausel ist nicht als Fall der »Weitergabeverpflichtung« genannt, Abschn. 7 Abs. 1 und Abs. 2 Satz 5 der Gleichlautenden Erlasse v. 25.06.2009, BStBl. 2009 I, S. 713.
560 Vgl. *Wäkzholz*, notar 2015, 39, 44; nach *Wälzholz*, ZEV 2009, 120 müsste allerdings die Abfindungszahlung nun gem. § 10 Abs. 5 ErbStG abzugsfähig sein.
561 Hierzu *Riedel*, ZErb 2009, 113, 116.

Die Literatur plädiert für eine analoge Anwendung des § 10 Abs. 10 ErbStG auf den Fall der von der Gesellschafterversammlung statt einer Einziehung beschlossenen zwangsweisen Abtretung.[562]

Die oben (Rdn. 5894 ff.) erläuterte Problematik der ertragsteuerlichen Entnahme von Sonderbetriebsvermögen (bzw. des Vermögens der Besitzgesellschaft bei Beendigung der personellen Verflechtung) hat auch erbschaftsteuerliche Konsequenzen, da die Privilegierungen der §§ 13a, 19a ErbStG nur bei fortbestehender Betriebsvermögenseigenschaft gewährt werden. Sie entfällt daher für das Sonderbetriebsvermögen und darüber hinaus gar insgesamt, wenn die (unfreiwillige) Entnahme eine wesentliche Betriebsgrundlage betraf.[563] Die Privilegierung wird allerdings gewährt, soweit SBV quotal auf den Anteilsnachfolger (als Mitglied der Erbengemeinschaft) übergeht;[564] nicht aber für diejenigen SBV-Teile, die später rechtsgeschäftlich zur »Wiederherstellung der Kongruenz« dem Anteilsnachfolger übertragen werden.[565] 5903

e) Eintrittsklausel

aa) Zivilrecht

Eine sog. **Eintrittsklausel** verleiht eintrittsberechtigten Personen (Erben oder auch Dritten; ggf. auch nur bei Erfüllung bestimmter Voraussetzungen) einen schuldrechtlichen Anspruch auf Aufnahme in die Gesellschaft, regelmäßig gestaltet als Vertrag zugunsten Dritter auf den Todesfall (§ 331 BGB).[566] Der Eintritt vollzieht sich also rechtsgeschäftlich mit den verbleibenden Gesellschaftern, nicht im Wege der »Sonderrechtsnachfolge« eo ipso; erbrechtliche Instrumentarien (wie etwa Testamentsvollstreckung) erfassen also den Vollzug des eigentlichen Eintritts nicht.[567] Noch komplexer ist die Situation hinsichtlich etwaiger Abfindungsansprüche: Sind in der Satzung Abfindungsansprüche der Erben des Verstorbenen gegen die verbleibenden Gesellschafter ausgeschlossen (Rdn. 2645), ist dem Eintrittsberechtigten regelmäßig auch der Kapitalanteil zugewendet, so dass er eine Einlage nicht zu leisten hat, auch nicht wenn es sich um einen Dritten (keinen Erben) handelt. 5904

Bestehen jedoch Abfindungsansprüche der Erben gegen die verbleibenden Gesellschafter, haben im Zweifel die verbleibenden Mitgesellschafter das Recht, vom Eintretenden im Aufnahmevertrag eine Einlage i.H.d. Abfindungssumme zu verlangen.[568] Wendet jedoch der Erblasser diesen Abfindungsanspruch dem Eintrittsberechtigten (Erben oder einem Dritten) als Vermächtnis (bzw. Vorausvermächtnis) zu, und macht Letzterer vom Eintrittsrecht Gebrauch, saldieren sich bei ihm Einlageschuld und Abfindungsanspruch, so dass im Ergebnis auch der Kapitalanteil »außerhalb des Nachlasses« übergeht (sog. »**erbrechtliche Eintrittsklausel**«). 5905

In der Variante der **rechtsgeschäftlichen Eintrittsklausel** wiederum werden die verbleibenden Gesellschafter durch Vertrag zugunsten Dritter verpflichtet, die aus dem Gesellschaftsanteil sich ergebenden Vermögensrechte zunächst treuhänderisch für den Eintrittsberechtigten zu halten und sie nach Ausübung des Eintrittsrechtes an ihn zu übertragen, sei es ohne Einlageleistung oder gegen Einlage i.H.e. etwa an die Erben geschuldeten Abfindungszahlung. Die rechtsgeschäftliche Eintrittsklausel kann auch zur Lösung des Problems gescheiterter Nachfolgen (da kein i.S.d. qualifizierten Nachfolgeklausel Berechtigter zum Miterben berufen war) dienen, vgl. Rdn. 5891 und 5906

---

562 Z.B. *Klose*, GmbHR 2010, 355 ff.
563 Vgl. *Jülicher*, in: Troll/Gebel/Jülicher, ErbStG, § 13a Rn. 41 m.w.N. (Stand: Oktober 2005).
564 *Crezelius*, Unternehmenserbrecht, Rn. 289; Abschnitt 20 Abs. 3 der Gleichlautenden Erlasse v. 25.06.2009, BStBl. 2009 I 713; *Levedag* GmbHR 2010, 635; nach RE 13b.5 Abs. 3 Satz 8 ErbStR 2011 gilt dies jedoch nicht, wenn wesentliche Betriebsgrundlagen zurückbehalten werden.
565 *Christ*, in: DAI, 61. Steuerrechtliche Jahresarbeitstagung Unternehmen, 2010, S. 573.
566 § 2301 Abs. 1 Satz 1 BGB gilt nicht, so dass solche gesellschaftsvertragliche Klauseln formfrei wirksam sind, vgl. *Reimann/Bengel/Mayer*, Testament und Erbvertrag, § 2301 BGB Rn. 75.
567 *Reimann*, ZEV 2014, 521, 522.
568 Auslegungsergebnis gem. BGH, 29.09.1977 – II ZR 214/75, NJW 1978, 264, 266.

den Formulierungsvorschlag Rdn. 5893, letzter Spiegelstrich), dann u.U. gepaart mit einem Bestimmungsrecht der Verbleibenden; hierzu[569]:

▶ **Formulierungsvorschlag: Rechtsgeschäftliche Eintrittsklausel (mit Benennungsrecht)**

5907 Sofern keine nachfolgeberechtigte Person Erbe oder Miterbe wird, können die verbleibenden Gesellschafter aus dem Kreis derjenigen, die die Kriterien zur Nachfolgeberechtigung aufgrund dieser Bestimmung erfüllen, einen oder mehrere Nachfolger bis spätestens drei Monate nach Vorlage des Erbscheins bzw. Eröffnung einer notariellen Verfügung von Todes wegen schriftlich aufgrund Mehrheitsentscheidung bestimmen. Dem bzw. den Bestimmten steht das Recht zu, den Eintritt in die Gesellschaft zu erklären zu denselben Bedingungen, die die Mitgliedschaft des Verstorbenen aufwies. Der Eintritt hat durch schriftliche Erklärung gegenüber der Gesellschaft spätestens drei Monate nach schriftlicher Mitteilung vom Eintrittsrecht zu erfolgen; maßgeblich ist die erste Eintrittserklärung, die diesen Bestimmungen genügt (*alternativ*: Machen mehrere Berechtigte von ihrem Eintrittsrecht wirksam Gebrauch, steht ihnen die Beteiligung und der Kapitalanteil anteilig nach Köpfen zu). Verstreicht die Frist fruchtlos, wird die Gesellschaft von den verbleibenden Gesellschaftern fortgesetzt, ohne dass den Erben des Verstorbenen eine Abfindung zu gewähren wäre.

Sofern ein Eintrittsberechtigter in die Gesellschaft eintritt, haben ihm die verbleibenden Gesellschafter den bis dahin treuhänderisch gehaltenen Kapitalanteil des Verstorbenen unentgeltlich zu übertragen; Abfindungsansprüche der Erben gegen die Gesellschaft oder Gesellschafter sind ausgeschlossen.

5908 Verwandt ist die sog. »**rechtsgeschäftliche Nachfolgeklausel**«, wonach der Übergang ebenfalls (wie bei der Eintrittsklausel) außerhalb des Erbrechts zu Lebzeiten des Erblassers bindend festgelegt wird. Der rechtsgeschäftliche Nachfolger erhält den Anteil durch **Schenkung unter Lebenden auf den Todesfall** (§§ 2301 Abs. 2, 518 Abs. 2 BGB); der Rechtsübergang selbst ist aufschiebend befristet durch den Erbfall und auflösend bedingt durch das Vorversterben des Berechtigten (echte Überlebensbedingung). Der Nachfolger muss demnach bereits bei der Einräumung der rechtsgeschäftlichen Nachfolge mitwirken; einer Erbeinsetzung (und damit einer diesbezüglichen Abstimmung zum Gesellschaftsvertrag) bedarf es nicht mehr. An sich würden den Erben wiederum Abfindungsansprüche gegen die Gesellschafter bzw. die Gesellschaft (§ 738 Abs. 2 Satz 2 BGB) zustehen, die jedoch regelmäßig i.R.d. rechtsgeschäftlichen Nachfolgeklausel ausgeschlossen werden.

▶ **Formulierungsvorschlag: Rechtsgeschäftliche Nachfolgeklausel**

5909 Beim Tod des Gesellschafters X geht seine Mitgliedschaft auf dessen Sohn Y, der diesen Vertrag als künftiger Gesellschafter neben den übrigen Gesellschaftern zur Begründung seines unmittelbaren Eintritts kraft Rechtsgeschäft unter Lebenden unterzeichnet, über. Den Beteiligten ist bewusst, dass nach dem Nachfolger damit eine nicht entziehbare Rechtsposition erwächst und der Anteil außerhalb des Nachlasses auf ihn ohne weitere Mitwirkung übergehen wird. Der aufschiebend bedingte Beitritt steht jedoch unter der Voraussetzung, dass der rechtsgeschäftliche Nachfolger den Gesellschafter X überlebt; die Position aus diesem Vertrag ist also nicht vererblich oder übertragbar. Eine Ausgleichszahlung ist gesellschaftsrechtlich weder an die Mitgesellschafter noch an die Erben des Gesellschafters X geschuldet. Die übrigen Mitgesellschafter stimmen der aufschiebend bedingten Übertragung bereits heute zu. X und Y werden dafür Sorge tragen, dass etwaiges Sonderbetriebsvermögen des X im Zeitpunkt seines Ablebens ebenfalls auf Y übergeht.

5910 Spiegelbildlich zur Eintrittsklausel verhält sich die »**Übernahmeklausel**«, welche den verbleibenden Gesellschaftern das einseitige, binnen bestimmter Frist auszuübende Recht verleiht, den Anteil des verstorbenen Gesellschafters zu übernehmen, und zwar zu in der Klausel zu bestimmenden Konditionen. Zunächst sind die (auch steuerrechtlichen) Wirkungen denen der schlichten Nachfolgeklausel identisch (oben Rdn. 5875 ff.); wird das Übernahmerecht ausgeübt, verwirk-

---

[569] Vgl. *Feick/Weber, notar 2014, 395, 399.*

lichen die Erben (nicht der Erblasser) eine Veräußerung der Mitunternehmeranteils gem. § 16 EStG.[570] Hierzu

▶ **Formulierungsvorschlag: Gesellschaftsrechtliche Übernahmeklausel**

Beim Tod des Gesellschafters X sind die verbleibenden Gesellschafter berechtigt, den Anteil des Verstorbenen nach Maßgabe der nachfolgenden Bestimmungen zu übernehmen. Das Übernahmerecht ist durch schriftliche Erklärung an die Erben des Verstorbenen auszuüben, die binnen drei Monaten zugehen muss, nachdem die Erbfolge i.S.d. § 35 GBO, also durch eröffnete notarielle Verfügung oder Erbschein, feststeht. Machen mehrere Mitgesellschafter vom Übernahmerecht Gebrauch, erwerben sie in dem Verhältnis, in dem ihre bisherigen Beteiligungen zueinander stehen. Zugleich verpflichtet sich X mit Wirkung über seinen Tod hinaus gegenüber den übernehmenden Gesellschaftern, diesen in gleicher Quote etwaiges Sonderbetriebsvermögen, das ihm am Todestag zusteht, zu übereignen. Zug um Zug mit Vollzug der Übernahme ist den weichenden Erben durch die Übernehmenden als Gesamtschuldner eine Abfindung zu leisten, deren Höhe und Fälligkeit sich wie folgt berechnet: .... Auf diese Abfindung sind etwaige Verbindlichkeiten anzurechnen, die mit dem Sonderbetriebsvermögen zu übernehmen sind.

Die übrigen Mitgesellschafter stimmen der als Folge der Ausübung des Übernahmerechtes geschuldeten Übertragung bereits heute zu. X und Y werden dafür Sorge tragen, dass etwaiges Sonderbetriebsvermögen des X im Zeitpunkt seines Ablebens ebenfalls auf Y übergeht.

5911

bb) Ertragsteuerrecht

Ertragsteuerlich ist je nach der Ausübung des Eintrittsrechtes zu differenzieren: Machen alle Berechtigten hiervon Gebrauch, gelten die Regelungen über die einfache Nachfolgeklausel, macht nur einer oder machen nur einige Personen hiervon Gebrauch, ist die Rechtsfolge identisch mit der einer qualifizierten Nachfolgeklausel,[571] macht keiner der Begünstigten Gebrauch, gelten die Grundsätze der Fortsetzungsklausel. Die Abfindung eines Eintrittsrechtes soll bei der Gesellschaft zu sofort abzugsfähigen Betriebsausgaben führen.[572]

5912

Der Eintrittsberechtigte kann also steuern, ob er die Steuerlast auf die stillen Reserven der Gemeinschaft aufbürdet (durch Nichtausübung des Eintrittsrechtes, so dass der anteilige Aufgabegewinn noch beim Erblasser auf dem Sterbebett entsteht, allerdings unter Preisgabe des Anteils an der Personengesellschaft selbst – diese Option wird er insb. wählen, wenn im Sonderbetriebsvermögen hohe stille Reserven schlummern, der Personengesellschaftsanteil jedoch geringwertig ist) oder ob er das Eintrittsrecht ausübt und damit (als Teil des Nachlasses) Sonderbetriebsvermögen und (kraft Sondererbfolge) Gesellschaftsanteil erwirbt, dann jedoch die latenten Steuern später selbst zu tragen hat. Darin liegt ein entscheidender Nachteil von Eintrittsrechten (zur Abwägung beider »Varianten« vgl. Rdn. 6203).

5913

I.d.R. wird zusätzlich dem Eintrittsberechtigten auch der Kapitalanteil des verstorbenen Gesellschafters zugewendet; die verbleibenden Gesellschafter halten ihn dann bis zu dessen Eintritt für ihn treuhänderisch, so dass ein Abfindungsanspruch noch nicht entstanden ist, jedenfalls dann nicht, wenn der Begünstigte rückwirkend auf den Tod des Verstorbenen eintrittsberechtigt ist,[573] nach großzügigerer Auffassung der Finanzverwaltung[574] sogar stets bei Ausübung des Eintrittsrechts durch alle Berechtigten binnen 6 Monaten nach dem Sterbefall, auch ohne ausdrückliche Anordnung einer treuhänderischen »Zwischenphase«.

5914

---

570 *Carlé*, EStB 2009, 361.
571 BMF v. 14.03.2006 – IV B – S 2242-7/06, BStBl. 2006 I, S. 253 Tz. 70.
572 So *Jacobsen*, BB 2006, 2046 (während sie beim Zahlungsempfänger im Regelfall nicht einkommensteuerpflichtig sei).
573 Vgl. *Schmidt/Wacker*, EStG, 29. Aufl. 2010, § 16 Rn. 677 ff. – anders, wenn der Abfindungsanspruch in den Nachlass fiel und somit eine irreversible Gewinnrealisierung stattfand.
574 BMF-Schreiben v. 14.03.2006, BStBl. 2006 I, S. 253 Tz. 70.

cc) Erbschaftsteuerrecht

5915 Obwohl sich der Beitritt des Eintrittsberechtigten rechtsgeschäftlich durch Aufnahmevertrag vollzieht, wertet ihn das Erbschaftsteuerrecht als (mittelbaren) Erwerb von Todes wegen, und zwar unter Gewährung der Betriebsvermögensprivilegien der §§ 13a, 19a ErbStG.[575]

f) Einlage anlässlich des Erbfalls

5916 Zu berücksichtigen ist, dass als Folge des Erbfalls auch (Sonder-)Betriebsvermögen entstehen kann, etwa wenn eine Einzelperson dem späteren Erblasser Grundbesitz zur Nutzung überlassen hatte, und diese Einzelperson nunmehr mit dem Erbfall Mitgesellschafter wird: das weiter in seinem Eigentum stehende Grundstück wird nunmehr Sonderbetriebsvermögen. In ähnlicher Weise kann infolge des Erbfalls eine zuvor bewusst vermiedene Betriebsaufspaltung entstehen (etwa beim »**Wiesbadener Modell**«, bei welchem der eine Ehegatte die Besitzgesellschaft, der andere die Betriebsgesellschaftsanteile innehat: haben sich die Ehegatten gegenseitig zum Erben eingesetzt, entsteht nunmehr zur sachlichen auch die personelle Verflechtung und damit eine Betriebsaufspaltung. Privatvermögen wird als nunmehriges Betriebsvermögen grds.[576] mit dem Teilwert angesetzt, § 6 Abs. 1 Nr. 5 EStG, § 10 Satz 2 BewG. Kommt es i.R.d. Erbauseinandersetzung zu einer neuerlichen Entnahme wiederum i.H.d. nunmehrigen, allerdings kaum veränderten, Teilwerts (Rdn. 5917), gilt dies als Anschaffung, die eine neue Spekulationsfrist in Gang setzt (§ 23 Abs. 1 Satz 2 EStG), allerdings kann das Gebäude vom Entnahmewert abgeschrieben werden (»Step-up«).[577]

3. Veräußerung von Nachlassgegenständen

5917 Anders als der Erbfall selbst ist die Vermögensübertragung i.R.d. nachfolgenden **Erbauseinandersetzung** in aller Regel von erheblicher, nachstehend kurz zu untersuchender, ertragsteuerlicher Relevanz; für die Praxis maßgebend ist der Erlass v. 14.03.2006.[578] Die Auseinandersetzung kann zivilrechtlich (vgl. Rdn. 298 ff.) erfolgen durch
(1) die (als gesetzlicher Regelfall ausgestaltete) Veräußerung von Nachlassgegenständen (Rdn. 5918),
(2) die Auseinandersetzung durch gegenständliche Zuordnung (Rdn. 5920),
(3) die Veräußerung eines Erbteils (Rdn. 5944),
(4) und das schlichte Ausscheiden eines Miterben, sog. »Abschichtung« (Rdn. 5945).

5918 Die Veräußerung von Nachlassgegenständen oder des Nachlasses im Ganzen und anschließende Teilung des Erlöses gemäß der Erbquoten führt bei Privatvermögen nur dann zu steuerpflichtigen (den Miterben nach ihren Quoten zuzurechnenden) Gewinnen, wenn es sich um verstricktes Vermögen handelt (also wesentliche Beteiligungen gem. § 17 EStG, einbringungsgeborene Anteile gem. § 21 UmwStG a.F., einbringungsverstrickte Anteile nach SEStEG, Rdn. 6120) oder ein pri-

---

575 Vgl. R 55 Abs. 2 Satz 3 und 4 ErbStR 2003; vgl. hierzu *Hübner/Maurer*, ZEV 2009, 361, 364, auch zur Frage der Anwendbarkeit des § 3 Abs. 1 Nr. 2 Satz 2 ErbStG.
576 Ausnahme: Es handelt sich um eine Beteiligung i.S.d. § 17 EStG oder um ein in den letzten 3 Jahren angeschafftes bzw. hergestelltes Wirtschaftsgut: dieses wird mit den fortgeführten (AfA: § 6 Abs. 1 Nr. 5 Satz 2 EStG) Anschaffungs- oder Herstellungskosten eingelegt. Die spätere Entnahme zum Teilwert kann dann hohe stille Reserven auflösen (bei § 17 EStG allerdings immerhin nur nach dem Halbeinkünfteverfahren, vgl. das Beispiel bei *Reich*, MittBayNot 2007, 188).
577 R 7.3 Abs. 6 Satz 4 EStR 2005.
578 Vgl. im Einzelnen den »Erbauseinandersetzungserlass« des BMF v. 14.03.2006, BStBl. 2006 I, S. 253 ff. und Verfügung der OFD Karlsruhe, v. 13.11.2006; hierzu *Röhring/Doege*, DStR 2006, 969 ff. und *Rothenberger*, ErbStB 2007, 8; vgl. zur Übersicht auch *Steiner*, ErbStB 2004, 311 ff. und *Eversloh*, ZAP 2005, 719 ff. = Fach 12, S. 157 ff. sowie *Gragert*, NWB 2006, 1193 ff. = Fach 3, S. 13937 ff. Das BMF-Schreiben löst die Vorgängererlasse zur Erbauseinandersetzung v. 11.01.1993 (BStBl. 1993 I, S. 62) und v. 05.12.2002 (BStBl. 2002 I, S. 1392) ab.

C. Steuerliche Folgen der Übertragung des Wirtschaftsguts selbst — Kapitel 13

vates Veräußerungsgeschäft (§ 23 EStG) vorliegt. Die Veräußerung eines Gewerbebetriebs, Teilbetriebs oder Mitunternehmeranteils oder die Aufgabe des Betriebs durch Veräußerung einzelner Wirtschaftsgüter sind nach § 16 EStG steuerbar; je nach den persönlichen Verhältnissen der Erben kommen möglicherweise Freibetrag und Tarifbegünstigung nach §§ 16, 34 EStG in Betracht.

Erbschaftsteuerlich relevant ist die Übertragung eines Wirtschaftsguts in unentgeltlicher Weise, etwa in Erfüllung eines Vermächtnisses oder als Abfindung für dessen Ausschlagung (vgl. hierzu Rdn. 4529).

Erbschaftsteuerlich gelten übrigens die Kosten einer Erbauseinandersetzung gem. § 10 Abs. 5 Nr. 3 ErbStG (»Verteilung des Nachlasses«) als abzugsfähige Nachlassverbindlichkeit, vgl. Rdn. 4293. 5919

4. Auseinandersetzung durch gegenständliche Zuordnung (»Realteilung«)

a) Anschaffungsvorgang?

Die »Realteilung«[579] durch **Übernahme von Wirtschaftsgütern des Nachlasses** entsprechend der Wertquote ist (gleichgültig ob frei vereinbart oder einer letztwilligen Teilungsanordnung folgend, und gleichgültig ob es sich um Privat- oder Betriebsvermögen handelt) ertragsteuerlich neutral, es entstehen also weder Anschaffungskosten noch Veräußerungserlöse, auch dann nicht, wenn die Wirtschaftsgüter des Privatvermögens steuerverstrickt sein sollten (Allgemein zur Frage, ob eher die »entgeltliche« oder die »unentgeltliche« Variante ratsam ist, vgl. Rdn. 6200 ff.). Ein Spitzenausgleich durch unterschiedliche Aufteilung des im Nachlass (bei Nachlassspaltung: des im jeweiligen Spaltnachlass[580]) vorhandenen Barvermögens ist unschädlich. Allerdings liegen Anschaffungskosten des erwerbenden Miterben insoweit vor, als er mehr erhält als seiner Wertquote entspricht, und er hierfür aus externen Mitteln »Zuzahlungen« leistet; in gleicher Höhe erzielt der abgebende Miterbe Veräußerungserlöse, vgl. Rdn. 5924. 5920

Erfolgt der Ausgleich jedoch durch überproportionale **Übernahme der im Nachlass befindlichen Schulden** – selbst wenn solche Schulden erst durch die Erbengemeinschaft aufgenommen wurden(!)[581] –, sieht die Finanzverwaltung[582] sowie die untergerichtliche Rechtsprechung[583] hierin ebenfalls keinen Anschaffungsvorgang. Für den Steuerpflichtigen ist dies einerseits von Vorteil, da die Auseinandersetzung keine ertragsteuerlichen Folgen zeitigt, andererseits aber von Nachteil, da überproportional übernommene Schulden nicht in einem Finanzierungszusammenhang mit Einkünften aus bei der Auseinandersetzung übernommenen Gütern stehen (es sei denn, bereits beim Erblasser wären die Verbindlichkeiten dem entsprechenden Wirtschaftsgut zugeordnet gewesen, so dass der »Erwerber-Erbe« diesen Finanzierungszusammenhang fortführt und damit zum Schuldzinsabzug berechtigt ist).[584] Dem ist der 9. Senat des BFH[585] nicht gefolgt: die überquota- 5921

---

579 »Realteilung« insoweit im traditionellen Sinne verstanden, wie im ersten BMF-Erlass zur Erbengemeinschaft und ihrer Auseinandersetzung v. 11.01.1993, BStBl. 1993 I, S. 62 Teil C ab Tz. 10 verwendet. Mittlerweile versteht das BMF unter Realteilung nur mehr die Aufteilung gemeinschaftlichen Betriebsvermögens einer Mitunternehmerschaft zur Erfüllung des Auseinandersetzungsanspruchs des Mitunternehmers, vgl. BMF-Erlass zur »Realteilung« v. 28.02.2006, BStBl. 2006 I, S. 228, hierzu Rdn. 5928.
580 FG Niedersachsen, 13.10.2016 – 14 K 203/15, ErbStB 2017, 236, n. rkr., Az. BFH: IX R 1/17.
581 Damit bietet sich die Gestaltungsmöglichkeit, zur Vermeidung einer – Entgeltlichkeit auslösenden – externen Abfindungszahlung Darlehen durch die Erbengemeinschaft aufzunehmen und damit liquide, verteilbare Mittel zu schaffen, vgl. *Reich*, MittBayNot 2007, 282.
582 Tz. 18 (Privatvermögen) bzw. Tz. 23 (Betriebsvermögen) des BMF-Erlasses v. 14.03.2006, BStBl. 2006 I, S. 253.
583 FG Münster, 27.09.2013 – 14 K 4210/10, ErbStB 2014, 7 m. krit. Anm. *Rothenberger*.
584 Vgl. *Reich*, MittBayNot 2007, 282 ff.
585 BFH, 14.12.2004 – IX R 23/02, DStRE 2005, 383 = ZEV 2005, 223 – jedenfalls für steuerliches Privatvermögen – hierzu Nichtanwendungserlass der Finanzverwaltung v. 30.03.2006, DStR 2006, 652.

le Schuldübernahme sei (jedenfalls bei in der Erbengemeinschaft entstandenen »Verwaltungsschulden«) wie eine Ausgleichszahlung aus nachlassfremdem Vermögen zu bewerten (vgl. Rdn. 5924), führt also insoweit zu Anschaffungskosten;[586] Gleiches gelte für die Übernahme zusätzlicher Gemeinschaftsschulden zur alleinigen Tilgung, um eine Teilungsanordnung bereits vorzeitig umzusetzen.[587]

5922 Ist im Nachlass **Betriebsvermögen** und wird dieses ohne aus externen Mitteln stammende Abfindungszahlungen **geteilt**,[588] kann es allerdings gleichwohl zur Aufdeckung etwa vorhandener stiller Reserven kommen, und zwar in den Fällen der Entnahme oder der Betriebsaufgabe, es sei denn die Voraussetzungen einer Realteilung im engeren Sinne des § 16 Abs. 3 Satz 2 bis 4 EStG liegen vor (mit der Folge nunmehr zwingender Buchwertfortführung, allerdings rückwirkenden Ansatzes des gemeinen Werts, wenn in den 3 folgenden Jahren wesentliche Betriebsgrundlagen weiterveräußert oder entnommen werden), vgl. im Einzelnen Rdn. 5935. Gefährdet sind daher in erster Linie Vorgänge, bei denen einzelne Wirtschaftsgüter eines Betriebsvermögens, und sei es auch aufgrund eines Vermächtnisses, zu übertragen sind (Entnahmegewinn, der von den Erben zu versteuern ist, vgl. Rn. 60 des Erbauseinandersetzungserlasses v. 14.03.2006). Wird dagegen der ganze Betrieb mit allen Aktiva und Passiva ohne Zuzahlung übertragen, bleibt es bei der Buchwertfortführung durch den Übernehmer, § 6 Abs. 3 EStG, vgl. Rn. 61 des genannten Erlasses.

5923 Zahlungen an Vermächtnisnehmer, Pflichtteilsberechtigte oder (nach altem Recht) Erbersatzberechtigte gelten insoweit **nicht** als »**Abfindung**«, sondern erfüllen private Verbindlichkeiten durch Geldleistung. Sie schaffen demnach auch keine Anschaffungskosten; Zinsen eines zu ihrer Finanzierung aufgenommenen Darlehens sind keine Werbungskosten/Betriebsausgaben[589] (Rdn. 5932, Rdn. 183). Gleiches gilt für die Tilgung von Abfindungsschulden nach der Höfeordnung und für Abfindungsverpflichtungen im Zusammenhang mit der »Vererbung« eines Personengesellschaftsanteils aufgrund einer qualifizierten Nachfolge- oder Eintrittsklausel.[590] Es handelt sich bei solchen **Erbfallschulden** niemals um Entgelt für das ererbte Vermögen, da deren Entstehung dem Privatbereich zuzurechnen sei. Auch die Verrentung einer Vermächtnis- oder Pflichtteilsschuld ist (bis auf die Besteuerung des Zinsanteils beim Empfänger)[591] einkommensteuerlich irrelevant.

Werden allerdings Gegenstände (des Nachlasses oder des sonstigen Vermögens) »an Erfüllung Statt« für den entstandenen Pflichtteilsanspruch geleistet, handelt es sich nach neuerer Rechtsprechung des BFH[592] um einen Anschaffungs-/Veräußerungsvorgang (s. Rdn. 69).

---

586 So dass die betreffenden Schuldzinsen als Werbungskosten/Betriebsausgaben abzugsfähig sind, ebenso wie Kreditzinsen zur Finanzierung einer Abfindungszahlung (*Steiner*, ErbStB 2005, 190).
587 BFH, 19.12.2006 – IX R 44/04, DStR 2007, 668. Dort wird allerdings ausgeführt, allein die überquotale Schuldübernahme führe nicht zu Anschaffungskosten, sondern der Gesamtsaldo entscheide (vgl. *Geck*, ZEV 2007, 300). Da kein anderes Wirtschaftsgut entsteht, wird im Ergebnis die Abschreibungsdauer verlängert (kein Abzug als Werbungskosten, es sei denn, die Schulden-Mehrübernahme war Entschädigung für entgehende Mieteinnahmen: ErbStB 2007, 165).
588 Die Übernahme von Schulden über die Erbquote hinaus soll nach der Finanzverwaltung auch hier unschädlich sein, vgl. Tz. 18 des BMF-Erlasses v. 14.03.2006, BStBl. 2006 I, S. 253; der BFH dürfte auch hier die oben erläuterte abweichende Auffassung, Rdn. 5920 vertreten.
589 BFH, NV 2001, 1113 (es besteht jedoch die Möglichkeit der Begleichung solcher Ansprüche aus liquidem Betriebsvermögen und der anschließenden Aufnahme eines Darlehens für neue betriebliche Investitionen: Zinsabzug in den Grenzen des § 4 Abs. 4a EStG).
590 BFH, BStBl. 1994 II, S. 625.
591 Vgl. BFH v. 27.02.1992, BStBl. 1992 II, S. 612 und Rdn. 3702 ff.
592 BFH, 16.12.2004 – III R 38/00, BStBl. 2005 II, S. 554; krit. hiergegen *Tiedtke/Langheim*, FR 2007, 368.

C. Steuerliche Folgen der Übertragung des Wirtschaftsguts selbst Kapitel 13

Werden dagegen **Ausgleichszahlungen** aus dem nicht erbengemeinschaftlich gebundenen Vermögen[593] geleistet, führt die Zahlung für den Mehrerwerb beim weichenden Miterben zu einem Veräußerungserlös und beim Übernehmenden zu Anschaffungskosten (dies gilt auch, wenn diese Form der Ausgleichszahlung auf einer in der letztwilligen Verfügung enthaltenen Teilungsanordnung beruht oder aber als Vermächtnis mit Beschwerung als Unterverschaffungsvermächtnis).[594] Im Privatvermögen sind diese nur steuergefährlich, wenn die Voraussetzungen der §§ 17, 23 EStG oder des § 21 UmwStG a.F. vorliegen, so dass es sich dann empfehlen kann, die Erbengemeinschaft für Wirtschaftsgüter, die nach § 23 EStG steuerverstrickt sind, fortzuführen bis zum Ablauf der Spekulationsfrist.   5924

▶ **Beispiel:**[595]

Der A und B je zur Hälfte zustehende Nachlass besteht aus einem Gewerbebetrieb (Buchwert 300.000,00 €, Teilwert 1.500.000,00 €) und einem im Privatvermögen stehenden Mehrfamiliengrundstück (Verkehrswert 500.000,00 €). A erhält den Gewerbebetrieb, B das Mehrfamilienhaus und 500.000,00 € als Spitzenausgleich aus dem sonstigen Vermögen des A: Unter Berücksichtigung der Verkehrswerte wären A und B je zur Hälfte i.H.v. 1.000.000,00 € am Nachlass beteiligt. A erwirbt daher das Betriebsvermögen in dieser Höhe unentgeltlich (Buchwertfortführung i.H.v. 2/3, also 200.000,00 €, vgl. § 6 Abs. 3 EStG). Bzgl. des restlichen Drittels wird der Buchwert von 100.000,00 € auf 500.000,00 € (Ausgleichszahlung) aufgestockt. Bei B entsteht in dieser Höhe ein steuerpflichtiger Veräußerungsgewinn (400.000,00 €), der ggf. nach § 34 EStG tarifbegünstigt ist.[596]   5925

Diese Grundsätze gelten auch für die **Teilerbauseinandersetzung**: erfolgt diese ohne Ausgleichszahlung aus externem Vermögen und damit erfolgsneutral, schadet es nicht, dass bei späteren Auseinandersetzung derselben Gemeinschaft Ausgleichszahlungen fließen. Werden umgekehrt »steuerwirksame« Ausgleichsleistungen erbracht, kann der dadurch ausgelöste Anschaffungsvorgang ausnahmsweise später durch »Rückzahlung«, also gegenläufige Ausgleichszahlung, neutralisiert werden, wenn diese binnen **5 Jahren** stattfindet und bereits bei der ersten Teilerbauseinandersetzung ins Auge gefasst war.[597] Solche »Abfindungen in umgekehrter Richtung« können also die Anschaffungskosten bzw. Veräußerungserlöse nachträglich, und zwar mit Rückwirkung, mindern (§ 175 Abs. 1 Satz 1 Nr. 2 AO). Bei mehr als fünf Jahre danach stattfindenden weiteren Teilerbauseinandersetzungen wird vermutet, dass sie auf neuem Rechtsgrund beruhen.   5926

Erbschaftsteuerrechtlich sind die **Kosten einer Erbauseinandersetzung** gem. § 10 Abs. 5 Nr. 3 ErbStG als Nachlassverbindlichkeiten abzugsfähig, einschließlich etwaiger Kosten für die Bewertung der im Nachlass befindlichen Grundstücke durch Sachverständige.[598] Ertragsteuerlich zählt die Finanzverwaltung[599] die bei der Erbauseinandersetzung anfallenden Notar-, Grundbuch- und Beraterkosten weder zu den Anschaffungsneben-, noch zu den Werbungskosten, auch wenn das er-   5927

---

593 Die Finanzverwaltung erkennt keine Abfindungszahlung an, wenn der externen Zahlung die Übernahme liquider Nachlassmittel in gleicher Höhe gegenübersteht, vgl. Tz. 30 des BMF-Erlasses v. 14.03.2006, BStB 2006 I, S. 253. Als liquide Mittel gelten dabei Bargeld, Bankguthaben und Schecks, also bspw. keine Wertpapiere (in letzterem Fall liegt aber § 42 AO nahe; die Gemeinschaft könnte stattdessen die Wertpapiere veräußern, damit die Schulden tilgen und dadurch unstreitige externe Abfindungszahlungen ermöglichen).
594 Ähnliche ungewollte Anschaffungsvorgänge können sich vollziehen bei der nichtparallelen Übertragung von Sonderbetriebsvermögen – Rdn. 5999 – sowie bei der Beendigung einer Betriebsaufspaltung etwa infolge Wegfalls des einheitlichen Betätigungswillens, Rdn. 5793.
595 Nach *Steiner*, ErbStB 2004, 313.
596 Vgl. *Schmidt/Wacker*, EStG, 29. Aufl. 2010, § 16 Rn. 619 u. 630.
597 Vgl. BMF-Schreiben v. 14.03.2006, BStBl. 2006 I, S. 253 Tz. 58; *Geck*, ZEV 2007, 299.
598 BFH, 09.12.2009 – II R 37/08, NotBZ 2010, 431 (nur LS).
599 BMF-Schreiben v. 13.01.1993, BStBl 1993 I S. 80, Rn. 13.

worbene Wirtschaftsgut zur Einkünfteerzielung eingesetzt wird; dem hat der BFH widersprochen.[600]

5928 Wird eine **Mitunternehmerschaft »real geteilt«**[601] (so dass sie als solche untergeht – zum schlichten Ausscheiden eines Gesellschafters gegen Sachwertabfindung s. Rdn. 6071) und findet dabei ein Spitzenausgleich aus externem Vermögen der Beteiligten statt, liegen ebenfalls stets anteilige Anschaffungskosten/Veräußerungsgewinne vor. Im Gegensatz dazu kommt den betrieblichen Verbindlichkeiten keine Relevanz zu, sie bleiben unselbstständige Rechenposten (sog. Saldotheorie). Diese (zur damaligen Zeit noch nicht vollständig entwickelten) »Realteilungsgrundsätze im engeren Sinne« standen im Grunde Pate bei der bahnbrechenden Entscheidung des Großen Senat des BFH v. 05.07.1990[602] zur steuerlichen Behandlung der Erbauseinandersetzung: soweit das vom Erwerber zu entrichtende »Entgelt« den Buchwert der Personengesellschaftsbeteiligung übersteigt – vgl. Rdn. 6190 zur hier anwendbaren Einheitsmethode –, liegt die entgeltliche Übertragung einer Mitunternehmerschaft vor, die gem. § 16 Abs. 1 Nr. 2 EStG als Veräußerungsvorgang Teil des gewerblichen Gewinns ist.

▶ Beispiel:[603]

A und B sind je hälftige Mitunternehmer einer Personengesellschaft, die zwei Teilbetriebe hat (Teilbetrieb I: Wert 2 Mio. €, Teilbetrieb II: 1,6 Mio. €; Buchwert jeweils 1/10 davon). Erhält A bei der Realteilung den Teilbetrieb I und zahlt aus eigenen Mitteln 200.000,00 € Ausgleich an B, erwirbt er zu 1/10 (200.000,00 im Verhältnis zu 2 Mio. €) entgeltlich, muss also den anteiligen Buchwert hieraus (1/10 aus 200.000,00 = 20.000,00 €) um 180.000,00 € auf 200.000,00 € aufstocken. Dieses Ergebnis lasse sich jedenfalls nach Ansicht der Finanzverwaltung[604] nicht dadurch umgehen, dass zuvor aus Eigenmitteln die Beteiligungen auf den zur Vermeidung eines Spitzenausgleichs erforderlichen Stand gebracht werden (»Scheineinlagen«). Hinsichtlich des entgeltlichen Teilerwerbs stehen die Vergünstigungen der §§ 16, 34 EStG (mangels Aufdeckung aller stiller Reserven) nicht zur Verfügung.[605]

Wird dagegen das Auseinandersetzungsgut wiederum in ein Betriebsvermögen des vormaligen Gesellschafters übernommen, ohne dass aus dem Eigenvermögen des Erwerbers Gegenleistungen erbracht werden, bleibt dies erfolgsneutral (Rdn. 5938; dort auch zur möglichen Nachversteuerung innerhalb der Sperrfristen). Dies gilt auch, wenn eine überquotale Zuweisung von Verbindlichkeiten i.R.d. Realteilung erfolgt (§ 16 Abs. 3 Satz 2 ff. EStG).

b) *Zurechnung laufender Einkünfte und Schuldzinsen*

5929 Davon zu unterscheiden ist die Frage der ertragsteuerlichen Zurechnung laufender Einkünfte aus einer **Fortführung** der bisherigen Tätigkeit. Die Erbengemeinschaft wird bis zu ihrer Auseinandersetzung steuerlich bei den Überschusseinkünften wie eine Bruchteilsgemeinschaft und bei den Gewinneinkünften als Mitunternehmerschaft behandelt, wobei nicht qualifizierte Miterben einer freiberuflichen Praxis (anders als bei Personengesellschaften, § 15 Abs. 3 Nr. 1 EStG) nicht zur schädlichen »Abfärbewirkung« (Rdn. 5749) führen.

---

600 BFH, 09.07.2013 – IX R 43/11, ZfIR 2013, 861 m. Anm. *Naujok*: abschreibungsfähige Anschaffungsnebenkosten, soweit z.B. auf vermietete Gebäude entfallend; vgl. *Paus*, NWB 2013, 3612 ff. zur Frage der Übertragbarkeit auf andere Fälle.
601 Bsp. einer Realteilung einer grundbesitzenden GmbH & Co KG: *Heß*, NWB 2013, 1588 ff.
602 BFH v. 05.07.1990 – GrS 2/89, BStBl. 1990 II, S. 837.
603 Nach BMF-Schreiben v. 28.02.2006, BStBl. 2006 I, S. 228 (»Realteilungserlass«), Bsp. zu Abschnitt VI.
604 Realteilungserlass, BMF-Schreiben v. 28.02.2006, BStBl. 2006 I, S. 228; großzügiger wohl der BFH, BStBl. 1994 II, S. 607.
605 Ebenso Realteilungserlass des BMF v. 20.12.2016 – IV C S 2242/07/10002, EStB 2017, 22, Abschn. VI.

Häufig wird bei Erbauseinandersetzungen vereinbart (bei der Erfüllung eines Vermächtnisses oder einer Teilungsanordnung entspricht dies der gesetzlichen Regelung, §§ 2184, 2048 BGB), dass die Erträge rückwirkend auf den Todestag dem Übernehmer zustehen sollen. Die Finanzverwaltung[606] erkennt solche Rückwirkungen nur an, wenn die Vereinbarung unter den Miterben binnen **6 Monaten** ab dem Erbfall getroffen wird (sei es auch im Weg einer bloßen Teilerbauseinandersetzung), sie klar und rechtlich bindend ist (Beurkundungspflicht bei Grundstücken und GmbH-Anteilen!) und auch tatsächlich durchgeführt wird (wobei die Schritte zur Wertfindung nach Ablauf der 6-Monats-Frist erfolgen können). Dogmatisch zutreffender dürfte es sein, den vermächtnis-/teilungsanordnungsbelasteten Erben – auch über die Sechs-Monats-Frist hinaus – als Treuhänder für den Vermächtnisnehmer anzusehen, analog § 39 Abs. 2 Nr. 1 AO.[607]

5930

Handelt es sich nicht um eine »freie« Erbauseinandersetzung, sondern um die Erfüllung einer Teilungsanordnung oder eines (Voraus-)Vermächtnisses, hat die Finanzverwaltung[608] ihre Anforderungen etwas gelockert: Sofern ein (auch 6 Monate überschreitender), an den Umständen des Einzelfalls[609] orientierter Gesamtzeitraum eingehalten wird, kann die Rückwirkung auch später noch steuerlich anerkannt werden, sofern sich die Miterben bereits vor der Auseinandersetzung entsprechend der Teilungsanordnung/des Vermächtnisses verhalten haben (z.B. durch faktische Übernahme des zugeordneten Betriebs). Liegen diese Voraussetzungen nicht vor, hätten die Miterben die Einkünfte anteilig mitzuversteuern, obwohl sie u.U. zivilrechtlich verpflichtet sind, diese an den Übernehmer herauszugeben.[610]

5931

Hinsichtlich der Möglichkeit, **Schuldzinsen zur Finanzierung von Ausgleichszahlungen, Pflichtteils- oder Vermächtnisschulden** als Werbungskosten oder Betriebsausgaben geltend zu machen, postuliert der BFH seit etwa 1992[611] ein Junktim zwischen dem Vorliegen von Anschaffungskosten einerseits und der Schuldzinsenabzugsberechtigung andererseits. Demnach liege bei Vermächtnis- und Pflichtteilsforderungen ein privater Vorgang vor, so dass ein Schuldzinsenabzug ausscheide, selbst wenn ein Zusammenhang mit einkunftsrelevantem Vermögen bestehe. Dem ist die Finanzverwaltung gefolgt[612] (Rdn. 5923).

5932

Zuvor hatte der BFH i.R.d. sog. »**Sekundärfolgenrechtsprechung**« seit den Achtzigerjahren den Schuldzinsabzug dann zugelassen, wenn die Darlehensvaluta dazu benutzt wurde, Verbindlichkeiten zu erfüllen, die auf Vermögen zur Einkunftserzielung zurückzuführen sind (Beispiel: Darlehen zur Ablösung eines Pflichtteilsanspruchs sei insoweit eine betriebliche Verbindlichkeit, als der Pflichtteilsanspruch auf Betriebsvermögen des Nachlasses zurückzuführen war).[613]

▶ Hinweis:

Reaktionsmöglichkeiten für die Gestaltungspraxis ergeben sich bspw. durch die Umwandlung von Pflichtteils- oder Vermächtnisansprüchen in stille Beteiligungen der Anspruchsberechtigten an Betriebsvermögen gem. § 230 Abs. 1 HGB (Gewinnausschüttungen, die wirtschaftlich damit an die Stelle der Zinszahlungen treten, sind dann stets als Betriebsausgaben nach § 4

5933

---

606 BMF v. 14.03.2006, BStBl. 2006 I, S. 253 Tz. 3 bis 9. Dann werden die Einkünfte aus einer fortgeführten Freiberuflerpraxis auch weiterhin bspw. als freiberuflich (nicht gewerblich) qualifiziert.
607 Vgl. *Tiedtke/Peterek*, ZEV 2007, 349, 354.
608 Im Schreiben v. 14.03.2006, BStBl. 2006 I, S. 253 Tz. 8, 9; bereits zuvor im Schreiben v. 05.12.2002, BStBl. 2002 I, S. 1392.
609 So kann gem. BFH v. 23.09.2003, DStRE 2004, 381, auch eine 2-jährige Frist ausreichend sein, wenn ungeklärte Erbrechtsfragen die frühere Erfüllung vereitelt haben.
610 Vgl. *Steiner*, ErbStB 2005, 18 (mit Formulierungsvorschlag zur Erstattung des Steuerschadens der scheidenden Miterben in diesem Fall durch den Übernehmer).
611 BFH, BStBl. 1993 II, S. 275, 1993 II, S. 751; 1994 II, S. 619.
612 BMF v. 11.08.1994, BStBl. 1994 I, S. 603; gegen die Lit., z.B. *Seer*, ZEV 1994, 88.
613 BFH, BStBl. 1987 II, S. 621.

Abs. 4 EStG abzugsfähig)[614] oder aber durch das Zwei-Konten-Modell bei Überschuss- und Gewinneinkünften (bei Letzteren allerdings beschränkt durch die Überentnahmeregelung des § 4 Abs. 4a EStG):[615] Zur Begleichung des Pflichtteilsanspruchs wird eine seit mehr als 10 Jahren vorhandene, im Nachlass befindliche Mietimmobilie veräußert und dafür eine neue Mietimmobilie kreditfinanziert angeschafft, bzw.: die Einnahmen aus Mietimmobilien des Nachlasses werden zur Rückführung eines Darlehens verwendet, das für Erbfallschulden aufgenommen wurde; parallel steigt der Kontokorrentkredit für laufende Instandhaltungs- und Verwaltungskosten der Mietimmobilien an.

5934 Noch zielgenauer sind allerdings Vorkehrungen bereits in der letztwilligen Verfügung selbst:

▶ Beispiel:[616]

Das Unternehmen (einziger Nachlassgegenstand) des Erblassers hat einen Buchwert von 400, einen Verkehrswert von 1.000, und soll nach seinem Tod vom Sohn übernommen werden gegen (über Kredit zu finanzierende) Abfindungszahlung an die Tochter i.H.v. 400.
(1) Würden die Kinder zu Miterben (4/10–6/10) mit Teilungsanordnung eingesetzt, liegt ein Veräußerungsvorgang i.H.v. 40 % vor, so dass ein zu versteuernder[617] Veräußerungsgewinn bei der Tochter i.H.v. (400 Abfindung abzüglich anteiliger Buchwert: 40 % aus 400, also 160) 240 entsteht. Für den Sohn erhöht sich der Buchwert des Unternehmens auf 640 (400 zzgl. der im Übrigen fortgeschriebenen AfA-Reihe von 240 für den 60 %igen Anteil), so dass er künftig höhere Abschreibungen erhält; auch kann er die mit der Abfindung in Zusammenhang stehenden Darlehenszinsen als Betriebsausgaben absetzen.
(2) Würde stattdessen der Sohn zum Alleinerben eingesetzt und zugunsten der Tochter ein Geld(verschaffungs)vermächtnis ausgesetzt werden, liegt aus deren Sicht kein Veräußerungsvorgang vor, da der Sohn sofort Eigentümer des Unternehmens wurde. Die Finanzierungszinsen für das Geldvermächtnis sind allerdings nicht abzugsfähig, wirken sich also wirtschaftlich in fast doppelter Höhe aus.
(3) Würde stattdessen die Tochter zur Alleinerbin eingesetzt(!) und dem Sohn ein Kaufrechtsvermächtnis zum Erwerb des Unternehmens für einen Kaufpreis von 400 ausgesetzt, von dem Letzterer Gebrauch macht, liegt zwar bei der Tochter eine Veräußerung vor, allerdings ohne ertragsteuerlichen Gewinn (Kaufpreis entspricht dem Buchwert). Die Schuldzinsen für die zur Kaufpreiszahlung aufgenommenen Verbindlichkeiten kann der Sohn jedoch vollständig absetzen. Allerdings gehen die erbschaftsteuerlichen Privilegierungen für Betriebsvermögen verloren – auch die Allokation gem. § 13a Abs. 3 Satz 2 und § 13b Abs. 3 Satz 1 ErbStG n.F. setzt voraus, dass die Erbauseinandersetzung allein aus Nachlassmitteln erfolgt (Rdn. 5436) –; der steuerpflichtige Erwerb beläuft sich also für die Tochter auf 400, für den Sohn auf 600!
(4) In der ertrag- und schenkungsteuerlichen Gesamtbetrachtung noch günstiger kann sich hingegen die lebzeitige Übertragung auf den Sohn gegen Abfindungszahlung von 400 an die Tochter (und z.B. Zusage einer dauernden Last für den Veräußerer als Versorgungsrente) darstellen: Es liegt eine zwar zivilrechtlich teilentgeltliche Veräußerung vor, die jedoch zu keinem Gewinn führt, da die Summe der ertragsteuerlich anzuerkennenden Gegenleistungen (zu denen zwar das Gleichstellungsgeld, nicht aber die Versorgungsrente zählt, Rdn. 6259) den Buchwert beim Veräußerer zwar erreicht aber nicht übersteigt: Einheits-

---

614 BFH, BStBl. 1994 II, S. 622; wobei jedoch dieses Modell die Beteiligten längerfristig aneinander bindet!
615 Die Hinzurechnung von Überentnahmen ist gesellschafterbezogen auszulegen, BFH, 29.03.2007 – IV R 72/02, EStB 2007, 352; ebenso nun BMF v. 07.05.2008, GmbHR 2008, 244. Rechtsprechungsübersicht bei *Brill*, EStB 2012, 297 ff.
616 Nach *Reich*, MittBayNot 2007, 284.
617 Ist die Tochter über 55 Jahre oder erwerbsunfähig, führen §§ 16, 34 EStG zum »halben Steuersatz«, vgl. BMF-Erlass v. 14.03.2006, BStBl. 2006 I, S. 253 Tz. 19.

theorie gem. Rdn. 5953. Transfersteuerlich allerdings mindert auch die Versorgungsrente die Schenkungsteuer, die Betriebsvermögensprivilegien (Rn. 3974 der dritten Auflage dieses Werks nach altem Recht, Rdn. 4996 ff. für Vorgänge seit 2009) können bei Einhaltung der übrigen (Fortführungs-)Voraussetzungen in Anspruch genommen werden, und Schuldzinsen können abgezogen werden.

c) Buchwertfortführung/Entnahme bei Betriebsvermögen (Realteilungsgrundsätze)

Von vorstehend diskutierter Frage wiederum zu trennen ist das **Schicksal »stiller Reserven«** im Fall der Erbauseinandersetzung/Vermächtniserfüllung, die dem zu Buch- und Steuerwerten[618] stattfindenden Erbfall nachfolgt: Auch wenn der Erbe sich – bildlich gesprochen – den Verbleib des Nachlasses durch die Erfüllung angeordneter Vermächtnisse »erkauft«, stellen Letztere keine Anschaffungskosten dar (Darlehenszinsen zur Erfüllung von Vermächtnissen sind daher weder Betriebsausgaben noch Werbungskosten);[619] der Vermächtnisnehmer erzielt keinen Veräußerungserlös, er führt die bisherigen Steuerwerte fort.[620] Eine Gewinnrealisierung findet allerdings statt, sofern der Vermächtnisnehmer seinerseits mit Gegenleistungen beschwert ist.[621]   5935

Handelt es sich beim Vermächtnis- bzw. Auseinandersetzungsgut (im Fall der insoweit gleich zu behandelnden **Realteilung im engeren Sinne**,[622] also der Aufteilung gesamthänderischen Betriebsvermögens zur Erfüllung des Auseinandersetzungsanspruchs eines früheren Mitunternehmers bei einer nicht mehr fortbestehenden Personengesellschaft – s. im Einzelnen Rdn. 6073 ff. –) um **Betriebsvermögen**, ist jedoch zu differenzieren: Geht im Rahmen einer solchen Realteilung der gesamte Betrieb, Teilbetrieb – auch 100 %ige Anteil an einer Kapitalgesellschaft –, Mitunternehmeranteil oder Teil eines Mitunternehmeranteils über in das (ggf. dadurch erst begründete) Betriebsvermögen des Erwerbers,[623] bleibt es bei der zwingenden Buchwertfortführung ohne Auflösung stiller Reserven.[624]   5936

Handelt es sich um ein **einzelnes**, in das **Privatvermögen** überführtes **Wirtschaftsgut**, das wesentliche Betriebsgrundlage darstellt oder dessen Übertragung die Voraussetzungen einer Betriebsaufspaltung entfallen lässt, liegt eine Betriebsaufgabe der Erbengemeinschaft (mit begünstigtem Veräußerungsgewinn[625] der Erbengemeinschaft, den Miterben mangels anderweitiger Vereinbarung[626] zuzurechnen nach Maßgabe ihrer Erbquote) vor. Handelt es sich um ein in das Privatvermögen überführtes einzelnes Wirtschaftsgut, das keine wesentliche Betriebsgrundlage darstellt, entsteht ein   5937

---

618 § 6 Abs. 3 EStG, § 11d EStDV.
619 BMF v. 11.08.1994, BStBl. 1994 I, S. 603.
620 Vgl. *Steiner*, ErbStB 2005, 20. Seit 01.01.2001 ist die Buchwertfortführung gem. § 16 Abs. 3 Satz 2 bis 4 EStG zwingend.
621 Tz. 71 des BMF-Schreibens zur Erbauseinandersetzung BStBl. 1993 I, S. 62.
622 Hierzu § 16 Abs. 3 Satz 2 bis 4 EStG [Abgrenzung zur Veräußerung/Aufgabe eines Mitunternehmeranteils; Realteilung; 3-jährige Sperrfrist für wesentliche Betriebsgrundlagen etc.] sowie BMF-Schreiben v. 28.02.2006, BStBl. 2006 I, S. 228 [»Realteilungserlass«] und *Gragert*, NWB Fach 3, S. 13887 = 2006, 743 ff., ebenso *Spiegelberger*, NWB 2006, 1585 ff., Fach 3, S. 14019 = 2006, 1585 ff. sowie *Heß*, DStR 2006, 777 ff.; *Neumann*, EStB 2006, 143; *Slabon*, ZErb 2006, 258.
623 Eine vorherige Betriebsaufgabe ist nicht erforderlich, *Stuhrmann*, DStR 2005, 1357.
624 Vgl. *Schmidt/Glanegger*, EStG, 29. Aufl. 2010, § 6 Rn. 142.
625 *Röhrig/Doege*, DStR 2006, 970 weisen darauf hin, dass die Anwendbarkeit der Steuervergünstigungen der §§ 16, 34 EStG nicht bei Überführung teils in das Betriebs-, teils in das Privatvermögen der Miterben gesichert ist, da andernfalls nicht alle stillen Reserven aufgedeckt werden, vgl. Rn. 13 des BMF-Schreibens v. 14.03.2006.
626 Die Finanzverwaltung erlaubt analog § 16 Abs. 3 Satz 4 EStG, durch eine im zeitlichen Zusammenhang der Erbauseinandersetzung schriftlich getroffene Vereinbarung den Gewinn ausschließlich dem entnehmenden Miterben zuzurechnen, *Gragert*, NWB 2006, 1194 = Fach 3, S. 13938.

nicht begünstigter Entnahmegewinn, der dem Erben/der Erbengemeinschaft zuzurechnen ist (also nicht dem Erwerber!)[627]

5938 Erhält schließlich ein Miterbe als Vorausvermächtnis ein **Einzelwirtschaftsgut** des Betriebsvermögens und führt dieses in eigenes **Betriebsvermögen** über, ordnet § 6 Abs. 5 und § 16 Abs. 3 Satz 2 bis 4 EStG ab 01.01.2001[628] die zwingende Buchwertfortführung[629] an (unter entsprechender Aufstockung der Kapitalkonten des Erwerbers zur Sicherstellung der übergehenden stillen Reserven), allerdings mit folgenden Ausnahmen:

(1) Bei der unmittelbaren oder mittelbaren Übertragung auf eine (bisher nicht beteiligte) Körperschaft, Personenvereinigung oder Vermögensmasse – sogar, besonders misslich, eine beteiligungsidentische Schwestergesellschaft[630] – ist (wegen des Steuersatzgefälles zwischen Kapital- und Personengesellschaften) insoweit[631] zwingend der gemeine Wert anzusetzen,

5939 (2) ebenso (rückwirkend) bei Entnahme oder Veräußerung von Grund und Boden sowie Gebäuden des Anlagevermögens und wesentlichen Betriebsgrundlagen[632] innerhalb einer **3-jährigen Sperrfrist**, – §§ 6 Abs. 5 Satz 4 bis 6 und § 16 Abs. 3 Satz 3 EStG[633] – beginnend mit der Abgabe der Steuererklärung für den Veranlagungszeitraum der Realteilung (Rdn. 6004). Der Erwerber hat es also in der Hand, innerhalb dieser Frist rückwirkend eine Gewinnrealisierung bei den Erben/beim Veräußerer auszulösen (sofern nicht, wie zu empfehlen, die Gewinnzuordnung allein beim entnehmenden Realteiler vereinbart ist[634] oder zumindest eine Erstattungspflicht besteht). Misslich ist, dass auch in der Einbringung des in der Realteilung erhaltenen Vermögens in eine neue Personengesellschaft eine solche Veräußerung liegen kann.[635]

---

627 BFH, Großer Senat, v. 05.07.1990, BStBl. 1990 II, S. 843. Selbst die Übertragung eines Wirtschaftsguts einer Mitunternehmerschaft in eine andere Mitunternehmerschaft, an der dieselben Realteiler beteiligt sind, ist nicht steuerneutral möglich (*Gragert*, NWB 2006, 750).

628 Zuvor hatte Richterrecht – BFH, BStBl. 1992 II, S. 946 – bei der Überführung der bisher einer Mitunternehmerschaft dienenden Wirtschaftsgüter in das Betriebsvermögen des einzelnen, an der Realteilung teilnehmenden Mitunternehmers das Wahlrecht zwischen Buchwertfortführung und Aufdeckung stiller Reserven eingeräumt; das Steuerentlastungsgesetz 1999/2000/2002 sah (§ 16 Abs. 3 a.F. EStG) zwingend die Buchwertfortführung vor, allerdings beschränkt auf die Übernahme von Teilbetrieben und Mitunternehmeranteilen. Gingen einzelne Wirtschaftsgüter über in das Betriebsvermögen des Realteilers, lag ein laufender Gewinn vor, beim Übergang in das Privatvermögen konnten ggf. die Vergünstigungen der §§ 16, 34 EStG in Anspruch genommen werden.

629 Zuvor hatte § 6 Abs. 5 Satz 3 EStG 1999 eine zwingende Entnahme angeordnet, davor hatte das BMF-Schreiben v. 11.01.1993, BStBl. 1993 I, S. 62, Tz. 74, ein Wahlrecht des übernehmenden Miterben zwischen dem Teilwertansatz und der Buchwertfortführung vorgesehen.

630 Das BMF-Schreiben v. 28.02.2006, DStR 2006, 426 schließt auch dann eine Realteilung aus; *Spiegelberger*, NWB 2006, 1588 = Fach 3, S. 14022 plädiert dafür, die Buchwertfortführung zuzulassen, wenn die stillen Reserven vor und nach der Übertragung derselben Person zustehen. Durch die Finanzverwaltung toleriert wird jedoch die Überführung in das Sonderbetriebsvermögen einer anderen Mitunternehmerschaft (also auf den bisherigen Gesamthänder selbst, der es der neuen Mitunternehmerschaft zur Verfügung stellt), *Korn/Strahl*, NWB 2006, 4188 = Fach 2, S. 9144.

631 Geht auf die Körperschaft im Rahmen einer Realteilung ein Betrieb, Teilbetrieb oder Mitunternehmeranteil über, ist entsprechend § 20 UmwStG eine steuerneutrale Realteilung möglich.

632 Zur »wesentlichen Betriebsgrundlage« (in funktional-quantitativer Betrachtung), die nach der Realteilung weiterhin zum Betriebsvermögen mindestens eines Realteilers gehören muss, vgl. BFH v. 10.11.2005 – IV R 7/05, EStB 2006, 43.

633 Ausführlich *Röhrig*, EStB 2013, 232 ff., mit Gestaltungsüberlegungen insbesondere bei anschließender Einbringung nach § 24 UmwStG.

634 Gem. Abschnitt IX des BMF-Erlasses zur Realteilung v. 28.02.2006, BStBl. 2006 I, S. 228 und Tz. 13 des BMF-Erlasses v. 14.03.2006 zur ertragsteuerlichen Behandlung der Erbengemeinschaft, BStBl. 2006 I, S. 253. Interessant ist dies unter Wertungsaspekten [Zuordnung zum Veranlasser], aber auch zur Nutzung bestehender Verlustvorträge gem. § 10d EStG, vgl. *Reich*, MittBayNot 2007, 280, 281.

635 NMF v. 28.02.2006, BStBl. 2006 I S. 228.

(3) Gleiches gilt seit 01.01.2007, wenn im Zuge einer Realteilung Kapitalgesellschaftsanteile an eine Kapitalgesellschaft übertragen werden und Letztere sie binnen 7 Jahren veräußert, § 16 Abs. 5 EStG.[636]

Der Veräußerer wird sich dann vorsorglich die Erstattung der Steuerbelastung ausbedingen (zu anderen Sanktionsmöglichkeiten s. Rdn. 6009 i.R.d. § 6 Abs. 3 EStG, zur ähnlichen Formulierung bei Realteilung einer Personengesellschaft Rdn. 6079).   5940

▶ **Formulierungsvorschlag: Steuererstattungspflicht bei späterer Gewinnrealisierung nach Realteilung einer Erbengemeinschaft**

Die Übertragung des Grundstücks samt Betriebsgebäude erfolgt im Weg einer Realteilung zu Buchwerten (§ 16 Abs. 3 Satz 2 EStG). Den Beteiligten ist bekannt, dass es nachträglich zur Versteuerung der »stillen Reserven« kommen kann, indem anstelle der Buchwerte die gemeinen Werte anzusetzen sind, etwa wenn der Erwerber das Grundstück und das Gebäude veräußert oder aus dem Betriebsvermögen entnimmt (§ 16 Abs. 3 Satz 3 EStG). Der Erwerber verpflichtet sich, solche Handlungen, die unmittelbar oder mittelbar zum Einsatz der gemeinen Werte führen könnten, weder vorzunehmen noch zu unterstützen oder zu dulden; andernfalls hat er die dem Veräußerer entstehende Steuerbelastung unverzüglich zu erstatten bzw. zu übernehmen. Die Beteiligten vereinbaren ferner gem. Tz. 13 des BMF-Erlasses vom 14.03.2006 zur ertragsteuerlichen Behandlung der Erbengemeinschaft und ihrer Auseinandersetzung, dass etwaige aufgrund § 16 Abs. 3 Satz 3 EStG entstehende Gewinne alleine dem entnehmenden Realteiler zuzurechnen sind.   5941

Besonderes Augenmerk ist zu lenken auf die tückischen Folgen eines Auseinanderfallens der Erbwege zwischen Personengesellschaftsanteilen (Sonderrechtsnachfolge), einerseits, und Sonderbetriebsvermögen, andererseits (vgl. Rdn. 5860). Insb. bei der qualifizierten Nachfolgeklausel (mit Direkterwerb des Gesellschaftsanteils, allerdings Vererbung des **Sonderbetriebsvermögens** an alle Erben, Rdn. 5894) werden die Anteile der nicht nachfolgeberechtigten Personen zwingend Privatvermögen, so dass eine steuerpflichtige Entnahme stattfindet. Stellt das Sonderbetriebsvermögen eine wesentliche Betriebsgrundlage dar, kann sogar eine Beendigung der Mitunternehmerschaft insgesamt vorliegen, so dass alle stille Reserven steuerpflichtig aufzudecken wären und die Begünstigungen der §§ 13a, 19a ErbStG nicht gewährt werden können.[637] Durch Vorausvermächtnisse kann dies wegen des Durchgangserwerbs der Erbengemeinschaft nicht verhindert werden;[638] in Betracht kommen die in Rdn. 5894, 6001 vorgeschlagenen Wege (auf den Todesfall aufschiebend bedingte lebzeitige Übertragung oder Überführung des Sonderbetriebsvermögens in Betriebsvermögen).   5942

Auch bei der **Realteilung einer Kapitalgesellschaft** im Wege des UmwG durch Spaltung (also durch Aufspaltung des Gesamtvermögens gem. § 123 Abs. 1 UmwG; Abspaltung unter Fortbestand des bisherigen Rechtsträgers gem. § 123 Abs. 2 UmwG oder Ausgliederung unter Gewährung von Anteilen an den übertragenden Rechtsträger = Entstehung von Konzernstrukturen gem. § 123 Abs. 3 UmwG) setzt die Buchwertfortführung (anders als hinsichtlich solcher Umwandlungsvorgänge bei Personengesellschaften)[639] voraus, dass ein Teilbetrieb übergeht, und das ggf. verbleibende Vermögen ebenfalls einen Teilbetrieb bilden muss. Auch dann entfällt jedoch die Buchwertfortführung gem. § 11 Abs. 1 UmwStG, wenn durch die Spaltung die Voraussetzungen für eine Veräußerung geschaffen werden, wovon auszugehen ist, wenn binnen 5 Jahren nach dem steuerlichen Umwandlungsstichtag mehr als 20 % Anteil an der ursprünglichen Körperschaft übergehen (dabei bilden jedoch Erbfolge, vorweggenommene Erbfolge ohne Abstands- oder Gleichstellungsgelder, Erbauseinandersetzungen ohne Abstandszahlungen, und Realteilungen zum Buchwert keine schädliche Veräußerung).[640]   5943

---

636 Entspricht der Missbrauchsvorschrift des § 22 Abs. 1 Satz 6 Nr. 1 bis 6 UmwStG.
637 Vgl. *Koblenzer/Groß*, ErbStB 2003, 370; ablehnend *Tiedtke/Hils*, ZEV 2004, 446.
638 Vgl. *Reimann*, ZEV 2002, 492.
639 BFH, BStBl. 1992 II, S. 385; *Herzig/Förster*, DB 1995, 242.
640 Vgl. Umwandlungsteuererlass BStBl. 1998 I, S. 268, 309.

5. Erbteilsveräußerung

5944 Die entgeltliche Übertragung eines Erbanteils, sei es an einen Miterben oder einen Dritten,[641] führt zu Anschaffungskosten des Erwerbers und zu einem Veräußerungserlös des übertragenden Erben. Dieser wird wirtschaftlich den einzelnen Gütern des Nachlasses nach dem Verhältnis ihrer Verkehrswerte zugerechnet,[642] wobei einer durch die Beteiligten selbst vorgenommenen Aufteilung, sofern sie angemessen ist, zu folgen sei. Der Veräußerungsgewinn ist bzgl. des Privatvermögens nur unter den allgemeinen Regeln (§ 17 EStG, § 23 EStG, § 21 UmwStG a.F.) steuerpflichtig, bei Betriebsvermögen als Veräußerung eines Mitunternehmeranteils gem. § 16 Abs. 1 Nr. 2 EStG jedoch stets.

6. Ausscheiden durch Abschichtung

5945 Das schlichte Ausscheiden (zur zivilrechtlichen Seite: Rdn. 325 ff.) ohne Abfindung führt zu unmittelbarem und unentgeltlichem Erwerb der verbleibenden Erben (Anwachsung). Wird eine Barabfindung erbracht, liegt wirtschaftlich der Verkauf eines Erbanteils vor (hierzu oben Rdn. 5944). Wird eine Sachwertabfindung durch Wirtschaftsgüter des Nachlasses erbracht, zerlegt die Finanzverwaltung diesen Vorgang in zwei Stufen: Zunächst findet eine anteilige Veräußerung der Privat- oder Betriebsvermögensteile durch den ausscheidenden Miterben statt (wie oben Rdn. 5917), sodann wird in der zweiten Stufe die Abfindungsschuld durch die verbliebenen Miterben beglichen, indem Wirtschaftsgüter entnommen werden. Nur bei Überführung der übernommenen Güter in ein Betriebsvermögen des Ausscheidenden können die Buchwerte gem. § 6 Abs. 5 EStG fortgeführt werden[643] (Ausscheiden gegen Minderung von Gesellschaftsrechten).[644]

V. Ertragsteuerliche Fragen der Betriebsübergabe

5946 Die auch ertragsteuerlich auf Optimierung bedachte Nachfolgeberatung ist gerade für mittelständische Unternehmen ein existenziell wichtiges Anliegen. Damit in Zusammenhang stehende Beratungs- und Notarkosten dürften als Betriebsausgaben abzugsfähig sein,[645] während sonst lediglich Steuerberatungskosten – soweit nicht auf den Mantelbogen entfallend – als Sonderausgaben anerkannt werden.[646]

1. Haftung für Betriebsteuern (§ 75 AO)

5947 Der Übernehmer eines Betriebs oder Teilbetriebes haftet gem. § 75 AO für die Betriebsteuern, also USt, Gewerbesteuer, Körperschaftsteuer, sowie die Steuerabzugsbeträge (etwa Lohnsteuer), und zwar beschränkt auf solche, die seit Beginn des Kalenderjahres vor dem Besitzübergang entstanden und bis spätestens ein Jahr nach Meldung des Betriebsübergangs festgesetzt worden sind. Eine Ausschlussmöglichkeit (wie etwa gem. § 25 Abs. 2 HGB) besteht nicht, allerdings ist die Haftung auf den Bestand des übernommenen Vermögens beschränkt und erstreckt sich nicht auf Erwerbe

---

641 Die sog. Abfärberegelung, § 15 Abs. 3 ErbStG, gilt für diesen Fall nicht: BMF v. 14.03.2006, ErbStB 2006, 120 ff. Tz. 47.
642 BFH, 20.04.2004 – IX R 54/02, ErbStB 2004, 444 (dagegen *Tiedtke/Wälzholz*, ZEV 2004, 296); Tz. 42 des BMF-Schreibens v. 14.03.2006; vgl. *Günther*, ErbStB 2015, 77 f.
643 Vgl. im Einzelnen *Eversloh*, ZAP 2005, 725 = Fach 12, S. 163 ff.
644 *Röhrig/Doege*, DStR 2006, 975 plädiert dafür, Sachabfindungen beim Ausscheiden eines Miterben stets analog § 6 Abs. 5 Satz 3 EStG zu behandeln, gleichgültig ob die Abfindung in das Privat- oder das Betriebsvermögen des Ausscheidenden gelangt.
645 FG Köln, EFG 2005, 433; *Götz*, DStR 2006, 548 (objektiv wirtschaftlich kausaler Zusammenhang besteht und ist ausreichend).
646 Nach FG Hannover, DStRE 2006, 794 sind Aufwendungen für die Erstellung einer Erbschaftsteuererklärung sogar zugleich als Kosten der Nachlassregelung i.R.d. Erbschaftsteuer und als Sonderausgaben i.R.d. ESt zu berücksichtigen.

aus einer Zwangsversteigerung oder vom Insolvenzverwalter (§ 75 Abs. 2, 1. Alt. AO).[647] Die Haftung tritt unabhängig davon ein, ob der Erwerb entgeltlich oder unentgeltlich erfolgte, und ob der Erwerber die Steuerschulden kannte oder hätte erkennen können. Die Festsetzung erfolgt durch Haftungsbescheid, § 191 Abs. 1 Satz 1 AO, regelmäßig sogleich[648] mit einer Zahlungsaufforderung gem. § 219 AO verbunden. Mehrere Erwerber haften als Gesamtschuldner.[649]

Nicht unter diese Haftungsvorschrift fallen Personensteuern, etwa die ESt des Übergebers, auch nicht, soweit diese auf dem Veräußerungsgewinn beruht. Soll der Erwerber eines Unternehmens die betrieblichen Steuern auch tatsächlich ohne Rückgriff gegen den Veräußerer schulden oder zusätzlich Personensteuern tragen, bedarf dies der Vereinbarung, wodurch sich jedoch der Veräußerungsgewinn des Übergebers erhöht oder (bei negativem Kapital des übergebenen Betriebs) ein solcher (in oft existenzbedrohender Höhe) erst geschaffen wird.

5948

2. Buchwertfortführung

a) Vorüberlegung: Für und Wider der Alternativen

Neben der schenkungsteuerlichen Privilegierung ist es regelmäßig Gestaltungsziel der vorweggenommenen Erbfolge bei Betriebsvermögen, ertragsteuerlich die **Fortführung der Buchwerte** zu gewährleisten, indem eine § 6 Abs. 3 Satz 1 EStG (bis 1998: § 7 Abs. 1 EStDV) unterfallende unentgeltliche Übertragung eines Betriebes, Teilbetriebes oder Mitunternehmeranteils erfolgt. Dabei ist es gleichgültig, ob diese Übertragung »aus freien Stücken« oder etwa in Befolgung eines Vermächtnisanspruches stattfindet.

5949

Gleichwohl sind dabei auch folgende Aspekte zu bedenken[650]:

(1) Die Buchwertfortführung bedeutet oft nur eine zeitliche Verschiebung der Besteuerung später aufzudeckender stiller Reserve, andererseits ist sie für den Erwerber mit einem Verzicht auf höhere Abschreibungen auf abnutzbare Wirtschaftsgüter verbunden, die durch einen »step up« hätten erreicht werden können.

5950

(2) Demzufolge ist auch von Bedeutung, ob derzeit konservierte stille Reserven bei der späteren Aufdeckung (etwa dem Verkauf eines Betriebs, Teilbetriebs oder Mitunternehmeranteils) mit einem voraussichtlich höheren oder niedrigeren Steuersatz belastet werden, bspw. ob die Tarifermäßigung des § 34 EStG (ermäßigter Steuersatz oder Fünftel-Regelung, weiterer Freibetrag von maximal 45.000 €, §§ 16, 34 EStG, vgl. Rdn. 5789 ff.) zur Verfügung stehen werden.

(3) Die Nichtaufdeckung der stillen Reserven im Rahmen der Übertragung von Betriebsvermögen an andere Personen kann zugleich einer Verschiebung an Personen (z.B. der nachrückenden Generation) dienen, bei denen die spätere Aufdeckung der stillen Reserven mit **geringerer Steuerbelastung** verbunden sein wird.

5951

(4) Gleiches gilt für **Verlustvorträge**, die beim bisherigen Inhaber (z. B. wegen bevorstehenden Ablebens) verloren zu gehen drohen und deren Übergang durch unentgeltliche Übertragung an andere Personen dort steuerliche Entlastungswirkungen verspricht. Den Verlustvorträgen stehen »stille Verluste« gleich, etwa wenn ein Betriebsgrundstück aufgrund Schadstoffbelastungen im Wert gesunken ist und demnach die steuermindernde Auswirkung des auszuweisenden Verlustes bei den mit höheren Steuersätzen versehenen Angehörigen stärkere steuer-

---

647 Allerdings greift der Haftungsausschluss nicht, wenn die Eröffnung des Insolvenzverfahrens über das Vermögen des Verkäufers mangels Masse abgelehnt wurde, BFH, 11.05.1993 – VII R 86/92, BStBl. 1993 II 700.
648 Außer bei der (einzubehaltenden und abzuführenden) Lohnsteuer darf das Leistungsgebot nur ergehen, wenn die Vollstreckung in das bewegliche Vermögen des eigentlichen Steuerschuldners erfolglos geblieben oder aussichtslos ist.
649 BFH, 12.01.2011 – XI R 11/08, notar 2011, 204.
650 Vgl. *Paus*, EStB 2017, 208 ff.

mindernde Wirkung hat. Häufiger Anwendungsfall ist etwa der Wertverlust betrieblich gehaltener Aktien.

5952 (5) Unter Anwendung etwas komplizierterer Verfahren können auch stille Reserven, einerseits, und stille Verluste, andererseits, getrennt übergehen (erstere an Personen mit geringerem Steuersatz, letztere an Personen mit höherem Steuersatz), was allerdings zuvor die Bildung von Teilbetrieben erfordert oder eine erfolgsneutrale Realteilung gem. § 16 Abs. 3 EStG. Um dem Vorwurf des Rechtsmissbrauchs zu begegnen, sollten diese Schritte zeitlich entzerrt werden.

Sofern – im Anwendungsbereich des § 24 UmwStG – Wahlrechte eröffnet sind zwischen dem Buchwertansatz und der vollständigen oder teilweisen Aufdeckung stiller Reserven, sind zusätzliche Überlegungen anzustellen, vgl. Rdn. 5977 ff.

b) »Einheitstheorie« zur Feststellung der Unentgeltlichkeit

5953 Bei Betrieben, Teilbetrieben[651] oder Mitunternehmer(teil)anteilen bzgl. gewerblich tätigen oder geprägten (nicht lediglich vermögensverwaltenden, Rdn. 5752) Unternehmen bemisst sich die ertragsteuerliche Unentgeltlichkeit nach der sog. »**Einheitstheorie**« (Rdn. 6190; Gegensatz: Trennungstheorie, Rdn. 6054 ff.), d.h. diese Übertragungen sind entweder in vollem Umfang entgeltlich – sofern die Gegenleistungen das Kapitalkonto des Übergebers nach der Übergabe übersteigen –, sonst in vollem Umfang unentgeltlich. Als entgelttaugliche Leistungskomponenten gelten die in Rdn. 6212 Genannten, allerdings mit der Besonderheit, dass die Übernahme betrieblicher Verbindlichkeiten nicht als Gegenleistung zählt, sondern die übergehende Sachgesamtheit (Aktiva minus Passiva) definiert.

▶ Hinweis:

5954 Wird also bei negativem Kapitalkonto ein (sei es auch geringes) Entgelt entrichtet (etwa durch Gleichstellungsgelder, die Übernahme privater Schulden oder bedingte Einkommensteuernachzahlungen – Rdn. 429 –), ist die gesamte Differenz zwischen Buchkapital (z.B. minus 1 Mio. €) und Verkehrswert der Gegenleistung (z.B. 1.000,00 €, also gesamt 1.001.000,00 €) einkommensteuerpflichtig[652] (zur bilanziellen Behandlung Rdn. 6007)! Dies verblüfft, zumal die Übernahme betrieblicher Verbindlichkeiten in auch extremer Höhe, ebenso die Eingehung von Versorgungsrenten zugunsten des Veräußerers (nach Maßgabe des Sondertypus der Vermögensübergabe gegen wiederkehrende Leistungen, unten Rdn. 6317) nicht als Gegenleistung gewertet werden, also zu keinem Veräußerungsgewinn führen. Es empfiehlt sich daher bspw., Gleichstellungsgelder für Geschwister nicht im Zusammenhang mit der Übergabe des negativkapitaligen Betriebs/Teilbetriebs/Mitunternehmer(Teil)anteils zu vereinbaren, sondern z.B. als (gleichwohl allerdings unentgeltlich bleibende, s.o. Rdn. 62) Abfindung für einen getrennten Pflichtteilsverzicht.

c) Voraussetzungen des § 6 Abs. 3 EStG

5955 Bei der Übertragung eines gesamten **Betriebs** oder zumindest eines **Teilbetriebes** ist also die Buchwertfortführung gem. § 6 Abs. 3 EStG (auch bei negativem Kapitalkonto) gewährleistet, solange die Summe der ertragsteuerlichen Entgelte (Versorgungsleistungen und Übernahme betrieblicher Verbindlichkeiten zählen insoweit nicht) das Kapitalkonto nicht übersteigt.[653]

---

651 Gleiches gilt für eine freiberufliche »Teilpraxis« (Arbeitsmedizin – Allgemeinmedizin); abgestellt wird auf selbstständige EDV-Kreise, Telefonnummern, räumliche und ggf. auch personelle Trennung, BFH v. 04.11.2004, EStB 2005, 89; *Gebhardt*, EStB 2007, 26.
652 BFH, BStBl. 1999 II, S. 269; BFH, 28.07.1994 – IV R 53/91, BStBl. 1995 II, S. 112; s.a. unten Rdn. 6007 und Rdn. 6036.
653 Vgl. im Einzelnen *Wälzholz*, MittBayNot 2006, 116; Übersicht über verschiedene Übertragungsalternativen (auch Übertragung gegen Versorgungsrente, Vorbehalt des Nießbrauchs), mit Berechnungsbeispielen, bei *Schoor*, NWB 2014, 2954 ff.

aa) Betrieb, Teilbetrieb

Der in § 6 Abs. 3 EStG vorausgesetzte Begriff des »**Betriebs**« ist nicht gesetzlich definiert, anders als etwa der des »gewerblichen Unternehmens« als einer »selbständigen nachhaltigen Betätigung, die mit der Absicht, Gewinn zu erzielen, unternommen wird, und sich als Beteiligung am allgemeinen wirtschaftlichen Verkehr darstellt« (§ 15 Abs. 2 Satz 1 EStG). Erforderlich ist ein mit persönlichen und sachlichen Mitteln ausgestatteter »geschäftlicher Organismus«, der die Summe aller Wirtschaftsgüter umfasst, die zur Erreichung des vom Unternehmer angestrebten wirtschaftlichen Erfolgs seines Unternehmens eingesetzt und benötigt werden. 5956

Ein Betrieb kann aus mehreren **Teilbetrieben**[654] bestehen, die für sich jeweils einen mit gewisser Selbstständigkeit ausgestatteten organisch geschlossenen Teil des Gesamtbetriebs darstellen, jedoch für sich betrachtet alle Merkmale eines Betriebs aufweisen, also für sich lebensfähig sind. Auf einem Betriebsgrundstück können sich mehrere Teilbetriebe befinden (mit je eigenen Betriebsmitteln, Personal und Kundenbeziehungen).[655] Ein Freiberufler kann beispielsweise bei gleichartiger Tätigkeit zwei Teilbetriebe innehaben, wenn sie räumlich deutlich getrennt sind, ferner in Gestalt einer hinzuerworbenen weiteren Praxis, die ohne wesentliche Änderung weitergeführt wird.[656] 5957

Wie bereits i.R.d. Vorgängernorm (§ 7 Abs. 1 EStDV) setzt die steuerneutrale Übergabe eines Betriebs zu Buchwerten als ungeschriebenes Merkmal voraus, den Betrieb bzw. Teilbetrieb so übergehen zu lassen, dass er vom Erwerber als historische Wirtschafts- und Betriebseinheit, in seiner **originären Geschlossenheit** und gewachsenen organischen Struktur, fortgeführt werden kann. Es muss also das wirtschaftliche Eigentum an allen wesentlichen Betriebsgrundlagen (s. Rdn. 5951) einheitlich übertragen werden. Eine schrittweise Übertragung schadet dann nicht, wenn die zeitversetzte Übertragung auf einem einheitlichen Entschluss beruht und die Übertragungsakte im engen sachlichen und zeitlichen Zusammenhang stehen, was bis etwa max. 2 Jahre Gesamtzeit noch bejaht werden kann, zumindest wenn besondere persönliche Umstände (etwa Erkrankung des Übergebers)[657] hinzutreten. Bleiben nicht wesentliche Betriebsgrundlagen unerfasst, liegt insoweit eine Entnahme vor (Rdn. 5771), gehen wesentliche Betriebsgrundlagen nicht mit über, führt dies gar zu einer Betriebsaufgabe in der Person des Veräußerers (Rdn. 5787); es findet also keine steuerneutrale Betriebsübertragung statt hinsichtlich des entnommenen bzw. gar hinsichtlich aller Wirtschaftsgüter. Zur Betriebsübertragung unter Nießbrauchsvorbehalt vgl. Rdn. 6082 ff. 5958

Entscheidend ist also,[658] dass alle **wesentlichen Betriebsgrundlagen** übergehen, zur Vermeidung der Folgen einer Betriebsaufgabe mit Gesamtrealisierung aller stillen Reserven; bei der Überführung unwesentlicher Betriebsvermögensbestandteile in das Privatvermögen liegt insoweit eine Entnahme (Rdn. 5767) vor mit der Folge einer Gewinnrealisierung der Differenz zwischen Buch- und Teilwert hinsichtlich dieses Gegenstandes (vgl. Rdn. 446 am Beispiel des Rückbehaltes bei der landwirtschaftlichen Übergabe). 5959

Auch beim entgeltlichen Verkauf von Betriebsvermögen (Rdn. 6013) sind alle wesentlichen Betriebsgrundlagen zu erfassen, andernfalls wird die Privilegierung gem. §§ 16, 34 EStG (halber Steuersatz!) versagt, Rdn. 5787, und es entsteht ein laufender Gewinn im allgemeinen Steuertarif. Ausnahmen vom Erfordernis der Übertragung aller wesentlichen Betriebsgrundlagen bestehen lediglich bei der unentgeltlichen Übertragung eines Teils eines Mitunternehmeranteils (Rdn. 6008) sowie bei der Aufnahme einer natürlichen Person in ein Einzelunternehmen (§ 6 Abs. 3 Satz 2 EStG, Rdn. 5972). Auch bei der Einbringung in eine Personengesellschaft gem. § 24 UmwStG 5960

---

654 Vgl. R 16 (3) Satz 1 ff. EStR 2005.
655 Vgl. *Honert/Obser*, EStB 2012, 385 ff.
656 BFH, 26.06.2012 – VIII R 22/09, EStB 2012, 357; *Geck/Messner*, ZEV 2012, 633, 635.
657 Vgl. BFH, DStR 1993, 854, 855.
658 St. Rspr., vgl. BFH, 31.08.1995 – VIII B 21/93, BStBl. 1995 II, S. 890; BFH, 12.12.2000 – VIII R 10/99, BStBl. 2001 II, S. 282.

reicht es aus, dass wesentliche Betriebsgrundlagen lediglich in das Sonderbetriebsvermögen (SBV) überführt werden.[659] Schließlich beschränkt die Finanzverwaltung aus Billigkeitsgründen bei der qualifizierten Nachfolgeklausel im Personengesellschaftsrecht die Entnahmewirkung auf das nicht mit dem Gesamthandsanteil »mitwandernde« Sonderbetriebsvermögen, sieht also keine Auflösung der stillen Reserven im Gesamthandsanteil, auch wenn das SBV wesentliche Betriebsgrundlage war (vgl. Rdn. 5894).

5961 Während i.R.d. Definition einer Betriebsaufgabe sowie i.R.d. entgeltlichen Betriebsveräußerung (für § 16 Abs. 3 EStG) die Wesentlichkeit eines Wirtschaftsguts nach Ansicht des BFH[660] auch dann zu bejahen ist, wenn es zwar funktional lediglich eine geringe Bedeutung hat, jedoch erhebliche stille Reserven aufweist (sog. **funktional-quantitative Betrachtungsweise**), entscheidet bei der Betriebsübergabe im Wege vorweggenommener Erbfolge und sonstigen Rechtsnachfolgesachverhalten unter Buchwertfortführung[661] lediglich die **funktionale Bedeutung** des Wirtschaftsguts:[662] Sie müssen zur Erreichung des Betriebszwecks erforderlich sein und ein besonderes wirtschaftliches Gewicht für die Betriebsführung besitzen.[663]

5962 **Betriebsgrundstücke** sind im Regelfall wesentliche Betriebsgrundlagen, insb. wenn sie durch Lage, Größe und Grundriss bzw. Bauart auf den Betrieb zugeschnitten sind[664] – für Verwaltungs- und Dienstleistungszwecke reichen jedoch auch »Allerweltsgebäude« (Rdn. 5709) –, ebenso beim landwirtschaftlichem Betrieb die Grundstücke sowie die betriebsnotwendigen Wirtschaftsgebäude.[665] Bei Betriebsaufspaltungen bilden die Anteile an der Betriebskapitalgesellschaft wesentliche Betriebsgrundlage des Besitz(einzel)unternehmens, so dass keine privilegierte Betriebs- oder Teilbetriebsübertragung vorliegt, wenn diese Anteile nicht mit übergehen.[666] Das (lebende und tote) Inventar eines land- und forstwirtschaftlichen Betriebs kann jedoch in aller Regel problemlos wiederbeschafft werden, so dass dessen Rückbehalt nicht zur Betriebsaufgabe (und beim Erwerber zur neuerlichen Betriebseröffnung) führt. Gleiches gilt für Umlaufvermögen, zu dem auch bspw. die zum Verkauf bestimmten Objekte eines gewerblichen Grundstückshandels gehören können.[667] Bei Pachtbetrieben gelten abweichende Grundsätze.[668]

Zur Frage, ob die Komplementärbeteiligung eine funktional wesentliche Betriebsgrundlage der Kommanditistenstellung (Mitunternehmerschaft) ist (GmbH & Co. KG), vgl. Rdn. 2745.

5963 Nach bestrittener[669] Auffassung des BFH[670] ist § 6 Abs. 3 EStG nicht erfüllt, wenn zwar der Gesamthandsanteil an einer Mitunternehmerschaft unentgeltlich übertragen, das Sonderbetriebsvermögen aber zeitgleich (ebenfalls zu Buchwerten gem. § 6 Abs. 5 Satz 3 Nr. 2 EStG) in eine neu

---

659 Tz. 24.06 des BMF-Schreibens v. 25.03.1998, BStBl. 1998 I, S. 268; dies gilt jedenfalls nach Verwaltungsauffassung auch nach Inkrafttreten des SEStEG weiter.
660 BFH, BStBl. 1996 II, S. 604, 612.
661 Z.B. nach Verwaltungsauffassung bei der Einbringung gem. §§ 20, 24 UmwStG, sofern Buchwertfortführung gewählt wird, während beim Ansatz des gemeinen Wertes die funktional-qualitative Betrachtung gilt, vgl. *Brandenberg*, NWB 2008, 4289 = Fach 3, S. 15319.
662 Vgl. BGH, BStBl. 1993 II, S. 710, 713, H 16 (8) EStR 2005.
663 BFH, 11.02.2003 – IX R 43/01, DStRE 2003, 787 m.w.N.
664 BFH, BStBl. 1996 II, S. 409, 412.
665 BFH, BStBl. 1995 II, S. 508.
666 Vgl. BFH, 04.07.2007 – X R 49/06, GmbHR 2007, 1112. Anders kann es sich verhalten (Vorliegen je eines getrennten Teilbetriebes), wenn neben der Betriebsaufspaltung separate Vermietungstätigkeiten »als gesonderter Verwaltungskomplex« ausgeübt werden, oder bei der »Mehrfach-Betriebsaufspaltung«, wenn räumlich abgrenzbare Gebäudeteile je eigenen Betriebsgesellschaften zuzuordnen sind, vgl. BFH v. 29.03.2006 – X R 59/00, GmbH-StB 2006, 193.
667 BFH, BStBl. 1992 II, S. 521.
668 Vgl. BFH, BStBl. 1999 II, S. 398, 400 m.w.N.
669 *Korn*, KÖSDI 2005, 14633 ff.; *Geck/Messner*, ZEV 2009, 238.
670 BFH, 06.05.2010 – IV R 52/08, BStBl 2011 II 261.

gegründete GmbH & Co. KG des Veräußerers überführt wird (die Literatur plädiert dagegen dafür, beide Normen, mit je identischer Rechtsfolge: Buchwertfortführung, nebeneinander anzuwenden). Daher sollte die Überführung des SBV in ein anderes Betriebsvermögen desselben Unternehmers deutlich vor der Übertragung des Gesamthandsanteils erfolgen.

bb) Unentgeltlichkeit

Die für die Anwendung des § 6 Abs. 3 EStG weiter erforderliche »**Unentgeltlichkeit**« der Betriebs- oder Teilbetriebsübertragung wird nach Grundsätzen beurteilt, die deutlich vom Zivilrecht abweichen: Zum einen sind lediglich bestimmte Gegenleistungen (z.B. also nicht vorbehaltene Nutzungsrechte sowie Verpflichtungen zu persönlicher Dienstleistung, wie Wart- und Pflegeverpflichtungen) tauglich, als »Gegenleistungen« ertragsteuerlich Berücksichtigung zu finden (vgl. ausführlich unten Rdn. 6212 zum Kanon der insoweit anerkennungsfähigen Sachverhalte, insb. also der Kaufpreisrenten, Schuldübernahmen, Abstands- und Gleichstellungsgelder). Die Übernahme betrieblicher Verbindlichkeiten zählt zur Sachgesamtheit des übertragenen Vermögens, mindert also zwar den Wert des Übertragenen, zählt jedoch (anders als die Übernahme privater Schulden) nicht zur Gegenleistung. Auch unter fremden Dritten können unentgeltliche Übertragungen i.S.d. § 6 Abs. 3 EStG vorliegen,[671] sie werden allerdings nicht vermutet.   5964

Zum anderen wird bei der Übertragung von Betrieben, Teilbetrieben oder Mitunternehmeranteilen lediglich zwischen insgesamt und einheitlich entgeltlichen und insgesamt und einheitlich unentgeltlichen Transfervorgängen differenziert, die sog. »Einheitstheorie« (Rdn. 5953, Rdn. 6190) führt also dazu, dass es zwar eine zivilrechtlich teilentgeltliche Betriebsübertragung, nicht aber eine steuerrechtlich teilentgeltliche Betriebsübertragung geben kann.   5965

Nur wenn nach Maßgabe der Einheitstheorie eine ertragsteuerlich unentgeltliche Betriebsveräußerung vorliegt, sind Versorgungsrenten als Sonderausgaben abzugsfähig (vgl. unten Rdn. 6353).   5966

cc) Keine Aufrechterhaltung unternehmerischer Tätigkeit beim Veräußerer

Der X. Senat des BFH[672] verlangt – wie zuvor zu § 7 Abs. 1 EStDV – weiter, dass der Übertragende seine bisherige gewerbliche Tätigkeit **einstellt**, also das (jedenfalls wirtschaftliche) Eigentum an den wesentlichen Betriebsgrundlagen in einem einheitlichen Vorgang und unter Aufrechterhaltung des geschäftlichen Organismus auf den Erwerber übertragen wird, und zwar in gegenstands-, nicht unbedingt auch tätigkeits- bezogener Hinsicht, so dass dieselben Grundsätze auch für die Nachfolge in ruhende Gewerbebetriebe gelten. Wie auch bei § 16 Abs. 1 Nr. 1 EStG ist es demnach erforderlich, dass die Veräußerung bzw. Übertragung des Unternehmens oder Unternehmensteils in einem Rechtsakt stattfindet, also nicht lediglich einzelne Wirtschaftsgüter übertragen werden.   5967

Wenn aber der bisherige Betriebsinhaber weiter unter Einsatz des übertragenen Betriebsvermögens gewerblich tätig ist, kann ein solcher Übergang einer wirtschaftlichen Einheit nicht stattgefunden haben. Bei Fortführung der bisherigen gewerblichen Tätigkeit durch den Übergeber erfolgt vielmehr eine zeitlich gestaffelte Betriebsübergabe, die durch § 6 Abs. 3 EStG zu bewahrende wirtschaftliche Einheit ist – jedenfalls solange der Nießbrauch besteht – nicht gegeben. Schädlich ist daher der **Nießbrauchsvorbehalt** des Veräußerers am Gesamtunternehmen bzw. an dessen wesentlichen Betriebsgrundlagen – jedenfalls wenn es sich um mehr als einen bloßen Ertragsnießbrauch handelt –, und zwar unabhängig davon, ob ein aktiv betriebener, tätigkeitsbezo-   5968

---

[671] FG Düsseldorf, 19.01.2010 – 13 K 4281/07 F, ErbStB 2010, 165: Schenkung eines Einzelunternehmens mit negativem Kapitalkonto (aber von den Beteiligten angenommenem positivem good will).
[672] BFH, 25.01.2017 – X R 59/14, ZEV 2017, 471 m. Anm. *Gräfe/Kraft*, Tz. 40 ff., in Fortführung von FG Münster, 18.09.2014 – 13 K 724/11; vgl. Rdn. 6086.

gener oder ein bereits ruhender, verpachteter Betrieb unter Nießbrauchsvorbehalt übertragen wird.[673]

5969 In diesem Fall (also wenn keine nießbrauchsbedingte »Verdoppelung« der Unternehmensstruktur stattfindet, wie diese etwa bei land- und forstwirtschaftlichen Betrieben durch den IV. Senat akzeptiert wird, vgl. Rdn. 6082) sind also die sächlichen Betriebsmittel, die eigentumsrechtlich übertragen wurden, entnommen (unter entsprechender Aufdeckung der stillen Reserven, § 6 Abs. 1 Nr. 4 Satz 1 EStG), bzw. es liegt eine Betriebsaufgabe hinsichtlich des ruhenden Betriebs vor. Diese Rechtsprechung erscheint keineswegs zwingend, zumal der Gesetzeswortlaut nicht auf die Einstellung jeglicher Tätigkeit abstellt, und bisher auch der Gesetzeszweck durchaus darin gesehen wurde, eine den Fortbestand des Unternehmens bedrohende Übermaßbesteuerung zu verhindern.[674]

dd) Fortbestand deutschen Besteuerungsrechtes

5970 Wie bei den Gesetzesformulierungen zur Realteilung (§ 16 Abs. 3 Satz 2 EStG) und zur Überführung oder Übertragung betrieblicher Einzelwirtschaftsgüter (§ 6 Abs. 5 EStG) schon bisher der Fall, enthält nun[675] auch § 6 Abs. 3 EStG ausdrücklich das schon bisher von der Finanzverwaltung zugrunde gelegte weitere Kriterium, dass die **Besteuerung der stillen Reserven beim Unternehmensnachfolger sichergestellt bleiben muss**.[676] Im Blick hatte der Gesetzgeber insb. Sachverhalte, in denen das deutsche Besteuerungsrecht aufgrund Übertragung an eine im DBA-Ausland ansässige Körperschaft entfällt, etwa bei einer gewerblich geprägten vermögensverwaltenden Personengesellschaft, die abkommensrechtlich über keine inländische Betriebsstätte verfügt.[677] Auch ohne Auslandsbezug ist jedoch die Buchwertfortführung gem. § 6 Abs. 3 EStG aufgrund der nunmehrigen Gesetzesfassung ausgeschlossen, wenn eine Beteiligung an der Personengesellschaft an eine gemeinnützige (inländische) Körperschaft, etwa eine **Stiftung**, übertragen wird und sie dort nicht zum (weiterhin steuerpflichtigen) wirtschaftlichen Geschäftsbetrieb gehört, sondern zum steuerbefreiten Bereich. Eine zwar gewerblich geprägte, aber nicht gewerblich tätige oder infizierte, Personengesellschaft begründet noch keinen wirtschaftlichen Geschäftsbetrieb,[678] so dass in diesem Fall die tatbestandlichen Voraussetzungen des § 6 Abs. 3 EStG nicht erfüllt sind und damit eine Zwangsversteuerung der stillen Reserven stattfindet (vgl. auch Rdn. 3087). Bei Übertragungen eines Teils eines Mitunternehmeranteils sowie bei der unentgeltlichen Aufnahme in ein Einzelunternehmen stellen sich diese Fragen nicht, da dort die Fortführung der Buchwerte ohnehin nur möglich ist, wenn das Betriebsvermögen auf eine natürliche Person übergeht (vgl. § 6 Abs. 3 Satz 1, 2. Hs., EStG und § 6 Abs. 3 Satz 2 EStG, Rdn. 6008).

ee) Ausnahme: Aufstockung der Buchwerte

5971 Von dem in Rdn. 5955 ff. behandelten Grundfall des § 6 Abs. 3 EStG zu differenzieren sind Sachverhalte, in denen die Aufstockung des Buchwerts auf den Teilwert oder Zwischenwerte möglich ist oder gar, sofern kein abweichender Antrag[679] gestellt wird, unterstellt wird. Letzteres findet bspw. statt bei der Einbringung eines Gewerbebetriebes in eine GmbH gegen Gewährung von

---

673 BFH, 25.01.2017 – X R 59/14, ZEV 2017, 471 m. Anm. *Gräfe/Kraft*, Tz. 58.
674 Vgl. BFH, 02.08.2012 – IV R 41/11, vgl. auch *Kraft*, NWB 2017, 2009.
675 Aufgrund Gesetzes vom 20.12.2016, BGBl. 2016 I, S. 3000.
676 Vgl. hierzu *Hänsch*, NWB 2017, 935 ff.
677 BFH, 28.04.2010 – I R 81/09. BStBl. 2014 II, S. 754.
678 BFH, 25.05.2011 – I R 60/10, BStBl. 2011 II, S. 858.
679 Zu den formellen Aspekten der Antragstellung *Honert/Fleischmann*, EStB 2011, 265 ff. Die Finanzverwaltung lässt im Umwandlungssteuererlass 2011 BStBl 2011 I, 1314 nur noch den Wertansatz in der umwandlungssteuerrechtlichen Schlussbilanz, nicht in der körperschaftsteuerlichen Gewinnermittlungsbilanz gelten, sofern Letzterer keine unwiderrufliche Erklärung beigefügt wird, dass sie auch als Schlussbilanz gelten solle und dieser entspricht, vgl. Tz. 03.01, 03.29, 11.12.

C. Steuerliche Folgen der Übertragung des Wirtschaftsguts selbst — Kapitel 13

Gesellschaftsrechten (sowie Einstellung in die Kapitalrücklage, ggf. auch gegen weitere Leistungen wie etwa Gewährung eines Darlehens), § 20 UmwStG mit dem Teilwert (der [auch gewerbesteuerpflichtige][680] Veräußerungsgewinn des Einbringenden wird um den Freibetrag nach § 16 Abs. 4 EStG[681] – ab 2004: 45.000,00 € – gemindert und ist nach § 34 EStG tarifbegünstigt; dem steht eine deutlich höhere künftige Steuerersparnis durch Schaffung von AfA-Potenzial ggü., insb. falls und soweit die stillen Reserven auf rasch abnutzbare Wirtschaftsgüter entfallen). Die GmbH-Anteile können sodann gegen Versorgungsleistungen (in einer die erzielbaren Ausschüttungen nicht übersteigenden Höhe) zu Buchwerten übertragen werden, so dass beide Formen in Kombination Anwendung finden.[682] Erfolgt die Einbringung zu Buchwerten, so dass die im eingebrachten Betrieb, Teilbetrieb, Mitunternehmeranteil oder den mehrheitsvermittelnden Kapitalgesellschaftsanteilen verkörperten stillen Reserven unversteuert auf die aufnehmende Kapitalgesellschaft übergehen, unterliegen die gewährten Anteile innerhalb der 7 folgenden Jahre der »Nachversteuerung« (»einbringungsgeborene Anteile«, seit 20.12.2006 – SEStEG –: sog. Einbringungsgewinn I in abschmelzender Höhe, s. Rdn. 6120); in ähnlicher Weise führt der Verkauf der eingebrachten Anteile durch die aufnehmende Gesellschaft binnen 7 Jahren zu einer Nachversteuerung beim Gesellschafter, sog. Einbringungsgewinn II gem. § 22 Abs. 2 UmwStG (Rdn. 6115).

3. Unentgeltliche Aufnahme einer natürlichen Person in ein Einzelunternehmen

a) Aufnahme gem. § 6 Abs. 3 EStG

§ 6 Abs. 3 Satz 1 Halbs. 2 EStG gilt auch bei **unentgeltlicher**[683] **Aufnahme einer natürlichen Person**[684] **in ein Einzelunternehmen**. Die Fortführung der Buchwerte ist zwingend.[685] Es liegt also kein Fall des § 24 UmwStG vor, der wahlweise die Buchwertaufstockung ermöglichen würde (etwa um Verlustvorträge zu beseitigen) – Letzteres kann erreicht werden durch Gründung einer KG und Einbringung des Einzelunternehmens gegen Erhöhung des Kapitalanteils an der KG in diese, Rdn. 5975[686] –. Behält der bisherige Betriebsinhaber dabei einen Teil der Wirtschaftsgüter zum Alleineigentum zurück, ist dies unschädlich, solange die zurückbehaltenen Wirtschaftsgüter Sonderbetriebsvermögen des Mitunternehmers bleiben und der »eintretende« Mitunternehmer seinen Anteil nicht binnen 5 Jahren veräußert oder aufgibt (§ 6 Abs. 3 Satz 2 EStG). Verletzt also der in das Unternehmen aufgenommene Erwerber die Frist, wird der Einbringende (der Veräußerer) steuerlich bestraft, da die stillen Reserven rückwirkend auf den Übertragungsstichtag (im We-

5972

---

680 Vgl. *Patt*, EStB 2010, 146 ff., auch zum Untergang gewerbesteuerlicher Verluste bei der Einbringung von [Teil-]Betrieben oder Mitunternehmeranteilen in eine GmbH. Wird ein [Teil-]Betrieb in eine Personengesellschaft eingebracht, kann die einbringende GmbH ihre gewerbesteuerlichen Verlustvorträge im Rahmen ihrer Mitunternehmerstellung [vorbehaltlich § 10a Abs. 10 GewStG] jedoch weiterhin nutzen.

681 Dieser wird gem. BMF v. 20.12.2005 – IV B 2 S 2242 18/05, EStB 2006, 57 auch bei teilentgeltlichen Übertragungen in voller Höhe gewährt und demnach nicht quotal gekürzt, anders noch BMF v. 13.01.1993, BStBl. 1993 I, S. 80 Tz. 36.

682 *König*, NWB Fach 3, S. 13083 ff. schlägt zusätzlich vor, das durch die GmbH dem Einbringenden (späteren Veräußerer) gewährte Darlehen dem Erwerber zu schenken, so dass aus den Tilgungsleistungen der GmbH die Versorgungsleistungen de facto finanziert werden können.

683 Zur entgeltlichen Übertragung eines (Mit-)Unternehmensanteils vgl. Rdn. 5789.

684 Die Buchwertfortführung ist also nicht möglich bei unentgeltlicher Aufnahme einer Kapitalgesellschaft (darin kann eine Schenkung an den GmbH-Gesellschafter liegen, R 18 Abs. 3 ErbStR 2003!) oder (str.; für analoge Anwendung *Geck*, ZEV 2005, 196) einer Personengesellschaft in ein Einzelunternehmen. In Betracht kommt jedoch § 6 Abs. 5 Satz 3 EStG, wenn keine oder eine nur in der Gewährung von Gesellschaftsrechten bestehende Gegenleistung erbracht wird, oder aber der Verkauf an die KG mit anschließender Neutralisierung des Veräußerungsgewinns gem. § 6b EStG bei der Mitunternehmerschaft zugunsten des Verkäufers in Höhe seines dortigen Anteils.

685 Vgl. *Wendt*, FR 2005, 468; *Stinn*, NWB 2012, 1151, 1155 ff.

686 *Geck*, ZEV 2005, 200; BFH, 12.10.2005 – X R 35/04 und *Korn/Strahl*, NWB 2006, 4182 = Fach 2, S. 9138.

ge der Berichtigung gem. § 175 Abs. 1 Satz 1 Nr. 2 AO) als begünstigter Aufgabegewinn zu versteuern sind! Es empfiehlt sich daher z.B. der Vorbehalt eines Schenkungswiderrufs, sofern der Mitunternehmeranteil während der 5-jährigen Sperrzeit veräußert oder aufgegeben würde (vgl. Rdn. 6010, 3. Alt.).

5973 Die »Sonderbetriebsvermögens-Lösung« wird häufig bei Grundstücken gewählt, die (zur Vermeidung der dadurch ausgelösten Grundbuch- und Notarkosten, auch angesichts der dann zwingenden Beurkundung des Gesellschaftsvertrages) der neu gegründeten Personengesellschaft lediglich zur Nutzung überlassen werden, dennoch aber Betriebsvermögen bleiben und daher bei der künftigen Übertragung des Gesamtbetriebes von diesen Privilegierungen profitieren können. Zu gesamthänderischem Eigentum eingebracht wird daher das Inventar, das Umlauf- und Geldvermögen zu Buchwerten, während der »Junior-Gesellschafter« (als nur bei Personengesellschaften taugliche Einlage i.S.d. § 718 Abs. 1 BGB) seine Arbeitskraft einbringt. Die Gegenstände und Verbindlichkeiten sind im Wege der Einzelrechtsnachfolge einzubringen; ein umgekehrter Haftungsausschluss der Gesellschafter für die Verbindlichkeiten des »Senior-Betriebes« bedarf der zeitnahen Eintragung und Bekanntmachung im Handelsregister (§ 28 Abs. 2 HGB).

5974 I.S.e. gleitenden Betriebsübergabe wird sodann der Gewinnverteilungsschlüssel (gem. § 734 BGB zugleich Liquidationsschlüssel), als Ausgleich für höhere Tätigkeitsbeiträge, zugunsten des Juniorpartners geändert und/oder ihm sukzessive Geschäftsanteile übertragen, so dass insgesamt die Buchwerte fortgeführt werden. Zu einem späteren Zeitpunkt werden weitere Mitunternehmer-Teilanteile (Rdn. 6008 ff.) oder der gesamte verbleibende Mitunternehmeranteil des Veräußerers (beachte hierzu Rdn. 5998 ff.) übertragen.

b) Einbringung gem. § 24 UmwStG

5975 Sofern bereits eine **Personengesellschaft** (im Regelfall GmbH & Co KG) **besteht**, an welcher der vorgesehene Unternehmensnachfolger mitbeteiligt ist, kann das bestehende Einzelunternehmen als Sacheinlage (also im Wege der Einzelrechtsnachfolge, durch Abtretung, Auflassung, Schuldübernahme etc.), oder (wenn das Einzelunternehmen im Handelsregister eingetragen ist oder wird) im Wege der partiellen Gesamtrechtsnachfolge[687] durch Ausgliederung zur Aufnahme, § 152 UmwG, **übertragen** werden. Ertragsteuerlich gilt nicht § 6 Abs. 3 EStG, sondern **§ 24 UmwStG**, sofern die Mitunternehmerstellung des Einbringenden dadurch erweitert wird (= Verbuchung auf einem variablen Kapitalkonto, ggf. zusätzlich auf eine gesamthänderisch gebundenen Rücklagenkonto, nicht jedoch bei ausschließlicher Verbuchung auf einem Darlehenskonto oder aber einem gesamthänderisch gebundenen Rücklagenkonto, Tz. 24.07 UmwStE 2011: Auflösung der stillen Reserven gem. §§ 16, 34 EStG[688]). Für die Besteuerung des Gewinns aus der Veräußerung solcher als Folge einer Einbringung erworbener Mitunternehmeranteile enthalten §§ 24 ff. UmwStG (anders als bei einbringungsgeborenen Kapitalgesellschaftsanteilen, §§ 20 ff. UmwStG) keine Besonderheiten.[689]

5976 Bei Geltung des § 24 UmwStG kann auf **Antrag** – der bis zur erstmaligen Abgabe der maßgeblichen Schlussbilanz möglich ist, Tz. 24.03, 20.21 UmwStE 2011 – das in die Personengesellschaft eingebrachte Betriebsvermögen durch die aufnehmende Personengesellschaft[690] zum **Buchwert** oder einem Zwischenwert angesetzt werden (der Einbringende hat, sofern er sich nicht dies ver-

---

[687] Die (partielle) Gesamtrechtsnachfolge hat den Vorteil, dass Gläubiger bzw. Vertragspartner bei der Übernahme der Vertragsverhältnisse (z.B. Darlehen) nicht zuzustimmen haben, ist aber aufwändiger.
[688] Vgl. *Stinn*, NWB 2012, 1151, 1158. Wesentliches Abgrenzungskriterium zwischen Kapital- und Darlehenskonto ist die Verbuchung der Verluste nach Maßgabe der gesellschaftsvertraglichen Vereinbarung, BMF-Schreiben v. 30.05.1997, BStBl 1997 I, 627: Sofern keine Verlustverbuchung stattfindet, liegt ein Darlehenskonto vor.
[689] Vgl. zur ertragsteuerlichen Behandlung der Gewinne *Patt*, EStB 2016, 373 ff.
[690] BFH, 12.10.2011 – VIII R 12/08, NJW 2012, 555.

C. Steuerliche Folgen der Übertragung des Wirtschaftsguts selbst — Kapitel 13

traglich vorbehält,[691] keinen Einfluss auf diese Entscheidung, obwohl dieser Wert gem. § 24 Abs. 3 Satz 1 UmwStG zwingend als sein Veräußerungspreis anzusetzen ist!). Nach Auffassung des BFH kann dann auch für andere Gegenleistungen als die Gewährung von Gesellschaftsrechten (z.B. den Erhalt einer Darlehensforderung, sog. Mischentgelt) die Buchwertfortführung erlangt werden, sofern die Summe der Gegenleistungen den Buchwert des Eingebrachten nicht übersteigt[692] (Analogie zu § 20 Abs. 2 Satz 4 UmwStG a.F.); seit dem SteueränderungsG 2015 ist nun ausdrückliche Voraussetzung für das Ansatzwahlrecht zwischen Buch- und Zwischenwert, dass der gemeine Wert der sonstigen Gegenleistungen nicht mehr beträgt als (a) **25 % des Buchwertes** oder aber als (b) **500.000 Euro**, höchstens jedoch den Buchwert des eingebrachten Vermögens.

Vor der Einbringung können einzelne wesentliche Betriebsgrundlagen an Dritte veräußert werden.[693]

Die durch § 24 UmwStG bei der Einbringung eines Betriebs in eine Personengesellschaft (auch bspw. der Aufnahme eines Gesellschafters durch einen Einzelunternehmer in sein dadurch zur Personengesellschaft werdendes Unternehmen) zur Verfügung stehenden **Wahlrechte** zwischen dem Ansatz der gemeinen Werte, von Zwischenwerten oder der Fortführung der Buchwerte lösen – über die Rdn. 5950 ff. angestellten Betrachtungen zum Für und Wider der Buchwertfortführung – zusätzliche Überlegungen aus: 5977

(1) Der Ansatz der gemeinen Werte durch Aufdeckung der stillen Reserven ist – soweit er auf den Anteil des bisherigen Einzelunternehmers bzw. bisher bereits beteiligten Gesellschafters entfällt – ein laufender, nicht tarifbegünstigter Gewinn (vgl. § 24 Abs. 3 Satz 3 UmwStG, § 16 Abs. 2 Satz 3 EStG); beim Ansatz von Zwischenwerten ist der verbleibende erzielte Gewinn nicht begünstigungsfähig.

(2) Werden die Buchwerte fortgeführt, zahlt jedoch der neu eintretende Gesellschafter einen »Kaufpreis« für die anteiligen stillen Reserven, setzt dies die Bildung negativer Ergänzungsbilanzen voraus,[694] so dass für steuerliche Kontrollrechnungen das weitere steuerliche Schicksal der ausgewiesenen Bilanzpositionen in den folgenden Jahren dokumentiert werden muss. Der Altgesellschafter muss im Ergebnis in den folgenden Jahren einen Teil der verkauften stillen Reserven als laufenden, nicht tarifbegünstigten Gewinn versteuern. Zu bedenken ist ferner, dass Buchwertfortführungen gem. § 24 Abs. 2 Satz 2 UmwStG n. F. dann scheitern, wenn schädliche Zuzahlungen in das Privatvermögen des Einbringenden erfolgen (mehr als 25 % des Buchwertes des eingebrachten Betriebsvermögens oder 500.000 €). Gefährlich wäre es, die vom »Eintretenden« in das Betriebsvermögen korrekt eingebrachten Mittel nur nach kurzer Zwischenzeit durch Entnahme in das Privatvermögen des »abgebenden Teils« zu überführen.[695] Weitere mitunter vorgeschlagene »Umgehungsmodelle«, um wirtschaftlich einen Zufluss beim »Veräußerer« zu erreichen, ohne tatsächlich Betriebsvermögen zu übertragen (und damit die Gestaltungsgrenzen des § 24 Abs. 2 Satz 2 UmwStG zu umgehen), das sogenannte »Gewinn-vorab-Modell« und das »Null-Beteiligungsmodell«, werden durch die Finanzverwaltung nicht anerkannt. 5978

(3) Wenn die Versteuerung stiller Reserven gewählt wird, lässt sich der durch Tarifermäßigung erzielbare Effekt mitunter noch dadurch steigern, dass der zu erwartende, buchmäßige Gewinn 5979

---

691 Durch Festlegung des Inhalts des auszuübenden Wahlrechts, gepaart mit der Verpflichtung, etwaige Steuernachteile aus abweichender Wahlrechtsausübung zu erstatten, vgl. Formulierungsvorschlag bei *Ihle*, notar 2013, 45, 53.
692 BFH, 18.09.2013 – X R 42/10, MittBayNot 2014, 387 m. Anm. *Brandenberg*, gegen Tz. 24.07 UmwStE 2011.
693 § 24 UmwStG ist weder gem. § 42 AO noch unter dem Gesichtspunkt des Gesamtplans gefährdet, BFH, 09.11.2011 – X R 60/09, MittBayNot 2012, 326 m. Anm. *Wendt*.
694 Umwandlungssteuererlass 2011, Rz. 24.14, BStBl. 2011 I, 1314.
695 Vgl. *Paus*, EStB 2017, 208, 211.

auf mehrere Erwerber verteilt wird, oder auf mehrere Jahre verteilt wird (wobei der Freibetrag und der ermäßigte Steuersatz, anders als die Fünftel-Regelung, vom einzelnen Steuerpflichtigen nur einmal in Anspruch genommen werden kann: Objektbeschränkung) oder aber darauf zu achten, dass das sonstige, neben der Fünftel-Regelung nichtbegünstigte Einkommen im betreffenden Veranlagungsjahr möglichst gering ist, um die Wirksamkeit der Vergünstigung zu steigern. Denkbar ist bspw. auch, die Veräußerung mehrerer Teilbetriebe getrennt durchzuführen, so dass für beide Veräußerungen die Fünftel-Regelung, für einen der beiden Veräußerungsvorgänge zusätzlich der Veräußerungsfreibetrag und zusätzlich der ermäßigte Steuersatz in Anspruch genommen werden können.

5980 Besonderheiten gelten hinsichtlich der Interessenlage, wenn ein Einzelunternehmen in eine Personengesellschaft mit **familienfremden Beteiligten** eingebracht wird. Sind in einem Wirtschaftsgut (regelmäßig dem Betriebsgrundstück) besonders hohe stille Reserven vorhanden, wird der einbringende »Senior-Gesellschafter« häufig nicht wünschen, dass diese auch den familienfremden Mitgesellschaftern zugekommen. Behält er das Betriebsgrundstück als sein Sonderbetriebsvermögen zurück, zählt dieses samt der darin enthaltenen stillen Reserven weiterhin allein zu seiner Mitunternehmerschaft. Wird es jedoch ins Gesamthandseigentum eingebracht, und soll der »Mehrwert« dem »Neu-Gesellschafter« nicht »entschädigungslos« zufließen, sind mehrere Gestaltungsalternativen denkbar:

5981 (1) Die Einbringung erfolgt in der Eröffnungsbilanz der Personengesellschaft gem. § 24 Abs. 2 Satz 1 UmwStG zu Teil- oder zumindest Zwischenwerten; die Sofortbesteuerung[696] der aufgedeckten stillen Reserven lässt sich durch eine negative Ergänzungsbilanz des Gesellschafters gem. § 24 Abs. 2 Satz 1 UmwStG, welche die Gesellschaftsbilanz selbst insoweit »zudeckt«, vermeiden (Gleiches gilt gem. § 20 UmwStG auch bei der Einbringung eines Einzelunternehmens in eine Kapitalgesellschaft).

5982 (2) Erfolgt die Einbringung zu Buchwerten, können die stillen Reserven dadurch ausgeglichen werden, dass der Gewinnverteilungsschlüssel sich nicht nach der Höhe der Kapitalkonten I (vgl. Rdn. 2612), sondern nach dem Verhältnis der Teilwerte des eingebrachten Gesellschaftsvermögens bemisst.

5983 (3) Alternativ kann schließlich im Fall der Übernahme zu Buchwerten zur Abgeltung der eingebrachten stillen Reserven ein »Gewinnvorab« für den Mehrwert im Umlauf- und Anlagevermögen gewährt werden (für die stillen Reserven im Anlagevermögen handelt es sich um Sondervergütungen i.R.d. einheitlichen gesonderten Gewinnfeststellung gem. § 180 Abs. 2 AO). Eine fixe Gewinn-Vorab-Regelung wird allerdings von der Finanzverwaltung mitunter[697] als ratenweise Zahlung eines Veräußerungsgewinns beurteilt, so dass ein variabler Gewinn-Vorab, z.B. gekoppelt an den Jahresgewinn oder in jährlich fallender Höhe, ratsam ist.

4. Entgeltliche Aufnahme einer natürlichen Person in ein Einzelunternehmen

5984 Die **entgeltliche** Einbringung eines Einzelunternehmens in eine Personengesellschaft vollzieht sich insb. im Rahmen einer **Sozietätsgründung durch Einbringung einer Einzelpraxis**[698] (zur unentgeltlichen Aufnahme einer natürlichen Person in ein Einzelunternehmen vgl. dagegen vorstehend Rdn. 5972 ff.). Sie kann in unterschiedlichen Gestaltungsvarianten mit je abweichenden Steuerfolgen durchgeführt werden:

---

696 Gem. § 24 Abs. 3 Satz 3 UmwStG ist der Übertragungsgewinn nicht tarifbegünstigt und daher als gelaufener Gewinn zu versteuern, soweit der Einbringende selbst an der Personengesellschaft beteiligt ist, vgl. Rdn. 5983 f.
697 Gestützt etwa auf FG München, 30.11.1989, EFG 1990, 319.
698 Vgl. zum Folgenden umfassend *Schoor*, NWB 2010, 1916 ff.

C. Steuerliche Folgen der Übertragung des Wirtschaftsguts selbst **Kapitel 13**

a) Bargründung einer Personengesellschaft

Leisten sowohl der »aufnehmende« als auch der »eintretende« Gesellschafter jeweils eine Bareinlage gemäß ihrer künftigen Beteiligungsquote und erwirbt sodann diese bar gegründete Personengesellschaft vom bisherigen Einzelunternehmer den Betrieb durch Bezahlung, liegt ein schlichtes Veräußerungsgeschäft vor, das beim Verkäufer zur Auflösung der stillen Reserven führt (Differenz der Buchwerte der anteilig veräußerten Wirtschaftsgüter zum darauf entfallenden Kaufpreis). Dieser Veräußerungsgewinn ist nicht gem. §§ 16, 34 EStG (Rdn. 6033 ff.) steuerbegünstigt: hinsichtlich desjenigen Anteils, zu dem er selbst an der erwerbenden Gesellschaft beteiligt ist, scheidet die Privilegierung gem. § 16 Abs. 2 Satz 3 EStG (bei Freiberuflern i.V.m. § 18 Abs. 3 Satz EStG) aus (keine Begünstigung der Veräußerung an sich selbst),[699] hinsichtlich des »tatsächlich veräußerten Anteils« deshalb, weil der Veräußerer seine (frei-)berufliche Tätigkeit im bisherigen örtlichen Wirkungskreis nicht eingestellt hat, sondern sie in der erwerbenden Gesellschaft weiterführt, so dass keine Betriebsaufgabe im Ganzen vorliegt.[700] Der Veräußerungsgewinn ist also zum vollen Steuersatz zu versteuern. Die Buchwertoption gem. § 24 UmwStG (Rdn. 5986) steht naturgemäß nicht zur Verfügung.

5985

b) Einbringungsvorgang gem. § 24 UmwStG

Erfolgt die Einbringung eines Unternehmens (bzw. einer freiberuflichen Einzelpraxis)[701] in eine Personengesellschaft gegen Gewährung (zumindest auch)[702] von Gesellschaftsrechten, ohne dass Zuzahlungen in das Privatvermögen des Einbringenden erbracht werden, eröffnet § 24 UmwStG – obwohl eigentlich ein veräußerungsähnliches Tauschgeschäft vorliegt – die Wahlmöglichkeit zur Einbringung zu Buch- oder Zwischenwerten anstelle des an sich anzusetzenden gemeinen Werts. Wird ein weiterer Gesellschafter in eine bestehende Personengesellschaft aufgenommen, ohne selbst Vermögenswerte einzubringen, ist § 24 UmwStG verwirklicht, wenn der Eintretende eine Einlage lediglich in das Gesellschaftsvermögen leistet, nicht jedoch Entgelt an die Altgesellschafter entrichtet (dann verwirklichen Letztere einen Veräußerungsvorgang i.S.d. § 16 EStG, auch wenn die Zuzahlung in ein der Besteuerung unterliegendes sonstiges Betriebsvermögen eines Altgesellschafters erfolgt[703]).

5986

▶ Beispiel:

Der bisherige Einzelunternehmer bringt sein Unternehmen als Sacheinlage ein, der »Beitretende« das Äquivalent seiner Beteiligung am künftigen Gesamtunternehmen in Geld (d.h. bei einem Wert des Einzelunternehmens 300.000,00 €: Einzahlung von ebenfalls 300.000,00 €, bei künftig je hälftiger Beteiligung beider): § 24 UmwStG ist erfüllt. Zahlt stattdessen bei den vorgenannten Wertverhältnissen der »Eintretende« lediglich 150.000,00 € in das Privatvermögen des Einbringenden (mit wirtschaftlich gleichem Ergebnis), ist § 24 UmwStG nicht erfüllt, s. zu dieser Alternative unten Rdn. 5995.

5987

Sind die Voraussetzungen des § 24 UmwStG erfüllt, kann die Gesellschaft anstelle des nach § 24 Abs. 2 Satz 1 UmwStG grds. geltenden Ansatzes der Wirtschaftsgüter mit dem gemeinen Wert (Verkehrswert) alternativ die Fortführung der Buchwerte oder den Ansatz von Zwischenwerten wählen. Bei der Wahl des Verkehrswertes findet insgesamt, bei der Wahl eines Zwischenwertes

5988

---

699 BFH, 15.06.2004 – VIII R 7/01, BStBl. 2004 II, S. 754.
700 BFH, 29.05.2008 – VIII B 166/07, BFH/NV 2008, 1478.
701 BFH, 05.04.1984 – IV R 88/80, BStBl. 1948 II, S. 518, selbst wenn Gewinnermittlung durch Einnahmen-Überschuss-Rechnung erfolgt.
702 Die Gewährung weiterer Leistungen stört gem. BFH, 24.06.2009 – VIII R 13/07, BStBl. 2009 II, S. 993, nicht, solange sie nicht in einer Zuzahlung in das Privatvermögen des Einbringenden besteht.
703 BFH, 17.09.2014 – IV R 33/11, EStB 2015, 117.

z.T. eine Aufdeckung der stillen Reserven statt, da der Ansatz in der Bilanz der Personengesellschaft einschließlich der Ergänzungsbilanzen für die Gesellschafter für den Einbringenden als Veräußerungspreis gilt (§ 24 Abs. 3 Satz 1 UmwStG).

5989 Für den »Einbringungsgewinn« i.H.d. Differenz zwischen dem Kapitalkonto des Einbringenden nach der Einbringung (**Verkehrswerte**) und vor der Einbringung (Buchwert der Praxis) gilt die Steuerbegünstigung der §§ 16, 34 EStG, vgl. § 24 Abs. 3 Satz 2 UmwStG, ohne dass es auf die tatsächliche Aufgabe des Betriebs (Nichtfortführung der Tätigkeit, wie oben im Fall a) erforderlich) ankäme. Allerdings gilt gem. § 24 Abs. 3 Satz 3 UmwStG der vorerwähnte § 16 Abs. 2 Satz 3 EStG entsprechend, d.h. die Tarifbegünstigung entfällt für die Quote, in welcher der Einbringende an der aufnehmenden Personengesellschaft beteiligt ist (im vorstehenden Beispiel Rdn. 5987 also zur Hälfte). Dieser hälftige Einbringungsgewinn wird also wie ein laufender Gewinn besteuert. Für den begünstigten (im Beispiel hälftigen) Restanteil gilt wahlweise die Fünftel-Regelung des § 34 Abs. 1 EStG oder auf Antrag der reduzierte Tarif i.H.v. 56 % des durchschnittlichen Steuersatzes, mindestens jedoch 15 %, § 34 Abs. 3 EStG, sowie der Freibetrag nach § 16 Abs. 4 EStG (i.H.v. 45.000,00 €), vgl. Rdn. 6033 ff.

5990 Auch diejenigen Wirtschaftsgüter des bisherigen Einzelunternehmens, die bei der aufnehmenden Personengesellschaft lediglich Sonderbetriebsvermögen (vgl. Rdn. 5725 ff.) werden, müssen dann mit demselben (hier: gemeinen) Wert angesetzt werden; der dabei entstehende Einbringungsgewinn ist allerdings nicht tarifbegünstigt.[704]

5991 Wurde der Gewinn bisher durch Einnahmen-Überschuss-Rechnung gem. § 4 Abs. 3 EStG ermittelt, muss nach Ansicht des BFH[705] und früher auch der Finanzverwaltung[706] für die Zwecke der Einbringung eine »Übergangsbilanz« gem. § 4 Abs. 1 EStG erstellt werden; nunmehr erlaubt es die Finanzverwaltung auch, auf den vorübergehenden Übergang zur Bilanzierung zu verzichten.[707]

5992 Für die Anwendung des § 24 UmwStG ist es unschädlich, wenn Gegenstände, die nicht zu den wesentlichen Grundlagen des bisherigen Betriebs gehören, zurückbehalten werden, sei es als restliches Betriebsvermögen (so dass nachträgliche Praxiseinkünfte entstehen, § 24 Nr. 2 EStG[708]) oder als Privatvermögen. Nichtwesentliche Betriebsgrundlagen sind die übliche Büroeinrichtung und der Fuhrpark sowie die Forderungen und Verbindlichkeiten des bisherigen Betriebs, z.B. Forderungen aus erbrachten freiberuflichen Leistungen.[709] Wesentliche Betriebsgrundlagen sind jedoch typischerweise Grundbesitz sowie der Mandantenstamm und der Goodwill (Praxiswert), ggf. auch die Praxiseinrichtung.

5993 Wird stattdessen die Einbringung zu **Buchwerten** gewählt, entfällt die (ggf. gemilderte) Versteuerung eines Einbringungsgewinns, andererseits wird aber auch kein zusätzliches Abschreibungspotenzial geschaffen. Bilanziell kann entweder so vorgegangen werden, dass in der Steuerbilanz der Personengesellschaft die Buchwerte angesetzt werden, für den die Bareinlage einbringenden Gesellschafter jedoch eine positive Ergänzungsbilanz (Rdn. 2665) aufgestellt wird, oder aber der

---

704 BFH, 21.09.2000 – IV R 54/99, BStBl. 2001 II, S. 178.
705 BFH, 05.04.1984 – IV R 88/80, BStBl. 1948 II, S. 518, selbst wenn Gewinnermittlung durch Einnahmen-Überschuss-Rechnung erfolgt.
706 R 4.5 Abs. 6 EStR.
707 Verfügung der OFD NRW v. 09.02.2016 (Rn. 24.03 UmwStE 2011 ist insoweit überholt), vgl. hierzu *Levedag*, NWB 2016, 1881 ff.
708 Versteuerung erst mit Zufluss dieser Forderungen [a.A. die Finanzverwaltung], vgl. BFH, 04.12.2012 – VIII R 41/09, EStB 2013, 120. Zu den hieraus sich ergebenden Gestaltungsmöglichkeiten *Paus*, EStB 2013, 394 ff. Ungeklärt ist, ob hinsichtlich des Restbetriebs »zurückbehaltene Forderungen« ein Wahlrecht hinsichtlich der Einkunftsart bzw. der Überführung in das Privatvermögen besteht.
709 BFH, 01.08.2007 – XI R 47/06, BStBl. 2008 II, S. 106, a.A. jedoch die Finanzverwaltung: OFD Karlsruhe, 08.10.2007.

Ansatz der gemeinen Werte in der Steuerbilanz der Gesellschaft durch eine korrespondierende negative Ergänzungsbilanz für den die Praxis einbringenden Gesellschafter neutralisiert wird.[710]

Wird schließlich der Ansatz zu einem **Zwischenwert** gewählt, etwa um eine optimale Verlustnutzung zu erreichen, ist allerdings der (entsprechend reduzierte) Veräußerungs- bzw. Einbringungsgewinn des bisherigen Einzelunternehmers in vollem Umfang und zum normalen Steuersatz steuerpflichtig, die Tarifvergünstigungen nach §§ 16, 34 EStG können hierfür nicht gewährt werden.[711]

c) Einbringung außerhalb des § 24 UmwStG

Erfolgt die Einbringung ohne Einhaltung der Voraussetzungen des § 24 UmwStG, also insb. unter Leistung von Zuzahlungen in das Privatvermögen des Einbringenden, wird Letzterer so behandelt, wie wenn er einen rechnerischen Mitunternehmeranteil an der Personengesellschaft, die eine logische Sekunde vor der Weiterübertragung entstanden ist, entgeltlich veräußert hätte. Es entsteht demnach ein Veräußerungsgewinn i.H.d. Differenz zwischen der Zuzahlung in das Privatvermögen und den Buchwerten der anteilig übertragenen Wirtschaftsgüter des Betriebsvermögens (im Beispiel oben Rdn. 5987, bei einer Zuzahlung von 150.000,00 € und künftig je hälftiger Beteiligung an der Personengesellschaft, welcher Wirtschaftsgüter im Buchwert von gesamt 100.000,00 € zugutekommen, entsteht also ein Veräußerungsgewinn von 150.000,00 € minus 50.000,00 € = 100.000,00 €). Dieser Veräußerungsgewinn unterliegt stets dem regulären Steuersatz, da gem. § 16 Abs. 1 Satz 1 Nr. 2 EStG die Veräußerung eines Teil-Mitunternehmeranteils nicht begünstigt ist, sondern lediglich die Veräußerung des gesamten Mitunternehmeranteils (steuerlich wird er also so behandelt, wie wenn in der logischen Sekunde der Einbringung eine Ein-Personen-Personengesellschaft entstanden wäre).

Für den beitretenden Gesellschafter stellt die Zuzahlung jedoch Anschaffungskosten auf seinen erworbenen hälftigen Mitunternehmeranteil dar, den er abschreiben kann, je nachdem auf welche Wirtschaftsgüter der Kaufpreis entfällt (hinsichtlich des Goodwill erfolgt i.d.R. eine Abschreibung binnen 6 bis 10 Jahren,[712] da der bisherige Inhaber weiter mitarbeitet, andernfalls innerhalb von 3 bis 5 Jahren).[713]

Buchungstechnisch wird der Mehrwert aufgrund der Zuzahlung in einer sog. »Ergänzungsrechnung« zur Einnahmen- und Überschussrechnung der Personengesellschaft (GbR/Partnerschaft) ausgewiesen bzw. in einer Ergänzungsbilanz (Rdn. 2665) im Fall der Bilanzierung.[714]

5. Unentgeltliche Übertragung eines Mitunternehmeranteils

§ 6 Abs. 3 Satz 1 Halbs. 1 EStG[715] erlaubt schließlich die unentgeltliche[716] und damit zum Buchwert erfolgende Übertragung eines **Mitunternehmeranteils**, solange auch alle Wirtschaftsgüter des Sonderbetriebsvermögens, die für die Mitunternehmerschaft funktional wesentlich sind

---

710 Zu beiden Bilanzierungsmethoden mit Beispielen vgl. *Schoor*, NWB 2010, 1922 ff.
711 BFH, 26.02.1981 – IV R 98/79, BStBl. 1981 II, 568.
712 BMF-Schreiben v. 15.01.1995, BStBl. 1995 I, S. 14; BFH, 24.02.1994 – IV R 33/93, BStBl. 1994 II, 590.
713 BFH, 28.09.1993 – VIII R 67/92, BStBl. 1994 II, 449.
714 Vgl. *Schoor*, NWB 2010, 1929, auch zur Frage, ob insoweit eine Übergangs- bzw. Einbringungsbilanz erforderlich ist, selbst wenn dann sofort wieder zu § 4 Abs. 3 EStG übergegangen wird (nach Ansicht der Finanzverwaltung ja, die Ansicht des BFH ist noch offen).
715 Vgl. hierzu insb. BMF-Schreiben v. 03.03.2005, BStBl. 2005 I, S. 458.
716 Die Übernahme von betrieblichen oder aus der Anschaffung des Sonderbetriebsvermögens herrührenden Verbindlichkeiten stellt keine Gegenleistung dar, ebenso wenig eine Übertragung gegen Versorgungsleistungen, Rdn. 6317.

(also jedenfalls zur Nutzung dauerhaft überlassene Wirtschaftsgüter und der Komplementäranteil, vgl. Rdn. 6507), mitübertragen werden.

5999 Wird solches Sonderbetriebsvermögen (SBV) im Eigentum zurückbehalten oder im Erbwege anders als der Mitunternehmeranteil übertragen[717] und handelt es sich beim SBV um funktional wesentliche Betriebsgrundlagen (Rdn. 5951), liegt eine Aufgabe des gesamten Mitunternehmeranteils i.S.d. § 16 Abs. 3 Satz 1 EStG vor mit der katastrophalen Folge der Versteuerung aller stillen Reserven im Gesellschaftsanteil und im Sonderbetriebsvermögen (allenfalls, einmalig bei Erwerbsunfähigkeit oder Vollendung des 55. Lebensjahres, tarifbegünstigt gem. § 34 Abs. 2 EStG).[718] Diese schlimme Folge tritt oft von Todes wegen ein, wenn im KG-Vertrag eine unmittelbare oder eine qualifizierte Nachfolgeklausel enthalten ist, so dass Sonderrechtsnachfolge eintritt, während der im Privatvermögen stehende Grundbesitz in den allgemeinen Nachlass fällt:[719] anteilige Entnahme des Sonderbetriebsvermögens, sofern es auf nicht den Mitunternehmeranteil erwerbende Miterben fällt; diese Teilentnahme – steuerpflichtig in der Person des Erblassers – ist nicht i.S.d. §§ 16, 34 EStG tarifbegünstigt, aber auch nicht gewerbesteuerpflichtig.[720] Zur Vermeidung dieser Folgen vgl. Rdn. 5895 (Alleinerbenmodell etc.).

6000 Dieselbe Folge der (ungewollten) Auflösung aller stillen Reserven tritt aufgrund lebzeitiger Übertragungen ein, bspw. in der Land- und Forstwirtschaft, wenn der »Altbauer« lediglich seinen Anteil an der landwirtschaftlichen »Vater/Sohn-BetriebsGbR« überträgt, nicht jedoch den an diese verpachteten, land- und forstwirtschaftlichen Grundbesitz, also das SBV.[721] Es würde auch nicht helfen, das funktional wesentliche Sonderbetriebsvermögen gewinnneutral in eine andere Personengesellschaft einzubringen.[722] Sofern das weitere Erzielen von Erträgen durch Fortsetzung der Vermietung an die Personengesellschaft im Vordergrund steht, kann dem Übergeber möglicherweise die Übertragung des SBV unter Rückbehalt eines Nießbrauches[723] nahegebracht werden.

6001 Andernfalls kann die Situation ggf. **gerettet** werden als Betriebsverpachtung[724] des Vaters an den Sohn (R 139 Abs. 5 EStR: Verpächterwahlrecht bis zu einer ausdrücklichen und unmissverständ-

---

717 Dies ist z.B. der Fall, wenn im KG-Vertrag eine unmittelbare bzw. eine qualifizierte Nachfolgeklausel enthalten ist, so dass Sonderrechtsnachfolge eintritt, während der im Privatvermögen stehende Grundbesitz in den allgemeinen Nachlass fällt. Diese Nachteile werden vermieden, wenn der kraft Gesellschaftsrecht zum Nachfolger Bestimmte zugleich Alleinerbe ist, oder wenn das Gesellschaftsrecht in Gestalt einer »einfachen Nachfolgeklausel« sich dem Erbrecht unterordnet.
718 Vergleichbar dem ungewollt sich vollziehenden Anschaffungsvorgang bei der Beendigung einer Betriebsaufspaltung, sowie bei der Erbauseinandersetzung gegen Abfindung aus dem sonstigen Vermögen, Rdn. 5924.
719 Vgl. Tz. 23 Satz 2 und Tz. 5 des BMF-Schreibens v. 03.03.2005, BStBl. 2005 I, S. 458.
720 BFH, 15.03.2000 – VIII R 51/98, ZEV 2000, 244; vgl. auch *Geck*, ZEV 2005, 196, 200.
721 Vgl. Schreiben des BMF v. 09.11.2005 zur Anwendung des BMF-Schreibens v. 03.03.2005 zu § 6 Abs. 3 EStG (BStBl. 2005 I, S. 458) in der Land- und Forstwirtschaft.
722 BFH, 06.05.2010 – IV R 52/08, ErbStB 2010, 259.
723 *B. Meyer/Hartmann*, INF 2006, 829. Anders als im Sachverhalt Rdn. 5780 (Rückbehalt eines Nießbrauchs bei der Übertragung eines unmittelbaren Betriebsgrundstücks) liegt wohl auch in der Nießbrauchsvereinbarung keine Entnahme zu betriebsfremden Zwecken, da das Wirtschaftsgut weiterhin im Funktionszusammenhang zum Betrieb steht und die Besteuerung der stillen Reserven beim Erwerber sichergestellt ist, vgl. BFH, 26.11.1998 – IV R 39/98, BStBl. 1998 II, S. 263. Stirbt der Nießbraucher, vollzieht sich dies in den Sonderbilanzen steuerneutral, BFH, 16.12.1988 – III R 113/85, BStBl. 1989 II, S. 763.
724 Nach Ansicht des BMF bestehen allerdings Bedenken am Bestand eines verpachteten, ruhenden Gewerbebetriebes, wenn sich in der auf den Sohn übertragenen GbR-Beteiligung ebenfalls wesentliche Betriebsgrundlagen (Maschinen) befanden.

lichen Aufgabehandlung: Rdn. 6094), oder der väterliche Grundbesitz kann zuvor[725] gem. § 6 Abs. 5 EStG in ein neues Betriebsvermögen des Vaters überführt werden, entweder ohne Rechtsträgerwechsel (als SBV einer neuen Mitunternehmerschaft) oder z.B. durch Übertragung in eine gewerblich geprägte Personengesellschaft (Rdn. 5750) unter (zwingender) Buchwertfortführung nach § 6 Abs. 5 Satz 3 EStG (Modelle: mitunternehmerische Betriebsaufspaltung[726] sowie Ausgliederungsmodell[727]). **Aus Sonderbetriebsvermögen wird somit Betriebsvermögen** der gewerblich geprägten Personengesellschaft (s.a. Rdn. 5894). Ist das einzubringende Sonderbetriebsvermögen jedoch belastet, läge in der Übernahme dieser Verbindlichkeiten durch die Gesellschaft nach Auffassung der Finanzverwaltung – entgegen der Auffassung des BFH, wobei insoweit der IV. Senat (»modifizierte Trennungstheorie«) und der X. Senat (»strikte Trennungstheorie«) differieren, vgl. Rdn. 6054 – eine Gegenleistung, da dem Einbringenden neben der Gewährung von Gesellschaftsrechten weitere Leistungen erbracht werden (mit der Folge eines insoweit entgeltlichen Vorgangs, also der Aufdeckung etwaiger stiller Reserven, Trennungstheorie). In diesem Fall sollte lediglich der Aktivwert übergehen; die Verbindlichkeiten bleiben weiter in der Sonderbilanz passiviert[728] und berechtigen, da sie mit der Beteiligung im Zusammenhang stehen, weiterhin zum Schuldzinsabzug (um die Bedienung dieser Sonderbetriebsschulden zu ermöglichen, bedarf es häufig entsprechender Gewinnverteilungsabreden).

Wird sodann, nach buchwertbegünstigter Übertragung des Sonderbetriebsvermögens z.B. an eine GmbH & Co. KG desselben Beteiligten, zeitnah[729] allein der verbleibende Mitunternehmeranteil der »Betriebsgesellschaft« übertragen, sieht die Finanzverwaltung[730] (abweichend von der 6002

---

725 Nach BFH, 02.08.2012 – IV R 41/11 ZEV 2012, 685 m. Anm. *Geck* auch zeitgleich (§ 6 Abs. 5 – in Bezug auf das SBV – und § 6 Abs. 3 EStG – in Bezug auf den Gesamthandsanteil – stehen gleichberechtigt nebeneinander); vgl. auch *Mensch*, ZErb 2013, 218 f. Hierzu *Brandenberg*, DB 2012, 2375; DB 2013, 17 und *Wartenburger*, MittBayNot 2013, 266 ff.; zur abweichenden Auffassung der Finanzverwaltung *Schoor*, NWB 2014, 2954, 2962 f.
726 BFH, DStR 1998, 238: zur Vermeidung der Entstehung von Sonderbetriebsvermögen wird dieses zu Lebzeiten in eine neu zu gründende Schwester-Personengesellschaft eingebracht zu Buchwerten gem. § 6 Abs. 5 Satz 3 Nr. 2, 2. Alt. EStG 2001: *Tiedtke*, NotRV 2004, S. 143 ff.; *Brandenberg*, NWB 2008, 4300 ff. = Fach 3, S. 15330 ff. Eine mitunternehmerische Betriebsaufspaltung bildet sich gemein. BFH, 18.08.2005 – IV ZR 59/04, BStBl. 2005 II, S. 830 auch, wenn das Grundstück im Miteigentum von A und B gehalten wird, es damit Sonderbetriebsvermögen einer »besitzlosen Willensbildungs-GbR«, die es ihrerseits der Betriebsgesellschaft [z.B. A-B OHG] im Rahmen einer Betriebsaufspaltung überlässt, vgl. BMF v. 07.12.2006, DStR 2006, 2314.
727 *Schmidt*, EStG, 27. Aufl. 2008, § 15 Rn. 227: Übertragung in das Gesamthandsvermögen einer gewerblich geprägten GmbH & Co. KG gegen Gewährung von Gesellschaftsrechten, § 6 Abs. 5 Satz 3 Nr. 1 EStG. Als solche gilt auch die Gutschrift auf einem Konto der aufnehmenden Gesellschaft, das keine Verzinsung aufweist, sondern Eigenkapitalcharakter hat: BMF v. 26.11.2004, BStBl. 2004 I, S. 1190; *Crezelius*, DB 2004, 397.
728 Handelsrechtlich werden die Kapitalkonten entsprechend der tatsächlichen Beiträge der Gesellschafter angepasst; steuerrechtlich wird, um eine zutreffende Darstellung der Beteiligung am Kapital zu gewährleisten, i.d.R. der Teilwert angesetzt und der Aufstockungsgewinn durch eine Ergänzungsbilanz neutralisiert.
729 Wohl bei weniger als einem Jahr, vgl. BFH, 16.09.2004 – IV R 11/03, BStBl. 2004 II, S. 1068; die Fünf-Jahres-Frist des § 6 Abs. 3 Satz 2 EStG ist sicherlich die Obergrenze.
730 BMF, 12.09.2013 – IV C 6 – S 2241/10/10002, BStBl 2013 I 1164; ebenso zuvor BMF-Schreiben v. 03.03.2005, BStBl. 2005 I, S. 458 Tz. 7; ebenso FG Rheinland-Pfalz, 23.09.2009 – 2 K 2493/08 EStB 2011, 306 (Rev. BFH: IV R 41/11, siehe folgende Fn.); zur Rechtslage vor § 6 Abs. 5 Satz 3 EStG auch BFH, 06.05.2010 – IV R 52/08, EStB 2010, 280 m. Anm. *Demuth*; a.A. *Geck*, ZEV 2005, 196.

Auffassung des BFH[731]) in Anwendung (Verkennung?)[732] der »**Gesamtplanrechtsprechung**« (Rdn. 5695)[733] wirtschaftlich wiederum lediglich die Übertragung der unvollständigen Mitunternehmerstellung, so dass die stillen Reserven (allerdings nur im Gesellschaftsanteil der »Betriebsgesellschaft«, nicht im weiterhin steuerverhafteten früheren Sonderbetriebsvermögens-Wirtschaftsgut) zu versteuern sind, und zwar als laufender Gewinn (keine Betriebsaufgabe, daher keine Tarifermäßigung).

6003 Sollte der »Rückbehalt« in erster Linie der weiteren Versorgung des Eigentümers des Sonderbetriebsvermögens dienen (der Einkünfte aus der Vermietung z.B. dieser Immobilie erzielen möchte) könnte als Alternativstrategie auch die Übertragung des gesamten Mitunternehmeranteils (samt SBV) gegen Versorgungsrente erfolgen, oder es wird lediglich ein Teilmitunternehmeranteil übertragen, unter zulässigem Rückbehalt des SBV[734] (Rdn. 6008). Möglicherweise ist auch die Mitübertragung des SBV unter Nießbrauchsvorbehalt[735] ausreichend (das Erfordernis synchroner Mitübertragung des SBV dürfte erfüllt sein, obwohl nicht der neue Gesellschafter, sondern der Nießbraucher den Gebrauch überlässt;[736] andererseits findet wohl eine gewinnrealisierende Entnahme des Nutzungsrechtes durch den Veräußerer statt).[737]

6004 Ferner ist die 3-jährige »Sperrfrist« des § 6 Abs. 5 Satz 4 EStG zu beachten (rückwirkender Teilwertansatz beim Einbringenden, sofern der Erwerber weiterveräußert oder entnimmt!), Rdn. 6065, sowie die Körperschaftsklausel des § 6 Abs. 5 Satz 5, 6 EStG binnen einer Überwachungsfrist von 7 Jahren zur Vermeidung unangemessener Vorteile aufgrund des Teileinkünfteverfahrens (§ 3 Nr. 40 EStG, Rdn. 6066).

---

731 BFH, 02.08.2012 – IV R 41/11 ZEV 2012, 685 m. Anm. *Geck*: § 6 Abs. 5 EStG [in Bezug auf das SBV] und § 6 Abs. 3 EStG [in Bezug auf den Gesamthandsanteil] werden parallel verwirklicht; ausführlich hierzu *Röhrig*, EStB 2013, 106 ff. und 144 ff. Ebenso BFH, 09.12.2014 – IV R 29/14, ZEV 2015, 179, hierzu *Ihle*, notar 2016, 49, 57 und *Hänsch*, NWB 2015, 1914 ff.: es steht der Buchwertfortführung gem. § 6 Abs. 3 EStG nicht entgegen, dass ein Mitunternehmer aufgrund einheitlicher Planung SBV veräußert, bevor er den verbleibenden Mitunternehmeranteil unentgeltlich überträgt; Überblick bei *Demuth*, EStB 2015, 254 ff. In gleicher Weise lehnt BFH, 12.05.2016 – IV R 12/15, ErbStR 2016, 227 = DStR 2016, 1518 [hierzu *Geck/Messner*, ZEV 2016, 631, 633] die analoge Anwendung der für den Empfänger geregelten Behaltefrist auf die Verhältnisse beim Veräußerer ab, da es an einer planwidrigen Unvollständigkeit des § 6 Abs. 3 Satz 2 EStG fehlt.

732 Die Gesamtplandoktrin, Rdn. 5693 ff., wurde vom BFH (BStBl. 2001 II, S. 229) für entgeltliche Vorgänge entwickelt, vgl. *Fuhrmann*, ErbStB 2005, 124. Unklar ist ferner, warum die Buchwertfortführung versagt werden soll, wenn sowohl der vorgelagerte Ausgliederungsschritt gem. § 6 Abs. 5 Satz 3 Nr. 1 bzw. 2 EStG als auch die Übertragung des Mitunternehmeranteils gem. § 6 Abs. 3 EStG zwingend steuerneutral erfolgen.

733 Umfassende Darstellung des Meinungsstandes bei *Brandenberg*, NWB 2008, 4294 ff. = Fach 3, S. 15324 ff.

734 Davon abzuraten ist allerdings, das SBV ebenfalls teilweise (unterquotal) auf den Übernehmer zu übertragen: es entsteht eine mitunternehmerische Betriebsaufspaltung (das Grundstück ist als SBV nunmehr der »Besitzgesellschaft«, z.B. einer Bruchteilsgemeinschaft, zugeordnet, nicht mehr der Betriebsgesellschaft), so dass § 6 Abs. 3 Satz 2 EStG nicht anwendbar ist und eine Zwangsrealisierung der im (Rest-)KG enthaltenen stillen Reserven stattfindet.

735 Vorausgesetzt der Nießbraucher bleibt Mitunternehmer (Rdn. 1495 ff., Rdn. 5795 ff.); andernfalls stellen die Gewinnausschüttungen an den Nießbraucher (neben der Übernahme der im Betriebsvermögen vorhandenen Verbindlichkeiten) eine Gegenleistung dar, die – nachdem Verrechnung mit den Buchwerten stattgefunden hat – nach dem Zuflussprinzip zu versteuern sind, vgl. *Demuth*, EStB 2010, 282.

736 *Binz/Mayer*, DB 2001, 2316, 2319.

737 Vgl. *Brandenberg*, NWB 2008, 4298 = Fach 3, S. 15328.

C. Steuerliche Folgen der Übertragung des Wirtschaftsguts selbst   Kapitel 13

Der Rückbehalt funktional[738] **unwesentlichen (Sonder-)Betriebsvermögens** zwecks Überführung in das Privatvermögen oder in ein anderes Betriebsvermögen (§ 6 Abs. 5 EStG) ist unschädlich, § 6 Abs. 3 Satz 1 EStG bleibt also anwendbar.[739]   6005

Sind die Voraussetzungen des § 6 Abs. 3 EStG erfüllt (unentgeltliche Übertragung, d.h. kein zusätzliches Entgelt neben der Übernahme des negativen Kontos, das seinerseits geringer ist als der Anteil an den stillen Reserven einschließlich Geschäftswert),[740] geht auch das **negative Kapitalkonto** eines Kommanditanteils (**§ 15a EStG**[741] – also ausgleichs- und abzugsfähige Verlustanteile, aber auch lediglich verrechenbare Verlustanteile nach § 15a Abs. 2[742] oder Abs. 3 Satz 4 EStG[743]) auf den Erwerber über,[744] ebenso wie beim Übergang von Todes wegen[745]: Die dem Erwerber künftig zuzurechnenden Gewinnanteile sind bis zur Höhe des verrechenbaren Verlustes nicht zu versteuern;[746] die geänderte Rspr. zur Vererblichkeit des Verlustabzugs[747] steht dem nicht entgegen (ander als bei § 10d EStG mindert ein bloß verrechenbarer Verlust noch nicht die Leistungsfähigkeit des Rechtsvorgängers, vielmehr trägt der Erwerber wirtschaftlich nun den Verlust; wenn er mit dessen Gewinnen verrechnet wird.   6006

Liegt eine **teilentgeltliche Übertragung** vor (da ein zusätzliches Entgelt, z.B. Gleichstellungszahlung – oben Rdn. 5954 – gezahlt wird, wobei jedoch negatives Konto und Entgelt in der Summe noch unter dem Anteil an den stillen Reserven samt Firmenwert bleiben), entstehen Veräußerungsgewinn bzw. Anschaffungskosten i.H.d. Differenz zwischen dem zusätzlichen Entgelt und dem negativen Kapitalkonto,[748] die in einer Ergänzungsbilanz (beim Erwerb durch alle Kommanditisten in der Steuerbilanz der KG) zu aktivieren sind. Dabei ist es gleichgültig, aus welchen Gründe das Kapitalkonto negativ geworden ist, also ob es sich um ausgleichsfähige Verluste oder um Entnahmen i.S.d. § 4 Abs. 1 Satz 2 EStG handelte, in letzterem Fall wiederum gleichgültig ob die Entnahmen nach dem Gesellschaftsvertrag rückzahlungspflichtig oder nicht sind.[749] Ist das übernommene negative Kapitalkonto höher als die anteiligen stillen Reserven, plädiert die Literatur[750] dafür, lediglich i.H.d. anteiligen stillen Reserven eine unentgeltliche Übertragung zu sehen, so dass in der Übernahme des restlichen negativen Kontos ein Gewinn läge, der als Ausgleichsposten in der Ergänzungsbilanz zu aktivieren wäre.   6007

6. Unentgeltliche Übertragung eines Teils eines Mitunternehmeranteils

§ 6 Abs. 3 Satz 1 Halbs. 2 EStG erlaubt schließlich (seit 2002) die unentgeltliche Übertragung eines **Teils eines Mitunternehmeranteils,** allerdings nur, wenn sie an eine **natürliche Person** stattfindet. Behält der Veräußerer Sonderbetriebsvermögen zurück (»unterquotale Übertragung«), ist   6008

---

738 Anders als in §§ 16 Abs. 3, 18 Abs. 3 und 14 EStG gilt hier (wie auch im Umwandlungsteuerrecht) nicht die sog. funktional-quantitative Betrachtungsweise, die Höhe der enthaltenen stillen Reserven ist also unmaßgeblich, vgl. Tz. 3 des BMF-Schreibens v. 03.03.2005, DStR 2005, 475.
739 Tz. 8, 19 des BMF-Schreibens v. 03.03.2005, DStR 2005, 475.
740 Vgl. BMF, 11.03.2010 – IV C 3 – S 2221/09/10004, BStBl. 2010 I 227 Tz. 5.
741 Vgl. hierzu OFD Frankfurt am Main, 04.04.2007 – S 2241 A-11-St213, ESt-Kartei § 15a Karte 8; *Paus*, EStB 2010, 428 ff.
742 FG Düsseldorf, 22.01.2015 – 16 K 3127/12 F, ErbStB 2015, 164 (Az. BFH: IV R 16/15), auch bei der Schenkung nur eines Teilkommanditanteils.
743 BFH, 10.03.1998 – VIII R 79/96, BStBl. 1999 II, S. 269.
744 Ausnahme seit dem JStG 2009: gewerbesteuerlicher Verlustvortrag einer Mitunternehmerschaft geht gem. § 10 Satz 10 Halbs. 2 GewStG i.V.m. § 8c KStG verloren, soweit an ihr unmittelbar oder mittelbar eine Kapitalgesellschaft beteiligt ist, vgl. *Honert/Obser*, EStB 2009, 404 ff.
745 Vgl., auch zum Folgenden, *Koblenzer*, ZEV 2006, 401.
746 BFH, 10.03.1998 – VIII R 76/96, BStBl. 1999 II S. 269.
747 BFH, 17.12.2007 – GrS 2/04, BStBl. 2008 II S. 608.
748 Vgl. BFH, 28.07.1994 – IV R 53/91, BStBl. 1995 II, S. 112.
749 BFH, 09.07.2015 – IV R 19/12, EStB 2015, 307.
750 Vgl. *Schmidt/Wacker*, EStG, 27. Aufl. 2008, § 15a Rn. 232.

dies unschädlich, da er – wenn auch mit geringerer Quote – weiterhin Mitunternehmer geblieben ist (§ 6 Abs. 3 Satz 2 EStG).[751] Auch §§ 13a, 19a ErbStG sollen anwendbar bleiben, Rdn. 5012.[752] Die Buchwertfortführung bei »unterquotaler Übertragung« entfällt allerdings rückwirkend, wenn der Rechtsnachfolger den übernommenen Teil des Mitunternehmeranteils[753] innerhalb von **5 Jahren** auch nur teilweise[754] entgeltlich veräußert[755] oder aufgibt[756] – damit sind rückwirkend beim damaligen Schenker die Teilwerte anzusetzen, so dass ein (mangels Komplettübertragung nicht tarifbegünstigter)[757] Veräußerungsgewinn bzgl. der stillen Reserven des übertragenen Gesellschaftsanteils in der Person des damaligen Schenkers entsteht, ebenso (bei der betroffenen Gesellschaft) Gewerbesteuer, § 7 Abs. 2 GewStG e contrario, während der damals Beschenkte rückwirkend davon profitiert, dass ihm Anschaffungskosten i.H.d. damaligen Teilwerts zugutekommen, so dass sich sein steuerlicher Weiterveräußerungsgewinn entsprechend reduziert. Der **damalige Schenker wird** also für ein von ihm an sich nicht beeinflussbares Verhalten des Beschenkten »**bestraft**«. Der Erwerber eines Teils eines Mitunternehmeranteils sollte sich daher bei disquotaler Übertragung des Sonderbetriebsvermögens dazu verpflichten, Weiterübertragungen nur im Einvernehmen mit dem damaligen Veräußerer vorzunehmen – sofern nicht bereits der Gesellschaftsvertrag solche Verfügungen nur unter Mitwirkung des Veräußerers, der ja weiterhin Gesellschafter bleibt, erlaubt –, widrigenfalls die entstehende Steuerbelastung zu ersetzen.[758]

▶ Formulierungsvorschlag: Verfügungsunterlassungs- und Nachzahlungspflicht bei Übertragung von Mitunternehmerteilanteilen

6009 Die Übertragung des Teils eines Kommanditanteils erfolgt nach Buchwerten gemäß § 6 Abs. 3 Satz 1 EStG, allerdings ohne das sog. Sonderbetriebsvermögen. Sofern der Erwerber den Anteil binnen fünf Jahren veräußert oder aufgibt, kommt es rückwirkend zu einer Gewinnrealisierung beim Veräußerer (§ 6 Abs. 3 Satz 2 EStG). Sofern infolgedessen nachträglich beim Veräußerer eine Steuerschuld entsteht, verpflichtet sich der Erwerber bereits heute, die zusätzlich anfallenden Steuerbeträge, einschließlich Kirchensteuer und Solidaritätszuschlag, in vollem Umfang zu übernehmen, also den Veräußerer insoweit von jeder Haftung freizustellen bzw. ihm diese gegen

---

751 Vgl zum folgenden Überblick bei *Levedag*, GmbHR 2011, 855, 857 ff.; ferner *Günther*, EStB 2015, 175 ff.
752 R E 13b.5 Abs. 3 Satz 5, 6 ErbStR 2011, ebenso zuvor OFD Berlin, III B 15 S3812a – 3/01, ErbStB 2003, 10, auch zur abweichenden Literaturmeinung *Wendt*, FR 2002, 133 f.
753 Für den Verbleib des beim Veräußerer etwa zurückbehaltenen Sonderbetriebsvermögens in der Restmitunternehmerschaft existiert jedoch keine zeitliche Mindestfrist, vgl. BFH, 12.05.2016 – IV R 12/15, EStB 2016, 278; zuvor schon *Wendt*, FR 2005, 468.
754 BMF-Schreiben v. 03.03.2005, BStBl. 2005 I, S. 458 Tz. 11 (zweifelhaft; allerdings verwendet § 6 Abs. 3 Satz 2 EStG in der Tat das Wort »sofern«, nicht »soweit«).
755 Maßgeblich ist der Übergang von Besitz, Nutzungen und Lasten (*Wälzholz*, MittBayNot 2006, 119), so dass beim (empfehlenswerten) Rückforderungsvorbehalt für den Fall des Abschlusses eines Weiterveräußerungsgeschäftes durch rasche Durchsetzung der (steuerschädliche) Besitzübergang gar nicht erst eintreten sollte.
756 Gem. BMF-Schreiben v. 03.03.2005, BStBl. 2005 I, S. 458 Tz. 13, ebenso OFD Rheinland v. 18.12.2007, GmbHR 2008, 168 (sachliche Billigkeitsregelung) liegt ein solcher schädlicher Vorgang erfreulicherweise nicht in Einbringungsvorgängen, die unter das Umwandlungssteuergesetz fallen, sofern der Charakter des bisherigen Sonderbetriebsvermögens als Betriebsvermögen aber erhalten bleibt (also z.B. bei einer nunmehrigen GmbH, die kein Sonderbetriebsvermögen mehr kennt, durch vorherige Übertragung des Grundstücks in das Gesamthandsvermögen der GmbH & Co. KG oder durch eine Betriebsaufspaltung).
757 § 16 Abs. 1 Satz 2 i.V.m. Abs. 3 EStG.
758 Formulierungsvorschlage für Informations- und Nachzahlungsklausel: *Wachter*, ErbStB 2003, 69; allgemein zu den einschlägigen Sachverhalten steuerlicher »Sperrfristen« (§§ 6 Abs. 3 EStG: unentgeltliche Vermögensübertragungen – 5 Jahre; § 6 Abs. 5 EStG: Vermögensübertragung bei Mitunternehmerschaften – 3 bzw. 7 Jahre; § 16 Abs. 3 EStG: Realteilung – 3 Jahre; §§ 13a/19a ErbStG: 5 Jahre); *Wachter*, ErbStB 2003, 20 ff. sowie *Spiegelberger*, MittBayNot 2002, 356 ff.

Nachweis zu erstatten. Auf Sicherung dieser Verpflichtung, etwa durch Bürgschaft oder Verpfändung des übertragenen Anteils, wird trotz Hinweises des Notars verzichtet.

Hinsichtlich der Absicherung dieser Unterlassungspflicht sind verschiedene Alternativen denkbar: 6010

▶ **Formulierungsvorschlag: »Sanktionen« bei Verstoß gegen ertragsteuerliche Sperrklausel**

Sollte der Erwerber einer seiner vorstehenden Verpflichtungen zuwiderhandeln,

(Alternative 1) verpflichtet er sich bereits heute, dem Veräußerer jegliche steuerliche Zusatzbelastung, samt gegebenenfalls Kirchensteuer und Solidaritätszuschlag, in vollem Umfang und vorbehaltlos unverzüglich gegen Nachweis zu erstatten. Auf Sicherung dieser Erstattungspflicht, etwa durch Sicherungshypothek oder Stellung einer Bürgschaft, wird trotz Hinweises des Notars verzichtet.

(Alternative 2, zusätzliche Sanktionen) verpflichtet er sich zur Leistung einer Vertragsstrafe in Höhe von bis zu ..... €, sofern die Verletzung schuldhaft erfolgte. Die Höhe der Vertragsstrafe ist durch den Steuerberater des Veräußerers nach billigem Ermessen, insbesondere unter Berücksichtigung der Schwere der Pflichtverletzung festzusetzen. Das aufgrund der Vertragsstrafe Geleistete ist auf einen etwaigen vertraglichen Ausgleichs- bzw. Erstattungsanspruch anzurechnen, jedoch nicht auf diesen begrenzt.

(Alternative 3) ist der Veräußerer jederzeit berechtigt, die Rückübertragung des vertragsgegenständlichen Betriebsgrundstücks auf sich zu verlangen, sofern die Veräußerung oder Entnahme ohne vorherige schriftliche Zustimmung des Veräußerers stattgefunden hat.

(Anm.: Es folgen Regelungen zur Ausgestaltung der Rückabwicklung und zur dinglichen Sicherung durch Vormerkung, ähnlich der Rückforderung bei unerlaubter Verfügung, Rdn. 2325).

Problematisch ist der Sachverhalt allerdings, wenn die **Personengesellschaft selbst insolvent** wird, 6011 da hierin eine Aufgabe des Mitunternehmeranteils liegt (§ 16 Abs. 3 EStG), die ihrerseits wiederum einen Verstoß gegen die fünfjährige Behaltensfrist des § 6 Abs. 3 Satz 2 EStG darstellt. In der Literatur[759] wird vorgeschlagen, für diesen Fall der unmittelbar bevorstehenden Aufgabe eines Mitunternehmeranteils des Erwerbers den Anteil unmittelbar auf den Veräußerer zurückfallen zu lassen, so dass ein rückwirkendes Ereignis i.S.d. § 175 Abs. 1 Satz 1 Nr. 2 AO eintritt und demnach bei der nachfolgenden Aufgabe des Mitunternehmeranteils die Wirkungen des § 6 Abs. 3 Satz 2 EStG nicht mehr eingreifen können. Entscheidend ist, dass der Rückfall bereits eingreift, bevor die Voraussetzungen der Nachversteuerung eingetreten sind.

Im umgekehrten Fall einer **überquotalen Übertragung von Sonderbetriebsvermögen** mit einem 6012 Teil des Mitunternehmeranteils (z.B. Personengesellschaftsbeteiligung wird zur Hälfte, Sonderbetriebsvermögen zu drei Vierteln übertragen)[760] ist die Buchwertfortführung bei Unentgeltlichkeit hinsichtlich des quotenentsprechenden Anteils gem. § 6 Abs. 3 EStG gesichert. Für den überquotalen Anteil ist die Buchwertfortführung gem. § 6 Abs. 5 Satz 3 EStG möglich, sofern keine Verbindlichkeiten übertragen werden (diese sollten also insgesamt beim Schenker zurückbleiben, der die Schuldzinsen auch weiterhin als Werbungskosten in voller Höhe absetzen kann).[761] Dieser überquotale Anteil unterliegt einer abweichenden Haltefrist von 3 Jahren (§ 6 Abs. 5 Satz 4 EStG), die allerdings erst mit der Abgabe der Feststellungserklärung für die Mitunternehmerschaft im Jahr der Übertragung beginnt.

---

759 *Wälzholz*, NWB 2012, 3719, 3726.
760 Vgl. hierzu Tz. 16 ff. des BMF-Schreibens zu § 6 Abs. 3 EStG v. 03.03.2005, BStBl. 2005 I, S. 458.
761 Zur Abgrenzung zwischen § 6 Abs. 3 und § 6 Abs. 5 EStG vgl. BFH, 12.05.2016 – IV R 12/15, EStB 2016, 278; ähnlich bereits die Vorinstanz FG Niedersachsen v. 27.11.2014 – 1 K 10294/13, ErbStB 2015, 165.

Kapitel 13 — Einkommensteuerrecht

7. Entgeltliche Veräußerung eines Einzelunternehmens oder Mitunternehmeranteils

6013 Für die Bemessung, ob eine entgeltliche Veräußerung im Sinne dieses Abschnitts (»Unternehmensverkauf«[762]) vorliegt, gilt die sog. Einheitstheorie, Rdn. 6189 ff. »Teilentgelte«, die den Buchwert nicht erreichen, gelten also als einkommensteuerlich gleichwohl insgesamt unentgeltlich i.S.d. § 7 Abs. 1 EStDV. Aufgrund der Gesamtplanrechtsprechung (Rdn. 5693 ff.) gilt eine Veräußerung ferner dann als unentgeltlich, wenn das bezahlte Entgelt aufgrund einer vorab gefassten Absprache vom Veräußerer wieder an den Erwerber zurückgeschenkt wird und damit dessen Anschaffungsaufwand wirtschaftlich rückgängig macht.[763]

a) Einkommensteuerbelastung des Veräußerers

aa) Veräußerungsgewinn

6014 Die entgeltliche Veräußerung bietet den Reiz der Schaffung neuen Abschreibungspotenzials auf Erwerberseite (insb. soweit der Kaufpreis auf rasch abschreibbare Wirtschaftsgüter, etwa den good will – ca. 3 bis 5 Jahre bei Freiberuflerpraxen,[764] sonst gem. § 7 Abs. 1 Satz 3 EStG fünfzehn Jahre – entfällt). Auf Veräußererseite entsteht allerdings
(1) gem. § 16 Abs. 1 Nr. 1 EStG beim Verkauf eines Einzelunternehmens, bzw.
(2) gem. § 16 Abs. 1 Nr. 2 EStG beim Verkauf eines Mitunternehmeranteils, bzw.
(3) gem. § 16 Abs. 1 Satz 2 EStG beim Verkauf eines Teils eines Mitunternehmeranteils (etwa in Gestalt des früheren Zweistufenmodells, Rdn. 6033)
ein steuerpflichtiger Veräußerungsgewinn (i.H.d. Veräußerungspreises abzgl. der Veräußerungskosten und des Buchwerts des [Anteils am] Betriebsvermögens – beim Mitunternehmeranteil einschließlich des Sonderbetriebsvermögens). Gleiches gilt für landwirtschaftliche und freiberufliche Verkäufe (§§ 14, 18 Abs. 4 EStG).

6015 Der dabei von dem Veräußerungserlös und den Veräußerungskosten abzuziehende Buchwert bemisst sich aus der Summe der steuerlichen Gesamthands- und Sonderbilanz[765] sowie ggf. Ergänzungsbilanz des Veräußerers (vgl. zu diesen Begriffen Rdn. 2665). Vom steuerbaren Veräußerungsgewinn i.S.d. **§ 16 Abs. 2 EStG** (Differenz aus Veräußerungspreis,[766] Veräußerungskosten und steuerlichem Kapitalkonto des Veräußerers) ist ggf. ein steuerfreier Anteil nach § 3 Nr. 40 Buchst. b), § 3c Abs. 2 EStG abzuziehen (sofern z.B. der Anteil an der Komplementär-GmbH teurer als zu den aktivierten Anschaffungskosten veräußert wird: 40 % des darauf entfallenden steuerbaren Veräußerungsgewinns sind aufgrund des Teileinkünfteverfahrens steuerbefreit). Bei der Ermittlung der Tarifermäßigung nach § 34 EStG (unten bb Rdn. 6033) werden die dem Teileinkünfteverfahren unterliegenden Veräußerungsgewinne (auch hinsichtlich des steuerfreien Anteils) nicht berücksichtigt, § 34 Abs. 2 Nr. 1 EStG.[767]

6016 Besteht das Entgelt nicht in einer einmaligen Leistung, sondern in **wiederkehrenden Kaufpreisraten**, sind diese aufzuteilen in Tilgungsanteile (die beim Veräußerer zu steuerpflichtigem Veräußerungsgewinn führen) und Zinsanteile, aus denen der Veräußerer Kapitalerträge gem. § 20 Abs. 1 Nr. 7 EStG, ggf. gewerbliche Kapitalerträge gem. § 15 Abs. 1 Satz 1 Nr. 2 EStG, erzielt.

---

762 Hierzu monografisch *Ettinger/Jacques*, Unternehmenskauf im Mittelstand, 2012.
763 BFH, 22.10.2013 – X R 14/11, Tz. 64; FG Baden-Württemberg, 22.02.2011 – 8 K 60/06; BeckRS 2011, 95995.
764 BFH, 24.02.1994 – IV R 33/93, BStBl. 1994 II, S. 590.
765 Dort sind bspw. die Anschaffungskosten des Anteils an der Komplementär-GmbH aktiviert.
766 Ein solcher liegt auch vor, wenn die der Höhe nach feststehende Kaufpreisforderung durch einen »Verzicht« des Neugesellschafters auf ihm zustehende Gewinnanteile in entsprechender Höhe getilgt wird, die Gewinnanteile sind ihm daher einkommensteuerlich zuzurechnen, BFH, 27.10.2015 – VIII R 47/12, EStB 2016, 126 [zum »Gewinnvorabmodell« vgl. *Levedag*, NWB 2016, 1881, 1889 ff.].
767 FG Hessen, 14.07.2016 – 12 K 1197/15, ErbSTB 2017, 305 (n. rkr., Az. BFH: X R 12/17). Berechnungsbeispiel bei *Schultes-Schnitzlein/Keese*, NWB 2009, 399.

C. Steuerliche Folgen der Übertragung des Wirtschaftsguts selbst Kapitel 13

Hinsichtlich der Versteuerung des Veräußerungsgewinns aus den Tilgungsanteilen kann der Veräußerer zwischen der Sofort- und der Zuflussversteuerung wählen, vgl. Rdn. 6279 ff. Die Begünstigung nach §§ 16, 34 EStG (hierzu unten bb) steht dem Veräußerer allerdings nur bei der Sofortversteuerung zur Verfügung. Die Zinsanteile unterliegen ab 2009 der Abgeltungsteuer (§ 32d EStG, vgl. Rdn. 2872).[768] Wählt der Veräußerer die Zuflussversteuerung, erzielt er nachträgliche Einkünfte aus Gewerbebetrieb i.S.v. § 15 EStG i.V.m. § 24 Nr. 2 EStG, sobald der in den Raten enthaltene summierte Tilgungsanteil das steuerliche Kapitalkonto zuzüglich der von ihm getragenen Veräußerungskosten übersteigt. Der in den Raten enthaltene Zinsanteil stellt bereits im Zeitpunkt des Zuflusses nachträgliche Betriebseinnahmen dar, R 16 Abs. 11 Satz 7 Halbs. 2, EStR 2005; auf diese gewerblichen Zinserträge findet die Abgeltungsteuer keine Anwendung, §§ 20 Abs. 8, 32d Abs. 1 Satz 1 EStG.[769]

Liegt das Motiv der Vereinbarung von Ratenzahlungen nicht im Versorgungsinteresse des Veräußerers, sondern im Finanzierungsbedürfnis des Erwerbers, handelt es sich also um einen Ratenkauf ohne Versorgungscharakter, kommt für den Veräußerer nur die **Sofortversteuerung** des Veräußerungsgewinns in Betracht, die Wahl der Zuflussversteuerung scheidet aus.[770] Auch hier steht jedoch für die in den Kaufpreisraten enthaltenen Tilgungsanteile die Tarifbegünstigung nach § 34 EStG zur Verfügung, hinzu kommt die Abgeltungsteuer auf die in den Raten enthaltenen Zinsanteile, § 20 Abs. 1 Nr. 7 EStG, Letztere jeweils fällig beim Zufluss der Raten. 6017

Abzugrenzen hiervon ist die Veräußerung von Personengesellschaftsanteilen bzw. Betrieben gegen nicht kaufmännisch abgewogene, auf Lebenszeit gewährte **Versorgungsrenten**. Ertragsteuerlich liegt ein unentgeltlicher Vorgang vor, der bei Vorliegen der sonstigen Voraussetzungen beim Veräußerer zur Besteuerung in voller Höhe als sonstige Einkünfte nach § 22 Nr. 1 lit. b EStG im Jahr des Zuflusses, beim Erwerber zur Abzugsfähigkeit in voller Höhe als Sonderausgaben gem. § 10 Abs. 1a Satz 1 Nr. 2 EStG im Jahr der Zahlung führt. Wird ein Mitunternehmerteilanteil (also nicht der gesamte Mitunternehmeranteil) unentgeltlich übertragen, löst dies jedoch die 5-jährige Haltefrist des § 6 Abs. 3 Satz 2 EStG aus, deren Verletzung zu einer rückwirkenden Veräußerungsgewinnbesteuerung des Veräußerers führt (vgl. Rdn. 6008). 6018

(1) Kapitalgesellschaft als Verkäufer

Der Gewinn aus der Veräußerung von Personengesellschaftsanteilen (Mitunternehmerschaften) durch Kapitalgesellschaften unterliegt der Körperschaftsteuer von (ab 2008) 15 %, zuzüglich Solidaritätszuschlag. Weiter fällt seit 2002 Gewerbesteuer an auf den Veräußerungsgewinn (anders gem. § 7 Satz 2 Nr. 2 GewStG nur, soweit die Veräußerung durch eine natürliche Person, also nicht eine Personen- oder Kapitalgesellschaft stattfindet; beim Verkauf durch eine natürliche Person fällt allerdings Gewerbesteuer an beim Verkauf eines Teils eines Mitunternehmeranteils), vgl. Rdn. 6037. 6019

Hält eine veräußernde Kapitalgesellschaft bisher Anteile an einer Personengesellschaft, wird sie daher bestrebt sein, zur Vermeidung der 25 %igen, ab 2008 15 %igen Körperschaftsteuerbelastung auf den kompletten Veräußerungsgewinn vor der Veräußerung diese Tochtergesellschaft in eine Kapitalgesellschaft **formwechselnd umzuwandeln** (Rdn. 6030). 6020

Veräußert die Muttergesellschaft sodann ihre Anteilsrechte an der »formgewechselten« Tochter-Kapitalgesellschaft, sind wiederum lediglich 5 % des Gewinns aus der Veräußerung körperschaftsteuer- und gewerbesteuerpflichtig. Findet die Veräußerung allerdings innerhalb von 7 Jahren nach dem Formwechsel statt, kommt es zu einer Nachbesteuerung des **Einbringungsgewinns I** 6021

---

768 Vgl. *Schultes-Schnitzlein/Keese*, NWB 2009, 402, mit Berechnungsbeispiel.
769 Berechnungsbeispiel bei *Schultes-Schnitzlein/Keese*, NWB 2009, 403: Die Gesamtsteuerbelastung ist bei der Zuflussbesteuerung stets deutlich höher, muss allerdings erst im Lauf der Jahre aufgebracht werden, erfordert also keine sofortige Liquidität wie bei der Sofortbesteuerung.
770 FG Köln, 14.08.2008 – 15 K 3288/06, H16 (11) EstH »Ratenzahlungen«.

(Differenz zwischen dem gemeinen Wert des eingebrachten Betriebsvermögens und den bei der übernehmenden Gesellschaft angesetzten Werten, reduziert um ein Siebtel je abgelaufenem Geschäftsjahr). Der Einbringungsgewinn I unterliegt als Veräußerungsgewinn i.S.d. § 16 EStG der laufenden Besteuerung und erhöht zugleich nachträglich die Anschaffungskosten der ursprünglichen Einbringung (§ 22 Abs. 1 Satz 3 UmwStG).

6022 Liegt der Formwechsel in die Kapitalgesellschaft (bzw. die modifizierte Anwachsung) jedoch mehr als 7 Jahre zurück, entsteht kein Einbringungsgewinn I mehr. Stets vorteilhaft ist der Formwechsel ferner dann, wenn der Wert des eingebrachten Vermögens nach dem (allein maßgeblichen) Einbringungsstichtag erheblich steigen wird. Allerdings ist zu berücksichtigen, dass aus Sicht des Käufers der Erwerb von Anteilen an einer Kapitalgesellschaft weniger attraktiv ist, was sich möglicherweise auch im Kaufpreis widerspiegeln wird.

6023 Im Grunde gilt Gleiches, wenn eine Kapitalgesellschaft mittelfristig plant, einen bisherigen Geschäftsbereich zu veräußern (**Spartenverkauf**). Bei der unmittelbaren Veräußerung der zu diesem Geschäftsbereich zählenden Wirtschaftsgüter würde Körperschaftsteuer i.H.v. 25 % bzw. (ab 2008) 15 %, zuzüglich Solidaritätszuschlag, anfallen, ferner Gewerbesteuer gem. Abschn. 40 Abs. 2 Satz 1 GewStR. Auch hier ist daher zu erwägen, den Geschäftsbereich, sofern er als Teilbetrieb zu qualifizieren ist, rechtlich in einer Tochter-Kapitalgesellschaft zu verselbstständigen. Dies kann erfolgen entweder durch Ausgliederung gem. § 123 Abs. 3 UmwG, also partielle Gesamtrechtsnachfolge, oder durch Einzelübertragung der Wirtschaftsgüter und Verbindlichkeiten gegen Gewährung von Gesellschaftsrechten, also als Sachgründung bzw. Sachkapitalerhöhung.[771] Beides findet zum Buchwert, also ohne Aufdeckung stiller Reserven, statt (§ 20 Abs. 1 Satz 1 und Abs. 2 Satz 1 UmwStG), allerdings fällt ggf. Grunderwerbsteuer an.

(2) Natürliche Person/Personengesellschaft als Verkäufer

6024 Der Gewinn aus der Veräußerung von Anteilsrechten an einer gewerblichen Personengesellschaft (Mitunternehmerschaft) ist in voller Höhe steuerpflichtig (§§ 15 Abs. 1 Satz 1 Nr. 2, 16 Abs. 1 Satz 1 Nr. 2 EStG). Gewerbesteuer fällt seit 2002 an, außer bei Veräußerungen durch eine natürliche Person als unmittelbarem Mitunternehmer (§ 7 Satz 2 Nr. 2 GewStG, vgl. Rdn. 6037). Weiterhin ist **§ 18 Abs. 3 UmwStG** zu beachten, wonach der Aufgabe- oder Veräußerungsgewinn binnen 5 Jahren nach dem Formwechsel von einer Kapital- in eine Personengesellschaft bzw. einen einzelkaufmännischen Betrieb der Gewerbesteuer unterliegt, ohne Abzugsmöglichkeit gem. § 35 EStG, auch soweit dieser Gewinn auf Betriebsvermögen entfällt, das bereits vor der Umwandlung im Betrieb der übernehmenden Personengesellschaft/des einzelkaufmännischen Unternehmens vorhanden war.[772] Dies gilt sowohl im Falle der Veräußerung oder Aufgabe des gesamten Betriebes der Personengesellschaft also auch bei der Veräußerung oder Aufgabe von Teilbetrieben oder Anteilen an der Personengesellschaft.[773]

6025 Begünstigungen bestehen nur, soweit im Betriebsvermögen der betreffenden Mitunternehmerschaft sich Anteilsrechte an Kapitalgesellschaften befinden (der hierauf entfallende Veräußerungsgewinn ist nur zur Hälfte, ab 2009 zu 60 %, zu besteuern);[774] ferner können der Freibetrag nach § 16 Abs. 4 EStG und der besondere Steuersatz des § 34 Abs. 1 EStG (Tarifglättung durch Fünf-

---

[771] Zur Bewertung der Sachkapitaleinlage bei einer Verschmelzung, § 55 Abs. 1 UmwG (Ertragswert zzgl. des Substanzwerts des nicht betriebsnotwendigen Vermögens) vgl. OLG Rostock, 19.05.2016 – 1 W4/15, MittBayNot 2017, 414.

[772] Letztere Ergänzung beruht auf dem Art. 4 Nr. 3 des Jahressteuergesetzes 2008 und gilt, wenn der Handelsregistervollzugsantrag nach dem 01.01.2008 gestellt wird (BGBl. 2007 I, S. 3168). Für davor verwirklichte Sachverhalte s. OFD Münster v. 18.03.2008, GmbHR 2008, 448; zur BFH-Rspr. *Brinkmeier*, GmbH-StB 2008, 202, aktuelle Rspr. bei *Weiss*, EStB 2016, 20 ff.

[773] BFH, 28.04.2016 – IV R 6/13, EStB 2016, 280 (noch zu § 18 Abs. 4 UmwStG a.F.).

[774] Vgl. § 3 Nr. 40 Satz 1b, § 3c Abs. 2 Satz 1 Halbs. 2, EStG.

C. Steuerliche Folgen der Übertragung des Wirtschaftsguts selbst — Kapitel 13

telregelung bzw. ermäßigter Steuersatz von 56 % des durchschnittlichen Steuersatzes bei Berufsunfähigkeit oder Vollendung des 55. Lebensjahres) in Betracht kommen (vgl. Rdn. 5789).

Nach Ansicht der Finanzverwaltung[775] unterliegt jedoch die Veräußerung von Teilen eines Mitunternehmeranteils durch eine natürliche Person stets der Gewerbesteuer, trotz § 7 Satz 2 Nr. 2 GewStG, Rdn. 6037. Steuerschuldner ist stets die Personengesellschaft, deren Anteilsrechte Gegenstand der Veräußerung sind (§ 5 Abs. 1 Satz 3 GewStG). Bei den Mitunternehmern kann eine Steuerermäßigung bei der ESt (Anrechnung) nach § 35 Abs. 1 Satz 1 Nr. 2 EStG erfolgen, häufig entstehen jedoch bei der Veräußerung von Mitunternehmeranteilen verlorene[776] Anrechnungsüberhänge, so dass die Steuerermäßigung teilweise leerläuft. — 6026

Zur Reduzierung der Steuerbelastung für die Veräußerung von Gesellschaftsanteilen an einer gewerblichen Personengesellschaft durch persönliche Personen/Personengesellschaften ist in gleicher Weise wie bei der Veräußerung solcher Anteile durch Kapitalgesellschaften (s. Rdn. 6020) zu erwägen, die Tochter-Personengesellschaft rechtzeitig in eine Kapitalgesellschaft (formwechselnd oder durch erweiterte Anwachsung) umzuwandeln (Rdn. 6030). Der spätere Veräußerungsgewinn unterliegt dann dem Halbeinkünfteverfahren, ab 2009 dem 60 %igen Teileinkünfteverfahren. Auch hier kommt es jedoch zu einer Nachbesteuerung der stillen Reserven, wenn die Veräußerung der Anteile an der Tochter-Kapitalgesellschaft vor Ablauf von 7 Jahren erfolgt, i.H.d. Differenz zwischen dem gemeinen Wert und dem Wert, mit dem die übernehmende Gesellschaft das eingebrachte Betriebsvermögen angesetzt hat, vermindert um ein Siebtel je abgelaufenem Geschäftsjahr. Dieser Einbringungsgewinn I gilt als voll zu besteuernder Veräußerungsgewinn i.S.d. § 16 EStG, erhöht jedoch nachträglich die Anschaffungskosten der bei der ursprünglichen Einbringung erhaltenen Anteile (§ 22 Abs. 1 Satz 3 UmwStG). Sind bereits mehr als 7 Jahre verstrichen, bleibt der Vorteil aus dem Teileinkünfte-Verkauf ungeschmälert erhalten, allerdings ist zu bedenken, dass aus Sicht des Käufers eine Kapitalgesellschaft als Zielobjekt nachteiliger ist (vgl. Rdn. 6128), was sich auf den Kaufpreis auswirken wird. — 6027

Noch günstiger ist es aus Sicht des Verkäufers, zunächst die Gesellschaftsanteile an der Personengesellschaft in eine Kapitalgesellschaft einzubringen, also eine **Holding-Kapitalgesellschaft »zwischenzuschalten«**, und sodann die von jener Zwischen-Kapitalgesellschaft gehaltene Personengesellschaft (regelmäßig eine GmbH & Co. KG) formwechselnd ebenfalls in eine Kapitalgesellschaft umzuwandeln. Die Errichtung der Holding-Gesellschaft und die Übertragung der Gesellschaftsanteile an der Personengesellschaft in diese (als Sacheinlage gegen Kapitalerhöhung) ist auf Antrag ohne Aufdeckung stiller Reserven zu Buchwerten möglich (allerdings kann Grunderwerbsteuer anfallen), ebenso gelingt die Buchwertfortführung bei einem Formwechsel der Personen-Tochtergesellschaft in eine Kapital-Tochtergesellschaft. Bei der anschließenden Veräußerung der Anteile an der Tochter-Kapitalgesellschaft durch die Mutter-Kapitalgesellschaft werden wiederum lediglich 5 % des Veräußerungserlöses der Kapital- und Gewerbesteuer unterworfen. — 6028

Sind 7 Jahre seit dem Formwechsel der Tochter-Personengesellschaft in die Tochter-Kapitalgesellschaft noch nicht verstrichen, wird allerdings auch insoweit nachträglich ein Einbringungsgewinn I ermittelt (Differenz des gemeinen Werts des Betriebsvermögens im Formwechselzeitpunkt zum angesetzten Wert der übernehmenden Gesellschaft, regelmäßig also der Buchwert, abzgl. ein Siebtel für jedes abgelaufene Geschäftsjahr). Sind bereits 7 Jahre verstrichen, bleiben die stillen Reserven unversteuert. Allerdings ist der (nur zu 5 % versteuerte) Veräußerungserlös noch in der Holding-Kapitalgesellschaft »gefangen«, bei Ausschüttung an die natürlichen Personen als deren Gesellschafter ergeben sich demnach zusätzliche Steuerbelastungen (im Jahr 2008: Halbeinkünfteverfahren, 2009: Abgeltungsteuer bei Privatvermögen, Teileinkünfteverfahren bei Betriebsvermögen). — 6029

---

775 BMF-Schreiben v. 15.05.2002, BStBl. 2002 I, S. 533, Tz. 10 ff.
776 BFH, 23.03.2008 – X R 32/06, EStB 2008, 308: keine negative ESt.

(3) Konsequenz aus Verkäufersicht: Formwechsel von der Personen- in die Kapitalgesellschaft

6030 Aus Sicht einer veräußernden Personengesellschaft/einer natürlichen Person[777] (Rdn. 6027), v.a. aber einer veräußernden Kapitalgesellschaft (Rdn. 6020) empfiehlt sich daher (wegen der bei Verkauf in den folgenden 7 Jahren drohenden anteiligen Nachversteuerung des Einbringungsgewinns I – § 22 Abs. 1 UmwStG – rechtzeitige, Rdn. 6021 bzw. Rdn. 6027) **Formwechsel in eine Kapitalgesellschaft**. Dieses Ziel kann erreicht werden durch Formwechsel im eigentlichen Sinn gem. §§ 190 ff. UmwG, der zwar handelsrechtlich die Identität unberührt lässt (§ 202 Abs. 1 Nr. 2 UmwG),[778] steuerrechtlich jedoch wie eine **Einbringung** seitens der Mitunternehmer, also als Vermögensübergang, behandelt wird – § 25 Satz 1 UmwStG – und demnach gem. § 20 Abs. 1 Satz 1 und Abs. 2 Satz 1 UmwStG, da neue Anteile gewährt werden,[779] ohne Aufdeckung stiller Reserven auf Antrag möglich ist.[780] Besonderes Augenmerk ist darauf zu richten, dass es sich tatsächlich um ertragsteuerliche Mitunternehmeranteile handelt (»-initiative und -risiko«), und dass diese komplett, insb. unter Einschluss des Sonderbetriebsvermögens, eingebracht werden; Letzteres muss also Betriebsvermögen der Körperschaft werden.[781] Wegen der steuerlichen Einbringungsfiktion ist eine steuerliche Schlussbilanz, zu Buchwerten, aufzustellen; die übernehmende Kapitalgesellschaft hat in ihrer Eröffnungsbilanz das Wahlrecht der Abweichung vom gemeinen Wert.

6031 Alternativ und ebenfalls ertragsteuerlich neutral kommt bei einer GmbH & Co. KG eine sog. »erweiterte Anwachsung«[782] zugunsten der Komplementärin in Betracht (Kapitalerhöhung bei Letzterer gegen Sacheinlage der Gesellschaftsanteile an der Personengesellschaft) – steuerlich handelt es sich auch insoweit nach herrschender Meinung[783] um eine Einbringung gem. § 20 UmwStG, die somit unter denselben Voraussetzungen und unter Inanspruchnahme der achtmonatigen Rückwirkung[784] zum Buchwert möglich ist,[785] allerdings fällt ggf. Grunderwerbsteuer an.

---

777 Zum Weg aus dem Einzelunternehmen in die GmbH: *Binnewies/Zapf,* GmbH-StB 2016, 169 ff. (Zivilrecht) und 197 ff. (Steuerrecht).

778 Demnach sind handelsrechtlich keine Schluss-/Eröffnungsbilanz erforderlich, so dass auch die Rückwirkungsproblematik keine Rolle spielt. Musterfall mit handels- und steuerrechtlichen Erläuterungen bei *Schultes-Schnitzlein/Kaiser,* NWB 2009, 2500 ff., vgl. auch *Patt* EStB 2009, 354 ff.

779 Erfolgt eine tatsächliche Einbringung in eine bestehende Kapitalgesellschaft, darf daher nicht von der Möglichkeit des Verzichtes auf Kapitalerhöhung Gebrauch gemacht werden (§§ 54 Abs. 1 Satz 3, 68 Abs. 1 Satz 3 UmwG); eine Einbringung ohne Anteilsgewährung wäre verdeckte Einlage, die Einbringung gegen Gewährung bereits bestehender Anteile wäre ein unmittelbarer entgeltlicher Erwerb, vgl. *Stelzer,* MittBayNot 2009, 19. Nur bei Verschmelzungen unter Kapitalgesellschaften oder Auf- oder Abspaltungen einer Kapitalgesellschaft auf eine andere Kapitalgesellschaft kann auf die Anteilsgewährungspflicht verzichtet werden, da die Buchwertfortführung gem. §§ 11 Abs. 2 Satz 1 Nr. 3, 15 Abs. 1 UmwStG (anders als in 20 Abs. 1 UmwStG) auch möglich ist, wenn eine Gegenleistung nicht gewährt wird.

780 Voraussetzung ist, dass das übernommene Betriebsvermögen später bei der übernehmenden Körperschaft der Besteuerung mit Körperschaftsteuer unterliegt, also bspw. keine Befreiung gem. § 5 KStG vorliegt, ferner das übergehende Vermögen zumindest ausgeglichen ist, d.h. die Passiv-Posten des Betriebsvermögens die Aktiv-Posten ohne Berücksichtigung des Eigenkapitals nicht übersteigen dürfen – ggf. ist eine Aufdeckung der stillen Reserven bis zum gemeinen Wert notwendig – und das Besteuerungsrecht der BRD nicht ausgeschlossen oder beschränkt ist.

781 Bloße Nutzungsüberlassung genügt nicht, vgl. *Patt,* EStB 2009, 354, 357.

782 Vgl. *Werner,* NWB 2010, 2717, 2721 ff.

783 Vgl. *Haack,* NWB 2011, 208, 212; krit. *Ege/Klett,* DStR 2010, 2463: Die unmittelbare Wirkung der Anwachsung führe dazu, dass bei der Komplementär-GmbH gar keine KG-Anteile, sondern Einzelwirtschaftsgüter ankommen.

784 Vgl. *Ropohl/Freck,* GmbHR 2009, 1076, 1081 m.w.N.; anders bei der »schlichten Anwachsung« (z.B. Austritt des Kommanditisten mit oder ohne Abfindung), bei der steuerlich weder die Buchwertfortführung (Wertung wie eine verdeckte Einlage, vgl. H 40 KStR) noch die Rückbeziehung möglich sind.

785 Überblick über die steuerlichen »Fallstricke« bei der steuerneutralen Einbringung: *Ott,* GmbHR 2015, 918 ff. (z.B. – neben der richtigen Gewährung von Gesellschaftsrechten und der korrekten Antragstel-

C. Steuerliche Folgen der Übertragung des Wirtschaftsguts selbst — Kapitel 13

Mögliche bedeutsame Nachteile des Formwechsels in eine Kapitalgesellschaft: **6032**
(1) Werden nicht alle Bestandteile der Mitunternehmerschaft »eingebracht«, findet hinsichtlich der nicht erfassten Vermögenswerte eine Entnahme statt; handelt es sich gar um funktional wesentliche Betriebsgrundlagen (die z.B. Sonderbetriebsvermögen = SBV bilden), droht die Auflösung aller stillen Reserven. Dier (gesonderte) Übertragung des SBV muss in sachlichem und zeitlichem Zusammenhang erfolgen.[786] Problematisch ist dies bspw. für die Anteile an der Komplementär-GmbH beim Formwechsel einer GmbH & Co. KG,[787] sog. SBV II.
(2) Werden funktional wesentliche Betriebsgrundlagen vorab »ausgelagert« und damit nicht in die Kapitalgesellschaft eingebracht, kann dies nach der »Gesamtplanrechtsprechung« (Rdn. 5696) zur Versagung des § 20 UmwStG führen;[788]
(3) Untergang vortragsfähiger Gewerbeverluste wegen fehlender Mitunternehmeridentität,
(4) zwingende Aufdeckung stiller Reserven bei negativem Kapitalkonto (§ 20 Abs. 2 Satz 2 Nr. 2 UmwStG),
(5) die Einbringung bzw. der Formwechsel wird beim Verkauf der Kapitalgesellschaftsanteile innerhalb von 7 Jahren nach der Maßnahme rückwirkend (mit Abschmelzungskomponente) besteuert, § 22 Abs. 1 UmwStG – Einbringungsgewinn I – (Rdn. 6021 bzw. Rdn. 6027),
(6) Verstoß gegen Haltefristen denkbar, etwa gem. § 6 Abs. 5 Satz 6 EStG: 7 Jahre (vgl. Rdn. 6066).

bb) Verschonungen (§§ 16, 34 EStG)

Für den Veräußerer wird zur Dämpfung der Steuerlast die Erfüllung der Voraussetzungen des §34 Abs. 3 EStG (56 % des durchschnittlichen Steuersatz für »zusammengeballte Einkünfte«, vgl. im Einzelnen Rdn. 5799 ff.)[789] und des § 16 Abs. 4 EStG (Freibetrag) entscheidend sein. Insoweit gelten bei der Veräußerung eines Mitunternehmeranteils Beschränkungen: **6033**

Die entgeltliche Veräußerung des **gesamten Mitunternehmeranteils** (einschließlich Sonderbetriebsvermögen) bildet einen gem. §§ 16, 34 EStG begünstigten Veräußerungsvorgang.[790] Erforderlich ist allerdings, dass ein solcher Mitunternehmeranteil bereits bestand, so dass die entgeltliche Aufnahme z.B. eines Sozius in eine Einzelpraxis nicht steuerbegünstigt ist,[791] also hierdurch laufender Gewinn (und ggf. zusätzlich Gewerbesteuer) entsteht. Ebenso wenig findet § 16 Abs. 4 EStG Anwendung, wenn der Mitunternehmeranteil durch Umwandlung aus einer Kapitalgesell- **6034**

---

lung – die Mitübertragung aller wesentlichen Betriebsgrundlagen im [Sonder-]Betriebsvermögen und das Unterlassen übermäßiger Entnahmen im Rückbeziehungszeitraum von acht Monaten).
786 Vgl. *Altendorf*, GmbH-StB 2011, 211. Das separat eingebrachte SBV erhöht den Buchwert des eingebrachten Betriebsvermögens und damit die Anschaffungskosten der gewährten neuen Anteile.
787 Tz. 20.12 und 20.11 des Umwandlungsteuererlasses 1998 billigte die Nichteinbringung »aus Billigkeitsgründen«; bis zu einer Klärung der Rechtslage unter Geltung des SEStEG sollte allerdings vorsorglich die Komplementärin zeitnah auf die aufnehmende Gesellschaft verschmolzen werden, vgl. *Weber*, NWB 2008, 3089 = Fach 2, S. 9861. Nach Ansicht der OFD Rheinland v. 23.03.2011, FR 2011, 489, ist die Nichteinbringung einer »echten Komplementär-GmbH«, ohne weitere Tätigkeit, ungefährlich.
788 Tz. 20.06 Satz 2 des Entwurfs zum UmwSt-Erlass 2011, vgl. *Altendorf*, GmbH-StB 2011, 212.
789 Nach BFH, 25.08.2009 – IX R 11/09, ESrB 2009, 421 ist es allerdings z.B. bei Abfindungszahlungen (§§ 24 Nr. 1, 34 Abs. 2 Nr. 2 EStG) unschädlich, dass ein kleiner Anteil (1,3 %) ein einem anderen Veranlagungszeitraum bezahlt wird.
790 Gem. OFD Koblenz v. 28.02.2007, DStR 2007, 992 erfasst die Begünstigung dann auch eine Mitunternehmerschaft, die zum Betriebsvermögen des Anteils der übertragenen Ober-Mitunternehmerschaft gehört (»doppelstöckige Personengesellschaft«). Wird jedoch im Zusammenhang mit der Veräußerung eines Einzelunternehmens ein zu dessen Betriebsvermögen gehörender Mitunternehmeranteil veräußert, soll es sich um zwei Rechtsakte handeln, so dass der Freibetrag nur (nach Wahl des Steuerpflichtigen) bei einem Vorgang berücksichtigt werden kann.
791 Vgl. BFH, 18.10.1999 – GrS 2/98, BStBl. 2000 II, S. 123.

schaft entstand und innerhalb der 5-jährigen Sperrfrist des § 18 Abs. 3 Satz 2 UmwStG (Rdn. 6024) veräußert wird.[792]

Wird eine wesentliche Betriebsgrundlage zurückbehalten (wie sie bspw. in Gestalt des Sonderbetriebsvermögen bildenden Komplementär-GmbH-Anteils gegeben sein kann, Rdn. 2745) und wird diese sodann, wie i.d.R., zu Privatvermögen,[793] liegt eine Aufgabe des Mitunternehmeranteils vor, die gem. § 16 Abs. 3 EStG tarifbegünstigt ist, da alle wesentlichen Betriebsgrundlagen entweder veräußert oder in das Privatvermögen übernommen wurden (vgl. Rdn. 5787).

6035 Wird allerdings lediglich ein **Teil eines Mitunternehmeranteils** (mit oder ohne Sonderbetriebsvermögen) **entgeltlich** veräußert, liegt hierin laufender Gewinn, vgl. § 16 Abs. 1 Satz 2 EStG, bzw. Verlust (bei einer Veräußerung unter fremden Dritten unter dem Buchwert, ohne dass eine Zuwendungsabsicht gem. § 7 ErbStG feststellbar wäre).[794] Daher ist das vor dem 01.01.2002 praktizierte Hilfsmodell einer Zweistufenabwicklung (Veräußerung einer Zwergbeteiligung zum vollen Steuersatz, sodann nach Ablauf einer Schamfrist Übertragung des Restanteils unter Inanspruchnahme der Begünstigung des § 16 EStG) nicht mehr verwendbar. Möglicherweise bietet sich als Alternative,[795] um dem begünstigten Verkauf der Praxis eine »Vorphase« gemeinsamer Berufsausübung vorausgehen zu lassen, die Gründung einer GbR ohne Gesamthandsvermögen an (mit Einbringung der Praxis zur Nutzung), wobei die Praxis des bisherigen Inhabers Sonderbetriebsvermögen bildet, mit anschließendem Verkauf des gesamten Mitunternehmeranteils samt SBV.

6036 Die **teilentgeltliche Übertragung eines Mitunternehmeranteils** (etwa gegen Zahlung eines Gleichstellungsgeldes) führt aufgrund der Einheitstheorie (Rdn. 5953) zu Veräußerungsgewinnen, wenn das Entgelt den Buchwert übersteigt, und zwar i.H.d. Differenz. Bei einem negativen Kapitalkonto genügt bereits eine kleine Gegenleistung zur Entgeltlichkeit (i.H.d. Gegenleistung zuzüglich des negativen Kapitalkontos, Rdn. 5954 und 6007). Immerhin gewährt die Finanzverwaltung nun auch bei der teilentgeltlichen Veräußerung den Freibetrag des § 16 Abs. 4 EStG in voller Höhe.[796]

b) Einkommensbesteuerung des Erwerbers

aa) Nutzung der Anschaffungskosten

6037 Die Anschaffungskosten des Erwerbers werden aufgrund des für Mitunternehmerschaften geltenden Transparenzprinzips in der Steuerbilanz auf die Wirtschaftsgüter des erworbenen Unternehmens bzw. Mitunternehmeranteils einschließlich des übernommenen Sonderbetriebsvermögens verteilt. Dabei werden in der Gesamthandsbilanz der Personengesellschaft die Buchwerte der Wirtschaftsgüter fortgeführt und das unveränderte Kapitalkonto des Veräußerers auf den Erwerber umgebucht; die abweichenden Anschaffungskosten des Erwerbers werden also in einer Ergänzungsbilanz durch Aufstockung erfasst (vgl. Rdn. 2665).

6038 Der Käufer hat also den Mehrkaufpreis, der den Nennbetrag der steuerlichen Kapitalkonten des Verkäufers übersteigt, in einer positiven steuerlichen Ergänzungsbilanz zu erfassen und – je nach Struktur der Wirtschaftsgüter – abzuschreiben, und zwar mit Wirkung für die ESt, die Körperschaftsteuer und die Gewerbesteuer. Die AfA-Reihe in der Ergänzungsbilanz läuft neu an, auch

---

[792] BFH, 26.03.2015 – IV R 3/12, EStB 2015, 266.
[793] Anders, wenn die Beteiligung z.B. in einem gewerblichen Einzelunternehmen gehalten worden wäre, vgl. H 16 Abs. 4 EStH »Sonderbetriebsvermögen«: der Gewinn aus dem verbleibenden Verkauf des Kommanditanteils ist dann laufender Gewinn aus Gewerbebetrieb, § 15 EStG; der resultierende Gewerbeertrag unterliegt der Gewerbesteuer.
[794] BFH, ErbStB 2003, 44.
[795] Vgl. hierzu *Vorwold*, ErbStB 2003, 24 ff.
[796] BMF v. 20.12.2005, DStR 2006, 37.

wenn sie in der Gesamthandsbilanz bereits abgelaufen ist. Lief noch beim Verkäufer eine Ergänzungsbilanz, entfällt diese vollständig, der Käufer bildet also eine neue Ergänzungsbilanz i.H.d. Differenz zwischen dem Kaufpreis und dem Anteil des Verkäufers an der Gesamthandsbilanz.

Hierzu sind die stillen Reserven in den bilanzierten Wirtschaftsgütern aufzudecken, soweit sie vom Erwerber mitbezahlt worden sind (nachvollziehbare Wertansätze im Kaufvertrag sind dabei für das Finanzamt grundsätzlich verbindlich[797]); darüber hinausgehende Kaufpreisteile sind auf den Geschäftswert (good will) auszuweisen (Letzterer wird in ca. 3 bis 5 Jahre bei Freiberuflerpraxen,[798] sonst gem. § 7 Abs. 1 Satz 3 EStG in 15 Jahren abgeschrieben). Im Einzelnen ist freilich vieles streitig (Beispiel: Handelt es sich beim Miterwerb der ärztlichen Praxiszulassung um die Anschaffung eines abnutzbaren Wirtschaftsguts oder um sofort abzugsfähige Betriebsausgaben?).[799] Droht ein »lästiger Gesellschafter« durch sein Verhalten den Betrieb wesentlich zu schädigen und erhält er deshalb für die Veräußerung (bzw. als Abfindung für seinen Ausschluss) einen Betrag, der den Buchwert und die stillen Reserven überschreitet, können hinsichtlich des übersteigenden Betrages Betriebsausgaben vorliegen.[800]

6039

Im Fall der **Ratenzahlung** – gleich ob Kaufpreisteilzahlungen zur Erleichterung der Finanzierung des Erwerbers oder Ratenzahlungen mit Rücksicht auf das Versorgungsinteresse des Veräußerers vorliegen – schafft allein der Kapital(Tilgungs-)anteil der Raten Anschaffungskosten des Erwerbers, die auf die erworbenen Wirtschaftsgüter zu verteilen und in einer Ergänzungsbilanz zu aktivieren sind; die Zinsanteile bilden Betriebsausgaben im Rahmen seiner gewerblichen Einkünfte nach § 15 EStG.

6040

bb) Abzugsfähigkeit der Finanzierungsaufwendungen

Schuldzinsen für die Finanzierung des Kaufpreises der Personengesellschaft kann der Erwerber (in den Grenzen der Zinsschranke nach § 4h EStG) auch nach der Unternehmensteuerreform in voller Höhe als Sonderbetriebsausgaben steuerlich geltend machen.

6041

c) Gewerbesteuer

Weiter fällt seit 2002 **Gewerbesteuer** (Rdn. 5754) an auf den Gewinn aus der Veräußerung eines Mitunternehmeranteils an einer gewerblich tätigen, gewerblich infizierten oder gewerblich geprägten Personengesellschaft (Rdn. 5748) allerdings gem. § 7 Satz 2 Nr. 2 GewStG[801] nur,
(1) soweit die Veräußerung durch eine Personen- oder Kapitalgesellschaft stattfindet, sowie
(2) stets beim Verkauf eines Teils eines Mitunternehmeranteils,
also nicht bei der Veräußerung des gesamten Mitunternehmeranteils durch eine natürliche Person. Allerdings kann durch die Anteilsveräußerung ein evtl. vorhandener gewerbesteuerlicher Verlustvortrag gem. § 10a Satz 10 GewStG i.V.m. § 8c KStG untergehen[802] (vgl. Rdn. 6165).

6042

Schuldner einer etwa anfallenden Gewerbesteuer ist stets die Personengesellschaft, deren Anteilsrechte Gegenstand der Veräußerung sind (§ 5 Abs. 1 Satz 3 GewStG). Daher wird die betroffene Gesellschaft bestrebt sein, vom Veräußerer die entsprechende **fremdbestimmte Steuerwirkung**[803] erstattet zu erhalten.[804]

---

797 BFH, 21.08.2007 – I B 26/07, BFH/NV 2007, 2354; vgl. *Paus*, EStB 2014, 190 ff.
798 BFH, 24.02.1994 – IV R 33/93, BStBl. 1994 II, S. 590.
799 Hierzu OFD Münster v. 11.02.2009, EStB 2009, 98.
800 BFH, 05.10.1989 – IV R 107/88, vgl. *Werner*, NWB 2016, 257, 264.
801 Abschnitt 39 Abs. 1 Satz 2 Nr. 1 Satz 12 f. GewStR.
802 Seit JStG 2009 (Ergänzung um Halbs. 2) auch, soweit an der Mitunternehmerschaft unmittelbar oder mittelbar eine Kapitalgesellschaft beteiligt ist, vgl. *Honert/Obser*, EStB 2009, 404 ff.
803 *Levedag*, GmbHR 2009, 13; *Müller/Marchand*, ErbStB 2008, 278 ff.; zur insoweit erforderlichen »Schattenveranlagung« vgl. näher *Schaaf/Engler*, EStB 2009, 173, 174.
804 Vgl. *Stümper/Walter*, GmbHR 2008, 35.

▶ Formulierungsvorschlag: § 7 Satz 2 Nr. 2 GewStG – Erstattung der Gewerbesteuerbelastung bei Veräußerung eines Personengesellschaftsanteils durch eine Kapitalgesellschaft

6043 Durch die Veräußerung des Gesellschaftsanteils an der X-KG durch die Y-GmbH entsteht gemäß § 7 Satz 2 Nr. 2 GewStG Gewerbesteuer, deren Zahlung die X-KG selbst schuldet. Die veräußernde Kapitalgesellschaft verpflichtet sich daher gegenüber der genannten Gesellschaft, letzterer die entstehende Gewerbesteuermehrbelastung samt aller steuerlichen Nebenleistungen gegen Nachweis unverzüglich zu erstatten. Die durch § 35 EStG mit einer Gewerbesteuerbelastung möglicherweise verbundene Einkommensteuerentlastung bei den Gesellschaftern der X-KG bleibt hierbei außer Betracht.

6044 Die fremdbestimmten, gewerbesteuererhöhenden Auswirkungen von Veräußerungsgewinnen eines Gesellschafters, auch aus der Veräußerung seines Sonderbetriebsvermögens, sind typischerweise Anlass für »Gewerbesteuerklauseln« bereits im Personengesellschaftsvertrag (Rdn. 6045);[805] fehlen solche, werden die Mitgesellschafter ihre Zustimmung zur Veräußerung von der Aufnahme einer Bestimmung, wonach der Verkäufer die entstehende Gewerbesteuer zu tragen habe, im Anteilsveräußerungsvertrag abhängig machen (Rdn. 6046).

▶ Formulierungsvorschlag: Gewerbesteuerklausel im Gesellschaftsvertrag

6045 1. Gewerbesteuerliche Mehrbelastungen, die durch einzelne Gesellschafter, also »fremdbestimmt« verursacht werden (beispielsweise als Folge einer Veräußerung oder Aufgabe eines Gesellschaftsanteils oder der Veräußerung von Sonderbetriebsvermögen), sind für den Veranlagungszeitraum ihrer steuerlichen Verwirklichung auf dem Kapitalkonto II des betreffenden Gesellschafters als Entnahme zu erfassen.
2. Als Mehrbelastungsbetrag ist dabei anzusetzen die Gewerbesteuer, die im jeweiligen Veranlagungszeitraum unter Außerachtlassung der Hinzurechnungen, Kürzungen und Freibeträge i.S.d. §§ 8, 9, 11 Abs. 1 GewStG auf denjenigen Gewinn entfällt, der durch den jeweiligen Geschäftsvorfall i.S.d. Nr. 1 verursacht wird. Abzuziehen sind zusätzlich die voraussichtlichen Einkommensteuerermäßigungen, die bei den anderen Gesellschaftern aufgrund des Gewerbesteuermehraufwands der Gesellschaft gemäß § 35 EStG eintreten.
3. Soweit durch einen Geschäftsvorfall i.S.d. Nr. 1 eine gewerbesteuerliche Minderbelastung entsteht, wird der dadurch geschaffene gewerbesteuerliche Verlust im Jahr seiner Verwirklichung auf Gewinne i.S.d. Nr. 2 desselben Veranlagungszeitraums angerechnet. Für den verbleibenden Verlust wird der gewerbesteuerliche Minderbetrag mit steuerlichen Nebenleistungen nach Maßgabe der Nr. 2 berechnet. Dieser Minderbelastungsbetrag wird für den Veranlagungszeitraum seiner steuerlichen Verwirklichung auf dem Kapitalkonto II des betroffenen Gesellschafters als Einlage erfasst.

▶ Formulierungsvorschlag: Gewerbesteuerklausel im Kaufvertrag über einen Mitunternehmeranteil (Erfassung beim Verkäufer)

6046 1. Soweit durch diesen Anteilsverkauf Gewerbesteuer und steuerliche Nebenleistungen i.S.d. § 3 Abs. 4 AO auf den Veräußerungsgewinn bei der Gesellschaft anfallen, trägt der Verkäufer diese Gewerbesteuer nebst steuerlicher Nebenleistungen. Er ist verpflichtet, der Gesellschaft den entsprechenden Betrag für Rechnung des Erwerbers zu erstatten. Die Gesellschaft ist als Dritter gemäß § 328 BGB berechtigt, diese Erstattung zu verlangen. Bei der Berechnung des Erstattungsbetrag bleiben Hinzurechnungen, Kürzungen und Freibeträge i.S.d. §§ 8, 9, 11 Abs. 1 GewStG außer Betracht.
2. Soweit durch diesen Anteilsverkauf der gesamthänderische gewerbesteuerliche Verlust und/oder Verlustvortrag der Gesellschaft ganz oder teilweise verbraucht wird (Verlustverbrauchsbetrag), trägt der Verkäufer neben der gegebenenfalls tatsächlich durch den Verkauf verursachten Gewerbesteuer samt Nebenleistungen (Nr. 1) zusätzlich diejenige Gewerbesteuer, die unter Außerachtlassung der Hinzurechnungen, Kürzungen und Freibeträge i.S.d. §§ 8, 9, 11 Abs. 1 GewStG entstünde, wenn der Verlustverbrauchsbetrag im Veranlagungszeitraum der steuerlichen Erfassung des Verkaufs als gesamthänderische Einnahme der Gewerbesteuer unterläge.

---

805 Vgl. *Wollweber/Beckschäfer*, EStB 2010, 351; *Scheifele*, DStR 2006, 253.

3. Der Erstattungsbetrag nach Nr. 1 ist binnen ..... fällig, nachdem dem Verkäufer der Gewerbesteuerbescheid für denjenigen Veranlagungszeitraum versandt worden ist, in dem der Veräußerungsgewinn gewerbesteuerlich zu erfassen ist. Soweit Aussetzung der Vollziehung gewährt wird, wird der Erstattungsbetrag nach Nr. 1 fällig, sobald die Aussetzung der Vollziehung endet und dies dem Verkäufer schriftlich nachgewiesen ist. Während der Aussetzung der Vollziehung ist der Verkäufer jederzeit zur vorzeitigen Tilgung berechtigt. Im Fall der vorzeitigen Tilgung trägt er neben der Gewerbesteuer diejenigen steuerlichen Nebenleistungen, die bis zum Zeitpunkt des Zahlungseingangs bei der Gesellschaft entstanden sind.
4. Der auf den Verlustverbrauchsbetrag entfallende Erstattungsbetrag nach Nr. 2 ist binnen ..... fällig, nachdem der Gewerbesteuermessbescheid des Veranlagungszeitraums, in dem Verkauf gewerbesteuerlich zu erfassen ist, versandt wurde.

Aus Sicht des **Erwerbers** eines Personengesellschaftsanteils bewirkt § 7 Satz 2 Nr. 2 GewStG, dass er mittelbar in Gestalt des erworbenen (Anteils am) Unternehmen die ggf. ausgelöste Gewerbesteuerbelastung selbst zu tragen hat. In Betracht kommt für ihn daher eine Kaufpreisminderungsklausel, etwa folgenden Wortlauts.[806] **6047**

▶ **Formulierungsvorschlag: Kaufpreisminderung zur Zuordnung der Gewerbesteuerbelastung aus dem Verkauf eines Mitunternehmeranteils beim Veräußerer**

Soweit durch den Verkauf des Mitunternehmeranteils an der ..... KG Gewerbesteuer ausgelöst und gegen diese Gesellschaft festgesetzt wird, erfolgt ein Ausgleich der Belastung, die der Anteilskäufer hierdurch mittelbar als künftiger Mitgesellschafter erfährt, durch eine Kaufpreisminderung nach folgender Formel: **6048**

Der auf den Veräußerer entfallende Veräußerungspreis (vor der Gewerbesteuer auf den Veräußerungsgewinn) abzüglich des Kapitalkontos des Veräußerers (vor Gewerbesteuer auf Veräußerungsgewinn) laut Abschichtungsbilanz ergibt den Mehr-Gewerbeertrag aus der Veräußerung (vor Verlustverrechnung).

Nach Abzug der mit dem Veräußerungsgewinn verrechenbaren Verlustvorträge des Veräußerers nach § 10a GewStG verbleibt der Mehr-Gewerbeertrag aus der Veräußerung (nach Verlustverrechnung).

Hieraus errechnet sich unter Berücksichtigung des nach § 11 GewStG ermittelten Gewerbesteuermessbetrags und des Hebesatzes zum Zeitpunkt der Veräußerung die Mehr-Gewerbesteuer aus der Veräußerung, um welche der Kaufpreis gemindert wird.

d) Umsatz- und Grunderwerbsteuer

Die Veräußerung eines Mitunternehmeranteils an einer Personengesellschaft löst i.d.R. schon deshalb keine **Umsatzsteuer**belastung aus, weil der Veräußerer keine Unternehmereigenschaft hat. Selbst wenn die Veräußerung mit Wirkung für ein Betriebsvermögen des Verkäufers erfolgen würde, ist der Vorgang gem. § 4 Nr. 8 Buchst. f) UStG steuerfrei. Dies gilt auch bei der Veräußerung eines Teils einer Mitunternehmerschaft. **6049**

Allerdings kann **Grunderwerbsteuer** anfallen, insb. gem. dem (vorrangigen) § 1 Abs. 2a GrEStG, bei der GmbH & Co. KG auch durch mittelbare Anteilsvereinigungen in einer Hand gem. § 1 Abs. 3 GrEStG (vgl. Rdn. 5573).

8. Übertragung eines einzelnen Wirtschaftsguts des Betriebsvermögens

Von der Rechtslage im Fall der Übertragung des Betriebs oder Teilbetriebs (oben Rdn. 5949) bzw. der Übertragung eines Mitunternehmeranteils (oben Rdn. 5998) oder eines Teils eines Mitunternehmeranteils (oben Rdn. 6008) zu unterscheiden ist die Übertragung **einzelner Wirtschaftsgüter** des Betriebsvermögens. Hierzu zählt auch die Beteiligung an einer Kapitalgesellschaft, sogar eine **6050**

---

806 Vgl. – auch zum Schicksal gewerbesteuerlicher Verlustvorträge beim unterjährigen oder zum Jahresende stattfindenden Gesellschafterwechsel – *Neumayer/Obser*, EStB 2008, 445 ff.

solche hundertprozentige Beteiligung im Betriebsvermögen: Sie ist jedenfalls im Regelungsbereich des § 6 Abs. 3 EStG (unentgeltliche Übertragung) sowie des § 6 Abs. 5 EStG als Einzelwirtschaftsgut zu betrachten. In einzelnen Kontexten ist sie jedoch gesetzlich einem Teilbetrieb gleichgestellt, so etwa in § 16 Abs. 1 Satz 1 und Abs. 3 Satz 1 EStG (fingierte Teilbetriebsveräußerung bzw. -aufgabe), § 16 Abs. 3 Satz 2 EStG (Zuteilung einer hundertprozentigen Beteiligung im Rahmen einer Realteilung gilt als Teilbetriebsübertragung) sowie § 16 Abs. 5 EStG, ebenso in § 15 UmwStG (fingierter Teilbetrieb bei Spaltung oder Teilübertragung von Körperschaften) und § 24 UmwStG i.d.F. des SEStEG. I.R.d. §§ 20, 21 UmwStG wird jedoch die hundertprozentige Beteiligung an einer Kapitalgesellschaft, die im Betriebsvermögen gehalten wird, systemkonform als Einzelwirtschaftsgut angesehen, so dass sie stets eine mehrheitsvermittelnde Beteiligung i.S.d. § 21 Abs. 1 Satz 2 UmwStG darstellt; Gleiches galt nach Auffassung des BFH auch bei § 24 UmwStG vor der Änderung durch das SEStEG.[807]

a) »Überführung« ohne Rechtsträgerwechsel

6051 Ein einzelnes Wirtschaftsgut kann von einem Betriebsvermögen in ein anderes Betriebsvermögen derselben Person (also ohne Rechtsträgerwechsel) überführt werden, z.B. vom Betriebsvermögen eines Einzelunternehmens in das Sonderbetriebsvermögen derselben Person an einer Personengesellschaft, an welche das Wirtschaftsgut nun dauerhaft zur Nutzung überlassen ist. Die Frage der Entgeltlichkeit oder Unentgeltlichkeit stellt sich nicht, da keine Übertragung auf einen »Dritten« stattfindet. § 6 Abs. 5 Satz 1 EStG ordnet die Buchwertfortführung (»Wert, der sich nach den Vorschriften über die Gewinnermittlung ergibt«) zwingend an, sofern die künftige Besteuerung der stillen Reserven (z.B. durch den Verbleib im Inland) gesichert ist. Gleiches gilt für die Überführung aus dem Betriebsvermögen in das Sonderbetriebsvermögen desselben Steuerpflichtigen (§ 6 Abs. 5 Satz 2 EStG) und für die Überführung zwischen den Sonderbetriebsvermögen derselben Person bei verschiedenen Personengesellschaften (§ 6 Abs. 5 Satz 2 Halbs. 2 EStG). Nach Auffassung der Finanzverwaltung ist es jeweils unschädlich, dass das Betriebsvermögen, in welches das Wirtschaftsgut überführt werden soll, erst durch diese Übertragung entsteht, ebenso dass die Einkünfte aus dem aufnehmenden und dem abgebenden Betriebsvermögen verschiedenen Einkunftsarten zugeordnet werden.[808]

b) Mit Rechtsträgerwechsel

6052 Nicht mehr von § 6 Abs. 3 EStG gedeckt ist jedoch die Übertragung eines einzelnen, bisher zum Betriebsvermögen gehörenden **Wirtschaftsguts** an einen Dritten. Hierbei ist, sofern nicht Übertragungen zwischen Einzelunternehmen bzw. Sonderbetriebsvermögen einerseits und Gesamthandsvermögen andererseits bzw. zwischen mehreren Gesamthandsvermögen betroffen sind (§ 6 Abs. 5 Satz 3 EStG, unten Rdn. 6059 ff.), zu differenzieren:

aa) Unentgeltlich

6053 Erfolgt die Einzelübertragung **unentgeltlich**, liegt darin eine für betriebsfremde Zwecke erfolgende Entnahme (Rdn. 5767), die zur steuerpflichtigen Aufdeckung der Differenz zwischen Buch- und Teilwert als laufendem Gewinn führt (beruht die Übertragung auf einem Vermächtnis, verwirklicht sich die Entnahme in der Person des Erblassers,[809] beruht sie jedoch auf freier Entschei-

---

807 BFH, 17.07.2008 – I R 77/06, BFH/NV 2008, 1941; die Finanzverwaltung übernimmt diese Sichtweise mit Blick auf die nunmehrige Gesetzesänderung – § 4 Abs. 1 Satz 4 EStG i.d.F. des JStG 2010 – nicht, BMF-Schreiben v. 20.05.2009, NWB 2009, 2040 f.
808 Rn. 5 des BMF-Schreibens v. 08.12.2011, BStBl 2011 I 1279; *Gragert/Wißborn*, NWB 2012, 972, 975.
809 So dass die Erben für die entstehende Steuerschuld als Gesamtschuldner haften; eine Aufteilung nach Erbquoten kommt nicht in Betracht [arg. § 268 AO].

C. Steuerliche Folgen der Übertragung des Wirtschaftsguts selbst Kapitel 13

dung des Erben etwa zur Begleichung eines Pflichtteilsanspruchs, treffen die Entnahmefolgen den Erben).

bb) Teilentgeltlich: Trennungstheorie

Erfolgt die Übertragung eines Einzelwirtschaftsguts (ebenso eines Kapitalgesellschaftsanteils: Rdn. 6107 ff.) **teilentgeltlich**, gilt insoweit nach bisheriger Auffassung[810] nicht die Einheits-, sondern die **Trennungstheorie**[811] (Rdn. 6191) mit der Folge, dass 6054
(1) auch in der häufig gewollten[812] Übernahme objektbezogener (betrieblicher) Verbindlichkeiten ein Entgelt zu sehen ist und
(2) hinsichtlich des unentgeltlichen Anteils die Besteuerung der Differenz zwischen (anteiligem) Buch- und Teilwert, hinsichtlich des entgeltlichen Anteils die Besteuerung der Differenz zwischen anteiligem Buchwert und Entgelt stattfinden.

Folgendes Beispiel[813] mag dies verdeutlichen: 6055

▶ Beispiel:

A ist Eigentümer eines Grundstücks, das Sonderbetriebsvermögen seiner hälftigen Beteiligung an einer GmbH & Co. KG darstellt. Der Buchwert betrage 200.000,00 €, die Verbindlichkeiten des Sonderbetriebsvermögens 400.000,00 €, der Verkehrswert 600.000,00 €. Wird dieses Grundstück unter Übernahme der Verbindlichkeiten als einzelnes Wirtschaftsgut veräußert, erfolgt dies i.H.v. zwei Dritteln (Verkehrswert der Gegenleistung, also der Schuldübernahme, 400.000,00 € zum Verkehrswert der Leistung: 600.000,00 €) entgeltlich. Zwei Dritteln des Buchwerts (also 133.333,00 €) ist demnach die Gegenleistung von 400.000,00 € gegenüberzustellen, so dass der Gewinn sich auf 266.666,00 € beläuft! Auch wenn die Höhe der zu übernehmenden Verbindlichkeiten unter dem Buchwert bliebe, z.B. sich nur auf 100.000,00 € belaufen würde, liegt Teilentgeltlichkeit vor, nunmehr allerdings nur i.H.v. einem Sechstel. Auch hier tritt Realisierung i.H.d. Differenz zwischen einem Sechstel des Buchwerts und der Gegenleistung (100.000,00 €) ein.

cc) Vollentgeltlich

Die **vollentgeltliche** Veräußerung führt zur Besteuerung der Differenz zwischen Buchwert und Veräußerungserlös als laufendem Gewinn (§§ 4 Abs. 1 Satz 1 i.V.m. §§ 15, 18 EStG). Der Ge- 6056

---

810 A.A. wohl nun der BFH, 19.09.2012 – IV R 11/12 EStB 2012, 396 es tritt keine Gewinnrealisierung ein, sofern der Betrag der Schuldübernahme den Buchwert nicht übersteigt (der Buchwert wird also insgesamt dem entgeltlichen Teil zugeordnet); ähnlich zuvor BFH, 21.06.2012 – IV R 1/08 EStB 2012, 276. Möglicherweise liegt darin eine Abkehr von der Trennungstheorie bei Einzelobjektübertragungen, vgl. *Demuth*, EStB 2012, 457 ff. (sog. »modifizierte Trennungstheorie«). Die Finanzverwaltung folgt dem freilich bisher nicht, vgl. BMF, 12.09.2013 – IV C 6 – S 2241/10/10002, FR 2013, 917. Zum »Ping-Pong-Spiel« zwischen BFH und Finanzverwaltung *Krämer*, EStB 2013, 377 und 2014, 33 ff. Im Verfahren BFH X R 28/12, hat der (offensichtlich der modifizierten Trennungstheorie des IV. Senats kritisch gegenüber stehende) X. Senat des BFH am 19.03.2014- X R 28/12, BStBl 2014 I 629 das BMF zum Beitritt zum Verfahren aufgefordert, vgl. *Demuth*, EStB 2014, 373 ff. Der X. Senat des BFH (27.10.2015 – X R 28/12, EStB 2016, 1) legte dem Großen Senat des BFH zwischenzeitlich die Frage vor, ob der strikten oder der modifizierten Trennungstheorie zu folgen sei.
811 So jedenfalls BFH, 11.12.2001 – VIII R 58/98, BStBl. 2002 II, S. 420.
812 Verbleiben die Verbindlichkeiten beim Veräußerer, geht der Finanzierungszusammenhang verloren, so dass die Schuldzinsen nicht mehr als Betriebsausgabe abgezogen werden können.
813 Vgl. *Wälzholz*, MittBayNot 2006, 117 (dort allerdings bezogen auf die Übertragung vom Sonderbetriebs- in das Gesamthandsvermögen, vgl. hierzu nun Rdn. 6064).

winn kann ggf. durch eine Rücklage nach § 6b EStG[814] neutralisiert werden, und zwar auch soweit er auf der Veräußerung eines Mitunternehmeranteils beruht, da der einzelne Steuerpflichtige (und nicht die Personengesellschaft als solche, wie unter der Geltung des Lafontaine'schen Steuerentlastungsgesetzes 1999/2000/2002) anspruchsberechtigt ist und somit die Übertragung auf Reinvestitionen in das Sonderbetriebsvermögen dieses Gesellschafters oder in seine mitunternehmerische Beteiligung, etwa an einem gewerblichen Immobilienfonds, möglich ist.

c) Besonderheiten bei Kapitalgesellschaften

6057 Die **Übertragung eines einzelnen Wirtschaftsgutes aus dem Vermögen einer Kapitalgesellschaft** an Dritte löst ebenfalls einen laufenden Gewinn i.H.d. Differenz zwischen dem Buchwert und dem Teilwert (Entnahmewert) bzw. einem etwa höheren Veräußerungskaufpreis aus. Erfolgt die Übertragung unentgeltlich oder teilentgeltlich an einen Gesellschafter oder einen nahen Angehörigen eines Gesellschafters, führt sie i.H.d. unentgeltlichen Anteils zur verdeckten Gewinnausschüttung und damit nicht nur zur entsprechenden Erhöhung des Einkommens der Kapitalgesellschaft, sondern auch zur Versteuerung der verdeckten Gewinnausschüttung beim Anteilseigner.

6058 Überträgt eine juristische Person[815] ihre gesamten Aktiva und Passiva, also nicht nur einzelne Wirtschaftsgüter, im Wege eines Asset Deal, kann übrigens § 311b Abs. 3 BGB einschlägig sein, der (zur Vermeidung unheilbarer Nichtigkeit) bei der Übertragung oder Belastung des gesamten gegenwärtigen Vermögens einer natürlichen – wie auch einer juristischen – Person die notarielle Beurkundung verlangt. Die herkömmliche Auffassung geht jedoch davon aus, dass diese Beurkundungspflicht nur ausgelöst werde, wenn die schuldrechtliche Formulierung im Kaufvertrag ausdrücklich auf die Übertragung des Vermögens im Ganzen, also »**in Bausch und Bogen**« gerichtet ist, nicht bei einer Einzelaufführung der Objekte. Das OLG Hamm nimmt allerdings an, dass die pauschale Bezeichnung »Inventar und Inventurgegenstände«, ebenso wie die Gesamtbezeichnung »alle Aktiva und Passiva« nicht genügen, die Beurkundungspflicht entfallen zu lassen, da der Übereignungsschutz auch hier geboten sei.

d) Besonderheiten bei Personengesellschaften

6059 Bei Grundstücken im Eigentum einer **Personengesellschaft** (einschließlich des zugehörigen Sonderbetriebsvermögens der Gesellschafter) sind sowohl
(1) Übertragungen innerhalb des Betriebsvermögens der Personengesellschaft (z.B. vom Sonderbetriebsvermögen in das Gesamthandsvermögen) als auch
(2) Übertragungen zwischen Betriebsvermögen der Personengesellschaft und Privatvermögen (eines Gesellschafters oder Dritten) als auch
(3) Übertragungen zwischen dem Betriebsvermögen der Personengesellschaft und einem anderen Betrieb des Gesellschafters

denkbar. Hierbei (»Mitunternehmererlass«) ist intertemporal zu differenzieren (nachstehend Rdn. 6060 ff.). Daneben treten die Grundsätze der Sachabfindung bei Ausscheiden aus einer i.Ü. Fortbestehenden Personengesellschaft (Rdn. 6071) und der Realteilung im engeren Sinne (nachstehend Rdn. 6073), also der Beendigung einer Personengesellschaft durch Zuweisung von Einzelwirtschaftsgütern in das Betriebsvermögen eines bisherigen Mitgesellschafters.

---

[814] Nach FG Hannover, 03.06.2009 4 K 12096/05, EFG 2009, 1638 kann entgegen § 6b Abs. 4 Satz 2 EStG ein solcher Gewinn auch auf Wirtschaftsgüter eines landwirtschaftlichen Betriebes übertragen werden.

[815] Vgl. OLG Hamm, 26.03.2010 – 19 U 145/09, NZG 2010, 1189; hierzu *Böttcher/Fischer*, NZG 2010, 1332.

C. Steuerliche Folgen der Übertragung des Wirtschaftsguts selbst   Kapitel 13

aa) »Mitunternehmererlass«[816]

(1) Rechtslage bis 31.12.1998

Übertragungsvorgänge innerhalb des Betriebsvermögens der Personengesellschaft sowie von einem anderen Betriebsvermögen des Gesellschafters in das Betriebsvermögen der Gesellschaft und zurück sind »ergebnisneutral«, es findet Buchwertfortführung statt. Wird ein Grundstück aus dem Sonderbetriebsvermögen des Gesellschafters in das Gesamthandsvermögen der Gesellschaft übertragen gegen Gewährung von Gesellschaftsrechten (Erhöhung des Kapitalkontos des einbringenden Gesellschafters) oder aus dem Gesamthandsvermögen in das Sonderbetriebsvermögen eines Gesellschafters gegen entsprechende Minderung seiner Gesellschaftsrechte (Belastung seines Kapitalkontos), hatte der jeweils erwerbende Teil das Wahlrecht, das Grundstück mit dem Buchwert, einem Zwischenwert oder dem Teilwert anzusetzen (mit der Folge der Gewinnentstehung i.H.d. Unterschiedsbetrags zwischen Buchwert und angesetztem Wert).[817] Die unentgeltliche Grundstücksübertragung aus dem Sonderbetriebsvermögen eines Gesellschafters in das Sonderbetriebsvermögen eines anderen Gesellschafters bleibt ebenfalls ergebnisneutral (Buchwertfortführung).[818] Übertragungsvorgänge von und in das Privatvermögen (z.B. aus dem Sonderbetriebsvermögen eines Gesellschafters an einen Angehörigen, der nicht zugleich Mitgesellschafter ist) führten hingegen zur Entnahme oder Einlage.

6060

(2) Rechtslage in den Jahren 1999 und 2000

Das Steuerentlastungsgesetz 1999/2000/2002 sah in folgenden Fällen die zwingende Aufdeckung der »stillen Reserven« durch Ansatz des Teilwerts[819] vor (§ 6 Abs. 5 Satz 3 EStG in der damaligen Fassung):
(1) bei Übertragung des Grundstücks aus dem Betriebsvermögen des Gesellschafters in das Gesamthandsvermögen der Mitunternehmerschaft und umgekehrt (nun § 6 Abs. 5 Satz 3 Nr. 1 EStG),
(2) bei Übertragung aus dem Gesamthandsvermögen der Gesellschaft in das Sonderbetriebsvermögen eines Gesellschafters und umgekehrt (nun § 6 Abs. 5 Satz 3 Nr. 2 EStG), sowie
(3) bei Übertragung eines Grundstücks aus dem Sonderbetriebsvermögen eines Gesellschafters in das Sonderbetriebsvermögen eines anderen Gesellschafters (nun § 6 Abs. 5 Satz 3 Nr. 3 EStG).

6061

(3) Rechtslage seit 2001: § 6 Abs. 5 EStG

§ 6 Abs. 5 Satz 3 bis 5 EStG[820] hat für diese Sachverhalte die Regelungen des früheren »**Mitunternehmererlasses**« ab 01.01.2001 weitgehend wieder eingeführt: Die Bestimmung gilt für die unentgeltliche oder aber gegen Gewährung/Minderung von Gesellschaftsrechten erfolgende Übertragung von Einzelwirtschaftsgütern[821]

6062

---

816 V. 20.12.1977, BStBl. 1978 I, S. 8 ff.
817 Vgl. BFH, BStBl. 1986 II, S. 333: Die Gewinnreduzierung trat bei der Gesellschaft ein, auch wenn der erwerbende Gesellschafter das Wahlrecht ausübte.
818 BFH, BStBl. 1986 II, S. 713.
819 Und zwar auch, wenn der Teilwert niedriger war als der Buchwert, BFH, 16.12.2015 – IV R 8/12, EStB 2016, 123.
820 Hierzu BMF, 08.12.2011 – IV C 6 – S 2241/10/10002, BStBl 2011 I 1279 ff.; vgl. *Gragert/Wißborn*, NWB 2012, 972 ff. mit Schaubild S. 984, sowie *Goebel/Ungemach*, NWB 2012, 3855 ff.
821 Die Übertragung von Sachgesamtheiten (Betrieb, Teilbetrieb, Mitunternehmeranteil) kann dann nicht schlechter gestellt sein, allerdings gilt dafür vorrangig § 6 Abs. 3 EStG (unentgeltliche Übertragung) bzw. das Umwandlungssteuergesetz (entgeltliche Übertragung) bzw. § 16 Abs. 3 Satz 2 ff. EStG (Realteilung); auffanghalber gilt § 6 Abs. 5 EStG auch hierfür, vgl. Rn. 12, 36 ff. des BMF-Schreibens v. 08.12.2011, BStBl 2011 I 1279 ff.; *Gragert/Wißborn*, NWB 2012, 972, 974/980 ff.

(1) zwischen einem Einzelbetrieb des Mitunternehmers und dem Gesamthandsvermögen einer (nicht notwendig seiner) Mitunternehmerschaft und umgekehrt (§ 6 Abs. 5 Satz 3 Nr. 1 EStG),
(2) zwischen dem Sonderbetriebsvermögen und dem Gesamthandsvermögen derselben Mitunternehmerschaft und umgekehrt (§ 6 Abs. 5 Satz 3 Nr. 2, 1. Alt. EStG),[822]
(3) zwischen dem Sonderbetriebsvermögen eines Mitunternehmers und dem Gesamthandsvermögen einer anderen Mitunternehmerschaft, an welchem er beteiligt ist, und umgekehrt (§ 6 Abs. 5 Satz 3 Nr. 2, 2. Alt. EStG).

6063 Ferner gilt § 6 Abs. 5 Satz 3 Nr. 3 EStG für die unentgeltliche (allerdings nicht für die gegen Gewährung/Minderung von Gesellschaftsrechten erfolgende) Übertragung von Einzelwirtschaftsgütern zwischen den Sonderbetriebsvermögen verschiedener Mitunternehmer an derselben Mitunternehmerschaft.

6064 Die **entgeltliche Übertragung** von Einzelwirtschaftsgütern, auch zwischen Sonderbetriebs- und Gesamthandsvermögen etc., unterfällt demnach in keinem Fall § 6 Abs. 5 Satz 3 EStG und führt damit stets zu Veräußerungsgewinnen/Anschaffungskosten (Rdn. 6056). Entgeltlichkeit liegt vor, sobald die Gegenleistung den Buchwert des im Sonderbetriebsvermögen befindlichen Wirtschaftsgutes überschreitet. Solange dies nicht der Fall ist (auch bei zivilrechtlicher »**Teilentgeltlichkeit**«), gilt § 6 Abs. 5 Satz 3 EStG[823] (also keine Anwendung der Trennungstheorie wie im Beispiel der Rdn. 6055, entgegen der Auffassung der Finanzverwaltung[824]); auch eine Entnahme findet nicht statt, da der betriebliche Funktionszusammenhang durch den Wechsel vom Sonderbetriebs- in das Gesamthandsvermögen nicht gelöst wurde.[825]

6065 Rechtsfolge des § 6 Abs. 5 Satz 3 EStG ist die **zwingende Buchwertfort**führung, allerdings unter zwei[826] Vorbehalten:
(1) im Fall der Veräußerung oder Entnahme (durch den Erwerber!) innerhalb einer **3-jährigen »Sperrfrist«**[827] werden rückwirkend die stillen Reserven durch Ansatz des Teilwerts (beim Veräußerer!) nachversteuert (§ 6 Abs. 5 Satz 4 EStG).[828] Dies gilt nach Verwaltungsauffassung auch bei Einbringung/Formwechsel nach §§ 20, 21, 24, 25 UmwStG, und (entgegen BFH) auch bei der Einmann- GmbH & Co KG,[829] nicht aber im Fall des Ausscheidens des Wirtschaftsgutes als Folge höherer Gewalt. Bei Kettenübertragungen, die ihrerseits § 6 Abs. 5 Satz 3 EStG genügen, werde jeweils eine neue Sperrfrist ausgelöst (die bisher laufende jedoch

---

822 Vgl. ausführlich *Neumayer/Obser*, EStB 2009, 445 ff. (Übertragungsvarianten, Wertansätze und Missbrauchsregelungen) sowie EStB 2010, 34 ff. (Sonderfälle: mehrstöckige und ausländische Personengesellschaften; Gewerbe-, Schenkung-, Umsatzsteuer).
823 BFH, 19.09.2012 – IV R 11/12 DStR 2012, 2051 m. Anm. *Wit*. Ähnlich bereits zur früheren Rechtslage (1999) BFH, 21.06.2012 – IV R 1/08, EStB 2012, 276.
824 BMF, 08.12.2011, BStBl 2011 I 1279, I.3 Nr. 15.
825 Die Bestimmung des § 6 Abs. 5 Satz 3 EStG ist für unentgeltliche Übertragungen zwischen Sonderbetriebs- und Gesamthandsvermögen eigentlich überflüssig, da keine gewinnauslösende Entnahme stattfindet.
826 In Sonderfällen (anschließender Wegzug ins Ausland) führt § 50i Abs. 2 EStG zu einer »Entstrickungsbesteuerung« der stillen Reserven, vgl. *Patt*, EStB 2014, 377 ff. Vgl. hierzu Anwendungsschreiben BMF, 21.12.2015 – IV B 5 – S 1300/14/10007, BStBl 2016 I S. 7 ff. und Rdn. 6178 ff.
827 Die Frist endet 3 Jahre nach Abgabe der Steuererklärung des Übertragenden für den Übertragungszeitraum.
828 Die Besteuerung kann gem. § 6 Abs. 5 Satz 4 EStG jedoch vermieden werden, indem die bisher entstandenen stillen Reserven durch Ergänzungsbilanz dem übertragenden Gesellschafter zugeordnet (und im Laufe der Jahre durch Abschreibung abgebaut) werden.
829 Rz. 26 des BMF-Schreibens v. 08.12.2011, BStBl 2011 I 1279 ff.; a.A. BFH, 31.07.2013 – I R 44/12, EStB 2013, 405 und BFH, 26.06.2014 – IV R 31/12, EStB 2014, 427 (bei unentgeltlicher Übertragung von Sonderbetriebsvermögen in das Gesamthandvermögen der KG und sodann Veräußerung durch diese, auch ohne Erstellung einer Ergänzungsbilanz).

C. Steuerliche Folgen der Übertragung des Wirtschaftsguts selbst   Kapitel 13

nicht verletzt);[830] die unentgeltliche Weiterübertragung zu Buchwerten nach § 6 Abs. 3 EStG führt nach h.M.[831] zur Fortsetzung der Sperrfrist.

(2) Der Teilwertansatz ist weiterhin zwingend erforderlich, soweit sich durch die Übertragung der Anteil einer Körperschaft oder Personenvereinigung an dem Wirtschaftsgut unmittelbar oder mittelbar erhöht (§ 6 Abs. 5 Satz 5 EStG, sog. **Körperschaftsklausel**) oder diese Erhöhung in den folgenden 7 Jahren – gleich aus welchem Grund – eintritt (§ 6 Abs. 5 Satz 6 EStG; auch dann wird also rückwirkend der Teilwert angesetzt). Der Übergang in das bisherige Halbeinkünfteverfahren, bei dem die stillen Reserven nur zur Hälfte steuerlich erfasst werden, soll auf diese Weise verhindert werden. Ein solcher Anteil einer Körperschaft am Wirtschaftsgut wird z.B. unmittelbar begründet, wenn die Komplementär-GmbH am Vermögen der an der Übertragung erwerbend beteiligten GmbH & Co. KG selbst beteiligt ist; oder mittelbar durch Formwechsel von der Personengesellschaft in eine (Objekt-)Kapitalgesellschaft. 6066

Zur möglichen Versagung der Buchwertfortführung, wenn nach einer steuerneutralen Übertragung von Sonderbetriebsvermögen (z.B. auf eine GmbH & Co. KG) anschließend der verbleibende Mitunternehmeranteil übertragen wird, aufgrund der Gesamtplanprüfung der Finanzverwaltung vgl. Rdn. 6002. 6067

Nicht begünstigt durch den Wortlaut des § 6 Abs. 5 Satz 3 EStG ist ferner die Übertragung zwischen dem Betriebsvermögen von **Schwestergesellschaften**,[832] wobei jedoch der IV. Senat des BFH für eine verfassungskonforme Analogie dahin gehend plädiert, dass Überführungen von Wirtschaftsgütern zwischen zwei Betriebsvermögen desselben Steuerpflichtigen stets zu Buchwerten vorzunehmen sind.[833] Bis zu einer Klärung hilft in manchen Fällen das »§ 6b – Modell«: Das Wirtschaftsgut wird zu fremdüblichen Bedingungen an die Schwestergesellschaft veräußert, der Gewinn in eine § 6b EStG-Rücklage eingestellt, und diese sodann auf das soeben übertragene Wirtschaftsgut als Reinvestitionsobjekt bei der Schwestergesellschaft übertragen,[834] oder aber das Wirtschaftsgut wird von der Personengesellschaft auf eine personengleiche Bruchteilsgemeinschaft übertragen, wobei die einzelnen Miteigentumsanteile SBV des übertragenden Gesellschafters darstellen (zwingende Buchwertfortführung gem. § 6 Abs. 5 Satz 3 Nr. 2 EStG; wegen des Erfordernisses der Unentgeltlichkeit müssen allerdings die an dem Wirtschaftsgut lastenden Verbindlichkeiten bei der übertragenden Gesellschaft verbleiben – der Schuldzinsabzug ist dadurch nicht gefährdet).[835] 6068

---

830 Rz. 23 bzw. (in Bezug auf Einbringungsvorgänge) Rz. 36 ff. des BMF-Schreibens v. 08.12.2011, BStBl 2011 I 1279 ff.; *Gragert/Wißborn*, NWB 2012, 972, 977/980.
831 *Ehmke*, in: *Blümich*, EStG § 6 Rn. 1352 (Stand 128. Aufl. 2015).
832 BMF v. 28.02.2006, BStBl. 2006 I, S. 228 unter IV.1; BFH, 25.11.2009 – I R 72/08, BStBl. 2010 II 471 = GmbHR 2010, 317 m. Anm. *Suchanek; Schulze zur Wiesche*, DB 2010, 60.
833 BFH, 15.04.2010 – IV B 105/09, ZEV 2010, 303 (in einem Verfahren über die Aussetzung der Vollziehung); hierzu *Siegmund/Ungemach*, NWB 2010, 2206 und *Suchanek*, GmbHR 2010, 725, sowie *Goebel/Ungemach*, NWB 2012, 3855, 3861. Der I. Senat hat sich mittelbar insoweit angeschlossen, als er durch Beschluss v. 10.04.2013 – I R 80/12, EStB 2013, 403 m. Anm. *Luxem* die Verfassungskonformität des § 6 Abs. 5 Satz 3 EStG gem. Art. 100 Abs. 1 GG überprüfen lässt, vgl. *Oellerich*, NWB 2013, 3444 ff. und *Cropp*, NWB 2014, 1656 ff. Das BMF, 29.10.2010 – IV C 6 – S 2241/10/10002:001, BStBl. 2010 I 1206 bleibt bei seiner bisherigen Ablehnung, vgl. *Wißborn*, NWB 2010, 4275 f. Zur Vermeidung der Wirkungen des § 6 Abs. 5 Satz 2 EStG durch sog. »latentes Sonderbetriebsvermögen« bei der mitunternehmerischen Betriebsaufspaltung (Grundstück ist SBV der Besitzgesellschaft, zugleich jedoch weiterhin – wie vor der Zwischenschaltung der Besitzgesellschaft – latentes SBV der Betriebsgesellschaft) vgl. Rdn. 5722.
834 Vgl. *Jarosch/Rund/Gluth*, StB-Sonderheft 2010/2011, S. 17 m.w.N.; Rn. 20 des BMF-Schreibens v. 08.12.2011, BStBl 2011 I 1279; *Gragert/Wißborn*, NWB 2012, 972, 977.
835 *Spiegelberger*, MittBayNot 2011, 89; *Hoffmann*, GmbHR 2002, 290.

6069 Die Einlage steuerverstrickten Privatvermögens, z.B. von Kapitalgesellschaftsanteilen über 1 %, in Personengesellschaften stellt jedoch nach Auffassung der Finanzverwaltung[836] einen entgeltlichen Vorgang dar, wenn sich dadurch das handelsbilanzielle Kapitalkonto des Gesellschafters verändert hat.[837] Ein Veräußerungsgewinn entsteht nicht im Fall einer Verbuchung auf dem gesamthänderischen Rücklagenkonto (Rdn. 2581).

6070 Sollen Unternehmensteile, die keinen Teilbetrieb i.S.d. Umwandlungsteuergesetzes darstellen, z.B. auf eine Tochtergesellschaft ausgegliedert werden, bietet sich auch das »**Treuhandmodell**« an: Dabei wird die Tochtergesellschaft als GmbH & Co KG errichtet, wobei sich die Muttergesellschaft als Komplementärin, und eine Beteiligungs-GmbH als Kommanditistin, aber wiederum nur treuhänderisch für die vorgenannte Komplementärin, beteiligen. Zivilrechtlich lassen sich nun die Wirtschaftsgüter auf die »Tochtergesellschaft« übertragen, einkommensteuerlich ist sie dagegen (als »Ein-Personen-Personengesellschaft«) nicht existent.[838]

bb) Ausscheiden gegen Sachabfindung

6071 Scheidet ein Mitunternehmer aus einer **i.Ü. fortbestehenden Mitunternehmerschaft** aus und erhält dafür eine Sachabfindung, liegt kein Fall der Realteilung i.S.d. § 16 Abs. 3 Satz 2 bis 4 EStG (unten cc) vor.[839] Gelangt die Sachabfindung in das Privatvermögen, erzielt der Ausscheidende aus der Differenz zwischen dem Buchwert seines Anteils (Kapitalkonto) und dem gemeinen Wert der Sachwertabfindung einen Erlös (§ 16 Abs. 1 Satz 1 Nr. 2 EStG), der ggf. nach §§ 16, 34 EStG begünstigt sein kann. Gelangt die Sachabfindung in das Betriebsvermögen des Ausscheidenden und handelt es sich um Einzelwirtschaftsgüter, gilt § 6 Abs. 5 Satz 3 Nr. 1 EStG – erfolgsneutraler Vorgang, auch wenn die Übertragung gegen Minderung der Gesellschaftsrechte erfolgt –, allerdings damit auch die Trennungstheorie (Rdn. 6054), so dass bei Übernahme von Verbindlichkeiten eine Teilaufdeckung stiller Reserven stattfindet.[840]

6072 Handelt es sich bei der Abfindung um einen Betrieb/Teilbetrieb/Mitunternehmeranteil, gilt weder § 6 Abs. 5 Satz 3 EStG (keine Einzelwirtschaftsgüter), noch § 6 Abs. 3 EStG (da keine unentgeltliche Übertragung, sondern eine Übertragung gegen Minderung der Gesellschaftsrechte[841] vorliegt) – beides würde zur Erfolgsneutralität führen – und auch eine »reziprok-analoge« Anwendung des § 24 UmwStG mit gleichem Ergebnis scheidet aus[842] (»Ausbringung von Vermögen gegen Minderung von Gesellschaftsrechten«). Es bleibt also bei der Auflösung stiller Reserven, ggf. in zwei Stufen:

▶ Beispiel:[843]

An der A-B-C GbR ist jeder Sozius gleich beteiligt (Buchwert je 100, Verkehrswert je 500, stille Reserven also gesamt 1.200). C scheidet aus und erhält hierfür einen im GbR-Vermögen befindlichen Personengesellschaftsanteil (Praxisbeteiligung, deren Buchwert 300, Verkehrswert 500 beträgt). In der ersten Stufe veräußert C seinen Mitunternehmeranteil an A und B, für

---

836 BMF v. 26.11.2004, BStBl. 2004 I, S. 1190.
837 Hierzu (Zwei-, Drei-, Vierkontenmodell) *Carlé*, ErbStB 2006, 46.
838 *Forst/Kofmann/Pittelkow*, EStB 2011, 41; auch Gewerbesteuerpflicht wird nicht begründet: BFH, 03.02.2010 – IV R 26/07, EStB 2010, 160.
839 Vgl. BMF v. 28.02.2006, BStBl. 2006 I, S. 228 unter II, sowie SenFin Berlin v. 28.12.2009 – III B 2242- 1/2009, EStB 2010, 178; gegen eine Gleichbehandlung *Mitschke*, NWB 2009, 606 ff.
840 Vgl. *Röhrig*, EStB 2002, 231 und EStB 2010, 32 (»der Fluch der Sachwertabfindung«); a.A. jedoch das Schrifttum jedenfalls bei Übertragung zwischen personenidentischen Schwestergesellschaften, vgl. *Slabon*, ZErb 2006, 260 m.w.N.
841 Darin liegt ein entgeltlicher Vorgang, BFH, 24.01.2008 – IV R 37/06, DStR 2008, 761.
842 *Dietel*, DStR 2009, 1352, jedenfalls seit Kodifizierung der Realteilungsgrundsätze in § 16 Abs. 3 Satz 2 ff. EStG.
843 Nach *Röhrig*, EStB 2010, 33.

500 (Wert der Praxisbeteiligung), so dass er (C) einen Veräußerungsgewinn von 400 erzielt. A und B stocken demnach die Buchwerte des GbR-Vermögens auf, soweit darin stille Reserven enthalten sind (unterstellt, lediglich die Praxisbeteiligung enthalte auf der Aktivseite stille Reserven von 200, entfallen die verbleibenden stillen Reserven von 1.000 auf den good will – demnach wird der Praxiswert von 300 um 1/6 aus 400 auf 367 aufgestockt. Im zweiten Schritt veräußern A und B ihre Beteiligung an der Praxis gegen Wegfall des Abfindungsanspruchs von 500, also unter Entstehung eines Veräußerungsgewinns von gesamt 133.

cc) Realteilung im engeren Sinne

Wird schließlich eine **Personengesellschaft** beendet und gehen dabei Vermögenswerte des bisherigen Betriebsvermögens zur Erfüllung des Auseinandersetzungsanspruchs an die bisherigen Gesellschafter über, liegt eine **Realteilung im eigentlichen Sinne**[844] (§ 16 Abs. 3 Satz 2 bis 4 EStG) vor. Besteht die Personengesellschaft fort, scheidet also lediglich ein Mitunternehmer aus, gelten ähnliche Grundsätze,[845] was nun auch die Finanzverwaltung, wenn auch unter einschränkenden Voraussetzungen (jeder ausscheidende Mitunternehmer müsse jeweils einen Teilbetrieb i.S.d. § 16 Abs. 1 Satz 1 Nr. 1 EStG »mitnehmen«), akzeptiert,[846] als sog. »**unechte Realteilung«**. Der BFH[847] wendet hingegen bei der unechten Realteilung ebenfalls § 16 Abs. 3 EStG an, selbst wenn lediglich einzelne Wirtschaftsgüter auf den Ausscheidenden übergehen, und lässt es ausreichen, dass zumindest einer der Realteiler die ihm zugeteilte wesentliche Betriebsgrundlage in ein eigenes Betriebsvermögen übernimmt, wobei insoweit sogar die Sonderbetriebsvermögenseigenschaft bei einer anderen Mitunternehmerschaft ausreichen würde.

6073

Danach setzt eine (ggf. unechte) Realteilung lediglich voraus, dass mindestens eine wesentliche Betriebsgrundlage i.S.d. § 16 Abs. 3 Satz 3 EStG (also Wirtschaftsgüter, in denen gemäß quantitativer Betrachtungsweise erhebliche stille Reserven ruhen, oder solche, die nach funktionaler Betrachtungsweise zur Erreichung des Betriebszwecks erforderlich sind) nach der Realteilung weiterhin Betriebsvermögen eines Realteilers darstellt. Die in das Privatvermögen überführten Wirtschaftsgüter stellen (zur Steuerpflicht führende) Entnahmen der Realteilungsgemeinschaft dar, im Übrigen sind zwingend die Buchwerte fortzuführen.

6074

Die Grundsätze der Realteilung standen Pate bei der Leitentscheidung des Großen Senats des BFH v. 05.07.1990 zur Erbauseinandersetzung (vgl. Rdn. 5920).

Demgemäß ist zu differenzieren: Geht im Rahmen einer solchen Realteilung der gesamte Betrieb, ein Teilbetrieb bzw. eine Teilpraxis – auch der 100 %ige Anteil an einer Kapitalgesellschaft –, ein Mitunternehmeranteil oder Teil eines Mitunternehmeranteils über in das (ggf. dadurch erst be-

6075

---

844 Abgrenzung zur Veräußerung/Aufgabe eines Mitunternehmeranteils; Realteilung; 3-jährige Sperrfrist für wesentliche Betriebsgrundlagen etc.; hierzu BMF-Schreiben v. 28.02.2006, BStBl. 2006 I, S. 228 (»Realteilungserlass«) und *Gragert*, NWB Fach 3, S. 13887 = 2006, 743 ff., ebenso *Spiegelberger*, NWB 2006, 1585 ff., Fach 3, S. 14019 = 2006, 1585 ff. sowie *Heß*, DStR 2006, 777 ff.; *Neumann*, EStB 2006, 143; *Slabon*, ZErb 2006, 258. Kritische Übersicht bei *Röhrig*, EStB 2013, 190 ff. Musterfall für die steuerneutrale Auflösung einer freiberuflichen Sozietät bei *Schoor*, NWB 2013, 3250 ff.
845 BFH, 17.09.2015 – III R 49/13 EStB 2016, 121 (Ausscheiden aus einer fortbestehenden Steuerberatungs-GbR gegen Übernahme einer Teilpraxis); der IV. und VIII. Senat des BFH haben (a.a.O Rn. 43) zugestimmt.
846 BMF, 20.12.2016 – IV C S 2242/07/10002, BStBl 2017 I 36 = EStB 2017, 22 (in Änderung des Realteilungserlasses v. 28.02.2006, BStBl 2006 I, S. 228) für alle ab 01.01.2016 verwirklichten Sachverhalte. Vgl. hierzu *Jacobsen/Thörmer*, DStR 2017, 632; *Pupeter*, DB 2017, 684.
847 BFH, 16.03.2017 – IV R 31/14, ErbStB 2017, 231; BFH, 30.03.2017 – IV R 11/15, ErbStB 2017, 230 (insoweit gegen BMF, 20.12.2016, BStBl 2017 I 36), vgl. auch *Schimmele*, EStB 2017, 259 ff. sowie *Neu/Hamacher*, GmbHR 2017, 897 ff.

gründete) Betriebsvermögen des Erwerbers,[848] bleibt es bei der zwingenden Buchwertfortführung ohne Auflösung stiller Reserven. Dabei ist es nach Auffassung des BFH[849] unschädlich, dass in der Vorbereitung der Realteilung »künstlich« eine werterhöhende Zuordnung von vorhandenen[850] Finanzmitteln oder Forderungen der Mitunternehmerschaft zu dem zu übertragenen Teilbetrieb erfolgt. Schädlich (also zu Veräußerungsentgelt führend) sind allerdings zusätzlich an den Ausscheidenden gewährte (z.B. Renten-)zahlungen.[851]

6076 Handelt es sich um ein **einzelnes**, in das **Privatvermögen** überführtes **Wirtschaftsgut**, das **wesentliche Betriebsgrundlage** darstellt oder dessen Übertragung die Voraussetzungen einer Betriebsaufspaltung entfallen lässt, liegt eine Betriebsaufgabe der Personengesellschaft (mit ggf. begünstigtem Veräußerungsgewinn,[852] den Mitunternehmern mangels anderweitiger Vereinbarung[853] zuzurechnen nach Maßgabe ihres Anteils) vor. Handelt es sich um ein in das Privatvermögen überführtes einzelnes Wirtschaftsgut, das keine wesentliche Betriebsgrundlage darstellt, entsteht ein nicht begünstigter Entnahmegewinn, welcher der Personengesellschaft zuzurechnen ist (also nicht dem Erwerber!).[854]

6077 Erhält schließlich ein Gesamthänder im Rahmen einer Realteilung ein **Einzelwirtschaftsgut** des Betriebsvermögens und führt dieses in eigenes **Betriebsvermögen** über, ordnet § 6 Abs. 5 und[855]

---

848 Eine vorherige Betriebsaufgabe ist nicht erforderlich, *Stuhrmann*, DStR 2005, 1357; die Finanzverwaltung verlangt jedoch die anschließende einzelbetriebliche Nutzung durch den Ausscheidenden. BFH, 16.12.2015 – IV R 8/12, EStB 2016, 122 akzeptiert allerdings als Ausweg, wenn die Tätigkeit wiederum in Mitunternehmerschaft fortgeführt werden soll, die vorbereitende Übertragung der Mitunternehmeranteile auf die Ziel-Mitunternehmerschaft, und die anschließende Auskehrung des Vermögens auf diese; hierzu *Görgen*, NWB 2016, 1650 ff., und das von *Wälzholz*, in: DAI Intensivkurs Grundstücksrecht 2017, Band 1, S. 158, gebildete Beispiel: Eine aus vier Personen zusammengesetzte Personengesellschaft hat zwei Teilbetriebe, die eine Gruppe von je zwei Personen soll künftig ein Teilbetrieb übernehmen. Da die jeweils übernommenen Wirtschaftsgüter grundsätzlich in ein Betriebsvermögen der übernehmenden Mitunternehmer überführt werden müssen, andererseits die Direktübertragung von Wirtschaftsgütern der bisherigen Mitunternehmerschaft in das Gesamthandsvermögen einer anderen Mitunternehmerschaft nicht von § 16 Abs. 3 EStG (dem Wortlaut nach) erfasst ist, können die Gesellschafter ihre Anteile je zur Hälfte in je eine GmbH & Co. KG einbringen, wobei an der einen GmbH & Co. KG die eine Gesellschaftergruppe, an der anderen die andere beteiligt ist. Die beiden Teilbetriebe werden gem. § 24 UmwStG in diese beiden Mitunternehmerschaften eingebracht. Sodann wird eine Realteilung durchgeführt, wonach jede GmbH & Co. KG jeweils einen Teilbetrieb übernimmt.
849 BFH, 17.09.2015 – III R 49/13 EStB 2016, 121 (allerdings, Rn. 45, offen gelassen für kurzfristige Finanzeinlagen).
850 Fraglich ist die Gewinnneutralität, wenn zuvor Einlagen geleistet oder Darlehen aufgenommen und diese Mittel dann dem Teilbetrieb des ausscheidenden Mitunternehmers zugeordnet werden.
851 BFH, 17.09.2015 – III R 49/13 EStB 2016, 121 (auch wenn als »Versorgungsrente« bezeichnet). Der Veräußerungsgewinn ermittelt sich wie folgt: (Kapitalwert der Rente zuzüglich Buchwert des übernommenen Teilbetriebs) abzüglich (Veräußerungskosten und steuerlicher Buchwert des Kapitalkontos des ausscheidenden Gesellschafters).
852 *Röhrig/Doege*, DStR 2006, 970 weisen darauf hin, dass die Anwendbarkeit der Steuervergünstigungen der §§ 16, 34 EStG nicht bei Überführung teils in das Betriebs-, teils in das Privatvermögen der Miterben gesichert ist, da andernfalls nicht alle stillen Reserven aufgedeckt werden, vgl. Rn. 13 des BMF-Schreibens v. 14.03.2006.
853 Die Finanzverwaltung erlaubt analog § 16 Abs. 3 Satz 4 EStG, durch eine im zeitlichen Zusammenhang der Erbauseinandersetzung schriftlich getroffene Vereinbarung den Gewinn ausschließlich dem entnehmenden Miterben zuzurechnen, *Gragert*, NWB 2006, 1194 = Fach 3, S. 13938.
854 BFH, Großer Senat, v. 05.07.1990, BStBl. 1990 II, S. 843. Selbst die Übertragung eines Wirtschaftsguts einer Mitunternehmerschaft in eine andere Mitunternehmerschaft, an der dieselben Realteiler beteiligt sind, ist nicht steuerneutral möglich (*Gragert*, NWB 2006, 750).
855 *Bisle*, NWB 2016, 1646 ff. plädiert für einen Vorrang der § 16 Abs. 3 Satz 2 ff. EStG (jdf. seit BFH, 17.09.2015 – III R 49/13 EStB 2016, 121 klargestellt hat, dass die steuerneutrale Realteilung keine zivilrechtliche Beendigung der Personengesellschaft voraussetzt), mit der Folge, dass auch die Übernahme

C. Steuerliche Folgen der Übertragung des Wirtschaftsguts selbst — Kapitel 13

§ 16 Abs. 3 Satz 2 bis 4 EStG ab 01.01.2001[856] die zwingende Buchwertfortführung[857] an (unter entsprechender Aufstockung der Kapitalkonten des Erwerbers zur Sicherstellung der übergehenden stillen Reserven), allerdings mit folgenden Ausnahmen:

(1) Bei der unmittelbaren oder mittelbaren Übertragung auf eine (bisher nicht beteiligte) Körperschaft, Personenvereinigung oder Vermögensmasse – sogar, besonders misslich, eine beteiligungsidentische Schwestergesellschaft[858] – ist (wegen des Steuersatzgefälles zwischen Kapital- und Personengesellschaften) insoweit[859] zwingend der gemeine Wert anzusetzen,

(2) ebenso (rückwirkend) bei Entnahme oder Veräußerung von Grund und Boden sowie Gebäuden des Anlagevermögens und wesentlichen Betriebsgrundlagen[860] innerhalb einer **3-jährigen Sperrfrist**, – §§ 6 Abs. 5 Satz 4 bis 6 und § 16 Abs. 3 Satz 3 EStG – beginnend mit der Abgabe der Steuererklärung für den Veranlagungszeitraum der Realteilung (Rdn. 6004). Der Erwerber hat es also in der Hand, innerhalb dieser Frist rückwirkend eine Gewinnrealisierung beim Veräußerer auszulösen (sofern nicht, wie zu empfehlen, die Gewinnzuordnung allein beim entnehmenden Realteiler vereinbart ist[861] oder zumindest eine Erstattungspflicht besteht). Misslich ist, dass auch in der Einbringung des in der Realteilung erhaltenen Vermögens in eine neue Personengesellschaft eine solche Veräußerung liegen kann.[862]

6078

---

von Verbindlichkeiten steuerunschädlich möglich ist (Einheitstheorie; bei § 6 Abs. 5 Satz 3 Nr. 1 EStG wäre die Mitübertragung von Verbindlichkeiten ohne Aufdeckung stiller Reserven nicht – sog. strenge Trennungstheorie – bzw. nur bis zum Buchwert – sog. modifizierte Trennungstheorie – möglich), und sich die Sperrfrist gem. § 16 Abs. 3 Satz 3 EStG nur auf Gebäude, Grund und Boden und wesentliche Betriebsgrundlagen, nicht jedoch auf sämtliche übertragene Einzelwirtschaftsgüter, wie in § 6 Abs. 5 Satz 4 EStG, bezieht. Zur Differenzierung zw. beiden Normen auch *Görgen*, NWB 2016, 1650, 1652.

856 Zuvor hatte Richterrecht – BFH, BStBl. 1992 II, S. 946 – bei der Überführung der bisher einer Mitunternehmerschaft dienenden Wirtschaftsgüter in ein Betriebsvermögen des einzelnen, an der Realteilung teilnehmenden Mitunternehmers das Wahlrecht zwischen Buchwertfortführung und Aufdeckung stiller Reserven eingeräumt; das Steuerentlastungsgesetz 1999/2000/2002 sah (§ 16 Abs. 3 a.F. EStG) zwingend die Buchwertfortführung vor, allerdings beschränkt auf die Übernahme von Teilbetrieben und Mitunternehmeranteilen. Gingen einzelne Wirtschaftsgüter über in das Betriebsvermögen des Realteilers, lag ein laufender Gewinn vor, beim Übergang in das Privatvermögen konnten ggf. die Vergünstigungen der §§ 16, 34 EStG in Anspruch genommen werden.

857 Zuvor hatte § 6 Abs. 5 Satz 3 EStG 1999 eine zwingende Entnahme angeordnet, davor hatte das BMF-Schreiben v. 11.01.1993, BStBl. 1993 I, S. 62, Tz. 74, ein Wahlrecht des übernehmenden Miterben zwischen dem Teilwertansatz und der Buchwertfortführung vorgesehen.

858 Das BMF-Schreiben v. 28.02.2006, DStR 2006, 426 schließt auch dann eine Realteilung aus; *Spiegelberger*, NWB 2006, 1588 = Fach 3, S. 14022 plädiert dafür, die Buchwertfortführung zuzulassen, wenn die stillen Reserven vor und nach der Übertragung derselben Person zustehen. Durch die Finanzverwaltung toleriert wird jedoch die Überführung in das Sonderbetriebsvermögen einer anderen Mitunternehmerschaft (also auf den bisherigen Gesamthänder selbst, der es der neuen Mitunternehmerschaft zur Verfügung stellt), *Korn/Strahl*, NWB 2006, 4188 = Fach 2, S. 9144. Krit. hiergegen (und für die Anwendbarkeit des § 24 UmwStG nicht nur in den, wohl unstreitigen, Fällen, dass die bisherige Sozietät fortbesteht, also kein eigentlicher Fall der Realteilung vorliegt) *Schwedhelm/Wollweber*, GmbH-StB 2011, 82 ff.

859 Geht auf die Körperschaft im Rahmen einer Realteilung ein Betrieb, Teilbetrieb oder Mitunternehmeranteil über, ist entsprechend § 20 UmwStG eine steuerneutrale Realteilung möglich.

860 Zur »wesentlichen Betriebsgrundlage« (in funktional-quantitativer Betrachtung), die nach der Realteilung weiterhin zum Betriebsvermögen mindestens eines Realteilers gehören muss, vgl. BFH v. 10.11.2005 – IV R 7/05, EStB 2006, 43.

861 Gem. Abschnitt IX des BMF-Erlasses zur Realteilung v. 28.02.2006, BStBl. 2006 I, S. 228 und Tz. 13 des BMF-Erlasses v. 14.03.2006 zur ertragsteuerlichen Behandlung der Erbengemeinschaft, BStBl. 2006 I, S. 253. Interessant ist dies unter Wertungsaspekten [Zuordnung zum Veranlasser], aber auch zur Nutzung bestehender Verlustvorträge gem. § 10d EStG, vgl. *Reich*, MittBayNot 2007, 280, 281.

862 BMF v. 28.02.2006, BStBl. 2006 I, S. 228.

▶ **Beispiel:**

Der aus einer Freiberufler-Sozietät gegen Realteilung ausgeschiedene Berufsträger geht eine neue Berufsverbindung als Sozietät ein: die gesamten stillen Reserven der aufgelösten Sozietät werden nachträglich aufgedeckt! Die Realteilung ist also erfolgsneutral möglich, erschwert jedoch anschließende wirtschaftlich sinnvolle Verwertungen.

(3) Gleiches gilt seit 01.01.2007, wenn im Zuge einer Realteilung Kapitalgesellschaftsanteile an eine Kapitalgesellschaft übertragen werden und Letztere sie binnen 7 Jahren veräußert, § 16 Abs. 5 EStG.[863]

(4) Werden schließlich im Rahmen einer Betriebsaufgabe einzelne Wirtschaftsgüter in ein Betriebsvermögen überführt, an dem der Aufgebende ebenfalls beteiligt ist, liegt im Umfang dieser Beteiligung laufender (auch gewerbesteuerpflichtiger, vgl. § 7 Satz 1 GewStG[864]) Gewinn der Personengesellschaft vor (Missbrauchsverhinderungsnorm: § 16 Abs. 3 Satz 5 EStG).

6079 Der Veräußerer wird sich dann vorsorglich die Erstattung der Steuerbelastung ausbedingen (zu anderen Sanktionsmöglichkeiten s. Rdn. 6009 i.R.d. § 6 Abs. 3 EStG, zur ähnlichen Formulierung bei Realteilung einer Erbengemeinschaft vgl. Rdn. 5940).

▶ **Formulierungsvorschlag: Steuererstattungspflicht bei späterer Gewinnrealisierung nach Realteilung einer Personengesellschaft**

6080 Die Übertragung des Grundstücks samt Betriebsgebäude erfolgt im Weg einer Realteilung zu Buchwerten (§ 16 Abs. 3 Satz 2 EStG). Den Beteiligten ist bekannt, dass es nachträglich zur Versteuerung der »stillen Reserven« kommen kann, indem anstelle der Buchwerte die gemeinen Werte anzusetzen sind, etwa wenn der Erwerber das Grundstück und das Gebäude veräußert oder aus dem Betriebsvermögen entnimmt (§ 16 Abs. 3 Satz 3 EStG). Der Erwerber verpflichtet sich, solche Handlungen, die unmittelbar oder mittelbar zum Einsatz der gemeinen Werte führen könnten, weder vorzunehmen noch zu unterstützen oder zu dulden; andernfalls hat er die dem Veräußerer entstehende Steuerbelastung unverzüglich zu erstatten bzw. zu übernehmen.

6081 Die (vorbehaltlich einer Verletzung der für die Realteilung selbst geltenden Sperrfristen) grundsätzliche ertragsteuerliche Neutralität (Buchwertfortführung) einer Realteilung im engeren Sinn von Personengesellschaften bedeutet aber nicht, dass solche Vorgänge nicht zum **Wegfall anderer**, unter Vorbehalt gewährter **Steuervergünstigungen** führen können.[865] So kann die Realteilung – als Aufgabe des Mitunternehmeranteils – zum Wegfall der erbschaftsteuerlichen Vergünstigungen des § 13a Abs. 1 u. 2 ErbStG führen (vgl. **§ 13b Abs. 5 Nr. 1 Satz 1 u. 2 ErbStG**), jedenfalls wenn Einzelwirtschaftsgüter zugewiesen werden (anders bei der Zuweisung von Teilbetrieben). In ähnlicher Weise kann eine schädliche Veräußerung sogenannter sperrfristverhafteter Anteile binnen sieben Jahren nach der Einbringung gemäß **§ 22 Abs. 1 UmwStG** vorliegen, wenn eine Personengesellschaft solche sperrfristverhafteten Anteile im Betriebsvermögen hält und im Rahmen der Realteilung überträgt (jedenfalls dann, wenn eine unmittelbare Übertragung solcher Anteile auf eine Kapitalgesellschaft erfolgt, da sie »ohne Entgelt« i.S.d. § 22 Abs. 1 Satz 6 Nr. 1 UmwStG stattfindet, auch wenn ertragsteuerlich die Aufdeckung stiller Reserven unterbleibt). Ferner kann sich eine mittelbare Fernwirkung von Sperrfristverletzungen des Realteilungsvorgangs auf andere Sperrfristen ergeben. (Beispiel: Wird ein Teilbetrieb, zu dem auch Anteile an einer Kapitalgesellschaft gehören, an eine Realteiler-Kapitalgesellschaft zugewiesen, steht die Steuerneutralität unter dem Vorbehalt des § 16 Abs. 5 EStG, d.h. die Buchwertfortführung entfällt rückwirkend, wenn innerhalb von sieben Jahren die Kapitalgesellschaftsanteile weiterveräußert werden. Dadurch könnte, ebenfalls rückwirkend, möglicherweise auch ein schädlicher Vorgang nach § 24 Abs. 5 UmwStG bewirkt werden.).

---

863 Entspricht der Missbrauchsvorschrift des § 22 Abs. 1 Satz 6 Nr. 1 bis 6 UmwStG.
864 BFH, 03.12.2015 – IV R 4/13, EStB 2016, 87.
865 Vgl. hierzu umfassend *Patt*, EStB 2014, 182 ff.

C. Steuerliche Folgen der Übertragung des Wirtschaftsguts selbst — Kapitel 13

9. Übertragung eines Unternehmens/Mitunternehmeranteils unter Nießbrauchsvorbehalt

Wird ein **Einzelunternehmen** oder ein **Gesellschaftsanteil unter Nießbrauchsvorbehalt** übertragen, handelt es sich gleichwohl dem Grunde nach (vgl. aber Rdn. 6086) um einen unentgeltlichen Übertragungsvorgang i.S.d. § 6 Abs. 3 EStG (der Vorbehaltsnießbrauch stellt auch als Betriebsvermögen keine Gegenleistung dar). Ertragsteuerlich entstehen – ähnlich einer Betriebsverpachtung im Ganzen[866] – **zwei Betriebe** (Rdn. 5795 ff.): der ruhende Betrieb des Eigentümers und der aktive Gewerbebetrieb des Nießbrauchers. Für die Zuwendung des Unternehmens (unter Nießbrauchsvorbehalt) findet § 13a ErbStG Anwendung, da der Nießbrauchsbesteller wie ein Unternehmensverpächter behandelt wird, also Betriebsvermögen hält. 6082

Aufgrund der zwischenzeitlich einschränkenden Rechtsprechung des BFH[867] gilt diese »**nießbrauchsbedingte Verdoppelung der Anzahl an Betrieben**« jedoch nur mehr uneingeschränkt bei **land- und forstwirtschaftlichen Betrieben**, die auch dann gem. § 6 Abs. 3 EStG rechtssicher ohne Aufdeckung stiller Reserven übertragen werden können, wenn sich der Nießbraucher den übertragenen Nießbrauch am Betrieb zurückbehält.[868] Diese Sonderbehandlung land- und forstwirtschaftlicher Betriebe wird durch den IV. Senat des BFH damit begründet, dass auch bei der entgeltlichen Betriebsveräußerung i.S.d. § 14 EStG die Einstellung oder Beendigung der land- oder forstwirtschaftlichen Betätigung durch den Veräußerer keine notwendige Voraussetzung für eine Betriebsveräußerung ist; Gleiches soll demnach auch für den unentgeltlichen Übertragungsweg gelten. 6083

Wird ein Gesellschaftsanteil an einer Personengesellschaft unter Nießbrauchsvorbehalt übertragen, spalten sich die Kompetenzen hinsichtlich der Ausübung der gesellschaftsrechtlichen Mitwirkungsrechte zwischen Gesellschafter und Nießbrauchsberechtigtem vorübergehend auf (Beschlussstimmrecht beim Nießbraucher zu laufenden Angelegenheiten und zur Sicherung seines Fruchtziehungsrechts, vgl. im Einzelnen Rdn. 1489 ff.). Beide – Nießbraucher (Rdn. 1495 ff.) und Nießbrauchsbesteller (Rdn. 2603 ff.) – sind bei richtiger Gestaltung, also wenn die Stellung des Nießbrauchers nicht durch z.B. umfassende Stimmrechtsvollmachten weiter gestärkt wird, weiterhin Mitunternehmer. 6084

▶ Hinweis:

Im Hinblick auf die zur Übertragung eines Einzelunternehmens unter Nießbrauchsvorbehalt ergangene Rechtsprechung des X. Senats des BFH, wonach § 6 Abs. 3 EStG (Buchwertfortführung) auch (als umgeschriebenes Tatbestandsmerkmal) verlange, dass der tätigkeitsbezogen zu verstehende Betrieb im eigentlichen Sinn übergehen müsse, also nicht mehr durch den Vorbehaltsnießbraucher ausgeübt werden dürfe (Rdn. 6086), ist derzeit ungewiss, ob das Modell der **Übertragung eines Miteigentumsanteils unter Nießbrauchsvorbehalt** zur Erlangung der ertragsteuerlichen Buchwertfortführung weiterhin tauglich ist, zumal die Rechtsprechung dazu tendiert, Einzelunternehmen und Mitunternehmerschaften gleichzustellen.[869] Gegen eine Gleichstellung spricht jedoch, dass nach bisher herrschender Auffassung im Fall der Übertragung von Mitunternehmeranteilen lediglich erforderlich ist, beim Erwerber so viel Rechtsstellung ankommen zu lassen, dass er die Voraussetzungen der Mitunternehmerschaft erfüllt, nicht aber, dass der Übergebende seine Mitunternehmerstellung komplett aufgeben müsse; sollte der 6085

---

866 BFH, NV 1999, 454.
867 BFH, 25.01.2017 – X R 59/14, ZEV 2017, 471 m. Anm. *Gräfe/Kraft*.
868 BFH, 26.02.1987 – IV R 325/84, BStBl. 1987 II, 772; ebenso BFH, 28.03.1985 – IV R 88/81, BStBl. 1985 II, 508, unter Buchst. c, zur Rückverpachtung an den bisherigen Betriebsinhaber; ebenso BFH, 07.04.2016 – IV R 38/13, BStBl. 2016 II, 765, Rz. 28.
869 Dies befürchtet z.B. *Gluth*, EStB 2017, 403, 406 (anders bei Übertragung von Teilen eines Mitunternehmeranteils).

IV. Senat des BFH[870] sich der Auffassung des X. Senats allerdings anschließen, bleibt möglicherweise als Alternative der Rückbehalt eines puren Ertragsnießbrauchs, der die dann ebenfalls zu fordernde Tätigkeitseinstellung des Übergebers eines Mitunternehmeranteils gewährleisten kann

6086 Problematisch und **diametral entgegengesetzt** ist die Rechtsfolge allerdings,[871] wenn aufgrund vorbehaltenen Nießbrauchs allein der Veräußerer weiter die Merkmale eines Unternehmers erfüllt, also der (tätigkeitsbezogen zu verstehende) Betrieb im eigentlichen Sinn nicht übergegangen ist. Wie bei der Vorgängernorm des § 7 Abs. 1 EStDV[872] und bei der parallelen Thematik der Betriebsveräußerung im Ganzen i.S.d. § 16 Abs. 1 Nr. 1 EStG (vgl. Rdn. 5787 ff.) sind dann zwar die sächlichen Betriebsmittel, nicht aber die eigentliche Erwerbsquelle übergegangen. Die Übertragung selbst erfolgte zwar unentgeltlich (da der Nießbrauch keine Gegenleistung im ertragsteuerlichen Sinn darstellt), stellt aber, da die Voraussetzungen des § 6 Abs. 3 EStG nicht vorliegen (vgl. Rdn. 5967), einen privaten Vorgang dar, der im außerbetrieblichen Bereich vollzogen wird und das (gesamte) Grundstück aus dem Betriebsvermögen in das Privatvermögen überführt hat. Damit sind die stillen Reserven, die in den übergegangenen Betriebsgrundlagen enthalten waren, gewinnmehrend aufzulösen (Entnahme, anzusetzen gem. § 6 Abs. 1 Nr. 4 Satz 1 EStG mit dem Teilwert). Das Nießbrauchsrecht ist sodann im privaten Vermögensbereich neu entstanden.[873] Dies gilt unabhängig davon,[874] ob lediglich ein einzelnes Wirtschaftsgut (Grundstück) unter Nießbrauchsvorbehalt übertragen wird, oder ob sich der Nießbrauch auf den gesamten Betrieb bezog und nur die wesentliche Betriebsgrundlage in Gestalt des Grundstücks erwähnt wurde.

6087 Aus Sicht des Veräußerers handelt es sich bei diesen »gescheiterten« Unternehmensnachfolgefällen um eine **unfreiwillige Aufgabe des Betriebs** gemäß § 16 Abs. 3 EStG bzw. eine Entnahme.[875] Unproblematisch wäre die Bestellung eines bloßen Ertragsnießbrauchs oder von Versorgungsleistungen gem. § 10 Abs. 1a Satz 2 EStG (Rdn. 6362 ff.)[876] gewesen, Der BFH sieht darin gleichwohl keine verfassungswidrige Ungleichbehandlung i.S.d. Art. 3 GG.[877] Hilfreich kann es auch sein, wenn Tätigkeitseinkünfte des Veräußerers einer anderen Einkunftsart zugerechnet werden als im Zeitraum vor der Übertragung.[878] Im Sachverhalt des BFH hätte es ferner nahe gelegen, den Sohn in den fortbestehenden Gewerbebetrieb der Mutter gem. § 6 Abs. 3 Satz 1, Hs. 2 EStG aufzunehmen.[879]

6088 Beim Vorbehaltsnießbrauch bleibt die AfA-Befugnis beim Nießbraucher als »wirtschaftlichem«, sein früheres zivilrechtliches Eigentum weiterführenden Unternehmer (Rdn. 5829; u.U. kann

---

870 Im Verfahren BFH, IV R 38/14, vgl. hierzu *Gräfe/Kraft*, ZEV 2017, 472.
871 BFH, 25.01.2017 – X R 59/14, ZEV 2017, 471 m. Anm. *Gräfe/Kraft*, in Bestätigung von FG Münster, 18.09.2014 – 13 K 724/11 E, ZEV 2015, 302; hierzu *Lederle/Wanner*, DStR 2015, 2270 und *El Mourabit*, ZEV 2016, 14 ff.
872 BFH, 02.09.1992 – XI R 26/91, BFH/NV 1993, 161 und BFH, 12.04.1989 – I R 105/85, BStBl. 1989 II S. 653.
873 BFH, 20.09.1989 – X R 140/87, BStBl. 1990 II, 368.
874 BFH, 25.01.2017 – X R 59/14, EStB 2017, 262, Tz. 31 ff.
875 Hierzu tendiert offensichtlich BFH, 25.01.2017 – X R 59/14, ZEV 2017, 471 m. Anm. *Gräfe/Kraft*, Tz. 67, kann dies jedoch wegen des revisionsrechtlichen Verböserungsverbotes dahingestellt sein lassen.
876 So auch die Empfehlung von *Gluth*, EStB 2017, 403, 406.
877 Trotz der wirtschaftlichen Vergleichbarkeit: Der Übertragende hat lediglich die wiederkehrenden Leistungen gem. § 22 Nr. 1a EStG zu versteuern, andererseits ist die steuerneutrale Vermögensübergabe unter Fortführung der stillen Reserven möglich. Wesentliches Unterscheidungskriterium ist allerdings, dass der Übergeber keine betriebliche Tätigkeit mehr ausübt, vielmehr die unternehmerischen Entscheidungen allein vom Erwerber getroffen werden.
878 Empfehlungen von *El Mourabit*, ZEV 2016, 14, 17.
879 *Krämer*, EStB 2017, 263.

C. Steuerliche Folgen der Übertragung des Wirtschaftsguts selbst   Kapitel 13

beim weiteren Rückbehalt von Stimmrechten zugunsten des Nießbrauchers der Gesellschaftsanteil als ertragsteuerlich gar nicht übertragen gelten, Rdn. 1517). Dies gilt nach Ansicht des BFH[880] auch dann, wenn der Vorbehaltsnießbraucher den »zurückbehaltenen« wirtschaftenden Betrieb an den nunmehrigen zivilrechtlichen Eigentümer zu fremdüblichen Bedingungen verpachtet: er bleibt AfA-berechtigt und versteuert die Pachtzahlungen als Einnahmen des ruhenden Verpachtungsbetriebes. Die Finanzverwaltung sieht darin einen Fall des § 42 AO, wenn sich durch Nießbrauchsrückbehalt und Verpachtung an der wirtschaftlichen Realität nichts verändert hat.[881]

Wenn, wie stets anzustreben, **sowohl Gesellschafter als auch Nießbraucher Mitunternehmer** sind (vgl. hierzu im einzelnen Rdn. 1504 ff. in Bezug auf den Nießbraucher, Rdn. 1497 ff. in Bezug auf den Gesellschafter), ist es im Ergebnis ungefährlich, den Nießbrauch lediglich am Gesellschaftsanteil, nicht aber am ebenfalls **mitübertragenen Sonderbetriebsvermögen** vorzubehalten. Das nicht vom Nießbrauch erfasste Sonderbetriebsvermögen bleibt mit dem (übertragenen) Gesellschaftsanteil verbunden. 6089

Wird in diesem Fall der Gesellschaftsanteil **ohne Sonderbetriebsvermögen** übertragen, dürften die Voraussetzungen des § 6 Abs. 3 EStG (Buchwertfortführung) dennoch vorliegen, da sowohl Gesellschafter als auch Nießbraucher (in der Regel als Vorbehaltsnießbraucher, der sein früheres Sonderbetriebsvermögen als Eigentum behalten hat) Mitunternehmer sind. Die Situation ist vergleichbar einer »Übertragung eines Anteils am Mitunternehmeranteil« i.S.d. § 6 Abs. 3 Satz 2 EStG (das zurückbehaltene Sonderbetriebsvermögen bleibt Bestandteil der Mitunternehmerschaft, die der Vorbehaltsnießbraucher noch verwirklicht, so dass die ihm zufließenden Erträge aus der Nutzungsüberlassung Sondervergütungen i.S.d. § 15 Abs. 1 Satz 1 Nr. 2 EStG darstellen, jedoch die fünfjährige Haltefrist nach § 6 Abs. 3 Satz 2 EStG einzuhalten ist, vgl. Rdn. 6008 ff.). Sofern der Vorbehaltsnießbraucher das zurückbehaltene Wirtschaftsgut (Sonderbetriebsvermögen) später ebenfalls auf den Gesellschafter übertragen möchte, kann dies nach § 6 Abs. 5 Satz 3 Nr. 3 EStG (Übertragung aus dem Sonderbetriebsvermögen in das Sonderbetriebsvermögen des anderen Mitunternehmers derselben Mitunternehmerschaft) zu Buchwerten erfolgen. Es dürfte genügen, dass dieser Übergang bei der Beendigung des Nießbrauchs stattfindet. 6090

Mit dem **Tod des Nießbrauchers als Mitunternehmers**[882] geht ertragsteuerlich der Nießbrauchs-Mitunternehmeranteil zu Buchwerten gem. § 6 Abs. 3 EStG auf den Gesellschafter über und das Nießbrauchsrecht erlischt erfolgsneutral, schenkungsteuerlich droht allenfalls eine Korrektur gem. § 14 Abs. 2 BewG (vgl. Rdn. 4836). Verfügte jedoch der Nießbraucher-Mitunternehmer über Sonderbetriebsvermögen und geht dies nicht auf den Nießbrauchsbesteller als weiteren Mitunternehmer im Erbwege über, kann eine Zwangsentnahme eintreten (vgl. Rdn. 5894, 5997). 6091

Wäre jedoch **nur der Nießbraucher** als Mitunternehmer anzusehen, würde das Sonderbetriebsvermögen (z.B. Grundstück), an dem kein Nießbrauch vorbehalten wurde, damit entnommen mit der Folge, dass die stillen Reserven im Sonderbetriebsvermögen durch den Gesellschafter aufzudecken wären und als laufender Gewinn zu versteuern sind. Gefahren ergeben sich aus dem Nießbrauchsvorbehalt ferner insbesondere beim Bestehen einer **Betriebsaufspaltung**, Rdn. 5774. 6092

Zu den steuerlichen Folgen der Ablösung eines (auch betrieblichen) Nießbrauchs gegen Versorgungsrente vgl. Rdn. 1406, bzw. gegen Einmalzahlung vgl. Rdn. 1409, zur Übertragung des Nießbrauchs auf ein Surrogationsobjekt vgl. zivilrechtlich Rdn. 1292, bzw. Rdn. 4813 (Schenkungsteuer, zum bis 31.12.2008 bestellten Nießbrauch, bzw. Rdn. 4850 zum seit 01.01.2009 bestellten Nießbrauch) bzw. Rdn. 5823 und 5841 (Ertragsteuer). 6093

---

880 BFH, 03.03.2004 – X R 135/98, ZEV 2004, 342, 343 m.w.N.
881 »Nießbrauchserlass« des BMF, BStBl. 1998 I, S. 914, Tz. 17.
882 Vgl. *Mielke*, DStR 2014, 18.

10. Betriebsverpachtung

6094 Während in der vorstehend (Rdn. 6082) behandelten Konstellation die Substanz des Unternehmens auf den Nachfolger übergeht, die aktive wirtschaftliche Betätigung aber aufgrund des vorbehaltenen Nießbrauchs weiter beim früheren Inhaber bleibt, erlaubt die **Betriebsverpachtung**[883] dem Veräußerer, sich umgekehrt zwar nicht von der Sachsubstanz, doch aber von der wirtschaftlich aktiven Betätigung zu trennen. Denkbar ist dies insb. in zwei Konstellationen:

(1) Der als Betriebsnachfolger vorgesehene Erwerber soll zunächst als Pächter beweisen, dass er das Unternehmen zu führen in der Lage ist, bevor dieses ihm tatsächlich zu Eigentum übertragen wird. Auch wenn sich die Verpachtung hier als »Vorstufe« zur geplanten Hofübergabe darstellt, muss der Pächter die steuerlichen Betriebsmerkmale erfüllen, z.B. eine positive Totalgewinnprognose auf die Dauer des Pachtverhältnisses belegbar sein.[884]

(2) Der als Nachfolger vorgesehene Erwerber ist noch nicht in der Lage, das Unternehmen zu führen (sondern z.B. noch in Ausbildung), der derzeitige Betriebsinhaber aber kann, etwa wegen Krankheit oder Alters, seine unternehmerische Aufgabe nicht mehr wahrnehmen, so dass eine vorübergehende Verpachtung an einen Dritten stattfinden muss.

6095 Die Unternehmenspacht erfasst in aller Regel zivilrechtlich (zum Steuerrecht Rdn. 6096) die unbeweglichen, beweglichen und immateriellen Betriebsgrundlagen als betrieblich und organisatorisch abgegrenzte Wirtschaftseinheit.[885] Bei vollkaufmännischen Strukturen wird der Pächter im Handelsregister eingetragen, 22 Abs. 2 HGB.[886] Die bestehenden Arbeitsverträge gehen gem. § 613a BGB zwingend auf den Pächter über, in die weiteren betriebsbezogenen Dauerschuldverhältnisse tritt er (im Weg der Erfüllungsübernahme, bei Genehmigung des anderen Vertragsteils im Weg der Schuldübernahme) ein. Für die Betriebsverpachtung gelten, auch bei Fehlen eines Betriebsgrundstücks, die §§ 581 ff. BGB entsprechend.[887]

6096 Voraussetzung der steuerlichen Anerkennung einer Betriebsverpachtung ist, dass **alle wesentlichen Betriebsgrundlagen** mitumfasst sind (vgl. Rdn. 5950 ff.); maßgeblich ist dabei die funktionale Betrachtung im jeweiligen Einzelfall.[888] Auch ein Grundstück, das bisher als Sonderbetriebsvermögen die alleinige wesentliche Grundlage des Betriebs der Personengesellschaft war, kann demnach Gegenstand einer »Betriebsverpachtung« sein, wenn die Personengesellschaft liquidiert wurde.[889] Die Verpachtungsgegenstände müssen zur Erreichung des Betriebszwecks erforderlich sein und besonderes wirtschaftliches Gewicht für die Betriebsführung haben, unabhängig davon, ob in ihnen erhebliche stille Reserven stecken oder nicht. Bei Fabrikationsbetrieben, Handelsunternehmen sowie Hotel- und Gaststättenbetrieben zählen hierzu regelmäßig das Betriebsgrundstück sowie Maschinen- und Produktionsanlagen, ggf. auch nur das Betriebsgrundstück,[890] bei land- und fortwirtschaftlichen Betrieben die selbst bewirtschafteten Flächen sowie die Wirtschaftsgebäude. Kurzfristig wiederbeschaffbare Güter (auch lebendes und totes Inventar des land- und forstwirt-

---

883 Überblick bei *Stinn*, NWB 2011, 440 ff.
884 BFH, 11.10.2007 – IV R 15/05, EStB 2008, 200.
885 Vgl. *Schorr*, DStR 1997, 1 ff.
886 Bei einer verpachteten GmbH werden Betriebspachtverträge jedoch im Handelsregister nur eingetragen, wenn es sich faktisch um einen Beherrschungs- und Gewinnabführungsvertrag handelt (LG Paderborn, NotBZ 2008, 352); bei der AG gilt jedoch § 292 Abs. 1 Nr. 3 AktG.
887 Vgl. BFH, BStBl. 1993 II, S. 89, 90.
888 BFH, DStR 1997, 1880, 1883. Beispiel: BFH, 11.10.2007 – X R 39/04, EStB 2008, 83: bei einem Autohaus zählen das Betriebsgrundstück, nicht aber Werkzeuge und Geräte zu den wesentlichen Betriebsgrundlagen.
889 BFH, 06.11.2008 – IV R 51/07, EStB 2009, 84.
890 BFH, 20.02.2008 – X R 13/05 bei einer Bäckerei, die ohne Einrichtungsgegenstände und Maschinen verpachtet wurde.

schaftlichen Betriebs oder das Werkstattinventar eines Handwerksbetriebs)[891] zählen nicht hierzu (vgl. Rdn. 5951).

Unterschieden wird auch nach dem Umfang der Instandhaltungs- und Ersatzpflicht: Denkbar ist alternativ 6097
(1) dass der Verpächter die übliche Abnutzung und das alterungsbedingte Funktionsunfähig werden mitverpachteter Inventarstücke hinzunehmen hat,
(2) oder aber eine »einfache« Ersatzpflicht i.S.e. gegenständlichen Wiederbeschaffungspflicht für solche Inventarstücke, die während der Pachtzeit abgehen,
(3) bis hin zur Substanzwerterhaltungspflicht des Pächters i.S.e. »eisernen Verpachtung«: Bei Letzterer wird das bei Pachtbeginn übergebene Inventar geschätzt, Minderbeträge des Gesamtschätzwerts bei Pachtende sind in Geld auszugleichen.

Sofern dem Verpächter objektiv die Möglichkeit verbleibt, den eingestellten Betrieb nach Ablauf der Pachtzeit wieder aufzunehmen und fortzuführen,[892] ist mit der Betriebsverpachtung nicht zwingend eine Betriebsaufgabe verbunden; vielmehr hat der Verpächter insoweit ein **Wahlrecht** (vgl. im Einzelnen, auch zu § 16 Abs. 3b EStG, Rdn. 5738 ff.). Der Verpächter kann also durch eindeutige Erklärung ggü. den Finanzbehörden steuern, wann etwaige im Pachtobjekt vorhandene stille Reserven steuerwirksam »aufgedeckt« werden sollen. Verstirbt der Verpächter, geht das Wahlrecht (zur gemeinsamen Ausübung) auf die Erben über. Eine zwingende Betriebsaufgabe tritt jedoch ein, wenn der Verpächter wesentliche Teile des Betriebsvermögens an Dritte veräußert; die verbleibenden Wirtschaftsgüter sind dann ausschließlich dem Privatvermögen zuzurechnen.[893] 6098

Der Verpächter ist (auch bei der eisernen Verpachtung) weiterhin zur Abschreibung berechtigt. Nach Ansicht des BFH[894] kann der »eiserne« Pächter die Verpflichtung zur Erneuerung der Pachtgegenstände und ggf. zur Zuzahlung in jährlich wachsender Höhe in seiner Bilanz passivieren, der Verpächter hat ihn zu aktivieren. Anstelle der vom BFH geforderten Ermittlung des Wiederbeschaffungswerts für jedes einzeln eisern gepachtete Inventargut zum jeweiligen Stichtag erlaubt die Finanzverwaltung[895] vereinfachend, dass der Pächter anstelle des Verpächters die ihm eisern verpachteten Inventargegenstände mit den Buchwerten des Verpächters fortführen darf. 6099

Gerade Pachtverträge zwischen Angehörigen, die als Vorstufe zur Betriebsübergabe ausgestaltet sind, entsprechen in ihren Konditionen nicht dem Fremdüblichen, so dass nach allgemeinen Grundsätzen (vgl. Rdn. 5678) die steuerliche Anerkennung versagt werden müsste. Der IV. Senat des BFH[896] hat daher zur einkommensteuerlichen Aufrechterhaltung solcher Verträge den Begriff des »**Wirtschaftsüberlassungsvertrags**« geprägt, bei dem es (ebenso wie bei der Überlassung des Eigentums, also der Sachsubstanz) auf die Fremdüblichkeit der Konditionen nicht ankomme. Hierfür gelten also, auch wenn nur aus dem Verwandtschaftsverhältnis erklärbare Leistungen (wie etwa Pflegeverpflichtungen) hinzutreten, uneingeschränkt die ertragsteuerlichen Grundsätze der Unternehmensverpachtung (vgl. oben Rdn. 6094 ff.). »Pate« war dabei die »gleitende Hofübergabe«. 6100

11. Übertragung von Kapitalgesellschaftsanteilen unter Lebenden und von Todes wegen

Die zivilrechtlichen Fragen der Übertragung bzw. Vererblichkeit von Kapitalgesellschaftsanteilen (einschließlich möglicher Einschränkungen durch Vinkulierungs-, Einziehungs-, Abtretungs-, 6101

---

891 BFH, 18.08.2009 – X R 20/06, EStB 2010, 6 (Verkauf des Inventars an den Pächter hindert nicht, dass i.Ü. noch eine Betriebsverpachtung im Ganzen vorliegt).
892 BFH, BStBl. 1998 II, S. 388 m.w.N.
893 BFH, BStBl. 2004 II, S. 10, 12.
894 BStBl. 1993 II, S. 89.
895 BMF-Schreiben v. 21.02.2002, BStBl. 2002 I, S. 262.
896 Vgl. BStBl. 1975 II, S. 772; 1976 II, S. 415; BFH, 25.06.2014 – X R 16/13; *Kanzler*, NWB 2014, 2926 ff.

Vertretungs- und rechtsgeschäftliche Nachfolgeklauseln wurden in Rdn. 2777 ff. bereits dargestellt. Im Rahmen der vorweggenommenen Erbfolge eignet sich der »share deal« in Bezug auf Kapitalgesellschaften besser als der »asset deal«, wo sich stets die Gefahr einer verdeckten Gewinnausschüttung stellt, welche die Grundsätze des § 6 Abs. 3 EStG (auch bei rechtsgeschäftlicher Übertragung aller wesentlichen Betriebsgrundlagen) überlagert.[897]

a) Einkommensteuer

aa) Unentgeltliche Übertragung

6102 Einkommensteuerlich verwirklicht die reine Schenkung eines Kapitalgesellschaftsanteils (ohne Gegenleistungen mit Entgeltfunktion i.S.d. Rdn. 6188 ff.) keine Veräußerung i.S.d. § 17 EStG; der Erwerber führt die Anschaffungskosten des Veräußerers fort. Auch der Vorbehalt des Nießbrauchs am Kapitalgesellschaftsanteil (Rdn. 1509 ff.) gilt nicht als Entgelt, lässt also die Buchwertfortführung (§ 6 Abs. 3 EStG) unberührt. Dies gilt auch, wenn der zunächst vorbehaltene Nießbrauch später durch eine Abstandszahlung abgelöst wird, auch dann wird dadurch nachträglich keine Veräußerung i.S.d. § 17 EStG,[898] Rdn. 1518. Wichtig ist jedoch, dass nicht durch den Rückbehalt der Stimmrechte neben dem Nießbrauch das wirtschaftliche Eigentum an den Anteilen noch nicht übergeht (§ 39 Abs. 2 Nr. 1 AO),[899] vgl. Rdn. 1517 (in diesem Fall führt die spätere Ablösung des Nießbrauchs zum erstmaligen, dann entgeltlichen, Übergang des Anteils).[900]

6103 Zu den ertragsteuerlichen Auswirkungen (und Entnahmegefahren!) vorbehaltenen Nießbrauchs an einem Betriebsgrundstück vgl. Rdn. 5779 ff., am Besitz- und/oder Betriebsunternehmen bei der Betriebsaufspaltung vgl. Rdn. 5774.

6104 Erfolgt die Übertragung eines (mindestens 50 % umfassenden) GmbH-Anteils unter gleichzeitigem Wechsel der Organstellung (Rdn. 6368 ff.) gegen Gewährung einer Versorgungsrente, liegt darin ebenfalls ein ertragsteuerlich unentgeltliches Geschäft (mit Buchwertfortführung),[901] allerdings mit der Folge, dass bei Einhaltung der Voraussetzungen des § 10 Abs. 1a Satz 1 Nr. 2 Satz 2c EStG der Erwerber die Zahlungen als Sonderausgaben abziehen, der Bezieher sie gem. § 22 Nr. 1b EStG zu versteuern hat.

6105 Weitere (in der Regel ungewollte und unerkannte) Konsequenzen im Rahmen der Vererbung oder Schenkung von Kapitalgesellschaftsanteilen können sich ergeben, wenn der **Erwerber im Ausland** ansässig ist und Deutschland dadurch das Besteuerungsrecht für den Fall einer späteren Veräußerung dieser Anteile verliert. Die Übertragung kann in solchen Fällen sog. **Vermögenszuwachssteuer** nach § 6 Abs. 1 Satz 1 Außensteuergesetz (AStG) auslösen,[902] in unterschiedlicher Ausprägung, je nachdem ob es sich um Anteile im steuerlichen Privatvermögen oder im steuerlichen Betriebsvermögen oder um alt-einbringungsgeborene Anteile i.S.d. § 21 UmwStG a.F. handelt. Bei der Übertragung von Anteilen im steuerlichen Privatvermögen (sofern sie gemäß § 17 EStG steuerverhaftet sind, also mindestens 1 % Beteiligung vermitteln) sieht § 6 Abs. 3 Satz 3 AStG – aber nur im Erbfall, nicht bei lebzeitiger Übertragung – eine »Heilungsmöglichkeit« vor, sofern

---

897 BFH, 29.10.1991 – VIII R 2/86, BStBl 1992 I 832, vgl. *Stinn*, NWB 2014, 2538, 2539.
898 BFH, 14.06.2005 – VIII R 14/04, BStBl 2006 II 15.
899 Vgl. BFH, 24.01.2012 – IX R 51/10, ZEV 2012, 284 m. krit. Anm. *Daragan* = MittBayNot 2013, 84 m. Anm. *Wachter* (damit hat der Erwerber sie nicht i.S.d. § 17 Abs. 2 Satz 5 EStG »erworben«), so jedenfalls bei unwiderruflicher Legitimationsermächtigung zur Stimmrechtsabgabe in allen Angelegenheiten und der Verpflichtung, vom eigenen Stimmrecht keinen Gebrauch zu machen; *Ihle*, notar 2012, 208. Kritisch hiergegen zu Recht *Götz*, DStR 2013, 448 ff.: Übergang des zivilrechtlichen Eigentums genügt; großzügiger auch FG Düsseldorf, 26.04.2013 – 1 K 1143/12 E, ErbStB 2014, 60: schädlich wäre nur der Vorbehalt jederzeitiger Rückforderung.
900 Vgl. *Stinn*, NWB 2014, 2538, 2545.
901 Vgl. auch hierzu *Stinn*, NWB 2014, 2538, 2543 f., sowie Rdn. 6362 ff.
902 Vgl. zum Folgenden *Häck*, IStR 2015, 267 ff.

der Erwerber binnen fünf Jahren nach dem Erbfall wieder in Deutschland unbeschränkt steuerpflichtig wird, also hier zumindest einen Nebenwohnsitz i.S.d. § 8 AO innehat. Bei Kapitalgesellschaftsanteilen im Betriebsvermögen ist neben § 4 Abs. 1 Satz 3 EStG auch (wohl ungewollt, aufgrund des zu weit geratenen Wortlauts) möglicherweise § 50i EStG zu beachten.[903]

bb) Trennungstheorie bei Teilentgeltlichkeit

Einkommensteuerlich liegt in der **Erbauseinandersetzung**, gleich ob aus freien Stücken oder in Befolgung eines Vorausvermächtnisses oder einer Teilungsanordnung, kein Anschaffungs- bzw. Veräußerungsgeschäft, es sei denn, es würden zur Abfindung Zahlungen aus dem Privatvermögen aufgebracht werden. Der dann gegebene Veräußerungsgewinn aus Sicht des übertragenden Miterben unterliegt regelmäßig gem. § 3 Nr. 40c, j EStG dem Halbeinkünfteverfahren, ab 2009 der Abgeltungsteuer bzw. in Betriebsvermögen dem Teileinkünfteverfahren (vgl. Rdn. 2872). 6106

Für Anteile an Kapitalgesellschaften gilt – anders als bei Mitunternehmeranteilen an Personengesellschaften – nicht die Einheits-, sondern die **Trennungstheorie** (vgl. oben Rdn. 6054 f.). Sofern also der Erwerber Teilleistungen erbringt, die Gegenleistungscharakter haben (vgl. Rdn. 6212 ff.) – also nicht bspw. bei einer Vermögensübergabe gegen Versorgungsleistungen –, liegt ein **teilentgeltliches Geschäft** vor mit der Folge, dass der entsprechende Veräußerungsgewinnanteil 6107

(1) im **Betriebsvermögen** als betrieblicher Gewinn gem. § 4 EStG zu erfassen ist. Der unentgeltliche Anteil der Übertragung eines einzelnen Wirtschaftsguts in ein Betriebsvermögen führt (sofern keine Einlage i.S.d. § 4 Abs. 1 Satz 5 EStG vorliegt) gem. § 6 Abs. 4 EStG (vormals: § 7 Abs. 2 EStDV) beim Erwerber zum Ansatz des gemeinen Werts für das aufnehmende Betriebsvermögen als Anschaffungskosten; hinsichtlich des entgeltlichen Anteils entstehen dem Erwerber Anschaffungskosten i.S.d. § 6 Abs. 1 EStG. Einheits- und Trennungstheorie führen hier also zum selben Ergebnis. Wird das einzelne Wirtschaftsgut des Betriebsvermögens aus privatem Anlass teilentgeltlich erworben, erfolgt beim Erwerber hinsichtlich des unentgeltlichen Teils eine Einlage. 6108

(2) im **Privatvermögen** derzeit nur bei Vorliegen der sonstigen Voraussetzungen des §§ 17, 23 EStG oder bei einbringungsgeborenen Anteilen (§ 21 UmwStG a.F.) und einbringungsverstrickten Anteilen nach SEStEG (Rdn. 6120) steuerpflichtig ist. Hinsichtlich des jeweils unentgeltlich erworbenen Anteils setzt der Erwerber dagegen die Anschaffungskosten des Vorinhabers fort (§ 11d EStDV). 6109

Zählt der Anteil zum Privatvermögen, ist **§ 17 EStG** zu beachten (Rdn. 2882). War der Veräußerer in den letzten 5 Jahren zu mehr als ein vom Hundert am Kapital beteiligt (§ 17 Abs. 1 Satz 4 EStG), ist der – auch unentgeltlich erworbene – Anteil im Fall einer späteren Weiterveräußerung steuerverhaftet; in gleicher Weise kann der Hinzuerwerb auch eine bisher unter der Ein-Prozent-Schwelle verbleibende Beteiligung durch Überschreiten dieser Grenze insgesamt »steuerverstricken«, § 17 Abs. 1 Satz 4 EStG. Bei einer GbR zählt jedoch (»Transparenz«) die mittelbare Beteiligung des einzelnen GbR-Gesellschafters an der Kapitalgesellschaft.[904] 6110

Ein dabei etwa entstehender Veräußerungsgewinn (verglichen mit den historischen Anschaffungskosten)[905] ist steuerpflichtig, allerdings nur nach Maßgabe des Halbeinkünfteverfahrens, § 3 Nr. 40 EStG, ab 2009 des **Teileinkünfteverfahrens** (Steuerpflicht demnach nur zu 40 %). Auch eine **Einziehung** des Anteils infolge satzungsmäßig vorbehaltenen Rechtes (Rdn. 6106, Rdn. 2798 ff.) gilt ertragsteuerlich (frühestens im Zeitpunkt ihrer zivilrechtlichen Wirksam- 6111

---

903 Vgl. *Hannes/Reich*, ZEV 2015, 335, 339; einschränkender Billigkeitserlass des BMF v. 21.12.2015 – IV B 5 – S 1300/14/10007, EStB 2016, 60.
904 BFH, BStBl. 2000 II, S. 686, 688.
905 Demnach werden auch die stillen Reserven steuerpflichtig, die vor der Entstehung der Steuerverstrickung aufgelaufen sind, BFH, 01.03.2005 – VIII R 92/03, DB 2005, 917.

keit)[906] als Veräußerung i.S.d. § 17 Abs. 1 Satz 1 EStG,[907] führt also je nach der Höhe der Abfindung ggf. auch zu einem Verlust i.S.d. § 17 Abs. 2 EStG.[908] Sofern die Gesellschaft dadurch selbst eigene Anteile erwirbt, behandelt die Finanzverwaltung[909] dies auf der Ebene der Gesellschaft als erfolgsneutrale Auskehr der Einlage (Minderung des Eigenkapitals); die »vergünstigte« Veräußerung von GmbH-Anteilen an die betreffende GmbH selbst stellt eine verdeckte Einlage dar, die gem. § 17 Abs. 1 Satz 2 EStG i.V.m. § 17 Abs. 2 Satz 2 EStG einer Veräußerung steuerlich gleichsteht.[910] Die Rückabwicklung eines noch nicht beiderseits erfüllten Abtretungsvertrages wegen Nichtleistung des Kaufpreises ist allerdings keine neuerliche Anschaffung der Anteile i.S.d. § 17 EStG, sondern führt zum rückwirkenden Wegfall eines etwa bereits entstandenen Veräußerungsgewinns.[911]

6112 Steuerverstrickt können Anteile im Privatvermögen auch dann sein, wenn in der Person des Rechtsvorgängers (Veräußerers bzw. Erblassers) der Anteil aus der Einbringung eines Betriebs, Mitunternehmeranteils oder Teilbetriebs gegen Gewährung von Gesellschaftsrechten zum Buchwert entstanden ist, §§ 20, 21 UmwStG, sog. »**einbringungsgeborene Anteile**«, bzw. »verschmelzungs- oder spaltungsgeborene Beteiligungen« (§§ 13, 15 UmwStG). Wird ein solcher Anteil binnen 7 Jahren nach Entstehung des Anteils veräußert, ist der Veräußerungsgewinn in voller Höhe, also ohne Anwendung des Halbeinkünfteverfahrens (§ 3 Nr. 40 Satz 3 u. 4 EStG), steuerpflichtig. Die Qualifikation als einbringungsgeborener Anteil ist ggü. § 17 EStG vorrangig. Für einbringungsverstrickte Anteile nach dem SEStEG mildert sich die Steuerbelastung mit jedem abgelaufenen Zeitjahr.

cc) Entgeltliche Übertragung: Überblick

6113 Soweit Kapitalgesellschaftsanteile **entgeltlich übertragen** werden,[912] wird ein Veräußerungsgewinn oder Veräußerungsverlust[913] erzielt (Verkaufspreis minus Veräußerungsnebenkosten, abzgl. historische Anschaffungskosten), der (ggf. unter Berücksichtigung des Freibetrags gem. § 17 Abs. 3 EStG) bei Veräußerung von Anteilen über 1 % unter Anwendung des Teileinkünfteverfahrens zu 40 %, bis Ende 2008 unter Geltung des Teileinkünfteverfahrens zu 50 % steuerbefreit ist (§ 17 Abs. 1, § 3 Nr. 40 Buchst. c), § 3c Abs. 2 EStG). Die beim Erwerber entstehenden Anschaffungskosten unterliegen keiner Abschreibung; sie bilden die Grundlage für die Bemessung künftiger Veräußerungsergebnisse des Erwerbers. Darlehenszinsen zu ihrer Finanzierung sind allenfalls dann zu 60 % als Werbungskosten abziehbar, wenn der Erwerber die Abgeltungsteuer mittels Antrags abwählt, unter den Voraussetzungen des § 32b Abs. 2 Nr. 3 EStG, also die Anwendung der Abzugssperre des § 20 Abs. 9 EStG ausschließen kann.

---

906 BFH, 22.07.2008 – IX R 15/08, EStB 2008, 424.
907 Die Mm. sieht darin jedoch eine Teilliquidation i.S.d. § 17 Abs. 4 EStG; hiergegen *Hörger*, in: Littmann/Bitz/Hellwig, EStG, § 17 Rn. 35 m.w.N.
908 Und zwar frühestens im Zeitpunkt der zivilrechtlichen Wirksamkeit, BFH, 22.07.2008 – IX R 15/08, GmbHR 2008, 319.
909 BMF-Schreiben v. 27.11.2013, BStBl 2013 I 1615, Rn. 16 (gleiches gilt bei der Zwangsabtretung an die Gesellschaft, Rn. 8), vgl. *Werner*, NWB 2016, 257, 259.
910 BFH, 06.12.2016 – IX R 7/16, MittBayNot 2017, 435.
911 BFH, 06.12.2016 – IX R 49/15, EStB 2017, 225 (unter Aufgabe von BFH, 21.10.1999 – I R 43/98, BStBl 2000 II 424).
912 Zum Unternehmensverkauf i.R.d. § 17 EStG: *Rund/Gluth,* GmbH.StB 2015, 356 ff. (Zivilrecht) und GmbH-StB 2016, 15 (Steuerrecht).
913 Und zwar auch bei ringweiser Anteilsveräußerung (»Anteilsrotation«), BFH, 07.12.2010 – IX R 40/09, GmbHR 2011, 380. Voraussetzung für das Entstehen von Veräußerungsverlusten ist aber eine entgeltliche Veräußerung (die auch bei einer 1€ – Veräußerung unter fremden Dritten anzunehmen ist, unter Angehörigen aber nur, wenn der Anteil auch objektiv wertlos ist, vgl. BFH, 08.04.2014 – IX R 4/13, EStB 2014, 255, hierzu *Geck/Messner,* ZEV 2014, 598, 601).

dd) Einzelheiten: Besteuerung beim Verkäufer

(1) Kapitalgesellschaft als Verkäufer

Seit dem Veranlagungszeitraum 2004 gehen lediglich **5 % des** um die Veräußerungskosten geminderten[914] **Veräußerungsgewinns** in die körperschaftsteuerliche Bemessungsgrundlage ein (er gilt in dieser Höhe gem. § 8b Abs. 3 Satz 1 KStG als eine nicht abziehbare Betriebsausgabe). Korrespondierend zur weitgehenden Steuerfreiheit des Gewinns, den eine Kapitalgesellschaft aus veräußerten Kapitalgesellschaftsanteilen erzielt, sind Verluste aus solchen Veräußerungen und Teilwertabschreibungen nicht anzuerkennen, § 8b Abs. 3 Satz 3 KStG. Vorstehendes gilt auch für die Gewerbesteuer. 6114

Handelt es sich jedoch bei den durch die Kapitalgesellschaft veräußerten Kapitalgesellschaftsanteilen um solche, die durch eine natürliche Person während der vorangehenden 7 Jahre übertragen (eingebracht) wurden, führt deren nunmehrige Veräußerung (unabhängig von der Höhe des Veräußerungserlöses) zu einer rückwirkenden Besteuerung des sog. »**Einbringungsgewinns II**« in der Person des damals Einbringenden.[915] Zu dessen Ermittlung muss die Differenz zwischen dem gemeinen Wert der eingebrachten Anteile im Einbringungszeitpunkt und dem Betrag, mit dem die übernehmende Kapitalgesellschaft die eingebrachten Anteile angesetzt hat (z.B. auf Antrag dem Buchwert, wenn die Voraussetzungen des § 21 Abs. 1 Satz 2 UmwStG vorlagen),[916] gebildet werden; diese vermindert sich um jeweils ein Siebtel für jedes seit dem Einbringungszeitraum abgelaufene Zeitjahr. Der Einbringungsgewinn II unterliegt bei der damals einbringenden natürlichen Person dem Halbeinkünfteverfahren, wird also im Ergebnis nur zur Hälfte besteuert (ab 2009 unterliegt er dem Teileinkünfteverfahren, wird also zu 60 % besteuert). Er erhöht aus der Sicht der übernehmenden Kapitalgesellschaft nachträglich deren Anschaffungskosten für die übertragenen Anteile, was jedoch zu 95 % »verpufft«. Der Einbringende kann sich gegen dieses Nachversteuerungsrisiko durch eine entsprechende Ausgleichsverpflichtungsklausel schützen:[917] 6115

▶ **Formulierungsvorschlag: Pflicht zur Erstattung der Nachversteuerung beim Anteilstausch gem. § 22 Abs. 2 UmwStG**

Sollte der aufnehmende Rechtsträger, die B-GmbH, innerhalb von sieben Jahren seit dem steuerlichen Einbringungsstichtag diejenigen Geschäftsanteile veräußern, die durch A gegen Gewährung von Gesellschaftsrechten eingebracht wurden, hat der aufnehmende Rechtsträger dem Einbringenden oder dessen Rechtsnachfolgern die hieraus resultierende Steuerbelastung gegen Nachweis zu erstatten (sog. »Einbringungsgewinn II« gemäß § 22 Abs. 2 UmwStG). Der aufnehmende Rechtsträger ist weiterhin verpflichtet, dem Einbringenden rechtzeitig und unaufgefordert diejenigen Informationen und Nachweise zur Verfügung zu stellen, die der Einbringende benötigt, um der Nachweispflicht gemäß § 22 Abs. 3 Satz 1 UmwStG zu genügen. Kann dieser Nachweis aufgrund einer Pflichtverletzung des aufnehmenden Rechtsträgers nicht erbracht werden, so dass die Anteile gemäß § 22 Abs. 3 Satz 2 UmwStG als veräußert gelten, gilt obige Pflicht zur Erstattung des rückwirkend entstehenden Einbringungsgewinns II entsprechend. 6116

Davon zu differenzieren ist der Sachverhalt, dass der Einbringende selbst Anteile veräußert, die er an der übernehmenden Kapitalgesellschaft für eingebrachte Wirtschaftsgüter (»gegen Gewährung von Gesellschaftsanteilen«) erhalten hat: Es entsteht in seiner Person ein Veräußerungsgewinn i.H.d. Differenz zwischen dem Veräußerungspreis und dem Wert, mit dem die übernehmende Kapitalgesellschaft die auf sie übertragenen Objekte in ihrer Bilanz angesetzt hat. Dieser Veräuße- 6117

---

914 § 8b Abs. 2 Satz 2 KStG.
915 Vgl. zu den Auffassungen der Finanzverwaltung im Umwandlungssteuererlass v. 11.11.2011 *Gemmel/Schultes-Schnitzlein*, NWB 2012, 731 ff.
916 Erforderlich ist ein sog. Qualifizierter Anteilstausch, d.h. die übernehmende Gesellschaft muss nach Einbringung aufgrund ihrer Beteiligung – demnach ohne Berücksichtigung von Stimmbindungsverträgen etc. – unmittelbar die Mehrheit der Stimmrechte an der Kapitalgesellschaft haben, bzgl. derer Anteile eingebracht wurden, vgl. *Stelzer*, MittBayNot 2009, 20.
917 Vgl. etwa *Stümper/Walter*, GmbHR 2008, 34.

rungsgewinn reduziert sich nicht (z.B. wie vorstehend um ein Siebtel pro Zeitjahr), sondern unterliegt in voller Höhe dem Halbeinkünfte-, ab 2009 dem Teileinkünfteverfahren.

(2) Natürliche Person/Personengesellschaft als Verkäufer

6118 Veräußert eine natürliche Person oder veräußern gewerbliche Personengesellschaften, deren Gesellschafter wiederum natürliche Personen sind, Anteile an einer Kapitalgesellschaft, gilt: Bei Veräußerung aus **Privatvermögen** kann sich eine Steuerpflicht aus § 17 Abs. 1 EStG[918] (Beteiligung ab 1 %, Rdn. 2884 ff.), aus § 23 Abs. 1 EStG (Besteuerung privater Veräußerungserlöse: Spekulationsfrist derzeit ein Jahr), ferner hinsichtlich altrechtlicher einbringungsgeborener Anteile sowie gem. § 21 Abs. 1 Satz 1 UmwStG i.V.m. § 16 Abs. 2 EStG (einbringungsverstrickte Anteile nach SEStEG) ergeben. Der Veräußerungsgewinn unterliegt seit 2009 dem Teileinkünfteverfahren (60 %, zuvor: Halbeinkünfteverfahren).[919] Beteiligungen unter 1 % unterliegen ab 2009 der Abgeltungsteuer, sofern sie nicht zuvor angeschafft wurden und demnach »Bestandsschutz« genießen (Rdn. 2884).

6119 Wird die Beteiligung im **Betriebsvermögen** gehalten und entsteht (nach Abzug der Anschaffungskosten und der Veräußerungskosten[920]) ein Veräußerungserlös, ist dieser stets steuerpflichtig, nach Maßgabe des Teileinkünfteverfahrens (§ 3 Nr. 40 Satz 1 u. 2 EStG) – bis 2008 des Teileinkünfteverfahrens –, zusätzlich fällt Gewerbesteuer an.[921] Auch Verluste aus der Veräußerung von Anteilsrechten an einer Kapitalgesellschaft und Teilwertabschreibungen können (bei Betriebsvermögen) nur zu 60 % (bis 2008 zur Hälfte) angesetzt werden (§ 3c Abs. 2 Satz 1 Halbs. 2, EStG).

6120 Der nachstehend zu erläuternden **Sonderbehandlung sog. »einbringungsverstrickter Anteile«** liegt folgende Überlegung zugrunde: Würden Gegenstände des Betriebsvermögens unmittelbar durch eine natürliche Person veräußert, wäre der Gewinn in voller Höhe steuerpflichtig. Gleiches würde gelten, wenn Wirtschaftsgüter (Betrieb oder Einzelgüter) gegen Gewährung von Gesellschaftsanteilen in eine Kapitalgesellschaft eingebracht und dort zum gemeinen Wert angesetzt werden: Bei Einzelrechtsnachfolge gelten sie dann als zum Zeitpunkt der Einlage zu diesem Preis angeschafft (§ 23 Abs. 4 UmwStG), bei Gesamtrechtsnachfolge gem. § 123 Abs. 3 UmwG erhöht sich ebenfalls die Bemessungsgrundlage für die Abschreibung (§ 23 Abs. 4, 2. Alt. I.V.m. Abs. 2 UmwStG) – beim Einbringenden würde dann gem. § 20 Abs. 4 Satz 1 UmwStG ein Einbringungsgewinn entstehen, der nach allgemeinen Vorschriften zu versteuern ist.[922] Wird jedoch ein Betrieb, Teilbetrieb oder Mitunternehmeranteil sowie mehrheitsvermittelnde[923] Kapitalgesellschaftsanteile[924] in eine Kapitalgesellschaft gegen »offene«[925] Gewährung von Gesellschaftsanteilen unterhalb des gemeinen

---

918 Überblick bei *Rund/Gluth*, GmbH-StB 2016, 15 ff.
919 Vgl. § 3 Abs. 40 Satz 1 Buchst. a), b), c) und j) i.V.m. § 3c Abs. 2 Satz 1 Halbs. 2 EStG.
920 § 17 Abs. 2 EStG, eng ausgelegt [z.B. BFH, 09.10.2013 – IX R 25/12, DStR 2013, 2613: Kosten zur Überprüfung von Fragen eines Doppelbesteuerungsabkommens sind nur Folge der Veräußerung].
921 Ab Erhebungszeitraum 2004 auch bei der Veräußerung durch eine gewerbliche Personengesellschaft, § 7 Satz 4 Halbs. 1, GewStG.
922 D.h. Einkommens-, ggf. Körperschafts- und Gewerbesteuer, sofern nicht der Einbringungsgewinn zugleich Betriebsaufgabegewinn ist oder § 7 Abs. 2 GewStG zur Anwendung gelangt.
923 § 21 Abs. 1 Satz 2 UmwStG: es genügt, wenn zusammen mit den schon vorhandenen Anteilen durch die eingebrachten Anteile (auch mehrere Einbringungen verschiedener Personen in einheitlichem Kapitalerhöhungsvorgang, Tz. 20.15 Umwandlungsteuererlass) die Mehrheit der Stimmrechte an der Kapitalgesellschaft, deren Anteile eingebracht wurden, vermittelt wird.
924 Anders als bei § 20 Abs. 1 UmwStG kann es sich hier auch um Anteile im Privatvermögen handeln, sofern sie »steuerverstrickt« sind (§ 17 und derzeit § 23 EStG: Beteiligung mindestens 1 % bzw. vor Ablauf der bis 2009 noch 1-jährigen Spekulationsfrist). Handelt es sich um nicht steuerverstrickte Privatanteile, ist der »Anteilstausch« zum gemeinen Wert, den die aufnehmende Gesellschaft ansetzt, nach altem Recht steuerfrei, führt aber zu einem Anschaffungsvorgang, der eine neue Spekulationsfrist in Gang setzt. Ab 2009 fällt Abgeltungsteuer an.
925 Anders bei der »verdeckten Sacheinlage«, also ohne Anteilsgewährung: die aufnehmende Gesellschaft hat die eingebrachten Werte, z.B. Anteile, mit dem Teilwert (§ 6 Abs. 6 Satz 2 EStG), innerhalb der Dreijah-

C. Steuerliche Folgen der Übertragung des Wirtschaftsguts selbst　　　　　　　　　　Kapitel 13

Werts (d.h. i.d.R. zu Buchwerten) nach §§ 20 bis 23 Umwandlungsteuergesetz eingebracht (das Wahlrecht übt die aufnehmende Kapitalgesellschaft unter den Voraussetzungen des § 20 Abs. 2 Satz 2 Nr. 1 bis 3 UmwStG aus, ggf. auch nur beschränkt auf die Steuerbilanz),[926] gehen die stillen Reserven unversteuert auf die Kapitalgesellschaft über (diese tritt vollumfänglich in die steuerliche Rechtsstellung des Überträgers ein).[927] Für den Einbringenden gilt der durch die Kapitalgesellschaft gewählte Wertansatz zwingend[928] als Veräußerungspreis des Eingebrachten und als Anschaffungskosten für die dafür erhaltenen Kapitalgesellschaftsanteile, § 20 Abs. 3 Satz 1 UmwStG, so dass bei Wahl des Buchwerts ein Gewinn auch bei ihm nicht zu versteuern ist. Sodann könnten die gewährten, die stillen Reserven »verkörpernden« Anteile an dieser entsprechend ausgestatteten Kapitalgesellschaft zum Teileinkünfteverfahren (falls im Betriebsvermögen gehalten oder im Privatvermögen 1 % übersteigend), sonst zur Abgeltungsteuer, veräußert werden.

Zur Vermeidung von Umgehungen sollen daher die stillen Reserven, die im Zeitpunkt der Einbringung in dem Betrieb, Teilbetrieb oder Mitunternehmeranteil enthalten waren, nachträglich (»rückwirkend«) versteuert werden, sofern der Einbringende innerhalb einer Sperrfrist von 7 Jahren die als Gegenleistung erhaltenen Kapitalgesellschaftsanteile »entgeltlich«[929] veräußert[930] oder sonst einen Tatbestand i.S.d. § 22 Abs. 1 Satz 6 Nr. 1 bis 6 UmwStG[931] auslöst (sog. »**Einbringungsgewinn I**«),[932] und zwar i.H.d. Differenz zwischen dem gemeinen Wert des eingebrachten Betriebsvermögens zum Einbringungszeitpunkt (ohne Rücksicht auf spätere Wertänderungen!) und den bei der übernehmenden Gesellschaft angesetzten Werten, regelmäßig den Buchwerten, reduziert für jedes abgelaufene Geschäftsjahr um ein Siebtel. An die Stelle der Steuerverstrickung der gewährten Anteile selbst ist also nach dem SEStEG für alle unter das neue Recht (seit 20.12.2006) fallenden Einbringungen die Steuerverstrickung der in den eingebrachten Wirtschaftsgütern z.Zt. der Einbringung vorhandenen stillen Reserven getreten. Dieser Einbringungsgewinn I gilt als Veräußerungserlös i.S.d. § 16 EStG, der in voller Höhe zu versteuern[933] ist, erhöht jedoch die historischen Anschaffungskosten der bei der ursprünglichen Einbringung erhaltenen Anteile (§ 22 Abs. 1 Satz 3 UmwStG), so dass sich der Veräußerungserlös, der dem Teileinkünfteverfahren unterliegt, entsprechend reduziert.

6121

---

　　　resfrist mit den Anschaffungskosten (§ 6 Abs. 6 Satz 3 EStG) anzusetzen. Beim Einbringenden entsteht ein Veräußerungsgewinn (im Betriebsvermögen der natürlichen Person/Mitunternehmerschaft: Halbeinkünfteverfahren, sofern keine einbringungsgeborenen Anteile: voller Gewinn, seit 20.12.2006 Abschmelzung pro Jahr um ein Siebtel; im Betriebsvermögen einer Kapitalgesellschaft: Körperschaftsteuer auf lediglich 5 % des Gewinns gem. § 8b Abs. 2 und 3 KStG, sofern nicht einbringungsgeboren).

926　Nach altem Recht (vor dem 20.12.2006, SEStEG) war das Wahlrecht bei Geltung des Maßgeblichkeitsprinzips nach § 5 Abs. 1 Satz 2 EStG in der Handelsbilanz auszuüben; diese Verknüpfung ist entfallen.

927　Etwa im Hinblick auf die Abschreibungen und den Gewinn mindernden Rücklagen, § 23 Abs. 1 i.V.m. § 12 Abs. 3 Halbs. 1 UmwG. Allerdings kann ein dem einbringenden verbliebener Verlustvortrag nach § 10d EStG von der übernehmenden GmbH nicht ausgenutzt werden.

928　Es findet keine Prüfung statt, ob dieser Wertansatz zutreffend ermittelt wurde, vgl. BGH, 19.12.2007 – I R 111/05, GmbHR 2008, 376.

929　»Fußstapfentheorie« bei unentgeltlicher Veräußerung, § 22 Abs. 6 UmwStG; vgl. BFH, 12.10.2011 – I R 33/10, ZEV 2012, 61 m. Anm. *Geck* = notar 2012, 93 m. Anm. *Ihle* (gegen Tz. 21.12. des Umwandlungssteuererlasses 1998).

930　Hierzu zählt neben dem Verkauf auch der Tausch bzw. tauschähnliche Vorgang, also die Verschmelzung/Spaltung auf eine Personen- oder Kapitalgesellschaft, der Formwechsel von einer Kapital- in eine Personengesellschaft oder umgekehrt, sowie die Einbringung in eine Kapital- oder Personengesellschaft – was bei den zu Buchwerten sich vollziehenden Vorgängen fraglich erscheint, vgl. *Forst/Schaaf*, EStB 2007, 458 m.w.N.

931　Insb. die verdeckte Einlage in eine Kapitalgesellschaft (oder eine Personengesellschaft, soweit an dieser Kapitalgesellschaften beteiligt sind), die Kapitalrückzahlung an den Einbringenden, Verlust der Ansässigkeitsvoraussetzungen gem. § 1 Abs. 4 UmwStG, vgl. *Forst/Schaaf*, EStB 2007, 458 ff.

932　Vgl. zu den Auffassungen der Finanzverwaltung im Umwandlungssteuererlass v. 11.11.2011 hierzu *Gemmel/Schultes-Schnitzlein*, NWB 2012, 731 ff.

933　Möglicherweise auch (anders als nach dem früheren Konzept der aufgeschobenen Besteuerung der stillen Reserven des Sacheinlagegegenstandes) gewerbesteuerpflichtig, vgl. *Patt*, EStB 2007, 413 ff.

▶ Beispiel[934]

6122 X bringt sein Einzelunternehmen steuerneutral Ende 2008 in eine GmbH ein (Buchwert 100, gemeiner Wert 800). Im Jahr 2012 werden die erhaltenen Anteile für 975 veräußert. Der Einbringungsgewinn I beträgt 700 (800 minus 100) abzgl. 3/7 (wegen der drei verstrichenen Zeitjahre), so dass 400 verbleiben. Dieser unterliegt bei X der vollen Einkommensbesteuerung in der jeweiligen Einkunftsart (§§ 13, 15, 16, 17, 18, oder 23 EStG), ohne Freibetrag und Tarifvergünstigung gem. §§ 16, 34 EStG[935] (allerdings nicht der Gewerbesteuer, da dem Verkauf des gesamten Einzelunternehmens gleichgestellt). Die ursprünglich auf 100 sich belaufenden Anschaffungskosten der Anteile erhöhen sich damit um 400 auf 500, so dass (ggü. 975) ein Veräußerungsgewinn von 475 verbleibt, der dem Halbeinkünfteverfahren (ab 2009 dem Teileinkünfteverfahren: 60 %) unterliegt, § 17 Abs. 6 i.V.m. § 3 Nr. 40 EStG. Demnach sind 400 voll, weitere 475 nach Halb-/Teileinkünfteverfahren zu versteuern. Die Gesellschaft kann auf Antrag steuerneutral die eingebrachten Wirtschaftsgüter um den Einbringungsgewinn I (also um 400) aufstocken, § 23 Abs. 2 Satz 1 und 2 UmwStG, sog. korrespondierende Hinzuaktivierung. Diese erfolgt wirtschaftsgutbezogen, und setzt voraus, dass der Einbringende die auf den Einbringungsgewinn entfallende Steuer entrichtet hat.

6123 Zur fiskalischen Erleichterung der Besteuerung enthält § 22 Abs. 3 UmwStG eine (nicht verlängerbare)[936] Nachweispflicht bis zum 31.05. des Folgejahres, dass die auf der Einbringung beruhenden Anteile zum Bilanzstichtag noch dem Einbringenden gehörten (Textbausteinvorschlag s. Rdn. 6116).

6124 Die Verstrickung der in den »einbringungsverstrickten Anteilen« verhafteten stillen Reserven kann auf neu geschaffene Anteile »überspringen« (Mitverstrickung gem. § 22 Abs. 7 UmwStG), wenn bei einer Kapitalerhöhung der den neuen Anteil Übernehmende (z.B. ein Familienangehöriger) keine oder eine unter dem gemeinen Wert liegende Einlage zu erbringen hat. Auch die historischen Anschaffungskosten spalten sich dann entsprechend ab.[937] Das »Überspringen der stillen Reserven« findet auch dann statt, wenn Gegenstände unter dem Teilwert in eine Kapitalgesellschaft eingebracht werden, so dass sich der innere Wert der Gesellschaft und damit aller Anteile erhöht hat. Demnach greift die Fiktion des § 22 Abs. 7 UmwStG (Veräußerung des Einbringungsgegenstandes durch den Inferenten im Einbringungszeitpunkt) auch dann, wenn ein anderer Gesellschafter seinen Anteil im Sieben-Monats-Zeitraum veräußert.[938]

6125 Für Einbringungsfälle, die nach dem vor dem 20.12.2006 geltenden UmwStG vollzogen wurden, gilt die bisherige Regelung zu einbringungsgeborenen Anteilen des § 21 UmwStG a.F. fort. Demnach ist der Gewinn, der aus der Veräußerung solcher Anteile binnen 7 Jahren seit der Einbringung folgt, voll steuerpflichtig, erst danach gilt das Teileinkünfteverfahren bzw. die 5 %ige Besteuerung nach § 8b Abs. 3 KStG.

6126 Zur Reduzierung der Steuerbelastung aus dem Verkauf von Anteilen an einer Kapitalgesellschaft (Teileinkünfteverfahren, zusätzlich auch Gewerbesteuer, falls die Beteiligung im Betriebsvermögen gehalten wird) in Richtung auf die 95 %ige Freistellung von Körperschaft- und Gewerbesteuer, die beim Verkauf von Kapitalgesellschaftsanteilen durch eine Kapitalgesellschaft anfallen würde, ist zu erwägen, ob nicht vor dem Verkauf eine **Holding-Kapitalgesellschaft** »zwischengeschaltet« wird, die dann ihrerseits die Anteile an der nunmehrigen Tochter-Kapitalgesellschaft (Zielgesellschaft) ver-

---

934 Nach *Lange*, ErbStB 2007, 350.
935 § 22 Abs. 1 Satz 1 Halbs. 2 EStG.
936 Allerdings kann ein verspäteter Nachweis über das weitere Behalten des Anteils zu einer Änderung des Veranlagungsbescheides führen, solange dies verfahrensrechtlich (also bis zum Abschluss des Klageverfahrens) noch möglich ist, vgl. BMF-Schreiben v. 04.09.2007, GmbHR 2007, 1119.
937 Ebenso BFH, 28.11.2007 – I R 34/07, GmbH-StB 2008, 167 in Bestätigung des BMF v. 28.04.2003, BStBl. 2003 I, S. 292 Tz. 52 zur Rechtslage für einbringungsgeborene Altanteile i.S.d. § 21 UmwStG 1995; vgl. im Einzelnen *Langem*, ErbStB 2007, 379 ff.
938 *Widmann*, in: Widmann/Mayer, Umwandlungsrecht, § 22 UmwStG, Rn. 454 ff.

kauft. Die durch Bargründung errichtete Holding-GmbH übernimmt im Weg der Sachkapitalerhöhung die Anteile an der zu veräußernden Kapitalgesellschaft, die somit Tochtergesellschaft wird, auf Antrag ohne Aufdeckung stiller Reserven, wobei jedoch Grunderwerbsteuer anfallen kann.

Werden diese erworbenen Tochtergesellschafts-Anteile vor Ablauf von 7 Jahren veräußert, entsteht rückwirkend in der Person des Einbringenden (also der natürlichen Person als vormaligem Inhaber der Zielgesellschaftsanteile) ein **Einbringungsgewinn II** i.H.d. Differenz zwischen dem gemeinen Wert der eingebrachten Anteile im Einbringungszeitpunkt und den Anschaffungskosten der Holding-Gesellschaft, vermindert um ein Siebtel für jedes seitdem abgelaufene Zeitjahr (vgl. zum Einbringungsgewinn II oben Rdn. 6116). Sind bereits mehr als 7 Jahre verstrichen, bleibt es bei der Steuerfreiheit des Veräußerungsgewinns i.H.v. 95 %, wobei jedoch dieser begünstigte Veräußerungsgewinn zunächst bei der Holding-Gesellschaft »gefangen« ist. 6127

ee) Einzelheiten: Besteuerung beim Käufer

(1) Nutzung der Anschaffungskosten

Der Aufwand für den Erwerb von Kapitalgesellschaftsanteilen (Anschaffungskosten) kann nicht in Abschreibungsvolumen umgesetzt werden (allenfalls bei Insolvenz oder Liquidation können die Anschaffungskosten, ebenso wie nachträgliche Anschaffungskosten in Gestalt verwerteter Finanzierungshilfen [Darlehen, Bürgschaften ohne Ausgleichsmöglichkeit[939]] mit Eigenkapitalersatzcharakter,[940] den Auflösungsverlust erhöhen). Bisher hat der BFH Darlehen dann als nicht mehr durch das Darlehens-, sondern durch das Gesellschaftsverhältnis veranlasst angesehen und damit deren Uneinbringlichkeit als nachträgliche Anschaffungskosten i.R.d. § 17 EStG gewertet, wenn die Regeln des **zivilrechtlichen Eigenkapitalersatzes** eingriffen.[941] Dieses zivilrechtliche Schutzsystem beruhte bisher in der **ersten Stufe** auf den strengen Rechtsprechungsregeln aus §§ 30, 31 GmbHG: Wenn eine Unterbilanz vorlag (wobei stille Reserven anders als beim Überschuldungsstatus nach § 63 GmbHG unberücksichtigt blieben), hatte ein Gesellschafter Zins und Tilgung zurückerstatten[942] (mit 10-jähriger Verjährung, § 31 Abs. 5 GmbHG), bis die Unterbilanz beseitigt war (unabhängig von einer Insolvenzeröffnung). In der **zweiten Stufe** konnte der Gesellschafter gem. § 32a GmbHG ein gewährtes, aber noch nicht zurückgezahltes Darlehen bei der Insolvenz nur nachrangig beanspruchen, wenn es Eigenkapital ersetzend war bzw. wurde, also zu einem Zeitpunkt gewährt wurde, zu dem die Gesellschaft kreditunwürdig war. 6128

Das MoMiG hat für alle ab 01.11.2008 verwirklichten Sachverhalte die Bestimmungen der §§ 32a, 32b GmbHG a.F. ebenso abgeschafft wie das auf dem Verbot der Rückzahlung von Stammkapital (§ 30 Abs. 1 GmbHG a.F.) basierende Rechtsprechungsrecht zum Eigenkapitalersatz. Es gilt vielmehr eine rein bilanzielle Betrachtungsweise, so dass das Auszahlungsverbot des § 30 Abs. 1 GmbHG nicht gilt, wenn der Rückzahlungsanspruch des Gesellschafters gegen die Gesellschaft voll werthaltig ist. An die Stelle des Eigenkapitalersatzrechts tritt eine rein insolvenzrechtliche Lösung durch einheitliche Behandlung aller Gesellschafterdarlehen und wirtschaftlich vergleichbarer Vorgänge (§§ 135, 143 InsO) dergestalt, dass Rückzahlungen innerhalb eines Jahres und Sicherheitsbestellungen durch die GmbH innerhalb von 10 Jahren vor Stellung des Insol- 6129

---

939 Forderungsübergang gem. § 774 Abs. 1 BGB. Haben mehrere Gesellschafter Bürgschaften gestellt, bemisst sich die Quote des Innenausgleichs [§ 774 Abs. 2, 426 BGB] nach dem Verhältnis der übernommenen Höchstbeträge, BGH, 27.09.2016 – XI ZR 81/15, DNotZ 2017, 147.
940 BFH, 02.04.2008 – IX R 76/06, GmbH-StB 2008, 224: Der Eigenkapitalersatzcharakter beurteilt sich nach gesellschaftsrechtlichen Grundsätzen, Überblick bei *Hoffmann*, GmbH-StB 2009, 54; vgl. hierzu Rdn. 2882.
941 Vgl. etwa BFH, 24.04.1997 – VIII R 23/93, BStBl. 1999 II, 342; sowie BFH, 06.12.2016 – IX R 12/15, EStB 2017, 141; ebenso BMF, 08.06.1999, BStBl. 1999 I, 545.
942 In dieser Rückzahlung (Erfüllung der Erstattungspflicht aus § 31 GmbHG) konnte daher auch keine wirksame Bareinlageleistung auf eine Kapitalerhöhung liegen, BGH, 26.01.2009 – II ZR 217/07, ZNotP 2009, 202.

venzantrags ohne Prüfung einer Krisenlage anfechtbar sind und in der Insolvenz alle Gesellschafterdarlehen nachrangig sind mit Ausnahme derer, die unter das fortbestehende Sanierungs- und Kleinbeteiligungsprivileg fallen (§ 39 Abs. 4 u. 5 InsO). Bei der Überschuldungsprüfung gem. § 19 InsO sind **Gesellschafterdarlehen** gem. § 39 Abs. 2 i.V.m. § 19 Abs. 2 Satz 3 InsO dann nicht mehr zu berücksichtigen, wenn sie (**Musterformulierung:**) »dergestalt im Rang zurückgetreten sind, dass die Erfüllung des Anspruchs auf Tilgung und Verzinsung des Darlehens im Insolvenzverfahren erst nach den in § 39 Abs. 1 Nr. 1 bis 5 InsO bezeichneten Forderungen erfolgen darf«. Darüber hinaus kann zum zusätzlichen Schutz der (schuldenden) Gesellschaft eine Besserungsabrede in dem Sinn beigegeben werden, dass »die Rückzahlung der Verbindlichkeit nur dann zu erfolgen hat, wenn der Schuldner dazu aus zukünftigen Gewinnen, aus einem Liquidationsüberschuss oder aus anderem, freiem Vermögen hierzu in der Lage ist«.[943]

6130 Unklar ist nun, welchen Einfluss das Verschwinden des zivilrechtlichen Abgrenzungskriteriums für die ertragsteuerliche Frage der Anerkennung nachträglicher Anschaffungskosten nach § 17 EStG hat.[944] Denkbar wäre, (1) dass Gesellschafterdarlehen stets zu nachträglichen Anschaffungskosten führen[945] oder (2) dass die Prüfung des Wechsels des Veranlagungszusammenhangs vom Darlehensvertrag zum Gesellschaftsvertrag künftig nach eigenständigen Kriterien untersucht werden muss (z.B. durch Abstellen auf das Erreichen des Vermögensstatus, der eine Kündigung eines Darlehens nach § 490 BGB rechtfertigen könnte, so dass ein Stehenbleiben des Darlehens nach Erreichen dieser Phase zu nachträglichen Anschaffungskosten beim Verlust führt, oder anhand des Kriteriums der »planmäßigen Erfüllung der Funktion wirtschaftlichen Eigenkapitals«, das jedenfalls bei Darlehensgewährung innerhalb des Einjahreszeitraums des § 135 Abs. 1 Nr. 2 InsO gegeben ist).[946]

6131 Die **Finanzverwaltung**[947] hat im BMF-Schreiben v. 21.10.2010[948] verfügt, dass dem Grunde nach weiterhin der Ausfall von Gesellschafterdarlehen bzw. der Ausfall des Rückgriffanspruchs, wenn der Gesellschafter als Bürge für Verbindlichkeiten der Gesellschaft in Anspruch genommen wurde, zu nachträglichen Anschaffungskosten führen kann, wenn diese Forderungen zumindest abstrakt einer insolvenzrechtlichen Rückzahlungssperre unterliegen (was z.B. nicht der Fall ist bei Forderungen eines schlichten Gesellschafters, der mit 10 % oder weniger beteiligt ist, vgl. §§ 135, 39 Abs. 5 InsO; BMF-Schreiben, Tz. 5). Heranzuziehen, auch zur Ermittlung der Höhe der Anschaffungskosten, seien weiterhin dieselben vier Fallgruppen, die bereits in der früheren Rechtsprechung, damals noch anknüpfend an den zivilrechtlichen Voraustatbestand des Eigenkapital ersetzenden Darlehens, entwickelt worden waren. Es handelt sich im Einzelnen

6132 (a) um die **Hingabe eines Darlehens in der Krise**[949] sowie – unabhängig vom Kriseneintritt – innerhalb der einjährigen **Anfechtungsfrist** des § 135 Abs. 1 Nr. 2 InsO, § 6 AnfG (Rdn. 2767 f); anzusetzen beim Ausfall des Darlehens ist dann dessen Nennwert.

(b) Wurde ein Darlehen bereits vor Kriseneintritt gewährt, ohne dass eine Krisenbestimmungsabrede getroffen wäre, und blieb dieses nach Kriseneintritt stehen, sind zwar ebenfalls grds. nachträg-

---

943 Vgl. hierzu *Neumann*, GmbH-StB 2009, 192 ff.; steuerlich ist das Darlehen dennoch zu passivieren (die Sanierungsmaßnahme führt also nicht zu unerwünschten außerordentlichen Erträgen). Nach a.A. (*Haas*, DStR 2009, 326) müsse der Rangrücktritt, um in der Überschuldungsbilanz wirksam zu sein, sich auch auf die Zeit vor Insolvenzeröffnung beziehen, wie der sog. »qualifizierte Rangrücktritt« gem. BGH, 08.01.2001 – II ZR 88/99 vor Inkrafttreten des § 19 InsO: »Der Gesellschafter verlangt für seine Forderung Befriedigung erst nach Befriedigung sämtlicher Gesellschaftsgläubiger und – bis zur Abwendung der Krise – nicht vor, sondern nur zugleich mit den Einlagenrückgewähransprüchen« (also Rücktritt bis zur Ebene des Stammkapitals).
944 Kurzüberblick bei *Fuhrmann*, RNotZ 2010, 189.
945 So *Hölzle*, DStR 2007, 1185, 1192.
946 So *Wiese/Möller*, GmbHR 2010, 462, 466.
947 Vgl. jedoch nunmehr für Sachverhalte ab 27.09.2017 die BFH-Rechtsprechung, Rdn. 6134a.
948 BStBl. 2010 I, 832 ff.; hierzu *Fuhrmann*, NWB 2011, 356 ff. und *Fuhrmann/Strahl*, GmbHR 2011, 520 ff.; ähnlich OFD Frankfurt am Main, 20.08.2010, DStR 2010, 2306.
949 Bsp: BFH, 20.08.2013 – IX R 43/12, GmbHR 2013, 1165.

liche Anschaffungskosten denkbar, allerdings regelmäßig nur i.H.v. null Euro, da der Wert des Darlehens im Zeitpunkt des **Stehenbleibens** vernachlässigbar sein wird. Gleiches gilt für Verluste aus stehen gelassenen Bürgschaften (Letztere liegen vor, wenn der Bürge nicht auf den – wirtschaftlich i.d.R. ohnehin ins Leere laufenden – Befreiungsanspruch nach § 775 Abs. 1 Nr. 1 BGB wegen Verschlechterung der Vermögensverhältnisse des Hauptschuldners verzichtet hat).

(c) **Finanzplandarlehen**, die nach der Finanzplanung der Gesellschaft von vornherein die zur Aufnahme der Geschäfte notwendige Kapitalausstattung der Gesellschaft krisenunabhängig sichern sollen; diese Fallgruppe wurde schon bisher nicht in das Eigenkapitalersatzrecht, sondern an die durch die gemeinsame Finanzplanung herbeigeführten Bindungen der Gesellschafter angeknüpft (Tz. 3, Buchst. c) des BMF-Schreibens). 6133

(d) Ebenfalls i.H.d. Nennwerts entstehen nachträgliche Anschaffungskosten beim Ausfall »**krisenbestimmter Darlehen**«, bei denen bereits im Vorhinein zwischen Gesellschaft und Gesellschafter eine Abrede dergestalt getroffen wurde, diese Darlehen auch bei Eintritt der Krise stehen zu lassen (Verzicht auf das außerordentliche Kündigungsrecht nach § 490 BGB). Gleiches gilt für krisenbestimmte Bürgschaften, bei denen von vornherein auf den (wirtschaftlich ohnehin bedeutungslosen) Befreiungsanspruch nach § 775 Abs. 1 Nr. 1 BGB verzichtet wurde. 6134

▶ Hinweis:

Im Zweifel ist also, wenn ohnehin mit dem Ausfall des Gesellschafterdarlehens bzw. der Gesellschafterbürgschaft gerechnet wird, zu empfehlen, zur steuerlichen Nutzung dieses Verlustpotenzials als nachträgliche Anschaffungskosten i.R.d. § 17 EStG eine ausdrückliche Krisenbestimmungsabrede[950] zu treffen, und damit auf § 490 BGB bzw. § 775 Abs. 1 Nr. 1 BGB zu verzichten.

Der **BFH**[951] hält unter Aufgabe seiner bisherigen Rechtsprechung und abweichend von der Finanzverwaltung nicht mehr die bisherigen, zivilrechtlich außer Kraft getretenen, Grundsätze des Eigenkapitalersatzrechtes für maßgebend, sondern will eine normspezifische steuerrechtliche **Auslegung des Anschaffungskostenbegriffs** in § 255 Abs. 1 Satz 1 HGB (»Aufwendungen, die geleistet werden, um einen Vermögensgegenstand zu erwerben und ihn in einen betriebsbereiten Zustand zu versetzen, soweit sie ihm im einzeln zugeordnet werden können«) zugrunde legen. Nachträgliche Anschaffungskosten können also nur solche Gesellschafteraufwendungen bilden, die nach handels- und bilanzsteuerrechtlichen Grundsätzen einer offenen oder verdeckten »Einlage« in das Kapital der Gesellschaft gleich stehen, bspw. weil die Rückforderung im Wesentlichen nur unter denselben Voraussetzungen verlangt werden kann, die für die Auszahlung von Eigenkapital gelten. Aus Gründen des Vertrauensschutzes lässt allerdings der BFH die bisherigen (großzügigeren) Regelungen der Finanzverwaltung für alle Sachverhalte gelten, in denen die Finanzierungshilfe des Gesellschafters bis zur Veröffentlichung des Urteils am 27.09.2017 eigenkapitalersetzend geworden ist. 6134a

Seit dem JStG 2008 enthält ferner § 8b Abs. 3 Satz 4 bis 8 KStG ein **Abzugsverbot** im Sinne einer widerlegbaren Vermutung für Aufwendungen (auch Zinsen) – und damit korrespondierend auch ein Verbot der Berücksichtigung des Darlehensausfalls beim Gesellschafter – bei Darlehen von Gesellschaftern (bzw. deren Angehörigen i.S.d. § 1 Abs. 2 AStG), die zu mehr als 25 % an der Gesellschaft beteiligt sind,[952] sofern nicht der Nachweis der Fremdüblichkeit gelingt. Vorgreiflich ist stets, wie bei allen Zinsaufwendungen, die Zinsschranke gem. § 4h EStG, § 8a KStG zu berücksichtigen (vgl. Rdn. 2903). 6135

---

950 Diese sichert u.U. sogar die Berücksichtigung als nachträgliche Anschaffungskosten, wenn die Beteiligung nur 10 % beträgt, das Darlehen aber »wie Eigenkapital« behandelt werden soll: BFH, 06.05.2014 – IX R 44/13, DStR 2014, 1597.
951 BFH, 11.07.2017 – IX R 36/15, DStR 2017, 2330, zuvor Beitrittsaufforderung an das BMF vom 11.01.2017, vgl. EStB 2017, 142 m. Anm. *Trossen*.
952 Nach FG Düsseldorf, 19.10.2012 – 6 K 2439/11 (Rev. BFH: I R 87/12) genügt es, dass diese Beteiligung zu irgendeinem Zeitpunkt während der Darlehensgewährung erfüllt war.

6136 Die früher gegebene Möglichkeit, im Anschluss an den Unternehmenskauf die Ziel-Kapitalgesellschaft in eine Personengesellschaft umzuwandeln, steht nicht mehr zur Verfügung. Nach altem Recht konnte der Übernahmeverlust, der sich wegen der höheren Anschaffungskosten für die Anteilsrechte an der Kapitalgesellschaft ggü. den Buchwerten des Eigenkapitals zum Übertragungsstichtag ergab, genutzt werden zu einer Aufstockung der Buchwerte bei der formgewechselten Personengesellschaft in einer Ergänzungsbilanz des Gesellschafters, so dass sich – je nach Struktur der Wirtschaftsgüter und ihrer Restnutzungsdauer – steuerlich erhöhte Abschreibungen ergaben (allerdings nicht mit Wirkung für die Gewerbesteuer, vgl. § 18 Abs. 2 Satz 2 UmwStG).

6137 Seit dem Veranlagungszeitraum 2001 ist diese Aufstockung der steuerlichen Buchwerte verschlossen, weil der Übernahmeverlust steuerlich gem. § 4 Abs. 6 UmwStG nicht mehr anzuerkennen ist. Die als Hilfskonstruktionen erörterten Alternativmodelle (z.B. der interne asset deal, sog. »Kombinationsmodell«, sowie das Organschaftsmodell) sind nur mehr im Einzelfall vorteilhaft (insgesamt kommt es zu einer hälftigen Einkommensteuerbelastung auf die aufgedeckten stillen Reserven, denen künftige Mehrabschreibungen gegenüberstehen).

(2) Abzugsfähigkeit der Finanzierungsaufwendungen

(a) Privatvermögen

6138 Erwirbt eine natürliche Person oder Personengesellschaft (z.B. GbR) Anteile an einer Kapitalgesellschaft in das **Privatvermögen**, waren Zinsaufwendungen[953] bis Ende 2008 nur zur Hälfte als Werbungskosten bei den Einkünften aus Kapitalvermögen abziehbar, ebenso wie andere Aufwendungen im Zusammenhang mit der Beteiligung an der Kapitalgesellschaft (Beratungs- und Transaktionskosten), vgl. § 3c Abs. 2 Satz 1 EStG. Ab 2009 sind solche Aufwendungen durch den »Sparerfreibetrag« i.H.v. 801,00/1.602,00 € abgegolten und demnach gar nicht mehr abzugsfähig, vgl. § 20 Abs. 9 Satz 1 EStG, und zwar unabhängig davon, ob es sich um den Erwerb von Kapitalgesellschaftsanteilen unter 1 % (deren Veräußerung ebenfalls der Abgeltungsteuer unterläge) oder über 1 % (Teileinkünfteverfahren nach § 17 EStG) handelt, da Schuldzinsen im Finanzierungszusammenhang mit den Dividenden, nicht mit Veräußerungserlösen stehen: diese Dividenden unterliegen im Privatvermögen bis einschließlich 2008 dem Halbeinkünfteverfahren, ab 2009 der Abgeltungsteuer (Rdn. 2872: 25 % zuzüglich Solidaritätszuschlag und Kirchensteuer, allerdings mit Günstiger-Prüfung ggü. dem persönlichen Steuersatz auf Antrag).

6139 Das mit der Abgeltungsteuer einhergehende **Abzugsverbot** für die tatsächlichen Werbungskosten würde den kreditfinanzierten Ankauf von Kapitalgesellschaftsanteilen in das Privatvermögen gänzlich zum Erliegen bringen, und damit auch den Erwerb von Anteilen an Berufsträgerkapitalgesellschaften (etwa durch Steuerberater an der »eigenen« GmbH) oder im Rahmen eines Management-Buy-Out durch die Unternehmensleitung treffen. Daher ermöglicht in solchen begrenzten Sachverhalten § 32d Abs. 2 Nr. 3 EStG in Gestalt der Jahressteuergesetzes 2008, zugunsten des Teileinkünfteverfahrens mit immerhin 60 %igem Abzug der Werbungskosten zu optieren, und dennoch die Anteile im Privatvermögen zu halten (vgl. im Einzelnen Rdn. 2889 ff.).

6140 Liegen die Optionsvoraussetzungen nicht vor, kann derselbe 60 %igen Werbungskostenabzug (unter Anwendung des Teileinkünfteverfahrens hinsichtlich der Einkünfte) erreicht werden, indem die Beteiligung in ein Betriebsvermögen übernommen wird (Einbringung in ein Einzelunternehmen zu den historischen Anschaffungskosten [§ 6 Abs. 1 Nr. 6b EStG], oder Einbringung in eine neu gegründete Personengesellschaft, eine GmbH & atypisch Still bzw. im Rahmen einer Betriebsaufspaltung.)[954] Noch weiter gehend könnte versucht werden, den Zinsaufwand

---

953 Nach BFH, 16.03.2010 – VIII R 20/08, BStBl 2010 II 787 und BFH, 29.10.2013 – VIII R 13 bis 15/11, EStB 2014, 83, sogar nach dem Verkauf des Anteils (nachträgliche Werbungskosten), jedenfalls für die Zeit ab 1999 (Herabsetzung der Schwelle des § 17 EStG auf 1 %). Vgl. hierzu *Jachmann*, DStR 2011, 1245; *Hutmacher*, ZNotP 2013, 177 ff.

954 Vgl. *Paus*, NWB 2008, 641 = Fach 3, S. 14967.

C. Steuerliche Folgen der Übertragung des Wirtschaftsguts selbst Kapitel 13

vollständig in den betrieblichen Bereich zu verlagern, etwa durch das Zwei-Konten-Modell (mit der Folge, dass im Ergebnis ein anderer, betrieblicher bzw. bei Vermietungseinkünften anzusetzender Kredit aufgenommen wird, der die Anschaffung der GmbH-Anteile finanziert.)[955]

(b) Betriebsvermögen einer natürlichen Person/Personengesellschaft

Auch wenn eine natürliche Person die Beteiligung an einer Ziel-Kapitalgesellschaft ins **Betriebsvermögen** (also als Kaufmann) erwirbt, sind Zinsaufwendungen derzeit nur zur Hälfte abziehbar bei den Einkünften aus Gewerbebetrieb, vgl. § 3c Abs. 2 Satz 1, § 3 Nr. 40 EStG. Sofern die Zielgesellschaft Gewinnausschüttungen vornimmt, um dem Käufer die Liquidität zu verschaffen, führt dies zu Einkünften aus Kapitalvermögen, die zur Hälfte steuerpflichtig sind (§ 20 Abs. 1 Nr. 1, Abs. 3 EStG, § 3 Nr. 40 Satz 1 Buchst. d) EStG); ab 2008 gilt anstelle des Halbeinkünfteverfahrens das **Teileinkünfteverfahren** (60 %ige Steuerpflicht und Abzugsfähigkeit). Dies gilt auch, wenn nicht eine natürliche Person, sondern eine gewerbliche Personengesellschaft, also eine GmbH & Co. KG, die Geschäftsanteile an der Zielgesellschaft erwirbt. 6141

Allerdings kann beim Erwerb ins Betriebsvermögen (anders als bei einem Erwerb in das Privatvermögen) im Anschluss an eine Gewinnausschüttung der Zielgesellschaft, sofern es sich um eine voraussichtlich dauernde Wertminderung handelt, eine **ausschüttungsbedingte Teilwertabschreibung** erfolgen, § 6 Abs. 1 Nr. 2 Satz 2 i.V.m. Nr. 1 Satz 3 EStG, welche die dem Halbeinkünfteverfahren unterliegende Gewinnausschüttung der Zielgesellschaft teilweise kompensiert. Dies gilt indes nicht mit Wirkung für die Gewerbesteuer (§ 8 Nr. 10 GewStG). 6142

Eine deutliche Verbesserung lässt sich für den erwerbenden Einzelkaufmann dadurch erreichen, dass er sein einzelkaufmännisches Unternehmen in die Zielgesellschaft **einbringt**, so dass die Darlehensverbindlichkeit samt der Zinsaufwendungen, einerseits, und das unternehmerische Ergebnis der Zielgesellschaft, andererseits, durch Verrechnung von Aufwendungen und Erträgen saldiert werden kann. 6143

Ein ähnliches Ergebnis, jedoch ohne Verschmelzung, lässt sich erreichen durch Abschluss eines **Ergebnisabführungsvertrags** zwischen dem einzelkaufmännischen Betrieb des Erwerbers und der Zielkapitalgesellschaft (zur Organschaft vgl. Rdn. 2858 ff.), so dass das zu versteuernde Einkommen und der Gewerbeertrag der Zielgesellschaft dem Einzelunternehmer zugerechnet werden, § 14 Abs. 1 Satz 1 KStG, § 2 Abs. 2 Satz 2 GewStG. Das Halbeinkünfteverfahren gilt nicht mehr, da es an einer Gewinnausschüttung fehlt, es kommt zur unmittelbaren Saldierung von Zinsaufwendungen und Erträgen. Nachteilig ist allerdings, dass aufgrund der Organschaft mit einer natürlichen Person als Organträger der Körperschaftsteuersatz von 25 %, künftig 15 %, auf der Ebene der Zielgesellschaft verloren geht, da nunmehr der individuelle Steuersatz des Organträgers[956] maßgeblich ist. Soll zusätzlich die persönliche Haftung des erwerbenden Kaufmanns vermieden werden, könnte anstelle des einzelkaufmännischen Betriebs eine gewerblich geprägte Personengesellschaft (GmbH & Co. KG) treten, die allerdings – um tauglicher Organträger zu sein – zusätzlich eine eigene gewerbliche Tätigkeit[957] von nicht nur geringem Umfang i.S.d. § 15 Abs. 1 Satz 1 Nr. 1 EStG entfalten muss. 6144

In Betracht käme weiter der Erwerb von Anteilen an der Zielkapitalgesellschaft durch eine zwischengeschaltete Kapitalgesellschaft (**Holding-Gesellschaft**), die ihrerseits hierfür Fremdkapital aufnimmt. In diesem Fall sind Zinsaufwendungen der Holding-GmbH im Zusammenhang mit der Beteiligung an der Zielgesellschaft in vollem Umfang als Betriebsausgaben abziehbar, auch wenn keine Gewinnausschüttung der Zielgesellschaft erfolgt. Voraussetzung ist jedoch, dass die 6145

---

955 Vgl. *Paus*, NWB 2008, 640 = Fach 3, S. 14966.
956 Gleiches gilt bei einer gewerblichen Personengesellschaft mit lediglich natürlichen Personen als Gesellschafter.
957 Hierfür genügt gem. BMF-Schreiben v. 10.11.2005, BStBl. 2005 I, S. 1038, Tz. 17 ff., dass die Personengesellschaft Dienstleistungen ggü. einer oder mehreren Konzerngesellschaften erbringt.

Holding-Gesellschaft über positive Einkünfte verfügt, da sonst lediglich Verlustvorträge entstehen können. Da etwaige Gewinnausschüttungen (Dividenden) der Zielgesellschaft an die Holding-GmbH nur i.H.v. 5 % versteuert werden (§ 8b Abs. 1 i.V.m. Abs. 5 Satz 1 KStG), kann nur in dieser Höhe eine Verrechnung mit Betriebsausgaben stattfinden, auch hinsichtlich der Gewerbesteuer (darüber hinaus greift die Kürzung des § 9 Nr. 2a GewStG). Wenn zusätzlich die Holding-GmbH ihre Fremdmittel nicht von dritter Seite, sondern durch ihren Gesellschafter (den erwerbenden Einzelkaufmann) zur Verfügung gestellt erhält, sind die Grenzen des Schuldzinsabzugs gem. § 8a Abs. 1 KStG, ab 2008 die sog. »Zinsschranke« (Rdn. 2903), zu berücksichtigen.

6146 Durch die Zwischenschaltung der Holding lässt sich also hinsichtlich der Abzugsfähigkeit der Schuldzinsen keine Besserstellung erreichen. Ein etwaiger künftiger Veräußerungsgewinn wäre jedoch i.H.v. 95 % steuerfrei. Ein Veräußerungsverlust sowie eine Teilwertabschreibung auf die Beteiligung an der Zielgesellschaft ist jedoch steuerlich nicht anzuerkennen, § 8b Abs. 3 Satz 3 KStG. Hält hingegen der Gesellschafter der Holding-GmbH diese Beteiligung im Betriebsvermögen (sei es unmittelbar oder über eine gewerbliche Personengesellschaft), kann er bei voraussichtlich dauernder Wertminderung der Beteiligung an der Holding-GmbH eine Teilwertabschreibung gemäß Halb-/Teileinkünfteverfahren vornehmen (§ 3c Abs. 2 Satz 1 EStG).

6147 Optimiert wird das Modell noch dadurch, dass eine **Organschaft** (Ergebnisabführungsvertrag) zwischen der **Holding-GmbH** und der Zielgesellschaft geschlossen wird, so dass die Zinsaufwendungen steuerlich sofort durch Saldierung mit den Gewinnen der Zielgesellschaft kompensiert werden können. Dadurch übernimmt jedoch zugleich die Holding-Gesellschaft eine Verlustausgleichspflicht ggü. der Zielgesellschaft (§ 302 Abs. 1 AktG). Auch hier ist ein Gewinn aus der Veräußerung der Beteiligung an der Zielgesellschaft durch die Holding-Gesellschaft nur zu 5 % steuerpflichtig, auch hinsichtlich der Gewerbesteuer. Allerdings kann ein Veräußerungsverlust sowie eine Teilwertabschreibung bei voraussichtlich dauernder Wertminderung nicht vorgenommen werden, es sei denn, die Beteiligung an der Holding-GmbH wird im Betriebsvermögen (unmittelbar oder über eine gewerblich geprägte Personengesellschaft) gehalten.

6148 Als weitere Alternative bietet sich die **Verschmelzung der Zielgesellschaft auf die Holding-Gesellschaft** (**upstream merger**) an. Diese ist zu Buchwerten möglich (§ 11 Abs. 1 UmwStG). Der Übernahmeverlust, der bei der Holding-GmbH i.H.d. Differenz zwischen den höheren Anschaffungskosten und dem Buchwert des Eigenkapitals der Zielgesellschaft entsteht, ist jedoch steuerlich nicht nutzbar, bleibt also bei der Holding-Gesellschaft außer Ansatz (§ 12 Abs. 2 Satz 1 UmwStG). Es kommt dadurch also zu einer Vernichtung der hohen steuerlichen Anschaffungskosten für die Geschäftsanteile an der Zielgesellschaft. Da die historischen Anschaffungskosten bei der Holding-Gesellschaft jedoch typischerweise niedrig sind, erzielt der Gesellschafter bei einem späteren Verkauf der verschmolzenen Holding-Gesellschaft einen hohen Veräußerungsgewinn (Halbeinkünfte-/Teileinkünfteverfahren). Außerdem löst die Verschmelzung Grunderwerbsteuer aus.[958]

6149 Zur Vermeidung des steuerlich irrelevanten Übernahmeverlusts sollte die Holding-Gesellschaft als übernehmender Rechtsträger die Vermögenswerte und Verbindlichkeiten der Zielgesellschaft nicht zu Buchwerten, sondern zu Zwischenwerten oder mit den tatsächlichen Anschaffungskosten ansetzen (§ 24 UmwStG).

6150 In Betracht kommt schließlich eine Verschmelzung der Holding-Gesellschaft auf die Zielgesellschaft (downstream merger), die ebenfalls ertragsteuerlich neutral möglich ist und die Belastung mit Grunderwerbsteuer vermeidet.

(c) Betriebsvermögen einer erwerbenden Kapitalgesellschaft

6151 Auch wenn eine Kapitalgesellschaft als Käufer der Anteile an einer anderen Kapitalgesellschaft (Zielgesellschaft) auftritt, können die Darlehensverbindlichkeiten und sonstigen Aufwendungen

---

[958] Betriebsausgaben als Umwandlungskosten, vgl. Umwandlungserlass v. 25.03.1998, Tz. 04.43.

C. Steuerliche Folgen der Übertragung des Wirtschaftsguts selbst — Kapitel 13

der erwerbenden GmbH und die Erträge aus der Zielgesellschaft nicht »verrechnet« werden. Allerdings werden Gewinnausschüttungen an die erwerbende Gesellschaft nur mit 5 % versteuert (auch für Zwecke der Gewerbesteuer), solange sie nicht bei der erwerbenden Gesellschaft weiter ausgeschüttet werden. Die Saldierungsmöglichkeit kann erreicht werden durch Organschaft mit dem Vorteil, dass anders als bei einer natürlichen Person als Organträger, der Körperschaftsteuersatz von 25 %, ab 2008 15 %, erhalten bleiben kann, also nicht der individuelle Steuersatz des Kaufmanns als Organträger maßgeblich ist.

Die bloße Zwischenschaltung einer Holding-Kapitalgesellschaft zwischen der erwerbenden Kapitalgesellschaft und der Zielgesellschaft führt zu keiner Verbesserung hinsichtlich der Anrechnung der Darlehensverbindlichkeiten. Denkbar ist jedoch auch hier eine Verschmelzung auf die zwischengeschaltete Holding-Gesellschaft (als upstream merger oder downstream merger auf die Zielgesellschaft), vgl. hierzu die Ausführungen in Rdn. 6148, Rdn. 6150 (wo Gesellschafter der Holding-GmbH eine natürliche Person, Privat- oder Betriebsvermögen, ist). **6152**

(3) Konsequenz aus Käufersicht: Formwechsel von der Kapital- in die Personengesellschaft

Wie vorstehend ausgeführt, ist die Rechtsform der Kapitalgesellschaft für den Käufer insoweit nachteilig, als er seine Anschaffungskosten nicht mehr in steuerlich wirksame Abschreibungen umsetzen kann; bei einer Personengesellschaft könnte er den Kaufpreis, soweit er den Nennbetrag der steuerlichen Kapitalkonten des Verkäufers übersteigt, je nach Struktur der Wirtschaftsgüter in einer positiven steuerlichen Ergänzungsbilanz erfassen und abschreiben. Anzustreben ist daher der **Formwechsel in eine Personengesellschaft**, sofern der Verkäufer wegen der damit verbundenen Erhöhung des Kaufpreises bereit ist (trotz der Tatsache, dass der Veräußerungsgewinn beim Verkäufer dann nicht mehr i.H.v. lediglich 5 % [Kapitalgesellschaft als Verkäufer] oder nach Halb-/ Teileinkünfteverfahren [natürliche Personen/Personengesellschaft als Verkäufer im Betriebsvermögen] besteuert wird, sondern als laufender Gewinn mit 15 % Körperschaft- und zusätzlicher Gewerbesteuer, oder aber gem. § 16 EStG, allenfalls mit Privilegierungen bei Betriebsaufgabe, Rdn. 6033 ff.). **6153**

Wird bei bestehender **Betriebsaufspaltung** (Rdn. 5707 ff.) die Betriebskapitalgesellschaft in eine Personengesellschaft umgewandelt, handelt es sich beim Grundstück des Gesellschafters (Besitzunternehmen) nun um Sonderbetriebsvermögen (des Betriebsunternehmens, Rdn. 5725 ff.); die Überführung erfolgt nach § 6 Abs. 5 Satz 2 EStG (Rdn. 6062 ff. zwingend zum Buchwert. Die (jetzt mitunternehmerische) Betriebsaufspaltung würde nur dann fortbestehen, wenn das Besitzunternehmen selbst eine Personengesellschaft ist.[959] **6153a**

Ungeachtet der zivilrechtlichen Identität wird der Formwechsel ertragsteuerrechtlich wie eine Verschmelzung[960] behandelt (§ 9 UmwStG) – samt der Rückwirkungsfiktion[961] von max. 8 Monaten für alle Gesellschafter, die nicht zwischen dem Umwandlungsstichtag und ihrer Eintragung im Handelsregister ausgeschieden sind[962] –, wobei die Rechtsfolgen auf der Ebene der Kapitalgesell- **6154**

---

959 BFH, 20.03.2003 – III R 50/96, BStBl 2003 II 613.
960 Auch die tatsächliche Verschmelzung einer Kapitalgesellschaft auf eine bestehende (z.B.) GmbH & Co KG ist als Alternative zum Formwechsel denkbar, wenngleich zivilrechtlich komplexer. Auch hier gilt die achtmonatige Rückwirkungsfiktion (§ 17 Abs. 2 Satz 4 UmwG, § 2 Abs. 1 Satz 1 UmwStG), sowie auf Antrag gem. § 3 Abs. 2 UmwStG die Möglichkeit der Buchwertfortführung; die übernehmende KG ist gem. § 4 Abs. 1 UmwStG in ihrer Eröffnungsbilanz an die Werte der Schlussbilanz der übertragenden GmbH gebunden.
961 Die Rückwirkung erstreckt sich steuerrechtlich auch auf die »Haftungsverfassung« der entstehenden Gesellschaft: für Zwecke z.B. des § 15a EStG gilt die künftige KG als bereits ab dem Übertragungsstichtag existent, vgl. BFH, 03.02.2010 – IV R 61/07, EStB 2010, 282.
962 § 2 UmwStG; vgl. hierzu *Schneider*, NWB 2012, 484 ff.; BFH, 18.09.2008 – IV B 51/08, MittBayNot 2009, 409 m. Anm. Wälzholz; verkauft ein umwandlungsbeteiligter Gesellschafter zwischenzeitlich seine Beteiligung, handelt es sich noch um die Veräußerung des Kapitalgesellschaftsanteils. Die Gestal-

schaft (§§ 3, 10 UmwStG) einerseits, auf der Ebene der »übernehmenden« Personengesellschaft und deren Gesellschafter andererseits (§§ 4 bis 8 UmwStG) zu unterscheiden sind. Dabei bestimmt der durch die Kapitalgesellschaft gewählte Wertansatz (als »Taktgeber«)[963] die Ausgangsgröße für die Wertansätze der Personengesellschaft und die Einkünfte deren Gesellschafter (also das Übernahmeergebnis gem. § 4 Abs. 4 bis 7 UmwStG – fiktive Anteilsveräußerung – und die Bezüge nach § 7 UmwStG – fiktive Ausschüttung der offenen Rücklagen). Für nach dem 12.12.2006 (§ 27 Abs. 1 UmwStG), also unter Geltung des SEStEG, beantragte Umwandlungen gilt insoweit:

6155 Die **übertragende Kapitalgesellschaft** hat in ihrer auf den Übertragungsstichtag aufzustellenden Schlussbilanz die Wirtschaftsgüter grds. mit den gemeinen Werten anzusetzen, sogar selbst geschaffene immaterielle Wirtschaftsgüter (good will), § 3 Abs. 1 UmwStG. Der in der Differenz zu den Buchwerten realisierte Übertragungsgewinn unterliegt im Umwandlungsjahr der Körperschaft- und Gewerbesteuer; ein solcher »Step up« zur Schaffung neuen Abschreibungsvolumens[964] kann sich auch zur Verrechnung[965] mit Verlustvorträgen empfehlen, die sonst verfallen würden (§ 4 Abs. 4 Satz 2 UmwStG). Auf ausdrücklich zu stellenden, dann für alle Wirtschaftsgüter einheitlichen Antrag[966] kann in der Steuerbilanz stattdessen der Ansatz zu Buch- oder zu Zwischenwerten erfolgen, sofern die Voraussetzungen des § 3 Abs. 2 UmwStG (kein Verlust des deutschen Besteuerungsrechtes, keine oder eine nur in der Gewährung von Gesellschaftsrechten bestehende Gegenleistung des übernehmenden Rechtsträgers) vorliegen. Werden weitere Gegenleistungen gewährt (z.B. ein Darlehenskonto eingeräumt), ist »insoweit«, also im Prozentverhältnis des Darlehenskontos zum gemeinen Wert des übergehenden Betriebsvermögens, der Anteil an den stillen Reserven (gemeiner Wert minus Summe der Aktiva) als laufender Gewinn der Kapitalgesellschaft zu versteuern.

6156 In der Handelsbilanz ist der Buchwertansatz gem. § 17 Abs. 2 Satz 2 UmwG ohnehin zwingend (Aufgabe des durch die Verwaltung[967] früher[968] behaupteten[969] sog. Maßgeblichkeitsgrundsatzes). Etwa vorhandene Körperschaftsteuerguthaben werden ausschüttungsunabhängig in den Jahren 2007 bis 2018 erstattet (§ 37 Abs. 4 Satz 2 KStG).[970]

6157 Die **übernehmende Personengesellschaft** hat gem. § 4 Abs. 1 Satz 1 UmwStG die Wertansätze der Schlussbilanz der Kapitalgesellschaft zu übernehmen; allerdings findet keine Rechtsnachfolge in körperschaftsteuerliche und gewerbesteuerliche Verlustvorträge statt (§ 4 Abs. 2 Satz 2 UmwStG). Die **Gesellschafter** jedoch versteuern ihren Anteil an den Gewinnrücklagen[971] gem. § 7 UmwStG als Kapitalerträge i.S.d. § 20 Abs. 1 Satz 1 EStG (handelt es sich beim Gesellschafter um eine Kapitalgesellschaft, ist diese »Ausschüttung« gem. § 8b Abs. 1 KStG nur zu 5 % steuerpflichtig, sonst unterliegt sie im Jahr 2008 dem Halbeinkünfteverfahren, ab 2009 im Privatvermögen der Abgel-

---

tungspraxis arbeitet mit aufschiebenden Wirksamkeitsbedingungen eine logische Sekunde nach Eintragung der Umwandlung.
963 *Stimpel*, GmbH-StB 2008, 74 ff.
964 Vgl. *Honert/Geimer*, EStB 2007, 425; anschließend ist die Restnutzungsdauer der aufgestockten Wirtschaftsgüter neu zu schätzen, vgl. BFH, 29.11.2007 – IV R 73/02, GmbH-StB 2008, 131.
965 Bis zur Grenze der Mindestbesteuerung.
966 Gem. BFH, 28.05.2008 – I R 98/06, EStB 2008, 383 ist das Wahlrecht mit Einreichung der Steuererklärung samt entsprechender Bilanz ausgeübt.
967 Im Umwandlungserlass, BMF-Schreiben v. 25.03.1998, BStBl. I, S. 1998, 258: Tz. 03.01, 11.01.
968 Dem BFH [folgende Fn.] nun folgend OFD Frankfurt am Main v. 13.03.2008, GmbH-StB 2008, 172.
969 Von der Lit. stets bestritten, durch den BFH, 19.10.2005 – I R 38/04, BStBl. 2006 II, S. 568 für den Formwechsel und durch BFH, 05.06.2007 – I R 97/06, DStR 2007, 1767 für die Verschmelzung abgelehnt.
970 Infolge der Aktivierung erhöht das KSt-Guthaben das steuerliche Eigenkapital der Kapitalgesellschaft und damit die Bezüge der Gesellschafter i.S.d. § 7 UmwStG (Liquiditätsnachteil im Hinblick auf die spätere Erstattung an die Personengesellschaft, *Stimpel*, GmbH-StB 2008, 76).
971 Genauer: dem ausschüttungsfähigen Gewinn i.S.d. § 27 Abs. 1 Satz 3 KStG.

tungsteuer, im Betriebsvermögen dem Teileinkünfteverfahren). Es findet also eine »Zwangsnachversteuerung« der thesaurierten Gewinne statt.⁹⁷² Für steuerverstrickte Anteile an der Kapitalgesellschaft (Betriebsvermögen, § 17 EStG, § 21 UmwStG – also der Regelfall) ist ferner gem. § 4 Abs. 4 UmwStG ein Übernahmeergebnis zu ermitteln; sie gelten § 5 UmwStG als eingelegt. Ein Übernahmeverlust ist gem. § 4 Abs. 6 Satz 3 UmwStG nur bis zur Höhe des nach § 7 UmwStG versteuerten Betrages zur Hälfte abzugsfähig, es sei denn, der Anteil an der übertragenden Kapitalgesellschaft ist in den letzten 5 Jahren vor dem steuerlichen Übertragungsstichtag entgeltlich angeschafft worden (»Missbrauchsregelung mit unklarem Regelungszweck«).⁹⁷³ Andernfalls verfällt der Umwandlungsverlust komplett, § 4 Abs. 6 Satz 1 UmwStG. Bei nicht steuerverstrickten Anteilen an einer GmbH (insbesondere unterhalb der Schwelle des § 17 EStG) ist jedoch ein Abzug der ursprünglichen Anschaffungskosten i.S.d. § 16 Abs. 2 EStG nicht möglich, d.h. die in der steuerfreien Privatsphäre gebildeten stillen Reserven werden durch den Rechtsformwechsel »rückwirkend« steuerverstrickt.⁹⁷⁴

Demnach ist der **Formwechsel** durchaus mit **Nachteilen** verbunden: 6158
(1) Zum einen gehen, wie geschildert, Verlustvorträge der übertragenden Kapitalgesellschaft (§§ 4 Abs. 2 Satz 2, 18 Abs. 1 UmwStG) sowie verrechenbare Verluste und nicht ausgeglichene negative Einkünfte im Zug der Umwandlung unter, ebenso bei der Einbringung in eine Personengesellschaft nach § 24 UmwStG.⁹⁷⁵
(2) Zum weiteren erhöht sich die Körperschaftsteuer der übertragenden Körperschaft gem. § 10 UmwStG i.V.m. § 38 KStG, so als wenn das in der Steuerbilanz ausgewiesene Eigenkapital 02 am steuerlichen Übertragungsstichtag ausgeschüttet worden wäre.
(3) Den Gesellschaftern der umgewandelten Kapitalgesellschaft werden als Folge der Umwandlung gem. § 7 UmwStG Einkünfte aus Kapitalvermögen i.H.d. auf sie entfallenden ausschüttbaren Gewinns der Kapitalgesellschaft (Eigenkapital) zugewiesen (vgl. § 29 Abs. 1 KStG).
(4) Übersteigen die Anschaffungskosten des umzuwandelnden Kapitalgesellschaftsanteils den anteiligen Buchwert des übernommenen Betriebsvermögens (»Eigenkapital«, rechts oben in der Bilanz ausgewiesen) abzgl. separat besteuerten Dividendenanteils, resultiert hieraus ein Übernahmeverlust, der jedoch gem. § 4 Abs. 6 Satz 1 UmwStG nicht steuerrelevant ist, so dass in

---

972 Zur Berechnung, mit Beispielsfällen, *Ott*, GmbH-Steuerpraxis 2007, 201 ff.
973 § 4 Abs. 6 Satz 5 UmwStG, *Stimpel*, GmbH-StB 2008, 79.
974 BFH, 12.07.2012 – IV R 39/09 MittBayNot 2013, 338 m. Anm. *Stelzer*; also keine Berücksichtigung im Rahmen einer positiven Ergänzungsbilanz.
975 Gleiches galt schon nach vor dem SEStEG geltenden Recht bei der Einbringung in eine Kapitalgesellschaft, §§ 20 ff. UmwStG; die vor dem SEStEG bestehende begrenzte Möglichkeit der Verlustübertragung bei der Verschmelzung von Kapitalgesellschaften (§ 12 Abs. 3 Satz 2 UmwStG a.F.) ist zwischenzeitlich entfallen: § 12 Abs. 3 Halbs. 2 i.V.m. § 4 Abs. 2 Satz 2 UmwStG. Zu Ausweichgestaltungen zur Nutzung von Verlustvorträgen, auch auf Ebene der Anteilseigner am Beispiel von Schwestergesellschaften vgl. *Mensch*, notar 2010, 354 ff.: »Auflösungsmodell« (GmbH 1 überträgt ihren Geschäftsbetrieb auf GmbH 2 und erhält dafür Anteile an Letzterer [§ 20 UmwStG, Neutralisierung der Verlustvorträge durch höheren Wertansatz], sodann Liquidation der GmbH 1 durch Übertragung der erhaltenen Anteile an ihre Gesellschafter [ggf. Verluste auf Anteilseignerebene gem. § 17 Abs. 2 EStG, wenn die Anschaffungskosten höher waren]; »Up-Stream-Merger-Modell« (Gesellschafter der GmbH 1 bringen ihre Anteile im Wege der Sachkapitalerhöhung in die GmbH 2 ein [§ 21 Abs. 1 UmwStG: Verlustrealisierung bei den Anteilseignern, wenn Wertansatz über den Anschaffungskosten liegt], sodann Verschmelzung der neuen »Tochter« GmbH 1 auf die GmbH 2 [§ 24 UmwStG: Ausgleich eines Verlustvortrages durch Ansatz eines optimierten Zwischenwertes]); »Holdingmodell« (GmbH 1 überträgt ihren Geschäftsbetrieb auf die GmbH 2 gegen Anteilsgewährung [§ 20 UmwStG, Neutralisierung der Verlustvorträge durch höheren Wertansatz], sodann Einbringung der Anteile an der GmbH 1 in eine gewerblich geprägte Personengesellschaft, z.B. als verdeckte Einlage, also zu Buchwerten, Rdn. 2588 ff., schließlich Verschmelzung der GmbH 1, in sich nur noch die Anteile an der GmbH 2 befinden, auf die Personengesellschaft, unter eventueller Kompensierung von verbleibenden Verlustvorträgen durch Zwischenwertansatz).

diesem Fall steuerliche Anschaffungskosten des Gesellschafters der umgewandelten Kapitalgesellschaft aufgrund des Formwechsels »vernichtet« werden bzw. ungenutzt untergehen. Veräußert der Gesellschafter die erworbenen Personengesellschaftsanteile sodann zu seinem ursprünglichen Kapitalgesellschaftsanteils-Anschaffungspreis, erzielt er demnach hinsichtlich der Differenz zum jetzigen Buchwert einen steuerpflichtigen Veräußerungsgewinn.[976]

(5) Für den Übernahmegewinn gelten gem. § 4 Abs. 7 UmwStG die Regelungen des § 8b KStG (bei Kapitalgesellschaften) bzw. (bei natürlichen Personen/Personengesellschaften) das Halb- bzw. ab 2009 Teileinkünfteverfahren im Betriebsvermögen bzw. das Halbeinkünfteverfahren/die Abgeltungsteuer im Privatvermögen.

(6) Bei abgeschriebenen Kapitalgesellschaftsanteilen im Betriebsvermögen besteht die Gefahr der Wertaufholung (§ 4 Abs. 1 Satz 2 UmwStG).

(7) Ein Verstoß gegen Haltefristen nach altem Erbschaftsteuerrecht konnte dadurch ausgelöst werden (z.B. gem. § 13a Abs. 5 Nr. 4 letzte Alt. ErbStG; anders nunmehr Rdn. 5325).

6159 Negativ ist weiter, dass der Veräußerungsgewinn bei einem Verkauf[977] des Mitunternehmeranteils binnen 5 Jahren nach dem Formwechsel der Gewerbesteuer unterliegt, § 18 Abs. 3 UmwStG (Rdn. 6024);[978] diese bildet ab dem Veranlagungszeitraum 2008 keine Betriebsausgabe mehr.[979] Veräußert eine Kapitalgesellschaft den Mitunternehmeranteil, fällt in jedem Fall, unabhängig von dieser Frist, Gewerbesteuer gem. § 7 Satz 2 Nr. 2 GewStG an. Steuerschuldner ist stets die Personengesellschaft (§ 5 Abs. 1 Satz 3 GewStG, vgl. Rdn. 6037).

Angesichts dieser gravierenden Nachteile für den Veräußerer und die zu veräußernde Personengesellschaft ist es fraglich, ob der zu erzielende höhere Kaufpreis für eine Personengesellschaft den gewünschten Formwechsel wirtschaftlich aus Sicht des Verkäufers rechtfertigt.

ff) Verrentung

6160 Erfolgt der entgeltliche Verkauf nicht gegen Einmalzahlung, sondern gegen **Kaufpreisverrentung** in Form wiederkehrender Leistungen für einen mehr als 10-jährigen Zeitraum, kann der Veräußerer hinsichtlich des Veräußerungsgewinns zwischen der Sofortversteuerung und der Zuflussversteuerung wählen (vgl. Rdn. 6279). Der Zinsanteil, der in den Kaufpreisraten enthalten ist,[980] wird beim Veräußerer jedoch – unabhängig von der Wahl der Sofortversteuerung oder der Zuflussversteuerung – in gleicher Weise ermittelt,[981] § 20 Abs. 1 Nr. 7 EStG, und jeweils im Jahr des Zuflusses versteuert. Nach wohl richtiger Auffassung unterliegt dieser Zinsanteil der Abgeltungsteuer i.H.v. (samt Solidaritätszuschlag) 26,375 %, auch wenn die Übertragung innerhalb der Familie stattfindet, da es sich nicht um »nahestehende Personen« i.S.d. § 32d Abs. 2 Nr. 1 Buchst. a) EStG handelt.[982] Beim Erwerber bilden die Zinsanteile dem Grunde nach Werbungs-

---

976 Instruktives Beispiel bei *Wälzholz*, MittBayNot 2009, 412.
977 Ein solcher liegt nicht vor bei der Veräußerung gegen wiederkehrende Bezüge, die nach § 24 Nr. 2 EStG besteuert werden, vgl. *Neu/Hamacher*, DStR 2010, 1453.
978 Instruktiv BFH, 18.09.2008 – IV B 51/08, MittBayNot 2009, 409 m. Anm. *Wälzholz* sowie BFH, 28.04.2016 – IV R 6/13, EStB 2016, 280 (gilt auch bei Veräußerung oder Aufgabe von Teilbetrieben oder Anteilen an der Personengesellschaft, soweit das Vermögen aus der früheren Kapitalgesellschaft stammt).
979 § 4 Abs. 5b EStG, dies ist verfassungsgemäß: BFH, 10.09.2015 – IV R 8/13 EStB 2015, 429; zuvor bestand u.U. Abzugsmöglichkeit als Veräußerungskosten: BFH, 16.12.2009 – IV R 22/08, EStB 2010, 89.
980 Abweichend FG Düsseldorf, 22.10.2014 – 7 K 451/14 E, BeckRS 2015, 94368 in einem Fall, in dem unter Angehörigen die Summe der Kaufpreisraten dem Verkehrswert entsprach.
981 Dies geschieht dergestalt, dass der Kapitalwert am Anfang des Jahres und am Ende des Jahres (in Gestalt der Reduzierung des Multiplikators) ermittelt wird; die Differenz bildet den Tilgungsanteil, der verbleibende Betrag der Jahreszahlung den Zinsanteil.
982 Vgl. *Schultes-Schnitzlein/Keese*, NWB 2009, 70 m.w.N.: Der Begriff sei identisch verwendet wie in § 1 Abs. 2 KStG, d.h. der Zahlungspflichtige müsse ein eigenes Interesse an der Erzielung der Zinseinkünfte durch den Zinsempfänger haben, was hier nicht der Fall ist. Vgl. auch Rdn. 5683.

kosten bei den Einkünften aus Kapitalvermögen bzgl. der Dividenden, sind allerdings nur dann zu 60 % gem. § 3c Abs. 2 EStG abziehbar, wenn der Erwerber die Abgeltungsteuer auf Antrag »abwählt« (§ 32d Abs. 2 Nr. 3 EStG), wofür er im Antragsjahr zu mindestens 25 % an der betreffenden Kapitalgesellschaft beteiligt und zugleich deren Geschäftsführer sein muss.

Bei der Kapitalgesellschaft selbst gehen durch entgeltliche Geschäftsanteilsübertragungen i.R.d. § 8c KStG möglicherweise körperschaftsteuerliche Verlustvorträge verloren (vgl. Rdn. 6165); Gleiches gilt für etwaige Zinsvorträge i.S.d. Zinsschranke gem. § 8a Abs. 1 Satz 3 KStG. **6161**

Liegt ein »bloßer« entgeltlicher Ratenkauf (der nicht in mehr als zehn Jahresraten aufgespalten ist) vor, entfällt das Wahlrecht zwischen der Sofort- und der Zuflussversteuerung hinsichtlich des Kapital(tilgungs)anteils des Veräußerungsgewinns, i.Ü. gelten jedoch keine weiteren Besonderheiten. **6162**

Alternativ kann auch die einkommensteuerrechtlich unentgeltliche Übertragung des Kapitalgesellschaftsanteils gegen **Versorgungsrente** erfolgen (vgl. Rdn. 6362). Hierdurch wird zugleich vermieden, dass der Verlustvortrag bei der GmbH verloren geht.[983] Der Erwerber führt dann die Anschaffungskosten des Veräußerers fort, § 17 Abs. 2 Satz 5 EStG. Der Veräußerer erzielt Einkünfte nach § 22 Nr. 1b EStG, der Erwerber kann die Zahlungen, wenn die sonstigen Voraussetzungen erfüllt sind, nach § 10 Abs. 1a Satz 1 Nr. 2 EStG als Sonderausgaben abziehen – beides allerdings nur, wenn auf Antrag die Veranlagungsbesteuerung gem. §§ 32d Abs. 2 Nr. 3, 43 Abs. 5 Satz 2 EStG anstelle der Abgeltungsbesteuerung erfolgt (andernfalls wäre das von § 10 Abs. 1a Satz 1 Nr. 2 EStG verlangte Kriterium nicht erfüllt, wonach die Sonderausgaben nicht mit Einkünften wirtschaftlich im Zusammenhang stehen dürfen, die bei der Veranlagung außer Betracht bleiben).[984] Abzugsfähig (und zu versteuern) sind jedoch dann stets lediglich 60 % der Versorgungsleistungszahlungen (Rdn. 6376). Seit 2008 gilt dies unabhängig davon, ob die Versorgungsleistung der Höhe nach abänderbar ist (i.S.e. dauernden Last) oder nicht (vgl. Rdn. 1745). **6163**

Werden die Gesellschaftsanteile durch den Erwerber später weiterverkauft, dürfte der »Zusammenhang mit einer begünstigten Vermögensübertragung« weiterhin bestehen bleiben, wenn (gemäß der bisherigen Rechtslage im 3. Rentenerlass, Tz. 28) zeitnah eine existenzsichernde und ausreichend Ertrag bringende Wirtschaftseinheit neu angeschafft wird.[985] Zu den Folgen einer Übertragung von Kapitalgesellschaftsanteilen gegen wiederkehrende Versorgungsleistungen, welche die Voraussetzungen des § 10 Abs. 1a Satz 1 Nr. 2 EStG nicht erfüllen (s.u. Rdn. 6378 f. mit Berechnungsbeispiel). **6164**

b) Körperschaftsteuer

Weiter sei darauf hingewiesen, dass bei einer nicht vollständig unentgeltlich bleibenden Übertragung eines Kapitalgesellschaftsanteils (anders als bei der Personengesellschaft,[986] § 6 Abs. 3 EStG – vgl. Rdn. 6006) der **körperschaftsteuerliche Verlustabzug** nach § 8c KStG untergehen kann, vgl. im Einzelnen Rdn. 2840 ff. Möglicher Gestaltungsbedarf ergibt sich dabei aus dem Umstand, dass ein Verhalten auf Gesellschafterebene (die nicht völlig unentgeltliche Übertragung von Kapitalgesellschaftsanteilen) zu einer Rechtsfolge auf Gesellschaftsebene (dem, ggf. anteiligen, Untergang des Verlustvortrags gem. § 8c KStG) führt und damit mittelbar alle Gesellschafter betrifft.[987] Dies mag Anlass sein – sofern nicht bereits geschehen –, die Abtretung von Anteilen zu »vinkulieren«, also an die Zustimmung der Gesellschaft, der Mehrheit der Gesellschafter oder gar aller Gesellschafter zu binden (vgl. Rdn. 2777); die nachträgliche Einführung einer Vinkulie- **6165**

---

983 BMF v. 04.07.2008, BStBl. 2008 I, S. 736, Tz. 4, vgl. Rdn. 2840.
984 Vgl. *Röder*, DB 2008, 146, 149; *Schultes-Schnitzlein/Keese*, NWB 2009, 75.
985 *Schultes-Schnitzlein/Keese*, NWB 2009, 77; a.A. *Wälzholz*, DStR 2008, 273, 277.
986 Ausnahme seit dem JStG 2009: gewerbesteuerlicher Verlustvortrag einer Mitunternehmerschaft geht gem. § 10 Satz 10 Halbs. 2 GewStG i.V.m. § 8c KStG verloren, soweit an ihr unmittelbar oder mittelbar eine Kapitalgesellschaft beteiligt ist, vgl. *Honert/Obser*, EStB 2009, 404 ff.
987 Vgl. *Carlé*, NWB 2009, 2967 ff.

rungsklausel bedarf jedoch der Zustimmung des betreffenden Gesellschafters. Es empfiehlt sich, bereits in der Satzung festzulegen, dass die Verweigerung der Zustimmung für den Fall, dass ein Verlustvortragsuntergang hierdurch ausgelöst wird, nicht gegen die gesellschaftsrechtliche Treuepflicht verstößt, es sei denn, der veräußernde Gesellschafter stellt entsprechende Sicherheit zum Ausgleich des der Gesellschaft entstehenden Nachteils und verpflichtet sich zu deren Ausgleich.

6166 Erschwerend wirkt dabei, dass im Zeitpunkt der Abtretungsgenehmigung nicht abzusehen ist, ob der Gesellschaft überhaupt ein Schaden entsteht, d.h. ob künftige Gewinne realisiert werden, die durch die Verlustvorträge hätten neutralisiert werden können. Hinzu kommt, dass vorangegangene Abtretungen durch andere Gesellschafter innerhalb des Fünf-Jahres-Zeitraums mit ursächlich dafür sein können, dass die nunmehrige Übertragung die relevante Schwelle von 25 % (bzw. die Schwelle von 50 %, die zum vollständigen Untergang des Anteils führt) überschreitet; der »Letzte in der Kette« würde es als ungerecht empfinden, dass nur er herangezogen wird. Schließlich ist zu beachten, dass auch Konzernsachverhalte vorliegen können.[988]

▶ Beispiel:

Das übergeordnete Unternehmen eines Gesellschafters veräußert dessen Beteiligung an Tochterunternehmen.[989]

Daher sind Formulierungsvorschläge mit großen Unsicherheiten behaftet:[990]

▶ Formulierungsvorschlag: Vinkulierungsklausel mit Ausgleichspflicht bei Untergang von Verlustvorträgen (§ 8c KStG)

6167 Sofern und solange die Gesellschaft mehrere Gesellschafter hat, ist zur Verfügung über Geschäftsanteile oder Teile hiervon die Zustimmung der Mehrheit der verbleibenden Gesellschafter erforderlich. (*Ggf.: Entsprechendes gilt für Verpfändungen, Nießbrauchsbestellungen oder sonstige Belastungen, ebenso für Unterbeteiligungen, Treuhandverhältnisse und vergleichbare Vereinbarungen, die Dritten oder Mitgesellschaftern Rechte einräumen.*)

Die beabsichtigte Verfügung oder gleichgestellte Maßnahme ist der Gesellschaft mindestens drei Wochen vor dem beabsichtigten Abschluss der schuldrechtlichen Übertragungsvereinbarung schriftlich anzuzeigen; der Geschäftsführer ist unverzüglich zur Einberufung einer Gesellschafterversammlung zur Beschlussfassung hierüber verpflichtet.

Die Mehrheit der Gesellschafterversammlung kann ohne Verstoß gegen die gesellschaftsrechtliche Treuepflicht als Voraussetzung für die Genehmigung der Abtretung verlangen, dass der Abtretende sich der Gesellschaft gegenüber verpflichtet, den Schaden zu ersetzen, der durch den Untergang des körperschaftsteuerlichen und gewerbesteuerlichen Verlustvortrags sowie des anteiligen Zinsvortrags entstehen wird (unter Abzug der gem. § 8c Abs. 1 Sätze 6 bis 8 KStG anrechenbaren stillen Reserven) und hierfür eine selbstschuldnerische, unbedingte und unwiderrufliche Bankbürgschaft stellt. Die Bürgschaft kann auf solche Steuernachteile begrenzt sein, die auf die fünf der Übertragung folgenden Veranlagungszeiträume entfallen. Lösen mehrere Übertragungen innerhalb des 5-Jahres-Zeitraums des § 8c KStG den Untergang des Verlustvortrags aus, sind alle Abtretenden zum anteiligen Ausgleich der Steuernachteile verpflichtet, im Verhältnis der Höhe der abgetretenen Gesellschaftsanteile.

Im Fall eines (schädlichen) Erwerbs sämtlicher Anteile durch einen Erwerber kommen diese Bestimmungen nicht zur Anwendung.

---

988 Vgl. *Sistermann/Brinkmann*, DStR 2008, 897.
989 Vgl. BMF v. 04.07.2008, BStBl. 2008 I, S. 736, Tz. 11.
990 Vgl. hierzu auch *Blumenberg/Benz*, Die Unternehmensteuerreform 2008, S. 194 f.; *Carlé*, NWB 2010, 836 ff.

c) Erbschaftsteuer

Erbschaftsteuerlich wird der Anteilswert, soweit er nicht aus zeitnahen Verkäufen vor der Veräußerung ableitbar ist, gem. § 12 Abs. 2 Satz 1 ErbStG i.V.m. § 11 BewG **bis Ende 2008** nach dem sog. »**Stuttgarter Verfahren**« ermittelt (vgl. R B 11.1 ff. ErbStR 2011, früher schon: R 95 ff. ErbStR 2003); seither mit dem gemeinen Wert. War der Veräußerer/Erblasser mit mindestens 25,1 % am Kapital der Gesellschaft zum Zeitpunkt der Übertragung/des Erbfalls beteiligt, sind die Privilegierungen der §§ 13a, 19a ErbStG dem Grunde nach anwendbar (vgl. Rn. 3995 der dritten Auflage dieses Werkes). Schulden bei fremdfinanzierten GmbH-Geschäftsanteilen sind allerdings nur unter anteiliger Kürzung (im Verhältnis zwischen dem Wert vor und nach Anwendung des § 13a ErbStG) abzugsfähig, vgl. § 10 Abs. 6 Satz 5 ErbStG. Möglicherweise ist dann von Vorteil, auf die Anwendung des § 13a ErbStG zu verzichten.

6168

Erbschaftsteuerlich steht den Miterben der **Betriebsvermögenfreibetrag samt Bewertungsabschlag** zu, sofern der Erblasser mit mehr als 25 % am Stammkapital beteiligt war (im Fall des Vermächtnisses allerdings stehen die Betriebsvermögenvergünstigungen allein dem Vermächtnisnehmer zu). Die Erbauseinandersetzung selbst ist erbschaftsteuerlich ohne Auswirkung.[991] Bei Einziehung findet lediglich bei Umsetzung der Abtretungsklausel (Verpflichtung zur Übertragung des geerbten Anteils aufgrund Satzung) ein Erwerb durch die anderen Gesellschafter statt, der nach §§ 13a, 19a ErbStG begünstigt sein kann.[992]

6169

Steuerbar ist im Fall der **Einziehung** (§ 7 Abs. 7 ErbStG, Rdn. 4471 ff.) wie auch der Abtretung die Differenz zwischen dem Steuerwert des Geschäftsanteils am Todestag (Stuttgarter Verfahren, ab 2009: gemeiner Wert) und der Einziehungs-/Abtretungsvergütung, § 3 Abs. 1 Nr. 2 Satz 2 ErbStG. Erfasst wird also eine »Schenkung« des verstorbenen/durch Einziehung ausgeschiedenen Gesellschafters an die verbleibenden Gesellschafter, bezogen auf den tatsächlichen Anteilserwerb bzw., im Fall der schlichten Einziehung bei der GmbH gem. § 3 Abs. 1 Nr. 2 Satz 3 ErbStG, den Wertzuwachs bei den verbleibenden Anteilen. Im letzteren Fall (Wertzuwachs infolge Einziehung bei der GmbH) gewährt die Finanzverwaltung[993] (mangels Anteilsübergangs) bisher keine Privilegierung nach §§ 13a, 19a ErbStG (vgl. Rdn. 4471).

6170

▶ **Hinweis: Einziehungsklauseln**

Unter schenkung-/erbschaftsteuerlichen Aspekten ist daher zu empfehlen, die Einziehungsklausel bei der GmbH[994] stets mit einer **Abtretungsklausel** zu kombinieren (wonach der Einziehungsbetroffene je nach Beschluss der Gesellschaft anstelle der Duldung der Einziehung verpflichtet sei, den Anteil an einen Mitgesellschafter oder einen benannten Dritten zu übertragen).[995] Auf diese Weise ist gewährleistet, dass der Abtretungsempfänger die Besteuerungsfolge zu tragen hat und hierfür die Betriebsvermögensprivilegien, sofern die übrigen Voraussetzungen erfüllt sind, in Anspruch nehmen kann. Ebenso kann der Dritte durch eine Kapitalerhöhung mit ungenügendem Aufgeld aufgenommen werden: auch dies löst Schenkungsteuer aus, die jedoch der Erwerber zu tragen hat; außerdem liegt in einer Kapitalerhöhung keine begünstigungsschädliche Verfügung i.S.d. § 13a Abs. 5 Nr. 4 ErbStG n.F.[996]

6171

---

991 Vgl. R 61 Abs. 2 Satz 1 ErbStR 2003.
992 Vgl. R 7 Abs. 3 Satz 9 ErbStR 2003. Die Abfindung, welche der Erbe hierfür erhält, ist allerdings nicht begünstigt.
993 R 7 Abs. 3 Satz 9 ErbStR 2003, ebenso *Wrangler*, DStR 2009, 1501, 1506; a.A. *Klose*, GmbHR 2010, 300 ff. und *Ivens*, GmbHR 2011, 473 sowie *Werner*, NWB 2016, 257, 262.
994 Bei einer AG scheidet ein Abtretungszwang wegen § 55 AktG (Verbot von Nebenleistungspflichten) aus, vgl. *Ivens*, GmbHR 2011, 465.
995 Vgl. *Ivo*, ZEV 2006, 252; *Schwind/Schmidt*, NWB 2009, 301; *Milatz/Kämper*, GmbHR 2009, 475; ausführlich auch zu den nicht unmittelbar erfassten Sachverhalten *Hübner/Maurer*, ZEV 2009, 428 ff.
996 *Riedel*, ZErb 2009, 113, 119.

Erwägenswert ist ferner das Ausweichen auf die (z.B. kleine) **AG**, da § 3 Abs. 1 Nr. 2 Satz 3 ErbStG nur für die GmbH, nicht für andere Kapitalgesellschaften gilt.[997]

6172 Erfolgt die Einziehung ererbter Anteile aufgrund satzungsrechtlicher Anordnung, gilt seit 2009 beim Erben allerdings allein die Abfindung als Vermögensanfall seitens des Verstorbenen (§ 10 Abs. 10 Satz 2 i.V.m. 1 Satz 2 ErbStG),[998] so dass er nicht zunächst den ererbten Anteil als solchen zu versteuern hat; die Differenz zwischen Anteilswert und Abfindung wird weiter beim Begünstigten besteuert.

VI. Exkurs: Außensteuerrecht

6173 Natürliche Personen mit Wohnsitz oder gewöhnlichem Aufenthalt im Inland sowie juristische Personen mit Sitz oder Geschäftsleitung im Inland unterliegen aufgrund ihrer unbeschränkten Steuerpflicht mit ihrem weltweit erzielten Einkommen der deutschen Einkommen- bzw. Körperschaftsteuer. Durch Verlegung des Wohnsitzes bzw. des Gesellschaftssitzes/der Geschäftsleitung ins Ausland (sog. »Steuerflucht«) endet an sich diese unbeschränkte Steuerpflicht; ferner mag durch Zwischenschaltung eines ausländischen Vermögensinhabers (Tochtergesellschaft)[999] eine Abschirmung von der inländischen Besteuerung bezweckt sein. Der Beschränkung der für den deutschen Steuerfiskus nachteiligen Folgen solcher Maßnahmen dient das **Außensteuergesetz** (AStG), dessen Anwendung maßgeblich durch die hierzu ergangene Verwaltungsanweisung geprägt ist,[1000] mit im Wesentlichen folgenden Regelungsinhalten.

6174 § 1 AStG enthält den Grundsatz, dass sich Steuerpflichtige bei der Festlegung von Konditionen in grenzüberschreitenden Geschäftsbeziehungen mit **nahestehenden Personen** am Fremdvergleich orientieren müssen, andernfalls kann die Finanzverwaltung das steuerliche Einkommen korrigieren. Betroffen sind gemäß § 1 Abs. 2 AStG insbesondere Konzernunternehmen, die durch unangemessene Preisgestaltung eine Verlagerung in das Land mit niedrigeren Steuersätzen zu erreichen versuchen.[1001]

6175 §§ 2 bis 5 AStG regeln die Folgen eines **Wohnsitzwechsels** in niedrig besteuernde Gebiete: Gemäß § 2 AStG führt der Wohnsitzwechsel ins Ausland nicht sofort zur »beschränkten Steuerpflicht« (bei der nur noch Einkünfte mit besonderem Inlandsbezug, also aus inländischen Betrieben oder Immobilien, von der deutschen Besteuerung erfasst sind), sondern zunächst zur sog. »erweiterten beschränkten Steuerpflicht«, sofern der Steuerpflichtige seinen Wohnsitz (a) in ein sog. Niedrigsteuerland verlegt, (b) in den letzten zehn Jahren vor dem Wegzug mindestens fünf Jahre deutscher Staatsangehöriger und unbeschränkt steuerpflichtig war und (c) nach wie vor wesentliche wirtschaftliche Interessen im Inland hat. Liegen die Voraussetzungen der erweiterten beschränkten Steuerpflicht vor, unterliegen für einen Zeitraum von zehn Jahren nach dem Wegzug (zusätzlich zu den bereits Erwähnten der beschränkten Steuerpflicht) weitere Einkünfte der deutschen Einkommensteuer, soweit nicht (vorrangige) Doppelbesteuerungsabkommen (DBA) Abweichendes bestimmen; betroffen sind insbesondere Zinsen auf Guthaben bei inländischen Banken.

6176 Der vergleichbare Fall der Sitz- oder Geschäftsleitungsverlegung für juristische Personen ins Ausland ist in § 12 KStG geregelt. § 4 AStG kennt eine ähnliche erweiterte beschränkte Steuerpflicht in Bezug auf die Schenkung-/Erbschaftsteuer (vgl. hierzu Rdn. 5510, und – Österreich betreffend – Rdn. 3032).

---

997 Vgl. *Gürsching/Stenger*, BewG/ErbStG Kommentar, § 3 ErbStG, Rn. 201.
998 Vgl. *Ivens*, GmbHR 2011, 465, 471.
999 Vgl. hierzu *Heß*, NWB 2016, 195 ff.
1000 BMF, Schreiben betr. Grundsätze zur Anwendung des Außensteuergesetzes v. 14.05.2004, BStBl 2004 I, Sondernummer 1/2004 S. 3 ff.
1001 Auf internationaler Ebene vgl. hierzu den »BEPS-Abschlussbericht der OECD/G20« 2015, hierzu *van Lück*, IWB 2015, 758; »BEPS« steht für »Base Erosion and Profit Shifting«.

C. Steuerliche Folgen der Übertragung des Wirtschaftsguts selbst Kapitel 13

§ 6 AStG regelt die sogenannte »**Wegzugbesteuerung**«, der zufolge eine bisher im Inland ansässige Person hinsichtlich ihrer Beteiligungen an Kapitalgesellschaften bei Wohnsitzverlegung ins Ausland so behandelt wird, als ob sie diese Anteile zum Marktwert verkauft hätte.[1002] Diese »Wegzugsteuer« auf den fiktiven Veräußerungsgewinn kann auf Antrag in fünf gleichen Jahresraten entrichtet werden; sie wird ferner beim Wegzug in das EU/EWR-Ausland von Amts wegen bis zum tatsächlichen Verkauf der Anteile bzw. bis zum weiteren Wegzug außerhalb des EU/EWR-Raumes zinslos gestundet.[1003] Dem eigenen Wegzug des Anteilsinhabers ist gemäß § 6 Abs. 1 Satz 2 Nr. 1 AStG die unentgeltliche Übertragung von Kapitalgesellschaftsanteilen zu Lebzeiten an eine nicht oder nur beschränkt steuerpflichtige Person gleichgestellt, Rdn. 2298.

6177

Zur Vermeidung dieser Wegzugsbesteuerung wurden früher Kapitalgesellschaftsbeteiligungen vor dem Wegzug in gewerblich geprägte Personengesellschaften eingebracht, was nach früherer Auffassung der Finanzverwaltung zur Aufrechterhaltung des deutschen Besteuerungsrechts führte, da solche Personengesellschaften eine Betriebsstätte in Deutschland vermitteln würden. Dem ist der BFH[1004] entgegengetreten, indem er die inländische Betriebsstätte nur für gewerblich tätige, nicht für lediglich gewerblich geprägte Personengesellschaften anerkannt hat. Um die Besteuerungslücke zu schließen, die durch die – von der Finanzverwaltung unbemerkte – frühere Beendigung des deutschen Besteuerungsrechts eingetreten ist, hat der Gesetzgeber § **50i EStG** (»Entstrickungsbesteuerung«) geschaffen, der jedoch in seinem Wortlaut insb. in Bezug auf Abs. 2 (wo kein Auslandsbezug gefordert wird) zu weit geraten ist,[1005] so dass ein einschränkender Billigkeitserlass des BMF[1006] und schließlich eine einschränkende gesetzliche Neuregelung notwendig war.[1007] Er ist nur mehr anwendbar auf Einbringungen in Kapitalgesellschaften i.S.d. § 20 UmwStG (und Formwechsel i.S.d. § 25 UmwStG). Nach der Vorgängerfassung, die gem. § 52 Abs. 48 Satz 4 EStG nun in keinem Fall mehr anwendbar ist, hätten »§ 50i-Strukturen« in Bezug auf gewerblich geprägte oder infizierte Personengesellschaften vorweggenommene Erbfolgen zu Buchwerten auch bei Inlandssachverhalten in Frage stellen können.[1008]

6178

§§ 7 bis 14 AStG regeln die sog. »**Hinzurechnungsbesteuerung**«, der zufolge Einkünfte einer ausländischen Tochtergesellschaft ihren inländischen Gesellschaftern hinzugerechnet werden.[1009] Die Zwischenschaltung einer ausländischen Tochtergesellschaft hat also keine »Abschirmungswirkung« mehr. Die Hinzurechnungsbesteuerung setzt kumulativ voraus:

6179

a) Beteiligung des unbeschränkt Steuerpflichtigen an einer ausländischen Gesellschaft zur mehr als 50 % (in Sonderfällen genügt bereits eine Beteiligung von weniger als 1 %, insb. wenn die ausländische Gesellschaft nur Brutto-Erträge mit Kapitalanlagecharakter erwirtschaftet, sog. »Zwischeneinkünfte mit Kapitalanlagecharakter«)
b) Erzielen sogenannter »passiver Einkünfte« durch die ausländische Gesellschaft. Passiv sind all diejenigen Einkünfte, die nicht in § 8 AStG als »aktive«, also »gute«, Einkünfte definiert sind. Zu den ausnahmslos aktiven Einkünften zählen bspw. solche aus Land- und Forstwirtschaft, aus der Herstellung, Bearbeitung, Verarbeitung und Montage von Sachen, Erzeugung von Energie, Suche nach bzw. Gewinnung von Bodenschätzen sowie Dividenden anderer Gesell-

---

1002 Vgl. mit Blick auf die Unternehmensnachfolge *Baßler*, FR 2008, 851.
1003 Reaktion auf das EuGH-Urteil v. 11.03.2004 – Rs. C-9/02 – zur identischen Vorschrift der französischen Wegzugbesteuerung: Verstoß gegen die Niederlassungsfreiheit des EG-Vertrags.
1004 BFH, 24.08.2011 – I R 46/10, BStBl. 2011 II, 764.
1005 Vgl. *Holtz/Stalleiken*, ErbR 2015, 240, 242; *Geck/Messner*, ZEV 2016, 254, 256.
1006 Erlass v. 21.12.2015 – IV B 5 – S 1300/14/10007, EStB 2016, 60, hierzu *Stein*, ZEV 2016, 138 ff.
1007 Durch das »BEPS-Umsetzungsgesetz« v. 20.12.2016, BGBl 2016 I 3000, vgl. *Hörster*, NWB 2017, 22; hierzu BMF-Schreiben v. 05.01.2017 – IV B 5 – S 1300/14/10007, vgl. EStB 2017, 63.
1008 Vgl. *Werz/Scholz*, ErbStB 2016, 310 ff.
1009 Diese Bestimmungen sind insbesondere mit Blick auf die sog. »Cadbury-Schweppes-Entscheidung« des EuGH, 12.09.2006 – Rs. C-196/04, umstritten; zum Erfordernis eigener Wirtschaftstätigkeit vgl. im einzelnen BMF-Schreiben v. 24.01.2012, BStBl. 2012 I, 171, Tz. 5.1 ff.

schaften (letzteres zur Vermeidung einer Doppelbesteuerung). Bei anderen Einkünften enthält das Gesetz komplizierte Regel-Ausnahme-Rückausnahme-Mechanismen.[1010]

c) Die passiven Einkünfte unterliegen einer sog. niedrigen, also bis zu 25 % igen, Besteuerung, was im Einzelfall durch eine konkrete Belastungsberechnung zu ermitteln ist.

6180 Liegen die Voraussetzungen der Hinzurechnungsbesteuerung vor, werden die genannten passiven Einkünfte der ausländischen Gesellschaft abzüglich der darauf entrichteten ausländischen Steuern dem zu versteuernden Einkommen des unbeschränkt steuerpflichtigen Gesellschafters in Deutschland pro rata seiner Beteiligung am Nennkapital der Gesellschaft hinzugerechnet, ähnlich einer fiktiven Dividende der ausländischen Gesellschaft an den unbeschränkt steuerpflichtigen Inländer. Die Hinzurechnungsregeln gehen etwaigen DBA vor (sogenannter »treaty override«[1011] gemäß § 20 Abs. 1 AStG), die fiktiven Einkünfte sind nicht gemäß § 8b Abs. 1 KStG begünstigt (keine Geltung des Schachtelprivilegs der nur 5 %igen Versteuerung), vgl. § 10 Abs. 2 Satz 3 AStG. Werden später die fiktiv bereits vorab besteuerten Erträge jedoch tatsächlich an die inländische Muttergesellschaft ausgeschüttet, wären sie gemäß § 8 Abs. 1 KStG i.V. m. § 3 Nr. 41a EStG freigestellt.

6181 Auch wenn »schädliche« Einkünfte i.S.d. § 8 Abs. 1 AStG vorliegen, besteht daneben in EU/EWR-Fällen eine »Escape-Möglichkeit« durch Nachweis einer tatsächlichen wirtschaftlichen Tätigkeit der ausländischen Zwischengesellschaft (§ 8 Abs. 2 AStG), sofern zwischen Deutschland und dem betreffenden Auslandsstaat steuerliche Auskünfte im Rahmen des EU-Amtshilfegesetzes[1012] ausgetauscht werden. Erforderlich ist dafür eine Auslandsgesellschaft »mit Substanz«, also eigenen Büroräumen, qualifiziertem Personal etc.

6182 In ähnlicher Weise führt § 15 AStG (Rdn. 3034, 3021) für **ausländische Familienstiftungen** zu einer Durchbrechung der Abschirmwirkung, sofern an der Stiftung bestimmte Familienmitglieder zu mehr als der Hälfte anfalls- oder bezugsberechtigt sind. Das Vermögen und die Einkünfte dieser Familienstiftung werden den bezugs- oder anfallsberechtigten Personen dann anteilig hinzugerechnet.

6183 Demgemäß gilt für den häufigsten Fall einer »Abschirmung« durch Übertragung (z. B. Ausgliederung) von bisher einer inländischen Kapitalgesellschaft zugeordneten Wirtschaftsgütern an eine im Ausland sesshafte Tochtergesellschaft:[1013]

(1) Die Verwendung von **liquiden Mitteln** der inländischen Kapitalgesellschaft als **Eigenkapital** (Bareinlage oder Kapitalrücklage) der ausländischen Tochtergesellschaft ist unproblematisch (die verdeckte Einlage führt auf der Ebene des Gesellschafters zu nachträglichen Anschaffungskosten auf die Beteiligung, auf der Ebene der inländischen Kapitalgesellschaft ist der Ansatz mit dem Teilwert, R 40 Abs. 1 KStR ungefährlich, da keine stille Reserven bestehen)

(2) Werden die bisher der inländischen Kapitalgesellschaft gehörenden liquiden Mittel dagegen der ausländischen Tochtergesellschaft als **Fremdkapital** (darlehenshalber) überlassen, findet eine Kontrolle und ggf. Korrektur der vereinbarten Konditionen (»Verrechnungspreise« gemäß § 1 Abs. 2 AStG) statt.

6184 (3) Werden **Unternehmensbeteiligungen** (auch Streubesitz) von der inländischen »Muttergesellschaft« an ihre ausländische Tochtergesellschaft

---

1010 Bsp: Grundsätzlich sind Einkünfte aus dem Handel mit Waren »aktive« Einkünfte, es sei denn der Handel erfolgt mit unbeschränkt steuerpflichtigen Gesellschaftern der ausländischen Gesellschaft oder diesen nahestehenden Personen, es sei denn wiederum, der Steuerpflichtige weist nach, dass die ausländische Gesellschaft einen für derartige Handelsgeschäfte in kaufmännischer Weise eingerichteten Geschäftsbetrieb unterhält und diese Geschäfte ohne Mitwirkung eines unbeschränkt steuerpflichtigen Gesellschafters ausübt, vgl. § 8 Abs. 1 Nr. 4, 2. Halbsatz, AStG.
1011 Verfassungsrechtlich zulässig, BVerfG, 15.12.2015 – 2 BvL 1/12, DStR 2016, 359.
1012 BGBl. 2013 I, 1809 ff.
1013 Vgl. *Heß*, NWB 2016, 195 ff.; *Kraft/Preil/Moser*, IStR 2016, 96 ff.

(a) verkehrswertgerecht verkauft, werden 5 % des Veräußerungsgewinns steuerlich erfasst (Schachtelprivileg gemäß § 8b Abs. 2 u. 3 KStG); erfolgt die Übertragung
(b) verbilligt oder unentgeltlich übertragen, liegt eine verdeckte Einlage vor, die gemäß R 40 Abs. 4 KStR wiederum mit dem Teilwert anzusetzen ist – auch dafür gilt jedoch das 5 %ige Schachtelprivileg, § 8b Abs. 2 Satz 6 KStG. Die Besteuerung der stillen Reserven kann vermieden werden, wenn statt dessen ein
(c) Anteilstausch (Einbringung der Beteiligungen z.B. gegen Gewährung von Anteilen an der ausländischen Tochtergesellschaft, die im Rahmen einer Kapitalerhöhung an die inländische Muttergesellschaft ausgegeben werden) stattfindet, wobei jedoch ein einfacher Anteilstausch nicht genügt (§ 21 Abs. 1 Satz 1 UmwStG: Versteuerung der stillen Reserven durch die einbringende Muttergesellschaft), vielmehr ein qualifizierter (hier grenzüberschreitender) Anteilstausch erforderlich ist, also gem. § 21 Abs. 1 Satz 2 UmwStG die übernehmende (ausländische Tochter-)Gesellschaft nach der Einbringung nachweisbar (einschließlich der hinzuerworbenen Anteile) die Mehrheit der Stimmrechte an der erworbenen Gesellschaft (Zielgesellschaft, deren Anteile übertragen wurden) innehat. Ferner muss das deutsche Besteuerungsrecht in Bezug auf die eingebrachten wie auch die erhaltenen Anteile unbeschränkt fortbestehen, § 21 Abs. 2 Satz 2 UmwStG (Letzteres ist angesichts der meisten DBA gewährleistet).[1014] Gefährlich für die Buchwertfortführung kann jedoch ein Übermaß weiterer Gegenleistungen (z. B. Barzuzahlungen) sein, vgl. § 20 Abs. 2 Satz 2 Nr. 4 UmwStG, Rdn. 5976.

6185

Die **laufenden Erträge** auf der Ebene der **ausländischen Tochtergesellschaft** werden zum einen, sofern sie dort auch ihre Geschäftsleitung hat, nach ausländischem Recht besteuert. In Deutschland ist die ausländische Tochter nur mit etwaigen Einkünften aus Quellen mit besonderem Inlandsbezug beschränkt steuerpflichtig, § 2 Nr. 1 KStG.[1015]

6186

In Bezug auf die laufende Besteuerung der **inländischen Muttergesellschaft** muss es (zur Vermeidung der Hinzurechnungsbesteuerung »fiktiver Ausschüttungen«, vgl. Rdn. 6179) Ziel der Investmentstrategie sein, im Ausland möglichst nur »aktive« Einkünfte i.S.d. § 8 Abs. 1 AStG zu erzielen, also bspw. durch Vermietung und Verpachtung ausländischer, nach dem konkret anwendbaren Doppelbesteuerungsabkommen im Belegenheitsstaat zu veranlagender Grundstücke (§ 8 Abs. 1 Nr. 6b AStG), oder Dividendenbezüge, § 8 Abs. 1 Nr. 8 AStG), oder aber die Escape-Möglichkeit des § 8 Abs. 2 AStG zu nutzen, Rdn. 6181. Zu beachten ist jedoch, dass die tatsächlichen Einkünfte, die die inländische Muttergesellschaft von ihrer ausländischen Tochter (etwa Zinszahlungen oder Dividenden) bezieht, regelmäßig dem deutschen Besteuerungsrecht unterliegen.[1016]

6187

D. Überlassungsvereinbarungen mit Entgeltcharakter

I. Steuerliche Vorfragen

Die nachfolgend anzustellende Prüfung, welche der in Vermögensübertragungsverträgen typischerweise vereinbarten Gegenleistungen ertragsteuerlich (nicht schenkungsteuerlich!) Entgeltcharakter haben, also die Unentgeltlichkeit im einkommensteuerlichen Sinn mindern, hat außerordentliche Bedeutung, je nach der Nutzung des übertragenen Gegenstands bzw. nach Maßgabe des zu prüfenden Steuertatbestandes.

6188

1014 Ausnahmen können beispielsweise bei überwiegend grundbesitzenden Gesellschaften bestehen, vgl. Art. 13 Abs. 4 u. 5 des OECD-Musterabkommens.
1015 Problematisch kann insoweit das Risiko definitiver Quellensteuer gemäß § 50a EStG und § 50d Abs. 3 EStG sein, vgl. *Heß*, NWB 2016, 195, 200.
1016 Vgl. im einzelnen *Heß*, NWB 2016, 195, 207 f., auch zum Verhältnis zwischen einem etwaigen ausländischen Quellensteuereinbehalt und der (vorrangigen) Mutter-Tochter-Richtlinie RL 2011/96/EU v. 30.11.2011, vgl. auch § 43b EStG i.V.m. Anlage 2.

1. Teilentgeltlichkeit (Einheits- versus Trennungsmethode)

6189 **In vollem Umfang entgeltlich** sind Übertragungen, die in Erfüllung eines schuldrechtlichen Verpflichtungsgeschäfts erfolgen, bei dem die Gegenleistung wie unter fremden Dritten kaufmännisch nach dem vollen Wert der Leistung bemessen ist; in gleicher Weise solche, bei denen trotz objektiver Ungleichwertigkeit die Beteiligten subjektiv von der Gleichwertigkeit ausgegangen sind.[1017] Bei Vorgängen der vorweggenommenen Erbfolge liegen jedoch typischerweise teilentgeltliche Übertragungen vor, bei denen sich Leistung und Gegenleistung nicht wertmäßig ausgewogen gegenüberstehen und den Parteien dieser Umstand auch bewusst ist. Bei Vermögensübertragungen auf Abkömmlinge besteht eine nur in Ausnahmefällen widerlegbare[1018] Vermutung dafür, dass die Übertragung nicht im Weg eines kaufmännisch abgewogenen Veräußerungsgeschäfts erfolgt, während umgekehrt bei fremden Dritten die nur in Ausnahmefällen widerlegbare Vermutung besteht, dass es sich um ein kaufmännisch ausgewogenes Veräußerungsgeschäft handele,[1019] selbst bei symbolischen »Ein-Euro-Kaufpreisen« (Vermutung der Gleichwertigkeit der übernommenen Werte und Verpflichtungen).[1020] Dies sollte sich auch in der Terminologie (»Kaufpreis« bzw. »Käufer« einerseits – »Erwerber« bzw. »Abstandsgeld« andererseits) niederschlagen.

6190 **Teilentgeltliche Übertragungen** von Betrieben, Teilbetrieben oder Mitunternehmeranteilen an gewerblich tätigen oder geprägten (nicht lediglich vermögensverwaltenden, Rdn. 2571, Rdn. 4794) Gesellschaften stellen nach der sog. **Einheitsmethode**[1021] (Rdn. 5953, Beispiel: Rdn. 5954) einen einheitlichen Vorgang dar, der entweder im steuerlichen Sinn vollständig entgeltlich oder vollständig unentgeltlich ist. Maßgebend ist das Kapitalkonto des Veräußerers, also der Unterschiedsbetrag zwischen Aktiva und Passiva. Übersteigt die steuerlich zu berücksichtigende Gegenleistung das buchmäßige Kapital des Veräußerers, handelt es sich um einen voll entgeltlichen Vorgang, andernfalls um eine voll unentgeltliche Übertragung. Maßgeblich ist das Kapitalkonto des Veräußerers nach der Übergabe (verbleiben also Betriebsschulden beim Veräußerer, werden diese bei der Ermittlung des Kapitals als Saldogröße nicht berücksichtigt, so dass das Kapital nach der Veräußerung höher ist als vorher, da weniger Passiva abzuziehen sind; werden dagegen unwesentliche Wirtschaftsgüter des Betriebsvermögens zurückbehalten, ist das Kapital nach der Übergabe kleiner als vorher, da weniger Aktiva übertragen werden).

6191 Demgegenüber werden Wirtschaftsgüter des Privatvermögens[1022] oder einzelne Wirtschaftsgüter des Betriebsvermögens, die nicht einen Teilbetrieb darstellen, sowie Anteilsübertragungen an lediglich vermögensverwaltenden Personengesellschaften und die Übertragung von Kapitalgesellschaftsanteilen (Rdn. 6107 ff.) – jedenfalls nach Auffassung der Finanzverwaltung (zur Auffassung des BFH Rdn. 6054) – nach der sog. **Trennungsmethode** (Rdn. 6054, Beispiel: Rdn. 6055) aufgeteilt in einen voll unentgeltlichen und einen voll entgeltlichen Teil. Das Wertverhältnis der beiden Anteile bestimmt sich nach dem Prozentverhältnis der tatsächlich als Entgelt zu berücksichtigenden Gegenleistung zum Verkehrswert, wobei allerdings die Anschaffungsnebenkosten (z.B. Notar- und Gerichtskosten) in voller Höhe dem entgeltlichen Teil zugerechnet werden.[1023]

1017 BFH, BStBl. II, 1992, S. 465. Eine Wertabweichung von z.B. 10 %, welche die Beteiligten nicht als solche empfinden, ist gem. BFH, EStB 2004, 96 unschädlich.
1018 Beispiel einer solchen Widerlegung: BFH, 30.07.2003 – X R 12/01, DStR 2004, 126.
1019 Vgl. BFH, DStR 1998, 484.
1020 Vgl. *Hoffmann*, GmbH-StB 2010, 52.
1021 Vgl. *Sudhoff*, Unternehmensnachfolge, 4. Aufl. 2000, S. 906, Fn. 60 m.w.N.
1022 Dies liegt (trotz Höfeordnung) auch vor beim privaten Wohnhaus, das im Rahmen einer Hofübergabe gegen Übernahme der darauf lastenden Verbindlichkeiten übernommen wird, vgl. FG Hannover, 01.03.2006 – 2 K 211/03, ZEV 2006, 424.
1023 BFH, 10.10.1991 – XI R 51/83, BStBl. 1991 II, S. 793.

2. Steuerliche Bedeutung der Entgeltlichkeitsfrage

Die Feststellung, in welcher Höhe Gegenleistungen mit Entgeltcharakter vorliegen, ist insb. bedeutsam 6192

(1) bei vermieteten Grundstücken zur Ermittlung der dadurch beim Erwerber neu ermöglichten **Abschreibungsreihe** (aus der Bemessungsgrundlage des tatsächlich steuerlich zu berücksichtigenden Entgelts; i.Ü. setzt der Erwerber gem. § 11d EStDV die Abschreibungsreihe des Veräußerers fort). Der entgeltliche Erwerb zu einem höheren als dem bisher erreichten Abschreibungsrestwert schafft also neues Abschreibungsvolumen;

(2) bei vom Erwerber eigengenutzten Immobilien zur Festsetzung der Bemessungsgrundlage für die für Neufälle bis 31.12.2005 gewährte **Eigenheimzulage** (wobei – wie ausgeführt – eine Kürzung des Maximal-Förderbetrags im Verhältnis des unentgeltlichen Anteils nicht stattfindet, sondern nominal das tatsächliche Entgelt bis zur Höchstgrenze von 125.000,00 € zugrunde gelegt wird); 6193

(3) zur Feststellung, ob und in welcher Höhe ein Veräußerungsfall vorliegt, der zur **Besteuerung privater Veräußerungsgewinne** gem. § 23 EStG führt (soweit es sich um eine unentgeltliche Übertragung handelt, liegt gem. § 23 Abs. 1 Satz 3 EStG keine Veräußerung vor; vielmehr ist die Eigentumszeit des Veräußerers derjenigen des Erwerbers hinzuzurechnen). Da die Besteuerung privater Veräußerungsgeschäfte bei vorweggenommener Erbfolge aufgrund des deutlich erweiterten Umfangs der Spekulationsbesteuerung in § 23 EStG in der Praxis oft nicht ausreichend wahrgenommen wird, wird diese nachstehend III, Rdn. 6289 ff., detaillierter untersucht. 6194

Im Detailkontext spielt schließlich die Höhe der Anschaffungskosten als Maßstab für bestimmte Schwellenwerte eine Rolle. Deutlich wird dies für sog. »**anschaffungsnahen Aufwand**«, den die frühere Verwaltungsauffassung (R 157 Abs. 4 EStR 2003) und Rechtsprechung[1024] und für ab 01.01.2004 begonnene Maßnahmen nunmehr auch das Gesetz (§§ 6 Abs. 1 Nr. 1a, 9 Abs. 5 Satz 2 EStG, vgl. R 6.4 Abs. 1 Satz 1 EStR 2005) zu aktivierungspflichtigem (und damit abschreibendem, nicht sofort ansetzbarem) Herstellungsaufwand umqualifiziert.[1025] Dies ist der Fall, wenn innerhalb der ersten 3 Jahre nach Gebäudeerwerb (Übergang von Besitz, Nutzungen und Lasten) die Erhaltungsaufwendungen[1026] (ohne USt) 15 % der Anschaffungskosten des Gesamtgebäudes[1027] (samt Erwerbsnebenkosten; ohne Grunderwerb) übersteigen: Es handelt sich dann stets um Herstellungskosten, unabhängig davon, ob tatsächlich ein neues Wirtschaftsgut geschaffen oder ein vorhandenes in seiner Substanz wesentlich verbessert wurde. Nach Ablauf der Drei-Jahres-Frist gelten allerdings wieder die allgemeinen Kriterien zur Herstellung (eines neuen Wirtschaftsguts) oder zu nachträglichen Herstellungskosten (bei dessen wesentlicher Verbesserung).[1028] 6195

▶ Hinweis:

Plant der Erwerber Erhaltungsaufwendungen über der 15 %-Grenze binnen 3 Jahren, sollte noch der Veräußerer einen ausreichenden Anteil hiervon übernehmen und über den Kaufpreis abgelten lassen, damit der Erwerber wenigstens für die verbleibenden knapp 15 % der (erhöhten) Anschaffungskosten den Sofortabzug behält. 6196

[1024] Wobei Untergerichte diese Rspr. schon bisher zunehmend infrage stellten und allein auf § 255 Abs. 2 HGB als Definition der Herstellungskosten verwiesen, etwa FG Münster, EFG 2000, 1316.
[1025] Instruktiv *Wendt*, EStB 2004, 329; *Stuhrmann*, NWB 2004, 761 = Fach 3, S. 12765 ff.
[1026] Ohne die »jährlich üblicherweise anfallenden Erhaltungsarbeiten«, nach Ansicht der OFD Düsseldorf bspw. Streichen und Tapezieren, enger OFD München, v. 11.06.2004, NWB DokSt Nr. 03x47104: nur Kleinstreparaturen. Vgl. auch OFD Frankfurt, v. 16.09.2004, DB 2004, 2191: auch Kosten der Herstellung der Funktionsbereitschaft sind in die 15 %-Grenze des § 6 Abs. 1 Nr. 1a EStG einzubeziehen.
[1027] OFD Frankfurt v. 31.01.2006, DStR 2006, 567 (anders bei selbstständigen Eigentumswohnungen).
[1028] Vgl. OFD München v. 11.06.2004, NWB 2004, 2134.

3. Entgeltverteilung bei Mehrheit von Wirtschaftsgütern

6197 Werden im übertragenen Anwesen verschiedene Nutzungen verwirklicht mit der Folge, dass ertragsteuerlich unterschiedliche Wirtschaftsgüter vorliegen (Beispiel: fremdvermietete Wohnung im Obergeschoss, aufgrund Wohnrechtsvorbehalts durch den Veräußerer weiter eigengenutzte Wohnung im Erdgeschoss), wurden nach früherer Rechtslage bei gemischten Schenkungen, also Teilentgeltlichkeit, die Anschaffungskosten einheitlich auf alle Wirtschaftsgüter in identischer Weise aufgeteilt[1029] mit der Folge, dass bspw. auf die vermietete Wohnung nur ein Teil der Anschaffungskosten entfiel und demnach nur in entsprechender Höhe der Schuldzinsabzug eröffnet war.

6198 Der BFH hat in mehreren Entscheidungen allerdings die **von den Vertragsparteien vorgenommene Aufteilung des Kaufpreises** auf die einzelnen Wirtschaftsgüter zugrunde gelegt, auch wenn die Übertragung zwischen nahen Angehörigen erfolgt.[1030] Dem ist die Finanzverwaltung nunmehr gefolgt (vgl. Rdn. 5698, Rdn. 5699).[1031] Demnach steht es den Parteien frei, das Entgelt vollständig als auf die vermietete Wohnung entfallend zu deklarieren (sofern dadurch der Wert dieser Wohnung nicht überschritten ist) und die unter Wohnrechtsvorbehalt übertragene weitere Wohnung vollständig unentgeltlich zu übertragen.[1032] Etwas abgeschwächt gilt dies auch für die in einem Kaufvertrag enthaltene Aufteilung gem. **Parteivereinbarung:** Sie hat, sofern sie nicht von vorstehendem Ergebnis deutlich abweicht, starke Indizwirkung[1033] und ist auch nach der Rechtsprechung[1034] zugrunde zu legen, wenn sie nicht nur zum Schein getroffen wurde und auf der Grundlage einer Gesamtwürdigung der das Grundstück und das Gebäude betreffenden Einzelumstände die realen Wertverhältnisse nicht in grundsätzlicher Weise verfehlt werden, so dass die Kaufpreisaufteilung wirtschaftlich nicht haltbar erscheint.

6199 Dies gilt auch für die **Zuordnung von Finanzierungskosten:** Ordnet der Steuerpflichtige Darlehensmittel einem vermieteten Gebäudeteil in der Weise zu, dass er mit diesem Darlehen tatsächlich die Aufwendungen begleicht, die der Anschaffung oder Finanzierung von Erhaltungsaufwendungen in Bezug auf diesen Gebäudeteil konkret zuzurechnen sind, sind die hierauf entfallenden Schuldzinsen in vollem Umfang als Werbungskosten abziehbar, nicht nur anteilig.[1035]

II. Entgeltlichkeit – suchen oder meiden?

1. Allgemeine Abwägungskriterien

6200 Der steuerliche, aber auch der rechtliche Berater der Beteiligten im Rahmen der Vermögensnachfolge (Rdn. 6212 ff.), aber auch der Erbauseinandersetzung (Rdn. 5920 ff.) wird seitens der Beteiligten häufig mit der Frage konfrontiert, ob – soweit Gestaltungsspielraum besteht – die entgeltliche oder eher die unentgeltliche Variante vorzuziehen sei. Diese Frage kann nur für den Einzelfall,

---

1029 Hinsichtlich des mit dem Wohnrecht belasteten Wirtschaftsguts erfolgt Abzug gem. BMF-Schreiben v. 24.07.1998, BStBl. 1998 I, S. 914, Rn. 50.
1030 BFH, 09.07.2002 – IX R 65/00, BStBl. 2003 II, S. 389; BFH, 27.07.2004 – IX R 54/02, EStB 2005, 117; BFH, 01.04.2009 – IX R 35/08, BStBl. 2009 II 663; vgl. *Heuermann*, DB 2009, 1558 ff.
1031 BMF v. 16.04.2004, BStBl. 2004 I, S. 464.
1032 Vgl. *Günther*, EStB 2005, 117.
1033 BMF-Schreiben v. 16.04.2004, DStR 2004, 912, Nr. 1 Buchst. a) (auch zum Verhältnis eigengenutzter/fremdvermieteter Gebäudeteil). Nach OFD Münster v. 14.08.2009 – S 1988–100 – St 11 – 33/S 2198b – 61 – St 21 – 31, EStB 2009, 352 ist der Kaufpreisaufteilung in Modernisierungsfällen (Grundstück/Altbau/Modernisierungsanteil) nur zu folgen, wenn der Grund- und Bodenwert allenfalls gering unter dem Bodenrichtwert bleibt.
1034 BFH, 16.09.2015 – IX R 12/14, EStB 2016, 45 m. Anm. *Esskandari*: Parteivereinbarung von 60 % Gebäudeanteil, das FA hatte 35 % Gebäudeanteil angesetzt; der Steuerpflichtige hatte im Klageverfahren ein Gutachten vorgelegt, das einen Abschlag vom Bodenrichtwert rechtfertigte; hierzu *Kesseler*, in: DAI, Aktuelle Probleme der notariellen Vertragsgestaltung im Immobilienrecht 2015/2016, S. 334 ff.
1035 Vgl. BFH, 09.07.2002 – IX R 65/00, BStBl. 2003 II 389.

abhängig von der Art und steuerlichen Prägung des vorhandenen Vermögens und der sonstigen Einkommenssituation, beantwortet werden, unter Beachtung folgender Aspekte[1036]:

Für **vermietete Immobilien des Privatvermögens**, für die die zehnjährige Haltefrist der »Spekulationsbesteuerung« (vgl. Rdn. 6289 ff.) bereits seit der Anschaffung oder der Entnahme aus dem Betriebsvermögen abgelaufen ist, führt die Entgeltvariante zur Aufstockung der AfA-Bemessungsgrundlage und damit zur Schaffung neuen Abschreibungsvolumens, sogenannter »step up«, ohne dass dem ein Veräußerungsgewinn gegenüber stünde. 6201

Betriebsvermögen, das über hohe stille Reserven verfügt, wird demgegenüber nur dann entgeltlich übertragen werden sollen, wenn auf Seiten des Veräußerers der erzielte Gewinn durch den Freibetrag des § 16 Abs. 4 EStG oder die Fünftel-Regelung bzw. den ermäßigten Steuersatz (nach Betriebsaufgabegrundsätzen, Rdn. 5787 ff.) weitgehend neutralisiert werden kann, oder der Verkäufer im Veräußerungsjahr wegen fehlender sonstiger Einkünfte mit niedrigen Steuersätzen belastet wird, während der Erwerber wiederum das zusätzliche Abschreibungsvolumen für abnutzbare Wirtschaftsgüter bzw. höhere Buchwerte für nichtabnutzbare Wirtschaftsgüter nutzen kann. Im Rahmen einer Erbauseinandersetzung über Betriebsvermögen kann die entstehende steuerliche Belastung des betroffenen Miterben bei der Teilung des sonstigen Nachlasses berücksichtigt werden. 6202

Bei **Mitunternehmeranteilen** ist zusätzlich zu differenzieren, ob die Versteuerung der stillen Reserven noch beim Erblasser (also wirtschaftlich zulasten aller Miterben, wie etwa bei der Ausschlussklausel, Rdn. 5867, oder in bestimmten Sachverhaltsgestaltungen der Eintrittsklausel, Rdn. 5912) stattfindet oder beim Eintretenden. Für die Versteuerung beim Erblasser kann im Einzelfall sprechen, dass bei ihm laufende Verluste des Todesjahres genutzt werden können, für ihn möglicherweise der Veräußerungsfreibetrag in Betracht kommt oder er den ermäßigten Steuersatz wählen kann bzw. (insb. bei einem Todesfall zu Beginn des Jahres), keine sonstigen Einkünfte zu erwarten sind. 6203

In allen übrigen Fällen wird es typischerweise bei dem Rat verbleiben, eine Aufdeckung der stillen Reserven zu vermeiden (wobei freilich die steuerliche Belastung dadurch nur aufgeschoben, nicht aber endgültig aufgehoben ist).

Kapitalvermögen, das nach 2008 erworben wurde (etwa Streubesitz in Aktien), unterliegt im Fall der entgeltlichen Veräußerung der Versteuerung der Wertsteigerung. Führt der Verkauf zu einem Verlust, kann letzterer allerdings nur mit Gewinnen aus dem Verkauf anderer Aktien verrechnet werden (§ 20 Abs. 6 Satz 5 EStG, vgl. Rdn. 2872 ff. zur Abgeltungsteuer). 6204

Die über ein Prozent hinausgehenden **Beteiligungen an Kapitalgesellschaften im Privatvermögen** (also Fälle des § 17 EStG, vgl. Rdn. 2882 ff.) führen im Fall der entgeltlichen Veräußerung zur Besteuerung nach dem Teileinkünfteverfahren (Finanzierungsaufwendungen zur Anschaffung unterfallen jedoch dem Werbungskostenabzugsverbot des § 20 Abs. 9 EStG, vgl. Rdn. 2883). § 17 Abs. 3 EStG gewährt einen (allerdings rasch abschmelzenden) Freibetrag von max. 9.060 €. **Veräußerungsverluste** sind dem Grunde nach mit anderen Einkunftsarten ausgleichs- und abzugsfähig (unter Beachtung der §§ 3 Nr. 40, 3c Abs. 2 EStG), es sei denn, § 17 Abs. 2 Satz 6 EStG steht entgegen (lit. a): um zu vermeiden, dass eine ursprünglich nicht unter § 17 EStG fallende, unter einem Prozent verbleibende Beteiligung in den Anwendungsbereich des § 17 EStG, also größer als ein Prozent, durch unentgeltlichen Zusatzerwerb in den vergangenen fünf Jahren aufgestockt wurde, sowie b): falls die Mindestbeteiligungsquote, sofern ein entgeltlicher Erwerb vorangegangen ist, nicht während der gesamten fünf Jahre vor der Veräußerung bestanden hat – an- 6205

1036 Vgl. zum Folgenden *Paus*, EStB 2015, 250 ff.

ders als im Fall des Veräußerungsgewinns reicht also die kurzfristige Einhaltung der Kriterien des § 17 EStG nicht aus).[1037]

2. Anwendungsbeispiel: Varianten der steuereffizienten Immobiliennachfolge

6206 Hauptgegenstand der Vermögensnachfolge sind im »bürgerlichen Umfeld« in Deutschland **Immobilien** (das Volumen des zu übertragenden Grundbesitzes zwischen 2015 und 2020 wird auf zirka 100 Milliarden Euro geschätzt).[1038] Aufgrund der (in Ermangelung anderer Anlagealternativen) zu erwartenden Wertsteigerungen könnte sich dieser Betrag noch spürbar erhöhen. Im Spannungsfeld zwischen entgeltlicher und unentgeltlicher Vermögensnachfolge, vgl. Rdn. 6200 ff., stehen insoweit hauptsächlich **drei Alternativen** zur Verfügung:[1039]

6207 a) Die **Schenkung unter Nießbrauchsvorbehalt** erlaubt die Trennung zwischen Substanz (bei der nächsten Generation) einerseits und Nutzungen sowie Lasten (bei der übertragenden Generation) andererseits. Aufgrund des Wegfalls des § 25 ErbStG, vgl. Rdn. 4834 ff., mindert der kapitalisierte Nießbrauch den Wert des zu versteuernden Erwerbs, möglicherweise jedoch gemäß § 10 Abs. 6 Satz 3 u. 5 ErbStG nur in Höhe von 90 % (Rdn. 4846). Zu berücksichtigen sind auch etwaige steuererhöhende Effekte, wenn die Mindestüberlebensdauer des § 14 Abs. 2 BewG nicht erreicht wird. Sofern ein Verkehrswertgutachten gemäß § 198 BewG erstellt wird, lassen sich die steuerverschärfende Korrektur aufgrund vorzeitigen Ablebens des Nießbrauchers (ebenso wie die Wertbegrenzung des Jahreswerts des Nießbrauchs auf den 18,6ten Teil des Steuerwerts, § 16 BewG) und die quotale Kürzung der Nießbrauchslast gemäß § 10 Abs. 6 ErbStG, vermeiden, da der Nießbrauch, bereits endgültig, auf der Bewertungsebene berücksichtigt wird (Rdn. 4858). Der Gutachter ist dabei auch nicht an den gemäß § 12 Abs. 5 BewG der Finanzverwaltung vorgegebenen 5,5 %igen Abzinsungszinsfuß gebunden, kann vielmehr einen Zinssatz zugrunde legen, der dem tatsächlichen Liegenschaftszinssatz näher ist.[1040] Ertragsteuerlich lässt der Vorbehaltsnießbrauch die bisherigen Verhältnisse (einschließlich der Nutzung des Abschreibungsvolumens) unberührt, vgl. Rdn. 5822 ff.

6208 b) Alternativ kann an einen »**Familien-Verkauf**« gedacht werden, wobei die früher mögliche Mischform einer zwar schenkungsteuerrechtlich teilentgeltlichen, einkommensteuerrechtlich jedoch in vollem Umfang unentgeltlichen Übertragung gegen Gewährung einer Versorgungsrente (unter Nutzung des Sonderausgabenabzugs) seit der Reform zum 01.01.2008 für neue Fälle nicht mehr zur Verfügung steht, vgl. § 10 Abs. 1a Satz 1 Nr. 2 EStG, Rdn. 6319 ff., wobei bis Ende 2007 verwirklichte Sachverhalte Bestandsschutz genießen. Wird in Neufällen eine Versorgungsrente vereinbart, liegt eine sowohl einkommensteuerlich als auch schenkungsteuerrechtlich teilentgeltliche Übertragung vor, vgl. Rdn. 6275 ff.

Die voll- oder teilentgeltliche Variante der Übertragung ermöglicht die Schaffung steuerlich zulässigen neuen Abschreibungspotentials (»step up«), ohne dass dem auf Seiten der Veräußerer notwendig ein steuerpflichtiger Veräußerungsgewinn gegenüber stehen muss, sofern der 10-Jahres-Zeitraum des § 23 EStG (Rdn. 6289 ff.) seit der Anschaffung der Immobilie bzw. deren Entnahme aus einem Betriebsvermögen bereits verstrichen ist und die Übertragung selbst keinen gewerblichen Grundstückshandel verwirklicht.

Andererseits fällt die Kaufpreisforderung bzw. der erzielte Erlös in den Nachlass, ohne dass damit unmittelbar erbschaftsteuerliche Vorteile erzielt werden könnten, es sei denn, diese

---

1037 Von diesem Grundsatz bestehen wiederum Ausnahmen für den Fall, dass die gesamte Beteiligung i.S.d. § 17 EStG innerhalb der vergangenen fünf Jahre vor der Veräußerung erworben wurde, also keine missbräuchliche Aufstockung stattfand, ferner (§ 17 Abs. 2 Satz 6 lit. b, Satz 2 EStG) für den »Erhöhungsschritt«, der im 5-Jahres-Vergangenheits-Zeitraum zur Überschreitung der 1 %.-Grenze geführt hat.
1038 Vgl. *Handelsblatt* v. 19.02.2015 »Immobilien – Was die Deutschen erben«.
1039 Vgl. *Felten*, ErbStB 2015, 210 ff.
1040 Vgl. *Esskandari*, ErbStG, 2013, 120.

Kaufpreisforderung bzw. der Erlös wird unter Nutzung der Freibeträge an andere Personen, etwa Enkelkinder oder Schwiegerkinder, übertragen, vgl. Rdn. 5472 ff.
Grunderwerbsteuer fällt wegen § 3 Nr. 4 u. Nr. 6 GrEStG in der Kernfamilie nicht an.
Ein Verkehrswertgutachten kann verbleibende Zweifel an der Vollentgeltlichkeit zerstreuen, ferner eine möglicherweise von § 7 Abs. 4 Satz 1 EStG abweichende verkürzte Restnutzungsdauer (mit höherem Abschreibungspotential) begründen und den anteiligen Gebäudesachwert in Abgrenzung vom reinen Grund- und Bodenwert belegen.[1041]

Sofern der **Kaufpreis darlehensweise gewährt** wird und die Anforderungen an einen privaten Darlehensvertrag zwischen Angehörigen eingehalten sind, vgl. Rdn. 5680 ff., sind zusätzlich die gezahlten Darlehenszinsen als Werbungskosten nutzbar, andererseits bei den Eltern als Beziehern in voller Höhe zu versteuern (keine Abgeltungsteuer bei Geschäften unter Angehörigen, vgl. Rdn. 2874 ff.). Problematisch ist regelmäßig die Schenkung der Kaufpreisforderung, da die Finanzverwaltung einen Gesamtplan unterstellt, sofern nicht ausreichend Zeit verstrichen ist.[1042]   6209

c) Denkbar ist schließlich, das »Entgeltmodell« (vorstehend b) mit dem Einsatz einer (gewerblich geprägten) **Familien-Vermögensgesellschaft** zu kombinieren (»Poolmodell«). Übertragen die Eltern die Immobilie gegen Gewährung von Gesellschaftsrechten in das Gesamthandsvermögen dieser gewerblich geprägten Personengesellschaft (also nicht als Einlage i.S.d. § 6 Abs. 1 Nr. 5 EStG), werden ebenfalls die verbleibenden Buchwerte auf den Verkehrswert »aufgestockt«, vgl. Rdn. 2583 ff.[1043] Sodann erfolgt die Übertragung von Teil-Kommanditanteilen unter Rückbehalt des Nießbrauchs auf die Kinder, unentgeltlich gem. § 6 Abs. 3 EStG, wobei – zur Ermöglichung der Buchwertfortführung – auch etwaiges Sonderbetriebsvermögen mitübertragen werden muss, vgl. Rdn. 6008 ff. Trotz Rückbehalts des Nießbrauchs muss den Kindern so viel Mitunternehmerbefugnis verbleiben, dass sie Mitunternehmer werden, so dass eine Teilung der Stimmrechtsbefugnisse erforderlich ist, vgl. Rdn. 1497 ff.   6210

Ertragsteuerlich werden die erzielten (gewerblichen) Einkünfte nach Abzug der Abschreibung auf das (neugeschaffene) Abschreibungspotential ermittelt und sodann der Gewinn zwischen Nießbraucher und Gesellschafter verteilt.

Gewerbesteuerlich liegen regelmäßig die Kürzungsvoraussetzungen des § 9 Nr. 1 Satz 2 GewStG vor, Rdn. 5758.   6211

Erbschaftsteuerlich werden die Verschonungsvoraussetzungen der §§ 13a, 13b ErbStG (wegen des überwiegenden Vorhandenseins schädlichen Verwaltungsvermögens in Gestalt vermieteter Immobilien) nicht vorliegen (Ausnahme: Wohnungsunternehmen i.S.d. R E 13b.13 Abs. 3 Satz 2 ErbStR 2011: 300 Wohnungen, Rdn. 5106), so dass lediglich der 10 %ige Abschlag nach § 13d ErbStG und der (ebenfalls auf 90 % geminderte) Nießbrauchsabzug genutzt werden können. Die Zwischenschaltung der Gesellschaft ermöglicht eine quotale Zuordnung zu den Kindern und Enkeln und die periodische Wiederholung der Schenkungsvorgänge im 10-Jahres-Schritt. Sofern die Eltern die Schenkungsteuer mit übernehmen, kann deren Finanzierung unter Umständen ertragsteuerlich wirksam sein.[1044]

III. Gegenleistungen mit ertragsteuerlichem Entgeltcharakter im Einzelnen

Vor dem Beschluss des Großen Senats des BFH v. 05.07.1990[1045] differenzierte die Steuerrechtsprechung nach dem Adressatenkreis der Begünstigung: Zur Entgeltlichkeit führe nur die direkte Abstandszahlung an den Veräußerer; Zahlungen an Dritte, z.B. nahe Angehörige, seien jedoch   6212

1041 Vgl. *Schimpfky*, ZEV, 662, 665.
1042 Vgl. grundsätzlich zum Gesamtplan bei der vorweggenommenen Erbfolge *Potsch*, NZG 2014, 332.
1043 BMF-Schreiben v. 11.07.2011, BStBl. 2011 I, 713.
1044 Vgl. *Schimpfky*, ZEV 2013, 662, 666.
1045 BStBl. II 1990, S. 847.

unentgeltlich. Diese Differenzierung wurde begründet durch die zivilrechtliche Unterscheidung zwischen gemischter Schenkung (mit der Folge der zivilrechtlichen Teilentgeltlichkeit, bei Zahlung an den Veräußerer) einerseits, und Schenkung unter Auflage (mit der zivilrechtlichen Folge der vollständigen Unentgeltlichkeit, bei Leistung an Dritte) andererseits. Dieses bei wertender Betrachtung für das Steuerrecht verfehlte Prüfungskriterium (maßgeblich sollte auch bei Zuwendungen an Dritte gem. §§ 328 ff. BGB das Deckungsverhältnis sein) wurde durch den genannten Beschl. v. 05.07.1990 aufgehoben.

6213 Die nunmehrige Rechtslage hinsichtlich der Einordnung von Leistungen hinsichtlich ihres steuerrechtlichen Entgelt (= Anschaffungskosten-)charakters ist wiedergegeben im BMF-Schreiben v. 13.01.1993 zur ertragsteuerlichen Behandlung der vorweggenommenen Erbfolge.[1046] Die darin ertragsteuerlich anerkannten Positionen bleiben hinter demjenigen zurück, was zivilrechtlich zu einer Minderung der Unentgeltlichkeit führt (z.B. auch Dienstleistungs- und Zahlungspflichten mit Versorgungscharakter, vorbehaltene oder zugewendete Nutzungsrechte[1047] etc.); auch die schenkungsteuerliche Differenzierung vollzieht sich nach anderen Grenzziehungen.

Ertragsteuerlich sind nunmehr als zur Entgeltlichkeit führende »Gegenleistungen« zu berücksichtigen:

1. Abstandsgelder an den Veräußerer

a) Erscheinungsformen

6214 Abstandsgelder an den Veräußerer, und zwar unabhängig, ob sie aus eigenem Vermögen des Erwerbers oder aus dem übernommenen Vermögen geleistet werden, schaffen »Entgelt« (auch) im ertragsteuerlichen Sinne. Gleichgestellt sind sonstige geldwerte Maßnahmen, die dem Veräußerer geschuldet sind und erbracht werden, z.B. die Errichtung einer Wohnung für ihn durch den Erwerber[1048] (steuerrechtlich liegt eine entgeltliche Anschaffung des Grundstücks vor, nicht etwa die entgeltliche Überlassung einer Wohnung).[1049] Zahlungen zur Ablösung vorbehaltener Nutzungsrechte an den Veräußerer können zu nachträglichen Anschaffungskosten führen, wenn der Steuerpflichtige erst dadurch die wirtschaftliche Verfügungsmöglichkeit über das Grundstück erlangt[1050] (vgl. Rdn. 1405), z.B. durch Entrichtung einer Abfindung für den dauerhaften Verzicht auf einen Rückforderungsvorbehalt.[1051]

6215 Die Abstandsleistung kann auch in Form der Überlassung von **Sachwerten** (zu bewerten mit dem gemeinen Wert des Wirtschaftsguts) erfolgen. Werden jedoch unter Verwandten wiederkehrende

---

1046 BStBl. 1993 I, S. 80 ff. = MittBayNot 1993, 100 ff.; Beck-Loseblattsammlung Steuererlasse I/§ 7.3 = Beck Online BeckVerw 026695 (mit Ergänzungen durch EStR 2005).
1047 BFH, BStBl. 1982 II, S. 378 ff.
1048 BFH, 08.05.2001 – IX R 63/98; dies führt zu Anschaffungskosten, die – sofern an der errichteten Wohnung ein schuldrechtliches oder dingliches Wohnungsrecht besteht – anteilig absetzbar sind, soweit sie auf die der Einkünfteerzielung dienenden Gebäudeteile entfallen. Soweit sie nicht zu einer über den ursprünglichen Zustand hinausgehenden wesentlichen Verbesserung gem. § 255 Abs. 2 Satz 1 HGB führen, liegen gar u.U. sofort abzugsfähige Erhaltungsaufwendungen vor.
1049 BFH, DStR 1991, 472; der Nichtanwendungserlass der Finanzverwaltung DStR 1992, 1322 wurde durch BMF-Schreiben v. 29.05.2006, DStR 2006, 1086 aufgehoben und Rn. 33 des BMF-Schreibens v. 24.07.1998 (BStBl. 1998 I, S. 914) neu gefasst.
1050 FG Hamburg, DStRE 2000, 1297; BFH, BStBl. 1998 II, S. 429; BFH, BStBl. 1992 II, S. 381 zur Ablösung eines Wohnungsrechtes; Tz. 57 des Nießbrauchserlasses BStBl. 1998 I, S. 914; FG Düsseldorf, 06.08.2010 – 1 K 2690/09 E, BeckRS 2010, 16030112: Ablöseentgelt für Nießbrauchslöschung führt zu nachträglichen Anschaffungskosten auf die erworbenen GmbH-Anteile gem. § 17 EStG. Dies gilt auch für die Ablösung eines bestellten, aber noch nicht eingetragenen Nießbrauchs: BFH, 22.02.2007 – IX R 25/05.
1051 FG Niedersachsen, 13.01.2016 – 9 K 283/13, EFG 2016, 489 m. zust. Anm. *Kreft*, (n. rkr., Az. BFH: VI R 43/16).

Leistungen lediglich auf Lebenszeit des Veräußerers in einer nicht kaufmännisch abgewogenen Höhe (kein Kauf auf Leibrente) geschuldet, handelt es sich trotz der Verwendung der Bezeichnung »Kaufpreis« im Vertrag nicht um Entgelt (zur Abgrenzung vgl. Rdn. 6259 ff.).[1052] Ebenso wenig liegt Entgelt vor, wenn gemäß Vorabsprache der geleistete »Kaufpreis« sogleich wieder vom Veräußerer an den Erwerber **zurückgeschenkt** wird (§ 42 AO).[1053]

Anschaffungsnebenkosten (z.B. Notar- und Grundbuchkosten) werden bei teilentgeltlichen Erwerben in voller Höhe den Anschaffungskosten hinzugerechnet.[1054] Die Schenkungsteuer zählt jedoch nicht zu den Anschaffungsnebenkosten (§ 12 Nr. 3 EStG). 6216

b) Abzinsung, § 12 Abs. 3 BewG

Ist eine Geldleistung unverzinslich, jedoch später als ein Jahr nach dem Übergang von Besitz, Nutzungen und Lasten fällig, liegen Anschaffungskosten nicht i.H.d. Nennbetrags der Forderung, sondern i.H.d. nach den Vorschriften des § 12 Abs. 3 BewG zu zwingend (derzeit eher überhöhten!)[1055] 5,5 % abgezinsten Gegenwartswerts vor[1056] (ständige Rechtsprechung[1057]). § 12 Abs. 3 BewG trägt dem Umstand Rechnung, dass ein Erwerber einer unverzinslich gestundeten Geldforderung nicht den Nennbetrag zahlen würde, sondern lediglich einen niedrigeren Betrag, um selbst einen Zinsgewinn zu haben.[1058] Die verbleibende Differenz, der Zinsanteil, bildet beim Zuwendungsempfänger steuerpflichtige Einkünfte gem. § 2 Abs. 1 Nr. 5 i.V.m. § 20 Abs. 1 Nr. 7, Abs. 8 EStG im Jahr des Zuflusses, die als Einkünfte aus Kapitalvermögen bei Überschreiten des Sparerfreibetrags zu versteuern sind;[1059] der Übernehmer kann diesen Zinsanteil, soweit er das übernommene Vermögen zur Vermietung nutzt, als Werbungskosten gem. § 9 Abs. 1 Nr. 1 EStG sofort geltend machen. 6217

▶ **Hinweis:**

Es kann sich hierbei schon bei relativ kurzen Stundungszeiten um erhebliche Beträge handeln: Wird bspw. ein Gutabstandsgeld i.H.v. 200.000,00 € erst 3 Jahre nach der Veräußerung fällig, spaltet sich dieser Betrag gem. § 12 Abs. 3 Bewertungsgesetz auf in einen Gegenwartswert von 170.140,00 € und einen Zinsanteil von 29.600,00 €! Daneben kann für die Zinslosigkeit Schenkungsteuer anfallen (Rdn. 4433 ff.); was in der Kumulation verfassungsrechtlich bedenklich ist, Rdn. 4894. 6218

1052 BFH, 05.11.2003 – X R 55/99, EStB 2004, 197.
1053 FG Baden-Württemberg, 22.02.2011 – 8 K 60/06, BeckRS 2011, 95995, n. rkr., insoweit bestätigt durch BFH:, 22.10.2013 – X R 14/11, DStR 2014, 80.
1054 BFH, BStBl. II 1992, S. 239.
1055 I.R.d. durch das BilMoG eingeführten Abzinsung von Rückstellungen mit einer Laufzeit über einem Jahr, § 253 Abs. 2 HGB, liegen die Werte (in Gestalt der sog. RückAbzinsV v. 18.11.2009, BGBl. 2009 I 3790) zwischen 3,85 und 5,43 %.
1056 BFH, BStBl. 1981 II, S. 160; BFH, BStBl. 1993 II, S. 298; BFH/NV 1991, 382; BFH/NV 1997, 175; BMF-Erlass v. 13.01.1993, BStBl. 1993 I, S. 80 ff., Tz. 11, 19 ff.; *Harenberg* in HHR, EStG/KStG, § 20 EStG Anm. 205.
1057 BFH, 17.03.2010 – X R 38/06, BStBl 2011 II 622; BVerfG, 07.06.1993 – 2 BvR 335/93, juris; FG Münster, 06.04.2009 – 12 V 446/09 E, ErbStB 2009, 209.
1058 Gleichlautende Ländererlasse vom 10.10.2010, BStBl. 2010 I, 810, Tz. 1.2.1.
1059 *Schmidt/Weber-Grellet*, EStG, 24. Aufl. 2005, § 20 Rn. 160; *von Beckerath*, in: Kirchhof, EStG, 5. Aufl. 2005, § 20 Rn. 301; vgl. auch *Wachter*, FR 2006, 42, 44.

6219 Die geschilderte Abzinsung, die übrigens seit 1999 auch i.R.d. bilanziellen Gewinnermittlung für Verbindlichkeiten (§ 6 Abs. 1 Nr. 3 Satz 1 EStG)[1060] – auch für eigenkapitalersetzende Darlehen[1061] – und für Rückstellungen (§ 6 Abs. 1 Nr. 3a Buchst. e) EStG) gilt,[1062] findet statt bei
(1) Leistungspflichten mit bestimmter Fälligkeit bei Stundung von mehr als einem Jahr, ferner bei
(2) betagten Pflichten, d.h. solchen, bei denen die Fälligkeit von einem bestimmten, zeitlich ungewissen, der Art nach jedoch gewissen Ereignis, z.B. dem Versterben einer Person, abhängt.[1063] Gleiches gilt (wohl)[1064] auch für betagte Vermächtnisse, die demnach zwar erbschaftsteuerlich die Nutzung der Freibeträge für zwei Erbfälle erlauben, da es sich nicht um »beim Tode des Beschwerten fällige« Vermächtnisse i.S.d. § 6 Abs. 4 ErbStG handelt, aber, sofern unverzinslich, unter Besteuerung des fiktiven Zinsanteils.[1065]

Wird jedoch in den Fällen der hinausgeschoben befristeten oder betagten Verpflichtungen eine Verzinsung vereinbart und gezahlt i.H.d. gesetzlichen Regelzinses von 5,5 % oder i.H.e. niedrigeren, angemessenen Zinses (nach Ansicht der Finanzverwaltung: 3 % p.a.),[1066] tritt die Abzinsung nicht ein.

6220 Die Abzinsung findet ferner nicht statt bei **bedingten** Leistungspflichten, bei denen ungewiss ist, ob die Leistungspflicht überhaupt eintritt. In diesem Fall fallen Anschaffungskosten erst in dem Moment an, in dem das Ereignis eintritt[1067] (vgl. zu dieser feinen Unterscheidung Rdn. 6251 mit illustrativem Beispiel in Rdn. 6252). Sie findet ferner nicht statt bei Gesellschafterdarlehen einer Mitunternehmerschaft, da diese zwar in der Gesellschaftsbilanz zu passivieren, in der Sonderbilanz des Gesellschafters aber zu aktivieren sind und sich demnach in der Gesamtbilanz wie Eigenkapital darstellen.[1068]

6221 Die von § 12 Abs. 3 BewG verlangte »Unverzinslichkeit« meint jede Kapitalüberlassung ohne Entgelt. Das Entgelt kann jedoch nicht nur in der Entrichtung eines Zinses bestehen, sondern auch bspw. in einem sonstigen Entgegenkommen des Schuldners, etwa der verbilligten Lieferung von Sachen. Die in § 12 Abs. 3 BewG verlangte Unverzinslichkeit von **mehr als einem Jahr** ist je-

---

1060 Auch für Gesellschafterdarlehen; die bloße Zweckbindung des Darlehens steht der »Verzinslichkeit« nicht gleich, BFH, 27.01.2010 – I R 35/09, EStB 2010, 123; vgl. im Überblick *Binnewies/Zumwinkel* GmbH-StB 2011, 214 ff.
1061 BFH, 06.10.2009 – I R 4/08, EStB 2010, 5.
1062 Vgl. ausführlich BMF-Schreiben v. 26.05.2005, DStR 2005, 1005 ff.
1063 In ähnlicher Weise wird bzgl. der Erbschaftsteuer differenziert zwischen Ansprüchen, die zu einem bestimmten späteren Termin fällig werden (Sofortbesteuerung, allerdings in gem. § 12 Abs. 3 BewG abgezinster Höhe) und solchen, die zu einem nach ob und wann ungewissen Termin fällig werden (Steuer entsteht gem. § 9 Abs. 1 Nr. 1a ErbStG erst mit dem Anspruch), vgl. BFH, 27.08.2003 – II R 58/01, ZEV 2004, 35 ff. und Rdn. 4772, Rdn. 4866.
1064 A.A. *Kaeser*, ZEV 1998, 210 ff.
1065 *Mayer*, ZEV 1998, 55.
1066 Offengelassen bei *Schlünder/Geißler*, NJW 2007, 486. Das BMF-Schreiben v. 26.05.2005, BStBl. 2005 I, S. 699 lässt i.R.d. Bilanzierung (§ 6 Abs. 1 Nr. 3 Satz 1 EStG) jede, auch geringe, vereinbarte Verzinsung genügen, um dem Abzinsungsgebot zu entgehen (bei lediglich z.B. 0,01 % droht aber § 42 AO, *Schwetlik* EStB 2010, 5). Erbschaftsteuerlich ist gem. R 109 Abs. 2 ErbStR 2003 eine Kapitalforderung nur dann abweichend vom Nennwert zu bemessen, wenn sie mit weniger als 3 % verzinst ist und die Kündbarkeit für mindestens 4 Jahre ausgeschlossen ist, vgl. auch Nr. 1.2.2. des Ländererlasses v. 07.12.2001, BStBl. 2002 I 112.
1067 BMF-Schreiben v. 26.05.2005, DStR 2005, 1005 Rn. 19. Nach *Spiegelberger*, Vermögensnachfolge 1994, Rn. 49 soll die Abzinsung ferner dann nicht stattfinden, wenn die Zahlungspflicht zwar zunächst unter einer aufschiebenden Bedingung steht (Verkauf, Tod des Übergebers etc.), aber letztlich für diese Zahlung gleichwohl ein Endtermin vereinbart ist. Dies erscheint fraglich (*Mayer*, Übergabevertrag, 2. Aufl., Rn. 320).
1068 *Schmidt/Wacker*, EStG, 27. Aufl. 2008, § 15 Rn. 540 m.w.N. und *Wacker*, NWB 2008, 3096 = Fach 3, S. 15186; BFH v. 24.01.2008 – IV R 37/06, GmbHR 2008, 548 m. Anm. *Hoffmann*.

D. Überlassungsvereinbarungen mit Entgeltcharakter　　　　　　　　　　**Kapitel 13**

weils zu berechnen für den Zeitraum zwischen dem Bewertungsstichtag, einerseits, und dem Fälligkeitsdatum der Forderung, sei es des Gesamtbetrags oder von Teilbeträgen (etwa bei Tilgungsdarlehen), andererseits. Stirbt beispielsweise der Gläubiger eines zinslosen Darlehens, das am in einem Betrag 01.09.2018 fällig ist, am 01.09.2017, erfolgt keine Abzinsung, da die Restlaufzeit ab dem Beurteilungszeitpunkt nur genau ein Jahr beträgt.

Tabelle 2 als Anhang der gleichlautenden Ländererlasse vom 10.10.2010 (BStBl. 2010 I, 810) enthält die Abzinsungsfaktoren für Ratenzahlungspflichten mit gestufter Fälligkeit (z.B. in Monatsraten jeweils gleicher Höhe).　　**6222**

Vereinbaren Beteiligte ein unverzinsliches Darlehen ohne festen Rückzahlungstermin, legt die Finanzverwaltung als Zeitkriterium nicht die gesetzliche Kündigungsfrist unverzinslicher Darlehen von drei Monaten gem. § 488 Abs. 3 Satz 2 BGB zugrunde, sondern den bei wirtschaftlicher Betrachtung nach den Umständen zu erwartenden Darlehensverlauf. Sofern nicht damit zu rechnen ist, dass der Darlehensgeber das Darlehen vor Ablauf von fünf Jahren kündigt, wird nach der Rechtsprechung eine Abzinsung für fünf Jahre durchgeführt.[1069] Fehlt es gänzlich an Anhaltspunkten, geht die Finanzverwaltung von einer Laufzeit von vier Jahren aus, nimmt also die Abzinsung auf diesen Zeitraum vor.　　**6223**

Die für die Erbschaftsteuererklärung verwendeten Formulare differenzieren übrigens nicht danach, ob eine zu bewertende Kapitalforderung normal-, niedrig oder unverzinslich ist, so dass der Betroffene den Gegenwartswert selbst zu ermitteln und das Ergebnis in das Formular einzutragen hat. Bei in einem Einmalbetrag endfälligen Forderungen hilft ihm dabei die Tabelle 1 als Anlage der genannten gleichlautenden Ländererlasse vom 10.10.2010, BStBl. 2010 I, 810, wobei die dort genannten Faktorwerte für Ganzjahresabstände zur notwendigen taggenauen Berechnung eine Interpolation erforderlich machen, auf der Basis von 30 Zinstagen pro Monat und 360 Zinstagen pro Jahr (Tz. 2.1.1 der genannten Erlasse).　　**6224**

▶ Beispiel:[1070]

Beträgt der Faktor laut Tabelle 1 der Anlage zu den Ländererlassen vom 10.10.2010 für einen Zeitraum von acht Jahren 0,652, für neun Jahre 0,618, bedeutet dies einen Zinsverlust für die 360 Tage zwischen beiden Zeitpunkten von 0,034, für jeden einzelnen Tag also 0,034:360=0,00009.

Ist Fälligkeitszeitpunkt der **Tod einer Person**, ist den Tabellen des BMF (Rdn. 4765) die jeweils veröffentlichte statistische Restlebenserwartung zu entnehmen und dieser voraussichtliche Endzeitpunkt zugrunde zu legen. Besonderheiten gelten bei zinslosen Ratendarlehen (vgl. hierzu Tabelle 2 der genannten Ländererlasse), wenn tilgungsfreie Anfangszeiten bestehen (hier ist zunächst der Gegenwartswert zum Beginn der späteren Ratenzahlung zu berechnen und der so abgezinste Wert sodann auf den Bewertungsstichtag wiederum abzuzinsen).[1071]　　**6225**

Ist eine später als ein Jahr ab dem Bewertungsstichtag (bei Grundstücksübertragungen also typischerweise ab dem Zeitpunkt des Übergangs von Besitz, Nutzen und Lasten) betagte Geldforderung zwar nicht unverzinslich, aber »**niedrig verzinslich**«, kommt ebenfalls ein Ansatz unter dem Nennwert in Betracht. Die Finanzverwaltung (vgl. R B 12.1 [2] 1 ErbStR 2011) geht von einem Ansatz unter dem Nennwert aus, wenn (a) die Verzinsung effektiv weniger als 3 % beträgt[1072] und (b) die Laufzeit am Bewertungsstichtag noch mindestens vier Jahre umfasst. Beträgt die Rest-　　**6226**

1069　BFH, 22.02.1974 – III R 5/73, BStBl. 1974 II, 330.
1070　Nach *Marfels*, ErbStB 2017, 239, 242.
1071　Vgl. hierzu, mit Berechnungsbeispielen, *Marfels*, ErbStB 2017, 239, 243, dort auch zur Berechnung bei Tilgungsdarlehen mit verschieden hohen Tilgungsraten.
1072　Bei Bausparguthaben kann der Zinsbetrag niedriger sein, da ein wirtschaftlicher Vorteil in Form des späteren niedrigeren Darlehenszinses zu berücksichtigen ist.

laufzeit also weniger als vier Jahre, ist der Nennwert anzusetzen. Die Finanzverwaltung geht in diesem Fall so vor, dass sie den jährlichen Zinsverlust gegenüber der Normalverzinsung von unterstellten 3 % entsprechend der Laufzeit kapitalisiert und diesen kapitalisierten Zinsverlustbetrag vom Nominalwert der Forderung abzieht.

▶ Beispiel:

6227   Sofern ein Darlehen von 100.000 € nur mit 1 % verzinslich und nach acht Jahren in einem Betrag endfällig ist, bedeutet dies eine jährliche Zinsdifferenz zur Normalverzinsung von 2.000 € (2 % von 100.000 €). Diese ist zu kapitalisieren auf die Dauer von acht Jahren, d. h. gemäß Tabelle 2 (Anlage zu den gleichlautenden Ländererlassen vom 10.10.2010, BStBl. 2010 I, 810) mit einem Faktor von 6,509 zu multiplizieren, so dass sich 13.018 € ergeben, die vom Darlehensbetrag von 100.000 € abzuziehen sind, also ein Gegenwartswert von 86.982 € verbleibt.

Noch komplizierter ist die Ermittlung, wenn ein niedrig verzinsliches Darlehen in (gleichen) Raten zu tilgen ist, da sich jeweils der Zinsanteil verringert und der Tilgungsanteil erhöht; auch hierzu enthalten die Ländererlasse vom 10.10.2010 (Tz. 3.2.2 und Tabelle 3) entsprechende Berechnungsbeispiele und Erläuterungen.

6228 **Hochverzinsliche Forderungen**, das sind nach Ansicht der Finanzverwaltung (R B 12.1[2] Satz 3 ErbStR 2011) solche, die einen effektiven Zinssatz von mehr als 9 % aufweisen und später als vier Jahre ab dem Beurteilungszeitpunkt fällig sind, werden mit einem höheren Nennbetrag bewertet. Hier ist der Zinsgewinn (d. h. der Jahresbetrag, um den eine 9 %ige Verzinsung überschritten wird) nach Tabelle 2 der koordinierten Ländererlasse zu kapitalisieren und dieser kapitalisierte Zinsgewinn dem Nennwert hinzuzurechnen.

2. Verrechnung mit Geldansprüchen gegenüber dem Veräußerer

6229 Auch die Leistung einer Immobilie an Erfüllungs statt für tatsächlich bestehende Geldersatzansprüche des Erwerbers ggü. dem Veräußerer kann eine Aufwendung zum Erwerb eines Vermögensgegenstands i.S.d. § 255 Abs. 1 Satz 1 HGB und damit Anschaffungskosten darstellen, also zur Entgeltlichkeit führen. Die Finanzverwaltung hatte sich hierzu ohne weitere Einschränkungen bekannt;[1073] die Rechtsprechung betont jedoch in Bezug auf den häufig gegebenen Sachverhalt eines **Ausgleichsanspruchs gem. §§ 951, 812 ff. BGB** die bürgerlich-rechtlichen Voraussetzungen eines solchen Verwendungsersatzanspruchs:[1074]

6230 Unproblematisch ist dies bei bestehenden, jedoch noch nicht erfüllten vertraglichen Ansprüchen (z.B. aus einem Arbeits- oder Dienstverhältnis oder hinsichtlich der noch nicht erfolgten Auszahlung des Liquidationsguthabens aus einer gekündigten, konkludent geschlossenen GbR).

Hat der künftige Erwerber bereits vor der Veräußerung Aufwendungen auf den nunmehr erworbenen Gegenstand erbracht, ist allerdings zu differenzieren:

6231 (1) Ein **Bereicherungsanspruch** gem. §§ 951, 812 BGB ist in jedem Fall beschränkt auf den Wertzuwachs,[1075] den der Eigentümer (Veräußerer) infolge des durch Verbindung oder Verarbeitung eintretenden Rechtsverlusts am verbauten Material erwirbt. Regelmäßig fehlt es jedoch am geforderten Konditionstatbestand:

1073 Etwa im BMF-Schreiben v. 31.12.1994, BStBl. 1994 I, S. 1887 Tz. 17, 42; das BMF-Schreiben zur Eigenheimzulage v. 10.02.1998 erwähnt lediglich den Fall späteren Eigentumserwerbs am vorab auf fremdem Grund selbst errichteten Gebäude und erkennt die Förderung ab dann (bzw. der Bestellung eines Dauerwohnrechts, *Mayer/Geck*, Der Übergabevertrag, § 14 Rn. 14 f.) an.
1074 Etwa in BFH v. 11.12.1996, BStBl. 1998 II, S. 100.
1075 BGH, 19.07.2013 – V ZR 93/12, ZfIR 2013, 857 m. Anm. *Krüger*; *Herrler*, in: DAI, Aktuelle Probleme der notariellen Vertragsgestaltung im Immobilienrecht 2013/2014, S. 202 ff. (Bebauung fremden Grundstücks in Erwartung der Bestellung eines privatschriftlich zugesagten Erbbaurechts).

D. Überlassungsvereinbarungen mit Entgeltcharakter Kapitel 13

- Eine **Leistungskondiktion** gem. § 812 Abs. 1 Satz 1, 1. Alt. BGB liegt nicht vor, da der Erwerber Kenntnis davon hatte, dass er zur Leistung nicht verpflichtet sei, so dass die Rückforderung des Geleisteten gem. § 814 BGB ausgeschlossen ist.
- Auch eine **Eingriffskondiktion**, in der Fallalternative des § 812 Abs. 1 Satz 2, 2. Alt. (condictio causa data causa non secuta), scheidet regelmäßig aus: Der typischerweise mit der Leistung verfolgte Zweck, nämlich die spätere Übereignung des Grundbesitzes ist ja gerade eingetreten,[1076] nicht weggefallen.[1077] Dennoch sieht die Finanzverwaltung jedenfalls schenkungsteuerlich im »Verzicht« auf den Aufwendungsersatzanspruch eine »Gegenleistung« des Erwerbers und behandelt den Vorgang als gemischte Schenkung (d.h. unter Reduzierung auf den Wert, der sich ohne die Investitionen des Erwerbers ergeben hätte).[1078]

(2) Denkbar ist ein Verwendungsersatz- oder Ausgleichsanspruch – auf den im Zug der Übertragung mit entgeltlicher Wirkung verzichtet werden könnte oder mit dem eine Verrechnung der Übertragungsgegenstände stattfinden könnte – zivilrechtlich also nur dann, wenn bereits zum Zeitpunkt der Leistung eine Verknüpfung mit dem künftig abzuschließenden Übertragungsvorgang dergestalt vorlag, dass die Investitionen auf das Vertragsobjekt nur gegen eine vereinbarte, jedoch nicht erfüllte Geldzahlung stattfinden sollten,[1079] also die Verwendungen nicht im Hinblick auf die spätere Eigentumsübertragung erfolgten.[1080] Gemäß OLG Düsseldorf[1081] kann volle Entgeltlichkeit aufgrund Verrechnung mit früheren Zuwendungen, die nach dem Willen der Beteiligten nicht ohne Entschädigung bleiben sollten, auch dann in Betracht kommen, wenn der Ausgleich ursprünglich auf erbrechtlichem Weg und ohne Rechtsanspruch hergestellt werden sollte (also die Beteiligten bspw. eine testamentarische Einsetzung durch lebzeitige Zuwendung vorwegnehmen, mithin im Nachhinein eine frühere Zuwendung zur Erfüllungshandlung umqualifizieren), vgl. im Einzelnen Rdn. 37. Beim bloßen Einsatz der eigenen Arbeitskraft dürften die Voraussetzungen jedoch selten gegeben sein.[1082] Auch ist es nicht ausreichend, dass der Erwerber die Kosten für Aufwendungen übernimmt, die der Veräußerer noch in Auftrag gegeben hatte (da sie wohl im Hinblick auf die Übertragung getätigt wurden):[1083] vorzuziehen ist die Begleichung durch den Veräußerer und Erstattung als Abstandsgeld durch den Erwerber. 6232

Unter ertragsteuerlichen Gesichtspunkten sind solche vorangehenden Verwendungen freilich nur auf der »Vermögensebene« (als Anschaffungskosten bzw. Veräußerungserlös) relevant, nicht auf der Einkommensebene als Grundlage einer Besteuerung aus abhängiger Beschäftigung, Gewerbebetrieb oder als sonstige Einkünfte gem. § 22 EStG, da sie – anders als z.B. Pflegeleistungen (vgl. insoweit Rdn. 1701 ff., insbes. Rdn. 1708) nicht personen-, sondern objektbezogen erbracht wurden. 6233

1076 Vgl. BFH, DStRE 1998, 126, mit Verweis auf BGHZ 108, 256.
1077 Der Bereicherungsanspruch wegen Zweckverfehlung gem. § 812 Abs. 1 Satz 2, Alt. 2 BGB (Leistung in Erwartung späteren Eigentumserwerbs) ist vererblich (entsteht also spätestens mit dem Tod des Leistungsempfängers – auch unfertige Leistungsbeziehungen sind vererblich –, zahlbar an den Erben des Leistenden), BGH, 22.03.2013 – V ZR 28/12, notar 2014, 90 m. Anm. *Everts* = MittBayNot 2013, 471 m. Anm. *Grziwotz*.
1078 FinMin Baden-Württemberg v. 07.12.2000 – S 3806/33, krit. hierzu *Hartmann*, DStR 2001, 1545.
1079 Dieser Nachweis gelingt selten; der BFH geht häufig im Gegenteil von einer stillschweigenden Abbedingung des Verwendungsersatzanspruchs aus (BFH/NV 2002, 761; BFH, BStBl. 2002 II, S. 741). Großzügiger der BGH (NJW 1992, 2566).
1080 FG München, ErbStB 2004, 330.
1081 NotBZ 2002, 151.
1082 Hinzu kommt, dass der Einsatz eigener Arbeitskraft durch den Erwerber am eigenen Objekt keine Aufwendung i.S.d. § 9 EStG dargestellt hätte, so dass sie wohl auch keinen vorherigen Ausgleichsanspruch begründen kann.
1083 FG München, ErbStB 2005, 330.

Eine Verrechnung mit Ersatzansprüchen für ursprünglich entgeltlich intendierten Aufwendungen des Erwerbers könnte etwa folgenden Wortlaut haben:

▶ Formulierungsvorschlag: Entgeltlichkeit aufgrund Verrechnung mit Verwendungsersatzansprüchen

6234 Der Erwerber hat im Jahre ..... auf dem bislang im Eigentum des Veräußerers stehenden Grundbesitz auf seine Kosten und Gefahr folgende Baumaßnahmen vorgenommen: .....

Den Wert dieser Baumaßnahmen – ohne Anteil an Grund und Boden – beziffern die Beteiligten übereinstimmend auf ..... €. Nachrichtlich wird mitgeteilt, dass der Erwerber hierfür Baumaterialien im Wert von ..... € auf seine Rechnung angeschafft und Bauhandwerkerrechnungen im Wert von ..... € bezahlt hat. Weiter hat er persönliche Arbeitsleistungen im Wert von ..... € (ca. ..... Stunden) erbracht.

Bereits zum Zeitpunkt der Leistung lag nach Angabe der Beteiligten eine Abrede dergestalt vor, dass die Investitionen auf das Vertragsobjekt nur gegen eine vereinbarte, jedoch nicht erfüllte Geldzahlung stattfinden sollten, also die Verwendungen nicht im Hinblick auf die nunmehrige Eigentumsübertragung erfolgte.

Die heutige Übertragung des in § 1 bezeichneten Grundbesitzes dient daher zugleich der

Verrechnung

mit den hieraus resultierenden Ansprüchen des Erwerbers gegenüber dem dies annehmenden Veräußerer, insbesondere mit Ansprüchen nach § 951 i.V.m. §§ 812 ff. BGB. Auch darüber hinaus sind mit dieser Überlassung alle sonstigen bisherigen Tätigkeiten oder Leistungen für den Veräußerer oder für den Vermögen vollständig abgegolten.

6235 Liegt nach dieser Differenzierung tatsächlich ein wirksamer Gegenanspruch vor, mit dem verrechnet wird, führt auch dies insoweit zur Entgeltlichkeit der Gegenleistung (und damit zu Anschaffungskosten). Häufig würde in diesen Fällen vor dem 31.12.2005 auch ohne die Übertragung eine Eigenheimzulagenberechtigung gegeben sein aufgrund der Rechtsprechung des BFH[1084] zum »wirtschaftlichen Eigentum« bei Schaffung von Wohnraum auf fremdem Grund und Boden (Rn. 4567 ff. der dritten Auflage dieses Werks): erforderlich ist insoweit, dass der Errichtende das Grundstück dauernd nutzen darf und ihm zu jedem Zeitpunkt, auch für den Fall einer vorzeitigen planwidrigen Beendigung des Nutzungsverhältnisses, ein vertraglicher oder gesetzlicher Anspruch nicht nur auf Ersatz seiner Aufwendungen, sondern auf den vollen Zeitwert des Gebäudes zusteht.

6236 Hat der Investor das Objekt bereits zuvor als Pächter betrieblich genutzt und Aufwendungen hierauf absprachegemäß getätigt in Erwartung des zugesagten späteren Eigentumsübergangs, kann es sich dagegen um Betriebsausgaben handeln, auch wenn gerade kein Erstattungsanspruch bestand: entscheidend ist die Veranlassung im eigenen betrieblichen Interesse.[1085]

6237 **Schenkungsteuerlich** bleibt ein vom Beschenkten auf dem später ihm übertragenen Grundstück errichtetes Gebäude stets unberücksichtigt, da es an der Bereicherungsabsicht fehlt.[1086] Dies gilt auch für Arbeitsleistungen.[1087] Beim Erwerb von Todes wegen, bei welcher die objektive Unentgeltlichkeit kein Tatbestandsmerkmal ist, können die mit Vorleistungen verbundenen Kosten jedenfalls i.R.d. § 10 Abs. 5 Nr. 3 ErbStG, also bei vertraglich geschuldeten Leistungen (Pflegeleistungen darüber hinaus auch i.R.d. § 13 Abs. 1 Nr. 9 ErbStG) abgezogen werden.[1088] Darüber

---

1084 Vgl. hierzu umfassend *Fischer*, DStR 2001, 2014 ff.
1085 BFH, 13.05.2004 – IV R 1/02, EStB 2004, 399 (anders, wenn ein Erstattungsanspruch des Betriebsinhabers bestand, auf den aus privater Veranlassung verzichtet wird: BFH/NV 1995, 379).
1086 Erlass des Saarländischen Finanzministeriums v. 21.11.2000, ZEV 2001, 18; ebenso H 17 Abs. 1 ErbStH 2003; *Hartmann*, ErbStB 2004, 206.
1087 FG Rheinland-Pfalz, 17.04.2003 – 4 K 1172/03, n.v.
1088 FG Rheinland-Pfalz, 31.07.2003 – 4 K 1046/03, RNotZ 2004, 53.

D. Überlassungsvereinbarungen mit Entgeltcharakter   Kapitel 13

hinaus entnimmt der BFH[1089] und nunmehr auch die Finanzverwaltung dem[1090] in § 10 Abs. 1 Satz 1 ErbStG verankerten Bereicherungsgrundsatz, dass stets diejenige Werterhöhung, die durch den nachmaligen (auch letztwilligen) Erwerber vor diesem Erwerb bewirkt worden sei, nicht der Erbschaftsteuer unterliege. Dies gilt bspw. für Aufwendungen des Nacherben auf ein Grundstück in Erwartung der Nacherbfolge. Zivilrechtlich steht dem Nacherben zwar regelmäßig kein Vergütungs-, Ersatz- oder Bereicherungsanspruch zu; dieser Umstand wird jedoch durch den Erbanfall erbschaftsteuerrechtlich »kompensiert«. Allerdings sind die Aufwendungen nicht – wie bei unmittelbarer Anwendung des § 10 Abs. 3 ErbStG, § 10 Abs. 5 Nr. 3 ErbStG – als »Nachlassverbindlichkeit« mit ihrem vollen Wert anzusetzen, sondern anteilig herabgesetzt auf das »Steuerwertniveau«, das sich jedoch i.R.d. Erbschaftsteuerreform dem Verkehrswertniveau weitestgehend angenähert hat. Der Rechtsgedanke ist jedoch nicht entsprechend anwendbar auf vor dem Erbfall eingegangene Verpflichtungen des (späteren) Erben, die nicht zu einer Wertveränderung der später vererbten Gegenstände geführt haben (Bsp[1091]: der Erwerbe nimmt Kredite auf; die Kreditsumme stellt er dem Erblasser zur Anschaffung einer Immobilie zur Verfügung: mittelbare Grundstücksschenkung. Die Vererbung der Immobilie an den mittelbaren Schenker wird in voller Höhe besteuert; weder ist § 13 Abs. 10 ErbStG analog anwendbar noch können die vorab aufgenommenen Schulden gem. § 10 Abs. 5 Nr. 1 ErbStG abgezogen werden).

Häufiger Anwendungsfall einer ertragsteuerlichen Entgeltlichkeit aufgrund Verrechnung mit auf Geld gerichteten Gegenansprüchen gegen den Veräußerer (Leistung an Erfüllungs Statt) ist schließlich die Übertragung von Sachwerten zur Befriedigung eines zivilrechtlich wirksam entstandenen **Zugewinnausgleichsanspruchs** (Rdn. 89 ff., 6308, zur schenkungsteuerlichen Seite vgl. Rdn. 74 ff., 4876 ff.) oder eines bereits gem. § 2317 BGB entstandenen (also nicht lediglich künftigen!) **Pflichtteilsanspruchs,** Rdn. 69 ff.; (zur Schenkungsteuer vgl. Rdn. 4475 ff.). 6238

3. Gleichstellungsgelder an Geschwister

Auch Einmalzahlungen an andere Personen als den Veräußerer werden wie die oben zu 1. behandelten Abstandsgelder behandelt, führen also zur Entgeltlichkeit (Anschaffungskosten bzw. Veräußerungsentgelt).[1092] **Aufschiebend bedingte Gleichstellungsgelder** führen erst im Zeitpunkt des Bedingungseintritts zu nachträglichen Anschaffungskosten.[1093] Werden erst nach dem Abschluss des Übertragungsvertrags Gleichstellungsgelder vereinbart, erhöht dies nicht mehr den Anschaffungsaufwand.[1094] Erhält der Erwerber jedoch aus Anlass einer späteren Vermögensübertragung des Übergebers auf einen anderen Angehörigen von Letzterem seinerseits ein »umgekehrtes« Gleichstellungsgeld, mindert dies nachträglich die Anschaffungskosten, sofern zwischen beiden Vorgängen ein sachlicher Zusammenhang besteht.[1095] 6239

Hat der Erwerber jedoch Ausgleichsleistungen in der Weise zu erbringen, dass er Sachmittel aus dem übertragenen Vermögen **weiter überträgt** (z.B. einzelne Grundstücke an Geschwister zu übereignen hat, mag die Verpflichtung auch bedingt oder nur befristet sein), schafft dies keine 6240

1089 BFH, 01.07.2008 – II R 38/07, BStBl. 2008 II, S. 876; hierzu *Thouet*, ZNotP 2008, 446 und *Pahlke*, NWB 2009, 539 (anders jedoch beim unbebauten Grundstück: FG Hessen, 18.05.2009 – 1 K 1366/07, ErbStB 2009, 373).
1090 Koordinierter Erlass FinMin Baden-Württemberg, 31.07.2009 – 3 - S 3806/33, ZEV 2009, 480: auch bei der lebzeitigen Übertragung wird daher entgegen H 17 (1) ErbStH 2005 der Wert der Bebauung nicht etwa als »Gegenleistung« angesetzt, sondern gar nicht besteuert.
1091 FG Mecklenburg-Vorpommern, 26.04.2017 – 3 K 233/14, ErbStB 2017, 268, n. rkr. [Az. BFH: II R 27/17].
1092 BFH, BStBl. 1990 II, S. 847.
1093 Vgl. *Blümich*, EStG, 88. Aufl., § 6 Rn. 317.
1094 Vgl. *Blümich*, EStG, 88. Aufl., § 6 Rn. 174.
1095 Für Beschränkung auf 5 Jahre BMF v. 14.03.2006, BStBl. 2006 I, S. 253 Tz. 58.

Anschaffungskosten.[1096] Die Verpflichtung stellt im einkommensteuerlichen Sinn keine Gegenleistung dar, sondern mindert von vornherein das übertragene Vermögen. Ebenso wie ein durch ein Sachvermächtnis Begünstigter erwirbt auch der Dritte das Wirtschaftsgut unentgeltlich.

6241 Gleiches gilt, wenn der Erwerber – wie häufig – zur **Teilabführung künftigen Veräußerungsnettoerlöses** verpflichtet wird, sofern er den erworbenen Grundbesitz weiterveräußern sollte (Nachabfindungsvereinbarung – keine Anschaffungskosten).[1097] Anders liegt es jedoch, wenn das weichende Geschwister einen aufschiebend bedingten unmittelbaren Anspruch auf Geldzahlung gegen den Erwerber erhält (Anschaffungskosten bei Eintritt der aufschiebenden Bedingung, nämlich der Weiterveräußerung).

6242 Bei **Betriebsvermögen** ist weiter die **Gefahr der Entnahme** zu beachten: Die Übertragung eines Bauplatzes auf Geschwister i.R.d. landwirtschaftlichen Übergabe stellt eine Betriebsentnahme dar; der dadurch entstehende Gewinn konnte gem. § 14a Abs. 4 Satz 1 EStG bei Veräußerungen vor dem 01.01.2006 an weichende Erben in sachlichem Zusammenhang mit einer Hofübernahme auf Antrag anteilig freigestellt werden, sofern die Einkommensgrenzen des § 14a Abs. 4 Satz 3 EStG nicht überschritten wurden.

▶ Gestaltungshinweis:

6243 Löst der Übernehmer die Verpflichtung zur Überlassung eines ihm übertragenen Wirtschaftsguts an einen Angehörigen mit dessen Einverständnis durch Zahlung eines Geldbetrags ab, liegt darin jedoch die entgeltliche Anschaffung des Wirtschaftsguts durch den Übernehmer, ebenso wie bei unmittelbarer Zahlung von Gleichstellungsgeldern.[1098] Steht dem begünstigten Dritten oder dem verpflichteten Übernehmer ein Wahlrecht zwischen Sach- oder Geldleistung zu, ist die tatsächlich getroffene Wahl für die steuerrechtliche Beurteilung maßgebend.

6244 Davon zu differenzieren ist jedoch die Erbringung von Geldleistungen aus dem eigenen Vermögen des Erwerbers (ebenso von Sachleistungen aus dessen vorhandenem anderen Vermögen), hierbei handelt es sich stets um Anschaffungskosten.[1099]

6245 Im Geltungsbereich der **Höfeordnung** (Hamburg, Niedersachsen, Nordrhein-Westfalen, Schleswig-Holstein) sowie der **Landesanerbengesetze** (etwa in Hessen, ferner in Teilen von Baden-Württemberg bis 31.12.2000) – zu den zivilrechtlichen Aspekten s. Rdn. 3685 ff. – ist **ertragsteuerlich** zu differenzieren:[1100]

(1) Geht der Hof zunächst auf die Erbengemeinschaft über und verleiht das Landesrecht lediglich dem Hofesübernehmer einen Übernahmeanspruch gegen Abfindung (»Anerbenrecht«, etwa nach dem Badischen Hofgütergesetz und der Hessischen Landgüterordnung), handelt es sich bei diesen Abfindungen um Entgelte (der Hofübernehmer hat mehr an land- und forstwirtschaftlichem Betriebsvermögen erhalten, als ihm nach seiner Erbquote zustand).

6246 (2) Fällt jedoch, bspw. gem. § 4 Höfeordnung und vergleichbaren Landes-Höferechten[1101] der Hof als Teil der Erbschaft kraft Gesetzes nur einem der Erben zu und tritt an seine Stelle im Verhältnis der Miterben zueinander der Hofeswert, so dass die weichenden Miterben »gesetzlich angeordnete Vermächtnisse« in Gestalt schuldrechtlicher Abfindungsansprüche erhalten, ist diese Abfindung ertragsteuerlich nicht als Entgelt für die Aufgabe einer Erbquote am Hof zu werten, da eine solche nie bestand. Demnach sind auch Aufwendungen für die Finanzierung der Abfindung nicht als Betriebsausgaben abzugsfähig.

1096 BFH, BStBl. 1990 II, S. 853.
1097 *Felix*, KÖSDI 1991, 8513.
1098 Vgl. *Blümich*, EStG, 88. Aufl., § 6 Rn. 178.
1099 Vgl. *Mundt*, DStR 1991, 398.
1100 Vgl. zum folgenden Tz. 75 ff. des BMF-Schreibens v. 14.03.2006, BStBl. 2006 I, S. 253.
1101 Z.B. gem. § 9 Abs. 1 des Bremischen Höfegesetzes, § 14 des Rheinland-pfälzischen Landesgesetzes über die Höfeordnung.

D. Überlassungsvereinbarungen mit Entgeltcharakter Kapitel 13

(3) Soweit Wirtschaftsgüter des Betriebsvermögens nicht an der Sonderrechtsnachfolge teilnehmen (sog. »hofesfreies Vermögen«), sind sie jedoch steuerlich der Erbengemeinschaft zuzurechnen, so dass (für den nicht dem Hoferben zuzurechnenden Anteil an diesen Wirtschaftsgütern) eine Entnahme vorliegt. Sind umgekehrt Wirtschaftsgüter des Privatvermögens Bestandteil der Sonderrechtsnachfolge (etwa die Wohnung des Betriebsinhabers), findet ein unentgeltlicher Erwerb vom Erblasser statt, so dass die Abfindung ebenfalls nicht zu Anschaffungskosten führt. 6247

Zur Ermöglichung der Anordnung einer Pflichtteilsanrechnung nach § 2315 BGB und zur Verdeutlichung des Gegenleistungscharakters im Verhältnis zum Veräußerer sollte es sich um ein ihm gegebenes Versprechen (ggf. in abgekürzter Leistung unmittelbar an die Geschwister) handeln (s. ausführlich Rdn. 1871 ff., sowie i.R.d. Abfindung für einen gegenständlich beschränkten Pflichtteilsverzicht Rdn. 3848 f.). 6248

Schenkungsteuerlich wird diese Wertung ohnehin vollzogen: Die tatsächliche Erbringung eines Gleichstellungsgeldes durch den Erwerber mindert als Leistungsauflage den Wert der Zuwendung, im Verhältnis zum weichenden Geschwister wird sie jedoch als Schenkung des Veräußerers (nicht des Erwerbers, es droht also nicht die ungünstige Steuerklasse II unter Geschwistern!) erfasst.[1102] Es handelt sich um eine (bereits mit Vertragsschluss vollzogene) Schenkung einer Forderung (auf Zahlung gegen den Erwerber oder auf Sachleistung, z.B. Übertragung eines Grundstücks) als unmittelbare Zuwendung eines Anspruchs zugunsten der Geschwister vonseiten des Veräußerers.[1103] Die frühere Betrachtung, die Geschwister seien fiktiv Miteigentümer geworden und hätten ihre Anteile gegen Entgelt veräußert, wurde[1104] aufgegeben. 6249

▶ Hinweis:

Soll also die Besteuerung der Geld- oder Sachleistungsforderungsschenkung (jeweils zum gemeinen Wert) unterbleiben – was gerade bei den steuerlichen Wert übersteigenden Leistungen (Grundstücken!) sinnvoll ist – müsste zivilrechtlich das Objekt tatsächlich den Geschwistern gemeinsam zugewendet werden und sodann ein entgeltlicher Erwerb der anderen Anteile erfolgen.[1105] Erhält jedoch der Begünstigte nicht einen unmittelbaren Anspruch gegen den Versprechenden, sondern lediglich einen z.B. aufschiebend bedingten Anspruch, ist Gegenstand der Schenkung das, was aufgrund der Erfüllung der Bedingung erworben wird (§ 7 Abs. 1 Nr. 2 ErbStG – also ggf. Bewertung als Grundstück!); die Zuwendung ist ferner erst dann ausgeführt und wird erst dann besteuert bzw. als Abzugsbetrag berücksichtigt[1106] (vgl. zur Differenzierung im Einzelnen Rdn. 4461 f.). Wird daher dem Geschwister ein Gleichstellungsgeldanspruch nach seiner Wahl in Geld oder durch Grundstücksübertragung zugewendet und wählt er Letzteres, ist der Bedarfswert maßgebend.[1107] 6250

Die oben (Rdn. 6214 ff.) enthaltenen ertragsteuerlichen Erläuterungen, auch zur Aufgliederung hinausgeschobener Zahlungen in einen Zinsanteil und einen Kapitalanteil (Rdn. 6217 ff.), gelten entsprechend. Die dabei notwendige Unterscheidung zwischen bedingten Zahlungspflichten (**incertus an et quando** – keine Abzinsung) und betagten Zahlungspflichten (**incertus quando, certus** 6251

1102 BFH, 23.10.2002 – II R 71/00, ZNotP 2003, 115.
1103 Gemäß BFH, 20.01.2005 – II R 20/03, ZEV 2005, 216 wird der frei verfügbare Auszahlungsanspruch des Geschwisters als Dritten (§ 328 BGB) als Zuwendungsgegenstand bereits mit seiner Entstehung, nicht erst mit seiner Erfüllung schenkungsbesteuert (§ 7 Abs. 1 Nr. 1 ErbStG).
1104 Bereits in BFH, BStBl. 1990 II, S. 847.
1105 *Noll*, DStR 2003, 970; *Söffing/Thoma*, ErbStB 2004, 22.
1106 FG Köln, 27.08.2014 – 9 K 2193/12, ErbStB 2015, 4, bei einer Ausgleichspflicht, die zusätzlich mit dem Tod entsteht, da die Begrenzung des § 2056 BGB ausgeschlossen wurde: § 175 Abs. 1 Satz 1 Nr. 2 AO.
1107 *Kirschstein*, ErbStB 2005, 144.

an – Abzinsung findet statt) kann im Einzelfall schwierig sein. Illustrativ ist der dem Schreiben der OFD München v. 13.12.1995[1108] zugrunde liegende Sachverhalt:

▶ Beispiel:

6252 Eltern übertragen ihr Anwesen auf den Sohn mit der Verpflichtung, dass der Sohn nach dem Tod der Eltern Ausgleichszahlungen an seine Geschwister leisten solle. Soll die Zahlung an die Geschwister nur dann erbracht werden, wenn die Geschwister die Eltern überleben, ist ungewiss, ob die Leistungspflicht überhaupt entsteht. Demnach sind Veräußerungsentgelt bzw. Anschaffungskosten erst beim Eintritt des Ereignisses, und zwar dann in voller Höhe, anzusetzen. Hat jedoch der Erwerber die Ausgleichszahlung auch dann zu leisten, wenn die Geschwister die Eltern nicht überleben (dann zu entrichten an die Eigenerben der Geschwister), handelt es sich um unbedingte Ansprüche mit lediglich ungewiss befristeter Fälligkeit, so dass eine Abzinsung stattfindet.[1109]

4. Schuldübernahme

6253 Die Übernahme von Verbindlichkeiten durch den lebzeitigen[1110] Erwerber von Privatvermögen, Rdn. 1987 ff. (also nicht lediglich die dingliche Übernahme eines Grundpfandrechts zur Neuvalutierung oder zur Haftung für fremd bleibende Verbindlichkeiten bzw. die Übernahme sonstiger dinglicher Rechte, wie etwa Dienstbarkeiten,[1111] Rdn. 2036 ff.) führt ebenfalls insoweit zur Entgeltlichkeit des Vorgangs und damit zu Anschaffungskosten. Es macht keinen Unterschied, ob der Erwerber an den Veräußerer ein Abstandsgeld entrichtet, mit welchem der Veräußerer die Verbindlichkeiten zurückbezahlt, oder ob er den Veräußerer durch Übernahme der Verbindlichkeiten entlastet. Dies gilt unabhängig davon, ob die Verbindlichkeiten in wirtschaftlichem oder rechtlichem Zusammenhang mit dem übernommenen Wirtschaftsgut stehen oder nicht, ferner ob sie überhaupt mit einer steuerlichen Einkunftsart in Zusammenhang stehen.[1112] Erforderlich ist die Schuld befreiende Übernahme oder aber zumindest die Erfüllungsübernahme durch interne Freistellung, sofern sie tatsächlich eingehalten wird.

▶ Hinweis:

6254 Die Übernahme privater Bankverbindlichkeiten schafft nicht nur Abschreibungsvolumen in Gestalt von Anschaffungskosten, sondern ermöglicht zugleich den Abzug der Schuldzinsen als Werbungskosten bei Einkünften aus Vermietung und Verpachtung, selbst wenn die Kredite zuvor rein privaten (z.B. Konsum-)Zwecken dienten. Sie wandeln sich dadurch – auch ohne Grundpfandrechtssicherung oder sonstige dingliche Beziehung zum übertragenen Objekt – in Anschaffungskredite.[1113]

6255 Hingewiesen sei jedoch darauf, dass bei der Übertragung von Betriebsvermögen die Übernahme von betrieblichen Verbindlichkeiten keine Anschaffungskosten darstellt (und damit auch nicht zu

---

1108 S 2190–24/6 St 413; MittBayNot 1996, 134.
1109 Mit der Folge, das die Anschaffungskosten des Erwerbers gem. Tabelle 1 zu § 12 Abs. 3 BewG (Ländererlass v. 15.09.1997, BStBl. 1997 I, S. 832) gemindert werden; der Zahlungsempfänger erzielt i.H.d. Differenz Einkünfte aus Kapitalvermögen, der Erwerber kann diese als Werbungskosten geltend machen, sofern das Objekt der Vermietung und Verpachtung dient.
1110 Diese liegt auch vor bei einer im Privatvermögen gehaltenen Wohnung, die zu einem Hof i.S.d. Höfeordnung gehört, trotz der Erbfallsfiktion des § 17 Abs. 2 HöfeO, BFH, 06.09.2006 – IX R 25/06, ErbStB 2007, 32.
1111 Vgl. BFH, DStRE 2005, 326 – anders dann, wenn zu deren Ablösung Zahlungen erbracht werden, die dann als Anschaffungskosten zu werten sind [§ 255 Abs. 1 HGB: Versetzung in den gewünschten betriebsbereiten Zustand].
1112 Vgl. BMF-Schreiben v. 07.08.1992, BStBl. I, S. 522; a.A. jedoch BFH, BStBl. 1992 II, S. 736, allerdings in einem obiter dictum.
1113 Hierauf weist *Paus*, NWB 2006, 2651 = Fach 3, S. 14125 hin.

einem Veräußerungsentgelt führt), da die Passiva in gleicher Weise zum übernommenen Betrieb, Teilbetrieb oder Mitunternehmeranteil gehören wie die Aktiva. Anders liegt es nur dann, wenn im Zusammenhang mit einer Betriebsübertragung private Verbindlichkeiten des Veräußerers übernommen würden. Dies sind dann, soweit sich aus ihrer Übernahme Anschaffungskosten des Betriebsvermögens ergeben, als Betriebsschulden zu passivieren.[1114] Werden jedoch nicht ein Betrieb, Teilbetrieb oder Mitunternehmeranteil übertragen, sondern nur einzelne Wirtschaftsgüter des Betriebsvermögens, führt die Übernahme betrieblicher Verbindlichkeiten (wie bei der Zuwendung von belastetem Privatvermögen) zu Anschaffungskosten.[1115]

Sollen bei der Übertragung eines Gegenstands des Privatvermögens zugleich Schulden übernommen werden, gleichgültig ob sie mit dem Objekt zusammenhängen oder nicht, ohne dass dies jedoch als Entgelt gewertet werden soll (z.B. um die sonst drohende Besteuerung privater Veräußerungsgewinne zu vermeiden), bietet sich folgende Ausweichgestaltung an: 6256

Ein Veräußerungsgeschäft liegt nicht vor, wenn im ersten Schritt der Gegenstand des Privatvermögens (z.B. die Immobilie) und die Schulden in eine vermögensverwaltende Gesellschaft eingebracht werden. Da die vermögensverwaltende Gesellschaft zunächst weiter schlichtes Privatvermögen hält, ergeben sich keine Wertänderungen. Aus dieser GbR bzw. KG wird sodann eine gewerblich geprägte GmbH & Co. KG (durch Eintragung in das Handelsregister), die kraft gesetzlicher Fiktion Betriebsvermögen hält. Werden später Anteile an dieser Betriebsvermögen haltenden Gesellschaft übertragen, handelt es sich um Betriebsvermögensschenkungen, so dass die übergehenden Passiva (Rdn. 6255) nicht als Gegenleistung zählen. 6257

In gleicher Weise kann auch im Nachlass ein ertragsteuerlicher »Finanzierungszusammenhang« zwischen positiven Vermögensgegenständen und Schulden, die mit dem betreffenden Objekt an sich nicht zusammenhängen, hergestellt werden, durch Einbringung in eine gewerblich geprägte GmbH & Co. KG. Selbst wenn diese Einbringung sich unmittelbar – als entgeltliche, Rdn. 2583 ff. – vollzieht, so dass bspw. AfA-Potenzial generiert wird, hat sie jedenfalls den weiteren positiven Nebeneffekt, dass das Darlehen im Betriebsvermögen die dortigen Einkünfte für die Ertragswertermittlung steuerlich wirksam mindert. 6258

5. »Austauschrenten« (wiederkehrende Leistungen mit ertragsteuerlichem Gegenleistungscharakter)

Besonders schwierig ist die Abgrenzung der sog. »Austauschrenten« einerseits ggü. den nachstehend (E, Rdn. 6317 ff.) zu behandelnden Versorgungsleistungen andererseits (mit der Folge des Sonderausgabenabzugs, umgekehrt der Versteuerung gem. § 22 EStG als sonstige Bezüge, allerdings ohne ertragsteuerliche Entgeltlichkeit auszulösen) und schließlich den Unterhaltsleistungen (die dem Abzugsverbot des § 12 Nr. 2 EStG unterliegen). 6259

Der sog. »Vierte Rentenerlass«[1116] des BMF fasst die seit den BFH-Urteilen des Großen Senats im Jahr 1990 ergangene Rechtsprechung unter Berücksichtigung der Änderungen durch das Jahressteuergesetz 2008 übersichtlich zusammen; die nachstehend zitierten Tz. beziehen sich auf diesen Erlass. Hiernach können »Austauschrenten« (Rdn. 6326), also wiederkehrende Leistungen mit Gegenleistungscharakter, bei Übertragung von Privatvermögen in folgenden Fällen gegeben sein: 6260

1114 BFH, BStBl. 1991 II, S. 450.
1115 BMF, Schreiben v. 07.08.1992, BStBl. I, S. 522 Tz. 28.
1116 BMF-Schreiben betreffend die einkommensteuerliche Behandlung von wiederkehrenden Leistungen im Zusammenhang mit einer Vermögensübertragung, 11.03.2010, BStBl 2010 I, S. 227 ff. = ZEV 2010, 212 ff.; Vorgängererlasse: Dritter Rentenerlass v. 16.09.2004, BStBl. 2004 I, S. 922 = ZEV 2004, 415; Zweiter Rentenerlass v. 26.08.2002, BStBl. 2002 I, S. 1617, Erster Rentenerlass v. 23.12.1996, BStBl. 1996 I, S. 1508.

Kapitel 13

a) Vollentgeltliche Übertragung bei kaufmännisch abgewogener Rente

6261 Wenn die Beteiligten Leistung und Gegenleistung nach kaufmännischen Gesichtspunkten gegeneinander abgewogen haben und subjektiv von der Gleichwertigkeit der beiderseitigen Leistungen ausgehen[1117] – orientiert an der voraussichtlichen Lebenserwartung des Veräußerers[1118] – liegt tatsächlich ein »Kaufvertrag mit verrenteter Gegenleistung« vor. Es entstehen demnach Anschaffungskosten i.H.d. Barwerts der Rente oder dauernden Last, bei letzterer ist als Jahreswert der voraussichtlich im Durchschnitt der Jahre zu entrichtende Betrag zugrunde zu legen. Der Barwert der Rente (»Anteil der Vermögensumschichtung«) wird gem. §§ 12 ff. BewG (bei lebenslänglichen Leistungen nach der gem. § 14 Abs. 1 Satz 4 BewG jährlich neu erlassenen Tabelle) oder aber nach versicherungsmathematischen Grundsätzen[1119] berechnet, Tz. 69 des IV. Rentenerlasses. Die Anschaffungskosten sind ihrerseits Bemessungsgrundlage für Abschreibungen, soweit sie auf ein der Einkünfteerzielung dienendes abnutzbares Wirtschaftsgut (z.B. vermietetes Gebäude) entfallen.

6262 Der **Zinsanteil** der Veräußerungsleibrenten[1120] (und analog der Veräußerungs-Dauer-Lasten[1121]) ist (vgl. Tz. 71 des IV. Rentenerlasses) gemäß der Ertragsanteiltabelle des § 22 Nr. 1 Satz 3 Buchst. a), bb) EStG (ggf. i.V.m. § 55 EStDV) zu ermitteln oder aber (bei dauernden Lasten) nach finanzmathematischen Grundsätzen unter Verwendung eines Zinsfußes von 5,5 % auf die voraussichtliche Laufzeit nach der Allgemeinen Deutschen Sterbetafel.[1122] Die Zinsanteile von Veräußerungsrenten/dauernden Lasten schaffen keine Anschaffungskosten beim Erwerber, können jedoch bei Einkünfteerzielung (z.B. Vermietung und Verpachtung, auch an den bisherigen Eigentümer als Sonderform des »Stuttgarter Modells«, Rdn. 1828 ff.) im Zeitpunkt des Abflusses (§ 11 Abs. 2 Satz 2 EStG) als Werbungskosten bzw. Betriebsausgaben abgezogen werden, und zwar i.H.d. jeweils in den einzelnen Zahlungen enthaltenen Zinsanteile, sofern kein Abzugsverbot (wie etwa in § 20 Abs. 9 EStG: Abgeltungsteuer) greift.

6263 Beim Veräußerer (Rentenbezieher) entstehen in entsprechender Höhe Veräußerungsentgelte hinsichtlich des Barwerts der wiederkehrenden Leistungen (die z.B. bei der Ermittlung des Gewinns aus Spekulationsgeschäften von Bedeutung sind, vgl. Tz. 74: ein Gewinn aus privatem Veräußerungsgeschäft entsteht erstmals in dem Veranlagungszeitraum, in dem die die Summe der Veräußerungsentgeltanteile die um die gezogene AfA geminderten Anschaffungs- bzw. Herstellungskosten zuzüglich der Veräußerungskosten übersteigt). Handelt es sich jedoch beim rentenfinanzierten Gegenstand um eine Kapitalgesellschaftsbeteiligung im Privatvermögen (§ 17 EStG), gilt ab 2009 (Abgeltungsteuer) die Abzugsbeschränkung des § 20 Abs. 9 EStG auf 801,00/1.602,00€/Jahr (Einzel-/Zusammenveranlagung), sofern nicht die Optionsmöglichkeit des § 32d Abs. 2 Nr. 3 EStG besteht und wahrgenommen wird, so dass die Beteiligung »wie Betriebsvermögen« gilt, vgl. Tz. 74 des IV. Rentenerlasses und Rdn. 6282.

6264 Hinsichtlich des Zinsanteils gilt auf Veräußererseite: Der in **Veräußerungsleibrenten** enthaltene Ertragsanteil (der durch das Alterseinkünftegesetz deutlich herabgesetzt wurde) ist vom Rentenempfänger gem. § 22 Nr. 1 Satz 3 Buchst. a), bb EStG als sonstiger Bezug zu versteuern; der in Ver-

---

1117 Gemäß BFH (BStBl. 1997 II, S. 813) genügt allerdings die objektive Gleichwertigkeit der beiderseitigen Leistungen, auch wenn sie nicht vom subjektiven Tatbestand erfasst ist.
1118 Daher keine Austauschrente bei einem »Kaufpreis« von 122.500,00 DM, der bei einem 85-jährigen Veräußerer in Monatsraten von 500,00 DM getilgt werden soll: BFH, 05.11.2003 – X R 55/99, DStR 2004, 989.
1119 R 6.2 EStR 2005, H 6.2 »Rentenverpflichtung« EStH 2005; vgl. zum Folgenden umfassend *Brandenberg*, NWB 2006, 2489 ff. = Fach 3, S. 14091 ff.
1120 BFH, 25.11.1992 – X R 91/89, BStBl 1996 II 666; auch hinsichtlich der Erhöhungs- oder Mehrbeträge bei Leibrenten aufgrund einer Wertsicherungsklausel zählt nur der Ertragsanteil, BFH, 19.08.2008 – IX R 56/07, BStBl 2010 II 24.
1121 BFH, 09.02.1994 – IX R 110/90, Tz. 61 des IV. Rentenerlasses.
1122 Aktuelle Sterbetafel des Statistischen Bundesamtes, kostenfrei zu beziehen unter www.destatis.de.

D. Überlassungsvereinbarungen mit Entgeltcharakter Kapitel 13

äußerungs-Dauernden-Lasten enthaltene Zinsanteil stellt wirtschaftlich ein Entgelt für die Stundung des Veräußerungspreises dar, das auf die Laufzeit der wiederkehrenden Leistungen zu verteilen ist und in dieser Höhe Einkünfte aus Kapitalvermögen gem. § 20 Abs. 1 Nr. 7 EStG darstellt (Tz. 75 des IV. Rentenerlasses), was wegen des Sparerfreibetrages zu Vorteilen führt.[1123] Die Besteuerung des in den Veräußerungs-Dauer-Lasten enthaltenen Zinsanteils unterliegt der Abgeltungssteuer (§ 32d Abs. 3 i.V.m. Abs. 1 EStG), sofern nicht – wie in aller Regel – Verpflichteter und Berechtigter einander nahe stehende Personen sind, so dass gem. § 32d Abs. 2 Nr. 1 lit. a) EStG abweichend der persönliche Steuersatz gilt,[1124] vgl. Rdn. 2874 ff.

Berechnungsbeispiel (unter zusätzlicher Beachtung der Besonderheiten einer teilentgeltlichen Übertragung) siehe Rdn. 6268.

Eherechtlich können auch Veräußerungsrenten im Fall einer Scheidung nicht (in Höhe des noch vorhandenen Rentenstammrechts) dem Zugewinnausgleich, sondern dem **Versorgungsausgleich** unterfallen, obwohl der veräußerte Gegenstand »an sich« dem Güterrecht zuzuordnen war und aufgrund seiner Veräußerung güterrechtlich nun nicht mehr erfasst wird. Demnach kann es im Scheidungsfall zu einer vollständigen Teilung der Veräußerungsrente kommen, selbst wenn der veräußerte Gegenstand seinerseits beispielsweise im Rahmen des Zugewinnausgleichs tatsächliches oder fiktives Anfangsvermögen und damit zugewinnausgleichsfrei war, oder Gütertrennung vereinbart war. Der BGH[1125] stellt entscheidend darauf ab, ob die Veräußerungsrente auf Veranlassung des Veräußerers vereinbart worden ist, der dadurch vordringlich sein Versorgungsinteresse wegen Alters absichern will (und nicht auf Veranlassung des Erwerbers, zur Vermeidung sofortigen Liquiditätsabflusses), und es sich ebenso wenig um einen echten Ratenkauf handelt, also schlichte Entgeltfunktion vorliegt.

6265

▶ **Hinweis:**

Um das ursprünglich vorhandene güterrechtliche Konzept aufrechtzuerhalten, sollte in diesen Fällen erwogen werden, eine auf dieses Einzelanrecht bezogene Ausschlussvereinbarung nach § 6 Abs. 1 Satz 2 Nr. 2 VersAusglG zu beurkunden und gegebenenfalls den Gegenstand als Vermögensobjekt auch im Anfangsvermögen (hinsichtlich des Zugewinnausgleichs) unberücksichtigt zu lassen.

6266

b) Teilentgeltliche Übertragung

Eine **teilentgeltliche Vermögensübertragung** gegen wiederkehrende Austauschrente liegt vor, wenn die Beteiligten Leistungen und Gegenleistungen nach kaufmännischen Gesichtspunkten dergestalt gegeneinander abgewogen haben, dass – auch nach ihrem Bewusstsein – der Wert des übertragenen Vermögens höher ist als der Barwert der wiederkehrenden Leistungen. Hinsichtlich der Behandlung beim Verpflichteten (Anschaffungskosten hinsichtlich des Kapitalanteils, ggf. Werbungskostenabzug für den Zinsanteil) und der Behandlung beim Berechtigten (Veräußerungsentgelt; Zinsanteil als Einkünfte aus Kapitalvermögen bzw. sonstige Einnahmen) gilt Gleiches wie oben Rdn. 6261 ff. Hierzu[1126]

6267

1123 Der BFH (X R 32–33/01, BStBl. 2002 II, S. 183) hatte wegen dieser Ungleichbehandlung vergeblich das BVerfG angerufen, um den Abzug nicht verbrauchter Sparerfreibeträge auch für Veräußerungsleibrenten zu erlangen.
1124 BMF-Schreiben v. 22.12.2009, BStBl 2010 I 94, unter Beachtung der Änderungen durch BMF-Schreiben v. 16.11.2010, BStBl 2010 I 1305.
1125 BGH, 21.11.2013 – XII ZB 403/12, MittBayNot 2014, 339, hierzu Anm. *Reetz*, MittBayNot 2014, 313 ff.
1126 Im Anschluss an *Deutschländer*, NWB 2013, 3636, 3640 ff.

▶ Beispiel:

6268 Eltern (Vater: 67 Jahre, Mutter: 65 Jahre) übertragen ein bebautes Grundstück mit Wirkung zum 01.06.1012 an die Tochter C und lassen sich eine auf Lebenszeit des Längerlebenden (§ 428 BGB) zu leistende dauernde Last in Höhe von 700€ monatlich zusagen. Die Tochter vermietet das erworbene Objekt (Kaltmiete monatlich 1.200€). Die ursprünglichen Gebäudeanschaffungskosten der Eltern hatten 275.000€ betragen, die Anschaffungswerte sind nicht durch Abschreibungen gemindert, da das Objekt bisher zu eigenen Wohnzwecken benutzt wurde. Anschaffungsnebenkosten (Notar- und Grundbuchkosten) sind in Höhe von 800€ angefallen. Der aktuelle Verkehrswert des übertragenen Grundstücks beträgt laut Gutachten 140.000€, davon entfallen auf Grund und Boden 20 %.

Zur Ermittlung, ob ein entgeltliches oder teilentgeltliches Geschäft vorliegt, ist der Verkehrswert des Objekts (140.000€) dem kapitalisierten Jahreswert der Rente, unter Berücksichtigung des Vervielfältigers für den längerlebenden Elternteil (Mutter) gemäß Tabelle 8 zu § 14 Abs. 1 BewG, gegenüberzustellen. Der kapitalisierte Wert errechnet sich als Jahreswert 8.400€ (700 × 12) × 12,468 = 104.732€, beträgt also ca. 75 % des festgestellten Verkehrswerts. Da die von der Finanzverwaltung zugestandene Bagatellgrenze von 10 % (Vollentgeltlichkeit, sobald der Barwert der wiederkehrenden Leistung 90 % des Verkehrswerts erreicht) überschritten ist, liegt eine teilentgeltliche Grundstücksübertragung vor. Damit sind zusätzlich die Wertungen aus dem BMF-Schreiben vom 13.01.1993 unter Berücksichtigung der Änderung durch das BMF-Schreiben vom 26.02.2007[1127] heranzuziehen. Die Anschaffungsnebenkosten (800€) sind dem entgeltlichen Teil, also den Anschaffungskosten, zuzurechnen.

Aufgrund der Teilentgeltlichkeit sind demnach zwei AfA-Reihen fortzuführen (Trennungstheorie): Auf den unentgeltlichen Anteil entfallen: 275.000€ × 2 % × 7/12 (sieben Monate Vermietung im Jahr 2012) × 25 % = 803€. Die Abschreibung für den entgeltlichen Teil beträgt 80 % (Minderung um den Grund- und Bodenanteil) von 105.532€ (Jahreswert der Rente zuzüglich Erwerbsnebenkosten), das sind 84.426€, hieraus 2 % × 7/12 × 75 % = 739€.

Daneben kann die Tochter den Zinsanteil, der in den wiederkehrenden Leistungen enthalten ist, als Schuldzinsen abziehen, und zwar in voller Höhe (da der Barwert der dauernden Last geringer ist als der Verkehrswert des Objekts, müssen die Zahlungen vollständig auf die erworbene Immobilie entfallen, es kann sich nicht um nichtabziehbare Zuwendungen nach § 12 Nr. 2 EStG handeln, wie bei sogenannten überentgeltlichen Leistungen gemäß Rdn. 6269 ff.): Zinsanteil gemäß § 22 Nr. 1 Satz 3 lit. a bb) ErbStG: Zinsanteil für den Vater: 350€ × 17 % (Ertragsanteil bei 67 Jahren) × 7 Monate = 417€, Ertragsanteil für die Mutter: 350€ × 18 % (Ertragsanteil bei 65 Jahren) × 7 Monate = 441€, Gesamtsumme also für das Jahr 2012: Zinsanteil 858€.

Die Tochter kann also für das Jahr 2012 Werbungskosten in Höhe von 803+739+858 =2.400€ geltend machen

Aus Sicht der berechtigten Eltern sind die Zinseinkünfte in Höhe von 858€ zu versteuern, gemäß §§ 20 Abs. 1 Nr. 7, 32d Abs. 3 EStG (ohne Abzug des Sparerpauschbetrags i.S.d. § 20 Abs. 9 EStG in Höhe von 1.602€, wegen § 32d Abs. 2 Satz 1 Nr. 1 Satz 2 EStG). Die Besteuerung erfolgt in Höhe des individuellen Steuersatzes, da es sich um nahestehende Personen handelt, vgl. § 32d Abs. 3 i.V.m. Abs. 2 Satz 1 Nr. 1 Buchstabe a EStG.

c) »Überentgeltliche« Rente

6269 In dem ggü. Rdn. 6267 inversen Fall einer kaufmännischen Abwägung von Leistung und Gegenleistung dergestalt, dass der Barwert der wiederkehrenden Leistungen den Wert des übertragenen

---

[1127] BStBl. 2007 I, 269, vgl. Rdn. 5699.

D. Überlassungsvereinbarungen mit Entgeltcharakter **Kapitel 13**

Vermögens übersteigt, ist bzgl. des Kaufpreises bis zur Höhe des Vermögenswerts Vollentgeltlichkeit anzunehmen; der übersteigende Betrag stellt eine steuerlich irrelevante Unterhaltszuwendung gem. § 12 Nr. 2 EStG dar (übersteigt der Barwert der wiederkehrenden Leistungen gar den Wert des übertragenen Vermögens um mehr als 100 %, liegt gem. Tz. 66 des IV. Rentenerlasses insgesamt eine steuerlich unbeachtliche Unterhaltszuwendung i.S.d. § 12 Nr. 2 EStG vor; aus Sicht des Verpflichteten handelt es sich insgesamt um ein einkommensteuerlich – nicht schenkungsteuerlich und nicht zivilrechtlich! – unentgeltliches Geschäft mit Buchwertfortführung). Korrespondierend führt allerdings der (anteilig übersteigende bzw. der gesamte) unbeachtliche Anteil auch beim Bezieher der Leistung zu keinen Veräußerungsgewinnen in Höhe des Kapitalwertes oder steuerpflichtigen Einkünften gem. §§ 21 oder 22 EStG hinsichtlich des Zinsanteils.[1128]

Das folgende, der Tz. 49 des III. Rentenerlasses nachgebildete Beispiel erläutert die Behandlung einer »überentgeltlichen« Austauschrente nach altem Recht (Barwert der wiederkehrenden Leistungen beträgt zwischen 100 und 200 % des übertragenen Vermögenswerts):

▶ Beispiel:

V überträgt seinem Sohn E im Jahr 2007 Wertpapiere im Kurswert von 200.000,00 € gegen eine lebenslängliche, die hieraus erzielbaren Erträge deutlich übersteigenden,[1129] Rente i.H.v. monatlich 3.900,00 € (Jahresbetrag 46.800,00 €; Barwert 351.515,00 €). Zunächst ist der steuerlich irrelevante Unterhaltsanteil herauszurechnen: Der Barwert der Rente übersteigt den Verkehrswert des Vermögens um 151.515,00 €, d.h. um 43,1 % des Gesamtbarwerts der Rente i.H.v. 351.515,00 €. Die Jahreszahlung von 46.800,00 € ist also um die steuerlich nicht zu berücksichtigenden 43,1 % zu kürzen, so dass jährlich 26.630,00 € verbleiben. Diese sind in einen Tilgungs- und Zinsanteil zu zerlegen. Der gemäß Ertragsanteilstabelle des § 22 EStG ermittelte Zinsanteil der Veräußerungsleibrente (der Veräußerer sei bei Rentenbeginn 62 Jahre alt) beträgt 21 %, also 5.592,00 €; diesen Betrag kann E als Werbungskosten bei seinen Einkünften aus Kapitalvermögen abziehen; der Veräußerer hat ihn nach § 22 Nr. 1 Satz 3a EStG zu versteuern.

6270

d) Zeitrenten

Erfolgt eine Vermögensübertragung gegen wiederkehrende Leistungen
(1) auf bestimmte Zeit
(2) oder zwar auf Lebenszeit des Berechtigten, maximal jedoch auf eine bestimmte Zeit (sog. »abgekürzte Leibrente/dauernde Last«)
(3) oder aber zwar auf Lebenszeit des Berechtigten, mindestens jedoch auf eine bestimmte Zeit (sog. »verlängerte Leibrente/dauernde Last«, sofern die Mindestlaufzeit die allgemeine statistische Lebenserwartung des Berechtigten übersteigt[1130]),
handelt es sich in aller Regel um Austauschrenten mit Entgeltcharakter, und zwar auch dann, wenn die Höhe von Leistungen und Gegenleistungen nicht wie unter fremden Dritten nach kaufmännischen Gesichtspunkten abgewogen wurde.

6271

Auch insoweit liegen
(1) Anschaffungskosten (bzw. aus Sicht des Übertragenden Veräußerungserlöse) i.H.d. (bei Mindestzeitrenten gem. § 13 Abs. 1 BewG i.V.m. Anlage 9a, bei abgekürzten Leibrenten nach § 13 Abs. 1 Satz 2 BewG i.V.m. § 14 BewG) zu ermittelnden Barwerts vor;

6272

1128 § 22 Nr. 1 Satz 2 EStG analog.
1129 Daher keine Vermögensübergabe gegen Versorgungsleistungen. Am Erfordernis eines dem Grunde nach existenzsichernden Wirtschaftsguts fehlt es seit BFH, GrS 1/00, DStR 2003, 1696 nicht mehr.
1130 Andernfalls liegt insgesamt eine Kaufpreisleibrente [mit Abzug lediglich des Ertragsanteils] vor, d.h. keine Aufspaltung in eine Zeitrente und eine, auf deren Ablauf aufschiebend bedingte, Leibrente: BFH, 19.08.2008 – IX R 56/07, EStB 2009, 13.

(2) beim Zinsanteil ist zu differenzieren: Handelt es sich um wiederkehrende Leistungen auf Lebenszeit (kaufmännisch abgewogene Leibrenten), abgekürzte Leibrenten oder abgekürzte dauernde Lasten, die nicht dem Typus von Kaufpreisraten entsprechen, ist der Zins-(= Ertrags)Anteil bei Leibrenten nach der Tabelle in § 22 Nr. 1 Satz 3 Buchst. a) bb) EStG, bei abgekürzten Leibrenten gemäß Tz. 79 des IV. Rentenerlasses in Anlehnung an die Ertragswerttabelle des § 55 Abs. 2 EStDV zu bestimmen; er führt beim Empfänger zu sonstigen Leistungen nach § 22 Nr. 1 Satz 3a EStG, beim Zahlenden allenfalls zu Werbungskosten/Betriebsausgaben je nach Vorliegen einer Einkunftsart (kein Abzug nach § 10 Abs. 1a Satz 1 Nr. 2 EStG als Sonderausgaben!).

6273 Liegen dagegen Zeitrenten oder abgekürzte Leibrenten oder Leibrenten mit Mindestlaufzeit vor, die eher dem Typus von Kaufpreisraten entsprechen (z.B. Leibrenten, deren Mindestlaufzeit höher ist als die statistische Lebensdauer, Tz. 79 des IV. Rentenerlasses) ist der Zinsanteil als Unterschiedsbetrag zwischen der Summe der jährlichen Zahlungen und der jährlichen Minderung des Barwerts zu ermitteln. Letzterer bestimmt sich nach § 13 Abs. 1 BewG, bei verlängerten Leibrenten oder dauernden Lasten nach § 13 Abs. 1 Satz 2 i.V.m. § 14 BewG, oder vereinfachend in Anlehnung an die Ertragswerttabelle des § 55 Abs. 2 EStDV. In dieser Höhe liegen dann beim Empfänger Einkünfte aus Kapitalvermögen nach § 20 Abs. 1 Nr. 7 EStG vor, während beim Zahlenden wiederum allenfalls Werbungskosten/Betriebsausgaben verwirklicht sein können (kein Sonderausgabenabzug).

6274 Unter Geltung des III. Rentenerlasses konnten ausnahmsweise Versorgungsleistungen (nachstehend E, Rdn. 6317 ff.) in der Fallgruppe Rdn. 6271 ff. dann vorliegen, wenn die zeitliche Beschränkung dem erwarteten künftigen Wegfall des Versorgungsbedürfnisses des Berechtigten Rechnung trägt (z.B. wiederkehrende Leistungen bis zum erstmaligen Bezug der gesetzlichen Altersrente vereinbart sind, Tz. 58 des III. Rentenerlasses[1131]). Tz. 56 des IV. Rentenerlasses hat diese besondere Fallgruppe nicht fortgeführt, so dass nur bei Leistungen auf Lebenszeit des Empfängers Versorgungsrenten i.S.d. § 19 Abs. 1 Nr. 1a EStG gegeben sein können.

e) »Ungewollte Austauschrenten«

6275 »Ungewollte Austauschrenten« konnten entstehen bei Sachverhalten des vor dem III. Rentenerlass sog. »Typus 2«, also bei der Vermögensübertragung gegen wiederkehrende Leistungen, deren Höhe sich zwar durchaus am Versorgungsbedarf des Veräußerers orientiert, jedoch nicht aus dem durchschnittlichen Ertrag des übertragenen Objekts (zzgl. Abschreibung) erwirtschaftet werden kann. Während vor der Entscheidung des Großen Senates des BFH[1132] das Vorliegen unzureichender Vermögenserträge nicht infrage stellte, dass gleichwohl dem Grunde nach Versorgungsrenten (und damit eine ertragsteuerlich unentgeltliche Übertragung) vorliegen – lediglich die für das Vorliegen einer dauernden Last erforderliche Abänderbarkeit musste ausdrücklich vereinbart sein, wurde also nicht vermutet – handelt es sich seit dem Dritten Rentenerlass[1133] i.H.d. kapitalisierten Werts der dauernden Last/Leibrente um Entgelt, also Anschaffungskosten/Veräußerungserlöse handeln (s. hierzu Rdn. 6360 mit erläuterndem Beispiel Rdn. 6361).

6276 In gleicher Weise behandelt die Finanzverwaltung (unabhängig von den subjektiven Vorstellungen der Beteiligten, die regelmäßig nicht auf entgeltlichen Leistungsaustausch, sondern auf Versorgungsmotive gerichtet sind) solche wiederkehrenden Leistungen als Austauschrenten, die für eine nicht existenzsichernde und damit dem Grunde nach **nicht** für das Institut der »Vermögensüber-

---

1131 Vgl. BFH, ZEV 1994, 187, und ZEV 1995, 1119; ferner *Trompeter*, DStR 1995, 973; krit. hierzu *Spiegelberger*, ZEV 2002, 446.
1132 BFH, 12.05.2003 – GrS 1/00, BStBl. 2004 II, S. 95.
1133 Tz. 49 des Dritten Rentenerlasses v. 16.09.2004 (DStR 2004,1696, 1700) – Behandlung als Austauschleistungen, wenn keine existenzsichernde oder keine ausreichend ertragbringende Wirtschaftseinheit vorliegt.

D. Überlassungsvereinbarungen mit Entgeltcharakter   **Kapitel 13**

gabe gegen Versorgungsleistungen« **taugliche Wirtschaftseinheit** gewährt werden (etwa Objekte unter Totalvorbehaltsnießbrauch des Veräußerers), oder seit 2008 im Zusammenhang mit Vermögen stehen, das **nicht** i.S.d. § 10 Abs. 1a Satz 1 Nr. 2 EStG begünstigungsfähig ist,[1134] oder aber nicht auf Lebensdauer entrichtet werden, oder schließlich nicht aus den Erträgen des übertragenen Vermögens finanziert werden können (Tz. 57 des IV. Rentenerlasses), vgl. im einzelnen Rdn. 6376 ff.

▶ Hinweis:

Der Notar kann angesichts der ihm vorliegenden Unterlagen selten mit der erforderlichen Bestimmtheit prüfen, ob das i.d.R. erstrebte Ziel einer Vermögensübergabe gegen Versorgungsleistungen insb. in einem gefährdeten Kontext (wo ungewollte Austauschrenten zur Besteuerung von Veräußerungsgewinnen führen können) erreicht werden kann oder nicht. Er sollte daher in diesen Fallgestaltungen unbedingt empfehlen, zuvor den steuerlichen Berater zu konsultieren, der die erforderlichen Ertragsrechnungen, Kapitalisierungen und Berechnungen des möglichen Zahlbetrags einer Steuer vornehmen kann.   6277

f) Kaufpreisrenten bei Betriebsvermögen

Wird ein **Betrieb, Teilbetrieb, Mitunternehmeranteil oder eine Beteiligung an einer Kapitalgesellschaft** (Letztere i.S.d. § 17 EStG, obwohl steuerrechtlich Privatvermögen) gegen wiederkehrende Kaufpreisrenten i.S.d. Rdn. 6330 veräußert, entsteht ggf. ein **Veräußerungsgewinn** (zur erbschaftsteuerlichen Bewertung gem. § 23 ErbStG vgl. Rdn. 4991). Sofern die Kaufpreisratenzahlung auf Lebenszeit, mindestens jedoch während eines mehr als 10-jährigen Zeitraums[1135] zu entrichten ist[1136] (R 16 Abs. 11, R 17 Abs. 7 Satz 2 EStR 2005), kann der Veräußerer wählen[1137] zwischen   6278

(1) der ermäßigten Sofortbesteuerung des entstehenden Aufgabegewinns (Barwert der Rente nach BewG – Zinssatz vorbehaltlich abweichender Vereinbarung 5,5 % – abzgl. Veräußerungskosten und abzgl. Buchwert des steuerlichen Kapitalkontos; ggf. begünstigt nach §§ 16 Abs. 4, 34 Abs. 1 und 3 EStG). Die in den späteren Rentenzahlungen[1138] enthaltenen Ertragsanteile sind sonstige Einkünfte, die im Zuflusszeitraum nach § 22 Nr. 1 Satz 3 Buchst. a) EStG zu versteuern sind), oder aber

(2) der Zuflussbesteuerung bzw. Sukzessivbesteuerung, vgl. R 16 Abs. 11 EStR 2005 (Leibrenten, Zeitrenten und Kaufpreisraten mit mehr als 10-jähriger Laufzeit)[1139] sowie R 17 Abs. 7 Satz 2 EStR 2005 (bei der Veräußerung von Anteilen gem. § 17 EStG).[1140] Der nachträgliche gewerbliche Gewinn wird ohne Tarifermäßigung (aber gewerbesteuerfrei) versteuert; endet die

---

1134 Vgl. hierzu *Paus*, NWB 2014, 992 ff.
1135 Demnach kein Wahlrecht zur (nicht tarifbegünstigten) Besteuerung als nachträgliche Betriebseinnahmen bei Monatsrenten der öffentlichen Hand als Gegenleistung für die landwirtschaftliche Betriebsaufgabe (Vorruhestandsbeihilfe) mit einer Laufzeit von 5 Jahren, BFH, 11.11.2010 – IV R 17/08, EStB 2011, 92.
1136 BFH, 20.07.2010 – IX R 45/09, EStB 2010, 402 verlangen zusätzlich, dass die Vertragsvereinbarung zu erkennen gebe, der Veräußerer wolle sich dadurch eine Versorgung schaffen.
1137 Zu den dabei anzustellenden Überlegungen *Paus*, EStB 2012, 464 f.
1138 Spätere Rentenerhöhungen aufgrund einer Wertsicherungsklausel lassen den (begünstigt versteuerten) Veräußerungsgewinn unverändert, erhöhen jedoch den Ertragsanteil der steuerpflichtigen Rentenbezüge. Auch die Anschaffungskosten des Erwerbers bleiben unverändert (BFH, BStBl. 1967 III, S. 699); der Erhöhungsbetrag ist jedoch zusätzlicher betrieblicher Aufwand (BFH, BStBl. 1984 II, S. 109).
1139 H 16 Abs. 11 EStH 2005, Stichwort »Zeitrente«.
1140 Mit Einführung des Halbeinkünfteverfahrens (§ 3 Nr. 40 EStG) führte die Zuflussbesteuerung bei der Veräußerung von Kapitalgesellschaftsanteilen zu ungerechtfertigten Steuervorteilen, da die Zinsanteile (anders als bei der Sofortbesteuerung) ohne körperschaftsteuerliche Belastungen dem Halbeinkünfteverfahren unterliegen würden, daher hat BMF v. 03.08.2004, DStR 2004, 1428 (hierzu *Gragert*, NWB Fach 3, S. 13041 und *Patt*, EStB 2004, 410 ff.) das Wahlrecht entsprechend modifiziert.

Rente vor der statistischen Erwartung, wird dies nach Auffassung der Finanzverwaltung nur bei der Zufluss-, nicht bei der Sofortbesteuerung erfasst.

6279 Bei Wahl der Sukzessivbesteuerung ist wiederum zu differenzieren zwischen Veräußerungen vor dem 01.01.2004 und danach:
(1) Bei Veräußerungen vor dem 01.01.2004 stellten im Fall der Zuflussversteuerung die Rentenzahlungen in voller Höhe nachträgliche Betriebseinnahmen i.R.d. Einkünfte aus Gewerbebetrieb dar, die mit dem steuerlichen Kapitalkonto und den vom Veräußerer getragenen Veräußerungskosten zu verrechnen waren. Veräußerungsgewinn entstand erst dann, wenn die Rentenzahlungen das steuerliche Kapitalkonto zuzüglich etwaiger Veräußerungskosten überstiegen; der Freibetrag nach § 16 Abs. 4 EStG und steuerliche Vergünstigungen nach § 34 Abs. 1, Abs. 3 EStG sind nicht zu gewähren. Unter dem Regime des Halbeinkünfteverfahrens würden bei der Veräußerung von Anteilen an einer Kapitalgesellschaft gem. § 17 EStG auch die Zinsanteile dem Halb-Einkünfteverfahren unterliegen, was eine ungerechtfertigte Privilegierung darstellt. Daher wurde für solche Vorgänge der Besteuerungsmodus durch Erlass v. 03.08.2004[1141] modifiziert, so dass im Ergebnis der Zinsanteil bei Leibrenten als sonstige Einkünfte i.S.d. § 22 Nr. 1 Satz 3 Buchst. a) EStG, bei Kaufpreisraten als Einkünfte aus Kapitalvermögen (ggf. nach Abzug des Sparerfreibetrags) gem. § 20 Abs. 1 Nr. 7 EStG in vollem Umfang der Besteuerung unterliegt, während lediglich beim Tilgungsanteil das Halb-Einkünfteverfahren nach § 3 Nr. 40 Buchst. c) EStG anzuwenden ist.

6280 (2) Bei Veräußerungen nach dem 01.01.2004 wurde durch den genannten Erlass bei Wahl der Zuflussbesteuerung das Besteuerungsverfahren in allen Fällen, gleichgültig, ob das Halb-, ab 2009 Teileinkünfteverfahren, zur Anwendung kommt oder nicht, geändert.[1142] Demnach erfolgt stets eine Aufspaltung in einen Zins- und einen Tilgungsanteil:

6281 Werden **Betriebe veräußert**, handelt es sich bei dem Zinsanteil um nachträgliche Einkünfte aus Gewerbebetrieb i.S.d. §§ 15, 24 Nr. 2 EStG, die stets in vollem Umfang im Jahr des Zuflusses der Besteuerung unterliegen, während der Tilgungsanteil erst ab dem Jahr, in dem der Buchwert des steuerlichen Kapitalkontos zuzüglich etwaiger Veräußerungskosten überschritten wird, als nachträgliche Einkünfte aus Gewerbebetrieb zu erfassen ist. Freibetrag nach § 16 Abs. 4 EStG und Tarifermäßigung nach §§ 34 Abs. 1, Abs. 3 EStG sind nicht zu gewähren. Gleiches gilt für Kaufpreisraten; die Aufteilung in Zins- und Tilgungsanteil erfolgt gem. Tabelle 2 zu § 12 Bewertungsgesetz oder – aus Vereinfachungsgründen – in Anlehnung an die Ertragswerttabelle des § 55 Abs. 2 EStDV.

6282 Werden **Anteile an Kapitalgesellschaften** i.S.d. § 17 EStG veräußert,[1143] handelt es sich beim Zinsanteil um sonstige Einkünfte i.S.d. § 22 Nr. 1 Satz 3 Buchst. a) EStG (im Fall von Kaufpreisraten: Zinsanteil steuerbar nach § 20 Abs. 1 Nr. 7 EStG, also ab 2009 zur Abgeltungsteuer), die in voller Höhe im Jahr des Zuflusses zu versteuern sind, beim Tilgungsanteil nach Verrechnung mit den Anschaffungskosten der Beteiligung und etwaigen Veräußerungskosten um nachträgliche Einkünfte aus Gewerbebetrieb i.S.d. §§ 17, 24 Nr. 2 EStG, die dem Halbeinkünfte-, ab 2009 dem Teileinkünfteverfahren nach § 3 Nr. 40 Buchst. c) EStG unterliegen.

6283 Für den **Erwerber eines Betriebs** sind die angeschafften Wirtschaftsgüter, einschließlich eines etwaigen Firmenwerts, mit dem kapitalisierten Barwert der Rentenverpflichtung als Anschaffungskosten zu bewerten (Barwertermittlung erfolgt nicht nach dem Bewertungsgesetz, sondern nach

---

1141 BMF, BStBl. 2004 I, S. 1187 = EStB 2004, 363.
1142 Vgl. *Schnitter*, EStB 2005, 223 ff.
1143 Auch dann besteht (praeter legem) das Wahlrecht zwischen Sofortversteuerung des Gewinns oder laufender Besteuerung der Rentenzahlungen als nachträgliche (nicht tarifbegünstigte) gewerbliche Einkünfte, vgl. R 16 Abs. 11 EStR und BFH, 18.11.2014 – IX R 4/14, BStBl 2915 II 526; hierzu *Paus*, EStB 2016, 190 ff.

versicherungsmathematischen Grundsätzen). Zugleich ist dieser Barwert der Rentenverpflichtung zu passivieren. Die jährlichen Barwertminderungen werden als Ertrag behandelt, die Rentenzahlungen als Betriebsausgaben abgezogen. Gewinnwirksam ist demnach die Differenz zwischen den tatsächlichen Rentenzahlungen und der Barwertminderung als dem in den Rentenzahlungen enthaltenen Tilgungsanteil. Diese Konsequenz gilt unabhängig davon, ob der Veräußerer die Sofort- oder die Zuflussversteuerung wählt.

Gewerbesteuerrechtlich werden Renten und dauernde Lasten, die wirtschaftlich mit dem Erwerb eines Betriebs, Teilbetriebs oder Mitunternehmeranteils zusammenhängen, dem Gewinn bei der Ermittlung des Gewerbeertrags wieder hinzugerechnet (§ 8 Nr. 2 GewStG), es sei denn, diese Beträge unterlägen beim Empfänger der Gewerbeertragsteuer. 6284

Die hinzuzurechnenden Renten umfassen betriebliche Veräußerungsleibrenten und betriebliche Versorgungsrenten;[1144] bei Versorgungsleistungen an ausgeschiedene Mitunternehmer oder deren Rechtsnachfolger für frühere Tätigkeiten im Dienst der Gesellschaft liegt jedoch bereits einkommensteuerlich (und damit auch gewerbesteuerlich) Gewinn i.S.d. § 15 Abs. 1 Nr. 2, Abs. 1 Satz 2 EStG vor, so dass eine Hinzurechnung ausscheidet.

6. Positionen ohne ertragsteuerlichen Entgeltcharakter: Nutzungs- und Rückforderungsrechte, Dienstleistungspflichten

Andere als die vorstehend Nr. 1 bis 5 genannten Vorbehalte oder Gegenleistungen führen ertragsteuerlich (also im Sinne des Einkommensteuer- bzw. Körperschaftsteuerrechtes) nicht zu Anschaffungsaufwand (auf Seite des Erwerbers) bzw. Veräußerungsgewinnen (auf Seiten des Veräußerers). Hierzu zählen z.B. **Rückforderungsvorbehalte** (Rdn. 2087 ff.): ertragsteuerlich können sie u.U. dazu führen, dass (insb. bei Betriebsvermögen) die Erwerbsquelle als nicht übergegangen gilt (vgl. Rdn. 2145 ff.), schenkungsteuerlich bewirken sie gem. § 29 ErbStG einen Stornoeffekt (Rdn. 4970 ff.); zivilrechtlich führt die potentielle Pflicht zur Rückübertragung zu einer Minderung der Unentgeltlichkeit um ca 10 – 33 %, vgl. Rdn. 56 ff. 6285

Dienstleistungspflichten (wie etwa Wart- und Pflegeleistungen), die im Zusammenhang mit der Übertragung von Vermögen stehen, können – seit 2008 allerdings nur mehr unter den einschränkenden Voraussetzungen des § 10 Abs. 1a Satz 1 Nr. 2 EStG (also lediglich in Bezug auf Betriebsvermögen i.S.d. Rdn. 6362 ff.) – zum Sonderausgabenabzug berechtigen und beim Bezieher zu sonstigen Einkünften gem. § 22 EStG führen; stehen solche Leistungen im Kontext mit anderen Übertragungsgegenständen (z.B. Immobilien), können sie jedoch »unbeabsichtigte Anschaffungskosten« auslösen, Rdn. 6275 ff. In Ausnahmefällen, insb. außerhalb von Angehörigenverhältnissen, kann eine Immobilienübertragung als »Gegenleistung« für häusliche Pflegeleistungen auch zu Einkünften aus Gewerbebetrieb führen, vgl. Rdn. 1707. Schenkungsteuerlich führen Dienstleistungspflichten, allerdings erst ab dem Zeitpunkt ihrer Erbringung, zu einer Reduzierung der Freigiebigkeit (Rdn. 4864), ebenso zivilrechtlich, dort mit einem Wahrscheinlichkeitswert bereits für die Bereitschaft zur Erbringung als solche, vgl. Rdn. 53 ff. 6286

Auch **Duldungsvorbehalte** (Wohnungsrechts- oder Nießbrauchsvorbehalte), die im Zusammenhang mit Vermögensübertragungen ausbedungen sind, führen weder zu unmittelbaren Anschaffungskosten noch zu Veräußerungsgewinnen. Dies hat bspw. zur Folge, dass bei einem »Verkauf« einer Immobilie gegen Kaufpreis(teil)zahlung und Gewährung eines Wohnungsrechtes bezüglich einer Wohnung für den Verkäufer, im Übrigen zur Vermietung, Abschreibungen und sonstiger Werbungskostenabzug für Instandhaltungs- und Erhaltungsaufwand um den wohnungsrechtsbelasteten Anteil gekürzt werden.[1145] Einkommensteuerlich ist der wohnungsrechtsbehaftete Anteil 6287

1144 Vgl. Abschn. 49 Abs. 2 Satz 1 GewStR 1998.
1145 Vgl. Rz. 50 des BMF-Erlasses v. 30.09.2013, BStBl 2013 I 1184 (»Nießbrauchserlass II«): sofern neben dem vorbehaltenen Wohnungsrecht weitere Gegenleistungen erbracht werden, sich das Wohnungsrecht

»neutral«, insbesondere erzielt der Käufer nicht durch Einräumung des Wohnungsrechtes steuerpflichtige Einkünfte aus Vermietung und Verpachtung »durch Unterlassen«,[1146] das Wohnungsrecht wird vielmehr allein auf der Vermögensebene berücksichtigt.[1147] Zahlungen zur späteren Ablösung eines Wohnungsrechts bilden allerdings nachträgliche Anschaffungskosten.[1148]

6288 Bei der Bemessung des Geschäftswertes zur Ermittlung der Notargebühren ist naturgemäß das Wohnungsrecht (mit dem Multiplikationsfaktor des § 52 GNotKG) mit zu berücksichtigen (sofern nicht der höhere Verkehrswert maßgebend ist, § 97 Abs. 3 GNotKG); bei der Bemessungsgrundlage für die Grunderwerbsteuer (§ 9 Abs. 2 GrEStG) gilt dagegen für die Bewertung des Wohnungsrechtes der Multiplikator nach § 14 Abs. 1 Satz 4 BewG (basierend für 2017 auf der Sterbetafel 2013/2015[1149]).

IV. »Spekulationsbesteuerung« i.R.d. vorweggenommenen Erbfolge

1. Betroffene Objekte

6289 Wertsteigerungen bei dem zur Einkünfteerzielung eingesetzten Immobilienprivatvermögen sind grds. **steuerfrei**, es sei denn, zwischen Anschaffung und Weiterveräußerung[1150] des Grundstücks bzw. grundstücksgleichen Rechtes sind **weniger als 10 Jahre**[1151] vergangen (»private Veräußerungsgeschäfte«). Abweichend von der bis 31.12.1998 geltenden Rechtslage (gesetzlich damals tatsächlich als »Spekulationsgeschäfte« bezeichnet) ist es ohne Bedeutung, ob bereits im Zeitpunkt der Anschaffung eine Veräußerungsabsicht vorlag. Seit 2009 erhöht sich die »Spekulationsfrist« für private Veräußerungsgeschäfte bei anderen Wirtschaftsgütern als Grundstücken, aus denen zumindest in einem Kalenderjahr steuerpflichtige Einkünfte erzielt werden, von einem auf ebenfalls 10 Jahre (z.B. für entgeltlich angeschaffte und veräußerte Nießbrauchsrechte, Anteile an Erbengemeinschaften etc.).

6290 War die Immobilie erst im Jahr der Veräußerung und den beiden vorangegangenen Jahren – sei es auch im ersten Jahr und im dritten Jahr nur zu einem Tag[1152] – zu **eigenen Wohnzwe-**

---

jedoch nur z.B. auf eine Wohnung bezieht, im Übrigen jedoch Fremdvermietung stattfindet, wird der Gebäudewert der wohnungsrechtsbetroffenen Wohnung um den kapitalisierten Wohnungsrechtswert gekürzt, wobei die Beteiligten jedoch plausible andere Zuordnungen des Kaufpreises vornehmen können.

1146 Vgl. etwa FG Hamburg, 15.09.2005 – V 106/05, BeckRS 2005, 26018839.
1147 Vgl. BFH, 21.02.1991 – IX R 265/87, DStR 1991, 742: Erwerb eines Grundstücks gegen Verpflichtung zur Errichtung eines Wohngebäudes und Einräumung eines Wohnungsrechts für den Veräußerer ist Anschaffungsgeschäft; durch OFD Koblenz, 18.04.2006 – S 2253 A – St 31 2, DStR 2006, 946 bereits vor der späteren Änderung des Nießbrauchserlasses Tz. 33 akzeptiert.
1148 BFH, 15.12.1992 – IX R 323/87, DStR 1993, 198.
1149 BMF-Schreiben v. 04.11.2016 – IV C 7 – S 3104/09/10001, BStBl 2016 I 1166.
1150 Daher liegt in der Rückabwicklung als Folge von Vertragsstörungen keine »Veräußerung«, BFH, 27.06.2006 – IX R 47/04, DStRE 2006, 1835, s.a. unten Rdn. 6316.
1151 Die »rückwirkende Verlängerung« auch für Objekte, bei denen der frühere 2-jährige Spekulationszeitraum bereits abgelaufen war, ist nicht verfassungswidrig: BVerfG, 07.07.2010 – 2 BvL 14/02, 2 BvL 2/04, 2 BvL 13/05 BStBl 2011 II 76, erst recht nicht bei Verlängerung der noch laufenden 2-Jahres-Frist: BFH DStRE 2004, 1079. Allerdings dürfen die bis zum 31.03.1999 (Verkündung des »Verlängerungsgesetzes«) in Anspruch genommenen Sonderabschreibungen und AfA-Beträge nicht in die Besteuerung einbezogen werden; BFH, 06.05.2014 – IX R 39/13, ZfIR 2014, 777 m. Anm. *Naujok* verlangt insoweit eine konkrete Ermittlung (keine pauschalierende Verteilung nach Monaten gem. BMF, 20.12.2010 – BStBl 2011 I 14, Ziffer II.1, dem BFH nun folgend BMF v. 18.05.2015, DStR 2015, 1245). Veräußerungskosten mindern in voller Höhe den steuerbaren Anteil, BFH, 06.05.2014 – IX R 27/13, EStB 2016, 11.
1152 BMF, BStBl. 2000 I, S. 1383 ff. Beispiel bei Rn. 25 ebenso BFH, 27.06.2017 – IX R 37/16.

cken[1153], also nicht z.B. als häusliches Arbeitszimmer,[1154] oder als unbebautes benachbartes Gartengrundstück,[1155] genutzt worden, liegt kein privates Veräußerungsgeschäft vor, § 23 Abs. 1 Satz 1 Nr. 1 Satz 3 2. Alt. EStG. Der Eigennutzungszeitraum kann nach Ansicht des BFH sogar verwirklicht werden, wenn noch gar kein Eigentum erlangt war, z.B. bevor die Übertragung in vorweggenommener Erbfolge erfolgte.[1156] Unschädlich ist zwischenzeitlicher Leerstand vor der Veräußerung, wenn diese noch im Jahr der Nutzungsbeendigung erfolgt.[1157] Keine Spekulationsbesteuerung tritt ferner ein (§ 23 Abs. 1 Satz 1 Nr. 1 Satz 3 1. Alt. EStG), wenn zwischen Anschaffung (Besitzübergang) und Veräußerung ununterbrochen Eigennutzung stattfand, auch wenn noch keine drei Veranlagungszeiträume betroffen sind.

Der zur Freistellung von der Spekulationsbesteuerung notwendigen eigenen Wohnnutzung steht allerdings nicht entgegen, dass der Eigentümer das Objekt gemeinsam mit Familienangehörigen oder gar Dritten nutzt, sofern Letztere unentgeltlich wohnen. Dem Eigentümer müssen jedoch Räume verbleiben, die den Wohnungsbegriff erfüllen.[1158] Ausreichen soll auch die unentgeltliche Überlassung zu Wohnzwecken an ein Kind, aber nur ein solches i.S.d. § 32 Abs. 1 bis 5 EStG (also nicht mehr ab dem Überschreiten der dort genannten Altersgrenzen).[1159] Die unentgeltliche Überlassung ausschließlich an andere Angehörige (auch den Ehegatten) verwirklicht jedoch keine Nutzung mehr zu eigenen Wohnzwecken, auch wenn die Angehörigen unterhaltsberechtigt sind.[1160] Wird eine »Zweitwohnung« ausschließlich, wenn auch nicht ununterbrochen, zu eigenen Wohn- (und Erholungszwecken) genutzt, steht sie also zwischen den Aufenthaltszeiträumen des Eigentümers leer (keine Vermietungsabsicht), steht dies der Nutzung zu eigenen Wohnzwecken gleich, dafür spricht auch der im Vergleich zu z.B. § 13 Abs. 1 Nr. 4a bis c ErbStG abweichende Wortlaut (dort: »Familienheim«), und der Umstand, dass der Gesetzgeber Ferienwohnungen nicht wie etwa in § 10e Abs. 1 Satz 2 EStG a.F. oder § 2 Satz 2 EigZulG a.F. ausdrücklich ausgenommen hat.[1161]

Zieht der Eigentümer-Ehegatte bei der Trennung aus und verbleibt der andere in der Wohnung, ohne Eigentümer zu sein, liegt keine Nutzung mehr zu eigenen Wohnzwecken vor. Die Literatur will jedoch die Freistellung aufrechterhalten für den Fall, dass der andere Ehegatte zusammen mit einem kindergeldberechtigten Kind im Gebäude verbleibt.[1162] Sind beide Ehegatten Miteigentümer und zieht einer von ihnen aus, ist die Nutzung zu eigenen Wohnzwecken für jeden Miteigentümer getrennt zu beurteilen. Steuernachteile nach § 23 EStG bei anschließender Veräußerung werden für den im Grundbuch (mit) eingetragenen Ehegatten nur dann vermieden, wenn er anstelle auszuziehen im eigenen bzw. gemeinsamen Anwesen getrennt lebt.

▶ Hinweis:

Zur Vermeidung der »Spekulationsbesteuerung« ist daher, wenn keine anderen Motive, etwa der Haftungsvermeidung, vorrangig sind, zu empfehlen, die Vermögensgüter zu Alleineigentum des Ehegatten zu erwerben, der sie bei einer späteren Auseinandersetzung auch behalten soll.

1153 Übersicht hierzu bei *Günther,* ErbStB 2016, 215 ff.
1154 *Krauß,* Immobilienkaufverträge in der Praxis, 8. Aufl., Rn. 4803 ff.; BMF, BStBl. 2000 I, S. 1383 ff. Rn. 21, krit. hierzu *Korn/Carlé,* EStG, § 23 Rn. 40, für den Fall, dass das Arbeitszimmer nach § 8 EStDV kein eigenes Wirtschaftsgut darstellt.
1155 BFH, 25.05.2011 – IX R 48/10.
1156 BFH, 27.06.2017 – IX R 37/16, vgl. *Trossen,* NWB 2017, 3257.
1157 OFD München, DStR 2001, 1298, Tz. 2.1.2.1.
1158 Vgl. *Münch,* ZNotP 2005, 10.
1159 FG Baden-Württemberg, 04.04.2016 – 8 K 2166/14, ErbStB 2016, 306 (Az. BFH: IX R 15/16).
1160 BMF, BStBl. 2000 I, S. 1383 ff. Rn. 22 f.
1161 BFH, 27.06.2017 – IX R 37/16, ebenso BMF, BStBl 2000 I 1383 Rn. 22.
1162 *Wälzholz,* FamRB 2002, 384.

2. Steuerfreiheit bei fehlender Identität

6293 Die Besteuerung privater Veräußerungsgeschäfte scheidet ferner dann aus, wenn zwischen angeschafftem Objekt und veräußertem Objekt keine wirtschaftliche Identität (»Nämlichkeit«) besteht. So ist bspw. die Bestellung eines Erbbaurechts mit dem Erwerb des dadurch belasteten Grundstücks nicht vergleichbar.[1163] Die wirtschaftliche Vergleichbarkeit wird jedoch nicht dadurch ausgeschlossen, dass zwischen Anschaffung und Veräußerung das Objekt bebaut wurde (§ 23 Abs. 1 Satz 1 Nr. 1 Satz 2 EStG) – der Veräußerungsgewinn ist dann unter Berücksichtigung der Herstellungskosten abzüglich gezogener AfA zu ermitteln[1164] – oder dass die später veräußerte Immobilie nicht als Grundstück, sondern als Restitutionsanspruch nach dem VermG entgeltlich erworben wurde.[1165] Auch eine »teilweise Nämlichkeit« ist denkbar, etwa wenn zunächst das erbbaubelastete Grundstück hinzuerworben wird, und sodann, nach Aufhebung des Erbbaurechtes, samt dem zum wesentlichen Bestandteil gewordenen Gebäude weiterverkauft wird: Ermittlung des anteilig auf das »fiktiv gebäudebelastete Grundstück« entfallenden Kaufpreisanteils im Schätzungswege.[1166]

3. Anschaffungs- und Veräußerungsvorgänge

a) Betroffene Vorgänge

6294 Die nach 01.01.1999 erfolgte[1167] **Entnahme eines Grundstücks** aus Betriebsvermögen oder Betriebsaufgabe mit Überführung in das Privatvermögen gilt gem. § 23 Abs. 1 Satz 2 EStG ebenfalls als Anschaffung. Die **Sacheinlage** eines Grundstücks in eine gewerblich tätige oder geprägte (§ 15 Abs. 3 Nr. 2 EStG), also Betriebsvermögen haltende – nicht lediglich vermögensverwaltende – Personengesellschaft (oder eine Kapitalgesellschaft) gegen Gewährung von Gesellschaftsrechten gilt als tauschähnlicher Vorgang,[1168] als Veräußerung i.S.d. § 23 Abs. 1 Nr. 1 EStG auf der Seite des Einlegenden und als Anschaffung auf der Seite der übernehmenden Gesellschaft. Die verdeckte Einlage in eine Kapitalgesellschaft wird gem. § 23 Abs. 1 Satz 5 Nr. 2 EStG gleichfalls als Veräußerung fingiert, so dass bereits damit der Tatbestand des § 23 EStG verwirklicht wird.

6295 Auch die verdeckte Einlage (zum Teilwert)[1169] in das Betriebsvermögen einer Personengesellschaft bzw. eines Einzelunternehmens gilt als Veräußerung – Letzteres allerdings nur, falls binnen 10 Jahren nach der Anschaffung (nicht der Einlage) eine Drittveräußerung[1170] dieses Wirtschaftsguts aus dem Betriebsvermögen nachfolgt (§ 23 Abs. 1 Satz 5 Nr. 1 EStG) und sodann beschränkt auf die außerhalb des Betriebsvermögens, also zwischen Anschaffung und Einlage, realisierte Wertsteigerung (§ 23 Abs. 3 Satz 7 EStG – damit wird der Einbringende belastet, obwohl die Personengesellschaft das eingebrachte Grundstück veräußert hat!).[1171] Wird das eingebrachte Grundstück wieder

---

1163 BFH, BStBl. II 1977, S. 384.
1164 Berechnungsbeispiele bei *Günther,* ErbStB 2017, 76 ff.
1165 BFH, 13.12.2005 – IX R 14/03, ZfIR 2006, 686 m. Kurzanm. *Naujok.*
1166 BFH, 12.06.2013 – IX R 31/12; vgl. *Ihle,* notar 2014, 48, 56, der entsprechende – nachvollziehbare – Angaben im Kaufvertrag anregt.
1167 BFH, 18.10.2006 – IX R 5/06, DStR 2006, 2167, *Intemann,* NWB 2007, 601 = Fach 3, S. 14375; dem folgt nun auch die Finanzverwaltung: BMF v. 07.02.2007, DStR 2007, 393.
1168 BFH, 19.10.1998 – VIII R 69/95, DStR 1999, 366; BMF v. 05.10.2000, BStBl. 2000 I, S. 1383 Tz. 6; ebenso FG Münster, DStRE 2005, 1193 bei wertmäßiger Erfassung des Übertragungsvorgangs auf dem Kapitalkonto des Gesellschafters.
1169 § 6 Abs. 1 Nr. 5, § 6 Abs. 1 Nr. 1 Satz 3 EStG.
1170 Gleichgestellt ist die Einbringung als offene oder verdeckte Sacheinlage in eine Kapitalgesellschaft oder die Einbringung in eine Personengesellschaft gegen Gewährung von Gesellschaftsrechten oder die verdeckte Einlage in eine Kapitalgesellschaft ohne Gewährung von Gesellschaftsrechten, sowie die Überführung in das Privatvermögen oder Sonderbetriebsvermögen gegen Minderung von Gesellschaftsrechten vgl. BMF v. 05.10.2000, MittBayNot 2000, 581 (Tz. 4).
1171 *Reich,* ZNotP 2000, 479, 482 empfiehlt daher Rückforderungsrechte bei der Einbringung für diesen Fall.

entnommen und sodann veräußert, liegen also möglicherweise zwei Anschaffungsvorgänge innerhalb des Zehn-Jahres-Zeitraums vor (auch die Entnahme gilt gem. § 23 Abs. 1 Satz 2 EStG als Anschaffung); nach Ansicht des BMF ist der erste Anschaffungsvorgang maßgeblich.[1172]

Keine Veräußerung liegt jedoch vor bei der schlichten Rückabwicklung eines gescheiterten Kaufvertrages, auch im Fall der Direktübertragung an die finanzierende Bank gegen Enthaftung,[1173] ebenso wenig bei der wertentsprechenden Realteilung (Bruchteilsgemeinschaft an einem Grundstück wird durch Vermessung auseinandergesetzt[1174] – dagegen liegt wohl ein tauschähnlicher entgeltlicher Vorgang vor, wenn zwei Miteigentümergemeinschaften an zwei Wohnungen so auseinandergesetzt werden, dass jeder eine Wohnung alleine erhält).[1175]

6296

Die **Übertragung unmittelbarer oder mittelbarer Beteiligungen an Personengesellschaften** gilt als Übertragung der anteiligen Wirtschaftsgüter dieser Gesellschaft (§ 23 Abs. 1 Satz 4 EStG).[1176] Zählt also zum Vermögen der Gesellschaft ein Grundstück, das noch nicht 10 Jahre im Bestand der Gesellschaft verblieben ist, löst dies die Steuerpflicht für den auf das Grundstück entfallenden Erlösanteil aus. Allerdings kann § 34 Abs. 2, Abs. 3 EStG bei Vorliegen der Voraussetzungen (Vollendung des 55. Lebensjahres oder Erwerbsunfähigkeit) auf (einmaligen) Antrag zur Anwendung eines reduzierten (56 % des durchschnittlichen) Steuersatzes führen.[1177]

6297

In Erweiterung dieses in § 23 Abs. 1 Satz 4 EStG enthaltenen Rechtsgedankens sieht der BFH[1178] im entgeltlichen **Erwerb eines Miterbenanteils** an einem Nachlass, zu dem ein Grundstück zählt, eine quotale Anschaffung auch dieses Grundstücks mit der Folge, dass eine Veräußerung des Grundstücks selbst innerhalb der 10-Jahres-Frist zur Besteuerung führe. Er begründet dies mit der Parallele zur Erbauseinandersetzung durch Realteilung mit Barauszahlung.[1179] Um einen Anschaffungsvorgang zu vermeiden, müsste also eine unentgeltliche Erbauseinandersetzung ohne bare Ausgleichszahlung (z.B. unter überproportionaler Übernahme von Verbindlichkeiten des Nachlasses) erfolgen oder aber der unentgeltliche Erwerb des Grundstücks durch Ausschlagung seitens der anderen Erben gegen Zahlung einer dauernden Last.[1180]

6298

b) Entgeltlichkeit

Soweit bei Übertragungsvorgängen keine vollentgeltlichen Rechtsgeschäfte vorliegen (wie bereits unter Rdn. 6212 ff. ausgeführt gelten Kaufpreisrenten, Abfindungszahlungen, Gleichstellungsgelder und Schuldübernahmen als Entgelte, ebenso tauschähnliche Vorgänge wie etwa die Anteils-

6299

1172 BMF v. 05.10.2000, MittBayNot 2000, 581 (Tz. 35); zur Vermeidung einer doppelten einkommensteuerlichen Erfassung der im Betriebsvermögen erzielten Wertsteigerung (Entnahme zum Teilwert) ist jedoch der Veräußerungsgewinn um diesen Anteil zu mindern.

1173 BFH, 27.06.2006 – IX R 47/04, EStB 2006, 404; BFH, 20.08.2015 – III ZR 57/14, ZfIR 2015, 832 (schadensersatzrechtliche Rückabwicklung einer Beteiligung an einem geschlossenen Immobilienfonds.

1174 Ähnlich der Erlass des BMF zur Auseinandersetzung einer Erbengemeinschaft v. 14.03.2006, BStBl. 2006 I, S. 253 Tz. 1 (Bruchteils- und Gesamthandsgemeinschaft sind im Hinblick auf § 39 Abs. 2 Nr. 2 AO identisch).

1175 *Reich*, ZNotP 2000, 375, 377; BFH, 21.03.2002 – IV R 1/01, BStBl. 2002 II, S. 519 (zur Auseinandersetzung gemeinsamen Privat- und Betriebsvermögens).

1176 Allerdings liegt gem. BFH, 18.10.2006 – IX R 7/04, DStR 2006, 2206 in der Kündigung einer Gesellschaftsbeteiligung und dem Vereinnahmen des Abfindungsguthabens keine Veräußerung dieser Beteiligung als Wirtschaftsgut selbst.

1177 Vgl. *Höhmann*, NWB 2004, 2069 = Fach 3, S. 12925 ff., auch zur Zwischenschaltung ausländischer Gesellschaften.

1178 BFH, 20.04.2004 – IX R 5/02, ZEV 2004, 295, m. krit. Anm. *Tiedtke/Wälzholz*.

1179 BFH, BStBl. 1990 II, S. 837; Erlass des BMF zur Erbauseinandersetzung v. 11.01.1993, BStBl. 1993 I, S. 62 ff.

1180 BFH, ZEV 1996, 397.

gewährung bei einer Verschmelzung),[1181] führt der Erwerber die Haltefrist des Vorgängers fort; unentgeltliche Erwerbe verwirklichen also keinen Anschaffungsvorgang (§ 23 Abs. 1 Satz 3 EStG). Veräußert also der unentgeltliche Erwerber seinerseits die Immobilie weiter, ist zu prüfen, ob er zusammen mit seinem unentgeltlichen Veräußerer die Zehnjahresfrist bereits überschritten hat. Bei **gemischten Schenkungen** entstehen demnach unterschiedliche Anschaffungskosten und unterschiedliche Haltefristen für den entgeltlichen Teil und den unentgeltlichen Teil (bei dem die historischen Anschaffungskosten des Voreigentümers maßgeblich bleiben). Letzteres kann sich auch verwirklichen bei Ausübung eines Kaufrechtsvermächtnisses zu vergünstigten Konditionen.[1182]

6300 **Teilentgeltliche Vorgänge** sind jedoch im Geltungsbereich der Trennungsmethode, (Rdn. 6054 f., Rdn. 6191) – also wenn weder Betriebe, Teilbetriebe, noch Mitunternehmeranteile betroffen sind – aufzuteilen.

▶ Beispiel:

Hat also bspw.[1183] der Veräußerer im Jahr 1992 ein Grundstück für 600.000,00 DM gekauft und im Jahr 1996 unter Erbringung erheblicher Eigenleistungen bebaut (nachweisbarer Herstellungsaufwand durch Zahlungen an Dritte 300.000,00 DM), so dass das bebaute Grundstück im Jahr 2000 einen Verkehrswert von 1,8 Mio. DM hat, und übergibt er dieses Miethaus gegen entgeltliche Gegenleistungen von 900.000,00 DM an seine Tochter, liegt je zur Hälfte ein entgeltlicher und ein unentgeltlicher Vorgang vor. Hinsichtlich des entgeltlichen Vorgangs ist die Spekulationsfrist nicht eingehalten, so dass der »Spekulationsgewinn« versteuert wird. Dieser bemisst sich wie folgt: Die gesamten Anschaffungs- und Herstellungskosten i.H.v. 600.000,00 DM und 300.000,00 DM, gesamt also 900.000,00 DM (die Eigenleistungen werden insoweit nicht berücksichtigt, führen also mittelbar zu einer Spekulationsbesteuerung!) werden um den unentgeltlichen Anteil, hier also 50 %, gekürzt. Der verbleibende Restanschaffungs- und -herstellungsbetrag von 450.000,00 DM wird von dem tatsächlichen Veräußerungspreis (900.000,00 DM) in Abzug gebracht, so dass ein steuerpflichtiger Gewinn i.H.v. 450.000,00 DM entsteht! Wären zusätzlich die Abschreibungen zu berücksichtigen, vgl. Rdn. 6301, würde sich dieser Gewinn nochmals spürbar erhöhen!

6301 Die auf das Haus vorgenommenen **Abschreibungen** werden im geschilderten Fall von den Anschaffungskosten im vorliegenden Fall nicht abgezogen, da dies gem. § 52 Abs. 39 Satz 4 EStG nur dann gilt, wenn das Haus nach dem 31.07.1995 angeschafft wurde oder im Fall der Herstellung – wie im vorstehenden Beispiel maßgeblich, aber als Kriterium nicht erfüllt – nach dem 31.12.1998 fertiggestellt worden ist. Andernfalls, also in den häufig verwirklichten Anschaffungs- oder Herstellungssachverhalten nach den genannten Stichtagen – erhöht sich der zu versteuernde Betrag noch um die zwischenzeitlich in Anspruch genommenen Abschreibungen. Die dadurch zuvor in Anspruch genommene Steuerreduzierung wird also – zusammengeballt im Zeitpunkt der Veräußerung – zusätzlich rückgängig gemacht.

6302 Bzgl. des hälftigen Anschaffungstatbestands (zugleich eine Veräußerung für den insoweit mit Spekulationsteuer belasteten Vater) beginnt also eine neue 10-jährige Spekulationsfrist in der Person der Tochter. Soweit es sich um eine unentgeltliche Übertragung handelt, also zur anderen Hälfte, läuft jedoch die vom Vater begonnene Spekulationsfrist weiter. Verkauft demnach die Tochter die Immobilie im Jahr 2003 (also mehr als 10 Jahre nach Anschaffung des Grundstücks!) für (nach Rückrechnung in DM) 1,95 Mio. DM weiter, wird hinsichtlich der unentgeltlich erworbenen Hälfte keine Spekulationsfrist verletzt, hinsichtlich der entgeltlich erworbenen Hälfte fällt erneute Spekulationsteuer an aus der Differenz zwischen 900.000,00 DM Anschaffungskosten aus der

---

1181 BFH, 19.08.2008 – IX R 71/07, GmbHR 2008, 1279: entgeltliche Anschaffung der seitens der übernehmenden Körperschaft gewährten Anteile.
1182 BFH, 29.06.2011 – IX R 63/10, DStR 2011, 1607; *Ihle*, notar 2011, 411.
1183 Fall nach *Tiedtke/Wälzholz*, ZEV 2000, 294.

Übertragung, abzgl. etwa zwischenzeitlich gezogener Abschreibungen, und dem tatsächlichen Veräußerungsteilpreis von 975.000,00 DM!

Bei **mehrfach aufeinanderfolgenden vorweggenommenen Erbfolgen** mit teilentgeltlicher Veräußerung stellt sich die durch die Rechtsprechung noch nicht geklärte Frage, ob die Beteiligten in den Verträgen jeweils regeln können, dass bei Teilweiterübertragungen jeweils der spekulationsteuerlich »ungefährliche« Teil, der aus der 10-Jahres-Frist entlassen ist, entgeltlich weiter übertragen wird, der entgeltlich angeschaffte Teil (hinsichtlich dessen eine neue 10-Jahres-Frist zu laufen begann) jedoch unentgeltlich übertragen wird, so dass lediglich die Besitzzeiten zusammengerechnet werden. Dies dürfte jedoch möglich sein, analog der Rechtsprechung des BFH zur Veräußerung von Wertpapieren aus gemischten Wertpapierdepots, bei denen einzelne Wertpapiere noch der Besteuerung nach § 23 EStG (Jahresfrist) unterliegen.[1184]

6303

▶ Hinweis:

Solche Zuordnungen klar nachzuvollziehen, stellt natürlich hohe Anforderungen an die Sachverhaltsaufklärung des Notars. Spekulationssteuerliche Fragen sind aus Haftungsgründen ein gefährliches Terrain, zumal der Notar nach allerdings umstrittener Rechtsprechung des BGH auf spekulationssteuerliche Gefahren hinzuweisen verpflichtet sein soll, wenn sich aus den vorgelegten Unterlagen (mögen sie auch nur dem Notariatsmitarbeiter vorgelegen haben, z.B. anhand der aus dem Grundbuch ersichtlichen Veräußerungsdaten) die Gefahr einer solchen Spekulationsverhaftung ergibt.[1185]

6304

Lässt sich das Entstehen eines Spekulationsgewinns bei vermieteten Immobilien nicht vermeiden, kann die Steuerlast möglicherweise dadurch gemildert werden, dass die als Entgelt zu wertenden Gegenleistungen zeitlich auf mehrere Veranlagungszeiträume gestreckt werden. Maßgeblich für die Versteuerung ist nämlich das Zuflussprinzip gem. § 11 EStG. U.U. lassen sich einzelne Raten auch in Zeiträume verlegen, in denen die Steuerprogression des Veräußerers (z.B. wegen Rentenbezugs) deutlich niedriger ist. Die jährlichen Freigrenzen[1186] von Spekulationserträgen i.H.v. (ab 2008) 600,00 € (die sich um mögliche Spekulationsverluste, z.B. aus Wertpapierverkäufen, während dieses Jahres erhöhen!) können möglicherweise ebenfalls genutzt werden.

6305

▶ Hinweis:

Zu beachten ist jedoch – wie bereits ausgeführt – die bei zinsloser Stundung entstehende Zinsbesteuerung gem. § 20 Abs. 1 Nr. 7 EStG, sofern der Sparerfreibetrag des § 20 Abs. 4 EStG bereits aufgebraucht ist (Rdn. 6217 ff.). Hier mag sich die Vereinbarung einer Stundungsverzinsung empfehlen, und zwar möglicherweise auch unter dem gesetzlichen Zinssatz von 5,5 %, da in diesem Fall – sofern angemessen – der vereinbarte niedrigere Zinssatz maßgeblich sein kann.

6306

Wird ein unter Nießbrauchsvorbehalt (keine »Gegenleistung« mit Entgeltcharakter, oben Rdn. 6214) stehendes oder gestelltes Objekt jedoch **vollentgeltlich** erworben oder veräußert (i.H.d. Kaufpreises, der angesichts der kapitalisierten Nießbrauchsbelastung verkehrswertgerecht ist), kann sich der Nießbrauchsvorbehalt steuerverschärfend oder -erleichternd auswirken:
(1) Die Reduzierung des kapitalisierten Nießbrauchsabzugs mit fortschreitendem Lebensalter des Nießbrauchers führt eo ipso zu einer Anhebung des Weiterverkaufspreises und damit zu höherer Veräußerungsgewinnbesteuerung. Der statistisch »vorzeitige« Tod des Nießbrauchers führt gar zu einem veritablen Wertsprung.

6307

1184 Gemäß BFH, BStBl. 1994 II, S. 591, ist davon auszugehen, dass der Steuerpflichtige immer zuerst diejenigen Wertpapiere veräußert, bei denen die Spekulationsfrist bereits abgelaufen ist.
1185 BGH, NJW 1989, 586 m. abl. Anm. *Brambring*, EWiR 1989, 355.
1186 Die Freigrenze ist vor Durchführung des Verlustrücktrages (§ 23 Abs. 3 Satz 9 EStG) zu berücksichtigen, BFH, DStR 2005, 515.

(2) Umgekehrt kann die Veräußerung einer unbelastet erworbenen Immobilie zu verringertem Verkaufspreis unter zusätzlichem Rückbehalt des Nießbrauchs den »Spekulationsgewinn« senken bzw. vermeiden.[1187] Löst der Käufer den vorbehaltenen Nießbrauch später aufgrund neuen Entschlusses entgeltlich ab, liegen hierin zusätzliche Anschaffungskosten des Käufers[1188] (Rdn. 6214, Rdn. 1409), allerdings tritt keine nachträgliche Erhöhung des i.R.d. § 23 EStG zugrunde gelegten Verkaufspreises beim Veräußerer ein.[1189]

c) Die »Spekulationsfalle«: Immobilien zum Ausgleich des Zugewinns

6308 Vorsorglich sei im Hinblick auf die Verfügungen der OFD Frankfurt[1190] und der OFD München[1191] darauf hingewiesen, dass eine entgeltliche, die Besteuerung privater Veräußerungsgewinne auslösende Verfügung[1192] auch dann vorliegen kann, wenn ein vermietetes[1193] Objekt im Rahmen einer **Scheidungsvereinbarung** an einen Ehegatten zur Abgeltung entstandener[1194] Zugewinnausgleichsansprüche oder Unterhaltsansprüche an Erfüllungs statt übertragen wird – vgl. oben Rdn. 72 ff. – (die vom Großen Senat des BFH aufgestellten Grundsätze zur Möglichkeit gewinnneutraler Realteilung bei Erbauseinandersetzung eines sog. Mischnachlasses gelten nicht bei Auseinandersetzungen aus Anlass der Beendigung einer ehelichen Zugewinngemeinschaft unter Lebenden).[1195] Gleiches gilt bei der Übertragung anderweitig steuerverstrickten Privatvermögens (§ 17 EStG oder § 21 UmwStG a.F.) oder aber bei der Übertragung von Einzelwirtschaftsgütern des Betriebsvermögens, ebenso bei der Übertragung von

---

1187 Zu Vorstehendem vgl. *B. Meyer/Hartmann*, INF 2006, 789 ff.
1188 BFH, BStBl. 1992 II, S. 381 zur Ablösung eines Wohnungsrechtes; Tz. 57 des Nießbrauchserlasses BStBl. 1998 I, S. 914. Dies gilt auch für die Ablösung eines bestellten, aber noch nicht eingetragenen Nießbrauchs: BFH, 22.02.2007 – IX R 25/05, n.v.
1189 Kein rückwirkendes Ereignis i.S.d. § 175 Abs. 1 Satz 1 Nr. 2 AO: BFH v. 14.06.2005 – VIII R 14/04, ZEV 2005, 537 m. Anm. *Fleischer*.
1190 RNotZ 2001, 414 m. Anm. 380 ff.
1191 DStR 2001, 1298.
1192 *Schröder*, FamRZ 2002, 1010 schlägt vor, die Besteuerung gem. § 23 EStG in solchen Fällen dadurch zu vermeiden, dass auf Antrag eine familiengerichtliche Anordnung der Übertragung des Grundstücks in Anrechnung auf die Ausgleichsforderung erfolge, da es dann am Tatbestandsmerkmal einer rechtsgeschäftlichen Veräußerung fehle. Allerdings steht bei § 1383 BGB das Interesse des Zugewinnausgleichsgläubigers im Vordergrund, nicht das des (steuerbelasteten) Schuldners; weiterhin führt der Richterspruch nicht zur tatsächlichen Grundstücksübertragung, sondern schafft nur eine diesbezügliche Verpflichtung, vgl. *Feuersänger*, FamRZ 2003, 647. *Sagmeister*, DStR 2011, 1589 ff. ist hinsichtlich aller »Vermeidungsstrategien« skeptisch. Dies dürfte auch für den Ansatz von *Stein*, DStR 2012, 1063 ff. gelten, durch vorangehende ehevertragliche Modifizierung die Zugewinnausgleichsforderung auf einen bestimmten Gegenstand zu konkretisieren.
1193 War die Immobilie bisher zu eigenen Wohnzwecken genutzt und zieht einer der Ehepartner anlässlich der Trennung aus, hindert dies die Privilegierung aus § 23 Abs. 1 Nr. 1 Satz 3 EStG ebenso wenig wie ein vollständiger Leerstand vor einer anschließenden Veräußerung schaden würde, OFD München, DStR 2001, 1298, Tz. 2.1.2.1, *Hermanns*, DStR 2002, 1067; vorsichtiger *Söffing/Thoma*, ErbStB 2003, 319: Auszug muss im Zusammenhang mit der anschließenden Übertragung stehen. Ausreichend ist auch eine Nutzung durch einkommensteuerlich zu berücksichtigende Kinder, vgl. *Feuersänger*, FamRZ 2003, 646 m.w.N., nicht aber durch den getrenntlebenden Ehegatten, dem ggü. nur Barunterhalt geschuldet wird, BFH, BStBl. 1994 II, S. 544.
1194 *Hollender/Schlütter*, DStR 2002, 1932 plädieren dafür, auch im Fall der Übertragung in Anrechnung auf einen etwa künftig entstehenden Zugewinnausgleichsanspruch Entgeltlichkeit ab dem Zeitpunkt des Entstehens dieser Forderung anzunehmen (Erstattung der bereits entrichteten Schenkungsteuer, § 29 Abs. 1 Nr. 3 ErbStG).
1195 BFH, DStR 2002, 1209; ähnlich BFH, 31.07.2002 – X R 48/99, NWB Fach 1, S. 62: Geschiedene oder voneinander getrennt lebende Ehegatten pflegen einander nichts zu schenken. Sehen deren Vermögensauseinandersetzungen Übertragungen vor, haben diese zumeist Entgeltcharakter, so auch bei der Übertragung eines Gewerbebetriebes.

Mitunternehmer(teil-)anteilen oder (Teil-)Betrieben, deren Buchwert unter dem Zugewinnausgleichsbetrag liegt, so dass § 6 Abs. 3 EStG keine Buchwertfortführung erlaubt.

Dieses Ergebnis (Entgeltlichkeit) gilt nach Auffassung der Rechtsprechung unabhängig davon, ob die Übertragung des Grundstücks unmittelbar **an Erfüllungs Statt** stattfindet oder ob sie als **Gegenleistung** für einen vorher oder gleichzeitig erklärten Verzicht auf den bestehenden Pflichtteils-, Zugewinnausgleichs- oder Unterhaltsanspruch deklariert wird. Übersteigt der Wert der übertragenen Immobilie die Höhe des Gegenanspruchs, handelt es sich um einen teilentgeltlichen Vorgang, so dass auch die Anschaffungskosten aufzuteilen sind (vgl. Rdn. 6300). 6309

Als schlichte Schenkung (mit der Folge der ausschließlichen Besteuerung nach dem ErbStG) ist der Vorgang nur dann zu werten, wenn der Verzicht auf entstandene Ansprüche einerseits und die Grundstücksübertragung andererseits unabhängig gewollt sind. 6310

▶ Hinweis:

Denkbar ist auch, eine ertragsteuerlich unentgeltliche Übertragung in vorweggenommener Erbfolge auf die Kinder anzustreben anstelle der gegenseitigen »entgeltlichen« (durch Verrechnung mit sonstigen Scheidungsfolgenansprüchen sich verwirklichenden) Zuwendung in der Trennungsauseinandersetzung.[1196] Steht der Ablauf der Veräußerungsfrist kurz bevor, können die Übertragungen entsprechend hinausgeschoben werden, unter gleichzeitiger Stundung der Zugewinnausgleichsforderung gem. § 1382 BGB.[1197] Möglicherweise genügt auch ein bindendes Angebot, das erst nach Ablauf der Veräußerungssperrfrist angenommen werden kann, allerdings ohne Vorwegnahme der wirtschaftlichen Eigentümerstellung etwa durch gleichzeitige Vermietung oder Bestellung dinglicher Rechte.[1198] Ein Antrag auf **verbindliche Auskunft** (§ 89 Abs. 2 AO) beim zuständigen[1199] FA mag sich empfehlen, Rdn. 5538. 6311

4. Ermittlung des Veräußerungsgewinns

Zur Ermittlung der Höhe des Veräußerungsgewinns sind bezogen auf den Veräußerungszeitpunkt alle Vorgänge zu berücksichtigen, die im Zusammenhang mit der Veräußerung stehen. Bei Kaufverträgen ab dem 31.07.1995 bzw. in Herstellungsfällen ab dem 31.12.1998 sind demzufolge bei der Ermittlung des Gewinns oder Verlusts aus privaten Veräußerungsgeschäften von den Anschaffungs- oder Herstellungskosten die gezogenen Abschreibungen, erhöhten Absetzungen und Sonderabschreibungen abzuziehen. Dies führt bspw. bei Immobilien in den neuen Bundesländern dazu, dass Veräußerungsgewinne besteuert werden, selbst wenn der tatsächliche Verkaufserlös weit unter den historischen Anschaffungskosten liegt (seit 2009 wird gem. § 23 Abs. 3 Satz 4 EStG auch der Veräußerungsgewinn von Wirtschaftsgütern, mit denen bisher »sonstige Einkünfte« i.S.d. § 22 Nr. 3 EStG erzielt wurden [Container-Leasing] um die bisher gezogene AfA erhöht). Schuldzinsen mindern den Spekulationsgewinn nur, soweit sie auf den Zeitraum der Verkaufsabsicht entfallen.[1200] Als Veräußerungserlös kann auch der wirtschaftliche Vorteil aus einem Schuldenerlass gewertet werden, der dem Verkäufer bereits vor der Veräußerung durch die Bank gewährt wurde als Ausgleich für die Erteilung einer (dann eingesetzten) Verwertungsvollmacht.[1201] Dass der Verkäufer bereits vorab über den Veräußerungserlös verfügt, z.B. Prozentanteile des Erlöses an andere Person abgetreten, hat, reduziert den Veräußerungsgewinn naturgemäß nicht.[1202] 6312

1196 Vgl. *Münch*, ZNotP 2005, 11.
1197 *Karasek*, FamRZ 2002, 592.
1198 Vgl. *Münch*, ZNotP 2005, 12.
1199 BMF-Schreiben v. 03.05.2007 – IV A 4 S 0224/07/0003, DStR 2007, 907; hierzu *Baum*, NWB 2007, 1681 = Fach 2, S. 9311.
1200 BFH, 16.06.2004 – X R 22/00, ZfIR 2004, 824.
1201 FG Hessen, 03.05.2010 – 3 K 299/10, ErbStB 2010, 327 (»Schrott-Immobilie«).
1202 BFH, 31.01.2017 – IX R 40/15, EStB 2017, 192.

6313 Es besteht eine **Freigrenze** von jährlich (ab 2008) 600,00 €. Verluste aus privaten Veräußerungsgeschäften können nur mit Gewinnen aus anderen privaten Veräußerungsgeschäften desselben Veranlagungszeitraums verrechnet werden, nicht aber mit sonstigen Einkunftsarten (§ 23 Abs. 3 Satz 8 und Satz 9 EStG; diese Beschränkung des Verlustausgleichs ist verfassungsgemäß).[1203] Mit Inkrafttreten der Abgeltungsteuer können Verluste aus »Spekulationsgeschäften« aus der Zeit vor 2009, sofern sie im Jahr ihrer Entstehung in der Steuererklärung angegeben wurden, noch bis 2013 mit Gewinnen auch aus Aktien und anderen Wertpapieren verrechnet werden, ab dann nur noch mit Gewinnen aus dem privaten Veräußerungsgeschäften mit Immobilien, Gemälden oder Münzen (wobei Letztere Verrechnung ohnehin empfehlenswerter ist, da sie gegen den individuellen Steuersatz erfolgt, nicht gegen den Abgeltungsteuersatz von [einschließlich Solidaritätszuschlag] 26,375 %).

5. Entstehung und Entfallen der Steuer

6314 Die Verwirklichung der objektiven Merkmale führt zur Besteuerung, ohne dass eine Prüfung subjektiver Merkmale bzgl. der Einkünfteerzielungsabsicht erforderlich wäre.[1204] Maßgeblich für den **Zeitpunkt** der Anschaffung einerseits und der Veräußerung andererseits ist (anders als sonst im Steuerrecht) nicht der Übergang von Besitz, Nutzungen und Lasten, sondern der Abschluss des obligatorischen Rechtsgeschäfts (notariell beurkundeter Kaufvertrag bzw. dessen Genehmigung bei vollmachtloser Vertretung, da die zivilrechtliche Rückwirkung des § 184 Abs. 1 BGB ohne steuerliche Relevanz ist,[1205] anders jedoch bei behördlichen Genehmigungen bzw. Zustimmungen Dritter, etwa gem. § 12 WEG, da die Beteiligten bereits gebunden sind. Bei noch erforderlichen vormundschafts-, gerichtlichen oder nachlassgerichtlichen Genehmigungen ist allerdings die Bindung erst mit Entgegennahme dieser Genehmigung eingetreten). Bei aufschiebenden Bedingungen soll der Eintritt der Bedingung maßgeblich sein.[1206] Sofern jedoch auf andere Weise ein Zustand geschaffen wird, der bei wirtschaftlicher Betrachtungsweise das Ergebnis eines Verkaufs vorwegnimmt, kann der maßgebliche Zeitpunkt vorverlagert werden (bspw. bei einem bindenden Veräußererangebot, das mit sofortigem Nutzungsübergang verbunden ist).

6315 Zeitlich wird der Veräußerungsgewinn oder -verlust in dem Veranlagungszeitraum erfasst, in dem der Zufluss anfällt (vgl. § 11 Abs. 1 EStG, der für alle Überschusseinkünfte und damit auch für die sonstigen Einkünfte gem. § 22 Nr. 2, 23 EStG gilt); bei zeitlich gestreckter Zahlung ist also Gewinn/Verlust anteilig nach dem Verhältnis der Teilzahlungsbeträge im jeweiligen Veranlagungszeitraum zum Gesamtveräußerungserlös zu erfassen[1207] (was bei Verlusten mit Blick auf die sonst drohenden Effekte der Mindestbesteuerung gem. § 23 Abs. 3 Satz 8 EStG und bei Gewinnen mit Blick auf die Reduzierung des Grenzsteuersatzes eine Verteilung ratsam erscheinen lassen kann).

6316 Die Wirkungen des § 23 EStG entfallen rückwirkend, wenn das Rechtsgeschäft vor Übergang des wirtschaftlichen Eigentums (Besitzübergang) oder – auch wenn das wirtschaftliche Eigentum[1208] bereits übergegangen ist – vor dem Übergang des zivilrechtlichen Eigentums (Grundbuchumschreibung) **aufgehoben** wird.[1209] Gleiches gilt, wenn infolge eines gesetzlichen Rücktrittsrechtes (etwa aufgrund Pflichtverletzung) der Anschaffungsvertrag aufgehoben wird, und zwar auch nach Eigentumswechsel: Es handelt sich um ein rückwirkendes Ereignis i.S.d. § 175 Abs. 1

1203 BFH, 18.10.2006 – IX R 28/05, EStB 2007, 38.
1204 BFH v. 22.04.2008 – IX R 29/06, EStB 2008, 271 zur Veräußerung eines Gebrauchtwagens innerhalb eines Jahres.
1205 BFH, DStRE 2002, 153; zur vergleichbaren Fragestellung i.R.d. § 9 Abs. 1 Satz 2 ErbStG: Vollziehung der Schenkung vgl. Rdn. 4552.
1206 Jedenfalls hinsichtlich des Veräußerungsvorgangs, FG Münster, 22.05.2013 – 10 K 15/12, Rev. zugelassen (fraglich).
1207 BFH, 06.12.2016 – IX R 18/16, EStB 2017, 188; hierzu *Schießl*, NWB 2017, 1644 ff.
1208 Vgl. *Krauß*, Immobilienkaufverträge in der Praxis, 8. Aufl., Rn. 4827 f.
1209 Vgl. *Blümich/Glenk*, EStG, § 23 Rn. 114 (Stand: März 2005).

Nr. 2 AO;[1210] im Rückabwicklungsjahr kann keine Abschreibung mehr in Anspruch genommen werden.[1211] Ohne Auswirkung auf ein bereits verwirklichtes »Spekulationsgeschäft« ist jedoch eine sonstige, aus freien Stücken (oder schlicht um die Wirkungen des § 23 EStG zu vermeiden) vorgenommene Rückabwicklung.[1212] Letztere »freiwillige« Rückabwicklung stellt allerdings zumindest ihrerseits nicht ein neues Veräußerungsgeschäft mit möglicherweise neuem Spekulationsgewinn dar.[1213]

E. Versorgungsrenten

I. Sonderinstitut der Vermögensübergabe gegen Versorgungsleistungen

1. Entwicklung

a) Wesen der Versorgungsleistung

Vor der ersten Entscheidung des Großen Senats des BFH zu wiederkehrenden Bezügen[1214] hat ein großer Teil der Literatur wiederkehrende Versorgungsleistungen im Zusammenhang mit Vermögensübertragungen ebenfalls als entgeltlichen Vorgang angesehen, in gleicher Weise wie dies bei einer Einmalzahlung an den Veräußerer der Fall gewesen wäre. Der BFH ist dem entgegengetreten und definiert die **Vermögensübergabe gegen Versorgungsleistungen** als eigenständiges Rechtsinstitut i.S.e. insgesamt unentgeltlichen Vorganges, der also weder Anschaffungskosten beim Erwerber generiert noch Veräußerungsgewinne[1215] beim Übertragenden (Rdn. 6261 ff.). Die Buchwerte werden also fortgeführt, es findet keine Versteuerung der stillen Reserven statt. Auch die Zuordnung eines zum übertragenen Betrieb gehörenden Wirtschaftsgutes zum Anlage- bzw. Umlaufvermögen ändert sich nicht; die Sechs-Jahres-Frist des § 6b Abs. 4 Satz 1 Nr. 2 EStG wird nicht unterbrochen.[1216] Diese »einkommensteuerliche Unentgeltlichkeit« der wiederkehrenden Zahlungen wird dogmatisch damit begründet, dass es sich der Sache nach um Vermögenserträge handele, die der Veräußerer sich wirtschaftlich vorbehalten habe, die allerdings nunmehr vom Erwerber zu erwirtschaften seien. Maßgeblich ist also ein Vergleich etwa zum Vorbehaltsnießbrauch: Die Substanz geht vollständig und unentgeltlich über, nicht jedoch die Erträge.

6317

Das (aus der klassischen Hofübergabe entwickelte) gesetzlich bis 2008 nicht geregelte **Sonderinstitut der »Vermögensübergabe gegen Versorgungsleistungen«** soll eine möglichst schonende Vermögensnachfolge ermöglichen, indem beim Erwerber ein Abzug von vertraglich vereinbar-

6318

1210 Vgl. ausführlich *Everts*, ZfIR 2008, 563, 564 f., a.A. OFD Frankfurt v. 12.07.2001, DStR 2001, 1753.
1211 BFH, 19.12.2007 – IX R 50/06, BStBl. 2008 II, S. 480; vgl. BayLfSt v. 17.06.2008 – S. 2256.1.1 – 1/3 St 32/St 33.
1212 Vgl. etwa BFH, BStBl. 1994 II, S. 748 f. zu § 16 EStG; FG Brandenburg, EFG 1998, 1585; a.A. FG Hessen, EFG 1988, 366; dabei dürfte wohl auch keine Rolle spielen, ob zum Zeitpunkt dieser »freiwilligen« Aufhebung der Kaufpreis bereits zugeflossen ist oder nicht, da § 11 EStG nur die Zuordnung des Einkommens zum jeweiligen Veranlagungszeitraum bestimmt.
1213 BFH, 27.06.2006 – IX R 47/04, DStR 2006, 1835.
1214 Beschl. v. 15.07.1991 – GrS 1/90, BStBl. 1992 II, S. 78 ff.
1215 Im Privatvermögen nur bei steuerlicher Verstrickung gem. § 17 EStG, § 23 EStG oder §§ 20, 21 UmwStG steuerbar. Der Zinsanteil der wiederkehrenden Leistung ist allerdings stets gem. § 20 Abs. 1 Nr. 7 (bzw. bei Veräußerungsleibrenten gem. § 22 Abs. 1 Nr. 3a bb) EStG zu versteuern, vgl. 3. Rentenerlass Tz. 57, DStR 2004, 1696, 1703. Bei Betriebsvermögen hat der Veräußerer gem. R 16 Abs. 11, R 17 Abs. 7 Satz 2 EStR 2005 die Wahl zwischen der sofortigen Erfassung des Kapitalanteils als Veräußerungsgewinn unter Nutzung der §§ 16 Abs. 4, 34 EStG oder aber der ratierlichen Erfassung als nachträgliche Einkünfte aus Gewerbebetrieb (der Zinsanteil ist jedoch seit 2004 in jedem Fall von Anfang an steuerpflichtig), Rdn. 6278 ff.
1216 BFH, 09.09.2010 – IV R 22/07, BFH/NV 2011, 31.

ten[1217] und vertragskonform getätigten, Rdn. 6417, Aufwendungen – und zwar als Sonderausgaben, § 10 Abs. 1a Satz 1 Nr. 2 EStG – zugelassen wird, während der Veräußerer nach dem sog. »Korrespondenzprinzip« die Einnahmen als wiederkehrende Bezüge nach § 22 Nr. 1b EStG (für Altfälle vor 2008 ggf. als § 22 Nr. 1 Satz 3a EStG: Leibrenten) zu versteuern hat, im Regelfall lediglich unter Abzug des Werbungskosten-Pauschbetrages von 102,00 € (§ 9a Satz 1 Nr. 3 EStG). Da der Erwerber typischerweise[1218] einer höheren Steuerprogression unterliegen wird und der Veräußerer zusätzlich durch die i.R.d. Steuerreform erhöhten Grundfreibeträge, Altersentlastungsbeträge etc. tariflich entlastet wird, ist per Saldo damit eine steuerliche Privilegierung der lebzeitigen Vermögensübertragung verbunden.

b) Reform 2008

aa) Ziele

6319   Das auf Vorschlag des BMF, des »eigentlichen Steuergesetzgebers«,[1219] verabschiedete **Jahressteuergesetz 2008** schaffte – auch als Reaktion auf die überbordende Verkomplizierung durch die Rechtsprechung des X. Senat des BFH[1220] und dem Beispiel des österreichischen Gesetzgebers i.R.d. dortigen Einkommensteuernovelle 2000 folgend – weitreichende Änderungen zum Sonderinstitut der »Vermögensübergabe gegen Versorgungsleistungen«.[1221] Für die Finanzverwaltung maßgebliche neue Rechtslage wurde erst deutlich später, im **IV. Rentenerlass v. 11.03.2010**, erläutert.[1222] Die dogmatische Konzeption der »ertragsteuerlich unentgeltlichen« Vermögensübergabe gegen Versorgungsleistungen als solche wird nicht infrage gestellt, diese Fiktion der Unentgeltlichkeit aber auch gesetzlich nicht kodifiziert.[1223] Immerhin wurden nunmehr normiert
(1) die Begrenzung der Regelung auf lebenslange Zahlungen – damit dürften[1224] wohl entgegen der bisherigen Rechtsprechung (Rdn. 6405) abgekürzte Versorgungsrenten bis zum Erreichen des gesetzlichen Rentenbezugs vom Sonderausgabenabzug ausgeschlossen sein;
(2) das verschärfte Korrespondenzprinzip zwischen Sonderausgabenabzug und Rentenbesteuerung (vgl. Rdn. 6415); sowie
(3) die (für neue Gestaltungen ab 2008 gegebene) Unbeachtlichkeit der Unterscheidung zwischen (abänderbarer) dauernder Last und (gleichbleibender) Leibrente (vgl. Rdn. 1745 ff., Rdn. 6321).

6320   § 10 Abs. 1a Satz 1 Nr. 2 EStG erlaubt ab 01.01.2008 den Sonderausgabenabzug nur noch für Versorgungsleistungen, die im Zusammenhang stehen mit der Übertragung »betrieblichen Vermögens« (Rdn. 6362 ff.). Der Sonderausgabenabzug für die Übertragung von (vermieteten oder

---

1217 Daher kein Abzug gem. § 10 EStG für Aufwendungen zur Abwehr des gesetzlichen Rückforderungsanspruches aus § 528 BGB: BFH, EStB 2001, 138. Auch mündliche Nebenabreden über zusätzliche Nebenleistungen werden nicht anerkannt: FG Köln, ZEV 2001, 128.
1218 Jedoch nicht notwendigerweise, »Generation Praktikum«.
1219 *Spindler*, Stbg 2006, 1, 3.
1220 *Spiegelberger*, DB 2008, 1063 ff.; der Bundesrechnungshof hatte 2004 gerügt, 90 % der Versorgungsrentenfälle würden fehlerhaft veranlagt.
1221 Vgl. hierzu erstaunlich wohlwollend (»beseitigt Überdehnungen aufgrund der Beschlüsse des Großen Senates v. 12.05.2003«) *Risthaus*, ZErb 2007, 314 ff.; zuvor bereits vom ihm vorgeschlagen in DB 2007, 240, 248.
1222 BMF-Schreiben v. 11.03.2011 – IV C 3-S 2221/09/10004, ZEV 2010, 212 ff. = BStBl. 2010 I 227 ff.; die Unterschiede zum vorangehenden, grundlegenden III. Rentenerlass, BMF-Schreiben v. 16.09.2004 – IV C 3 – S 2255–354/04, BStBl. 2004 I 922 sind durch Kursivschrift hervorgehoben. Hierzu Überblicksaufsätze z.B. von *Geck*, ZEV 2010, 161 ff.; *Spiegelberger*, DStR 2010, 1822 ff. und 1880 ff.; *Risthaus*, DB 2010, 744 ff. und 803 ff., gute Darstellung mit Beispielen bei *Engelberth*, NWB 2016, 1094 ff.
1223 Dies bedauert *Kirnberger*, EStB 2008, 114, 116.
1224 A.A. *Wälzholz*, MittBayNot 2008, 96 und DStR 2008, 277: »lebenslange und wiederkehrende Leistungen« lasse auch andere wiederkehrende Versorgungsleistungen zu, die nicht auf Lebenszeit geschuldet seien.

selbst genutzten) Immobilien, Wertpapiervermögen und vermögensverwaltenden Personengesellschaften etc. entfällt somit. Damit wurde das etwa 100 Jahre alte Institut der Vermögensübergabe gegen Versorgungsleistungen um ca. 90 % seines Anwendungsbereiches gebracht. Nicht mehr steuerlich attraktiv ist damit auch das sog. Stuttgarter Modell (Rdn. 1828 ff.) sowie die bisher mögliche steuerneutrale Umschichtung des übertragenen Vermögens (Rdn. 6388 ff.).

Für Neufälle geht die bisherige Unterscheidung zwischen Renten und **dauernden Lasten** verloren, so dass – sofern die Voraussetzungen der Vermögensübergabe gegen Versorgungsleistungen überhaupt erfüllt sind – stets in voller Höhe eine sonderausgabenabzugsfähige Zahlung vorliegt.[1225] Die mit der bisher üblichen Vereinbarung einer abänderbaren dauernden Last verbundenen Belastungsrisiken können also nun ohne Nachteil vermieden werden. Andererseits erfordert § 10 Abs. 1a Satz 1 Nr. 2 EStG für Neufälle zwingend, dass die Versorgungsrente auf Lebenszeit zugesagt wird, so dass bisher in Ausnahmefällen mögliche Gestaltungen einer bis zum Erreichen des Sozialversicherungsbezugs befristeten Leistungsdauer nicht mehr zur Verfügung stehen.[1226]

6321

Diejenigen Versorgungsleistungen, die für ab 01.01.2008 vereinbarte Vermögensübertragungen mit Privatvermögen in Zusammenhang stehen und daher nicht mehr berücksichtigungsfähig sind, sind nicht als einkommensteuerlich unbeachtliche Unterhaltsrenten i.S.d. § 12 EStG zu werten,[1227] sondern als Austausch- bzw. Kaufpreisrenten, die zur möglicherweise ungewollten »Teilentgeltlichkeit« führen,[1228] vgl. im Einzelnen Rdn. 6276.

6322

bb) Übergangsregelung

Versorgungsleistungen, die auf vor dem 01.01.2008 vereinbarten Vermögensübertragungen beruhen, werden (entgegen erster Ankündigungen eines bis Ende 2012 befristeten Auslaufens) weiter nach bisherigem Recht behandelt (§ 52 Abs. 23e EStG). Demnach bleibt insoweit auch die Abgrenzung zwischen dauernder Last (volle Abzugsfähigkeit und Besteuerung), einerseits, und Leibrente (Abzugsfähigkeit und Besteuerung lediglich mit dem Ertragsanteil), andererseits, bestehen. Auch ist – wie bisher ohnehin – eine Änderung von dauernder Last in Leibrente oder umgekehrt möglich.[1229] Zur Abgrenzung in den Fällen der Ablösung eines »Alt«Nießbrauchs gegen Versorgungsleistungen vgl. Rdn. 6338 ff.

6323

Die Übergangsregelung in § 52 Abs. 23e Satz 2 EStG nimmt von dieser Fortgeltung des bisherigen Rechts für Altverträge jedoch solche Fälle aus, in denen das übertragene Vermögen nur deshalb einen ausreichenden Ertrag bringt, »weil ersparte Aufwendungen mit Ausnahme des Nutzungsvorteils eines zu eigenen Zwecken vom Vermögensübernehmer genutzten Grundstücks zu den Erträgen des Vermögens gerechnet werden«. Damit sind die bisher möglichen Gestaltungsvarianten der Übertragung eines bereits vom Erwerber genutzten (z.B. bisher angemieteten) Objekts an den Erwerber zur Eigennutzung gegen Versorgungsleistungen weiter begünstigt, da der ersparte Mietvorteil ja ausdrücklich weiterhin zu den begünstigten, berücksichtigungsfähigen Erträgen zählt. Da die Finanzverwaltung schon bisher aufgrund von Nichtanwendungserlassen[1230] die vom Großen Senat des BFH propagierte erweiterte Berücksichtigung von ersparten Aufwendungen, z.B. **ersparten Zinsaufwendungen**, nicht nachvollzogen hat, dürften solche Altfälle, die nun nicht mehr privilegiert sind, sehr selten sein.

6324

1225 Vgl. *Seltenreich/Kunze*, ErbStG 2007, 339; FG Baden-Württemberg, 21.03.2016 – 9 K 1718/14, ErbStB 2016, 226.
1226 FG Köln, 17.10.2013 – 1 K 2457/11, ErbStB 2014, 183.
1227 So aber *Seltenreich/Kunze*, ErbStG 2007, 349.
1228 So *Beck/Messner*, ZEV 2007, 373, sowie *Risthaus*, DB 2007, 240; Ähnliches befürchtet *Reimann*, FamRZ 2008, 22.
1229 Vgl. BFH, 03.03.2004 – X R 135/98, DStR 2004, 1206.
1230 V. 16.09.2004 (3. Rentenerlass, Tz. 21) sowie v. 19.01.2007 (BStBl. 2007 I, S. 188, gegen BFH v. 01.03.2005 – X R 45/03).

2. Ertragsteuerliche Differenzierung (Rententypen)

6325 Die ab Rdn. 6326 erläuterte Differenzierung zwischen Austausch-, Unterhalts-, betrieblichen Rentenverpflichtungen etc. ist, dies sei zur Klarstellung vorausgeschickt, weder für die zivilrechtliche Frage des Umfangs der Entgeltlichkeit noch für die schenkungsteuerliche Frage der Ermittlung der nach Abzug der »Leistungsauflage« verbleibenden Bereicherung i.S.d. § 7 ErbStG relevant: alle »Rentenarten« werden dabei in gleicher Weise berücksichtigt. Zivilrechtlich erfolgt die Kapitalisierung der wiederkehrenden Leistung nach überwiegender Auffassung (Rdn. 49) unter Zugrundelegung der aktuellen Sterbetafeln[1231] und Abzinsungsfaktoren (von derzeit ca. 3 %); schenkungsteuerlich handelt es sich bei allen Renten»typen« um Leistungsauflagen, die bei lebzeitigen Übertragungen den Wert der Zuwendung in kapitalisierter Höhe mindern (zugrunde zu legen ist der Vervielfältiger aus Anlage 9a zu § 13 BewG bzw. Anlage 9 zu § 14 BewG, abgezinst auf den Zeitpunkt der Schenkung gemäß Faktor aus Tabelle 1 zu § 12 Abs. 3 BewG,[1232] seit 2009 die Anlage zu § 14 Abs. 1 Satz 4 BewG, vgl. Rdn. 4765). Differiert der Steuerwert des Zugewendeten von dessen Verkehrswert, wird der Abzugsbetrag allerdings entsprechend gekürzt, vgl. Rdn. 4783. Das Abzugsverbot des § 25 ErbStG a.F. galt bei lebzeitigen gemischten Schenkungen für Rentenverpflichtungen als Leistungsauflagen ohnehin nicht (Rdn. 4807), allerdings bei letztwillig begründeten Renten zugunsten des Ehegatten des Erblassers.[1233]

a) Austauschrenten

6326 Die Versorgungsrenten i.S.d. nachstehenden Ausführungen sind zunächst abzugrenzen von **Austauschrenten**, die zu Anschaffungskosten/Veräußerungserlösen führen, bei typischen vorweggenommenen Erbfolgen jedoch selten vorkommen werden. Es handelt sich insb. (»originäre Austauschrenten«) um nach kaufmännischen Grundsätzen abgewogene Veräußerungsrenten, ferner um abgekürzte Zeitrenten (vgl. im Einzelnen oben Rdn. 6259 ff.). »Ungewollt« können ferner Versorgungsrenten nach der für Altfälle vor 2008 geltenden Rechtslage zu Gegenleistungszahlungen unabhängig von der Willensrichtung der Beteiligten qua jure umqualifiziert werden, wenn ihr Betrag den abstrakt erzielbaren Ertrag aus dem übergebenen Wirtschaftsgut übersteigt (früherer Typus 2, oben Rdn. 6275 ff.).[1234] Nach neuem, seit 2008 geltendem, Recht führen ferner »Versorgungsrenten«, die im Zusammenhang mit der Übertragung (nicht mehr privilegierten) privaten Vermögens gewährt werden, zur Entgeltlichkeit ähnlich einer Austauschrente.[1235]

b) Unterhaltsrenten

6327 Die Versorgungsrenten sind ferner abzugrenzen von den steuerlich irrelevanten, da lediglich Vorgänge im Privatvermögen darstellenden, **privaten Unterhaltsrenten** (§ 12 Nr. 2 EStG).

Letztere liegen zum einen vor,

1231 Derzeit Sterbetafel 2012/214 des Statistischen Bundesamtes (gleichlautende Ländererlasse v. 31.03.2016, BStBl 2016 I, S. 459), kostenfrei zu beziehen unter www.destatis.de unter dem Menüpunkt Bevölkerung/Geburten und Sterbefälle/Periodensterbetafeln und Lebenserwartung/aktuelle Sterbetafeln für Deutschland. Das Deutsche Zentrum für Altersfragen Berlin ermöglicht die Berechnung der durchschnittlichen Lebenserwartung zumeist auch neueren Sterbetabellen, www.gerostat.de.
1232 Im Einzelnen Erlass des Bay. Staatsministeriums der Finanzen v. 06.12.2002 – 34 S 3806 45/4 – 54702, RNotZ 2003, 206 ff., dem das Beispiel entnommen ist; ähnlich OFD Koblenz, ErbStB 2003, 80. Die genannte Tabelle ist veröffentlicht als Anlage 1 zum gleichlautenden Ländererlass v. 07.12.2001 [Bewertung von Kapitalforderungen und Kapitalschulden sowie von Ansprüchen/Lasten bei wiederkehrenden Nutzungen und Leistungen nach dem 31.12.1995 für Zwecke der Erbschaft- und Schenkungsteuer] BStBl. 2001 I, S. 1041, beck online BeckVerw033092.
1233 Vgl. *Michael*, RNotZ 2007, 261 f.
1234 Tz. 49 des »Dritten Rentenerlasses« v. 16.09.2004, DStR 2004, 1702.
1235 Tz. 57 des »Vierten Rentenerlasses« v. 11.03.2010, BStBl. 2010 I 227.

(1) wenn die Leistungen unabhängig von einer Vermögensübertragung (z.B. auch nachträglich) zugesagt werden;

(2) ferner – so der Große Senat – wenn es an einem Vermögensgegenstand im Rechtsinne mangelt, da (etwa aufgrund hoher Verschuldung) weder ein Substanz- noch ein den Unternehmerlohn übersteigender Ertragswert vorhanden ist;

(3) steuerlich dem Abzugsverbot unterliegende Unterhaltsrenten sind des Weiteren gegeben, soweit im Fall kaufmännisch abgewogener Leistungs-/Gegenleistungsverhältnisse der Barwert der wiederkehrenden Leistungen höher ist als der Wert des zugewendeten Vermögens (dann unterliegt der den Vermögenswert übersteigende Barwertanteil dem Abzugsverbot des § 12 Nr. 2 EStG); 6328

(4) sofern jedoch der Barwert der wiederkehrenden Leistungen mehr als doppelt so hoch ist wie der Wert des übertragenen Vermögens, liegt insgesamt[1236] eine private Unterhaltszuwendung i.S.d. § 12 Nr. 2 EStG vor, da offensichtlich die Übertragung des Vermögens mit der Versorgungszusage in einem eher zufälligen Kontext steht und der Typus der vorbehaltenen, nunmehr vom Erwerber zu erwirtschaftenden Erträge nicht mehr gewahrt ist. 6329

Werden solche im Rahmen einer – ertragsteuerlich unentgeltlich gebliebenen – Übertragung zugesagte Unterhaltsrenten nachträglich abgelöst, schafft die Ablösezahlung keine nachträglichen Anschaffungskosten.[1237]

c) Betriebliche Renten

Von vorstehender Differenzierung gänzlich zu unterscheiden sind **betriebliche Versorgungsrenten**, die weder privat veranlasst sind noch Vergütung für überlassene Wirtschaftsgüter darstellen, sondern nachträgliche Gegenleistung für frühere Tätigkeit bilden (Betriebsausgaben beim Verpflichteten; nachträgliche Einkünfte aus Gewerbebetrieb gem. § 24 Nr. 2 EStG beim Beziehher).[1238] Die Finanzverwaltung stellt eher geringe Anforderungen an den Nachweis der betrieblichen Veranlassung.[1239] 6330

Weiter sind hiervon zu unterscheiden **betriebliche Kaufpreisraten**. Sofern der (abgezinste kapitalisierte) Wert der Raten das Kapitalkonto (Buchwert) übersteigt, hat der Veräußerer die Wahl,[1240] ob er den Veräußerungsgewinn in voller Höhe im Jahr des Betriebsübergangs versteuern will (die enthaltenen Zinsanteile sind dann sonstige Einkünfte nach § 22 Nr. 1 Satz 3 Buchst. a) EStG) oder aber ob er die Ratenzahlungen als nachträgliche Betriebseinnahmen nach § 15 i.V.m. § 24 Nr. 2 EStG behandeln möchte – dann entsteht der Veräußerungsgewinn erst, wenn die monatlichen Raten das steuerliche Kapitalkonto des Veräußerers abzgl. seiner Veräußerungskosten übersteigen (vgl. im Einzelnen Rdn. 6278 ff.). 6331

d) Letztwillige Renten

Parallel zu dem i.R.d. vorweggenommenen Erbfolge darzustellenden Sonderinstitut der »Vermögensübergabe gegen Versorgungsleistungen« existiert eine »**erbrechtliche Variante**«, bei der die Versorgungsleistungen ihren Entstehungsgrund in einer letztwilligen Verfügung haben. Die Ab- 6332

[1236] Der Große Senat des BFH (GrS 2/00), MittBayNot 2004, 310 ff., hat offengelassen, ob an dieser Rspr. festzuhalten sei. Dagegen spricht nach *Reich*, DNotZ 2004, 13 die vergleichbare Auffassung des BFH bei der Prüfung der Angemessenheit von betrieblichen Versorgungsleistungen (BFH, BStBl. 1979 II, S. 403 ff.). Die Finanzverwaltung wendet allerdings weiter das »Alles-oder-Nichts«-Prinzip an (*Schwenke*, DStR 2004, 1686).
[1237] BFH, 20.06.2007 – X R 2/06, EStB 2008, 439.
[1238] BFH, BStBl. 1977 II, S. 603; BFH, BStBl. 1963 III, S. 592; *Spiegelberger*, DStR 2004, 1113.
[1239] BFH, BStBl. 1979 II, S. 403: betriebliche Versorgungsrente für die Witwe des bisherigen Steuerkanzleiinhabers bei Aufnahme eines Schwiegersohns in die Praxis.
[1240] R 16 Abs. 11 EStR 2005 i.V.m. H 16 Abs. 11 »Ratenzahlungen«.

zugsfähigkeit als Sonderausgabe gem. § 10 Abs. 1a Satz 1 Nr. 2 EStG setzt hier weiter voraus,[1241] dass

(1) der Empfänger der wiederkehrenden Zahlung zum »Generationen-Nachfolge-Verbund« gehört, d.h. ggü. dem Erblasser bei dessen Ableben[1242] pflichtteils- oder zugewinnausgleichsberechtigt sein muss,[1243] mithin die Nichtgeltendmachung dieses Anspruchs als »eigenen Vermögenswert« aufwendet[1244] (vgl. nachstehend Rdn. 6409 ff.) – andernfalls wird beim Bezieher der enthaltene Zinsanteil besteuert, zusätzlich zur Erbschaftsteuer![1245] –
(2) es sich bei den Zahlungen nicht um die Verrentung des Erbteils handelt[1246]
(3) und die Rente aus den Erträgen des ererbten Vermögens erwirtschaftet werden kann.[1247]

Entgegen früherer Rechtsprechung[1248] kommt es jedoch nicht darauf an, ob der Rentenempfänger »versorgungsbedürftig« ist, also seinerseits kein existenzsicherndes Vermögen aus der Erbmasse erhalten hat.[1249]

6333 Der »IV. Rentenerlass« begnügt sich insoweit (Tz. 2) mit der Aussage, eine auf einer Verfügung von Todes wegen fußende Übertragung sei dann begünstigt, wenn sie im Wege vorweggenommener Erbfolge zu Lebzeiten des Erblassers ebenfalls begünstigt gewesen wäre.[1250] Auf dieser Linie liegen auch die bisher zum neuen Recht ergangenen BFH-Urteile.[1251] Bei Todesfällen nach dem 31.12.2007 muss es sich aber beim letztwillig gegen Versorgungsrente übergehenden Vermögen um Betriebsvermögen i.S.d. Rdn. 6362 ff. handeln. Andernfalls sind die vermächtnisweise

---

1241 BFH, BStBl. 1994 II, S. 633, sowie BStBl. 2004 II, S. 820 = ErbStB 2004, 104; FG Baden-Württemberg, ErbStB 2005, 85; FG Düsseldorf, DStRE 2006, 197; 3. Rentenerlass v. 16.09.2004, BStBl. 2004 I, S. 922, Tz. 40, 41.
1242 BFH, 11.10.2007 – X R 14/06, EStB 2008, 12: auch wenn der Empfänger z.Zt. der Errichtung des Testaments noch nicht pflichtteilsberechtigt war.
1243 Gegenbeispiel: transmortales Rentenversprechen an die Lebensgefährtin des Erblassers (FG Baden-Württemberg, 26.05.2009 – 4 K 1445/07, ErbStB 2010, 4; BFH, 20.07.2010 – IX R 29/09, EStB 2010, 454 = ZErb 2011, 159 m. Anm. *Riedel*).
1244 BFH, 07.03.2006 – X R 12/05, ZEV 2006, 327 m. krit. Anm. *Fleischer*.
1245 Beispiel: FG Düsseldorf v. 14.12.2006, ErbStB 2008, 198: für eine Jahresrente von 27.700,00 € werden gesamt 25.400,00 € Erbschaft- und ESt fällig! (Rev. Eingelegt, Az. BFH: VIII R 35/07). Der mit einer solchen Vermächtnisrente an eine nicht zum Generationenverbund gehörende Person belastete Erbe seinerseits kann diese weder als Anschaffungskosten der Wirtschaftsgüter des Nachlasses noch als Werbungskosten bei deren einkunftsrelevanter Nutzung abziehen.
1246 3. Rentenerlass des BMF, BStBl. 2004 II, S. 922, Tz. 40, 41 (Beispiel: Ausgleichsrenten, die der Erbe aufgrund eines Vermächtnisses an sein Geschwister zu leisten hat, dienen der Gleichstellung und schließen den Sonderausgabenabzug aus: FG München, 14.10.2011 – 8 K 338/08, ErbStB 2012, 66); a.A. zuvor die strengere Rspr. des X. Senats des BFH, DB 1996, 1958, wonach der Sonderausgabenabzug bei einer testamentarisch angeordneten privaten Versorgungsrente nur gewährt werde, wenn die Rente anstelle des Erbteils gewährt wird, der Begünstigte also nicht Erbe bliebe, vgl. *Schwenk*, DStR 2004, 1679, 1685 und FG Münster, DStRE 2005, 495.
1247 Zu diesem Erfordernis BFH, 25.02.2014 – X R 34/11, EStB 2014, 290.
1248 BFH, 26.01.1994 – X R 54/92, BStBl. 1994 II, S. 633.
1249 BFH, 11.10.2007 – X R 147/06, EStB 2008, 12.
1250 BFH, 11.10.2007 – X R 14/06, BStBl. 2008 II 123 = ZEV 2008, 48 m. Anm. *Seifried*; krit. (»Steuerfalle«) *Horst/Streck*, DStR 2011, 959 ff.
1251 BFH, 09.03.2011 – X B 193/10, BFH/NV 2011, 980; BFH, 13.04.2011 – X B 69/10, BeckRS 2011, 95527.

E. Versorgungsrenten

dem Erben auferlegten Rentenzahlungen bei diesem weder (als Sonderausgaben) absetzbar noch beim Bezieher zu versteuern.[1252]

e) Beitragserkaufte Renten

Gänzlich zu unterscheiden von den in diesem Kapitel behandelten Renten durch Übertragung von Vermögen sind **Renten als Folge eigener Beitragszahlung** des Rentenberechtigten (z.B. Rürup-Rente, Riester-Rente) sowie Renten aus Beitragszahlungen des Arbeitgebers (Direktversicherung, Direktzusage, Pensionskasse, Unterstützungskasse, Pensionsfonds).[1253] Das Betriebsrentenstärkungsgesetz 2017 sieht die Gewährung von Freibeträgen für Betriebs-, Riester- und sonstige freiwillige Zusatzrenten vor sowie deren teilweise Anrechnungsfreiheit bei der Grundsicherung im Alter und bei Erwerbsminderungsrenten: Zusätzliche Beiträge des Arbeitgebers in eine betriebliche Altersversorgung (bAV) von Beschäftigten mit einem Brutto-Einkommen von weniger als 2.000 € pro Monat (in Höhe von 240 € bis 480 € im Kalenderjahr) werden durch einen 30 %igen Förderbetrag zugunsten des Arbeitgebers (im Weg der Verrechnung mit der abzuführenden Lohnsteuer) unterstützt. Der steuerfreie Dotierungsrahmen für Zahlungen des Arbeitgebers an Pensionskassen, Pensionsfonds und Direktversicherungen wird zu einer einheitlichen prozentualen Grenze von 8 % der Beitragsbemessungsgrenze der allgemeinen Rentenversicherung zusammengefasst und erhöht, die 20 %ige Pauschalbesteuerungsmöglichkeit wird beibehalten

6334

Gem. § 10 Abs. 1b EStG[1254] sind Ausgleichszahlungen i.R.d. Versorgungsausgleichs nach den §§ 20, 21, 22 und 26 des Versorgungsausgleichsgesetzes (vgl. Rdn. 6336, sowie – nach altem Recht – §§ 1587f, 1587g und 1587i BGB sowie § 3a VersAusglHärteregelungsG) als Sonderausgaben abzugsfähig, sofern zum einen die dadurch erzielten Rentenbezüge ihrerseits einkommensteuerpflichtig sind, und zum anderen der Bezieher dieser Ausgleichsleistungen sie versteuert. Sobald Letztere Versteuerung entfällt (z.B. weil der Bezieher der Ausgleichsleistung ins Ausland verzogen ist), entfällt auch der Sonderausgabenabzug, so dass die Nettobelastung des Zahlungspflichtigen deutlich höher wird.

6335

Die Abzugsfähigkeit ist dem Grunde nach gegeben für schuldrechtliche Ausgleichsrente gem. § 20 VersAusglG, ferner für Leistungen, die aufgrund einer Abtretung von Versorgungsansprüchen nach § 21 VersAusglG an den Berechtigen erfolgen, und für Zahlungen zum Ausgleich eines noch nicht ausgeglichenen Anrechts auf Kapitalzahlung i.S.d. § 22 VersAusglG, z.B. betriebliche Anrechte oder Anrechte aus Altersvorsorge und Basisrentenverträgen, die eine (Teil-)Kapitalisierung vorsehen, ebenso Leistungen der Witwe/des Witwers an den ausgleichsberechtigen, geschiedenen Ehegatten des Verstorbenen gem. § 26 VersAusglG. Kein Sonderausgabenabzug ist möglich für Abfindungszahlungen, die als Ausgleich für den Ausschluss des Versorgungsausgleichs erbracht werden, ebenso wenig für Zahlungen zur Begründung eines neuen oder Ausbau eines bestehenden Anrechts an den Versorgungsträger, § 23 VersAusglG.

6336

II. »Unentgeltlichkeit«

Versorgungsrenten sind nur denkbar im Rahmen von Vermögensübertragungen, die **im ertragsteuerlichen Sinne unentgeltlich** sind. Dies gilt auch für Übertragungen unter nahen Angehörigen, bei denen die zunächst bestehende Vermutung der Unentgeltlichkeit (Tz. 5 des IV. Rentenerlasses) durch konkrete gegenteilige vertragliche Vereinbarungen widerlegt wird.[1255] Unter Fremden dagegen besteht umgekehrt eine nur in Ausnahmefällen widerlegliche Vermutung, dass bei der Übertragung von Vermögen Leistung und Gegenleistung zumindest subjektiv kaufmännisch gegeneinander abgewogen sind; anders kann es liegen, wenn der Erwerber aufgrund persön-

6337

1252 *Streck/Horst*, DStR 2011, 959 ff.
1253 Vgl. Übersicht bei *Worgulla*, ErbStB 2007, 137 ff.
1254 Vgl. hierzu *Wälzholz*, DStR 2010, 465.
1255 BFH, 18.05.2010 – X R 32–33/01, ErbStB 2010, 327.

licher, »familienähnlicher« Beziehung zum Veräußerer ein Interesse an dessen lebenslanger angemessener Versorgung hat.[1256]

III. »Vermögen«

1. Rechtslage für Altfälle bis 31.12.2007

a) Existenzsicherndes Vermögen

aa) Geeignete Wirtschaftsgüter

6338 Vermögensübertragungen gegen Versorgungsleistungen, die bis zum 31.12.2007 – also vor Inkrafttreten des § 10 Abs. 1a Satz 1 Nr. 2 EStG – verwirklicht wurden, waren (und sind weiterhin, Rdn. 6323) nur begünstigungsfähig, wenn Wirtschaftsgüter übergeben wurden, die für eine generationenübergreifende dauerhafte **existenzsichernde und Ertrag bringende** Anlage geeignet und bestimmt sind, nicht also
(1) ertragloses Vermögen (z.B. Hausrat, Kunstgegenstände, Sammlungen, nicht nutzbare Grundstücke als Brachland);
(2) Erb- bzw. Pflichtteilsverzichte, mögen sie auch zu einem Vermögensanfall führen;[1257]
(3) ferner Vermögen, dessen Gesamterträge sich der Übergeber durch Total-Vorbehaltsnießbrauch zurückbehält[1258] (**anders**, wenn die Ausübung des Nießbrauchs gem. § 1059 BGB dem Erwerber überlassen wird, der dingliche Vorbehalt des Nießbrauchsrechts also nur Sicherungszwecken dient, und auch anders bei Nutzungsrechten nur an Teilen des übertragenen Objektes: Rdn. 6435). Jedoch kann der **Nießbrauch** selbst im Fall seiner **Ablösung** durch Vereinbarung von Versorgungsleistungen im Rahmen einer »**zeitlich gestreckten**« Übertragung[1259] tauglicher Gegenstand sein, wenn die Ablösung in sachlichem Zusammenhang mit der Vermögensübertragung steht:

6339 Der BFH[1260] sieht auch in einem zugewendeten **Nießbrauchsrecht** ein potenziell begünstigtes Wirtschaftsgut als Objekt einer Vermögensübergabe gegen Versorgungsleistungen, sofern die Ablösung (= Verzicht)[1261] – sei es bereits bei der Objektzuwendung, sei es bei der Nießbrauchsaufgabe – als Ersatz für die Aufgabe des Nießbrauchs (i.S.e. **gleitenden Vermögensübergabe**) vereinbart wird[1262] (vgl. auch Rdn. 1406). Der zulässige Betrag der Versorgungsleitungen orientiert sich an den Erträgen aus dem übertragenen Objekt (nicht dem Nießbrauch),[1263] bezogen aber auf den Zeitpunkt der Nießbrauchsablösung. Erfolgt die Ablösung jedoch zur Vorbereitung eines lastenfreien Weiterverkaufs, muss sich der Erwerber verpflichten, den Verkaufserlös wiederum in ein ausreichend Ertrag bringendes Wirtschaftsgut zu investieren (Rdn. 6343). Zur Rechtslage nach neuem Recht, ab 2008, vgl. Rdn. 6400.

6340 Handelt es sich bei der Ablösung nicht um eine Vermögensübergabe in vorweggenommener Erbfolge, sondern werden z.B. **Zuwendungsnutzungsrechte** abgelöst (z.B. Nießbrauchs- oder Woh-

---

1256 BFH, 16.12.1997 – IX R 11/94, ZEV 1998, 153; BFH, 08.06.2011 – X B 196/10 EStB 2011, 363.
1257 Daher keine Abzugsfähigkeit als dauernde Last von wiederkehrenden Leistungen als Ausgleich für einen Erbverzicht, BFH, 31.07.2002 – X R 39/01, BFH/NV 2002, 1575; FG Münster, 14.02.2012 – 1 K 2319/09, ErbStB 2013, 297.
1258 Beispiel: FG München, ErbStB 2003, 281: auch bei Zuwendungsnießbrauch für die Enkel auf die voraussichtliche Lebensdauer der Großeltern bei Vermögensübertragung von Großeltern auf deren Sohn.
1259 BFH, DNotZ 1996, 1015, BFH, BStBl. 1993 II, S. 23; Tz. 18 des Dritten Rentenerlasses.
1260 BFH, 13.12.2005 – X R 61/01, ZEV 2006, 226 m. Anm. *Schönfelder*.
1261 Es ist unschädlich, dass der Nießbrauch nicht Gegenstand einer »Übertragung« im zivilrechtlichen Sinne sein kann, vgl. BGH, ZEV 2005, 226/227.
1262 Spätere Zusage der »Versorgungsrente« (5 Monate nach Verzicht auf den Nießbrauch) unterbricht allerdings den Zusammenhang, BFH, 17.05.2006 – X R 2/05, ZEV 2006, 422 m. Anm. *Schönfelder*.
1263 BFH, BStBl. 2005 II, S. 130; BFH/NV 2006, 1824.

nungsrechte für Geschwister des Erwerbers), ist zu differenzieren: Ablösezahlungen für ein ursprünglich unentgeltlich bestelltes Zuwendungsnießbrauchsrecht sind gem. § 12 Nr. 2 EStG nicht abzugsfähig und führen auch beim Nießbraucher nicht zu Einkünften, etwa aus Vermietung und Verpachtung.[1264] Beim entgeltlichen Zuwendungsnießbrauch hatte der Eigentümer bisher Einkünfte aus Vermietung und Verpachtung; erbringt er Zahlungen zur Ablösung dieser Einkunftsquelle, handelt es sich um negative Einnahmen aus Vermietung und Verpachtung. Die Finanzverwaltung sieht darin also einen Anschaffungsvorgang beim Zahlungspflichtigen (mit der Folge von Anschaffungskosten bei Einmalzahlung in voller Höhe, bei wiederkehrenden Leistungen i.H.d. Barwerts).[1265] Der bisherige Nutzungsberechtigte erzielt möglicherweise private Veräußerungsgewinne (für nach dem 01.01.2009 bestellte entgeltliche Zuwendungsnießbrauchsrechte ist die bisher einjährige Spekulationsfrist gem. § 23 Abs. 1 Satz 1 Nr. 2 EStG auf 10 Jahre verlängert worden.)

Der BFH[1266] sah jedoch auch in einem **zugewendeten Nießbrauchsrecht** ein potenziell begünstigtes Wirtschaftsgut i.S.d. Sonderausgabenabzugs des § 10 Abs. 1a Satz 1 Nr. 2 EStG, sofern die Ablösung nicht i.S.e. Gesamtplanes von vornherein geplant war, allerdings begrenzt auf solche Ablösezahlungen, die aus dem Nießbrauch nach den Prognoseverhältnissen im Zeitpunkt der Nießbrauchseinräumung erwirtschaftbar waren (Rdn. 4823); darüber hinaus lägen steuerlich irrelevante Unterhaltsleistungen i.S.d. § 12 Nr. 2 EStG vor. Führt also der Pflegeheimaufenthalt des Veräußerers bei einer nicht kautelar »abgebremsten« Anwendbarkeit des § 323a ZPO (vor 01.09.2009: § 323 ZPO) zu einer Anhebung der dauernden Last über das erwirtschaftbare Niveau hinaus, handelt es sich bei den aus dem eigenen Einkommen zu leistenden Spitzenbeträgen um nicht abziehbare Unterhaltsleistungen.[1267] Seit 2008 gilt diese Ablösemöglichkeit jedoch nur mehr für entgeltliche Zuwendungsnießbrauchsrechte, die z.B. einen Teilbetrieb darstellen (Rdn. 6363 ff.), ist also faktisch ausgeschlossen. 6341

Entgegen der im III. Rentenerlass noch geäußerten, durch den Großen Senat des BFH überholten Verwaltungsauffassung konnten demnach bis Ende 2007 nicht nur bebaute Grundstücke und Betriebe, Teilbetriebe, Mitunternehmeranteile oder Anteile an Kapitalgesellschaften taugliche Übertragungsobjekte darstellen, sondern auch Wertpapiere oder typische stille Beteiligungen.[1268] (Bar- oder nicht angelegtes[1269] Buch-)Geld sah die Finanzverwaltung[1270] allerdings auch weiterhin (in Abweichung vom Großen Senat des BFH) nicht als taugliches Vermögen zur Existenzsicherung an, sondern allenfalls als Durchgangsstadium zu einer verabredeten Umschichtung in Sachvermögen (nachstehend Rdn. 6343). Fehlt eine solche Abrede, sollen lediglich unbeachtliche Unterhaltsleistungen vorliegen.[1271] Der BFH ließ es dagegen ausreichen, dass übertragenes Geld absprachegemäß nicht nur zur Anschaffung, sondern auch (allein) zur Entschuldung von Wirtschaftsgütern eingesetzt wird, die ihrerseits Ertrag bringende Wirtschaftseinheiten sind (z.B. vermietete oder – i.H.d. 6342

1264 Rn. 61 und 66 des Nießbrauchserlasses BStBl. 1998 I, S. 914.
1265 Vgl. Nießbrauchserlass, Rn. 62 = Steuerrichtlinien I/21.2 = BStBl. I 1998, S. 914, DStR 1998, 1175 ff.
1266 BFH, 13.12.2005 – X R 61/01, ZEV 2006, 226 m. Anm. *Schönfelder.*
1267 So schon BFH, 16.06.2004 – X R 50/01, ZEV 2005, 420 m. Anm. *Fleischer:* spätere Investitionen des Erwerbers, welche die Ertragskraft des übergebenen Vermögens gesteigert haben, bleiben unberücksichtigt.
1268 Tz. 10 des Dritten Rentenerlasses.
1269 Festgeldkonten sind dagegen als Kapitalforderungen taugliches ertragbringendes Vermögen, Tz. 10 des Dritten Rentenerlasses; *Geck*, DStR 2005, 86. Die Zwischenanlage als Festgeld sollte auch verabredet sein, um bereits vor der Umschichtung in das vereinbarte Zielvermögen Versorgungsleistungen abziehen zu können: *Bauschatz*, KÖSDI 2005, 14602 f.
1270 Tz. 21 letzter Absatz des Dritten Rentenerlasses, ebenso BFH, 16.06.2004 – X R 22/99, DStR 2004, 1555; dagegen lässt sich anführen, dass Geld – sofern es angelegt wird – ertragbringender sein kann als etwa Immobilien – sofern sie vermietet werden.
1271 Dagegen *Paus*, EStB 2005, 219: Anschaffungskosten.

Nutzungsvorteile – eigengenutzte Immobilien,[1272] also bspw. nicht zur Tilgung von Konsumentenkrediten): die für die Übertragung des Geldes ausbedungenen Versorgungsleistungen sind dann abzugsfähig (a.A. hingegen insoweit die Finanzverwaltung, die ersparte Kreditzinsen nicht als »Ertrag« akzeptiert, Rdn. 6350).

bb) Nachträgliche Umschichtung in geeignete Objekte

6343 Liegt zunächst ungeeignetes – da bspw. ertragloses – Vermögen vor, erkennen Rechtsprechung[1273] und Finanzverwaltung[1274] für Altfälle den Sonderausgabenabzug dann an, wenn bereits im Übergabevertrag eine Verpflichtung zu dessen Veräußerung und zur Reinvestition (»**Umschichtung**«) in eine ausreichend Ertrag bringende Vermögensanlage **vereinbart** und diese zeitnah, d.h. binnen 3 Jahren,[1275] vorgenommen wird. Das Reinvestitionsobjekt muss (und sollte)[1276] dabei nur der Art nach, nicht hinsichtlich seiner tatsächlichen Identität bestimmt sein (also geringere Anforderungen als bspw. bei der Anerkennung einer mittelbaren Grundstücksschenkung).[1277] Da das zu erwerbende Ertrag bringende Vermögen bereits bisher im Eigentum von Familienangehörigen gestanden haben kann, lässt sich z.B. eine übertragene Kunstsammlung als vorausbestimmtes Tauschobjekt für ein damit »beglichenes« Mehrfamilienhaus des Ehemannes einsetzen.[1278] (Wird geeignetes, also Ertrag bringendes, Vermögen dagegen nachträglich in anderes Ertrag bringendes Vermögen umgeschichtet,[1279] bedarf es jedoch nach Ansicht der Rechtsprechung weder einer vorherigen Gestattung im Übergabevertrag noch einer späteren gesonderten Abrede mit dem Übergeber).[1280]

6344 Bis zur Reinvestition handelt es sich um steuerlich unbeachtliche Unterhaltsleistungen i.S.d. § 12 Nr. 2 EStG; die Veranlagung erfolgt vorläufig nach § 165 AO.[1281] Unterbleibt die Umschichtung innerhalb des Dreijahreszeitraums, ist der Sonderausgabenabzug dauerhaft verwehrt, es liegt dann eine Kaufpreisrente vor (Tz. 16 des 3. Rentenerlasses).[1282] Erfolgt die Reinvestition rechtzeitig in ein taugliches, der Art nach vereinbartes Objekt, ist zur Prüfung, ob ausreichend Ertrag bringendes Vermögen vorliegt, auf die durchschnittlichen jährlichen Erträge des erworbenen Vermögens

---

1272 BFH, 01.03.2005 – X R 45/03, DStR 2005, 1174; zuvor schon *Paus*, EStB 2005, 220; ebenso für einen »Altfall« FG Niedersachsen, 04.11.2009 – 2 K 277/07, ErbStB 2010, 62.
1273 BFH, GrS1/00 unter C II 6a; BFH, 16.06.2004 – XR 22/99, DStR 2004, 1555.
1274 Tz. 14, Beispiel 1 des Dritten Rentenerlasses (Umkehrschluss), DStR 2004, 1696, 1697.
1275 Systematisch richtiger wäre (wohl) gewesen, von der Fünf-Jahres-Frist des § 6 Abs. 3 Satz 2 EStG auszugehen, die zum Entfall der Buchwertfortführung eines übernommenen Mitunternehmeranteils führt.
1276 Damit Planänderungen nicht zu einem, sei es auch ggf. nur vorübergehenden, Abzugsverbot führen, vgl. *Geck*, DStR 2005, 85/86: Gattungsbezeichnung mit Einräumung des Rechtes zu vorübergehend anderweitiger Anlage genügt.
1277 BFH, 26.07.2006 – X R 1/04, ZEV 2006, 562: es genüge, dass die Vertragsparteien anlässlich der Übergabe »außerhalb der notariellen Urkunde« ihren übereinstimmenden Willen erklären, dass die Versorgungsleistungen aus einer der Art nach bestimmten und (in der Prognose) ausreichend ertragbringenden Wirtschaftseinheit gezahlt werden sollten (möglicherweise gelten allerdings strengere Maßstäbe für Übertragungen nach Veröffentlichung des Dritten Rentenerlasses).
1278 Vgl. *Reich*, DNotZ 2004, 17.
1279 Nach BFH, 08.12.2010 – X R 35/10, ErbStB 2011, 124 ist dafür stets die Anschaffung neuer Vermögensgegenstände erforderlich [nicht ausreichend ist die bloße Verwendung der Erlöse im eigenen Betrieb], vgl. *Geck/Messner*, ZEV 2011, 247.
1280 BFH, 17.03.2010 – X R 37/06, ZEV 2010, 427.
1281 Tz. 13 des 3. Rentenerlasses, DStR 2004, 1696, 1697; a.A. *Geck*, DStR 2005, 86: vorläufige Abzugsfähigkeit als Versorgungsleistungen.
1282 *Paus*, EStB 2005, 220 weist zu Recht krit. darauf hin, dass bei gänzlichem Fehlen einer Umschichtungsabrede (also nicht lediglich bei deren verspäteter Umsetzung) dagegen steuerlich unbeachtliche Unterhaltsleistungen vorliegen sollen (Tz. 28 des Erlasses).

im Umschichtungs- und den beiden Folgejahren abzustellen.[1283] Wurde das Reinvestitionsobjekt zugleich aus anderen Mitteln finanziert, ist nur der anteilig aus dem umgeschichteten Vermögen erwirtschaftete Bruchteil der erzielbaren Einkünfte heranzuziehen.[1284]

Die Finanzverwaltung[1285] hat diesen Grundsatz erweitert auf die im Übergabevertrag vereinbarte **nachträgliche Investition** des Erwerbers auf das zunächst noch nicht ausreichend Ertrag bringende Vermögen.

▶ Beispiel:

Übertragen wird ein Rohbau, den jedoch der Erwerber fertigzustellen sich verpflichtet.

Für die steuerrechtliche Würdigung mache es keinen Unterschied, ob der ausreichend existenzsichernde und Ertrag bringende Charakter durch Investitionen in das übertragene Objekt oder aber durch eine verpflichtend vereinbarte, dadurch ermöglichte Ersatzanschaffung erreicht wird.

Demnach konnte bis Ende 2007 auch eine **Kombination** aus den schenkungsteuerlichen Privilegien einer **mittelbaren Grundstücksschenkung** (Rdn. 5463 ff.) mit der ertragsteuerlichen Förderung der Vermögensübergabe gegen Versorgungsleistungen erreicht werden:[1286] Ein Geldbetrag wird rechtzeitig zweckgebunden geschenkt zum Erwerb/zur Errichtung einer bestimmten Immobilie gegen Gewährung einer dauernden Last: Die wirksame (§ 311b BGB!) Verpflichtung zur Umschichtung des (aus Sicht der Finanzverwaltung) ertraglosen Wirtschaftsguts »Geld« in das geeignete Wirtschaftsgut »Immobilie« (Ertrag: ersparte Eigenmiete/erzielbare Fremdmiete aus dem [geschenkten Anteil am] Objekt)[1287] erlaubt den Sonderausgabenabzug, sofern die dauernde Last unter dem erzielbaren Ertrag bleibt, ab dem Zeitpunkt der Gebäudeerstellung/des -erwerbs, der jedoch nicht später als 3 Jahre nach der Geldzuwendung liegen darf. Würde stattdessen nachträglich Geld geschenkt zweckgebunden zur Tilgung bestehender Kredite auf der Immobilie, liegt weder eine mittelbare Grundstücksschenkung mehr vor noch gewährt die Finanzverwaltung (trotz anderslautender BFH-Rechtsprechung) den Sonderausgabenabzug, da ersparte Zinsen keine Erträge seien (Rdn. 6350).

Wurde eine vor dem 31.12.2007 vereinbarte Umschichtungsverpflichtung von ertraglosem in Ertrag bringendes Vermögen nicht vor Inkrafttreten des § 10 Abs. 1a Satz 1 Nr. 2 EStG (01.01.2008) erfüllt, gelten gem. Tz. 87 des IV. Rentenerlasses nunmehr die neuen Regeln, d.h. nur noch Betriebsvermögen ist dem Grunde nach geeignet (anders als im Fall der tatsächlichen späteren Umschichtung von bereits anfänglich geeignetem Vermögen in anderes, Tz. 88 des IV. Rentenerlasses, unten Rdn. 6399).

cc) Sonderbehandlung von Betriebsvermögen?

Der zweite Beschluss des Großen Senats v. 12.05.2003[1288] hatte schließlich eine weitere Fallgruppe aus Sicht der Rechtsprechung untauglicher Vermögensgegenstände geschaffen, wobei ihm jedoch die Finanzverwaltung insoweit nicht gefolgt ist:[1289] Es mangele an einem übergabefähigen »Vermögen«, wenn ein Unternehmen **weder über einen positiven Substanzwert noch über einen positiven Ertragswert** verfüge. Künftige Gewinne eines wertlosen oder gar verschuldeten Betriebs seien nicht als Erträge des übergebenen Vermögens zu qualifizieren, sondern stellten Unterneh-

---

1283 BFH, 17.03.2010 – X R 38/06, ZEV 2010, 427; hierzu *Schmidt*, NWB 2010, 3346 ff.
1284 Tz. 15 des 3. Rentenerlasses.
1285 Tz. 13, 15 u. 16 des 3. Rentenerlasses; vgl. *Schwenke*, DStR 2004, 1683.
1286 Vgl. *Amann*, in *Amann/Hertel/Everts*, Aktuelle Probleme der notariellen Vertragsgestaltung im Immobilienrecht 2006/2007 (DAI-Skript), S. 131 ff.
1287 Allerdings unter Abzug etwaiger Vorbehaltswohnungsrechtsflächen des Zuwendenden: Rdn. 3811 dritter Anstrich, Tz. 12 des Dritten Rentenerlasses.
1288 BStBl. 2004 II, S. 100.
1289 Tz. 8 des 3. Rentenerlasses.

merlohn dar, also Ertrag der Arbeitsleistung des Übernehmers. Diese Rechtsprechung hätte dazu geführt, dass Pachtbetriebe sowie Einzelunternehmen im Dienstleistungsbereich mit geringem Substanzwert (z.B. Friseursalon) nicht mehr übergabefähig gewesen wären[1290] (bei land- und forstwirtschaftlichen Betrieben führt zwar die Kürzung um den Unternehmerlohn ebenfalls zum Wegfall eines Ertragswerts, allerdings liegt typischerweise ausreichender Substanzwert vor).[1291] Die Auffassung des Großen Senats hätte des Weiteren dazu geführt, dass die Finanzverwaltung bei jeder Betriebsübergabe eine Prüfung des Unternehmenswerts hätte vornehmen müssen;[1292] aus praktischen Erwägungen hat sich daher der Dritte Rentenerlass **gegen eine Sonderbehandlung von Betriebsvermögen** ausgesprochen: Wie bei allen anderen tauglichen Übergabeobjekten ist lediglich darauf abzustellen, ob sie ausreichend Ertrag bringend sind; der IV. Rentenerlass ist dem (in Tz. 31) gefolgt.

b) »Ausreichend ertragbringend«

aa) Ertragsprognose

6349 Entscheidendes Tauglichkeitskriterium ist demnach für die vor dem 01.01.2008 verwirklichten Fälle nicht mehr das Vorliegen »existenzsichernden«,[1293] sondern »ausreichend Ertrag bringenden« Vermögens: dies rechtfertigt die Typusnähe zum Vorbehaltsnießbrauch. Nach überschlägiger Berechnung dürfen die zugesagten Versorgungsleistungen aus Sicht des Übertragungszeitpunktes[1294] – bei nachträglicher Umschichtung aus Sicht des Umschichtungszeitpunktes[1295] – nicht höher sein als der langfristig erzielbare Ertrag des Vermögens (bei Aktien und Wertpapieren lediglich unter Berücksichtigung der Dividenden/Zinsausschüttungen, also ohne Veräußerungsgewinne und Kurssteigerungen;[1296] bei GmbH-Anteilen nach Maßgabe des Jahresergebnisses, also des erzielbaren Nettoertrags).[1297] Zu den Erträgen des Vermögens zählt nach damaliger Rechtslage auch der Nutzungswert (ersparte ortsübliche Miete) der vom Erwerber eigengenutzten Wohnung[1298] (nachstehend Rdn. 6436 ff.), nicht allerdings der Nutzungswert einer Wohnung, die der Veräußerer aufgrund vorbehaltenen Rechts weiterhin bewohnt (nachstehend Rdn. 6435 ff.).

6350 Aus Sorge vor Missbrauch akzeptierte die Finanzverwaltung bereits im III. Rentenerlass allerdings nur ersparte Wohnaufwendungen (im durch den Erwerb eigengenutzten Objekt – anders bei Ob-

---

1290 *Spiegelberger*, Stbg 2001, 258; *Watrin/Middendorff/Wallbaum*, ErbStB 2004, 44.
1291 Vgl. *Spiegelberger*, DStR 2004, 1105.
1292 Und damit den im Beschl. 1/00 des Großen Senats v. 12.05.2003, BStBl. 2004 II, S. 95, entwickelten Grundsatz, bei der Übertragung eines Unternehmens sei bis zum Beweis des Gegenteils von einer positiven Ertragsprognose und ausreichend erwirtschaftbaren Erträgen auszugehen, widersprochen.
1293 *Dhonau*, ZEV 2004, 22 weist zu Recht darauf hin, dass die Eigenschaft als »existenzsichernde Wirtschaftseinheit« auch i.R.d. Anerkennungsfähigkeit von auf letztwilligen Verfügungen beruhenden Versorgungsleistungen Bedeutung hatte: gem. Tz. 29 des zweiten Rentenerlasses BStBl. 2002 I, S. 893 und BFH, ZEV 1994, 187 scheidet der Sonderausgabenabzug jedenfalls aus, wenn der Empfänger der Versorgungsleistungen existenzsichernde Werte erhielt und damit nicht potenziell versorgungsbedürftig war. Es bleibt offen, ob das Merkmal insoweit noch maßgeblich bleibt.
1294 FG Hessen, 06.10.2016 – 11 K 1161/11, ErbStB 2017, 272. Die Revisionsinstanz (BFH, 20.06.2017 – X R 38/16, EStB 2017, 400) bestätigte, dass insoweit auch zwei im Abstand von 13 Tagen durchgeführte Übertragungsvorgänge für die Ertragsprognose zusammengezogen werden können.
1295 Beispiel: BFH, 18.08.2010 – X R 55/09, ZEV 2011, 269 m. Anm. *Spiegelberger*.
1296 BFH, 21.07.2004 – X R 44/01, DStR 2004, 1911; *Watrin/Middendorff/Wallbaum*, EStB 2004, 42.
1297 BFH, RNotZ 2005, 130.
1298 Großer Senat des BFH, ZEV 2003, 420 ff.; ebenso bereits Tz. 13 des Ersten Rentenerlasses (BMF-Schreiben v. 23.12.1996); a.A. BFH, 10.11.1999 – X R 10/99, BStBl. 2002 II, S. 653 mit der Folge, dass ein teilentgeltlicher Erwerb vorliege, so dass Eigenheimzulage auf den Barwert der wiederkehrenden Leistungen gewährt werde. Bei Vertragsabschluss vor dem 11.11.2002 konnte auf Antrag die Besteuerung nach der früheren Rechtslage erfolgen (Sonderausgabenabzug), vgl. OFD Hannover v. 07.02.2003, ZEV 2003, 240.

jekten, die unentgeltlich an Angehörige überlassen werden)[1299] als »finanzmathematischen« Ertrag, jedoch – entgegen der Rechtsprechung, Rdn. 6342 – auch ersparte Zinsaufwendungen (etwa durch Tilgung eines Darlehens aus übertragenem Geldvermögen – die an den Zuwendenden zu leistenden Versorgungsbeträge wären sonst als Sonderausgaben abziehbar, auch wenn die ersparten Darlehenszinsen bei privater Verwendung nicht berücksichtigbar gewesen wären).[1300]

Den tatsächlichen bzw. erzielbaren Erträgen (also ohne Abzug von Schuldzinsen oder Verwaltungskosten) sind die nach steuerlichen Regeln ermittelten Absetzungen für Abnutzung, erhöhten Absetzungen oder Sonderabschreibungen sowie außerordentlichen Aufwendungen hinzuzurechnen. Im Fall der **Eigennutzung** durch den Erwerber bildet allerdings lediglich die **ersparte Nettomiete** (also ohne Erhöhung um die AfA) berücksichtigbaren Ertrag; es ist ungewiss, ob nicht möglicherweise gar die tatsächlichen Werbungskosten in diesem Fall abzuziehen sind.[1301]   6351

Die Prognose ist zwar – in Anlehnung an die alte Richtlinie R 99 ErbStR 2003 – gemäß dem durchschnittlichen Netto-Ertrag des Übergabejahres und der beiden vorangegangenen Jahre zu ermitteln[1302] (dadurch wird die schwierige Aufgabe des Beraters, über prophetische Gaben zu verfügen, etwas erleichtert). Der Übernehmer kann jedoch nachweisen, dass abweichend von dieser vergangenheitsbezogenen Prognose in seiner Person künftig ausreichend hohe Netto-Erträge zu erwarten seien (maßgeblich sind dann im Zeitpunkt der Übergabe bereits bestimmbare Umstände für das laufende und die beiden folgenden Jahre).[1303] Spätere Investitionen des Erwerbers, welche die Ertragskraft gesteigert haben, bleiben jedoch unberücksichtigt.[1304]   6352

bb) Teilentgeltliche Übertragungen

Soweit die Vermögensübergabe **teilentgeltlich** erfolgt (also z.B. Abstandsgelder an den Veräußerer oder Ausgleichszahlungen an weichende Geschwister vorliegen), ist zu prüfen, ob die Erträge, die auf den unentgeltlich bleibenden Anteil entfallen, zur Erbringung der Versorgungsleistungen ausreichen.   6353

▶ **Beispiel:**[1305]

V überträgt an E ein vermietetes Haus, Verkehrswert 1.000.000,00 €, gegen Übernahme von Verbindlichkeiten von 300.000,00 € und Zahlung eines Gleichstellungsgeldes an den weichenden Bruder i.H.v. 200.000,00 €. An den Veräußerer sind wiederkehrende Leistungen i.H.v. 18.000,00 € jährlich zu entrichten. Die durchschnittlichen echten Mieteinnahmen, zuzüglich Abschreibung, der letzten 3 Jahre betrugen 39.250,00 € pro Jahr. Der auf den unentgeltlich übertragenen (hälftigen) Anteil des Vermögens entfallende hälftige Anteil der durchschnittlichen, korrigierten Erträge beläuft sich auf 19.625,00 €, ist somit also höher als die wiederkehrenden Leistungen von jährlich 18.000,00 €. Es liegt also die Übergabe ausreichend Ertrag bringenden Vermögens vor.   6354

1299 BFH, 17.03.2010 – X R 38/06, ZEV 2010, 417: kein Ertrag.
1300 Tz. 21 des Dritten Rentenerlasses, DStR 2004, 1696, 1698 (anders nur für Vorgänge vor Veröffentlichung des Erlasses, Tz. 76, S. 1704), ausdrücklich bestätigt durch BMF v. 19.01.2007, DStR 2007, 534. Dogmatisch steht dahinter wohl die Erwägung, dass nur im Bereich einer Einkunftsart angesiedelte (ersparte) Zinsen als Ertrag anerkannt werden können. Krit. gegen den Nichtanwendungserlass *Geck/Messner*, ZEV 2007, 243.
1301 Hierauf weist *Fischer*, FR 2004, 718, hin.
1302 Danach wird das Jahr der Übergabe 3-fach, das vorangehende zweifach, und das vorvorgangene Jahr einfach gewertet und die Summe durch 6 geteilt.
1303 BFH, 16.06.2004 – X R 50/01, ZEV 2004, 520 m. Anm. *Fleischer*.
1304 So schon BFH, 16.06.2004 – X R 50/01, ZEV 2005, 420 m. Anm. *Fleischer*.
1305 Nach Tz. 27 des Dritten Rentenerlasses, DStR 2004, 1699.

cc) Unternehmensübertragung

6355 Bei der Übertragung von Unternehmen (einschließlich land- und forstwirtschaftlicher Betriebe oder freiberuflicher Praxen bzw. der rechtsgeschäftlichen Übertragung von Mitunternehmerschaften[1306] sowie von Kapitalgesellschaftsanteilen)[1307] gilt für Sachverhalte, die noch unter Geltung des früheren Rechtes, also bis 31.12.2007 verwirklicht wurden: Ein Unternehmerlohn ist bei der Ertragsprognose gem. Tz. 24 des Dritten Rentenerlasses nicht abzusetzen,[1308] ebenso wenig mindert bei Übertragung eines Anteils an einer GmbH das Gehalt des Gesellschafter-Geschäftsführers die auf der Grundlage der ausschüttungsfähigen (nicht der ausgeschütteten) Gewinne ermittelten Erträge. Ferner werden die Erträge nicht um die AfA, Sonderabschreibungen und außerordentliche Aufwendungen gekürzt (allerdings um die betrieblichen Zinsen).

6356 Es gilt bereits unter Geltung des III. Rentenerlasses eine Beweiserleichterung in Gestalt einer nur in seltenen Ausnahmefällen (z.B. bei mehrjährigen Verlusten[1309]) widerleglichen **Vermutung** dafür, dass die Beteiligten im Zeitpunkt der Übertragung zu Recht angenommen haben, der Betrieb werde auf Dauer ausreichende Gewinne erwirtschaften, um die wiederkehrenden Leistungen abzudecken.[1310] Voraussetzung ist allerdings, dass der Betrieb tatsächlich vom Erwerber fortgeführt wird. Dem Übernehmer bleibt es ferner unbenommen, nachzuweisen, dass für die Zukunft ausreichend hohe Nettoerträge zu erwarten sind (dieser Beweis gilt als geführt, wenn die durchschnittlichen Erträge des Jahres der Vermögensübergabe und der beiden folgenden Jahre ausreichen, um die wiederkehrenden Leistungen zu erbringen (Tz. 25 des Dritten Rentenerlasses). Werden allerdings wesentliche Teile eines übertragenen Betriebes veräußert oder wird die Bewirtschaftsform geändert (Verpachtung statt Eigenbewirtschaftung), muss nach Ansicht der Finanzverwaltung (Tz. 62 des Vierten Rentenerlasses) anhand einer neuen Ertragsprognose geprüft werden, ob die Versorgungsleistungen von den Nettoerträgen des verbleibenden Vermögens gedeckt werden; unschädlich ist dabei nach Ansicht des BFH jedenfalls ein Unterschreiten der Erträge um bis zu 10 %.[1311] Das FG Niedersachsen hat sich allerdings gegen die Notwendigkeit einer Neubewertung ausgesprochen.[1312]

6357 Ob diese Beweiserleichterung auch bei der Übertragung eines landwirtschaftlichen Nebenerwerbsbetriebes gilt, dessen Inhaber seinen Lebensunterhalt i.d.R. überwiegend aus anderen Quellen deckt, ist allerdings offen.[1313] Allein die Ermittlung der Gewinne nach Durchschnittssätzen

---

1306 Erforderlich ist die Einzelrechtsnachfolge, nicht etwa die Kombination von Eintritt eines neuen und Austritt eines bisherigen Gesellschafters; zu einem infolgedessen gescheiterten Modell BFH, 28.06.2000 – X R 48/98, EStB 2000, 423 m. Anm. *Hartmann*, EStB 2001, 188.
1307 Jedenfalls sofern sowohl der Veräußerer als auch der Erwerber als Geschäftsführer tätig waren bzw. sind.
1308 Er spielt gemäß dem Beschluss des Großen Senats des BFH, GrS 2/00, DStR 2003, 1700, dem die Finanzverwaltung (Tz. 8 des Dritten Rentenerlasses, DStR 2004, 1696, 1697) glücklicherweise jedoch nicht folgt, nur bei übertragenem Betriebsvermögen eine Rolle, soweit zu beurteilen ist, ob das übergebene Unternehmen überhaupt »Vermögen« darstelle, also entweder über einen positiven Substanz- oder über einen (hier nach Abzug des Unternehmerlohnes verbleibenden) positiven Ertragswert verfügt.
1309 Bsp: langjährig (trotz Hinzurechnung der Abschreibung) defizitäre Landwirtschaft, BFH, 08.07.2015 – X R 47/14, EStB 2016, 57.
1310 Die Beweiserleichterung gilt allerdings nicht für verpachtete Betriebe und für gewerblich geprägte Personengesellschaften gem. § 15 Abs. 3 Nr. 2 EStG.
1311 BFH, 17.03.2010 – X R 38/06, ZEV 2010, 427; hierzu *Schmidt*, NWB 2010, 3346 ff.
1312 FG Niedersachsen, 16.10.2012 – 10 K 10451/11, ErbStB 2013, 76 (rkr.): Verpachtung eines landwirtschaftlichen Betriebs.
1313 Im Urteil des BFH, 16.09.2004 – X R 7/04, ZEV 2005, 30 m. Anm. *Schönfelder*, kam es hierauf nicht an, da die Erträge zur Deckung der gewährten Wohn- und Energiekosten ausreichten.

E. Versorgungsrenten					Kapitel 13

(§ 13a EStG)[1314] steht jedenfalls nach Ansicht der Finanzverwaltung[1315] der Beweiserleichterung nicht entgegen, allerdings müsse auch hier der gem. § 13a EStG ermittelte Gewinn (bereinigt um Sondergewinne nach § 13a Abs. 6 Nr. 2 und 4 EStG) den Jahreswert der vereinbarten wiederkehrenden Leistung übersteigen. Andernfalls bedarf es (ebenso wie im Fall einer Verpachtung des Betriebes durch den Erwerber) einer konkreten Ertragsprognose; ggf. einer Gewinnschätzung nach § 62 AO.

dd) Unzureichende Erträge: der frühere »Typus 2«

6358 Reichen die erzielbaren Erträge nur teilweise zur Abdeckung der Versorgungsleistungen aus, lag **nach früherer Verwaltungsauffassung** (2. Rentenerlass) eine sog. **Vermögensübergabe des Typus II** vor, allerdings nur unter der **zusätzlichen Voraussetzung**, dass der Kapitalwert der wiederkehrenden Leistungen nicht mehr als doppelt so hoch ist wie der Wert des übertragenen Vermögens (bei teilentgeltlichem Erwerb: des unentgeltlichen Anteils[1316] des übertragenen Vermögens) zum Zeitpunkt der Vermögensübertragung sei (andernfalls hätten Unterhaltsrenten vorgelegen).

6359 Der Beschluss des Großen Senates des BFH v. 12.05.2003[1317] erkennt den Sonderausgabenabzug bei Übertragungen des Typus II nicht mehr an. Dieses aus dem Vergleich mit dem Vorbehaltsnießbrauch abgeleitete Ergebnis mag begrifflich etwas befremden, da der Sonderausgabenabzug gerade dann versagt wird, wenn tatsächlich ein Sonderopfer stattfindet, also eigene, nicht aus dem übergebenen Objekt erwirtschaftbare Mittel aufgewendet werden, aber gewährt wird, wenn lediglich die ermöglichten Erträge »zurückgereicht« werden.[1318] Für Übertragungsvorgänge bis zum Monatsersten nach Veröffentlichung des angepassten dritten Rentenerlasses (01.11.2004) können Veräußerer und Erwerber übereinstimmend gem. BMF-Schreiben v. 08.01.2004[1319] wählen zwischen der Anwendung der Grundsätze des Großen Senates oder aber des zweiten Rentenerlasses v. 22.08.2002 andererseits; treffen sie keine Wahl, gelten die Grundsätze des Großen Senates unter Vorbehalt der Nachprüfung gem. § 164 AO.

6360 Die Fälle des bisherigen »Typus II« gelten seitdem[1320] als **(teil-)entgeltliche Übertragungen**, d.h. sie generieren beim Erwerber Anschaffungskosten bzw. (bis 31.12.2005) Eigenheimzulagenpotenzial, schaffen aber beim Veräußerer u.U. (bei Betriebsvermögen sowie im Fall des § 23 EStG) steuerpflichtige Veräußerungserlöse (Rdn. 6275 f.). Das Schrifttum wendet hiergegen ein, es sei unzutreffend, den Beteiligten auch den Willen zur (Teil-)Entgeltlichkeit zu unterstellen, wenn sie sich über die Wertrelationen des Objekts zur kapitalisierten Rente keinerlei Gedanken gemacht, vielmehr die Rentenhöhe tatsächlich am Versorgungsbedarf des Veräußerers orientiert haben: zumindest in solchen Fällen müsse die Rente in der noch erzielbaren Höhe als Versorgungsleistung anerkannt und hinsichtlich des übersteigenden Betrages als steuerlich unbeachtliche Unterhaltsrente qualifiziert werden mit der Folge, dass es sich weiterhin um eine ertragsteuerlich unentgeltliche Übertragung handele.[1321]

1314 Zur Neuregelung ab 01.01.2016 BMF-Schreiben v. 10.11.2015 – IV C 7 – S 2149/15/1001, EStB 2016, 63; *Wiegand,* NWB 2016, 103 ff.
1315 OFD München/Nürnberg v. 04.04.2005, ZEV 2005, 300.
1316 Gem. Tz. 22 des Dritten Rentenerlasses v. 16.09.2004 [DStR 2004, 1696, 1699] ist bei der Ermittlung des Wertes ein vorbehaltenes Nutzungs- oder Nießbrauchsrecht wertmindernd zu berücksichtigen und nicht nach § 16 BewG zu begrenzen.
1317 ZEV 2003, 420 ff. m. Anm. *Fleischer,* 427; hierzu auch *Geck,* ZEV 2003, 441; *Kesseler,* ZNotP 2003, 424 ff.; *Kerpmann,* DStR 2003, 1736 ff.; *Krauß,* NotBZ 2003, 439 ff.; *Heinrichshofen/Henke,* ErbStB 2003, 384; *Reich,* DNotZ 2004, 6 ff.; *Spiegelberger,* MittBayNot 2004, 228 (»Renaissance der vorweggenommenen Erbfolge«).
1318 Hierauf weist *Spiegelberger,* in: FS 50 Jahre Deutsches Anwaltsinstitut, 2003, S. 427 ff. hin.
1319 IV C 3 S 2255 510/03, vgl. ErbStB 2004, 45.
1320 Tz. 49 des Dritten Rentenerlasses v. 16.09.2004 (DStR 2004, 1696, 1700).
1321 *Brandenberg,* NWB 2006, 2489 = Fach 3, S. 14091.

6361 Gerade bei bisher betrieblichem Vermögen kann nämlich sonst die (i.d.R. ungewollte), von der herrschenden Meinung vorgenommene Umqualifizierung von Versorgungsleistungen in »Kaufpreisrenten« zu schmerzhaften Konsequenzen führen.

▶ Beispiel:[1322]

Der Veräußerer betreibt auf dem zu übertragenden Grundbesitz eine »Frühstückspension«. Der Bilanzwert des Grundbesitzes beläuft sich auf 300.000,00 €, der Verkehrswert auf 1.200.000,00 €. Der durchschnittliche jährliche Netto-Ertrag der letzten 3 Jahre (unter Hinzurechnung der AfA, ohne Abzug des Unternehmerlohns) beträgt 36.000,00 €. Übergibt der Veräußerer nun diesen Grundbesitz an seine Tochter gegen wiederkehrende Zahlungen auf Lebensdauer i.H.v. 54.000,00 € jährlich, liegt – unabhängig von dem erheblichen Substanzwert – eine nicht mehr als Versorgungsleistung zu qualifizierende Übergabe des früheren Typus 2 vor. Vielmehr handelt es sich um Entgelt, das in Barwert einerseits und Zinsanteil andererseits aufgespalten wird. Sofern der Barwert (kapitalisiert nach Anlage zu § 14 Abs. 1 Satz 4 BewG) bspw. die Hälfte des Verkehrswerts erreicht, liegt demnach in Höhe dieser Hälfte eine entgeltliche Veräußerung vor, i.Ü. eine unentgeltliche. Bzgl. der (im Beispiel hälftigen) entgeltlichen Übertragung entsteht ein Veräußerungsgewinn von 450.000,00 € (halber Verkehrswert von 600.000,00 € minus halber Buchwert von 150.000,00 €), der möglicherweise (55. Lebensjahr; einmalige Inanspruchnahme) allerdings als Betriebsaufgabegewinn privilegiert ist. Bei der Tochter entstehen in dieser Höhe abschreibungsfähige Anschaffungskosten.

2. Rechtslage für Neufälle ab 2008

a) Beschränkung auf »Betriebsvermögen«

6362 Für alle ab 01.01.2008 vereinbarten Vermögensübertragungen beschränkt § 10 Abs. 1a Satz 1 Nr. 2 EStG i.d.F. des Jahressteuergesetzes 2008 (vgl. hierzu bereits oben Rdn. 6319 ff.) den Kreis tauglicher Vermögensgegenstände zum einen dadurch, dass diese in Deutschland steuerpflichtige Einkünfte erzielen müssen (wobei begrifflich fraglich ist, ob GmbH-Anteile angesichts der künftigen Abgeltungsteuer-/Teileinkünfteveranlagung ihrer Dividenden dieses Kriterium erfüllen),[1323] zum anderen durch gegenständliche Reduzierung auf den betrieblichen Bereich, wie nachstehend erläutert. Der weitaus größte Anwendungsbereich des bisherigen Rechtsinstituts, nämlich die Übertragung von Immobilienvermögen, oder sonstigen Ertrag bringenden Wirtschaftseinheiten (Wertpapiervermögen etc.) entfällt damit. Das »Stuttgarter Modell« (Rdn. 1828 ff.) sowie die Möglichkeit, ersparte Wohnaufwendungen durch die Übertragung des nun vom Erwerber selbst genutzten Eigenheims in Form von Versorgungsleistungen nutzbar zu machen, entfällt für Neufälle.

aa) Betriebe oder Teilbetriebe

6363 Betriebe, also die Übertragung aller funktional, also für die Betriebsfortführung, wesentlichen[1324] Betriebsgrundlagen wobei zum land- und forstwirtschaftlichen Betrieb[1325] aufgrund ausdrücklicher Regelung in § 10 Abs. 1a Satz 1 Nr. 2 Satz 3 EStG auch der Wohnteil zählt.[1326] Erfasst ist

---

1322 Nach *Amann/Mayer*, Intensivkurs Überlassungsvertrag (DAI-Skript Mai 2006), S. 33.
1323 So *Schulze zur Wiesche*, BB 2007, 2379; a.A. *Heinrichshofen*, ErbStB 2008, 117: lediglich besonderer Steuertarif; ausgesondert werden sollten z.B. Einkünfte, die nach Doppelbesteuerungsabkommen in Deutschland steuerfrei sind, R 10.3 Nr. 1 EStR 2005, ebenso *Wälzholz*, GmbH-StB 2008, 213.
1324 Wie in § 6 Abs. 3 EStG: BMF v. 03.03.2005, BStBl. 2005 I, S. 458; nicht erforderlich ist also das Vorhandensein stiller Reserven (*Wälzholz*, DStR 2008, 275).
1325 Gleichgültig ob die Gewinnermittlung gem. § 13 EStG oder nach Durchschnittssätzen (§ 13a EStG) erfolgt, vgl. *Wälzholz*, DStR 2008, 274. Auch das gewillkürte Betriebsvermögen ist erfasst, FinMin Schleswig-Holstein, 06.09.2011, VI 30- S 2221–165, ZEV 2011, 616.
1326 Ertragsteuerlich handelt es sich dabei i.d.R. um Privatvermögen (nur bewertungsrechtlich liegt gem. § 160 Abs. 1 Nr. 3 BewG Betriebsvermögen vor).

demnach auch der ruhende Verpachtungsbetrieb, sofern noch keine Betriebsaufgabeerklärung abgegeben wurde (Rdn. 5738).[1327]

Gleiches gilt für Teilbetriebe (vgl. Rdn. 6003), also einen einheitlichen, organischen und jedenfalls beim Erwerber selbstständig lebensfähigen Organismus. Die Finanzverwaltung fordert in Tz. 13 des IV. Rentenerlasses, dass die Verselbstständigung des Teilbetriebs bereits beim Veräußerer bestanden haben muss, entgegen der herrschenden Meinung in der Literatur, die für die Anlegung gleicher Maßstäbe wie im Umwandlungsteuerrecht plädiert.[1328] Mit übertragen werden müssen alle wesentlichen Betriebsgrundlagen, nach funktionaler[1329] Betrachtungsweise, Rdn. 5951. **6364**

bb) Mitunternehmeranteile

Privilegiert sind weiter Mitunternehmeranteile an einer Personengesellschaft, die landwirtschaftliche, gewerbliche oder freiberufliche Tätigkeit ausübt, und sei es zumindest in solchem Umfang, dass die gesamte Tätigkeit dadurch infiziert ist, Rdn. 5749 (also nicht an lediglich gewerblich geprägten, jedoch schlicht vermögensverwaltenden[1330] oder gar schlicht vermögensverwaltenden Personengesellschaften,[1331] die der Sache nach Privatvermögen verwalten, vgl. zu dieser Differenzierung Rdn. 5744 ff.). Wenn sich im Gesamthands- oder im übertragenen Sonderbetriebsvermögen z.B. GmbH-Anteile befinden, stört es nicht, dass die weiteren Voraussetzungen, die bei isolierter Übertragung von GmbH-Anteilen gelten würden (nachstehender Spiegelstrich, z.B. 50 % Quote), nicht erfüllt sind.[1332] Gleiches gilt bei Übertragung eines Gesamtanteils an einer Betriebsaufspaltung, auch wenn die Quote an der Betriebskapitalgesellschaft unter 50 % beträgt. **6365**

Erfasst ist (auch nach Ansicht der Finanzverwaltung: Tz. 8 des IV. Rentenerlasses) auch die Aufnahme einer natürlichen Person in ein Einzelunternehmen[1333] sowie – über den Wortlaut hinaus[1334] – die Übertragung eines Mitunternehmer**teil**anteils gegen Versorgungsleistungen.[1335] Zur Mitunternehmerschaft zählt neben dem Gesamthandsanteil auch das Sonderbetriebsvermögen, vgl. Rdn. 5725 ff.[1336] Wird nur ein Teil eines Mitunternehmeranteils übertragen, verlangt Tz. 8 Satz 3 des IV. Rentenerlasses die Synchronübertragung derselben Quote des Sonderbetriebsvermögens, **6366**

1327 *Wälzholz*, GmbH-StB 2008, 210, und zwar auch, wenn die ruhende Verpachtung durch eine Personengesellschaft erfolgt und lediglich Mitunternehmeranteile hieran übertragen werden (obwohl § 10 Abs. 1a Satz 1 Nr. 2 Satz 2a) – anders als b) – auf das Ausüben einer Tätigkeit i.S.d. § 15 Abs. 1 Nr. 1 EStG abstellt.
1328 *Wälzholz*, DStR 2008, 275 (und damit weniger großzügig als im Umwandlungsteuerrecht, § 1 Abs. 1a UStG, aber weniger streng als in §§ 14, 16, 18 Abs. 4 EStG).
1329 Also nicht funktional-quantitativ, es kommt also nicht darauf an, ob im Wirtschaftsgut wesentliche stille Reserven ruhen.
1330 SächsFG, 23.07.2014 – 2 K 469/14, ZEV 2014, 691 [nur Ls.].
1331 Dies ergibt sich aus der Verweisung lediglich auf § 15 Abs. 3 Nr. 1, nicht auch Nr. 2 EStG. Ausreichend wäre jedoch eine zumindest geringfügige eigene gewerbliche Tätigkeit [»gewerbliche Infektion«].
1332 Vgl. *Wälzholz*, GmbH-StB 2008, 212; § 10 Abs. 1a Satz 1 Nr. 2 Satz 2a) ist ggü. c) vorrangig.
1333 *Wälzholz*, GmbH-StB 2008, 210, a.A. *Schmidt/Heinicke*, EStG, 27. Aufl. 2008, § 10 Rn. 60.
1334 Zumal in §§ 6 Abs. 3, 16 Abs. 1 EStG deutlich zwischen beiden Sachverhalten differenziert wird.
1335 *Wälzholz*, MittBayNot 2008, 94 und DStR 2008, 275 (anders als bei § 16 EStG kommt es nicht auf die zusammengeballte Versteuerung aller stillen Reserven an); bejahend auch *von Oertzen/Stein*, DStR 2009, 1117 ff.
1336 BFH, 06.05.2010 – IV R 52/08, GmbHR 2010, 877: identische Voraussetzungen wie in § 6 Abs. 3 EStG; vgl. hierzu *Levedag*, GmbHR 2011, 855, 859.

obwohl die unterquotale Mitübertragung i.R.d. § 6 Abs. 3 EStG unschädlich wäre (Rdn. 6008)[1337] und richtiger Weise auch hier unschädlich sein sollte.[1338]

▶ Hinweis:

6367 Ausschließlich vermögensverwaltende Personengesellschaften, auch wenn gewerblich als GmbH & Co. KG geprägt, können ab 2008 nicht mehr Gegenstand einer Vermögensübergabe gegen Versorgungsleistung sein (anders nur, wenn aufgrund »Infektion« mit einer mehr als geringfügigen echt-gewerblichen Tätigkeit insgesamt § 15 Abs. 1 Satz 1 EStG als erfüllt gilt sowie wenn eine Besitz-GmbH & Co. KG im Rahmen einer Betriebsaufspaltung[1339] fungiert, da in diesem Fall originäre gewerbliche Einkünfte vorliegen – vgl. zu beidem Rdn. 5749). Ausreichend ist es schließlich auch, dass die Mitunternehmerschaft nur mehr einen ruhenden Gewerbebetrieb unterhält, also das aktive Vermögen insgesamt verpachtet hat (Tz. 11 des IV. Rentenerlasses).

cc) GmbH-Anteile

6368 Begünstigt[1340] im Rahmen einer Übertragung gegen Versorgungsleistungen sind ferner mindestens 50 %[1341] betragende Anteile an einer GmbH, sofern der Übergeber als Geschäftsführer tätig war und der Übernehmer diese Tätigkeit nach der Übertragung übernimmt. Wie das Vermögen der GmbH zusammengesetzt ist, spielt keine Rolle. Die rein vermögensverwaltende Kapitalgesellschaft wird demnach unter dem Aspekt des Versorgungsausgabenabzugs beim Erwerber bedeutsamer werden, auch wenn sie schenkungsteuerlich nicht die Betriebsvermögensprivilegien erlangen kann.

6369 Im Einzelnen besteht insoweit manche Unsicherheit. So ist z.B. fraglich, warum andere Kapitalgesellschaften (etwa kleine AG in Familienbesitz) ausgeschlossen sind,[1342] während ausländische GmbH-Äquivalente, etwa die Private Limited Company[1343] begünstigungsfähig sind. Möglicherweise sind daher zuvor formwechselnde Umwandlungen erforderlich, wobei eine Mindestexistenzzeit der zu übergebenden GmbH vom Gesetz nicht verlangt wird; Tz. 23 des IV. Rentenerlasses unterstellt (allerdings bezogen auf den Formwechsel von der Personen- in die Kapitalgesellschaft) einen Gestaltungsmissbrauch i.S.d. § 42 AO, wenn weniger als ein Jahr verstrichen ist.

6370 Auch führt die **hohe Beteiligungsgrenze** (die auf den Anteil am Stammkapital, nicht auf Stimm- oder Gewinnbezugsrechte bezogen ist) zu einem eklatanten Wertungswiderspruch zwischen Ertragsteuer- und Erbschaftsteuerrecht (in Letzterem verbleibt es nach dem derzeitigen Reformentwurf bei der Beteiligungsgrenze von 25 %, vgl. § 13b Abs. 1 Nr. 3 Satz ErbStG-Entwurf, wobei eine Zusammenrechnung aufgrund Stimmrechtsbindungsvorgängen in Betracht kommt, so dass Familienstämme mit einheitlicher Beherrschung ebenfalls von der Erbschaftsteuerprivilegierung profitieren werden). Auch innerhalb des Einkommensteuerrechts klafft nun eine weite Lücke zwi-

---

1337 Krit. hierzu *Spiegelberger*, DStR 2010, 1822, 1824, der zu Recht empfiehlt, Sonderbetriebsvermögen rechtzeitig vorher unter Buchwertfortführung gem. § 6 Abs. 5 Satz 3 Nr. 2 EStG in eine gewerblich geprägte GmbH & Co KG einzubringen.
1338 Bejahend *Schmidt/Heinicke*, EStG, 27. Aufl. 2008, § 10 Rn. 60, problematisch dürfte jedoch die überquotale Übertragung von Sonderbetriebsvermögen sein, *von Oertzen/Stein*, DStR 2009, 1117 ff.
1339 Vgl. *Geck*, DStR 2011, 962 ff.; *Kratzsch*, NWB 2010, 1964, 1970 ff.; *Hennig*, RNotZ 2015, 127, 142 ff.
1340 Vgl. im Einzelnen *Riedel*, GmbH-StB 2012, 382 ff.
1341 Das wiederholt formulierte Ziel einer Rechtsformneutralität der Besteuerung ist also wiederum nicht gewahrt, da Mitunternehmeranteile ohne Rücksicht auf ihre Höhe gegen Gewährung von Versorgungsleistungen übertragen werden können!
1342 So eindeutig die Begründung BT-Drucks. 16/7036, S. 15 f.
1343 In deren Ausschluss liegt möglicherweise ein Verstoß gegen Art. 43, 48 EG; vgl. *Wälzholz*, MittBayNot 2008, 95.

schen der »Wesentlichkeitsgrenze« des § 17 EStG (1 %) sowie der 50-%-Grenze des § 10 Abs. 1a Satz 1 Nr. 2 EStG. Zu Ausweichlösungen vgl. Rdn. 6386.

▶ **Hinweis:**

Anders als etwa i.R.d. bisherigen schenkungsteuerlichen Privilegierung von Kapitalanteilsübertragungen (§ 13a ErbStG) kommt es zur Wahrung des 50 %-Kriteriums des § 10 Abs. 1a Satz 1 Nr. 2 Satz 2c EStG nicht mehr darauf an, dass der Veräußerer zu mindestens 50 % an der Gesellschaft beteiligt war, sondern dass er einen solchen Anteil von 50 % oder mehr überträgt. Soll eine geringere Quote gegen Versorgungsleistungen übertragen werden, ist ein vorheriger Formwechsel in eine Personengesellschaft, wo dieses Kriterium nicht mehr gilt, zu erwägen (allerdings scheiden dann schlicht vermögensverwaltende oder gewerblich geprägte Personengesellschaften aus dem Kreis tauglicher Übergabeobjekte aus). Der IV. Rentenerlass (Tz. 23 Satz 2) lässt diesen Formwechsel allerdings nur gelten, wenn er mindestens ein Jahr vor der Übertragung durchgeführt wurde. Weiter bleibt als Ausweichlösung die Einbringung der GmbH-Anteile in ein gewerblich tätiges Einzelunternehmen oder eine gewerblich tätige Personengesellschaft (nicht eine lediglich gewerblich geprägte, der Sache nach jedoch Privatvermögen verwaltende oder geschäftsleitende Holdingfunktion ausübende GmbH & Co. KG), am besten zur Vermeidung eines Anschaffungsvorgangs im Wege der verdeckten Einlage (Rdn. 2588). Des Weiteren könnte durch Überlassung mindestens einer wesentlichen Betriebsgrundlage an die GmbH eine **Betriebsaufspaltung** begründet werden, so dass der (auch unter 50 % bleibende) Anteil an der Betriebs-GmbH zum Betriebsvermögen des Besitzunternehmens wird und zusammen mit diesem gegen Sonderausgabenabzug übertragen werden kann.[1344] In ähnlicher Weise könnte eine atypisch-stille Gesellschaft (Mitunternehmerschaft) mit der Ziel-GmbH begründet und sodann der GmbH-Anteil mit dem Mitunternehmeranteil gegen Versorgungsleistungen übertragen werden. Sollen mehrere Personen Anteile unter 50 % erwerben, bietet möglicherweise (wegen § 39 Abs. 2 Satz 2 AO zweifelhaft) die Übertragung an eine aus diesen Personen bestehende GbR als »einen Erwerber« eine Alternative. Daneben bleibt die Möglichkeit der unentgeltlichen Übertragung auf eine Familienstiftung, die ihrerseits sodann die Versorgung übernimmt.[1345] Sollen 50 % oder mehr übertragen werden, ohne damit die Kontrolle abzugeben (was vom Gesetz nicht verlangt wird), könnte dem Veräußerer hinsichtlich des bei ihm verbleibenden Anteils ein Mehrstimmrecht eingeräumt bzw. die Satzung dergestalt geändert werden, dass Beschlüsse gegen das Veto des verbleibenden Gesellschafters, mag er auch lediglich 50 % oder weniger innehaben, nicht möglich sind.

6371

Die Finanzverwaltung[1346] lässt es (Tz. 18 Satz 2 des IV. Rentenerlasses) genügen, dass der Erwerber, der nach der Anteilsübertragung zum Geschäftsführer bestellt sein muss, bereits zuvor Geschäftsführer war. Unschädlich ist auch (Tz. 18 Sätze 3 und 6 des IV. Rentenerlasses), dass der Veräußerer noch in beratender oder dienstvertraglicher Weise, nicht aber als Geschäftsführer,[1347] für das Unternehmen tätig ist. Der Gesetzeswortlaut verlangt keine Mindestzeit hinsichtlich der Fortführung der zu übernehmenden Geschäftsführertätigkeit des Erwerbers, die Finanzverwaltung wertet jedoch die fortlaufend erbrachten Versorgungsleistungen ab dem Zeitpunkt, in dem der Erwerber nicht mehr Geschäftsführer ist, als nicht abziehbare (aber auch beim Empfänger nicht mehr gem. § 22 Nr. 1b EStG zu versteuernde) Unterhaltszahlungen, Tz. 18 Satz 1 des IV. Ren-

6372

1344 Vgl. *Wälzholz*, MittBayNot 2008, 95. Die Voraussetzungen des § 10 Abs. 1a Satz 1 Nr. 2 Satz 2 Buchst. c) EStG müssen also nicht neben denen des Buchst. a) vorliegen. Die Jahresfrist der Tz. 23 des IV. Rentenerlasses zur Vermeidung des § 42 AO gilt jedoch auch hier.

1345 *von Löwe*, in: FS Spiegelberger (2009), S. 1370.

1346 Ebenso FG Münster, 31.08.2016 – 12 K 3245/15 E, ErbStB 2016, 362 (insoweit durch BFH, 20.03.2017 – X R 35/16, ZEV 2017, 539 bestätigt).

1347 BFH, 20.03.2017 – X R 35/16, ZEV 2017, 539; Vorsorglich sollte nicht nur die Organstellung, sondern auch der Anstellungsvertrag beendet werden, *Geck*, ZEV 2010, 161, 165.

tenerlasses. Allerdings muss es (wohl) genügen, dass der Erwerber – neben anderen – Mitgeschäftsführer ist, auch wenn er vom operativen Geschäft fernhält.

6373 Das Risiko des späteren Wegfalls der steuerlichen Abzugsfähigkeit wird sich (ähnlich Rdn. 6415: Wegzugsrisiko des Veräußerers, »Mallorca-Klausel«) in der Vereinbarung der Rentenhöhe widerspiegeln:[1348]

▶ Formulierungsvorschlag: Anpassung der Versorgungsrente bei späterem Wegfall des Sonderausgabenabzugs nach Übertragung von GmbH-Anteilen

6374 *(Anm.: im Anschluss an die Vereinbarung der Versorgungsrente als solche:)*

Vorstehender Monatsbetrag, der als steuerlicher »Netto-Betrag« kalkuliert wurde, erhöht sich um die Einkommensteuerersparnis des Zahlungspflichtigen, solange die Abzugsfähigkeit der Rente als Versorgungsleistung im Rahmen der Sonderausgaben beim Erwerber gewährleistet bleibt, und zwar nach Maßgabe folgender Vereinbarungen: Für jeden Monat, in dem dem Zahlungspflichtigen die Reduzierung der Einkommensteuerbelastung rechtlich zur Verfügung stünde, erhöht sich die dauernde Last um ein Zwölftel der ersparbaren Jahressteuer, die unter Ansatz eines Durchschnittssteuersatzes von 35 % zu ermitteln ist. Weist der Zahlungspflichtige nach, dass tatsächlich eine geringere Steuerersparnis zu erzielen ist, oder weist der Zahlungsempfänger nach, dass eine höhere Steuerersparnis zu erzielen ist, wird der niedrigere bzw. höhere Ersparnisbetrag monatlich zusätzlich geschuldet; der Zahlungspflichtige hat den Steuerbescheid auf Verlangen vorzulegen. Ausdrücklich wird klargestellt, dass es für die Erhöhung allein darauf ankommt, dass die Steuerersparnis rechtlich gewährt würde (unabhängig davon, ob sie der Zahlungspflichtige tatsächlich in seiner Jahressteuererklärung berücksichtigt), dass aber andererseits auch das Entfallen der Steuerbegünstigung unabhängig davon berücksichtigt wird, ob sie aufgrund einer Gesetzesänderung oder aufgrund eines Verhaltens des Zahlungsempfängers (etwa infolge Wegzugs ins Ausland) oder in Folge eines Verhaltens des Zahlungspflichtigen (etwa Niederlegung der übernommenen Geschäftsführerstellung, Einbringung der erworbenen Anteile in einer Aktiengesellschaft etc.) nicht mehr gewährt werden kann.

6375 Ertragsteuerlich tritt seit Inkrafttreten der Abgeltungsbesteuerung eine weitere Komplikation hinzu: Der Erwerber kann bei wortlautgemäßer Anwendung die Zahlungen nur dann nach § 10 Abs. 1a Satz 1 Nr. 2 EStG als Sonderausgaben abziehen, wenn auf Antrag bei ihm die Veranlagungsbesteuerung gem. §§ 32d Abs. 2 Nr. 3, 43 Abs. 5 Satz 2 EStG anstelle der Abgeltungsbesteuerung erfolgt (andernfalls wäre das von § 10 Abs. 1a Satz 1 Nr. 2 EStG verlangte Kriterium nicht erfüllt, wonach die Sonderausgaben nicht mit Einkünften wirtschaftlich im Zusammenhang stehen dürfen, die bei der Veranlagung außer Betracht bleiben.[1349] Abzugsfähig [und zu versteuern] wären dann jedoch stets lediglich 60 % der Versorgungsleistungszahlungen [vgl. Rdn. 6163]). Die Finanzverwaltung steht jedoch zugunsten des Steuerpflichtigen in Tz. 49 des IV. Rentenerlasses großzügigerweise auf dem Standpunkt, dass die Abgeltungsteuer der Abziehbarkeit der Versorgungsleistungen nicht entgegenstehe.

dd) »Versorgungsrenten« bei »ungeeignetem« Vermögen

6376 Die »Reform« (im überwiegenden Sinn: Beseitigung) des Instituts der Vermögensübergabe gegen Versorgungsleistungen ließ zunächst offen, wie solche wiederkehrenden Leistungen ertragsteuerlich zu bewerten sind, die in Neufällen ab 2008 nicht mehr unter den Anwendungsbereich des § 10 Abs. 1a Satz 1 Nr. 2 EStG fallen. Während es für die bis Ende 2007 verwirklichten Sachverhalte wohl bei der bisherigen Einteilung in ertragsteuerrechtlich unbeachtliche Unterhaltsrenten, zu Anschaffungskosten führende Veräußerungsrenten und zum Sonderausgabenabzug berechtigende Versorgungsrenten (vgl. Rdn. 6325 ff.) bleibt, war bei der Neuvereinbarung von wiederkehrenden Leistungen im Zusammenhang mit Übertragungen, also für Sachverhalte ab 2008, zunächst unklar, ob sie – sofern der verbleibende geringe Anwendungsbereich des Sonderausgabenabzugs

---

1348 Vgl. *Ihle,* notar 2011, 21.
1349 Vgl. *Röder,* DB 2008, 146, 149; *Schultes-Schnitzlein/Keese,* NWB 2009, 75.

E. Versorgungsrenten Kapitel 13

verschlossen bleibt – als Entgelt, mithin als Anschaffungskosten, zu werten sind, oder ob es sich um ertragsteuerlich unbeachtliche, den Unterhaltsrenten ähnliche Leistungen handelt.

Die Finanzverwaltung[1350] und der überwiegende Teil der Literatur[1351] sehen in ihnen **Entgelt**.[1352] Demnach läge bei der Übertragung von Privatvermögen oder Einzelgegenständen des Betriebsvermögens nach der sog. Trennungstheorie (Rdn. 6054, Rdn. 6189) Teilentgeltlichkeit (im Verhältnis einer Aufteilung des Verkehrswerts des übertragenen Objektes zum Tabelle 8 zu § 14 Abs. 1 BewG kapitalisierten Wert der Leibrente bzw. dauernden Last) vor, die bei steuerverstricktem Privatvermögen etwa in den Fällen der §§ 17, 23 EStG zu unliebsamen Steuerkonsequenzen führen kann – vgl. das Beispiel in Rdn. 6379 –, bei vermieteten Immobilien jedoch neues AfA-Potenzial generiert. Handelt es sich um Betriebsvermögen, das gegen nicht privilegierte Versorgungsleistungen, mithin gegen wiederkehrende Entgeltzahlungen, übertragen wird (etwa eine lediglich gewerblich geprägte, nicht gewerblich tätige GmbH & Co. KG), findet jedoch nach der Einheitstheorie Anwendung (Rdn. 5953, Rdn. 6190), so dass eine insgesamt unentgeltliche Übertragung i.S.d. § 6 Abs. 3 EStG mit Buchwertfortführung vorliegt, wenn der Kapitalwert der Rente unter dem Buchwert des Kapitalkontos verbleibt. Andernfalls (wenn also der Barwert der kapitalisierten Versorgungsleistung das Kapitalkonto des Veräußerers übersteigt), entsteht i.H.d. Differenz ein Veräußerungsgewinn, der ggf. unter den Voraussetzungen des § 16 Abs. 4 EStG um einen Freibetrag von 45.000,00 € gemindert und gem. § 34 Abs. 3 EStG einem ermäßigten Steuersatz unterliegen kann (vgl. Rdn. 5789 ff.); der Erwerber erzielt Anschaffungskosten auf die den Mitunternehmeranteil repräsentierenden Wirtschaftsgüter i.H.d. kapitalisierten Rentenwerts.

▶ **Beispiel**[1353] 6378

zur Übertragung von GmbH-Anteilen im Privatvermögen (§ 17 EStG) gegen nicht privilegierte Versorgungsleistungen:

Der Gesellschafter V überträgt im Jahr 2008 an seinen Sohn S 40 % der GmbH-Anteile gegen Gewährung einer »Versorgungsrente«. Die historischen Anschaffungskosten des Anteils mögen 20.000,00 € betragen haben, der Barwert der Rente belaufe sich auf 60.000,00 €, der gemeine Wert des GmbH-Anteils bei Übertragung 100.000,00 €. § 10 Abs. 1a Satz 1 Nr. 2 EStG kommt, da die 50 %-Grenze nicht erreicht wird, nicht zur Anwendung. Es handelt sich also (Übertragung eines Gegenstandes des Privatvermögens, Trennungstheorie) um einen zu 60 % entgeltlichen, zu 40 % unentgeltlichen Vorgang. V erzielt demnach einen Veräußerungsgewinn von 60.000,00 € abzgl. des anteiligen Buchwerts von (60 % aus 20.000,00 € =) 12.000,00 €, also von 48.000,00 €, der nach dem Halbeinkünfteverfahren (§§ 3 Nr. 40, 3c Abs. 2 EStG), also i.H.v. 24.000,00 €, besteuert wird (seit 2009 nach dem Teileinkünfteverfahren i.H.v. 60 %, Rdn. 2882).

Für S erhöht der Barwert der Rente die Anschaffungskosten auf 60.000,00 €; i.Ü. (also für 40 % aus 20.000,00 = 8.000,00 €) führt er die Buchwerte des V fort.

Der Zinsanteil der Rentenzahlungen, der gem. § 22 Nr. 1 Satz 3a bb) EStG zu ermitteln ist (ist V 60 Jahre alt, z.B. 22 % des Jahresbetrages), kann als Werbungskosten ggü. den künftigen Ausschüttungen aus der GmbH (Einkünfte aus Kapitalvermögen) geltend gemacht werden;

1350 Tz. 57 des 4. Rentenerlasses, ebenso zuvor Tz. 7 des 3. Rentenerlasses.
1351 Etwa *Paus*, NWB 2014, 992; *Röder*, DB 2008, 146; *Risthaus*, ZErB 2007, 314, *Heinrichshofen*, ErbStB 2008, 116, *Wälzholz*, MittBayNot 2008, 97; a.A. *Fleischer*, ZEV 2007, 478; *Seitenreich/Kunze*, ErbStB 2007, 338; *Spiegelberger*, DB 2008, 1063 ff.
1352 Hierfür spricht auch die Begründung im nicht verwirklichten Änderungsantrag der Fraktion »Bündnis 90/Die Grünen« v. 27.11.2007, BT-Drucks. 16/7329, wonach auch die Übertragung von vermieteten Grundstücken weiterhin Gegenstand einer Vermögensübergabe gegen Versorgungsleistung darstellen solle.
1353 Detaillierteres Berechnungsbeispiel bei *Deutschländer*, NWB 2013, 3636, 3643 ff.

während V diesen Ertragsanteil als sonstigen Bezug zu versteuern hat. Ab 2009 unterliegen die Gewinnausschüttungen aus dem erworbenen GmbH-Anteil der Abgeltungsteuer, so dass der Abzug des Zinsanteils als Werbungskosten gem. § 20 Abs. 9 EStG bei 801,00 €/Jahr (im Fall der Zusammenveranlagung bei 1.602,00 €/Jahr) gekappt ist. Hier könnte es sich für S empfehlen, von der Optionsmöglichkeit des § 32d Abs. 2 Nr. 3 EStG Gebrauch zu machen, so dass auch für Dividenden das Teileinkünfteverfahren gelten würde (also Besteuerung der Ausschüttung zu 60 %, allerdings Werbungskostenabzug des Zinsanteils der Rente ebenfalls i.H.v. 60 %).

6379 Für die einkommensteuerliche Behandlung des Kapital- und des Zinsanteils solcher Leibrenten oder dauernden Lasten beim Verpflichteten und beim Berechtigten (auch die Besteuerung des Zinsanteils bzw. dessen möglichen Werbungskostenabzug) gelten demnach die Ausführungen zu »Veräußerungsrenten«, oben Rdn. 6262 ff. entsprechend; Berechnungsbeispiel in Rdn. 6268. Scheitert die Anerkennung als Versorgungsleistungen jedoch daran, dass der Bezieher nicht zum Generationennachfolgeverbund gehört oder aber der Versorgungsvertrag nicht vereinbarungsgemäß durchgeführt wird, sei nach Ansicht der Finanzverwaltung im Einzelfall zu prüfen, ob nichtabziehbare Unterhaltsrenten oder aber Austauschrenten vorliegen, Tz. 58 des IV. Rentenerlasses.

ee) Umschichtung in »geeignetes Vermögen«

6380 Anders als nach bisherigem Recht (Rdn. 6343 ff.) scheidet eine nachträgliche steuerneutrale Umschichtung des übertragenen, nicht begünstigten, Vermögens in geeignete Werte aus – ab 2008 muss also die zu übergebende Vermögenseinheit ggf. zuvor durch den Veräußerer selbst erworben werden, es genügt nicht mehr, dem Erwerber Geld mit der Auflage der Umschichtung zu schenken (Tz. 36 des IV. Rentenerlasses). Dies gilt auch, wenn vor 2008 eine (damals gem. Tz. 13 des III. Rentenerlasses akzeptierte) Umschichtungsverpflichtung in »geeignetes« Vermögen eingegangen wurde, diese jedoch nicht mehr vor dem 31.12.2007 erfolgt ist: Abzugsfähigkeit ist nur mehr gegeben, wenn die geschuldete Umschichtung sich in auch nach neuem Recht geeignetes (Betriebs-)Vermögen vollzieht (Tz. 87 des IV. Rentenerlasses).

ff) Gestaltungsalternativen für »nunmehr ungeeignetes« Vermögen

6381 Für den nunmehr nicht mehr von § 10 Abs. 1a Satz 1 Nr. 2 EStG erfassten Bereich, insb. die Übertragung von Immobilien, bieten sich folgende Gestaltungsalternativen an:[1354]
(1) die Lösung über den Nießbrauchsvorbehalt, der nunmehr (da § 25 ErbStG a.F. seit 2009 entfallen ist) in gleicher Weise wie der Kapitalisierungsbetrag einer wiederkehrenden Leistung zur Reduzierung der Schenkungsteuer führt, und weiterhin, wie bisher Versorgungsleistungen, ertragsteuerlich als unentgeltlich gilt. Hinsichtlich der Absicherungswirkung für den Begünstigten bleibt sie jedoch deutlich hinter den wiederkehrenden Leistungen zurück, zumal der Nießbraucher die Erträge selbst zu erwirtschaften hat und gegen wirtschaftliche Einbrüche (Leerstandsrisiken etc.) nicht gefeit ist. Der Nießbrauch an Betriebsvermögen führt ferner dazu, dass der Veräußerer nicht – wie gewünscht – sich aus der unternehmerischen Mitwirkung zurückzieht. Auch bestehen weiterhin Unterschiede im Hinblick auf das Anlaufen der Frist des § 2325 BGB (Rdn. 1421 ff.).

6382 (2) In Betracht kommt ferner, insb. größere Vermögensgegenstände des Privatvermögens, z.B. Immobilien, in eine GmbH einzubringen, deren Geschäftsanteile sodann unter gleichzeitigem Geschäftsführungswechsel übertragen werden, oder dasselbe Ergebnis (grunderwerbsteuerfrei) durch Formwechsel einer (kurzzeitig als OHG angemeldeten) Grundbesitz-GbR in eine GmbH erreicht werden.
(3) In ähnlicher Weise können Immobilien in eine gewerblich tätige Einzelunternehmung oder Personengesellschaft eingebracht werden (eine nur gewerblich geprägte, jedoch tatsächlich lediglich vermögensverwaltende oder lediglich geschäftsleitende Holding-Personengesellschaft

---

1354 Vgl. hierzu auch *Spiegelberger*, DStR 2010, 1880 ff.

E. Versorgungsrenten   Kapitel 13

genügt hierfür nicht, da § 10 Abs. 1a Satz 1 Nr. 2 Buchst. a) EStG nur für tatsächlich gewerbliche Mitunternehmerschaften den Sonderausgabenabzug eröffnet). Zur Vermeidung einer Gewinnrealisierung sollte die Übertragung unentgeltlich, also im Wege der verdeckten Einlage gegen Buchung auf einem gesamthänderischen Rücklagenkonto und nicht gegen Gewährung von Gesellschaftsrechten, vorgenommen werden (vgl. Rdn. 2588).

(4) In Betracht kommt weiter der sog. »Familienkredit«,[1355] der zum ertragsteuerlich unbeachtlichen Rückfluss von Tilgungsleistungen führt, jedoch nicht an geänderte Versorgungsbedürfnisse des Übergebers angepasst werden kann.

b) Ausreichende Ertragsprognose

Dem Konzept der »vorbehaltenen Erträge«, die nunmehr allerdings vom Erwerber zu erwirtschaften sind, folgend, liegen Versorgungsrenten nur vor, wenn bei überschlägiger Berechnung die wiederkehrenden Leistungen nicht höher sind als der langfristig erzielbare Ertrag des übergebenen Vermögens. Die Finanzverwaltung gewährt insoweit in Tz. 29 des IV. Rentenerlasses (wie bereits zuvor im III. Rentenerlass: Rdn. 6356) eine **Beweiserleichterung** dahin gehend, dass grds. von ausreichenden Erträgen auszugehen sei, wenn eines der in § 10 Abs. 1a Satz 1 Nr. 2 EStG genannten (betrieblichen) Objekte übergeht, selbst wenn kein nennenswerter Unternehmenswert übergeht (das gegenteilige Judikat des Großen Senat des BFH findet also zugunsten des Steuerpflichtigen keine Anwendung).[1356] Bleiben Aufklärungslücken, ist zugunsten des Sonderausgabenabzugs zu entscheiden[1357] 6383

Die Beweiserleichterung greift jedoch **nicht** 6384
(1) bei (überwiegend) verpachteten Unternehmen, ebenso wenig
(2) bei nachträglicher Umschichtung des (bisher privilegierten) Vermögens (Rdn. 6395 ff.); es fehlt aus Sicht des Rentenbeziehers an Erfahrungswerten in Bezug auf das neue Vermögen.[1358] Gleiches gilt
(3) wenn im Rahmen einer einheitlichen Übertragung begünstigtes und nicht begünstigtes Vermögen übertragen wird (Tz. 30 des IV. Rentenerlasses). Es empfiehlt sich also,[1359] zunächst allein das begünstigte Vermögen gegen volle Rentenübernahme zu übertragen, und in ausreichendem zeitlichen Abstand z.B. den Grundbesitz.
(4) Schließlich ist die Vermutung ausreichenden Ertrags dann erschüttert, wenn vor der Übertragung mehrjährige Verluste oder im Verhältnis zu den wiederkehrenden Leistungen nur geringe Gewinne vorlagen. Der Übernehmer kann dann jedoch (Tz. 35 des IV. Rentenerlasses) positiv nachweisen, dass für die Zukunft ausreichende Nettoerträge zu erwarten sind; dies wird anhand der Resultate im Jahr der Vermögensübertragung und den beiden folgenden Jahren beurteilt (solange erfolgt die Veranlagung vorläufig gem. § 165 AO).

Greift die Beweiserleichterung nicht, bedarf es einer konkreten Bedarfsermittlung, und zwar auf den Zeitpunkt der Übergabe (beim zweiten Akt einer »gestreckten Vermögensübertragung«, also der Ablösung eines vorbehaltenen Nutzungsrechtes gegen Versorgungsrente, auf den Zeitpunkt der Ablösung, bei der nachträglichen Umschichtung in anderes geeignetes Vermögen auf diesen Zeitpunkt). Aus Vereinfachungsgründen genügt es, die Verhältnisse im Jahr der Übertragung und den beiden vorangehenden Jahren zu prüfen (Tz. 34 des IV. Rentenerlasses). Auszugehen ist vom steuerlichen Gewinn, unter Hinzurechnung der Abschreibungen und größerer Erhaltungsaufwendungen, die üblicherweise nicht jährlich anfallen, und ohne Abzug eines Unternehmerlohns (so dass das Gesellschafter-Geschäftsführer-Gehalt bei der Übertragung von GmbH-Anteilen zum 6385

1355 Vgl. *Fleischer*, ZEV 2007, 475; *Spiegelberger*, DStR 2010, 1880, 1881.
1356 Tz. 31 des IV. Rentenerlasses, gegen BFH, 12.05.2003 – GrS 2/00, ZEV 2003, 424 m. Anm. *Fleischer*.
1357 FG Münster, 20.04.2016 – 7 K 999/13 E, ErbStB 2016, 205.
1358 Vgl. *Reddig*, ErbStB 2011, 221, 224.
1359 Vgl. *Kratzsch*, NWB 2010, 1964, 1972 f.

ausschüttungsfähigen Gewinn zu addieren ist). Der BFH erlaubt allerdings auch, Prognosen bzgl. der künftigen Ertragskraft mit einzubeziehen, wenn sie aus der Sicht eines verständigen Dritten nachvollziehbar sind.[1360]

IV. »Behaltensdauer«; Umschichtungen innerhalb geeigneten Vermögens

6386 Die Folgen späterer Umschichtungen des übertragenen Vermögens, sofern dies zunächst als tauglicher Gegenstand der Vermögensübergabe i.S.d. Rdn. 6338 ff./Rdn. 6362 ff. anzusehen war, unterlagen einem deutlichen Wandel. Unstreitig ist stets geblieben, dass der erforderliche sachliche Zusammenhang der wiederkehrenden Leistungen mit der Erstübertragung dann nicht ende, wenn der Übernehmer das übernommene Vermögen im Weg **vorweggenommener Erbfolge** weiter überträgt: Empfänger von Versorgungsleistungen kann nämlich auch sein, wer ggü. dem Übergeber (Weiterveräußerer) Anspruch auf Versorgungsleistungen aus dem übernommenen Vermögen hat, also die Großeltern im Verhältnis zu den Enkeln[1361] (vgl. Rdn. 6410 f.).

6387 Auch die Einbringung übernommenen Vermögens in eine Kapital- oder Personengesellschaft i.S.d. §§ 20, 24 UmwStG ist unschädlich, ebenso Formwechsel, Verschmelzung und Realteilung übertragener Gesellschaften.[1362]

I.Ü. unterlagen Umschichtungen des tauglich übergebenen Objekts jedoch in zeitlicher Abschichtung außerordentlich unterschiedlichen steuerrechtlichen Konsequenzen:

1. Erster Rentenerlass

6388 Nach Auffassung des ersten Rentenerlasses v. 23.12.1996 schadete die Veräußerung nicht, soweit auch das neue Vermögen tauglicher Vermögensübergabegegenstand sein kann (z.B. Veräußerung eines vermieteten Objekts und Anschaffung eines neuen Mietobjekts). Sofern jedoch eine Umschichtung in nicht privilegiertes Vermögen (z.B. Geld) stattfindet, war dies nach Verwaltungsauffassung nur dann unschädlich, wenn der Weiterveräußerungsvertrag nach Ablauf von mehr als 5 Jahren seit der Übergabe (und damit auf der Grundlage eines vermuteten neuen Entschlusses) erfolgte, andernfalls war der bereits gewährte Sonderausgabenabzug nachträglich auch für die Vergangenheit gem. § 175 Abs. 1 Satz 1 Nr. 2 AO zu stornieren.

6389 Die Rechtsprechung des X. Senates[1363] ließ jedoch bei Veräußerungen unabhängig davon, ob die 5-jährige Frist abgelaufen war und ob eine Surrogation in weiterhin »privilegierte« Vermögensgegenstände stattfindet, den Abzug weiterhin gewährter wiederkehrender Leistungen als Sonderausgaben mit Wirkung für die Zeit nach der Veräußerung nicht mehr zu,[1364] beließ sie allerdings für die Vergangenheit uneingeschränkt.[1365]

2. Zweiter Rentenerlass

6390 Dem schloss sich der »2. Rentenerlass« in Gestalt des BMF-Schreibens v. 26.08.2002, Tz. 20 bis 21.13[1366] an: Der sachliche Zusammenhang der wiederkehrenden Leistungen mit der Vermögensübergabe ende stets mit der Veräußerung des Vermögens. Von besonderer Brisanz ist allerdings dann die Behandlung der wiederkehrenden Leistungen für die Zukunft: Zahlungen sind nach der Umschichtung als Kaufpreisraten zu behandeln, so dass die Grundsätze der entgeltlichen

---

1360 BFH, 27.04.2015 – X B 47/15, BFH/NV 2015, 1356.
1361 BFH, DStRE 1997, 361; Tz. 29 des Dritten Rentenerlasses, DStR 2004, 1696, 1700.
1362 Vgl. Rn. 14, 15, 31, 32 des Dritten Rentenerlasses, DStR 2004, 1696, 1697 f., 1700; *Everts*, MittBayNot 2005, 16.
1363 BFH, DStRE 1999, 12.
1364 BFH, DStR 1998, 1505 ff.
1365 BFH, ZEV 1998, 399.
1366 Vgl. BStBl. 2002 I, S. 893 ff.

E. Versorgungsrenten Kapitel 13

Vermögensübertragung Anwendung finden. Der entgeltlich bzw. unentgeltlich erworbene Teil des Wirtschaftsguts wird nach dem Verhältnis des Kapital-/Barwerts der künftigen Zahlungen zum Verkehrswert des Wirtschaftsguts im Zeitpunkt der (ersten!) Vermögensübergabe bewertet. Demnach stellt die Veräußerung an den Dritten u.U. ein privates Veräußerungsgeschäft i.S.d. § 23 EStG dar, wenn sie innerhalb der Zehnjahresfrist dieser Bestimmung erfolgt. Die Weiterveräußerung an den Dritten bewirkt zugleich möglicherweise ein privates Veräußerungsgeschäft des ursprünglichen Übergebers, wenn dieser das Wirtschaftsgut innerhalb der Fristen des § 23 Abs. 1 Satz 1 EStG vor der nunmehr als Verkauf zu qualifizierenden Übertragung an den »Zwischenerwerber« angeschafft (z.B. Anschaffung Juni 1995; Übertragung Januar 1996: damalige Zweijahresfrist nicht eingehalten) oder aus einem Betriebsvermögen in das Privatvermögen überführt hatte.[1367] Der Veräußerungsgewinn wird nach dem Zuflussprinzip (§ 11 EStG) versteuert.[1368] In ähnlicher Weise veränderte die Weiterveräußerung bei **Betriebsvermögen** die Rechtsnatur der vorweggenommenen Erbfolge in einen Unternehmens-»kaufvertrag«.[1369]

Die verschärfte Auffassung der Finanzverwaltung führte zu einer der Vertragspraxis bisher fremden zeitlich unbegrenzten »Nachverfolgung und Überwachung« vorweggenommener Erbfolgen und möglicherweise zu einer nachträglichen Belastung Dritter (der Eltern als Erstveräußerer), wenn der Übernehmer – und sei es auch vertragswidrig – das erworbene Vermögen weiterverkauft (Besteuerung eines Veräußerungserlöses!). Die Praxis behalf sich 6391
(1) mit schuldrechtlichen Veräußerungsverboten, gesichert durch Eigentumsverschaffungsvormerkung,
(2) mit Nachabfindungszahlungen für den Fall einer Veräußerung (z.B. gesichert durch Sicherungshypotheken).[1370]

Durch Rückbehalt einer geringen Beteiligung von bspw. 1 % als GbR-Anteil. Darin liegt jedoch erhebliches Konfliktpotenzial und – v.a. bei hochbetagten Veräußerern – ein Einfallstor für die Beteiligung von Betreuern und Vormundschaftsgericht mit den dadurch bedingten Schwerfälligkeiten.[1371]

1367 Sofern, wie im nunmehr nicht mehr weiter verfolgten Entwurf des Steuervergünstigungsabbaugesetzes angekündigt, die Zehnjahresfrist des § 23 EStG künftig wegfallen würde, wird wohl der Rückgriff auf den Erstveräußerer entfallen, während der Verkauf durch den Vermögensübernehmer zeitlich unbefristet als steuerpflichtiges Veräußerungsgeschäft erfasst wird, vgl. *Spiegelberger*, ErbStB 2003, 14.
1368 Fortwährende Rentenzahlungen – nunmehr Kaufpreisraten – sind in einen Kapital- und einen Ertragsanteil aufzuspalten; der Veräußerungsgewinn ist erstmals zu besteuern, sobald die Summe der Kapitalanteile höher ist als die Anschaffungskosten (ggf. abzgl. AfA) und die Veräußerungskosten. Der Ertragsanteil ist beim Veräußerer nach § 22 Nr. 1 Satz 3a EStG zu versteuern, beim Erwerber als Werbungskosten abziehbar (str.).
1369 So dass der Erstübergeber den fiktiven Veräußerungsgewinn versteuern musste, um den der Kapital-/Barwert der wiederkehrenden Leistungen im Zeitpunkt des Weiterverkaufs an Dritte zusammen mit gezahlten Abstandszahlungen, Gleichstellungsgeldern, übernommenen privaten Verbindlichkeiten und nach Abzug der Veräußerungskosten das steuerliche Kapitalkonto bei Vermögensübergabe übersteigt. Erreicht das Kapitalkonto die genannten fiktiven Veräußerungserlöse nicht, sollte allerdings umgekehrt kein Veräußerungsverlust entstehen. Beim Erstübernehmer liegen ab dem Zeitpunkt der Weiterübertragung demnach Anschaffungskosten i.H.d. Kapital-/Barwerts der noch offenen wiederkehrenden Leistungen zum Zeitpunkt des Weiterverkaufs (ggf. zusammen mit den bereits gezahlten Abstandszahlungen, Gleichstellungsgeldern und übernommenen privaten Verbindlichkeiten) vor. Die Rentenverpflichtung wurde ab diesem Zeitpunkt eine betriebliche Verbindlichkeit, der jeweilige Zinsanteil ist als nachträgliche Betriebsausgabe gem. § 24 Nr. 2 i.V.m. § 15 Abs. 1 Satz 1 Nr. 1 EStG zu behandeln.
1370 Vgl. etwa *Röhrig*, EStB 2003, 186; 189.
1371 Vgl. *Spiegelberger*, ErbStB 2003, 16.

3. Dritter Rentenerlass

6392 Erfreulicherweise hat die Finanzverwaltung im **Dritten Rentenerlass**[1372] – einem Zweifelsvermerk des Großen Senats im Beschluss[1373] folgend – eine Abkehr von der vorstehend referierten Einschätzung vollzogen. Abgestellt wird nunmehr (ähnlich wie in der Fallgruppe der von vornherein vereinbarten Umschichtung ertraglosen Vermögens in Ertrag bringendes: Rdn. 6343) darauf, ob mit dem Erlös aus der Veräußerung des übertragenen, seinerseits Ertrag bringenden Vermögens »zeitnah« eine existenzsichernde und ausreichend Ertrag bringende Wirtschaftseinheit erworben oder hergestellt werde. Die »Zeitnähe« bezieht sich nicht (wie der Fünfjahreszeitraum oben Rdn. 6390) auf den Abstand zum Ersterwerb, sondern auf die Wiederverwendung des Erlöses, dürfte also unter dem Dreijahreszeitraum der Finanzverwaltung bei Umschichtung ertraglosen Vermögens liegen, möglicherweise bei einem Jahr.[1374] Die neuerliche Ertragsprognose ist anzustellen im Zeitpunkt der Neuanschaffung, nicht der zwischenzeitlichen Anlage des Geldes aus dem Ersterlös.

6393 Nach Auffassung der **Finanzverwaltung** ist es weiter unschädlich, wenn **nicht der gesamte Erlös** aus der Veräußerung der alten Wirtschaftseinheit für die Anschaffung oder Herstellung des neuen Wirtschaftsguts verwendet, also beispielsweise ein Teil des Verkaufspreises »konsumiert« wird und ebenso umgekehrt unschädlich, wenn aus sonstigem Vermögen zusätzliche Beiträge erbracht werden müssen, um die Reinvestition zu tätigen. Abzustellen ist jedoch stets auf den Ertrag, den der reinvestierte Veräußerungserlös (ggf. anteilig) generieren wird. Eine Sonderstellung soll der **Reinvestition übertragener Geldanlagen** (Wertpapiere, Fondsanteile etc.) zukommen: Dort endet der sachliche Zusammenhang mit den wiederkehrenden Leistungen stets mit dem Zeitpunkt der Endfälligkeit der Geldanlage, so dass eine Neuanlage der ausgezahlten Gelder nicht mehr tauglich ist. Es muss also rechtzeitig vor der Fälligkeit eine Umschichtung in existenzsichernde und ausreichend Ertrag bringende Wirtschaftseinheiten stattfinden.

6394 Offen war, ob in den Fällen, in denen es an einer tauglichen Reinvestition mangelt, also bspw. Geld zur Schuldentilgung eingesetzt wird, nachträglich eine Umqualifizierung der Vermögensübertragung zu einem entgeltlichen Geschäft (wie oben Rdn. 6392 f. nach 2. Rentenerlass) stattfindet oder aber, ob es sich um ein weiterhin unentgeltliches Rechtsgeschäft handelt mit der Folge, dass die wiederkehrenden Leistungen als steuerlich irrelevante Unterhaltszahlungen zu qualifizieren sind. Letzteres entsprach der bis 2007 herrschenden Auffassung.[1375]

4. Vierter Rentenerlass

a) Umschichtungsfälle

6395 Auch nach Tz. 37 ff. des IV. Rentenerlasses endet der sachliche Zusammenhang der wiederkehrenden Leistungen mit der Vermögensübertragung jedenfalls dann nicht, wenn der Übernehmer seinerseits im Wege **vorweggenommener Erbfolge** weiter überträgt und sich dabei den Nießbrauch zurückbehält, so dass er aus diesem die Versorgungsleistungen weiter erbringen kann und erbringt.[1376] Nicht behandelt wird der häufigere Fall, dass der Zweiterwerber des (weiterhin privilegierten) Vermögens die Versorgungslast »schuldbefreiend« übernimmt und nun seinerseits aus dem Vermögen leistet; auch dies dürfte unschädlich sein.[1377]

1372 Tz. 28 bis 33, vgl. *Schwenke*, DStR 2004, 1683 f.
1373 1/00 v. 12.05.2003, MittBayNot 2004, 306 ff.
1374 Großzügiger *Everts*, MittBayNot 2005, 16: je nach Nutzungsdauer des Anlagevermögens bis zu 6 Jahre.
1375 So der X. Senat des BFH, 31.03.2004 – XR 66/98, DStR 2004, 857, und wohl auch die Finanzverwaltung (Tz. 28 des 3. Rentenerlasses).
1376 Bei solchen Mehrgenerationenfällen dürfte in Bezug auf GmbH-Anteile nicht mehr der Grundsatz aus Tz. 18 des IV. Rentenerlasses gelten, dass der (Erst)Erwerber auf ewige Zeit weiter Geschäftsführer bleiben müsse.
1377 Ebenso *Schmidt/Wacker*, EStG, 28. Aufl. 2009, § 16 Rz. 68; *Ihle*, notar 2011, 22.

E. Versorgungsrenten   Kapitel 13

▶ **Hinweis:**
Allerdings stellt auch die (ertragsteuerlich »unentgeltliche«) Weiterübertragung von Betriebsvermögen gegen Versorgungsleistungen einen Verstoß gegen die Behaltenspflichten i.R.d. schenkung-/erbschaftsteuerlichen Privilegierung des betroffenen Betriebsvermögens dar, vgl. Rdn. 5323. Ungefährlich ist insoweit die Weiterübertragung unter Vorbehaltsnießbrauch.

Ebenso wenig ist der Zurechnungszusammenhang unterbrochen durch Einbringung in eine Personen- (§ 24 UmwStG) oder Kapitalgesellschaft (§ 20 UmwStG) bzw. durch Anteilstausch (§ 21 UmwStG), ohne Rücksicht darauf, ob diese zum Buchwertansatz erfolgen oder nicht. Entscheidend ist lediglich, dass anschließend weiterhin geeignetes Vermögen vorliegt. Gleiches gilt hinsichtlich der Zuteilungs»ergebnisse« einer Realteilung, vgl. Tz. 42 und 43 des IV. Rentenerlasses. Über den Wortlaut des Erlasses hinaus sollten dieselben Grundsätze greifen bei Formwechsel oder Verschmelzungen von Kapitalgesellschaften (§§ 3 ff., 11 ff. UmwStG) sowie bei Umstrukturierungen mittels Anwachsung. 6396

Wird nur ein Teil des begünstigt gegen Versorgungsrente übertragenen Vermögens an Dritte (auch entgeltlich) weiterveräußert, erfüllt jedoch das verbleibende Vermögen weiterhin die Anforderungen des § 10 Abs. 1a Satz 1 Nr. 2 EStG, und wirft es weiterhin ausreichend Erträge ab zur Finanzierung der Versorgungsleistungen, ist der künftige Sonderausgabenabzug ebenso wenig gefährdet (Tz. 40 des IV. Rentenerlasses). 6397

Auch nach Tz. 41 des IV. Rentenerlasses endet der sachliche Zusammenhang der wiederkehrenden Leistungen mit der Vermögensübertragung jedenfalls dann nicht, wenn der Übernehmer das begünstigt übernommene Vermögen veräußert und den Erlös sodann »zeitnah« in geeignetes Vermögen reinvestiert. Entscheidend ist, dass die Erträge aus dem mit dem Erlös neu angeschafften Vermögen die Versorgungsleistungen weiterhin abdecken. Maßgebend ist die Prognose z.Zt. der Reinvestition (Rdn. 6382) Für die Finanzverwaltung gilt der Nachweis als erbracht, wenn die Erträge des Umschichtungsjahres und der beiden Folgejahre ausreichen. 6398

Tz. 88 des IV. Rentenerlasses bestimmt als **Übergangsregelung**, dass Umschichtungen aus vor dem 31.12.2007 begünstigt erworbenem Vermögen (z.B. Immobilien) auch nach dem 01.01.2008 weiterhin in Vermögenswerte erfolgen können, die nach altem Recht begünstigt waren.[1378] 6399

b) Gleitende Vermögensübergabe

Die Finanzverwaltung stuft für Neufälle seit 2008 den **zugewendeten Nießbrauch**, gleichgültig ob an Betriebsvermögen eingeräumt oder nicht, als nicht mehr taugliches Übertragungssubstrat ein, Tz. 21 des IV. Rentenerlasses, wendet also die jedenfalls zur früheren Rechtslage großzügigere Rechtsprechung des BFH (Rdn. 6341) nicht mehr an. Auch bei der Übertragung eines Betriebs zur bloßen Nutzung, ohne Übergang des Eigentums, also etwa einer schlichten Verpachtung oder einem landwirtschaftlichen Wirtschaftsüberlassungsvertrag, selbst wenn er als Vorstufe zur Betriebsübertragung gedacht ist, kommt deshalb ein Sonderausgabenabzug für die »im Gegenzug« gewährten »Versorgungs«leistungen nicht mehr in Betracht, es handelt sich (ungewollt) um Austauschrenten, Rdn. 6377, Rdn. 6338 ff., oder um Pachtzahlungen.[1379] 6400

Anders verhält es sich gem. Tz. 25 des IV. Rentenerlasses beim **vorbehaltenen Nießbrauch**, der im Zuge der Übertragung geeigneten Vermögens bestellt wurde. Handelte es sich dabei um einen Totalvorbehaltsnießbrauch, waren etwa parallel gewährte Versorgungsleistungen während des Bestehens des Nießbrauchs nicht abzugsfähig, da solange (noch) kein Ertrag bringendes Wirtschaftsgut vorliegt (Rdn. 6338), es sei denn, der Nießbrauch wäre nur zu Sicherungszwecken bestellt 6401

1378 Vgl. *Geck*, DStR 2011, 1215 ff.
1379 BFH, 25.06.2014 – X R 16/13; vgl. *Kanzler*, NWB 2014, 2926 ff. zu den Tatbestandsmerkmalen einer (verbilligten) Pacht.

(Rdn. 1292), und der Übergeber überlässt seine Ausübung dem Vermögenserwerber, solange die gesicherte Verbindlichkeit »bedient« wird, § 1059 BGB (Rdn. 1351 ff.).

6402 Die Ablösung eines an (**nach neuem Recht geeignetem**) Vermögen bestellten Nießbrauches, gleich ob die Bestellung vor oder ab 2008 erfolgte, durch die lebenslange Gewährung von Versorgungsleistungen kann für diese Leistungen den Sonderausgabenabzug eröffnen, der Zusammenhang zur bereits in der Vergangenheit erfolgten Vermögensübertragung ist also nicht »abgeschnitten«. Auch der IV. Rentenerlass erkennt also in Tz. 25 die Rechtsfigur der **zeitlich gestreckten »gleitenden« Vermögensübergabe** an (Zivilrecht: Rdn. 1406 ff.; Rechtslage vor 2008: Rdn. 6339 ff.; zum Vergleich: einkommensteuerliche Wertung der Ablösung eines Nießbrauchs gegen Einmalzahlung: Rdn. 5838 ff.). Dies gilt unabhängig davon, ob das »Rentenwahlrecht« bereits bei der Übergabe vereinbart war (Muster: Rdn. 1408), oder aber später, »ad hoc«, einvernehmlich im Zuge der Ablösung des Nießbrauchs umgesetzt wird (vgl. aber Rdn. 6403 zum Übergangsrecht).

6403 Nach Auffassung des BFH,[1380] dem sich die Finanzverwaltung zwischenzeitlich[1381] (anders als noch in Tz. 85 des IV. Rentenerlasses geregelt) angeschlossen hat, spielt die Frage, ob die Ablösung bereits dem Grunde nach bei der Vermögensübertragung selbst vorbehalten war oder nicht, auch für »Altfälle«, also vor dem 31.12.2007 vorbehaltene Nießbrauchsrechte, keine Rolle. Werden diese ab 2008 gegen lebenslange Rentenzahlung abgelöst, gelten hierfür die Anforderungen des alten Rechtes weiter, es muss sich also nicht um »Betriebsvermögen« i.S.d. Rdn. 6362 ff. handeln, vielmehr gelten die früheren Anforderungen des III. Rentenerlasses (Rdn. 6339 ff.) weiter. Der BFH leitet dies aus dem abschließenden Charakter der Übergangsregelung in § 52 Abs. 23e EStG ab: entscheidend ist allein der Zeitpunkt des Übergabevertrages, nicht der Zeitpunkt der Ablösung des Nießbrauchs, und ebenso wenig, ob diese Ablösungsmöglichkeit (»gleitende Übergabe«) bereits bei der Übertragung vorbehalten wurde oder nicht.

6404 Wird ein **Nießbrauch an Privatvermögen** in **Neufällen** gegen wiederkehrende Leistungen abgelöst, handelt es sich um eine entgeltliche Ablösung i.S.d. Rdn. 1405. Der Kapitalanteil der wiederkehrenden Leistungen erhöht demnach die Anschaffungskosten (und damit die AfA-Basis),[1382] soweit es sich nicht um unbeachtliche Unterhaltsaufwendungen (§ 12 Nr. 2 EStG) handelt;[1383] der Zinsanteil (§ 55 EStDV, § 22 EStG) ist beim Zahlungspflichtigen ggf. als Werbungskosten, etwa bei Einkünften aus Vermietung und Verpachtung, abzugsfähig, beim Empfänger jedoch gem. § 20 Abs. 1 Nr. 7 EStG zu versteuern. Es handelt sich allerdings nicht um ein rückwirkendes Ereignis, das die ursprünglich i.S.d. EStG unentgeltliche Übertragung in eine entgeltliche »umfunktioniert«,[1384] Rdn. 6307.

V. »Lebenszeit«

6405 Versorgungsleistungen sind, ihrem Absicherungszweck gemäß, als wiederkehrende Leistungen auf Lebenszeit des Empfängers zu vereinbaren. Zeitlich abgekürzte Renten wurden durch die Finanzverwaltung ausnahmsweise in Altfällen (Übertragungen vor 31.12.2007) dann als Versorgungsleistungen anerkannt (vgl. Tz. 58 des III. Rentenerlasses), wenn zum Ablaufdatum der Rente das Versorgungsbedürfnis entfällt (z.B. wegen des dann einsetzenden Bezugs gesetzlicher Altersbezüge). Die ab 2008 geltende Neuregelung des § 10 Abs. 1a Satz 1 Nr. 2 EStG stellt allerdings aus-

---

1380 BFH, 12.05.2015 – IX R 32/14, MittBayNot 2016, 449 m. zust. Anm. *N. Mayer;* hierzu *Ihle,* notar 2016, 49, 58; ebenso FG Niedersachsen, 13.03.2014 – 4 K 298/13 EFG 2014, 1088 (Az. BFH: X R 21/14), vgl. zustimmend *Reddig,* NWB 2014, 2773 ff.: auch die nach 2008 vereinbarte Ablösung eines »Alt«- Nießbrauchsrechts an Grundbesitz gegen Versorgungsleistungen sichert den Sonderausgabenabzug!
1381 BMF, 06.05.2016, DStR 2016, 1112; OFD Nordrhein-Westfalen, 21.07.2016, ZEV 2017, 298.
1382 BFH, 30.09.2013, BStBl 2013 I 1184, Tz. 59.
1383 Also soweit der kapitalisierte Barwert der Rente höher ist als der Wert des Nießbrauchs; ist der kapitalisierte Wert der Rente mehr als doppelt so hoch wie der Wert des Nießbrauchs, ist der Abzug insgesamt ausgeschlossen, vgl. Rdn. 6327.
1384 BFH, 14.06.2005 – VIII R 14/04, BStBl. 2006 II, S. 15.

schließlich auf Lebenszeitleistungen ab, so dass Tz. 56 des IV. Rentenerlasses diese Ausnahme nicht mehr kennt[1385] (möglicherweise werden allerdings z.B. Bestattungskosten, die ja zu den typischen Altenteilsleistungen zählen und bereits ihrer Natur nach nur einmalig anfallen können, weiterhin anerkannt[1386]).

Der BFH und die Finanzverwaltung lehnen die Anerkennung von Mindestlaufzeitrenten als Versorgungsleistungen ab, da bei derartigen Vereinbarungen das Motiv des wertmäßigen Ausgleichs für die empfangene Leistung im Vordergrund stünde,[1387] es handelt sich um Austauschrenten (Rdn. 6271 ff.). 6406

Löst der Übernehmer die versprochenen wiederkehrenden Leistungen durch Einmalzahlung ab, handelt es sich um einen privaten Vorgang, der weder zum Abzug als Sonderausgaben nach § 10 Abs. 1a Satz 1 Nr. 2 EStG berechtigt noch Anschaffungskosten generiert noch beim Übergeber steuerpflichtig wäre (s. Rdn. 6432).[1388] 6407

VI. Destinatäre

1. Vermögensempfänger

Empfänger einer Vermögensübergabe gegen Versorgungsleistungen können Abkömmlinge sowie alle sonstigen gesetzlich erbberechtigten Personen sein, gem. Tz. 4 des IV. Rentenerlasses (ähnlich bereits Tz. 35 des III. Rentenerlasses) auch »nahe stehende Dritte« wie etwa Schwiegerkinder, Neffen und Nichten, sofern die Vertragsbedingungen allein nach dem Versorgungsbedürfnis des Übergebers und der Leistungsfähigkeit des Übernehmers vereinbart werden. Die Rechtsprechung[1389] und nunmehr auch die Verwaltung (Tz. 4 des IV. Rentenerlasses) erkennt jedoch in Ausnahmefällen auch Vermögensübergaben an sonstige Dritte an, sofern weder kaufmännisch abgewogene Leistungs-/Gegenleistungsbeziehungen (für die allerdings dann die Vermutung spricht!) noch eine private Unterhaltsrente vorliegen. 6408

2. Versorgungsleistungsempfänger

Empfänger der Versorgungsleistungen können der Veräußerer, dessen Ehegatte[1390] (seit dem Lebenspartnerschaftsgesetz auch der eingetragene Lebenspartner,[1391] nicht aber der schlichte Lebensgefährte)[1392] und alle weiteren im Verhältnis zum Veräußerer (bzw. zum Erblasser bei testamentarischen Versorgungsrenten) pflichtteilsberechtigten Personen sein (»Angehörige des **Generationenverbundes**«, die an sich vorrangig hätten versorgt werden müssen und mit ihren Pflichtteilsansprüchen die Übergabe stören könnten). Nicht hierzu zählen also Geschwister[1393] oder gar 6409

1385 Ebenso FG Niedersachsen, 14.05.2013 – 15 K 180/12, ErbStB 2013, 308.
1386 *Kulosa* in: H/H/R, EStG § 10 Rz. 79.
1387 BFH, 21.10.1999 – X R 75/97, DStR 2000, 147; BFH, 31.08.1994 – X R 44/93, BStBl. 1996 II, S. 676.
1388 Vgl. BFH, NJW 2004, 3000.
1389 BFH, MittBayNot 1999, 102 f.
1390 Auch wenn der Zahlungspflichtige nur Stiefkind des Ehegatten des Veräußerers ist, FG Köln, 30.06.2011 – 10 K 1682/08, JurionRS 2011, 20495.
1391 Vgl. *Wälzholz*, MittBayNot Sonderheft 2001, 52; so jetzt auch Tz. 50 des IV. Rentenerlasses.
1392 Gerichtsbescheid des BFH, 17.12.2003 – X R 31/00 gegen FG München, DStRE 2000, 966; vgl. *Fleischer*, ZEV 2004, 167. Auch handelt es sich bei vermächtnisweise auferlegten Versorgungszahlungen an den Lebensgefährten nicht um Werbungskosten in Bezug auf die aus der Erbschaft erzielten Einnahmen, BFH, 20.07.2010 – IX R 29/09, ErbStB 2010, 357.
1393 BFH, 26.11.2003 – X R 11/01, ZEV 2004, 163 m. Anm. *Fleischer* (auch für wiederkehrende Leistungen aufgrund eines Vermächtnisses).

Lebensgefährten[1394] des Veräußerers, allerdings u.U. Stiefeltern[1395] und – jedenfalls nach Verwaltungsauffassung in Leibgedingsfällen – Geschwister des Erwerbers.[1396] Letzteres wird durch ein einschränkendes Urteil des X. Senates des BFH[1397] jedoch für Sachverhalte außerhalb des eigentlichen Leibgedings infrage gestellt: bei wiederkehrenden Leistungen an weichende Geschwister liege regelmäßig ein Vorgang auf der Privatebene des Erwerbers vor (zeitlich gestreckte Pflichtteils- oder Gleichstellungsauszahlung).[1398]

6410 Zusätzlich erkennen BFH und Finanzverwaltung (Tz. 50 des IV. Rentenerlasses, Tz. 36 des III. Rentenerlasses) – jedenfalls in Leibgedingsfällen – auch Leistungen an Großeltern als Versorgungsrenten an, wenn diese bereits zulasten der Eltern begründet worden waren und nunmehr vom Enkel bei Übertragung des Hofes übernommen werden.[1399] Damit ergeben sich mehrere Möglichkeiten zur Vermögensübergabe unter **Einbeziehung mehrerer Generationen**[1400] (zu Enkelfondsmodellen vgl. Rdn. 2530):

6411 Zum einen kann die Übergabe »Schritt für Schritt« (von den Großeltern »A« an die Kinder »B«, von dort an die Enkel »C«) erfolgen, und zwar entweder unter stufenweiser Zahlung der Versorgungsleistungen (die Weiterübertragung in vorweggenommener Erbfolge von B an C ist für den Sonderausgabenabzug der weiter fließenden Zahlungen von B an A ungefährlich, Rdn. 6388), oder aber unter Übernahme der Verpflichtungen B – A durch C[1401] (es handelt sich nicht um eine Schuldübernahme im strengen Sinne, so dass B – C ein ertragsteuerlich unentgeltlicher Vorgang bleibt).

Ist die Enkelgeneration (»C«) noch nicht in der Lage, die Erträge zur Bedienung der Versorgungsleistungen selbst zu erwirtschaften, kann B sich bei der Übergabe an C den Nießbrauch zurückbehalten und die Verpflichtungen ggü. A hieraus weiter erfüllen.

6412 Denkbar ist weiter die unmittelbare Übertragung »A« an »C«, wobei Versorgungsleistungen steuerlich wirksam an »A« wie auch an »B«, also die übersprungene Mittelgeneration, zugesagt werden können (Rdn. 6409). Möglich ist sogar eine zeitliche Staffelung der Zahlungsempfängerstellung.[1402]

Problematisch dürfte aber sein, die Vermögenssubstanz an die Enkelgeneration (»C«) und einen Nießbrauch an die Mittelgeneration (»B«) zuzuwenden, Letzteren gegen Versorgungsrente. Der Dritte Rentenerlass[1403] sieht nur im Vorbehaltsnießbrauch eine existenzsichernde Wirtschaftseinheit (i.R.d. gleitenden Vermögensübergabe, bei welcher sich der Veräußerer zunächst den Nießbrauch zurückbehält und diesen sodann gegen Zahlung einer Versorgungsrente ablöst, Rdn. 1264), nicht aber im Zuwendungsnießbrauch (vgl. Rdn. 1277, auch zur großzügigeren Auffassung des BFH).

1394 BFH, 17.12.2003 – X R 2/01, ErbStB 2004, 204.
1395 Jedenfalls dann, wenn die »Stiefmutter« in Gütertrennung geheiratet wird und im Hinblick auf die Versorgungszusage auf den Ehegattenpflichtteil nach dem Erblasser verzichtet, FG Köln, 30.06.2011 – 10 K 1682/08, BeckRS 2011, 96137.
1396 Es besteht allerdings die (widerlegliche) Vermutung, dass diese nicht versorgt, sondern gleichgestellt werden sollen: BFH, BStBl. 2000 II, S. 602 und FG Münster, 29.10.2009 – 8 K 5237/06 E, BeckRS 2009, 26028481.
1397 BFH, DStR 2000, 519. FG München, 19.12.2013 – 10 K 2320/12, ErbStB 2014, 87 (Az. BFH: X R 10/14) führt aus, Versorgungsrenten könnten nur vorliegen, wenn keine »Verrentung« des Pflichtteilsverzichts vorliege, sondern der Erblasser dem Berechtigten (weichenden Geschwister) die Erträge einer existenzsichernden Wirtschaftseinheit, die an sich ihm zustünden, »weiterreicht«.
1398 Gemäß BFH, ZEV 2002, 81 sind Versorgungsleistungen an Stiefgeschwister in keinem Fall abziehbar.
1399 BFH, BStBl. 1997 II, S. 458.
1400 Vgl. (mit Blick auf BFH, 26.07.2006 – X R 1/04, ZEV 2006, 562), *Wartenburger*, MittBayNot 2007, 290.
1401 So der Sachverhalt in BFH, BStBl. 1997 II, 458.
1402 BFH, 26.07.2006 – X R 1/04, ZEV 2006, 562: Zahlungspflicht an die Großeltern ruht solange, als Zahlungen an den Vater erbracht werden.
1403 BMF-Schreiben v. 16.09.2004, BStBl. 2004 I, S. 922 Tz. 11.

E. Versorgungsrenten Kapitel 13

Die Anknüpfung an das Vorliegen einer Pflichtteilsberechtigung als Voraussetzung dafür, dass ein 6413
mit dem Veräußerer/Erblasser nicht identischer Dritter tauglicher Empfänger der Versorgungsleistung sein kann, beruht auf der Vorstellung, dass auch dieser Dritte einen »eigenen Vermögenswert« aufwenden müsse, und zwar in Gestalt der Nichtgeltendmachung seines Pflichtteils- (oder Zugewinnausgleichs-)Anspruchs. Hat der Destinatär einer testamentarischen Versorgungsleistung demnach früher ggü. dem Erblasser auf sein **Pflichtteilsrecht insgesamt verzichtet**, scheidet er aus dem »Generationennachfolge-Verbund« aus und kann damit nicht mehr tauglicher Empfänger abzugsfähiger Versorgungsleistungen sein; es handelt sich um nicht steuerbare Unterhaltsrenten.[1404] Anders verhält es sich, wenn im Gegenzug für den Pflichtteilsverzicht z.B. ein erbvertraglich bindendes (Nießbrauchs-)Vermächtnis ausgesetzt wird, das später gegen Versorgungsleistungen übertragen wird.[1405]

Ob die Versorgungsleistungen objektiv erforderlich sind, ihr Empfänger also auf diese angewiesen 6414
ist oder nicht, spielt für ihre Anerkennung – ausgehend von der Rechtsfigur der vorbehaltenen Erträge – keine Rolle.[1406]

VII. Korrespondenzprinzip

Das Jahressteuergesetz 2008 führte ein **strenges Korrespondenzprinzip** dergestalt ein, dass auch 6415
die Abzugsfähigkeit als Sonderausgaben ihrerseits daran geknüpft ist (§ 50 Abs. 1 Satz 3 EStG), dass die Leistungen beim Empfänger als »sonstige Bezüge« gem. § 22 Nr. 1b EStG der Besteuerung unterliegen, er also unbeschränkt einkommensteuerpflichtig ist (europarechtlich unzulässig!)[1407] oder in einem Mitgliedsland der EU/des EWR residiert, in welchem die Versorgungsleistungen ebenfalls steuerpflichtig sind. Dieses strenge Junktim[1408] zwischen Besteuerung der Bezüge und Abzugsfähigkeit der dauernden Last hätte zur Folge, dass ein einseitiges Verhalten des Begünstigten (»Wegzug nach Mallorca«) zum Entfallen des Sonderausgabenabzugs beim Erwerber führt und damit wirtschaftlich die Last der Aufbringung dieser wiederkehrenden Zahlungen allein auf seinen Schultern, ohne Beteiligung »des Finanzamts«, belässt; es handelt sich insoweit um nicht abziehbare Unterhaltsleistungen i.S.d. § 12 Nr. 2 EStG, vgl. Tz. 53 des IV. Rentenerlasses. Es liegt nahe, dass der Vermögenserwerber darauf drängen wird, Versorgungsleistungen lediglich als »Netto-Beträge« zu schulden, die sich – solange ihm der Sonderausgabenabzug gewährt wird – um die ersparte ESt erhöhen.

Eine solche Formulierung könnte etwa,[1409] sofern nicht allein auf die Europarechtswidrigkeit der 6416
Versagung des Sonderausgabenabzugs für Gebietsfremde vertraut wird (Rdn. 6415), wie folgt lauten:

1404 BFH, 07.03.2006 – X R 12/05, ZEV 2006, 327 m. krit. Anm. *Fleischer*.
1405 FG Köln, 30.06.2011 – 10 K 1682/08, ErbStB 2011, 276 (Az. BFH: X R 34/11).
1406 Vgl. *Everts*, MittBayNot 2005, 15.
1407 Es verstößt gegen die Kapitalverkehrsfreiheit des Art. 63 AEUV, den Sonderausgabenabzug (den der EuGH einer Betriebsausgabe gleichstellt) gem. § 50 Abs. 1 Satz 3 EStG auf Leistungserbringer zu beschränken, die in Deutschland nur mit lokalen Einkünften, also beschränkt, steuerpflichtig sind, vgl. EuGH, 31.03.2011 C-450/09 »Schröder«, DStR 2011, 66; vgl. *Geck*, ZEV 2011, 450 ff. Auch das Korrespondenzprinzip kann die Beschränkung nicht rechtfertigen, EuGH 24.02.2015 – Rs. C-559/13 »Grünewald«, ZEV 2015, 593 m. Anm. *Geck*. Im Katalog beschränkt steuerpflichtiger Einkünfte (§ 49 EStG) sind Leistungen gem. § 22 Nr. 1b EStG nicht aufgeführt, blieben also derzeit unversteuert, so bis zu einer Neuregelung nun auch BMF, 18.12.2015 – IV C 3 – S 2301/07/10001, BStBl 2016 I 1088 = ZEV 2016, 169.
1408 Indem auch umgekehrt die Besteuerung beim Empfänger gem. § 22 Nr. 1b EStG n.F. nur stattfindet, »soweit die Versorgungsleistungen beim Zahlungsverpflichteten nach § 10 Abs. 1a Satz 1 Nr. 2 EStG als Sonderausgaben abgezogen werden können«. Erstreitet der Zahlungspflichtige nachträglich diesen Abzug, kann der Zahlungsempfänger nachträglich gem. § 174 Abs. 4 AO herangezogen werden, FG Düsseldorf, 09.05.2012 – 7 K 4177/11 E, ErbStB 2012, 355.
1409 Im Anschluss an *Thouet*, RNotZ 2007, 477. *Wälzholz*, MittBayNot 2008, 94 empfiehlt zur Dämpfung der Begünstigung des Schuldners insgesamt lediglich den Ansatz des Durchschnittsteuersatzes.

▶ **Formulierungsvorschlag: Versorgungsrente als Netto-Betrag, »Wegzugs-Klausel«**

(Anm.: im Anschluss an die Vereinbarung der Rente als solche:)

Vorstehender Monatsbetrag, der als steuerlicher »Netto-Betrag« kalkuliert wurde, erhöht sich um die Einkommensteuerersparnis des Zahlungspflichtigen, etwa infolge der Abzugsfähigkeit der Rente als Versorgungsleistung im Rahmen der Sonderausgaben oder aber als Betriebsausgabe, nach Maßgabe folgender Vereinbarungen:

Für jeden Monat, in dem dem Zahlungspflichtigen die Reduzierung der Einkommensteuerbelastung rechtlich zur Verfügung stünde, erhöht sich die Rente um ein Zwölftel der ersparbaren Jahressteuer, die unter Ansatz eines Durchschnittssteuersatzes von 35 % zu ermitteln ist. Weist der Zahlungspflichtige nach, dass tatsächlich eine geringere Steuerersparnis zu erzielen ist, und weist der Zahlungsempfänger nach, dass (nach seinem Grenzsteuersatz) eine höhere Steuerersparnis zu erzielen ist, wird der niedrigere bzw. höhere Ersparnisbetrag monatlich zusätzlich geschuldet; der Zahlungspflichtige hat den Steuerbescheid auf Verlangen vorzulegen. Ausdrücklich wird klargestellt, dass es für die Erhöhung allein darauf ankommt, dass die Steuerersparnis rechtlich gewährt würde (unabhängig davon, ob sie der Zahlungspflichtige tatsächlich in seiner Jahressteuererklärung berücksichtigt), dass aber andererseits auch das Entfallen der Steuerbegünstigung unabhängig davon berücksichtigt wird, ob sie aufgrund einer Gesetzesänderung oder aufgrund eines Verhaltens des Zahlungsempfängers (etwa infolge Wegzugs ins Ausland) nicht mehr gewährt werden kann.

VIII. Formale Anforderungen

6417 Wie allgemein bei Geschäften unter Verwandten, setzt die Anerkennung des Übertragungsvertrages voraus, dass die gegenseitigen Rechte und Pflichten klar, eindeutig und rechtswirksam vereinbart und ernsthaft gewollt sind und wie vereinbart auch tatsächlich erbracht werden, Tz. 59 des IV. Rentenerlasses. Änderungen sind steuerrechtlich nur zu berücksichtigen, wenn sie durch ein langfristig verändertes Versorgungsbedürfnis des Berechtigten und/oder durch veränderte wirtschaftliche Leistungsfähigkeit des Verpflichteten veranlasst sind; Rückwirkungen sind dabei nur für kurze Zeiträume möglich, Tz. 60 des IV. Rentenerlasses. Der BFH[1410] und ihm folgend die Finanzverwaltung[1411] verlangt weiter (über § 761 BGB hinaus) für solche Änderungen die Schriftform. Hierzu kann im Einzelnen auf Rdn. 5674 ff. verwiesen werden.

6418 Haben die Beteiligten im Übergabevertrag die Gewährung von Leistungen ausgeschlossen, sobald der Veräußerer in ein Pflegeheim übersiedeln muss (»Leistungsbegrenzungsklauseln«, Rdn. 1660 ff.), leistet der Vermögenserwerber dann jedoch gleichwohl weiter, handelt es sich um nicht abziehbare freiwillige Unterhaltsleistungen i.S.d. § 12 Nr. 2 EStG. Gleiches gilt, wenn die ab Heimunterbringung erhöhten (nicht vertraglich ausgeschlossenen) Leistungen nicht mehr aus dem Ertrag des Vermögens erwirtschaftet werden können, in Bezug auf diese weiteren Leistungen,[1412] Tz. 61 des IV. Rentenerlasses.

IX. Umfang der absetzbaren Sonderausgaben/der zu besteuernden wiederkehrenden Bezüge

6419 Versorgungsleistungen aufgrund gesetzlicher Unterhaltspflicht[1413] – also ohne vertragliche Grundlage – wären nur in beschränktem Maß als außergewöhnliche Belastungen gem. § 33a Abs. 1 EStG abzugsfähig. Das Institut der Vermögensübergabe gegen Versorgungsleistungen er-

---

1410 BFH, 15.09.2010 – X R 13/09, ZEV 2011, 98 m. Anm. *Geck*; krit. dazu *Paus*, EStB 2011, 161, 164.
1411 BMF, 02.08.2011 – IV C 3 – S 2221/09/10031, ErbStB 2011, 338; OFD Frankfurt/Main, 19.08.2011, ZEV 2011, 616.
1412 BFH, 13.12.2005 – X R 61/01, BStBl. 2008 II 16.
1413 Wobei gem. BFH, 18.05.2006 – III R 26/05, EStB 2006, 410 für die steuerrechtliche Prüfung lediglich das Bestehen einer Unterhaltspflicht dem Grunde nach, nicht die zivilrechtliche Höhe des Anspruchs bewiesen zu werden braucht.

öffnet jedoch – bei Einhaltung der weiteren Voraussetzungen – den weder gedeckelten noch gekürzten Abzug als Sonderausgaben gem. § 10 Abs. 1a Satz 1 Nr. 2 EStG. Dadurch lassen sich Steuervorteile erzielen, wenn der Erwerber einer höheren Progression unterliegt als der Veräußerer, bei dem die korrespondierende Besteuerung nach § 22 Nr. 1b EStG greift.[1414]

Wird begünstigtes (Betriebs-) und nicht begünstigtes (z.B. Grundbesitz- oder Finanz-)vermögen (»**Mischvermögen**«) einheitlich[1415] gegen Versorgungsleistungen übertragen, erkennt die Finanzverwaltung großzügigerweise (in Tz. 47 des IV. Rentenerlasses) die von den Beteiligten im Vertrag vorgenommene Zuordnung der Rente allein zum begünstigten Vermögen an. Anderes gelte nur dann, wenn die Erträge des privilegierten Vermögens nur gering seien. Dann (ebenso in den Fällen, in denen keine Vereinbarung getroffen wurde) sei eine Aufteilung im Verhältnis der Erträge der einzelnen Vermögenswerte geboten.

▶ **Hinweis:**

Wird »Mischvermögen« (betriebliches und nicht betriebliches Vermögen) gemeinsam gegen Versorgungsrente übertragen, sollte die Rente als »Gegenleistung« ausdrücklich nur für das betriebliche Vermögen vereinbart werden. Gleiches gilt bei der Ausschlagung einer Erbschaft gegen Versorgungsleistungen: die Rente soll auf die begünstigten Nachlassbestandteile entfallen.[1416]

Anders als im Bereich der Betriebsausgaben und der Werbungskosten (dort §§ 4 Abs. 4, 9 Abs. 1 Satz 1 EStG) enthält § 10 Abs. 1 EStG für die Sonderausgaben keine allgemeine Öffnungsklausel dergestalt, dass alle in Veranlassungszusammenhang mit privilegierten Sonderausgaben stehenden, auch mittelbaren, Aufwendungen abzugsfähig wären. Daher sind z.B. die Kosten eines Rechtsstreites, der im Zusammenhang mit einer sonderausgabenfähigen Rentenlast steht, ihrerseits keine Sonderausgaben,[1417] ebenso wenig Schuldzinsen für einen Kredit, der zur Begleichung wiederkehrender Leistungen aufgenommen wurde.[1418] Dem Empfänger der Versorgungsleistungen steht immerhin i.R.d. Besteuerung gem. § 22 Nr. 1b EStG der Werbungskostenpauschbetrag des § 9a Satz 1 Nr. 3 EStG zur Verfügung (durch das JStG 2010 klargestellt, in Tz. 52 des IV. Rentenerlasses bereits vorweg genommen).

1. Nichtgeldleistungen

Sofern wiederkehrende Leistungen, die ausreichend bestimmbar sein müssen,[1419] nicht in Geldzahlungen bestehen, z.B. Sachleistungen, Dienstleistungen oder die Übernahme von Aufwendungen (oder damit ihrer Natur nach stets veränderliche Leistungen) zum Gegenstand haben, ist zu berücksichtigen, dass die Erbringung persönlicher Arbeit nicht als Versorgungsleistung erfasst werden kann. Stellt der Verpflichtete dagegen fremde Arbeitskräfte, liegen Versorgungsleistungen i.H.d. Lohnaufwands vor. Unbare Zuwendungen als Altenteilsleistungen (z.B. Verpflegung; Heizung und Beleuchtung) können gemäß Verwaltungserlass[1420] nach dem Maßstab der Sachbezugsverordnung, ab 2007: SozialversicherungsentgeltVO, geschätzt werden. Die Nichtbeanstandungsgrenze für unbare Altenteilsleistungen liegt damit für einen Altenteiler im Veranlagungszeitraum

---

1414 Vgl. die vergleichenden Berechnungsbeispiele bei *Fürwentsches/Schulz*, NWB 2010, 3563 ff.
1415 Entgegen der Empfehlung Rdn. 6384, vgl. dort zum Wegfall der Beweiserleichterung zur Frage ausreichenden Ertrags in diesen »Mischfällen«.
1416 In entsprechender Anwendung des BMF-Schreibens v. 26.02.2007, BStBl. 2007 I 269. Formulierungsvorschlag bei *Wälzholz*, NWB 2010, 1360 ff.
1417 BFH, BStBl. 1957 III, S. 191.
1418 BFH, 14.11.2001 – X R 120/98, DStR 2002, 77.
1419 Die Rspr. ist dabei großzügig: nach BFH, 16.09.2004 – X R 7/04, MittBayNot 2005, 342 genüge sogar die Vereinbarung eines »freien Altenteilsrechtes«, das demnach Wohnungsrecht und freie Verpflegung umfasse.
1420 LfSt Bayern, 24.01.2017 – S 2221.1.1-10/39 St32, ZEV 2017, 299 (enthält auch die Zahlen für die Vorjahre).

2017 bei 2.892,00 € – für Ehegatten: 5.784,00 € – hinsichtlich des Vollverpflegungsaufwandes und bei 645,00 € – bei Ehegatten das Doppelte – für sonstigen unbaren Aufwand wie Heizung, Beleuchtung, und andere Nebenkosten, gesamt also bei 3.537,00 € bzw. 7.074,00 €. Belegmäßig nachgewiesene – und zwischen Wohn- und Wirtschaftsteil konkret trennbare – Altenteilsleistungen sind jedoch ebenfalls anzuerkennen.[1421] Wandeln sich ortsgebundene Leistungen nach Wegzug in ein Pflegeheim in Geldleistungen um, anerkennt die Rechtsprechung die Abzugsfähigkeit von Geldzahlungen bis zur Höhe der Sachbezugswerte, vgl. Rdn. 604 ff.[1422]

6423 Da nach Herkommen, Grundbuchrecht[1423] und i.R.d. landesrechtlichen Ausführungsgesetze zum Leibgedingsrecht[1424] die Kosten des standesgemäßen Begräbnisses (ebenso wie der Grabpflege)[1425] zu den typischen Versorgungsleistungen zählen, sind sie in angemessener Höhe, auch wenn nicht auf wiederkehrende Verpflichtungen im strengen Sinne gerichtet, ebenfalls als Sonderausgaben abzugsfähig,[1426] es sei denn, der Vermögensübernehmer ist zugleich Erbe und hätte diese Kosten ohnehin gem. § 1968 BGB zu tragen.[1427] Der entlastete Erbe hat diese Beträge gem. § 24 Nr. 2 i.V.m. § 22 Nr. 1 Satz 1 EStG zu versteuern. Seit 2008 dürfte allerdings die Abzugsfähigkeit solcher einmaliger Aufwendungen wegen des insoweit eindeutigen Gesetzeswortlautes (»lebenslange, wiederkehrende Leistungen«) ausgeschlossen sein.

2. Insb. Nutzungsüberlassung

6424 Bei Nutzungsüberlassungen (z.B. Gewährung von Wohnungsrecht) sind seit Abschaffung der Nutzungswertbesteuerung (§ 52 Abs. 1 EStG 1998) in gleicher Weise nur die tatsächlich mit der Wohnungsrechtsgewährung zusammenhängenden Aufwendungen anzusetzen (Sachleistungen wie Strom-, Heizungs- und Instandhaltungskosten,[1428] soweit sich der Erwerber hierzu verpflichtet hat – nicht jedoch außergewöhnliche Verbesserungsmaßnahmen über die Erhaltung der Wohnung im vertragsgemäßen Zustand bei Übergabe hinaus,[1429] ferner nicht die den Eigentümer ohnehin treffenden Kosten wie Grundsteuer, Brandversicherungsprämie etc.).

1421 FG Niedersachsen, 31.03.2010 – 4 K 18/08, EFG 2010, 1610; die Finanzverwaltung folgt diesem Ansatz: OFD Hannover, 17.06.2010 – S 2230–12 – St 282, ZEV 2010, 600.
1422 FG Niedersachsen, 16.10.2012 – 10 K 10451/11, ErbStB 2013, 76 (rkr.).
1423 Begräbniskosten können Teil einer Reallast sein, OLG Hamm, NJW-RR 1988, 1101.
1424 Basierend auf § 96 EGBGB.
1425 Übliche Grabpflegekosten sind ferner gem. § 10 Abs. 5 Nr. 3 Satz 1 ErbStG abzugsfähig (FG Thüringen, 17.03.2010 – 4 K 856/08), darüber hinaus nur, wenn sie letztwillig auferlegt sind (dann Erbfallschuld gem. § 10 Abs. 5 Nr. 2 ErbStG), vgl. *Halaczinsky*, ZErb 2011, 147 ff.
1426 BFH, 15.02.2006 – X R 5/04, DStR 2006, 697 (anders noch BFH, BStBl. 1985 II, S. 43); die Finanzverwaltung dürfte dem nicht folgen, da Empfänger dieser Versorgungsleistung nicht mehr der Übergeber bzw. sein Ehegatte ist (Tz. 36 des Dritten Rentenerlasses).
1427 BFH, 19.01.2010 – X R 32/09, ZEV 2010, 329.
1428 Bei entsprechender Vereinbarung sind also z.B. erfasst alle Aufwendungen für die regelmäßige Wartung, Pflege und Ausbesserung des Gebäudes, Maßnahmen zur Verhinderung oder Ausbesserung von Schäden und zum Schutz vor natürlicher Abnutzung und Alterung, auch die Kosten der Installation einer neuen Heizöltankanlage: FG Münster, EFG 2002, 671, ferner Schönheitsreparaturen: OFD München v. 15.01.2001, DStR 2001, 1117 unter Nr. 3; nicht aber die Erneuerung von Fenstern: BFH, 25.08.1999 – X R 38/95, MittBayNot 2000, 147.
1429 Sonderausgabenfähig sind gem. BFH, DStR 1999, 2111 sowie FG Nürnberg, 21.05.2015 – 4 K 351/13, BeckRS 2015, 95330 nur Aufwendungen, die der Erhaltung des im Zeitpunkt der Übergabe vertragsgemäßen Zustandes der Wohnung dienen. Ebenso Tz. 46 des IV. Rentenerlasses, ebenso zuvor BMF v. 21.07.2003 – IV C 4 S 2221 81/03 [MittBayNot 2004, 218 m. Anm. *Sauer*, 162] und OFD München v. 01.10.2004, DStR 2005, 27: darüber hinausgehende Leistungen des Erwerbers werden in seinem eigenen überwiegenden Interesse an der Werterhöhung des Vermögens erbracht. Es ist hingegen unschädlich, wenn eine zur Erhaltung erforderliche Maßnahme zugleich eine zeitgemäße Modernisierung bewirkt [BFH, BStBl. 2000 II 21; Beispiele nach OFD München v. 01.10.2004,

E. Versorgungsrenten

Aufgrund einer möglicherweise missverstandenen Entscheidung des BFH[1430] wurde empfohlen, zu übernehmende Instandhaltungsaufwendungen nicht zum Bestandteil des Wohnungsrechts zu erklären, sondern in eine getrennte Bestimmung aufzunehmen.[1431] Diesem Missverständnis ist die Finanzverwaltung zwischenzeitlich entgegengetreten: Eine separate Vereinbarung als Reallast ist nicht mehr erforderlich; es genügt, dass die Verpflichtungen schuldrechtlich oder als dinglicher Inhalt des Wohnungsrechts selbst wirksam vereinbart sind,[1432] nicht ausreichend ist eine spätere Abrede bzw. eine »weiche Verpflichtung«, deren Erfüllung in das Ermessen des Erwerbers gestellt wird.[1433]

6425

Der reine Nutzungswert ist nur mehr bei Baudenkmalen im landwirtschaftlichen Bereich (§ 13 Abs. 2 Nr. 2 und Abs. 4 EStG) als Sonderausgabe (dauernde Last) abzugsfähig bzw. als wiederkehrender Bezug zu besteuern.

6426

AfA und Schuldzinsen können nicht abgezogen werden, auch nicht öffentliche Lasten des Grundstücks, zu denen der Erwerber als Eigentümer verpflichtet ist (insoweit kommt auch ein Abzug i.H.d. auf das Wohnungsrecht entfallenden Anteils nicht in Betracht).[1434]

6427

3. Geldleistungen

Hinsichtlich Geldleistungen ist **in Altfällen, die bis Ende 2007 verwirklicht wurden**, zu differenzieren (vgl. Rdn. 1746 ff.): Sie können (Ausnahme: Rdn. 6429) in vollem Umfang als Sonderausgaben abgezogen werden (müssen allerdings dann beim Empfänger in vollem Umfang versteuert werden), wenn sie als »dauernde Lasten« abänderbar sind. Diese Abänderbarkeit ergibt sich für Versorgungsleistungen – auch ohne Bezugnahme auf § 323 ZPO/seit 01.09.2009: § 239 FamFG bzw. § 323a ZPO (analog)[1435] – aus der Natur der Verpflichtung (Bsp.: Pflegeleistung, Waschen und Kochen[1436]); bei Geldleistungen aus der Wahl der Bemessungsanknüpfung.[1437] Auch ein ausreichend weit von der abänderbaren Regelleistung entfernter Sockelbetrag schadet (wohl) bereits.[1438] Erforderlich ist weiterhin, dass die Änderung dem ursprünglichen Maßstab folgt, sich also nicht etwa als Vertragsänderung darstellt.[1439] Die Wiederaufnahme der Zahlungen nach längerer Unterbrechung führt z.B. zu einer solchen Vertragsänderung.[1440]

6428

Wiederkehrende Versorgungsleistungen, die kraft Vereinbarung oder Bemessungsanknüpfung ihrer Höhe nach unabänderlich sind oder lediglich der Anpassung an die Geldentwertung unter-

6429

DStR 2005, 28: Ersatz defekter einfach verglaster Fenster durch Isolierfenster; Ersatz einer Heizanlage, deren Abgaswerte nicht mehr der EnEV entsprechen].
1430 BStBl. 1983 II, S. 660: Die Geltendmachung laufender Reparaturen war nicht möglich, da sie gem. §§ 1093, 1041 BGB bereits Inhalt des vorbehaltenen dinglichen Wohnungsrechts gewesen seien.
1431 Vgl. etwa *Spiegelberger*, Münchener Vertragshandbuch, 4. Aufl. 1998, Bd. 4.2, Formular VII.3, §§ 5 und 6.
1432 Schreiben oder OFD Münster v. 08.01.2002, DB 2002, 177; ebenso nunmehr Tz. 34 des »Zweiten Rentenerlasses« v. 26.08.2002.
1433 BFH, 28.02.2002 – IV R 20/00, DStRE 2002, 808; ähnlich FG Hannover, DStRE 2006, 1445: ohne klare vertragliche Regelung keine dauernde Last.
1434 BFH, BStBl. 1992 II, S. 1012.
1435 § 239 FamFG regelt seit 01.09.2009 die Anpassung von Unterhaltstiteln in vollstreckbaren Urkunden, § 323a ZPO die Anpassung anderer wiederkehrender Leistungen als Unterhaltsansprüche in vollstreckbaren Urkunden (§ 238 FamFG wiederum erfasst die Anpassung gerichtlicher Unterhaltstitel).
1436 BFH, 23.11.2016 – X R 16/14, ErbStB 2017, 161.
1437 Beispiel: Abhängigkeit vom Grad der Pflegebedürftigkeit des Leistungsempfängers, FG Köln, 18.03.2009 – 7 K 4902/07, ErbStB 2009, 242; bzw. Gewährleistung des standesgemäßen Unterhalts von Schuldner und Gläubiger: BFH, 23.11.2016 – X R 8/14, EStB 2017, 232.
1438 BFH, BStBl. 1980 II, S. 575; Tz. 48 des Dritten Rentenerlasses.
1439 FG Niedersachsen, 19.08.2008 – 8 K 183/07, ErbStB 2009, 210.
1440 FG Niedersachsen, 28.08.2008 – 3 K 219/06, ErbStB 2009, 211.

liegen, berechtigen als »Versorgungsleibrenten« nur zum Abzug hinsichtlich des Ertragsanteils als Sonderausgaben; beim Empfänger ist entsprechend nur dieser Ertragsanteil gem. § 22 Nr. 1 Satz 3a EStG zu versteuern. Mit Wirkung für die Zukunft kann eine Leibrentenvereinbarung in eine dauernde Last durch Vereinbarung »umgewandelt« werden[1441] (vgl. Rdn. 1752).

6430 Der Vorbehalt des § 323 ZPO a.F./§ 239 FamFG/§ 323a ZPO garantiert jedoch nicht die Abzugsfähigkeit von Zahlungen gleich welcher Höhe. Wegen des Erfordernisses eines »ausreichend Ertrag bringenden Wirtschaftsguts« (Rdn. 6349 ff.) ist die Grenze dort zu ziehen, wo nach der Prognose z.Zt. der historischen Vermögensübertragung die Erwirtschaftbarkeit nicht mehr zu erwarten war.[1442] Wird diese Grenze deutlich überstiegen, dürfte der abzugsfähige Betrag auf die tatsächlichen Erträgnisse beschränkt sein.[1443]

▶ **Hinweis:**

Daher wird teilweise empfohlen, im Überlassungsvertrag auch zivilrechtlich die Anpassung einer dauernden Last auf den erzielbaren Nettoertrag des übertragenen Vermögens zu begrenzen.[1444]

6431 Schuldzinsen für die Finanzierung einer als Sonderausgabe abziehbaren privaten Versorgungsrente führen ihrerseits nicht zu abziehbaren Sonderausgaben.[1445]

6432 Wird eine als Sonderausgaben abziehbare Verpflichtung zu wiederkehrenden Versorgungsleistungen aufgrund späterer Vereinbarung (etwa bei Weiterveräußerung des erhaltenen Wirtschaftsguts) durch eine Einmalzahlung abgelöst, handelt es sich nach Ansicht des BFH[1446] um einen privaten Vorgang ohne Bezug auf die Sphäre der Einkünfteerzielung. Die Unentgeltlichkeit der Vermögensübergabe gegen Versorgungsleistungen wirkt bei ihrer Ablösung fort mit der Folge, dass weder nachträgliche Anschaffungskosten generiert werden, noch die Ablösezahlung selbst als dauernde Last abziehbar wäre, und sie auch nicht als Veräußerungskosten zu einer Minderung eines etwaigen steuerpflichtigen Gewinns aus der Weiterveräußerung des Wirtschaftsguts führt.

6433 Bis zur Veröffentlichung des Beschlusses des Großen Senates des BFH[1447] wurde nur in diesem Zusammenhang, also zur Differenzierung zwischen dauernder Last und Leibrente, die Unterscheidung zwischen ausreichend Ertrag bringenden Wirtschaftseinheiten (sog. »Typus I«) und existenzsichernden Einheiten ohne ausreichende Erträge (früher sog. »Typus II«) relevant: bei Letzteren bedurfte es einer ausdrücklichen Bezugnahme auf § 323 ZPO zur Qualifizierung als dauernde Last, bei ersteren nicht. Die Aberkennung der Sonderausgabenberechtigung bei Typus II – Übergaben (mit der in Rdn. 6358 ff. geschilderten Folge) macht diese Prüfung nunmehr entbehrlich. Da nach dem Beschluss des Großen Senates die Unterscheidung zwischen Typus I und II keine Bedeutung mehr hat, sollte die Abänderbarkeit künftig stets ausdrücklich vereinbart werden,[1448] wie es vorsichtiger Vertragsgestaltung schon bisher entsprach (vgl. Rdn. 1749).

6434 In **Neufällen**, die **ab 2008** unter der Geltung des § 10 Abs. 1a Satz 1 Nr. 2 EStG verwirklicht werden, spielt die Unterscheidung zwischen Leibrente und dauernder Last keine Rolle mehr: Wiederkehrende Geldleistungen sind, sofern die übrigen, insb. hinsichtlich der Art tauglicher Vermögensübertragungsobjekte deutlich enger gewordenen, Voraussetzungen (Rdn. 6362) erfüllt

---

1441 BFH, 03.03.2004 – X R 135/98, DStR 2004, 1206.
1442 BFH, 13.12.2005 – X R 61/01, ZEV 2006, 226 m. Anm. *Schönfelder* = MittBayNot 2006, 536 m. Anm. *Hipler* (zur Ablösung eines Nießbrauchs gegen Gewährung einer dauernden Last).
1443 *Dötsch*, INF 2006, 283.
1444 *Amann*, in: *Amann/Hertel/Everts*, Aktuelle Probleme der notariellen Vertragsgestaltung im Immobilienrecht 2006/2007 (DAI-Skript), S. 127.
1445 BFH, 14.11.2001 – X R 120/98, DStR 2002, 77.
1446 BFH, 31.03.2004 – X R 66/98, ZEV 2004, 253.
1447 ZEV 2003, 420 ff. m. Anm. *Fleischer*, 427.
1448 *Reich*, DNotZ 2004, 20.

E. Versorgungsrenten   Kapitel 13

sind, stets in voller Höhe als Sonderausgaben abzugsfähig, vgl. Rdn. 6295. Einmalzahlungen können jedoch nicht nach § 10 Abs. 1a Satz 1 Nr. 2 EStG privilegiert sein.[1449]

4. Sonderausgabenabzug bei vorbehaltenem Wohnungsrecht des Veräußerers nach altem Recht?

Der »klassische Normalfall« der Vermögensübertragung nach altem Recht war der Übergang eines weiterhin vom Veräußerer bewohnten Eigenheims. Behielt er sich Wohnungs- oder Nießbrauchsrecht am gesamten Objekt zurück, lag schon begrifflich kein existenzsicherndes Vermögen vor, Rdn. 6338. Sofern sich das Wohnungsrecht jedoch nur auf eine von mehreren abgeschlossenen Wohnungen im Haus bezieht und die weitere Einheit entweder vom Erwerber vermietet werden kann oder aber von Letzterem selbst bewohnt wird, lag bereits nach der Verwaltungsauffassung des **ersten Rentenerlasses**[1450] eine dem Grunde nach Ertrag bringende Wirtschaftseinheit vor; die Höhe der möglichen Erträge richtet sich nach dem Mietwert der dem Erwerber zur Selbstnutzung oder zur Vermietung zur Verfügung stehenden Wohnung, zuzüglich der Abschreibungen.   6435

5. Sonderausgabenabzug bei Selbstnutzung durch Erwerber nach altem Recht?

Der X. Senat des BFH hat zunächst in Fortführung seiner ggü. dem Institut der »Vermögensübergabe gegen Versorgungsleistungen« kritischen Rechtsprechung wiederkehrende Leistungen, die der Erwerber für eine ausschließlich von **ihm selbst genutzte Immobilie** an den Veräußerer leistet, vom Sonderausgabenabzug ausgenommen.[1451] Der Mietwert der selbst genutzten Wohnung habe keine ertragsteuerliche Bedeutung mehr und könne daher nicht mehr zu den Erträgen des übergebenen Vermögens zählen. Nur wenn der Erwerber den nicht vom Veräußerer genutzten Teil der Immobilie vermietet, kann demnach noch eine Vermögensübergabe gegen Versorgungsleistungen vorliegen.   6436

Die **Finanzverwaltung** hat, dem folgend, ihre im ersten Rentenerlass[1452] noch gegenteilig geäußerte Meinung entsprechend revidiert.[1453] Damit lag nicht nur, sofern keine (ausreichenden) sonstigen Erträge erwirtschaftet werden, kein Anwendungsfall des früheren Typus 2 vor, vielmehr wird i.H.d. Barwerts der wiederkehrenden Leistungen ein teilentgeltlicher Erwerb verwirklicht, der möglicherweise (bei Vorliegen der weiteren Voraussetzungen) Eigenheimzulageberechtigung gewährte (der Förderhöchstbetrag war bei teilentgeltlichem Erwerb nach § 9 Abs. 2 Eigenheimzulagengesetz nicht zu kürzen).   6437

Der große Senat des BFH hatte hierzu eine für die Praxis bedeutsame Kehrtwende eingeleitet:[1454] Abweichend von Tz. 13 des 2. Rentenerlasses sei auch ein Nutzungsvorteil des Übernehmers bei selbst genutztem Wohnraum als Einkommen im finanzwirtschaftlichen Sinn (i.H.d. ersparten Netto-Miete) anzusetzen, kann also zur Anwendbarkeit des Typus I und damit zur Abzugsfähigkeit der gewährten Versorgungsleistungen führen. Gleiches gilt, wenn der Übernehmer Geldvermögen zur Tilgung von Schulden verwendet und dadurch Zinsaufwendungen erspart, die nicht geringer sind als die zugesagten Versorgungsleistungen. Dem ist der 3. Rentenerlass v. 16.09.2004 insoweit gefolgt, als Nutzungsvorteile aus ersparten Mietaufwendungen des Selbstnutzers zwar als »Ertrag« anerkannt werden (Tz. 21), nicht jedoch ersparte Zinsaufwendungen aus bestimmungsgemäß getilgten Darlehen (vgl. Rdn. 6342: Geld sei kein taugliches Übergabeobjekt, sondern allenfalls Durchgangsstadium zur Umschichtung in taugliche Ertrag bringende Wirtschaftsgüter.   6438

1449 FG Niedersachsen, 14.05.2013 – 15 K 180/12, BeckRS 2013, 95979.
1450 Tz. 11, 13 und 14 des I. Rentenerlasses, BStBl. 1996 I, S. 1510.
1451 BFH, FR 2000, 399; vgl. auch EStB 2000, 123.
1452 BStBl. 1996 I, S. 1508.
1453 OFD Hannover v. 31.10.2001, FR 2001, 1307.
1454 ZEV 2003, 420 ff. m. Anm. *Fleischer*, 427; hierzu auch *Geck*, ZEV 2003, 441; *Kesseler*, ZNotP 2003, 424 ff.; *Kerpmann*, DStR 2003, 1736 ff.; *Krauß*, NotBZ 2003, 439 ff.; *Heinrichshofen/Henke*, ErbStB 2003, 384; *Reich*, DNotZ 2004, 6 ff.

Der BFH lässt es allerdings genügen, dass übertragenes Geld absprachegemäß zur Entschuldung eines Ertrag bringenden Wirtschaftsguts, etwa eines eigengenutzten oder vermieteten Objekts, eingesetzt wird).[1455]

6439 Die Anerkennung erwerbergenutzter Immobilien als taugliche Gegenstände für die Vermögensübergabe gegen Versorgungsleistungen **bis Ende 2007** (Rdn. 6362) erlaubte hinsichtlich solcher Objekte die Wahl zwischen der entgeltlichen Nutzung durch Anmietung (Vorbehaltsnießbrauch beim Veräußerer) einerseits, und der schlichten Eigennutzung durch den Erwerber als Eigentümer andererseits. Für den Erwerber ist die letztgenannte Alternative günstiger, führt sie doch dazu, dass die an den Veräußerer zu leistenden Zahlungen (sofern sie nur unter dem Mietwert zuzüglich Abschreibungen verbleiben) als Sonderausgaben absetzbar sind. Für den Veräußerer jedoch ist typischerweise die Vermietung günstiger: Zwar sind die erhaltenen Zahlungen in beiden Fällen zu versteuern – sei es als Einkünfte aus Vermietung und Verpachtung, sei es als sonstige Bezüge i.S.d. § 22 EStG –, allerdings mindern sich Mieteinnahmen um Werbungskosten (wie etwa Abschreibung bei Vorbehaltsnießbrauch, ggf. auch um von ihm zu tragende Schuldzinsen). Da eine bestimmte Mindestbehaltensfrist vor der Vermögensübergabe nicht verlangt wird, kann das »Eigennutzungsmodell« auch gewählt werden bei Immobilien, die dem Veräußerer noch gar nicht gehören: Er überträgt dem Sohn einen Festgeldbetrag (z.B. aus der Veräußerung der sonst zu übertragenden, jedoch »am falschen Ort stehenden« Immobilie) mit der Auflage, hieraus ein eigenzunutzendes Objekt zu erwerben.[1456] Durch dieses Modell lassen sich zugleich Progressionsunterschiede zwischen »Veräußerer« und »Erwerber« nutzen, bei dem sich die Abzugsfähigkeit der Sonderausgaben typischerweise günstiger auswirkt.

6440 Damit standen bis 31.12.2005 für die Übertragung eines beim Erwerber selbst genutzten Objekts innerhalb der Familie in ertragsteuerlicher/subventionsrechtlicher Hinsicht zwei alternative Modelle zur Verfügung: zum einen der »Verwandtschaftskauf«, der bei Vereinbarung und Entrichtung von Gegenleistungen bis zu einer Höhe von 125.000,00 € (Kaufpreis; Abstandsgelder; Ausgleichszahlungen an weichende Geschwister; Schuldübernahmen; in engen Grenzen auch die Verrechnung mit tatsächlich entstandenen Verwendungsersatzansprüchen) bei Vorgängen vor dem 31.12.2005 zum Erhalt der Eigenheimzulage berechtigte.

6441 Daneben tritt das (ertragsteuerlich im Bereich der unentgeltlichen Anschaffung verbleibende) Modell der Übergabe gegen Versorgungsleistungen, sofern nur die Höhe der zugesagten und erbrachten Versorgungsleistungen hinter der Höhe der ersparten Miete zurückbleibt: Sonderausgabenabzug (bei Abänderbarkeit vergleichbar § 323 ZPO a.F. in voller Höhe); allerdings um den Preis der Versteuerung der Versorgungsleistungen beim Veräußerer als sonstige Bezüge (das Entgeltmodell kann jedoch zur Besteuerung privater Veräußerungsgewinne führen!). Die zweitgenannte Alternative ist damit aus Sicht des Erwerbers der »dritten Möglichkeit« überlegen, die Selbstnutzung des Erwerbers als »Miete« (oberhalb der 56 %-Grenze des § 21 Abs. 2 EStG und der 75 %-Grenze der Rechtsprechung zur Vermutung der Einkünfteerzielungsabsicht) darzustellen: während Mietzahlungen als Ausgaben der privaten Lebensführung nicht berücksichtigbar sind, führen Versorgungsleistungen bis knapp unter die Grenze der ortsüblichen Miete zum Sonderausgabenabzug. Aus Sicht des Veräußerers sind beiderlei Einkünfte zu versteuern (wobei bei den Einkünften aus Vermietung und Verpachtung höhere Werbungskosten, z.B. die AfA, geltend gemacht werden können).

[1455] BFH, 01.03.2005 – X R 45/03, DStR 2005, 1174.
[1456] Vgl. *Kesseler*, ZNotP 2004, 471.

Kapitel 14: »Behinderten- bzw. Bedürftigentestament«

Übersicht

	Rdn.
A. Ziel und Anwendungsbereich	6442
I. Motive	6442
II. »Enterbungslösung«	6451
B. »Auflagenlösung« als mittelbare Zuwendung	6457
I. Auflage	6457
II. Insb.: Stiftungen	6459
III. Risiko: Überleitung des Pflichtteilsanspruchs	6461
C. Unmittelbare Zuwendung an den Destinatär: Vermächtnislösungen	6467
I. Reiz des Vermächtnisses	6467
II. Vermächtnistyp	6472
III. Insb.: Vor- und Nachvermächtnis (§ 2191 BGB)	6476
1. Ausgestaltung	6476
2. Bedenken	6478
a) Nachvermächtnisvollstreckung?	6479
b) Verhältnis zur sozialrechtlichen Nachlasshaftung	6480
c) Ausschlagung (§ 2307 BGB)	6485
d) Analogie zu § 102 SGB XII?	6486
e) Analogie zu § 2385 Abs. 1 BGB?	6487
IV. Vermächtnisgegenstand	6490
V. Der seidene Faden aller Gestaltung: Überleitungsfähigkeit des Ausschlagungsrechtes	6497
1. Überleitung	6497
2. Aufforderung zur Selbsthilfe	6501
D. Erbschaftslösungen	6505
I. Das »klassische Behindertentestament«: Destinatär als Mitvorerbe, Testamentsvollstreckung	6505
1. Regelungsziel	6505
2. Konstruktionselemente	6508
a) Vorerbschaft	6508
b) Testamentsvollstreckung	6513
3. Gefährdungen	6520
a) § 2338 BGB als Vorkehrung?	6521
b) § 2306 Abs. 1 Satz 1 BGB a.F. (Sterbefälle bis Ende 2009)	6525
c) § 2305 BGB	6530
aa) Gefahren aufgrund früherer Zuwendungen	6531
bb) Gefahren aufgrund Ausschlagung durch den überlebenden Ehegatten	6544
d) § 2306 Abs. 1 BGB	6548
aa) Ausschlagung	6548
bb) Zusätzliche Gefahren aus Pflichtteilsstrafklauseln	6553
e) § 2325 BGB	6560

	Rdn.
f) § 2216 Abs. 2 Satz 2 BGB	6564
g) Niedrigzinsphase und Substanzverwertung	6571
h) Person des Testamentsvollstreckers	6573
i) Ungeplante Entwicklungen	6585
j) Änderungen der Rechtslage, z.B. Bundesteilhabegesetz	6591
k) fehlerhafte Ausübung der Testamentsvollstreckung	6596
4. Erleichterung der Rechtsposition anderer Beteiligter	6599
a) Teilungsanordnung	6599
b) Trennungslösung?	6604
c) Herausgabevermächtnis auf den Überrest?	6609
5. Sozialfürsorgerechtliche Wertung	6615
6. § 138 BGB?	6627
a) Subsidiaritätsverstoß?	6627
b) Sättigungsgrenze?	6631
c) Sittenwidrigkeit ggü. dem Behinderten?	6634
d) Sittenwidrigkeit der Erbschaftsannahme?	6637
7. § 134 BGB i.V.m. § 14 HeimG?	6638
II. Destinatär als alleiniger Vorerbe	6641
III. Destinatär als Mitnacherbe	6651
E. Bedürftigentestament	6656
I. Unterschiede und Gemeinsamkeiten zum »Behindertentestament«	6657
1. »Standardkonstruktion«	6657
2. »Vermächtniskonstruktion«	6666
a) Vor- und Nachvermächtnis	6666
b) »schwebendes« Vermächtnis	6670
II. Die Wirkungsweise der Konstruktionselemente	6677
1. Vor- und Nacherbfolge	6678
2. Testamentsvollstreckung	6689
III. Aufhebung der Beschränkungen	6710
1. Durch den Erblasser selbst	6711
2. Durch die Erben	6712
3. Durch Vorkehrung in der letztwilligen Verfügung selbst	6718
a) Ermöglichung der Anfechtung?	6719
b) Auflösend bedingte bzw. befristete Vorerbenstellung?	6725
c) Aufschiebend bedingte Befreiung des Vorerben?	6736
d) Befristete Testamentsvollstreckung?	6740
e) Gestufte Ausschlagung?	6742
f) Auflage?	6746

Kapitel 14 »Behinderten- bzw. Bedürftigentestament«

A. Ziel und Anwendungsbereich

I. Motive

6442 Die in Rdn. 636 ff. dargestellten Regressgefahren bei Übertragung von Immobilien (oder sonstigen Wertgegenständen) betreffen naturgemäß Vorgänge, in denen der Veräußerer (bereits während der Übertragung oder im Anschluss daran) sozialhilfebedürftig wird. Sozialrechtliche Fragestellungen bei der Gestaltung von Verfügungen von Todes wegen selbst betreffen hingegen umgekehrt in erster Linie Sachverhalte, in denen der potenzielle Vermögensempfänger (»Destinatär«), z.B. ein Abkömmling des Erblassers, sozialhilfebedürftig ist oder jedenfalls ab dem Zeitpunkt sein wird, in dem der Erblasser nicht mehr für ihn persönlich sorgen kann.

6443 Die **umgekehrte** (der vorweggenommenen Erbfolge unmittelbar vergleichbare) **Konstellation**, dass ein **Sozialhilfebedürftiger** über das ihm verbliebene Schonvermögen **testiert**, ist von weitaus geringerer Bedeutung, zumal jedenfalls mit dem Ableben des sozialhilfebedürftigen Testators die ggf. bis zu diesem Zeitpunkt bestehenden Schonvermögenseigenschaften wegfallen und damit der Nachlass i.R.d. § 102 SGB XII der geschilderten Erbenhaftung unterliegt, was jedenfalls nicht durch bloße Vermächtnisanordnungen etc. (Rdn. 669), und wohl auch nicht durch Schaffung lebzeitiger Schenkungsversprechen auf den Todesfall als Erblasserschulden »unterlaufen« werden kann.[1]

6444 Die **Gestaltung letztwilliger Verfügungen zugunsten (potenziell) sozialleistungsbedürftiger Destinatäre** betrifft häufig HbL-Leistungen und ist dann in der Anwendung weitgehend deckungsgleich mit dem Vorhandensein körperlich und/oder geistig behinderter Abkömmlinge. Denkbar ist jedoch auch eine HLU-Leistungsbedürftigkeit des Destinatärs oder dessen Bezug von Grundsicherungsleistungen für Arbeitsuchende (SGB II), etwa infolge chronischer Überschuldung des Abkömmlings, die auch mit (Regel- oder Verbraucher-)Insolvenz einhergehen kann. Es handelt sich dann um einen Sonderfall der testamentarischen Regelungsmöglichkeiten mit dem Ziel, einem Hinterbliebenen Vermögenswerte letztwillig zuzuwenden, ohne damit den Eigengläubigern des Hinterbliebenen Zugriffsmöglichkeiten zu eröffnen (z.B. beim Testament überschuldeter Erben).[2] Wird testamentarische Vorsorge versäumt und fällt daher dem überschuldeten Abkömmling zumindest eine Miterbenstellung an, war nach der bereits kritisch referierten (oben Rdn. 1028), in Inhalt und Ergebnis bedenklichen Entscheidung des OLG Stuttgart[3] und des OLG Hamm[4] zu befürchten, dass **nachträgliche »Rettungsversuche«** (Ausschlagung gegen ergänzende Versorgungsleistungen) wegen angeblichen Verstoßes gegen die guten Sitten nicht mehr betreuungs- (vor dem 01.09.2009 vormundschafts-)gerichtlich genehmigungsfähig und damit endgültig versperrt wä-

---

1 Vgl. hierzu *Krauß*, ZErb Beilage »Fachanwalt für Erbrecht« zu Heft 10/2005, S. 24 bis 29.
2 Vgl. hierzu und zum Folgenden umfassend *Engelmann*, Letztwillige Verfügungen zugunsten Verschuldeter oder Sozialhilfbedürftiger, 1999 und *Engelmann*, MittBayNot 1999, 509 ff.; *Settergren*, Das »Behindertentestament« im Spannungsfeld zwischen Privatautonomie und sozialhilferechtlichem Nachrangprinzip, 1999; *Juchem*, Vermögensübertragung zugunsten behinderter Menschen durch vorweggenommene Erbfolge und Verfügung von Todes wegen, Diss. 2002; *Kenitz*, Der sozialhilferechtliche Nachranggrundsatz bei testamentarischen Zuwendungen an ein behindertes Kind, Diss. 2012; Muster in: Münchener Vertragshandbuch Bd. 6, Formular XVI.19; *Bengel*, in: Münchener Anwaltshandbuch Erbrecht, § 13; *J. Mayer*, ZErb 1999, 60 und ZErb 2000, 16; *Ruby*, ZEV 2006, 66 sowie *Brambring/Mutter*, in: Beck'sches Formularbuch Erbrecht, Teil F I (Behindertentestament, Tersteegen) und F II (Bedürftigentestament, Kleensang).
3 OLG Stuttgart, 25.06.2001 – 8 W 494/99, NJW 2001, 3484, a.A. nun LG Aachen, ZEV 2005, 130.
4 OLG Hamm, 16.07.2009 – I-15 Wx 85/09, ZEV 2009, 471 m. zust. Anm. *Leipold*: zwar schaffte das Nachrangprinzip keine Verpflichtung Dritter, dem Bedürftigen zu helfen (Behindertentestament!), es richte sich aber an den Bedürftigen selbst; vgl. auch *Krauß*, NotBZ 2009, 457.

ren. Das obiter dictum des BGH im Urteil vom 19.01.2011[5] (Rdn. 111, 1028 f.) lässt insoweit jedoch nun hoffen.

Bei der soeben erwähnten Fallgruppe des »Behindertentestaments«[6] (Rdn. 6444) im eigentlichen Sinn, d.h. der **Regelung letztwilliger Verfügungen zugunsten von Nachkommen, die HbL-Leistungen beziehen werden**, steht regelmäßig im Vordergrund des Bemühens der testierenden Eltern, den behinderten Abkömmling (bzw. den behinderten Ehegatten des Testators) möglichst durch letztwillige Verfügung **besser zu stellen**, als er stehen würde, wenn er lediglich auf die »staatlichen Leistungen« verwiesen wäre. 6445

Aus diesem Grund ist das wesentliche Augenmerk der Erblasser bei **kleinen oder mittleren Vermögen** darauf gerichtet, Vermögensbestandteile zwar dem behinderten Hinterbliebenen tatsächlich zukommen zu lassen, jedoch in einer Weise, die **nicht zu einer Kürzung** der i.Ü. zu gewährenden staatlichen nachrangigen Unterstützungsleistungen (HbL-Zuwendungen etwa i.R.d. Eingliederungshilfe für Behinderte oder der Hilfe zur Pflege) führen. 6446

Bei **größerem Vermögen** steht jedoch erfahrungsgemäß weniger die Vermeidung des Regress- oder Überleitungsrisikos von Seiten des Sozialleistungsträgers im Vordergrund als vielmehr die Sicherstellung einer möglichst optimalen Versorgung, d.h. der persönlichen, seelischen und wirtschaftlichen Betreuung des Hinterbliebenen durch private Vorsorge. Einer »versteckten« Besserstellung des **Heiminsassen** durch letztwillige Zuwendungen an das Heim stehen bereits § 14 HeimG bzw. die an dessen Stelle tretenden landesrechtlichen Bestimmungen entgegen (Rdn. 6638). 6447

In letzterer Konstellation stellt sich also die »klassische« Konfliktsituation des Behindertentestaments nicht (es erscheint auch durchaus wahrscheinlich, dass die unreflektierte Anwendung des Instrumentariums des »Behindertentestaments« auf große Vermögen zur Unwirksamkeit gem. § 138 BGB führen würde [s. Rdn. 6631], da in diesem Fall nicht der Wunsch der Erblasser, den Hinterbliebenen besser zu stellen, ein anerkennenswertes Motiv darstellt, sondern allein die Entziehung des Privateigentums aus seiner Sozialpflichtigkeit begehrt wird, so dass der verfassungsrechtliche Schutz der Testierfreiheit hinter den sozialstaatlichen Grundsatz des Nachrangs steuerfinanzierter Sozialleistungen zurückzutreten hätte). 6448

In keiner der möglichen Sachverhaltsvarianten der Gestaltung letztwilliger Verfügungen bei Vorhandensein behinderter oder bedürftiger Abkömmlinge dürfte allerdings – abgesehen von extremen menschlichen Konfliktfällen – das Motiv einer möglichst weitgehenden Schlechterstellung des Behinderten ggü. etwaigen Geschwistern im Vordergrund stehen (was auch im Hinblick auf § 138 BGB bedenklich wäre, Rdn. 6634); etwaige Beschränkungen der Verfügungsbefugnis des behinderten oder bedürftigen Hinterbliebenen erfolgen i.d.R. in der **wohlmeinenden Absicht**, den Destinatär dadurch besser zu stellen, als er bei gesetzlicher Erbfolge oder aber bei völliger Enterbung stünde. 6449

Der Bedarf für »Behindertentestamente« ist eher noch gestiegen angesichts des Umstands, dass der neue Ansatz der »**Inklusion**« – »alles gemeinsam, von Anfang an«[7] – mit Mehrkosten verbunden ist im Vergleich zu dem früher eher gewählten Ansatz einer »Gesamtversorgung« von Behinderten in ausschließlich hierfür geschaffenen, großen Behinderteneinrichtungen. Zusätzlicher 6450

---

5 BGH, 19.01.2011 – IV ZR 7/10, ZEV 2011, 258, m. Anm. *Zimmer* = NotBZ 2011, 168, m. Anm. *Krauß*, ebenso zuvor OLG Köln, 09.12.2009 – 2 U 46/09, ZEV 2010, 85, m. krit. Anm. *Armbrüster* einerseits und zu Recht zust. Anm. *Bengel/Spall*, ZEV 2010, 195 (Replik *Armbrüster*, ZEV 2010, 555) andererseits; zust. auch *v. Proff zu Irnich*, ZErb 2010, 206 ff. und *Vaupel*, RNotZ 2010, 141 ff. Abl.: *Dutta*, AcP 2009, 793; *ders.*, FamRZ 2010, 841, 843. Differenzierend *Klühs*, ZEV 2011, 15, 18 (bei Behinderten ja, bei Bedürftigen nein).

6 Launische Bestandsaufnahme bei *Wendt*, ZNotP 2014, 162 ff.

7 Hierzu hat sich Deutschland auch durch seinen Beitritt zur UN-Behindertenrechtskonvention 2009 bekannt.

Vorsorgebedarf mag sich ergeben durch das Inkrafttreten der EU-Erbrechtsverordnung für den (allerdings bei Eltern behinderter Kinder zugegebenermaßen selten) Fall, dass die Eltern, bspw. auch nach Errichtung des Behindertentestaments, dauerhaft ins **Ausland verziehen**, ohne zuvor eine Rechtswahl gem. Art. 22 EU-ErbVO (vgl. Rdn. 3544) getroffen zu haben, denn die »klassischen« Gestaltungsinstrumente des Behinderten- und Bedürftigentestaments, die Vor- und Nacherbfolge sowie die Testamentsvollstreckung stehen nur im deutschen Erbrecht zur Verfügung.

II. »Enterbungslösung«

6451 Vorweg sei betont, dass nicht immer Anlass zu hoch komplizierten Gestaltungen besteht. In der Beratungspraxis kommt durchaus auch die **»schlichte Enterbungslösung«** in Betracht, bei der das bedürftige Kind weder Erbe wird noch ein Vermächtnis erhält: Das Entstehen des überleitungsfähigen Pflichtteils kann
(1) bei voraussichtlichem Eintreten der Sozialleistungsbedürftigkeit erst nach dem zweiten Sterbefall,[8]
(2) bei kleinem Vermögen,
(3) bei Vorhandensein zahlreicher Abkömmlinge und gesetzlichem Güterstand,
(4) bei geringer Pflichtteilslast (z.B. wegen § 2312 BGB: Landgut),
(5) oder beim Erstversterben des mit geringerem Vermögen ausgestatteten Ehegatten
häufig in Kauf genommen werden. Ist der **überlebende Ehegatte** bereit, auf die **volle lebzeitige Verfügungsmöglichkeit** auch im Bereich unentgeltlicher Zuwendungen zu verzichten, wird eine Pflichtteilsreduzierung dadurch erreicht, dass der überlebende Ehegatte zum befreiten Vorerben und das nicht behinderte/bedürftige Kind zum Nacherben bestimmt wird – auf diese Weise fällt der Pflichtteil nicht zweimal aus wirtschaftlich identischem Vermögen an.

6452 Denkbar sind weiter Sachverhalte, in denen der Betroffene bereits wirksam auf **Pflichtteilsansprüche verzichtet** hat (Rdn. 3824 ff.) oder diese durch lebzeitige, anrechnungspflichtige (Rdn. 3724) oder rechtzeitig zur Anrechnung bestimmte, Zuwendungen weitgehend erledigt sind. Dass ein solcher Pflichtteilsverzicht – durch einen geschäftsfähigen Behinderten selbst abgegeben – sogar auf dem Sterbebett während des Bezugs von Sozialhilfeleistungen abgegeben werden kann, ohne gegen die guten Sitten zu verstoßen, hat der BGH[9] zwischenzeitlich bekräftigt.

6453 Besteht jedoch der überlebende Ehegatten auf der Vollerbenstellung (»Berliner Testament«) und wünscht er für den zweiten Sterbefall eine sog. »**Pflichtteilsstrafklausel**«, ist klarzustellen, ob diese – wie nicht zu empfehlen – auch für den Fall der Geltendmachung des Pflichtteils durch den Sozialleistungsträger gelten soll oder ob sie lediglich an ein rechtliches Verhalten des Berechtigten selbst oder seines rechtsgeschäftlichen/gesetzlichen Vertreters (Bevollmächtigten/Betreuers) bzw. lediglich an die »höchstpersönliche« Entscheidung des Berechtigten selbst anknüpft.

6454 Soll für den zweiten Sterbefall eine pflichtteilsvermeidende Konstruktion (durch Nacherbfolge und Testamentsvollstreckung belasteter Erbteil, bei Sterbefällen bis Ende 2009 oberhalb der Grenze des § 2306 Abs. 1 Satz 1 BGB a.F.) erhalten bleiben, darf die Enterbungswirkung nicht an die Entscheidung des Sozialleistungsträgers anknüpfen, sonst könnte Letzterer auf dem Umweg über die »Automatik« der Pflichtteilsstrafklausel das erreichen, was ihm bei § 2306 Abs. 1 Satz 2 BGB a.F. (bei Sterbefällen ab 2010 stets) mangels Überleitbarkeit des Ausschlagungsrechtes verwehrt bliebe (Formulierungsvorschlag s. Rdn. 6556). Ferner sollte deutlich werden, dass ein »einvernehmliches« Verlangen des Pflichtteilsanspruchs (etwa zur Nutzung eines weiteren erbschaftsteuerlichen Freibetrages, s. Rdn. 4497) ebenfalls nicht zur Enterbung auf den zweiten Sterbefall führt.

---

8 Z.B. da das Kind zu Lebzeiten Beider daheim versorgt werden soll, vgl. *Limmer*, Erbrechtsberatung 2007, S. 43, 63.
9 BGH, Urt. v. 19.01.2011 – IV ZR 7/10, FamRZ 2011, 472 = NotBZ 2011, 168 m. Anm. *Krauß*.

Die Anknüpfung an das Vorliegen einer Pflichtteilsberechtigung als Voraussetzung dafür, dass ein mit dem Veräußerer/Erblasser nicht identischer Dritter tauglicher Empfänger der Versorgungsleistung sein kann, beruht auf der Vorstellung, dass auch dieser Dritte einen »eigenen Vermögenswert« aufwenden müsse, und zwar in Gestalt der Nichtgeltendmachung seines Pflichtteils- (oder Zugewinnausgleichs-)Anspruchs. Hat der Destinatär einer testamentarischen Versorgungsleistung demnach früher ggü. dem Erblasser auf sein **Pflichtteilsrecht insgesamt verzichtet**, scheidet er aus dem »Generationennachfolge-Verbund« aus und kann damit nicht mehr tauglicher Empfänger abzugsfähiger Versorgungsleistungen sein; es handelt sich um nicht steuerbare Unterhaltsrenten.[1404] Anders verhält es sich, wenn im Gegenzug für den Pflichtteilsverzicht z.B. ein erbvertraglich bindendes (Nießbrauchs-)Vermächtnis ausgesetzt wird, das später gegen Versorgungsleistungen übertragen wird.[1405] 6413

Ob die Versorgungsleistungen objektiv erforderlich sind, ihr Empfänger also auf diese angewiesen ist oder nicht, spielt für ihre Anerkennung – ausgehend von der Rechtsfigur der vorbehaltenen Erträge – keine Rolle.[1406] 6414

VII. Korrespondenzprinzip

Das Jahressteuergesetz 2008 führte ein **strenges Korrespondenzprinzip** dergestalt ein, dass auch die Abzugsfähigkeit als Sonderausgaben ihrerseits daran geknüpft ist (§ 50 Abs. 1 Satz 3 EStG), dass die Leistungen beim Empfänger als »sonstige Bezüge« gem. § 22 Nr. 1b EStG der Besteuerung unterliegen, er also unbeschränkt einkommensteuerpflichtig ist (europarechtlich unzulässig!)[1407] oder in einem Mitgliedsland der EU/des EWR residiert, in welchem die Versorgungsleistungen ebenfalls steuerpflichtig sind. Dieses strenge Junktim[1408] zwischen Besteuerung der Bezüge und Abzugsfähigkeit der dauernden Last hätte zur Folge, dass ein einseitiges Verhalten des Begünstigten (»Wegzug nach Mallorca«) zum Entfallen des Sonderausgabenabzugs beim Erwerber führt und damit wirtschaftlich die Last der Aufbringung dieser wiederkehrenden Zahlungen allein auf seinen Schultern, ohne Beteiligung »des Finanzamts«, belässt; es handelt sich insoweit um nicht abziehbare Unterhaltsleistungen i.S.d. § 12 Nr. 2 EStG, vgl. Tz. 53 des IV. Rentenerlasses. Es liegt nahe, dass der Vermögenserwerber darauf drängen wird, Versorgungsleistungen lediglich als »Netto-Beträge« zu schulden, die sich – solange ihm der Sonderausgabenabzug gewährt wird – um die ersparte ESt erhöhen. 6415

Eine solche Formulierung könnte etwa,[1409] sofern nicht allein auf die Europarechtswidrigkeit der Versagung des Sonderausgabenabzugs für Gebietsfremde vertraut wird (Rdn. 6415), wie folgt lauten: 6416

1404 BFH, 07.03.2006 – X R 12/05, ZEV 2006, 327 m. krit. Anm. *Fleischer*.
1405 FG Köln, 30.06.2011 – 10 K 1682/08, ErbStB 2011, 276 (Az. BFH: X R 34/11).
1406 Vgl. *Everts*, MittBayNot 2005, 15.
1407 Es verstößt gegen die Kapitalverkehrsfreiheit des Art. 63 AEUV, den Sonderausgabenabzug (den der EuGH einer Betriebsausgabe gleichstellt) gem. § 50 Abs. 1 Satz 3 EStG auf Leistungserbringer zu beschränken, die in Deutschland nur mit lokalen Einkünften, also beschränkt, steuerpflichtig sind, vgl. EuGH, 31.03.2011 C-450/09 »Schröder«, DStR 2011, 66; vgl. *Geck*, ZEV 2011, 450 ff. Auch das Korrespondenzprinzip kann die Beschränkung nicht rechtfertigen, EuGH 24.02.2015 – Rs. C-559/13 »Grünewald«, ZEV 2015, 593 m. Anm. *Geck*. Im Katalog beschränkt steuerpflichtiger Einkünfte (§ 49 EStG) sind Leistungen gem. § 22 Nr. 1b EStG nicht aufgeführt, blieben also derzeit unversteuert, so bis zur einer Neuregelung nun auch BMF, 18.12.2015 – IV C 3 – S 2301/07/10001, BStBl 2016 I 1088 = ZEV 2016, 169.
1408 Indem auch umgekehrt die Besteuerung beim Empfänger gem. § 22 Nr. 1b EStG n.F. nur stattfindet, »soweit die Versorgungsleistungen beim Zahlungsverpflichteten nach § 10 Abs. 1a Satz 1 Nr. 2 EStG als Sonderausgaben abgezogen werden können«. Erstreitet der Zahlungspflichtige nachträglich diesen Abzug, kann der Zahlungsempfänger nachträglich gem. § 174 Abs. 4 AO herangezogen werden, FG Düsseldorf, 09.05.2012 – 7 K 4177/11 E, ErbStB 2012, 355.
1409 Im Anschluss an *Thouet*, RNotZ 2007, 477. *Wälzholz*, MittBayNot 2008, 94 empfiehlt zur Dämpfung der Begünstigung des Schuldners insgesamt lediglich den Ansatz des Durchschnittsteuersatzes.

▶ Formulierungsvorschlag: Versorgungsrente als Netto-Betrag, »Wegzugs-Klausel«

(Anm.: im Anschluss an die Vereinbarung der Rente als solche:)

Vorstehender Monatsbetrag, der als steuerlicher »Netto-Betrag« kalkuliert wurde, erhöht sich um die Einkommensteuerersparnis des Zahlungspflichtigen, etwa infolge der Abzugsfähigkeit der Rente als Versorgungsleistung im Rahmen der Sonderausgaben oder aber als Betriebsausgabe, nach Maßgabe folgender Vereinbarungen:

Für jeden Monat, in dem dem Zahlungspflichtigen die Reduzierung der Einkommensteuerbelastung rechtlich zur Verfügung stünde, erhöht sich die Rente um ein Zwölftel der ersparbaren Jahressteuer, die unter Ansatz eines Durchschnittssteuersatzes von 35 % zu ermitteln ist. Weist der Zahlungspflichtige nach, dass tatsächlich eine geringere Steuerersparnis zu erzielen ist, und weist der Zahlungsempfänger nach, dass (nach seinem Grenzsteuersatz) eine höhere Steuerersparnis zu erzielen ist, wird der niedrigere bzw. höhere Ersparnisbetrag monatlich zusätzlich geschuldet; der Zahlungspflichtige hat den Steuerbescheid auf Verlangen vorzulegen. Ausdrücklich wird klargestellt, dass es für die Erhöhung allein darauf ankommt, dass die Steuerersparnis rechtlich gewährt würde (unabhängig davon, ob sie der Zahlungspflichtige tatsächlich in seiner Jahressteuererklärung berücksichtigt), dass aber andererseits auch das Entfallen der Steuerbegünstigung unabhängig davon berücksichtigt wird, ob sie aufgrund einer Gesetzesänderung oder aufgrund eines Verhaltens des Zahlungsempfängers (etwa infolge Wegzugs ins Ausland) nicht mehr gewährt werden kann.

VIII. Formale Anforderungen

6417 Wie allgemein bei Geschäften unter Verwandten, setzt die Anerkennung des Übertragungsvertrages voraus, dass die gegenseitigen Rechte und Pflichten klar, eindeutig und rechtswirksam vereinbart und ernsthaft gewollt sind und wie vereinbart auch tatsächlich erbracht werden, Tz. 59 des IV. Rentenerlasses. Änderungen sind steuerrechtlich nur zu berücksichtigen, wenn sie durch ein langfristig verändertes Versorgungsbedürfnis des Berechtigten und/oder durch veränderte wirtschaftliche Leistungsfähigkeit des Verpflichteten veranlasst sind; Rückwirkungen sind dabei nur für kurze Zeiträume möglich, Tz. 60 des IV. Rentenerlasses. Der BFH[1410] und ihm folgend die Finanzverwaltung[1411] verlangt weiter (über § 761 BGB hinaus) für solche Änderungen die Schriftform. Hierzu kann im Einzelnen auf Rdn. 5674 ff. verwiesen werden.

6418 Haben die Beteiligten im Übergabevertrag die Gewährung von Leistungen ausgeschlossen, sobald der Veräußerer in ein Pflegeheim übersiedeln muss (»Leistungsbegrenzungsklauseln«, Rdn. 1660 ff.), leistet der Vermögenserwerber dann jedoch gleichwohl weiter, handelt es sich um nicht abziehbare freiwillige Unterhaltsleistungen i.S.d. § 12 Nr. 2 EStG. Gleiches gilt, wenn die ab Heimunterbringung erhöhten (nicht vertraglich ausgeschlossenen) Leistungen nicht mehr aus dem Ertrag des Vermögens erwirtschaftet werden können, in Bezug auf diese weiteren Leistungen,[1412] Tz. 61 des IV. Rentenerlasses.

IX. Umfang der absetzbaren Sonderausgaben/der zu besteuernden wiederkehrenden Bezüge

6419 Versorgungsleistungen aufgrund gesetzlicher Unterhaltspflicht[1413] – also ohne vertragliche Grundlage – wären nur in beschränktem Maß als außergewöhnliche Belastungen gem. § 33a Abs. 1 EStG abzugsfähig. Das Institut der Vermögensübergabe gegen Versorgungsleistungen er-

---

1410 BFH, 15.09.2010 – X R 13/09, ZEV 2011, 98 m. Anm. *Geck*; krit. dazu *Paus*, EStB 2011, 161, 164.
1411 BMF, 02.08.2011 – IV C 3 – S 2221/09/10031, ErbStB 2011, 338; OFD Frankfurt/Main, 19.08.2011, ZEV 2011, 616.
1412 BFH, 13.12.2005 – X R 61/01, BStBl. 2008 II 16.
1413 Wobei gem. BFH, 18.05.2006 – III R 26/05, EStB 2006, 410 für die steuerrechtliche Prüfung lediglich das Bestehen einer Unterhaltspflicht dem Grunde nach, nicht die zivilrechtliche Höhe des Anspruchs bewiesen zu werden braucht.

Beide Probleme werden vermieden, wenn der betroffene Abkömmling einen **Pflichtteilsverzicht** zu leisten rechtlich imstande und bereit ist, da dieser sozialhilferechtlichen Angriffen (wohl) standhält (vgl. Rdn. 101). 6455

Im Folgenden soll – in gebotener Kürze – zunächst (Rdn. 6457 ff.) untersucht werden, welche Möglichkeiten einer mittelbaren Zuwendung von Vermögenswerten an überschuldete oder HbL-sozialleistungsbedürftige Destinatäre bestehen, sodann (Rdn. 6467 ff.) die Risiken einer unmittelbaren erbrechtlichen (Vermächtnis-)Zuwendung an solche Hinterbliebenen beleuchtet werden und schließlich (Rdn. 4109 ff.) hieraus die klassischen Bestandteile des »Behindertentestaments« und mögliche Alternativen diskutiert werden. 6456

B. »Auflagenlösung« als mittelbare Zuwendung

I. Auflage

Denkbar wäre zunächst, den Zugriff der Eigengläubiger bzw. des Sozialleistungsträgers gegen den Hinterbliebenen dadurch auszuschließen, dass Vermögenswerte nicht an diesen selbst, sondern an nahestehende natürliche oder juristische Personen übertragen werden, die dann zusätzliche Vorteile hieraus für den Hinterbliebenen zu gewähren haben. In Betracht kommt bspw. die **Zuwendung an einen dem Hinterbliebenen nahestehenden Dritten** unter einer den ersteren begünstigenden **Auflage (§ 1940 BGB)**. Eine solche Auflage ist für Gläubiger oder Sozialleistungsträger weder pfändbar noch überleitbar, da der Begünstigte selbst keinen eigenen Anspruch auf Vollziehung hat (dieser steht gem. § 2194 BGB nur bestimmten dritten Personen zu). Allerdings hätte auch gem. §§ 2203, 2208 Abs. 2 BGB ein etwa hierfür eingesetzter Testamentsvollstrecker einen Anspruch auf Vollziehung.[10] Seine Haftung ggü. dem Auflagebegünstigten ist jedoch auf deliktische Anspruchsgrundlagen beschränkt.[11] Vollziehungsberechtigt dürfte freilich auch der Sozialleistungsträger als öffentliche Behörde sein, sofern durch die Leistung der Auflage nachrangige Sozialhilfegewährung reduziert wird, § 2194 Satz 2 BGB. 6457

▶ **Hinweis:**

Hinzuweisen ist allerdings darauf, dass der beim Nahestehenden »geparkte« Nachlass zwar dem Zugriff der Gläubiger des Auflagebegünstigten entzogen ist, nicht jedoch dem Zugriff etwaiger Gläubiger des mit der Auflage beschwerten Erben oder Vermächtnisnehmers. In sozialhilferechtlicher Sicht ist zu bedenken, dass Zuwendungen an nahestehende Dritte, die dem Hilfebedürftigen ggü. gesetzlich zu Unterhaltsleistungen verpflichtet sind oder gar mit ihm in einer Einsatz- und Bedarfsgemeinschaft gem. § 27 Abs. 3 SGB XII verbunden sind, zu keiner Besserstellung führen, da der zugewendete Gegenstand entweder unmittelbar (Einsatz- und Bedarfsgemeinschaft) oder aber mittelbar infolge der dadurch eintretenden Erhöhung der Leistungsfähigkeit i.R.d. gesetzlich geschuldeten Unterhalts, der gem. § 94 SGB XII kraft Gesetzes auf den Sozialleistungsträger übergeht, sich leistungskürzend auf die Sozialhilfegewährung auswirkt. 6458

II. Insb.: Stiftungen

In ähnlicher Weise ist bei **größeren Vermögen** zu erwägen, diese im Rahmen eines **Stiftungsgeschäfts gem. § 83 BGB** an eine rechtsfähige Stiftung zu übertragen, die dann die Sicherung des Begünstigten zum Ziel hat. Die staatliche Anerkennung dürfte durch eine solche Zielsetzung nicht gefährdet werden (vgl. Rdn. 3050 f.). Allerdings ergeben sich erbschaftsteuerliche Nachteile (§§ 1 Abs. 1 Nr. 4, 15 Abs. 2 ErbStG).[12] Bei kleineren und mittleren Vermögen wird allenfalls 6459

---

10 Vgl. hierzu *Bengel*, ZEV 1994, 30.
11 Vgl. MünchKomm-BGB/*Zimmermann*, § 2219 Rn. 8 m.w.N.
12 Gemeinnützig kann eine Familienstiftung nur dann sein, wenn sie weniger als ein Drittel ihrer Erträge zum Unterhalt nächster Angehöriger des Stifters verwendet, § 58 Nr. 5 AO.

die Zuwendung an eine bestehende Stiftung als Treuhänder (Zustiftung, Rdn. 3052 ff.) in Betracht kommen; es handelt sich um Erbeinsetzung bzw. Vermächtnis unter Auflage.[13]

6460 Demgegenüber wird die Zuwendung von Vermögen an einen **Idealverein** mit der Auflage der Begünstigung des eigentlichen Destinatärs kaum relevant werden, da Änderungen des Zwecks und der Satzung der Disposition der Mitglieder nicht entzogen werden können und eine Staatsaufsicht fehlt.

III. Risiko: Überleitung des Pflichtteilsanspruchs

6461 Allen vorgenannten Lösungen eigen ist jedoch, dass der Pflichtteilsanspruch des überschuldeten oder sozialhilfebedürftigen Destinatärs neben einer begünstigenden Auflage in voller Höhe bestehen bleibt, da jener weder Erbe noch Vermächtnisnehmer ist und eine Erweiterung der Pflichtteilsanrechnungsvorschriften der §§ 2305 und 2307 BGB nicht in Betracht kommt und auch eine Ausschlagung nicht möglich ist.[14]

6462 Der sonach ungeschmälert zustehende **Pflichtteilsanspruch**, der von keinem Gestaltungsakt des Hilfeempfängers oder überschuldeten Hinterbliebenen abhängig ist, ist zwar gem. § 852 Abs. 1 ZPO der **Pfändung** nur dann unterworfen, wenn er durch Vertrag anerkannt oder rechtshängig geworden ist (die persönliche Entscheidung des abstrakt Pflichtteilsberechtigten, ob er den Willen des Erblassers hinnimmt oder sich hiergegen zur Wehr setzen möchte, wird also respektiert). Ein »Verzicht« (durch Nichtgeltendmachung oder Erlassvertrag) auf den materiellrechtlich bereits entstandenen Pflichtteil verwehrt also Eigengläubigern[15] und dem Insolvenzverwalter[16] endgültig den Zugriff hierauf (auch in der Verbraucherinsolvenz ist – ebenso wie beim vorherigen Pflichtteilsverzicht nach § 2346 BGB[17] – die RSB nicht gefährdet), s. im Einzelnen Rdn. 89 ff. Ein nach Entstehen des Anspruchs, jedoch in Kenntnis des Sozialleistungsbezugs, geschlossener Erlassvertrag dürfte wegen Verstoßes gegen die guten Sitten gem. § 138 Abs. 1 BGB dagegen regelmäßig nichtig sein[18] (vgl. Rdn. 113 ff.).

6463 Die **Zugriffsmöglichkeiten des Sozialfürsorgeträgers** auf den Pflichtteilsanspruch sind jedoch erweitert, da eine Überleitung durch Sozialverwaltungsakt gem. § 93 Abs. 1 Satz 4 SGB XII, bzw. ein gesetzlicher Forderungsübergang gem. § 33 Abs. 1 am Ende SGB II ausdrücklich bereits dann möglich ist, wenn der Anspruch noch unpfändbar i.S.d. § 852 Abs. 1 ZPO ist,[19] so dass ein anschließend erklärter Verzicht ohnehin ins Leere gehen würde. Lediglich bei sehr geringen Pflicht-

---

13 Vgl. MünchKomm-BGB/*Reuter*, vor § 80 Rn. 43 m.w.N.
14 Seit RG, JW 1928, 907, st. Rspr., vgl. auch MünchKomm-BGB/*Lange*, § 2307 Rn. 10.
15 BGH, NJW 1997, 2384.
16 *Klumpp*, ZEV 1998, 127; der Pflichtteilsanspruch zählt jedoch wohl zur Insolvenzmasse mit allerdings durch § 852 Abs. 1 ZPO aufschiebend bedingter Verwertbarkeit (vgl. *Mayer*, in: *Bamberger/Roth*, BGB, § 2317 Rn. 10). Die bloße Nichtgeltendmachung ist auch nicht anfechtbar (Staudinger/*Haas*, BGB [2006], § 2317 Rn. 57).
17 Bloße Möglichkeiten eines Erwerbs fallen nicht unter § 295 Abs. 1 Nr. 2 InsO [*Döbereiner*, Die RSB nach der InsO, 1997, S. 167]; auch unterliegt der Vertrag keiner Anfechtung [*Huber*, § 1 AnfG Rn. 26] und bedarf – da etwaiges künftiges Vermögen umfassend – keiner Mitwirkung eines Insolvenzverwalters [*Reul*, MittRhNotK 1997, 374].
18 Vgl. hierzu VGH Baden-Württemberg, NJW 1993, 2953 ff.; *Köbl*, ZfSH/SGB 1990, 459, unter entsprechender Anwendung der obergerichtlichen Rechtsprechung zur Sittenwidrigkeit von Verzichten auf nachehelichen Unterhalt, oben Rdn. 1004 ff. Die Abtretung des Pflichtteilsanspruchs kann entgegen § 400 BGB gem. § 2317 Abs. 2 BGB bereits vor Anerkennung oder Rechtshängigkeit stattfinden; nicht mehr jedoch, wenn bereits eine Pfändung des noch nicht anerkannten Pflichtteilsanspruchs erfolgt ist (vgl. BGH, NJW 1993, 2876 ff.).
19 Vgl. etwa BGH, 08.12.2004 – IV ZR 223/03, RNotZ 2005, 176 m. Anm. *Litzenburger*, 162; ebenso bereits zuvor *Karpen*, MittRhNotK 1988, 148; VGH Hessen, RdLH 1995, 34 f. Anders möglicherweise BayObLG, 18.09.2003 – 3Z 167/03, DNotI-Report 2003, 189 (obiter dictum).

Vorsorgebedarf mag sich ergeben durch das Inkrafttreten der EU-Erbrechtsverordnung für den (allerdings bei Eltern behinderter Kinder zugegebenermaßen selten) Fall, dass die Eltern, bspw. auch nach Errichtung des Behindertentestaments, dauerhaft ins **Ausland verziehen**, ohne zuvor eine Rechtswahl gem. Art. 22 EU-ErbVO (vgl. Rdn. 3544) getroffen zu haben, denn die »klassischen« Gestaltungsinstrumente des Behinderten- und Bedürftigentestaments, die Vor- und Nacherbfolge sowie die Testamentsvollstreckung stehen nur im deutschen Erbrecht zur Verfügung.

II. »Enterbungslösung«

6451 Vorweg sei betont, dass nicht immer Anlass zu hoch komplizierten Gestaltungen besteht. In der Beratungspraxis kommt durchaus auch die »**schlichte Enterbungslösung**« in Betracht, bei der das bedürftige Kind weder Erbe wird noch ein Vermächtnis erhält: Das Entstehen des überleitungsfähigen Pflichtteils kann
(1) bei voraussichtlichem Eintreten der Sozialleistungsbedürftigkeit erst nach dem zweiten Sterbefall,[8]
(2) bei kleinem Vermögen,
(3) bei Vorhandensein zahlreicher Abkömmlinge und gesetzlichem Güterstand,
(4) bei geringer Pflichtteilslast (z.B. wegen § 2312 BGB: Landgut),
(5) oder beim Erstversterben des mit geringerem Vermögen ausgestatteten Ehegatten
häufig in Kauf genommen werden. Ist der **überlebende Ehegatte** bereit, auf die **volle lebzeitige Verfügungsmöglichkeit** auch im Bereich unentgeltlicher Zuwendungen zu verzichten, wird eine Pflichtteilsreduzierung dadurch erreicht, dass der überlebende Ehegatte zum befreiten Vorerben und das nicht behinderte/bedürftige Kind zum Nacherben bestimmt wird – auf diese Weise fällt der Pflichtteil nicht zweimal aus wirtschaftlich identischem Vermögen an.

6452 Denkbar sind weiter Sachverhalte, in denen der Betroffene bereits wirksam auf **Pflichtteilsansprüche verzichtet** hat (Rdn. 3824 ff.) oder diese durch lebzeitige, anrechnungspflichtige (Rdn. 3724) oder rechtzeitig zur Anrechnung bestimmte, Zuwendungen weitgehend erledigt sind. Dass ein solcher Pflichtteilsverzicht – durch einen geschäftsfähigen Behinderten selbst abgegeben – sogar auf dem Sterbebett während des Bezugs von Sozialhilfeleistungen abgegeben werden kann, ohne gegen die guten Sitten zu verstoßen, hat der BGH[9] zwischenzeitlich bekräftigt.

6453 Besteht jedoch der überlebende Ehegatten auf der Vollerbenstellung (»Berliner Testament«) und wünscht er für den zweiten Sterbefall eine sog. »**Pflichtteilsstrafklausel**«, ist klarzustellen, ob diese – wie nicht zu empfehlen – auch für den Fall der Geltendmachung des Pflichtteils durch den Sozialleistungsträger gelten soll oder ob sie lediglich an ein rechtliches Verhalten des Berechtigten selbst oder seines rechtsgeschäftlichen/gesetzlichen Vertreters (Bevollmächtigten/Betreuers) bzw. lediglich an die »höchstpersönliche« Entscheidung des Berechtigten selbst anknüpft.

6454 Soll für den zweiten Sterbefall eine pflichtteilsvermeidende Konstruktion (durch Nacherbfolge und Testamentsvollstreckung belasteter Erbteil, bei Sterbefällen bis Ende 2009 oberhalb der Grenze des § 2306 Abs. 1 Satz 1 BGB a.F.) erhalten bleiben, darf die Enterbungswirkung nicht an die Entscheidung des Sozialleistungsträgers anknüpfen, sonst könnte Letzterer auf dem Umweg über die »Automatik« der Pflichtteilsstrafklausel das erreichen, was ihm bei § 2306 Abs. 1 Satz 2 BGB a.F. (bei Sterbefällen ab 2010 stets) mangels Überleitbarkeit des Ausschlagungsrechtes verwehrt bliebe (Formulierungsvorschlag s. Rdn. 6556). Ferner sollte deutlich werden, dass ein »einvernehmliches« Verlangen des Pflichtteilsanspruchs (etwa zur Nutzung eines weiteren erbschaftsteuerlichen Freibetrages, s. Rdn. 4497) ebenfalls nicht zur Enterbung auf den zweiten Sterbefall führt.

---

8 Z.B. da das Kind zu Lebzeiten Beider daheim versorgt werden soll, vgl. *Limmer*, Erbrechtsberatung 2007, S. 43, 63.
9 BGH, Urt. v. 19.01.2011 – IV ZR 7/10, FamRZ 2011, 472 = NotBZ 2011, 168 m. Anm. *Krauß*.

ren. Das obiter dictum des BGH im Urteil vom 19.01.2011[5] (Rdn. 111, 1028 f.) lässt insoweit jedoch nun hoffen.

Bei der soeben erwähnten Fallgruppe des »Behindertentestaments«[6] (Rdn. 6444) im eigentlichen Sinn, d.h. der **Regelung letztwilliger Verfügungen zugunsten von Nachkommen, die HbL-Leistungen beziehen werden**, steht regelmäßig im Vordergrund des Bemühens der testierenden Eltern, den behinderten Abkömmling (bzw. den behinderten Ehegatten des Testators) möglichst durch letztwillige Verfügung **besser zu stellen**, als er stehen würde, wenn er lediglich auf die »staatlichen Leistungen« verwiesen wäre. 6445

Aus diesem Grund ist das wesentliche Augenmerk der Erblasser bei **kleinen oder mittleren Vermögen** darauf gerichtet, Vermögensbestandteile zwar dem behinderten Hinterbliebenen tatsächlich zukommen zu lassen, jedoch in einer Weise, die **nicht zu einer Kürzung** der i.Ü. zu gewährenden staatlichen nachrangigen Unterstützungsleistungen (HbL-Zuwendungen etwa i.R.d. Eingliederungshilfe für Behinderte oder der Hilfe zur Pflege) führen. 6446

Bei **größerem Vermögen** steht jedoch erfahrungsgemäß weniger die Vermeidung des Regress- oder Überleitungsrisikos von Seiten des Sozialleistungsträgers im Vordergrund als vielmehr die Sicherstellung einer möglichst optimalen Versorgung, d.h. der persönlichen, seelischen und wirtschaftlichen Betreuung des Hinterbliebenen durch private Vorsorge. Einer »versteckten« Besserstellung des **Heiminsassen** durch letztwillige Zuwendungen an das Heim stehen bereits § 14 HeimG bzw. die an dessen Stelle tretenden landesrechtlichen Bestimmungen entgegen (Rdn. 6638). 6447

In letzterer Konstellation stellt sich also die »klassische« Konfliktsituation des Behindertentestaments nicht (es erscheint auch durchaus wahrscheinlich, dass die unreflektierte Anwendung des Instrumentariums des »Behindertentestaments« auf große Vermögen zur Unwirksamkeit gem. § 138 BGB führen würde [s. Rdn. 6631], da in diesem Fall nicht der Wunsch der Erblasser, den Hinterbliebenen besser zu stellen, ein anerkennenswertes Motiv darstellt, sondern allein die Entziehung des Privateigentums aus seiner Sozialpflichtigkeit begehrt wird, so dass der verfassungsrechtliche Schutz der Testierfreiheit hinter den sozialstaatlichen Grundsatz des Nachrangs steuerfinanzierter Sozialleistungen zurückzutreten hätte). 6448

In keiner der möglichen Sachverhaltsvarianten der Gestaltung letztwilliger Verfügungen bei Vorhandensein behinderter oder bedürftiger Abkömmlinge dürfte allerdings – abgesehen von extremen menschlichen Konfliktfällen – das Motiv einer möglichst weitgehenden Schlechterstellung des Behinderten ggü. etwaigen Geschwistern im Vordergrund stehen (was auch im Hinblick auf § 138 BGB bedenklich wäre, Rdn. 6634); etwaige Beschränkungen der Verfügungsbefugnis des behinderten oder bedürftigen Hinterbliebenen erfolgen i.d.R. in der **wohlmeinenden Absicht**, den Destinatär dadurch besser zu stellen, als er bei gesetzlicher Erbfolge oder aber bei völliger Enterbung stünde. 6449

Der Bedarf für »Behindertentestamente« ist eher noch gestiegen angesichts des Umstands, dass der neue Ansatz der »**Inklusion**« – »alles gemeinsam, von Anfang an«[7] – mit Mehrkosten verbunden ist im Vergleich zu dem früher eher gewählten Ansatz einer »Gesamtversorgung« von Behinderten in ausschließlich hierfür geschaffenen, großen Behinderteneinrichtungen. Zusätzlicher 6450

---

5 BGH, 19.01.2011 – IV ZR 7/10, ZEV 2011, 258, m. Anm. *Zimmer* = NotBZ 2011, 168, m. Anm. *Krauß*, ebenso zuvor OLG Köln, 09.12.2009 – 2 U 46/09, ZEV 2010, 85, m. krit. Anm. *Armbrüster* einerseits und zu Recht zust. Anm. *Bengel/Spall*, ZEV 2010, 195 (Replik *Armbrüster*, ZEV 2010, 555) andererseits; zust. auch *v. Proff zu Irnich*, ZErb 2010, 206 ff. und *Vaupel*, RNotZ 2010, 141 ff. Abl.: *Dutta*, AcP 2009, 793; *ders.*, FamRZ 2010, 841, 843. Differenzierend *Klühs*, ZEV 2011, 15, 18 (bei Behinderten ja, bei Bedürftigen nein).

6 Launische Bestandsaufnahme bei *Wendt*, ZNotP 2014, 162 ff.

7 Hierzu hat sich Deutschland auch durch seinen Beitritt zur UN-Behindertenrechtskonvention 2009 bekannt.

A. Ziel und Anwendungsbereich

I. Motive

6442 Die in Rdn. 636 ff. dargestellten Regressgefahren bei Übertragung von Immobilien (oder sonstigen Wertgegenständen) betreffen naturgemäß Vorgänge, in denen der Veräußerer (bereits während der Übertragung oder im Anschluss daran) sozialhilfebedürftig wird. Sozialrechtliche Fragestellungen bei der Gestaltung von Verfügungen von Todes wegen selbst betreffen hingegen umgekehrt in erster Linie Sachverhalte, in denen der potenzielle Vermögensempfänger (»Destinatär«), z.B. ein Abkömmling des Erblassers, sozialhilfebedürftig ist oder jedenfalls ab dem Zeitpunkt sein wird, in dem der Erblasser nicht mehr für ihn persönlich sorgen kann.

6443 Die **umgekehrte** (der vorweggenommenen Erbfolge unmittelbar vergleichbare) **Konstellation**, dass ein **Sozialhilfebedürftiger** über das ihm verbliebene Schonvermögen **testiert**, ist von weitaus geringerer Bedeutung, zumal jedenfalls mit dem Ableben des sozialhilfebedürftigen Testators die ggf. bis zu diesem Zeitpunkt bestehenden Schonvermögenseigenschaften wegfallen und damit der Nachlass i.R.d. § 102 SGB XII der geschilderten Erbenhaftung unterliegt, was jedenfalls nicht durch bloße Vermächtnisanordnungen etc. (Rdn. 669), und wohl auch nicht durch Schaffung lebzeitiger Schenkungsversprechen auf den Todesfall als Erblasserschulden »unterlaufen« werden kann.[1]

6444 Die **Gestaltung letztwilliger Verfügungen zugunsten (potenziell) sozialleistungsbedürftiger Destinatäre** betrifft häufig HbL-Leistungen und ist dann in der Anwendung weitgehend deckungsgleich mit dem Vorhandensein körperlich und/oder geistig behinderter Abkömmlinge. Denkbar ist jedoch auch eine HLU-Leistungsbedürftigkeit des Destinatärs oder dessen Bezug von Grundsicherungsleistungen für Arbeitsuchende (SGB II), etwa infolge chronischer Überschuldung des Abkömmlings, die auch mit (Regel- oder Verbraucher-)Insolvenz einhergehen kann. Es handelt sich dann um einen Sonderfall der testamentarischen Regelungsmöglichkeiten mit dem Ziel, einem Hinterbliebenen Vermögenswerte letztwillig zuzuwenden, ohne damit den Eigengläubigern des Hinterbliebenen Zugriffsmöglichkeiten zu eröffnen (z.B. beim Testament überschuldeter Erben).[2] Wird testamentarische Vorsorge versäumt und fällt daher dem überschuldeten Abkömmling zumindest eine Miterbenstellung an, war nach der bereits kritisch referierten (oben Rdn. 1028), in Inhalt und Ergebnis bedenklichen Entscheidung des OLG Stuttgart[3] und des OLG Hamm[4] zu befürchten, dass **nachträgliche »Rettungsversuche«** (Ausschlagung gegen ergänzende Versorgungsleistungen) wegen angeblichen Verstoßes gegen die guten Sitten nicht mehr betreuungs- (vor dem 01.09.2009 vormundschafts-)gerichtlich genehmigungsfähig und damit endgültig versperrt wä-

---

1 Vgl. hierzu *Krauß*, ZErb Beilage »Fachanwalt für Erbrecht« zu Heft 10/2005, S. 24 bis 29.
2 Vgl. hierzu und zum Folgenden umfassend *Engelmann*, Letztwillige Verfügungen zugunsten Verschuldeter oder Sozialhilfebedürftiger, 1999 und *Engelmann*, MittBayNot 1999, 509 ff.; *Settergren*, Das »Behindertentestament« im Spannungsfeld zwischen Privatautonomie und sozialhilferechtlichem Nachrangprinzip, 1999; *Juchem*, Vermögensübertragung zugunsten behinderter Menschen durch vorweggenommene Erbfolge und Verfügung von Todes wegen, Diss. 2002; *Kenitz*, Der sozialhilferechtliche Nachranggrundsatz bei testamentarischen Zuwendungen an ein behindertes Kind, Diss. 2012; Muster in: Münchner Vertragshandbuch Bd. 6, Formular XVI.19; *Bengel*, in: Münchener Anwaltshandbuch Erbrecht, § 13; *J. Mayer*, ZErb 1999, 60 und ZErb 2000, 16; *Ruby*, ZEV 2006, 66 sowie *Brambring/Mutter*, in: Beck'sches Formularbuch Erbrecht, Teil F I (Behindertentestament, Tersteegen) und F II (Bedürftigentestament, Kleensang).
3 OLG Stuttgart, 25.06.2001 – 8 W 494/99, NJW 2001, 3484, a.A. nun LG Aachen, ZEV 2005, 130.
4 OLG Hamm, 16.07.2009 – I-15 Wx 85/09, ZEV 2009, 471 m. zust. Anm. *Leipold*: zwar schaffte das Nachrangprinzip keine Verpflichtung Dritter, dem Bedürftigen zu helfen (Behindertentestament!), es richte sich aber an den Bedürftigen selbst; vgl. auch *Krauß*, NotBZ 2009, 457.

Kapitel 14: »Behinderten- bzw. Bedürftigentestament«

Übersicht

		Rdn.
A.	**Ziel und Anwendungsbereich**	6442
I.	Motive	6442
II.	»Enterbungslösung«	6451
B.	**»Auflagenlösung« als mittelbare Zuwendung**	6457
I.	Auflage	6457
II.	Insb.: Stiftungen	6459
III.	Risiko: Überleitung des Pflichtteilsanspruchs	6461
C.	**Unmittelbare Zuwendung an den Destinatär: Vermächtnislösungen**	6467
I.	Reiz des Vermächtnisses	6467
II.	Vermächtnistyp	6472
III.	Insb.: Vor- und Nachvermächtnis (§ 2191 BGB)	6476
	1. Ausgestaltung	6476
	2. Bedenken	6478
	a) Nachvermächtnisvollstreckung?	6479
	b) Verhältnis zur sozialrechtlichen Nachlasshaftung	6480
	c) Ausschlagung (§ 2307 BGB)	6485
	d) Analogie zu § 102 SGB XII?	6486
	e) Analogie zu § 2385 Abs. 1 BGB?	6487
IV.	Vermächtnisgegenstand	6490
V.	Der seidene Faden aller Gestaltung: Überleitungsfähigkeit des Ausschlagungsrechtes	6497
	1. Überleitung	6497
	2. Aufforderung zur Selbsthilfe	6501
D.	**Erbschaftslösungen**	6505
I.	Das »klassische Behindertentestament«: Destinatär als Mitvorerbe, Testamentsvollstreckung	6505
	1. Regelungsziel	6505
	2. Konstruktionselemente	6508
	a) Vorerbschaft	6508
	b) Testamentsvollstreckung	6513
	3. Gefährdungen	6520
	a) § 2338 BGB als Vorkehrung?	6521
	b) § 2306 Abs. 1 Satz 1 BGB a.F. (Sterbefälle bis Ende 2009)	6525
	c) § 2305 BGB	6530
	aa) Gefahren aufgrund früherer Zuwendungen	6531
	bb) Gefahren aufgrund Ausschlagung durch den überlebenden Ehegatten	6544
	d) § 2306 Abs. 1 BGB	6548
	aa) Ausschlagung	6548
	bb) Zusätzliche Gefahren aus Pflichtteilsstrafklauseln	6553
	e) § 2325 BGB	6560

		Rdn.
	f) § 2216 Abs. 2 Satz 2 BGB	6564
	g) Niedrigzinsphase und Substanzverwertung	6571
	h) Person des Testamentsvollstreckers	6573
	i) Ungeplante Entwicklungen	6585
	j) Änderungen der Rechtslage, z.B. Bundesteilhabegesetz	6591
	k) fehlerhafte Ausübung der Testamentsvollstreckung	6596
	4. Erleichterung der Rechtsposition anderer Beteiligter	6599
	a) Teilungsanordnung	6599
	b) Trennungslösung?	6604
	c) Herausgabevermächtnis auf den Überrest?	6609
	5. Sozialfürsorgerechtliche Wertung	6615
	6. § 138 BGB?	6627
	a) Subsidiaritätsverstoß?	6627
	b) Sättigungsgrenze?	6631
	c) Sittenwidrigkeit ggü. dem Behinderten?	6634
	d) Sittenwidrigkeit der Erbschaftsannahme?	6637
	7. § 134 BGB i.V.m. § 14 HeimG?	6638
II.	Destinatär als alleiniger Vorerbe	6641
III.	Destinatär als Mitnacherbe	6651
E.	**Bedürftigentestament**	6656
I.	Unterschiede und Gemeinsamkeiten zum »Behindertentestament«	6657
	1. »Standardkonstruktion«	6657
	2. »Vermächtniskonstruktion«	6666
	a) Vor- und Nachvermächtnis	6666
	b) »schwebendes« Vermächtnis	6670
II.	Die Wirkungsweise der Konstruktionselemente	6677
	1. Vor- und Nacherbfolge	6678
	2. Testamentsvollstreckung	6689
III.	Aufhebung der Beschränkungen	6710
	1. Durch den Erblasser selbst	6711
	2. Durch die Erben	6712
	3. Durch Vorkehrung in der letztwilligen Verfügung selbst	6718
	a) Ermöglichung der Anfechtung?	6719
	b) Auflösend bedingte bzw. befristete Vorerbenbestellung	6725
	c) Aufschiebend bedingte Befreiung des Vorerben?	6736
	d) Befristete Testamentsvollstreckung?	6740
	e) Gestufte Ausschlagung?	6742
	f) Auflage?	6746

Der BFH lässt es allerdings genügen, dass übertragenes Geld absprachegemäß zur Entschuldung eines Ertrag bringenden Wirtschaftsguts, etwa eines eigengenutzten oder vermieteten Objekts, eingesetzt wird).[1455]

6439 Die Anerkennung erwerbergenutzter Immobilien als taugliche Gegenstände für die Vermögensübergabe gegen Versorgungsleistungen **bis Ende 2007** (Rdn. 6362) erlaubte hinsichtlich solcher Objekte die Wahl zwischen der entgeltlichen Nutzung durch Anmietung (Vorbehaltsnießbrauch beim Veräußerer) einerseits, und der schlichten Eigennutzung durch den Erwerber als Eigentümer andererseits. Für den Erwerber ist die letztgenannte Alternative günstiger, führt sie doch dazu, dass die an den Veräußerer zu leistenden Zahlungen (sofern sie nur unter dem Mietwert zuzüglich Abschreibungen verbleiben) als Sonderausgaben absetzbar sind. Für den Veräußerer jedoch ist typischerweise die Vermietung günstiger: Zwar sind die erhaltenen Zahlungen in beiden Fällen zu versteuern – sei es als Einkünfte aus Vermietung und Verpachtung, sei es als sonstige Bezüge i.S.d. § 22 EStG –, allerdings mindern sich Mieteinnahmen um Werbungskosten (wie etwa Abschreibung bei Vorbehaltsnießbrauch, ggf. auch um von ihm zu tragende Schuldzinsen). Da eine bestimmte Mindestbehaltensfrist vor der Vermögensübergabe nicht verlangt wird, kann das »Eigennutzungsmodell« auch gewählt werden bei Immobilien, die dem Veräußerer noch gar nicht gehören: Er überträgt dem Sohn einen Festgeldbetrag (z.B. aus der Veräußerung der sonst zu übertragenden, jedoch »am falschen Ort stehenden« Immobilie) mit der Auflage, hieraus ein eigenzunutzendes Objekt zu erwerben.[1456] Durch dieses Modell lassen sich zugleich Progressionsunterschiede zwischen »Veräußerer« und »Erwerber« nutzen, bei dem sich die Abzugsfähigkeit der Sonderausgaben typischerweise günstiger auswirkt.

6440 Damit standen bis 31.12.2005 für die Übertragung eines beim Erwerber selbst genutzten Objekts innerhalb der Familie in ertragsteuerlicher/subventionsrechtlicher Hinsicht zwei alternative Modelle zur Verfügung: zum einen der »Verwandtschaftskauf«, der bei Vereinbarung und Entrichtung von Gegenleistungen bis zu einer Höhe von 125.000,00 € (Kaufpreis; Abstandsgelder; Ausgleichszahlungen an weichende Geschwister; Schuldübernahmen; in engen Grenzen auch die Verrechnung mit tatsächlich entstandenen Verwendungsersatzansprüchen) bei Vorgängen vor dem 31.12.2005 zum Erhalt der Eigenheimzulage berechtigte.

6441 Daneben tritt das (ertragsteuerlich im Bereich der unentgeltlichen Anschaffung verbleibende) Modell der Übergabe gegen Versorgungsleistungen, sofern nur die Höhe der zugesagten und erbrachten Versorgungsleistungen hinter der Höhe der ersparten Miete zurückbleibt: Sonderausgabenabzug (bei Abänderbarkeit vergleichbar § 323 ZPO a.F. in voller Höhe); allerdings um den Preis der Versteuerung der Versorgungsleistungen beim Veräußerer als sonstige Bezüge (das Entgeltmodell kann jedoch zur Besteuerung privater Veräußerungsgewinne führen!). Die zweitgenannte Alternative ist damit aus Sicht des Erwerbers der »dritten Möglichkeit« überlegen, die Selbstnutzung des Erwerbers als »Miete« (oberhalb der 56 %-Grenze des § 21 Abs. 2 EStG und der 75 %-Grenze der Rechtsprechung zur Vermutung der Einkünfteerzielungsabsicht) darzustellen: während Mietzahlungen als Ausgaben der privaten Lebensführung nicht berücksichtigbar sind, führen Versorgungsleistungen bis knapp unter die Grenze der ortsüblichen Miete zum Sonderausgabenabzug. Aus Sicht des Veräußerers sind beiderlei Einkünfte zu versteuern (wobei bei den Einkünften aus Vermietung und Verpachtung höhere Werbungskosten, z.B. die AfA, geltend gemacht werden können).

1455 BFH, 01.03.2005 – X R 45/03, DStR 2005, 1174.
1456 Vgl. *Kesseler*, ZNotP 2004, 471.

E. Versorgungsrenten Kapitel 13

sind, stets in voller Höhe als Sonderausgaben abzugsfähig, vgl. Rdn. 6295. Einmalzahlungen können jedoch nicht nach § 10 Abs. 1a Satz 1 Nr. 2 EStG privilegiert sein.[1449]

4. Sonderausgabenabzug bei vorbehaltenem Wohnungsrecht des Veräußerers nach altem Recht?

Der »klassische Normalfall« der Vermögensübertragung nach altem Recht war der Übergang eines weiterhin vom Veräußerer bewohnten Eigenheims. Behielt er sich Wohnungs- oder Nießbrauchsrecht am gesamten Objekt zurück, lag schon begrifflich kein existenzsicherndes Vermögen vor, Rdn. 6338. Sofern sich das Wohnungsrecht jedoch nur auf eine von mehreren abgeschlossenen Wohnungen im Haus bezieht und die weitere Einheit entweder vom Erwerber vermietet werden kann oder aber von Letzterem selbst bewohnt wird, lag bereits nach der Verwaltungsauffassung des **ersten Rentenerlasses**[1450] eine dem Grunde nach Ertrag bringende Wirtschaftseinheit vor; die Höhe der möglichen Erträge richtet sich nach dem Mietwert der dem Erwerber zur Selbstnutzung oder zur Vermietung zur Verfügung stehenden Wohnung, zuzüglich der Abschreibungen. 6435

5. Sonderausgabenabzug bei Selbstnutzung durch Erwerber nach altem Recht?

Der X. Senat des BFH hat zunächst in Fortführung seiner ggü. dem Institut der »Vermögensübergabe gegen Versorgungsleistungen« kritischen Rechtsprechung wiederkehrende Leistungen, die der Erwerber für eine ausschließlich von **ihm selbst genutzte Immobilie** an den Veräußerer leistet, vom Sonderausgabenabzug ausgenommen.[1451] Der Mietwert der selbst genutzten Wohnung habe keine ertragsteuerliche Bedeutung mehr und könne daher nicht mehr zu den Erträgen des übergebenen Vermögens zählen. Nur wenn der Erwerber den nicht vom Veräußerer genutzten Teil der Immobilie vermietet, kann demnach noch eine Vermögensübergabe gegen Versorgungsleistungen vorliegen. 6436

Die **Finanzverwaltung** hat, dem folgend, ihre im ersten Rentenerlass[1452] noch gegenteilig geäußerte Meinung entsprechend revidiert.[1453] Damit lag nicht nur, sofern keine (ausreichenden) sonstigen Erträge erwirtschaftet werden, kein Anwendungsfall des früheren Typus 2 vor, vielmehr wird i.H.d. Barwerts der wiederkehrenden Leistungen ein teilentgeltlicher Erwerb verwirklicht, der möglicherweise (bei Vorliegen der weiteren Voraussetzungen) Eigenheimzulageberechtigung gewährte (der Förderhöchstbetrag war bei teilentgeltlichem Erwerb nach § 9 Abs. 2 Eigenheimzulagengesetz nicht zu kürzen). 6437

Der große Senat des BFH hatte hierzu eine für die Praxis bedeutsame Kehrtwende eingeleitet:[1454] Abweichend von Tz. 13 des 2. Rentenerlasses sei auch ein Nutzungsvorteil des Übernehmers bei selbst genutztem Wohnraum als Einkommen im finanzwirtschaftlichen Sinn (i.H.d. ersparten Netto-Miete) anzusetzen, kann also zur Anwendbarkeit des Typus I und damit zur Abzugsfähigkeit der gewährten Versorgungsleistungen führen. Gleiches gilt, wenn der Übernehmer Geldvermögen zur Tilgung von Schulden verwendet und dadurch Zinsaufwendungen erspart, die nicht geringer sind als die zugesagten Versorgungsleistungen. Dem ist der 3. Rentenerlass v. 16.09.2004 insoweit gefolgt, als Nutzungsvorteile aus ersparten Mietaufwendungen des Selbstnutzers zwar als »Ertrag« anerkannt werden (Tz. 21), nicht jedoch ersparte Zinsaufwendungen aus bestimmungsgemäß getilgten Darlehen (vgl. Rdn. 6342: Geld sei kein taugliches Übergabeobjekt, sondern allenfalls Durchgangsstadium zur Umschichtung in taugliche Ertrag bringende Wirtschaftsgüter. 6438

1449 FG Niedersachsen, 14.05.2013 – 15 K 180/12, BeckRS 2013, 95979.
1450 Tz. 11, 13 und 14 des I. Rentenerlasses, BStBl. 1996 I, S. 1510.
1451 BFH, FR 2000, 399; vgl. auch EStB 2000, 123.
1452 BStBl. 1996 I, S. 1508.
1453 OFD Hannover v. 31.10.2001, FR 2001, 1307.
1454 ZEV 2003, 420 ff. m. Anm. *Fleischer*, 427; hierzu auch *Geck*, ZEV 2003, 441; *Kesseler*, ZNotP 2003, 424 ff.; *Kerpmann*, DStR 2003, 1736 ff.; *Krauß*, NotBZ 2003, 439 ff.; *Heinrichshofen/Henke*, ErbStB 2003, 384; *Reich*, DNotZ 2004, 6 ff.

teilsansprüchen kann § 93 Abs. 1 Satz 3 i.V.m. § 90 Abs. 2 Nr. 9 SGB XII der Überleitung entgegenstehen (nämlich wenn auch bei Leistung des Geldpflichtteils keine Sozialkürzung einträte, da insgesamt der kleine Barbetrag als »Notgroschen« nicht überschritten ist. Im Bereich des § 12 Abs. 2 Nr. 1 SGB II – 150,00 € multipliziert mit den Lebensjahren des Grundsicherungsempfängers und seines Partners – kann der Schutz u.U. weiterreichen, soweit der Vermögensfreibetrag nicht bereits, wie häufig, anderweit aufgefüllt ist; steht der Freibetrag noch ungeschmälert zur Verfügung, ist er vom Pflichtteilsbetrag abzuziehen). In Einzelfällen kann ferner ggü. dem Pflichtteilsverpflichteten (z.B. der Mutter eines arbeitslosen Hartz IV – Empfängers) eine unbillige Härte i.S.d. § 12 Abs. 3 Satz 1 Nr. 6 SGB II vorliegen, etwa wenn sie dadurch das selbst genutzte angemessene Eigenheim verlieren würde, das sie auch als Leistungsbezieherin verteidigen könnte,[20] oder wenn eine Kreditaufnahme zur Auszahlung des Pflichtteilsanspruchs angesichts des sonst vorhandenen Einkommens dem Erben weniger Einkommen belassen würde, als er gem. § 9 Abs. 5 SGB II i.V.m. §§ 1 Abs. 2 und 4 Abs. 2 ALG II-Verordnung (Leistungsfähigkeit von Angehörigen) verteidigen könnte (doppelte Regelleistung – 798,00 € – zuzüglich der Hälfte des darüber hinaus vorhandenen Einkommens zuzüglich der Kosten für Unterkunft und Heizung), vgl. Rdn. 120 f.[21]

Der untergerichtlich geäußerte Ansatz,[22] die Geltendmachung[23] des übergeleiteten Pflichtteilsanspruches verstoße gegen die guten Sitten und sei daher auch dem Sozialhilfeträger verwehrt – Analogie zu § 2306 Abs. 1 Satz 2 BGB a.F. –, sofern eine »automatische **Pflichtteilsstrafklausel**«[24] (s. Rdn. 6555 f.) dann auch beim zweiten[25] Sterbefall der Eltern den behinderten Abkömmling nur auf den Pflichtteil setze, wurde entsprechend der hieran geäußerten Kritik[26] vom BGH verwor- 6464

---

20 LSG NRW, 24.11.2008 – Az.: L 20 AS 92/07, notar 2009, 115 m. Anm. *Odersky*; ähnlich BSG, 06.05.2010 – B 14 AS 2/09 R, ZEV 2010, 585.
21 BSG, 06.05.2010 – B 14 AS 2/09 R, ZEV 2010, 585, Tz. 31.
22 LG Konstanz, MittBayNot 2003, 398 mit der Begründung, die Enterbungsfolge auf den zweiten Sterbefall führe dazu, dass das Pflichtteilsverlangen nach dem ersten Sterbefall wie eine Ausschlagung wirke (§ 2306 Abs. 1 Satz 2 BGB analog), die aber dem Sozialleistungsträger verwehrt sei. Ähnlich OLG Frankfurt, 07.10.2003 – 14 U 233/02, ZEV 2004, 24 (aufgehoben durch BGH, 19.10.2005 – IV ZR 235/03, FamRZ 2006, 194); a.A. jedoch zu Recht *Spall*, MittBayNot 2003, 356; OLG Karlsruhe, DNotI-Report 2004, 37 – durch BGH, 08.12.2004 – IV ZR 223/03, RNotZ 2005, 176 m. Anm. *Litzenburger*, 162, zwischenzeitlich bestätigt.
23 Zur Auslegung des Merkmals des »Geltendmachens« bzw. »Verlangens« z.B. OLG München, ZErb 2006, 203: hochverzinsliche Stundung des Pflichtteils steht dem Verlangen gleich; die tatsächliche, womöglich gerichtliche, Durchsetzung des Anspruchs ist nicht erforderlich, OLG Düsseldorf, 18.07.2011 – 3 Wx 124/11 RNotZ 2011, 554.
24 Beispiel einer automatischen Pflichtteilsklausel: »Verlangt einer der Schlusserben beim Tode des Erstversterbenden von uns gegen den Willen des Längerlebenden (damit sollen »einvernehmliche Pflichtteilsverlangen zur Erbschaftssteuerreduzierung« ausgefiltert werden!) seinen Pflichtteil, so fallen er und seine Abkömmlinge als Schlusserben weg. Auch die Bindungswirkung des Erbvertrages wird bzgl. dieses Schlusserbanteils aufgehoben.«.
25 Im Zweifel (aber nicht stets: OLG Düsseldorf, 14.01.2014 – 3 Wx 64/13, RNotZ 2014, 442, OLG Hamm, 11.09.2015 – 15 W 142/15, ErbR 2016, 96: nicht wenn für den zweiten Sterbefall ausdrücklich gesetzliche Erbfolge gelten soll) liegt in einer Pflichtteilsstrafklausel auch eine Schusserbeinsetzung der Kinder, vgl. OLG Hamm FGPrax 2005, 74; OLG München FGPrax 2012, 205, vor allem wenn mit Wiederverheiratungsklausel kombiniert, OLG München, FamRZ 2013, 305.
26 Fraglich ist bereits die Analogie zur Ausschlagung, ist doch die Enterbungswirkung hier vom Erblasser bewusst rechtsgeschäftlich provozierte, nicht gesetzlich angeordnete Folge des Pflichtteilsverlangens. Unterstellt man die Vergleichbarkeit der Sachverhalte (und das Vorliegen einer planwidrigen Regelungslücke), ist darauf hinzuweisen, dass auch bei einer Ausschlagung zwar nicht das Gestaltungsrecht (mangels Anspruchs-Qualität) übergeleitet werden kann, allerdings der Sozialleistungsträger in den Grenzen des § 26 SGB XII den Hilfeempfänger auf die Geltendmachung des Rechtes verweisen, sofern dieses durchgesetzt werden kann (was bei der Ausschlagung regelmäßig mangels gerichtlicher Genehmigungsfähigkeit aus-

fen.²⁷ Eine »Automatik« i.S.e. erbvertraglich bindenden Enterbungsfolge besteht ohnehin nicht.²⁸

6465 Das »**klassische Berliner Testament mit automatischer Pflichtteilsstrafklausel**« kann demnach nicht als Instrument zur Vermeidung eines Zugriffs des Sozialleistungsträgers empfohlen werden.²⁹ Die Strafklausel sollte sich ausdrücklich dazu verhalten, ob sie auch für den Fall einer solchen »fremdbestimmten« Geltendmachung gemeint sei (mit der Folge, dass möglicherweise die »zweite Stufe« eines kunstvoll geschaffenen Behindertentestamentes entfällt)³⁰ oder – wie i.d.R. empfehlenswert, Rdn. 6454 – nicht.³¹ (Formulierungsvorschlag im Sinne dieser zweiten Alternative s. nachstehend Rdn. 6555).

6466 Wegen der Durchsetzungsschwäche der lediglich mittelbaren Zuwendungen an den überschuldeten oder HbL-sozialhilfebedürftigen Nachkommen, insb. aber wegen der uneingeschränkten sozialhilferechtlichen Überleitbarkeit des dadurch ungeschmälert entstehenden Pflichtteilsanspruchs, verbieten sich i.d.R. also mittelbare Zuwendungen an nahestehende Personen.

C. Unmittelbare Zuwendung an den Destinatär: Vermächtnislösungen

I. Reiz des Vermächtnisses

6467 Die nachstehend unter Rdn. 6505 ff. vorgestellte »klassische Konstruktion« des Behindertentestaments erweist sich in der praktischen Handhabung insb. insoweit als nachteilig, als der behinderte/bedürftige Abkömmling schon beim ersten Sterbefall gesamthänderisch am Nachlass zu beteiligen ist, mag auch diese im Einzelfall durch Teilungsanordnung in eine gegenständliche Zuweisung von Geld »umgemünzt« werden können. Mit zunehmender Lebenserwartung auch behinderter Nachkommen³² wird diese Belastung den Beteiligten deutlicher bewusst.

6468 Weiterhin unterliegt auch die **Testamentsvollstreckung Verfügungsbeschränkungen** (z.B. bei Bestellung eines Grundpfandrechtes am gesamthänderischen Grundstück der Erbengemeinschaft zur Sicherung eines nicht dem Nachlass zuzurechnenden Krediets: unentgeltliche Verfügung i.S.d.

---

scheidet, während die Geltendmachung des gesetzlichen Pflichtteilsanspruchs keiner Genehmigung bedarf). Schließlich würde die Geltendmachung des Pflichtteils durch den Enterbten selbst kaum wegen Verstoßes gegen § 242 BGB unbeachtlich sein, so dass bei Geltendmachung durch den Sozialleistungsträger nach Überleitung kaum etwas Anderes gelten wird (§ 404 BGB).

27 BGH, 08.12.2004 – IV ZR 223/03, ZEV 2005, 117 m. abl. Anm. *Muscheler*: die Entscheidung privilegiere den rechtlich gut Beratenen, der das Entstehen eines Pflichtteilsanspruchs verhindert durch die klassischen Varianten des »Bedürftigentestaments« (das Ausschlagungsrecht nach §§ 2306, 2307 BGB ist nicht überleitbar, Rdn. 6473). Außerdem könne der Pflichtteilsanspruch des enterbten Überschuldeten gem. § 2338 BGB unter Vollstreckung gestellt und damit dem Einzelzugriff entzogen werden, nicht aber der Pflichtteilsanspruch des – mangels Erstattungsanspruchs nicht überschuldeten, Rdn. 6522 – Sozialleistungsbeziehers. Schließlich sei zu bedenken, dass § 852 Abs. 1 ZPO nach neuer Auffassung eine in der Verwertung aufschiebend bedingte Pfändung nicht verhindert, BGH, NJW 1993, 2876 – diese Schranke brauche also durch § 93 Abs. 1 Satz 4 SGB XII nicht überwunden zu werden. Der Schutz der Höchstpersönlichkeit der Geltendmachungsentscheidung müsse aber auch ggü. dem Sozialleistungsträger gelten.

28 Unzutreffend daher der Ansatz des OLG Frankfurt, 07.10.2003 – 14 U 233/02, ZEV 2004, 24 m. Anm. *Spall*, wonach die Enterbung im gemeinschaftlichen Testament wechselbezüglich angeordnet sein könne, vgl. *Kornexl*, Nachlassplanung bei Problemkindern, Rn. 296. Die Pflichtteilsstrafklausel ist auch keiner Belastung i.S.d. § 2306 Abs. 1 BGB gleichzusetzen.

29 Ebenso bereits *Spall*, MittBayNot 2003, 356 f. sowie ZEV 2004, 28; sowie OLG Karlsruhe, ZEV 2004, 26: – durch BGH, 08.12.2004 – IV ZR 223/03, RNotZ 2005, 176 m. Anm. *Litzenburger*, 162, bestätigt.

30 Vgl. *Eberl-Borges/Schüttloffel*, FamRZ 2006, 596 Fn. 118.

31 Fehlt eine ausdrückliche Regelung, hält der BGH, 08.12.2004 – IV ZR 223/03, ZEV 2005, 117 dieses Auslegungsergebnis für naheliegend.

32 Die Lebenserwartung von Kindern mit Down-Syndrom war früher i.d.R. auf die Pubertät beschränkt, worauf *Grziwotz*, NotBZ 2006, 153, zu Recht hinweist.

§ 2205 Satz 3 BGB, die nur nach Freigabe seitens des Vollstreckers durch Mitwirkung aller Nachlassbeteiligten [Miterben, Vermächtnisnehmer- vgl. Rdn. 4229, sowie des Nacherben][33] überwunden werden kann. Bei Geschäftsunfähigkeit können die gesetzlichen Vertreter wegen §§ 1641, 1804 BGB diese für den Vorerben ebenfalls nicht erteilen.)[34]

6469 Ist der überwiegende Miterbe (z.B. die überlebende Ehefrau) in Personenidentität zugleich Testamentsvollstrecker über den nicht befreiten Vorerbenanteil des behinderten Abkömmlings und dessen Betreuer oder sonstiger gesetzlicher Vertreter, kann ferner die Bestellung eines familienfremden Dauerergänzungsbetreuers bzw. -pflegers erforderlich sein (vgl. Rdn. 6574 ff.).

6470 Befinden sich im Nachlass schließlich Anteile an einer **Personengesellschaft**, wird das behinderte Kind als Mit-Vorerbe aufgrund der Sonderrechtsnachfolge[35] unmittelbar Mitgesellschafter, wenn keine gesellschaftsvertraglichen Vorkehrungen dagegen getroffen wurden (Rdn. 147 ff., zu den ertragsteuerlichen Folgen Rdn. 5860 ff.). Allerdings soll der Nacherbe und Testamentsvollstrecker über den behinderten Mitvorerben, der mit Billigung des Betreuungsgerichts die Immobilie eigennutzt, eine so starke Stellung innehaben, dass er als »wirtschaftlicher Eigentümer« eigenheimzulageberechtigt sei.[36]

6471 Aus diesem Grunde sind »Vermächtnislösungen« von besonderem kautelarem Reiz, und zwar auch als unmittelbare Vermächtnislösungen (lediglich mit Dauertestamentsvollstreckung gem. § 2209 BGB versehen, jedoch ohne Nachvermächtniselement, mithin in der Erwartung, der Vermächtnisgegenstand werde zu Lebzeiten des Vermächtnisnehmers ohnehin vollständig für ihn aufgebraucht):[37] Zur Stärkung des Nutzungszugriffs des sozialleistungsbedürftigen (z.B. behinderten oder überschuldeten) Hinterbliebenen könnte erwogen werden, ihm vermächtnisweise unmittelbar Gegenstände zuzuwenden, vorzugsweise solche, die zum sozialhilferechtlichen Schonvermögen oder Schoneinkommen zählen. Hierdurch würde zugleich eine Anrechnung auf den Pflichtteil und damit eine Reduzierung des überleitungsfähigen Pflichtteilsrestanspruchs erreicht.

II. Vermächtnistyp

6472 Der schuldrechtliche, vermächtnisweise zugewendete Anspruch auf das zu Leistende ist nur pfändbar bzw. gem. § 93 SGB XII überleitbar, wenn es der zugewendete Gegenstand selbst ist,[38] also z.B. nicht bei einem **Wohnungsrechtsvermächtnis**.[39] Allerdings verbleibt dem Sozialleistungsträger die Überleitung und Verwertung des Pflichtteilsrestanspruchs gem. § 2307 Abs. 1 Satz 2 BGB, soweit der Wert des Vermächtnisses hinter dem Wert des Pflichtteils zurückbleibt. Um dies zu vermeiden, empfiehlt sich die Anordnung eines **Quotenvermächtnisses**, das sich zumindest auf den Pflichtteilsbruchteil beläuft.[40] (Muster s. Rdn. 6496).

6473 Auch soweit die Zuwendung die Höhe des Pflichtteils übersteigt, könnte der pflichtteilsberechtigte Vermächtnisempfänger gem. § 2307 Abs. 1 Satz 1 BGB ausschlagen und stattdessen den Pflichtteil geltend machen. Die Ausschlagung des Vermächtnisses ist, anders als die Ausschlagung des Erbes gem. §§ 2180 Abs. 3, 1944 Abs. 1 BGB, nicht fristgebunden, allerdings besteht die

---

33 BGH, NJW 1971, 1805; wohl nicht des Ersatznacherben, vgl. *Zimmermann*, Die Testamentsvollstreckung, Rn. 488; *Reimann*, ZEV 2007, 262.
34 Vgl. DNotI-Report 2002, 155.
35 BGHZ 98, 51.
36 So zumindest BFH, ZEV 2004, 344 m. krit. Anm. *Spall*.
37 *Littig*, in: FS für *Damrau*, 2007, S. 201.
38 *Stöber/Zeller*, ZPO, § 847 Rn. 1.
39 Das jedoch nur sinnvoll ist, wenn der Berechtigte es auch in Anspruch nehmen können wird. Allgemein zum Schutz des Familienheims vor dem sozialrechtlichen Zugriff *Reich*, ZEV 2011, 639 ff.
40 Eine sichere Prognose zum Wert des künftigen Nachlasses wird kaum möglich sein; vgl. hierzu *Nieder*, NJW 1994, 1265.

Möglichkeit einer Fristsetzung gem. § 2307 Abs. 2 BGB[41] (zur – zu verneinenden – Frage der Überleitbarkeit des Ausschlagungsrechtes s. nachstehend Rdn. 6497 ff.). Um einen geschäftsfähigen Vermächtnisnehmer von der Ausschlagung abzuhalten, sollte der Vermächtnisgegenstand von besonderem affektivem oder beruflichem Interesse sein.[42]

▶ Hinweis:

6474 Zu warnen ist vor **aufschiebend bedingten oder aufschiebend befristeten Vermächtnissen**. In der Literatur[43] wird zu dieser höchstrichterlich noch nicht entschiedenen Frage teilweise vertreten, ein solches Vermächtnis sei bis zum Eintritt der Bedingung bzw. bis zu ihrem Unmöglichwerden[44] wie eine Enterbung zu behandeln, so dass ein sofort fälliger Pflichtteilsanspruch entstünde, der unmittelbar übergeleitet werden könnte, ohne dass es einer Ausschlagung bedürfte.[45] Außerdem entsteht schon vor der Annahme des Vermächtnisses gem. §§ 2177, 2179, 161 BGB eine pfändbare und überleitbare Anwartschaft, Rdn. 6675.

6475 Zu warnen ist weiterhin davor, die **Fälligkeit** des Vermächtnisses zur Erhöhung der Dispositionsfreiheit des überlebenden Ehegatten (der typischerweise zum Alleinerben eingesetzt sein wird) **hinauszuschieben bis zu dessen Ableben**. Erbschaftsteuerlich geht gem. § 6 Abs. 4 ErbStG dadurch der Freibetrag des Vermächtnisnehmers nach dem Erstverstorbenen verloren (da aufgrund gesetzlicher Fiktion der Zweitverstorbene als beschwert gilt – es fehlt an einer wirtschaftlichen Belastung, Rdn. 4418); zivilrechtlich[46] wird der Druck zur Ausschlagung eines solchen in vage Zukunft gerückten Vermächtnisses enorm erhöht (bis hin zu einer Ermessensreduzierung auf Null zur Vermeidung einer Schadensersatzpflicht des ggf. vorhandenen Betreuers).

III. Insb.: Vor- und Nachvermächtnis (§ 2191 BGB)

1. Ausgestaltung

6476 Der Gegenstand eines Vermächtnisses ist vor dem Verwertungszugriff (der zivilrechtlichen Einzelgläubiger, des Insolvenzverwalters, als auch des Sozialleistungsträgers) gem. § 2214 BGB durch Anordnung einer Dauertestamentsvollstreckung zu schützen (Rdn. 6513; Rdn. 6689 ff.). Um diesen Zugriffsschutz auch über die Lebenszeit des Vermächtnisnehmers hinaus zu verlängern, bietet sich – als gedachte Parallele zur Vor- und Nacherbfolge – die Wahl eines **Vor- und Nachvermächtnisses**[47] an. Diese wird aufgrund der praktischen Vorteile, welche die Ausgrenzung des behinderten Abkömmlings aus dem Kreis der Erben mit sich bringt (Rdn. 6467 ff.), zwischenzeitlich auch von der »Bundesvereinigung Lebenshilfe für Menschen mit geistiger Behinderung e.V.« empfohlen.[48]

---

41 Gemäß dem OLG Köln, 05.12.2006 – 2 U 103/05, FamRZ 2007, 169, muss die Aufforderung zur Erklärung über das Vermächtnis einen Hinweis auf die Rechtsfolgen des Ablaufs der Frist enthalten. Es bleibt offen, ob es auch an einen Minderjährigen gerichtet werden kann.
42 *Keim*, NJW 2008, 2075.
43 Z.B. *Schlitt*, NJW 1992, 28 ff.; MünchKomm-BGB/*Lange*, § 2307 Rn. 8 m.w.N.; *Bestelmeyer*, Rpfleger 2007, 1 ff., differenziert weiter zwischen aufschiebend bedingten Vermächtnissen und auflösend bedingten Nachvermächtnisanordnungen einerseits (§ 2307 BGB nicht anwendbar) und auflösend bedingten Vermächtnissen (§ 2307 BGB anwendbar, das aus Pflichtteilsanspruch erst nach Ausschlagung).
44 So OLG Bamberg (17.12.2007 – 4 U 33/07, ZEV 2008, 389): je nach Auslegung im Einzelfall wird nicht nur die Bedingung, sondern die gesamte Anordnung unwirksam, vgl. *Litzenburger*, ZEV 2008, 369 ff. (der dafür plädiert, im Regelfall die Anordnung als unbedingt fortbestehen zu lassen).
45 Vgl. hierzu ausführlich Gutachten, DNotI-Report 1996, 180 ff.; Gutachten, DNotI-Report 1999, 151.
46 Im Nachlass des verstorbenen Beschwerten – mit dessen Tod das Vermächtnis fällig wird – dürfte es jedoch ggü. Pflichtteilsberechtigten gem. § 2311 BGB als Erblasserschuld abzugsfähig sein, vgl. *Keim*, NJW 2008, 2076 und oben Rdn. 6480.
47 Hierzu Überblick bei *Muscheler*, AcP 2008, 69 ff.
48 *Heinz-Grimm/Krampe/Pieroth*, Testamente zugunsten von Menschen mit geistiger Behinderung, S. 232 ff.

Es handelt sich um eine Sonderform des Untervermächtnisses (§§ 2186 ff. BGB), das zugleich bedingtes Vermächtnis ist (§§ 2179 ff. BGB), so dass in der Schwebezeit zwischen Erbfall und Anfall des Nachvermächtnisses (i.d.R. Tod des Vorvermächtnisnehmers,[49] der damit belastet ist) §§ 158 ff. BGB, v.a. § 160 BGB als Schadensersatznorm zum Schutz gegen beeinträchtigende Verfügungen[50] und als Quelle für die Pflicht zur ordnungsmäßigen Verwaltung[51] bzw. Ansprüche auf Aufwendungsersatz gem. § 2185 BGB[52] gelten. Ein Anspruch auf Vormerkungssicherung des Nachvermächtnisanspruchs besteht wohl nur, sofern im Testament vorgesehen.[53] Die Position des Nachvermächtnisnehmers berechtigt auch nicht zur Drittwiderspruchsklage gem. § 771 ZPO gegen Pfändungen beim Vorvermächtnisnehmer;[54] fällt Letzterer in Insolvenz, ist der Nachvermächtnisanspruch bloße Insolvenzforderung.[55] In einer Nachlassinsolvenz nach dem Tod des (z.B. überschuldeten) Vorvermächtnisnehmers ist der Nachvermächtnisnehmer allerdings (wie bei § 2311 BGB, Rdn. 6482) gleichberechtigt[56] und dem Pflichtteilsanspruch ggü. vorrangig.[57] Der Nachvermächtnisanspruch ist nach dem Eintritt des Nachvermächtnisfalles stets vererblich;[58] str. ist die Rechtslage bezüglich des mit dem Erbfall entstehenden (schwachen) Nachvermächtnisanwartschaftsrechtes.[59]

6477

Wegen der geringen gesetzlichen Regelungsdichte sind zudem detaillierte Ausgestaltungen erforderlich.[60]

2. Bedenken

Gegen diese Alternativlösung, zu der noch keine höchstrichterliche Rechtsprechung veröffentlicht ist, werden insb. **fünf Überlegungen** ins Feld geführt:

6478

a) Nachvermächtnisvollstreckung?

Wenn auch der Vor-Vermächtnisnehmer selbst einer Dauervollstreckung (etwa durch den Alleinerben)[61] unterliege, ende diese mit dessen Tod, so dass die den Gläubiger abschirmende Wirkung

6479

---

49 Bzw. des Erben, sofern der Vorvermächtnisnehmer zugleich Erbe ist [einer förmlichen »Annahme« des Vermächtnisses bedarf es dann nicht], vgl. OLG München, 05.06.2013 – 20 U 5005/12, RNotZ 2013, 621.
50 Nach h.M. gilt jedoch nicht § 161 BGB mit der Folge der Unwirksamkeit beeinträchtigender Zwischenverfügungen, da keine aufschiebend bedingte »Verfügung« vorliegt, vielmehr das Nachvermächtnis lediglich schuldrechtliche Wirkung hat, vgl. *Baltzer*, Das Vor- und Nachvermächtnis in der Kautelarjurisprudenz, Rn. 49 ff.
51 BGHZ 114, 16, 21.
52 Eine notwendige Verwendung i.S.d. §§ 994, 995 BGB, die zu einem Erstattungsanspruch gegen den Nachvermächtnisnehmer führt, liegt auch in der Tilgung eines Darlehens, sofern es grundschuldgesichert war, vgl. OLG Karlsruhe, 27.03.2015 – 8 U 70/14.
53 BGH, DNotZ 2001, 805 zu einem vermachten Ankaufsrecht.
54 In Betracht kommt allenfalls eine einstweilige Verfügung gem. §§ 936, 916 Abs. 2, 938 ZPO, und zwar bereits vor Anfall des Nachvermächtnisses, vgl. *Baltzer*, ZEV 2008, 116; allerdings wird es regelmäßig an Informationen über die bevorstehende Pfändung fehlen.
55 Bis zum Bedingungseintritt erfolgt Hinterlegung durch den Insolvenzverwalter, §§ 191 Abs. 1 Satz 2, 198 InsO.
56 Vgl. *Randt*, BWNotZ 2001, 76 m.w.N.
57 Vgl. *Baltzer*, ZEV 2008, 116, 117; § 327 Abs. 1 Nr. 2 InsO betrifft nur ein vom Erblasser (= Vorvermächtnisnehmer) angeordnetes Vermächtnis.
58 OLG München, 05.06.2013 – 20 U 5005/12, RNotZ 2013, 621.
59 Vgl. hierzu Kölner Formularbuch Erbrecht/*Forst*, 2011, 4. Kap. Rn. 27; *Muscheler*, AcP 2008, 82 f.
60 Vgl. im Einzelnen *Baltzer*, Das Vor- und Nachvermächtnis in der Kautelarjurisprudenz, S. 109 ff.; AnwK-BGB/*J. Mayer*, § 2179 Rn. 22.
61 Dies ist zulässig (Gutachten, DNotI-Report 2008, 172 f.); die Beschränkungen der Einsetzung des Alleinerben zum Vollstrecker in Belastung der Erbenstellung selbst (die allenfalls gem. BGH, ZEV 2005, 505, m. Anm. *Adams* zum sofortigen Vollzug von Vermächtnissen denkbar ist) gelten hier nicht.

gem. § 2214 BGB entfalle.[62] Dieses ungewollte Ergebnis ließe sich dadurch vermeiden, dass die **Vermächtnisvollstreckung über den Tod des Vorvermächtnisnehmers hinaus** angeordnet ist.[63] Es ist allerdings umstritten, ob diese kontinuitätswahrende Vollstreckung erreicht werden kann: § 2223 BGB zählt zwar die Erfüllung der einem Vermächtnisnehmer auferlegten Beschwerungen, z.B. eines Untervermächtnisses[64] (ebenso wie die Entgegennahme des Vermächtnisses selbst[65]) zu den Aufgaben eines (Abwicklungs-)Vollstreckers, enthält jedoch keine Aussage zur transmortalen Fortdauer, so dass vorsichtige Stimmen deren Zulässigkeit gegen die bisherige Auffassung[66] über den Vorvermächtniszeitraum hinaus verneinen,[67] auch wenn bei der Vor- und Nacherbfolge überwiegend vertreten wird, eine Dauervollstreckung könne auch auf den Tod des Nacherben als Erben i.S.d. § 2210 Satz 2 BGB fortdauernd angeordnet werden.[68] Es dürfte jedoch möglich sein, unmittelbar im Anschluss an die Dauervermächtnisvollstreckung (§ 2209 BGB) eine Abwicklungsvollstreckung (§ 2223 BGB),[69] auch durch dieselbe Person, folgen zu lassen.[70]

b) *Verhältnis zur sozialrechtlichen Nachlasshaftung*

6480 Der **Anspruch des Nachvermächtnisnehmers**, der sich ja nicht (wie der Anfall des Vermögens vom Vorerben auf den Nacherben) »von selbst« erfüllt, sondern einen schuldrechtlichen Anspruch auf Auskehr des Nachvermächtnisses gegen den Erben des Vorvermächtnisnehmers darstellt (§ 2191 BGB), **kollidiere mit der sozialhilferechtlichen Nachlasshaftung** der Erben des behinderten Vorvermächtnisnehmers aus § 102 SGB XII. Beide seien gleichrangige Verpflichtungen, die den Wert des Nachlasses ausschöpften.[71]

6481 Die Prämisse der **Gleichrangigkeit** wird jedoch **bestritten**: Der »Wert des Nachlasses«, auf den gem. § 102 Abs. 2 SGB XII die sozialhilferechtliche Erbenhaftung beschränkt ist, ist identisch mit dem Begriff »Wert des Nachlasses« in § 2311 BGB, umfasst also den Nachlass nach Abzug

---

62 *Damrau*, ZEV 1998, 3.
63 Grds. wirkt eine (z.B. auf 30 Jahre) befristete Testamentsvollstreckung im Fall der Erbfolge auch für die Erbeserben, vgl. § 2210 Satz 2 BGB e contrario und Gutachten, DNotI-Report 2007, 3.
64 OLG Hamburg, 23.02.2016 – 2 U 18/15, ZErb 2016, 204; gem. §§ 2223, 2219 BGB ist er sowohl dem Haupt- als auch dem Untervermächtnisnehmer für Pflichtverletzungen verantwortlich.
65 OLG München, 25.02.2013 – 34 Wx 30/13 MittBayNot 2013, 393 m. Anm. *Reimann* [und zwar schon vor der Annahme des Vermächtnisses!].
66 Zusammengefasst von *Spall*, ZEV 2002, 5 ff.; vgl. auch *Kornexl*, Nachlassplanung bei Problemkindern, Rn. 328.
67 Gegen die Fortdauer einer Testamentsvollstreckung über ein Vorvermächtnis auch auf die Zeit nach dem Vermächtnisfall insb. *Damrau*, in: FS für *A. Kraft*, 1998, S. 37; vgl. auch *Damrau/J. Mayer*, ZEV 2001, 294. Dieser Befund verbietet es auch, den Ausweg darin zu suchen, dass der Nachvermächtnisfall nicht im Tod des Vorvermächtnisnehmers, sondern in einem anderen Ereignis, z.B. dem Erreichen eines bestimmten Lebensjahres, liegt: Mit Eintritt des Nachvermächtnisfalls ist der Gegenstand nicht mehr unter dem Schutz der Testamentsvollstreckung, sondern müsste durch den Vorvermächtnisnehmer, ggf. vertreten durch den Betreuer, übertragen werden. In diesem Zeitpunkt aber kann der Sozialhilfeträger auf den Gegenstand als solchen zugreifen. Außerdem würden in diesem Fall dem behinderten Vorvermächtnisnehmer die durch den Vollstrecker zu gewährenden Früchte des Vermächtnisses möglicherweise zu früh entzogen werden.
68 Allerdings kann nicht unbegrenzt bei Wegfall eines Vollstreckers ein Nachfolger ernannt werden; die Vollstreckung endet mit dem Tod des letzten Vollstreckers, der 30 Jahre nach dem Erbfall (z.B. durch eine ermächtigte Person i.S.d. § 2198 BGB) ernannt war: BGH, 05.12.2007 – IV ZR 275/06, MittBayNot 2008, 301, m. Anm. *Weidlich*, 263 (»ein« i.S.d. § 2210 Satz 2 BGB ist ein unbestimmter Artikel, kein Zahlwort); dies ist verfassungsgemäß: BVerfG, 25.03.2009 – 1 BvR 909/08, ZEV 2009, 390.
69 Und sodann ggf. sogar eine Nachvermächtnisvollstreckung, wenngleich unter sozialrechtlichen Schutzgesichtspunkten nicht mehr erforderlich.
70 *Baltzer*, Das Vor- und Nachvermächtnis in der Kautelarjurisprudenz, S. 130.
71 So etwa *Damrau*, ZEV 1998, 3; *Damrau/J. Mayer*, ZEV 2001, 295 f.; Staudinger/*Otte*, BGB (2003), vor §§ 2064 ff. Rn. 173 (wirtschaftlich handele es sich jeweils um Eigenschulden).

bestimmter Nachlassverbindlichkeiten[72] (vgl. im Einzelnen Rdn. 669 ff.). Hieraus folgt, dass Erbfallschulden wie Pflichtteilsansprüche, Vermächtnisauflagen nicht in Abzug gebracht werden können,[73] zumal diese auch in einer Nachlassinsolvenz nachrangig zu befriedigen wären (§ 327 Abs. 1 Nr. 1 u. 2 InsO).

Zu solchen »Vermächtnissen« zählt jedoch nicht der Anspruch auf Erfüllung des Nachvermächtnisses, der vom ersten Erblasser dem Vorvermächtnisnehmer aufgebürdet worden ist und demnach eine echte Erblasserschuld darstellt. Dies, sowie der Umstand, dass nur die Nachvermächtnisbelastung, nicht jedoch die Verwertungspflicht des § 102 SGB XII schon zu Lebzeiten des Vorvermächtnisnehmers auf dem Schonvermögensgegenstand latent haftete,[74] spricht dafür, den **Nachvermächtnisanspruch** bei der Berechnung des »Wertes des Nachlasses« i.S.d. § 102 Abs. 2 SGB XII **vorab in Abzug** zu bringen,[75] ebenso wie bei einem auf den Tod befristeten **Herausgabevermächtnis**, mit dem der Erbe seinerseits, wenn auch ohne Lästigkeit, beschwert war, Rdn. 6609.[76] (Etwas Anderes dürfte auch dann nicht gelten, wenn – wie häufig – der Nachvermächtnisnehmer zugleich Erbe des Behinderten ist und daher der Nachvermächtnisanspruch durch Konfusion erlischt. Für die Zwecke der Nachlasshaftung – wie auch für die Zwecke der Pflichtteilsberechnung gem. § 2311 BGB – wird man den Nachvermächtnisanspruch fiktiv als nicht erloschen zu betrachten haben).[77]

6482

Gegen diesen formellen **Vorrang** der Erblasserschuld (**Nachvermächtnis**) ggü. der Erbfallschuld (Ersatzanspruch gem. § 102 SGB XII) wird jedoch eingewendet, dass – sofern das Nachvermächtnis mit dem Tod des Vorvermächtnisnehmers geschuldet wird – es erst zu diesem Zeitpunkt anfällt und damit entsteht (§ 2176 BGB), also zeitgleich mit dem Kostenersatzanspruch gem. § 102 SGB XII. Auch sei generell zu bezweifeln, dass Erblasserschulden ihrem Wesen nach stets vorrangig zu berücksichtigen seien, sonst könnte § 102 SGB XII schlicht dadurch »ausgehebelt« werden,[78] dass ein (nicht geistig behinderter oder unter Betreuung stehender) Sozialhilfeempfänger über sein noch ihm gehörendes, bis zum Tod geschontes Vermögen, etwa das selbst genutzte Eigenheim, ein auf den Tod befristetes notariell beurkundetes Schenkungsversprechen abgibt[79] (bei einer nicht vollzogenen Schenkung auf den Todesfall unter der Bedingung des Überlebens des Beschenkten würden bereits gem. § 2301 Abs. 1 BGB erbrechtliche Grundsätze gelten, so dass sie – wie jede Verfügung von Todes wegen des Leistungsbeziehers – zu keiner Reduzierung des »Wertes des Nachlasses« i.S.d. § 102 SGB XII führen würde). Mangels anderer Wertungsgesichtspunkte seien möglicherweise Nachvermächtnisanspruch und sozialrechtlicher Kostenersatz doch gleich-

6483

---

72 BVerwGE 90, 251.
73 DNotI-Report 1999, 150.
74 Dies betont *Muscheler*, AcP 2008, 70, 96 f.; sowie *Sarres*, Vermächtnis, Rn. 99.
75 *Hartmann*, ZEV 2001, 93; Gutachten, DNotI-Report 1999, 150f und 2010, 22; *Spall*, MittBayNot 2001, 252; *Weidlich*, ZEV 2001, 96 f.; *Joussen*, NJW 2003, 1853; *Baltzer*, Das Vor- und Nachvermächtnis in der Kautelarjurisprudenz, S. 102 ff.; *Baltzer*, ZEV 2008, 116, 119; derzeit wohl h.M.; hierzu auch *Hammann* ErbR 2017, 482 (Tagungsbericht) mit Hinweis auf ein vor dem SG Stuttgart laufendes Verfahren.
76 Gegen die h.M. kritisch *J. Mayer*, ZEV 2000, 1, 9 – mit der Empfehlung, das Vermächtnis ausdrücklich bereits mit dem Erbfall anfallen zu lassen und lediglich die Fälligkeit auf den Tod des Erben abzustellen (betagtes Vermächtnis), abgeschwächt allerdings nun in *Bamberger/Roth/Mayer* § 2311 BGB Rn. 8. Bedenklicher dürfte die Situation beim Verschaffungsvermächtnis sein, mit dem ein externer, ursprünglich nicht nachlasszugehöriger Gegenstand beschwert zugewendet wurde, ähnlich der Annahme einer überschuldeten Erbschaft, vgl. *Gutachten* DNotI-Report 2010, 23.
77 *Staudinger/Haas*, BGB (2006), § 2311 Rn. 37; *Weidlich*, ZEV 2001, 97; Gutachten, DNotI-Report 2010, 22 (Gesamtanalogie zu §§ 1976, 1991 Abs. 2, 2143, 2175, 2377 BGB).
78 Der in BGH, 27.08.2014 – XII ZB 133/12, FamRZ 2014, 1775 judizierte Vorrang des Staates betrifft einen anderen Sachverhalt (nämlich das vom Hilfeempfänger in seinem eigenen Testament angeordnete Vermächtnis).
79 Vgl. hierzu *Krauß*, ZErb Beilage »Fachanwalt für Erbrecht« zu Heft 10/2005, S. 24 bis 29.

rangig, ähnlich wie es sich im Nachlassinsolvenzverfahren verhalten würde.[80] *Otte*[81] wiederum meint, § 102 SGB XII sei lediglich eine Haftungsbeschränkung für eine bestimmte Schuld, aus der nicht auf den Rang dieser Schuld im Verhältnis zu anderen Schulden geschlossen werden könne, was ebenfalls für die Gleichrangigkeit spreche. Als schlichte Haftungsbegrenzungsnorm hätte es des § 102 SGB XII (neben §§ 1967 ff. BGB) jedoch nicht mehr bedurft.[82]

6484 Die Position des Nachvermächtnisnehmers, insb. der nur schuldrechtliche Schutz gegen beeinträchtigende Verfügungen des Vorvermächtnisnehmers, gegen Pfändungen und in der (Nachlass-)Insolvenz lässt sich jedoch durch eine »**vorgezogene**«, **aufschiebend befristete Erfüllung** des Nachvermächtnisanspruchs (also eine i.S.d. § 161 BGB geschützte, bedingte Verfügung) hinsichtlich beweglicher Sachen bzw. eine aufschiebend befristete Abtretung von Rechten verstärken. Hierbei wird der Vermächtnisgegenstand zunächst an den Vorvermächtnisnehmer übertragen, der ihn sodann an den Nachvermächtnisnehmer unter Vereinbarung eines entsprechenden Besitzkonstituts zu übereignen hat.[83] Bei Grundstücken verstärkt eine Vormerkung, sofern testamentarisch Anspruch auf diese Sicherung vermacht ist, die Position i.S.e. Quasi-Verdinglichung. Die nachstehenden Bausteinvorschläge zum Vor- und Nachvermächtnis beim »Behinderten-Testament« (Rdn. 6494, Rdn. 6496: Quotengeldvermächtnis mit Ersetzungsbefugnis als Vor- und Nachvermächtnis) sowie beim »Bedürftigen-Testament« (Rdn. 6669) enthalten daher die entsprechende Anordnung an den Vorvermächtnis-Testamentsvollstrecker, eine solche aufschiebend auf den Nachvermächtnisfall befristete Erfüllung des Nachvermächtnisses vorzunehmen, um die Position des Nachvermächtnisnehmers in der möglichen Nachlassinsolvenz des Vorvermächtnisnehmers zu stärken, also gem. § 161 BGB quasi zu verdinglichen.

c) Ausschlagung (§ 2307 BGB)

6485 Auch bei der Vor- und Nachvermächtnislösung stellt sich die Problematik, dass der (Vor-)Vermächtnisnehmer nach § **2307 Abs. 1 BGB** das **Vermächtnis ausschlagen** kann, um den (allerdings nach drei Jahren verjährten: § 2332 Abs. 2 BGB) ungekürzten Pflichtteil zu erlangen. Hierfür gilt keine generelle Ausschlagungsfrist (§ 2180 Abs. 3 BGB verweist nicht auf § 1944 BGB!),[84] vielmehr müsste der Erbe ihm eine Frist gem. § 2307 Abs. 2 BGB setzen. Unterbleibt dies, ist das »Ausschlagungsfenster« deutlich länger geöffnet als bei der Vor- und Nacherbfolge gem. § 2306 Abs. 1 Satz 2 BGB (wobei zu beachten ist, dass die Annahme des Vermächtnisses, und damit das Erlöschen des Ausschlagungsrechts, eine höchstpersönliche Erklärung ist, die der Testamentsvollstrecker des Vorvermächtnisnehmers nicht für diesen abgeben kann!)[85] Der Sozialfürsorgeträger ist daher deutlich länger versucht, den behinderten Vorvermächtnisnehmer darauf zu verweisen, er verfüge ja über einsatzfähiges Vermögen in Gestalt der Ausschlagungsposition (hierzu Rdn. 6501 ff.; das Ausschlagungsrecht selbst kann allerdings – Rdn. 6497 ff. – nicht gem. § 93 SGB XII auf ihn übergeleitet werden, da es sich nicht um einen Anspruch handelt). Bei der Vermächtnislösung ist dies allerdings nicht unumstritten, Rdn. 6499.

---

80 *Damrau/J. Mayer*, ZEV 2001, 296.
81 Staudinger/*Otte*, BGB (2003), § 2191 Rn. 8; ähnlich *Muscheler*, AcP 2008, 70, 96 f.
82 Widerlegung der Argumentation *Ottes* bei *Baltzer*, ZEV 2008, 116, 120: seit der Neufassung des § 92c Abs. 2 Satz 2 BSHG schuldet der Erbe auch, wenn er den Gegenstand nach dem Erbfall weggibt, was nicht mehr als bloße Haftungsnorm verstanden werden kann.
83 Vgl. *Baltzer*, Das Vor- und Nachvermächtnis in der Kautelar-Jurisprudenz, S. 121; auch wenn dem Vorvermächtnisnehmer hier nur wirtschaftlich die Nutzungen verbleiben, ist das Nachvermächtnis gem. § 2307 Abs. 1 Satz 2 Halbs. 2 BGB nicht zum Abzug zu bringen, also das vollständige Vorvermächtnis den Pflichtteilsanspruch mindert.
84 BGH, 12.01.2011 – IV ZR 230/09, NotBZ 2011, 170.
85 *Damrau/J. Mayer*, ZEV 2001, 297.

d) Analogie zu § 102 SGB XII?

Vereinzelt wird vertreten, der Nachvermächtnisnehmer unterfalle im Verhältnis zum Vorvermächtnisnehmer unmittelbar oder in analoger Anwendung der Erbenhaftung des § 102 SGB XII, da er nicht Rechtsnachfolger von Todes wegen nach dem ursprünglichen Erblasser, sondern nach dem Vorvermächtnisnehmer sei bzw. weil typischerweise der Nachvermächtnisnehmer zugleich Eigenerbe des Vorvermächtnisnehmers ist. Dies ist jedoch ebenso abzulehnen, wie eine zivilrechtliche Erbenhaftung gem. § 1967 BGB zulasten des Nachvermächtnisnehmers nicht greift.[86]

6486

e) Analogie zu § 2385 Abs. 1 BGB?

Ebenso wenig tragfähig ist eine mögliche Haftung des Nachvermächtnisnehmers für Nachlassverbindlichkeiten des Vorvermächtnisnehmers aufgrund einer Analogie zu **§§ 2385 Abs. 1, 2382 BGB**[87] (Haftung des Erbschaftskäufers für Nachlassverbindlichkeiten; eine Verkörperung des Rechtsgedankens des zwischenzeitlich außer Kraft getretenen § 419 BGB). Es mag durchaus sein, dass aufgrund der Aufzehrung des sonstigen Vermögens des Vorvermächtnisnehmers der Nachvermächtnisgegenstand den gesamten Nachlass darstellen wird, so dass faktisch ein Tatbestand vorliegt, der dem »Universalvermächtnis«[88] gleicht, für das §§ 2382 f., 2385 Abs. 1 BGB nach verbreiteter Auffassung analog gelten.[89]

6487

Zu diesen Nachlassverbindlichkeiten würde auch die Haftung aus § 102 SGB XII gehören (dort Abs. 2 Satz 1). Im Ergebnis würde über diesen argumentativen Umweg der Wortlaut des § 102 SGB XII (»Erbe«) auf den Erbschaftskäufer und damit den Universal-Nachvermächtnisnehmer ausgedehnt.[90] Der Analogie zum Erbschaftskauf ist jedoch wegen der unterschiedlichen Haftungsgrundlage (schuldrechtlicher Vertrag zwischen Veräußerer und Erwerber – beim Vermächtnis jedoch allein der Wille des Erblassers) entgegenzutreten.

6488

▶ **Hinweis:**

Wegen der vorgetragenen Bedenken kann die Vor- und Nachvermächtnislösung (noch) nicht uneingeschränkt empfohlen werden;[91] sie bleibt insgesamt noch mit erheblichen Unsicherheiten belastet. Ein für die Praxis schwerwiegender Nachteil liegt insb. darin, dass der Deutsche Verein für öffentliche und private Fürsorge, dessen Empfehlungen die Sozialhilfeträger in aller Regel folgen, für das Vor- und Nachvermächtnis (anders als für die Vor- und Nacherbfolge)

6489

---

86 *Hartmann*, ZEV 2001, 93.
87 Hierzu *Muscheler*, RNotZ 2009, 74 ff.
88 Zu praktischen Anwendungsfällen z.B. *Schlitt*, ZErb 2006, 226: Bestimmungsrecht des Erben oder eines Dritten gem. § 2151 BGB zur Überwindung des § 2065 Abs. 2 BGB; aufschiebend bedingte Universalvermächtnisse zur Erzielung ähnlicher Wirkungen wie bei der Vor-/Nacherbfolge jedoch ohne lebzeitige Beschränkungen; Ermöglichung der längeren Ausschlagungsfrist des § 2307 BGB. Auch die Aussetzung eines Universal-Vorausvermächtnisses zugunsten des Alleinerben kann u.U. zur Ermöglichung längerer Ausschlagungszeiten gem. § 2307 BGB hilfreich sein, ebenso für den Fall, dass ausländische Rechtsordnungen (z.B. Frankreich) die Alleinerbeneinsetzung des Ehegatten zwar nicht gestatten, aber Vermächtnisse zu seinen Gunsten erlauben.
89 Staudinger/*Olshausen*, BGB (2004), § 2385 Rn. 13 m.w.N.; § 2378 BGB betrifft nur das Innenverhältnis zum Verkäufer, vgl. *Damrau/J. Mayer*, ZEV 2001, 393.
90 Hiergegen, auch mit Hinweis auf den seiner Ansicht nach abschließenden Wortlaut, *Baltzer*, Das Vor- und Nachvermächtnis in der Kautelarjurisprudenz, 106; *Ruby/Schindler/Wirich*, Das Behindertentestament, § 2 Rn. 53 ff.
91 A.A. insb. *Baltzer*, Das Vor- und Nachvermächtnis in der Kautelarjurisprudenz, S. 180 ff. im Gesamtvergleich aller Modelle in Form einer Matrix mit Punktewertung.

rät,[92] Sozialhilfe nur darlehensweise zu gewähren, bis der Vorvermächtnisnehmer den Pflichtteil durch Ausschlagung realisiert habe(!).

IV. Vermächtnisgegenstand

6490 Im Hinblick auf die möglichst umfassende und lebenslange Unterstützung des Hinterbliebenen bei gleichzeitiger flexibler Ausschöpfung der jeweiligen Pfändungs- und sozialrechtlichen Zweckvermächtnis Überleitungsgrenzen wird eine vollständige Konkretisierung der Vermächtnisgegenstände durch abschließende Aufzählung kaum in Betracht kommen. Denkbar ist allerdings ein gem. § 2156 BGB, dem zufolge der Erblasser einem Dritten die zweckmäßige Bestimmung der Vermächtnisleistung überlässt.

6491 Inhalt der vermächtnisweisen Zuwendung können insb. Sach- oder Geldzuwendungen sein, die bei Erfüllung Schoneinkommen oder Schonvermögen darstellen (z.B. gerichtet auf ein Wohnungsrecht, allerdings ergänzt um Aufstockungsansprüche zur Erreichung der intendierten bzw. erforderlichen Nachlassquote). Hierzu wird auf die Ausführungen zum sozialhilferechtlichen Schoneinkommen (Rdn. 610 ff.) und Schonvermögen (Rdn. 552 ff.) – ebenso zum Schoneinkommen (Rdn. 780 ff.) und Schonvermögen (Rdn. 790 ff.) i.R.d. SGB II – verwiesen.

▶ Hinweis:

6492 Sollte das dem sozialhilfebedürftigen Empfänger vermächtnisweise Zugewendete nicht bis zu dessen Tod aufgezehrt sein, hat der Sozialhilfeträger gem. § 102 SGB XII Anspruch auf Kostenerstattung aus dem an die Eigenerben des Vermächtnisnehmers hinterbliebenen Nachlass, vgl. im Einzelnen Rdn. 648 ff.; allenfalls kann die Konkurrenz zu einem angeordneten Nachvermächtnis, oben Rdn. 6476 ff., eine Kürzung bewirken.

6493 Des Weiteren wird diskutiert,[93] als Gegenstand des Vermächtnisses, etwa des Vor- und Nachvermächtnisses, **Leibrentenzahlungen** zuzuwenden, über die Testamentsvollstreckung angeordnet wird (so dass die Einkommensschongrenze des § 85 SGB XII nicht einzuhalten ist, sondern wohl entsprechend § 850b Abs. 1 Nr. 3 ZPO Unpfändbarkeit besteht);[94] das Risiko einer Inanspruchnahme der Erben des behinderten Vorvermächtnisnehmers nach dessen Ableben beschränkt sich hier auf die noch nicht bestimmungsgemäß vom Testamentsvollstrecker verbrauchten »Rücklagen«. Auch hier kann im Testament kaum ein bestimmter Monatsbetrag ausgesetzt, sondern allenfalls der Berechnungsmechanismus geregelt werden, der einen ausreichenden Abstand zur Höhe des Pflichtteils sicherstellen soll, um den Betreuer von einer Ausschlagung gem. § 2307 Abs. 1 Satz 1 BGB abzuhalten. Dies könnte etwa[95] wie folgt formuliert sein:

▶ Formulierungsvorschlag: Vor- und Nachvermächtnis beim »Behindertentestament«

6494

1.

Ich

vermache

meinem behinderten Sohn L eine lebenslange Leibrente, die ihm von dem oder den Erben zu zahlen ist, und die ihm aus Fürsorge fortlaufende Einkünfte im Sinne des § 850b Abs. 1 Nr. 3 ZPO sichern soll.[96]

---

92 In den »Empfehlungen für den Einsatz von Einkommen und Vermögen in der Sozialhilfe«, 2002, Rn. 152.
93 *Spall*, MittBayNot 2001, 254 f., von dem auch der nachstehend wiedergegebene Formulierungsvorschlag stammt.
94 So jedenfalls OLG Frankfurt, ZEV 2001, 156; a.A. MünchKomm-BGB/*Zimmermann*, § 2214 Rn. 4: Anspruch auf Auszahlung von Nachlasserträgen ist pfändbar.
95 Vgl. *Spall*, MittBayNot 2001, 255.
96 Zur Reichweite des § 850b Abs. 1 Nr 3 ZPO vgl. *Gutbell*, ZEV 2001, 262.

C. Unmittelbare Zuwendung an den Destinatär: Vermächtnislösungen Kapitel 14

Ausgangswert für die Rente ist der Reinwert von drei Vierteln des fiktiven gesetzlichen Erbteils meines Sohnes L. Der so ermittelte Betrag ist unter Berücksichtigung eines Rechnungszinses von 3 % jährlich auf der Grundlage der an meinem Todestag geltenden Sterbetafel auf Lebzeit des Berechtigten zu verrenten.

Die so errechnete Rente ist von dem oder den Erben in monatlichen Raten von je einem Zwölftel des errechneten Jahresbetrags zu zahlen. Die erste Rate ist zahlbar ab dem vollen Monat, der auf die Testamentseröffnung folgt. Die Zahlung hat jeweils am ersten Werktag eines jeden Monats im Voraus zu erfolgen.

Zur Abtretung des Anspruchs bedarf es der Zustimmung des oder der Erben. Ein Kapitalwahlrecht besteht nicht.

Der Beschwerte hat sich auf erstes Anfordern wegen der Zahlungsverpflichtung der sofortigen Zwangsvollstreckung zu unterwerfen. (Alt.: *Dem Nachvermächtnisnehmer wird im Wege eines Untervermächtnisses auferlegt, eine Sicherung seines Anspruchs nicht zu verlangen.*)

Eine Wertsicherung der Rente oder ein Anpassungsvorbehalt wird nicht angeordnet. Ersatzvermächtnisnehmer werden nicht bestimmt.

2.

Hinsichtlich dieses Vermächtnisses wird ein

Nachvermächtnis

angeordnet. Nachvermächtnisnehmer sind die Abkömmlinge meines Sohnes zu gleichen Stammanteilen, ersatzweise seine Geschwister bzw. deren Abkömmlinge untereinander nach den Regeln der gesetzlichen Erbfolge. Das Anwartschaftsrecht ist nicht vererblich und nicht übertragbar. Nachvermächtnisfall ist der Tod meines Sohnes L. Vermacht ist dasjenige, was von der Substanz der L. zugeflossenen Rentenbeträge samt Erträgnissen hieraus und Surrogaten beim Nachvermächtnisfall noch vorhanden ist. Der Vorvermächtnisnehmer ist nicht verpflichtet, Ersatz für die gezogenen Nutzungen oder für Substanzminderungen zu leisten, hat jedoch keinen Anspruch auf Erstattung von ihm getätigter Verwendungen, auch notwendiger oder nützlicher Verwendungen, auf das Vermächtnisgut. Es wird klargestellt, dass sich durch das Nachvermächtnis die Verpflichtung zur Zahlung der Rente nicht verlängert.

3.

Zum Zweck der dauernden Verwaltung des meinem Sohn L Zugewendeten, einschließlich der Erträgnisse hieraus, wird

Testamentsvollstreckung

in Form der Dauertestamentsvollstreckung angeordnet.

(*Anm.: Es folgt die übliche Anordnung der Dauertestamentsvollstreckung beim Behindertentestament insb. des Vermächtnisses*)

Dem Testamentsvollstrecker obliegt also die Erfüllung des Vorvermächtnisses nach dem Erbfall, *ggf.: die dingliche Sicherung der Anwartschaft des Nachvermächtnisnehmers nach dem Erbfall*, die dauernde Verwaltung des Vermächtnisgegenstands auf Lebenszeit des Vorvermächtnisnehmers gem. der in dieser Verfügung von Todes wegen enthaltenen Verwaltungsanordnung, die Ausübung der Rechte und die Erfüllung der Pflichten des Nachvermächtnisnehmers bis zur Erfüllung des Nachvermächtnisses sowie die Erfüllung des Nachvermächtnisses selbst nach dem Nachvermächtnisfall (also dem Ableben des Vorvermächtnisnehmers).

Soll die Hebung des Lebensstandards des Behinderten über Sozialhilfeniveau nicht durch laufende, rentenartige Zahlungen, sondern durch eine **Einmalzuwendung** erfolgen, wird angesichts der Ungewissheit über die künftige Zusammensetzung des Nachlasses regelmäßig ein Quotenvermächtnis (zumindest in Höhe, bzw., zur Reduzierung des Ausschlagungsdrucks, knapp oberhalb der Pflichtteilsquote) ausgesetzt sein. Dieses ist grds. in Geld bemessen, sollte jedoch dem Testamentsvollstrecker die Möglichkeit der Ersetzung belassen, zur Schonung der Liquidität und zur

6495

Vermeidung unwirtschaftlicher Kreditaufnahmen andere Gegenstände (Immobilien, Aktien etc.) zu substituieren (**Quotengeldvermächtnis mit Ersetzungsbefugnis**).[97] Hierzu[98] der folgende

▶ Formulierungsvorschlag: Quotengeldvermächtnis mit Ersetzungsbefugnis (als Vor- und Nachvermächtnis beim Behindertentestament)

6496

1.

Unserem behinderten Kind ..... steht beim Ableben eines jeden von uns ein barer Geldbetrag zu in Höhe von .....% beim Tod des Erstversterbenden, bzw. von .....% beim Tod des länger Lebenden des Wertes des jeweiligen Nachlasses nach Abzug aller Nachlassverbindlichkeiten.

Der Beschwerte ist jedoch berechtigt, das Vermächtnis nach seiner Wahl ganz oder teilweise auch durch die Übertragung anderer Wirtschaftsgüter (Immobilien, Aktien etc.) zu erfüllen. Diese sind in Höhe ihres dann geltenden Verkehrswertes auf das Vermächtnis anzurechnen (Ersetzungsbefugnis). Im Streitfall entscheidet über den Wert des Nachlasses und des Ersetzungsobjektes sowie über die Verteilung seiner Kosten (analog §§ 91 ff. ZPO) ein durch die örtlich zuständige IHK zu benennender Sachverständiger des jeweiligen Fachgebietes als Schiedsgutachter gem. § 317 BGB. Bis zur endgültigen Ermittlung sind angemessene Vorschüsse zu leisten. Sofern für den Beschwerten Testamentsvollstreckung angeordnet ist, übt der Testamentsvollstrecker die Ersetzungsbefugnis aus und ermittelt die angemessene Höhe etwaiger Vorschüsse.

Überträgt der Beschwerte ersetzungsweise nur Bruchteile von Vermögensgegenständen, kann er einen (bei Immobilien dinglich zu sichernden) Aufhebungsausschluss nach § 749 BGB verlangen.

2.

Hinsichtlich dieses Vermächtnisses wird ein

Nachvermächtnis

angeordnet. Nachvermächtnisnehmer sind die Abkömmlinge unseres behinderten Kindes ..... zu gleichen Stammanteilen, ersatzweise seine Geschwister bzw. deren Abkömmlinge untereinander nach den Regeln der gesetzlichen Erbfolge. Das Anwartschaftsrecht ist nicht vererblich und nicht übertragbar. Nachvermächtnisfall ist der Tod unseres behinderten Kindes ..... . Vermacht ist dasjenige, was von der Substanz des an den Vorvermächtnisnehmer Geleisteten samt Erträgnissen hieraus und Surrogaten beim Nachvermächtnisfall noch vorhanden ist. Der Vorvermächtnisnehmer ist nicht verpflichtet, Ersatz für die gezogenen Nutzungen oder für Substanzminderungen zu leisten, hat jedoch keinen Anspruch auf Erstattung von ihm getätigter Verwendungen, auch notwendiger oder nützlicher Verwendungen, auf das Vermächtnisgut.

Dem Vorvermächtnisnehmer wird ferner (im Wege der Erfüllung durch den Vorvermächtnisvollstrecker, nachstehend 3.) auferlegt, nach Anfall des Vorvermächtnisses die Erfüllung des (Ersatz-)Nachvermächtnisses in geeigneter Weise, etwa durch aufschiebend auf den Nachvermächtnisanfall befristete bzw. bedingte Abtretung/Übereignung bzw. durch Eintragung einer Vormerkung, zu sichern; dieser Sicherungsanspruch ist dem Nachvermächtnisnehmer zusätzlich vermacht.

3.

Zum Zweck der dauernden Verwaltung des unserem behinderten Kind ..... Zugewendeten, einschließlich der Erträgnisse hieraus, wird

Testamentsvollstreckung

in Form der Dauertestamentsvollstreckung angeordnet.

---

97 Dieses vermittelt, da der Quotengeldvermächtnisnehmer einem Miterben wirtschaftlich nahe steht, nach *Kornexl*, Der Zuwendungsverzicht, Rn. 175 den Schutz des § 2287 BGB analog (nicht des § 2288 BGB) gegen lebzeitige beeinträchtigende Schenkungen. Die in § 2288 BGB genannten Sachverhalte des »Zerstörens, Beiseiteschaffens oder Beschädigens« können beim Quotenvermächtnis mangels konkreten Bezugsobjektes nicht eintreten.

98 In Anlehnung an *Kornexl*, Nachlassplanung bei Problemkindern, Rn. 330.

C. Unmittelbare Zuwendung an den Destinatär: Vermächtnislösungen Kapitel 14

(*Anm.: Es folgt die übliche Anordnung der Dauertestamentsvollstreckung beim Behindertentestament insb. des Vermächtnisses.*)

Dem Testamentsvollstrecker obliegt also die Erfüllung des Vorvermächtnisses nach dem Erbfall, *ggf. die dingliche Sicherung der Anwartschaft des Nachvermächtnisnehmers nach dem Erbfall,* die dauernde Verwaltung des Vermächtnisgegenstands auf Lebenszeit des Vorvermächtnisnehmers gem. der in dieser Verfügung von Todes wegen enthaltenen Verwaltungsanordnung, die Ausübung der Rechte und die Erfüllung der Pflichten des Nachvermächtnisnehmers bis zur Erfüllung des Nachvermächtnisses sowie die Erfüllung des Nachvermächtnisses selbst nach dem Nachvermächtnisfall (also dem Ableben des Vorvermächtnisnehmers).

V. Der seidene Faden aller Gestaltung: Überleitungsfähigkeit des Ausschlagungsrechtes

1. Überleitung

Auch soweit die Zuwendung die Höhe des Pflichtteils übersteigt, könnte der pflichtteilsberechtigte Vermächtnisempfänger gem. § 2307 Abs. 1 Satz 1 BGB ausschlagen und stattdessen den Pflichtteil geltend machen (die Vermächtniserfüllung sollte daher erst erfolgen, wenn eine Ausschlagung wegen vorheriger Annahme des Vermächtnisses ausscheidet). Eine risikovermeidende Annahme der künftigen Erbschaft bzw. des künftigen Vermächtnisses bereits vor dem Erbfall ist gem. § 1946 BGB nicht möglich,[99] ebenso wenig eine diesbezügliche vertragliche Verpflichtung.[100] Ist der »Behinderte« selbst geschäftsfähig, wird er die postmortale Ausschlagung unterlassen, verlöre er doch dadurch die Chance auf eine Besserung seiner Lebensstellung aus ergänzenden, zugriffsfreien Zuwendungen. Jedwede letztwillige Gestaltung, auch die klassische Erbschaftslösung, steht jedoch (Letztere wegen § 2306 Abs. 1 Satz 2 BGB, bei Sterbefällen ab 2010 in beiden Varianten des § 2306 BGB) unter dem Vorbehalt, dass nicht der Sozialleistungsträger diese Entscheidung (und zwar dann im fiskalischen Sinne zugunsten des Pflichtteilsverlangens) an sich zieht. 6497

Das Ausschlagungsrecht selbst ist allerdings **als Gestaltungsrecht nicht** durch Sozialverwaltungsakt gem. § 93 SGB XII (»Anspruch«) **überleitbar**[101] bzw. geht nicht durch Legalzession gem. § 33 SGB II über – es wäre wohl auch rechtsgeschäftlich nicht abtretbar[102] und seine Ausübung könnte nicht einem Dritten überlassen werden[103] –; aus eigenen Stücken wird der lediglich körperlich Behinderte nicht ausschlagen, da er hierdurch schlechter gestellt würde (ihm entginge der anrechnungsfreie Vermächtniserwerb, stattdessen erhielte er eine schlichte Geldforderung, die nach Überleitung gem. § 93 Abs. 1 Satz 4 SGB XII den öffentlichen Sozialleistungshaushalt entlastet, 6498

---

99 Vgl. BGH, 08.10.1997 – IV ZR 236/96, DNotZ 1998, 830.
100 Gutachten, DNotI-Report 2007, 132, auch nicht als Erbschaftsvertrag gem. § 311b Abs. 5 BGB. Möglich ist nur der umgekehrte vertragliche Zuwendungsverzicht, § 2352 BGB.
101 BGH, 19.01.2011 – IV ZR 7/10, ZEV 2011, 258 m. Anm. *Zimmer* = NotBZ 2011, 168 m. Anm. *Krauß* (obiter, auch mit Hinweis auf die bewusste Untätigkeit des Gesetzgebers); OLG Stuttgart, 25.06.2001 – 8 W 494/99, NJW 2001, 3484; OLG Frankfurt, 07.10.2003 – 14 U 233/02, ZEV 2004, 24; jetzt allgemeine Meinung, vgl. *Nieder*, NJW 1994, 1266; *Krampe*, AcP 1991, 532; *J. Mayer*, DNotZ 1994, 355; *van de Loo* hält seine Meinung in MittRhNotK 1989, 249 im Fall des § 2306 Abs. 1 Satz 2 BGB (»Nebenrecht i.S.d. § 401 BGB zu einem seiner Ausübung bei solchen Beschränkungen bereits ab Erbfall latent vorhandenen Pflichtteilsanspruch«) nicht aufrecht, vgl. ZEV 2006, 471 ff., beachte aber unten Rdn. 6499. RiBGH *Wendt* hatte bereits in ZNotP 2008, 12 prognostiziert, der Senat werde die Überleitung nicht zulassen, da die Erbfolge auf einer grds. nicht mehr umzustoßenden Grundlage stehen müsse.
102 Vgl. AnwK-BGB/*Ivo*, § 1942 Rn. 20; das Ausschlagungsrecht ist lediglich gem. § 1952 Abs. 1 BGB vererblich.
103 OLG Zweibrücken, 13.11.2007 – 3 W 198/07, NJW 2008, 1007, auch nicht durch transmortale Vorsorgevollmacht, a.A. richtigerweise *Schmidt*, ZNotP 2008, 301 und *Keim*, ZErb 2008, 260 (Vertretung ist gem. § 1945 Abs. 3 BGB zulässig, allerdings führt die postmortale Ausschlagung nicht zur Aufhebung der Bindung aus einem entgegenstehenden gemeinschaftlichen Testament).

ihm jedoch keine zusätzlichen Leistungen sichert). Gleiches gilt für den Betreuer eines etwa geistig Behinderten, der die Ausschlagung bei einer allein am Wohl des Betreuten orientierten Entscheidung nicht vornehmen wird bzw. dessen Ausschlagungserklärung durch das Betreuungsgericht (vor 01.09.2009: Vormundschaftsgericht) nicht genehmigt werden wird, sofern er durch die dadurch ermöglichten ergänzenden Zuwendungen besser gestellt wird.[104]

6499 Ebenso wenig ist das Ausschlagungsrecht des Vermächtnisnehmers (§ 2307 BGB) mangels Anspruchsqualität überleitbar.[105] *Van de Loo* sieht jedoch in dieser Ausschlagung dogmatisch eine Art Ausübungserklärung einer Wahlschuld (mit Ausübungsberechtigung entgegen § 262 BGB beim Gläubiger, nicht beim Schuldner) zwischen Vermächtnis einerseits und Pflichtteilsanspruch andererseits. Wenn aber das Ergebnis beider Anspruchsvarianten (Vermächtnisanspruch bzw. Pflichtteilsanspruch) ihrerseits pfändbar/überleitbar sei (wie hier), könne der Pfändende[106]/Überleitungsberechtigte auch das »Wahlrecht« zwischen beiden Varianten ausüben,[107] also ausschlagen, und sodann den entstehenden Pflichtteilsanspruch verwerten. Die These vom Wahlschuldcharakter der Ausschlagung führt jedoch nicht dazu, der »Ausübungserklärung« ihrerseits »Anspruchscharakter« i.S.d. § 93 Abs. 1 SGB XII/§ 33 SGB II zu verleihen, so dass diese Hürde nicht genommen wird.

6500 Offen ist in diesem Zusammenhang ferner die sich anschließende Frage, ob es nicht in jedem Fall bei betreuten Vermächtnisbegünstigten der betreuungs- oder familiengerichtlichen Genehmigung zur Ausschlagung bedürfe, § 1822 Nr. 2 BGB.[108] Bei Sozialhilfebezug wird *van de Loo's* Ansatz ferner deshalb regelmäßig ins Leere gehen, weil die pflichtteilsberechtigten Erben dem Vermächtnisnehmer eine Entscheidungsfrist nach § 2307 Abs. 2 BGB setzen werden, während deren Lauf der Sozialleistungsträger (schon mangels Kenntnis hiervon) kaum beide »Anspruchsvarianten der Wahlschuld« überleiten wird (wogegen gem. § 33 Abs. 1 SGB II der Grundsicherungsträger bereits unmittelbar Inhaber beider Ansprüche wäre, so dass die Fristsetzung ihm ggü. erfolgen müsste).

2. Aufforderung zur Selbsthilfe

6501 Denkbar ist allenfalls, dass der Sozialhilfeträger den Vermächtnisnehmer (oder Erben im Fall des § 2306 Abs. 1 Satz 2 und Abs. 2 BGB, bei Sterbefällen ab 2010 in allen Varianten des § 2306 BGB) bzw. dessen gesetzlichen Vertreter (Betreuer) **auffordert**, im Weg der **Selbsthilfe** die Ausschlagung zu erklären (bzw. bei bereits vor Beginn der besonderen Ausschlagungsfrist erfolgter Erbschaftsannahme diese anzufechten),[109] um seinen Lebensunterhalt bis zur Aufzehrung von den zu erbringenden Pflichtteilszahlungen zu bestreiten. Eine solche Verweisung auf eine zur Verfügung stehende Einkommens- oder Vermögensquelle ist zwar sozialhilferechtlich ohne Weiteres denkbar (bereites Mittel i.S.d. § 2 SGB XII),[110] jedenfalls solange die Ausschlagungsfrist noch

---

104 So ausdrücklich OLG Köln, 29.06.2007 – 16 Wx 112/07, ZEV 2008, 196: keine vormundschaftsgerichtliche Genehmigung zur Ausschlagung für einen zum nicht befreiten Vorerben eingesetzten Behinderten.
105 Leitet der Sozialhilfeträger einen Vermächtnisanspruch auf sich über mit dem Ziel, das Vermächtnis auszuschlagen, ist daher die Verteidigung dagegen aussichtsreich und demnach PKH zu gewähren, vgl. LSG Nordrhein-Westfalen, 23.01.2012 – L 20 SO 565/11B, ZEV 2012, 273 m. zust. Anm. *Zimmer*; hierzu auch *Tersteegen*, ZErb 2013, 141, 143.
106 Für die Pfändung h.M.: *Stöber*, Forderungspfändung, Rn. 32.
107 Anders als bei § 2306 BGB, da die (Vor-)erbenstellung mangels Anspruchsqualität nicht gem. § 93 SGB XII/§ 33 SGB II übergeleitet werden kann; die auch dem Sozialfürsorgegläubiger mögliche Pfändung des Erbteils stellt ihn jedoch, da § 93 Abs. 1 Satz 4 SGB XII nicht gilt, nicht besser als jeden anderen Pfändenden, sie erfasst insb. nicht das Ausschlagungsrecht (da § 401 BGB nicht gilt).
108 Bejahend *Eberl-Borges/Schüttlöffel*, FamRZ 2006, 596 sowie *Wicke*, DNotZ 2006, 498; verneinend *van de Loo*, ZEV 2006, 478.
109 OLG Hamm, 18.03.2004 – 15 W 38/04, MittBayNot 2004, 456.
110 BVerwGE 38, 309 f.

läuft (§ 1944 BGB bzw. im Vermächtnisfall bis zu dessen – daher in solchen Fällen rasch herbeizuführender – Annahme oder zur Herbeiführung der Ausschlagungsfiktion über Fristsetzung gem. § 2307 Abs. 2 BGB);[111] ein Verstoß gegen die Aufforderung des Sozialleistungsträgers wird jedoch nur in seltenen Fällen des § 26 Abs. 1 Satz 1 Nr. 1 SGB XII zu einer Leistungskürzung oder -einstellung führen.

Eine hierbei vorausgesetzte willentliche Vermögensminderung in der **Absicht des Sozialleistungsbezugs** ist nämlich dann nicht anzunehmen, wenn der Bedürftige oder HbL-Bezieher von der letztwilligen Zuwendung erkennbar Vorteile erhält, indem diese in Teilbereichen die staatlichen Sozialhilfeleistungen durch qualitativ bessere oder zusätzliche Leistungen ersetzt oder ergänzt.[112] Ein Verweis des Sozialleistungsträgers auf das Selbsthilfegebot ist ferner nur statthaft, wenn es sich um »bereite« Mittel handelt, die Ansprüche also alsbald realisierbar sind[113] und deren Einsatz der leistungsberechtigten Person auch zumutbar ist. Die Überführung des BSHG in das SGB XII hat trotz dieser bekannten Diskussion nicht zu einer Verschärfung des Leistungskürzungsrechtes des Sozialleistungsträgers geführt.

6502

Steht der Hilfeempfänger unter Betreuung, wird eine Kürzung nach § 26 Abs. 1 Satz 1 Nr. 1 SGB XII regelmäßig ausscheiden, da es sich mangels Genehmigungsfähigkeit der Ausschlagung um kein »bereites Mittel« i.S.d. Rdn. 6502 handelt (vgl. Rdn. 6498); selbst wenn eine solche Genehmigung zu erlangen wäre, müsste sich der Betreute das Verhalten seines gesetzlichen Vertreters **nicht zurechnen** lassen.[114] Faktisch geht die Aufforderung jedenfalls zur Ausschlagung der Erbschaft häufig ohnehin ins Leere, da die 6-Wochen-Frist des § 1944 BGB (jedenfalls bei Inlands-Sachverhalten) bereits verstrichen sein wird, wenn der Sozialleistungsträger vom Sterbefall erfährt.

6503

Problematischer ist allerdings die Wertung in schlichten **Überschuldungs**- bzw. Grundsicherungsfällen (SGB II), in denen aus dem geschützten Vermögen keine zusätzlichen, das staatliche Existenzsicherungsangebot ergänzende Naturalleistungen (wie Urlaubsfahrten mit einem Betreuer etc.) erbracht werden. Die untergerichtliche Rechtsprechung (SG Mannheim, Rdn. 6637) behauptet in solchen Fällen durchaus eine Obliegenheit zur Ausschlagung mit der Folge, dass Sozialleistungen lediglich als Darlehen zu gewähren seien. Dem ist entgegenzutreten:[115] weder führt die Nichtausschlagung zu einer Verminderung des Einkommens oder Vermögens i.S.d. § 31 Abs. 4 Nr. 1 SGB II, noch liegt darin sozialwidriges Verhalten i.S.d. § 34 Abs. 1 Satz 1 SGB II. Auch § 35 SGB II a.F. (Ersatzpflicht des Erben) und § 33 Abs. 1 Satz 1 SGB II (Übergang von Ansprüchen – nicht Rechten –) erfassen den Sachverhalt nicht.

6504

D. Erbschaftslösungen

I. Das »klassische Behindertentestament«: Destinatär als Mitvorerbe, Testamentsvollstreckung

1. Regelungsziel

Der »Urtypus« dieser Verfügung von Todes wegen bei Vorhandensein eines geistig und/oder körperlich behinderten Abkömmlings geht zurück auf ein durch Herrn Kollegen Prof. Dr. *Bengel*, Fürth, etwa im Jahr 1976 beurkundetes gemeinschaftliches Testament, das in der Folgezeit insb.

6505

---

111 Erst dann wird die Vermächtniserfüllung, ggf. durch den Testamentsvollstrecker, vorgenommen werden.
112 Gegen eine Kürzung insb. *Lamprecht*, Der Zugriff des Sozialhilfeträgers auf den erbrechtlichen Erwerb, S. 134 ff.; *Engelmann*, Letztwillige Verfügungen zugunsten Verschuldeter oder Sozialhilfeberechtigter, S. 48 f.; *Kübler*, Das sog. Behindertentestament, S. 135; dafür *Raiser*, MDR 1995, 238; die Möglichkeit der Kürzung immerhin andeutend BGHZ 123, 379.
113 BVerwGE 67, 163.
114 Gutachten, DNotI-Report 1996, 48/53; *Ivo*, FamRZ 2003, 9; *Settergren*, Das »Behindertentestament« im Spannungsfeld zwischen Privatautonomie und sozialhilferechtlichem Nachrangprinzip, S. 128.
115 *Angermaier*, Soziale Sicherung 2010, 194, 198.

durch Organisationen der Behindertenfürsorge (Lebenshilfe e.V.) in anonymisierter Form übernommen sowie bundesweit »empfohlen« und nur geringfügig verändert Gegenstand der bekannten Grundsatzentscheidung des BGH[116] wurde. Das »Behindertentestament« ist daher ein relativ junges Kind der letztwilligen Gestaltung; insb. mangelt es an praktischer Bewährung nach dem Tod der Erblasser.

6506 Ziel der testierenden Elterngeneration ist es hierbei (positives Gestaltungsziel), den behinderten Abkömmling nach ihrem Ableben durch ergänzende Zuwendungen aus dem Nachlass besser zu stellen als er hypothetisch stünde, wenn er lediglich die gesetzlichen Leistungen nach dem Pflegeversicherungsgesetz (SGB XI) und die Ansprüche nach dem SGB XII (Hilfe zur Pflege oder Eingliederungshilfe für Behinderte) geltend machen könnte.

6507 Dies setzt allerdings voraus, dass der Nachlass – auch soweit er im gesamthänderischen oder Alleineigentum des erbenden, behinderten Abkömmlings steht – von einer Verwertungspflicht verschont bleibt (Abwehrziel als notwendiges Mittel zum Zweck), da diese lediglich zum teilweisen Ausgleich des fiskalischen Defizits der Sozialleistungsträger führt, den Behinderten jedoch in keiner Weise besser stellt. So läge es etwa, wenn unter Zugrundelegung des klassischen »Berliner Testaments« bereits beim ersten Sterbefall ein Pflichtteilsanspruch des behinderten Abkömmlings entsteht, den der Sozialleistungsträger als nicht mehr von Gestaltungserklärungen irgendwelcher Art abhängigen Geldanspruch (§ 2317 Abs. 1 BGB) gem. § 93 Abs. 1 Satz 1 und 4 SGB XII ohne Weiteres durch Verwaltungsakt auf sich überleiten kann und geltend machen wird, s. Rdn. 6497 f. Daher liegt in der Vermeidung eines originären Pflichtteilsanspruchs ein notwendiges »Zwischenziel« des Behindertentestamentes.

2. Konstruktionselemente

a) Vorerbschaft

6508 Zur Pflichtteilsvermeidung und gleichzeitigen Immunisierung des dem Hilfebedürftigen zugedachten Nachlasses (§ 2115 BGB; s. Rdn. 6678 ff.) weitverbreitet ist die Einsetzung des »behinderten« Abkömmlings zum bloßen **Miterben** bereits auf den ersten Sterbefall, und zwar als **Vorerbe**.[117] Nacherbe sei bspw.
(1) der weitere, nicht bedürftige Abkömmling,[118] oder
(2) der überlebende Ehegatte, oder
(3) etwaige (auch künftige) Abkömmlinge des Vorerben (zugleich zur Entkräftung der regelmäßig nicht gewollten Wegfallsvermutung der Vorerbschaft insgesamt gem. § 2107 BGB), oder
(4) weiter ersatzweise ein Verein/eine Stiftung der Behindertenhilfe. Ist letztere Körperschaft als endgültiger Destinatär nicht (etwa gem. § 13 Abs. 1 Nr. 16 ErbStG) wegen Gemeinnützigkeit oder Mildtätigkeit von der Erbschaftsteuer befreit, und würde sie lediglich als Ersatznacherbe (nach etwaigen Abkömmlingen des Vorerben) eingesetzt, fiele wegen § 6 Abs. 1 ErbStG sowohl beim Vorerbfall als auch beim Nacherbfall Erbschaftsteuer an.

---

116 MittBayNot 1990, 245 m. Anm. *Reimann;* ähnlich (für etwas größere Vermögen) BGH, ZEV 1994, 35 = NJW 1994, 248.
117 Instruktiv zu Gestaltungsfragen der Vor- und Nacherbschaft in der notariellen Praxis *Hartmann,* ZNotP 2012, 322 ff. und 371 ff. sowie monografisch *Roth/Hannes/Mielke,* Vor- und Nacherbschaft, 2010. Zur Frage der Einbeziehung eines (Voraus- oder gar Verschaffungs)Vermächtnisgegenstandes in die Vor- und Nacherbfolge: *Gutachten,* DNotI-Report 2013, 113.
118 Bei mehreren Nacherbengeschwistern bestand für Sterbefälle bis zum 31.12.2009 die Gefahr, dass aus dem Zusammenspiel von § 2306 Abs. 2 und Abs. 1 Satz 1 BGB a.F. die Schwelle der Pflichtteilsquote ungewollt erreicht bzw. unterschritten wurde, so dass die Beschwerungen als nicht angeordnet galten, vgl. die 3. Auflage dieses Werkes, Rn. 5179 ff.

D. Erbschaftslösungen   Kapitel 14

Ist ohnehin wahrscheinlicher, dass der Behinderte kinderlos versterben wird, also der Ersatznach- 6509
erbfall eintritt, kann demnach[119] die Behindertenorganisation als (dann befreiter) Vorerbe und
die etwaigen Abkömmlinge des Behinderten (dessen Tod den Nacherbfall auslöst) als Nacherben
eingesetzt werden. Sind solche nicht vorhanden, wird der Vorerbe mit dem Tod des Behinderten
Vollerbe, was keine neue Steuer auslöst. Zur Besserstellung des Behinderten (und zugleich zur
Pflichtteilsvermeidung) wird ihm ein Quotengeldvermächtnis mit Ersetzungsbefugnis ausgesetzt,
das unter Dauertestamentsvollstreckung gem. §§ 2209, 2223 BGB (dann regelmäßig durch die
Behindertenorganisation) steht und als Vor- und Nachvermächtnis ausgestaltet ist (Muster s.
Rdn. 6496), sowie ergänzend ein Quotenvermächtnis an den Erträgen des Nachlasses, ebenfalls
unter vorgenannter Testamentsvollstreckung.

I.Ü. ist zu empfehlen, den Vorerben jedenfalls von §§ 2133, 2134 BGB **nicht zu befreien:**[120] Da 6510
der befreite Vorerbe lediglich den beim Nacherbfall noch vorhandenen Nachlass herauszugeben
hat und i.Ü. Schadensersatz nur bei Benachteiligungsabsicht schuldet (§ 2138 BGB[121]), könnten
Sozialleistungsträger ihn darauf verweisen, seinen Unterhalt aus der Substanz des Nachlassanteils
zu bestreiten (§ 2 Abs. 2 SGB XII)[122] und in diesem Umfang gegen den Testamentsvollstrecker
auf Freigabe zu klagen (§ 2217 Abs. 1 BGB); diesen Anspruch könnte der Sozialleistungsträger
auf sich überleiten – sofern keine geeigneten, vorrangigen, Verwaltungsanordnungen erteilt sind
(Rdn. 6511).

Ist der Vorerbe vom Verbot entgeltlicher Verfügungen (§§ 2113,[123] 2114 BGB) und der Einhal- 6511
tung weiterer Verfügungsbeschränkungen (§§ 2116 bis 2118 BGB) befreit, führt dies zwar zur
Fortsetzung der Nacherbenbindungen am Surrogat (§ 2111 BGB),[124] allerdings kann der Testamentsvollstrecker dadurch gehalten sein, das liquide gewordene Vermögen rascher und umfassender einzusetzen. Ist der Testamentsvollstrecker zugleich Nacherbe, besteht ebenfalls kein Bedarf
an einer Befreiung vom Verfügungsverbot, da er in seiner Eigenschaft als Nacherbe zustimmen
kann,[125] ebenso bei Testamentsvollstreckung über den Nacherben oder die Nacherbenrechte gem.
§ 2222 BGB, Rdn. 6514. Von §§ 2119, 2123 (dauerhafte Geldanlage; Waldwirtschaftsplan) kann
und sollte jedoch sicherlich Befreiung erteilt werden, auch von Auskunftsansprüchen und der
Pflicht zur Stellung von Sicherheiten (§§ 2127 bis 2129 BGB), auch mit Hinblick darauf, dass
sonst gem. § 2119 BGB nur die wenigen in § 1807 BGB genannten, »mündelsicheren« Anlage-
formen, also bspw. deutsche Staats- oder Kommunalanleihen, zur Verfügung stehen, die derzeit
keine Rendite mehr bringen.

Werden einzelne Gegenstände (z.B. Finanzvermögen) von der Beschränkung durch Vor- und
Nacherbfolge (und Testamentsvollstreckung) ausgenommen, unterliegen sie naturgemäß dem So-
zialhilfezugriff.[126]

Zur Vermeidung einer Verletzung der Nacherbenrechte, kann der Nacherbe gem. § 2128 Abs. 1 6512
BGB, wenn das Verhalten oder die ungünstige Vermögenslage des Vorerben Anlass zur Besorgnis

---

119 Vgl. *Kornexl*, Nachlassplanung bei Problemkindern, Rn. 334, mit Formulierungsvorschlag Rn. 335.
120 Ausführlich hierzu *Spall*, in: FS 200 Jahre Notarkammer Pfalz, 2003, S. 140 ff.
121 Hierzu *Muscheler*, ZEV 2012, 389 ff.
122 *Otte*, JZ 1990, 1027; a.A. OVG Sachsen, NJW 1997, 2898; zum Ganzen vgl. Gutachten, DNotI-Re-
    port 1996, 48 ff.
123 Verfügungen sind dann jedoch mit Zustimmung der Nacherben [nicht der Ersatznacherben: BGH,
    01.03.2005 – VI ZB 47/03, NJW-RR 2005, 956] möglich. Letztere können durch Genehmigungsver-
    mächtnis verpflichtet werden, bestimmten Verfügungen zuzustimmen [falls sie beim Eintritt des Nach-
    erbfalls Erben werden].
124 Wird während der Vorerbschaft nach einem vor dem 29.09.1990 verstorbenen Erblasser ein Grund-
    stück aufgrund des VermG restituiert, fällt dieses gem. § 2111 BGB sodann an den Nacherben, BGH,
    17.03.2010 – IV ZR 144/08, ZEV 2010, 247.
125 BGHZ 40, 115, *Wegmann*, ZErb Beilage Fachanwalt Erbrecht 2005, 33.
126 OVG Nordrhein-Westfalen, 18.07.2008 – 12 A 2471/06, ZEV 2009, 402.

geben, Sicherheitsleistung verlangen. Ist dieses Verlangen erfolglos geblieben, kommt eine gerichtlich angeordnete Fremdverwaltung gem. §§ 2128 Abs. 2, 1052 BGB in Betracht. Eine sofortige Fremdverwaltung unabhängig von der Sicherheitsleistung kann allenfalls im Weg des einstweiligen Rechtsschutzes gem. §§ 916 ff. ZPO oder in Ausnahmefällen gem. § 242 BGB zu erreichen sein, wenn die Erfolglosigkeit von Sicherheitsanordnungen greifbar ist.[127]

b) Testamentsvollstreckung

6513 Zusätzlich[128] wird (für den ersten wie auch den zweiten Sterbefall, ggf. aufgrund entsprechenden Vorbehalts[129]) **Dauertestamentsvollstreckung** (§ 2209 BGB)[130] angeordnet über die Vorerbschaft[131] und insb. die hieraus zu gewinnenden Erträgnisse, die ja gem. §§ 2124, 2130, 100 BGB sonst[132] freies Eigenvermögen des Vorerben werden, verbunden mit klaren Verwaltungsanweisungen an den Testamentsvollstrecker (§ 2216 Abs. 2 BGB), die den staatlichen Leistungskatalog ergänzende Zuwendungen aus den Erträgnissen dem behinderten Vorerben sichern.[133] Die hiervon betroffenen Vermögenswerte sind wegen § 2211 BGB dem Zugriff des Erben und wegen § 2214 BGB (bereits ab dem Sterbefall, nicht erst mit dem Amtsantritt des Vollstreckers!) dem Zugriff seiner Eigengläubiger entzogen, was zur »Unverwertbarkeit« der im Nachlass vorhandenen Vermögensgegenstände i.S.d. § 90 Abs. 1 SGB XII führt[134] (s. Rdn. 552 ff.).

---

127 Vgl. BGH, 17.06.2015 – IV ZR 410/14, sowie Vorinstanz OLG Schleswig-Holstein, 14.10.2014 – 3 U 7/14, ErbR 2015, 23, 32; *Wendt,* notar 2016, 363, 368 f.

128 Eine »reine Testamentsvollstreckerlösung« eröffnet den postmortalen Zugriff gem. § 102 SGB XII – was die Beteiligten bei nur einem Abkömmling ohne Hoffnung auf weitere Nachkommen in Kauf nehmen mögen – und erscheint auch wegen der noch offenen Schwächen, unten Rdn. 6564, nicht empfehlenswert, ebenso *Spall,* MittBayNot 2007, 70 zur Entscheidung des OVG Saarland, 17.03.2006 – 3 R 2/05, MittBayNot 2007, 65.

129 Gem. § 2278 Abs. 2 BGB ist zwar die Anordnung der Testamentsvollstreckung nicht vertragsmäßig möglich, gleichwohl beeinträchtigt die Anordnung der Vollstreckung [und u.U. auch die Auswechslung der Person des Vollstreckers, BGH 06.04.2011 – IV ZR 232/09 MittBayNot 2011, 502], die Position des vertragsmäßig Bedachten und ist damit gem. § 2289 Abs. 1 Satz 2 BGB unwirksam, wenn kein Vorbehalt getroffen wurde, *Weidlich,* MittBayNot 2011, 453, 454; *Gutachten,* DNotI-Report 2015, 155. De lege lata lässt sich die »Bindungswirkung« der Testamentsvollstreckung über die Bedingungslösung erreichen, vgl. *Becker,* notar 2015, 371 f.

130 Übersicht zu den Motiven der Anordnung einer Testamentsvollstreckung *Schleifenbaum,* ErbR 2015, 170 ff. und 230 ff., zur Gestaltung *Rott,* ErbR 2015, 345 ff. = ZNotP 2016, 138 ff.

131 U.U. auch über die Nacherbenrechte während der Vorerbschaft, § 2222 BGB, vgl. Rdn. 6514, aber nicht zugleich über die Nacherbschaft selbst, wie es zu vermuten wäre, wenn der Vor- und Nacherbfolge schlicht »Dauertestamentsvollstreckung« angeordnet wird, vgl. OLG Düsseldorf, 03.01.2012 – I-3 Wx 217/11, MittBayNot 2012, 468 m. Anm. *Reimann;* für eine im Zweifel enge Auslegung (nur Dauervollstreckung über die Vorerbschaft) jedoch OLG München, 15.04.2016 – 34 Wx 158/15, ZEV 2016, 325 m. Anm. *Reimann* (beim Behindertentestament gehe es gerade um Vermögenserhalt, nicht um Erleichterung der Verfügung).

132 Grds. gebühren dem Vorerben die vollen Nutzungen der Erbschaft, der Erblasser kann allerdings das Fruchtziehungsrecht, z.B. auf die »Reinerträgnisse«, beschränken: OLG München, 02.09.2009 – 20 U 2151/09, ZEV 2009, 622.

133 Seit Inkrafttreten des Grundsicherungsgesetzes empfiehlt sich, nicht mehr nur von »Sozialhilfeleistungen«, sondern von »Sozialleistungen« zu sprechen; die Eingliederung des GSiG in §§ 41 ff. SGB XII hat die Thematik allerdings entschärft, *Littig,* in: FS für Damrau, 2007, S. 185.

134 So ausdrücklich (zu einem Sachverhalt ohne gleichzeitige Vor- und Nacherbfolge, in welchem also nach dem Tod des Bedürftigen § 102 SGB XII die Verwertung seines Nachlasses ermöglicht, was die Beteiligten bei nur einem Kind in Kauf nahmen) OVG Saarland, 17.03.2006 – 3 R 2/05 (rk.), MittBayNot 2007, 65 m. Anm. *Spall* (durch Auslegung wurden die im Testament der Großmutter zugunsten der behinderten Enkelin enthaltenen Anweisungen an den Testamentsvollstrecker dahin gehend konkretisiert, dass eine Substanzverwertung zugunsten der Heimkosten nicht in Betracht komme), ebenso zuvor VGH Baden-Württemberg, NJW 1993, 152; VGH Hessen, NDV 1989, 210.

D. Erbschaftslösungen Kapitel 14

Der Testamentsvollstrecker über den **nicht befreiten Vorerben** kann nach h.M. nicht mehr Rechte haben als der Vorerbe ohne Testamentsvollstreckung selbst, unterliegt also nicht nur den seinem Amt immanenten Beschränkungen, sondern auch insb. den Verfügungsbeschränkungen der §§ 2113, 2114 BGB, die zum Schutz des Nacherben angeordnet sind und bleiben.[135] Ist allerdings der Testamentsvollstrecker zugleich über die Rechte des Nacherben vor Eintritt des Nacherbfalls eingesetzt – § 2222 BGB[136] –, oder ist er selbst Nacherbe (wie im Regelfall der überlebende Ehegatte) bzw. Testamentsvollstrecker für den Nacherben,[137] kann er auch bei nicht befreiter Vorerbschaft frei – allerdings nur entgeltlich, § 2205 Satz 3 BGB, Rdn. 6470, 6600 – verfügen[138] und dabei auch i.R.d. Verwaltungsanordnungen (§ 2216 BGB) Substanzeingriffe vornehmen. Andernfalls bedarf es in den Fällen des § 2113 BGB der Mitwirkung der Nacherben, was insbesondere dann misslich sein kann, wenn deren Kreis noch nicht endgültig feststeht (z. B. mögliche künftige Abkömmlinge des Vorerben, so dass gemäß § 1913 BGB ein Pfleger zu bestellen wäre, der nur mit – kaum zu erlangender – Genehmigung des Betreuungsgerichts zustimmen könnte).[139] 6514

Die Testamentsvollstreckung setzt sich jedenfalls bei der (wie hier) gegebenen Dauervollstreckung nach h.M. am **Surrogat** fort (§ 2041 BGB analog), was gleichwohl zur Klarstellung ausdrücklich angeordnet werden mag. Der Surrogationsbegriff wird dabei weit verstanden, er erfasst z.B. auch die Kommanditbeteiligung, die ein Erbe für die Einbringung von Nachlasswerten gegen Gewährung von Gesellschaftsrechten erhält.[140]

Derselbe Testamentsvollstrecker kann über die Vorerbschaft und die Rechte des Nacherben eingesetzt sein.[141] Ist der Testamentsvollstrecker nicht ohnehin zugleich Nacherbe, ist zu erwägen, ihn auch hierüber zum Vollstrecker zu bestimmen, um eine möglichst deckungsgleiche Umsetzung der Verwaltungsanordnungen zu ermöglichen (und zudem bei minderjährigen Nacherben dem Erfordernis familiengerichtlicher [vor 01.09.2009 vormundschaftsgerichtlicher] Genehmigung zu entgehen[142]). 6515

Zur Wahl der »richtigen Person« des Testamentsvollstreckers s.u. Rdn. 6573 ff.; zur möglicherweise erforderlichen »Dauerergänzungsbetreuung« s. Rdn. 6469 und Rdn. 6574 ff., zu den Anordnungen an den Vollstrecker Rdn. 6564 ff. 6516

---

135 *Bengel/Reimann*, Handbuch der Testamentsvollstreckung, 4. Kap., Rn. 198; *Mayer/Bonefeld/Wälzholz/Weidlich*, Testamentsvollstreckung, § 22 Rn. 22; a.A. OLG Stuttgart, BWNotZ, 1980, 92 und *Nieder/Kössinger*, Handbuch der Testamentsgestaltung, § 10 Rn. 98, nach deren Ansicht die Verfügungsbeschränkungen des Vorerben nur das Verhältnis zum Nacherben betreffen. Vgl. auch Gutachten, DNotI-Report 2007, 36. Auf die Auslegung der Verfügung von Todes wegen abstellen will *Schaal*, notar 2010, 431, 434.
136 Vgl. OLG München, 15.04.2016 – 34 Wx 158/15, NotBZ 2017, 107, vgl. *G. Müller*, NotBZ 2017, 81, 84; dies ist bei Vorhandensein minderjähriger oder noch ungeborener Nacherben ohnehin unabdingbar!
137 BayObLG, 30.01.1991 – Breg 2 Z 1/91, MittBayNot 1991, 122, 123.
138 BGHZ 40, 115, 119, LG Köln, MittRhNotK 1981, 140; Gutachten, DNotI-Report 2007, 36, dort auch zu den möglichen, hier nicht einschlägigen, Funktionsverbindungen (BayObLG, NJW 1976, 1692: Mitvorerbe kann Vollstrecker über die Vorerbschaft und die Nacherbenrechte sein, wenn Vollstreckung durch ein Kollegium ausgeübt wird; möglicherweise kann auch ein Mitvorerbe zum alleinigen Nacherbenvollstrecker benannt werden.
139 So im Fall OLG München, 15.04.2016 – 34 Wx 158/15, DNotI-Report 2016, 90.
140 BGH, 21.11.1989 – IVa 220/88, BGHZ 109, 244.
141 Vgl. BGHZ 127, 360; *Schubert*, JR 1996, 60.
142 Zur Entbehrlichkeit familiengerichtlicher Genehmigung beim Tätigwerden eines Testamentsvollstreckers für einen minderjährigen Erben vgl. OLG Karlsruhe, 01.06.2015 – 11 Wx 29/15, MittBayNot 2016, 152.

6517 Um den Eindruck einer unzulässigen Nachrangvereinbarung nicht aufkommen zu lassen, empfiehlt es sich, die **Verwaltungsanordnungen** für den Testamentsvollstrecker positiv zu formulieren und damit die (auch aus Sicht des BGH) anerkennenswerten Motive der Testatoren (Rdn. 6506) anklingen zu lassen: Die Anordnungen sollen zu einer Verbesserung der Lebensqualität des Behinderten/Bedürftigen führen, indem ihm Leistungen zugewendet werden, die er durch den Standard der Sozialfürsorgeleistungen nicht bekäme.[143]

6518 Daher ist entscheidend, dass die der Testamentsvollstreckung unterliegenden Werte zuvörderst der **Finanzierung ergänzender Hilfeleistungen** dienen, die Übernahme der Heimkosten oder sonstiger vom Staat übernommenen Aufwands (Bekleidungsbeihilfe![144]) selbst also erst dann zu erfolgen hat, wenn dies ohne Gefährdung vorrangiger Ziele aus den Erträgen (je nach Anordnung auch aus der Substanz, allerdings unter Vermeidung vorzeitigen Aufbrauchs) möglich ist.[145] Neben der sorgsamen Formulierung ist auch die genaue Umsetzung der Verwaltungsanordnungen entscheidend,[146] optimaler Weise durch Direktbegleichung der Rechnungen des jeweiligen Leistungsanbieters.[147] Zum Schutz gegen den Zugriff Dritter muss freilich die Befugnis zur **Verwertung der Substanz** beschränkt sein auf Zuwendungen, welche den Lebensstandard des Destinatärs über die staatliche »Grundversorgung« hinaus verbessern,[148] darf insbesondere nicht in das freie Ermessen des Testamentsvollstreckers gestellt werden.[149] Je weniger das zur Verfügung stehende Vermögen nennenswerte Erträge abwirft (Niedrigzinsphase!), um so mehr sollten Substanzeingriffe gestattet sein, z.B. durch Bestimmung eines jährlich mindestens einzusetzenden Betrages. Solche ausdrückliche Anordnungen gehen dem sonst auf Herausgabe der Erträge gerichteten (überleitungsfähigen und pfändbaren) Anspruch vor,[150] sofern die Anordnung nicht wegen § 2216 Abs. 2 Satz 2 BGB unwirksam sein sollte, vgl. Rdn. 6564 ff. Teilweise hat die Rechtsprechung diese Befugnis zum Substanzeingriff und ihre Beschränkung aus dem Sinn und Zweck der Verwaltungsanordnung erschlossen.[151]

6519 Selbst in den Fällen, in denen die dem Testamentsvollstrecker erteilten Anweisungen (§ 2216 BGB) nicht eindeutig ausweisen, dass der Vermögensstamm nicht für den privaten Lebensunterhalt des der Vollstreckung Unterworfenen (Erben oder Vermächtnisnehmers) zur Verfügung stehen soll, hilft die sozialgerichtliche Rechtsprechung durch Heranziehung auch außerhalb des Testaments liegender Umstände i.R.d. Auslegung, einen entsprechenden Erblasserwillen herauszuarbeiten und umzusetzen. Damit kann der Betroffene ggü. dem Testamentsvollstrecker nicht im Weg der Selbsthilfe Teile der Vermächtnis- bzw. Erbschaftssubstanz zur Finanzierung des allgemeinen Lebensunterhalts einfordern, so dass kein verwertbares Vermögen i.S.d. § 12 Abs. 1

---

143 Vgl. *Ivo*, Erbrecht effektiv 2004, 44.
144 LSG Hessen, 26.06.2013 – L 6 SO 165/12, notar 2014, 20.
145 Das OVG Saarland, ZErb 2006, 275 hat zur Aufrechterhaltung des Gewollten diese Konkretisierung der Anweisung (§ 2216 BGB) durch Auslegung, gestützt auch auf eine Stellungnahme des beurkundenden Notars, gewonnen.
146 LSG Darmstadt, 26.06.2013 – L 6 SO 165/12, notar 2014, 20: schädliche Barauszahlung von Mitteln, die zur Anschaffung neuen Mobiliars bestimmt waren.
147 Vgl. Hinweise für die Praxis, RdL 2013, 212; *Doering-Striening*, ZErb 2014, 105 ff.
148 *Kornexl*, Nachlassplanung bei Problemkindern, Rn. 301.
149 Arg. aus BGH, 27.03.2013 – XII ZB 679/11, MittBayNot 2013, 390 m. Anm. *Tersteegen,* wo der Aufwendungsersatzanspruch eines Ergänzungsbetreuers aus dem ererbten Vermögen entnommen werden konnte, da Substanzeingriffe »damit der Betreute sein Leben wie bisher weiterführen kann« in das freie Ermessen des Testamentsvollstreckers gestellt waren, vgl. *Gutachten,* DNotI-Report 2014, 148 ff. und *Wendt,* ErbR 2015, 62, 66.
150 MünchKomm-BGB/*Zimmermann,* § 2216 Rn. 15; *Hartmann,* ZEV 2001, 89, 90; zweifelnd *Limmer,* Erbrechtsberatung 2007, S. 43, 64 f., da der Testamentsvollstrecker gem. § 2220 BGB nicht von der Verpflichtung der ordnungsgemäßen Verwaltung befreit werden kann.
151 BGHZ 123, 368, 373.

SGB II vorliegt,[152] wobei eine ausdrückliche diesbezügliche Festlegung stets vorzuziehen ist.[153] Dabei wird auch betont, dass in der Anordnung der Testamentsvollstreckung selbst keine sittenwidrige Schädigung des Grundsicherungs-/Sozialhilfeträgers liege, da/soweit sie einer sittlichen Verpflichtung des Erblassers zum Schutz des Wohls des Kindes entspreche, diese insb. in seiner gesundheitlichen Situation begründet sei (so dass beim sog. Bedürftigentestament insoweit eine andere Wertung denkbar ist, vgl. Rdn. 6689). Selbst wenn es zu ausdrücklichen Ergänzungen der dem Testamentsvollstrecker erteilten Anordnungen gem. § 2216 BGB durch das Nachlassgericht kommt, um den Erblasserwillen besser zur Geltung zu bringen, kann der Sozialhilfeträger als lediglich wirtschaftlich Drittbetroffener hiergegen keine Beschwerde einlegen, da nicht seine rechtlichen Interessen i.S.d. § 59 Abs. 1 FamFG betroffen sind.[154]

3. Gefährdungen

Die o.g. Beschränkungen entfallen u.U., sofern nicht § 2338 BGB eingreift (nachstehend Rdn. 6521 ff.) kraft Gesetzes gem. § 2306 Abs. 1 Satz 1 BGB a.F. bei Sterbefällen bis Ende 2009 (nachstehend Rdn. 6525 ff.); andernfalls könnte der behinderte/überschuldete Erbe die Lösung ggf. durch Erbausschlagung und Pflichtteilsverlangen gem. § 2306 Abs. 1 Satz 2 BGB (bei Sterbefällen ab 2010 in allen Varianten des § 2306 BGB) vereiteln (nachstehend Rdn. 6547 ff.); Gleiches gilt für den etwa zum Nacherben eingesetzten »Behinderten« (§ 2306 Abs. 2 BGB). 6520

a) § 2338 BGB als Vorkehrung?

Diese Risiken eines Wegfalls der notwendigen Beschränkungen würden gebannt im Fall einer **Pflichtteilsbeschränkung ggü. Abkömmlingen in guter Absicht** gem. § 2338 BGB: Sie soll Gläubiger des betroffenen Abkömmlings von dessen Nachlassbeteiligung fernhalten und die Vermögenssubstanz seinen gesetzlichen Erben erhalten. Hierfür bedient sie sich der »klassischen« Gestaltungsmittel der Testamentsvollstreckung und der Vor-/Nachvermächtnis- bzw. -erbschaftsbindung: Wurde der betroffene Abkömmling enterbt, unterliegt die Substanz des Pflichtteilsanspruchs der Verwaltungsvollstreckung;[155] ferner kann ein Nachvermächtnis zugunsten der gesetzlichen Erben angeordnet werden. Findet (wie in der Konstellation des Behinderten-/Bedürftigentestaments) keine Enterbung statt, bleiben die in § 2306 Abs. 1 BGB genannten Beschränkungen trotz Einsetzung nur i.H.d. Pflichtteils bzw. trotz Ausschlagung angeordnet. § 2289 Abs. 2 BGB erlaubt bei einem Erbvertrag (auch ohne Anpassungs- oder Rücktrittsvorbehalt) die nachträgliche »einseitige« Anordnung der Pflichtteilsbeschränkung. Gleiches gilt gem. § 2271 Abs. 3 BGB für das gemeinschaftliche Testament. 6521

Die wohlmeinende Pflichtteilsbeschränkung eines überschuldeten Abkömmlings durch Nacherbfolge und Testamentsvollstreckung gem. § 2338 BGB, die nur bei Eintritt der kumulativen Voraussetzungen des Gesetzes[156] möglich ist, kommt allerdings nicht in Betracht bei der oben geschilderten Konstellation des Bezugs von HbL-Sozialleistungen, weil im Zeitpunkt der Testamentserrichtung ggü. dem Behinderten als künftigem Erben Aufwendungsersatzansprüche gem. § 92 SGB XII nicht vorliegen werden, da gegenwärtiges Einkommen oder Vermögen des Behin- 6522

---

152 So ausdrücklich LSG Baden-Württemberg, 09.10.2007 – L 7 AS 3528/07, ZFSH/SGB 2007, 669 ff. = ZEV 2008, 147, Tz. 10. Selbst wenn dem Testamentsvollstrecker der Zugriff auf das Vermögen gestattet ist, liegt kein verwertbares Vermögen vor, wenn er aufgrund entsprechender Verwaltungsanweisung nur solche Zuwendungen machen darf, die nicht auf Sozialleistungen angerechnet werden.
153 *Tersteegen*, ZEV 2008, 121, 123.
154 OLG München, 16.05.2017 – 31 Wx 7/17, ZErb 2017, 195.
155 Lediglich die jährlichen Reinerträge gebühren ihm, § 2338 Abs. 1 Satz 2 BGB (auch die Erträge können der Vollstreckung unterstellt werden, wenn der Anwendungsbereich des § 2306 BGB eröffnet ist und der Betroffene die Beschränkung akzeptiert, vgl. *J. Mayer*, in: Mayer/Süß/Tanck/Bitter/Wälzholz, Handbuch Pflichtteilsrecht, § 8 Rn. 102.
156 *Redig*, EE 2012, 46 ff.; auch zur Angabe des Beschränkungsgrundes in der letztwilligen Verfügung.

derten nicht vorhanden sind. Die von § 2338 BGB vorausgesetzte gegenwärtige Überschuldung bei Errichtung der beschränkenden Verfügung ist also (noch) nicht gegeben.

6523 Weiterhin hat die Gestaltung über § 2338 BGB den immanenten Nachteil, dass die Anordnungen gem. § 2338 Abs. 2 BGB automatisch unwirksam werden, wenn die Überschuldung vor (nicht nach)[157] dem Eintritt des Erbfalls entfällt, sowie dass als Nacherben oder Nachvermächtnisnehmer nur die Gesamtheit seiner gesetzlichen Erben, die zum Zeitpunkt des Todes des Abkömmlings vorhanden sein werden, und nur gem. der gesetzlichen Erbquoten eingesetzt werden können.[158] § 2338 BGB bietet daher i.R.d. »Behindertentestamentes« regelmäßig keinen Ausweg.[159] In dauerhaften »schlichten Überschuldungsfällen« kommt sie allerdings zur Anwendung:

▶ Formulierungsvorschlag: Pflichtteilsbeschränkung in wohlmeinender Absicht bei überschuldeten Kindern

6524 Mein Sohn ..... ist überschuldet/*ist verschwendungssüchtig, was sich aus folgenden Umständen ergibt:* .... Dadurch ist der Bestand seines künftigen erbrechtlichen Erwerbs erheblich gefährdet. Ich ordne daher gemäß § 2338 BGB folgende Beschränkung seines Pflichtteils in wohlmeinender Absicht an:

a) Soweit mein genannter Sohn nach meinem Tod seinen gesetzlichen Pflichtteil verlangen und erhalten sollte, fallen die an ihn geleisteten Vermögenswerte nach seinem Tod an seine gesetzlichen Erben als Nachvermächtnisnehmer im Verhältnis ihrer gesetzlichen Erbteile. Gleiches gilt für etwaige Vermögenswerte, die zur Erfüllung gesetzlicher Pflichtteilsergänzungsansprüche geleistet wurden.

b) Weiterhin bestimme ich, dass die ihm zugefallenen Vermögenswerte einer Verwaltungs-Testamentsvollstreckung nach § 2209 BGB unterliegen. Er ist von § 181 BGB befreit und in der Eingehung von Verbindlichkeiten nicht beschränkt. Aufgabe des Vollstreckers ist die dauerhafte Verwaltung der Vermögenswerte, die zur Erfüllung des Pflichtteils oder von Pflichtteilsergänzungsansprüchen geleistet wurden, einschließlich der daraus erzielten Erträge, und die Freigaben dieser Werte nur in solchem Maß, dass mein Sohn sie sinnvoll zur Verbesserung seiner Lebensumstände einsetzen kann; ich gehe dabei aus von einer monatlichen Summe von ..... € zur freien Verfügung. Der Vollstrecker hat auch das Nachvermächtnis zu erfüllen.

Als Testamentsvollstrecker benenne ich: .... Der Vollstrecker erhält neben der Erstattung seiner Auslagen eine jährliche Vergütung in Höhe von einem Prozent des Wertes des verwalteten Vermögens.

b) § 2306 Abs. 1 Satz 1 BGB a.F. (Sterbefälle bis Ende 2009)

6525 Die Quote, zu welcher der behinderte Vorerbe bereits auf den ersten Sterbefall eingesetzt wird, musste bei Sterbefällen bis Ende 2009 auf jeden Fall höher sein als dessen Pflichtteilsquote, da sonst die vorerwähnten Beschränkungen der Nacherbschaft und der Testamentsvollstreckung als nicht angeordnet galten (§ 2306 Abs. 1 Satz 1 BGB a.F.), mithin also eine schlichte Einsetzung zum Miterben vorlag, die den Weg zu einem Regress des Sozialleistungsträgers durch Verwertung dieses einsatzpflichtigen Vermögens im Weg der Auseinandersetzungsversteigerung eröffnete (§§ 90 Abs. 1, 93 Abs. 1 SGB XII, §§ 180 ff. ZVG). Die mathematisch korrekte Bestimmung der Pflichtteilsquote erfordert genaue Kenntnis des Sachverhaltes einschließlich des Güterstandes der Beteiligten.

▶ Hinweis:

6526 Selbst eine »rechnerisch richtige« Quotenermittlung konnte jedoch bei Sterbefällen bis zum 31.12.2009 ungewollt und häufig auch unerkannt zur Anwendung des § 2306 Abs. 1 Satz 1 BGB a.F. führen, etwa bei Einsetzung mehrerer pflichtteilsberechtigter Nacherben aufgrund

---

157 Insoweit müsste mit auflösender Bedingung gearbeitet werden, vgl. AnwK-BGB/*Herzog*, § 2338 Rn. 15, was allerdings aufgrund der dadurch begründeten Anwartschaft auf Vollerbenstellung ein neues potenzielles Pfändungsziel schafft.
158 Vgl. DNotI-Gutachten, Faxabruf-Nr. 12122 v. 20.05.2005.
159 Formulierungsvorschlag bei *Kornexl*, Nachlassplanung bei Problemkindern, Rn. 643.

§ 2306 Abs. 2 i.V.m. Abs. 1 Satz 1 BGB (vgl. Rn. 5179, 5195 ff. der dritten Auflage dieses Werks). Auch unter Geltung des neuen Rechtes sind die Folgen vorangegangener Zuwendungen (Anwendbarkeit der Werttheorie i.R.d. § 2305 BGB bzw. der §§ 2316, 2325 BGB, Rdn. 6531 ff.), und schließlich als Folge einer postmortalen Veränderung der Erbquoten infolge Ausschlagung durch den überlebenden Ehegatten zu beachten (Rdn. 6544 ff.).

Aufgrund der Änderung des **Pflichtteilsrechts** entfallen für Sterbefälle ab 01.01.2010 (Art. 229 § 21 Abs. 4 EGBGB) die bisher anzutreffenden Probleme des »automatischen« Wegfalls der Beschränkungen und Beschwerungen im Fall des § 2306 Abs. 1 Satz 1 BGB a.F., verbunden mit dem schwer lösbaren Abgrenzungsproblem, was unter der »Hälfte des gesetzlichen Erbteils« im Sinn dieser Vorschrift zu verstehen sei (vgl. Rn. 3143 ff. der 3. Auflage). Damit erledigt sich auch das bis Ende 2009 noch durch § 2306 Abs. 2 BGB heraufbeschworene Risiko der »automatischen Quotenreduzierung« bei zu geringen Nacherbanteilen. Unter Geltung des neuen Rechtes ist (wie bereits durch die erste Kommission zum BGB im Jahr 1888 vorgeschlagen) die Beschränkungen oder Beschwerungen stets nur durch Ausschlagung zu beseitigen; bleibt der (beschwerte) Erbteil hinter dem Pflichtteil zurück und schlägt der Erbe nicht aus, steht ihm ein Pflichtteilsrestanspruch nach § **2305 BGB** zu, vgl. Rdn. 6530 ff. (der allerdings den Wert der bestehen bleibenden Beschwerung nicht zusätzlich ausgleicht, vgl. § 2305 Satz 2 BGB: wie bei § 2307 Abs. 1 Satz 2 Halbs. 2 BGB bleibt auch i.R.d. § 2305 BGB die Beschwerung bei der Wert- und Quotenermittlung außer Betracht[160]). Die Erbschaftslösung wird demzufolge gestärkt, da der viel beschworene »Super-Gau« des automatischen Entfallens der Beschränkungen nicht mehr eintreten kann.[161]

6527

Entscheidend für die Gestaltung von Behindertentestamenten bleibt dann – gleich ob der beschwerte Erbteil höher oder geringer als die Pflichtteilsquote ist –, dass der »Damm« der Nichtüberleitbarkeit eines Ausschlagungsrechts »hält«, wie derzeit durch den BGH bestätigt (Rdn. 6497 ff.). Für den Betroffenen erleichtert sich die Situation nach dem Erbfall insoweit, als in allen Fällen der Pflichtteilsanspruch nur durch Ausschlagung (nicht wie bisher entweder durch Ausschlagung: § 2306 Abs. 1 Satz 2 BGB oder durch Annahme: § 2306 Abs. 1 Satz 1 BGB) des beschwerten Erbteils erlangt werden kann; allerdings verbleibt die rein tatsächliche Schwierigkeit, in der **knappen Frist des § 1944 BGB** zu ermitteln, ob der Erbteil abzgl. z.B. der angeordneten Vermächtnisse oder aber der unmittelbare Pflichtteil einen höheren Wert repräsentieren. Gerade der nicht beratene Erbe wird die Anfechtungsfrist versäumen und damit auf dem beschwerten und demzufolge wertgeminderten Erbteil »sitzen bleiben«, der durch den Pflichtteilsrestanspruch wegen § 2305 Satz 2 BGB nur »aufgestockt« wird, wenn bereits die Erbquote als solche (ohne Berücksichtigung der Beschwerung) hinter der Pflichtteilsquote zurückbleibt.

6528

Teilweise wird auch unter Geltung des neuen Rechtes empfohlen, dem betroffenen Destinatär eine höhere Quote zuzuwenden als die Pflichtteilsquote, um die **Ausschlagung unattraktiver** erscheinen zu lassen.[162] Bei vernünftiger Abwägung wird freilich der Betroffene selbst, sofern er geschäftsfähig ist, nicht ausschlagen – der gem. § 2306 n.F. BGB entstehende Pflichtteilsanspruch unterliegt dem Verwertungszugriff des Sozialleistungsträgers (Rdn. 6461 ff.), kommt ihm selbst jedoch nicht zugute, und es können auch keine ergänzenden Leistungen aus dem Nachlass zu seinen Gunsten generiert werden, da hierfür kein geschützter »Fonds« mehr zur Verfügung steht. Der für den geistig behinderten Vorerben bestellte (oder gem. §§ 1944 Abs. 2 Satz 3, 203,

6529

---

160 Ebenso bereits die Ursprungsfassung der ersten Kommission zum BGB, § 1981 Abs. 2 des 1. Entwurfs: »Bei der Berechnung des Pflichtteilsrestanspruchs kommt der nicht ausgeschlagene Erbteil als nicht beschränkt, nicht beschwert und nicht belastet in Rechnung.«.
161 So auch die Einschätzung von *Odersky*, notar 2008, 125.
162 Z.B. bei *Schlitt/Müller/G. Müller*, Pflichtteilsrecht, § 10 Rn. 273.

206 BGB zur Ingangsetzung der Frist zu bestellende) Betreuer[163] wird ebenso wenig ausschlagen, da dies dem Wohl des Betreuten nicht entspräche, jedenfalls dürfte die gerichtliche Genehmigung (§ 1822 Nr. 2 BGB) hierfür nicht erteilt werden.[164] Eine Überleitung des Ausschlagungsrechts selbst als Gestaltungserklärung auf den Sozialleistungsträger schließlich kann i.R.d. auf Ansprüche beschränkten § 93 Abs. 1 SGB XII nicht erfolgen[165] und findet ebenso wenig kraft Gesetzes gem. § 33 Abs. 1 SGB II statt – Rdn. 6473 ff. –, vgl. Rdn. 6548 ff. Daher besteht kein überzeugender rechtlicher Anlass mehr, die **Pflichtteilsquote zu überschreiten** – entscheidend ist vielmehr der Verteilungsplan der Erblasser und deren Bestreben, den durch Nacherbfolge und Testamentsvollstreckung geschützten »Fonds« ausreichend zu dotieren, um spürbare Verbesserungen für das behinderte Kind zu erreichen.

c) § 2305 BGB

6530 Auch für Sterbefälle seit 01.01.2010 ist jedoch auf jeden Fall davon abzuraten, die Erbteilsquote des Vorerben zu klein zu wählen, da der sonst entstehende Pflichtteilsrestanspruch des **§ 2305 BGB** – als Teil des ordentlichen Pflichtteils gem. § 2303 BGB – weder den Nacherbschafts- noch den Testamentsvollstreckungsbeschränkungen unterliegt und uneingeschränkt überleitbar ist (Rdn. 6461 ff.). Maßgeblich ist auch i.R.d. § 2305 BGB (wie bei Sterbefällen vor dem 31.12.2009 i.R.d. § 2306 BGB für die Differenzierung ob Abs. 1 Satz 1 a.F. oder Abs. 1 Satz 2 a.F. Anwendung fände) der Vergleich der Quotenhöhe (mit der Hälfte des gesetzlichen Erbteils). **Beschränkungen und Beschwerungen** der in § 2306 BGB bezeichneten Art, also die Belastung mit der Nacherbfolge bzw. der Testamentsvollstreckung, bleiben bei der Berechnung des Wertes gem. § 2305 Satz 2 BGB **außer Betracht** (ebenso wie gem. § 2307 Abs. 1 Satz 2 Alt. 2 BGB bei der Annahme eines Vermächtnisses solche Beschwerungen außer Betracht bleiben): der Erbe hat sich schließlich, da er von einer Ausschlagung gem. § 2306 BGB n.F. abgesehen hat, »aus freien Stücken« diesen Beschränkungen unterworfen.

Doch auch i.R.d. § 2305 BGB können Tücken lauern:

aa) Gefahren aufgrund früherer Zuwendungen

6531 Die Ermittlung des »Wertes des an der Hälfte [des Erbteils] fehlenden Teils« (§ 2305 Satz 1 BGB) ist nicht immer einfach, insbesondere wenn nicht allein die »Quotentheorie« (Vergleich lediglich mit der Bruchteilsgröße des zugewendeten Anteils am Gesamtnachlass)[166] zugrunde zu legen ist, sondern die sog. »**Werttheorie**« (»Quantum statt Quote«); vgl. hierzu Rdn. 3639 ff. zu den ähnlichen Konsequenzen im Bereich des § 2326 BGB, jeweils mit Berechnungsbeispielen. Die ganz h.M. geht (nach wie vor) davon aus, dass die Werttheorie unter bestimmten Umständen auch i.R.d. § 2305 BGB (nicht nur wie bisher bei der Prüfung des § 2306 BGB) Anwendung finden kann (obwohl sich das mit dieser Theorie verfolgte Ziel, den erbenden Pflichtteilsberechtigten nicht schlechter zu stellen als den völlig enterbten Pflichtteilsberechtigten, nun auch durch unmittelbare Anwendung des § 2316 BGB erreichen ließe[167]).

---

163 Vorausgesetzt, sein Aufgabenkreis i.S.d. § 1902 BGB umfasst auch die Ausschlagung (die »Vermögenssorge« umfasst im Gegensatz zu »allen Angelegenheiten« zwar die Annahme, aber wohl nicht die Ausschlagung einer Erbschaft, vgl. *Wirich*, ZErb 2013, 249, 250.
164 So ausdrücklich OLG Köln, 29.06.2007 – 16 Wx 112/07, ZEV 2008, 196: keine vormundschaftsgerichtliche Genehmigung zur Ausschlagung für einen zum nicht befreiten Vorerben eingesetzten Behinderten.
165 OLG Stuttgart, NJW 2001, 3483; OLG Frankfurt, ZEV 2004, 24, ganz h.M., obiter auch bestätigt in BGH, Urt. v. 19.01.2011 – IV ZR 7/10, FamRZ 2011, 472 = NotBZ 2011, 168 m. Anm. *Krauß*.
166 Staudinger/*Haas*, BGB (1998), § 2306 Rn. 5.
167 So z.B. PWW/*Deppenkemper*, 7. Aufl. § 2305 Rn. 2, *J. Mayer* in: *Mayer, J./Süß/Tanck/Bittler/Wälzholz*, Handbuch Pflichtteilsrecht, § 4 Rn. 9 ff.; a.A. die weiter h.M.:*Blum*, in: *Schlitt/Müller*, § 3 Rn. 78 f. m.w.N., *Damrau/Riedel*, § 2305 Rn. 6.

D. Erbschaftslösungen

Diese Werttheorie existiert in drei »Spielarten«: 6532
(1) Die nur vereinzelt vertretene sog. »eingeschränkte« Werttheorie[168] plädiert nur dann für deren Anwendung, wenn der Erbe selbst zur Anrechnung oder Ausgleichung verpflichtet ist.
(2) Eine weitere, im Vordringen befindliche, Mm.[169] sieht in Gegenposition hierzu »erweiterten« 6533 Raum für die Anwendung der Werttheorie, wenn aufgrund früherer Zuwendungen an Dritte Anrechnungs- und/oder Ausgleichspflichten (§§ 2315, 2316 BGB) zu einer Veränderung des ordentlichen Pflichtteils führen, aber auch dann, wenn der belastete (Mit)erbe (allein oder zusätzlich auch) pflichtteilsergänzungsberechtigt (§ 2325 BGB) ist. Maßgebend ist demnach der Wertvergleich zwischen dem hinterlassenen Erbteil[170] einerseits und dem Gesamtpflichtteil des belasteten Miterben andererseits (als der Summe aus dem ggf. nach §§ 2315, 2316 BGB korrigierten ordentlichen Pflichtteil und dem Ergänzungspflichtteil, § 2325 BGB).[171]
(3) Die überwiegende, vermittelnde, Ansicht[172] legt die Werttheorie nur zugrunde beim Vorhan- 6534 densein von Anrechnungs- und Ausgleichspflichten, also Veränderungen des ordentlichen Pflichtteils gem. § 2315 und/oder § 2316 BGB, bezieht also nur diesen in den Wertvergleich ein. Die Ergänzung des Pflichtteils bleibe auch dem beschwerten Erben daneben erhalten (vgl. § 2326 BGB), so dass es eines Rückgriffes auf die Werttheorie insoweit nicht bedürfe.

Sowohl nach der herrschenden (auf den ordentlichen Pflichtteil beschränkten) Ansicht als auch 6535 nach der erweiterten (die Pflichtteilsergänzung mit einbeziehenden) Sichtweise ist demnach die Werttheorie zugrunde zu legen, wenn in der Vergangenheit anrechnungspflichtige (§ 2315 BGB) oder ausgleichungspflichtige (§ 2316 BGB) Schenkungen/Ausstattungen stattgefunden haben. Diese müssten, sofern sie den Betrag des ordentlichen Pflichtteilsanspruchs zugunsten des belasteten Miterben erhöhen, durch eine Erhöhung der (Vor-)Miterbenquote berücksichtigt werden, deren Berechnung jedoch schwerfällt (Rdn. 6536); flexibler hilft wohl ein ergänzendes Voraus-Vermächtnis, das als Vor- und Nachvermächtnis unter Testamentsvollstreckung gestellt sein wird, sofern im Wertvergleich die Summe aus (wenn auch belastetem) Erbteil und (wenn auch belastetem) Vermächtnis berücksichtigt werden darf (s.u. Rdn. 6538 ff.; Muster in Rdn. 6543).

Die angemessene mathematische Erhöhung der Vorerbschaftsquote ist jedoch kaum umsetzbar: 6536
(1) die Schenkungswerte und ihre Indexierung auf das (z.Zt. der Testamentserrichtung noch nicht bekannte) künftige Sterbedatum sind nicht genau bezifferbar;
(2) neue Schenkungen kommen hinzu;
(3) alte werden mit Erreichen des Zehnjahreszeitraumes des § 2325 Abs. 3 BGB gegenstandslos bzw. erfahren bei Sterbefällen ab 2010 für jedes abgelaufene Zeitjahr eine Minderung um 10 % (sofern die Frist angelaufen ist);
(4) schließlich kann auch das Vorliegen einer Schenkung in Abgrenzung zur Ausstattung fraglich sein;
(5) die Lösung versagt schließlich gänzlich bei weitgehend entleerten Nachlässen und hohen Vorschenkungen.

Auch Vertreter der erweiterten Werttheorie gestehen jedoch zu, dass im Rahmen der Prüfung, ob 6537 noch ein Restpflichtteil gem. § 2305 BGB verbleibt, die Summe aus hinterlassenem Erbteil (ohne

---

168 Vertreten z.B. durch OLG Celle, ZEV 1996, 308; tendenziell zustimmend *Weidlich*, ZEV 2001, 96.
169 Z.B. *Bleifuß*, Beschränkungen und Beschwerungen des pflichtteilsberechtigten Erben (§ 2306 BGB), S. 125 ff.; *Schindler*, Pflichtteilsberechtigter Erbe und pflichtteilsberechtigter Beschenkter, Rn. 138, 880 sowie ZErb 2006, 186 ff.
170 Dabei werden unstreitig die auf dem Erbteil ruhenden Beschränkungen und Belastungen beim Wertvergleich nicht berücksichtigt, vgl. schon RGZ 113, 48.
171 Vgl. das Beispiel in Rn. 5170 der dritten Auflage dieses Werks zu den abweichenden Konsequenzen der Mindermeinung i.R.d. § 2306 Abs. 1 Satz 1 BGB a.F.
172 V.a. *J. Mayer*, in: Mayer/Süß/Tanck/Bitter/Wälzholz, Handbuch Pflichtteilsrecht, § 3 Rn. 52 ff.; *Weidlich*, ZEV 2001, 96; *Kerscher/Riedel/Lenz*, Pflichtteilsrecht, § 6 Rn. 43; ebenso OLG Celle, ZEV 1996, 308 sowie OLG Hamburg, 14.04.2015 – 2 W 113/14, ErbR 2015, 681.

Abzug für die Beschwerungen: § 2305 Satz 2 BGB) und etwa ausgesetzten Vermächtnissen (wiederum ohne Abzug für die Beschwerungen, § 2307 Abs. 1 Satz 2, 2. Alt. BGB) auf der einen Seite und der Gesamtpflichtteil auf der anderen Seite zu erfassen seien.

6538 Daher bietet sich an,[173] dem Behinderten/Bedürftigen neben dem belasteten Erbteil (berechnet nach der Quotentheorie) ein **durch die Existenz von Vorschenkungen bedingtes Vorausvermächtnis** (ausgestaltet als Vor- und Nachvermächtnis, der Testamentsvollstreckung unterworfen) auszusetzen, das den isolierten Pflichtteilsergänzungsanspruch (§ 2325 BGB) bzw. den Ausgleichungspflichtteil (§ 2316 BGB) angemessen übersteigt (vgl. das Muster in Rdn. 6543). In Sterbefällen bis zum **31.12.2009** (Art. 229 § 21 Abs. 4 EGBGB) wurde damit nach der erweiternden Auffassung (unter Anwendung der Werttheorie) verhindert, dass die Gefahrenzone des § 2306 Abs. 1 Satz 1 BGB a.F. erreicht wird; nach der herrschenden Auffassung (welche die Quotentheorie anwenden würde) wird vermieden, dass ein schlicht überleitbarer und auf Geldzahlung gerichteter Pflichtteilsergänzungsanspruch entsteht. Für Sterbefälle **seit 01.01.2010** wird das Entstehen freier, überleitbarer Pflichtteilsrestansprüche gem. § 2305 BGB (bei Anwendung der Werttheorie) bzw. (nach neuerer Ansicht, die anstelle der Werttheorie unmittelbar §§ 2325, 2316 BGB anwendet) das Entstehen freier Pflichtteilsergänzungs- oder Ausgleichspflichtteilsansprüche verhindert.

6539 Ist allerdings der Pflichtteilsergänzungsanspruch größer als der noch vorhandene Nachlass, müsste dem Miterben ein Verschaffungsvermächtnis auferlegt werden, das ihn zur Begleichung aus seinem Eigenvermögen nötigt. Beruft sich der Miterbe hiergegen analog § 1992 BGB auf die Überschwerung des Erbteils, so dass dieses Vermächtnis aufgrund der Haftungsbegrenzung nicht durchsetzbar und damit wertlos wäre, dürfte es auch in den Wertvergleich zur Aufstockung des belasteten Erbteils keinen Eingang mehr finden, so dass wiederum § 2305 BGB teilweise eröffnet wäre. In Sterbefälle vor dem 31.12.2009 konnten – viel weitreichender – wegen des Eingreifens von § 2306 Abs. 1 Satz 1 BGB a.F. die Konstruktionselemente des »Behindertentestaments« nicht aufrecht erhalten werden, es sei denn die (im Übermaß, jedoch zu spät, vorab beschenkten) Miterben fügten sich in den teilweisen Rückgriff in ihr Eigenvermögen.[174]

▶ Hinweis:

6540 Ein solches durch die Existenz von Vorschenkungen bedingtes Vorausvermächtnis als Vor- und Nachvermächtnis sollte prophylaktisch (auch mit Blick auf erst noch entstehende Pflichtteilsergänzungsansprüche) in jedes Behinderten-/Bedürftigentestament aufgenommen werden.

6541 Sofern die in Rdn. 6537 referierte Auffassung (der Vertreter der erweiterten Werttheorie), dass im Wertvergleich der Gesamterwerb (aus belastetem Erbteil und Vermächtnis) maßgebend sei, ganz allgemein für die Anwendung der Werttheorie zutreffend ist, also auch in deren unstreitig eröffnetem Kernbereich, eignet sich dieses »komplettierende Vermächtnis« auch als Instrument der Gegensteuerung bei vorausgegangenen Ausgleichungspflichten, also zur **Kompensation der Pflichtteilserhöhungswirkung des § 2316 BGB** (und damit für Sterbefälle seit 01.01.2010 zur Vermeidung des Entstehens ungeschützter Pflichtteilsansprüche, vor dem 31.12.2009 zur Beseitigung der Gefahr, dass wegen Unterschreitens des solchermaßen erhöhten Pflichtteilswertes § 2306 Abs. 1 Satz 1 BGB a.F. eröffnet war).

6542 Ein solcher Textbaustein zur Kompensation von Pflichtteilsergänzungs- und Ausgleichspflichtteilsansprüchen (sowohl hinsichtlich ihrer unheilvollen potenziellen Wirkung i.R.d. Werttheorie zur Unterschreitung der Grenze von § 2305 BGB – bis zum 31.12.2009: zur Unterschreitung der Grenze von § 2306 Abs. 1 Satz 2 BGB a.F. zu dessen Satz 1) könnte etwa den in Rdn. 6543 genannten Wortlaut haben, wobei »C« der behinderte/bedürftige Abkömmling ist, »A« bzw. »B« dessen Geschwister. Der bedingte Anspruch (gerichtet auf Geldleistung, jedoch mit Ersetzungsbefugnis seitens des Beschwerten) übersteigt die Pflichtteilsbetragserhöhung maßvoll, um die

---

[173] Gemäß dem Vorschlag von *Weidlich*, ZEV 2001, 96.
[174] *Schindler*, ZErb 2006, 194.

Ausschlagung des beschwerten Vermächtnisses (§ 2307 Abs. 1 BGB) zu vermeiden (vgl. Rdn. 6561 ff.), wobei die in Rdn. 6529 angestellten Überlegungen an sich (wie i.R.d. § 2306 BGB) auch gegen diese Ausschlagung schon dem Grunde nach sprechen:

▶ Formulierungsvorschlag: Bedingtes Vorausvermächtnis (als Vor- und Nachvermächtnis) beim »Behindertentestament« (als Vorsorge gegen die Werttheorie sowie gegen überleitbare Pflichtteilsansprüche)

Bedingtes Vorausvermächtnis 6543
a) Beschwerter

Der länger lebende Ehegatte wird als Miterbe des erstversterbenden Ehegatten zugunsten des gemeinsamen Kindes C mit folgendem

bedingtem Vorausvermächtnis

beschwert:

Soweit infolge lebzeitige Zuwendungen des erstverstorbenen Ehegatten dem C Pflichtteilsansprüche gleich welcher Art (also Pflichtteilsergänzungsansprüche oder Erhöhungsbeträge hinsichtlich des Ausgleichungspflichtteils, oder Pflichtteilsrestansprüche bei Anwendung der Werttheorie, §§ 2325, 2316, 2305 BGB) gegen den Nachlass oder den Beschenkten zustehen würden, hat der Länger lebende diesem einen baren Geldbetrag in Höhe von 110 % dieser Ansprüche zu verschaffen. Übersteigt der Vermächtnisbetrag den Nachlassanteil, handelt es sich insoweit um ein Verschaffungsvermächtnis.

Das jeweilige Vermächtnis entfällt, wenn C das ihm in dieser Urkunde Zugewendete ausschlägt, ebenso wenn er oder ein (gesetzlicher bzw. gewillkürter) Vertreter oder Überleitungsberechtigter den betreffenden Pflichtteilsanspruch selbst geltend macht (auflösende Bedingung).
b) Nachvermächtnis

C ist jedoch hinsichtlich jedes Vermächtnisses nur

Vorvermächtnisnehmer.

Nachvermächtnisnehmer sind seine Abkömmlinge, ersatzweise die oben genannten anderen Schlusserben A und B gemäß den dort getroffenen Verteilungsgrundsätzen. Die Nachvermächtnisanwartschaftsrechte sind nur an den Vorerben veräußerlich, im Übrigen jedoch unvererblich und unveräußerlich.

Das Nachvermächtnis fällt an mit dem Tod des Vorvermächtnisnehmers.

Die bis dahin zu ziehenden Nutzungen stehen dem Vorvermächtnisnehmer zu. Sie dürfen jedoch nur in derselben Weise verwendet werden, wie die Erträge seines Miterbenanteils.
c) Vermächtnisvollstreckung

Der erstversterbende Ehegatte ordnet zur Sicherung der vorstehenden Nutzungsverwendung hinsichtlich des jeweiligen Vermächtnisses

Vorvermächtnisvollstreckung

an, für welche die unten getroffenen Bestimmungen über die Testamentsvollstreckung am Miterbenanteil von C, auch hinsichtlich der Person des Vermächtnisvollstreckers, entsprechend gelten.

Der Beschwerte ist berechtigt, nach seiner Wahl das Vermächtnis auf seine Kosten durch die Verschaffung von Immobilienvermögen oder anderen Sachwerten zu erfüllen.
d) Bedingtes Vorausvermächtnis beim zweiten Sterbefall

Auch der länger Lebende beschwert die Miterben des C zu dessen Gunsten mit dem oben a bis c geregelten Vor- und Nachvermächtnis als Vorausvermächtnis, ggf. zugleich Verschaffungsvermächtnis, für den Fall, dass aufgrund lebzeitiger Zuwendungen des Länger Lebenden unserem Kind C Ansprüche der genannten Art gegen den Nachlass oder den Beschenkten zustehen würden, und ordnet insoweit Vorvermächtnis-Testamentsvollstreckung an. Es gelten die in Bezug genommenen Regelungen. Testamentsvollstrecker ist der Vorerbenvollstrecker auf den Schlusserbfall.

bb) Gefahren aufgrund Ausschlagung durch den überlebenden Ehegatten

6544 Weitere Gefahren drohen schließlich gem. § 1371 Abs. 2 Halbs. 2 BGB: Schlägt nämlich der zum überwiegenden Vollerben eingesetzte überlebende Ehegatte nach dem ersten Sterbefall aus und verlangt stattdessen den »kleinen Pflichtteil« (berechnet also aus dem nicht gem. §§ 1931, 1371 BGB um ein Viertel erhöhten Erbteil) zuzüglich des konkret ermittelten »familienrechtlichen« Zugewinnausgleichs auf den Todestag, § 1371 Abs. 3 BGB, berechnen sich die Erb- und Pflichtteilsquoten der anderen Erben ebenfalls ohne das Erhöhungsviertel des Ehegatten, § 1371 Abs. 2 Halbs. 2 BGB.[175]

▶ Beispiel:

6545 Der im gesetzlichen Güterstand lebende Ehegatte ist zu 5/6 zum Miterben eingesetzt, das behinderte/bedürftige Kind zu 1/6 als Vorerbe, sein einziges Geschwister als Nacherbe. Arithmetisch ist damit die Pflichtteilsquote des Vorerben überschritten, so dass kein Restanspruch gem. § 2305 BGB entsteht (bzw. bei Sterbefällen vor dem 31.12.2009 die Klippe des § 2306 Abs. 1 Satz 1 BGB überwunden zu sein scheint). Schlägt jedoch der überlebende Ehegatte aus (weil er z.B. nicht in einer Erbengemeinschaft verbleiben möchte) und verlangt den unbelasteten kleinen Pflichtteil zuzüglich der Auszahlung des konkret ermittelten Zugewinnausgleichs, beläuft sich der gesetzliche Erbteil jedes Kindes gem. § 1371 Abs. 2 Halbs. 2 BGB auf 3/8, die Pflichtteilsquote auf 3/16, so dass die Einsetzung zu 1/6 unversehens unterhalb dieser Schwelle verbleibt, also ein Pflichtteilsrestanspruch entsteht (bzw. bei Sterbefällen vor dem 31.12.2009 die Beschwerungen als nicht angeordnet galten).

6546 Etwas anderes würde gelten, wenn die »frei gewordene« Miterbenquote des ausschlagenden Ehegatten dem Vorerben zumindest in einem solchen Umfang zu Gute kommen würde, dass die erhöhte Pflichtteilsquote »wieder eingeholt« wird. Bei Fehlen einer ausdrücklichen Ersatzerbanordnung finden weder die Auslegungsregel des § 2097 BGB noch die des § 2102 Abs. 1 BGB auf diesen Sachverhalt Anwendung. Es bedarf also der ergänzenden Testamentsauslegung, die regelmäßig dazu führen wird, dass die als Schlusserben Eingesetzten in gleichem Quotenverhältnis und in gleichem Status (als Vor- bzw. als Vollerbe) zugleich Ersatzerben des aufgrund Ausschlagung weggefallenen überlebenden Ehegatten sind,[176] also die Schlusserbfolge sich für den frei gewordenen Erbteil bereits früher verwirklicht.

▶ Hinweis:

6547 Zur Vermeidung solcher Unsicherheit ist natürlich eine ausdrückliche Regelung der Ersatzerbfolge nach dem ausschlagenden Ehegatten ratsam.

---

175 Hierauf weisen *Mundanjohl/Tanck*, ZErb 2006, 180 zu Recht hin.
176 *J. Mayer*, ZEV 1998, 50 spricht sogar von einem Erfahrungssatz, jedenfalls für den Fall der Ausschlagung. Dieser kann jedoch für den Fall der Erbunwürdigkeit nicht unbesehen übernommen werden (entgegen OLG Frankfurt, ZEV 1995, 457: bei einem »Berliner Testament« mit Schlusserbeinsetzung der Tochter des Ehemannes tötet der Ehemann seine Frau und wird demnach wegen Unwürdigkeit nicht Erbe. Wird seine Tochter, die Schlusserbin, gleichwohl Ersatzerbin?). Auch für die Ausschlagung sieht OLG Hamm, 14.03.2014 – I-15 W 136/13, MittBayNot 2014, 537; hierzu *Soutier*, MittBayNot 2014, 511 ff., den Schlusserben nicht »automatisch« als Ersatzerben, sondern geht von gesetzlicher Erbfolge aus.

d) § 2306 Abs. 1 BGB

aa) Ausschlagung

Da der Behinderte nur als Vorerbe eingesetzt ist (und zudem mit Testamentsvollstreckung beschwert ist), besteht selbst bei einer solchen Vollerbenstellung[177] –, das abstrakte Risiko einer frist- und zugangsgebundenen (Rdn. 4509 ff.) **Ausschlagung** ab Kenntnis von den Beschwerungen[178] mit der wiederum unerwünschten Folge eines (ohne Vorteil für den Bedürftigen) überleitbaren Pflichtteilsanspruchs (§ 2306 Abs. 1 BGB).[179] Diese kann durch den Staat (nach Überleitung) nicht erzwungen werden, und wird weder durch den Betreuer noch durch den Betroffenen selbst erfolgen (Rdn. 6529).

Die ausdrückliche[180] Annahme der Erbschaft (mit der Folge des Erlöschens des Ausschlagungsrechtes) kann auch durch einen für Vermögensangelegenheiten bestellten Betreuer erfolgen,[181] und zwar (anders als im Fall der Ausschlagung) ohne Genehmigung des Betreuungsgerichts. Selbst wenn der Betreuer selbst Miterbe ist, greift (mangels Vorliegens einer empfangsbedürftigen Willenserklärung) kein Vertretungsverbot in Gestalt eines unzulässigen In-Sich-Geschäfts.[182] Befürchtet der Elternteil/Betreuer, der zugleich Nacherbe und/oder Testamentsvollstrecker ist, dass das Familien-/Betreuungsgericht wegen (tatsächlich selten gegebener) Interessenkollision gem. § 1796 Abs. 2 BGB einen fremden Ergänzungspfleger/-betreuer bestellt, ist ihm um so mehr die rasche Annahme zu raten (solche Beschlüsse wirken konstitutiv erst ab Zustellung, § 287 FamFG; nach der ausdrücklichen Annahme kommt gem. § 1943 BGB eine Ausschlagung nicht mehr in Betracht).

Der Schutz der höchstpersönlichen autonomen Entscheidung über den Behalt eines angefallenen Nachlass(Teil)es mit allen damit verbundenen Verstrickungen gebietet es nach richtiger Ansicht, das Unterlassen einer Ausschlagung auch nicht zum Anlass einer Leistungskürzung nach § 26 Abs. 1 Satz 1 Nr. 1 SGB XII oder nach § 103 SGB XII zu nehmen.[183] Das weiter denkbare Anliegen des Sozialleistungsträgers, die weitere Hilfegewährung als solche von der vorherigen Ausschlagung abhängig zu machen (Subsidiaritätsgrundsatz des § 2 SGB XII: »Verpflichtung zur Selbsthilfe«),[184] scheitert i.d.R. bereits praktisch daran, dass die Behörde regelmäßig erst nach Ablauf der 6-Wochen-Frist vom Erbfall erfährt; vgl. i.Ü. Rdn. 6501 ff.

▶ Hinweis:

Um den Ausschlagungsdruck nicht zu erhöhen, muss vor Anordnungen gewarnt werden, die dem Behinderten/Bedürftigen zum Nachteil gereichen: So sollte die aus der Enterbung des gesunden Kindes resultierende Pflichtteilslast, der Auslegungsregel des § 2320 Abs. 2 BGB folgend, beim dadurch profitierenden überlebenden Ehegatten bleiben (keine abweichende Anord-

---

177 OLG Karlsruhe, 10.10.2007 – 7 U 114/07, ZEV 2008, 39.
178 D.h. beim Vorliegen einer Ausgleichspflicht i.S.d. §§ 2316, 2050 Abs. 3 BGB muss der Miterbe wissen, ob der Wert des Erbteils den unter Berücksichtigung der Ausgleichspflicht zukommenden Pflichtteil übersteigt oder nicht, OLG Zweibrücken, 03.08.2006 – 4 U 114/05, RNotZ 2006, 546.
179 Bei der sog. cautela socini ist der Ausschlagende dagegen für diesen Fall erneut zum unbelasteten Miterben i.h.d. Pflichtteiles oder knapp darüber eingesetzt (was beim Behinderten-/Bedürftigentestament wegen der Zugriffsmöglichkeit hierauf nicht gewollt ist), vgl. Rdn. 3559.
180 Zur konkludenten Annahme: BayObLG, ZEV 2006, 455; *Sarres,* EE 2015, 15 ff.
181 LG Berlin, RPfleger 1976, 60, 61.
182 Gutachten, DNotI-Report 2010, 47; *Wirich,* ZErb 2013, 249, 250.
183 Gutachten, DNotI-Report 1996, 53; *Juchem,* Vermögensübertragung zugunsten behinderter Menschen durch vorweggenommene Erbfolge und Verfügung von Todes wegen, Diss. 2002, S. 89 ff.; a.A. jedoch wohl der *Deutsche Verein für öffentliche und private Fürsorge,* der in Rn. 152 seiner Empfehlungen für den Einsatz von Vermögen und Einkommen in der Sozialhilfe v. 18.08.2002 rät, Sozialhilfe bis zur Realisierung des Pflichtteils durch Ausschlagung nur darlehensweise zu gewähren.
184 VGH Baden-Württemberg, NJW 2000, 376; vgl. *Ruby,* ZEV 2006, 66.

nung nach § 2324 BGB). Auch sollte die Last etwaiger angeordneter weiterer Vermächtnisse entgegen § 2148 BGB den Behinderten/Bedürftigen nicht anteilig treffen. Der Vollstrecker sollte nicht berechtigt sein, die Nutzung von Nachlassgegenständen (Eigenheim), an denen der Behinderte/Bedürftige beteiligt ist, unentgeltlich anderen Miterben (dem überlebenden Ehegatten) zuzuwenden.[185] Sofern notwendig, ist zu erwägen, den Vollstrecker auch zu Eingriffen in die Substanz des Erbanteils zu ermächtigen, wo keine ausreichenden Erträge erwirtschaftet werden können. Die Testamentsvollstreckervergütung[186] kann hingegen jedenfalls ab Durchführung einer Erbauseinandersetzung/Teilungsanordnung allein zulasten des verwalteten Anteils gehen, auch wenn sie an sich von allen Miterben geschuldet würde, mag auch lediglich ein Miterbenanteil der Verwaltung unterliegen.[187]

6552 Bei einem **weitgehend ertraglosen Nachlass(anteil)** ist allerdings die Ausschlagung durch den Hilfeempfänger selbst oder den Betreuer möglicherweise erzwingbar bzw. gerichtlich genehmigungsfähig, da eine Aufrechterhaltung der Schutzelemente »Vorerbschaft« und »Testamentsvollstreckung« zu keiner spürbaren Besserstellung des Hilfeempfängers führen würde.[188]

bb) Zusätzliche Gefahren aus Pflichtteilsstrafklauseln

6553 Führt eine solche Ausschlagung durch den Betreuer (nach bisherigem Recht gem. § 2306 Abs. 1 Satz 2 BGB a.F., nach ab 2010 geltendem Recht in allen Varianten) zur Pflichtteilsgewährung auf den ersten Sterbefall, oder leitet der Sozialleistungsträger einen dem behinderten Abkömmling zustehenden Pflichtteilsergänzungsanspruch über und macht ihn geltend, ist es nicht sachgerecht, die bei Vorhandensein einer »**automatischen Pflichtteilsstrafklausel**« (zu unterscheiden von schlichten »Verwirkungsklauseln«[189]) hieran geknüpften Folgen (bedingte Enterbung[190] auf den zweiten Sterbefall, § 2075 BGB,[191] möglicherweise mit neuerlich bindender Einsetzung von Er-

---

185 *J. Mayer*, ZErb 2000, 21.
186 Zuzüglich USt (BFH, 07.03.2006 – V R 6/05, ZEV 2007, 45 m. Anm. *Kronthaler*), sofern nicht die Kleinunternehmerbefreiung des § 19 UStG greift. Monografisch: *Lieb*, Die Vergütung des Testamentsvollstreckers, 2004.
187 BGH, ZEV 1997, 118. Weitere Hinweise und Formulierungsvorschläge bei *Kornexl*, Nachlassplanung bei Problemkindern, Rn. 374.
188 *J. Mayer*, ZErb 2000, 21; DNotI-Gutachten, Faxabruf-Nr. 1297 v. 27.01.2004.
189 Verlust der Schlusserbenstellung für »denjenigen, der mit dieser Testamentsbestimmung nicht einverstanden ist«: das Verlangen des Pflichtteils soll nach OLG Frankfurt, 27.11.2013 – 20 W 138/13, ZEV 2014, 257 mit zu Recht krit. Anm. *Litzenburger* gerade nicht darunter fallen, da im Pflichtteilsbegehren ja das Anerkennen der Enterbung liege (a.A. BGH, 02.06.2016 – V ZB 3/14, DNotZ 2016, 934: Auslegung im Einzelfall).
190 Setzt die »Pflichtteilsstrafklausel« die illoyalen Kinder »auf den Pflichtteil« und handelt es sich dabei um Stiefkinder, kann die Auslegung ergeben, dass den Stiefkindern nach dem zweiten Sterbefall ein Geldvermächtnis i.H.d. fiktiven Pflichtteils nach dem Stiefelternteil zukommen soll, OLG Celle, 12.11.2009 – 6 W 142/09 ZErb 2010, 86 und OLG Schleswig, 24.01.2013 – 3 Wx 59/12, DNotZ 2013, 461 m. Anm. *Reymann* (fragwürdig; vermutlich lag ein Rechtsirrtum über das Pflichtteilsrecht von Stiefkindern vor. Die vom Gericht gewählte Auslegung würde der an sich enterbenden Pflichtteilsstrafklausel eine »zuteilende Komponente« beimessen, krit. *Keim/Mayer*, in: DAI-Skript 12. Jahresarbeitstagung des Notariats, 2014, S. 675 ff.
191 Die Rspr. (OLG München v. 29.03.2006, MittBayNot 2007, 62 m. krit. Anm. *J. Mayer*, 19 ff.; ebenso OLG München, 16.07.2012 – 31 Wx 290/11, DNotI-Report 2012, 191 jedenfalls wenn die Kinder bei Wiederverheiratung als Nacherben eingesetzt sind) sieht in der automatischen Pflichtteilsstrafklausel als solcher ferner eine bindende stillschweigende Schlusserbeneinsetzung der Kinder (die mit Pflichtteilsverlangen entfällt); ähnlich OLG München, 23.02.2015 – 31 Wx 459/14, MittBayNot 2016, 241 m. Anm. *Braun*, wenn das gemeinsame Testament zugleich ausführt, dass »beide Kinder gleich zu behandeln sind.«

D. Erbschaftslösungen Kapitel 14

satzschlusserben)[192] eintreten zu lassen, und damit die kunstvoll errichtete Konstruktion ohne Not preiszugeben. Es sollte daher[193] klargestellt werden, dass ein die Enterbungsfolge auslösendes, gegen den Erben gerichtetes[194] Verlangen[195] nur verwirklicht werden kann durch den Pflichtteilsberechtigten selbst bzw. dessen Bevollmächtigten/gesetzlichen Vertreter (Rdn. 6454). Schlägt der Berechtigte allerdings selbst aus bzw. verlangt die Pflichtteilsergänzung und wendet sich damit gegen die ihm zugedachten Schutzvorkehrungen, erscheint es eher sachgerecht, diese Opposition auch für die identische Regelungssituation nach dem zweiten Sterbefall vorwegzunehmen, d.h. es bei der Sanktionsfolge zu belassen, um eine »Besserstellung« ggü. den »loyalen« anderen Abkömmlingen zu vermeiden.

Regelungsbedürftig ist ferner der **Zeitraum**, während dessen das Pflichtteilsverlangen die beschriebene Enterbungsfolge haben soll. Geht es um den Schutz lediglich des Überlebenden vor ungebetener Inanspruchnahme, wird nur ein Verlangen, das zu Lebzeiten des Längerlebenden gestellt wird, maßgeblich sein können (s. die Alternative im Baustein Rdn. 6556). Dafür spricht auch der Umstand, dass ein nach dem Tod des Längerlebenden noch mögliches, auf den ersten Sterbefall bezogenes Verlangen zu einer konstruktiven Vor- und Nacherbfolge führt, so dass die Schlusserben eine ohne Beschränkungen erteilten Erbschein nur werden erlangen können, wenn dem Nachlassgericht eine Erlassvereinbarung des Schlusserben hinsichtlich des Pflichtteilsanspruchs nach dem Erstversterbenden nachgewiesen ist[196] (bzw. nicht einmal dann, wenn ein auslösendes »Verlangen des Pflichtteils« auch dann für möglich gehalten wird, wenn der Pflichtteil bereits durch Erlassver- 6554

---

192 Die Enterbungswirkung selbst kann nicht wechselbezüglich i.S.d. § 2270 Abs. 3 BGB sein, *Ivo*, ZEV 2004, 205, allerdings die möglicherweise stillschweigend damit verbundene positive Einsetzung der Ersatzerben, so OLG Hamm, NJW-RR 2011, 1097 ff.; OLG Hamm, 28.02.2013 – 10 U 71/12, DNotZ 2014, 60 m. krit. Anm. *Kanzleiter*, DNotZ 2014, 5 ff. Zur Auslegung auch OLG Hamm, 27.11.2012 – I-15 W 134/12, MittBayNot 2013, 313 m. Anm. *Braun*.

193 Trotz der in diese Richtung gehenden, großzügigen Auslegung des BGH, ZEV 2005, 117, Rz. 18, 19; BGH ZEV 2006, 76 ff., Rz. 22. Diese Auslegung gilt allerdings nur bei »Behindertentestamenten«, nicht bei »normalen« Berliner Testamenten, vgl. OLG Hamm, 28.02.2013 – 10 U 71/12, DNotZ 2014, 60 m. Anm. *Kanzleiter*, DNotZ 2014, 5 ff.

194 Zur Auslegungsfrage, ob das einvernehmliche (der Erbschaftsteuerersparnis dienende) Verlangen im Einvernehmen mit dem Erben die Verwirkungsklausel auslöst: DNotI-Gutachten, Faxabruf-Nr. 12142 v. 06.03.2006. Nach OLG Frankfurt, 02.08.2010 – 20 W 49/09, FamRZ 2011, 592, würde Pflichtteilsstrafklausel auch bei »einvernehmlichem« Verlangen, sogar aller Kinder, greifen. Verbleiben Zweifel, ist die Zahlung einer Abfindung für den Verzicht auf den zwar gem. § 2317 Abs. 1 BGB entstandenen, aber erbschaftsteuerlich noch nicht i.S.d. § 9 Abs. 1 Nr. 1b ErbStG geltend gemachten Pflichtteilsanspruch vorzuziehen, vgl. § 3 Abs. 2 Nr. 4 ErbStG und oben Rdn. 4491, wobei z.T. vertreten wird, auch der Verzicht auf die Geltendmachung gegen Abfindung stehe einem Pflichtteilsverlangen i.S.d. »dinglichen Pflichtteilsstrafklausel« gleich, vgl. *Berresheim*, ZErb 2007, 437 r. Sp.

195 Ein solches Verlangen liegt auch vor, wenn der Berechtigte Verhandlungen über den Pflichtteil initiiert und die vom überlebenden Ehegatten ausgehende Überweisung annimmt (BayObLG, FamRZ 1995, 1019). Ausreichend ist nach OLG München, 29.03.2006 – 31 Wx 7/06, FGPrax 2006, 123 auch, wenn der Berechtigte die Pflichtteilszahlung als hochverzinsliches Darlehen stundet. Nach OLG Düsseldorf, 23.11.2010 – 3 Wx 194/10, ZEV 2011, 653, kann ein Pflichtteilsverlangen auch liegen im Angebot auf den Erben, »gegen Zahlung einer Abfindung auf die Rechte aus dem Erbvertrag zu verzichten«; nach OLG München, 07.04.2011 – 31 Wx 227/10, DNotI-Report 2011, 93 (abl. *Odersky*, notar 2011, 337) auch in der Beanspruchung der Stellung eines gesetzlichen Erben wegen angeblicher Unwirksamkeit der Verfügung von Todes wegen (erst-recht-Schluss). Das bloße Auskunftsverlangen über den Nachlass reicht wohl nicht (BayObLG FamRZ 1991, 494), anders das Geltendmachen des Wertermittlungsanspruchs gem. § 2314 Abs. 1 Satz 2 BGB, vgl. *Redig*, EE 2012, 154, 156. Ein die Sanktionswirkung auslösendes Verlangen kann auch vorliegen, wenn der Pflichtteil aufgrund früherer Verzichtes oder Erlasses bereits erloschen ist, OLG München, ZEV 2008, 341. Nimmt der Berechtigte freilich nach Kenntnis der Klausel sein Pflichtteilsbegehren zurück, soll die Klausel nicht verwirkt sein, OLG Rostock, 11.12.2014 – 3 W 183/13, ErbR 2015, 322.

196 Vgl. *Wälzholz*, ZEV 2007, 165.

trag untergegangen ist,[197] da der überlebende Ehegatte auch davor geschützt werden solle, sich gegen unberechtigte Forderungen zur Wehr zu setzen). Der BGH vermutet allerdings die Maßgeblichkeit auch eines nach dem Tod des Längerlebenden gestellten Verlangens, wenn keine abweichende Bestimmung getroffen wurde.[198] Geht es um die Verteidigung des gemeinsamen Vermögensverteilungsplanes, wird nur ein solches Verlangen relevant sein können, das vor der Verjährung des Pflichtteilsanspruchs gestellt wurde.[199]

6555 Des Weiteren bedarf die übliche Pflichtteilsstrafklausel eine Ergänzung dahin gehend, dass die Enterbung anderer, hiergegen »verstoßender« Geschwister nicht zugunsten des »behinderten Abkömmlings« seinen Vorerbteil durch Anwachsung erhöhen soll.

▶ **Formulierungsvorschlag: Automatische Pflichtteilsstrafklausel beim »Behindertentestament«**

6556 Verlangt einer unserer Abkömmlinge nach dem Tod des zuerst Versterbenden von uns gegen den Willen des länger Lebenden, (*ggf. Zusatz: sofern dieser das Verlangen erlebt; alternativer Zusatz: zu dessen Lebzeiten*), seinen unverjährten Pflichtteil (ggf. nach Ausschlagung) in verzugsbegründender Weise, entfällt jede in dieser Urkunde oder späteren Änderungen zu seinen Gunsten und zugunsten seiner Abkömmlinge getroffene letztwillige Verfügung. Der frei gewordene Erbanteil wächst mangels abweichender Verfügung des länger Lebenden den anderen eingesetzten Erben – nicht jedoch unserem Sohn ..... – an. Ein Verlangen im Sinn dieser Bestimmung setzt weder vorwerfbares Verhalten noch Kenntnis dieser Bestimmung voraus, liegt jedoch nur vor, wenn der Abkömmling oder ein durch ihn rechtsgeschäftlich Bevollmächtigter selbst – nicht also ein gesetzlicher Vertreter oder ein Rechtsnachfolger infolge Überleitung – (ausschlägt und) das Verlangen stellt.

6557 Bei einer ungefährlichen,[200] bloß **fakultativen Pflichtteilsklausel**[201] (Überwindung der Bindungswirkung) sind solche Vorkehrungen nicht erforderlich; der neu testierende überlebende Ehegatte kann selbst – solange er noch testierfähig bleibt – das Vermögen in die gewünschte Richtung steuern. Dadurch wird zugleich gewährleistet, dass das notarielle Testament/der notarielle Erbvertrag als Ursprungsdokument allein (samt gerichtlichem Eröffnungsvermerk) als Grundlage zur **Berichtigung des Grundbuches** gem. § 35 Abs. 1 Satz 2 GBO genügt, also kein Erbschein bzw. keine

---

197 So etwa OLG München, 29.01.2008 – 31 Wx 68/07, ZEV 2008, 341 m. krit. Anm. *Purrucker*; *Keim*, MittBayNot 2008, 395.
198 BGH, 12.07.2006 – IV ZR 298/03, ZEV 2006, 501 m. Anm. *Fischer* (als Anwaltshaftpflichtfall). Die Aufrechterhaltung der »Strafwirkung« für diesen Fall ist allerdings nur dann sinnvoll und gewollt, wenn die Klausel zumindest auch die Umsetzung des gemeinsamen Vermögensverteilungsplanes schützen soll, und nicht nur die (dann ausgeschlossene) Gefahr einer Inanspruchnahme des länger Lebenden Ehegatten bannen will, vgl. *Zimmer*, NotBZ 2007, 13. Für eine einschränkende ergänzende Auslegung daher auch *Keim*, NJW 2007, 974 sowie *Wälzholz*, ZEV 2007, 166.
199 Ohne diese Klarstellung kann nach BGH, 12.07.2006 – IV ZR 298/03, ZNotP 2006, 432 die Enterbungsfolge (auflösende Bedingung) sogar noch eintreten, wenn der Pflichtteil bereits verjährt ist, also nicht erfüllt zu werden brauchte (im Streitfall hatte es eines der Kinder vorgezogen, bei einem Berliner Testament anstelle der bereits angenommenen Miterbschaft nach dem Tod des längerlebenden Ehegatten, die mit einem Vorausvermächtnis belastet war, den [bereits verjährten] Pflichtteil nach dem erstverstorbenen Ehegatten zu verlangen um sodann für den zweiten Sterbefall den unbelasteten Pflichtteil zu erhalten).
200 Daher eher ratsamen, *Selbherr*, MittBayNot 2007, 226.
201 Zu den verschiedenen Arten der Pflichtteilsklausel (fakultative, automatische, bloße Anrechnungsklausel, Letztere als bedingtes Vorausvermächtnis [§§ 2150, 2162 BGB] zugunsten der anderen Kinder, um eine Anrechnung auf die Schlussnachlassverteilung zu erreichen) s. *Zimmer*, NotBZ 2007, 10 ff.

zusätzliche eidesstattliche Versicherung,[202] dass kein Pflichtteilsverlangen[203] bzw. keine »Geltendmachung«[204] des Pflichtteilsanspruchs erfolgt sei, notwendig ist. Hat freilich eine Veränderung stattgefunden, bedarf es wiederum des Nachweises über den auslösenden Verstoß gegen die fakultative Pflichtteilsstrafklausel, denn andernfalls wäre der überlebende Ehegatte an die Schlusserbenregelung gebunden gewesen; es kehrt sich also lediglich das Regel-/Ausnahme-Verhältnis um. Solche Klauseln haben beispielsweise folgenden Wortlaut:[205]

▶ Formulierungsvorschlag: Fakultative Pflichtteilsstrafklausel

Sollte einer unserer Abkömmlinge beim Tod des zuerst Versterbenden von uns den Pflichtteil geltend machen, die in unserem gemeinschaftlichen Testament getroffene Verfügung von Todes wegen anfechten oder sich der Durchführung widersetzen, gilt als von uns gemeinsam und wechselbezüglich verfügt, dass der Überlebende berechtigt ist, ihn und seine Kinder von der Erbfolge nach dem Überlebenden auszuschließen und ihn und seine Kinder auf den Pflichtteil zu setzen.

Selbst wenn dieser Testamentswortlaut versehentlich durch das Nachlassgericht beim Tod des Erstversterbenden nicht mit eröffnet wurde (da es, einer – unwirksamen – »Weisung« im gemeinschaftlichen Testament folgend, § 2273 Abs. 1 BGB a. F. verkannt hat), liegt weder Sittenwidrigkeit noch vorsätzliche Schädigung vor, das verfügte, unwirksame Eröffnungsverbot beeinflusst die davon zu trennende fakultative Pflichtteilsstrafklausel nicht.

Ebenso ist Vorsicht geboten bei der vergleichbaren Gestaltung über bedingte Vermächtnisse, mit denen insbesondere bei **Patchwork-Familien mit unterschiedlicher Kinderzahl**[206] die abweichenden Pflichtteilsquoten ausgeglichen werden sollen (verstirbt zunächst der Ehegatte mit drei eigenen Kindern, beträgt deren Pflichtteil je 1/12, verstirbt sodann der überlebende Ehegatte mit lediglich einem eigenen Kind, ist dessen Pflichtteilsquote 1/2.) Enterbungsklauseln sind hier wirkungslos, da das jeweils eigene Kind beim Ableben des Ehepartners ohnehin nicht pflichtteilsberechtigt ist. Zurückgegriffen wird daher beispielsweise auf bedingte Quotenvermächtnisse,[207] die durch den Elternteil, der die höhere Kinderzahl hat, für den Fall, dass er der Erstversterbende ist, angeordnet werden, um den Nachlass des zuletzt versterbenden Ehepartners (mit geringerer Kinderzahl) als Berechnungsgrundlage für den Pflichtteilsanspruch der Abkömmlinge des Letztversterbenden zu reduzieren. Der länger lebende Ehegatte ist bereits lebzeitig mit diesem Ver-

6558

---

202 OLG Hamm, 20.08.2015 – 15 W 346/15, ZErb 2016, 51 (eidesstattliche, nicht nur privatschriftliche, Versicherung aller Miterben); ebenso OLG München, 11.12.2012 – 34 Wx 433/12, RNotZ 2013, 172; *Gutachten* DNotI-Report 2006, 181; OLG Köln, 14.12.2009 – 2 Wx 59/09, RPfleger 2010, 263; OLG Hamm, 08.02.2011 – 15 W 27/11, MittBayNot 2012, 146 m. Anm. *Reimann*; KG, 06.03.2012 – 1 W 10/12, NotBZ 2012, 221 (ist der Schlusserbe nachverstorben, kann eine eidesstattliche Versicherung seines Abkömmlings ausreichen); OLG Braunschweig, 30.08.2012 – 2 W 138/12, DNotZ 2013, 125 sowie OLG Frankfurt, 07.02.2013 – 20 W 8/13, BeckRS 2013, 07536 (eidesstattliche Versicherung genügt für das Grundbuchamt, wenn sie auch für das Nachlassgericht im Erbscheinsverfahren genügen würde); vgl. insgesamt *Möller* Erbrecht Effektiv 2011, 184 ff. Nach OLG Frankfurt, 20.10.2011 – 20 W 548/10, NJOZ 2013, 149 kann das Grundbuchamt bei »automatischen« Pflichtteilsstrafklauseln sogar einen Erbschein verlangen. Ein solcher Erbscheinsantrag kann nach OLG Frankfurt, 10.02.2011 – 20 W 453/10, MittBayNot 2012, 229 m. krit. Anm. *Zimmermann* zurückgewiesen werden, wenn darin nicht auch eidesstattlich versichert wird, dass von einem Pflichtteilsbegehren nichts bekannt sei. Eine eidesstattliche Versicherung für überflüssig halten z.B. LG Stuttgart, 15.06.1988 – 1 T 9/88, BWNotZ 1988, 163; LG Koblenz, 19.09.1994 – 2 T 551/94, MittRhNotK 1995, 67.
203 OLG Hamm, 27.05.2014 – I-15 W 144/13, ZEV 2014, 609 m. Anm. *Weber*.
204 Erfolgt eine Geldüberweisung »als Ausgleich für die Pflichtteilsansprüche«, ist der vorhergehende Eintritt der Bedingung »Verlangen des Pflichtteils« zu vermuten, OLG Hamm, 13.02.2013 – I-15 W 421/12, ZEV 2013, 397 m. Anm. *Horn/Kroiß*.
205 Vgl. OLG Düsseldorf, 19.02.2016 – 3 Wx 34/15, EE 2016, 116 m. Anm. *Sarres*.
206 Zu letztwilligen Verfügungen bei Patchworkfamilien *Kappler/Kappler*, ZEV 2015, 437 ff.
207 Vgl. *Kornexl*, Nachlassplanung bei Problemkindern, Rn. 460; *von Dickhuth-Harrach*, Handbuch der Erbfolge-Gestaltung, § 12 Rn. 40; *Keim*, notar 2013, 115, 123, mit Formulierungsvorschlag.

mächtnis beschwert, so dass es den Wert des Nachlasses nach § 2311 BGB mindert (wobei allerdings ähnlich wie bei Herausgabevermächtnissen insoweit noch Restzweifel verbleiben, vgl. Rdn. 6609 ff.). Hierzu

▶ **Formulierungsvorschlag: Bedingte Quotenvermächtnisse zur Pflichtteilsangleichung bei »ungleichen Patchwork-Familien«**

6559 Für den Fall, dass ich (als Ehegatte mit der größeren Anzahl an Kindern) als erster versterben sollte, setze ich folgende Vermächtnisse aus:

Meine Kinder, ersatzweise deren Abkömmlinge zu gleichen Stammanteilen, erhalten jeweils ein Vermächtnis, mit dem mein überlebender Ehepartner als Alleinerbe beschwert ist. Sie fallen bei meinem Tod an, sind jedoch erst beim Tod des überlebenden Ehegatten fällig und bis dahin nicht zu verzinsen; auch Sicherung der Vermächtnisansprüche (etwa durch Vormerkung) kann nicht verlangt werden.

Vermacht sind jeweils – zu gleichen Stammanteilen – Geldbeträge, die insgesamt den gesamten Wert (*alternativ: ... % des Wertes*) meines Nachlasses, wie er sich entsprechend § 2311 BGB bei meinem Ableben errechnet, umfassen.

Die Vermächtnisse sind jedoch auflösend bedingt. Auflösende Bedingung ist entweder
a) dass mein Ehegatte zu Lebzeiten mit sämtlichen bei seinem Tod tatsächlich pflichtteilsberechtigten Abkömmlingen einen notariellen Pflichtteilsverzicht abgeschlossen hat, demzufolge letztere auf sämtliche ordentlichen Pflichtteilsansprüche sowie auf solche Pflichtteilsergänzungsansprüche verzichtet haben, die wegen Zuwendungen eines Ehegatten an mich entstehen könnten, oder
b) dass sämtliche beim Tod meines Ehegatten konkret pflichtteilsberechtigten Abkömmlinge den Erben meines Ehegatten nach dessen Tod ihre entstandenen Pflichtteilsansprüche und solche Pflichtteilsergänzungsansprüche, die aufgrund von Zuwendungen meines Ehegatten an mich entstanden sind, erlassen haben (§ 397 BGB), oder
c) dass der betreffende Vermächtnisnehmer nach meinem Tod in verzugsbegründender Weise Pflichtteilsansprüche oder Pflichtteilsergänzungsansprüche geltend gemacht hat. Ein Verlangen im Sinn dieser Bestimmung setzt weder vorwerfbares Verhalten noch Kenntnis dieser Bestimmung voraus, liegt jedoch nur vor, wenn der Abkömmling oder ein durch ihn rechtsgeschäftlich Bevollmächtigter selbst – nicht also ein gesetzlicher Vertreter oder ein Rechtsnachfolger infolge Überleitung – (ausschlägt und) das Verlangen stellt. Mit Eintritt dieser auflösenden Bedingung c) entfällt lediglich das Vermächtnis zugunsten des betreffenden Vermächtnisnehmers, die Quoten der übrigen Vermächtnisnehmer erhöhen sich entsprechend.

Die Vermächtnisanordnungen sind lediglich einseitig, also nicht mit erbvertraglicher Bindungswirkung, angeordnet.

e) § 2325 BGB

6560 Wenn zu Lebzeiten des Erblassers, jedoch noch innerhalb der (bei Sterbefällen ab 2010 abschmelzenden, Art. 229 § 21 Abs. 4 EGBGB) Pflichtteilsergänzungsfrist des § 2325 BGB (die bei Vorbehalt wesentlicher Nutzungsrechte bzw. bei Übertragung an den Ehegatten noch nicht zu laufen beginnt!) Schenkungen an Dritte stattgefunden haben, entstehen Pflichtteilsergänzungsansprüche (§ 2325, 2329 BGB) des behinderten Abkömmlings, auch wenn der ordentliche Pflichtteil mangels Ausschlagung (gem. § 2306 Abs. 1 Satz 2 BGB a.F., bei Sterbefällen ab 2010 in allen Varianten des § 2306 BGB), nicht eröffnet ist. Diese kann der Sozialhilfeträger ohne Weiteres gem. § 93 SGB XII auf sich überleiten und verwerten bzw. sie entstehen gem. § 33 Abs. 1 SGB II kraft Legalzession unmittelbar beim Träger der Grundsicherung für Arbeitsuchende entstehen, vgl. Rdn. 117 ff., 6461 ff. Die Pflichtteilserhöhungswirkung von ausgleichungspflichtigen Vorerwerben (Ausstattungen oder kraft Anordnung – ohne Zeitbegrenzung! – auszugleichenden Schenkungen gem. § 2050 BGB an Geschwister) tritt jedoch nur i.R.d. Ermittlung des allgemeinen Pflichtteils (§§ 2303, 2305 BGB) ein.

6561 Es ist daher zu empfehlen, für den Fall lebzeitiger Vermögensübertragungen an Dritte zugunsten des behinderten Abkömmlings ein Geldvermächtnis auszusetzen, das knapp über dem gesetzlichen Pflichtteilsergänzungsanspruch liegt, als Vorvermächtnis ausgestaltet ist und der Testamentsvollstreckung unterworfen wird, so dass die Verfügungsbefugnis des Behinderten und die Verwertungsbefugnis der Gläubiger dadurch genommen wird (§ 2214 BGB), vgl. den Formulierungsvorschlag in Rdn. 6543. Wird gleichwohl der Pflichtteilsergänzungsanspruch geltend gemacht, ist das Vermächtnis gem. § 2326 Satz 2 BGB darauf anzurechnen, führt also nicht zu einer doppelten Begünstigung. Um auch insoweit keinen Anreiz zur Ausschlagung (§ 2307 BGB) mit der Folge des Entstehens eines überleitungsfähigen bzw. (SGB II) übergeleiteten Pflichtteilsanspruchs zu geben, sollte das Geldvermächtnis den tatsächlichen Anspruch geringfügig (Vorschlag: 10 %) übersteigen,[208] dann aber insgesamt auflösend bedingt sein, falls das Verlangen gestellt wird (gem. § 2326 Satz 2 BGB würde sonst noch ein Restvermächtnis von 10 % verbleiben, was geradezu zur Ausschlagung einlädt). Das Regelungsthema, die Pflichtteilsergänzung in Gestalt eines geschützten Vermächtnisses dem behinderten Abkömmling nutzbar werden zu lassen und den Überrest an den Nachvermächtnisnehmer zu überantworten, stellt sich nach beiden Sterbefällen.

Ein solches **bedingtes Vorausvermächtnis** empfiehlt sich auch, wie in Rdn. 6541 dargestellt, zur Kompensation der (zumindest nach der erweiterten Werttheorie eintretenden) schädlichen Wirkungen von Pflichtteilsergänzungsansprüchen i.R.d. § 2305 BGB (für Sterbefälle bis zum 31.12.2009 für die Abgrenzung des § 2306 Abs. 1 Satz 2 zu dessen Satz 1 BGB a.F.). Im Hinblick darauf sollte es auch auf die Erhöhung des ordentlichen Pflichtteils durch die Ausgleichswirkung des § 2316 BGB erstreckt werden, die nach einhelliger Auffassung i.R.d. Wertvergleichs nach der Werttheorie (»Quantum statt Quote«) zu berücksichtigen ist. Ein Formulierungsvorschlag ist oben Rdn. 6543 vorgestellt worden. 6562

▶ **Hinweis:**

Auf jeden Fall ist bei behinderten Abkömmlingen eine rechtzeitige Vermögensübertragungsplanung anzuraten, damit die Zehnjahresfristen des § 2325 BGB und des § 528 BGB (in Gestalt des Rückforderungsanspruchs der Eltern gegen den Erwerber, falls sie während der folgenden 10 Jahre ihren gesetzlichen Unterhaltsansprüchen ggü. dem behinderten Abkömmling aufgrund der Übertragung in verringertem Umfang nachkommen können) bereits abgelaufen sind; auch letztere Ansprüche könnten nämlich gem. § 93 Abs. 1 Satz 1 SGB XII bei der Gewährung von HbL-Leistungen übergeleitet werden, obwohl die Eltern selbst keine Hilfeempfänger sind! 6563

f) § 2216 Abs. 2 Satz 2 BGB

Zentrales Steuerungsinstrument zur Sicherung des positiven Gestaltungszieles (der Besserstellung des Hinterbliebenen durch Ergänzung des staatlichen Leistungsangebotes) sind die Verwaltungsanordnungen an den Testamentsvollstrecker gem. § 2216 Abs. 2 BGB. Die (dort Abs. 1 geregelte) subsidiäre gesetzliche Verpflichtung zur »ordnungsgemäßen Verwaltung« ist in keinem Fall ausreichend.[209] § 2216 Abs. 2 Satz 2 BGB eröffnet allerdings dem Nachlassgericht die Befugnis, solche Anordnungen auf Antrag ganz oder teilweise außer Kraft zu setzen und wohl bei Änderung der Umstände auch zu modifizieren[210], wenn ihre Befolgung »den Nachlass ernstlich gefährden wür- 6564

---

208 Alternativ kann auch so vorgegangen werden, dass der Pflichtteilsergänzungsanspruch nicht nach der tatsächlichen Pflichtteilsquote, sondern nach der ihm als Vorerbe zugedachten Quote ermittelt wird, ihm also dasselbe »Mehr« zugutekommt wie hinsichtlich der gesamthänderischen Beteiligung (so etwa *Ruby*, ZEV 2006, 68). Diese Quote ist jedoch möglicherweise infolge der Werttheorie bei § 2306 BGB »überhöht«, z.B. aus Rücksicht auf sicherlich zu berücksichtigende ausgleichspflichtige Zuwendungen (§ 2316 BGB).

209 Wobei sich das dabei zugrunde gelegte Leitbild seit Inkrafttreten des BGB bereits erheblich gewandelt hat, vom »guten Hausvater« und »kaufmännischer Vorsicht« hin zum »umsichtigen, soliden aber zugleich dynamischen Kaufmann«, vgl. *Tolksdorf*, ErbStB 2008, 54 ff., 86 ff. und 118 ff.; zur unternehmerischen Entscheidungsverantwortung *Illiou*, ZErb 2008, 96 ff.

210 A.A. KG OLGZ 1971, 220 (das nur von einer Teilaufhebbarkeit bei entsprechender Teilbarkeit ausgeht), dagegen überzeugend *Schmidl*, ZErb 2017, 276 ff.

de«. Als solche Beeinträchtigung wird auch die wirtschaftliche Gefährdung der am Nachlass beteiligten Personen verstanden[211] (hier: des Behinderten, der sonst die Vermögenswerte für den eigenen Konsum verwenden könnte). Ordnet umgekehrt der Erblasser mit der Dauertestamentsvollstreckung die vollständige Freigabe der Erträge an, liegt darin keine Verwaltungsanweisung nach § 2216 BGB, sondern eine antizipierte Freigabe (anfängliche Beschränkung des Umfangs der Vollstreckung), die gerichtlich weder gem. § 2216 Abs. 2 Satz 2 BGB noch gem. § 2217 BGB (da gerade keine Nichtregelung vorliegt) gerichtlich abgeändert werden kann.[212]

6565 Allerdings ist der Sozialleistungsträger selbst nicht antragsberechtigt[213] (er könnte allenfalls den Behinderten darauf verweisen, einen solchen Antrag als »bereites Mittel« zu stellen). Auch materiell-rechtlich dürfte dem Erblasserwillen der Vorrang gebühren; die Zweckbindung der Erträge ist geradezu Wesensinhalt der Gesamtkonstruktion. Die ganz überwiegende Literatur sieht daher in § 2216 Abs. 2 Satz 2 BGB keine Gefährdung für den Bestand solcher Vollstreckeranweisungen, die den Behinderten »in wohlmeinender Absicht« beschränken.[214]

6566 Darüber hinausgehend stellt die (noch untergerichtliche) Rechtsprechung zumindest in obiter dicta die Frage nach möglicher Sittenwidrigkeit beschränkender Vollstreckungsanweisungen, wenn der Nachlassanteil (bei Verbrauch auch der Substanz bis zur voraussichtlichen Lebenserwartungsgrenze) nicht nur die ausdrücklichen, ergänzenden Versorgungsleistungen sondern auch die Heimkosten selbst tragen könnte (vgl. im Einzelnen Rdn. 6631 ff.). Die Literatur diskutiert demgegenüber eher die mögliche Treuwidrigkeit von Weisungen, die einer ordnungsgemäßen Verwaltung widersprechen, wobei die Grenze im Hinblick auf das Verbot eines vollständigen Ausschlusses der Ertragsnutzung (§ 2220 BGB) sehr unterschiedlich gezogen wird:

6567 (1) die Früchte des Nachlasses seien stets der freien Verfügung des Erben anheimzustellen,[215]
(2) aus den Erträgen sei zumindest dasjenige freizustellen, was für den eigenen angemessenen Unterhalt und die Erfüllung gesetzlicher Unterhaltspflichten benötigt werde,[216] ebenso die zur Begleichung fälliger (Erbschaft-)Steuerschulden notwendigen Beträge,[217]
(3) eine vollständige Thesaurierung[218] sei unzulässig; wenn Erträge für die »Zusatzversorgung« bereitgestellt werden, müsse der Ertragsrest auch der allgemeinen Unterbringung zur Verfügung stehen,[219]
(4) zulässig sei eine »Sperranordnung« des Inhaltes, dass Erträge nur in Gestalt von Naturalverpflegung zu verwenden seien,[220]
(5) zulässig sei der »weitgehende Ausschluss« des Erben von den Erträgen dann, wenn er im »wohlverstandenen Interesse« des Erben liege.[221]

Eine Erzwingung des Zugriffs auf die Vermögenssubstanz mit Hilfe des § 2216 Abs. 2 Satz 2 BGB wird jedoch, soweit ersichtlich, nicht diskutiert, bei sonst ertraglosem Vermögen (Niedrigzinsphase!) mag sich aber mitunter die Notwendigkeit ergeben, dem Testamentsvollstrecker dessen vorsichtige Mitverwertung zu gestatten, Rdn. 6571 ff.

---

211 AnwK-BGB/*Weidlich*, § 2216 Rn. 24; Soergel/*Damrau*, BGB, § 2216 Rn. 12.
212 *Muscheler*, ZEV 2017, 65 ff.
213 BayObLGZ 1982, 459, 461 f.; a.A. nur *Krampe*, AcP 1991, 537.
214 Vgl. *J. Mayer*, in: *Bamberger/Roth*, BGB, § 2216 Rn. 35f m.w.N.; a.A. nur *Krampe*, AcP 1991, 537.
215 *Otte*, JZ 1990, 1028.
216 *Nieder*, NJW 1994, 1266 unter Berufung auf RG, LZ 1918, 1267.
217 OLG Frankfurt, 15.02.2016 – 8 W 59/15, RNotZ 2016, 323 (unter gleichzeitiger Klarstellung, dass die Thesaurierung der Erträge außerhalb des § 2338 Abs. 1 Satz 2 BGB grds. zulässig ist).
218 Zur Vorfrage, wie sich der Sozialleistungsträger von der Höhe der Thesaurierung Kenntnis verschaffen kann, *Ruby/Schindler/Wirich*, Das Behindertentestament, 2. Aufl. S. 40.
219 In diese Richtung *J. Mayer*, DNotZ 1994, 358.
220 Staudinger/*Reimann*, BGB (2003), § 2209 Rn. 20.
221 OLG Bremen, 29.12.1982 – 1 W 83/82, FamRZ 1984, 213.

Der BGH hat lediglich in allgemeiner Form darauf hingewiesen, bei der Auskehrung der Nutzungen seien sowohl das Interesse des Nacherben an der Substanzerhaltung als auch das Interesse des Vorerben an den Nutzungen, die an sich ihm gebühren, zu berücksichtigen.[222]   6568

▶ **Hinweis:**

Vorsichtige Gestalter raten daher,[223] die Umsetzung der Verwendungsanweisungen durch eine Auflage abzusichern, die den Behinderten davon abhalten soll, bei etwaiger Unwirksamkeit oder Aufhebung der Vollstreckeranweisungen (bzw. dem Fehlen eines Vollstreckers) die Mittel schlicht für den eigenen Konsum einzusetzen. Sie verleiht jedoch den Vermögenswerten keine Immunität gegen Gläubigerzugriffe (wofür es gem. § 2214 BGB der Testamentsvollstreckung bedarf), ist also allenfalls flankierender Natur: 6569

▶ **Formulierungsvorschlag: Vorsorgliche Auflage zur Absicherung der Testamentsvollstreckeranordnungen beim »Behindertentestament«**

(Anm.: im Anschluss an die Anordnungen, z.B. gemäß nachstehendem Baustein:)   6570

Sollten vorstehende Verwaltungsanordnungen unwirksam oder außer Kraft gesetzt sein, beschwert jeder von uns vorsorglich unser behindertes Kind ..... mit der bedingten Auflage, Substanz und Erträge seiner Nachlassbeteiligung nur unter Einhaltung dieser Verwaltungsanordnungen einzusetzen.

g) Niedrigzinsphase und Substanzverwertung

Die anhaltende Niedrigzinsphase[224] führt, wenn nicht im Ausnahmefall gut vermietete Immobilien oder (atypischer Weise) ein Unternehmen sich im Nachlass befinden, dazu, dass aktuell **kaum mehr nennenswerte Erträge** erwirtschaftet werden können, die nach Maßgabe der üblichen Verwaltungsanweisungen, vgl. Rdn. 6564 ff., zur Verbesserung der Situation des betroffenen Kindes eingesetzt werden könnten. Hinzu kommt, dass bei familienfremden Testamentsvollstreckern bereits die **laufende jährliche Vergütung** von etwa 0,5 % des betroffenen Vermögens etwa doch erzielte Zins- oder Dividendenerträge aufzehren wird (vgl. Rdn. 6579). Zur Ermöglichung von (ggf. beschränkten) Substanzeingriffen kommt in Betracht,[225] entweder (1) den Vorerben gänzlich von den Beschränkungen zu befreien (so dass der Vorerben-Testamentsvollstrecker insoweit auch nach seinem i.R.d. § 2216 BGB verbleibenden pflichtgemäßen Ermessen die Substanz verwerten darf) oder (2) gänzlich auf die Anordnung der Vor- und Nacherbschaft zu verzichten, also lediglich die Testamentsvollstreckung anzuordnen (allerdings mit der Folge, dass der etwa noch verbleibende Restbetrag sodann gem. § 102 SGB XII als Kostenersatz an den Sozialleistungsträger herauszugeben sein wird), oder aber – so die typischerweise gewählte Lösung – (3) es bei der nicht befreiten Vorerbschaft zu belassen, aber dem Testamentsvollstrecker einen bspw. jährlich prozentual begrenzten Zugriff auch auf die Substanz zu ermöglichen, indem er insoweit – also bezogen auf diesen, ggf. quantitativ beschränkten, Substanzzugriff – auch die Aufgaben eines Nacherbenvollstreckers gem. § 2222 BGB wahrnimmt (sofern er nicht ohnehin generell beide Aufgaben in Personalunion in sich vereinigt).   6571

---

222 BGH, NJW-RR 1988, 386.
223 Vgl. *Kornexl*, Nachlassplanung bei Problemkindern, Rn. 281 mit Formulierungsvorschlag.
224 Vgl. hierzu und zum folgenden *Spall* in: Limmer (Hrsg.), Erbrecht und Vermögenssicherung, 2016, S. 69 ff.; *ders.*, ZEV 2017, 26 ff.
225 Vgl. *Spall* in: Limmer (Hrsg.), Erbrecht und Vermögenssicherung, 2016, S. 70 ff.

6572 In Anlehnung an *Spall*[226] wird hierzu folgende Formulierung vorgeschlagen:

▶ **Formulierungsvorschlag: Beschränkte Verwertungsbefugnis hinsichtlich der Vorerbschaftssubstanz**

Sollten nach der freien Überzeugung des Testamentsvollstreckers sowie des gesetzlichen Vertreters (Betreuers) des Vorerben Leistungen für den Vorerben im Sinn der vorstehenden Verwaltungsanweisungen gem. § 2216 BGB notwendig oder zumindest sinnvoll sein, die nicht aus den zur Verfügung stehenden Reinerträgen des Nachlasses und dessen sonstigem Vermögen und Einkommen finanzierbar sind – auch nicht durch Bildung von Rücklagen für künftige Ausgaben dieser Art – ist der Nacherbe vorausvermächtnisweise verpflichtet, einer begrenzten Verwertung der Substanz zuzustimmen; der Testamentsvollstrecker erteilt diese Zustimmung als hiermit hierzu benannter Nacherbenvollstrecker (§ 2222 BGB). Bei dieser Entscheidung hat der Testamentsvollstrecker auch zu berücksichtigen, dass ein Zugriff auf die Substanz deren künftige Ertragskraft weiter schwächt, und auch auf die voraussichtliche Lebensdauer des Betroffenen Rücksicht zu nehmen. Der Zustimmungsanspruch besteht weiter nur, wenn sichergestellt ist, dass die Mittel nur in Form solcher Leistungen zugewendet werden, die zur Verbesserung der Lebensqualität oder Lebensstellung des Betroffenen beitragen, aber nach den jeweils geltenden rechtlichen Bestimmungen nicht dem Zugriff des Hilfeträgers unterliegen und auch nicht auf Leistungen von dritter Seite anspruchsmindernd angerechnet werden. Der jährliche Substanzeingriff darf jedoch X % des Brutto-Nachlassanteils nicht übersteigen.

h) Person des Testamentsvollstreckers

6573 Der Testamentsvollstrecker haftet persönlich für Schäden aus schuldhafter Verletzung von Pflichten, die ihm dem Erben bzw. Vermächtnisnehmer ggü. obliegen (§ 2219 BGB), insb. der Pflicht zur ordnungsgemäßen Verwaltung (§ 2216 BGB). Er hat Rechnung zu legen (§ 2218 BGB – Verjährung früher erst nach 30 Jahren!;[227] seit 01.01.2010 mit Streichung des § 197 Abs. 1 Nr. 2 BGB ebenfalls binnen 3 Jahren nach Ablauf des jährlichen Rechnungslegungsturnus, ohne letztwillige Verlängerungsmöglichkeit)[228] und ein Nachlassverzeichnis aufzustellen (§ 2215 BGB). Die Wahrnehmung dieser Kontroll- und Überwachungsrechte des Betroffenen ggü. dem Testamentsvollstrecker erfolgt beim minderjährigen oder sonst nicht voll Geschäftsfähigen an sich durch seinen gesetzlichen Vertreter. Auf Antrag eines Beteiligten[229] kann das Nachlassgericht den Testamentsvollstrecker entlassen (§ 2227 BGB).[230] Er hat gem. § 2221 BGB im Zweifel Anspruch auf eine »angemessene Vergütung«,[231] ggf. zuzüglich Umsatzsteuer,[232] sowie Erstattung der Auslagen, vgl. Rdn. 6579.

6574 Der (auch einzige) Nacherbe kann (sofern nicht zugleich Betreuer oder gesetzlicher Vertreter) zugleich Testamentsvollstrecker des Vorerben sein, vgl. Rdn. 6515.[233]

---

226 *Spall* in: Limmer (Hrsg.), Erbrecht und Vermögenssicherung, 2016, S. 71.
227 BGH, 18.04.2007 – IV ZR 279/05, ZErb 2007, 260.
228 Der Testamentsvollstrecker als »neutrale Person« könnte mit einem Vermächtnis zugunsten der Erben, eine vertragliche Verjährungsverlängerung zu vereinbaren, nicht belastet werden, außer er ist ausnahmsweise zugleich Miterbe oder Vermächtnisnehmer bzw. seine Ernennung ist durch den Abschluss einer solchen Vereinbarung aufschiebend bedingt, *J. Mayer*, ZEV 2010, 1, 7.
229 Auch des Pflichtteilsberechtigten (BayObLG, FamRZ 1997, 905; KG, FamRZ 2005, 1595); a.A. *Muscheler*, ZErb 2009, 54; jedoch wohl nicht auf Entscheidung eines testamentarisch eingesetzten Schiedsgerichtes gem. § 1066 ZPO, *Selzener*, ZEV 2010, 285.
230 Bsp. gem. KG, 02.11.2015 – 6 W 112/15, EE 2016, 63 m. Anm. *Möller:* schwere Beleidigung eines Miterben.
231 Monografisch *Schiffer/Rott/Pruns*, Die Vergütung des Testamentsvollstreckers, 2014, sowie *Reinfeldt*, Die vom Erblasser bestimmte Vergütung des Testamentsvollstreckers, 2013; Übersicht bei *Rott*, ErbR 2017, 386 ff.
232 Sogar bei nur einmaliger Tätigkeit, jedenfalls bei gewisser Dauer (4 Monate genügen), FG Rheinland-Pfalz, 14.02.2013 – 6 K 1914/10, ErbStB 2013, 167 (Rev. BFH V R 13/13).
233 Vgl. insgesamt Gutachten, DNotI-Report 2003, 145 f.

D. Erbschaftslösungen

Besteht (etwa in Gestalt des länger lebenden Ehegatten) **Personenidentität** als Testamentsvollstrecker über den nicht befreiten Vorerbenanteil[234] des behinderten Abkömmlings und als dessen gesetzlicher Vertreter (qua Elternschaft,[235] Ergänzungspflegschaft[236] bzw. Betreuung) forderte die Rechtsprechung[237] überwiegend[238] wegen des Interessenkonfliktes i.S.d. § 1629 Abs. 2 Satz 3 i.V.m. § 1796 BGB (also nicht gegründet auf § 1795 Abs. 2 i.V.m. § 181 BGB)[239] eine Dauerergänzungspflegschaft oder (bei Volljährigen) Dauerergänzungsbetreuung für den Teilbereich »Überwachung des Testamentsvollstreckers«[240] durch eine familienfremde Person, wobei stets die Umstände des Einzelfalls entscheiden, vgl. Rdn. 6578.[241] Seltener wird die Bestellung eines Ergänzungspflegers bzw. -betreuers beschränkt auf den Aufgabenkreis »Ausschlagung oder Annahme der (beschwerten) Erbschaft« in Betracht kommen, da es an einem konkreten Interessengegensatz insoweit erst Recht fehlt.[242]

Für die Vergütung solcher gesetzlicher Vertreter wird der behinderte Erbe angesichts der dem Testamentsvollstrecker erteilten Verwaltungsanordnungen sein Vermögen und Einkommen i.d.R. nicht einzusetzen haben (§ 1836c BGB),[243] und zwar selbst dann nicht, wenn der Testamentsvollstrecker entgegen der Anordnungen des Erblasser pflichtwidrig Vermögenswerte freigeben sollte[244] (diese unberechtigte Freigabe des Vermögens durch den Testamentsvollstrecker führt zu Rückgewähransprüchen gem. § 812 Abs. 1 Satz 1 BGB gegen die Erben zur Wiederherstellung des Verwaltungsrechts, die das formale Vermögen des betroffenen Behinderten belasten); ggf. empfiehlt sich eine diesbezügliche Klarstellung: »Durch eine gesetzliche Betreuung entstehende

6575

---

234 Ist der Nacherbenvollstrecker (§ 2222 BGB) zugleich gesetzlicher Vertreter des Nacherben, gilt wohl Gleiches für die Erfüllung der Auskunftspflichten ggü. dem Nacherben, *Keim*, ZErb 2008, 6. Ist er zugleich gesetzlicher Vertreter des Vorerben, bedarf es zur Entgegennahme der Zustimmung eines Ergänzungspflegers (außer die Genehmigung wird nach § 182 BGB ggü. dem Vertragspartner erteilt und als Nacherbenvollstrecker ist er von § 181 BGB befreit).
235 Für großzügige Handhabung: *Spernath*, ZErb 2016, 1, 6f.
236 Vgl. Rdn. 4009 und OLG Schleswig, 23.03.2007 – 8 WF 191/06, DNotZ 2008, 67 = ZFE 2007, 440.
237 LG Frankfurt am Main, RPfleger 1990, 207; OLG Hamm, 13.01.1993 – 15 W 216/92, MittBayNot 1994, 53; OLG Nürnberg, 29.06.2002 – 11 UF 1441/01, MittBayNot 2002, 403 m. krit. Anm. *Kirchner*, MittBayNot 2002, 368.
238 A.A. OLG Zweibrücken, 21.12.2006 – 5 UF 190/06, RNotZ 2007, 157: nur bei konkret vorgetragener Konfliktlage.
239 Es handelt sich nicht um eine rechtsgeschäftliche Tätigkeit i.S.d. § 181 BGB, vgl. *Werner*, GmbHR 2008, 934 (unabhängig davon könnte zwar der Testamentsvollstrecker, nicht aber der Betreuer von § 181 BGB befreit werden).
240 Der (auch einzige) Nacherbe kann jedoch (sofern nicht zugleich Betreuer oder gesetzlicher Vertreter) zugleich Testamentsvollstrecker des Vorerben sein; vgl. insgesamt Gutachten, DNotI-Report 2003, 145 f.
241 Also keine Ergänzungspflegschaft, wenn bisher kein Grund zur Annahme besteht, der Vollstrecker werde unbeschadet seiner eigenen Interessen die Belange des Kindes nicht in gebotenem Maße wahren: BGH, 05.03.2008 – XII ZB 2/07, ZNotP 2008, 284. Ebenso bereits zuvor *Bonefeld*, ZErb 2007, 2; *Schlüter*, ZEV 2002, 158.
242 Vgl. *Wirich*, ZErb 2013, 249, 251: es genügt weder die Aussicht des Elternteils, ggf. später Nacherbe zu werden noch die Aussicht auf den (i.d.R. mageren) Vergütungsanspruch als Testamentsvollstrecker.
243 Vorbehaltlich eines anderen Auslegungsergebnisses, BGH, 27.03.2013 – XII ZB 679/11, MittBayNot 2013, 390 m. Anm. *Tersteegen* und BGH, 01.02.2017 – XII ZB 299/15 ZEV 2017, 267, hierzu *Becker*, ZNotP 2017, 213 ff.; der Betreuer kann wegen der Mittellosigkeit des Erben (§§ 1908i Abs. 1 Satz 1 i.V.m. 1836d Nr. 1 BGB) seine Vergütung nur aus der Staatskasse verlangen. Eine solche abweichende Auslegung vertritt LG Leipzig, 07.10.2013 – 01 T 471/13, RdLH 2014, 94 in einem Fall, in dem Substanzeingriffe in das nacherbschaftsgebundene Vermögen zulässig waren. Zur Vergütung des Berufsbetreuers beim Behindertentestament vgl. *Ruby/Schindler/Wirich*, Das Behindertentestament 2. Aufl. S. 76. Bei der Festsetzung der Gerichtsgebühren soll freilich auch das »gesperrte« Vermögen berücksichtigt werden, OLG Hamm, 18.08.2015 – 15 Wx 203/15, ZErb 2015, 352.
244 BGH, 10.05.2017 – XII ZB 614/16, ZEV 2017, 407, zustimmend *Wendt*, ErbR 2017, 546 ff. und *Becker*, ZNotP 2017, 331 ff.

Kosten sind weder aus der Substanz noch aus den Erträgen des Vorerbes zu bestreiten«.[245] Dem Testamentsvollstrecker steht gegen die Anordnung und Auswahl des Ergänzungspflegers kein Beschwerderecht zu,[246] ebenso wenig gegen die Festsetzung der Betreuervergütung.[247]

6576 Gleiches soll gelten, wenn ein Dritter sowohl zum Vormund als auch zum Testamentsvollstrecker für ein minderjähriges Kind benannt ist,[248] so dass es ratsamer sein mag, ihn zunächst nur gem. § 1777 BGB zum Vormund, und ab Volljährigkeit, aufschiebend bedingt, zum Vollstrecker einzusetzen.[249] Bereits eine Nähebeziehung zwischen Betreuer und Testamentsvollstrecker (Zugehörigkeit beider zur »Kernfamilie«) soll gem. §§ 1908i, 1796 Abs. 2 BGB einen familienfremden Ergänzungsbetreuer erforderlich machen.[250]

6577 Die Literatur wendet ein, dass der gesetzliche Vertreter jedenfalls während der Dauer der elterlichen Gewalt, solange kein Missbrauch des Vermögenssorgerechtes i.S.d. §§ 1666 f. BGB vorliegt, dem Gericht ggü. nicht rechenschaftspflichtig ist,[251] und weist ferner darauf hin, dass der betreffende Elternteil nach dem Erbfall ohnehin gem. § 1640 Abs. 1 BGB verpflichtet ist, ein Verzeichnis des von Todes wegen erworbenen Vermögens zu fertigen und beim Familiengericht einzureichen, dessen »Entgegennahme« durch den Testamentsvollstrecker keinen rechtsgeschäftlichen Charakter hat, so dass § 181 BGB (von dem der gesetzliche Vertreter nicht befreit werden kann) nicht einschlägig ist.

6578 Im Ergebnis hat nunmehr auch der BGH[252] betont, es sei tatrichterlich jeweils im Einzelfall zu entscheiden, ob eine Ergänzungspflegschaft/Ergänzungsbetreuung zur Wahrnehmung der Rechte ggü. dem Testamentsvollstrecker angeordnet werden müsse. Wenn sich aufgrund der bisherigen Erfahrungen und des engen persönlichen Verhältnisses zwischen Testamentsvollstrecker und Minderjährigem bzw. Betreutem keinerlei Anlass zu der Annahme ergebe, der Vollstrecker werde unbeschadet seiner eigenen Interessen die Belange des Betroffenen nicht in gebotenem Maß wahren und fördern, sei nicht bereits aufgrund des bloßen »typischen Interessengegensatzes« ein betreuungs- oder familien- (vor 01.09.2009 vormundschafts-)gerichtliches Eingreifen erforderlich. Anders dürfte es allerdings liegen, wenn der Testamentsvollstrecker für mehrere erbende (minderjährige oder durch den Vollstrecker betreute) Kinder eine Auseinandersetzungsvereinbarung abschließen will: für die gem. § 2204 Abs. 2 BGB vorgeschriebene Anhörung der Erben wird (jedem Kind) ein eigener Pfleger zu bestellen sein.[253]

---

245 Vgl. *Schumacher,* Rechtsdienst der Lebenshilfe 2015, 208.
246 OLG München, 22.01.2008 – 16 UF 1666/07, MittBayNot 2009, 235 m. Anm. *Weidlich,* insb. nicht gem. § 57 Nr. 9 FGG; OLG Brandenburg, 12.11.2015 – 10 WF 120/15, EE 2016, 110.
247 BGH, 15.04.2015 – XII ZB 534/14, MittBayNot 2016, 331 m. Anm. *Tersteegen.*
248 BGH, 05.03.2008 – XII ZB 2/07, ZNotP 2008, 284; OLG Hamm, FamRZ 1993, 1122; OLG Nürnberg, ZEV 2002, 158 m. Anm. *Schlüter.*
249 Nach *Hartmann,* RNotZ 2008, 150 gilt während der Vormundschaftszeit § 2111 BGB analog, so dass bei Verfügungen des Vormundes der Erlös weiterhin nachlasszugehörig und damit ab dem 18. Lebensjahr der Vollstreckung unterworfen bleibt.
250 OLG Zweibrücken, ZEV 2004, 161 m. Anm. *Spall.*
251 Vgl. *Bonefeld,* ZErb 2007, 2; ausführlich *Zimmermann,* Betreuung und Erbrecht, 2012, Rn. 463 ff., sowie monografisch *Sprenger,* Die Unvereinbarkeit des Amtes des Testamentsvollstreckers mit seiner Stellung als gesetzlicher Vertreter einer natürlichen Person als Erben, 2011 m. krit. Rezension *J. Mayer,* ZErb 2014, 34.
252 BGH, 05.03.2008 – XII ZB 2/07, NotBZ 2008, 344.
253 OLG Hamm, MittBayNot 1994, 53; *Krug/Horn,* in: Tanck/Krug, Anwaltsformulare Testamente, 5. Aufl., § 16 Rn. 13 f.

D. Erbschaftslösungen   Kapitel 14

▶ **Hinweis:**

Die Bestellung einer **außenstehenden Person** zum Testamentsvollstrecker, etwa eines Steuer- 6579
beraters,[254] eines Vermögensverwalters oder einer Bank[255] bzw. eines Bankmitarbeiters,[256] ggf.
auch eines Notars,[257] kann sich jedoch auch psychologisch empfehlen, um z.B. das nicht behinderte Kind, falls dieses im Schlusserbfall zugleich Testamentsvollstrecker als auch Nacherbe
und Miterbe ist, von einer sonst eintretenden Interessenkollision zu entlasten: Je weniger Zuwendungen er dem »ohnehin behinderten Geschwister« freigibt, desto mehr wird für ihn bleiben. Die Familienangehörigen können sich dann auf die Aufgabe eines Betreuers konzentrieren, also für die unmittelbare Personensorge Rechnung tragen, und zudem die Kontrollrechte
gegenüber dem Testamentsvollstrecker ausüben. Die rechtlich im einzelnen schwierigen Anforderungen bei der Umsetzung eines Behindertentestaments, bei der die ersten Erfahrungen (vgl.
Rdn. 6596 ff.) gelehrt haben, dass Laien dabei nicht selten folgenschwere Fehler unterlaufen,
bleibt dann in der Hand eines Fachmanns Zu denken ist ebenso an die (gem. § 2197 BGB zulässige, und auch mit § 2210 BGB vereinbare[258]) **Einsetzung einer Kapitalgesellschaft als Testamentsvollstrecker**, am besten einer neu gegründeten Zweckkapitalgesellschaft mit einem
starken Beirat, der den Geschäftsführer (eigentlichen Vollstrecker) von den Weisungen bzw.
der Abberufung durch die Gesellschafterversammlung abschirmt und zugleich geeignete Nachfolger durch Einsetzung zum Geschäftsführer »bestimmen« kann.[259] Auf jeden Fall ist eine
ausdrückliche Benennung (oder Benennungsbefugnis) anzuraten: Wählt das Nachlassgericht

---

254 Kein Verstoß gegen das Rechtsberatungsgesetz: BGH, 11.11.2004 – I ZR 182/02, NJW 2005, 968.
255 I.d.R. kein Verstoß gegen das Rechtsberatungsgesetz: BGH, 11.11.2004 – I ZR 213/01, NJW 2005,
    969; umfassend hierzu *Müller/Tolksdorf*, ErbStB 2006, 284. Banken dürfen jedoch keine Testamentsent-
    würfe fertigen, OLG Karlsruhe, 09.11.2006 – 4 U 174/05, ZErb 2007, 49 m. Anm. *Römermann*; hieran
    hat sich auch unter dem RDG nichts geändert, *Römermann/Kusiak*, ZErb 2008, 270. Zu den Vor- und
    Nachteilen der Testamentsvollstreckung durch Banken umfassend *Zimmermann*, ZErb 2007, 278 ff.
    (auch zur Interessenkollision bei der Geldanlage, § 31 Abs. 1 Nr. 2, Abs. 2 Satz 1 Nr. 1 und 2 WpHG).
    Zu den (erweiterten) Werbemöglichkeiten von nichtanwaltlichen Testamentsvollstreckern *Grunewald*,
    ZEV 2010, 69 ff.
256 Zu den (begrenzten) Möglichkeiten der Ablehnung einer Nebentätigkeitsgenehmigung hierfür
    ArbG Lörrach, 01.07.2016 – 3 Ga 1/16, ZErb 2016, 260.
257 Allerdings keine Benennung des amtierenden Notars selbst oder seines Sozius in der »eigenen« Urkunde
    wegen §§ 3 Abs. 1 Satz 1 Nr. 4, 27 BeurkG, vgl. im Einzelnen *Gutachten* DNotI-Report 1999, 101 ff.
    und 2012, 144 ff.; Ebenso wenig kann der Notar im notariellen Testament zur Benennung gem. § 2198
    Abs. 1 BGB ermächtigt werden: Verstoß gegen § 7 Nr. 1 BeurkG, BGH, 10.10.2012 – IV ZB 14/12,
    ZNotP 2012, 471. Unwirksam ist auch die Benennung des Notars in einer dem Notar übergebenen,
    im Testament erwähnten, handschriftlichen Anlage: OLG Bremen, 15.07.2014 – 5 W 13/14, DNotI-
    Report 2014, 151 – zulässig ist es allerdings, die Testamentsvollstreckerbenennung, die in verschlosse-
    nem Umschlag übergeben wird, im gleichen Umschlag mit dem notariellen Testament in amtliche Ver-
    wahrung zu geben: OLG Bremen, 10.03.2016 – 5 W 40/15 MittBayNot 2016, 344 m. zust. Anm.
    Reimann = ZEV 2016, 273 m. zust. Anm. *Litzenberger* in Abkehr von OLG Bremen, 24.09.2015 – 5
    W 23/15, RNotZ 2016, 107. Zur sog. »Bremer Trilogie« *Genske,* notar 2017, 188 ff.
258 Die dreißigjährige Höchstfrist des § 2210 Satz 1 BGB greift nur, wenn das Ereignis, das zur Beendigung
    der Verwaltungsvollstreckung führen soll, allein oder jedenfalls auch mit der juristischen Person ver-
    knüpft ist, nicht jedoch, wenn sie allein auf die Person des Erben abstellen, vgl. *Reich*, ZEV 2012,
    349 ff.
259 Vgl. *Kirnberger*, ErbStG 2008, 212 ff., der auf den Aspekt hinweist, dass »überhöhte« Testamentsvoll-
    streckervergütungen steuergünstig in der GmbH thesauriert werden können, wenn sie nicht vollständig
    an den Geschäftsführer abfließen, so dass daran gedacht werden mag, die Erben zu Gesellschaftern der
    Zweckkapitalgesellschaft zu bestimmen.

gem. § 2200 BGB²⁶⁰ selbst einen »nicht genehmen« (Ersatz-)Vollstrecker, ist der Rechtsschutz hiergegen beschränkt.²⁶¹

6580 Wollen die Beteiligten verhindern, dass ein völlig fremder Ergänzungsbetreuer als »Aufpasser« bestellt wird, ist zu erwägen, einen Mit-(»Neben«)testamentsvollstrecker²⁶² einzusetzen bzw. durch den »Hauptvollstrecker« gem. § 2199 BGB bestimmen zu lassen,²⁶³ dessen abweichender Aufgabenbereich (§ 2224 Abs. 1 Satz 3 BGB) sich auf die Überwachung des Hauptvollstreckers beschränkt, § 2208 BGB.²⁶⁴ Die betreffende Formulierung könnte lauten:

▶ **Formulierungsvorschlag: Nebenvollstreckung bei Personenidentität zwischen Hauptvollstrecker und Betreuer/Elternteil**

6581 **Der Testamentsvollstrecker ist gem. § 2199 Abs. 1 BGB ermächtigt, einen Mitvollstrecker zu ernennen, jedoch gemäß §§ 2208, 2224 Abs. 1 Satz 3 BGB beschränkt auf die Aufgaben, an deren Wahrnehmung der Testamentsvollstrecker aufgrund Interessenkollision gehindert ist.**

6582 Stattdessen könnte sich der überlebende Elternteil dafür entscheiden, lediglich die Elternfunktion/die Funktion eines Betreuers²⁶⁵ auszuüben, und stattdessen einer anderen geeigneten Person die Testamentsvollstreckung zu überlassen. Er sollte daher befugt sein,²⁶⁶ seinen Nachfolger als Testamentsvollstrecker zu benennen (§ 2199 BGB) bzw. bei anfänglicher Nichtannahme des Amtes den Vollstrecker als Dritter zu bestimmen (§ 2198 BGB²⁶⁷). Folgt das Familien- oder Betreuungsgericht (vor dem 01.09.2009: Vormundschaftsgericht) der oben skizzierten Auffassung, dass nicht nur Personenidentität, sondern auch die gemeinsame Zugehörigkeit zur Kernfamilie²⁶⁸ einen fremden Überwachungs-Ergänzungsbetreuer erforderlich mache, sollte er dieses Bestimmungsrecht in Abstimmung mit dem Gericht zugunsten eines der Familie vertrauten Dritten (Freund, Steuerberater etc.) ausüben.

6583 Der betreuende Elternteil kann allerdings nicht in verbindlicher Weise (lebzeitig oder in seinem Testament) seinen Nachfolger im Amt des Betreuers bestimmen, nur der Betroffene selbst hat gem. § 1897 Abs. 4 BGB das höchstpersönlich auszuübende Vorschlagsrecht (die Äußerung des Elternteils kann aber i.R.d. Ermessensausübung des Betreuungsgerichts gem. § 1897 Abs. 5 BGB eine Rolle spielen).²⁶⁹ Die Regelungen zur Dauertestamentsvollstreckung bei Behindertentestament (zum Bedürftigentestament vgl. Rdn. 6702) könnten etwa wie folgt lauten:

---

260 Das hierfür erforderliche Ersuchen des Erblassers kann auch konkludent erfolgen, vgl. OLG Schleswig, 06.07.2015 – 3 Wx 41/15, ErbR 2016, 98.
261 OLG Hamm, 22.01.2008 – 15 W 334/07, MittBayNot 2008, 390 m. Anm. Reimann.
262 Vorzuziehen ggü. einem Ersatzvollstrecker (dafür *Kirchner*, MittBayNot 1997, 203), bei welchem der ursprüngliche Vollstrecker die vollständige Amtsführung verliert.
263 Wobei das Nachlassgericht einwenden könnte, der Minderjährigenschutz sei aufgrund dieser Benennung durch den Überwachenden selbst nicht gewahrt, vgl. *Scherer/Lehmann*, ZEV 2007, 318, 320.
264 *Reimann*, MittBayNot 1994, 56; *Bonefeld*, ZErb 2007, 3.
265 Allgemein zur Stellung und praktischen Tätigkeit eines Betreuers beim Behindertentestament *Dietz/Spall*, ZEV 2012, 456 ff.
266 Diese Ermächtigung gilt aber im Zweifel dann nicht mehr, wenn der Testamentsvollstrecker wegen Pflichtverletzungen bei der Ausübung seines Amtes entlassen wird, vgl. OLG München, 09.07.2008 – 31 Wx 003/08, ZErb 2008, 285.
267 Dritter i.S.d. § 2198 BGB kann wegen § 7 Abs. 1 BeurkG [»rechtlicher Vorteil«] nicht der beurkundende Notar sein, OLG Stuttgart, 29.03.2012 – 8 W 112/12, ZErb 2012, 191.
268 Im Fall des OLG Zweibrücken, ZEV 2004, 161: Mutter des Behinderten war Nacherbin und Testamentsvollstreckerin auf den ersten Sterbefall, die Schwester des Behinderten war dessen Betreuerin (und Nacherbin auf den zweiten Sterbefall).
269 Vgl. *Gutachten*, DNotI-Report 2015, 9 f.

D. Erbschaftslösungen   Kapitel 14

▶ Formulierungsvorschlag: Dauertestamentsvollstreckung über den Vorerbenanteil beim
»Behindertentestament«

a) Testamentsvollstreckung bei beiden Erbfällen   6584

Unser gemeinsames Kind ..... ist wegen seiner Behinderung nicht in der Lage, seine Angelegenheiten selbst zu besorgen. Es wird daher die ihm beim jeweiligen Erbfall als Vorerbe zugewendeten Erbteile nicht selbst verwalten können.

Sowohl der erstversterbende als auch der länger lebende Ehegatte ordnen deshalb hinsichtlich des unserem behinderten Sohn jeweils zufallenden Erbteils

Testamentsvollstreckung

in Form einer Dauertestamentsvollstreckung gemäß § 2209 BGB an.

b) Person des Testamentsvollstreckers

Zum Testamentsvollstrecker wird ernannt:
– beim Tod des Erstversterbenden der länger lebende Ehegatte
– beim Schlusserbfall das gemeinsame Kind ....

Der jeweilige Testamentsvollstrecker wird ermächtigt, jederzeit einen Nachfolger zu benennen (§ 2199 BGB) bzw., sofern er das Amt nicht antritt, als Dritter gem. § 2198 BGB den Vollstrecker zu bestimmen. Kann oder will er dies nicht, ist ..... als Ersatzvollstrecker für den ersten und den zweiten Sterbefall berufen, dem wiederum die Benennungsmöglichkeiten gem. § 2198, 2199 BGB entsprechend zustehen. Hilfsweise soll der Vollstrecker gemäß § 2200 BGB durch das Nachlassgericht (Alt.: durch die Arbeitsgemeinschaft Testamentsvollstreckung und Vermögenssorge [AGT] e.V., Lievelingsweg 125, 53119 Bonn) ernannt werden. Wir empfehlen, im Fall einer Kollision zwischen dem Amt des Betreuers/gesetzlichen Vertreters und des Testamentsvollstreckers, die zur möglicherweise nicht gewollten Bestellung eines fremden Ergänzungs-Überwachungsbetreuers führen würde, das Amt des Betreuers/gesetzlichen Vertreters anzunehmen und im Wege der §§ 2198, 2199 bzw. hilfsweise § 2200 BGB einen anderen, geeigneten Vollstrecker zu bestimmen.

Das Amt des für den ersten Sterbefall eingesetzten Testamentsvollstreckers endet mit dem Schlusserbfall. An seine Stelle tritt der für den Schlusserbfall eingesetzte Testamentsvollstrecker, der dann die Miterbenanteile von (Behinderter) am Nachlass beider Elternteile verwaltet.

c) Aufgabe des Vollstreckers

Aufgabe des jeweiligen Testamentsvollstreckers ist die Verwaltung des Erbteils unseres behinderten Sohnes ..... und damit die Verwaltung des Nachlasses gemeinsam mit dem weiteren Miterben. Der jeweilige Testamentsvollstrecker hat alle Verwaltungsrechte auszuüben, die unserem genannten Sohn als (Mit-)Vorerbe zustehen. Er ist zur Verwaltung des Nachlasses in Gemeinschaft mit den weiteren Miterben berechtigt und verpflichtet. Nach Teilung des Nachlasses setzt sich die Testamentsvollstreckung an den dem Vorerben zugefallenen Vermögenswerten fort, ebenso an allen Surrogaten.

Aufgabe des Vollstreckers ist ferner die Durchführung der vorstehend Ziffer ..... getroffenen Teilungsanordnungen.

Der Testamentsvollstrecker ist von den Beschränkungen des § 181 BGB befreit.

Sowohl der zuerst Versterbende als auch der Überlebende von uns beiden trifft folgende, für den jeweiligen Testamentsvollstrecker verbindliche Verwaltungsanordnung gemäß § 2216 Abs. 2 BGB:

Die nachstehenden Anordnungen sollen zu einer Verbesserung der Lebensqualität unseres Sohnes führen, indem ihm Leistungen zugewendet werden, die er durch den Standard der Sozialhilfe nicht bekäme. Der jeweilige Testamentsvollstrecker hat daher unserem genannten Sohn die ihm gebührenden anteiligen jährlichen Reinerträgnisse (Nutzungen) des Nachlasses, wie beispielsweise etwaige anteilige Miet- und Pachtzinsen, Zinserträge, Dividenden- und Gewinnanteile und etwaige sonstige Gebrauchsvorteile und Früchte von Nachlassgegenständen, zuzuwenden und dabei sich an folgenden Maßgaben (»Regelbeispielen«) zu orientieren:

- Geschenke zum Geburtstag und Namenstag, zu Weihnachten, Ostern und Pfingsten;
- Zuwendungen zur Befriedigung von individuellen Bedürfnissen geistiger und künstlerischer Art sowie in Bezug auf die Freizeitgestaltung, insbesondere Hobbys;
- Finanzierung von Freizeiten und Urlaubsaufenthalten, einschließlich der dafür notwendigen Materialien und Ausstattungsgegenstände, und gegebenenfalls Bezahlung einer erforderlichen, geeigneten Begleitperson;
- Aufwendungen für Besuche bei Verwandten und Freunden;
- Aufwendungen für ärztliche Behandlungen, Heilbehandlungen, Therapien und Medikamente, die von der Krankenkasse nicht (vollständig) gezahlt werden, z.B. Brille, Zahnersatz usw.;
- Anschaffung von Hilfsmitteln und Ausstattungsgegenständen, die von der Krankenkasse nicht (vollständig) bezahlt werden; dabei sollen die Hilfsmittel von der Qualität so bemessen und ausgewählt werden, dass sie dem Kind optimal dienlich sind;
- Aufwendungen für zusätzliche Betreuung, z.B. bei Spaziergängen, Theater- und Konzertbesuchen, Einkäufen und ähnlichem, entsprechend den Wünschen des Kindes
- Aufwendungen für Güter des persönlichen Bedarfs des Kindes, z.B. (modische) Kleidung oder Einrichtung seines Zimmers.

Für welche der genannten Leistungen die jährlichen Reinerträgnisse verwendet werden sollen, ob diese also auf sämtliche Leistungen gleichmäßig oder nach einem bestimmten Schlüssel verteilt werden oder ob diese in einem Jahr nur für eine oder mehrere der genannten Leistungen verwendet werden, entscheidet der jeweilige Testamentsvollstrecker nach billigem Ermessen, wobei er allerdings immer auf das Wohl des behinderten Abkömmlings bedacht sein muss.

Werden die jährlichen Reinerträgnisse in einem Jahr nicht in voller Höhe in Form der bezeichneten Leistungen unserem behinderten Abkömmling zugewendet, sind die entsprechenden Teile vom jeweiligen Testamentsvollstrecker gewinnbringend anzulegen.

Sind größere Anschaffungen für unseren Sohn wie beispielsweise der Kauf eines Gegenstandes zur Steigerung des Lebensstandards unseres genannten Sohnes (z.B. die Anschaffung eines Pkw kleiner oder mittlerer Klasse) oder eine größere Reise oder Ähnliches, beabsichtigt, hat der jeweilige Testamentsvollstrecker entsprechende Rücklagen zu bilden.

Im Übrigen gelten für die Testamentsvollstreckung die gesetzlichen Bestimmungen.

d) Vergütung

Für seine Tätigkeit erhält ein etwa durch das Nachlassgericht *(die AGT e.V.)* bestimmter Ersatztestamentsvollstrecker (§ 2200 BGB) neben dem Ersatz seiner notwendigen Auslagen eine Vergütung in angemessener Höhe (§ 2221 BGB), deren Bemessung sich an den Richtlinien des Deutschen Notarvereins e.V. in ihrer jeweils geltenden Fassung orientiert (vgl. z.B. Zeitschrift »notar«, Jahrgang 2000, S. 2 ff.). Andere Personen haben nur Anspruch auf Aufwendungsersatz gemäß § 2218 BGB, wobei jedoch Tätigkeiten im jeweiligen Beruf oder Gewerbe des Testamentsvollstreckers gesondert zu vergüten sind. Die Vergütung geht zulasten des verwalteten Erbteils.

i) Ungeplante Entwicklungen

6585 In noch stärkerem Maß, als ohnehin empfehlenswert, sollte bei der Gestaltung des »Behinderten-Testaments« Vorsorge vor unerwarteten Entwicklungen getroffen werden.

Zu denken ist dabei etwa an folgende Aspekte:
(1) **Stirbt der behinderte Abkömmling (Vorerbe) vor dem ersten Elternteil**, vermutet § 2102 Abs. 1 BGB den Nacherben als Ersatzerben. Handelt es sich dabei um eine andere Person als den überlebenden Ehegatten (z.B. das andere Kind oder einen Träger der Behindertenhilfe), ist dies regelmäßig nicht gewollt, vielmehr soll dann der überlebende Ehegatte Alleinerbe (und zwar als Vollerbe) sein.

6586 (2) **Stirbt der Nacherbe** vor Eintritt des Nacherbfalles, sollte sich das Testament dazu verhalten, ob Ersatznacherbfolge (z.B. analog § 2104 BGB) eintritt (so dass der Vermögensstamm auch nach dem Tod des Vorerben weiter geschützt bleibt) oder ob der Vorerbe zum Vollerben wird (der allerdings weiterhin zu Lebzeiten durch die Testamentsvollstreckung vor einem Verwertungszugriff geschützt ist).

(3) Es kann sich nachträglich der Wunsch einstellen, den behinderten Vorerben zum Vollerben werden zu lassen, etwa weil an den Vorerbschaftsbeschränkungen (mangels Sozialhilferegressrisikos) kein Bedarf mehr besteht. Im praktischen Ergebnis lässt sich dies **durch Übertragung der Nacherbenanwartschaften auf den Vorerben** erreichen. (Mit Eintritt des Nacherbfalls wird der Vorerbe Vollerbe, sofern auch der Nacherbe zu diesem Zeitpunkt eine volle Erbenstellung erhalten hätte). Haben jedoch nicht alle Ersatznacherben zugestimmt oder ihre diesbezüglichen Anwartschaften ebenfalls mitübertragen, würde der Vorerbe seine »Vollerbenstellung« in dem Zeitpunkt wieder verlieren, in dem der Nacherbe sie an den Ersatznacherben verloren hätte. Um die **Mitwirkung der Ersatznacherben** entbehrlich zu machen, sollte die Ersatznacherbenanwartschaft dadurch auflösend bedingt sein, dass der Nacherbe seinerseits seine Anwartschaft auf den Vorerben überträgt.[270]

6587

(4) Noch bedeutsamer erscheint es, den überlebenden Ehegatten möglichst weitgehend (möglicherweise allerdings beschränkt auf den Kreis der gemeinsamen Abkömmlinge) von der erbvertraglichen Bindungswirkung bzw. der Reichweite wechselbezüglicher Verfügungen im gemeinschaftlichen Testament gem. § 2271 Abs. 2 BGB zu befreien.

6588

Alle vorstehenden »Anpassungsoptionen« sind im nachstehend (Kap. 14, Muster 15) wiedergegebenen Gesamt-Erbvertragsmuster enthalten.

Regelungstechnisch schwierig ist dagegen die Anpassung für den Fall, dass der **behinderte Abkömmling dauerhaft wieder »genesen«** und damit nicht mehr auf Eingliederungsleistungen nach dem SGB XII angewiesen ist. Abgesehen vom Rückfallrisiko oder dem Risiko gleichwohl fortbestehenden, nicht jedoch an den Gesundheitszustand anknüpfenden Sozialfürsorgeleistungsbezugs (Grundsicherung für Arbeitsuchende, SGB II!) und der kaum in eindeutige Kriterien zu fassenden Beschreibung des auslösenden Sachverhalts würde es wohl auch inhaltlich nicht ausreichen, lediglich die Vorerbenstellung auflösend zu bedingen (i.S.e. aufschiebend bedingten Vollerbschaft unter Beendigung der Testamentsvollstreckung), ohne gleichzeitig den anderen Geschwistern für diesen jetzt dauerhaften Rechtszuwachs einen Ausgleich zu bieten (etwa durch vorzeitige Fälligkeit des unten Rdn. 6608 erläuterten, zu deren Gunsten ausgesetzten Ausgleichsvermächtnisses).[271] Bei der Anwartschaft auf die künftige Vollerbschaft handelt es sich sozialrechtlich wohl um kein derzeit einsatzpflichtiges Vermögen jedenfalls solange der Eintritt der Bedingung in absehbarer Zeit nicht zu erwarten ist.[272]

6589

Es erscheint sachgerechter, diese Anpassung der »freihändigen« rechtsgeschäftlichen Anpassung der Beteiligten selbst zu überlassen (etwa in Gestalt der Übertragung der Nacherbenanwartschaftsrechte auf den Vorerben und Niederlegung der Testamentsvollstreckung ohne Benennung eines Nachfolgers, Zug um Zug gegen vorzeitige Erbringung zumindest eines Teils des Ausgleichsvermächtnisses an die anderen Geschwister). Zur noch praxisbedeutsameren Parallelfrage der Anpassung im Fall späterer wirtschaftlicher Erholung (Entschuldung) des Betroffenen beim »Bedürftigentestament« s.u. Rdn. 6710 ff.

6590

j) Änderungen der Rechtslage, z.B. Bundesteilhabegesetz

Die in Rdn. 536 ff. skizzierten, zum 01.01.2020 in Kraft tretenden Änderungen durch das Bundesteilhabegesetz haben für den davon erfassten Personenkreis, der bisher Eingliederungshilfe für Behinderte gem. §§ 52 ff. SGB XII bezog, gravierende Auswirkungen, führen insbesondere zur

6591

---

270 OLG Schleswig, 01.04.2010 – 3 Wx 80/09, ZEV 2010, 574 m. Anm. *Hartmann*.
271 Formulierungsvorschlag etwa bei *Ruby*, ZEV 2006, 71, wobei jedoch der auslösende Sachverhalt »nicht Bezug von Sozialleistungen, die ihre eigentliche Ursache in der Behinderung haben, während eines vollen Jahres« sich nicht mit der Freiheit von regressbehafteten Sozialfürsorgeleistungen begrifflich deckt.
272 So jedenfalls die Wertung des BSG, 06.12.2006 – B 14/7b AS 46/06 R, MittBayNot 2008, 239 (vgl. Rdn. 563); vgl. *Ruby/Schindler/Wirich*, Das Behindertentestament, § 3 Rn. 68; zweifelnd *Limmer*, Erbrechtsberatung 2007, S. 43, 66.

Anwendbarkeit unterschiedlicher Rechtsnormen für den Existenzsicherungsbedarf (der weiter nach SGB II und SGB XII beurteilt wird, nach Maßgabe der dortigen Einkommens- und Verschonungsvorschriften, mit allerdings teilweiser Erweiterung der Geldvermögensschonung),[273] einerseits, und den künftig in SGB IX (Rehabilitationsleistungen) geregelten Fragen der Deckung behinderungsbedingten Bedarfs der Eingliederungshilfe mit abweichenden Einkommens- und Vermögenschonvorschriften in §§ 137 ff. SGB IX. Dies wird zur Folge haben, dass in der Vergangenheit formulierte klassische Behindertentestamente dann ihre Aufgabe möglicherweise nicht oder nur mehr bedingt erfüllen können.[274]

6592 Selbst wenn die tatsächlichen Verhältnisse und die Gestaltungswünsche der Beteiligten sich nach Errichtung der letztwilligen Verfügung nicht (mehr) ändern sollten – hierzu oben Rdn. 6585 ff. – droht dem »Behindertentestament« Unbill, wenn sich entweder die rechtliche Würdigung der Zugriffsvermeidungsinstrumente (Testamentsvollstreckung/Vor- und Nacherbfolge bzw. Vor- und Nachvermächtnis) im Lichte des § 138 BGB, etwa aufgrund knapper Kassen, ändern sollte, oder aber (insb. aufgrund einer Änderung des Wortlautes des § 93 SGB XII: »Recht« statt »Anspruch«) das Ausschlagungsrecht nach § 2306 BGB (ähnlich bei den nachfolgend II und III beschriebenen Modellen: nach § 2306 Abs. 2 BGB bzw. nach § 2307 Abs. 1 BGB) durch den Sozialleistungsträger übergeleitet und ausgeübt werden könnte. In letzterem Fall entstünde ein Pflichtteilsanspruch (den die nachrückenden Ersatzbegünstigten zu erfüllen hätten), der – ohne Vorteil für den Behinderten – zur Besserstellung des Fiskus eingezogen würde; in ersterem Fall träte gar gesetzliche Erbfolge ein (sofern kein abweichender Erblasserwille ausdrücklich erklärt oder durch erhaltende Auslegung ermittelt werden kann), so dass der gesamte Erbteil durch Teilungsauseinandersetzung zugunsten des Fiskus verwertet werden könnte.

6593 Kann der Erblasser auf eine solche Änderung der Rechtslage (etwa mangels Testierfähigkeit) nicht mehr reagieren, vermag nur eine von Anfang an »beigegebene Ersatzlösung« das Schlimmste zu verhindern. Sie wird im Regelfall eine Enterbung des behinderten Abkömmlings bezwecken (um ihn aus der gesamthänderischen Nachlassmasse fernzuhalten), möglicherweise aber durch Auflagen (mit Durchsetzung durch den eigentlich vorgesehenen Vollstrecker) zu seinen Gunsten eine die staatlichen Leistungen ergänzende Versorgung bezwecken (allerdings nicht für den Fall, dass der Betroffene selbst ausgeschlagen hat, zumal sonst im Fall einer Betreuung auch das Betreuungsgericht versucht sein könnte, bei Abwägung beider Varianten doch die Ausschlagung genehmigen zu wollen). Hierzu[275] folgender

▶ Formulierungsvorschlag: Hinweise und vorsorgende Hilfslösung beim Behindertentestament

6594 Zusatzbestimmungen; hilfsweise getroffene Verfügungen

1.

Der amtierende Notar hat uns aus Anlass der heutigen Beurkundung unseres gemeinschaftlichen Testaments noch auf Folgendes hingewiesen:

Es kann nicht ausgeschlossen werden, dass zufolge künftiger Rechtsprechung die heutigen Vereinbarungen im Hinblick auf das Nachrangprinzip der Sozialhilfe gegen § 138 BGB verstoßen, obwohl wir mit den heutigen Vereinbarungen lediglich Regelungen treffen, die auch dem wohlverstandenen Interesse unseres behinderten Sohnes dienen, oder dass eine Sozialleistungsbehörde

---

273 § 60a SGB XII [1720] in Gestalt des, der für die Zeit v. 01.01.2017 bis 31.12.2019 einen zusätzlichen Betrag von bis zu 25.000 € gem. § 90 Abs. 3 Satz 2 SGB XII als wegen sonst unbilliger Härte geschont wertet, beschränkt auf Leistungen des 6. Kapitels SGB XII (Eingliederungshilfe für Behinderte); gleiches gilt gem. § 66a SGB XII für die Hilfe zur Pflege, allerdings nur sofern dieser Betrag überwiegend aus Einkommen aus selbständiger oder nichtselbständiger Tätigkeit während des Leistungsbezugs erworben wird.
274 Vgl. *Doering-Striening*, ZErb 2017, 95, 108.
275 In Anlehnung an *Kornexl*, Nachlassplanung bei Problemkindern, Rn. 390 ff.

D. Erbschaftslösungen   Kapitel 14

gesetzliche Ausschlagungsrechte unseres behinderten Sohnes an sich ziehen und für ihn ausüben könnte mit der Folge, dass unsere wohlmeinenden Anordnungen die Wirkung verlieren.

2.

Sollte dieses gemeinschaftliche Testament wegen Verstoßes gegen § 134 oder § 138 BGB beim jeweiligen Erbfall unwirksam sein, ordnen wir an: Wir setzen uns durch vertraglich bindende Verfügung gegenseitig zum Alleinerben ein. Schlusserben sind unsere beiden Kinder A und B zu gleichen Teilen, ersatzweise deren Abkömmlinge zu gleichen Stammanteilen.

3.

Sollten die Belastungen, mit denen die Ziele dieses »Behindertentestamentes« erreicht werden sollen (Verwaltungsvollstreckung; Vor- und Nacherbfolge) unwirksam sein wegen Verstoßes gegen § 134 oder § 138 BGB oder aufgrund Ausschlagung durch die Sozialleistungsbehörde mit Wirkung für ihn oder sollte unser behinderter Sohn C aufgrund des Hilfstestamentes gemäß Ziffer 2 lediglich den Pflichtteil erhalten, so gilt:

Die anstelle unseres behinderten Sohnes Berufenen sind dann mit einer Auflage zu seinen Gunsten beschwert, für die folgende Bestimmungen gelten:
– Von den Erträgen des Vermögens, welches den Ersatzberufenen – nach Abzug der von ihnen jeweils zu tragenden Pflichtteilslast – verbleibt, sind auf Lebzeiten unseres Sohnes jeweils 90 % an diesen auszuhändigen.
– Die Vollziehung der Auflage ist Aufgabe des Testamentsvollstreckers, der bei Nichteintritt der Bedingung die betroffene Nachlassbeteiligung unseres Sohnes verwaltet hätte. Erst danach endet sein Amt. Für die an unser behindertes Kind auszuhändigenden Erträge gilt die in dieser Verfügung von Todes wegen angeordnete Verwaltungsanweisung entsprechend.
– Neben dem Testamentsvollstrecker steht die Vollziehungsberechtigung für die Auflage sämtlichen Personen zu, die bei Eintritt der Bedingung Ersatzberufene sind, und zwar jeweils in Bezug auf die übrigen Auflagebeschwerten. Für alle anderen Personen, die nach § 2194 BGB die Vollziehung der Auflage verlangen könnten, wird die Vollziehungsberechtigung hiermit ausgeschlossen.
– Unter Ausschluss anderslautender Auslegungs- und Ergänzungsregeln entfällt die Auflage, wenn unser behinderter Sohn sie nicht annehmen kann oder will.

Auch umgekehrt kann jedoch das »Behindertentestament« als Auffanglösung ratsam sein. Zu denken ist etwa an Sachverhalte, in denen ein Ehepartner oder Lebenspartner seine in einem gemeinschaftlichen Testament enthaltenen wechselbezüglichen Verfügungen widerruft gegenüber seinem geschäftsunfähig gewordenen[276] Vertragspartner: der Geschäftsunfähige kann auf diesen Widerruf nicht mehr durch ein neues Testament reagieren. Es wird daher mitunter empfohlen,[277] unmittelbar vor dem Abschluss des gemeinschaftlichen Testaments (bzw. des Erbvertrags mit Rücktrittsvorbehalt) ein Einzeltestament zu errichten, das sodann (zufolge der Zweifelsregelung des § 2257 BGB) nach dem Widerruf/Rücktritt wieder Platz greift. Häufig wird es sich bei diesem Auffangtestament – zum Schutz des Nachlasses gerade angesichts der mit Geschäftsunfähigkeit einhergehenden Zugriffsgefahren – um ein »Behinderten-« bzw. »Bedürftigentestament« handeln.   6595

k) fehlerhafte Ausübung der Testamentsvollstreckung

Nicht gefeit ist die Gestaltungspraxis freilich vor lebzeitigen Eingriffen in den durch ein fachgerechtes »Behindertentestament« nach dem Eintritt des Erbfalls geschaffenen Tatbestand »im Unverstand«, z.B. den Verkauf des Erbteils des Behinderten gegen Barzahlung (keine Surrogation des   6596

---

276 Der Zugang muss dann an einen für den Bereich der Vermögenssorge bestellten personenverschiedenen (Ersatz-)Betreuer erfolgen, vgl. OLG Nürnberg, 06.06.2013 – 15 W 764/13, MittBayNot 2014, 72 m. Anm. *Gerono* = ZErb 2013, 306 m. krit. Anm. *Grädler* = ZEV 2013, 450 m. Anm. *Keim; Hausmann*, notar 2014, 58 ff.; OLG Hamm, 05.11.2013 – I-15 W 17/13, NotBZ 2014, 228; *Gutachten*, DNotI-Report 2014, 97. Monografisch hierzu *Jestaedt*, Die Auswirkungen der Geschäftsunfähigkeit auf die Lösungsmöglichkeiten vom gemeinschaftlichen Testament und vom Erbvertrag, 2015.
277 *Siebert*, EE 2014, 154 ff.

Testamentsvollstreckungsschutzes, da der Erbteil selbst diesem nicht unterliegt) mit der Folge, dass nun einsatzpflichtiges Vermögen vorliegt.[278] Jede **Erbauseinandersetzung**, auch wenn sie einer angeordneten Teilungsanordnung, Rdn. 6599 ff., folgt, und gleichgültig ob sie (wie anzuraten) durch den Testamentsvollstrecker[279] oder durch den Betroffenen selbst bzw. dessen Betreuer vorgenommen wird, muss sicherstellen, dass die für den Vermögensschutz maßgeblichen Beschränkungen der Vor- und Nacherbfolge sowie der Testamentsvollstreckung in Bezug auf dasjenige, was der »behinderte« Miterbe im Rahmen der Auseinandersetzung erhält, bestehen bleiben.[280] Bei der »klassischen« Einzelübertragung von Nachlassgegenständen setzt sich die Vor- und Nacherbfolge gemäß § 2111 BGB an den zugewiesenen Gegenständen fort (»Erwerb mit Mitteln der Erbschaft«), gleiches gilt nach h.M. für die Dauer- (nicht lediglich Abwicklungs!-)testamentsvollstreckung, die sich an der Abfindung analog § 2041 BGB fortsetzt, sofern die Auslegung im Einzelfall kein abweichendes Ergebnis ergibt (was allerdings bei einem »Behindertentestament« angesichts der klaren Intention des Erblassers ausscheidet).

6597 Anders verhält es sich bei einer Erbauseinandersetzung durch **Übertragung eines Erbanteils**: Die Nacherbenbindung des übertragenen Erbteils selbst sowie die Behaftetheit mit der Testamentsvollstreckung setzen sich fort (Rdn. 6703),[281] am erhaltenen Erlös findet jedoch keine Surrogation statt. Eine Ausnahme gilt allenfalls, wenn die Auszahlung der Abfindung aus Mitteln des Nachlasses erfolgt; in diesem Fall dürfte[282] davon auszugehen sein, dass die Nacherbschaftsbindung und Testamentsvollstreckung sich nur am Abfindungsbetrag (und nicht mehr am übertragenen Erbteil) fortsetzen. Bei Abschichtungen, die ja weder eine Verfügung über den Nachlassgegenstand noch (jedenfalls nach Ansicht der Rechtsprechung, a.A. die Literatur, vgl. Rdn. 325 ff.) über den Erbteil selbst darstellen, dürften Surrogationen generell ausscheiden.[283]

6598 In gleicher Weise vergebens ist der mit dem klassischen Behindertentestament verbundene gestalterische Aufwand, wenn der Testamentsvollstrecker entgegen der in der letztwilligen Verfügung enthaltenen Anweisung (§ 2216 BGB) Mittel aus der Erbschaft schlicht (i.S.d. § 2217 Abs. 1 Satz 2 BGB) **freigibt**, so dass sie dem Erben zur freien Verfügung stehen und damit zur Deckung des Bedarfs eingesetzt werden können.[284] So liegt es etwa, wenn monatlich gleichbleibende Beträge auf das Eigenkonto des betroffenen Erben »für private Dinge« überwiesen werden.[285] Gleiches gilt, wenn der Testamentsvollstrecker aus den Mitteln des gebundenen Nachlasses die Kosten des Wohnens (auch Nebenkosten wie Versicherung, Verbrauchskosten etc.) übernimmt, so dass für

---

278 LG Kassel, 17.10.2013 – 3 T 342/13, ZEV 2014, 32104 m. Anm. *Wirich* (auch wenn die Erbteilsübertragung zuvor vom Betreuungsgericht genehmigt wurde); zust. *Gottwald*, EE 2014, 95, zu Recht und *G. Müller*, NotBZ 2017, 81, 86 f., krit. *Springmann*, EE 2014, 116 und ZEV 2014, 293: Abfindung ist Surrogat für die Beteiligung an nacherbschaftsgebunden Vermögen in der Erbengemeinschaft i.S.d. § 2111 BGB, sonst wäre der Alleinerbe besser geschützt als der Miterbe. Richtigerweise hätte allerdings die Betroffene den Geldbetrag surrogationshalber im Rahmen einer Erbauseinandersetzung (nicht als Kaufpreis für die Erbteilsübertragung) erhalten sollen, vgl. *Wirich*, ZEV 2014, 107 f.
279 So bei der (in Behindertentestamentsfällen jedoch einen Gestaltungsfehler darstellenden) Abwicklungstestamentsvollstreckung, sowie bei der Dauertestamentsvollstreckung (§§ 2209 Satz 1 Hs. 2, 2204 BGB), wenn sie nicht nur reine Verwaltungsvollstreckung i.S.d. § 2209 Satz 1, Hs. 1 BGB ist, vgl. *G. Müller*, NotBZ 2017, 81, 82. Letztere enthält i.d.R. sogar ein konkludentes Auseinandersetzungsverbot, solange die Testamentsvollstreckung in Kraft ist, das nur durch den Testamentsvollstrecker und alle Erben sowie Nacherben (nicht Ersatznacherben) überwunden werden kann.
280 Vgl. zum folgenden *Keim*, DNotZ 2014, 895 ff.
281 BayObLG DNotZ 1983, 320, 325.
282 Vgl. *Hagmeier*, Erbauseinandersetzung durch Abschichtung, 2006, S. 270; *Keim*, DNotZ 2014, 895, 903.
283 Differenzierend *Keim*, DNotZ 2014, 895, 904 ff.; zur Vorsicht rät hingegen auch *G. Müller*, NotBZ 2017, 81, 88 f.
284 LSG Niedersachsen-Bremen, 13.11.2014 – L 15 AS 457/12, ZEV 2015, 291 m. Anm. *Tersteegen*, hierzu *Doering-Striening*, ErbR 2016, 10, 12 und ZErb 2017, 95, 104f.
285 Vgl. auch LSG Hessen, 26.06.2013 – L 6 SO 165/10, BeckRS 2013, 71069, Rn. 37.

die über die Regelleistung hinausgehenden Kosten der Unterkunft und Heizung kein Leistungsbezug mehr in Betracht kommt. Übernimmt der Testamentsvollstrecker schließlich dauerhaft den Aufwand für Ernährung, Kleidung, Körperpflege, Hausrat, Haushaltsenergie etc., können die in der Regelleistung enthaltenen, darauf entfallenden Anteile (ca. 37 % für Nahrung und Getränke, ca. 10 % für Bekleidung und Schuhe etc.) aus dem Regelbedarf ausscheiden. Die ursprünglichen Verwaltungsanweisungen leben nach der Zurverfügungstellung der Mittel nicht mehr als Verfügungsbeschränkungen (im Sinn einer Theorie des »verlängerten Arms«, Rdn. 6623 ff.) weiter, so dass es sich um »bereite Mittel« i.S.d. § 11 SGB II handelt. Zur Vermeidung eines fehlerhaften Umgangs mit dem Instrument der Testamentsvollstreckung insbesondere durch Laien empfiehlt es sich daher, möglichst konkrete Verwaltungsanweisungen zu formulieren und nicht allzu sehr auf die korrekte Ermessensausübung des Testamentsvollstreckers zu vertrauen,[286] und ggf. an Stelle der typischerweise favorisierten Familienangehörigen fachkundige Personen (Fachanwälte für Erbrecht) einzusetzen.

4. Erleichterung der Rechtsposition anderer Beteiligter

a) Teilungsanordnung

Die **gesamthänderische Bindung des Nachlasses bereits beim Ableben des ersten Ehegatten** (aufgrund der Mit-Vorerbenstellung des »Bedürftigen«) wird gemeinhin als Nachteil empfunden werden. Zu deren Vermeidung ist – und zwar nach beiden Sterbefällen – an eine **Teilungsanordnung** zu denken, die dem Mit-Vorerben anstelle des Anteils am gesamten Nachlass (Reinnachlass ohne Abzug von Vermächtnissen) z.B. Geldwerte zuweist, die ihrerseits (als Surrogat) wiederum den Vor-/Nacherbenbeschränkungen unterliegen.[287] Dabei ist zu berücksichtigen, dass die Anordnung einer Dauervollstreckung über den Gesamtnachlass sich faktisch wie ein Erbteilungsverbot auswirkt (lediglich der Testamentsvollstrecker kann die Teilung im Rahmen seiner Verpflichtung zur ordnungsgemäßen Verwaltung nach § 2216 Abs. 1 BGB durchführen, ohne dass sämtliche Erben mitzuwirken haben.) Hat der Erblasser zusätzlich die Erbauseinandersetzung gem. § 2044 Abs. 1 BGB ausgeschlossen oder erschwert, sind auch die Rechte des Testamentsvollstreckers entsprechend eingeschränkt, so dass er ohne Mitwirkung aller Miterben und Nacherben[288] (nicht Ersatznacherben) zur Auseinandersetzung nur bei Vorliegen eines wichtigen Grunds gem. 2044 Abs. 1 Satz 2 i.V.m. § 749 Abs. 2 u. 3 BGB berechtigt wäre. Daher sind **Erbauseinandersetzungsverbote** in Behindertentestamenten **nicht hilfreich**.[289]

6599

Die **Erfüllung**[290] dieser Teilungsanordnung ist (auch hinsichtlich des Zeitpunktes) in das **billige Ermessen des Testamentsvollstreckers** gestellt (§ 2048 Abs. 1 Satz 2 BGB); dieser wird der Anordnung insb. nachkommen, falls und sobald im Nachlass genügend liquide Geldmittel vorhanden sind. Allerdings kann das Verbot unentgeltlicher Verfügungen (§ 2205 Satz 3 BGB), das nur durch Handeln aller Miterben (nach Freigabe durch den Testamentsvollstrecker in den Grenzen der Rdn. 4229) überwunden werden kann, eine sachgerechte Auseinandersetzung beeinträchtigen.

6600

Auch bei **Grundbesitz** bedarf es zur Auseinandersetzung, sofern diese auf einer Teilungsanordnung beruht (andernfalls vgl. Rdn. 4195 ff.), keiner Zustimmung des Nacherben über den nicht

6601

---

286 Vgl. *Tersteegen*, ZEV 2015, 294 f.
287 Vgl. *G. Müller*, NotBZ 2017, 81, 85 ff.
288 Sind diese nur der Art nach bestimmt (»Abkömmlinge«), müsste für potentiell hinzutretende Nacherben ein Pfleger gem. § 1913 Satz 2 BGB bestellt und dessen Zustimmung gerichtlich gem. § 1913 Satz 2 BGB genehmigt werden, was kaum gelingen wird.
289 Vgl. zum Vorstehenden *Reimann*, DNotZ 2016, 769 ff.
290 Muster eines solchen Auseinandersetzungsvertrages bei *Ruby*, ZEV 2006, 67, sowie *Ruby/Schindler/Wirich*, Das Behindertentestament, § 5 Rn. 5.

befreiten Vorerben.²⁹¹ Der Vorerbe bzw. sein Testamentsvollstrecker handelt insoweit lediglich in Erfüllung einer Nachlassverbindlichkeit (ähnlich der Erfüllung eines Vermächtnisses).²⁹²

6602 Nach der Mm. bedarf es auch hier der **Zustimmung des Nacherben**, dieser sei jedoch analog § 2120 BGB zu deren Erteilung verpflichtet.²⁹³ Der in Vollzug dieser teilungsangeordneten Erbauseinandersetzung dem behinderten Vorerben zufließende Geldbetrag, an dem sich Testamentsvollstreckung und Nacherbenbeschränkungen fortsetzen (§ 2111 BGB), ist tunlicherweise auf einem entsprechend gekennzeichneten Konto zu verwahren, was jedoch in der Bankenpraxis noch auf Umsetzungsschwierigkeiten stößt.²⁹⁴

▶ Formulierungsvorschlag: Teilungsanordnung beim »Behindertentestament«

6603 Der erstversterbende wie auch der länger lebende Ehegatte bestimmen im Wege der Teilungsanordnung, dass ..... (behindertes Kind) auf seinen jeweiligen Vorerbteil Geld erhalten soll in Höhe seines rechnerischen Anteils am Reinnachlass, jedoch ohne Abzug angeordneter Vermächtnisse. Auch zur Erfüllung dieser Teilungsanordnung ist die Testamentsvollstreckung gemäß Abschnitt ..... angeordnet; es ist gem. § 2048 Satz 2 BGB in das billige Ermessen des Vollstreckers gestellt, ob und wann er die Teilungsanordnung – insbesondere mit Blick auf die Zusammensetzung und Liquidität des Nachlasses – durchführt.

b) Trennungslösung?

6604 Üblicherweise wird der überlebende Ehegatte zum Miterben hinsichtlich der neben dem bedürftigen Abkömmling verbleibenden Erbquote eingesetzt, und zwar gemeinhin zum Vollerben, um ihm den höchstmöglichen Grad an lebzeitiger und letztwilliger Freiheit einzuräumen. Ohne den behinderten Abkömmling hätten die Ehegatten häufig das Berliner Testament in Reinform (Einheitslösung) gewählt. Es ist jedoch deutlich darauf hinzuweisen, dass diese (zumindest hinsichtlich des überwiegenden, verbleibenden Miterbanteils verwirklichte) Einheitslösung den tatsächlichen Umfang der Beteiligung des behinderten/bedürftigen Abkömmlings beim Schlusserbfall deutlich vergrößert, da sich die ihm sodann notwendigerweise erneut einzuräumende Vorerbschaftsquote (bei Sterbefällen bis Ende 2009 oberhalb der Grenze des § 2306 Abs. 1 Satz 1 BGB a.F.) auf das (noch vorhandene) kombinierte Vermögen beider Ehegatten bezieht.

▶ Hinweis:

6605 Auch wenn die tatsächlichen Folgen der gesamthänderischen Mitbeteiligung durch eine Teilungsanordnung, die dem Mitvorerbteil lediglich einen Geldbetrag zuweist, gemildert werden können (vgl. hierzu Rdn. 6599 ff.), steigt doch auf diese Weise deutlich die hierfür aufzuwendende Summe zulasten der Schlussmiterben (im Regelfall also der Geschwister).

6606 Dem könnte gegengewirkt werden durch die Wahl der sog. »**Trennungslösung**«, d.h. durch Einsetzung des überlebenden Ehegatten hinsichtlich seiner Quote ebenfalls lediglich als Vorerben, allerdings als in höchstmöglichem Umfang befreiten Vorerben. Nacherben werden die anderen (nicht behinderten) Kinder bzw. deren Abkömmlinge, nicht jedoch der behinderte/bedürftige Geschwister, auch nicht als Ersatznacherbe.²⁹⁵ Damit begibt sich jedoch der überlebende Ehegatte der Möglichkeit, über das ihm nach der Teilungsanordnung Zufallende (an dem sich diese Vor-

---

291 OLG Hamm, 19.09.1994 – 15 W 205/94, ZEV 1995, 336 = NJW-RR 1995, 1289; ebenso wenig liegt darin ein Verstoß gegen das Schenkungsverbot des § 2113 Abs. 2 BGB, da der Vorerbteil wertgleich durch Geld ersetzt wird (Fortsetzung der Beschränkungen am Surrogat).
292 Nach anderer, zum selben Ergebnis führender dogmatischer Konstruktion liegt darin eine partielle Befreiung von § 2113 BGB durch den Erblasser.
293 MünchKomm-BGB/*Grunsky*, § 2113 Rn. 13.
294 Vgl. *Ruby/Schindler/Wirich*, Das Behindertentestament, 2. Aufl. S. 100, der folgenden Kontovermerk vorschlägt: »Kontoinhaber X als Vorerbe, Nacherbe ist Y, Vorerbenkonto unter Testamentsvollstreckung, Vollstrecker ist Z«.
295 So die Empfehlung von *Ruby*, ZEV 2006, 67.

erbenbeschränkung surrogatweise fortsetzt) ohne Mitwirkung der Nacherben unentgeltlich zu verfügen oder insoweit letztwillig Veränderungen hinsichtlich der Nacherbfolge vorzunehmen. Er bezahlt also mit einem Minus an eigenen, lebzeitigen und letztwilligen Verfügungsmöglichkeiten für eine Entlastung hinsichtlich des baren Aufwandes, den die nicht behinderten/bedürftigen Abkömmlinge zur Bedienung des Mitvorerbteils ihres betroffenen Geschwisters aufzuwenden haben.

Eine andere (im nachstehenden Kapitel 15, Muster Rdn. 6785 verwendete) Möglichkeit besteht darin, 6607

(1) zur rechtzeitigen »wirtschaftlichen Entleerung« des Nachlasses bereits vor dem zweiten Sterbefall

(2) sowie zur Ausnutzung der sonst verschenkten Freibeträge der anderen Kinder nach dem ersten Sterbefall

den nicht behinderten/nicht bedürftigen Abkömmlingen Vermächtnisse in Höhe ihres gesetzlichen Erbteils auszusetzen, die ausreichend lang nach dem ersten Sterbefall (z.B. 20 Jahre danach) – wegen § 6 Abs. 4 ErbStG jedoch nicht erst mit dem Eintritt des zweiten Sterbefalls, es fehlt sonst an einer wirtschaftlichen Belastung[296] – fällig werden. Auch dadurch wird der »wirtschaftliche« Anteil des behinderten/bedürftigen Abkömmlings beim zweiten Sterbefall (Wert seines Mit-Vorerbanteils) geschmälert, nicht jedoch der Wert seiner Beteiligung am Nachlass des Erstversterbenden (ebenso wenig wie solche Vermächtnisse bei der Pflichtteilsberechnung, § 2311 BGB, abzuziehen wären).

▶ Formulierungsvorschlag: Ausgleichsvermächtnis für die nicht behinderten Geschwister

Der Längerlebende als Miterbe des erstversterbenden Ehegatten wird mit folgendem 6608
Vermächtnis
zugunsten der gemeinsamen Kinder A und B beschwert:

a) Vermächtnisgegenstand

Jedes der gemeinschaftlichen Kinder mit Ausnahme von C (= Behinderter) erhält einen baren Geldbetrag, der seinem gesetzlichen Erbteil am Nachlass des erstversterbenden Elternteils entspricht. Der Beschwerte ist berechtigt, das Vermächtnis durch Übereignung von Immobilien oder anderer Sachwerte zu erfüllen.

b) Fälligkeit

Die Vermächtnisse fallen jeweils mit dem Tod des Erstversterbenden an, sind jedoch erst zwanzig Jahre nach ihrem Anfall ohne Beilage von Zinsen zur Zahlung fällig. Vor Fälligkeit kann dingliche Sicherung nicht verlangt werden.

c) Ersatzvermächtnisnehmer

Ersatzvermächtnisnehmer sind jeweils die Abkömmlinge der Vermächtnisnehmer zu unter sich gleichen Stammanteilen. Entfällt ein Vermächtnisnehmer vor dem Anfall des Vermächtnisses ohne Hinterlassung von Abkömmlingen, entfällt auch das zu seinen Gunsten angeordnete Vermächtnis.

c) *Herausgabevermächtnis auf den Überrest?*

Nicht vom Testamentsvollstrecker verbrauchte Erträge, die ja Eigenvermögen des Vorerben wurden, fallen nach dessen Tod in seinen unmittelbaren Nachlass und unterliegen demnach dem in Rdn. 648 ff. erläuterten Zugriff des § 102 SGB XII (bzw. § 35 SGB II), vgl. Rdn. 6619. Es wird 6609

---

[296] BFH, 27.06.2007 – II R 30/05, DStR 2007, 1435 bei Abfindungsleistung für die Nichtgeltendmachung des Pflichtteilsanspruchs, vgl. hierzu *Berresheim*, ZNotP 2007, 520 und ZErb 2007, 439; krit. *Everts*, NJW 2008, 557, auch zur (vom BFH offengelassenen, jedoch zu bejahenden) Frage der Abzugsfähigkeit bei fehlender Konfusion, etwa da nicht alle Mitglieder der Schlusserbengemeinschaft den Pflichtteilsanspruch/die Abfindung geltend gemacht haben.

daher vorgeschlagen, durch ein den behinderten Vorerben beschwerendes, bei seinem Tod fällig werdendes **Herausgabevermächtnis auf den Überrest** diese »thesaurierten Erträge« innerhalb der verbleibenden Familie weiterzuleiten. Solche aufschiebend bedingte Herausgabevermächtnisse werden z.b. verwendet, um die Zuordnungswirkung einer Vor- und Nacherbfolge zu erreichen, ohne dass der »Vorerbe« in seiner Verfügungsfreiheit eingeschränkt wäre,[297] oder sind Auslegungsergebnis bei Anordnung einer (als solcher unwirksamen) gegenständlich beschränkten Vor- und Nacherbfolge.[298] Wegen der im Vergleich zur Vor- und Nacherbfolge geringeren Regelungsdichte sind allerdings nähere Bestimmungen etwa zur Surrogation, Ersatzvermächtnisnehmerstellung, Substanzerhaltungspflicht etc. erforderlich:

▶ Formulierungsvorschlag: Herausgabevermächtnis auf den Überrest

6610 Ich belaste meinen Erben mit folgendem aufschiebend befristeten, mit seinen Tod anfallenden Herausgabevermächtnis zugunsten meiner bei meinem Ableben vorhandenen oder gezeugten Abkömmlinge zu untereinander gleichen Stammanteilen:

Nach dem Tod des Erben ist alles, was noch von meinem Nachlass übrig ist, auf die genannten Vermächtnisnehmer unentgeltlich zu übertragen. Die Anwartschaft der Vermächtnisnehmer ist nicht vererblich und lediglich auf den Beschwerten übertragbar.

Der Erbe kann in jeder rechtlich möglichen Weise, auch unentgeltlich, über den Nachlass verfügen. Die Vermächtnisbegünstigten können weder Nachlassverzeichnisse verlangen noch Sicherheiten für die Erfüllung des Vermächtnisses (etwa in Gestalt einer Vormerkungssicherung im Grundbuch). Umgekehrt hat der Erbe jedoch keinen Anspruch auf Verwendungsersatz gegen die Vermächtnisnehmer.

Die Vermächtnisnehmer erhalten im Weg eines Verschaffungsvermächtnisses alle Surrogate in analoger Anwendung des § 2111 BGB (also beispielsweise Gegenstände, die aus dem Erlös der Veräußerung meiner Nachlasswerte angeschafft werden), jedoch nur, soweit sie im Zeitpunkt des Todes des Erben noch vorhanden sind. Ich stelle weiter klar, dass die Nutzungen (z.B. Zins- oder Mieterträge) des Nachlasses dem Erben ebenfalls bis zum Vermächtnisanfall uneingeschränkt zustehen; falls sonstige Erträge mit dem Eigenvermögen des Erben auf einheitlichen Konten gebucht werden, entfällt insoweit das Herausgabevermächtnis auf den Überrest.

6611 Weiter vergleichbar sind aufschiebend bedingter Universalherausgabevermächtnisse, mit denen der Erbe belastet wird, falls Gegenstände aus dem Nachlass des Erblassers oder Surrogate mit dem Tod des Erben durch weitere Erbfolge oder Vermächtnisse an »unliebsame« Personen fallen oder Grundlage einer Pflichtteilsberechnung würden; auch insoweit ist die Diskussion über die Pflichtteilsfestigkeit noch nicht abgeschlossen.[299]

---

297 Vgl. z.B. *Hartmann*, ZEV 2007, 458; *Hölscher*, ZEV 2009, 212 ff.; *Keim*, notar 2013, 115, 121. Die Gestaltung dürfte pflichtteilsfest sein, auch wenn das Vermächtnis bis zum Tod des Erben noch nicht i.S.d. § 2176 BGB angefallen ist; als vollwertige Erblasserschuld mindert sie beim Tod des Erben dessen Nachlasswert i.S.d. § 2311 BGB (lediglich vom Verstorbenen selbst, nicht von Dritten zu Lasten des Verstorbenen angeordnete Vermächtnisse sind gem. § 327 Abs. 1 Nr. 1, 2 InsO dem Pflichtteilsanspruch gegenüber nachrangig).

298 Bsp: OLG Hamm, 11.05.2015 – I-15 W 138/15, ZErb 2015, 288. Alternativ kann auch ein Vorausvermächtnis (§ 2150 BGB) hinsichtlich des sonstigen Vermögens angenommen werden; zum Erbscheinsantrag in letzterem Fall: *Schäuble*, ZEV 2016, 675.

299 Vgl. *Hölscher*, ZEV 2009, 212, 215 mit Formulierungsvorschlag, S. 219 (als Alternative zur befreiten Vor- und Nacherbfolge, außerhalb der Behindertentestaments-Situation) sowie *Hölscher*, ZEV 2011, 569 ff. Die Pflichtteilsfestigkeit des Herausgabevermächtnisses ist jedenfalls weniger gefährdet, wenn es bereits mit dem Tod des ersten Ehegatten anfällt, jedoch erst mit dem Tod des Längerlebenden fällig wird. Bedenklicher dürfte die Situation beim Verschaffungsvermächtnis sein, mit dem ein externer, ursprünglich nicht nachlasszugehöriger Gegenstand beschwert zugewendet wurde, ähnlich der Annahme einer überschuldeten Erbschaft, vgl. Gutachten, DNotI-Report 2010, 23. *Schwarz*, ZEV 2011, 292 ff. will die Einsatzmöglichkeiten des Herausgabevermächtnisses (i.V.m. einer Auflage, wegen § 2193 Abs. 1 BGB) durch eine der sog. Dieterle-Klausel (hierzu *Kössinger*, in: *Nieder/Kössinger*, Handbuch der Testa-

D. Erbschaftslösungen   Kapitel 14

Der Vorrang eines solchen (nicht, wie beim Nachvermächtnis [Rdn. 6481 f.] auf die Substanz bezogenen) Vermächtnisses ggü. dem sozialrechtlichen Kostenersatzanspruch des § 102 SGB XII ist jedoch allenfalls wortlautorientiert, nicht wertungsbasiert zu begründen.[300] Zudem droht die sozialrechtliche Anerkennung zu »kippen«, da dieser verlängerte Zugriffsschutz keinerlei positive Wirkung zugunsten des Behinderten zeitigt (vielmehr zur Thesaurierung einlädt) und nicht auf unmittelbarer gesetzlicher Anordnung (wie in Bezug auf die Freistellung der Nacherbschaft gem. § 102 SGB XII) beruht. Von solchen Gestaltungen ist daher eher abzuraten.   6612

Es wird daher teilweise auch umgekehrt vorgeschlagen,[301] zumindest in Bezug auf die **überschießenden Reinerträgnisse**, die (bei sehr hohen Vermögen) trotz großzügiger Verwendung für die dem Testamentsvollstrecker überantworteten Aufgaben zugunsten des Betroffenen nicht mehr eingesetzt werden können, dem **Vorerben** auch für andere als die vorgenannten Zwecke **zukommen zu lassen** bzw. sie an ihn ohne weitere Zweckbestimmung auszukehren (auch wenn sie dadurch letztlich dem Sozialleistungsträger zur Verfügung stehen; damit soll jedoch das Risiko der Sittenwidrigkeit bei besonders großen Vermögen, vgl. Rdn. 6631 ff., vorgebeugt werden). Hierzu[302] folgender   6613

▶ Formulierungsvorschlag: Möglichkeit der Auskehr nicht mehr verwendbarer Reinertrags-Überschüsse an den Vorerben

Sofern trotz großzügiger Verwendung der Reinerträge für die in der Verwaltungsanweisung gem. § 2216 BGB dem Testamentsvollstrecker vorgegebenen Zwecke und trotz der Bildung möglicher Rücklagen Reinerträgnisse aus der Nachlassbeteiligung des Vorerben übrig bleiben, ist der Testamentsvollstrecker ausnahmsweise nach seinem freien Ermessen auch berechtigt, diese überschießenden Erträge dem Vorerben für andere als die vorgenannten Zwecke oder ohne weitere Zweckbestimmung zur Verfügung zu stellen; ein Anspruch hierauf besteht jedoch nicht.   6614

5. Sozialfürsorgerechtliche Wertung

Die Regressfestigkeit des vorstehend skizzierten »Grundmodells« des Behindertentestaments stützt sich – dargestellt am SGB XII als wichtigstem Anwendungsfall subsidiärer, staatsfinanzierter Sozialfürsorgeleistungen – auf zwei Gesetzesbegriffe:
(1) das Wort »**verwertbar**« in § 90 Abs. 1 SGB XII/§ 12 Abs. 1 SGB II und
(2) das Wort »**Erbe**« in § 102 SGB XII/§ 35 SGB II a.F.   6615

Zu **Lebzeiten** des behinderten Vorerben ist die **Vermögenssubstanz** aus Rechtsgründen unverwertbar i.S.d. § 90 Abs. 1 SGB XII, da der Vorerbe zu einer Verfügung (Veräußerung oder Belastung), die auch bei Eintritt der Nacherbfolge wirksam bleibt, nur mit Zustimmung des Nacherben befähigt ist und zudem – sofern sich die Testamentsvollstreckung auch auf die Vermögenssubstanz erstreckt – das Verwaltungsrecht des Testamentsvollstreckers gem. § 2205 BGB die eigene Verwertung durch den Hilfeempfänger hindert.   6616

Der **Vermögensertrag** des Vorerbenanteils wird zwar – wie dargestellt – Eigenvermögen des Behinderten, ist jedoch ebenfalls nicht verwertbar i.S.d. § 90 Abs. 1 SGB XII, da auch insoweit das Verwaltungsrecht des Testamentsvollstreckers eine eigene Verwertung durch den Hilfeempfänger   6617

---

mentsgestaltung § 10 Rn. 70 ff.; OLG Frankfurt, 10.12.1999 – 20 W 224/97, ZEV 2001, 316 m. Anm. *Otte*) entsprechende Verknüpfung: Einsetzung der Person(en) als Bedachter, die der Beschwerte als seine Erben einsetzt, erweitern; vgl. Formulierungsvorschlag dort S. 295 – richtigerweise liegt darin, da die Erbeinsetzung erst mit dem Tod feststeht, wiederum ein aufschiebend bedingtes Herausgabevermächtnis (§ 2179 BGB), *Hölscher*, ZEV 2011, 569, 570; a.A. *Schwarz*, ZEV 2012, 27 (Duplik).
300 Für Nachrangigkeit ggü. § 102 SGB XII *Kornexl*, Nachlassplanung bei Problemkindern, Rn. 361 Fn. 165; für Vorrang *Ruby/Schindler/Wirich*, Das Behindertentestament, § 2 Rn. 57 mit Hinweis auf die Pflichtteilsfestigkeit des Herausgabevermächtnisses i.R.d. § 2311 BGB.
301 Vgl. *Spall* in: Limmer (Hrsg.), Erbrecht und Vermögenssicherung, 2016, S. 75.
302 Im Anschluss an *Spall* in: Limmer (Hrsg.), Erbrecht und Vermögenssicherung, 2016, S. 75.

hindert und dieser keinen auf den Sozialleistungsträger überleitbaren Anspruch gegen den Testamentsvollstrecker auf Herausgabe der Erträgnisse zur Unterhaltssicherung hat, da die klaren Verwaltungsanweisungen gem. § 2216 Abs. 2 BGB der Pflicht zur ordnungsgemäßen Verwaltung i.S.d. § 2216 Abs. 1 BGB vorgehen.[303]

6618 **Nach dem Tod** des Vorerben, d.h. mit Eintritt des Nacherbfalls, unterliegt das frühere Vorerbengut der **Substanz** nach ebenfalls nicht dem Regresszugriff, da dieser gem. § 102 Abs. 1 SGB XII nur den »Erben« des Hilfeempfängers trifft. Erbe im zivilrechtlichen Sinn ist bekanntlich nicht der Nacherbe im Verhältnis zum Vorerben (§ 2139 BGB), sondern im Verhältnis zum ursprünglichen Erblasser, der jedoch keine Sozialleistungen bezogen hat (Erbe i.S.d. § 102 Abs. 1 SGB XII ist übrigens auch nicht der Begünstigte aus Drittzuwendungen auf den Todesfall gem. §§ 331, 2301 BGB!)

6619 Lediglich die **akkumulierten Erträgnisse** aus dem früheren Vorerbschaftsvermögen, die der Testamentsvollstrecker (z.B. wegen fortschreitender Gebrechlichkeit des Behinderten) nicht mehr bestimmungsgemäß verwenden konnte, unterliegen als dessen Eigenvermögen dem Erbenregress (Kostenersatzanspruch) ggü. den Eigenerben des Vorerben (i.d.R. also dessen gesetzlichen Erben), die jedoch gem. § 102 Abs. 2 Satz 2 SGB XII auch ohne Erhebung der Dürftigkeitseinrede des § 1990 BGB nur beschränkt auf den Nachlass haften.

6620 Das OVG Sachsen[304] nimmt in wünschenswerter Klarheit (bei einer allerdings missglückten Fallgestaltung) zur sozialhilferechtlichen »Unbedenklichkeit« Stellung und bestätigt hierbei die oben getroffene Prognose. Da der Nacherbfall noch nicht eingetreten war, spielte in casu der Zentralbegriff »Erbe« in § 102 SGB XII (noch) keine Rolle; im Mittelpunkt stand also die Auseinandersetzung mit dem zweiten zentralen Kriterium, nämlich der fehlenden »Verwertbarkeit« gem. § 90 Abs. 1 SGB XII. Zum gleichen Ergebnis kommt das OVG Saarland[305] zu einer ebenfalls allein auf die Testamentsvollstreckung abstellenden Konstruktion und gewinnt dabei durch wohlwollende Auslegung eine Konkretisierung der Vollstreckeranweisungen (§ 2216 BGB) dahin gehend, dass die Mittel nicht zur Deckung der Heimkosten aufzubringen seien. Damit bestätigt sich: Was das Erbrecht zur Abwehr von Nachlassbegehrlichkeiten anderer zulässt, gilt auch ggü. dem Sozialleistungsträger, sofern nicht zwingende sozialrechtliche Regelungen dies untersagen.[306] Die SG folgen dieser Rechtsprechung.[307]

6621 Qualifiziert man – entgegen der in Rdn. 551 erläuterten eigenen Auffassung – mit dem BSG, jedenfalls für den Bereich der Grundsicherung (SGB II, vgl. Rdn. 549), die während des Sozialleistungsbezugs empfangene **Erbschaft als »Einkommen«**, ändert dies zunächst am Resultat nichts:[308] Die Substanz des der Vorerbschaft unterliegenden Vermögens bleibt wegen § 2111 BGB, die der Testamentsvollstreckung unterliegenden Erträge wegen § 2214 BGB nicht anrechenbar, da sie

---

303 Die Verwaltungsanordnung wird vom Erblasser ja gerade in Kenntnis der Bedürftigkeit des Kindes getroffen (§ 2216 Abs. 2 Satz 2 BGB soll den mutmaßlichen Erblasserwillen verwirklichen helfen und nicht dessen Beschneidung dienen); a.A. jedoch *Krampe*, AcP 191, 526, 545 ff. Umfassend zur (zu verneinenden) Frage, ob dem behinderten Vorerben ein unentziehbarer Anspruch auf die Nachlassfrüchte zustehe: *Spall*, in: FS 200 Jahre Notarkammer Pfalz, 2003, S. 138 ff.; *Reimann*, ZEV 2010, 8 ff., sieht den Testamentsvollstrecker, sofern keine abweichende letztwillige Festlegung getroffen ist, in der Pflicht jedenfalls die für den angemessenen Unterhalt, zur Erfüllung seiner gesetzlichen Unterhaltspflicht und zur Begleichung fälliger Steuerschulden nötigen Erträge freizugeben.
304 OVG Bautzen, 02.05.1997 – 2 S 682/96, MittBayNot, 1998, 127 m. Anm. *Krauß*, 130.
305 OVG Saarland, 17.03.2006 – 3 R 2/05 (rk.), MittBayNot, 2007, 65 m. Anm. *Spall*; ähnlich bereits zuvor VGH Baden-Württemberg, 22.01.1992 – 6 S 384/90, NJW 1993, 152.
306 *Wendt*, ZNotP 2008, 2, 3.
307 LSG Niedersachsen-Bremen, 29.09.2009 – L 8 SO 177/09 B ER, BeckRS 2010, 65824.
308 Vgl. hierzu und zum Folgenden *Doering-Striening*, ZErb 2014, 105, 110 ff. Plakativ *Mayer*, in: DAI-Skript 12. Jahresarbeitstagung des Notariats, 2014, S. 722 ff.: der BGH hat über die »Marktzulassung« des Behindertentestaments entschieden, die Produktbeobachtung und -bewährung ist Sache des BSG.

dem Betroffenen nicht zur Verfügung stehen. Es handelt sich noch nicht um »bereites« Einkommen, sondern allenfalls dann – so das BSG[309] –, wenn die geerbten Gegenstände liquide (z.B. nach einem Verkauf) zur Verfügung stehen. Ist der Testamentsvollstrecker angewiesen, lediglich ergänzende Zusatzleistungen zum »normalen Lebensunterhalt« einräumen, handle es sich nur bei diesen verfügbaren Früchten um »bereite Mittel«. Anders liege es, wenn dem Erben ein gesicherter Anspruch gegen den Testamentsvollstrecker z.B. auf einen bestimmten monatlichen Betrag oder sonstige Einzelzuwendungen zustehe. Die untergerichtliche Rechtsprechung ist teilweise strenger und betont beispielsweise,[310] den Erben treffe die Beweislast dafür, dass trotz Zuflusses der Erbschaft noch keine »bereiten Mittel« vorlägen, und stellt teilweise in Frage, ob die Rechtsprechung des BSG zur Hilfebedürftigkeit aufgrund fehlender »bereiter Mittel« für die seit 01.04.2011 geltende Neufassung des § 11 Abs. 3 Satz 3 SGB II noch gelten könne.[311]

Unstreitig liegen sozialleistungsschädliche bereite Mittel vor, sobald der Testamentsvollstrecker Geldbeträge aus der seiner Verwaltung unterliegenden Vermögensmasse endgültig, nicht nur zur Nutzung, dem Erben zuwendet, oder z.B. Immobilien aus dem »Beschlag« entlässt und sie damit von seinem Verwaltungs- und Verfügungsrecht freigibt. Erst damit werden sie zu »bereitem« Einkommen; auf die Herkunft des Einkommens kommt es (abgesehen von § 83 SGB XII, § 11a Abs. 3 SGB II: Einkommen mit öffentlich-rechtlicher Zweckbestimmung) nicht an. 6622

Zugunsten der zivilrechtlich geprägten Praxis des Behindertentestaments will das LSG Hessen[312] darüber hinaus im Sinn einer **Theorie des »verlängerten Arms«** (Rdn. 6598) dem Testamentsvollstrecker die Möglichkeit zusprechen, durch eine Zweckbestimmung den Zugriff des Sozialleistungsträgers auf die freigegebenen Werte (im Sinn verwertbaren Einkommens) abzuwehren. Dies ist jedoch sozialrechtlich bisher nicht umfassend gesichert: 6623

Von Gesetzes wegen besteht nämlich nur die Möglichkeit, ohne nachteilige sozialrechtliche Auswirkungen Zuwendungen mit Einkommenscharakter zu gewähren, indem diese 6624

(1) nur zur Nutzung, nicht »zum Verzehr« gewährt werden, oder dass sie

(2) unter Einkommensschontatbestände fallen. Letzteres kann z.B. der Fall sein nach (a) dem »Gesetz über die Contergan-Stiftung für behinderte Menschen« (Rdn. 623), (b) im Rahmen des SGB XII ferner in Gestalt der einheitlichen Schoneinkommensgrenze nach § 85 SGB XII (vgl. Rdn. 610 ff.), sowie (c) in Gestalt der Sonderregeln des § 92 SGB XII bei Leistungen der Eingliederungshilfe bzw. des § 92a SGB XII bei Leistungen in Einrichtungen. Die (c) allgemeine Härteklausel des § 84 Abs. 2 SGB XII (für die es im Rahmen des SGB II übrigens kein Pendant gibt), wonach Zuwendungen, die ein anderer erbringt, ohne hierzu rechtlich oder sittlich verpflichtet zu sein, als Einkommen außer Betracht bleiben, soweit ihre Berücksichtigung für den Leistungsberechtigten eine besondere Härte bedeuten würde, wird möglicherweise ebenfalls, wenn auch selten, zum Zuge kommen.

(3) Darüber hinaus wird empfohlen, Zuwendungen in Gestalt von Sachwerten bzw. in Gestalt der unmittelbaren Erfüllung von Verbindlichkeiten (Überweisung des Rechnungsbetrags an den Lieferanten, das Reisebüro etc.) zu erbringen. Auch Sachwerte können jedoch anzurechnendes Einkommen sein,[313] soweit sie geeignet sind, den konkreten sozialhilferechtlichen Bedarf abzudecken. Letztere anderweitige Bedarfsdeckung könnte gemäß **§ 27a Abs. 4 Satz 1 SGB XII** (allerdings nur im Bereich der Sozialhilfe, nicht der Grundsicherung für Arbeitsuchende SGB II) dazu 6625

---

309 BSG, 17.02.2015 – B 14 KG 1/14 R, ErbR 2016, 204 m. Anm. *Wendt* = ZEV 2015, 484 m. Anm. *Tersteegen*, mit Hinweis auf BSG, 25.01.2012 – B 14 AS 101/11 R, SozR 4-4200, § 11 Nr. 47 Rn. 22.
310 LSG Niedersachsen-Bremen, 09.02.2015 – L 11 AS 1352/14 B ER, ErbR 2015, 586 (nur Ls).
311 LSG Niedersachsen-Bremen, 03.02.2014 – L 15 AS 437/13 B.
312 LSG Hessen, 26.06.2013 – L6 SO 16/12, notar 2014, 20.
313 Vgl. §§ 1, 2 der Durchführungsverordnung zu § 82 SGB XII; *Doering-Striening*, ZErb 2014, 105, 113.

führen, dass der monatliche Regelsatz abweichend bemessen wird, weil einzelne darin enthaltene Bestandteile (etwa Innenausstattung, Gesundheitspflege, Freizeit, Unterhaltung, Kultur oder Mobilität) bereits dauerhaft durch Sachzuwendungen erbracht wurden, vgl. Rdn. 6698.[314] Mittelbar können also auch Sachzuwendungen, jedenfalls wenn sie periodisch und nachhaltig mit gleicher Bedarfsdeckungsabsicht erbracht werden, zu einer Reduzierung der staatlichen Leistungen führen.

6626 (4) Zu berücksichtigen ist schließlich, dass nach der Rechtsprechung des BSG[315] erhaltenes und als »bereites Mittel« zur Verfügung stehendes Einkommen, das nach Ablauf des Verteilungszeitraums[316] noch vorhanden ist, Vermögensqualität erlangt mit der Folge, dass sodann die Schonvermögensregeln des § 90 SGB XII/§ 12 SGB II gelten und damit auch die Härtefallklausel des § 90 Abs. 3 SGB XII,/§ 12 Abs. 3 Satz 1 Nr. 6 SGB II. Solche Härtefälle werden für Behinderte eher in Betracht kommen als für Nichterwerbstätige i.S.d. SGB II.

6. § 138 BGB?

a) Subsidiaritätsverstoß?

6627 Der Erbrechtssenat des BGH[317] (ebenso der Familienrechtssenat[318]) und dem BGH folgend die Instanzgerichte[319] haben das vorstehend skizzierte Gestaltungsmodell des Behindertentestaments zivilrechtlich vom Vorwurf der **Sittenwidrigkeit (§ 138 BGB)** jedenfalls dem Grunde nach freigestellt. Maßgeblich hierfür war zum einen die Erwägung, dass der gesetzliche Nachrang der Sozialfürsorgeleistung (§ 2 SGB XII) gerade beim Bezug von Leistungen der Hilfe in besonderen Lebenslagen (etwa der Hilfe zur Pflege) deutlich abgeschwächt ist: So wird etwa eigenes Einkommen des Hilfeempfängers und der weiteren Mitglieder der Einsatzgemeinschaft des § 19 Abs. 1 oder 3 SGB XII (d.h. des nicht getrennt lebenden Ehegatten/des Verpartnerten bzw. des nichtehelichen Lebensgefährten gem. § 20 SGB XII) geschont, solange es die allgemeine Einkommensgrenze des § 85 SGB XII[320] nicht übersteigt. Selbst das darüber hinausgehende Einkommen ist gem. § 87 Abs. 1 SGB XII nur in angemessenem Umfang einzusetzen. Auch das Vermögen der Mitglieder der Einsatzgemeinschaft erfährt in § 90 Abs. 2 SGB XII eine über das bürgerliche Unterhaltsrecht deutlich hinausgehende Schonung (wobei insoweit die weitere Privilegierung der Leistungen zur Hilfe in besonderen Lebenslagen lediglich noch in Gestalt erhöhter Freibeträge für Ersparnisse gem. § 90 Abs. 2 Nr. 9 SGB XII in Erscheinung tritt). Hinzu kommt die deutlich gedämpfte Heranziehung jedenfalls der Eltern eines volljährigen behinderten Kindes, § 94 Abs. 2 SGB XII, mit der eine »postmortale« Pflicht zur Entlastung des Staates durch solches privilegiertes

---

314 Vgl. Gesetz zur Ermittlung der Regelbedarfe nach § 28 SGB XII v. 24.03.2011, BGBl. 2011 I, S. 453.
315 Vgl. etwa BSG, 10.09.2013 – B4 AS 89/12 R.
316 Z.B. gemäß § 11 Abs. 3 SGB II sechs Monate, gemäß §§ 8 Abs. 1 Satz 3, 11 Abs. 1 Satz 1 der Verordnung zu § 82 SGB XII zwölf Monate.
317 BGH, 21.03.1990 – IV ZR 169/89, MittBayNot 1990, 245 und DNotZ 1992, 241, jeweils m. Anm. *Reimann*, und erneut BGH, 20.10.1993 – IV ZR 231/92, ZEV 1994, 35 m. Anm. *Bengel*, ZEV 1994, 29 ff.; sowie MittBayNot 1994, 49 ff. m. Anm. *Reimann*.
318 BGH, 27.03.2013 – XII ZB 679/11, DNotZ 2013, 860, Tz. 20.
319 Z.B. OLG Köln, 09.12.2009 – 2 U 46/09 ZEV 2010, 85 m. krit. Anm. *Armbrüster* einerseits und zu Recht zust. Anm. *Bengel/Spall*, ZEV 2010, 195 andererseits, zust. auch *v. Proff zu Irnich*, ZErb 2010, 206 ff. und *Vaupel*, RNotZ 2010, 141 ff. Das LG Konstanz hat (FamRZ 1992, 360 m. abl. Anm. *Kuschinke*, FamRZ 1992, 363 ff.) dabei allerdings vertreten, die Einsetzung des Bruders des behinderten Kindes zum Nacherben (im BGH-Sachverhalt war eine anerkannte Behindertenorganisation zum Nacherben eingesetzt) verstoße gegen § 138 BGB, da die aus § 102 SGB XII sich ergebende Haftung des Nachlasses dadurch in unvertretbarerweise vereitelt werde: Der Nacherbe ist nicht Erbe nach dem behinderten Vorerben, sondern nach dem Testator.
320 Vor dem 31.12.2004 ab Pflegebedürftigkeit der Stufe I oder stationärer Pflege gar die erhöhte besondere Einkommensgrenze des § 81 Abs. 1 und bei Bezug von Pflegegeld für Schwerstpflegefälle gar die nochmals erhöhte Einkommensgrenze des § 81 Abs. 2 BSHG; seit 01.01.2005 gem. § 86 SGB XII nur bei Ausübung des landesrechtlichen Vorbehaltes.

Eltern- bzw. Familienvermögens (wie sie durch die Nichtbeachtung einer auf Erhalt gerichteten Nachlassplanung mittelbar geschaffen würde) schwerlich zu vereinbaren wäre.

In wertender Hinsicht stützt die zivilrechtliche Rechtsprechung die Zulässigkeit des Behindertentestaments jedoch maßgeblich auf die Erwägung, das durch die Erblasser verfolgte Ziel bestehe gerade nicht in der Umkehrung des sozialrechtlichen Subsidiaritätsprinzips um seiner selbst willen, sondern in der verfassungsrechtlich (Testierfreiheit) anzuerkennenden Besserstellung des Behinderten durch eine verantwortungsvolle Gestaltung von Todes wegen, die allerdings zur Vermeidung frühzeitiger Erschöpfung des Nachlasses als notwendigen Reflex die Zurückdrängung sozialhilferechtlicher Verwertungspflichten zur Folge haben muss, indem die Tatbestandsvoraussetzungen der verschiedenen in Betracht kommenden Regressalternativen jedenfalls eines Elements (»verwertbar«, »Erbe«) nicht eintreten. Der BGH führt hierzu[321] aus, die Eltern behinderter Kinder müssten sich »geradezu fragen, ob sie nicht sittlich gehalten sind, auch für den Fall vorzusorgen, dass die öffentliche Hand ihre Leistungen für Behinderte nicht mehr auf dem heute erreichten hohen Stand halten kann.«

6628

Auch die außerordentlich umfangreiche Literatur[322] teilt mit wenigen Ausnahmen[323] diese Einschätzung, dass § 138 BGB jedenfalls unter dem Gesichtspunkt der »Sittenwidrigkeit gegenüber der Allgemeinheit« keine regelmäßige Gefährdung der vorgestellten letztwilligen Gestaltung bildet. Dies deckt sich mit der veröffentlichten Einschätzung von BGH-Richtern.[324] Die Wertung ist auch insoweit konsequent, als der BGH[325] dem Schenker freigestellt hat, keine Rücksicht auf die eigene Versorgung bei später eintretender Hilfebedürftigkeit nehmen zu müssen (Rdn. 1663 ff.) – dies muss dann erst recht gelten, wenn es um die Hilfebedürftigkeit anderer geht. Anders mag es allenfalls liegen, wenn der Behinderte (etwa im Dauerkoma) gar nicht zu einer Lebensführung imstande ist, die einen aus dem zugriffsgeschützten Vermögen zu generierenden Zusatzbedarf begründen könnte.[326]

6629

Zu bedenken ist allerdings, dass nach wohl herrschender Auffassung[327] der Zeitpunkt des Erbfalls, nicht der Testamentserrichtung für die Beurteilung der Sittenwidrigkeit maßgebend ist, so dass Vorsorge gegen sich wandelnde Einschätzungen des »Anstandsgefühls aller billig und gerecht Denkenden« getroffen werden sollte (s. Rdn. 6594).

6630

b) Sättigungsgrenze?

Diese zivilrechtliche Unbedenklichkeit des Behindertentestaments gilt jedenfalls dann und so lange, als nicht allein aus der Vorerbschaft die Versorgung des Behinderten (bzw. aus dem ihm bei Ausschlagung zustehenden Pflichtteil) ohne Inanspruchnahme nachrangiger Sozialleistungen auf die voraussichtliche Lebenszeit gesichert werden kann (vgl. auch Rdn. 6566 zur möglichen Treuwidrigkeit entgegenstehender Vollstreckeranweisungen). Der BGH lässt jedenfalls in seinen Grundsatzentscheidungen vom 21.03.1990 und 20.10.1993 offen, ob bei »beträchtlichem Ver-

6631

---

321 BGH, 21.03.1990 – IV ZR 169/89, DNotZ 1992, 241, 244.
322 Vgl. etwa *Smid*, NJW 1990, 409; *Otte*, JZ 1990, 1027; *van de Loo*, NJW 1990, 2852; *Krampe*, AcP 191, 526; *Schubert*, JR 1991, 106; *Pieroth*, NJW 1993, 173 ff.; *Nieder*, NJW 1994, 126 ff.; zusammenfassend *Wendt*, ZErb 2012, 262 ff. und 313 ff.
323 *Köbl*, ZfSH/SGB 1990, 449; *Raiser*, MDR 1995, 238; wohl auch MünchKomm-BGB/*Armbrüster*, § 138 Rn. 45. *Armbrüster*, ZErb 2013, 77, 80 fordert ein Eingreifen des Gesetzgebers.
324 RiBGH *Wendt* auf der Gründungsveranstaltung des Rheinischen Instituts für Notarrecht am 04.11.2006 in Bonn, vgl. *Gsänger*, DNotZ 2007, 7, und erneut ZNotP 2008, 2, 5 sowie ZErb 2010, 45, 48.
325 BGH, 06.02.2009 – V ZR 130/08, ZEV 2009, 254 m. Anm. *Litzenburger*.
326 *Wendt*, ZNotP 2008, 2, 5; *Ruby/Schindler/Wirich*, Das Behindertentestament, § 3 Rn. 52.
327 Vgl. im Einzelnen *Gebhardt*, RPfleger 2008, 622 ff.

mögen« Ausnahmen gerechtfertigt seien, wobei bisher keine Gerichtsentscheidungen bekannt geworden sind, in denen dieser Sachverhalt bejaht wurde (Rdn. 6634 ff.).[328] Insb. bei größeren (oder künftig größeren) Vermögen empfiehlt sich allerdings zur Vermeidung gesetzlicher Erbfolge die Ergänzung des »Behindertentestaments« um eine weitere, für den Fall dessen Unwirksamkeit geltende Regelung (z.B. **Auffanglösung** durch Ersatzregelung auf der Basis des Berliner Testaments, oben Rdn. 6594).

6632 Das geschilderte Ergebnis der erbrechtlichen und bürgerlich rechtlichen Unbedenklichkeit des »klassischen Behindertentestaments« – möglicherweise abgesehen von Fällen hohen Vermögens – wird in der Literatur unter Hinweis auf § 242 BGB teilweise eingeschränkt, soweit die Anordnung der Vorerbschaft und der Dauertestamentsvollstreckung den Zugriff des Sozialhilfeträgers auch auf den Nachlass i.H.d. Pflichtteils verschließe.[329]

6633 Dem ist jedoch nicht zu folgen; es fehlt bereits an einem Treueverhältnis zwischen Erbe und sozialleistungspflichtiger »Allgemeinheit«;[330] eine abweichende Beurteilung des »klassischen Behindertentestaments« kann allenfalls durch eine Änderung des SGB II bzw. SGB XII herbeigeführt werden. Auch Verfassungsrecht (Art. 3 Abs. 3 Satz 2 GG: »Niemand darf wegen seiner Behinderung benachteiligt werden«) nötigt zu keiner anderen Wertung; ebenso wenig das einfachgesetzliche AGG (Allgemeines Gleichbehandlungsgesetz), das in testamentarische (nicht vertragliche) Regelungen nicht eingreift, § 19 Abs. 4 AGG.[331]

Als »**Überdruckventil**« gegen mögliche Sittenwidrigkeitsüberlegungen bei übergroßem Vermögen mag die im Formulierungsvorschlag, Rdn. 6613, eingeräumte Möglichkeit, die nicht nach den Verwaltungsanweisungen einsetzbaren, überschießenden angesammelten Reinerträge dem Vorerben (und damit dem Sozialleistungsträger) zur freien Verfügung zu überantworten, dienen.

c) Sittenwidrigkeit ggü. dem Behinderten?

6634 Ebenso wenig lässt sich ein Sittenwidrigkeitsvorwurf auf das Verhältnis zum behinderten Kind selbst stützen. Die neuere Rechtsprechung thematisiert allerdings teilweise (und dazu noch in obiter dicta) die Frage, ob beschränkende Weisungen an den Testamentsvollstrecker i.S.d. § 2216 BGB, z.B. nicht die laufenden Heimkosten zu übernehmen oder zu bezuschussen, sondern lediglich den staatlichen Leistungskatalog ergänzende Hilfestellungen zu finanzieren, nicht ihrerseits sittenwidrig und damit unbeachtlich sein können. Dies wird v.a. durch Vergleich zum **Wert** des vererbten Nachlass(anteils) bzw. des Pflichtteils, der bei (unterstellter) Unwirksamkeit des Behindertentestaments und damit Gültigkeit der hilfsweise angeordneten Enterbung des Betroffenen (Rdn. 6594) entstehen würde,[332] geprüft. Zu berücksichtigen ist zum einen die erzielbare Rendite, zum anderen der Wertverlust durch Inflation, schließlich die Kosten der Testamentsvollstreckung und der getroffenen Anordnungen – nur wenn die Heimkosten zusätzlich übernommen

---

328 OVG Saarland, 17.03.2006 – 3 R 2/05, ZErb 2006, 275 = DNotI-Report 2006, 99 (orientiert am Nachlass); LG Essen, 03.12.2015 – 2 O 321/14, ZErb 2016, 183 m. Anm. *Mensch* (orientiert am Pflichtteilswert).
329 So etwa *Wietek*, Verfügungen von Todes wegen zugunsten behinderter Menschen, S. 160; ähnlich MünchKomm-BGB/*Armbruster*, § 138 Rn. 45: wegen Umgehung des sozialhilferechtlichen Nachrangprinzips.
330 So auch *Bandel*, MittBayNot 1988, 88.
331 Vgl. *Kornexl*, Nachlassplanung bei Problemkindern, Rn. 271; vorsichtiger *J. Mayer*, ZEV 2004, 299 f.
332 So im Fall LG Essen, 03.12.2015 – 2 O 321/14 (Pflichtteilsanspruch von ca 934.000 Euro bei monatlichen Sozialhilfeaufwendungen – Eingliederungshilfe für Behinderte – von ca 1.803 Euro, kalkulierte Lebensdauer bis 2047: Sittenwidrigkeit dennoch abgelehnt, da das Maß der »Eigenbeteiligung« nicht über die Wirksamkeit der Testamentsgestaltung entscheiden könne.

D. Erbschaftslösungen

werden könnten und dennoch kein Totalverzehr des Nachlassanteils vor Erreichen der statistischen Lebenserwartungsgrenze eintreten würde, sei in eine Missbrauchsabwägung einzutreten.[333]

▶ **Beispiel nach OVG Saarland:**[334]

Nachlasswert 145.000,00 €, 4,5 % Rendite = 6.525,00 €/Jahr; Kosten der Testamentsvollstreckung 1.250,00 €/Jahr, ausdrücklich angeordnete Verwendungsauflagen: 1.200,00 €/Jahr, zu prüfende Heimunterbringungskosten 8.400,00 €/Jahr, um ca. 2 % jährlich steigend, würden bei einer derzeit 19-jährigen Behinderten zum Verbrauch in weniger als zwanzig Jahren führen. Die Frage nach einer möglichen Sittenwidrigkeit der Anordnung, lediglich die Nachlasserträge einzusetzen und mit diesen nicht die Heimunterbringungskosten selbst zu fördern, ist also in casu nicht weiter zu vertiefen.

6635

Die neuere Rspr.[335] verneint demgegenüber teilweise bereits gänzlich eine Differenzierung der Sittenwidrigkeitsbeurteilung eines Behindertentestaments in Abhängigkeit vom Volumen des dem behinderten Kind hinterlassenen Nachlassanteils. Selbst bei einem (durch Nacherbenstellung und Testamentsvollstreckung beschränkten) Erbteil von über 960.000 Euro wurde ein Behindertentestament als wirksam aufrechterhalten. Dabei sei auch der Umstand zu berücksichtigen, dass der Gesetzgeber spürbare Reaktionen in Kenntnis der seit Jahrzehnten bestehenden höchstrichterlichen Rspr. zur Zulässigkeit eines Behindertentestaments nicht ergriffen, bspw. keine Möglichkeit zur Überleitung der Ausschlagungsbefugnis durch Verwaltungsakt auf den Sozialleistungsträger gem. § 93 SGB XII eröffnet hat.

6636

d) Sittenwidrigkeit der Erbschaftsannahme?

In Fortführung (und unter Anführung) der oben Rdn. 1026 ff. erläuterten Rechtsprechung zur angeblichen Sittenwidrigkeit von Einzelakten im Rahmen eines Vermögenstransfers (VG Gießen: Ausübung eines vorbehaltenen Rückforderungsrechtes bei Verwertung; OLG Stuttgart: Ausschlagung gegen Abfindung zur Vermeidung gesetzlicher Erbfolge) wertet das SG Mannheim[336] die (dort ausdrückliche) Annahme der mit Testamentsvollstreckung belegten Vorerbschaft (in einem Bedürftigentestamentsfall) als sittenwidrig, äußert sich jedoch nicht dazu, ob auch die gesetzliche Annahmefiktion gem. § 1943 BGB am Ende dann nicht eintreten solle (jedenfalls verweist es den Arbeitslosen auf die seiner Ansicht nach noch mögliche Ausschlagung als »bereites Mittel«). Die Entscheidung verkennt die Höchstpersönlichkeit und Wertneutralität der Annahme/Ausschlagungserklärung, s.o. Rdn. 1028 ff.

6637

7. § 134 BGB i.V.m. § 14 HeimG?

Sind weitere Familienmitglieder nicht vorhanden, entspricht es häufig dem Wunsch der Erblasser, eine Organisation der Behinderten-Hilfe, bspw. die Stiftung »Lebenshilfe für Menschen mit geistiger Behinderung e.V.«, als Nacherben einzusetzen und zugleich vorzusehen, dass das behinderte Kind nach dem Tod der Eltern, möglicherweise auch bereits vorher, in einem Heim untergebracht werden möge, das von dieser Organisation betrieben wird. Das in **§ 14 Abs. 1 HeimG**[337] bzw.

6638

---

333 Strenger SG Mannheim, 20.12.2006 – S 12 AS 526/06, BeckRS 2011, 72243, das bereits bei Sicherung des Unterhalts über 11 Jahre die Unwirksamkeit eines »Bedürftigentestamentes« diskutiert, letztlich jedoch dahingestellt sein lässt, s. Rdn. 6637.
334 17.03.2006 – 3 R 2/05, ZErb 2006, 275. Die Betrachtung orientiert sich jedoch zu Unrecht am Wert des Nachlasses insgesamt.
335 OLG Hamm, 27.10.2016 – 10 U 13/16, ErbR 2017, 418; zustimmend *Wendt*, ErbR 2017, 403 ff. sowie *Zehentmeier*, NWB 2017, 1740 ff.
336 20.12.2006 – S 12 AS 526/06, BeckRS 2011, 72243.
337 Im Hinblick auf die Föderalismusreform neu gefasst ab 01.01.2009 durch BGBl. I 2009, S. 2319.

den entsprechenden, aufgrund der Föderalismusreform erlassenen[338] **landesrechtlichen Normen**[339] enthaltene, verfassungsrechtlich bedenkliche,[340] Verbot (§ 134 BGB) des Versprechen- bzw. Gewährenlassens von Geld- oder sonstigen Zuwendungen durch Heimbewohner oder Bewerber um einen Heimplatz, möglicherweise auch durch deren nahe Angehörige,[341] richtet sich an den **Träger eines Heims** sowie an dessen Mitarbeiter (§ 14 Abs. 5 HeimG). Als Heim gilt gem. § 1 Abs. 1 Satz 2 HeimG jede Einrichtung, die (1) dem Zweck dient, ältere Menschen oder pflegebedürftige bzw. behinderte Volljährige aufzunehmen, ihnen Wohnraum zu überlassen sowie Betreuung und Verpflegung zur Verfügung zu stellen und (2) die in ihrem Bestand von Wechsel und Zahl der Bewohner unabhängig ist und (3) entgeltlich betrieben wird (Einrichtungen des Betreuten Wohnens zählen seit 01.01.2002 nicht mehr dazu). Landesrechtliche Normen greifen demgegenüber darüber hinaus und schließen auch »Service-Wohnen« etc. ein,[342] teilweise auch Hospize und sonstige Einrichtungen der Palliativversorgung.[343] De lege ferenda sollten auch Pflegedienste, die ihre Dienste in Einrichtungen des betreuten Wohnens anbieten, nicht jedoch ambulante Pflegeanbieter in häuslicher Umgebung, verstärkt einbezogen werden; teilweise ist dies landesrechtlich bereits geschehen.[344]

---

338 Das Heimrecht ist gem. Art. 74 Abs. 1 Nr. 7 GG nun Sache der Länder (wobei auch fraglich ist, ob § 14 HeimG nicht eine zivilrechtliche Regelung darstellt, vgl. *Karl*, ZEV 2009, 545).
339 Vgl. umfassend *Ludyga*, ZEV 2014, 177 ff. und *Karl*, ZEV 2009, 544 ff. sowie *Gemmer/Möller*, EE Sonderausgabe 2017, S. 14 ff. § 14 LHeimG Baden-Württemberg (seit 01.07.2008) – vgl. hierzu *Schaal*, BWNotZ 2008, 114; Art. 8 BayPfleWoqG (in Kraft seit 01.08.2008, hierzu insbesondere *Ludyga*, ZEV 2014, 177 ff.) und § 28 SchleswigHolsteinisches Selbstbestimmungsstärkungsgesetz (ab 01.08.2009). Abweichend von vorstehenden Bestimmungen enthält § 10 Wohn- und Teilhabegesetz NRW (GVBl. NW 2008, 738, in Kraft seit 10.12.2008) ein Verbot mit gesetzlich geregelten Ausnahmen (ohne weiteren Erlaubnisvorbehalt; verfassungsrechtliche Bedenken hiergegen bei *Tersteegen*, NVwBl 2011, 369; auch Brandenburg, Berlin und Rheinland-Pfalz kennen keine Ausnahmen), vgl. DNotI-Report 2009, 30 und *Tersteegen*, RNotZ 2009, 222 ff.; allerdings kann eine Zuwendung als »Spende« wirksam sein (*Spall*, MittBayNot 2010, 9, 15). Weitere landesrechtliche Heimgesetze sind zwischenzeitlich in Kraft in Berlin (Wohnteilhabegesetz, seit 01.07.2010), Brandenburg (Pflege- und Betreuungswohngesetz, seit 01.01.2010), Hamburg (Wohn- und Betreuungsqualitätsgesetz, seit 01.01.2010), Rheinland-Pfalz (Landesgesetz über Wohnformen und Teilhabe, seit 01.01.2010), Saarland (Landesheimgesetz, seit 19.06.2010), Sachsen-Anhalt (Wohn- und Teilhabegesetz, seit 26.02.2011, auch für betreute Wohngruppen und fremdorganisierte ambulant betreute Wohngemeinschaften, was bei der Testamentsgestaltung nur schwer feststellbar ist, sowie in Hessen [vgl. zu § 7 HessGBP: OLG Frankfurt/Main, 12.05.2015 – 21 W 67/14, DNotI-Report 2015, 102: unwirksame erbvertragliche Erbeinsetzung der Geschäftsführerin eines ambulanten Pflegedienstes], Mecklenburg-Vorpommern und Bremen. In Thüringen existiert bisher ein Entwurf; in Niedersachsen enthält das Gesetz keine § 14 HeimG entsprechende Vorschrift, so dass § 14 HeimG als Landesrecht fortgilt, Art. 125a GG) vgl. unter www.dnoti.de/Gesetzesänderungen/Erbrecht.
340 Vorlage an den BGH durch OLG Karlsruhe, 09.12.2010 – 11 Wx 120/09, NotBZ 2011, 375.
341 Zuwendung der Eltern eines Insassen an Mitarbeiter und an Angehörige des Heimleiters: OLG Düsseldorf, ZEV 1997, 459; OLG Frankfurt, ZEV 2001, 364.
342 Vgl. *Karl*, ZEV 2009, 547 ff., sowie *Ludyga*, ZEV 2014, 177 ff.
343 *Hagge/Hagge*, ErbR 2015, 599, 602 ff.
344 Z.B in Hessen (§ 7 HGBP), sofern die Vermutung eines Zusammenhangs zwischen Erbeinsetzung und vertraglicher Leistung nicht widerlegt werden kann, vgl. OLG Frankfurt, 12.05.2015 – 21 W 67/14, EE 2015, 113 m. Anm. *Möller:* Einsetzung der Geschäftsführerin eines ambulanten Pflegedienstes.

D. Erbschaftslösungen

6639 Das Zuwendungsverbot, das als Verbotsgesetz (mit Erlaubnisvorbehalt, § 14 Abs. 6 HeimG[345]) i.S.d. § 134 BGB mit Nichtigkeitsfolge[346] zum Schutz legitimer Gemeinwohlziele ausgestaltet ist,[347] gilt erweiternd auch für (richtiger Auffassung nach auch vor dem 01.01.1975 errichtete)[348] **letztwillige Verfügungen**[349]; aus der Formulierung »Gewährenlassen« ist jedoch zu schließen, dass Nichtigkeit der testamentarischen Zuwendung (des Heimbewohners selbst oder eines Dritten im Interesse des Heimbewohners[350] – Standardsituation des »Behindertentestamentes«) zugunsten eines Heimträgers oder Heimmitarbeiters dann nur eintritt bei einem Einvernehmen zwischen dem Testierenden und dem Bedachten. Erlangt also der Heimträger von einer einseitigen testamentarischen Zuwendung zu seinen Gunsten erst nach dem Tod des Erblassers Kenntnis, ist dies unschädlich (sog. »stilles Testament«),[351] und zwar auch dann, wenn der Zuwendende (Erblasser) ein Dritter ist, der vor dem Heiminsassen verstirbt – allein die mögliche Dankbarkeit des Heimträgers gegenüber dem Heimbewohner nach Erhalt der Erbschaft des Dritten stört den Heimfrieden nicht.[352] Es genügt jedoch bereits die zu Lebzeiten des Erblassers erhaltene Kenntnis einer Person, die den Heimträger ggü. den Heimbewohnern repräsentiert, also auch des Pflegepersonals[353] sowie des Leiters der Nachlassabteilung des Heimträgers (einer Stiftung),[354] nicht jedoch die Kenntnis des übergeordneten Landesverbandes des Heimträgers.[355] Eine analoge Anwendung des § 14 Abs. 1 HeimG für den Fall, dass Betreiber des Heims eine selbstständige organisatorische Einheit ist, die mit dem begünstigten Nacherben lediglich mittelbar verbunden ist, so dass die Zuwendung an den Nacherben nicht dem Heimträger selbst zugutekommt, wird jedoch überwiegend abgelehnt.[356] Ebenso wenig erfasst sind abstrakte Zuwendungen an die Stadt mit der Auflage, den Erlös den »in der Stadt lebenden Armen« zugutekommen zu lassen.[357]

6640 Offen ist weiter, ob als »Heimbewerber« nur jemand gilt, dessen Aufnahmewunsch bereits nach außen erkennbar in Erscheinung getreten ist (durch Heimbesichtigung oder Informationsgespräche mit dem Heimleiter) oder ob bereits die Situation eines potenziellen Heimbewohners[358] genügt; in der Literatur wird teilweise gar vertreten, dass wirksame testamentarische Verfügungen

---

345 Bei letztwilligen Verfügungen ist die Einholung der behördlichen Ausnahmegenehmigung wenig ratsam, da der Begünstigte dadurch davon erfährt, die Voraussetzungen eines »stillen Testaments« also nicht mehr vorliegen, vgl. *Keim,* notar 2017, 119, 125.
346 Anders für das Verbot der Annahme dienstbezogener Geschenke gem. § 71 BBG bzw. § 3 Abs. 2 TVöD: kein Verbotsgesetz i.S.d. § 134 BGB, BGH, 14.12.1999 – X ZR 34/98, ZEV 2000, 202.
347 BVerfG, DNotZ 1999, 56.
348 Entgegen OLG Stuttgart, 24.06.2010 – 8 W 241/10, ZEV 2011, 78 m. abl. Anm. *Bartels* (richtigerweise ist allein entscheidend, dass der Heimträger zu Lebzeiten des Erblassers Kenntnis vom Testament erlangt hat).
349 Überblick bei *Keim,* notar 2017, 119 ff.
350 § 14 Abs. 5 HeimG, vgl. *Spall,* MittBayNot 2010, 9, 11.
351 Vgl. BGH, 26.10.2011 – IV ZB 33/10, NotBZ 2012, 23 m. Anm. *Krause* = MittBayNot 2012, 297 m. Anm. *G. Müller;* BayObLG, DNotZ 1992, 258; BayObLG, DNotZ 1993, 453; OLG Karlsruhe, 09.12.2010 – 11 Wx 120/09 ZEV 2011, 424 – anders jedoch teilweise OLG München, 20.06.2006 – 33 Wx 119/06, DNotZ 2006, 933, bei einer testamentarischen Zuwendung eines Dritten, der im Interesse des Heimbewohners (des Behinderten) zugunsten des Heimes testiert hat; ablehnend *Tersteegen,* ZErb 2007, 414 ff. und *Ruby/Schindler/Wirich,* Das Behindertentestament, § 3 Rn. 112.
352 BGH, 26.10.2011 – IV ZB 33/10, MittBayNot 2012, 297 m. Anm. *G. Müller; Tersteegen,* RNotZ 2012, 376, 369.
353 OLG Karlsruhe, ZEV 1996, 146, m. Anm. *Rossak.*
354 KG, ZEV 1998, 437.
355 OLG Stuttgart, 21.03.2013 – 8 W 253/11, MittBayNot 2014, 353 m. Anm. *G. Müller.*
356 BayObLG, ZEV 2003, 462 bei einer Stiftung, die sogar Vermieter des Heimträgers war, a.A. VG Würzburg, v. 03.06.2008, notar 2008, 225, zum Verhältnis zwischen der Stiftung »Lebenshilfe e.V.« und der »Lebenshilfe Wohnstätten gGmbH«.
357 BayObLG, MittBayNot 2000, 447.
358 So etwa VG Würzburg, 03.06.2008 – W 1 K 08.638, ZEV 2008, 601 m. Anm. *Limmer.*

später unwirksam werden können, wenn es im weiteren Verlauf zu einer Heimaufnahme kommt[359] – sofern nicht eine Ausnahmegenehmigung gem. § 14 Abs. 6 HeimG erteilt wird, die nicht nur vom Heimträger, sondern auch vom Erblasser[360] beantragt werden kann. Die regionale Genehmigungspraxis ist sehr unterschiedlich.[361] Ratsam ist auf jeden Fall, einen nicht mit dem Heimträger verbundenen Dritten als Ersatznacherben einzusetzen.

II. Destinatär als alleiniger Vorerbe

6641 Die oben I (Rdn. 6505 ff.) vorgestellte »klassische Konstruktion« des Behindertentestaments erweist sich in der praktischen Handhabung insb. insoweit als nachteilig, als der behinderte Abkömmling schon beim ersten Sterbefall gesamthänderisch am Nachlass zu beteiligen ist. Wird der Destinatär auf den ersten Sterbefall enterbt, etwa durch gegenseitige Alleinerbeinsetzung der Ehegatten (»Berliner Testament«, § 2269 BGB), entsteht in seiner Person ein Pflichtteilsanspruch gem. § 2303 Abs. 1 BGB, der ohne Weiteres gem. § 93 Abs. 1 (vgl. S. 4) SGB XII auf den Sozialhilfeträger übergeleitet werden kann bzw. gem. § 33 Abs. 1 SGB II in der Person des Trägers der Grundsicherung für Arbeitsuchende entsteht. Bei seiner gerichtlich nur eingeschränkt überprüfbaren Ermessensentscheidung, ob der Pflichtteil auch tatsächlich geltend gemacht wird, hat der Sozialhilfeträger auch die Wirkung sog. »Pflichtteilsstrafklauseln« zu berücksichtigen, wonach ein »Verlangen«[362] des Pflichtteils zur Enterbung auch für den zweiten Sterbefall führt (zur sachgerechten Formulierung einer solchen Pflichtteilsstrafklausel vgl. jedoch Rdn. 6555 f.). Allerdings hindert allein dieser Umstand die Überleitung des Pflichtteilsanspruchs nicht, mag sie auch im Ergebnis wie eine (per se nicht überleitbare!) Ausschlagung auf den zweiten Sterbefall wirken, Rdn. 6464.

▶ Hinweis:

6642 Zur Vermeidung solcher Pflichtteilsansprüche, die lediglich zu einer für den Behinderten konsequenzlosen Entleerung des Nachlasses führen, könnte daher der **sozialhilfebedürftige Abkömmling zum Alleinerben** eingesetzt werden, und zwar als nicht befreiter Vorerbe und mit Testamentsvollstreckung belastet.[363] Für den überlebenden Ehegatten und den nicht behinderten Abkömmling werden Vermächtnisse ausgesetzt, deren Erfüllung dem Testamentsvollstrecker überantwortet ist, z.B. gerichtet auf Übertragung des Familienheims (sog. »**umgekehrte Vermächtnislösung**«). Dadurch soll die gesamthänderische Bindung wesentlicher Teile des Nachlasses vermieden werden.

▶ Formulierungsvorschlag: »umgekehrte Vermächtnislösung« beim »Behindertentestament«, lediglich Abkömmlinge

6643 Ich setze hiermit mein (*behindertes*) Kind A zum – lediglich von den Beschränkungen der §§ 2133, 2134 BGB ausdrücklich nicht befreiten – Vorerben ein. Der Nacherbfall tritt ein mit dem Tod des Vorerben, Nacherbe ist sein (*nicht behinderter*) Bruder B, ersatzweise dessen Abkömmlinge zu gleichen Stammanteilen. Die Nacherben sind zugleich Ersatzerben.

Mein Sohn B, ersatzweise dessen Abkömmlinge zu gleichen Stammanteilen, erhält vermächtnisweise einen Geldbetrag in Höhe von ..... (*hier z.B. 65*) vom Hundert des Netto-Werts des Nachlasses (Aktiva abzgl. Nachlassverbindlichkeiten) als Quotenvermächtnis. Dem Testamentsvollstrecker wird das Wahlrecht eingeräumt, anstelle der Vermächtniserfüllung in Geld auch Grundbesitz,

---

[359] So etwa *Rastätter*, Der Einfluss des § 14 HeimG auf Verfügungen von Todes wegen, S. 106.
[360] Gestützt auf BVerfG, DNotZ 1999, 56, 59.
[361] *Spall*, MittBayNot 2010, 9, 13. Chance auf Genehmigung besteht v.a., wenn der Heimträger lediglich als Ersatzerbe, Ersatznacherbe oder Ersatzvermächtnisnehmer eingesetzt ist.
[362] Nach OLG Karlsruhe, ZEV 2004, 26 sei allerdings eine solche Klausel regelmäßig dahin gehend auszulegen, dass ein Verlangen durch den Sozialhilfeträger nicht die Sanktion auslöse.
[363] Für eine solche Lösung plädiert *Grziwotz*, ZEV 2002, 409 (mit Textvorschlag S. 410, ebenso NotBZ 2006, 155. Der nachstehende Formulierungsvorschlag folgt Letzterem).

Rechte und sonstige Vermögensgegenstände in Anrechnung auf das Quotenvermächtnis in Höhe des jeweiligen Verkehrswerts an den Vermächtnisnehmer zu übertragen, jedoch ausdrücklich ausgenommen ..... (*Anm.: den Gegenstand, der zur Versorgung des behinderten Vorerben Erträge unter Verwaltung des Testamentsvollstreckers generieren soll*). Das Vermächtnis fällt bei meinem Tod an und ist unverzüglich auf Kosten des Vermächtnisnehmers zu erfüllen.

Da mein Kind A aufgrund der Behinderung seine Vermögensangelegenheiten nicht selbst wahrnehmen kann, ordne ich bis zu seinem Ableben Dauertestamentsvollstreckung an (§ 2209 BGB). Die Vollstreckung umfasst auch die Erfüllung des vorstehend angeordneten Vermächtnisses. Vollstrecker ist ....., ersatzweise .....; der jeweilige Testamentsvollstrecker wird ermächtigt, jederzeit Nachfolger zu ernennen.

Der Vollstreckung unterliegen das Vorerbschaftsvermögen und die daraus erwachsenden Erträge. Gemäß § 2216 Abs. 2 BGB ordne ich an, dass die jährlichen Reinerträge meinem Kind A so zugewendet werden sollen, dass sie staatliche Leistungen ergänzen, etwa durch Geschenke zu üblichen Festen, Zuzahlungen zur Urlaubsfinanzierung und Freizeitgestaltung sowie als Geldzuwendungen in der Höhe, in der nach sozialrechtlichen Vorschriften einem Behinderten Geldbeträge zur freien Verfügung zustehen können. Auf die Bedürfnisse und Wünsche des Kindes ist Rücksicht zu nehmen. Im Übrigen entscheidet der Testamentsvollstrecker nach billigem Ermessen; er ist auch berechtigt, Erträge zur künftigen Verwendung zu thesaurieren.

Der Vollstrecker erhält neben der Erstattung seiner Auslagen folgende Vergütung: .....

Das abstrakte Ausschlagungsrisiko des § 2306 Abs. 1 Satz 2 BGB a.F. (bei Sterbefällen ab 2010 in allen Varianten des § 2306 BGB) im Fall der Aushöhlung des Nachlasses aufgrund der Vermächtnisse besteht allerdings auch hier; ferner müssen sich im Nachlass außer den Vermächtnisgegenständen noch so viele Werte befinden, dass der Pflichtteil des behinderten Kindes überstiegen wird, damit die Vermächtnisse ungekürzt erfüllt werden können.[364] Dies ist allenfalls bei konstanten Vermögensverhältnissen gewährleistet (Risiko der Prognose über die künftige Nachlasszusammensetzung). Der Gefahr einer solchen Fehlprognose kann jedoch entgegengetreten werden, wenn anstelle gegenständlicher Vermächtnisinhalte mit **Quotengeldvermächtnissen**[365] gearbeitet wird, und dem Beschwerten die Möglichkeit einer Ersetzung durch Sachzuwendungen eröffnet ist[366] (Muster vgl. Rdn. 6496 – dort mit schiedsrichterlichen Befugnissen gem. § 317 BGB und weiteren Festlegungen bei der Übereignung von Miteigentumsanteilen – sowie obiger, kürzerer, Formulierungsvorschlag Rdn. 6643).

Ist der überlebende Ehegatte (auch) Vermächtnisnehmer, werden ihm ferner (ohne Anrechnung) die Hausratsgegenstände des gemeinsamen Haushaltes zugewendet sein. In diesem Fall sind zugunsten etwaiger weiterer »gesunder« Abkömmlinge sowohl auf den ersten als auch auf den zweiten Sterbefall Quotengeldvermächtnisse mit Ersetzungsbefugnis anzuordnen, wobei i.d.R. lediglich das Vermächtnis zugunsten des Ehegatten wechselbezüglich/erbvertraglich bindend sein wird. Die Gestaltung wird dann regelmäßig ergänzt durch das vorsorgliche Voraus-Vor- und Nachvermächtnis zugunsten des behinderten Kindes, falls diesem Ansprüche aus §§ 2325, 2329 BGB zustehen sollten (s. Rdn. 6538 ff.; Formulierungsvorschlag in Rdn. 6543).

---

[364] Vgl. *Bengel* auf der ZEV-Jahrestagung in Berlin 30.01.2004, MittBayNot 2004, 343 Die Lösung versagt also, wenn das Eigenheim/der Betrieb den Nachlass im Wesentlichen ausmachen (dann bedarf es allerdings auch bei der klassischen Nacherbenlösung und der Vermächtnislösung einer gemeinsamen Beteiligung am einzigen gewichtigen Nachlassgegenstand).

[365] Allgemein zum Geldvermächtnis, auch zum beim Quotengeldvermächtnis sinnvollen begleitenden Auskunftsanspruch, *Gottwald*, EE 2017, 174 ff.

[366] Vgl. *Kornexl*, Nachlassplanung bei Problemkindern, Rn. 343.

▶ Formulierungsvorschlag: »umgekehrte Vermächtnislösung« beim »Behindertentestament«; Ehegatten und mehrere Abkömmlinge

6646 Unser (*behindertes*) Kind A ist – lediglich von den Beschränkungen der §§ 2133, 2134 BGB ausdrücklich nicht befreiter – Vorerbe des Erstversterbenden. Der Nacherbfall tritt ein mit dem Tod des Vorerben, Nacherbe ist der Längerlebende von uns, ersatzweise etwaige leibliche eheliche Abkömmlinge des Vorerben, weiter ersatzweise sein (*nicht behinderter*) Bruder B, weiter ersatzweise dessen Abkömmlinge zu gleichen Stammanteilen. Die Nacherben sind zugleich Ersatzerben.

Unser (*behindertes*) Kind A ist weiterhin – lediglich von den Beschränkungen der §§ 2133, 2134 BGB ausdrücklich nicht befreiter – Vorerbe des Längerlebenden von uns beiden. Der Nacherbfall tritt ein mit dem Tod des Vorerben, Nacherben sind etwaige leibliche eheliche Abkömmlinge des Vorerben, weiter ersatzweise sein (*nicht behinderter*) Bruder B, weiter ersatzweise dessen Abkömmlinge zu gleichen Stammanteilen. Die Nacherben sind zugleich Ersatzerben.

Jeder beschwert seinen Vorerben mit folgenden Vermächtnissen:
a) der Längerlebende von uns erhält vermächtnisweise alle Hausratsgegenstände des gemeinsamen Haushalts zu Alleineigentum, weiter einen Geldbetrag in Höhe von ..... (*hier z.B. 30*) vom Hundert des Netto-Werts des Nachlasses (Aktiva abzgl. Nachlassverbindlichkeiten) als Quotenvermächtnis mit der nachstehend erläuterten Ersetzungsbefugnis des Testamentsvollstreckers.
b) Unser weiterer Sohn B, ersatzweise dessen Abkömmlinge zu gleichen Stammanteilen, erhält vermächtnisweise einen Geldbetrag in Höhe von ..... (*hier z.B. 30*) vom Hundert des Netto-Werts des Nachlasses (Aktiva abzgl. Nachlassverbindlichkeiten) auf den ersten Sterbefall, und von ..... (*hier z.B. 65*) vom Hundert des Netto-Werts des Nachlasses (Aktiva abzgl. Nachlassverbindlichkeiten) auf den zweiten Sterbefall, jeweils als Quotenvermächtnis mit der nachstehend erläuterten Ersetzungsbefugnis des Testamentsvollstreckers.
c) Unser (*behinderter*) Sohn A erhält – sofern ihm Pflichtteilsergänzungsansprüche gem. §§ 2325, 2329 BGB zustehen würden, ein bedingtes Vorausvermächtnis als Vor- und Nachvermächtnis in Höhe von 110 % dieses Anspruchs ..... (*Anm.: folgt Regelung gem. Formulierungsvorschlag Rdn. 6543*).

Dem nachstehend eingeräumten Testamentsvollstrecker wird das Wahlrecht eingeräumt, anstelle der Vermächtniserfüllung in Geld auch Grundbesitz, Rechte und sonstige Vermögensgegenstände in Anrechnung auf das Quotenvermächtnis in Höhe des jeweiligen Verkehrswerts an den Vermächtnisnehmer zu übertragen, jedoch ausdrücklich ausgenommen ..... (*Anm.: den Gegenstand, der zur Versorgung des behinderten Vorerben Erträge unter Verwaltung des Testamentsvollstreckers generieren soll*).

Jedes Vermächtnis fällt jeweils bei meinem Tod an und ist unverzüglich auf Kosten des Vermächtnisnehmers zu erfüllen.

Da unser Kind A aufgrund der Behinderung seine Vermögensangelegenheiten nicht selbst wahrnehmen kann, ordnet jeder von uns bis zu dessen Ableben Dauertestamentsvollstreckung an (§ 2209 BGB). Die Vollstreckung umfasst auch die Erfüllung der vorstehend angeordneten Vermächtnisse und Nachvermächtnisse. Vollstrecker ist ....., ersatzweise .....; der jeweilige Testamentsvollstrecker wird ermächtigt, jederzeit Nachfolger zu ernennen.

Der Vollstreckung unterliegen das Vorerbschaftsvermögen und die daraus erwachsenden Erträge. Gemäß § 2216 Abs. 2 BGB ordne ich an, dass die jährlichen Reinerträge meinem Kind A so zugewendet werden sollen, dass sie staatliche Leistungen ergänzen, etwa durch Geschenke zu üblichen Festen, Zuzahlungen zur Urlaubsfinanzierung und Freizeitgestaltung sowie als Geldzuwendungen in der Höhe, in der nach sozialrechtlichen Vorschriften einem Behinderten Geldbeträge zur freien Verfügung zustehen können. Auf die Bedürfnisse und Wünsche des Kindes ist Rücksicht zu nehmen. Im Übrigen entscheidet der Testamentsvollstrecker nach billigem Ermessen; er ist auch berechtigt, Erträge zur künftigen Verwendung zu thesaurieren.

Der Vollstrecker erhält neben der Erstattung seiner Auslagen folgende Vergütung: .....

Lediglich das Vermächtnis zugunsten des länger Lebenden Ehegatten (oben Punkt a) ist wechselbezüglich/erbvertraglich angeordnet; alle anderen Verfügungen können vom jeweiligen Erblasser jederzeit einseitig widerrufen oder abgeändert werden.

Sollen dem überlebenden Ehegatte an den Vermögenswerten, welche die »nicht behinderten« Abkömmlinge bereits beim ersten Sterbefall in Erfüllung des Quotengeldvermächtnisses mit Ersetzungsbefugnis erhalten, zur eigenen Versorgung weiterhin die Nutzungen zustehen, kann dem überlebenden Ehegatten ein Nießbrauchsuntervermächtnis[367] hieran bestellt werden: 6647

▶ Formulierungsvorschlag: »umgekehrte Vermächtnislösung« beim »Behindertentestament«; zusätzliches Nießbrauchsuntervermächtnis für den Längerlebenden

Unser (nicht behindertes) Kind ..... ist hinsichtlich der Vermögensgegenstände, die er in Erfüllung des ihm ausgesetzten Quotengeldvermächtnisses mit Ersetzungsbefugnis beim ersten Sterbefall erhält, mit folgendem Untervermächtnis zugunsten des längerlebenden Ehegatten beschwert: Dem Längerlebenden von uns ist auf Verlangen an diesen Vermögenswerten auf Lebenszeit der 6648

Nießbrauch

– bei Immobilien als beschränkt dingliches Recht – einzuräumen, für den die gesetzlichen Bestimmungen gelten sollen mit der Abweichung, dass der Nießbraucher auch die außerordentlichen, als auf den Stammwert der Sache gelegt anzusehenden Lasten sowie die Tilgung bestehender Verbindlichkeiten trägt. Ebenso trägt der Nießbraucher auch Ausbesserungen und Erneuerungen, die über die gewöhnliche Unterhaltung der Sache hinausgehen. Dem Nießbraucher stehen keine Verwendungsersatzansprüche und Wegnahmerechte zu, während umgekehrt der Eigentümer keine Sicherheitsleistung (§ 1051 BGB) verlangen kann. Die gesamten Lasten und Kosten sowie die Verkehrssicherungspflicht trägt demnach der Nießbraucher.

Die Kosten für die Vermächtniserfüllung und einer etwaigen Löschung gehen zulasten des Längerlebenden.

Die Kosten der Vermächtniserfüllung, sofern es sich nicht um Geldvermächtnisse handelt, sind allerdings nicht zu vernachlässigen.[368] 6649

Schließlich wird der länger lebende Elternteil typischerweise zugleich Nacherbe und Verwaltungstestamentsvollstrecker (und u.U. Betreuer) des sozialhilfebedürftigen Vorerben sein, so dass die Bestellung eines familienfremden Dauerergänzungspflegers für den Teilbereich »Überwachung des Vollstreckers« erforderlich werden kann.[369] Bereits eine Nähebeziehung zwischen Betreuer und Testamentsvollstrecker (Zugehörigkeit beider zur »Kernfamilie«) kann gem. § 1908i, 1796 Abs. 2 BGB einen familienfremden Ergänzungsbetreuer erforderlich machen.[370] (s. Rdn. 6574 ff.). 6650

III. Destinatär als Mitnacherbe

In gleicher Weise, wie die vorstehend II, Rdn. 6641 ff. referierte Einsetzung des sozialhilfebedürftigen Destinatärs zum Alleinvorerben (sog. umgekehrte »Vermächtnislösung«), vermeidet die 6651

---

367 Hierzu *Kornexl*, Nachlassplanung bei Problemkindern, Rn. 349.
368 Krit. daher *Spall*, in: FS 200 Jahre Notarkammer Pfalz, 2003, S. 136. Da beim Quotengeldvermächtnis mit Ersetzungsbefugnis kein unmittelbarer klagbarer Anspruch auf ein bestimmtes Objekt besteht, war auch beim öffentlichen Testament oder Erbvertrag § 38 Abs. 2 Nr. 6a KostO nicht erfüllt; vielmehr fiel die allgemeine Vertragsgebühr des § 36 Abs. 2 KostO an. Unter Geltung des GNotKG fällt für die Auflassung in Erfüllung eines in notarieller Urkunde angefallenen Vermächtnisses eine 1,0 Gebühr nach KV Nr. 21102 Nr. 1 GNotKG an, bei eigenhändigem Testament eine 2,0 Gebühr (KV Nr. 21100).
369 OLG Hamm, MittBayNot 1994, 53; OLG Nürnberg, MittBayNot 2002, 403 m. krit. Anm. *Kirchner*, MittBayNot 2002, 368, sofern der gesetzliche Vertreter zugleich Testamentsvollstrecker des Erben ist: Dauerergänzungspflegschaft für den Teilbereich »Überwachung des Testamentsvollstreckers«. Der (auch einzige) Nacherbe kann jedoch (sofern nicht zugleich Betreuer oder gesetzlicher Vertreter) zugleich Testamentsvollstrecker des Vorerben sein; vgl. insgesamt Gutachten, DNotI-Report 2003, 145 f.
370 OLG Zweibrücken, ZEV 2004, 161 m. Anm. *Spall*.

gegenseitige Einsetzung der Eltern zu befreiten Vorerben (»Trennungsmodell«) die gesamthänderische Bindung des Nachlasses bereits nach dem ersten Sterbefall. Der sozialhilfebedürftige Destinatär wird in diesem Fall zum (Mit-)nacherben eingesetzt, und zwar wiederum seinerseits als den gesetzlichen Beschränkungen unterworfener Vorerbe, welcher der Dauer-Testamentsvollstreckung unterliegt. Mit Beendigung dieser Dauer-Testamentsvollstreckung (bzw. Entscheidung eines Gerichts, dass sie ganz oder teilweise unwirksam sei) oder Ableben des Vorerben wird z.B. sein nicht sozialhilfebedürftiger Bruder Nach-Nacherbe.

6652 Bereits beim Tod des Erstverstorbenen können wesentliche Vermögensteile wie z.B. der selbst genutzte Grundbesitz als Vorausvermächtnis dem überlebenden Ehegatten frei von den lebzeitig wirkenden (Schenkungsverbot!) Vorerbschaftsbindungen zugeordnet werden (während ein Vorbehalt zu abweichender letztwilliger Zuordnung, also der Benennung eines anderen »Nacherben«, am Drittbestimmungsverbot des § 2065 BGB scheitert, vgl. Rdn. 6726 zur entsprechenden Umdeutung in auflösend bedingte Nacherbfolge). Beim zweiten Sterbefall greift die »klassische Lösung« (Destinatär als Mitvorerbe des überlebenden Ehegatten).

6653 Auch diese Erbschaftslösung[371] unterliegt dem Risiko, dass durch den Mit-Nacherben selbst oder einen ihm beigeordneten Betreuer eine Ausschlagung stattfindet (nunmehr gestützt auf § 2306 Abs. 2 BGB, nicht auf § 2306 Abs. 1 Satz 2 BGB a.F. wie beim »klassischen Behindertentestament«, oben Rdn. 6505 ff.; bei Sterbefällen ab 2010, Art. 229 § 21 Abs. 4 EGBGB, besteht dieses Risiko in allen Varianten des § 2306 BGB). Diese Ausschlagung kann bereits vor dem Nacherbfall erfolgen, die Ausschlagungsfrist beginnt jedoch erst mit Eintritt des Nacherbfalls (also Ableben des längerlebenden Ehegatten) zu laufen. (Bei der Einsetzung zum Mit-Vorerben, oben Rdn. 6508 ff., endet dieser Zeitraum bereits 6 Wochen ab Kenntnis des Destinatärs bzw. des Betreuers vom Erbanfall selbst.) Der Pflichtteilsanspruch allerdings verjährt in 3 Jahren ab Kenntnis vom Erbfall: §§ 195, 199 BGB, ungeachtet der Ausschlagung: § 2332 Abs. 2 BGB (bis Ende 2009 ergab sich diese Rechtsfolge aus § 2332 Abs. 1 u. 3 BGB), so dass faktisch die Ausschlagung innerhalb dieser Frist zu erfolgen hat.

▶ Hinweis:

6654 Diese »Trennungslösung« vermeidet zwar die Beschränkungen aus der gesamthänderischen Bindung einer Erbengemeinschaft im ersten Sterbefall, belastet andererseits aber den überlebenden Ehegatten mit den nicht beseitigbaren Vorerbschaftsbeschränkungen, etwa dem Verbot der Schenkung, auch im Weg der vorweggenommenen Erbfolge. Auch ist zu bedenken, dass der Ausübungszeitraum für die Ausschlagung durch den Destinatär bzw. seinen Betreuer deutlich länger ist als beim »klassischen Behindertentestament« – angesichts der Verjährung des Sekundärpflichtteils jedenfalls 3 Jahre nach dem ersten Sterbefall –, und zudem das Ausschlagungsrecht vererblich ist. Dieser längere Unsicherheitszeitraum führt insb. dann zu schwierigen Abwägungen, wenn der Behinderte z.Zt. noch nicht auf Sozialhilfe angewiesen ist. Der Betreuer hat dann den Vorteil des sofort verfügbaren Geldpflichtteils – als lediglich künftiger Nacherbe ist er ja ohne Ausschlagung bis zum Nacherbfall vollständig von der Erbschaft und ihren Nutzungen abgeschnitten – gegen die möglichen künftigen Nachteile (Verlust der größeren Nacherbschaft) abzuwägen, und kann sich nicht auf die Überlegung zurückziehen, angesichts des bereits gegebenen Sozialhilfebedarfs würde eine Ausschlagung wegen der Verwertung dieses Betrags durch den Sozialhilfeträger zu keiner Besserstellung des Destinatärs führen. Möglicherweise ist er gar zur Vermeidung einer Schadensersatzhaftung zur Ausschlagung genötigt. Vorteilhaft ggü. der »umgekehrten Vermächtnislösung« oben Rdn. 6641 ff. ist allerdings, dass die Nachlassabwicklung mit erheblich geringerem Aufwand und niedrigeren Kosten verbunden ist.

---

371 Empfohlen von *Litzenburger*, RNotZ 2004, 138/145 ff. und *Kleensang*, RNotZ 2007, 22; Letzterer mit Formulierungsvorschlag, S. 26 f.

Zur Reduzierung des Ausschlagungsdrucks angesichts der derzeit ertraglosen Stellung des Nacherben könnte auch erwogen werden, ihm zusätzlich ein unter Testamentsvollstreckung gestelltes Vermächtnis (etwa im Umfang der bei der Vorerbschaftslösung durch die Anweisungen gem. § 2216 BGB gesicherten Erträge) zukommen zu lassen, das allerdings auflösend bedingt ist durch die Ausschlagung der Nacherbschaft[372] (die bis dahin bereits erhaltenen Zuwendungen sind auf den Pflichtteilsanspruch gem. § 2307 Abs. 1 Satz 2 BGB stets anzurechnen). Im Vermächtnisrecht galt § 2306 Abs. 1 Satz 1 BGB a.F. nicht, so dass die Testamentsvollstreckung, sofern das Vermächtnis nicht insgesamt ausgeschlagen wird, auch bei einem Vermächtnis unter der Pflichtteilsschwelle angeordnet blieb.

6655

E. Bedürftigentestament

Bereits i.R.d. **Schenkungsbegriffs** (Rdn. 100 ff.) wurde untersucht, ob und mit welchem »Erfolg« ein nachträglicher Verzicht auf bereits angefallene erbrechtliche Positionen möglich ist trotz (oder eher: angesichts) des Vorhandenseins zivilrechtlicher Gläubiger, eines Insolvenzverwalters, des Treuhänders während der Wohlverhaltensphase in Erwartung der RSB oder eines Sozialleistungsträgers nach SGB II bzw. SGB XII. Aus kautelarjuristischer Sicht sind solche »Reparaturversuche« lediglich die zweite Wahl ggü. dem vorherigen Verzicht auf sonst anfallende erbrechtliche Positionen (etwa dem Pflichtteilsverzicht nach § 2346 Abs. 2 BGB, oben Rdn. 3824 ff.; hinsichtlich seiner »Gläubigerresistenz« s.o. Rdn. 101 ff.), einerseits, und – in noch stärkerem Maße – der nachstehend zu behandelnden vorsorgenden Testamentsgestaltung andererseits, die – wie das »Behindertentestament« – das negative Ziel der Regressabwehr verbindet mit dem positiven Ziel der Verbesserung der Lebenssituation des Bedürftigen. Im Anschluss an *Kornexl*[373] hat sich für diese Gestaltung letztwilliger Verfügungen bei Vorhandensein potenziell überschuldeter Destinatäre der Begriff »Bedürftigentestament« eingebürgert.

6656

I. Unterschiede und Gemeinsamkeiten zum »Behindertentestament«

1. »Standardkonstruktion«

Die geschilderten Gestaltungselemente der Vor- und Nacherbfolge, einerseits, sowie der Dauertestamentsvollstreckung, andererseits, gewährleisten zugleich einen **Schutz des Nachlasses gegen Zugriff von Eigengläubigern des Erben** bzw. Miterben auch außerhalb sozialhilferechtlichen Kontextes (wo die entscheidende Absicherung gegen Zugriff bzw. Überleitung durch die geschilderten Kriterien der »Verwertbarkeit« in § 12 Abs. 1 SGB II einerseits, des »Erben« in § 35 SGB II a.F., andererseits, gewährleistet wird).

6657

Erleichternd ggü. der Gestaltungsaufgabe des Behindertentestaments wirkt sich jedoch aus, dass eine Betreuung für den Bedürftigen nicht erforderlich sein wird, so dass der überlebende Ehegatte ohne Weiteres zum Testamentsvollstrecker des bedürftigen Mit-Vorerben (und zusätzlich des Nacherben, § 2222 BGB)[374] bestellt werden kann. Der (i.d.R. ja geschäftsfähige) Bedürftige wird jedoch – anders als in der Standardkonstellation des »Behindertentestamentes« – das Wirken des ihm aufgebürdeten Testamentsvollstreckers mit kritischer Distanz begleiten können und wollen, so dass bei der Auswahl des Vollstreckers neben der charakterlichen und fachlichen Qualifikation auch darauf zu achten ist, dass zwischen beiden »die Chemie stimmt«[375] (ggf., kann sogar der Betroffene selbst ermächtigt werden, die Entlassung des Vollstreckers zu verlangen, wenn er zugleich

6658

---

372 Vgl. *Kleensang*, RNotZ 2007, 25.
373 Auf der zweiten Jahresarbeitstagung des Notariats in Würzburg (DAI-Veranstaltung) am 23.09.2004.
374 MünchKomm-BGB/*Zimmermann*, § 2222 Rn. 4; *Everts*, ZErb 2005, 354; *Keim*, ZErb 2008, 6 ff.
375 *Litzenburger*, ZEV 2009, 278.

einen neuen, dann vom Gericht gem. § 2200 BGB zu berufenden,[376] geeigneten Vollstrecker benennt, oder aber der Vorerbe kann gem. § 2198 Abs. 1 Satz 1 BGB zur eigenen Bestimmung ermächtigt werden[377]). Hierzu der Folgende

▶ **Formulierungsvorschlag: Einfluss des bedürftigen Erben auf die Person des Testamentsvollstreckers**

6659 Zum Testamentsvollstrecker berufe ich .....

Auf Antrag des Vorerben, der keiner Begründung bedarf, hat das Nachlassgericht den jeweiligen Testamentsvollstrecker zu entlassen. Der Vorerbe kann sodann gem. § 2198 Abs. 1 Satz 1 BGB einen neuen Testamentsvollstrecker bestimmen. Benennt der Vorerbe sich selbst als Testamentsvollstrecker, ist dies jedoch unbeachtlich.

6660 Des Weiteren ist zu berücksichtigen, dass der Status der Überschuldung (anders als i.d.R. der Status der Behinderung, also mangelnder Erwerbsfähigkeit überhaupt) seiner Natur nach nur vorübergehend ist, so dass Wege zu suchen sind, die Beschränkungen auf den notwendigen Zeitraum (des Bezugs von Fürsorgeleistungen bzw. bis zum Eintritt der RSB) zu begrenzen, vgl. Rdn. 6710 ff.

6661 Im Verhältnis zu Gläubigern weist die Situation des »schlicht überschuldeten« Abkömmlings ggü. demjenigen, der steuerfinanzierte Sozialfürsorgeleistungen bezieht, einen wichtigen Wertungsunterschied insoweit auf, als eine Möglichkeit zur Überleitung etwa entstandener Pflichtteilsansprüche (etwa bei der schlichten Enterbungslösung) für den normalen Gläubiger wie auch für den Insolvenzverwalter nicht besteht (§ 852 Abs. 1 ZPO, § 36 InsO). Gleiches gilt für Bedürftige, die sich in der »Wohlverhaltensphase« auf dem Weg zur RSB befinden, trotz des insoweit nicht eindeutigen Wortlautes des § 295 Abs. 1 Nr. 2 InsO;[378] bezieht der Bedürftige allerdings während der Verjährungsphase des Pflichtteilsanspruchs Grundsicherung für Arbeitsuchende (ALG II gemäß SGB II), geht der Pflichtteilsanspruch gem. § 33 SGB II in voller Höhe ohne Weiteres kraft Legalzession auf den Sozialleistungsträger über.

6662 Vor diesem möglichen Risikohintergrund zielt auch das Bedürftigentestament darauf ab, das »automatische« Entstehen von Pflichtteilsansprüchen zu verhindern. Allerdings darf nicht übersehen werden, dass der Bedürftige selbst in höherem Maße als ein Behinderter bzw. dessen Betreuer (dem die betreuungsgerichtliche Genehmigung hierfür verweigert werden müsste) versucht sein könnte, die auch in seinem Interesse geschaffene Konstruktion z.B. durch Ausschlagung gem. § 2306 Abs. 1 Satz 2 BGB a.F. (bei Sterbefällen ab 2010 in allen Varianten des § 2306 BGB n.F., Art. 229 § 21 Abs. 4 EGBGB) zu Fall zu bringen, stattdessen den unbelasteten Pflichtteil zu verlangen, und diesen zur Schuldentilgung (oder als Langzeitarbeitsloser zum sofortigen Konsum, sofern sein Vermögensfreibetrag nicht überschritten ist) einzusetzen. Erstere Gefahr kann insb. bestehen, wenn ein hoher Nachlass des Erblassers auf überschaubare Verschuldung des Erblassers trifft, so dass ihm nach der Tilgung noch freie Werte verbleiben.

6663 Des Weiteren ist nicht zu verkennen, dass die oben Rdn. 6627 ff. begründete grds. Unbedenklichkeit des »Behindertentestamentes« unter dem Blickwinkel eines zur **Sittenwidrigkeit** führenden Subsidiaritätsverstoßes auf das schlichte »Bedürftigentestament« nicht ohne Weiteres übertragen werden kann, wenn steuerfinanzierte Sozialfürsorgeleistungen bezogen werden (Grundsicherung für Arbeitsuchende = SGB II, Grundsicherung im Alter oder Hilfe zum Lebensunterhalt: drittes und viertes Kapitel des SGB XII). Das »positive Gestaltungsziel« ergänzender postmortaler Versorgungsleistungen an das behinderte Kind, tritt tendenziell zurück hinter das »negative Gestaltungsziel« der Zugriffsabwehr; Letztere ist nicht mehr allein notwendiges Mittel zum Zweck

---

376 Das Gericht entscheidet nach pflichtgemäßem Ermessen, vgl. *J. Mayer*, MittBayNot 2012, 18, 22; es kann auch die Ernennung ablehnen mit der Folge, dass die Testamentsvollstreckung dann [ungewollt] zu früh endet, OLG Zweibrücken, 23.10.2012 – 3 W 120/12, ErbStB 2013, 146.
377 Dies ist möglich, *J. Mayer*, in: Bamberger/Roth, § 2198 Rn. 2.
378 BGH, 25.06.2009 – IX ZB 196/08, MittBayNot 2010, 52 m. Anm. *Menzel*, vgl. Rdn. 139.

weiterer Unterstützung, sondern wird Selbstzweck. Daher wird in der untergerichtlichen Rechtsprechung (konstruktiv allerdings verfehlt) gar teilweise bereits die Annahme einer (in seinem Interesse) beschwerten (und somit an sich unverwertbaren) Erbschaft durch einen bedürftigen Erben als sittenwidrig angesehen (Rdn. 6637) bzw. die Anordnung der Testamentsvollstreckung selbst als sittenwidrig und damit unwirksam gewertet (Rdn. 6690).

Die LSG Baden-Württemberg[379] und LSG Hamburg[380] gehen gleichwohl davon aus, dass im Hinblick auf die Prüfung der Sittenwidrigkeit (Verstoß gegen das Subsidiaritätsprinzip) kein Unterschied zwischen dem »Bedürftigen-« und dem »Behinderten-« Testament besteht. Wie bei einem behinderten, also dauernd erwerbsunfähigen, Destinatär komme es entscheidend darauf an, ob der Erbe/Vermächtnisnehmer in absehbarer Zeit eine Freigabe von Nachlassgegenständen oder Nutzungen gemäß §§ 2216, 2217 BGB erreichen könne bzw. der Testamentsvollstrecker zeitnah verpflichtet sei, Geldmittel an den Berechtigten auszukehren bzw. sie für Bedarfe einzusetzen, zu deren Befriedigung der Kläger Fürsorgeleistungen erhalte. Das LSG Hamburg führt[381] hierzu interessanterweise aus, dass sich der vom BGH in seinen Grundsatzentscheidungen verwendete Begriff des behinderten »Kindes« eben nicht auf das Lebensalter des Berechtigten beziehe, sondern auf das Verwandtschaftsverhältnis, und auch der Begriff der »Behinderung« sei nicht notwendig im sozialgesetzlichen Sinn zu verstehen. Jedenfalls im entschiedenen Sachverhalt, wo eine depressive Persönlichkeitsstörung mitursächlich für die dauernde Arbeitslosigkeit war,[382] bestehe daher kein Grund, näher auf Differenzierungen zwischen einem Destinatär, der Leistungen nach SGB XII und einem Destinatär, der Leistungen nach SGB II erhält, einzugehen.

6664

Auch das **BSG**[383] hat im Fall eines Bedürftigentestaments ausgeführt, eine Dauertestamentsvollstreckung, die der Erbschaft die Eigenschaft nehme, »als bereites Mittel« zu gelten, verstoße nicht gegen die guten Sitten, dann jedoch (ohne Not) ausgeführt, dass selbst im Fall der Sittenwidrigkeit »bereite Mittel« erst vorliegen könnten, wenn die Erbin die Anordnung der Dauertestamentsvollstreckung erfolgreich »angefochten« habe. Letzte Entwarnung kann also insoweit nicht gegeben werden,[384] insbesondere nicht in den Fällen, in denen die prekären Verhältnisse voraussichtlich nur vorübergehend sein werden (zeitweilige Arbeitslosigkeit).[385] Gemeint ist damit eine »Pflicht« zur Ausschlagung der Vorerbschaft und Geltendmachung des Pflichtteils, entgegen der vom BGH in der Leitentscheidung vom 19.01.2011[386] getroffenen Feststellung, dass der Gedanke der Erbfreiheit dem Erben, auch dem behinderten oder nicht erwerbsfähigen Erben, die Freiheit zur (Unterlassung der) Ausschlagung gewährleiste. Das BSG konnte die Frage jedoch im konkreten Fall offenlassen.

6665

---

379 LSG Mannheim, 09.10.2007 – L 7 AS 3528/07 ER-B, ZEV 2008, 147; dazu *Tersteegen*, ZEV 2008, 121.
380 LSG Hamburg, 13.09.2012 – L 4 AS 167/10, ErbBstg 2013, 30; hierzu *J. Mayer*, in: DAI, 11. Jahresarbeitstagung des Notariats, 2013, Skript S. 512 ff.
381 In Tz. 45 des genannten Beschlusses.
382 Kurz nach dem Erbfall wurde ein Grad der Behinderung (GdB) von 60 % festgestellt.
383 BSG, 17.02.2015 – B 14 KG 1/14 R, ZEV 2015, 484 m. Anm. *Tersteegen* = ErbR 2016, 204 m. Anm. *Wendt*, der das Urteil als klare Bestätigung für die auch sozialrechtliche Anerkennung des Bedürftigentestaments wertet; ähnlich *Manthey/Trilsch*, ZEV 2015, 618 ff.
384 Kritisch insbesondere *Armbrüster*, ZErb 2013, 77 (Kommentator des § 138 BGB im Münchener Kommentar), der darauf hinweist, dass § 138 Abs. 1 BGB normenhierarchisch auf derselben Stufe stehe wie die Bestimmungen des Erbrechts; als offen bezeichnet *von Proff*, RNotZ 2012, 272, die Übertragbarkeit der BGH-Behindertentestamentsrechtsprechung auf das »Bedürftigentestament«. Ablehnend zur gesamten Wertung *Dutta*, AcP 209 (2009), 760, 787.
385 Vgl. *Wendt*, ZNotP 2014, 162, 170.
386 BGH, 19.01.2011 – IV ZR 7/10, vgl. näher Rdn. 104 ff.

2. »Vermächtniskonstruktion«

a) Vor- und Nachvermächtnis

6666 Die beim »Behindertentestament« diskutierte »schlichte« (vgl. aber Rdn. 6668) Vor- und Nachvermächtnislösung ist beim »Bedürftigentestament« wenig empfehlenswert: Zwar kann die Testamentsvollstreckung über das Vorvermächtnis gem. § 2214 BGB den Zugriff von Eigengläubigern des Vorvermächtnisnehmers abwehren (allein die Vor- und Nachvermächtniskonstruktion genügt hierfür nicht, da § 2191 Abs. 2 BGB nicht auf § 2115 BGB verweist). Stirbt aber der **überschuldete Vorvermächtnisnehmer**, nimmt der Nachvermächtnisnehmer in der zu erwartenden Nachlassinsolvenz über das Vermögen des verarmt verstorbenen Vorvermächtnisnehmers als gewöhnlicher Gläubiger teil, der Nachvermächtnisanspruch wird also nur i.H.d. vernachlässigbaren Quote erfüllt werden.[387] Während der Nacherbe den ersten Erblasser beerbt, beschwert das Nachvermächtnis nämlich den Vorvermächtnisnehmer und dessen Nachlass, § 2191 Abs. 1 BGB.

6667 § 2214 BGB schützt nur vor Eigengläubigern, nicht vor Nachlassgläubigern, etwa aus der vom Vorvermächtnisnehmer herrührenden Schuld der Herausgabe des Nachvermächtnisses, § 2191 Abs. 1 BGB, § 1967 Abs. 2 BGB. Auch § 2223 BGB (Vollstreckung zur Erfüllung des Nachvermächtnisses) hilft deshalb nicht weiter, da die zivilrechtlichen Verbindlichkeiten des Vorvermächtnisnehmers dessen Nachlass aushöhlen (während beim lediglich behinderten Vorvermächtnisnehmer nicht notwendig eine lebzeitige Überschuldung vorlag, sondern allenfalls die Heranziehung als einsatzpflichtiges Vermögen drohte, und lediglich § 102 SGB XII den Zugriff auf den Nachlass eröffnet, wenn auch in rechtlicher Qualifikation einer Nachlassverbindlichkeit, § 102 Abs. 2 Satz 1 SGB XII).

6668 Allerdings könnte die Stellung des Nachvermächtnisnehmers in der Nachlassinsolvenz des Vorvermächtnisnehmers dadurch entscheidend verbessert werden, dass der Vorvermächtnisnehmer bereits zu Lebzeiten eine aufschiebend auf den eigenen Tod befristete Erfüllung des Nachvermächtnisses vornimmt, **§ 161 BGB**.[388] Damit ließen sich die Schwächen der Vorerbschaftslösung (Gesamthandsbindung und Pfändbarkeit des abstrakten Erbteils) wohl umgehen.

Hierzu der folgende Formulierungsvorschlag.[389]

▶ Formulierungsvorschlag: Vor- und Nachvermächtnis beim Bedürftigen-Testament; Sicherung durch aufschiebend befristete Erfüllung

6669
1.

Unserem überschuldeten Kind ..... steht beim Ableben eines jeden von uns ein barer Geldbetrag zu in Höhe von .....% beim Tod des Erstversterbenden, bzw. von .....% beim Tod des länger Lebenden des Wertes des jeweiligen Nachlasses nach Abzug aller Nachlassverbindlichkeiten.

Der Beschwerte ist jedoch berechtigt, das Vermächtnis nach seiner Wahl ganz oder teilweise auch durch die Übertragung anderer Wirtschaftsgüter (Immobilien, Aktien etc.) zu erfüllen. Diese sind in Höhe ihres dann geltenden Verkehrswertes auf das Vermächtnis anzurechnen (Ersetzungsbefugnis). Im Streitfall entscheidet über den Wert des Nachlasses und des Ersetzungsobjektes sowie über die Verteilung seiner Kosten (analog §§ 91 ff. ZPO) ein durch die örtlich zuständige IHK zu benennender Sachverständiger des jeweiligen Fachgebietes als Schiedsgutachter gem. § 317 BGB. Bis zur endgültigen Ermittlung sind angemessene Vorschüsse zu leisten. Sofern für den Beschwerten Testamentsvollstreckung angeordnet ist, übt der Testamentsvollstrecker die Ersetzungsbefugnis aus und ermittelt die angemessene Höhe etwaiger Vorschüsse.

---

387 Vgl. *Everts*, ZErb 2005, 355; MünchKomm-InsO/*Siegmann*, § 327 Rn. 6; *Watzek*, MittRhNotK 1999, 37.

388 So die Empfehlung von *Baltzer*, Das Vor- und Nachvermächtnis in der Kautelar-Jurisprudenz, S. 200, Formulierungsvorschlag auf S. 219.

389 In Anlehnung an *Baltzer*, Das Vor- und Nachvermächtnis in der Kautelar-Jurisprudenz, S. 219 ff.

E. Bedürftigentestament   Kapitel 14

Überträgt der Beschwerte ersetzungsweise nur Bruchteile von Vermögensgegenständen, kann er einen (bei Immobilien dinglich zu sichernden) Aufhebungsausschluss nach § 749 BGB verlangen.

2.

Hinsichtlich dieses Vermächtnisses wird ein

Nachvermächtnis

angeordnet. Nachvermächtnisnehmer sind die Abkömmlinge unseres überschuldeten Kindes ..... zu gleichen Stammanteilen, ersatzweise sein Bruder ..... bzw. dessen Abkömmlinge nach den Regeln der gesetzlichen Erbfolge. Das Anwartschaftsrecht ist nicht vererblich und nicht übertragbar. Nachvermächtnisfall ist der Tod der Vorvermächtnisnehmers. Vermacht ist dasjenige, was von der Substanz des an den Vorvermächtnisnehmer Geleisteten samt Erträgnissen hieraus und Surrogaten beim Nachvermächtnisfall noch vorhanden ist. Der Vorvermächtnisnehmer ist nicht verpflichtet, Ersatz für die gezogenen Nutzungen oder für Substanzminderungen zu leisten, har jedoch keinen Anspruch auf Erstattung von ihm getätigter Verwendungen, auch notwendiger oder nützlicher Verwendungen, auf das Vermächtnisgut.

Dem Vorvermächtnisnehmer wird ferner (im Wege der Erfüllung durch den Vorvermächtnisvollstrecker, nachstehend 3.) auferlegt, nach Anfall des Vorvermächtnisses die Erfüllung des (Ersatz-)Nachvermächtnisses, in geeigneter Weise, etwa durch aufschiebend auf den Nachvermächtnisanfall befristete bzw. bedingte Abtretung/Übereignung bzw. durch Eintragung einer Vormerkung, zu sichern; dieser Sicherungsanspruch ist dem Nachvermächtnisnehmer zusätzlich vermacht.

3.

Zum Zweck der dauernden Verwaltung des unserem überschuldeten Kind ..... Zugewendeten, einschließlich der Erträgnisse hieraus, wird

Testamentsvollstreckung

in Form der Dauertestamentsvollstreckung angeordnet.

Testamentsvollstrecker ist unser anderer Sohn ....., ersatzweise nach dem ersten Sterbefall der überlebende Ehegatte, weiter ersatzweise sowie ersatzweise nach dem zweiten Sterbefall eine durch das Nachlassgericht zu benennende Person, welch letztere eine Vergütung nach den Richtlinien des Deutschen Notarvereins sowie die Erstattung der Auslagen erhält. Der Testamentsvollstrecker hat neben den weiter in diesem Testament ..... Aufgaben insbesondere die Gegenstände des Vorvermächtnisses sowie die hieraus erzielten Erträge und Surrogate dauerhaft zu verwalten und – zuvörderst aus den Erträgen, jedoch wenn nötig auch aus der Substanz des Vollstreckungsguts – unserem überschuldeten Sohn ..... Geldzuwendungen zur Ergänzung etwa vorhandener Einkünfte bis zur Pfändungsgrenze sowie Sachzuwendungen zur Befriedigung persönlicher Bedürfnisse (Urlaubsreisen, Freizeitgestaltung, Ausflüge, Hobbys, Güter des persönlichen Bedarfs ohne besonderen Verwertungswert) zuzuwenden sowie ihm Wohnung und Versorgung mit Lebensmitteln zu gewähren. Es ist unser Ziel, auf diese Weise das Los unseres überschuldeten Kindes angenehmer zu gestalten. Wir beabsichtigen also den Schutz unserer Nachlasswerte, um ihm einen Lebensunterhalt zu verschaffen, der über das Niveau der staatlichen Grundversorgung hinausgeht.

Soweit unserem Kind Pflichtteilsansprüche zustehen sollten, gelten Nachvermächtnisanordnungen und Testamentsvollstreckungsanordnungen gemäß § 2338 BGB auch für diese Pflichtteilsansprüche.

Die Testamentsvollstreckung erstreckt sich außerdem auf den Vollzug des Vermächtnisses zugunsten des Nachvermächtnisnehmers (Abwicklungsvollstreckung nach § 2223 BGB und Nachvermächtnisvollstreckung bis zur Erfüllung des Nachvermächtnisses).

b) »schwebendes« Vermächtnis

Denkbar wäre weiter ein schlichtes Vermächtnis zugunsten des Bedürftigen, das dieser so lange als notwendig (d.h. zumindest während der Wohlverhaltensphase einer Insolvenz und solange Gläubigerzugriffe Dritter auf den dann zu erlangenden Vermächtnisgegenstand drohen) »**in der** 6670

Schwebe hält«, also weder annimmt noch ausschlägt, § 2180 BGB (eine Ausschlagungsfrist besteht bei Vermächtnissen bekanntlich nicht).[390] Da auch eine stillschweigende Annahme oder Ausschlagung erfolgen kann, ist strikte Untätigkeit unerlässlich. Solange das Vermächtnis nicht angenommen ist, führt auch die Abtretung des Vermächtnisanspruchs (§ 398 BGB)[391] zu keiner i.S.d. § 295 Abs. 1 Nr. 2 InsO obliegenden Verwertungsmöglichkeit. Vorsichtigerweise kann das Vermächtnis zusätzlich unter die auflösende Bedingung der Übertragung des Vermächtnisanspruchs gestellt werden.[392]

6671 Solange der Erbe einen pflichtteilsberechtigten[393] Vermächtnisnehmer nicht unter angemessener Fristsetzung gem. § 2307 Abs. 2 BGB zur Annahme auffordert (mit der Folge, dass Schweigen dann i.d.R.[394] gem. § 2307 Abs. 2 Satz 2 BGB als Ausschlagung des Vermächtnisses gilt), ist allerdings seit 2010 (mit Inkrafttreten der Erbrechtsreform: Streichung des § 197 Abs. 1 Nr. 2 BGB) die Verjährungsfrist von 3 Jahren ab Kenntnis,[395] und zwar wohl auch bei Grundstücksvermächtnissen (entgegen § 196 BGB[396]), zu beachten (sofern keine verjährungsverlängernden Abreden i.S.d. § 202 BGB getroffen sind, was, – anders als bei der Verlängerung der Pflichtteilsverjährung[397] – auch durch testamentarische Anordnung erfolgen kann[398]). Zuvor betrug die Verjährungsfrist dreißig Jahre.

6672 Stirbt er während der Schwebezeit, fällt der (gleichwohl bereits nach § 2176 BGB angefallene) Vermächtnisanspruch in den Nachlass des verstorbenen Vermächtnisnehmers; dessen Erben sind (auch in einem Nachlassverwaltungs-[399] oder gar Nachlassinsolvenzverfahren) wegen § 83 InsO weiterhin zur Entscheidung über Annahme oder Ausschlagung befugt. Erfolgt die Ausschlagung nach Ablauf der Dreijahresfrist der §§ 195, 199 BGB (Sylvesterverjährung; vor 2010: des § 2332 BGB), ist der dadurch entstehende Pflichtteilsanspruch (§ 2307 Abs. 1 Satz 1 BGB) verjährt, § 2332 Abs. 2 BGB.

6673 Nach der bereits in der Literatur überwiegend vertretenen,[400] nun vom **BGH** bestätigten[401] Auffassung trifft den Bedürftigen weder (1) im Verhältnis zum »normalen Gläubiger« eine anfechtungsrechtliche noch (2) im Verhältnis zum Insolvenzverwalter eine insolvenzrechtliche Verpflichtung bzw. (3) auf dem Weg zur RSB eine aus § 295 Abs. 1 Nr. 2 InsO[402] zu schöpfende Obliegenheit, das Vermächtnis anzunehmen. Auch eine (4) Gläubigeranfechtung scheidet insbesondere aus, da (anders als bei der Erbschaft) kein »von-selbst-Erwerb« eintritt, der durch die Ausschlagung beseitigt werden würde; das Recht zur Annahme bzw. Ausschlagung des Vermächtnisses kann ferner nicht von der Vermächtnisnehmerstellung getrennt werden,[403] ist also nicht durch Pfändung

---

390 BGH, 12.01.2011 – IV ZR 230/09 NotBZ 2011, 170.
391 Die nach BGH, NJW 1954, 1036, 1037 trotz Testamentsvollstreckung über den Vermächtnisgegenstand möglich ist.
392 Vgl. MünchKomm/*Rudy*, § 2174 BGB Rn. 14; *Gutachten*, DNotI-Report 2014, 177, 180.
393 Ein begleitender Pflichtteilsverzicht beseitigt daher dieses Risiko, zu Unzeit unter Zugzwang gesetzt zu werden, so dass nur die Ausschlagung gewählt werden kann.
394 Anders nur, wenn es sich um ein Vorausvermächtnis handelt und der Betreffende die Erbschaft bereits angenommen hat, OLG München, 26.07.2017 – 7 U 302/17, ZErb 2017, 285.
395 Hierauf weist *Keim*, ZEV 2008, 161, 169 hin.
396 Str., vgl. *Damrau*, ZErb 2015, 333 ff. [teleologische Reduktion: aufgrund der Streichung des § 197 Abs. 1 Nr. 2 BGB gilt nur mehr § 195 BGB].
397 *Lange*, ZEV 2003, 433 ff.; MünchKomm-BGB/*Grothe*, § 202 Rn. 4.
398 *Odersky*, notar 2009, 366; Bamberger/Roth/*Henrich*, BGB, § 202 BGB Rn. 5.
399 Vgl. hierzu im Überblick *Carlé*, ErbStB 2007, 252 ff.
400 *Everts*, ZErb 2005, 355; *Limmer*, ZEV 2004, 136; *Hartmann*, ZNotP 2005, 86.
401 BGH, 10.03.2011 – IX ZB 168/09, NotBZ 2011, 212 m. Anm. *Krauß*.
402 BGH, 10.03.2011 – IX ZB 168/09, NotBZ 2011, 212; MünchKomm-InsO/*Ehricke*, § 295 Rn. 57 m.w.N. (auch zur Gegenansicht) in Fn. 168: § 295 InsO setzt nicht an am »Ob« des Erwerbs, sondern setzt diesen voraus.
403 MünchKomm-BGB/*Lange*, § 2317 Rn. 16.

E. Bedürftigentestament Kapitel 14

überweisbar (§ 851 Abs. 1 ZPO) und – mangels Anspruchsqualität, § 93 Abs. 1 SGB XII/§ 33 SGB II – nach derzeitiger Rechtslage auch nicht auf den Sozialleistungsträger überleitbar. Allerdings hat der »schwebend Bedachte« weder Zugriff auf Substanz noch auf Erträge des Vermächtnisgegenstandes. Weiter ist zu bedenken, dass mögliche Gläubiger des mit dem Vermächtnis belasteten Erben durch Pfändung und Verwertung die Leistung des Vermächtnisses vereiteln könnten; hiergegen bedürfte es der Testamentsvollstreckung über die Erbschaft, § 2214 BGB.

Die später, nach Ausspruch der RSB, erklärte Annahme des Vermächtnisses führt wohl **nicht** zu einer **Nachtragsverteilung** i.S.d. § 203 InsO, da (anders als im Fall des nachträglich geltend gemachten Pflichtteilsanspruchs, Rdn. 116, oder der nachträglich durch Anfechtung, also mit zivilrechtlicher Rückwirkung, unbeschwert angefallenen Erbschaft, Rdn. 6723) während der Regelinsolvenz- und während der Wohlverhaltensphase kein tatsächlicher oder rechtlicher Vermögenswert vorhanden war (zwar wirkt die Ausschlagung eines Vermächtnisses zurück, § 2180 Abs. 3 i.V.m. § 1953 BGB, nicht aber die Annahme, unbeschadet des rechtlichen Anfalls eines Vermächtnisses mit dem Erbfall, § 2176 BGB, die eben unter dem Vorbehalt der Ausschlagung oder Annahme steht).

6674

▶ Hinweis:

Anders dürfte es sich allerdings verhalten bei aufschiebend **bedingten oder befristeten Vermächtnissen**, für welche § 2179 BGB für die Zeit zwischen Erbanfall und Eintritt der Bedingung/Befristung auf § 161 BGB verweist, so dass ab dem Erbfall eine »Vermächtnisanwartschaft« besteht, die gepfändet werden kann.[404] Wird also das Vermächtnis ausdrücklich so gestaltet, dass es erst mit Ausspruch der Restschuldbefreiung oder Ablauf des Insolvenzverfahrens anfällt, liegt nahe, dass mit Eintritt dieser Bedingung eine Nachtragsverteilung gem. § 203 Abs. 1 Nr. 3 InsO stattfindet.[405] Empfehlenswerter ist daher ein schlichtes Vermächtnis, das »in der Schwebe« gehalten wird.

6675

Zu einer anderen Lösung könnte man allenfalls gelangen, wenn man[406] die vom BGH[407] entwickelte »Zurückstellungslösung« (wonach die Entscheidung über die Erteilung der Restschuldbefreiung zurückzustellen ist, solange der Schuldner die Verwertung des Nachlasses aufgrund bereits angenommener Erbschaft betreibt, aber aus rechtlichen oder tatsächlichen Gründen bis zum Ablauf der Wohlverhaltensphase noch nicht zu Ende bringen konnte) analog anwendet auf die Fälle des bei Ablauf der Wohlverhaltensphase noch schwebenden Vermächtnisses. Allerdings würde dies dazu führen, dass der Schuldner möglicherweise nie in den Genuss der Restschuldbefreiung kommt, weil ja die Annahme des Vermächtnisses auch nach Ablauf der (in der Regel dreijährigen) Verjährungsfrist noch erfolgen kann, sofern der vermächtnisbeschwerte Erbe nicht die Einrede der Verjährung erhebt. Daraus ergäbe sich faktisch eine (vom BGH abgelehnte) Obliegenheit zur zeitigen Entscheidung über Annahme oder Ausschlagung des Vermächtnisses, so dass dieser Argumentationslinie nicht zu folgen ist.

6676

---

404 *Müller-Christmann*, BeckOK, § 2179 Rn. 7 m.w.N.
405 Zweifelnd, jedoch hierzu tendierend, *Menzel*, MittBayNot 2011, 374, mit Formulierungsvorschlag S. 375.
406 Mit *Regenfus*, ZNotP 2016, 216 ff., der jedoch auch von sich aus Einschränkungen für angebracht hält, wenn der Schuldner die auf fünf bzw. drei Jahre verkürzten Wohlverhaltensfristen des § 300 Abs. 1 Satz 2 Nr. 2 oder Nr. 3 InsO in Anspruch nehmen kann, da ihm diese Wohltat angesichts der eigenen Anstrengungen nicht durch unbegrenzte Suspendierung verwehrt werden kann.
407 BGH, 10.01.2013 – IX ZB 163/11, ZEV 2013, 268.

II. Die Wirkungsweise der Konstruktionselemente

6677 Zur »Pfändungsabwehr« i.R.d. letztwilligen »asset protection« sind die beiden bereits vorgestellten Konstruktionselemente[408] des »Behindertentestamentes« vorzüglich geeignet:

1. Vor- und Nacherbfolge

6678 Gem. § 2115 BGB sind nämlich gegen den Vorerben ausgebrachte Zwangsverfügungen – gleich ob er von gesetzlichen Beschränkungen hinsichtlich rechtsgeschäftlicher Verfügungen befreit ist oder nicht und unabhängig vom betroffenen **Nachlassgegenstand** – stets[409] und absolut insoweit unwirksam, als sie das Recht des Nacherben bei Eintritt des Nacherbfalls vereiteln oder beeinträchtigen würden. Der Beitreibung von Nachlassverbindlichkeiten muss der Nacherbe jedoch zustimmen, so dass ein solcher Gläubiger (ohne Duldungstitel gegen den Nacherben) gem. § 2115 Satz 2 BGB verwerten kann.

6679 Der **Vollstreckungsschutz der Vor- und Nacherbschaft** durch § 2115 BGB wird ergänzt durch die Bestimmungen des § 773 ZPO (keine Veräußerung oder Überweisung im Weg der Zwangsvollstreckung)[410] und des § 83 Abs. 2 InsO (Verfügungsverbot zulasten des Insolvenzverwalters, wenn die Verfügung bei Eintritt der Nacherbfolge dem Nacherben ggü. unwirksam ist).[411] Etwa begründete Pfandrechte sind für die Dauer der Vorerbschaft wirksam, ebenso die Beschlagnahmewirkung der Insolvenzeröffnung; deren Rechtswirkungen sind jedoch durch den Eintritt des Nacherbfalls auflösend bedingt (ähnlich wie in § 2113 BGB). Sie würden allerdings voll wirksam aufrechterhalten bleiben, wenn der Nacherbfall endgültig ausfällt, ebenso wenn der Gegenstand endgültig aus der Nacherbschaftsbindung ausscheidet, etwa als Folge vorzeitiger Übertragung an den Nacherben,[412] von der daher in solchen Fällen dringend abzuraten ist.[413]

6680 Die **Nutzungen der Erbschaft** verbleiben dem Vorerben jedoch ohnehin[414] (sie unterliegen nicht der Surrogation gem. § 2111 Abs. 1 Satz 1 BGB), so dass der Nacherbe insoweit nicht schutzbedürftig ist. Der Vorerbe erwirbt sie (mit der Einschränkung des § 2133 BGB) zum eigenen Vorteil; sie werden Bestandteil seines freien Eigenvermögens und unterliegen daher dem nicht durch § 2115 BGB beschränkten Zugriff seiner Eigengläubiger. Zu diesen Nutzungen gehören

---

408 *Wendt*, ZNotP 2009, 463 ff., behandelt sie im Rahmen eines »Kataloges erbrechtlicher Folterwerkzeuge« als Mittel zum »Regieren aus dem Grab«.
409 Der Erblasser kann den Vorerben hiervon nicht befreien, da § 2115 BGB in § 2136 BGB nicht erwähnt ist. Auch gutgläubige Überwindung der Pfändungssperre ist nicht möglich, MünchKomm-BGB/*Grunsky*, § 2115 Rn. 11 m.w.N.
410 Zum Verfahren vgl. *Meerhoff*, ZfIR 2017, 308 ff. Möglich ist allerdings die Eintragung einer Zwangshypothek, ebenso die Zwangsverwaltung, vgl. §§ 2128, 2129 BGB, vgl. hierzu OLG Schleswig, 14.10.2014 – 3 U 7/14, ErbR 2016, 23 m. Anm. *Wendt*.
411 Verwertungsakte sind jedoch aufgrund der Vorwirkung der §§ 773 ZPO, 83 Abs. 2 InsO schon vor Eintritt des Nacherbfalls unzulässig (Grundsatz der Halbvollstreckung).
412 Gutachten, DNotI-Report 2011, 17 ff.
413 *Möller*, EE 2011, 104.
414 Das Nutziehungsrecht kann durch ein Vermächtnis bzw. eine Auflage zugunsten des Nacherben schuldrechtlich eingeschränkt werden (vgl. *Reich*, ZEV 2013, 188, 190), was jedoch nur für das Verhältnis zwischen Vor- und Nacherben von Bedeutung ist; im Verhältnis zu Nachlassgläubigern gehören die Nutzungen weiterhin zum Nachlass. Allerdings handelt es sich bei der testamentarischen Abweichung von der gesetzlichen Nutzen- und Lastenverteilung um eine dem Herausgabevermächtnis verwandte Gestaltung, also ein vom Erblasser und nicht vom Vorerben angeordnetes Vermächtnis, so dass das Abzugsverbot des § 2311 BGB jedenfalls nicht unmittelbar gilt. Pfändungsschutz dürfte jedoch jedenfalls dadurch erreicht werden, dass das zugunsten des Nacherben angeordnete Vermächtnis seinerseits unter Verwaltungstestamentsvollstreckung gestellt wird. Solche Gestaltungen, welche die lebzeitigen Bindungswirkungen der Nacherbfolge verstärken, sind insbesondere bei sog. »Traditionsvermögen« auch außerhalb des Bedürftigentestaments häufig anzutreffen.

neben den Erträgen eines Rechtes bzw. einer Sache (Miete) auch die vermittelten Gebrauchsvorteile (Grundstücksnutzung durch Selbstbewohnen, i.H.d. ersparten ortsüblichen Miete).[415]

Demnach können wegen der **Sperrwirkung des § 83 Abs. 2 InsO** auch beim Anfall der Vorerbschaft während des Insolvenzverfahrens (Neuerwerb i.S.d. § 35 InsO) nur diese Nutzungen für die Masse verwertet werden;[416] in gleicher Weise unterliegen sie außerhalb des Insolvenzverfahrens im Verhältnis zu »normalen Gläubigern« dem Pfändungszugriff (Pfändung von Mietzinsforderungen nach §§ 829, 835 ZPO bzw. Anordnung der Zwangsverwaltung über ein Nachlassgrundstück).[417] Hat der Insolvenzschuldner nach Aufhebung des Insolvenzverfahrens (§ 289 Abs. 2 Satz 2 InsO) die Abtretungserklärung zugunsten des Treuhänders abgegeben, um nach Ablauf der Wohlverhaltensphase die RSB zu erlangen, muss er entsprechend (lediglich) die Hälfte der Nutzungen der Erbschaft (§ 100 BGB) an den Treuhänder abführen (Obliegenheit gem. § 295 Abs. 1 Nr. 2 InsO).[418]

6681

Eine Obliegenheit zur Herausgabe des hälftigen, der Nacherbfolge unterliegenden »Erbschaftsstammes« scheidet auf jeden Fall aus, wenn der Vorerbe nicht von den Beschränkungen des § 2136 BGB befreit ist (so dass die Praxis unter dem Gesichtspunkt der »asset protection« stets zur nicht befreiten Vorerbschaft rät bzw. nur von den eher bürokratischen Bestimmungen der §§ 2116, 2118, 2119 BGB befreit).[419] Wäre der Vorerbe von § 2136 BGB befreit, könnte er auch die Nachlasssubstanz zur Tilgung von Eigenschulden verbrauchen, ohne gegen das dingliche Schenkungsverbot[420] zu verstoßen, so dass wohl auch hinsichtlich des Stammes eine hälftige Herausgabeobliegenheit i.S.d. § 295 Abs. 1 Nr. 2 InsO besteht (auch wenn er dadurch in höherem Maße verpflichtet ist als während der Laufzeit des Regelinsolvenzverfahrens, wo er lediglich die Nutzungen, diese allerdings zur Gänze, herauszugeben hatte!).[421] Die Nacherbenanwartschaft ihrerseits, sofern sie während der Wohlverhaltensperiode anfällt und nicht gem. §§ 2142 i.V.m. 1942 BGB ausgeschlagen wurde, unterliegt freilich uneingeschränkt der hälftigen Herausgabepflicht.[422]

6682

Wie verwirklicht sich der (trotz § 2115 BGB, § 83 Abs. 2 InsO demnach mögliche) Zugriff auf die Nutzungen für den Fall der **Selbstnutzung**, also des Ziehens von eigenen Gebrauchsvorteilen? I.R.d. Einzelzwangsvollstreckung kann die Zwangsverwaltung angeordnet werden, so dass dem Schuldner gem. § 148 Abs. 2 ZVG die Benutzung und Verwaltung des Grundstücks entzogen wäre. Aus sozialer Rücksichtnahme (und zur Vermeidung höherer Kosten für die Allgemeinheit) belässt ihm allerdings § 149 Abs. 1 ZVG, sofern er bei Beschlagnahme das Grundstück bereits selbst nutzt, die für seinen Hausstand unentbehrlichen Räume, und zwar ohne Entrichtung einer Nutzungsentschädigung (also lediglich gegen Tragung der Nebenkosten des Bewohnens, etwa des Verbrauches und der Instandhaltung).[423]

6683

---

415 BGH, FamRZ 1990, 989; BGH, NJW 1992, 892; AnwK-BGB/*Ring*, § 100 Rn. 18.
416 *Uhlenbruck*, InsO, § 83 Rn. 17.
417 *Gutbell*, ZEV 2001, 261.
418 *Döbereiner*, Die RSB nach der InsO, S. 165; *Damrau*, MDR 2000, 256.
419 *Everts*, ZErb 2005, 358.
420 Keine unentgeltliche Verfügung i.S.d. § 2113 Abs. 2 BGB bei Tilgung von Eigenschulden mit Nachlassmitteln, vgl. Soergel/*Harder*/*Wegmann*, BGB, § 2113 Rn. 19.
421 *Hartmann*, ZNotP 2005, 85 plädiert daher für eine analoge Anwendung des § 83 Abs. 2 InsO. Bis zu einer höchstrichterlichen Klärung in diesem Sinne ist jedoch auf jeden Fall zur nicht befreiten Vorerbschaft zu raten, vgl. Gutachten, DNotI-Report 2006, 103.
422 Vgl. DNotI-Gutachten Nr. 101 345 v. 07.04.2010; eine spätere Ausschlagung scheidet aus, weil in der Abtretung bereits die Annahme liegen dürfte. Überträgt der Nacherbe die Anwartschaft komplett auf einen Dritten – was rechtlich wirksam ist, da während der Wohlverhaltensperiode keine Verfügungsbeschränkungen bestehen –, hat er sich die spätere RSB unmöglich gemacht.
423 Vgl. im Einzelnen *Böttcher*, ZVG, § 149 Rn. 4; *Stöber*, ZVG, § 149 Rn. 2.3; das Recht besteht gem. BGH, 25.04.2013 – IX ZR 30/11, ZfIR 2013, 596 m. Anm. *Engels* auch, wenn Zwangsverwaltung und Insolvenz zusammentreffen.

6684 Im Rahmen eines Insolvenzverfahrens dürfte Ähnliches gelten: zwar gehen die Bestimmungen der InsO einem bei seiner Eröffnung bereits angeordneten Zwangsverwaltungsverfahren vor,[424] andererseits beschränken §§ 35, 36 InsO den Zugriff des Insolvenzverwalters auf die auch bei Einzelverwertung möglichen Pfändungswege.[425] Während der Wohlverhaltensphase in der RSB ist der Schuldner zwar grds. zur Herausgabe des hälftigen Wertes der gezogenen Nutzungen verpflichtet, kann allerdings wohl analog § 149 ZVG[426] die für seinen Hausstand unentbehrlichen[427] Räume in dem Sinne »verteidigen«, dass er die Nutzungszahlung hierfür ohne nachteilige Konsequenzen verweigern darf.

6685 Damit wird bei Selbstnutzung durch den Vorerben die Verwertungsfreistellung in- und außerhalb der Insolvenz in ähnlicher Weise gewährleistet wie bei der schlichten (z.B. vermächtnisweisen) Zuwendung eines nicht an Dritte zur Ausübung überlassbaren Wohnungsrechtes (§ 1093 BGB, § 35 InsO). Der Schutz bleibt jedoch einerseits dahinter insoweit zurück, als er auf die »**unentbehrlichen Räume**« beschränkt bleibt, geht jedoch andererseits insoweit darüber hinaus, als die Vorerbschaftslösung aufgrund § 2115 BGB auch den Erbschaftsstamm gegen Einzelzugriffe und (aufgrund § 83 Abs. 2 InsO) in der Regelinsolvenz sowie (wegen § 295 Abs. 1 Nr. 2 InsO allerdings nur bei nicht befreiter Vorerbschaft) während der Wohlverhaltensphase auf dem Weg zur RSB verteidigt.

6686 Bei einem der Vor- und Nacherbfolge unterliegenden **Miterben** erfasst das an die Gläubiger des Vorerben gerichtete Verwertungsverbot des § 2115 BGB nur die einzelnen zu einer Erbschaft gehörenden Sachen und Rechte, nicht aber den Miterbenanteil selbst, über den der Miterbe verfügen könnte, so dass die Gläubiger diesen nach § 859 Abs. 2 ZPO bis zur Auseinandersetzung pfänden könnten[428] – die Pfändung des Vorerbteils erlischt allerdings mit Eintritt des Nacherbfalls, da der Nacherbe nicht Schuldner des Pfändungspfandgläubigers wird (§§ 2100, 2139, 2144 Abs. 1 BGB). In der Wohlverhaltensphase besteht hinsichtlich des (übertragbaren) Erbteils dem Grunde nach eine Herausgabeobliegenheit gem. § 295 Abs. 1 Nr. 2 InsO, wobei allerdings die Testamentsvollstreckung und die Nacherbeinsetzung gegen den Erbteilserwerber fortwirken, so dass der Erbteil wirtschaftlich weitgehend wertlos sein dürfte.[429] Ein Auseinandersetzungsverbot[430] mit Absicherung durch Testamentsvollstreckung (s. nachstehend Rdn. 6705) bietet flankierenden Schutz.

6687 Ist allerdings (s. nachstehend Rdn. 6725 f.) die Nacherbfolge auflösend bedingt auf den »Wegfall der Bedürftigkeit«, wird der gepfändete Erbteil des früher Bedürftigen ab dann frei verwertbar, da der Nacherbfall nicht mehr eintreten kann. Hierin liegt ein wesentliches Argument gegen diese Gestaltungsalternative zur Anpassung des »Bedürftigentestamentes« bei späterer wirtschaftlicher Gesundung. Erfolgte der Erbfall während des Insolvenzverfahrens (und nicht während der Wohlverhaltensphase), kommt es zur Nachtragsverteilung gem. § 203 Abs. 1 Nr. 3 InsO (Rdn. 6731).

---

424 BGH, NJW 1985, 1082.
425 Vgl. Gutachten, DNotI-Report 2006, 103.
426 Überblick bei *Drasdo*, ZfIR 2013, 839 ff. Der Schutz des § 149 ZVG greift nicht mehr, wenn über die bisher selbst genutzten Räume ein Mietvertrag mit dem Zwangsverwalter geschlossen wird, vgl. LG Dessau, NJW-Spezial 2007, 146.
427 § 149 Abs. 1 ZVG gilt nicht mehr, wenn der Verfahrensschuldner seinen eigenen Hausstand im Objekt aufgegeben hat (und z.B. nur noch die getrennt lebende Ehefrau dort wohnt), ebenso wenig, wenn ein Mietvertrag gem. § 152 Abs. 2 ZVG besteht. Werden »entbehrliche«, nicht abtrennbare Räume bewohnt, kann, sofern keine Entschädigung entrichtet wird, eine Ersatzwohnung gestellt werden, vgl. BGH, 16.05.2013 – IX ZR 224/12, ZfIR 2013, 740 m. Anm. *Depré*.
428 Vgl. *van de Loo*, NJW 1990, 2853.
429 *Gutachten*, DNotI-Report 2014, 177, 179.
430 Bereits in einer Teilungsanordnung kann ein Versteigerungshindernis liegen, vgl. OLG Oldenburg, 04.02.2014 – 12 U 144/13, notar 2014, 262 m. Anm. *Roth*.

Auch die **Einsetzung des Bedürftigen zum Mitnacherben**, seinerseits wiederum als Vorerbe (entsprechend der Rdn. 6651 ff. erläuterten Gestaltung) wird diskutiert.[431] Nachteilig ist allerdings, dass in Gestalt der Nacherbanwartschaft, selbst wenn die Übertragung (und damit Verwertbarkeit i.S.d. § 295 Abs. 1 Nr. 2 InsO) ausgeschlossen ist, ein pfändbarer Gegenstand zur Verfügung steht (s.u. Rdn. 6732 ff.) Tritt die Nacherbfolge (und damit zugleich die Vorerbschaftsbeschränkung) bereits mit einer solchen Pfändung ein, verliert der Ehegatte als Vorerbe die ihm angedachte Verfügungsmöglichkeit vorzeitig. Die Sachlage weicht insoweit ab vom schlichten Sozialfürsorgebezug, wo eine Überleitung der Nacherbenanwartschaft (mangels »Anspruchs«-Charakters) nicht möglich ist, verwertbares Vermögen des Leistungsbeziehers mangels eigener Verfügungsmacht nicht gegeben ist, und das Problem der dennoch gegebenen Pfändbarkeit sich nicht stellt, da der rechtmäßige Bezug einer Sozialfürsorgeleistung keine Verbindlichkeiten schafft, also nicht Darlehenscharakter hat (Ausnahme: § 91 SGB XII, also bei Vorhandensein an sich einsatzpflichtigen Vermögens).

6688

2. Testamentsvollstreckung

Gem. § 2214 BGB ist der Zugriff von Eigengläubigern des Erben auf der Verwaltung des Testamentsvollstreckers unterliegende Nachlassgegenstände bereits dem Grunde nach (nicht nur hinsichtlich der Verwertung, wie in § 2115 BGB) verhindert (allerdings nicht aufgrund per se eintretender Nichtigkeit; es bedarf also des aktiven Einschreitens im Wege der Vollstreckungserinnerung, § 766 ZPO). Die Wirkung beginnt bei entsprechender Anordnung bereits mit dem Erbfall, nicht erst mit dem Amtsantritt des Testamentsvollstreckers[432] (bei aufschiebend bedingter Testamentsvollstreckung ist die Vorwirkung dagegen unsicher[433]). Die Schutzwirkung der Testamentsvollstreckung gegen Einzelverwertungsmaßnahmen – soweit sie nicht auf dinglichen Rechten oder auf Nachlassverbindlichkeiten i.S.d. § 1967 Abs. 2 BGB, also reinen Nachlassschulden oder Nachlasserbenschulden[434] beruhen – zugunsten des **Alleinerben**[435] gilt auch in der Insolvenz[436] des Erben: Im Rahmen seiner Befugnisse kann er weiter über Nachlassgegenstände verfügen; diese sind für den Zeitraum der Testamentsvollstreckung dem Zugriff des Insolvenzverwalters zugunsten der Erbengläubiger entzogen und bilden eine Sondermasse, aus der lediglich die Nachlassgläubiger zu befriedigen sind.[437] Auch soweit andere Rechtsnormen auf das Vorhandensein »verwertbaren Ver-

6689

---

431 Muster von *Kleensang*, in: Beck'sches Formularbuch Erbrecht, F II 3.
432 Der Erbe selbst ist bereits in der »testamentsvollstreckerlosen Vorphase« durch § 2211 BGB an der Verfügung gehindert, ein Dritter jedoch durch guten Glauben (§ 2211 Abs. 2 BGB) geschützt, vgl. *Gutachten*, DNotI-Report 2013, 37.
433 *Gutachten*, DNotI-Report 2013, 24 ff.
434 Bsp: Hausgeldschulden aufgrund eines Beschlusses der WEG, bei dem der Testamentsvollstrecker mitgewirkt hat, sind vollstreckbar, BGH, 04.11.2011 – V ZR 82/11, ZErb 2012, 118. Bei nach dem Erbfall fällig werdenden Hausgeldpflichten handelt es sich (jedenfalls nach Ablauf der Ausschlagungsfrist auch) um Eigenschulden des Erben, BGH, 05.07.2013 – V ZR 81/12, ZfIR 2013, 812 m. Anm. *Bonifacio* = MittBayNot 2014, 168 m. Anm. *Kreuzer*.
435 Denkbar ist allerdings eine Pfändung des Erbanteils als solchem, wobei jedoch hierdurch der Testamentsvollstrecker nicht an der Verfügung über einzelne Nachlassgegenstände gehindert wird. Auch die Auskunfts- und Verwaltungsrechte nach §§ 2027, 2028, 2038, 2057 BGB stehen dem Pfändungsgläubiger nicht zu (BGH, NJW-RR 2005, 369 für den Sozialhilfeträger); zur Pfändung des Erbteils vgl. *Stritter*, ZErb 2015, 6 ff. Die Haftung des Nachlasses ggü. Nachlassgläubigern bleibt jedoch in jedem Fall unberührt.
436 I.R. einer Nachlassinsolvenz handelt es sich (ungeachtet § 10 Abs. 8 ErbStG) bei der Erbschaftsteuerschuld auch um eine Erbfallschuld i.S.d. § 1967 Abs. 2 BGB, § 325 InsO: BFH, 20.01.2016 – II R 34/14, ZEV 2016, 343 = EStB 2016, 180.
437 BGH, 11.05.2006 – IX ZR 42/05, ZEV 2006, 405 m. Anm. *Siegmann* = RNotZ 2006, 470 m. Anm. *Kesseler* (der unter Testamentsvollstreckung stehende Erbe, gegen den Pflichtteilsansprüche tituliert wurden, fällt sodann in Insolvenz); *Limmer*, ZEV 2004, 137 f.; OLG Köln, ZEV 2005, 307: Sondervermögen, auf das die Insolvenzgläubiger erst nach Wegfall der Testamentsvollstreckung zugreifen können.

mögens« abstellen (z.B. § 1836c BGB hinsichtlich der Heranziehung für die Vergütung eines Betreuers[438] oder § 6a Abs. 1 Nr. 4 BKKG bei der Ermittlung des Anspruchs auf Kinderzuschlag) blockiert die Dauertestamentsvollstreckung eine Verwertung.

6690 Gegen die gesetzlich eindeutig normierte Pfändungsschutzwirkung lässt sich allenfalls einwenden, die Anordnung der Testamentsvollstreckung selbst verstoße gegen die **guten Sitten**, wenn sie nicht (wie beim »Behindertentestament«) in der gesundheitlichen Situation des Kindes begründet sei,[439] wie dies teilweise untergerichtlich bereits vertreten wird.[440] Richtig ist insoweit, dass allenfalls die Abschirmung der Ertragnisse bedenklich sein mag, erstreckt sich doch die gesetzliche Schutzbestimmung (Pflichtteilsbeschränkung in wohlmeinender Absicht) bei überschuldeten Personen darauf gerade nicht, § 2338 Abs. 1 Satz 2 letzter Halbs. BGB. I.Ü. aber liegt in der Anordnung der Dauertestamentsvollstreckung ein legitimer Gebrauch der Testierfreiheit, mag sich dieser auch zum Nachteil von Gläubigern auswirken (Rechtsgedanke der §§ 2100, 2191, 2197, 2338 BGB).[441] Die Rechtsprechung der Landessozialgerichte und wohl auch des BSG[442] (Rdn. 6665) überträgt daher bisher die Wertungen des BGH zum »Behindertentestament« auch auf das »Bedürftigentestament«, jedenfalls wenn die Anweisungen an den Testamentsvollstrecker, ggf. durch Auslegung konkretisiert, auf Vermögenserhalt gerichtet sind.

6691 Ferner ist der Anspruch des Erben gegen den Vollstrecker nach § 2217 Abs. 1 BGB auf **Überlassung von Nachlassgegenständen**, derer er zur Erfüllung der Vollstreckerobliegenheiten nicht bedarf, pfändbar und verwertbar, nach h.M. auch der Anspruch des Erben auf Herausgabe von Nachlasserträgen i.R.d. geschuldeten Verwaltung gem. § 2216 BGB.[443] Pfändungsbeschränkungen können sich insoweit ergeben

6692 (1) aus § 863 Abs. 1 Satz 2 i.V.m. Satz 1 ZPO, sofern die Anordnung der Testamentsvollstreckung eine Pflichtteilsbeschränkung in wohlmeinender Absicht (§ 2338 BGB) darstellt, i.H.d.

Die zwangsweise Geltendmachung von Pflichtteilsansprüchen erfordert dann neben dem Zahlungstitel gegen den Insolvenzverwalter (anstelle des Erben, § 2213 Abs. 1 Satz 3 BGB – letztere Bestimmung gilt analog für Pflichtteilsvermächtnisse: *Gergen*, ZErb 2006, 404) einen Duldungstitel gegen den Testamentsvollstrecker, 748 Abs. 3 ZPO. Anders wohl, wenn über das Vermögen des nachmaligen Erben bereits die Insolvenz eröffnet war, bevor ihm die unter Dauervollstreckung stehende Erbschaft zufiel: gem. § 38 InsO wohl keine Passivlegitimation des Insolvenzverwalters für Pflichtteilsansprüche, sondern Titel gegen den Erben persönlich notwendig.

438 Vorbehaltlich eines anderen Auslegungsergebnisses, BGH, 27.03.2013 – XII ZB 679/11, MittBayNot 2013, 390 m. Anm. *Tersteegen*; der Betreuer kann dann wegen der Mittellosigkeit des Erben [§§ 1908i Abs. 1 Satz 1 i.V.m. 1836d Nr. 1 BGB] seine Vergütung nur aus der Staatskasse verlangen. Eine solche abweichende Auslegung vertritt LG Leipzig, 07.10.2013 – 01 T 471/13, RdLH 2014, 94 in einem Fall, in dem Substanzeingriffe in das nacherbschaftsgebundene Vermögen zulässig waren. Zur Vergütung des Berufsbetreuers beim Behindertentestament vgl. *Ruby/Schindler/Wirich*, Das Behindertentestament 2. Aufl. S. 76. Für die Gerichtskosten beim Behindertentestament spielt jedoch die Nichtverwertbarkeit des Nachlasses keine Rolle, LG Augsburg, 06.04.2017 – 51 T 258/17, ZEV 2017, 525.
439 In diese Richtung LSG Baden-Württemberg, 09.10.2007 – L 7 AS 3528/07, NotBZ 2008, 82, Tz. 10 (Vollstreckungsanordnung »jedenfalls« nicht sittenwidrig, wenn sie angesichts der gesundheitlichen Situation des Erben einer sittlichen Pflicht entspricht).
440 SG Dortmund, 25.09.2009 – S 29 AS 309/09 ER ZEV 2010, 54 m. teilw. krit. Anm. *Keim*, bei einer Erbschaft i.H.v. 240.000,00 €. Zu Unrecht sieht *Roth*, NJW-Spezial 2009, 760 damit auch »das Behindertentestament wieder auf dem Prüfstand«, vgl. *Wendt*, ZErb 2010, 45, 48 und *Tersteegen*, MittBayNot 2010, 105 ff. sowie *Ihrig*, NotBZ 2011, 345, 351.
441 So zu Recht LSG Baden-Württemberg, ZEV 2008, 147 (bei einem alkoholkranken Kind); *Tersteegen*, MittBayNot 2010, 105, 107.
442 BSG, 17.02.2015 – B 14 KG 1/14 R, ErbR 2016, 204 m. Anm. *Wendt*, der das Urteil als klare Bestätigung für die auch sozialrechtliche Anerkennung des Bedürftigentestaments wertet, zu Recht vorsichtiger allerdings *Doering-Striening*, ZErb 2017, 95, 102 ff.
443 Staudinger/*Reimann*, BGB (2003), § 2214 Rn. 4.

für den standesgemäßen Unterhalt des Betroffenen selbst und die Erfüllung seiner Unterhaltspflichten notwendigen Beträge;

(2) ferner (häufiger) aus § 850b Abs. 1 Nr. 3 ZPO, sofern dem Begünstigten aus Fürsorge und Freigiebigkeit ein fortlaufendes (nicht notwendig regelmäßiges) Einkommen ausgesetzt ist;[444] bei Erschöpfung des sonstigen beweglichen Vermögens genießen solche »Renten« immerhin noch denselben Schutz wie Arbeitseinkünfte (§ 850b Abs. 2 i.V.m. § 850c ZPO: von 985,00 bis 2.182,00 € monatlich), wobei eine Zusammenrechnung mit sonstigen Einkünften (Mieteinnahmen, Zinsen etc., oder mit Versorgungsleistungen aus Übergabevertrag nach § 850e Abs. 2 ZPO) nach h.M. nicht stattfindet.[445] (Textvorschlag eines Geldvermächtnisses nach § 850b Abs. 1 Nr. 3 ZPO s.o. Rdn. 6494);

(3) schließlich wird vertreten, eine auch auf die Erträge angeordnete Testamentsvollstreckung gehe stets vor;[446] das durch § 2214 BGB vermittelte Zugriffsverbot schließt also die bei alleiniger Vor- und Nacherbfolge verbleibende wesensimmanente Lücke (Verwertung der Nutzungen nach § 100 BGB).

Der **Zugriffsschutz auf den Vermögensstamm** nach § 2214 BGB schließt ebenso etwaige Lücken, die hinsichtlich der hälftigen Herausgabeobliegenheit (§ 295 Abs. 1 Nr. 2 InsO) des Erbschaftsstammes bestehen, wenn nach Aufhebung des ordentlichen Insolvenzverfahrens die Schutzzone des § 83 Abs. 2 InsO verlassen ist und der Vorerbe, sofern er von § 2136 BGB befreit wäre, über den Stamm zur Tilgung seiner Eigenschulden verfügen könnte. Gleiches gilt für die Vermögenserträge: wegen des verdrängenden Verfügungsrechtes des Testamentsvollstreckers gem. §§ 2205, 2211 BGB trifft den Bedürftigen allenfalls nach § 295 Abs. 1 Nr. 2 InsO die Obliegenheit, die Hälfte derjenigen Erträgnisse herauszugeben, die der Vollstrecker nach § 2216 BGB herauszugeben hätte oder gem. § 2217 BGB freigibt.[447]

Kein Zugriffsschutz besteht freilich in den Fällen, in denen der Testamentsvollstrecker (sei es pflichtwidrig oder weisungsgemäß) Gegenstände aus dem Nachlass freigibt, etwa dem Erben zur freien Verwendung als »Taschengeld« zur Verfügung stellt. Eine lediglich vorübergehende Gewährung als »Darlehen« ist unschädlich, führt also nicht zum Vorhandensein »bereiter Einkommensbestandteile«, allerdings nur wenn Abschluss und Ernstlichkeit des Darlehensvertrags aus einer tatsächlichen Durchführung nicht in Frage gestellt werden können;[448] in gleicher Weise unterliegt der Erlös für die Veräußerung des der Testamentsvollstreckung unterliegenden Erbanteils nicht als Surrogat seinerseits der Testamentsvollstreckung (da sich diese nur auf die Nachlassgegenstände unmittelbar bezieht), vgl. Rdn. 6703, 6597.

Demzufolge sind **letztwillige Anordnungen** an den Testamentsvollstrecker gemäß § 2216 BGB, die ihn dazu anhalten, Früchte des Nachlasses (die ihm auch als nicht befreitem Vorerben zustehen und über die der über die Vorerbschaft eingesetzte Testamentsvollstrecker demnach je nach Inhalt der Weisung verfügen kann) in Gestalt regelmäßiger Geldbeträge auszuzahlen, regelmäßig nicht erfolgversprechend, da es sich dann um **bereite Mittel** handelt (eine privatrechtliche Zweckbestimmung bleibt im Sozialhilferecht unberücksichtigt, lediglich öffentlich-rechtliche Zweckbestimmungen sind im Rahmen des § 83 SGB XII, § 11a Abs. 3 SGB II maßgeblich). Wenn nicht die höheren Einkommensgrenzen etwa im Rahmen des SGB XII (je nach Leistungsart, Rdn. 610 ff.) zum Tragen kommen,[449] stellt § 1 Abs. 1 Nr. 1 ALG II-Verordnung nur Barbeträge bis **10 € im Monat** als Einkommen frei. Als Anreiz zur Selbsthilfe für behinderte Menschen durch

---

444 OLG Frankfurt, 20.01.2000 – 26 W 170/99, ZEV 2001, 156 m. Anm. *Gutbell*; a.A. jedoch (es fehle an der Freigiebigkeit) MünchKomm-BGB/*Zimmermann*, § 2214 Rn. 4.
445 OLG Frankfurt, JurBüro 1991, 725.
446 BayObLG, ZEV 1995, 368.
447 *Damrau*, MDR 2000, 256; *Everts*, ZErb 2005, 356.
448 Vgl. BSG, 17.06.2010 – B 14 AS 46/09 R, NJW 2011, 875.
449 Vgl. hierzu im Einzelnen die Übersicht bei *Meßling/Sartorius* in: *Berlit/Conradis/Sartorius*, Existenzsicherungsrecht, 2. Aufl. 2013, Kap. 20, Rn. 43 ff.

Motivation zu einem Arbeitstraining dürfen gem. § 84 Abs. 2 SGB XII bis zu 60 € im Monat zugewendet werden. Vorzuziehen sind demgegenüber Sachzuwendungen: Diese sind im Rahmen des SGB II nicht als Einkommen anzusetzen,[450] und auch i.R.d. des SGB XII gelten die Sachbezugswerte (vgl. Rdn. 604 ff.) über § 2 der DurchführungsVO zu § 82 SGB XII nur für nichtselbständige Arbeitsverhältnisse.[451]

6698 Allenfalls könnte gemäß § 27a Abs. 4 Satz 1 SGB XII (vor dem 31.12.2010: § 28 Abs. 1 Satz 2 SGB XII – im Rahmen des SGB II existiert eine solche Öffnungsklausel bewusst nicht[452]) der **Regelsatz abweichend festgelegt** werden, wenn ein bestimmter Bedarf ganz oder teilweise dauerhaft anderweitig gedeckt ist (vgl. Rdn. 634) Unregelmäßige, je nach Bedarfslage schwankende Naturalleistungen durch private Dritte ohne Systematik oder Regelmäßigkeit führen jedoch nicht zur Bedarfsminderung.[453] Bsp. solcher Abzüge finden sich in der Rechtsprechung etwa in Bezug auf die Möblierungspauschale bei der Anmietung eines möblierten Zimmers[454] sowie hinsichtlich des Abzugs des Energiekostenanteils bei Übernahme durch private Dritte,[455] ebenso hinsichtlich der vollständigen und regelmäßigen Deckung der Unterkunfts- und Heizkosten durch Geld- und Naturalzuwendung des Testamentsvollstreckers.[456]

6699 Problematisch kann es allerdings sein, wenn **Sachwerte** nicht (wie etwa Verpflegung, Wohnen etc.) sofort verbraucht werden, sondern nach Ablauf des Bewilligungszeitraums **noch vorhanden** sind und nicht unter das Schonvermögen fallen, etwa hochwertige Haushaltsgeräte wie HD-Plasma-Fernseher o. ä. Im Rahmen des SGB II-Bezugs können sie unter Umständen als Bestandteil des allgemeinen altersabhängigen Vermögensfreibetrages gem. § 12 Abs. 2 Satz 1 Nr. 1 SGB II, Rdn. 811, »gerettet« werden, in gleicher Weise wie ein gebrauchter Pkw der unteren Mittelklasse gemäß § 12 Abs. 3 Nr. 2 SGB II geschont ist.

6700 Zu beachten ist schließlich, dass auch sonstige staatliche Leistungen, etwa die Prozesskostenhilfe (§ 115 Abs. 1 ZPO) sowie die Beratungshilfe (§ 1 Abs. 2 Satz 1 Beratungshilfegesetz) auf die Einkommensgrenzen der §§ 28, 30 und 82 Abs. 2 SGB XII Bezug nehmen. Betreute Personen müssen für die Betreuervergütung, Aufwendungsersatz und Aufwandsentschädigung gemäß §§ 1908i, 1836c Nr. 1 BGB ebenfalls nur das Einkommen einsetzen, das oberhalb der nach §§ 82, 85, 86 SGB XII zu bestimmenden Einkommensgrenzen für Hilfen nach dem 5. bis 9. Kapitel des SGB XII vorhanden ist.[457]

6701 Es empfiehlt sich demnach bei einem Bedürftigentestament ebenso wie bei einem Behindertentestament (vgl. dort Rdn. 6584), die Anweisungen an den Testamentsvollstrecker über die nicht befreite Vorerbschaft möglichst konkret i.S.d. § 2216 Abs. 1 BGB zu formulieren (so dass kein die Lücke füllender, überleitbarer Anspruch auf »ordnungsgemäße Verwaltung« des Nachlasses gemäß § 2216 Abs. 2 BGB verbleibt), andererseits aber nicht einen abschließenden Katalog vorzugeben, sondern Regelbeispiele zu formulieren[458] (vgl. auch den Formulierungsvorschlag zur parallelen Regelungsthematik beim Behindertentestament, Rdn. 6584):

---

450 Vgl. § 1 Abs. 1 Nr. 11, § 2 Abs. 6 ALG II-VO: anders nur im Rahmen eines nicht selbständigen Arbeitsverhältnisses.
451 BSG, 23.03.2010 – B 8 SO 17/09 R, BeckRS 2010, 71398.
452 Aus Gründen der Verwaltungsvereinfachung, vgl. *Gagel/Hannes*, SGB II § 20 Rn. 34.
453 LSG Niedersachsen-Bremen, 13.11.2014 – L 15 AS 457/12, ZEV 2015, 291 m. Anm. *Tersteegen*.
454 BSG, 20.09.2012 – B 8 SO 4/11, BeckRS 2012, 76285.
455 LSG NRW, 29.10.2012 – L 20 SO 613/11, BeckRS 2013, 65438.
456 LSG Niedersachsen-Bremen, 13.11.2014 – L 15 AS 457/12, ZEV 2015, 291 m. Anm. *Tersteegen*.
457 Vgl. insoweit im einzelnen, auch zur teilweise divergierenden Auffassung der Sozialgerichte zur zeitlichen Komponente der sachlichen Verwertbarkeit und der Zivilgerichte, *Manthey/Trilsch*, ZEV 2015, 618, 621 ff.
458 In Anlehnung an *Manthey/Trilsch*, ZEV 2015, 618, 624.

E. Bedürftigentestament

▶ **Formulierungsvorschlag: Testamentsvollstreckung beim Bedürftigentestament**

Soweit mein Sohn ..... Erbe wird, ordne ich Testamentsvollstreckung an. 6702

Zum Testamentsvollstrecker ernenne ich ....., geboren am .....

Sollte der Testamentsvollstrecker sein Amt – gleich aus welchem Grund – nicht annehmen oder nach Antritt des Amtes wegfallen (ggf.: oder sollte die Ehe zwischen dem Testamentsvollstrecker und dem Vorerben geschieden werden), so endet das Amt dieses Vollstreckers. In diesem Fall ernenne ich ..... als Ersatztestamentsvollstrecker.

Der Testamentsvollstreckung unterliegt der jeweilige Erbanteil meines Sohnes ..... (nachstehend »Betroffener«). (Ggf: Nach der Auseinandersetzung der Erbengemeinschaft setzt sich die Testamentsvollstreckung an den einzelnen Nachlassgegenständen fort.) Der Testamentsvollstrecker hat die Aufgabe, den Nachlass zu verwalten. Es handelt sich um eine Dauervollstreckung nach § 2209 BGB, die sich an den Surrogaten fortsetzt.

Substanz und Erträge hat der Testamentsvollstrecker nur für wirtschaftlich und in der Lebensplanung vernünftige Zwecke einzusetzen.

Ich treffe hierzu folgende Verwaltungsanordnung, die für den Testamentsvollstrecker gem. § 2216 Abs. 2 BGB verbindlich ist und gewährleisten soll, dass der Betroffene eine Verbesserung seiner Lebensqualität und eine Erweiterung seiner körperlichen und geistigen Freiräume erfährt, indem er zusätzliche Leistungen gegenüber dem Standard der staatlichen Grundsicherung erhält:

Der Testamentsvollstrecker hat dem Betroffenen die ihm gebührenden anteiligen jährlichen Nutzungen des Nachlasses *(ggf.: zuzüglich bis zu 3 % Substanzverwertung pro Kalenderjahr)* jeweils ausschließlich in Form von Naturalleistungen zu gewähren, und zwar in jeweils wechselnder, jeweils durch den konkreten Anlass bestimmter Form, so dass sie nicht zu einer Kürzung oder Ersatz von Leistungen der Sozialleistungsträger, Sozialversicherungsträger oder der Staatskasse oder sonstiger Dritter führen.

Der Testamentsvollstrecker darf im Übrigen, auch nicht im Ausnahmefall, nicht aus der Substanz noch aus den Erträgen, einen inhaltsgleichen Bedarf decken oder Kosten im Zusammenhang mit der Betreuung des Betroffenen i.S.d. § 1896 BGB für die Vergangenheit oder die Zukunft erstatten, tragen oder zusagen.

Die konkrete Ausgestaltung der Naturalzuwendungen nimmt der Testamentsvollstrecker nach billigem Ermessen vor, zu denken ist etwa an

- die Ausstattung eines persönlichen Wohnumfelds, z.B. durch Beschaffung einer höherwertigen Matratze, Übernahme von Internet-Kosten, Pflanzen, Kabelfernsehbeiträgen
- die Kosten der Mobilität wie Fahrkarten für Besuche, Kosten eines Fahrrads etc.
- die Kosten im Zusammenhang mit der Bildung, etwa Abonnement von Zeitschriften, Teilnahme an Kursen und fortbildenden Veranstaltungen
- die Kommunikationskosten, etwa die Handy-Gebühren in angemessenem Umfang samt Internet-Zugang
- die Teilnahme an organisierten Reisen, Kuraufenthalte und sonstige Urlaubskosten
- die Kosten der Freizeitgestaltung, etwa eines Haustiers mit dadurch veranlassten Kosten, Tickets für Veranstaltungen, Sportevents etc.
- die Kosten der eigenen Sportausübung, etwa Mitgliedschaft in Fitnessstudios, Kosten von Heim-Fitnessgeräten etc.
- die Kosten der Unterhaltung wie Spielgeräte, Internet-Gebühren für Filmverleih etc.
- angemessene Geschenke und Übernahme von Veranstaltungskosten an Feiertagen und Geburtstagen (z. B. Kosten einer Einladung von Freunden in eine Gaststätte zum Geburtstag).

Soweit dem Betroffenen seitens seiner Gläubiger Zwangsvollstreckungsmaßnahmen drohen, wird das Entscheidungsermessen des Testamentsvollstreckers weiter dahingehend eingeschränkt, dass er dem Betroffenen Erträge des Nachlasses nur bis zur Höhe der jeweiligen Pfändungsfreigrenze zuwenden kann, soweit diese nicht schon durch anderweitiges Einkommen des Betroffenen ausgeschöpft ist. Gleiches gilt für einzelne Gegenstände des Nachlasses. Das Recht des Betroffenen gem. § 2217 Abs. 1 BGB die Herausgabe von Nachlassgegenständen zu verlangen wird dementsprechend eingeschränkt.

Kapitel 14 »Behinderten- bzw. Bedürftigentestament«

(Fakultativ: Sollten die vorstehend beschriebenen Anordnungen allein aus den – vorrangig heranzuziehenden – Erträgnissen der Nachlassvermögenswerte nicht in angemessener Weise erfüllt werden können, darf die Nachlasssubstanz hierfür bis zur Höhe des Vorerbteils des Betroffenen verwendet werden. Die hierfür erforderlichen Vermögenswerte sind insofern – gegebenenfalls anteilig – ebenfalls vermächtnisweise zugewandt, um A ein dauerhaftes angemessenes Einkommen über dem Sozialleistungsniveau zu verschaffen, § 850b Abs. 1 Nr. 3 ZPO.)

Der Testamentsvollstrecker ist in der Eingehung von Verbindlichkeiten (§ 2207 BGB) nicht beschränkt, darf diese jedoch nur eingehen zur Erfüllung der ihm gegenüber dem Betroffenen obliegenden Aufgaben.

Von den Beschränkungen des § 181 BGB ist der Testamentsvollstrecker jeweils befreit.

Im Übrigen hat der Testamentsvollstrecker die gesetzlichen Rechte und Pflichten.

Neben der Erstattung seiner Auslagen erhält der Testamentsvollstrecker keine Vergütung.

Ferner ordne ich Nacherbenvollstreckung nach § 2222 BGB an.

Nacherbenvollstrecker ist der Vorerbenvollstrecker.

Der Nacherbenvollstrecker hat bis zum Eintritt des Nacherbfalles die Rechte der Nacherben auszuüben und deren Pflichten zu erfüllen.

Von den Beschränkungen des § 181 BGB ist der Nacherbenvollstrecker befreit.

Auch der Nacherbenvollstrecker erhält neben der Erstattung seiner Auslagen keine besondere Vergütung.

6703 Beim **Miterben** ist jedoch zu berücksichtigen, dass der Eigengläubiger trotz Testamentsvollstreckung dessen Erbteil zusammen mit dem Anspruch auf Auseinandersetzung (§ 2042 BGB) pfänden kann, § 859 Abs. 2 ZPO; diese Pfändung kann sogar ohne Zustimmung des Testamentsvollstreckers im Grundbuch zugehöriger Grundstücke als Verfügungsbeschränkung eingetragen werden[459] (in gleicher Weise kann der unter Testamentsvollstreckung stehende Miterbe seinerseits den Miterbenanteil veräußern[460] [und der Erlös als solcher ist vollstreckungsfrei, da nicht surrogationshalber erlangt, vgl. Rdn. 6597], allerdings unterliegt auch der Erwerber der Testamentsvollstreckung, während der Alleinerbe nur über die Einzelgegenstände verfügen könnte, also bereits hieran durch die Dauervollstreckung gehindert wird). Die Pfändung des Erbteils hindert jedoch nicht den Vollstrecker an einer Verfügung über die Nachlassgegenstände; nach dem Vollzug der Verfügung ist der Pfändungsvermerk als gegenstandslos im Grundbuch zu löschen.[461]

6704 Ein vom Erblasser gem. § 2044 BGB angeordnetes **Auseinandersetzungsverbot** (auf die Dauer von bis zu 30 Jahren oder, ohne Zeitlimit, bis zum Eintritt der Nacherbfolge) oder die Verknüpfung der Auseinandersetzung mit bestimmten Verteilungsanordnungen steht zwar z.B. einem Teilungsversteigerungsantrag eines Miterben entgegen,[462] bindet aber per se nicht den Pfändungsgläubiger (§ 2044 Abs. 1 Satz 2 i.V.m. § 751 Satz 2 BGB), ebenso wenig den Insolvenzverwalter

---

459 Staudinger/*Reimann*, BGB (2003), § 2215 Rn. 8.
460 Vgl. *Kesseler*, NJW 2006, 3672. Diese Option der »Versilberung« kann zeitlich verkürzt werden, indem der Vollstrecker möglichst rasch die Auseinandersetzung herbeiführt [auf die Mitwirkung daran erstreckt sich die Mitwirkung des Erbteilsvollstreckers stets, OLG Hamm, 15.02.2011 – I-15 W 461/10, ZErb 2011, 210], so dass er Einzelgegenstände im Alleineigentum weiter verwaltet, oder aber wirtschaftlich »vergällt« werden, indem der Erwerber vermächtnisweise zur Entrichtung von Zahlungen [etwa i.H.d. Differenz zwischen vergünstigtem Kaufpreis und tatsächlichem Wert des Erbteils] verpflichtet wird. Das weitere Risiko der Erbschaftsausschlagung gegen [nicht der Vollstreckung unterliegende] Abfindungszahlung des Ersatzerben lässt sich bannen durch Einsetzen solcher Personen zu Ersatzerben, die wirtschaftlichen Verlockungen widerstehen.
461 KG, DNotZ 1941, 127; BayObLGZ 1982, 459, 462; BGH, 14.05.2009 – V ZB 176/08, DNotZ 2010, 64, Tz. 16.
462 OLG München, 16.11.2016 – 20 U 2886/16, RNotZ 2017, 107.

E. Bedürftigentestament

(§ 84 Abs. 2 Satz 2 InsO); ist aber zusätzlich Testamentsvollstreckung angeordnet, kann auch der Gläubiger nach Pfändung eines Erbteils vom Testamentsvollstrecker nicht mehr verlangen als der Miterbe selbst, also jedenfalls nicht die vorzeitige Auseinandersetzung der Erbengemeinschaft – das Verbot ist demnach auch ggü. dem Pfändungsgläubiger durchsetzbar.[463] Auch die Teilungsversteigerung kann durch einen Gläubiger, der den Erbteil gepfändet hat, nicht betrieben werden; sie ist einer »Verfügung« i.S.d. § 2211 BGB gleichzustellen,[464] die unwirksam ist, wenn die Auseinandersetzung des Nachlasses dem Testamentsvollstrecker übertragen ist.[465]

▶ **Formulierungsvorschlag: Auseinandersetzungsverbot bei Testamentsvollstreckung (mit Surrogatwirkung)**

Als Vermächtnis zugunsten des jeweils anderen Miterben ordne ich bis zum Eintritt der Nacherbfolge ein

Auseinandersetzungsverbot

gem. § 2044 BGB dergestalt an, dass die Auseinandersetzung der Erbengemeinschaft, auch in Bezug auf einzelne Nachlassgegenstände, nur mit Zustimmung des jeweils anderen Miterben (während der Dauer der Testamentsvollstreckung mit Zustimmung dieses Vollstreckers anstelle des betroffenen Miterben) zulässig ist. Die Überwachung des Auseinandersetzungsverbotes, also die Geltendmachung des Vermächtnisses, obliegt ebenfalls dem Testamentsvollstrecker.

Nach durchgeführter Erbauseinandersetzung, die der Testamentsvollstrecker auch bei gepfändetem Erbanteil vornehmen könnte, sofern diese nicht unentgeltlich ist (§ 2205 Satz 3 BGB),[466] würde der erworbene Vermögensgegenstand wiederum der alleinigen Dauertestamentsvollstreckung unterliegen und damit durch § 2214 BGB geschützt sein. Erhält ein Miterbe dabei wertmäßig mehr als seiner Quote entspricht, sind drei Konsequenzalternativen denkbar, deren zwei i.R.d. Bedürftigensituation kontraproduktiv, die dritte zumindest mit praktischen Schwierigkeiten behaftet ist:

Wird der »**Mehrwert**« durch Vorausvermächtnis[467] zugewendet und stünde dies dem Bedürftigen zu, müsste wiederum zur Vermeidung eines Gläubigerzugriffs Testamentsvollstreckung angeordnet werden (§ 2214 BGB) – nach dem Tod des Vorausvermächtnisnehmers wäre es jedoch, auch wenn es sich um ein Vor- und Nachvermächtnis handelt, dem Zugriff der Gläubiger des Vorvermächtnisnehmers (Erblasserschulden) ausgesetzt (s.a. Rdn. 6479). Wird dagegen der Mehrwert ausgeglichen durch eine Verpflichtung, aus dem eigenen Vermögen Werte zuzuwenden (Verschaffungsvermächtnis), kann der Bedürftige, sofern er zur Leistung verpflichtet ist, dies nicht erfüllen; sofern er Leistungsempfänger ist, unterliegt das zu Leistende und das Geleistete der Pfändung seiner Gläubiger. Am sachgerechtesten erscheint[468] zur Vermeidung zugriffsgefährdeter Positionen der Vorschlag von Nieder,[469] im Fall einer Verschiebung die Erbquoten anzupassen, auch wenn die endgültige Feststellung der Erbquoten in diesen Fällen mit erheblicher Unsicherheit behaftet

---

463 *Reul/Heckschen/Wienberg*, Insolvenzrecht in der Kautelarpraxis, S. 310 m.w.N.
464 Sie ist die einzige Handlung, die seitens des Miterben notwendig ist, um den (dann hoheitlichen) Eigentumswechsel herbeizuführen (und gilt daher auch als Verfügung i.R.d. § 1365 BGB).
465 BGH, 14.05.2009 – V ZB 176/08, DNotZ 2010, 64, *J. Mayer*, MittBayNot 2011, 445, 450. Vgl. *Damrau*, MittBayNot 2010, 137 zur Frage, welche Möglichkeiten einem Gläubiger, der den Erbteil gepfändet hat, bei bestehender Testamentsvollstreckung zur Verfügung stehen (Pfandverkauf des Erbteils selbst, Pfändung des Anspruchs des Erben auf Auskehrung der Früchte).
466 Zu den Konsequenzen für die Nacherbenvollstreckung, § 2222 BGB (Freigabe des Gegenstands aus der Nacherbenbindung nur gegen adäquate Gegenleistung; Freigabe aus der Vollstreckung analog § 2217 BGB unabhängig davon) vgl. *Keim*, ZErb 2008, 9.
467 Zur Abgrenzung zwischen Vorausvermächtnis und Teilungsanordnung (Vermögensvorteil und Begünstigungswille einerseits; rechtsfolgenbezogene Kriterien andererseits) vgl. *Gergen*, ZErb 2006, 362 ff.
468 Vgl. *Reul/Heckschen/Wienberg*, Insolvenzrecht in der Kautelarpraxis, S. 319.
469 *Nieder/Kössinger*, Handbuch der Testamentsgestaltung, § 8 Rn. 9 ff.; vgl. auch BGH v. 06.12.1989 – IVa ZR 59/88, WM 1990, 854 zur »Erbeinsetzung nach Vermögensgruppen«. Selbst wenn die Teilungs-

ist (was insb. im Rahmen eines Erbscheinsverfahrens störend ist). Ähnlich operiert das sog. »Frankfurter Testament«,[470] wonach ein Testamentsvollstrecker die Vermögensgruppen »Privatvermögen« und »Betriebsvermögen« zu bewerten habe und hieraus ein Abfindungsvermächtnis für das »weichende Geschwister« berechnet wird.

▶ Formulierungsvorschlag: Teilungsanordnung bei Testamentsvollstreckung im Bedürftigentestament (mit Surrogatwirkung)

6708 Der Testamentsvollstrecker hat ferner die Aufgabe die Teilung des Nachlasses entsprechend der nachfolgenden Teilungsanordnung möglichst rasch durchzuführen.

(Anm.: folgt Zuordnung der Nachlassgegenstände zu den Miterben)

Die Vorerbenbeschränkung und die Testamentsvollstreckung setzen sich an den infolge der Teilungsanordnung übertragenen Gegenständen fort (Surrogat).

Falls ein Miterbe aufgrund der vorstehenden Teilungsanordnung mehr erhält als ihm nach seinem oben genannten, »vorläufigen« Erbanteil bruchteilsmäßig zusteht, handelt es sich weder um ein Vorausvermächtnis noch ist der »Begünstigte« zum Wertausgleich aus seinem sonstigen Vermögen verpflichtet (Verschaffungsvermächtnis), vielmehr sind die Miterben in diesem Fall tatsächlich zu den Quoten eingesetzt, die sich aus den Verkehrswerten der jeweils zugewendeten Gegenstände (nach Abzug der zu übernehmenden Verpflichtungen) im Verhältnis zum Gesamtnachlass ergeben (Erbeinsetzung nach Vermögensgruppen).

6709 Die Tatsache, dass der Miterbenanteil trotz Testamentsvollstreckung der Verfügung des Miterben nach § 2033 BGB nicht entzogen ist, würde i.R.d. **RSB nach § 295 InsO** dazu führen, dass die Herausgabe an den Treuhänder zur Hälfte verlangt werden könnte, obwohl im Fall der Alleinerbenstellung eine solche Herausgabe ausgeschlossen wäre, da er selbst keine Zugriffsmöglichkeit hat.[471] Dieser eklatante Wertungswiderspruch lässt sich möglicherweise dadurch beheben, dass der Wert des Anteils bei angeordneter Nacherbfolge und Testamentsvollstreckung gegen Null tendiert. Kautelarjuristisch ist daher zu erwägen, den überschuldeten Erben zum Alleinerben einzusetzen und andere Personen durch Vermächtnisse zu bedenken, anstelle einer Miterbenstellung des überschuldeten Destinatärs.

III. Aufhebung der Beschränkungen

6710 Zur späteren »Aufhebung« der zum Schutz des überschuldeten Destinatärs angeordneten Beschränkungen, sobald sie nicht mehr »benötigt« werden, bedarf es – anders als bei den eher strukturellen Rahmenbedingungen des Behindertentestaments (»Fehlen von Erwerbsmöglichkeiten« anstelle eines »Fehlens der Erwerbsfähigkeit«) der Störfallvorsorge.

1. Durch den Erblasser selbst

6711 Lebt der Erblasser noch und ist er testierfähig, wird er die erforderlichen Anpassungen selbst vornehmen, muss sich allerdings hierfür von erbrechtlichen Bindungen (etwa durch Abänderungsvorbehalte oder die Vereinbarung eines Rücktrittsrechtes nach § 2293 BGB beim Erbvertrag, Vermeidung wechselbezüglicher Verfügungen beim gemeinschaftlichen Testament) freihalten bzw. von diesen (durch Ausschlagung nach dem ersten Erbfall) befreien.

---

anordnung zufolge § 2306 Abs. 1 Satz 1 BGB nicht als angeordnet gilt, bleibt sie insoweit bestehen, als sie die Erbquote bestimmt (RG, LZ 1932 Spalte 1050).
470 Vorschlag von *Felix*, KÖSDI 11/90–8265.
471 *Limmer*, ZEV 2004, 139; *Damrau*, MDR 2000, 256; *J. Mayer/Bonefeld/Wälzholz/Weidlich*, Testamentsvollstreckung, Rn. 578 (str.).

2. Durch die Erben

Daneben besteht die Möglichkeit, »händisch« unter rechtsgeschäftlicher Mitwirkung der Nacherben die Beschränkungen wirtschaftlich entfallen zu lassen, sobald nach Eintritt der RSB hierfür kein »Bedarf« mehr besteht. Dies kann entweder dadurch erfolgen, dass alle Nacherben einschließlich aller (ggf. noch ungeborenen!) gem. § 2096 BGB bestimmten bzw. gem. § 2069 BGB im Zweifel berufenen Ersatznacherben[472] die Nacherbschaft ausschlagen und dadurch dem Vorerben nach Maßgabe des § 2142 Abs. 2 BGB die unbeschränkte Erbschaft verschaffen. Daneben können alle Nacherben einschließlich der Ersatznacherben[473] (sofern die Ersatznacherbenstellung nicht durch Übertragung auf den Vorerben auflösend bedingt ist) ihre Nacherbenanwartschaften auf den Vorerben übertragen (§ 2033 Abs. 1 BGB analog), so dass dieser – da die Nacherben ihrerseits Vollerben geworden wären – im Zeitpunkt des Nacherbfalls Vollerbe wird.

6712

Allein mit Zustimmung des Nacherben (also ohne Mitwirkung der Ersatznacherben) allerdings lassen sich wenigstens für **Einzelgegenstände** die Beschränkungen aufheben (wie dies auch durch Zustimmung im Rahmen einer Übertragung an Dritte möglich gewesen wäre, § 2113 Abs. 1 BGB); wobei die rechtliche Begründung schwankt: Auseinandersetzungsvertrag zwischen Vor- und Nacherbe analog § 2042 BGB;[474] Theorie der Doppelübereignung zwischen Vor- und Nacherbe;[475] In-Sich-Verfügung des Vorerben mit Zustimmung des Nacherben;[476] oder echte »Freigabe« durch den Nacherben analog § 2217 BGB.[477] Selbst wenn viele oder gar sämtliche Einzelgegenstände auf diese Weise »freigegeben« werden, und damit die Nacherbenstellung völlig entleert wird, bedarf es der Mitwirkung der Ersatznacherben nicht.[478] Etwaige auf den »freigegebenen« Gegenstand bezogene Verbindlichkeiten würden allerdings Nachlassverbindlichkeiten bleiben und demnach bei Eintritt des Nacherbfalls auf den Nacherben übergehen, so dass dieser (als aufschiebende Bedingung der Überführung des Gegenstands in das »freie Vermögen« des Vorerben) die Novation dieser Zahlungspflicht als Eigenschuld des Vorerben verlangen sollte.[479] Der nachstehende Formulierungsvorschlag versucht bewusst alle vertretenen Auffassungen abzudecken:

6713

▶ **Formulierungsvorschlag: Überführung eines einzelnen Nachlassgegenstands in das »freie Vermögen« des Vorerben**

Vorerbe und Nacherbe sind einig, dass das vorgenannte Grundstück mit Eintritt der nachstehend formulierten aufschiebenden Bedingungen nicht mehr den Bindungen aus der Nacherbfolge unterliegt, sondern Bestandteil des freien »Eigenvermögens« des Vorerben wird. Die Beteiligten sind hierüber, unter den nachstehend vereinbarten aufschiebenden Bedingungen, einig, der Nacherbe gibt die Gegenstände aus der Nacherbschaft mit Eintritt der aufschiebenden Bedingungen frei und stimmt einer entsprechenden hilfsweise vorgenommenen In-sich-Verfügung des Vorerben zu.

6714

Eine Übertragung der Nacherbenanwartschaft als solche ist nicht erklärt, die Nacherbeneigenschaft der Nacherben bezüglich der verbleibenden Gegenstände des Nachlasses bleibt daher unverändert bestehen.

---

472 Die betreuungsgerichtliche Genehmigung für eine solche durch einen Pfleger gem. § 1911 BGB zu erklärende Ausschlagung ist aber kaum zu erlangen, vgl. *Zawar*, NJW 2007, 2356.
473 A.A. insoweit (gegen die ganz h.M.) *Muscheler*, ZEV 2012, 289 ff. (Konsolidation auch ohne Mitwirkung der Ersatz- oder Nachnacherben).
474 *Maurer*, DNotZ 1981, 223, 229; vgl. zum Ganzen monografisch *Warlich*, Die Auseinandersetzung zwischen Vor- und Nacherben, 2012.
475 *Maurer*, DNotZ 1981, 223, 224 m.w.N.
476 *Keim*, DNotZ 2003, 822.
477 BGH, NJW-RR 2001, 217; BayObLG, NJW-RR 2005, 956; *Ivo*, Erbrecht Effektiv 2006, 73; *Zawar*, NJW 2007, 2356; *Hartmann*, ZEV 2009, 107 (ohne Mitwirkung der Ersatznacherben möglich).
478 Vgl. *Hartmann*, ZEV 2009, 107, 112; ebenso *Weidlich*, ErbR 2016, 675, 584.
479 *Hartmann*, ZNotP 2012, 371, 387.

Alle vorstehenden Mitwirkungserklärungen des Nacherben stehen in ihrer Rechtswirksamkeit unter der aufschiebenden Bedingung
- der Zahlung eines Abfindungsbetrags für die »Freigabe« aus den Nacherbenbeschränkungen in Höhe von ... EUR, fällig am ..., durch Überweisung auf Konto ... des Nacherben; wegen dieser Zahlungsverpflichtung unterwirft sich der Vorerbe der Zwangsvollstreckung aus dieser Urkunde in sein Vermögen mit der Maßgabe, dass vollstreckbare Ausfertigung ab Fälligkeitsdatum ohne weitere Nachweise erteilt werden soll
- der Übernahme der auf dem Objekt lastenden Verbindlichkeiten als Eigenverbindlichkeiten des Vorerben im Weg der Novation mit dem Finanzierungsgläubiger, so dass es sich nicht mehr um Nachlassverbindlichkeiten handelt. Diese Erklärungen werden die Beteiligten vom Finanzierungsgläubiger selbst einholen bzw. ihm gegenüber abgeben.

Die aufschiebende Bedingung gilt als eingetreten, wenn der Vorerbe eine auf ihn lautende Ausfertigung dieser Urkunde vorlegen kann. Der Notar wird angewiesen, diese dem Vorerben erst zu erteilen, wenn
- der Nacherbe die Zahlung des Abfindungsbetrags schriftlich bestätigt oder hilfsweise der Vorerbe deren Zahlung durch Bankbestätigung nachgewiesen hat und
- eine schriftliche Erklärung des Finanzierungsgläubigers vorgelegt wird, die bestätigt, dass die bisherige Nachlassverbindlichkeit entweder getilgt wurde oder jedenfalls nur mehr als Eigenverbindlichkeit des Vorerben als Eigentümer besteht, die mit dem Eintritt des Nacherbfalls nicht auf den Nacherben übergeht.

Der Nacherbe bewilligt zur Berichtigung des Grundbuches die Löschung des Nacherbenvermerks. Der Notar wird angewiesen, den Antrag zu stellen, wenn ihm der Eintritt der vorstehend genannten aufschiebenden Bedingungen nachgewiesen ist und er die Ausfertigung der Urkunde dem Vorerben erteilt hat.

6715 Die Vor- und Nacherbschaftsbindung setzt sich gem. § 2111 BGB am **Surrogat** fort. Erhält daher im Rahmen einer Erbauseinandersetzung, also »mit Mitteln des Nachlasses«, ein Mitvorerbe eine Immobilie (ohne Verstoß gegen § 2113 BGB[480]), unterliegt auch diese der Nacherbfolge und der Vermerk nach § 51 GBO ist amtswegig einzutragen.[481] Mit Eintritt der Nacherbfolge erhält »sein« Nacherbe diesen Gegenstand »von selbst«.[482] Werden daneben eigene Mittel zum Erwerb eingesetzt, unterliegt nur der nachlassfinanzierte Anteil der Nacherbfolge; das Grundbuchamt kann den Beteiligten aufgeben, die Wertverhältnisse offenzulegen. Die Eintragung des Vermerks am Surrogat hat bereits mit der den Surrogationserwerb sichernden Vormerkung zu erfolgen, da diese einen Gutglaubensschutz erzeugt.[483]

6716 Bei der Pflichtteilsbeschränkung in guter Absicht gem. § 2338 BGB (Rdn. 6521 ff.) ist jedoch erforderlich, dass alle Personen, die im Zeitpunkt des Nacherbfalls gesetzliche Erben des überschuldeten Abkömmlings geworden wären, diese Nacherbenanwartschaft übertragen haben. Kommen also durch Geburt oder Heirat weitere gesetzliche Erben hinzu oder fallen gesetzliche Erben durch Scheidung oder Vorversterben weg, ist die Aufstufung des Vorerben zum Vollerben (noch) nicht geglückt, sofern nicht auch die weiteren gesetzlichen Erben mitwirken (was bei minderjährigen weiteren Kindern wegen der erforderlichen Mitwirkung des Vormundschafts-, ab 01.09.2009 Familiengerichten kaum realisierbar sein dürfte).

---

480 Andernfalls wird die Nachlassteilung mit Eintritt des Nacherbfalls hinfällig und die gesamthänderische Bindung lebt wieder auf, vgl. *Leitzen*, RNotZ 2012, 159, 161 m.w.N. Schenkungen lassen sich denknotwendig vermeiden, wenn die Erbquoten nach den Wertverhältnissen im Todeszeitpunkt bestimmt sind, sog. »Frankfurter Testament«, vgl. Rdn. 361, ebenso durch Vereinbarung von Vorausvermächtnissen, vgl. Formulierungsvorschlag bei *Leitzen*, RNotZ 2012, 159, 164.
481 Und zwar selbst dann, wenn zuvor ein Eintrag nicht möglich war (etwa da nur einer von mehren Gesamthändern der Beschränkung unterlag, BGHZ 171, 350); OLG München, 10.02.2012 – 34 Wx 143/11, ZEV 2012, 669.
482 Vgl. *Leitzen*, RNotZ 2012, 159, 160.
483 OLG München, 10.02.2012 – 34 Wx 143/11.

Eine nicht mehr »benötigte« Testamentsvollstreckung kann »händisch« durch schlichte Niederlegung des Amtes, auch durch etwaige Ersatzvollstrecker, bzw. Unterlassen des Antrags auf Bestellung eines Ersatzvollstreckers, beseitigt werden. Eine schuldrechtliche Zusage des Testamentsvollstreckers, sein Amt unter bestimmten Umständen niederzulegen, soll sogar einen im Zivilprozess durchsetzbaren Anspruch begründen,[484] wogegen jedoch erhebliche Bedenken bestehen.[485] Denkbar ist auch eine auflösende Befristung, Rdn. 6740.

3. Durch Vorkehrung in der letztwilligen Verfügung selbst

Rechnen die Beteiligten damit, dass der Erblasser nicht mehr selbst die Anpassung vornehmen kann (da bereits vorverstorben, testierunfähig, oder endgültig gebunden), und wollen sie sich nicht auf die Freiwilligkeit der »händischen« Aufhebung (vorstehend 2, Rdn. 6712 ff.) verlassen, ist an folgende Vorkehrungen in der letztwilligen Verfügung selbst zu denken:[486]

a) Ermöglichung der Anfechtung?

Zum einen empfiehlt sich im Testament die Angabe des Motivs für die Verfügungsbeschränkungen zulasten des überschuldeten Erben, um diesem binnen eines Jahres nach Eintritt der Schuldenfreiheit die Möglichkeit einer Anfechtung durch den Erben ggü. dem zuständigen Nachlassgericht zu ermöglichen (§§ 2080 Abs. 1, 2081 Abs. 1, 2078 Abs. 2 BGB). Das Anfechtungsrecht selbst ist gem. § 857 Abs. 1, 851 ZPO unpfändbar und zählt analog § 83 InsO nicht zur Insolvenzmasse.[487]

Fraglich ist allerdings sowohl das Bestehen eines Irrtums als auch die Kausalität des Willensmangels, rechnet doch der Erblasser, wie aus der Formulierung ersichtlich, gerade mit der wirtschaftlichen »Genesung«, so dass er (wie durch vorrangige Auslegung zu ermitteln sei) eigentlich eine (schädliche, da die Pfändbarkeit eröffnende) auflösende Bedingung im Sinn habe.[488] Hiergegen wird ins Feld geführt, das »Motiv für die Angabe des Motives« sei unmaßgeblich; ein Motivirrtum entfalle nicht durch Veranschaulichung der Grundlage seiner Entstehung.[489]

Auf jeden Fall gefährdet ist das später real durch Anfechtung Erworbene durch Maßnahmen solcher Gläubiger, deren Ansprüche die RSB überstehen, etwa von Absonderungsberechtigten (§ 301 Abs. 2 InsO) und von Opfern vorsätzlicher unerlaubter Handlungen (§ 302 Nr. 1 InsO), so dass in solchen Fällen die Ausübung des Anfechtungsrechtes unterbleiben wird.

Noch wenig diskutiert ist die Gefahr, die sich aus der Rückwirkung einer solchen Anfechtung (§ 142 Abs. 1 BGB) ergibt. Das Anfechtungs»gestaltungs«recht selbst ist unpfändbar, §§ 857 Abs. 1, 851 ZPO.[490] Immerhin dürften die Vermögenspositionen, die durch die Anfechtung erworben werden, schon vor der erfolgten Anfechtung als künftiger Anspruch pfändbar sein (§§ 857, 844 ZPO). In die Insolvenzmasse gehören sie jedoch wohl nicht, wenn die Anfechtung erst nach Abschluss des Insolvenzverfahrens und nach Durchführung des Restschuldbefreiungsverfahrens erfolgt (§ 35 InsO).[491]

---

484 OLG Hamm, 11.12.2007 – 15 W 242/07, ZErb 2008, 203.
485 *Muscheler*, NJW 2009, 2081 ff.; abgeschwächt zuvor *Reimann*, NJW 2005, 789 zur Unzulässigkeit jedenfalls verdeckter Kündigungsvereinbarungen. Praxisnaher Überblick »wie man einen Testamentsvollstrecker los wird« bei *Werner*, ZEV 2010, 126 ff.
486 Vgl. zum Folgenden auch *J. Mayer*, MittBayNot 2012, 18, 19 ff.
487 Staudinger/*Otte*, BGB (2002), § 2080 Rn. 17.
488 I.d.S. *Hartmann*, ZNotP 2005, 87 und *J. Mayer*, ZEV 2005, 178.
489 *Everts*, ZErb 2005, 357.
490 Vgl. Staudinger/*Otte*, BGB (2002), § 2080 Rn. 17.
491 Es existiert jedoch eine gewisse Rechtsunsicherheit im Hinblick auf § 301 Abs. 2 Satz 1 InsO bei absonderungsberechtigten Gläubigern.

6723 Fraglich ist jedoch weiterhin, ob nicht gem. § 203 Abs. 1 Nr. 3 InsO eine **Nachtragsverteilung** nach Beendigung des Insolvenzverfahrens in Betracht kommt, da der mit Rückwirkung angefallene Erbteil (ohne die durch Anfechtung beseitigten Belastungen) als »nachträglich ermittelter Massegegenstand« gelten könnte. Die bisherigen Anwendungsfälle der Nachtragsverteilung betreffen in erster Linie verschwiegene, versteckte, beiseite geschaffte, übersehene oder nachträglich wieder zugänglich gewordene (Vermögen in der ehemaligen DDR) Werte, während die Rückwirkung der Anfechtung zwar de iure ex post wirkt, jedoch de facto während des Insolvenzverfahrens real nicht vorhanden bzw. nicht verwertbar war.[492] Allerdings spricht die Vergleichbarkeit zur vom BGH[493] angeordneten Nachtragsverteilung bei späterer Anerkennung eines bereits während der Insolvenz-/Wohlverhaltensphase bestehenden (hier: durch die Rückwirkung der Anfechtung ex tunc geschaffenen), jedoch (noch) nicht pfändbaren/verwertbaren Pflichtteilsanspruchs für die Anwendung des § 203 InsO, vgl. auch Rdn. 116 und (zur Differenzierung gegenüber der zuvor in der Schwebe gehaltenen Annahme bei der Vermächtnislösung) Rdn. 6674.

6724 Das Anfechtungsrecht nach § 2079 Satz 1 BGB[494] sollte i.Ü. (wie häufig) gem. § 2079 Satz 2 BGB[495] ausgeschlossen bleiben. Hierzu[496] der folgende

▶ **Formulierungsvorschlag: Motivangabe beim Bedürftigentestament zur Ermöglichung der Anfechtung nach § 2078 BGB bei wirtschaftlicher Erholung**

Die vorstehenden Beschränkungen unseres Sohnes A durch die Anordnung von Nacherbfolge und Testamentsvollstreckung erfolgen, um unseren Nachlass vor dem Zugriff der Eigengläubiger von A zu schützen und um ihm zugleich ein regelmäßiges Einkommen für seinen Lebensunterhalt zu verschaffen, das über das Niveau einer staatlichen Grundversorgung hinausgeht. Es handelt sich hierbei um das bestimmende Motiv, allerdings nicht um eine Rechtsbedingung für die gewählte Gestaltung. Unabhängig hiervon würden wir die vorstehenden letztwilligen Verfügungen auch dann treffen, falls wir dabei Pflichtteilsberechtigte übergangen hätten, die uns nicht bekannt sind oder erst in Zukunft pflichtteilsberechtigt oder geboren werden.

b) Auflösend bedingte bzw. befristete Vorerbenstellung?

6725 Im Hinblick auf den zeitlichen Ablauf (der für ab 01.07.2014[497] eingeleitete Verfahren gem. § 300 Abs. 1 Satz 2 InsO bei entsprechenden Eigenleistungen auf drei oder fünf anstelle von sechs Jahren verkürzt sein kann) des Restschuldbefreiungsverfahrens nach § 300 InsO ist zu erwägen, ob die belastenden testamentarischen Anordnungen (Testamentsvollstreckung, Vor- und Nacherbfolge) nicht durch die rechtskräftige Erteilung der RSB und Ablauf der Frist des § 303 Abs. 2 InsO oder aber durch eine gutachtliche Bescheinigung eines RA über die Tilgung oder Verjährung

---

492 Eher gegen die Anwendbarkeit des § 203 Abs. 1 Nr. 3 InsO auch *Reul/Heckschen/Wienberg*, Insolvenzrecht in der Kautelarpraxis, S. 326 f.
493 BGH, 02.12.2010 – IX ZB 184/09, ZEV 2011, 87 m. Anm. *Reul*.
494 Z.B. durch die zweite Ehefrau bezüglich eines über die erste Scheidung hinaus fortgeltenden gemeinschaftlichen Testamentes, vgl. OLG Hamm, 28.10.2014 – 15 W 14/14, MittBayNot 2016, 43 m. Anm. *Kanzleiter* = EE 2015, 20 m. Anm. *Möller*. Allgemein zu den Folgen der Testamentsanfechtung wegen Übergehung eines Pflichtteilsberechtigten *Kanzleiter*, DNotZ 2016, 745 ff.; *Möller*, EE 2016, 92 f.; zur Frage ob trotz Anfechtung einzelne Testamentsregelungen wirksam bleiben können: OLG Schleswig: 07.12.2015 – 3 Wx 108/15, MittBayNot 2016, 526 m. Anm. *Litzenburger*.
495 Ohne ausdrückliche Regelung ist es mitunter schwierig, aus den Umständen die Gewissheit zu gewinnen, dass auch bei Kenntnis vom Pflichtteilsberechtigten so testiert worden wäre, vgl. etwa KG, 10.11.2015 – 6 W 54/15, EE 2016, 43 m. Anm. *Möller;* vgl. auch OLG Schleswig, 07.12.2015 – 3 Wx 108/15, ZEV 2016, 263 m. zust. Anm. *Leipold*. Die im Testament enthaltene Bestimmung, ohne Rücksicht auf gegenwärtige oder künftige Pflichtteilsberechtigte (hier: ein späteres »Kuckuckskind«) zu testieren, schließt die Anfechtung gem. § 2079 BGB aus, vgl. KG, 24.05.2017 – 6 W 100/16, ZErb 2017, 257.
496 Nach *Everts*, ZErb 2005, 360.
497 Zur Reform: *Schädlich*, NWB 2014, 3556 ff.

der derzeit bekannten Verbindlichkeiten **auflösend bedingt** bzw. auf einen nach der als sicher erwarteten RSB liegenden Zeitpunkt **auflösend befristet** sein sollten[498].

Eine solche Gestaltung ähnelt der Einsetzung von Nacherben unter der auflösenden Bedingung, dass der Vorerbe anderweit letztwillig[499] oder lebzeitig über sein eigenes Vermögen verfügt, jeweils mit der (ggf. durch Auslegung zu gewinnenden) Folge, dass mit Eintritt der auflösenden Bedingung[500] feststeht, dass der Vorerbe von Anfang an Vollerbe war, so dass die Abschirmwirkungen der Vorerbfolge rückwirkend entfallen:

6726

▶ **Formulierungsvorschlag: Auflösend bedingte Nacherbschaft mit lebzeitiger Übergabebefugnis**

Die Stellung als Vorerbe ist jedoch auflösend bedingt. Die auflösende Bedingung tritt ein, wenn der Vorerbe über seinen Nachlass – und damit auch über den Nachlass des zuerst Versterbenden von uns beiden – durch letztwillige Verfügung andere Regelungen trifft, als die nachfolgend getroffene Schlusserbeinsetzung vorsieht.

6727

Ggf.: Seine Abänderungsbefugnis ist jedoch begrenzt dahingehend, dass er letztwillige Verfügungen nur im Kreis unserer gemeinsamen Abkömmlinge treffen kann, so dass er beispielsweise die Erbquoten der Abkömmlinge abweichend bestimmen, einzelnen Abkömmlingen Vermächtnisse zuwenden oder sie auf den Pflichtteil setzen kann etc. Er kann jedoch keine anderen Personen als gemeinschaftliche Abkömmlinge bedenken.

Die auflösende Bedingung tritt unabhängig davon ein, ob der Überlebende von uns beiden bei seiner abändernden testamentarischen Regelung sich auf die vorstehende Abänderungsbefugnis und ihre Wirkung als auflösende Bedingung beruft oder nicht. Um ein endgültiges Beseitigen der Nacherbfolge zu bewirken, müssen die (inhaltlich beschränkten) Bedingungsvoraussetzungen noch im Zeitpunkt des Eintritts der Nacherbfolge (Ableben des Vorerben) vorliegen, d.h. die vorgenannte abweichende Verfügung des Vorerben Muss bei seinem Erbfall noch in Kraft und wirksam sein.

Darüber hinaus ist der Vorerbe befugt, bereits vor Eintritt des Nacherbfalls den zur Vorerbschaft zählenden Grundbesitz oder Miteigentums- bzw. Gesamthandsanteile hieran samt zugehörigem Inventar, Rechten und Forderungen an eine oder mehrere der vorstehend genannten Nacherben oder Ersatznacherben durch lebzeitigen Vertrag zu übertragen unter Bedingungen, die er nach seinem freien Ermessen bestimmen und vereinbaren darf (Übergabebefugnis). Die festzulegenden Übernahmebedingungen können z.B. den Rückbehalt für die Gewährung von Wohnungs- oder

---

498 So etwa noch *Nieder*, Handbuch der Testamentsgestaltung, 2. Aufl. 2000, Rn. 52.
499 Durch Erbeinsetzung oder Vermächtnis, vgl. *Reimann/Bengel/Mayer*, Testament und Erbvertrag, 5. Aufl., Formulare Rn. 49, ggf. auch nur innerhalb vorgegebener Grenzen, z.B. durch Auswahl unter mehreren Nacherben, etwa seinen Abkömmlingen, vgl. DNotI-Gutachten Nr. 96580: durch letztwillige Verfügung des Vorerben über seinen eigenen Nachlass zugunsten eines von mehreren Nacherben als seinen Eigenerben ist die Nacherbenstellung des Anderen auflösend bedingt, d.h. der Verbleibende ist alleiniger Nacherbe (Variante 1). Denkbar ist auch, die Anordnung der Nacherbfolge als solche unter die auflösende Bedingung zu stellen, dass der Vorerbe bestimmte dem Erblasser genehme Personen als seinen Eigenerben bestimmt (Variante 2). Nach BGHZ 15, 199, 202 sowie OLG Stuttgart, FamRZ 2005, 1863 ist es ferner zulässig, als Nacherben im Wege der Bedingung diejenige Person zu bestimmen, die der Vorerbe als seinen Erben einsetzt: schützenswertes Interesse des Erblassers an einem Gleichlauf in der Person des Begünstigten aus mehreren Erbfolgen. Nach zutreffender h.M. nicht zulässig wäre es jedoch, dem Vorerben die Möglichkeit einzuräumen, unter Aufrechterhaltung der Vor- und Nacherbfolge andere Nacherben einzusetzen, da § 2065 Abs. 2 BGB entgegensteht [OLG Hamm, NJW-RR 2014, 1288, 1289 m.w.N.], kein argumentum a maiore ad minus, vgl. auch *J. Mayer*, ZEV 2000, 1 ff.; *Kanzleiter*, ZNotP 2003, 127 ff.; *Ivo*, DNotZ 2002, 260 ff.
500 Die Umstände, die zum Bedingungseintritt führen, können auch eingeschränkt sein, z.B. Benennung anderer »Erben« nur aus einem bestimmten Kreis, oder stillschweigende weitere Bedingung (insb. bei bisher nicht befreiter Vorerbenstellung), dass der neu Testierende nicht lebzeitig über den zu schützenden Vermögenswert verfügt hat, vgl. OLG München, 27.01.2016 – 31 Wx 168/15, MittBayNot 2017, 273 m. Anm. *Raff*.

Nießbrauchsrechten, die Gewährung von Dienstleistungen oder wiederkehrenden oder einmaligen Geldleistungen, die Festlegung von Gleichstellungszahlungen, Gutabstandsgeldern etc. beinhalten. Macht der Vorerbe zu seinen Lebzeiten von dieser Übergabebefugnis Gebrauch, gilt der von der Übergabe betroffene Grundbesitz samt Inventar als durch Vorausvermächtnis auf das Ableben des erstverstorbenen Ehegatten ihm auflagenfrei zugewandtes Vermögen, unterliegt damit also nicht mehr der Nacherbfolge.

Den Beteiligten ist bewusst, dass mit dem (auf das Übergabeobjekt beschränkten oder – bei entsprechender letztwilliger Verfügung – insgesamt eintretenden) Wegfall der Bedingungen aus der Nacherbfolge auch die (Schutz-)Wirkungen entfallen, die Anlass für die Wahl der Vor- und Nacherbfolge waren.

6728 Gegen den Einsatz dieses Gestaltungsinstruments im Rahmen des Bedürftigentestaments spricht allerdings, dass der aufschiebend bedingt/befristet eingesetzte Vollerbe zugleich wie ein Nacherbe (**konstruktive Nacherbfolge**) zu behandeln ist,[501] so dass den Gläubigern ein weiterer, übertragbarer und vererblicher Vermögenswert, nämlich die **Nacherbenanwartschaft**, zur Verfügung stehen würde. Daher muss in diesen Fällen die Vererblichkeit und auch die Übertragbarkeit des Anwartschaftsrechts gem. § 2108 Abs. 2 Satz 1 BGB ausgeschlossen werden.

6729 Str. ist jedoch, ob dies auch (1) die **Pfändbarkeit**[502] der Nacherbenanwartschaft hindern würde.[503] Hält man (mit der zutreffenden Ansicht) eine Pfändung gem. § 851 Abs. 2 ZPO für möglich[504] setzt sich das Pfändungspfandrecht nach Bedingungseintritt an allen Nachlassgegenständen fort (§ 1287 BGB analog) und fällt auch im späteren Insolvenzverfahren in die Nachlassmasse (§ 35 InsO). Die Gefahr eines Direktzugriffs Dritter auf einzelne Nachlassgegenstände besteht allerdings nur bis zur Eröffnung des Insolvenz- oder Restschuldbefreiungsverfahrens wegen der dann eintretenden Einzelvollstreckungssperre.

6730 Aufgrund der stets bestehenden Pfändbarkeit des Anwartschaftsrechtes des aufschiebend bedingt eingesetzten Vollerben handelt es sich demnach (2) **während des Insolvenzverfahrens** bei dieser um einen Bestandteil der bereits derzeit **verwertbaren Insolvenzmasse** (§ 35 InsO: Vermögen, das während der Insolvenzeröffnung vorhanden ist oder während des Verfahrens erlangt wird und das ferner nicht gem. § 36 Abs. 1 InsO als »unpfändbar« ausscheidet).[505] Dabei ist es im ordentlichen Insolvenzverfahren gleichgültig, ob der Vermögenswert für den Inhaber selbst verwertbar ist oder nicht (als Folge der Unübertragbarkeit der Anwartschaft, die analog § 2108 Abs. 2 Satz 1 BGB – Unvererblichkeit – nach h.M. angeordnet werden kann), ausreichend ist die (stets gegebene) Pfändbarkeit. Der Nacherbe kann allerdings der Pfändung der Nacherbenanwartschaft auch durch die Radikalmaßnahme der Ausschlagung des Nacherbenrechtes (§ 2142 BGB) zunichte ma-

---

501 Vgl. *Limmer*, ZEV 2004, 140; allgemein zu den verwandten sog. kaptatorischen Verfügungen (»ich bestimme meine Ehefrau zur Erbin unter der Bedingung, dass sie testamentarisch für den Fall Ihres Todes meinen Sohn einsetzt«) BGH, 08.01.2014 – IV ZA 20/13, und *Wendt*, ErbR 2015, 62, 73 ff. Zum umgekehrten Fall der aufschiebend bedingten Vorerbenstellung vgl. OLG Celle, 04.10.2012 – 6 W 180/12, MittBayNot 2013, 252 m. abl. Anm. *Braun*: Vorerbschaftsbeschränkungen gelten erst ab Eintritt; a.A. Palandt/*Weidlich*, § 2269 BGB Rz. 18 m.w.N. und die h.M, vgl. *Weidlich*, ZEV 2013, 41 f.
502 Zur Umsetzung (Zustellung des Pfändungsbeschlusses über das Nacherbenanwartschaftsrecht an den Vorerben, nicht an den Nacherben): LG Stuttgart, 28.12.2009 – 1 T 96/09 ZEV 2010, 578.
503 Bejahend *Kessel*, MittRhNotK 1991, 138; ablehnend *Stöber*, Forderungspfändung, Rn. 1656 sowie Gutachten, DNotI-Report 2009, 65.
504 Diese lässt sich auch nicht durch vermeiden, dass man die Anwartschaft als durch ihre Pfändung auflösend bedingt ausgestaltet (*Hartmann*, ZNotP 2005, 82 ff.; Formulierungsvorschlag von *Kleensang*, in: Beck'sches Formularbuch Erbrecht, Muster F II 4), da diese Abrede als Gläubigerbenachteiligung unwirksam sein dürfte, *J. Mayer*, ZEV 2005, 178. Außerdem bleibt er dann dauerhaft beschränkter Vorerbe.
505 *Reul/Heckschen/Wienberg*, Insolvenzrecht in der Kautelarpraxis, S. 323; a.A. *Limmer*, ZEV 2004, 140. Die Marktgängigkeit einer solchen aufschiebend bedingten Erbenstellung ist freilich fraglich, vgl. *Kessler*, RNotZ 2003, 562.

E. Bedürftigentestament

chen.⁵⁰⁶ (In der Insolvenz des Nacherben wird auch die Zustimmung des Nacherben zu einer Verfügung des Vorerben [§ 2113 BGB] allein durch den Insolvenzverwalter wirksam erteilt.⁵⁰⁷) Nach a.A. schützt die Unübertragbarkeit der (Nacherben-)Anwartschaft auch mit Wirkung gegen den Insolvenzverwalter.⁵⁰⁸

(3) Fällt allerdings, nach Aufhebung des Insolvenzverfahrens, das bis dahin (2) wirksame Verwertungshindernis weg, aufgrund Eintritts der auflösenden Bedingung der Vorerbschaft, findet auf jeden Fall eine **Nachtragsverteilung** statt, sofern die (wenn auch damals unverwertbare) Erbschaft bereits während des Insolvenzverfahrens, nicht erst während der Wohlverhaltensphase, angefallen ist. Der BGH wendet § 203 Abs. 1 Nr. 3 InsO im Wege des Erst-Recht-Schlusses auf Gegenstände an, die zwar während des Insolvenzverfahrens bereits »ermittelt«, aber tatsächlich noch nicht verwertbar waren (vgl. Rdn. 116 zum Pflichtteilsanspruch). Die auflösende Bedingtheit vollstreckungsbeschränkender Anordnungen ist also in Bezug auf das Insolvenzverfahren **keine zweckmäßige Gestaltung**⁵⁰⁹. 6731

Lediglich für **Erbfälle während der Wohlverhaltensphase** wird die (Un)übertragbarkeit bedeutsam für § 295 Abs. 1 Nr. 2 InsO – ist die rechtsgeschäftliche Übertragbarkeit des Anwartschaftsrechts ausgeschlossen, besteht (wohl) auch keine Obliegenheit zur Herausgabe des hälftigen Wertes (die Herausgabeobliegenheit richtet sich auf Geldzahlung durch – hier nicht mögliche – Versilberung des Erworbenen⁵¹⁰). Wird also die Anwartschaft auf die (aufschiebend bedingte) Erbschaft erst **während der Wohlverhaltensphase** erworben, besteht keine (hälftige) Herausgabeobliegenheit hinsichtlich der Nacherbenanwartschaft, und auch die Einzelpfändung ist durch die Abschirmwirkung des Insolvenzverfahrens (auch während der Wohlverhaltensphase, § 294 Abs. 1 BGB) ausgeschlossen, ebenso wenig kann die nach Erlangung der RSB durch Eintritt der Bedingung eintretende Vollerbenstellung »nachträglich« herangezogen werden,⁵¹¹ da **keine Nachtragsverteilung** stattfindet. 6732

Hinzu kommt folgendes weiteres Risiko: Bei einem der Vor- und Nacherbfolge unterliegenden Miterben erfasst das an die Gläubiger des Vorerben gerichtete Verwertungsverbot des § 2115 BGB nur die einzelnen zu einer Erbschaft gehörenden Sachen und Rechte, nicht aber den Miterbenanteil selbst, über den der Miterbe verfügen könnte, so dass die Gläubiger diesen nach § 859 Abs. 2 ZPO bis zur (i.d.R. »verbotenen«, s. Rdn. 6704 f.) Auseinandersetzung pfänden könnten. Die angeordnete Pfändung des Vorerbteils würde an sich mit Eintritt des Nacherbfalls erlöschen, da der Nacherbe nicht Schuldner des Pfändungspfandgläubigers wird (§§ 2100, 2139, 2144 Abs. 1 BGB). Ist allerdings die Nacherbfolge auflösend bedingt auf den »Wegfall der Bedürftigkeit«, wird der gepfändete Erbteil des früher Bedürftigen frei verwertbar, da der Nacherbfall nicht mehr eintreten kann. 6733

I.R.d. **Vermächtnislösung** greifen ähnliche Risiken: mit Eintritt der auflösenden Bedingung entfallen Testamentsvollstreckung und Nachvermächtnisverpflichtung, so dass der vormals Bedürftige einen Herausgabeanspruch gegen den Testamentsvollstrecker hat (§ 2218 i.V.m. § 667 BGB),⁵¹² der bereits vorab gepfändet werden kann. Auch der Ratschlag an den Bedürftigen, das zu seinen 6734

---

506 *J. Mayer*, MittBayNot 2012, 18, 21 Fn. 50.
507 Gutachten, DNotI-Report 2009, 65, 67; ebenso muss bei einer Pfändung der Nacherbenanwartschaft auch der Pfändungsgläubiger mitwirken, neben der Zustimmung des Nacherben selbst, vgl. *Stöber* Forderungspfändung, Rn. 1659.
508 Vgl. *Gutachten*, DNotI-Report 2014, 177, 178 r. Sp.
509 *Reul*, in: Reul/Heckschen/Wienberg, Insolvenzrecht in der Gestaltungspraxis, 2012, Kap. P Rn. 167 ff.; *J. Mayer*, MittBayNot 2012, 18, 22.
510 Ist die Verwertung dauernd undurchführbar, darf die Restschuldbefreiung nicht versagt werden, BGH, 10.01.2013 – IX ZB 163/11, DNotZ 2013, 614, 620 Tz. 19.
511 *Limmer*, ZEV 2004, 140; Gutachten, DNotI-Report 2009, 65, 68 m.w.N.
512 Dieser Anspruch unterlag gemäß OLG Karlsruhe, ZEV 2006, 317 m. Anm. *Baldus/Roland* nicht der erbrechtlichen (30 Jahre gem. § 197 Abs. 1 Nr. 2 BGB), sondern der Regelverjährung des § 195 BGB.

Gunsten ausgesetzte Vorvermächtnis zunächst noch nicht anzunehmen (wird er wieder leistungsfähig und ist demnach auf das Vermächtnis endgültig nicht angewiesen, ist jedenfalls bei eingetretener RSB keine insolvenzrechtliche Nachtragsverteilung i.S.d. § 203 Abs. 1 Nr. 3 InsO mehr möglich),[513] begegnet Bedenken: gem. § 2307 Abs. 2 BGB kann durch Fristsetzung die Ausschlagungsfiktion herbeigeführt werden, so dass ein überleitbarer/übergeleiteter Pflichtteilsanspruch entsteht.

6735 Nicht zu verwechseln mit dieser (problembehafteten) auflösenden Bedingtheit/Befristetheit der Beschränkungen als solchen ist jedoch eine nach dem Datum des Sterbefalles differenzierende Alternativgestaltung: tritt der Sterbefall während eines Zeitraumes ein, in dem mutmaßlich die RSB (Erfüllung der Obliegenheiten in der Wohlverhaltensphase vorausgesetzt) bereits ausgesprochen wurde, ist der Destinatär zum schlichten Erben oder Vermächtnisnehmer eingesetzt, ohne weitere Kautelen – tritt der Sterbefall jedoch in einem »voraussichtlich ungünstigen« Zeitpunkt ein, gelten die Vorsorgeregelungen eines Bedürftigentestamentes. Dadurch wird lediglich eine sonst durch Testamentsänderung notwendig werdende Anpassung vor dem Sterbefall vorweggenommen, nicht jedoch die Beseitigung bereits (aufgrund Versterbens im »Gefahrenzeitraum«) in Kraft getretener Erbschaftsbeschränkungen erreicht.

c) Aufschiebend bedingte Befreiung des Vorerben?

6736 Die vorstehend beschriebenen Schwächen der »großen Bedingungslösung« (Entstehen verwertbarer Anwartschaftsrechte in Gestalt der aufschiebend bedingten Vollerbenstellung) werden vermieden, wenn nicht die Vorerbschaft als solche auflösend bedingt ist, sondern lediglich die Anordnung der Beschränkungen, so dass mit Eintritt der aufschiebenden Bedingung aus dem »nichtbefreiten Vorerben« ein »befreiter Vorerbe« mit erweiterten Verfügungsmöglichkeiten wird. Zur Erlangung möglichst weitgehender Verfügungsrechte muss zudem für diesen Fall auch die Dauertestamentsvollstreckung auflösend bedingt sein.[514]

6737 Besonderes Augenmerk ist bei beiden »Bedingungslösungen« auf die exakte Definition des Umstandes zu legen, mit dessen Verwirklichung die Bedingung eintritt. Es sollte sichergestellt sein, dass nicht bereits eine kurzzeitige Unterbrechung des Leistungsbezugs zum Wegfall der Vorerbenstellung (oben b, Rdn. 6725 f.) bzw. der Vorerbenbeschränkungen (c, Rdn. 6736 f.) führt, sondern erst eine nachhaltige, aller Voraussicht nach dauerhafte Aufrechterhaltung des Lebensunterhalts ohne Inanspruchnahme staatlicher Fürsorgeleistungen. Darüber hinaus ist zu erwägen, neben objektiven Umständen (also bspw. dem Nichtbezug von Grundsicherungsleistungen über einen zusammenhängenden Zeitraum von mindestens einem Jahr) auch potestative Elemente (also z.B. diesbezügliche Erklärungen des Betroffenen) zum Bedingungsinhalt zu erheben, um dem derzeit noch Bedürftigen die Chance zu geben, durch Nichtabgabe dieser Willenserklärung die Beschränkungen (bzw. die Fortgeltung überhaupt) der Vorerbenstellung vorsichtshalber noch aufrechtzuerhalten.

6738 *Litzenburger* macht sich in seinem Gestaltungsvorschlag[515] daher geschickter Weise zunutze, dass mit dem Wegfall der Vorerbenbeschränkungen ohnehin ein neuer Erbschein zu erteilen ist, so dass das potestative Element in der Abgabe einer entsprechenden eidesstattlichen Versicherung über den ausreichend langen Nichtbezug von Fürsorgeleistungen liegen könnte:

---

513 *Dittmann/Reimann/Bengel*, Testament und Erbvertrag, Teil E Rn. 70.
514 So der Vorschlag von *Litzenburger*, ZEV 2009, 278, 280.
515 ZEV 2009, 278, 281.

E. Bedürftigentestament

▶ **Formulierungsvorschlag: Bedingte Befreiung von den Vorerbschaftsbeschränkungen und bedingter Wegfall der Testamentsvollstreckung beim Bedürftigentestament**

Mit dem Eintritt beider nachstehend genannten Umstände erlangt ..... [bedürftiger Erbe] die Rechtsstellung eines von allen gesetzlichen Beschränkungen – soweit zulässig – befreiten Vorerben, d.h. die zunächst angeordneten Beschränkungen fallen weg unter Aufrechterhaltung der Vorerbenstellung als solcher. Zugleich endet die Testamentsvollstreckung mit dem Eintritt der nachstehenden Umstände ersatzlos. 6739

Vorstehende Wirkungen (Befreiung von den Vorerbenbeschränkungen und Beendigung der Testamentsvollstreckung) treten ein, wenn
a) der Vorerbe mindestens ein Jahr lang ununterbrochen keine staatlichen Fürsorgeleistungen nach SGB II oder SGB XII erhalten und solche auch nicht beantragt hat
b) und er dies gegenüber dem Nachlassgericht eidesstattlich versichert.

Sollten die Bestimmungen des vorstehenden Absatzes nicht wirksam sein oder aus rechtlichen Gründen nicht zu einem Wegfall der Vorerbenbeschränkungen bzw. der Dauertestamentsvollstreckung führen, verbleibt es bei der bisherigen Rechtsstellung des Vorerben.

d) Befristete Testamentsvollstreckung?

Entscheidendes Schutzinstrument des Bedürftigen- (wie auch des Behinderten-)Testaments ist die Dauertestamentsvollstreckung (§ 2214 BGB, Rdn. 6689 ff.); die Vor- und Nacherbfolge »verlängert« den Vermögensschutz lediglich (gerichtet gegen § 102 SGB XII, § 35 SGB II a.F.) über die Lebenszeit des Bedürftigen/Behinderten hinaus. Die auflösende Befristung der Vorerbenstellung schafft, wie oben unter Rdn. 6725 ff. dargestellt, in Gestalt der Vollerbenanwartschaft bereits zuvor verwertbare Positionen. Legen die Beteiligten auf den postmortalen Schutz keinen entscheidenden Wert, ist es ratsam, sich auf die Dauertestamentsvollstreckung zu beschränken, und diese so zu befristen,[516] dass sie nach Ablauf der Gefährdungslage endet (anstatt darauf zu vertrauen, dass die Beteiligten von sich aus die nicht mehr benötigte Testamentsvollstreckung beenden, Rdn. 6717). Eine zugriffsgefährdete »Anwartschaft« wird dadurch nicht begründet, wie sich aus § 2210 BGB ergibt: da keine Testamentsvollstreckung ewig währen kann, liefe § 2214 BGB sonst leer.[517] Hierzu 6740

▶ **Formulierungsvorschlag: Befristete Testamentsvollstreckung beim Bedürftigentestament**

Die Testamentsvollstreckung in Bezug auf ..... endet, wenn innerhalb eines Jahres nach Erteilung der Restschuldbefreiung kein Gläubigerantrag auf deren Widerruf gem. § 303 InsO gestellt wurde, andernfalls mit rechtskräftiger Zurückweisung dieses Antrags. 6741

e) Gestufte Ausschlagung?

Ist nicht abzusehen, ob der Destinatär zum Zeitpunkt des Erbfalls tatsächlich überschuldet sein wird (etwa wegen Eventualverbindlichkeiten aus Haftpflichtprozessen), kann auch auf die flexible Ausschlagungslösung nach Empfehlung von *Tönnies*[518] zurückgegriffen werden: In Erweiterung des § 1951 Abs. 3 BGB (Teilbarkeit der Ausschlagung) kann der Erblasser den Erben durch Verfügung von Todes wegen gestatten, bei mehrfacher Einsetzung zum Alleinerben unter unterschiedlicher Ausgestaltung seiner Erbenstellung (zum einen als unbeschränkter Alleinerbe, als bloßer Vorerbe, als nicht befreiter Vorerbe etc.) die verschiedenen Erbenstellungen gesondert auszuschlagen oder anzunehmen. 6742

Demnach würde also bspw. der potenziell überschuldete Abkömmling zunächst zum »normalen« Erben (bzw. Miterben), ersatzweise zum nicht befreiten, mit Testamentsvollstreckung belasteten 6743

---

516 Die bedingte Befristung ist im Testamentsvollstreckerzeugnis zu vermerken, OLG Düsseldorf, 20.01.2011 – 3 Wx 281/10, ZEV 2011, 650.
517 Vgl. *Tersteegen*, ZErb 2011, 234, 236.
518 ZNotP 2003, 92.

(Mit-)erben eingesetzt sein oder aber ersatzweise zum schlichten Nacherben eingesetzt sein, wobei der Nacherbfall mit dem Tod des Vorerben bzw. zuvor nach Ablauf einer ausreichend langen Zeit, in welcher die Entschuldung erwartet werden kann, eintritt.

6744 Problematisch ist zum einen, ob § 1951 Abs. 3 BGB (Möglichkeit der Ausschlagung eines einzelnen von mehreren zugewendeten Erbteilen) analog auf die »gestufte« Erbeinsetzung in unterschiedlicher Qualität anzuwenden ist,[519] was nicht unumstritten ist.[520] Ist (wie im Vorschlag von Tönnies) der potenziell überschuldete Destinatär ersatzweise zum Nacherben eingesetzt, kommen weitere Probleme hinzu: die mit Ausschlagung entstehende Nacherbenanwartschaft unterliegt (auch wenn ihre Abtretbarkeit ausgeschlossen ist, § 851 ZPO) der Pfändung. Die Pfändungsschutzwirkung des § 2214 BGB wird ggü. Eigengläubigern des Nacherben wohl nur erreicht, wenn nicht nur Nacherbentestamentsvollstreckung i.S.d. § 2222 BGB angeordnet ist, sondern auch unmittelbare Vollstreckung über die dem Nacherben anfallenden Werte nach Eintritt des Nacherbfalls.[521]

6745 Damit unterläge aber der »vormals Bedürftige« auch nach Eintritt des Nacherbfalls, der erst nach Wegfall der Überschuldung erfolgen soll, der Vollstreckung, und ist wiederum darauf angewiesen, dass der Vollstrecker von sich aus das Amt niederlegt. Darüber hinaus ist fraglich, ob das mit der Ausschlagung entstehende Nacherbenanwartschaftsrecht vor seinem Anfall, also vor Eintritt des Nacherbfalls (der erst nach Erreichen der RSB stattfinden soll) nach § 295 Abs. 1 Nr. 2 InsO hälftig an den Treuhänder herauszugeben ist. Jedenfalls wenn die Übertragbarkeit der Anwartschaft ausgeschlossen ist, dürfte dies zu verneinen sein – Wert i.S.d. § 295 Abs. 1 Nr. 2 InsO ist dasjenige, was durch Veräußerung erzielt werden kann, abzgl. Kosten und Belastungen.[522]

f) Auflage?

6746 *Kornexl*[523] schlägt schließlich vor, den Nacherbfall (bzw. die Fälligkeit des Nachvermächtnisses) mit Wegfall der Bedürftigkeit nicht etwa entfallen, sondern eintreten zu lassen (also keine aufschiebend bedingte Vollerbenstellung!). Sofern der Nacherbfall/Nachvermächtnisfall durch den Wegfall der Bedürftigkeit/Überschuldung ausgelöst wurde, sind die dadurch Begünstigten jedoch mit der Auflage beschwert, bestimmte Werte (oder Nachlassquoten) dem nicht mehr Bedürftigen zuzuwenden; zu deren Erfüllung ist Testamentsvollstreckung angeordnet (sollte der Begünstigte selbst zum Kreis der Vollziehungsberechtigten nach § 2194 BGB gehören, sollte diese Berechtigung ausgeschlossen werden).

6747 Da der Begünstigte somit weder einen eigenen künftigen/bedingten Leistungsanspruch (§ 1940 BGB) hat noch verfügungsberechtigt ist, scheidet ein Zugriff Dritter (d.h. eines Pfändungsgläubigers, des Insolvenzverwalters, oder des Sozialleistungsträgers) hierauf aus. Diese auf den ersten Blick etwas paradoxe Empfehlung erscheint derzeit die sicherste »Störfallvorsorge«. Allerdings ist fraglich, ob nicht dasjenige, was nach Erfüllung der Auflage (also mehrfach bedingt) dem derzeit Bedürftigen zukommen wird, als künftige Vermögensposition mit Vorauswirkung und Surrogationswirkung bei Erfüllung durch Erbauseinandersetzung gepfändet werden könnte[524] – hinsichtlich der Auflagenposition selbst droht dies, mangels Anspruchsqualität, jedenfalls nicht.

---

519 In diesem Sinne BayObLG, ZEV 1996, 425; *Seidl*, in: Bamberger/Roth, BGB, § 1951 Rn. 7.
520 Z.B. *Edenhofer*, ZEV 1996, 427.
521 Vgl. *Reul/Heckschen/Wienberg*, Insolvenzrecht in der Kautelarpraxis, S. 315 f.
522 *Limmer*, ZEV 2004, 133, 140.
523 Nachlassplanung bei Problemkindern, Rn. 423 ff.
524 In diese Richtung *Everts*, ZErb 2005, 358; *Stöber*, Forderungspfändung, Rn. 30; BGH, NJW 1969, 1347.

E. Bedürftigentestament

Als Formulierung schlägt *Kornexl*[525] vor:

▶ **Formulierungsvorschlag: Bedürftigentestament; Vorsorge bei späterem Wegfall der Bedürftigkeit (Auflagenlösung)**

a) Bedingungseintritt, Auflage zu ihrer Feststellung
Die nachfolgenden Verfügungen sind aufschiebend bedingt. Sie gelten nur, falls die Bedürftigkeit von ..... *(Name des Bedürftigen)* vor oder nach dem Erbfall weggefallen sein sollte. Die Bedingung gilt ausschließlich dann als eingetreten, wenn sämtliche Erben und Vermächtnisnehmer – einschließlich ..... *(Name des Bedürftigen)* – dies durch schriftliche Erklärung gegenüber dem Nachlassgericht festgestellt haben. Die Abgabe dieser Erklärung wird hiermit im Weg der Auflage zugunsten von ..... *(Name des Bedürftigen)* angeordnet. Die Erklärung kann auch durch einen Stellvertreter abgegeben werden.

b) Rechtsfolgen bei Bedingungseintritt
Sämtliche Nacherben und Nachvermächtnisnehmer sind dann mit einer Auflage zugunsten von ..... *(Name des Bedürftigen)* beschwert, für die folgende Bestimmungen gelten:
  aa) Vom Wert des Vermögens, welches an sie als Folge des Bedingungseintritts durch den Testamentsvollstrecker herauszugeben wäre, haben sie einen Anteil von 90 % sofort wieder an den Auflagebegünstigten herauszugeben.
  bb) Die Vollziehungsberechtigung für die Auflage steht sämtlichen Personen zu, die bei Eintritt der Bedingung Nacherben und Nachvermächtnisnehmer werden, und zwar jeweils in Bezug auf die übrigen Auflagebeschwerten. Außerdem ist diejenige Person vollziehungsberechtigt, die bei Bedingungseintritt als Testamentsvollstrecker die Nachlassbeteiligung des ..... *(Name des Bedürftigen)* verwaltet hat. Für alle anderen Personen, die nach § 2194 BGB die Vollziehung der Auflage verlangen könnten, wird die Vollziehungsberechtigung hiermit ausgeschlossen.

Formulierungsvariante (bei der »Erbschaftslösung« und der »umgekehrten Vermächtnislösung«):

Gleichzeitig mit der aufschiebenden Bedingung tritt der Nacherbfall ein und das Nachvermächtnis, mit welchem ..... (Name des Bedürftigen) beschwert worden ist, fällt an.

Formulierungsvariante (bei der »Vermächtnislösung«):

Gleichzeitig mit der aufschiebenden Bedingung fallen die Nachvermächtnisse, mit welchen ..... Name des Bedürftigen) beschwert worden ist, an.

c) Kein Ersatzbegünstigter

Unter Ausschluss anderslautender Auslegungs- und Ergänzungsregeln entfällt die Auflage, wenn ..... *(Name des Bedürftigen)* sie nicht annehmen kann oder will.

6748

---

[525] *Kornexl*, Nachlassplanung bei Problemkindern, Rn. 434.

Kapitel 15: Vertragsmuster

Die nachfolgenden Arbeitshilfen und Vertragsmuster erfassen typische Ausgangsfälle und verdeutlichen das Zusammenspiel der Einzelbausteine dieses Buches. Zur unreflektierten Übernahme sind sie naturgemäß nicht geeignet.

Übersicht

		Rdn.
A.	Lebzeitige Übertragung von Grundbesitz (»Überlassung«)/Merkblatt für Veräußerer, Erwerber und Geschwister	6749
B.	Merkblatt: Schenkung- und Erbschaftsteuer	6750
C.	Merkblatt: Stiftungen	6751
D.	Fragebogen und Datenerfassung zu einer Hausübergabe	6752
E.	Fragebogen zur Übergabe eines landwirtschaftlichen Anwesens	6753
F.	Übertragung eines städtischen Anwesens auf Abkömmlinge unter Nutzungs- und Verfügungsvorbehalt	6754
G.	Muster einer Bauplatzübertragung als Ausstattung mit Ausgleichspflichtteilsverzicht eines weichenden Geschwisters	6755
H.	Teilungserklärung im Eigenbesitz und Übertragung des Sondereigentums zum Eigenausbau	6756
I.	Landwirtschaftlicher Übergabevertrag (mit weiteren Erläuterungen)	6757
J.	Ehebedingte Zuwendung eines Halbanteils an einer Immobilie	6758
K.	Ehebedingte Übertragung von Grundbesitz in das künftige Alleineigentum eines Ehegatten	6759
L.	»Güterstandsschaukeln«	6760
M.	»Familienpool« in Form einer vermögensverwaltenden KG (Gründung und Einbringung des Grundbesitzes mit Schuldübernahme und Verfügungssperre) mit Registeranmeldung	6767
N.	»Familienpool« in Form einer GbR (Gründung und Einbringung des Grundbesitzes mit Nießbrauchsvorbehalt und Verfügungssperre)	6769
O.	»Familienpool« in Form einer GmbH & Co. KG (Einbringung von Grundbesitz, Übertragung von Gesellschaftsanteilen, Neufassung des Gesellschaftsvertrages)	6770
P.	Schenkung eines Kommanditanteils im Wege vorweggenommener Erbfolge mit Handelsregisteranmeldung	6773
Q.	Schenkung einer atypischen Unterbeteiligung an einem Kommanditanteil	6775
R.	Abtretung eines GmbH-Geschäftsanteils im Wege vorweggenommener Erbfolge (mit Gesellschafterliste)	6776
S.	»Stuttgarter Modell« (Überlassung mit Mietvertrag; Vereinbarung einer dauernden Last)	6778
T.	Übertragung eines einzelkaufmännischen Gewerbebetriebes mit Grundbesitz (mit Handelsregisteranmeldung)	6779
U.	Erbschaftsvertrag nach § 311b Abs. 5 BGB	6781
V.	Schenkung eines Erbteils	6783
W.	Abschichtung gegen Abfindung	6784
X.	Muster eines »klassischen Behindertentestamentes (als Erbvertrag)	6785
Y.	Einzeltestament bei überschuldetem Abkömmling	6786
Z.	Stiftungsgeschäft unter Lebenden (Familienstiftung)	6787

A. Lebzeitige Übertragung von Grundbesitz (»Überlassung«)/Merkblatt für Veräußerer, Erwerber und Geschwister

▶ Merkblatt: Lebzeitige Übertragung von Grundbesitz (»Überlassung«)   6749

Inhaltsverzeichnis

I.	Einige Grundbegriffe	Seite (.....)
II.	Motive und Fallgruppen	Seite (.....)
	1. Grundstücksübertragung zur Vorwegnahme der Erbfolge	Seite (.....)
	2. »Ehebedingte Zuwendung«	Seite (.....)
	3. Veräußerer mit wirtschaftlich risikobehafteter Tätigkeit	Seite (.....)
	4. Reduzierung von Pflichtteilsansprüchen	Seite (.....)
	5. »Versorgungsvertrag«	Seite (.....)
III.	Objekte der Überlassung	Seite (.....)
IV.	»Gegenleistungen« und Vorbehalte	Seite (.....)
	1. Nießbrauch	Seite (.....)

2.	Wohnungsrecht	Seite (.....)
3.	Wiederkehrende Geldzahlungen	Seite (.....)
4.	Naturalleistungen	Seite (.....)
5.	Mehrere Berechtigte	Seite (.....)
V.	Rückforderungsvorbehalt und »Verfügungssperren«	
1.	Gesetzliche Rückforderungstatbestände	Seite (.....)
2.	Vertragliche Rückforderungstatbestände	Seite (.....)
3.	Detailausgestaltung	Seite (.....)
VI.	»Weichende Geschwister«, pflichtteilsrechtliche Fragen	
1.	Das Pflichtteilsrecht des Erwerbers	Seite (.....)
2.	Gesetzliche Ausgleichsansprüche	Seite (.....)
3.	Vertragliche Ausgleichsregelungen	Seite (.....)
VII.	Einige steuerrechtliche Hinweise	
1.	Schenkungsteuer	Seite (.....)
2.	Einkommensteuer	Seite (.....)

I. Einige Grundbegriffe

Die Bezeichnung »Überlassung«, die im BGB selbst keine Verwendung findet, hat sich eingebürgert zur Umschreibung der lebzeitigen Übertragung von Vermögen (also nicht im Weg der gesetzlichen oder testamentarischen Erbfolge »von Todes wegen«) zu Bedingungen, die nicht wie unter fremden Dritten kaufmännisch ausgewogen sind (also nicht im Weg beispielsweise eines Kaufvertrags gegen Entgelt). Sie findet im Regelfall – jedoch nicht notwendigerweise – unter nahen Angehörigen, z.B. im Verhältnis zwischen Ehegatten oder zwischen Eltern und Kindern statt.

Die wirtschaftliche Lebensleistung einer Familie verkörpert sich regelmäßig in einer Immobilie, insbesondere im selbstgenutzten Eigenheim, oder beispielsweise in einer Eigentumswohnung zu Vermietungszwecken, die aus finanzieller Vorsorge für das Alter erworben wurde. Die Entscheidung, eine solche Immobilie bereits zu Lebzeiten zu übertragen, sollte daher wohlüberlegt getroffen sein. Das vorliegende Merkblatt soll Ihnen hierbei Hilfestellungen geben. Es möchte Ihnen zugleich einige Regelungsmöglichkeiten nahebringen, die im Rahmen von Überlassungsverträgen zum Schutz vor unerwarteten Entwicklungen aufgenommen werden können. Die kurze Übersicht kann natürlich nicht die persönliche Beratung im Einzelfall ersetzen, die Ihnen der Berufsstand der Notare zur Vorbereitung von Überlassungsurkunden bietet und den Sie auf jeden Fall in Anspruch nehmen sollten, um den Besonderheiten Ihres Einzelfalls gerecht zu werden. Gerade bei Überlassungen gilt angesichts der Vielzahl zu berücksichtigender persönlicher, zivilrechtlicher, sozialrechtlicher und steuerrechtlicher Momente, dass maßgeschneiderte Einzellösungen erforderlich sind, die sicherstellen, dass alle Beteiligten – Veräußerer, Erwerber, dessen Geschwister etc. – mit der Übertragung selbst und ihrem Ergebnis auch Jahrzehnte später noch zufrieden sind. Scheuen Sie sich daher nicht, einen Besprechungstermin wahrzunehmen und auch nach Erhalt eines Entwurfs sowie während der Beurkundung Ihre Fragen zu stellen!

Die folgenden Erläuterungen gliedern sich in sechs Abschnitte:
– Zunächst sollen die verschiedenen Anlässe einer Übertragung und die daraus entwickelten »Vertragstypen« kurz dargestellt werden (nachstehend II.).
– Es folgt eine kurze Übersicht zu den möglichen Objekten der Zuwendung (nachstehend III.), insbesondere bezüglich der Abgrenzung von Grundstücks- bzw. Geldzuwendung.
– Der anschließende Abschnitt IV. widmet sich den vorbehaltenen bzw. versprochenen »Gegenleistungen«, seien sie auf Zahlung von Geldrenten, auf Naturalleistung (Versorgungspflichten) oder auf Duldung des weiteren Bewohnens oder der Ausübung eines Nießbrauchs gerichtet.
– Abschnitt V. beschäftigt sich mit »Verfügungssperren«, also dem regelmäßig vereinbarten Zustimmungsvorbehalt des Veräußerers bezüglich Belastungen, Veräußerungen oder Rückforderungsrechten für den Fall einer Scheidung, des Vorversterbens etc. In diesem Zusammenhang werden auch mögliche gesetzliche Rückforderungsrechte (z.B. wegen späterer Verarmung des Veräußerers bzw. infolge Heimunterbringung) erörtert.
– Abschnitt VI. beleuchtet einige Aspekte im Verhältnis zu weichenden Geschwistern (Ausgleichspflichten, Anrechnungspflicht auf den Erbteil sowie die Anrechnung auf den eigenen Pflichtteil des Erwerbers).

– Im Schlussabschnitt VII. werden einige wenige Hinweise auf die schenkungs- bzw. grunderwerbsteuerrechtlichen Aspekte sowie die einkommensteuerrechtliche Behandlung gegeben, die jedoch eingehendere Konsultationen mit dem Steuerberater oder die Einholung einer verbindlichen Auskunft seitens des Finanzamts in komplizierter gelagerten Fällen nicht ersetzen können.

Die Übertragung von Betriebsvermögen ist nicht Gegenstand dieses Merkblattes, obwohl die dort auftretenden Fragestellungen sich teilweise mit den hier behandelten decken.

II. Motive und Fallgruppen

Je nach den in erster Linie verfolgten Zielen einer Grundstücksübertragung – die sich häufig in Kombination nebeneinander finden – sind fünf besonders wichtige Fallgruppen zu unterscheiden:

1. Die Grundstücksübertragung zur Vorwegnahme der Erbfolge

Im Sinn einer zeitlich gestaffelten Vermögensübertragung sollen die schenkungsteuerlichen Freibeträge (Euro 400.000 je Elternteil und Kind), die alle zehn Jahre erneut zur Verfügung stehen, mehrfach ausgenutzt werden. Häufig handelt es sich bei dem »überlassenen« Grundstück um das bisher und künftig selbst genutzte Eigenheim der Veräußerer, so dass die Beteiligten besonderes Augenmerk darauf legen, an den bisherigen Nutzungsverhältnissen und der bisherigen Lastentragung nichts zu ändern. Im Grund soll »nur der Name im Grundbuch ausgetauscht« werden. Dies kann erreicht werden durch einen umfassenden Nießbrauchsvorbehalt der Veräußerer, gepaart mit schuldrechtlichen Verfügungsverboten (beides wird nachstehend erläutert). Allerdings muss den Veräußerern deutlich werden, dass zwar der Erwerber (noch) nicht eigenmächtig über das Anwesen verfügen kann, allerdings auch die Veräußerer selbst dazu nicht mehr in der Lage sind, so dass z.B. ein Verkauf oder eine Beleihung (Eintragung von Grundpfandrechten) nur im Zusammenwirken von Veräußerer und Erwerber möglich sind. Wenn mehrere Abkömmlinge vorhanden sind und das Anwesen nicht allen gemeinsam übertragen wird (als Miteigentümer oder in Gesellschaft des bürgerlichen Rechts, damit künftige Quotenverschiebungen zwischen den Geschwistern grunderwerbsteuerfrei möglich sind), sondern ein Abkömmling das Anwesen allein übernehmen soll, ist zugleich das Verhältnis zu den »weichenden Geschwistern« zu regeln (hierzu nachstehend VI.).

2. »Ehebedingte Zuwendung«

Die »ehebedingte Zuwendung« soll zur Verwirklichung der ehelichen Lebens- und Wirtschaftsgemeinschaft »paritätische« Eigentumsverhältnisse herstellen. Das Schenkungssteuerrecht privilegiert diese insofern, als die Übertragung eines selbstgenutzten »Familienheims« (oder von Anteilen hieran) gänzlich steuerfrei gestellt wird, also auf den (immerhin 500.000,– Euro umfassenden) Freibetrag der Übertragung zwischen Ehegatten nicht angerechnet wird, und zwar ohne weitere einschränkende Voraussetzungen (im Falle der Vererbung muss der Witwer/die Witwe die betreffende Immobilie mindestens zehn Jahre selbst bewohnen, um Steuerfreiheit zu erlangen). Entscheidendes (und nicht immer leicht zu lösendes) Regelungsthema in solchen Fällen ist das Schicksal der Zuwendung für den Fall einer Trennung oder Ehescheidung: Soll die Überlassung weiter Bestand haben und allenfalls als Vorausleistung auf einen etwa geschuldeten Zugewinnausgleichsanspruch gelten (§ 1380 BGB), oder soll dem Zuwendenden ein Recht auf Rückforderung zustehen mit der Folge, dass der andere Ehegatte an etwaigen Wertsteigerungen z.B. über das Zugewinnausgleichsverfahren beteiligt wird oder aber dass (aufgrund ehevertraglicher Vereinbarung) lediglich dessen tatsächliche Eigeninvestitionen abgegolten werden sollen? Ein allgemeines »gesetzliches« Rückforderungsrecht bei Scheitern der Ehe besteht (abgesehen von den immer streitbehafteten Fällen des »groben Undanks«) nicht, so dass hierzu eine vertragliche Lösung gefunden werden sollte.

3. Veräußerer mit wirtschaftlich risikobehafteter Tätigkeit

Veräußerer mit wirtschaftlich risikobehafteter Tätigkeit (Unternehmer, Freiberufler mit Haftungsrisiken, Existenzgründer mit hohem Finanzierungsbedarf etc.) sind häufig bestrebt, wichtige Vermögensteile vor einem etwaigen künftigen Zugriff der Gläubiger »in Sicherheit zu bringen«. Solche Übertragungen sind allenfalls erfolgversprechend, wenn sie deutlich vor Eintritt der Krise stattfinden (bei späterer Insolvenz oder erfolglosen Pfändungsversuchen eines Gläubigers besteht eine maximal vierjährige Anfechtungsfrist). Ferner muss in diesem Fall das Augenmerk darauf gelenkt werden, dass nicht der Veräußerer sich seinerseits pfändbare »Gegenleistungen« vorbehält, wie etwa in Gestalt von Rentenzahlungen oder einem Nießbrauchsrecht; ungefährlich ist jedoch der Vorbehalt eines nicht übertragbaren Wohnungsrechts.

4. Reduzierung von Pflichtteilsansprüchen

In ähnlicher Weise werden Überlassungen vorgenommen mit dem Ziel, Pflichtteilsansprüche zu reduzieren: Durch rechtzeitiges Ausscheiden aus dem Nachlass sollen sich die Ansprüche pflichtteilsberechtigter anderer Personen (hierzu zählen Eltern, Ehegatten und Kinder, auch und insbesondere nichteheliche oder ersteheliche Kinder) nur noch auf das »Restvermögen« beziehen, das beim Ableben noch vorhanden ist. Die »Wartefrist« beträgt hier gemäß § 2325 BGB nicht nur vier, sondern zehn Jahre, und auch diese lange Frist beginnt nicht zu laufen, solange sich der Veräußerer wesentliche Nutzungen (etwa in Gestalt eines Nießbrauchs) vorbehalten hat, sowie wenn der Veräußerer Vermögenswerte an seinen Ehegatten übertragen hat (aus Sicht des Gesetzgebers wirtschaften Ehegatten »aus einem Topf«). Stirbt der Veräußerer seit dem 01.01.2010, ohne dass die genannte Zehn-Jahres-Frist seit der Schenkung bereits vollständig abgelaufen wäre, reduziert sich aber immerhin der Pflichtteilsergänzungsanspruch anderer Personen um 10 % für jedes abgelaufene Zeitjahr (sofern die Frist überhaupt angelaufen ist, also nicht bei Schenkungen unter Nießbrauchsvorbehalt und nicht bei Schenkungen unter Ehegatten!). Die »pflichtteilssichere« Formulierung der Gegenleistungen erfordert genaue Beratung durch den Notar, die dieser naturgemäß nur leisten kann, wenn ihm die Übertragungsmotive offengelegt werden. Außerdem kann eine Schenkung auch zur Reduzierung des künftigen Pflichtteilsanspruchs des Beschenkten selbst gegenüber dem Schenker eingesetzt werden (wobei diese Anrechnung spätestens bei der Zuwendung ausdrücklich angeordnet werden muss – Pläne, die Anrechnung auch nachträglich in Testamentsform, also heimlich, zuzulassen, wurden im Rahmen der Erbrechtsreform 2010 nicht umgesetzt).

5. »Versorgungsvertrag«

Schließlich sei als Grundtypus der »Versorgungsvertrag« (früher auch: »Verpfründungsvertrag«) genannt: Im Vordergrund steht hier die finanzielle Versorgung des Veräußerers, insbesondere durch regelmäßige Geldzahlungen des Erwerbers (»Rente«), die jedoch – anders als bei einem Kaufvertrag auf Rentenbasis – nicht in kaufmännischer Weise mit dem realen Wert des überlassenen Anwesens abgewogen sind, sondern auf Lebenszeit oder aber bis zum Renteneintritt des Veräußerers geschuldet werden und sich der Höhe nach entweder nicht verändern (»Leibrente«) oder aber an persönlichen Faktoren wie der Leistungsfähigkeit des Erwerbers oder dem Bedarf des Veräußerers orientieren (»dauernde Last«). In diesem Zusammenhang ist die Kenntnis der steuerlichen Erfordernisse für die Abzugsfähigkeit solcher wiederkehrender Leistungen beim Erwerber (nachstehend VII., Sondertypus der »Vermögensübertragung gegen Versorgungsleistungen«) von besonderer Bedeutung. In seiner Verfügung über den Gegenstand ist der Erwerber jedoch typischerweise frei; er schuldet die Versorgungsleistungen häufig auch dann weiter, wenn er aus dem überlassenen Gegenstand keine Einkünfte (mehr) erzielt oder diesen bereits veräußert hat.

III. Objekte der Überlassung

Mögliche Gegenstände lebzeitiger Vermögensübertragung in bezug auf Grundstücke können Grundstücke (dann samt allen darauf stehenden Baulichkeiten), Eigentumswohnungen, Erbbaurechte (d. h. lediglich das Gebäude unter Eintritt in den Erbbaurechtsvertrag) sowie Teilflächen von Grundstücken sein; in letzterem Fall muss jedoch vor einer Umschreibung im Grundbuch die wegzumessende Fläche (die auch alle darauf stehenden Gebäude mit umfasst) durch Vermessung abgetrennt werden. Eine einzelne Wohnung in einem Gebäude kann nur dann Gegenstand der Überlassung sein, wenn sie nach den Bestimmungen des Wohnungseigentumsgesetzes als getrenntes Eigentum in einem eigenen Grundbuchblatt gebucht wird, andernfalls kann nur das gesamte Anwesen übertragen werden und beispielsweise an einer bestimmten Wohnung ein Wohnungsrecht »zurückbehalten« werden.

Nicht selten wird nicht Grundbesitz unmittelbar übertragen, sondern Geldmittel mit der unmittelbaren Auflage, diese zweckgebunden zum Erwerb einer bestimmten Immobilie oder zur Errichtung eines bestimmten Anwesens zu verwenden. Man spricht in diesem Fall von einer »mittelbaren Grundstücksschenkung«, d. h. beim »Schenker« fließt zwar Geld ab, beim Erwerber kommt allerdings nicht Geld, sondern ein Grundstück oder ein errichtetes Gebäude an. In schenkungssteuerlicher Hinsicht war diese Variante bis Ende 2008 vorteilhaft, weil sie wie die Schenkung einer Immobilie bewertet wird und damit günstiger war als eine unmittelbare Geldschenkung, die stets zum vollen Nominalbetrag angesetzt wird. Da seit 2009 auch bei Immobilien die vollen Verkehrswerte angesetzt werden (siehe hierzu das Merkblatt »Erbschaftsteuer«), sind mittelbare Schenkungen nur noch begrenzt attraktiv (immerhin führen sie bei zu Wohnzwecken vermieteten Immobilien zu einer Reduzierung um 10 v.H., da dort ein Verschonungsabschlag in dieser Höhe gewährt wird).

IV. »Gegenleistungen« und Vorbehalte

Selten handelt es sich um eine »glatte« Schenkung ohne jede Auflage, Gegenleistung oder sonstigen Vorbehalt. Viel häufiger wird sich der Veräußerer Nutzungsrechte (Nießbrauch, nachstehend 1), bzw. Wohnungsrecht (2), Geldzahlungen (3) oder Dienstleistungen (4) vorbehalten. Wenn diese Rechte mehreren Personen zustehen, ist deren Gemeinschaftsverhältnis näher auszugestalten (5).

1. Nießbrauch

Der Nießbraucher »genießt den Gebrauch« (daher der Name) der überlassenen Sache weiterhin, d. h. er ist zur umfassenden Selbstnutzung oder Vermietung auf eigene Rechnung berechtigt. Der Nießbrauch wird im Grundbuch eingetragen; er ist nicht vererblich und (mit Ausnahmen) nicht übertragbar. Der Vorbehalt der Nutzung erstreckt sich in der Regel auf das gesamte Anwesen samt Gebäude; es können zwar einzelne Grundstücksteile (mit darauf stehenden Baulichkeiten) ausgenommen werden, nicht jedoch einzelne Gebäudeteile (z.B. Wohnungen). Der Nießbrauch und die aus ihm fließenden Erträge (insbesondere Mietzinsen bei Fremdvermietung des Anwesens) sind pfändbar. Hinsichtlich der mit dem Objekt verbundenen Lasten sieht das Gesetz vor, dass der Nießbraucher die gewöhnliche Unterhaltung und die »Kleinreparaturen« trägt, ferner die Verzinsung bestehender Schulden, während der Eigentümer für die Tilgung dieser Verbindlichkeiten, für die außerordentliche Abnutzung sowie für »Großreparaturen« (z.B. Dach, Heizung etc.) verantwortlich ist. Die laufenden öffentlichen Lasten (z.B. Grundsteuer, Brandversicherungsprämie) trägt der Nießbraucher, die außerordentlichen Lasten (z.B. Erschließungskosten) trägt der Eigentümer. Aus steuerlichen Gründen wird häufig von dieser Verteilung abgewichen, damit im Fall der Fremdvermietung der Nießbraucher alle Lasten, die er als Werbungskosten absetzen kann, auch tatsächlich zu tragen hat. Beim sogenannten »Vorbehaltsnießbrauch« zugunsten des Veräußerers, der bei der Übertragung »zurückbehalten« wird, kann der Veräußerer sogar weiterhin die Gebäudeabschreibung geltend machen, obwohl er nicht mehr Eigentümer ist! Wenn eine abweichende Tragung aller Kosten zu Lasten des Nießbrauchers vereinbart wird, bleibt »wirtschaftlich« alles beim Alten.

2. Wohnungsrecht

Das Wohnungsrecht bleibt insoweit hinter dem Nießbrauch zurück, als es grundsätzlich nur zur Selbstnutzung (samt Gästen, Angehörigen etc., soweit nicht anders vereinbart) berechtigt. Anders als der Nießbrauch kann das Wohnungsrecht auf bestimmte Teile eines Gebäudes beschränkt werden; dies ist sogar die Regel. Die zur ausschließlichen Nutzung vorgesehenen Räume und die zum gemeinsamen Gebrauch bestimmten Bereiche (Küche, Keller, Garten etc.) müssen im Vertrag genau bezeichnet werden. Der Erwerber schuldet grundsätzlich nur die Duldung des Wohnens, jedoch kein aktives Tun (anders, wenn er im Vertrag zugleich zur Erhaltung des Anwesens in gut bewohnbarem und beheizbarem Zustand verpflichtet wird). Typischerweise trägt der Wohnungsberechtigte seine Verbrauchskosten und die Schönheitsreparaturen (neue Tapete, neuer Teppich etc.) in seinem Bereich selbst, alle anderen Lasten, insbesondere auch die hausbezogenen Kosten (Grundsteuer etc.) trägt der Eigentümer. Dankbar ist jedoch auch, dass der Wohnungsberechtigte (aufgrund schuldrechtlicher Vereinbarung) eine mietähnliche »Nutzungsgebühr« entrichtet, häufig endet dann das Wohnungsrecht bei höheren Zahlungsrückständen. Wenn nicht anders geregelt, ist eine Untervermietung oder Weitervermietung durch den

Wohnungsberechtigten ausgeschlossen; der Berechtigte kann aber seinen Ehegatten, Lebensgefährten und Gäste aufnehmen (es sei denn dieses Recht wäre ebenfalls in der Urkunde abbedungen). Das seiner Natur nach somit höchstpersönliche Wohnungsrecht ist nicht pfändbar und auch nicht auf den Sozialleistungsträger überleitbar. Es endet spätestens mit dem Tod, ferner bei endgültigem Auszug, wenn keine Rückkehr mehr denkbar ist, nicht aber bei vorübergehendem Verlassen der Wohnungsräume.

3. Wiederkehrende Geldzahlungen

Wiederkehrende Geldzahlungen sind häufig in Überlassungsverträgen vorgesehen, die zugleich der Versorgung der Veräußerer dienen sollen. Der Vertrag muss in diesem Fall genau regeln, in welchem Rhythmus die Zahlungen fällig werden (monatlich, quartalsweise etc.), ob diese ihrer Höhe nach unabänderlich sind oder aber sich beispielsweise an die Inflationsrate anpassen (sogenannte »Indexierung« gemäß der Gesamt-Lebenshaltungskosten aller privaten Haushalte in Deutschland) oder aber ob eine angemessene Anpassung verlangt werden kann, wenn z.B. der Bedarf der Veräußerer steigt oder aber die Leistungsfähigkeit des Erwerbers sinkt (sogenannter »Vorbehalt des § 239 FamFG«, vor 2009: des »§ 323 ZPO«). Solche Regelungen müssen allerdings hinsichtlich ihrer tatsächlichen Auswirkungen genauer geprüft werden (bei einem späteren Heimaufenthalt der Veräußerer erhöht sich z.B. deren Bedarf um das Vielfache!), ebenso hinsichtlich der steuerlichen Auswirkungen: Unter bestimmten Voraussetzungen können solche Zahlungen vom Erwerber abgesetzt werden, müssen dann aber vom Veräußerer auch versteuert werden (siehe Abschnitt VII. 2.) Zu regeln ist schließlich, ob zur Sicherung der Zahlungsverpflichtung Eintragungen im Grundbuch (z.B. eine Grundschuld, die bei Einstellung der Zahlungen zur Verwertung der Immobilie berechtigt) erfolgen sollen.

4. Naturalleistungen

Naturalleistungen werden insbesondere im Rahmen eines sogenannten »Leibgedings« oder »Altenteils« in Form von Dienstleistungen und Handreichungen vereinbart. Es handelt sich beispielsweise um Besorgungen und Fahrdienste, hauswirtschaftliche Verrichtungen (Säubern der Wohnung, Zurichten der Wäsche, Zubereitung der Mahlzeiten) sowie um Versorgungs- und Pflegeleistungen, die körperlich unmittelbar »an der Person« zu verrichten sind (Körperpflege, Grund-Krankenpflege ohne medizinische Verrichtungen). Auf staatliche Leistungen nach dem Pflegeversicherungsgesetz, die ja durch Beitragszahlungen erkauft sind, wirken sich solche vertraglichen Dienstleistungsansprüche nicht negativ aus; anders verhält es sich möglicherweise bei Bezügen nachrangiger Sozialleistungen, etwa im Bereich der Hilfe zur Pflege nach dem SGB XII (früher Sozialhilfegesetz). Im einzelnen sollte hier nach persönlicher Beratung mit dem Notar eine allen Seiten gerecht werdende Formulierung gefunden werden. Da die staatlichen Leistungen im Pflegefall nach dem Pflegeversicherungsgesetz im Wesentlichen erst ab Pflegegrad 2 beginnen, andererseits die körperliche und zeitliche Belastung des Erwerbers auch im Hinblick auf dessen eigene Familie und etwaige Berufstätigkeit nicht über Gebühr in Anspruch genommen werden soll, wird im Regelfall die Verpflichtung zur Erbringung von Pflege- und Krankenleistungen im eigentlichen Sinn auf den Leistungsumfang bis zum Erreichen des Pflegegrades 2 beschränkt. Diese Schwelle definiert sich allerdings nicht mehr wie vor dem 31.12.2016 (unter Geltung der sog. Pflegestufen) nach zeitlichen Kriterien (damals: bis zu durchschnittlich 90 Minuten Aufwand/Tag), sondern nach sog. »Defizitpunkten« (hier: nicht mehr als 27 Punkte).

5. Mehrere Berechtigte

Bei einer Mehrheit von Berechtigten, also wenn beispielsweise Ehegatten das Anwesen gemeinsam übertragen und sich die vorstehenden Leistungen oder Nutzungen »gemeinsam« vorbehalten wollen, oder aber wenn das Anwesen im Alleineigentum eines Ehegatten steht, dieser aber seinen Ehepartner ebenfalls mit absichern will, muss schließlich geklärt werden, in welchem Berechtigungsverhältnis beide zueinander stehen. Dabei sind auch steuerrechtliche und sozialrechtliche Aspekte zu beachten. (Beispiel: Werden Geldrenten zugleich an den Ehegatten erbracht, kann es sein, dass dieser dadurch die zulässige Einkommensgrenze von 425 Euro [bzw bei Minijob-Regelung 450 Euro] pro Monat überschreitet, so dass seine beitragsfreie Familienmitversicherung in der gesetzlichen Krankenversicherung endet.) Relevant wird das Berechtigungsverhältnis auch, wenn es zu Streitigkeiten zwischen den beiden Berechtigten oder zwischen dem Berechtigten und dem Erwerber kommen sollte. (Beispiel: Steht der Anspruch beiden als »Gesamtberechtigten nach § 428 BGB« zu, kann der Erwerber mit schuldbefreiender Wirkung auch an einen der beiden allein leisten; der andere Ehegatte geht zunächst leer aus und muss sich im Innenverhältnis an den Leistungsempfänger halten. Weiteres Beispiel: Wem soll das Wohnungsrecht zustehen, wenn sich die gemeinsam berechtigten Ehegatten scheiden lassen? Schließlich: Soll sich die Monatsrente verringern oder der Wohnungsbereich verkleinern, wenn einer der beiden Berechtigten verstirbt?) Auch wenn die Befassung mit diesen Themen nicht immer angenehm ist, müssen solche Aspekte im Notarvertrag, der sich ja gerade in der Krise bewähren muss, mitgeregelt werden.

V. Rückforderungsvorbehalt und »Verfügungssperren«

Häufig soll die Grundstücksübertragung nicht unter allen Umständen und für jeden Fall eine endgültige sein. Vielmehr will sich der Veräußerer für bestimmte Fälle zumindest die Möglichkeit aufrechterhalten, das Grundstück samt Gebäude wieder zurückzuverlangen, zumal die gesetzlichen Rückforderungstatbestände (nachstehend 1) nur sehr lückenhaft sind. Mit solchen Rückforderungsvorbehalten versucht der Veräußerer zugleich, auf bestimmte unliebsame Entwicklungen (z.B. Weiterverkauf, Vorversterben des Erwerbers, dessen Ehescheidung etc.) zu reagieren (nachstehend 2.). Die nähere inhaltliche Ausgestaltung (nachstehend 3) erfordert einige Überlegung (nachstehend 3.).

1. Gesetzliche Rückforderungstatbestände

Gesetzliche Rückforderungstatbestände umfassen insbesondere den sogenannten »groben Undank (§ 530 BGB)« sowie spätere Verarmung des Schenkers (§ 528 BGB).

Ein Widerruf wegen groben Undanks kommt nur innerhalb eines Jahres nach einer »schweren Verfehlung«, die der Beschenkte sich gegenüber dem Schenker hat zuschulden kommen lassen und die zugleich auf eine »subjektiv tadelnswerte Gesinnung« schließen läßt, in Betracht. Ohne viel Phantasie lässt sich nachvollziehen, dass solche Fälle fast immer vor Gericht ausgestritten werden. (Beispiel: Die Eltern schenken eine Immobilie an die Tochter und den Schwiegersohn. Der Schwiegersohn »bricht aus der intakten Ehe aus«. Liegt hierin ein grober Undank nur gegenüber der Ehefrau oder auch gegenüber den Schwiegereltern?) Die Rückforderung wegen Verarmung des Schenkers (§ 528 BGB) hat eine weitaus größere Bedeutung. Sie wird regelmäßig vom Sozialhilfeträger geltend gemacht, wenn der Veräußerer binnen zehn Jahren nach der Schenkung sich nicht mehr selbst unterhalten kann und nachrangige Sozialleistungen in Anspruch nimmt. (Der Rückforderungsanspruch, den der Veräußerer selbst gegen seine Kinder kaum geltend machen wird, geht dann auf den Sozialleistungsträger bzw. die Stelle zur Gewährung des Arbeitslosengeldes II über) Ein solcher Sachverhalt tritt zumeist ein, wenn der Veräußerer wegen Verschlechterung seines Gesundheitszustands dauerhaft in einem Heim untergebracht werden muss. Der Anspruch ist nicht auf Rückgabe des zugewendeten Anwesens in Natur gerichtet, sondern auf monatliche Zahlung der »Unterhaltslücke« durch den Beschenkten, so lange bis der Netto-Wert der Zuwendung aufgezehrt ist. Der Beschenkte kann sich dabei nicht darauf berufen, dass er zur Erbringung der monatlichen Zahlung nicht genügend leistungsfähig sei. Der Rückforderungsanspruch bzw. die Wertausgleichszahlung, die in dessen Erfüllung geschuldet werden, gehen gesetzlichen Unterhaltstatbeständen vor: Zunächst also wird die Zuwendung »von Staats wegen rückabgewickelt«, erst dann werden gegebenenfalls andere Geschwister aufgrund ihres Einkommens herangezogen.

Der Rückforderungsanspruch kann nicht durch Vertrag ausgeschlossen werden. Allerdings gewährt der BGH dem Beschenkten ein Wahlrecht zwischen der monatlichen Zahlung der Unterhaltsrente, einerseits, und der Rückgabe des zugewendeten Gegenstands selbst gegen Erstattung der von ihm erbrachten Investition, andererseits.

2. Vertragliche Rückforderungstatbestände

Die Aufnahme vertraglicher Rückforderungstatbestände wird aufgrund der nur sehr begrenzten gesetzlichen Regelung (oben 1) häufig gewünscht sein. Dies ermöglicht es zugleich, den Erwerber in gewisser Hinsicht zu »disziplinieren« und zugleich die »Geschäftsgrundlage« der Übertragung festzuschreiben. Ein jederzeitiges, freies Widerrufsrecht ist unüblich geworden, es ist jederzeit (sonst nur eingeschränkt) pfändbar bei Betriebsvermögen und bei vermieteten Immobilien wohl auch steuerschädlich. Häufig vereinbarte Sachverhalte, die dem Veräußerer zumindest ein Recht zur Rückforderung der Immobilie geben, sind beispielsweise

a) die Veräußerung des Anwesens ohne schriftliche Zustimmung des Übergebers (Da der Erwerber ja als Eigentümer im Grundbuch eingetragen wird, könnte er theoretisch am nächsten Tag die Immobilie, allerdings unter Fortbestand der vorbehaltenen Rechte und Nutzungen, weiterverkaufen!)

b) die sonstige Weiterveräußerung, auch Schenkung, der Immobilie ohne Zustimmung des Übergebers

c) die Belastung der Immobilie ohne Zustimmung des Übergebers (Damit soll verhindert werden, dass sich der Erwerber finanziell »übernimmt« und das Anwesen daher später versteigert werden muss.)

d) die Pfändung der Immobilie von dritter Seite (Dadurch können allerdings nur Zwangsversteigerungen abgewendet werden, die nicht aus einem schon derzeit eingetragenen Grundpfandrecht stattfinden.)

e) das Versterben des Erwerbers vor dem Veräußerer (Die überlassene Immobilie fällt in den Nachlass und steht damit denjenigen Erben zu, die der Erwerber in seinem Testament gegebenenfalls benannt hat, andernfalls den gesetzlichen Erben, z.B. seiner Ehefrau und den Kindern. Wenn der Übergeber damit nicht einverstanden ist, insbesondere also vermeiden möchte, dass die Schwiegertochter/der Schwiegersohn z.B. nach Wiederheirat anderweitig über das Objekt verfügt, kann er mit Hilfe der Rückforderungsklausel das Objekt wieder aus dem Nachlass an sich ziehen.)

f) Auch wenn die Ehe des Erwerbers geschieden wird und nicht z.B. durch Ehevertrag sichergestellt ist, dass der Schwiegerpartner im Rahmen des Zugewinnausgleichs keine Ansprüche auf die Wertsteigerung der Immobilie erhebt, sondern allenfalls die tatsächlich von ihm getätigten Investitionen zurückerhält, kann eine Rückforderungsklausel hilfreich sein; sie schützt in diesem Fall den Erwerber vor den Risiken seiner eigenen Ehe.

g) Im Übrigen kommen zahlreiche weitere Rückforderungstatbestände in Betracht, die jeweils im Einzelfall erörtert werden sollten. (Beispiele: Der Erwerber bricht eine Berufsausbildung ab, er wird Mitglied einer verfassungsfeindlichen Organisation oder einer Sekte, er bewohnt das Anwesen nicht mehr selbst, er wird nicht nur vorübergehend geschäftsunfähig etc.)

h) Denkbar sind weiter Rückforderungsvorbehalte, die an das Entstehen von Schenkungsteuer (z.B. oberhalb einer akzeptierten »Opfergrenze«) oder an den künftigen Wegfall der Schenkungsteuer überhaupt (etwa als Folge neuerlicher Verfassungswidrigkeit) anknüpfen. Diese Regelung macht sich den Umstand zunutze, dass bei Ausübung eines solchermaßen vorbehaltenen Rückforderungsrechtes sowohl die Steuer für die (aufgehobene) Schenkung erstattet als auch für die »Rückabwicklung« keine neue Steuer erhoben wird (§ 29 ErbStG).

3. Detailausgestaltung

Die Detailausgestaltung der Modalitäten und Konsequenzen einer Ausübung des Rückforderungsrechts muss ebenfalls festgelegt werden. Im Regelfall handelt es sich um ein höchstpersönliches Recht, das binnen einer gewissen Frist nach Kenntnis vom auslösenden Umstand ausgeübt werden muss, und das nicht vererblich ist (zur Verlängerung der Schutzwirkung ist aber zu erwägen, das Rückforderungsrecht doch zumindest für einen Sterbefall vererblich zu stellen, oder es aufschiebend bedingt auf den ersten Sterbefall an Zweitbegünstigte abzutreten). Bei Durchführung der Rückabwicklung sind sodann nur die vom Erwerber tatsächlich getätigten werterhöhenden Investitionen mit ihrem noch vorhandenen Zeitwert rückzuvergüten, soweit sie mit Zustimmung des Übergebers vorgenommen wurden, nicht jedoch beispielsweise laufende Aufwendungen und »aufgedrängte Luxussanierungen«. Der bedingte Anspruch auf Rückforderung sollte auf jeden Fall im Grundbuch durch eine Vormerkung gesichert werden, damit der Anspruch gegebenenfalls auch gegen Rechtsnachfolger (etwa im Fall des abredewidrigen Verkaufs an einen Dritten) durchgesetzt werden kann. Wichtig ist in diesem Rahmen auch der Rang der Vormerkung, insbesondere im Verhältnis zu Grundpfandrechten. Vor einem Rangrücktritt sollte daher auf jeden Fall die Beratung eines Notars in Anspruch genommen werden.

VI. »Weichende Geschwister«; pflichtteilsrechtliche Fragen

Überlassungen dienen häufig der Vorwegnahme der Erbfolge. Es stellt sich die Frage, ob der Veräußerer dadurch im Übrigen frei wird, wie er mit seinem Restbesitz verfährt (also das Problem des möglichen Pflichtteilsrechts des Erwerbers, nachstehend 1.). Wenn andere Geschwister des Erwerbers vorhanden sind, ist häufig von Interesse, ob diese kraft Gesetzes Ausgleichsansprüche gegen den Erwerber geltend machen können (nachstehend 2.) bzw. wie eine mögliche vertragliche Ausgleichspflicht gestaltet sein könnte (nachstehend 3.).

1. Das Pflichtteilsrecht des Erwerbers

Eltern, Ehegatten und Abkömmlinge sind beim Tod einer Person pflichtteilsberechtigt, wenn sie entweder nicht zum Erben eingesetzt sind, oder aber wenn durch lebzeitige Schenkungen während der letzten zehn Jahre (bei Vorbehalt eines Nießbrauchs auch länger, vgl. oben II. 4.) der Nachlass um mehr als die Hälfte gemindert wurde. Regelmäßig wollen Veräußerer aufgrund der Überlassung in der Lage sein, mit ihrem restlichen Vermögen, z.B. den Ersparnissen, frei zu verfügen, also beispielsweise den überlebenden Ehegatten als Erben einzusetzen. Es empfiehlt sich dann, einen ausdrücklichen Pflichtteilsverzicht des Erwerbers gegenüber dem Veräußerer, gegebenenfalls auch gegenüber dessen Ehegatten, in die Urkunde aufzunehmen oder aber zumindest zu vermerken, dass die Zuwendung als »Vorausleistung« auf etwaige künftige Pflichtteilsansprüche zu werten ist, so dass diese regelmäßig dadurch »aufgezehrt« werden.

2. Gesetzliche Ausgleichsansprüche

Gesetzliche Ausgleichsansprüche von weichenden Geschwistern bestehen nur in sehr engen Grenzen: Die Frage eines »Zwangsausgleichs« stellt sich gesetzlich erst nach dem Ableben des Veräußerers, und zwar allenfalls dann, wenn dieser nicht mehr zehn Jahre ab der Zuwendung gelebt hat. (Die Zehnjahresfrist verlängert sich – wie oben II. 4. vermerkt – bei Vorbehalt wesentlicher Nutzungsrechte, etwa eines Nießbrauchs; läuft die Frist an, reduziert sich aber seit 2010 der Anspruch immerhin um 10 % pro seit der Schenkung abgelaufenem Zeitjahr.) Unter Umständen können dann weichende Geschwister innerhalb von drei Jahren nach dem Ableben des Veräußerers sogenannte »Pflichtteilsergänzungsansprüche (§ 2325 BGB)« geltend machen, sofern nämlich durch die lebzeitige Vorwegübertragung ihr Anteil am Nachlass um mehr als die Hälfte geschmälert wurde. Der Anspruch richtet sich darauf, zumindest den Pflichtteil (also die Hälfte des gesetzlichen Erbanteils) aus dem Nachlass zu erhalten, der fiktiverweise bestehen würde, wenn die frühere Schenkung dem tatsächlichen Nachlass hinzugerechnet wird. Der Anspruch richtet sich gegen den Erben, bei Erschöpfung des Nachlasses gegen den Beschenkten. Diese ungewisse, insbesondere auch von der Lebensdauer des Veräußerers abhängende Rechtslage besteht allerdings nur dann, wenn keine ausdrückliche einvernehmliche Regelung getroffen wird. Bei intakten Familienverhältnissen wird es sich häufig so verhalten, dass die Geschwister mit der Überlassung, die im Familienkreis besprochen wurde, einverstanden sind und daher mit Wirkung auch für ihre Abkömmlinge in der notariellen Urkunde auf ihre Pflichtteilsergänzungsansprüche bezüglich des Vertragsobjekts verzichten können (sogenannter »gegenständlich beschränkter Pflichtteilsverzicht«). Dieser kann nur in notarieller Urkunde erfolgen. Er gibt dem Erwerber Gewißheit, dass er nicht später mit »Nachforderungsansprüchen« seiner Geschwister konfrontiert wird.

3. Vertragliche Ausgleichsregelungen

Vertragliche Ausgleichsregelungen sind insbesondere dann häufig, wenn mehrere Geschwister vorhanden sind und nur eine Immobilie zur Verteilung zur Verfügung steht. Denkbar sind z.B. Ausgleichszahlungen, die bereits zu Lebzeiten des Veräußerers fällig werden (deren Höhe in der Regel frei vereinbart wird, jedoch deutlich unter dem anteiligen Verkehrswert der Immobilie liegt und deren Fälligkeit in der Regel auf mehrere Raten gestundet ist). Teilweise werden solche Ausgleichsansprüche zwar dem Grunde nach vereinbart, ihre Fälligkeit aber von bestimmten Krisenumständen abhängig gemacht (Scheidung des Bruders, Verlust des Arbeitsplatzes etc.) Schließlich kann sich der Veräußerer auch damit begnügen, im Verhältnis unter mehreren Abkömmlingen als gesetzlichen Miterben eine erbrechtliche Ausgleichspflicht zu schaffen (untechnisch gesprochen: »Anrechnung auf den Erbteil«), so dass bei der Verteilung des Restnachlasses zunächst die Geschwister zum Zug kommen, bis alle Kinder untereinander gleichgestellt sind. Sollte allerdings kein ausreichender Restnachlass mehr zur Verfügung stehen, wäre der Erwerber der Immobilie gegenüber den Geschwistern nicht zum »Nachschlag« verpflichtet.

VII. Einige steuerrechtliche Hinweise

Die nachstehende kurze Übersicht kann die detaillierte Beratung durch den Notar oder einen Steuerberater naturgemäß nicht ersetzen! Ein ausführliches Merkblatt zur Erbschaftsteuerreform 2009/2010 und 2016 finden Sie auf meiner Homepage.

1. Schenkungsteuer

Die Schenkungsteuer fällt grundsätzlich in gleicher Höhe an, wie sie bei der Vererbung erhöhen würde (Erbschaftsteuer), allerdings stehen die persönlichen Freibeträge alle zehn Jahre erneut zur Verfügung. Durch Verteilung der Vermögensübergabe auf mehrere Zeitabschnitte kann also deutlich Steuer gespart werden! Die persönlichen Freibeträge belaufen sich ab 2009 für Ehegatten und gleichgeschlechtlich Verpartnerte (»Homo«- oder »lesbische Ehen«) auf 500.000 Euro, für Kinder (gegenüber jedem Elternteil) auf je 400.000 Euro für Enkel (gegenüber jedem der vier Großelternteile!) auf je Euro 200.000 Euro, und für Eltern beim Erbschaftserwerb auf je 100.000 Euro; für Eltern bei Schenkungen, sowie für Geschwister und sonstige, entferntere oder nicht verwandte Personen auf 20.000 Euro.

Immobilien werden nicht mehr (wie bis Ende 1995) mit dem Einheitswert, ebenso wenig (wie bis Ende 2008) mit dem Bedarfswert (grob gesprochen dem 12,5-fachen Jahresmietwert abzüglich Altersabschlägen) bewertet, sondern mit dem Verkehrswert (»gemeinen Wert«). Dies bedeutet beispielsweise, dass unbebaute Grundstücke vom Finanzamt nach der sogenannten »Bodenrichtwertkarte« eingewertet werden; bei bebauten Immobilien wird der Verkehrswert für Ein- oder Zwei-Familien-Häuser sowie Eigentumswohnungen nach dem Vergleichswertverfahren, hilfsweise dem Sachwertverfahren, hingegen für Mietwohn-, Geschäfts- oder gemischt genutzte Immobilien nach dem Ertragswertverfahren ermittelt; der Steuerpflichtige kann jedoch stets durch ein Sachverständigengutachten den abweichenden tatsächlichen Wert nachweisen. Auch bei Betriebsvermögen gilt das Vergleichswertverfahren, ersatzweise das Ertragswertverfahren, wobei jedoch mindestens das Ergebnis des Sachwertverfahrens anzusetzen ist.

Belastungen (Schulden, aber auch etwa gewährte bzw. vorbehaltene Nutzungs- oder Nießbrauchsrechte etc.) werden abgezogen. (Bei Zuwendungen der Jahre 2008 und früher war dies beim vorbehaltenen Nießbrauch regelmäßig nicht der Fall; es wurde lediglich eine Stundung des darauf entfallenden Steueranteils bis zum Erlöschen des Nießbrauchsrechts gewährt.) Im einzelnen sind dies sehr komplexe und streitanfällige Bewertungsvorgänge.

Grunderwerbsteuer würde zwar anfallen für diejenigen Gegenleistungen und Vorbehalte, die bei der Schenkungssteuer als Minderung berücksichtigt wurden; da jedoch Übertragungen an Verwandte in gerader Linie, also an Kinder sowie an Ehegatten, grunderwerbsteuerfrei sind, scheidet eine solche Besteuerung bei Überlassung typischerweise aus. Sie kann jedoch anfallen z.B. bei Übertragungen in der Seitenlinie (von Tante an Nichte) oder an Dritte (an das Patenkind).

2. Einkommensteuer

In einkommensteuerlicher Hinsicht stellt sich eine ganze Reihe von teilweise sehr schwierigen Fragen:
a) Handelt es sich bei dem überlassenen Grundstück um Betriebsvermögen einer selbständigen Tätigkeit, eines Gewerbebetriebs oder einer Land- und Forstwirtschaft (dies kann auch beispielsweise hinsichtlich eines freiberuflich genutzten Büros in einem sonst zu Wohnzwecken dienenden Gebäude der Fall sein oder bei sogenanntem Sonderbetriebsvermögen von Gesellschaftern einer OHG oder Kommanditgesellschaft), liegt in der privat motivierten Überlassung außerhalb der Betriebsübergabe eine sogenannte »Entnahme«, die zur Erhöhung des Gewinns durch die regelmäßig im Grundbesitz verkörperten stillen Reserven führt.
b) Häufig wird ebenfalls übersehen, dass eine Grundstücksübertragung mit Gegenleistungen (Abstandszahlungen an den Veräußerer, Gleichstellungsgelder an weichende Geschwister, Schuldübernahmen) auch im Hinblick auf die »Spekulationsbesteuerung« (Besteuerung privater Veräußerungsgeschäfte gemäß § 23 EStG) von Bedeutung sein kann. Die maßgebliche

Frist zwischen Anschaffungs- und Veräußerungsvorgang wurde bekanntlich rückwirkend auf zehn Jahre verlängert. Hinsichtlich des entgeltlichen Anteils einer Übertragung liegt bei vermieteten Immobilien, wenn der Zeitraum noch nicht abgelaufen ist, ein anteiliges Spekulationsgeschäft vor; hinsichtlich des unentgeltlichen Teils der Übertragung läuft die bisher vom Veräußerer zurückgelegte Frist jedoch weiter. Lediglich bei vermieteten Immobilien, die vollständig unentgeltlich übertragen werden, oder solchen, die schon länger als zehn Jahre im Eigentum des Veräußerers standen, ferner bei Immobilien, die im Jahr der Veräußerung und in den beiden vorangegangenen Jahren selbst genutzt waren, stellt sich diese Problem mit Sicherheit nicht. Eigenheimzulage für entgeltliche Erwerbe zur Eigennutzung wird bekanntlich für Neufälle seit 2006 nicht mehr gewährt.

Erzielt der Erwerber aus der übertragenen Immobilie Einkünfte aus Vermietung und Verpachtung (die Immobilie wird auch dann als in vollem Umfang vermietet anerkannt, wenn die Miete über zwei Drittel der ortsüblichen Miete beträgt, § 21 Abs. 2 Satz 2 EStG), kann er neben den sonstigen Werbungskosten, z.B. Schuldzinsen, Erhaltungsaufwendungen etc., die Abschreibung (AfA) geltend machen. Er führt insoweit bei rein unentgeltlichem Erwerb die AfA des Vorgängers fort; bei einem teilentgeltlichen Erwerb verwirklicht er eigene Anschaffungskosten, für die er eine neue AfA-Reihe in Gang setzt. Gegenleistungen mit Entgeltcharakter in diesem Sinn sind z.B. Einmalzahlungen an den Veräußerer, die Übernahme auf dem Objekt ruhender Schulden, Gleichstellungsgelder an Geschwister sowie Rentenzahlungen an den Veräußerer, wenn es sich um sogenannte »Austauschrenten« handelt, die nach kaufmännischen Gesichtspunkten mit der Leistung abgewogen wurden, oder um »Zeitrenten«, die nicht auf Lebenszeit, sondern auf einen bestimmten, befristeten Zeitraum geschuldet sind.

c) Von der Frage der Entgeltlichkeit (und damit dem Entstehen von Anschaffungskosten beim Erwerber, gegebenenfalls eines Veräußerungserlöses bei betrieblichem Vermögen in Gestalt des Veräußerers) zu unterscheiden sind wiederkehrende Versorgungsleistungen, die unter bestimmten Voraussetzungen beim Erwerber in voller Höhe als Sonderausgaben gemäß § 10 Abs. 1 Nr. 1a EStG abgezogen werden können, jedoch nach dem »Korrespondenzprinzip« beim Veräußerer zu versteuern sind. Da der Erwerber typischerweise einer höheren Steuerprogression unterliegt, ist per Saldo damit eine steuerliche Privilegierung der lebzeitigen Vermögensübertragung verbunden. Die Rechtsprechung der Finanzgerichte hatte insoweit in großzügiger Weise das Sonderinstitut der »Vermögensübergabe gegen Versorgungsleistungen« geschaffen, dessen Anwendungsbereich jedoch durch das Jahressteuergesetz 2008 deutlich reduziert wurde.

Es muss sich um die lebzeitige Übertragung von Wirtschaftsgütern handeln,
- die (ggf. nach Umstrukturierung) für eine generationenübergreifende dauerhafte Anlage geeignet und bestimmt sind. Ab 2008 sind für Neufälle jedoch nur noch Betriebe, Teilbetriebe, Anteile an gewerblich tätigen Personengesellschaften, sowie mindestens 50 %ige Anteile an Kapitalgesellschaften zugelassen, so dass Vermögensübergaben gegen Versorgungsleistungen bei Privatvermögen ausscheiden.
- die vom Erwerber weiter gehalten werden (bei Weiterveräußerung können sich schädliche Nachversteuerungen ergeben!) – bei der Übertragung von Kapitalgesellschaftsanteilen müssen Veräußerer und Erwerber als Geschäftsführer für diese Gesellschaft tätig sein –
- und bezüglich derer der Veräußerer oder dessen Ehegatte sich auf Lebenszeit Versorgungsleistungen (Geld oder Naturalzuwendungen) vorbehalten haben, die der Höhe nach geringer sind als der aus dem Objekt erwirtschaftbare Ertrag. Auch die bei Eigennutzung des Erwerbers ersparten Mietkosten gelten bei Übertragungen bis Ende 2007 als Ertrag.

Im Einzelnen ist jedoch, wenn diese einkommensteuerlichen Aspekte eine wichtige Rolle spielen, eine detaillierte Prüfung notwendig, insbesondere zur Abgrenzung zu den steuerlich unbeachtlichen privaten Unterhaltsrenten (§ 12 Nr. 2 EStG) und zu Kaufpreisrenten, die zu Anschaffungskosten führen.

Ich bedanke mich für das in meine Kanzlei gesetzte Vertrauen und stehe für ergänzende Erläuterungen gern zur Verfügung.

Ihr

.....

(Notar)

B. Merkblatt: Schenkung- und Erbschaftsteuer

6750 ▶ Schenkung- und Erbschaftsteuer

Schenkung- und Erbschaftsteuer

I. Freibeträge und Tarif	Seite (.....)
1. Persönliche Freibeträge, § 16 Abs. 1	Seite (.....)
2. Sachliche Steuerbefreiungen	Seite (.....)
a) Freibeträge	Seite (.....)
b) Selbstgenutzte Immobilie	Seite (.....)
3. Steuertarif	Seite (.....)
II. Bewertung	Seite (.....)
1. Grundvermögen	Seite (.....)
a) unbebaute Grundstücke	Seite (.....)
b) bebaute Grundstücke	Seite (.....)
aa) Ein- und Zweifamilienhäuser	Seite (.....)
bb) Mietwohn- und Geschäftsgrundstücke	Seite (.....)
cc) Sonderfälle	Seite (.....)
c) Ermittlungsverfahren	Seite (.....)
aa) Vergleichswertverfahren	Seite (.....)
bb) Ertragswertverfahren	Seite (.....)
cc) Sachwertverfahren	Seite (.....)
dd) Erbbaurechte	Seite (.....)
ee) Gebäude auf fremdem Grund und Boden	Seite (.....)
d) Konsequenzen	Seite (.....)
2. Personenunternehmen	Seite (.....)
3. Anteile an Kapitalgesellschaften	Seite (.....)
4. Vorwegabschlag für Familienunternehmen	Seite (.....)
5. Land- und forstwirtschaftliches Vermögen	Seite (.....)
6. Sonstige Vermögensgegenstände	Seite (.....)
7. Änderung auf der Passivseite: Abzug von Nutzungsrechten (Wohnungsrecht bzw. Nießbrauch)	Seite (.....)
III. Verschonung bei Grundvermögen:	Seite (.....)
IV. Verschonung bei Betriebsvermögen	Seite (.....)
1. Erfasstes Vermögen	Seite (.....)
a) Begünstigungsfähiges Betriebsvermögen	Seite (.....)
b) Begünstigtes Betriebsvermögen	Seite (.....)
2. Verschonungen bei Erwerben unter 26 Mio. Euro	Seite (.....)
a) Steuerklassenprivileg	Seite (.....)
b) Freigrenze	Seite (.....)
c) Optionsmöglichkeit des Steuerpflichtigen	Seite (.....)
d) Lohnsummenkriterium, § 13a Abs. 3 ErbStG	Seite (.....)
e) Nachversteuerung bei Verstoß gegen die Vermögensbindung (§ 13a Abs. 6 ErbStG)	Seite (.....)
3. Verschonungen bei Erwerben über 26 Mio. Euro	Seite (.....)
a) Abschmelzungszone, § 13c ErbStG	Seite (.....)
b) Verschonungsbedarfsprüfung, § 28a ErbStG	Seite (.....)
4. Berechnungs- und Besteuerungsverfahren	Seite (.....)
V. Gestaltungsüberlegungen	Seite (.....)
1. Unabhängig vom Vermögenstypus	Seite (.....)
2. In Bezug auf Betriebsvermögen	Seite (.....)

Am 01.01.2009 sind das »neue« Bewertungsrecht (BewG) und das Schenkung- und Erbschaftsteuergesetz (ErbStG) in Kraft getreten. Das Wichtigste – unter Berücksichtigung der Änderungen aufgrund des Wachstumsbeschleunigungsgesetzes 2010 und der Änderungen des Jahres 2013 einschließlich der durch das Bundesverfassungsgericht ausgelösten Neuregelungen zur Übertragung von Betriebsvermögen ab 01.07.2016 – finden Sie nachstehend in Kürze:

B. Merkblatt: Schenkung- und Erbschaftsteuer   Kapitel 15

I. Freibeträge und Tarif

1. Persönliche Freibeträge, § 16 Abs. 1 ErbStG

Zur Umsetzung des verfassungsrechtlichen Gebots der Freistellung des »Familiengebrauchsvermögens« angesichts dessen höheren, verkehrswertorientierten Wertansatzes (nachstehend II) wurden 2009 die persönlichen Freibeträge – mit Ausnahme des Versorgungsfreibetrags nach § 17 ErbStG – angehoben, und zwar
- für Ehegatten sowie (erstmals) für eingetragene (gleichgeschlechtliche) Lebenspartner auf 500.000 Euro
- für Kinder sowie für Kinder verstorbener Kinder auf 400.000 Euro
- für Enkel auf 200.000 Euro
- für sonstige Personen der Steuerklasse I (etwa Eltern beim Erwerb von Todes wegen) auf 100.000 Euro
- für Personen der Steuerklasse II (Eltern bei lebzeitigem Erwerb, ferner Geschwister und Geschwisterkinder) und Steuerklasse III (alle sonstigen Personen) auf 20.000 Euro
- für beschränkt Steuerpflichtige auf 2.000 Euro (wobei aufgrund europarechtlicher Vorgaben insoweit für EG-Bürger zwischenzeitlich eine Gesamtoption für das deutsche Recht mit den dann geltenden Freibeträgen möglich ist).

Ins Auge fällt die »Vervierfachung« des Freibetrags, den Enkelkinder im Vergleich zur Rechtslage vor 2009 genießen – dies sorgt für vermehrte Direktzuwendungen unter Überspringung einer Generation, insbesondere bei wirtschaftlich prekären Verhältnissen der unmittelbaren Kinder (Verbraucherinsolvenz, Sozialleistungsbezug etc.) Auch die – jedenfalls im Erbschaft- und Schenkungsteuerrecht – vollzogene Gleichstellung eingetragener Lebenspartner (wohl auch bei solcher Verpartnerung im Ausland, jedenfalls sofern unbeschränkte Steuerpflicht im Inland besteht), die wirtschaftlich eine Verhundertfachung des zuvor gewährten Freibetrags von 5.200 Euro bedeutet, wird die »offizielle Registrierung« dauerhafter gleichgeschlechtlicher Beziehungen beflügeln, zumal den gesteigerten zivilrechtlichen Pflichten nun auch entsprechende Begünstigungen gegenüberstehen. Insoweit verliert, unter Lebenspartnern wie auch unter Ehegatten, das Güterstandsschaukel-Modell als Verfahren zur Vermeidung unentgeltlicher Übertragungen (und damit der Schenkungsbesteuerung) etwas an Gewicht, wobei jedoch die Privilegierung in § 5 ErbStG, einschließlich der besonders attraktiven, auch rückwirkende Gestaltungen ermöglichenden, Freistellung des güterrechtlichen Zugewinnausgleichs in § 5 Abs. 2 ErbStG, erhalten bleibt.

2. Sachliche Steuerbefreiungen

a) Freibeträge

Die sachliche Steuerbefreiung für Hausrat durch Personen der Steuerklasse I (41.000 Euro) blieb erhalten, die für andere bewegliche körperliche Gegenstände erhöhte sich nur gering von 10.300 Euro auf 12.000 Euro.

Bei Personen der Steuerklasse II und III wurde der Gesamtfreibetrag für Hausrat, einschließlich aller sonstigen beweglichen körperlichen Gegenstände, ebenfalls maßvoll von 10.300 Euro auf 12.000 Euro angehoben.

b) Selbstgenutzte Immobilie

Die besonders praxiswichtige sachliche Steuerbefreiung der lebzeitigen Übertragung des selbstgenutzten »Familienheims« (bzw. Eigentumswohnung) unter Ehegatten (§ 13 Abs. 1 Nr. 4a ErbStG) blieben erhalten und wurden sogar auf Verpartnerte und auf innerhalb der Europäischen Union bzw. des europäischen Wirtschaftsraums (EWR) belegene Objekte ausgedehnt. Weiterhin unterliegt diese Freistellung keinen weiteren Einschränkungen, kann also für Objekte beliebiger Größe, und im Laufe der Ehe mehrmals, in Anspruch genommen werden; auch eine Mindestzeit der Selbstnutzung nach der Übertragung ist nicht erforderlich. Die Freistellung gilt naturgemäß auch, wenn ein Ehegatte Herstellungs- oder Erhaltungsaufwand trägt für das im Eigentum des anderen stehende Eigenheim. Neu gegenüber der vor 2009 geltenden Gesetzesfassung ist auch, dass die Fremdvermietung eines Teils des Gebäudes nicht mehr den gesamten Privilegierungstatbestand entfallen lassen würde, sondern lediglich zu einer entsprechenden Reduzierung der Freistellung führt.

§ 13 Abs. 1 Nr. 4b ErbStG erweitert die Freistellung des Familienheims auf die letztwillige Zuwendung der Immobilie (nicht nur des Nießbrauchs oder Wohnungsrechtes hieran) an den Ehegatten, als Erbschaft oder Vermächtnis bzw. Ergebnis einer Teilungsanordnung oder einer freiwilligen Nachlassteilung, jedoch unter der zusätzlichen Voraussetzung, dass das Familienheim innerhalb von zehn Jahren nach dem letztwilligen Erwerb nur mehr zu eigenen Wohnzwecken (als solche gilt wohl auch die unentgeltliche Überlassung an Angehörige) genutzt werden darf. Eine vorzeitige Aufgabe dieser Nutzung (sei es durch Vermietung, durch Verkauf oder durch Leerstehenlassen) ist nur dann unschädlich, wenn sie aus »zwingenden Gründen« erfolgt. Ausweislich der Gesetzesbegründung sollen nur objektive Gründe maßgeblich sein, die das selbständige Führen eines Haushalts in dem erworbenen Familienheim unmöglich machen, z.B. Pflegebedürftigkeit oder Tod. Fehlen solche »zwingenden Gründe«, führt die Vermietung oder der Verkauf der Immobilie innerhalb von zehn Jahren nach der Erbschaft zu einer Nachversteuerung, und zwar in vollem Umfang, selbst wenn die schädliche Verwendung kurz vor Ablauf des Zehn-Jahres-Zeitraums erfolgte.

§ 13 Abs. 1 Nr. 4c ErbStG schließlich erweitert die Freistellung des Familienheims auf den letztwilligen (allerdings nicht den lebzeitigen!) Erwerb durch ein Kind oder durch Kinder (bzw Enkel, sofern das unmittelbare Kind bereits verstorben ist), soweit der Erblasser darin bis zum Erbfall eine Wohnung zu eigenen Wohnzwecken genutzt hat oder aus zwingenden Gründen an der Selbstnutzung gehindert war und sie vom erbenden bzw. vermächtnisbegünstigten Kind unverzüglich zur Selbstnutzung zu eigenen Wohnzwecken bezogen wird, allerdings unter noch stärker einschränkenden Voraussetzungen: Die Freistellung wird nämlich nur gewährt, soweit die Wohnfläche 200 m² nicht übersteigt (bei einer Gesamtwohnfläche von 300 m² wären also zwei Drittel steuerfrei, ein Drittel steuerpflichtig). Weiterhin ist – wie beim letztwilligen Erwerb durch den Ehegatten – die Selbstnutzung innerhalb von zehn Jahren nach dem Erwerb vorgeschrieben, es sei denn, aus zwingenden Gründen ist der Erwerber an der Selbstnutzung gehindert. Wie beim letztwilligen Ehegattenerwerb sind Vererbung, Vermächtniszuwendung, Teilungsanordnung und freiwillige Teilung des Nachlasses gleichgestellt.

Die Privilegierung wird sowohl auf Seiten des überlebenden Ehegatten als auch auf Seiten erbender selbstnutzender Kinder durch eine deutliche Beschränkung der Handlungsmöglichkeiten, also erhöhte Immobilität bzw. die faktische Vereitelung der Wahrnehmung von Marktchancen vor Ablauf der 10-Jahres-Frist, erkauft. Es ist zu beobachten, dass sich unter Kindern der »Kampf ums Haus« verschärft. Soweit, wie in aller Regel, lediglich eine Immobilie zur Verfügung steht, wird künftig bei der Bemessung der Abfindung derjenige Miterbe, der nicht privilegiertes Vermögen (Barvermögen oder vermietete Immobilien) erhält, auf eine höhere Abfindung pochen, so dass die Steuerfreistellung sich als Malus im Rahmen der Erbauseinandersetzung auswirkt.

3. Steuertarif

Die Tarifstufen wurden geglättet und dabei nach oben angepasst (die Grenzbeträge, ab deren Überschreiten der nächsthöhere Prozentsatz der betreffenden Steuerklasse insgesamt anzuwenden ist, von vor 2008 52.000/256.000/512.000/5.113.000 etc. Euro lauten seit 2009: 75.000/300.000/600.000/6.000.000 Euro. Die Vomhundertsätze blieben in der Steuerklasse I gleich (aufgrund der etwas gespreizten Tarifstufen reduzieren sie sich insgesamt faktisch), stiegen aber in Steuerklasse II und III deutlich an: An die Stelle der bis Ende 2008 geltenden Vomhundertsätze der Steuerklasse II (von 12 auf 40 Prozent progressiv steigend) treten für Erwerbe seit 2010 Steuersätze zwischen 15 und 43 % (in 2009 betrug der Steuersatz bis 6 Mio Euro einheitlich 30 %, darüber 50 %). In Steuerklasse III beträgt der Steuersatz seit 2009 einheitlich 30 % für Erwerbe bis 6 Mio Euro, für darüber hinaus gehende Erwerbe 50 %. Die Angehörigen der Steuerklassen II und III (»Erbtante«), insbesondere also Familien ohne Kinder, gehören damit zu den eindeutigen Verlierern der Reform.

Es überrascht nicht, dass die »Flucht in die Steuerklasse I«, insbesondere durch Adoptionen, auch im Erwachsenenalter, infolge dessen deutlich zugenommen hat.

II. Bewertung

Dem Auftrag des Bundesverfassungsgerichts folgend, stand die Ermittlung des »gemeinen Werts« im Zentrum der Reform 2009. § 12 ErbStG verweist insoweit auf das Bewertungsgesetz, insbesondere dessen neu eingefügten Sechsten Abschnitt (§§ 157 ff. BewG). Im einzelnen ist demnach zu differenzieren:

1. Grundvermögen

a) unbebaute Grundstücke

Maßgeblich hierfür ist der Bodenrichtwert, § 196 BauGB, also die Richtwertkarte, allerdings seit 2009 ohne den zuvor geltenden 20prozentigen Bewertungsabschlag des § 145 Abs. 3 BewG, vgl. § 179 BewG. Damit ist die Bewertung unbebauter Flächen gegenüber dem bis Ende 2008 geltenden Rechtszustand jedenfalls um 20 Prozent gestiegen.

b) bebaute Grundstücke

Insoweit wird zwischen verschiedenen Grundstücksarten unterschieden (näher definiert in § 181 BewG):

aa) Bei Ein- und Zweifamilienhäusern, Wohnungseigentum und Teileigentum ist das Vergleichsverfahren (§ 183 BewG) anzuwenden. Hierfür wird der gemeine Wert aus den tatsächlich realisierten Kaufpreisen von anderen Grundstücken vergleichbarer Lage, Nutzung, Bodenbeschaffenheit, Zuschnitt und sonstiger Beschaffenheit ermittelt. Hierin liegt eine deutliche Abkehr vom vor 2009 geltenden Recht, das die erzielbaren Netto-Nutzungsentgelte zugrunde legte. Falls Vergleichswerte fehlen, findet hilfsweise das Sachwertverfahren Anwendung, § 182 Abs. 4 Nr. 1 BewG.

bb) Mietwohngrundstücke und Geschäftsgrundstücke sowie gemischt genutzte Grundstücke sind jedoch nach dem Ertragswertverfahren (§§ 184 bis 188 BewG) zu taxieren. Zugrunde zu legen ist der nachhaltig erzielbare Ertrag (also nicht mehr wie vor 2009 die tatsächlich am Besteuerungsstichtag erzielte Nettokaltmiete). Der Bodenwert ist hierfür separat vom Gebäudewert zu ermitteln (siehe unten c). Hilfsweise – falls übliche Nutzungsentgelte nicht ermittelt werden können – gilt auch hier das Sachwertverfahren, das auf den Substanzwert abstellt, also die Summe aus dem Herstellungswert der auf dem Grundstück vorhandenen baulichen und nichtbaulichen Anlagen, und dem Bodenwert.

cc) Sonderfälle

Erbbaurechte, Gebäude auf fremdem Grund und Boden und Grundstücke im Zustand der Bebauung werden wie bisher getrennt erfasst, §§ 192 bis 196 BewG. Beim Erbbaurecht sind die Werte für das Erbbaurecht und das belastete Grundstück jeweils gesondert zu ermitteln, unter Berücksichtigung der Restlaufzeit des Erbbaurechts und der Höhe des Erbbauzinses sowie der Höhe der Gebäudeentschädigung, wobei Einzelheiten auch hier sich aus einer Rechtsverordnung ergeben sollen. Grundstücke im Zustand der Bebauung (also nach Beginn der Bauarbeiten, beispielsweise der Abgrabungen) werden durch Addition des reinen Bodenwerts und der bisherigen Herstellungskosten taxiert. Zivilschutzräume, die im Frieden nur geringfügig genutzt werden können, bleiben außer Betracht.

c) Ermittlungsverfahren

Die §§ 176 ff. BewG (welche auch denjenigen Regelungsinhalt enthalten, der ursprünglich in Verordnungen ausgegliedert weden sollte) stellen ein in sich geschlossenes, vereinfachtes System der Wertermittlung dar; die in § 198 Satz 2 BewG zitierten »aufgrund des § 199 Abs. 1 des Baugesetzbuchs erlassenen Vorschriften«, also die Wertermittlungsverordnung (WertV) und die ergänzenden Wertermittlungsrichtlinien, kommen statt dessen nur dann zum Zug, wenn es um den stets vorbehaltenen Nachweis des niedrigeren gemeinen Werts geht.

Demnach gilt:

aa) Vergleichswertverfahren, § 183 BewG

Für Wohnungs- und Teileigentum sowie Ein- und Zweifamilienhäuser ist die Vergleichswertmethode heranzuziehen, d. h. es sind Kaufpreise für Immobilien zu ermitteln, die hinsichtlich der ihren Wert beeinflussenden Merkmale mit dem zu bewertenden Objekt hinreichend übereinstimmen. Basis ist insoweit regelmäßig die Kaufpreissammlung des Gutachterausschusses gemäß § 195 BauGB. Während jedoch § 14 WertV Anpassungen der Ausgangsgröße durch Zu- und Abschläge wegen Abweichungen des Bewertungsobjekts von den wertbeeinflussenden Merkmalen des Vergleichsgrundstücks vorsieht, schränkt § 183 Abs. 3 BewG dies dahingehend ein, dass insbesondere die den Wert beeinflussenden Belastungen privatrechtlicher und öffentlich-rechtlicher Art unberücksichtigt bleiben. Wertminderungen durch Nießbrauchs- oder Wohnungsrechte muss also der Steuerpflichtige im Wege des Einzelnachweises des niedrigeren gemeinen Werts geltend machen, § 198 BewG.

bb) Ertragswertverfahren, §§ 184 bis 188 BewG

Für Mietwohn-, Geschäfts- und gemischt genutzte Grundstücke ist im Rahmen des gesetzlich dafür vorgeschriebenen Ertragswertverfahrens eine getrennte Ermittlung des Bodenwerts, einerseits, und der baulichen Anlage, andererseits, vorzunehmen:

(1) Der Bodenwert bestimmt sich dabei nach dem Bodenrichtwert gemäß Gutachterausschuss (ohne 20prozentigen Abschlag, § 184 Abs. 2 i.V.m. § 179 BewG).

(2) Hinsichtlich des Gebäudeertragswerts (dieser erfasst auch die Außenanlagen) sieht das Bewertungsgesetz folgende Rechenschritte vor: Der Rohertrag (§ 186 BewG) ist zu mindern um die Bewirtschaftungskosten (§ 187 BewG) und ergibt den Reinertrag des Grundstücks. Letzterer ist zu mindern um die enthaltene Bodenwertverzinsung (§ 188 BewG); es bleibt der Gebäudereinertrag i.S.d. § 185 Abs. 3 BewG, der mit dem in Anlage 21 enthaltenen Vervielfältiger den Gebäudeertragswert ergibt.

Dabei bedeutet der Rohertrag gemäß § 186 Abs. 1 BewG die »übliche Miete« im Sinn des weiterhin geltenden § 146 BewG, d. h. das nach den am Bewertungsstichtag geltenden vertraglichen Vereinbarungen für einen Jahreszeitraum zu entrichtende Benutzungsentgelt ohne Betriebskostenumlagen. Mieten, die mehr als 20 Prozent von der üblichen Miete abweichen, sind durch die übliche Miete zu ersetzen; letztere gilt auch bei eigengenutzten oder unentgeltlich überlassenen Objekten. Die sodann abzusetzenden Bewirtschaftungskosten umfassen die nachhaltigen Verwaltungs-, Betriebs- und Instandhaltungskosten sowie das Mietausfallwagnis. Sie sind zu bemessen nach »Erfahrungswerten«, die durch die Gutacherausschüsse zu ermitteln sind, hilfsweise nach pauschalen Prozentsätzen, die in Anlage 23 zum BewG bestimmt sind. Sie bewegen sich in der Praxis bei etwa einem Viertel des Rohertrags. Der bei der Bodenwertverzinsung anzusetzende Liegenschaftszins ist ebenfalls vorrangig durch den Gutachterausschuss zu ermitteln; hilfsweise sieht § 188 Abs. 2 BewG pauschal 5 Prozent für Mietwohngrundstücke, 6,5 Prozent bei reinen Geschäftsgrundstücken vor. Ist das Grundstück wesentlich größer als der derzeitigen Nutzung angemessen und ist eine zusätzliche Verwertung der unbebauten Teilfläche möglich, wird der Bodenwert dieser Teilfläche bei der Berechnung des Verzinsungsbetrags nicht angesetzt (§ 185 Abs. 2 Satz 3 BewG).

Der Vervielfältiger, mit dem der sich sodann ergebende Gebäudereinertrag zu multiplizieren ist (Anlage 21), bestimmt sich maßgebend nach dem Liegenschaftszins und der Restnutzungsdauer des Gebäudes. Letztere wird ermittelt aus der wirtschaftlichen Gesamtnutzungsdauer gemäß Anlage 22 zum BewG und dem Baujahr des Gebäudes, muss jedoch gegebenenfalls verlängert werden, wenn größere Modernisierungen stattgefunden haben. In jedem Fall soll jedoch die Restnutzungsdauer eines noch genutzten Gebäudes mindestens 30 Prozent der wirtschaftlichen Gesamtnutzungsdauer betragen, was insbesondere bei älteren Gebäuden in der Regel weitere Prüfungen entbehrlich macht. Auch wenn sich durch Abzug der Bodenwertverzinsung ein negativer Gebäudereinertrag ergibt (vgl. § 20 WertV, Liquidationsverfahren), bleibt es doch zumindest beim Ansatz des reinen Bodenwerts eines unbebauten Grundstücks, ein Abzug für abbruchreife Gebäude findet also nicht statt (§ 184 Abs. 3 Satz 2 BewG).

(3) Die Summe von Bodenwert und Gebäudeertragswert bildet sodann den Grundstückswert, sofern nicht der Steuerpflichtige einen niedrigeren gemeinen Wert, § 198 BewG, nachweist.

cc) Sachwertverfahren, §§ 189 bis 191 BewG

Für Wohnungs- und Teileigentum sowie Ein- und Zwei-Familien-Häuser, für die kein Vergleichswert vorliegt, sowie für Geschäftsgrundstücke und gemischt genutzte Grundstücke, für die sich keine ortsübliche Miete ermitteln lässt, und für sonstige bebaute Grundstücke ist das Sachwertverfahren heranzuziehen.

Hierfür wird der reine Bodenwert wiederum gemäß § 179 BewG nach Maßgabe des Bodenrichtwerts (ohne 20prozentigen Abschlag) ermittelt und diesem der Gebäudesachwert, § 190 BewG, hinzuaddiert. Grundlage des Gebäudesachwerts (der auch Außenanlagen einschließt, sofern sie nicht besonders aufwändig gestaltet sind) sind die Gebäuderegelherstellungskosten, also die gewöhnlichen Herstellungskosten je Flächeneinheit, die sich aus Anlage 24 zum BewG ergeben.

Bezugsgröße ist hierbei die Brutto-Grundfläche (BGF) des Gebäudes, also die Summe der Grundflächen aller Grundrissebenen mit Nutzungen und deren konstruktiver Umschließungen, also nach den Außenmaßen des Gebäudes. Das Tabellenwerk der Anlage 24 enthält die Regelherstellungskosten je Quadratmeter Brutto-Grundfläche, gegliedert nach Gebäudeklassen (»Ein- und Zwei-Familien-Häuser mit Keller, Dachgeschoss ausgebaut«), Baujahresgruppen und Ausstattungsstandard (einfach, mittel, gut; letztere Einordnung lässt der subjektiven Wertung des Finanzbeamten weiten Raum). Eine regionale Abstufung der Regelherstellungskosten findet aus Vereinfachungsgründen nicht statt. Die Multiplikation der Gebäuderegelherstellungskosten mit der Brutto-Grundfläche des Gebäudes ergibt den Gebäuderegelherstellungswert.

Von diesem ist sodann eine Alterswertminderung vorzunehmen, die wiederum sich aus dem Alter des Gebäudes und der wirtschaftlichen Gesamtnutzungsdauer gemäß der bereits vorerwähnten Anlage 22 zum BewG ergibt (bei reinen Wohngrundstücken beträgt diese z.B. 80 Jahre). Auszugehen ist dabei von einer gleichmäßigen (linearen) jährlichen Wertminderung, der verbleibende Gebäudewert darf aber im Regelfall 40 Prozent der Gebäuderegelherstellungskosten nicht unterschreiten.

Die Summe aus Bodenwert und Gebäudesachwert (Gebäuderegelherstellungswert abzüglich Alterswertminderung) ergibt den vorläufigen Sachwert des Gesamtobjekts, der jedoch gemäß § 191 BewG noch mit einer Wertzahl zu multiplizieren ist. Es handelt sich dabei um die von den Gutachterausschüssen für das Sachwertverfahren bei der Verkehrswertermittlung abgeleiteten Marktanpassungsfaktoren; fehlen solche, sind die in Anlage 25 zum BewG geregelten Wertzahlungen anzuwenden. Diese sind nach der Höhe des vorläufigen Sachwerts und dem Bodenpreisniveau gestaffelt und sollen berücksichtigen, dass mit zunehmender Höhe der Grundstücksinvestitionen zur Abbildung des gemeinen Werts ein wachsender Abschlag vom vorläufigen Sachwert vorgenommen werden muss.

Für freistehende Garagen wird ein eigener Gebäudeherstellungswert ermittelt und addiert.

dd) Erbbaurechte, §§ 192 bis 194 BewG

Nur in seltenen Fällen werden für ein Erbbaurecht Vergleichskaufpreise zur Verfügung stehen, so dass im Regelfall wiederum auf die Addition von Bodenwertanteil und Gebäudewertanteil zurückgegriffen werden muss (§ 193 Abs. 2 BewG).

(1) Der Bodenwertanteil wird ermittelt aus der angemessenen Verzinsung des Bodenwerts des unbelasteten Grundstücks, abzüglich des vertraglich vereinbarten jährlichen Erbbauzinses; die Differenz ist über die Restlaufzeit des Erbbaurechtes mit dem Vervielfältiger nach Anlage 21 des BewG zu multiplizieren.

Das Ergebnis (Bodenwertanteil des Erbbaurechts) drückt den wirtschaftlichen Vorteil aus, den der Erbbauberechtigte dadurch hat, dass er nach dem Erbbaurechtsvertrag eine geringere als die volle Bodenwertverzinsung zu erbringen hat. Ist jedoch der vereinbarte Erbbauzins höher als der nunmehr übliche, kann dieser Bodenwertanteil auch negativ sein. Sofern der Gutachterausschuss keinen Liegenschaftszins mitteilen kann, gelten gem. § 193 Abs. 4 Satz 2 BewG pauschale Zinssätze (z.B. drei Prozent für Ein- und Zwei-Familien-Häuser, fünf Prozent für Mietwohngrundstücke und Wohnungseigentum, 6,5 Prozent für reine Geschäftsgrundstücke bzw. Teileigentum). Der Vervielfältiger, mit dem der Unterschiedsbetrag zu multiplizieren ist, berücksichtigt die Restlaufzeit des Erbbaurechts und den jeweiligen, gegebenenfalls pauschalen Liegenschaftszins.

(2) Hinzu kommt der Gebäudewertanteil, der im Ertragswertverfahren (§ 185 BewG) oder im Sachwertverfahren (§ 190 BewG) zu ermitteln ist, und der sich gegebenenfalls um den Gebäudewertanteil des Erbbaugrundstücks mindert, wenn nach den vertraglichen Regelungen der bei Ab-

lauf des Erbbaurechts verbleibende Gebäudewert nicht oder nur teilweise zu entschädigen ist (§ 194 Abs. 4 BewG).

(3) Die Summe beider ergibt sodann den Wert des Erbbaurechts, sofern nicht der Steuerpflichtige einen niedrigeren gemeinen Wert gemäß § 198 BewG nachweist.

Da auch für das erbbaubelastete Grundstück selbst Vergleichswerte selten zur Verfügung stehen (§ 183 Abs. 1 BewG), sind in der Regel drei Berechnungsschritte erforderlich:

(1) Der Bodenwert eines unbelasteten Grundstücks (Bodenrichtwert mal Grundstücksfläche) ist über die Restlaufzeit des Erbbaurechts abzuzinsen (§ 194 Abs. 3 BewG); die Abzinsungsfaktoren ergeben sich aus Anlage 26 des BewG und sind je nach der Höhe des angemessenen Liegenschaftszinses (z.B. bei 1- und 2-Familien-Häusern drei Prozent) unterschiedlich.

(2) Zu addieren ist der kapitalisierte Wert des Erbbauzinsanspruchs; der Vervielfältiger ergibt sich wiederum aus Anlage 21 zum BewG, ebenfalls unter Berücksichtigung des Liegenschaftszinses.

(3) Das Ergebnis ist gegebenenfalls um einen Gebäudewertanteil zu erhöhen, wenn das Erbbaugebäude vom Grundstückseigentümer bei Ablauf nicht oder nur teilweise zu entschädigen ist (§ 194 Abs. 4 BewG); der entschädigungslos zufallende (anteilige) Gebäudewert ist auf den Bewertungsstichtag nach den Faktoren der Anlage 26 zum BewG abzuzinsen.

ee) Gebäude auf fremdem Grund und Boden, § 195 BewG

Diese werden nach Ertragswert- (§ 185 BewG), sonst Sachwertverfahren (§ 190 BewG), bewertet; ist das Gebäude bei Ablauf des Nutzungsrechts zu beseitigen, darf beim Vervielfältiger (Anlage 21) nach § 185 Abs. 3 BewG bzw. bei der Alterswertminderung nach § 190 Abs. 2 BewG nur die tatsächliche Nutzungsdauer, nicht die wirtschaftliche Lebenszeit, zugrunde gelegt werden.

Der Wert des mit einem fremden Gebäude belasteten Grundstücks wird (ähnlich wie beim erbbaubelasteten Grundstück) ermittelt durch Addition des auf den Bewertungsstichtag abgezinsten Bodenwerts (Anlage 26 zum BewG) und des kapitalisierten Nutzungszinses (Anlage 21 zum BewG).

d) Konsequenzen: Die Finanzverwaltung ging schon im Gesetzgebungsprozess 2008 davon aus, dass die Bewertung von Grundstücken ab 2009 eine durchschnittliche Anhebung der steuerlichen Bemessungsgrundlage um 66 Prozent zur Folgen haben wird (bei Eigentumswohnungen plus 59 Prozent, für Mietwohngrundstücke plus 71 Prozent, für Geschäftsgrundstücke und gemischt genutzte Grundstücke plus 78 %). Besonders deutlich ist der Anstieg ausgefallen für Objekte mit hohem Grund- und Bodenwert, jedoch relativ geringem bisherigem Mietertrag.

2. Personenunternehmen

Einzelunternehmen sowie personengesellschaftsrechtliche Beteiligungen (Mitunternehmerschaften) wurden bis Ende 2008 gemäß § 12 Abs. 5 ErbStG, § 109 Abs. 1 BewG nach den Steuerbilanzwerten, unter vollem Abzug der Verbindlichkeiten, taxiert. Auch insoweit ist nunmehr der gemeine Wert maßgeblich, § 109 Abs. 1 BewG. Stille Reserven, Firmenwerte usw. werden also in die Bewertung einbezogen. Die Ermittlung des gemeinen Werts soll zuvörderst aus Verkäufen unter Fremden, die im Jahr vor dem steuerlichen Stichtag durchgeführt wurden, erfolgen, hilfsweise (und dies ist die Regel) »aufgrund der Ertragsaussichten oder einer anderen anerkannten, auch im gewöhnlichen Geschäftsverkehr für nichtsteuerliche Zwecke üblichen Methode« (§ 11 Abs. 2 BewG, auf den § 109 Abs. 1 Satz 2 BewG verweist), also auf der Basis von Vergangenheitserträgen, oder nach vergleichsorientierten Methoden bzw. nach der Multiplikatorenmethode, mindestens jedoch nach dem Substanzwert i.S.d §§ 98a, 103 BewG (§ 11 Abs. 2 Satz 3 BewG). Soll die Gesellschaft nicht weiter betrieben werden, bildet der Liquidationswert (als besondere Ausprägung des Substanzwertes) die Untergrenze (richtig wäre gewesen, stets den Liquidationswert, also die fiktiven Nettoerlöse der Liquidation abzüglich der Liquidationskosten, als Untergrenze anzusetzen).

Mangels Vergleichskaufpreisen im vorangehenden Jahr und bei Fehlen »anerkannter üblicher Methoden« der betroffenen Verkehrskreise wird regelmäßig allein die »Wertermittlung unter Berücksichtigung der Ertragsaussichten« in Betracht kommen, »sofern diese nicht zu offensichtlich unzutreffenden Ergebnissen führt« (darin liegt faktisch eine Öffnungsklausel für auf eigene Initiative erstellte Unternehmenswertgutachten). Als Standardbewertung, in der Praxis aber insbesondere für kleinere Betriebe und Freiberuflerpraxen, sieht §§ 199 bis 203 BewG ein sog. »vereinfachtes Ertragswertverfahren« vor.

Die Verfahrensmodalitäten stellen sich im Überblick wie folgt dar:

Zunächst normiert § 200 Abs. 2 bis 4 BewG eine separate Behandlung (1) nicht betriebsnotwendigen Vermögens, (2) von («Unter«-)Beteiligungen sowie (3) von Einlagen innerhalb der letzten zwei Jahre vor dem Bewertungsstichtag. Für diese muss also der gemeine Wert separat ermittelt werden; die damit zusammenhängenden Erträge und Aufwendungen sind aus der Ermittlung des Jahresertrags auszuscheiden. Für den verbleibenden Unternehmensbereich ist der gemeine Wert des Unternehmens zukunftsbezogen anhand der nachhaltig erzielbaren Jahreserträge zu ermitteln und mit einem Kapitalisierungsfaktor zu multiplizieren.

Beurteilungsgrundlage für die Schätzung des künftigen Jahresertrags ist dabei der in der Vergangenheit tatsächlich erzielte Durchschnittsertrag (§ 201 Abs. 1 Satz 1 BewG), insoweit angelehnt an die Ermittlung des Ertragshundertsatzes im Rahmen des vor 2009 geltenden Stuttgarter Verfahrens, R 99 ErbStR 2003. Der Durchschnitt der letzten drei Jahre (der nicht – wie bisher beim Stuttgarter Verfahren – gewichtet wird, so dass jedes vorangegangene Jahr gleich stark in die Bewertung einfließt) zielt dabei ab auf den steuerlichen Bilanzgewinn (also den Unterschiedsbetrag i.S.d. § 4 Abs. 1 Satz 1 EStG). Dieser ist gemäß § 202 Abs. 1 Satz 2 BewG um solche Vermögensminderungen und -mehrungen zu korrigieren, die einmalig sind oder jedenfalls nicht den künftig nachhaltig erzielbaren Jahresertrag beeinflussen (also beispielsweise zu erhöhen um Sonderabschreibungen, Absetzungen auf den Geschäfts- und Firmenwert, einmalige Veräußerungsverluste, und zu reduzieren um gewinnerhöhende Auflösungsbeträge auf steuerfreien Rücklagen, einmalige Veräußerungsgewinne, den angemessenen Unternehmerlohn, soweit er in der bisherigen Ergebnisrechnung nicht berücksichtigt ist, sowie einmalige Investitionszulagen etc.)

Die sodann sich ergebende Zwischensumme ist um 30 Prozent zu kürzen zur pauschalen Abgeltung des Ertragsteueraufwands (»latente Steuerlast«, vgl. § 202 Abs. 3 BewG); die Differenz bildet das »bereinigte Betriebsergebnis«.

Erfolgt eine Gewinnermittlung nach § 4 Abs. 3 EStG, ist anstelle des steuerlichen Bilanzgewinns vom Überschuss der Betriebseinnahmen über die Betriebsausgaben auszugehen, die Korrekturregelungen gelten hier entsprechend (§ 202 Abs. 2 BewG).

Dieser künftig nachhaltig erzielbare Jahresertrag ist mit einem Kapitalisierungsfaktor gemäß § 203 BewG zu multiziplieren. Letztere setzte sich zwischen 2009 und 2015 zusammen aus dem (variablen) Basiszinssatz und einem (Risiko-)Zuschlag von 4,5 Prozentpunkten. Als Basiszinssatz galt der aus den Zinsstrukturdaten der Deutschen Bundesbank ermittelte Zinssatz, der für den ersten Börsentag eines Jahres errechnet wird und die prognostizierte Rendite für langfristig laufende Anleihen darstellt; er wurde jeweils durch das BMF im Bundessteuerblatt veröffentlicht und galt im Rahmen der Wertermittlung für das gesamte Kalenderjahr. Für 2015 betrug er 0,99 %. Der Kapitalisierungsfaktor entsprach gemäß § 203 Abs. 3 BewG a.F. dem Kehrwert des Kapitalisierungszinssatzes, bei einem Kapitalisierungszins von (2015) gesamt 5,49 Prozent also dem 18,21-fachen. Dies war gerade bei kleinen, inhabergeprägten Betrieben und Freiberuflerpraxen weit überhöht. Betriebswirtschaftlich wäre es richtiger, nicht die vergangenen, sondern die erwarteten künftigen Erträge zu diskontieren. Seit 2016 gilt daher bis auf weiteres ein Kapitalisierungsfaktor von 13,75 – unabhängig von der Größe des betroffenen Betriebes.

Beim Betriebsvermögen einer Personengesellschaft ist zu berücksichtigen, dass das vereinfachte Ertragswertverfahren lediglich den Gesamthandsanteil erfasst, nicht das zivilrechtlich den Gesellschaftern gehörende Sonderbetriebsvermögen. Letzteres wird ohnehin nur für den denjenigen Gesellschafter einbezogen, dessen Anteil erbschaftsteuerlicher bzw. schenkungsteuerlicher Zuwendungsgegenstand ist.

Besonders krass ist der Anstieg des steuerlichen Unternehmenswertes demnach bei ertragsstarken, jedoch substanzschwachen Mittelstandsbetrieben (Personengesellschaften) ausgefallen.

Als mittelbare Konsequenz aus dem deutlich höheren Steuerwert haben gesellschaftsrechtliche Anwachsungsklauseln, bei denen die Entschädigung hinter dem Verkehrswert zurückbleibt, über § 3 Abs. 1 Nr. 2 Satz 2 und § 7 Abs. 7 ErbStG sehr viel stärkere Steuerrelevanz erhalten. Dies gilt um so mehr, als die Vinkulierung von Anteilen an Familiengesellschaften nicht zu einer Minderung des Steuerwertes führt, da »persönliche Umstände« unberücksichtigt bleiben müssen (§ 9 Abs. 2 Satz 3, Abs. 3 Satz 1 BewG). Immerhin ist durch § 13a Abs. 3 Satz 2 ErbStG nun sichergestellt, dass bei qualifizierten Nachfolgeklauseln bzw. entsprechender Erbauseinandersetzung stets nur derjenige Miterbe (und zwar vollständig) in den Genuss der Betriebsvermögensprivilegien kommt, der den Anteil erhält.

3. Anteile an Kapitalgesellschaften

Auch insoweit ist der gemeine Wert zugrunde zu legen, so dass es rechtsformbezogene Unterschiede zwischen Personen- und Kapitalgesellschaften nicht mehr gibt. Maßgeblich ist die Ableitung aus Verkäufen unter fremden Dritten im vorangehenden Jahr, hilfsweise (wie in der Regel) »aufgrund der Ertragsaussichten oder einer anderen anerkannten, auch im gewöhnlichen Geschäftsverkehr für nichtsteuerliche Zwecke üblichen Methode«. Mindestwert ist jedoch wiederum der Substanzwert. Die Ermittlung »aufgrund der Ertragsaussichten« soll auch insoweit nach der oben dargestellten »vereinfachten Ertragswertmethode« erfolgen, sofern diese nicht zu »offensichtlich unzutreffenden Ergebnissen« führt.

Auch bei Kapitalgesellschaftsanteilen wurde die Besteuerung des Einziehungserwerbs spürbarer; um insoweit wenigstens in den Genuss der Betriebsvermögensfreistellungen zu kommen, sind Abtretungsklauseln der schlichten Einziehung vorzuziehen (privilegiert ist nämlich nur der Anteilserwerb, nicht der schlichte relative Wertzuwachs).

Bei allen nicht börsennotierten Anteilen an Kapitalgesellschaften trat aufgrund der Abkehr vom bisherigen Stuttgarter Verfahren eine deutlichen Anhebung des Wertansatzes ein sein, interne Berechnungen des BMF gingen schon 2008 von durchschnittlich 64 Prozent Steigerung aus, während Wirtschaftsverbände über ein Mehrfaches der bisherigen Steuerwerte (den bis zu 10fachen Betrag) berichten.

4. Vorwegabschlag für Familienunternehmen

Familienunternehmen erhalten bei kumulativer Aufrechterhaltung der folgenden in § 13a Abs. 9 ErbStG genannten Kriterien während einer Vorlaufzeit von zwei Jahren und einer Nachlaufzeit von 20 Jahren, jeweils bezogen auf den Besteuerungszeitpunkt, einen sog. Vorab-Wertabschlag von bis zu 30 % auf den Wert des begünstigten Vermögens. Diese Kriterien wurden im Vermittlungsausschuss konkreter gefasst:

(a) Der Gesellschaftsvertrag/die Satzung muss die Entnahme/Ausschüttung auf höchstens 37,5 % des (um die auf den Gewinnanteil entfallenden Steuern gekürzten) Betrags des steuerrechtlichen (nicht handelsrechtlichen!) Gewinns beschränken, zzgl. derjenigen Beträge, die zur Begleichung der auf den Gewinnanteil/die Ausschüttung entfallenden Einkommensteuer (nicht auch Erbschaftsteuer!) notwendig sind.

(b) Der Gesellschaftsvertrag/die Satzung muss dinglich wirkende Verfügungsbeschränkungen enthalten, also beschränkt auf Mitgesellschafter, eigene Angehörige i.S.d. § 15 AO sowie Familienstiftungen/Familienvereine.

(c) Der Gesellschaftsvertrag/die Satzung muss Abfindungsbeschränkung für den Ausscheidensfall»unterhalb des Verkehrswerts« enthalten(wobei unsystematischer Weise diese Differenz ihrerseits gem. § 7 Abs. 7 ErbStG besteuert wird!).

Die Höhe des gewährten Abschlags entspricht dem Prozentbetrag, um den die im Gesellschaftsvertrag gemäß (c) vorgesehene Abfindung im Zeitpunkt der Besteuerung hinter dem gemeinen Wert des Gesellschaftsanteils zurückbleibt (die beiden weiteren Kriterien sind also nur für das Ob, nicht für die Höhe des Abschlags relevant). Differenziert der Gesellschaftsvertrag (wie häufig) zwischen verschiedenen Ausscheidensszenarien (good leaver/bad leaver), wird auf den Betrag abzustellen sein, der bei ordentlicher Kündigung (nicht bei Hinauskündigung aus wichtigem Grund) einschlägig ist.

5. Land- und forstwirtschaftliches Vermögen

Da ein funktionierender Markt für land- und forstwirtschaftliche Vermögens (zur Definition §§ 158 bis 160 BewG) sich nicht herausgebildet hat, findet gemäß § 161 ff. BewG ein standardisiertes Ertragswertverfahren Anwendung. Demnach gliedert sich ein Betrieb der Land- und Forstwirtschaft (LuF) in den Wohnteil, die Betriebswohnungen und den Wirtschaftsteil. Für die beiden erstgenannten Komponenten samt Umgriff (maximal das Fünffache der jeweils bebauten Fläche) gelten gem. § 167 BewG die oben 1 dargestellten Bestimmungen zur Bewertung von Grundvermögen, allerdings mit einem Abschlag von 15 v.H. zur Berücksichtigung der Nachteile, die sich aus der Nähe zum Betrieb ergeben (wobei auch hier dem Steuerpflichtigen der Nachweis eines geringeren gemeinen Wertes durch Gutachten eröffnet ist).

Die Bewertung des (im Vordergrund stehenden) Wirtschaftsteils wiederum erfordert die pauschalierte Ermittlung der Ertragsfähigkeit der eigentlichen »LuF-Nutzungen«, der Nebenbetriebe, sowie des Abbau-, Geringst- und Unlandes, unter der Prämisse der Fortführung (Wirtschaftswerte gem. § 163 BewG), wobei jedoch der Mindestwert des § 164 BewG (kapitalisierter Pachtpreis des Grund und Bodens zuzüglich kapitalisiertem Wert des Besatzkapitals abzüglich der Verbindlichkeiten) nicht unterschritten werden darf. Werden wesentliche Wirtschaftsgüter oder gar der Betrieb selbst binnen 15 Jahren nach dem Bewertungsstichtag veräußert und der Erlös nicht binnen eines halben Jahres re-investiert, ist vorrangig vor dem Wirtschaftswert bzw. dem Mindestwert der Liquidationswert (§ 166 BewG) anzusetzen: Bodenrichtwerte nach Richtwertkarte für den Grund und Boden, gemeine Werte für die sonstigen Wirtschaftsgüter, jeweils abzüglich 10 v.H. für die Liquidationskosten.

Die Wirtschaftswerte (§ 163 BewG) bestimmen sich nach dem »gemeinhin und nachhaltig« (§ 163 Abs. 2 Satz 3 BewG: nach dem Durchschnitt der letzten fünf Jahre) »erzielbaren Reingewinn«, also nach dem ordentlichen Ergebnis abzüglich eines angemessenen Lohnanteils für die Arbeitsleistung des Betriebsinhabers und der Zinsaufwendungen. Bei landwirtschaftlicher Nutzung bemisst sich der Reingewinn nach Region (36 Gebiete), Betriebsform und Betriebsgröße in Spalte 4 der Anlage 14 zum BewG (diese umfasst im Bundesgesetzblatt allein 15 DIN A-4 Seiten!) als (bei kleinen Betrieben oft negativer) Eurobetrag pro Hektar. Für Betriebe der Forstwirtschaft, Weinbau, Gärtnereien, Hopfen/Spargel/Tabak (§ 163 Abs. 4 bis 7 BewG) etc existieren vergleichbare Anlagen 15 bis 18 zum BewG, die den Reingewinn in Euro/Hektar nach unterschiedlichen Differenzierungskriterien (Baumart etc) ausweisen; für Geringstland beträgt der Reingewinn 5,40 Euro je Hektar, für Unland Null Euro (§ 163 Abs. 9 und 10 BewG). Die Anlagen 14 bis 18 können durch das BMF turnusmäßig im Verordnungswege an die Erhebungen nach § 2 LandwirtschaftsG angepasst werden. Für Nebenbetriebe und Abbaubetriebe ist der Reingewinn im Einzelertragsverfahren zu ermitteln (§ 163 Abs. 8 BewG).

Die Summe der Reingewinnbeträge ist mit einem Kapitalisierungszins von 5,5 v.H. (also einem Multiplikator von 18,6) zu kapitalisieren (§ 163 Abs. 11 BewG) und das Ergebnis mit der Hektaranzahl der jeweiligen Nutzung zu multiplizieren (§ 163 Abs. 12 BewG).

Zur Bemessung des an der Einzelertragsfähigkeit sämtlicher Wirtschaftsgüter orientierten Mindestwertes (§ 164 BewG) ist hinsichtlich des Grund und Bodens der Pachtpreis je Hektar zu ermitteln, und zwar (nach Nutzung, Nutzungsteil, Nutzungsart, und Betriebsgröße) aus der vorletzten (vierten bzw. fünften) Spalte der Anlage 14 bis 18 zum BewG, der Wert des sog. Besatzkapitals (z.B. der Betriebsgebäude) aus der letzten Spalte dieser Anlagen, für die Forstwirtschaft aus Anlage 15a. Der Kapitalisierungsfaktor beträgt auch hier 18,6 (§ 164 Abs. 3 bzw. 5 BewG). Abzuziehen sind die Verbindlichkeiten, die bei hoch verschuldeten Betrieben mitunter den kapitalisierten Pacht- und Besatzkapitalpreis vollständig neutralisieren; das Mindestergebnis ist allerdings Null (§ 164 Abs. 6 Satz 2 BewG).

Erste Vergleichsberechnungen ergeben, dass häufig der zusammengesetzte Mindestwert aus Einzelertragswert des Grund und Bodens und Einzelertragswert des Besatzkapitals, sofern er nicht durch Verbindlichkeiten überstiegen wird, maßgeblich ist. Allenfalls bei land- und forstwirtschaftlichen Großbetrieben (mit mehr als 100 europäischen Größeneinheiten), die mit hohem Fremdkapitaleinsatz arbeiten, wird demnach der kapitalisierte Reingewinn noch maßgeblich bleiben. Gegenüber der bisherigen Bewertung nach der Summe der Ertragsmesszahlen, multipliziert mit im Regelfall 0,35 Euro (§ 142 Abs. 1 Nr. 1a BewG), ergibt sich zwar eine deutliche Anhebung, die jedoch noch immer spürbar unter dem Verkehrswert bleibt. Auch insoweit bleiben verfassungsrechtliche Bedenken (versteckte Verschonungsmaßnahme).

6. Sonstige Vermögensgegenstände

Änderungen ergaben sich insbesondere hinsichtlich der Bewertung noch nicht fälliger Ansprüche aus Lebens-, Kapital- oder Rentenversicherungen: Zugrunde zu legen sind nicht mehr zwei Drittel der eingezahlten Prämien (wie vor 2008 in § 12 Abs. 4 BewG a.F:), sondern der Rückkaufswert, so dass diese Steuerreduzierungsmöglichkeit unattraktiver wurde.

7. Änderung auf der »Passivseite«: Abzug von Nutzungsvorbehalten (Wohnungs- bzw. Nießbrauchsrecht)

§ 25 ErbStG enthielt bis Ende 2008 ein sog. Abzugsverbot für Nutzungsvorbehalte zugunsten des Veräußerers oder seines Ehegatten: Wurde, wie fast immer der Fall, im Rahmen einer Immobilien- (oder Betriebs-)übertragung ein Nutzungsrecht, wie etwa ein Wohnungsrecht (Eigennutzung) oder ein Nießbrauch (Recht zur Eigennutzung und zur Vermietung), zurückbehalten, führt dieser Vorbehalt (auch wenn der tatsächliche Wert der Übertragung dadurch deutlich geschmälert wurde) nicht zu einer Reduzierung des Schenkung- oder Erbschaftsteuerbetrages, sondern nur zu einer Stundung eines Teils der Steuer bis zum Erlöschen des Nießbrauchs bzw. Wohnungsrechts. Abzugsfähig waren lediglich sog. Leistungsauflagen (also Zahlungsverpflichtungen, z.B. Renten) oder an dritte Personen zugewendete Nutzungsrechte (wobei insoweit naturgemäß in der Zuwendung an den Dritten wieder eine eigene Schenkung liegt, also der Abzug bei der einen Schenkung durch die Besteuerung der zweiten »konterkariert« wird).

Für alle Besteuerungsfälle ab 01.01.2009 ist § 25 ErbStG aufgehoben worden. Demnach sind auch vorbehaltene (nicht nur zugewendete) Wohnungs- bzw. Nießbrauchsrechte abzugsfähig, und zwar in Höhe der erzielten bzw. erzielbaren Jahresmieteinnahmen (ohne Nebenkosten, aber vor Abzug von Steuern AfA etc), multipliziert mit einem Faktor, der sich – bei auf Lebzeit eingeräumten Rechten – aus jährlich gem. § 14 Abs. 1 Satz 4 BewG veröffentlichten Tabellen des BMF ergibt. Dieser erfasst die voraussichtliche Restlebensdauer, allerdings nach Maßgabe einer (tatsächlich weit überhöhten) Abzinsung von 5,5 % p.a. (so dass der sich ergebende Faktor an sich zu gering ist). Gleichwohl führt dieser Abzug zu einer erheblichen Reduzierung des steuerlich anzusetzenden Schenkungswertes (z.B. um das 11 bis 14 fache der Jahreskaltmiete!). Erlischt das Nutzungsrecht durch Tod, findet keine Nachversteuerung statt, es sei denn, der Tod des Begünstigten wäre allzu bald nach der Schenkung eingetreten (vgl. § 14 Abs. 2 BewG). Darin liegt das eigentliche »Steuergeschenk«. Erlischt das Nutzungsrecht allerdings vorzeitig durch freiwillige Aufgabeerklärung, liegt hierin eine neuerliche Schenkung des Nutzungsberechtigten an den Eigentümer, die selbständig zu besteuern ist (sind freilich bereits 10 Jahre vergangen, stehen die Freibeträge wieder neu zur Verfügung).

III. Verschonung bei Grundvermögen

Ausschließlich selbstgenutzte Immobilien sind (bei der lebzeitigen Übertragung an Ehegatten uneingeschränkt, im Falle der Vererbung an den Ehegatten bzw. der Vererbung an Kinder mit Einschränkungen – siehe oben I. 2 b) durch sachliche Befreiungsvorschriften privilegiert.

Für vermietete Wohnimmobilien in der EU/dem EWR, die nicht zu einem Betriebsvermögen gehören, wird ein Abschlag von 10 Prozent der Bemessungsgrundlage gewährt (§ 13d ErbStG, vor dem 01.07.2016 inhaltsgleich in § 13c ErbStG enthalten), zumal das Bundesverfassungsgericht die Belange der Bau- und Wohnungswirtschaft als gewichtige Gemeinwohlgründe akzeptiert hat. Auch damit zusammen hängende Schulden sind dann nur zu 90 % abziehbar (§ 10 Abs. 6 Satz 5 ErbStG). Eine Nachversteuerung bei vorzeitiger Beendigung der Vermietung während eines Beobachtungszeitraums findet jedoch nicht statt, maßgeblich sind allein die Verhältnisse im Besteuerungszeitpunkt.

IV. Verschonung bei Betriebsvermögen

Während der Entwurf eines Unternehmensfortführungserleichterungsgesetzes (§§ 28, 28a ErbStG-E) noch von einem Stundungs- und Erlassmodell ausging, wurde Ende 2008 nach zähem Ringen schließlich ein modifiziertes Abschmelzungsmodell realisiert. Die im Vorfeld diskutierte Gewährung eines zusätzlichen Unternehmensfreibetrags als Ersatz für den vollständig wegfallenden zusätzlichen Freibetrag des § 13a ErbStG a.F. (225.000 Euro) sowie für den bisherigen weiteren Bewertungsabschlag von 35 Prozent haben keinen Eingang gefunden.

Auch sind Schulden und Lasten, die mit begünstigtem Vermögen wirtschaftlich im Zusammenhang stehen, naturgemäß nur anteilig abzugsfähig (im Verhältnis der Werte nach und vor dem Ansatz der Privilegierung des § 13a ErbStG), vgl. § 10 Abs. 6 Satz 4 ErbStG). Dies gilt nun, nach Streichung des § 25 ErbStG, auch für den vorbehaltenen Nießbrauch.

§ 13a Abs. 5 ErbStG (vor dem 30.06.2017: § 13b Abs. 3 ErbStG) stellt (wenngleich in nicht eindeutig formulierter Weise) sicher, dass die Betriebsvermögensverschonung stets demjenigen zugute kommt, der im Rahmen einer Erbauseinandersetzung den Betrieb übernimmt (ähnlich einem Vermächtnisnehmer oder Alleinerben); insgesamt zu versteuern hat er aber zunächst den ererbten Anteil am Gesamtvermögen, auch wenn er in der Erbauseinandersetzung weniger erhält.

1.) Erfasstes Vermögen

a) Begünstigungsfähiges Betriebsvermögen

§ 13b Abs. 1 ErbStG definiert das dem Grunde nach begünstungsfähige Betriebsvermögen ähnlich der vor 2008 geltenden Gesetzeslage (§ 13a Abs. 4 ErbStG a.F.), jedoch räumlich bezogen auf Belegenheiten (Nr. 1), Betriebsstätten (Nr. 2) bzw. Sitz (Nr. 3), also unabhängig von der Belegenheit) in allen Mitgliedsstaaten der Europäischen Union (EU) oder des Europäischen Wirtschaftsraumes (EWR):

Nr. 1: land- und forstwirtschaftliches Vermögen,

Nr. 2: Betriebsvermögen i.S.d. §§ 95 ff. BewG. Zu letzterem zählen Gewerbebetriebe, Teilbetriebe, freiberufliche Mitunternehmeranteile gemäß § 18 Abs. 4 EStG, der Anteil eines persönlich haftenden Gesellschafters einer KGaA sowie Mitunternehmeranteile nach § 15 Abs. 1 Satz 1 Nr. 1 und Abs. 3 EStG (insoweit also unter Einschluss der Anteile an einer lediglich gewerblich geprägten Personengesellschaft i.S.d. § 15 Abs. 3 Nr. 2 EStG). Die gerade im Mittelstand typischen Darlehen des Gesellschafters an »seine« Gesellschaft zählen jedoch nicht zum privilegierten Betriebsvermögen.

Nr. 3: Anteile an Kapitalgesellschaften von mehr als 25 Prozent – wobei mehrere, durch Gebot einheitlicher Verfügung und Stimmrechtsbindung (»Poolvereinbarung«) gebündelte Beteiligungen zusammen zu zählen sind (Minderheitsgesellschafter, die unter Missachtung gewachsener gesellschaftsrechtlicher Strukturen aus Gründen der Erbschaftsteuerersparnis auf solche Stimmrechtsbindungsverträge angewiesen sind, werden dadurch erpressbar! Möglicherweise führen solche Poolvereinbarungen auch zum Untergang von Verlustvorträgen). Kapitalgesellschaftsrechtliche Beteiligungen, die zu einem Betriebsvermögen gehören, sind jedoch über § 13b Abs. 1 Nr. 2 EStG unmittelbar, unabhängig von der Höhe der Beteiligungsquote, erfasst.

b) Begünstigtes Betriebsvermögen

Seit 01.07.2016 gilt: Der Bruttowert des jungen Verwaltungs- und Finanzmittelvermögens und der das unschädliche Verwaltungsvermögen übersteigende Wert des Netto-Verwaltungsvermögens sind im Ergebnis von der Begünstigung ausgeschlossen. Daher ergibt sich das begünstigte Vermögen i.S.d. § 13b Abs. 2 ErbStG, (auf das die Verschonungssubvention des § 13a ErbStG, nachstehend 2., bzw. [bei Großerwerben] die Verschonungssubvention des § 13c ErbStG oder die Verschonungsbedarfsprüfung des § 28a ErbStG, nachstehend 3., Anwendung finden) dadurch, dass

das begünstigungsfähige Vermögen

(1) um den Nettowert des Verwaltungsvermögens (§ 13b Abs. 6 ErbStG, hierzu nachstehend a bis e) vermindert wird,

(2) Letzteres aber zuvor gekürzt wird um das unschädliche Verwaltungsvermögen gem. § 13b Abs. 7 ErbStG (den »Schmutzzuschlag« i.H.v. 10 % des gemeinen Wertes des Betriebsvermögens, gekürzt um das Nettoverwaltungsvermögen, wobei junges Verwaltungs- und junges Finanzmittelvermögen nicht zum unschädlichen Verwaltungsvermögen zählen kann), und

(3) als Mindestwert des abzuziehenden Nettoverwaltungsvermögens aber gem. § 13b Abs. 8 Satz 3 ErbStG die Summe aus den Bruttowerten des jungen (seit weniger als zwei Jahren vorhandenen) Verwaltungsvermögens und des jungen Finanzmittelvermögens anzusetzen ist.

(ad 1:) Zur Berechnung des Nettowerts des Verwaltungsvermögens wird ermittelt

(a) die Gesamtsumme des Verwaltungsvermögens i.S.d. § 13b Abs. 4 Nr. 1 bis 4 ErbStG – siehe nachstehend – abzüglich der Vermögensteile, die altersvorsorgegewidmet sind gem. § 13b Abs. 3 ErbStG

(b) zuzüglich der Finanzmittel i.S.d. § 13b Abs. 4 Nr. 5 ErbStG – ohne die sog. jungen Finanzmittel –, (aa) nach Vorwegabzug der altersvorsorgegewidmeten Finanzmittel gem. § 13b Abs. 3 ErbStG, und (bb) nur soweit sie cce vorhandenen Schulden und (cc) – sofern als Hauptzweck tatsächlich gewerbliche, freiberufliche oder land- und forstwirtschaftliche Tätigkeit ausgeübt wird – 15 % des anzusetzenden Wertes des Betriebsvermögens übersteigen,

(c) zuzüglich der jungen, also seit weniger als zwei Jahren vorhandenen, Finanzmittel, soweit sie nicht altersvorsorgegewidmet sind i.S.d. § 13b Abs. 3 ErbStG

(d) abzüglich – in Erbfällen – der aufgrund geplanter und nachträglich umgesetzter Investition oder Lohnverwendung mit Rückwirkung umqualifizierten Verwaltungsvermögensteile gem. § 13b Abs. 5 ErbStG.

Das Ergebnis bildet den gemeinen Wert des Verwaltungsvermögens, das

(e) um die anteiligen Schulden, § 13b Abs. 6 ErbStG bereinigt wird, soweit (aa) nicht bereits durch altersvorsorgegewidmetes Vermögen gem. § 13b Abs. 3 ErbStG neutralisiert oder (bb) mit Finanzmitteln gem. § 13b Abs. 4 Nr. 5 EbStG verrechnet oder soweit (cc) nicht wegen fehlender Belastungswirkung oder (dd) als nicht betrieblich motivierte junge Schulden unbeachtlich bleibend, § 13b Abs. 8 Satz 1 und 2 ErbStG, wobei (ee) junges Verwaltungsvermögen und junge Finanzmittel nicht durch anteiligen Schuldenabzug gekürzt werden können, § 13b Abs. 8 Satz 1 ErbStG,

so dass sich hieraus der Nettowert des Verwaltungsvermögens ergibt.

Aufgrund der Verfassungswidrigkeit der »Alles-oder-nichts«-Grenze (von vormals 50 % bei der Regelverschonung bzw. 10 % bei der Optionsverschonung) ist in jedem Einzelfall eine konkrete Berechnung des Verwaltungsvermögensanteils notwendig, unter anteiliger Berücksichtigung der Schulden. Die Wertermittlungen werden daher künftig weit konfliktbeladener und streitiger erfolgen, da es nicht nur um die Festlegung geht, ob die 10- oder 50-Prozent-Schwelle genommen werden kann oder nicht, sondern jedes geringere Prozent an Verwaltungsvermögen ein Mehrvolumen an potentieller Vergünstigung bedeutet. Die Verzerrungen, die beim vor dem 30.06.2016 geltenden Recht (in dem die Verwaltungsvermögensquote dem Gesamtwert gegenübergestellt wurde) insbesondere dann eintreten konnten, wenn Verwaltungsvermögen fremdfinanziert wurde oder das Verwaltungsvermögen zur Absicherung betrieblicher Schulden, etwa aus Pensionszusagen, verwendet wurde, sind allerdings weitgehend entfallen.

Als sogenanntes »Verwaltungsvermögen«, also »nichtproduktives Vermögen«, das ohne Vergünstigung zu versteuern ist, gilt (§ 13b Abs. 4 ErbStG):

Nr. 1: Dritten zur Nutzung überlassene Grundstücksteile und Gebäude(teile), wobei jedoch die Fälle der Betriebsaufspaltung (§ 13b Abs. 4 Satz 2 lit. a) 1. Alt.), des Sonderbetriebsvermögens – lit. a) 2. Alt. –, bestimmte Betriebsverpachtungen (lit. b) Konzernsachverhalte (lit. c), gewerbliche Wohnungsvermietungsgesellschaften mit – so die Finanzverwaltung – Beständen von mehr als 300 Wohnungen (lit. d), Verpachtungen zur Absatzförderung etwa durch Brauereien (lit. e) und im Ganzen erfolgende land- und forstwirtschaftliche Verpachtungen (lit. f) nicht zum Verwaltungsvermögen zählen

Nr. 2: Anteile an Kapitalgesellschaften im Streubesitz (unmittelbare Beteiligung am Nennkapital unter 25 Prozent, wobei stimmrechtsgebundene Beteiligungen wiederum zusammen zu zählen sind). Ausgenommen sind solche Kleinbeteiligungen in der Hand von Kredit- oder Finanzdienstleistungsinstituten.

Nr. 3: Kunstgegenstände, Münzen, Edelmetalle, Edelsteine, Oldtimer, Yachten u. ä., sofern Handel oder Verarbeitung solcher Gegenstände nicht Hauptzweck des Gewerbebetriebs ist.

Nr. 4: Wertpapiere und vergleichbare (also verbriefte) Forderungen (außer in der Hand von Banken, Finanzdienstleistungs- und Versicherungsinstituten);

Nr. 5: der Bestand an Zahlungsmitteln, Geschäftsguthaben, Geldforderungen und anderen Forderungen der (nach Abzug der Schulden) 15 % des Betriebsvermögens übersteigt, und bei dem es sich nicht um »junge Finanzmittel« (Saldozuwachs in den vorangehenden zwei Jahren) handelt. Voraussetzung für die 15 % ige Freistellung ist allerdings, dass es sich um eine gewerblich tätige (nicht nur eine gewerblich geprägte) Gesellschaft handelt.

Die verzerrenden, insbesondere ungerechtfertigterweise begünstigenden, sog. Kaskadeneffekte des zwischen dem 01.01.2009 und dem 30.06.2016 geltenden Rechts sollen durch die im Rahmen der Erbschaftsteuerreform 2016 eingeführte sog. Verbundvermögensaufstellung, § 13b Abs. 9 ErbStG, beseitigt werden. Ähnlich wie bei einer Konzernbilanz werden Forderungen und Verbindlichkeiten innerhalb des Verbands eliminiert und das Verwaltungsvermögen damit im Verband insgesamt vermittelt. Einzubeziehen sind alle Beteiligungen, die zum abstrakt begünstigungsfähigen Vermögen i.S.d. § 13b Abs. 1 ErbStG zählen, also beispielsweise nicht Beteiligungen an Kapitalgesellschaften, die unter der 25-Prozent-Quote bleiben und auch durch eine Pool-Vereinbarung nicht über diese Schwelle gelangen. Solche Splitterbeteiligungen zählen endgültig zum Verwaltungsvermögen (§ 13b Abs. 4 Nr. 2 ErbStG) und werden damit in den Verbund nicht aufgenommen, § 13b Abs. 9 Satz 5, 1. Halbsatz, ErbStG. Ebenso werden gem. § 13b Abs. 9 Satz 1 ErbStG Schwestergesellschaften ausgenommen. Auch Tochter- und Enkelbeteiligungen, die eine solche Kapitalgesellschaft mit zu geringem Anteil hält, bleiben damit unberücksichtigt.

Die Verbundvermögensaufstellung dient nur der Ermittlung des nichtbegünstigungsfähigen Vermögens (nicht der Bewertung des begünstigungsfähigen Vermögens als solchem).

Die durch das BVerfG vorgegebene konkrete Berechnung der Vermögensverwaltungsquote macht es erforderlich, Schulden, die im Zusammenhang mit dem Betriebsvermögen stehen, anteilig auch bei der Ermittlung des nichtverschonungswürdigen Verwaltungsvermögens zu berücksichtigen (nach der zwischen dem 01.01.2009 und dem 30.06.2016 geltenden Gesetzeslage des Alles-oder-nichts-Prinzips genügte der Ansatz mit dem Brutto-Wert, lediglich bei der Ermittlung des Finanzmittelvermögens wurden schon bisher Nettowerte zugrunde gelegt).

Eine Sonderposition nehmen Altersvorsorgeschulden ein, die gem. § 13b Abs. 3 Satz 1 u. 2 ErbStG vorab mit Verwaltungsvermögen (auch jungem Verwaltungsvermögen) und Finanzmittelvermögen (auch jungem Finanzmittelvermögen) verrechnet werden, soweit diese Gegenstände ausschließlich und dauerhaft der Erfüllung solcher Altersvorsorgeverpflichtungen dienen und andere Gläubiger, etwa durch Verpfändungsmaßnahmen, von der Verwertung ausgeschlossen sind. Übersteigende Altersvorsorgeschulden sind nach den allgemeinen Grundsätzen zunächst mit den Finanzmitteln (allerdings nicht mit jungen Finanzmitteln) i.S.d. § 13b Abs. 4 Nr. 5 ErbStG, sodann anteilig mit dem sonstigen Vermögen (anteilig verteilt auf Verwaltungsvermögen und begünstigtes Vermögen, § 13b Abs. 6 ErbStG) zu verrechnen, teilen also das Schicksal der sonstigen betrieblichen Schulden

Eine Missbrauchsverhinderungsregelung enthält § 13b Abs. 8 Satz 2, 2. Fall, ErbStG, wonach Schulden insoweit nicht zu berücksichtigen sind, als der Schuldenstand im Besteuerungszeitpunkt den durchschnittlichen Schuldenstand der vergangenen drei Jahre übersteigt. Eine künstliche Aufblähung von Schulden, um damit eine erhöhte Verrechnung mit Finanzmitteln nach § 13b Abs. 4 Nr. 5 ErbStG oder mit sonstigem Verwaltungsvermögen zu erreichen, soll also ausgeschlossen werden. Demzufolge greift diese Sperrvorschrift nicht ein, wenn der Steuerpflichtige nachweisen kann, dass die Schuldenerhöhung auf betriebliche Umstände, etwa die Betriebserweiterung, zurückzuführen ist.

Soweit Schulden nicht nach § 13b Abs. 3 ErbStG mit Altersvorsorgeverpflichtungen saldiert und soweit sie nicht nach § 13b Abs. 8 Satz 2 (da wirtschaftlich belastend oder in den letzten drei Jahren ohne betriebliche Veranlassung neu aufgenommen) von der Verrechnung ausgeschlossen sind, findet zunächst gem. § 13b Abs. 4 Nr. 5 Satz 1 ErbStG eine Verrechnung mit den vorhandenen Finanzmitteln (allerdings nicht mit den jungen Finanzmitteln, § 13b Abs. 4 Nr. 5 Satz 2 ErbStG) statt, im übrigen gilt § 13b Abs. 6 ErbStG mit der Folge einer anteiligen Aufteilung der Schulden auf das verbleibende Verwaltungsvermögen, so dass die anteiligen Schulden dem Verhältnis des gemeinen Werts des Verwaltungsvermögens, einerseits, im Verhältnis des gemeinen Werts des Betriebsvermögens zuzüglich der verbleibenden Schulden, andererseits, entsprechen. Das um die anteiligen Schulden gekürzte Verwaltungsvermögen bildet dann den Nettowert des Verwaltungsvermögens, der von der Begünstigung ausgeschlossen ist. Das junge Verwaltungsvermögen i.S.d. § 13b Abs. 7 Satz 2 ErbStG ist allerdings von dieser Kürzung ausgeschlossen.

3.) Verschonungen bei Erwerben unter 26 Mio. Euro

Sofern der in einem Zeitraum von zehn Jahren zwischen denselben Personen stattfindende Vermögenserwerb (durch Schenkung oder Erbschaft) 26 Mio Euro nicht übersteigt, stehen in Bezug auf das tatsächlich begünstigte (2b), nicht das nur dem Grunde nach begünstigungsfähige (2a) Vermögen folgende Privilegierungstatbestände zur Verfügung:

a) Steuerklassenprivileg

§ 19a ErbStG, wonach beim Erwerb von privilegiertem Betriebsvermögen durch Personen der Steuerklassen II und III ebenfalls die Steuersätze der Steuerklasse I Anwendung finden, blieb erhalten, und zwar ohne die bisherige Beschränkung auf 88 Prozent. Eine Adoption des Unternehmenserwerbers wirkt sich also »nur« hinsichtlich des persönlichen Freibetrages positiv aus.

b) Freigrenze

Gemäß § 13a Abs. 1 ErbStG werden lediglich 85 Prozent des begünstigten Vermögens tatsächlich freigestellt, die verbleibenden 15 Prozent werden als nichtbetriebsnotwendiges Vermögen fingiert, so dass sie wie Privatvermögen besteuert werden. Wählt allerdings der Steuerpflichtige gem. § 13a Abs. 10 ErbStG unwiderruflich die »ambitioniertere« Variante der Freistellung (mit verschärften Anforderungen und Fortführungsauflagen), entfällt die 15 %ige Sofortbesteuerung – werden alle gesetzlichen Auflagen auf die Dauer von sieben (ursprünglich: zehn) Jahren eingehalten, winkt am Ende die 100 %ige Freistellung.

§ 13a Abs. 2 ErbStG enthält einen gleitenden Abzugsbetrag hinsichtlich des nichtbegünstigten 15-Prozent-Anteils des Betriebsvermögens: Beträgt dieser nicht mehr als 150.000 Euro, entfällt die Besteuerung insoweit vollständig. Wird der Wert überschritten, mindert sich der Abzugsbetrag um 50 Prozent des die Freigrenze (nicht den Freibetrag) von 150.000 Euro übersteigenden Betrags, so dass die Freigrenze ab 450.000 Euro wirkungslos wird. Der Abzugsbetrag steht für alle Betriebsvermögenserwerbe, die vom selben Veräußerer herrühren, nur einmal alle zehn Jahre zur Verfügung (§ 13a Abs. 2 Satz 3 ErbStG).

c) Optionsmöglichkeit des Steuerpflichtigen

§ 13a ErbStG gewährt eine im Optimalfall vollständige Steuerbefreiung des erfassten begünstigten Betriebsvermögens (ggf., sofern der Steuerpflichtige sich nicht für die »ambitionierte Variante« entscheidet – nachstehend a –, mit Ausnahme des 15 %igen Sofortversteuerungsanteils) sofern die Verschonungsparameter der Lohnsumme (nachstehend b) eingehalten und kein Nachversteuerungstatbestand ausgelöst wird (nachstehend c).

Bis zur Bestandskraft des Schenkung- oder Erbschaftsteuerbescheides kann der Erwerber gem. § 13a Abs. 10 ErbStG unwiderruflich sich für die »ambitionierte Variante« der Freistellungsregelung entscheiden. Dadurch eröffnet sich die Möglichkeit einer vollständigen, auch den »Sofortbesteuerungsabschlag« erfassenden, Freistellung, allerdings unter verschärften Anforderungen.

d) Lohnsummenkriterium, § 13a Abs. 3 ErbStG

Die Gewährung des vollen Bewertungsabschlags für die maximal freigestellten 85 % (bei Wahl der »ambitionierten Variante« gemäß oben a: 100 %) des unternehmerischen Vermögens setzt voraus, dass über einen Beobachtungszeitraum (sog. Lohnsummenfrist) von fünf Jahren nach dem Erwerb die Summe der maßgeblichen jährlichen Lohnsummen des Betriebs (bei Personen-

oder Kapitalgesellschaftsbeteiligungen des Betriebs, den die Gesellschaft führt), 400 Prozent der Ausgangslohnsumme nicht unterschreitet. Ausgangslohnsumme ist der Durchschnitt der letzten fünf Wirtschaftsjahre vor der Übertragung/ Vererbung des Betriebes.

Seit 01.07.2016 gilt das Lohnsummenkriterium auch für Betriebe mit weniger als 20 Arbeitnehmern. Bei Unternehmen
- zwischen sechs bis zehn Beschäftigten beträgt die Lohnsumme nun 250 % (also jährlich durchschnittlich 50 %),
- zwischen elf und 15 Beschäftigten beträgt sie 300 % (also jährlich durchschnittlich 60 %) und
- ab 16 Beschäftigten 400 % des Durchschnitts der Lohnsumme der vergangenen fünf Jahre vor dem Besteuerungszeitpunkt, somit durchschnittlich jährlich 80 %.

Für die Frage, welche der Alternativen einschlägig ist, wird die Arbeitnehmerzahl – für den Stichtag der Entstehung der Steuer – allein nach Köpfen ermittelt, so dass auch Teilzeitbeschäftigte oder Aushilfen (letztere mit der Ausnahme des § 13a Abs. 3 Satz 7 Nr. 5 ErbStG: Saisonarbeiter) wie »volle« Arbeitnehmer zählen. Eine Umrechnung von Teilzeitbeschäftigung (wie etwa gemäß § 23 Abs. 1 Satz 4 Kündigungsschutzgesetz) in Vollzeitarbeitnehmer-Einheiten findet also nicht statt.

Nicht mehr mitgerechnet werden allerdings – abweichend von der vor 01.07.2016 geltenden Rechtslage – gem. § 13a Abs. 3 Satz 7 (Nr. 2:) Auszubildende, (Nr. 1:) Arbeitnehmer in Mutterschutz sowie (Nr. 3:) Bezieher von Krankengeld und (Nr. 4:) Elterngeld, schließlich auch (Nr. 5:) »Saisonarbeiter«, die nur während bestimmter Zeiten, etwa im Weihnachtsgeschäft, in Freizeitparks oder als Erntehelfer tätig sind. Wie bisher werden freie Mitarbeiter oder Leiharbeitnehmer nicht mitberücksichtigt. GmbH-Gesellschafter, die zugleich im Unternehmen tätig sind, zählen jedenfalls nach Auffassung der Finanzverwaltung stets mit, auch wenn sie sozialversicherungsfrei behandelt werden, während mitarbeitende Personengesellschafter niemals berücksichtigt werden sollen, selbst wenn sie sozialversicherungspflichtig sind

Einzubeziehen sind die anteiligen Lohnsummen bei anderen Unternehmen im Inland, in der EU bzw. im EWR, an denen der übergebene Betrieb bzw. die Gesellschaft, hinsichtlich derer Anteile übertragen wurden, zu mehr als 25 v.H. beteiligt ist. Verlegung von Lohnaufwand in Länder außerhalb der EU/des EWR ist also schädlich.

Unterschreitet – über die gesamte Lohnsummenfrist betrachtet – die Summe der Lohnsummen den Mindestwert von (ab 16 Arbeitnehmern) 400 Prozent (also 80 % bezogen auf den Jahresdurchschnitt), entfällt die zunächst vorläufig gewährte Verschonung mit Wirkung für die Vergangenheit im Verhältnis des Zurückbleibens (Beispiel: beträgt die Gesamtlohnsumme über fünf Jahre lediglich 320 Prozent, also zwanzig v.H. weniger als die geschuldeten 400 Prozent), entfällt die Freistellung rückwirkend für 20 v.H. der zunächst freigestellten 85 Prozent des Betriebsvermögens, so dass zusätzlich zum Sofortbesteuerungsanteil von 15 v.H. weitere 20 v.H. von 85 Prozent, also weitere 17 v.H. besteuert werden, und demnach insgesamt 32 v.H. des Betriebsvermögens zu gemeinen Werten versteuert werden. Für diese nachzuversteuernden Anteile steht die Freigrenze von 150.000 Euro (oben 3) nicht zur Verfügung.

Wählt der Erwerber die »ambitionierte Variante« (oben c), muss er strengeren Anforderungen hinsichtlich der Lohnsumme genügen: Die Beobachtungsfrist verlängert sich auf sieben Jahre, und die Gesamtlohnsumme erhöht sich auf 700 Prozent. Vollständige Freistellung ist also nur dann zu erlangen, wenn im Durchschnitt die Ausgangslohnsumme permanent gehalten wird. Bei Betrieben zwischen sechs bis zehn Beschäftigten beträgt die Lohnsumme in der ambitionierten Variante 500 %, (durchschnittlich also 71,5 %), zwischen elf und 15 Beschäftigten beträgt sie 500 % (also jährlich durchschnittlich 81 %).

Es fällt nicht schwer vorauszusagen, dass die Lohnsummenregelung Konflikte zwischen dem Management, das auf Kostensenkung bedacht ist, und beschenkten bzw. geerbt habenden Gesellschaftern, welche auf die Einhaltung der Schwellenwerte bedacht sind, heraufbeschwört. Andererseits treten die steuerverschärfenden Folgen einer Lohnsummenunterschreitung ein, auch wenn der (Minderheits-)Gesellschafter sie rechtlich gar nicht verhindern konnte!

e) Nachversteuerung bei Verstoß gegen die Vermögensbindung, § 13a Abs. 6 ErbStG

Ähnlich der bis 2008 geltenden Regelung in § 13a Abs. 5 ErbStG a.F. fallen der Abzugsbetrag nach § 13a Abs. 6 ErbStG (150.000 Euro, oben 3.) sowie der Verschonungsabschlag von maximal 85 v.H. (bzw. in der »ambitionierten Variante« 100vH) des Betriebsvermögens mit Wirkung für die Vergangenheit (§ 175 Abs. 1 Satz 1 Nr. 2 AO) weg, sobald und soweit der Erwerber binnen fünf (bei der ambitionierten Variante binnen sieben) Jahren einen gesetzlichen Schädlichkeitstatbestand erfüllt.

Zu Recht wurden gegen diese lange Frist (fast zwei bzw zweieinhalb Legislaturperioden!) erhebliche Vorbehalte angemeldet. Sie bedeutet eine Verschärfung gegenüber der vor 2009 geltenden fünfjährigen Bindungsfrist. In größeren Familiengesellschaften mit mehreren Stämmen wird mindestens einer der Gesellschafter sich jeweils in der Fünf- (bzw. Sieben)-Jahres-Frist befinden und Umstrukturierungsmaßnahmen gegenüber sehr zurückhaltend sein (»der Fiskus sitzt immer mit am Tisch«). Kritisch ist weiter zu beleuchten, dass auch solche Gesellschaftsanteilserwerber durch »Nichtprivilegierung« bestraft werden, die wegen geringer Stimmrechte auf die Entscheidungen der Gesellschaft keinerlei Einfluss nehmen konnten – daher werden in Gesellschaftsverträge künftig weit häufiger als bisher Vetoklauseln gewünscht werden zum Schutz von Minderheitsbeteiligten gegen den Eintritt solcher Nachversteuerungstatbestände. Aus Sicht des Veräußerers stellt sich das Risiko noch extremer dar: er haftet gem. § 20 ErbStG für die entstehende Schenkungssteuer als Gesamtschuldner mit, auch wenn er auf die Entscheidungen des Erwerbers (z.B. den Betrieb stillzulegen) keinen Einfluss nehmen konnte (allerdings empfehlen die Erbschaftsteuerrichtlinien 2011, von dieser Zweitschuldnerstellung keinen Gebrauch zu machen, es sei denn der Schenker hätte sich zur Übernahme der Schenkungsteuer verpflichtet).

(aa) Schädlich ist zum Einen gem. § 13a Abs. 6 Satz 1 Nr. 1 Satz 1 ErbStG die Veräußerung oder Aufgabe eines Betriebes, Teilbetriebes, oder Gesellschaftsanteils, ebenso (aaO Satz 2) die Veräußerung bzw. Entnahme wesentlicher Betriebsgrundlagen (Bsp: ein Schiffsbeteiligungsfonds veräußert das gehaltene Schiff) sowie die Veräußerung von Kapitalgesellschaftsanteilen, die für eine Sacheinlage gem. § 20 Abs. 1 UmwStG gewährt wurden, und die Veräußerung von Personengesellschaftsanteilen, die für die Einbringung von Betriebsvermögen in eine Personengesellschaft gem. § 24 Abs. 1 UmwStG gewährt wurden. Bei land- und forstwirtschaftlichem Vermögen (Nr. 2) schadet vergleichbar die Veräußerung, Betriebsaufgabe oder der Übergang zur Stückländerei.

(bb) Schädlich sind des weiteren gem. Nr. 3 »Überentnahmen« durch den Inhaber des Gewerbe(teil)betriebes, des Personen- oder (das ist neu) Kapitalgesellschaftsanteils, welche die Summe der Einlagen und der ihm zuzurechnenden Gewinn(anteile) während der Sieben-Jahres-Frist um mehr als 150.000 Euro übersteigen.

(cc) Gemäß Nr. 4 schadet bei Kapitalgesellschaftsanteilen deren ganze oder teilweise Veräußerung (als solche gilt auch die verdeckte Einlage der Anteile in eine Kapitalgesellschaft), die Auflösung oder Kapitalherabsetzung der Kapitalgesellschaft selbst, die Veräußerung wesentlicher Betriebsgrundlagen sowie die Verteilung von Vermögen an die Gesellschafter. Allein in der Umwandlung der Kapital- in eine Personengesellschaft liegt (abweichend von der bis 2008 geltenden Rechtslage) keine schädliche Verwendung mehr, sondern erst in der Veräußerung der dafür erhaltenen Anteile (Nr. 4 Satz 2 i.V.m. Nr. 1 Satz 2).

(dd) Schließlich schadet gem. Nr. 5 die Aufhebung der Stimmrechtsbündelung oder der Verfügungsbeschränkung, welche die Zusammenrechnung mehrerer Anteile zur Überschreitung der 25 % Schwelle bei Kapitalgesellschaften erlaubte. Beim Stimmrechtspool handelt es sich um eine BGB-Gesellschaft; das außerordentliche Kündigungsrecht (§ 314 BGB) kann insoweit gar nicht, das ordentliche nur eingeschränkt (§ 723 Abs. 3 BGB) ausgeschlossen werden.

Veräußerungen des Betriebes, der Anteile oder wesentlicher Betriebsgrundlagen sind jedoch gem. § 13a Abs. 6 Satz 3 und 4 ErbStG dann unschädlich, wenn der Erlös binnen sechs Monaten in neues Betriebsvermögen, das kein Verwaltungsvermögen sein darf, re-investiert wird.

Finden, über den Gesamtbeobachtungszeitraum saldiert, »Überentnahmen« statt (Nr. 3), ist die Überentnahme nicht mehr privilegierungsfähig. In den Fällen der schädlichen (und nicht re-investierten) Veräußerung des Betriebes, Anteils, bzw. wesentlichen Betriebsvermögens, der Betriebsaufgabe, Kapitalherabsetzung, Auflösung des Poolvertrages etc. entfällt die vorläufig gewährte

Freistellung für die Vergangenheit nur anteilig im Verhältnis der verbleibenden Behaltensfrist (einschließlich des Jahres des Verstoßes selbst) zur gesamten Behaltensfrist (findet bei siebenjähriger Frist der Verstoß im fünften Jahr statt, also um drei siebtel).

4.) Verschonungen bei Erwerben über 26 Mio. Euro

Die Notwendigkeit einer Andersbehandlung (also geringeren Privilegierung) von sog. »Großerwerben«, im Unterschied zu kleinen oder mittleren, insbesondere Familienunternehmen, wurde im Urteil des BVerfG vom 17.12.2014 maßgeblich gefordert. Das Gesetz definiert als Großerwerb (§ 13a Abs. 1 ErbStG) das Überschreiten einer Grenze des begünstigten (nicht nur begünstigungsfähigen!) Erwerbs (also nach Berücksichtigung des ggf. zur verfügung stehenden Vorwegabschlags für Familienunternehmen von bis zu 30 %, sowie anteiliger Berücksichtigung der Schulden) von 26 Mio Euro, bezogen auf alle Erwerbe innerhalb eines Zeitraums von zehn Jahren von derselben Person. Das Gesetz lädt also dazu ein, Großunternehmen (entgegen der wirtschaftlichen und psychologischen Vernunft) auf eine Vielzahl von Erwerbern und in mehreren Zehn-Jahres-Tranchen zu übertragen.

Der »Großerwerber« kann wählen zwischen den Begünstigungen des § 13c ErbStG und des § 28a ErbStG:

a) Abschmelzungszone, § 13c ErbStG.

§ 13c ErbStG in seiner Gesetz gewordenen Fassung hat lediglich die Funktion, den »Fallbeileffekt« des Wegfalls der Regel- oder Optionsverschonung bei Vermögen über 26 Mio. Euro im Einzelfall durch Einführung einer sog. »Abschmelzungszone« abzumildern. Die Überschrift »Verschonungsabschlag bei Großerwerben« ist also irreführend. Für jede 750.000 €, um die die Freigrenze überschritten wird, findet eine Reduzierung des Abschlags von anfänglich 85 % (bzw. 100 %) um einen Prozentpunkt statt, so dass bei Werten ab 90 Mio Euro jede Vergünstigung entfällt.

Damit tritt bei Überschreiten des Betrags von 26 Mio. Euro eine doppelte Mehrbelastung ein, zum einen weil ein immer geringerer Prozentsatz des Gesamterwerbs steuerfrei ist, zum anderen weil der Steuersatz für das steuerpflichtige überschießende Vermögen aufgrund der Progression steigt (in Steuerklasse I auf bis zu 30 %). In der Spitze erreicht die Gesamtsteuerbelastung damit (ab Erwerben von 90 Mio. Euro) den Höchststeuersatz (von bei Steuerklasse I 30 %), während andererseits der übersteigende Betrag selbst einer insgesamt höheren Einzelmehrbelastung unterliegt.

b) Verschonungsbedarfsprüfung, § 28a ErbStG

Allein auf der Ebene der Erhebung, nicht der Festsetzung, der Erbschaftsteuer gewährt § 28a ErbStG eine individuelle Vergünstigung, die nicht – wie alle anderen Privilegien – pauschaliert oder in prozentualer Höhe gewährt wird, sondern nach den Verhältnissen des Einzelfalls vermeiden soll, dass der Steuerpflichtige mehr als die Hälfte des nichtbegünstigten verfügbaren Vermögens für die Tilgung der Erbschaft- oder Schenkungsteuer einzusetzen hat

Zum einzusetzenden Vermögen zählt gem. § 28a Abs. 2 ErbStG zum einen das nichtbegünstigungsfähige Vermögen (also die Differenz zwischen dem gemeinen Wert des Betriebsvermögens, gegebenenfalls vermindert um den Familienunternehmensabschlag nach § 13a Abs. 9 ErbStG, und dem begünstigten Vermögen i.S.d. § 13b Abs. 2 ErbStG), sowie das mit dem Erwerb (also durch Erbschaft oder Schenkung) mitübergegangene weitere Vermögen. Schließlich zählt hierzu das dem Erwerber im Zeitpunkt der Entstehung der Steuer bereits gehörende Vermögen, das selbst nichtbegünstigtes (Betriebs-)Vermögen i.S.d. § 13b Abs. 2 ErbStG ist. Schulden sind abzuziehen, auch Verbindlichkeiten aus dem Erbfall selbst für etwaige Pflichtteilsansprüche – jedenfalls wenn sie eine wirtschaftliche Belastung darstellen –, Vermächtnisse und Zugewinnausgleichsschulden bei der güterrechtlichen Lösung. Sachliche oder persönliche Steuerbefreiungen spielen jedoch für die Einsatzpflicht des sonstigen Vermögens keine Rolle, so dass auch begünstigte Kunstsammlungen i.S.d. § 13 Abs. 1 Nr. 2 ErbStG oder das Familienwohnheim nach § 13 Abs. 1 Nr. 4a, 4b oder 4c ErbStG mitberücksichtigt werden. Voraussetzung ist jedoch gem. § 28a Abs. 1 ErbStG weiter, dass es sich um »verfügbares« Vermögen handelt, so dass wohl unveräußerliche, nicht beleihbare oder nicht pfändbare Vermögensgegenstände (auch Ansprüche aus Rürup-

oder Riester-Versicherungen) nicht heranzuziehen sind. Gleiches dürfte gelten für erbschaftsteuerliche Verwertungsschranken, wie etwa Beschränkungen aus der Vor- und Nacherbschaft, § 2115 BGB, oder aufgrund einer Dauertestamentsvollstreckung, § 2214 BGB. Ob das heranzuziehende Vermögen ertragsteuerlich belastet ist (also die Veräußerung zur Auflösung stiller Reserven führen würde), soll jedoch keine Rolle spielen, ebenso wenig (wohl) die Belastung des sonstigen Vermögens mit Erbschaftsteuer selbst, all diese Umstände sind bereits durch die Heranziehung nur der Hälfte des sonstigen Vermögens berücksichtigt. Abzustellen ist allein auf den Zeitpunkt der Steuerentstehung; ein Vorbetrachtungszeitraum, etwa im Rahmen der Einlage jungen Verwaltungsvermögens oder bei der Berücksichtigung von Schulden, ist dem Gesetz nicht zu entnehmen, so dass auch eine vorbereitete, geplante Vermögenslosigkeit durch rechtzeitige Weitergabe an andere Familienmitglieder (Kinder) zum Bestehen der Verschonungsbedarfsprüfung führen kann.

Derjenige Anteil der errechneten Erbschaftsteuer, der nicht aus der Hälfte des einzusetzenden Vermögens aufgebracht werden kann, ist zu erlassen (hinsichtlich des finanzierbaren Anteils kann gem. § 28a Abs. 3 ErbStG auf Antrag eine verzinsliche Stundung gewährt werden); der Erlass ist jedoch auflösend bedingt gem. § 28a Abs. 4 ErbStG, sofern der Erwerber über das Vermögen in schädlicher Weise verfügt oder sonstige Behaltevorschriften nicht einhält, ausgehend von den längeren Fristen der Optionsverschonung nach § 13b Abs. 10 ErbStG, vgl. § 28a Abs. 4 Nr. 2 ErbStG

Auch der spätere Erwerb einsatzpflichtigen Vermögens durch Schenkung oder Erwerb von Todes wegen ist auflösende Bedingung für den gewährten Erlass der Steuer, § 28a Abs. 4 Nr. 3 ErbStG. Damit führen nachträgliche Schenkungen oder Erbschaften aufgrund der Kumulationswirkung von Erbschaftsteuer auf den Erwerb selbst und nachträgliche Erhebung durch Wegfall des Erlasses zu einer Steuerbelastung von bis zu 65 % (30 % Steuerbelastung auf den Erwerb selbst sowie nochmals plus der Hälfte der verbleibenden 70 %, also von weiteren 35 %). Ausschlagung oder Abfindungslösungen sind daher vorzuziehen. Anders als im Insolvenzrecht bezieht § 28a ErbStG die Zurückweisung von Erwerben (ebenso wie die vorherige Vermögensverschiebung) nicht in die Bemessungsgrundlage ein.

5) Berechnungs- und Besteuerungsverfahren

Das für die Bewertung des Betriebsvermögens zuständige Finanzamt (»Betriebsfinanzamt«) i.S.d. §§ 151 Abs. 1 Nr. 2 u. § 152 BewG hat die sog. Feststellungskompetenz für den Wert des Betriebsvermögens, die Beschäftigtenzahl, die maßgeblichen Lohnsummen, die Summen des Verwaltungsvermögens, des Finanzmittelvermögens, der Schulden und des jungen Verwaltungsvermögens, vgl. § 13a Abs. 4 und § 13b Abs. 10 ErbStG.

Das Erbschaftsteuerfinanzamt selbst hat dagegen die sog. Festsetzungskompetenz für die Ermittlung des begünstigten Vermögens i.S.d. § 13b Abs. 2 ErbStG sowie für die Verbundvermögensaufstellung gemäß § 13b Abs. 9 ErbStG.

Gegenüber dem Erbschaftsteuerfinanzamt treffen den Steuerpflichtigen in Bezug auf den nachträglichen oder teilweisen Wegfall der Voraussetzungen für eine Steuervergünstigung (§ 153 Abs. 2 AO) gem. § 13a Abs. 7 ErbStG erweiterte Anzeigepflichten.

V) Gestaltungsüberlegungen

1) unabhängig vom Vermögenstypus

Sowohl für Privat- wie auch für Betriebsvermögen stehen insbesondere folgende Optionen zur Verfügung:

(1) Nachweis geringeren Verkehrswerts, etwa durch Gutachten oder zeitnahen Vergleichswert aus einem Verkauf im vorangegangenen Jahr, auch zu den im Einzelnen zusätzlich berücksichtigungsfähigen wertbelastenden Faktoren. Der Abzug von Nutzungsrechten auf der Bewertungsebene (§ 10 Abs. 6 Satz 6 ErbStG) bietet bspw. den Vorteil, dass die Betragskappung des § 16 BewG nicht greift,

B. Merkblatt: Schenkung- und Erbschaftsteuer   Kapitel 15

(2) Nutzung des (infolge Entfallens des § 25 ErbStG a.F. gegebenen) Abzugspotenzials durch vorbehaltene Nutzungs-, v.a. Nießbrauchsrechte, deren allmähliche Wertreduzierung nicht der Steuer unterworfen ist,

(3) Verbesserung der Steuerklasse durch (Erwachsenen-)Adoption,

(4) Möglichst gleichmäßige Verteilung des Vermögens in der Elterngeneration, z.B. durch vorangehende Schenkungen, oder entgeltliche Übertragungen anstelle des Zugewinnausgleichs,

(5) Sinnvolle Aneinanderreihung nicht verknüpfter (»verketteter«) Schenkungen zur Erreichung eines näheren Verwandtschaftsgrades, insbesondere seitdem (für Erwerbe ab 01.01.2010) die Steuersätze für Erwerbe der Steuerklassen II und III wieder differieren (Beispiel: Anstelle einer Direktschenkung an die Nichte der Ehefrau – Steuerklasse III – Zerlegung in eine Schenkung an die Ehefrau – Steuerklasse I –, welche sodann, aus getrenntem Entschluss, an ihre Nichte weiterschenkt – Steuerklasse II –).

(6) Schenkungen im Zehn-Jahres-Takt zur neuerlichen Ausnutzung der Freibeträge (§ 14 ErbStG),

(7) Vervielfältigung der Zahl der Erwerber (und Freibeträge) durch Hereinnahme der Enkel, ggf. in Gestalt eines mehrere Generationen umfassenden Familienpools – wenngleich ohne die zusätzlichen Betriebsvermögensprivilegien, wegen des über 50 % hinausgehenden Anteils an Verwaltungsvermögen,

(8) Generationensprung durch Übertragung an Enkel mit gleichzeitiger Absicherung der Zwischengeneration durch letztwillige Vermächtnisse bzw. durch lebzeitige Zuwendung von Versorgungs- oder Nießbrauchsrechten,

(9) Nutzung der (durch die Reform erweiterten) Freistellungsmöglichkeiten bei lebzeitiger Übertragung des Familienheims an den Ehegatten, § 13 Abs. 1 Nr. 4a ErbStG. Zur Vermeidung steuerungünstiger Rückvererbung ist ein Rückforderungsrecht im Vorversterbensfall vorzubehalten. Durch mehrfache, nicht auf einem Gesamtplan beruhende Übertragung desselben Familienheims, das zwischenzeitlich an den Erstschenker zurückverkauft wurde (»Familienheim-Schaukel«) kann sogar zusätzlich der Kaufpreis steuerfrei transferiert werden,

(10) Nutzung der Freistellungsmöglichkeit bei letztwilliger Übertragung des Familienheims an Ehegatten bzw. Abkömmlinge, § 13 Abs. 1 Nr. 4b und 4c ErbStG,

(11) Mittelbare Schenkung vermieteten Grundbesitzes (wegen des dort bestehenden 10 %igen Verschonungsabschlages gem. § 13d ErbStG ohne Nachversteuerungsfrist),

(12) Nutzung der »Güterstandsschaukel«, also des Entgeltlichkeitspotenzials, das in der Zugewinnausgleichsschuld aufgrund Wechsels des Güterstandes schlummert, unter späterer Neubegründung des gesetzlichen Güterstandes, auch zur zivilrechtlichen Schenkungsvermeidung. Sollen steuerverstrickte Gegenstände an Erfüllung statt übertragen werden, ohne eine ertragsteuerliche Veräußerung/Anschaffung auszulösen, hilft möglicherweise eine Kombination mit § 1380 BGB (§ 29 Abs. 1 Nr. 3 ErbStG).

(13) Nutzung insb. der Gestaltungsmöglichkeiten des güterrechtlichen Zugewinnausgleichs bei Güterstandswechsel gem. § 5 Abs. 2 ErbStG (z.B. kein Rückwirkungsverbot; keine Kürzung im Verhältnis Steuer- zu Verkehrswert), ggf. auch durch Ehevertrag kurz vor dem Tod (Schaffung von Nachlassverbindlichkeiten). Im Rahmen der (weniger attraktiven) erbrechtlichen Zugewinnausgleichs, § 5 Abs. 1 ErbStG, ist ein Anfangsvermögen von NULL zur Vermeidung der Indexierung »erstrebenswert«. Auf jeden Fall verbietet sich die anfänglich Wahl des Güterstandes der Gütertrennung.

(14) Auch bereits erfolgte, nachträglich als hoch besteuert erkannte Schenkungen unter Ehegatten können nachträglich durch Beendigung des gesetzlichen Güterstands und Anrechnung der Vorschenkung auf den Zugewinn gem. § 1380 BGB »neutralisiert« werden (§ 29 Abs. 1 Nr. 3 ErbStG).

(15) Empfehlenswert ist weiter die Verwendung von »Steuerklauseln« als Reparaturmöglichkeit gem. § 29 Abs. 1 Nr. 1 ErbStG.

(16) Erbschaftsteuerlich ist besonders hinzuweisen auf die Möglichkeit, Pflichtteilsansprüche (sogar nach Eintritt der Verjährung) geltend zu machen.

Kapitel 15

2) in Bezug auf Betriebsvermögen

Im Hinblick auf die strengen Anforderungen an die schenkungsteuerliche Privilegierung von Betriebsvermögen bieten sich folgende Gestaltungsüberlegungen an:

Zur Entschärfung der Lohnsummenanforderungen ist (langfristig, also mehr als fünf abgelaufene Wirtschaftsjahre vor dem Übertragungsstichtag) eine Auslagerung von Arbeitskräften auf eine Service-Gesellschaft (etwa eine Schwestergesellschaft, die nicht mitübertragen wird) bzw. die Neubesetzung freiwerdender Stellen durch Leiharbeitnehmer bzw. die Verlagerung von lohnintensiven Teilbereichen auf Tochtergesellschaften in Drittländer zu denken. Bei kleineren Gesellschaften kann auch die Gehaltsreduzierung des geschäftsführenden Gesellschafters (bis zum Gehaltsverzicht) vor und die Erhöhung des Gehalts nach der Übertragung des Betriebs im Rahmen der steuerlichen Angemessenheit die Einhaltung der Lohnsummenanforderungen erleichtern. Der Zukauf weiterer Unternehmensteile kurz nach dem Übertragungsstichtag erleichtert die Erfüllung für die Zukunft (auch ein Zukauf kurz vor dem Stichtag wirkt sich ähnlich aus, da er in die 5-Jahres-Durchschnittsberechnung der Ausgangslohnsumme kaum mehr einfließt). Nach der Übertragung des Betriebs ist an die Umwandlung von Leiharbeitsverhältnissen in direkte Arbeitsverhältnisse zu denken, ebenso an die Rückverlagerung von Arbeitsplätzen aus dem Drittland in ein EU-/EWR-Land oder ins Inland.

Das »junge« und das »übrige«, also insgesamt: das schädliche Verwaltungsvermögen, kann dessen Umfang vor der Übertragung beispielsweise minimiert werden

durch Verkauf schädlichen Verwaltungsvermögens (etwa einer fremdvermieteten Immobilie) an eine Schwestergesellschaft, die zunächst nicht in die Unternehmensnachfolge eingebunden wird (zur Vermeidung ertragsteuerlicher Belastungen durch Aufdeckung stiller Reserven ist an eine Rücklage nach § 6b EStG zu denken).

Durch Realteilung oder Spaltung kann im übertragenden Rechtsträger die Verwaltungsvermögensquote gesenkt werden, und zwar ohne dass ertragsteuerschädlich stille Reserven aufgedeckt würden.

Da als Folge der konsolidierten Betrachtung die Kaskadeneffekte des früheren Rechts nicht mehr genutzt werden können (also eine geschickte Verteilung des Verwaltungsvermögens, insbesondere von Finanzmitteln, auf den verschiedenen Stufen der Beteiligung zu keinem abweichenden Ergebnis führt), müssen die Freibeträge für die Finanzmittel von 15 % des Unternehmenswerts und 10 % für das übrige Verwaltungsvermögen besonders streng überwacht werden.

Junges Verwaltungsvermögen sollte für der Übertragung möglichst in begünstigtes Vermögen umgewandelt werden, etwa ein vorhandener Wertpapierbestand in unschädliches Bankguthaben (sofern der Freibetrag für Finanzmittel dadurch nicht überschritten wird). Auch Maßnahmen zur Reduzierung (Veräußerung) des Verwaltungsvermögens (etwa vermieteten Immobilie) können zu weiterem jungen Verwaltungsvermögen (Finanzmitteln) führen.

(4) Zur möglichen Nutzung der Reinvestitionsklausel für den Erbfall gem. § 13b Abs. 5 ErbStG sollte eine Investitionsplanung frühzeitig dokumentiert werden. Es ist zu erwarten, dass die Finanzverwaltung in der Überarbeitung der Erbschaftsteuerrichtlinien hierzu nähere Anforderungen formulieren wird.

(5) Werden Anteile an Kapitalgesellschaften, die weder ihren Sitz noch ihre Geschäftsleitung im Inland oder einem EU-/EWR-Staat haben, in Privatvermögen gehalten, handelt es sich um nichtbegünstigtes Vermögen. Werden sie dagegen in einem inländischen oder EU-/EWR-Betriebsvermögen gehalten, sind sie begünstigungsfähig. Sofern die ertragsteuerlichen und außensteuerlichen Konsequenzen erträglich sind, sollten daher solche Beteiligungen in inländisches oder EU-/EWR-Betriebsvermögen überführt werden.

(6) Zur Erreichung der 25 % Quote bei Kapitalgesellschaftsanteilen müssen Poolverträge geschlossen werden; ggf. reicht auch die Aufnahme entsprechender Nachfolgeklauseln und Verfügungsbeschränkungen im Gesellschaftsvertrag

(7) Verfügt die Familie, die eine Übertragung unter Inanspruchnahme des Familienunternehmensabschlags plant, nicht über ausreichende Stimmkraft im Gesamtunternehmen, um die nach § 13a Abs. 9 ErbStG notwendigen gesellschaftsvertraglichen Regelungen zu vereinbaren, kann sie ihre

Beteiligung am Gesamtunternehmen in eine gewerblich tätige oder gewerblich geprägte Familienpersonengesellschaft einbringen und auf der Ebene dieser »eigenen Holding« – auf die es in mehrstöckigen Beteiligungsstrukturen ankommt – selbst die entsprechenden Satzungsregelungen aufnehmen.

(8) Um Minderheitsgesellschafter vor einer drohenden Nachversteuerung zu schützen, sollten diejenigen Regelungen des Gesellschaftsvertrags, die für die Erfüllung der Anforderungen des § 13a Abs. 9 ErbStG von Bedeutung sind, nur einstimmig bzw. zumindest nicht gegen den Willen des zu schützenden Gesellschafters geändert werden können, solange der (20 Jahre währende!) Nachbeobachtungszeitraum noch läuft. Scheidet der zu schützende Gesellschafter, der den Verschonungsabschlag für Familienunternehmen in Anspruch genommen hat, bereits nach Ablauf der fünf- bzw. siebenjährigen Behaltensfrist des § 13a Abs. 6 i. V. m. Abs. 10 ErbStG aus, hilft nur eine schuldrechtliche Verpflichtung des Anteilserwerbers mit Weitergabepflicht an dessen Rechtsnachfolger.

(9) Zur Vermeidung der Verschonungsbedarfsprüfung des § 28a ErbStG empfiehlt sich die sukzessive Übertragung außerhalb von 10-Jahres-Zeiträumen oder die Verteilung auf mehrere Personen oder Familiengesellschaften zur Unterschreitung der 26 Mio. Euro-Grenze, gegebenenfalls auch die Verteilung unterschiedlicher Arten des Vermögens auf verschiedene Erwerber (also des Privatvermögens auf weichende Geschwister). Besonders geeignet ist dabei die Übertragung des Betriebsvermögens an Stiftungen. Denkbar ist auch der Einsatz einer Doppel-Stiftung, auch zur Vermeidung künftiger Erbersatzsteuern auf den Betriebswert. Allerdings ist die Gründung einer Familienstiftung eine sehr weitreichende und in der Regel nur schwer korrigierbare Entscheidung.

(10) Zur Verringerung des unentgeltlichen Anteils kann auch eine Vermögensübergabe von Betriebsvermögen gegen Versorgungsleistungen zu erwägen sein (die zudem ertragsteuerlich den Vorteil hat, dass sie nicht zur Auflösung stiller Reserven führt, da kein Veräußerungsgewinn, sondern sonstige Bezüge i.S.d. § 22 EStG vorliegen).

(11) Zur Sicherung des Schenkers vor dem gesamtschuldnerischen Risiko (§ 20 ErbStG) einer Nachversteuerung aufgrund eines Verstoßes während des 5- bzw 7jährigen Überwachungszeitraums sollte ein Rückforderungsrecht gem. § 29 ErbStG, anknüpfend an die Nachversteuerungstatbestände, vorbehalten werden

(12) Bei der erbrechtlichen Gestaltung kann sich die zeitlich befristete Einsetzung eines Testamentsvollstreckers empfehlen, um die Einhaltung der Behaltensfristen und die steuergerechte Verwendung des Unternehmensvermögens sicherzustellen.

(13) Positiv zu nennen sind die erweiterten Möglichkeiten des Generationensprunges, etwa durch Übertragung an Enkel, sowie die steuermindernde Wirkung der Abschaffung des § 25 ErbStG, die zu einer Renaissance des Nießbrauchs geführt hat. Für Zuwendungen in Steuerklasse II oder III ist an eine (Erwachsenen-)Adoption zu denken; bei Verheirateten unterbleibt die oft nicht gewollte Änderung des Ehenamens, wenn der Ehegatte nicht zustimmt, so dass lediglich der Geburtsname sich anpasst. Hierzu informiert sie das gesonderte Merkblatt »Adoptionen«.

Meine Mitarbeiter und ich stehen Ihnen für ergänzende Informationen und eine auf Ihren Einzelfall bezogene Beratung jederzeit gern zur Verfügung.

Mit freundlichen Grüßen

Ihr ...

C. Merkblatt: Stiftungen

6751 Ende 2014 existierten in Deutschland zirka 22.700 Stiftungen, 90 Prozent davon gemeinnützig. Jährlich werden etwa 1.000 Stiftungen neu errichtet; die Hälfte der derzeit errichteten Stiftungen ist also noch keine zehn Jahre alt. Die Renaissance der Stiftung erklärt sich aus dem ausgezeichneten Ruf dieser Rechtsform (Philanthropie, Tätigkeit öffentlicher Meinungsbildner und Kuratoren, Beständigkeit, Fehlen spektakulären Insolvenzfälle), dem Wunsch nach posthumer Anerkennung und dem zunehmenden Rückzug des Staates aus der Erfüllung öffentlicher Aufgaben durch Steuergelder.

Dieses Merkblatt soll Ihnen einen ersten Überblick über die zivil- und steuerrechtlichen Fragen des Stiftungsrechts geben, kann jedoch die Detailerörterung naturgemäß nicht ersetzen. Darüber hinaus ist zu berücksichtigen, dass zahlreiche Bestimmungen des Stiftungsrechts in – voneinander abweichenden – landesrechtlichen Stiftungsgesetzen niedergelegt sind, etwa Fragen des behördlichen Anerkennungsverfahrens, der Zustimmung bei beabsichtigter Nichterhaltung des Stiftungsvermögens, der Zuführung von Erträgen zum Grundstock, den Verzicht auf Prüfung durch externe Wirtschaftsprüfer, Genehmigung von Satzungsänderungen, der Auflösung oder des Zusammenschlusses mehrerer Stiftungen, Zweckänderungen etc. zum Inhalt haben. Eine Übersicht über diese Landesgesetze finden Sie unter www.stiftungen.org, Stichwort: »Stifter und Stiftungen«.

Besonderheiten von Stiftungen ausländischen Rechts oder sogenannter »Trusts« werden nicht behandelt.

▶ Merkblatt: Stiftungen

Inhaltsverzeichnis

I. Übersicht	Seite (.....)
1. Merkmale	Seite (.....)
a) Ziel	Seite (.....)
b) Vermögen	Seite (.....)
c) Organisation	Seite (.....)
2. Erscheinungsformen und Einsatzgebiete	Seite (.....)
3. Ersatzformen der rechtsfähigen Stiftung	Seite (.....)
II. Errichtung und Verwaltung der selbständigen Stiftung	Seite (.....)
III. Steuerrecht	
1. Steuerbegünstigte Stiftung	Seite (.....)
2. Familienstiftung	Seite (.....)

I. Übersicht

1. Merkmale

Das BGB (§§ 80 bis 88) sieht in der Stiftung eine rechtsfähige juristische Person, die bestimmte durch ein Stiftungsgeschäft festgelegte Zwecke (nachstehend a) mit Hilfe eines Vermögens (nachstehend b) verfolgt, das diesen Zwecken dauerhaft in Gestalt einer Stiftungsorganisation (nachstehend c) gewidmet ist.

a) Zweck

Eine Stiftung existiert lediglich um der Erfüllung ihres Zweckes willen, dem sich auc ihre Organe unterzuordnen haben. Gegebenenfalls muss die staatliche Stiftungsaufsicht bei einer Verletzung des Zwecks sogar gegen den Stifter selbst einschreiten! Mittlerweile sind alle Stiftungszwecke erlaubt, die nicht das Gemeinwohl gefährden, allerdings nicht eine Stiftung allein zugunsten des Stifters selbst (er kann aber Mitbegünstigter sein). Der Stiftungszweck muss auf Dauer angelegt sein, das Vermögen soll also – anders als bei einmaligen Spenden – während eines gewissen Zeitraums erhalten bleiben. Berühmte Stiftungen (z.B. die Fugger-Stiftung Augsburg oder die Julius-Spital-Stiftung Würzburg) bestehen schon seit Jahrhunderten.

C. Merkblatt: Stiftungen

b) Vermögen

Eine Stiftung hat keine Mitglieder, Gesellschafter, Aktionäre oder ähnliches, bedarf also zur Verwirklichung ihres Zwecks eines Vermögens. Dauerhafte Vermögenslosigkeit führt zur Auflösung. Der Stiftungsgrundstock bzw. das Stiftungskapital, das der Stifter selbst durch Zuwendung unter Lebenden oder in seinem Testament der Stiftung übereignet, kann durch Zustiftungen Dritter ergänzt werden. Stiftungsbehörden verlangen für die Anerkennung einer Stiftung im Regelfall ein Mindestvermögen von etwa 100.000 Euro; für den dauerhaften Bestand der Stiftung und die Verfolgung ihres Zwecks sind jedoch höhere Beträge zweckmäßig. Häufig empfiehlt es sich, zunächst eine Vorratsstiftung zu gründen, die ihren Zweck auf geringem Niveau verfolgt und später – durch Zuwendung von Todes wegen – entsprechend aufgestockt wird.

Jedenfalls seit 2013 sind gem. § 80 Abs. 2, letzter Satz BGB auch Stiftungen anerkennungsfähig, deren Kapital (zusammen mit den Erträgen) innerhalb eines Zeitraums von (mindestens) zehn Jahren verbraucht sein wird (sog. Verbrauchsstiftungen), so z.B. wenn sich der Stiftungszweck in der einmaligen Sanierung eines historischen Gebäudes erschöpft. Sie erhalten allerdings derzeit keine Anerkennung als gemeinnützig.

c) Organisation

Die Organisation der Stiftung richtet sich nach ihrer Satzung. Das BGB verlangt zumindest die Errichtung eines Vorstands, der auch aus einer einzigen Person (sogar einer juristischen Person) bestehen kann. Die Haftung des Vorstands gegenüber der Stiftung ist der eines Vereinsvorstands vergleichbar (gefährlich ist vor allem der Verlust der Steuerbegünstigung als Folge von Organisationsmängeln). Da von Gesetzes wegen kein Mitgliedschaftsorgan zur demokratischen Legitimation des Vorstands existiert, werden die ersten Mitglieder des Vorstands typischerweise vom Stifter in das Stiftungsgeschäft berufen bzw. bei Errichtung von Todes wegen durch den hierfür eingesetzten Testamentsvollstrecker bestimmt. Neu- oder Nachbesetzungen können durch Kooptation (Eigenergänzung), Entsendungsrechte Dritter oder Besetzungsrechte anderer Stiftungsorgane oder eine Kombination dieser Modelle erfolgen. Daneben bestimmt die Stiftungssatzung häufig weitere Organe, deren Kompetenzen sie dann ebenfalls festzulegen und voneinander abzugrenzen hat, etwa ein Aufsichtsorgan (Beirat, Kuratorium) sowie ein repräsentativen Zwecken dienendes Organ, das besonders verdiente Stifter vereint (»Stifterversammlung«).

Die Begünstigten des Stiftungszwecks (sogenannte »Destinatäre«) spielen im gesetzlichen Modell der Stiftungsorganisation keine eigenständige Rolle; die meisten Satzungen legen auch Wert darauf, dass ein einklagbarer Anspruch auf Leistungen nicht besteht, sondern deren Gewährung vielmehr im Ermessen der Stiftungsorgane steht. Damit soll zugleich vermieden werden, dass pfändbare Leistungsansprüche geschaffen werden.

2. Erscheinungsformen und Einsatzgebiete

Zu unterscheiden sind zum einen öffentlich-rechtliche Stiftungen, die aufgrund staatlicher Rechtssetzungsakte geschaffen werden als Verwaltungseinheiten mit eigener Rechtspersönlichkeit, eigenem Kapital- oder Sachbestand zur Erfüllung von Aufgaben des öffentlichen Rechts, daneben kirchliche Stiftungen, die eine besondere organisatorische Verbindung zu einer Kirche aufweisen und neben der Anerkennung durch die staatliche Behörde der Anerkennung durch die Kirchenbehörde bedürfen, und kommunale bzw. örtliche Stiftungen, die dadurch gekennzeichnet sind, dass sie einer kommunalen Gebietskörperschaft zugeordnet sind und in der Regel durch diese verwaltet werden.

Im Hinblick auf die verfolgten Zwecke wird zwischen öffentlichen und privaten (richtiger: privatnützigen) Stiftungen unterschieden. Private Stiftungen sind solche, die einem durch Familienbande, Betriebszugehörigkeit oder in ähnlicher Weise abgegrenzten Personenkreis dienen. Prototyp der privatnützigen Stiftung ist die sogenannte »Familienstiftung«.

Nach ihren Tätigkeitsformen lassen sich sogenannte »Förderstiftungen«, die sich auf die Anlage und den Verbrauch vorhandenen Vermögens für einen Zuwendungszweck erschöpfen, und operative Stiftungen, die im Regelfall ideelle und wirtschaftliche Tätigkeiten unter einem Dach vereinigen (Beispiel: Stiftung Warentest), unterscheiden.

Stiftungen werden in den letzten Jahrzehnten zunehmend in Verbandsstrukturen eingebunden, vor allem zur Mittelbeschaffung oder zur Bündelung von Sponsoring-Aktivitäten als sogenannte »corporate foundation«.

Daneben existieren unternehmensverbundene Stiftungen, etwa in der Form der (selten gewordenen) unmittelbaren Unternehmensträgerstiftung, bei der die Stiftung selbst als Einzelkaufmann tätig ist, oder der Beteiligungsstiftung, die ihrerseits als Gesellschafterin Stimm-, Kontroll- und Vertretungsrechte ausübt; bei letzterer dient die Beteiligung lediglich der Mittelbeschaffung, nicht der Zweckverwirklichung. Beispiele für Beteiligungsträgerstiftungen sind die Lidl-Stiftung & Co. KG, Vorwerk Elektrowerk Stiftung & Co. KG u. ä. Das Bestehen einer »ewigen« Stiftung, die ihrerseits nicht über Mitglieder verfügt, deren persönliche Schicksale – Tod, Scheidung, Insolvenz etc. – für das Ganze nachteilige Konsequenzen haben könnten, wirkt insoweit als stabilisierendes Element. Zum Vermögen solcher Stiftungen zählen nicht selten Unternehmen, die der Stifter seinen Angehörigen nicht anzuvertrauen bereit ist oder bezüglich derer er Liquiditätsabflüsse durch Abfindungszahlungen vermeiden möchte. Familie und Unternehmen bleiben also dauerhaft getrennt, die Früchte bleiben jedoch den Angehörigen erhalten. Hinzu kommt, dass die in der kraft Rechtsnatur eigentümerlosen Stiftung vorhandenen Werte nicht mehr der Gefahr unzutreffender Vererbung unterliegen (etwa im Hinblick auf die Gefahr der Verschleppung an Schwiegerkinder oder in Bezug auf das latente Erbrecht des geschiedenen Ehegatten) und im Rahmen des Zugewinnausgleichs bei einer Scheidung unberücksichtigt bleiben. Andererseits sehen die Vorstände von Beteiligungsträgerstiftungen die von ihnen gehaltenen Unternehmen vor allem als Einkunftsquelle, handeln also nicht wie ein »interessierter Eigentümer«.

Als Ausdruck bürgerlichen Engagements schaffen in letzter Zeit vor allem Bürger- oder Gemeinschaftsstiftungen regional begrenzte Kapitalsammelstellen zur Aufrechterhaltung vormals kommunaler Angebote und zur Verwirklichung neuer Engagementformen für Bürger und zur Unterstützung Bedürftiger, sogenannte »community foundations«. Oft werden sie durch örtliche Unternehmen oder Sparkassen mit dem ersten Stiftungskapital ausgestattet. Ihre Struktur ist stark auf die Einwerbung von Zustiftungsmitteln ausgerichtet, sie locken auch mit der Möglichkeit der treuhänderischen Verwaltung von Namensstiftungen für einzelne Zwecke (»Motiv der Eitelkeit«).

Daneben existieren Kombinationsmodelle, etwa die Doppelstiftung, die die wirtschaftlichen Vorteile einer Familienstiftung mit den steuerlichen Vorteilen einer gemeinnützigen Stiftung verknüpft, die bereits erwähnte Stiftung & Co. KG und die gemeinnützige Stiftung mit zusätzlicher Familienbegünstigung nach § 58 Nr. 5 Abgabenordnung, die es sich zunutze macht, dass die Gemeinnützigkeit der Gesamtstiftung nicht gefährdet ist, solange die Stiftung bis maximal ein Drittel ihres Einkommens für den angemessenen Unterhalt des Stifters und seiner Angehörigen verwendet. Die Abgabe der verbleibenden mindestens zwei Drittel des Einkommens für Gemeinwohlzwecke bildet also eine Art Gegenleistung für die Erlangung dauernder Steuerfreiheit.

Stiftungen, auch privatnützige Stiftungen, eignen sich zugleich als Instrument des Vermögensschutzes (»asset protection«): Da Stiftungen selbst über keine Inhaber verfügen, unterliegen sie nicht den Gefährdungen, die von solchen Mitgliedern ausgehen können (Pfändungen, Insolvenz, Scheidung, Versterben, Verschwinden), und auch die Zuwendungen der Stiftung sind nicht pfändbar, solange keine Ansprüche im eigentlichen Sinn hierauf geschaffen werden. Lediglich die Einbringung in die Stiftung unterliegt den allgemeinen Schwächen des Schenkungsrechts.

3. Ersatzformen der rechtsfähigen Stiftung

Von der selbständigen Stiftung, die ihre Rechtsfähigkeit durch behördliche Anerkennung erlangt, zu unterscheiden ist die sogenannte »unselbständige oder Treuhand-Stiftung«, bei der bestimmtes Vermögen einem vom Stifter gewählten, in der Regel gemeinnützigen Zweck auf Dauer gewidmet bleibt (allerdings ohne einen eigenen rechtsfähigen Träger hierfür zu schaffen). Es bedarf also eines Stiftungsträgers, der das Vermögen im Rechtsverkehr nach außen vertritt (typischerweise sind dies Kirchengemeinden, juristische Personen des Privatrechts oder des öffentlichen Rechts wie etwa Gemeinden). Die Treuhand-Stiftung ist geeignet, die Verwaltungskosten zu senken und ermöglicht auch die allmähliche Ansammlung von Vermögen, bis die Schwelle für die Anerkennungsfähigkeit als rechtsfähige eigene Stiftung erreicht ist. Grundlage ist also nicht – wie bei der selbständigen Stiftung – ein einseitiges Stiftungsrechtsgeschäft, sondern ein Vertrag mit einem bereits bestehenden Stiftungsträger (Schenkung unter Auflage).

II. Errichtung und Verwaltung einer selbständigen Stiftung

Das sogenannte »Stiftungsgeschäft unter Lebenden« bedarf gemäß § 81 Abs. 1 Satz 1 BGB der Schriftform (sollen jedoch Grundstücke oder GmbH-Anteile der Stiftung übertragen werden, ist zwingend die notarielle Beurkundung erforderlich). Die Vermögensausstattung im Rahmen eines Stiftungsgeschäfts gilt als Schenkung, unterliegt also denselben Schwächen (z.B. Risiko der Rückforderung binnen zehn Jahren bei späterer Verarmung des Schenkers, Risiko von Pflichtteilsergänzungsansprüchen Dritter, wenn der Stifter vor Ablauf von zehn Jahren verstirbt etc.)

Wird eine Stiftung durch Verfügung von Todes wegen errichtet, kann sie als Erbin, Vermächtnisnehmerin oder Auflagebegünstigte eingesetzt werden. Die Stiftung kann auch dann »erben«, wenn sie erst nach dem Tod des Stifters anerkannt und damit rechtsfähig wird; das Gesetz behandelt sie so, wie wenn die behördlichen Maßnahmen bereits vor dem Tod erfolgt wären. Um eine Stiftung von Todes wegen zu errichten, empfiehlt sich regelmäßig die Einsetzung eines Testamentsvollstreckers, der damit betraut ist, die Anerkennung der Stiftung herbeizuführen und ihr das zugewendete Vermögen zu übertragen. Gegebenenfalls kann er auch die Stiftungssatzung bestimmen bzw. eine im Testament enthaltene Stiftungssatzung den Anforderungen der Anerkennungsbehörde gemäß anpassen. Hilfsweise kann auch die Anerkennungsbehörde selbst eine unvollständige Stiftungssatzung ergänzen.

Zur Entstehung der Stiftung ist stets eine Anerkennung durch die zuständige Landesbehörde (in Bayern sind dies die Regierungen) erforderlich; für Oberbayern ist zuständig: Regierung von Oberbayern, Sachgebiet 12.1, Maximilianstr. 39, 80538 München. Es besteht ein Anspruch auf behördliche Anerkennung, sofern die gesetzlichen Voraussetzungen vorliegen. Die Stiftungsaufsicht überwacht zugleich die laufende Verwaltung; ihr sind auch Änderungen der Organe (des Vorstands) anzuzeigen. Sie erteilt zudem Vertretungsbescheinigungen, mit denen sich die Organmitglieder im Rechtsverkehr, etwa gegenüber dem Grundbuchamt, legitimieren können. Daneben können sie beispielsweise Zweckänderungen unter engen Voraussetzungen verfügen, wenn die Erfüllung des ursprünglichen Zwecks unmöglich geworden ist oder das Gemeinwohl gefährden würde.

III. Steuerrecht

Von grundlegender Bedeutung ist die Unterscheidung zwischen gemeinnützigen und nicht gemeinnützigen Stiftungen.

1. Steuerbegünstigte Stiftungen

Steuerbegünstigt sind nach der Abgabenordnung (AO) nur Stiftungen, die die Förderung der Allgemeinheit auf materiellem, geistigem oder sittlichem Gebiet, durch gemeinnützige mildtätige oder kirchliche Zwecke, selbstlos, ausschließlich und unmittelbar verfolgen. Eine bloße Gruppennützigkeit (etwa Sozialstiftung für Angehörige eines Unternehmens) genügt also nicht. Der Katalog der gemeinnützigen Zwecke ist nun in § 52 Abs. 2 AO abschließend zusammengefasst worden. Unschädlich ist es dabei (gem. § 58 Nr. 6 AO), wenn die Stiftung maximal ein Drittel ihres Einkommens dazu verwendet, in angemessener Weise den Stifter oder seine nächsten Angehörigen zu unterhalten und deren Andenken zu ehren.

Zur Prüfung der Voraussetzungen der Gemeinnützigkeit muss die Satzung in räumlich, sachlich und persönlich konkretisierter Weise belegen, wie die Zwecke erfüllt werden sollen. Die Finanzverwaltung hat hierzu Mustersatzungen veröffentlicht (vgl. Anlage 1 zu § 60 AO), deren wörtliche Übernahme sich empfiehlt (allerdings passt § 3 nicht, der von »Mitgliedern« spricht, die ja bei der Stiftung nicht vorhanden sind).

Im einzelnen sind die Voraussetzungen vielfältig und streng, so ist beispielsweise notwendig, dass freie wirtschaftliche Reserven zeitnah, bis zum Ablauf des folgenden Jahres, für die steuerbegünstigten Zwecke eingesetzt werden müssen, und auch das Ausgabeverhalten der Organisation unterliegt strengen Grenzen, etwa im Hinblick auf das Verbot unverhältnismäßig hoher Vergütungen für Organe oder sonstige Zwecke. Selbst die steuerfreie Aufwandspauschale nach § 3 Nr. 26a Einkommensteuergesetz (500 Euro pro Jahr) sowie die pauschalierte Erstattung von Fahrtkosten an Organmitglieder bedürfen mittlerweile einer satzungsmäßigen Erlaubnis, wobei die Finanzverwaltung bis zum 31.12.2010 eine Übergangsfrist zur Anpassung früherer Satzungen gewährt.

Liegen diese strengen Voraussetzungen vor, genießt die Stiftung umfassende Privilegien: Die unentgeltliche Übertragung von Vermögen auf solche Stiftungen ist frei von Schenkung- bzw. Erbschaftsteuer, und auch die Einkünfte der Stiftung selbst unterliegen nicht der Körperschaftsteuer oder Gewerbesteuer. (Diese Freistellungen gelten aber nur für den ideellen Bereich der gemeinnützigen Stiftung und den Bereich ihrer Vermögensverwaltung sowie die sogenannten Zweckbetriebe.) Soweit gemeinnützige Stiftungen allerdings einen sog. wirtschaftlichen Geschäftsbetrieb unterhalten (»Betrieb gewerblicher Art«, BgA) dessen Erträge wiederum dem gemeinnützigen Zweck dienen sollen, sind dessen Erträge steuerpflichtig. Die Finanzverwaltung geht von einem wirtschaftlichen Geschäftsbetrieb regelmäßig aus, wenn gewerbliche Brutto-Einkünfte von über 35.000 Euro pro Jahr erzielt werden.

Die Steuerfreistellung der Stiftung und die Begünstigung des Spenders sind seit 2007 identisch geregelt. Es gilt nun ein einheitlicher Spendenhöchstbetrag von 20 Prozent des Gesamtbetrags der Einkünfte bzw. (bei Unternehmen) 0,4 Prozent der gesamten Umsätze und der im Kalenderjahr aufgewendeten Löhne und Gehälter, seit 2010 auch für Zuwendungen an gemeinnützige Empfänger im EU-Ausland. Wird der Höchstbetrag überschritten, kann der Rest unbegrenzt vorgetragen werden, allerdings geht nicht genutztes Volumen beim Tod des Stifters/Spenders nicht auf die Erben über.

Zuwendungen in den Kapitalstock von Stiftungen können zudem gemäß § 10b Abs. 1a EStG im Jahr der Zuwendung und in den folgenden neuen Veranlagungszeiträumen bis zu einem Betrag von insgesamt 1 Million Euro vom Einkommen abgezogen werden (nach früherem Recht war diese Steuerbegünstigung nur gewährt für Zuwendungen im Jahr der Errichtung der Stiftung und im folgenden Jahr). Bei Ehegatten steht der Höchstbetrag von 1 Million Euro zweifach zur Verfügung. Anstelle der einkommensteuerlichen Förderung kann der Zuwendende auch eine rückwirkende Freistellung von angefallener Erbschaftsteuer wählen (§ 29 Abs. 1 Nr. 4 ErbStG): Demnach erlischt die Erbschaftsteuer mit Wirkung für die Vergangenheit, wenn ererbte oder geschenkte Vermögensgegenstände binnen 24 Monaten einer gemeinnützigen Körperschaft zugeführt werden.

2. Familienstiftungen

Zuwendungen an eine nicht gemeinnützige Stiftung, etwa eine Familienstiftung, unterliegen der Schenkung- bzw. Erbschaftsteuer; die Steuerklasse richtet sich nach dem Verwandtschaftsverhältnis, das zwischen dem Stifter und dem entferntesten nach der Stiftungsurkunde berechtigten Verwandten bestehen kann (ist die Begünstigung also auf Ehegatten, Kinder, Stiefkinder oder Abkömmlinge beschränkt, erfolgt Besteuerung nach Steuerklasse I, aber ohne Freibeträge).

Bei Familienstiftungen wird ferner gemäß § 1 Abs. 1 Nr. 4 ErbStG alle 30 Jahre ab dem erstmaligen Vermögenserwerb ein Erbanfall in Gestalt der Vererbung an zwei Kinder fingiert, der sogenannte »Erbersatzsteuer« zu Lasten der Stiftung auslöst. Wird die Stiftung aufgelöst, gilt der Erwerb ihrer Vermögensgegenstände wiederum als schenkungsteuerpflichtige Schenkung unter Lebenden; in bezug auf die Steuerklasse wird aber gemäß § 15 Abs. 2 Satz 2 ErbStG der Stifter selbst, nicht die juristische Person als Schenker fingiert.

Die laufenden Erträge der Stiftung selbst sind körperschaftsteuerpflichtig und – falls die Stiftung nicht nur reine Vermögensverwaltung betreibt – gewerbesteuerpflichtig (anders als bei einer GmbH fällt Gewerbesteuer also nicht bereits aufgrund der Rechtsform an).

Sollten Sie weitere Informationen wünschen, stehen Ihnen meine Mitarbeiter und ich gern hierfür zur Verfügung. Im Internet finden Sie zusätzliches Material etwa auf den Websites www.stiftungsagentur.de sowie www.stifterverband.de.

Ich bedanke mich für das in meine Kanzlei gesetzte Vertrauen und stehe Ihnen für Rückfragen gern zur Verfügung.

D. Fragebogen und Datenerfassung zu einer Hausübergabe   Kapitel 15

D. Fragebogen und Datenerfassung zu einer Hausübergabe

▶ Fragebogen und Datenerfassung zu einer Hausübergabe   6752

Fragebogen und Datenerfassung zu einer Hausübergabe

A. Persönliche Daten

Übergeber (derzeitiger Eigentümer)

Familienname: .....
Vorname: .....   geb. am .....

☐ ledig   ☐ verheiratet (Güterstand .....)   ☐ verwitwet   ☐ geschieden

tagsüber telefonisch erreichbar unter Tel. Nr. .....

Ehegatte (Mitübergeber bzw. Zustimmender)

Familienname (ggf. Geburtsname): .....
Vorname: .....   geb. am .....

Übernehmer

Familienname: .....
Vorname: .....   geb. am .....

☐ ledig   ☐ verheiratet (Güterstand .....)   ☐ verwitwet   ☐ geschieden

tagsüber telefonisch erreichbar unter der Tel. Nr. .....
wohnhaft in: .....

ggf. Ehegatte (falls dieser miterwerben soll)

Familienname (ggf. Geburtsname): .....
Vorname: .....   geb. am .....

Geschwister des Übernehmers

Familienname (ggf. Geburtsname): .....
Vorname: .....   geb. am: .....,   Güterstand: .....
wohnhaft in .....

Familienname (ggf. Geburtsname): .....
Vorname: .....   geb. am: .....,   Güterstand: .....
wohnhaft in .....

Familienname (ggf. Geburtsname): .....
Vorname: .....   geb. am: .....,   Güterstand: .....
wohnhaft in .....

B. Gegenstand der Übergabe

Übergeben wird folgendes Anwesen (ggf. Flurstücksnummer oder Grundbuchstelle angeben, soweit etwa aus früheren Verträgen bekannt). Bitte Nebenflächen auf anderen Flurstücken (Garagen, Anteile an gemeinschaftlichen Hofflächen etc.) nicht vergessen!

.....

.....

C. Zeitpunkt der Übergabe

Übergang von Besitz, Nutzung, Lasten erfolgen mit Wirkung ab ..... auf den Übernehmer

Das Vertragsanwesen
  ☐ wird – auch künftig – nur vom Übergeber genutzt
  ☐ wird – auch künftig – nur vom Übernehmer genutzt

- ☐ wird – auch künftig – von Übergeber und Übernehmer genutzt
- ☐ ist (teilweise) vermietet

D. Gegenleistungen, Vorbehaltene Rechte

1. Übernahme von Verbindlichkeiten

- ☐ Das Anwesen wird schuldenfrei übergeben
- ☐ Bestehende Verbindlichkeiten werden weiter durch den Übergeber abbezahlt
- ☐ Der Übernehmer hat mir Wirkung ab Besitzübergang folgende Verbindlichkeiten bei nachfolgenden Banken zu übernehmen

Bank: .....
derzeitiger Schuldenstand ..... €   derzeitiger Zinssatz: ..... %

Bank: .....
derzeitiger Schuldenstand ..... €   derzeitiger Zinssatz: ..... %

- ☐ Sonstige Verbindlichkeiten (z.B. gestundete Erschließungskosten etc): .....

2. Wohnungsrecht oder Nießbrauch?

Zur Absicherung der künftigen Nutzung durch den Übergeber wird in der Regel am Vertragsanwesen entweder ein Wohnungsrecht oder ein Nießbrauch bestellt. Der Nießbrauch ist das umfassendere Recht; wird ein Nießbrauch eingeräumt, kann sich der Übergeber sämtliche Nutzungen des Vertragsgegenstandes, insbesondere auch Mieterträge vorbehalten (Selbst- oder Fremdnutzung); der Nießbrauch ist durch Gläubiger des Übergebers pfändbar. Durch ein Wohnungsrecht wird in erster Linie die dauerhafte Nutzung des Vertragsanwesens als Wohnung des Übergebers selbst gesichert; es ist nicht übertragbar und soll in der Regel auch grundbuchlich erlöschen, wenn es dauerhaft nicht mehr ausgeübt wird bzw. (etwa wegen Pflegebedürftigkeit) werden kann. Nähere Erläuterungen wird der Notar gerne bei einer etwa gewünschten Besprechung des Vertrages geben.

Es soll vereinbart werden:

- ☐ Wohnungsrecht (nachstehend a)
- ☐ Nießbrauch (nachstehend b)
- ☐ nichts von beiden

a) Wohnungsrecht wird vereinbart

alleinige Benützung durch den Übergeber hinsichtlich folgender Räumlichkeiten

(nach Möglichkeit genaue Beschreibung des/der Zimmer – z.B.: »Schlafzimmer im 1. Obergeschoß, dritte Türe links, gelegen«)

.....

.....

.....

Mitbenützung durch den Übergeber (also gemeinschaftliche Benützung von Übergeber und Übernehmer) von:

☐ Wohnzimmer	☐ Küche	☐ Bad/WC
☐ Keller	☐ Speicher	☐ Werkstatt
☐ Sonstiges	☐ Garage	

Die für das Wohnen entstehenden laufenden Kosten wie für Heizung, Strom, Wasser, Kanalgebühren (soweit solche erhoben werden), Gebühren für Müllabfuhr und Kaminkehrer trägt

- ☐ der Übernehmer (hinsichtlich der aufs gesamte Haus bezogenen Kosten anteilig nach der Wohnfläche)
- ☐ insgesamt der Übergeber

D. Fragebogen und Datenerfassung zu einer Hausübergabe **Kapitel 15**

Anfallende Schönheitsreparaturen der Austragswohnung trägt
- ☐ der Übernehmer
- ☐ der Übergeber

Stehen größere Renovierungs- Um- oder Ausbauarbeiten an?
- ☐ nein
- ☐ ja; die Kosten hierfür trägt .....

b) Nießbrauch wird vereinbart

- ☐ für den Nießbrauch gelten die gesetzlichen Bestimmungen, (der Nießbraucher trägt dann nur die mit der Nutzung des Vertragsanwesens verbundenen Kosten, z.B. die Schuldzinsen für Hausdarlehen, nicht aber den Tilgungsanteil, »normale« Unterhaltungsaufwendungen, nicht aber »größere Reparaturen, wie z.B. eine Erneuerung des Daches o. dergl.)
- ☐ für den Nießbrauch wird in Abweichung von den gesetzlichen Bestimmungen vereinbart, dass der Nießbraucher alle mit dem Anwesen zusammenhängenden Aufwendungen trägt, also z.B. auch Schuldtilgung und größere Reparaturen (Hinweis: Letzteres ist sinnvoll für die Einkommensteuer, da nur der Nießbraucher solche Beträge bei Fremdvermietung absetzen kann!)

3. Wart und Pflege

Der Übernehmer ist zur Wart und Pflege des Übergebers in dessen alten und kranken Tagen auf dem Vertragsanwesen verpflichtet

- ☐ Nein
- ☐ ja,
  - ☐ allerdings nur bis zum Erreichen des Pflegegrades 2 (Regelfall, auch um Reduzierung von Sozialleistungen zu vermeiden)
  - ☐ Pflegegeld erhält die pflegende Person

4. Laufende Geldzahlungen durch den Übernehmer

- ☐ der Übernehmer hat an den Übergeber als Gegenleistung laufende (monatliche) Zahlungen i.H.v. ..... € zu erbringen. (Soweit solche laufenden Zahlungen erbracht werden sollen, sollte neben der rechtlichen Beratung durch den Notar ggfls. auch steuerliche Beratung eingeholt werden.)
- ☐ laufende Geldzahlungen werden nicht vereinbart

5. An Geschwister des Übernehmers zu erbringende (Gegen)-Leistungen

- ☐ Gegenleistungen an Geschwister werden derzeit nicht vereinbart
- ☐ Der Übernehmer ist verpflichtet, an seine nachgenannten Geschwister folgende Geldbeträge hinauszahlen
  an (Name, Vorname) ..... einen Geldbetrag von ..... € zur Zahlung fällig spätestens am ..... und bis dahin
  - ☐ Unverzinslich
  - ☐ verzinslich mit ..... % jährlich
  - ☐ an (Name, Vorname) ..... einen Geldbetrag von ..... € zur Zahlung fällig spätestens am ..... und bis dahin
  - ☐ Unverzinslich
  - ☐ verzinslich mit ..... % jährlich

6. Verfügungsverbote/Rückforderungsrechte

Durch mit einem Rückforderungsrecht für den Übergeber verbundene Verfügungsverbote kann verhindert werden, dass der Übernehmer als neuer Eigentümer das Vertragsanwesen (zu Lebzeiten des Übergebers) weiterveräußert, belastet, oder dass es durch Gläubiger zur Versteigerung gelangt; bzw. kann das Anwesen, falls der Übernehmer vor dem Übergeber versterben sollte, zurückgefordert werden. Der Inhalt eines solchen Rückforderungsrechtes im Einzelnen wird anlässlich der Vertragsbesprechung durch den Notar erläutert.

- ☐ Ein Rückforderungsrecht soll vereinbart werden (Regelfall). Dieses wird dann im Grundbuch durch Vormerkung gesichert
- ☐ Ein Rückforderungsrecht wird nicht gewünscht, der Übernehmer wird also freier Eigentümer der Immobilie.

E. Erbrechtliche Bestimmungen

1. Berücksichtigung des Erwerbs beim Übernehmer

- ☐ Es soll (nur) eine Anrechnung auf den Pflichtteil vorgenommen werden
- ☐ Es soll auch eine Anrechnung auf den Erbteil erfolgen (bei Eintritt gesetzlicher Erbfolge nach dem Übergeber muss also der Erwerber im Verhältnis zu seinen Geschwistern sich den Netto-Wert der Zuwendung anrechnen lassen) (Regelfall, wenn nicht schon aus Anlass der Übertragung ein Ausgleich gegenüber den Geschwistern erfolgt)
- ☐ Der Übernehmer verzichtet zusätzlich gegenüber dem Veräußerer auf seinen Pflichtteil am restlichen Vermögen des Veräußerers (d.h. wenn der Übergeber den restlichen Nachlass durch Testament oder Übertragung den Geschwistern vermacht, muss der heutige Übernehmer dies hinnehmen)

Soweit erforderlich wird der Notar bei Sachbesprechung die unterschiedlichen Rechtsfolgen der vorstehenden erbrechtlichen Erklärungen erläutern.

2. Verhältnis zu weichenden Geschwistern

- ☐ Weichende Geschwister sollen auf ihren Pflichtteil bezüglich des übertragenen Objektes verzichten (so dass später nach dem Ableben des Übergebers keine Nachforderungen mehr beim Übernehmer gestellt werden können)
    - ☐ Geschwister erscheinen im Termin mit
    - ☐ Folgende ortsabwesende Geschwister werden bei einem anderen Notar nachgenehmigen: .....
- ☐ Eine Beteiligung der weichenden Geschwister erfolgt nicht.

3. Abschluss von Erbverträgen zwischen Übergeber und Ehegatten bzw. Übernehmer und Ehegatten

Sind Übernehmer/Übergeber an der Errichtung eines notariellen Testaments bzw. eines Erbvertrages interessiert?

- ☐ Nein
- ☐ ja (wenn ja, dann wird vor allem aus Kostenersparnisgründen empfohlen, einen Erbvertrag der Übernehmer vor und einen Erbvertrag der Übergeber nach Abschluss des Übergabevertrages zu schließen; der Ehegatte des Übernehmers sollte dann zum Besprechungstermin mitkommen).

F. Etwaige Weiterübertragung an den Ehegatten des Übernehmers

Beabsichtigt der Übernehmer, den erworbenen Besitz (mit Zustimmung des Übergebers, jedoch nicht durch unmittelbaren Erwerb aus deren Hand) an seinen Ehegatten – in der Regel dann zur Hälfte – weiterzuübertragen (Kettenschenkung)?

- ☐ Nein
- ☐ ja (Ehegatte muß dann mitkommen bzw. nachgenehmigen).
    Falls ja, übernimmt der Ehegatte die eingegangenen Verpflichtungen als weiterer Gesamtschuldner auch persönlich ☐ oder nur im Grundbuch zur Haftung ☐?
    Soll ein Recht des Übernehmers zur Rückforderung bei Scheidung seiner Ehe aufgenommen werden?

- ☐ Nein
- ☐ ja. Falls ja, wie soll vermögensrechtlich bei Rückforderung verfahren werden?
  - ☐ Ehegatten haben sich so zu stellen, als hätte Halbanteilsübertragung nie stattgefunden (Regelfall; Ausgleich erfolgt dann über Zugewinnausgleich)
  - ☐ Ehepartner erhält nur Ausgleich der von ihm getätigten Investitionen gegen Nachweis, kein zusätzlicher Zugewinnausgleich
  - ☐ Ehepartner erhält sowohl Ausgleich der von ihm getätigten Investitionen gegen Nachweis, als auch – bezüglich sonstiger Wertsteigerungen – den Zugewinnausgleich

G. Hinweise

- Die Erhebung und Speicherung personenbezogener Daten erfolgt nach § 12 ff. Bundesdatenschutzgesetz zu dienstlichen Zwecken; in diese wird eingewilligt.
- Zur Beurkundung müssen alle Beteiligten, soweit sie nicht bereits im Notariat Kunde waren, einen gültigen Personalausweis oder Reisepass mitbringen. Sind Namensänderungen (etwa durch Heirat) hierin nicht vermerkt, sind auch hierüber amtliche Urkunden (z.B. Heiratsurkunde) vorzulegen.
- Erforderliche Erbscheine sind ausschließlich in Ausfertigung einzureichen.
- Sofern der veräußerte Grundbesitz im Grundbuch eines anderen Amtsgerichts als ..... vorgetragen ist, wird gebeten, zur Terminsvorbereitung in ihrem Besitz befindliche beglaubigte Grundbuchauszüge jüngeren Datums einzureichen.
- Fertigt der Notar auftragsgemäß den Entwurf eines Vertrages, so fallen hierfür Gebühren an, auch wenn später keine Beurkundung erfolgt (KV Nr. 21302 ff. GNotKG). Bei späterer Beurkundung im selben Notariat werden die Entwurfsgebühren auf die Beurkundungsgebühren angerechnet (Vorbem. KV 2.1.3 Abs. 2 GNotKG).
- Bei Rückfragen wenden Sie sich bitte an die Sachbearbeiter (Tel. Durchwahl .....).
- Zur Vereinbarung eines Beurkundungstermins, den Sie bitte auch mit den weiteren Beteiligten abstimmen wollen, wählen Sie die Rufnummer ..... . Bitte haben Sie dafür Verständnis, dass die Vergabe von Beurkundungsterminen grundsätzlich erst nach Rücksendung des vollständig ausgefüllten Fragenbogens möglich ist.

H. Auftrag an den Notar

Zum Zwecke der Terminsvorbereitung wird der Notar beauftragt:

- ☐ einen unbeglaubigten Grundbuchauszug einzuholen
- ☐ einen Entwurfes zu erstellen bis spätestens zum ..... *(Datum)*
- ☐ den Entwurf zur Prüfung zu übersenden ☐ per Post ☐ per Fax .....
  an ☐ alle Beteiligten ☐ nur Erwerber ☐ nur Veräußerer
  ☐ .....
- ☐ wegen einer telefonischen Vorbesprechung den ☐ Veräußerer ☐ Erwerber am ..... um ca. ..... Uhr anzurufen unter der Telefonnummer: ...../.....
- ☐ Sonstiges/Bemerkungen: .....

....., den .....

.....
Unterschrift(en)

E. Fragebogen zur Übergabe eines landwirtschaftlichen Anwesens

6753 ▶ Fragebogen zur Übergabe eines landwirtschaftlichen Anwesens

Fragebogen zur Übergabe eines landwirtschaftlichen Anwesens

Lage: (PLZ, Ort, Straße, Hs.Nr.) .....

mit einer Größe von insgesamt ca. ..... ha Eigenfläche

in der/den Gemarkung(en) .....

A. Persönliche Daten

Übergeber:

Familienname: .....
Vorname: ..... geb. am .....

☐ ledig ☐ verheiratet (Güter- ☐ verwitwet ☐ geschieden
stand .....)

tagsüber telefonisch erreichbar unter der Tel. Nr. .....

Ehegatte

Familienname (ggf. Geburtsname): .....
Vorname: ..... geb. am .....

Übernehmer

Familienname: .....
Vorname: ..... geb. am .....

☐ ledig ☐ verheiratet (..... ☐ verwitwet, ☐ geschieden
Güterstand)

tagsüber telefonisch erreichbar unter der Tel. Nr. .....

Ehegatte

Familienname (ggf. Geburtsname): .....
Vorname: ..... geb. am .....

Liegt ein Ehevertrag und/oder Erbvertrag des Übergebers bzw. Übernehmers vor?

Liegt ein Testament des Übergebers oder ein Übergabeverpflichtungsvertrag vor?

– Falls ja, bitte entsprechende Unterlagen zum Besprechungstermin mitbringen –

Ist der Übernehmer an der Errichtung eines notariellen Testaments oder eines Ehe- und/oder Erbvertrages interessiert

☐ Nein
☐ ja (wenn ja, dann wird vor allem aus Kostenersparnisgründen empfohlen, dieses Testament bzw. den Ehe- und/oder Erbvertrag vor Abschluss des Übergabevertrages zu schließen; der Ehegatte des Übernehmers sollte dann zum Besprechungstermin mitkommen).

B. Gegenstand der Übergabe

Übergeben wird der Gesamtgrundbesitz samt Betrieb mit dem lebenden und toten Inventar und mit den Betriebskonten

ausgenommen jedoch Wohnungseinrichtung und privates Geldvermögen des Übergebers

ferner a u s g e n o m m e n

- ☐ Pkw des Übergebers Marke .....
  amtliches Kennzeichen .....
  sämtliche mit seinem Pkw zusammenhängenden Betriebskosten, Steuern und Versicherungen trägt künftig
  - ☐ der Übergeber
  - ☐ der Übernehmer
- ☐ Grundstück FlNr .....
  (Hinweis: bei Rückbehalt von Grundstücken unbedingt steuerliche Beratung vornehmen und bei landwirtschaftliche Alterskasse klären, ob Bezug des Altersgeldes dadurch nicht gefährdet wird; falls nur eine erst noch zu vermessende Teilfläche zurückbehalten wird, bitte Lageplan mitbringen)
- ☐ Sonstige nicht mitübergebene Gegenstände .....

.....

Ist ein Flurbereinigungsverfahren, ein freiwilliger Landtausch oder eines ähnliches Verfahren derzeit anhängig?

- ☐ Nein
- ☐ ja – welches Verfahren ....., welche Grundstücke sind einbezogen FlNr. .....

Sind derzeit unvollzogene Grundstückserwerbs – und/oder Veräußerungsverträge geschlossen (z.B. Kauf, Tausch-, Straßengrundabtretungsverträge)?

- ☐ Nein
- ☐ ja – Falls ja, bitte entsprechende Unterlagen zum Besprechungstermin mitbringen –

C. Zeitpunkt der Übergabe

Übergang von Besitz, Nutzung, Lasten erfolgen mit Wirkung ab ..... auf den Übernehmer

Das Vertragsanwesen ist

- ☐ weder ganz noch teilweise verpachtet
- ☐ an den Übernehmer verpachtet
- ☐ ist ganz/teilweise fremdverpachtet
- ☐ ist teilweise vermietet

(Hinweis: Bei »Zupachtverträgen« des Übergebers, in die der Übernehmer eintritt, ist der Verpächter unverzüglich schriftlich zu benachrichtigen)

D. Übernahme von Schulden

- ☐ Das Anwesen wird schuldenfrei übergeben
- ☐ Der Übernehmer hat mir Wirkung ab Besitzübergang folgende Verbindlichkeiten bei nachfolgenden Banken zu übernehmen

  Bank: .....
  derzeitiger Schuldenstand ..... €   derzeitiger Zinssatz: ..... %

  Bank
  derzeitiger Schuldenstand ..... €   derzeitiger Zinssatz: ..... %

- ☐ Sonstige Schulden: .....

Bestehen Wohn- oder Leibgedingsrechte (z.B. Geschwister und/oder Eltern des Übergebers)

- ☐ Nein
- ☐ ja (falls ja, bitte entsprechende Urkunde[n] [z.B. alten Übergabevertrag] zur Besprechung mitbringen)

E. Leibgedingsleistungen

Wohnungsrecht

alleinige Benützung durch den Übergeber hinsichtlich folgender Räumlichkeiten

(nach Möglichkeit genaue Beschreibung des/der Zimmer – z.B.: »Schlafzimmer im 1. Obergeschoß, dritte Türe links, an der Süd-Ost-Ecke des Wohnhauses gelegen«)

Mitbenützung durch den Übergeber (also gemeinschaftliche Benützung von Übergeber und Übernehmer) von:

- ☐ Wohnzimmer
- ☐ Küche
- ☐ Bad/WC
- ☐ Keller
- ☐ Speicher
- ☐ Werkstatt
- ☐ Sonstiges
- ☐ Garage – falls ja, Beschreibung der Garage (z.B. der von der Zufahrt her gesehen linken Hälfte der Doppelgarage)
  Oder
- ☐ für den Fall, dass sich der Übergeber noch selbst einen Pkw hält, darf dieser auf dem Anwesen angemessen untergestellt werden;
- ☐ freie Bewegung auf dem gesamten Anwesen, auch in den Wirtschafts- und Nebengebäude sowie mit dem Recht auf Mitbenützung des Hausgartens;

Der Übergeber erhält:

- ☐ freie Beheizung, freien Strom, freies Wasser, Freiheit von den Kanalgebühren (soweit solche erhoben werden), Freiheit von den Gebühren für Müllabfuhr und Kaminkehrer, jeweils in Ausübung des Wohnungsrechtes, sowie Freiheit von den mit dem Vertragsanwesen verbundenen Steuern, sonstigen Abgaben und Gebühren:

freie Telefonmitbenützung,

- ☐ Ja
- ☐ Nein

folgende Kosten werden vom Übergeber weiterhin selbst bezahlt (z.B. auch Telefon, Fernseh- und Rundfunkgebühren) – hier bitte im Einzelnen aufführen:

- ☐ .....
- ☐ .....
- ☐ .....

Anfallende Schönheitsreparaturen der Austragswohnung trägt

- ☐ der Übernehmer
- ☐ der Übergeber

Stehen Renovierungs-, Um- oder Ausbauarbeiten an der Austragswohnung an?

- ☐ Nein
- ☐ Ja

Plant der Übernehmer in nächster Zeit einen Wohnhausneubau

- ☐ Nein
- ☐ ja (falls ja, bitte Bauplan, soweit schon vorhanden, zur Besprechung mitbringen)

Verköstigung

der Übergeber erhält, sofern eigene Versorgung nicht mehr gewährleistet ist, die volle und freie Verköstigung am Tische des Übernehmers

E. Fragebogen zur Übergabe eines landwirtschaftlichen Anwesens — Kapitel 15

☐ Nein
☐ Ja
    ☐ anstelle der vollen und freien Verköstigung nach Wahl des Übergebers einen monatlichen Geldbetrag i.H.v. ..... € welcher sich jedoch mit dem Ableben eines Übergebers auf ..... € vermindert;
    ☐ nein, ein derartiges Wahlrecht wird nicht vereinbart;

Wart und Pflege

Der Übernehmer ist zur Wart und Pflege des Übergebers in dessen alten und kranken Tagen auf dem Vertragsanwesen verpflichtet

☐ Nein
☐ ja,
    ☐ allerdings nur bis zu 1,5 Std/Tag (Regelfall, auch um Reduzierung von Sozialleistungen zu vermeiden)
    ☐ Pflegegeld erhält die pflegende Person

Pkw-Mitbenützung durch den Übergeber

(Recht des Übergebers einen vorhandenen Pkw des Übernehmers mitzubenützen, soweit der Übernehmer nicht selbst einen eigenen Pkw hält)

☐ Ja
☐ Nein

Altenteilslast (Taschengeld)

☐ es wird eine monatliche, stets am Monatsersten im voraus zu zahlende Altenteilslast vereinbart welche durch den Lebenhaltungskostenindex wertgesichert sein soll, und zwar i.H.v. ....., € welche sich nach dem Ableben eines Leibgedingsberechtigten auf
    ☐ € vermindert;
    ☐ nicht vermindert;
☐ es wird keine Altenteilslast für den Übergeber vereinbart

Regelungen für den Fall des Wegzugs des Übergebers vom Anwesen

☐ sollen nicht getroffen werden
☐ werden wie folgt getroffen:
für den Fall des Wegzuges des Übergebers vom Vertragsanwesen erhält der Übergeber vom Übernehmer anstelle der vorstehenden Austragsleistungen (einschließlich des vereinbarten Taschengeldes) einen monatlich im voraus zu zahlenden Geldbetrag von ..... €
welcher sich nach dem Ableben eines Leibgedingsberechtigten
    ☐ auf ..... € vermindert.
    ☐ nicht vermindert.

Anwendbarkeit des § 239 FamFG

Erläuterung: Wenn die Höhe der Austragszahlungen sich bei einer Veränderung der Leistungsfähigkeit des Übernehmers (z.B. der Erträge aus dem Hof) bzw. des Bedarfs des Übergebers (z.B. im Fall der Unterbringung in einem Pflegeheim) anpassen sollen, kann auch dies (ähnlich wie bei Unterhaltsleistungen) vereinbart werden. Anders als bis Ende 2007 ist diese Variationsmöglichkeit jedoch nicht mehr Voraussetzung dafür, dass die Rente vom Übernehmer in voller Höhe steuerlich abgesetzt werden kann (andererseits aber vom Übergeber in voller Höhe zu versteuern ist).

Anwendbarkeit des § 239 FamFG:

☐ ja, ohne Höchst- oder Mindestbetrag
☐ ja, aber nur bis maximal ..... €/Monat bzw. minimal ..... €/Monat
☐ N ein

Kapitel 15 — Vertragsmuster

F. Beerdigung und Grabpflege

Die Kosten der standesgemäßen Beerdigung des Übergebers sollen (soweit die zur Auszahlung kommenden Sterbegelder nicht ausreichen) bezahlt werden

- ☐ vom Übernehmer
- ☐ aus dem Nachlass des Übergebers – soweit ausreichend – ansonsten vom Übernehmer

Der Übernehmer ist zur Pflege des elterlichen Grabes auf seine Kosten

- ☐ Verpflichtet
- ☐ nicht verpflichtet

G. Vorbehalt von Nutzungsrecht (Nießbrauch) für Übergeber an Grundstücken (z.B. Wald)

- ☐ Nein
- ☐ ja und zwar am Grundstück F1Nr. ..... (falls nur die Teilfläche eines Grundstückes vom Nutzungsrecht betroffen sein soll, bitte einen Lageplan beim Besprechungstermin vorlegen)

H. Gutabstandsgeld für Übergeber

Gutsabstandsgeld für den Übergeber

(damit kann für den Übergeber eine zusätzliche Sicherheit in Geld vereinbart werden)

- ☐ wird nicht vereinbart
- ☐ wird vereinbart i.H.v. ..... €.
  was beim Tode des Übergebers aus dem Gutsabstandsgeld vom Übergeber nicht zur Zahlung abgerufen wurde ist
  - ☐ nicht vererblich (da das Gutsabstandsgeld nur zur Sicherung des Übergebers dienen soll);
  - ☐ vererblich.

I. Veräußerungsregelungen

(bedingte Nachzahlung an den Übergeber und/oder die Geschwister des Übernehmers falls der Übernehmer das Anwesen oder Teile davon innerhalb einer bestimmten Frist veräußert)

- ☐ werden nicht vereinbart (der Übernehmer soll also zu keinerlei Nachzahlung an den Übergeber und/oder seine Geschwister verpflichtet sein. falls er Grundbesitz veräußert)
- ☐ ja, sollen festgelegt werden;

J. Leistungen an Geschwister des Übernehmers

Weitere Kinder des Übergebers – Geschwister des Übernehmers (weichende Erben):

.....

(Name, Vorname, Geburtsdatum, Wohnort)

.....

(Name, Vorname, Geburtsdatum, Wohnort)

.....

(Name, Vorname, Geburtsdatum, Wohnort)

.....

(Name, Vorname, Geburtsdatum, Wohnort)

Wohnungsrechte

die Geschwister des Übernehmers erhalten

- ☐ kein Wohnungsrecht
- ☐ ein Wohnungsrecht und zwar folgende Geschwister
  (Namen) .....
  .....

E. Fragebogen zur Übergabe eines landwirtschaftlichen Anwesens Kapitel 15

(Hinweis: Gewöhnlich werden Wohnungsrechte für Geschwister bis zur Verheiratung, längstens jedoch bis Vollendung eines bestimmten Lebensjahres des Wohnungsberechtigten eingeräumt; ferner wäre zu klären, ob die in Ausübung des Wohnungsrechtes verbrauchsabhängigen Kosten z.B. Strom, Wasser, Heizung, der Übernehmer oder der Wohnungsberechtigte trägt)

Weitere Gegenleistungen an Geschwister

☐ Die sämtlichen Geschwister des Übernehmers sind vollständig abgefunden und erhalten anlässlich der Übergabe nichts mehr
☐ Der Übernehmer ist verpflichtet, an seine nachgenannten Geschwister folgende Geldbeträge hinauszuzahlen
 an (Name, Vorname) ..... einen Geldbetrag von ..... € zur Zahlung fällig spätestens am ..... und bis dorthin
  ☐ Unverzinslich
  ☐ verzinslich mit ..... % jährlich
 an (Name, Vorname) ..... einen Geldbetrag von ..... € zur Zahlung fällig spätestens am ..... und bis dorthin
  ☐ Unverzinslich
  ☐ verzinslich mit ..... % jährlich

Sonstige Leistungen an Geschwister (z.B. Grundstücksübertragungen, Bauholz)

☐ Nein
☐ ja – hier welche Geschwister, welche Leistungen
 .....
 .....

(Hinweis: Insbesondere bei Grundstücksübertragungen steuerliche Beratung einholen wegen der Gefahr einer Entnahme; falls Grundstücksteilflächen betroffen sind, bitte Lageplan zum Besprechungstermin mitnehmen)

K. Einheitswert

Der Einheitswert des übergebenen Anwesens beträgt ..... €.

(bitte Einheitswertbescheid zum Termin mitbringen)

L. Sonstiges; Hinweise

– Die Erhebung und Speicherung personenbezogener Daten erfolgt nach § 12 ff. Bundesdatenschutzgesetz zu dienstlichen Zwecken; in diese wird eingewilligt.
– Zur Beurkundung müssen alle Beteiligten, soweit sie nicht bereits im Notariat Kunde waren, einen gültigen Personalausweis oder Reisepass mitbringen. Sind Namensänderungen (etwa durch Heirat) hierin nicht vermerkt, sind auch hierüber amtliche Urkunden (z.B. Heiratsurkunde) vorzulegen.
– Erforderliche Erbscheine sind ausschließlich in Ausfertigung einzureichen.
– Sofern der veräußerte Grundbesitz im Grundbuch eines anderen Amtsgerichts als ..... vorgetragen ist, wird gebeten, zur Terminsvorbereitung in ihrem Besitz befindliche beglaubigte Grundbuchauszüge jüngeren Datums einzureichen.
– Fertigt der Notar auftragsgemäß den Entwurf eines Vertrages, so fallen hierfür Gebühren an, auch wenn später keine Beurkundung erfolgt (KV Nr. 21302 ff. GNotKG). Bei späterer Beurkundung im selben Notariat werden die Entwurfsgebühren auf die Beurkundungsgebühren angerechnet (Vorbem. KV 2.1.3 Abs. 2 GNotKG).
– Bei Rückfragen wenden Sie sich bitte an die Sachbearbeiter – ..... oder ..... – (Tel. .....).
– Zur Vereinbarung eines Beurkundungstermins, den Sie bitte auch mit den weiteren Beteiligten abstimmen wollen, wählen Sie die Rufnummer ..... . Bitte haben Sie dafür Verständnis, dass die Vergabe von Beurkundungsterminen grundsätzlich erst nach Rücksendung des vollständig ausgefüllten Fragenbogens möglich ist.

Kapitel 15

M. Auftrag an den Notar

Zum Zwecke der Terminsvorbereitung wird der Notar ....., beauftragt:

- ☐ einen unbeglaubigten Grundbuchauszug einzuholen
- ☐ einen Entwurfes zu erstellen bis spätestens zum ..... (Datum)
- ☐ den Entwurf zur Prüfung zu übersenden   ☐ per Post   ☐ per Fax .....
  an ☐ alle Beteiligten   ☐ nur Erwerber   ☐ nur Veräußerer   ☐.....
- ☐ wegen einer telefonischen Vorbesprechung ☐Übergeber ☐Übernehmer am ..... um ca. ..... Uhr anzurufen unter der Telefonnummer: ...../ .....
  den
- ☐ Sonstiges/Bemerkungen: .....

....., den .....

.....
(Unterschrift[en] des Übergebers und des Übernehmers)

F. Übertragung eines städtischen Anwesens auf Abkömmlinge unter Nutzungs- und Verfügungsvorbehalt

▶ Übertragung eines städtischen Anwesens auf Abkömmlinge unter Nutzungs- und Verfügungsvorbehalt 6754

URNr. ...../2018

Übertragung in vorweggenommener Erbfolge

Heute, den ..... zweitausendachtzehn

– ..... 2018 –

erschienen vor mir,

.....

Notar in .....,

in meinen Amtsräumen in .....:

1. Herr .....,
   geb. am .....,
   wohnhaft: .....,
   nach Angabe .....,
   ausgewiesen durch gültigen deutschen Personalausweis

2. dessen einziger Sohn,
   Herr .....,
   geb. am .....,
   wohnhaft: .....,
   nach Angabe .....,
   ausgewiesen durch gültigen deutschen Personalausweis

Der Notar fragte nach einer Vorbefassung im Sinne des § 3 Abs. 1 Nr 7 BeurkG; sie wurde von den Beteiligten verneint.

Die Erschienenen waren gleichzeitig vor mir anwesend. Auf Ansuchen beurkunde ich ihren Erklärungen gemäß ihren Erklärungen gemäß, was folgt:

§ 1
Grundbuch- und Sachstand

Das Grundbuch des Amtsgerichts ..... für ..... Band ..... Blatt ..... wurde am ..... eingesehen.

Dort ist im Eigentum von .....

folgender Grundbesitz eingetragen:

FlNr. .....

Dieser Grundbesitz ist im Grundbuch wie folgt belastet:

Abteilung II:

.....

Abteilung III:

.....

§ 2
Überlassung

.....

– im Folgenden »der Veräußerer« genannt –

überlässt den in § 1 bezeichneten Grundbesitz (»Vertragsbesitz«) mit allen Rechten und dem gesetzlichen Zubehör

an

.....

– im Folgenden »der Erwerber« genannt –

zum Eigentum

Der Notar hat erläutert, dass eine Eigentumsverschaffungsvormerkung im Grundbuch gegen anderweitige Veräußerung oder Belastung, Pfändung oder Insolvenz während der Abwicklungsphase dieses Vertrages schützen würde. Gleichwohl verzichten die Beteiligten darauf, eine solche Vormerkung zur Eintragung zu bewilligen und zu beantragen.

Die Beteiligten sind über den vereinbarten Eigentumsübergang in dem angegebenen Erwerbsverhältnis einig. Der Veräußerer bewilligt und der Erwerber beantragt, den Eigentumsübergang gemäß dieser

Auflassung

in das Grundbuch einzutragen.

Die Überlassung erfolgt in Anrechnung auf das gesetzliche Pflichtteilsrecht des Erwerbers nach dem Veräußerer, sowie unter Beachtung der nachstehend § 3 geregelten Vorbehalte, im übrigen jedoch unentgeltlich im Wege vorweggenommener Erbfolge.

§ 3
Vorbehaltene Rechte

a)

Der Veräußerer – nachstehend »der Berechtigte« genannt – behält sich am gesamten übertragenen Vertragsbesitz ein

Nießbrauchsrecht

vor (Vorbehaltsnießbrauch), für das die gesetzlichen Bestimmungen gelten sollen mit der Abweichung, dass der Nießbraucher auch die außerordentlichen, als auf den Stammwert der Sache gelegt anzusehenden Lasten sowie die Tilgung bestehender Verbindlichkeiten trägt. Ebenso trägt der Nießbraucher auch Ausbesserungen und Erneuerungen, die über die gewöhnliche Unterhaltung der Sache hinausgehen. Dem Nießbraucher stehen keine Verwendungsersatzansprüche und Wegnahmerechte zu, während umgekehrt der Eigentümer keine Sicherheitsleistung (§ 1051 BGB) verlangen kann. Die gesamten Lasten und Kosten des Vertragsbesitzes sowie die Verkehrssicherungspflicht verbleiben demnach beim Nießbraucher.

Eine Vollmacht zur Revalutierung bestehender oder zur Bestellung neuer Grundpfandrechte zur Finanzierung der vom Nießbraucher zu tragenden Lasten und Kosten wird nicht gewünscht. Der Nießbraucher kann und darf jederzeit sein Recht durch Löschung im Grundbuch einseitig aufgeben.

Die Überlassung der Ausübung des Nießbrauches an einen anderen (z.B. Übertragung der Vermieterstellung [§ 1059 Satz 2 BGB]) ist ausgeschlossen.

Die Eintragung des Nießbrauchsrechts zugunsten des Berechtigten – für mehrere Personen als Gesamtberechtigte gem. § 428 BGB – am Vertragsbesitz wird

bewilligt und beantragt,

mit dem Vermerk, dass zur Löschung des Rechts der Nachweis des Todes des Berechtigten genügen soll, was hiermit vereinbart, bewilligt und beantragt wird. Das Recht erhält nächstoffene Rangstelle.

b)

Jeder Erwerber und seine Gesamtrechtsnachfolger im Eigentum sind gegenüber dem Veräußerer verpflichtet, den Vertragsbesitz zurückzuübertragen, wenn und soweit ein Rückforderungsgrund eintritt und die Rückforderung vertragsgemäß, d.h. binnen zwölf Monaten nach Kenntnis vom Rückforderungstatbestand und in notariell beglaubigter Form erklärt wird. Das Rückforderungsrecht ist nicht vererblich oder übertragbar und kann nicht durch einen gesetzlichen Vertreter oder sonstigen Sachwalter, der mit Wirkung für fremde Vermögen Erklärungen abzugeben berechtigt ist, ausgeübt werden. Es kann sich auch lediglich auf Teile des Vertragsbesitzes erstrecken.

Macht zu Lebzeiten beider Veräußerer nur einer der Veräußerer das Rückforderungsrecht geltend, oder ist der andere Veräußerer verstorben, ist nur an den verbleibenden Veräußerer aufzulassen, der auch die Verpflichtungen alleine übernimmt. Andernfalls ist an beide zu je hälftigem Miteigentum unter gesamtschuldnerischer Übernahme der Verpflichtungen aufzulassen.

Ein Rückforderungsgrund tritt jeweils ein, sobald der jeweilige Eigentümer
a) den Vertragsbesitz ganz oder teilweise ohne schriftliche Einwilligung des Veräußerers (bzw. seines gesetzlichen Vertreters oder Bevollmächtigten) veräußert oder sonst das Eigentum daran verliert, es in das Gesamtgut einer Gütergemeinschaft einbringt, belastet oder eingetragene Belastungen revaluiert, oder vermietet,
b) von Zwangsvollstreckung oder Zwangsverwaltung in den Grundbesitz betroffen ist, sofern die Maßnahme nicht binnen zwei Monaten aufgehoben wird,
c) in Insolvenz fällt, die Eröffnung des Verfahrens mangels Masse abgelehnt wird, oder er die Vermögenserklärung abgibt
d) vor dem Berechtigten verstirbt
e) von seinem (künftigen) Ehegatten/eingetragenen Lebenspartner (»Partner«) getrennt lebt im Sinne des § 1567 BGB oder Klage auf vorzeitigen Zugewinnausgleich erhoben wird, es sei denn, durch vertragliche Vereinbarung ist sichergestellt, dass der Vertragsbesitz im Rahmen des Zugewinn- bzw. Vermögensausgleiches nicht berücksichtigt wird, sondern allenfalls tatsächlich getätigte Investitionen oder Tilgungsleistungen dem Partner zu erstatten sind
f) der Drogen- oder Alkoholsucht verfällt, oder
g) Mitglied einer im Sektenbericht des Bundestages aufgeführten Sekte oder einer unter Beobachtung des Verfassungsschutzes stehenden Vereinigung ist
h) länger als sechs Monate geschäftsunfähig ist.
i) Der Veräußerer ist zur Rückforderung ferner dann berechtigt, wenn für die heutige Übertragung Schenkungsteuer anfällt oder wenn sich das Schenkungsteuerrecht oder seine Anwendung in einer Weise ändert, dass sich nach dieser Änderung für die heutige Übertragung im Vergleich zum geltenden Recht eine geringere Steuerbelastung, eine spätere Fälligkeit der Steuer oder die Möglichkeit ihrer Vermeidung bei Eintritt zusätzlicher Bedingungen ergibt

Bei mehreren Eigentümern genügt der Eintritt bei einem von ihnen.

Der Veräußerer hat die im Grundbuch eingetragenen Rechte und Grundpfandrechte dinglich zu übernehmen, soweit sie dann im Rang vor der nachstehend bestellten Auflassungsvormerkung eingetragen sind. Aufschiebend bedingt auf die wirksame Ausübung des Rückforderungsrechts werden bereits heute alle Rückgewähransprüche, die dem Erwerber dann bezüglich eingetragener Grundpfandrechte zustehen (werden), an den dies annehmenden Veräußerer im oben bezeichneten Erwerbsverhältnis abgetreten. Ferner verpflichtet sich der Erwerber, etwa ihm dann zustehende Eigentümergrundschulden auf Verlangen des Veräußerers löschen zu lassen, und bewilligt, zu dessen Gunsten eine Löschungsvormerkung gem. § 1179 BGB bei den derzeit eingetragenen Grundpfandrechten einzutragen. Der Veräußerer beantragt die Eintragung/*kann den Antrag auf Eintragung jederzeit stellen.*

Aufwendungen aus dem Vermögen des Rückübertragungsverpflichteten werden – maximal jedoch bis zur Höhe der noch vorhandenen Zeitwerterhöhung – gegen Rechnungsnachweis erstattet bzw. durch Schuldübernahme abgegolten, soweit sie nicht nur der Erhaltung des Anwesens im derzeitigen Zustand, sondern dessen Verbesserung oder Erweiterung gedient haben und mit schriftlicher Zustimmung des Berechtigten oder seines Vertreters durchgeführt wurden. Im Übrigen erfolgt die Rückübertragung unentgeltlich, also insbesondere ohne Ausgleich für geleistete Dienste, wiederkehrende Leistungen, Tilgungen, geleistete Zinsen, Arbeitsleistungen, oder die gezogenen Nutzungen. Hilfsweise gelten die gesetzlichen Bestimmungen zum Rücktrittsrecht.

Die Kosten der Rückübertragung hat der Anspruchsberechtigte zu tragen. Mit Durchführung der Rückübertragung entfällt die ggf. angeordnete Anrechnung der Zuwendung auf den Pflichtteilsanspruch des heutigen Erwerbers sowie ein etwa mit ihm in dieser Urkunde vereinbarter Pflichtteilsverzicht (auflösende Bedingung).

Zur Sicherung des bedingten Rückübertragungsanspruchs nach wirksamer Ausübung eines vorstehend eingeräumten Rückforderungsrechtes oder des gesetzlichen Widerrufs gem. § 530 BGB (»grober Undank«) bestellt hiermit jeder Erwerber zugunsten des vorgenannten Veräußerers – sofern es sich um mehrere Personen handelt, als Gesamtberechtigte gem. § 428 BGB – eine

Eigentumsvormerkung

am jeweiligen Vertragsbesitz und

bewilligt und beantragt

deren Eintragung im Grundbuch. Die Vormerkung ist als Sicherungsmittel auflösend befristet. Sie erlischt mit dem Tod des jeweiligen Veräußerers.

Die Vormerkung erhält nächstoffene Rangstelle, jedoch Rang nach dem Nießbrauch (§ 3 a).

§ 4
Besitzübergang

Der mittelbare Besitz geht sofort über – Lasten, Haftung, Verkehrssicherung und Gefahr jedoch nur, soweit der Nießbrauch nicht entgegen steht –; der unmittelbare Besitz und die Nutzungen jedenfalls erst mit dessen Beendigung. Der Erwerber trägt Erschließungs- und Anschlusskosten, die ab Beendigung des Nießbrauches durch Bescheid oder Rechnung angefordert werden.

Der Vertragsbesitz unterliegt keiner Wohnungsbindung.

Er ist nicht vermietet oder verpachtet. Den Beteiligten ist bewusst, dass etwaige durch den Nießbraucher abgeschlossene Mietverträge grundsätzlich den Eigentümer auch nach Beendigung des Nießbrauches binden; er hat im Verhältnis zum Veräußerer (Vorbehaltsnießbraucher) diesen »Rechtsmangel« hinzunehmen

§ 5
Rechtsmängel

Der Veräußerer gewährleistet, dass der Erwerber ungehinderten Besitz und lastenfreies Eigentum erhält, soweit in dieser Urkunde nichts anderes vereinbart ist.

Die in Abteilungen II und III des Grundbuches eingetragenen Belastungen übernimmt der Erwerber zur weiteren Duldung mit allen sich aus der Eintragungsbewilligung ergebenden Verpflichtungen. Das aus der dinglichen Haftung für Fremdverbindlichkeiten erwachsende Risiko ist ihm bekannt. Einschränkungen der Zweckvereinbarungen für bestehende Grundpfandrechte werden nicht gewünscht.

Eigentümerrechte und Rückgewährsansprüche des Veräußerers an bestehenden Grundpfandrechten werden an den Erwerber abgetreten, der die Abtretung annimmt. Persönliche Vollstreckungsunterwerfungen sind nicht erforderlich.

Die bisherigen Darlehensbeziehungen bleiben unverändert, so dass Schuldübernahmegenehmigungen etc. nicht einzuholen sind. Mit Erlöschen des Nießbrauches übernimmt der Erwerber unter vollständiger Entlastung der bisherigen Darlehensschuldner bzw. deren Erben die noch bestehenden Verbindlichkeiten zur weiteren Verzinsung und Tilgung. Sofern die durch den Erwerber einzuholenden Schuldübernahmegenehmigungen nach § 415 BGB nicht erteilt werden, erfolgt die Freistellung der Erben im Wege interner Befreiungsverpflichtung.

Allen zur Lastenfreistellung erforderlichen Freigaben und Löschungen wird mit dem Antrag auf Vollzug im Grundbuch zugestimmt, auch soweit weiterer Grundbesitz betroffen ist.

§ 6
Sachmängel

Der Erwerber übernimmt den Vertragsbesitz im gegenwärtigen, ihm bekannten Zustand. Rechte des Erwerbers wegen Mängeln sind (bis auf Fälle des Vorsatzes oder der Arglist) ausgeschlossen.

§ 7
Hinweise des Notars

Eine steuerliche Beratung hat der Notar nicht übernommen, im Übrigen über die rechtliche Tragweite der abgegebenen Erklärungen belehrt und abschließend nochmals auf folgendes hingewiesen:
- das Eigentum geht mit der Umschreibung im Grundbuch auf den Erwerber über. Die Umschreibung kann erst erfolgen, wenn die Unbedenklichkeitsbescheinigung wegen der Grunderwerbsteuer vorliegt;
- unabhängig von den rein schuldrechtlichen Vereinbarungen der Beteiligten in dieser Urkunde haften kraft Gesetzes der Vertragsbesitz für Rückstände an öffentlichen Abgaben und Erschließungsbeiträgen und beide Vertragsteile für die etwa anfallende Grunderwerbsteuer und die Kosten als Gesamtschuldner;
- sofern sich der Veräußerer Nutzungsrechte am Vertragsbesitz vorbehalten hat, beginnt die Zehnjahresfrist des § 2325 Abs. 3 BGB, nach deren Ablauf die heutige Zuwendung bei der Berechnung von Pflichtteilsergänzungsansprüchen nicht mehr zu berücksichtigen ist, nicht zu laufen;
- das gesetzliche Rückforderungsrecht wegen Verarmung des Schenkers (§ 528 BGB) und die Möglichkeiten einer Anfechtung durch Gläubiger oder für den Fall späterer Insolvenz des Schenkers können nicht abbedungen werden; auf diese – insbesondere die geltenden Fristen – wurde hingewiesen. Die Beteiligten vereinbaren hierzu:
Sollte sich der Erwerber von einer etwa bestehenden Pflicht zur Leistung von Wertersatz in Geld durch Rückauflassung des Vertragsbesitzes selbst befreien wollen, erfolgt diese unmittelbar an den Veräußerer Zug um Zug gegen Ausgleich der durch Investitionen des Erwerbers geschaffenen Werterhöhung sowie seiner an den Veräußerer oder weichende Geschwister aufgrund Vertrages erbrachten Zahlungen.
- es ist erforderlich, dass alle Vereinbarungen richtig und vollständig beurkundet werden, damit die Wirksamkeit der Urkunde und aller Vereinbarungen gewährleistet ist.
- die Übertragung bisher betrieblich gehaltenen Grundbesitzes kann zur Besteuerung dadurch aufgelöster stiller Reserven führen

§ 8
Vollzugsauftrag

Alle Beteiligten beauftragen und bevollmächtigen den amtierenden Notar, seinen amtlichen Vertreter oder Nachfolger im Amt,
- sie im Grundbuchverfahren uneingeschränkt zu vertreten
- die zur Wirksamkeit und für den Vollzug dieser Urkunde erforderlichen Genehmigungen und Erklärungen anzufordern und (auch gem. § 875 Abs. 2 BGB) entgegenzunehmen.

Anfechtbare Bescheide und Zwischenbescheide zur Fristverlängerung sind jedoch den Beteiligten selbst zuzustellen; Abschrift an den Notar wird erbeten.

Die Vertragsteile bevollmächtigen die Angestellten an dieser Notarstelle – welche der Amtsinhaber zu bezeichnen bevollmächtigt wird – je einzeln und befreit von § 181 BGB, Erklärungen, Bewilligungen und Anträge materiell- oder formellrechtlicher Art zur Ergänzung oder Änderung des Vertrages abzugeben, soweit diese zur Behebung behördlicher oder gerichtlicher Beanstandungen zweckdienlich sind.

§ 9
Kosten, Abschriften

Im Hinblick auf § 34 ErbStG und § 8 ErbStDV machen die Beteiligten ergänzend folgende Angaben:
- Der Verkehrswert des Anwesens beträgt ..... €
- Der letzte Einheits- bzw. Grundbesitzwert beträgt ..... €
- Der Valutastand der übernommenen Verbindlichkeiten beträgt ..... €
- Der Jahreswert des Nießbrauchs- bzw. Wohnungsrechtes wird mit ..... € angegeben.

Die Kosten dieser Urkunde und ihres Vollzuges sowie eine etwa anfallende Grunderwerbsteuer und Schenkungsteuer trägt der Erwerber.

Die Kosten der Lastenfreistellung trägt der Erwerber.

Von dieser Urkunde erhalten:

Ausfertigungen:

- die Vertragsteile und das Grundbuchamt

einfache Abschriften:

- die Grunderwerbsteuerstelle

beglaubigte Abschriften:

- die Schenkungsteuerstelle

Vorgelesen vom Notar, von den Beteiligten
genehmigt, und eigenhändig unterschrieben:

.....

G. Muster einer Bauplatzübertragung als Ausstattung mit Ausgleichspflichtteilsverzicht eines weichenden Geschwisters

▶ Bauplatzübertragung als Ausstattung mit Ausgleichspflichtteilsverzicht eines weichenden Geschwisters

URNr. ...../2018

Grundstücksübertragung als Ausstattung

Heute, den ..... zweitausendachtzehn

– ..... 2018 –

erschienen vor mir,

.....

Notar in .....,

in meinen Amtsräumen in .....:

1. Herr .....,
   geb. am .....,
   wohnhaft: .....,
   nach Angabe .....,
   ausgewiesen durch gültigen deutschen Personalausweis
   als »Veräußerer«

2. dessen Sohn,
   Herr .....,
   geb. am .....,
   wohnhaft: .....,
   nach Angabe .....,
   ausgewiesen durch gültigen deutschen Personalausweis
   als »Erwerber«
   hier handelnd
   a) eigenen Namens
   b) sowie vorbehaltlich nachträglicher Genehmigung in öffentlich beglaubigter Form für seine Schwester

.....

als »weichendes Geschwister«

Der Notar wird auf Kosten des nicht Erschienenen beauftragt und allseits bevollmächtigt, den Entwurf der Nachgenehmigung zu fertigen, diese anzufordern, für alle Beteiligten entgegenzunehmen und den dann zu erteilenden Ausfertigungen beizufügen. Eine Frist gem. § 177 Abs. 2 BGB soll er jedoch erst auf schriftliche Weisung der Erschienenen stellen. Sollte die Nachgenehmigung nicht erteilt werden, bleiben die zwischen Veräußerer und Erwerber getroffenen Vereinbarungen auch hinsichtlich ihres Vollzuges unberührt mit Ausnahme der Bestimmungen in § 3, die in diesem Fall auch nicht als Vereinbarungen zugunsten Dritter im Sinne des § 328 BGB aufrechterhalten bleiben.

Der Notar fragte nach einer Vorbefassung im Sinne des § 3 Abs. 1 Nr 7 BeurkG; sie wurde von den Beteiligten verneint.

Die Erschienenen waren gleichzeitig vor mir anwesend. Auf Ansuchen beurkunde ich ihren Erklärungen gemäß, was folgt:

§ 1
Grundbuch- und Sachstand

Das Grundbuch des Amtsgerichts für ..... Blatt ..... wurde am ..... eingesehen.

Dort ist folgender Grundbesitz eingetragen:

Flst.Nr.

Als Eigentümer ist vermerkt:

Dieser Grundbesitz ist im Grundbuch wie folgt belastet:

Abteilung II:

Abteilung III:

Der Grundbesitz ist unbebaut.

§ 2
Ausstattung

– im Folgenden »der Veräußerer« genannt –

überträgt den in § 1 bezeichneten Grundbesitz (»Vertragsbesitz«) mit allen Rechten und dem gesetzlichen Zubehör

an

– im Folgenden »der Erwerber« genannt –

zum Eigentum.

Der Notar hat erläutert, dass eine Eigentumsverschaffungsvormerkung im Grundbuch gegen anderweitige Veräußerung oder Belastung, Pfändung oder Insolvenz während der Abwicklungsphase dieses Vertrages schützen würde. Gleichwohl verzichten die Beteiligten darauf, eine solche Vormerkung zur Eintragung zu bewilligen und zu beantragen.

Die Beteiligten sind über den vereinbarten Eigentumsübergang in dem angegebenen Erwerbsverhältnis einig. Der Veräußerer bewilligt und der Erwerber beantragt, den Eigentumsübergang gem. dieser

Auflassung

in das Grundbuch einzutragen.

Nutzungs- und über das Gesetz hinausgehende Rückforderungsvorbehalte sind nicht vereinbart.

Es handelt sich um eine Ausstattung im Sinne des § 1624 BGB an ein Kind (*mit Rücksicht auf seine Verheiratung/zur Erlangung einer selbständigen Lebensstellung/zur Begründung oder Erhaltung der Wirtschaft*), die das den Umständen entsprechende Maß, insbesondere gemessen an den Vermögensverhältnissen der Eltern, nicht übersteigt (*Alt.: Wir sind übereinstimmend der Auffassung, dass angesichts der Vermögensverhältnisse der Eltern ein Übermaß vorliegt hinsichtlich eines Wertes von ..... €, für den Schenkungsrecht gilt; im Übrigen handelt es sich um eine Ausstattung*). Der Notar hat auf die Rechtsfolgen der Ausstattung hingewiesen, insbesondere darauf, dass Schenkungsrecht (auch das Recht auf Rückforderung bei Verarmung) nicht anwendbar ist und die Übertragung nicht der Pflichtteilsergänzung unterliegt (§ 2325 BGB). Sie unterliegt nicht der vierjährigen, regelmäßig aber der zweijährigen Gläubigeranfechtung (entgeltliche Verträge mit nahestehenden Personen).

Die Ausgleichung gegenüber Geschwistern bei Eintritt gesetzlicher Erbfolge ist im Zweifel angeordnet (§ 2050 Abs. 1 BGB), was der Veräußerer jedoch ausdrücklich ausschließt. Die Zuwendung ist allerdings auf das gesetzliche Pflichtteilsrecht des Erwerbers nach dem Veräußerer anzurechnen.

Der Notar hat weiter darauf hingewiesen, dass sich aufgrund der Ausstattung der Pflichtteilsanspruch der anderen Abkömmlinge erhöhen kann, da gem. § 2316 Abs. 3 BGB der nach § 2050 Abs. 1 BGB zulässige Ausschluss der Ausgleichungspflicht, auch für Ausstattungen, im Rahmen der Pflichtteilsberechnung unbeachtlich ist. Die Erhöhung der Ausgleichspflichtteile der Geschwister könnte durch gegenständlich beschränkte Pflichtteilsverzichte »rückgängig gemacht« werden (siehe § 3)

§ 3
Weichendes Geschwister

1.

Der Erwerber verpflichtet sich gegenüber dem Veräußerer/Erblasser, als weitere Gegenleistung einen Abfindungsbetrag (Gleichstellungsgeld) i.H.v. ..... €, fällig am ..... und bis zu diesem Zeitpunkt zinslos gestundet, zu entrichten.

(Ggf., bei Befristung über länger als ein Jahr: Den Beteiligten ist bekannt, dass aufgrund dieser zinslosen Befristung über länger als ein Jahr der Abfindungsbetrag einkommensteuerlich zerlegt wird in eine Kapitalsumme und [fiktive, i.H.v. 5,5 % jährlich angenommene], steuerpflichtige Zinsen. Der Verzichtende hat diesen Zinsanteil im Jahr des Erhalts als Einkünfte aus Kapitalvermögen zu versteuern; der Leistende [Erwerber] verwirklicht Anschaffungskosten lediglich in Höhe des Kapitalbetrags, kann jedoch bei Einkünfteverzielung gegebenenfalls den Zinsanteil als Werbungskosten geltend machen).

Der Anspruch auf die Abfindungsleistung ist abtretbar und vererblich. Auf Wertsicherung (Anpassung an die Geldentwertung) und dingliche Sicherung (Bestellung eines Pfandrechts oder Grundpfandrechts) wird verzichtet.

Der Erwerber unterwirft sich wegen dieser Zahlungsverpflichtung der Zwangsvollstreckung aus dieser Urkunde in sein gesamtes Vermögen mit der Maßgabe, dass vollstreckbare Ausfertigung nach Fälligkeit auf Antrag dem Gläubiger (d.h. dem Abtretungsempfänger oder dessen Rechtsnachfolger) ohne weitere Nachweise erteilt werden kann.

Der Veräußerer/Erblasser tritt hiermit an den dies annehmenden Verzichtenden (weichendes Geschwister) den Anspruch auf Erbringung dieser Abfindungsleistung mit sofortiger Wirkung ab, ohne jedoch für dessen Erfüllung einzustehen.

2.

..... (Verzichtender)

verzichtet

hiermit für sich und seine Abkömmlinge auf sein Pflichtteilsrecht am Nachlass des Veräußerers in der Weise, dass der Vertragsgegenstand gem. gegenwärtiger Urkunde und die darauf derzeit lastenden Verbindlichkeiten bei der Berechnung seines Pflichtteilsanspruchs als nicht zum Vermögen oder Nachlass des Veräußerers gehörend angesehen und aus der Berechnungsgrundlage für den Pflichtteilsanspruch, den Ausgleichspflichtteil (§ 2316 BGB), den Pflichtteilsrestanspruch und den Pflichtteilsergänzungsanspruch ausgeschieden werden.

Der Veräußerer nimmt diesen gegenständlich beschränkten Pflichtteilsverzicht entgegen und an. Er kann nach Wirksamwerden nur unter Mitwirkung des Erwerbers wieder aufgehoben werden (Vereinbarung gem. § 328 BGB).

Die Vertragsbeteiligten wurden darauf hingewiesen, dass der gegenständlich beschränkte Pflichtteilsverzicht die gesetzliche Erbfolge und den Pflichtteil am Restvermögen des Veräußerers unberührt lässt.

3.

Der vorstehend geschlossene Pflichtteilsverzichtsvertrag ist aufschiebend bedingt. Aufschiebende Bedingung ist die Erfüllung der vorstehend eingegangenen Verpflichtung zur Abfindungsleistung in Haupt- und Nebensache, also einschließlich etwaiger Verzugszinsen ab Fälligkeitstermin in gesetzlicher Höhe (5 Prozentpunkte über dem jeweiligen Basiszins), oder aber die Erteilung einer schriftlichen Bestätigung des Verzichtenden bzw. seiner Rechtsnachfolger, die jeweils geschuldete Leistung vollständig erhalten zu haben. Die Bedingung ist ausgefallen, wenn die geschuldete Leistung in Haupt- und Nebensache trotz einer nach Eintritt der Fälligkeit schriftlich zu setzenden Nachfrist von mindestens zwei Monaten nicht vollständig erbracht wurde. Der Eintritt der Bedingung ist nicht auf den Tod des Erblassers endbefristet; bis zum Eintritt der Bedingung wird die Verjährung des Pflichtteilsanspruchs hiermit erbvertraglich verlängert (§§ 2301, 202 Abs. 2 BGB). Teilleistungen sind aufgrund hiermit getroffener und hingenommener Anordnung auf den noch fortbestehenden Pflichtteilsanspruch des Verzichtenden anzurechnen (§ 2315 BGB). Veräußerer und weichendes Geschwister vereinbaren diese Anrechnung von Teilleistungen so, als ob die tatsächlich erhaltene Teilleistung (und nicht lediglich der Anspruch hierauf) unmittelbar vom Veräußerer gestammt hätte.

§ 4
Besitzübergabe, Erschließung

Die Übergabe von Besitz und Nutzungen erfolgt ebenso wie der Übergang von Lasten, Verkehrssicherungspflichten, Haftung und Gefahr mit dem heutigen Tage. Alle ab heute erstmals geltend gemachten Kosten, Gebühren und Beiträge für Erschließungs-, Ausbau- und Aufschließungsanlagen aller Art, auch soweit diese bereits hergestellt sind, trägt im Verhältnis der Vertragsteile der Erwerber, gleich wann und wem die Zahlungsaufforderung zugeht. Der derzeitige Stand der Erschließung ist den Vertragsteilen bekannt.

§ 5
Rechtsmängel

Der Veräußerer ist verpflichtet, dem Erwerber ungehinderten Besitz und lastenfreies Eigentum zu verschaffen, soweit in dieser Urkunde nichts anderes vereinbart ist.

Die in Abteilung II des Grundbuches eingetragenen Belastungen übernimmt der Erwerber zur weiteren Duldung mit allen sich aus der Eintragungsbewilligung ergebenden Verpflichtungen. Der Vertragsbesitz ist frei von Belastungen in Abt. III des Grundbuchs zu übertragen. Miet- und Pachtverträge bestehen nicht.

Die Vertragsteile stimmen der Löschung aller nicht übernommenen Belastungen sowie allen Rangänderungen mit dem Antrag auf Vollzug zu; bei Gesamtrechten auch hinsichtlich aller übrigen in den Mithaftvermerken genannten Grundbuchstellen.

§ 6
Sachmängel

Der Erwerber übernimmt den Vertragsbesitz im gegenwärtigen, ihm bekannten Zustand. Ansprüche und Rechte des Erwerbers wegen Mängeln sind (bis auf Fälle des Vorsatzes oder der Arglist) ausgeschlossen

§ 7
Hinweise des Notars und weitere Vereinbarungen

Eine steuerliche Beratung hat der Notar nicht übernommen, im Übrigen über die rechtliche Tragweite der abgegebenen Erklärungen belehrt und abschließend nochmals auf folgendes hingewiesen:
- das Eigentum geht mit der Umschreibung im Grundbuch auf den Erwerber über.
- unabhängig von den rein schuldrechtlichen Vereinbarungen der Beteiligten in dieser Urkunde haften kraft Gesetzes der Vertragsbesitz für Rückstände an öffentlichen Abgaben und Erschließungsbeiträgen und beide Vertragsteile für die etwa anfallende Schenkung- und Grunderwerbsteuer und die Kosten als Gesamtschuldner.
- es ist erforderlich, dass alle Vereinbarungen richtig und vollständig beurkundet werden, damit die Wirksamkeit der Urkunde und aller Vereinbarungen gewährleistet ist.

§ 8
Vollzugsauftrag

Alle Beteiligten beauftragen und bevollmächtigen den amtierenden Notar, seinen amtlichen Vertreter oder Nachfolger im Amt,

- sie im Grundbuchverfahren uneingeschränkt zu vertreten
- die zur Wirksamkeit und für den Vollzug dieser Urkunde erforderlichen Genehmigungen und Erklärungen anzufordern und (auch gem. § 875 Abs. 2 BGB) entgegenzunehmen.

Anfechtbare Bescheide und Zwischenbescheide zur Fristverlängerung sind jedoch den Beteiligten selbst zuzustellen; Abschrift an den Notar wird erbeten.

Die Vertragsteile bevollmächtigen die Angestellten an dieser Notarstelle – welche der Amtsinhaber zu bezeichnen bevollmächtigt wird – je einzeln und befreit von § 181 BGB, Erklärungen, Bewilligungen und Anträge materiell- oder formellrechtlicher Art zur Ergänzung oder Änderung des Vertrages abzugeben, soweit diese zur Behebung behördlicher oder gerichtlicher Beanstandungen zweckdienlich sind.

§ 9
Schlussbestimmungen, Kosten und Abschriften

Im Hinblick auf § 34 ErbStG und § 8 ErbStDV machen die Beteiligten ergänzend folgende Angaben:
- Der Verkehrswert des Vertragsbesitzes beträgt ..... €
- Der letzte Einheits- bzw. Grundbesitzwert beträgt ..... €

Die Kosten dieser Urkunde und ihres Vollzuges sowie eine etwa anfallende Grunderwerbsteuer und Schenkungsteuer trägt der Erwerber.

Die Kosten der Lastenfreistellung trägt der Erwerber.

Von dieser Urkunde erhalten:

Ausfertigungen:
- die Vertragsteile
- das Grundbuchamt

einfache Abschriften:
- die Grunderwerbsteuerstelle
- nicht erschienene Beteiligte zur Nachgenehmigung

beglaubigte Abschriften:
- die Schenkungsteuerstelle

Vorgelesen vom Notar, von den Beteiligten
genehmigt, und eigenhändig unterschrieben:

.....

H. Teilungserklärung im Eigenbesitz und Übertragung des Sondereigentums zum Eigenausbau

6756 ▶ Teilungserklärung im Eigenbesitz und Übertragung des Sondereigentums zum Eigenausbau

URNr. ...../2018

Teilungserklärung nach § 8 WEG

und

Überlassung

zum Eigenausbau

Heute, den ..... zweitausendachtzehn

– ..... 2018 –

erschienen vor mir,

.....

Notar in .....,

in meinen Amtsräumen in .....:

1. Herr .....,
   geb. am .....,
   wohnhaft: .....,
   nach Angabe .....,
   ausgewiesen durch gültigen deutschen Personalausweis

2. dessen einziger Sohn,
   Herr .....,
   geb. am .....,
   wohnhaft: .....,
   nach Angabe .....,
   ausgewiesen durch gültigen deutschen Personalausweis

Der Notar fragte nach einer Vorbefassung im Sinne des § 3 Abs. 1 Nr 7 BeurkG; sie wurde von den Beteiligten verneint.

Die Erschienenen waren gleichzeitig vor mir anwesend. Auf Ansuchen beurkunde ich ihren Erklärungen gemäß, was folgt:

Teil A
Grundbuch- und Sachstand

1.

Das Grundbuch des Amtsgerichts für ..... Blatt ..... wurde am ..... eingesehen.

Dort ist folgender Grundbesitz eingetragen:

Flst.Nr.

Als Eigentümer ist vermerkt:

Dieser Grundbesitz ist im Grundbuch wie folgt belastet:

Abteilung II:

Abteilung III:

2.

H. Teilungserklärung im Eigenbesitz/Übertragung des Sondereigentums Kapitel 15

Auf dem vorstehend bezeichneten Grundbesitz ist bereits ein Einfamilienhaus errichtet. Nunmehr sollen an dieses Haus weitere Räume als eigenständige Wohnung angebaut werden. Diesen Anbau wird der Erwerber selbst errichten; er soll daher das Eigentum am Anbau erhalten.

Zu diesem Zweck wird das Wohnhaus (nach Maßgabe seines geplanten, erweiterten Bestandes) in insgesamt zwei separate Einheiten aufgeteilt (nachstehend B) und sodann das den Anbau repräsentierende Sondereigentum an den Erwerber übertragen (Teil C).

Teil B
Teilungserklärung im Eigenbesitz

§ 1
Teilungserklärung

1.

Der Grundstückseigentümer teilt hiermit das vorstehend bezeichnete Grundstück gem. § 8 WEG in der Weise auf, dass mit jedem zu bildenden Miteigentumsanteil das Sondereigentum an einer in sich abgeschlossenen Raumeinheit des Gebäudes verbunden ist.

Im Einzelnen ergibt sich die Aufteilung aus der mitverlesenen Anlage 1, auf welche verwiesen wird.

Die Raumeigentumseinheiten sind in sich im Sinne des § 3 Abs. 2 WEG abgeschlossen. Der Aufteilung liegt der dieser Urkunde als Anlage beigefügte vorläufige Aufteilungsplan zu Grunde, auf welchen verwiesen wird. Der Plan wurde dem Grundstückseigentümer zur Durchsicht vorgelegt, mit ihm erörtert und von ihm genehmigt.

oder:

Die Bauordnungsbehörde der Stadt/Gemeinde ..... hat am ..... unter dem Aktenzeichen ..... gem. § 7 Abs. 4 WEG die Abgeschlossenheit bescheinigt und diese Bescheinigung mit den eingereichten Aufteilungsplänen verbunden. Der Beteiligte verweist auf diese öffentliche Urkunde, die heute in Urschrift vorliegt und macht sie so zum Gegenstand seiner Erklärungen. Er erklärt, dass ihm ihr Inhalt bekannt ist. Auf Verlesen und Vorlage zur Durchsicht wird verzichtet. Ein Exemplar der Aufteilungspläne samt Abgeschlossenheitsbescheinigung ist dem Grundbuchamt zum Vollzug der Teilungserklärung einzureichen.

2.

Sondereigentum sind gem. gesetzlicher Definition die in der Teilungserklärung bezeichneten Räume und die zu diesen Räumen gehörenden Bestandteile des Gebäudes, die verändert, beseitigt oder eingefügt werden können, ohne dass dadurch das gemeinschaftliche Eigentum oder fremdes Sondereigentum über das nach § 14 WEG zulässige Maß hinaus beeinträchtigt werden, oder die äußere Gestaltung des Gebäudes verändert wird.

Zum Sondereigentum gehören insbesondere
a) die nichttragenden Zwischenwände innerhalb der Wohnungen,
b) die nichttragenden Wände, die einzelne Wohnungen voneinander abgrenzen in der Weise, dass diese Wände im Miteigentum der angrenzenden Sondereigentümer stehen,
c) der Innenbelag und die sonstigen Innenteile der Wohnungen, ggf. auch der Balkone und Loggien, sowie die von einem Sondereigentümer allein benutzten Versorgungs- und Wasserleitungen bis zu deren Einmündung in die gemeinschaftlich benutzten Hauptstränge.

Gemeinschaftliches Eigentum sind das Grundstück und diejenigen Gebäudeteile, Anlagen und Einrichtungen, die nicht im Sondereigentum oder im Eigentum eines Dritten stehen, insbesondere der Flur und die Gemeinschaftsräume im Keller, sowie das Treppenhaus.

Die Teile eines Gebäudes, die zu dessen Bestand und zu dessen Sicherheit erforderlich sind, und die Anlagen und Einrichtungen, die dem gemeinschaftlichen Gebrauch dienen, sind gemeinschaftliches Eigentum, auch wenn sie sich innerhalb der Räume eines Sondereigentums befinden.

Zum gemeinschaftlichen Eigentum gehören insbesondere:

a) alle tragenden Wände und diejenigen nichttragenden Wände, die Sondereigentum vom gemeinschaftlichen Eigentum trennen,
b) die Bodenplatten und Abschlussmauern oder Gitter von Balkonen,
c) die Fenster und Fensterrahmen, die Rollläden und Jalousien und die Wohnungsabschlusstüren,
d) der Treppenaufgang,
e) der Spitzboden,
f) alle Räume und Gebäudeteile, die nicht zum Sondereigentum erklärt sind.

Zum Gemeinschaftseigentum gehört auch das jeweils vorhandene Verwaltungsvermögen.

§ 2
Gemeinschaftsordnung

Zur Regelung des Verhältnisses der künftigen Eigentümergemeinschaft legt der aufteilende Eigentümer die als mitverlesene Anlage 2 beigefügte Gemeinschaftsordnung fest, auf welche verwiesen wird.

§ 3
Verwalterbestellung

Ein Verwalter soll vorerst nicht bestellt werden.

Den Beteiligten ist bekannt, dass die Bestellung eines Verwalters jederzeit verlangt werden kann.

Soweit in dieser Teilungserklärung und in der Gemeinschaftsordnung Rechte und Pflichten für und gegen den Verwalter bestehen, bestehen diese, solange ein Verwalter nicht bestellt ist, für und gegen die anderen Sondereigentümer.

§ 4
Grundbuchanträge

Es wird

bewilligt und beantragt

in das Grundbuch einzutragen:
a) die Aufteilung in Sondereigentum gem. der Teilungserklärung in B § 1 mit Anlage 1 dieser Urkunde,
b) die Gemeinschaftsordnung gem. Anlage 2 zu dieser Urkunde als Inhalt des Sondereigentums.

Der für das Grundbuchamt bestimmten Ausfertigung dieser Urkunde werden bei Vorlage als Anlagen beigefügt:
1. der Aufteilungsplan gem. § 7 Abs. 4 Nr. 1 WEG,
2. die Bescheinigung der Baubehörde gem. § 7 Abs. 4 Nr. 2 WEG,
3. der Lageplan, der wesentlicher Bestandteil dieser Urkunde bildet. Die Pläne wurden zur Durchsicht vorgelegt; auf sie wird verwiesen.

Teil C:
Überlassung

§ 1
Überlassung

.....

– im Folgenden »der Veräußerer« genannt –

H. Teilungserklärung im Eigenbesitz/Übertragung des Sondereigentums Kapitel 15

überlässt von den aus dem in § 1 bezeichneten Grundbesitz gebildeten Wohnungseigentumseinheiten die Einheit Nr. ..... (»Vertragsbesitz«) mit allen Rechten und dem gesetzlichen Zubehör

an

.....

– im Folgenden »der Erwerber« genannt –

zum Alleineigentum.

Den Beteiligten ist bekannt, diese Übertragung erst nach Bildung des entsprechenden Wohnungseigentums im Grundbuch vollzogen werden kann.

Der Notar hat erläutert, dass eine Eigentumsverschaffungsvormerkung im Grundbuch gegen anderweitige Veräußerung oder Belastung, Pfändung oder Insolvenz während der Abwicklungsphase dieses Vertrages schützen würde. Gleichwohl verzichten die Beteiligten darauf, eine solche Vormerkung zur Eintragung zu bewilligen und zu beantragen.

Die Beteiligten sind über den vereinbarten Eigentumsübergang in dem angegebenen Erwerbsverhältnis einig. Der Veräußerer bewilligt und der Erwerber beantragt, den Eigentumsübergang gem. dieser

Auflassung

in das Grundbuch einzutragen.

Der Erwerber hat sich den Wert der Zuwendung, soweit er die Gegenleistungen übersteigt, auf seinen künftigen Pflichtteilsanspruch am Nachlass des Veräußerers anrechnen zu lassen.

§ 2
Vorbehaltene Rechte

Jeder Erwerber und seine Gesamtrechtsnachfolger im Eigentum sind gegenüber dem Veräußerer verpflichtet, den Vertragsbesitz zurückzuübertragen, wenn und soweit ein Rückforderungsgrund eintritt und die Rückforderung vertragsgemäß, d.h. binnen zwölf Monaten nach Kenntnis vom Rückforderungstatbestand und in notariell beglaubigter Form erklärt wird. Das Rückforderungsrecht ist nicht vererblich oder übertragbar und kann nicht durch einen gesetzlichen Vertreter oder sonstigen Sachwalter, der mit Wirkung für fremde Vermögen Erklärungen abzugeben berechtigt ist, ausgeübt werden. Es kann sich auch lediglich auf Teile des Vertragsbesitzes erstrecken.

Ein Rückforderungsgrund tritt jeweils ein, sobald der jeweilige Eigentümer
a) den Vertragsbesitz ganz oder teilweise ohne schriftliche Einwilligung des Veräußerers (bzw. seines gesetzlichen Vertreters oder Bevollmächtigten) veräußert oder sonst das Eigentum daran verliert, es in das Gesamtgut einer Gütergemeinschaft einbringt, belastet oder eingetragene Belastungen revalutiert,
b) von Zwangsvollstreckung in den Grundbesitz betroffen ist, sofern die Maßnahme nicht binnen zwei Monaten aufgehoben wird,
c) in Insolvenz fällt, die Eröffnung des Verfahrens mangels Masse abgelehnt wird, oder er die Vermögenserklärung abgibt
d) vor dem Berechtigten verstirbt
e) von seinem (künftigen) Ehegatte/Lebenspartner getrennt lebt im Sinne des § 1567 BGB oder Klage auf vorzeitigen Zugewinnausgleich erhoben wird, es sei denn, durch vertragliche Vereinbarung ist sichergestellt, dass der Vertragsbesitz im Rahmen des Zugewinn- bzw. Vermögensausgleiches nicht berücksichtigt wird, sondern allenfalls tatsächlich getätigte Investitionen oder Tilgungsleistungen zu erstatten sind
f) der Erwerber nicht gem. der in § ..... enthaltenen Bauverpflichtung innerhalb von drei Jahren ab heute den Bau bezugsfertig errichtet hat.

Der Veräußerer hat die im Grundbuch eingetragenen Rechte und Grundpfandrechte dinglich zu übernehmen, soweit sie dann im Rang vor der nachstehend bestellten Auflassungsvormerkung eingetragen sind. Aufschiebend bedingt auf die wirksame Ausübung des Rückforderungsrechts werden bereits heute alle Rückgewähransprüche, die dem Erwerber dann bezüglich eingetragener Grundpfandrechte zustehen (werden), an den dies annehmenden Veräußerer im oben bezeichneten Erwerbsverhältnis abgetreten. Ferner verpflichtet sich der Erwerber, etwa ihm dann zustehende Eigentümergrundschulden auf Verlangen des Veräußerers löschen zu lassen, und bewilligt, zu dessen Gunsten eine Löschungsvormerkung gem. § 1179 BGB bei den derzeit eingetragenen Grundpfandrechten einzutragen. Der Veräußerer beantragt die Eintragung/*kann den Antrag auf Eintragung jederzeit stellen.*

Aufwendungen aus dem Vermögen des Rückübertragungsverpflichteten werden – maximal jedoch bis zur Höhe der noch vorhandenen Zeitwerterhöhung – gegen Rechnungsnachweis erstattet bzw. durch Schuldübernahme abgegolten, soweit sie nicht nur der Erhaltung des Anwesens im derzeitigen Zustand, sondern der Verbesserung oder Erweiterung des Anwesens gedient haben und mit schriftlicher Zustimmung des Berechtigten oder seines Vertreters durchgeführt wurden. Im Übrigen erfolgt die Rückübertragung unentgeltlich, also insbesondere ohne Ausgleich für geleistete Dienste, wiederkehrende Leistungen, Tilgungen, geleistete Zinsen, Arbeitsleistungen, oder die gezogenen Nutzungen. Hilfsweise gelten die gesetzlichen Bestimmungen zum Rücktrittsrecht.

Die Kosten der Rückübertragung hat der Anspruchsberechtigte zu tragen. Mit Durchführung der Rückübertragung entfällt die ggf. angeordnete Anrechnung der Zuwendung auf den Pflichtteilsanspruch des heutigen Erwerbers sowie ein etwa mit ihm in dieser Urkunde vereinbarter Pflichtteilsverzicht (auflösende Bedingung).

Zur Sicherung des bedingten Rückübertragungsanspruchs nach wirksamer Ausübung eines vorstehend eingeräumten Rückforderungsrechtes oder des gesetzlichen Widerrufs gem. § 530 BGB (»grober Undank«) bestellt hiermit der Erwerber zugunsten des vorgenannten Veräußerers eine

Auflassungsvormerkung

am jeweiligen Vertragsbesitz und

bewilligt und beantragt

deren Eintragung im Grundbuch. Die Vormerkung ist als Sicherungsmittel auflösend befristet. Sie erlischt mit dem Tod des jeweiligen Veräußerers.

Die Vormerkung erhält nächstoffene Rangstelle.

Die Bestellung weiterer Rechte für den Veräußerer, insbesondere ein Nießbrauchs- oder Wohnungsrecht, wird nicht gewünscht.

§ 3
Besitzübergabe

Die Übergabe des Besitzes und der Nutzungen sowie der Übergang von Lasten, Verkehrssicherungspflichten, Haftung und Gefahr erfolgt mit dem heutigen Tage.

Der Vertragsbesitz unterliegt keiner Wohnungsbindung.

Er ist nicht vermietet oder verpachtet.

§ 4
Rechtsmängel

Der Veräußerer ist verpflichtet, dem Erwerber ungehinderten Besitz und lastenfreies Eigentum zu verschaffen, soweit in dieser Urkunde nichts anderes vereinbart ist. Für die Freiheit des Grundstücks von öffentlichen Abgaben und Erschließungsbeiträgen haftet der Veräußerer nicht.

Hinsichtlich der Belastungen in Abt. III ist Freigabe einzuholen. Rechte in Abt. II werden unter Eintritt in die zugrundeliegenden Verbindlichkeiten übernommen.

Eigentümerrechte und Rückgewährsansprüche des Veräußerers an bestehenden Grundpfandrechten werden an den Erwerber abgetreten, der die Abtretung annimmt. Persönliche Vollstreckungsunterwerfungen sind nicht erforderlich.

Die Vertragsteile (also Veräußerer und Erwerber) stimmen der Löschung aller nicht übernommenen Belastungen sowie allen Rangänderungen mit dem Antrag auf Vollzug zu; bei Gesamtrechten auch hinsichtlich aller übrigen in den Mithaftvermerken genannten Grundbuchstellen.

§ 5
Sachmängel

Der Erwerber übernimmt den Vertragsbesitz im gegenwärtigen, ihm bekannten Zustand. Ansprüche und Rechte des Erwerbers wegen Mängeln sind (bis auf Fälle des Vorsatzes oder der Arglist) ausgeschlossen.

§ 6
Bauverpflichtung des Erwerbers

Der Erwerber verpflichtet sich gegenüber dem Veräußerer, den geplanten Anbau (Einheit Nr. ......) gem. der Pläne, die der Abgeschlossenheitsbescheinigung zugrunde liegen, innerhalb von *drei* Jahren ab heute bezugsfertig auf eigene Kosten zu errichten. Er ist dabei verpflichtet, den Anbau nach den Regeln einer ordnungsgemäßen Bauausführung durchzuführen. Auf die Anlagen wird verwiesen.

Teil D
Schlussbestimmungen

§ 1
Hinweise des Notars und weitere Vereinbarungen

Eine steuerliche Beratung hat der Notar nicht übernommen, im Übrigen über die rechtliche Tragweite der abgegebenen Erklärungen belehrt und abschließend nochmals auf folgendes hingewiesen:
- das Eigentum geht mit der Umschreibung im Grundbuch auf den Erwerber über. Die Umschreibung kann erst erfolgen, wenn das Sondereigentum im Grundbuch gebildet ist;
- unabhängig von den rein schuldrechtlichen Vereinbarungen der Beteiligten in dieser Urkunde haften kraft Gesetzes der Vertragsbesitz für Rückstände an öffentlichen Abgaben und Erschließungsbeiträgen und beide Vertragsteile für die etwa anfallende Grunderwerbsteuer und die Kosten als Gesamtschuldner.
- das gesetzliche Rückforderungsrecht wegen Verarmung des Schenkers (§ 528 BGB) und die Möglichkeiten einer Anfechtung durch Gläubiger oder für den Fall späterer Insolvenz des Schenkers können nicht abbedungen werden; auf diese – insbesondere die geltenden Fristen – wurde hingewiesen. Die Beteiligten vereinbaren hierzu:
Sollte sich der Erwerber von einer etwa bestehenden Pflicht zur Leistung von Wertersatz in Geld durch Rückauflassung des Vertragsbesitzes selbst befreien wollen, erfolgt diese unmittelbar an den Veräußerer Zug um Zug gegen Ausgleich der durch Investitionen des Erwerbers geschaffenen Werterhöhung sowie seiner an den Veräußerer oder weichende Geschwister aufgrund Vertrages erbrachten Zahlungen.
- die Übertragung bisher betrieblich gehaltenen Grundbesitzes kann zur Besteuerung dadurch aufgelöster stiller Reserven führen
- es ist erforderlich, dass alle Vereinbarungen richtig und vollständig beurkundet werden, damit die Wirksamkeit der Urkunde und aller Vereinbarungen gewährleistet ist.

§ 2
Vollzugsauftrag

Alle Beteiligten beauftragen und bevollmächtigen den amtierenden Notar, seinen amtlichen Vertreter oder Nachfolger im Amt,
- sie im Grundbuchverfahren uneingeschränkt zu vertreten

- die zur Wirksamkeit und für den Vollzug dieser Urkunde erforderlichen Genehmigungen und Erklärungen anzufordern und (auch gem. § 875 Abs. 2 BGB) entgegenzunehmen.

Anfechtbare Bescheide und Zwischenbescheide zur Fristverlängerung sind jedoch den Beteiligten selbst zuzustellen; Abschrift an den Notar wird erbeten.

Die Vertragsteile bevollmächtigen die Angestellten an dieser Notarstelle – welche der Amtsinhaber zu bezeichnen bevollmächtigt wird – je einzeln und befreit von § 181 BGB, Erklärungen, Bewilligungen und Anträge materiell- oder formellrechtlicher Art zur Ergänzung oder Änderung des Vertrages abzugeben, soweit diese zur Behebung behördlicher oder gerichtlicher Beanstandungen zweckdienlich sind, hinsichtlich der Teilungserklärung insbesondere weitere oder geänderte Pläne zum Gegenstand der Teilungserklärung zu machen sowie die Miteigentumsanteile und die Positionierung von etwa eingeräumten Sondernutzungsrechten zu ändern.

§ 3
Schlussbestimmungen, Kosten und Abschriften

Im Hinblick auf § 34 ErbStG und § 8 ErbStDV machen die Beteiligten ergänzend folgende Angaben:
- Der Verkehrswert des Anwesens beträgt ..... €
- Der letzte Einheits- bzw. Grundbesitzwert beträgt ..... €

Die Kosten dieser Urkunde und ihres Vollzuges, die Kosten der Planfertigung und der Erteilung der Abgeschlossenheitsbescheinigung, ebenso eine etwa anfallende Grunderwerbsteuer und Schenkungsteuer trägt der Erwerber. Er trägt auch die Kosten der Lastenfreistellung.

Von dieser Urkunde erhalten:

Ausfertigungen:
- die Vertragsteile
- das Grundbuchamt

jeweils mit Plänen

einfache Abschriften:
- die Grunderwerbsteuerstelle zur Kenntnis

beglaubigte Abschriften:
- die Schenkungsteuerstelle

Vorgelesen vom Notar, von den Beteiligten

genehmigt, und eigenhändig unterschrieben:

.....

Anlage 1 zur Urkunde (Teilungserklärung)

Miteigentumsanteil in 1/1.000	Bezeichnung im Aufteilungsplan	Nutzungsart
600	1	Wohnungseigentum
400	2	Wohnungseigentum

Zu den Wohnungen gehört jeweils ein im Aufteilungsplan mit derselben Nummer bezeichneter Kellerraum, zu der Wohnungen Nr. ..... zudem ein Balkon.

Der Dachboden reicht bis unter den First. Ein begehbarer Spitzboden ist nicht vorhanden.

(Alt.: Der im Gemeinschaftseigentum stehende, begehbare Spitzboden ist vom Gemeinschaftseigentum aus zugänglich.)

Der begehbare Spitzboden ist in ....., voneinander baulich getrennte Abteile eingeteilt. Zu den Einheiten Nr. 1 und 2 gehört der jeweils darüber befindliche Spitzbodenanteil; er ist jeweils von der Einheit aus zugänglich.)

Ausdrücklich wird klargestellt, dass der tatsächliche räumliche Umfang des jeweiligen Sondereigentums durch die Plankennzeichnung definiert wird, nicht durch vorstehende schlagwortartige Umschreibung der Lage des Vertragsobjektes.

Anlage 2 zur Urkunde (Teilungserklärung)

GEMEINSCHAFTSORDNUNG

für das Zweifamilienhaus ..... *(Anschrift)*

Für das Verhältnis der Sondereigentümer untereinander gelten die Bestimmungen der §§ 10–29 WEG mit den folgenden Änderungen und Ergänzungen, die für Teileigentum in gleicher Weise wie für Wohnungseigentum gelten:

1. Das gesamte Anwesen ist ausschließlich für Wohnzwecke bestimmt. Jede Änderung dieses Bestimmungszweckes bedarf der einstimmigen Vereinbarung aller Wohnungseigentümer. Dies gilt auch für eine Nutzung als Büro, Praxis und ähnlich.
2. Der jeweilige Eigentümer der Sondereigentumseinheit 1 erhält das Sondernutzungsrecht an der seiner Wohnung vorgelagerten Terrassenfläche, die im Grundrissplan als solche gekennzeichnet ist, sowie am Grundstücksbereich, der im Sondernutzungsrechtsflächenplan mit »SNR 1« gekennzeichnet ist. Die jeweiligen Eigentümer der Einheit 2 erhält das Sondernutzungsrecht am Stellplatz, der im Lageplan mit »SP 2« gekennzeichnet ist. Kosten und Lasten der Unterhaltung, Instandhaltung und Instandsetzung, Verkehrssicherung und Haftung trägt der jeweilige Sondernutzungsberechtigte.
3. Der jeweilige Eigentümer der Sondereigentumseinheit 1 erhält das Sondernutzungsrecht an Dach und Fassade des Altgebäudes, der jeweilige Eigentümer der Sondereigentumseinheit 2 das Sondernutzungsrecht an Dach und Fassade des Neubaus. Dies umfasst auch das Gemeinschaftseigentum im Bereich des der jeweiligen Wohnung vorgelagerten Balkons. Kosten und Lasten der Unterhaltung, Instandhaltung und Instandsetzung, Verkehrssicherung und Haftung trägt der jeweilige Sondernutzungsberechtigte, wie wenn es sich um Sondereigentum handeln würde.
4. Die Wohnungseigentümer dürfen bauliche Veränderungen am Sondereigentum nur mit vorheriger schriftlicher Zustimmung der anderen Wohnungseigentümer ausführen, wenn und soweit Einwirkungen auf das gemeinschaftliche Eigentum oder auf fremdes Sondereigentum nicht von vornherein ausgeschlossen werden können.
5. Zur Veräußerung des Sondereigentums ist die Zustimmung des anderen Eigentümers erforderlich. Dies gilt nicht im Falle der Veräußerung an den Ehegatten, Verwandte in gerader Linie oder Verwandte zweiten Grades in der Seitenlinie sowie an Schwiegerkinder oder Schwiegereltern oder bei der Veräußerung im Wege der Zwangsvollstreckung durch den Insolvenzverwalter oder durch einen Grundpfandrechtsgläubiger, welcher das Sondereigentum erworben hat.
6. Für das Sonder- und Gemeinschaftseigentum sind, soweit nicht schon geschehen, eine Gebäudefeuerversicherung (unter Einschluss von Sturmschäden) sowie eine Haftpflichtversicherung abzuschließen und zu unterhalten.
7. Für die Instandhaltung und Instandsetzung des Sondereigentums und der Sondernutzungsrechten unterliegenden Grundstücksteile kommen die jeweiligen Eigentümer/Nutzungsberechtigten auf. Dies gilt entsprechend für die Außenseiten des Balkons, die Fenster, Fensterrahmen, Rollläden, Jalousien und die Wohnungsabschlusstür.
8. Die Wohnungseigentümer haben die Lasten des gemeinschaftlichen Eigentums, die Kosten der Instandhaltung und Verwaltung, die Kosten der Benutzung der gemeinschaftlichen Einrichtungen im Verhältnis ihrer Miteigentumsanteile zu tragen. Dies gilt nicht, falls laufende Kosten durch Messeinrichtungen oder auf andere Weise einwandfrei getrennt festgestellt werden können; die so festgestellten Kosten trägt der betreffende Wohnungseigentümer allein. Sollte die Verbrauchsregistrierung der Beheizung und Warmwasserversorgung durch Wärme- und Warmwassermesser an den Heizkörpern erfolgen, so werden die Kosten der Beheizung und Warmwasserversorgung zu 30 v.H. von den Eigentümern im Verhältnis ihrer Miteigentumsanteile getragen, zu 70 v.H. nach dem Verbrauch.
9. Auf Miteigentümerversammlungen gefasste Beschlüsse sind schriftlich niederzulegen. Jeder 1/100 Miteigentumsanteil gewährt eine Stimme. Sondernutzungsrechte bleiben unberücksichtigt.

Kapitel 15

Vertragsmuster

Jeder Eigentümer kann sich in der Wohnungseigentümerversammlung durch einen mit schriftlicher Vollmacht versehenen Bevollmächtigten vertreten lassen. Wird ein Wohnungseigentümer durch seinen Ehegatten vertreten, so muss dieser seine Vertretungsbefugnis nicht durch eine Vollmachtsurkunde nachweisen, solange keine Zweifel an seiner Vertretungsmacht bestehen.

I. Landwirtschaftlicher Übergabevertrag (mit weiteren Erläuterungen)

▶ Landwirtschaftlicher Übergabevertrag (mit weiteren Erläuterungen)   6757

URNr. ...../2018

Hofübergabe

(Anm.: Der Übergang land- oder forstwirtschaftlicher Betriebe erfolgt regelmäßig im Weg vorweggenommener Erbfolge in Gestalt des Vertragstypus der »Hofübergabe«, welche die Versorgung des Veräußerers (auch durch Gewährung von Natural- und Dienstleistungen) sicherstellt und zugleich etwaige Ansprüche weichender Geschwister zur Vermeidung späterer Pflichtteilsergänzungsansprüche festlegt. Die (dingliche) Abgabe des Betriebs, einschließlich aller notwendigen Betriebsgrundlagen, ist gem. § 21 ALG Voraussetzung für den Bezug des Altersgeldes für Landwirte.

Im Geltungsbereich der Höfeordnung (d.h. in den ehemalig der Britischen Zone angehörigen Ländern Hamburg, Niedersachsen, Nordrhein-Westfalen und Schleswig-Holstein) erfolgt die Hoferbenbestimmung außer durch Übergabevertrag auch durch Übertragung der Bewirtschaftung oder durch Beschäftigung auf dem Hof gem. § 7 Abs. 1 und 2 HöfeO. Die Hofeigenschaft kann durch Willensakt des Eigentümers (Löschung des Hofvermerks im Grundbuch gem. § 1 Abs. 4 HöfeO aufgrund Erbrechtswahl) beendet werden. Hinsichtlich der Rechtsnachfolge von Todes wegen bestimmt § 4 HöfeO im Weg einer gesetzlichen Teilungsanordnung, dass der Hof außerhalb des Nachlasses unmittelbar einem Erben zufällt (Ausnahme von der Universal-Sukzession); die weichenden Miterben erhalten lediglich schuldrechtliche Abfindungsansprüche, die sich aus dem sog. Hofeswert (eineinhalbfaches des zuletzt festgestellten Einheitswerts) errechnen. Ähnliche Bestimmungen enthalten § 14 des Rheinland-Pfälzischen Landesgesetzes für die Höfeordnung sowie § 9 Abs. 1 des Bremischen Höfegesetzes. Das Badische Hofgütergesetz und die Hessische Landgüterordnung lassen hingegen die Universal-Sukzession bei der Erbengemeinschaft unberührt, räumen dem Anerben jedoch einen Erbauseinandersetzungsanspruch zu privilegierten Bedingungen ein.

Besonderheiten der Höfeordnung sind im nachfolgend wiedergegebenen Textmuster nicht berücksichtigt.)

Heute, den ..... zweitausendachtzehn

erschienen vor mir,

.....,

Notar in .....,

in meinen Amtsräumen in .....:

1. Herr .....,
   geboren am .....,
   wohnhaft in .....,
   ausgewiesen durch gültigen deutschen Personalausweis,

sowie dessen ebendort wohnhafte Ehefrau,

2. Frau ....., geb. .....,
   geboren am .....,
   nach Angabe in Gütergemeinschaft verheiratet,
   ausgewiesen durch gültigen deutschen Reisepass,

– nachfolgend auch »der Veräußerer« oder »der Übergeber« genannt, selbst wenn es sich um mehrere Personen handelt –

ferner deren Kinder,

3. Herr .....,
   geboren am .....,
   wohnhaft in .....,
   nach Angabe im gesetzlichen Güterstand verheiratet,

Der Genannte zu 3. konnte sich heute nicht ausweisen, versprach jedoch, gültige Ausweispapiere unverzüglich nachzureichen. Alle Beteiligten baten um sofortige Beurkundung, weisen den Notar jedoch an, das Urkundsgeschäft erst dann durchzuführen, wenn Ausweispapiere ordnungsgemäß nachgereicht wurden.

– nachfolgend auch »der Erwerber« oder »der Übernehmer« genannt –

4. Herr .....,
    geboren am .....,
    wohnhaft in .....,
    nach Angabe .....,

– nachfolgend auch »weichendes Geschwister« genannt –.

Die Erschienenen waren gleichzeitig vor mir anwesend. Auf Ansuchen beurkunde ich ihren Erklärungen gemäß, was folgt:

I. Grundbuch- und Sachstand

Das Grundbuch des Amtsgerichts ..... für ..... Blatt ..... wurde am ..... eingesehen. Dort ist im Eigentum der Veräußerer in Gütergemeinschaft folgender Grundbesitz eingetragen:

Flst.Nr. .....

Flst.Nr. .....

Dieser Grundbesitz ist im Grundbuch wie folgt belastet:

Abteilung II:

lastend an Flst.Nr. .....:

Auflassungsvormerkung hinsichtlich ca. ..... qm für die Bundesrepublik Deutschland (Bundesstraßenverwaltung) gem. Bewilligung vom ....., Notar ....., URNr. .....; eingetragen am .....

(Anm.: Bei umfangreichem landwirtschaftlichen Grundbesitz sind noch nicht vollzogene Wegmessungen für die Veräußerung von Straßenfläche oder ähnlichem häufig; sachgerechter weise wird die Auflassung nach Vermessung in diesem Fall vom Erwerber auf den Straßenbaulastträger erklärt. Im Hofübergabevertrag ist jedoch zu regeln, wer eine gegebenenfalls noch nicht ausgekehrte Vergütung für die Straßenfläche samt Nebenentschädigungen [Ausgleich für Flächenabschneidung, Ernteausfall etc.] erhält.)

Abteilung III:

.....

II. Hofübertragung

Der eingangs genannte Übergeber

überträgt den in § 1 bezeichneten Grundbesitz (»Vertragsbesitz«) mit allen Rechten und dem gesetzlichen Zubehör

an

den gemeinsamen Sohn, Herrn .....

zum Alleineigentum.

Der Übergeber bewilligt, der Erwerber beantragt jedoch derzeit nicht – Eintragungsantrag soll durch den insoweit über § 15 GBO hinaus bevollmächtigten Notar nur aufgrund ausdrücklicher Weisung gestellt werden – zur Sicherung des Anspruchs des Erwerbers auf Übertragung des Eigentums an dem Vertragsobjekt eine

Vormerkung

an dem in § 1 bezeichneten Grundbesitz in das Grundbuch einzutragen. Der Übernehmer bewilligt für den Fall ihrer Eintragung, die Vormerkung bei der Eigentumsumschreibung wieder zu löschen, vorausgesetzt, dass nachrangig keine Eintragungen bestehen bleiben, denen er nicht zugestimmt hat.

Die Beteiligten sind über den vereinbarten Eigentumsübergang einig. Der Veräußerer bewilligt und der Erwerber beantragt, den Eigentumsübergang gem. dieser

Auflassung

in das Grundbuch einzutragen.

An den Erwerber mitübergeben wird das gesamte beim landwirtschaftlichen Anwesen vorhandene lebende und tote landwirtschaftliche Inventar, Ein- und Vorrichtungen, Maschinen und die gesamten Wirtschaftsvorräte, der Hausrat und alle Rechte, insbesondere alle etwa dazugehörenden Gemeinde- und Nutzungsrechte und Genossenschaftsanteile sowie sonstige hier nicht aufgeführte Grundstücke, Miteigentumsanteile oder Rechte, die zum Vertragsanwesen gehören.

Ausgenommen von der Übergabe sind die in der Austragswohnung des Veräußerers befindlichen Wohnungseinrichtungsgegenstände und der Hausrat sowie der im Eigentum des Veräußerers stehende Pkw der Marke »VW-Golf« mit dem amtlichen Kennzeichen .....

Offene Forderungen, die zum landwirtschaftlichen Betrieb gehören, bestehen nach Kenntnis der Beteiligten derzeit nicht; vorsorglich werden diese jedoch an den dies annehmenden Erwerber abgetreten.

Insbesondere werden folgende Rechte/Anteile an den Erwerber mitübergeben und abgetreten:
– Ansprüche auf Agrarförderung, auch auf flächenbezogene und betriebsindividuelle Zahlungen im Sinne der EU-Agrarreform 2003; es handelt sich um eine vorweggenommene Erbfolge im Sinne des Art. 33 Abs. 1 lit. b) der VO(EG) 1782/2003
– Genossenschaftsanteile an der Trocknungsgenossenschaft ....., an der Milchversorgung ..... e.G. und an der Besamungsgenossenschaft .....

(Anm.: Gegenstand der Hofübergabe sind in der Regel alle zum landwirtschaftlichen Betriebsvermögen zählenden Wirtschaftsgüter, also Grundstücke samt Gebäuden sowie das landwirtschaftliche Inventar, Vieh, Gerätschaften und die landwirtschaftlichen Erzeugnisse auf dem Feld sowie nach Aberntung. Im Weg der Einzelaufführung werden in der Regel lediglich die Grundstücke [wegen des sachenrechtlichen Bestimmtheitsprinzip]) sowie übergehende Gesellschaftsanteile aufgeführt; im Übrigen erfolgt negative Abgrenzung der nicht übertragenen Gegenstände des Betriebs- oder Privatvermögens des Veräußerers [z.B. der bisher betriebliche Pkw, Mobiliar in der Austragswohnung]. Die Entnahme bisheriger betrieblicher Gegenstände, z.B. von Grundstücken, führt allerdings zu Entnahmegewinnen.

Sofern nicht ausgeschlossen werden kann, dass weiterer landwirtschaftlicher Grundbesitz zum Beispiel abweichender Gemarkung, der auf einem anderen Grundbuchblatt oder gar im Bezirk eines anderen Grundbuchamts vorgetragen ist, vorhanden ist, empfiehlt sich eine [transmortale] Vollmacht an den Erwerber, solche »übersehenen« Grundstücke, befreit von § 181 BGB, unter Erstreckung der in der Urkunde vereinbarten Versorgungsleistungen und Vorbehalte auf sich aufzulassen.)

Im Hinblick auf die EU-Agrarreform 2003 legen die Beteiligten als Geschäftsgrundlage zugrunde, dass der Hofübernehmer als Bewirtschaftender auf seinen Antrag hin die Zahlungsansprüche zugewiesen erhält, und zwar sowohl hinsichtlich des flächenbezogenen Betrags als auch hinsichtlich des betriebsindividuellen Betrags, Die Beteiligten verpflichten sich, alle Erklärungen abzugeben und Anträge zu stellen, die noch erforderlich sind, um dieses Ergebnis herbeizuführen.

Der landwirtschaftliche Betrieb wird zum Ertragswert übergeben.

(Anm.: Die Vereinbarung einer Ertragswertklausel gem. §§ 2049, 2312 BGB setzt das Bestehen eines »Landgutes« voraus, d.h. einer zum selbständigen Betrieb der Landwirtschaft, einschließlich Viehzucht oder Forstwirtschaft, geeignete und bestimmte Wirtschaftseinheit mit den nötigen Wohn- und Wirtschaftsgebäuden, die eine gewisse Größe erreichen und für den Inhaber eine selbständige Quelle zur Erwirtschaftung des Lebensunterhalts darstellt. Der Erwerber muss Gewähr bieten, die Bewirtschaftung in der bisherigen Weise fortzuführen).

Die Übergabe erfolgt mit schuldrechtlicher und steuerlicher Wirkung zum 01.07.2018.

(Anm.: Die Wahl der Stichtagsregelung erscheint im Hinblick auf das abweichende landwirtschaftliche Steuerjahr sachgerecht.

Die Hofübergabe im Weg vorweggenommener Erbfolge stellt einkommensteuerrechtlich keine Gewinnrealisierung dar. Anders liegt es beim Veräußerer dann, wenn dieser sich bei der Übertragung Grundstücke [als »Notpfennig«] zurückbehält; diese werden Bestandteil des Privatvermögens aufgrund gewinnrealisierender Teilbetriebsaufgabe, die zugleich die Buchwertfortführung beim Erwerber gefährdet, sofern nicht alle wesentlichen Betriebsgrundlagen übergehen. Ungefährlich ist allerdings in der Regel der Rückbehalt von Bauernwaldgrundstücken, die allein wegen des jährlichen Holzzuwachses in der Regel im Rahmen eines forstwirtschaftlichen Betriebs weiter steuerverhaftet bleiben können.

Einkommensteuerrechtlich hat der BFH [in Fortführung der Argumentationslinien des RFH] (zunächst speziell für die landwirtschaftliche Betriebsübergabe) einen Sonderrechtstypus »Vermögensübergabe gegen Versorgungsleistungen« entwickelt, um unerwünschte Entgeltlichkeit von Betriebsübergaben aufgrund der regelmäßig vereinbarten »Gegenleistungen« zu vermeiden. Würden nämlich die in der Regel vereinbarten Versorgungsleistungen steuerlich als Anschaffungskosten qualifiziert werden, wäre die [allerdings tarifbegünstigte] Besteuerung von Veräußerungsgewinnen beim Hofübergeber unvermeidlich, sobald der Barwert der übernommenen Versorgungsleistungen und der Wert der einmaligen Zuwendungen des Erwerbers an Dritte [etwa an weichende Geschwister] den Buchwert des übergebenen landwirtschaftlichen Betriebs übersteigen würden.

Gegenleistungen mit »Entgeltcharakter«, die zu Anschaffungskosten führen, liegen allerdings vor bei der Übernahme privater Schulden des Übergebers [die Übernahme betrieblicher Schulden bildet als »negatives Wirtschaftsgut« lediglich ein Pendant zu den übernommenen Aktiva] und bei Abfindungsleistungen an weichende Erben [allerdings lediglich außerhalb der §§ 12, 13 HöfeO, dort handelt es sich um außersteuerliche, aus privater Veranlassung geschuldete gesetzliche Vermächtnisse].

Wiederkehrende Versorgungsleistungen führen hingegen weder zu Veräußerungsentgelten beim Übergeber noch zu Anschaffungskosten beim Erwerber, sondern berechtigen den Übernehmer zum Sonderausgabenabzug [§ 10 Abs. 1 Nr. 1a EStG], verpflichten aber den Übergeber zur Versteuerung als wiederkehrender Bezug [§ 22 Nr. 1 EStG] zugewiesen, soweit es sich nicht ganz ausnahmsweise um echte Veräußerungsrenten mit Austauschcharakter oder aber um steuerrechtlich unbeachtliche Unterhaltsleistungen [§ 12 Nr. 2 EStG] handelt). Anschaffungskosten/Veräußerungsgewinne können jedoch vorliegen bei wiederkehrenden Leistungen an familienfremde Dritte.

Die Möglichkeit des Sonderausgabenabzugs [und umgekehrt die Pflicht zur Versteuerung als wiederkehrende Bezüge] besteht für alle Hofübergaben seit 2008 in voller Höhe, auch wenn die Versorgungsleistungen ihrer Höhe nach nicht schwankend vereinbart sind (so dass sog. Dauernde Lasten, also abänderbare Versorgungsleistungen, nicht mehr aus nur steuerlichen Motiven gewählt werden sollten).

Schenkungsteuerrechtlich werden sowohl Einmalzahlungen, als auch wiederkehrende Leistungen, und der Vorbehalt von Nutzungsrechten abgezogen. Bei sieben- bzw. zehnjähriger Fortführung des Betriebes besteht die Möglichkeit einer Steuerfreistellung zu 85 % oder gar 100 %.)

III. Gegenleistungen

(Anm.: Die Vereinbarung umfangreicher Verpflichtungen des Erwerbers [Geldleistung, Dienstleistung und Duldung] ist »klassischer« Bestandteil des Vertragstypus »Hofübergabe« und wird auch nach Einführung des landwirtschaftlichen Altersgeldes angesichts dessen geringer, standardisierter Höhe weiterhin geradezu vorausgesetzt. Grundbuchrechtlich handelt es sich um beschränkt persönliche Dienstbarkeiten, Reallasten, gegebenenfalls auch Nießbrauchsrechte, die unter dem Sammelbegriff des Leibgedings [auch Altenteil, Auszug, Leibzucht] zusammengefasst werden [Buchungserleichterung gem. § 49 GBO].)

I. Landwirtschaftlicher Übergabevertrag (mit weiteren Erläuterungen) Kapitel 15

1. Wohnungs- und Mitbenutzungsrecht

Der Erwerber übernimmt gegenüber dem Veräußerer als Gesamtberechtigte in ehelicher Gütergemeinschaft unentgeltlich auf Lebensdauer des länger Lebenden folgende Verpflichtungen:

(Anm.: Hinsichtlich des Berechtigungsverhältnisses für die im Leibgeding zusammengefassten dinglichen Ansprüche bildet die Gesamtgläubigerschaft gem. § 428 BGB die Regel, die Einräumung einer Berechtigung nach Bruchteilen würde nach dem Versterben eines Berechtigten zu einer lediglich quotalen Inhaberstellung führen. Die Eintragung mehrerer gleichrangiger Leibgedingsrechte führt zu einer unerwünschten Verdoppelung der Grundbuchkosten. Lebt der Veräußerer allerdings in Gütergemeinschaft und bildete das landwirtschaftliche Anwesen Bestandteil des Gesamtguts, fallen auch die »Gegenleistungen« wieder in das Gesamtgut der Gütergemeinschaft.)

Ein Wohnungsrecht in dem übergebenen Austragshaus (Flst.Nr. ..... der Gemarkung .....). Dieses besteht in dem Recht der ausschließlichen Benützung der im 1. Stock, vom Treppenaufgang links gelegenen Räume (Schlafzimmer, Wohnzimmer sowie des Abstellraumes)

– unter Ausschluss des Eigentümers –

und dem Recht auf Mitbenützung der zum gemeinsamen Gebrauch der Hausbewohner bestimmten Anlagen, Einrichtungen und Räume, insbesondere der Küche, des Kellers, der Toilette/Bad, der Werkstatt, des Speichers, des Hofraumes und des Gartens.

(Anm.: Das Wohnungsrecht als beschränkt persönliche Dienstbarkeit gem. § 1093 BGB sichert den weiteren Verbleib des Veräußerers in der »Austragswohnung«. Die Verpflichtung zur Übernahme der Nebenkosten ist ebenfalls dinglicher Bestandteil des Wohnungsrechts. Soll allerdings darüber hinaus ein Anspruch auf »Wohnungsgewährung«, z.B. auch auf Wiederaufbau des Gebäudes nach dessen Zerstörung, eingeräumt werden, bedarf es einer »Wohnungsreallast«.)

Der Eigentümer ist verpflichtet, die dem Wohnungsrecht unterliegenden Räume auf eigene Kosten in gut bewohnbarem und beheizbarem Zustand zu halten.

Anstelle der freien Beheizung hat der Veräußerer das Recht auf Entnahme des Heizmaterials aus den Vorräten beim Anwesen zur Deckung des Eigenbedarfs.

Nach dem Ableben eines der Berechtigten bleibt dem Überlebenden dieses Recht ungeschmälert.

Der Erwerber trägt sämtliche Kosten, die für das Anwesen und die dem Wohnungsrecht unterliegenden Räume anfallen, insbesondere die Kosten der Schönheitsreparaturen, die Kosten für Wasser und Abwasser, Beheizung, Strom und Gas, Kaminkehrer und Müllabfuhr.

Eine Übertragung der Ausübung des Wohnungsrechts ist dem Berechtigten nicht gestattet, eine Vermietung oder Untervermietung somit nicht möglich.

(Anm.: Es verbleibt also bei der Vermutung des § 1092 Satz 2 BGB. Dies empfiehlt sich auch deshalb, da bei Einräumung der Möglichkeit einer Überlassung des Wohnungsrechts zur Ausübung an Dritte [»Wohnungsbesetzungsrecht«] die Gefahr einer Überleitung durch den Sozialhilfeträger gem. § 93 SGB XII bei Heimunterbringung des Veräußerers besteht, so dass das Wohnungsrecht einem Nießbrauchsrecht angenähert würde.)

Ein Geldersatz hinsichtlich des Wohnungsrechtes steht dem Veräußerer im Falle seines dauerhaften Wegzugs nur zu, wenn der Erwerber diesen gem. Art. 20, 21 BayAGBGB veranlasst hat; andernfalls werden Ersatzansprüche aus jedem Rechtsgrund, insbesondere nach Art. 18 BayAGBGB (auch i.V.m. Art. 19 Satz 2 BayAGBGB) wegen der damit verbundenen besonderen Beschwernis für den Übernehmer, ausgeschlossen. Der Inhalt der einschlägigen Bestimmungen des bayerischen Landesrechts wurde mit den Beteiligten erörtert.

(Anm.: Nach den landesrechtlichen Leibgedingsvorschriften tritt an die Stelle des nicht mehr zu erfüllenden Wohnungsrechts eine »billige Entschädigung in Geld«, die als Zahlungsanspruch des Veräußerers gem. § 93 SGB XII durch Verwaltungsakt auf den Sozialleistungsträger übergeleitet werden kann, wenn der Veräußerer das Anwesen auf Dauer verlässt. Die Höhe der Ersatzrente bemisst sich am Aufwand für anderweitige Ersatzbeschaffung, wenn der Erwerber den Wegzug schuldhaft verursacht hat [z.B. durch Schaffung unzumutbarer Lebensumstände für den Veräußerer], einerseits, bzw. nach dem Wert, um den der Erwerber durch das Freiwerden von Verpflichtungen bereichert ist, wenn dem Erwerber kein Verschulden vorgeworfen werden kann [etwa bei

medizinisch indizierter Unterbringung in einem Alten- oder Pflegeheim], andererseits. Beide Geldersatzvarianten können durch Vertrag zwischen Veräußerer und Erwerber abbedungen werden, was auch gegenüber dem Sozialleistungsträger nicht gegen § 138 BGB verstößt, da hierdurch lediglich eine mit Geldzahlung sonst verbundene Leistungserschwerung im Vergleich zur bloßen Duldungsverpflichtung verhindert wird.

Aus disziplinierenden Gründen wird vorstehend allerdings empfohlen, die Geldersatzrente »poenalen Charakters« bei verschuldetem Wegzug des Veräußerers aufrechtzuerhalten, zumal sonstige Leistungsstörungsrechte des Veräußerers bei Schlechterfüllung durch die landesrechtlichen Leibgedingsvorschriften weitestgehend ausgeschlossen sind und auch vollstreckungsrechtliche Erzwingungsmöglichkeiten im Bereich der personalen Ansprüche kaum bestehen.)

Der Wohnungsberechtigte wurde vom Notar darüber belehrt, dass sein Wohnungsrecht entschädigungslos untergehen kann, wenn Grundpfandrechte seinem Wohnungsrecht vorgehen und aus diesen die Zwangsvollstreckung betrieben wird.

2. Wart und Pflege

Ferner sind erforderlichenfalls die folgenden wiederkehrenden hauswirtschaftlichen und Pflegeleistungen zu erbringen:

(Anm.: Es empfiehlt sich zwischen hauswirtschaftlichen Leistungen [»Leistungen für eine Person«] und Pflegeleistungen [»Leistungen an einer Person«] zu unterscheiden, insbesondere aufgrund des Sonderstatus der Ansprüche auf häusliche Pflege. Vertraglicher Regelungsgegenstand im Bereich der letztgenannten Pflegeleistungen im eigentlichen Sinn ist regelmäßig nur die sogenannte »Grundpflege«, d.h. diejenigen Dienstleistungen und Handreichungen, die ohne medizinische Vorkenntnisse auch von Laien – gegebenenfalls nach kurzer Anleitung – verrichtet werden können im Unterschied zur »Behandlungspflege«. Die Grundpflege wiederum lässt sich gem. der früher (bis 31.12.2016 geltenden) § 14 SGB XI) gesetzlichen Definition kategorisieren in Dienstleistungen im Bereich der Körperpflege [Waschen, Duschen, Baden, Zahnpflege, Darmentleerung etc.], der Ernährung [mundgerechte Zubereitung und Aufnahme der Nahrung] sowie der Mobilität [Aufstehen, Ankleiden, Treppensteigen, Verlassen und Wiederaufsuchen der Wohnung].

Beitragserkaufte Leistungen für Pflegebedürftige nach dem SGB XI [Pflegeversicherungsgesetz] setzen mindestens eine [gegebenenfalls durch den medizinischen Dienst der Krankenkassen festzustellende] Pflegebedürftigkeit der Stufe I voraus; staatsfinanzierte Hilfen zur Pflege im Bereich der Sozialhilfe werden auch für einen darunter liegenden Pflegebedarf gewährt [insbesondere Aufwendungsersatz und Erstattung der Kosten besonderer Pflegekräfte gem. § 64c SGB XII].)

Soweit der Veräußerer hierzu nicht mehr selbst in der Lage ist, hat der Erwerber persönlich oder durch Angehörige auf Verlangen unentgeltlich dessen Haushalt zu führen, also insbesondere die Mahlzeiten zuzubereiten, die Wohnung sauber zu halten, Wäsche zu reinigen, sowie auf Kosten des Veräußerers Besorgungen und Fahrdienste zu erledigen.

(Anm.: Vordringliches Regelungsziel vertraglicher Pflegevereinbarungen sollte eine möglichst exakte Umschreibung des geschuldeten Inhalts sein. Die eher vage gehaltenen Formulierungen in traditionellen früheren Vertragsmustern [»Wart und Pflege in alten und kranken Tagen«] werden nämlich von der Rechtsprechung nicht in Richtung auf das tatsächlich Gewollte »reduziert«. Eine exakte Umschreibung dient nicht nur einer realistischen Einschätzung von Veräußerer und Erwerber über die zu erwartenden bzw. zu leistenden Dienste, sondern ist auch grundbuchrechtlich [Bestimmtheit der Reallast] erforderlich und sozialhilferechtlich notwendige Voraussetzung für die negative Abgrenzung des Pflegebereichs, für den [mangels privatvertraglicher Bedarfsdeckung] Aufwendungsersatz bei Verhinderungspflege gem. § 64c SGB XII verlangt werden kann. Häufige Eingrenzungskriterien hinsichtlich der im vorstehenden Absatz behandelten hauswirtschaftlichen Verrichtungen sind die Nachrangigkeit gegenüber möglicher eigenständiger Haushaltsführung, die Erbringung lediglich durch den Erwerber und gegebenenfalls dessen Angehörige – also nicht durch externe Haushaltshilfen – sowie die Aufbringung der Einkäufe aus Mitteln des Veräußerers.)

Soweit der Erwerber selbst oder durch Angehörige hierzu – insbesondere ohne Inanspruchnahme fremder Pflegekräfte – zumutbarer weise in der Lage ist, hat er bei Krankheit und Gebrechlichkeit des Veräußerers ferner dessen häusliche Pflege zu übernehmen. Dauerpflege ist nur in dem Umfang zu erbringen, der mit den notwendigen hauswirtschaftlichen Verrichtungen nach dem Urteil des Hausarztes des Veräußerers dem Umfang entspricht, der zum Erreichen des Pflegegrades 2 erforderlich ist.

(Anm.: Die vorstehend erfassten Leistungen der sog. »Grundpflege« bedürfen aus den nämlichen Gründen besonders exakter Umgrenzung. Sie wird erreicht durch den Grundsatz der Vorrangigkeit der Unterhaltsverpflichtungen gegenüber der eigenen Familie (z.B. den Kindern des Erwerbers), des weiteren durch die Beschränkung auf Pflegeleistungen, die vom Erwerber (gegebenenfalls und dessen Ehegatten) ohne Zuhilfenahme fremder Pflegekräfte erbracht werden können, und schließlich durch eine umfangsbezogene Abgrenzung unterhalb des Erreichens des Pflegegrades 2. Unter Geltung noch der Pflegestufen des § 15 SGB XI a.F. (bis 31.12.2016) fiel die Definition des geschuldeten Pflegeaufwands leichter, unter Orientierung allein am zeitlichen Aufwand (in der Regel wurden Pflegeleistungen nur bis zum Erreichen der Pflegestufe I, also für bis zu 90 Minuten, versprochen, so dass keine Kollision mit den ab Pflegestufe I einsetzenden staatlichen Leistungen eintreten konnte). Seit 2017 sind sog. Defizitpunkte maßgebend (Pflegegrad 2 beginnt ab 27 Punkten).

Dieser »Sockel« an personenbezogener Dienstleistung besteht, wie sich aus dem Wortlaut »soweit« statt »solange« ergibt, unabhängig davon, wie hoch der tatsächliche, gegebenenfalls darüber hinausgehende Pflegebedarf ist. In Zeiten der Krankheit ist allerdings auch pflegende Unterstützung darüber hinaus geschuldet, wie sich aus dem Begriff der »Dauerpflege« ergibt. Im Streitfall soll das Urteil über die Einhaltung des bei der Abgrenzung im Vordergrund stehenden zeitlichen Kriteriums durch eine Vertrauensperson des Veräußerers, dessen Hausarzt, getroffen werden. Hierdurch wird dem Umstand Rechnung getragen, dass der Veräußerer im Zeitpunkt seiner Leistungsbedürftigkeit kaum mehr in der Lage sein wird, seine Interessen selbst wahrzunehmen, so dass auch angesichts der weitgehenden Sanktionslosigkeit leibgedingsrechtlicher Vereinbarungen aufgrund landesrechtlicher Vorschriften sich die Einführung eines schiedsgutachterähnlichen Moments empfiehlt.

Vorstehende Verpflichtungen ruhen, soweit Pflegesachleistungen im Rahmen gesetzlicher Ansprüche, etwa auf Haushaltshilfe, häusliche Krankenpflege oder häusliche Pflegehilfe erbracht werden. Die Verpflichtungen sind nicht vererblich, bestehen jedoch auch bei Verlust des Eigentums fort.

(Anm.: Wollte man, wie seitens der Beteiligten immer häufiger gewünscht, einen generellen Nachrang der vertraglichen Verpflichtung zur Pflege und hauswirtschaftlichen Versorgung gegenüber Ansprüchen aus Sozialleistungsgesetzen vereinbaren, käme dies einem völligen Verzicht auf die vertragliche Pflegeverpflichtung als solche gleich, da jedenfalls die subsidiären Sozialhilfeleistungen gem. § 2 Abs. 1 SGB XII ihrerseits wiederum nachrangig gegenüber privater Bedarfsdeckung sind.

Die Regelung von Prioritätsverhältnissen gegenüber staatlichen Sozialleistungsansprüchen kann also allenfalls Platz greifen gegenüber beitragserkauften Leistungen der Sozialversicherung [z.B. der Pflegeversicherung], die naturgemäß unabhängig von anderen, vor allem vertraglichen Ansprüchen gewährt werden. Auch insoweit verbietet sich jedoch eine undifferenzierte Anordnung über das »Ruhen« der vertraglichen Verpflichtungen gegenüber Ansprüchen aus dem Pflegeversicherungsgesetz, da die Pflegegeldleistung [§ 37 SGB XI] hinsichtlich ihrer Voraussetzungen ausdrücklich nur dann gewährt wird, wenn die tatsächliche Durchführung der Pflege auch gesichert ist, also gerade kein »Ruhen« stattfindet. Denkbar ist also nur eine Nachrangvereinbarung gegenüber den Pflegesachleistungen aus Sozialversicherungsverhältnissen [Pflegeversicherung, Unfallversicherung, Krankenversicherung], wie in der kommentierten Klausel angeordnet.)

Soweit dem Veräußerer künftig wegen Pflegebedürftigkeit Geldleistungen nach sozialrechtlichen Vorschriften oder aus Versicherungsverträgen zustehen, kann die Übernahme der Pflege, für welche diese Geldleistung gewährt wird, davon abhängig gemacht werden, dass der Anspruch auf Auszahlung des Betrages insoweit an die pflegende Person abgetreten oder die Beträge insoweit an sie ausgekehrt werden.

(Anm.: Pflegegeldzuwendungen sollen den Pflegebedürftigen in die Lage versetzen, durch Zuwendung des Pflegegeldes die Motivation der pflegenden Person zu erhalten und zu fördern. Die vorstehende Vertragsbestimmung setzt diese gesetzgeberische Intention um, indem sie die tat-

sächliche Übernahme der Pflege an den Erhalt des dafür vorgesehenen Pflegegeldes knüpft. Der Anspruch steht der tatsächlich pflegenden Person, in der Regel also der Ehefrau des Erwerbers, zu. Nach den weiter in diesem Vertrag getroffenen Vereinbarungen besteht allerdings eine Verpflichtung zur Übernahme der Pflegeleistung ab Erreichen des Pflegegrades 2 [und damit Bestehen eines Anspruchs auf Gewährung von Pflegegeld dem Grunde nach] nicht mehr.)

Krankheitskosten oder Kosten von Versicherungen für den Berechtigten muss der Erwerber nicht tragen. Der Mehrbedarf des Berechtigten, der sich aus einer etwaigen Übersiedlung in ein Altersheim, Alterspflegeheim oder eine ähnliche Einrichtung ergibt, ist durch diese Vereinbarung vom Verpflichteten also nicht übernommen worden.

(Anm.: Die Regelung hat klarstellenden Charakter; die Unentgeltlichkeit der versprochenen Pflegeleistungen und hauswirtschaftlichen Verrichtungen bezieht sich lediglich auf die manuelle Dienstleistung als solche [auch im Sinn eines Verzichts auf Erstattung entgangener Einnahmen aus nicht mehr möglicher Berufstätigkeit oder eines Ausgleichs für Sachabnutzung, etwa verschmutzte Kleidung], nicht jedoch auf die Pflege- und Heilmittel selbst. Die finanziellen Risiken, die aus einer Pflegebedürftigkeit resultieren, die über die vertraglich geschuldete Stufe hinausgeht, treffen den Erwerber [auch im Verhältnis zu etwa weichenden Geschwistern] demnach lediglich nach Maßgabe des allgemeinen Unterhaltsrechts [§§ 1601 ff. BGB, gegebenenfalls i.V.m. § 94 SGB XII].)

3. Beköstigung

Der Erwerber verpflichtet sich, den Veräußerer auf Lebenszeit unentgeltlich am gemeinschaftlichen Tisch zu beköstigen, sobald diesem die eigene Zubereitung der Mahlzeiten nicht mehr möglich ist. Die Berechtigten können verlangen, dass ihnen Speise und Trank in ihre Wohnung gebracht wird. Im Krankheitsfalle ist ihnen Diät- oder Schonkost zu reichen. Die Kosten der Lebensmittel trägt der Erwerber.

(Anm.: Die Beköstigung bildet neben der Haushaltsführung und der Grundpflege regelmäßig den dritten Bereich übergabebedingter Dienstleistungen. Die in früheren Zeiten einer umfassenden Nahrungsmittelversorgung »aus dem Hof selbst« üblichen Deputate [»zwei Eier täglich, wöchentlich ein Pfund Butter, eine Gans zu Martini .....«] treten überwiegend zugunsten der mit der Zubereitung der Mahlzeit verbundenen Dienstleistungen in den Hintergrund. Allerdings wird [wegen der Schwierigkeit getrennter Ermittlung] in der Regel der Erwerber den damit verbundenen Materialaufwand tragen.)

4. Taschengeld

Der Erwerber verpflichtet sich gegenüber dem Veräußerer – als Gesamtberechtigte in ehelicher Gütergemeinschaft – an diesen auf Lebenszeit wiederkehrende Zahlungen i.H.v. monatlich

300,00 €

– i.W. dreihundert Euro –

zu zahlen.

Die Zahlung erfolgt bar im voraus, falls vom Übernehmer gewünscht, gegen Quittung, spätestens am dritten Werktag eines jeden Kalendermonats, erstmals (rückwirkend) für den Monat Juli 2018.

Bei Versterben eines Berechtigten vermindert sich der geschuldete Betrag um ein Drittel. Die Verpflichtung zur Zahlung der dauernden Last erlischt mit dem Tode des längst Lebenden.

(Anm.: Während der Duldungsumfang beim Wohnungsrecht in der Regel ungeschmälert bleibt beim Ableben eines der veräußernden Eheleute, wird die Herabsetzung des Bedarfs häufig durch eine Reduzierung der beim Tod des ersten Ehegatten geschuldeten Summe berücksichtigt.)

Hinsichtlich der Zahlungsverpflichtungen bleibt die entsprechende Anwendung des § 239 FamFG vorbehalten: Sofern durch eine Änderung der wirtschaftlichen Verhältnisse der standesgemäße Unterhalt des Veräußerers oder des Erwerbers nicht mehr gewährleistet ist, kann sowohl der Veräußerer wie auch der Erwerber eine Abänderung dieser Leistungen in entsprechender Anwendung des § 239 FamFG verlangen. Ein Mehrbedarf, der dadurch entsteht, dass der Veräußerer das übergebende Anwesen – gleich aus welchem Grund – verlässt, berechtigt jedoch nicht zu einem solchen Abänderungsverlangen.

(Anm.: Die Abänderbarkeit der regelmäßigen Geldleistungen analog § 239 FamFG (vormals: § 323 ZPO) ist für Übertragungen ab 2008 nicht mehr Voraussetzung der vollen steuerlichen Absetzbarkeit beim Erwerber.

Erforderlich ist stets, das Kriterium bzw. die Kriterien anzugeben, die zu einem [schuldrechtlichen] Anpassungsverlangen führen können. Hierbei ist davor zu warnen, undifferenziert auf die Ertragskraft des Hofes abzustellen, da diese bei Aufgabe der aktiven Landwirtschaft auf ein regelmäßig geringes Pachtgeld herabsinkt, so dass die Versorgung des Veräußerers gefährdet würde und gerade in diesem Fall, für den die vertragliche Versorgung geschaffen wurde, auch aus der eingetragenen Reallast eine Beitreibung in nur sehr geringer Höhe erfolgen könnte. Denkbar sind solche Maßstäbe also allenfalls bei Vereinbarung garantierter Mindestbeträge, die jedoch die steuerliche Berücksichtigungsfähigkeit als dauernde Last unter Umständen infrage stellen können. Stets ist zu bedenken, dass für den Fall einer Überleitung des Geldzahlungsanspruchs gem. § 93 SGB XII auf den Sozialleistungsträger dieser auch berechtigt ist, das Erhöhungsverlangen für die Zukunft geltend zu machen.)

Auf Vollstreckungsunterwerfung wird trotz Hinweises des Notars ausdrücklich verzichtet.

(Anm.: Denkbar wären Vollstreckungsunterwerfungserklärungen gem. § 794 Abs. 1 Nr. 5 ZPO sowohl bezüglich der schuldrechtlichen Zahlungspflicht als auch bezüglich des persönlichen Anspruchs aus der Reallast gem. § 1108 Abs. 1 BGB [letzterer wirkt gegen den jeweiligen Eigentümer, so dass bei Veräußerung eine Klauselumschreibung gegen den neuen Eigentümer gem. § 727 ZPO erfolgen kann]. Eine dingliche Vollstreckungsunterwerfung gem. § 800 ZPO ist jedoch nicht möglich, ebenso wenig [mangels Bestimmbarkeit] eine »Vorratsunterwerfung« bezüglich der sich aus etwaigen berechtigten Anpassungsverlangen ergebenden künftigen Mehrbeträge.)

5. Grundbucherklärungen

Der Erwerber bestellt zugunsten seiner Eltern als Gesamtberechtigten in ehelicher Gütergemeinschaft zur Sicherung des vorstehend unter Abschnitt III Ziff. 2 bis 4 vereinbarten Wohnungs- und Mitbenutzungsrecht an Flst.Nr. ..... der Gemarkung ..... eine beschränkte persönliche Dienstbarkeit sowie zur Sicherung der vorstehend unter Abschnitt III. Ziff. 2. und 4. vereinbarten wiederkehrenden Leistungen eine entsprechende Reallast an demselben Flurstück und

bewilligt und beantragt

die Eintragung als Leibgeding an nächstoffener Rangstelle im Grundbuch mit dem Vermerk, dass zur Löschung der Nachweis des Todes des jeweiligen Berechtigten genügen soll, was hiermit vereinbart, bewilligt und beantragt wird.

(Anm.: Der Leibgedingsbegriff im Sinn des Grundbuchrechts [§ 49 GBO] ermöglicht eine erleichterte Eintragung im Grundbuch durch Sammelbezeichnung verschiedener Duldungs- und Leistungsverpflichtungen, die anlässlich der Übergabe vereinbart wurden. Das Grundbuchamt hat dabei nicht zu prüfen, ob auch ein Leibgedingsvertrag im materiellen Sinn vorliegt, also nach der ständigen Rechtsprechung des BGH zu Art. 96 EGBGB eine die Existenz des Erwerbers wenigstens teilweise begründende Wirtschaftseinheit durch sozial motivierten Versorgungsvertrag an die nachrückende Folgegeneration übergeht, wobei der Charakter eines gegenseitigen Vertrags mit beiderseits gleichwertigen Leistungen nicht im Vordergrund stehen darf.)

6. Fahrdienste

Soweit der Veräußerer keinen eigenen Pkw mehr besitzt oder alters- oder gesundheitsbedingt nicht mehr in der Lage ist, selbst zu fahren, ist der Erwerber verpflichtet, Fahrten für den Übergeber zu erledigen (z.B. Arzt, Apotheke, Kirche etc.) im Umkreis von maximal 20 km bis monatlich maximal 80 km. Diese Forderung darf vom Veräußerer jedoch nicht zur Unzeit gestellt werden. Treibstoffkosten werden dem Erwerber für diese Fahrten nicht erstattet.

(Anm.: Häufig finden sich in Übergabeverträgen weitere Dienstleistungsverpflichtungen, die jedoch mangels hinreichender Bestimmbarkeit und aufgrund der Tatsache, dass ihre etwaige oder behauptete Verletzung nicht zu den Sanktionen des Reallastrechts Anlass geben soll, lediglich

schuldrechtlich vereinbart sind. Gleichwohl ist zu empfehlen, solche schuldrechtlichen Verpflichtungen, mögen sie auch den Beteiligten selbstverständlich erscheinen, in die Urkunde aufzunehmen, um den Grad der Unentgeltlichkeit – etwa im Hinblick auf die Gefahr der Rückforderung bei späterer Verarmung des Schenkers [§ 528 BGB] – zu verringern.)

7. Telefonbenutzung; Benutzung von Haushaltsgeräten u.a.

Dem Veräußerer steht das Recht zur Mitbenutzung des Telefons des Erwerbers zu. Die hierfür anfallenden Kosten trägt der Erwerber bis zu einem Betrag i.H.v. 30,00 € je Monat.

Ferner steht dem Veräußerer das unentgeltliche Recht zur Mitbenutzung transportabler Elektrogeräte und sämtlicher Werkzeuge zu, auch wenn sie sich im Haushalt des Erwerbers befinden.

(Anm.: Hierdurch sollen Neuanschaffungen, die allein durch die Haushaltstrennung bedingt sind, verhindert werden.

Die monatlichen Telefonkosten von je 30,00 € sind einkommensteuerlich beim Erwerber ebenfalls gem. § 10 Abs. 1 Nr. 1a EStG als wiederkehrende Leistung absetzbar.)

8. Haftpflichtversicherung

Mit der Hofübergabe erlischt für den Veräußerer der im Rahmen der Betriebshaftpflichtversicherung bestehende private Haftpflichtversicherungsschutz. Aus dem vorgenannten Grund verpflichtet sich der Erwerber, für den Veräußerer einen entsprechenden privaten Haftpflichtversicherungsschutz abzuschließen.

Die hierfür anfallenden Prämien zahlt der Erwerber.

(Anm.: Ähnliche Überlegungen stellen sich häufig hinsichtlich des Unfallversicherungsschutzes, da mit dem Erlöschen der Unternehmereigenschaft des Veräußerers auch dessen Absicherung über die landwirtschaftliche Berufsgenossenschaft erlischt.)

9. Krankheitskosten

Für den Veräußerer besteht ein gesetzlicher Krankenversicherungsschutz bei der LKK Ingolstadt.

Die Beiträge für diese Krankenversicherung sowie etwaige weitergehende Arzt- bzw. Arzneikosten trägt der Veräußerer.

(Anm.: Gerade bei landwirtschaftlichen Übergaben ist wichtig zu ermitteln, ob der Veräußerer in der landwirtschaftlichen Krankenkasse oder [z.B. als bloßer Nebenerwerbslandwirt mit zusätzlich abhängiger Beschäftigung aus einem Lohnarbeitsverhältnis] in der allgemeinen gesetzlichen Krankenversicherung krankenversichert ist. Die Unterscheidung ist insbesondere im Hinblick den Familienversicherungsschutz des Veräußerer-Ehegatten maßgeblich: Während bei der allgemeinen gesetzlichen Krankenversicherung diese beitragsfreie Mitversicherung erlischt, sobald der Veräußerer selbst Einkünfte von mindestens 1/7 der Bezugsgröße [im Jahr 2017: 425,00 €/Monat, bei geringfügiger Beschäftigung: 450,00 €/Monat] erhält, was bei Addition aller im Übergabevertrag zugewendeter Geld- und Naturalansprüche sowie Dienstleistungsberechtigungen rasch erreicht wird, berücksichtigt die Krankenversicherung der Landwirte die besonderen Umstände der Hofübergabe dadurch, dass gem. § 7 Abs. 1 Satz 3 KVLG 1989 Leistungen aus dem früheren landwirtschaftlichen Betrieb nicht erfasst werden.

Soll bei einem etwa in der AOK versicherten Veräußerer die beitragsfreie Familienmitversicherung des Ehegatten nicht gefährdet werden, empfiehlt es sich also, die Zuwendungen zunächst allein dem Veräußerer gegenüber einzugehen und lediglich für den Fall der Scheidung oder dessen Vorversterbens [also aufschiebend bedingt] dessen Ehegatten zuzuwenden. Falls Veräußerer und Ehegatte in Gütergemeinschaft leben, so dass die Zuwendungen beiden zum Gesamtgut zustehen [mit der steuerlichen Folge je hälftiger Berücksichtigung], empfiehlt sich die ehevertragliche Vereinbarung von Vorbehaltsgut.)

10. Begräbnis, Grab, Grabpflege

Der Erwerber hat dem Veräußerer ein standesgemäßes christliches Begräbnis zu bereiten. Alle Kosten trägt der Erwerber. Dafür erhält er das etwaige Sterbegeld in voller Höhe.

Das Grab des Veräußerers hat der Erwerber, solange es besteht, der örtlichen Sitte gem. zu pflegen und zu schmücken. Eine dingliche Sicherung erfolgt nicht.

(Anm.: Die dingliche Sicherung solcher Grabpflegeverpflichtungen [durch Reallast im Rahmen des Leibgedings] empfiehlt sich vor allem deshalb nicht, weil sonst die Löschung der Leibgedingsreallast mit dem Ableben des Berechtigten durch Vorlage einer Sterbeurkunde nicht erfolgen könnte, was Verfügungen über den Grundbesitz naturgemäß erheblichen erschweren würde.)

11. Veräußerungsklausel, Nachabfindung

Veräußert der Erwerber oder seine Erben den übergebenen Hof ganz oder teilweise, vom Tag der Beurkundung an gerechnet innerhalb einer Frist von zehn Jahren, so hat er 50 % – fünfzig vom Hundert – des Nettoveräußerungserlöses (abzüglich anteiliger Steuern) an die Geschwister des Erwerbers zu gleichen Teilen, ersatzweise an deren Abkömmlinge, zu erstatten.

Dies gilt auch bei Veräußerung von solchen Grundstücken, die für veräußerte Grundstücke eingetauscht oder mit dem daraus erzielten Erlös erworben wurden.

(Anm.: Einen allgemeinen Nachabfindungsanspruch zugunsten der weichenden Geschwister kennen die landesrechtlichen Bestimmungen zu Leibgedingsverträgen [gestützt auf Art. 96 EGBGB] nicht; ein solcher ist allerdings in § 13 Höfeordnung enthalten. Durch solche bedingten Pflichten zur quotalen Auskehr des Erlöses soll eine nachträgliche Korrektur der regelmäßig sehr niedrigen Abfindungszahlungen an Geschwister ermöglicht werden, die nur dann gerechtfertigt sind, wenn der Erwerber die Landwirtschaft im bisherigen Umfang aktiv weiterführt und nicht Gewinnmitnahmen [z.B. durch Baulandausweisung] realisiert.)

Eine Nachabfindungspflicht besteht nicht:
- bei Eintausch gleichwertiger land- und forstwirtschaftlicher Grundstücke zum Betrieb;
- bei Verwendung des Veräußerungserlöses zur Abdeckung betrieblicher Schulden, die trotz ordnungsgemäßer Bewirtschaftung entstanden sind oder welche bei Übergabe bereits bestanden und vom Erwerber im Rahmen der heutigen Übergabe zur weiteren Tilgung und Verzinsung übernommen werden;
- bei Einräumung von Gütergemeinschaft des Erwerbers mit seinem Ehegatten, bei Vererbung an den Ehegatten oder einen Abkömmling des Erwerbers und soweit im Zusammenhang mit einer Scheidung der Erwerber zur Abfindung der Ansprüche des einheiratenden Ehegatten zwingend einzelne betriebliche Grundstücke – nicht jedoch den gesamten Hof – veräußern muss;
- bei unentgeltlicher Überlassung an den Ehegatten oder an Kinder des Erwerbers, wenn diese in die vorstehenden Verpflichtungen eintreten.

Auf dingliche Sicherung wird trotz Hinweises des Notars verzichtet.

(Anm.: Eine dingliche Sicherung wäre z.B. möglich durch Höchstbetrags-Sicherungshypotheken in zu beziffernder Höhe, die allerdings die gegebenenfalls erforderliche Beleihung des Grundbesitzes für andere Zwecke in der Regel ausschließen.)

12. Weitere Vorbehalte

Im Übrigen erfolgt die Hofübergabe unentgeltlich; insbesondere werden keine Zustimmungsvorbehalte bei künftiger Beleihung oder Veräußerung und kein Vorbehaltsnießbrauch vereinbart.

(Anm.: Angesichts der unter Ziff. 11 vereinbarten bedingten Nachabfindung wird regelmäßig auf eine zusätzliche »schuldrechtliche Verfügungssperre« zugunsten des Veräußerers verzichtet. Diese könne etwa dahingehend ausgestaltet sein, dass der Veräußerer berechtigt ist, die Rückübertragung des Grundbesitzes zu verlangen, soweit der Erwerber gegen bestimmte Verpflichtungen verstößt [z.B. ohne Zustimmung weiterveräußert, belastet], der Erwerber in Vermögensverfall gerät, die Ehe des Erwerbers geschieden wird und Zugewinnausgleichsansprüche bezüglich der

Wertsteigerung des Hofs erhoben werden oder der Erwerber vor dem Veräußerer verstirbt und der Vertragsbesitz an nicht familienangehörige Fremde fällt. Sofern solche Rückübertragungsverpflichtungen getroffen werden, sind die Person des Berechtigten, die Frage der Übertragbarkeit und Vererblichkeit, Form und Frist der Ausübung, der Ersatz etwaiger Aufwendungen oder Tilgungsleistungen des Erwerbers, die Rückerstattung etwaiger Abfindungen an weichende Erben sowie die dingliche Absicherung durch Vormerkung im Grundbuch exakt zu regeln.

Zu bedenken ist allerdings, dass jedenfalls umfangreiche Rückforderungsvorbehalte die Genehmigungsfähigkeit nach § 9 GrdStVG gefährden, da sie die Kreditfähigkeit und objektive Wirtschaftsfähigkeit des Hofes beeinträchtigen.)

IV. Vereinbarungen mit dem weichenden Geschwister des Erwerbers; gegenständlich beschränkter Pflichtteilsverzicht

1.

Der Erwerber ist verpflichtet, an den eingangs genannten weichenden Geschwister

als Elterngut einen Betrag von ..... €

– Euro: ..... –

zu zahlen.

Der vorgenannte Betrag ist am ..... zur Zahlung fällig. Eine frühere Zahlung ist dem Erwerber jederzeit gestattet.

Der Erwerber unterwirft sich wegen der in dieser Urkunde eingegangenen Zahlungsverpflichtungen, die eine bestimmte Geldsumme zum Gegenstand haben, der sofortigen Zwangsvollstreckung aus dieser Urkunde in sein gesamtes Vermögen.

Vollstreckbare Ausfertigungen dieser Urkunde sind dem weichenden Geschwister auf dessen Antrag ab dem genannten Fälligkeitstermin ohne Nachweis weiterer Tatsachen zu erteilen.

Auf Verzinsung und dingliche Sicherstellung wird verzichtet.

(Anm.: Eine auch vom weichenden Geschwister mitunterzeichnete Abfindungsvereinbarung beseitigt – gepaart mit einem gegenständlich beschränkten Pflichtteilsverzicht [hierzu nachstehend 2] – die Gefahr, dass der Geschwisterteil nach dem Ableben des Veräußerers seinen Pflichtteilsergänzungsanspruch gem. § 2325 BGB gegen den Erben bzw. gegebenenfalls den Anspruch gem. § 2329 BGB gegen den Erwerber geltend macht. Die Höhe der in der Praxis vereinbarten Abfindungszahlungen bleibt in der Regel hinter dem Betrag zurück, der tatsächlich als Pflichtteilsergänzung verlangt werden könnte, da die bereits zeitlich frühere Fälligkeit durch Abzinsung zu berücksichtigen ist, ferner die Tatsache, dass gegebenenfalls der weichende Geschwister bei Ableben des Veräußerers erst mehr als zehn Jahre nach dinglicher Umschreibung im Grundbuch gänzlich leer ausgehen könnte [die bloße Vereinbarung von Versorgungsansprüchen hindern das Anlaufen der Zehnjahresfrist des § 2325 Abs. 3 BGB nicht, der Vorbehalt eines Wohnungsrechts hindert dieses Anlaufen allenfalls bezüglich der erfassten Räume]. Bei der Berechnung ist ferner zu berücksichtigen, ob die Übergabe zum Ertragswert erfolgt [§ 2312 BGB].)

2.

..... (Verzichtender)

verzichtet

hiermit für sich und seine Abkömmlinge auf sein Pflichtteilsrecht am Nachlass des Veräußerers in der Weise, dass der Vertragsgegenstand gem. gegenwärtiger Urkunde bei der Berechnung seines Pflichtteilsanspruchs als nicht zum Nachlass des Veräußerers gehörend angesehen und aus der Berechnungsgrundlage für den Pflichtteilsanspruch, die Ausgleichspflicht und den Pflichtteilsergänzungsanspruch ausgeschieden wird.

Der Veräußerer nimmt diesen gegenständlich beschränkten Pflichtteilsverzicht entgegen und an.

I. Landwirtschaftlicher Übergabevertrag (mit weiteren Erläuterungen) Kapitel 15

Die Vertragsschließenden wurden darauf hingewiesen, dass der gegenständlich beschränkte Pflichtteilsverzicht die gesetzliche Erbfolge und den Pflichtteil am Restvermögen des Veräußerers unberührt lässt.

(Anm.: Die vorstehend wiedergegebene weite Formulierung des sog. »gegenständlich beschränkten Pflichtteilsverzichts« gewährleistet auch, dass Ausgleichspflichtteile gem. § 2316 BGB aus der Zuwendung nicht resultieren können. Bei Aufnahme eines Pflichtteilsverzichts ist persönliche Anwesenheit des Erblassers [Veräußerer] zwingend vorgeschrieben [keine Vertretung, § 2347 Abs. 2 Satz 1 BGB].

Denkbar ist auch, zur weiteren Absicherung des weichenden Geschwisters, den gegenständlich beschränkten Pflichtteilsverzicht aufschiebend bedingt auf den Erhalt der vereinbarten Abfindung auszugestalten. Umstritten ist jedoch, ob solche Zahlungen auch noch nach dem [z.B. plötzlichen] Tod des Veräußerers zum Bedingungseintritt führen können. Jedenfalls sollte dann geregelt werden, dass bereits erhaltene Teilleistungen gem. § 2315 BGB auf den [noch bestehenden] Pflichtteilsanspruch des Verzichtenden anzurechnen sind.)

3.

Jedes Geschwister hat einen eigenen Anspruch auf Erbringung der vorstehenden Leistungen an den Veräußerer, deren Umfang nur mit Genehmigung des weichenden Geschwisters herabgesetzt werden kann.

(Anm.: Es handelt sich also um eine Vereinbarung gem. § 328 BGB. Dadurch wird der psychologischen Tatsache Rechnung getragen, dass der Veräußerer selbst, wenn er auf die versprochenen Versorgungsleistungen angewiesen ist, der schwächste aller am Rechtsgeschäft Beteiligten ist, während andererseits die Geschwister ein virulentes Interesse an der ordnungsgemäßen Erbringung der Leistungen haben, um nicht verfrüht aus ihrer gesetzlichen Unterhaltsverpflichtung gegenüber dem Veräußerer [§§ 1601 ff. BGB, § 94 SGB XII] in Anspruch genommen zu werden. Ferner stehen dem Veräußerer selbst die üblichen Leistungsstörungsrechte bei Schlechterfüllung aufgrund der landesrechtlichen Ausschlussbestimmungen in der Regel nicht zu.)

Sollte das weichende Geschwister zur gesetzlichen Unterhaltsleistung oder zur Rückzahlung erhaltener Abstandsgelder herangezogen werden, hat der Erwerber ihn hiervon freizustellen, bis der unentgeltliche Anteil der heutigen Zuwendung, den die Beteiligten übereinstimmend mit ..... € beziffern, durch Übernahme von Barunterhaltszahlungen an die Eltern aufgezehrt ist.

(Anm.: Interne Freistellungsverpflichtungen unter den Kindern sind häufige Vorkehrungen zur Verteilung der Unterhaltslasten der Eltern. Sie erscheinen erforderlich angesichts der Tatsache, dass bei mehreren Zuwendungsvorgängen [Hofübergabe an den Erwerber, Abfindungszahlungen an die Geschwister] mehrere gleichzeitig Beschenkte als Gesamtschuldner haften, im Innenverhältnis im Zweifel nach Köpfen gem. § 426 BGB verpflichtet sind [vgl. BGH, DNotZ 1992, 102], während doch – jedenfalls nach dem moralischen Verständnis der Beteiligten – der Hofübernehmer zumindest einen Gutteil der elterlichen Lasten tragen sollte (Prinzip des Generationenvertrags). Die gesetzliche Unterhaltspflicht der Kinder gegenüber den Eltern trifft diese gem. § 1606 Abs. 3 Satz 2 BGB im Verhältnis ihrer Leistungsfähigkeit, d.h. – da es sich um eine nicht gesteigerte Unterhaltspflicht handelt – in erster Linie gem. dem Verhältnis der Einkommen zueinander, wobei jedoch auch hier der Sozialleistungsträger mehrere gleichrangig Verpflichtete hinsichtlich der gem. § 94 SGB XII kraft Gesetzes übergegangenen Ansprüche in unterschiedlichem Maße heranziehen kann [Geltendmachungsermessen].

Die im Vertragsentwurf enthaltene Formulierung verpflichtet demgegenüber den Hoferwerber, seine Geschwister zunächst bis zum Erreichen des Betrags freizustellen, der ihm [unter Abzug aller Gegenleistungen, Versorgungsansprüche und Abfindungsgelder] unentgeltlich zugewendet wurde. Die Betragsfestsetzung dient der Rechtssicherheit, erleichtert aber dem Sozialleistungsträger die Durchsetzung des gegebenenfalls bestehenden Rückforderungsanspruchs bei späterer Verarmung des Veräußerers [§ 93 SGB XII i.V.m. § 528 BGB, gerichtet auf Wertersatz in Geld in Höhe des unentgeltlichen Anteils, § 818 Abs. 1 BGB].)

Auf dingliche Sicherung dieser Freistellungsverpflichtung oder Unterwerfung unter die Zwangsvollstreckung bezüglich eines abstrakt anzuerkennenden Betrags wird verzichtet.

(Anm.: Wie stets im Zusammenhang mit internen Freistellungsverpflichtungen kann nicht deutlich genug darauf hingewiesen werden, dass diese nur so viel Wert sind, wie die Bonität des Verpflichteten reicht. Dingliche Sicherheiten [Höchstbetragshypotheken] können sich daher im Einzelfall empfehlen.)

V. Besitzübergang

Der Übergang von Besitz, Nutzungen, Lasten, Verkehrssicherungspflichten, Haftung und Gefahr erfolgt mit schuldrechtlicher Wirkung zum 1. Juli 2018. Soweit der Veräußerer nach dem ersten Juli bereits Lasten getragen hat, sind ihm diese vom Erwerber zu erstatten.

Die Erschließungsbeiträge, die aufgrund des Baugesetzbuches oder anderer Rechtsvorschriften in Rechnung gestellt und noch nicht bezahlt sind oder künftig angefordert werden, hat der Erwerber zu tragen.

Der Vertragsbesitz unterliegt keiner Wohnungsbindung.

Er ist nicht vermietet oder verpachtet.

(Anm.: Übergabestichtag ist regelmäßig der Beginn des landwirtschaftlichen Steuerjahrs, was eine eindeutige Zuordnung bei den Einkünften gem. § 13 EStG ermöglicht.)

VI. Schuldübernahme

Der Erwerber übernimmt an Stelle des Veräußerers mit schuldbefreiender Wirkung die in § 1 bezeichneten Grundpfandrechte samt den zugrundeliegenden Schuldverpflichtungen von derzeit ca. ...... € insgesamt ab dem Tag des Besitzübergangs.

Der Erwerber anerkennt – mehrere als Gesamtschuldner – den jeweiligen Grundpfandrechtsgläubigern einen Geldbetrag in Höhe des Nennbetrags und der Zinsen samt Nebenleistungen in der Weise zu schulden, dass dieses Anerkenntnis die Zahlungsverpflichtung selbständig begründet.

Er unterwirft sich hierwegen der sofortigen Zwangsvollstreckung aus dieser Urkunde in sein gesamtes Vermögen mit der Maßgabe, dass es zur Erteilung einer vollstreckbaren Ausfertigung dieser Urkunde nicht des Nachweises der die Fälligkeit begründenden Tatsachen bedürfen soll. Über den Inhalt der persönlichen Vollstreckungsunterwerfung wurde eingehend belehrt.

Vollstreckbare Ausfertigungen der heutigen Urkunde sind dem jeweiligen Gläubiger erst dann zu erteilen, wenn dem amtierenden Notar eine Bestätigung des jeweiligen Gläubigers vorliegt, dass der Veräußerer aus einer etwa übernommen persönlichen Haftung entlassen ist. Im Übrigen soll die Erteilung ohne den Nachweis der Tatsachen erfolgen, von denen die Entstehung oder die Fälligkeit des Anspruches abhängen.

Der Veräußerer tritt alle Rechte und Ansprüche, die ihm am Tage der Eigentumsumschreibung an den vom Erwerber übernommenen Grundpfandrechten zustehen, an den Erwerber ab, der die Abtretung annimmt. Er bewilligt, die Abtretung der Eigentümerrechte in das Grundbuch einzutragen.

(Anm.: Die schuldbefreiende Übernahme von Verbindlichkeiten bildet angesichts der immer kapitalintensiveren Bewirtschaftungsweise in der Landwirtschaft regelmäßigen Bestandteil auch solcher Übergabeverträge. Soweit es sich dabei um betriebliche Verbindlichkeiten handelt, wird steuerlich lediglich der Wert der Zuwendung gemindert; handelt es sich um private Verbindlichkeiten des Veräußerers, liegen jedoch in der Person des Erwerbers Anschaffungskosten [und beim Veräußerer gegebenenfalls ein Veräußerungsgewinn gegenüber dem Buchwert] vor.)

Auf § 415 ff. BGB wurde hingewiesen. Die Beteiligten bitten den Notar, die Mitteilung der Schuldübernahme vorzunehmen und die Gläubigergenehmigung hierzu einzuholen, ferner die Entlassung des Veräußerers aus dessen persönlichem Schuldanerkenntnis in der Vollstreckungsunterwerfung zu bewirken und die bestehende Zweckerklärungen bezüglich der Grundpfandrechte dahingehend anzupassen, dass diese nurmehr für die derzeit bestehenden und künftig durch den Erwerber aufgenommenen Verbindlichkeiten haften.

Sollte die Schuldübernahme vom Gläubiger nicht genehmigt werden, gilt sie im Verhältnis der Beteiligten als interne Befreiungsverpflichtung des Erwerbers gegenüber dem Veräußerer.

(Anm.: Diese Variante birgt naturgemäß Gefahren für den Veräußerer. Soll dessen Inanspruchnahme völlig ausgeschlossen werden, müsste der Erwerber bei Nichtgenehmigung der schuldbefreienden Übernahme durch den Gläubiger im Vertrag verpflichtet werden, die Verbindlichkeiten binnen beispielsweise einer Frist von zwei Monaten vollständig durch eigene Darlehensaufnahme abzulösen. Häufiger ist allerdings bei Hofübergaben die vorgeschlagene Variante deshalb anzutreffen, weil regelmäßig zinsbegünstigte Darlehen in Anspruch genommen wurden, die nicht neuerlich zur Verfügung stehen, oder es sich um langfristige Verbindlichkeiten handelt, deren vorzeitige Tilgung zu hohen Vorfälligkeitsentschädigungen führt.)

VII. Ansprüche bei Rechts- und Sachmängeln

1.

Der Veräußerer verpflichtet sich dem Erwerber ungehinderten Besitz und lastenfreies Eigentum zu verschaffen, soweit in dieser Urkunde nichts anderes vereinbart ist.

Die in Abteilung II des Grundbuches eingetragenen, in Abschnitt I dieser Urkunde bezeichneten Belastungen übernimmt der Erwerber zur weiteren Duldung mit allen sich aus der Eintragungsbewilligung ergebenden Verpflichtungen, insbesondere die an dem Grundstück Flst.Nr. ..... eingetragene Auflassungsvormerkung samt zugrundeliegender Verpflichtung hinsichtlich der Veräußerung einer Teilfläche zu ca. ..... qm an ..... gem. Bewilligung vom .....

Veräußerer und Erwerber erteilen sich hiermit gegenseitig, und zwar jedem für sich allein, unter Befreiung vom Verbot des Selbstkontrahierens

Vollmacht

zur Vertretung bei dem Antrag über die Vermessung der Vertragsfläche, bei der Beurkundung des Nachtrages über die Messungsanerkennung und Auflassung sowie zur Abgabe aller Erklärungen und Stellung von Anträgen, die damit zusammenhängen und zum Vollzug dieser Urkunde, der Nachtragsurkunde und des einschlägigen Veränderungsnachweises erforderlich und zweckdienlich sind.

(Anm.: Solche nicht vollzogenen Teilflächenveräußerungen sind gerade bei landwirtschaftlichen Übergaben häufig anzutreffen [Straßengrundabtretungen, deren Vermessung und Abmarkung erst nach vollständigem Abschluss der Baumaßnahme erfolgen wird]. Allein die Übernahme der in Abteilung II regelmäßig eingetragenen Teilflächenerwerbsvormerkung regelt noch nicht das Schicksal des bereits geschlossenen schuldrechtlichen Vertrags und die Verpflichtung bzw. Berechtigung des Erwerbers zur Mitwirkung am dinglichen Vollzug.)

2.

Eigentümerrechte und Rückgewähransprüche des Veräußerers an bestehenden Grundpfandrechten werden an den Erwerber abgetreten, der die Abtretung annimmt.

Allen zur Lastenfreistellung erforderlichen Freigaben und Löschungen wird mit dem Antrag auf Vollzug im Grundbuch zugestimmt, auch soweit weiterer Grundbesitz betroffen ist.

3.

Der Erwerber übernimmt den Vertragsbesitz im gegenwärtigen, ihm bekannten Zustand. Ansprüche und Rechte des Erwerbers wegen Mängeln sind ausgeschlossen; Schadensersatzansprüche nur soweit der Veräußerer nicht vorsätzlich gehandelt hat.

Der Veräußerer haftet auch nicht für verborgene Mängel. Er versichert aber, dass ihm verborgene Mängel nicht bekannt sind.

Vertragliche Ansprüche aus dieser Urkunde, etwa auf Übertragung des Eigentums, auf Begründung, Übertragung Aufhebung oder Änderung eines dinglichen Rechtes sowie Ansprüche auf Gegenleistungen auch an Dritte, verjähren in dreißig Jahren ab dem gesetzlichen Verjährungsbeginn. Für gesetzliche Ansprüche, etwa aus § 528 BGB, verbleibt es bei der gesetzlichen Verjährung.

Der Veräußerer tritt alle Gewährleistungsansprüche, die ihm hinsichtlich des Vertragsbesitzes und der mitveräußerten Gegenstände zustehen, mit Wirkung zum Tag des Besitzüberganges an den Erwerber ab, der die Abtretung annimmt.

VIII. Vollzugsanweisung

Die Vertragsteile beauftragen und bevollmächtigen den Notar, die zu dieser Urkunde erforderlichen Genehmigungen und Erklärungen anzufordern und entgegenzunehmen, auch den Teilvollzug dieser Urkunde zu betreiben und Anträge, die die Beteiligten gestellt haben, ganz oder teilweise zurückzunehmen.

Die Vollzugsmitteilungen des Grundbuchamtes sind für alle Beteiligten dem Notar zu erteilen.

Die zu dieser Urkunde erforderlichen Genehmigungen sollen mit dem Eingang beim Notar allen Beteiligten gegenüber als mitgeteilt gelten und rechtswirksam sein.

Die Vertragsteile bevollmächtigen die Angestellten des amtierenden Notars – welche der amtierende Notar zu bezeichnen bevollmächtigt wird – je einzeln und befreit von § 181 BGB, Erklärungen, Bewilligungen und Anträge materiell- oder formellrechtlicher Art zur Ergänzung oder Änderung des Vertrages abzugeben, soweit diese zur Behebung behördlicher oder gerichtlicher Beanstandungen zweckdienlich sind.

(Anm.: Im Rahmen des Vollzugs ist insbesondere das Erfordernis der Genehmigung nach dem Grundstücksverkehrsgesetz zu beachten, die allerdings gem. § 8 GrdstVG zwingend zu erteilen ist, wenn der gesamte Betrieb an Abkömmlinge übertragen wird. In der Praxis der Genehmigungsbehörden [Landratsämter bzw. kreisfreie Städte] erfolgt eine vorherige Anfrage bei der örtlichen Geschäftsstelle des Bauernverbands.)

IX. Hinweise des Notars

Eine steuerliche Beratung hat der Notar nicht übernommen, im übrigen über die rechtliche Tragweite der abgegebenen Erklärungen belehrt und abschließend nochmals auf folgendes hingewiesen:
- Das Eigentum geht mit der Umschreibung im Grundbuch auf den Erwerber über. Die Umschreibung kann erst erfolgen, wenn die Unbedenklichkeitsbescheinigung wegen der Grunderwerbsteuer vorliegt.
- Unabhängig von den rein schuldrechtlichen Vereinbarungen der Beteiligten in dieser Urkunde haften kraft Gesetzes der Vertragsbesitz für Rückstände an öffentlichen Abgaben und Erschließungsbeiträgen und beide Vertragsteile für die etwa anfallende Grunderwerbsteuer und die Kosten als Gesamtschuldner.
- Sofern sich der Veräußerer Nutzungsrechte am Vertragsbesitz vorbehalten hat, beginnt die Zehnjahresfrist des § 2325 Abs. 3 BGB, nach deren Ablauf die heutige Zuwendung bei der Berechnung von Pflichtteilsergänzungsansprüchen nicht mehr zu berücksichtigen ist, nicht zu laufen.

(Anm.: Ein auf Lebenszeit des Übergebers vorbehaltener Nießbrauch hindert das Anlaufen der Zehnjahresfrist stets, der Vorbehalt eines Wohnungsrechts an lediglich einzelnen Räumen dagegen nicht. Der Vorbehalt des Wohnungsrechts an einer abgeschlossenen Wohnung dürfte zum Nichtanlaufen der Frist für den in dieser Wohnung verkörperten Wert führen. Die gesamte Thematik kann naturgemäß vernachlässigt werden, wenn – wie im vorliegenden Muster – mit dem weichenden Geschwister eine gegenständlich beschränkte Pflichtteilsverzichtsvereinbarung getroffen wurde.)

- Das gesetzliche Rückforderungsrecht wegen Verarmung des Schenkers (§ 528 BGB) und die Möglichkeiten einer Anfechtung durch Gläubiger oder für den Fall späterer Insolvenz des Schenkers können nicht abbedungen werden; auf diese – insbesondere die geltenden Fristen – wurde hingewiesen. Die Beteiligten vereinbaren hierzu:

Sollte sich der Erwerber von einer etwa bestehenden Pflicht zur Leistung von Wertersatz in Geld durch Rückauflassung des Vertragsbesitzes selbst befreien wollen, erfolgt diese unmittelbar an den Veräußerer Zug um Zug gegen Ausgleich der durch Investitionen des Erwerbers geschaffenen Werterhöhung sowie seiner an den Veräußerer oder weichende Geschwister aufgrund Vertrages erbrachten Zahlungen

I. Landwirtschaftlicher Übergabevertrag (mit weiteren Erläuterungen) **Kapitel 15**

(Anm.: Auf die durch das Einführungsgesetz zur Insolvenzordnung verlängerten Anfechtungsfristen bei unentgeltlicher oder teilunentgeltlicher Übertragung [vier Jahre] ist besonders hinzuweisen.

Die zu § 528 BGB vorgeschlagene Klausel modifiziert die vom BGH im Urteil vom 17.12.2009 – Xa 6/09, NotBZ 2010, 141 anerkannte gesetzliche »umgekehrte Ersetzungsbefugnis« (anstelle der bei unteilbaren Gegenständen geschuldeten Wertersatzzahlung in Geld, § 818 Abs. 2 BGB, den geschenkten Gegenstand selbst zurückzugeben) in zweierlei Hinsicht: zum einen legt sie fest, dass die Rückübertragung an den Schenker (bzw. dessen Erben), nicht an den Sozialleistungsträger erfolgen soll, zum weiteren ordnet sie hinsichtlich gewährter Gegenleistungen und erbrachter Investitionen die Anwendung der Saldotheorie an, solange dies noch nicht durch Rechtsprechung belegt ist.
- Sofern der Veräußerer Anspruch auf Förderung selbstgenutzten Wohneigentums hat, entfällt diese Förderung trotz Vorbehalt von Nutzungsrechten; auch der Erwerber hat bezüglich dieser Räume keinen Anspruch auf Förderung.
- Es ist erforderlich, dass alle Vereinbarungen richtig und vollständig beurkundet werden, damit die Wirksamkeit der Urkunde und aller Vereinbarungen gewährleistet ist.

X. Kosten, Abschriften

Im Hinblick auf § 34 ErbStG und § 8 ErbStDV machen die Beteiligten ergänzend folgende Angaben:
- Der Verkehrswert des Anwesens beträgt ..... €
- Der Valutastand der übernommenen Verbindlichkeiten beträgt, wie oben bezeichnet ..... €
- Der Jahreswert des Nießbrauchs- bzw. Wohnungsrechtes wird mit ..... € angegeben.

Die Kosten dieser Urkunde und ihres Vollzuges sowie eine etwa anfallende Grunderwerbsteuer und Schenkungsteuer trägt der Erwerber.

(Anm: Gemäß § 48 Abs. 1 GNotKG ist die Überlassung eines land- oder forstwirtschaftlichen Betriebes mit Hofstelle zur Fortführung durch den Erwerber insoweit gebührenrechtlich begünstigt, als der Wert des übertragenen Grundbesitzes mit dem vierfachen steuerlichen Einheitswert gleichgesetzt wird. Allerdings ist bei Austauschverträgen zu berücksichtigen, dass die Summe der versprochenen Gegenleistungen und Vorbehalte höher sein kann und dann maßgeblich ist [§ 97 Abs. 3 GNotKG]).

Die Kosten der Lastenfreistellung bzw. Schuldübernahme trägt der Erwerber.

Von dieser Urkunde erhalten:

Ausfertigungen:
- die Vertragsteile
- das Grundbuchamt

einfache Abschriften:
- das Finanzamt ..... – Grunderwerbsteuerstelle –
- der Erwerber sofort zwei einfache Abschriften

beglaubigte Abschriften:
- das Finanzamt ..... – Schenkungsteuerstelle –
- das Landratsamt ..... zur Erteilung der Genehmigung nach dem GrdStVG
- zum Zwecke der Genehmigung der Schuldübernahme:
 der eingetragene Grundpfandrechtsgläubiger

Vorgelesen vom Notar, von den Beteiligten

genehmigt, und eigenhändig unterschrieben:

.....

J. Ehebedingte Zuwendung eines Halbanteils an einer Immobilie

6758 ▶ Ehebedingte Zuwendung eines Halbanteils an einer Immobilie

URNr. ...../2018

Ehebedingte Zuwendung eines Halbanteils an Grundbesitz

Heute, den ..... zweitausendachtzehn

– ..... 2018 –

erschienen vor mir,

.....

Notar in .....,

in meinen Amtsräumen in .....

1. Herr .....,
   geb. am .....,
   wohnhaft: .....,
   nach Angabe verheiratet *im gesetzlichen Güterstand*
   ausgewiesen durch gültigen deutschen Personalausweis
2. dessen ebendort wohnhafter Ehegatte
   Frau ....., geb. .....
   geb. am .....,
   ausgewiesen durch gültigen deutschen Personalausweis

Der Notar fragte nach einer Vorbefassung im Sinne des § 3 Abs. 1 Nr. 7 BeurkG; sie wurde von den Beteiligten verneint.

Die Erschienenen waren gleichzeitig vor mir anwesend. Auf Ansuchen beurkunde ich ihren Erklärungen gemäß, was folgt:

§ 1
Grundbuch- und Sachstand

Das Grundbuch des Amtsgerichts ..... für ..... Blatt ..... wurde am ..... eingesehen.

Dort ist im Eigentum von Herrn .....

folgender Grundbesitz eingetragen:

Flst.Nr. ..... zu ..... m²

Dieser Grundbesitz ist im Grundbuch wie folgt belastet:

Abteilung II:

.....

Abteilung III:

.....

§ 2
Überlassung

Herr .....

– im Folgenden »der Veräußerer« genannt –

überlässt einen Halbanteil an dem in § 1 bezeichneten Grundbesitz (»Vertragsbesitz«) mit allen Rechten und dem gesetzlichen Zubehör

an seine Ehefrau

J. Ehebedingte Zuwendung eines Halbanteils an einer Immobilie — Kapitel 15

.....

– im Folgenden »der Erwerber« genannt –

zum Alleineigentum, so dass künftig die Ehegatten ..... Miteigentümer zu gleichen Teilen des obigen Grundbesitzes und etwa jetzt oder künftig aufstehender Gebäude sind.

Die Eintragung einer Auflassungsvormerkung wird trotz Hinweises auf den Sicherungszweck nicht gewünscht.

Die Beteiligten sind über den vereinbarten Eigentumsübergang in dem angegebenen Erwerbsverhältnis einig. Der Veräußerer bewilligt und der Erwerber beantragt, den Eigentumsübergang gemäß dieser

Auflassung

in das Grundbuch einzutragen.

§ 3
Wesen der Grundbesitzübertragung; Vorbehalte; Hinweise

Die vorstehende Übertragung erfolgt als ehebedingte Zuwendung zur Verwirklichung der ehelichen Lebens- und Wirtschaftsgemeinschaft. Der Notar hat insbesondere auf folgendes hingewiesen:
- die Zuwendung kann grundsätzlich auch im Falle der Ehescheidung nicht widerrufen werden, es sei denn, Rückforderungsrechte werden ausdrücklich vereinbart.
- Etwaige Pflichtteils- und Pflichtteilsergänzungsansprüche – etwa von Kindern des weiterüberlassenden Ehegatten – berechnen sich im Falle dessen Vorversterbens aus dem Wert des gesamten Grundbesitzes, also auch aus der weiterüberlassenen Hälfte; die Zehnjahresfrist des § 2325 Abs. 3 BGB, nach deren Ablauf eine Pflichtteilsergänzung ausgeschlossen ist, beginnt nicht vor Auflösung der Ehe.
- Auch im Hinblick auf etwaige Anfechtungen der Übertragung durch Gläubiger oder im Falle der Insolvenz wird sie wie eine freie Schenkung behandelt.

Rückforderungsrechte für den Falle der Scheidung oder bei Eintritt sonstiger Umstände (etwa Veräußerung oder Belastung des Miteigentumsanteils ohne Zustimmung des Veräußerers) – gesichert durch Rückübertragungsvormerkung im Grundbuch – werden trotz Hinweises des Notars auf diese Möglichkeiten nicht gewünscht.

Im Sterbefall ist der Wert der Zuwendung auf einen etwaigen Pflichtteilsanspruch des Erwerbers gegenüber dem Veräußerer anzurechnen. Ferner bleibt § 530 BGB vorbehalten.

Sofern bei Scheidung der Ehe die Zuwendung dem Erwerber verbleibt, ist ihr Wert gem. § 1380 BGB auf einen etwaigen Zugewinnausgleichsanspruch des Empfängers der Schenkung anzurechnen bzw., soweit eine Anrechnung nicht möglich ist, dem Endvermögen des Beschenkten zuzurechnen. Den Beteiligten ist allerdings bekannt, dass eine – sei es auch nur hälftige – Wertbeteiligung des Veräußerers durch die Bestimmungen des gesetzlichen Zugewinnausgleichs nicht sicher gewährleistet ist, etwa bei einer Saldierung mit anderen Negativposten.

(Anm.: Sofern eine Erweiterung der Zugewinnausgleichswirkung der Ehegattenzuwendung über § 1380 BGB hinaus gewünscht wird/Ergänzung:

Soweit der heutige Wert der Zuwendung, den die Beteiligten übereinstimmend auf ..... € beziffern, bei einem Verbleiben des Gegenstands beim Erwerber nicht oder nicht in voller Höhe gem. § 1380 BGB auf einen Ausgleichsanspruch des Zuwendungsempfängers anzurechnen ist, hat dieser die Differenz zwischen der tatsächlichen Minderung der Zugewinnausgleichslast und dem Wert in bar zu zahlen; die Zahlung ist fällig binnen zwei Monaten nach Rechtskraft der Scheidung. Der Anspruch und seine Erfüllung sind im Rahmen des Zugewinnausgleichs im Endvermögen keines der beiden Ehegatten zu berücksichtigen, was hiermit ehevertraglich vereinbart wird.)

Die Vertragsteile wurden weiter auf die gesetzlichen Regelungen hinsichtlich des Miteigentums hingewiesen. Vereinbarungen hierzu (z.B. Nutzungsregelung, teilweiser Ausschluß des Versteigerungsrechtes, gegenseitige Vorkaufsrechte) werden nicht gewünscht.

§ 4
Besitzübergabe

Die Übergabe von Besitz und Nutzungen sowie der Übergang von Lasten, Verkehrssicherungspflichten, Haftung und Gefahr erfolgen anteilig mit dem heutigen Tage.

Die Erschließungsbeiträge, die aufgrund des Baugesetzbuches oder anderer Rechtsvorschriften in Rechnung gestellt und noch nicht bezahlt sind oder künftig angefordert werden, hat der Erwerber anteilig zu tragen.

Der Vertragsbesitz unterliegt keiner Wohnungsbindung. Er ist nicht vermietet oder verpachtet. Der Vertragsbesitz wird von den Vertragsteilen genutzt.

§ 5
Sach- und Rechtsmängel

Der Veräußerer ist verpflichtet, dem Erwerber ungehinderten Besitz und lastenfreies Eigentum zu verschaffen, soweit in dieser Urkunde nichts anderes vereinbart ist. Der Erwerber übernimmt den Vertragsbesitz im gegenwärtigen, ihm bekannten Zustand. Rechte des Erwerbers wegen Mängeln sind ausgeschlossen (Schadensersatzansprüche nur soweit der Veräußerer nicht vorsätzlich gehandelt hat). Verborgene Mängel sind dem Veräußerer nicht bekannt. Bestehende Erfüllungs- und Gewährleistungsansprüche gegen Dritte werden an den dies annehmenden Erwerber abgetreten.

Die Vertragsteile (also Veräußerer und Erwerber) stimmen der Löschung aller nicht übernommenen Belastungen sowie allen Rangänderungen mit dem Antrag auf Vollzug zu; bei Gesamtrechten auch hinsichtlich aller übrigen in den Mithaftvermerken genannten Grundbuchstellen.

(Anm.: Die in Abteilung II und III des Grundbuches eingetragenen, in § 1 näher bezeichneten Belastungen übernimmt der Erwerber zur weiteren Duldung mit allen sich aus der Eintragungsbewilligung ergebenden Verpflichtungen. Das aus der dinglichen Haftung für Fremdverbindlichkeiten erwachsende Risiko ist ihm bekannt. Einschränkungen der Zweckvereinbarungen für bestehende Grundpfandrechte werden nicht gewünscht.

Eigentümerrechte und Rückgewähransprüche des Veräußerers an bestehenden Grundpfandrechten werden an Veräußerer und Erwerber in Gesellschaft des bürgerlichen Rechtes abgetreten, Grundbucheintragung wird bewilligt. Persönliche Vollstreckungsunterwerfungen sind nicht erforderlich.

Die bisherigen Darlehensbeziehungen bleiben unverändert. Eine Zwangsvollstreckungsunterwerfung des Erwerbers ist nicht erforderlich, da diese bereits erklärt wurde.)

§ 6
Vollmacht; Vollzug

Alle Beteiligten beauftragen und bevollmächtigen den amtierenden Notar, seinen amtlichen Vertreter oder Nachfolger im Amt,
- sie im Grundbuchverfahren uneingeschränkt zu vertreten
- die zur Wirksamkeit und für den Vollzug dieser Urkunde erforderlichen Genehmigungen und Erklärungen anzufordern und (auch gem. § 875 Abs. 2 BGB) entgegenzunehmen.

Anfechtbare Bescheide und Zwischenbescheide zur Fristverlängerung sind jedoch den Beteiligten selbst zuzustellen; Abschrift an den Notar wird erbeten.

Die Vertragsteile bevollmächtigen die Angestellten an dieser Notarstelle – welche der Amtsinhaber zu bezeichnen bevollmächtigt wird – je einzeln und befreit von § 181 BGB, Erklärungen, Bewilligungen und Anträge materiell- oder formellrechtlicher Art zur Ergänzung oder Änderung des Vertrages abzugeben, soweit diese zur Behebung behördlicher oder gerichtlicher Beanstandungen zweckdienlich sind.

§ 7
Hinweise des Notars und weitere Vereinbarungen

Eine steuerliche Beratung hat der Notar nicht übernommen, im Übrigen über die rechtliche Tragweite der abgegebenen Erklärungen belehrt und abschließend nochmals auf folgendes hingewiesen:
- das Eigentum geht mit der Umschreibung im Grundbuch auf den Erwerber über.
- unabhängig von den rein schuldrechtlichen Vereinbarungen der Beteiligten in dieser Urkunde haften kraft Gesetzes der Vertragsbesitz für Rückstände an öffentlichen Abgaben und Erschließungsbeiträgen und beide Vertragsteile für die etwa anfallende Grunderwerbsteuer und die Kosten als Gesamtschuldner,
- Solange die Ehegatten nicht getrennt leben, ist das Vermögen und Einkommen beider zur Vermeidung einer Sozialhilfebedürftigkeit einzusetzen. Das gesetzliche Rückforderungsrecht wegen Verarmung des Schenkers (§ 528 BGB) und die Möglichkeiten einer Anfechtung durch Gläubiger oder für den Fall späterer Insolvenz des Schenkers können nicht abbedungen werden; auf diese – insbesondere die geltenden Fristen – wurde hingewiesen. Eine die Anfechtungsfrist verkürzende entgeltliche Übertragung (etwa zum Ausgleich des Zugewinns bei Wechsel des Güterstandes) wird nicht gewünscht.
- die Übertragung bisher betrieblich gehaltenen Grundbesitzes kann zur Besteuerung dadurch aufgelöster stiller Reserven führen
- es ist erforderlich, dass alle Vereinbarungen richtig und vollständig beurkundet werden, damit die Wirksamkeit der Urkunde und aller Vereinbarungen gewährleistet ist.

§ 8
Kosten und Abschriften

Die Kosten dieser Urkunde und ihres Vollzuges, etwa entstehende Kosten für die Verwalterzustimmung sowie eine etwa anfallende Grunderwerbsteuer und Schenkungsteuer trägt der Erwerber, ebenso die Kosten einer etwaigen Lastenfreistellung.
Im Hinblick auf § 34 ErbStG und § 8 ErbStDV machen die Beteiligten ergänzend folgende Angaben:
- Der Verkehrswert des übertragenen Halbanteils beträgt ..... €
- Der letzte Einheits- bzw. Grundbesitzwert beträgt (halbiert) ..... €
- Der Valutastand der übernommenen Verbindlichkeiten beträgt ..... €

Von dieser Urkunde erhalten:

Ausfertigungen:
- die Vertragsteile und das Grundbuchamt

einfache Abschriften:
- die Grunderwerbsteuerstelle zur Kenntnis

beglaubigte Abschriften:
- die Schenkungsteuerstelle

Vorgelesen vom Notar, von den Beteiligten
genehmigt, und eigenhändig unterschrieben:

.....

K. Ehebedingte Übertragung von Grundbesitz in das künftige Alleineigentum eines Ehegatten

6759 ▶ Ehebedingte Übertragung von Grundbesitz in das künftige Alleineigentum eines Ehegatten

URNr. ...../2018

Grundbesitzübertragung

in das künftige Alleineigentum eines Ehegatten

Heute, den ..... zweitausendachtzehn

– ..... 2018 –

erschienen vor mir,

.....

Notar in .....,

in meinen Amtsräumen in .....

1. Herr .....,
geb. am .....,
wohnhaft: .....,
nach Angabe verheiratet *im gesetzlichen Güterstand*
ausgewiesen durch gültigen deutschen Personalausweis

2. dessen ebendort wohnhafter Ehegatte
Frau ....., geb. .....
geb. am .....,
ausgewiesen durch gültigen deutschen Personalausweis

Der Notar fragte nach einer Vorbefassung im Sinne des § 3 Abs. 1 Nr. 7 BeurkG; sie wurde von den Beteiligten verneint.

Die Erschienenen waren gleichzeitig vor mir anwesend. Auf Ansuchen beurkunde ich ihren Erklärungen gemäß, was folgt:

§ 1
Grundbuch- und Sachstand

Die Ehegatten ..... und ..... sind Miteigentümer zu je ein Halb des im Grundbuch des Amtsgericht ..... für Blatt ..... als

Flst.Nr.

vorgetragenen Grundbesitzes.

Dieser Grundbesitz ist wie folgt belastet:

Abteilung II:

.....

Abteilung III:

.....

Das Grundbuch wurde am ..... eingesehen.

§ 2
Überlassung

Herr

– im Folgenden »der Veräußerer« genannt –

überträgt seinen Halbanteil an dem in § 1 bezeichneten Grundbesitz (»Vertragsbesitz«) mit allen Rechten und dem gesetzlichen Zubehör

an

seine Ehefrau

– im Folgenden »der Erwerber« genannt –

zum Alleineigentum, so dass Frau künftig Alleineigentümerin des obigen Grundbesitz ist.

Die Eintragung einer Auflassungsvormerkung wird trotz Hinweises auf den Sicherungszweck nicht gewünscht.

Die Beteiligten sind über den vereinbarten Eigentumsübergang in dem angegebenen Erwerbsverhältnis einig. Der Veräußerer bewilligt und der Erwerber beantragt, den Eigentumsübergang gemäß dieser

Auflassung

in das Grundbuch einzutragen.

Die vorstehende Überlassung erfolgt als ehebedingte Zuwendung zur Verwirklichung der ehelichen Lebens- und Wirtschaftsgemeinschaft. Der Notar hat insbesondere auf folgendes hingewiesen:
- Die Zuwendung kann grundsätzlich auch im Falle der Ehescheidung nicht widerrufen werden, es sei denn, Rückforderungsrechte werden (wie nachstehend) ausdrücklich vereinbart.
- Etwaige Pflichtteils- und Pflichtteilsergänzungsansprüche – etwa von Kindern des weiterüberlassenden Ehegatten – berechnen sich im Falle dessen Vorversterbens aus dem Wert des gesamten Grundbesitzes, also auch aus der weiterüberlassenen Hälfte; die Zehnjahresfrist des § 2325 Abs. 3 BGB, nach deren Ablauf eine Pflichtteilsergänzung ausgeschlossen ist, beginnt nicht vor Auflösung der Ehe.
- Auch im Hinblick auf etwaige Anfechtungen der Übertragung durch Gläubiger oder im Falle der Insolvenz wird sie wie eine freie Schenkung behandelt.

§ 3
Vorbehaltene Rechte

a) Mitbenutzungs- und Wohnungsrecht

Die Beteiligten vereinbaren zugunsten des Veräußerers unentgeltlich auf dessen Lebensdauer:

Ein Mitbenutzungsrecht in dem übergebenen Grundbesitz. Dieses besteht in dem Recht der Mitbenutzung sämtlicher Räume samt Einrichtungen, und Außen- sowie Nebenanlagen. Der Berechtigte hat sich an den gesamten laufenden Lasten und Kosten des Anwesens – auch den außergewöhnlichen Kosten – hälftig zu beteiligen.

Sobald das Eigentum an dem Vertragsbesitz auf jemanden anderen als den Erwerber übergehen sollte, oder Veräußerer und Erwerber länger als sechs Monate getrennt leben sollten im Sinne des § 1567 BGB, erstarkt dieses Mitbenutzungsrecht (aufschiebend bedingt auf den Zeitpunkt des Eigentumsübergangs auf einen Dritten bzw. des Ablaufes des Getrenntlebenszeitraumes) zu einem Wohnungsrecht mit folgendem Inhalt:

Der Wohnungsberechtigte ist zur ausschließlichen Benützung des gesamten Anwesens berechtigt

– unter Ausschluss des Eigentümers –

und dem Recht auf Mitbenützung der zum gemeinsamen Gebrauch der Hausbewohner bestimmten Anlagen, Einrichtungen und Räume, insbesondere der Außen- und Nebenanlagen.

Der Eigentümer ist verpflichtet, die dem Wohnungsrecht unterliegenden Räume auf eigene Kosten in gut bewohnbarem und beheizbarem Zustand zu halten.

Der Wohnungsberechtigte hat die Schönheitsreparaturen für die dem Wohnungsrecht unterliegenden Räume und die hierfür anfallenden, gesondert erfassten Verbrauchsgebühren allein zu tragen.

Die Kosten für Kaminkehrer, Müllabfuhr und Abwasser sowie die nicht gesondert erfaßten Verbrauchsgebühren sind ebenfalls vom Wohnungsberechtigten zu tragen.

Eine Übertragung der Ausübung des Wohnungsrechts ist dem Berechtigten nicht gestattet, eine Vermietung oder Untervermietung somit nicht möglich.

Das Wohnungsrecht erlischt auch dinglich, wenn es voraussichtlich auf Dauer nicht mehr ausgeübt werden kann; der Berechtigte ist dann zur Bewilligung der Löschung verpflichtet. Geldersatzansprüche werden aus jedem Rechtsgrund ausgeschlossen, es sei denn der Eigentümer hat den Wegzug zu vertreten.

Der Wohnungsberechtigte wurde vom Notar darüber belehrt, dass sein Wohnungsrecht (u.U. entschädigungslos) untergehen kann, wenn aus im Grundbuch an besserer Rangstelle eingetragenen Grundpfandrechten die Zwangsvollstreckung betrieben würde.

Der Erwerber bestellt hiermit das Mitbenutzungsrecht als beschränkte persönliche Dienstbarkeit sowie das aufschiebend bedingte Wohnungsrecht an dem in § 1 beschriebenen (gesamten) Grundbesitz zugunsten des Berechtigten und

bewilligt und beantragt

deren Eintragung an nächstoffener Rangstelle im Grundbuch, das Mitbenutzungsrecht vor dem aufschiebend bedingten Wohnungsrecht.

Ggf: Den Beteiligten ist bewusst, dass bei Ausübung der Wohnungsrechtsoption dem Erwerber – anders als beim derzeitigen Miteigentum – kein (Mit-)Nutzungsrecht mehr am Objekt zusteht

b)

Vereinbarungsgemäß hat der Erwerber weiter den Vertragsbesitz (erworbenen Halbanteil) auf höchstpersönliches Verlangen des Veräußerers an diesen zurückzuübertragen und rückaufzulassen, wenn

- er ihn ohne Zustimmung des Veräußerers (bzw seines Vertreters) weiterveräußert, vermietet oder belastet,
- bzgl. des Vertragsbesitzes das Insolvenz- oder Zwangsversteigerungs- bzw. Zwangsverwaltungsverfahren eröffnet wird oder eine Sicherungshypothek eingetragen wird,
- eingetragene Grundpfandrechte (re-)valutiert werden ohne Zustimmung des Veräußerers,
- der Erwerber vor dem Veräußerer verstirbt – sofern der Veräußerer dann Alleinerbe ist, ist die heutige Veräußerung für diesen Fall sogar auflösend bedingt –
- der Erwerber dem Veräußerer nicht zumindest den Mitbesitz einräumt,
- das Finanzamt für die heutige Übertragung Schenkungsteuer festsetzen sollte oder
- die Beteiligten länger als sechs Monate getrennt leben im Sinne des § 1567 BGB. Wird in diesem Fall das Rückübertragungsverlangen nicht spätestens bis zur Rechtskraft der Scheidung gestellt, entfällt die Rückforderungsmöglichkeit auch aus allen anderen Gründen; die etwa zur Sicherung des bedingten Rückforderungsanspruchs bewilligte Vormerkung ist auf Kosten des Erwerbers zu löschen.

Erwerber und Veräußerer sind bei Ausübung des Rückforderungsrechtes im Zuge eines etwaigen Zugewinnausgleichsverfahrens bei Scheidung so zu stellen, als habe die Überlassung in dieser Urkunde nie stattgefunden, so dass eine etwa eingetretene Werterhöhung des Vertragsbesitzes während der Ehezeit, auch soweit diese durch die Tilgung von Verbindlichkeiten oder durch Investitionen – gleich von welcher Seite – eintritt, sich bei beiden Ehegatten zu gleichen Teilen auswirkt.

K. Übertragung v. Grundbesitz in das künftige Alleineigentum eines Ehegatten   Kapitel 15

In jedem der vorgenannten Fälle hat die Übertragung und Auflassung unverzüglich auf Verlangen des Berechtigten zu erfolgen. Der Berechtigte hat die im Grundbuch eingetragenen Rechte in Abt. II und III dinglich zu übernehmen, soweit sie im Rang vor der nachstehend bestellten Auflassungsvormerkung eingetragen sind. Im Übrigen erfolgt die Rückübertragung unentgeltlich, eine direkte Erstattung etwaiger Investitionen oder Tilgungsbeiträge des Erwerbers ist also nicht geschuldet. Die Kosten der Rückauflassung hat jedoch der Anspruchsberechtigte zu tragen.

Die Beteiligten stellen klar, dass die Berechtigungen aus a) und b) (zum Wohnungsrecht erstarkte Nutzungsberechtigung oder Rückforderungsrecht), sofern die Tatbestände deckungsgleich sind (Veräußerung/Scheidung) nach Wahl des Berechtigten unabhängig nebeneinander stehen. Die Vertragsteile sind sich über die Einräumung des bedingten Anspruchs einig. Der Anspruch ist nicht vererblich und nicht übertragbar und erlischt somit mit dem Ableben des Berechtigten, wenn er nicht vorher geltend gemacht wurde.

Zur Sicherung des vorstehend eingeräumten, bedingten Anspruchs auf Rückübertragung bestellt hiermit der Erwerber zugunsten des vorgenannten Berechtigten eine Vormerkung an dem in § 1 beschriebenen (gesamten) Grundbesitz, gerichtet auf Übertragung eines ideellen Halbanteils, und

bewilligt und beantragt

deren Eintragung im Grundbuch, im Rang nach den Rechten oben a). Die Vormerkung ist als Sicherungsmittel auflösend befristet. Sie erlischt mit dem Tod des Berechtigten.

§ 4
Besitzübergabe

Die Übergabe von Besitz und Nutzungen sowie der Übergang von Lasten, Verkehrssicherungspflichten, Haftung und Gefahr erfolgen anteilig mit dem heutigen Tage.

Der Vertragsbesitz unterliegt keiner Wohnungsbindung. Er ist nicht vermietet oder verpachtet, sondern wird von den Vertragsteilen bewohnt.

§ 5
Rechts- und Sachmängel

Der Veräußerer ist verpflichtet, dem Erwerber ungehinderten Besitz und lastenfreies Eigentum zu verschaffen, soweit in dieser Urkunde nichts anderes vereinbart ist. Der Erwerber übernimmt den Vertragsbesitz im gegenwärtigen, ihm bekannten Zustand. Ansprüche und Rechte des Erwerbers wegen Mängeln sind ausgeschlossen; Schadensersatzansprüche nur soweit der Veräußerer nicht vorsätzlich gehandelt hat. Im Hinblick auf den Vertragsbesitz bestehende Ansprüche gegen Dritte werden an den dies annehmenden Erwerber abgetreten.

Die jeweils in Abteilung III des Grundbuches eingetragenen, unter § 1 dieser Urkunde näher bezeichneten Grundpfandrechte übernimmt der Erwerber auch bezüglich des erworbenen Halbanteils zur dinglichen Haftung. Eigentümerrechte und Rückgewährsansprüche des Veräußerers werden auf die Dauer des Bestandes der oben bewilligten Vormerkung an Veräußerer und Erwerber in Gesellschaft des bürgerlichen Rechtes, ab deren Erlöschen an den Erwerber alleine abgetreten, Grundbucheintragung wird bewilligt. Die persönliche Vollstreckungsunterwerfung hat der Erwerber bereits erklärt.

An Verzinsung und Tilgung der bestehenden Verbindlichkeiten soll sich nichts ändern. Dies gilt auch bei Geltendmachung eines etwaigen Rückforderungsrechtes.

Die Vertragsteile stimmen der Löschung aller nicht übernommenen Belastungen sowie allen Rangänderungen mit dem Antrag auf Vollzug zu; bei Gesamtrechten auch hinsichtlich aller übrigen in den Mithaftvermerken genannten Grundbuchstellen.

§ 6
Vollmacht, Vollzug

Alle Beteiligten beauftragen und bevollmächtigen den amtierenden Notar, seinen amtlichen Vertreter oder Nachfolger im Amt,
- sie im Grundbuchverfahren uneingeschränkt zu vertreten
- die zur Wirksamkeit und für den Vollzug dieser Urkunde erforderlichen Genehmigungen und Erklärungen anzufordern und (auch gem. § 875 Abs. 2 BGB) entgegenzunehmen.

Anfechtbare Bescheide und Zwischenbescheide zur Fristverlängerung sind jedoch den Beteiligten selbst zuzustellen; Abschrift an den Notar wird erbeten.

Die Vertragsteile bevollmächtigen die Angestellten an dieser Notarstelle – welche der Amtsinhaber zu bezeichnen bevollmächtigt wird – je einzeln und befreit von § 181 BGB, Erklärungen, Bewilligungen und Anträge materiell- oder formellrechtlicher Art zur Ergänzung oder Änderung des Vertrages abzugeben, soweit diese zur Behebung behördlicher oder gerichtlicher Beanstandungen zweckdienlich sind.

§ 7
Hinweise des Notars

Eine steuerliche Beratung hat der Notar nicht übernommen, im Übrigen über die rechtliche Tragweite der abgegebenen Erklärungen belehrt und abschließend nochmals auf folgendes hingewiesen:
- das Eigentum geht mit der Umschreibung im Grundbuch auf den Erwerber über. Die Umschreibung kann erst erfolgen, wenn die Unbedenklichkeitsbescheinigung wegen der Grunderwerbsteuer vorliegt,
- unabhängig von den rein schuldrechtlichen Vereinbarungen der Beteiligten in dieser Urkunde haften kraft Gesetzes der Vertragsbesitz für Rückstände an öffentlichen Abgaben und Erschließungsbeiträgen und beide Vertragsteile für die etwa anfallende Grunderwerbsteuer und die Kosten als Gesamtschuldner,
- Solange die Ehegatten nicht getrennt leben, ist das Vermögen und Einkommen beider zur Vermeidung einer Sozialhilfebedürftigkeit einzusetzen. Das gesetzliche Rückforderungsrecht wegen Verarmung des Schenkers (§ 528 BGB) und die Möglichkeiten einer Anfechtung durch Gläubiger oder für den Fall späterer Insolvenz des Schenkers können nicht abbedungen werden; auf diese – insbesondere die geltenden Fristen – wurde hingewiesen. Eine die Anfechtungsfrist verkürzende entgeltliche Übertragung (etwa zum Ausgleich des Zugewinns bei Wechsel des Güterstandes) wird nicht gewünscht.
- die Übertragung bisher betrieblich gehaltenen Grundbesitzes kann zur Besteuerung dadurch aufgelöster stiller Reserven führen,
- es ist erforderlich, dass alle Vereinbarungen richtig und vollständig beurkundet werden, damit die Wirksamkeit der Urkunde und aller Vereinbarungen gewährleistet ist.

§ 8
Kosten und Abschriften

Die Kosten dieser Urkunde und ihres Vollzuges, etwa entstehende Kosten für die Verwalterzustimmung sowie eine etwa anfallende Grunderwerbsteuer und Schenkungsteuer trägt der Erwerber, ebenso die Kosten einer etwaigen Lastenfreistellung.

Im Hinblick auf § 34 ErbStG und § 8 ErbStDV machen die Beteiligten ergänzend folgende Angaben:
- Der Verkehrswert des übertragenen Halbanteils beträgt ..... €
- Der letzte Einheits- bzw. Grundbesitzwert beträgt (halbiert) ..... €
- Der Valutastand der übernommenen Verbindlichkeiten beträgt ..... €

Von dieser Urkunde erhalten:

Ausfertigungen:
- die Vertragsteile und das Grundbuchamt

einfache Abschriften:
- die Grunderwerbsteuerstelle

beglaubigte Abschriften:
- die Schenkungsteuerstelle

Vorgelesen vom Notar, von den Beteiligten

genehmigt, und eigenhändig unterschrieben:

.....

L. »Güterstandsschaukeln«

6760 Die folgenden sechs Muster decken das Spektrum der Nutzung des durch Güterstandswechsel geschaffenen Zugewinnausgleichsanspruchs zur Vermeidung einer zivilrechtlichen Schenkung und des Anfalls von Schenkungsteuer für Übertragungen unter Ehegatten ab. Zivilrechtliche Aspekte sind in Rdn. 80 ff., ertragsteuerliche in Rdn. 89 ff., schenkungsteuerrechtliche in Rdn. 74 ff. und 4876 ff. dargestellt. Die ersten drei Muster bilden die »klassische« Schaukel ab (Schritt 1: Wechsel vom gesetzlichen Güterstand in die Gütertrennung mit Ausgleich des Zugewinnausgleichs durch Immobilienübertragung: Rdn. 6761, Schritt 2: Zurück in den gesetzlichen Güterstand, zur Verbesserung der gesetzlichen Erbquoten und zur Erlangung der Chance zur Gewinnung neuen Zugewinnausgleichs: Rdn. 6762, sowie – vgl. Rdn. 87 – das zugehörige »Ein-Urkunds-Modell«, das zwar Schenkungsteuer, möglicherweise aber nicht die zivilrechtliche Schenkung vermeiden mag: Rdn. 6763), die zweiten drei Muster die »umgekehrte Schaukel« (Schritt 1: Rückwirkende Neubegründung des gesetzlichen Güterstandes: Rdn. 6764; Schritt 2: Erneute Beendigung dieses Güterstandes durch Wechsel in die Gütertrennung, zur Verwirklichung des ohne Rückwirkungsverbot ausgestatteten § 5 Abs. 2 ErbStG an Stelle des § 5 Abs. 1 Satz 4 ErbStG, vgl. Rdn. 4896: Rdn. 6765, schließlich das zugehörige Ein-Urkunds-Modell: Rdn. 6766).

6761 ▶ »Klassische Schaukel«, Schritt 1: Wechsel in die Gütertrennung mit Immobilienübertragung zur Erfüllung des Zugewinnausgleichsanspruchs

URNr. ...../2018

Ehevertrag mit Zugewinnausgleich

Heute, den ...... zweitausendachtzehn

– ....2018 –

erschienen vor mir,

....

Notar in ...,

in meinen Amtsräumen in ...

Herr ...,

geb. am ... in ... (Standesamtsnr. ...)

als Sohn von ... und ..., letztere geborene ...,

und dessen Ehefrau,

Frau ..., geb. ...,

geb. am ... in ...... (Standesamtsnr. ...)

als Tochter von ... und ..., letztere geborene ...,

beide wohnhaft: ...,

nach Angabe im *modifizierten* gesetzlichen Güterstand verheiratet,

beide ausgewiesen durch gültige deutsche Personalausweise

Der Notar fragte nach einer Vorbefassung im Sinne des § 3 Abs. 1 Nr. 7 BeurkG; sie wurde von den Beteiligten verneint.

Die Erschienenen waren gleichzeitig vor mir anwesend. Auf Ansuchen beurkunde ich ihren Erklärungen gemäß, was folgt:

§ 1
Persönliche Verhältnisse

Wir haben am ... geheiratet und leben im gesetzlichen Güterstand der Zugewinngemeinschaft, *der lediglich für den Fall der Scheidung, nicht jedoch der sonstigen Beendigung des Güterstands, durch Ausschluss des Zugewinnausgleichs modifiziert wurde.*

Wir wollen den gesetzlichen Güterstand der Zugewinngemeinschaft durch Wechsel in die Gütertrennung beenden.

§ 2
Vereinbarung der Gütertrennung

Wir heben hiermit nach Belehrung über die Folgen des gesetzlichen Güterstandes, insbesondere über § 1365 BGB, den gesetzlichen Güterstand auf und vereinbaren als künftigen Güterstand für unsere Ehe die

Gütertrennung.

Wir sind darüber unterrichtet,

a) dass damit jeder Ehegatte völlig frei über sein Vermögen verfügen kann,

b) dass im Falle einer Ehescheidung der Zugewinn während der Ehe nicht ausgeglichen werden,

c) dass sich das Erbrecht des längerlebenden Ehegatten dadurch verringern und seine Erbschaftsteuer erhöhen kann,

Die Eintragung der Gütertrennung im Güterrechtsregister und die Veröffentlichung wird vorerst nicht gewünscht. Jeder Vertragsteil ist jedoch berechtigt, diese Eintragung jederzeit einseitig zu beantragen.

§ 3
Ermittlung des Zugewinnausgleichs

Durch den Wechsel des Güterstandes ist der gesetzliche Güterstand beendet und der Zugewinnausgleich durchzuführen, und zwar unter Berücksichtigung des ab Eheschließung erwirtschafteten Zugewinns, und zwar mit zivilrechtlicher und steuerrechtlicher Wirkung (§ 5 Abs. 2 ErbStG)

Die Ermittlung der beiderseitigen Anfangs- und Endvermögen, unter Einschluss des Geldvermögens, hat (jeweils inflationsbereinigt) auf Seiten des Ehemanns einen Zugewinn in Höhe von ..... EUR, auf seiten der Ehefrau in Höhe von ..... EUR ergeben, so dass der fällige hälftige Ausgleich der Differenz sich auf ... EUR beläuft.

An Erfüllungs Statt überträgt der Ehemann die nachstehend § 4 bezeichnete, *vermietete* Liegenschaft, deren Verkehrswert nach Überzeugung der Beteiligten exakt den Betrag des geschuldeten Zugewinnausgleichs ausmacht, wobei den Beteiligten bewusst ist, dass es sich bei dieser Übertragung um eine entgeltliche Übertragung handelt. Rückforderungsrechte, etwa im Falle einer künftigen Scheidung, bestehen nicht.

Die Immobilien stehen seit mehr als zehn Jahren im Eigentum des Ehemanns.

§ 4
Übertragung einer Immobilie an Erfüllungs Statt

Es handelt sich um folgende Liegenschaft:

Grundbuch des Amtsgerichts ... von ..... Blatt .....

.../1.000 Miteigentumsanteil an dem Grundstück

FlNr. ... .

Gebäude- und Freifläche zu ... m²,

verbunden mit Sondereigentum an Wohnung ...

samt Aktivvermerken

– Die Eigentumsübertragung bedarf nicht der Zustimmung eines Verwalters. –

Alleineigentümer ist der Ehemann.

Abteilung II ist belastet mit das Gesamtobjekt betreffenden Dienstbarkeiten, die bekannt sind und übernommen werden.

Abteilung III *ist lastenfrei*.

Die Beteiligten sind über den vereinbarten Eigentumsübergang in dem angegebenen Erwerbsverhältnis einig. Der Veräußerer (Ehemann) bewilligt und der Erwerber (Ehefrau) beantragt, den Eigentumsübergang gemäß dieser

Auflassung

in das Grundbuch einzutragen. Auf Eintragung einer Vormerkung wird verzichtet.

Besitz, Nutzungen und Lasten, Haftung, Verkehrssicherung und Gefahr gehen heute auf den Erwerber über.

Der Vertragsbesitz unterliegt keiner Wohnungsbindung. Die Mietverhältnisse bestehen unverändert fort.

Der Veräußerer ist verpflichtet, dem Erwerber ungehinderten Besitz und lastenfreies Eigentum zu verschaffen, soweit in dieser Urkunde nichts anderes vereinbart ist. Für die Freiheit des Grundstücks von einmaligen öffentlichen Abgaben und Erschließungsbeiträgen haftet der Veräußerer nicht.

Der Erwerber übernimmt den Vertragsbesitz im gegenwärtigen, ihm bekannten Zustand. Rechte des Erwerbers wegen Mängeln sind daher (ausgenommen Fälle des Vorsatzes und der Arglist) ausgeschlossen.

§ 5
Schlussbestimmungen

Die Kosten dieser Urkunde tragen die Vertragsteile je zur Hälfte, die Kosten des Vollzugs beim Grundbuchamt trägt der Erwerber.

Von dieser Urkunde erhalten:

Ausfertigungen:

die Vertragsteile

das Grundbuchamt

beglaubigte Abschriften:

das Finanzamt -Schenkungsteuerstelle- unter Hinweis auf § 5 Abs. 2 ErbStG

das Finanzamt – Grunderwerbsteuerstelle – zur Kenntnis.

Vorgelesen vom Notar, von den Beteiligten

genehmigt, und eigenhändig unterschrieben:

L. »Güterstandsschaukeln« Kapitel 15

▶ »Klassische Schaukel«, Schritt 2: Zurück in den gesetzlichen Güterstand 6762

URNr /2018

Ehevertrag

Heute, den … … zweitausendachtzehn

– ….2018 –

erschienen vor mir,

………

Notar in …,

in meinen Amtsräumen in …

Herr …,

geb. am … in … (Standesamtsnr. …)

als Sohn von … und …, letztere geborene …,

und dessen Ehefrau,

Frau …, geb. …,

geb. am … in … … (Standesamtsnr. …)

als Tochter von … und …, letztere geborene …,

beide wohnhaft: …,

nach Angabe in Gütertrennung verheiratet (diesamtliche UR …..)

beide ausgewiesen durch gültige deutsche Personalausweise.

Der Notar fragte nach einer Vorbefassung im Sinne des § 3 Abs. 1 Nr. 7 BeurkG; sie wurde von den Beteiligten verneint.

Die Erschienenen waren gleichzeitig vor mir anwesend. Auf Ansuchen beurkunde ich ihren Erklärungen gemäß, was folgt:

§ 1
Vereinbarung des gesetzlichen Güterstandes

Wir heben hiermit die Gütertrennung auf und vereinbaren mit Wirkung ab heute für unsere weitere Ehe den gesetzlichen Güterstand der Zugewinngemeinschaft. *Modifikationen dieses Güterstandes, etwa durch Herausnahme einzelner Gegenstände aus dem Zugewinnausgleich, oder durch generellen Ausschluss des Zugewinnausgleichs etwa im Scheidungsfall wünschen wir ausdrücklich nicht.*

Wir wurden über die Grundzüge des gesetzlichen Güterstandes unterrichtet, unter anderem darüber,
- dass unser derzeitiges Vermögen weiter im Alleineigentum des derzeitigen Eigentümers verbleibt, und auch Schulden nicht gemeinschaftlich werden
- dass künftig hinzuerworbenes Vermögen ebenfalls demjenigen gehören wird, der es erwirbt
- dass im Falle einer Scheidung oder Beendigung des Güterstandes durch Ehevertrag oder beim Verlangen des güterrechtlichen Ausgleichs im Todesfall der wechselseitige Zugewinn (berechnet ab heute) zu ermitteln und die Differenz hälftig in Geld auszugleichen ist
- dass bei Verfügungen über das gesamte oder überwiegende Vermögen der andere Ehegatte mitwirken muss, auch wenn er nicht Miteigentümer ist
- dass bei Beendigung der Ehe durch Tod der gesetzliche Erbteil des Überlebenden Ehegatten sich erhöht und die Vereinbarung des gesetzlichen Güterstandes ferner zu höheren Freibeträgen bei der Erbschaftsteuer führen kann.

§ 2
Schlussbestimmungen

Wir tragen die Kosten dieser Urkunde gemeinsam und bitten um Erteilung je einer Ausfertigung.

Vorgelesen vom Notar, von den Beteiligten

genehmigt, und eigenhändig unterschrieben:

6763 ▶ »Klassische Schaukel«, Ein-Urkunds-Modell

<u>URNr. /2018</u>

Ehevertragliche Vereinbarungen

Heute, den … … zweitausendachtzehn

– ….2018 –

erschienen vor mir,

………

Notar in …,

in meinen Amtsräumen in …

Herr …,

geb. am … in … (Standesamtsnr. …)

als Sohn von … und …, letztere geborene …,

und dessen Ehefrau,

Frau …, geb. …,

geb. am … in … … (Standesamtsnr. …)

als Tochter von … und …, letztere geborene …,

beide wohnhaft: …,

nach Angabe im *modifizierten* gesetzlichen Güterstand verheiratet,

beide ausgewiesen durch gültige deutsche Personalausweise

Der Notar fragte nach einer Vorbefassung im Sinne des § 3 Abs. 1 Nr. 7 BeurkG; sie wurde von den Beteiligten verneint.

Die Erschienenen waren gleichzeitig vor mir anwesend. Auf Ansuchen beurkunde ich ihren Erklärungen gemäß, was folgt:

§ 1
Persönliche Verhältnisse

Wir haben am … geheiratet und leben im gesetzlichen Güterstand der Zugewinngemeinschaft, *der lediglich für den Fall der Scheidung, nicht jedoch der sonstigen Beendigung des Güterstands, durch Ausschluss des Zugewinnausgleichs modifiziert wurde.*

Wir wollen den gesetzlichen Güterstand der Zugewinngemeinschaft durch Wechsel in die Gütertrennung beenden.

L. »Güterstandsschaukeln«

§ 2
Vereinbarung der Gütertrennung; Erfüllung des Zugewinnausgleichs

1.

Wir heben hiermit nach Belehrung über die Folgen des gesetzlichen Güterstandes, insbesondere über § 1365 BGB, den gesetzlichen Güterstand auf und vereinbaren als künftigen Güterstand für unsere Ehe die

Gütertrennung.

Wir sind darüber unterrichtet,

a) dass damit jeder Ehegatte völlig frei über sein Vermögen verfügen kann,

b) dass im Falle einer Ehescheidung der Zugewinn während der Ehe nicht ausgeglichen werden,

c) dass sich das Erbrecht des länger lebenden Ehegatten dadurch verringern und seine Erbschaftsteuer erhöhen kann,

Die Eintragung der Gütertrennung im Güterrechtsregister und die Veröffentlichung wird vorerst nicht gewünscht. Jeder Vertragsteil ist jedoch berechtigt, diese Eintragung jederzeit einseitig zu beantragen.

2.

Durch den Wechsel des Güterstandes ist der gesetzliche Güterstand beendet und der Zugewinnausgleich durchzuführen, und zwar unter Berücksichtigung des ab Eheschließung erwirtschafteten Zugewinns, und zwar mit zivilrechtlicher und steuerrechtlicher Wirkung (§ 5 Abs. 2 ErbStG)

Die Ermittlung der beiderseitigen Anfangs- und Endvermögen, unter Einschluss des Geldvermögens, hat (jeweils inflationsbereinigt) auf Seiten des Ehemanns einen Zugewinn in Höhe von ..... EUR, auf seiten der Ehefrau in Höhe von ..... EUR ergeben, so dass der fällige hälftige Ausgleich der Differenz sich auf ... EUR beläuft.

An Erfüllungs Statt überträgt der Ehemann die nachstehend 3. bezeichnete, *vermieteten* Liegenschaft, deren Verkehrswert exakt den Betrag des geschuldeten Zugewinnausgleichs ausmacht, wobei den Beteiligten bewusst ist, dass es sich bei dieser Übertragung um eine entgeltliche Übertragung handelt. Rückforderungsrechte, etwa im Falle einer künftigen Scheidung, bestehen nicht.

Die Immobilie steht seit mehr als zehn Jahren im Eigentum des Ehemanns.

3.

Es handelt sich um folgende Liegenschaft:

Grundbuch des Amtsgerichts ... von ..... Blatt .....

.../1.000 Miteigentumsanteil an dem Grundstück

FlNr. ... .

Gebäude- und Freifläche zu ... m²,

verbunden mit Sondereigentum an Wohnung ...

samt Aktivvermerken

– Die Eigentumsübertragung bedarf nicht der Zustimmung eines Verwalters. –

Alleineigentümer ist der Ehemann.

Abteilung II ist belastet mit das Gesamtobjekt betreffenden Dienstbarkeiten, die bekannt sind und übernommen werden.

Abteilung III *ist lastenfrei.*

Die Beteiligten sind über den vereinbarten Eigentumsübergang in dem angegebenen Erwerbsverhältnis einig. Der Veräußerer (Ehemann) bewilligt und der Erwerber (Ehefrau) beantragt, den Eigentumsübergang gemäß dieser

Auflassung

in das Grundbuch einzutragen. Auf Eintragung einer Vormerkung wird verzichtet.

Besitz, Nutzungen und Lasten, Haftung, Verkehrssicherung und Gefahr gehen heute auf den Erwerber über.

Der Vertragsbesitz unterliegt keiner Wohnungsbindung. Die Mietverhältnisse bestehen unverändert fort.

Der Veräußerer ist verpflichtet, dem Erwerber ungehinderten Besitz und lastenfreies Eigentum zu verschaffen, soweit in dieser Urkunde nichts anderes vereinbart ist. Für die Freiheit des Grundstücks von einmaligen öffentlichen Abgaben und Erschließungsbeiträgen haftet der Veräußerer nicht.

Der Erwerber übernimmt den Vertragsbesitz im gegenwärtigen, ihm bekannten Zustand. Rechte des Erwerbers wegen Mängeln sind daher (ausgenommen Fälle des Vorsatzes und der Arglist) ausgeschlossen.

§ 3
Bedingte Wiederbegründung des gesetzlichen Güterstandes

Mit aufschiebender Wirkung zum künftiges Datum des Wiedereintritts in den gesetzlichen Güterstand – sofern unsere Ehe dann noch besteht – heben wir hiermit die vorstehend § 2 vereinbarte Gütertrennung auf und vereinbaren für die weitere Dauer der Ehe den gesetzlichen Güterstand der Zugewinngemeinschaft. Modifikationen dieses Güterstandes, etwa durch Herausnahme einzelner Gegenstände aus dem Zugewinnausgleich, oder durch generellen Ausschluss des Zugewinnausgleichs etwa im Scheidungsfall wünschen wir ausdrücklich nicht.

Wir wurden über die Grundzüge des gesetzlichen Güterstandes unterrichtet, unter anderem darüber, dass
– *unser derzeitiges Vermögen weiter im Alleineigentum des derzeitigen Eigentümers verbleibt, und auch Schulden nicht gemeinschaftlich werden*
– *dass künftig hinzuerworbenes Vermögen ebenfalls demjenigen gehören wird, der es erwirbt*
– *dass im Falle einer Scheidung oder Beendigung des Güterstandes durch Ehevertrag oder beim Verlangen des güterrechtlichen Ausgleichs im Todesfall der wechselseitige Zugewinn (berechnet ab heute) zu ermitteln und die Differenz hälftig in Geld auszugleichen ist*
– *dass bei Verfügungen über das gesamte oder überwiegende Vermögen der andere Ehegatte mitwirken muss, auch wenn er nicht Miteigentümer ist*
– *dass bei Beendigung der Ehe durch Tod der gesetzliche Erbteil des Überlebenden Ehegatten sich erhöht und die Vereinbarung des gesetzlichen Güterstandes ferner zu höheren Freibeträgen bei der Erbschaftsteuer führen kann.*

§ 4
Schlussbestimmungen

Der Notar hat keine steuerliche Beratung übernommen und an der Ermittlung und Bewertung des Anfangs- und Endvermögens sowie der Bewertung der an Erfüllungs Statt zu übertragenden Vermögenswerte nicht mitgewirkt.

Weitere Regelungen ehevertraglichen Charakters (etwa zu Unterhalt etc.) werden heute nicht getroffen, auch keine letztwilligen Verfügungen.

Sollten einzelne Bestimmungen dieser Urkunde unwirksam sein oder werden, so soll die Wirksamkeit der übrigen Bestimmungen dadurch nicht berührt werden. Die Vertragsteile verpflichten sich, an Stelle der unwirksamen Bestimmungen eine wirksame Vereinbarung zu treffen, die dem beabsichtigten Zweck möglichst nahe kommt.

L. »Güterstandsschaukeln« Kapitel 15

Die Kosten dieser Urkunde tragen die Vertragsteile je zur Hälfte, die Kosten des Vollzugs beim Grundbuchamt trägt der Erwerber.

Von dieser Urkunde erhalten:

Ausfertigungen:

die Vertragsteile

das Grundbuchamt

beglaubigte Abschriften:

das Finanzamt -Schenkungsteuerstelle- unter Hinweis auf § 5 Abs. 2 ErbStG

das Finanzamt – Grunderwerbsteuerstelle – zur Kenntnis.

Vorgelesen vom Notar, von den Beteiligten

genehmigt, und eigenhändig unterschrieben:

▶ »Umgekehrte Schaukel«, Schritt 1: Rückwirkende Begründung des gesetzlichen Güterstands 6764

URNr. /2018

Ehevertragliche Vereinbarungen

Heute, den ... ... zweitausendachtzehn

– ....2018 –

erschienen vor mir,

....

Notar in ...,

in meinen Amtsräumen in ...

Herr ...,

geb. am ... in ... (Standesamtsnr. ...)

als Sohn von ... und ..., letztere geborene ...,

und dessen Ehefrau,

Frau ..., geb. ...,

geb. am ... in ... ... (Standesamtsnr. ...)

als Tochter von ... und ..., letztere geborene ...,

beide wohnhaft: ...,

nach Angabe in Gütertrennung verheiratet,

beide ausgewiesen durch gültige deutsche Personalausweise

Der Notar fragte nach einer Vorbefassung im Sinne des § 3 Abs. 1 Nr. 7 BeurkG; sie wurde von den Beteiligten verneint.

Die Erschienenen waren gleichzeitig vor mir anwesend. Auf Ansuchen beurkunde ich ihren Erklärungen gemäß, was folgt:

§ 1
Persönliche Verhältnisse

Die Vertragsteile haben am … die Ehe geschlossen.

Die Vertragsteile haben den gewöhnlichen Aufenthalt in Deutschland.

Aus der Ehe sind zwei Kinder hervorgegangen, …..

Die Vertragsteile haben zu UR ….. den Güterstand der Gütertrennung vereinbart.

§ 2
Vereinbarung des gesetzlichen Güterstandes

Die Vertragsteile heben hiermit den Güterstand der Gütertrennung auf und vereinbaren für die weitere Dauer der Ehe den Güterstand der Zugewinngemeinschaft. Dabei soll das Anfangsvermögen eines jeden Ehegatten so berechnet werden, als hätten sie seit der Eheschließung im gesetzlichen Güterstand der Zugewinngemeinschaft gelebt, so dass die Vereinbarung der Zugewinngemeinschaft in dieser Weise zurückwirkt.

Der Notar hat belehrt: Gemäß § 5 Abs. 1 Satz 4 ErbStG gilt für den Fall, dass der Güterstand der Zugewinngemeinschaft durch Ehevertrag vereinbart wird, als Zeitpunkt des Eintritts des Güterstandes der Tag des Vertragsabschlusses.

Die bei gesetzlichem Güterstand zusätzlich gewährten erbschaftssteuerlichen Freibeträge erfassen also nach derzeitiger Rechtslage lediglich den Zeitraum ab heute, soweit es um den erbrechtlichen Zugewinnausgleich geht. Beim güterrechtlichen Ausgleich (§ 5 Abs. 2 ErbStG), also im Falle der anschließenden lebzeitigen Beendigung des Güterstandes oder Enterbung bzw. Ausschlagung nach dem Tod des anderen, fehlt ein solches gesetzliches Rückwirkungsverbot.

§ 3
Schlussbestimmungen

Weitere Regelungen ehevertraglichen Charakters (etwa zu Unterhalt etc.) werden heute nicht getroffen, auch keine letztwilligen Verfügungen.

Die Vertragsteile tragen die Kosten dieser Urkunde und bitten um Erteilung je einer Ausfertigung.

Vorgelesen vom Notar, von den Beteiligten

genehmigt, und eigenhändig unterschrieben:

6765 ▶ »Umgekehrte Schaukel«, Schritt 2: Wechsel in die Gütertrennung mit Zugewinnbestimmung

URNr. /2018

Ehevertragliche Vereinbarungen

Heute, den …… zweitausendachtzehn

– ….2018 –

erschienen vor mir,

………

Notar in …,

in meinen Amtsräumen in …

Herr …,

geb. am ... in ... (Standesamtsnr. ...)

als Sohn von ... und ..., letztere geborene ...,

und dessen Ehefrau,

Frau ..., geb. ...,

geb. am ... in ... ... (Standesamtsnr. ...)

als Tochter von ... und ..., letztere geborene ...,

beide wohnhaft: ...,

nach Angabe im *modifizierten* gesetzlichen Güterstand verheiratet,

beide ausgewiesen durch gültige deutsche Personalausweise

Der Notar fragte nach einer Vorbefassung im Sinne des § 3 Abs. 1 Nr. 7 BeurkG; sie wurde von den Beteiligten verneint.

Die Erschienenen waren gleichzeitig vor mir anwesend. Auf Ansuchen beurkunde ich ihren Erklärungen gemäß, was folgt:

§ 1
Persönliche Verhältnisse

Die Vertragsteile haben am ... die Ehe geschlossen.

Die Vertragsteile haben den gewöhnlichen Aufenthalt in Deutschland.

Aus der Ehe sind zwei Kinder hervorgegangen, ...

Die Vertragsteile haben zu UR ..... den (*im Scheidungsfall modifizierten*) gesetzlichen Güterstand vereinbart, mit zivilrechtlicher Rückwirkung auf den Zeitpunkt unserer Eheschließung. Zuvor haben wir im Güterstand der Gütertrennung gelebt.

§ 2
Vereinbarung der Gütertrennung

Nach Belehrung auch über § 1365 BGB heben wir den gesetzlichen Güterstand auf und vereinbaren als künftigen Güterstand mit sofortiger Wirkung für unsere Ehe die

Gütertrennung

Wir sind darüber unterrichtet,
a) dass damit jeder Ehegatte völlig frei über sein Vermögen verfügen kann,
b) dass im Falle einer Ehescheidung der Zugewinn während der Ehe nicht ausgeglichen wird,
c) dass sich das Erbrecht des längerlebenden Ehegatten dadurch verringern und seine Erbschaftsteuer erhöhen kann,

Die Eintragung der Gütertrennung im Güterrechtsregister und die Veröffentlichung wird nicht gewünscht.

Jeder Vertragsteil ist jedoch berechtigt, diese Eintragung jederzeit einseitig zu beantragen.

§ 3
Ermittlung des Zugewinnausgleichs

Durch den Wechsel des Güterstandes ist der gesetzliche Güterstand beendet und der Zugewinnausgleich durchzuführen, und zwar unter Berücksichtigung des ab Eheschließung erwirtschafteten Zugewinns, mit zivilrechtlicher und steuerrechtlicher Wirkung (§ 5 Abs. 2 ErbStG).

Die Ermittlung der beiderseitigen Anfangs- und Endvermögen hat auf Seiten des Ehemanns einen (jeweils inflationsbereinigten) Zugewinn in Höhe von ..... EUR, auf Seiten der Ehefrau in Höhe von ... EUR ergeben, so dass sich der fällige hälftige Ausgleich der Differenz auf ... EUR beläuft.

Den Betrag in Höhe von ..... EUR schuldet der Ehemann der Ehefrau. Er ist sofort zur Zahlung fällig.

Die Vertragsteile vereinbaren, dass die Verjährung der Zugewinnausgleichszahlung auf die Dauer von 30 Jahren verlängert wird. Die Forderung kann jederzeit geltend gemacht werden; lebzeitige Erfüllung durch Leistung von Gegenständen an Erfüllung statt bleibt vorbehalten, wobei den Beteiligten bekannt ist, dass einkommensteuerlich verhaftete Gegenstände (Spekulationsfrist) bei der Übertragung an Erfüllung statt als verkauft gelten.

Auf Verzinsung und Zwangsvollstreckungsunterwerfung wird verzichtet.

§ 4
Schlussbestimmungen

Der Notar hat keine steuerliche Beratung übernommen und an der Ermittlung und Bewertung des Anfangs- und Endvermögens nicht mitgewirkt.

Weitere Regelungen ehevertraglichen Charakters (etwa zu Unterhalt etc.) werden heute nicht getroffen, auch keine letztwilligen Verfügungen.

Sollten einzelne Bestimmungen dieser Urkunde unwirksam sein oder werden, so soll die Wirksamkeit der übrigen Bestimmungen dadurch nicht berührt werden. Die Vertragsteile verpflichten sich, an Stelle der unwirksamen Bestimmungen eine wirksame Vereinbarung zu treffen, die dem beabsichtigten Zweck möglichst nahe kommt.

Die Vertragsteile tragen die Kosten dieser Urkunde und bitten um Erteilung je einer Ausfertigung. Das FA – Schenkungsteuerstelle – erhält beglaubigte Abschrift.

Vorgelesen vom Notar, von den Beteiligten

genehmigt, und eigenhändig unterschrieben:

6766 ▶ »Umgekehrte Schaukel«, Ein-Urkunds-Modell

URNr. /2018

Ehevertragliche Vereinbarungen

Heute, den ... ... zweitausendachtzehn

– ....2018 –

erschienen vor mir,

....

Notar in ...,

in meinen Amtsräumen in ...

Herr ...,

geb. am ... in ... (Standesamtsnr. ...)

als Sohn von ... und ..., letztere geborene ...,

und dessen Ehefrau,

Frau ..., geb. ...,

geb. am ... in ... ... (Standesamtsnr. ...)

L. »Güterstandsschaukeln«

als Tochter von ... und ..., letztere geborene ...,

beide wohnhaft: ...,

nach Angabe in Gütertrennung verheiratet,

beide ausgewiesen durch gültige deutsche Personalausweise

Der Notar fragte nach einer Vorbefassung im Sinne des § 3 Abs. 1 Nr. 7 BeurkG; sie wurde von den Beteiligten verneint.

Die Erschienenen waren gleichzeitig vor mir anwesend. Auf Ansuchen beurkunde ich ihren Erklärungen gemäß, was folgt:

§ 1
Persönliche Verhältnisse

Die Vertragsteile haben am ... die Ehe geschlossen.

Die Vertragsteile haben den gewöhnlichen Aufenthalt in Deutschland.

Aus der Ehe sind zwei Kinder hervorgegangen, ...

Die Vertragsteile haben zu UR ..... den Güterstand der Gütertrennung vereinbart.

§ 2
Vereinbarung des gesetzlichen Güterstandes

Die Vertragsteile heben hiermit den Güterstand der Gütertrennung auf und vereinbaren für die weitere Dauer der Ehe den Güterstand der Zugewinngemeinschaft. Dabei soll das Anfangsvermögen eines jeden Ehegatten so berechnet werden, als hätten sie seit der Eheschließung im gesetzlichen Güterstand der Zugewinngemeinschaft gelebt, so dass die Vereinbarung der Zugewinngemeinschaft in dieser Weise zurückwirkt.

Der Notar hat belehrt:

Gemäß § 5 Abs. 1 Satz 4 ErbStG gilt für den Fall, dass der Güterstand der Zugewinngemeinschaft durch Ehevertrag vereinbart wird, als Zeitpunkt des Eintritts des Güterstandes der Tag des Vertragsabschlusses.

Die bei gesetzlichem Güterstand zusätzlich gewährten erbschaftsteuerlichen Freibeträge erfassen also nach derzeitiger Rechtslage lediglich den Zeitraum ab heute, soweit es um den erbrechtlichen Zugewinnausgleich geht. Beim güterrechtlichen Ausgleich (§ 5 Abs. 2 ErbStG), also im Falle der anschließenden lebzeitigen Beendigung des Güterstandes oder Enterbung bzw. Ausschlagung nach dem Tod des anderen, fehlt ein solches gesetzliches Rückwirkungsverbot.

§ 3
Bedingte Vereinbarung der Gütertrennung

Mit aufschiebender Wirkung zum *künftiges Datum des Wiedereintritts in den gesetzlichen Güterstand* – sofern unsere Ehe dann noch besteht – heben wir den gesetzlichen Güterstand auf und vereinbaren als dann künftigen Güterstand für unsere Ehe die

Gütertrennung.

Wir sind darüber unterrichtet,
a) dass damit jeder Ehegatte völlig frei über sein Vermögen verfügen kann,
b) dass im Falle einer Ehescheidung der Zugewinn während der Ehe nicht ausgeglichen wird,
c) dass sich das Erbrecht des länger lebenden Ehegatten dadurch verringern und seine Erbschaftsteuer erhöhen kann,

Die Eintragung der Gütertrennung im Güterrechtsregister und die Veröffentlichung wird nicht gewünscht. Jeder Vertragsteil ist jedoch berechtigt, diese Eintragung jederzeit einseitig zu beantragen.

§ 4
Ermittlung des Zugewinnausgleichs

Durch den Wechsel des Güterstandes ist der gesetzliche Güterstand beendet und der Zugewinnausgleich durchzuführen, und zwar unter Berücksichtigung des ab Eheschließung erwirtschafteten Zugewinns, mit zivilrechtlicher und steuerrechtlicher Wirkung (§ 5 Abs. 2 ErbStG).

Die Ermittlung der beiderseitigen Anfangs- und Endvermögen hat auf Seiten des Ehemanns einen (jeweils inflationsbereinigten) Zugewinn in Höhe von ..... EUR, auf Seiten der Ehefrau in Höhe von ... EUR ergeben, so dass sich der fällige hälftige Ausgleich der Differenz auf ... EUR beläuft.

Den Betrag in Höhe von ..... EUR schuldet der Ehemann der Ehefrau. Er ist sofort zur Zahlung fällig.

Die Vertragsteile vereinbaren, dass die Verjährung der Zugewinnausgleichszahlung auf die Dauer von 30 Jahren verlängert wird. Die Forderung kann jederzeit geltend gemacht werden; lebzeitige Erfüllung durch Leistung von Gegenständen an Erfüllung statt bleibt vorbehalten, wobei den Beteiligten bekannt ist, dass einkommensteuerlich verhaftete Gegenstände (Spekulationsfrist) bei der Übertragung an Erfüllungs Statt als verkauft gelten.

Auf Verzinsung und Zwangsvollstreckungsunterwerfung wird verzichtet.

§ 5
Schlussbestimmungen

Der Notar hat keine steuerliche Beratung übernommen und an der Ermittlung und Bewertung des Anfangs- und Endvermögens nicht mitgewirkt.

Weitere Regelungen ehevertraglichen Charakters (etwa zu Unterhalt etc.) werden heute nicht getroffen, auch keine letztwilligen Verfügungen.

Sollten einzelne Bestimmungen dieser Urkunde unwirksam sein oder werden, so soll die Wirksamkeit der übrigen Bestimmungen dadurch nicht berührt werden. Die Vertragsteile verpflichten sich, an Stelle der unwirksamen Bestimmungen eine wirksame Vereinbarung zu treffen, die dem beabsichtigten Zweck möglichst nahe kommt.

Die Vertragsteile tragen die Kosten dieser Urkunde und bitten um Erteilung je einer Ausfertigung. Das FA – Schenkungsteuerstelle – erhält beglaubigte Abschrift.

Vorgelesen vom Notar, von den Beteiligten

genehmigt, und eigenhändig unterschrieben:

M. »Familienpool« in Form einer vermögensverwaltenden KG (Gründung und Einbringung des Grundbesitzes mit Schuldübernahme und Verfügungssperre) mit Registeranmeldung

▶ »Familienpool« in Form einer vermögensverwaltenden KG (Gründung und Einbringung des Grundbesitzes mit Schuldübernahme und Verfügungs»sperre«)   6767

URNr. ...../2018

Gründung einer vermögensverwaltenden Kommanditgesellschaft

Einbringung von Grundbesitz

Heute, den ..... zweitausendachtzehn

– .....2018 –

erschienen vor mir,

.....

Notar in .....,

in meinen Amtsräumen in .....

1. Herr A,
   geb. am
   wohnhaft in
   nach Angabe,
   ausgewiesen durch gültigen deutschen Personalausweis,

– nachstehend auch als »Veräußerer« bezeichnet –

sowie dessen Kinder

2./3. B und C

– nachstehend auch als »Erwerber« bezeichnet, auch wenn es sich um mehrere Personen handelt –

Der Notar fragte nach einer Vorbefassung im Sinne des § 3 Abs. 1 Nr. 7 BeurkG; sie wurde von den Beteiligten verneint.

Die Erschienenen waren gleichzeitig vor mir anwesend. Auf Ansuchen beurkunde ich ihren Erklärungen gemäß, was folgt:

A. Grundbuch- und Sachstand

Im Grundbuch des Amtsgerichts ..... Blatt ..... ist

Herr A .....

als Alleineigentümer des nachbezeichneten, in der Gemarkung ..... gelegenen Grundbesitzes eingetragen:

FlNr. .....

Der Grundbesitz ist im Grundbuch wie folgt belastet:

Abteilung II:

.....

Abteilung III:

.....

Der Veräußerer beabsichtigt, dieses Grundstück in eine vermögensverwaltende Kommanditgesellschaft bestehend aus ihm als Veräußerer sowie seinen Kindern als Erwerbern einzubringen; deren Einlagen sind Gegenstand einer Zuwendung im Wege der vorweggenommenen Erbfolge.

B. Errichtung einer Kommanditgesellschaft

Herr A und seine Söhne B und C errichten hiermit eine Kommanditgesellschaft. Für diese gilt der dieser Urkunde als Anlage beigefügte Gesellschaftsvertrag, der verlesen und genehmigt wurde.

Die Gesellschaft führt die Firma ..... KG. Sie ist zum Handelsregister des Amtsgerichts ..... anzumelden.

Sitz der Gesellschaft ist .....

Die Gesellschaft entsteht als vermögensverwaltende Kommanditgesellschaft erst mit ihrer Eintragung im Handelsregister; bis zu diesem Zeitpunkt handelt es sich rechtlich zwingend um eine GbR, bestehend aus den als ihre Gesellschafter handelnden Personen A, B und C. Die nachstehend erklärte Auflassung ist bereits an die (mit Handelsregistereintragung entstehende) KG erklärt. Der Notar ist ermächtigt, durch Eigenurkunde, in der eine Bezugnahme gem. § 32 Abs. 2 GBO auf das Handelsregister erfolgen muss, die eingetragene KG als Auflassungsempfänger grundbuchmäßig zu bezeichnen. Hilfsweise sind die in D I 3 genannten Mitarbeiter des Notars, die mit Vollzugsvollmachten betraut sind, hiermit zur Wiederholung der Auflassung, befreit von § 181 BGB, bevollmächtigt; die für den Käufer auftretenden Personen handeln insoweit auch im Namen der künftig entstehenden Kommanditgesellschaft.

C. Einbringung

I. Grundsatz

Herr A

– nachfolgend »Veräußerer« genannt –

bringt das in Abschnitt A genannte Grundstück in

die Kommanditgesellschaft .....

– nachfolgend »KG« oder »Kommanditgesellschaft« genannt –

gegen Gewährung von Gesellschaftsrechten mit Stichtag zum ..... *(Einbringungsstichtag)* ein.

II. Weitere Vereinbarungen

Für die Einbringung gelten weiter folgende Vereinbarungen:

1.

Die Zuwendung der Kommanditanteile an die Söhne B und C in diesem Vertrag erfolgt, soweit sie die Gegenleistung übersteigt, unentgeltlich. Sie ist auf den Pflichtteil nach dem Veräußerer anzurechnen; der Anrechnungswert wird jeweils übereinstimmend mit ..... € angegeben.

2.

Die KG übernimmt mit Wirkung von heute an – vorausgesetzt, dass sie Eigentümerin des Vertragsobjekts wird – die durch die Grundschuld zu ..... abgesicherte Verbindlichkeit des Veräußerers i.H.v. ..... € zur weiteren Verzinsung und Tilgung.

Die Zins- und Zahlungsbestimmungen der übernommenen Verbindlichkeit sind der KG bekannt. Sie tritt in alle Verpflichtungen aus dem zugrundeliegenden Darlehensvertrag ein. Das genannte Grundpfandrecht bleibt bestehen und wird in dinglicher Haftung übernommen. Soweit aus diesem Grundpfandrecht bisher Rechte auf den Eigentümer übergegangen sind, werden diese mit Wirkung ab Eigentumsumschreibung auf die KG übertragen und die Umschreibung im Grundbuch bewilligt. Die KG wird ermächtigt, über die entstandenen und bis zur Umschreibung des Eigentums auf die KG entstehenden Eigentümerrechte im eigenen Namen zu verfügen. Der Veräußerer tritt weiter seinen Anspruch auf Rückgabe der übernommenen Grundschuld an die KG ab.

Auf die anlässlich einer Schuldübernahme zu beachtenden Bestimmungen wurden die Beteiligten vom amtierenden Notar hingewiesen. Die erforderliche Genehmigung werden die Beteiligten selbst einholen. Ihnen ist bekannt, dass durch die Veräußerung die Belastung fällig gestellt werden kann und der Gläubiger für die Genehmigung der Schuldübernahme eine Gebühr berechnen kann. Diese Gebühr hat die KG zu tragen.

Die Beteiligten wurden darauf hingewiesen, dass sie die Zweckbestimmung hinsichtlich der übernommenen Grundschuld dahin ändern lassen müssen, dass die Grundschuld nur noch für Verbindlichkeiten der KG dient. Die Beteiligten werden die Änderung der Zweckbestimmung selbst veranlassen; sie verpflichten sich hierzu.

Bis zur Erteilung der Schuldübernahmegenehmigung durch den Gläubiger oder im Fall der Verweigerung oder im Fall der Unwirksamkeit der Schuldübernahme gilt diese als Erfüllungsübernahme. Die KG ist verpflichtet, den Veräußerer im Innenverhältnis von jeder Inanspruchnahme durch den Gläubiger aus den übernommenen Verbindlichkeiten freizustellen.

3.

Die KG ist gegenüber dem Veräußerer verpflichtet, den jeweils betroffenen Grundbesitz zurückzuübertragen, wenn und soweit ein Rückforderungsgrund eintritt und die Rückforderung vertragsgemäß, d.h. binnen zwölf Monaten nach Kenntnis vom Rückforderungstatbestand und in notariell beglaubigter Form erklärt wird. Das Rückforderungsrecht ist nicht vererblich oder übertragbar und kann nicht durch einen gesetzlichen Vertreter oder sonstigen Sachwalter, der mit Wirkung für fremde Vermögen Erklärungen abzugeben berechtigt ist, ausgeübt werden. Es kann sich auch lediglich auf Teile des Vertragsbesitzes erstrecken.

Ein Rückforderungsgrund tritt jeweils ein, sobald der jeweilige Eigentümer
a) den Vertragsbesitz ganz oder teilweise ohne schriftliche Einwilligung des Veräußerers (bzw. seines gesetzlichen Vertreters oder Bevollmächtigten) veräußert oder sonst das Eigentum daran verliert, belastet oder eingetragene Belastungen revalutiert,
b) von Zwangsvollstreckung in den Grundbesitz betroffen ist, sofern die Maßnahme nicht binnen zwei Monaten aufgehoben wird,
c) in Insolvenz fällt, die Eröffnung des Verfahrens mangels Masse abgelehnt wird, oder er die Vermögenserklärung abgibt

Der Veräußerer hat die im Grundbuch eingetragenen Rechte und Grundpfandrechte dinglich zu übernehmen, soweit sie dann im Rang vor der nachstehend bestellten Auflassungsvormerkung eingetragen sind. Aufschiebend bedingt auf die wirksame Ausübung des Rückforderungsrechts werden bereits heute alle Rückgewähransprüche, die dem Erwerber dann bezüglich eingetragener Grundpfandrechte zustehen (werden), an den dies annehmenden Veräußerer im oben bezeichneten Erwerbsverhältnis abgetreten. Ferner verpflichtet sich der Erwerber, etwa ihm dann zustehende Eigentümergrundschulden auf Verlangen des Veräußerers löschen zu lassen, und bewilligt, zu dessen Gunsten eine Löschungsvormerkung gem. § 1179 BGB bei den derzeit eingetragenen Grundpfandrechten einzutragen. Der Veräußerer beantragt die Eintragung/*kann den Antrag auf Eintragung jederzeit stellen.*

Aufwendungen aus dem Vermögen des Rückübertragungsverpflichteten werden – maximal jedoch bis zur Höhe der noch vorhandenen Zeitwerterhöhung – gegen Rechnungsnachweis erstattet bzw. durch Schuldübernahme abgegolten, soweit sie nicht nur der Erhaltung des Anwesens im derzeitigen Zustand, sondern der Verbesserung oder Erweiterung des Anwesens gedient haben und mit schriftlicher Zustimmung des Berechtigten oder seines Vertreters durchgeführt wurden. Im Übrigen erfolgt die Rückübertragung unentgeltlich, also insbesondere ohne Ausgleich für geleistete Dienste, wiederkehrende Leistungen, Tilgungen, geleistete Zinsen, Arbeitsleistungen, oder die gezogenen Nutzungen. Hilfsweise gelten die gesetzlichen Bestimmungen zum Rücktrittsrecht.

Zur Sicherung des bedingten Rückübertragungsanspruchs nach wirksamer Ausübung eines vorstehend eingeräumten Rückforderungsrechtes bestellt hiermit die KG zugunsten des vorgenannten Veräußerers eine

Auflassungsvormerkung

am jeweiligen Vertragsbesitz und

bewilligt und beantragt

deren Eintragung im Grundbuch. Die Vormerkung ist als Sicherungsmittel auflösend befristet. Sie erlischt mit dem Tod des Veräußerers.

4.

Das Vertragsobjekt ist vermietet. Die KG tritt in alle Rechte und Pflichten der Mietverhältnisse ab heute ein.

III. Besitzübergang

Der unmittelbare Besitz, Nutzen und die laufenden Lasten und die Verkehrssicherungspflicht gehen auf die KG ab Eintragung der Gesellschaft im Handelsregister über.

IV. Rechte der KG bei Mängeln

1.

Der Veräußerer haftet für ungehinderten Besitz- und Eigentumsübergang und für Freiheit von im Grundbuch eingetragenen Rechten Dritter außer solchen, die die KG übernommen hat. Soweit keine Übernahme erfolgt, verpflichtet sich der Übergeber zur unverzüglichen Lastenfreistellung. Die Beteiligten stimmen den hierzu erforderlichen Erklärungen (unter Einschluß von etwa erforderlichen Rangrücktrittserklärungen) zu. Der Übergeber beantragt den Vollzug im Grundbuch. Der Veräußerer garantiert, dass für den Vertragsgegenstand keine Rückstände an Steuern und sonstigen öffentlichen Lasten und Abgaben bestehen.

2.

Der Vertragsgegenstand wird in seinem derzeitigen Zustand veräußert. Ansprüche und Rechte der KG wegen Sachmängeln jeder Art werden hiermit ausgeschlossen. Dies gilt auch für alle Ansprüche auf Schadenersatz. Unberührt bleibt jedoch eine Haftung für Vorsatz oder Arglist.

V. Einigung, Vorbehalt

1.

Die Vertragsteile sind sich über den vereinbarten Eigentumsübergang an dem Grundbesitz nach Abschnitt A auf die ..... KG einig und bewilligen und beantragen die Eintragung der Rechtsänderung in das Grundbuch Zug um Zug (§ 16 Abs. 2 GBO) mit den zugunsten des Veräußerers vereinbarten Rechten

2.

Auf die Eintragung einer Eigentumsvormerkung wird trotz Belehrung durch den Notar verzichtet.

3.

Die beschenkten Gesellschafter B und C sind gegenüber dem dies jeweils verlangenden Veräußerer A verpflichtet, den wirtschaftlich überlassenen Gesellschaftsanteil zurück zu übertragen, wenn in der Person dieses Gesellschafters ein Rückforderungsgrund eintritt und die Rückforderung vertragsgemäß, d.h. binnen zwölf Monaten nach Kenntnis vom Rückforderungstatbestand und in notariell beglaubigter Form erklärt wird. Das Rückforderungsrecht kann nicht durch einen gesetzlichen Vertreter ausgeübt werden. Es steht nach dem Ableben eines Veräußerers dem verbleibenden Veräußerer zu, ist jedoch i.Ü. nicht übertragbar und nicht vererblich.

Ein Rückforderungsgrund tritt jeweils ein, sobald der betroffene Gesellschafter
1. seine Gesellschaftsbeteiligung ohne schriftliche Zustimmung des Veräußerers ganz oder teilweise veräußert oder belastet, gleichgültig, ob im Weg eines Rechtsgeschäfts oder im Weg der Zwangsvollstreckung,
2. in Insolvenz fällt, die Eröffnung des Verfahrens mangels Masse abgelehnt wird oder er die Vermögenserklärung abgibt,
3. vor dem Berechtigten verstirbt,
4. von seinem (künftigen) Ehegatten/eingetragenen Lebenspartner getrennt lebt i.S.d. § 1567 BGB, es sei denn, durch vertragliche Vereinbarung ist sichergestellt, dass der Gesellschaftsanteil i.R.d. Zugewinn- bzw. Vermögensausgleichs nicht berücksichtigt wird, sondern allenfalls tatsächlich getätigte Einlagen, die über die Entnahmen hinaus gehen, dem Partner zu erstatten sind,
5. die Gesellschaft kündigt, gleich aus welchem Grunde, auch bei Erreichen der Volljährigkeit,

6. aus der Gesellschaft aus wichtigem Grund (analog § 133 Abs. 1 HGB) ausgeschlossen wird
7. an einer Änderung des Gesellschaftsvertrages mitwirkt, die nicht mit schriftlicher Zustimmung des Veräußerers erfolgt
8. der Drogen- oder Alkoholsucht verfällt,
9. Mitglied einer im Sektenbericht des Bundestages aufgeführten Sekte oder einer unter Beobachtung des Verfassungsschutzes stehenden Vereinigung ist oder
10.) länger als sechs Monate geschäftsunfähig ist.
11. sowie für den Fall, dass die heutige Beurkundung Schenkungsteuer auslöst.

Aufschiebend bedingt auf die Ausübung des berechtigten Rückübertragungsverlangens tritt der zur Rückübertragung verpflichtete Gesellschafter seinen Anteil an der Gesellschaft an den Veräußerer ab (§ 161 BGB). Der aufschiebend bedingten Abtretung wird allseits zugestimmt.

Für die aufschiebend bedingte Übertragung ist keine Gegenleistung zu erbringen, es sei denn, der Gesellschafter hätte aus eigenem Vermögen über seine Entnahmen hinaus Einlagen in die Gesellschaft getätigt; in diesem Fall ist die Entschädigung begrenzt auf die anteilige noch vorhandene Erhöhung des Gesellschaftsvermögens als Folge dieser Übereinlagen. Der abtretende Gesellschafter ist allerdings auf den Zeitpunkt des Bedingungseintritts von der persönlichen Haftung für Verbindlichkeiten der Gesellschaft freizustellen.

D. Schlussbestimmungen

I. Bestimmungen über Wirksamkeit und Vollzug

1.

Es wird gebeten, den Beteiligten und dem Notar Vollzugsmitteilung zu geben.

2.

Mitbeteiligte Ehegatten stimmen den Erklärungen in dieser Urkunde zu. Ist nur ein Ehegatte beteiligt und lebt er im gesetzlichen Güterstand, versichert er, dass das beurkundete Rechtsgeschäft nicht im wesentlichen sein ganzes Vermögen erfaßt.

3.

Alle Beteiligten beauftragen und bevollmächtigen den amtierenden Notar, seinen amtlichen Vertreter oder Nachfolger im Amt,
- sie im Grundbuchverfahren uneingeschränkt zu vertreten
- die zur Wirksamkeit und für den Vollzug dieser Urkunde erforderlichen Genehmigungen und Erklärungen anzufordern und (auch gem. § 875 Abs. 2 BGB) entgegenzunehmen.

Anfechtbare Bescheide und Zwischenbescheide zur Fristverlängerung sind jedoch den Beteiligten selbst zuzustellen; Abschrift an den Notar wird erbeten.

Die Vertragsteile bevollmächtigen die Angestellten an dieser Notarstelle – welche der Amtsinhaber zu bezeichnen bevollmächtigt wird – je einzeln und befreit von § 181 BGB, Erklärungen, Bewilligungen und Anträge materiell- oder formellrechtlicher Art zur Ergänzung oder Änderung des Vertrages abzugeben, soweit diese zur Behebung behördlicher oder gerichtlicher Beanstandungen zweckdienlich sind.

4.

Alle behördlichen und rechtsgeschäftlichen Genehmigungen sollen mit ihrem Eingang beim Notar allen Vertragsteilen gegenüber als mitgeteilt gelten und rechtswirksam sein. Dies gilt nicht für die Versagung von Genehmigungen oder deren Erteilung unter Bedingungen oder Auflagen.

II. Hinweise

Die Beteiligten wurden über den Zeitpunkt des Eigentumsübergangs und die Voraussetzungen hierfür belehrt, weiter über die Haftung des Vertragsgrundbesitzes für Rückstände an öffentlichen Lasten und die Gesamthaftung der Beteiligten für die Kosten und Steuern sowie über das Erfordernis der Erteilung der steuerlichen Unbedenklichkeitsbescheinigung und über die Notwendigkeit der Aufnahme aller Vertragsvereinbarungen in diese Urkunde. Private Veräußerungsgeschäfte und Veräußerungen aus einem Betriebsvermögen können der Einkommensteuer unterliegen. Auf die Erbschaft- und Schenkungsteuer hat der Notar hingewiesen. Eine Steuerberatung ist durch den Notar nicht erfolgt.

III. Kosten und Steuern

Die Kosten dieser Urkunde und der Genehmigungen und alle sonstigen Kosten, die infolge der Beurkundung entstehen, trägt die Kommanditgesellschaft, ebenso die Kosten des Vollzugs im Grundbuch. Etwa anfallende Schenkungsteuer trägt der jeweilige erwerbende Gesellschafter.

IV. Abschriften

Von dieser Urkunde erhalten

beglaubigte Abschrift
- jeder Vertragsteil
- das Grundbuchamt
- das Finanzamt – Schenkungsteuerstelle –

unbeglaubigte Abschrift
- das Finanzamt – Grunderwerbsteuerstelle –

E. Anlage zur Urkunde:

Gesellschaftsvertrag

§ 1
Firma und Sitz

1. Die Firma der Gesellschaft lautet:
   .....
2. Sitz der Gesellschaft ist .....

§ 2
Zweck

1. Zweck der Gesellschaft ist der Erwerb und die Verwaltung von Vermögen ausschließlich im eigenen Namen und für eigene Rechnung.
2. Die Gesellschaft darf andere Unternehmen gleicher oder ähnlicher Art erwerben oder sich an ihnen beteiligen. Sie darf ferner Zweigniederlassungen errichten.

§ 3
Gesellschafter

1. Komplementär der Gesellschaft ist Herr A. Er hat einen Festkapitalanteil im Nennwert von 25.000,00 €.
2. Kommanditisten sind
   a) Herr B: Er übernimmt eine Kommanditeinlage und einen Festkapitalanteil i.H.v. 10.000,00 €.
   b) Herr C: Er übernimmt eine Kommanditeinlage und einen Festkapitalanteil i.H.v. 10.000,00 €.
   Die Kommanditeinlagen und der Festkapitalanteil des Komplementärs im Gesamtnennwert von 45.000,00 € bilden das Festkapital (Kapitalkonto I) der Gesellschaft im Sinn dieses Vertrags.
3. Die Kapitalanteile (Kapitalkonto I) der Kommanditisten sind als ihre Haftsummen in das Handelsregister einzutragen.
4. Die Einlagen aller Gesellschafter sind durch die Einbringung des Grundstücks ..... durch Herrn A in die Gesellschaft erbracht.

§ 4
Gesellschafterkonten

(1) Für jeden Gesellschafter werden ein Festkapitalkonto, ein gesamthänderisch gebundenes Rücklagenkonto, ein Verlustvortragskonto, ein Privatkonto und ein Darlehenskonto geführt.

(2) Kapitalkonten

(a) Auf dem Festkapitalkonto wird für jeden Gesellschafter der in §..... festgelegte Einlagebetrag gebucht. Die Festkapitalkonten werden als im Verhältnis zueinander unveränderliche Festkonten geführt, mit welchen die mitgliedschaftlichen Rechte und Pflichten der Gesellschafter, insbesondere der Anteil am Ergebnis und an den stillen Reserven verbunden sind. Das Kapitalkonto ist unverzinslich. Verlustanteile und Entnahmen verringern im Verhältnis der Kommanditisten untereinander nicht die Höhe der Kapitalkonten.

(b) Auf dem Rücklagenkonto werden die dem Gesellschafter zustehenden, jedoch nicht entnahmefähigen Gewinne sowie über die Hafteinlage hinausgehende Zuzahlungen, die der Gesellschafter in das Eigenkapital leistet, gebucht. Sie dienen zur Stärkung des Eigenkapitals der Gesellschaft durch Pflichteinlagen und weisen keine Forderungen der Gesellschaft aus; sie werden nicht verzinst. Von dem Rücklagenkonto sind etwaige Verluste anteilig abzubuchen. Die Gesellschafterversammlung kann mit einer Mehrheit von 75 % der gültig abgegebenen Stimmen beschließen, dass Guthaben auf den Rücklagenkonten um einen für alle einheitlichen Prozentsatz auf das Privatkonto umgebucht werden.

(c) Stehen auf dem Rücklagenkonto keine Beträge mehr zur Verfügung, um einen Verlust voll abbuchen zu können, so ist ein weitergehender Verlust zunächst auf das Verlustvortragskonto zu buchen und durch Gewinngutschriften folgender Jahre vorab auszugleichen. Erst nach einem solchen Ausgleich können Gewinne wieder auf dem Privatkonto gutgeschrieben werden.

(3) Forderungskonten

(a) Auf dem Privatkonto werden alle sonstigen Forderungen und Verbindlichkeiten zwischen Gesellschaft und Gesellschafter gebucht (mit Ausnahme von Darlehensverbindlichkeiten, nachstehend b). Dies gilt insbesondere für Gewinngutschriften, soweit diese nicht zum Ausgleich eines Verlustvortragskonto benötigt werden oder auf dem Rücklagenkonto zu verbuchen sind, Zinsen aus den Darlehenskonten sowie sonstige Einlagen, sofern es sich dabei nicht um Zuzahlungen auf das Rücklagenkonto oder Gewährung von Darlehen handelt, sowie für Steuerentnahmen und sonstige Entnahmen nach Maßgabe von §..... . Das Privatkonto wird im Soll und Haben mit ..... Prozentpunkten über dem zu Beginn eines jeden Kalenderjahres geltenden Basiszinssatz (§ 247 BGB) p.a. verzinst. Bemessungsgrundlage für die Zinsen ist der Stand der Privatkonten zum Ende eines jeden Kalendermonats. Die Zinsen auf den Privatkonten stellen im Verhältnis zu den Gesellschaftern Aufwand bzw. Ertrag dar. Die Gesellschaft ist zur Rückzahlung von Guthaben auf den Privatkonten an die Gesellschafter jederzeit berechtigt; Forderungen der Gesellschaft oder der Gesellschafter sind vorbehaltlich abweichender Vereinbarung jederzeit fällig.

(b) Auf dem Darlehenskonto werden die von den Gesellschaftern gewährten Darlehen verbucht. Die Verzinsung der Gesellschafterdarlehen wird im Einzelfall durch einen mit einfacher Mehrheit zu fassenden Beschluss festgelegt. Die Zinsen werden unbeschadet der steuerlichen Behandlung wie Aufwand behandelt und dem Privatkonto gutgebracht. Guthaben auf dem Darlehenskonto sind unter Einhaltung einer Frist von ..... Monaten auf das Ende des Geschäftsjahres kündbar; die Gesellschaft kann, solange ihre finanzielle Lage es erfordert, die Tilgung sodann in gleichen Quartalsraten in einem Zeitraum von bis zu drei Jahren vornehmen.

§ 5
Geschäftsführung und Vertretung

Zur Geschäftsführung und Vertretung ist der Komplementär allein berechtigt und verpflichtet. Er ist für Rechtsgeschäfte mit der Gesellschaft von den Beschränkungen des § 181 BGB befreit.

§ 6
Vergütung des Komplementärs

Die Komplementärin hat Anspruch auf Ersatz aller ihr durch die Geschäftsführung erwachsenden Aufwendungen, erhält aber keine Vergütung.

§ 7
Gesellschafterbeschlüsse

1. Die von den Gesellschaftern in den Angelegenheiten der Gesellschaft zu treffenden Bestimmungen erfolgen durch Beschlußfassung.
2. Soweit in diesem Vertrag oder gesetzlich nichts anderes geregelt ist, werden Gesellschafterbeschlüsse mit einfacher Mehrheit gefaßt.
3. Je 50,00 € des Betrages der Hafteinlage ergeben eine Stimme. Entsprechendes gilt für die Beteiligung des Komplementärs. Stimmenthaltung zählen als nicht abgegebene Stimmen. Bei Stimmengleichheit gilt der Antrag als abgelehnt. Die Gesellschafter, die von dem Beschluß betroffen sind, haben kein Stimmrecht.

§ 8
Gesellschafterversammlungen

1. Gesellschafterbeschlüsse können nur in einer Gesellschafterversammlung gefaßt werden. Außerhalb von Gesellschafterversammlungen können Beschlüsse, soweit nicht gesetzlich eine andere Form vorgeschrieben ist, durch schriftliche, telefonische oder mündliche Abstimmung oder Abstimmung per Telefax oder E-mail oder in einer anderen elektronischen Form gefaßt werden, wenn alle Gesellschafter einverstanden sind.
2. Die Gesellschafterversammlung ist mindestens einmal jährlich als ordentliche Versammlung innerhalb der ersten acht Monate nach Beginn eines neuen Geschäftsjahres einzuberufen; außerordentliche Versammlungen sind bei wichtigen Gründen einzuberufen.
3. Die geschäftsführenden Gesellschafter sind zur Einberufung einer Gesellschafterversammlung verpflichtet, wenn Gesellschafter, deren Anteile am Festkapital zusammen 10 % erreichen, die Einberufung schriftlich unter Angabe des Zwecks und der Gründe verlangen. Wird diesem Verlangen nicht unverzüglich entsprochen, können die Gesellschafter die Einberufung selbst bewirken.
4. Wird die Gesellschafterversammlung nicht notariell beurkundet, ist eine schriftliche Niederschrift anzufertigen, die vom Vorsitzenden zu unterzeichnen ist und die Beschlußgegenstände und den Inhalt des Beschlusses protokollieren muß. Jeder Gesellschafter hat Anspruch auf Übersendung einer Abschrift. Jeder Gesellschafter kann die notarielle Beurkundung der Gesellschafterversammlung verlangen.
5. Die Einberufung einer Gesellschafterverammlung erfolgt schriftlich durch die geschäftsführenden Gesellschafter der persönlich haftenden Gesellschafterin, wobei jeder allein einberufungsberechtigt ist, mit eingeschriebenem Brief an jeden Gesellschafter mit einer Frist von zwei Wochen unter Mitteilung der Tagesordnung an die von dem Gesellschafter zuletzt mitgeteilte Adresse. Bei Eilbedürftigkeit kann die Einberufung mit angemessener Frist erfolgen. Der Ort der Versammlung ist der Sitz der Gesellschaft, soweit nicht durch die Gesellschafter einstimmig anderes beschlossen wird. Der Lauf der Frist beginnt mit dem der Aufgabe zur Post folgenden Tag. Der Tag der Versammlung wird bei der Fristberechnung nicht mitgezählt. Auf die Einberufung der Versammlung finden §§ 49 bis 51 GmbHG im Übrigen entsprechende Anwendung.
6. Die Gesellschafterverammlung ist beschlußfähig, wenn 75 % des Festkapitals vertreten sind. Ist eine Gesellschafterversammlung nicht beschlussfähig, ist durch den oder die Geschäftsführer innerhalb von zwei Wochen eine neue Gesellschafterversammlung mit der gleichen Tagesordnung einzuberufen. Diese Versammlung ist ohne Rücksicht auf die Zahl der vertretenen Stimmen beschlußfähig; hierauf ist in der Einladung hinzuweisen.
7. Ein Gesellschafter kann sich in der Gesellschafterversammlung durch seinen Ehegatten, einen Abkömmling, einen Mitgesellschafter, einen zur Berufsverschwiegenheit verpflichteten Drit-

ten oder durch einen aufgrund einer notariellen Vorsorgevollmacht i.S.d. § 1896 BGB Bevollmächtigten vertreten und das Stimmrecht durch ihn ausüben lassen. Die Vertretungsvollmacht ist schriftlich nachzuweisen.
8. Die Versammlung wird durch den Vorsitzenden geleitet, der von den anwesenden Gesellschaftern mit einfacher Mehrheit zu wählen ist. Erhält keiner der Gesellschafter die erforderliche Mehrheit, wird die Gesellschaft von dem anwesenden Gesellschafter mit der höchsten Beteiligung, bei Beteiligungsgleichheit von dem ältesten Gesellschafter geleitet.

§ 9
Geschäftsjahr, Überschussrechnung

1. Geschäftsjahr ist das Kalenderjahr. Das erste Geschäftsjahr endet am 31. Dezember des Jahres, in dem die Gesellschaft begonnen hat.
2. Die Ermittlung der Einkünfte der Gesellschaft erfolgt durch Überschussrechnung

§ 10
Ergebnisverteilung, Vorwegvergütung

1. Der Gewinn der Gesellschaft verteilt sich auf die Gesellschafter im Übrigen im Verhältnis ihrer festen Kapitalkonten.
2. Die Gewinnanteile werden auf den Verrechnungskonten gutgeschrieben, soweit sich aus den vorstehenden Bestimmungen nicht anderes ergibt und sofern keine Kapitalverlustkonten aufzufüllen sind.
3. Ein etwaiger Jahresfehlbetrag ist entsprechend den festen Kapitalkonten unter den Gesellschaftern zu verteilen.

§ 11
Entnahmen

1. Die Kosten der Geschäftsführung des Komplementärs können von diesem zum jeweiligen Fälligkeitszeitpunkt entnommen werden.
2. Die Gesellschafter können die Auszahlung von Guthaben auf ihren Verrechnungskonten jederzeit verlangen.

§ 12
Rechtsgeschäftliche Verfügungen

1. Rechtsgeschäftliche Verfügungen eines Gesellschafters über seinen Gesellschaftsanteil bedürfen zu ihrer Wirksamkeit der Zustimmung sämtlicher Gesellschafter.
2. Gleiches gilt für die Belastung (z.B. durch Nießbrauch oder Verpfändung) eines Gesellschaftsanteils oder die Unterbeteiligung.

§ 13
Tod eines Gesellschafters

1. Durch den Tod eines Gesellschafters wird die Gesellschaft nicht aufgelöst, sondern mit seinen in Ansehung des Gesellschaftsanteils nachfolgeberechtigten Erben oder Vermächtnisnehmern oder – falls solche nicht vorhanden sind – unter den verbleibenden Gesellschaftern fortgesetzt. Für die Übertragung des Gesellschaftsanteils von Erben auf nachfolgeberechtigte Vermächtnisnehmer bedarf es nicht der Zustimmung der anderen Gesellschafter.
2. Nachfolgeberechtigt sind nur andere Gesellschafter, Ehegatten und/oder Abkömmlinge von Gesellschaftern. Werden mehrere Erben oder Vermächtnisnehmen eines Gesellschafters Kommanditisten, die bislang noch nicht an der Gesellschaft beteiligt waren, ist ihnen die Ausübung der Gesellschafterrechte, soweit nicht zwingend gesetzlich etwas anderes gilt, nur durch einen gemeinsamen Bevollmächtigten gestattet. Gemeinsamer Vertreter kann nur ein

Gesellschafter oder ein kraft Gesetzes zur Verschwiegenheit verpflichtetes Mitglied des rechts-, wirtschafts- oder steuerberatenden Berufs sein. Bis zur Benennung des Bevollmächtigten ruht das Stimmrecht aus den Gesellschaftsanteilen, die auf die nachfolgeberechtigten Personen übergegangen sind.
3. Wird die Gesellschaft von den verbliebenen Gesellschaftern allein fortgesetzt, erhalten die Erben des verstorbenen Gesellschafters eine Abfindung nach Maßgabe dieses Gesellschaftsvertrags.
4. Hat ein verstorbener Gesellschafter Testamentsvollstreckung hinsichtlich seiner Beteiligung angeordnet, werden die Rechte des in die Gesellschaft eintretenden Erben bzw. Vermächtnisnehmers in seinem Namen durch den Testamentsvollstrecker ausgeübt. Der Bestellung eines Bevollmächtigten gem. Abs. 3 bedarf es in diesem Fällen erst mit dem Ende der Testamentsvollstreckung.

§ 14
Dauer der Gesellschaft, Kündigung

1. Die Gesellschaft beginnt mit der Eintragung im Handelsregister. Sie ist für unbestimmte Zeit eingegangen.
2. Die Gesellschaft kann von jedem Gesellschafter mit einer Frist von sechs Monaten zum Ende des Geschäftsjahres gekündigt werden, erstmals allerdings erst nach Ablauf von zwanzig Jahren ab heute bzw. zehn Jahre nach Ausscheiden des Gesellschafters A, je nachdem welcher Zeitpunkt früher liegt. Das Recht auf außerordentliche Kündigung bleibt unberührt.
3. Kündigt ein Gesellschafter die Gesellschaft nach Absatz 2, ist jeder der übrigen Gesellschafter berechtigt, auch seinerseits mittels Anschlusskündigung die Gesellschaft auf denselben Zeitpunkt zu kündigen. Die Anschlusskündigung muss innerhalb einer Frist von zwei Monaten nach Eingang der Kündigung bei der Gesellschaft erklärt werden.
4. Jede Kündigung bedarf der Schriftform. Sie ist gegenüber der Gesellschaft zu Händen der Geschäftsführung zu erklären, die jeden Gesellschafter unverzüglich zu unterrichten hat. Für die Rechtzeitigkeit der Kündigung ist der Eingang bei der Gesellschaft maßgebend.
5. Durch die Kündigung wird die Gesellschaft nicht aufgelöst, sondern von den verbliebenen Gesellschaftern fortgesetzt.
6. Der kündigende Gesellschafter scheidet mit Ablauf der Kündigungsfrist aus der Gesellschaft aus, es sei denn, die Gesellschaft tritt zu diesem Zeitpunkt aus zwingenden gesetzlichen Gründen in Liquidation oder die übrigen Gesellschafter beschließen mit 75 % ihrer Stimmen oder der alleinverbleibende Gesellschafter erklärt zu diesem Zeitpunkt, dass die Gesellschaft mit Ablauf der Kündigungsfrist aufgelöst sein soll, in diesem Fall nimmt der kündigende Gesellschafter an der Liquidation teil.
7. Kündigt ein Privatgläubiger eines Gesellschafters die Gesellschaft, scheidet der Gesellschafter mit Wirksamwerden der Kündigung aus der Gesellschaft aus. Ziff. 6 und 7 gelten im Übrigen entsprechend.

§ 15
Ausschließung

1. Wird über das Vermögen eines Gesellschafters das Insolvenzverfahren eröffnet oder die Eröffnung mangels Masse abgelehnt oder die Zwangsvollstreckung in den Geschäftsanteil eines Gesellschafters oder in sein Auseinandersetzungsguthaben oder ein sonstiges Gesellschafterrecht betrieben und wird die Vollstreckungsmaßnahme nicht innerhalb von zwei Monaten nach Erlass des Pfändungsbeschlusses aufgehoben, können die übrigen Gesellschafter seinen Ausschluss beschließen.
2. Liegt ein wichtiger Grund i.S.d. § 723 Abs. 1 BGB vor, kann der Gesellschafter, in dessen Person der Grund eintritt, aus der Gesellschaft ausgeschlossen werden.
3. Der Ausschluss bedarf der Mehrheit der Stimmen der verbliebenen Gesellschafter und wird mit der schriftlichen Bekanntgabe des Beschlusses wirksam.

§ 16
Ausscheiden, Abfindung

1. Scheidet ein Gesellschafter aus der Gesellschaft aus, wird die Gesellschaft von den verbleibenden Gesellschaftern unter der bisherigen Firma fortgesetzt. Verbleibt nur noch ein Gesellschafter, geht das Vermögen der Gesellschaft ohne Liquidation mit Aktiva und Passiva und dem Recht, die Firma fortzuführen, auf diesen über.
2. In allen Fällen des Ausscheidens eines Gesellschafters ist dem betroffenen Gesellschafter eine Abfindung zu gewähren. Die Höhe der Abfindung beträgt 75 % des Werts des Anteils, den dieser noch im Zeitpunkt des Ausscheidens hat. Im Fall der außerordentlichen Kündigung oder der Kündigung durch einen Privatgläubiger oder im Fall des Ausscheidens nach Ziff. 15 beträgt der Abfindungswert nur 50 % des Werts des Anteils. Die Abfindung ist innerhalb eines Jahres nach Ausscheiden des Gesellschafters zu zahlen. Sie ist nicht zu verzinsen. Sie ist auf Antrag des Gesellschafters durch die selbstschuldnerische Bürgschaft einer deutschen Bank zu sichern.
3. Das Verrechnungskonto bleibt bei der Bestimmung der Abfindung außer Betracht. Es ist auf den Tag des Ausscheidens auszugleichen.
4. Die Abfindungsforderung des ausgeschiedenen Gesellschafters ist wie folgt zu erfüllen: Die Abfindungsraten sind in drei gleichen Jahresraten an den ausgeschiedenen Gesellschafter zu zahlen, erstmals auf das Ausscheiden folgenden 31. Dezember. Der ausstehende Betrag ist mit drei Prozentpunkten über dem Basissatz gem. § 247 BGB zu verzinsen.
5. Der ausscheidende Gesellschafter kann wegen der noch ausstehenden Abfindungssumme keine Sicherheit verlangen.
6. Der Wert des Gesellschaftsanteils ist von einem Wirtschaftsprüfer oder Steuerberater als Schiedsgutachter festzustellen, falls sich die Beteiligten über den Wert des Geschäftsanteils nicht einigen. Bei fehlender Einigung über seine Person wird der Wirtschaftsprüfer oder Steuerberater auf Antrag eines der Beteiligten von der für die Gesellschaft zuständigen Industrie- und Handelskammer benannt.
7. Ändert sich der für die Abfindung maßgebende Jahresabschluss infolge einer steuerlichen Außenprüfung der Gesellschaft oder durch anderweitig veranlasste Änderungen oder Veranlagungen, ist die Abfindung der Änderung entsprechend anzupassen.

§ 18
Liquidation

1. Die Liquidation der Gesellschaft erfolgt durch den Komplementär, soweit die Gesellschafterversammlung nichts Abweichendes beschließt.
2. Das nach Befriedigung der Gläubiger verbleibende Vermögen der Gesellschaft ist im Verhältnis der Kapitalkonten unter die Kommanditisten zu verteilen.

§ 19
Salvatorische Klausel

Sollten einzelne Bestimmungen dieses Vertrags ganz oder teilweise unwirksam sein oder werden oder sollte sich in dem Vertrag eine Lücke befinden, soll hierdurch die Gültigkeit der übrigen Bestimmungen nicht berührt werden. Anstelle der unwirksamen Bestimmung oder zur Ausfüllung der Lücke ist eine angemessene Regelung zu vereinbaren, die soweit rechtlich möglich der am nächsten kommt, die die Gesellschafter gewollt haben oder nach dem Sinn und Zweck des Vertrags gewollt haben würden, wenn sie den Punkt bedacht hätten.

§ 20
Schlussbestimmungen

Änderungen und Ergänzungen dieses Vertrags bedürfen zur Wirksamkeit der Schriftform, soweit nicht im Gesetz eine notarielle Beurkundung vorgeschrieben ist.

6768 ▶ Handelsregisteranmeldung: Gründung einer KG

URNr./2018

An das

Amtsgericht

– Registergericht –

.....

durch elektronische Übermittlung

Neueintragung einer Kommanditgesellschaft

..... KG mit dem Sitz in .....

Zur Eintragung in das Handelsregister wird angemeldet:
1. Es wurde eine Kommanditgesellschaft errichtet.
2. Die Firma der Gesellschaft lautet:

..... KG
3. Der Sitz der Gesellschaft ist .....
4. Gegenstand des Unternehmens ist .....
5. Der persönlich haftende Gesellschafter ist befugt, die Gesellschaft stets einzeln zu vertreten. Er ist von den Beschränkungen des § 181 BGB befreit.
6. Persönlich haftender Gesellschafter ist Herr A, geb. am ..., wohnhaft in .....
7. Kommanditist ist Herr B, geb. am ....., wohnhaft in ....., mit einer Hafteinlage von 10.000,00 EUR.
Kommanditist ist Herr C, geb. am ....., wohnhaft in ....., mit einer Hafteinlage von 10.000,00 EUR.
8. Das Geschäftsvermögen beträgt insgesamt 45.000,00 EUR.
9. Die inländische Geschäftsanschrift, bei der sich auch die Geschäftsräume der Gesellschaft befinden, lautet: .....

Die Kosten dieser Handelsregisteranmeldung und ihres Vollzuges bei Gericht und Notar trägt die Gesellschaft.

Eintragungsnachricht wird auch an den amtierenden Notar erbeten.

Die Beteiligten bevollmächtigen die Angestellten des amtierenden Notars und seines Nachfolgers im Amt – welche der vorgenannte Notar zu bezeichnen bevollmächtigt wird – je einzeln und befreit von § 181 BGB, jegliche Erklärungen, Bewilligungen und Anträge materiell- oder formellrechtlicher Art zur Ergänzung, Änderung oder Rücknahme dieser Anmeldung abzugeben, insbesondere soweit diese zur Behebung behördlicher oder gerichtlicher Beanstandungen zweckdienlich sind.

Der vorgenannte Notar wird beauftragt und allseits bevollmächtigt, den Vollzug dieser Anmeldung im Handelsregister, insbesondere durch Erstellung einer elektronischen Handelsregisteranmeldung und deren Übermittlung an das Registergericht, zu bewirken und alle hierzu erforderlichen oder sinnvollen Erklärungen abzugeben und Maßnahmen zu treffen, einschließlich diese Anmeldung nach seinem Ermessen zu berichtigen oder zu ergänzen.

....., den .....

(Anm.: Es folgt Unterschriftsbeglaubigung.)

N. »Familienpool« in Form einer GbR (Gründung und Einbringung des Grundbesitzes mit Nießbrauchsvorbehalt und Verfügungssperre)

▶ »Familienpool« in Form einer GbR (Gründung und Einbringung des Grundbesitzes mit Nießbrauchsvorbehalt und Verfügungs»sperre«) 6769

URNr. ...../2018

Gründung einer Gesellschaft des bürgerlichen Rechtes;

Einbringung von Grundbesitz

Heute, den ..... zweitausendachtzehn

– .....2018 –

erschienen vor mir,

.....

Notar in .....,

in meinen Amtsräumen in .....:

1. .....,
   geb. am
   wohnhaft in
   nach Angabe,
   ausgewiesen durch gültigen deutschen Personalausweis,

– nachstehend auch als »Veräußerer« bezeichnet –

sowie dessen Kinder

2./3./4. .....,

– nachstehend auch als »Erwerber« bezeichnet, auch wenn es sich um mehrere Personen handelt –

Der Notar fragte nach einer Vorbefassung im Sinne des § 3 Abs. 1 Nr. 7 BeurkG; sie wurde von den Beteiligten verneint.

Die Erschienenen waren gleichzeitig vor mir anwesend. Auf Ansuchen beurkunde ich ihren Erklärungen gemäß, was folgt:

A. Grundbuch- und Sachstand

1.

Im Grundbuch des Amtsgerichts ..... Blatt ..... ist

Herr A .....

als Alleineigentümer des nachbezeichneten, in der Gemarkung ..... gelegenen Grundbesitzes eingetragen:

FlNr. .....

Der Grundbesitz ist im Grundbuch wie folgt belastet:

Abteilung II:

.....

Abteilung III:

.....

2.

Beide Veräußerer beabsichtigen, ihren jeweils vorstehend bezeicheten Grundbesitz in eine nachstehend B gegründete (Familien-)Gesellschaft bürgerlichen Rechts bestehend aus ihnen und ihren

Kindern als Erwerbern, unter Nießbrauchs- und Rückforderungsvorbehalt einzubringen (nachstehend C) und dabei die Einlagen der Übernehmer diesen als Zuwendung im Wege der vorweggenommenen Erbfolge zuzuwenden, wobei die Gesellschaftsanteile über Rückforderungsvorbehalt (B III) übertragen sind. Die Stimmrechte verbleiben beim Veräußerer, die Beteiligung am Vermögen ist bereits überwiegend beim Erwerber (sog. reziproker Familienpool).

B. Errichtung einer BGB-Gesellschaft

I.

Der Veräußerer und die Erwerber errichten hiermit eine BGB-Gesellschaft. Für diese gilt der dieser Urkunde als Anlage beigefügte Gesellschaftsvertrag, der mit verlesen und genehmigt wurde.

II.

Sitz der Gesellschaft ist .....

III.

Die wirtschaftlich nach Maßgabe der Prozentquoten von C II 1 beschenkten Erwerber sind gegenüber dem dies jeweils verlangenden Veräußerer verpflichtet, den (wirtschaftlich) überlassenen Gesellschaftsanteil zurückzuübertragen, wenn in der Person dieses Gesellschafters ein Rückforderungsgrund eintritt und die Rückforderung vertragsgemäß, d.h. binnen zwölf Monaten nach Kenntnis vom Rückforderungstatbestand und in notariell beglaubigter Form erklärt wird. Das Rückforderungsrecht kann nicht durch einen gesetzlichen Vertreter ausgeübt werden. Es steht nach dem Ableben eines Veräußerers dem verbleibenden Veräußerer auch hinsichtlich der wirtschaftlich vom verstorbenen Veräußerer stammenden Anteile, ist jedoch i.Ü. nicht übertragbar und nicht vererblich.

Ein Rückforderungsgrund tritt jeweils ein, sobald der betroffene Gesellschafter
1. seine Gesellschaftsbeteiligung ohne schriftliche Zustimmung des Veräußerers ganz oder teilweise veräußert oder belastet, gleichgültig, ob im Weg eines Rechtsgeschäfts oder im Weg der Zwangsvollstreckung,
2. in Insolvenz fällt, die Eröffnung des Verfahrens mangels Masse abgelehnt wird oder er die Vermögenserklärung abgibt, oder sein Gesellschaftsanteil gepfändet wird von dritter Seite, ohne dass die Pfändung binnen zweier Monate wieder aufgehoben wurde
3. vor dem Berechtigten verstirbt,
4. von seinem (künftigen) Ehegatten/eingetragenen Lebenspartner getrennt lebt i.S.d. § 1567 BGB, es sei denn, durch vertragliche Vereinbarung ist sichergestellt, dass der Gesellschaftsanteil i.R.d. Zugewinn- bzw. Vermögensausgleichs nicht berücksichtigt wird, sondern allenfalls tatsächlich getätigte Einlagen, die über die Entnahmen hinaus gehen, dem Partner zu erstatten sind,
5. die Gesellschaft kündigt, gleich aus welchem Grunde, auch bei Erreichen der Volljährigkeit,
6. aus der Gesellschaft aus wichtigem Grund (analog § 133 Abs. 1 HGB) ausgeschlossen wird,
7. an einer Änderung des Gesellschaftsvertrages mitwirkt, die nicht mit schriftlicher Zustimmung des Veräußerers erfolgt,
8. der Drogen- oder Alkoholsucht verfällt,
9. Mitglied einer im Sektenbericht des Bundestages aufgeführten Sekte oder einer unter Beobachtung des Verfassungsschutzes stehenden Vereinigung ist oder
10.) länger als sechs Monate geschäftsunfähig ist.

Aufschiebend bedingt auf die Ausübung des berechtigten Rückübertragungsverlangens tritt der zur Rückübertragung verpflichtete Gesellschafter seinen Anteil an der Gesellschaft an den jeweiligen Veräußerer ab (§ 161 BGB). Der aufschiebend bedingten Abtretung wird allseits zugestimmt.

Für die aufschiebend bedingte Übertragung ist keine Gegenleistung zu erbringen, es sei denn, der Gesellschafter hätte aus eigenem Vermögen über seine Entnahmen hinaus Einlagen in die Gesellschaft getätigt; in diesem Fall ist die Entschädigung begrenzt auf die anteilige noch vorhandene Erhöhung des Gesellschaftsvermögens als Folge dieser Übereinlagen. Der abtretende Gesellschafter ist allerdings auf den Zeitpunkt des Bedingungseintritts von der persönlichen Haftung für Verbindlichkeiten der Gesellschaft freizustellen.

Es wird klargestellt, dass dieses Rückforderungsrecht, bezogen auf die Gesellschaftsanteile, neben das Rückforderungsrecht in Bezug auf den eingebrachten Grundbesitz tritt, wie nachstehend C II 3 vereinbart, auch wenn die das Rückforderungsrecht auslösenden Tatbestände identisch sind.

C. Einbringung

I. Grundsatz

Herr A

– nachfolgend »Veräußerer« genannt –

bringt das in Abschnitt A genannte Grundstück in

die vorstehend B gegründete BGB-Gesellschaft, bestehend aus .....

gegen Gewährung von Gesellschaftsrechten ein.

II. Weitere Vereinbarungen

1. Rechtsgrund

Soweit der Wert des eingebrachten Grundbesitzes die Beteiligung des Veräußerers am Gesellschaftsvermögen (von ..... %) übersteigt, handelt es sich um eine unentgeltliche Übertragung im Weg vorweggenommener Erbfolge unter Anrechnung auf das gesetzliche Pflichtteilsrecht des Erwerbers nach dem jeweiligen Veräußerer.

In Anbetracht der von den Beteiligten zugrundegelegten aktuellen Verkehrswerte von ..... € für den Grundbesitz liegt demnach eine Zuwendung in Höhe von wirtschaftlich je ..... % der Gesellschaftsbeteiligung durch den Veräußerer an jedes seiner drei Kinder vor. Hierzu wird klargestellt, dass die Einbringungswerte ohne Abzug der auf den Objekten lastenden Verbindlichkeiten berechnet wurden, da diese Verbindlichkeiten als Folge des auf den Grundstücken ruhenden Nießbrauchsvorbehalts weiter von den Veräußerern verzinst und getilgt werden; sollte als Folge des Erlöschens des Nießbrauchs (aufgrund vorzeitigen Verzichtes oder aufgrund Ablebens aller Nießbrauchsberechtigten des jeweiligen Objektes) die Restverbindlichkeiten auf die erwerbende GbR übergehen, reduzieren diese den Zuwendungswert, auch in schenkungsteuerlicher Hinsicht, nachträglich.

2. Nießbrauchsvorbehalt am Grundbesitz

Der jeweilige Veräußerer – nachstehend »der Berechtigte« genannt – behält sich am gesamten jeweils von ihm übertragenen Vertragsbesitz ein

Nießbrauchsrecht

(also ein Recht zur Eigennutzung oder Vermietung) vor, das jedoch nicht an Dritte überlassen werden kann. Abweichend vom Gesetz trägt der Nießbraucher auch die Tilgung bestehender Verbindlichkeiten sowie außerordentliche Lasten, Ausbesserungen und Erneuerungen, auch wenn sie über die gewöhnliche Unterhaltung der Sache hinausgehen. Dem Nießbraucher stehen keine Verwendungsersatzansprüche und Wegnahmerechte zu, während umgekehrt der Eigentümer keine Sicherheitsleistung (§ 1051 BGB) verlangen kann.

Für Sonder- und Teileigentum gilt ferner: Der Nießbraucher trägt während der Dauer des Nießbrauches ferner das an die Eigentümergemeinschaft zu entrichtende Hausgeld einschließlich der Zuführungen zur Instandhaltungsrücklage, auch wenn diese nicht (mehr) zur Finanzierung der von ihm zu tragenden Lasten Verwendung finden sollte, sowie sonstige Pflichten, die an sich den Eigentümer als Mitglied des Verbandes der Wohnungseigentümer treffen, etwa gem. § 10 Abs. 8 WEG. Ab Erlöschen des Nießbrauches übernimmt der Erwerber alle Rechte und Pflichten gegenüber der Eigentümergemeinschaft und dem Verwalter einschließlich etwaiger nach diesem Zeitpunkt fälliger Umlagen und Nachzahlungen; auch etwaige Rückerstattungen stehen ihm dann alleine zu.

Die gesamten Lasten und Kosten des Vertragsbesitzes sowie die Verkehrssicherungspflicht verbleiben demnach beim Nießbraucher. Dieser ist zur vorzeitigen Aufgabe des Nießbrauchs berechtigt.

Die Eintragung des Nießbrauchsrechts – bei mehreren Berechtigten (also derzeitigen Eigentümern) gemäß § 428 BGB – am jeweiligen Vertragsbesitz wird

bewilligt und beantragt,

wobei zur Löschung der Nachweis des Todes des Berechtigten genügen soll. Das Recht erhält nächstoffene Rangstelle.

Schuldrechtlich gilt in Bezug auf Wohnungs- oder Teileigentum weiter: Der Erwerber bevollmächtigt den Nießbraucher hiermit und auf Verlangen in getrennter Urkunde i.S.d. § 172 BGB, für die Dauer des Nießbrauches das Stimmrecht in der Versammlung der Sondereigentümer wahrzunehmen; falls aus Rechtsgründen erforderlich, wird der Eigentümer sein Stimmrecht nach Weisung des Nießbrauchers ausüben. Dem Eigentümer sind Protokollabschriften zu übermitteln.

3. Vorbehalt der Rückforderung in Bezug auf den eingebrachten Grundbesitz

Die Gesellschaft bürgerlichen Rechts (GbR) ist gegenüber jedem Veräußerer verpflichtet, dessen eingebrachten Grundbesitz zurückzuübertragen, wenn in Bezug auf den betroffenen Grundbesitz ein Rückforderungsgrund eintritt und die Rückforderung vertragsgemäß, d.h. binnen zwölf Monaten nach Kenntnis vom Rückforderungstatbestand und in notariell beglaubigter Form erklärt wird. Das Rückforderungsrecht ist nicht vererblich oder übertragbar und kann nicht durch einen gesetzlichen Vertreter ausgeübt werden.

(*Anm.*: *Soweit ein Objekt derzeit beiden Veräußerern gehört, gilt: Macht zu Lebzeiten beider Veräußerer nur einer der Veräußerer das Rückforderungsrecht geltend, oder ist der andere Veräußerer verstorben, ist nur an den verbleibenden Veräußerer aufzulassen, der auch die Verpflichtungen alleine übernimmt. Andernfalls ist an beide im derzeitigen Miteigentumsverhältnis unter gesamtschuldnerischer Übernahme der Verpflichtungen aufzulassen.*)

Ein Rückforderungsgrund tritt jeweils ein, sobald
1. der eingebrachte Grundbesitz ohne Zustimmung des Veräußerers weiterveräußert, oder belastet wird
2. Zwangsvollstreckungsmaßnahmen in den eingebrachten Grundbesitz ausgebracht werden, die nicht binnen zweier Monate wieder aufgehoben wurden
3. die GbR in Insolvenz fällt oder die Eröffnung mangels Masse abgelehnt wird.

Der Veräußerer hat die im Grundbuch eingetragenen Rechte und Grundpfandrechte dinglich zu übernehmen, soweit sie dann im Rang vor der nachstehend bestellten Auflassungsvormerkung eingetragen sind. Aufschiebend bedingt auf die wirksame Ausübung des Rückforderungsrechts werden bereits heute alle Rückgewähransprüche, die dem Erwerber dann bezüglich eingetragener Grundpfandrechte zustehen (werden), an den dies annehmenden Veräußerer im oben bezeichneten Erwerbsverhältnis abgetreten. Ferner verpflichtet sich der Erwerber, etwa ihm dann zustehende Eigentümergrundschulden auf Verlangen des Veräußerers löschen zu lassen, und bewilligt, zu dessen Gunsten eine Löschungsvormerkung gem. § 1179 BGB bei den derzeit eingetragenen Grundpfandrechten einzutragen. Der Veräußerer beantragt die Eintragung/*kann den Antrag auf Eintragung jederzeit stellen*.

Aufwendungen aus dem Vermögen der GbR werden – maximal jedoch bis zur Höhe der noch vorhandenen Zeitwerterhöhung und unter Kürzung des Anteils, in welchem der die Rückforderung verlangende Veräußerer an Gewinn und Verlust beteiligt war (45 %) – gegen Rechnungsnachweis erstattet bzw. durch Schuldübernahme abgegolten, soweit sie nicht nur der Erhaltung des Anwesens im derzeitigen Zustand, sondern der Verbesserung oder Erweiterung des Anwesens gedient haben und mit schriftlicher Zustimmung des Berechtigten oder seines Vertreters durchgeführt wurden. Im Übrigen erfolgt die Rückübertragung unentgeltlich, also insbesondere ohne Ausgleich für geleistete Dienste, wiederkehrende Leistungen, Tilgungen, geleistete Zinsen, Arbeitsleistungen, oder die gezogenen Nutzungen. Hilfsweise gelten die gesetzlichen Bestimmungen zum Rücktrittsrecht.

Die Kosten der Rückübertragung hat der Anspruchsberechtigte zu tragen.

Zur Sicherung des bedingten Rückübertragungsanspruchs hinsichtlich des jeweils eingebrachten Objektes bestellt hiermit die GbR zugunsten des jeweils vorgenannten Veräußerers eine

Eigentumsvormerkung,

am Vertragsbesitz und bewilligen und beantragt deren Eintragung im Grundbuch. Jede Vormerkung ist als Sicherungsmittel auflösend befristet. Sie erlischt mit dem Tod des Veräußerers.

Nach dem Ableben des jeweiligen Veräußerers steht dasselbe Rückforderungsrecht, bezogen auf den vom Verstorbenen eingebrachten Grundbesitz, dem anderen Veräußerer (seinem Ehegatten) zu. Die Beteiligten sind über die Einräumung dieses bedingten Anspruchs einig, und bewilligen die Eintragung einer weiteren Vormerkung für den anderen Ehegatten; Antrag auf Eintragung wird jedoch derzeit nicht gestellt.

4. Übernahme der Grundschuld und der (aufschiebend bedingt) der Verbindlichkeiten; Eigentümerrechte und Rückgewähransprüche

Die derzeitigen Darlehensbeziehungen bleiben unverändert, so dass Schuldübernahmegenehmigungen etc. nicht einzuholen sind. Ab dem Erlöschen der Nießbrauchsrechte übernimmt der Erwerber diese etwa noch bestehenden Verbindlichkeiten zur weiteren Verzinsung und Tilgung; er hat sich nach besten Kräften darum zu bemühen, die Entlassung der Erben des Veräußerers durch Genehmigung des Gläubigers (§ 415 BGB) herbeizuführen.

III. Besitzübergang; Sach- und Rechtsmängel

Besitz, Nutzungen und Lasten, Haftung, Verkehrssicherung und Gefahr gehen zum Stichtag 01. ..... 2015 die GbR über.

Der Veräußerer haftet für ungehinderten Besitz- und Eigentumsübergang und für Freiheit von im Grundbuch eingetragenen Rechten Dritter außer solchen, die die BGB-Gesellschaft übernommen hat. Soweit keine Übernahme erfolgt, verpflichtet sich der Veräußerer zur unverzüglichen Lastenfreistellung.

Die Beteiligten stimmen den hierzu erforderlichen Erklärungen (unter Einschluss von etwa erforderlichen Rangrücktrittserklärungen) zu. Der Veräußerer beantragt den Vollzug im Grundbuch. Der Veräußerer garantiert, dass für den Vertragsgegenstand keine Rückstände an Steuern und sonstigen öffentlichen Lasten und Abgaben bestehen.

Der Vertragsgegenstand wird in seinem derzeitigen Zustand veräußert. Die BGB-Gesellschaft erwirbt ihn, wie er liegt und steht. Rechte der BGB-Gesellschaft wegen Sachmängeln jeder Art werden hiermit ausgeschlossen. Dies gilt auch für alle Ansprüche auf Schadenersatz. Unberührt bleibt jedoch eine Haftung für Vorsatz oder Arglist. Garantien oder Beschaffenheitsvereinbarungen bestehen nicht.

IV. Einigung, Vorbehalt

Die Vertragsteile sind sich über den vereinbarten Eigentumsübergang an dem Grundbesitz nach Abschnitt A vom Veräußerer auf die vorgenannte BGB-Gesellschaft, bestehend aus allen im Urkundeingang genannten Personen einig und bewilligen und beantragen die Eintragung der Rechtsänderung in das Grundbuch Zug um Zug (§ 16 Abs. 2 GBO) mit den zugunsten des Veräußerers vereinbarten Rechten.

Auf die Eintragung einer Auflassungsvormerkung gem. § 883 BGB wird trotz Belehrung durch den Notar verzichtet.

D. Schlussbestimmungen

I. Vollzug

Alle Beteiligten beauftragen und bevollmächtigen den amtierenden Notar, seinen amtlichen Vertreter oder Nachfolger im Amt,
- sie im Grundbuchverfahren uneingeschränkt zu vertreten

- die zur Wirksamkeit und für den Vollzug dieser Urkunde erforderlichen Genehmigungen und Erklärungen anzufordern und (auch gem. § 875 Abs. 2 BGB) entgegenzunehmen.

Anfechtbare Bescheide und Zwischenbescheide zur Fristverlängerung sind jedoch den Beteiligten selbst zuzustellen; Abschrift an den Notar wird erbeten.

Die Vertragsteile bevollmächtigen die Angestellten an dieser Notarstelle – welche der Amtsinhaber zu bezeichnen bevollmächtigt wird – je einzeln und befreit von § 181 BGB, Erklärungen, Bewilligungen und Anträge materiell- oder formellrechtlicher Art zur Ergänzung oder Änderung des Vertrages abzugeben, soweit diese zur Behebung behördlicher oder gerichtlicher Beanstandungen zweckdienlich sind.

Vollzugsmitteilung an die Beteiligten und den Notar wird erbeten.

II. Hinweise

Eine steuerliche Beratung hat der Notar nicht übernommen, im Übrigen über die rechtliche Tragweite der abgegebenen Erklärungen belehrt und abschließend nochmals auf folgendes hingewiesen:
- das Eigentum geht mit der Umschreibung im Grundbuch auf den Erwerber über. Die Umschreibung kann erst erfolgen, wenn die Unbedenklichkeitsbescheinigung wegen der Grunderwerbsteuer vorliegt;
- unabhängig von den rein schuldrechtlichen Vereinbarungen der Beteiligten in dieser Urkunde haften kraft Gesetzes der Vertragsbesitz für Rückstände an öffentlichen Abgaben und Erschließungsbeiträgen und beide Vertragsteile für die etwa anfallende Grunderwerbsteuer und die Kosten als Gesamtschuldner,
- das gesetzliche Rückforderungsrecht wegen Verarmung des Schenkers (§ 528 BGB) und die Möglichkeiten einer Anfechtung durch Gläubiger oder für den Fall späterer Insolvenz des Schenkers können nicht abbedungen werden; auf diese – insbesondere die geltenden Fristen – wurde hingewiesen.
- sofern der Veräußerer Anspruch auf Förderung selbstgenutzten Wohneigentums hat, entfällt diese Förderung trotz Vorbehalt von Nutzungsrechten; auch der Erwerber hat insoweit keinen Anspruch auf Förderung;
- es ist erforderlich, dass alle Vereinbarungen richtig und vollständig beurkundet werden, damit die Wirksamkeit der Urkunde und aller Vereinbarungen gewährleistet ist.

III. Kosten und Steuern

Die Kosten dieser Urkunde und der Genehmigungen und alle sonstigen Kosten, die infolge der Beurkundung entstehen, trägt die BGB-Gesellschaft, ebenso die Kosten des Vollzugs im Grundbuch sowie eine etwa anfallende Steuer.

IV. Abschriften

Von dieser Urkunde erhalten

Ausfertigung
- jeder Vertragsteil
- das Grundbuch

beglaubigte Abschrift

das Finanzamt – Schenkungsteuerstelle –

einfache Abschrift

das Finanzamt – Grunderwerbsteuerstelle –

Vorgelesen vom Notar samt Anlage,

von den Beteiligten genehmigt und eigenhändig unterschrieben:

......

Anlage zur Urkunde:

Gesellschaftsvertrag

§ 1
Rechtsform, Name und Sitz

1. Die Gesellschaft ist eine Gesellschaft bürgerlichen Rechts.
2. Sie führt den Namen:
   ..... Familienpool GbR. Im Grundbuchverkehr tritt sie gem. § 47 Abs. 2 GBO unter Nennung des Vor- und Zunamens sowie Geburtsdatums aller Gesellschafter auf.
3. Sitz der Gesellschaft ist .....

§ 2
Zweck

Zweck der Gesellschaft ist das Halten und Verwalten von Grundbesitz und anderen Vermögensgegenständen.

§ 3
Dauer der Gesellschaft, Rechnungsjahr

1. Die Dauer der Gesellschaft ist unbestimmt.
2. Das Rechnungsjahr ist das Kalenderjahr.

§ 4
Gesellschafter, Anteile, Gewinnbeteiligung

1. Gesellschafter sind, mit Beteiligungen in nachstehender Höhe nach Abschluss aller Einbringungsvorgänge:

   Der Veräußerer, A   zu ..... %
   ferner dessen Kinder .....
                                  zu jeweils ..... %.

2. Die Anteile sind auch maßgebend für die Beteiligung am Auseinandersetzungsguthaben und am Erlös aus der Veräußerung von Gesellschaftsvermögen
3. Die Gesellschaftsanteile sind unveränderlich, so dass sich der Anteil jedes Gesellschafters, insbesondere nicht durch Gewinne oder Verluste, Einlagen oder Entnahmen, verändert.

§ 5
Einlagen

Die Einlagen aller Gesellschafter sind durch Erwerb des Grundbesitzes gemäß Abschnitt A der Einbringungsurkunde vom ..... des Notars ..... erbracht und werden für die Gesellschafter zu obigen Anteilen verbucht.

§ 6
Geschäftsführung und Vertretung

1. Zur uneingeschränkten Geschäftsführung und uneingeschränkten Vertretung der Gesellschaft ist auf die Dauer seiner Zugehörigkeit zur Gesellschaft Herr A, sodann auf die Dauer ihrer Zugehörigkeit zur Gesellschaft Frau A berechtigt und verpflichtet, unabhängig von der Höhe der jeweiligen (Rest-)Beteiligung). Er bzw. sie ist einzelvertretungsberechtigt und von den Be-

schränkungen des § 181 BGB befreit. Er bzw sie haftet nur für Vorsatz und grobe Fahrlässigkeit.
2. Führt der/die Vorgenannte die Geschäfte nicht mehr, haben die Gesellschafter durch Beschluss aus ihrer Mitte jeweils einen neuen Geschäftsführer zu bestellen, der wiederum allein und uneingeschränkt zur Vertretung der Gesellschaft berechtigt ist.
3. Dem Geschäftsführer und Vertreter ist auf Verlangen eine öffentlich beglaubigte Vollmacht zu erteilen.
4. Von der Geschäftsführung ausgeschlossene Gesellschafter können jederzeit Auskunft verlangen und die schriftlichen Unterlagen der Gesellschaft einsehen.

§ 7
Gesellschafterbeschlüsse

1. Die Gesellschafter entscheiden über die ihnen nach dem Gesetz oder diesem Gesellschaftsvertrag zugewiesenen Angelegenheiten durch Beschluss.
2. Beschlüsse der Gesellschaft erfolgen mit der Mehrheit der abgegebenen Stimmen. Folgende Beschlüsse können nur einstimmig gefasst werden: Änderung des Gesellschaftsvertrags, Auflösung der Gesellschaft, Aufnahme neuer Gesellschafter.
3. Das Stimmrecht der Anteile eines jeden Gesellschafters ist (unabhängig von der Höhe der noch vorhandenen Beteiligung) wie folgt bemessen:
   a) für den Anteil des Herrn A, auch nach dessen Übergang an Rechtsnachfolger zB gem. § 15.1, ... Stimmen
   b) für den Anteil der derzeit allen weiteren drei Gesellschaftern jeweils zusteht je ..... Stimmen
4. Bei nießbrauchsbelasteten Gesellschaftsanteilen wird das Stimmrecht durch den Nießbraucher ausgeübt.

§ 8
Überschussrechnung

1. In den ersten zwei Monaten nach dem Ende eines jeden Rechnungsjahres haben die Gesellschafter einen Rechnungsabschluss über das Ergebnis des abgelaufenen Rechnungsjahres als Überschussrechnung aufzustellen.
2. Kommt eine Einigung über diesen Rechnungsabschluss nicht zustande, ist er durch einen von der zuständigen Industrie- und Handelskammer zu bestimmenden Schiedsgutachter mit verbindlicher Wirkung für die Gesellschafter auf Kosten der Gesellschaft zu fertigen.

§ 9
Verwaltung

1. Aufgrund des Rechnungsabschlusses des abgelaufenen Rechnungsjahres ist ein Wirtschaftsplan für das laufende Rechnungsjahr aufzustellen.
2. Sind die Rückstellungen zur Deckung der Kosten nicht ausreichend, sind die Gesellschafter zu Zuschüssen entsprechend ihrer Beteiligung verpflichtet.

§ 10
Überschussverteilung, Entnahmen, Vorab

1. Der nach Abzug der Vorabentnahmen und der Instandhaltungsrücklage sowie der Betriebskostenrückstellung verbleibende und festgestellte Jahresüberschuss kann von den Gesellschaftern voll entnommen werden. Den Beteiligten ist bewusst, dass ein solcher erst entstehen wird, wenn und soweit die Nießbrauchsrechte nicht mehr bestehen.

2. Die Überschussverteilung erfolgt sodann im Verhältnis der Beteiligung an der Gesellschaft gem. § 4 (*Alternativ, aber eher ungebräuchlich, da die Liquiditatsinteressen durch den Nießbrauch berücksichtigt sind: nach dem Verhältnis der Stimmrechte gem. § 7*).
3. Der Gesellschafter A kann monatliche Überschussvorausentnahmen auf der Grundlage des Rechnungsabschlusses des vorausgegangenen Rechnungsjahres beschließen.

§ 11
Kündigung der Gesellschaft

1. Die Gesellschaft kann von jedem Gesellschafter auch ohne wichtigen Grund unter Einhaltung einer Frist von sechs Monaten auf das Ende eines Kalenderjahres gekündigt werden, erstmals allerdings erst nach Ablauf von zwanzig Jahren ab heute bzw. zehn Jahre nach Ausscheiden des Gesellschafters A, je nachdem welcher Zeitpunkt früher liegt. Weitergehende gesetzliche Kündigungsrechte bleiben unberührt.
2. Die Kündigung hat durch eingeschriebene Briefe an die Mitgesellschafter zu erfolgen. Für die Rechtzeitigkeit der Kündigung kommt es auf das Datum des Postabgangsstempels an.
3. Eine Kündigung hat nicht die Auflösung der Gesellschaft, sondern lediglich das Ausscheiden des kündigenden Gesellschafters zur Folge. Die Gesellschaft wird zwischen den verbleibenden Gesellschaftern fortgesetzt. Verbleibt nur noch ein Gesellschafter, hat er das Recht auf Übernahme des Gesellschaftsvermögens im Weg der Gesamtrechtsnachfolge.
4. Ebenso scheidet ein Gesellschafter bei Fortsetzung der Gesellschaft aus, wenn ein Gläubiger nach § 725 BGB kündigt, wenn über sein Vermögen die Insolvenz eröffnet oder mangels Masse nicht eröffnet wird oder wenn er nach § 737 BGB ausgeschlossen wird. Das Übernahmerecht des alleinigen verbleibenden Gesellschafters besteht auch in diesem Fall.

§ 12
Ausschließung

1. Wird die Zwangsvollstreckung in den Geschäftsanteil eines Gesellschafters oder in sein Auseinandersetzungsguthaben oder ein sonstiges Gesellschafterrecht betrieben und wird die Vollstreckungsmaßnahme nicht innerhalb von zwei Monaten nach Erlass des Pfändungsbeschlusses aufgehoben, können die übrigen Gesellschafter seinen Ausschluss beschließen.
2. Liegt ein wichtiger Grund i.S.d. § 723 Abs. 1 BGB vor, kann der Gesellschafter, in dessen Person der Grund eintritt, aus der Gesellschaft ausgeschlossen werden.
3. Gesellschafter kann nur werden bzw. bleiben, wer mit seinem Ehegatten den Güterstand der Gütertrennung nach Maßgabe der Bestimmungen des BGB vereinbart oder mit diesem modifizierte Zugewinngemeinschaft mit dem Inhalt vereinbart, dass der Gesellschaftsanteil aus einem Zugewinnausgleich im Fall der Scheidung der Ehe und im Fall des Versterbens aufgrund eines beschränkten Pflichtteilsverzichts aus dem Ehegattenpflichtteilsrecht ausscheidet. Nach fruchtloser Fristsetzung zur Nachholung von Vorstehendem kann die Gesellschaft die Ausschließung des betroffenen Gesellschafters beschließen. Die Gesellschafter Herr und Frau A sind für ihre bestehende Ehe von dieser Regelung ausgenommen.
4. Der Ausschluss wird mit der schriftlichen Bekanntgabe des Beschlusses, unabhängig von der Ermittlung und Entrichtung der Abfindung, wirksam.

§ 13
Abfindung

1. Wenn ein Gesellschafter die Gesellschaft kündigt oder sonst gem. §§ 11 oder 12 dieses Vertrags ausscheidet, erhält er eine Abfindung.
2. Die Abfindung eines ausscheidenden Gesellschafters bestimmt sich nach den gesetzlichen Vorschriften der §§ 738 ff. BGB. Scheidet ein Gesellschafter aufgrund Ausschließung aus der Gesellschaft aus, erhält er als Abfindung 2/3 des Werts seiner Beteiligung.

3. Der Abfindungsstatus ist für alle Beteiligten verbindlich durch einen öffentlich bestellten Grundstücksschätzer aufzustellen, dessen Person die zuständige Industrie- und Handelskammer bestimmt. Die hierdurch entstehenden Kosten trägt die Gesellschaft.
4. Das Abfindungsguthaben ist in drei gleichen, unmittelbar aufeinanderfolgenden Jahresraten auszuzahlen und mit jährlich 2 % – zwei vom Hundert – zu verzinsen. Die erste Rate ist fällig ein Jahr nach dem Ausscheiden des Gesellschafters. Sicherstellung kann nicht gefordert werden.

§ 14
Abtretung und Belastung

1. Zur Abtretung oder Belastung eines Gesellschaftsanteils ist die Zustimmung von .....(Stimmrechtsquote des Veräußerergesellschafters) % der Stimmen aller vorhandenen Gesellschafter erforderlich.
2. Jeder Gesellschafter ist jedoch berechtigt, Ehegatten oder Abkömmlingen Nießbrauchsrechte an dem Gesellschaftsanteil mit dem Recht zu bestellen, dass diese auch das Stimmrecht ausüben dürfen.

§ 15
Tod eines Gesellschafters

Beim Tod eines Gesellschafters wird die Gesellschaft nicht aufgelöst, sondern nach Maßgabe der nachstehenden Regelungen fortgesetzt:
1. Stirbt ..... (Veräußerer), wird die Gesellschaft mit den verbliebenen Gesellschaftern fortgesetzt.
2. Im Übrigen gilt:
Durch den Tod eines Gesellschafters wird die Gesellschaft nicht aufgelöst, sondern mit seinen in Ansehung des Gesellschaftsanteils nachfolgeberechtigten Erben oder Vermächtnisnehmern oder – falls solche nicht vorhanden sind – unter den verbliebenen Gesellschaftern fortgesetzt. Für die Übertragung des Gesellschaftsanteils von Erben auf nachfolgeberechtigte Vermächtnisnehmer bedarf es nicht der Zustimmung der anderen Gesellschafter.
3. Nachfolgeberechtigt sind nur andere Gesellschafter, Ehegatten und/oder Abkömmlinge von Gesellschaftern. Werden mehrere Erben oder Vermächtnisnehmen eines Gesellschafters Gesellschafter, die bislang noch nicht an der Gesellschaft beteiligt waren, ist ihnen die Ausübung der Gesellschafterrechte, soweit nicht zwingend gesetzlich etwas anderes gilt, nur durch einen gemeinsamen Bevollmächtigten gestattet. Gemeinsamer Vertreter kann nur ein Gesellschafter oder ein kraft Gesetzes zur Verschwiegenheit verpflichtetes Mitglied des rechts-, wirtschafts- oder steuerberatenden Berufs sein. Bis zur Benennung des Bevollmächtigten ruht das Stimmrecht aus den Gesellschaftsanteilen, die auf die nachfolgeberechtigten Personen übergegangen sind.
4. Wird die Gesellschaft von den verbliebenen Gesellschaftern allein fortgesetzt, erhalten die Erben des verstorbenen Gesellschafters eine Abfindung nach Maßgabe dieses Gesellschaftsvertrags.
5. Hat ein verstorbener Gesellschafter durch Verfügung von Todes wegen Testamentsvollstreckung angeordnet, ist der Testamentsvollstrecker zur Wahrnehmung der Gesellschafterrechte und -pflichten berechtigt.

§ 16
Schriftform

Änderungen und Ergänzungen dieses Vertrags bedürfen der Schriftform. Dies gilt auch für einen Verzicht auf das Schriftformerfordernis. Etwaige weitergehende gesetzliche Formvorschriften bleiben unberührt.

§ 17
Salvatorische Klausel

1. Soweit in diesem Gesellschaftsvertrag keine besondere Regelung getroffen ist, gelten die gesetzlichen Bestimmungen.
2. Etwaige Nichtigkeit einzelner Bestimmungen berühren die Wirksamkeit des Gesellschaftsvertrags im Übrigen nicht. Die Beteiligten sind verpflichtet, anstelle der unwirksamen Bestimmung eine dem Vertragsgedanken entsprechende Neuregelung zu treffen. Sofern eine Neuregelung nicht erfolgt, gelten die für die entsprechende Regelungslücke bestehenden gesetzlichen Bestimmungen.

Ende der Anlage

O. »Familienpool« in Form einer GmbH & Co. KG (Einbringung von Grundbesitz, Übertragung von Gesellschaftsanteilen, Neufassung des Gesellschaftsvertrages)

6770 »Vehikel« zur Aufnahme und Verwaltung des Familienvermögens ist im nachfolgenden Regelungsfall eine GmbH & Co KG, also eine haftungsbeschränkte Gesellschaftsform, die allerdings nicht gewerblich geprägt ist, da ein Kommanditist zugleich die Geschäftsführung innehat. Damit hält sie ertragsteuerlich kein Betriebs-, sondern Privatvermögen, so dass z.B. Veräußerungsgewinne des in die KG eingebrachten Vermögens nach Ablauf der Spekulationsfrist steuerfrei sein werden. Die bereits als solche gegründete und eingetragene Kommanditgesellschaft erhält einen neuen Gesellschaftsvertrag mit »disziplinierenden« Elementen. Die Einbringung des vorhandenen Grundbesitzes erfolgt gegen Rückforderungsrechte. Die Übertragung der Kommanditanteile an die (minderjährigen, daher durch einen Ergänzungspfleger vertretenen) Kinder erfolgt (vorbehaltlich gerichtlicher Genehmigung) unter Rückforderungsvorbehalt, und unter dem Vorbehalt des Veräußerers, sich künftige Nießbrauchsrechte auszubedingen, wenn dies z.B. zu Versorgungszwecken sich als notwendig erweisen sollte.

6771 ▶ »Familienpool« in Form einer GmbH & Co. KG (Einbringung von Grundbesitz, Übertragung von Gesellschaftsanteilen, Neufassung des Gesellschaftsvertrages)

URNr. ...../2018

Einbringung von Grundbesitz

Übertragung von Gesellschaftsanteilen

an einer vermögensverwaltenden GmbH & Co KG,

Neufassung des Gesellschaftsvertrages

Heute, den ..... zweitausendachtzehn

– .....2018 –

erschienen vor mir,

.....

Notar in .....,

in meinen Amtsräumen in .....:

1. Herr A ...,
geb. am
wohnhaft in
nach Angabe,
ausgewiesen durch gültigen deutschen Personalausweis,

Handelnd eigenen Namens und als alleinvertretungsberechtigter Geschäftsführer der

... GmbH,

die wiederum als persönlich haftende Gesellschafter

der Familiengesellschaft ... GmbH & Co. KG handelt

(nachstehend »die Familiengesellschaft«)

2. dessen ebendort wohnhafte Ehefrau Frau B ...

– nachstehend die zu 1 und 2 Erschienenen auch als »Veräußerer« bezeichnet –

3. Herr Rechtsanwalt ....., hier nicht handelnd im eigenen Namen, sondern als gerichtlich bestellter Ergänzungspfleger (AG ... Az. .....) für

die minderjährige Tochter der Erschienenen zu 1. und 2.: Frau C ...

und den minderjährigen Sohn der Erschienenen zu 1. und 2.: Herrn D ... beide wohnhaft ebendort

– nachstehend C und D auch als »Erwerber« bezeichnet, auch wenn es sich um mehrere Personen handelt –

Der Notar fragte nach einer Vorbefassung im Sinne des § 3 Abs. 1 Nr. 7 BeurkG; sie wurde von den Beteiligten verneint.

Die Erschienenen waren gleichzeitig vor mir anwesend. Auf Ansuchen beurkunde ich ihren Erklärungen gemäß, was folgt:

A. Grundbuch- und Sachstand

1. Einzubringender Grundbesitz

a) Im Grundbuch des Amtsgerichts ..... Blatt ..... ist

Herr A .....

als Alleineigentümer des nachbezeichneten, in der Gemarkung ..... gelegenen Grundbesitzes eingetragen:

FlNr. .....

Der Grundbesitz ist im Grundbuch wie folgt belastet:

Abteilung II:

.....

Abteilung III:

.....

....

b) Im Grundbuch des Amtsgerichts ..... Blatt ..... ist

Herr B .....

als Alleineigentümer des nachbezeichneten, in der Gemarkung ..... gelegenen Grundbesitzes eingetragen:

FlNr. .....

Der Grundbesitz ist im Grundbuch wie folgt belastet:

Abteilung II:

.....

Abteilung III:

.....

....

B. Rechtsverhältnisse der Familiengesellschaft, Neufassung des Gesellschaftsvertrages

Herr A und Frau B haben unter Beteiligung der ... GmbH am ..... eine GmbH & Co. KG mit dem Sitz in ... errichtet, die im Handelsregister des AG ... unter HR A ... eingetragen ist und unter »Familiengesellschaft ... mbH & Co. KG« firmiert. Die in das Handelsregister eingetragene Haftsumme beträgt ..... EUR. Die Erschienenen zu 1. und 2. versichern, dass das Haftkapital in bar vollständig eingebracht wurde und keine Rückzahlungen erfolgt sind.

Für die Familiengesellschaft ... mbH & Co. KG wird der Gesellschaftsvertrag in der in der Anlage ersichtlichen Form neugefasst; auf die Anlage, die verlesen und genehmigt wurde, wird verwiesen. Der neugefasste Gesellschaftsvertrag berücksichtigt zugleich die Änderungen, die aufgrund der Weiterübertragung von Anteilen gem. D eintreten.

Gegenstand ist die Verwaltung eigenen Vermögens, insbesondere von Grundbesitz.

Der Kommanditist Herr A ist (neben dem Komplementär) zur Geschäftsführung berufen, die Gesellschaft ist also nicht gewerblich geprägt.

C. Einbringung von Grundbesitz

I. Grundsatz

Herr A und Frau B

– nachfolgend »Veräußerer« genannt, auch wenn es sich um mehrere Personen handelt –

bringen die in Abschnitt A. 1 genannten Immobilien in die Familiengesellschaft ..... mbH & Co. KG

– nachfolgend »GmbH & Co. KG« genannt –

gegen Gewährung von Gesellschaftsrechten mit Stichtag zum 01. April 2018, nachfolgend »Einbringungsstichtag« genannt ein. Eine Gutschrift erfolgt ausschließlich auf den jeweiligen Kapitalkonten II (nicht auf den für das Gewinnbezugsrecht maßgeblichen Kapitalkonten I und nicht dem gesamthänderisch gebundenen Rücklagenkonto), sodass eine ertragssteuerlich unentgeltliche Einbringung erfolgt.

Die Gewährung der Gesellschaftsanteile an der GmbH & Co. KG erfolgt für beide Kommanditisten quotengleich. Eine Erhöhung der im Handelsregister bereits eingetragenen Haftsumme von je 100.000 Euro tritt nicht ein.

II. Weitere Vereinbarungen

Für die Einbringung des Grundbesitzes gemäß Abschnitt A. 1 gelten weiter folgende Vereinbarungen:

1.

Die GmbH & Co. KG ist gegenüber dem jeweiligen Veräußerer (derzeitigen Eigentümer) verpflichtet, den jeweils betroffenen Grundbesitz zurück zu übertragen, wenn und soweit ein Rückforderungsgrund eintritt und die Rückforderung vertragsgemäß, d.h. binnen zwölf Monaten nach Kenntnis vom Rückforderungstatbestand und in notariell beglaubigter Form erklärt wird. Das Rückforderungsrecht ist nicht vererblich oder übertragbar und kann nicht durch einen gesetzlichen Vertreter oder sonstigen Sachwalter, der mit Wirkung für fremde Vermögen Erklärungen abzugeben berechtigt ist, ausgeübt werden. Es kann sich auch lediglich auf Teile des Grundbesitzes erstrecken.

Ein Rückforderungsgrund tritt jeweils ein, sobald die GmbH & Co. KG

a. von Zwangsvollstreckung in den Grundbesitz betroffen ist, sofern die Maßnahme nicht binnen zwei Monaten aufgehoben wird,

b. in Insolvenz fällt, oder die Eröffnung des Verfahrens mangels Masse abgelehnt wird.

Der Veräußerer hat die im Grundbuch eingetragenen Rechte und Grundpfandrechte dinglich zu übernehmen, soweit sie im Rang vor der nachstehend bestellten Auflassungsvormerkung eingetragen sind.

Aufwendungen aus dem Vermögen des Rückübertragungsverpflichteten werden – maximal jedoch bis zur Höhe der noch vorhandenen Zeitwerterhöhung – gegen Rechnungsnachweis erstattet bzw. durch Schuldübernahme abgegolten, soweit sie nicht nur der Erhaltung des Grundbesitzes im derzeitigen Zustand, sondern der Verbesserung oder Erweiterung des Grundbesitzes gedient haben und mit schriftlicher Zustimmung des Rückübertragungsberechtigten oder seines Vertreters durchgeführt wurden. Im Übrigen erfolgt die Rückübertragung unentgeltlich, also insbesondere ohne Ausgleich für geleistete Dienste, wiederkehrende Leistungen, Tilgungen, geleistete Zinsen, Arbeitsleistungen, oder die gezogenen Nutzungen. Hilfsweise gelten die gesetzlichen Bestimmungen zum Rücktrittsrecht.

Zur Sicherung des bedingten Rückübertragungsanspruchs nach wirksamer Ausübung eines vorstehend eingeräumten Rückforderungsrechtes bestellt hiermit die GmbH & Co. KG zugunsten des jeweils vorgenannten Veräußerers eine

O. »Familienpool« in Form einer GmbH & Co. KG   Kapitel 15

Eigentumssvormerkung

am jeweiligen Grundbesitz und

bewilligt

deren Eintragung im Grundbuch. Die Vormerkung ist als Sicherungsmittel auflösend befristet. Sie erlischt mit dem Tod des Veräußerers. Antrag auf Eintragung der Auflassungsvormerkungen wird derzeit nicht gestellt, kann jedoch jederzeit – auch bezogen auf einzelne Grundstücke – gestellt werden.

2.

Der unter Abschnitt A 1a genannte Grundbesitz ist vermietet. Die GmbH & Co. KG tritt ihm Verhältnis zum Veräußerer in alle Rechte und Pflichten der Mietverhältnisse ab dem Einbringungsstichtag gem. Abschnitt C I ein.

Der unmittelbare Besitz, Nutzen und die laufenden Lasten und die Verkehrssicherungspflicht gehen auf die GmbH & Co. KG ab dem Einbringungsstichtag gem. C I über.

3.

Der Veräußerer haftet für ungehinderten Besitz- und Eigentumsübergang und für Freiheit von im Grundbuch eingetragenen Rechten Dritter außer solchen, die die GmbH & Co. KG in dieser Urkunde übernommen hat. Die im Grundbuch bereits bisher in Abt. II eingetragenen, oben aufgeführten Rechte werden übernommen.

Der Veräußerer garantiert, dass für den Grundbesitz keine Rückstände an Steuern und sonstigen öffentlichen Lasten und Abgaben bestehen.

4.

Der Grundbesitz wird in seinem derzeitigen Zustand eingebracht. Ansprüche und Rechte der GmbH & Co. KG wegen Sachmängeln jeder Art werden hiermit ausgeschlossen. Dies gilt auch für alle Ansprüche auf Schadenersatz. Unberührt bleibt jedoch eine Haftung für Vorsatz oder Arglist. Gewährleistungsansprüche aus vergangenen Werkleistungen werden – soweit vorhanden – an die GmbH & Co. KG abgetreten.

III. Einigung, Vorbehalt

Die Vertragsteile sind sich über den vereinbarten Eigentumsübergang hinsichtlich der Miteigentumsanteile an dem Grundbesitz nach Abschnitt A.1a und b. auf die Familiengesellschaft ... mbH & Co. KG einig und bewilligen und beantragen die Eintragung der Rechtsänderung in das Grundbuch.

Auf die Eintragung einer Eigentumsvormerkung wird trotz Belehrung durch den Notar verzichtet.

D. Schenkungsvorgang: Übertragung von (Teil-)Kommanditanteilen an der Familiengesellschaft ... mbH & Co. KG durch Herrn A und Frau B an die gemeinsamen Kinder

I. Grundsatz

Wirtschaftlich im Anschluss an den vorstehenden, wertgleichen Einbringungsvorgang

überlassen Herr A und Frau B

–nachstehend »Veräußerer« genannt, auch wenn es sich um mehrere Personen handelt–

aus den ihnen zustehenden Kommanditbeteiligungen an der GmbH & Co. KG an ihre beiden gemeinsamen Kinder C und D (nachfolgend auch »Erwerber« oder »beschenkte Gesellschafter« genannt) schenkungsweise jeweils Kommanditanteile in Höhe einer Haftsumme von jeweils ... Euro je Elternteil und Erwerber, so dass die Erwerber sodann Mitkommanditisten in Höhe von je 25 % (dies entspricht einer Haftsumme von je ... Euro) sind. Die Schenkungsgegenstände werden nachfolgend auch als »Gesellschaftsanteile« oder »(Teil)-Kommanditanteile« bezeichnet. Die Erwerber, vertreten durch den Ergänzungspfleger, nehmen diese Schenkung an. Nach familiengerichtlicher Genehmigung ist die Sonderrechtsnachfolge im Handelsregister einzutragen. Die Haftsummen der Veräußerer reduzieren sich auf jeweils ..... Euro.

Für jeden der Veräußerungsvorgänge, der sich von Herrn A und Frau B – je einzeln – an C und D je einzeln vollzieht, gilt das nachstehend II enthaltene Rückforderungsrecht. In Bezug auf den jeweiligen Erwerb durch die beiden Kinder wird zusätzlich – nach dem Ableben eines Veräußerers – ein Übertragungsanspruch zugunsten des anderen Veräußerers zu gleichen Bedingungen eingeräumt (nachstehend II.2).

Die Überlassung erfolgt anteilig samt allen Ansprüchen, die am Übertragungsstichtag gemäß nachfolgendem Absatz auf den jeweils zugehörigen Gesellschafterkonten in Soll oder Haben ausgewiesen sind jedoch mit Ausnahme des Darlehenskonto und des Privatkontos; diese Konten sind nicht (anteilig) mitüberlassen. Mit übertragen sind alle vermögensrechtlichen Ansprüche (§ 717 Satz 2 BGB), insbesondere Gewinnanteile und Ansprüche auf den Liquidationserlös.

Die Überlassung der Gesellschaftsanteile erfolgt mit schuldrechtlicher Wirkung zum 01. April 2018 (»Übertragungsstichtag«). Der jeweilige Veräußerer tritt hiermit den jeweiligen (Teil-)Kommanditanteil an den jeweiligen Erwerber ab die jeweiligen Erwerber nehmen die Abtretung an. Die Abtretungen stehen dinglich jedoch unter der aufschiebenden Bedingung der Eintragung der Erwerber als Kommanditisten in Sonderrechtsnachfolge, zur Vermeidung einer unbeschränkten Haftung der Eintretenden gem. § 173 HGB.

Die Veräußerer versichern, dass das vollständig eingebrachte Haftkapital bis zum Bedingungseintritt erhalten bleiben wird und keine Rückzahlungen erfolgen werden. Von einer etwaigen vor dem Bedingungseintritt begründeten Haftung der beschenkten Gesellschafter stellen die Veräußerer frei.

Jeder Erwerber hat sich den Wert der Zuwendung, soweit er die Gegenleistungen bzw. Auflagen übersteigt, auf seinen künftigen Pflichtteilsanspruch am Nachlass des Veräußerers anrechnen zu lassen (§ 2315 BGB).

II. Rückforderungsrechte

1.

Jeder der beschenkten Gesellschafter ist gegenüber dem dies jeweils verlangenden Veräußerer – auch einzeln – verpflichtet, den überlassenen Gesellschaftsanteil zurückzuübertragen, wenn in der Person dieses beschenkten Gesellschafters ein Rückforderungsgrund eintritt und die Rückforderung vertragsgemäß, d.h. binnen zwölf Monaten nach Kenntnis vom Rückforderungsgrund und in notariell beglaubigter Form gegenüber dem beschenkten Gesellschafter erklärt wird. Das Rückforderungsrecht kann nicht durch einen gesetzlichen Vertreter oder sonstigen Sachwalter, der mit Wirkung für fremde Vermögen Erklärungen abzugeben berechtigt ist, ausgeübt werden. Es ist nicht übertragbar und nicht vererblich.

Ein Rückforderungsgrund tritt in folgenden Fällen ein:

a) Eingehung von Verpflichtungen oder Verfügungen über die geschenkten Anteile, z.B. Weiterveräußerung oder Belastung, Bestellung von Nießbrauchs- oder Pfandrechten hieran, Eingehung von Unterbeteiligungen, oder Verfügungen über Gewinnanteile oder Ausschüttungsansprüche, jeweils ohne Zustimmung des Veräußerers oder des gesetzlichen oder rechtsgeschäftlichen Vertreters des Veräußerers

b) Einleitung von Einzelvollstreckungsmaßnahmen in den Gesellschaftsanteil oder daraus sich ergebende schuldrechtliche Ansprüche, etwa auf Gewinnentnahme,

c) Eröffnung des Insolvenzverfahrens über das Vermögen des Erwerbers; Ablehnung eines solchen Antrages wegen Masseamut oder Versicherung der Vollständigkeit seines Vermögensverzeichnisses durch den Erwerber an Eides statt,

d) Versterben des Erwerbers vor dem Veräußerer,

e) Getrenntleben des Erwerbers und seines (ggf. künftigen) Ehegatten/Lebenspartners im Sinne des § 1567 BGB, es sei denn, durch vertragliche Vereinbarung ist sichergestellt, dass der Gesellschaftsanteil im Rahmen des Zugewinn- bzw. Vermögensausgleiches nicht berücksichtigt wird,

f) der Erwerber verfällt der Drogen- Alkohol-, Spiel-, Medikamenten- oder einer vergleichbaren Sucht, oder er wird rechtskräftig wegen eines Verbrechens zu einer Freiheitsstrafe von mindestens zwei Jahren ohne Bewährung verurteilt, oder er wird Mitglied einer terroristischen Vereinigung im Sinne von § 129a StGB oder einer im Sektenbericht des Bundestages aufgeführten Sekte oder einer unter Beobachtung des Verfassungsschutzes stehenden Vereinigung, oder wird geschäftsunfähig oder erfüllt in seiner Person die Voraussetzungen für die Entziehung des Pflichtteils (§ 2333 BGB).

g) Ein Rückforderungstatbestand tritt ferner ein, wenn für die heutige Übertragung Schenkungsteuer anfällt oder wenn sich das Schenkungssteuerrecht oder seine Anwendung (etwa hinsichtlich der Rechtsvorschriften zum maßgeblichen Wertansatz bzw. hinsichtlich des konkreten Wertansatzes des Anteils selbst aufgrund der künftigen wirtschaftlichen Verhältnisse) nach dieser Zuwendung in einer Weise ändert, dass sich nach dieser Änderung für die heutige Übertragung im Vergleich zum geltenden Recht eine geringere Steuerbelastung, eine spätere Fälligkeit der Steuer oder die Möglichkeit ihrer Vermeidung bei Eintritt zusätzlicher Bedingungen ergibt.

Die gesetzlichen Rückforderungsrechte, etwa wegen groben Undanks, bleiben unberührt.

2.

Nach dem Ableben eines der Veräußerer steht dasselbe Rückforderungsrecht, in Bezug auf die vom verstorbenen Veräußerer stammenden Gesellschaftsanteile, dem anderen Elternteil zu, der dann jeweils an Stelle des bisherigen Veräußerers in vorstehender Aufzählung (etwa in Bezug auf die Rückübertragung bei Vorversterben) zu lesen ist.

3.

Aufschiebend bedingt auf die Ausübung eines berechtigten Rückübertragungsverlangens tritt der zur Rückübertragung verpflichtete beschenkte Gesellschafter seinen Kommanditanteil an der GmbH & Co. KG an den dies annehmenden Veräußerer, nach dessen Ableben an den vorstehend II.2. benannten Berechtigten, hiermit ab (§ 161 BGB). Der aufschiebend bedingten Abtretung wird allseits zugestimmt.

4.

Für die aufschiebend bedingte Übertragung ist keine Gegenleistung zu erbringen, es sei denn, der zurückübertragende Erwerber hätte aus eigenem Vermögen über seine Entnahmen hinaus nicht rückzahlbare Einlagen in die GmbH & Co. KG getätigt (unberücksichtigt bleiben also die auf dem Kapitalkonto II gebuchten nicht entnahmefähigen Gewinne); in diesem Fall ist die Entschädigung begrenzt auf die anteilige noch vorhandene Erhöhung des Gesellschaftsvermögens als Folge dieser Übereinlagen. Der abtretende Gesellschafter ist allerdings auf den Zeitpunkt des Bedingungseintritts von der persönlichen Haftung für Verbindlichkeiten der Gesellschaft freizustellen. Eine Sicherheit ist nicht zu leisten. Sofern die aufschiebende Bedingung zu einem Zeitpunkt eintritt, zu dem der zurückübertragende Erwerber noch minderjährig ist hat die rückfordernde Person diejenigen Kosten, die im Rahmen der Rückforderung entstehen, zu tragen. In diesem Fall hat sie den minderjährigen zurückübertragenden Erwerber von allen weiteren etwaigen Kosten und steuerlichen Belastungen, freizustellen.

Gegenüber einer etwaig zu leistenden Entschädigung ist die rückfordernde Person zur Aufrechnung berechtigt.

III. Recht auf Nießbrauchseinräumung an den Kommanditanteilen

Der jeweilige Veräußerer – jeder einzeln –, nach dessen Ableben der andere Veräußerer auch in Bezug auf die Anteiles des verstorbenen Veräußerers, ist berechtigt, sich in Bezug auf die von ihm (bzw. dem Vorverstorbenen) jeweils den Erwerbern zugewendeten Kommanditanteile – auch teilweise – ein

Nießbrauchsrecht

vorzubehalten, und die nähere Ausgestaltung des Nießbrauchsrechts zu bestimmen, beispielsweise in Bezug auf Laufzeit (z.B. auf Lebensdauer oder Befristung), Pflichten des Nießbrauchers und Lastentragung in Bezug auf Verzinsung und Tilgung von Verbindlichkeiten, schuldrechtliche Umgestaltungsbefugnisse des Nießbrauchers etc., Stimmrechtsausübung, Fortwirkung des Nießbrauchs an Surrogaten, Berechnung des abschöpfungsfähigen Überschusses, Verpflichtung zur Tragung von Verlusten etc… Das Verlangen auf Einräumung eines Nießbrauchs am Gesellschaftsanteil muss nicht gegenüber allen Erwerbern einheitlich ausgeübt werden. Sofern das Nießbrauchsverlangen an den Kommanditanteilen der Erwerber gestellt wird, ist der Veräußerer verpflichtet sicherzustellen, dass jedenfalls bei Ablauf des Nießbrauches die von der GmbH & Co. KG dann zu tragenden Verbindlichkeiten nicht den Verkehrswert der im Gesellschaftsvermögen dann befindlichen Vermögenswerte übersteigen; andernfalls ist er der GmbH & Co. KG zum Ausgleich verpflichtet. Dies gilt jedoch nur, wenn und soweit die Verbindlichkeiten während der Nießbrauchszeit aufgenommen wurden und nur solange noch mindestens ein minderjähriger Kommanditist zum Gesellschafterkreis zählt.

Das Verlangen ist unter Mitteilung des gewünschten Inhalts des Nießbrauchs gegenüber dem betreffenden Erwerber in Schriftform zu stellen, und zwar bis zum Ablauf des 31.12.2026. Sollte der Erwerber zum Zeitpunkt der Ausübung des Verlangens durch einen Veräußerer (Elternteil) noch minderjährig sein und der andere Elternteil die Ausübungserklärung nicht gemäß § 1629 Abs. 1 Satz 1 Halbsatz 2 BGB in Empfang nehmen können, so ist die Erklärung gegenüber einem zu bestellenden Ergänzungspfleger abzugeben. Das Nießbrauchrecht kann nicht durch einen gesetzlichen Vertreter oder sonstigen Sachwalter, der mit Wirkung für fremde Vermögen Erklärungen abzugeben berechtigt ist, ausgeübt werden. Es ist nicht übertragbar und nicht vererblich.

Die schuld- und sachenrechtlichen Vereinbarungen sind sodann zwischen dem jeweiligen Veräußerer und dem jeweiligen Erwerber zu treffen; der Ergänzungspfleger erhält hierzu bereits heute jeweils Vollmacht, den Nießbrauch in der vom Veräußerer verlangten Form, sofern inhaltlich die Vorgaben der vorangehenden Absätze eingehalten sind, ohne neue familiengerichtliche Mitwirkung zu vereinbaren. Die Vollmacht erlischt mit Erreichen der vollen Geschäftsfähigkeit des jeweiligen Vollmachtgebers.

F. Schlussbestimmungen

I. Bestimmungen über Wirksamkeit und Vollzug

1.

Es wird gebeten, den Beteiligten und dem Notar Vollzugsmitteilung zu geben.

2.

Alle Beteiligten beauftragen und bevollmächtigen den amtierenden Notar, seinen amtlichen Vertreter oder Nachfolger im Amt,
- sie im Grundbuchverfahren uneingeschränkt zu vertreten
- die zur Wirksamkeit und für den Vollzug dieser Urkunde erforderlichen Genehmigungen und Erklärungen anzufordern und (auch gem. § 875 Abs. 2 BGB) entgegenzunehmen.

Anfechtbare Bescheide und Zwischenbescheide zur Fristverlängerung sind jedoch den Beteiligten selbst zuzustellen; Abschrift an den Notar wird erbeten.

Die Vertragsteile bevollmächtigen die Angestellten an dieser Notarstelle – welche der Amtsinhaber zu bezeichnen bevollmächtigt wird – je einzeln und befreit von § 181 BGB, Erklärungen, Bewilligungen und Anträge materiell- oder formellrechtlicher Art zur Ergänzung oder Änderung des Vertrages abzugeben, soweit diese zur Behebung behördlicher oder gerichtlicher Beanstandungen zweckdienlich sind.

Die Vertragsteile und deren gesetzliche Vertreter bevollmächtigen den Notar, für sie die familiengerichtliche Genehmigung samt Rechtskraftzeugnis bzw. ein Negativzeugnis zu beantragen und entgegenzunehmen, sie dem anderen Vertragsteil mitzuteilen, für diesen die Mitteilung in Empfang zu nehmen und hierüber befreit von § 181 BGB eine Eigenurkunde zu errichten. Der Notar stellt jedoch klar, dass er eine vorherige Weisung des gesetzlichen Vertreters, von dieser Vollmacht keinen Gebrauch zu machen, oder einen vorherigen Widerruf der Vollmacht beachten wird.

Für den Fall, dass wider Erwarten die familiengerichtliche Genehmigung nicht erteilt wird, vereinbaren die Parteien Folgendes: Die Vereinbarungen in Abschnitt C. dieser Urkunde (Einbringung des Grundbesitzes) sollen gleichwohl Bestand haben. Klargestellt wird, dass der Gesellschaftsvertrag der GmbH & Co. KG im Falle der Nichterteilung der familiengerichtlichen Genehmigung die Gründungsfassung vom ..... behält und nicht nach Maßgabe dieser Urkunde neugefasst ist.

O. »Familienpool« in Form einer GmbH & Co. KG — Kapitel 15

3.

Alle behördlichen und rechtsgeschäftlichen Genehmigungen sollen mit ihrem Eingang beim Notar allen Vertragsteilen gegenüber als mitgeteilt gelten und rechtswirksam sein. Dies gilt nicht für die Versagung von Genehmigungen oder deren Erteilung unter Bedingungen oder Auflagen.

II. Hinweise

Die Beteiligten wurden über den Zeitpunkt des Eigentumsübergangs am eingebrachten Grundbesitz A.1 und die Voraussetzungen hierfür belehrt, weiter über die Haftung des Grundbesitzes für Rückstände an öffentlichen Lasten und die Gesamthaftung der Beteiligten für die Kosten und Steuern sowie über das Erfordernis der Erteilung der steuerlichen Unbedenklichkeitsbescheinigung und über die Notwendigkeit der Aufnahme aller Vertragsvereinbarungen in diese Urkunde. Auf die Erbschaft- und Schenkungsteuer hat der Notar hingewiesen. Eine Steuerberatung ist durch den Notar nicht erfolgt.

III. Kosten und Steuern

Die Kosten dieser Urkunde und der Genehmigungen und alle sonstigen Kosten, die infolge der Beurkundung entstehen, trägt die GmbH & Co. KG, ebenso die Kosten des Vollzugs im Grundbuch. Etwa anfallende Schenkungsteuer trägt der Veräußerer.

IV. Abschriften

Von dieser Urkunde erhalten

beglaubigte Abschrift

jeder Vertragsteil

die betroffenen Grundbuchämter

das Finanzamt – Schenkungssteuerstelle –

Familiengericht zum eingangs genannten Az. …

Der Ergänzungspfleger

einfache Abschrift

die Finanzämter – Grunderwerbsteuerstelle –

Vorgelesen samt Anlage, von den Beteiligten genehmigt

und eigenhändig unterschrieben:

Anlage zur Urkunde:

Gesellschaftsvertrag

§ 1
Firma und Sitz

1. Die Firma der Gesellschaft lautet

Familiengesellschaft … GmbH & Co. KG

2. Sitz der Gesellschaft ist …

§ 2
Zweck

1. Gegenstand des Unternehmens ist der Erwerb, Verwaltung, Nutzung und Verwertung von eigenem Vermögen, insbesondere von bebautem und unbebautem Grundbesitz und von Unternehmensbeteiligungen aller Art einschließlich Bebauung von eigenem Grundbesitz zum Zwecke der

Vermietung und Verpachtung und An- und Verkauf von Immobilien und Unternehmensbeteiligungen ausschließlich im eigenen Namen und für eigene Rechnung sowie alle sonst mit diesem Gesellschaftszweck in Zusammenhang stehenden Geschäfte und Dienstleistungen.

2. Die Gesellschaft darf andere Unternehmen gleicher oder ähnlicher Art erwerben oder sich an ihnen beteiligen. Sie darf ferner Zweigniederlassungen errichten.

§ 3
Gesellschafter

1. Komplementär der Gesellschaft ist die ..... GmbH, AG ..., HR B .... Sie ist am Vermögen der Gesellschaft nicht beteiligt.

2. Kommanditisten sind:

a) Herr A: Er hat eine Kommanditeinlage und einen Festkapitalanteil im Nennwert von ..... Euro vor Vollzug der Anteilsschenkung an C und D zu je ... Euro, und im Nennwert von ... Euro nach Vollzug der Anteilsschenkung.

b) Frau B: Sie hat eine Kommanditeinlage und einen Festkapitalanteil im Nennwert von ..... Euro vor Vollzug der Anteilsschenkung an C und D zu je ... Euro, und im Nennwert von ... Euro nach Vollzug der Anteilsschenkung.

c) C: Sie übernimmt im Wege der Schenkung eine Kommanditeinlage und einen Festkapitalanteil i.H.v. ... Euro.

d) D: Er übernimmt im Wege der Schenkung eine Kommanditeinlage und einen Festkapitalanteil i.H.v. ... Euro.

Die Kommanditeinlagen und der Festkapitalanteil der Kommanditisten im Gesamtnennwert von ... Euro bilden das Festkapital (Kapitalkonto I) der Gesellschaft im Sinn dieses Vertrages.

3. Die Festkapitalanteile der Kommanditisten sind als ihre Haftsummen in das Handelsregister einzutragen.

4. Bei Gründung haben die Kommanditisten A und B ihre Kommanditeinlage zu je ..... Euro als Bareinlage in die Gesellschaft eingebracht.

§ 4
Geschäftsführung und Vertretung

Zur Geschäftsführung und Vertretung ist der Komplementär allein berechtigt und verpflichtet. Der Komplementär und seine Geschäftsführer sind in allen Fällen von den Beschränkungen des § 181 BGB befreit.

Die Gesellschaft wird durch den Komplementär nach außen gerichtlich und außergerichtlich vertreten.

Zudem ist der Kommanditist A zur Geschäftsführung berechtigt.

Frau B hat während der Dauer der Zugehörigkeit zur Gesellschaft das Sonderrecht, stets eine Ergänzung dieses Gesellschaftsvertrages dahingehend zu verlangen, dass sie ebenfalls als Kommanditistin zur Geschäftsführung berechtigt ist.

Macht ein Kommanditist von seinem Widerspruchsrecht nach § 164 HGB Gebrauch, so entscheidet auf Antrag des Komplementärs die Gesellschafterversammlung mit der Mehrheit der gültigen Stimmen durch Beschluss über die Vornahme der Handlung.

Die Gesellschafter können ferner mit 75 % ihrer gültig abgegebenen Stimmen über eine Geschäftsordnung des Komplementärs beschließen, aus der sich die Geschäfte/Maßnahmen ergeben, die der Zustimmung der Gesellschafterversammlung bedürfen; diese Geschäftsordnung kann nur mit 75 % ihrer gültig abgegebenen Stimmen erlassen, geändert oder aufgehoben werden.

§ 5
Vergütung des Komplementärs

Der Komplementär erhält neben dem Ersatz aller ihm durch die Geschäftsführung erwachsenden Aufwendungen eine zum Abschluss eines jeden Geschäftsjahres fällige Vergütung für die Haftungsübernahme in Höhe von 1.250 Euro im Jahr. Eine gesonderte Geschäftsführungsvergütung steht ihm nicht zu.

Ein zur Geschäftsführung berechtigter Kommanditist erhält Ersatz aller ihm durch die Geschäftsführung erwachsenden Aufwendungen. Eine Tätigkeitvergütung steht ihm nur zu, sofern und soweit die Gesellschafterversammlung einen entsprechenden Beschluss darüber fasst.

Aufwendungsersatz und Haftungsvergütung und eventuelle Tätigkeitsvergütungen gelten im Verhältnis der Gesellschafter zueinander als Aufwand bzw. Ertrag.

§ 6
Geschäftsjahr, Dauer der Gesellschaft, Kündigung

1. Die Gesellschaft beginnt mit der Eintragung im Handelsregister. Sie ist für unbestimmte Zeit eingegangen.
2. Geschäftsjahr ist das Kalenderjahr. Das erste Geschäftsjahr endet am 31. Dezember des Jahres, in dem die Gesellschaft begonnen hat.
3. Die Gesellschaft kann von jedem Gesellschafter mit einer Frist von sechs Monaten zum Ende des Geschäftsjahres gekündigt werden, erstmals allerdings zum 31.12.2045. Das Recht auf außerordentliche Kündigung bleibt unberührt.
4. Kündigt ein Gesellschafter die Gesellschaft nach Abs. 3, ist jeder der übrigen Gesellschafter berechtigt, auch seinerseits mittels Anschlusskündigung die Gesellschaft auf denselben Zeitpunkt zu kündigen. Die Anschlusskündigung muss innerhalb einer Frist von zwei Monaten nach Eingang der Kündigung bei der Gesellschaft erklärt werden.
5. Jede Kündigung bedarf der Schriftform. Sie ist gegenüber der Gesellschaft zu Händen der Geschäftsführung zu erklären, die jeden Gesellschafter unverzüglich zu unterrichten hat. Für die Rechtzeitigkeit der Kündigung ist der Eingang bei der Gesellschaft maßgebend.
6. Die Kündigung ist nur wirksam, wenn der Kündigende zugleich auch die Kündigung seiner Beteiligung am Komplementär erklärt, sofern eine solche Beteiligung besteht.

Durch die Kündigung eines Gesellschafters wird die Gesellschaft nicht aufgelöst, sondern von den verbleibenden Gesellschaftern fortgesetzt.

7. Der kündigende Gesellschafter scheidet mit Ablauf der Kündigungsfrist aus der Gesellschaft gegen Erhalt einer Abfindung gemäß § 19 aus, es sei denn, die Gesellschaft tritt zu diesem Zeitpunkt aus zwingenden gesetzlichen Gründen in Liquidation oder die übrigen Gesellschafter beschließen mit 75 % ihrer gültig abgegebenen Stimmen oder der alleinverbleibende Gesellschafter erklärt zu diesem Zeitpunkt, dass die Gesellschaft mit Ablauf der Kündigungsfrist aufgelöst sein soll, in diesem Fall nimmt der kündigende Gesellschafter an der Liquidation teil.
8. Kündigt ein Privatgläubiger eines Gesellschafters die Gesellschaft, scheidet dieser Gesellschafter mit Wirksamwerden der Kündigung aus der Gesellschaft aus. Absätze 6 und 7 gelten im Übrigen entsprechend.

§ 7
Gesellschafterkonten

Für jeden Gesellschafter werden ein festes Kapitalkonto I, ein variables Kapitalkonto II, ein Verlustvortragskonto als Unterkonto der Kapitalkonten I und II und zwei Forderungskonten: ein Privatkonto und ein Darlehenskonto geführt. Zudem wird ein gesamthänderisch gebundenes Rücklagenkonto geführt.

Auf dem festen Kapitalkonto I wird für jeden Gesellschafter der in § 3 festgelegte Einlagebetrag gebucht. Die Festkapitalkonten werden als im Verhältnis zueinander unveränderliche Festkonten geführt, mit welchen die mitgliedschaftlichen Rechte (vorbehaltlich etwaiger hiervon abweichender Stimmrechtsverteilungen) und Pflichten der Gesellschafter, insbesondere der Anteil am Ergebnis und an den stillen Reserven verbunden sind. Das Kapitalkonto I ist unverzinslich. Verlustanteile und Entnahmen verringern im Verhältnis der Kommanditisten untereinander nicht die Höhe der Festkapitalkonten.

3. Auf dem variablen Kapitalkonto II werden die dem Gesellschafter zustehenden, jedoch nicht entnahmefähigen Gewinne sowie über die Hafteinlage hinausgehende Zuzahlungen, die der Gesellschafter in das Eigenkapital leistet, gebucht. Sie dienen zur Stärkung des Eigenkapitals der Gesellschaft und weisen keine Forderungen der Gesellschafter aus. Das Kapitalkonto II wird nicht verzinst. Von dem Kapitalkonto II sind etwaige Verluste – sofern und soweit sie nicht durch Beträge auf dem gesamthänderisch gebundene Rücklagenkonto (Vgl. Ziffer 6) ausgeglichen werden können – anteilig abzubuchen. Die Gesellschafterversammlung kann mit einer Mehrheit von 75 % der gültig abgegebenen Stimmen beschließen, dass Guthaben auf den Kapitalkonten II um einen für alle einheitlichen Prozentsatz auf das Privatkonto umgebucht werden, soweit sie nicht zum Ausgleich von Verlustvorträgen benötigt werden.

4. Stehen auf dem Kapitalkonto II keine Beträge mehr zur Verfügung, um einen Verlust voll abbuchen zu können, so ist ein weitergehender Verlust zunächst auf das Verlustvortragskonto zu buchen und durch Gewinne folgender Jahre vorab auszugleichen. Erst nach einem solchen Ausgleich können entnahmefähige Gewinne wieder auf dem Privatkonto gutgeschrieben werden.

5. Forderungskonten

a) Auf dem Darlehenskonto werden die von dem Gesellschafter gewährten Darlehen verbucht.

Sofern und soweit in dem Darlehensvertrag mit dem darlehensgebenden Gesellschafter nichts anderes vereinbart ist, gilt folgendes: Die Gesellschafterdarlehen werden mit einem Zinssatz in Höhe von 1,5 Prozentpunkten p.a. über dem Basiszinssatz höchstens jedoch mit 3,0 Prozentpunkte p.a. verzinst; Bemessungsgrundlage für die Zinsen ist der Stand des jeweiligen Darlehens zum Ende eines jeden Kalendermonats. Die Zinsen werden unbeschadet der steuerlichen Behandlung wie Aufwand behandelt und dem Privatkonto gutgebracht. Guthaben auf dem Darlehenskonto sind, vorbehaltlich abweichender Vereinbarungen im Darlehensvertrag, unter Einhaltung einer Frist von 6 Monaten auf das Ende des Geschäftsjahres kündbar; die Gesellschaft kann, solange ihre finanzielle Lage es erfordert, die Tilgung sodann in gleichen Quartalsraten in einem Zeitraum von bis zu fünf Jahren vornehmen. Die Gesellschaft ist zur Rückzahlung von Darlehen jederzeit berechtigt. Über eine Änderung oder Aufhebung der Verzinsung der Darlehenskonten und der Auszahlungsvoraussetzungen entscheiden die Gesellschafter mit der Mehrheit von 75 % der gültig abgegebenen Stimmen durch Beschluss.

b) Auf dem Privatkonto werden alle sonstigen Forderungen und Verbindlichkeiten zwischen Gesellschaft und Gesellschafter gebucht. Dies gilt insbesondere für entnahmefähige Gewinne, soweit diese nicht zum Ausgleich eines Verlustvortragskonto benötigt werden oder auf dem Kapitalkonto II zu verbuchen sind, Zinsen aus den Darlehenskonten sowie sonstige Einlagen, sofern es sich dabei nicht um Zuzahlungen auf das Kapitalkonto I oder das Kapitalkonto II oder um Gewährung von Darlehen handelt, sowie für Steuerentnahmen und sonstige Entnahmen. Die Privatkonten werden mit von 1,5 Prozentpunkten p.a. über dem Basiszinssatz höchstens jedoch mit 3,0 Prozentpunkten p.a. verzinst. Über eine Änderung oder Aufhebung der Verzinsung der Privatkonten entscheiden die Gesellschafter mit einer Mehrheit von 75 % der gültig abgegebenen Stimmen. Bemessungsgrundlage für die Zinsen ist der Stand der Privatkonten zum Ende eines jeden Kalendermonats. Die Zinsen auf den Privatkonten stellen im Verhältnis zu den Gesellschaftern Aufwand bzw. Ertrag dar. Die Gesellschaft ist zur Rückzahlung von Guthaben auf den Privatkonten an die Gesellschafter jederzeit berechtigt.

6. Daneben führt die Gesellschaft für alle Gesellschafter gemeinsam ein gesamthänderisch gebundenes Rücklagenkonto, vgl. § 264c Abs. 2 Satz 1, Position II, und Satz 8 HGB.

§ 8
Gesellschafterbeschlüsse

1. Die Gesellschafter entscheiden über die ihnen nach dem Gesetz oder diesem Gesellschaftsvertrag zugewiesenen Angelegenheiten durch Beschluss.

2. Beschlüsse der Gesellschaft erfolgen – sofern sich aus dieser Satzung nichts anderes ergibt – mit der Mehrheit der gültig abgegebenen Stimmen. Stimmenthaltungen gelten als nicht abgegebene Stimme.

Folgende Beschlüsse können nur mit einer Mehrheit von 90 % der gültig abgegebenen Stimmen aller vorhandenen Gesellschafter gefasst werden:

Änderung des Gesellschaftsvertrages

Auflösung der Gesellschaft,

Aufnahme neuer Gesellschafter, soweit sich aus diesem Vertrag nichts anderes ergibt.

3. Das Stimmrecht der Anteile eines jeden Gesellschafters ist (immer unabhängig von der Höhe der bei einer Beschlussfassung vorhandenen Beteiligung am Festkapital der Gesellschaft) wie folgt bemessen:

Herr A 46 Stimmen

Frau B 46 Stimmen

Frau C 4 Stimmen

Herr D 4 Stimmen.

Der Komplementär hat kein Stimmrecht.

Nach dem Tod eines der vorgenannten zu a) bzw. b) genannten Gesellschafter steht deren Stimmrecht dem jeweils hinterbliebenen anderen Elternteil zu.

Sind die zu a) und b) genannten Gesellschafter beide verstorben, bemisst sich das Stimmrecht nach der Höhe der jeweiligen Beteiligung am Festkapital der Gesellschaft. Jede 1.000 Euro eines Anteils am Festkapital gewähren eine Stimme.

4. Ein Gesellschafter hat – sofern nicht der Gesellschaftsvertrag dies an anderer Stelle ausdrücklich vorsieht – nur dann kein Stimmrecht, wenn darüber Beschluss gefasst wird, ob er zu entlasten oder von einer Verbindlichkeit zu befreien ist oder ob die Gesellschaft gegen ihn einen Anspruch geltend machen soll.

§ 9
Gesellschafterversammlungen

1. Gesellschafterbeschlüsse können nur in einer Gesellschafterversammlung gefasst werden. Außerhalb von Gesellschafterversammlungen können Beschlüsse, soweit nicht gesetzlich eine andere Form vorgeschrieben ist, durch schriftliche, telefonische oder mündliche Abstimmung oder Abstimmung per Telefax oder E-Mail oder in einer anderen elektronischen Form gefasst werden, wenn alle Gesellschafter einverstanden sind.

2. Die Gesellschafterversammlung ist mindestens einmal jährlich als ordentliche Versammlung einzuberufen; außerordentliche Versammlungen sind bei wichtigen Gründen einzuberufen.

3. Der Komplementär ist zur Einberufung einer Gesellschafterversammlung verpflichtet, wenn Gesellschafter, deren Anteile am Festkapital zusammen 25 % erreichen, die Einberufung schriftlich unter Angabe des Zwecks und der Gründe verlangen. Wird diesem Verlangen nicht unverzüglich entsprochen, können die Gesellschafter die Einberufung selbst bewirken.

4. Wird die Gesellschafterversammlung nicht notariell beurkundet, ist eine schriftliche Niederschrift anzufertigen, die vom Vorsitzenden und dem Komplementär zu unterzeichnen ist und die die Beschlussgegenstände und den Inhalt des Beschlusses protokollieren muss. Jeder Gesellschaf-

ter hat Anspruch auf Übersendung einer Abschrift. Das Protokoll hat mindestens die anwesenden und vertretenen Gesellschafter, etwaige Verzichte auf die Einhaltung von Form- und Fristvorschriften, alle Anträge und alle Beschlüsse einschließlich der jeweiligen Abstimmungsergebnisse zu enthalten.

5. Die Einberufung einer Gesellschafterversammlung erfolgt schriftlich durch den Komplementär und/oder den geschäftsführenden Kommanditisten, wobei jeder allein einberufungsberechtigt ist, an jeden Gesellschafter mit einer Frist von mindestens 14 Tagen vor dem Termin der Gesellschafterversammlung unter Mitteilung der Tagesordnung an die von dem Gesellschafter zuletzt mitgeteilte Adresse. Bei Eilbedürftigkeit kann die Einberufung mit angemessener Frist erfolgen. Der Ort der Versammlung ist der Sitz der Gesellschaft oder der gemeinsamer Wohnort der Gründungsgesellschafter Susanne Remes und Dr.-Ing. Klaus Straßburger, soweit nicht durch die Gesellschafter mit 75 % der gültig abgegebenen Stimmen anderes beschlossen wird. Der Lauf der Frist beginnt mit dem der Aufgabe zur Post folgenden Tag. Der Tag der Versammlung wird bei der Fristberechnung nicht mitgezählt. Die Tagesordnung kann in derselben Form mit einer Frist von drei Tagen vor der Gesellschafterversammlung ergänzt werden. Ist der Aufenthalt eines Gesellschafters unbekannt oder kann er aus anderen Gründen nicht ordnungsgemäß geladen werden, so ruht bis zur Beseitigung dieses Zustandes sein Stimmrecht.

6. Die Gesellschafterversammlung ist beschlussfähig, wenn 75 % des Festkapitals vertreten sind (gesetzlich und/oder rechtsgeschäftlich). Ist eine Gesellschafterversammlung nicht beschlussfähig, ist durch den Komplementär und/oder den geschäftsführenden Kommanditisten, innerhalb von zwei Wochen eine neue Gesellschafterversammlung mit der gleichen Tagesordnung einzuberufen. Diese Versammlung ist ohne Rücksicht auf die Anzahl der Gesellschafter beschlussfähig; hierauf ist in der Einladung hinzuweisen.

7. Ein Gesellschafter kann sich in der Gesellschafterversammlung durch einen Mitgesellschafter oder durch einen kraft Gesetzes zur Berufsverschwiegenheit verpflichteten Rechtsanwalt, Wirtschaftsprüfer oder Steuerberater oder durch einen aufgrund einer notariellen Vorsorgevollmacht i.S.d. § 1896 BGB Bevollmächtigten oder einen gerichtlich bestellten Ergänzungspfleger oder durch seinen gesetzlichen Vertreter vertreten und das Stimmrecht durch ihn ausüben lassen. Die Vertretungsvollmacht ist schriftlich spätestens in der Gesellschafterversammlung nachzuweisen; eine Übersendung per E-Mail oder per Telefax an die Gesellschaft ist ausreichend.

8. Die Versammlung wird durch den Vorsitzenden geleitet, der von den anwesenden Gesellschaftern mit einfacher Mehrheit der gültig abgegebenen Stimmen zu wählen ist. Erhält keiner der Gesellschafter die erforderliche Mehrheit, wird die Gesellschaft von dem anwesenden Gesellschafter mit der höchsten Beteiligung, bei Beteiligungsgleichheit von dem ältesten Gesellschafter geleitet.

9. Sind sämtliche Gesellschafter anwesend oder vertreten und mit der Beschlussfassung einverstanden, können Beschlüsse auch dann gefasst werden, wenn die für die Einberufung und Ankündigung geltenden gesetzlichen oder gesellschaftsvertraglichen Vorschriften nicht eingehalten worden sind.

10. Die Fehlerhaftigkeit von Gesellschafterbeschlüssen kann nur innerhalb von drei Monaten durch Klageerhebung gegenüber der Gesellschaft geltend gemacht werden. Die Frist beginnt mit Zugang des Protokolls bei dem anfechtungswilligen Gesellschafter. Sie endet auf alle Fälle spätestens sechs Monate nach Beschlussfassung.

§ 10
Jahresabschluss, Ergebnisverwendung, Ergebnisverteilung

1. Die Bilanz nebst Gewinn- und Verlustrechnung ist von dem Komplementär innerhalb der gesetzlich vorgesehenen Fristen aufzustellen, womit er einen Dritten auf Kosten der Gesellschaft beauftragen kann. Sie ist von dem Komplementär zu unterzeichnen und nach Fertigstellung mit einem Ergebnisverwendungsvorschlag zur Beschlussfassung vorzulegen.

2. Die Ermittlung der Einkünfte der Gesellschaft erfolgt durch Überschussrechnung. Buchführung und Bilanzierung richten sich nach den Grundsätzen ordnungsgemäßer Buchführung unter Beachtung der handels- und steuerrechtlichen Bestimmungen.

3. Die Gesellschafterversammlung beschließt mit der einfachen Mehrheit der gültig abgegebenen Stimmen über die Feststellung des Jahresabschlusses. Über die Verwendung des Ergebnisses der Gesellschaft beschließt die Gesellschafterversammlung mit einer Mehrheit von 75 % der gültig abgegebenen Stimmen.

4. Die Gesellschafter erhalten als sofort fälligen Gewinnvorweg, auch wenn ein Gewinn nicht vorhanden ist:

a. Die Haftungsentschädigungen des Komplementärs sowie Erstattungen von Aufwendungen des Komplementärs und des geschäftsführenden Kommanditisten gemäß § 5 können von diesen zum jeweiligen Fälligkeitszeitpunkt entnommen werden.

b. Gegebenenfalls mitarbeitende Kommanditisten erhalten ihre ggf. einem gesonderten Gesellschafterbeschluss festgesetzte Tätigkeitsvergütung.

c. Ferner erhalten die Gesellschafter als Gewinnvorweg die Verzinsung ihrer Privat- und Darlehenskonten wie in § 7 Abs. 5 und 6 geregelt.

d. Der danach verbleibende Gewinn wird auf die Gesellschafter im Verhältnis ihrer Festkapitalkonten verteilt.

e. Verbleibende Verluste tragen die Gesellschafter ebenfalls im Verhältnis ihrer Festkapitalkonten.

5. Der Komplementär nimmt am Gewinn und Verlust nicht teil.

6. Die Beteiligung eines Kommanditisten an einem Verlust begründet keine Nachschusspflicht des Kommanditisten und lässt die Beschränkung seiner Haftung auf die im Handelsregister eingetragene Haftsumme unberührt.

§ 11
Entnahmen

Entnahmen sind nur eingeschränkt und nach nachfolgender Maßgabe zulässig, dann jedoch mit sofortiger Fälligkeit:

1. Entnommen werden können die auf den Kommanditanteil entfallenden Steuern vom Einkommen (einschließlich Kirchensteuer und Solidaritätszuschlag), diese anteilig im Verhältnis des gesamten Einkommens zum Beteiligungseinkommen und gegebenenfalls eventueller Schenkung-/ Erbschaftsteuern für die Übertragung von Kommanditanteilen.

2. Darüber hinausgehende Entnahmen bedürfen stets eines mit der Mehrheit von 75 % der gültig abgegebenen Stimmen gefassten Beschlusses der Gesellschafterversammlung.

§ 12
Verfügungen über Gesellschaftsanteile und sonstige Ansprüche gegen die Gesellschaft

1. Jedwede entgeltliche oder unentgeltliche Verfügung eines Gesellschafters über Gesellschaftsanteile oder Teile von Gesellschaftsanteilen (Übertragung oder Belastung eines Gesellschaftsanteils sowie die Bestellung einer Unterbeteiligung, eines Nießbrauchs hieran, treuhänderische Verfügungen oder Verpfändungen und Einräumungen von sonstigen Rechten an Gesellschaftsanteilen) und über Ansprüche des Gesellschafters gegen die Gesellschaft ist nur an andere Gesellschafter, an leibliche oder adoptierte Abkömmlinge (nicht Stiefkinder) des Übertragenden oder leibliche oder adoptierte Abkömmlinge (nicht Stiefkinder) anderer Gesellschafter zulässig. Die Abtretung eines Kommanditanteiles oder eines Teiles desselben oder eine Rechtseinräumung der in Satz 1 genannten Art ist in jedem Falle nur wirksam, wenn der Übertragende gleichzeitig einen entsprechenden verhältnismäßigen Anteil am Stammkapital des Komplementärs, soweit er eine Beteiligung an diesem hält, auf den Erwerber überträgt. Die Gesellschafterversammlung kann alternativ beschließen und verlangen, dass der Verfügende zeitgleich mit der Verfügung oder Rechtseinräumung der in Satz 1 genannten Art, auch die Kündigung seiner Beteiligung am Komplementär erklärt, sofern eine solche Beteiligung besteht.

2. Im Übrigen ist eine Verfügung oder Rechtseinräumung der in Abs. 1 Satz 1 genannten Art nicht zulässig.

3. Mit der dinglichen Übertragung eines Gesellschaftsanteils oder eines Teiles einer solchen geht die Kommanditeinlage/der Festkapitalanteil und die damit verbundene Rechtsstellung des Übertragenden bezogen auf seine Beteiligungskonten sowie – sofern und soweit nicht ausdrücklich anderes im Übertragungsvertrag bestimmt wurde – auch das Darlehens- und Privatkonto in ihrem jeweiligen Stand ganz oder bei einer teilweisen Abtretung jeweils entsprechend der abgetretenen Quote auf den Erwerber mit für die Gesellschaft befreiender Wirkung über, unbeschadet der weiteren Haftung des Übertragenden für eine etwaige Schuld. Erwerber und Veräußerer erklären sich durch den Erwerbsakt mit diesem Übergang einverstanden und geben bereits jetzt sämtliche hierzu etwa erforderlichen Erklärungen ab.

4. Wenn mehrere Personen Inhaber eines Gesellschaftsanteils werden, ist ihnen die Ausübung der Gesellschafterrechte, soweit nicht zwingend gesetzlich etwas anderes gilt, nur durch einen gemeinsamen Bevollmächtigten gestattet. Gemeinsamer Vertreter kann nur einer aus ihrem Kreise, ein anderer Gesellschafter oder ein kraft Gesetzes zur Verschwiegenheit verpflichtetes Mitglied des rechts-, wirtschafts- oder steuerberatenden Berufs sein. Bis zur Benennung des Bevollmächtigten gegenüber der Gesellschaft ruht das Stimmrecht aus dem Gesellschaftsanteil.

§ 13
Vorkaufsrecht

Zur Wahrung des Charakters als Familiengesellschaft wird für den Fall von Verfügungen zudem vereinbart:

1. Veräußert einer der Gesellschafter seinen Gesellschaftsanteil, steht den anderen Gesellschaftern desselben Stammes (C und D bilden jeweils einen Stamm entsprechend den Regeln der gesetzlichen Erben erster Ordnung [§ 1924 BGB]) – vorbehaltlich Abs. 5 – ein Vorkaufsrecht im Verhältnis ihrer Festkapitalkonten zu. Für das Vorkaufsrecht gelten die Vorschriften der §§ 463 ff. BGB entsprechend, wobei das Vorkaufsrecht innerhalb von vier Wochen nach Zugang der Mitteilung über den rechtswirksamen Abschluss und Zugang einer beglaubigten Abschrift des mit dem Erwerber geschlossenen Vertrages auszuüben ist.

2. Die in Abs. 1 getroffene Regelung gilt auch für treuhänderische Verfügungen und die Einräumung von Unterbeteiligungen sowie Verpfändungen und Einräumung von sonstigen Rechten an Gesellschaftsanteilen.

3. Macht ein Gesellschafter von seinem Vorkaufsrecht nicht oder nicht fristgerecht Gebrauch, geht das Vorkaufsrecht auf vorkaufswillige Gesellschafter im Verhältnis ihrer Festkapitalkonten über. Diese Gesellschafter haben sich innerhalb einer Frist von weiteren vier Wochen seit dem Ablauf der Vier-Wochen-Frist darüber zu erklären, ob sie auch das ihnen angewachsene Vorkaufsrecht ausüben. Die vorstehenden Regelungen gelten entsprechend, wenn ein Gesellschafter von dem auf ihn hiernach jeweils übergegangenen Vorkaufsrecht auch keinen oder nicht fristgerecht Gebrauch macht.

4. Jeder Gesellschafter kann sein Vorkaufsrecht hinsichtlich des ihm zustehenden Teils des veräußerten Gesellschaftsanteils allein geltend machen.

5. Verfügungen und Rechtseinräumungen der in Abs. 1 und 2 genannten Art an den in § 12 Abs. 1 Satz 1 genannten Personenkreis bedingen kein Vorkaufsrecht nach diesem § 13. Klargestellt wird, dass die Verfügung gem. § 14 Abs. 1 kein Vorkaufsrecht begründet.

6. Wird das Vorkaufsrecht gem. Abs. 1 bis 5 nicht innerhalb der vorgenannten Fristen ausgeübt, steht das Vorkaufsrecht den übrigen Gesellschaftern zu denselben Bedingungen zu, wobei an die Stelle der Mitteilung über den rechtswirksamen Abschluss des Vertrages die Mitteilung tritt, dass das Vorkaufsrecht nicht innerhalb des Stammes ausgeübt worden ist.

§ 14
Tod eines Gesellschafters

1. Stirbt Herr A oder Frau B (Gründungskommanditisten), geht der Gesellschaftsanteil des Verstorbenen aufgrund bereits hiermit erklärter, auf den Tod befristeter und durch das Überleben des Empfängers bedingter wechselseitiger Übertragungserklärung auf den Verbleibenden der beiden über. Es handelt sich – angesichts des vergleichbaren Risikos des Vorversterbens – um eine entgeltliche Übertragung auf den Todesfall (sog. Aleatorisches Geschäft).

2. Stirbt C oder D ohne dass der Versterbende leibliche oder adoptierte Abkömmlinge hinterlässt, geht der Gesellschaftsanteil des Verstorbenen aufgrund bereits hiermit erklärter, auf den Tod befristeter und durch das Überleben des Empfängers bedingter wechselseitiger Übertragungserklärung auf den Verbleibenden der beiden über. Es handelt sich – angesichts des vergleichbaren Risikos des Vorversterbens – um eine entgeltliche Übertragung auf den Todesfall (sog. Aleatorisches Geschäft). Die Übertragungserklärung wird ferner erst wirksam eine logische Sekunde nachdem feststeht, dass das Rückforderungsrecht gem. Ziffer D.II. der Mantelurkunde, zu welcher dieser Gesellschaftsvertrag eine Anlage bildet, nicht ausgeübt wird bzw. nicht mehr ausgeübt werden kann.

3. Im Übrigen gilt: Durch den Tod eines Gesellschafters wird die Gesellschaft nicht aufgelöst, sondern mit seinen in Ansehung des Gesellschaftsanteils nachfolgeberechtigten Erben oder nachfolgeberechtigten Vermächtnisnehmern oder – falls solche nicht vorhanden sind – unter den verbleibenden Gesellschaftern fortgesetzt. Für die Übertragung des Gesellschaftsanteils von nachfolgeberechtigten Erben auf nachfolgeberechtigte Vermächtnisnehmer bedarf es nicht der Zustimmung der anderen Gesellschafter.

4. Nachfolgeberechtigt sind nur die in § 12 Abs. 1 Satz 1 genannten Personen.

5. Sind nur einzelne Erben oder Vermächtnisnehmer nachfolgeberechtigt, so geht die gesamte Beteiligung des verstorbenen Gesellschafters auf diese im Verhältnis ihrer von Tode wegen hinterlassenen Quoten über.

Die nicht nachfolgeberechtigten Erben und nicht nachfolgeberechtigten Vermächtnisnehmer des verstorbenen Gesellschafters erhalten keine Abfindung.

6. Die Beteiligungskonten des verstorbenen Gesellschafters in ihrem Stand im Zeitpunkt des Erbfalles teilen sich auf mehrere nachfolgeberechtigte Personen im Verhältnis der ihnen von Todes wegen hinterlassenen Quoten auf. Sämtliche Gesellschafter erklären sich bereits jetzt mit diesem Übergang einverstanden und geben bereits jetzt sämtliche hierzu etwa erforderlichen Erklärungen ab. Ein Guthaben oder eine Verbindlichkeit des verstorbenen Gesellschafters auf den Privat- und Darlehenskonten ist Teil des sonstigen Nachlasses und wird durch die vor- und nachstehenden Regelungen nicht erfasst.

7. Hat der verstorbene Gesellschafter Testamentsvollstreckung bezüglich des von ihm hinterlassenen Gesellschaftsanteils angeordnet, so ist der Testamentsvollstrecker, soweit nicht zwingende gesetzliche Vorschriften entgegenstehen, zur Wahrnehmung aller Rechte zugelassen, die den Rechtsnachfolgern des verstorbenen Gesellschafters aus der Beteiligung zustehen. In einem solchen Fall kann der Testamentsvollstrecker die Beteiligung auch als Treuhänder übernehmen oder die Rechte der Rechtsnachfolger auf Grund einer vom Erblasser oder von seinen Rechtsnachfolgern erteilten Vollmacht wahrnehmen. Sofern der oder die Erben bereits Gesellschafter sind, ist die treuhänderische Übertragung der ererbten Beteiligung auf den Testamentsvollstrecker zulässig.

§ 15
Insolvenzverfahren über das Vermögen eines Gesellschafters

Ein Gesellschafter, über dessen Vermögen Insolvenzverfahren eröffnet wird, oder bezüglich dessen Vermögen die Eröffnung des Insolvenzverfahrens mangels Masse abgelehnt wird, scheidet mit dem Tag der Eröffnung des Insolvenzverfahrens bzw. des Beschlusses, durch den die Eröffnung des Insolvenzverfahrens mangels Masse abgelehnt wird, aus der Gesellschaft aus. Die Gesellschaft wird von den übrigen Gesellschaftern unter der bisherigen Firma fortgeführt, es sei denn, sie beschließen innerhalb von sechs Wochen seit Eintritt des Ereignisses mit einer Mehrheit von 90 % der abgegebenen Stimmen, die Gesellschaft nicht fortzusetzen. In diesem Fall gilt die Gesellschaft als zu dem Zeitpunkt des Ereignisses aufgelöst und wird unter Beteiligung des ausscheidenden Gesellschafters liquidiert.

§ 16
Güterstandsklausel

1. Gesellschafter kann nur werden bzw. bleiben, wer mit seinem Ehegatten den Güterstand der Gütertrennung nach Maßgabe der Bestimmungen des BGB vereinbart oder mit diesem modifizierte Zugewinngemeinschaft mit dem Inhalt vereinbart, dass der Gesellschaftsanteil und sämtliche damit verbundene Ansprüche des Ehegatten aus einem Zugewinnausgleich im Fall der Scheidung der Ehe und im Fall des Versterbens aufgrund eines beschränkten Pflichtteilsverzichts aus dem Ehegattenpflichtteilsrecht ausscheidet. Zu dem Ehevertrag und dem Pflichtteilsverzichtsvertrag ist auch zu vereinbaren, dass eine Vollstreckung des aus dem sonstigen Vermögen eventuell zugewinn- und pflichtteilsberechtigten Ehegatten in das vorgenannte Vermögen nicht zulässig ist. Das gilt auch, wenn der Gesellschafter, der schon einmal verheiratet war, erneut heiratet. Dieses gilt auch für Lebenspartnerschaften.

2. Erfüllt ein Gesellschafter die Verpflichtung gemäß Abs. 1 trotz schriftlicher Aufforderung durch den Komplementär oder durch einen anderen Mitgesellschafter innerhalb von sechs Monaten nach dieser Aufforderung nicht, scheidet er aus der Gesellschaft aus. Die Gesellschaft wird von den übrigen Gesellschaftern unter der bisherigen Firma fortgeführt, es sei denn, sie beschließen innerhalb von sechs Wochen seit Eintritt des Ereignisses mit einer Mehrheit von 90 % der abgegebenen Stimmen, die Gesellschaft nicht fortzusetzen. In diesem Fall gilt die Gesellschaft als zu dem Zeitpunkt des Ereignisses aufgelöst und wird unter Beteiligung des ausscheidenden Gesellschafters liquidiert.

3. Die Ehe zwischen Herrn A und Frau B ist von dieser Regelung ausgenommen.

4. Jeder Gesellschafter ist verpflichtet, seinen Güterstand und Änderungen seines Güterstandes der Gesellschaft unverzüglich mitzuteilen.

§ 17
Ausschließung von Gesellschaftern

1. Ein Gesellschafter kann durch Gesellschafterbeschluss aus der Gesellschaft ausgeschlossen werden,

a. wenn in seiner Person ein wichtiger Grund gegeben ist, der nach §§ 133, 140 HGB seine Ausschließung aus der Gesellschaft rechtfertigt;

b. wenn die Zwangsvollstreckung in den Gesellschaftsanteil eines Gesellschafters oder in sein Auseinandersetzungsguthaben oder ein sonstiges Gesellschafterrecht betrieben wird und die Vollstreckungsmaßnahme nicht innerhalb von zwei Monaten nach Erlass des Pfändungsbeschlusses aufgehoben wird, oder wenn der Gesellschafter die Richtigkeit seines Vermögensverzeichnisses an Eides Statt zu versichern hat;

c. wenn der Gesellschafter durch Rechtsnachfolge den Gesellschaftsanteil erworben haben sollte, ohne zu dem in § 12 Abs. 1 Satz 1 bestimmten Gesellschafterkreis zu gehören;

d. wenn der Gesellschafter gegen die Gesellschaft Auflösungsklage erhoben hat, die abgewiesen oder zurückgenommen wurde;

e. wenn der Gesellschafter rechtskräftig wegen eines Verbrechens zu einer Freiheitsstrafe von mindestens vier Jahren ohne Bewährung verurteilt wird, oder wenn er Mitglied einer terroristischen Vereinigung im Sinne von § 129a StGB oder einer im Sektenbericht des Bundestages aufgeführten Sekte oder einer unter Beobachtung des Verfassungsschutzes stehenden Vereinigung wird.

f. wenn der Gesellschafter der Drogen-, Alkohol-, Spiel-, Medikamenten- oder einer vergleichbaren Sucht unterfällt und nicht innerhalb von 12 Monaten nach Aufforderung durch die Gesellschaft eine Entziehungskur erfolgreich durchführt.

2. Ein Ausschließungsbeschluss nach Abs. 1 lit. b., c., d. und e. kann unabhängig davon, wann der zur Ausschließung berechtigende Tatbestand eingetreten und den übrigen Gesellschaftern bekannt geworden ist, auch später noch ohne Rücksicht auf die Dauer der inzwischen verstrichenen Zeit gefasst werden. Ein Beschluss nach Abs. 1 lit. b. ist jedoch nur dann zulässig, wenn die Voraussetzungen dieser Bestimmungen im Zeitpunkt der Beschlussfassung noch vorliegen.

3. Der Ausschluss bedarf einer Mehrheit von 75 % der gültig abgegebenen Stimmen der Gesellschafter. Bei der Beschlussfassung steht dem betroffenen Gesellschafter kein Stimmrecht zu.

4. Steht ein Gesellschaftsanteil mehreren Mitberechtigten ungeteilt zu, so ist der Ausschluss auch zulässig, wenn die Voraussetzungen eines solchen Ausschlusses nur in der Person eines Mitberechtigten vorliegen.

5. In allen Fällen einer Ausschließung ist der Komplementär verpflichtet und ist jeder Gesellschafter einzeln ermächtigt, im Namen der übrigen Gesellschafter dem betroffenen Gesellschafter den Ausschließungsbeschluss mitzuteilen. Mit Zugang der Mitteilung, die schriftlich zu erfolgen hat, scheidet der ausgeschlossene Gesellschafter aus der Gesellschaft aus.

§ 18
Ausscheiden eines Gesellschafters

1. Scheidet ein Gesellschafter aus der Gesellschaft aus, wird die Gesellschaft von den übrigen Gesellschaftern fortgesetzt, sofern dieser Vertrag, insbesondere § 14 und § 18 Abs. 2 nichts anderes bestimmt.

2. Für die durch das Ausscheiden des Gesellschafters eintretende Anwachsung (§ 738 Abs. 1 Satz 1 BGB) gilt abweichend von § 738 BGB Folgendes: C und D bilden jeweils einen Stamm entsprechend den Regeln der gesetzlichen Erben erster Ordnung (§ 1924 BGB). Eine Anwachsung findet vorrangig innerhalb des Stammes des ausscheidenden Gesellschafters entsprechend § 738 BGB statt. Ist eine Anwachsung innerhalb des Stammes nicht möglich, erfolgt die Anwachsung bei den übrigen Gesellschaftern (soweit möglich nicht jedoch der Komplementärin) gem. § 738 BGB.

Die Anwachsung hat die Wirkung, dass sich die Kommanditeinlage des jeweiligen Kommanditisten, bei dem die Anwachsung erfolgt, nach dem Ausscheiden des Gesellschafters um den Betrag der auf dem Kapitalkonto I gebuchten Kommanditeinlage des Ausgeschiedenen und sich seine übrigen Beteiligungskonten um den Stand des entsprechenden Kontos des Ausgeschiedenen erhöhen.

Die Beteiligungskonten des ausgeschiedenen Gesellschafters teilen sich auf mehrere Kommanditisten eines Stammes, bei denen eine Anwachsung erfolgt, im gleichen Verhältnis auf.

Sämtliche Gesellschafter erklären sich bereits jetzt mit diesem Übergang einverstanden und geben bereits jetzt sämtliche hierzu etwa erforderlichen Erklärungen ab. Die Bestände des Privat- und Darlehenskontos werden von der Anwachsung nicht erfasst; Guthaben auf dem Privatkonto ist dann sofort zur Auszahlung fällig.

3. Die Beteiligten sind sich auch für den Fall, dass der vorstehend getroffenen, disproportionale Anwachsung die dingliche Wirkung versagt sein sollte, über den entsprechenden (anteiligen) Übergang der Gesellschafterbeteiligung einschließlich der in Abs. 2 getroffenen Aufteilung der Beteiligungskonten einig und geben vorsorglich hilfsweise bereits jetzt sämtliche hierzu erforderlichen – entsprechend aufschiebend bedingte – schuldrechtlichen und dinglichen Erklärungen ab, wonach sich sämtliche Gesellschafter so stellen, als sei die disproportionale Anwachsung einschließlich der vorstehend genannten Aufteilung der Beteiligungskonten wirksam, insbesondere zur (anteiligen) Abtretung der Gesellschaftsbeteiligung und verpflichten sich, diese Erklärungen erforderlichenfalls in gehöriger Form zu wiederholen.

4. Verbleibt nur noch der Komplementär, geht das Vermögen der Gesellschaft ohne Liquidation mit Aktiva und Passiva und dem Recht, die Firma fortzuführen, auf diesen über.

5. Ist unter den verbleibenden Gesellschaftern kein persönlich haftender Gesellschafter, wird die Gesellschaft aufgelöst.

§ 19
Abfindung eines ausscheidenden Gesellschafters

1. Scheidet ein Gesellschafter aus der Gesellschaft aus, erhält er – sofern dieser Vertrag nichts anderes bestimmt und vorbehaltlich Satz 2 – eine Abfindung zur Sicherung des Familienunternehmens in Höhe von 66 % seines nach den Absätzen 2 bis 5 zu berechnenden Anteils am Unternehmenswert im Zeitpunkt des Ausscheidens. Im Fall der außerordentlichen Kündigung oder der Kündigung durch einen Privatgläubiger oder im Fall des Ausscheidens nach § 15, § 16 Abs. 2 oder § 17 Abs. 1 lit. a., b., c., d. oder e. beträgt der vorgenannte Abfindungswert nur 50 % des nach den Absätzen 2 bis 5 zu berechnenden Anteils am Unternehmenswert im Zeitpunkt des Ausscheidens.

2. Für die Berechnung des Unternehmenswertes sind die vom Institut der Wirtschaftsprüfer in Deutschland e.V. (IDW), Düsseldorf aufgestellten Grundsätze von Unternehmensbewertungen in der zum Zeitpunkt des Ausscheidens gültigen Fassung maßgebend.

3. Die Feststellung des Unternehmenswertes gemäß Abs. 2 hat – sollte eine Einigung zwischen dem ausscheidenden Gesellschafter und der Gesellschaft nicht innerhalb von sechs Wochen nach dem Ausscheiden möglich sein – unverzüglich nach dem Ausscheiden und Ablauf der vorstehenden Sechs-Wochenfrist durch den/die mit der Erstellung des Jahresabschlusses für das Geschäftsjahr des Ausscheidens beauftragten Steuerberater, Wirtschaftsprüfer oder Wirtschaftsprüfungsgesellschaft auf Kosten der Gesellschaft mit für alle Beteiligten verbindlicher Wirkung zu erfolgen. Die Beauftragung erfolgt durch den Komplementär, der ausscheidende Gesellschafter ist ebenfalls zur entsprechenden Beauftragung ermächtigt.

4. Der Anteil des ausscheidenden Gesellschafters am Unternehmenswert nach Abs. 2 entspricht seinem Anteil am Festkapital der Gesellschaft. An dem Ergebnis schwebender Geschäfte nimmt der ausscheidende Gesellschafter nicht mehr teil.

5. Guthaben des ausgeschiedenen Gesellschafters auf dem Privat- und Darlehnskonto, die bis zum Zeitpunkt des Ausscheidens nicht wirksam entnommen oder gekündigt sind, werden dem Abfindungsguthaben hinzugerechnet und gemäß den nachstehenden Vorschriften ausbezahlt; Verbindlichkeiten des ausgeschiedenen Gesellschafters sind – soweit nichts anderes vereinbart – auf den Tag des Ausscheidens auszugleichen.

6. Die Abfindung ist in fünf gleichen Jahresraten auszuzahlen. Die erste Rate ist sechs Monate nach dem Tag des Ausscheidens zur Zahlung fällig, die folgenden Raten jeweils immer ein Jahr später. Ist der für die Abfindung maßgebende Unternehmenswert nach den Absätzen 1 bis 3 bei Fälligkeit der ersten Rate(n) noch nicht festgestellt, wird der Ratenzahlung der Buchwert der Beteiligung des ausscheidenden Gesellschafters gemäß dem letzten vor dem Zeitpunkt bzw. zum Zeitpunkt des Ausscheidens festgestellten Jahresabschlusses als vorläufiger Wert zugrunde gelegt.

7. Sollte die Zahlung der Jahresraten für die Gesellschaft nicht zumutbar sein, ermäßigt sich die Höhe der Jahresraten auf den für die Gesellschaft zumutbaren Betrag, während die Zahl der Jahresraten sich entsprechend erhöht, höchstens jedoch auf zehn Jahresraten. In keinem Fall braucht die Gesellschaft, auch wenn mehrere Gesellschafter ausscheiden, als Abfindung in einem Geschäftsjahr mehr als 10 % des Gesellschaftsvermögens auszuzahlen. Als Gesellschaftsvermögen gilt hierbei der Unternehmenswert, der der Berechnung des Abfindungsguthabens des (der) ausgeschiedenen Gesellschafter(s) zugrunde gelegt worden ist, abzüglich des Abfindungsguthabens des (der) ausgeschiedenen Gesellschafter(s). Mehrere ausgeschiedene Gesellschafter teilen sich den zur Verfügung stehenden Betrag nach dem Verhältnis ihrer Abfindung.

8. Die Abfindung ist vom Ausscheiden des Gesellschafters bis zur Zahlung mit 1,5 Prozentpunkten p.a. über dem Basiszinssatz höchstens jedoch mit 3,0 Prozentpunkten p.a. zu verzinsen. Die aufgelaufenen Zinsen sind mit den jeweiligen Raten auszahlbar.

9. Die Abfindung kann jederzeit ganz oder teilweise vorzeitig ausgezahlt werden. Die vorzeitig gezahlten Beträge werden auf die nächst fällig werdenden Raten angerechnet.

10. Sicherheit kann der ausscheidende Gesellschafter nicht verlangen.

11. Die Forderung auf Zahlung der Abfindung und der Zinsen kann nicht ohne Zustimmung der Gesellschaft abgetreten werden.

12. Weitere Ansprüche als sich aus diesem Paragraphen ergeben stehen dem Ausgeschiedenen gegen die Gesellschaft in keinem Falle zu. Dies gilt auch für den Fall, dass sein Ausscheiden im Laufe eines Geschäftsjahres erfolgt in Bezug auf das Ergebnis des laufenden Geschäftsjahres oder Ergebnisänderungen aufgrund steuerliche Außenprüfungen.

13. Die Gesellschafter kennen die höchstrichterliche Rechtsprechung hinsichtlich der Bewertung von Abfindungsklauseln. Im Falle der Unwirksamkeit der Abfindungsklausel wird das Abfindungsguthaben im Wege der geltungserhaltenden Reduktion der Abfindungsklausel in Höhe des geringstmöglichen, von der Rechtsprechung akzeptierten Wertes festgelegt.

§ 20
Auflösungsklage

Wird die Gesellschaft aufgrund einer Auflösungsklage eines oder mehrerer Gesellschafter gem. § 133 HGB aufgelöst, so sind die übrigen Gesellschafter berechtigt, mit einfacher Mehrheit die Fortsetzung der aufgelösten Gesellschaft zu beschließen. In diesem Fall scheidet der oder scheiden die Auflösungskläger aus der Gesellschaft aus.

§ 21
Liquidation

1. Die Liquidation der Gesellschaft erfolgt durch den Komplementär, soweit die Gesellschafterversammlung nichts Abweichendes beschließt.

2. Das nach Befriedigung der Gläubiger verbleibende Vermögen der Gesellschaft ist im Verhältnis der Festkapitalkonten unter die Gesellschafter zu verteilen.

§ 22
Salvatorische Klausel

Sollten einzelne Bestimmungen dieses Vertrags ganz oder teilweise unwirksam sein oder werden oder sollte sich in dem Vertrag eine Lücke befinden, soll hierdurch die Gültigkeit der übrigen Bestimmungen nicht berührt werden. Anstelle der unwirksamen Bestimmung oder zur Ausfüllung der Lücke ist eine angemessene Regelung zu vereinbaren, die soweit rechtlich möglich der am nächsten kommt, die die Gesellschafter gewollt haben oder nach dem Sinn und Zweck des Vertrags gewollt haben würden, wenn sie den Punkt bedacht hätten.

§ 23
Wirksamwerden, Rechtzeitigkeit und Form von Erklärungen

1. Jeder Gesellschafter hat dem Komplementär die Anschrift mitzuteilen, unter der ihn Nachrichten, Ladungen und Willenserklärungen der Gesellschaft und der Gesellschafter erreichen. Diese Mitteilung und jede Änderung hat der Komplementär allen übrigen Gesellschaftern unverzüglich nach Erhalt einer Mitteilung nach Satz 1 bekanntzugeben. Kann ein Schreiben der Gesellschafter, der Gesellschaft oder im Falle seiner Bestellung des Beirates an diese Anschrift postalisch nicht

zugestellt werden, gilt die in diesem Schreiben enthaltene Nachricht, Ladung, Willenserklärung als fünf Tage nach Aufgabe des Schreibens zur Post zugegangen.

2. Soweit nach diesem Gesellschaftsvertrag die Schriftlichkeit einer Erklärung oder Mitteilung erforderlich ist, ist diese auch durch Telefax oder E-Mail gewahrt, wenn der Empfänger zuvor seine Empfangsnummer bzw. E-Mail-Empfangsadresse nach Abs. 1 mitgeteilt hat.

§ 24
Verschwiegenheitsverpflichtung

Jeder Gesellschafter ist auch nach seinem Ausscheiden zur Verschwiegenheit über alle Angelegenheiten der Gesellschaft verpflichtet.

§ 25
Vollmacht zur Anmeldung beim Handelsregister

Zur Vereinfachung der Umsetzung gefasster Gesellschafterbeschlüsse beim Handelsregister erteilt jeder Kommanditist dem Komplementär und dem jeweiligen geschäftsführenden Kommanditisten Vollmacht entsprechend der beigefügten Anlage. Sie verpflichten sich, die Vollmacht auf Anforderung des Komplementärs oder des geschäftsführenden Kommanditisten in notariell beglaubigter Form zu wiederholen.

§ 26
Schlussbestimmungen

Änderungen und Ergänzungen dieses Vertrags bedürfen zur Wirksamkeit der Schriftform, soweit sich nicht zwingend eine notarielle Beurkundung erforderlich ist. Nicht schriftliche Abänderungen dieser Formvorschrift sind unwirksam.

Anlage zum Gesellschaftsvertrag der Familiengesellschaft ..... mbH & Co. KG:

Kommanditistenvollmacht

Wir, die Unterzeichnenden, sind Gesellschafter der Familiengesellschaft ... mbH & Co. KG, eingetragen beim Amtsgericht ... unter der HR-Nummer HR A ... (nachfolgend auch »Gesellschaft« genannt).

Wir erteilen dem jeweiligen persönlich haftenden Gesellschafter und dem jeweiligen geschäftsführenden Kommanditisten dieser Gesellschaft- jedem einzeln – unter Befreiung von den Beschränkungen des § 181 BGB die unwiderrufliche Vollmacht, sowohl unseren Eintritt in als auch unseren Austritt aus der Gesellschaft sowie den Eintritt und das Ausscheiden anderer Gesellschafter der Gesellschaft, die Änderung der Firma und des Sitzes der Gesellschaft, die Veränderung unserer Beteiligung oder der Beteiligung anderer Gesellschafter in unserem Namen zum Handelsregister anzumelden, sowie alle anderen Anmeldungen in unserem Namen als Gesellschafter der genannten Gesellschaft vorzunehmen.

Wir, die Unterzeichnenden, sind zugleich gesetzliche Vertreter unserer gemeinsamen Kinder C und D (§ 1629 Abs. 1 BGB). Wir ermächtigen uns analog § 125 Abs. 2 S. 2 HGB gegenseitig, Handelsregisteranmeldungen in Bezug auf die Gesellschaft für unsere Kinder vorzunehmen und wählen hierzu das Institut der Vollmacht.

Ort, Datum, Unterschrift (Unterschriftsbeglaubigung)

O. »Familienpool« in Form einer GmbH & Co. KG — Kapitel 15

▶ **Handelsregisteranmeldung zur Anteilsübertragung an der GmbH & Co. KG** — 6772

URNr./2018

An das

Amtsgericht

– Registergericht –

.....

durch elektronische Übermittlung

HR A .....

..... KG mit dem Sitz in .....

Zur Eintragung in das Handelsregister wird angemeldet:

Der Kommanditist A, geb. am ....., wohnhaft in ....., hat im Wege der Sonderrechtsnachfolge von seiner Kommanditeinlage in Höhe von bisher ..... EUR
a) einen baren Kommanditanteil von ..... EUR übertragen auf seine Tochter C, geb. am ....., wohnhaft in .....
b) einen baren Kommanditanteil von ..... EUR übertragen auf seinen Sohn D, geb. am ....., wohnhaft in .....

Die Kommanditistin B, geb. am ....., wohnhaft in ....., hat im Wege der Sonderrechtsnachfolge von ihrer Kommanditeinlage in Höhe von bisher ..... EUR
a) einen baren Kommanditanteil von ..... EUR übertragen auf seine Tochter C, geb. am ....., wohnhaft in .....
b) einen baren Kommanditanteil von ..... EUR übertragen auf seinen Sohn D, geb. am ....., wohnhaft in .....

C ist damit insgesamt mit einem Kommanditanteil in Höhe von ..... EUR in die Gesellschaft als Kommanditist eingetreten.

D ist damit insgesamt mit einem Kommanditanteil in Höhe von ..... EUR in die Gesellschaft als Kommanditist eingetreten.

Die Kommanditeinlage des übertragenden Kommanditisten A ist nunmehr herabgesetzt von ..... EUR um ..... EUR auf ..... EUR.

Die Kommanditeinlage der übertragenden Kommanditistin B ist nunmehr herabgesetzt von ..... EUR um ..... EUR auf ..... EUR.

Die übertragenden Kommanditisten und der vertretungsberechtigte Gesellschafter versichern, dass der jeweils übertragende Kommanditist für seine aufgegebenen Rechte keine Abfindung aus dem Gesellschaftsvermögen erhalten hat oder ihm eine solche versprochen wurde.

Die Übertragung der Kommanditanteile erfolgt jeweils aufschiebend bedingt auf den Zeitpunkt der Handelsregistereintragung.

Die Kosten dieser Handelsregisteranmeldung und ihres Vollzuges bei Gericht und Notar trägt die Gesellschaft.

Eintragungsnachricht wird auch an den amtierenden Notar erbeten.

Die Beteiligten bevollmächtigen die Angestellten des amtierenden Notars und seines Nachfolgers im Amt – welche der vorgenannte Notar zu bezeichnen bevollmächtigt wird – je einzeln und befreit von § 181 BGB, jegliche Erklärungen, Bewilligungen und Anträge materiell- oder formellrechtlicher Art zur Ergänzung, Änderung oder Rücknahme dieser Anmeldung abzugeben, insbesondere soweit diese zur Behebung behördlicher oder gerichtlicher Beanstandungen zweckdienlich sind.

Der vorgenannte Notar wird beauftragt und allseits bevollmächtigt, den Vollzug dieser Anmeldung im Handelsregister, insbesondere durch Erstellung einer elektronischen Handelsregisteranmeldung und deren Übermittlung an das Registergericht, zu bewirken und alle hierzu erforderlichen oder sinnvollen Erklärungen abzugeben und Maßnahmen zu treffen, einschließlich diese Anmeldung nach seinem Ermessen zu berichtigen oder zu ergänzen.

....., den .....

(Anm.: Es folgt Unterschriftsbeglaubigung.)

P. Schenkung eines Kommanditanteils im Wege vorweggenommener Erbfolge mit Handelsregisteranmeldung

▶ Schenkung eines Kommanditanteils im Wege vorweggenommener Erbfolge   6773

URNr. ...../2018

Übertragung eines Kommanditanteils im Wege vorweggenommener Erbfolge

Heute, den .....

– ..... 2018 –

erschienen vor mir,

.....,

Notar in .....,

in meinen Amtsräumen in .....:

1. Herr .....
   geb. am .....
   wohnhaft: .....
   – im Folgenden »Veräußerer« genannt –
   Sowie dessen Ehegatte ....., Frau ....., geb. .....
   geb. am .....
   ebendort wohnhaft

Und die Söhne des Veräußerers, die einzigen Kinder,

2. Herr .....
   geb. am .....
   wohnhaft: .....

3. Herr .....
   geb. am .....
   wohnhaft: .....

– im Folgenden jeweils »Erwerber« genannt –

Die Erschienenen sind dem Notar von Person bekannt/wiesen sich aus durch .....

Der Notar fragte die Erschienenen, ob er oder eine der mit ihm beruflich verbundenen Personen in einer Angelegenheit, die Gegenstand dieser Beurkundung ist, außerhalb des Notaramts tätig war oder ist. Die Frage wurde verneint.

Die Erschienenen baten um Beurkundung der nachstehenden vorweggenommenen Erbfolgeregelung durch Übertragung von Teilkommanditanteilen.

§ 1
Beteiligungsverhältnisse

Der Veräußerer ist an der ..... KG mit dem Sitz in ....., eingetragen im Handelsregister des AG ..... unter HR A ..... mit einem Kapitalanteil in Höhe von nominal ..... (im Handelsregister eingetragene Haftsumme) beteiligt.

Die Kapitaleinlage ist erbracht und wurde in der Vergangenheit nicht an den Kommanditisten zurückbezahlt, so dass den Kommanditisten keine Haftung für Verbindlichkeiten der Gesellschaft trifft.

Sonderbetriebsvermögen besteht nicht, insbesondere ist der Veräußerer nicht auch an der Komplementär-GmbH beteiligt; auch hat er der Gesellschaft keine Wirtschaftsgüter des Privatvermögens durch Pacht- oder sonstige Nutzungsverträge langfristig zur Verfügung gestellt.

Vertragsgegenstand ist der vorbezeichnete Geschäftsanteil des Veräußerers zu ..... €, der in vorweggenommener Erbfolge unter Vorbehalt des Nießbrauchs für den Veräußerer an jeden der Erwerber zur Hälfte (mithin in Höhe eines Kapitalanteils von je .....€) übertragen wird.

§ 2
Veräußerung, Abtretung

1.

Der Veräußerer veräußert je die Hälfte des vorbezeichneten Geschäftsanteils an jeden der vorbezeichneten Erwerber zur alleinigen Berechtigung und tritt den Teil-Geschäftsanteil an ihn ab. Für beide Übertragungen gilt:

Der Erwerber nimmt die Abtretung an.

Die Übertragung erfolgt samt allen Ansprüchen und Verbindlichkeiten, die am heutigen Tag auf dem Kapitalkonto I (festes Kapitalkonto), dem Kapitalkonto II (variables Kapitalkonto) und dem Darlehens- sowie dem Verlustvortragskonto in Soll oder Haben ausgewiesen sind. Mit übertragen sind alle vermögensrechtlichen Ansprüche (§ 717 Satz 2 BGB), insbesondere Gewinnanteile und Ansprüche auf den Liquidationserlös, soweit der nachstehend vereinbarte Nießbrauch nicht entgegensteht.

Die Abtretung erfolgt mit sofortiger schuldrechtlicher Wirkung (wirtschaftlicher Übertragungsstichtag), dinglich jedoch unter der aufschiebenden Bedingung der Eintragung der Erwerber als Kommanditisten in Sonderrechtsnachfolge, zur Vermeidung einer unbeschränkten Haftung der Eintretenden gem. § 173 HGB.

Das Jahresergebnis des laufenden Geschäftsjahres wird zwischen Veräußerer und Erwerber zeitanteilig (im Verhältnis der Zeiträume vor und nach dem wirtschaftlichen Übertragungsstichtag) hinsichtlich des übertragenen Anteils geteilt; im Fall des Verlustes ist jedoch der Veräußerer nicht zur Erstattung eines Verlustes an den Erwerber verpflichtet. Eine Zwischenbilanz ist nicht aufzustellen.

2.

Jeder der beschenkten Gesellschafter ist gegenüber dem dies jeweils verlangenden Veräußerer verpflichtet, den überlassenen Gesellschaftsanteil zurückzuübertragen, wenn in der Person dieses Gesellschafters ein Rückforderungsgrund eintritt und die Rückforderung vertragsgemäß, d.h. binnen zwölf Monaten nach Kenntnis vom Rückforderungstatbestand und in notariell beglaubigter Form erklärt wird. Das Rückforderungsrecht kann nicht durch einen gesetzlichen Vertreter ausgeübt werden. Es ist nicht übertragbar und nicht vererblich.

Ein Rückforderungsgrund tritt in folgenden Fällen ein:
a) Einleitung von Einzelvollstreckungsmaßnahmen in den Geschäftsanteil oder daraus sich ergebende schuldrechtliche Ansprüche, etwa auf Gewinnausschüttung,
b) Eröffnung des Insolvenzverfahrens über das Vermögen des Erwerbers; Ablehnung eines solchen Antrages wegen Masseunzulänglichkeit, Versicherung der Vollständigkeit seines Vermögensverzeichnisses durch den Erwerber an Eides statt,
c) Versterben des Erwerbers vor dem Veräußerer,
d) Getrenntleben des Erwerbes und seines (ggf. künftigen) Ehegatten/Lebenspartners im Sinne des § 1567 BGB, es sei denn, durch vertragliche Vereinbarung ist sichergestellt, dass der Geschäftsanteil im Rahmen des Zugewinn- bzw. Vermögensausgleiches nicht berücksichtigt wird.
e) Ein Rückforderungstatbestand tritt ferner ein, wenn
   aa) das zuständige Finanzamt für den heutigen Übertragungsvorgang Schenkungsteuer festsetzt, unabhängig vom Zeitpunkt der Fälligkeit der Steuer, oder
   bb) wenn der Veräußerer als Zweitschuldner auf Schenkungsteuer in Anspruch genommen wird, oder
   cc) wenn sich das Schenkungsteuerrecht oder seine Anwendung (etwa hinsichtlich der Rechtsvorschriften zum maßgeblichen Wertansatz bzw. hinsichtlich des konkreten Wertansatzes des Anteils selbst aufgrund der künftigen wirtschaftlichen Verhältnisse) nach

dieser Zuwendung in einer Weise ändert, dass sich nach dieser Änderung für die heutige Übertragung im Vergleich zum geltenden Recht eine geringere Steuerbelastung, eine spätere Fälligkeit der Steuer oder die Möglichkeit ihrer Vermeidung bei Eintritt zusätzlicher Bedingungen ergibt.

Aufschiebend bedingt auf die Ausübung eines berechtigten Rückübertragungsverlangens tritt der zur Rückübertragung verpflichtete Gesellschafter seinen Anteil an der Gesellschaft an den dies annehmenden Veräußerer hiermit ab (§ 161 BGB). Der aufschiebend bedingten Abtretung wird allseits zugestimmt.

Für die aufschiebend bedingte Übertragung ist keine Gegenleistung zu erbringen, es sei denn, der Gesellschafter hätte aus eigenem Vermögen über seine Entnahmen hinaus Einlagen in die Gesellschaft getätigt; in diesem Fall ist die Entschädigung begrenzt auf die anteilige noch vorhandene Erhöhung des Gesellschaftsvermögens als Folge dieser Übereinlagen. Der abtretende Gesellschafter ist allerdings auf den Zeitpunkt des Bedingungseintritts von der persönlichen Haftung für Verbindlichkeiten der Gesellschaft freizustellen.

3.

Jeder Erwerber hat sich jedoch den Wert der Zuwendung, soweit er die Gegenleistungen übersteigt, auf seinen künftigen Pflichtteilsanspruch am Nachlass des Veräußerers anrechnen zu lassen (§ 2315 BGB).

4.

Darüber hinaus schenkt der Veräußerer beiden Kindern den für den Schenkungsvorgang anfallenden Schenkungsteuerbetrag, ebenso die weiteren Vollzugsnebenkosten, insbesondere bei Notar und Grundbuchamt. Die Beschenkten wiederum treten den Anspruch auf etwaige künftige Rückerstattung der Schenkungsteuer (§ 29 ErbStG) an den dies annehmenden Veräußerer ab.

5.

Der mit erschienene Ehegatte stimmt dieser Übertragung und der Schenkung gem. § 2 b) hiermit umfassend zu. Dies geschieht, ggf. vorsorglich,
- *zur Mitwirkung bei der schuld- und sachenrechtlichen Übertragung, falls außerhalb des Grundbuches der Ehegatte am Eigentum mitbeteiligt sein sollte*
- *als Zustimmung zu der Schenkung, auch wenn dadurch seine etwa bindend angeordnete Stellung als späterer Erbe oder Vermächtnisnehmer beeinträchtigt werden sollte (§§ 2287, 2288 BGB)*
- *im Wege eines hiermit vereinbarten Verzichtes auf Pflichtteilsergänzungsansprüche des Ehegatten bezüglich des übertragenen Objektes*
- *im Bewusstsein, dass aufgrund des vorgenannten Verzichtes sich die Haftung der Erben des Veräußerers für dessen etwaige künftige nacheheliche (also nach einer Scheidung bestehende) Unterhaltspflichten reduzieren kann (§ 1586b BGB).*

§ 3
Nießbrauch

Der Veräußerer behält sich an den übertragenen Kommandit-Teilanteilen jeweils das Nießbrauchs-recht auf Lebensdauer, wie nachstehend ausgestaltet, vor:

1.

Dem Nießbraucher stehen die auf den Anteil entfallenden Gewinne zu, einschließlich der Verzinsung der Gesellschafterkonten, jedoch nur, soweit diese Gewinne nach den Bestimmungen des Gesellschaftsvertrags entnommen werden können.

Außerordentliche Erträge aus der Verwertung der Vermögenssubstanz der Gesellschaft stehen ausschließlich dem Gesellschafter zu.

Bei Erhöhungen des Festkapitals der Gesellschaft aus Gesellschaftermitteln erstrecken sich die Rechte des Nießbrauchers auch auf die auf den Gesellschafter entfallenden neuen Anteile. Erfolgt die Kapitalerhöhung hingegen durch Einlagen der Gesellschafter, stehen die aus der Kapitalerhöhung resultierenden Gewinnanteile und sonstige Nutzungen insoweit dem Gesellschafter zu.

Änderungen der Jahresabschlüsse sind für die Beteiligten verbindlich und verpflichten sie zum unverzüglichen Ausgleich eines sich hiernach ergebenden Mehr- oder Minder-Ergebnisses.

Endet der Nießbrauch im Lauf eines Geschäftsjahres, steht der für dieses Geschäftsjahr entnahmefähige Gewinnanteil Nießbraucher und Gesellschafter zeitanteilig zu, unabhängig davon, wann der Gewinn der Gesellschaft zugeflossen oder angefallen ist, wann er festgestellt wurde und wann der Beschluss über die Gewinnverwendung getroffen wurde.

2.

Die mit der geschenkten Beteiligung verbundenen Verwaltungsrechte, insbesondere das Stimmrecht, stehen dem Gesellschafter zu. Der Gesellschafter wird bei der Ausübung der Verwaltungsrechte auf die Interessen des Nießbrauchers, insbesondere auf das durch den Nießbrauch gesicherte Versorgungsinteresse, angemessen Rücksicht nehmen.

Der Gesellschafter verpflichtet sich, Verwaltungsrechte, die die laufenden Angelegenheiten der Gesellschaft betreffen, nach Weisung des Nießbrauchers auszuüben.

Bei außerordentlichen Angelegenheiten werden sich Nießbraucher und Gesellschafter über die Ausübung der Verwaltungsrechte verständigen. Kommt eine Einigung nicht zustande, ist für den Gesellschaftsanteil mit Stimmenthaltung abzustimmen.

Nicht zu den laufenden Angelegenheiten zählen insbesondere:
1. die Kündigung der Gesellschaft oder die Übertragung der Beteiligung,
2. die Erhebung der Auflösungsklage,
3. das außerordentliche Kontrollrecht nach § 166 Abs. 3 HGB,
4. die Umwandlung der Gesellschaft,
5. die Auflösung der Gesellschaft,
6. die Veräußerung des Unternehmens im Ganzen,
7. Änderungen und Ergänzungen der Bestimmungen des Gesellschaftsvertrags,
8. der Beschluss über die Auflösung von Rücklagen zugunsten entnahmefähiger Konten.

3.

Erwerben die Gesellschafter für die geschenkte Beteiligung einen Anspruch gegen die Gesellschaft, der an die Stelle der Beteiligung tritt (Surrogat), setzt sich der Nießbrauch am Surrogat automatisch fort. Zu solchen Surrogaten zählen insbesondere Ansprüche auf
– Auszahlung eines Auseinandersetzungsguthabens bei Auflösung der Gesellschaft oder bei Ausscheiden aus der Gesellschaft,
– eine sonstige Abfindung bei Ausscheiden aus der Gesellschaft,
– die Rückzahlung von Einlagen oder Nachschüssen,
– die Ausschüttung außerordentlicher Erträge, die aus der Verwertung der Vermögenssubstanz der Gesellschaft resultieren, z.B. bei Veräußerung von Anlagevermögen,
– eine Barabfindung nach dem Umwandlungsgesetz.

Zu den Surrogaten gehören auch die gewährten Anteile an dem übernehmenden Rechtsträger im Fall der Umwandlung der Gesellschaft oder der Einbringung der Beteiligung gegen Gewährung von Gesellschaftsrechten. Ein durch eine Veräußerung der Beteiligten erzielter Veräußerungserlös zählt ebenfalls zu den Surrogaten.

Falls sich der Nießbrauch nicht kraft Gesetzes automatisch auf das Surrogat erstreckt, verpflichten sich die Parteien, alles zu tun, was zu einer Einräumung des Nießbrauchs am jeweiligen Surrogat erforderlich sein sollte, insbesondere zur Abgabe sämtlicher hierfür erforderlichen Erklärungen.

Soweit Anfall oder Auszahlung des Surrogats beim Gesellschafter eine Steuerlast auslösen, z.B. weil es sich um einen steuerbaren Veräußerungsgewinn handelt, erstreckt sich der Nießbrauch nicht auf den zur Ablösung der Steuer erforderlichen Betrag.

4.

Jeder Erwerber wird auf Aufforderung durch den Schenker unverzüglich Auskunft über die Angelegenheiten der Gesellschaft, insbesondere über die wirtschaftlichen Verhältnisse der Gesellschaft, erteilen.

5.

Sollte der Veräußerer vor seinem derzeitigen Ehegatten versterben, ist dieser Ehegatte, sofern die Ehe bis zum Tod noch (ohne Scheidungsantrag) bestand, berechtigt, binnen sechs Monaten nach dem Tod des Veräußerers die Bestellung eines Nießbrauchsrechts zu seinen Gunsten auf die weitere Lebensdauer zu gleichen Bedingungen zu verlangen. Übt sie dieses Verlangen nicht aus, entfällt diese weitere aufschiebende (Potestativ-)bedingung endgültig, auch im Sinne des § 517 BGB.

§ 4
Haftung

Der Veräußerer garantiert, dass der Geschäftsanteil mit dem angegebenen Betrag ordnungsgemäß einbezahlt ist und dass eine unberechtigte Rückgewähr von Stammeinlagen nicht erfolgt ist. Er garantiert ferner dass keine Nachschuss- oder Erstattungsverpflichtungen bestehen und steht dafür ein, dass der Anteil nicht mit Rechten Dritter belastet ist und er über ihn frei verfügen kann. Er versichert, dass der Geschäftsanteil nicht sein ganzes oder überwiegendes Vermögen darstellt.

Darüber hinaus leistet der Veräußerer keine Garantie und übernimmt keine Haftung, insbesondere nicht für den Wert und die Ertragsfähigkeit des abgetretenen Geschäftsanteils bzw. der Gesellschaft.

§ 5
Zustimmungen, Anzeige

Den Beteiligten ist bekannt, dass gem. § ..... des Gesellschaftsvertrages die Zustimmung des persönlich haftenden Gesellschafters (.....) und der Gesellschafterversammlung erforderlich ist. Sie werden diese selbst herbeiführen.

§ 6
Eintragung im Handelsregister

Die Beteiligten erteilen sich gegenseitig Vollmacht, die erforderliche Eintragung der Sonderrechtsnachfolge im Handelsregister der KG unverzüglich herbeizuführen, befreit von den Beschränkungen des § 181 BGB, über den Tod hinaus und mit dem Recht zur Erteilung von Untervollmacht. Ihnen ist bekannt, dass hierzu die Mitwirkung aller anderen Gesellschafter erforderlich ist, sofern keine diesbezüglichen Vollmachten erteilt wurden. Nach ihrer Angabe hat jeder Kommanditist, auch die Erwerber als bereits eingetretene Kommanditisten, entsprechende Vollmacht an den Komplementär erteilt.

§ 7
Schlussbestimmungen, Abschriften

Die Kosten dieser Urkunde trägt der Erwerber (je zur Hälfte), ebenso jeder die für seinen Erwerb etwa anfallende Schenkungsteuer.

Von dieser Urkunde erhalten

Ausfertigungen:
- die Gesellschaft und die Beteiligten

Beglaubigte Abschrift erhält die zuständige Schenkungsteuerstelle mit dem Hinweis, dass der Wert der Gesamtbeteiligung derzeit etwa ..... € betragen dürfte.

Die Gesellschaft hat Grundbesitz in der Gemarkung ....., so dass die Grunderwerbsteuerstelle ..... eine Abschrift als Anzeige gem. § 20 GrEStG erhält.

Vorgelesen vom Notar, von den Beteiligten

genehmigt, und eigenhändig unterschrieben:

.....

6774 ▶ Handelsregisteranmeldung: Anteilsübertragung an einer KG

URNr./2018

An das

Amtsgericht

– Registergericht –

.....

durch elektronische Übermittlung

HR A .....

..... KG mit dem Sitz in .....

Zur Eintragung in das Handelsregister wird angemeldet:

Der Kommanditist ....., geb. am ....., wohnhaft in ....., hat im Wege der Sonderrechtsnachfolge von seiner Kommanditeinlage in Höhe von bisher ..... EUR
a) einen baren Kommanditanteil von ..... EUR übertragen auf seinen Sohn ....., geb. am ....., wohnhaft in .....
b) einen baren Kommanditanteil von ..... EUR übertragen auf seinen Sohn ....., geb. am ....., wohnhaft in .....

..... ist damit mit einem Kommanditanteil in Höhe von ..... EUR in die Gesellschaft als Kommanditist eingetreten.

..... ist damit mit einem Kommanditanteil in Höhe von ..... EUR in die Gesellschaft als Kommanditist eingetreten.

Der übertragende Kommanditist ..... ist damit aus der Gesellschaft ausgeschieden.

Der ausgeschiedene Kommanditist und die vertretungsberechtigten Gesellschafter versichern, dass der übertragende Kommanditist keine Abfindung aus dem Gesellschaftsvermögen erhalten hat oder ihm eine solche versprochen wurde.

Die Übertragung der Kommanditanteile erfolgt jeweils aufschiebend bedingt auf den Zeitpunkt der Handelsregistereintragung.

Die Kosten dieser Handelsregisteranmeldung und ihres Vollzuges bei Gericht und Notar trägt die Gesellschaft.

Eintragungsnachricht wird auch an den amtierenden Notar erbeten.

Die Beteiligten bevollmächtigen die Angestellten des amtierenden Notars und seines Nachfolgers im Amt – welche der vorgenannte Notar zu bezeichnen bevollmächtigt wird – je einzeln und befreit von § 181 BGB, jegliche Erklärungen, Bewilligungen und Anträge materiell- oder formellrechtlicher Art zur Ergänzung, Änderung oder Rücknahme dieser Anmeldung abzugeben, insbesondere soweit diese zur Behebung behördlicher oder gerichtlicher Beanstandungen zweckdienlich sind.

Der vorgenannte Notar wird beauftragt und allseits bevollmächtigt, den Vollzug dieser Anmeldung im Handelsregister, insbesondere durch Erstellung einer elektronischen Handelsregisteranmeldung und deren Übermittlung an das Registergericht, zu bewirken und alle hierzu erforderlichen oder sinnvollen Erklärungen abzugeben und Maßnahmen zu treffen, einschließlich diese Anmeldung nach seinem Ermessen zu berichtigen oder zu ergänzen.

....., den .....

(Anm.: Es folgt Unterschriftsbeglaubigung.)

Q. Schenkung einer atypischen Unterbeteiligung an einem Kommanditanteil

▶ Schenkung einer atypischen Unterbeteiligung an einem Kommanditanteil

URNr. ...../2018

Schenkung einer atypischen Unterbeteiligung an einem Kommanditanteil

Heute, den .....

– ..... 2018 –

erschienen vor mir,

.....,

Notar in .....,

in meinen Amtsräumen in .....:

1. Herr .....
   geb. am .....
   wohnhaft: .....

   – im Folgenden »Hauptbeteiligter« genannt –

2. dessen Sohn, Herr .....
   geb. am .....
   wohnhaft: .....

   – im Folgenden »Unterbeteiligter« genannt –

Die Erschienenen sind dem Notar von Person bekannt/wiesen sich aus durch .....

Der Notar fragte die Erschienenen, ob er oder eine der mit ihm beruflich verbundenen Personen in einer Angelegenheit, die Gegenstand dieser Beurkundung ist, außerhalb des Notaramts tätig war oder ist. Die Frage wurde verneint.

Die Erschienenen baten um Beurkundung der nachstehenden vorweggenommenen Erbfolgeregelung durch Einräumung von Unterbeteiligungen.

I. Einräumung von Unterbeteiligungen

§ 1
Präambel

(1) Der Hauptbeteiligte ist an der Kommanditgesellschaft in Firma ..... mit dem Sitz in ....., eingetragen im Handelsregister des Amtsgerichts ..... unter HRA ....., nachfolgend »Hauptgesellschaft« genannt, als Kommanditist mit einem festen Kommanditanteil von ..... € (..... Euro), verbucht auf dem Kapitalkonto (§ ..... des Gesellschaftsvertrags der Hauptgesellschaft), beteiligt. Dieser Betrag entspricht seiner im Handelsregister eingetragenen Haftsumme.

Für ihn werden zum 31.12. ..... geführt
a) das Festkapitalkonto mit einem Stand von ..... €
b) das Privatkonto mit einem Stand von ..... €,
c) das Verlustkonto mit einem Stand von ..... €

Der Gesellschaftsvertrag der Hauptgesellschaft i.d.F. vom ..... ist dem Unterbeteiligten bekannt.

(2) Zur Vorbereitung einer Betriebsübertragung in vorweggenommener Erbfolge und zur Förderung unternehmerischen Handelns beim Unterbeteiligten nach Eintritt seiner Volljährigkeit, zugleich zivilrechtlich als Ausstattung gemäß § 1624 BGB zur Erlangung einer selbständigen Lebensstellung begründen die Erschienenen eine Unterbeteiligung, die steuerliche Mitunternehmerschaft vermitteln soll.

§ 2
Errichtung der Unterbeteiligungsgesellschaft

(1) Der Hauptbeteiligte räumt dem Unterbeteiligten an dem in § 1 Abs. 1 genannten Kommanditanteil mit schuldrechtlicher Wirkung vom ..... (Übertragungsstichtag) eine Unterbeteiligung ein. Die Unterbeteiligung beträgt ..... € (..... Euro), entsprechend ..... % (... Prozent) des in § 1 Abs. 1 genannten Kommanditanteils. Der im laufenden Geschäftsjahr der Hauptgesellschaft erwirtschaftete Gewinn steht anteilig dem Unterbeteiligten zu.

(2) Von der Übertragung erfasst sind ebenfalls die weiteren Konten des Hauptbeteiligten im Verhältnis der geschenkten Beteiligung. Durch die Einräumung der Unterbeteiligung entsteht eine Gesellschaft nur im Innenverhältnis der Gesellschafter (Innengesellschaft).

(3) Eine etwaige Schenkungsteuer trägt der Hauptbeteiligte.

(4) Der Unterbeteiligte hat sich die Ausstattung auf seinen Pflichtteilsanspruch anrechnen zu lassen und sie, der gesetzlichen Vermutung entsprechend, beim Eintritt gesetzlicher Erbfolge bzw. testamentarisch bestätigter gesetzlicher Erbfolge im Verhältnis zu Geschwistern zur Ausgleichung zu bringen (Anrechnung auf den Erbteil).

§ 3
Auflösende Bedingung/Rückforderung

(1) Die Schenkung erfolgt unter der auflösenden Bedingung, dass
- über das Vermögen des Unterbeteiligten das Insolvenzverfahren eröffnet oder dessen Eröffnung mangels Masse abgelehnt wird bzw.,
- dass in Gesellschafterrechte des Unterbeteiligten die Zwangsvollstreckung betrieben wird, es sei denn, die Pfändungsmaßnahmen werden innerhalb von zwei Monaten wieder vollständig aufgehoben bzw.,
- dass der Unterbeteiligte vor dem Hauptbeteiligten kinderlos verstirbt.

(2) Der Hauptbeteiligte ist berechtigt, die unentgeltliche Rückübertragung der übertragenen Unterbeteiligungen einschließlich der übertragenen Guthaben auf Gesellschafterkonten ganz oder teilweise auf sich selbst zu verlangen, wenn die Belastung mit Schenkungsteuer durch diesen Vertrag sich aufgrund geänderter Gesetzeslage oder Rechtsprechung, insbesondere durch eine Entscheidung des Bundesverfassungsgerichts wesentlich erhöht; als wesentlich gilt jede Erhöhung, die ..... % höher ist als die nach heutigem Recht zu ermittelnde Zahllast.

Das Rückübertragungsverlangen ist mittels eingeschriebenen Briefs an den Unterbeteiligten bzw. dessen Rechtsnachfolger zu stellen. Der Anspruch erlischt ersatzlos, wenn er nicht binnen sechs Monaten ab Eintritt der ihn begründenden Tatsachen und deren Kenntnis gestellt wird. Der Anspruch ist ausdrücklich auf die Lebenszeit des Hauptbeteiligten beschränkt. § 346 Abs. 1 und Abs. 2 BGB gelten entsprechend.

II. Unterbeteiligungsvertrag

§ 1
Verhältnis zur Hauptgesellschaft

(1) Der Unterbeteiligte steht in unmittelbarer Rechtsbeziehung zum Hauptbeteiligten, nicht dagegen zu der Hauptgesellschaft.

(2) Der Hauptbeteiligte ist durch die Unterbeteiligung im Verhältnis zur Hauptgesellschaft nicht gehindert, seine Gesellschafterrechte in der Hauptgesellschaft selbständig in vollem Umfang geltend zu machen; er behält sich somit die Ausübung seiner Gesellschafterrechte nach eigenem Ermessen in der Hauptgesellschaft auch bei Grundlagengeschäften vor.

(3) Die dem Unterbeteiligten im Verhältnis zum Hauptbeteiligten einzuräumenden Rechte und die ihm obliegenden Pflichten finden ihre Grenzen in dem Gesellschaftsvertrag der Hauptgesellschaft

im gleichen Umfang, wie dieser für den Hauptbeteiligten verbindlich ist, in der jeweils gültigen Fassung.

(4) Sollte zwischen den Rechten und Pflichten, die dem Hauptbeteiligten aus seiner Beteiligung an der Hauptgesellschaft erwachsen und den Bestimmungen dieses Gesellschaftsvertrages ein Widerspruch bestehen oder entstehen, so ist dieser Gesellschaftsvertrag so anzupassen, dass er mit den für die Hauptgesellschaft geltenden Bestimmungen übereinstimmt.

§ 2
Kapital

(1) Der Unterbeteiligte ist nur im Innenverhältnis an dem Kapitalkonto und den übrigen Konten des Hauptbeteiligten beteiligt.

(2) Wird das Kapitalkonto des Hauptbeteiligten aus seinen übrigen Gesellschafterkonten verändert, ändert sich die Beteiligung des Unterbeteiligten an dem Kapitalkonto durch Umbuchung im gleichen Verhältnis, soweit seine Konten über das erforderliche Guthaben verfügen. Reichen die Guthaben des Unterbeteiligten nicht aus, ist er berechtigt, eine entsprechende Einlage zur Teilnahme an der Kapitalerhöhung zu leisten. Leistet der Unterbeteiligte die Einlage nicht bis zu dem Termin, an dem die Kapitalerhöhung wirksam wird, nimmt er insoweit nicht an der Kapitalerhöhung teil.

(3) Findet bei der Hauptgesellschaft eine Kapitalerhöhung nicht aus Gesellschaftsmitteln, sondern durch Einlagen der Gesellschafter statt, steht es im Ermessen des Hauptbeteiligten, ob und inwieweit er sich an dieser beteiligt. Nimmt der Hauptbeteiligte an der Kapitalerhöhung teil, kann der Unterbeteiligte die seiner Unterbeteiligungsquote entsprechende Einlage auf die Kapitalerhöhung leisten.

§ 3
Dauer/Kündigung

(1) Das Unterbeteiligungsverhältnis wird für die Dauer der Beteiligung des Hauptbeteiligten an der Hauptgesellschaft vereinbart. Scheidet der Hauptbeteiligte aus der Hauptgesellschaft ganz oder teilweise aus oder wird diese aufgelöst oder veräußert der Hauptbeteiligte seine Beteiligung an der Hauptgesellschaft ganz oder zum Teil, ist der Unterbeteiligte im Innenverhältnis an der Abfindung des Hauptbeteiligten bzw. dessen Anteil am Liquidationserlös bzw. an dem erzielten Veräußerungserlös in Höhe der Unterbeteiligungsquote beteiligt.

(2) Schon vor Beendigung der Unterbeteiligung nach Abs. 1 Satz 1 ist die Kündigung der Unterbeteiligung mit der um drei Monate verlängerten Frist, mit der die Hauptgesellschaft gekündigt werden kann, zu jedem Termin zulässig, zu dem der Hauptbeteiligte die Hauptgesellschaft kündigen kann.

(3) Das Recht, das Unterbeteiligungsverhältnis aus wichtigem Grund zu kündigen, bleibt durch die vorstehende Regelung unberührt.

§ 4
Geschäftsführung

(1) Geschäftsführer der Innengesellschaft ist nur der Hauptbeteiligte. Er wird innerhalb eines Monats nach Feststellung des Jahresabschlusses der Hauptgesellschaft einen Jahresabschluss der Innengesellschaft aufstellen und dem Unterbeteiligten zuleiten.

(2) Der Hauptbeteiligte wird den Unterbeteiligten anhören, ehe er für die Hauptgesellschaft Handlungen von besonderer Bedeutung vornimmt. Das Gleiche gilt, wenn der Hauptbeteiligte für die Innengesellschaft Handlungen vornehmen will, die über den Bereich der gewöhnlichen Geschäftsführung hinausgehen, insbesondere wenn er die Hauptgesellschaft kündigen will oder wenn Änderungen des Gesellschaftsvertrages der Hauptgesellschaft in Rede stehen.

(3) Der Geschäftsführer erhält keine Vergütung für seine Geschäftsführertätigkeit im Rahmen der Innengesellschaft.

§ 5
Gewinn- und Verlustbeteiligung

(1) Im Verhältnis der Gesellschafter zueinander ist als verteilungsfähiger Gewinn sowie als Verlust derjenige Gewinn oder Verlust anzusehen, der sich nach Maßgabe der folgenden Bestimmungen ergibt:
a) Auszugehen ist von dem Gewinn- oder Verlustanteil, der nach der Handelsbilanz der Hauptgesellschaft dem Hauptbeteiligten in der Hauptgesellschaft zukommt. Werden, z.B. aufgrund einer steuerlichen Außenprüfung, andere Ansätze verbindlich als die im ursprünglichen Jahresabschluss enthaltenen, so sind diese auch für die Innengesellschaft maßgeblich.
b) Abzusetzen ist eine Tätigkeitsvergütung in angemessener Höhe für die Tätigkeit des Hauptbeteiligten in der Hauptgesellschaft, wenn die Tätigkeitsvergütung im Gewinn- oder Verlustanteil des Hauptbeteiligten aus der Handelsbilanz enthalten ist. Die Gesellschafter sind sich darüber einig, dass unter den gegebenen Verhältnissen eine Tätigkeitsvergütung von monatlich ..... € angemessen ist.
c) Abzusetzen sind die Zinsen, die einem Gesellschafter auf sein Privatkonto zu vergüten sind.
d) Hinzuzusetzen sind die Zinsen, die ein Gesellschafter auf sein Privatkonto zu vergüten hat.

(2) Der so berechnete verteilungsfähige Gewinn oder Verlust der Innengesellschaft wird unter die Gesellschafter im Verhältnis ihrer Kapitalkonten verteilt. Die Verlustbeteiligung ist durch den Kontenstand auf den Kapitalkonten begrenzt, auf denen nach dem Gesellschaftsvertrag der Hauptgesellschaft Verluste verrechnet werden. Eine Nachschusspflicht des Unterbeteiligten besteht nicht.

(3) Die Gesellschafter sind nicht zu Nachschüssen verpflichtet.

§ 6
Entnahmen

Die Entnahmerechte gemäß dem Gesellschaftsvertrag der Hauptgesellschaft für den Hauptbeteiligten stehen im Innenverhältnis dem Unterbeteiligten im Verhältnis seiner Beteiligung zu. Der Hauptbeteiligte ist auf Anforderung des Unterbeteiligten verpflichtet, von seinem Entnahmerecht in der Hauptgesellschaft mindestens in dem Umfang Gebrauch zu machen, wie der Unterbeteiligte entsprechend seiner Beteiligungsquote zu Entnahmen berechtigt ist.

§ 7
Information des Unterbeteiligten

Der Hauptbeteiligte wird den Unterbeteiligten über die Geschäftslage der Hauptgesellschaft unterrichten und den Jahresabschluss der Hauptgesellschaft sowie die ihm zugänglichen, der Erläuterung dienenden Unterlagen vorlegen und erläutern, soweit diese nicht aufgrund gesetzlicher oder vertraglicher Bestimmungen geheim zu halten sind. Er wird den Unterbeteiligten unter Wahrung der ihm obliegenden Geheimhaltungspflicht auch über Änderungen der rechtlichen Verhältnisse der Hauptgesellschaft unterrichten.

§ 8
Tod eines Gesellschafters

(1) Stirbt der Hauptbeteiligte, so wird die Innengesellschaft mit denjenigen fortgesetzt, auf die der Anteil des Hauptbeteiligten an der Hauptgesellschaft kraft Erbganges oder Vermächtnisses übergeht.

(2) Stirbt der Unterbeteiligte, so wird die Innengesellschaft mit denjenigen fortgesetzt, auf die die Unterbeteiligung kraft Erbganges oder Vermächtnisses übergeht, soweit es sich um seinen Ehe-

gatten oder um eheliche Abkömmlinge des Unterbeteiligten handelt. In allen anderen Fällen scheiden die Erben oder Vermächtnisnehmer sechs Monate nach dem Tod des Unterbeteiligten aus. Innerhalb dieses Zeitraumes können sie die ihnen zufallende Unterbeteiligung an solche Personen übertragen, die gemäß Satz 1 nachfolgeberechtigt sind.

(3) Hat ein verstorbener Gesellschafter Testamentsvollstreckung bezüglich der von ihm hinterlassenen Beteiligung angeordnet, ist der Testamentsvollstrecker, soweit nicht zwingende gesetzliche Vorschriften entgegenstehen, zur Wahrnehmung aller Rechte zugelassen, die den Rechtsnachfolgern des verstorbenen Gesellschafters aus der Beteiligung zustehen, soweit es sich bei dem Testamentsvollstrecker um einen Rechtsanwalt, Wirtschaftsprüfer, Steuerberater oder den Ehegatten des verstorbenen Gesellschafters handelt. Der Testamentsvollstrecker kann die Beteiligung für die Dauer der Testamentsvollstreckung auch als Treuhänder übernehmen oder die Rechte der Rechtsnachfolger aufgrund einer vom Erblasser oder von seinen Rechtsnachfolgern erteilten Vollmacht ausüben.

§ 9
Auflösung des Unterbeteiligungsverhältnisses

(1) Mit der Rechtskraft des Beschlusses, durch den über das Vermögen des Unterbeteiligten das Insolvenzverfahren eröffnet oder dessen Eröffnung mangels Masse abgelehnt wird, scheidet der Unterbeteiligte aus der Gesellschaft aus. Das Gleiche gilt im Falle von Zwangsvollstreckungsmaßnahmen in Gesellschafterrechte des Unterbeteiligten, wenn diese nicht innerhalb von zwei Monaten aufgehoben worden sind.

(2) Das Unterbeteiligungsverhältnis wird aufgelöst:
a) wenn und soweit der Unterbeteiligte durch Übergang der Hauptbeteiligung Gesellschafter der Hauptgesellschaft wird,
b) wenn es ordentlich oder aus wichtigem Grund gekündigt wird,
c) wenn der Hauptbeteiligte seine Beteiligung an der Hauptgesellschaft veräußert oder sonstwie aus der Hauptgesellschaft ausscheidet,
d) wenn die Hauptgesellschaft aufgelöst wird.

§ 10
Abfindung des Unterbeteiligten

Dem ausscheidenden Unterbeteiligten steht eine Abfindung zu, die dem Saldo aus dem Stand des Kapitalkontos, des Privatkontos und des Verlustkontos, je ermittelt auf den Tag des Ausscheidens, entspricht. Erfolgt das Ausscheiden nicht zum Ende eines Geschäftsjahres, bemisst sich die Abfindung nach den aus der letzten Jahresbilanz sich ergebenden Werten. An Gewinnen und Verlusten aus schwebenden Geschäften der Hauptgesellschaft nimmt der Ausscheidende nicht teil. Die Abfindung ist in drei aufeinander folgenden gleich bleibenden Jahresraten auszuzahlen, deren erste sechs Monate nach dem Ausscheiden fällig wird, und in Höhe des Basiszinssatzes gemäß § 247 BGB zu verzinsen. Die Zinsen werden mit den Jahresraten fällig. Ergibt sich ein negativer Auszahlungssaldo, ist dieser vom Ausscheidenden sodann auszugleichen, wenn er seine Ursache in Belastungen des Privatkontos hat.

§ 11
Änderung der Rechtsform der Hauptgesellschaft

Sollte die Beteiligung des Hauptbeteiligten an der Hauptgesellschaft durch Umwandlung, Verschmelzung oder ähnliche Vorgänge eine rechtliche Umformung erfahren, werden die Gesellschafter eine Regelung treffen, durch die das Unterbeteiligungsverhältnis in möglichst enger Anlehnung an die in diesem Vertrag getroffenen Bestimmungen auf die neue Beteiligung des Hauptbeteiligten erstreckt wird.

§ 12
Abtretung und sonstige Verfügung über die Rechte aus der Unterbeteiligung

Der Unterbeteiligte kann seine Beteiligung an der Innengesellschaft oder einzelne sich daraus ergebende Rechte nur mit Zustimmung des Hauptbeteiligten abtreten oder anderweitig darüber verfügen.

III. Schlussbestimmungen

§ 1
Anpassungspflicht

Der Unterbeteiligungsvertrag beruht auf den derzeit gegebenen steuerlichen und wirtschaftlichen Verhältnissen. Im Fall einer Änderung dieser Vertragsgrundlage soll im gegenseitigen Einverständnis eine Änderung erfolgen.

§ 2
Salvatorische Klausel

Sollten eine oder mehrere Bestimmungen oder sollte ein wesentlicher Teil dieses Vertrags ganz oder teilweise nichtig sein oder werden oder sollte der Vertrag lückenhaft sein, wird dadurch die Wirksamkeit der übrigen Bestimmungen des Vertrags nicht berührt.

An die Stelle der nichtigen Teile soll eine Regelung treten, die dem Sinn und Zweck der nichtigen Teile entspricht oder ihnen am nächsten kommt. Beruht die Unwirksamkeit einer Bestimmung auf einem darin festgelegten Maß der Leistung oder der Zeit, so ist das der Bestimmung am nächsten kommende rechtlich zulässige Maß anstelle der unwirksamen Bestimmung zu vereinbaren. Andere Vertragslücken sind nach billigem Ermessen auszufüllen. Kommt innerhalb einer Frist von einem Monat eine Einigung der Parteien über die Ersetzung nicht zustande, entscheidet ein fachkundiger Schiedsgutachter, der, soweit sich die Parteien nicht innerhalb einer Frist von einem weiteren Monat über die Person eines Dritten einigen, auf Antrag der einen oder anderen Partei auf jeweils hälftige Kosten von der örtlich zuständigen Industrie- und Handelskammer zu benennen ist.

§ 3
Schriftformklausel; Kosten und Abschriften

Änderungen dieses Vertrages einschließlich dieser Bestimmung bedürfen der Schriftform, sofern nicht notarielle Beurkundung erforderlich ist.

Der Hauptbeteiligte trägt die Kosten der Beurkundung und etwaige Verkehrssteuern. Von dieser Urkunde erhalten die Beteiligten je eine Ausfertigung, das Finanzamt – Schenkungsteuerstelle – beglaubigte Abschrift.

Vorgelesen vom Notar, von den Beteiligten

genehmigt und eigenhändig unterschrieben:

.....

R. Abtretung eines GmbH-Geschäftsanteils im Wege vorweggenommener Erbfolge (mit Gesellschafterliste)

6776 ▶ Abtretung eines GmbH-Geschäftsanteils im Wege vorweggenommener Erbfolge

URNr. ...../2018

Abtretung eines GmbH-Geschäftsanteils

im Wege vorweggenommener Erbfolge

Heute, den ..... zweitausendachtzehn

– ..... 2018 –

erschienen vor mir,

.....,

Notar in .....,

in meinen Amtsräumen in .....:

1. Herr,
   geboren am,
   wohnhaft in
   ausgewiesen durch gültigen deutschen Personalausweis,

– nachstehend »der Veräußerer« genannt –

sowie *dessen Sohn*
2. Herr,
   geboren am,
   wohnhaft in
   ausgewiesen durch gültigen deutschen Personalausweis

– nachstehend »der Erwerber« genannt –.

Die Erschienenen waren gleichzeitig vor mir anwesend. Auf Ansuchen beurkunde ich ihren Erklärungen gemäß, was folgt:

§ 1
Beteiligungsverhältnisse

Der Veräußerer

ist an der GmbH in Firma – nachstehend »Gesellschaft« genannt – mit dem Sitz in

(Stammkapital nominal DM/€)

mit einem Geschäftsanteil in Höhe von nominal DM/€

– Deutsche Mark/Euro: tausend –

beteiligt.

Der Anteil wurde erworben.

Der Geschäftsanteil ist voll/zur Hälfte einbezahlt.

Die Beteiligten und der Notar haben die im Handelsregister eingestellte Gesellschafterliste zur Kenntnis genommen. Diese besteht hinsichtlich des Veräußerers seit mindestens drei Jahren unverändert; ein Widerspruch ist der Liste oder dem Eintrag des Veräußerers nicht zugeordnet. Der Notar hat auf die Möglichkeiten und Grenzen des gutgläubigen Erwerbs von Geschäftsanteilen hingewiesen, insbesondere, dass der Erwerb nicht bestehender Geschäftsanteile oder der gutgläubige Wegerwerb von Belastungen nicht möglich ist.

Vertragsgegenstand ist der vorbezeichnete Geschäftsanteil des Veräußerers zu ..... €, *welcher in der Gesellschafterliste mit der lfd. Nr. ..... gekennzeichnet ist.*

§ 2
Veräußerung, Abtretung

Der Veräußerer veräußert den vorbezeichneten Geschäftsanteil

an

den vorbezeichneten Erwerber

zur alleinigen Berechtigung und tritt den Geschäftsanteil an ihn ab.

Der Erwerber nimmt die Abtretung an.

Mitveräußert und mit abgetreten ist der aufgrund von Ausschüttungsbeschlüssen entstehende Gewinnanspruch für das laufende Geschäftsjahr und für frühere Geschäftsjahre, soweit der Gewinnverwendungsbeschluss erst künftig gefasst wird.

Die Abtretung erfolgt mit sofortiger schuldrechtlicher und dinglicher Wirkung, allerdings unter der nachstehend (§ 3) vereinbarten auflösenden Bedingung.

Den Beteiligten ist bekannt, dass der Erwerber seine Gesellschafterrechte gegenüber der Gesellschaft erst dann wirksam ausüben kann, wenn er in die im Handelsregister aufgenommene Gesellschafterliste eingetragen ist. Der Veräußerer erteilt dem Erwerber unabhängig vom Eingang der Gesellschafterliste beim Handelsregister ab sofort unwiderruflich, mit Wirkung über seinen Tod hinaus und unter Befreiung von den Beschränkungen des § 181 BGB Vollmacht, sämtliche Gesellschafterrechte aus den vertragsgegenständlichen Geschäftsanteilen im vollen Umfang und uneingeschränkt auszuüben.

§ 3
Gegenleistung und Vorbehalte

Der Erwerber hat sich den Wert der Zuwendung, soweit er die Gegenleistungen übersteigt, auf seinen künftigen Pflichtteilsanspruch am Nachlass des Veräußerers anrechnen zu lassen (§ 2315 BGB).

Er hat ihn ferner im Verhältnis zu den übrigen Abkömmlingen des Schenkers beim Eintritt gesetzlicher Erbfolge oder im Falle des § 2052 BGB beim Tod des Veräußerers auszugleichen, es sei denn, die übrigen Geschwister hätten zu Lebzeiten vom Veräußerer noch gleichwertige Zuwendungen erhalten. Andernfalls ist also unentgeltliche Anteil der heutigen Übertragung vorweg aus dem Nachlass an die anderen Abkömmlinge auszukehren, sofern und solange der Nachlass nicht erschöpft ist.

Alternativ: Eine Pflicht zur Ausgleichung gegenüber etwaigen Geschwistern des Erwerbers besteht jedoch weder zu Lebzeiten noch von Todes wegen aus dem restlichen Nachlass des Veräußerers; die Zuwendung ist also nicht auf den Erbteil des Erwerbers anzurechnen.

Die Abtretung ist auflösend bedingt. Auflösende Bedingung ist die Ausübung eines höchstpersönlichen Rückübertragungsverlangens des Veräußerers in notariell beglaubigter Form aufgrund eines der nachstehenden – vom beglaubigenden Notar nicht zu prüfenden – Rückforderungsgründe:
a) Abschluss eines schuldrechtlichen und/oder dinglichen Vertrags zur Weiterübertragung des Geschäftsanteiles ohne vorherige schriftliche Zustimmung des Veräußerers
b) Einleitung von Einzelvollstreckungsmaßnahmen in den Geschäftsanteil oder daraus sich ergebende schuldrechtliche Ansprüche, etwa auf Gewinnausschüttung,
c) Eröffnung des Insolvenzverfahrens über das Vermögen des Erwerbers; Ablehnung eines solchen Antrages wegen Massearmut, Versicherung der Vollständigkeit seines Vermögensverzeichnisses durch den Erwerber an Eides statt
d) Versterben des Erwerbers vor dem Veräußerer
e) Getrenntleben des Erwerbers und seines (künftigen) Ehegatten/Lebenspartners im Sinne des § 1567 BGB, es sei denn, durch vertragliche Vereinbarung ist sichergestellt, dass der Geschäftsanteil im Rahmen des Zugewinn- bzw. Vermögensausgleiches nicht berücksichtigt wird

f) Ein Rückforderungstatbestand tritt ferner ein, wenn
    aa) das zuständige Finanzamt für den heutigen Übertragungsvorgang Schenkungsteuer festsetzt, unabhängig vom Zeitpunkt der Fälligkeit der Steuer, oder
    bb) der Veräußerer als Zweitschuldner auf Schenkungsteuer in Anspruch genommen wird, oder
    cc) sich das Schenkungsteuerrecht oder seine Anwendung (etwa hinsichtlich der Rechtsvorschriften zum maßgeblichen Wertansatz bzw. hinsichtlich des konkreten Wertansatzes des Anteils selbst aufgrund der künftigen wirtschaftlichen Verhältnisse) nach dieser Zuwendung in einer Weise ändert, dass sich nach dieser Änderung für die heutige Übertragung im Vergleich zum geltenden Recht eine geringere Steuerbelastung, eine spätere Fälligkeit der Steuer oder die Möglichkeit ihrer Vermeidung bei Eintritt zusätzlicher Bedingungen ergibt.
g) *ein Rückforderungsrecht tritt schließlich ein, wenn Anteile des Mehrheitsgesellschafters auf Dritte übergehen, es sei denn im Erbwege oder in vorweggenommener Erbfolge*
h) *weitere Tatbestände, z.B. vom Erwerber ausgehende Beendigung einer ganztägigen Tätigkeit für die Gesellschaft; Scheitern einer Berufsausbildung etc. zB: der Erwerber oder dessen Ehegatte nicht mehr für die Gesellschaft mindestens durchschnittlich gesamt drei Stunden pro Arbeitstag tätig ist, es sei denn, die Beteiligten sind in vollem Umfang erwerbsunfähig im Sinne der rentenrechtlichen Vorschriften.*

Wechselt die Inhaberschaft am Anteil, kommt es für den Eintritt der Rückforderungsgründe auf die Person, das Verhalten, oder die sonstigen Verhältnisse der Rechtsnachfolger bzw. Erben an; bei mehreren genügt der Eintritt bei einem von ihnen. Bei Vermischung des Anteiles mit anderen beziehen sich die Verpflichtungen und Bedingung schuldrechtlich auf den durch Teilung zu bildenden Anteil in übertragener Höhe.

Die Rückübertragung erfolgt unentgeltlich, und ohne Ausgleich für die gezogenen Nutzungen. Die gesetzlichen Rücktrittsvorschriften gelten nicht. Ein Anspruch auf Befreiung von zusätzlich geleisteten Gesellschafterdarlehen besteht nicht.

Mit dem Tod des Veräußerers fällt die auflösende Bedingung endgültig aus.

2.
a) Der Veräußerer behält sich ferner den lebenslänglichen, unentgeltlichen Nießbrauch mit Wirkung zum Stichtag an der schenkweise übertragenen GmbH-Beteiligung vor.
b) Bei Ausscheiden des Beschenkten aus der Gesellschaft bzw. bei Liquidation der Gesellschaft besteht der Nießbrauch am Veräußerungserlös, Abfindungsguthaben, bzw. Liquidationserlös fort. Hilfsweise verpflichtet sich der Beschenkte, dem Schenker am Veräußerungserlös, Abfindungsguthaben bzw. Liquidationserlös einen entsprechenden lebenslänglichen und unentgeltlichen Nießbrauch zu bestellen. Bei einer Kapitalerhöhung aus Gesellschaftsmitteln setzt sich der Nießbrauch an den für den belasteten Geschäftsteil neu ausgegebenen Geschäftsanteilen bzw. dem erhöhten Geschäftsanteil fort. Dies gilt auch, wenn das Kapital gegen Einlagen erhöht wird. Der Nießbraucher kann in diesem Fall aber von dem auf den erhöhten Anteil entfallenden Gewinn nur denjenigen Betrag beanspruchen, der dem Verhältnis des Verkehrswerts des Anteils vor Kapitalerhöhung zum dem eingelegten Betrag entspricht.
c) Der Schenker darf die Ausübung des Nießbrauchs nicht einem Dritten überlassen.
d) Die mit der Beteiligung verbundenen Mitgliedschaftsrechte, insbesondere die Stimmrechte stehen dem Beschenkten zu. Der Beschenkte verpflichtet sich jedoch, alles zu unterlassen, was den Nießbrauch an der Beteiligung beeinträchtigen oder vereiteln könnte. Sofern der Veräußerer nicht mehr Inhaber der Mehrheit der Gesellschaftsanteile ist, verpflichtet sich der Inhaber des Gesellschaftsanteils ferner, für die Dauer des Nießbrauchs an Beschlüssen mitzuwirken, die die volle Ausschüttung der Gewinne ermöglichen.
e) In folgenden Angelegenheiten darf der Beschenkte jedoch sein Stimmrecht nicht ohne vorherige Zustimmung des Schenkers ausüben:
–   ordentliche Kündigung des Gesellschafterstellung
–   Thesaurierung des Jahresergebnisses
–   Auflösung und Umwandlung der Gesellschaft
–   Änderungen des Gesellschaftsvertrages, die die Rechtsstellung des Nießbrauchers beeinträchtigen.

f) Der Beschenkte wird auf Aufforderung durch den Schenker unverzüglich Auskunft über die Angelegenheiten der Gesellschaft, insbesondere über die wirtschaftlichen Verhältnisse der Gesellschaft, erteilen.

§ 4
Haftung

Der Veräußerer garantiert, dass der Geschäftsanteil mit dem angegebenen Betrag ordnungsgemäß einbezahlt ist und dass eine unberechtigte Rückgewähr von Stammeinlagen nicht erfolgt ist. Er garantiert ferner dass keine Nachschuss- oder Erstattungsverpflichtungen bestehen und steht dafür ein, dass der Anteil nicht mit Rechten Dritter belastet ist und er über ihn frei verfügen kann. Er versichert, dass der Geschäftsanteil nicht sein ganzes oder überwiegendes Vermögen darstellt.

Darüber hinaus leistet der Veräußerer keine Garantie und übernimmt keine Haftung, insbesondere nicht für den Wert und die Ertragsfähigkeit des abgetretenen Geschäftsanteils bzw. der Gesellschaft.

§ 5
Zustimmungen; Anzeige

Den Beteiligten ist bekannt, dass im Verhältnis zur Gesellschaft gemäß § 16 Absatz 1 GmbHG bei einer Anteilsabtretung nur derjenige als Gesellschafter gilt, wer als solcher in der im Handelsregister aufgenommenen Gesellschafterliste eingetragen ist.

§ 6
Anzeige an das Registergericht

Der Notar hat darauf hingewiesen, dass er verpflichtet ist, an Stelle der Geschäftsführer dem Registergericht die heutige Abtretung gem. § 40 Abs. 2 GmbHG nach ihrem Wirksamwerden anzuzeigen durch Übersendung einer mit seiner Bescheinigung versehenen Liste der Gesellschafter.

§ 7
Hinweise

Die Beteiligten wurden über die rechtliche Bedeutung der von ihnen abgegebenen Erklärungen belehrt und abschließend insbesondere auf folgendes hingewiesen:
1. Ein gutgläubiger Erwerb von Anteilen an einer GmbH ist nur begrenzt möglich. Nicht geschützt ist beispielsweise der Erwerb nicht vorhandener Gesellschaftsanteile, der Erwerb trotz bestehender Veräußerungsbeschränkungen oder der gutgläubig lastenfreie Erwerb; ebenso wenig ist der gute Glaube an die Vollständigkeit der Einlageleistung geschützt.
2. Die Abtretung bewirkt den sofortigen Rechtsübergang, wenn die erforderlichen Genehmigungen erteilt sind. Auf die Möglichkeit satzungsrechtlicher Vinkulierungen gem. § 15 Abs. 5 GmbHG (z.B. Erfordernis der Zustimmung der Gesellschaft oder weiterer Gesellschafter) wurde hingewiesen.
3. Der Veräußerer haftet auch nach der Geschäftsanteilsabtretung für die bei der Anmeldung bereits fälligen Einzahlungs-, Nachschuss- und Erstattungsverpflichtungen, und zwar für die eigenen Rückstände uneingeschränkt und für die Rückstände anderer Gesellschafter gemäß den Bestimmungen der §§ 24, 28 und 31 GmbHG. Er haftet weiterhin als Rechtsvorgänger gem. § 22 GmbHG für künftig fällig werdende Einzahlungsverpflichtungen hinsichtlich des abgetretenen Geschäftsanteils.
4. Der Erwerber haftet für alle auf das Stammkapital der Gesellschaft noch nicht geleisteten Einzahlungen, Nachschüsse und Erstattungen gemäß den Bestimmungen der §§ 16, 24, 28 und 31 GmbHG unabhängig davon, ob die Leistungen erst künftig fällig werden oder bereits fällig sind.
5. Wird mit der Abtretung eine Gesellschaft ohne laufenden Geschäftsbetrieb wieder reaktiviert,
    – ist dies offenzulegen,

- sind die Vorschriften über die Neugründung der GmbH zu beachten,
- können, wenn dies nicht beachtet wird, die Beteiligten gegebenenfalls auch noch nach Jahren persönlich haften

6. Eine steuerliche Beratung hat der Notar nicht übernommen. Insoweit haben sich die Beteiligten selbst informiert. Sie wurden jedoch auf die folgenden ertragssteuerlichen Vorschriften hingewiesen:
    a) § 20 Abs. 5 EStG, demzufolge künftig beschlossene Ausschüttungen unabhängig von der zivilrechtlichen Vereinbarung vom heutigen Erwerber zu versteuern sind, selbst wenn die Ausschüttung vergangene Geschäftsjahre oder das laufende Geschäftsjahr betrifft
    b) auf die Bestimmungen des Bewertungsgesetzes sowie des Schenkungsteuergesetzes einschließlich möglicher Nachbesteuerungen (§§ 13a, b ErbStG).

7. Der Notar hat auf das gesetzliche Rückforderungsrecht wegen Verarmung des Schenkers (§ 528 BGB) und die Möglichkeiten einer Anfechtung durch Gläubiger oder für den Fall späterer Insolvenz des Schenkers – insbesondere die geltenden Fristen – hingewiesen. Die Beteiligten vereinbaren hierzu:
Sollte sich der Erwerber von einer etwa bestehenden Pflicht zur Leistung von Wertersatz in Geld durch Rückauflassung des Vertragsbesitzes selbst befreien wollen, erfolgt diese unmittelbar an den Veräußerer Zug um Zug gegen Ausgleich der durch Investitionen des Erwerbers geschaffenen Werterhöhung sowie seiner an den Veräußerer oder weichende Geschwister aufgrund Vertrages erbrachten Zahlungen

§ 8
Schlussbestimmungen; Abschriften

Die Kosten dieser Urkunde trägt der Erwerber, ebenso etwa anfallende Schenkungsteuer.

Von dieser Urkunde erhalten

Ausfertigungen:
- die Gesellschaft,
- der Veräußerer,
- der Erwerber.

Das Finanzamt – Körperschaftsteuer – erhält gleichzeitig gem. § 54 EStDV unter Angabe der Steuernummer der Gesellschaft, welche die Beteiligten noch nachreichen werden, eine beglaubigte Abschrift,

ferner das Registergericht auf Verlangen zum Nachweis des Rechtsübergangs,

sowie die zuständige Schenkungsteuerstelle.

Der Notar hat darauf hingewiesen, dass bei Vorhandensein von Grundbesitz die mittelbare oder unmittelbare Vereinigung von mindestens 95 % der Anteile in der Hand des Erwerbers der Grunderwerbsteuer unterliegen kann.

Insoweit erklären die Beteiligten, dass die Gesellschaft keinen Grundbesitz hat und derzeit sowie in den letzten fünf Jahren nicht an grundbesitzhaltenden Personen- oder Kapitalgesellschaften beteiligt war.

Alt.: Die Gesellschaft verfügt nach Angabe der Beteiligten über Grundbesitz in ... (Gemarkung ...), so dass die Grunderwerbsteuerstelle ..., in deren Bezirk sich die inländische <u>Geschäftsleitung</u> der Gesellschaft befindet eine Abschrift der Urkunde samt Veräußerungsanzeige erhält.

Der Notar hat die Beteiligten ferner auf ihre eigene Pflicht zur Anzeige des Vorgangs gem. §§ 19, 20 GrEStG, unter Beifügung einer Beteiligungsübersicht, hingewiesen. Nur eine auch insoweit vollständige und ordnungsgemäße Anzeige berechtigt gem. § 16 Abs. 5 GrEStG zur steuerfreien Rückgängigmachung des Vorgangs.

Vorgelesen vom Notar, von den Beteiligten

genehmigt, und eigenhändig unterschrieben:

......

R. Abtretung eines GmbH-Geschäftsanteils im Wege vorweggenommener Erbfolge **Kapitel 15**

▶ Notarbescheinigte Liste der Gesellschafter 6777

UR.Nr. ...../2018

Notarbescheinigte Liste der Gesellschafter der
..... GmbH
in .....
Amtsgericht ....., HRB .....

Gesellschafter mit a) Geburtsdatum bzw. Sitz b) Wohnort bzw. Register und Registernummer	Geschäftsanteile in EUR	lfd. Nrn. der Anteile	Beteiligung jedes Anteils am Stammkapital in Prozent	Beteiligung jedes Gesellschafters insgesamt am Stammkapital in Prozent
...	.....	...	.....	.....
...	.....	...	.....	.....
Summe:	25.000,00		100	100

Zu der vorstehenden Gesellschafterliste bescheinige ich hiermit, dass die Liste den Veränderungen entspricht, an denen ich durch meine Urkunde vom .....2018, URNr./2017, mitgewirkt habe, und dass die übrigen Angaben in der Liste mit dem Inhalt der zuletzt beim Handelsregister aufgenommenen Liste – ggf. unter zusätzlicher Aufnahme der Prozentangaben zu den Beteiligungsquoten – übereinstimmen; vom Letzterem sind ausgenommen die ggf. durch die Veränderungen eingetretenen Anpassungen der Prozentangaben zur Beteiligungsquote des einzelnen Geschäftsanteils und zum Gesamtumfang der Beteiligung von Gesellschaftern.

....., den .....

....., Notar

S. »Stuttgarter Modell« (Überlassung mit Mietvertrag; Vereinbarung einer dauernden Last)

6778 ▶ »Stuttgarter Modell« (Überlassung mit Mietvertrag; Vereinbarung einer dauernden Last)

URNr. ...../2018

Überlassung gegen dauernde Last;

Abschluss eines Mietvertrags

Heute, den ..... zweitausendachtzehn

– ..... 2018 –

erschienen vor mir,

.....

Notar in .....,

in meinen Amtsräumen in .....

1. Herr .....,
geb. am .....,
wohnhaft: .....,
nach Angabe .....
ausgewiesen durch gültigen deutschen Personalausweis

– nachstehend »der Veräußerer« genannt –

2. sowie dessen Sohn, das einzige Kind,
Herr .....
geb. am .....,
wohnhaft: .....
ausgewiesen durch gültigen deutschen Personalausweis

– nachstehend »der Erwerber« genannt

Der Notar fragte nach einer Vorbefassung im Sinne des § 3 Abs. 1 Nr. 7 BeurkG; sie wurde von den Beteiligten verneint.

Die Erschienenen waren gleichzeitig vor mir anwesend. Auf Ansuchen beurkunde ich ihren Erklärungen gemäß, was folgt:

§ 1
Grundbuch- und Sachstand

Das Grundbuch des Amtsgerichts für ..... Blatt ..... wurde am ..... eingesehen.

Dort ist folgender Grundbesitz eingetragen:

Flst.Nr.

Als Eigentümer ist vermerkt:

Dieser Grundbesitz ist im Grundbuch wie folgt belastet:

Abteilung II:

Abwasserkanalrecht für .....

Abteilung III:

lastenfrei

§ 2
Überlassung

.....

– im Folgenden »der Veräußerer« genannt –

überlässt den in § 1 bezeichneten Grundbesitz (»Vertragsbesitz«) mit allen Rechten und dem gesetzlichen Zubehör

an

.....

– im Folgenden »der Erwerber« genannt –

zum Eigentum

Der Notar hat erläutert, dass eine Eigentumsverschaffungsvormerkung im Grundbuch gegen anderweitige Veräußerung oder Belastung, Pfändung oder Insolvenz während der Abwicklungsphase dieses Vertrages schützen würde. Gleichwohl verzichten die Beteiligten darauf, eine solche Vormerkung zur Eintragung zu bewilligen und zu beantragen.

Die Beteiligten sind über den vereinbarten Eigentumsübergang in dem angegebenen Erwerbsverhältnis einig. Der Veräußerer bewilligt und der Erwerber beantragt, den Eigentumsübergang gemäß dieser

Auflassung

in das Grundbuch einzutragen.

Der Erwerber hat sich den Wert der Zuwendung, soweit er die Gegenleistungen übersteigt, auf seinen künftigen Pflichtteilsanspruch am Nachlass des Veräußerers anrechnen zu lassen.

§ 3
Dauernde Last

Als Gegenleistung verpflichtet sich der Erwerber gegenüber dem Veräußerer, an diesen auf dessen Lebenszeit eine dauernde Last i.H.v. monatlich

..... €

– ..... Euro –

zu zahlen, zahlbar jeweils monatlich im voraus, erstmals am ..... . Er soll hierdurch fortlaufende Einkünfte im Sinne des § 850b Abs. 1 Nr. 3 ZPO erhalten. Der Anfangsbetrag der dauernden Last liegt unter dem derzeitigen Mietwert des übertragenen Anwesens, den die Beteiligten mit monatlich ..... € beziffern.

Der Betrag der dauernden Last soll nicht unmittelbar wertgesichert, also an die Entwicklung der Lebenshaltungskosten gekoppelt werden. Bei einer wesentlichen Veränderung der heutigen Verhältnisse, insbesondere der Bedürftigkeit des Veräußerers, der Kaufkraft des Geldes oder der Leistungsfähigkeit des Erwerbers, ist jeder Vertragsteil gem. § 239 FamFG berechtigt, eine entsprechende Anpassung der monatlichen Zahlungen zu verlangen, jedoch unter Einhaltung einer Obergrenze von ..... und einer Untergrenze von ..... €.

Verlässt der Veräußerer das übergebene Anwesen, gleich aus welchem Grund, führt etwaiger Mehrbedarf in seiner Person jedoch zu keiner Anpassung der dauernden Last

Der Erwerber unterwirft sich wegen dieser Zahlungsverpflichtung sowie wegen des dinglichen und persönlichen Anspruchs aus der nachstehend bestellten Reallast jeweils in Höhe des Ausgangsbetrages von ..... € der sofortigen Zwangsvollstreckung aus dieser Urkunde in sein gesamtes Vermögen. Vollstreckbare Ausfertigung darf ohne weitere Nachweise erteilt werden. Eine Umkehr der Beweislast ist damit nicht verbunden.

Der Erwerber bestellt dem Veräußerer zur Sicherung der vorstehend vereinbarten Zahlungspflicht in Höhe des heute vereinbarten Ausgangsbetrages eine entsprechende

Reallast

am gesamten übergebenen Grundbesitz im Rang nach den oben genannten derzeitigen Belastungen. Die Vertragsteile bewilligen und beantragen, diese Reallast in das Grundbuch einzutragen mit dem Vermerk, dass zur Löschung der Nachweis des Todes des Veräußerers genügt. Der Abänderungsvorbehalt ist für Zwecke des Grundbuchrechtes (Bestimmtheit der Reallast) nur schuldrechtlich vereinbart.

§ 4
Mietverhältnis, Wohnungsrecht

1. Mietvertrag

Der Erwerber vermietet mit Wirkung zum heutigen Tag folgende Räume im vorstehend bezeichneten Grundbesitz an den Veräußerer:

.....

Die Vertragsteile vereinbaren hierzu:
a) Das Mietverhältnis beginnt mit dem heutigen Tag.
b) Die ordentliche Kündigung durch den Vermieter ist auf Lebensdauer des Veräußerers als Mieter ausgeschlossen, mit Ausnahme einer Kündigung bei vertragswidrigem Gebrauch oder bei einem Rückstand des Mieters mit mindestens vier Monatsnettomieten. Der Mieter ist zur Kündigung gemäß den gesetzlichen Bestimmungen berechtigt.
c) Die Miete beträgt monatlich ..... € (..... Euro). Darin sind die gesetzlich auf den Mieter umlegbaren Betriebskosten *noch nicht/bereits* enthalten, *wohl aber/ebenso* die Grundsteuer. Auf diese Betriebskosten hat der Mieter angemessene Vorauszahlungen zu leisten, zunächst i.H.v. ..... €. Für diese und deren Abrechnung gelten die gesetzlichen Bestimmungen der Betriebskostenverordnung.
d) Das Recht des Vermieters, die Miete gemäß den gesetzlichen Bestimmungen der ortsüblichen Vergleichsmiete anzupassen, bleibt unberührt.
e) Eine Kaution braucht der Mieter nicht zu leisten.

Jede der Vertragsparteien kann verlangen, dass diese Vereinbarungen und weitere Einzelheiten des Mietverhältnisses, die der Erwerber nach billigem Ermessen (§ 315 BGB) festlegen darf, unter Verwendung eines gebräuchlichen Mietvertragsformulars schriftlich niedergelegt werden.

2. Anspruch auf Bestellung eines Wohnungsrechtes

Sofern das Recht zum Besitz aus dem Mietvertrag endet aus Gründen, die nicht vom Mieter zu vertreten sind (etwa Eigenkündigung oder Kündigung des Eigentümers wegen Nichterfüllung seiner vertraglichen Pflichten), kann der Mieter vom Eigentümer die Einräumung und Eintragung eines lebenslangen Wohnungsrechts nach § 1093 BGB zur ausschließlichen Nutzung der Mieträume und Mitnutzung der zum gemeinschaftlichen Gebrauch bestimmten Anlagen verlangen; die schuldrechtlichen Entgeltabreden bleiben unberührt. Zur Sicherung dieses bedingten Anspruchs wird die Eintragung einer Vormerkung zugunsten des Veräußerers im Rang nach der Reallast

bewilligt und beantragt.

Eine ertragssteuerliche Beratung hat der Notar nicht übernommen, jedoch darauf hingewiesen, dass der Mietvertrag wie unter fremden Dritten abgeschlossen und durchgeführt werden sollte, wobei allerdings eine Unterschreitung der ortsüblichen Marktmiete unschädlich ist, solange an der Einkünfteerzielungsabsicht keine Zweifel bestehen und die Grenzen des § 21 Abs. 2 EStG eingehalten sind.

§ 5
Besitzübergabe

Die Übergabe des mittelbaren Besitzes erfolgt mit dem heutigen Tage, die Übergabe des unmittelbaren Besitzes und der Nutzungen sowie der Übergang von Lasten, Verkehrssicherungspflichten, Haftung und Gefahr hinsichtlich der vermieteten Räume mit Beendigung des Wohnungsrechtes, im Übrigen mit dem heutigen Tag.
Der Vertragsbesitz unterliegt keiner Wohnungsbindung.

§ 6
Rechtsmängel

Der Veräußerer ist verpflichtet, dem Erwerber ungehinderten Besitz und lastenfreies Eigentum zu verschaffen, soweit in dieser Urkunde nichts anderes vereinbart ist. Für die Freiheit des Grundstücks von öffentlichen Abgaben und Erschließungsbeiträgen haftet der Veräußerer nicht.

Die in Abteilungen II des Grundbuches eingetragenen Belastungen übernimmt der Erwerber zur weiteren Duldung mit allen sich aus der Eintragungsbewilligung ergebenden Verpflichtungen.

§ 7
Sachmängel, Verjährung

Der Erwerber übernimmt den Vertragsbesitz im gegenwärtigen, ihm bekannten Zustand. Rechte des Erwerbers wegen Mängeln sind ausgeschlossen; Schadensersatzansprüche jedoch nur, soweit der Veräußerer nicht vorsätzlich gehandelt hat.

Der Veräußerer haftet auch nicht für verborgene Mängel. Er versichert aber, dass ihm verborgene Mängel nicht bekannt sind.

§ 8
Hinweise des Notars und weitere Vereinbarungen

Eine steuerliche Beratung hat der Notar nicht übernommen, im Übrigen über die rechtliche Tragweite der abgegebenen Erklärungen belehrt und abschließend nochmals auf folgendes hingewiesen:
- Das Eigentum geht mit der Umschreibung im Grundbuch auf den Erwerber über.
- Unabhängig von den rein schuldrechtlichen Vereinbarungen der Beteiligten in dieser Urkunde haften kraft Gesetzes der Vertragsbesitz für Rückstände an öffentlichen Abgaben und Erschließungsbeiträgen und beide Vertragsteile für die etwa anfallende Grunderwerbsteuer und die Kosten als Gesamtschuldner.
- Sofern sich der Veräußerer Nutzungsrechte am Vertragsbesitz vorbehalten hat, beginnt die Zehnjahresfrist des § 2325 Abs. 3 BGB, nach deren Ablauf die heutige Zuwendung bei der Berechnung von Pflichtteilsergänzungsansprüchen nicht mehr zu berücksichtigen ist, nicht zu laufen.
- Das gesetzliche Rückforderungsrecht wegen Verarmung des Schenkers (§ 528 BGB) und die Möglichkeiten einer Anfechtung durch Gläubiger oder für den Fall späterer Insolvenz des Schenkers können nicht abbedungen werden; auf diese – insbesondere die geltenden Fristen – wurde hingewiesen. Die Beteiligten vereinbaren hierzu:
Sollte sich der Erwerber von einer etwa bestehenden Pflicht zur Leistung von Wertersatz in Geld durch Rückauflassung des Vertragsbesitzes selbst befreien wollen, erfolgt diese unmittelbar an den Veräußerer Zug um Zug gegen Ausgleich der durch Investitionen des Erwerbers geschaffenen Werterhöhung sowie seiner an den Veräußerer oder weichende Geschwister aufgrund Vertrages erbrachten Zahlungen
- Sofern der Veräußerer Anspruch auf Förderung selbstgenutzten Wohneigentums hat, entfällt diese Förderung trotz Vorbehalt von Nutzungsrechten; auch der Erwerber hat insoweit keinen Anspruch auf Förderung.

- Die Übertragung bisher betrieblich gehaltenen Grundbesitzes kann zur Besteuerung dadurch aufgelöster stiller Reserven führen.
- Es ist erforderlich, dass alle Vereinbarungen richtig und vollständig beurkundet werden, damit die Wirksamkeit der Urkunde und aller Vereinbarungen gewährleistet ist.

§ 9
Vollzugsauftrag

Alle Beteiligten beauftragen und bevollmächtigen den amtierenden Notar, seinen amtlichen Vertreter oder Nachfolger im Amt,
- sie im Grundbuchverfahren uneingeschränkt zu vertreten
- die zur Wirksamkeit und für den Vollzug dieser Urkunde erforderlichen Genehmigungen und Erklärungen anzufordern und (auch gem. § 875 Abs. 2 BGB) entgegenzunehmen.

Anfechtbare Bescheide und Zwischenbescheide zur Fristverlängerung sind jedoch den Beteiligten selbst zuzustellen; Abschrift an den Notar wird erbeten.

Die Vertragsteile bevollmächtigen die Angestellten an dieser Notarstelle – welche der Amtsinhaber zu bezeichnen bevollmächtigt wird – je einzeln und befreit von § 181 BGB – Erklärungen, Bewilligungen und Anträge materiell- oder formellrechtlicher Art zur Ergänzung oder Änderung des Vertrages abzugeben, soweit diese zur Behebung behördlicher oder gerichtlicher Beanstandungen zweckdienlich sind.

§ 10
Schlussbestimmungen, Kosten und Abschriften

Im Hinblick auf § 34 ErbStG und § 8 ErbStDV machen die Beteiligten ergänzend folgende Angaben:

Der Verkehrswert des Anwesens beträgt ..... €

Der letzte Einheits- bzw. Grundbesitzwert beträgt ..... €

Die Kosten dieser Urkunde und ihres Vollzuges sowie eine etwa anfallende Grunderwerbsteuer und Schenkungsteuer trägt der Erwerber.

Von dieser Urkunde erhalten:

Ausfertigungen:
- die Vertragsteile
- das Grundbuchamt

einfache Abschriften:
- die Grunderwerbsteuerstelle zur Kenntnis

beglaubigte Abschriften:
- die Schenkungsteuerstelle

Vorgelesen vom Notar, von den Beteiligten

genehmigt, und eigenhändig unterschrieben:

.....

T. Übertragung eines einzelkaufmännischen Gewerbebetriebes mit Grundbesitz (mit Handelsregisteranmeldung)

▶ **Übergabe eines einzelkaufmännischen Gewerbebetriebes mit Grundbesitz** 6779

URNr. ...../2018

Übergabe eines einzelkaufmännischen Gewerbebetriebs (mit Grundbesitz)

Heute, den ..... zweitausendachtzehn

– ..... 2018 –

erschienen vor mir,

.....

Notar in .....,

in meinen Amtsräumen in .....:

1. Herr .....,
   geb. am .....,
   wohnhaft: .....,
   nach Angabe .....
   ausgewiesen durch gültigen deutschen Personalausweis

– nachstehend »der Veräußerer« genannt –

sowie dessen Ehegatte, ...

2. ferner deren Sohn, das einzige Kind,
   Herr .....
   geb. am .....,
   wohnhaft: .....
   ausgewiesen durch gültigen deutschen Personalausweis

– nachstehend »der Erwerber« genannt –

Der Notar fragte nach einer Vorbefassung im Sinne des § 3 Abs. 1 Nr. 7 BeurkG; sie wurde von den Beteiligten verneint.

Die Erschienenen waren gleichzeitig vor mir anwesend. Auf Ansuchen beurkunde ich ihren Erklärungen gemäß, was folgt:

I. Vorbemerkung; Grundbuch- und Sachstand

1.

Im Grundbuch des Amtsgerichts .....

.....Band ..... Blatt .....

ist folgender Grundbesitz eingetragen:

Gemarkung .....
FlNr. ....straße, ...   zu ..... m²

Abteilung I (Eigentümer):

.....

Abteilung II (Belastungen):

.....

Abteilung III (Grundpfandrechte):

.....

2.

Der Veräußerer betreibt auf dem vorgenannten Grundstück *sowie in gemieteten Räumen in .....,
.....straße .....*, ein Einzelunternehmen, das ..... zum Gegenstand hat. Herr/Frau ..... ist im Handelsregister des Amtsgerichts ..... unter der Nummer HRA ..... mit der Firma
.....
sowie in der Handwerksrolle eingetragen.

Der vorgenannte Grundbesitz bildet ausschließlich betriebliches Vermögen. (Alt.: Auf dem vorgenannten Grundbesitz befindet sich neben betrieblichen Gebäuden auch das Wohnhaus des Veräußerers.

Ggf.: Die oben näher bezeichnete Buchgrundschuld zu ..... € sichert nach Angabe der Beteiligten nur ein Darlehen bei dem Gläubiger der Grundschuld, das zur Finanzierung des Baues der Betriebsgebäude gedient hat und das zur Zeit noch mit ca. ..... € valutiert ist. Nach Angabe handelt es sich demnach um eine betriebliche Verbindlichkeit.)

Der Veräußerer beabsichtigt, den vorgenannten Grundbesitz sowie den dort eingerichteten und ausgeübten Gewerbebetrieb an den Erwerber *unentgeltlich/teilentgeltlich (falls Gegenleistungen vereinbart sind)* im Wege der vorweggenommenen Erbfolge zu übertragen. Der Erwerber wird den Betrieb *unter Beibehaltung der bisherigen Firma mit/ohne Anfügung eines Nachfolge- bzw. Inhaberzusatzes/unter neuer Firma* weiterführen.

(Bei Handwerk: Die erforderliche Umschreibung in der Handwerksrolle wird von den Beteiligten selbst veranlasst.)

II. Überlassung

Herr/Frau .....

– in dieser Urkunde auch »Veräußerer« genannt –

überlässt

den in Ziff. I Nr. 1 beschriebenen Grundbesitz (»Vertragsbesitz«) mit allen Rechten und Pflichten, den wesentlichen Bestandteilen, dem Zubehör und mit dem darauf unter der Firma ..... ausgeübten Gewerbebetrieb mit allen Aktiven und Passiven – soweit in dieser Urkunde nicht anderes vereinbart ist –

an

.....

– in dieser Urkunde auch »Erwerber« genannt –

zum Alleineigentum.

Die Übertragung erfolgt mit Wirkung zum 01.01. ..... (Übergabestichtag).

Maßgebend für den Umfang und den Bestand des übergebenen Gewerbebetriebes (Aktiva und Passiva) ist die mit dem uneingeschränkten Bestätigungsvermerk zu versehende Schlußbilanz zum 31.12. ....., die unverzüglich nach Ablauf des Geschäftsjahres durch einen Steuerberater/Wirtschaftsprüfer aufzustellen ist. Der Bestand an Vorräten und Handelswaren wird durch eine auf den Bilanzstichtag vorzunehmende zeitnahe Inventur (R 30 Abs. 1 EStR) ermittelt.

Trotz Hinweises des Notars wird auf eine nähere Bestimmung der Aktiva und Passiva in dieser Urkunde verzichtet.

Der Erwerber hat das Recht, das Unternehmen auch unter der bisherigen Firma ohne die Beifügung eines Nachfolgezusatzes oder eines Inhaberzusatzes fortzuführen. Beide Vertragsteile verpflichten sich zur entsprechenden Mitwirkung bei der erforderlichen Anmeldung des Betriebsübergangs zur Eintragung im Handelsregister (Achtung: mit/ohne Haftungsausschluss je nach vertraglicher Regelung bzgl. Verbindlichkeiten).

Die Überlassung erfolgt unentgeltlich, soweit nicht in dieser Urkunde Rechte vorbehalten werden oder Gegenleistungen des Erwerbers vereinbart sind. Sie dient der Vorwegnahme der Erbfolge.

Der Erwerber hat sich den Wert der Zuwendung, soweit er die Gegenleistungen übersteigt, auf seinen künftigen Pflichtteilsanspruch am Nachlass des Veräußerers anrechnen zu lassen

Die Überlassung unterliegt nicht der Umsatzsteuer (§ 1 Abs. 1a UStG).

III. Gemeinsame Bestimmungen zur Übertragung der Aktiva und Passiva

I. Übergabe der Geschäftsunterlagen, Auskunftspflicht

Der Veräußerer ist verpflichtet, dem Erwerber sämtliche Unterlagen zu übergeben, die mit dem übertragenen Geschäftsbetrieb in Zusammenhang stehen.

In die übertragenen Geschäfts- und Betriebsgeheimnisse ist der erforderliche Einblick zu verschaffen.

2. Übergabe von Besitz und Nutzungen, Übergang der Lasten

Stichtag für die Übergabe von Besitz und Nutzungen sowie den Übergang von Lasten, wirtschaftliche Verfügungsmacht, Haftung, Verkehrsicherung und Gefahr ist der 01.01. ....., auch wenn die Eigentumsumschreibung bezüglich des Grundbesitzes zu einem anderen Zeitpunkt erfolgen sollte.

Dieser Zeitpunkt ist zugleich maßgeblich für die Pflicht zur Übertragung der Besitzsteuern sowie öffentlicher Lasten (z.B. Grundsteuer und Erschließungskosten nach BauGB sowie einmalige Abgaben nach dem Kommunalabgabengesetz im weitesten Sinne, wobei hinsichtlich letzterer unabhängig vom Baufortschritt der Erschließungsanlagen auf den Zugang des Gebühren- oder Beitragsbescheides abzustellen ist). Vorausleistungen werden an den Erwerber abgetreten und sind mit dessen endgültiger Beitragsschuld zu verrechnen, auch dann, wenn überschüssige Vorausleistungen erstattet werden.

Die Energielieferungsverträge mit öffentlichen Versorgungsunternehmen sind ebenfalls zu diesem Stichtag auf den Erwerber umzustellen.

Bis zum Übertragungsstichtag werden Veränderungen der einzubringenden Gegenstände und Sachgesamtheiten zwischen Veräußerer und Erwerber einvernehmlich abgestimmt.

3. Rechts- und Sachmängel

Der Veräußerer versichert, dass er Alleineigentümer aller übertragenen Gegenstände ist und diese Gegenstände frei von Rechten Dritter sind, soweit nicht etwas anderes ausdrücklich genannt ist.

Der Veräußerer ist zur ungehinderten Besitz- und lastenfreien Eigentumsübergang auf den Erwerber verpflichtet, soweit in dieser Urkunde nichts anderes bestimmt ist. Er haftet jedoch nicht für Freiheit von aus dem Grundbuch nicht ersichtlichen Belastungen.

Der Erwerber übernimmt den Vertragsgegenstand im gegenwärtigen, ihm bekannten Zustand. Rechte des Erwerbers wegen Mängeln sind ausgeschlossen; Schadensersatzansprüche jedoch nur, soweit der Veräußerer nicht vorsätzlich gehandelt hat. Für die Bonität der übertragenen Forderungen wird nicht gehaftet, im Hinblick auf den Vertragsgegenstand bestehende Ansprüche gegen Dritte werden jedoch an den Erwerber abgetreten.

Die Vertragsteile stimmen der Löschung aller nicht übernommenen Belastungen sowie allen Rangänderungen mit dem Antrag auf Vollzug zu; bei Gesamtrechten auch hinsichtlich aller übrigen in den Mithaftvermerken genannten Grundbuchstellen.

Das in Abteilung III des Grundbuches eingetragene und in Ziff. I aufgeführte Grundpfandrecht sowie die in Abteilung II eingetragenen Belastungen werden vom Erwerber zur weiteren Duldung übernommen. Eventuelle Eigentümerrechte und Rückgewähransprüche in bezug auf dieses Grundpfandrecht, zum Beispiel auf Abtretung, Verzicht oder Aufhebung oder auf den Mehrerlös bei einer Verwertung, werden aufschiebend bedingt auf den Erwerber abgetreten, bei mehreren im angegebenen Gemeinschaftsverhältnis. Bedingungseintritt ist die Eigentumsumschreibung auf den Erwerber. Die Umschreibung im Grundbuch wird bewilligt.

Der Vertragsgegenstand ist nicht vermietet oder verpachtet. Er wird frei von Miet- oder Pachtverhältnissen übergeben.

Für Sachmängel haftet der Veräußerer nicht. Insbesondere übernimmt der Veräußerer auch keine Garantien, z.B. für Umsatz oder Ertrag.

Gerichtliche Verfahren sind derzeit nicht anhängig.

Der Veräußerer verpflichtet sich, das Unternehmen und alle Gegenstände des übergebenen Betriebsvermögens in einem ordnungsgemäßen Zustand zu erhalten und bis zur Übergabe ohne Zustimmung des Erwerbers keine ungewöhnlichen Geschäfte vorzunehmen und keine größeren Investitionen zu tätigen.

4. Eintritt in die Vertragsverhältnisse (Vertragsübernahme)

Sämtliche Rechte und Pflichten aus den am Übergabestichtag bestehenden betrieblichen Vertragsverhältnissen oder aus bis zu diesem Tag angebahnten Vertragsbeziehungen (Verhandlungsergebnisse) sollen wirtschaftlich und – soweit möglich – auch rechtlich auf den Erwerber übergehen und werden von diesem übernommen. Dies gilt insbesondere für alle betrieblichen Dauerschuldverhältnisse, wie Miet-, Leasing-, Wartungs- und Versicherungsverträge. Die Verträge sind dem Erwerber bekannt.

Der Erwerber tritt mit Wirkung zum vorgenannten Zeitpunkt anstelle des Veräußerers in sämtliche Verpflichtungen des Veräußerers aus diesen Schuldverhältnissen ein mit der Verpflichtung, den Veräußerer von jeglicher Inanspruchnahme freizustellen.

Zum schuldbefreienden Übergang der Verbindlichkeiten bzw. zur vollständigen Vertragsübernahme ist gem. § 415 BGB die Zustimmung des Gläubigers erforderlich. Der Veräußerer wird nach besten Kräften darauf hinwirken, dass die jeweils andere Vertragspartei dem Übergang auf den Erwerber zustimmt. Die Zustimmung werden die Vertragsteile selbst einholen.

Auch die Umschreibung des Mietvertrages für die Räume in ….., auf den Erwerber werden die Beteiligten selbst veranlassen.

Verweigert einer der Vertragspartner die erforderliche Genehmigung, ist der Veräußerer berechtigt, das Vertragsverhältnis ordentlich zum nächstmöglichen Zeitpunkt zu kündigen.

(Alternative für den Fall, dass alle Dauerschuldverhältnisse beendet werden und nicht übernommen werden:

Der Veräußerer erklärt und steht dafür ein, dass hinsichtlich der vorstehend § 1 veräußerten Sachgesamtheit keine objektbezogenen Dauerschuldverhältnisse bestehen, die auf den Erwerber übergehen [z.B. Darlehen, Versicherungsverträge, betriebliche Wartungsverträge, Leasingverträge etc.]. Er hat gegebenenfalls den Erwerber hiervon freizustellen und selbst für die Beendigung solcher Verträge zu sorgen, sofern der Erwerber nicht eine Übernahme wünscht.)

5. Arbeitnehmer

Die zum Übergabezeitpunkt bestehenden Arbeitsverhältnisse zwischen dem Veräußerer und den Arbeitnehmern gehen auf den Erwerber über und werden von diesem unverändert mit allen Rechten und Pflichten übernommen (§ 613a BGB). Die Vertragsinhalte, insbesondere die Gehaltshöhe, sind dem Erwerber bekannt; er hat Vertragsabschriften bereits erhalten. Der Wechsel auf Arbeitgeberseite werden die Beteiligten den Arbeitnehmern gemeinsam frühzeitig mitteilen. Die Löhne der vorgenannten Arbeitnehmer bis zum Stichtag des Übergangs hat der Veräußerer zeitanteilig zu entrichten.

Über die Bestimmung des § 613a BGB (Betriebsübernahme) einschließlich des Widerspruchsrechts der Arbeitnehmer wurden die Beteiligten durch den Notar belehrt. Danach haftet der bisherige Arbeitgeber neben dem neuen Betriebsinhaber für bis zum Übergang entstandene Verpflichtungen ggf. gesamtschuldnerisch weiter. Eine Kündigung von Arbeitsverhältnissen wegen des Betriebsübergangs ist unwirksam.

(Alternative bzw. Zusatz für den Fall, dass keine oder nur teilweise Arbeitnehmer übernommen werden:

Der Veräußerer erklärt und steht dafür ein, dass er im Übrigen sämtlichen Arbeitnehmern wirksam gekündigt bzw. die bestehenden Arbeitsverhältnisse durch Aufhebungsverträge beendet hat, so dass der Erwerber diese nicht, auch nicht gem. § 613a BGB, übernimmt.

Sollte – etwa aufgrund erfolgreicher arbeitsgerichtlicher Kündigungsschutzklage eines Arbeitnehmers – sich wider Erwarten herausstellen, dass die Arbeitsverhältnisse nicht wirksam beendet wurden, hat der Veräußerer den Erwerber von den daraus erwachsenden Verpflichtungen freizustellen, sofern und soweit der Erwerber das Arbeitsverhältnis nicht zu übernehmen wünscht. Dieselbe Freistellungsverpflichtung gilt für sämtliche Folgeansprüche, die aus den früheren Arbeitsverhältnissen entstehen könnten [etwa hinsichtlich Nachzahlung von Nebenkosten, Sozialversicherungsabgaben etc.].)

6. Kassenbestand, Rechnungsabgrenzung

Der Kassenbestand zum Stichtag wird auf den Erwerber übertragen. Die den Rechnungsabgrenzungsposten zugrundeliegenden Ansprüche (inkl. Damnum) gehen ebenfalls zu diesem Stichtag auf den Erwerber über.

7. Verbindlichkeiten (Schuldübernahme)

Die im Betrieb des Veräußerers entstandenen Verbindlichkeiten werden nach Maßgabe der nachstehenden Regelungen vom Erwerber schuldbefreiend übernommen. Für ab heute begründete Schulden gilt dies nur, wenn der Erwerber ihnen zustimmt oder wenn diese im Rahmen eines ordnungsgemäßen Geschäftsganges begründet werden.

Über sämtliche auf den Erwerber übergehenden Verbindlichkeiten wird zum Übergabestichtag eine Kreditorenliste angefertigt. Alle darin sowie in der maßgeblichen Bilanz ausgewiesenen Verbindlichkeiten werden vom Erwerber übernommen. In die Kreditorenliste werden folgende zum Übergabestichtag bestehenden Verbindlichkeiten übernommen:
– Verbindlichkeiten gegenüber Kreditinstituten,
– erhaltene Anzahlungen auf Bestellungen,
– Verbindlichkeiten aus Lieferungen und Leistungen,
– Verbindlichkeiten aus der Annahme gezogener Wechsel und der Ausstellung eigener Wechsel,
– sonstige Verbindlichkeiten.

Der Erwerber übernimmt insbesondere das Darlehen des Veräußerers bei der .....-Bank (Darlehens-Nr. .....), das durch die in I. dieser Urkunde näher bezeichnete Grundschuld abgesichert ist, zur weiteren Verzinsung und Tilgung. Die Darlehensschuld beträgt derzeit ca. ..... €.

Die Schuldübernahme erfolgt mit Wirkung zum Übergabestichtag und unabhängig vom genauen Schuldenstand zu diesem Tag.

Die vom Veräußerer in seiner Bilanz zum Übertragungsstichtag unter dem Posten »Sonstige Rückstellungen« ausgewiesenen Verbindlichkeiten gehen ebenfalls auf den Erwerber über. Es handelt sich dabei um diejenigen Rückstellungen, die nach § 249 HGB unter Beachtung der Grundsätze ordnungsmäßiger Buchführung zu bilden sind.

Die jeweilige Schuldübernahme wird in Abstimmung zwischen den Beteiligten den Gläubigern angezeigt unter gleichzeitigem Ersuchen, der befreienden Übernahme durch den Erwerber gem. § 415 BGB zuzustimmen.

Diese Schuldübernahmen werden die Beteiligten selbst einholen, *ebenso eine Erklärung des Grundpfandgläubigers, dass der Veräußerer aus seiner persönlichen Haftung entlassen wird. Der Notar hat ferner auf die Bedeutung der Zweckbestimmungserklärung bezüglich der übernommenen Grundschuld hingewiesen.* Die Kosten der Schuldübernahme trägt der Erwerber.

Der Erwerber übernimmt in Höhe des Betrages der übernommenen Grundschuld nebst Zinsen und etwaigen Nebenleistungen gegenüber dem Darlehensgeber die persönliche Haftung und unterwirft sich deswegen der sofortigen Zwangsvollstreckung in sein gesamtes Vermögen. Vollstreckbare Ausfertigung kann jederzeit ohne Nachweise erteilt werden.

Klargestellt wird, dass der Erwerber keine privaten Verbindlichkeiten des Veräußerers übernimmt.

8. Forderungen; Wechsel; dingliche Rechte

Der Veräußerer ist Inhaber der in seinem Betrieb entstandenen Forderungen. Diese umfassen im Einzelnen die Forderungen aus Lieferungen und Leistungen, Bankguthaben sowie etwaige sonstige Forderungen (z.B. gegenüber Arbeitnehmern oder aus der Sozialversicherung, Rückdeckungsansprüche aus Lebensversicherungen).

Der Bestand wird zum Übergabestichtag in einer Debitorenliste erfasst und bewertet. Übertragen sind alle Forderungen, die am Übertragungsstichtag – auch bedingt oder befristet – entstanden waren, selbst wenn sie in der Bilanz zum Übergabestichtag oder in der Debitorenliste nicht enthalten sind.

Die in der Bilanzposition »Forderungen aus Lieferungen und Leistungen« erfaßten Besitzwechsel sowie die diesen zugrundeliegenden Forderungen gehen ebenfalls auf den Erwerber über.

Soweit der Veräußerer Gläubiger übertragbarer dinglicher Rechte an fremden Grundstücken (z.B. von Grundschulden oder Hypotheken) ist, werden auch diese sowie alle weiteren Ansprüche aus den der jeweiligen Grundpfandrechtsbestellung zugrundeliegenden Urkunden abgetreten, insbesondere etwaige Ansprüche aus persönlichen Schuldanerkenntnissen samt Vollstreckungsunterwerfung, an den Erwerber übertragen.

Die Umschreibung im Grundbuch wird bewilligt und beantragt. Evtl. Grundpfandrechtsbriefe sind dem Erwerber zum Stichtag zu übergeben. Die unter Ziff. V. erteilte Vollmacht berechtigt auch dazu, die von der Übertragung etwa erfaßten dinglichen Rechte grundbuchmäßig zu bezeichnen.

(Alternative für den Fall, dass Forderungen und Verbindlichkeiten zum Stichtag beim Veräußerer verbleiben:

Forderungen und Verbindlichkeiten

Sämtliche aus dem Geschäftsbetrieb bis einschließlich 31.12. ..... erwachsenden Forderungen stehen noch dem Veräußerer zu und sind durch diesen einzuziehen. Die Handkasse wird zum 31.12. ..... [Zeitpunkt des Geschäftsschlusses] auf Null gestellt; das dort befindliche Guthaben steht dem Verkäufer zu.

Auch die mit Einrichtung und Ausübung des Handwerksbetriebs verbundenen Verbindlichkeiten, z.B. Bankverbindlichkeiten zur Anschaffung der Betriebsmittel, verbleiben beim Veräußerer; deren Tilgung aus Mitteln des Kaufpreises unterliegt dessen freier Entscheidung, die eingetragenen Grundpfandrechte sind jedoch aus dem Kaufpreis abzulösen. Eine Übernahme von Krediten unter Auswechslung des Schuldners zur Finanzierung des Erwerbs findet nicht statt; die Finanzierung des Erwerbs ist ausschließlich Angelegenheit des Erwerbers.

Betriebliche Girokonten gehen nicht über. Der Erwerber richtet neue Konten ein.)

7. Haftung aus Pflichtverletzung/Betriebsprüfungsrisiko

In der für die Übergabe maßgeblichen Schlußbilanz werden die betriebsüblichen Rückstellungen für Haftungen aus Pflichtverletzung ausgewiesen. Mit Wirkung zum Übergabestichtag ist der Erwerber verpflichtet, die dann bestehenden Ansprüche aus Pflichtverletzungen anstelle des Veräußerers zu erfüllen und ihn aus jeder Inanspruchnahme hieraus freizustellen. Dies gilt insbesondere auch für zur Zeit nicht bekannte Risiken aus Pflichtverletzungen.

Wenn eine Betriebsprüfung zu einer Erhöhung der betrieblichen Steuern oder zu einer *höheren persönlichen Steuer* aus betrieblichen Einkünften für den Veräußerer für den Zeitraum bis zum Übergabestichtag führt, hat diese im Verhältnis zwischen Veräußerer und Erwerber *der Erwerber allein* zu tragen und den Veräußerer von jeder Inanspruchnahme durch die Finanzverwaltung freizustellen. Abschlußzahlungen hinsichtlich der vorgenannten Steuern, die sich aufgrund der Veranlagungen bis zum Übergabestichtag ergeben, werden vom Erwerber getragen.

T. Übertragung eines einzelkaufmännischen Gewerbebetriebes mit Grundbesitz **Kapitel 15**

IV. Übereignung und Abtretung

1. Grundbucherklärungen

Die Vertragsteile sind über den Eigentumsübergang hinsichtlich des überlassenen Grundbesitzes entsprechend Ziff. II dieser Urkunde auf den Erwerber einig.

Der Veräußerer bewilligt und der Erwerber beantragt, die Eigentumsumschreibung im Grundbuch aufgrund dieser

Auflassung

zu vollziehen.

Zur Sicherung des Anspruchs auf Verschaffung des Eigentums am Vertragsgegenstand bewilligt der Veräußerer die Eintragung einer

Vormerkung

gem. § 883 BGB in das Grundbuch zugunsten des Erwerbers im angegebenen Berechtigungsverhältnis an nächstoffener Rangstelle. Deren Eintragung wird jedoch trotz Belehrung durch den Notar derzeit nicht beantragt; der Erwerber behält sich dies vor.

Vollzugsnachricht wird für die Beteiligten an den Notar erbeten.

2. Einigung

Die Vertragsteile sind ferner darüber einig, dass die zum übergebenen Betriebsvermögen gehörenden beweglichen Sachen in das Eigentum des Erwerbers übergehen, und zwar zum Übergabestichtag.

3. Abtretung, Indossament

Ferner tritt der Veräußerer die im Betrieb bis zum Übergabestichtag begründeten und übertragenen Forderungen, vertraglichen Ansprüche und dinglichen Rechte gegen Dritte mit Wirkung zu diesem Zeitpunkt an den Erwerber ab. Evtl. erfaßte Besitzwechsel werden indossiert.

Der Erwerber nimmt die Abtretungen an.

Die nach dem Gesetz erforderliche Anzeige dieser Abtretung an die jeweiligen Schuldner werden die Vertragsteile selbst gemeinsam vornehmen.

4. Regelungen für den Fall der Nichtübertragbarkeit der Aktiva und Passiva

Soweit einzelne Gegenstände zu Sicherungszwecken übereignet sind, tritt der Veräußerer alle Rechte aus den Sicherungsverträgen an den Erwerber ab. Die Vertragsparteien werden erforderlichenfalls die Sicherungsnehmer über die Abtretung unterrichten und deren Zustimmung hierzu einholen.

Sollten Forderungen ihrer Natur nach oder wegen wirksamer Vereinbarungen nach § 399 BGB nicht abtretbar sein, ist der Veräußerer zur Einziehung für Rechnung und auf Kosten des Erwerbers verpflichtet, welchem auch der Erlös auszukehren ist.

Sollte die beabsichtigte befreiende Übernahme eines Vertrages oder von Verbindlichkeiten den jeweiligen Gläubigern nicht angezeigt werden oder sollten diese im Einzelfall ihre Zustimmung verweigern bzw. von einer wesentlichen Änderung des Schuldverhältnisses oder Vertrages zum Nachteil eines Beteiligten abhängig machen, gilt:

Im Innenverhältnis zwischen Veräußerer und Erwerber gilt die Vereinbarung als Verpflichtung zur Befreiung von den übernommenen Verbindlichkeiten, im Außenverhältnis zum Gläubiger als gesamtschuldnerischer Schuldbeitritt des Erwerbers; hinsichtlich im Innenverhältnis übernommener Vertragsverhältnisse übt der Veräußerer im Außenverhältnis zur anderen Vertragspartei die bestehenden vertraglichen Rechte und Verpflichtungen für Rechnung und nach Weisung des Erwerbers aus.

V. Verpflichtungen des Erwerbers zur Versorgung des Veräußerers

1. Wohnungsrecht

Der Veräußerer und sein Ehegatte behalten sich als Gesamtberechtigte nach § 428 BGB ein Wohnungsrecht, das dem Überlebenden von ihnen in vollem Umfang allein zusteht, unter Ausschluß des Eigentümers an folgenden Räumen im Vertragsanwesen vor:

abgeschlossene Wohnung im ..... des auf dem übergebenen Grundbesitz befindlichen Anwesens (Wohnhaus).

Der Wohnungsberechtigte ist befugt, die zum gemeinschaftlichen Gebrauch der Bewohner dienenden Anlagen und Einrichtungen einschließlich des Gartens mitzubenutzen.

Der Eigentümer hat die dem Wohnungsrecht unterliegenden Räume auf seine Kosten in gut bewohnbarem und beheizbarem Zustand zu erhalten. Die laufenden Verbrauchskosten hat der Berechtigte zu tragen.

2. Leibrente

Der Erwerber verpflichtet sich, an den Veräußerer und dessen Ehegatten als Gesamtberechtigte nach § 428 BGB auf deren Lebensdauer eine monatliche Rente i.H.v. ... €,

– Euro ..... –

zu bezahlen.

Die Zahlungen haben monatlich im voraus zu erfolgen und müssen je bis zum Dritten eines jeden Monats beim Veräußerer eingegangen sein. Die Zahlung hat erstmals für den auf die Beurkundung folgenden Monat zu erfolgen.

Die Leibrente soll unabhängig von einer Änderung der wirtschaftlichen Verhältnisse sein. § 239 FamFG ist nicht anwendbar. Durch den Tod eines der Berechtigten vermindert sich die Rente nicht.

Die Leibrente soll wertgesichert sein. Die Vertragsteile vereinbaren daher, dass sich die einzelnen monatlichen Zahlungsbeträge um denselben Prozentsatz erhöhen oder vermindern, um den der vom Statistischen Bundesamt festgestellte monatliche Verbraucherpreisindex in Deutschland, bezogen auf das jeweils aktuelle Basisjahr, von dem gleichen Index für den Monat ..... abweicht.

Eine Erhöhung oder Verminderung tritt jedoch erst ein, wenn die Indexveränderung zu einer Veränderung des zu zahlenden Betrages um mindestens fünf Prozent führt. Die zu zahlenden Beträge ändern sich jeweils ab dem Monat, der dem Monat der maßgeblichen Indexfeststellung folgt. Ist danach eine Veränderung der Rente erfolgt, so gelten diese Bestimmungen für alle weiteren Änderungen entsprechend.

3. Reallast; Leibgeding

Zur Absicherung des oben eingeräumten Wohnungsrechtes bestellt der Erwerber den Veräußerern als Gesamtberechtigten nach § 428 BGB am Vertragsbesitz eine

beschränkte persönliche Dienstbarkeit nach § 1093 BGB

und zur Absicherung der wertgesicherten Rentenzahlungsverpflichtung eine

Reallast

am Vertragsbesitz.

Die Zahlungen aus der schuldrechtlichen Rentenverpflichtung und den dinglichen Ansprüchen aus der Reallast sind jeweils gegeneinander anzurechnen. Dem Rentenverpflichteten und dem Grundstückseigentümer steht ein Leistungsverweigerungsrecht als Einrede zu, wenn der Rentenbetrag aus einer dieser Verpflichtungen geleistet wurde. Die Eintragung dieser Einrede in das Grundbuch bei der Reallast wird bewilligt und beantragt.

Die Beteiligten vereinbaren vorsorglich, dass das sogenannte »Stammrecht der Leibrente« erst 30 Jahre nach gesetzlichem Beginn bzw. Neubeginn der Verjährung verjährt; für die Einzelleistungen bleibt es bei der gesetzlichen Verjährungsfrist von drei Jahren.

Es wird bewilligt und beantragt, die vorstehend bestellten Rechte unter der zusammenfassenden Bezeichnung »Leibgeding« in das Grundbuch einzutragen, mit dem Vermerk, dass zur Löschung des Rechtes der Nachweis des Todes der Berechtigten genügt.

4. Zwangsvollstreckungsunterwerfung; Verfallklausel mit Grundschuld; Hinweise

Der Erwerber unterwirft sich wegen des dinglichen und wegen des persönlichen Anspruchs aus dieser Reallast sowie wegen der vorstehend vereinbarten schuldrechtlichen Zahlungspflicht in Höhe des Ausgangsbetrages von ..... € monatlich und der vereinbarten Änderungen, die sich aus der Entwicklung des Verbraucherpreisindex für Deutschland ergeben, der sofortigen Zwangsvollstreckung aus dieser Urkunde in sein Vermögen mit der Maßgabe, dass vollstreckbare Ausfertigung auf Antrag des Gläubigers ohne weitere Nachweise erteilt werden kann.

Wenn über das Vermögen des Grundstückseigentümers das Insolvenzverfahren eröffnet oder mangels Masse dessen Eröffnung abgelehnt wurde, die Zwangsversteigerung oder Zwangsverwaltung in den betroffenen Grundbesitz eröffnet wird oder ein Zahlungsrückstand von mehr als sechs Monatsbeträgen entsteht, kann der jeweils Zahlungsberechtigte anstelle der Reallast einen Ablösebetrag in einer Summe verlangen.

Deren Höhe ist zu ermitteln als Gegenwartswert der künftigen Leistungen auf Lebenszeit (wobei abweichend von den Bestimmungen des Bewertungsgesetzes die Lebenserwartung nach den jeweils neusten allgemeinen Sterbetafeln und der Abzinsungsprozentsatz mit zwei Prozentpunkten über dem seinerzeitigen Basiszins gem. § 247 BGB zu bewerten ist) zuzüglich etwaiger Rückstände.

Zur Sicherung dieses Ablösebetrags wird die Eintragung einer zinslosen Buchgrundschuld über ..... € für den Reallastberechtigten im Rang nach dem Leibgeding bewilligt und beantragt. Der jeweilige Grundstückseigentümer unterwirft sich wegen dieses Grundschuldbetrags der sofortigen Zwangsvollstreckung aus dieser Urkunde gegen den jeweiligen Eigentümer, was hiermit vereinbart und zur Eintragung bewilligt und beantragt wird (§ 800 ZPO).

Die Reallast ihrerseits ist auflösend bedingt durch Erhalt des Ablösebetrags, was zur Eintragung bei der vorbestellten Reallast bewilligt und beantragt wird.

Der Notar hat den Gläubiger weiter auf folgendes hingewiesen: Sollte er künftig aus dem dinglichen Recht der Reallast die Zwangsversteigerung in das Grundstück betreiben, geht die Reallast unter; an ihre Stelle tritt eine Beteiligung am Versteigerungserlös in Höhe maximal des 25fachen Jahresbetrages. Vorsorgemöglichkeiten (wie etwa die Vereinbarung eines Anspruchs auf Neubestellung von Reallasten und dessen Sicherung durch eine vorrangige Vormerkung im Grundbuch; Bestellung eines nachrangigen weiteren Grundpfandrechtes, aus dem die Versteigerung betrieben würde) wurden erörtert, jedoch nicht gewünscht.

VI. Genehmigungen

Der Ehegatte des Veräußerers stimmt der Überlassung gem. § 1365 BGB zu und verzichtet zugleich ihm gegenüber für sich in der Weise auf das gesetzliche Pflichtteilsrecht am künftigen Nachlass des Veräußerers, dass der übergebene Besitz bei der Berechnung des Pflichtteilsanspruchs als nicht zum Nachlass gehörend angesehen und somit aus der Berechnung für den Pflichtteilsanspruch ausgeschlossen wird. Der Veräußerer nimmt diesen Verzicht hiermit an.

(Alt.: Der Veräußerer versichert, in dieser Urkunde nicht über den ganzen oder überwiegenden Teil seines Vermögens zu verfügen, so dass eine Zustimmung seines Ehegatten gem. § 1365 BGB nicht erforderlich ist.)

VII. Ermächtigung des Notars

Der Notar wird beauftragt, alle zu diesem Vertrag erforderlichen Genehmigungen, Negativzeugnisse und zur Lastenfreistellung erforderlichen Erklärungen einzuholen und für die Beteiligten in

Empfang zu nehmen. Sie sollen mit ihrem Eingang beim Notar allen Beteiligten zugegangen und ihnen gegenüber wirksam sein.

Dies gilt jedoch nicht für die Versagung von Genehmigungen und die Erteilung unter Bedingungen oder Auflagen. Diese Erklärungen können nur gegenüber den Beteiligten selbst ergehen. An den Notar wird eine Abschrift erbeten.

Der Notar wird ermächtigt, alle Erklärungen zur Durchführung und zum Vollzug dieses Vertrages abzugeben und entgegenzunehmen, ferner alle Anträge – auch teilweise und eingeschränkt – zu stellen, zu ergänzen, abzuändern oder zurückzunehmen, ohne Beschränkung auf § 15 GBO.

VIII. Hinweise des Notars

Der Notar hat die Beteiligten insbesondere auf folgendes hingewiesen:
- Der Erwerber wird erst mit der Eintragung im Grundbuch Eigentümer. Diese kann der Notar erst beantragen, wenn erforderliche Genehmigungen, soweit erforderlich die steuerliche Unbedenklichkeitsbescheinigung und die Lastenfreistellungserklärungen, vorliegen.
- Die Beteiligten haften gesamtschuldnerisch für die durch diese Beurkundung ausgelösten Kosten und Steuern.
- Der Vertragsgegenstand haftet dinglich für Rückstände an öffentlichen Lasten und Abgaben und für Erschließungsbeiträge.
- In dieser Urkunde nicht wiedergegebene Vereinbarungen sind nichtig und stellen die Wirksamkeit des gesamten Vertrages infrage.
- Für Abkömmlinge, Ehegatten und gegebenenfalls für Eltern bestehen gesetzliche Pflichtteilsrechte und im Hinblick auf die heutige Überlassung unter Umständen Pflichtteilsergänzungsansprüche.
- Der Erwerber haftet nach § 25 Abs. 1 HGB und § 75 AO für Verbindlichkeiten des Veräußerers, wenn die gesetzlichen Voraussetzungen hierfür vorliegen.
- Das gesetzliche Rückforderungsrecht wegen Verarmung des Schenkers (§ 528 BGB) und die Möglichkeiten einer Anfechtung durch Gläubiger oder für den Fall späterer Insolvenz des Schenkers können nicht abbedungen werden; auf diese – insbesondere die geltenden Fristen – wurde hingewiesen. Die Beteiligten vereinbaren hierzu:
Sollte sich der Erwerber von einer etwa bestehenden Pflicht zur Leistung von Wertersatz in Geld durch Rückauflassung des Vertragsbesitzes selbst befreien wollen, erfolgt diese unmittelbar an den Veräußerer Zug um Zug gegen Ausgleich der durch Investitionen des Erwerbers geschaffenen Werterhöhung sowie seiner an den Veräußerer oder weichende Geschwister aufgrund Vertrages erbrachten Zahlungen.

X. Kosten und Steuern; Abschriften

Die Kosten dieser Urkunde, ihres Vollzuges, etwaige Katasterfortführungsgebühren, Kosten erforderlicher Genehmigungen und Bescheinigungen sowie etwa anfallende Grunderwerb- und/oder Schenkungsteuer trägt der Erwerber.

Die Kosten der Lastenfreistellung trägt .....

Von dieser Urkunde erhalten:
- jeder Vertragsteil eine Ausfertigung
- das Grundbuchamt eine Ausfertigung
- das zuständige Finanzamt – Grunderwerbsteuerstelle – eine einfache Abschrift
- das zuständige Finanzamt – Schenkungsteuerstelle – eine beglaubigte Abschrift
- *Grundpfandgläubiger eine beglaubigte Abschrift (z.H. des Veräußerers).*

Vorgelesen vom Notar, von den Beteiligten

genehmigt und eigenhändig unterschrieben:

.....

▶ **Anmeldung zum Handelsregister: Übertragung eines Gewerbebetriebes** 6780

URNr. /2018

An das

Amtsgericht

– Registergericht –

.....

– durch elektronische Übermittlung –

HR A .....

..... mit dem Sitz in .....

Zur Eintragung in das Handelsregister wird angemeldet:

Der unterzeichnende bisherige Geschäftsinhaber, Herr ....., hat das von ihm unter der obigen *nicht im Handelsregister eingetragenen* Firma betriebene Geschäft mit dem Recht, die Firma mit oder ohne Beifügung eines das Nachfolgeverhältnis andeutenden Zusatzes fortzuführen, an

.....

geboren am .....,

wohnhaft in .....

übertragen.

Diese führt das Geschäft unter der bisherigen Bezeichnung mit Beifügung eines Nachfolgezusatzes wie folgt fort:

..... e.K. Inhaber .....

Die Geschäftsräume befinden sich weiterhin in .....

..... stimmt der Namensfortführung ausdrücklich zu.

(*Falls einschlägig [i.d.R. bei Verbleib von Forderungen und Verbindlichkeiten zum Stichtag beim Veräußerer lt. Vertrag]:*

Die Haftung des Erwerbers für die im Betrieb des Geschäfts begründeten Verbindlichkeiten des bisherigen Inhabers sowie der Übergang der in dem Betriebe begründeten Forderungen auf den Erwerber ist ausgeschlossen.

Falls Prokura besteht:

Die Prokura von ..... ist erloschen.)

Die Kosten dieser Handelsregisteranmeldung und ihres Vollzuges bei Gericht und Notar trägt die Gesellschaft.

Eintragungsnachricht wird auch an den amtierenden Notar erbeten.

Die Beteiligten bevollmächtigen die Angestellten des amtierenden Notars und seines Nachfolgers im Amt – welche der vorgenannte Notar zu bezeichnen bevollmächtigt wird – je einzeln und befreit von § 181 BGB, jegliche Erklärungen, Bewilligungen und Anträge materiell- oder formellrechtlicher Art zur Ergänzung, Änderung oder Rücknahme dieser Anmeldung abzugeben, insbesondere soweit diese zur Behebung behördlicher oder gerichtlicher Beanstandungen zweckdienlich sind.

Der vorgenannte Notar wird beauftragt und allseits bevollmächtigt, den Vollzug dieser Anmeldung im Handelsregister, insbesondere durch Erstellung einer elektronischen Handelsregisteranmeldung und deren Übermittlung an das Registergericht, zu bewirken und alle hierzu erforderlichen oder sinnvollen Erklärungen abzugeben und Maßnahmen zu treffen, einschließlich diese Anmeldung nach seinem Ermessen zu berichtigen oder zu ergänzen

....., den .....

(Anm.: Es folgt Unterschriftsbeglaubigung.)

U. Erbschaftsvertrag nach § 311b Abs. 5 BGB

6781 Die Beteiligten sind Geschwister. Sie gehen davon aus, dass sie aufgrund gesetzlicher Erbfolge je zur Hälfte Erben nach ihrer Mutter werden und dass vorgenannter Grundbesitz sich im Nachlass unverändert befinden wird. Sie beabsichtigen, ihre künftige Beteiligung am Nachlass der Mutter durch Erbschaftsvertrag gemäß § 311b Abs. 5 BGB unter gesetzlichen Erben bereits heute dergestalt zu regeln, dass der Grundbesitz an das Geschwister A, aller sonstiger Nachlass dem Geschwister B zugutekommt (vgl. Rdn. 3514 ff.). Die für den späteren dinglichen Vollzug notwendigen Erklärungen werden ebenfalls mit abgegeben.

6782 ▶ **Erbschaftsvertrag unter künftigen gesetzlichen Erben**

URNr. ...../2018

Erbschaftsvertrag unter künftigen gesetzlichen Erben

Heute, den ..... zweitausendachtzehn

– ..... 2018 –

erschienen vor mir,

.....

Notar in .....,

in meinen Amtsräumen in .....:

1. Herr A,
   geb. am .....,
   wohnhaft: .....,
   nach Angabe .....
   ausgewiesen durch gültigen deutschen Personalausweis
2. Herr B.
   wohnhaft in .....
   geb. am .....,
   ausgewiesen durch gültigen deutschen Personalausweis

Der Notar fragte nach einer Vorbefassung im Sinne des § 3 Abs. 1 Nr. 7 BeurkG; sie wurde von den Beteiligten verneint.

Die Erschienenen waren gleichzeitig vor mir anwesend. Auf Ansuchen beurkunde ich ihren Erklärungen gemäß, was folgt:

§ 1
Sachstand

Die Erschienenen sind Geschwister. Ihre – nicht mehr testierfähige – Mutter ist Eigentümerin der Immobilie Flurstück .....,

vorgetragen im Grundbuch des Amtsgerichts ..... für ..... Blatt .....

und derzeit in Abteilung II und Abteilung III wie folgt belastet:

.....

Die Beteiligten gehen davon aus, dass sie aufgrund gesetzlicher Erbfolge je zur Hälfte Erben nach ihrer Mutter werden und dass vorgenannter Grundbesitz sich im Nachlass unverändert befinden wird. Sie beabsichtigen, ihre künftige Beteiligung am Nachlass der Mutter durch Erbschaftsvertrag gemäß § 311b Abs. 5 BGB unter gesetzlichen Erben bereits heute dergestalt zu regeln, dass der Grundbesitz an das Geschwister A, aller sonstiger Nachlass dem Geschwister B zugute kommt.

A hat an B zusätzlich eine »Aufzahlung« zur Herstellung gleicher Wertverhältnisse zu entrichten.

U. Erbschaftsvertrag nach § 311b Abs. 5 BGB   Kapitel 15

Die zur Grundbesitzübertragung erforderlichen dinglichen Erklärungen sollen bereits in heutiger Urkunde abgegeben werden.

§ 2
Aufteilung des Nachlasses

1.

A und B als künftige Miterben sind einig, dass der vorstehend in § 1 genannte Grundbesitz nach dem Ableben der Mutter an A übertragen werden soll; dieser nimmt die Übereignungsverpflichtung hiermit an.

Auf Eintragung einer Vormerkung nach dem Ableben der Mutter zur Sicherung dieser Übertragungspflicht wird verzichtet.

A hat alle beim Erbfall bestehenden Eintragungen in Abteilung II und Abteilung III des Grundbuchs in dinglicher Hinsicht zu übernehmen, ebenso die zugrundeliegenden Verbindlichkeiten, soweit sie bereits heute (zur Zeit des Abschlusses des Erbschaftsvertrags) bestehen und soweit sie zwar später hinzugekommen sind, jedoch zur Tragung von Verwendungen jeder Art in bezug auf den Grundbesitz gedient haben, einschließlich umfassender Um- und Ausbaumaßnahmen. Die Übernahme dieser Verbindlichkeiten hat für B schuldbefreiend zu erfolgen, sie bedarf also der Zustimmung des Gläubigers.

Im Übrigen wird für Sach- und Rechtsmängel nicht gehaftet; diesbezügliche Ansprüche sind daher – soweit sie nicht auf Vorsatz, Arglist oder Garantie beruhen – ausgeschlossen

2.

A hat des Weiteren eine Aufzahlung in Höhe von ..... € zu entrichten, fällig binnen ..... Tagen, nachdem
- beide Beteiligten als Miterben je zur Hälfte im Grundbuch an dem in § 1 genannten Grundbesitz eingetragen sind – den Beteiligten ist bekannt, dass hierfür bei gesetzlicher Erbfolge die Erteilung eines Erbscheins erforderlich ist–
- und die Schuldübernahmegenehmigung hinsichtlich der Übernahme aller Verbindlichkeiten, die in Abteilung III des Grundbuchs dann abgesichert sind, schriftlich vorliegt.

A unterwirft sich wegen dieser Verpflichtung zur Zahlung des Ausgleichsbetrags gegenüber seinem Bruder B der Zwangsvollstreckung aus dieser Urkunde in sein Vermögen mit der Maßgabe, dass vollstreckbare Ausfertigung durch den Notar auf Antrag ohne weitere Nachweise erteilt werden kann, sobald A und B im Grundbuch gemäß § 1 als Erben eingetragen sind, also ohne Nachweis der Schuldübernahmegenehmigung, die die Beteiligten selbst beibringen werden.

3.

Als weitere Gegenleistung für die Grundbesitzübertragung verpflichtet sich A, mit Fälligkeit des vorgenannten Ausgleichsbetrags seinen künftigen Erbteil zu 1/2 am Nachlass der Mutter frei von Rechten Dritter auf seinen Bruder B zu übertragen.

Sollten ihm weitere Ansprüche gegen den Nachlass nach der Mutter M zustehen, etwa Pflichtteilsergänzungsansprüche, ist er auch verpflichtet, diese an seinen Bruder B abzutreten.

Die Übertragungsverpflichtung erfasst den Erbteil in seinem künftigen Bestand, nicht jedoch solche Erbanteile, die über 1/2 hinausgehen.

A ist verpflichtet, die Erbschaft anzunehmen und daran mitzuwirken, dass der Erbschein zur Berichtigung des Grundbuchs gemäß § 1 erteilt wird.

§ 3
Dingliche Erklärungen zum Vollzug der Grundbesitzübertragung

Die Beteiligten sind sich einig, dass das Eigentum an dem in § 1 bezeichneten Grundbesitz auf A übergeht.

Diese Erklärung der Auflassung enthält jedoch weder die Eintragungsbewilligung noch den Eintragungsantrag. Die Beteiligten erteilen dem Notar, seinem Vertreter oder Nachfolger im Amt unbedingte und unwiderrufliche, über den Tod hinauswirkende Vollmacht, die Eintragungsbewilligung gegenüber dem Grundbuchamt durch Eigenurkunde zu erklären und die Umschreibung zu beantragen. Der Notar wird gemäß § 53 BeurkG im Innenverhältnis unwiderruflich angewiesen, von dieser Vollmacht erst Gebrauch zu machen, wenn

(1) A und B im Grundbuch als Miterben eingetragen sind und

(2) ihm B schriftlich bestätigt oder A durch Bankbeleg nachgewiesen hat, dass der Ausgleichsbetrag gemäß § 2 Nr. 2 gezahlt ist, sowie

(3) B dem Notar schriftlich bestätigt hat oder A durch Vorlage der Notarurkunde nachgewiesen hat, dass der Erbteil gemäß § 2 Nr. 3 übertragen wurde.

Die Beschaffung der zur Schuldübernahme und Entlastung der Erbengemeinschaft gemäß § 2 Nr. 2 erforderlichen Gläubigererklärungen werden die Beteiligten selbst vornehmen; der Vollzug der Auflassung ist davon nicht abhängig, allerdings die Fälligkeit der Abfindungsvergütung, deren Begleichung ihrerseits der Umschreibungsüberwachung unterliegt.

§ 4
Aufschiebende Bedingung

Die schuldrechtlichen Erklärungen in diesem Erbschaftsvertrag stehen unter der aufschiebenden Bedingung, dass sich der Grundbesitz gemäß § 1 im Nachlass der Mutter befinden wird und A und B deren Erben, gleich zu welcher Erbquote und gleichgültig ob aufgrund gesetzlicher oder testamentarischer Erbfolge, sind. Wertveränderungen oder Änderungen in der Zusammensetzung des Nachlasses begründen keine Anpassungsansprüche.

Die Rechte und Pflichten aus diesem Vertrag sind beiderseits vererblich, die Rechte abtretbar.

§ 5
Hinweise

Den Beteiligten ist bewusst, dass dieser Erbschaftsvertrag lediglich verpflichtende Wirkungen hat, also noch der Erfüllung bedarf durch Vollzug der Eigentumsübertragung, Übertragung des Erbteils, Einholung der Schuldübernahmegenehmigung etc.

Die Beteiligten verpflichten sich, unverzüglich nach dem Erbfall alle erforderlichen Erklärungen abzugeben und Anträge zu stellen, die hierfür notwendig sind, insbesondere den Erbschein zu beantragen und alle dafür notwendigen Nachweise zu beschaffen.

Die in dieser Urkunde erklärte Auflassung bezieht sich auf den künftigen Grundbesitz, wird also gemäß § 185 Abs. 2 Satz 1, 2. Alternative, BGB erst wirksam, wenn A und B Eigentümer des Grundbesitzes geworden sind.

Eine steuerliche Beratung hat der Notar nicht übernommen, jedoch auf entstehende Schenkungsteuer hingewiesen, ebenso auf das Erfordernis der grunderwerbsteuerlichen Unbedenklichkeitsbescheinigung zum Vollzug der Auflassung. Die Auseinandersetzung einer Erbengemeinschaft über Grundbesitz ist nach derzeitiger Rechtslage grunderwerbsteuerfrei.

§ 6
Vollzug, Vollmacht

Der Notar ist nicht verpflichtet, die Akte »offenzuhalten«, um die Umschreibung des Grundbuchs sowie die noch vorzunehmende Beurkundung der Erbteilsabtretung durchzuführen. Es ist vielmehr Aufgabe der Beteiligten, dem Notar den Eintritt der Erbfolge sowie die weiteren zum Vollzug der Auflassung erforderlichen Umstände nachzuweisen.

U. Erbschaftsvertrag nach § 311b Abs. 5 BGB   Kapitel 15

A erteilt B hiermit – befreit von § 181 BGB und über seinen Tod hinaus – unwiderrufliche Vollmacht, die Erbschaft nach dem Tod der Mutter anzunehmen, alle Erklärungen zur Erlangung eines Erbscheins abzugeben, die Grundbuchberichtigung zu beantragen, Antrag auf Gläubigerzustimmung zur Genehmigung der befreienden Schuldübernahme zu stellen sowie die Beurkundung der Erbteilsübertragung vorzunehmen.

Letztere Vollmacht zur Beurkundung der Erbteilsübertragung kann nur vor dem amtierenden Notar, seinem Vertreter oder Nachfolger im Amt ausgeübt werden. Der Notar wird angewiesen, aufgrund dieser Vollmacht eine Erbteilsübertragung erst dann zu beurkunden, wenn ihm die durch die Beteiligten zu beschaffenden Schuldübernahmegenehmigungen bezüglich aller im Grundbuch nach dem Erbfall eingetragenen Gläubiger vorliegen.

§ 7
Schlussbestimmungen

Die Kosten dieser Urkunde tragen A und B unbeschadet ihrer gesamtschuldnerischen Haftung je zur Hälfte.

Von dieser Urkunde erhalten

Ausfertigung:
- die Beteiligten
- das Grundbuchamt ..... zum Vollzug der Auflassung bei Vorlagereife

beglaubigte Abschrift:
- das für den Erblasser zuständige Erbschaftsteuerfinanzamt gemäß § 34 ErbStG, § 8 ErbStDV
- die Beteiligten in von ihnen zu bestimmender Zahl zur Einholung der Gläubigergenehmigungen für die Schuldübernahmen, § 2 Nr. 2

einfache Abschrift:
- das Finanzamt – Grunderwerbsteuerstelle – mit Veräußerungsanzeige, sobald die Beteiligten den Notar über den Eintritt der aufschiebenden Bedingungen gemäß § 4 verständigt haben unter Hinweis darauf, dass es sich um die erstmalige Auseinandersetzung der Erbengemeinschaft bezüglich des betreffenden Grundbesitzes handelt.

Vorgelesen vom Notar, von den Beteiligten

genehmigt und eigenhändig unterschrieben:

.....

V. Schenkung eines Erbteils

6783 ▶ Schenkung eines Erbteils

URNr. ...../2018

Schenkung eines Erbteils

Heute, den ..... zweitausendachtzehn

– ..... 2018 –

erschienen vor mir,

.....

Notar in ....,

in meinen Amtsräumen in .....:

1. Frau ..., geb. .....
   geb. am ...
   nach Angabe verwitwet
   wohnhaft in .....

als »Veräußerer«

2. deren Sohn
   Herr ....,
   geb. am .....
   wohnhaft in .....

als »Erwerber«

beide ausgewiesen durch gültige deutsche Personalausweise.

Der Notar fragte nach einer Vorbefassung im Sinne des § 3 Abs. 1 Nr 7 BeurkG; sie wurde von den Erschienenen verneint.

Auf Ansuchen beurkunde ich ihren Erklärungen gemäß was folgt:

I.
Vorbemerkungen

1. Erbfolge

Der Erblasser ..... ist ..... in ..... verstorben.

Der Erblasser wurde aufgrund gesetzlicher Erbfolge gemäß Erbschein des Amtsgerichts .....(Geschäftszeichen: .....)

beerbt

von:
- seiner Ehefrau zu ½
- seinen Kindern A, B, C zu je 1/6.

Eine Ausfertigung des Erbscheins lag heute vor und ist dieser Urkunde in beglaubigter Abschrift beigefügt.

2. Grundbesitz

Zur Erbschaft gehört folgender Grundbesitz:

Das Grundbuch des Amtsgerichts ..... für ..... Blatt ..... wurde am ..... eingesehen. Dort ist folgender Grundbesitz eingetragen:

Flst.Nr. ....

Als Eigentümer sind vermerkt:

Die Erschienenen in Erbengemeinschaft

Dieser Grundbesitz ist im Grundbuch wie folgt belastet:

Abteilung II:

Wohnungs- und Mitbenutzungsrecht auf Lebensdauer für ...... Die Löschung wird unter Vorlage der Sterbeurkunde auf Kosten des Erwerbers beantragt.

Abteilung III:

Grundschuld ohne Brief zu Euro ..... für ....., die nach Angabe der Beteiligten nicht mehr valutiert ist.

Dieses Recht bleiben bestehen; der Erwerber übernimmt es zur Neuvalutierung.

Weitere Vermögenswerte der Erbengemeinschaft sind nicht (mehr) vorhanden. Den Beteiligten ist gleichwohl bekannt, dass die Erbteilsübertragung den gesamten Nachlass erfasst, mögen die noch vorhandenen Aktiva und Passiva bekannt sein oder nicht.

3. Vertragsgegenstand

Heutiger Vertragsgegenstand ist der vorbezeichnete

Erbteil

des Veräußerers am Nachlass des vorgenannten Erblassers.

II.
Erbteilsveräußerung

Der Veräußerer veräußert hiermit den vorbezeichneten Erbteil (»Vertragsbesitz«) mit allen Rechten und Pflichten

a n

den Erwerber zur alleinigen Berechtigung. Dieser nimmt die Übertragung an. Für die Erbteilsveräußerung gelten folgende Vereinbarungen:

1. Anrechnung; Ausgleich; Vorbehalte

a)

Der Erwerber hat sich den Wert der Zuwendung, soweit er die Gegenleistungen übersteigt, auf seinen künftigen Pflichtteilsanspruch am Nachlass des Veräußerers anrechnen zu lassen.

Eine Pflicht zur Ausgleichung gegenüber etwaigen Geschwistern des Erwerbers besteht jedoch weder zu Lebzeiten noch von Todes wegen aus dem restlichen Nachlass des Veräußerers; die Zuwendung ist also nicht auf den Erbteil des Erwerbers anzurechnen.

b)

Der Veräußerer – nachstehend »der Berechtigte« genannt – behält sich am gesamten übertragenen Erbteil ein

Nießbrauchsrecht

vor (Vorbehaltsnießbrauch), für das die gesetzlichen Bestimmungen gelten sollen mit der Abweichung, dass der Nießbraucher auch die außerordentlichen, als auf den Stammwert der Sache gelegt anzusehenden Lasten sowie die Tilgung bestehender Verbindlichkeiten trägt. Ebenso trägt der Nießbraucher auch Ausbesserungen und Erneuerungen, die über die gewöhnliche Unterhaltung des Rechtes hinausgehen. Die gesamten Lasten und Kosten des Vertragsbesitzes verbleiben demnach beim Nießbraucher.

Die Überlassung der Ausübung des Nießbrauches an einen anderen zur Ausübung (z.B. Übertragung der Vermieterstellung, § 1059 Satz 2 BGB) ist ausgeschlossen.

Der Veräußerer

beantragt

die Grundbuchberichtigung durch Eintragung des bestellten Nießbrauchsrechtes als Verfügungsbeschränkung des Erbteils im Grundbuch mit der Maßgabe, dass zur Löschung des Rechtes der Todesnachweis genügt.

c)

Die Abtretung des Erbteiles ist auflösend bedingt. Auflösende Bedingung ist die Ausübung eines höchstpersönlichen Rückübertragungsverlangens des Veräußerers in notariell beglaubigter Form aufgrund eines der nachstehenden – vom beglaubigenden Notar nicht zu prüfenden – Rückforderungsgründe. Die Rückforderung kann nicht durch gesetzliche Vertretung oder Insolvenzverwalter erfolgen:

a) Abschluss eines schuldrechtlichen und/oder dinglichen Vertrags zur Weiterübertragung des jeweiligen Erbteils
b) Einleitung von Einzelvollstreckungsmaßnahmen in den Erbteil
c) Eröffnung des Insolvenzverfahrens über das Vermögen des Erwerbers; Ablehnung eines solchen Antrages wegen Massearmut, Versicherung der Vollständigkeit seines Vermögensverzeichnisses durch den Erwerber an Eides statt
d) Versterben des Erwerbers vor dem Veräußerer
e) Getrenntleben des Erwerber und seines (künftiger) Ehegatten/eingetragenen Lebenspartners (»Partners«) im Sinne des § 1567 BGB, es sei denn, durch vertragliche Vereinbarung ist sichergestellt, dass der Vertragsbesitz im Rahmen des Zugewinn- bzw. Vermögensausgleiches nicht berücksichtigt wird, sondern allenfalls tatsächlich getätigte Investitionen oder Tilgungsleistungen dem Partner zu erstatten sind
f) der Erwerber verfällt der Drogen- oder Alkoholsucht oder ist Mitglied einer im Sektenbericht des Bundestages aufgeführten Sekte oder einer unter Beobachtung des Verfassungsschutzes stehenden Vereinigung oder ist länger als sechs Monate geschäftsunfähig.
g) Festsetzung von Schenkungsteuer für die heutige Erbteilsübertragung.

Wechselt die Inhaberschaft am Anteil, kommt es für den Eintritt der Rückforderungsgründe auf die Person, das Verhalten, oder die sonstigen Verhältnisse der Rechtsnachfolger bzw. Erben an; bei mehreren genügt der Eintritt bei einem von ihnen. Bei Vermischung des Anteiles mit anderen beziehen sich die Verpflichtungen und Bedingung schuldrechtlich auf den durch Teilung zu bildenden Anteil in übertragener Höhe.

Die Rückübertragung erfolgt unentgeltlich, und ohne Ausgleich für die gezogenen Nutzungen. Die gesetzlichen Rücktrittsvorschriften gelten nicht.

Mit dem Tod des Veräußerers fällt die auflösende Bedingung endgültig aus.

Um den Veräußerer bis zum Wegfall der auflösenden Bedingung durch den nach § 161 Abs. 3 BGB durch gutgläubigen Erwerb möglichen Verlust seiner Rechtsposition zu schützen,

bewilligt und beauftragt

der Erwerber, gleichzeitig mit Vollzug der vorbeantragten Grundbuchberichtigung die in der auflösenden Bedingung liegende

Verfügungsbeschränkung

des Erwerbers dergestalt in Abt. II des Grundbuchs einzutragen, dass dort vermerkt wird, dass die heute erfolgte Erbteilsübertragung des Veräußerers auf den Erwerber auflösend bedingt ist und die Bedingung mit Ausübung eines höchstpersönlichen Rückübertragungsverlangens des Veräußerers in notariell beglaubigter Form aufgrund eines der vorstehenden – vom beglaubigenden Notar nicht zu prüfenden – Rückforderungsgründe eintritt.

3. Nutzungen, Lasten, Gefahrenübergang

Die Übergabe des mittelbaren Besitzes erfolgt mit dem heutigen Tage, die Übergabe des unmittelbaren Besitzes und der Nutzungen sowie der Übergang von Lasten, Verkehrssicherungspflichten, Haftung und Gefahr mit Beendigung des Nießbrauches.

Der Veräußerer verzichtet auf Ersatz aller von ihm auf die Erbschaft gemachten Aufwendungen, erfüllten Verbindlichkeiten, Abgaben und außerordentlichen Lasten. Bezüglich einer evtl. Erbschaftsteuerpflicht des Veräußerers aufgrund seiner Erbfolge wird vereinbart, dass die Erbschaftsteuer allein der Veräußerer zu tragen hat.

4. Mängelhaftung, Garantien

Der Veräußerer garantiert
- die Verschaffung und Lastenfreiheit des Erbteils, insbesondere dass er den Erbteil nicht anderweitig veräußert oder verpfändet hat und er auch nicht gepfändet oder mit sonstigen Rechten Dritter belastet ist,
- dass der vorbezeichnete Grundbesitz sowie etwa in dieser Urkunde ausdrücklich bezeichnete Gegenstände zum Nachlass gehören,
- dass keine weiteren als die in dieser Urkunde aufgeführten Nachlassverbindlichkeiten bestehen,
- dass die Erbschaftssteuer bereits bezahlt ist,
- dass zwischen den Erben auch schuldrechtlich kein Auseinandersetzungsvertrag abgeschlossen wurde.

Darüber hinaus beschränkt sich die Haftung des Veräußerers für Rechtsmängel darauf,
- dass ihm das Erbrecht zusteht
- dass das Erbrecht nicht durch das Recht eines Nacherben oder durch die Ernennung eines Testamentsvollstreckers beschränkt ist
- dass nicht Vermächtnisse, Auflagen, Pflichtteilslasten, Ausgleichspflichten und Teilungsanordnungen bestehen
- dass nicht unbeschränkte Haftung gegenüber den Nachlassgläubigern oder einzelnen von ihnen eingetreten ist.

Rechte des Erwerbers wegen Mängeln einzelner Nachlassgegenstände sind ausgeschlossen. Garantien werden im Übrigen nicht übernommen. Ansprüche des Erwerbers aus den übernommenen Garantien sollen in dreißig Jahren ab dem gesetzlichen Verjährungsbeginn verjähren.

Der Veräußerer ist *nicht* verpflichtet, das was er vor der Veräußerung aufgrund eines zur Erbschaft gehörenden Rechtes oder als Ersatz für die Zerstörung, Beschädigung oder Entziehung eines Erbschaftsgegenstandes oder durch ein Rechtsgeschäft, das sich auf die Erbschaft bezog, erlangt hat, an den Erwerber mitzuübertragen.

Soweit Erbschaftsgegenstände in der Zeit bis zur Veräußerung verbraucht, unentgeltlich veräußert oder unentgeltlich belastet wurden, ist der Veräußerer nicht verpflichtet, entsprechenden Wertersatz zu leisten.

III.
Dingliche Übertragung, Grundbuchberichtigung

1. Übertragung, Bedingung

Der Veräußerer überträgt hiermit den veräußerten Erbteil mit sofortiger dinglicher Wirkung an den Erwerber.

Der Erwerber nimmt die Übertragung des Erbteils hiermit an.

Auf Sicherung des Veräußerers durch die Vereinbarung von aufschiebend- bzw. auflösend bedingten Übertragungen, gesichert durch die Eintragung entsprechender Widersprüche und ggf. Verfügungsbeschränkungen im Grundbuch, wird allseits verzichtet.

2. Grundbuchberichtigung

Durch die vorbezeichnete Erbteilsübertragung ist das Grundbuch unrichtig geworden.

Der Erwerber

beantragt

hiermit die Berichtigung des Grundbuchs zufolge der vorbezeichneten Erbteilsübertragung.

Vollzugsmitteilung an die Vertragsteile und den Notar wird beantragt.

IV.
Hinweise, Belehrungen

Die Vertragsteile wurden vom Notar insbesondere auf folgendes hingewiesen:
1. Sämtliche im Zusammenhang mit der Erbteilsveräußerung getroffenen Vereinbarungen müssen notariell beurkundet sein, da sie ansonsten wegen Formmangels nichtig sind und die Nichtigkeit des gesamten Vertrages zur Folge haben können.
2. Der Erwerber wird nicht (Mit-)Erbe des Erblassers; er hat lediglich einen schuld-rechtlichen Anspruch, wirtschaftlich wie ein (Mit-)Erbe gestellt zu werden. (Mit-)Erbe bleibt weiterhin der Veräußerer; deshalb wird der Erwerber auch nicht im Erbschein aufgeführt oder der Erbschein berichtigt.
3. Der Erwerber wird in seinem Vertrauen an die unbeschränkte und unbelastete Erbenstellung des Veräußerers und die Zugehörigkeit des genannten Grundbesitzes zur Erbschaft nicht geschützt und ist insoweit auf die Richtigkeit der Angaben des Veräußerers angewiesen.
4. Mit der dinglichen Übertragung des Erbteiles gehen alle (noch) im ungeteilten Nachlass befindlichen Vermögenswerte automatisch anteilsmäßig auf den Erwerber über.
5. Der Erwerber haftet – unbeschadet der Vereinbarungen in diesem Vertrag – denNachlassgläubigern ab sofort neben dem weiterhin haftenden Veräußerer für alle etwaigen Nachlassverbindlichkeiten.
6. Beide Vertragsteile haften – unbeschadet der Vereinbarungen in diesem Vertrag – gesamtschuldnerisch für die Vertragskosten und die Grunderwerbsteuer.
7. Die Veräußerung des Erbteiles und der Name des Erwerbers sind nach § 2384 Abs. 1 BGB unverzüglich dem Nachlassgericht anzuzeigen.
8. Die beantragte Grundbuchberichtigung kann erst erfolgen, wenn die Unbedenklichkeitsbescheinung des Finanzamts (wegen der Grunderwerbsteuer) vorliegt.

V.
Schlussbestimmungen

1. Vollzugsantrag und Vollmacht an den Notar

Die Vertragsteile

beauftragen und bevollmächtigen

hiermit den jeweiligen Inhaber der Notarstelle und dessen amtlich bestellten Vertreter, alle zur Rechtswirksamkeit und zum Vollzug des in dieser Urkunde niedergelegten Vertrags erforderlichen und zweckdienlichen Erklärungen und Genehmigungen einzuholen und entgegenzunehmen.

Genehmigungen sollen mit dem Eingang in den Amtsräumen des Notariats allen Beteiligten gegenüber als mitgeteilt gelten und rechtswirksam sein.

Der beurkundende Notar und dessen amtlich bestellter Vertreter werden insbesondere beauftragt und bevollmächtigt, dem Nachlassgericht die Veräußerung gem. § 2384 BGB durch Übersendung einerbeglaubigten Abschrift dieser Urkunde mitzuteilen.

2. Kosten und Steuern

Die Kosten dieser Urkunde, des grundbuchamtlichen Vollzugs sowie die Kosten der erforderlichen Genehmigungen und Erklärungen sowie etwa anfallende Schenkungsteuer trägt der Erwerber.

3. Ausfertigungen und Abschriften

Von dieser Urkunde erhalten

Ausfertigungen:
- Amtsgericht – Grundbuchamt –
- die Beteiligten

beglaubigte Abschriften:
- das Nachlassgericht als Anzeige gem. § 2384 BGB (im Auszug)
- FA – Schenkungsteuerstelle –

einfache Abschriften:
- das Finanzamt – Grunderwerbsteuerstelle – zur Kenntnis.

Vorgelesen vom Notar, von den Beteiligten
genehmigt, und eigenhändig unterschrieben:

.....

W. Abschichtung gegen Abfindung

6784 ▶ Abschichtung gegen Abfindung

Abschichtungsvereinbarung
zwischen

1. Herr ...,
   geb. am ... .
   Wohnhaft in .....

als »Veräußerer«

2. Herr .....,
   geb. am .....
   wohnhaft in .....

   sowie
   Frau ....., geb. .....
   Geb. am .....
   Wohnhaft in .....

– beide als »der Erwerber« bezeichnet, auch wenn es sich um mehrere Personen handelt

Sie erklären und vereinbaren:

I.
Sachstand

Die Beteiligten sind gemäß Erbschein des AG ..... Az. ..... die einzigen Miterben nach dem am ... in ... verstorbenen ...... Zum Nachlass gehört jedenfalls folgender Grundbesitz:

FlSt ....., vorgetragen im Grundbuch des AG ..... für ..... Blatt ....., belastet wie folgt: ...... Die zugrundeliegenden Darlehen in Höhe von ca. ..... € stellen Nachlassverbindlichkeiten dar.

Des weiteren befinden sich im Vermögen der Erbengemeinschaft jedenfalls die auf der als Anlage 1 beigefügten Liste aufgeführten Konten.

Der Veräußerer möchte aus der Erbengemeinschaft gegen Abfindung und Befreiung von den gesamthänderischen Verbindlichkeiten ausscheiden. Die Beteiligten schließen daher folgenden

II.
Abschichtungsvertrag

1. Der Veräußerer scheidet aus der genannten Erbengemeinschaft aus, und zwar unter der aufschiebenden Bedingung
(a) der Erbringung der nachstehend 2. vereinbarten Abfindungszahlungen durch beide Erwerber
(b) des Vorliegens einer schriftlichen Genehmigung der Gläubiger ... und ... zur schuldbefreienden Übernahme der dort bestehenden Verbindlichkeiten durch die Erwerber als Mitglieder der verbleibenden Erbengemeinschaft (nachstehend 3).

Für Grundbuchzwecke gilt die aufschiebende Bedingung ferner mit Abgabe der nachstehend III. genannten Bewilligung durch den dort bevollmächtigten Notar als eingetreten.

2. Jeder Erwerber schuldet dem Veräußerer eine bare Entschädigung in Höhe von je ... Euro, fällig binnen ... Bankarbeitstagen ab Vorliegen der in 3. genannten Schuldübernahmegenehmigungen, zur Zahlung auf das Konto ..... des Veräußerers.

3. Die Erwerber verpflichten sich, den Veräußerer von allen bestehenden Nachlassverbinlichkeiten und Ausgleichsansprüchen freizustellen. Sie haben dafür Sorge zu tragen, dass die Hauptgläubiger, nämlich ... und ..., schriftlich den Veräußerer aus der (sonst fortbestehenden) Haftung für die ihnen gegenüber bestehenden Nachlassverbindlichkeiten auch im Außenverhältnis entlassen, jedenfalls für den Fall des Eintritts der aufschiebenden Bedingung für die Abschichtung.

4. Der Veräußerer steht lediglich i.S.d. § 2376 Abs. 1 BGB dafür ein, dass ihm der Erbteil zusteht, er insbesondere nicht anderweit veräußert, gepfändet oder verpfändet wurde. Die durch den Erbfall ausgelöste Erbschaftsteuer ist bezahlt. Erstattung für bisherige Aufwendungen zugunsten des Nachlasses kann er nicht verlangen; diese Ansprüche sind durch die Gegenleistungen für die Abschichtung abgegolten.

5. Für Art, Umfang und Beschaffenheit der zum ungeteilten Nachlass gehörenden Gegenstände haftet der Veräußerer nicht; diese sind dem Erwerber als Miterben bekannt.

6. Mit dem Eintritt der aufschiebenden Bedingung sind alle wechselseitigen Ansprüche zwischen den Beteiligten in ihrer Eigenschaft als Miterben nach dem genannten Erblasser erledigt.

III.
Grundbuchberichtigung; Vollzug

Mit Eintritt der aufschiebenden Bedingung wird das Grundbuch unrichtig. Die Beteiligten bevollmächtigen den die Unterschriften unter dieser Abschichtungsvereinbarung beglaubigenden Notar, dessen Vertreter oder Nachfolger im Amt, die

Bewilligung

zur Berichtigung des Grundbuches für alle Beteiligten durch Eigenurkunde abzugeben und den Antrag auf Berichtigung auf Kosten der Erwerber zu stellen, sobald ihn entweder der Veräußerer hierzu schriftlich anweist oder aber sobald die Zahlung der Abfindungsleistungen II. 2 durch Bankbestätigung nachgewiesen und die Gläubigergenehmigungen II.3 dem genannten Notar schriftlich vorgelegt wurden.

Der unterschriftsbeglaubigende Notar soll ferner die für die Grundbuchberichtigung erforderliche grunderwerbsteuerliche Unbedenklichkeitsbescheinigung beschaffen; etwa anfallende Steuern tragen die Erwerber. Die Beteiligten gehen jedoch davon aus, dass es sich um eine gem. § 3 Nr. 3 GrEStG steuerfreie Erbauseinandersetzung handelt.

Der unterschriftsbeglaubigende Notar soll ferner die Abschichtung der Schenkungsteuerstelle unter Übersendung einer beglaubigten Abschrift anzeigen. Entstehende Schenkungsteuer hat jeder Erwerber zu tragen.

An den im Zusammenhang mit den erbengemeinschaftlichen Konten erforderlichen Änderungen hat der Veräußerer durch Erteilung einer Vollmacht mitzuwirken, sobald die aufschiebende Bedingung eingetreten ist.

....., den .....

(Unterschriften mit – wegen § 29 GBO – notarieller Unterschriftsbeglaubigung)

X. Muster eines »klassischen« Behindertentestamentes (als Erbvertrag)

6785 ▶ Muster eines »klassischen« Behindertentestamentes (als Erbvertrag)

URNr. ...../2018

Erbvertrag

Heute, den ..... zweitausendachtzehn,

– ..... 2018 –

erschienen vor mir,

.....,

Notar in .....,

in meinen Amtsräumen in .....:

Herr .....,

geb. am .....

und

dessen Ehefrau, Frau ....., geb. .....

geb. am .....

beide wohnhaft: .....

nach Angabe im gesetzlichen Güterstand verheiratet,

ausgewiesen durch gültigen deutschen Personalausweis.

Die Erschienenen erklärten, einen Erbvertrag errichten zu wollen. Nach meiner, aus der Verhandlung gewonnenen Überzeugung, sind sie voll geschäftsfähig.

Ein Erbvertrag oder ein gemeinschaftliches Testament, das bei letztwilligen Verfügungen Bindungswirkung entfalten würde, besteht nach Angabe bisher nicht. Vorsorglich wird der Notar gemäß § 78f Abs. 1 Satz 3 BNotO bevollmächtigt, jedoch nicht beauftragt, beim Zentralen Testamentsregister frühere Verfügungen von Todes wegen zu erfragen.

Es war weder gesetzlich geboten, noch von den Beteiligten gewünscht worden, Zeugen oder einen zweiten Notar hinzuzuziehen.

Der Notar fragte nach einer Vorbefassung im Sinne des § 3 Abs. 1 Nr. 7 BeurkG; sie wurde vom Beteiligten verneint.

Die Erschienenen erklärten sodann mir, dem Notar, bei gleichzeitiger Anwesenheit, mündlich zur Beurkundung, was folgt:

I. Vorbemerkungen

1. Abstammung

..... wurde am ..... in ..... als Sohn von ..... und ....., geb. ....., geboren.

..... wurde am ..... in ..... als Tochter von ..... und ....., geb. ....., geboren.

2. Eheschließung

Die für den Ehemann und die Ehefrau jeweils erste Ehe wurde standesamtlich am ..... in ..... geschlossen.

3. Kinder

Aus dieser Ehe sind *drei* Kinder hervorgegangen:
– A, geb. am .....

X. Muster eines »klassischen« Behindertentestamentes (als Erbvertrag) — Kapitel 15

– B, geb. am .....

Das weitere gemeinsame Kind C ist geistig behindert. Weitere Kinder hat keiner der Ehegatten.

4. Staatsangehörigkeit; Auslandsvermögen; Vorerwerbe; Pflichtteilsrecht

Die Beteiligten erklären, beide deutsche Staatsangehörige zu sein. Sie erklären weiter, kein im Ausland gelegenes Vermögen zu besitzen. Soweit auf ihre Beerbung die EU-Erbrechtsverordnung Anwendung finden sollte, wählt ein jeder der Beteiligten schon jetzt das deutsche Recht als Vertrags- und Erbstatut.

Keines der Kinder hat bisher seitens der Beteiligten Ausstattungen oder Schenkungen erhalten, die ausgleichungspflichtig wären oder die bei einem derzeitigen Sterbefall Pflichtteilsergänzungsansprüche auslösen würden.

Mit keinem unserer Kinder besteht ein Pflichtteilsverzichtsvertrag.

5. Frühere Verfügungen von Todes wegen

Etwaige frühere Verfügungen von Todes wegen werden hiermit vollinhaltlich widerrufen.

Sämtliche Verfügungen in diesem Erbvertrag gelten ohne Rücksicht auf gegenwärtige oder künftige Pflichtteilsberechtigte und vorrangig gegenüber anderslautenden gesetzlichen Auslegungs-, Vermutungs- und Ergänzungsregelungen.

II. Vertragsmäßige Verfügungen

In vertragsmäßiger, also einseitig nicht widerruflicher Weise, vereinbaren die Beteiligten folgendes:

1. Erbfolge nach dem Erstversterbenden

a) Erbquoten

Erben des erstversterbenden Ehegatten werden der länger lebende Ehegatte zu 11/12 und das gemeinsame Kind C zu 1/12.

Ersatzerbe anstelle von C ist der länger lebende Ehegatte, weiter ersatzweise die anderen Kinder zu gleichen Stammanteilen, jeweils als Vollerben.

Ersatzerben des länger lebenden Ehegatten sind die nachstehend benannten Schlusserben gemäß den dort getroffenen Verteilungsgrundsätzen, also A und B zu je 5/12 als Vollerben, C zu 2/12 als Vorerbe.

b) Nacherbfolge

Unser Kind C ist jedoch nur

Vorerbe.

Er ist von den gesetzlichen Beschränkungen der §§ 2113 ff. BGB lediglich hinsichtlich §§ 2119 (Pflicht zur dauerhaften Geldanlage), 2123 (Waldwirtschaftsplan), und 2127 bis 2129 BGB (Auskunftsanspruch und Stellung von Sicherheiten) befreit.

Der Nacherbfall tritt mit dem Tod des Vorerben ein.

Nacherbe ist der länger lebende Ehegatte. Die Nacherbenanwartschaftsrechte sind nur an den Vorerben veräußerlich, im Übrigen jedoch unvererblich und unveräußerlich.

Ersatznacherben sind etwaige Abkömmlinge des Vorerben, weiter ersatzweise die Geschwister A und B zu gleichen Stammanteilen.

Die Einsetzung der Ersatznacherben ist für den Fall auflösend bedingt, dass die Nacherbenanwartschaftsrechte auf den Vorerben übertragen werden.

2. Vermächtnisse

Der Längerlebende als Miterbe des erstversterbenden Ehegatten wird mit folgendem

Vermächtnis

zugunsten der gemeinsamen Kinder A und B beschwert:

a) Vermächtnisgegenstand

Jedes der gemeinschaftlichen Kinder mit Ausnahme von C erhält einen baren Geldbetrag, der seinem gesetzlichen Erbteil am Nachlass des erstversterbenden Elternteils entspricht. Der Beschwerte ist berechtigt, das Vermächtnis durch Übereignung von Immobilien oder anderer Sachwerte zu erfüllen.

b) Fälligkeit

Die Vermächtnisse fallen jeweils mit dem Tod des Erstversterbenden an, sind jedoch erst *zwanzig Jahre* nach ihrem Anfall ohne Beilage von Zinsen zur Zahlung fällig. Vor Fälligkeit kann dingliche Sicherung nicht verlangt werden.

c) Ersatzvermächtnisnehmer

Ersatzvermächtnisnehmer sind jeweils die Abkömmlinge der Vermächtnisnehmer zu unter sich gleichen Stammanteilen. Entfällt ein Vermächtnisnehmer vor dem Anfall des Vermächtnisses ohne Hinterlassung von Abkömmlingen, entfällt auch das zu seinen Gunsten angeordnete Vermächtnis.

3. Bedingtes Vorausvermächtnis

a) Beschwerter

Der länger lebende Ehegatte wird als Miterbe des erstversterbenden Ehegatten zugunsten des gemeinsamen Kindes C mit folgendem

bedingten Vorausvermächtnis

beschwert:

Soweit durch lebzeitige Zuwendungen des erstverstorbenen Ehegatten dem C Pflichtteilsergänzungsansprüche gegen den Nachlass oder den Beschenkten zustehen würden, hat der Länger lebende diesem einen baren Geldbetrag i.H.v. 110 % dieser Ansprüche zu verschaffen. Bei deren betragsmäßiger Berechnung ist so vorzugehen, als ob der Vorausvermächtnisnehmer vollständig enterbt worden wäre, so dass eine Anrechnung im Sinne des § 2326 Satz 2 BGB nicht stattfindet. Übersteigt der Vermächtnisbetrag den Nachlassanteil, handelt es sich insoweit um ein Verschaffungsvermächtnis.

Entsprechendes gilt, soweit durch ausgleichungspflichtige Zuwendungen des erstverstorbenen Ehegatten der ordentliche Pflichtteilsanspruch des C erhöht worden ist (Ausgleichungspflichtteil gem. § 2316 BGB); der Geldanspruch besteht i.H.v. 110 v.H. der Pflichtteilserhöhung.

Das jeweilige Vermächtnis entfällt, wenn C das ihm in dieser Urkunde Zugewendete ausschlägt, ebenso wenn er oder ein (gesetzlicher bzw gewillkürter) Vertreter oder Überleitungsberechtigter den Pflichtteilsergänzungsanspruch selbst geltend macht (auflösende Bedingung).

b) Nachvermächtnis

C ist jedoch hinsichtlich jedes Vermächtnisses nur

Vorvermächtnisnehmer.

Nachvermächtnisnehmer sind seine Abkömmlinge, ersatzweise die oben genannten anderen Schlusserben A und B gemäß den dort getroffenen Verteilungsgrundsätzen. Die Nachvermächtnisanwartschaftsrechte sind nur an den Vorerben veräußerlich, im Übrigen jedoch unvererblich und unveräußerlich.

Das Nachvermächtnis fällt an mit dem Tod des Vorvermächtnisnehmers.

Die bis dahin zu ziehenden Nutzungen stehen dem Vorvermächtnisnehmer zu. Sie dürfen jedoch nur in derselben Weise verwendet werden, wie die Erträge seines Miterbenanteils.

c) Vermächtnisvollstreckung

Der erstversterbende Ehegatte ordnet zur Sicherung der vorstehenden Nutzungsverwendung hinsichtlich des jeweiligen Vermächtnisses

Vorvermächtnisvollstreckung

an, für welche die unten getroffenen Bestimmungen über die Testamentsvollstreckung am Miterbenanteil von C, auch hinsichtlich der Person des Vermächtnisvollstreckers, entsprechend gelten.

Der Beschwerte ist berechtigt, nach seiner Wahl das Vermächtnis auf seine Kosten durch die Verschaffung von Immobilienvermögen zu erfüllen.

Macht er hiervon Gebrauch, ist der Anspruch des Nachvermächtnisnehmers bei Erfüllung des Vorausvermächtnisses durch Eintragung einer Vormerkung zu sichern.

4. Erbfolge nach dem Längerlebenden

a) Erbquoten

Schlusserben, also Erben des Letztversterbenden und Erben im Fall eines durch dasselbe Ereignis bedingten (annähernd) gleichzeitigen Versterbens, sind
- A und B zu je 5/12 als Vollerben und
- C zu 2/12

Gesetzliche Ausgleichungspflichten der Abkömmlinge wegen lebzeitiger Vorabzuwendungen werden im Wege des Vorausvermächtnisses erlassen.

Ersatzschlusserben sind jeweils die Abkömmlinge der Schlusserben zu unter sich gleichen Stammanteilen. Sind solche nicht vorhanden, tritt bei den übrigen Schlusserben Anwachsung gem. § 2094 BGB ein.

b) Nacherbfolge

C ist jedoch auch beim Schlusserbfall nur

Vorerbe.

Er ist von den gesetzlichen Beschränkungen der §§ 2113 ff. BGB lediglich hinsichtlich §§ 2119 (Pflicht zur dauerhaften Geldanlage), 2123 (Waldwirtschaftsplan), und 2127 bis 2129 BGB (Auskunftsanspruch und Stellung von Sicherheiten) befreit.

Nacherben sind die Abkömmlinge des Vorerben. Ersatznacherben sind die anderen Schlusserben A und B gemäß den dort getroffenen Verteilungsgrundsätzen. Die Einsetzung der Ersatznacherben ist für den Fall auflösend bedingt, dass die Nacherbenanwartschaftsrechte auf den Vorerben übertragen werden.

Der Nacherbfall tritt mit dem Tod des Vorerben ein.

c) Bedingtes Vorausvermächtnis

Auch der länger Lebende beschwert die Miterben des C zu dessen Gunsten mit dem oben 3 a-c geregelten Vor- und Nachvermächtnis als Vorausvermächtnis, ggf. zugleich Verschaffungsvermächtnis, für den Fall, dass aufgrund lebzeitiger Zuwendungen des Länger Lebenden unserem Kind C Pflichtteilsergänzungsansprüche gegen den Nachlass oder den Beschenkten zustehen würden, oder eine Erhöhung seines ordentlichen Pflichtteilsanspruchs gem. § 2316 BGB eingetreten ist, und ordnet insoweit Vorvermächtnis-Testamentsvollstreckung an. Es gelten die in Bezug genommenen Regelungen. Testamentsvollstrecker ist der Vorerbenvollstrecker auf den Schlusserbfall.

5. Abänderungsbefugnis

In Abweichung von der gesetzlichen erbvertraglichen Bindungswirkung gilt folgende Abänderungsbefugnis:

Der Längerlebende ist befugt, die nach ihm geltende Erbfolge innerhalb der gemeinsamen Abkömmlinge einseitig abzuändern oder zu ergänzen. Er kann insbesondere
- die Erbquoten der Schluss- und Ersatzschlusserben verändern,
- eine für den Schlusserbfall angeordnete Nacherbfolge ändern oder aufheben,
- andere gemeinsame Abkömmlinge, insbesondere Enkelkinder, anstelle der oder neben den oben genannten Schlusserben einsetzen oder ihnen Vermächtnisse zuwenden,
- einzelne Abkömmlinge enterben und ihnen, bei Vorliegen eines gesetzlichen Grundes, den Pflichtteil entziehen,
- die für den Schlusserbfall angeordnete Testamentsvollstreckung aufheben,
- die Folgen der Pflichtteilsstrafklausel verändern,
- das bedingte Vorausvermächtnis verändern und aufheben.

Anderen Personen darf er von Todes wegen nur Vermögenswerte zuwenden, die er nach dem Ableben des Erstversterbenden hinzuerworben hat, soweit sie nicht wirtschaftlich Ersatz oder Ertrag des beim ersten Erbfall vorhandenen Vermögens sind. Wurden durch solche hinzuerworbenen Vermögenswerte Verbindlichkeiten getilgt, die bereits beim Tod des Erstversterbenden vorhanden waren, dürfen auch Vermächtnisse in Höhe dieser Beträge ausgesetzt werden.

Auf Verlangen eines Schluss- oder Ersatzschlusserben ist beim Tod des Erstversterbenden ein Vermögensverzeichnis zu erstellen.

6. Nicht bedachte Pflichtteilsberechtigte

Vorstehende Verfügungen werden hiermit gegenseitig als vertragsmäßig angenommen. Sie sollen ausdrücklich auch Bestand behalten, wenn beim Tod eines der Ehegatten nicht bedachte Pflichtteilsberechtigte, insbesondere aus einer Wiederverheiratung des Länger lebenden, vorhanden sein sollten.

Insoweit verzichten die Beteiligten auf ihr gesetzliches Anfechtungsrecht.

III. Einseitige Verfügungen und Bestimmungen

1. Teilungsanordnung

Der erstversterbende wie auch der längerlebende Ehegatte bestimmen im Wege der Teilungsanordnung, dass C auf seinen jeweiligen Vorerbteil Geld erhalten soll in Höhe seines rechnerischen Anteils am Reinnachlass, jedoch ohne Abzug angeordneter Vermächtnisse. Auch zur Erfüllung dieser Teilungsanordnung ist die Testamentsvollstreckung gemäß III. 2 angeordnet; es ist gem. § 2048 Satz 2 BGB in das billige Ermessen des Vollstreckers gestellt, ob und wann er die Teilungsanordnung – insbesondere mit Blick auf die Zusammensetzung und Liquidität des Nachlasses – durchführt.

2. Testamentsvollstreckung

a) Testamentsvollstreckung bei beiden Erbfällen

Unser gemeinsames Kind C ist wegen seiner Behinderung nicht in der Lage, seine Angelegenheiten selbst zu besorgen. Es wird daher die ihm beim jeweiligen Erbfall zugewendeten Erbteile nicht selbst verwalten können.

Sowohl der erstversterbende als auch der länger lebende Ehegatte ordnen deshalb hinsichtlich des unserem Kind C jeweils zufallenden Erbteils

Testamentsvollstreckung

in Form einer Dauertestamentsvollstreckung gem. § 2209 BGB an.

b) Person des Testamentsvollstreckers

Zum Testamentsvollstrecker wird ernannt:
- beim Tod des Erstversterbenden der länger lebende Ehegatte
- beim Schlusserbfall das gemeinsame Kind *A oder B*.

Der jeweilige Testamentsvollstrecker wird ermächtigt, jederzeit einen Nachfolger zu benennen (§ 2199 BGB) bzw, sofern er das Amt nicht antritt, als Dritter gem. § 2198 BGB den Vollstrecker zu bestimmen. Kann oder will er dies nicht, ist ..... als Ersatzvollstrecker für den ersten und den zweiten Sterbefall berufen, dem wiederum die Benennungsmöglichkeiten gem. § 2198, 2199 BGB entsprechend zustehen. Hilfsweise soll der Vollstrecker gem. § 2200 BGB durch das Nachlassgericht ernannt werden. Wir empfehlen, im Falle einer Kollision zwischen dem Amt des Betreuers/gesetzlichen Vertreters und des Testamentsvollstreckers, die zur möglicherweise nicht gewollten Bestellung eines fremden Ergänzungs-Überwachungsbetreuers führen würde, das Amt des Betreuers/gesetzlichen Vertreters anzunehmen und im Wege der §§ 2198, 2199 bzw hilfsweise § 2200 BGB einen anderen, geeigneten Vollstrecker zu bestimmen.

Das Amt des für den ersten Sterbefall eingesetzten Testamentsvollstreckers endet mit dem Schlusserbfall. An seine Stelle tritt der für den Schlusserbfall eingesetzte Testamentsvollstrecker, der dann die Miterbenanteile von *(Behinderter)* am Nachlass beider Elternteile verwaltet.

c) Aufgabe des Vollstreckers

Aufgabe des jeweiligen Testamentsvollstreckers ist die Verwaltung des Erbteils unseres Kindes C und damit die Verwaltung des Nachlasses gemeinsam mit dem weiteren Miterben. Der jeweilige Testamentsvollstrecker hat alle Verwaltungsrechte auszuüben, die unserem genannten Sohn als (Mit-)Vorerbe zustehen. Er ist zur Verwaltung des Nachlasses in Gemeinschaft mit den weiteren Miterben berechtigt und verpflichtet. Nach Teilung des Nachlasses setzt sich die Testamentsvollstreckung an den dem Vorerben zugefallenen Vermögenswerten fort, ebenso an sonstigen Surrogaten.

Aufgabe des Vollstreckers ist ferner die Durchführung der vorstehend 1 getroffenen Teilungsanordnungen.

Der Testamentsvollstrecker ist von den Beschränkungen des § 181 BGB befreit.

Sowohl der zuerst Versterbende als auch der Überlebende von uns beiden trifft folgende, für den jeweiligen Testamentsvollstrecker verbindliche Verwaltungsanordnung gem. § 2216 Abs. 2 BGB:

Die nachstehenden Anordnungen sollen zu einer Verbesserung der Lebensqualität unseres Sohnes führen, indem ihm Leistungen zugewendet werden, die er durch den Standard der Sozialhilfe nicht bekäme. Der jeweilige Testamentsvollstrecker hat daher unserem genannten Sohn die ihm gebührenden anteiligen jährlichen Reinerträgnisse (Nutzungen) des Nachlasses, wie beispielsweise etwaige anteilige Miet- und Pachtzinsen, Zinserträge, Dividenden- und Gewinnanteile und etwaige sonstige Gebrauchsvorteile und Früchte von Nachlassgegenständen, in einer Weise zuzuwenden, welche nicht zu einer Anrechnung auf staatliche Sozialleistungen führt, und dabei sich an folgenden Maßgaben (»Regelbeispielen«) zu orientieren:
- Geschenke zum Geburtstag und Namenstag, zu Weihnachten, Ostern und Pfingsten,
- Zuwendungen zur Befriedigung von individuellen Bedürfnissen geistiger und künstlerischer Art sowie in bezug auf die Freizeitgestaltung, insbesondere Hobbys,
- Finanzierung von Freizeiten und Urlaubsaufenthalten, einschließlich der dafür notwendigen Materialien und Ausstattungsgegenstände, und gegebenenfalls Bezahlung einer erforderlichen, geeigneten Begleitperson,
- Aufwendungen für Besuche bei Verwandten und Freunden,
- Aufwendungen für ärztliche Behandlungen, Heilbehandlungen, Therapien und Medikamente, die von der Krankenkasse nicht (vollständig) gezahlt werden, z.B. Brille, Zahnersatz usw.,
- Anschaffung von Hilfsmitteln und Ausstattungsgegenständen, die von der Krankenkasse nicht (vollständig) bezahlt werden; dabei sollen die Hilfsmittel von der Qualität so bemessen und ausgewählt werden, dass sie dem Kind optimal dienlich sind,
- Aufwendungen für zusätzliche Betreuung, z.B. bei Spaziergängen, Theater- und Konzertbesuchen, Einkäufen und ähnlichem, entsprechend den Wünschen des Kindes,

– Aufwendungen für Güter des persönlichen Bedarfs des Kindes, z.B. (modische) Kleidung oder Einrichtung seines Zimmers.

Für welche der genannten Leistungen die jährlichen Reinerträgnisse verwendet werden sollen, ob diese also auf sämtliche Leistungen gleichmäßig oder nach einem bestimmten Schlüssel verteilt werden oder ob diese in einem Jahr nur für eine oder mehrere der genannten Leistungen verwendet werden, entscheidet der jeweilige Testamentsvollstrecker nach billigem Ermessen, wobei er allerdings immer auf das Wohl des behinderten Abkömmlings bedacht sein muss.

Werden die jährlichen Reinerträgnisse in einem Jahr nicht in voller Höhe in Form der bezeichneten Leistungen unserem behinderten Abkömmling zugewendet, sind die entsprechenden Teile vom jeweiligen Testamentsvollstrecker gewinnbringend anzulegen.

Sind größere Anschaffungen für unseren Sohn wie beispielsweise der Kauf eines Gegenstandes zur Steigerung des Lebensstandards unseres genannten Sohnes (z.B. die Anschaffung eines Pkw kleiner oder mittlerer Klasse) oder eine größere Reise oder ähnliches, beabsichtigt, hat der jeweilige Testamentsvollstrecker entsprechende Rücklagen zu bilden.

Im Übrigen gelten für die Testamentsvollstreckung die gesetzlichen Bestimmungen.

Sollten vorstehende Verwaltungsanordnungen unwirksam oder außer Kraft gesetzt sein, beschwert jeder von uns vorsorglich unser behindertes Kind C mit der bedingten Auflage, Substanz und Erträge seiner Nachlassbeteiligung nur unter Einhaltung dieser Verwaltungsanordnungen einzusetzen.

d) Vergütung

Für seine Tätigkeit erhält ein etwa durch das Nachlassgericht bestimmter Ersatztestamentsvollstrecker (§ 2200 BGB) neben dem Ersatz seiner notwendigen Auslagen eine Vergütung in angemessener Höhe (§ 2221 BGB), deren Bemessung sich an den Richtlinien des Deutschen Notarvereins e.V. in ihrer jeweils geltenden Fassung orientiert (vgl. z.B. Zeitschrift »notar«, Jahrgang 2000, S. 2 ff.). Andere Personen haben nur Anspruch auf Aufwendungsersatz gem. § 2218 BGB, wobei jedoch Tätigkeiten im jeweiligen Beruf oder Gewerbe des Testamentsvollstreckers gesondert zu vergüten sind. Die Vergütung geht zu Lasten des verwalteten Erbteils.

3. Benennung eines Vormunds; Betreuung

Sollte beim Ableben des Längerlebenden eines der gemeinsamen Kinder noch minderjährig sein, benennt der Längerlebende hiermit gem. § 1777 Abs. 3 BGB als Vormund Herrn/Frau/Ehegatten .... Wir regen ferner an, sofern erforderlich, Herrn/Frau ..... zum Betreuer unseres Kindes C nach unser beider Ableben zu bestellen. Sollte er zugleich Testamentsvollstrecker für ihn sein oder in einer schädlichen Nähebeziehung zu ersterem stehen, empfehlen wir ihm, das Betreueramt anzunehmen und gem. §§ 2198, 2199 und hilfsweise § 2200 BGB einen anderen geeigneten Testamentsvollstrecker zu bestimmen/bestimmen zu lassen.

4. Pflichtteilsstrafklausel

Verlangt einer unserer Abkömmlinge nach dem Tod des zuerst Versterbenden von uns gegen den Willen des länger Lebenden, sofern dieser das Verlangen erlebt, seinen Pflichtteil (ggf. nach Ausschlagung) in verzugsbegründender Weise, entfällt jede in dieser Urkunde oder späteren Änderungen zu seinen Gunsten und zugunsten seiner Abkömmlinge getroffene letztwillige Verfügung. Der frei gewordene Erbanteil wächst mangels abweichender Verfügung des länger Lebenden den anderen eingesetzten Erben – nicht jedoch unserem Kind C – an. Ein Verlangen im Sinn dieser Bestimmung setzt weder vorwerfbares Verhalten noch Kenntnis dieser Bestimmung voraus, liegt jedoch nur vor, wenn der Abkömmling oder ein durch ihn rechtsgeschäftlich Bevollmächtigter selbst – nicht also ein gesetzlicher Vertreter oder ein Rechtsnachfolger infolge Überleitung – (ausschlägt und) das Verlangen stellt.

IV. Belehrungen

Die Vertragsteile wurden vom Notar über die rechtliche Tragweite ihrer Erklärungen belehrt, insbesondere über

X. Muster eines »klassischen« Behindertentestamentes (als Erbvertrag)   **Kapitel 15**

- das Pflichtteilsrecht; sie wurden dabei besonders auf das Ausschlagungsrecht eines Pflichtteilsberechtigten gem. § 2306 BGB aufgrund ihn belastender Beschränkungen hingewiesen,
- das Recht der Pflichtteilsergänzung,
- das Wesen der Vor- und Nacherbfolge sowie der Testamentsvollstreckung,
- die Einschränkung der Testierfreiheit durch die vertragsmäßigen Verfügungen,
- den Grundsatz des freien lebzeitigen Verfügungsrechts, seine Einschränkungen und deren Auswirkungen,
- das durch diese Urkunde eingeschränkte Anfechtungsrecht gem. den §§ 2078, 2079 BGB.

V. Schlussbestimmungen

1. Verteiler

Die Vertragsteile beantragen,
- jedem Beteiligten eine Ausfertigung dieser Urkunde zu erteilen,
- die Urschrift in die besondere amtliche Verwahrung beim Amtsgericht zu bringen,
- eine beglaubigte Abschrift unverschlossen in der Urkundensammlung aufzubewahren.

2. Kosten

Den Reinwert ihres Vermögens geben die Vertragsteile gesondert an. Sie erklären, die Kosten dieser Urkunde sowie die der amtlichen Verwahrung gemeinsam zu tragen.

VI. Zusatzbestimmungen; hilfsweise getroffene Verfügungen

1.

Der amtierende Notar hat uns aus Anlass der heutigen Beurkundung unseres gemeinschaftlichen Testaments noch auf folgendes hingewiesen:

Es kann nicht ausgeschlossen werden, dass zufolge künftiger Rechtsprechung die heutigen Vereinbarungen im Hinblick auf das Nachrangprinzip der Sozialhilfe gegen § 138 BGB verstoßen, obwohl wir mit den heutigen Vereinbarungen lediglich Regelungen treffen, die auch dem wohlverstandenen Interesse unseres behinderten Sohnes dienen, oder dass eine Sozialleistungsbehörde gesetzliche Ausschlagungsrechte unseres behinderten Sohnes an sich ziehen und für ihn ausüben könnte mit der Folge, dass unsere wohlmeinenden Anordnungen die Wirkung verlieren.

2.

Sollte dieses gemeinschaftliche Testament wegen Verstoßes gegen § 134 oder § 138 BGB beim jeweiligen Erbfall unwirksam sein, ordnen wir an: Wir setzen uns durch vertraglich bindende Verfügung gegenseitig zum Alleinerben ein. Schlusserben sind unsere beiden Kinder A und B zu gleichen Teilen, ersatzweise deren Abkömmlinge zu gleichen Stammanteilen.

3.

Sollten die Belastungen, mit denen die Ziele dieses »Behindertentestamentes« erreicht werden sollen (Verwaltungsvollstreckung; Vor- und Nacherbfolge) unwirksam sein wegen Verstoßes gegen § 134 oder § 138 BGB oder aufgrund Ausschlagung durch die Sozialleistungsbehörde mit Wirkung für ihn oder sollte unser behinderter Sohn aufgrund des Hilfstestamentes gem. Ziff. 2 lediglich den Pflichtteil erhalten, so gilt:

Die anstelle unseres behinderten Sohnes Berufenen sind dann mit einer Auflage zu seinen Gunsten beschwert, für die folgende Bestimmungen gelten:
- Von den Erträgen des Vermögens, welches den Ersatzberufenen – nach Abzug der von ihnen jeweils zu tragenden Pflichtteilslast – verbleibt, sind auf Lebzeiten unseres Sohnes jeweils 90 % an diesen auszuhändigen.
- Die Vollziehung der Auflage ist Aufgabe des Testamentsvollstreckers, der bei Nichteintritt der Bedingung die betroffene Nachlassbeteiligung unseres Sohnes verwaltet hätte. Erst danach endet sein Amt. Für die an unser behindertes Kind auszuhändigenden Erträge gilt die in dieser Verfügung von Todes wegen angeordnete Verwaltungsanweisung entsprechend.
- Neben dem Testamentsvollstrecker steht die Vollziehungsberechtigung für die Auflage sämtlichen Personen zu, die bei Eintritt der Bedingung Ersatzberufene sind, und zwar jeweils in be-

zug auf die übrigen Auflagebeschwerten. Für alle anderen Personen, die nach § 2194 BGB die Vollziehung der Auflage verlangen könnten, wird die Vollziehungsberechtigung hiermit ausgeschlossen.

Vorgelesen vom Notar, von den Beteiligten

genehmigt, und eigenhändig unterschrieben:

.....

Y. Einzeltestament bei überschuldetem Abkömmling

▶ Einzeltestament bei überschuldetem Abkömmling 6786

URNr. ...../2018

Testament

Heute, den ..... zweitausendachtzehn

– 2018–

erschien vor mir,

.....,

Notar in .....,

in meinen Amtsräumen in .....:

Herr/Frau .....,

geboren am .....,

wohnhaft in .....,

nach Angabe .....,

mir, Notar, persönlich bekannt.

Die/Der Erschienene erklärte, ein Testament errichten zu wollen. Nach meiner, aus der Verhandlung gewonnenen Überzeugung, besteht uneingeschränkte Geschäfts- und Testierfähigkeit.

Ein Erbvertrag oder ein gemeinschaftliches Testament, das bei letztwilligen Verfügungen Bindungswirkung entfalten würde, besteht nach Angabe bisher nicht. Vorsorglich wird der Notar gemäß § 78f Abs. 1 Satz 3 BNotO bevollmächtigt, jedoch nicht beauftragt, beim Zentralen Testamentsregister frühere Verfügungen von Todes wegen zu erfragen.

Es war weder gesetzlich geboten, noch gewünscht worden, Zeugen oder einen zweiten Notar hinzuzuziehen.

Der Notar fragte nach einer Vorbefassung im Sinne des § 3 Abs. 1 Nr. 7 BeurkG; sie wurde vom Beteiligten verneint.

Gemäß der vor mir, dem Notar, mündlich abgegebenen Erklärungen beurkunde ich, was folgt:

I. Persönliche Verhältnisse

Ich, wurde am ..... in ..... (Standesamt ..... Nr. .....) als Kind von ..... und ....., letztere geb. ....., geboren.

Ich habe am ..... vor dem Standesbeamten mit meinem Ehemann/meiner Ehefrau ....., geboren am ....., die erste und einzige Ehe geschlossen. Mein Ehemann/meine Ehefrau ist am ..... verstorben.

Aus der Ehe sind zwei Kinder hervorgegangen, *Sohn A und Tochter B*

Weitere Kinder habe und hatte ich nicht, weder eheliche, nichteheliche noch adoptierte.

Ich habe ausschließlich die deutsche Staatsangehörigkeit. Ich habe kein im Ausland belegenes Vermögen. Soweit auf meine Beerbung die EU-Erbrechtsverordnung Anwendung finden sollte, wähle ich schon jetzt das deutsche Recht als Erbstatut.

Etwaige frühere Verfügungen von Todes wegen werden hiermit ihrem gesamten Inhalt nach widerrufen.

Sämtliche Verfügungen in diesem Testament gelten ohne Rücksicht auf gegenwärtige oder künftige Pflichtteilsberechtigte und vorrangig gegenüber anderslautenden gesetzlichen Auslegungs-, Vermutungs- und Ergänzungsregelungen.

II. Erbeinsetzung

Ich setze hiermit meine vorgenannten Kinder zu gleichen Teilen zu meinen Erben ein.

(Alt.: meinen Sohn A zur Quote in Höhe der Hälfte seines gesetzlichen Erbteils, die Tochter B auf die verbleibende Quote).

Ersatzerben sind dessen/deren jeweilige Abkömmlinge zu unter sich gleichen Teilen nach Stämmen. Sollten keine Abkömmlinge vorhanden sein oder sollten diese die Erbschaft ausschlagen, so bestimme ich zum Ersatzerben ....., wiederum ersatzweise den .....

III. Vor- und Nacherbschaft

Soweit mein Sohn ..... Erbe wird, ist er/sie nur Vorerbe.

Nacherben sind seine Abkömmlinge zu unter sich gleichen Teilen nach Stämmen. Sollten keine Abkömmlinge vorhanden sein oder sollten sämtliche Abkömmlinge die Nacherbschaft ausschlagen, so ist Ersatznacherbe ....., wiederum ersatzweise .....

Die Nacherbfolge tritt ein mit dem Tod des Vorerben *sowie mit dem Eintritt der Bedingung gemäß Abschnitt V*

Der Vorerbe ist ausschließlich von den Beschränkungen der §§ 2116, 2118 und 2119 BGB befreit (also insbesondere hinsichtlich der Hinterlegung von Wertpapieren und der mündelsicheren Geldanlage)

Die Nacherbenanwartschaftsrechte sind nur an den Vorerben veräußerlich, im Übrigen jedoch unvererblich und unveräußerlich. Die Einsetzung der Ersatznacherben ist für den Fall auflösend bedingt, dass die Nacherbenanwartschaftsrechte auf den Vorerben übertragen werden.

Ohne das Ermessen der Nacherben hinsichtlich der Verfügung über ihr Anwartschaftsrecht in irgendeiner Weise einzuschränken oder einen Anspruch des Vorerben auf Übertragung des Nacherbenanwartschaftsrechts zu begründen, gehe ich davon aus, dass die jeweiligen Nacherben ihr Anwartschaftsrecht auf den Vorerben übertragen, sobald dieser in gesicherten Vermögensverhältnissen lebt, wovon ich bei einem Vorerben, der ein Verbraucherinsolvenzverfahren beantragt hat, spätestens ein Jahr nach rechtskräftiger Erteilung einer Restschuldbefreiung ausgehe.

IV. Testamentsvollstreckung und weitere Anordnungen

1. Dauervollstreckung

Soweit mein Sohn ..... Erbe wird, ordne ich Testamentsvollstreckung an.

Zum Testamentsvollstrecker ernenne ich ....., geboren am .....

Sollte der Testamentsvollstrecker sein Amt – gleich aus welchem Grund – nicht annehmen oder nach Antritt des Amtes wegfallen (ggf.: oder sollte die Ehe zwischen dem Testamentsvollstrecker und dem Vorerben geschieden werden), so endet das Amt dieses Vollstreckers. In diesem Fall ernenne ich ..... als Ersatztestamentsvollstrecker.

Der Testamentsvollstreckung unterliegt der jeweilige Erbanteil meines Sohnes ..... (nachstehend »Betroffener«). (Ggf: Nach der Auseinandersetzung der Erbengemeinschaft setzt sich die Testamentsvollstreckung an den einzelnen Nachlassgegenständen fort.) Der Testamentsvollstrecker hat die Aufgabe, den Nachlass zu verwalten. Es handelt sich um eine Dauervollstreckung nach § 2209 BGB, die sich an den Surrogaten fortsetzt.

Substanz (hinsichtlich der Substanzverwertung nimmt der Testamentsvollstrecker auch die Befugnisse eines Nacherbenvollstreckers gem. § 2222 BGB wahr) und Erträge hat der Testamentsvollstrecker nur für wirtschaftlich und in der Lebensplanung vernünftige Zwecke einzusetzen.

Ich treffe hierzu folgende Verwaltungsanordnung, die für den Testamentsvollstrecker gem. § 2216 Abs. 2 BGB verbindlich ist und gewährleisten soll, dass der Betroffene eine Verbesserung seiner Lebensqualität und eine Erweiterung seiner körperlichen und geistigen Freiräume erfährt, indem er zusätzliche Leistungen gegenüber dem Standard der staatlichen Grundsicherung erhält:

Der Testamentsvollstrecker hat dem Betroffenen die ihm gebührenden anteiligen jährlichen Nutzungen des Nachlasses *(gegebenenfalls: zuzüglich bis zu ..., z.B. 3, % Substanzverwertung pro Kalenderjahr)* jeweils ausschließlich in Form von Naturalleistungen zu gewähren, und zwar in jeweils wechselnder, jeweils durch den konkreten Anlass bestimmter Form, so dass sie nicht zu einer Kürzung oder Ersatz von Leistungen der Sozialleistungsträger, Sozialversicherungsträger oder der Staatskasse oder sonstiger Dritter führen.

Der Testamentsvollstrecker darf im Übrigen, auch nicht im Ausnahmefall, nicht aus der Substanz noch aus den Erträgen, einen inhaltsgleichen Bedarf decken oder Kosten im Zusammenhang mit der Betreuung des Betroffenen i.S.d. § 1896 BGB für die Vergangenheit und gegenüber aller Zukunft erstatten, tragen oder zusagen.

Die konkrete Ausgestaltung der Naturalzuwendungen nimmt der Testamentsvollstrecker nach billigem Ermessen vor, zu denken ist etwa an
- die Ausstattung eines persönlichen Wohnumfelds, z.B. durch Beschaffung einer höherwertigen Matratze, Übernahme von Internet-Kosten, Pflanzen, Kabelfernsehbeiträgen
- die Kosten der Mobilität wie Fahrkarten für Besuche, Kosten eines Fahrrads etc.
- die Kosten im Zusammenhang mit der Bildung, etwa Abonnement von Zeitschriften, Teilnahme an Kursen und fortbildenden Veranstaltungen
- die Kommunikationskosten, etwa die Handy-Gebühren in angemessenem Umfang samt Internet-Zugang
- die Teilnahme an organisierten Reisen, Kuraufenthalte und sonstige Urlaubskosten
- die Kosten der Freizeitgestaltung, etwa eines Haustiers mit dadurch veranlassten Kosten, Tickets für Veranstaltungen, Sportevents etc.
- die Kosten der eigenen Sportausübung, etwa Mitgliedschaft in Fitnessstudios, Kosten von Heim-Fitneßgeräten etc.
- die Kosten der Unterhaltung wie Spielgeräte, Internet-Gebühren für Filmverleih etc.
- angemessene Geschenke und Übernahme von Veranstaltungskosten an Feiertagen und Geburtstagen (z.B. Kosten einer Einladung von Freunden in eine Gaststätte zum Geburtstag).

Soweit dem Betroffenen seitens seiner Gläubiger Zwangsvollstreckungsmaßnahmen drohen, wird das Entscheidungsermessen des Testamentsvollstreckers weiter dahingehend eingeschränkt, dass er dem Betroffenen Erträge des Nachlasses nur bis zur Höhe der jeweiligen Pfändungsfreigrenze zuwenden kann, soweit diese nicht schon durch anderweitiges Einkommen des Betroffenen ausgeschöpft ist. Gleiches gilt für einzelne Gegenstände des Nachlasses. Das Recht des Betroffenen gem. § 2217 Abs. 1 BGB die Herausgabe von Nachlassgegenständen zu verlangen wird dementsprechend eingeschränkt.

(Fakultativ: Sollten die vorstehend beschriebenen Anordnungen allein aus den – vorrangig heranzuziehenden – Erträgnissen der Nachlassvermögenswerte nicht in angemessener Weise erfüllt werden können, darf die Nachlasssubstanz hierfür bis zur Höhe des Vorerbteils des Betroffenen verwendet werden. [hinsichtlich der Substanzverwertung nimmt der Testamentsvollstrecker auch die Befugnisse eines Nacherbenvollstreckers gem. § 2222 BGB wahr] Die hierfür erforderlichen Vermögenswerte sind insofern – gegebenenfalls anteilig – ebenfalls vermächtnisweise zugewandt, um A ein dauerhaftes angemessenes Einkommen über dem Sozialleistungsniveau zu verschaffen, § 850b Abs. 1 Nr. 3 ZPO.)

Der Testamentsvollstrecker ist in der Eingehung von Verbindlichkeiten (§ 2207 BGB) nicht beschränkt, darf diese jedoch nur eingehen zur Erfüllung der ihm gegenüber dem Betroffenen obliegenden Aufgaben.

Von den Beschränkungen des § 181 BGB ist der Testamentsvollstrecker jeweils befreit.

Im Übrigen hat der Testamentsvollstrecker die gesetzlichen Rechte und Pflichten.

Neben der Erstattung seiner Auslagen erhält der Testamentsvollstrecker keine Vergütung.

2. Nacherbenvollstreckung

Ferner ordne ich Nacherbenvollstreckung nach § 2222 BGB an.

Nacherbenvollstrecker ist der Vorerbenvollstrecker.

Kapitel 15

Der Nacherbenvollstrecker hat bis zum Eintritt des Nacherbfalles die Rechte der Nacherben auszuüben und deren Pflichten zu erfüllen.

Von den Beschränkungen des § 181 BGB ist der Nacherbenvollstrecker befreit.

Auch der Nacherbenvollstrecker erhält neben der Erstattung seiner Auslagen keine besondere Vergütung.

Ggf: 3. Teilungsanordnung

Der Testamentsvollstrecker hat die Aufgabe die Teilung des Nachlasses entsprechend der nachfolgenden Teilungsanordnung möglichst rasch durchzuführen.

......

Die Vorerbenbeschränkung und die Testamentsvollstreckung setzen sich an den infolge der Teilungsanordnung übertragenen Gegenständen fort (Surrogat).

(Anm.: Falls ein Miterbe aufgrund der vorstehenden Teilungsanordnung mehr erhält als ihm nach seinem oben genannten, »vorläufigen« Erbanteil bruchteilsmäßig zusteht, handelt es sich weder um ein Vorausvermächtnis noch ist der »Begünstigte« zum Wertausgleich aus seinem sonstigen Vermögen verpflichtet [Verschaffungsvermächtnis], vielmehr sind die Miterben in diesem Fall tatsächlich zu den Quoten eingesetzt, die sich aus den Verkehrswerten der jeweils zugewendeten Gegenstände [nach Abzug der zu übernehmenden Verpflichtungen] im Verhältnis zum Gesamtnachlass ergeben [Erbeinsetzung nach Vermögensgruppen].

Alt.:

Als Vermächtnis zugunsten des jeweils anderen Miterben ordne ich bis zum Eintritt der Nacherbfolge ein

Auseinandersetzungsverbot

gem. § 2044 BGB dergestalt an, dass die Auseinandersetzung der Erbengemeinschaft, auch in Bezug auf einzelne Nachlassgegenstände, nur mit Zustimmung des jeweils anderen Miterben [während der Dauer der Testamentsvollstreckung mit Zustimmung dieses Vollstreckers an Stelle des betroffenen Miterben] zulässig ist. Die Überwachung des Auseinandersetzungsverbotes, also Geltendmachung des Vermächtnisses, obliegt ebenfalls dem Testamentsvollstrecker.)

V. Vorsorge bei späterem Wegfall der Bedürftigkeit

1.

Die nachfolgenden Verfügungen sind aufschiebend bedingt. Sie gelten nur, falls die Bedürftigkeit meines Sohnes ..... *(Name des Bedürftigen)* vor oder nach dem Erbfall weggefallen sein sollte.

Die Bedingung gilt ausschließlich dann als eingetreten, wenn sämtliche Erben und Vermächtnisnehmer – einschließlich ..... *(Name des Bedürftigen)* – dies durch schriftliche Erklärung gegenüber dem Nachlassgericht festgestellt haben. Die Abgabe dieser Erklärung wird hiermit im Weg der Auflage zugunsten von ..... *(Name des Bedürftigen)* angeordnet. Die Erklärung kann auch durch einen Stellvertreter abgegeben werden.

2. Rechtsfolgen bei Bedingungseintritt

Sämtliche Nacherben sind dann mit einer Auflage zugunsten von ..... *(Name des Bedürftigen)* beschwert, für die folgende Bestimmungen gelten:
aa) Vom Wert des Vermögens, welches an sie als Folge des Bedingungseintritts durch den Testamentsvollstrecker herauszugeben wäre, haben sie einen Anteil von 90 % sofort wieder an den Auflagebegünstigten herauszugeben.
bb) Die Vollziehungsberechtigung für die Auflage steht sämtlichen Personen zu, die bei Eintritt der Bedingung Nacherben werden, und zwar jeweils in bezug auf die übrigen Auflagebeschwerten. Außerdem ist diejenige Person vollziehungsberechtigt, die bei Bedingungseintritt als Testamentsvollstrecker die Nachlassbeteiligung des ..... *(Name des Bedürftigen)* ver-

waltet hat. Für alle anderen Personen, die nach § 2194 BGB die Vollziehung der Auflage verlangen könnten, wird die Vollziehungsberechtigung hiermit ausgeschlossen.

Gleichzeitig mit der aufschiebenden Bedingung tritt der Nacherbfall ein, mit welchem ..... (*Name des Bedürftigen*) beschwert worden ist.

Unter Ausschluss anders lautender Auslegungs- und Ergänzungsregeln entfällt die Auflage, wenn ..... (*Name des Bedürftigen*) sie nicht annehmen kann oder will.

VI. Hinweis, Kosten, Abschriften

Ich wurde vom Notar auf das gesetzliche Erb- und Pflichtteilsrecht hingewiesen sowie über den Inhalt der testamentarischen Regelungen belehrt.

Mir ist bekannt, dass Drittbegünstigungen im Todesfall (z.B. bei Sparkonten und Lebensversicherungen) durch diese Urkunde unberührt bleiben. Soweit Beteiligungen an Gesellschaften zum Nachlass gehören, können die Bestimmungen des Gesellschaftsvertrages dem gewünschten Erfolg entgegenstehen.

Mir ist bekannt, dass ich das Testament jederzeit auch durch privatschriftliche Verfügung von Todes wegen widerrufen kann.

Den Wert des Nachlasses beziffere ich auf ..... €.

Ich trage die Kosten dieses Testamentes und bitte um Erteilung einer beglaubigten Abschrift. Der Notar ist berechtigt, eine beglaubigte Abschrift für seine Urkundensammlung zu fertigen. Das Testament wird beim Amtsgericht ..... verwahrt.

Vorgelesen vom Notar, von der Beteiligten

genehmigt, und eigenhändig unterschrieben:

Z. Stiftungsgeschäft unter Lebenden (Familienstiftung)

6787 Dem nachfolgenden Muster liegt ein privatschriftliches, da nicht auf die Übertragung von Grundbesitz oder GmbH-Anteilen gerichtetes, Stiftungsgeschäft unter Lebenden zugrunde. Der Stifer beabsichtigt, jedoch ohne Ausnutzung der steuerlichen Privilegierung des § 58 Nr. 6 AO (Rdn. 3001) eine Familienstiftung zu errichten (Rdn. 2982 ff.), deren Erträge zur (ergänzenden) Versorgung der Familie dienen.

6788 ▶ Stiftungsgeschäft unter Lebenden (Familienstiftung)

Ich, ..., errichte hiermit eine rechtsfähige Stiftung des bürgerlichen Rechts mit dem Sitz in ..... und beantrage die zur ihrer Entstehung erforderliche Anerkennung. Die Stiftung trägt den Namen .....-Stiftung. Zweck der Stiftung ist die Förderung von .....

Ich gebe der Stiftung die anliegende Satzung, die Bestandteil dieses Stiftungsgeschäfts ist.

Die Stiftung wird von mir mit folgendem Vermögen ausgestattet:

1. ..... € Bargeld;

2. ..... (Anzahl) Aktien der .....-Aktiengesellschaft mit einem Kurswert per ..... von insgesamt ..... €;

3. 800.000,– € Anleihen der Bundesrepublik Deutschland, Seriennummer ....., Zinssatz ..... %);

4. .....

Insgesamt statte ich damit die Stiftung mit einem Vermögen in Höhe von ..... € aus.

Die Stiftung hat einen Vorstand und einen Stiftungsrat nach der anliegenden Satzung.

Zu Mitgliedern des ersten Vorstandes bestimme ich:

1. mich, den Stifter

2. Herrn .....,

3. Frau .....,

Zu Mitgliedern des ersten Stiftungsrates bestimme ich:

1. Herrn .....,

2. Herrn .....,

3. Frau .....,

4. Frau .....,

5. Herrn .....,

6. Frau .....,

7. Frau .....,

[Ggf: Ich beauftrage und bevollmächtige ....., mich im Anerkennungsverfahren umfassend zu vertreten, die Einverständniserklärungen der von mir bestimmten Mitglieder des Vorstands und Stiftungsrates einzuholen, Nachweise über das Bereitstehen der einzubringenden Vermögenswerte beizubringen, und sie der Behörde zu übermitteln. Mit der Aufnahme der Stiftungsdaten in Register und Pressemitteilungen bin ich einverstanden.]

Ort, Datum   Unterschrift des Stifters

ANLAGE:

§ 1 Name, Rechtsform, Sitz

(1) Die Stiftung führt den Namen ..... -Familienstiftung (nachfolgend »Stiftung«).

(2) Sie ist eine rechtsfähige Stiftung des bürgerlichen Rechts.

(3) Die Stiftung hat ihren Sitz in .....

§ 2 Zweck der Stiftung

(1) Zweck der Stiftung ist die

Förderung der universitären und beruflichen Ausbildung der ehelichen und nichtehelichen Abkömmlinge des Stifters im In- und Ausland,

finanzielle Unterstützung der ehelichen Abkömmlinge des Stifters und der sonstigen Familienangehörigen in Fällen wirtschaftlicher Not oder sonstiger Bedürftigkeit,

finanzielle Unterstützung bei Eheschließungen und der Geburt von Kindern von Abkömmlingen des Stifters,

Unterhaltung und Pflege der Familiengrabstätte in angemessenem Umfang,

Unterhaltung des Grundstücks ..... als öffentlich zugängliches Familienmuseum und Begegnungszentrum, wobei auf ihm auch Familienversammlungen und -tage durchgeführt werden können,

.....

Adoptierte Abkömmlinge werden natürlichen Abkömmlingen nur dann gleichgestellt, wenn dies der Stifter oder nach dessen Ableben der Familienrat bestimmt.

(2) Es besteht kein Rechtsanspruch auf Gewährung von Stiftungsleistungen.

§ 3 Vermögen der Stiftung

(1) Das Vermögen der Stiftung besteht zum Zeitpunkt ihrer Errichtung aus:

1. ..... € Bargeld;

2. ..... (Anzahl) Aktien der ..... -Aktiengesellschaft mit einem Kurswert per ..... von insgesamt ..... €;

3. 800.000,– € Anleihen der Bundesrepublik Deutschland, Seriennummer ....., Zinssatz ..... %);

4. .....

(2) Umschichtungen des Stiftungsvermögens sind zulässig.

(3) Die Stiftung erfüllt ihren Zweck aus den Erträgen des Stiftungsvermögens und aus Zuwendungen Dritter, soweit diese nicht zur Aufstockung des Vermögens bestimmt sind (Zustiftungen). Die Stiftung ist berechtigt, Zustiftungen entgegenzunehmen.

(4) Das Stiftungsvermögen ist in seinem Bestand zu erhalten. Die Stiftung darf Erträge in Rücklagen einstellen oder dem Stiftungsvermögen zuführen, soweit dies erforderlich ist, um den Stiftungszweck nachhaltig zu erfüllen.

§ 4 Organe der Stiftung

Organe der Stiftung sind
a) der Vorstand und
b) der Familienrat.

§ 5 Anzahl, Berufung, Berufungszeit und Abberufung der Mitglieder des Vorstands

(1) Der Vorstand der Stiftung besteht aus drei Personen. Er wird vom Familienrat auf die Dauer von vier Jahren gewählt. Wiederwahl ist zulässig. Nach Ablauf seiner Amtszeit führt der amtieren-

de Vorstand die Geschäfte bis zur Wahl des neuen Vorstands fort. Ein Mitglied des Vorstands scheidet in jedem Falle mit Vollendung seines siebzigsten Lebensjahres aus dem Vorstand aus.

(2) Die Mitglieder des Vorstands können vor Ablauf ihrer Amtszeit vom Familienrat nur aus wichtigem Grund abberufen werden. Die Rechte der Stiftungsaufsicht bleiben unberührt.

(3) Scheidet ein Mitglied des Vorstands vor Ablauf der Amtszeit aus seinem Amt aus, wählt der Familienrat für den Rest der Amtszeit ein Ersatzmitglied. Bis zur Ergänzung verringert sich die Anzahl der Mitglieder des Vorstands um die Anzahl der ausgeschiedenen Personen.

(4) Der Vorstand wählt aus seiner Mitte einen Vorsitzenden und einen stellvertretenden Vorsitzenden auf die Dauer seiner Amtszeit.

(5) Die Mitglieder des Vorstands sind ehrenamtlich für die Stiftung tätig. Ihnen können ihre notwendigen Auslagen, die durch ihre Tätigkeit für die Stiftung entstanden sind, ersetzt werden.

(6) Der erste Vorstand wird durch den Stifter bestellt. Der Stifter ist abweichend von vorstehenden Regelungen vorbehaltlich seiner Amtsniederlegung bis zu seinem Ausscheiden aus dem Vorstand Vorsitzender des Vorstandes.

§ 6 Aufgaben des Vorstands

(1) Der Vorstand hat für die dauernde und nachhaltige Erfüllung des Stiftungszwecks zu sorgen. Er führt die Geschäfte der Stiftung. Er verwaltet das Stiftungsvermögen und beschließt über die Verwendung der Erträge der Stiftung und der sonstigen Zuwendungen. Zu Beginn eines jeden Geschäftsjahres hat der Vorstand einen Haushaltsplan aufzustellen.

(2) Der Vorstand vertritt die Stiftung gerichtlich und außergerichtlich durch mindestens zwei seiner Mitglieder. Eines dieser Mitglieder muss der Vorsitzende oder der stellvertretende Vorsitzende des Vorstands sein.

(3) Der Vorstand hat für den Schluss eines jeden Geschäftsjahres einen Jahresabschluss zu erstellen.

§ 7 Einberufung, Beschlussfähigkeit und Beschlussfassung des Vorstands

(1) Der Vorstand wird von seinem Vorsitzenden – bei seiner Verhinderung von seinem stellvertretenden Vorsitzenden – schriftlich unter Bezeichnung der einzelnen Punkte der Tagesordnung mindestens zweimal im Kalenderjahr einberufen. Die Ladungsfrist beträgt mindestens zwei Wochen. Der Vorstand ist auch einzuberufen, wenn ein Mitglied es verlangt; das Verlangen hat den Beratungspunkt anzugeben.

(2) Der Vorstand ist beschlussfähig, wenn mehr als die Hälfte seiner Mitglieder anwesend sind.

(3) Der Vorstand beschließt außer in den Fällen des § 11 mit der Mehrheit seiner Mitglieder. Der Vorstand kann einen Beschluss auch schriftlich fassen, wenn alle Mitglieder diesem Verfahren schriftlich zustimmen.

(4) Über die in den Sitzungen des Vorstands gefassten Beschlüsse ist eine Niederschrift anzufertigen. Sie ist von dem Vorsitzenden und einem weiteren Mitglied zu unterschreiben. Alle Beschlüsse des Vorstands sind zu sammeln und während des Bestehens der Stiftung aufzubewahren.

§ 8 Anzahl, Berufung, Berufungszeit und Abberufung der Mitglieder des Familienrates

(1) Der Familienrat besteht aus fünf bis sieben Mitgliedern. Mindestens drei und höchstens fünf Mitglieder des Familienrats sollen der Familie des Stifters angehören. Mitglieder des Familienrates dürfen nicht zugleich Mitglieder des Vorstandes sein. Mitglieder des Familienrates werden auf unbestimmte Dauer berufen. Sie scheiden spätestens mit Vollendung des siebzigsten Lebensjahres aus dem Stiftungsrat aus. Der erste Familienrat wird durch den Stifter bestellt.

(2) Der Familienrat wählt aus seiner Mitte einen Vorsitzenden und einen stellvertretenden Vorsitzenden, und zwar für eine Amtszeit von vier Jahren. Wiederwahl ist zulässig. Der Vorsitzende und der stellvertretende Vorsitzende bleiben auch nach Ablauf ihrer Amtszeit bis zur Neubesetzung ihrer Positionen im Amt.

(3) Mitglieder des Familienrates können nur aus wichtigem Grund von der für die Stiftungsaufsicht zuständigen Behörde abberufen werden.

(4) Scheidet ein Mitglied des Familienrates aus, so ergänzt sich der Familienrat durch Zuwahl. Bis zur Ergänzung verringert sich die Anzahl der Mitglieder des Familienrates um die Anzahl der ausgeschiedenen Personen.

(5) Die Mitglieder des Familienrates sind ehrenamtlich für die Stiftung tätig. Ihnen können ihre notwendigen Auslagen, die ihnen durch ihre Tätigkeit für die Stiftung entstanden sind, ersetzt werden.

(6) Der Familienrat gibt sich eine Geschäftsordnung. Sie kann auch die Vertretung des Familienrates gegenüber dem Vorstand regeln.

§ 9 Aufgaben des Familienrates

(1) Der Familienrat hat die Geschäftsführung des Vorstands zu überwachen und insbesondere darauf zu achten, dass der Vorstand für die dauernde und nachhaltige Erfüllung des Stiftungszwecks sorgt.

(2) Der Familienrat ist ferner zuständig für
a) die Genehmigung des Haushaltsplanes,
b) den Erlass von Richtlinien zur Erfüllung des Stiftungszwecks, insb. bzgl. der Vergabe von Zuwendungen an Destinatäre,
c) die Wahl und Bestellung der Mitglieder des Vorstands,
d) die Kontrolle der Haushalts- und Wirtschaftsführung,
e) die Feststellung des Jahresabschlusses,
f) die Entlastung des Vorstandes.

Weitere Rechte des Familienrates nach anderen Bestimmungen dieser Satzung bleiben unberührt.

(3) Der Familienrat ist ermächtigt, dem Vorstand insgesamt oder einzelnen seiner Mitglieder im Einzelfall Befreiung von den Beschränkungen des § 181 BGB zu erteilen.

§ 10 Einberufung, Beschlussfähigkeit und Beschlussfassung des Familienrates

(1) Der Familienrat wird von seinem Vorsitzenden – bei seiner Verhinderung vom stellvertretenden Vorsitzenden – schriftlich unter Bezeichnung der einzelnen Punkte der Tagesordnung mindestens einmal im Kalenderjahr einberufen; die Ladungsfrist beträgt mindestens zwei Wochen. Der Familienrat ist auch einzuberufen, wenn zwei Mitglieder des Familienrates oder der Vorstand dieses verlangen; das Verlangen hat den Beratungspunkt anzugeben.

(2) Der Familienrat ist beschlussfähig, wenn mehr als die Hälfte seiner Mitglieder anwesend sind.

(3) Der Familienrat beschließt außer in den Fällen des § 11 mit der Mehrheit seiner anwesenden Mitglieder. Der Familienrat kann einen Beschluss auch schriftlich fassen, wenn alle Mitglieder diesem Verfahren schriftlich zustimmen.

(4) Über die in den Sitzungen des Familienrates gefassten Beschlüsse ist eine Niederschrift anzufertigen. Sie ist von dem Vorsitzenden und einem weiteren Mitglied zu unterschreiben. Alle Beschlüsse des Familienrates sind zu sammeln und während des Bestehens der Stiftung aufzubewahren.

§ 11 Satzungsänderungen, Zweckänderungen, Aufhebung

(1) Satzungsänderungen, die den Stiftungszweck nicht berühren, sind zulässig, wenn sie im Interesse der nachhaltigen Erfüllung des Stiftungszwecks nach dem Stifterwillen erforderlich sind. Sie bedürfen eines jeweils mit einer Mehrheit von ¾ aller Mitglieder gefassten Beschlusses sowohl des Vorstands als auch des Familienrates. Das Erfordernis staatlicher Genehmigung bleibt unberührt.

(2) Änderungen des Zwecks und die Aufhebung der Stiftung sind nur zulässig, wenn die Erfüllung des Stiftungszwecks unmöglich geworden ist oder angesichts wesentlicher Veränderungen der

Verhältnisse nicht mehr sinnvoll ist. Sie bedürfen der Zustimmung aller Mitglieder des Vorstands und ⁶⁄₇ aller Mitglieder des Familienrates. Das Erfordernis staatlicher Genehmigung bleibt unberührt.

§ 12 Geschäftsjahr

Das Geschäftsjahr der Stiftung ist das Kalenderjahr.

§ 13 Vermögensanfall

Im Falle der Auflösung der Stiftung fällt das Stiftungsvermögen zu einem Viertel an die Stadt ....., die es zu steuerbegünstigten Zwecken verwenden soll, die den in dieser Satzung geregelten Zwecken möglichst nahe kommen, und im Übrigen wird es nach Maßgabe eines Beschlusses des Familienrates, der eine Mehrheit von ⁶⁄₇ bedarf, an die Abkömmlinge des Stifters verteilt.

Stichwortverzeichnis

Die Zahlen bezeichnen die Randnummern.

Abfindung
- Bewertung, Pflichtteilsanspruch 3585
- Erbverzicht 3796 ff.
- Gesellschaftsvertrag 2641 ff.
- Pflichtteilsverzicht 1908 ff., 3834 ff., 4477 ff.

Abfindungsausschluss
- Fortsetzungsklausel mit - 153 ff.
- Gesellschaftsvertragliche Öffnungsklauseln mit - 286 f.
- Tod eines Gesellschafters 154 ff.
- Vermögensverwaltende Gesellschaften 160

Abfindungserwerb
- Erbschaftsteuer 4467 ff.

Abgeltungsklausel
- Erbauseinandersetzung 312
- Pflichtteilsgeldanspruch 69 ff.

Abgeltungsteuer 2872 ff.

Abmeldebescheinigung
- Löschen des dinglichen Wohnungsrecht durch - 1200

Abschichtung
- Erbauseinandersetzung 325 ff.

Absichtsanfechtung 82, 221 ff.
- Bargeschäftsprivileg 231 f.
- Zielgerichtete Vermögensverschiebungen an Dritte 222

Abstandsgeld
- Abzinsung 6217 ff.
- Erscheinungsformen 6214 ff.

Abtretung
- GmbH-Geschäftsanteile 2789 ff.
- Nießbrauch 1353

AE-ErbStG 2017 4355

AfA-Befugnis
- Anerkennung eigener Werbungskosten 5818
- Anerkennung von Fremdwerbungskosten 5817
- Vermächtnisnießbrauch 5836 ff.

AfA-Berechnung 5800 ff.

Agrarförderung
- Landwirtschaftliche Übergabe 460 ff.

Aktien
- Hartz IV 796

Aktiengesellschaft
- Bilanzgewinn 2811
- börsennotierte, Besonderheiten 2793 ff.
- Stimmbindungsverträge 2808
- Stimmrechtserwerb 2793 ff.

ALG II 825 ff.

Altenhilfe,
- Hilfe zum Lebensunterhalt 534

Altenteilslasten 4137

Altersgeld
- landwirtschaftliche Übergabe 441

Alterssicherung,
- Schonvermögen, unbillige Härte 590

Altersvorsorgeunterhalt
- Wirksamkeits-/Ausübungskontrolle 1009

Altersvorsorgevermögen,
- Hartz IV 814 ff.

Amtsärztliches Attest
- Löschen des dinglichen Wohnungsrecht gegen - 1198

Anerbengesetz 3687

Anerkennung
- Stiftung 3050 f.

Anfechtung
- Absichtsanfechtung 82, 221 ff.
- allgemeine Voraussetzungen 210 ff.
- Anfechtungsgegner 215 f.
- Anfechtungstatbestände 220 ff.
- Annahme der Erbschaft 4510
- Ausschlagung 4510
- Beurkundungsrecht 235
- Schenkung 209 ff.
- Unentgeltliche Leistung 224 ff.
- Vertragliche Rückforderungsrechte 2254 ff.
- Zeitpunkt der Kenntnis des Anfechtungsgegners 211

Ankaufsrechte
- Bruchteilsgemeinschaften 2450 f.

Anlagen
- kursabhängige, Hartz IV 796

Anmeldevermerk 4146

Anrechnungslösung 2761

Anspruchsüberleitung
- Grundsicherung 752

Anstalt liechtensteinischen Rechts 3018 ff.
- Auflösung 3023

Anstandsschenkung 190
- Gelegenheits- und Geburtstagszuwendungen 191
- Luxusgüter 190 ff.
- Pflichtteilsergänzungsanspruch 3701
- spätere Verarmung des Veräußerers 1124 ff.
- Testamentsvollstreckung 244

Anteilsveräußerung
- Familien-Kapitalgesellschaft 2816

Anwachsungsklausel
- GbR 2505

Anzeigepflichten
- Behaltensregelung 5341 ff.

Arbeitsverträge
- Geschäfte unter Verwandten 5690 ff.

Asset protection 257 ff.
- Pfändungserleichterungsvorschriften 259
- Pfändungsschutzkonto 259

2335

- berufliche 257
- private Verpflichtungen 257
- Rückforderungsvorbehalt 261
- Schenkung 257 ff.
- Stiftung 3026, 3118 ff.
- unpfändbare Vermögenswerte 259
- Vertrag zugunsten Dritter, Lebensversicherung 3484
- zivilrechtliche Überfinanzierung 257
- Zuwendung von Vermögen, Verfügung von Todes wegen 262

Aufhebung
- Pflichtteilsverzicht 3853 ff.

Aufhebungssperre
- Pflichtteilsverzicht 3853 ff.

Auflage
- Bedürftigentestament 6457 ff.
- Behindertentestament 6746 ff.
- Definition 194
- Erbschaftsteuer 4461 ff.
- Rückforderungsrecht bei Nichterfüllung von ~ 2283

Auflagenschenkung
- Schadensersatz statt der Leistung 2089
- Unerreichbarkeit 2089
- Unmöglichkeit der Auflagenerfüllung 2089
- Unzumutbarkeit 2089
- vertragliche Rückforderungsrechte 2089 ff.

Auflassung
- Nachweis der Entgeltlichkeit 243
- vertragliches Rückforderungsrecht, Rückabwicklung 2309

Auflösung
- Anstalt liechtensteinischen Rechts 3023

Auktionsverfahren 2660
Auseinandersetzungsklage 331 ff.
Auseinandersetzungsvertrag 302
Ausgleichspflichtteil 3747 ff.
- Berechnung 3753 ff.
- Bewertung 3753 ff.
- Kombination, Ausgleichung und Anrechnung 3757 ff.
- Pflichtteilsfernwirkung 3747 ff.
- Verjährung 3593 ff.
- Voraussetzung der Ausgleichung 3752

Ausgleichungsanordnung 1917 ff.
Ausgleichungspflicht
- geborene 1918 ff.
- gekorene 1929
- nachträgliche Änderung 1934 ff.
- Vorausvermächtnis 1938

Auskunftsanspruch
- Ehegatten 3575
- Inhalt 3565
- öffentlich-rechtlicher ~ 697
- Pflichtteilsanspruch 3562
- Unterhaltsrechtlicher ~ 697

Auskunftspflicht der Erben 3562 ff.

Ausländische Stiftung 3015 ff.
Auslandsvermögen
- Bewertung 4777

Ausschlagung
- Anfechtung 4510
- Einsatzmöglichkeiten 4514 ff.
- Erbschaft, Erbschaftsteuer 4509 ff.
- Erbschaftsteuer 4529 ff.
- Erbschaftsteuerliche Aspekte 4523 ff.
- Ertragsteuerrecht 4526
- Schenkung 107 ff.
- Sozialleistungsgläubiger 111
- Vermächtnis 4530

Außensteuerrecht 6173 ff.
- Hinzurechnungsbesteuerung 6179 ff.
- Unternehmensbeteiligungen 6184 ff.
- Wegzugbesteuerung 6177 ff.

Ausstattung 265 ff.
- Angemessenheitskriterium 265
- Ausgleichung, gesetzliche Erbfolge 270
- Ausstattungsfähigkeit 266
- Beteiligte 265
- Pflichtteilsergänzung 270
- Risiken 271
- Rückforderungsvorbehalt 269
- Zuwendungszweck 265

Austauschrente 6259 ff., 6326
Auszahlungsanspruch
- Verjährung 3431

Auszahlungsverbot
- GmbH & Co. KG 2739

Bankguthaben
- Nießbrauch 1449

Bargeld
- Nießbrauch 1449

Bargeschäftsprivileg 231 f.
Basisprämie 469
Bauernwald
- Nießbrauch 1310

BauGB
- Flurbereinigungsverfahren 4173
- Fremdenverkehrsgebiet 2443 ff., 4156
- Genehmigung 4147 ff.
  - Sanierungsverfahren 4157 ff.
  - Umlegungsverfahren 4160 ff.
  - Teilungsgenehmigung 4147 ff.
- umlegungsverhaftetes Grundstück 4166

Bausparvertrag
- Hartz IV 796

Bedarfsgemeinschaft
- Elternunterhalt 902 f.
- Hartz IV 766

Bedingung
- Erbschaftsteuer 4461 ff.

Bedürftigentestament 6656 ff.
- Aufhebung der Beschränkung 6712 ff.
  - durch den Erblasser selbst 6711

Stichwortverzeichnis

- durch die letztwillige Verfügung selbst 6718 ff.
- durch Erben 6712 ff.
- Auflage 6746 ff.
- Befristete Testamentsvollstreckung 6740 ff.
- Dauertestamentsvollstreckung 6665
- gestufte Ausschlagung 6742 ff.
- Standardkonstruktion 6657 ff.
- Testamentsvollstreckung 6689 ff., 6702
- Vermächtniskonstruktion 6666 ff.
- Vorerbfolge 6678 ff.

Bedürftigkeit
- selbstverschuldete 646
- Verschuldete - 858

Beerdigungskosten 4285

Befriedigung geistiger Bedürfnisse,
- Schonvermögen 573

Begutachtungsassessment 1243, 1641

Behaltensregelung
- Anzeigepflichten 5341 ff.
- Aufhebung einer Pool-Vereinbarung 5331 ff.
- Kapitalgesellschaftsvorgänge 5325
- Nachversteuerung 5336
- Überentnahmen 5327
- Veräußerung 5316 ff.
- Zuständigkeiten 5341 ff.

Behindertentestament 6442 ff.
- Änderung der Rechtslage 6591 ff.
- Ausschlagung durch überlebenden Ehegatten 6544 ff.
- Beschränkte Verwertungsbefugnis hinsichtlich der Vorerbschaftssubstanz 6571 f.
- Bundesteilhabegesetz 6591 ff.
- Contergan-Gesetz 623
- Destinatär, als alleiniger Vorerbe 6641 ff.
  - als Nacherbe 6651 ff.
- Erbschaftslösung 6505 ff.
- Fehlerhafte Ausübung der Testamentsvollstreckung 6596 ff.
- Gefährdung 6520 ff.
- Herausgabevermächtnis 6609
- klassisches 6505 ff.
- Pflichtteilsanspruch 6461 ff.
- Sittenwidrigkeit 6627 ff.
- sozialfürsorgliche Verwertung 6615 ff.
- Stiftung 6459 f.
- Teilungsanordnung 6599 ff.
- Testamentsvollstrecker 6573 ff.
- Testamentsvollstreckung 6513 ff.
- Trennungslösung 6604 ff.
- ungeplante Entwicklung 6585 ff.
- Vermächtnisgegenstand 6490 ff.
- Vermächtnislösung 6467 ff.
- Vorerbschaft 6508 ff.

Belastungsgegenstand
- grundbuchrechtlicher 1548 ff.

Belehrung
- vertragliches Rückforderungsrecht, Sicherung durch Vormerkung 2385 ff.

Belehrungspflichten
- Grundpfandrechtsübernahme 2055 ff.

Berechtigte
- Nießbrauch 1313 ff.
- Wohnungsrecht 1555 ff.

Berliner Testament
- Ausgleich von Todes wegen, weichende Geschwister 1960 ff.
- Ausgleichung 1960 ff.
- Erbschaftsteuer 4497

Berufsausübung
- Schonvermögen 572

Bestandteil
- Teilung 1333

Bestellungsurkunde
- Betreuung 245

Besteuerung
- Nutzungsrecht 4761 ff.
- Rente zu Lebzeiten 4768
- Stiftungen des liechtensteinischen Rechts 3025

Bestimmungsvermächtnis 4538

Beteiligungsträgerstiftung 2973, 2976 ff.
- Körperschaftsteuer 2978
- Schenkungsteuer 2977

Betreuer
- Vergütungsanspruch 681

Betreuung
- Bestellungsurkunde 245
- Dingliche Schenkungsverbote 245 ff.
- Gemischte Schenkungen 247
- Gesundheitliche Angelegenheiten 250
- Kontrollbetreuer 250
- Mit Einwilligungsvorbehalt 245
- Mitwirkung an der Urkunde 245 ff.
- Nachweis der Entgeltlichkeit 247
- Personengesellschafter 406
- Vorsorgegeneralvollmacht 248 f.

Betreuungsbedürftigkeit
- Rückforderungsberechtigter 2196

Betreuungsgebühr 4294 ff., 4305

Betriebliche Rente 6330

Betriebsabspaltung
- Einkommensteuer 5707 ff.

Betriebsabwicklung 5793

Betriebsaufgabe
- Abgrenzung, Betriebsabwicklung 5793 ff.
  - Betriebsunterbrechung 5793
- Privilegierung 5789
- Tatbestand 5787

Betriebsfortführungsvollmacht
- Notfallvorsorge 405

Betriebsübergabe
- Aufstockung, Buchwert 5971 ff.
- Buchwertfortführung 5949 ff.
- ertragsteuerliche Fragen 5946 ff.

2337

Stichwortverzeichnis

- Betriebsgrundstück 5962
- Teilbetrieb 5949 ff.
- Fortbestand deutschen Besteuerungsrechtes 5970
- Fortgesetzte Gütergemeinschaft 129 ff.
- Haftung, Betriebssteuer 5947
- Pflichtteilsergänzungsansprüche 129 ff.
- Teilbetriebsübertragung 5955 ff.
  - Unentgeltlichkeit 5964 ff.

Betriebsunterbrechung 5793

Betriebsvermögen
- Abschreibung 5700
- Aufstockung des Verwaltungsvermögens (bis 30.06.2016) 5368 ff.
- Ausschluss der Begünstigung, Verwaltungsvermögen
  - Rechtslage für Erwerbe seit 01.07.2016 5055 ff.
  - Rechtslage für Erwerbe zwischen 2009 und 30.06.2016 5048 ff.
- begünstigtes Vermögen 5005 ff.
- Begünstigung 4996 ff.
  - Lohnsummenkriterium 5285 ff.
- Begünstigung für Erwerbe bis 26 Mio. Euro
  - Abzugsbetrag 5236 ff.
  - Optionsverschonung 5246 ff.
  - Tarifbegrenzung 5242 f.
  - Verschonungsabschlag 5236 ff.
- Begünstigung für Erwerbe über 26 Mio. Euro 5251 ff.
  - Einhaltung der Freigrenze 5252 ff.
  - Verschonungsabschlag 5260 ff.
  - Verschonungsbedarfsprüfung 5268 ff.
- Bestehen der Lohnsummenkontrolle 5408 ff.
- Bewertung 4701 ff.
  - Einzelbewertungsverfahren 4743 ff.
  - Feststellungsverfahren 4755
  - Gesamtbewertungsverfahren 4745 ff.
  - Gesellschaftsbeteiligung 4723
  - junge Wirtschaftsgüter 4724
  - Liquidationswert 4737
  - Mischbewertungsverfahren 4744
  - nicht betriebsnotwendiges Vermögen 4722 ff.
  - Sonderbetriebsvermögen 4725 ff.
  - Substanzwert 4730 ff.
- ehebedingte Zuwendung, Steuerrecht 3303
- Einhaltung der Behaltensfristen 5416 ff.
- einheitliche Stimmrechtsausübung 5031 ff.
- Entnahme 5935 ff.
- Ertragsteuerrecht, Zugewinnausgleichsanspruch 89
- Gestaltung im Rahmen der Bewertung 5347 ff.
- Gestaltungsmöglichkeiten ab 2009 5346 ff.
- Gestaltungssicherung der Verschonung 5355 ff.
- gewerblich geprägte GmbH & Co. KG 2578 ff.
- gewerbliche GmbH & Co. KG 2576
- junge Verwaltungsvermögen 5369
- Kapitalgesellschaftsanteil 5015 ff.
- Kaufpreisrente 6278 ff.
- Maßnahmen in Bezug auf das Verwaltungsvermögen seit 01.07.2016 5372 ff.
- Maßnahmen in Bezug auf den Familienunternehmensabschlag 5380 ff.
- Mindestbeteiligung 5039 ff.
- Nachlassgegenstand, Veräußerung 5917 ff.
- Nachversteuerung 5314 ff.
- Nutzungsbereiche 5701 ff.
- Optimierung der Verschonungsbedarfsprüfung
  - Rechtzeitige und ausreichend lange Verarmung des Erwerbers 5397 ff.
  - Rückforderungsrechte 5406
  - Steuerung letztwilliger Unternehmenserwerbe 5402 ff.
  - Umgruppierung des Übertragungsobjektes 5400 ff.
  - Variantenvergleich zu § 13c ErbStG 5407
  - Vermeidung der Großerwerbsmerkmale 5387 ff.
  - Verwendung optimierter Erwerber 5390 ff.
- Poolvereinbarung 5018 ff.
- Reduzierung des Verwaltungsvermögens 5358 ff.
- Schaffung begünstigten Vermögens 5356 ff.
- Schenkungsteuer
  - Rechtslage seit 01.07.2016 5002 ff.
  - Rechtslage von 2009 bis 30.06.2016 4997 ff.
- Sonderbetriebsvermögen 5725 ff.
- Übersicht: Vor- und Nachsorgezeiträume 5421 ff.
- Umfang, land- und forstwirtschaftlicher Betrieb 4678 ff.
- verdecktes 5706 ff., 5772 ff.
- vereinfachtes Ertragswertverfahren 4706 ff.
- Versorgungsrente 6317 ff.

Betriebsverpachtung
- Ertragsteuer 6094 ff.

Beurkundungsrecht
- Anfechtung 235 ff.

Bewertung
- Auslandsvermögen 4777
- Erbbaugrundstück 4649 ff.
- Erbbaurecht 4640 ff.
- Gebäude, auf fremden Grund und Boden 4654 ff.
- land- und forstwirtschaftlicher Betrieb 4674 ff.
  - Betriebswohnung 4681 ff.
  - Liquidationswert 4695 ff.
  - Mindestwirtschaftswert 4689 ff.
  - Obergrenze Verkehrswert 4694
  - Stückländerei 4684
  - Umfang des Betriebsvermögens 4678 ff.
  - Wirtschaftsteil 4682 ff.
  - Wohnteil 4681
- Nießbrauch 1420 ff.
- sonstiges Inlandsvermögen 4774 f.

Stichwortverzeichnis

Bewilligung
- Grundbucheintragung 2339

Bilanzgewinn
- Aktiengesellschaft 2811

Bildung und Teilhabe
- Bedarf für ~ 826

Blindenhilfe 531

Bodenrichtwert
- abweichende Geschossflächenzahl 4581 ff.
- abweichender Erschließungszustand 4584
- Anpassung 4580 ff.
- Bauerwartungsland 4576
- Bauland
  - erschließungsbeitragsfreies 4578
  - erschließungsbeitragspflichtiges 4578
- bebautes Grundstück 4587 ff.
- Grundstück, Zustand der Bebauung 4585
- Grundstückstiefe 4583
- Rohbauland 4577
- Übergröße 4583

Bruchteilsberechtigung
- Risiken 2421
- Vorteile 2421

Bruchteilsgemeinschaft
- Ankaufsrechte 2450 f.

Bruchteilsnießbrauch
- Fristbeginn 1423

Bruchteilsvorbehaltsnießbrauch 1306
Bruchteilszuwendungsnießbrauch 1307 ff.
Bruttonießbrauch 1378 f.

Buchwert,
- Aufstockung 5971 ff.

Bundesteilhabegesetz 484 ff., 536 ff., 6591 ff.
Bürgerstiftung 2989

Contergan-Stiftung 623

Darlehen
- an das Schwiegerkind 3196
- Geschäfte unter Verwandten 5680 f.
- Grundpfandrecht 1403
- Nießbrauch 1450 f.
- Sozialhilfe 640

Darlehensrückzahlung
- Familienkapitalgesellschaft 2767

Dauernde Last
- Kombination mit Mietvertrag 1828
- zivilrechtliche Erwägungen 1845 ff.

Dauerstiftungen
- Umwandlung in Verbrauchsstiftung 2969

Dauertestamentsvollstreckung
- Bedürftigentestament 6665
- Mehrere Testamentsvollstrecker 393 f.
- Unternehmensnachfolge 391 ff.

Dauerwohnrecht 1543 ff.
- Grunderwerbsteuer 1545
- Wohnriester 1543

Deutsch-Französischer Wahlgüterstand 4241 ff., 4899

Dienstleistungspflichten
- Überlassungsvereinbarung 6286

Doppelbesteuerungsabkommen 5511
Doppelstiftung 2990
- Betriebsfortführungskapitalgesellschaft 2994
- GmbH & Co. KG 2992

Doppelvollmacht
- Minderjährige 4078 ff.

Drag-along-Klauseln 2662 ff.

Duldungsauflage
- Schenkung, alte Rechtslage 4802
- Schenkung, Rechtslage ab 2009 4834 ff.

Duldungsrecht
- Besteuerung 4761 ff.

Duldungsvorbehalte
- Überlassungsvereinbarung 6287

Durchgriffshaftung, gesellschaftsrechtliche 2773

Ehebedingte Zuwendung
- Betriebsvermögen 3303
- Eigenheimzulage 3296
- Ermöglichung steuergünstiger Vermögensverteilung 3151
- Fallgruppen 3128 ff.
- Kettenschenkung 3304 ff.
  - mehrere Rückforderungsverhältnisse 3325 ff.
  - Schenkungsteuer 3307 ff.
  - Vorsorge für den Scheidungsfall 3316 ff.
- Miteigentümergemeinschaft, Auseinandersetzung 3187 f.
- Motivationslage 3150 ff.
- negative Abgrenzung 3128 ff.
- Pflichtteilsergänzung 3622 f.
- positive Abgrenzung 3145 ff.
- private Altersvorsorge 3151
- rechtliche Besonderheiten 3153 ff.
- reine Ehegattenschenkung 3156 ff.
- Rückabwicklung, grober Umgang 3178
- Rückforderung gem. § 313 BGB 3179 ff.
  - Fortbestand der Ehe als Geschäftsgrundlage 3179 ff.
  - Verjährung 3186
- Scheitern der Ehe 3161 ff.
  - besonderer familienrechtlicher Vertrag 3176
  - Ehegatteninnengesellschaft 3167
  - Gemeinschaft bürgerlichen Rechts 3172 ff.
  - Gesellschaftsrecht 3165 ff.
  - Innengesellschaft bürgerlichen Rechts 3165 ff.
  - Kondiktionsrecht 3163
  - Rückabwicklung 3177 ff.
  - Rückforderung gem. § 313 BGB 3179 ff.
  - Wegfall der Geschäftsgrundlage 3179 ff.
- Schenkungsteuer
  - Eigenheimzuwendung 3270 ff.
  - Familienheim-Schaukelmodell 3277

Stichwortverzeichnis

- Gemeinschaftskonten 3289 ff.
- Jahreseinkommensteuer 3293
- Kettenschenkung 3307 ff.
- Rechtslage ab 2009 3279 ff.
- Rechtslage bis Ende 2008 3270 ff.
- Störung der Geschäftsgrundlage 3295
- Zuwendungsfälle 3288 ff.
– Schwiegerelternzuwendung 3189 ff.
– Steuerrecht 3270 ff.
  - Betriebsvermögen 3303
– Treuhandabreden 3141
– Unterhaltsrecht, Berücksichtigung 3253 ff.
  - Übertragung von Unterhaltsabgeltung 3256 ff.
  - Wohnvorteil 3253 ff.
– Verhältnis zu Dritten 3259
– Vermietung 3298 ff.
– Verpachtung 3298 ff.
– vertragliche Rückforderungsvorbehalte 3198 ff.
  - Abstimmung mit Zugewinnausgleichsregelung 3207 ff.
  - Übertragung des Familienheims 3202 ff.
– Wegfall der Geschäftsgrundlage 3179 ff.
– Wohnvorteil 3253 ff.
– Zugewinnausgleich, Anrechnung gem. § 1380 BGB 3229 ff.
– Zuwendung an Schwiegereltern 3197
– Zuwendung durch Schwiegereltern 3227 f.

Ehegatten
– Auskunftsanspruch 3575
– Erbverzicht 3823
– Pflichtteilsverzicht 3850 ff.
– Zustimmung 4230 ff.

Ehegatten-Innengesellschaft 3139
– Land- und forstwirtschaftliche Unternehmen 3170
– Scheitern der Ehe 3167

Ehegattenschenkung
– Behandlung im Zugewinnausgleich 3160
– Rückabwicklung 3158

Ehegattenunterhalt
– Haftung für Heimkosten einer pflegebedürftigen Person 880
– Leistungsfähigkeit Kinder, Elternunterhalt 923 ff.

Ehegattenzuwendung 6

Eigenbedarf
– Leistungsfähigkeit Kinder, Elternunterhalt 931 ff.

Eigenbeitrag
– Eingliederungshilfe für Behinderte 542

Eigenheimriester 5842 ff.

Eigenheimzulage
– ehebedingte Zuwendung 3296 f.; *siehe Rn. 4550 ff. der dritten Auflage*
– mittelbare Grundstücksschenkung 5467 ff.; *siehe Rn. 4550 ff. der dritten Auflage*

Eigentümer
– Ableben 2270 ff.
– Scheidung 2261
– Vermögensverfall 2249 ff.
– vertragliches Rückforderungsrecht 2261 ff.

Eigentümergrundschuld
– Nießbrauch 1401

Eigentumsanteil
– Hartz IV 801

Eigentumswechselgebühr 2483

Eigenurkunde 4118
– Vollzug 4118 ff.

Eingliederungshilfe für Behinderte 536 ff.
– Abgrenzung zur Pflegeversicherung 537
– Antrag 541
– Eigenbeitrag 542
– Einkommensermittlung 611
– Einsatz des Vermögens 543
– Kosten der Unterkunft in gemeinschaftlichen Wohnformen 539
– Mehrkostenvorbehalt 538
– Verfahrensrecht zur Bedarfsermittlung 540

Einheits-GmbH & Co. KG 2731 ff.

Einkommen
– Abgrenzung zum Vermögen 597 f.
– absetzbare Beträge 607 ff.
– allgemeine Einkommensgrenze 613 ff.
  - Grundbetrag 613
  - Unterkunftskosten 614
– Einkommensgrenze, Einsatz 624 ff.
– Einkommensschongrenze 610 ff.
– einkommensunabhängige Leistungen 623
– einmalige Zahlungen 600
– Einsatz unter Einkommensgrenze 629 ff.
– Elternunterhalt, Leistungsfähigkeit Kinder 904 ff.
– erhöhter Grundbetrag 620
– fiktive Einnahmen 601
– gepfändete Einkommensteile 601
– reduzierte Einkommensanrechnung, Leistung für Behinderte 621 f.
– Sachbezug 604 ff.
  - freie Unterkunft 604
  - freie Verpflegung 604
  - freie Wohnung 605
– Schenkungen Dritter 595–1
– Schmerzensgeld 602
– Sozialhilfe 593 ff.
– Verluste 603
– Zuwendungen Dritter 634

Einkommensbegriff 593 ff.
– Dienstleistungen 594
– Normativer - 594
– Sachbezüge 594

Einkommensschonung
– Elternunterhalt 898

Einkommensteuer
– Anstalt liechtensteinischen Rechts 3021

Stichwortverzeichnis

- Betriebsvermögen 5697 ff.
  - gewerblich geprägte Personengesellschaft 5750 ff.
  - gewerblich tätige Personengesellschaft 5748 ff.
  - gewerbliche Personengesellschaft 5748 ff.
  - gewerblicher Grundstückshandel 5742
  - Nutzungsbereiche 5701 ff.
  - Pächterwahlrecht 5738 ff.
  - vermögensverwaltende Versorgungsgesellschaft 5752 ff.
- Doppelbelastung 5447 ff.
- eigenbetriebliche Zwecke 5703
- Familien-Kapitalgesellschaft 2865 ff.
- fremdbetriebliche Zwecke 5703
- fremde Wohnzwecke 5703
- Geschäfte unter Verwandten
  - Arbeitsverträge 5690 ff.
  - Darlehen 5680 f.
  - Ernsthaftigkeit der Vereinbarung und ihrer Durchführung 5674 ff.
  - Fremdvergleich 5678 ff.
  - Gesamtplanrechtsprechung 5695 ff.
  - Gestaltungsmissbrauch 5693 ff.
  - Mietverträge 5684 ff.
  - Zivilrechtliche Wirksamkeit 5672 f.
- gewillkürte Betriebsvermögen 5704
- GmbH & Co. KG 2744 ff.
- Gütergemeinschaft 126 ff.
- Minderjährige 3968
  - Bestellung eines Pflegers 3980
  - Vertretungshindernisse 3968 ff.
- Nießbrauch, Kapitalgesellschaft 1515
- Nutzung zu eigenen Wohnrechten 5702
- Pflegegeld 1707
- Privatvermögen 5697 ff.
  - Nutzungsbereiche 5701 ff.
  - selbstständige Wirtschaftsgüter 5697 ff.
- Sonderbetriebsvermögen 5725 ff.
- Stiftung 3093 ff.
- Stiftung, Gemeinnützigkeit 3086 ff.
  - steuerliche Förderung des Spenders 3093 ff.
  - steuerliche Förderung des Stifters 3093 ff.
- Veräußerung, Einzelunternehmen 6013 ff.
  - Betriebsabspaltung 5707
  - Mitunternehmeranteil 6013 ff.
- verdecktes Betriebsvermögen 5706 ff.

Einkommensteuerrecht
- Betriebsaufgabe 5787 ff.
- Eigenheimzulage 5842 ff.
- Gefahr der Entnahme 5770 ff.
- landwirtschaftliche Übergabe 446

Einsatzgemeinschaft
- Elternunterhalt 902 f.
- Hilfe zum Lebensunterhalt 522, 535

Eintrittsklausel
- Gesellschaft 2496
- Personengesellschaft 149, 5904

Einwilligungsvorbehalt
- Betreuung mit - 245

Einzelrechtsnachfolge
- lebzeitige Unternehmensübertragung 427 ff.
  - Arbeitsrecht 428
  - Dauerschuldverhältnis 427
  - gewerbliche Schutzrechte 427
  - Grundstück 427
  - Handelsregister 429
- stufenweise Nachfolge 432
- Veräußerung, Abzugsfähigkeit der Finanzierungsaufwendung 6041
  - Einkommensteuer des Erwerbers 6037 ff.
  - Gewerbesteuer 6042 ff.
  - Verschonungen 6033 ff.
- vertragliche Rückforderungsrechte 2201 ff.

Einzelunternehmen
- entgeltliche Aufnahme einer natürlichen Person 5984 ff.
- unentgeltliche Aufnahme einer natürlichen Person
  - Aufnahme gem. § 6 Abs. 3 EStG 5972 ff.
  - Einbringung gem. § 24 UmwStG 5975 ff.

Eltern
- Angeordneter Ausschluss der elterlichen Vertretung oder Verwaltung 4009 ff.
- Ausschluss des anderen Elternteils von der Verwaltung 4015
- Ausschluss von der Verwaltung 4014
- Genehmigung 3975 ff.

Elternunterhalt
- Ausschlusstatbestände 973 ff.
  - grobe Vernachlässigung der eigenen Unterhaltspflicht 975
  - schwere Verfehlung gegenüber dem Kind 976
  - sittliches Verschulden der Eltern 974
  - Verwirkung nach § 242 BGB 977 f.
- Bedarf 885 ff.
- Bedarfsgemeinschaft 902 f.
- Bedürftigkeit 887 ff.
  - Einkommenseinsatz 888 ff.
  - frühere Zuwendungen 894
  - Veräußerung des Familienheims 891
  - Vermögenseinsatz 890 ff.
- bürgerlich-rechtlicher Unterhaltsrang 883 ff.
- dauernde Heimunterbringung 900
- Einkommen, Leistungsfähigkeit Kinder 904
- Einkommensschonung 895
  - dauernde Heimunterbringung 900
  - Hilfe in besonderen Lebenslagen 898
- Einsatzgemeinschaft 902
- Grundlagen 881 f.
- Heranziehung aus Vermögen 951 ff.
  - Freistellungstatbestände 957 ff.
  - Geldmittel zur privilegierten Rücklagenbildung 961
  - Notgroschen 971

Stichwortverzeichnis

- selbstgenutztes Eigenheim 963
- Vermögensstamm 953
- Zwangsverwertung auf die Zukunft 956 ff.
- laufender Bedarf 885
- Lebensstellung der Eltern 886
- Leistungsfähigkeit Kinder 904 ff.
  - Altersvorsorge 912
  - Altverpflichtungen 914
  - Ehegattenunterhalt 923 ff.
  - Eigenbedarf 931 ff.
  - Einkommensbereinigung 910
  - Erwerb eines Familienheims 913
  - Geschiedenenunterhalt 922
  - Kindesbarunterhalt 918
  - Kindesnaturalunterhalt 919
  - Kranken- und Pflegeversicherung 913
  - Minderung der Leistungsfähigkeiten 916 ff.
  - Mindestselbstbehalt 931 ff.
  - Steuerlast 911
  - Umgangskosten 914
  - Unterhaltsverpflichtungen gegenüber Kindern 924
- Leitentscheidungen 872 ff.
- Mehrbedarf 885
- Sonderbedarf 885
- Sozialfürsorgerecht 870 ff.
- sozialhilferechtliche Besonderheiten 897 ff.
- Strategien zur Vermeidung einer Heranziehung 993 ff.
- Verhältnis Unterhaltspflichtige 978 f.
  - Haftungsverhältnis mehrerer gleichzeitig Beschenkter 987 f.
  - Rangabstufungen 978 ff.
  - Regelungsbedarf 989 f.
  - sozialrechtliche Reaktionen 991 ff.
  - Verteilung im Gleichrang 983 ff.
  - Verwirkung 981
- Vermögensschonung 901
- Verwandtschaftsunterhalt, Bemessung 884

Enkelfondsmodell 2530

Enkelzuwendung
- Pflichtteilslast 3615

Entgeltlichkeit
- Abfindung für einen Erbverzicht 66
- Nachträgliche Vereinbarung der ~ 3707 ff.

Entnahme
- Nießbrauchsvorbehalt 5779 ff.
- Personengesellschaftsvertrag 2665 ff.
- Tatbestand 5771
- verdecktes Betriebsvermögen 5772 ff.

Erbauseinandersetzung
- Abgeltungsklausel 312
- Abschichtung 325 ff.
- Auseinandersetzungsklage 331 ff.
- Auseinandersetzungsvertrag 302
- Ausschluss 303 f.
- Beteiligung von Vorerben 313
- Erbteilsübertragung 315 ff.
- Gerichtliche Zuweisung 334 ff.
- Grundsatz 298 ff.
- Minderjährige 314
- Rechtsgeschäftliche Auseinandersetzung 299 ff.
- Sachverhaltserfassung 307 ff.
- Vermittlungsverfahren 329 ff.
- Zeitpunkt 305 f.

Erbbaugrundstück
- Bewertung 4649 ff.

Erbbaurecht
- Bewertung 4640 ff.

Erbengemeinschaft 298 ff.

Erbenhaftung
- Grundsicherung 751
- Sozialhilfe 636 ff.
  - ersatzpflichtiger Personenkreis 653 ff.
  - zu ersetzende Leistung 649 ff.
- unselbstständige 646 f., 1147

Erbenregress
- Geltendmachung, Sozialhilfe 676 ff.
- Hartz IV 843 ff.
- Sozialhilfe, Auswahlermessen 678
  - Erbenhaftung 676 ff.
- selbstgenutztes Eigenheim 679

Erbfall
- ertragsteuerliche Folgen 5856 ff.

Erbfolge
- Vorweggenommene 3

Erbrechtsreform
- Pflichtteils-/Pflichtteilsergänzungsanspruch 3556 ff.

Erbschaftskauf 315

Erbschaftsteuer
- AE-ErbStG 2017 4355
- Annahme des Vermächtnisses 4531
- Anwendungsfälle 4400 ff.
- Auflage 4461 ff.
- Ausscheiden eines Gesellschafters 4471
- Ausschlagung 4529 ff.
- Ausschlagung des Vermächtnisses 4530
- Bedingtes Vermächtnis 4531
- Bedingung 4461 ff.
- Befristetes Vermächtnis 4532
- Bereicherung, Gütergemeinschaft 4464 ff.
- Berliner Testament 4497
- Bewertung, nach altem Recht 4565 ff.
- Bewertung, nach neuem Recht (ab 2009) 4566
- Buchwertabfindung 4470
- Erbschaft, Ausschlagung 4509
- ErbStR 2011 4351 ff.
- freigiebige Zuwendungen 4423 ff.
- gesellschaftsrechtliche Vorgänge 4470 ff.
- Grundzüge 4400 ff.
- Kaufrechtsvermächtnis 4541
- koordinierter Ländererlass 4355
- Nacherbenerwerb, Abfindungserwerb 4467 ff.
- österreichische Privatstiftung 3031
- Pflichtteilsanspruch, Geltendmachung 4483 ff.

Stichwortverzeichnis

- Verzicht 4491 ff.
- Pflichtteilsrecht 4475 ff.
- Reform 2015/2016 4356 ff.
  - Entscheidung des BVerfG 4356 ff.
  - Gesetzgebungsprozess 4366
  - Grundzüge der Neuregelung 4366 ff.
  - In-Kraft-Treten 4382
  - Regierungsentwurf vom 08.07.2015 4367
  - Übergangsrecht 4382
  - Verfassungswidrigkeit der §§ 13a, 13b ErbStG 4362 ff.
- steuerbare Vorgänge 4422 ff.
- Stiftung, Gemeinnützigkeit 3086 ff.
- Stiftungserwerb 4469
- übermäßige Gewinnbeteiligung 4472 ff.
- unterlassene Geltendmachung 4482
- Vermächtnis 4529 ff.
- Verschaffungsvermächtnis 4539
- Vertrag zugunsten Dritter, auf den Todesfall 3470 ff.
- Vor- und Nacherbfolge
  - Eintritt des Nacherbfalls 4411
  - Grundsatz 4407 ff.
  - Nacherbenanwartschaft 4410
  - Nacherbfolge zu Lebzeiten des Vorerben 4416 f.
  - Umwandlung zur Vollerbenstellung 4409
  - Vor- und Nachvermächtnis 4418 ff.
  - Wahlrecht 4411 ff.
- Wahlvermächtnis 4538

Erbschaftsteuerliche Super-Vermächtnisse 4507 ff.

Erbschaftsvertrag
- Weichende Geschwister 1914

ErbStrR 2011 4351 ff.

Erbstücke
- Schonvermögen 573

Erbteilsnießbrauch 1521 ff.

Erbteilsübertragung 315 ff.

Erbteilsveräußerung 5944

Erbunwürdigkeit 3931

Erbvergleich 4392 ff.

Erbvertrag
- Gerichtsstandvereinbarung 3542
- Rechtswahl 3539 ff.

Erbverzicht 3763 ff.
- Abkömmling 3771
- Ehegatten 3823
- Entgeltlichkeit der Abfindung 66 ff.
- Form 3782 ff.
- gegen Abfindung 3796
- Grundgeschäft 3792
- internationales Privatrecht 3811 ff.
- Muster 3821 ff.
- Pflichtteilserhöhung 3764
- Seitenverwandte 3771
- Sittenwidrigkeit 3799 ff.
- Statutenwechsel 3816
- Störung der Geschäftsgrundlage 3803 ff.
- unter Ehegatten 3802
- Varianten 3767 ff.
- Vorversterbensfiktion 3764
- Wirkung 3763 ff.
- Zustandekommen 3786 ff.

Erbverzichtsverträge
- Gerichtsstandvereinbarung 3543

Erfüllungsübernahme
- Ausgestaltung 2021 ff.

Ergänzungspfleger
- Aufgaben 4011
- Auswahl durch Gericht 4010
- Befreiung durch Erblasser 4012
- Ernennung zur Geltendmachung des Pflichtteilsrechtes 4013
- Vermögensverzeichnis 4011
- Verwaltung des Erlangten 4013

Ergänzungspflegschaft 4001 ff.

Erledigungsklauseln 4265

Ertragsnießbrauch
- Personengesellschaft 1478

Ertragsteuer
- Betriebsverpachtung 6094 ff.
- GbR 2541
- GmbH & Co. KG 2543 ff.
- Kapitalgesellschaft 2549 ff.
- KG 2541
- mittelbare Grundstücksschenkung 5467 ff.
- österreichische Privatstiftung 3034
- Personengesellschaft 2540 ff.
- Pflegeleistung 1709
- Rechtsgeschäft unter Lebenden auf den Tod eines Dritten 3500
- vertragliches Rückforderungsrecht 2145 ff.

Ertragsteuerrecht
- Ausschlagung 4526
- Privatvermögen 90
- Übertragung eines Grundstücks 93
- Zugewinnausgleichsanspruch, Betriebsvermögen 92

Ertragswertverfahren
- vereinfachtes, Betriebsvermögen 4706 ff.

Erwerbsrechte
- nichteheliche Lebensgemeinschaft 3363 ff.

Erwerbstätigkeit
- Schonvermögen 572
- Überobligatorisch - 919

Escape-Klausel
- Verfahren 4657 ff.

Europäische Erbrechtsverordnung 3813

Existenzaufbau
- Schonvermögen 568

Existenzsicherung
- Schonvermögen 568

Fälligkeit
- Pflichtteilsanspruch 3603 ff.

2343

Stichwortverzeichnis

Familien-GmbH & Co. KG
- Gesellschaftsvertrag, Detailausgestaltung 2602 ff.

Familien-Kapitalgesellschaft 2749 ff.
- Anteilsveräußerung 2816
- Ausschluss des Stimmrechts 2806
- Darlehensrückzahlung 2767
- Disquotale Gewinnverteilung 2813
- eigenkapitalersetzende Darlehen 2766
- Einkommensteuer 2865
- ertragsteuerrechtliche Grundzüge 2838 ff.
- Geschäftsanteile, Einziehung des Anteils 2800
  - Einziehungs- und Abtretungsklauseln 2798
  - Nachweis der Erbfolge 2797
  - Teilung 2787
  - Vererblichkeit 2796 ff.
- Geschäftsführerhaftung 2755 ff.
- Gesellschafterhaftung 2759 ff.
- Gesellschafterliste 2780
- Gesellschafterrecht 2805 ff.
- Gesellschaftsgläubiger 2757
- gesellschaftsrechtliche Durchgriffshaftung 2773
- Gewerbesteuer 2857
- Gewinnbezugsrechte 2809 ff.
- GmbH-Geschäftsanteil, Abtretbarkeit 2789 ff.
- Haftung 2755 ff.
  - Anrechnungslösung 2761
  - Geschäftsführer 2755 ff.
  - Gesellschafter 2759
- körperschaftliche Struktur 2749 f.
- Körperschaftsteuer 2838 ff.
  - Geschäftsführergehalt 2852
  - Gewinnausschüttung 2851
  - Mantelkauf 2839
  - Mietentgelte 2854
  - Pachtentgelt 2854
  - verdeckte Gewinnausschüttung 2848
- Limited 2827 ff.
- Offenlegung 2817 ff.
- Rechnungslegung 2817 ff.
- Übertragbarkeit der Anteile 2777 ff.
- Unternehmenssteuerreform 2868

Familienfideikommisse 2938

Familiengesellschaft
- Gesellschaftsvertrag, Detailausgestaltung 2602 ff.
  - Einlageverpflichtung 2609 ff.
  - Gesellschafterkonten 2612 ff.
- Grundbesitz 2524 ff.
- Unterbeteiligung 2717
  - mit minderjährigen Kindern 2720

Familienheim
- ehebedingte Zuwendung 3202 ff.

Familienheim-Schaukelmodell 3277

Familienpflegezeit 1270 ff.

Familienplanung
- Hilfe zum Lebensunterhalt 527

Familienpool 2524 ff.

Familienrecht
- wiederkehrende Geldleistung 1761

Familienrechtliche Mitarbeitspflichten 1706

Familiensplitting 1487

Familienstiftung 2982
- Regelung des Zwecks 2986

Familienstücke
- Schonvermögen 573

Familienunternehmen 416 ff.
- Nachgründer-Generation 418
- Vorwegabzug 5203 ff.
  - Abfindungsbeschränkung 5223 f.
  - Entnahmebeschränkung 5205 ff.
  - Folgen eines Verstoßes 5231 f.
  - Höhe 5228 f.
  - Verfahren 5235
  - Verfügungsbeschränkung 5215 ff.

Familienverfassung 416

Feststellungsverfahren
- Landwirtschaftsgerichtliches – 479

Flurbereinigungsplan 4173

Flurbereinigungsverfahren 4173

Fonds
- Körperschaftsteuer 2879

Fondsanteile
- Steuerfreiheit für Gewinne aus dem Verkauf 2880

Förderstiftung 2965

Forderungsübergang
- Überleitung Unterhaltsansprüche, Sozialhilfe 694

Form
- Erbverzicht 3782 ff.
- Pflichtteilsanspruch, Auskunftsanspruch 3567
- Schenkung 166 ff.
- vertragliches Rückforderungsrecht, Rückabwicklung 2307

Fortgesetzte Gütergemeinschaft
- Betriebsübergaben 129 ff.

Fortsetzungsklausel
- Gesellschaft 2496 ff.
- mit Abfindungsausschluss 153 ff.
- Personengesellschaft 148

Fotovoltaikanlagen 1460 ff.
- Aufgeständerte Montage 1461
- Freilandanlagen 1461
- Rückbehalt 1464
- Scheinbestandteilseigenschaft 1462
- Wesentlicher Bestandteil 1461 f.
- Zubehör 1461

Frankfurter Testament 360 ff.
- Steuerausgleichsvermächtnis 364

Freiberufler-Gesellschaft
- Nachfolge 385 ff.

Freiberufler-Kapitalgesellschaft
- Nachfolgeklausel 387

Freibetragsvermächtnisse 4499 ff.

Stichwortverzeichnis

Freilandanlagen
- Fotovoltaikanlagen 1461

Fremdenverkehrsgebiet
- BauGB 2443 ff., 4156

Fremdvergleich
- Einkommensteuer 5678 ff.

Frist
- Wohnungsrecht, Pflichtteilsergänzungsanspruch 1599 ff.

Fristbeginn
- Bruchteilsnießbrauch 1423 ff.
- Quotennießbrauch 1423

GbR
- als Erwerbende 2478 ff.
- Anwachsungsklausel 2505
- Auflösung 2516
- Bezeichnung, bei Veräußerung und Auflassung 2453
- Eintritt eines Dritten 2506
- Ertragsteuer 2541
- Erwerb 2453 ff.
- Existenz 2478
- Familien-GbR 293
- Gesellschafter
  - Ausschluss 2495
  - Austritt 2494
  - Insolvenz 2510 ff.
  - Tod 2496 ff.
- Gesellschaftsanteilsabtretung 2491 ff.
- Grundbuchberichtigung 2469
  - Eintritt eines Dritten 2506
  - Nachweise 2482 ff.
- Grundbuchberichtigungszwang 2482
- Grundbuchfähigkeit 2453 ff.
  - gesetzliche Neuregelung 2467 ff.
- Sitzverlegung 2515
- Übersicht 2533 f.
- Vertretungsnachweis 2480
- Vollmacht 2460
- Vor- und Nachteile 2553 ff.
- WEG-Verwalter 4189

GbR-Anteil
- Übertragung 2517 ff.

Gebäude
- auf fremden Grund und Boden 4654 ff.

Gebühren
- Betreuungsgebühr 4294 ff.
- Gesellschafterwechsel 2483
- Grundbuchkosten 4314 ff.
- Steuerliche Abzugsfähigkeit 4290
- Treuhandgebühr 4305
- Vollzugsgebühr 4294 ff.

Gegenfinanzierung
- Unternehmensteuerreform 2903

Gegenleistung
- Verhältnis mehrerer Berechtigter 2417 ff.
- vertragliches Rückforderungsrecht, Rückabwicklung 2311 ff.

Gegenvormund
- gerichtliche Genehmigung 4050

Geld
- langfristig angelegtes, Hartz IV 796

Geldschenkungsversprechen
- schuldhaft verzögerte Erfüllung 179

Geldvermögen
- Nießbrauch 1449 ff.
- Steuerrecht, Nießbrauch 1454 f.

Gelegenheits- und Geburtstagszuwendungen
- Anstandsschenkung 191

Gemeinnützige Stiftung
- Familienbegünstigung 3001 f.

Gemeinnützigkeit
- Stiftung 3086 ff.

Gemeinschaftliches Testament
- Gerichtsstandvereinbarung 3542

Gemeinschaftskonten
- Ehebedingte Zuwendung 3289 ff.

Gemeinschaftsstiftung 2989

Gemischte Schenkung 224–1
- Betreuung 247
- Lastenfreistellung 276
- Leistungsauflagen neben Duldungsauflagen 4872
- Parteiwille 275
- Rückforderung, grober Undank 277
- Schenkungsteuer, Betriebsvermögen
  - lebzeitige Übertragung 4798
  - Pflichtteilsanspruch 4797
- vertragliche Rückforderungsrechte 2097 ff.

Genehmigung
- BauGB 4147 ff.
- behördliche 4115
- Eltern 3975 ff.
- Gemeindliche ~ 2443 f.
- Grundstücksverkehrsordnung 4145 ff.
- Rechtsgeschäftliche ~ 4109 ff.
- Vollzugstätigkeit 4109 ff.

Genehmigungsfreistellung
- Grundstücksverkehrsgesetz 4131 ff.

Gerichtsstandvereinbarung
- Erbvertrag 3542
- Erbverzichtsverträge 3543
- Gemeinschaftliches Testament 3542
- Pflichtteilsverzichtsverträge 3543

Gesamtgläubigerschaft
- Risiken 2422
- Vorteile 2423

Gesamthand
- Erwerb 2525
- Vor- und Nachteile 2525 ff.

Gesamtplanrechtsprechung
- Erwerb 5695 ff.

2345

Stichwortverzeichnis

Gesamtrechtsnachfolge
- vertragliches Rückforderungsrecht, Rückübertragungsverpflichteter 2199 ff.

Geschäftsfähigkeit
- Prüfung 4087 ff.
- Recht der Staatsangehörigkeit 3971 ff.

Geschäftsführer
- Familienkapitalgesellschaft 2755 ff.

Geschäftsführung
- Personengesellschaftsvertrag 2618 ff.

Geschäftsleitung
- Ausland 2834

Geschäftswert
- Notarkosten 4269 ff.
- Vollzugsgebühr 4300

Geschiedenenunterhalt
- Leistungsfähigkeit Kinder, Elternunterhalt 922

Geschossflächenzahl
- abweichende 4581 ff.

Geschwister
- Verarmung
  - Pflichtteilsergänzungsanspruch 740
  - Sozialhilfe 735 ff.
- weichende 1849 ff.

Gesellschaft
- Auktionsverfahren 2660
- Eintrittsklausel 2496
- Fortsetzungsklausel 2496 ff.
- rechtsgeschäftliche Nachfolgeklausel 2497

Gesellschafter
- Ausscheiden, Erbschaftsteuer 4471
- Haftung, Familienkapitalgesellschaft 2759 ff.
- KG, Tod 2563

Gesellschafterbeschlüsse
- Minderjährige 3993

Gesellschafterdarlehen
- Geschäftsanteilskaufvertrag bei Mitabtretung eines - 2768

Gesellschafterliste
- Familien-Kapitalgesellschaft 2780

Gesellschafterrecht
- Familienkapitalgesellschaft 2805 ff.

Gesellschafterwechsel
- Gebühr 2483
- Grunderwerbsteuer 5569 ff.
- unterjähriger, Gewinnanspruch 2683

Gesellschaftsanteile
- Erwerb durch Minderjährigen 3991

Gesellschaftsbeteiligung
- lebzeitige Unternehmensübertragung 434 f.
- Nachlasswert 3583

Gesellschaftslösung
- Beteiligung der Veräußerer 2524 ff.

Gesellschaftsrecht
- Abfindungsanspruch 2641 ff.
- Beteiligung Minderjähriger 2687 ff.
- Eintrittsrecht 2688 ff.
- Entnahmeberechtigung 2682

- Entnahmen 2665 ff.
- enumeratives Rückforderungsrecht 2395
- Ergänzungsbilanzen 2667
- Familien-Kapitalgesellschaft 2749 ff.
- Geschäftsführung 2618 ff.
- Gewinn- und Verlustverteilung 2665 ff.
- Gewinnverteilungsabrede 2674 ff.
- Haftungsrisiko 2684 f.
- Hinauskündigungsmöglichkeit 2634 ff.
- Nießbrauch 2677
- Öffnungsklausel für Nachgeborene 2688 ff.
- Risiko eigener Kündigung 2639 f.
- Rückforderung, Schicksal von Gegenleistung 2404 ff.
  - Sicherung 2408 ff.
- Rückforderungsrecht 2392 ff.
  - Abfindung 2404 ff.
  - Durchführung 2408 ff.
  - voraussetzungsloses 2394
- Rückforderungsvorbehalt 2638
- Sonderbetriebseinnahmen 2680 f.
- Sonderbilanzen 2668
- Steuerung der Gesellschafterstellung 2651 ff.
- Stimmrecht 2626
- Tod von Gesellschaftern 2631
- Vertragsänderung durch Mehrheitsbeschluss 2629
- Vertretung 2618 f.
- Verwaltung 2618
- vorzeitige Gesellschaftsbeendigung 2692 ff.

Gesellschaftsrechtliche Durchgriffshaftung 2773

Gesellschaftsvertrag
- Abschluss durch Minderjährigen 2687
- GmbH und Still 2713
- Güterstandsklausel 2632

Gesellschaftsvertragliche Öffnungsklauseln
- mit Abfindungsausschluss 286 f.

Gesundheitshilfe
- vorbeugende, Hilfe zum Lebensunterhalt 526

Gewährung rechtlichen Gehörs
- Löschung des Nacherbenvermerks 255 f.

Gewerbesteuer 5754 ff.
- Bemessungsgrundlage 5756 ff.
  - Gewerbeertrag 5756 ff.
- Familien-Kapitalgesellschaft 2857
- GmbH & Co. KG 2546 ff.
- KG 2569
- Steuerobjekt 5754
- Steuerschuldner 5755 ff.
- Steuersubjekt 5754 ff.
- Stiftung, Gemeinnützigkeit 3089
- Unternehmensteuerreform 2899
- Unternehmensteuerreform 2008 5765 ff.
- Veräußerung eines Einzelunternehmens 6042 ff.

Gewinn- und Verlustverteilung
- Personengesellschaftsvertrag 2665 ff.

Gewinnanspruch
– unterjähriger Gesellschafterwechsel 2683
Gewinnausschüttung
– Inkongruente – 2676
Gewinnbezugsrechte
– Familien-Kapitalgesellschaft 2809 ff.
Gewinnerzielungsabsicht
– Land- und forstwirtschaftliche Betriebe 1474
Gewinnverteilung
– Disquotale – 2813
Gläubiger
– Nießbrauch 1356 ff.
– Pflichtteilsergänzung 3639 ff.
Gläubigeranfechtungsrecht
– Schenkung 209 ff.
Gläubigerbenachteiligung 214
Gläubigerzugriff
– Doppelpfändung 2123
– Rückforderungsrecht 2122 ff.
Gleichstellungsgeld 6239 ff.
GmbH & Co. KG
– Auszahlungsverbot 2739
– Einbringung von Grundbesitz 2585 ff.
 – Steuern 2587
– Einheit 2731
– Einkommensteuer 2744 ff.
– Ertragsteuer 2543 ff.
– Gewerbesteuer 2546 ff.
– gewerblich geprägte, Betriebsvermögen 2578
 – Privatvermögen 2583 ff.
– gewerbliche 2575 ff.
 – gewerbliches Betriebsvermögen 2576
– Haftung 2736 ff.
– Mitbestimmungsrecht 2748
– Nutzungsüberlassung 2738
– personengleiche 2730
– Privatvermögen
 – unentgeltliche Einlage 2588 ff.
– Schenkungsteuer 2747
– Steuern 2744 ff.
– Varianten 2727 ff.
GmbH und Still 2711 ff.
– Gesellschaftsvertrag 2713
– Körperschaftsteuerliche Organschaft 2715
GmbH-Anteil
– Nießbrauch 1509 ff.
GmbH-Geschäftsanteil,
– Bewertung, Pflichtteilsanspruch 3583
Grabpflegekosten 4285
Grabpflegeversicherung 590
Greening-Prämien 469
Grober Undank 2392, 2395
– Aufwendungen des Beschenkten 186
– Beweislast 187
– Rückabwicklung gem. §§ 528 ff. BGB 894, 3178
– Schenkung
 – Rückforderung 277

– Widerruf 185 ff., 200
– unbestimmter Rechtsbegriff 2340
Großelternhaftung 878
Grundbesitz
– Familiengesellschaft 2524 ff.
Grundbesitzübertragung,
– Sittenwidrigkeit 1015 ff.
Grundbuchberichtigung
– Eintritt eines Dritten in GbR 2506
Grundbuchberichtigungsanspruch 1016, 4185, 4230
Grundbucheintragung
– Bewilligung 2339
– Unbedenklichkeitsbescheinigung 2488
Grundbuchfähigkeit
– GbR 2453 ff.
Grundbuchkosten 4314 ff.
Grundbuchrecht
– Leibgeding 1720 ff.
Grundbuchvollzugsvollmacht 4103
Grunderwerbsteuer
– Anzeigepflichten 5643 ff.
– Ausnahmen von der Besteuerung 5609 ff.
 – Näheverhältnisse 5612 ff.
 – Realteilungen 5622 f.
 – Rückabwicklung 5629 ff.
 – Umwandlungsvorgänge im Konzern 5614 ff.
– Bemessung 5638 ff.
– Dauerwohnrecht 1545
– Gesellschafterwechsel 5569 ff.
– Personengesellschaft 2535 ff.
– Pflichtteilsverzicht 4492
– Stiftung, Gemeinnützigkeit 3088
– Umwandlungsvorgänge 5606 ff.
– Veräußerung eines Einzelunternehmens 6049 f.
– Vorrang der Schenkungsteuer 5561 ff.
Grundpfandrecht
– Neuvalutierung 2050 ff.
– Nichtvalutierungserklärung 2045 ff.
– Nießbrauch 1396 ff.
– Rückgewähransprüche bei – 2226 ff.
– Schonvermögen 583
– Übernahme 1986 ff., 2036 ff.
Grundpfandrechtsübernahme 2036 ff.
– Abtretung der Grundschuld 2037
– Aufhebung 2037
– Bedeutung der Rückgewähransprüche 2037 ff.
– Belehrungspflichten 2055 ff.
– Beschränkung der Rückgewähransprüche auf Löschung 2067 f.
– Bewusste Nichtregelung 2063
– Rückgewähransprüche in GbR 2070
– Selektiver Rangrücktritt 2065 f.
– stehenbleibende Grundpfandrechte beim Nießbrauchsvorbehalt 2077 ff.
– Verpflichtung zum Unterlassen einer Neuvalutierung 2064
– Verzicht 2037

Stichwortverzeichnis

Grundsicherung 742 ff.
- Arbeitsuchende 482
- bei Erwerbsminderung 742 ff.
- Hartz IV, Regress 841 ff.
  - Sozialgeld 835 ff.
- im Alter 742 ff.
- Leistungsansprüche 747 ff.
- Leistungsbezieher 743 ff.
- Pflegebedingter Mehraufwand 748
- Regress 750
  - Anspruchsüberleitung 752
  - Erbenhaftung 751
  - Unterhaltsregress 753 ff.

Grundstück
- Altlastenwertminderung 4632 ff.
- bebautes 4587 ff.
- Bewertung, Pflichtteilsanspruch 3579
- Bodenrichtwert 4576 ff.
- Bodenwert 4589 ff.
- Ertragswertverfahren 4595 ff.
- Nießbrauch 1304
- Sachwertverfahren 4623 ff.
- Übertragung, Zugewinnausgleichsanspruch 72
- unbebautes, Grundvermögen 4573 ff.
- Vergleichsfaktorverfahren 4593
- Vergleichswertverfahren 4589 ff.
- verpachtetes 449
- zugepachtetes 449

Grundstücksgleiches Recht
- Nießbrauch 1304

Grundstücksschenkung
- mittelbare, Schenkungsteuer 5450 ff.
- Schenkungsteuer, mittelbare 5450 ff.

Grundstücksüberlassung
- Pflegefallspezifische Ansprüche 1226 ff.
  - häusliche Pflege 1174 ff.
- Schenkung, Verarmungsrisiko 1127 ff.
  - Verarmungstatbestand 1041 ff.
- Sittenwidrigkeit 1003 ff.
- sozialrechtliche Fragen 997 ff.
- spätere Verarmung des Veräußerers 1032 ff.
- Verstoß gegen sozialrechtliches Nachrangprinzip 1003 ff.

Grundstücksübertragung
- Unterhaltsanspruch 60 ff.
- Verrechnung, Pflichtteilsanspruch 60 ff.
- Zugewinnausgleichsanspruch 60 ff.

Grundstücksverkehrsgesetz
- Genehmigung, Verfahren 4139 ff.
- Genehmigungserfordernis 4128 ff.
- Genehmigungsfreistellung 4131 ff.
- Genehmigungsvoraussetzungen 4136 ff.

Grundstücksverkehrsordnung 4145 ff.
- Genehmigung 4145 f.

Grundvermögen 4567 ff.
- Begriff 4568 ff.
- Bewertungsgrundsatz 4571 f.
- Bodenrichtwert, Ermittlung 4576 ff.
- unbebautes Grundstück 4573 f.

Gütergemeinschaft
- Abgrenzung, Schenkung 123 ff.
- Abschluss eines Ehevertrags 123
- Ehegattenerbquote 125
- einkommensteuerliche Wirkung 126
- Erbschaftsteuer, Bereicherung 4464
- fortgesetzte 128
- Nießbrauchsrecht 1313
- Rückforderungsberechtigte 2155
- Vereinbarungen zum Zugewinnausgleich 134
- Wohnungsrecht 1558

Güterstandsklausel
- Gesellschaftsvertrag 2632

Güterstandsschaukel 74 ff., 86 ff.

Haftung
- GmbH & Co. KG 2736 ff.

Handelsregister
- lebzeitige Unternehmensübertragung, Einzelunternehmen 429

Handschenkung
- auf den Todesfall 3385 f.

Härtefall
- Sozialhilfe 726

Hartz IV
- Aktien 796
- Anspruchsberechtigung 762 ff.
- Ausblick 860 ff.
- Auszubildende 764
- Bausparvertrag 796
- Bedarfsgemeinschaft 766
- Checkliste 859
- eheähnliche Gemeinschaft 770 ff.
  - Prüfungskriterien 771
- Eingliederungsleistung 819 ff.
  - Einstiegsgeld 819
  - Gründungszuschuss 820
- Einkommen
  - altersabhängiger Grundfreibetrag 811
  - Altersvorsorgevermögen 814 ff.
  - angemessener Hausrat 809
  - angemessener Kfz 809
  - Bausparvertrag 796
  - Darlehen 807
  - Eigenheimzulage 782
  - Ein-Euro-Jobs 782
  - Gesamthandseigentum 801
  - Grundstücksgröße 806
  - Kindergeld 782
  - langfristig angelegtes Geld 796
  - Miteigentumsanteil 801
  - Nebeneinkünfte 782
  - Pflegegeld 782
  - selbstständige Tätigkeit 783
  - unangemessen großes Anwesen 804
  - Verlustausgleich 787 ff.
  - vorbehaltene Nutzung 802

Stichwortverzeichnis

- Werbungskostenpauschale 783
- Wohnfläche 799
- Zusatzfreibeträge 784
- erwerbsfähige Hilfsbedürftige 766
- Erwerbsfähigkeit 777 ff.
  - Einkommen 782 ff.
  - Vermögen 790 ff.
  - Zumutbarkeit 779
  - Zumutbarkeitskriterien 779
- finanzielle Leistung 822 ff.
  - ALG II 825 ff.
  - Allgemeines 822 ff.
  - angemessene Wohnungsgröße 828
  - Bedarf für Bildung und Teilhabe 826
  - Kinderzuschlag 837 ff.
  - Leistung von Mehrbedarf 826
  - Meldeversäumnisse 840
  - Sanktionen 839 f.
  - Sozialgeld 835 ff.
  - Übernahme von Beiträgen 830
  - Unterkunft und Heizung 826
- Grundsicherung für Arbeitsuchende 756 ff.
- Hausgrundstück 798
- Haushaltsgemeinschaft 774
- Hilfebedürftigkeit 777 ff.
- kursabhängige Anlage 796
- lebenspartnerschaftliche Gemeinschaft, Prüfungskriterien 771 ff.
- lebenspartnerschaftsähnliche Gemeinschaft 770 ff.
- Regress 841 ff.
  - Ahndung von Vermögensübertragung 855 ff.
  - Erbenregress 843
  - Tatbestände 841 ff.
  - Überleitungsregress 846 ff.
  - Verschuldensregress 842
- Schonvermögen 798
- Überleitungsregress, Hartz IV-Fortentwicklungsgesetz 854
  - Unterhaltsschuldner 852
- Wohnfläche 799
- Wohngemeinschaft 774

Hauserhaltung
- Schonvermögen 570

Hausgrundstück
- angemessenes, Schonvermögen 574

Haushalt
- Hilfe zur Weiterführung 532

Haushaltsgemeinschaft
- Hartz IV 774
- Hilfe zum Lebensunterhalt 523

Häusliche Pflege
- Erstattung von Aufwendungen 1177
- Kostenübernahme für externe Pflegekräfte 1178 ff.
- Pflegegeld 1182 ff.

Hausrat
- angemessener, Schonvermögen 571

Hauswirtschaftliche Verrichtungen 1713 ff.
Heilungsvollmacht 4104
Heimkosten
- Haftung für – einer pflegebedürftigen Person 880

Heizungskosten
- Hilfe zum Lebensunterhalt 519

Herausgabevermächtnis
- Behindertentestament 6609 ff.

Hilfe zum Lebensunterhalt 511 ff.
- Altenhilfe 534
- Bedarfsgemeinschaft 521 ff.
- Blindenhilfe 531
- eheähnliche Gemeinschaft 524
- Eingliederungshilfe für behinderte Menschen 528
- Einsatzgemeinschaft 521 ff., 535
- erweiterte 520
- Haushaltsgemeinschaft 523
- Hilfe bei Mutterschaft 527
- Hilfe bei Schwangerschaft 527
- Hilfe in besonderen Lebenslagen 525 ff.
- Hilfe zur Familienplanung 527
- Krankenhilfe 526
- Mehrbedarf 518
- Regelbedarf 512 ff.
- volljährige Leistungsberechtigte 517
  - Taschengeld 517
- vorbeugende Gesundheitshilfe 526
- Weiterführung, Haushalt 532
- Zusatzbedarf 519 ff.
  - Heizungskosten 519
  - Unterhaltskosten 519

Hilfe zur Pflege
- Einkommensermittlung 611

Hof
- Begriff 473

Höfeordnung
- landwirtschaftliche Übergabe 442
- Pflichtteilsergänzungsanspruch 3685

Hoferben 475
Hoferbenbestimmung 477
Hoferklärung 474
Hofübergabe
- Wart und Pflege 1603 ff.

Hofübergabeverträge 477
Hofvermerk 474

Idealkollation 1951
IHK-Zwangsmitgliedschaft
- KG 2573 f.

Immobilie
- selbstgenutzte, Rückerwerbsrecht 2152

Immobilienwertermittlungsverordnung 5698
Indexgleitklausel
- schwellenabhängige 1777
- verlangensabhängige 1777
- zeitabhängige 1776

2349

Stichwortverzeichnis

Inlandsvermögen
– Bewertung, sonstiges   4774 f.
Insolvenz   100 ff., 153, 215 ff., 257, 261, 269
– GbR-Gesellschafter   2510 ff.
Internationale Anknüpfung
– Ausgleich von Todes wegen, weichende Geschwister   1981 f.
Investmentfonds
– Umstellung des Besteuerungsprinzips   2878

Jahressteuer
– Nutzung   4991 ff.
– wiederkehrende Leistung   4991 ff.
Jugendhilfe   563
Junglandwirteprämie   469

Kaduzierung
– Nießbrauch   1513
Kapitalgesellschaft
– Bestellung eines Nießbrauchs   1509 ff.
– Besteuerungsvergleich zur Personengesellschaft   2867
– Ertragsteuer   2549 ff.
– Familie   2749 ff.
– geborenes Betriebsvermögen   5744 ff.
– Minderheitsanteile   5109 ff.
– Privatvermögenseinbringung   2593 ff.
– Schenkungsteuer   4438 ff.
– Steuersatz   2869
– Unternehmenssteuerreform   2869 ff.
Kapitalgesellschaftsanteile
– Paketzuschläge   4703
Kapitalgesellschaftsausschüttung,
– Besteuerung   2912 ff.
Kapitalisierungsfaktor
– Rechtslage seit 2016   4717 ff.
– Rechtslage von 2009 bis 2015   4715 f.
Kapitalisierungsmethode   970
Kaufkraftschwund   1951
Kaufrechtsvermächtnis   4541 f.
Kernbereichslehre   401
Kettenschenkung
– ehebedingte Zuwendung   3304 ff.
  – mehrere Rückforderungsverhältnisse   3325 ff.
– Schenkungsteuer   3307 ff.
– Weiterübertragung des Erworbenen an den Ehegatten   3306 ff.
– Weiterübertragung eines Halbanteils   3314
KG
– Einzelvertretungsbefugnis   2563
– Ertragsteuer   2541
– Gewerbesteuerpflicht   2569
– IHK-Zwangsmitgliedschaft   2573 f.
– Konzentration der Geschäftsführung   2563
– Nießbrauchsvorbehalt   2605
– Privatvermögen   2567
– Tod eines Gesellschafters   2563
– vermögensverwaltende   2560 ff.

– Wirksamwerden der Kommanditanteilsübertragung   2561
– Zebra-Gesellschaft   2567
Kinder
– Elternunterhalt   918
Kinderzuschlag
– Hartz IV   837 ff.
Kindesbarunterhalt
– Leistungsfähigkeit   918
Kindesbetreuungsunterhalt
– Wirksamkeits-/Ausübungskontrolle   1009
Kindesnaturalunterhalt
– Leistungsfähigkeit Kinder, Elternunterhalt   919
Kleinstgesellschaft
– Rechnungslegung   2818
Kommanditbeteiligung
– Testamentsvollstreckung   400 ff.
Kontrollbetreuer   250
Körperschaftsteuer
– Anstalt liechtensteinischen Rechts   3022
– Beteiligungsträgerstiftung   2978
– Familienkapitalgesellschaft   2838 ff.
– Fonds   2879
– Organschaft   2858 ff.
– Stiftung, Gemeinnützigkeit   3089 ff.
– Unselbstständige Stiftung   3010
Körperschaftsteuerliche Organschaft
– GmbH und Still   2715
Krankenhilfe
– Hilfe zum Lebensunterhalt   526
Krankenunterhalt
– Inhalts-/Ausübungskontrolle   1009
Kunstgegenstände   5113 ff.

Land- und forstwirtschaftlicher Betrieb
– Begriff   4676 ff.
– Bewertung   4674 ff.
– Ehegatten-Innengesellschaft   3170
– Gewinnerzielungsabsicht   1474
– Nießbrauchsbedingte Mehrheit von Betrieben   5795
– Totalgewinnprognose   1474
Landesrecht
– Leibgeding   1732 ff.
Landgutprivileg
– Pflichtteilsergänzungsanspruch   3685
Landwirtschaftliche Übergabe
– Agrarförderung   460 ff.
– Altersgeld   441
– Besonderheiten   440 ff.
– Einkommensteuerrecht   446
– Erhaltung des Betriebs als wirtschaftliche Einheit   440
– Höfeordnung   442
– Milchquote   452
– Milchreferenzmenge   452
– Nießbrauchbestellung   447
– Rheinische Hofübergabe   448

Stichwortverzeichnis

- Rückbehalt 443 ff.
  - Ertragswertprivilegien 444
  - Grundstück bei Veräußerung 443
  - Grundstücksverkehrsgesetz 444
  - Zehn-Jahres-Frist 444
- Sozialhilferecht 445
- Übertragungsumfang 449 ff.
  - Liefervertrag 450
  - Übernahme von Mitgliedschaften 450
  - verpachtete Grundstücke 449
  - zugepachtete Grundstücke 449
- Zuckerrübenlieferungsrecht 456 ff.

Lasteneintragung
- Nießbrauch 1366 ff.

Lebenspartnerschaft
- Steuerbefreiung 4951
- Steuerklasse 5477
- vertragliches Rückforderungsrecht 2263

Lebensversicherung
- auf den Todesfall 33
- EU-ErbVO 3452
- Insolvenz Versicherungsnehmer 3440
- liechtensteinische 3485 ff.
- Vertrag zugunsten Dritter, asset protection 3484 ff.
  - auf den Todesfall 3432 ff., 3459 ff.

Lebensversicherungsvertrag
- Schenkung auf den Todesfall 3429

Lediglich rechtlich vorteilhaftes Geschäft 3980 ff.

Leibgeding 1210 ff., 1716 ff.
- Definition 1717 ff.
- Grundbuchrecht 1720 ff.
  - Eintragungsbewilligung 1723
  - Löschungserleichterungsklausel 1724
- Landesrecht 1732 ff.
- Löschungsvollmacht 1729 f.
- Rücktrittsrecht 1733
- Zugewinnausgleich 1739 ff.

Leibrente
- Altfälle vor 2008 1746 ff.
- Begriff, schuldrechtlicher 1756 ff.
- dauernde Last 1748
- Lebzeit des Begünstigten 1747
- Neufälle ab 2008 1753
- steuerrechtliche 1762
- wiederkehrende Geldleistung 1746 ff.
- zivilrechtliche 1762

Leibrentenstammrecht
- Verjährungsverlängerung 1826

Leistungsauflagen
- aufschiebend/auflösend bedingte ~ 4866
- Unbedingte ~ 4863 ff.

Leistungsbestimmungsvorbehalt
- Wertsicherungsvereinbarung 1764

Leistungsfähigkeit der Kinder
- fiktive Einkommensbeträge 908
- Wohnvorteil einer eigengenutzten Immobilie 909

Leistungsort
- Wart und Pflege 1621

Leistungsverpflichtung
- bedingte 53
- Pflegeverpflichtung 53

Letztwillige Verfügung
- Errichtungsstatut 3534
- pflichtteilsrechtliche Anknüpfungspunkte 3551 ff.
- Rechtswahl 3536 ff.

Liechtensteinische Lebensversicherung 3485 ff.

Liefervertrag
- landwirtschaftliche Übergabe 450

Limited 2824 ff.
- annual account 2831
- Austritt des Vereinigten Königreichs aus der Europäischen Union 2837
- Bericht der Geschäftsführung 2830
- Eintragungsverfahren 2826
- Gründungskosten 2827
- Ort der Geschäftsleitung 2834
- verletzende Vorlageverpflichtung 2832
- Zweigniederlassung 2827

Lohnsummenkriterium
- Änderungen seit 01.07.2016 5305 ff.
- Ausnahmen 5286 ff.
- Betriebsvermögen, Begünstigung 5285 ff.
- Ermittlung 5291 f.
- Folgen des Unterschreitens 5299 ff.
- Tochtergesellschaften 5293 ff.
- Zeiträume 5289 f.

Löschungserleichterungsklausel
- Leibgeding 1724

Löschungsvollmacht
- Leibgeding 1729 f.

LuF-Vermögen
- Begriff 4676 ff.

Luxusgüter
- Anstandsschenkung 190 ff.

Mantelgesellschaften
- Gründungsvorschriften des GmbHG 2762

Mantelkauf
- Familienkapitalgesellschaft, Körperschaftsteuer 2839

Mediation 4258 ff.
- Abwicklung von Erbfällen 4262 ff.
- Mediationsklausel in Testament 4264
- Mediationsklausel in Vermögensnachfolgevertrag 4261

Miete,
- Wohnungsrecht 1595 ff.

Mietverhältnis
- Nießbrauch 1344 ff.

Mietvertrag
- Geschäfte unter Verwandten 5684 ff.
- Kombination mit dauernder Last 1828 ff.
- sozialrechtliche Erwägung 1848 f.

Stichwortverzeichnis

– zivilrechtliche Erwägung 1845
Milchquote 452 ff.
– Auslaufen der Regelung 455
– Pfändung 454
Milchreferenzmenge
– landwirtschaftliche Übergabe 452 ff.
Minderjährige
– Abschluss Gesellschaftsvertrag 4043 ff.
– Ausgleich von Todes wegen, weichende Geschwister 1979 ff.
– Ausschluss der elterlichen Vertretungsmacht 3995 ff.
– Beteiligung am Gesellschaftsvertrag 2687 ff.
– Einkommensteuerrecht 3968 ff.
– Erbauseinandersetzung 314
– Ergänzungspflegschaft 4001 ff.
– Erwerb von Gesellschaftsanteilen 3991 ff.
– Genehmigungsverfahren/FamFG 4051 ff.
– gerichtliche Genehmigung 4022 ff.
 – Grundpfandrechtsbestellung 4037 ff.
 – Immobilientransaktionen 4023 ff.
– gerichtliche Genehmigung, Abschluss eines Gesellschaftsvertrags 4043 ff.
 – Erwerb von Gesellschaftsanteilen 4044 ff.
 – satzungsändernde Beschlüsse einer Kapitalgesellschaft 4048
 – satzungsändernde Beschlüsse Personengesellschaften 4049
 – Veräußerung und Erwerb von Gesellschaftsimmobilien 4047
– gerichtliche Genehmigung, Beteiligung an einer GbR 4056
– gerichtliche Genehmigung, Gegenvormund 4050
– gerichtliche Genehmigung, Verfahren
 – Doppelvollmacht 4078 ff.
 – Entscheidungskriterien 4054 ff.
 – Mitwirkung des Notars 4072 ff.
 – Rechtskraft des Genehmigungsbeschlusses 4058 ff.
 – Zuständigkeiten 4051 ff.
– Gesellschaftsbeschlüsse 3993
– Gesellschaftsvertrag, gerichtliche Genehmigung 4043 ff.
– lediglich rechtlich vorteilhaftes Geschäft 3980 ff.
– Vermögensnachfolgevertrag 3967 ff.
– Vertretung 3968 ff.
– Verwaltung des durch einen ~ Erworbenen 4017
– Vormundschaft 3978 f.
Minderjähriger
– Abschluss Gesellschaftsvertrag 2687
Mindestbeteiligung
– Betriebsvermögen 5039 ff.
Mindestselbstbehalt
– Einkommen unterhalb des eigenen ~ 940 ff.

– Leistungsfähigkeit Kinder, Elternunterhalt 931 ff.
– Taschengeldanspruch 945
Mitbenutzungsrecht
– Wohnungsrecht 1532 ff.
Mitbestimmungsrecht
– GmbH & Co. KG 2748
Miteigentümer
– Ausschluss des Versteigerungsrechts 2447
Miteigentümervereinbarung 2440 ff.
– Gemeindliche Genehmigung 2443 f.
– nichteheliche Lebensgemeinschaft 3360 ff.
Miteigentumsanteile
– Gegenseitige entgeltliche Zuwendungsversprechen 295 ff.
Miterbe
– Erbenhaftung, Sozialhilfe 654
Mitgläubigerschaft 2431 ff.
– Sukzessivberechtigung 2435
Mittelbare Grundstücksschenkung
– Begriff 5450 ff.
– Eigenheimzulage 5467 ff.
– Ertragsteuern 5467 ff.
– Schenkungsteuer 5463 ff.
– Tatbestandvoraussetzung 5450 ff.
– zivilrechtliche Aspekte 5455 ff.
Mitunternehmer
– Zuwendungsnießbrauch 5008
Mitunternehmeranteil
– unentgeltliche Übertragung 5998 ff.
– Unentgeltliche Übertragung eines Teils eines ~ 6008 ff.
Mitunternehmerschaft
– Unternehmensnachfolge 377 ff.
– Vermächtniserfüllung 379
Mitunternehmerstellung 1495 ff.

Nachabfindungsanspruch
– § 13 HöfeO 3826
– gesetzlicher 1888
– höferechtlicher 1883 ff.
Nacherbe
– Erbenhaftung, Sozialhilfe 654
Nacherbenanwartschaft 316
– Vor- und Nacherbfolge 4410
Nacherbenerwerb
– vorzeitiger, Erbschaftsteuer 4467 ff.
Nacherbenvermerk, Löschung 255 f.
– Entstrickung eines Einzelgegenstandes 4216
– Surrogation 4218
– umfassende »Entstrickung« 4214 f.
– Veräußerung des Gegenstandes 4211 ff.
– Verzicht auf die Eintragung 4209 ff.
Nacherbenzustimmung 4195 ff.
– Akzeptierter Fortbestand der Nacherbenbeschränkungen 4208
– Beschränkt dingliche Rechte 4205
– Erforderlichkeit der Zustimmung 4197

Stichwortverzeichnis

- Konkrete Bezeichnung der Zustimmungsberufenen 4201
- Kreis der abstrakt Zustimmungsberufenen 4199
- Testamentsvollstrecker 4210
- Verfahren 4203

Nacherbfolge 252 ff.
- Dingliche Schenkungsverbote 252 ff.
- Erbschaftsteuer 4407
- Löschung des Nacherbenvermerks 255 f.
- Teilentgeltliche Verfügungen 253
- von Beschränkungen befreiter Vorerbe 254
- Vorwegnahme
  - hinsichtlich des gesamten Nachlasses 4225
  - in Einzelgegenstände, mit endgültiger Wirkung 4220 ff.
  - in Einzelgegenstände, unter Aufrechterhaltung der Bindungen 4223 f.

Nacherbschaft
- Ausschlagung 108

Nachfangprinzip, sozialrechtliches 1003 ff.

Nachfolge
- stufenweise, Einzelunternehmen 432

Nachfolgeklausel
- Einfache ~ 5875 ff.
- erbrechtliche 2497
- erbrechtliche, Personengesellschaft 150
- Grundbuchberichtigung bei Tod 2502 ff.
- Pflichtteilsrecht 152
- qualifizierte erbrechtliche, Personengesellschaft 150
- Qualifizierte ~ 2503
- Rechtsgeschäftliche ~ 2497, 5879 ff.
- Personengesellschaft 150

Nachgenehmigung
- weichende Geschwister 1863

Nachlass
- ersatzpflichtiger, Sozialhilfe 660 ff.
- Versicherungsanspruch 3451 ff.
- Wert 3578 ff.
  - Einzelunternehmen 3582
  - Finanzvermögen 3581
  - Gesellschaftsbeteiligung 3583
  - Sozialhilfe 669

Nachlassgegenstand
- Veräußerung, Betriebsvermögen 5917 ff.

Nachlasshaftung
- Tod eines Betreuten 681

Nachlassverzeichnis
- Notarielles ~ 3567 ff.

Nachtragsverteilung 116, 6674 f., 6723, 6731, 6734

Nachvermächtnis 6476 ff.
- Ausgestaltung 6476 ff.

Nachversteuerung
- Betriebsvermögen 5314 ff.

Nahbereichsbürgschaft 2438

Näheverhältnisse
- Grunderwerbsteuer 5612 ff.

Naturalleistungen 1713 ff.

Negativattest 4023, 4126, 4147

Nettonießbrauch 1390
- mit Erhaltungsverpflichtung 1391

Nettowohnungsrecht 1593

Neuvalutierung 2050 ff.

Nichteheliche Lebensgemeinschaft
- auf den Todesfall 3347 f.
- Darlehen 3350 ff.
- Ehefiktion 3349
- Erwerbsrechte 3363 ff.
- Miteigentümervereinbarung 3360 ff.
- Schenkung, auf den Todesfall 3347 f.
  - unter Lebenden 3346
- Zuwendung 3335 ff.
  - Ansprüche Dritter 3373 ff.
  - Außengesellschaft bürgerlichen Rechts 3370
  - Bereicherungsrecht 3340
  - Erwerbsrechte 3363 ff.
  - Gestaltungsalternativen 3346 ff.
  - Innengesellschaft 3338 ff., 3367 ff.
  - Miteigentümervereinbarung 3360 ff.
  - Schenkungsteuer 3344 f.
  - Wegfall der Geschäftsgrundlage 3341
  - Wohnungsleihe 3358 f.
  - zivilrechtliche Rückabwicklung 3336

Nichterbe
- Auskunftsanspruch 3562
- Pflichtteilsberechtigter 3562

Nichtvalutierungserklärung
- Abwicklung 2045 ff.

Nießbrauch
- Ablösung 1406 ff., 5838
  - Einmalzahlung 1409 ff.
  - wiederkehrende Leistungen 1406 ff.
- Abtretung 1353
- Abwehrrecht 1341 f.
- an beweglichen Sachen 1456 ff.
- an einem Unternehmen 1465
- an einer Erbschaft 1523 f.
- Anspruch auf Bestellung 1323
- Ausbesserung, außergewöhnliche 1384
- Ausschluss einzelner Nutzungsarten 1328 ff.
  - Fremdvermietungsverbot 1330
  - Leerstandsverbot 1330
- Ausübungsüberlassung 1354
- Bankguthaben 1449
- Bargeld 1449
- Bauernwald 1310
- bedingtes Abstandsgeld 1405
- begrenzte Rangrücktrittsvollmacht 1414
- begrenzte Rücktrittsverpflichtung 1413
- Begriff 1287 ff.
- Belastungsgegenstand 1304 ff.
  - Grundstück 1304
  - grundstücksgleiches Recht 1304

Stichwortverzeichnis

- Wohnungseigentum 1305
- Berechtigter 1313 ff.
  - Mehrheit von Berechtigten 1312 ff.
  - Nießbrauchsrecht in Gütergemeinschaft 1313
  - Quotenvorbehaltsnießbrauch 1317
  - Sukzessivberechtigung 1321 ff.
  - Zuwendungsquotennießbrauch 1319
- Besitzrechte 1341 ff.
- Bestandteile 1333
- bestehende Grundpfandrechte 1396
- Bewertung 1420 ff.
- Bruttonießbrauch 1378 f.
- Darlehen 1450 f.
- dinglich entgeltlicher 1393
- Duldungsverpflichtung Zwangsverwaltung 1362 ff.
- eigenübliche Sorgfalt 1369
- Einzelunternehmen 1470 ff.
- entgeltlich gestellter 5833
- Entstehung 1292 ff.
  - dingliches Recht 1294 f.
- Erbteilsnießbrauch 1521 ff.
- Erlöschen 1296 ff.
  - aufschiebende oder auflösende Bedingung 1297
  - Fristablauf 1296 ff.
  - Kündigungsrecht 1297
  - Löschungserleichterungsklausel 1300
  - Tod 1296 ff.
  - Übergang von Ansprüchen 1298
- Erneuerung, außergewöhnliche 1384
- Ertragsnießbrauch 1507
- Finanzierung der Lasten 1395
- Fristbeginn 1421 ff.
- Geldvermögen 1449 ff.
  - Steuerrecht 1454
- Gesellschaftsvertrag 2677
- Gläubigerzugriff 1356
  - Pfändung 1356
  - Zwangsversteigerung 1359 f.
  - Zwangsverwaltung 1361 f.
- GmbH-Anteil 1509 ff.
- Grundpfandrecht, bestehendes 1396 ff.
  - Darlehensverhältnis 1403
  - künftiges 1400 ff.
- Höchstpersönlichkeitscharakter 1351
- Kaduzierung 1513
- Kapitalgesellschaft 1509 ff.
  - Bestellung 1509 ff.
  - Einkommensteuer 1515
- Kosten 1373 ff.
  - öffentliche Lasten 1373
- künftiges Grundpfandrecht, Eigentümergrundschuld 1401
- Lasteneintragung 1366 ff.
- Mietverhältnis 1344 ff.
- Mitunternehmer, Bruchteilsnießbrauch 1503
- Mitunternehmer, Qutennießbrauch 1503
- Mitunternehmer, steuerliche Folgen 1505
- nachträglicher Verzicht 1444
- Nettonießbrauch 1390
- örtlich beschränkter 1335
- örtliche Begrenzung 1333 ff.
- Pauschaler Rangvorbehalt 1415
- Personengesellschaft 1475
  - ertragsbezogene Rechte 1482 ff.
  - Mitwirkungsrecht des Nießbrauchers 1489 ff.
  - Surrogation 1493 ff.
  - Zulässigkeit 1480
- Personengesellschaftsanteil 1475 ff.
- Personengesellschaftsanteil 1495
- Pfändung 1356 ff.
- Pflichtteilsergänzung 1420 ff.
- privatrechtliche Lasten 1374
- Quotennießbrauch 1317 ff.
- Rangvorbehalt für Beleihungen durch Eigentümer 1416
- Rechtsinhalt 1327 ff.
- Rechtsnachfolger 1351
- Rechtsnatur 1287 ff.
- Rentenwahlrecht 1406 ff.
- Rentenwahlrecht des Nießbrauchers 1408
- Schenkungsteuer 1389
- Sicherungsnießbrauch 1331 ff.
- Sonderausgabenabzug 1407
- Sondereigentum 1340
- steuerliche Behandlung 1495 ff.
- Stimmrecht 1498 ff.
- Sukzessivnießbrauch 1324
- Tilgung bestehender Verbindlichkeiten 1388
- Überleitung auf den Sozialfürsorgeträger 1365
- Übertragung zur Ausübung 1351 ff.
- Umsatzsteuer 5659 f.
- Unentgeltlich bestellter Vorbehalts- bzw. Zuwendungsnießbrauch 5822 ff.
- Unterhaltung der Sache 1367 ff.
- Verfügungsvollmachten 1412 ff.
- Vermietung durch Nießbraucher 1345
  - Zustimmungsvorbehalt und Vormietrecht des Eigentümers 1349 f.
- Verzicht 1301 ff.
  - Einkommensteuer 1303
  - nachträglicher 1444
- Vorabbestellung 1351
- Vorbehaltsnießbrauch 1325 f.
  - Bewertung 1430 ff.
- Vorzeitige unentgeltliche Aufgabe des vorbehaltenen - 1447 f.
- Wertpapiere 1450 f.
- Wertpapiervermögen 1449 ff.
  - Steuerrecht 1454 f.
- Wohnungseigentum 1337 ff.
- Ziehung von Nutzung 1344
- Zivilrecht, Sicherung der Beteiligten 1452 f.

- Zugewinn, Bewertung   1437 ff.
- Zurechnung eines Verlustanteils   2678
- Zurechnung von Differenzen zwischen Handels- und Steuerbilanz   2679
- Zurechnung, Besonderheiten   5821 ff.
- zusätzliche Belastung   1383
- Zuwendungsnießbrauch   5008
- Zuwendungsnutzungsrecht   1410
- Zwangsversteigerung   1359 ff.
- Zweitberechtigter   1351

Nießbrauchbestellung
- landwirtschaftliche Übergabe   447

Nießbrauchsrecht
- Wechselseitige Zuwendungsversprechen   296 f.

Nießbrauchsvorbehalt   1498
- Entnahme   5779 ff.
- Übertragung, Mitunternehmensanteil   6082 f.
  - Unternehmen   6082 ff.
- Verwendung stehenbleibender Grundpfandrechte   2077 ff.

Nießbrauchvorbehalt
- KG-Beteiligung   2605

Nordwestdeutsche Höfeordnung   472

Notar
- Hinweispflicht   20
- Warnpflicht   209, 3936, 4892

Notarkosten
- Beurkundungsgebühr   4267 ff.
- Bewertung, Erwerberleistung   4278 ff.
- Geschäftswert   4270 ff.
  - Verkehrswert   4270 ff.
- Vollzug   4267 ff.

Notbedarf
- Rückforderung, Schenkung   184

Notgroschen
- Heranziehung aus Vermögen   971

Nutzung
- Jahressteuer   4991

Nutzungsrecht
- Besteuerung   4761 ff.

Öffentliche Lasten
- Nießbrauch   1373

Österreichische Privatstiftung
- deutsches Schenkungsrecht   3031
- Erbschaftsteuerrecht   3031

P-Konto   260
- Schenkung   101 ff.
- Sozialhilfeträger   104

Paketzuschläge
- Kapitalgesellschaftsanteile   4703

Patronatserklärung   140

Personengesellschaft
- Aufnahme eines Gesellschafters   164
- Besteuerungsvergleich zur Kapitalgesellschaft   2867
- Betriebsvermögen, geborenes   5748 ff.
- Betriebsvermögenseinbringung   2594 ff.
- Bewertung, Pflichtteilsanspruch   3584
- Einfache Nachfolgeklausel   5875 ff.
- Eintrittsklausel   5904 ff.
  - Erbschaftsteuerrecht   5915
  - Ertragsteuerrecht   5912 ff.
- Eintrittsklausel, Nachlassgegenstand, Veräußerung   5917 ff.
- erbrechtliche Nachfolgeklausel   150
- Ertragsnießbrauch   1478
- Ertragsteuer   2540 ff.
- gewerbliche   5748 ff.
- Grunderwerbsteuer   2535 ff.
- Nachfolgeklausel, Pflichtteilsrecht   152
- Nachfolgeregelung   147 ff.
  - Eintrittsklausel   149
  - Fortsetzungsklausel   148
- Nießbrauch   1475 ff.
- Organgesellschaften   2863
- qualifizierte erbrechtliche Nachfolgeklausel   150
- rechtsgeschäftliche Nachfolgeklausel   150
  - Auflösung   5864 ff.
  - Erbschaftsteuerrecht   5883 ff.
  - Ertragsteuerrecht   5879, 5893 ff.
  - Fortsetzungsklausel   5865 ff.
  - qualifizierte Nachfolgeklausel   5888 ff.
- Schenkungsteuer   2538 f.
- Vererbung von Anteilen an einer ~   5860 ff.
- Vererbung, Erbschaftsteuerrecht   5871 ff.
  - Ertragsteuerrecht   5867 ff.
- vermögensverwaltende   5752 f.
- Vierkontenmodell   2617
- Vorsorgevollmacht   406 ff.

Personengesellschafter
- Bestellung eines Betreuers   406

Personengesellschaftsanteil
- Nießbrauch   1475 ff., 1495

Personengesellschaftsvertrag
- Abfindungsanspruch bei Kündigung oder Ausschluss   2641 ff.
- Detailausgestaltung   2602 ff.
- Einlageverpflichtung   2609 ff.
- Entnahmen   2665 ff.
- Geschäftsführung   2618 ff.
- Gewinn- und Verlustverteilung   2665 ff.
- Hinauskündigungsmöglichkeit   2634 ff.
- Risiko eigener Kündigung   2639 f.
- Rückforderungsvorbehalt   2638
- Scheidungsrisiko   2632 f.
- Steuerung der Gesellschafterstellung   2651 ff.
  - drag-along-Klauseln   2662 ff.
  - Shoot-out-Klauseln   2659 ff.
  - tag-along-Klauseln   2662 ff.
  - Vinkulierung   2652 ff.
  - Vorerwerbsrechte   2652 ff.
- Tod von Gesellschaftern   2631 ff.
- Vertragsänderung durch Mehrheitsbeschluss   2629 ff.

Stichwortverzeichnis

- Vertretung 2618 ff.
- Verwaltung 2618 ff.

Pfändung
- Milchquote 454
- Nießbrauch 1356
- Wohnungsrecht 1571 f.

Pfändungsschutzkonto
- Asset protection 259

Pflege bei Heimunterbringung
- Reduzierter Schonbereich 1188 ff.
- Umwandlung in Geldansprüche 1210 ff.
- Wegfall vertraglicher Ansprüche 1191
- Wohnungsrecht 1191

Pflege- und Versorgungsvertrag 1702

Pflege-Pflichtversicherung
- Private ~ 1268 f.

Pflegebedürftigkeit
- Begriff 1239 ff.
- Rückforderungsrecht 2301
- Steuerliche Förderung 1282 ff.

Pflegegeld
- Einkommensteuer 1707
- Häusliche Pflege 1182 ff.
- Leistungen 1252 ff.
- Voraussetzungen 1182 ff.
- Wart und Pflege 1695 ff.

Pflegegrade 1242 ff.
- Umfang der geschuldeten Leistung 1630 ff.

Pflegegrundleistungen
- Hauswirtschaftliche Verrichtungen 1713 ff.
- Naturalleistungen 1713 ff.

Pflegeleistung
- Ertragsteuer 1709
- in der Vergangenheit erbrachte 47
- Schenkungsteuer 1709

Pflegesachleistung 1254 ff.
Pflegestärkungsgesetz 1239
Pflegevergütungsvermächtnis 1711

Pflegeverpflichtung
- alternatives Berechnungsmodell 55
- Bemessung des Wertes 54
- Schenkung 53

Pflegeversicherung 1226 ff.
Pflegewohngeld 1278

Pflichtschenkung 190
- Pflichtteilsergänzungsanspruch 3700 ff.
- spätere Verarmung des Veräußerers, Rückforderungsanspruch 1124 ff.

Pflichtteil
- Anrechnung von Zuwendungen 3469 ff.
- Schenkung, den Vertragserben beeinträchtigende 3932 ff.

Pflichtteilsanrechnung 3717 ff.
- Anrechnungsbestimmung 3724 ff.
- Berechnung des Pflichtteils 3732 ff.
  - Grundsätze 3732 ff.
- fehlgeschlagene Gleichstellungszahlung 3745 ff.

- lebzeitige freigiebige Zuwendung des Erblassers 3723
- Pflichtteilsreform 3725 ff.
- Problemfälle 3744 ff.
- Streit bei Tod des nichtveräußernden Ehegatten 3744
- Voraussetzungen 3723 ff.

Pflichtteilsanspruch
- Allgemeines 3553 ff.
- Auskunftsanspruch 3562 ff.
  - Form 3567
  - Inhalt 3565
  - Wertermittlungsanspruch 3576 ff.
- Auskunftsverpflichtete 3564
- Behindertentestament 6461 ff.
- Bewertung, Abfindung 3585
  - Aktiva und Passiva 3578 ff.
  - GmbH-Geschäftsanteil 3583
  - Grundstück 3579
  - Personengesellschaft 3584
  - Wertpapier 3581
- Erbschaftsteuer, Geltendmachung 4483 ff.
  - unterlassene Geltendmachung 4482
- Fälligkeit 3603 ff.
- Grundwertung 3553
- Höhe, Wertbestand des Nachlasses 3547 ff.
- Neuregelung durch Erbrechtsreform 3556 ff.
- Nichtgeltendmachung 113 ff.
- Sozialleistungsträger 117 ff.
- Verjährung 3593 ff.
  - abweichende Vereinbarung 3601 ff.
- Verrechnung, Grundstücksübertragung 60 ff.
- Vollzug 3603 ff.
- weitere Auskunftsansprüche 3572 ff.

Pflichtteilsentziehung 3928 ff.

Pflichtteilsergänzung
- Abzug von Eigengeschenken 3648 ff.
- Anrechnung 3650 ff.
- Ausschluss 3660
- Beschenkter, Haftung 3677 ff.
- Bewertung mit der Schenkung 3661
- Ehebedingte Zuwendung 3622 f.
- Einrede des Gesamtpflichtteils 3671
- Haftung des Beschenkten 3677
- Nießbrauch 1420 ff.
- Schenkung 3616 ff.
  - Abzug von Eigengeschenken 3648 ff.
  - Ermittlungsschritte 3644 ff.
  - Gläubigerstellung 3639 ff.
  - Voraussetzungen 3619 ff.
- Schuldner 3667
- Stiftungssachverhalte 3625 ff.
- Voraussetzungen, Zeitpunkt der Leistung 3630 ff.
- Vorwegnahme der Nacherbfolge 3624

Pflichtteilsergänzungsanspruch 3616 ff., 3825
- Abfindungsanspruch gem. § 12 Höfeordnung 3688

- Allgemeines 3553 ff.
- anderweitige Entleerung des Nachlasses 3702 ff.
- Anerbengesetz 3687
- Anstandsschenkung 3700 f.
- Aufhebung des Schenkungsvertrags 3710 ff.
- Ausschluss 3660
- Ausstattung 3700 f.
- berechtigte, Gläubiger 3639 ff.
- britischer Staatsbürger mit Wohnsitz in England 3697
- Flucht in ausländische Sachwerte 3691 ff.
- Höfeordnung 3684 ff.
- Konkurrenz zu § 2316 BGB 3715 ff.
- Konsum für den Eigenbedarf 3683
- Landgutprivileg 3684 ff.
- Minderung des anzusetzenden Werts 3684 ff.
- Nachträgliche Vereinbarung der Entgeltlichkeit 3707 ff.
- Pflichtschenkung 3700 f.
- Reduzierung der Pflichtteilsquote 3703
- Schleichwege 3682 ff.
- Schuldner 3667
- unter Ehegatten und Verpartnerten 3637 f.
- Vertrag zugunsten Dritter, auf den Todesfall 3462 ff.

Pflichtteilsergänzungsansprüche
- Betriebsübergaben 129 ff.

Pflichtteilsgeldanspruch
- Abgeltung 69

Pflichtteilsklausel
- Fakultative - 6557

Pflichtteilslast
- Erbschaftsteuer, Verzicht auf den Pflichtteil 4476 ff.
- Verteilung 3609 ff.
  - Enkelzuwendung 3615
  - Innenverhältnis 3609 ff.
  - Miterbe 3613
  - pflichtteilsberechtigter Vermächtnisnehmer 3612
  - vermächtnisbedachter Pflichtteilsberechtigter 3613
- Vertrag zugunsten Dritter, auf den Todesfall 3459 ff.

Pflichtteilsrestanspruch 3825
- Geltendmachung 3553
- Verjährung 3593 ff.

Pflichtteilsstrafklausel 740

Pflichtteilsunwürdigkeit 3931

Pflichtteilsverzicht
- Abfindung 1908 ff.
- Abfindung, bedingter Verzicht 3836 ff.
- Abfindungszahlung 4477 ff.
- Aufhebung 3853 ff.
- Aufhebungssperre 3853 ff.
- beschränkter 3865 ff.
  - Rechtliche Teile des Gesamtpflichtteils 3866 ff.
- Beschränkung, Neutralisierung von Einzelgeschäften 3874 ff.
  - pflichtteilserhöhende Wirkung einer Zuwendung 3870 ff.
- Betragsbegrenzung 3884 ff.
- Bewertungsabschläge 3884 ff.
- Erbschaftsteuerrecht 64
- erster Sterbefall 3909 f.
- Ertragsteuerrecht 65
- gegen Abfindung 3834 f.
- Grunderwerbsteuer 4492
- Höfeordnung 3917 ff.
  - Abfindungsanspruch 3918 ff.
- Inhaltskontrolle 3861 ff.
- Nachabfindungsanspruch gem. § 13 HöfeO 3826
- Pflichtteilsergänzungsanspruch 3825
- Pflichtteilserhöhungswirkung 3825
- Pflichtteilsrestanspruch 3825
- Sittenwidrigkeit 3799 f.
- Statutenwechsel 3816
- Stundung 3895 ff.
- Verfolgungsanspruch gegen den Beschenkten 3825
- weichende Geschwister 1861
- Wirkung des § 2315 BGB 3891 ff.
- Wirkungen 3824 ff.
- Wunsch des Beschwerten 3913
- Zustimmung des Ehegatten des Veräußerers 3850 ff.

Pflichtteilsverzichtsvertrag
- Gerichtsstandvereinbarung 3543
- Restschuldbefreiung 103

Privatrechtliche Lasten
- Nießbrauch 1374

Privatstiftung
- liechtensteinische 3025
- österreichische 3020, 3029 ff.

Privatvermögen
- Einbringung, in gewerblich geprägte GmbH & Co. KG 2583 ff.
  - in Personengesellschaft 2594 ff.
- Einkommensteuer 5697 ff.
- Ertragsteuerrecht 90
- Steuerpflicht bei Veräußerung 423
- unentgeltliche Einlage, GmbH & Co. KG 2588 ff.

Quotennießbrauch 1317 ff.
- Fristbeginn 1423

Quotenvorbehaltsnießbrauch 1317

Rangvorbehalt
- Beleihungen durch Eigentümer 1416
- Pauschaler -, Nießbrauch 1415
- Rückauflassungsvormerkung 2344

Realkollation 1951

Reallast 1742 ff.

Stichwortverzeichnis

- Schuldrechtliche Einschränkung 1639 ff.
- wiederkehrende Geldleistung, dingliche Sicherung 1797 ff.

Realteilung 5920 ff.
- Grunderwerbsteuer 5622 f.

Rechnungslegung
- Kleinstgesellschaft 2818

Rechtsfähigkeit
- Recht der Staatsangehörigkeit 3971 ff.

Rechtsgeschäft unter Lebenden auf den Tod 3380 ff.

Rechtsgeschäft unter Lebenden auf den Tod eines Dritten 3497 ff.
- Ertragsteuer 3500
- Schenkungsteuer 3501

Rechtsmangel
- Haftung bei Schenkung 180

Rechtswahl
- Große - 3540
- Kleine - 3540
- letztwillige Verfügung 3536 ff.

Rechtwahl
- Erbvertrag 3539 ff.

Regelaltersgrenze
- Unterhaltspflichtiger 970

Regelinsolvenz 102, 108, 114 ff., 6674, 6685

Regress
- Hartz IV 841 ff.
- Sozialhilfe 636 ff.

Rektapapier 3428 ff.

Rente
- betriebliche 6330 f.
- schenkungsweise Zuwendung 177

Rentenwahlrecht
- Ablösung des Nießbrauchs 1406 ff.

Restschuldbefreiung 100, 103, 109, 115, 1889, 6462, 6656, 6661 f., 6675 f., 6681, 6684 f., 6709, 6712, 6720, 6725, 6732 ff., 6745

RETT-Blocker 5591 ff.

Rheinische Hofübergabe 448, 478

Riester
- Eigenheimriester 5842 ff.
- Wohnriester 5844 ff.

Riester-Rente 527, 3439, 6334

Risikolebensversicherung 36, 3468

Rom IV-Verordnung 3534

Rückabwicklung
- ehebedingte Zuwendung 3177 ff.
  - spätere Verarmung 3177
- Einkünfte, gewerbliche 2146 ff.
  - Kapitalvermögen 2150
  - Vermietung 2151
  - Verpachtung 2151
- jederzeitiges, ertragsteuerliche Erwägung 2145
  - schenkungsteuerliche Folgen 2143
- land- und forstwirtschaftliche Einkünfte 2146
- Risiken 2140
- selbstgenutzte Immobilie 2152

Rückauflassung 683, 1102, 1136, 2260, 2311

Rückauflassungsvormerkung 2240, 2338
- Rangvorbehalt 2344
- Sicherungswirkungen 2346

Rückbehalt
- Fotovoltaikanlagen 1464

Rückforderung
- Befristung 2233 f.
- Rückforderungsobjekt 2219 ff.
  - Gesamtrückforderung bei Teilstörung 2225
  - Rückgewähransprüche bei Grundpfandrechten 2226 ff.
  - Surrogation 2219
  - teilweise Rückforderung bei Mehrheit von Objekten 2221 ff.
  - teilweise Rückforderung beim Einzelobjekt 2220
- Schenkung, Darlegungs- und Beweislast 1080
- Zeitraum 2232 ff.

Rückforderungsanspruch
- Gläubigerzugriff 2130
- spätere Verarmung des Veräußerers 1032 ff.

Rückforderungsberechtigter
- Rückforderungsrecht 2153 ff.

Rückforderungsrecht
- Ausgestaltungsvarianten 2153 ff.
  - Mitgläubigerschaft 2157
  - Übergang auf den überlebenden Mitberechtigten 2165 ff.
- Ausschluss 2244 f.
- Bedarf des Veräußerers 2299 ff.
- ehebedingte Zuwendung, Scheitern der Ehe 3161 ff.
- Erlöschen bei Schweigen nach Aufforderung des Eigentümers 2136
- Fehlverhalten des Eigentümers 2277
- Gesellschaftsrecht 2392 ff.
  - Abfindung 2404 ff.
  - enumeratives Rückforderungsrecht 2395
  - mögliche Rückforderungstatbestände 2392 ff.
  - voraussetzungsloses Rückforderungsrecht 2394
- Gläubigerzugriff 2122 ff.
  - auf den Rückforderungsanspruch 2130
  - Scheidung 2124
  - Trennung 2124
  - Vorversterben 2124
- nachträgliche Vereinbarung 2255
- Nichterfüllung von Auflagen 2283
- Nichtvorlage eines Ehevertrages 2265 f.
- Pflegebedürftigkeit 2301
- Risiken des jederzeitigen Rückerwerbsrecht 2140
- Rückabwicklung, Auflassung 2309
  - Adressat 2308
  - Ausübungsfrist 2305
  - betroffene Gegenstände 2302 ff.

Stichwortverzeichnis

- Ersetzungsbefugnis 2334 ff.
- Form 2307
- Gegenleistung 2311 ff.
- Gleichstellungsgelder an Geschwister 2332
- Gutabstandsgeld 2321
- pflichtteilsbezogene Erklärungen 2326 ff.
- Rentenzahlung 2321
- Schuldendienst 2322
- übergebender Betrieb 2303
- Verbindlichkeiten des Rückübertragungsverpflichteten 2317
- Wiederaufleben erloschener Beschränkungen 2333
- Rückforderungsberechtigter 2153 ff.
  - Betreuungsbedürftigkeit 2196
  - generelle Abtretbarkeit 2187 ff.
  - Gütergemeinschaft 2155
  - Höchstpersönlichkeit 2193 ff.
  - Übergang auf einen bisher nicht Beteiligten 2170 ff.
- Rückforderungsvorbehalt wegen Vermögensverfall 2126
- Rückübertragungsverpflichteter, Gesamtrechtsnachfolge 2199 ff.
- Sicherung durch Vormerkung 2338 ff.
  - Antizipierte Freigabe und ihre Besicherung 2369 ff.
  - Belehrungen 2385 ff.
  - Löschungserleichterung 2357 ff.
  - Notwendigkeit 2338 ff.
  - Rang 2338 ff.
  - Vormerkung bei Weitergabeverpflichtung 2376 ff.
- Steuerklausel 2286 ff.
- Vermögensverfall des Eigentümers 2249 ff.
- vertragliches 2087 ff.
  - Durchführung der Rückabwicklung 2302 ff.
- Verzicht auf vorbehaltenes - 2337

Rückforderungsvorbehalt
- Schenkungsteuer 4875
- Überlassungsvereinbarung 6285

Rückgaberechte 2414 f.

Rücktrittsrecht
- Leibgeding 1733

Rürup-Rente 3439, 6334

Russian-Roulette 2659

Sachdeputate 1742

Sachmangel
- Haftung, Schenkung 182

Sanierungsgewinne
- Steuerbefreiung 2844

Schadensersatzpflicht
- Schenker 178

Schaukelmodell 86

Scheidung
- ehebedingte Zuwendung, Kettenschenkung 3316 ff.

- vertragliches Rückforderungsrecht, Eigentümer 2261 ff.

Scheidungsrisiko 2632

Scheidungsvereinbarung
- Schenkungsteuer 4432

Schein-Gesellschafter 2604

Scheinbestandteilseigenschaft
- Fotovoltaikanlagen 1462

Scheitern der Ehe
- ehebedingte Zuwendung 3161 ff.

Schenkung
- Abgrenzung, familienrechtliche Verträge 123 ff.
  - gesellschaftsrechtliche Vereinbarungen 140 ff.
  - Gütergemeinschaft 123 ff.
- Anrechnung gem. § 1380 BGB 135
- asset protection 257 ff.
- Ausschlagung 107 ff.
- Ausweichen auf bloße Erwerbsmöglichkeit 31
- bedingte Leistungsverpflichtungen 53
- Begriff 25 ff., 3619, 3936
- Bereicherung, Empfänger 27 ff.
  - Zuwendung 29
- Beseitigung erbrechtlicher Positionen 100 ff.
- Bestandsschwäche 200 ff.
  - Verhältnis zu Dritten 201 ff.
- Beteiligung an Personengesellschaften 170
- bewegliche Sachen 169
- dingliche Schenkungsverbote 237
- Duldungsvorbehalte 51
- Einigung 41 ff.
  - Missverhältnis der Leistungen 42
- Entgeltlichkeit, nachträgliche Vereinbarung 48
- entstandene Pflichtteilsansprüche 113 ff.
- familienrechtliche Verträge, Zugewinnausgleich 134
- Form 166 ff.
- Formnichtigkeit 166
  - fehlende notarielle Beurkundung 166
- gemischte 224–1, 275
  - neue Rechtslage ab 2009 4791 ff.
  - vertragliche Rückforderungsrechte 2097 ff.
- Gesellschaftsvertragliche Öffnungsklauseln mit Abfindungsausschluss 286 f.
- Gläubigeranfechtungsrecht 209 ff.
- Gläubigerzugriff, Beseitigung erbrechtlicher Positionen 100
- Grundstücksüberlassung, spätere Verarmung des Veräußerers 1032 ff.
- Haftung, Rechtsmängel 180
  - Sachmangel 182
- Indirekte - 5472 ff.
- Insolvenz des Erklärenden 100
- Lebensversicherung auf den Todesfall 33
- Leistung, bereits erbrachte 44 ff.
- Minderungen der Unentgeltlichkeit 3937
- Mittelbare - bei Betriebsvermögen 5470
- nach dem Tod des Erblassers 3401 ff.
- Patronatserklärung 140

Stichwortverzeichnis

- Pflegeverpflichtung 53
- Pflichtteilsergänzung 3616 ff.
  - Bewertung 3661 ff.
- Pflichtteilsergänzungsanspruch 3462 ff.
- Pflichtteilsverzichtsvertrag 101 ff.
- Privilegierung 197 f.
- Privilegierung des Schenkers 175 ff.
- redlicher Besitzer 203
- Restschuldbefreiung 100
- Rückforderung, Darlegungs- und Beweislast 1080
- Rückforderung, Notbedarf 184
- rückwirkende Vereinbarung der 136 ff.
- Schadensersatzpflicht des Schenkers 178
- Schenkungsteuer, alte Rechtslage 4780 ff.
- Schenkungsteuerrecht 59
- schuldhafte verzögerte Erfüllung 179
- schuldrechtliche Verfügungssperren 56
- Schweigen 175
- spätere Verarmung des Veräußerers, Fortbestehen des Rückforderungsanspruchs 1056 ff.
  - Immunität gegenüber Konfusion 1063 ff.
  - Pfändbarkeit 1066 f.
  - Sozialrechtliche Besonderheiten bei der Überleitung 1068 ff.
  - transmortales Fortbestehen 1058 ff.
- unentgeltliche Verfügung, Berechtigungsschuldner 202
  - Nichtberechtigter 201
- unentgeltliche, Arbeitsleistung 32
  - Dienstleistung 32
- unter Auflagen 194 ff.
- unter Duldungsauflagen
  - alte Rechtslage 4802
  - Rechtslage ab 2009 4834 ff.
- Verarmungstatbestand 1041 ff.
- Verrechnung, Pflichtteilsanspruch 60 ff.
  - Unterhaltsanspruch 60 ff.
  - Zugewinnausgleichsanspruch 60 ff.
- Vollziehung der Auflage 196
- vollzogene, spätere Verarmung des Veräußerers 1037 ff.
- Voraussetzungen 26 ff.
- Wegzugsteuer 2298
- Widerruf wegen groben Undanks 185 ff., 200
- Wohnraum, kostenlose Gewährung 47
- Zivilrechtliche Minderung der Unentgeltlichkeit 50
- zu erbringende Leistungen 49 ff.
- zu erduldende Vorbehalte 49 ff.
- zulasten des Vertragserben 204
- zulasten eines Pflichtteilsberechtigten 207
- Zuwendung, Unentgeltlichkeit 34 ff.

Schenkung auf den Todesfall 3380 ff.
- Auszahlungsanspruch, Verjährung 3431
- Handschenkung 3385 f.
- Lebensversicherungsvertrag 3429
- Rektapapier 3428 ff.
- Sparbuch 3428 ff.
- Vergleich mit erbrechtlichen Lösungen 3396 ff.
- Versprechensschenkung 3387 ff.

Schenkung unter Auflage 194 ff.
- Vollziehung 196

Schenkung unter Duldungsauflage
- alte Rechtslage 4802 ff.
  - Berechnungsbeispiel zur Rechtslage gem. § 25 ErbStG a.F. 4824
  - Duldungsauflage anderer Personen als des Veräußerers und dessen Ehegatten 4803 ff.
  - Duldungsauflage zugunsten des Veräußerers und/oder dessen Ehegatten 4806 ff.
- Rechtslage ab 2009
  - Abschaffung des § 25 ErbStG 4834 ff.
  - Abzugsbeschränkungen 4851 ff.
  - Berechnungsbeispiele 4854 f.
  - Berücksichtigung auf der Bewertungsebene 4856 ff.
  - Grunderwerbsteuer 4861
  - Nachträglicher Verzicht auf den Nießbrauch 4842 ff.
  - Nießbrauchsvermächtnis 4859 f.
  - Weitere Schenkung an den Mitberechtigten 4838 ff.
- steuerfrei zu übertragende Immobilien 4854

Schenkungsrecht
- Besonderheiten 175 ff.
- österreichische Privatstiftung 3031

Schenkungsteuer 4333 ff.
- Anstalt liechtensteinischen Rechts 3019
- Aufschiebend bedingter Erwerb 4556
- Auslandssachverhalte
  - Anrechnung 5512
  - Doppelbesteuerungsabkommen 5511
  - Freibeträge 5516
  - Gestaltungsmöglichkeiten 5513 f.
  - unbeschränkte Steuerpflicht 5507 ff.
- Begrenzte Übernahme für Nachbesteuerungstatbestände 4564
- Behaltensregelung 5313 ff.
- Besteuerungsverfahren 5507 ff.
  - Anzeigepflichten 5518 ff.
  - Erhebungsverfahren 5536 ff.
  - Kontrollmitteilungen 5531 ff.
  - Schwarzgeld 5531 ff.
  - Steuerschuldnerschaft 5543
  - Stundung 5539 ff.
- Beteiligungsträgerstiftung 2977
- Betriebsvermögen
  - Rechtslage seit 01.07.2016 5002 ff.
  - Rechtslage von 2009 bis 30.06.2016 4997 ff.
- Doppelbelastung 5447 ff.
- ehebedingte Zuwendung 3155, 3270 ff.
- Entstehen 4544 ff.
- Erbauseinandersetzung, bis Ende 2008 5423 ff.
- Erbauseinandersetzung, Neuregelung seit 2009 5425 ff.

- gemischte Schenkung, alte Rechtslage
  - Betriebsvermögen 4787 ff.
  - neue Rechtslage ab 2009 4791 ff.
  - Privatvermögen 4780 ff.
- GmbH & Co. KG 2747
- Kapitalgesellschaft 4438 ff.
- Kettenschenkung 3307 ff.
- mittelbare Grundstücksschenkung 5450 ff.
- Nießbrauch 1389
- Personengesellschaft 2538 f.
- persönliche Steuerpflicht 5507 ff.
- Pflegeleistung 1709
- Position des Notars 4389 ff.
- Rechtsgeschäft unter Lebenden auf den Tod eines Dritten 3501
- Rechtsgrundlagen 4337 ff.
- Rückforderungsvorbehalt 4875
- Scheidungsvereinbarung 4432
- Schuldübernahme 1987
- Schwiegerelternzuwendungen 3194
- Steuerklasse 5475 ff.
- Steuersätze 5485 ff.
- Steuertarif 5475 ff.
- Überlassungsvereinbarung, Gleichstellungsgeld 6249
- Übernahme, durch Schenker 4561 f.
- Umwandlungsvorgänge 4456 ff.
- Vorrang, Grunderwerbsteuer 5561 ff.
- Zugewinnausgleichsanspruch 74 ff.
- Zuwendung, nichteheliche Lebensgemeinschaft 3344 f.

Schenkungsteuerrecht
- ErbStR 2011 4338
- Schenkung 59

Schenkungsverbote 237 ff.
- Betreuung 245 ff.
- Nacherbfolge 252 ff.
- Testamentsvollstreckung 238 ff.

Schenkungsversprechen 166
- auf den Tod 3387 ff.
  - Überlebensbedingung 3391 ff.
- Beteiligung an Personengesellschaften 170

Schenkungsvertrag
- Aufhebung 3710 ff.

Schiedsgerichtsvereinbarung 4247
Schiedsverfahren 4247 ff.
Schlichtungsverfahren 4247
Schmerzensgeld
- Einkommen 602

Schonvermögen
- Erhöhung des Vermögensschonbetrags 586
- Existenzaufbau 568
- Existenzsicherung 568
- Grabpflegeversicherung 590
- Grundstücksgröße 580
  - Grundpfandrecht 583
  - Kombinationstheorie 582
- Wertgrenze 581

- Hartz IV 798
- Heimunterbringung 575
- Miteigentumsanteil 579
- Riesterrente 569
- unbillige Härte 589 ff.
  - Alterssicherung 590
- Wertgrenze 581
- Wohnstatt 576

Schuldanerkenntnis
- abstraktes 2001 ff.

Schuldner
- Pflichtteilsergänzungsanspruch 3667

Schuldübernahme
- abstraktes Schuldanerkenntnis 2001 ff.
- Abwicklung 1991 ff.
- aufgeschobene 1990
- Entlassung eines bisherigen Mitschuldners aus Darlehensverhältnis 1993
- Erfüllungsübernahme 2015 ff.
  - Formvorschriften 2015
  - Kündigungsbeschränkungen 2015
  - Rücktrittsbeschränkungen 2015
  - Sonderregelungen 2015
  - Tilgungsanrechnungsgebote 2015
  - Wechselverbot 2015
  - Widerrufs- und Rückgaberecht 2015
  - Zinsbeschränkungen 2015
- Genehmigung 1995 ff.
  - Sicherungsvereinbarung 2010 ff.
  - überraschende Klausel 2010
  - Zustimmung 1991 ff.
  - Zweckbestimmung 2010 ff.
- persönliche Vollstreckungsunterwerfung 2004
- Schuldübernahmegenehmigung 1995 ff.
- Sicherungsgrundpfandrecht 2010
- Verwertungszugriff auf Immobilie 2002
- Vollstreckungsunterwerfung 2001 ff., 2014
- Vormerkung 2380 ff.
- Zeitpunkt 1987 ff.
  - Schenkungsteuer 1987

Schwarzgeld 5531 ff.
- Zeitpunkt 5533

Schweigen
- Zustimmung zur Schenkung 175

Schwiegereltern
- Zuwendungen an – 3197

Schwiegerelternzuwendung
- Darlehen an das Schwiegerkind 3196
- ehebedingte Zuwendung 3189 ff.

Sekte
- Definition 2282

Sektenmitgliedschaft
- Vertragliche Rückforderungsrechte 2282

Selbstverschuldete Bedürftigkeit 646
Shoot-out-Klauseln 2659 ff.
Sicherungsnießbrauch 1331 ff.
Signatur
- elektronische 4118

Stichwortverzeichnis

Sittenwidrigkeit
- Annahme einer Erbschaft 1028 ff.
- Ausschlagung einer Erbschaft 1028 ff.
- Behindertentestament 6627 ff.
- Erbverzicht 3799 ff.
- Grundstücksüberlassung 1003 ff., 1015 ff.
- Pflichtteilsverzicht 3799 f.
- Rückforderungsverlangen 1027

Sonderausgabenabzug 6319 ff.

Sonderbetriebsvermögen 5767, 5772, 5864, 5868, 5878, 5881, 5887, 5893 ff., 5903, 5913, 5942, 5963, 5998 ff., 6030 ff.
- Erscheinungsformen 5725 ff.
- Steuernachteile bei unterbliebener Einbeziehung 5729

Sonderbetriebsvermögen I 5722, 5727, 5751, 5898

Sonderbetriebsvermögen II 5720, 5727, 5751, 5898

Sondereigentum 1547

Sondereigentum,
- Nießbrauch 1340

Sozialfürsorge 482

Sozialfürsorgerecht 480 ff.
- Elternunterhalt 870 ff.
- Hilfe zum Lebensunterhalt 511 ff.
- Nießbrauch, Überleitung 1365

Sozialgeld
- Bedarfsgemeinschaft, nicht erwerbsfähige Angehörige 835

Sozialhilfe 482, 484 ff.
- Arten der Hilfegewährung 489 ff.
- Aufwendungsersatz 644 ff.
- bei erwarteter Hilfe 638
- Bedarfsdeckungsprinzip 501
- Darlehen 640
- Definition 489
- Einkommen 593 ff.
  - absetzbare Beträge 607 ff.
  - allgemeine Einkommensgrenze 613 ff.
- Erbenhaftung 636 ff., 648 ff.
  - Erbregress 676
  - ersatzpflichtiger Nachlass 660 ff.
  - ersatzpflichtiger Personenkreis 653 ff.
  - Miterbe 653
  - Nacherbe 654
  - Vermächtnisnehmer 655
  - Vorerbe 654
  - zu ersetzende Leistung 649 ff.
- Erschleichen von Sozialleistungen 641
- Funktionale Zuständigkeit 495
- Grundbegriffe 489 ff.
- Härtefall 726
- Inanspruchnahme bei Verarmung von Geschwistern 735 ff.
- Kostensatz 644 ff.
- Leistungskürzung, § 25 SGB XII 638
- Rechtsanspruch auf Hilfe 502

- Regress 636 ff.
- Rückforderungsanspruch, allgemeines Sozialverwaltungsrecht 638
- Schonvermögen, unbillige Härte 589 ff.
- Sittenwidrigkeit des Übertragungsvertrags 638
- Übergang von Unterhaltsansprüchen, gesetzlicher Forderungsübergang 697
  - sozialrechtliche Differenzierung 710 ff.
- Übergang von Unterhaltsleistung, Gegenstand des Übergangs 704 ff.
- Überleitung 636 ff.
- Überleitung von Ansprüchen 682 ff.
  - folgende Überleitung 693
  - Forderungsübergang 694 ff.
  - getrenntlebende Ehegatten 685
  - Überleitungsbetroffener 685
  - Überleitungsverfahren 692 f.
  - Überleitungsvoraussetzung 687 ff.
- Vermögen und Einkommen 545 ff.
  - Begriff 545 ff.
  - unverwertbares 552 ff.
- Vermögensschonung 545 ff.
  - angemessener Hausrat 571
  - angemessenes Hausgrundstück 574
  - Befriedigung geistiger Bedürfnisse 573
  - Berufsausübung 572
  - Erwerbstätigkeit 572
  - Familien- und Erbstücke 573
  - Mittel zur Hausbeschaffung 570
  - Mittel zur Hauserhaltung 570
  - Riesterrente 569
  - Schonvermögen 567 ff.
- Vorbeugende Gewährung 505
- Wert des Nachlasses 669

Sozialhilferecht
- landwirtschaftliche Übergabe 445

Sozialhilfeträger
- Pflichtteilsverzichtsvertrag 104, 118

Sozialleistung
- Erschleichen 641

Sozialleistungsträger
- Pflichtteilsanspruch 117 ff.

Sozialversicherung 481

Sozialversorgung 481

Sozialverwaltungsrecht
- allgemeines, Rückforderungsrecht 641 ff.

Spannungsklausel
- Wertsicherungsvereinbarung 1766 f.

Sparbuch 3428 ff.

Spätere Verarmung des Veräußerers
- Konkurrenzverhältnis, mehrere gleichzeitig Beschenkte 1109 ff.
- Rückforderung, gesetzliche Ersetzungsbefugnis 1082
- Rückforderungsanspruch, Ausschlusstatbestände 1113 ff.
  - Entreicherung 1086
  - Herbeiführung der Bedürftigkeit 1116 f.

Stichwortverzeichnis

- Rückforderungsobjekt 1087
- umgekehrte Ersetzungsbefugnis 1088 ff.
- Verarmungsrisiko 1127 ff.
- Verjährung 1125
- Zehn-Jahres-Frist 1114 f.

Spekulationsbesteuerung
- Anschaffungs- und Veräußerungsvorgänge 6294 ff.
- Entstehen und Entfallen der Steuer 6314 f.
- Ermittlung des Veräußerungsgewinns 6312
- Steuerfreiheit bei fehlender Identität 6293
- vorweggenommene Erbfolge 6289 ff.

Spende
- gemeinnützige Organisation 28
- Stiftung 3093 ff.

Spendenabzug
- Stiftung 3095

Steuerbefreiung 4876 ff.
- Lebenspartnerschaft 4951
- persönliche 4965 ff.
  - alte Rechtslage 4965
  - neue Rechtslage 4968
  - Rechtslage ab 2009 4968 ff.
  - Rechtslage bis 31.12.2008 4965 ff.
- sachliche 4908 ff.
  - begünstigte Immobilie 4926
  - ehebedingte Zuwendung 4914
  - Erwerb durch erwerbsunfähige Personen 4952
  - Hausrat 4908
  - Kunstgegenstände 4908 ff.
  - Leistungen für Pflege 4953
  - Rückvererbung des geschenkten Vermögens 4956
  - selbstgenutztes Familienheim 4914
  - sonstige Steuerbefreiungen 4957
  - Vererbung des Familienheims an Abkömmlinge 4937 ff.
  - Vererbung des Familienheims an den Ehegatten 4915 ff.
- Sanierungsgewinne 2844
- Verschonung bei Grundvermögen 4961 ff.
- Zugewinnausgleich 4876 ff.

Steuerbegünstigung 4876 ff.

Steuerklasse
- Steuertarif 5475 ff.

Steuerklausel
- Rückforderungsrecht 2286 ff.

Steuern
- Erstattung bereits entrichteter 4987
- Freibeträge 4965 ff.
- GmbH & Co. KG 2744 ff.
- Mitunternehmerstellung 1495 ff.
- Mitunternehmerstellung, Nießbrauch 1505
- Nießbrauch 1495 ff.
- Nießbrauch, Geldvermögen 1454 f.
  - Wertpapiervermögen 1454 f.
- Stiftung 3070 ff.
- nicht gemeinnützige 3105 ff.
- Wegzugsteuer 2298

Steuerstorno 4970 ff.
- Erstattung bereits entrichteter Steuer 4987
- gesetzliche Rückforderungsrechte 4970 ff.
- vertragliche Rückforderungsrechte 4979 ff.

Steuertarif
- Berücksichtigung früherer Erwerbe 5493 ff.
- Steuerklassen 5475 ff.

Stifter
- steuerliche Beurteilung 2999
- steuerliche Förderung 3093 ff.

Stiftung
- Anerkennung 3050 f.
- Anstalt liechtensteinischen Rechts 3018 ff.
- anwendbares Recht 2939 ff.
- asset protection 3118 ff.
- ausländische 3015 ff.
- Ausstattung 3041 ff.
- Bedürftigentestament 6459 f.
- Besteuerung der nicht gemeinnützigen 3105 ff.
- Buchwertprivileg 3101
- Bürgerstiftung 2989
- Doppelstiftung 2990
- Dotation 3097 f.
- Errichtung 3041 ff.
- Ersatzform der rechtsfähigen 3003 ff.
- Familienstiftung 2982
- Förderstiftung 2965
- gemeinnützige, Familienbegünstigung 3001
- Gemeinnützigkeit 3070 ff.
  - Erbschaftsteuer 3086
  - Grundsteuer 3092
- Gemeinschaftsstiftung 2989
- Grundsteuer 3092
- kirchliche 2963
- Kombinationsmodelle 2990
- kommunale 2963
- liechtensteinischen Rechts 3024
- öffentlich-rechtliche 2963
- öffentliche 2964
- operative 2965
- Organisation 2952 ff.
- österreichische Privatstiftung 3029 ff.
- Pflichtteilsergänzung 3625 ff.
- private 2964
- Reform des Stiftungszivilrechts 2971
- Satzung, Zustiftung 3058
- steuerliche Förderung
  - Einkommensteuer 3093 ff.
  - Schenkung-/Erbschaftsteuer 3102
- steuerliche Förderung, Spender
  - Spendenabzug 3095
  - Stifter 3093 ff.
- Steuerrecht 3070 ff.
  - Beteiligung an anderen Gesellschaften 3082
  - Einkommensteuer 3087
  - Gemeinnützigkeit 3070 ff., 3086 ff.

Stichwortverzeichnis

- Gewerbesteuer 3089 ff.
- Grunderwerbsteuer 3088
- Körperschaftsteuer 3089 ff.
- Selbstlosigkeit 3075 ff.
- Stiftung & Co. KG 2995 ff.
- Stiftungsaufsicht 3064 ff.
- Stiftungsgeschäft 3041 ff.
- Stiftungsverbund 2981
- Stiftungsvermögen 2945 ff.
- Stiftungszweck 2944 ff.
- Tätigkeitsform 2965 ff.
- Trusts 3015 ff., 3035
- Übersicht 2936 ff.
- Umsatzsteuer 3092
- unselbstständige 3003
  - Treuhänder 3003
  - Vorgaben des Gemeinnützigkeitsrechts 3012
- unternehmensverbundene 2970 ff.
  - Vermögen 2974
- Verbrauchsstiftung 2966 f.
- Vermögen 2974
- Verwaltung 3041
- von Todes wegen 2949, 3046 ff.
  - Errichtung 3049
- Vorratsstiftung 2950
- Zustiftung 3052
- Zuwendung von Wertpapieren 3100

Stiftung & Co. KG 2995 ff.
- Ausstattung 2997
- Gesellschaftsrechtliche Struktur 2996

Stiftung des liechtensteinischen Rechts
- Besteuerung 3025

Stiftungsaufsicht
- Aufgaben 3064 ff.
- Satzungsänderung 3066 ff.
- Umwandlung von Stiftung 3066 ff.

Stiftungsaufsichtsbehörden 2955

Stiftungserwerb
- Erbschaftsteuer 4469

Stiftungsgeschäft
- unter Lebenden 3042 ff.

Stiftungskapital 3013

Stiftungsorganisation
- Beschlussfassung 2957
- Destinatär 2959, 2962
- Mitarbeiter 2959
- Organe 2952
- Organmitgliedschaft 2956
- Rechnungslegung 2961
- Schaffung von Mitbestimmungsrechten 2959
- Spender 2959
- Stiftungsaufsichtsbehörden 2955
- Zustifter 2959

Stiftungsverbund 2981
- Bündelung der Sponsorenaktivitäten 2981
- Mittelbeschaffung 2981

Stiftungsverein 3013

Stiftungsvermögen 2945 ff.
- Begriff 2948
- dauerhafte Vermögenslosigkeit einer Stiftung 2948
- Zustiftung 2948

Stiftungszweck 2944 ff.
- dauerhafte Verfolgung 2949

Stille Gesellschaft
- Entstehung 2697 ff.
- Gesellschaftsvertrag, Entstehung 2697 ff.
- Gewinne aus der Veräußerung 2706
- GmbH und Still 2711 ff.
- Innengesellschaft 2695 ff.
- Rechte und Pflichten 2699 ff.
  - Einlage 2699 ff.
  - Gewinn 2700
- steuerliche Anerkennung 2701 ff.
- steuerliche Konsequenzen 2703 ff.

Stimmbindungsverträge
- Aktiengesellschaft 2808

Stimmrechtsausschluss
- Familien-Kapitalgesellschaft 2806

Stimmrechtserwerb
- Aktiengesellschaft, börsennotierte 2793 ff.

Stimmrechtsvollmacht
- Nießbrauch 1498

Störung der Geschäftsgrundlage
- Ehebedingte Zuwendung 3295

Stückländerei 4684

Stundung
- Pflichtteilsverzicht 3895 ff.

Stuttgarter Modell 1828 ff.

Suchterkrankung
- Vertragliche Rückforderungsrechte 2281

Sukzessivnießbrauch 1324

Summationseffekt 1601

Sylter Modell 2443

Tag-along-Klauseln 2662 ff.

Taschengeldanspruch 945

Teilentgeltliche Verfügungen
- Nacherbfolge 253

Teilflächenerwerb
- Belehrungshinweis 4150

Teilsonderrechtsnachfolger 2441

Teilstationäre Leistungen 1261 f.

Teilungsanordnung
- Behindertentestament 6599 ff.

Teilungsgenehmigung 4147 ff.

Testamentsvollstrecker
- Behindertentestament 6573 ff.
- Mehrere – 393 f.
- Nacherbenzustimmung 4210

Testamentsvollstreckervermerk 4226

Testamentsvollstreckerzeugnis 239

Testamentsvollstreckung
- Anstandsschenkung 244
- Bedürftigentestament 6689 ff., 6702
- Befreiung von § 181 BGB 240

- Befristete - 6740 ff.
- Dingliche Schenkungsverbote 238 ff.
- Erfüllung eines Vermächtnisses 238 ff.
- Fehlerhafte Ausübung der - 6596 ff.
- Kommanditbeteiligung 400 ff.
- Testamentsvollstreckerzeugnis 239
- Unentgeltliche Verfügungen 242 ff.
- Vererbung an einen Minderjährigen 4020
- vorweggenommene Erbfolge 3415 ff.

Testierfähigkeit
- Definition Rechtsprechung 4090

Texan Shoot-out 2451, 2659

Todesfall
- Handschenkung 3385 f.
- Schenkung 3380 f.

Totalgewinnprognose
- Land- und forstwirtschaftliche Betriebe 1474

Treuhandabreden
- Ehegatten 3141

Treuhänder
- unselbstständige Stiftung 3003

Treuhandgebühr 4305

Trusts 3015 ff., 3035 ff.

Übergabevertrag
- Sittenwidrigkeit 638

Überlassung
- Unternehmen 339 ff.

Überlassungsvereinbarung
- Abstandsgeld, Veräußerer 6214
- Austauschrenten 6259 ff.
- Dienstleistungspflichten 6286
- Duldungsvorbehalte 6287
- Eigenheimzulage, steuerliche Bedeutung 6193
- Entgeltcharakter 6188 ff.
  - Beteiligungen an Kapitalgesellschaften im Privatvermögen 6205
  - Betriebsvermögen 6202
  - Gegenleistungen 6212 ff.
  - Kapitalvermögen 6204
  - Mehrheit von Wirtschaftsgütern 6197 ff.
  - Mitunternehmeranteile 6203
  - steuerliche Bedeutung 6192 ff.
  - Varianten der steuereffizienten Immobiliennachfolge 6206 ff.
  - Vermietete Immobilien des Privatvermögens 6201
- Gleichstellungsgeld, Geschwister 6239 ff.
  - Schenkungsteuer 6249
- Kaufpreisrente, Betriebsvermögen 6278 ff.
- Rückforderungsvorbehalte 6285
- Schuldübernahme 6253 ff.
- Teilentgeltlichkeit 6189 ff.
  - Übertragung 6267
  - überentgeltliche Rente 6269 ff.
  - ungewollte Austauschrente 6275 ff.
  - Geldersatzanspruch 6229 ff.
- Zeitrente 6271 ff.

Überlassungsvertrag
- zweckgebundene Vorwegbeleihung 2085 ff.

Überleitung
- Sozialhilfe 636 ff.

Überleitungsregress
- Forderungsübergang 849 ff.
- Hartz IV 846 ff.
- mehrere Leistungsträger 848

Übernahme
- Grundpfandrecht 1986 ff.

Übertragung
- GbR-Anteil 2517 ff.
- Nießbrauch 1351 ff.

Umsatzsteuer
- Erbfolge 5652 ff.
- Lebzeitige Geschäftsveräußerung im Ganzen 5653 f.
- Nießbrauchsfälle 5659 f.
- Steuerpflicht durch Entnahmevorgänge 5655 ff.
- Stiftung, Gemeinnützigkeit 3092
- Übertragung von (Miteigentums-)Anteilen 5661 ff.
- Veräußerung eines Einzelunternehmens 6049 ff.

Umwandlung
- Grunderwerbsteuer 5606 ff.
- Schenkungsteuer 4456 ff.

Unbedenklichkeitsbescheinigung 2488

Unbillige Härte
- Schonvermögen 589 ff.

Unentgeltliche Verfügungen
- Testamentsvollstreckung 242 ff.

Unentgeltlichkeit
- Drei-Personen-Verhältnis 226

Unerreichbarkeit
- Auflagenschenkung 2091

Unlauterkeit
- Begriff 230

Unselbstständige Stiftung 3003
- Körperschaftsteuer 3010
- Umwandlung in rechtsfähige Stiftung 3011

Unterbeteiligung 2716 ff.
- Beteiligung an Tätigkeitsvergütung 2722
- Familiengesellschaft mit minderjährigen Kindern 2720
- schenkungsweise Einräumung 2718

Unterbeteiligungsvertrag
- innerliche Ausgestaltung 2721

Unterhaltsanspruch 96 ff.
- Verrechnung, Grundstücksübertragung 60 ff.
- Verzicht gegen Abfindung 98

Unterhaltspflichtiger
- Regelaltersgrenze 970

Unterhaltsregress
- Grundsicherung 753

Unterhaltsrente 6327 ff.

Unterkunftskosten
- Hilfe zum Lebensunterhalt 519

Stichwortverzeichnis

Unternehmen
- Besonderheiten bei der Überlassung 339 ff.
- Nachfolgeplanung 351 ff.
  - Form 351 ff.
  - Testament 352 ff.
  - Unternehmensnachfolge von Todes wegen 351 ff.
- Nießbrauch 1465 ff.
- Überlassung, Finanzierungshilfen 350
  - Interessenlage 342 ff.

Unternehmensbeteiligungen
- Außensteuerrecht 6184 ff.

Unternehmensnachfolge
- Alleinerben- Vermächtnisnehmer-Modell 354 ff.
- Dauertestamentsvollstreckung 391 ff.
- Eintrittsklausel 383
- Erbengemeinschaft, Vermeidung 354
- Frankfurter Testament 360 ff.
- Mitunternehmerschaft 377 ff.
- Nachfolge in Freiberufler-Gesellschaften 385 ff.
- Nachfolgeklausel, Freiberufler-Kapitalgesellschaft 387
- qualifizierte Nachfolgeklausel 381
- Schlusserbenlösung mit Änderungsvorbehalt 371 ff.
- Verwaltungsvollstreckung, Einzelunternehmen 397
  - GmbH-Geschäftsanteil 395
- Vollmachten 405
- von Todes wegen 351 ff.
- von Todes wegen, Dauervollstreckungs-Modell 398
- Wahlvermächtnismodell 366 ff.
- zu Lebzeiten 405 ff.
  - Betriebsfortführungsvollmacht 405
  - Übertragung auf den Todeszeitpunkt 424
  - Umstrukturierung des Privatvermögens 423
  - Vorbereitung und Absicherung 405 ff.
  - Vorteile 426

Unternehmensnießbrauch 1470 ff.

Unternehmensteuerreform 2868 ff.
- Abgeltungsteuer, Auswirkungen 2892
- Erhebungsverfahren 2891
  - verdeckte Gewinnausschüttung 2893
- Besteuerungsvergleich 2906 ff.
- Erhebungsverfahren 2891
- Gegenfinanzierung 2903
- Gewerbesteuer 2899
- Kapitalgesellschaft 2869 ff.
- Verlustabzug 2885 ff.
- Werbungskosten 2885

Unternehmensübertragung
- Gesellschaftsbeteiligung 434 ff.
- lebzeitige, Änderung der Rechtsform 437 ff.
- Möglichkeiten 427 ff.

Unternehmensverkauf 349

Unternehmertestament 369 ff.

Unzumutbarkeit
- Auflagenschenkung 2091

Verarmung
- gemischte Schenkung 277

Verarmung des Veräußerers
- Gefährdung des eigenen Unterhalts 1118 ff.
- Pflichtschenkung 1124 ff.
- Rückforderungsanspruch, Anstandsschenkung 1124 ff.

Verarmungsrisiko
- Schenkung, Grundstücksüberlassung 1127 ff.

Veräußerung
- Einzelunternehmen 6013 ff.
- Mitunternehmensanteil 6013 ff.
- Nachlassgegenstand 5917 ff.

Veräußerungsgewinn
- Ermittlung 6312 f.

Verbindlichkeiten
- Übernahme 1986 ff.

Verbrauchsstiftung 2966 f.
- Umwandlung Dauerstiftungen in ~ 2969

Verdeckte Gewinnausschüttung 2848, 2893

Verdeckte Sacheinlage 2760

Verfügungsvollmacht
- Nießbrauch 1412 ff.

Vergütungsanspruch
- Betreuer 681

Verjährung
- Ausgleichspflichtteil 3593 ff.
  - Rückforderung gem. § 313 BGB 3186
- Pflichtteilsanspruch 3593
  - abweichende Vereinbarung 3601 ff.
- Pflichtteilsrestanspruch 3593
- spätere Verarmung des Veräußerers, Rückforderungsanspruch bei Schenkung 1125

Verkehrssicherungspflicht
- Nießbrauch 1385

Verkehrswertnachweis
- Escape-Klausel 4657 ff.

Vermächtnis
- Annahme 4531
- Ausschlagung 108, 4530, 6485 ff.
- Bedingtes ~ 4531
- Befristetes ~ 4532
- Behindertentestament 6467 ff.
- Erbschaftsteuer 4529 ff.
  - Kaufrechtsvermächtnis 4541 f.
  - Verschaffungsvermächtnis 4539
- Erfüllung eines ~
  - Testamentsvollstreckung 238 ff.
- Nachvermächtnisvollstreckung 6479 ff.
- Überleitungsfähigkeit des Ausschlagungsrechts 6497 ff.
- Unwirksames ~ 4398
- Verhältnis zur sozialrechtlichen Nachlasshaftung 6480 ff.
- Vermächtnisgegenstand 6490 ff.

– Wahlvermächtnis 366 ff., 4538, 4923, 5567
– Wertansatz für die Besteuerung 4536
Vermächtnisanordnung 3395
– bei lebzeitiger Übertragung, Weichende Geschwister 1983 ff.
Vermächtniserfüllung 5856 ff.
– Vorwegnahme 3620
Vermächtnisgegenstand 6490 ff.
– Bedürftigentestament 6490 ff.
– Behindertentestament 6490 ff.
Vermächtnisnehmer
– Erbenhaftung, Sozialhilfe 655
– Schutz des ~ 3956 ff.
Vermächtnisnießbrauch 5836 ff.
– AfA-Befugnis 5836 ff.
Vermietung
– Begriff
 – Verwertbarkeit 563
– ehebedingte Zuwendung, Einkünfte 3298 ff.
– enumeratives Rückforderungsrecht 2151
– jederzeitige Widerruflichkeit 2151
Vermittlungsverfahren
– Erbauseinandersetzung 329 ff.
Vermögen
– Abgrenzung zum Einkommen 597 f.
– Begriff 545
– Eingliederungshilfe für Behinderte 543
– unternehmensverbundene Stiftung 2974
– unverwertbares, rechtliche Gründe 554 ff.
Vermögensnachfolge
– Ausstattung eines Kindes 5
– Ehegattenzuwendungen 6
– Hauswirtschaftliche Verrichtungen 1713 ff.
– Naturalleistungen 1713 ff.
Vermögensnachfolgevertrag
– Minderjährige 3967 ff.
Vermögensschonung
– Ausschluss der Verwertbarkeit aus rechtlichen Gründen 554
– Begriff der Verwertbarkeit 563
– Belastungsverbot 558
– fehlende Übertragbarkeit 555
– Schonvermögen 567 ff.
– schuldrechtliches Veräußerungsverbot 558
– Sozialhilfe 545 ff.
– Unverwertbarkeit dem Grunde nach 563
– Verlust der Verfügungsbefugnis 556
– Vermögen, unverwertbares 552 ff.
– wirtschaftliche Unverwertbarkeit 553
Vermögensübertragung
– Grundstücksüberlassung, sozialrechtliche Fragen 1015 ff.
– Hartz IV, Regress 855 ff.
Vermögensverwaltende KG 2560 ff.
Vermögensverzeichnis
– Ergänzungspfleger 4011
– Pflicht zur Erstellung 4016

Verpachtung
– ehebedingte Zuwendung, Einkünfte 3298 ff.
– enumeratives Rückforderungsrecht 2151
– jederzeitige Widerruflichkeit 2151
Verpfründungsvertrag 280
Verschaffungsvermächtnis
– Erbschaftsteuer 4539
Verschuldensregress
– Hartz IV 842 ff.
Versicherungsanspruch
– Nachlassbestandteil 3451 ff.
Versicherungsvertrag
– Lebensversicherung 3429
– mehrere Versicherungsnehmer 3480
Versorgungsrente 6317 ff.
– Austauschrente 6326
– Behaltensdauer 6386 ff.
– beitragserkaufte Rente 6334 ff.
– Beschränkung, auf Betriebsvermögen 6362 ff.
– betriebliche Rente 6330 f.
– Destinatär 6408
– Entwicklung 6320 ff.
– ertragsteuerliche Differenzierung 6325 ff.
– Geldleistungen 6428 ff.
– Lebenszeit 6405 ff.
– letztwillige Renten 6332
– Nichtgeldleistung 6422
– Nutzungsüberlassung 6424
– Umfang, absetzbare Sonderausgaben 6419 ff.
– Unentgeltlichkeit 6337
– Unterhaltsrente 6327
– Vermögen 6338 ff.
 – Ertragsprognose 6349 ff.
 – existenzsicherndes 6338 ff.
 – geeignete Wirtschaftsgüter 6338 ff.
 – nachträgliche Umschichtung 6343 ff.
 – Sonderbehandlung von Betriebsvermögen 6348 f.
 – teilentgeltliche Übertragung 6353
 – Unternehmensübertragung 6355 ff.
 – unzureichende Erträge 6358 ff.
– Vermögensempfänger 6408
– Vermögensübergabe 6317 ff.
– Versorgungsleistungsempfänger 6409 ff.
– zu besteuernde wiederkehrende Bezüge 6419 ff.
Versorgungsvertrag 280
Versteigerungsrecht
– Ausschluss unter Miteigentümern 2447
Vertrag zugunsten Dritter
– auf den Todesfall 3418 ff.
– auf den Todesfall, Bezugsberechtigung 3439 ff.
– Erbschaftsteuer 3470 ff.
– Lebensversicherung 3459 ff., 3484 ff.
– Lebensversicherungsvertrag 3432 ff.
– liechtensteinische Lebensversicherung 3485 ff.
– Pfändungsschutz zur Altersvorsorge 3490 ff.
– Pflichtteilsrecht 3459 ff.
– Schenkungsteuer 3470 ff.

Stichwortverzeichnis

- Versicherungsanspruch 3451 ff.
- weichende Geschwister 1864 ff.

Vertragliche Rückforderungsrechte 2087 ff.
- alternative Regelungsmöglichkeiten 2115 ff.
- Anfechtbarkeit 2254 ff.
- Anwendungsbereich 2087 ff.
- Auflagenschenkung 2089 ff.
- Durchführung der Rückabwicklung 2302 ff.
- Funktion und Wirkung 2104 ff.
- gemischte Schenkung 2097 ff.
- Gesellschaftsrecht 2392 ff.
  - Durchführung und Sicherung 2408 ff.
- kautelarjuristische Vorsorge 2100 ff.
- Mehrheit von Erwerbern 2206 ff.
  - Rückübertragung des Gesamtobjektes 2209
  - Übertragung eines quotenentsprechenden Miteigentumsanteils 2210 ff.
  - Wahlrecht 2213 ff.
- Rückforderungsberechtigte, Ableben des Eigentümers 2270 ff.
- Scheidung des Eigentümers 2261 ff.
- schuldrechtliche Verfügungsbeschränkung 2238 ff.
- Sektenmitgliedschaft 2282
- Sicherung durch Vormerkung 2338 ff.
- Suchterkrankung 2281
- Vermögensverfall des Eigentümers 2249 ff.

Vertretung
- Ausschluss der elterlichen Vertretungsmacht 3995 ff.
- Ausschluss der elterlichen Vertretungsmacht durch Anordnung 4009 ff.
- Minderjährige, Einkommensteuerrecht 3968 ff.
- Minderjähriger 3968 ff.
- Personengesellschaftsvertrag 2618 ff.

Verwalterzustimmung 4179 ff.

Verwaltungsvermögen
- Ausschluss jeglicher Begünstigung bei übermäßigem ~ 5199 ff.
- Ausschluss, Betriebsvermögensbegünstigung
  - Rechtslage für Erwerbe seit 01.07.2016 5055 ff.
  - Rechtslage für Erwerbe zwischen 2009 und 30.06.2016 5048 ff.
- Dritten zur Nutzung überlassene Grundstücke 5088 ff.
  - Ausnahme Betriebsverpachtung 5096 ff.
  - Ausnahme Konzernfälle 5099
  - Ausnahme Sonderbetriebsvermögen und Betriebsaufspaltung 5092 ff.
  - Überlassung zur landwirtschaftlichen Nutzung 5108
  - Verpachtung zur Produktabsatzförderung 5107
  - Wohnungsunternehmen 5100 ff.
- Finanzmittel
  - Frühere Rechtslage: § 13b Abs. 2 Satz 2 Nr. 4a ErbStG 2009 5121 ff.
  - Neue Rechtslage: § 13b Abs. 4 Nr. 5 ErbStG 2016 5138 ff.
  - im Einzelnen 5087 ff.
- Junges Finanzmittelvermögen 5194 ff.
- Junges
  - Rechtslage bis 30.06.2016 5184
  - Rechtslage seit 01.07.2016 5192 ff.
- Kunstgegenstände 5113 ff.
- Minderheitsanteile an Kapitalgesellschaften 5109 ff.
- Rechtslage bis 30.06.2016: Anteile an Gesellschaften mit überwiegendem ~ 5142
- Rückwirkende Umqualifizierung von ~ bei letztwilligem Erwerb 5169 ff.
- Schuldenabzug 5176
- Umqualifizierung altersvorsorgegewidmeten ~ 5165 ff.
- Umqualifizierung in unschädliches ~ 5174 ff.
- Verbundvermögensaufstellung (§ 13b Abs. 9 ErbStG) 5147 ff.
- Wertpapiere und vergleichbare Forderungen 5116 ff.

Verwaltungsvermögenstest 5057 ff.

Verwirkung
- Verhältnis Unterhaltspflichtige 981

Vinkulierung
- Personengesellschaftsvertrag 2652 ff.

Vollmacht
- Angestelltenvollmacht 4106 f.
- GbR 2460
- Grundbuchvollzugsvollmacht 4103
- Heilungsvollmacht 4104
- postmortale 3401 ff.
  - Erlöschen 3403 ff.
  - gutgläubige Dritte 3406 ff.
- transmortale 3401 ff.
- Unternehmensnachfolge 405
- Vollzug 4098 ff.

Vollstationäre Leistungen 1263 ff.

Vollstreckungsunterwerfung
- dingliche 2003
- persönliche 2004
- Schuldübernahme 2001 ff., 2014
- wiederkehrende Geldleistung, Sicherung 1791 ff.

Vollzug
- Auftrag 4098 ff.
- Eigenurkunde 4118 ff.
- Notarkosten 4267 ff.
- Pflichtteilsanspruch 3603 ff.
- Schiedsverfahren 4247
- Schlichtungsverfahren 4247
- Vollmacht 4098 ff.
- Vollzugsgebühren 4294 ff.
- Vollzugsnachricht 4124
- wichtige Genehmigungserfordernisse 4126 ff.

Vollzugsgebühr 4294 ff.

Vollzugsnachricht 4124

Stichwortverzeichnis

Vollzugsvollmacht
- allgemeine 4100 ff.

Vorausvermächtnis
- Ausgleichungspflicht 1938

Vorbehalt
- Ausgestaltung, Anpassungsmaßstab 1779 f.
  - Anpassungsmechanismus 1783 ff.
  - Maßgeblichkeitsgrenze 1782
  - Schutz gegen atypische Entwicklung 1781
- Verhältnis mehrerer Berechtigter 2417 ff.

Vorbehaltsnießbrauch 1325 f.
- Bewertung 1430 ff.
  - Abzugsbetrag 1432 ff.
  - Bewertungsstichtag 1431 ff.
  - Kapitalisierungsfaktor 1435
- Verwendung bestehen bleibender Grundpfandrechte 1398

Vorerbe
- Behindertentestament 6641 ff.
- Beteiligung von ~ bei Erbauseinandersetzung 313
- Erbenhaftung, Sozialhilfe 654
- von Beschränkungen befreiter ~ 254

Vorerbfolge
- Erbschaftsteuer 4407

Vorerwerbsrechte
- Personengesellschaftsvertrag 2652 ff.

Vormerkung
- Eigentümerwechsel 2380 ff.
- Schuldnerwechsel 2380 ff.
- Schuldübernahme 2380 ff.

Vormundschaft
- Minderjährige 3978 f.

Vorratsgesellschaften
- Gründungsvorschriften des GmbHG 2762

Vorratsstiftung 2950

Vorsorgegeneralvollmacht
- Betreuung 248 f.

Vorsorgevollmacht
- Personengesellschaft 406 ff.

Vorvermächtnis 6476 ff.
- Ausgestaltung 6476 ff.

Vorwegbeleihung
- zweckgebundene 2085 ff.

Vorweggenommene Erbfolge
- Rahmenbedingungen 7
- Richtiger Zeitpunkt 12 ff.
- Rolle des Notars 18 ff.
- Vorüberlegungen 9 ff.

Wahlvermächtnis 366 ff., 4538, 4923, 5567
Wahlzugewinngemeinschaft 1442
Wart und Pflege 1603 ff.
- Alt-Vereinbarungen 1644 f.
- Auskehr des Pflegegelds 1696
- Ausübung des Sozialleistungsbezugs 1695 ff.
- Minutenbudgets 1644
- Pflege- und Dienstleistungspflichten 1642 ff.
- Ruhen ortsgebundener Rechte bei Abwesenheit 1666
- Umfang der geschuldeten Leistung 1616 ff.
  - auslösender Tatbestand 1620
  - hauswirtschaftliche Verrichtung 1618
  - Inhalt der Tätigkeit 1618 ff.
  - Leistungsort 1621
  - personenbezogene Verrichtungen 1618
  - Pflegeansprüche als Einkommensersatz 1647
  - pflegefallbedingter hauswirtschaftlicher Bedarf 1618
  - Pflegegradstufen 1630 ff.
  - Zeitkriterium 1632 ff.
  - Zumutbarkeitsgrenzen 1622 ff.
- verbotener Vertrag zulasten Dritter 1611 ff.
- vertragliche Pflegeversicherung 1610
- Wegfall auf Geld gerichteter Surrogationsansprüche 1656 ff.
- Wegfall nicht ortsbezogener Leistungspflichten 1672
- Wegfall ortsbezogener Naturalleistungen 1655
- Wegfall von Leistung, sozialleistungsverdächtiger Kontext 1653 ff.
- Wegzug des Veräußerers, Vermeidung von Leistungserhöhung 1648 ff.
- weichende Geschwister 1673 ff.
  - Besicherung 1690 ff.
  - Freistellungsvereinbarung 1676 ff.
  - Konkurrenz mehrerer Beschenkter 1687 ff.
  - Schaffung eigener Forderungsrechte 1674 f.

WEG
- Grundbuchberichtigungsanspruch 4185
- Verwalter
  - Bearbeitungsgebühr 4193
  - GbR 4189
  - Kostenerstattungsanspruch 4194
- Verwalterzustimmung 4179 ff.
  - Versagung 4192 ff.

Wegfall der Geschäftsgrundlage
- Wohnungsrecht 1214

Weichende Geschwister
- Ausgleich von Todes wegen 1916 ff.
  - Anschaffungskosten 1916
  - Ausgleichsanordnung 1917 ff.
  - Berliner Testament 1960 ff.
  - Erfüllung der Pflichtteilslast 1916
  - Internationale Anknüpfung 1981 f.
  - Minderjährigkeit 1979 ff.
  - Pflichtteilsverzicht bei Minderjährigen 1980
  - private Erbfallschuld 1916
  - Vermächtnisanordnungen bei lebzeitiger Übertragung 1983 ff.
- Ausgleichsmotive 1849 ff.
- Ausgleichswege 1855 ff.
- bedingte Leistungspflicht 1883 ff.
- Korrektur des Verteilungsplans 1903 ff.
  - Abfindung für einen Pflichtteilsverzicht 1908 ff.

Stichwortverzeichnis

- Abgekürzter Tausch 1906 f.
- Erbschaftsvertrag 1914
- Steuerfreie Rückabwicklung 1905
- lebzeitige Ausgleichspflicht 1878
- lebzeitiger Ausgleich 1868 ff.
  - zulasten des Erwerbers 1871 ff.
  - zulasten des Veräußerers 1868 ff.
- Nachgenehmigung 1863
- nicht weichendes Geschwisterteil 1858 ff.
  - Nachgenehmigung 1858 ff.
- Pflichtteilsverzicht 1861
- Rahmenbedingung 1849 ff.
- Vertrag zugunsten Dritter 1864 ff.
- Vorbehalt späterer Leistungsanordnung 1897 ff.

Weiterleitungsklausel 2143, 4983

Werbungskostenpauschale,
- Hartz IV, Einkommen 783

Wertermittlung
- § 10 ErbStG 4557 ff.

Wertermittlungsanspruch
- Pflichtteilsanspruch 3576 f.

Wertermittlungsrichtlinien 5698

Wertpapier
- Bewertung, Pflichtteilsanspruch 3581
- Nießbrauch 1450 f.
- Verwaltungsvermögen 5116 ff.

Wertpapiervermögen
- Nießbrauch 1449 ff.
- Steuerrecht, Nießbrauch 1454 f.

Wertsicherungsklausel
- Wertsicherungsvereinbarung 1768 ff.

Wertsicherungsvereinbarung
- Leistungsbestimmungsvorbehalte 1764 ff.
- Spannungsklausel 1766 ff.
  - Zahlungsverpflichtung 1766
- Wertsicherungsklausel 1768 ff.
- zeitabhängige Indexgleitklausel 1775

Wesentlicher Bestandteil
- Fotovoltaikanlagen 1461 f.

Widerruf
- grober Undank 185 ff.

Wiederkehrende Geldleistung 1742 ff.
- Ausgestaltung des Vorbehalts 1778 ff.
- Austauschrente 1745
- Beteiligtenmehrheit 1758
- dauernde Last, Kombination mit Mietvertrag 1828 ff.
- Detailausgestaltung 1754 ff.
- Fälligkeit der Leistung 1757
- Familienrecht 1761
- Kombination von Mietvertrag und dauernder Last, steuerliche Bedenken 1838
- Leibrente 1746 ff.
- Mietvertrag, Kombination mit dauernder Last 1828 ff.
- Reallast, Modifikation 1814 ff.
  - Verfallvereinbarung 1822 ff.
- Sicherung 1791 ff.

- dingliche Sicherung durch Reallast 1797 ff.
- Erlöschen des Stammrechts 1815 ff.
- persönlicher Reallastanspruch 1811 ff.
- Vollstreckungsunterwerfung 1791 ff.
- Sicherungsreallast 1800 ff.
- steuerrechtliche Differenzierung 1745 ff.
- Stuttgarter Modell 1828 ff.
- Unterhaltsrente 1745
- Versorgungsrente 1745
- Wertsicherungsvereinbarung 1763
- zivilrechtliche Differenzierung 1754 ff.

Wirtschaftsgut
- Übertragen, steuerliche Folgen 5767 ff.
- Zurechnung 5800 ff.
  - Besonderheiten beim Nießbrauch 5821 ff.

Wohlverhaltensphase 85, 103, 109 ff., 115 f., 6661, 6670, 6674, 6681, 6684 f., 6723, 6732, 6735
- Nachtragsverteilung 116

Wohnfläche
- Hartz IV 798

Wohngemeinschaft
- Hartz IV 774

Wohnraum
- kostenlose Gewährung 47

Wohnriester 1543, 5844, 5847 ff.

Wohnungseigentum
- Nießbrauch 1305, 1337 ff.

Wohnungsgewährungsreallast 1536 ff.

Wohnungsleihe
- nichteheliche Lebensgemeinschaft 3358 f.

Wohnungsrecht
- Abgrenzung, ähnliche Rechtsinstitute 1525 ff.
  - Dauerwohnrecht 1543 ff.
  - Wohnungsgewährungsreallast 1536 ff.
- Abwehrrechte 1569 ff.
- Antrag des Notars als auflösende Bedingung des ~ 1205
- automatisches Erlöschen 1195 ff.
- Beendigung 1578 ff.
- Begriff 1525 ff.
- Berechtigter 1555 ff.
- dinglicher Ausübungsbereich 1553 ff.
  - Entsorgungsanlagen 1554
  - Versorgungsanlagen 1554
- dinglicher Inhalt 1560 ff.
- Erlöschen des dinglichen ~ bei Unmöglichkeit seiner Ausübung 1196
- Gläubigerzugriff 1571 ff.
  - Pfändung 1571 f.
  - sozialrechtliche Anrechnung 1576 ff.
  - sozialrechtliche Überleitung 1573 ff.
- grundbuchlicher Belastungsgegenstand 1548 ff.
- Gütergemeinschaft 1558
- Herausgabeanspruch 1569
- Lastentragung, allgemeine Hauskosten 1589
  - Entsorgung 1588
  - Erhaltung 1583 ff.

- Erhaltung gemeinschaftlich genutzter Einrichtungen 1584
- Kosten des Wohnens 1588 ff.
- Miete 1595 ff.
- Versorgung 1588
- Löschen des dinglichen -
  - durch Abmeldebescheinigung 1200
  - gegen amtsärztliches Attest 1198
  - gegen notarielle Eigenurkunde 1202
- Löschung durch Betreuer 1195
- Löschungsverpflichtung bei dauerndem Unterlassen der Ausübung 1197
- Mitbenutzungsrecht 1532 ff.
- Nettowohnungsrecht 1593
- Notarielle Eigenurkunde zur Löschung 1203
- Pflichtteilsergänzungsanspruch 1598 ff.
  - Fristbeginn 1599 ff.
  - Wertanrechnung 1602
- Rechtsinhalt 1525 ff.
- Tod des Begünstigten 1578
- Überlassung zur Ausübung 1562 ff.
- Überleitungsfähigkeit 1207
- Wegfall der Geschäftsgrundlage 1214
- Wohnnutzung 1560

Wohnvorteil
- ehebedingte Zuwendung 3253 ff.
- Eigengenutzte Immobilie 909

Zebra-Gesellschaft 2567
Zubehör
- Fotovoltaikanlagen 1461

Zuckerrübenlieferungsrecht 456 ff.
Zugewinn
- Immobilien zum Ausgleich des - 6308 ff.
- Nießbrauch, Bewertung 1437 ff.

Zugewinnausgleich
- Ausschluss im Scheidungsfall 3882 f.
- deutsch-französischer Wahlgüterstand 3588
- ehebedingte Zuwendung, Anrechnung gem. § 1380 BGB 3229 ff.
  - Schwiegereltern 3227 f.
  - teleologische Reduktion des § 1374 Absatz 2 BGB 3225
- Ehegattenschenkung 3160
- erbrechtlicher 4877 ff.
- fiktiver 4877
- güterrechtlicher 3587, 4885
- Leibgeding 1739 ff.
- Modifizierung 1443
- Modifizierung des - und des Pflichtteilsrechts 3876 ff.
- Steuerbefreiung 4876 ff.
- Vereinbarungen, Gütertrennung 134 ff.
- Vorzeitiger - 84
- zur Reparatur erfolgter Schenkungen 4902 ff.

Zugewinnausgleichsanspruch 72 ff.
- Ertragsteuerrecht 89 ff.
  - Betriebsvermögen 92
  - Privatvermögen 90
  - Übertragung eines Grundstücks 93
- Schenkungsteuer 74
- Veräußerung durch entgeltlichen Erwerb 80
- Verrechnung, Grundstücksübertragung 60 ff.

Zugewinngemeinschaft
- Zugewinngemeinschaft, rückwirkende Vereinbarung 136

Zustiftung 3052 ff.
- Lenkungsrecht des Zustifters 3059 f.
- Schenkung mit Auflage 3053
- Stiftungssatzung 3058
- Stiftungsvermögen 2948

Zustimmung
- des Ehegatten 4230 ff.

Zustimmungsvorbehalt
- Vermietung durch Nießbraucher 1349 f.

Zuwendung
- Erbschaftsteuer 4422 ff.
- nichteheliche Lebensgemeinschaft 3335 ff.
- Nichteheliche Lebensgemeinschaft 3344 f.
- nichteheliche Lebensgemeinschaft
  - Bereicherungsrecht 3340
  - Erwerbsrechte 3363 ff.
  - Innengesellschaft 3338, 3367 ff.
  - Miteigentümervereinbarung 3360 ff.
  - Wegfall der Geschäftsgrundlage 3341 f.
  - Wohnungsleihe 3358 f.
- Unentgeltlichkeit 34 ff.

Zuwendungen Dritter
- Einkommen 634

Zuwendungsbruchteilsnießbrauch 1307 ff.
Zuwendungsnießbrauch
- Fristbeginn, Ehegatten 1426 ff.

Zuwendungsquotennießbrauch 1319
Zuwendungsversprechen
- Gegenseitige entgeltliche - 295 ff.
- gegenseitiges, auf den Todesfall 283 ff.
- Wechselseitige - 296 f.

Zuwendungsverzicht 3776 ff.
Zwangsverwaltung
- Duldungsverpflichtung des Nießbrauchers 1362 ff.

Zweckvermächtnis 4538